Verwaltungsgerichts-ordnung

Kommentar

Begründet von

Dr. Ferdinand O. Kopp †
ehem. o. Professor an der Universität Passau

fortgeführt von

Dr. Wolf-Rüdiger Schenke
o. Professor an der Universität Mannheim

15., neubearbeitete Auflage

Verlag C. H. Beck München 2007

Verlag C. H. Beck im Internet:
beck.de

ISBN 978 3 406 56500 7

Wilhelmstraße 9, 80801 München
Druck: CPI Books, Birkstraße 10
25917 Leck

Satz: Druckerei C. H. Beck Nördlingen
(Adresse wie Verlag)

Gedruckt auf säurefreiem, alterungsbeständigem Papier
(hergestellt aus chlorfrei gebleichtem Zellstoff)

Vorwort zur fünfzehnten Auflage

In die Neuauflage waren wiederum wichtige, für den verwaltungsprozessualen Rechtsschutz bedeutsame neue gesetzliche Regelungen einzuarbeiten. Zu erwähnen sind hier insbesondere das Gesetz über ergänzende Vorschriften zu Rechtsbehelfen in Umweltangelegenheiten nach der EG-Richtlinie 2003/35/EG (Umwelt-Rechtsbehelfsgesetz) vom 7. 12. 2006 (BGBl I 2816), welches zu einer stärkeren Betonung der objektivrechtlichen Kontrollfunktion der Verwaltungsgerichtsbarkeit geführt und diese damit strukturell verändert hat, das 26. Gesetz zur Änderung des Abgeordnetengesetzes vom 22. 8. 2005 (BGBl I 2482), das Gesetz zur Beschleunigung von Planungsverfahren für Infrastrukturvorhaben vom 9. 12. 2006 (BGBl I 2833) sowie das Gesetz zur Erleichterung von Planungsvorhaben für die Innenentwicklung der Städte vom 21. 12. 2006 (BGBl I 3316). Kleinere Änderungen lösten ferner u. a. das Zweite Gesetz zur Modernisierung der Justiz (2. Justizmodernisierungsgesetz) vom 22. 12. 2006 (BGBl I 3416) und das neue Verwaltungszustellungsgesetz (VwZG) vom 12. 8. 2005 (BGBl I 2354) aus.

Die Neuauflage wurde zugleich dazu genutzt, die Ausführungen zu einer Reihe bedeutsamer verwaltungsprozessualer Fragen gründlich neu zu überarbeiten und dabei teilweise neue Weichenstellungen vorzunehmen. Erheblich erweitert wurden die Ausführungen zu einem Rechtsschutz gegen untergesetzliche Normen außerhalb des § 47 VwGO, der in der Praxis zunehmend an Bedeutung gewinnt, zumal nunmehr auch das BVerfG in seiner neuesten Rechtsprechung anerkennt, daß sich die Rechtsschutzgarantie des Art. 19 Abs. 4 GG jedenfalls auch auf untergesetzliche Rechtsvorschriften erstreckt. Aber auch die Änderung des § 47 VwGO, bei der der Gesetzgeber trotz nahezu einhelliger Kritik im rechtswissenschaftlichen Schrifttum an der Befristung der Normenkontrolle u. a. die Antragsfrist noch weiter auf ein Jahr verkürzt hat, machte über die unmittelbare Änderung dieser Vorschrift hinausreichend eine teilweise Neubestimmung des Verhältnisses von § 47 VwGO zur Verfassungsbeschwerde erforderlich. Näher zu erörtern war auch das für die anwaltliche Praxis besonders bedeutsame Problem des Verhältnisses von Anhörungsrüge und Verfassungsbeschwerde. Anknüpfend an die neuere Rechtsprechung des BVerwG zur beamtenrechtlichen Konkurrentenklage werden in Weiterentwicklung dieser Judikatur neue Wege beschritten, um den effektiven Rechtsschutz zu Unrecht übergangener Mitbewerber um eine Beamtenstelle zu verstärken und damit dem verbreiteten Übel einer Ämterpatronage stärker entgegenwirken zu können. Neue Wege eingeschlagen werden auch in bezug auf den Rechtsschutz gegen Flächennutzungspläne, soweit diesen – wie dies im Fall des § 35 Abs. 3 S. 3 BauGB zutrifft – eine Bebauungsplänen vergleichbare normative Wirkung zukommt. Zur Sicherung eines effektiven Schutzes von Verfahrensrechten wird dafür plädiert, das berechtigte Interesse bei der Feststellung der Rechtswidrigkeit von nicht zur Aufhebung bzw. zur Unwirksamkeit führenden verfahrensfehlerhaften Hoheitsakten großzügiger zu bejahen, da häufig nur so einer auch unter dem Aspekt von EG-Recht problematischen Entwertung von Verfahrensrechten entgegengewirkt werden kann. Ergänzt wurden auch die Ausführungen zum maßgeblichen Zeitpunkt für die gerichtliche Beurteilung von Verwaltungsakten – eine Problematik, deren Diskussion durch scheinbar nicht ausrottbare terminologische Ungenauigkeiten gekennzeichnet ist, damit zu unnötigen dogmatischen Grabenkämpfen führt und den Blick darauf verstellt, daß es für die gerichtliche Beurteilung der Rechtswidrigkeit von Verwaltungsakten immer auf den Zeitpunkt der letzten mündlichen

Vorwort

Verhandlung vor dem Verwaltungsgericht ankommt (und zwar auch dann, wenn das materielle Recht den nach Abschluß des Verwaltungsverfahrens eintretenden Veränderungen der Sach- oder Rechtslage keine Bedeutung beimißt). Unter die zahlreichen Änderungen, welche die Neuauflage mit sich bringt und die an dieser Stelle nicht alle aufgelistet werden können, gehört ferner u. a. auch eine partielle Neubestimmung der Rechtskraft verwaltungsgerichtlicher Entscheidungen, die dem Umstand Rechnung zu tragen hat, daß der Gesetzgeber die Sanktionierung von Rechtsverstößen durch Hoheitsakte zunehmend einschränkt. Platz gewonnen für die Ausweitung der Kommentierung wurde durch eine stärkere Verwendung von Abkürzungen, die allerdings die Lesbarkeit nicht stören sollte, durch eine Entschlackung des Kommentars von älteren Zitaten sowie durch das konsequente Streichen von Ausführungen zu nicht mehr relevantem Recht. Neue Rechtsprechung und Literatur sind bis Ende März 2007 berücksichtigt, teilweise auch darüber hinaus. Gesetzesstand ist April 2007.

Zu danken habe ich auch bei der Erstellung der Neuauflage meinen wissenschaftlichen Mitarbeitern, den Herren Assessoren Dr. Marco Hößlein und Jochen Schuff, die mir viele wertvolle Anregungen für meine Kommentierungen gaben; so hat etwa Herr Hößlein mich zum Überdenken meiner Ausführungen zur Rechtskraft verwaltungsgerichtlicher Entscheidungen veranlaßt. Herr Schuff hat mich wiederum weitgehend von den organisatorischen Arbeiten entlastet, die mit einer Neukommentierung verbunden sind, und so manche redaktionelle Verbesserung der durch mich gefertigten neuen Passagen des Kommentars initiiert, zudem hat er mir bei der Kommentierung der Vorschriften über die elektronische Kommunikation und Aktenführung (§§ 55 a und 55 b VwGO) sowie bei der Einarbeitung des neuen VwZG besondere Hilfestellungen geleistet. Mein früherer Mitarbeiter, Herr Prof. Dr. Peter Baumeister, wie auch mein Sohn, Herr Prof. Dr. Ralf Peter Schenke, haben die Kommentierung von Anfang an mit ihrem wertvollen Rat begleitet und waren mir stets hervorragende, auch kritische Diskussionspartner. Bei der Beschaffung der Literatur und der Überprüfung des von mir Geschriebenen leisteten mir meine wissenschaftlichen Hilfskräfte, die Herren Assessoren Torsten Gerhard, Christian Hug und Marco Lacedonia wertvolle Hilfe. Zu danken habe ich auch meiner Sekretärin, Frau Outi Spagerer, die in gewohnt souveräner Weise und mit großem Einsatz ihre Arbeit erledigte. Zu bedanken habe ich mich auch für viele wertvolle Anregungen und Verbesserungsvorschläge aus der Praxis, die ich, soweit mir dies möglich war, bei der Neubearbeitung berücksichtigt habe. Auch in Zukunft freue ich mich sehr über Kritik und Verbesserungsvorschläge und erbitte diese an per E-mail an schenke@jura.uni-mannheim.de oder an folgende Anschrift: Prof. Dr. W. Schenke, Fakultät für Rechtswissenschaft und Volkswirtschaftslehre, Universität Mannheim, Schloß, Westflügel, 68131 Mannheim.

Ohne die Geduld und Nachsicht meiner Frau, Dr. Marlene Schenke, hätte ich die Neuauflage nicht in dieser Weise fertigstellen können. Ihr gilt deshalb einmal mehr mein ganz besonderer Dank.

Mannheim, im Mai 2007 Wolf-Rüdiger Schenke

Vorwort zur ersten Auflage

Der hiermit vorgelegte Kommentar ist für die Praxis und die juristische Ausbildung geschrieben; er will zugleich, soweit dies im Rahmen eines Kommentars möglich ist, dem wissenschaftlich Interessierten, insbesondere auch dem Studenten und Referendar, die notwendige Information über die Grundlagen und Einrichtungen des Verwaltungsprozesses vermitteln und zur Lösung offener Fragen beitragen. Bei aller gebotenen Kürze war es das Ziel, dem Benutzer in zuverlässiger und verständlicher Form die Erläuterungen zu bieten, die er für seine praktische oder wissenschaftliche Arbeit benötigt.

Um die Benutzung des Kommentars auch für Praktiker, Studenten und Referendare zu erleichtern, die sich rasch über allgemeinere Zusammenhänge informieren wollen, wurde bei den Erläuterungen in weitem Umfang auch die Rechtsprechung und Literatur zu anderen Prozeßgesetzen und auf die wichtigsten Lehrbücher und Lehrbehelfe zum Verwaltungsprozeßrecht, vor allem auf die im selben Verlag erschienenen Darstellungen von Ule, Verwaltungsprozeßrecht, und Stern, Verwaltungsprozessuale Probleme in der öffentlich-rechtlichen Klausur, Bezug genommen. Bei der Auswahl wie auch bei der Darstellung im übrigen ließ ich mich von meinen Erfahrungen als Verwaltungsrichter, Referendararbeitsgemeinschaftsleiter und Hochschullehrer leiten.

Es ist die Hoffnung des Verfassers, daß der Kommentar seinen Teil dazu beitragen möge, daß auch das Verwaltungsprozeßrecht und das ebenfalls in der VwGO geregelte Recht des Vorverfahrens im Bereich der Verwaltung seine vornehmste Aufgabe, der richtigen Entscheidung den Weg zu weisen, erfüllen kann, und berechtigte Ansprüche nicht an den Schwierigkeiten und Tücken des formellen Rechts scheitern. Für Kritik und Anregungen zu Verbesserungen in künftigen Auflagen bin ich dankbar.

Herrn Verwaltungsrichter Dr. J. Wittmann, Vorsitzender Richter am Verwaltungsgericht München,[1] danke ich für seine Hilfe und wertvollen Anregungen bei der Ausarbeitung, außerdem vor allem auch dem Verlag für seine Unterstützung und die sorgfältige Drucklegung und meiner Frau und meinen Kindern für ihre Geduld.

München – Graz, im Oktober 1973 — Ferdinand Kopp

---

[1] Herr Prof. Dr. Wittmann war zuletzt Präsident des Bayerischen Verwaltungsgerichtshofes und trat zum 31. Juli 2002 in den Ruhestand.

Hinweise für den Gebrauch

Paragraphen ohne nachfolgende Angabe eines Gesetzes sind stets solche der VwGO.

Fundstellenangaben ohne Nennung eines Gerichts oder eines Autors (zB 11, 27; NJW 1970, 232) beziehen sich auf Entscheidungen des **Bundesverwaltungsgerichts** in der amtlichen Sammlung bzw in der angegebenen Zeitschrift usw, soweit Hinweise auf ein anderes Gericht oder auf einen Autor vorausgehen, auf dieses Gericht bzw diesen Autor. **Abgekürzte Städtenamen** (siehe Abkürzungsverzeichnis) bezeichnen, sofern nichts anderes angegeben ist (zB VG, OLG), das OVG mit Sitz in der genannten Stadt. Folgt der Gerichtsbezeichnung eine Fundstellenangabe ohne Nennung der Zeitschrift (zB Ma 23, 1; EuGH 1995, I-1), so bezieht sich diese auf die amtliche Sammlung des betreffenden Gerichts. Fundstellenangaben für BGH-Entscheidungen ohne Nennung der Zeitschrift beziehen sich auf die amtliche Sammlung „BGHZ".

Entscheidungen der Zivilgerichte, Sozialgerichte usw beziehen sich, wenn nichts anderes angegeben ist, auf die dem erläuterten Paragraphen entsprechende Vorschrift der ZPO, des SGG usw. Entsprechendes gilt für Hinweise auf **Kommentare** zu diesen Gesetzen. Die Kommentare zur VwGO werden nur nach Randnummern ohne Angabe des Paragraphen zitiert, wenn die Fundstelle denselben Paragraphen betrifft wie die Erläuterungen. Schrifttum wird – soweit vorhanden – nach Randnummern zitiert. Lehrbücher ohne Randnummern mit Einteilung der Darstellung in Paragraphen oder in Abschnitte usw werden nach diesen zitiert. Beginnt die Zählung der Randnummern mit jedem Paragraphen neu, wird zuerst der Paragraph, anschließend die Randnummer genannt (zB Hufen § 21, 1; UL § 65, 12). Lediglich sonstige Literatur (zB Monographien) wird nach Seiten zitiert.

Das Wort **„vor"** (auch mit einer Ziffer verbunden) bezeichnet, wenn es vor einem Paragraphen steht (zB 1 vor § 40), die Vorbemerkung zu dem mit dem Paragraphen beginnenden Abschnitt bzw Teil eines Abschnitts der VwGO. Ein **„vgl"** bei einem Hinweis bedeutet, daß die herangezogene Entscheidung, Literaturstelle usw nicht dasselbe Problem betrifft, sondern nur einen vergleichbaren Fall.

Inhaltsverzeichnis

Abkürzungsverzeichnis und Verzeichnis der abgekürzt zitierten Literatur[1]

A	Ansicht
aA	anderer Ansicht
aaO	am angegebenen Ort
abl	ablehnend
ABl	Amtsblatt
Abs	Absatz
abw	abweichend
Achterberg	Achterberg, N., Allgemeines Verwaltungsrecht, 2. Aufl 1986
AcP	Archiv für civilistische Praxis (Z)
aE	am Ende
AEG	Allgemeines Eisenbahngesetz
ÄndG	Änderungsgesetz
aF	alte (frühere), durch Gesetzesänderung überholte Fassung
AfP	Zeitschrift für Medien- und Kommunikationsrecht, vorher: Archiv für Presserecht (Z)
Ag	Antragsgegner
AG	Amtsgericht oder Ausführungsgesetz
AGB	Allgemeine Geschäftsbedingungen
AgrarR	Agrarrecht (Z)
AGVwGO	Ausführungsgesetz zur Verwaltungsgerichtsordnung
AK	Alternativ-Kommentar
AktG	Aktiengesetz
allg	allgemein
allgM	allgemeine Meinung
Alt	Alternative
AMG	Arzneimittelgesetz
Anl	Anlage
Anm	Anmerkung
Anspr	Anspruch
AnwBl	Anwaltsblatt (Z)
AO	Abgabenordnung 1977
AöR	Archiv des öffentlichen Rechts (Z)
AP	Hueck A./Nipperdey H. C./Dietz D., Arbeitsrechtliche Praxis, Nachschlagewerk des Bundesarbeitsgerichts
APF	Ausbildung, Prüfung, Fortbildung. Zeitschrift für die staatliche und kommunale Verwaltung (Z)
ArbG	Arbeitsgericht
ArbGG	Arbeitsgerichtsgesetz
Art	Artikel
ASt	Antragsteller
AsylbLG	Asylbewerberleistungsgesetz
AsylVfG	Asylverfahrensgesetz
AtG	Atomgesetz
AtVfV	Verordnung über das Verfahren bei der Genehmigung von Anlagen nach § 7 des Atomgesetzes (Atomrechtliche Verfahrensverordnung)
AuA	Arbeit und Arbeitsrecht (Z)
AufenthG	Aufenthaltsgesetz
Aufl	Auflage
AuAS	Ausländer- und Asylrecht Schnelldienst (Z)

[1] Weitere Literaturangaben s bei den einzelnen Vorschriften der VwGO. Bei mit (Z) gekennzeichneten Abkürzungen handelt es sich um Zeitschriftentitel.

Abkürzungen

ausdr	ausdrücklich
ausf	ausführlich
AuslG	Ausländergesetz (ersetzt durch AufenthG)
aW	aufschiebende Wirkung
B	Bader J./Funke-Kaiser M./Kuntze S./v. Albedyll J., Verwaltungsgerichtsordnung, 3. Aufl 2005 (zit B-Bearbeiter)
Ba	OVG Bautzen
Bachof I, II	Bachof O., Verfassungsrecht, Verwaltungsrecht, Verfahrensrecht, 2. Aufl 1968
BAföG	Bundesausbildungsförderungsgesetz
BAG	Bundesarbeitsgericht
BÄO	Bundesärzteordnung
Battis	Battis U., Allgemeines Verwaltungsrecht, 3. Aufl 2002
Battis BauGB	Battis U./Krautzberger M./Löhr R.-P., Baugesetzbuch, 9. Aufl 2005
Battis BBG	Battis U., Bundesbeamtengesetz, 3. Aufl 2004
BauGB	Baugesetzbuch
BauGBMaßnG	Maßnahmengesetz zum Baugesetzbuch (aufgehoben durch BauROG)
Baumeister	Baumeister P., Der Beseitigungsanspruch als Fehlerfolge des rechtswidrigen Verwaltungsakts, 2006
Baumeister Rechtswidrigwerden	Baumeister P., Das Rechtswidrigwerden von Normen, 1996
BauNVO	Baunutzungsverordnung
Baur/Grunsky	Baur Fr./Grunsky W., Zivilprozeßrecht, 12. Aufl 2006
BauR	Baurecht (Z)
BauROG	Bau- und Raumordnungsgesetz 1998 v 18. 8. 1997 (BGBl I 2081)
Bay, bay	Bayern, bayerisch
Bayerlein	Bayerlein W. ua, Praxishandbuch Sachverständigenrecht, 3. Aufl 2002
BayKG	Kostengesetz (des Bundeslandes Bayern)
BayObLG	Bayerisches Oberstes Landesgericht
BayStrWG	Bayerisches Straßen- und Wegegesetz
BayVBl	Bayerische Verwaltungsblätter
BayVerfGH	Bayerischer Verfassungsgerichtshof
BayVGH	Bayerischer Verwaltungsgerichtshof
BayVGH-FS	Verwaltung und Rechtsbindung, Festschrift zum hundertjährigen Bestehen des BayVGH, 1979
BB	Der Betriebs-Berater (Z)
BBauG	Bundesbaugesetz, ersetzt durch BauGB
BBergG	Bundesberggesetz
BBesG	Bundesbesoldungsgesetz
BBG	Bundesbeamtengesetz
BDG	Bundesdisziplinargesetz
BDO	Bundesdisziplinarordnung (ersetzt durch BDG)
BEG	Bundesgesetz zur Entschädigung für Opfer der nationalsozialistischen Verfolgung
bej	bejahend
Bek	Bekanntmachung
Bekl	Beklagte/-n/-r
Berg	Berg W., Die verwaltungsrechtliche Entscheidung bei ungewissem Sachverhalt, 1980
Berl, berl	Berlin, berliner
BerlASOG	Allgemeines Gesetz zum Schutz der öffentlichen Sicherheit und Ordnung in Berlin
BerlK	Friauf K. H./Höfling W., Berliner Kommentar zum Grundgesetz (zit BerlK-Bearbeiter)
BesatzSchG	Gesetz über die Abgeltung von Besatzungsschäden
betr	betreffend
BetrAVG	Gesetz zur Verbesserung der betrieblichen Altersversorgung

Betrieb	Der Betrieb (Z)
Bettermann/ Nipperdey	Bettermann K. A./Nipperdey H. C./Scheuner U., Die Grundrechte 1954f
BezG	Bezirksgericht
Bf	Beschwerdeführer
BFH	Bundesfinanzhof
BFH/NV	Sammlung amtlich nicht veröffentlichter Entscheidungen des Bundesfinanzhofs
BGB	Bürgerliches Gesetzbuch
BGBl	Bundesgesetzblatt
BGG	Gesetz zur Gleichstellung behinderter Menschen
BGH	Bundesgerichtshof
BGHSt	Entscheidungen des BGH in Strafsachen
BGHZ	Entscheidungen des BGH in Zivilsachen
BImSchG	Bundes-Immissionsschutzgesetz
BImSchV	Verordnung zur Durchführung des Bundes-Immissionsschutzgesetzes
Bischof	Bischof H. H., Europarecht für Anfänger, 2. Aufl 1996
BJagdG	Bundesjagdgesetz
BK	Bonner Kommentar, Kommentar zum GG, Losebl 1950ff (zit BK-Bearbeiter)
BKK	Die Betriebskrankenkasse (Z)
BL	Baumbach A./Lauterbach W./Albers J./Hartmann P., Zivilprozeßordnung mit Gerichtsverfassungsgesetz und anderen Nebengesetzen, 65. Aufl 2007
Bleckmann	Bleckmann A., Europarecht, 6. Aufl 1997
Bln	OVG Berlin (ersetzt durch OVG Berlin-Brandenburg)
BlnB	OVG Berlin-Brandenburg
Blomeyer	Blomeyer A., Zivilprozeßrecht, 2. Aufl 1985
BNatSchG	Bundesnaturschutzgesetz
BNotO	Bundesnotarordnung
Böhme	Böhme W./Fleck D./Bayerlein W., Formularsammlung für Rechtsprechung und Verwaltung, 17. Aufl 2006
Bosch/Schmidt	Bosch E./Schmidt J., Praktische Einführung in das verwaltungsgerichtliche Verfahren, 8. Aufl 2005
BPatG	Bundespatentgericht
BPersVG	Bundespersonalvertretungsgesetz
Br	OVG Bremen
Bracher/Reidt	Bracher C.-D./Reidt O., Bauplanungsrecht, 7 Aufl. 2004
BRAGO	Bundesrechtsanwaltsgebührenordnung (ersetzt durch RVG)
BRAK-Mitt	BRAK-Mitteilungen
Brand, brand	Brandenburg, brandenburgisch
BRAO	Bundesrechtsanwaltsordnung
Brem, brem	Bremen, bremer
BR-Dr	Bundesratsdrucksache
Brohm	Brohm W., Öffentliches Baurecht, 3. Aufl 2002
Brox/Walker	Brox H./Walker W.-D., Zwangsvollstreckungsrecht, 7. Aufl 2003
BRRG	Beamtenrechtsrahmengesetz
BRS	Baurechtssammlung, Rechtsprechung des BVerwG, der OVGe der Länder und anderer Gerichte zum Bau- und Bodenrecht
Brügelmann	Brügelmann H., BauGB, Kommentar, Losebl (zit nach Bearbeitern)
BSG	Bundessozialgericht
BSHG	Bundessozialhilfegesetz (ersetzt durch SGB XII)
BStBl II	Bundessteuerblatt Teil II
BT-Dr	Bundestagsdrucksache
Buchh	Sammel- und Nachschlagewerk der Rechtsprechung des BVerwG, herausgegeben von Buchholz K.

Abkürzungen

Büchner	Büchner H./Schlotterbeck K., VwGO. Verwaltungsprozeßrecht: erstinstanzliche Verfahren einschließlich Vorverfahren, 6. Aufl 2001
Budroweit	Budroweit A., Die Mitwirkung der Gemeinde bei baurechtlichen Entscheidungen: Eine Studie zur Beteiligung der Gemeinde nach § 36 BauGB – insbesondere durch das Einvernehmen, Hamburg 2004
Bull	Bull H. P./Mehde V., Allgemeines Verwaltungsrecht mit Verwaltungslehre, 7. Aufl 2005
Burgi	Burgi M., Verwaltungsprozeß und Europarecht, 1996
Buscher	Buscher J. Die Zulassungsberufung im Verwaltungsprozeß, 2004
BuW	Betrieb und Wirtschaft (Z)
BVerfG	Bundesverfassungsgericht
BVerfGG	Bundesverfassungsgerichtsgesetz
BVerwG	Bundesverwaltungsgericht
BVerwG-FS	Verwaltungsrecht zwischen Freiheit, Teilhabe und Bindung; Festgabe aus Anlaß des 25jährigen Bestehens des BVerwG, 1978
BVerwGG	Bundesverwaltungsgerichtsgesetz v 23. 9. 1952 (BGBl I 625), aufgehoben durch § 195 Abs 2 Nr 1 VwGO
BVFG	Bundesvertriebenengesetz
BVG	Gesetz über die Versorgung der Opfer des Krieges (Bundesversorgungsgesetz)
BW, bw	Baden-Württemberg, baden-württembergisch
BWVPr	Baden-Württembergische Verwaltungspraxis (Z)
bzgl	bezüglich
bzw	beziehungsweise
Classen	Classen C. D., Die Europäisierung der Verwaltungsgerichtsbarkeit, 1996
CR	Computer und Recht (Z)
DAR	Deutsches Autorecht (Z)
DB	Der Betrieb (Z)
ders	derselbe
Detterbeck	Detterbeck, Allgemeines Verwaltungsrecht mit Verwaltungsprozessrecht, 2. Aufl 2004
DGH	Dienstgerichtshof für Richter
DGVZ	Deutsche Gerichtsvollzieherzeitschrift (Z)
dh	das heißt
dies	dieselbe
diff	differenzierend
Diss	Dissertation
DJT	Deutscher Juristentag
DNotZ	Deutsche Notar-Zeitschrift (Z)
DöD	Der öffentliche Dienst (Z)
Dok	Dokumentation zum Deutschen Verwaltungsrichtertag, hg v Bund Deutscher Verwaltungsrichter
DÖV	Die Öffentliche Verwaltung (Z)
DRiG	Deutsches Richtergesetz
DRiZ	Deutsche Richterzeitung (Z)
DSchG	Denkmalschutzgesetz (eines Landes)
DStR	Deutsches Steuerrecht (Z)
dt	deutsch
DtZ	Deutsch-Deutsche Rechts-Zeitschrift (Z)
Dürr	Dürr H., Baurecht Baden-Württemberg, 11. Aufl 2004
DuR	Demokratie und Recht (Z)
DV	Die Verwaltung (Z)
DVBl	Deutsches Verwaltungsblatt (Z)
DVP	Deutsche Verwaltungspraxis (Z)
E	Entwurf
eA	einstweilige Anordnung

EAG Bau	Europarechtsanpassungsgesetz Bau v 24. 6. 2004 (BGBl I 1359)
EAGV	Vertrag zur Gründung der Europäischen Atomgemeinschaft (Euratom-Vertrag)
EF	Eyermann E./Fröhler L., Verwaltungsgerichtsordnung, Kommentar, 9. Aufl 1988 (12. Aufl s Ey)
EFG	Entscheidungen der Finanzgerichte
EG	Europäische Gemeinschaft(en)
EG	Einführungsgesetz
EGBGB	Einführungsgesetz zum BGB
EGGVG	Einführungsgesetz zum Gerichtsverfassungsgesetz
EGH	Ehrengerichtshof für Rechtsanwälte
EGMR	Europäischer Gerichtshof für Menschenrechte
EGStGB	Einführungsgesetz zum Strafgesetzbuch
EGV	Vertrag zur Gründung der Europäischen Gemeinschaft (EG-Vertrag)
Ehlers Europäisierung	Ehlers D., Europäisierung des Verwaltungsprozeßrechts, 1999
Einf	Einführung
eingeh	eingehend
EinigungsV	Vertrag über die Herstellung der Einheit Deutschlands
EKMR	Europäische Kommission für Menschenrechte
EMRK	(Europ.) Konvention zum Schutze der Menschenrechte und Grundfreiheiten v 4. 11. 1950, dazu Gesetz v 7. 8. 1952 (BGBl II 685, 953), in Kraft als deutsches Gesetz seit 3. 9. 1953 (BGBl 1954 II 14)
ENeuOG	Eisenbahnneuordnungsgesetz v 27. 12. 1993 (BGBl I, 2378)
Engelhardt/App	Engelhardt H./App M., Verwaltungsvollstreckungsgesetz (VwVG) – Verwaltungszustellungsgesetz (VwZG), 7. Aufl 2006
EntlG	Gesetz zur Entlastung der Gerichte in der Verwaltungs- und Finanzgerichtsbarkeit v 31. 3. 1978 (BGBl I S 446), geänd d G v 22. 12. 1983 (BGBl I 1515) und d G v 4. 7. 1985 (BGBl I 1274), Artikel 2. Vorschriften zur Entlastung der Verwaltungsgerichtsbarkeit
entspr	entsprechend
EnWG	Gesetz über die Elektrizitäts- und Gasversorgung (Energiewirtschaftsgesetz)
Erbguth/Schink UVPG	Erbguth W./Schink A., Gesetz über die Umweltverträglichkeitsprüfung, 2. Aufl 1996
Erichsen VerwR	Erichsen H.-U., Verwaltungsrecht und Verwaltungsgerichtsbarkeit I, 2. Aufl 1984
Erichsen StaatsR	Erichsen H.-U., Staatsrecht und Verfassungsgerichtsbarkeit I, 3. Aufl 1982
ERVVO	Verordnung über den elektronischen Rechtsverkehr (eines Bundeslandes) (s auch Fußnoten bei 7 zu § 55 a)
ERVVO BVerwG	VO über den elektronischen Rechtsverkehr beim BVerwG und beim BFH v 26. 11. 2004 (BGBl I 3091)
EStG	Einkommenssteuergesetz
ESVGH	Entscheidungen des Hessischen Verwaltungsgerichtshofs und des Verwaltungsgerichtshofs Baden-Württemberg (Z)
ET	Energiewirtschaftliche Tagesfragen (Z)
EU	Europäische Union
EuG	Gericht 1. Instanz der Europäischen Gemeinschaften
EuGH	Gerichtshof der Europäischen Gemeinschaften
EuGH Slg	Amtliche Sammlung der Entscheidungen des EuGH
EuGRZ	Europäische Grundrechte – Zeitschrift (Z)
EuGVO	Verordnung (EG) Nr 44/2001 über die gerichtliche Zuständigkeit und die Anerkennung und Vollstreckung von Entscheidungen in Zivil- und Handelssachen (ABlEG Nr L 12 v 16. 1. 2001, 1), in Kraft seit 1. 3. 2002, ersetzt EuGVÜ
EuR	Europarecht (Z)

Abkürzungen

EuRAG	Gesetz über die Tätigkeit europäischer Rechtsanwälte in Deutschland, Gesetz zur Umsetzung von Richtlinien der Europäischen Gemeinschaft auf dem Gebiet des Berufsrechts der Rechtsanwälte, in Kraft getreten am 14. 3. 2000
EuZustVO	Verordnung (EG) Nr 1348/2000 über die Zustellung gerichtlicher und außergerichtlicher Schriftstücke in Zivil- oder Handelssachen in den Mitgliedsstaaten (ABlEG Nr L 160 v 30. 6. 2000, 37), in Kraft seit 31. 5. 2001
EuZW	Europäische Zeitschrift für Wirtschaftsrecht (Z)
evtl	eventuell
EVwPO	Entwurf einer Verwaltungsprozeßordnung (VwPO), 1982, BT-Dr 9/1851 v 14. 7. 1982; idF der BT-Dr 10/3437 v 31. 5. 1985 mit Berichtigung BT-Dr 10/3477 v 13. 6. 1985
EVwVfG	Entwurf eines Verwaltungsverfahrensgesetzes BT-Dr 7/910 v 18. 7. 1973
EWiR	Entscheidungen zum Wirtschaftsrecht
EWS	Europäisches Wirtschafts- & Steuerrecht (Z)
Ey	Eyermann E., Verwaltungsgerichtsordnung, Kommentar, 12. Aufl 2006 (zit Ey-Bearbeiter) mit Nachtrag 2002 (zit mit dem Zusatz „N“)
EzAR	Entscheidungssammlung zum Ausländer- und Asylrecht
EZB	Ernst W./Zinkahn W./Bielenberg W., Baugesetzbuch, Kommentar, Losebl (zit EZB-Bearbeiter)
f.	folgende Seite (oder § etc)
F	Forsthoff E., Lehrbuch des Verwaltungsrechts, Bd. I, Allgemeiner Teil, 10. Aufl 1973
FamRZ	Zeitschrift für das gesamte Familienrecht (Z)
FBA	Folgenbeseitigungsanspruch
FeV	Fahrerlaubnis-Verordnung v 18. 8. 1998 (BGBl I 2214)
FEVS	Fürsorgerechtliche Entscheidungen der Verwaltungs- und Sozialgerichte
ff.	folgende Seiten
FFK	Fortsetzungsfeststellungsklage
FfO	OVG Frankfurt/Oder (ersetzt durch OVG Berlin-Brandenburg)
FG	Finanzgericht
FG BGH	50 Jahre Bundesgerichtshof, Festgabe aus der Wissenschaft, hg von Canaris C.-W./Helldurch A./Hopf K. J./Roxin C./Schmidt K./Widmaier G., 2000
FG BVerwG	Festgabe 50 Jahre Bundesverwaltungsgericht, hg von Schmidt-Aßmann E., 2003
FGO	Finanzgerichtsordnung
FinDAG	Finanzdienstleistungsaufsichtsgesetz
Finkelnburg	Finkelnburg, K./Jank K. P., Vorläufiger Rechtsschutz im Verwaltungsstreitverfahren, 4. Aufl 1998
Finkelnburg/Ortloff I	Finkelnburg K./Ortloff K.-M., Öffentliches Baurecht Bd I, Bauplanungsrecht, 5. Aufl 1998
Finkelnburg/Ortloff II	Finkelnburg K./Ortloff K.-M., Öffentliches Baurecht Bd II, Bauordnungsrecht, Nachbarschutz, Rechtsschutz, 5. Aufl 2005
FlurbG	Flurbereinigungsgesetz
Fn	Fußnote, Anmerkung
Fricke/Märker	Fricke W./Märker K., Enteignetes Vermögen in der Ex-DDR, 2. Aufl 2002
Fröhler	Fröhler L./Zehetner F., Rechtsschutzprobleme bei grenzüberschreitenden Umweltbeeinträchtigungen, Linz 1980
FS	Festschrift
FStrPrivFinG	Fernstraßenbauprivatfinanzierungsgesetz
FStrG	Bundesfernstraßengesetz

G	Gesetz
G10	Gesetz zur Beschränkung des Brief-, Post- und Fernmeldegeheimnisses
GA	Goltdammers Archiv für Strafrecht (Z)
GBl	Gesetzblatt
geänd	geändert
GebG	Gebührengesetz (eines Bundeslandes)
Geiger	Geiger R., Kommentar zum EG-Vertrag, 4. Aufl 2004
Geimer/Schütze	Geimer R./Schütze R. A., Europäisches Zivilverfahrensrecht, Kommentar zum EuGVÜ und zum Lugano-Übereinkommen, 2. Aufl 2004
gem	gemäß
GemHVO	Gemeindehaushaltsverordnung (eines Bundeslandes)s
GenBeschlG	Genehmigungsverfahrensbeschleunigungsgesetz v 12. 9. 1996 (BGBl I 1354)
GenTG	Gentechnikgesetz
Gern	Gern A., Kommunalrecht Baden-Württemberg, 9. Aufl 2005
Gersdorf	Verwaltungsprozeßrecht, 3. Aufl 2006
GewA	Gewerbearchiv
GewO	Gewerbeordnung
GG	Grundgesetz für die Bundesrepublik Deutschland – Bonner Grundgesetz
ggf	gegebenenfalls
ggü	gegenüber
GKG	Gerichtskostengesetz
GKG/KV	Kostenverzeichnis zum Gerichtskostengesetz
GO	Gemeindeordnung (eines Bundeslandes)
GoA	Geschäftsführung ohne Auftrag
Götz	Götz V., Das Verwaltungshandeln, 1976
Gr	OVG Greifswald
Gräber	Gräber F. ua, FGO, Finanzgerichtsordnung, 6. Aufl 2006
grds	grundsätzlich
Grdz	Grundzüge
GrS	Großer Senat
Grunsky	Grunsky W., Grundlagen des Verfahrensrechts, 2. Aufl 1974
Grunsky ArbGG	Grunsky W., Arbeitsgerichtsgesetz, Kommentar, 7. Aufl 1995
GRUR	Gewerblicher Rechtsschutz und Urheberrecht (Z)
GrZS	Großer Zivilsenat beim Bundesgerichtshof
GS	Gedächtnisschrift/Gedenkschrift
GSOGB	Gemeinsamer Senat der obersten Gerichtshöfe des Bundes (gemäß RsprEinhG)
GüKG	Güterkraftverkehrsgesetz
GVBl	Gesetz- und Verordnungsblatt
GVG	Gerichtsverfassungsgesetz
GVO	Grundstücksverkehrsordnung
GWB	Gesetz gegen Wettbewerbsbeschränkungen
HAGM	Happ M./Allesch E./Geiger H./Metschke A., Die Station in der öffentlichen Verwaltung – Grundkurs für Referendare, 6. Aufl 2006
Hailbronner	Hailbronner K., Ausländerrecht, Losebl (zit Hailbronner/Bearb)
HandwO	Handwerksordnung
Hartmann	Hartmann, P. ua, Kostengesetze, 37. Aufl 2007
Hauck	Hauck K./Haines H., Sozialgesetzbuch (SGB) X/1/2. Verwaltungsverfahren und Schutz der Sozialdaten, 1981 ff
Hbg	OVG Hamburg
HeilBG	Heilberufsgesetz (eines Bundeslandes)

Abkürzungen

Hess, hess	Hessen, hessisch
Hesse	Hesse K., Grundzüge des Verfassungsrechts der Bundesrepublik Deutschland, 20. Aufl 1995; Neudruck 1999
HessVGRspr	Rechtsprechung der Hessischen Verwaltungsgerichte
HFR	Höchstrichterliche Finanzrechtsprechung (Z)
Hg; hg	Herausgeber; herausgegeben
HGB	Handelsgesetzbuch
HHSp	Hübschmann W./Hepp E./Spitaler A. (Hg), Kommentar zur Abgabenordnung (AO 1977) und Finanzgerichtsordnung, 9. Aufl 1993, Losebl
hins	hinsichtlich
Hk	Fehling M./Kastner B./Wahrendorf V., Verwaltungsrecht, VwVfG, VwGO, Handkommentar (zit Hk-Bearbeiter)
HKaG	Heilberufe-Kammergesetz (eines Bundeslandes)
hM	herrschende Meinung
Hmb	Hamburg, hamburgisch
HmbJVBl	Hamburgisches Justizverwaltungsblatt (Z)
Hödl-Adick	Die Bescheidungsklage als Erfordernis eines interessengerechten Rechtsschutzes, 2001
Hoppe/Bönker/Grotefels	Hoppe W./Bönker C./Grotefels S., Öffentliches Baurecht, 3. Aufl 2004
HRG	Hochschulrahmengesetz
HS	Halbsatz
Hufen	Hufen F., Verwaltungsprozessrecht, 6. Aufl 2005
HwSW	Handwörterbuch der Staatswissenschaften, 4. Aufl 1923 ff
idF	in der Fassung (nur gebraucht für die Bekanntmachung der Neufassung eines Gesetzes)
idR	in der Regel
idS	in diesem Sinn
iE	im Ergebnis
ieS	im engeren Sinn
IFG	Informationsfreiheitsgesetz (sofern nicht anders vermerkt: des Bundes)
IFLA	Fachzeitschrift für die Lastenausgleichsverwaltung, die Vertriebenenverwaltung und die Behörden zur Regelung offener Vermögensfragen (Z)
IfSG	Infektionsschutzgesetz
InfAuslR	Informationsbrief Ausländerrecht (Z)
insb	insbesondere
InsO	Insolvenzordnung
InvVorG	Investitionsvorranggesetz idF 4. 8. 1997 (BGBl I 1996)
IPRax	Praxis des Internationalen Privat- und Verfahrensrechts (Z)
IPRspr	Die Rechtsprechung auf dem Gebiete des Internationalen Privatrechts
Ipsen	Ipsen J., Allgemeines Verwaltungsrecht, 4. Aufl 2005
iS	im Sinne
iSd	im Sinne der/im Sinne des
iSv	im Sinne von
iü	im übrigen
iV	in Verbindung
iVm	in Verbindung mit
iwS	im weiteren Sinne
JA	Juristische Arbeitsblätter (Z)
Jacobj	Jacobj H., Spruchreife und Streitgegenstand im Verwaltungsprozeß, 2001
Jäde	Jäde H., Verwaltungsverfahren, Widerspruchsverfahren, Verwaltungsprozeß, 5. Aufl 2006
Jarass	Jarass H., Bundesimmissionsschutzgesetz Kommentar, 6. Aufl 2005
Jarass/Pieroth	Jarass, H/Pieroth B., GG, 8. Aufl 2006
JAÜbBlRef	JA-Übungsblätter für Referendare (Z)

JAÜbBlStud .... JA-Übungsblätter für Studenten (Z)
Jauernig .... Jauernig O., Zivilprozeßrecht, 28. Aufl 2003
Jellinek .... Jellinek W., Verwaltungsrecht, 3. Aufl 1948
Jessnitzer .... Jessnitzer K./Frieling G./Ulrich J., Der gerichtliche Sachverständige, 11. Aufl 2001
JK .... Jura-Kartei der Rechtsprechung, Beilage zur Zeitschrift Jura
JKomG .... Justizkommunikationsgesetz v 22. 3. 2005 (BGBl I 837)
JMBl ST .... Justizministerialblatt für das Land Sachsen-Anhalt Teilausgabe B
JR .... Juristische Rundschau (Z)
JuMiG .... Justizmitteilungsgesetz und Gesetz zur Änderung kostenrechtlicher Vorschriften und anderer Gesetze v 18. 6. 1997 (BGBl I 1430)
1. JuMoG............................ 1. Justizmodernisierungsgesetz v 24. 8. 2004 (BGBl I 2198)
Jura .... Jura. Juristische Ausbildung (Z)
JurBüro .... Das Juristische Büro (Z)
JuS .... Juristische Schulung (Z)
JuSchG............................... Jugendschutzgesetz
Justiz .... Die Justiz. Amtsblatt des Justizministeriums Baden-Württemberg (Z)
JVEG .... Justizvergütungs- und -entschädigungsgesetz
JW .... Juristische Wochenschrift (Z)
JZ .... Juristenzeitung (Z)

KDVG .... Kriegsdienstverweigerungsgesetz
Kemper .... Kemper K., Der vorläufige Verwaltungsakt, 1990
KG .... Kammergericht
KgfEG .... Kriegsgefangenenentschädigungsgesetz
KHG .... Gesetz zur wirtschaftlichen Sicherung der Krankenhäuser und zur Regelung der Krankenhauspflegesätze (Krankenhausfinanzierungsgesetz)
KirchE .... Entscheidungen in Kirchensachen
Kisker/Höfling .... Kisker G./Höfling W., Fälle zum Staatsorganisationsrecht, 3. Aufl 2001
Kissel .... Kissel O., Gerichtsverfassungsgesetz, 4. Aufl 2005
KJ .... Kritische Justiz (Z)
KKStPO .... Karlsruher Kommentar zur StPO und zum GVG mit EG, hg von Pfeiffer G., 5. Aufl 2003
Kl .... Kläger
Kn .... Knack H.-J. (Hg), Verwaltungsverfahrensgesetz (VwVfG), Kommentar, 8. Aufl 2004
Knemeyer PolR .... Knemeyer F.-L., Polizei- und Ordnungsrecht, 10. Aufl 2004
Ko .... OVG Koblenz
Koch .... Koch K./Scholz R.-D. (Hg), Abgabenordnung (AO 1977), 5. Aufl 1996
Koch AllgVR .... Koch H. J./Rubel R./Heselhaus S., Allgemeines Verwaltungsrecht, 3. Aufl 2003
Koehler .... Koehler A., Verwaltungsgerichtsordnung, Kommentar, 1960
Kopp Gutachten .... Kopp F., Welchen Anforderungen soll eine einheitliche Verwaltungsprozeßordnung genügen?, Gutachten B, in: Verhandlungen des 54. Deutschen Juristentages, Bd. 1, 1982
Kopp VerfR .... Kopp F., Verfassungsrecht und Verwaltungsverfahrensrecht, 1970
Kopp VwVfG .... Kopp F., VwVfG, Verwaltungsverfahrensgesetz, Kommentar, 6. Aufl 1995 (9. Aufl s KR)
Kopp VwGO-Rspr .... Kopp F., Verwaltungsgerichtsordnung, Rechtsprechung der Obergerichte, 5. Aufl 1991

Abkürzungen

Kopp F.J.	Kopp F.J., Vorläufiges Verwaltungsverfahren und vorläufiger Verwaltungsakt, 1992
Kothe	Kothe P., Das neue Umweltauditrecht, 1997
KR	Kopp F./Ramsauer U., Verwaltungsverfahrensgesetz, Kommentar, 8. Aufl 2003
Krämer	Krämer C., Vorläufiger Rechtsschutz in VwGO-Verfahren, 1998
KrG	Kreisgericht
krit	kritisch
Kropholler EuGVO	Kropholler J., Europäisches Zivilprozeßrecht – Kommentar zur EuGVO, Lugano-Übereinkommen und Europäischem Vollstreckungstitel, 8. Aufl 2005
KrW-/AbfG	Gesetz zur Förderung der Kreislaufwirtschaft und Sicherung der umweltverträglichen Beseitigung von Abfällen
Ks	VGH Kassel
KStZ	Kommunale Steuer-Zeitschrift (Z)
KTS	Konkurs-, Treuhand- und Schiedsgerichtswesen (Z)
Kühn	Kühn R./Hofmann R., AO, 18. Aufl 2004
Kuhla/Hüttenbrink	Kuhla W./Hüttenbrink J., Der Verwaltungsprozess, 3. Aufl 2002
KWG	Kommunalwahlgesetz (eines Bundeslandes)
LABV	Verordnung über die Landesanwaltschaft Bayern
LadSchlG	Ladenschlussgesetz
LAG	Lastenausgleichsgesetz idF 2. 6. 1993 (BGBl I 845) oder Landesarbeitsgericht
LBeschG	Landbeschaffungsgesetz
LBG	Landesbeamtengesetz
LBO	Landesbauordnung
Lechner/Zuck	Lechner H./Zuck R., BVerfGG, 4. Aufl 1996 mit Nachtrag 1999
Leipold	Leipold D., Grundlagen des einstweiligen Rechtsschutzes, 1971
LFGB	Lebensmittel-, Bedarfsgegenstände- und Futtermittelgesetzbuch (ersetzt LMBG)
LHG	Landeshochschulgesetz
Linhart	Linhart H., Der Bescheid, 2. Aufl 2002
Lisken/Denninger	Lisken H./Denninger E., Handbuch des Polizeirechts, 3. Aufl 2001
lit	Buchstabe
Lit	Literatur
LKV	Landes- und Kommunalverwaltung (Z)
LM	Lindenmaier F./Möhring Ph., Nachschlagewerk des Bundesgerichtshofs
LMBG	Lebensmittel- und Bedarfsgegenständegesetz (ersetzt durch LFGB)
Lorenz	Lorenz D., Verwaltungsprozessrecht, 2000
Lorenz, Rechtsschutz	Lorenz D., Der Rechtsschutz des Bürgers und die Rechtsweggarantie, 1973
LPartG	Lebenspartnerschaftsgesetz
LPlG	Landesplanungsgesetz
LR	Leibholz G./Rupprecht R., Bundesverfassungsgerichtsgesetz, Rechtsprechungskommentar 1968, mit Nachtrag 1971
LRStPO	Löwe E./Rosenberg W., Die Strafprozeßordnung und das Gerichtsverfassungsgesetz, 26. Aufl 2006, Losebl
LS	Leitsatz
LSG	Landessozialgericht
Lü	OVG Lüneburg
Lücke	Lücke J., Vorläufige Staatsakte, 1991
Lüke	Lüke, W., Zivilprozessrecht, 9. Aufl 2006
LuftVG	Luftverkehrsgesetz

LuftVZO	Luftverkehrszulassungsordnung
LVerf	Landesverfassung
LVerfG	Landesverfassungsgericht
LVwVfG	Landesverwaltungsverfahrensgesetz
M	Musielak H.-J. (Hg), Kommentar zur Zivilprozeßordnung, 5. Aufl 2006
Ma	VGH Mannheim
Maurer	Maurer H., Allgemeines Verwaltungsrecht, 16. Aufl 2006
Martens	Martens J., Die Praxis des Verwaltungsprozesses, 1975
Martens-GS	Gedächtnisschrift für Wolfgang Martens, hg von Selmer P./v Münch I., 1987
Martens Texte	Martens J., Mustertexte zum Verwaltungsprozeß, 2. Aufl 1994
Marx	Marx R., Asylverfahrensgesetz, Kommentar, 5. Aufl 2003
MB	Meyer H./Borgs-Maciejewski H., Verwaltungsverfahrensgesetz, 2. Aufl 1982
MBPlG	Magnetschwebebahnplanungsgesetz
MD	Maunz Th./Dürig G., Grundgesetz, Kommentar, Losebl (zit MD-Bearbeiter)
MDR	Monatsschrift für Deutsches Recht (Z)
mE	meines Erachtens
ME	Menger C. F./Erichsen H., Höchstrichterliche Rechtsprechung zum Verwaltungsrecht, im VerwA
MedR	Medizinrecht (Z)
Menger	Menger C. F., System des verwaltungsgerichtlichen Rechtsschutzes, 1954
Menger-FS	System des verwaltungsgerichtlichen Rechtsschutzes. Festschrift für Christian-Friedrich Menger, hg von Erichsen H.-U./Hoppe W./v Mutius A., 1985
Meyer-Goßner	Meyer-Goßner, L., Strafprozeßordnung, Gerichtsverfassungsgesetz, Nebengesetze und ergänzende Bestimmungen, 49. Aufl 2006
Mgd	OVG Magdeburg
MK	Mayer F./Kopp F., Allgemeines Verwaltungsrecht, 5. Aufl 1985
MKZPO	Münchener Kommentar zur ZPO, 3 Bde, hg von Lüke G. und Walchshöfer A., 2. Aufl 2000 (Bde 1 und 2), 2001 (Bd 3)
ML	Meyer-Ladewig J., SGG, Sozialgerichtsgesetz, 8. Aufl 2005
MRVO 165	Verordnung Nr 165 der Militärregierung – Britisches Kontrollgebiet – Verwaltungsgerichtsbarkeit in der britischen Zone vom 15. 9. 1948 (Abl MilReg 1948 S. 799 = VOBl BZ 1948 S. 263), aufgehoben durch § 195 Abs 2 Nr 2 VwGO
Ms	OVG Münster
MSch	Maunz Th./Schmidt-Bleibtreu B./Klein Fr./Ulsamer G., Bundesverfassungsgerichtsgesetz, Kommentar, Losebl
Mü	VGH München
MuE	Musterentwurf eines Verwaltungsverfahrensgesetzes (EVwVerfG 1963), 2. Aufl 1968
v Münch-Kunig	v. Münch I./Kunig P. (Hg), Grundgesetzkommentar Bd I, 5. Aufl 2000; Bd II, 4./5. Aufl 2001 und Bd III, 5. Aufl 2003
MüKo	Münchener Kommentar zum BGB
MuLö	Musterlösung
MuSchG	Mutterschutzgesetz idF 20. 6. 2002 (BGBl I 2318)
v Mutius	v. Mutius A., Das Widerspruchsverfahren als Verwaltungsverfahren und Prozeßvoraussetzung, 1969
v Mutius KommR	v. Mutius A., Kommunalrecht, 2. Aufl 2000
mN; mwN	mit (weiteren) Nachweisen
MV	Mecklenburg-Vorpommern, mecklenburg-vorpommerisch

Abkürzungen

MVAGGStrukG	Gesetz zur Ausführung des Gerichtsstrukturgesetzes (des Bundeslandes Mecklenburg-Vorpommern)
mV	mündliche Verhandlung
mWv	mit Wirkung vom
N	Nachweise
NatSchG	Naturschutzgesetz (eines Bundeslandes)
NDBZ	Neue Deutsche Beamtenzeitung (Z)
Nds, nds	Niedersachsen, niedersächsisch
NdsVBl	Niedersächsische Verwaltungsblätter (Z)
Nierhaus	Nierhaus M., Beweismaß und Beweislast: Untersuchungsgrundsatz und Beteiligtenmitwirkung im Verwaltungsprozeß, 1989
NJ	Neue Justiz (Z)
NJW	Neue Juristische Wochenschrift (Z)
NJW-RR	NJW-Rechtsprechungs-Report (Z)
NK	Normenkontrolle; Normenkontroll-
NKVwGO	Sodan H./Ziekow J. (Hg), Nomos-Kommentar zur VwGO, Losebl (zit NKVwGO-Bearbeiter)
NordÖR	Zeitschrift für öffentliches Recht in Norddeutschland (Z)
Nr	Nummer
NStZ	Neue Zeitschrift für Strafrecht (Z)
NuR	Natur und Recht (Z)
NVwZ	Neue Zeitschrift für Verwaltungsrecht (Z)
NVwZ-Beil	Beilage zur NVwZ, Neueste Rechtsprechung zum Asylrecht
NVwZ-RR	NVwZ-Rechtsprechungs-Report (Z)
NW, nw	Nordrhein-Westfalen, nordrhein-westfälisch
NWVBl	Nordrhein-Westfälische Verwaltungsblätter (Z)
NZA	Neue Zeitschrift für Arbeits- und Sozialrecht (Z)
NZV	Neue Zeitschrift für Verkehrsrecht (Z)
NZWehrR	Neue Zeitschrift für Wehrrecht (Z)
oä	oder ähnliches
Ob	Obermayer K. (Begr), Kommentar zum VwVfG, 3. Aufl 1999 (zit Ob-Bearbeiter)
OBA	Oberbundesanwalt
Obermayer	Obermayer K., Grundzüge des Verwaltungsrechts und des Verwaltungsprozeßrechts, 3. Aufl 1988
offen	ohne abschließende Stellungnahme
ÖJBl	(Österreichische) Juristische Blätter (Z)
ÖJZ	Österreichische Juristenzeitung (Z)
ör	öffentlichrechtlich
OLG	Oberlandesgericht
Ossenbühl	Ossenbühl F., Staatshaftungsrecht, 5. Aufl 1998
OVG	Oberverwaltungsgericht
OWiG	Gesetz über Ordnungswidrigkeiten
P	Pietzner R./Ronellenfitsch M., Das Assessorexamen im Öffentlichen Recht, Widerspruchsverfahren und Verwaltungsprozeß, 11. Aufl 2005
Palandt	Palandt, O., Bürgerliches Gesetzbuch, Kommentar, 66. Aufl 2007
PAO	Patentanwaltsordnung
PartGG	Partnerschaftsgesellschaftsgesetz
PBefG	Personenbeförderungsgesetz
Peine	Peine F.J., Allgemeines Verwaltungsrecht, 8. Aufl 2006
PersV	Die Personalverwaltung (Z)
Pestalozza	Pestalozza Ch., Verfassungsprozeßrecht, 3. Aufl 1991
Pfeiffer	Pfeiffer G., Strafprozeßordnung und Gerichtsverfassungsgesetz: Kommentar, 4. Aufl 2002
PharmaR	Pharmarecht (Z)

Pieroth/Schlink .... Pieroth, B./Schlink, B., Grundrechte Staatsrecht II, 22. Aufl 2006
PKH .... Prozeßkostenhilfe (früher: Armenrecht)
PKHÄndG .... Gesetz zur Änderung von Vorschriften über die Prozeßkostenhilfe v 10. 10. 1994 (BGBl I 2954)
PlVereinfG .... Gesetz zur Vereinfachung der Planungsverfahren für Verkehrswege v 17. 12. 1993 (BGBl I 2123)
PolG .... Polizeigesetz (eines Bundeslandes)
PostUmwG .... Gesetz zur Umwandlung der Unternehmen der Deutschen Bundespost in die Rechtsform der Aktiengesellschaft v 14. 9. 1994 (BGBl I 2325)
PUAG .... Bundestagsuntersuchungsausschussgesetz

RA .... Rechtsanwalt
Ramsauer .... Ramsauer U., Die Assessorprüfung im Öffentlichen Recht, 6. Aufl 2006
RBerG .... Rechtsberatungsgesetz
RdA .... Recht der Arbeit (Z)
RDG .... Rettungsdienstegesetz (eines Bundeslandes)
Rd L .... Recht der Landwirtschaft (Z)
Recht .... Das Recht (Z)
RelKEG.................................. Gesetz über die religiöse Kindererziehung (BGBl III 404-9)
Renner .... Renner G., Ausländerrecht, Kommentar, 8. Aufl 2005
RGBl .... Reichsgesetzblatt
RGSt .... Entscheidungen des Reichsgerichts in Strafsachen
RGZ .... Entscheidungen des Reichsgerichts in Zivilsachen
RhPf, rhpf .... Rheinland-Pfalz, rheinland-pfälzisch
RiA .... Recht im Amt (Z)
RIW .... Recht der internationalen Wirtschaft (früher: Außenwirtschaftsdienst des Betriebsberaters) (Z)
RKraft .... Rechtskraft
RL.. Richtlinie
RmBereinVpG .... Gesetz zur Bereinigung des Rechtsmittelrechts im Verwaltungsprozess v 20. 12. 2001 (BGBl I 3987)
RMBeschrG .... Gesetz zur Beschränkung von Rechtsmitteln in der Verwaltungsgerichtsbarkeit v 22. 4. 1993 (BGBl I 487) idF 1. 11. 1996 (BGBl I 1626), aufgehoben durch Art 3 RmBereinVpG
RMG .... Rengeling H.-W./Middeke A./Gellermann M., Handbuch desRechtsschutzes in der Europäischen Union, 2. Aufl 2003
RMittel................................... Rechtsmittel
RÖ .... Redeker K./v. Oertzen H.-J., Verwaltungsgerichtsordnung, Kommentar, 14. Aufl 2004 (zit RÖ-Bearbeiter)
ROG .... Raumordnungsgesetz
Roth, Faktische Eingriffe .... Roth W., Faktische Eingriffe in Freiheit und Eigentum, 1994
Roth, Grundrechte Minderjähriger .... Roth W., Die Grundrechte Minderjähriger im Spannungsfeld selbständiger Grundrechtsausübung, elterlichen Erziehungsrechts und staatlicher Grundrechtsbindung, 2003
Roth, Verwaltungsrechtliche Organstreitigkeiten .... Roth W., Verwaltungsrechtliche Organstreitigkeiten. Das subjektive Recht im innerorganisatorischen Verwaltungsrechtskreis und seine verwaltungsgerichtliche Geltendmachung, 2001
RPfl .... Der Deutsche Rechtspfleger (Z)
RPflEntlG .... Gesetz zur Entlastung der Rechtspflege v 11. 1. 1993 (BGBl I 50)
RPflVereinfG .... Rechtspflege-Vereinfachungsgesetz v 17. 12. 1990 (BGBl I 2847)
RRef .... Rechtsreferendar

RS .... Rosenberg L./Schwab K. H./Gottwald P., Zivilprozeßrecht, 16. Aufl 2004
RSB.. Rechtsschutzbedürfnis
RSI.. Rechtsschutzinteresse
Rspr .... Rechtsprechung
RsprD-LS .... Rechtsprechungsdienst des VGH Mannheim, Beilage zu VBlBW, (zitiert wird die Nr des Leitsatzes)
RsprEinhG .... Gesetz zur Wahrung der Einheitlichkeit der Rechtsprechung der obersten Gerichtshöfe des Bundes
Rupp .... Rupp H. H., Grundfragen der heutigen Verwaltungsrechtslehre, 1965; 2. Aufl 1991
RV .... Die Rentenversicherung (Z)
RVerletzung.............................. Rechtsverletzung
RVG .... Rechtsanwaltsvergütungsgesetz
RVG/VV .... Vergütungsverzeichnis zum Rechtsanwaltsvergütungsgesetz
RzW .... Rechtsprechung zum Wiedergutmachungsrecht (Z)

s .... siehe
S .... Satz
S. .... Seite
Sa.. OVG Saarlouis
Saarl, saarl .... Saarland, saarländisch
Sachs .... Sachs M. (Hg), Grundgesetz, Kommentar, 3. Aufl 2003 (zit Sachs-Bearbeiter)
Sachs, sächs .... Sachsen, sächsisch
SachsAnh, sachs-anh .... Sachsen-Anhalt, sachsen-anhaltinisch
SächsJG .... Sächsisches Justizgesetz
SächsVBl .... Sächsische Verwaltungsblätter (Z)
Sch .... Schoch Fr./Schmidt-Aßmann E./Pietzner R. (Hg), Verwaltungsgerichtsordnung, Kommentar, Losebl (zit Sch-Bearbeiter)
Schenke .... Schenke W.-R., Verwaltungsprozeßrecht, 10. Aufl 2005
Schenke BauO .... Schenke W.-R., Bauordnungsrecht, in: Achterberg/Püttner/Würtenberger (Hg), Besonderes Verwaltungsrecht, Bd 1, 2. Aufl 2000
Schenke BeamtenR .... Schenke W.-R., Fälle zum Beamtenrecht, 2. Aufl 1990
Schenke Bergbau .... Schenke W.-R., Bergbau contra Oberflächeneigentum und kommunale Selbstverwaltung, 1994
Schenke PolR .... Schenke W.-R., Polizei- und Ordnungsrecht, 4. Aufl 2005
Schenke Rechtsprechung......... Schenke, W.-R., Die Rechtsschutzgarantie des Art. 19 Abs. 4 GG im Spiegel der Rechtsprechung des Bundesverfassungsgerichts, in: Wolter/Riedel/Taupitz (Hg), Einwirkungen der Grundrechte auf das Zivilrecht, öffentliche Recht und Strafrecht, 1999, 153
Schenke Rechtsschutz .... Schenke W.-R., Rechtsschutz bei normativem Unrecht, 1979
Schenke R. P. .... Schenke R. P., Der Erledigungsstreit im Verwaltungsprozeß, 1996
Schilken ZP .... Schilken E., Zivilprozeßrecht, 5. Aufl 2006
Schl.. OVG Schleswig
Schlaich .... Schlaich K./Korioth St., Das Bundesverfassungsgericht, 6. Aufl 2004
SchlH, schlh .... Schleswig-Holstein, schleswig-holsteinisch
SchlHA .... Schleswig-Holsteinische Anzeigen (Z)
SchlHLVwG .... Allgemeines Verwaltungsgesetz für das Land Schleswig-Holstein (Landesverwaltungsgesetz – LVwG)
Schlosser .... Schlosser P., Zivilprozeßrecht Bd I, Erkenntnisverfahren, 2. Aufl 1991
Schmidt, R. .... Schmidt R., Verwaltungsprozeßrecht, 10. Aufl 2006
Schmidt-Aßmann .... Schmidt-Aßmann E. (Hg), Besonderes Verwaltungsrecht, 13. Aufl 2005

Schmidt-Preuß	Schmidt-Preuß M., Kollidierende Privatinteressen im Verwaltungsrecht: das subjektive öffentliche Recht im multipolaren Verwaltungsrechtsverhältnis, 2. Aufl 2005
Schmidt-Räntsch	Schmidt-Räntsch G./Schmidt-Räntsch J., Deutsches Richtergesetz. Richterwahlgesetz, Kommentar, 5. Aufl 1995
Schoch Vorläufiger Rechtsschutz	Schoch F., Vorläufiger Rechtsschutz und Risikoverteilung im Verwaltungsrecht, 1988
Schoch	Schoch Fr., Übungen im öffentlichen Recht II, Verwaltungsrecht und Verwaltungsprozeßrecht, 2. Aufl 2001
Schwabe	Schwabe J., Examensrelevantes Verwaltungsprozessrecht: mit Fällen und Lösungen, 5. Aufl 2000
SchwbG	Schwerbehindertengesetz (ersetzt durch SGB IX)
SDC	Schunck E./De Clerck H., Verwaltungsgerichtsordnung, Kommentar, 3. Aufl 1977
sE	seines Erachtens
Selmer/Gersdorf	Selmer P./Gersdorf H., Verwaltungsvollstreckungsverfahren, 1996
SG	Sozialgericht
SGb	Die Sozialgerichtsbarkeit (Z)
SGB	Sozialgesetzbuch, zit nach Büchern, zB SGB I, SGB X
SGG	Sozialgerichtsgesetz
SGH	Schmitt Glaeser W./Horn H.-D., Verwaltungsprozeßrecht, 15. Aufl 2000
SigG	Signaturgesetz
SJZ	Süddeutsche Juristenzeitung (Z)
SK StPO	Rudolphi H.-J./Frisch W./Paeffgen H.-U./Rogall K./Schlüchter E./Wolter J., Systematischer Kommentar zur Strafprozeßordnung und zum Gerichtsverfassungsgesetz
SKV	Staats- und Kommunal-Verwaltung (Z)
sog	sogenannter
SoldG	Soldatengesetz
SozEntsch	Sozialrechtliche Entscheidungssammlung (Z)
SozR	Sozialrecht, Rechtsprechung und Schrifttum, hg von Richtern des BSG (Z)
st	ständig
Staat	Der Staat (Z)
StAG	Staatsangehörigkeitsgesetz
StAZ	Das Standesamt (Z); früher: Zeitschrift für Standesamtswesen
StB	Der Steuerberater (Z)
StBS	Stelkens P./Bonk H.J./Sachs M., Verwaltungsverfahrensgesetz, Kommentar, 6. Aufl 2001 (zit StBS-Bearbeiter)
Stein	Stein V., Die Sachentscheidungsvoraussetzung des allgemeinen Rechtsschutzbedürfnisses im Verwaltungsprozeß, 2000
Steiner	Steiner U. (Hg), Besonderes Verwaltungsrecht, 8. Aufl 2006 (zit Steiner-Bearbeiter)
Stern	Stern K., Verwaltungsprozessuale Probleme in der öffentlich-rechtlichen Klausur, 8. Aufl 2000
Stern StaatsR	Stern K., Das Staatsrecht der Bundesrepublik Deutschland, Bd I 2. Aufl 1984; Bd II 1980; Bd III/1 1988; Bd III/2 1994, Bd V 2000
Steuer und Recht	Steuer und Recht (Z)
StGB	Strafgesetzbuch
StGH	Staatsgerichtshof
StHG DDR	Gesetz zur Regelung der Staatshaftung in der Deutschen Demokratischen Republik (Staatshaftungsgesetz – StHG) v 12. 5. 1969 (DDR GBl I 34), geänd d G v 14. 12. 1988 (DDR GBl I 329)

StJ	Stein F./Jonas H., Kommentar zur Zivilprozeßordnung, 22. Aufl 2002ff
StK	Wolff H. A./Decker A., Studienkommentar VwGO VwVfG, 2005 (zit StK-Bearbeiter)
str	streitig, strittig
Streitggst	Streitgegenstand
StrlSchV	Strahlenschutzverordnung
stRspr	ständige Rechtsprechung
StrW	Streitwert
StrWK	Streitwertkatalog
Stüer	Stüer B., Handbuch des Bau- und Fachplanungsrechts, 3. Aufl 2005
StUG	Stasi-Unterlagen-Gesetz
StuW	Steuer und Wirtschaft (Z)
StV	Der Strafverteidiger (Z)
StVO	Straßenverkehrs-Ordnung
StVollzG	Strafvollzugsgesetz
SVG	Soldatenversorgungsgesetz
ThP	Thomas H./Putzo H., Zivilprozeßordnung, 27. Aufl 2005
Thür, thür	Thüringen, thüringisch
ThürVBl	Thüringer Verwaltungsblätter (Z)
TKG	Telekommunikationsgesetz
tlw	teilweise
Turiaux	Turiaux A., Umweltinformationsgesetz, Kommentar, 1995
TVG	Tarifvertragsgesetz
TW	Tettinger P./Wahrendorf V., Verwaltungsprozeßrecht, 3. Aufl 2005
Tz	Teilziffer
u	und
ua	und andere(s)
uä	und ähnliches
UIG	Umweltinformationsgesetz
UL	Ule C. H./Laubinger H. W., Verwaltungsverfahrensrecht, 4. Aufl 1995; aktualisierter Nachdruck 1998
Ule	Ule C. H., Verwaltungsprozeßrecht, 9. Aufl 1987
Ule-FS	Verwaltung im Rechtsstaat. Festschrift für Carl Hermann Ule, hg von Blümel W./Merten D./Quaritsch H., 1987
Ule VwGO	Ule C. H., Verwaltungsgerichtsbarkeit, 2. Aufl 1962
Ule/Becker	Ule C. H./Becker F., Verwaltungsverfahren im Rechtsstaat, 1964
UmwG	Umwandlungsgesetz
UmwRG	Umwelt-Rechtsbehelfsgesetz v 7. 12. 2006 (BGBl I 2816), ergangen in Umsetzung der EG-Richtlinie 2003/35/EG
UnBefG	Gesetz über die unentgeltliche Beförderung von Kriegs- und Wehrdienstbeschädigten sowie von anderen Behinderten im Nahverkehr
UPR	Umwelt- und Planungsrecht (Z)
UTR	Jahrbuch des Umwelt- und Technikrechts (Schriftenreihe)
uU	unter Umständen
UVP	Umweltverträglichkeitsprüfung
UVPG	Gesetz über die Umweltverträglichkeitsprüfung
UWG	Gesetz gegen den unlauteren Wettbewerb
v	vom
VA	Verwaltungsakt
vAw	von Amts wegen
VB	Verfassungsbeschwerde
VBlBW	Verwaltungsblätter für Baden-Württemberg (Z)
VdB	Vertreter des Bundesinteresses beim Bundesverwaltungsgericht
VereinsG	Vereinsgesetz

Verf	Verfassung (eines Bundeslandes) oder Verfasser
VerfG	Verfassungsgericht
VerfGH	Verfassungsgerichtshof
VerkPBG	Gesetz zur Beschleunigung der Planungen für Verkehrswege in den neuen Ländern sowie im Land Berlin v 19. 12. 1991 (BGBl I 2174)
VermG	Gesetz zur Regelung offener Vermögensfragen
VersR	Zeitschrift für Versicherungsrecht (Z)
VerwA	Verwaltungsarchiv
Vf	Verfahren
VG	Verwaltungsgericht
VGH	Verwaltungsgerichtshof
vgl	vergleiche
VIZ	Zeitschrift für Vermögens- und Investitionsrecht
VkBl	Verkehrsblatt. Amtsblatt des Bundesministers für Verkehr
VO	Verordnung
VöI	Vertreter des öffentlichen Interesses
VR	Verwaltungsrundschau (Z)
VRS	Verkehrsrechtssammlung (Z)
VRspr	Verwaltungsrechtsprechung in Deutschland
VRW	Verwaltungsrechtsweg
VVDStRL	Veröffentlichungen der Vereinigung der Deutschen Staatsrechtslehrer
Vwgbk	Verwaltungsgerichtsbarkeit
VwGO	Verwaltungsgerichtsordnung
VwGOÄndG	Gesetze zur Änderung der VwGO – 4. VwGOÄndG v 17. 12. 1990 (BGBl I 2809); 6. VwGOÄndG v 1. 11. 1996 (BGBl I 1626)
VwVfG	Verwaltungsverfahrensgesetz (sofern nicht anders vermerkt: des Bundes)
VwVG	Verwaltungsvollstreckungsgesetz (sofern nicht anders vermerkt: des Bundes)
VwZG	Verwaltungszustellungsgesetz (sofern nicht anders vermerkt: des Bundes)
VwZVG	Verwaltungszustellungs- und Vollstreckungsgesetz (eines Bundeslandes)
VzA	Anordnung der sofortigen Vollziehung
VZOG	Vermögenszuordnungsgesetz
WaffG	Waffengesetz
WaStrG	Bundeswasserstraßengesetz
WBO	Wehrbeschwerdeordnung
WBS	Wolff H. J./Bachof O./Stober R., Verwaltungsrecht, Bd I, 11. Aufl 1999; Bd II, 6. Aufl 2000; Bd III, 5. Aufl 2004
WDO	Wehrdisziplinarordnung
We	OVG Weimar
Weides	Weides P., Verwaltungsverfahren und Widerspruchsverfahren, 3. Aufl 1993
wg	wegen
Weyreuther	Revisionszulassung und Nichtzulassungsbeschwerde in der Rechtsprechung der Obersten Bundesgerichte, 1971
WHG	Wasserhaushaltsgesetz
WHR	Würtenberger Th./Heckmann D./Riggert R., Polizeirecht in Baden-Württemberg, 6. Aufl 2005
WiB	Wirtschaftsrechtliche Beratung (Z)
WissR	Wissenschaftsrecht (Z)
WM	Wertpapier-Mitteilungen (Z)
WoBindG	Wohnungsbindungsgesetz
WoFG	Wohnraumförderungsgesetz
WPflG	Wehrpflichtgesetz
WRP	Wettbewerb in Recht und Praxis (Z)
WRV	Weimarer Reichsverfassung

Würt	Würtenberger Th., Verwaltungsprozessrecht, 2. Aufl 2006
Würtenberger	Würtenberger Th., Verwaltungsgerichtsbarkeit, PdW, 2. Aufl 1995
WuM	Wohnungswirtschaft und Mietrecht (Z)
WUR	Wirtschaftsverwaltungs- und Umweltrecht (Z)
WuV	Wirtschaft und Verwaltung, Vierteljahresbeilage zum Gewerbearchiv (Z)
WuW	Wirtschaft und Wettbewerb (Z)
Z	Zöller R., ZPO, Kommentar zur Zivilprozeßordnung, 26. Aufl 2007
ZaöRV	Zeitschrift für ausländisches öffentliches Recht und Völkerrecht
ZAP	Ausbildung und Prüfung (Z)
ZAR	Zeitschrift für Ausländerrecht und Ausländerpolitik
zB	zum Beispiel
ZBR	Zeitschrift für Beamtenrecht
ZDG	Zivildienstgesetz
Zehn Jahre VwGO	Zehn Jahre Verwaltungsgerichtsordnung, Bewährung und Reform, 1970
Zeidler-FS	Festschrift für Wolfgang Zeidler, hg von Fürst W./Herzog R./Umbach D. C., 2 Bde, 1987
Zeiss	Zeiss W./Schreiber, K., Zivilprozeßrecht, 10. Aufl 2003
ZEuP	Zeitschrift für Europäisches Privatrecht
ZevKR	Zeitschrift für evangelisches Kirchenrecht
ZfBR	Zeitschrift für deutsches und internationales Baurecht
ZfS	Zentralblatt für Sozialversicherung, Sozialhilfe und Versorgung (Z)
ZfSH/SGB	ZfSH/SGB – Sozialrecht in Deutschland und Europa; bis 1997: Zeitschrift für Sozialhilfe und Sozialgesetzbuch
ZfW	Zeitschrift für Wasserrecht
ZG	Zeitschrift für Gesetzgebung
ZHR	Zeitschrift für das gesamte Handelsrecht und Wirtschaftsrecht
Ziekow	Ziekow J., Verwaltungsverfahrensgesetz, Kommentar, 2006
Ziff	Ziffer
ZIP	Zeitschrift für Wirtschaftsrecht
Zimmermann	Zimmermann W., Zivilprozessordnung mit Gerichtsverfassungsgesetz und Nebengesetzen, Kommentar, 7. Aufl 2006
ZKF	Zeitschrift für Kommunalfinanzen
ZLA	Zeitschrift für den Lastenausgleich
ZLR	Zeitschrift für das gesamte Lebensmittelrecht
ZMR	Zeitschrift für Miet- und Raumrecht
ZOV	Zeitschrift für offene Vermögensfragen
ZPO	Zivilprozeßordnung
ZPO-RG	Zivilprozessreformgesetz v 27. 7. 2001 (BGBl I 1887)
ZRHO	Rechtshilfeordnung für Zivilsachen
ZRP	Zeitschrift für Rechtspolitik
ZRW	Zivilrechtsweg
ZS	Zimmer M./Schmidt Th., Der Streitwert im Verwaltungs- und Finanzprozeß, 1991
ZSEG	Gesetz über die Entschädigung von Zeugen und Sachverständigen (ersetzt durch JVEG)
ZSNeuOG	Zivilschutzneuordnungsgesetz v 25. 3. 1997 (BGBl I 726)
ZSR	Zeitschrift für Sozialrecht
zT	zum Teil
ZUM	Zeitschrift für Urheber- und Medienrecht
ZUR	Zeitschrift für Umweltrecht
zust	zustimmend
zutr	zutreffend
ZustRG	Zustellungsreformgesetz v 25. 6. 2001 (BGBl I 1206)
ZVS	Zentralstelle für die Vergabe von Studienplätzen
ZZP	Zeitschrift für den Zivilprozeß

Verwaltungsgerichtsordnung (VwGO)

in der Fassung der Bekanntmachung vom 19. März 1991 (BGBl I 686), zuletzt geänd durch das G zur Erleichterung von Planungsvorhaben für die Innenentwicklung der Städte v 21. 12. 2006 (BGBl I 3316)

Teil I. Gerichtsverfassung

1. Abschnitt. Gerichte

§ 1 [Unabhängigkeit der Verwaltungsgerichte]

Die Verwaltungsgerichtsbarkeit[1–4] wird durch unabhängige,[5–7] von den Verwaltungsbehörden getrennte[1] Gerichte ausgeübt.

Vgl § 1 GVG; § 1 FGO

Schrifttum: Allgemeines zur Verwaltungsgerichtsbarkeit: *Addicks*, Schneller, höher, weiter – bessere Verwaltungsgerichte durch abgesenkte „Standards"?, NWVBl 2005, 293; *Bauer*, Gerichtsschutz als Verfassungsgarantie, 1973; *Benda/Weber*, Der Einfluß der Verfassung im Prozeßrecht, 1984; *Bergmann*, Europarecht im Deutschen Verwaltungsprozeß (1): Grundstrukturen der EU und des Europäischen Verwaltungsrechts, VBlBW 2000, 169; *Bertrams*, Die nordrhein-westfälische Verwaltungsgerichtsbarkeit, NWVBl 1999, 245; *ders*, Die Erneuerung und Sicherung der Verwaltungsgerichtsbarkeit, DVBl 2006, 997; *Blümel/Pitschas* (Hg), Verwaltungsverfahren und Verwaltungsprozeß im Wandel der Staatsfunktionen, 1997; *M. Böhm*, Die gerichtliche Kontrolle von Verwaltungentscheidungen in Deutschland; Reformbedarf und Perspektiven, DÖV 2000, 990; *Brenner*, Allgemeine Prinzipien des verwaltungsgerichtlichen Rechtsschutzes in Europa, DV 1998, 1; *ders*, Determinanten verwaltungsgerichtlicher Rechtsschutzgewährleistung in Europa, LKV 2002, 304; *Brohm*, Verwaltung und Verwaltungsgerichtsbarkeit als Steuerungsmechanismen in einem polyzentrischen System der Rechtserzeugung, DÖV 1987, 265; *ders*, Stellung und Funktionen des Verwaltungsrichters, Vw 1991, 137; *Buermeyer*, Rechtsschutzgarantie und Gerichtsverfassungsrecht, 1975; *Burgi*, Verwaltungsprozeß und Europarecht, 1996; *ders*, Deutsche Verwaltungsgerichte als Gemeinschaftsgerichte, DVBl 1995, 772; *Classen*, Die Europäisierung der Verwaltungsgerichtsbarkeit, 1996; *ders*, Rechtsschutz gegen fremde Hoheitsgewalt, VerwA 2005, 464; *ders*, Effektive und kohärente Justizgewährleistung im europäischen Rechtsschutzverbund, JZ 2006, 157; *Damkowski/Precht*, Controlling in der Justiz, NVwZ 2005, 292; W. *Cremer*, Gemeinschaftsrecht und deutsches Verwaltungsprozessrecht, DV 2004, 165; *v Danwitz*, Die Eigenverantwortung der Mitgliedstaaten für die Durchführung von Gemeinschaftsrecht, DVBl 1998, 421; *Dolderer*, Verwaltungsprozess im Wandel, Brohm-FS 2002, 245; *Dörr*, Der europäisierte Rechtsschutzauftrag deutscher Gerichte, 2003; *Dünchheim*, Verwaltungsprozeßrecht unter europäischem Einfluß, 2003; *Ehlers*, Die Europäisierung des Verwaltungsprozeßrechts, 1999; *ders*, Die Europäisierung des Verwaltungsprozeßrechts, DVBl 2004, 1441; *Finger*, Der Zugang zur deutschen Verwaltungsgerichtsbarkeit unter gemeinschaftsrechtlichem Einfluss, JA 2005, 228; *Franßen*, 50 Jahre Verwaltungsgerichtsbarkeit in der Bundesrepublik Deutschland, DVBl 1998, 413; *Frenz*, Grundgesetzliche Rechtsschutzgarantie gegen europäische Rechtssetzungsakte?, Der Staat 1995, 586; *Gersdorf*, Das Kooperationsverhältnis zwischen deutscher Gerichtsbarkeit und EuGH, DVBl 1994, 674; *Gilles*, Effektivität des Rechtsschutzes und verfassungsmäßige Ordnung, 1983; *Götz/Klein/Starck* (Hg), Öffentliche Verwaltung zwischen Gesetzgebung und Kontrolle, 1985, ua mit Beiträgen von *Papier, Püttner, Kauffmann* und *Kopp; Haag*, „Effektiver Rechtsschutz" – grundrechtlicher Anspruch oder Leerformel?, Diss. Konstanz, 1986; *Groß*, Konvergenzen des Verwaltungsrechtsschutzes in der Europäischen Union, DV 2000, 415; *Habscheid*, Die Immunität internationaler Organisationen im Zivilprozeß, ZZP 1997, 269; *ders* (Hg), Effektiver Rechtsschutz und verfassungsmäßige Ordnung, 1983; *Haferkämper*, Die verfassungsrechtlichen Grundlagen der Maximen des Verwaltungsprozeßrechts, 1973; *Heinze,* Kontrolle staatlicher Einflußnahme auf den Wirtschaftsablauf durch das Bundesverwaltungsgericht, BVerwG-FS 1978, 279; *Heuermann,* Die Vorabentscheidung nach Art 177 EGV und das Verhältnis von europäischem und nationalem Recht, ThürVBl 1998, 1; *Hien,* Verwaltungsrichter: Selbstverständnis – Qualität – Legitimation, DVBl 2004, 909; *ders,* Keine allgemeine Fehlersuche – Gerichtliche Kontrolle auf Verletzung von Rechten des Bürgers begrenzen, DVBl 2003, 443; *ders,* Verwaltungs-, Sozial- und Finanzgerichtsbarkeit unter einem Dach?, DVBl 2004, 464; *Hirsch,* EuGH und BVerfG – Kooperation oder Konfrontation?, NJW 1996, 2457; *ders,* Europarechtliche Perspektiven der Verwaltungsgerichtsbarkeit, VBlBW 2000, 71; *Hofe/Müller,* Wandel der Staatsfunktionen – Wandel im Verwaltungsverfahren und Verwaltungsprozeß, BayVBl 1995, 225; *Huber,* Das Kooperationsverhältnis zwischen BVerfG und EuGH in Grundrechtsfragen, EuZW 1997, 517; *Hufen,* Verwaltungsprozeßrecht besteht, Verfassungsrecht vergeht? Rechtsschutzgarantie (Art 19 Abs 4 GG) und Grundrechte in der neueren verwaltungsprozessualen Rechtsprechung und Literatur, DV 1999, 519; *Kenntner,* Europarecht im Deutschen Verwaltungsprozeß (2): Europäisches Rechtsschutzsystem, VBlBW 2000, 297; *Kopp,* Welchen Anforderungen soll eine einheitliche Verwaltungsprozeßordnung genügen, um im Rahmen einer funktionsfähigen Rechtspflege effektiven Rechtsschutz zu gewährleisten?, Gutachten B zum 54. DJT, 1982; *ders,* Probleme und Aufgaben einer modernen Verwaltungsgerichtsbarkeit, Klecatsky-FS 1990, 109; *Krebs,* Kontrolle in staatlichen Entscheidungsprozessen, 1984; *Lerche,* Die Verwaltungsgerichtsbarkeit im Geflecht der Rechtskontrollen, BayVBl 1980, 257; *ders,* Neuere Entwicklungen im Bereich der Rechtsschutzgarantie des Art. 19 Abs 4 des deutschen Grundgesetzes, RTDE 1992, 309; *Leutheusser-Schnarrenberger,* Wege zur Justizentlastung, NJW 1995, 2441; *Lorenz,* Der Rechtsschutz des Bürgers und die Rechtsweggarantie, 1973; *ders,* Das Gebot effektiven Rechtsschutzes des Art. 19 Abs. 4 GG, Jura 1983, 393; *ders,* Die verfassungsrechtlichen Vorgaben des Art. 19 Abs. 4 GG für das Verwaltungsprozeßrecht, Menger-FS 1985, 143; *Mayen,* Gute Rechtsprechung – Ressourcengarantie und Leistungsverpflichtung, DVBl 2006, 1008; *Menger,* System des Verwaltungsgerichtlichen Rechtsschutzes, 1954; *Michel,* Entwicklungen des Verwaltungsprozesses in Deutschland, in: Blaurock, Gerichtsverfahren zwischen Gerechtigkeit und Ökonomoie, 2005, 117; *Millgramm,* Verwaltungsgerichtsbarkeit als Standortfaktor, SächsVBl 2005, 81; *ders,* Verwaltungsgerichtsbarkeit am Scheideweg, SächsVBl 2006, 177; *Oebbecke,* Justiz im Wettbewerb, DÖV 2007, 177; *v Oertzen,* Der Aufbau der Verwaltungsgerichtsbarkeit in den neuen Bundesländern, Redeker-FS 1993, 339; *Ortloff,* Kommunikationsdefizite im Verwaltungsprozess, NVwZ 2002, 1310; *Pache,* Das europäische Grundrecht auf einen fairen Prozeß, NVwZ 2001, 1342; *ders/Knauff,* Wider die Beschränkung der Vorlagepflicht unterinstanzlicher Gerichte im Vorabentscheidungsverfahren, NVwZ 2004, 16; *Papier,* Die Stellung der Verwaltungsgerichtsbarkeit im demokratischen Rechtsstaat, 1979; *ders,* Verwaltungsverantwortung und gerichtliche Kontrolle, Ule-FS 1987; *Pfeiffer,* Knappe Ressource Recht, ZRP 1981, 121; *Pitschas,* Der Kampf um Art. 19 IV. Funktionsgrenzen des „Neuen Steuerungssystems" in der Verwaltungsgerichtsbarkeit, ZRP 1998, 96; *Redeker,* Justizgewährungspflicht des Staates versus richterliche Unabhängigkeit, NJW 2000, 2796; *Rengeling,* Das Zusammenwirken von Europäischem Gemeinschaftsrecht und nationalem Recht, insb deutschem Recht, DVBl 1986, 306; *Ruthig,* Globalisierung und Grundgesetz – Die Grundrechte in Sachverhalten mit Auslandsbezug, Wolter/Riedel/Taupitz (Hg), Einwirkungen der Grundrechte auf das Zivilrecht, Öffentliche Recht und Strafrecht, 1999, 271 (zit Ruthig Globalisierung); *Schäuble,* Justizmanagement – die Lösung der Probleme?, DRiZ 1995, 157; *Schaffer,* Die Unabhängigkeit der Rechtspflege und des Richters, BayVBl 1991, 641 und 678; *Schenke,* Die Rechtsschutzgarantie des Art. 19 Abs. 4 GG (Sonderausgabe aus dem Bonner Kommentar zum GG), 1982; *ders,* Verwaltung und Verwaltungsgerichtsbarkeit – Gedanken zu einem der Grundthemen des Wirtschaftsverwaltungsrechts, WuV 1988, 145; *ders,* „Reform" ohne Ende – Das Sechste Gesetz zur Änderung der Verwaltungsgerichtsordnung und anderer Gesetze (6. VwGOÄndG), NJW 1997, 81; *ders,* Die Rechtsschutzgarantie des Art. 19 Abs 4 GG im Spiegel der Rechtsprechung des Bundesverfassungsgerichts, in: Wolter/Riedel/Taupitz (Hg), Einwirkungen der Grundrechte auf das Zivilrecht, Öffentliche Recht und Strafrecht, 1999, 153 (zit Schenke Rechtsprechung); *ders,* Verfassungsrechtliche Garantie eines Rechtsschutzes gegen Rechtsprechungsakte?, JZ 2005, 116; *Schilken,* Die Sicherung der Unabhängigkeit der dritten Gewalt, JZ 2006, 860; *Schlette,* Der Anspruch auf gerichtliche Entscheidung in angemessener Frist, 1999; *Schmidt-Aßmann,* Art. 19 IV GG als Teil des Rechtsstaatsprinzips, NVwZ 1983, 9; *ders,* Aufgaben und Funktionswandel der Verwaltungsgerichtsbarkeit vor dem Hintergrund der Verwaltungsrechtsentwicklung, VBlBW 2000, 45; *ders,* Spannungen im Europäischen Rechtsschutzgefüge, VBlBW 2006, 128; *Schmidt-Jortzig,* Aufgabe, Stellung und Funktion des Richters im demokratischen Rechtsstaat, NJW 1991, 2377; *ders,* Die Verwaltungsprozeßordnung – Schicksal und Perspektive, Offerhaus-FS, 1999, 753; *Schoch,* Die Verwaltungsgerichtsbarkeit vor den Herausforderungen der jüngeren Rechtsentwicklung, VBlBW 2000, 41; *ders,* Die Europäisierung des Verwaltungsprozessrechts, BVerwG-FS 2003, 507; *Scholz/Schmidt-Aßmann,* Verwaltungsverantwortung und Verwaltungsgerichtsbarkeit, VVDStRL 1976, 145, 221; *Schütz,* Qualität trotz Unabhängigkeit? – Die Richterschaft im Fokus exekutiver Qualitätsoffensiven, ThürVBl 2006, 81; *Schumann,* Die materiellrechtsfreundliche Auslegung des Prozeßgesetzes, Larenz-FS 1983, 571; *Schwarze,* Europäische Rahmenbedingungen für die Verwaltungsgerichtsbarkeit, NVwZ 2000, 241; *Sendler,* Noch immer „hausgemachte" Überlastung der Verwaltungsgerichte?, DÖV 2006, 133; *Sodan,* Das Spannungsverhältnis von Qualität und Quantität in der Justiz, DÖV 2005, 764; *Sommermann,* Konvergenzen im Verwaltungsverfahren und Verwaltungsprozeß europäischer Staaten, DÖV 2002, 133; *Stelkens,* Strukturveränderung in der Verwaltungsgerichtsbarkeit? oder: Wie lästig dürfen Verwaltungsgerichte sein?, Redeker-FS 1993, 313; *ders,* Verwaltungsgerichtsbarkeit im Umbruch – Reform ohne Ende?, NVwZ 1995, 325; *ders,* Verwaltungsgerichtsbarkeit in der Krise, DVBl 1995, 1105; *ders,* Aktuelle Probleme und Reformen in der Verwaltungsgerichtsbarkeit, NVwZ 2000, 155; *Tettinger,* Fairneß und Waffengleichheit, 1984; *Thomas,* Richterrecht, 1986; *Ule,* Verwaltung und Verwaltungsgerichtsbarkeit. Gesammelte Aufsätze und Vorträge 1949–1979, 1979; *v Unruh,* Verwaltungsgerichtsbarkeit im Verfassungsstaat, 1984; *Voßkuhle,* Rechtsschutz gegen den Richter, 1993; *ders,* Bruch mit einem Dogma: Die Verfassung garantiert Rechtsschutz gegen den Richter, NJW 2003, 2193; *Wahl,* Das Verhältnis von Verwaltungsverfahren und Verwaltungsprozessrecht in europäischer Sicht, DVBl 2003, 1285; *ders/Pietzcker,* Verwaltungsverfahren zwischen Verwaltungseffizienz und Rechtsschutzauftrag, VVDStRL 1983, 151, 193; *Ziekow,* Rechtsschutzmöglichkeiten bei Untätigkeit des Verwaltungsgerichts, 1998; *ders,* Die Beschleunigungsbeschwerde im Verwaltungsprozeß, DÖV 1998, 941. – **Mediation:** *Alm-Merk,* Das Verhältnis zwischen Exekutive und der Verwaltungsgerichtsbarkeit sowie zu Inhalt und Grenzen der Mediation im Verwaltungs- und Verwaltungsgerichtsverfahren, NdsVBl 1997, 245; *Althammer,* Mediation als prozessuale Last, JZ 2006, 69; *v Bargen,* Mediation im Verwaltungsprozess, DVBl 2004, 468; *Brohm,* Beschleunigung der Verwaltungsverfahren – Straffung und konsensuales Verwaltungshandeln, NVwZ 1991, 1032; *Clostermann/Josephi/Klein-Tebbe/Niewisch-Lennartz/Vogelei,* Gerichtsnahe Mediation im öffentlichen Recht – Zu dem Projekt Gerichtsnahe Mediation in Niedersachsen–, SGb 2003, 266; *Härtel,* Mediation im Verwaltungsrecht, JZ 2005, 753; *Hoffmann-Riem,* Konfliktmittler in Verwaltungsverhandlungen, 1989; *ders/Schmidt-Aßmann,* Konfliktbewältigung durch Verhandlungen, Band I, – Informelle und mittlerunterstützte Verhandlungen im Verwaltungsverfahren–, 1990; *ders/Schmidt-Aßmann,* Konfliktbewältigung durch Verhandlungen, Band II, – Konfliktmittlung im Verwaltungsverfahren –, 1990; *Holznagel/Ramsauer,* Mediation im Verwaltungsrecht, in: Haft/Schlieffen, Handbuch Mediation, 2002, 1124; *Knorr,* Mediation im Verwaltungsprozess – Der praktische Fall: Der „unfaire" Erschließungsbeitrag, NVwZ 2006, 914; *H. Koch,* Gerichtliche Mediation – gerichtsverfassungs- und verfahrensrechtliche Rahmenbedingungen, NJ 2005, 97; *Kretschmer,* Nichtanwaltliche Mediation und Rechtsberatungsgesetz, NJW 2003, 1500; *Ortloff,* Mediation und Verwaltungsprozess, in: Haft/Schlieffen, Handbuch Mediation 2002, 762; *ders,* Neue Methoden des Verhandelns: Über den Einfluss der Mediation auf den Verwaltungsprozess, FG 50 Jahre BVerwG, 2003, 727; *ders,* Mediation innerhalb und außerhalb des Verwaltungsprozesses, NVwZ 2004, 385; *ders,* Mediation im Verwaltungsprozess: Bericht aus der Praxis, NVwZ 2006, 148; *ders,* Mediation im Verwaltungsprozess – Der praktische Fall: Der behinderte Schüler, NVwZ 2006, 1143; *ders,* Europäische Streitkultur und Mediation im deutschen Verwaltungsrecht, NVwZ 2007, 33; *Pitschas,* Mediation als Methode und Instrument der Konfliktvermittlung im öffentlichen Sektor, NVwZ 2004, 396; *Rüssel,* Mediationsverfahren im öffentlichen Bereich, JA 2006, 470; *Schäfer,* Mediation im öffentlichen Bereich braucht gesetzliche Regeln; NVwZ 2006, 39; *Schenke,* Mediation und verwaltungsgerichtliches Verfahren, v Zezschwitz-FS, 2005, 130; *Schillinger,* Mediation im Verwaltungsrecht – Instrument neuer Behördenkultur?, VBlBW 2001, 396; *Simnacher,* Mediation im öffentlichen Bereich, BayVBl 2006, 460; *Spellbrink,* Mediation im sozialgerichtlichen Verfahren – ein Zwischenruf, SGb 2003, 141; *Tochtermann,* Alternative Dispute Resolution, JuS 2005, 131; *Vetter,* Mediation und Vorverfahren, Ein Beitrag zur Reform des verwaltungsgerichtlichen Vorverfahrens, 2004; *Wagner/Engelhardt,* Mediation im Umwelt- und Planungsrecht als Alternative zur behördlichen oder gerichtlichen Streitentscheidung, NVwZ 2001, 370; *Walther,* Richter als Mediatoren – Ein Modellprojekt in der hessischen Verwaltungsgerichtsbarkeit, DRiZ 2005, 127; *Ziekow,* Mediation in der Verwaltungsgerichtsbarkeit, NVwZ, 2004, 390.

Übersicht

1 **1. Allgemeines:** Die Vorschrift legt – wie § 1 GVG für die ordentlichen Gerichte – auch für die Vwgbk fest, daß es sich um **echte Gerichtsbarkeit** iSd Art 92 ff GG handelt. Sie schließt damit – entspr dem Grundsatz der **Gewaltenteilung** (Art 20 Abs 2 u 3, 28 Abs 1 S 1 GG) – gleichzeitig jegliche **Verwaltungsrspr durch Verwaltungsbehörden** oder durch bei Verwaltungsbehörden gebildete Ausschüsse, denen keine Gerichtsqualität zukommt, aber wohl auch eine Vwgbk nach Art des französischen Conseil d'Etat oder des italienischen Consiglio di Stato, aus. S auch unten 5ff, ferner BVerfG 54, 166. Mittelbar ergibt sich daraus u insb auch aus der organisatorischen Trennung der Vwgbk von den anderen Gewalten auch das **Verbot, den Gerichten Verwaltungsaufgaben** außerhalb der Gerichtsverwaltung (s 2 zu § 39) **zu übertragen.**[1] Die **organisatorische Trennung** der Verwaltungsgerichte von Gerichten anderer Gerichtszweige ist nicht in § 1, sondern in § 2 u in anderen Rechtsvorschriften außerhalb der VwGO geregelt. S dazu auch unten 3.

2 Nicht berührt wird durch § 1, da es sich nur um eine einfachgesetzliche Regelung handelt, die **Befugnis des Bundesgesetzgebers** u, soweit dieser gem Art 74 Abs 1 Nr 1, 72 GG keine abschließende Regelung getroffen (s aber unten 8 ff) oder den Landesgesetzgeber ausdr zu Regelungen ermächtigt hat (s zB § 40 Abs 1 S 2), auch des Landesgesetzgebers zu **abweichenden gesetzlichen Regelungen,** insb auch zur Zuweisung von Rechtsstreitigkeiten, die materiell zur Vwgbk gehören, an **andere Zweige der Gerichtsbarkeit** (s 1 ff, 31 ff, 48 ff zu § 40) oder an **supranationale Gerichte** (s unten 19 f). Abweichende Regelungen dürfen jedoch nicht gegen die Gewährleistung **effektiven gerichtlichen Rechtsschutzes** (s unten 11) u gegen den Grundsatz der **Gewaltenteilung** (s oben 1) verstoßen. Zur Vereinbarkeit solcher Regelungen mit dem GG, insb mit dem Rechtsstaatsprinzip u dem Grundsatz der Gewaltenteilung, in einem Grenzfall (G10, sog **Abhörgesetz**) s unten 18. Zu besonderen **VorlageVf** zB gem Art 100 GG, Art 234 EGV s unten 7, ferner 44 zu § 40; 9 ff zu § 94; zur Entscheidungskompetenz der Verwaltungsgerichte in bezug auf **Vorfragen** aus dem *Bereich der Zivilgerichtsbarkeit* usw 42 ff zu § 40.

[1] Vgl auch BVerfG 64, 177 zum Begriff der Rspr iSd GG; BVerwG 70, 270 = NJW 1985, 1093 zur Mitwirkung von Richtern im Richterwahlausschuß; ferner auch BVerfG 21, 144; 22, 76; **aA** NKVwGO-Kronisch 45.

2. Begriff der Verwaltungsgerichtsbarkeit: Unter Vwgbk iSd VwGO ist, wie sich aus dem Zusammenhang mit den folgenden Vorschriften ergibt, trotz der allg Formulierung in § 1 nur die **Rspr im VRW** gem § 40 zu verstehen,[2] einschließlich der Angelegenheiten der sog **gerichtlichen Selbstverwaltung** zB gem § 4 iVm § 21e GVG (NJW 1976, 1224; BGHZ 46, 149), jedoch ohne die Angelegenheiten der **Gerichtsverwaltung** (s dazu 2 zu § 39; Schaffer BayVBl 1991, 643). S auch unten 4ff; zur Gesetzgebungszuständigkeit für die Vwgbk unten 8ff. 3

Der Rechtswegzuständigkeitsbereich der Vwgbk ist **im einzelnen in § 40** u in ergänzenden Vorschriften dazu geregelt. Obwohl die Eröffnung des VRW gem § 40 weitgehend der Ausfüllung von **Art 19 Abs 4 GG** dient, decken sich die Anwendungsbereiche nicht. Der **VRW** ist **zT in weiterem Umfang** gegeben, insb auch bei ör Streitigkeiten nichthoheitlicher Art u in einigen Fällen auch ohne notwendigen Zusammenhang mit dem Individualrechtsschutz (vgl Preusche NVwZ 1987, 855; Kopp NuR 1994, 77), **zT** sind Streitigkeiten, die materiell dem Verwaltungsrecht zuzurechnen sind, auch **anderen Gerichtszweigen** übertragen.

Nicht zur Vwgbk iSv § 1 (u § 40 Abs 1) gehören, trotz ihres Charakters als **Sondervwgbk** (vgl Ule 6), insb die **Finanzgerichtsbarkeit** u die **Sozialgerichtsbarkeit,** die nach dem GG iVm der FGO bzw dem SGG besonderen Gerichtszweigen zugewiesen sind, u die gem §§ 23ff EGGVG den ordentlichen Gerichten zugewiesene Gerichtsbarkeit in sog **Justizverwaltungsstreitigkeiten** (s 1ff zu § 179). S allg auch 48ff zu § 40.

Nur bedingt u allenfalls **iwS** zur Vwgbk gerechnet werden können auch die **Wehrdienstgerichtsbarkeit** (vgl Art 96 Abs 4 GG; s 48 zu § 40), die **Richterdienstgerichtsbarkeit** (vgl §§ 61, 77ff DRiG; s 49f zu § 40) u die **Disziplinargerichtsbarkeit,** soweit dafür besondere Gerichte errichtet sind (zB früher gem § 42 BDO für Bundesbeamte das Bundesdisziplinargericht).[3] **Entsprechendes gilt** für die Gerichtsbarkeit in **Personalvertretungsangelegenheiten** (s 7 zu § 187), in Angelegenheiten der **Berufsgerichtsbarkeit** (s 49g zu § 40; 1, 3 u 6 zu § 187) u in Angelegenheiten der **Schiedsgerichtsbarkeit** bei Vermögensauseinandersetzungen ör Verbände (s 56 zu § 40; 4f zu § 187). Nicht um staatliche Gerichtsbarkeit handelt es sich bei **kirchlichen Gerichten,** die auf dem Selbstbestimmungsrecht der Religionsgemeinschaften (Art 140 GG iVm Art 137 WRV) beruhen (Sch-Stelkens 23; zur Abgrenzung von der staatlichen Gerichtsbarkeit s 5c, 38ff zu § 40).

Zum **Begriff des Gerichts** iSd GG u damit auch iSd § 1 u zu den sich daraus ergebenden **Mindesterfordernissen,** die ein Gericht erfüllen muß, damit es als Gericht iSv Art 19 Abs 4, Art 92ff GG angesehen werden kann, gehört insb **Entscheidung durch unbeteiligte Dritte** (s auch unten 6), **Weisungsfreiheit u institutionell gesicherte Unabhängigkeit;**[4] zur Frage der verfassungsrechtlichen Gewährleistung der Vwgbk auch unten 11. Zum weniger engen Begriff des **Tribunals iSd EMRK** vgl EGMR NJW 1987, 2141; 1992, 2619; EuGRZ 1985, 339; Lippold NJW 1991, 2383; zum weiteren Begriff des vorlageberechtigten „Gerichts" iSd Art 234 EGV s EuGH EuZW 1997, 652 sowie 25 zu § 40. 4

Im Gegensatz zu anderen Gerichtsbarkeiten ist für die Vwgbk nach dem GG wg der hier häufig zur Entscheidung anstehenden schwierigen Rechtsfragen unverzichtbar, daß den Gerichten (dh dem einzelnen Spruchkörper) jeweils mindestens **„ein geschulter Richter",** dh grds mindestens ein Berufsrichter angehört u daß, wenn bei den Entscheidungen der einzelnen Spruchkörper auch **ehrenamtliche**

---

[2] Menger, System 51.
[3] BDO aufgehoben durch das BDG v 9. 7. 2001.
[4] S BVerfG 3, 381; BVerwG 50, 14; DVBl 1991, 1239: unabhängig u mit der erforderlichen Neutralität u Distanz zur Sache; Schaffer BayVBl 1991, 641.

Richter mitwirken (vgl § 5 Abs 3, § 9 Abs 3 u 4, § 19), **die „geschulten Richter das maßgebliche Wort bei der Auslegung und Anwendung des Rechts sprechen“.**[5]

Die VwGO verwendet den **Begriff des Gerichts in unterschiedlichem Sinn;** im einzelnen ist jeweils im Weg der Auslegung zu bestimmen, welcher Begriff gemeint ist (DVBl 1985, 960 mwN; NVwZ 1986, 47). So bedeutet zB „Gericht“ in §§ 48 Abs 1, 65, 80 Abs 5 u 7 den **Spruchkörper** (Ma DÖV 1985, 414), in §§ 81, 83, 86 Abs 1, 89 Abs 1, 90 Abs 2 u 3 die **organisatorische Einheit,** die einen oder mehrere Spruchkörper umfaßt (vgl Ma DÖV 1985, 414: die „Behörde“), in §§ 67 Abs 3 S 2, 95 Abs 1 S 1 u Abs 3 den **Vorsitzenden,** den Einzelrichter gem § 6 oder § 87a oder den Berichterstatter.[6]

5 **3. Unabhängigkeit der Verwaltungsgerichte** bedeutet, daß diese entspr dem verfassungsrechtlichen Grundsatz der Gewaltenteilung von den beiden anderen Gewalten – Gesetzgebung u vollziehender Gewalt – **unabhängig** (insb weisungsfrei) u **organisatorisch getrennt** sind. Die personelle u sachliche Unabhängigkeit ist gem Art 20 Abs 2 u 97, 98 GG iVm dem DRiG u den Richtergesetzen der Länder garantiert (vgl BVerfG 27, 322; 60, 296; 67, 68; DVBl 1991, 1239). Allg zur Unabhängigkeit des Richters Schilken JZ 2006, 860.

6 **a) Persönliche Unabhängigkeit.** Die richterliche Tätigkeit muß von **unbeteiligten Dritten** ausgeübt werden (BVerfG 21, 145; 54, 166). S auch §§ 15 bis 18, 22 u 39. Die **Unversetzbarkeit der Richter** auf Lebenszeit hat einen grundrechtlichen Gehalt, der durch Art 33 Abs 5 GG gesichert ist (SaarlVerfGH NJW 1986, 916).

Nach § 4 DRiG ist im Interesse der Unabhängigkeit des Richters diesem ua auch die **gleichzeitige Wahrnehmung richterlicher u legislativer oder exekutiver Aufgaben** grds **verboten** (vgl dazu Sch-Stelkens 27 ff; 41, 195: auch eine nur ehrenamtliche Tätigkeit im Verwaltungsrat einer öffentlichen Sparkasse ist mit dem Richteramt unvereinbar). Als **zulässig** anzusehen ist jedoch die gleichzeitige Ausübung eines Richteramts u eines **Kommunalmandats,** zB als Gemeinderatsmitglied.[7] **Nicht zulässig** ist gem Art 137 Abs 1 GG, § 36 Abs 2 DRiG die gleichzeitige Ausübung des **Richteramtes u eines Abgeordnetenmandats** (Bettermann Ule-FS 1977, 266; DVBl 1978, 448; ferner BremStGH DVBl 1978, 441). Unzulässig ist gem § 4 Abs 1 DRiG auch die Tätigkeit eines Richters als Wahlhelfer (VG Koblenz DRiZ 1993, 240) oder in einem Ehrenbeamtenverhältnis (VG Frankfurt/M NVwZ-RR 1990, 383). Zur Unvereinbarkeit der Tätigkeit als Beamter u Richter s NJW 1993, 1409 u 2455. Wird ein Beamter zum Richter kraft Auftrags ernannt, ruhen seine Rechte u Pflichten aus dem Beamtenverhältnis (§ 15 DRiG). Zur Zulässigkeit von **„Nebentätigkeiten“** eines Richters s auch 1 ff zu § 39; ferner BVerwG 67, 287; 70, 270. Keine Bedenken bestehen dagegen gegen die **Dienstaufsicht** des Innenministers oder eines anderen Ministers – s zur Dienstaufsicht 1 ff zu § 38 – über die Verwaltungsgerichte.

7 **b) Sachliche Unabhängigkeit.** Diese bedeutet, daß die Richter in ihrer rechtsprechenden Tätigkeit nur an Gesetz u Recht gebunden sind (Art 97, 20 Abs 3 GG). **Vorlagepflichten** wie nach Art 100 Abs 1 GG, 234 EGV (s dazu

---

[5] Lässig NVwZ 1991, 1140; vgl demgegenüber allg u nicht auf die besonderen Verhältnisse der Vwgbk bezogen BVerfG 48, 317; BVerwG 91, 130: nach dem GG nicht geboten, daß jedem gerichtlichen Spruchkörper mindestens ein Berufsrichter angehören muß.

[6] Vgl DÖV 1985, 485; ebenso zu § 95 Abs 1 S 1 u Abs 3 Ma DÖV 1985, 414; zT **aA** zu § 67 Abs 3 S 2 Ma DÖV 1985, 414: der Vorsitzende.

[7] Sch-Stelkens 28; Schmidt-Räntsch 11 zu § 4 DRiG; Lisken DRiZ 1975, 38; Becker DVBl 1987, 107; **aA** B-Funke-Kaiser 4; Bernhard, Richteramt und Kommunalmandat, 1985; Ms DRiZ 1990, 181 zur Tätigkeit im Kreisrechtsausschuß; vgl auch BVerwG NVwZ 1990, 162.

9 ff zu § 94) u die **Bindung** des vorlegenden Gerichts u bei Allgemeinverbindlichkeit der ergehenden Entscheidung auch anderer Gerichte **an die** auf die Vorlage hin ergehende **Entscheidung zB des BVerfG** oder des EuGH werden dadurch nicht berührt.

4. Kodifikationscharakter der VwGO: Der Bund hat mit dem Erlaß der VwGO von seiner **Kompetenz gem Art 74 Abs 1 Nr 1 GG,** Verfassung u Vf der Verwaltungsgerichte zu regeln, Gebrauch gemacht u die **Organisation,** die **Zuständigkeiten** u das **Vf der Vwgbk** (vorbehaltlich durch die VwGO nicht berührter – vgl § 195 – oder späterer Bundesgesetze) im wesentlichen (Ausnahmen s unten 9 f) **erschöpfend geregelt** (BVerfG 20, 238; 21, 106, 115; 37, 198; BVerwG 54, 34); ebenso **auch das sog Vorverfahren** (Widerspruchsverfahren) gem §§ 68 ff, **soweit** es Voraussetzung der Klage ist – nicht auch hins des Vf im übrigen – (61, 363 = DÖV 1981, 718; s auch unten 10). Die Zulässigkeit der **Ausfüllung von Lücken** in der gesetzlichen Regelung durch den Richter wird dadurch jedoch nicht berührt (Ms 27, 261; DVBl 1978, 150; Bettermann NJW 1967, 435). Vgl zur Zulässigkeit der sog **Kommunalverfassungsklagen** bzw sonstiger Organklagen 6 vor § 40; 10 zu § 43. 8

Die Länder können, da der Bund seine Kompetenz insoweit ausgeschöpft hat (s oben 8), Regelungen hins der Vwgbk nur insoweit treffen, als sie durch das GG (vgl Art 99 GG), die VwGO oder andere Bundesgesetze (vgl zB zur sog Verbandsklage, die die Länder aufgrund von § 42 Abs 2 einführen können, 181 zu § 42) **ausdr dazu ermächtigt werden;**[8] **ältere landesrechtliche Regelungen,** die danach heute nicht mehr möglich wären, wurden durch die VwGO aufgehoben (§ 195 Abs 2; unrichtig insoweit 54, 34: sind obsolet geworden). Die nach diesen Grundsätzen durch Bundesrecht zugelassenen landesrechtlichen Vorschriften über die Vwgbk in den Ländern sind weitgehend in den **Ausführungsgesetzen zur VwGO** (AGVwGO) enthalten, zT aber auch in anderen Landesgesetzen. **Nicht zulässig** sind insb, da entspr Ermächtigungen durch Bundesrecht fehlen, abweichende landesrechtliche Bestimmungen über **Klagefristen** (BVerfG 21, 115), **Klagegegner** (BVerfG 20, 248) u **örtliche Zuständigkeiten** der Verwaltungsgerichte (BVerfG 37, 198). 9

Nicht erschöpfend geregelt ist in der VwGO u in anderen Bundesgesetzen, außer **soweit es Klagevoraussetzung** (Sachentscheidungsvoraussetzung) ist, **das sog Vorverfahren** (WiderspruchsVf, §§ 68 ff) im Bereich der Verwaltung.[9] Der **Bundesgesetzgeber** ist hierfür nur unter dem Gesichtspunkt des Sachzusammenhangs mit der Vwgbk gem Art 74 Abs 1 Nr 1 GG, soweit das VorVf Voraussetzung der verwaltungsgerichtlichen Klage ist (82, 338; Sch-Schmidt-Aßmann 196 zu Einl; Sch-Dolde 10 vor § 68) – dh nicht auch hins der Ausgestaltung des Vf iü (vgl Goerlich DVBl 1982, 593 unter Hinweis auf BVerfG 4, 409; 8, 246) – bzw vom Gesetzgeber dazu gemacht wird, oder kraft Sachzusammenhangs mit anderen Materien, für die ihm sonst unter anderen Gesichtspunkten die Zuständigkeit zukommt,[10] sowie nach Maßgabe der Art 84 ff GG auch unter dem Gesichtspunkt des VerwaltungsVf (vgl §§ 1, 79, 80 VwVfG) für gesetzliche Regelungen zuständig (BVerfG 20, 238; 21, 106; 35, 65). **Iü** sind **die Länder** zuständig. S im einzelnen 4 f u 15 vor § 68; 10 b zu § 68. **Unzulässig** 10

---

[8] BVerfG 20, 248; 29, 137; BVerwG 54, 34; 61, 362; DVBl 1993, 886, 888; Sch-Stelkens 7; Erichsen Jura 1993, 386 mwN; zT **aA** zur NK gem § 47 Renck NJW 1980, 1026; BayVBl 1985, 263 mwN: eine originäre Zuständigkeit der Länder, da materiell Verfassungsgerichtsbarkeit.

[9] 51, 312; 61, 363; Pietzner DÖV 1979, 780.

[10] HM, vgl 51, 313; 61, 363; BVerfG 35, 72; Pietzner DÖV 1979, 779; Goerlich DVBl 1982, 593; Langohr DÖV 1987, 142 mwN; s auch – auch zu abwA – 10 ff zu § 68; Erichsen Jura 1993, 386; zT **aA** Renck DÖV 1979, 558, 782; NJW 1980, 1011; zT auch Hess, Reformatio in peius, 1990.

sind danach insb auch **von §§ 68 ff abweichende** landesrechtliche Vorschriften über das WiderspruchsVf als VorVf, soweit die VwGO die Länder nicht ausdr dazu ermächtigt (BVerfG 35, 72; Sch-Dolde 11 vor § 68; Erichsen Jura 1993, 386 mwN).

11 **5. Verfassungsrechtliche Gewährleistungen durch das GG:** Das GG gewährleistet **die Vwgbk als Gerichtsbarkeit** (s oben 1; vgl auch Art 95 Abs 1 GG; ferner für Bayern die verfassungsrechtliche Gewährleistung des VRW durch Art 93 BayVerf; dazu auch Hufen § 4, 2; ferner 3 zu § 40) u die **Unabhängigkeit** der Verwaltungsgerichte vor allem durch Art 20 Abs 2 u 3, 92, 97 u 101 GG (BVerfG 60, 296 = NJW 1982, 2429; s auch oben 5 u 6), außerdem die **Effektivität des** durch die Verwaltungsgerichte gewährten **Rechtsschutzes,**[11] **frei von unzumutbaren** oder unverhältnismäßigen, aus Sachgründen nicht mehr zu rechtfertigenden **Hindernissen oder Erschwernissen,**[12] **ggü hoheitlichem Handeln** vor allem durch **Art 19 Abs 4 GG** („formelles Hauptgrundrecht", vgl BVerfG 66, 56), soweit der Schutz des Bürgers ggü Eingriffen der öffentlichen Hand in seine Rechtssphäre in Frage steht.[13] Art 19 Abs 4 GG verstärkt damit das in der subjektiven Rechtsqualität, insb auch von Grundrechten, ohnehin schon angelegte Erfordernis des Rechtsschutzes in der Weise, daß der Rechtsschutz mittels eines gerichtlichen Vf gewährleistet wird (vgl BK-Schenke 290 zu Art 19 Abs 4 GG). Anders als bei privatrechtlichen Rechten bedarf es im Hinblick auf die Spezialität des Art 19 Abs 4 GG bei subjektiven öffentlichen Rechten nicht des Rückgriffs auf einen aus dem Rechtsstaatsprinzip u aus den grundrechtlichen Schutzpflichten abzuleitenden Justizgewährleistungsanspr,[14] dessen Verletzung über Art 2 Abs. 1 GG prozessual geltend gemacht werden kann (BVerfG 69, 385; 78, 126). Die Verankerung des Rechtsschutzes auch in den materiellen Grundrechten behält auch bzgl subjektiver öffentlicher Rechte neben Art 19 Abs 4 GG insofern ihre Berechtigung, als sie thematisch den durch das prozessuale Grundrecht des Art 19 Abs 4 GG nicht erfaßten Rechtsschutz im VerwaltungsVf gewährleistet.[15]

12 Der Bürger hat insb gem Art 19 Abs 4 GG u aufgrund in der Sache ggf berührter Grundrechte (s dazu insb oben 11) heute kraft Verfassungsrechts einen **substantiellen Anspr auf wirksamen gerichtlichen Rechtsschutz,** der **umfassend u möglichst lückenlos** ist.[16] Durch das GG gewährleistet wird vor allem als Folgerung aus Art 19 Abs 4 GG, dem allg Justizgewährungsanspr (s oben

---

[11] BVerfG 61, 111; 67, 58 – auch für Ausländer –; BayVBl 1982, 276; NJW 1989, 3271; BGH NJW 1991, 1834; BK-Schenke 383 ff zu Art 19 Abs 4 GG; Lorenz AöR 1980, 623 ff.

[12] Vgl BVerfG 10, 267; 22, 81; 40, 275; 49, 256; 53, 127; 69, 385; 74, 235; NVwZ 1991, 767; BGH NJW 1991, 1834 – ein Irrtum des Gerichts darf sich nicht so auswirken, daß die Rechtsschutzmöglichkeiten einer Partei beeinträchtigt oder vereitelt werden –; Ule DVBl 1982, 823.

[13] Vgl ua BVerfG61, 109; 65, 90 – möglichst lückenloser gerichtlicher Rechtsschutz gegen Eingriffe der öffentlichen Gewalt –; 67, 58; 69, 227; 74, 75; 74, 234 = NJW 1987, 2067; 84, 49 = NJW 1991, 2006 – auch zur Zulässigkeit eines gerichtlich nicht weiter überprüfbaren Beurteilungsspielraums bei Prüfungen –; 84, 59 = NJW 1991, 2010; NVwZ 1994, 160; BSG NJW 1994, 150; Lorenz AöR 1980, 623; ders, Menger-FS 1985, 143; Finkelnburg BVerwG-FS 169; Weber (Hg), Rspr zum VerfR I, 1977 Nr 23; Schmidt-Aßmann NVwZ 1983, 1; zur Vereinbarkeit des weitgehenden Ausschlusses gerichtlicher Kontrolle zB durch das G 10 s unten 18; ferner oben 2.

[14] Dazu zB BVerfG 80, 107; 85, 345; Detterbeck AcP 1992, 327 ff; H. Weber NJW 1989, 2218; Jarass/Pieroth 91 f zu Art 20 GG; s auch eingeh Dütz, Rechtsstaatlicher Gerichtsschutz im Privatrecht, 1970.

[15] BVerfG 53, 65 f; 77, 406; 84, 46; BVerwG 85, 56; BK-Schenke 291, 431 zu Art 19 Abs 4; Schenke VBlBW 1982, 318 ff; Grimm NVwZ 1985, 868; Stern StaatsR III/1 § 65 V 6 u VI.

[16] BVerfG 10, 267; 84, 34 = NJW 1991, 2005 – zu Prüfungsentscheidungen –; NJW 1995, 2477; BVerwG 48, 277; DVBl 1980, 595; Finkelnburg, BVerwG-FS 1978, 169.

11), den Grundrechten, dem Rechtsstaatsprinzip, Art 3 Abs 1 GG u Art 103 Abs 1 GG insb

- die **Einrichtung von Gerichten (Spruchkörpern)** für Verwaltungsstreitsachen mit einer dem Rechtsschutzbegehren **angemessenen Entscheidungsmacht** über tatsächliche u rechtliche Fragen (vgl BVerfG 91, 130 = DVBl 1993, 573; s auch 1 zu § 5 mwN); die ausreichende **personelle u sachliche Ausstattung** der Gerichte, um eine ausreichende Kapazität u Leistungsfähigkeit (wozu auch die Zuweisung entspr qualifizierter Richter gehört) zu sichern u Überlastungen zu vermeiden (vgl BVerfG 36, 275; BGHZ 95, 22 = NJW 1985, 2337 mwN; s auch 1 zu § 5 mwN);
- die Gewährleistung der **Rechtzeitigkeit u Raschheit des Rechtsschutzes;**[17]
- eine **Entscheidung „aufgrund eines gehörigen Verfahrens"** (BVerfG 91, 130 = DVBl 1993, 553); das Recht auf **Teilnahme am Vf** der Betroffenen als mit eigenen Rechten ausgestattete Parteien, u nicht nur als „Objekte" des Vf;[18] auf **Beiziehung eines frei gewählten kundigen Beistands** (BVerfG 91, 130 = DVBl 1993, 553; s auch 2 zu § 67 mwN); auf dem Streitggst **angemessene Angriffs- u Verteidigungsmittel** (BVerfG 91, 130 = DVBl 1993, 553); auf den erforderlichen Bestand **aktiver verfahrensrechtlicher Befugnisse** zur Wahrung der Rechte u um auf das Ergebnis des Vf Einfluß nehmen zu können (BVerfG 46, 210; 57, 275; 63, 60: als Folgerung aus dem Recht auf ein faires Vf sowie dem darin enthaltenen Recht, nicht zu einem bloßen Objekt des Vf zu werden);
- **gleicher Zugang von Ausländern zum Gericht** u grds prozessuale Gleichstellung vor deutschen Gerichten;[19]
- eine „dem Rechtsschutzbegehren **angemessene Entscheidungsart u Entscheidungswirkung"** (BVerfG 60, 297; 91, 130: Gewährleistung der Möglichkeit der Verhängung einer wirksamen Sanktion); **ein Vf,** das der „Herbeiführung einer gesetzmäßigen u unter diesem Gesichtspunkt richtigen, aber darüber hinaus auch im Rahmen der Richtigkeit **gerechten Entscheidung**" dient;[20] die **volle Nachprüfung von VAen** in tatsächlicher u rechtlicher Hinsicht (BVerfG 51, 312);
- **Fairneß des Verfahrens;**[21] ein willkürfreies Vf u eine **willkürfreie Entscheidung** (BVerfG 18, 96 = NJW 1964, 1715; NJW 1983, 809; 1991, 3023; Höfling JZ 1991, 941);
- **Waffengleichheit** der Beteiligten,[22] eine den **Erfordernissen der Art 19 Abs 4** u 20 Abs 2 genügenden Verteilung der **Beweislast** (70, 148);
- **Rechtssicherheit durch Rechtsbehelfsfristen** (BVerfG 60, 269: Art 19 Abs 4 GG gebietet, daß Rechtssicherheit in angemessener Frist hergestellt wird).

---

[17] BVerfG 60, 269; NJW 1992, 1497, 1498; Ziekow DÖV 1998, 942; s ferner 2 zu § 102 mwN; vgl allg auch BayVerfGH BayVBl 1991, 239.

[18] BVerfG 63, 60; Häberle VVDStRL 1972, 86, 90, 125; Redeker, BVerwG-FS 511, 520; Breuer NJW 1978, 1564.

[19] Vgl BVerfG 60, 303 unter Bezugnahme auf das Schweizer BG BGE 41 I 148: als menschenrechtlicher Mindeststandard u als Folgerung aus dem Wesen des modernen Rechtsstaats grundsätzliche Gleichstellung auch bei Fehlen besonderer staatsvertraglicher Vereinbarungen.

[20] BVerfG 42, 125; 54, 125 = NJW 1980, 1737; BVerwG NJW 1985, 1150; vgl auch Habscheid (Hg), Effektiver Rechtsschutz und verfassungsmäßige Ordnung, 1983; Höfling JZ 1991, 941.

[21] BVerfG NJW 1985, 1767 – eine Folgerung aus Art 2 Abs 1, Art 20, Art 28 u Art 103 Abs 1 GG –; 1992, 1496 – Grundsätze der fairen Prozeßgestaltung –; 1993, 3315; DVBl 1994, 42; Tettinger, Fairneß und Waffengleichheit: Rechtsstaatliche Direktiven für Prozeß und Verwaltungsverfahren, 1984; Dörr, Faires Verfahren, 1984.

[22] BVerfG DVBl 1994, 42; MD-Schmidt-Aßmann 20 zu Art 19 Abs 4 GG; Dörr, Faires Verfahren, 1989.

13 **Nicht gewährleistet** wird dagegen durch das GG, **daß** das Gericht nur **aufgrund mV** entscheidet (s auch 1 f zu § 101); **ebenso nicht** ein **Anspr auf eine zweite oder weitere gerichtliche Instanz;**[23] **auch dann nicht, wenn** einem Beteiligten in der unteren Instanz das **rechtliche Gehör** gem Art 103 Abs 1 GG nicht gewährt worden ist[24] oder wenn das Recht auf den **gesetzlichen Richter** gem Art 101 Abs 1 GG verletzt wurde (69, 36), oder wenn die Zulassung einer weiteren Instanz zur Sicherung der Einheit der Rechtsordnung erforderlich erscheint (BVerfG 54, 291; BVerwG DVBl 1984, 343).

Wenn allerdings nach dem einfachgesetzlichen Recht eine **weitere Instanz vorgesehen** ist, haben die Beteiligten **Anspr darauf,**

- **daß** ihnen der **Zugang nicht** in unzumutbarer, aus Sachgründen nicht zu rechtfertigender Weise **erschwert,**[25] **willkürlich verweigert** (BVerfG 55, 206; vgl auch BVerfG 49, 164; 61, 78; BayVerfGH BayVBl 1987, 314) oder **verzögert wird.**
- daß der **Zugang zu den** Gerichten allen Bürgern auf **möglichst gleichmäßige Weise** eröffnet wird (BVerfG 74, 234), u damit einhergehend auf **Klarheit u Sicherheit hins gegebener RMittel u Rechtsbehelfe u ihrer Voraussetzungen;**[26] außerdem ist es unter dem Gesichtspunkt eines wirksamen Grundrechtsschutzes geboten, **Verfahrensvorschriften** im Zweifel verfassungskonform **zugunsten der Zulassung eines RMittel auszulegen,** wenn die Verletzung eines Grundrechts geltend gemacht wird u eine entspr Auslegung möglich ist.[27]

Nicht gewährleistet ist auch die **Gleichheit des Vf u der Rechtszüge** mit Vf u Rechtszügen in anderen Angelegenheiten ohne Rücksicht auf Besonderheiten der Fallgruppen u Sachverhalte.[28]

14 Die **Ausgestaltung des gerichtlichen Rechtsschutzes** im einzelnen auf der Grundlage, im Rahmen u in den Grenzen der dargelegten verfassungsrechtlichen Normierungen (s oben 11 ff) bleibt jedoch in weitem Umfang **Sache des Gesetzgebers.** Vgl BVerfG NJW 1993, 1191: das Recht auf ein faires Vf als Ausprägung des Rechtsstaatsprinzips bedarf der Konkretisierung, die in erster Linie Aufgabe des Gesetzgebers u im Rahmen der gesetzlichen Vorschriften der jeweils zuständigen Gerichte ist. Ein Verstoß gegen das Rechtsstaatsprinzip kann vom BVerfG nur festgestellt werden, wenn ein Gericht die Bedeutung u Tragweite des Rechts auf ein faires Vf verkannt hat, rechtsstaatlich unverzichtbare Erfordernisse nicht mehr gewahrt sind oder das Willkürverbot verletzt ist.[29]

Der Bund ist grds **mit dem Erlaß der VwGO diesem Auftrag nachgekommen** (vgl BVerfG 60, 268, 310; 74, 234 = NJW 1987, 2067; Ms DVBl

[23] BVerfG 89, 390 = NJW 1994, 1053; NVwZ 1992, 1182: auch kein Bestandsschutz für durch Gesetz vorgesehene RMittel gegen eine Aufhebung der entspr Bestimmungen; anders uU (s 1 zu § 195) aufgrund der Grundsätze der Rechtsmittelsicherheit u Rechtsmittelklarheit u des Vertrauensschutzes hins bereits eingelegter RMittel; s Kopp AöR 1981, 609; Schenke Rechtsprechung, 156.

[24] BVerfG 74, 377; Kopp AöR 1981, 609 mwN.

[25] BVerfG 40, 275; NJW 1992, 1496: Verweigerung des Zugangs zur höheren Instanz durch zu enge Auslegung der Zulassungsvoraussetzungen verstößt gegen das Prinzip der fairen Prozeßgestaltung; s auch Schenke Rechtsprechung, 156.

[26] BVerfG 49, 164; 74, 234 = NJW 1987, 2067: besonderes Maß an Gleichheit, Klarheit u innerer Logik; 87, 48: Schutz des Vertrauens in den Fortbestand der Zulässigkeit eingelegter RMittel; BSG DÖV 1993, 1019: Vorhersehbarkeit der Formerfordernisse eines RMittel u Schutz vor Änderungen der Rspr durch Anerkennung der bisherigen Erfordernisse für eine Übergangszeit.

[27] Vgl zur Verletzung des rechtlichen Gehörs BVerfG 60, 96; 69, 242; zur Verletzung des Rechts auf den gesetzlichen Richter 69, 36; BVerfG 60, 91; 64, 202; 69, 242.

[28] BVerfG NVwZ 1996, 681 zum sog Flughafenverfahren in Asylsachen.

[29] S insoweit auch BVerfG NJW 1983, 1043.

1988, 155). **Erforderlich** ist jedoch jedenfalls **auch die Errichtung der erforderlichen Gerichte** u deren personelle u sachliche **Ausstattung,** so daß sie ihren Aufgaben effektiv u ohne Überlastung nachkommen können.[30] Auch das einfachgesetzliche Prozeßrecht ist aber jedenfalls im **Licht der verfassungsrechtlichen Normierung** zu sehen u im Einklang damit auszulegen u anzuwenden.[31] **Soweit Streitsachen** durch Gesetz **anderen Gerichtszweigen zugewiesen** sind (vgl § 40; dazu auch oben 2), müssen auch diese **denselben** verfassungsrechtlichen **Mindestanforderungen** genügen (vgl zB BVerfG 46, 166 zum vorläufigen Rechtsschutz in der Sozialgerichtsbarkeit).

6. Gewährleistungen durch die Landesverfassungen: Auch die Landesverfassungen enthalten zT entspr Garantien. Hier ist andererseits jedoch **uU auch** der **Vorrang des Bundesrechts** gem Art 31 GG, auch des einfachen Bundesrechts, zu berücksichtigen. So ist zB Art 93 BayVerf, der allg den VRW für verwaltungsrechtliche Streitigkeiten vorsieht, nicht als ausschließliche Zuweisung an den VRW iSv § 40 Abs 1 S 2 zu verstehen, die anderweitige Regelungen über den Rechtsweg gem § 40 Abs 1 S 2 ausschließt (VG Regensburg BayVBl 1987, 507; **aA** insoweit Meder, Die Verf des Freistaates Bayern, 4. Aufl 1992, 2 zu Art 93 BayVerf). 15

7. Gewährleistungen durch die EMRK und allg Völkerrecht: Gewährleistungen ergeben sich für die Vwgbk u zT auch für das VorVf auch **aus der EMRK** (zum EU-Recht unten 20). Die EMRK hat in Deutschland den Rang eines einfachen Bundesgesetzes (BVerfGE 74, 370; 82, 114; näher NKVwGO-Dörr 292ff zu EVR), ihre Gewährleistungen wirken als subjektiv-öffentliche Rechte (NKVwGO-Dörr 294 zu EVR). Vor allem aus Art 5 u 6 EMRK (s hierzu Brenner DV 1998, 10ff) ergibt sich bei sog **civil rights** ein **Anspr auf Rechtsschutz durch ein unabhängiges, unparteiisches Gericht** („tribunal", s auch oben 4) u ein gerechtes Vf im Sinn eines **‚fair trial'**[32] u auf **öffentliche u mündliche Verhandlung** (s im einzelnen 1 u 24 zu § 54; 2 zu § 55 sowie Brenner DV 1998, 21f) **innerhalb angemessener Frist.**[33] Aus dem durch Art 6 Abs 1 EMRK garantierten Grundsatz einer geordneten Rechtspflege folgt, daß **gerichtliche Entscheidungen angemessen begründet** sein müssen (EGMR NJW 1999, 2429). Das bedeutet allerdings nicht, daß das Gericht in der Begründung auf jeden Vortrag eines Beteiligten eingehen muß. Ein Rechtsmittelgericht kann sich darauf beschränken, auf die **Begründung der angefochtenen Entscheidung** zu **verweisen** (EGMR NJW 1999, 2429). Die Vorgaben durch die EMRK sind in mehrfacher Hinsicht für das dt Prozeßrecht relevant, s ausf Sch-Schmidt-Aßmann 139ff zu Einl; zum Gerichtsbescheid 2 zu § 84; Roth NVwZ 1997, 656; zur Öffentlichkeit des Vf 2 zu § 52; zur Zustellung von Urteilen 9 zu § 116; Ruthig NVwZ 1997, 1188. 16

Der **Begriff der „zivilrechtlichen" Anspr und Verpflichtungen in Art 6 Abs 1 EMRK** (civil rights and obligations) kann nicht dem innerstaatlichen Recht entnommen werden, sondern ist autonom auszulegen (insoweit zur Maßgeblichkeit der Rspr des EGMR für dt Verwaltungsgerichte 110, 203 =

---

[30] Vgl BVerfG 36, 275, 333; BayVerfGH 38, 100; BayVBl 1986, 1326; 1991, 239; BGHZ 95, 22 = NJW 1985, 2387 mwN; Sachs ZRP 1982, 232; s auch oben 12; ferner 1 zu § 5.

[31] Vgl BVerfG 57, 275; 60, 297: Auslegung u Anwendung im Einklang mit betroffenen Grundrechten, jedoch unter Vermeidung von danach ausgerichteten zu weit gehenden Differenzierungen; ähnlich v Mutius NJW 1982, 2160; zur Kontrolle des Verfahrens durch das BVerfG auch Stürner JZ 1986, 526.

[32] EGMR NJW 1999, 1173; BFH NVwZ-RR 1993, 6; Brenner DV 1998, 17; Kloepfer JZ 1979, 209; Pache NVwZ 2001, 1342.

[33] EGMR NJW 1979, 477; 1984, 2749: auch zur Verpflichtung des Staates, für eine ausreichende Ausstattung u Besetzung der Gerichte zu sorgen –; NJW 1997, 2809 = EuZW 1997, 468 – engl Text; EuGRZ 1996, 514; 1997, 310; BFH NVwZ-RR 1993, 6; Brenner DV 1998, 18ff; Tomuschat, Redeker-FS 1993, 273; Ziekow DÖV 1998, 944.

NVwZ 2000, 810; NVwZ 2002, 87). Er bezieht sich gerade nicht auf die Art der Gerichtsbarkeit u umfaßt nach dem weiten Verständnis des EGMR auch einen großen Teil der verwaltungsgerichtlichen Vf.[34] Dies gilt jedenfalls für alle Streitigkeiten, die **Auswirkungen auf bestehendes Eigentum oder die Freiheit der Berufsausübung** haben. Nach Ansicht der Literatur betrachtet der EGMR wohl alle **grundrechtlich fundierten Rechtspositionen** als civil rights.[35] Beispielsfälle aus der Rspr:

- zur **Freiheit der Berufsausübung:** Erteilung oder Widerruf gewerberechtlicher Genehmigungen (EGMR NJW 1987, 2141: jedenfalls vermögensrechtlich; NVwZ 1989, 849: Konzession für eine Buslinie); Betreiben einer Privatklinik durch einen Arzt (EGMR NJW 1979, 477; s dazu BVerwG 73, 364 = NJW 1983, 531); zur Anwendbarkeit auf berufsgerichtliche Vf Ms MedR 1991, 156;
- zum **Eigentum: Nachbarklagen** (EGMR ÖJBl 1995, 443: Baurecht; EGMR EuGRZ 1995, 535: gegen eine Deponiegenehmigung; offengelassen für die Klage gegen einen Bauvorbescheid von Ma Die Justiz 1994, 486); die **Anfechtung** von Enteignungen (EGMR EuGRZ 1993, 453), **Normenkontrolle gegen Bebauungsplan**[36] oder einer Schutzgebietsausweisung (EGMR v 27. 11. 1991, Slg Nr 219); **Sozialversicherungsanspr** (EGMR NJW 1989, 652: gesetzliche Unfallversicherung; EuGRZ 1996, 514: Zusatzaltersversorgung im öffentlichen Dienst); weiter als nach dt Verfassungsrecht zählen zum von Art 1 des Zusatzprotokolls zur EMRK geschützten Eigentum auch das Vertrauen auf die Erhaltung einer staatlich gewährten geldwerten Rechtsposition (s Frowein, Rowedder-FS 1994, 51 mwN; s ferner Fiedler, EuGRZ 1996, 354) u nach dem EGMR unabhängig von ihrer Rechtsgrundlage u der Zuständigkeit der VGe alle **vermögenswerten Rechte (pecuniary rights).**[37] Auch ggü **staatlichen Geldzahlungsanspr** greift Art 1 des Zusatzprotokolls (zur Besteuerung EGMR NJW 1991, 1404) u damit auch Art 6 EMRK (**aA** BFH 180, 316 = BB 1996, 2553).

Nicht unter Art 6 EMRK fallen dagegen **zB** die Entlassung aus dem **öffentlichen Dienst** (EGMR NJW 1987, 1131 mwN; Sch-Schmidt-Aßmann 135 zu Einl) sowie allg DisziplinarVf für Beamte[38] u **Asylsachen.**[39]

---

[34] EGMR NJW 1979, 477 – König; 1989, 2181 mwN; EuGRZ 1986, 302; BVerwG ZfBR 2000, 188; BFH NJW 1992, 1527; Schwarze NVwZ 2000, 242; Schwerin NVwZ 1998, 1100; Sch-Schmidt-Aßmann 135 zu Einl; Pernthaler, Klecatzky-FS 1991, 270; Ballon ÖJBl 1995, 623; Brenner DV 1998, 10; Felix BB 1996, 1741; Peukart EuGRZ 1979, 267; Roth EuGRZ 1998, 495; Tomuschat, Redeker-FS 1993, 285; im einzelnen ist die Abgrenzung jedoch problematisch, vgl auch EGMR NJW 1982, 2719; EuGRZ 1988, 14 – Feldbrugge; Priebe, WvSimson-FS 1983, 289; Schmidt-Aßmann, Bernhardt-FS 1995, 1294f.

[35] S Kley-Struller, Art 6 EMRK als Rechtsschutzgarantie gegen die öffentliche Gewalt, Zürich 1993, 27ff; Kadelbach JZ 2000, 1053; Ruthig NVwZ 1997, 1189; Schmuckli, Die Fairness in der Verwaltungsrechtspflege, Fribourg 1990, 58ff; Schwarze NVwZ 2000, 241 jeweils mwN aus der Rspr von EGMR u dt VGen. S auch zur Ausstellung eines Vertriebenenausweises BVerwG v 2. 8. 1995 – 9 B 303.95 (in DVBl 1996, 105 u BayVBl 1996, 30 insoweit nicht abgedruckt).

[36] EGMR v 28. 6. 1990, Slg Nr 180-A; BVerwG 110, 203 = NVwZ 2000, 810; zu Festsetzungen, die das eigene Grundstück betreffen; hins Festsetzungen bzgl eines Nachbargrundstrücks offengelassen von BauR 2001, 1888; insoweit ergänzend u konkretisierend NVwZ 2002, 87.

[37] S EGMR v 26. 3. 1992, Editions Périscope/Frankreich – Slg (Series A) Nr 234 mwN; vgl auch Kley-Struller 37; Ruthig NVwZ 1997, 1189; offen Ks NVwZ-RR 1996, 543: Rückforderung von Ausbildungsbeihilfen.

[38] NJW 1983, 531; EGMR NJW 1982, 2719; s auch (iE offenlassend) 111, 43 = NVwZ-RR 2000, 364.

[39] 111, 69 = NVwZ 2000, 1040; Schwerin NVwZ 1998, 1100; Sch-Schmidt-Aßmann 135 zu Einl; NKVwGO-Dörr 300 zu EVR; Huber NVwZ 1992, 856; vgl auch EGMR NJW 1979, 477; Inf AuslR 2001, 109.

Nach allg Völkerrecht, das gem Art 25 GG als Bestandteil des Bundesrechts unmittelbar geltendes, von den Verwaltungsgerichten zu beachtendes Recht ist, haben **Fremde** in der Bundesrepublik **jedenfalls Anspr auf angemessenen Rechtsschutz** (BVerfG 60, 303 mwN = NJW 1982, 2894; 65, 90; 67, 58 = BayVBl 1984, 463; vgl auch BVerfG 75, 19); dazu gehört insb der **Zugang zu den Gerichten** (60, 303; 65, 90 – Verbot sachwidriger oder willkürlicher Benachteiligung Fremder ggü Inländern hins des Zugangs zum Gericht –), das Recht auf **unparteiliche Richter,** die Gewährleistung eines Mindeststandards an **Verfahrensgerechtigkeit,** ausreichendes **rechtliches Gehör** u Einleitung u Abschluß des Vf **ohne ungebührliche Verzögerung** (BVerfG 60, 303). Allg zur Anwendung von **Völkerrecht** durch die Verwaltungsgerichte vgl auch Hofmann Zeidler-FS, 1885. Zu den völkerrechtlichen Grundlagen der Vwgbk Tomuschat, Redeker-FS 1993, 273. 17

8. Beschränkungen des Rechtsschutzes: Angesichts der umfassenden verfassungsrechtlichen Gewährleistung des gerichtlichen Rechtsschutzes (s oben 11 ff; zur Frage justizfreier Hoheitsakte 5 a zu § 40) u der Bedeutung dieser Gewährleistung ist **zweifelhaft, ob** u in welchen Fällen dieser Rechtsschutz im Hinblick auf eine besondere Situation **durch Gesetz ausgeschlossen** werden kann. Bejahend 18

- zur **Klage gegen Abhörmaßnahmen** aufgrund des G 10 BVerfG 30, 28; 67, 157 = NJW 1985, 121;[40] zu **polizeilichen Informationseingriffen** SächsVerfGH DVBl 1996, 1423 m Aufs Götz JZ 1996, 969; Schenke, DVBl 1996, 1393 mwN;
- für Klagen gegen den **Bericht eines parlamentarischen Untersuchungsausschusses,** auch soweit außenstehende Dritte davon betroffen werden, Hbg NVwZ 1987, 611 mwN; vgl auch Art 44 Abs 4 GG;
- für Klagen gegen ehrverletzende, kreditschädigende uä Berichte des **Bundesrechnungshofs** oder des Rechnungshofs eines Landes Eickenboom-Heuer DÖV 1985, 1000; Kopp JuS 1981, 426; **aA** Robbers JuS 1988, 725;
- für Klagen gegen **ehrverletzende,** kreditschädigende uä **Äußerungen von Abgeordneten** im Rahmen der parlamentarischen **Indemnität** gem Art 46 Abs 1 GG oder entspr Vorschriften der Landesverfassungen; ähnlich in bezug auf Mitglieder von Gemeinderäten u ähnlichen kommunalen Vertretungskörpern nach den Kommunalgesetzen der Länder, zB gem Art 51 Abs 2 BayGO;
- für Klagen gegen **ehrverletzende,** kreditschädigende uä **Aussagen von Zeugen oder Sachverständigen** u Erklärungen von Beteiligten im Rahmen eines gerichtlichen Vf BGH NJW 1986, 2503; OLG Düsseldorf NJW 1987, 3268; Walter JZ 1986, 614; ferner 8 u 21 zu § 98; 8 zu § 109; für Klagen gegen **ehrverletzende Feststellungen in gerichtlichen Entscheidungen** s 28 zu § 40 mwN; Kopp JuS 1981, 426.

Zu **Beschränkungen** des individuellen Rechtsschutzes **im Wahlrecht** durch die Sonderbestimmungen über die Wahlprüfung s BVerfG 46, 196; BayVerfGH BayVBl 1976, 271; NVwZ 1990, 752; Mü NVwZ 1990, 393; VG München NVwZ 1990, 400; krit Schenke NJW 1981, 2240.

Soweit solche Beschränkungen des Rechtsschutzes mit dem GG, insb mit Art 19 Abs 4 GG u dem allg Justizgewährleistungsanspr des Bürgers vereinbar sind, hat der Bürger jedenfalls Anspr auf **„kompensatorischen" Rechtsschutz** in geeigneter Form, zB auf Prüfung der Berechtigung der Telefonüberwachung durch das Parlamentarische Kontrollgremium gem §§ 14 ff G 10, auf **Ehrenerklärung** durch ein dafür zuständiges anderes staatliches Organ (vgl Kopp JuS 1981, 426), uU auf **Schadensersatz** oder Entschädigung nach den Grundsätzen des Staatshaftungsrechts, insb des Aufopferungsrechts.

[40] Dazu Evers NJW 1978, 2183 mwN; Gusy NJW 1981, 1581; Arndt NJW 1985, 107, u hins der EMRK EGMR NJW 1979, 1755.

19 **Beschränkungen des gerichtlichen Rechtsschutzes** durch die Gerichte der Bundesrepublik resultieren aus der von Art 23 Abs 1 u 24 Abs 1 GG eröffneten **Möglichkeit der Übertragung von Hoheitsrechten auf die EU** u zwischenstaatliche Einrichtungen (vgl 37 zu § 40). Zur Neuordnung des Aufenthaltsrechts für ausländische Streitkräfte durch das Streitkräfteaufenthaltsgesetz v 20. 7. 1995 (BGBl II 554) vgl Fleck ZaöRV 1996, 389. Dazu, daß sich ein Staat nicht von seiner Verantwortung aus Art 6 Abs 1 EMRK befreien kann, indem er Aufgaben auf internationale Organisationen (in concreto Europäische Weltraumorganisation ESA) überträgt, s EGMR NJW 1999, 1173.

20 **9. Europäisierung des Rechtsschutzes:** Zunehmende Bedeutung erlangt die Verzahnung des deutschen Rechts mit dem Gemeinschaftsrecht.[41] Tlw stehen hier **Rechtsschutzmöglichkeiten nebeneinander.** So schließt zB die Möglichkeit einer Klage nach Art 230 Abs 2 EGV gegen eine Entscheidung der EU-Kommission nicht aus, daß der betroffene Bürger den Rechtsakt einer deutschen Behörde zur Durchführung dieser Entscheidung vor einem deutschen Gericht wg Rechtswidrigkeit anficht (EuGH 1987, 4097 Tz 14; 1991, I-5357 Tz 43; zur Klage gegen Akte der deutschen Behörden s 37 zu § 40). Selbst bei Vollzugsnormen, bzgl derer keine nationalen Vollzugsakte mehr ergehen, kommt ein inzidenter Rechtsschutz vor den deutschen Verwaltungsgerichten mittels einer verwaltungsgerichtlichen Feststellungsklage in Betracht. Mit dieser Feststellungsklage kann das Fortbestehen eines nationalen subjektiven Rechts festgestellt werden, auf dessen Aufhebung oder Veränderung eine gemeinschaftsrechtliche Sekundärnorm gerichtet ist, die mit primärem Gemeinschaftsrecht nicht in Einklang steht (s 8e zu § 43). Andererseits beeinflussen die **gemeinschaftsrechtlichen Vorgaben bei der Ausführung von EU-Recht** durch die Mitgliedstaaten zunehmend auch das Prozeßrecht.[42]

Trotz der **„institutionellen und verfahrensmäßigen Autonomie der Mitgliedstaaten“** (zB EuGH 1980, 617 Tz 10 [Ferwerda]) in Fragen des Prozeßrechts muß also auch dieses, wie das gesamte mitgliedsstaatliche Recht, zur effektiven Durchsetzung der vom Gemeinschaftsrecht eingeräumten Positionen gewisse **Mindeststandards** erfüllen (EuGH 1994, I-3325 Tz 17). Dies bedeutet zunächst, daß gem Art 10 EGV Fälle mit Gemeinschaftsrechtsbezug jedenfalls auch prozessual nicht schlechter gestellt werden dürfen als vergleichbare rein innerstaatliche Sachverhalte **(Diskriminierungsverbot).** Darüber hinaus verlangt das **Effizienzgebot,** daß „die Betroffenen die Möglichkeit haben müssen, sich auf zwingende Vorschriften zu berufen, um ihre Rechte geltend machen zu können“ (EuGH 1991, I-4983 Tz 14), u statuiert damit einen Mindeststandard, hinter dem das nationale Recht nicht zurückbleiben darf; dieses wird also sozusagen einer **Ergebniskontrolle** unterzogen (s näher Ruthig BayVBl 1997, 289).

Nur im Rahmen der Begründetheitsprüfung werden die inhaltlichen Beschränkungen der Entscheidungskompetenz relevant. Die letztverbindliche Auslegung von Gemeinschaftsrecht bleibt der europäischen Gerichtsbarkeit vorbehal-

---

[41] Zur Europäisierung des Verwaltungsprozeßrechts s näher Brenner LKV 2002, 304; Burgi, Verwaltungsprozeß und Europarecht; Classen, Die Europäisierung der Verwaltungsgerichtsbarkeit, passim; JZ 2006, 157; W. Cremer DV 2004, 165; O. Dörr passim; Ehlers, Europäisierung, passim; Schoch, BVerwG-FS 507.

[42] Dazu näher im Zusammenhang mit der Klagebefugnis 152 zu § 42; zum vorläufigen Rechtsschutz 1 zu § 80; zum Rechtsschutz gegen sekundäres Gemeinschaftsrecht 8 zu § 43; allg zu den Auswirkungen des Gemeinschaftsrechts auf den Rechtsschutz Sch-Schmidt-Aßmann 113 zu Einl; Everling, Redeker-FS 1993, 293; Brenner LKV 2002, 304; Burgi, Verwaltungsprozeß und Europarecht; DVBl 1995, 778; Classen NJW 1995, 2457; Dörr passim; Ehlers Europäisierung passim; Frenz DVBl 1994, 408; Jarass DVBl 1995, 954; Rengeling BayVBl 1997, 289; Schmidt-Aßmann, Bernhardt-FS 1995, 1283; VBlBW 2006, 128; Steinberg/Klößner BayVBl 1994, 33; Triantafyllou NVwZ 1992, 129; Wolf, Bernhardt-FS 1995, 1361; Zuleeg NJW 1993, 209.

ten (zur Vorlagepflicht auch nicht letztinstanzlicher Gerichte s EuGH 1987, 4195 Tz 15 u näher 20ff zu § 94).

10. Vorlagepflichten der Verwaltungsgerichte: Nicht als Beschränkung der Unabhängigkeit der Verwaltungsgerichte oder des Rechts des Bürgers auf effektiven Rechtsschutz (s oben 11ff) oder auf den gesetzlichen Richter (Art 101 Abs 1 S 2 GG) anzusehen ist die teils in anderen Gesetzen, insb in **Art 100 GG,** § 13 Nr 11–13, §§ 80ff BVerfGG, in **§ 2 RsprEinhG** u in **Art 234 EGV,** teils in der VwGO selbst, insb in § 11 Abs 2 u 3 sowie § 12 Abs 1, vorgesehene **Verpflichtung oder Berechtigung** der Verwaltungsgerichte **zur Vorlage bestimmter Rechtsfragen** an dafür aufgrund gesetzlicher Bestimmungen zuständige Gerichte oder Spruchkörper (s zur Vorlage an **Verfassungsgerichte** 44 zu § 40; 106 zu § 47; 10 zu § 50; 9ff zu § 94; zur Vorlage an den **EuGH** 20ff zu § 94; zu Vorlagepflichten **innerhalb der Vwgbk** 1ff zu § 11; 1ff zu § 12. 21

11. Verfassungsrechtliche Legitimation des Widerspruchsverfahrens (§§ 68ff) als Vorverfahren: Das VorVf (WiderspruchsVf) ist entspr seinem Doppelcharakter teils in den §§ 68ff, teils in den VwVfGen des Bundes bzw der Länder geregelt (s §§ 79f VwVfG). Es ist **nicht durch das Verfassungsrecht geboten,** wohl aber, obwohl es die Zulässigkeit der Klage u damit den gerichtlichen Rechtsschutz zeitlich hinausschiebt, **verfassungsrechtlich legitimiert,** da es der **Effizienz des Rechtsschutzes** dient (Kopp VerfR 162; Schenke 645), indem es eine nochmalige Überprüfung auch der Zweckmäßigkeit eines VA (durch eine höhere Behörde) ermöglicht. Außerdem dient es der **Selbstkontrolle der Verwaltung** u der **Entlastung der Gerichte** (zur Sicherung der Funktionsfähigkeit der Vwgbk vgl BVerfG 40, 256; Kopp VerfR 162; allg auch 1 vor § 68 mwN). S auch zu **„Vorwirkungen" aus Art 19 Abs 4 GG,** aus anderen Grundrechten u Verfassungsgrundsätzen „auf die Ausgestaltung des dem gerichtlichen Rechtsschutzverfahren vorgelagerten Verwaltungsverfahrens", wenn durch die Gestaltung des VerwaltungsVf der gerichtliche Rechtsschutz vereitelt oder wesentlich erschwert wird, BVerfG 61, 110 = NJW 1982, 2175; BayVBl 1988, 268; BVerwG DVBl 1990, 707; ferner Schmidt-Aßmann NVwZ 1983, 5; Pietzcker VVDStRL 1983, 207; Di Fabio VerwA 1990, 214; Kopp VerfR 148f u KR Einf 15ff. Zur **Zuständigkeit** des Bundes für die **Regelung des** WiderspruchsVf s oben 10; ferner 5 vor § 68. 22

Da das VorVf zugleich **VerwaltungsVf** ist, gelten dafür zudem auch für die Voraussetzungen u die inhaltliche Gestaltung – mit Ausnahme von Art 19 Abs 4, 101 Abs 1, 103 Abs 1 GG, die nur das gerichtliche Vf betreffen – **weitgehend gleiche** oder doch ähnliche **Folgerungen aus den** oben 11ff genannten **Verfassungsbestimmungen** u Verfassungsgrundsätzen wie für das gerichtliche Vf, soweit solche Folgerungen mit der besonderen Zwecksetzung des VorVf bzw allg eines VerwaltungsVf u den ebenfalls letztlich im Verfassungsrecht begründeten Aufgaben der Verwaltung vereinbar sind (vgl BVerfG 53, 65 = NJW 1980, 763 mwN; KR Einf 15ff; allg auch Kopp VerfR 1ff). 23

12. Deutsche Gerichtsbarkeit und Streitigkeiten mit Bezügen zum internationalen und ausländischen Recht: a) Grundsatz. Maßgeblich für das Vorliegen der dt Gerichtsbarkeit ist die Unterwerfung des Bekl unter die dt Gerichtsgewalt (BSG 54, 251; RS § 19, 14). Dies ist zunächst eine Frage des Völkerrechts (s auch Habscheid ZRP 1997, 270; Ruthig Globalisierung 280ff). Die Ausübung von Gerichtsgewalt ist hoheitliche Tätigkeit u als solche grds auf das dt Staatsgebiet beschränkt.[43] Ferner müssen entweder die Parteien persönliche Beziehungen zum Forumsstaat haben oder der Streitggst muß sich auf das Inland 24

---

[43] Zur sog extraterritorialen Jurisdiktion über eigene Staatsangehörige s zB Meng EuZW 1997, 426f mwN; zu Wirtschaftssanktionen Meng ZaöRV 1997, 269; ausf ders, Extraterritoriale Jurisdiktion im öffentlichen Wirtschaftsrecht, 1994.

beziehen (Personalitätsprinzip). **Hoheitliche Maßnahmen ausländischer Staaten,** die nach dem das öffentliche Recht beherrschenden **Territorialitätsprinzip** im Grundsatz ebenfalls auf ihr Staatsgebiet beschränkt sind, unterliegen daher **nicht der dt Gerichtsbarkeit,** so daß dt Gerichte gegen ausländische Hoheitsakte keinen Rechtsschutz gewähren können (BVerfG 16, 61; 46, 367; BAG MDR 1996, 1263; BSG 54, 251; Verdross/Simma, Universelles Völkerrecht 763; Sch-Ehlers 29 vor § 40; Classen VerwA 2005, 467). Dies gilt vorbehaltlich völkerrechtlicher Vereinbarungen aber auch, wenn Rechtsschutz gegen die Auswirkungen solcher Hoheitsakte auf das Inland begehrt wird oder die ausländische Staatsgewalt ausnahmsweise auf dem deutschen Staatsgebiet tätig werden kann (insb ausl Streitkräfte u Polizeibeamte)[44] u auch dann, wenn die ausl Staaten selbst keinen Rechtsschutz gewähren (Ruthig, Globalisierung 282 mwN). **Beschränkungen der dt Gerichtsbarkeit** trotz Bezugs zum dt Staatsgebiet finden sich in den **§§ 18 ff GVG,** die auf die Wiener Übereinkommen über diplomatische bzw konsularische Beziehungen v 18. 4. 1961 (BGBl 1964 II 959) bzw v 24. 4. 1963 (BGBl 1969 II 1585) verweisen (insb die Immunität von Diplomaten u die Exemtion von Botschaftsgebäuden, dazu näher zB Schack, Int. Zivilverfahrensrecht 131 ff; Zeiss 25 ff). Zur **Staatenimmunität** s das EuropÜbk v 10. 5. 1972 (BGBl II 1990, 34, 52; in Kraft seit 16. 8. 1990); BVerfGE 15, 25; 16, 27; 46, 342; Geiger NJW 1987, 1124; Mann NJW 1990, 618; v Schönfeld NJW 1986, 2980; zur Immunität **internationaler Organisationen** Habscheid ZZP 1997, 269; Seidl-Hohenveldern, Schlochauer-FS 1981, 627, Wenckstern, Die Immunität internationaler Organisationen, 1994; Beispiele bei Sch-Ehlers 36 ff vor § 40; MKZPO 16 zu § 20 GVG; zu ausländischen Zentralbanken Krauskopf WM 2000, 269. Zur (unzulässigen) Ladung eines ausländischen Ministers als Zeuge NJW 1989, 678.

Diese Grenzen der dt Gerichtsbarkeit sind **vAw in jeder Lage des Vf zu beachten** (BVerfG 46, 359; vgl BayObLG NJW 1992, 641). Sobald das Gericht von der Immunität überzeugt ist, hat es jede Tätigkeit abzulehnen u die Klage als unzulässig abzuweisen (Schack, Int. Zivilverfahrensrecht 160; zur Berufungsinstanz BAG JR 2001, 439). Schon die Anberaumung eines Termins u die Zustellung der Klage wären unzulässig (OLG München NJW 1975, 2144; MKZPO 4 vor §§ 18–20 GVG), ein trotzdem ergehendes **Urteil ist nichtig** (Sch-Ehlers 51 vor § 40; Schack, Int. Zivilverfahrensrecht 161).

Soweit in bilateralen Abkommen **Hoheitsrechte auf Nachbarstaaten** übertragen wurden, wird auch der Rechtsschutz auf die Gerichte des Staates übertragen, dessen Organe tätig werden (dazu Groß JZ 1994, 603; Rauser, Die Übertragung von Hoheitsrechten auf andere Staaten, 1991). Für die **Schulgeldforderungen der Europäischen Schulen** wird durch Art 27 der Vereinbarung über die Satzung der Europäischen Schulen (ABl EG 1994 L 212,9) die Zuständigkeit einer eigenen Beschwerdekammer begründet (s bereits BVerwG Buchh 310 § 132 Abs 2 Ziff 1 VwGO Nr 7). Zur **Zuständigkeit internationaler Verwaltungsgerichte** allg Prieß, Internationale Verwaltungsgerichte und Beschwerdeausschüsse, 1989.

25 **b) Abgrenzung von der internationalen Zuständigkeit.** Soweit die dt Gerichtsbarkeit gegeben ist, stellt sich in allen Fällen mit Auslandsberührung die nach nationalem Prozeßrecht zu beantwortende Frage, inwieweit der dt Staat seine nach völkerrechtlichen Grundsätzen bestehende Gerichtsbarkeit ausüben will, dh das Problem der internationalen Zuständigkeit der dt Gerichte. Der von

[44] Dazu Sch-Ehlers 65, 69 vor § 40; Ruthig, Globalisierung 281 f; Classen VerwA 2005, 481 f. Dieser Grundsatz erfährt allerdings immer stärkere Einschränkungen bei deliktischen Anspr, s Geimer, Int. Zivilprozeßrecht 585. Zur int Zusammenarbeit von Polizeibehörden – die sich derzeit noch im wesentlichen auf repressive Maßnahmen u den Datenaustausch beschränkt – s Schenke PolR 460 ff mwN; Cremer ZaöRV 2000, 103; Göppl VBlBW 2002, 1; Lindner BayVBl 2001, 193; Soria VerwA 1998, 400.

der dt Gerichtsbarkeit Befreite kann sich zwar nach völkerrechtlichen Grundsätzen der dt Gerichtsbarkeit unterwerfen u damit eigentlich als **Kl vor dt Gerichten** auftreten (BayVBl 1996, 636; Ms NJW 1992, 2043: Sozialhilfe für ausl Diplomaten; MKZPO 10 vor § 18 GVG; RS § 19, 17). Aus der territorialen Beschränkung von Hoheitsrechten wird aber auch abgeleitet, daß dt Gerichte vorbehaltlich anderweitiger bi- oder multilateraler Vereinbarungen ihre **Mitwirkung bei der Durchsetzung ausländischer Hoheitsakte versagen,** daß also auch ausländische Behörden nicht vor dt Verwaltungsgerichten klagen können.[45] Hierbei handelt es sich aber nicht um eine Frage der dt Gerichtsbarkeit, sondern der internationalen Zuständigkeit dt Gerichte (BSGE 54, 254; Sch-Ehlers 67 vor § 40). Eine solche Differenzierung ist nicht nur im Zivilprozeßrecht vorzunehmen. Sie ist auch im Verwaltungsprozeßrecht erforderlich.[46]

Die Qualifikation eines Anspr als ör erfolgt entspr allg Regeln des Pro- 26
zeßrechts nach der **lex fori.**[47] Bei der **Anerkennung u Vollstreckung** hingegen ist für die Qualifikation des Anspr auf das Recht des Urteilsstaates abzustellen (BGHZ 65, 291; NJW 1978, 1113: belg. Zivilurteil über Eurocontrol-Forderungen, die sich nach dt Recht als Gebühren darstellen würden). In beiden Fällen sind insb auch internationale Abkommen bzw Vorschriften des Gemeinschaftsrechts zu beachten. Dies betrifft vor allem die EuGVO, die mit Wirkung vom 1. 3. 2002 das EuGVÜ im wesentlichen abgelöst u in einzelnen Punkten modifizert hat (zu den Einzelheiten s Piltz NJW 2002, 789; Micklitz/Rott EuZW 2001, 325; 2002, 15; Finger MDR 2001, 1394). Der **autonome Begriff der Zivil- und Handelssache (Art 1 Abs 1 EuGVO)** entscheidet über seine Anwendbarkeit, verdrängt aber nicht die Rechtswegabgrenzung der lex fori,[48] so daß seine Vorschriften über die gerichtliche Zuständigkeit auch bestimmte den Verwaltungsgerichten zugewiesene Streitigkeit erfassen. Um eine Zivil- u Handelssache handelt es sich dabei immer dann, wenn keine hoheitlichen Befugnisse wahrgenommen werden, die von den im Verhältnis zwischen Privaten geltenden Regeln abweichen;[49] der die Anwendung des EuGVO ausschließende Zusammenhang mit hoheitlicher Tätigkeit ist auch zu bejahen bei den dabei entstehenden Gebühren (EuGH 1976, 1541 Tz 3; VG Schleswig NJW 1991, 1129: Baugenehmigungsgebühr) oder Erstattungsanspr (EuGH 1980, 3807 Tz 9; Geimer/Schütze 13 zu Art 1 EuGVO; krit Schlosser IPRax 1981, 155). Zur Frage der Anwendbarkeit des EuGVÜ auf die staatliche Auftragsvergabe Kropholler 8 f zu Art. 1 EuGVÜ; Sch-Ehlers 61 vor § 40.

c) Die Tätigkeit deutscher Behörden unterliegt wg Art 19 Abs 4 GG da- 27
gegen uneingeschränkt der dt Gerichtsbarkeit (ebenso Sch-Schmidt-Aßmann 7 zu Einl; s auch BVerfG 37, 282; BGHZ 34, 352 f), selbst wenn diese aufgrund von supranationalem – insb aufgrund von EU-Recht –, internationalem oder

---

[45] BSG 54, 255 u bereits mit näherer Begr KG OLGRspr 1910, 92; Sch-Ehlers 70 f vor § 40 VwGO; v Hecke IPRax 1992, 205; Vischer IPRax 1991, 213; zum ör Erstattungsanspr BSG 54, 250; OLG Hamm RIW 1994, 513; zu kommunalen Parkgebühren AG Mannheim DAR 1994, 405; AG Münster DAR 1995, 165; Kropholler EuGVÜ 7 zu Art 1; s auch Roloff, Die Geltendmachung ausländischer ör Ansprüche im Inland, 1994.

[46] Dazu BSG 54, 250; Ey-Rennert 2, 8 vor § 40; Sch-Ehlers 25 ff vor § 40; Burgi 31 ff; DVBl 1995, 776; ohne Differenzierung zwischen dt Gerichtsbarkeit u internationaler Zuständigkeit Erichsen/Frenz Jura 1995, 423; RÖ-v Nicolai 37 a zu § 40.

[47] BSG 50, 250 – ein nach niederländischem Recht zivilrechtlicher Anspr aus der Arbeitslosenversicherung ist nach der dt lex fori als ör zu qualifizieren; OLG Hamm RIW 1994, 513.

[48] EuGH 1993, I-1963 Tz 25 = NJW 1993, 2091; s auch Sch-Ehlers 61 vor § 40; Geimer/Schütze 7 ff zu Art 1 EuGVO; Kropholler 11 ff zu Art 1 EuGVO.

[49] EuGH 1976, 1541 Tz 3 = NJW 1977, 489; 1993, I-1963 = NJW 1993, 2091 Tz 22; dazu Heß IPRax 1994, 13; Kubis ZEuP 1995, 846; s auch BGHZ 123, 268 = NJW 1993, 3269.

ausländischem Recht handeln oder wenn nach den Grundsätzen des internationalen öffentlichen Rechts ausnahmsweise ausländisches Recht anwendbar bzw zu berücksichtigen ist;[50] für eine Beschränkung der internationalen Zuständigkeit in diesem Fall Sch-Ehlers 69 vor § 40.

Zu den Art 19 Abs 4 GG unterfallenden Akten gehören daher zB **Auslieferungsbewilligungen** (BVerfG 63, 226 = NJW 1983, 2757); die **Anerkennung u Vollstreckung** ausländischer Hoheitsakte (BVerfG 63, 375); die **Geltendmachung von Forderungen zwischenstaatlicher Einrichtungen** durch deutsche Behörden;[51] zum **Anspr auf diplomatischen Schutz** durch die Bundesrepublik vgl 35 zu § 40; 123 zu § 42. Insoweit ist idR gem § 40 der **VRW** gegeben; s dazu 37 zu § 40.

Klagen von Ausländern gegen Akte der deutschen öffentlichen Gewalt scheitern nicht am völkerrechtlichen Territorialitätsprinzip (75, 286); sie sind zulässig, wenn die Klagebefugnis gem § 42 Abs 2 vorliegt.[52]

28 **d) Akte der EG und von Mitgliedstaaten in Deutschland.** Im Anwendungsbereich der Gemeinschaftsverträge ist ein Rückgriff auf die allg völkerrechtlichen Grundsätze weder notwendig noch problemadäquat (Schwarze EuR 1983, 1). Die Gemeinschaft selbst genießt im ErkenntnisVf vor mitgliedstaatlichen Gerichten keine Immunität.[53]

Nach Art 240 EGV sind Streitsachen, bei denen die Gemeinschaft Partei ist, den mitgliedsstaatlichen Gerichten nicht generell entzogen, wohl aber im Rahmen der Zuständigkeit der Gemeinschaftsgerichte. Insoweit gewähren ggü hoheitlichen Handlungen von Gemeinschaftsorganen **ausschließlich EuGH u EuG Rechtsschutz.**[54] Für Klagen gegen Akte der Gemeinschaft ist daher **in Ermangelung einer ör Streitigkeit der VRW nicht eröffnet** (s 37 zu § 40 mwN; für Ausschluß der dt Gerichtsbarkeit VG Oldenburg NVwZ-RR 2002, 25). Soweit die Gemeinschaftsorgane keine Möglichkeit der Durchsetzung ihrer Maßnahmen haben u auf die **Amtshilfe deutscher Behörden** angewiesen sind, bleiben diese jedoch an das nationale Verfahrensrecht gebunden (EuGH 1989, 2859 = NJW 1989, 3080 – Hoechst).

Neue Rechtsschutzfragen stellen sich auch bei der **grenzüberschreitenden („transnationalen") Tätigkeit von Mitgliedstaaten,** indem zB den Aufsichtsbehörden für Banken u Versicherungen[55] das Recht eingeräumt wird, ausländische Zweigstellen zu überprüfen.[56]

---

[50] Dazu v Bar, IPR Allgemeiner Teil 247 ff mwN; Kopp DVBl 1967, 469; Vogel, Der räumliche Anwendungsbereich der Verwaltungsrechtsnorm, 1965, 237 f; Schumann ZZP 1965, 92 f; Neumeyer, Internationales VerwR IV, Allg Teil, 1936, 154; Randelzhofer, Schlochauer-FS 1981, 532 ff.

[51] Ks NVwZ-RR 1996, 288 zu Forderungen von Eurocontrol, die durch nationale Behörden geltend gemacht werden; s auch Ks NVwZ-RR 1995, 596; BVerwG 95, 188.

[52] S näher 90 zu § 42; zum grenzüberschreitenden Nachbarschutz 75, 285; Lü DVBl 1985, 1322; Sa NVwZ 1995, 97; Beyerlin EuGRZ 1987, 119; Brandt DVBl 1995, 783; Bothe UPR 1987, 170; Weitbrecht NJW 1987, 2132; s auch Klaas, Boujong-FS 1996, 555.

[53] Geiger 4 zu Art 241 EGV; zur Amtsimmunität von Vertretern der Mitgliedstaaten, von Richtern, Beamten usw der EG s Art 11, 12 a, 21 des Protokolls über die Vorrechte und Befreiungen v 8. 4. 1965, BGBl II 1482.

[54] S Art 230 EGV; nach Art 3 Beschluß 88/591/EGKS, EWG, Euratom des Rates v 24. 10. 1988 zur Errichtung eines Gerichts erster Instanz der Europäischen Gemeinschaften, zul geänd durch Beschluß 1999/291/291 EG, EGKS, Euratom des Rates v 26. 4. 1999 (ABl L 114, 52), ist für Streitigkeiten zwischen Individuen u Gemeinschaftsorganen in erster Instanz das EuG zuständig, der EuGH fungiert als Rechtsmittelgericht.

[55] Durch das FinDAG v 22. 4. 2002, BGBl I 1310, wurde für Deutschland als einheitliche Aufsichtsbehörde die Bundesanstalt für Finanzdienstleistungsaufsicht geschaffen.

[56] Dazu Sch-Ehlers 69 vor § 40; Becker DVBl 2001, 855; Groß JZ 1994, 596; Neßler NVwZ 1995, 863; Ruffert DV 2001, 453; Schmidt-Aßmann DVBl 1993, 935.

e) Verfassungsrechtliche Anforderungen. Für den mit der Übertragung von Hoheitsrechten auf zwischenstaatliche oder ausländische Hoheitsträger verbundenen Ausschluß der dt Gerichtsbarkeit für Personen, die sonst an sich den Rechtsschutz der dt Gerichte in Anspr nehmen könnten, ist Voraussetzung, daß der ihnen im Bereich der zwischenstaatlichen Einrichtung gewährte **Rechtsschutz hinreichend** ist (vgl BVerfG EuR 1989, 270 = EuGRZ 1989, 740; BVerwG 91, 130). Es ist aber nicht erforderlich, daß in bezug auf Akte der öffentlichen Gewalt der unter Beteiligung der Bundesrepublik errichteten zwischenstaatlichen Einrichtungen ein Rechtsschutzsystem vorgesehen werden müßte, das in Umfang u Wirksamkeit in jeder Hinsicht dem Rechtsschutzsystem gleichkommt, wie es in der Bundesrepublik in bezug auf Akte der dt öffentlichen Gewalt von Verfassungs wegen gewährleistet ist (BVerfG 37, 241, 279 ff). Vielmehr ist es als hinreichend anzusehen, wenn **der Rechtsschutz dem des GG im wesentlichen gleichkommt,** wofür jedenfalls in aller Regel zumindest ein Individualrechtsschutz durch **unabhängige Gerichte** geboten ist.[57] 29

Über diese „vorwirkende Bedeutung des Art 19 IV GG" (Sch-Schmidt-Aßmann 9 zu Einl) hinaus hat das BVerfG in der **Maastricht-Entscheidung** die Gewährleistungen des GG auf alle Akte öffentlicher Gewalt „in Deutschland" erstreckt (BVerfG 89, 175 in ausdr Abweichung von BVerfG 58, 27). Die Reichweite dieser Aussage ist unklar,[58] ihre Bedeutung im vorliegenden Zusammenhang ist aber jedenfalls begrenzt. Zunächst ist sie für den Verwaltungsprozeß ohne praktische Relevanz, soweit das BVerfG gleichzeitig erklärt hat, (im Einklang mit Solange II – BVerfG 73, 387) weiterhin seine Gerichtsbarkeit nicht ausüben zu wollen. Trotzdem hat das Urteil viele Fragen aufgeworfen. BVerfG 89, 174 läßt sich allerdings entnehmen, daß den Fachgerichten eine vom BVerfG unabhängige Verwerfungsbefugnis gegenüber Rechtsakten der Gemeinschaft nicht zukommt. Das gilt auch, wenn diese die durch Art 23 Abs 1 S 1 u 3 GG markierte Grenze des Übertragbaren überschreiten. Hierüber hat vielmehr das BVerfG im Anschluß an ein Vf gern Art 234 EGV im Rahmen einer konkreten NK bzw einer VB zu entscheiden. Geht es um eine Grenzüberschreitung durch primäres Gemeinschaftsrecht, überprüft das BVerfG das Zustimmungsgesetz anhand des Art 23 Abs 1 S 1 u 3 GG. Geht es um die Überschreitung durch sekundäres Gemeinschaftsrecht, ergibt sich die Zuständigkeit des BVerfG zu dessen Überprüfung aus einer analogen Anwendung des Art 100 GG (BVerfG 37, 284) bzw des § 90 BVerfGG. Die Vorlage bzw die VB sind aber von vorneherein unzulässig, „wenn ihre Begründung nicht darlegt, daß die europäische Rechtsentwicklung einschließlich der Rechtsprechung des Europäischen Gerichtshofs nach Ergehen der Solange II-Entscheidung (BVerfGE 73, 339 [378 bis 381]) unter den erforderlichen Grundrechtsstandard abgesunken ist" (BVerfG 102, 164). Eine vom BVerfG festgestellte Unvereinbarkeit mit Art 23 Abs 1 S 1 u 3 GG führt zur Unanwendbarkeit des EG-Rechts im Inland.

13. Kirchliche und staatliche Verwaltungsgerichtsbarkeit: Keine staatliche Vwgbk ist auch die von kirchlichen Gerichten ausgeübte Vwgbk. **Die** 30

---

[57] Vgl BVerfG 58, 41; 73, 376 = NJW 1987, 577; 89, 155 = NJW 1993, 3047; BVerwG 54, 291; 91, 126 = NJW 1993, 1409: auch Art 19 Abs 4 GG gewährleistet keine internationale „Auffangzuständigkeit" dt Gerichte; NJW 1991, 651.

[58] Zum Meinungsstand s Sch-Schmidt-Aßmann 9 zu Einl; Bischof 292 ff; Ruthig Globalisierung 277 f, 280 ff; Schweitzer/Hummer 865 ff. Zum sog Kooperationsverhältnis zwischen BVerfG u EuGH s ausf Cremer Der Staat 1995, 268; Frenz Der Staat 1995, 586; Gersdorf DVBl 1994, 674; Heintzen AöR 1994, 564; Hirsch NJW 1996, 2457 ff; Horn DVBl 1995, 89; Huber EuZW 1997, 517; Klein, Grabitz-GS 1995, 271; Pernice, Grabitz-GS 1995, 523; Schmidt-Aßmann, Bernhardt-FS 1995, 1283; Schoch JZ 1995, 114; Schwarze NJ 1994, 1; Streinz, Heymanns-Verlag-FS 1995, 663; Wittkowski BayVBl 1994, 359; Zuck/Lenz NJW 1997, 1193; Zuleeg JZ 1994, 1; NJW 1997, 1201.

Kirchen u sonstige Religionsgemeinschaften können jedoch, soweit sie gem Art 140 GG iVm Art 137 Abs 5 WRV bzw entspr Bestimmungen des Landesrechts (vgl zB Art 143 Abs 2 BayVerf) als ör Körperschaften konstituiert sind, gem **§ 135 S 2 BRRG** für Streitigkeiten in Angelegenheiten ihres Dienstrechts **den VRW** zu den allg Verwaltungsgerichten iSv § 1 vorsehen; soweit staatliche Gesetze dies vorsehen oder zulassen, **auch in anderen Angelegenheiten** (s 39 zu § 40). Iü beinhaltet das Recht der Kirchen u Religionsgemeinschaften gem Art 140 GG, Art 137 Abs 3 VRW zur selbständigen Regelung ihrer Angelegenheiten auch die **Freiheit insoweit von staatlicher Gerichtsbarkeit, soweit** die in Frage stehenden Angelegenheiten nicht **durch allg Gesetze** iSv Art 140 GG, Art 137 Abs 3 S 2 WRV geregelte Fragen berühren u keine unmittelbaren Auswirkungen im allg Rechtsbereich haben (vgl 40 zu § 40).

Zur Möglichkeit des Staates, **auf die Unterwerfung** kirchlicher Angelegenheiten außerhalb des engeren kirchlichen Bereichs (vgl 39 zu § 40) **unter die staatliche Gerichtsbarkeit** zu **verzichten** vgl zB zum Datenschutz im kirchlichen Bereich Lorenz, Aktuelle Probleme des Datenschutzes, ZEvKR 1992, 27; Hoeren, Die Kirchen und das neue Bundesdatenschutzgesetz, NVwZ 1993, 650; Kopp, F.J., Die EG-Datenschutzrichtlinie und die Kirchen, in: Robbers (Hg), Datenschutz in Europa und die Kirchen, 1994. Zur kirchlichen Diziplinargerichtsbarkeit Maurer NVwZ 1993, 609 mwN; allg zur Abgrenzung von staatlicher und kirchlicher Gerichtsbarkeit vgl 5 c u 38 ff zu § 40.

31 **14. Sonstige staatliche und nichtstaatliche Verwaltungsgerichtsbarkeiten, Berufsgerichte:** Nicht unter § 1 fallen auch die in verschiedenen Gesetzen vorgesehenen oder zugelassenen besonderen staatlichen oder nichtstaatlichen **Gerichtsbarkeiten in (iwS) öffentlichen Angelegenheiten,** insb die **Berufsgerichtsbarkeiten** freier Berufe, zB der Notare u RAe (BVerfG 26, 186; 76, 171, 196; BVerwG NJW 1984, 191), Steuerberater, Wirtschaftsprüfer, Architekten, Ärzte, Apotheker, aber auch der Handwerker (vgl Mohr/Faber GewA 1989, 157: Unzulässigkeit der Ehrengerichtsbarkeit vor Handwerksinnungen). S dazu oben 3; 49 g zu § 40; zur Vereinbarkeit mit Art 6 EMRK Ms MedR 1991, 156.

Nur in einem weiteren Sinn gehört in diesen Zusammenhang auch die sog **Verbandsgerichtsbarkeit** zB auf dem Gebiet des **Sports.**[59]

32 **15. Auslegung der VwGO:** Für die Auslegung u Anwendung der VwGO u der sonst für den Verwaltungsprozeß u das VorVf maßgeblichen Vorschriften gelten **die allg Auslegungsgrundsätze.** Wie bei anderen Prozeßgesetzen ist auch hier **der dienende Charakter** des Verfahrensrechts zu **berücksichtigen:** Verfahrensrechtliche Normen sind im Zweifel so auszulegen u anzuwenden, daß sie **keine unvertretbaren Schranken für die Durchsetzung materieller Anspr** darstellen, sondern **die Verwirklichung** u Durchsetzung des materiellen Rechts **erleichtern.**[60] Dazu gehört insb auch das Ziel eines auf eine sachliche Entscheidung gerichteten **zweckmäßigen u schnellen Vf** (BGH NJW 1983, 2201). Von wesentlicher Bedeutung ist auch, daß das Verfahrensrecht **im Licht der Grundrechte,** des Art 19 Abs 4 GG u sonstiger einschlägiger **verfassungsrechtlicher Normen** u Grundsätze (s insb oben 11–17) sowie innerhalb deren Anwendungsbereiches auch **des EU-Rechts** (s dazu insb die Konsequenzen für die Klagebefugnis, 152 ff zu § 42) sowie des sonstigen supranationalen Rechts u

---

[59] Vgl dazu Schlosser, Vereins- und Verbandsgerichtsbarkeit, 1972; Hilpert, Organisation und Tätigkeit von Verbandsgerichten, BayVBl 1988, 161 u 198, zu sog Parteigerichten für interne Streitigkeiten politischer Parteien auch BGH NJW 1989, 1212; 1990, 443. OLG Köln NJW 1991, 116 mwN.

[60] BVerfG 49, 252 = NJW 1979, 538; BVerwG 63, 189; NJW 1984, 444; Schumann, Larenz-FS 1983, 571; Grundsatz der „materiellrechtsfreundlichen Auslegung".

des Völkerrechts, zB der **EMRK** (BVerfG 74, 370 = NJW 1987, 2427; Lippold NJW 1994, 1110) ausgelegt u angewandt werden muß.[61]

33 **16. Mediation (Konfliktmittlung):** Neuerdings viel diskutiert wird die Frage, ob u in welchem Umfang das verwaltungsgerichtliche Vf durch eine **richterliche Mediation**[62] entlastet werden kann. In einer solchen Mediation wird vielfach ein wichtiges Mittel zur Beilegung von Rechtsstreitigkeiten gesehen, das zwar die richterliche Entscheidung sicher nicht in vollem Umfang zu ersetzen vermöge, aber jedenfalls bei bestimmten Rechtsstreitigkeiten ein der richterlichen Entscheidung überlegenes Mittel der Konfliktbeilegung darstelle, zumindest aber eine diskussionswürdige Alternative zu dieser biete.[63]

34 **a) Begriff und Verfahren der Mediation.** Als Kennzeichen einer Mediation wird es idR angesehen, daß sich ein unabhängiger Dritter (der Mediator), dem selbst keine Entscheidungsbefugnisse zukommen, darum bemüht, die an einem **Konflikt Beteiligten zu dessen einvernehmlicher Beilegung zu bewegen.** Besonderer Hervorhebung bedarf es in diesem Zusammenhang, daß der Mediator **nicht** selbst an der **Entscheidung mitwirkt,** sondern sich auf eine **vermittelnde Funktion beschränkt.** Diese kann allerdings in unterschiedlich starkem Umfang ausgeprägt sein u von einer schlichten Verfahrensleitung zu einer hierüber hinausreichenden inhaltlichen Hilfe bei der Erarbeitung einer einvernehmlichen Konfliktlösung reichen. Die Mediation erfolgt in einem **gestuften Vf.**[64] In einem ersten Schritt legen die Beteiligten unter Mitwirkung des Mediators die Verfahrensregeln für die Mediation fest. In einem zweiten Schritt schildern die Beteiligten den Sachverhalt, der Anlaß für die Streitigkeit bildet, wobei sie hier auch die rechtlichen Positionen darlegen können, auf die sie sich stützen. In einem dritten Schritt folgt dann die Aufdeckung der Interessen, die hinter dem Streit stehen, woran sich in einem vierten Schritt die Herausarbeitung gemeinsamer Interessen wie auch von bestehenden Interessendivergenzen anschließt. In einem fünften Schritt werden verschiedene Lösungsmöglichkeiten aufgezeigt u deren Für u Wider erörtert. Bei einer erfolgreichen Mediation wird schließlich eine Vereinbarung zwischen den Streitbeteiligten über die von ihnen gefundene Lösung abgeschlossen, die häufig noch einer außerhalb des MediationsVf stattfindenden rechtlichen Umsetzung durch die Verwaltung bedarf.

35 **b) Vorzüge einer Streitbeilegung durch Mediation.** Die positiven Erfahrungen, welche mit einer Mediation zunächst bei zivilrechtlichen Streitigkeiten gemacht wurden u die den Gesetzgeber im Rahmen des ZPO-RG zu einer verstärkten Einführung mediativer Elemente bei der Ausgestaltung der obligatorischen Güteverhandlung veranlaßten, die nunmehr gem § 278 Abs 5 S 1 ZPO auch vor einem **beauftragten oder ersuchten** u damit **nicht selbst entscheidungsbefugten Richter** durchgeführt werden kann, bot einen wichtigen Anstoß dafür, die richterliche Mediation auch für das Verwaltungsprozeßrecht

---

[61] Vgl oben 20; BVerfG NVwZ 1994, 160; allg auch Lerche ZZP 1965, 31; Schwab/Gottwald, Verfassung und Zivilprozeß 1984; Hoffmann, Verfahrensgerechtigkeit, 1992.

[62] Eingeh zum folgenden Schenke v Zezschwitz-FS 2005, 130 ff; Haft/Schlieffen, Handbuch Mediation, 2002. Zur Mediation im Verwaltungsprozeßrecht dort eingeh Ortloff 762 ff; zur Mediation im Verwaltungsrecht dort näher Holznagel/Ramsauer 1124 ff, s auch KR 97 ff zu Einf; Schillinger VBlBW 2001, 396 ff. Grundlegend zur Mediation im Verwaltungsrecht Hoffmann-Riem, passim u ders/Schmidt-Aßmann Bd I u II, passim. Zur Problematik einer Mediation im verwaltungsgerichtlichen Verfahren s auch Alm-Merk NdsVBl 1997, 245 ff; v Bargen DVBl 2004, 468 ff; Härtel JZ 2005, 753 ff; Ortloff NVwZ 2002, 1310 ff; 2004, 385 ff; FG 50 Jahre BVerwG 2003, 727 ff; Pitschas NVwZ 2004, 396 ff; Spellbrink SGb 2003, 141 ff; Ziekow NVwZ 2004, 390 ff. Zur Mediation im Umwelt- und Planungsrecht Wagner/Engelhardt NVwZ 2001, 370 ff.

[63] Zur Mediation als einer Alternative Dispute Resolution s Tochtermann JuS 2005, 131 ff.

[64] Zum Ablauf einer Mediation s auch Tochtermann JuS 2005, 132 ff.

fruchtbar zu machen. Den Hintergrund für entspr Forderungen iVm Verwaltungsprozessen bildete nicht nur der Gedanke einer **beschleunigten Beilegung von Konflikten**[65] u Gründe der **Kostenersparnis,**[66] sondern auch eine **veränderte Stellung des Bürgers,** der es entspreche, diesen in stärkerem Umfang als bei einem herkömmlichen, autoritativ durch den Richter zu entscheidenden Vf an der Lösung von Konflikten zu beteiligen. Bei einer im MediationsVf getroffenen einvernehmlichen Lösung sei zudem eine **größere Flexibilität** bei der Bewältigung von rechtlichen Konflikten möglich als bei einer starren, am Gesetz fixierten richterlichen Konfliktlösung, die idR am „Alles oder Nichts"-Prinzip orientiert sei u damit nur einen Sieger u einem Besiegten kenne. Dies fördere zusätzlich die **Akzeptanz** der von den Konfliktparteien unter Zuhilfenahme eines Mediators getroffenen einvernehmlichen Lösung.

36 **c) Rechtliche Grenzen der Mediation bei verwaltungsrechtlichen Streitigkeiten.** Diese unbestreitbaren Vorteile einer Mediation dürfen freilich nicht den Blick dafür verschließen, daß einem Einsatz der Mediation als einem Mittel zur Konfliktbewältigung bei der Lösung ör Konflikte durch das Prinzip der **Gesetzmäßigkeit der Verwaltung** (Art 20 Abs 3 GG) u hier speziell den Vorrang des Gesetzes **engere rechtliche Grenzen** gesetzt sind als einer Mediation privatrechtlicher Konflikte. Während das Zivilrecht vom Grundsatz der Parteiautonomie beherrscht wird, der günstige Voraussetzungen für eine durch Mediation geförderte einvernehmliche Konfliktlösung schafft, schützen ör Normen typischerweise **öffentliche Interessen,** die vielfach einer **Disposition durch die Konfliktparteien entzogen** sind, damit deren Spielraum bei der Findung von Verhandlungslösungen erheblich einschränken oder sogar weitgehend ausschließen. Erschwerend kommt hinzu, daß ör Normen u ihre Vollziehungsakte häufig die Rechtsstellung einer Vielzahl von Personen betreffen u damit einen **multipolaren Charakter** aufweisen. Sie unterscheiden sich damit auch in dieser Hinsicht in charakteristischer Weise vom Zivilrecht, das typischerweise die Regelung bipolarer Rechtsbeziehungen zum Gegenstand hat u damit eine einvernehmliche Konfliktlösung durch die Beteiligten begünstigt. Berühren Verwaltungshandlungen demgegenüber aber auch die Rechte anderer Personen als die der Konfliktparteien, so muß eine Konfliktlösung durch Mediation auch eine hinreichende Berücksichtigung der Interessen dieser Dritten bei der Erarbeitung einer Konfliktlösung ermöglichen u ausreichend Raum dafür bieten, deren Interessen in die Konfliktlösung einfließen zu lassen u ihnen, hiermit zusammenhängend, in ausreichendem Umfang **verfahrensrechtlich Rechnung zu tragen.** Dies gilt um so mehr, als gerade dem Verfahrensgedanken bei der Lösung ör Konflikte zu Recht ein hoher Stellenwert beigemessen wird, wie sich dies etwa in der Anerkennung eines den Grundrechten heute assoziierten status activus processualis zeigt. Eine Mediation wirft iVm verwaltungsrechtlichen Streitigkeiten schließlich auch noch insofern spezifische Probleme auf, als sie nicht nur mit dem gerichtlichen EntscheidungsVf, sondern auch mit anderen, der **Konfliktbewältigung dienenden VerwaltungsVf,** insb mit dem WiderspruchsVf **konkurriert** u sich damit zwangsläufig die Frage nach ihrem Verhältnis zu diesen Vf stellt u zu beantworten ist.

37 **d) Anwendungsbereiche der Mediation.** Das vorher Gesagte heißt nun nicht, daß damit der Mediation als einem Mittel zur einvernehmlichen Beilegung

---

[65] Zur Möglichkeit der Beschleunigung von Verwaltungsverfahren durch Mediation s schon Brohm NVwZ 1991, 1025 ff. Dort wird auch darauf hingewiesen (NVwZ 1991, 1032), daß sich die im amerikanischen Recht entwickelte Mediation wg struktureller Unterschiede nicht unbesehen in das deutsche Verwaltungsrecht übertragen läßt.

[66] Zu ökonomischen Aspekten der Rechtsprechungstätigkeit s Würtenberger, Brohm-FS, 2002, 631 ff.

von Konflikten im Verwaltungsrecht überhaupt keine Bedeutung zukommen sollte. Ein Anwendungsbereich ist für sie grds dort eröffnet, wo der Verwaltung **Handlungsspielräume** eingeräumt werden, wie dies im Bereich der **Ermessensverwaltung,** aber vor allem auch im Rahmen der lediglich **final programmierten staatlichen Planungen** zutrifft, ferner auch in bezug auf die Gestaltung des VerwaltungsVf. Selbst iVm der rechtlich voll gebundenen Verwaltung bleibt insoweit Raum für eine Mediation, als hier für die Konfliktparteien die Möglichkeit einer Einflußnahme auf **Faktoren** (24b zu § 114)[67] besteht, denen für die rechtlich gebundene Entscheidung wegweisende Bedeutung zukommt. Ferner ist eine Mediation hier auch insofern in Betracht zu ziehen, als die rechtlichen Voraussetzungen für einen der Konfliktlösung dienenden **Vergleich** (s § 55 VwVfG u § 106) vorliegen.

e) Mediation bei multipolaren Rechtsverhältnissen. Die Ausgestaltung des MediationsVf hat auch dort, wo sich für die Mediation ein nach dem vorher Gesagten legitimer Anwendungsbereich eröffnet, in einer Weise zu erfolgen, die den Rechten Dritter, die durch eine Konfliktlösung betroffen sind, in angemessener Weise Rechnung trägt. Rechtlich ausgeschlossen ist es damit, Dritte zum reinen Objekt der Verhandlungen der an einem MediationsVf Beteiligten zu machen u ihnen eine **angemessene Beteiligung bei der Erarbeitung einer Konfliktlösung** zu verwehren. Die gebotene Beteiligung läßt sich nicht – oder jedenfalls nur um den Preis der Entwertung des MediationsVf – erst in einer späteren Phase bei der verwaltungsbehördlichen Umsetzung der Ergebnisse des MediationsVf nachholen. Eine nur formale Beteiligung an späteren Umsetzungsakten könnte jedenfalls vorausgegangene verfahrensrechtliche Defizite nicht ausgleichen u würde sich als ermessensfehlerhaft darstellen, da sie auf das schon vorher erzielte Verhandlungsergebnis keinen Einfluß mehr ausüben könnte. Eine solche Verfahrensweise provozierte wg der unterschiedlichen Einräumung von verfahrensrechtlichen Mitwirkungsrechten Betroffener außerdem unter dem Aspekt des Gleichheitssatzes Bedenken. Freilich kann dies auch nicht bedeuten, daß die Verfahrensbeteiligung aller durch den Konflikt u seine Lösung rechtlich Betroffenen in derselben Weise zu erfolgen hat wie in einem förmlichen VerwaltungsVf. Dies liefe in seiner letzten Konsequenz auf eine **Formalisierung des Informalen** u damit auf eine Preisgabe der informalen Mediation überhaupt hinaus. Eine in derselben Weise erfolgende unmittelbare Beteiligung aller an einem multipolaren Rechtsverhältnis Beteiligten müßte jedenfalls die Effizienz des MediationsVf gefährden u drohte damit dessen besonderen Vorzüge preiszugeben. 38

Eine Lösung, die dem sich hier stellenden Dilemma Rechnung trägt, wird sich häufig dadurch erzielen lassen, daß den an dem multipolaren Rechtsverhältnis Beteiligten die Möglichkeit eingeräumt wird, sich durch von ihnen ausgewählte u beauftragte **Repräsentanten an dem MediationsVf mittelbar zu beteiligen** u die Beteiligten ihre Bereitschaft erklären, dessen Ergebnisse zu akzeptieren. Insb bietet sich bei einer größeren Zahl von Beteiligten an, gleichgelagerte Interessen zu bündeln u bei Zustimmung der Beteiligten durch jeweils eine in derselben Weise betroffene Person vertreten zu lassen. Soweit der Konflikt sich nur noch auf wenige Streitpunkte reduziert, wird sich ohnehin der Kreis der Konfliktbetroffenen bereits erheblich reduziert haben u werden dadurch sich sonst stellende Verfahrensprobleme erheblich entschärft. 39

f) Verhältnis der Mediation zu anderen der Konfliktbewältigung dienenden Verfahren. Die Mediation sollte, damit sie die mit ihr verbundene Entlastungs- u Kostensparfunktionen erfüllen kann, nicht zu spät einsetzen. Dies erscheint auch schon deshalb sinnvoll, weil ein zu später Einsatz der Mediation ihre 40

[67] Dazu 26, 78; 31, 358; 39, 299; BK-Schenke 357ff zu Art 19 Abs 4 GG.

Effizienz zu gefährden droht, da sich hier oft bereits eine Verhärtung der Standpunkte der Konfliktbeteiligten ergeben wird u – damit zusammenhängend – ein einer einvernehmlichen Lösung entgegenstehendes ungünstiges Verhandlungsklima erzeugt wird. Zudem wird der Verhandlungsspielraum der Konfliktbeteiligten in einem frühen Stadium des Vf meist größer sein als zu einem späteren Zeitpunkt. Deshalb verbessern sich bei einem rechtzeitigen Einsetzen eines MediationsVf auch dessen Erfolgsaussichten. IdR wird sich eine Durchführung des MediationsVf bereits in unmittelbarem Anschluß an das AusgangsVf empfehlen,[68] da erst in diesem das Konfliktpotential in seinem vollen Umfang manifest wird. Zudem führt das AusgangsVf vielfach zu einer für die Durchführung des MediationsVf vorteilhaften Reduktion von Komplexität. Auch erschiene die Einschaltung eines richterlichen Mediators bereits im Rahmen des AusgangsVf problematisch, da hier nicht nur die Gefahr einer Parteinahme des Richters in besonderer Weise besteht, sondern dieser auch in eine zu große Nähe zu einer ihm wesensfremden Verwaltungstätigkeit zu geraten droht. Denkbar ist aber auch, das MediationsVf erst nach Rechtshängigkeit einer verwaltungsgerichtlichen Klage durchzuführen, was sich insb dann anbietet, wenn sich der Konflikt ohnehin nur noch auf einen oder wenige Streitpunkte konzentriert. Verfahrensrechtlich liefert § 10 S 2 VwVfG für ein bereits nach Einlegung des Widerspruchs durchgeführtes MediationsVf die gesetzliche Handhabe zur Aussetzung des WiderspruchsVf. Soweit – wie zB in Bayern (zu Beispielen aus anderen Bundesländern s 17a zu § 68) – das WiderspruchsVf eingeschränkt u für bestimmte Landesteile sogar probeweise abgeschafft wurde (s Art 15 BayAGVwGO, insb dessen Nr 21), bietet es sich an, bei mediationstauglichen Streitigkeiten eine Streitbeilegung durch Mediation zu versuchen, wobei hier freilich die Klagefristen der §§ 74f zu beachten sind. Nach Rechtshängigkeit der Klage kann über § 173 S 1 iVm § 251 ZPO das Ruhen des verwaltungsgerichtlichen Vf angeordnet werden (1 zu § 94).

41 **g) Der Richter als Mediator.** Der Mediator braucht nicht notwendigerweise ein Richter zu sein; er muß nicht einmal Volljurist sein. Allerdings empfiehlt es sich, einen Volljuristen mit der Mediation zu betrauen, da eine Mediation, die sich nicht in einer rein formalen Verfahrensleitung erschöpft, voraussetzt, daß der Mediator über verwaltungsrechtliche Kenntnisse verfügt. Ohne solche Kenntnisse kann er den rechtlichen Rahmen, innerhalb dessen sich die Konfliktbewältigung u eine sie begleitende Mediation zu bewegen hat, nicht beurteilen. In besonderem Maße sind für eine solche Aufgabe naturgemäß Verwaltungsrichter berufen. Dies nicht nur deshalb, weil sie über das erforderliche verwaltungsrechtliche **Wissen** u die durch ihr Amt begründete nötige **Autorität** verfügen, sondern auch weil der Verwaltungsrichter im Rahmen eines Verwaltungsprozesses ohnehin grds darum bemüht sein muß, auf eine **einvernehmliche Lösung** der ihm im Rahmen einer verwaltungsgerichtlichen Klage unterbreiteten verwaltungsrechtlichen **Streitigkeiten hinzuwirken.** Deutlich wird dies an der über § 173 S 1 auch auf das verwaltungsgerichtliche Vf anwendbaren Regelung des § 278 Abs 1 ZPO, nach der der Richter in jeder Phase des Vf auf eine gütliche Beilegung des Rechtsstreits oder einzelner Streitpunkte bedacht sein muß, sowie an den verwandten Regelungen des § 87 Abs 1 S 2 Nr 1 u des § 106. Insoweit werden dem Richter bereits kraft seines Amtes wichtige, für eine Mediation erforderliche Fähigkeiten abverlangt, ohne daß allerdings seine Tätigkeit im Rahmen eines verwaltungsgerichtlichen Vf voll mit der ihm als Mediator obliegenden Funktion verglichen werden kann, bei der er sich weit mehr zurücknehmen muß.

42 Bedenken ggü einer richterlichen Mediation könnten freilich insoweit bestehen, als diese bereits vor dem Rechtshängigwerden einer Klage erfolgt. Hier fehlt

---

[68] S dazu auch Vetter 2004, passim.

es offensichtlich an einer Rechtsgrundlage für eine entspr richterliche Mediation. Allerdings ist eine solche hier genausowenig erforderlich wie für eine mediative Tätigkeit einer anderen Person. Wie diese ist die richterliche Mediation nicht ör, sondern **privatrechtlich** zu qualifizieren. Insoweit besteht iü – wie noch zu zeigen (unten 43f) – auch gar kein Unterschied ggü einer erst nach Erhebung einer verwaltungsgerichtlichen Tätigkeit einsetzenden richterlichen Mediation, für die es ebenfalls an einer normativen Ermächtigung fehlt. Selbstverständlich müssen für diese Tätigkeit die erforderlichen **dienstrechtlichen Voraussetzungen** gegeben sein, insb auch unter dem Aspekt einer Nebentätigkeit; ferner dürfen ihr keine Hindernisse unter dem Gesichtspunkt des ohnehin novellierungsbedürftigen RBerG entgegenstehen (dazu Kretschmer NJW 2003, 1500ff). Daß ein mit der Mediation einer rechtlichen Streitigkeit befaßter Richter bei deren Fehlschlagen später nicht an einem denselben Rechtsstreit betr verwaltungsgerichtlichen Vf mitwirken kann, bedarf keiner besonderen Hervorhebung.

Selbst nach Rechtshängigkeit einer Klage fehlt es allerdings an einer ausdr gesetzlichen Grundlage für eine Mediation durch einen Richter, der nicht zugleich entscheidungsbefugt ist. Die Auffassung,[69] bei der richterlichen Mediation handele es sich um eine **Aufgabe der Gerichtsverwaltung,** die auf **§ 4 Abs 2 Nr 1 DRiG** gestützt werden könne, **überzeugt nicht.** Auch wenn der richterliche Beitrag zur Lösung rechtlicher Konflikte bei einer richterlichen Mediation wesentlich geringer ausfällt als bei einer autoritativen Entscheidung eines Rechtsstreits, handelt es sich doch bei einer auf die Herbeiführung einer friedensstiftenden Konfliktlösung gerichteten richterlichen Mediation um einen typischen Bestandteil richterlichen Handelns. Davon abgesehen liegt es auch nicht in der Kompetenz der Konfliktbeteiligten, einem Richter Aufgaben der Gerichtsverwaltung zuzuweisen. 43

Der zT als Basis für eine mediative verwaltungsgerichtliche Tätigkeit herangezogene **§ 173 S 1 iVm § 278 Abs 5 S 1 ZPO**[70] scheidet als Rechtsgrundlage für eine Mediation gleichfalls aus. § 278 Abs 5 S 1 ZPO steht in engem Zusammenhang mit § 278 Abs 2 S 1 ZPO, der bindend vorsieht, daß der mV grds eine Güteverhandlung voranzugehen hat u gestattet, diese Güteverhandlung an einen beauftragten oder einen ersuchten Richter zu verweisen. Da aber die verwaltungsprozessuale Regelung des § 87 Abs 1 S 2 Nr 1 eine lex specialis zu § 278 Abs 2 S 1 ZPO darstellt u deshalb für verwaltungsgerichtliche Vf eine Güteverhandlung nicht obligatorisch vorgeschrieben ist, kommt hier auch über § 173 S 1 nicht der mit § 278 Abs 2 S 1 ZPO in systematisch-funktionalem Zusammenhang stehende § 278 Abs 5 S 1 ZPO zum Tragen. Vielmehr bleibt es bei der Regelung des **§ 87 Abs 1 S 2 Nr 1**, nach der eine gütliche **Beilegung des Streits durch den Vorsitzenden oder den Berichterstatter** vorgesehen u es deshalb nicht möglich ist, einen dem Spruchkörper nicht angehörenden beauftragten oder ersuchten Richter zu einer Güteverhandlung zu verpflichten (vgl § 158 GVG). 44

Die Zulässigkeit einer richterlichen Mediation beantwortet noch nicht die Frage, welche Rolle dem Richter bei der Mediation zukommen soll. Da es hier keine normativen Bindungen gibt, läßt sich seine verfahrensrechtliche Rolle nicht eindeutig bestimmen. Dies braucht kein Nachteil zu sein, sondern kann sich sogar als Vorteil erweisen. Es räumt ihm die nötige **Flexibilität** bei der Bewältigung der Aufgabe als Mediator ein. Der Grad seiner Mitwirkung bei der Findung einvernehmlicher Lösungen durch die Verfahrensbeteiligten hängt ohnehin zu einem nicht unerheblichen Teil von den Besonderheiten des Einzelfalls 45

---

[69] So zB Ortloff in Haft/Schlieffen, Handbuch der Mediation, 788.

[70] Darauf stellt v Bargen DVBl 2004, 475 ab; s auch Ortloff, FG BVerwG 728; krit hierzu Sch-Meissner 204 zu § 173; Pitschas NVwZ 2004, 402; Schenke 12b; Ziekow NVwZ 2004, 394.

ab. So ist seine rechtliche Beratung idR dort nicht erforderlich, wo die Verfahrensbeteiligten selbst rechtskundig sind, insb wenn diese durch einen Anwalt vertreten werden. In einem solchen Fall setzt sich der Richter bei seiner rechtlichen Beratung leicht der **Gefahr** aus, seine **Rolle als neutraler Mittler zu verlassen.** Andererseits kann dies aber auch nicht – wie zuweilen vertreten[71] – bedeuten, daß die richterliche Mediation nicht rechtsgeleitet sein dürfe, sondern sich um einen gesetzesunabhängigen Interessenausgleich zu bemühen habe. Zwar ist der Richter bei seiner privatrechtlich zu qualifizierenden Tätigkeit als Mediator nicht unmittelbar durch Art 20 Abs 3 GG gebunden,[72] wohl aber ergibt sich aus seiner dienstrechtlichen Stellung, daß er sein Handeln nicht in der Weise zu privatisieren vermag, daß er sich über den durch das Recht für die Konfliktbeteiligten vorgegebenen Rahmen für eine Konfliktbewältigung hinwegzusetzen vermag u damit an einem gesetzwidrigen Verhalten der Verwaltung mitwirkt. Es erscheint zudem widersprüchlich, wenn man einerseits den Richter als in besonderem Maße zu einer Mediation geeignet ansieht, andererseits aber von ihm verlangt, von seinen rechtlichen Kenntnissen zu abstrahieren. Fordert man letzteres, so ist ohnehin nicht einzusehen, welchen Sinn es haben soll, primär Juristen mit der Mediation zu betrauen.

46 Ein endgültiges Urteil darüber, ob sich eine richterliche Mediation bei bestimmten verwaltungsrechtlichen Streitigkeiten empfiehlt, läßt sich wohl erst nach entspr Erfahrungen in der Praxis fällen.[73] Solange es an diesen fehlt, sollten im Bereich der Vwgbk **gesetzgeberische Schnellschüsse vermieden** werden.

§ 2 [Gerichte und Instanzen der Verwaltungsgerichtsbarkeit]

Gerichte der Verwaltungsgerichtsbarkeit sind in den Ländern die Verwaltungsgerichte[2] und je ein Oberverwaltungsgericht,[3] im Bund das Bundesverwaltungsgericht mit Sitz in Leipzig.

Vgl § 12 GVG; § 2 SGG; § 2 FGO

Schrifttum: *Blümel/Pitschas* (Hrsg), Verwaltungsverfahren und Verwaltungsprozeß im Wandel der Staatsfunktionen, 1997; *Stelkens,* Verwaltungsgerichtsbarkeit im Umbruch – Reform ohne Ende?, NVwZ 1995, 325; *ders,* Verwaltungsgerichtsbarkeit in der Krise, DVBl 1995, 1105; *Ule,* Effektiver Rechtsschutz in einer funktionsfähigen Rechtspflege?, DVBl 1992, 821. S auch zu § 1.

1 **1. Allgemeines:** Die durch Art 1 des G zur Verlagerung des BVerwG von Berlin nach Leipzig v 21. 11. 1997 (BGBl I 2742) neugefaßte Vorschrift sieht einen **dreistufigen Aufbau** der Vwgbk, getrennt von den Gerichten anderer Gerichtszweige, vor (vgl RÖ-M. Redeker 2) u **verpflichtet** („sind zu errichten") die Länder u den Bund **zur Errichtung der entspr Gerichte** u zur Sorge für ihre Funktionsfähigkeit (s dazu auch 1 zu § 5). Der Begriff der allg Vwgbk wird in der nF nicht mehr gebraucht. Zugleich legt sie **einheitliche Bezeichnungen** für die Gerichte fest. Sie dient zusammen mit anderen gesetzlichen Vorschriften über die Errichtung, die Organisation u die Besetzung der Verwaltungsgerichte, insb auch der §§ 3 ff u der AGVwGOen der Länder, sowie den Regelungen der Geschäftsverteilungspläne der Verwaltungsgerichte (s 1 ff zu § 4) zugleich auch der **Bestimmung des gesetzlichen Richters** gem Art 101 Abs 1 S 2 GG (zu den Erfordernissen des gesetzlichen Richters im einzelnen 2

---

[71] So aber Ortloff NVwZ 2002, 1316; FG BVerwG 731.

[72] Von einer unmittelbaren rechtlichen Bindung ist ohnehin dann auszugehen, wenn man mit Ortloff NVwZ 2002, 1310 ff die richterliche Mediation als eine ör Tätigkeit qualifiziert.

[73] S zu den schon jetzt bestehenden Projekten zur Erprobung einer richterlichen Mediation v Bargen DVBl 2004, 471 ff; Clostermann/Josephi/Kleine-Tebbe/Niewisch-Lennartz/Vogelei SGb 2003, 266 ff.

zu § 4; 4 ff zu § 133) u Art 30, 97 GG. Ein **Instanzenzug** wird durch § 2 nicht gewährleistet (NKVwGO-Kronisch 8); auch aus Art 19 Abs 4 GG u aus anderen Bestimmungen des GG ergibt sich kein Anspr auf mehrere Instanzen (s 12 zu § 1). Zum Erfordernis, daß nach dem GG die wesentlichen Fragen der Gerichtsorganisation durch förmliches Gesetz geregelt werden müssen, s 1 zu § 3.

2. Verwaltungsgerichte der Länder und des Bundes: Entspr Art 30, 92 GG unterscheidet § 2 zwischen den VG u OVG (VGH) als **Gerichte der Länder,** für deren Organisation die Länder zuständig sind u bei denen auch die Dienstaufsicht (vgl § 38) den Ländern obliegt (vgl Scholz DVBl 1982, 613), u dem BVerwG als einem **Gericht des Bundes** (s auch Art 95 Abs 1 GG). Die Zulässigkeit der Übertragung von Gerichtsbarkeit im Bereich des Landesrechts auf das BVerwG wird jedoch weder durch das GG noch durch § 2 ausgeschlossen. Vgl dazu auch Art 99 GG; ferner 15 ff zu § 137. 2

Jedes Land muß **ein OVG** – mehr als ein OVG ist nicht zulässig (NKVwGO-Kronisch 17) – u **mindestens ein VG** haben (RÖ-M. Redeker 1). Das **OVG** kann **auch gemeinsam** mit einem oder mehreren anderen Ländern errichtet werden (§ 3 Abs 2; s dazu 3 zu § 3). Die OVG haben in folgenden Städten ihren Sitz: BW: Mannheim (VGH), Bay: München (VGH); Berl u Brand (gemeinsames OVG): Berlin; Brem: Bremen; Hmb: Hamburg; Hess: Kassel (VGH); MV: Greifswald; Nds: Lüneburg; NW: Münster; RhPf: Koblenz; Saarl: Saarlouis; Sachs: Bautzen; SachsAnh: Magdeburg; SchlH: Schleswig; Thür: Weimar. **Str** ist, ob die VG u OVG organisatorisch u/oder personell auch mit **anderen Gerichten verbunden** sein dürfen (abl Ule 25). Die Zulässigkeit hängt von der Ausgestaltung im einzelnen ab (RÖ-M. Redeker 2). Aus § 2 folgt aber, daß die Verwaltungsgerichte jedenfalls nach außen hin ggü dem Bürger als selbständige Gerichte errichtet werden müssen (vgl auch B-Funke-Kaiser 2; RÖ-M. Redeker 2); außerdem muß die Organisation jedenfalls auch den sonstigen Bestimmungen der VwGO, insb über die Besetzung der Verwaltungsgerichte, u des DRiG (§ 27) genügen. Für das **BVerwG** wird eine Verbindung mit den Gerichten anderer Gerichtszweige durch Art 95 Abs 1 GG ausgeschlossen. Es hat seinen Sitz in Leipzig. 3

3. Bezeichnung der Gerichte: § 2 legt zugleich auch die einheitliche Bezeichnung der Verwaltungsgerichte fest. **Zusätze,** die die Zuordnung zu einem Land zum Ausdruck bringen (zB „Bayerisches Verwaltungsgericht München"), sind jedoch zulässig. Zur Weiterführung der **Bezeichnung VGH** s § 184. 4

§ 3 [Gerichtsorganisation]

(1) **Durch Gesetz**[1] **werden angeordnet**

1. die Errichtung und Aufhebung eines Verwaltungsgerichts oder eines Oberverwaltungsgerichts,
2. die Verlegung eines Gerichtssitzes,
3. Änderungen in der Abgrenzung der Gerichtsbezirke,
4. die Zuweisung einzelner Sachgebiete an ein Verwaltungsgericht für die Bezirke mehrerer Verwaltungsgerichte,
4 a. die Zuweisung von Verfahren, bei denen sich die örtliche Zuständigkeit nach § 52 Nr. 2 Satz 1, 2 oder 4 bestimmt, an ein anderes Verwaltungsgericht oder an mehrere Verwaltungsgerichte des Landes,
5. die Errichtung einzelner Kammern des Verwaltungsgerichts oder einzelner Senate des Oberverwaltungsgerichts an anderen Orten,
6. der Übergang anhängiger Verfahren auf ein anderes Gericht bei Maßnahmen nach den Nummern 1, 3, 4 und 4 a, wenn sich die Zuständigkeit nicht nach den bisher geltenden Vorschriften richten soll.[1]

(2) **Mehrere Länder**[2] **können die Errichtung eines gemeinsamen Gerichts oder gemeinsamer Spruchkörper eines Gerichts oder die Ausdeh-**

nung von Gerichtsbezirken über die Landesgrenzen hinaus, auch für einzelne Sachgebiete, vereinbaren.

Vgl §§ 7, 28 SGG; § 3 FGO

Schrifttum: *Strempel/Abel,* Organisation der Verwaltungsgerichte und Finanzgerichte, DÖV 1991, 530; *Strempel/van Raden,* Strukturanalyse der Rechtspflege, ZRP 1991, 91 und 1994, 144. S auch zu § 1 u 2.

1 **1. Allgemeines:** § 3 schreibt im Einklang mit den Folgerungen, die sich aus Art 101 Abs 1 S 2 u 97 GG für die Organisation der Gerichtsbarkeit u für die Bestimmung des gesetzlichen Richters (s auch 1 zu § 2; 2 zu § 4) ergeben (vgl BVerfG 2, 307; 19, 60 = NJW 1965, 2292; Schechinger NVwZ 1993, 449 – auch hins der Zahl der bei einem Gericht eingerichteten Spruchkörper –), vor, daß die in Abs 1 genannten grundlegenden Entscheidungen hins der **Organisation der Vwgbk** durch Gesetze im formellen Sinn getroffen werden müssen. Nach der Formulierung (VG, OVG) bezieht sich die Vorschrift **nur auf die Gerichte der Länder;** für Gerichte des Bundes ergeben sich die entspr Folgerungen jedoch unmittelbar aus Art 101 Abs 1 S 2, Art 97 GG (vgl BVerfG 2, 307). Abs 2 wurde durch G v 25. 7. 1978 (BGBl I 1107) neu gefaßt. Abs 1 wurde durch das RmBereinVpG um Nr 4 a ergänzt. Durch Abs 1 Nr 4 a soll den Ländern die Möglichkeit der Dekonzentration gegeben werden.

2 **Die Länder** haben die erforderlichen bzw zugelassenen Regelungen vor allem in ihren **AusführungsG (AG) zur VwGO** getroffen. Die **Regelung der Gerichtsorganisation im übrigen** (Bestimmung der Zahl der Kammern bzw Senate usw) obliegt im Rahmen der Haushaltspläne **der staatlichen Gerichtsverwaltung** bzw den Präsidien der einzelnen Gerichte (s im einzelnen 4 zu § 5); dies dürfte trotz der mißverständlichen Fassung von § 3 Abs 1 Nr 5 („einzelner Kammern" usw) auch für die Bestimmung der **Zahl der auswärtigen Kammern** (Senate) gem § 3 Abs 1 Nr 5 gelten, so daß nur die grdse Entscheidung für auswärtige Kammern (Senate) u der Sitz solcher Kammern usw einer Bestimmung durch Gesetz bedürfen (**aA** NKVwGO-Kronisch 37). Die Errichtung auswärtiger Senate ist in das Ermessen des Landesgesetzgebers gestellt u nicht von besonderen Voraussetzungen abhängig, das Gericht darf aber durch die Dezentralisierung nicht in der Wahrnehmung seiner Funktionen gehindert werden (BayVerfGH NVwZ 1996, 123).

3 **2. Gemeinsame Gerichte:** Nach Abs 2 können **gemeinsame Gerichte** mehrerer Länder errichtet werden. Ein solches Gericht gibt es seit dem 1. 7. 2005 in den Ländern Berl u Brand, die durch Art 1 Abs 1 Nr 1 des Staatsvertrages v 26. 4. 2004 (BrandGVBl I 283) ein gemeinsames OVG mit Sitz in Berlin errichtet haben. Das früher bestehende gemeinsame OVG für die Länder Nds u SchlH war dagegen zum 31. 3. 1991 aufgelöst worden. Nach § 190 Abs 1 Nr 4 blieb § 138 Abs 2 S 1 FlurbG unberührt; zum gemeinschaftlichen Flurbereinigungsgericht für die Länder RhPf u Saarl Stiebens AgrarR 1977, 29. Die **Ausdehnung des Gerichtsbezirks eines VG** ist nicht nur für Teile eines anderen Landes, sondern auch für ein anderes Land schlechthin oder für mehrere Länder möglich. Seit dem 1. 8. 1978 sind auch die **Errichtung gemeinsamer Spruchkörper** eines Gerichts sowie Zuständigkeitsregelungen für gemeinsame Gerichte usw für (nur) einzelne Sachgebiete zulässig.

§ 4 [Gerichtliche Selbstverwaltung, Geschäftsverteilung]

Für die Gerichte der Verwaltungsgerichtsbarkeit gelten die Vorschriften des Zweiten Titels des Gerichtsverfassungsgesetzes entsprechend. Die Mitglieder und drei Vertreter des für Entscheidungen nach § 99 Abs. 2 zuständigen Spruchkörpers bestimmt das Präsidium jeweils für

die Dauer von vier Jahren.[1] **Die Mitglieder und ihre Vertreter müssen Richter auf Lebenszeit sein.**[1]

Vgl §§ 21 a–21 j GVG; § 6 SGG; § 4 FGO

Schrifttum: *Fichte,* Die Bestellung zum Berichterstatter – Bestimmung des ges. Richters?, SGb 1996, 93; *Foth/Sangmeister,* Grundsätze der Mitwirkung innerhalb des Spruchkörpers, § 21 g Abs 2 GVG, JZ 1993, 942, 943; *Humborg,* Zweifelsfragen beim Nachrücken ins Präsidium, NWVBl 1999, 298; *Kindhäuser,* Zum Abweichen vom Geschäftsverteilungsplan (Anm zu BGH 29. 10. 1992 – 4 StR 119/92), JZ 1993, 477; *Kissel,* Die Verhinderung des Richters und seine Vertretung, Rebmann-FS 1989, 63; *ders,* Gerichtsinterne Demokratie, DRiZ 1995, 125; *ders,* Die Novelle 1999 zur Präsidialverfassung, NJW 2000, 460; *Kronisch,* Präsidialverfassung und Verwaltungsgericht, NordÖR 2001, 11; *Leisner,* „Gesetzlicher Richter" – vom Vorsitzenden bestimmt?, NJW 1995, 285; *Marquardt,* Die Rechtsnatur präsidialer Geschäftsverteilungspläne gemäß § 21 e GVG und der Rechtsschutz des Richters, 1998; *Neumeyer/Hohn,* Richteröffentlichkeit von Präsidiumssitzungen, NJW 1995, 3101; *Quack,* Geschäftsverteilungspläne und gesetzlicher Richter, BB 1992, 1; *Reichl,* Probleme des gesetzlichen Richters in der Verwaltungsgerichtsbarkeit, 1994, zugl Diss. Passau 1993; *Renck,* Geschäftsverteilungsplan und Normenkontrolle, NJW 1984, 2928; *Rieß,* Präsidium und Geschäftsverteilung bei der Errichtung neuer Gerichte, DRiZ 1993, 76; *ders,* Zur bisherigen Entwicklung und zur Änderung des Rechtspflegeanpassungsgesetzes, NJ 1996, 15; *Sangmeister,* Zur senatsinternen Geschäftsverteilung beim BGH (Anm zu BGH 30. 3. 1993 – X ZR 51/92), JZ 1993, 736; *ders,* Grundsätzliches vom Bundesgerichtshof, NJW 1995, 289; *Urban,* Besondere Spruchkörper für Asylstreitverfahren?, NVwZ 1993, 1169; *Wichmann/Schubert,* Effektivere Geschäftsverteilung an den Verwaltungsgerichten mit Hilfe von Gewichtungsfaktoren?, NVwZ 1996, 971; *Wiebel,* Effizienz und Gerichtsverfassung, ZRP 1998, 221; *Zärban,* Senatsinterne Geschäftsverteilung – Ermessen, Vertrauen und gesetzlicher Richter, MDR 1995, 1202; *Zülch,* Zur Verteilung der Geschäfte in den Zivilsenaten des BGH, NJW 1992, 98.

Übersicht

1. Allgemeines: Die Vorschrift enthält eine dynamische Verweisung auf 1 §§ 21 a–21 j GVG, die die früher in der VwGO selbst enthaltenen Vorschriften ohne wesentliche Änderungen ersetzt hat. Hierdurch werden im Interesse der Unabhängigkeit der Verwaltungsgerichte u ihrer Trennung von den übrigen Gewalten (s 1 zu § 1) die Bestimmung der **internen Organisation** u die sog **Geschäftsverteilung** innerhalb der einzelnen Verwaltungsgerichte (s zum Geschäftsverteilungsplan unten 7) grds den Gerichten selbst übertragen, dh besonderen bei den Gerichten gebildeten Organen der (von der Rechtsprechungstätigkeit des Gerichts zu unterscheidenden, Ma DÖV 1980, 573) **gerichtlichen Selbstverwaltung** (s 3 zu § 1), nämlich dem Präsidium, dem Präsidenten des Gerichts u den am Gericht gebildeten Spruchkörpern (sog **Präsidialverfassung,** vgl Ma DÖV 1980, 573). Die „überkommene hervorgehobene Stellung der Vorsitzenden Richter" wurde durch G v 22. 12. 1999 (BGBl I 2598) „zugunsten der Gleichrangigkeit der Richter zurückgefahren", da nach Auffassung des Gesetzgebers diese „Privilegierung der Vorsitzenden Richter ... demokratischen Grundsätzen" widerspreche (BT-Dr 14/979, 4). Infolge der gleichzeitigen „Stärkung des Präsidiums als ein eigenständiges zentrales Organ richterlicher Selbstverwaltung" (BT-Dr 14/979, 4) bleibt die Charakterisierung als Präsidialverfassung aber nach wie vor berechtigt. Ihre Aufgaben haben die Organe der gerichtlichen Selbstverwaltung in richterlicher Unabhängigkeit zu erfüllen (50, 16 = NJW 1976, 1224; BGHZ 46, 149; Frauendorf DÖV 1980, 556 mwN).

Die Vorschrift wurde durch das RmBereinVpG um S 2 u 3 ergänzt. Der Gesetzgeber möchte damit (wie auch durch §§ 9 Abs 3 S 3, 189) zur Gewährleistung des im Vf nach § 99 Abs 2 gebotenen Geheimschutzes beitragen.

2 **Bedeutung für den gesetzlichen Richter und die richterliche Unabhängigkeit:** Diese scheinbar bloß technischen Vorschriften vollziehen die institutionellen Verfassungsgarantien in Art 97 Abs 1 u Art 101 Abs 1 GG durch Einzelregelungen u sind daher auch immer im Licht dieser Verfassungsnormen auszulegen (Kirsch 1 zu § 21 a GVG). Das Kernstück der Regelung ist § 21 e GVG, der die Aufgabe des Präsidiums u die Geschäftsverteilung zum Gegenstand hat.

Die **Regelung** der §§ 21 a ff GVG ist insb hins des bei den zu treffenden Entscheidungen einzuhaltenden Vf **unvollständig** (NJW 1984, 575; Ma DÖV 1980, 573; List StR 1992, 697; BL 22 ff zu § 21 e GVG). Sie wird **durch den Gerichtsgebrauch** des jeweiligen Gerichts **ergänzt** (Ma DÖV 1980, 574; zT **aA** BVerwG NJW 1984, 575: soweit ausdr Vorschriften fehlen, Ermessen der Präsidien); zulässig sind außerdem ergänzende Regelungen durch eine **Geschäftsordnung,** die sich das Präsidium gibt (Ma DÖV 1980, 574; Frauendorf DÖV 1980, 556 mwN). Nicht entspr anwendbar sind dagegen zur Lückenausfüllung die §§ 192 ff GVG (vgl BGHSt 12, 228; Kissel 28 zu § 21 e GVG). Anders als der Geschäftsverteilungsplan ist die **Geschäftsordnung,** die sich das Präsidium gibt, eine autonome Satzung ohne Außenwirkung. Sie ist grds **jederzeit,** auch ad hoc (jedoch nicht willkürlich), **abänderbar** (Ma DÖV 1980, 574; Knoche DRiZ 1975, 405, 407). Entsprechendes gilt auch für den Gerichtsgebrauch (Ma DÖV 1980, 574).

3 **2. Präsidialverfassung:** § 4 iVm §§ 21 a–21 j GVG schreibt für die Verwaltungsgerichte (VG, OVG, BVerwG) die sog Präsidialverfassung vor. Das **Präsidium** ist ein **zentrales Organ richterlicher Selbstverwaltung** (BT-Dr 6/557, 15). Es besteht aus dem Präsidenten des Gerichts bzw dem aufsichtsführenden Richter als Vorsitzenden u je nach Zahl der Richterplanstellen aus 10, 8, 6 bzw 4 Richtern, die mit Ausnahme des Präsidenten durch geheime Wahl von den Mitgliedern des Gerichts in dieses Amt gewählt werden (vgl näher § 21 b GVG u die Wahlordnung für die Präsidien der Gerichte v 19. 9. 1972 [BGBl I 1821]; zur Wahlanfechtung DVBl 1975, 727; NJW 1991, 1183; Kissel 17 ff zu § 21 b GVG). Der Vorsitzende vertritt das Präsidium nach außen u handelt in Notfällen anstelle des Präsidiums (§ 21 i Abs 2 GVG); seine Maßnahmen sind der gerichtlichen Anfechtung durch Mitglieder entzogen (Kissel 32 zu § 21 e GVG).

4 **Das Präsidium faßt seine Beschlüsse** mit einfacher Mehrheit (§ 21 e Abs 7 S 1 GVG). Kommt eine Stimmenmehrheit nicht zustande, so gilt ein Antrag oder Vorschlag als abgelehnt, nachdem der frühere Stichentscheid des Präsidenten abgeschafft wurde; gem § 21 e Abs 7 S 1 iVm § 21 i Abs 2 GVG bleibt in derartigen Fällen nur noch die Möglichkeit einer **Ersatzanordnung** des Präsidenten bei unaufschiebbaren Entscheidungen (Kissel NJW 2000, 461). **Beschlüsse** können außerhalb einer gemeinsamen Sitzung grds, wenn kein Mitglied gegen dieses Vf Einspruch erhebt, auch **„im Umlaufverfahren"** gefaßt werden.[1] Die **Beschlüsse** des Präsidiums **müssen protokolliert,** nicht notwendig jedoch von allen Mitglieder unterschrieben werden (NJW 1984, 575: Unterschrift des Vorsitzenden oder des Vorsitzenden u des Protokollführers genügt idR).

5 Dem Präsidium obliegt insb die Regelung der **Geschäftsverteilung** (s unten 7 ff) u der **Heranziehung der ehrenamtlichen Richter** nach § 30 (vgl 88,

---

[1] 88, 159 = NJW 1992, 254: jedenfalls in eilbedürftigen u nicht umstrittenen Fällen; Kissel 39 zu § 21 e GVG; Z 3 zu § 21 i GVG; BL 22 zu § 21 e GVG; **aA** – unter Hinweis darauf, daß für eine Beschlußfassung nach § 21 i GVG die „Anwesenheit" von mindestens der Hälfte der Mitglieder erforderlich ist – ThP 6 zu § 21 e GVG u 1 zu § 21 i GVG; MKZPO 51 zu § 21 i GVG; Müller NJW 1978, 900.

163), beim OVG u beim BVerwG auch die **Bestimmung der Mitglieder des Großen Senats** (§ 12, § 11). Es ist außerdem nach § 21 e Abs 6 GVG vor der Freistellung von Richtern für Aufgaben der Gerichtsverwaltung (s 2 zu § 39) zu hören. Sofern die Bildung der Kammern u Senate nach Landesrecht dem Präsidenten obliegt (4 zu § 5), ist das Präsidium vorher zu hören. Bei Fehlen ausdr Regelungen entscheidet das Präsidium in entspr Anwendung von § 21 e Abs 1 GVG über die Bildung von Kammern bzw Senaten (s 4 zu § 5). Darüber hinaus hat das Präsidium allg **den Präsidenten** in allen Fragen der gerichtlichen Selbstverwaltung u der Gerichtsorganisation **zu beraten** (**aA** MKZPO-Wolf 3 zu § 21 e GVG). Zur **Geschäftsverteilung in den Kammern** bzw Senaten s unten 20 ff.

Rechtswidrige Beschlüsse des Präsidiums, die Auswirkungen auf die Besetzung des Gerichts im einzelnen Fall (vgl 4 ff zu § 133) haben, haben grds (vgl jedoch zu Mängeln des Geschäftsverteilungsplans unten 15 f) zur Folge, daß **das Gericht nicht ordnungsgemäß besetzt** ist (§ 138 Nr 1 bzw § 153, § 579 Abs 1 Nr 1 ZPO) u, soweit sie willkürlich sind (dh nicht nur auf einer irrtümlichen Auslegung oder Anwendung einer Vorschrift oä beruhen), daß das Recht der Beteiligten (§ 63) auf den **gesetzlichen Richter** (Art 101 Abs 1 S 2 GG) verletzt wird. Zur gerichtlichen **Überprüfung von Präsidialbeschlüssen** s auch 50, 11; BVerfG 17, 262; 31, 53. S auch unten 15 f, zu Rechtsbehelfen gegen den vom Präsidium beschlossenen Geschäftsverteilungsplan unten 9 f. 6

3. Besetzung der Spruchkörper, Geschäftsverteilung: Nach § 21 e GVG bestimmt das Präsidium die Besetzung der Kammern bzw Senate mit den am Gericht ernannten Richtern (s 3 zu § 5), einschließlich ihrer Vertretung bei Verhinderung (sog **personelle Geschäftsverteilung**), sowie die – nach generellen Merkmalen zu treffende – Verteilung der Streitsachen auf die einzelnen Kammern **(sachliche Geschäftsverteilung)**; zur Festlegung der Zahl der Spruchkörper s 4 zu § 5. 7

Die Geschäftsverteilung bzw der Geschäftsverteilungsplan dient außer der Ordnung der Ausübung der Gerichtsbarkeit im einzelnen Gericht vor allem auch der **Bestimmung des gesetzlichen Richters** iSv Art 101 Abs 1 S 2 GG. Art 101 Abs 1 S 2 GG soll der Gefahr vorbeugen, „daß die Justiz durch **eine Manipulierung** der rechtsprechenden Organe **sachfremden Einflüssen** ausgesetzt wird, auch daß im Einzelfall durch die Auswahl der zur Entscheidung berufenen Richter ad hoc das Ergebnis der Entscheidung beeinflußt wird, gleichgültig von welcher Seite die Manipulierung ausgeht".[2] Dies verlangt, daß die richterliche Zuständigkeit nicht fallbezogen durch Einzelakte, sondern im voraus durch abstrakt-generelle Regelungen bestimmt wird,[3] die die zur Entscheidung in einem anhängigen Vf berufenen Richter so eindeutig u genau wie möglich bestimmen müssen (BVerfG 17, 300 = NJW 1964, 1020).

Vorausgesetzt ist die sich aus dem Verfahrensrecht ergebende Zuständigkeit des Gerichts, die nicht durch den Geschäftsverteilungsplan abgeändert werden kann (BGHSt 38, 376 = NJW 1993, 672). Der Geschäftsverteilungsplan muß alle dem Gericht zugewiesenen Aufgaben umfassen (**sachliches Vollständigkeitsprinzip,** vgl Buchh 300 § 21 e GVG Nr 19), das Präsidium ist jedoch nicht gezwungen, von einer Ermächtigung zur Bildung von Spezialkammern Gebrauch zu machen (Urban NVwZ 1993, 1170). Die Zuweisung muß nach allg Merkmalen bestimmt werden **(Abstraktionsprinzip);** einzelne ausgesuchte Sachen dürfen wg Art 101 Abs 1 GG einem Spruchkörper nicht zugewiesen werden (Buchh

---

[2] DÖV 1979, 299; ebenso BVerfG NJW 1997, 1497.

[3] NJW 1995, 2703; BVerfG 82, 298: schon eine Zuständigkeitsbestimmung von Fall zu Fall wäre Willkür, es kommt nicht darauf an, daß in concreto sachfremde Erwägungen eine Rolle spielen.

310 § 133 VwGO Nr 51). Die Verteilung hat nach sachlich-objektiven Kriterien zu erfolgen, ein bestimmtes Verteilungssystem ist jedoch nicht gesetzlich festgelegt. Die in der ordentlichen Gerichtsbarkeit favorisierte **Zuteilung nach Eingang** hat sich für die VG weniger bewährt (Sch-Stelkens 50; jedenfalls muß dann auch der Fall gleichzeitigen Eingangs geregelt werden, 66, 359 = NJW 1983, 2154). In der Vwgbk ist idR eine **Zuweisung nach Sachgebieten** zumindest zweckmäßig, wenn nicht sogar erforderlich (vgl Sch-Stelkens 24; Redeker LKV 1994, 160; s auch BayVerfGH BayVBl 1984, 717). Nach **§ 83 Abs 1 AsylVfG** „sollen" Streitigkeiten in Asylsachen „in besonderen Spruchkörpern zusammengefaßt werden". Der Gesetzgeber wollte mit der Statuierung dieser **Konzentrationsmaxime** durch eine **höhere Spezialisierung** u eine **ständige Befassung** zur Beschleunigung der AsylVf beitragen; er setzte sich damit über Bedenken aus der Richterschaft hinweg (vgl hierzu Marx 1, 3f zu § 83 AsylVfG; Renner 4f zu § 83 AsylVfG; Hailbronner/Schenk 1 zu § 83 AsylVfG).

Als „Sollvorschrift" wird § 83 Abs 1 AsylVfG tlw dahin verstanden, daß sie die Präsidien obligatorisch zur Einrichtung von **Asylfachkammern** u Asylfachsenaten verpflichte, soweit nicht atypische Verhältnisse dagegen sprechen (Renner 4 zu § 83 AsylVfG). Überwiegend wird jedoch ein (nicht unproblematisches) großzügigeres Verständnis vertreten, wonach die Präsidien außer dem Geschäftsanfall noch weitere Gesichtspunkte wie insb die gleichmäßige Belastung aller Spruchkörper, eine bereits vorhandene Spezialisierung nach Herkunftsländern, die sinnvolle Einarbeitung des Richternachwuchses etc berücksichtigen dürfen.[4] Auch die Gerichte nehmen einen solchen Spielraum für sich in Anspr; während je nach Übung zahlreiche VGe u OVGe Asylfachkammern eingerichtet haben, wurden überwiegend im Interesse einer sinnvollen Spezialisierung auf Herkunftsländer **Mischkammern** für Asyl- u NichtasylstreitVf beibehalten (vgl zB Geschäftsverteilungsplan des VGH Mannheim VBlBW 2/2000, III).

8 Die **Aufstellung des Geschäftsverteilungsplans** ist kein Akt der Rspr, sondern der **gerichtlichen Selbstverwaltung** (BayVerfGH NJW 1978, 1515; BGH NJW 1985, 1084), bei dem das Präsidium **in richterlicher Unabhängigkeit** tätig wird (BGH NJW 1995, 2494). Das Vf für die Aufstellung ist nur tlw gesetzlich geregelt; der schriftlich abzufassende Geschäftsverteilungsplan braucht weder begründet noch öffentlich bekanntgemacht zu werden (45, 51). **Vor der Entscheidung des Präsidiums** über die Geschäftsverteilung sind auch die im Präsidium nicht vertretenen **Richter zu hören** (§ 21 e Abs 2 GVG).

Gem § 21 e Abs 8 GVG kann das Präsidium beschließen, daß Richter des Gerichts für die gesamte Dauer oder zeitweise bei seinen Beratungen u Abstimmungen zugegen sein können; nach § 21 e Abs 8 S 2 iVm § 171 b GVG muß jedoch auf Antrag des betroffenen Richters auch diese **Richteröffentlichkeit** ausgeschlossen werden (Kissel NJW 2000, 462), wenn Umstände aus seinem persönlichen Lebensbereich zur Sprache kommen, „deren öffentliche Erörterung schutzwürdige Interessen verletzen würde, soweit nicht das Interesse an der öffentlichen Erörterung dieser Umstände überwiegt". Auch wenn man in Rechnung stellt, daß es bei der Präsidiumssitzung allein um eine Richteröffentlichkeit u nicht um eine Zulassung der Allgemeinheit geht, ist doch nicht zu sehen, wie es mit der verfassungsrechtlich fundierten Fürsorgepflicht des Dienstherrn vereinbar sein soll, persönliche Lebensumstände eines Richters vor sämtlichen Richterkollegen erörtern zu lassen; Art 33 Abs 5 GG gebietet daher eine **verfassungskonform restriktive Auslegung** dahin, daß **persönliche Umstände eines Richters gegen dessen Widerspruch** auch ohne weitere Interessenabwägung **ausschließlich durch das Präsidium** erörtert werden dürfen. Allg im Hinblick auf die Unbe-

[4] Vgl Sch-Stelkens 25; Marx 5 zu § 83 AsylVfG; Hailbronner/Schenk 3 zu § 83 AsylVfG; Urban NVwZ 1993, 1170; Ruge NVwZ 1995, 735.

fangenheit der Meinungsbildung u Diskussion im Präsidium krit zur **Richteröffentlichkeit** bei der Beratung u Beschlußfassung des Präsidiums s BGH NJW 1995, 2494; Neumeyer/Holm NJW 1995, 3101. Nur **der Präsident des Gerichts** bestimmt allein, dh ohne Mitwirkung des Präsidiums, welche richterlichen Aufgaben er selbst wahrnimmt, insb welcher Kammer (bzw welchem Senat) er sich (als Vorsitzender, vgl § 21 f Abs 1 GVG) anschließt (§ 21 e Abs 1 S 3 GVG). Hins der **ehrenamtlichen Richter** wird § 21 e GVG durch § 30 ergänzt. Zur Geschäftsverteilung innerhalb der Kammern bzw der Senate s unten 20 ff.

Die **Rechtsnatur des Geschäftsverteilungsplans** ist str; er enthält in Kon- **9**
sequenz des Art 101 Abs 1 S 2 GG eine generell-abstrakte Regelung u ist als eine besondere Art einer autonomen Satzung (vgl Renck NJW 1984, 2928: zu erwägen) u damit – auch soweit darin die Zuweisung der einzelnen Richter an die einzelnen Spruchkörper erfolgt – als **Rechtsnorm** anzusehen.[5]

Als **Rechtsschutzmöglichkeiten** gegen den Geschäftsverteilungsplan kom- **10**
men zum einen inzidente Kontrollen in Betracht. Dies erfolgt regelmäßig im Rahmen des Rechtsstreits, in dem der Geschäftsverteilungsplan Anwendung findet. Den **betroffenen Richtern** steht hins der aus dem Geschäftsverteilungsplan folgenden Rechte u Pflichten die Feststellungsklage gem § 43 offen.[6] Dies gilt für alle Richter aller Gerichtszweige. **In Eilfällen** kommt auch eine **einstweilige Anordnung** nach § 123 in Betracht, zB ein Antrag auf Feststellung, daß der antragstellende Richter der getroffenen Regelung einstweilen nicht nachkommen muß (Hbg NJW 1987, 1215; VG Hannover NJW 1990, 3227; Mü NJW 1994, 2308).

Grds haben die Richter jedoch **kein Recht auf Zuweisung** zu einem bestimmten Spruchkörper, auch wenn sie in einem bestimmten Bereich über besondere Kenntnisse oder Erfahrungen verfügen (Hbg aaO). Ebenso verletzt grds auch eine an sich objektiv unzulässige u rechtswidrige Regelung einen Richter nicht in seinen Rechten (Hbg NJW 1987, 1215); **anders** wohl, **wenn** ein Richter durch den Geschäftsverteilungsplan **praktisch „kaltgestellt"**, dh von der Rechtsprechungstätigkeit ausgeschlossen wird (vgl BVerfG 17, 252: Verstoß gegen Art 97 Abs 2 GG; zum Anspr auf amtsgemäße Beschäftigung vgl NVwZ 1992, 1096).

Im Verhältnis zu Dritten ist die Rechtswidrigkeit des Geschäftsverteilungsplans nach Auffassung des BVerwG (BayVBl 1976, 374) ohne rechtliche Folgen, solange der Geschäftsverteilungsplan nicht aufgehoben oder die Nichtigkeit der Zuteilung eines Richters nicht durch gerichtliches Urteil festgestellt ist (sehr zweifelhaft; vgl auch BVerwG NJW 1982, 900 u 1991, 1370: Geltendmachung nur im konkreten Vf mit einem Rechtsbehelf oder der Nichtigkeitsklage gem § 153; s ferner unter 16 sowie 3 zu § 15; 2 zu § 24); **anders** eine willkürliche, nicht lediglich versehentliche **Verletzung des Geschäftsverteilungsplans** (s unten 15) oder wenn der Mangel sich zugleich als Manipulation darstellt oder in anderer Weise das Recht der Beteiligten auf den gesetzlichen Richter verletzt (s unten 15 f).

---

[5] Ks DRiZ 1969, 122; Mü NJW 1994, 2308; Bettermann, Bettermann/Nipperdey/Scheuner, Grundrechte III/2552; NKVwGO-Ziekow 112 zu § 47; **aA** BayVerfGH NJW 1986, 1673: jedenfalls hins der Geschäftsverteilung, der Spruchkörperbesetzung u der Vertretungsregelungen usw keine Rechtsnorm iSd verfassungsgerichtlichen NK, da keine „Außenwirkung"; Lü NJW 1984, 627: jedenfalls keine NKklage dagegen; ebenso wohl Sch-Stelkens 32; Rasch VerwA 1969, 21 u Müller MDR 1977, 975: Doppelnatur, Rechtsnorm ggü dem Bürger, VA ggü den Richtern; offen BVerfG 17, 256; 31, 53; BayVerfGH 28, 8; BVerwG 50, 14; BGH NJW 1975, 2304; 1976, 60, 1688; Feiber NJW 1975, 2005; B-Funke-Kaiser 21: Rechtsakt eigener Art.

[6] 50, 11 = NJW 1976, 1224; DÖD 1986, 218 m Anm Sangmeister; NJW 1976, 1224; BGH NJW 1991, 425 mwN; Ma DVBl 1973, 891; Hbg NJW 1987, 1215; Mü NJW 1994, 2308; Ms DöD 1981, 46; Sch-Stelkens 32; ThP 9 zu § 21 e GVG; BL 30 zu § 21 e GVG.

In Konsequenz der Rechtsnatur des Geschäftsverteilungsplans als Rechtsnorm kommt neben den inzidenten Rechtsschutzmöglichkeiten bei Geschäftsverteilungsplänen der VG u der OVG (s zu dieser Einschränkung 20 zu § 47) auch eine **NK nach § 47** in Betracht, soweit das betr Bundesland von der Ermächtigung nach § 47 Abs 1 Nr 2 Gebrauch gemacht hat.[7]

11 **Inhaltliche und formelle Anforderungen an die Geschäftsverteilung:** Die **Festlegung** der personellen u sachlichen Geschäftsverteilung (s oben 7) muß jährlich (s unten 12) nach § 21 e Abs 1 S 2, Abs 3 u 9 GVG **vor Beginn des Geschäftsjahres** erfolgen u durch Auflegen des Geschäftsverteilungsplans in einer näher zu bestimmenden Geschäftsstelle des Gerichts zur Einsichtnahme bekanntgegeben werden (vgl auch 20, 42). Die **Beteiligten** (§ 63) an einem Vf **haben** außerdem **Anspr auf Mitteilung der Namen** der im konkreten Fall mitwirkenden Richter (BayObLG MDR 1978, 232).

Ergeben sich in einem Vf **Zweifel, ob** eine Kammer oder ein Senat **ordnungsgemäß besetzt** ist, so hat die Kammer bzw der Senat **vorweg,** dh vor Eintritt in die Verhandlung, vAw durch Beschluß darüber **zu entscheiden** (76, 286; BVerfG 40, 356; 46, 35 = NJW 1978, 37). Entsprechendes gilt bei Zweifeln darüber, ob eine Streitsache nach dem Geschäftsverteilungsplan in die Zuständigkeit einer bestimmten Kammer bzw eines bestimmten Senats fällt. Ist die **Berechtigung eines bestimmten Richters** zur Mitwirkung **zweifelhaft,** so darf dieser auch bei der Entscheidung über die richtige Besetzung nicht mitwirken (NJW 1985, 2356; BVerfG 40, 356; 46, 35). Zur Revision wg nicht ordnungsgemäßer Besetzung s unten 15, ferner 4 ff zu § 138.

12 Der Geschäftsverteilungsplan gilt **jeweils für ein Jahr** (Jährlichkeitsprinzip, vgl BVerwG BayVBl 1979, 247; 1985, 123; DVBl 1985, 574). Der neue Geschäftsverteilungsplan muß nach dem Vollständigkeitsprinzip **auch die schon** bisher **anhängigen Sachen** zuweisen; die Zuweisung hat auch insoweit immer konstitutive Wirkung mit der Folge, daß etwaige Mängel der früheren Zuweisung geheilt werden (BayVBl 1985, 123 = DVBl 1985, 574). **Ein neuer Geschäftsverteilungsplan** kann im Rahmen einer generellen Neuverteilung der Geschäfte, die außerdem auch die unbestimmte Vielzahl künftiger gleichartiger Fälle erfaßt, **auch anhängige Sachen einem anderen Spruchkörper** zuweisen;[8] die Neuregelung muß jedoch jedenfalls auch insoweit **durch objektive Gesichtspunkte** (insb zB der Auslastung der Kammern, Senate u einzelnen Richter) bedingt sein u darf nicht zum Zweck einer Einflußnahme auf die Behandlung u Entscheidung konkreter Streitsachen erfolgen u sich insoweit als „Manipulierung" darstellen (s allg auch oben 7 u 10). Unzulässig ist die **Zuweisung ausgesuchter,** nicht nach allg Merkmalen bestimmter Sachen an eine andere Kammer (BVerfG NJW 2003, 345); **bei der Umverteilung** von anhängigen Streitsachen ist ein gewisses Maß an „Konkretheit" jedoch zulässig (DÖV 1985, 587).

12 a **Während des laufenden Geschäftsjahres** darf die Geschäftsverteilung nur noch nach Maßgabe des **§ 21 e Abs 3 GVG** unter den dort näher bestimmten Voraussetzungen – nicht aus bloßen Gründen der Zweckmäßigkeit (BayVerfGH BayVBl 1978, 144) oder aus nur vorübergehendem Anlaß ohne gewisse Dauer (BGH NJW 1988, 1921) – **geändert** werden. **Zulässig sind zB** Änderungen, wenn eine neue Kammer (Senat) gebildet wird (NJW 1984, 2961) oder um der Überlastung oder vergleichsweise geringen Belastung eines Spruchkörpers (BGH

[7] NKVwGO-Ziekow 51 u 112 zu § 47; wohl auch MKZPO 64 zu § 21 e GVG; **generell,** ohne Beschränkung auf die Vwgbk Renck NJW 1984, 2938; Ule § 10 IV 2; Sch-Gerhardt 29, 33 zu § 47; **aA** Lü NJW 1984, 627; Ey-Geiger 31; B-v Albedyll 28 zu § 47; **offen** NVwZ 1988, 1120.

[8] DÖV 1979, 299: sowohl mit § 21 e GVG als auch mit Art 101 Abs 1 S 2 GG vereinbar; ebenso BVerfG 24, 54 u NJW 2003, 345 zu Art 101 Abs 1 S 2 GG.

NJW 1982, 1470, 2274) oder besonderen Erfordernissen der Ausbildung (BGH NJW 1976, 2029; 1977, 1696; 1978, 1444) Rechnung zu tragen, **nicht** dagegen eine Änderung, die primär den Zweck hat, der **Ausbildung** oder Fortbildung **junger Richter** zu dienen.[9]

Die Änderungen müssen sich **im Rahmen dessen** halten, **was** die in **§ 21 e Abs 3 GVG genannten Gründe** (oder allenfalls vergleichbare Gründe) erfordern.[10] **Nicht zulässig** ist es jedenfalls, wenn bei einer Änderung der Geschäftsverteilung wg Neubildung einer Kammer **einzeln ausgesuchte Sachen,** die nicht nach allg u jederzeit ohne weiteres nachprüfbaren Merkmalen bestimmt sind, von anderen Kammern an die neue Kammer abgegeben werden (NJW 1984, 2961), oder wenn die in einem gerichtlichen Geschäftsverteilungsplan enthaltene generelle Übergangsregelung, die den Fortbestand der bisherigen Besetzung eines Spruchkörpers vorsieht, für eine konkret bestimmte Streitsache geändert wird (Verstoß gegen das Abstraktionsprinzip, vgl NJW 1987, 2031). Zur – zulässigen – Änderung der Geschäftsverteilung **bei Überlastung** einer Kammer vgl BGH NJW 1976, 60; 1982, 1470. Soweit die Voraussetzungen für eine Änderung gegeben sind, können in die Neuregelung **auch bereits anhängige Sachen** einbezogen werden (s oben 12). **Nicht zulässig** ist **die Durchbrechung** der (generellen) Geschäftsverteilung auch durch ad hoc-Bestellung eines zeitweiligen Sitzungsvertreters durch den Präsidenten in entspr Anwendung von §§ 21 e, 22 b GVG.[11] Einer unzulässigen Vertreterregelung im Geschäftsverteilungsplan kann **nicht durch Einzelbestellung** eines Vertreters für eine bestimmte Sache, sondern nur durch eine **auf Dauer** angelegte, den Anforderungen des § 21 e GVG gerecht werdende Erweiterung der Vertreterreihe abgeholfen werden (BGH NJW 1988, 502).

Das Präsidium entscheidet **nach pflichtgemäßem Ermessen** (NJW 1982, 2274; vgl auch BGH NJW 1968, 2388); seine Entscheidung ist in RechtsmittelVf nur beschränkt nachprüfbar (BGH NJW 1982, 474: Nachprüfung nur, ob Willkür). Die Änderung **muß nicht zwingend** u unabdingbar sein (BGH NJW 1982, 2274).

Bei der Auslegung und Anwendung des Geschäftsverteilungsplans 13 kommt der an dem betr Gericht bestehenden Übung wesentliche Bedeutung zu (17, 87; 44, 215; DÖV 1974, 21; 1976, 747). Für die Anwendung des Geschäftsverteilungsplanes ist **nicht** entscheidend, **welche Rechtsnormen schließlich** für die Beurteilung eines Falles maßgeblich sind, ebenso aber auch **nicht** die **äußere Einkleidung** des Falles oder die Rechtsauffassung des Kl, sondern vielmehr, **wo** dem ersten Anschein nach **der Schwerpunkt des Falles liegt.**[12] **Bei Anfechtungs- u Verpflichtungsklagen** ist dabei vor allem auf die Begründung des angegriffenen VA bzw des ablehnenden Bescheids abzustellen, sofern die Klage nicht primär darauf gestützt ist, daß die Behörde Vorschriften eines anderen Rechtsgebiets hätte anwenden müssen (Mü BayVBl 1971, 476). In **Zweifelsfällen** u bei **Lücken im Geschäftsverteilungsplan** obliegt dem Präsidium

---

[9] DÖV 1985, 587 – zugleich unter Hinweis darauf, daß die Berücksichtigung dieses Zwecks bei einer aus anderem Anlaß notwendige Umbildung zulässig wäre, wenn u soweit ein vertretbarer sachlicher oder personeller Zusammenhang mit dem primären Zweck besteht.

[10] Vgl BGH NJW 1976, 2029; 1977, 1696; 1978, 1444; der BGH läßt in diesen Entscheidungen offen, ob die Aufzählung der zulässigen Gründe für eine Änderung in § 21 e Abs 3 GVG abschließend ist, betont jedoch die Notwendigkeit einer sehr engen Auslegung dieser Vorschrift; zT **aA** BayVerfGH BayVBl 1978, 144: auch sonstige Veränderungen, soweit sie in einem sachlichen oder personellen Zusammenhang mit dem Anlaß stehen, sowie sonstige Maßnahmen, die das Ziel haben, die Funktion der Gerichtsbarkeit zu verbessern.

[11] Vgl BGH NJW 1988, 502, 1922; **aA** BGH NJW 1977, 1696; Schorn/Stanicki 93; s aber zur Vertreterbestellung in Eilfällen oben 4; allg auch unten 19.

[12] Vgl Mü BayBVl 1971, 476; Ma MDR 1973, 258.

– in Eilfällen oder wenn das Präsidium nicht beschlußfähig ist, gem § 21i Abs 2 GVG ad hoc dem Gerichtspräsidenten (vgl zur Verfassungsmäßigkeit BVerfG 31, 163; NJW 1982, 29) – die authentische Auslegung des Geschäftsverteilungsplans sowie das Ausfüllen von Lücken;[13] **anders,** wenn die Zweifel zu einem Kompetenzstreit iSv § 53 Abs 1 Nr 4 oder 5 geführt haben (BGH NJW 1975, 2304; 1978, 1532) oder es sich um eine Ungewißheit der Zuständigkeit iSv § 53 Abs 1 Nr 2 handelt u deshalb das nächsthöhere Gericht gem § 53 über die Zuständigkeit zu entscheiden hat. **Maßgeblich** für die Bestimmung des gesetzlichen Richters gem Art 101 Abs 1 S 2 GG u die ordnungsgemäße Besetzung des Gerichts ist die Geschäftsverteilung im **Zeitpunkt der Entscheidung** des Gerichts, nicht die im Zeitpunkt des Eingangs der Sache bei Gericht (DVBl 1985, 123, s auch oben 12).

Prüfung der ordnungsgemäßen Besetzung des Gerichts vAw: Ist **zweifelhaft, ob** ein Spruchkörper **richtig besetzt** ist, so muß die Kammer (der Senat) vor der Beratung u Entscheidung der Hauptsache **durch Beschluß** über diese Frage entscheiden; an dieser Entscheidung darf der Richter, dessen Berechtigung zur Mitwirkung zweifelhaft ist, nicht mitwirken (s oben 11). Zur Revision wg nicht ordnungsgemäßer Besetzung s unten 15; ferner 4 ff zu § 133.

Zu einer nur versehentlichen, „irrtümlichen" Annahme der Zuständigkeit s unter 15.

14 **Vertretung der Richter:** Der Geschäftsverteilungsplan muß auch die Vertretung der einzelnen Richter für den Fall, daß diese **verhindert** sind, u die Reihenfolge, in der die einzelnen Richter zur Vertretung berufen sind, nach festen, objektiven Kriterien, die keinen Spielraum für ad-hoc Entscheidungen lassen, regeln (DÖV 1976, 747; BGHZ 21, 174; NJW 1988, 1921 – zum Erfordernis der Bestellung einer ausreichenden Zahl von Vertretern). Eine Vertretung kommt nur bei vorübergehender Verhinderung eines Richters in Betracht, dh solange der verhinderte Richter jedenfalls noch dem Gericht angehört, **nicht auch bei Ausscheiden** eines Richters durch Versetzung in den Ruhestand, Versetzung an ein anderes Gericht, usw (OLG Frankfurt MDR 1978, 162; OLG Hamm MDR 1970, 611).

Eine **Vertretung im Vorsitz** kommt nach § 21f Abs 2 GVG nur bei vorübergehender Verhinderung in Betracht, bei längerer Verhinderung muß der Geschäftsverteilungsplan geändert werden (BFH NJW 1989, 3240; BGH NJW 1995, 335). Sie ist jedoch **analog § 21f Abs 2 S 1 GVG** u der allg Regelung über die Vertretung **für eine kurze Übergangszeit auch bei Versetzung in den Ruhestand** usw zulässig (NJW 1986, 1366). Vertreter kann wg § 28 Abs 2 S 2 DRiG nur ein Lebenszeitrichter sein (Sch-Stelkens 2 zu § 18).

Ebenso ist eine Vertretungsregelung **für einen noch nicht ernannten Richter** („NN"), da sie praktisch bedeutet, daß bis zur Besetzung der Stelle der Vertreter der allein bestellte Richter ist, nur zulässig, wenn die Besetzung der Stelle in **absehbarer Zeit zu erwarten** ist;[14] **in allen anderen Fällen** muß die zu erwartende Besetzung bei der Aufstellung des Geschäftsverteilungsplans unberücksichtigt bleiben u der Geschäftsverteilungsplan dann ggf nach Ernennung des neuen Richters nach § 21e Abs 3 GVG geändert werden.

Zu **Besonderheiten** hins der Vertretung eines Richters **bei mehrtägiger mV,** wenn die Verhinderung erst später eintritt, vgl 9 zu § 30. **Bei nicht termingebundenen** u auch nicht aus anderen objektiven, angebbaren Gründen eilbedürftigen richterlichen Handlungen (zB in Vf nach §§ 80 Abs 5 oder 123) **außerhalb bereits festgesetzter Termine zur mV** ist dagegen, wenn der Ge-

---

[13] 20, 39; Ma DRiZ 1973, 321; jedenfalls für den Fall, daß der Geschäftsverteilungsplan einen entspr Vorbehalt enthält, auch BGH NJW 1975, 1424.

[14] BGH NJW 1985, 2336 u 2337 – Verstoß gegen Art 101 Abs 1 GG, wenn die Besetzung nicht unverzüglich erfolgt, zB wg einer Beförderungssperre verzögert wird; 1988, 1397; BayVerfGH NJW 1986, 1326; s auch 1 zu § 5.

schäftsverteilungsplan nichts anderes bestimmt, eine Verhinderung im Rechtssinn nur dann anzunehmen, wenn die Hinderungsgründe voraussichtlich nicht nur einige Tage vorliegen werden. Bei **Verhinderung eines Richters** bedarf es einer **besonderen Feststellung** der Verhinderung durch den Vorsitzenden, bei dessen Verhinderung durch dessen Vertreter, grds **nur,** wenn die Verhinderung nicht wie zB bei Urlaub, Krankheit uä offenkundig u unzweifelhaft ist (BayVBl 1979, 248; BGH NJW 1988, 1922). Im Zweifel ist jedoch auch **bei bloßem Nichterscheinen** eines Richters zur mV usw Verhinderung anzunehmen, auch wenn nähere Gründe nicht bekannt sind (vgl VRspr 27, 765); es muß jedoch nach den Umständen auszuschließen sein, daß der Richter sich nur unbedeutend verspätet hat.

Der Vorsitzende muß grds nicht nachprüfen, **ob die** von einem Richter angegebenen **Verhinderungsgründe tatsächlich** objektiv **zutreffen** (vgl 13, 147; 44, 216; DÖV 1980, 767). **Bei der Frage, ob ein Richter verhindert** ist u deshalb sein Vertreter für ihn eintritt, ist primär auf etwaige nähere Bestimmungen im Geschäftsverteilungsplan zur Frage, wann eine Verhinderung anzunehmen ist (vgl 13, 149; 44, 218f), u auf die eigenen Angaben des betroffenen Richters abzustellen; es muß sich jedoch immer um **Gründe** handeln, **die** nach allg Lebensauffassung **vertretbar erscheinen** (dies gilt insb auch bei Gründen, die, wie die Teilnahme an einer Familienfeier, nicht schon ihrer Art nach zwingend sind; vgl insoweit auch 3 zu § 30; ferner BGH NJW 1982, 1656: nur die grob fehlerhafte Entbindung eines Schöffen wg Verhinderung verletzt Art 101 Abs 1 S 2 GG; nur in diesem Fall kann die Entbindung widerrufen werden, sonst ist sie unwiderruflich, s dazu auch BGHSt 30, 149 = NJW 1981, 2073). **Kein Verhinderungsgrund** sind, da Dienstpflichten vorgehen, etwaige (wenn auch genehmigte) **Nebentätigkeiten** (29. 10. 1987 – 2 C 57.86).[15] Zum offensichtlichen Wegfall der vorübergehenden Verhinderung eines Richters vgl BGH NJW 1988, 1822 m Anm Kissel NStZ 1988, 418. Der Verhinderungsgrund u die Tatsache der Vertretung müssen **in einem Aktenvermerk** oder in anderer geeigneter Weise **festgehalten** werden.[16]

Verstöße gegen die gesetzlichen Vorschriften über die Geschäftsverteilung oder gegen den Geschäftsverteilungsplan können zur Folge haben, 15
daß das Gericht nicht ordnungsgemäß besetzt ist. Dieser Verfahrensverstoß ist dann mit den allg RMittel nach §§ 132 Abs 2 Nr 3, 138 Nr 1 **(absoluter Revisionsgrund)** u § 153, § 579 Abs 1 Nr 1 ZPO (**Wiederaufnahmegrund** bei der Nichtigkeitsklage) angreifbar, wenn der Verstoß auf Willkür beruht,[17] bzw sich als **Verletzung des Art. 101 Abs 1 S 2 GG** darstellt,[18] weil die Entscheidung so weit vom Leitbild des gesetzlichen Richters entfernt ist, daß sie sich nicht mehr rechtfertigen läßt (BVerfG NJW 1991, 2893). **Willkür** liegt vor, wenn sich die Annahme der Zuständigkeit bei objektiver Betrachtung als unverständlich u offensichtlich unhaltbar erweist (BGH NJW 1983, 671; vgl auch BVerwG DVBl 1984, 399: wenn unter keinem denkbaren Gesichtspunkt vertretbar). Auf die Begründung, die der Spruchkörper selbst gibt, kommt es insoweit nicht an (BGH aaO). RMittel haben daher **keinen Erfolg,** wenn die Entscheidung **lediglich auf einem entschuldbaren Versehen oder Irrtum beruht.**[19]

---

[15] **AA** B-Funke-Kaiser 31 für den Fall der zulässigen Unterrichtstätigkeit, wenn sie nicht ohne weiteres zu verlegen ist oder während der Unterrichtstätigkeit erst die Notwendigkeit des Tätigwerdens eintritt.

[16] **AA** DÖV 1976, 747; BGHZ 21, 174; BGHSt 18, 62 für den Fall, daß es sich um einen offenkundigen, im Geschäftsverteilungsplan vorgesehenen Vertretungsfall handelt.

[17] BGH NJW 1995, 332; 1995, 335; MKZPO 66 zu § 21e GVG; Sch-Stelkens 32; vgl auch NJW 1988, 1339.

[18] 28. 7. 1998 – 11 B 20/98; BayVBl 1989, 59 mwN; BGHSt 26, 211; Felix NJW 1992, 219; s auch 4ff zu 138.

[19] BVerfG NJW 1992, 361; BVerwG NJW 1988, 219; 1988, 1339; Buchh 310 § 133 VwGO Nr 11; BGH NStZ 1984, 181 – versehentlich u damit zufällig –; NJW 1993, 1598;

Auf das Vorliegen von Willkür kommt es dagegen nicht an, wenn der Geschäftsverteilungsplan ganz fehlt oder **keine hinreichend bestimmten Regelungen** im oben zu 7 f u 11 ff näher dargelegten Sinn enthält bzw auch unter Heranziehung der „gewachsenen Übung des Gerichts" ihm keine Regelungen, die diesen Anforderungen entsprechen, entnommen werden können (DÖV 1976, 747; Müller JZ 1976, 587), so daß in diesen Fällen immer ein relevanter Verstoß gegeben ist.[20] S auch 6 zu § 138. Dasselbe gilt, wenn vorgesehene Stellen für Vorsitzende Richter oder sonstige **Richterstellen** aus haushaltsrechtlichen Gründen längere Zeit **unbesetzt** bleiben (s 1 zu § 5).

Da die Gewährung des gesetzlichen Richters immer auch im öffentlichen Interesse liegt, kommt ein **Rügeverzicht** durch die Beteiligten (§ 63) nicht in Frage (OLG Köln NJW 1976, 1102; OLG Düsseldorf NJW 1976, 1509; vgl auch BVerfG 40, 361).

Außerdem kann (nach Erschöpfung des Rechtswegs, § 90 Abs 2 BVerfGG) bei willkürlicher Verletzung bzw Verkennung der Erfordernisse der Gewährleistung des gesetzlichen Richters (Art 101 Abs 1 S 2 GG), insb bei jeder „Manipulierung der Bestimmung der zur Entscheidung berufenen Richter ad hoc, gleichgültig, von welcher Seite sie ausgeht" (BVerfG NJW 1964, 1020; BVerwG NJW 1988, 219; 1988, 1339), die **VB** darauf gestützt werden (BVerfG 29, 48 mwN; 31, 53; NJW 1992, 224; BGH NJW 1976, 1688);

16 **Sonstige Mängel des Geschäftsverteilungsplans** (zB ungenügende Berücksichtigung eines Richters; fehlerhafte Ernennung eines Richters) haben dagegen **keine Rechtsfolgen** für die vom Gericht getroffenen Entscheidungen, **solange der Geschäftsverteilungsplan** nicht aufgehoben ist bzw die Nichtigkeit der Zuteilung eines Richters nicht durch gerichtliches Urteil festgestellt ist.[21] S auch oben 7, zu Rechtsbehelfen gegen den Geschäftsverteilungsplan auch oben 9 u 10, zur **Rüge** einer **nicht ordnungsgemäßen Besetzung** des Gerichts wg fehlerhafter Anwendung des Geschäftsverteilungsplans bzw eines fehlerhaften Geschäftsverteilungsplans 5 zu § 138.

17 **4. Vorsitz in den Kammern bzw Senaten:** Die Bestimmung des Vorsitzes in den einzelnen Kammern (Senaten) ist, mit Ausnahme des Vorsitzes in der Kammer (bzw in dem Senat), der sich der Präsident des Gerichts anschließt, Aufgabe des Präsidiums nach § 21 e Abs 1 GVG im Rahmen der Geschäftsverteilung. **Ordentliche Vorsitzende** einer Kammer (Senats), dh des Gerichts als Spruchkörper (s 1 zu § 5), können nur der **Präsident** u die **Vorsitzenden Richter** sein (§ 21 f Abs 1 GVG; zu Ausnahmen bei Verhinderung des ordentlichen Vorsitzenden **bzw bis zur Ernennung eines neuen Vorsitzenden** s oben 14). Ein Vorsitzender kann zugleich auch **mehreren Kammern vorsitzen,** sofern gewährleistet ist, daß er in jeder dieser Kammern einen richtungsweisenden Einfluß auf die Rspr ausüben kann (vgl NJW 1986, 1367; BGHZ 49, 64; Ks 48, 245). **Bei Bestellung anderer** als der in § 21 f Abs 1 GVG genannten Mitglieder des Gerichts zu ständigen Vorsitzenden einer Kammer, auch einer Fachkammer, bzw eines Senats wäre das Gericht nicht ordnungsgemäß (§§ 133 Nr 1, 138 Nr 1) besetzt (34, 182).

18 Eine ordnungsgemäße Besetzung liegt darüber hinaus auch dann nicht vor, **wenn der Vorsitzende** der Kammer (Senat) in Wirklichkeit **so selten vorsitzt**

1995, 335; LSG Darmstadt NJW 1985, 2356; Ey-Geiger 30; Quack BB 1992, 1; Gloria DÖV 1988, 849; Sangmeister DStR 1988, 32; Felix NJW 1992, 217; **aA** Ule VwGO 462.

[20] Vgl BGH JZ 1993, 736; Sangmeister JZ 1993, 738; zT **aA** BVerwG NJW 1988, 1339, von der Begründung jedoch nicht getragen.

[21] 50, 21 = NJW 1976, 1224; B-Funke-Kaiser 41; vgl auch 3 zu § 15; 2 zu § 24; **aA** Sangmeister JZ 1993, 738 mwN: immer, auch wenn keine Willkür, Folge, daß das Gericht nicht vorschriftsmäßig besetzt ist; **aA** auch BVerfG 40, 362, wo das BVerfG auch die ordnungsgemäße Wahl seiner eigenen Richter inzident prüft.

(u sich iü vertreten läßt) oder wenn ihm so viele Kammermitglieder zugeteilt sind, daß von einem **richtungweisenden Einfluß auf die Geschäftsführung** nicht mehr gesprochen werden kann (BGHZ 20, 335; 49, 64). Nach BGHZ 37, 210 muß der Vorsitzende an **mindestens 75% der Entscheidungen** der Kammer, bei mehreren ihm zugeteilten Kammern, jeder dieser Kammern, beteiligt sein.

Die Regelung der **ständigen Vertretung** des Präsidenten **als Vorsitzender** u der übrigen Vorsitzenden Richter erfolgt durch das Präsidium gem § 21f Abs 2, § 21e GVG. **Dienstalter** iSd § 21f Abs 2 S 2 GVG ist das allg Dienstalter nach § 20 DRiG. **Bei Fehlen eines Vorsitzenden** oder ordnungsgemäß bestellten Vertreters ist die Kammer bzw der Senat **nicht vorschriftsmäßig** iSv § 133 Nr 1, Art 101 Abs 1 GG **besetzt** (NJW 1986, 1366). 19

5. Geschäftsverteilung innerhalb des Spruchkörpers (§ 21g GVG): Die personelle u sachliche Geschäftsverteilung in den einzelnen Kammern bzw Senaten, einschließlich der Regelung, welche Richter an den einzelnen Vf mitwirken, u die **Bestimmung der Berichterstatter** (s zum Begriff 13 zu § 82; 2 zu § 87; 10 zu § 87a; 6 zu § 103) gem § 82 Abs 2 S 1, § 87a Abs 3, § 87b u/oder § 103 Abs 2 **beauftragter oder ersuchter Richter** gem § 87 S 1, § 96 Abs 2 für einzelne Vf erfolgt nach der Neufassung des § 21g GVG durch die Novelle 1999 (oben 1) im Rahmen der generellen Geschäftsverteilung des Gerichts (§ 21e GVG) grds – zu Ausnahmen s in folgenden sowie unten 21 u 22 – **durch Beschluß aller dem Spruchkörper** (Kammer, Senat) **angehörenden Berufsrichter** (§ 21g Abs 1 GVG). **Bei Stimmengleichheit entscheidet** nicht der Vorsitzende, sondern das **Präsidium** (§ 21g Abs 1 S 2 GVG). Lediglich für **Eilanordnungen** ist gem § 21g Abs 5 iVm § 21i Abs 2 GVG der **Vorsitzende** zuständig (Kissel NJW 2000, 462). **Wenn** u soweit der Berichterstatter **zugleich als Einzelrichter** nach § 87a tätig werden soll, bedarf es zusätzlich zur Bestimmung ad hoc der Aufstellung allg Grundsätze über die Auswahl vor Beginn des Geschäftsjahres gem § 21g Abs 2 GVG. S dazu unten 22. **Entsprechendes** gilt für die Bestimmung der Mitwirkung der Richter der Kammer bzw des Senats an den einzelnen Vf vor der Kammer (Senat) **bei sog überbesetzter Kammer** bzw bei überbesetztem Senat, dh wenn die Kammer bzw der Senat mit mehr als der gesetzlich (s § 5, § 9 u § 10) vorgesehenen Mindestzahl an Richtern besetzt ist. S dazu unten 21. Zur Bestimmung eines **Richters für Aufgaben gem § 180** s oben 11 sowie 1ff zu § 180; als **Einzelrichter** gem § 6s 12 zu § 6; zur Bestimmung der Mitwirkung der ehrenamtlichen Richter an den einzelnen Vf 1ff zu § 30. 20

Wenn u soweit **gesetzlicher Richter** iSd Art 101 Abs 1 S 2 GG nach näherer Bestimmung der VwGO (grds) die Kammer bzw der Senat als Spruchkörper, nur in Ausnahmefällen ein einzelnes Mitglied der Kammer (Senat) als Einzelrichter gem § 6 oder § 87a, ist, berührt die **Verteilung der Aufgaben auf die einzelnen** der Kammer (Senat) zugeteilten **Richter** die Frage der ordnungsgemäßen Besetzung des Gerichts nicht, wenn die Kammer (Senat) nur die gesetzliche Mindestzahl von Mitgliedern hat (vgl BayVBl 1989, 60). S dazu oben 7 u 7a. **Wenn** dagegen die Kammer (Senat) **mit mehr als der gesetzlichen vorgesehenen Mindestzahl an Richtern** (§ 5 Abs 3; § 9 Abs 3; § 10 Abs 3) besetzt ist (sog **„überbesetzte Kammer“** bzw überbesetzter Senat) – s zur Zulässigkeit einer Überbesetzung allg oben 7a –, bedarf es jedenfalls einer generell-abstrakten **Bestimmung allg Grundsätze für die Mitwirkung der einzelnen,** der Kammer (Senat) zugeteilten **Richter** an den einzelnen Vf – anders die Bestimmung des Berichterstatters nach §§ 82 Abs 2, 87, 87b u/oder 103 Abs 2 (s jedoch zum Berichterstatter nach § 87a unten 22) oder eines beauftragten oder ersuchten Richters (§§ 87, 96 Abs 2) – durch Anordnung des Vorsitzenden, die im voraus generell-abstrakt auch die Mitwirkung der Richter in überbesetzten 21

Spruchkörpern regeln muß[22] u der Schriftform bedarf (BVerfG NJW 1997, 1498; BGHZ 126, 85 = NJW 1994, 1740). Sie darf **mit Rücksicht auf Art 101 Abs 1 S 2 GG keinen vermeidbaren Spielraum** bei der Heranziehung der einzelnen Richter lassen (vgl BVerfG NJW 1997, 1498: das Gebot des gesetzlichen Richters wird nicht erst durch eine willkürliche Heranziehung im Einzelfall verletzt).[23]

22 **Entsprechendes gilt** – im Gegensatz zur Bestellung eines Berichterstatters lediglich für Aufgaben nach § 82 Abs 2, 87, 87 b u/oder § 103 Abs 2, die die personelle Zusammensetzung des Gerichts als solches, das den Streitfall zu entscheiden hat, nicht berührt – für die **Bestellung** eines **Berichterstatters** für **Aufgaben nach § 87 a** (bzw richtiger: für die Übertragung der Aufgaben nach § 87 a unter Bestellung zum Berichterstatter dafür), **da** der Berichterstatter **damit,** wenn auch unter Beschränkung auf die Aufgaben nach § 87 a, anstelle der Kammer (des Senats) **zum gesetzlichen Richter** wird u es eine Verletzung der Grundsätze des gesetzlichen Richters bedeuten würde, wenn der Spruchkörper (Kammer, Senat) ihn ad hoc in Ansehung konkreter Fälle bestimmen könnte (Kopp NJW 1991, 1264; vgl Fichte SGb 1996, 93; NKVwGO-Aulehner 59 f zu § 82). S auch 10 zu § 87 a.

23 Die vom Spruchkörper gem **§ 21 g Abs 2 GVG** im Rahmen der richterlichen Unabhängigkeit u in eigener, alleiniger Verantwortung (vgl BGH NJW 1993, 1597) vor Beginn des Geschäftsplans **aufzustellenden Grundsätze** (Mitwirkungsplan) **über** die **Bestellung der Berichterstatter** gem § 87 a Abs 3 (s oben 21), über die Auswahl eines **Einzelrichters** gem § 6 (s 12 zu § 6) u über die Mitwirkung der Richter bei einer überbesetzten Kammer bzw eines überbesetzten Senats müssen die Mitwirkung der einzelnen Richter bzw die Zusammensetzung der Richterbank **nach abstrakten, generellen Gesichtspunkten** regeln, die für jeden in Betracht kommenden Fall **im voraus** die Frage beantworten, welcher bzw welche Richter zur Entscheidung berufen wird bzw werden, u die Manipulationen insoweit ausschließen.[24] Im einzelnen gelten insoweit – auch für evtl **nachträgliche Änderungen** (vgl oben 12 a) –, wenn u soweit eine Bestimmung der im Einzelfall zur Entscheidung bzw zur Mitwirkung bei der Entscheidung berufenen Richter nach § 21 g Abs 2 GVG erforderlich ist (s oben 21 f), **dieselben Gesichtspunkte wie für den Geschäftsverteilungsplan** (Kissel NJW 2000, 463; vgl oben 11 ff). **Die Bestimmung der Richter** kann zB nach Sachgebieten, nach dem Anfangsbuchstaben des Namens des Kl, nach dem Sitz der Behörde bzw der Vorinstanz erfolgen (vgl BGH NJW 1993, 1597). Zulässig ist auch die Verwendung unbestimmter Rechtsbegriffe (zB Bestimmung nach dem Schwerpunkt des Falles oder dem Sachzusammenhang, s BVerfG 95, 331 ff = NJW 1997, 1499). Den verfassungsrechtlichen Anforderungen wird jedoch nicht genügt, wenn ein Mitwirkungsplan lediglich regelt, welcher Richter an welchen Tagen nicht mitzuwirken hat u somit erst die Terminierung der einzelnen Sachen zur Bestimmung der konkreten Richterperson führt (BVerfG 95, 322 = NJW 1997, 1499). Hins der überbesetzten Kammern haben die Fachgerichte die Einhaltung der nach Art 101 Abs 1 S 2 GG gebotenen An-

---

[22] BVerfG 95, 322 = NJW 1997, 1497; NJW 1995, 2705; BGH NJW 1993, 1597; BSG SGb 1996, 604; **aA** BFH BB 1992, 255.

[23] S auch unten 22 f; zu § 21 g Abs 2 GVG auch BGH – Vereinigte Große Senate – NJW 1994, 1735; BGH NJW 1993, 1596; BL 5 f zu § 21 g GVG: nur bei Willkür; Kissel GVG, 1 zu § 21 g; Z 6 f zu § 21 g GVG; Felix BB 1995, 1811; Katholnigg NJW 1992, 2260; Zärban MDR 1995, 1202.

[24] BVerfG 95, 328 f = NJW 1997, 1498; BGH – Vereinigte Große Senate – NJW 1994, 1735; BGH NJW 1993, 1597; Kissel 16 zu § 21 g GVG; BL 5 zu § 21 g GVG; MKZPO 2 zu § 21 g GVG; Felix BB 1991, 2413; 1992, 1001; NJW 1992, 217, 1607; Katholnigg NJW 1992, 2260.

forderungen spätestens ab 1. 7. 1997 für die dann anhängig werdenden Vf sicherzustellen (BVerfG 95, 322 = NJW 1997, 1499).

Das **Fehlen** oder die Mangelhaftigkeit (oben 23) **einer allg Vorweg-Regelung** der **Mitwirkung der einzelnen Richter** der Kammer (des Senats) **gem § 21 g Abs 2 GVG** (Mitwirkungsplan) vor Beginn des Geschäftsjahres durch den Spruchkörper nach den oben zu 21 ff genannten Grundsätzen analog zu den für die Geschäftsverteilung des Gerichts sonst geltenden Grundsätzen bei der überbesetzten Kammer (Senat) (s oben 21; anders bei normaler Besetzung, vgl BayVBl 1989, 59), für die Bestellung eines **Berichterstatters gem § 87 a Abs 3** (s dazu 10 zu § 87 a) oder für die Übertragung des Rechtsstreits auf den **Einzelrichter** (s dazu 12 zu § 6) stellt einen **Verfahrensfehler** gem §§ 132 Abs 2 Nr 3, 138 Nr 1 bzw einen Wiederaufnahmegrund gem § 153, § 579 Abs 1 Nr 1 ZPO sowie ggf eine Verletzung der Bestimmungen über den gesetzlichen Richter iSd Art 101 Abs 1 S 2 GG dar. **Entsprechendes gilt** bei **willkürlichen** oder sonst mißbräuchlichen (dh nicht nur versehentlichen, vgl oben 15) **Verstößen gegen** eine ordnungsgemäße (s oben 23) **allg Anordnung** des Spruchkörpers gem § 21 g Abs 2 GVG.[25] Im einzelnen gilt insoweit hins der Folgen **dasselbe wie** bei Fehlen oder Mängeln eines Geschäftsverteilungsplans oder bei Verstößen gegen einen solchen (vgl oben 15 ff). 24

Mängel der Bestellung eines beauftragten oder ersuchten Richters gem §§ 87 S 1, 96 Abs 2 berühren die Ordnungsgemäßheit der Besetzung des Gerichts iSv §§ 133 Nr 1, 138 Nr 1 bzw Art 101 Abs 1 S 2 GG nicht; sie sind auch **als (sonstige) Verfahrensmängel** nur erheblich, **wenn** sie **rechtzeitig** gem § 173 S 1, § 295 ZPO **gerügt** werden.[26] 25

§ 5 [Besetzung und Gliederung des VG]

(1) **Das Verwaltungsgericht besteht aus dem Präsidenten und aus den Vorsitzenden Richtern und weiteren Richtern in erforderlicher Anzahl.**[1–3]

(2) **Bei dem Verwaltungsgericht werden Kammern gebildet.**[4, 5]

(3) **Die Kammer des Verwaltungsgerichts entscheidet in der Besetzung von drei Richtern und zwei ehrenamtlichen Richtern,**[6–8] **soweit nicht ein Einzelrichter entscheidet. Bei Beschlüssen außerhalb der mündlichen Verhandlung und bei Gerichtsbescheiden (§ 84) wirken die ehrenamtlichen Richter nicht mit.**[6]

Vgl §§ 59 f, 75 GVG; §§ 9 f, 12 SGG; § 5 FGO

Schrifttum: *Jauernig,* Nichturteile bei Mitwirkung von Nicht(mehr)richtern? (Anm zu BezG Leipzig, DtZ 1993, 27), DtZ 1993, 137; *Schmidt/Luszak,* Der Berufsrichter in der Arbeitsgerichtsbarkeit, in: FS 100 J Arbeitsgerichtsbarkeit, 1993, 221; *Schnellenbach,* Das Spruchkörperprinzip in der Verwaltungsgerichtsbarkeit, Menger-FS 1985, 341; *ders,* Die Änderung der Verwaltungsgerichtsordnung durch das Gesetz zur Entlastung der Rechtspflege, DVBl 1993, 230; *Stelkens,* Verwaltungsgerichtsbarkeit in der Krise, DVBl 1995, 1105. S auch zu §§ 1, 4, 6, 19 und 87 a.

1. Allgemeines: Die Vorschrift regelt die **Besetzung der Verwaltungsgerichte** (iSd § 2) sowie der einzelnen bei diesen gebildeten **Kammern** (die in anderen Vorschriften ebenfalls als Gericht iSd zur Entscheidung in konkreten Fällen zuständigen Spruchkörpers bezeichnet werden, vgl zB § 41, § 86 usw, ebenso auch Art 101 Abs 1 GG). Die VGe, die OVGe u das BVerwG sind mit **Berufs-** 1

---

[25] Vgl NJW 1988, 1739; BGHSt 21, 255; 29, 162; BFH NJW 1992, 1062; **enger** BGH NJW 1993, 1598: auch bei nicht willkürlichen oder sonst mißbräuchlichen Verstößen.

[26] 41, 174; Dinslage NJW 1976, 1509; anders zu § 348 ZPO aF, auch wenn die Bestellung nur für die Beweisaufnahme erfolgte, OLG Köln NJW 1976, 1101.

richtern (§§ 15 bis 17) – in der VwGO als „Richter" bezeichnet (vgl NJW 1986, 2115) –, die VGe u, soweit die Landesgesetzgebung dies vorsieht (§ 9 Abs 3), auch das OVG außerdem zusätzlich mit **ehrenamtlichen Richtern** (§§ 19 ff) besetzt.

Abs 1 verpflichtet zugleich – im Einklang mit dem auch aus dem GG u aus Art 6 EMRK abzuleitenden Gebot der Herstellung u **Sicherung ausreichender Kapazitäten** der Gerichte u der Vermeidung einer Überlastung[1] – die Länder zur **Schaffung der entspr Planstellen** für Richter (vgl BGHZ 95, 22 = NJW 1985, 2337 mwN) u zur Besetzung der Gerichte mit qualifizierten Richtern (NKVwGO-Kronisch 10; zur Besetzungspflicht s NJW 2001, 3494; s auch 4 zu 1) sowie zur **Bestellung eines Präsidenten für jedes VG** u einer im Verhältnis zu den anfallenden Streitsachen **ausreichenden Zahl** Vorsitzender Richter (vgl auch BGH 95, 22 = NJW 1985, 2337) u weiterer Richter. Zur **Verpflichtung** des Staates, **die Funktionsbedingungen der Rechtspflege** zu gewährleisten, vgl 11 f zu § 1 mwN.

Bleiben **Richterstellen längere Zeit** unbesetzt, weil der **Haushaltsplan** nicht die erforderlichen finanziellen Mittel dafür vorsieht oder weil die Besetzung wg einer haushaltsrechtlichen Bestimmung längere Zeit nicht möglich ist, so sind die entspr **Kammern** oder Senate **nicht** iSv § 138 Nr 1 bzw Art 101 Abs 1 S 2 GG (gesetzlicher Richter) **ordnungsgemäß besetzt.**[2] Auch die allg **Vertretungsregelungen** ändern daran nichts;[3] sie sind **nur** für eine kurze, **unvermeidliche Übergangszeit** analog anwendbar (NJW 1986, 1367 mwN).

2 **Die ehrenamtlichen Richter** bei den Verwaltungsgerichten haben eine **ähnliche Funktion wie die Schöffen** bei den Strafgerichten (vgl NJW 1986, 2115). Ihre Mitwirkung soll die **Rspr volksnäher** machen, zugleich aber auch den juristisch vorgebildeten Richter durch den Zwang, die Entscheidung mit Laien zu erörtern u sie zu überzeugen, von abstrakten, lebensfernen rechtlichen Überlegungen u Begründungen abhalten, die vom rechtsuchenden Bürger nicht verstanden werden. Vgl auch das Schrifttum zu § 19.

3 **2. Richterliche Mitglieder des Gerichts (Abs 1):** Richter iSd Abs 1 sind, wie sich aus dem Vergleich mit Abs 3 ergibt, nur die beamteten **Richter,** dh die hauptamtlichen Richter (§ 15), die Richter im Nebenamt (§ 16) u die Richter auf Probe oder kraft Auftrags (§ 17). **Nicht dazu gehören** die in Abs 3 gesondert erwähnten **ehrenamtlichen Richter** (§§ 19 ff), die nur nach Maßgabe näherer Regelungen bei Entscheidungen, die aufgrund mV oder durch Urteil nach § 101 Abs 2 ergehen, sowie in einigen anderen Fällen mitwirken. Der durch das RPflEntlG an Abs 3 S 1 angefügte HS stellt klar, daß die **ehrenamtlichen Verwaltungsrichter** auch **an EinzelrichterVf** (§ 6) **nicht** mitwirken. Zur Frage, ob es zugleich auch verfassungsrechtlich geboten ist u insoweit auch von Art 101 Abs 1 GG (gesetzlicher Richter) vorausgesetzt wird, **daß** die **Berufsrichter** an den Verwaltungsgerichten „bei der Auslegung und Anwendung des Rechts **das maßgebliche Wort sprechen**" und von den ehrenamtlichen Laienrichtern nicht überstimmt werden können, vgl Lässig NVwZ 1991, 1190 sowie 4 zu § 1, auch zu BVerfG 91, 130.

4 **3. Bildung der Kammern (Abs 2):** Die Bildung der Kammern beim VG – Entsprechendes gilt nach § 9 Abs 2, § 10 Abs 2 für die Senate beim OVG bzw beim BVerwG – ist im Rahmen der im Haushaltsplan vorgesehenen Planstellen

[1] Vgl BVerfG 36, 275; BayVerfGH BayVBl 1986, 1326; Sachs ZRP 1982, 232; Weber-Grellert NJW 1990, 1778; s auch 11 zu § 1; zu Art 6 Abs 1 EMRK EGMR NJW 1984, 2749 m Anm Wagner JuS 1985, 55; Roth EuGRZ 1998, 499 f; s auch 12 zu § 1.

[2] BGH NJW 1985, 2337; 1986, 1349 – nur „technisch" bedingte, nicht gewollte Verzögerungen in der Besetzung sind zulässig; weniger streng BayVerfGH NJW 1986, 1326: eine halbjährige haushaltsrechtlich angeordnete Besetzungssperre ist noch unschädlich.

[3] BGH NJW 1986, 1349; anders zu einer ähnlichen Situation SaarlVerfGH NJW 1987, 3284; krit dazu Doehring NJW 1987, 3233.

für Vorsitzende Richter u besonderer Vorschriften des Landes- bzw Bundesrechts (vgl zB Art 2 BremAGVwGO, § 3 NWAGVwGO, § 4 SaarlAGVwGO) Aufgabe der **staatlichen Gerichtsverwaltung** (s zum Begriff 2 zu § 39), nur bei Fehlen ausdr Regelungen in entspr Anwendung von § 4, § 21 e GVG des **Präsidiums** des einzelnen Gerichts.[4]

Zur **Bildung der Kammern** gehört auch die Bestimmung ihrer Zahl u die Ernennung der Richter als solche (dh am Gericht, nicht auch für die dort gebildeten Kammern), **nicht dagegen** die Entscheidung über die Besetzung der Kammern u die Verteilung der Geschäfte auf die einzelnen Kammern, die Angelegenheit der gerichtlichen Selbstverwaltung nach § 4, § 21 e GVG sind. 5

4. Besetzung der Kammern bei Entscheidungen (Abs 3): Abs 3 regelt die Besetzung der Kammern einschließlich der Mitwirkung der ehrenamtlichen Richter bei den Entscheidungen des Gerichts. Andere richterliche Tätigkeiten (zB Erörterung gem § 87 Abs 1, Beweistermine gem §§ 96 f, Entscheidungsverkündungen) werden von Abs 3 S 1 nicht erfaßt; bei Beschlüssen außerhalb der mV gilt Abs 3 S 2. Die ehrenamtlichen Richter müssen auch **bei Vorlagebeschlüssen** gem Art 100 GG mitwirken, auch wenn die Kammer ohne mV darüber entscheidet.[5] Gleiches gilt bei Vorlagebeschlüssen nach Art 234 EGV.[6] Die für eine Mitwirkung der ehrenamtlichen Richter bei Vorlagebeschlüssen nach Art 100 GG angeführten Argumente (BVerfG 16, 305) sind im Rahmen von Vorlagebeschlüssen nach Art 234 EGV entspr heranzuziehen. Allerdings unterliegt die Frage der ordnungsgemäßen Besetzung des vorlegenden Gerichts nicht der Nachprüfung durch den EuGH (EuGH 1982, 33 Tz 8), die fehlende Mitwirkung führt also nicht zur Unzulässigkeit der Vorlage. Für die Heranziehung von **Ergänzungsrichtern** bei Verhandlungen von längerer Dauer gilt § 192 GVG iVm § 173 S 1. Durch Bundesrecht wurden bereits in der VwGO (s §§ 80 Abs 8, 119 Abs 2 S 3; 169) u vor allem in Spezialgesetzen **spezielle Besetzungsregeln** getroffen (zB § 76 Abs 4 AsylVfG, § 4 VereinsG). **Str** ist, ob die **in verschiedenen Gesetzen** – insb in Ausfüllung von Art 2 Abs 2 S 2, Art 104 Abs 2 u Art 13 Abs 2 GG – vorgesehene **Mitwirkung eines Gerichts** bzw eines Richters bei Maßnahmen der Freiheitsentziehung, der Wohnungsdurchsuchung usw, soweit dafür die Verwaltungsgerichte für zuständig erklärt sind, bei Fehlen ausdr Regelungen **analog § 169 Abs 1 S 2** vom Vorsitzenden (bzw einem von diesem zu bestimmenden Richter) wahrgenommen werden kann.[7] 6

Verstöße gegen die Bestimmungen über die Besetzung des Gerichts stellen einen **wesentlichen Verfahrensmangel** iSd §§ 133 Nr 1, 138 Nr 1 u einen Wiederaufnahmegrund nach § 579 Abs 1 Nr 1 ZPO iVm § 153 dar u verletzen, sofern sie willkürlich sind, Art 101 Abs 1 S 2 GG. 7

5. Mängel der Ernennung eines Richters sind, solange die Ernennung nicht zurückgenommen oder für nichtig erklärt ist, **ohne Auswirkungen auf die ordnungsgemäße Besetzung** des Gerichts iSv §§ 5, 9 u 10, §§ 133 Nr 1, 138 Nr 1, da es insoweit allein auf die organisatorische Zuweisung zum Gericht als Spruchkörper u nicht auf die beamtenrechtliche Ernennung ankommt (vgl NJW 1988, 219 = DVBl 1987, 1113; 2 zu § 20; 5 zu § 29; **aA** BVerfG 40, 362 hins der Wahl der Richter zum BVerfG). 8

---

[4] B-Funke-Kaiser 5; Ey-Geiger 3; s 5 zu § 4; RÖ-M. Redeker 2; **aA** Ule VwGO 32: immer Aufgabe des Präsidiums; nach dieser Auffassung wären die genannten abweichenden Regelungen des Landesrechts nichtig; diff NKVwGO-Kronisch 13.

[5] BVerfG 63, 292; DVBl 1985, 445; NVwZ 2005, 801; vgl auch BVerwG 72, 124.

[6] Sch-Stelkens 16; RÖ-v Nicolai 20 zu § 1; vorsichtig bejahend auch NKVwGO-Ziekow 15 zu § 19; auch 72, 124 – obiter dictum.

[7] So zur Anordnung der Wohnungsdurchsuchung zu Zwecken der Vollstreckung gem Art 26 Abs 7 S 1 BayVwZVG Mü NJW 1983, 1077; **aA** insoweit Ma NJW 1984, 2483; B-Funke-Kaiser 7; Sch-Stelkens 19 zu § 5.

§ 6 [Einzelrichter]

(1) **Die Kammer[1, 14, 17] soll[10] in der Regel[10] den Rechtsstreit[2 f, 14, 18] einem ihrer Mitglieder als Einzelrichter[12 ff] zur Entscheidung[1, 19 f] übertragen, wenn**
1. die Sache keine besonderen Schwierigkeiten tatsächlicher oder rechtlicher Art[5] aufweist und
2. die Rechtssache keine grundsätzliche Bedeutung[9] hat.
Ein Richter auf Probe darf im ersten Jahr nach seiner Ernennung nicht Einzelrichter sein[13].

(2) **Der Rechtsstreit darf dem Einzelrichter nicht übertragen werden, wenn bereits vor der Kammer mündlich verhandelt worden ist[15 f], es sei denn, daß inzwischen ein Vorbehalts-, Teil- oder Zwischenurteil ergangen ist.**

(3) **Der Einzelrichter kann[21] nach Anhörung der Beteiligten[25] den Rechtsstreit[23] auf die Kammer zurückübertragen[21], wenn sich aus einer wesentlichen Änderung der Prozeßlage[22] ergibt, daß die Rechtssache grundsätzliche Bedeutung hat oder die Sache besondere Schwierigkeiten tatsächlicher oder rechtlicher Art aufweist[22]. Eine erneute Übertragung auf den Einzelrichter ist ausgeschlossen[25].**

(4) **Beschlüsse nach den Absätzen 1 und 3 sind unanfechtbar[26 ff]. Auf eine unterlassene Übertragung kann ein Rechtsbehelf nicht gestützt werden[27].**

Vgl §§ 348, 348 a ZPO; § 6 FGO

Schrifttum: *Günther,* Rechtsbehelfe gegen die Einzelrichterübertragung, NVwZ 1998, 37; *Haas,* Verkleinerung der Spruchkörper bei den Verwaltungsgerichten – (verstärkter) Einsatz des Einzelrichters –, VBlBW 1991, 232; *Hamann,* Das Kollegialprinzip und der „Einzelrichter" nach der 4. Novelle zur VwGO, VerwA 1992, 201; *Hufen,* Verwaltungsprozeßrecht besteht, Verfassungsrecht vergeht?, DV 1999, 521, 526; *Kissel,* Gerichtsverfassung unter dem Gesetz zur Entlastung der Rechtspflege, NJW 1993, 489, 493; *Kopp,* Welchen Anforderungen soll eine einheitliche VwPO genügen, um im Rahmen einer funktionsfähigen Rechtspflege effektiven Rechtsschutz zu gewährleisten?, Gutachten B zum 54. DJT, 1982, B 34, 53 und 59; *Lotz/Dillmann,* Vereinfachung des verwaltungsgerichtlichen Verfahrens und Entlastung der Verwaltungsgerichte, BayVBl 1992, 737; *Martens,* Gesetzesänderungen für die öffentlich-rechtlichen Gerichtsbarkeiten in Verwaltungssachen, NVwZ 1993, 232, 234; *Redeker,* Werden die Prozeßordnungen zum ministeriellen Experimentierfeld? Zum verwaltungsgerichtlichen Teil des Entwurfs eines Justizentlastungsgesetzes, DVBl 1992, 212; *Rzepka,* Gegen den verstärkten Einsatz von Einzelrichtern im Verwaltungsprozeß, BayVBl 1991, 460; *Schenke,* Die Rechtsschutzgarantie des Art. 19 Abs. 4 GG im Spiegel der Rechtsprechung des Bundesverfassungsgerichts, in: Wolter/Riedel/Taupitz (Hg), Einwirkungen der Grundrechte auf das Zivilrecht, Öffentliche Recht und Strafrecht, 1999, 153 (zit Schenke Rechtsprechung); *Schnellenbach,* Das Spruchkörperprinzip in der Verwaltungsgerichtsbarkeit, Menger-FS 1985, 343; *ders,* Die Änderungen der VwGO durch das Gesetz zur Entlastung der Rechtspflege, DVBl 1993, 23; *Seibert,* Berufungszulassung durch den Einzelrichter?, NVwZ 2004, 821; *Stelkens,* Strukturveränderung in der Verwaltungsgerichtsbarkeit? oder Wie lästig dürfen Verwaltungsgerichte sein?, Redeker-FS 1993, 313.

Übersicht

1. Allgemeines: Die durch das **RPflEntlG** anstelle des schon durch G v. 26. 5. 1972 (BGBl I 841) aufgehobenen § 6 aF neu in die VwGO eingefügte Vorschrift ermächtigt die Kammer allg zur Übertragung des Rechtsstreits auf eines ihrer Mitglieder als **Einzelrichter, wenn der Rechtsstreit** iSv Abs 1 „sachlich und rechtlich einfach" liegt u „keine erhebliche Breitenwirkung" hat (vgl BT-Dr 12/1217, 54; krit Quaas, BRAK-Mitt 1998, 216). Sie war **wortgleich mit § 348 ZPO aF** (vgl § 348 a Abs 1 ZPO nF). Auch § 76 AsylVfG ist der verschärften Regelung des RPflEntlG angepaßt worden. 1

Vgl auch die immer schon in der VwGO vorgesehene Befugnis des Vorsitzenden gem **§ 80 Abs 8** (früher: Abs 7), § 123 Abs 2 S 2 iVm § 80 Abs 8 zur Entscheidung **in Eilfällen,** außerdem die Einzelrichterbefugnis nach **§ 180 bei Zeugenvernehmungen** usw nach dem VwVfG (dazu 1 ff zu § 180) sowie die Entscheidungsbefugnis des **Einzelrichters in Asylsachen** aufgrund sondergesetzlicher Bestimmung nach § 76 AsylVfG (dazu auch 3 zu § 87 a). Zum Verhältnis der Befugnis nach § 6 u nach § 87 a s 3 zu § 87 a.

Der **„fakultative" Einzelrichter** nach § 6 wird nicht wie ein beauftragter Richter nach § 87 oder § 96 Abs 2 im Auftrag der Kammer oder des Vorsitzenden (s dazu 8 zu § 5) tätig, sondern **selbständig anstelle der Kammer** (BL 4 Übers § 348 ZPO) u des Vorsitzenden (vgl auch Martens NVwZ 1993, 234). § 6 ergänzt u erweitert insoweit die Regelung des § 87 a über die Befugnis des Vorsitzenden bzw des Berichterstatters zur Entscheidung als Einzelrichter in besonderen Fällen (s 1 ff zu § 87 a). Voraussetzung ist aber stets, daß die Kammer überhaupt zuständig ist (We NVwZ-RR 1995, 480); die Zuständigkeit des Vorsitzenden nach § 169 Abs 1 S 2 reicht nicht aus.

§ 6 soll (wie § 87 a, vgl 1 zu § 87 a) zur **Entlastung der Gerichte** u zur **Beschleunigung der Vf** beitragen (BT-Dr 12/1217, 54).

Verfassungsrechtliche und rechtspolitische Bedenken: Die Regelung ist wg der damit verbundenen Folgen für die Zusammensetzung des Gerichts, ua wg der Übertragung auf **Richter auf Probe** (s dazu unten 13), aber auch wg der **Nichtmitwirkung der ehrenamtlichen Verwaltungsrichter** bei Einzelrichterentscheidungen (vgl § 5 Abs 3 S 1), u damit wg der Auswirkungen auf den gesetzlichen Richter verfassungsrechtlich nicht unbedenklich.[1] Ob sie tatsächlich zur Verfahrensbeschleunigung u Personalersparnis führt, ist zweifelhaft (Sch-Stelkens 4; Redeker DVBl 1992, 212). Sie begegnet aber auch wg der damit – trotz der Beschränkung auf sachlich u rechtlich einfach liegenden Fälle – verbundenen Gefahr einer Beeinträchtigung der Qualität der Entscheidungen **erheblichen praktischen Bedenken.**[2] Diese werden infolge des 6. VwGOÄndG noch ver-

[1] Vgl Bettermann ZZP 1978, 393; Kramer JZ 1977, 15; Felix DB 1993, 1 u FinRdsch 1993, 13; krit auch Baur ZZP 1978, 330; Prüllage DRiZ 1990, 449; BL 59. Aufl, 6 zu § 348 ZPO aF mwN; **aA** Müller DRiZ 1977, 305; MKZPO 7 ff zu § 348 ZPO aF; Z 22. Aufl 3 vor § 348 ZPO aF; M 2. Aufl 1 zu § 348 ZPO aF; für noch verfassungsmäßig hielt die Vorgängerregelung des § 31 AsylVfG aF BVerfG NJW 1984, 559; NKVwGO-Kronisch 10.

[2] Vgl Bettermann, Vereinheitlichung 103; Schmidt, Der Entwurf 182; Kissel DRiZ 1981, 219; Sendler DVBl 1982, 814; Rzepka BayVBl 1991, 460; Stelkens NVwZ 1991, 214; Redeker-FS 1993, 315, 336; Redeker DVBl 1992, 216; Hamann VerwA 1992, 503; Lotz/Dillmann BayVBl 1992, 741; Schnellenbach DVBl 1993, 230; Kopp BayVBl 1977, 521; Gutachten 53; DVBl 1982, 616; NJW 1991, 524; Rößler DStZ 1993, 97; Krömker StV 1993, 97; krit auch schon die Stellungnahme der Bundesregierung BT-Dr 12/1061, 41.

stärkt. Die Voraussetzungen der Übertragung an den Einzelrichter sind in wesentlichen Punkten wortgleich mit den Anforderungen an die Zulassung der Berufung in § 124 Abs 2 Nr 2 u 3. Wenn man sie entspr dem Willen des Gesetzgebers auch identisch interpretiert (s hierzu 8 zu § 124), hat dies zur bedenklichen Konsequenz, daß – sofern nicht § 124 Abs 2 Nr 1 einschlägig ist oder das Berufungsgericht den konkreten Fall anders beurteilt oder sich die grundsätzliche Bedeutung erst aus Fällen anderer VGe ergibt – der Einzelrichter in beträchtlichem Umfang erst- u letztinstanzlich entscheidet u damit der Verwaltungsprozeß eine erhebliche Änderung erfährt, indem der Rechtsschutz auf das unterste verfassungsrechtlich noch hinnehmbare Niveau herabgesenkt wird.[3] Eine Möglichkeit, diesen Bedenken wenigstens zT Rechnung zu tragen, könnte darin bestehen, daß man die Begriffe der besonderen Schwierigkeiten in Nr 1 u der grundsätzlichen Bedeutung in Nr 2 weiter interpretiert als zu § 6 vor der Neufassung des § 124 u jedenfalls in den Grenzfällen eine **rechtsschutzfreundliche Auslegung** vertritt.

2 **2. Anwendungsbereich:** Die Regelung gilt **nur für die VGe** (§ 5), nicht auch für OVG oder BVerwG, auch bei deren erstinstanzlichen Zuständigkeiten (zB nach §§ 47, 48 oder § 50), ebenfalls **nicht für RechtsmittelVf** (vgl BL 3, 5 Übers § 348 ZPO). Beim OVG ist eine Übertragung gem §§ 526 f ZPO, § 173 S 1 auf ein Mitglied des Senats als Einzelrichter nicht möglich (BL 11 zu § 526 ZPO). Anwendbar ist § 6 nicht nur im **Urteils-,** sondern auch im **BeschlußVf** (ebenso Sch-Stelkens 7; B-Funke-Kaiser 4; offen Ms NVwZ-RR 1994, 619; **aA** RÖ-M. Redeker 11), **zB gem § 80** Abs 5, 7 oder 8, § 80 a Abs 3, § 123, Verweisung der Sache nach § 173 S 1 iVm **§ 17 a Abs 2 GVG** oder § 83 mit § 17 a Abs 2 GVG an das zuständige Gericht, PKH-Vf nach **§ 166** (vgl M 3 zu § 348 a ZPO; BL 6 zu § 348 a ZPO: Gesamtübertragung), Vf nach **§ 92 Abs 2** oder **§ 161 Abs 2** usw. S zur grds **kumulativen Anwendbarkeit** von § 6, § 84 u § 87 a unten 30.

3 Wenn u soweit das Gericht von der Befugnis gem Abs 1 Gebrauch macht, **gilt die Übertragung** im Zweifel – dh, wenn das Gericht insoweit nicht ausnahmsweise etwas anderes bestimmt, was als zulässig anzusehen ist (str) – **auch für Nebenentscheidungen,** wie die Kostenentscheidung u die Entscheidung über die Vollstreckbarkeit, **u für Folgeentscheidungen,** wie zB die Entscheidung über die Einstellung des Vf gem § 92 Abs 2 oder analog dazu (vgl zB 7 zu § 161) u für richterliche Entscheidungen in KostenfestsetzungsVf (vgl OLG Hamm MDR 1993, 384 mwN; s auch Ks AnwBl 86, 412).

4 Die Wirkung der Übertragung ist grds **auf das VG,** dessen Kammer sie beschlossen hat, **beschränkt.** Ändert das Präsidium die Geschäftsverteilung u überträgt es die Zuständigkeit für eine Streitsache, die an den Einzelrichter übertragen wurde, an eine andere Kammer, bleibt aber auch hier der nach der Geschäftsverteilung kompetente Einzelrichter dieser anderen Kammer zuständig.[4] Die Übertragung gilt jedoch nicht für das Gericht, an das der Einzelrichter die Streitsache verweist.[5] Sie gilt **ebenso auch nicht,** wenn die Entscheidung des Einzelrichters durch das Rechtsmittelgericht aufgehoben u die Sache zurückverwiesen wurde.[6]

---

[3] Vgl Schenke NJW 1997, 92 u bereits Redeker DVBl 1992, 212; auch BVerfG NJW 1984, 559 hat die Verfassungsmäßigkeit des § 31 AsylVfG aF nicht zuletzt damit begründet, daß gegen Entscheidungen des Einzelrichters immer RMittel gegeben waren.

[4] Mü BayVBl 1996, 506; s auch BFH NVwZ 1998, 1334; so auch NKVwGO-Kronisch 68; **aA** Ey-Geiger 7.

[5] **AA** OLG Koblenz MDR 1986, 153: bei Verweisung an ein anderes Gericht ist auch dort der Einzelrichter zuständig; ebenso Zimmermann 5. Aufl 2 zu § 348 ZPO aF.

[6] Vgl OLG Karlsruhe VersR 1986, 663; ThP 24. Aufl 6 zu § 348 ZPO aF: Zurückverweisung an das Gericht, nicht an die Kammer; **aA** OLG Köln NJW 1976, 1101: Zurückverweisung an den Einzelrichter; NKVwGO-Kronisch 71.

Die Zuständigkeit des **Einzelrichters endet** außerdem, wenn er den Rechtsstreit nach Abs 3 an die Kammer **zurücküberträgt.**

3. Streitsachen ohne besondere Schwierigkeiten tatsächlicher oder rechtlicher Art (Abs 1 Nr 1) sind Streitsachen, die zu entscheiden voraussichtlich in tatsächlicher u rechtlicher Hinsicht keine größeren, dh überdurchschnittlichen, das normale Maß nicht unerheblich übersteigenden Schwierigkeiten verursachen wird.[7] 5

Der **Begriff** der besonderen Schwierigkeit ist hier **derselbe wie in § 84** (s dort 6ff zu § 84) bzw § 124 (s 8f zu § 124) u entspricht auch den § 348 Abs 1 Nr 1 ZPO aF u § 76 (früher § 31) AsylVfG (s BT-Dr 12/1217, 54). Allerdings sind Rspr u Schrifttum wenig einheitlich u klar.[8] ZT wird ein **Beurteilungsspielraum** des VG hins des Vorliegens der besonderen Schwierigkeit bejaht (Gr NVwZ-Beil 1998, 109; Hbg NVwZ-RR 1996, 716; s auch unten 9), wobei dessen Existenz allerdings keine praktische Bedeutung zukommt, weil die Übertragung bzw Rückübertragung grds keiner gerichtlichen Überprüfung unterliegt (unten 28).

Beurteilungskriterien sind nach dem **Zweck der Vorschrift** nicht so sehr die (meist unterschiedlichen) typischen Schwierigkeiten der betr Materie als vielmehr der Umstand, daß für die **Rechtsfindung im konkreten Fall** die Befassung des Kollegiums – mit gemeinsamer Erörterung der in Frage stehenden Tatsachen- u Rechtsfragen, Beweisergebnisse usw; Mitwirkung ehrenamtlicher Richter – **keine wesentlichen Vorteile ggü einem Vf vor dem Einzelrichter** erwarten läßt u deshalb entbehrlich erscheint (vgl Sch-Stelkens 26; Schnellenbach, Menger-FS 1993, 346; DVBl 1993, 232 mwN u zahlreichen Beispielen). Vor diesem Hintergrund ergibt sich aber, daß jedenfalls bei Rechtsfragen von überragender Bedeutung, wie sie etwa die Frage nach der Verfassungsmäßigkeit gesetzgeberischen Tuns darstellt, die Vorlage an das BVerfG dem Richterkollegium vorbehalten bleibt, da hierdurch eine umfassende u eingehende Erörterung des Streitstoffes u der Rechtslage in deutlich höherem Maße gewährleistet wird (BVerfG NJW 1999, 274). Daß ein Fall nur voraussichtlich einen quantitativ **erheblichen Arbeits- u Zeitaufwand** erfordern wird, **genügt** dagegen **nicht;**[9] ebenso nicht, daß es sich (nur) um ein **„entlegenes Rechtsgebiet"** handelt (Schnellenbach DVBl 1993, 232 mwN; **aA** BL 39 zu § 348 ZPO). 6

Als **überdurchschnittlich schwierig** im dargelegten Sinn anzusehen sind zB Fälle

- mit einem in seinen wirtschaftlichen, technischen oder wissenschaftlichen usw Zusammenhängen auffallend **schwer überschaubaren Sachverhalt** (vgl ThP 11 zu § 348 ZPO);
- in denen voraussichtlich eine Beweisaufnahme zu **widersprüchlichen Aussagen, Gutachten** usw führen wird (vgl OLG Köln VersR 1987, 164; ThP 11 zu § 348 ZPO aF; BL 39 zu § 348 ZPO);

---

[7] Sch-Stelkens 25; BL 39 zu § 348 ZPO: keine Schwierigkeiten, die erheblich über den Durchschnitt hinauszuwachsen drohen oder schon derart entstanden sind; Meyer-Ladewig NJW 1978, 858: keine überdurchschnittliche Schwierigkeit; RÖ-Kothe 4 zu § 84: keine das normale Maß nicht unerheblich übersteigende Schwierigkeit; ThP 7 zu § 348a ZPO: keine erheblich über dem durchschnittlichen Grad liegende Schwierigkeit; StJ 9 zu § 348 ZPO aF: keine überdurchschnittliche Schwierigkeit; vgl ferner 7 zu § 84, die dort bisher vertretene abweichende engere Auffassung wird mit der vorliegenden Auflage aufgegeben; zT **aA** Schnellenbach DVBl 1993, 232: Beurteilung nicht nach dem Maßstab des Durchschnitts, sondern allein danach, wo von der Sache her sich die Vorteile einer Kollegialentscheidung aufdrängen; **aA** B-Funke-Kaiser 6: nur bei qualitativ einfachen, nicht bei durchschnittlichen Fällen.

[8] Vgl Schnellenbach DVBl 1993, 231; krit zur Praxis auch Bader VBlBW 1997, 453.

[9] BT-Dr 7/2769; Schnellenbach DVBl 1993, 232; M 8 zu § 348a ZPO; Z 21 zu § 348 ZPO; **aA** BL 39 zu § 348 ZPO: bei ganz „außergewöhnliche[m] Umfang".

– die voraussichtlich die **Entscheidung schwieriger,** bisher in Rspr bzw Schrifttum kaum erörterter **Rechtsfragen** erforderlich machen werden, zu denen eine Kammerrspr erst noch gebildet werden muß. Die Voraussetzungen der Nr 1 werden daher idR nach einer **Änderung der Gesetzeslage** oder der höchstrichterlichen Rspr nicht vorliegen (Sch-Stelkens 27);
– divergierender Entscheidungen von verschiedenen Einzelrichtern u von Einzelrichtern u Kammern (Hufen DV 1999, 528; s auch Schl 21. 7. 1994 – 1 L 100/94) für den Fall, daß der Einzelrichter von einem Beweisbeschluß seiner eigenen Kammer in demselben Vf abweicht.

7 **Besonderheiten im Bereich des Gerichts,** wie die besonderen **Erfahrungen einzelner Richter,** sind nicht bei der Beurteilung des Schwierigkeitsgrads der Sache, sondern bei der allg Geschäftsverteilung durch den Vorsitzenden auf die Mitglieder der Kammer (s unten 11) u bei der Ermessensentscheidung des Gerichts, ob eine Übertragung stattfinden soll (s unten 10), zu berücksichtigen.

8 Aus der Fassung von Abs 1 als **Sollvorschrift** ergibt sich zugleich, daß die Übertragung der Streitsache auf den Einzelrichter nicht mit der Begründung angegriffen werden kann, daß von der Sache her eine andere Lösung geboten gewesen wäre. Dies gilt auch im Rahmen eines zulässigen RMittel in der Hauptsache (s dazu unten 28) sowie dann, wenn eine gesonderte Anfechtung nicht schon nach Abs 4 ausgeschlossen ist (s dazu unten 26). Zu extremen Fällen, insb offensichtlicher Willkür, s unten 26 u 28. S dazu, daß darauf auch eine Rüge der Verletzung des gesetzlichen Richters grds nicht gestützt werden kann, unten 26 u 28.

9 **4. Grundsätzliche Bedeutung der Rechtssache (Abs 1 Nr 2):** Ähnliche Normierungen sind in anderen Prozeßgesetzen enthalten, s zB § 115 Abs 1 Nr 1 FGO, § 72 Abs 2 Nr 1 ArbGG. Der Begriff findet sich außerdem auch im Rechtsmittelrecht (§ 124 Abs 2 Nr 3 (s 10 zu § 124), § 132 Abs 2 Nr 1 (s 9 ff zu § 132) sowie § 543 Abs 2 S 1 Nr 1 ZPO). Wg der Besonderheiten des Verwaltungsprozesses (Sch-Stelkens 17) kann jedenfalls die zivilgerichtliche Rspr nicht unbesehen übernommen werden (ebenso Sch-Stelkens 17). Auch innerhalb des Verwaltungsprozeßrechts ist zu beachten, daß das Merkmal der grundsätzlichen Bedeutung immer bezogen auf die jeweilige Vorschrift interpretiert werden muß (so auch NKVwGO-Kronisch 30). Anders als im Revisionsrecht (§ 132 Abs 2 Nr 1; s 9 ff zu § 132) bezieht es sich in § 6 wie in § 124 auch auf Tatsachenfragen (s auch 10 zu § 124). Die Bestimmung wurde geschaffen, da auch bei einfacheren Fallgestaltungen grundsätzliche Bedeutung gegeben sein kann; diese ist anzunehmen, wenn der Rechtsstreit **in rechtlicher oder tatsächlicher,** insb **wirtschaftlicher** (enger im Revisionsrecht, vgl 12 zu § 132), aber auch **politischer, gesellschaftlicher u religiöser Hinsicht Auswirkungen auf eine größere Zahl von Vf oder die Verwaltungspraxis** hat (Sch-Stelkens 28; B-Funke-Kaiser 7; eine größere Zahl bei mehr als 20 Vf, s auch §§ 93 a, 67 a; 17 f VwVfG); s auch 10 zu § 124. Auch die **Abweichung von der Rspr der Obergerichte** (nicht nur den in § 124 Abs 2 Nr 4 genannten; vgl Sch-Stelkens 28) begründet die grundsätzliche Bedeutung. Mitunter wird ein Beurteilungsspielraum bzgl der grundsätzlichen Bedeutung angenommen (Gr NVwZ-Beil 1998, 109; s dazu auch oben 5).

10 **5. Ermessen des Gerichts (Abs 1):** Nach Abs 1 steht, auch wenn die rechtlichen Voraussetzungen nach Abs 1 erfüllt sind, die Entscheidung, **ob** das Gericht von der Befugnis zur **Übertragung der Streitsache** an den Einzelrichter Gebrauch machen will, im freien, aber tendenziell gebundenen („soll", „in der Regel", s auch NVwZ-RR 2000, 258) – grds auch im RechtsmittelVf nicht weiter überprüfbaren (s unten 26 ff) – **Ermessen des Gerichts. „Soll" bedeutet** in Abs 1 – wie auch **„kann"** in Abs 3 – idS nicht eine bloße Zuständigkeit zur Übertragung (bzw in Abs 3 zur Rückübertragung), aber auch nicht eine bloße

Ermächtigung zur Entscheidung nach pflichtgemäßem Ermessen (BL 59. Aufl 5 zu § 348 ZPO aF mwN). Das Gericht ist zwar zur Übertragung des Rechtsstreits **nicht gezwungen, soll aber** von seiner Befugnis zur Übertragung des Rechtsstreits **„in der Regel“** Gebrauch machen, dh grds, **wenn keine,** im Regelfall (auch) sonst nicht gegebenen u idS „atypischen“ Gründe dagegensprechen (vgl Schnellenbach DVBl 1993, 233). Die Bestimmung bindet deshalb „in der Regel“ wie eine Mußvorschrift (BL 59. Aufl 5 zu § 348 aF; **aA** NKVwGO-Kronisch 43).

Gründe, die **entgegenstehen** können, sind **zB,** 11

- daß die angegriffene Verwaltungsentscheidung in einem **förmlichen VerwaltungsVf** mit allen Garantien für eingehende, sorgfältige Ermittlungen u für die Erörterung aller rechtlichen u fachlichen Aspekte der Sache mit allen Betroffenen u unter Beteiligung einer Vielzahl fachkundiger Behörden ergangen ist, u es eher unangemessen erscheinen müßte, wenn nunmehr ein einzelner Richter statt des Kollegiums entscheiden würde (vgl Schnellenbach DVBl 1993, 233; allg auch Kopp Gutachten 53);
- daß die Kammer überhaupt generell **nicht** über eine **hinreichende Anzahl ausreichend erfahrener Richter** verfügt (vgl BL 59. Aufl 9 zu § 348 ZPO aF, wo dies jedoch als Fall besonderer Schwierigkeit angesehen wird) bzw der nach der kammerinternen Geschäftsverteilung gem § 21 g Abs 3 GVG (s dazu unten 12) dafür als Einzelrichter in Betracht kommende Richter für den Fall nicht hinreichend erfahren erscheint (**aA** NKVwGO-Kronisch 46) oder mit anderen Fällen **bereits überlastet** ist (s auch oben 6);
- daß einer **unterschiedlichen Rechtsanwendung entgegengewirkt** werden soll oder daß **jüngere Richter erst noch besser integriert** werden müssen (Schnellenbach DVBl 1993, 231 unter Bezugnahme auf den Bericht des Rechtsausschusses des Bundestags zum Gesetz, vgl oben zu 1). Aus Abs 1 S 2 kann nicht im Wege eines Umkehrschlusses gefolgert werden, daß **Proberichter** nur im ersten Jahr nach ihrer Ernennung nicht Einzelrichter sein können, sonst iü aber bei ihnen u bei anderen Richtern die Erfahrung nicht berücksichtigt werden darf (Schnellenbach DVBl 1993, 233).

6. Auswahl und Bindung des Einzelrichters (Abs 1): Entgegen der insoweit nicht eindeutigen Fassung der Vorschrift unterliegt die Auswahl des Mitglieds der Kammer für die Betrauung mit einer Sache als Einzelrichter für einen konkret in Frage stehenden Streitfall **nicht** dem **Ermessen der Kammer** ad hoc u erst recht nicht dem Ermessen des Vorsitzenden im konkreten Fall (vgl Hbg NJW 1994, 274; Schnellenbach DVBl 1993, 233; BL 59. Aufl 11 zu § 348 ZPO aF). Der **Grundsatz des gesetzlichen Richters** (Art 101 Abs 1 S 2 GG) u das Gebot der verfassungskonformen Auslegung auch von Abs 1 verlangen, daß der als Einzelrichter in Betracht kommende Richter **durch den Geschäftsverteilungsplan der Kammer** gem § 4 iVm § 21 g Abs 3 GVG **vor Beginn des Geschäftsjahres** bestimmt wird (Abänderbarkeit nur nach § 21 g Abs 2 HS 2 GVG).[10] 12

Auch der Vorsitzende selbst kann **Einzelrichter** sein, wie sich aus § 21 g Abs 3 GVG ergibt (vgl ThP 3 zu § 348 a ZPO; Kävenheim NJW 1993, 1373; Schnellenbach DVBl 1993, 233). Auch ihm muß die Kammer von vornherein ein abstrakt festgelegtes Einzelrichterdezernat zuweisen.[11] **Richter auf Probe** dürfen gem § 6 Abs 1 S 2 im ersten Jahr nach ihrer Ernennung nicht als Einzelrichter bestellt werden (in § 76 Abs 5 AsylVfG wurde in verfassungsrechtlich zweifelhafter Weise die Frist auf 6 Monate verkürzt, Bedenken dagegen auch bei 13

---

[10] Hbg NVwZ 1994, 301; Ks NVwZ-RR 2000, 547; Sch-Stelkens 22; BL 59. Aufl 11 mwN zu § 348 ZPO aF; allg auch 23 zu § 4; 10 zu § 87 a.

[11] Vgl schon zu § 21 g GVG aF Hbg NJW 1994, 274; ThP 12 zu § 21 g GVG.

Sch-Stelkens 23); geschieht dies dennoch, ist das Gericht nicht vorschriftsmäßig besetzt (§ 138 Abs 1 Nr 1). Zur Entscheidungsbefugnis eines Richters auf Probe als Berichterstatter im Vf gem § 87a, in dessen Rahmen § 6 Abs 1 S 2 keine (auch keine analoge) Anwendung findet, s unten 10 zu § 87a.

14 Die **Übertragung erfolgt durch Kammerbeschluß,** der idR nicht begründet werden muß (§ 122 Abs 2 – auch dann nicht, wenn sich die Beteiligten im Rahmen des rechtlichen Gehörs gegen die Übertragung gewandt haben, NVwZ-RR 2002, 150; BFH 194, 38) u ohne mdl Verhandlung ergehen kann (§ 101 Abs 3); zur Anhörung s unten 19. Mit Bekanntgabe wird die Übertragung wirksam.[12] Der „Einzelrichter der Kammer X" **wird** mit der Übertragung der Streitsache an ihn zum **Gericht** (s auch unten 29); er wird nicht im Auftrag der Kammer, sondern anstelle der Kammer (BL 4 Übers § 348 ZPO) u des Vorsitzenden tätig, mit allen Befugnissen u Verpflichtungen, die sonst die Kammer oder der Vorsitzende hat (s auch oben 1). Er ist allein u ausschließlich auch **für die weitere Durchführung** des Vf u die Entscheidung zuständig u verantwortlich (s auch unten 30). Auch **soweit** für die Übertragung die Erwartung, daß er sich bei der Entscheidung an die „Kammerlinie" halten werde, mit maßgeblich war, ist der Einzelrichter nicht an diese gebunden. Die (Rest-)Kammer u/oder der Vorsitzende können ihm auch bzgl des weiteren Vorgehens u hins der Entscheidung **keine Weisungen** geben (Schnellenbach DVBl 1993, 234). Der Einzelrichter übernimmt das Vf in dem Stand, den es vor der Kammer hatte. **Bereits ergangene Verfügungen u Zwischenentscheidungen** gelten fort, bereits angeordnete Beweiserhebungen laufen weiter (BL 59. Aufl 17 zu § 348 ZPO aF).

15 **7. Zeitpunkt der Übertragung (Abs 2):** Auch dieser ist grds dem **Ermessen** der Kammer überlassen (s aber unten 16). Nach Abs 3 darf eine Übertragung nicht mehr erfolgen, **wenn bereits in der Sache mündlich verhandelt** worden ist (zu Ausnahmen s HS 2). Als **mV** iSv Abs 2 ist nicht nur ein Verhandeln in der Sache selbst, sondern **auch** schon zB **über einzelne Zulässigkeitsvoraussetzungen** anzusehen.[13] Im **schriftlichen Vf** (§ 101 Abs 2) bleibt die Übertragung bis zum Ergehen einer abschließenden Entscheidung des Gerichts zulässig (vgl 14 zu § 104). Unzulässig ist die Übertragung jedenfalls nach einem vom Kollegium erlassenen Beweisbeschluß nach § 98 iVm § 348 ZPO (OLG Köln NJW-RR 1995, 512; **aA** NKVwGO-Kronisch 34), nicht jedoch nach einem Beweisbeschluß gem § 358a ZPO (OLG Schleswig SchlHA 1978, 69; **aA** B-Funke-Kaiser 17).

16 Da eine Beurteilung, ob die rechtlichen Voraussetzungen für eine Übertragung nach Abs 1 erfüllt sind u ob nicht vielleicht besondere Umstände uU gleichwohl eine Entscheidung des Gerichts als Kollegium angezeigt sein lassen, im Zweifel immer **erst nach Eingang der Verwaltungsvorgänge** (§ 99) u nach Vorliegen auch einer **Klageerwiderung,** uU auch erst nach Eingang der Stellungnahme des VöI sowie der Beigeladenen (§ 65), möglich ist, kommt eine Übertragung des Rechtsstreits auf den Einzelrichter grds erst in Betracht, wenn die Kammer die **Voraussetzungen dafür hinreichend überblicken** kann (vgl Schnellenbach DVBl 1993, 234). UU kann es auch angezeigt sein, daß die Kammer die Frage der Übertragung zunächst so lange offenhält, bis der Sachverhalt – ggf unter Einsatz der Mittel des § 87 Abs 1 S 2 – insoweit hinreichend ge-

---

[12] NVwZ-RR 2002, 151; Sch-Stelkens 29; nach Ma ESVGH 44, 81 erst mit Hinausgabe des Beschlusses durch Geschäftsstelle an die Post; **aA** NKVwGO-Kronisch 83: Wirksamkeit mit Übergabe an die Geschäftsstelle.

[13] Enger BL 59. Aufl 12 u 13 zu § 348 ZPO aF: Übertragung grds bis zur Stellung der Anträge zur Hauptsache, bloße Einführung in den Sach- u Streitstand u Erörterung iSv § 278 Abs 1 ZPO aF unschädlich; vgl auch OLG Hamm MDR 1993, 576; OLG Schleswig, NJW 1988, 69.

klärt ist (Schnellenbach DVBl 1993, 234). Eine **verfrühte Übertragung** zu einem Zeitpunkt, in der sich die insoweit maßgeblichen Fragen noch nicht hinreichend überblicken lassen, im Hinblick darauf, daß der Einzelrichter ja die Sache notfalls wieder nach Abs 3 auf die Kammer zurückübertragen kann, wäre ein **Ermessensfehler** u würde idR auch das Recht der Beteiligten auf den gesetzlichen Richter verletzen (s dazu unten 25).

8. Zuständigkeit und Verfahren (Abs 1): Zuständig für die Entscheidung 17 über die Übertragung ist gem Abs 1 nur u allein **die Kammer,** nicht der Vorsitzende oder der mit der Sache befaßte Berichterstatter (OLG Frankfurt NJW 1977, 301; BL 59. Aufl 16 zu § 348 ZPO aF). An dem Beschluß der Kammer wirkt **auch das Mitglied** mit, **das das Vf dann als Einzelrichter führen soll;** auch der Vorsitzende, wenn er selbst zum Einzelrichter bestellt wird (BL 16 59. Aufl zu § 348 ZPO aF).

Der **Rechtsstreit** kann nur als **solcher,** dh als **„ganzer“** („den Rechtsstreit“) 18 übertragen werden, **nicht** hins einzelner, wenn auch abgegrenzter oder abgrenzbarer **Teile** (BL 59. Aufl 14 zu § 348 ZPO aF). **Zulässig** ist jedoch die Übertragung eines nach § 93 abgetrennten Teils.

Eine **Anhörung der Beteiligten** (§ 63) vor der Entscheidung der Kammer 19 über die Übertragung ist in § 6 nicht ausdr vorgesehen (anders für die Rückübertragung, Abs 3 S 1). Sie ist aber schon wg der Unanfechtbarkeit des Beschlusses (Abs 4 S 1) u der weitreichenden Folgen für das Recht auf den gesetzlichen Richter (vgl oben 1) u das rechtliche Gehör aufgrund von Art 101 Abs 1 bzw 103 Abs 1 GG **geboten.**[14]

Dem Erfordernis des rechtlichen Gehörs wird insoweit – jedenfalls im Regelfall – **nicht durch die Möglichkeit,** sich schon gem § 173 S 1 iVm § 253 Abs 3 ZPO bzw § 277 Abs 1 S 2 ZPO **bei der Klageerhebung** bzw der Klageerwiderung bereits auch zur Frage der Übertragung des Rechtsstreits auf den Einzelrichter **zu äußern,** genügt;[15] **auch nicht** durch die Möglichkeit der Beteiligten, **nachträglich** ihre Bedenken insoweit dem Einzelrichter vorzutragen, u durch die Befugnis des Einzelrichters, ggf den Rechtsstreit daraufhin nach Abs 3 S 1 wieder auf die Kammer zurückzuübertragen (zT **aA** BL 59. Aufl 15 zu § 348 ZPO aF: Die Anhörung ist, wenn sie nicht bereits gem §§ 253 Abs 3, 277 Abs 1 S 2 ZPO erfolgt ist, jedenfalls innerhalb angemessener Frist **vor** der Entscheidung nachzuholen). Haben die Beteiligten aber von sich aus mitgeteilt, mit einer Übertragung einverstanden zu sein, erübrigt sich eine nochmalige Anfrage (Sch-Stelkens 13). Einen Aufhebungsgrund stellt die unterbliebene Anhörung indes nicht dar (We ThürVBl 1995, 157; Mü BayVBl 1991, 89; Ms ZAR 1989, 176; Sch-Stelkens 29).

Der Gehörsverstoß kann nur unter sehr eingeschränkten Voraussetzungen **geheilt** werden. Das ist nach der Rspr des BVerwG einmal der Fall, wenn die Beteiligten nach der Übertragung zu erkennen geben, daß sie gegen die Übertragung keine Bedenken haben (§ 295 Abs 1 ZPO; NVwZ 2000, 1292). Gem § 173 S 1 iVm § 295 Abs 2 ZPO kann das allerdings nur gelten, solange nicht auch eine Verletzung des gesetzlichen Richters (Art 101 Abs 1 S 2 GG) vorliegt, da auf den gesetzlichen Richter nicht wirksam verzichtet werden kann (s dazu

---

[14] NVwZ 2000, 1291 f; Sch-Stelkens 13; NKVwGO-Kronisch 75; BL 59. Aufl 15 zu § 348 ZPO aF; **aA** ThP 4 zu § 348 a ZPO: Möglichkeit zur Äußerung gem §§ 253 Abs 3, 277 Abs 1 S 2 ZPO ausreichend; Schnellenbach DVBl 1993, 233; zu § 6 FGO auch Kävenheim NJW 1993, 1373 – Umkehrschluß aus § 6 Abs 3 S 1 FGO –; Kretzschmar BB 1993, 546. S für andere Fallgestaltungen beim gesetzl Richter auch BVerfG NJW 1993, 2229.

[15] **AA** zu § 6 FGO Kävenheim NJW 1993, 1373; zu § 348 ZPO aF auch OLG Saarbrücken VersR 1992, 757: keine weitere Anhörung erforderlich; ThP 4 zu § 348 a ZPO; BL 59. Aufl 15 zu § 348 ZPO aF; M 15 zu § 348 a ZPO; Z 4 zu § 348 a ZPO; Zimmermann 5. Aufl 1 zu § 348 ZPO aF.

unten 28f). Zum anderen soll der Verstoß jedoch auch dann geheilt sein, wenn vor dem Einzelrichter die Anhörung nachgeholt wird u dieser daraufhin unter Beachtung der Möglichkeit der Rückübertragung gem § 6 Abs 3 S 1 das Vorliegen der Voraussetzungen des § 6 Abs 1 geprüft u weiterhin für gegeben angesehen hat (NVwZ 2000, 1292). Dieser Ansicht ist zu widersprechen, da die gem § 6 Abs 1 erforderliche Anhörung vor der Kammer stattzufinden hat u nur diese über das Vorliegen der Voraussetzungen der Übertragung auf den Einzelrichter zu befinden hat. Eine Heilung eines Verfahrensverstoßes aufgrund eines Vf vor dem nicht zuständigen Organ ist abzulehnen. Eine Heilung kann in diesem Fall nur nach Rückübertragung des Rechtsstreits auf die Kammer gem § 6 Abs 3 S 1 u erneute Entscheidung der Kammer befürwortet werden.

20 Der Beschluß ist den Beteiligten zumindest **formlos** (§ 329 Abs 2, 1 ZPO) **bekanntzugeben** u muß deshalb jedenfalls ausdr ergehen.[16] Der Beschluß muß nicht nur die Übertragung des Rechtsstreits als solchen anordnen, sondern **auch das Mitglied** der Kammer **bezeichnen,** der nunmehr den Rechtsstreit als Einzelrichter führen muß (BL 59. Aufl 16 zu § 348 ZPO aF mwN); die Übertragung ist jedoch nicht personenbezogen (Ks NVwZ-RR 1993, 332; Hbg NVwZ 1994, 274), so daß eine namentliche Nennung schon deswegen zu unterbleiben hat (Sch-Stelkens 14). Ein im RevisionsVf beachtlicher Verstoß gegen den Art 101 Abs 1 S 2 liegt nicht vor, wenn die Übertragung auf den Einzelrichter durch die Kammer aktenkundig beschlossen wurde, die gebotene Bekanntgabe des Beschlusses aber erst nach dem Verhandlungstermin erfolgte (NVwZ-RR 2002, 150).

21 **9. Rückübertragung des Rechtsstreits auf die Kammer (Abs 3):** Nach Abs 3 kann der Einzelrichter unter bestimmten Voraussetzungen den Rechtsstreit auch wieder auf die Kammer zurückübertragen. Nach dem Wortlaut der Regelung steht die Entscheidung insoweit grds im **Ermessen des Einzelrichters** (s dazu auch oben 10); dh, er muß den Rechtsstreit, **auch wenn** sich die Streitsache **nachträglich** als **von grundsätzlicher Bedeutung** oder von besonderer Schwierigkeit erweist, nicht zurückübertragen.[17] Jedenfalls bei Rechtsfragen von überragender Bedeutung, wie sie die Frage nach der Verfassungsmäßigkeit gesetzgeberischen Tuns darstellt, die überdies das Verhältnis von Judikative u Legislative aufs engste berührt, kann im Rahmen der Ermessensentscheidung die Abwägung jedoch nur dahin gehen, daß die Vorlage an das BVerfG dem Richterkollegium vorbehalten bleibt. Ein Einzelrichter, der eine seiner Auffassung nach entscheidungserhebliche Norm für verfassungswidrig hält, hat deshalb unter dem Blickwinkel des Art 100 GG u der §§ 80ff BVerfGG eine Entscheidung der Kammer herbeizuführen u ist daran gehindert, über die Frage einer Vorlage allein zu entscheiden (BVerfG NJW 1999, 274). Die **Kammer** ist an die Entscheidung des Einzelrichters **gebunden** u kann weder eine Rückübertragung verlangen (Ks NVwZ-RR 1993, 332) noch eine Rückübertragung verhindern. Auch die **Beteiligten können** sie allenfalls **anregen,** jedoch nicht erzwingen.

22 Die Voraussetzung einer Rückübertragung, daß eine **wesentliche Änderung der Prozeßlage** eingetreten ist, ist insb zB anzunehmen bei einem nachträglich wesentlich **neuen Parteivorbringen,** bei wesentlich neuen, unerwarteten Beweisergebnissen, **Klageänderung** oder **Widerklage,** einer Rechtsänderung usw (vgl ThP 12 zu § 348a ZPO aF; BL 59. Aufl 18 zu § 348 ZPO aF; M 17 zu § 348a ZPO; Z 8 zu § 348a ZPO). Daß der Einzelrichter sich der Sache nicht

---

[16] NVwZ-RR 2002, 151; Sch-Stelkens 29; vgl auch MKZPO 3 zu § 524 ZPO aF; Z 4 zu § 348a ZPO; offen insoweit BGH NJW 1993, 601: der Beschluß muß aber jedenfalls aus den Akten hervorgehen; vgl. auch Lü NdsRpfl 1997, 82: Keine vorschriftswidrige Besetzung iSv § 138 Nr 1, wenn die Beteiligten nach den Gesamtumständen über die Übertragung nicht im Zweifel sein konnten.

[17] Ey-Geiger 19; Sch-Stelkens 30; Seibert NVwZ 2004, 822; tlw **aA** Ma NVwZ 2004, 895; B-Funke-Kaiser 19.

mehr gewachsen fühlt, genügt nicht, dies wäre systemwidrig (Baur ZZP 1991, 330; BL 59. Aufl 18 zu § 348 ZPO aF). Im Fall einer Gehörsverletzung vor der Kammer (s oben 19) hat der Einzelrichter den Rechtsstreit an die Kammer zurückzuübertragen (**aA** NVwZ 2000, 1292; s oben 19). Nur nach erneuter Entscheidung der Kammer ist der Verstoß geheilt. In diesem Fall ist Abs 3 S 2 nicht anwendbar (s unten 25). Die **weiteren Voraussetzungen** einer Zurückübertragung – grundsätzliche Bedeutung der Rechtssache oder besondere Schwierigkeiten tatsächlicher oder rechtlicher Art – sind dieselben wie gem Abs 1. Vgl dazu im einzelnen oben 9 bzw 5 ff. War die Änderung vorhersehbar, scheidet eine Rückübertragung aus (vgl BL 59. Aufl 18 zu § 348 ZPO aF; **aA** NKVwGO-Kronisch 93); **Fristen,** auch das Institut der **Verwirkung,** sind nicht zu beachten (vgl BL 59. Aufl 19 zu § 348 ZPO aF).

Die Rückübertragung kann **nur** hins des Rechtsstreits, dh **hins des ganzen Rechtsstreits,** der von der Kammer auf den Einzelrichter übertragen worden war, **nicht hins einzelner,** wenn auch an sich abtrennbarer **Teile** des Rechtsstreits erfolgen (BL 59. Aufl 19, 14 zu § 348 ZPO aF; vgl auch oben 17 f zur Übertragung des Rechtsstreits auf den Einzelrichter). 23

Anders als gem Abs 2 die Übertragung des Rechtsstreits auf den Einzelrichter hat die Rückübertragung auf die Kammer **nicht** zur **Voraussetzung,** daß **noch keine mV** stattgefunden hat, sondern kann gerade auch dann geboten erscheinen, wenn eine mV wesentlich neue Gesichtspunkte ergeben hat. 24

Vor der Entscheidung über die Rückübertragung muß der Einzelrichter **die Beteiligten hören** (Abs 3 S 1; zur Anhörungspflicht vor der Übertragung auf den Einzelrichter s oben 19). Die Entscheidung erfolgt durch **Beschluß** (BL 59. Aufl 19 zu § 348 ZPO aF; vgl zum Beschlußerfordernis auch oben 19), der den Beteiligten formlos zu eröffnen ist (vgl oben 20) u gem Abs 4 unanfechtbar ist. Wurde der Rechtsstreit vom Einzelrichter auf die Kammer zurückübertragen, so kann diese ihn später nach Abs 3 S 2 **grds nicht wiederum** erneut auf ihn oder auf ein anderes Mitglied der Kammer als Einzelrichter **zurückübertragen** bzw übertragen, auch nicht, wenn an sich iü die Voraussetzungen nach Abs 1 sonst gegeben wären; anders bei einer Zurückverweisung gem §§ 130, 144 Abs 5 im RechtsmittelVf (Sch-Stelkens 32) sowie im Fall der Rückübertragung allein aufgrund des formellen Fehlers der fehlenden Anhörung vor der Kammer (s oben 19, 22). Die Anwendbarkeit der Norm des Abs 3 S 2 ist insofern teleologisch zu reduzieren. 25

10. Rechtsmittel; Unanfechtbarkeit der Übertragung bzw Rückübertragung (Abs 4): Gegen den Beschluß gem Abs 1, mit dem die Kammer den Rechtsstreit auf den Einzelrichter überträgt (Abs 1), u gegen einen Rückübertragungsbeschluß des Einzelrichters gem Abs 3 sind **keine Rechtsmittel** gegeben (Abs 4 S 1), auch nicht in Fällen offensichtlich fehlerhafter Übertragung (Hbg NVwZ-RR 1996, 716; OLG Düsseldorf NJW 1981, 352; Z 12 zu § 348 a ZPO). Der in der 11. Aufl mwN noch vertretenen Ansicht, bei willkürlicher Verletzung des § 6 Abs 1 u 3 müsse zur Entlastung des VB-Vf eine **außerordentliche Beschwerde** statthaft sein (s auch 8 b vor § 124; FfO LKV 1995, 199; Mü BayVBl 1994, 145), ist nicht zu folgen, wenn man bei einer mit der Verletzung des § 6 Abs 1 u 3 einhergehenden **Grundrechtsverletzung Rechtsmittel gegen die abschließende Hauptsacheentscheidung** befürwortet (s unten 28). 26

Gem Abs 4 S 2 kann ein Rechtsbehelf **auch nicht** darauf gestützt werden, daß das Gericht eine nach Abs 1 an sich gebotene **Übertragung** des Rechtsstreits, bzw der Einzelrichter eine Rückübertragung nach Abs 3, zu Unrecht **unterlassen oder abgelehnt** hat (vgl zu Rechtsbehelfen gegen den Übertragungsbeschluß Günther NVwZ 1998, 37 f). Daß unter Abs 4 S 2 auch die **Rückübertragung** fällt (**aA** B-Funke-Kaiser 23), ergibt sich daraus, daß die Rückübertragung einen Unterfall des Übertragens darstellt (u deshalb nicht gesondert neben einer dem 27

§ 6 Abs 1 unterfallenden Übertragung erwähnt wird) sowie aus dem **systematischen Zusammenhang mit § 6 Abs 4 S 1.** Aus § 6 Abs 4 S 1 iVm § 173 S 1 u §§ 512, 557 Abs 2 ZPO folgt, daß nicht nur Beschlüsse der Kammer, sondern auch solche des Einzelrichters gem § 6 Abs 3 grds keiner mittelbaren Überprüfung in einem RechtsmittelVf gegen die Hauptsacheentscheidung unterliegen (s unten 28). Es fehlt damit an einer sachlichen Rechtfertigung, für die Unterlassung einer Rückübertragung (im Gegensatz zur unterlassenen Übertragung gem § 6 Abs 1) etwas anderes anzunehmen. Eine eindeutige Bestätigung findet die hier vertretene Ansicht durch die **Entstehungsgeschichte** des 6. VwGOÄndG (BT-Dr 13/1433, 14: § 124 Abs 2 Nr 5 soll sicherstellen, daß „die unterbliebene (Rück-)Übertragung vom Einzelrichter auf die Kammer eine Zulassung der Berufung nicht rechtfertigen" kann). Nicht erfaßt werden von § 6 Abs 4 allerdings die Fälle, in denen eine Kammer sich den Rechtsstreit selbst zurücküberträgt (Ks NVwZ-RR 1993, 332; B-Funke-Kaiser 22) oder von sich aus einen Übertragungsbeschluß aufhebt (Ko NVwZ-Beil 1999, 26).

28 **RMittel in der Hauptsache:** Der Ausschluß von (gesonderten) Rechtsbehelfen gegen die Übertragung, Rückübertragung oder Ablehnung der Übertragung des Rechtsstreits gem Abs 4 sagt allein noch nichts darüber aus, inwieweit die Möglichkeit besteht, eine Verletzung des § 6 Abs 1 u 3 durch Kammer oder Einzelrichter iVm RMittel gegen die Hauptsacheentscheidung geltend zu machen (s dazu näher Günther NVwZ 1998, 37). Ein Antrag auf Zulassung der Berufung gem § 124 Abs 2 Nr 5 kann aber grds – wie durch den Wortlaut dieser Bestimmung, ihre Entstehungsgeschichte (BT-Dr 13/1433, 14) sowie durch § 173 S 1 iVm § 512 ZPO indiziert wird – nicht auf einen solchen Rechtsverstoß gegründet werden.[18] Dasselbe dürfte grds auch für das RevisionsVf gem § 6 Abs 4 iVm § 173 S 1 u § 557 Abs 2 ZPO gelten (NJW 1998, 2301; NVwZ-RR 2000, 258; NVwZ 2000, 1291; **aA** Ey-Geiger 21; vgl auch B-Funke-Kaiser 23). Etwas anderes ist allerdings dann anzunehmen, wenn der Verstoß gegen § 6 Abs 1 u 3 zugleich eine Verletzung des Art 101 Abs 1 S 2 GG beinhaltet (so auch NKVwGO-Kronisch 13). Das trifft keineswegs bei jeder Verletzung des § 6 Abs 1 u 3 zu. Diese Vorschrift schützt nämlich nicht vor jeder fehlerhaften Anwendung einfachgesetzlicher Zuständigkeitsvorschriften, der sog „error in procedendo" wird hierdurch tatbestandlich nicht erfaßt. Geschützt wird vielmehr nur vor einer willkürlichen Verletzung der einfachgesetzlichen Zuständigkeitsbestimmungen (BVerfG 3, 365; 86, 143; Pieroth, in: Jarass/Pieroth, 11 zu Art 101 GG; Sachs-Degenhart 18 zu Art 101 GG). Eine willkürliche Verletzung setzt keinen vorsätzlichen Verstoß gegen die gesetzlichen Zuständigkeitsbestimmungen voraus, vielmehr ist sie bereits dann gegeben, wenn die Entscheidung „nicht mehr verständlich" oder „offensichtlich unhaltbar" (BVerfG 82, 194) oder in ihr „Bedeutung und Tragweite von Art 101 Abs 1 S 2 grundlegend verkannt" (BVerfG 82, 299; 87, 285) werden. In diesem Fall ist von der Statthaftigkeit eines Antrags auf Zulassung der Berufung gem § 124 Abs 2 Nr 5 bzw einer Beschwerde gegen die Nichtzulassung der Revision gem § 132 Abs 2 Nr 3 auszugehen (s auch 26. 3. 1999 – 7 B 38/99; NVwZ-RR 2000, 258; NVwZ 2000, 1291; B-Funke-Kaiser 23). Andernfalls würden die Beteiligten auf den Weg der VB verwiesen werden. Dies würde nicht nur zu einer unzumutbaren Belastung des Bundesverfassungsgerichts führen, die dem Grundsatz der Subsidiarität der VB (s § 90 Abs 2 S 1) zuwiderliefe, es hätte eine erhebliche Verlängerung des gerichtlichen Rechtsschutzes zur Folge u wäre mit dem Grundsatz der Rechtsschutzeffektivität u der Prozeßökonomie schwerlich in Einklang zu bringen. Der hier befürwortete Lösungsweg verdient auch den Vorzug vor der Verweisung der Be-

---

[18] Ks DÖV 2000, 300; Sa NVwZ 1998, 645; Günther NVwZ 1998, 38 mwN; Sch-Meyer-Ladewig/Rudisile 59 zu § 124; dahin tendierend auch Gr NVwZ-Beil 1998, 109; s auch Hbg NVwZ-RR 1996, 717; **aA** Ey-Geiger 21.

teiligten auf den Weg von Gegenvorstellungen u außerordentlichen Beschwerden, die sich jedenfalls insoweit nicht in das verwaltungsprozessuale Rechtsschutzsystem einfügten (dazu 8a Vor § 124). Die über § 173 S 1 anwendbaren Vorschriften des § 512 ZPO u des § 557 Abs 2 ZPO werden auf diese Weise nicht bedeutungslos, da keineswegs jede Verletzung des § 6 Abs 1 u 3 sich als Verletzung von Verfahrensrecht iSd § 124 Abs Nr 5 bzw des § 132 Abs 2 Nr 3 darstellte. Zudem paßt die ratio der §§ 512, 557 Abs 2 ZPO nicht, wenn gegen die Verletzung des Art 101 Abs 1 S 2 GG ohnehin noch eine andere Möglichkeit des Rechtsschutzes gegeben ist, weshalb eine teleologische Reduktion dieser Vorschrift angebracht ist. Eine entspr Möglichkeit zur mittelbaren Überprüfung einer auf § 6 Abs 1 u 3 gestützten Übertragung muß auch dort bestehen, wo diese mit einer Verletzung des verfassungsrechtlich garantierten rechtlichen Gehörs (Art 103 Abs 1 GG) einhergeht (NVwZ 2000, 1291; Günther NVwZ 1998, 38). Allerdings begründet eine den inhaltlichen Kriterien des § 6 Abs 1 u 3 nicht genügende Übertragung bzw Rückübertragung allein noch keine Verletzung des rechtlichen Gehörs (**aA** wohl Hufen DV 1999, 528). **Fehlt** es an einem **Übertragungsbeschluß,** liegt in der Entscheidung durch den Einzelrichter stets eine Verletzung des Art 101 Abs 1 S 2 GG (NVwZ-RR 2002, 150), auch wenn der Richter irrig vom Vorliegen eines Übertragungsbeschlusses ausgegangen ist (FfO NVwZ-RR 2001, 202).

Mängel des Übertragungsbeschlusses können, sofern darin zugleich eine Verletzung der Garantie des gesetzlichen Richters liegt, **gem § 173 S 1, § 295 Abs 2 ZPO nicht nach § 173 S 1, § 295 Abs 1 ZPO** durch Nicht-Rüge seitens der Betroffenen **geheilt** werden.[19] Da die fehlende Anhörung der Beteiligten vor der Übertragung auf den Einzelrichter jedoch allein noch keine Verletzung des Art 101 Abs 1 S 2 GG darstellt (s oben 28), kann auch die Verletzung des Anhörungserfordernisses uU noch dadurch gem § 173 S 1 iVm § 295 Abs 1 ZPO geheilt werden, daß die Beteiligten vor dem Einzelrichter zu erkennen geben, gegen die Übertragung keine Bedenken zu haben (NVwZ 2000, 1292; s auch oben 19). Weiter sind **bloße Formfehler** heilbar (OLG Köln NJW 1976, 680; BL 59. Aufl 16 zu § 348 ZPO aF; M 16 zu § 348a ZPO), etwa, wenn das Kollegium die Übertragung ordnungsgemäß beschlossen hatte, jedoch nur der Einzelrichter unterschrieben hat („unechte Selbstbestellung“: BL 59. Aufl 16 zu § 348 ZPO aF). 29

11. Verfahren vor dem Einzelrichter; Gerichtsbescheid: Für das Vf vor dem Einzelrichter gelten, da der Einzelrichter insoweit „Gericht“ ist (s oben 14), die **allg Verfahrensvorschriften** wie für die Kammer (vgl ThP 6 zu § 348 ZPO; BL 59. Aufl 3f, 17 zu § 348 ZPO aF). Dies gilt grds auch für die Befugnis gem § 84, durch **Gerichtsbescheid** zu entscheiden (Schnellenbach DVBl 1993, 243; Kävenheim NJW 1993, 1373; NKVwGO-Kronisch 89; vgl insoweit auch § 5 Abs 3). Häufig, wenn auch nicht notwendig, wird es sich bei Streitsachen, die keine besonderen Schwierigkeiten tatsächlicher u rechtlicher Art iS sowohl von § 6 Abs 1 als auch von § 84 Abs 1 aufweisen, um Streitsachen handeln, in denen der Sachverhalt auch bereits iSv § 84 Abs 1 geklärt ist. Dann kann der Einzelrichter auch gleich nach § 84 statt durch Urteil per Gerichtsbescheid entscheiden. **IdR sollte** in Fällen dieser Art jedoch **die Kammer besser auf eine Übertragung des Rechtsstreits auf den Einzelrichter verzichten u selbst nach § 84 durch Gerichtsbescheid entscheiden,** oder aber, wenn die Sache an den Einzelrichter übertragen wurde, dieser im normalen UrteilsVf entscheiden, damit nicht beim Bürger der Eindruck eines doppelt geminderten gerichtlichen Rechtsschutzes, einmal durch Übertragung der Sache auf den Einzelrichter 30

[19] BGH NJW 1993, 601 m Anm Deubner JuS 1993, 495; ThP 9 zu § 348 ZPO; M 16 zu § 348a ZPO; zT **aA** Deubner JuS 1993, 496.

u zusätzlich dann durch Entscheidung ohne mV durch bloßen Gerichtsbescheid, entsteht (Schnellenbach DVBl 1993, 234). **Auch die Kammer hat** jedoch, wenn u soweit die jeweiligen rechtlichen Voraussetzungen gegeben sind, grds **die Wahl** zwischen einer Entscheidung des Rechtsstreits im normalen UrteilsVf, einer Übertragung auf den Einzelrichter oder einer Entscheidung durch Gerichtsbescheid gem § 84 (einschränkend B-Funke-Kaiser 5: Entscheidungsspielraum).

§§ 7 und 8 [Innere Organisation der Verwaltungsgerichte]

(Die §§ 7 und 8 aF wurden zusammen mit §§ 4 und 6 aF durch G v 26. 5. 1972 (BGBl I 841) aufgehoben.)

§ 9 [Besetzung und Gliederung des OVG]

(1) **Das Oberverwaltungsgericht besteht aus dem Präsidenten und aus den Vorsitzenden Richtern und weiteren Richtern in erforderlicher Anzahl.**[1 f]

(2) **Bei dem Oberverwaltungsgericht werden Senate gebildet.**[3]

(3) **Die Senate des Oberverwaltungsgerichts entscheiden in der Besetzung von drei Richtern;**[4 f] **die Landesgesetzgebung kann vorsehen, daß die Senate in der Besetzung von fünf Richtern entscheiden, von denen zwei auch ehrenamtliche Richter sein können.**[5] **Für die Fälle des § 48 Abs. 1 kann auch vorgesehen werden, daß die Senate in der Besetzung von fünf Richtern und zwei ehrenamtlichen Richtern entscheiden.**[4, 6 f] **Satz 1 Halbsatz 2 und Satz 2 gelten nicht für die Fälle des § 99 Abs. 2.**

Vgl §§ 115 f, 122 GVG; §§ 30 ff SGG; § 5 FGO

Schrifttum: *Schnellenbach,* Das Spruchkörperprinzip in der Verwaltungsgerichtsbarkeit, Menger-FS 1985, 356; *ders,* Änderungen der VwGO durch das RPflEntlG, DVBl 1993, 230, 234; – S auch zu § 4 u § 5.

1 **1.** Die durch das RmBereinVpG um Abs 3 S 3 ergänzte Vorschrift trifft eine dem § 5 entspr Regelung über die **Besetzung des OVG** bzw, wenn dieses die Bezeichnung VGH führt (s § 184), des VGH.

2 **2. Mitglieder des OVG** sind ähnlich wie beim VG (vgl 3 zu § 5) auch beim OVG nur die in Abs 1 genannten **Berufsrichter. Ehrenamtliche Richter** wirken nur nach Maßgabe der gem Abs 3 zulässigen landesrechtlichen Bestimmungen an den Entscheidungen mit. **Sondervorschriften** enthalten insoweit § 139 FlurbG u § 84 BPersVG, die gem § 190 ausdr aufrechterhalten wurden.

3 **3.** Zur **Bildung der Senate** (Abs 2) vgl 1 u 4 f zu § 5. Zu den **Folgen eines Verstoßes** gegen § 9 vgl 7 zu § 5.

4 **4. Besetzung der Senate (Abs 3):** Nach Abs 3 entscheiden die Senate des OVG, wenn u soweit durch Landesgesetz gem S 1 HS 2 bzw S 2 nichts anderes bestimmt ist, in Besetzung von **drei Berufsrichtern.** Durch Landesgesetz kann allg oder für bestimmte Fallgruppen oder Verfahrensarten **statt dessen** eine Besetzung mit **fünf Berufsrichtern** oder die zusätzliche Mitwirkung von zwei **ehrenamtlichen Verwaltungsrichtern** vorgeschrieben werden. Der gem § 189 zu bildende Fachsenat für das Vf nach § 99 Abs 2 entscheidet hingegen gem Abs 3 S 1 HS 1 iVm Abs 3 S 3 immer in der Besetzung von drei Berufsrichtern. S auch unten 6 u ausf Sch-Stelkens 11 ff zu § 9. **Bindend** für den Landesgesetzgeber sind nur **die Zahlen fünf bzw zwei;** er kann zB nicht die Mitwirkung um je einen weiteren Berufsrichter u einen ehrenamtlichen Verwaltungsrichter vorsehen (s NKVwGO-Kronisch 16).

5 Bei Besetzung der Senate mit 5 Richtern muß für **Beschlüsse außerhalb der mV,** wenn die Regelung gem Abs 3 auf UrteilsVf beschränkt ist, im Ge-

schäftsverteilungsbeschluß des Senats nach § 4, § 21 g Abs 2 GVG eine nähere Bestimmung über die Mitwirkung der Richter getroffen werden. Sofern durch Gesetz nichts anderes vorgeschrieben ist, entscheidet das OVG auch dann **in der für Urteile maßgeblichen Besetzung,** wenn die Entscheidung eines Senats über die **Vorlage** einer Rechtsfrage **gem § 12 Abs 1** iVm § 11 Abs 2 u 4 an den Großen Senat (vgl 1 zu § 10) oder über eine **Vorlage gem Art 100 GG** an das BVerfG oder gem Art 234 EGV an den EuGH (72, 124) durch Beschluß ergeht.

5. Besetzung des OVG bei Streitigkeiten über Großvorhaben (Abs 3 S 2): Für Streitigkeiten gem § 48 Abs 1, für die das OVG gem § 48 in erster u einziger Tatsacheninstanz zuständig ist, überläßt es Abs 3 S 2, der durch das RPflEntlG neu in die VwGO eingefügt wurde, **dem Landesgesetzgeber,** ob er wg der hier idR gegebenen besonderen Bedeutung solcher Streitigkeiten (s 2 zu § 48) u als tlw Ausgleich für den Fortfall einer Tatsacheninstanz (vgl Schnellenbach DVBl 1993, 235) eine Besetzung mit fünf Richtern u ggf (zusätzlich) zwei ehrenamtlichen Verwaltungsrichtern vorsehen will. Mit Ausnahme der Möglichkeit, **zwei ehrenamtliche Verwaltungsrichter zusätzlich** zu – u nicht wie nach Abs 2 S 1 anstelle von – zwei weiteren Berufsrichtern vorzusehen, erhält der Landesgesetzgeber durch Abs 3 S 2 nichts, was er nicht auch schon nach Abs 3 S 1 vorsehen könnte. Trotz der unklaren Formulierung („kann auch vorgesehen werden") bezieht sich Abs 3 S 2 auch insoweit auf Abs 3 S 1, HS 2, als dort **(nur) der Landesgesetzgeber** ermächtigt wird (BT-Dr 12/1217, 54). Jedoch ergibt sich eine entspr allg Befugnis für den Bundesgesetzgeber schon aus Art 74 Abs 1 Nr 1 GG. Durch die Mitwirkung **ehrenamtlicher Verwaltungsrichter** soll nicht zuletzt auch ein höheres Maß an Ausgeglichenheit der Entscheidungen in kontroversen Fällen erreicht werden (vgl Bericht des Rechtsausschusses BT-Dr 10/3368, 54; Meyer-Ladewig NJW 1985, 1989; Pagenkopf DVBl 1985, 987). 6

Die Besetzung mit fünf Berufsrichtern gilt, wenn sie durch Landesgesetz vorgeschrieben wird, im Zweifel auch für **Entscheidungen außerhalb der mV** (vgl Mü DÖV 1987, 744 = BayVBl 1987, 82).

Hat das **VG** in einer Sache, in der nach Abs 3 S 2 iVm § 48 **das OVG** zuständig wäre, unter Verstoß gegen den Zuständigkeitskatalog des § 48 Abs 1 **entschieden,** so muß das OVG auf ein RMittel hin in der Besetzung gem § 9 Abs 3 den Beschluß des VG aufheben u die Sache zur Entscheidung über die Klage (bzw den Antrag nach § 80 Abs 5 oder § 80a Abs 3 oder § 123) an das OVG in der Besetzung gem Abs 3 abgeben. Eine **Verweisung** kommt **nicht** in Betracht (vgl Br DÖV 1987, 159). 7

6. Einzelrichter gibt es beim OVG nur gem § 87a Abs 2 iVm Abs 2 bzw Abs 3 S 1 zu § 87a. **§ 6** ist beim OVG **nicht anwendbar,** auch nicht im Bereich der erstinstanzlichen Zuständigkeit des OVG (s 2 zu § 6). Auch §§ 526f ZPO sind über § 173 S 1 nicht anwendbar (s 2 zu § 6). Zu **beauftragten** Richtern vgl 8 zu § 5. 8

§ 10 [Besetzung und Gliederung des BVerwG]

(1) **Das Bundesverwaltungsgericht besteht aus dem Präsidenten und aus den Vorsitzenden Richtern und weiteren Richtern in erforderlicher Anzahl.**[1]

(2) **Bei dem Bundesverwaltungsgericht werden Senate gebildet.**[1, 2]

(3) **Die Senate des Bundesverwaltungsgerichts entscheiden in der Besetzung von fünf Richtern, bei Beschlüssen außerhalb der mündlichen Verhandlung in der Besetzung von drei Richtern.**[1, 2]

Vgl §§ 124, 130, 139 GVG; §§ 38, 40 SGG; § 10 FGO

Schrifttum: S zu §§ 1, 4 u § 5.

1 **1.** Die Vorschrift trifft eine dem § 5 entspr Regelung über die **Besetzung des BVerwG.** Ehrenamtliche Richter sind im Hinblick auf die überwiegend revisionsrichterliche Aufgabe des BVerwG nicht vorgesehen. Die **Besetzung (3 Richter) bei Beschlüssen außerhalb der mV** ergibt sich aus dem Geschäftsverteilungsplan nach § 4, § 21 g Abs 2 GVG (NKVwGO-Kronisch 11). In dieser Besetzung wird etwa über die weitere sofortige Beschwerde gem § 83 Abs 2 BPersVG iVm §§ 48 Abs 1, 80 Abs 3 ArbGG u § 17 a Abs 4 S 4–6 GVG entschieden (NVwZ 2002, 348). In den **VorlageVf** (Art 100 GG, Art 234 EGV, § 11 Abs 4) entscheidet das BVerwG wg der besonderen Bedeutung der Entscheidung analog Abs 3 HS 1 in der **Besetzung mit 5 Richtern** (56, 173; 78, 305 = NVwZ 1988, 726; Sch-Stelkens 5).

2 **2. Berufung und Ernennung der Bundesrichter** erfolgen nach den Art 95 Abs 2 u 60 GG; zu den persönlichen Voraussetzungen s § 9 DRiG. Zur **Bildung der Senate** (Abs 2) vgl 4 f zu § 5. Zu den **Folgen eines Verstoßes** gegen § 10 vgl 7 zu § 5.

§ 11 [Großer Senat beim BVerwG]

(1) **Bei dem Bundesverwaltungsgericht wird ein Großer Senat gebildet.**[1, 2]

(2) **Der Große Senat entscheidet, wenn ein Senat in einer Rechtsfrage von der Entscheidung eines anderen Senats oder des Großen Senats abweichen will.**[3, 4]

(3) **Eine Vorlage an den Großen Senat ist nur zulässig, wenn der Senat, von dessen Entscheidung abgewichen werden soll, auf Anfrage des erkennenden Senats erklärt hat, daß er an seiner Rechtsauffassung festhält.**[5] **Kann der Senat, von dessen Entscheidung abgewichen werden soll, wegen einer Änderung des Geschäftsverteilungsplanes mit der Rechtsfrage nicht mehr befaßt werden, tritt der Senat an seine Stelle, der nach dem Geschäftsverteilungsplan für den Fall, in dem abweichend entschieden wurde, nunmehr zuständig wäre.**[5, 7] **Über die Anfrage und die Antwort entscheidet der jeweilige Senat durch Beschluß in der für Urteile erforderlichen Besetzung.**[8]

(4) **Der erkennende Senat kann eine Frage von grundsätzlicher Bedeutung dem Großen Senat zur Entscheidung vorlegen, wenn das nach seiner Auffassung zur Fortbildung des Rechts oder zur Sicherung einer einheitlichen Rechtsprechung erforderlich ist.**[4]

(5) **Der Große Senat besteht aus dem Präsidenten und je einem Richter der Revisionssenate, in denen der Präsident nicht den Vorsitz führt.**[1] **Legt ein anderer als ein Revisionssenat vor oder soll von dessen Entscheidung abgewichen werden, ist auch ein Mitglied dieses Senats im Großen Senat vertreten.**[1] **Bei einer Verhinderung des Präsidenten tritt ein Richter des Senats, dem er angehört, an seine Stelle.**[1]

(6) **Die Mitglieder und die Vertreter werden durch das Präsidium für ein Geschäftsjahr bestellt.**[1] **Das gilt auch für das Mitglied eines anderen Senats nach Absatz 5 Satz 2 und für seinen Vertreter. Den Vorsitz im Großen Senat führt der Präsident, bei Verhinderung das dienstälteste Mitglied.**[1] **Bei Stimmengleichheit gibt die Stimme des Vorsitzenden den Ausschlag.**[1]

(7) **Der Große Senat entscheidet nur über die Rechtsfrage.**[1, 9] **Er kann ohne mündliche Verhandlung entscheiden. Seine Entscheidung ist in der vorliegenden Sache für den erkennenden Senat bindend.**[7–9]

Vgl § 138 GVG; §§ 41 SGG; § 11 FGO

Schrifttum: *Amberg,* Divergierende höchstrichterliche Rechtsprechung, 1998; *Bock,* Der Rechtsnormcharakter der Entscheidungen des Großen Senats des Bundesarbeitsgerichts, 1997; *Offerhaus,* Die Großen Senate der obersten Gerichtshöfe des Bundes, in: 75 Jahre RFH-BFH, 1993, 623.

1. Allgemeines: Die Vorschrift wurde durch das RPflVereinfG zT neu gefaßt. Die Einrichtung des sog **Großen Senats** (GrS) beim BVerwG dient der Sicherung einer **einheitlichen Rspr** des BVerwG u der geordneten **Fortbildung des Rechts** u hat dafür sehr erhebliche Bedeutung (Kissel NJW 1991, 951). Der GrS ist kein Rechtsmittelgericht, seine Anrufung löst vielmehr nur ein **ZwischenVf mit interimistischem Charakter** aus (Kissel 1 zu § 138 GVG); die Zuständigkeit für die Sachentscheidung verbleibt beim vorlegenden Senat (BGH NJW 1986, 1765). Auch in dieser beschränkten Funktion ist der GrS jedoch **gesetzlicher Richter** iSd Art 101 Abs 1 S 2 GG; er muß insb allen Beteiligten des Vf vor dem vorlegenden Senat auch **rechtliches Gehör** gewähren (DVBl 1993, 885). 1

Für die Rechtsprechung der obersten Bundesgerichte (Art 95 Abs 1 GG) erfüllt der **GSOGB** eine vergleichbare, jedoch umfassendere Funktion. Vgl dazu auch 41, 363; 66, 359 = NJW 1983, 2154 (auch zu Abweichungen von vor dem Inkrafttreten des G v. 19. 6. 1968 ergangene Entscheidungen); NJW 1976, 907; 1987, 2571 sowie BSG MDR 1976, 260. Zu Vorlagepflichten nach **Art 100 GG** bzw **Art 234 EGV** s 2 u 9 ff zu § 94; ferner 44 zu § 40. 2

Gegen die Entscheidung des GrS gibt es keinen Rechtsbehelf; auch mit der VB kann nur die abschließende Entscheidung des vorlegenden Senats angegriffen werden (BVerfGE 31, 55; Kissel 17 zu § 138 GVG). Eine willkürliche (zum Begriff 6 zu § 138) **Verletzung der Vorlagepflicht** begründet die VB wg Verstoß gegen Art 101 Abs 1 S 2 GG.[1] 3

2. Verpflichtung zur Anrufung des GrS: Die Anrufung ist **obligatorisch bei Abweichung** (sog „Divergenz") von einer (auch einer unveröffentlichten) Entscheidung, dh der die Entscheidung tragenden, insoweit dafür nach der Begründung dieser Entscheidung maßgebenden Rechtsauffassung[2] eines anderen Senats oder des GrS (Abs 3). In den Fällen des Abs 4 (grundsätzliche Bedeutung für die **Fortbildung des Rechts oder** für die **Sicherung der Einheitlichkeit der Rspr)** ist sie dagegen **fakultativ.** Die Regelung gilt nur im Hinblick auf verfahrensabschließende Entscheidungen (Urteile, Beschlüsse) des BVerwG, daher zB nicht bei Abweichung von Vorlagebeschlüssen an das BVerfG oder den GSOGB. Eine Abweichung liegt auch dann vor, wenn die abweichende Auffassung sich auf im wesentlichen **gleichlautende Vorschriften in verschiedenen Gesetzen** bezieht.[3] Die Abweichung muß sich auf **die tragenden Gründe** (s auch unten 5) der Entscheidung beziehen (BSG NJW 1985, 2356). Maßgeblich ist nur eine **Abweichung im Ergebnis;** eine Abweichung lediglich in der Begründung für eine bestimmte Auslegung ist unerheblich (BGH MDR 1977, 653). 4

3. Ausnahmen von der Anrufungspflicht nach Abs 3: Die Anrufungspflicht entfällt, wenn es nach Auffassung des Senats auf die Frage, in der die Di- 5

---

[1] Zur Vorlage an den GSOGB BVerfG NJW 1989, 2613; s zu anderen Fällen der Vorlagepflicht BVerfG 79, 301 = NJW 1989, 770; NJW 1993, 381 mwN; Rodi DÖV 1989, 750.

[2] 16, 273; NJW 1991, 313 – Vorlage nicht erforderlich, wenn die Entscheidung, von der abgewichen werden soll, auch auf andere Gründe gestützt ist –; DVBl 1991, 215 – Vorlage nicht erforderlich, wenn es infolge einer anderen Beurteilung der Zulässigkeit der ursprünglichen Klage im Ergebnis auf die Frage nicht ankommt.

[3] BSG-GrS 29, 228; BGH NJW 1953, 821; B-Funke-Kaiser 4; NKVwGO-Kronisch 36; vgl auch GSOGB BVerwG 41, 365 u NJW 1987, 2571 zum RsprEinhG; grds auch Ey-Geiger 3, der zusätzlich einen übereinstimmenden Regelungsgehalt fordert; **aA** 36, 346.

vergenz besteht, aus Gründen, die der Senat selbst beurteilen kann, **nicht ankommt** (DVBl 1991, 215); wenn die Entscheidung, von der abgewichen werden soll oder die davon abweichen soll, zugleich auf sie auch für sich allein tragende **andere Gründe gestützt** wurde bzw werden soll (NJW 1991, 313); wenn die maßgebliche **Rechtslage sich geändert hat;** wenn die zu entscheidende Rechtsfrage zwischenzeitlich durch **Gesetz zweifelsfrei geregelt wurde** (BGHZ 15, 207; 18, 300); wenn die Rechtsfrage zwischenzeitlich durch den GrS, den GSOGB (GSOGB BSG 34, 269), das BVerfG (BGH NJW 1981, 1790) oder den EuGH **entschieden wurde; wenn** der Senat, von dessen Meinung abgewichen werden soll, oder, nach Änderung der Geschäftsverteilung, dessen Nachfolger in späteren Entscheidungen **seine Meinung aufgegeben hat** (vgl BGH NJW 1974, 702) oder auf Anfrage erklärt, an ihr **nicht mehr festhalten** zu wollen, u damit keine Gefahr divergierender Auffassungen mehr besteht;[4] wenn der Senat, von dessen Meinung abgewichen werden soll, **nicht mehr besteht** (BGH NJW 1986, 1766; diff NKVwGO-Kronisch 37); wenn der Senat, der abweichen möchte, inzwischen selbst anstelle des anderen Senats für das Rechtsgebiet **zuständig geworden ist** (74, 254; Ma DVBl 1981, 220; Ey-Geiger 2); wenn die Entscheidung, von der abgewichen werden soll, von einem für die Rechtsfrage nicht zuständigen Senat **nur beiläufig getroffen wurde** (vgl BAG NZA 1991, 679).

6 Die Anrufung des GrS ist unzulässig, wenn hins der zu entscheidenden Frage die Voraussetzungen einer **Vorlage** nach Art 100 GG **an das BVerfG wg** Überzeugung von der Verfassungswidrigkeit der umstrittenen, entscheidungserheblichen Vorschrift vorliegen (NJW 1952, 459; BVerfG 6, 63).

7 **4. Verfahren:** Die Anrufung des GrS erfolgt nach **Anhörung** der Beteiligten durch zu begründenden Beschluß. Der vorlegende Senat entscheidet nach Abs 3 S 3 über die Vorlage **in derselben Besetzung wie bei Urteilen** (BFH 124, 130; 129, 246). Bei **Änderung der Geschäftsverteilung** tritt der nunmehr zuständige Senat im VorlageVf an die Stelle des Senats, der die Sache vorgelegt hat (BFH NJW 1985, 93). Der Vorlage steht nicht entgegen, daß bereits ein anderer Senat die gleiche Rechtsfrage oder eine ähnliche Rechtsfrage vorgelegt hat u insoweit das Vf bereits anhängig ist (BFH NJW 1985, 93). Die Vf sind dann zu verbinden.

Der Vorlagebeschluß kann, solange der GrS noch nicht darüber entschieden hat, **jederzeit zurückgenommen** werden, wenn die für die Anrufung maßgeblichen Gründe nachträglich entfallen bzw der vorlegende Senat zur Überzeugung kommt, daß sie nie bestanden haben, auch zB, wenn der vorlegende Senat an seiner Rechtsauffassung nicht mehr festhalten will. Sind die Gründe für die Vorlage nachträglich entfallen (zu den Gründen s oben 5), so muß der vorlegende Senat (durch Beschluß) den Beschluß zurücknehmen oder für gegenstandslos erklären bzw der Große Senat das VorlageVf **für erledigt erklären** (BSG 54, 223; vgl auch BAG NJW 1988, 990); zT **aA** BAG aaO für den Fall, daß durch ein prozessuales Ereignis, zB ein Anerkenntnis, der Umfang der Sachprüfung durch das Gericht so beschränkt wird, daß es auf eine Sachprüfung nicht mehr ankommt: einfache Fortführung des Vf vor dem zuständigen Senat; es bedürfe in solchen Fällen weder der Rücknahme der Vorlage noch der Rückgabe der Sache. Gegen diese Auffassung spricht jedoch, daß durch die Vorlage eine der Rechtshängigkeit vergleichbare Lage geschaffen wurde u sich die Vorlage auch durch die neue Situation nicht einfach erledigt, sondern es einer förmlichen Beendigung bedarf;[5] anders uU, wenn die Rechtsfrage zwar durch den Verfahrens-

---

[4] 67, 227 = DVBl 1983 1110; Buchh 310 § 11 VwGO Nr 4; NVwZ 1984, 792; BSG NJW 1985, 2354; Ey-Geiger 2; RÖ-M. Redeker 2.

[5] BSG 54, 225; Kissel 15 zu § 138 GVG; NKVwGO-Kronisch 57.

ablauf überholt ist, aber damit zu rechnen ist, daß sie **sich wieder stellt u** auch dann wieder eine rechtzeitige Entscheidung nicht ergehen kann (BGH NJW 1986, 1444). Nimmt der Senat die Vorlage nicht zurück, ist aber der Große Senat der Auffassung, daß sie sich erledigt hat, so muß er dies feststellen u das VorlageVf einstellen. Hat sich die Vorlage nur **teilweise erledigt,** so entscheidet der GrS darüber unter Berücksichtigung der neuen Situation; einer vorherigen förmlichen Änderung des Vorlagebeschlusses bedarf es dazu nicht.

Der **GrS** ist grds **an den Vorlagebeschluß gebunden u** muß über die vorgelegte Frage entscheiden, sofern nicht offensichtlich die Voraussetzungen für die Anrufung (Abs 2 u 3) nicht gegeben sind. Die Grundsätze über die Bindungswirkung einer Rechtsmittelzulassung u über die **Ausnahmen** davon (vgl 36 zu § 132) sind hier entspr anzuwenden.[6] Der GrS kann über die Zulässigkeit der Vorlage analog § 109 **vorweg entscheiden** (vgl BAG NJW 1984, 1990). Die Beteiligten am Vf vor dem vorlegenden Senat haben vor dem großen Senat **Anspr auf Gehör** zu der zu entscheidenden Rechtsfrage (s oben 1). 8

Der GrS entscheidet nur über die ihm **vorgelegten Rechtsfragen** (Abs 7 S 1; BGH NJW 1986, 1765; BAG NJW 1988, 990); allerdings braucht der GrS die Vorlage nicht lediglich mit „ja" oder „nein" zu beantworten, sondern kann im Interesse der Fortbildung des Rechts eine differenzierte Antwort geben (BAG NJW 1971, 1668; Kissel 13 zu § 138 GVG). 9

Der GrS entscheidet (ohne zwingende mV) durch Beschluß. Dieser **bindet** hins der entschiedenen Rechtsfrage den vorlegenden Senat; dies gilt auch dann, wenn er fehlerhaft ist (es ist dann freilich nobile officium des Gerichts, den Fehler bei nächster sich bietender Gelegenheit auszumerzen u ihn nicht „zum Recht des Landes werden zu lassen"). **Die Bindung entfällt ausnahmsweise** dann, wenn nachträglich sich neue Gesichtspunkte ergeben, die auch im vergleichbaren Fall der Zurückverweisung einer Sache in einem RechtsmittelVf ein Entfallen der Bindung zur Folge hätten. Die zu §§ 130 Abs 2 u 144 Abs 6 entwickelten Grundsätze – vgl 12ff zu § 130; 11–16 zu § 144 – sind auch hier entspr anzuwenden.

§ 12 [Großer Senat beim OVG]

(1) **Die Vorschriften des § 11 gelten für das Oberverwaltungsgericht entsprechend, soweit es über eine Frage des Landesrechts endgültig entscheidet.**[1, 2] **An die Stelle der Revisionssenate treten die nach diesem Gesetz gebildeten Berufungssenate.**

(2) **Besteht ein Oberverwaltungsgericht nur aus zwei Berufungssenaten, so treten an die Stelle des Großen Senats die Vereinigten Senate.**

(3) **Durch Landesgesetz kann eine abweichende Zusammensetzung des Großen Senats bestimmt werden.**

Schrifttum: S zu § 11.

1. Die Vorschrift wurde durch das RPflVereinfG neu gefaßt. Sie ordnet für den **Bereich des Landesrechts die entspr Anwendung** des § 11 an, soweit das OVG über Landesrecht endgültig entscheidet (zur Baugenehmigung vgl Mü BayVBl 1993, 370: § 12 ist nicht anwendbar, soweit ausnahmsweise – zB nach § 191 Abs 2 iVm § 127 BRRG – die Revision gegeben ist). Die Vorlage muß nach dem Zweck der Vorschrift auch bei Abweichung von einer noch nicht rechtskräftigen Entscheidung erfolgen (B-Funke-Kaiser 3; **aA** Ey-Geiger 2). 1

---

[6] Vgl BGHZ 7, 341; NJW 1968, 1242; BayObLG 1972, 302; zT **aA** BAG NJW 1984, 1990: keine Überprüfung der geschäftsplanmäßigen Zuständigkeit des vorlegenden Senats, wohl aber vAw, ob dieser gesetzlicher Richter iSv Art 101 Abs 2 S 2 GG ist.

2 Die **Verletzung der Vorlagepflicht** ist ein Verfahrensmangel, der jedenfalls bei willkürlicher Verletzung gem Art 101 Abs 1 S 2 GG einen Revisionsgrund iSd § 132 Abs 2 Nr 3 bildet.[1] Weicht ein Senat von der Entscheidung eines anderen Senats desselben OVG ab, ohne die Sache dem Großen Senat vorzulegen, liegt darin aber dann kein Verfahrensfehler iSv § 132 Abs 2 Nr 3, wenn die Frage für die Entscheidung eines der beiden Senate nicht erheblich war (NVwZ 1998, 953). Die entsprechende Anwendung des § 11 Abs 3 S 3 gebietet für den anfragenden Senat keine größere Besetzung als sie für die Endentscheidung vorgesehen ist (Ks HessVGRspr 1994, 82). Zu den landesrechtlichen Besetzungsregelungen (Abs 3) s Sch-Stelkens 8.

§ 13 [Geschäftsstelle]

Bei jedem Gericht wird eine Geschäftsstelle eingerichtet.[1–7] **Sie wird mit der erforderlichen Anzahl von Urkundsbeamten besetzt.**[5–7]

Vgl § 153 GVG; § 4 SGG; § 12 FGO

1 **1. Allgemeines:** Die Vorschrift sieht zur Unterstützung des Gerichts vor allem im Hinblick auf den Geschäftsbetrieb (Zustellungen, Ladungen usw; vgl zu den einzelnen Aufgaben NKVwGO-Kronisch 3) die Einrichtung einer Geschäftsstelle bei jedem Verwaltungsgericht u ihre Besetzung mit Urkundsbeamten vor. Die Regelung der Einzelheiten (zB Zahl u Organisation der Geschäftsstellen, Besetzung, Ordnung des Geschäftsgangs) obliegt dem Landes- bzw Bundesgesetzgeber und, soweit normative Bestimmungen fehlen, als Aufgabe der (staatlichen) Gerichtsverwaltung im Rahmen der Dienstaufsicht (§ 38) dem für das Gericht zuständigen Ministerium bzw dem Präsidenten des BVerwG, des OVG oder des VG, soweit sie mit derartigen Aufgaben betraut sind.

2 Es muß jedenfalls sichergestellt werden, daß die von der VwGO vorgesehenen Aufgaben erfüllt werden u den Richtern alle herkömmlicherweise von den Geschäftsstellen wahrgenommenen Hilfsdienste zur Verfügung stehen. Zulässig ist auch die Einrichtung mehrerer Geschäftsstellen. Zu den Aufgaben der Geschäftsstelle vgl auch Martens JuS 1973, 227.

3 **2. Urkundsbeamte** sind besonders vorgebildete Beamte oder Angestellte der Gerichtsverwaltung. Sie erfüllen teils **administrative Hilfsfunktionen,** zB Akten- u Registerführung, Ausfertigung u Zustellung der (vom Vorsitzenden verfügten) Ladungen, teils sog. **prozessuale Aufgaben** (vgl RÖ-M. Redeker 2 ff), wie die Aufnahme von Anträgen zu Protokoll (zB gem § 81), einschließlich gewisser richterlicher Aufgaben, die bei den ordentlichen Gerichten üblicherweise Rechtspflegern übertragen sind, zB Festsetzung der Kosten u der Beteiligtenaufwendungen (§ 164).

4 Bezüglich der **prozessualen Aufgaben** ist der Urkundsbeamte selbständig (insb nicht weisungsgebunden); gegen seine Entscheidungen sind insoweit nur die in der VwGO vorgesehenen Rechtsbehelfe möglich (§ 151). Soweit der Urkundsbeamte **administrative Hilfsfunktionen** für das Gericht ausübt, richten sich Rechtsbehelfe nicht gegen seine Ausführungshandlungen, sondern allenfalls (§ 146 Abs 3) gegen die dahinterstehende Entscheidung des Gerichts bzw des Vorsitzenden oder des beauftragten Richters (§ 146, § 151).

5 **3. Sonstige Hilfspersonen:** Außer Urkundsbeamten, einschließlich der stellvertretenden Urkundsbeamten, können der Geschäftsstelle auch weitere Hilfskräfte zugeteilt werden. Die **Protokollführung** in der mV usw (§ 105) kann

---

[1] B-Funke-Kaiser 1; RÖ-M. Redeker 2; NKVwGO-Kronisch 17; **aA** Ey-Geiger 4; offen gelassen NVwZ 1998, 953 u Sch-Stelkens 3.

auch anderen Hilfskräften der Geschäftsstelle, die nicht zu Urkundsbeamten bestellt sind, insoweit aber zB im Hinblick auf § 54 iVm § 49 ZPO als solche anzusehen sind, übertragen werden (Damrau DVBl 1968, 143).

§ 14 [Rechts- und Amtshilfe]

Alle Gerichte und Verwaltungsbehörden leisten den Gerichten der Verwaltungsgerichtsbarkeit Rechts- und Amtshilfe.[1–6]

Vgl § 156 GVG; § 5 SGG; § 13 FGO

Schrifttum: *Bülow/Böckstiegel,* Der internationale Rechtsverkehr in Zivil- und Handelssachen (Losebl); *Zender,* Rechtshilfe bei Zwangsmaßnahmen zur Blutentnahme? (zu BGH NJW 1990, 2936), NJW 1991, 2947; *Ziekow,* Die Pflicht der Behörden zur Gewährung von Informationen an die Verwaltungsgerichte, BayVBl 1992, 132.

1 **1. Allgemeines:** Die Vorschrift konkretisiert die in Art 35 GG enthaltene allg Verpflichtung der Gerichte (der Begriff der Behörde in Art 35 GG umfaßt auch Gerichte, Lü DÖV 1999, 566) u Behörden zu gegenseitiger Rechts- u Amtshilfe. **Rechtshilfe** ist die Vornahme einer richterlichen Amtshandlung durch ein (anderes) Gericht der Vwgbk oder eines anderen Gerichtszweiges auf Ersuchen des Prozeßgerichts in einem bei diesem anhängigen gerichtlichen Vf (sog Gerichtshilfe), zB die Vernehmung eines Zeugen, der im Bezirk des ersuchten Gerichts wohnt (Sch-Stelkens 3 mwN). **Amtshilfe** ist die Vornahme sonstiger Handlungen durch ein Gericht oder eine Verwaltungsbehörde zur Unterstützung einer Amtshandlung des Prozeßgerichts (zB Erteilung einer Auskunft, Bereitstellung von Räumen für eine auswärtige Verhandlung).

2 Die **rechtlichen Voraussetzungen** der Rechts- u Amtshilfe sind in der VwGO nur sehr lückenhaft geregelt (s außer § 14 auch § 99 u §§ 169ff). Ergänzend dazu sind gem § 173 für die Rechtshilfe die **§§ 156ff GVG u** die allg **zu Art 35 GG entwickelten Rechtsgrundsätze** anzuwenden. Da letztere in **§§ 4ff VwVfG** Ausdruck gefunden haben, sind bei Fehlen ausdr Bestimmungen grds die dort getroffenen Regelungen analog anwendbar. Zur Frage der Erstattung entstehender Kosten s unten 4.

Rechts- u Amtshilfe setzen die entsprechenden **Befugnisse des ersuchten Gerichts** bzw der Verwaltungsbehörde voraus (vgl § 158 Abs 2 S 1 GVG, dazu BAG NJW 1991, 1252 – zu den Voraussetzungen einer Beweisaufnahme im Weg der Rechtshilfe –). § 14 selbst enthält, von der Erweiterung der Zuständigkeit abgesehen, keine Ermächtigung für die ersuchte Stelle; diese kann vielmehr grds **nur im Rahmen ihrer sonstigen Befugnisse** tätig werden. Ein Gericht einer Religionsgemeinschaft kann bei Fehlen einer Rechtsgrundlage eine einstweilige Anordnung nicht im Wege der Rechtshilfe durch ein staatliches Gericht vollstrecken lassen (Lü DÖV 1999, 566). Besondere Fälle der Amtshilfe von Behörden sind in § 99 u §§ 169ff geregelt. Von Behörden kann das Verwaltungsgericht **im Rahmen der Beweiserhebung** auch **Auskünfte** einholen (s 3 zu § 98), nicht dagegen, da die Vorschriften der ZPO, auf die § 98 verweist, dies nicht vorsehen, auch Beweiserhebungen, zB die Vernehmung eines Zeugen erbitten (Ule VwGO 51; RÖ-M. Redeker 2; NKVwGO-Kronisch 6). Zur Vernehmung von Zeugen usw im Rahmen der Rechtshilfe für eine Behörde s § 180.

3 **2. Durchsetzung von Rechts- oder Amtshilfegesuchen:** Gegen die Ablehnung einer erbetenen **Rechtshilfe** kann das ersuchende Gericht Beschwerde nach § 173, §§ 158ff GVG einlegen (RÖ-M. Redeker 2; s auch BAG NJW 1991, 1252 – auch zu zulässigen Ablehnungsgründen –); gegen die **Ablehnung einer Amtshilfe** ist nach hL nur die Dienstaufsichtsbeschwerde gegeben, es sei denn, die Ablehnung stellt ggü einem Beteiligten (§ 63) einen VA bzw JustizVA (s 1ff zu § 179) dar; in diesem Fall kann der Betroffene sie ggf mit der Verpflichtungs-

klage bzw einem Antrag nach §§ 23 ff EGGVG erzwingen.[1] Zu den **Folgen einer nicht formgerechten Zustellung im Ausland** vgl BSG SGb 1973, 108 m Anm Volmer; allg zu Zustellungen im Ausland ferner 36 ff zu § 56.

4 **3. Kostentragung:** Die für Handlungen im Rahmen der Rechts- u Amtshilfe entstehenden Kosten sind grds von dem handelnden Gericht bzw der handelnden Behörde selbst zu tragen. Leistet eine Behörde einem Gericht in erheblichem Umfang Amtshilfe, so kann sie in analoger Anwendung des JVEG (früher ZSEG) Ersatz für ihre personellen u sachlichen Auslagen verlangen; die Erhebung einer Benutzungsgebühr ist ausgeschlossen (OLG Hamburg NStZ 1987, 131).

4 a **4.** Im Rahmen ihrer **Zuständigkeit** leisten **diplomatische oder konsularische Vertretungen** auf Ersuchen der Gerichte u Behörden innerstaatliche Amtshilfe (vgl §§ 3, 15–16 KonsularG). Rechtshilfeersuchen dürfen von ihnen aber nur dann in eigener Zuständigkeit erledigt werden, wenn die Zeugenvernehmung ohne Zwang möglich ist u die zu vernehmende Person die deutsche Staatsangehörigkeit besitzt, vgl NJW 1984, 574. Ebenso in seinem Anwendungsbereich Art 10 Europäisches Übereinkommen über die Zustellung von Schriftstücken in Verwaltungssachen im Ausland. Gegen die Ablehnung der Weiterleitung des Rechtshilfeersuchens durch deutsche Behörden ist der VRW gegeben.

5 **5. Rechts- und Amtshilfe ausländischer Gerichte und Behörden** kann, soweit internationale Verträge u sonstige internationale Rechtsakte bzw das allg Völkerrecht oder zwischenstaatliches Recht nichts anderes vorsehen (s unten 6), nur auf diplomatischem Wege durch Vermittlung der obersten Dienstbehörde u des Auswärtigen Amtes über die deutschen Auslandsvertretungen erbeten werden. Entsprechendes gilt umgekehrt auch für die Rechtshilfe der Verwaltungsgerichte **für ausländische Gerichte u** Behörden (vgl zur Rechtshilfe bei drohender Todesstrafe auch OLG Karlsruhe NJW 1990, 2208). Soweit Verträge bzw Abkommen nicht einschlägig sind, entspricht die Amtshilfe völkerrechtlicher Courtoisie.

6 **Sonderregelungen für Verwaltung u Verwaltungsgerichtsbarkeit** finden sich im Deutsch-österreichischen Vertrag über Amts- u Rechtshilfe in Verwaltungssachen v 31. 5. 1988 (BGBl 1990 II 358), im Europäischen Übereinkommen vom 24. 11. 1977 über die Zustellung von Schriftstücken in Verwaltungssachen im Ausland (BGBl II 535)[2] sowie dem Europäischen Übereinkommen vom 15. 3. 1978 über die Erlangung von Auskünften u Beweisen in Verwaltungssachen im Ausland (BGBl II 533) mit AusführungsG vom 20. 7. 1981 (BGBl I 665).[3] Diese Übereinkommen regeln die **gegenseitige Amtshilfe** in Verwaltungssachen, insb die **Zustellung von Schriftstücken,** die in einem Mitgliedstaat ausgestellt werden u für in einem anderen Mitgliedstaat wohnhafte Personen bestimmt sind, sowie die **Erlangung von Auskünften u Beweisen** im Ausland.[4] Das EG-AmtshilfeG v 19. 12. 1985 (BGBl I 2436; zuletzt geänd d G v 22. 9. 2005, BGBl I 2809) ist auf bestimmte Fälle der Amtshilfe zwischen Finanzbehörden beschränkt. Soweit Sonderregelungen für die Vwgbk fehlen, können für die

---

[1] Ebenso RÖ-M. Redeker 5; Kissel 106 zu § 23 EGGVG; vgl auch 75, 1; zur Klage auf Feststellung der Rechtswidrigkeit einer im Wege der Amtshilfe gegebenen Auskunft vgl 38, 336.

[2] Vertragsstaaten sind Belgien, Estland, Frankreich, Italien, Luxemburg, Österreich u Spanien. Zum Zeitpunkt der Wirksamkeit des jeweiligen Beitritts s Engelhardt/App 3 ff zu Art 17 Europäisches Übereinkommen über die Zustellung von Schriftstücken in Verwaltungssachen im Ausland.

[3] Vertragsstaaten sind Aserbaidschan, Belgien, Italien, Luxemburg u Portugal.

[4] S ausf die Kommentierung bei Engelhardt/App; vgl ferner auch NJW 1984, 574; Jellinek NVwZ 1982, 535. Guter Überblick im Internet auf www.justiz.nrw.de (Menü „Rechtsbibliothek" – „IR-Online").

Rechts- u Amtshilfe durch ausländische Gerichte u Behörden der entsprechenden Vertragsstaaten die Grundsätze der **Haager Abkommen über den Zivilprozeß** vom 17. 7. 1905 (RGBl 1909 S 409) u v 1. 3. 1954 (BGBl 1958 II 576) sowie in deren Geltungsbereich (EG ohne Dänemark) die EuZustVO entspr angewandt werden, nicht jedoch unmittelbar das Haager Abkommen über die Beweisaufnahme im Ausland in Zivil- u Handelssachen (HBewÜbK) vom 18. 3. 1970 (BGBl 1977 II 1472), vgl BL 10, 5 zu § 363 ZPO.

6. Gemeinschaftsrecht: Der Grundsatz des gemeinschaftsfreundlichen Verhaltens (Art 10 EGV) berechtigt u verpflichtet auch den **EuGH u** die **Organe der EU** zur Rechts- u Amtshilfe, soweit dadurch ihre Funktionsfähigkeit u Unabhängigkeit bzw die Funktionsfähigkeit u Unabhängigkeit der EU nicht beeinträchtigt wird (vgl EuGH NJW 1991, 2409; Meier EuR 1989, 237; Schwochert RiW 1991, 893). **Im Streitfall** kann das Verwaltungsgericht bei Weigerung eines EU-Organs den EuGH anrufen (vgl EuGH NJW 1991, 2409). Der EuGH selbst ist Teil der innerstaatlich geltenden Rechtsordnung der Bundesrepublik u übt keine „ausländische" Gerichtsbarkeit aus (BVerfG 75, 223; Kissel 59 zu § 12 GVG). Er kann daher selbst in allen Staaten der Gemeinschaft Zustellungen, Ladungen u Zeugenvernehmungen durchführen. Soweit er jedoch Rechtshilfeersuchen stellt, werden sie nach den Vorschriften des innerstaatlichen Rechts erledigt (Kissel 69 zu § 156 GVG). 7

2. Abschnitt. Richter

§ 15 [Hauptamtliche Richter]

(1) **Die Richter werden auf Lebenszeit ernannt, soweit nicht in §§ 16 und 17 Abweichendes bestimmt ist.**[1–3]

(2) (weggefallen)

(3) **Die Richter des Bundesverwaltungsgerichts müssen das fünfunddreißigste Lebensjahr vollendet haben.**[2, 3]

Vgl § 28 DRiG; § 125 Abs 2 GVG; §§ 11, 32, 38 SGG; § 14 FGO

Schrifttum: *Brohm,* Stellung und Funktion des Verwaltungsrichters, Die Verwaltung 1991, 137; *Schmidt-Jortzig,* „Ordentliche Professoren des Rechts" als Richter an den Verwaltungsgerichten, Menger-FS 1985, 359.

1. Die Vorschrift bestimmt – im Einklang mit der Rspr des BVerfG zum Begriff des Gerichts, wonach zur Wahrung der Unabhängigkeit des Gerichts Gerichte **grds mit hauptamtlichen,** „endgültig" ernannten **Richtern besetzt sein müssen** (vgl zB BVerfG 14, 163; s dazu auch 4 zu § 1 mwN; zT **aA** 91, 129 = DVBl 1993, 553) –, daß die Richter an den Verwaltungsgerichten grds als **Richter auf Lebenszeit** ernannt werden (vgl NKVwGO-Kronisch 5) u **andere Richter** nur nach §§ 16 u 17 Verwendung finden dürfen; weitere Beschränkungen ergeben sich aus § 28f DRiG (dazu unten § 18). Die Regelung gilt nur für Richter iSd § 5 Abs 1, nicht auch für ehrenamtliche Richter. 1

Ein **Verstoß** gegen § 15 begründet die Revision nach §§ 133 Nr 1, 138 Nr 1 wg **unvorschriftsmäßiger Besetzung des Gerichts u** die Wiederaufnahmeklage nach § 153, § 579 Abs 1 Nr 1 ZPO sowie, bei willkürlicher Verletzung, die VB wg Verletzung des Art 101 Abs 1 S 2 GG. 2

2. Ernennung der Richter ist im DRiG u den Richtergesetzen der Länder geregelt. Ergänzend dazu schreibt Abs 3 für **Richter am BVerwG** die Vollendung des 35. Lebensjahres vor. Das **Fehlen von Voraussetzungen** für die Ernennung zum Richter berührt, auch soweit dadurch die Ernennung nichtig wird, die Wirksamkeit der bis zur Entlassung aus dem Richteramt oder der Fest- 3 stellung der Nichtigkeit der Berufung in das Richteramt bzw bis zur vorläufigen Untersagung der Ausübung des Amts nach § 35 DRiG vorgenommenen Amtshandlungen nicht. Vgl auch 16 zu § 4; 2 zu § 24; ferner BVerwG NVwZ 1988, 724; Mü BayVBl 1976, 342.

4 **3.** Zu den bis zum 31. 12. 1999 geltenden **Besonderheiten in den neuen Bundesländern** s 13. Aufl 4.

§ 16 [Richter im Nebenamt]

Bei dem Oberverwaltungsgericht und bei dem Verwaltungsgericht können auf Lebenszeit ernannte Richter anderer Gerichte und ordentliche Professoren des Rechts[1] für eine bestimmte Zeit von mindestens zwei Jahren, längstens jedoch für die Dauer ihres Hauptamts, zu Richtern im Nebenamt ernannt werden.[1, 2]

Schrifttum: *Schmidt-Jortzig,* „Ordentliche Professoren des Rechts" als Richter an den Verwaltungsgerichten, Menger-FS 1985, 359. – S auch zu § 15.

1 **1. Allgemeines:** Mit der Verwendung von **Richtern im Nebenamt,** dh von Richtern, die nicht hauptamtlich an einem Verwaltungsgericht als Richter ernannt sind, sollte sowohl einem vorübergehenden Personalbedarf Rechnung getragen als auch der Einsatz von Spezialisten für besondere Rechtsgebiete ermöglicht werden (Richter DVBl 1961, 405). Sie war gem § 18 **nur in beschränktem Umfang** zulässig (zur neuen Rechtslage s unten 2). Daß § 8 DRiG Richter im Nebenamt nicht erwähnt, schließt ihre Ernennung nicht aus (Ey-Geiger 1; RÖ-M. Redeker 1; Sch-Stelkens 3 mwN). Professoren (zum Begriff NKVwGO-Kronisch 8) verlieren ihr Richteramt in einem Bundesland nicht, wenn sie einen Ruf an eine Hochschule eines anderen Bundeslandes annehmen (vgl OLG Frankfurt NJW 1988, 1392; HessDGH MDR 1988, 111).

2 **2. Besetzung der Spruchkörper mit Richtern im Nebenamt:** Nach der Streichung des § 18 durch Art 9 Nr 4 RPflEntlG kann nun auch ein Richter im Nebenamt, der Richter im Hauptamt an einem anderen Gericht ist, den Vorsitz führen (s § 28 Abs 2 S 2 DRiG). Weil § 28 DRiG Richter auf Zeit nicht erwähnt, können Professoren als Richter im Nebenamt nicht den Vorsitz führen (Sch-Stelkens 6). Da § 29 DRiG die Zahl der Richter im Nebenamt nicht beschränkt, können auch 2 Professoren als Richter im Nebenamt oder ein solcher neben einem Richter auf Probe an der Entscheidung mitwirken (Sch-Stelkens 6). S außerdem 1 ff zu § 18. Abgesehen von diesen **Beschränkungen** sind Richter im Nebenamt in vollem Umfang Richter iSd Art 97 Abs 1 GG u haben in Ausübung ihres Richteramtes dieselbe Stellung wie Richter am Verwaltungsgericht auf Lebenszeit. Zu den Folgen von **Verstößen** gegen §§ 16 oder 18 sowie gegen die Vorschriften über die Ernennung vgl 2 f zu § 15.

§ 17 [Richter auf Probe oder kraft Auftrags]

Bei den Verwaltungsgerichten können Richter auf Probe oder Richter kraft Auftrags verwendet werden.[1, 2]

Vgl §§ 22, 59 GVG; § 11 SGG; § 15 FGO; §§ 8, 12 ff, 22, 23 DRiG

Schrifttum: *Lippold,* Der Richter auf Probe im Lichte der Europäischen Menschenrechtskonvention, NJW 1991, 2383; *Stelkens,* Die verwaltungsgerichtliche Rechtsprechung wird Richtern auf Probe anvertraut, NWVBl 1994, 258.

1 **1.** Für die Verwendung von **Richtern auf Probe** (§§ 12 f, 22 DRiG) oder **kraft Auftrags** (§§ 14 ff, 23 DRiG) gilt das zu § 16 Ausgeführte entsprechend. Die Ernennung ist nach §§ 12 u 14 DRiG **grds nur im Hinblick auf die spä-**

tere Ernennung zum Richter auf Lebenszeit möglich (vgl NKVwGO-Kronisch 4). Vgl auch BVerfG 14, 156; BGHZ 95, 22 = NJW 1985, 2336 mwN: Verwendung nicht hauptamtlicher, nicht auf Lebenszeit berufener Richter an Gerichten ist nur in Ausnahmefällen, insb zur Heranbildung und Auswahl des Richternachwuchses zulässig, nicht dagegen zur Einsparung von Haushaltsmitteln. S auch 1 zu § 15. Gem § 6 Abs 1 S 2 können **Richter auf Probe** im ersten Jahr nach ihrer Ernennung nicht **Einzelrichter** sein. Gem **§ 29 S 1 DRiG** in der seit 1. 3. 1998 wieder geltenden Fassung darf bei einer gerichtlichen Entscheidung nicht mehr als **ein** Richter auf Probe oder ein Richter kraft Auftrags mitwirken. Nach dem Wortlaut des § 29 S 1 DRiG in der vom 1. 3. 1993 bis zum 28. 2. 1998 geltenden Fassung (vgl Art 5 u 15 Abs 3 RPflEntlG durften ohne weitere Einschränkung dagegen **zwei** Richter auf Probe oder Richter kraft Auftrags mitwirken. Allerdings wurde diese Vorschrift im Hinblick auf Art 97 Abs 2 GG u Art 92 GG dahingehend verfassungskonform ausgelegt, daß eine Mitwirkung von **zwei** Richtern auf Probe bzw kraft Auftrags an der gerichtlichen Entscheidung nur dann in Betracht kommt, wenn hierfür eine **sachliche Notwendigkeit** besteht (NJW 1997, 674; Ks NVwZ-RR 1998, 269). Zu den **Folgen von Verstößen** gegen § 17 oder § 18 oder gegen die Vorschriften über die Ernennung vgl 2 f zu § 15.

2. Zu den bis zum 31. 12. 1999 geltenden **Besonderheiten in den neuen** 2
Bundesländern s 13. Aufl 2.

§ 18 [Mitwirkung nicht hauptamtlicher Richter]

(aufgehoben durch das RPflEntlG; s nunmehr §§ 28 f DRiG)

Schrifttum: *Lippold,* Der Richter auf Probe im Licht der Europäischen Menschenrechtskonvention, NJW 1991, 2383; *Schnellenbach,* Änderungen der VwGO durch das RPflEntlG, DVBl 1993, 230, 233, 235. – S auch zu §§ 15–17.

1. Die durch das **RPflEntlG** mit Wirkung ab dem 11. 9. 1993 **aufgehobene** 1
Vorschrift sah vor, daß Richter im Nebenamt, Richter auf Probe, Richter kraft Auftrags u abgeordnete Richter nicht den Vorsitz führen können u daß von diesen Richtern nicht mehr als einer in einer Kammer (Senat) mitwirken darf. Infolge der ersatzlosen Aufhebung von § 18 gelten nunmehr ausschließlich die Regelungen der **§§ 28 f DRiG** (BT-Dr 12/1217, 55; Schnellenbach DVBl 1993, 235). Dies hat dazu geführt, daß jedenfalls zahlenmäßig der Proberichter zum wesentlichen Richter der ersten Instanz geworden ist (zu verfassungsrechtlichen Bedenken u zu den im Geltungsbereich von Art 6 EMRK auftretenden Problemen s Sch-Stelkens 2 zu § 17; Lippold NJW 1991, 2383 f).

2. Nach § 28 DRiG dürfen nur (mit voller richterlicher Unabhängigkeit aus- 2
gestattete) **Berufsrichter auf Lebenszeit** den Vorsitz führen, wenn ein Gericht in einer Besetzung mit mehreren (Berufs)Richtern tätig wird; nicht erforderlich ist andererseits, daß der Richter, der den Vorsitz führt, sein Richteramt (§ 27 Abs 1 DRiG) bei dem in Betracht kommenden Gericht hat. Eine – verfassungsrechtlich nicht unbedenkliche (s 1 zu § 6) – **Ausnahme** gilt insoweit, da das DRiG u § 6 nichts Abweichendes bestimmen, nur **für den Einzelrichter** nach § 6, der nach § 6 Abs 1 S 2 grds (dh nur nicht im ersten Jahr nach seiner Ernennung) auch ein Richter auf Probe sein kann, obwohl er als Einzelrichter praktisch auch die Stellung des Vorsitzenden hat.

Das Verbot der Führung des Vorsitzes gem § 28 DRiG gilt auch für die **Vertretung** des Vorsitzenden.

3. Mitwirkung nicht hauptamtlicher Richter als Beisitzer: Nach § 29 3
DRiG in der seit dem 1. 3. 1998 wieder geltenden Fassung dürfen bei einer gerichtlichen Entscheidung nicht mehr als ein Richter auf Probe oder Richter kraft

Auftrags oder ein abgeordneter Richter mitwirken (s zur vom 1. 3. 1993 bis zum 28. 2. 1998 geltenden Rechtslage 1 zu § 17 sowie 13. Aufl 3). **Die Mitwirkung** nicht-hauptamtlicher Richter ist gem § 29 S 2 DRiG als solche im Geschäftsverteilungsplan, außerdem auch jeweils in den mit ihrer Mitwirkung getroffenen Entscheidungen **kenntlich zu machen** (zB durch den Zusatz: Richter kraft Auftrags), s BayVBl 1987, 25; BVerfG 14, 162ff. Vgl zum **Verbot der Mitwirkung mehrerer Proberichter** auch BVerwG NVwZ-RR 1989, 519 = DÖV 1990, 180.

4 Das Verbot der Mitwirkung mehrerer Proberichter besagt nicht, daß diese Richter **bei mehreren Haupt- u Nebenentscheidungen** innerhalb einer Instanz nur einmal mitwirken dürfen oder daß nur ein u derselbe Proberichter hierzu berufen sei (DÖV 1990, 180). Die nicht-hauptamtlichen Richter nehmen auch an der **Wahl des Präsidiums** wahlberechtigt, aber nicht wählbar teil (BGH NJW 1977, 1821; ThP 5 zu § 21b GVG; BL 3ff zu § 21b GVG). Zu den **Folgen eines Verstoßes** gegen § 28 oder § 29 DRiG vgl 2f zu § 15.

5 **4.** Zu den bis zum 31. 12. 2004 geltenden **Besonderheiten in den neuen Bundesländern** s 13. Aufl 4 u 5.

3. Abschnitt. Ehrenamtliche Richter

§ 19 [Mitwirkung ehrenamtlicher Verwaltungsrichter]

Der ehrenamtliche Richter wirkt bei der mündlichen Verhandlung und der Urteilsfindung mit gleichen Rechten wie der Richter mit.[1, 2]

Vgl §§ 30, 112 GVG; § 19 SGG; § 16 FGO; §§ 1, 44ff DRiG; § 16 ArbGG

Schrifttum: *Kirchberg,* Im Namen des Volkes: Rechtsschutz durch ehrenamtliche Verwaltungsrichterinnen und -richter, in: Richter ohne Robe, 2001, 3ff; *Klenke,* Zur Wahl der ehrenamtlichen Richter in der Verwaltungsgerichtsbarkeit, NVwZ 1998, 473; *Kopp,* Gutachten 54. DJT, 1982, B 52; *Kramer,* Abschied von den ehrenamtlichen Richtern in der Verwaltungsgerichtsbarkeit, NVwZ 2005, 537; *Künzl,* Die Beteiligung ehrenamtlicher Richter am arbeitsgerichtlichen Verfahren, ZZP 1991, 150; *Rennig,* Die Entscheidungsfindung durch Schöffen und Berufsrichter in rechtlicher und psychologischer Sicht, 1993; *Schmidt-Räntsch,* Das neue Benachteiligungsverbot für ehrenamtliche Richter, NVwZ 2005, 166; *Schnellenbach,* Das Spruchkörperprinzip in der Verwaltungsgerichtsbarkeit, Menger-FS 1985, 341, insb 352ff.

1 **1.** Die Vorschrift regelt zusammen mit § 5 Abs 3 u landesrechtlichen Vorschriften gem § 9 Abs 3 die **Mitwirkung der ehrenamtlichen Richter** an Entscheidungen der Verwaltungsgerichte (VG, ggf auch beim OVG; beim BVerwG gibt es keine ehrenamtlichen Richter, § 10 Abs 3). Vgl auch 1ff zu § 5. Zur geschichtlichen Entwicklung Gehrmann, DRiZ 1988, 126.

2 **2. Funktion und Rechte der ehrenamtlichen Richter:** Auch für ehrenamtliche Richter gilt die Unabhängigkeitsgarantie des Art 97 GG. Deshalb müssen sie eine feste Amtszeit haben u vor früherer Absetzung u Versetzung gesichert sein (§ 44 Abs 2 DRiG; Sch-Stelkens 3). Sie können daher auch im Anwendungsbereich der EMRK eingesetzt werden (Tomuschat, Redeker-FS 283f). Ehrenamtliche Richter haben grds bei der Ausübung ihres Amtes **dieselben Rechte wie die Berufsrichter** (§ 4 Abs 1), insb hins der Abstimmungen, der Ausübung des Fragerechts (§ 104 Abs 2) usw, u sind wie diese bei der Ausübung ihrer richterlichen Tätigkeit **unabhängig u nur dem Gesetz unterworfen** (Art 97 GG). Sie können jedoch nicht den **Vorsitz** führen (§§ 2, 28 Abs 2 DRiG), nicht zum Einzelrichter bestellt werden (vgl § 5 Abs 3 S 1 HS 1) u nicht als Berichterstatter fungieren (Sch-Stelkens 5). Auch als beauftragte oder ersuchte Richter (§ 96 Abs 2) dürfen sie nicht tätig sein; ebensowenig dürfen sie bei **Be-**

schlüssen außerhalb der mV – außer bei Vorlagebeschlüssen nach Art 100 GG u Art 234 EGV u bei Vorbescheiden (§ 84) u in einigen sonstigen Fällen (s 6 zu § 5; 2 zu § 9) – mitwirken (§ 5 Abs 3 S 2). Auch an der schriftlichen **Abfassung der Urteile** sind sie nicht beteiligt u haben diese auch nicht zu unterschreiben (§ 117 Abs 1 S 4).

3. Pflichten der ehrenamtlichen Richter: Die Pflichten der ehrenamtlichen Richter sind, abgesehen von der Verpflichtung, sich zu Sitzungen rechtzeitig einzufinden (§ 33 Abs 1), in der VwGO nicht näher geregelt, obwohl sie in §§ 24 Abs 1 Nr 2 u 33 Abs 1 sowie in § 45 DRiG vorausgesetzt werden. Für die ehrenamtlichen Richter gelten jedoch **grds dieselben Pflichten** wie für **Berufsrichter,** insb die Verpflichtung zur Unparteilichkeit (§ 45 Abs 3 u 4 DRiG), zur Wahrung des Beratungsgeheimnisses (§§ 45 Abs 1, 43 DRiG), zu einem dem Richteramt angemessenen Verhalten (auch außerhalb des Amtes), das nicht das Ansehen der Gerichte in der Öffentlichkeit erschüttert oder dem Rechtsuchenden das Vertrauen in eine einwandfreie Amtsführung nimmt (RÖ-M. Redeker 3 unter Hinw auf Lü 18, 355; **aA** NKVwGO-Ziekow 18). Außerdem ist der zum ehrenamtlichen Richter Gewählte zur **Übernahme des Amtes u** zur **Eides-** bzw **Gelöbnisleistung** nach § 45 DRiG (s 1 ff zu § 31 aF) verpflichtet. 3

4. Zu den bis zum 31. 12. 1996 geltenden **Besonderheiten in den neuen Bundesländern** s 13. Aufl 4. 4

§ 20 [Voraussetzungen der Berufung zum Ehrenamtlichen Richter]

Der ehrenamtliche Richter muß Deutscher sein.[1, 2] **Er soll das 25. Lebensjahr vollendet und seinen Wohnsitz innerhalb des Gerichtsbezirks haben.**[1, 3]

Vgl §§ 31, 33 GVG; § 16 SGG; § 17 FGO

Schrifttum: S zu § 19.

1. Die §§ 20 bis 22 regeln die **Voraussetzungen für die Berufung** von Personen **als ehrenamtliche Richter** zT in Anlehnung an die Bestimmungen des DRiG u des allg Beamtenrechts. Durch G v 21. 12. 2004 (BGBl I 3599, 3601) wurde zwecks Angleichung an § 33 GVG das Mindestalter von 30 auf 25 Jahre abgesenkt und wg der erhöhten Mobilität der Bevölkerung das Erfordernis eines einjährigen Wohnens im Gerichtsbezirk gestrichen (BT-Dr 15/411, 10). Zum Begriff des **Deutschen** iSd § 20 s Art 116 Abs 1 GG. 1

Das **Fehlen zwingender Voraussetzungen** oder deren nachträglicher Wegfall hat gleichwohl nicht automatisch zur Folge, daß die Berufung des betroffenen Richters in sein Amt unwirksam ist u das Gericht infolgedessen nicht ordnungsgemäß iSd §§ 138 Nr 1, 153 mit § 579 Abs 1 Nr 1 ZPO besetzt ist; diese Folge tritt vielmehr erst für weitere Handlungen ein, die das Gericht vornimmt, nachdem der betroffene ehrenamtliche Richter **durch Beschluß** des OLG nach § 24 von seinem **Amt entbunden** worden ist;[1] nur im letztgenannten Fall kann, soweit das Urteil des Gerichts davon betroffen ist, auf diesen Verstoß hin die **Revision** gem §§ 132 Abs 2 Nr 1, 138 Nr 3 sowie die Wiederaufnahmeklage gem § 153 iVm § 579 Abs 1 Nr 1 ZPO, bei nicht lediglich irrtümlicher Mitwirkung auch die VB wg Verletzung von **Art 101 Abs 1 S 2 GG,** gestützt werden. 2

2. Die Verletzung bloßer Soll-Voraussetzungen, zB gem § 20 S 2, hat keine prozessualen Folgen u stellt auch keinen Grund für eine Entbindung vom 3

---

[1] Vgl BSG NJW 1993, 2070 – unter Aufgabe der aA in BSG 23, 28 = SozR Nr 2 zu § 16 SGG –; Ey-Geiger 5; NKVwGO-Ziekow 16; vgl auch §§ 18 f DRiG; ferner auch 15 zu § 5; **aA** RÖ-M. Redeker 2; Koehler 145 hins eines Teils der Voraussetzungen; s dazu 2 zu § 24.

Amt nach § 24 dar (**aA** RÖ-M. Redeker 3: nur bis zu dem in diesem Fall konstitutiv wirkenden Beschluß nach § 24 unbeachtlich; NKVwGO-Ziekow 17: Grund für die Entbindung vom Amt; abweichend auch Sch-Stelkens 8).

§ 21 [Ausschließungsgründe]

(1) **Vom Amt des ehrenamtlichen Richters sind ausgeschlossen**[1]

1. **Personen, die infolge Richterspruchs die Fähigkeit zur Bekleidung öffentlicher Ämter nicht besitzen oder wegen einer vorsätzlichen Tat zu einer Freiheitsstrafe von mehr als sechs Monaten verurteilt worden sind,**
2. **Personen, gegen die Anklage wegen einer Tat erhoben ist, die den Verlust der Fähigkeit zur Bekleidung öffentlicher Ämter zur Folge haben kann,**
3. **Personen, die nicht das Wahlrecht zu den gesetzgebenden Körperschaften des Landes besitzen.**

(2) **Personen, die in Vermögensverfall geraten sind, sollen nicht zu ehrenamtlichen Richtern berufen werden.**[2]

Vgl § 32 GVG; § 17 SGG; § 18 FGO

Schrifttum: S zu § 19.

1 **1.** Die Vorschrift wurde durch G v 5. 10. 1994 (BGBl I, 2921; s dazu BT-Dr 12/3803) neu gefaßt. Die **Ausschließungsgründe** (ausf dazu NKVwGO-Ziekow 3 ff) des § 21 Abs 1 Nr 1 u Nr 2 entsprechen den in § 32 GVG genannten Gründen. Sie sollen ungeeignete Personen vom Richteramt fernhalten. Die **Aufzählung ist abschließend.** Zu den Folgen einer gleichwohl erfolgten Berufung (§ 29) in das Amt eines ehrenamtlichen Richters oder eines nachträglichen Eintritts eines Ausschließungsgrundes vgl 2 f zu § 20.

2 **2. Personen, die** iSv Abs 1 Nr 3 **nicht das Wahlrecht** zu den gesetzgebenden Körperschaften des Landes **besitzen,** sind nur solche, die aus vom jeweiligen Landesrecht bestimmten Gründen vom aktiven Wahlrecht ausgeschlossen sind oder denen dieses Recht (zB nach § 39 Abs 1 BVerfGG) aberkannt worden ist (NKVwGO-Ziekow 8; **aA** Hbg NVwZ-RR 2002, 552; Ms NVwZ-RR 1994, 60: auch Personen, die mangels Wohnsitz in dem betr Land kein Wahlrecht besitzen).

3 **3.** Abs 2 ersetzt Nr 3 aF. Die Ausgestaltung als „Soll-Vorschrift" gewährleistet, daß besondere Umstände des Einzelfalls berücksichtigt werden können. So zB, wenn eine Person völlig unverschuldet in eine wirtschaftliche Notlage geraten ist oder wenn sie selbst die Eröffnung des InsolvenzVf beantragt hat mit dem Ziel, auf der Grundlage eines Insolvenzplans oder der gesetzlichen Vorschriften über die Restschuldbefreiung wieder zu geordneten Vermögensverhältnissen zu gelangen. Ferner wird durch die Ausgestaltung als „Soll-Vorschrift" erreicht, daß der Vermögensverfall eines ehrenamtlichen Richters nicht zu der Rüge berechtigt, das Gericht sei nicht ordnungsgemäß besetzt (BT-Dr 12/3803).

§ 22 [Hinderungsgründe]

Zu ehrenamtlichen Richtern können nicht berufen werden[1, 3]

1. **Mitglieder des Bundestages, des Europäischen Parlaments, der gesetzgebenden Körperschaften eines Landes,**[2] **der Bundesregierung oder einer Landesregierung,**
2. **Richter,**[1, 2]

3. Beamte und Angestellte im öffentlichen Dienst, soweit sie nicht ehrenamtlich tätig sind,[2]
4. Berufssoldaten und Soldaten auf Zeit,
5. Rechtsanwälte, Notare und Personen, die fremde Rechtsangelegenheiten geschäftsmäßig besorgen.[2]

Vgl §§ 33 f GVG; § 17 SGG; § 19 FGO; § 44 a DRiG

Schrifttum: S zu § 19.

1 **1. Allgemeines:** Die Vorschrift regelt die **Hinderungsgründe,** die einer Berufung zum ehrenamtlichen Verwaltungsrichter entgegenstehen (Inelegibilität). Sie wurde durch das RPflVereinfG in Nr 1 hins der Mitglieder des Europäischen Parlaments ergänzt. Die einzelnen Hinderungsgründe des § 22 tragen (mit Ausnahme der Nr 2) dem Grundsatz der **Gewaltenteilung** (Art 20 Abs 2 GG) Rechnung u dienen vor allem der Sicherung der **Unabhängigkeit der Gerichte;** zugleich sollen sie bei den Betroffenen **Interessen- u Pflichtenkonflikte vermeiden** u die Verwaltungsgerichte vor dem Verdacht schützen, daß sie die Interessen der öffentlichen Hand vertreten (vgl zu Nr 3 Ms NVwZ 1984, 593; DÖV 1961, 910; Lü DÖV 1961, 910). Die Aufzählung ist **abschließend** (Ey-Geiger 1). Betroffen sind nur Personen, die **im Zeitpunkt ihrer Berufung in das Amt,** dh grds bei Beginn der Wahlperiode (Ms NVwZ-RR 1994, 61; zT **aA** Albers MDR 1984, 888; Ey-Geiger 10; NKVwGO-Ziekow 19; TK 1 zu § 21 FGO) einer der genannten Personengruppen angehören, daher zB **nicht ehemalige Richter** (BSG 11, 18) oder Beamte u Soldaten im Ruhestand (DVBl 1957, 323; Ey-Geiger 3, 5, 8; RÖ-M. Redeker 1).

2 **2. Die einzelnen Hinderungsgründe: Gesetzgebende Körperschaften** iSd Nr 1 sind nur die Parlamente, nicht dagegen Gemeinderäte, Bezirksräte usw (NVwZ 1990, 162).

Richter iSv Nr 2 sind nur Richter ieS (s 3 zu § 5), einschließlich der Richter im Nebenamt, auf Probe usw (§§ 17, 18), auch solche anderer Gerichtszweige; **nicht** jedoch – wie sich schon aus § 23 Abs 1 Nr 2 ergibt – **ehrenamtliche Richter,** zB Schöffen (44, 220; Koehler 148; RÖ-M. Redeker 1; NKVwGO-Ziekow 8).

Nicht zu ehrenamtliche Richtern berufen werden können ferner **Beamte u Angestellte im öffentlichen Dienst** (Nr 3). Der Begriff des **Beamten** ist statusrechtlich zu verstehen (NKVwGO-Ziekow 11). Auf die Art des Beamtenverhältnisses (§ 5 BBG, § 3 BRRG) kommt es nicht an, jedoch muß auch der Beamte im öffentlichen Dienst tätig sein, weshalb Nr 3 der Berufung von Ruhestandsbeamten nicht entgegensteht (BT-Dr 3/1094, 4; vgl auch DVBl 1957, 323). Im Gegensatz zu Arbeitern (Buchh 310 § 22 VwGO Nr 2; BezG Dresden LKV 1992, 304; Sch-Stelkens 3) können **Angestellte** im öffentlichen Dienst ebenfalls nicht zum ehrenamtlichen Richter berufen werden. Die unterschiedliche Behandlung von Arbeitern u Angestellten ist angesichts des Normzwecks (s 1) u der mittlerweile erfolgten Einebnung der Unterschiede zwischen Arbeitern u Angestellten (vgl BVerfG NJW 1988, 2247 f) verfehlt. Ob diese Differenzierung de lege lata dennoch aufrechtzuerhalten ist (so Schnellenbach NVwZ 1988, 705), ist äußerst zweifelhaft. Hält man daran fest, so ist für die Abgrenzung zwischen Angestellten u Arbeitern die tarifvertragliche Einordnung maßgeblich.[1] Beamte u Angestellte müssen im **öffentlichen Dienst** tätig sein. Der Begriff ist weit auszulegen.[2] Der Dienstherr muß eine jur Person des öffentlichen Rechts sein, auf die Tätigkeitsform kommt es dagegen nicht an. Erfaßt ist also nicht nur

---

[1] Ms NVwZ 1986, 1030; Sch-Stelkens 3; NKVwGO-Ziekow 13; **aA** Ey-Geiger 4: sozialversicherungsrechtliche Eingruppierung entscheidend.

[2] Ms NVwZ 1984, 593 mwN; NVwZ-RR 1994, 62; Rothe DVBl 1993, 1047; Sch-Stelkens 3; **aA** NKVwGO-Ziekow 10.

die Tätigkeit bei **Bund, Ländern u Gemeinden,** sondern auch bei **sonstigen ör Körperschaften,** Stiftungen usw; bei einer **Sparkasse;**[3] bei einer **Allgemeinen Ortskrankenkasse;** einer **staatlichen Fachschule;** einer **Industrie- und Handelskammer** (Hbg DÖD 1996, 163); beim **Deutschlandfunk;** bei der **Bundesknappschaft;** auch zB bei einem eingetragenen **Verein,** zu dem sich die Träger der gesetzlichen Unfallversicherung oder anderer Körperschaften des öffentlichen Rechts zusammengeschlossen haben, um auf diese Weise öffentliche Aufgaben zu erfüllen, die ihnen aufgrund von Rechtsvorschriften obliegen (Hbg DÖV 1981, 883; Ms NVwZ 1984, 593 mwN). Ausgeschlossen werden durch Nr 3 zB auch die von einer Parlamentsfraktion angestellten **parlamentarischen Geschäftsführer** (Ms NVwZ 1986, 1029); die von einer **Gemeinderatsfraktion** mit Anspr auf Gehalt angestellten Mitarbeiter (Rothe DVBl 1993, 1047); **Schulhausmeister,** die als Angestellte Vergütung nach dem BAT erhalten, auch wenn sie arbeiterrentenversichert sind (Ms NVwZ 1986, 1030); **nicht** dagegen Angestellte, die aufgrund privatrechtlicher Vereinbarung bei einem Abgeordneten des Deutschen Bundestages beschäftigt sind (Ms NVwZ-RR 1994, 704).

Ob auch eine Tätigkeit bei einem Unternehmen, an dem eine **jur P des öffentl Rechts mehrheitlich beteiligt** ist, eine Tätigkeit im öffentlichen Dienst darstellt, ist problematisch, richtigerweise aber **zu bejahen** (Sch-Stelkens 3; Ey-Geiger 6; Schnellenbach NVwZ 1988, 704; **aA** Sa NVwZ-RR 2002, 7; NK-VwGO-Ziekow 14 f). Deshalb liegt eine Tätigkeit im öffentlichen Dienst auch vor bei einer Anstellung bei einem von einem Träger öffentlicher Gewalt in privater Rechtsform betriebenen Krankenhaus (**aA** Ms NVwZ 1986, 1030 für teilzeitbeschäftigte Angestellte; NVwZ 2002, 234 für einfache Angestellte [Röntgenassistentin] sowie 11. Aufl) oder einer als GmbH betriebenen Wohnungsbaugesellschaft, an der die Stadt mehrheitlich beteiligt ist (**aA** Ba NVwZ-RR 1998, 324). Im Hinblick auf die (nur) Minderheitsbeteiligung der Bundesrepublik Deutschland an der Deutschen Telekom AG und der Deutschen Post AG gilt hier Nr 3 nicht (NKVwGO-Ziekow 12; **aA** Ey-Geiger 6). Nicht von Bedeutung für die Anwendung der Nr 3 ist, ob die bei dem in privater Rechtsform betriebenen Unternehmen beschäftigte Person Leitungsfunktionen wahrnimmt. Dem Gesetz ist keine Beschränkung des Hinderungsgrundes nach Nr 3 auf leitende Angestellte zu entnehmen (NKVwGO-Ziekow 14; **aA** wohl Ms NVwZ 1986, 1030; NVwZ 2002, 234; Ba NVwZ-RR 1998, 324).

Kein öffentlicher Dienst iSv Nr 3 ist der Dienst **bei** ör **Religionsgemeinschaften** (DÖV 1973, 282; Hbg DÖV 1970, 102; Ms NVwZ-RR 1994, 62). Ausdr ausgenommen sind auch **Personen, die nur ehrenamtlich** im öffentlichen Dienst tätig sind, zB **ehrenamtliche Stadträte;**[4] soweit es sich aber um eine Tätigkeit im Dienst eines Beteiligten handelt, ist § 54 iVm §§ 41, 42 u 48 ZPO zu beachten (44, 220).

Geschäftsmäßige Besorgung fremder Rechtsangelegenheiten (Nr 5) liegt entsprechend dem Zweck der Vorschrift auch bei der (von den Klienten nicht unmittelbar bezahlten) Tätigkeit von **Verbandsvertretern, zB Gewerkschaftssekretären,** vor, die mit der Beratung u Vertretung von Mitgliedern in Rechtsangelegenheiten betraut sind (Ey-Geiger 9, **aA** DVBl 1970, 287; NKVwGO-Ziekow 16).

Nach **§ 44 a DRiG soll** nicht in das Amt des ehrenamtlichen Richters berufen werden, wer gegen Grundsätze der Menschlichkeit oder der Rechtsstaatlichkeit verstoßen hat (Nr 1) oder wg seiner Tätigkeit als Mitarbeiter des Staatssi-

---

[3] Vgl BGHSt 19, 21 = NJW 1963, 1630; OLG Düsseldorf NVwZ-RR 1991, 281; NStZ 1982, 290.

[4] 44, 220; anders aber gem § 186 in Berlin, Bremen u Hbg, vgl Hbg DÖD 1996, 163 – ehrenamtliche Mitglieder eines Prüfungsausschusses bei der Handelskammer Hbg.

cherheitsdienstes der DDR uä (näher Nr 2) für das Amt eines ehrenamtlichen Richters nicht geeignet ist.

3. Die **Folgen einer gleichwohl erfolgten Berufung** in das Amt sind dieselben wie bei § 20; vgl 2f zu § 20. Entsprechendes gilt bei **nachträglichem Eintritt von Hinderungsgründen** (§ 24 Abs 2 Nr 1). Soweit ein bei Beginn der Wahlperiode als Angestellter im öffentlichen Dienst Beschäftigter berufen wurde, wird ein entsprechender Rechtsverstoß **nicht** dadurch **geheilt,** daß er sich inzwischen im Vorruhestand befindet; er ist deshalb gem § 24 Abs 1 Nr 1 von seinem **Amt zu entbinden** (Ms NVwZ-RR 1999, 279; s auch 3 zu § 24). 3

§ 23 [Ablehnungsgründe]

(1) **Die Berufung zum Amt des ehrenamtlichen Richters dürfen ablehnen**[1–4]

1. **Geistliche und Religionsdiener,**[2]
2. **Schöffen und andere ehrenamtliche Richter,**
3. **Personen, die zwei Amtsperioden lang als ehrenamtliche Richter bei Gerichten der allgemeinen Verwaltungsgerichtsbarkeit tätig gewesen sind,**[1]
4. **Ärzte, Krankenpfleger, Hebammen,**
5. **Apothekenleiter, die keinen weiteren Apotheker beschäftigen,**[2]
6. **Personen, die das fünfundsechzigste Lebensjahr vollendet haben.**

(2) **In besonderen Härtefällen kann außerdem auf Antrag von der Übernahme des Amtes befreit werden.**[2, 3]

Vgl § 35 GVG; § 18 SGG; § 20 FGO

Schrifttum: *Wacke,* „Schöffenstreik" – oder Schöffenunmut gegenüber Berufsrichtern?, NJW 1995, 1199. – S auch zu § 19.

1. Die Vorschrift, die durch das 6. VwGOÄndG u durch G v 21. 12. 2004 (BGBl I 3599, 3601) jeweils leicht geändert worden ist, regelt Gründe, die die **Ablehnung einer Berufung** zum ehrenamtlichen Richter rechtfertigen. Sie dient damit der **Berücksichtigung besonderer persönlicher Umstände** der Betroffenen. Die Aufzählung ist abschließend. **Aus anderen Gründen** kann das Amt des ehrenamtlichen Verwaltungsrichters nicht abgelehnt werden. Daher ist auch zB die analoge Anwendung des Abs 1 Nr 3 auf Personen, die als ehrenamtliche Beisitzer bei anderen Gerichten (zB als Schöffen) tätig waren, nicht möglich (RÖ-M. Redeker 1). 1

In **besonderen Härtefällen** kommt jedoch uU eine Befreiung nach Abs 2 oder eine Entbindung vom Amt nach § 24 Abs 2 in Betracht.[1]

Geistliche und Religionsdiener iSv Abs 1 Nr 1 sind nicht nur die entsprechenden Amtsträger der großen christlichen Kirchen, sondern auch **Amtsträger anderer Religionsgemeinschaften,** denen in vergleichbarer Weise ein Aufgabenbereich hauptamtlich (vgl 34, 297) u auf Dauer übertragen ist (Ks NVwZ 1988, 161; Sch-Stelkens/Clausing 3 zu § 23). Zum Begriff des Religionsdieners s auch § 1784 Abs 1 BGB. Nicht als Religionsdiener anzusehen ist etwa eine Gemeindereferentin (Ms NVwZ-RR 2002, 325). Eine **Zeugin Jehovas,** die im „Felddienst" eingesetzt ist, erfüllt diese Voraussetzung ebenfalls nicht (Ks u Sch-Stelkens/Clausing aaO). 2

Bei der Beurteilung, ob ein **besonderer Härtefall** iSv Abs 2 vorliegt, ist ein **strenger** Maßstab anzuwenden (Ms NVwZ-RR 1994, 62; Mü NVwZ 1994, 3

---

[1] Ks NVwZ 1988, 161 zu einem Zeugen Jehovas; zur Weigerung, mit einem als radikal geltenden Richter zusammenzuarbeiten, Wacke NJW 1995, 1199; von Danwitz ZRP 1995, 444; zu den Anforderungen s auch 2 zu § 24.

594). **Beispiele** sind besondere Gebrechen, übermäßige berufliche Belastung (Ba SächsVBl 2000, 221) sowie unversorgte Kinder.

4 **2.** Die Ablehnung **wirkt nicht automatisch;** es bedarf, wie auch in den Härtefällen des Abs 2, immer erst eines Beschlusses des Gerichts nach § 24. **Bis zum Ergehen dieses Beschlusses** ist der Ablehnungsberechtigte, der zum ehrenamtlichen Verwaltungsrichter berufen wurde, Richter mit allen mit diesem Amt verbundenen Rechten u Pflichten.[2] Nach Abs 1 besteht **Anspr auf Freistellung;** dagegen liegt eine Freistellung nach Abs 2 wg Vorliegens von Härtegründen im **Ermessen** des Gerichts.

5 **3. Für nachträglich eintretende** oder bei Berufung in das Amt zwar vorhandene, aber nicht geltend gemachte **Ablehnungsgründe** nach Abs 1 gilt § 24 Abs 1 Nr 3, für Härtefälle nach Abs 2 § 24 Abs 2 (vgl SDC 2 zu § 24; Sch-Stelkens 5 zu § 23).

§ 24 [Entbindung vom Amt]

(1) **Ein ehrenamtlicher Richter ist von seinem Amt zu entbinden,**[1] **wenn er**

1. **nach §§ 20 bis 22 nicht berufen werden konnte oder nicht mehr berufen werden kann**[2] **oder**
2. **seine Amtspflichten gröblich verletzt hat**[2] **oder**
3. **einen Ablehnungsgrund nach § 23 Abs. 1 geltend macht**[2] **oder**
4. **die zur Ausübung seines Amtes erforderlichen geistigen oder körperlichen Fähigkeiten nicht mehr besitzt**[2] **oder**
5. **seinen Wohnsitz im Gerichtsbezirk aufgibt.**[2]

(2) **In besonderen Härtefällen kann außerdem auf Antrag von der weiteren Ausübung des Amtes entbunden werden.**[1, 2, 4]

(3) **Die Entscheidung trifft ein Senat des Oberverwaltungsgerichts in den Fällen des Absatzes 1 Nr. 1, 2 und 4 auf Antrag des Präsidenten des Verwaltungsgerichts, in den Fällen des Absatzes 1 Nr. 3 und 5 und des Absatzes 2 auf Antrag des ehrenamtlichen Richters. Die Entscheidung ergeht durch Beschluß nach Anhörung des ehrenamtlichen Richters. Sie ist unanfechtbar.**[1, 2]

(4) **Absatz 3 gilt entsprechend in den Fällen des § 23 Abs. 2.**[1, 2]

(5) **Auf Antrag des ehrenamtlichen Richters ist die Entscheidung nach Absatz 3 von dem Senat des Oberverwaltungsgerichts aufzuheben, wenn Anklage nach § 21 Nr. 2 erhoben war und der Angeschuldigte rechtskräftig außer Verfolgung gesetzt oder freigesprochen worden ist.**[4]

Vgl §§ 52f GVG; § 21 ArbGG; §§ 18, 22 SGG; § 21 FGO; § 44b DRiG

Schrifttum: *Frehse,* Die Mitgliedschaft eines ehrenamtlichen Richters in einer verfassungsfeindlichen Partei, NZA 1993, 915; *Keil,* Die Beurlaubung oder zeitweise Amtsentbindung ehrenamtlicher Richterinnen u Richter der Arbeitsgerichtsbarkeit, NZA 1993, 913; *Lisken,* Zur Gewissensfreiheit des Schöffen, NJW 1997, 34. – S auch zu § 19.

1 **1.** Die Vorschrift ergänzt die Regelungen über die Ausschluß-, Hinderungs- u Ablehnungsgründe nach §§ 20 bis 23 um weitere Fälle u sieht **im Interesse der Rechtssicherheit** u der Wahrung der Rechte der Betroffenen, aber auch des Rechts der Beteiligten (§ 63) auf den **gesetzlichen Richter** gem Art 101 Abs 1 S 2 GG, vor, daß die Entbindung vom Amt eines ehrenamtlichen Richters in

[2] NJW 1963, 1269; Sch-Stelkens 5 zu § 23; NKVwGO-Ziekow 16; RÖ-M. Redeker 2; vgl auch 50, 21; ferner 2 zu § 20.

allen Fällen nur durch Beschluß eines Senats des OVG erfolgen kann; dadurch wird zugleich auch die richterliche Unabhängigkeit sichergestellt.

2. Gründe für eine Entbindung vom Amt (Abs 1 u 2 sowie § 44 b DRiG): Abs 1 u Abs 2 regeln die Gründe, aus denen vom Amt entbunden werden kann, abschließend (vgl SG Frankfurt NJW 1985, 2360 – über Mängel der Berufung einzelner Richter entscheidet jede Kammer selbst –). Der Verpflichtung des nach Abs 3 für die Entscheidung zuständigen Senats entspricht dabei in den Fällen des Abs 1 ein **Recht** des Betroffenen auf Entbindung, wenn die gesetzlichen Voraussetzungen dafür gegeben sind, in Härtefällen iSv Abs 2 ein **Recht auf ermessensfehlerfreie Entscheidung.** 2

Bei gröblicher Verletzung von Amtspflichten (Nr 2), insb bei Weigerung, das Amt anzutreten oder auszuüben, kommt eine Entbindung vom Amt grds erst dann in Betracht, wenn andere Maßnahmen, vor allem die Verhängung von **Ordnungsgeld,** keinen Erfolg hatten (Ms NVwZ 1987, 233; Bln 15, 25 = DRiZ 1979, 190; vgl auch Albers, MDR 1984, 889; **aA** Bln 15, 23 = NJW 1979, 1175).

Ehrenamtliche Richter sind nach näherer Maßgabe des **§ 44 b DRiG** von ihrem Amt abzuberufen, wenn nachträglich in § 44 a Nr 1 DRiG bezeichnete Umstände bekannt werden.

Härtefälle iSv Abs 2 sind zB äußere Umstände, die die Ausübung des Amts unzumutbar erscheinen lassen, wie Gebrechlichkeit oder eine außerordentliche berufliche oder familiäre Beanspruchung (Mü NVwZ 1984, 593; RÖ-M. Redeker 1 zu § 23); **nicht dagegen** eine lediglich starke berufliche Belastung oder vorübergehende Probleme bei der Betreuung u Beaufsichtigung von Kindern (Mü NVwZ 1984, 593 mwN), bestimmte Gewissensgründe (OLG Karlsruhe NJW 1996, 606; krit Lisken NJW 1997, 34), gewöhnliche seelische Belastungen (Gr NVwZ-RR 1998, 784) oder religiöse Gründe wie die Zugehörigkeit zur Glaubensgemeinschaft der Zeugen Jehovas bei einem ehrenamtlichen Richter, der in einer Kammer eingesetzt werden soll, der auch bestimmte Kriegsdienstverweigerersachen zugewiesen sind.[1]

3. Wirkungen des Beschlusses nach Abs 3: Der Beschluß, der einen Antrag voraussetzt (Abs 3) u nicht anfechtbar ist, wirkt in allen Fällen des Abs 1 u 2 **konstitutiv,** dh der zum Richteramt Berufene bleibt bis zu dem Beschluß, der ihn von seinem Amt entbindet, mit allen Rechten u Pflichten (s 3 zu § 19) ehrenamtlicher Richter, auch wenn die Gründe, die für die Entbindung vom Amt maßgeblich sind, von Anfang an vorgelegen haben.[2] Eine Heilung von zu Beginn der Wahlperiode fehlenden Anforderungen ist nicht möglich (Ms NVwZ-RR 1999, 279; s auch 2 zu § 22). 3

Zu den **Amtspflichten** des ehrenamtlichen Richters iSd Abs 1 Nr 2 s 3 zu § 19.

4. Aufhebung des Beschlusses (Abs 5): Abs 5 gibt dem in Hinblick auf § 21 Nr 2 nach § 24 Abs 1, 3 von seinem Amt entbundenen ehrenamtlichen Richter nach rechtskräftiger Außerverfolgungsetzung bzw nach rechtskräftigem Freispruch **Anspr auf Aufhebung des Beschlusses** nach Abs 3. Der Beschluß wirkt nur für die Zukunft (vgl auch BGH NJW 1988, 82). Die Aufhebung erfolgt auf Antrag durch einen neuen Beschluß; sowohl die Aufhebung als auch die Ablehnung der Aufhebung sind unanfechtbar. 4

---

[1] Mü NVwZ 1984, 593: ggf ein Befangenheitsgrund gem § 54 VwGO iVm §§ 41 ff ZPO, nicht ein Grund für die Entbindung vom Richteramt; **aA** Ks NVwZ 1988, 161; tendenziell auch NKVwGO-Ziekow 14 zu § 23; Sachs BayVBl 1989, 127.

[2] Buchh 310 § 28 VwGO Nr 2; DVBl 1987, 1113; BSG DVBl 1993, 270; Ey-Geiger 10; NKVwGO-Ziekow 17; tlw **aA** RÖ-M. Redeker 2 f zu § 20; 3 zu § 22; 1 zu § 24: konstitutiv in den Fällen des § 24 Abs 1 Nr 2–5 u Abs 2, diff für die Fälle des § 24 Abs 1 Nr 1.

5 **5. Vorläufige Entbindung vom Amt:** Die Einleitung eines Vf gem § 24 berührt das Recht u die Pflicht des ehrenamtlichen Richters zur Ausübung seines Richteramtes nicht (**aA** BGH MDR 1977, 284 für Schöffen: das Gericht muß prüfen, ob ein Verhinderungsgrund iSd § 54 GVG vorliegt). § 24 enthält auch keine Ermächtigung zu einer vorläufigen Amtsentbindung; eine **vorläufige Untersagung der Amtsausübung** kann von dem für die Entbindung zuständigen Senat jedoch in entsprechender Anwendung des § 35 DRiG angeordnet werden (RÖ-M. Redeker 4; **aA** Sch-Stelkens 5 zu § 24; NKVwGO-Ziekow 19; B-Funke-Kaiser 14). Nicht zulässig wäre es dagegen, wenn ohne solchen Beschluß der betroffene ehrenamtliche Richter einfach nicht mehr zu den Sitzungen des Gerichts herangezogen würde (NJW 1963, 1219; RÖ-M. Redeker 4). Vgl zur vorläufigen Amtsenthebung auch LAG Hamm NZA 1993, 479 u Keil NZA 1993, 913.

§ 25 [Wahlperiode]

Die ehrenamtlichen Richter werden auf fünf Jahre gewählt.

Vgl § 42 GVG; § 13 SGG; § 22 FGO

Schrifttum: S zu § 19.

1 In §§ 25 bis 29 ist in Anlehnung an §§ 36 ff GVG vorgesehen, daß die ehrenamtlichen Richter durch **Wahl** durch einen Wahlausschuß (§ 26) in ihr Amt berufen werden (§ 29). Die **Amtszeit** wurde durch G v 21 12. 2004 (BGBl I 3599, 3601) von 4 auf **5 Jahre** verlängert (zum Übergangsrecht s § 186 S 2 iVm § 6 EGGVG). Sie beginnt mit der Wahl u endet, wenn bis zum Ablauf dieser Zeit noch keine Neuwahl stattgefunden hat, jedoch erst im Zeitpunkt einer solchen (§ 29 Abs 2). Jedoch kommt bei einer ganz erheblichen Überschreitung der Amtszeit ein Verstoß gegen Art 101 Abs 1 S 2 GG in Betracht (NKVwGO-Ziekow mwN) Zu den Fällen einer **vorzeitigen Beendigung** des Amts s §§ 20 bis 24, zu den Folgen **einer fehlerhaften Wahl** oder des Fehlens einer Wahl 3 zu § 29.

§ 26 [Wahlausschuß]

(1) **Bei jedem Verwaltungsgericht wird ein Ausschuß zur Wahl der ehrenamtlichen Richter bestellt.**[1, 2]

(2) **Der Ausschuß besteht aus dem Präsidenten des Verwaltungsgerichts als Vorsitzendem, einem von der Landesregierung bestimmten Verwaltungsbeamten und sieben Vertrauensleuten als Beisitzern.**[1, 2] **Die Vertrauensleute, ferner sieben Vertreter werden aus den Einwohnern des Verwaltungsgerichtsbezirks vom Landtag oder von einem durch ihn bestimmten Landtagsausschuß oder nach Maßgabe eines Landesgesetzes gewählt. Sie müssen die Voraussetzungen zur Berufung als ehrenamtliche Richter erfüllen. Die Landesregierungen werden ermächtigt, durch Rechtsverordnung die Zuständigkeit für die Bestimmung des Verwaltungsbeamten abweichend von Satz 1 zu regeln. Sie können diese Ermächtigung auf oberste Landesbehörden übertragen. In den Fällen des § 3 Abs. 2 richtet sich die Zuständigkeit für die Bestellung des Verwaltungsbeamten sowie des Landes für die Wahl der Vertrauensleute nach dem Sitz des Gerichts. Die Landesgesetzgebung kann in diesen Fällen vorsehen, dass jede beteiligte Landesregierung einen Verwaltungsbeamten in den Ausschuss entsendet und dass jedes beteiligte Land mindestens zwei Vertrauensleute bestellt.**

(3) **Der Ausschuß ist beschlußfähig, wenn wenigstens der Vorsitzende, ein Verwaltungsbeamter und drei Vertrauensleute anwesend sind.**

Vgl § 40 GVG; § 23 FGO

Schrifttum: S zu § 19.

1. Die Vorschrift regelt die Bildung u die Tätigkeit des Wahlausschusses für die Wahl der ehrenamtlichen Richter. Sie wurde durch das 1. JuMoG ergänzt um Abs 2 S 6 u 7, die – ähnlich wie § 23 Abs 2 S 3 u 4 FGO – die Frage regeln, wie im Fall eines gemeinsamen Gerichts mehrerer Länder der Ausschuß zur Wahl der ehrenamtlichen Richter besetzt werden soll. Anlaß für diese Änderung war die Errichtung eines gemeinsamen OVG für die Länder Berlin u Brandenburg (s dazu 3 zu § 3). 1

Der **Wahlausschuß** trifft als Wahlgremium die Auswahl der ehrenamtlichen Richter aus den **Vorschlagslisten** (§ 28), die von den Kreisen u kreisfreien Städten aufgestellt werden, dh er beruft die ehrenamtlichen Verwaltungsrichter durch seine Wahl in ihr Amt. **Andere Aufgaben** kommen ihm **nicht** zu (vgl NKVwGO-Ziekow 2) u können ihm auch durch das Landesgesetz, das nähere Einzelheiten sowie auch die „Amts"dauer der Beisitzer zu regeln hat, **nicht** übertragen werden.

Der Vorsitz im Ausschuß obliegt dem Präsidenten als **richterliche Aufgabe** (BGH NJW 1980, 2364; vgl auch BVerwG DVBl 1987, 1112). Die nach Abs 2 als **Beisitzer** zu wählenden Vertrauensleute müssen die Voraussetzungen der §§ 20 bis 22 erfüllen (Abs 2 S 3). 2

2. Eine **fehlerhafte Besetzung** bzw Zusammensetzung des Wahlausschusses hat, wenn sie auf einem vertretbaren Auslegungs- oder Anwendungsirrtum beruht, **nicht zur Folge, daß das Gericht,** an dessen Entscheidungen vom Wahlausschuß gewählte ehrenamtliche Richter teilnehmen, **fehlerhaft besetzt ist** (vgl BGH NJW 1976, 432; 1986, 1356 u 2585; 1991, 1764 zur fehlerhaften Besetzung des Schöffenwahlausschusses; zT **aA** BVerfG 31, 181; NJW 1982, 2369); **anderes gilt bei schweren formalen Verstößen,** s BGH NJW 1964, 2432, zB bei unbesehener Übernahme einer nach dem Zufallsprinzip aufgestellten Liste (BGHSt 38, 47) oder bei Wahl der Mitglieder des Richterwahlausschusses durch den Kreisausschuß statt durch den Kreistag (vgl BayObLG BayVBl 1988, 27 – Verletzung des gesetzlichen Richters –). Vgl auch 3 u 5 zu § 29; 1 zu § 25. 3

§ 27 [Zahl der zu wählenden ehrenamtlichen Richter]

Die für jedes Verwaltungsgericht erforderliche Zahl von ehrenamtlichen Richtern wird durch den Präsidenten so bestimmt, daß voraussichtlich jeder zu höchstens zwölf ordentlichen Sitzungstagen im Jahr herangezogen wird.[1, 2]

Vgl § 43 GVG; § 13 SGG; § 24 FGO

Schrifttum: S zu § 19.

1. Die Vorschrift enthält nur eine allg Richtlinie für die Bestimmung der **Zahl der zu wählenden ehrenamtlichen Richter** (und damit mittelbar auch der in die Vorschlagslisten nach § 28 aufzunehmenden Kandidaten). Neben den nach § 27 erforderlichen Kandidaten sind, wenn von der Möglichkeit einer **Hilfsliste** nach § 30 Abs 2 Gebrauch gemacht wird, weitere Kandidaten auch für die Hilfsliste vorzusehen; auch sollte eine gewisse „Reserve" für den Fall von Ablehnungen nach § 23 mit einberechnet werden. 1

2. § 27 steht einer **tatsächlichen Heranziehung** ehrenamtlicher Richter zu mehr als 12 Sitzungstagen im Jahr nicht entgegen (so auch NKVwGO-Ziekow 3). 2

§ 28 [Vorschlagsliste]

Die Kreise und kreisfreien Städte stellen in jedem fünften Jahr eine Vorschlagsliste für ehrenamtliche Richter auf. Der Ausschuß bestimmt für jeden Kreis und für jede kreisfreie Stadt die Zahl der Personen, die in die Vorschlagsliste aufzunehmen sind. Hierbei ist die doppelte Anzahl der nach § 27 erforderlichen ehrenamtlichen Richter zugrunde zu legen. Für die Aufnahme in die Liste ist die Zustimmung von zwei Dritteln der anwesenden Mitglieder der Vertretungskörperschaft des Kreises oder der kreisfreien Stadt, mindestens jedoch die Hälfte der gesetzlichen Mitgliederzahl erforderlich. Die jeweiligen Regelungen zur Beschlussfassung der Vertretungskörperschaft bleiben unberührt. Die Vorschlagslisten sollen außer dem Namen auch den Geburtsort, den Geburtstag und Beruf des Vorgeschlagenen enthalten; sie sind dem Präsidenten des zuständigen Verwaltungsgerichts zu übermitteln.[1–5]

Vgl §§ 36–39 GVG; § 14 SGG; § 25 FGO

Schrifttum: *Schnellenbach,* Die Aufstellung der Vorschlagslisten für die Wahl der ehrenamtlichen Verwaltungsrichter, NVwZ 1988, 703. – S auch zu § 19.

1 **1.** Die Vorschrift, die durch G v 21. 12. 2004 (BGBl I 3599, 3601) u redaktionell durch das JKomG geändert worden ist, regelt die **Aufstellung der Vorschlagslisten.** Diese erfolgt, soweit § 28 nichts anderes bestimmt, nach Maßgabe des **Kommunalrechts,** was S 5 nunmehr ausdr klarstellt. Sie bedarf seit der Neufassung des S 4 nur noch einer Mehrheit von zwei Dritteln der anwesenden (nicht mehr: der gesetzlichen) Mitglieder der entspr Vertretungskörperschaft; mindestens muß jedoch die Hälfte der gesetzlichen Mitglieder zustimmen. Die Aufstellung der Vorschlagslisten unterliegt der Rechtsaufsicht der Kommunalaufsichtsbehörden nach den allg Bestimmungen. In **Berlin** und **Hamburg** sind gem § 185 Abs 1 statt der Kreise u kreisfreien Städte die Bezirke für die Aufstellung der Listen zuständig. Die Grundsätze des Kommunalrechts über die Besetzung von Ausschüssen finden auf die Aufstellung der Vorschlagslisten keine Anwendung; vielmehr ist hierbei ausschließlich die **fachliche Eignung** (vgl § 28 S 5) ohne Rücksicht auf die Zugehörigkeit zum kommunalen Vertretungsorgan oder auf die politische Einstellung maßgeblich.

2 **2. Personen,** die gem §§ 20 bis 22 vom Amt eines ehrenamtlichen Richters **ausgeschlossen** sind, sind, wenn die Ausschließungsgründe bekannt sind, auch nicht in die Vorschlagsliste aufzunehmen. Kommt ein **Ablehnungsrecht** nach § 23 in Betracht, kann eine Aufnahme in die Liste unterbleiben (Buchh 310 § 29 Nr 2).

3 **3. Fehler bei der Aufstellung der Vorschlagslisten:** Die Aufstellung der Vorschlagsliste stellt einen **VA** dar,[1] der, da damit zugleich über staatsbürgerliche Rechte der in Frage kommenden Kandidaten entschieden wird, sowohl **von denen, die in die Liste aufgenommen wurden,** aber nicht aufgenommen werden wollen, als auch (angesichts des weiten Auswahlermessens freilich nur in besonders gelagerten Fällen, zB bei systematischem Ausschluß unter Verstoß gegen Art 3 GG, mit Erfolg) von denen, die nicht aufgenommen wurden, aber aufgenommen werden möchten, **angefochten** werden kann. Eine **Verletzung der Soll-Regelung des S 6** macht die Vorschlagsliste nicht fehlerhaft u hat auch keine Rechtsfolgen für die Wahl (vgl BSG SozR 1500 § 14 Nr 2; allg zur Be-

---

[1] RÖ-M. Redeker 2; Ule VwGO 71; str; vgl auch KR 92f zu § 35 VwVfG; **aA** B-Funke-Kaiser 7; Ey-Geiger 5; NKVwGO-Ziekow 11; Schnellenbach NVwZ 1988, 703; Sch-Stelkens 5.

deutung von Soll-Vorschriften im Verfahrensrecht auch BGH NJW 1982, 293). Vgl auch 3 ff zu § 29. Zur gerichtlichen Kontrolle der Vorschlagsliste s auch VG Stuttgart DÖV 2001, 432.

Außerdem kann die **Rechtsaufsichtsbehörde** bei Rechtsverstößen (zB mangelnde Wählbarkeit eines Kandidaten, Fehler des Wahlverfahrens) nach Maßgabe des Kommunalaufsichtsrechts die Aufstellung der Vorschlagsliste bezüglich einzelner Kandidaten oder im ganzen **beanstanden** u diese ggf **aufheben** (Schnellenbach NVwZ 1988, 705). 4

Die **Aufhebung** der Vorschlagsliste oder der Benennung eines Kandidaten in der Liste aufgrund einer Anfechtung oder im Aufsichtsweg hat grds **nicht zur Folge, daß das Gericht,** an dessen Sitzungen der betroffene ehrenamtliche Richter mitwirkt, **unrichtig besetzt ist** (vgl dazu 3ff zu § 29 sowie 5 zu § 133); denn die Heranziehung der ehrenamtlichen Richter nach § 30 erfolgt nicht aufgrund der Vorschlagslisten, sondern der Wahl nach § 29, die ihrerseits einen VA darstellt, der (sofern er nicht nichtig ist) bis zu seiner Aufhebung voll wirksam ist, auch wenn er auf rechtlich fehlerhaften Voraussetzungen beruht.[2] 5

§ 29 [Wahlverfahren]

(1) **Der Ausschuß wählt aus den Vorschlagslisten mit einer Mehrheit von mindestens zwei Dritteln der Stimmen die erforderliche Zahl von ehrenamtlichen Richtern.**[1–5]

(2) **Bis zur Neuwahl bleiben die bisherigen ehrenamtlichen Richter im Amt.**[1–5]

Vgl § 42 GVG; § 13 SGG; § 26 FGO

Schrifttum: S zu § 19 und 28.

1. Die **Wahl** durch den Wahlausschuß **begründet unmittelbar** die **Rechtsstellung als ehrenamtlicher Richter** (vorbehaltlich der zur ordnungsgemäßen Besetzung des Gerichts zusätzlich erforderlichen Vereidigung, s 2 zu § 31 aF). Zur Zahl der zu wählenden ehrenamtlichen Richter s 1 zu § 27. Eine **Unterscheidung** bei der Wahl zwischen ordentlichen ehrenamtlichen Richtern u solchen, die nur für die **Hilfsliste** vorgesehen sind, ist unzulässig, da die Aufstellung der Hilfsliste Sache des Präsidiums ist (§ 30 Abs 2). 1

Bei der Auswahl der Kandidaten entscheidet der Wahlausschuß nach **pflichtgemäßem Ermessen** (vgl Hbg NJW 1985, 2355; zum Begriff der Wahl auch BGH NJW 1985, 2341: eine Auslosung ist keine Wahl). Sachfremde Erwägungen, insb auch Erwägungen politischer oder wirtschaftlicher Art, sind unzulässig u machen die Wahl fehlerhaft (s unten 3). **Kandidaten,** die nach §§ 20–22 **ausgeschlossen** sind, sind bei der Wahl grds nicht zu berücksichtigen. Ebenso ist es zumindest nicht ermessensfehlerhaft, wenn auch Kandidaten, **denen nach § 23 ein Ablehnungsrecht zusteht u** die bereits erklärt haben, daß sie davon Gebrauch machen wollen, nicht berücksichtigt werden. 2

2. Fehler bei der Wahl: Die Wahl der ehrenamtlichen Richter stellt einen **anfechtbaren VA** – genauer: soviele VAe, wie Kandidaten gewählt oder nicht gewählt wurden – dar.[1] **Mängel des WahlVf,** die nicht grundlegende Anforderungen an ein ordnungsgemäßes WahlVf verletzen, sondern nur die Durchführung im einzelnen betreffen, machen die Wahl nicht nichtig, sondern **nur an-** 3

---

[2] So iE auch BVerfG NVwZ 1996, 160; BVerwG Buchh 310 § 28 VwGO Nr 2; DVBl 1987, 1113: analoge Anwendung von § 24 u der für Richter geltenden Bestimmungen; vgl auch 3 ff zu § 29; aA RÖ-M. Redeker 2.

[1] B-Funke-Kaiser 3; Ey-Geiger 6; NKVwGO-Ziekow 6; RÖ-M. Redeker 2 zu § 26; Sch-Stelkens 3; Ule VwGO 70; str, vgl auch KR 92 f zu § 35 VwVfG mwN; **aA** Schnellenbach NVwZ 1988, 703.

fechtbar (NJW 1988, 219; BGH NJW 1986, 1356; Hbg NJW 1985, 2355; Ey-Geiger 6), bzw aufhebbar (s unten 4; vgl BGH NJW 1985, 2341 mwN), uU nicht einmal dies. Nur **bei schweren Mängeln** ist die Wahl nichtig. Der Ausschuß zur Wahl der ehrenamtlichen Verwaltungsrichter hat für die Bestimmung des gesetzlichen Richters eine lediglich vorbereitende Entscheidung zu treffen. Die Annahme, ein in einer rechtsfehlerhaft durchgeführten Wahl gewählter ehrenamtlicher Richter sei deshalb in einem bestimmten Rechtsstreit nicht gesetzlicher Richter, ist nur dann gerechtfertigt, **wenn der Verfahrensfehler besonders schwer ist** oder aufgrund seiner Eigenart auf **den einzelnen Rechtsstreit durchzuschlagen** vermag.[2]

Als **gänzlich unerheblich** anzusehen ist es nach dem Rechtsgedanken des § 46 VwVfG (mit der Folge, daß die Wahl auch nicht deshalb angegriffen oder aufgehoben werden kann) zB, wenn bei der Wahl entgegen § 26 Abs 2 nicht der Präsident, sondern, obwohl der Präsident nicht verhindert war, der **Vizepräsident den Vorsitz** führte (NJW 1988, 219; NVwZ 1988, 724); wenn die Wahl aufgrund von Vorschlagslisten durchgeführt wurde, die auch **Hinweise zur Eignung der** benannten **Kandidaten** enthielten (aaO); wenn die „Wahl" nur noch darin bestand, daß der Wahlausschuß eine von Parteigremien vorbereitete **Vorauslese** gebilligt hat (vgl BGH NJW 1988, 3164; sehr zweifelhaft; **aA** BGH JZ 1985, 154). **Erheblich** ist der Mangel dagegen zB, wenn die Wahl durchgeführt wurde, obwohl noch nicht alle Vorschlagslisten vorlagen[3] oder, obwohl der Wahlausschuß nicht nach § 26 Abs 3 beschlußfähig war (**aA** Hbg NJW 1985, 2355).

4 Die Wahl kann, da sie das staatsbürgerliche Recht auf Übernahme öffentlicher Ämter (das jedoch keinen Anspr auf Bestellung, sondern nur auf pflichtgemäße Ermessensausübung bei der Entscheidung darüber gewährt, Ey-Geiger 6; allg auch v Mutius VerwA 1978, 103 mwN) berührt, sowohl von Kandidaten, die gewählt wurden, aber nicht gewählt werden wollten, als auch von Personen, die nicht gewählt wurden, aber gewählt werden wollten u auch in die Vorschlagsliste aufgenommen waren, **angefochten** werden. Außerdem kann die Wahl auch von der Rechtsaufsichtsbehörde wg Rechtswidrigkeit **aufgehoben** werden (vgl 4 zu § 28). Ausgeschlossen als Anfechtungs- oder Aufhebungsgründe sind jedoch die Gründe nach §§ 20 bis 24, da insofern das Vf nach § 24 vorgeht (NKVwGO-Ziekow 7 f; Sch-Stelkens 3).

5 **3. Folgen einer fehlerhaften Wahl:** Die Aufhebung einer fehlerhaft durchgeführten Wahl hat, sofern die Wahl nicht nach den oben zu 3 dargelegten Grundsätzen wg schwerer Mängel als nichtig anzusehen ist, nicht zur Folge, daß dadurch das Gericht in allen Fällen, an denen davon betroffene ehrenamtliche Richter mitgewirkt haben, als nicht ordnungsgemäß besetzt anzusehen ist und darauf die Revision gem §§ 133 Nr 1, 138 Nr 1 oder Wiederaufnahmeklage nach § 153, § 579 Abs 1 Nr 1 ZPO, bei Willkür auch die VB wg Verletzung des Art 101 Abs 1 S 2 GG, gestützt werden kann. Vielmehr bleiben in entspr Anwendung der für Richter geltenden Regelungen (s 3 zu § 15) u des § 24 (s 3 zu § 24) die **vor der Aufhebung der Wahl vorgenommenen Amtshandlungen** unberührt.[4]

---

[2] Vgl NJW 1988, 219: Die Mitwirkung eines in einer fehlerhaften Wahl gewählten ehrenamtlichen Richters führt nur dann zu einer nicht vorschriftsmäßigen Besetzung des Gerichts, wenn der im Wahlverfahren unterlaufene Rechtsverstoß zugleich eine Verletzung auch des Art 101 Abs 1 S 2 GG darstellt; NVwZ 1988, 724 mwN; ferner BVerfG NJW 1982, 2368; BGH NJW 1986, 1357.

[3] Unklar BGH NJW 1986, 1356: führt nicht ohne weiteres zu vorschriftswidriger Besetzung der von dieser Wahl betroffenen Spruchkörper; vgl dazu auch Seebode JR 1986, 474.

[4] Buchh 310 § 28 VwGO Nr 2; NJW 1988, 219; vgl auch BayVBl 1976, 374 zur Geschäftsverteilung aufgrund eines fehlerhaften Geschäftsverteilungsplans: bindend, solange

6 **Fehlt es** nach den oben zu 3 dargelegten Grundsätzen überhaupt an einer gültigen **Wahl** (vgl BGH NJW 1984, 2839 mit Anm Vogt u Kurth NJW 1985, 103 – Frankfurter Schöffen"wahl" –: Auslosung statt Wahl) bzw ist die Wahl nichtig, so ist das Gericht iSv § 133 Nr 1 nicht ordnungsgemäß besetzt. Die vom Gericht getroffenen Entscheidungen sind auch in diesem Fall aber **nicht nichtig** oder Nicht-Urteile oä, sondern wirksam u nur im RechtsmittelVf oder aufgrund einer Wiederaufnahmeklage (§ 153) bzw einer VB wg Verletzung des Art 101 Abs 1 S 2 GG **aufhebbar.**[5]

§ 30 [Heranziehung zu den Sitzungen]

(1) **Das Präsidium des Verwaltungsgerichts bestimmt vor Beginn des Geschäftsjahres die Reihenfolge, in der die ehrenamtlichen Richter zu den Sitzungen heranzuziehen sind.**[1–9]

(2) **Für die Heranziehung von Vertretern bei unvorhergesehener Verhinderung kann eine Hilfsliste aus ehrenamtlichen Richtern aufgestellt werden, die am Gerichtssitz oder in seiner Nähe wohnen.**[3 ff]

Vgl § 49 GVG; § 6 SGG; § 27 FGO

Schrifttum: S zu § 19.

1 **1. Allgemeines:** Die Vorschrift, deren Abs 1 S 2 aF durch G v 21. 12. 2004 (BGBl I 3599, 3601) wg der abnehmenden Bedeutung von Kammerentscheidungen (BT-Dr 15/411, 10) gestrichen wurde, enthält eine der Regelung für die berufsrichterlichen Mitglieder des Gerichts gem § 4, § 21 e GVG entsprechende Regelung u dient wie diese der **Bestimmung des gesetzlichen Richters** iSd § 138 Nr 1 u des Art 101 Abs 1 S 2 GG (88, 163 = DÖV 1991, 893) sowie der Wahrung der Unabhängigkeit des Gerichts (vgl 1 zu § 4). Die (namentlich vorzunehmende) Festlegung der **Reihenfolge der Heranziehung** der ehrenamtlichen Richter erfolgt im Rahmen der gerichtlichen Selbstverwaltung (s 4 zu § 1). Zu Ersatzrichtern s 6 zu § 5; 1 zu § 112.

2 Erforderlich ist, daß die Heranziehung zu den Sitzungen vorweg durch Beschluß des Präsidiums so geregelt u gehandhabt wird, daß **Manipulationen,** die eine Heranziehung einzelner Richter in Ansehung bestimmter Fälle ermöglichen, ausgeschlossen sind (DÖV 1991, 893). Vgl im einzelnen auch 7 ff zu § 4; die dort gemachten Ausführungen gelten auch hier entsprechend. **Unzulässig** ist es auch, bestimmte Fälle gerade im Hinblick auf die turnusmäßige Teilnahme bestimmter ehrenamtlicher Richter zur mV anzusetzen.

Die Festlegung der **Reihenfolge,** in der die einzelnen Richter zu den Sitzungen heranzuziehen sind, kann von der Reihenfolge der Sitzungen abhängig gemacht werden (DÖV 1991, 893). Zulässig ist es jedoch auch, sie von der Reihenfolge der Ladungen abhängig zu machen (NVwZ 1986, 1010; DÖV 1991, 893). Für **eingeschobene Sitzungen,** dh Sitzungen, die angesetzt werden, nachdem bereits Termin für eine andere, nunmehr spätere Sitzung bestimmt ist, kann durch Beschluß des Präsidiums auch bestimmt werden, daß die bereits geladenen ehrenamtlichen Richter nicht „umgeladen" werden müssen, sondern statt dessen die auf der Liste nachfolgenden ehrenamtlichen Richter zu laden sind (DÖV 1991, 893). Zulässig ist es auch, wenn sich die Bestimmung der ehrenamtlichen Richter aus der **Terminierung einer Streitsache** durch den Kammervorsitzenden iVm der für den festgelegten Sitzungstag geltenden alphabeti-

---

nicht aufgehoben oder Zuteilung durch Urteil als nichtig festgestellt; ferner BVerfG 31, 53; B-Funke-Kaiser 3.

[5] Vgl BVerfG 31, 184; NJW 1985, 125.

schen Reihenfolge ergibt (BayVBl 1999, 601). Zu einer weiteren Möglichkeit s NVwZ-RR 2000, 646.

3 **2. Vertretung, Haupt- und Hilfsliste:** Die nach Abs 1 aufzustellende Liste über die Reihenfolge der Heranziehung muß in jedem Fall auch eine **Vertretung** für den Fall vorsehen, daß ein an sich heranzuziehender ehrenamtlicher Richter verhindert ist (13, 147; NVwZ 1987, 47 – zur Vertretung bei mehrtägigen Verhandlungen). Unabhängig davon ermächtigt (keine Verpflichtung!, vgl NVwZ 1986, 1010), Abs 2 das Präsidium zur Aufstellung auch einer sog **Hilfsliste.** Diese gilt jedoch nur für unvorhergesehene Verhinderungen (s Abs 2); daher kann in ihr die allg Vertretung nicht geregelt werden (13, 147). Aus demselben Grund ist es, wenn eine Hilfsliste aufgestellt ist, nicht zulässig, bei unvorhergesehener Verhinderung den nächsten ehrenamtlichen Richter oder den allg zum Vertreter bestellten ehrenamtlichen Richter statt des Richters der Hilfsliste heranzuziehen (Ey-Geiger 10). Keine Bedenken bestehen dagegen gegen die Aufnahme eines ehrenamtlichen Richters sowohl in die Haupt- als auch in die Hilfsliste (VRspr 20, 123). Vgl zur vergleichbaren Regelung bei der Heranziehung von Hilfsschöffen auch BGH MDR 1979, 952 u Katholnigg JR 1980, 172.

4 **Die Entscheidung über die Ladung des Vertreters** bzw Ersatzmitglieds der Hilfsliste muß nicht notwendig der Vorsitzende treffen, sie kann aufgrund genereller Ermächtigung durch ihn auch der Geschäftsstelle überlassen werden; § 54 GVG ist insoweit analog anzuwenden (44, 216; DÖV 1974, 22; NVwZ 1984, 580; vgl Sch-Stelkens 6). Jedenfalls zulässig ist auch, **daß die Geschäftsstelle „vorsorglich"** einen Vertreter heranzieht u das Gericht dann selbst, ggf auch konkludent, endgültig über die Heranziehung entscheidet (DÖV 1984, 728; krit NKVwGO-Ziekow 12). **Wer zu laden** ist, ergibt sich aus der Vertretungsregelung bzw aus der Hilfsliste (vgl oben 3). Dabei ist die vorgesehene Reihenfolge zu beachten; **nicht erreichbare** oder sonst nicht verfügbare Personen gelten insoweit jedoch als verhindert mit der Folge, daß auf den nächst-verfügbaren Richter zurückzugreifen ist (NVwZ 1984, 580; DVBl 1981, 493; Buchh 310 § 30 VwGO Nr 12). **Zulässig** – u grds zweckmäßig – ist auch eine Regelung in der Geschäftsordnung, daß bei Verhinderung eines Richters **der** jeweils **nächste, noch nicht geladene Richter** zu laden ist (44, 218; NVwZ 1986, 1010).

5 **3. Unvorhergesehene Verhinderung (Abs 2):** Eine Verhinderung ist, sofern der **Geschäftsverteilungsplan** – dessen Regelungen insoweit vorgehen (s unten 7 f) – nichts anderes bestimmt, nur bei wirklich triftigen Hinderungsgründen anzuerkennen, wobei **ein strenger Maßstab** anzulegen ist (44, 219, VRspr 20, 124; BGH NJW 1967, 165; 1977, 443; Holtz MDR 1976, 814; Holch JR 1978, 37). Ehrenamtliche Richter müssen grds **berufliche u private Interessen zurückstellen,** wenn u soweit dies möglich u zumutbar ist (so für Schöffen BGH 1978, 1169; krit Pohl NJW 1978, 1868). Zur Frage, ob u inwieweit das Gericht nachzuprüfen hat, ob die vom Betroffenen angegebenen Verhinderungsgründe zutreffen u das Fernbleiben rechtfertigen, s unten 8.

Es muß sich grds um eine konkrete, vom betroffenen Richter ad hoc angegebene bzw sonst dem Gericht bekannte Verhinderung handeln; jedoch ist Verhinderung immer im Zweifel auch dann anzunehmen, **wenn ein Richter nicht zur Sitzung** erscheint u es nach den Umständen ausgeschlossen ist, daß er sich nur kurzfristig verspätet hat (VRspr 27, 765; BGH 16. 9. 1964 – 2 StR 278/64). Das Gericht ist auch in diesen Fällen nicht verpflichtet, von sich aus, etwa durch telefonische Rückfrage, den Hinderungsgrund festzustellen, sondern kann nach einer angemessenen Wartezeit annehmen, daß der Richter verhindert ist (**aA** Sch-Stelkens 10: telefonische Rückfrage erforderlich).

6 Welche Gründe als **Hinderungsgründe** anzusehen sind, ist, wenn der Geschäftsverteilungsplan keine näheren Bestimmungen dazu trifft (vgl 13, 149; 44, 218 f; 88, 164 = DÖV 1991, 892), nach den allg Lebensanschauungen zu beur-

14 zu § 4. Auch die Frage, ob die angegebenen oder sonst bekannten **Gründe ausreichend sind,** hat der Vorsitzende nach „pflichtgemäßem Ermessen" zu beurteilen (BGH NJW 1967, 165; 1977, 443). Die Entscheidung des Vorsitzenden ist insoweit nicht anfechtbar; auch im RevisionsVf ist sie nur noch daraufhin nachprüfbar, ob er den Rechtsbegriff der Verhinderung nicht verkannt oder sonst die Grenzen des Ermessens nicht eingehalten oder willkürlich entschieden hat (BGH NJW 1986, 1357; 1987, 165).

Die Verhinderung muß mit dem dafür geltend gemachten Verhinderungsgrund grds **in einem Aktenvermerk** festgehalten werden.[6] Vgl auch 14 zu § 4.

9 Die Grundsätze über die Verhinderung u die Ersetzung des verhinderten ehrenamtlichen Richters (oben 3ff) gelten uneingeschränkt auch dann, wenn die **Verhinderung bei einer sich über mehrere Sitzungstage erstreckenden mV** erst an einem späteren Tag eintritt (NJW 1986, 3154). Auch hier ist es nicht erforderlich, daß der zunächst berufene Richter endgültig oder jedenfalls voraussichtlich für so lange Zeit verhindert ist, daß eine Fortsetzung der Verhandlung mit ihm nicht mehr sinnvoll wäre, weil der Eindruck der vorangegangenen Verhandlungstermine nicht mehr hinreichend gegenwärtig wäre (aaO). Eine andere Frage ist es, ob u in welcher Weise mit dem neu eintretenden Richter die bisherige Verhandlung wiederholt bzw wie er über die bisherigen Ergebnisse informiert werden muß. Vgl dazu 3ff zu § 112.

10 **4. Bei Verstößen** gegen die Vorschriften über die Aufstellung der Haupt- u Hilfslisten sowie bei **Abweichungen von der** sich nach der Haupt- bzw Hilfsliste ergebenden **Reihenfolge** ist das Gericht **nicht ordnungsgemäß[7] besetzt** (44, 215; NJW 1963, 1219; 1986, 3154). Zur Geltendmachung des Verstoßes vgl 15f zu § 4.

§ 31 [Vereidigung]

(aufgehoben durch G v 20. 12. 1974 (BGBl I 3686); s nunmehr § 45 DRiG)

Schrifttum: S zu § 19.

1 **1.** Nach Aufhebung des § 31 durch G v 20. 12. 1974 (BGBl I 3686) gilt für die Vereidigung der ehrenamtlichen Richter an den Verwaltungsgerichten **§ 45 DRiG. Die Vereidigung** bzw die Ablegung des in § 45 Abs 4 DRiG anstelle der Eidesleistung zugelassenen Gelöbnisses ist nicht Bestandteil der Berufung eines ehrenamtlichen Richters in sein Amt (vgl 15, 97), gleichwohl aber Voraussetzung dafür, daß der ehrenamtliche Richter als Richter gem § 19 tätig werden kann (15, 96; vgl auch NJW 1981, 1110: die Vereidigung ist ein konstitutives Element bei der Bestellung der ehrenamtlichen Richter). S auch unten 4.

2 Die Vereidigung bzw Verpflichtung durch Gelöbnis gilt für die **Dauer der Wahlperiode** (§ 25), bei Wiederwahl auch für die sich unmittelbar anschließende Wahlperiode (§ 45 Abs 2 S 2 DRiG). Sie muß vor der Kammer, dh den (berufsrichterlichen) Mitgliedern iSd § 5 Abs 1, **in öffentlicher Sitzung** (§ 45 Abs 2 DRiG) für jeden einzelnen ehrenamtlichen Richter gesondert (RGSt 61, 374) vorgenommen werden; sie setzt jedoch, da sie nicht Teil der mV ist, die Anwesenheit der an der zu verhandelnden Sache Beteiligten (§ 63) nicht voraus (RÖ 4. Aufl, 1 zu § 31 aF). Ebensowenig ist es erforderlich, daß zur Abnahme des Eides bzw des Gelöbnisses andere ehrenamtliche Richter zugezogen werden.

---

[6] **AA** DVBl 1981, 494: nicht erforderlich, aber im Zweifel Umkehr der Beweislast, wenn kein Aktenvermerk; vgl auch B-Funke-Kaiser 5: Beweiserleichterung; NJW 1986, 3154; NVwZ 1999, 657; NKVwGO-Ziekow 10; Sch-Stelkens 7.

[7] §§ 132 Abs 2 Nr 3, 138 Nr 1, 153 mit § 579 Abs 1 Nr 1 ZPO; vgl jedoch andererseits zu §§ 85, 109 WDO aF (heute §§ 91, 114 WDO) BVerwG NVwZ 1989, 958: die Auslosung als ehrenamtlicher Richter eines Wehrdienstgerichts ist für den Soldaten nicht angreifbar.

teilen; dem Betroffenen kommt aber dabei ein gewisser **Beurteilungsspielraum** zu.[1] Hinderungsgründe sind zB **Krankheit, Ortsabwesenheit** (NVwZ 1984, 580; Buchh 310 § 30 VwGO Nr 10), uU eine dringende, wichtige u nicht – jedenfalls nicht in zumutbarer Weise – ohne weiteres aufschiebbare oder vermeidbare **berufliche Verpflichtung,**[2] **Urlaub,**[3] uU *die Teilnahme an der* **Beerdigung eines Arbeitskollegen,** wenn der Richter sie bei pflichtgemäßer Handlung für geboten hält (NVwZ 1984, 580), u ähnliche Gründe (NVwZ 1984, 586; Buchh 310 § 30 VwGO Nr 10). Weitere Beispiele s bei Pohl NJW 1978, 1868. Bei miteinander **in Konflikt stehenden Verpflichtungen** (zB Teilnahme am Termin oder an einer Sitzung der kommunalen Vertretungskörperschaft) ist grds die Beurteilung des ehrenamtlichen Richters maßgeblich, welcher Pflicht er den Vorrang gibt (44, 218; DÖV 1980, 717; NVwZ 1984, 580; Buchh 310 § 30 VwGO Nr 13). Die Entscheidung muß jedoch auf vertretbaren Gründen beruhen u darf nicht willkürlich sein (vgl BGH MDR 1977, 331). **Individuelle Wünsche** können dabei nicht berücksichtigt werden; daher wäre zB ein Übergehen eines Richters der Hilfsliste aufgrund seines allg Wunsches, nicht kurzfristig zu Sitzungen herangezogen zu werden, unzulässig (44, 219).

Ein Hinderungsgrund ist auch der Umstand, daß einen ehrenamtlichen Richter aus Gründen, die das Gericht nicht zu vertreten hat, **die Ladung** zum Termin nicht oder nicht rechtzeitig erreicht hat, oder daß er, insb bei unvorhergesehener Heranziehung nicht rechtzeitig erreicht werden kann, zB weil er kein Telefon hat.

Auch die Frage, **wann eine Verhinderung als unvorhergesehen** zu betrachten ist, regelt das Gesetz nicht, sie ist vielmehr einer näheren Bestimmung durch den **Geschäftsverteilungsplan** (§ 4, § 21 e GVG) überlassen (DÖV 1991, 893; vgl auch oben 6). Zulässig ist zB auch eine Regelung dergestalt, daß im Falle der Verhinderung eines ehrenamtlichen Verwaltungsrichters der nächste noch nicht zu einer Sitzung geladene ehrenamtliche Verwaltungsrichter herangezogen wird (NVwZ 1986, 1010) oder daß der nächste ehrenamtliche Richter der Hilfsliste eintreten soll, wenn sich die Verhinderung innerhalb der letzten Woche vor der Sitzung (13, 149) oder nachdem die Ladung zu dem darauffolgenden Termin bereits abgesandt worden ist (88, 164) herausstellt. Soweit der Geschäftsverteilungsplan keine eindeutige Regelung enthält, kommt es auf die **Übung des Gerichts** an (44, 218f; DÖV 1974, 21). Diese ist auch dann maßgeblich, wenn sie nicht voraussetzt, daß die Verhinderung so plötzlich eintritt, daß zeitlich keine Möglichkeit mehr besteht, den in der Hauptliste nächstfolgenden Richter zu laden, sondern von einer unvorhergesehenen Verhinderung schon dann ausgeht, wenn diese im Zeitpunkt der normalen Ladung nicht vorauszusehen war (44, 219). 7

Der **Vorsitzende** braucht im Regelfall **nicht nachzuprüfen,** ob die vom Betroffenen angegebenen Verhinderungsgründe tatsächlich vorliegen, sondern kann sich auf dessen Angaben verlassen;[4] anders, wenn **Anhaltspunkte für eine pflichtwidrige Entscheidung** des ehrenamtlichen Richters vorliegen.[5] Vgl auch 8

---

[1] Vgl 44, 218; NVwZ 1984, 579: vom ehrenamtlichen Richter vorzunehmende pflichtgemäße Abwägung.

[2] DÖV 1980, 767; NVwZ 1986, 1010; BGH NJW 1967, 165; zT **aA** für Schöffen BGH NJW 1978, 1169 mwN: sogar vom Arbeitgeber für den Fall der Teilnahme an der Sitzung angedrohte Entlassung kein Verhinderungsgrund iSv § 54 Abs 1 GVG!; krit dazu Dierks NJW 1978, 1391; Pohl NJW 1978, 1868.

[3] DÖV 1976, 606; BGH MDR 1977, 330; Holch JR 1978, 37; anders wohl, wenn der Richter den Urlaub nur nimmt, um an einer bestimmten Sitzung oder Verhandlung nicht teilnehmen zu müssen.

[4] 13, 148, 44, 216; NVwZ 1986, 1010; vgl auch BFH NVwZ 2002, 382.

[5] NVwZ 1984, 579; Buchh 310 § 30 Nr 17: nur in einem solchen Fall kann für das Gericht Anlaß bestehen, den angegebenen Hinderungsgrund nachzuprüfen u auch auf einer Teilnahme des Richters an der Sitzung zu bestehen.

Die Vereidigung bzw das Gelöbnis muß vor der **„ersten Dienstleistung in öffentlicher Sitzung"** (§ 45 Abs 2 DRiG) erfolgen. Sie kann jedoch auch ohne Zusammenhang mit einer konkreten mV, an der der ehrenamtliche Richter (anschließend) teilnimmt, vorgenommen werden, etwa für alle neu gewählten ehrenamtlichen Richter gemeinsam (str). 3

2. Folgen nicht ordnungsgemäßer Vereidigung bzw Ablegung des Gelöbnisses: Wirkt ein nicht vereidigter bzw angelobter ehrenamtlicher Richter bei Verhandlungen oder Entscheidungen mit, so ist das Gericht **nicht ordnungsgemäß besetzt**[1] mit der Folge, daß darauf die **Revision** nach § 133 Nr 1, 138 Nr 1 u die Nichtigkeitsklage nach § 153 mit § 579 Abs 1 Nr 1 ZPO sowie ggf die VB wg Verletzung von Art 101 Abs 1 S 2 GG gestützt werden kann. **Die Verletzung bloßer Förmlichkeiten** der Vereidigung, zB das Fehlen der Öffentlichkeit iSv § 45 Abs 2 DRiG (73, 81; NJW 1981, 1110), das Nicht-Erheben der Hand bei der Vereidigung (NJW 1981, 1110) oder das Fehlen einer Niederschrift über die Vereidigung bzw über die Ablegung des Gelöbnisses berühren dagegen die Gültigkeit der Vereidigung (bzw des Gelöbnisses) nicht (Ey-Geiger 4; 73, 81). 4

§ 32 [Entschädigung]

Der ehrenamtliche Richter und der Vertrauensmann (§ 26) erhalten eine Entschädigung nach dem Justizvergütungs- und -entschädigungsgesetz.

Vgl § 55 GVG; § 19 SGG; § 29 FGO

Die ehrenamtlichen Richter u die Vertrauensleute im Wahlausschuß nach § 26 erhalten als Ehrenbeamte keine Besoldung, wohl aber eine **Entschädigung für Zeitversäumnis, Fahrtkosten usw** nach dem JVEG. S die Kommentierung bei Hartmann V. 1

§ 33 [Ordnungsgeld]

(1) **Gegen einen ehrenamtlichen Richter, der sich ohne genügende Entschuldigung zu einer Sitzung nicht rechtzeitig einfindet oder der sich seinen Pflichten auf andere Weise entzieht, kann ein Ordnungsgeld festgesetzt werden. Zugleich können ihm die durch sein Verhalten verursachten Kosten auferlegt werden.**[1, 2]

(2) **Die Entscheidung trifft der Vorsitzende. Bei nachträglicher Entschuldigung kann er sie ganz oder zum Teil aufheben.**[1, 2]

Vgl § 56 GVG; § 21 SGG; § 30 FGO

1. Die Vorschrift gibt dem Vorsitzenden der Kammer bzw des Senats ggü den ehrenamtlichen Richtern die Befugnis, unter bestimmten Voraussetzungen ein **Ordnungsgeld** als **Ordnungsstrafe** iwS zu verhängen u ihnen zugleich uU durch ihr Verhalten verursachte **Kosten aufzuerlegen.** Die Regelung wird durch den Zweiten Titel des EGStGB ergänzt. Für die Höhe des Ordnungsgeldes gibt Art 6 EGStGB einen Rahmen von fünf bis eintausend Euro vor. Zum Rechtscharakter des Ordnungsgeldes als **Disziplinarmaßnahme,** nicht als Ahndung einer Ordnungswidrigkeit, vgl Mü BayVBl 1976, 498; Bln NJW 1979, 1176; Wolf NJW 1979, 1176; NKVwGO-Ziekow 2; anders Kissel 1 zu § 56 GVG. Die Vorschrift dient der Aufrechterhaltung der äußeren Ordnung des ge- 1

---

[1] 15, 96; NJW 1981, 1110; BVerfG 31, 184; BGH NJW 1952, 1305; OLG Celle StV 1999, 201; Sch-Stelkens 1.

richtlichen Vf (wie die Ordnungsmaßnahmen im Rahmen der Sitzungspolizei gem § 55 iVm §§ 177 f GVG), außerdem auch der Sicherung der Erfüllung der Pflichten (s dazu im einzelnen 3 zu § 19) eines ehrenamtlichen Richters.[2] Maßnahmen nach Abs 1 sind nur zulässig, wenn der betroffene Richter sich **unberechtigt u** in vorwerfbarer Weise weigert, seine Pflichten zu erfüllen.

2 **2.** Eine **schuldhafte Pflichtverletzung** liegt zB bei Ablehnung der Übernahme des Amtes, Verweigerung der Eidesleistung bzw des Gelöbnisses gem § 45 DRiG (NKVwGO-Ziekow 5; **aA** insoweit Bln NJW 1979, 1176: die Eidesleistung kann nicht erzwungen werden), bei Störung der Sitzung, Nichtbeteiligung an der Abstimmung vor. Bei **gröblicher Pflichtverletzung** kommt gem § 24 Abs 1 Nr 2 außerdem eine Entbindung vom Amt in Betracht. S dazu auch 1 u 4 zu § 24.

3 **3. Gegen die Entscheidung** des Vorsitzenden ist die **Beschwerde** (§ 146) gegeben, für die kein Vertretungszwang gem § 67 Abs 1 besteht, da es sich hier nicht um die Beschwerde eines Beteiligten handelt (Gr NVwZ-RR 2003, 70; s auch 9 zu § 67).

§ 34 [Ehrenamtliche Richter beim OVG]

§§ 19 bis 33 gelten für die ehrenamtlichen Richter bei dem Oberverwaltungsgericht entsprechend, wenn die Landesgesetzgebung bestimmt hat, daß bei diesem Gericht ehrenamtliche Richter mitwirken.

Vgl §§ 35, 45–47 SGG

Schrifttum: S zu § 19.

1 Die Vorschrift sieht die entspr Anwendung der §§ 19 bis 33 auch hins der **ehrenamtlichen Richter bei OVG (VGH)** vor, sofern das Land von der Ermächtigung des § 9 Abs 3 Gebrauch gemacht u durch Landesgesetz die Mitwirkung ehrenamtlicher Richter beim OVG angeordnet hat. **Entscheidungen nach § 24 Abs 3** trifft auch in diesem Fall ein Senat des OVG (VGH), nicht des BVerwG (Ey-Geiger 1; Sch-Stelkens 1; NKVwGO-Ziekow 2).

4. Abschnitt. Vertreter des öffentlichen Interesses

§ 35 [Vertreter des Bundesinteresses beim Bundesverwaltungsgericht]

(1) **Die Bundesregierung bestellt einen Vertreter des Bundesinteresses beim Bundesverwaltungsgericht und richtet ihn im Bundesministerium des Innern ein.**[1, 3] **Der Vertreter des Bundesinteresses beim Bundesverwaltungsgericht kann sich an jedem Verfahren vor dem Bundesverwaltungsgericht beteiligen;**[4] **dies gilt nicht für Verfahren vor den Wehrdienstsenaten. Er ist an die Weisungen der Bundesregierung gebunden.**[3]

(2) **Das Bundesverwaltungsgericht gibt dem Vertreter des Bundesinteresses beim Bundesverwaltungsgericht Gelegenheit zur Äußerung.**[4]

Schrifttum: *Geiger,* Die Vertretung des Freistaats Bayern vor den Verwaltungsgerichten, BayVBl 2000, 141; *Guckelberger,* Vor- und Nachteile eines Vertreters des öffentlichen Interesses, BayVBl 1998, 257; *Hutt,* Die Thüringer Landesanwaltschaft – ein Modell für die

---

[2] Bln NJW 1979, 1176: kein Ordnungsgeld gegen einen ehrenamtlichen Richter, der sich schroff u beharrlich weigert, seine Verpflichtungen zu erfüllen; eine Erzwingung der Pflichterfüllung hätte hier keinen Sinn; stattdessen ist der ehrenamtliche Richter aus dem Dienst zu entfernen; ebenso Ks NVwZ 1988, 161.

„jungen" Bundesländer, LKV 1995, 278; *Koch,* Prozeßführung im öffentlichen Interesse, 1983; *Kopp,* Der Vertreter des öffentlichen Interesses als Vertreter des Landes in verwaltungsrechtlichen Streitigkeiten, ThürVBl 1994, 201; *Kopp* (Hg), Die Vertretung des öffentlichen Interesses in der Verwaltungsgerichtsbarkeit, mit Beiträgen von Berner, Finkelnburg, Fliegauf, Frauenknecht, Klecatsky, Sailer, Schmidt, Ule ua, 1982; *Rzepka,* Öffentliches Interesse im Sinne der §§ 35 ff VwGO, BayVBl 1992, 295.

1. Allgemeines: Durch G v 9. 7. 2001 (BGBl I 1510) wurde die Institution des Oberbundesanwalts (OBA) aus fiskalischen Gründen durch die des Vertreters des Bundesinteresses beim Bundesverwaltungsgericht (VdB) ersetzt. 1

Der VdB soll als **unbeteiligter Mittler** – dh nicht als Vertreter einer Partei, auch nicht des Bundes (vgl 96, 262 zum OBA; s unten 3) – das Gericht bei der Rechtsfindung u Rechtsverwirklichung unterstützen u im öffentlichen Interesse des Bundes an der Verwirklichung des Rechts mitwirken (vgl 18, 207 zum OBA). Öffentliches Interesse des Bundes ist dabei in einem übergreifenden, unparteiischen Sinn zu verstehen. Gemeint sind die gesamtstaatlichen Interessen des Bundes, die die Belange der Länder u Kommunen ebenso einschließen wie die des einzelnen Bürgers (Begr BT-Dr 14/5529, 65). **Die Bestellung** des VdB ist **obligatorisch** im Gegensatz zur Bestellung von VöI, welche gem § 36 Abs 1 S 1 der Entscheidung des Landesgesetzgebers überlassen ist.

Der VdB ist von den durch besondere Gesetze eingesetzten **Vertretern bestimmter Bundesinteressen** oder besonderer öffentlicher Interessen zu unterscheiden (so früher der Bundesbeauftragte für Asylangelegenheiten gem dem aufgehobenen § 6 AsylVfG; dazu RÖ-M. Redeker 10; s auch 6 zu § 63). 2

2. Rechtsstellung des VdB: Der VdB ist nicht Vertreter des Bundes oder der Bundesregierung, sondern (falls er von seiner Beteiligungsbefugnis Gebrauch macht, s dazu unten 4) **sonstiger Beteiligter** gem § 63 Nr 4 kraft eigenen Rechts. Er kann mit Vertretungsaufgaben für den Bund oder eine sonstige öffentliche Körperschaft oder Einrichtung auch nicht betraut werden, ebenso nicht mit der Vertretung des VöI. 3

Der VdB ist Organ der Rechtspflege. Anders als der OBA stellt der VdB keine eigene Rechtspflegebehörde dar, sondern ist im Bundesministerium des Innern als zentrale Organisationseinheit für die Bundesregierung eingerichtet. Er ist – mit Ausnahme der Weisungen der Bundesregierung (dh des Kollegiums, vgl Art 62 GG, nicht auch einzelner Bundesminister) aufgrund Abs 1 S 3 – **an Weisungen nicht gebunden.**[1]

Im Hinblick auf seine Funktion (s oben 1) und wg seiner Stellung als unbeteiligter Mittler bei der Rechtsfindung hat er eine von den sonstigen Verfahrensbeteiligten abweichende Rechtsstellung (vgl 96, 262 für den OBA). Allerdings ist er keine Gerichtsperson (ebenso Ms NVwZ 1991, 489 für VöI), so daß die Vorschriften über deren **Ausschluß u Ablehnung** (§ 54) nicht anwendbar sind.[2]

Der VdB kann sich grds an jedem Vf vor dem BVerwG beteiligen, gem Abs 1 S 2 HS 2 jedoch nicht an Vf vor den Wehrdienstsenaten. Das Gericht muß ihm, unabhängig von seiner Entscheidung über die Beteiligung am Vf – insb auch, um ihm diese Entscheidung zu ermöglichen – alle **Schriftsätze,** gerichtlichen Anordnungen u Entscheidungen usw zustellen (vgl Stettner JA 1982, 400 für den OBA). Die Unterrichtungspflicht nach Abs 2 endet auch nicht, wenn er seine Nichtbeteiligung im Vf erklärt hat (**aA** Sch-Gerhardt/Olbertz 13). Die **Beteiligung erfolgt durch** (jederzeit widerrufliche) **Anzeige ggü dem Gericht;** mit dieser erlangt der VdB die Stellung eines Beteiligten im Vf (§ 63 Nr 4), da der 4

---

[1] Sch-Gerhardt/Olbertz 1.

[2] Vgl für den VöI Ms NVwZ 1991, 489; für den VdB Sch-Gerhardt/Olbertz 15; NKVwGO-Guckelberger 16; **aA** unter Hinweis auf die Rechtslage bei der Staatsanwaltschaft im Strafprozeß die 10. Aufl.

VdB sich ja auch dann noch an einem Vf beteiligen kann, wenn er in einem früheren Stadium seine Nichtbeteiligung erklärt hatte (s auch BGH NJW 1985, 93).

Trotz seiner Stellung als Beteiligter kann der VdB weder **Revision** (vgl für den OBA 25, 170) noch **Nichtzulassungsbeschwerde** einlegen, sondern sich nur in einem anhängigen RevisionsVf mit eigenen Anträgen beteiligen; er kann auch **keine selbständige oder unselbständige Anschlußrevision** einlegen (vgl für den OBA 96, 261; NKVwGO-Guckelberger 19; s ausf 38 vor § 124). Da er sich ohnehin an jedem Vf beteiligen kann, bedarf es dieser Befugnis nicht, um dem öffentlichen Interesse Geltung zu verschaffen. Ihm steht lediglich nach § 153 Abs 2 die Befugnis zur Erhebung der Nichtigkeits- u der Restitutionsklage zu.

5 **3.** Bei seinen **Anträgen** ist der VdB – ähnlich wie der notwendig Beigeladene nach § 66 S 2 (§ 66 S 2 ist insoweit auf den VdB u den VöI entsprechend anzuwenden) – **nicht an die Anträge** des Kl bzw des Bekl **gebunden;** er ist auch nicht auf die Unterstützung eines anderen Verfahrensbeteiligten (§ 63) beschränkt, sondern hat seine Beteiligung u seine Anträge ausschließlich am öffentlichen Interesse des Bundes (s oben 1) zu orientieren. Seine Stellung ist jedoch insofern von der Stellung des Kl u des Bekl abhängig, als er **nicht über den Rechtsstreit verfügen** kann und, soweit gesetzlich nichts anderes vorgesehen ist, die Hauptbeteiligten auch nicht hindern kann, den Rechtsstreit durch Zurücknahme der Klage (§ 92; s aber § 92 Abs 1 S 2 u 3), Vergleich (§ 106) oder übereinstimmende Hauptsacheerledigungserklärungen (§ 161 Abs 2) zu beenden. Insoweit gelten auch für den VdB die Grundsätze über die Beteiligung eines **notwendig Beigeladenen** am Verfahren, soweit sie nicht die Betroffenheit in eigenen Rechten zur Voraussetzung haben, grds entsprechend (ebenso für den OBA Stettner JA 1982, 400; s im einzelnen 1 ff zu § 66).

§ 36 [Vertreter des öffentlichen Interesses]

(1) **Bei dem Oberverwaltungsgericht und bei dem Verwaltungsgericht kann nach Maßgabe einer Rechtsverordnung der Landesregierung ein Vertreter des öffentlichen Interesses bestimmt werden.**[1–6] **Dabei kann ihm allgemein oder für bestimmte Fälle die Vertretung des Landes oder von Landesbehörden übertragen werden.**[3–6]

(2) **§ 35 Abs. 2 gilt entsprechend.**

Schrifttum: S zu § 35.

1 **1. Allgemeines:** Die Vorschrift ermächtigt die Länder zur Einführung der Einrichtung eines **Vertreters des öffentlichen Interesses** – VöI – bei den VGen u beim OVG (VGH) u seiner Betrauung mit Aufgaben, die denen des VdB (s 1 zu § 35) entsprechen. Dabei ist den Ländern jedoch ein erheblicher Gestaltungsspielraum eingeräumt. Anders als beim VdB kann nach S 2 dem VöI **auch die Vertretung des Landes** oder von Landesbehörden, nicht dagegen auch von Gemeinden (so wohl auch Ey-Geiger 3; **aA** Guckelberger BayVBl 1998, 261; Sch-Gerhardt/Olbertz 4) oder sonstigen juristischen Personen usw, übertragen werden. Hiervon hat Bayern Gebrauch gemacht; die Vertretung durch den VöI ist dort jedoch nur noch vor dem VGH der Regelfall, § 1 Abs 1 S 1 Nr 2 iVm § 5 LABV, wohingegen die Vertretung des öffentlichen Interesses vor dem VG von den Regierungen wahrgenommen wird, § 1 Abs 1 S 1 Nr 1 iVm § 5 LABV. **Weisungsfreiheit** ist von der VwGO nicht ausdr vorgeschrieben, kann aber durch Landesrecht (ganz oder nur in bestimmter Hinsicht) vorgesehen werden, auch für die Vertretung des Staates (vgl Kopp BayVBl 1981, 353; krit Berner, BayVGH-FS 1979, 74 ff).

2 Ein VöI ist eingerichtet in den Ländern Bay, MV, NW, RhPf u Thür (zu den entspr Rechtsvorschriften s NKVwGO-Guckelberger 4).

2. Rechtsstellung des VöI: Der VöI kann sich in seiner Eigenschaft als solcher (dh nicht als Vertreter des Landes oder einer Landesbehörde) **an jedem Verfahren,** das bei dem Gericht, an dem er bestellt ist, anhängig ist, durch Abgabe der entsprechenden (jederzeit widerruflichen) Erklärung **beteiligen,** selbst noch nach Ergehen eines Urteils u zum Zweck der Einlegung eines RMittel (16, 268; 90, 338 mwN = NVwZ 1993, 183; 94, 269 = NJW 1994, 3024); dies jedoch nur so lange, als wenigstens für einen anderen Beteiligten die **Rechtsmittelfrist** noch offen ist (16, 268; 90, 339). Letzteres gilt **auch für AnschlußRMittel** (§ 127). Obwohl AnschlußRMittel an sich sonst nicht die Einhaltung der entsprechenden Rechtsmittelfristen voraussetzen, kann der VöI von dieser Möglichkeit nicht mehr Gebrauch machen, weil auch AnschlußRMittel nur von Beteiligten eingelegt werden können, der VöI eine entsprechende Erklärung, durch die er zum Beteiligten wird, jedoch nur abgeben kann, solange der Rechtsstreit bei dem Gericht anhängig ist, an dem er bestellt ist (90, 338; 94, 269). Ein von der Beteiligung in der Vorinstanz unabhängiges Beteiligungsrecht des VöI vor dem BVerwG besteht nicht (NVwZ-RR 1997, 519). S auch unten 6, auch zur Frage einer Wiedereinsetzung nach § 60. **Zur Unterrichtungspflicht des Gerichts** s 4 zu § 35. **Zu RMittel** des VöI s im einzelnen 37f, 49ff vor § 124. Die Vorschriften über den **Ausschluß u die Ablehnung von Gerichtspersonen** (§ 54) sind auch beim VöI **nicht anwendbar** (s dazu 3 zu § 35; **aA** 5 in der 10. Aufl; NKVwGO-Guckelberger 9 weist darauf hin, daß der VöI sich von sich aus nicht an den betr Vf beteiligen sollte). 3

Als Vertreter des Landes oder einer Landesbehörde hat der VöI grds dieselben Rechte u Pflichten wie jeder andere Kl, Bekl oder sonstiger Beteiligter. Auch wenn u soweit dem VöI die Vertretung des Landes oder von Landesbehörden übertragen ist, ist er aber nicht nur Parteivertreter, sondern immer zugleich auch VöI u als solcher nicht einseitigen Parteiinteressen, sondern primär dem Recht u dem **Wohl der Gemeinschaft** verpflichtet.[1] Er kann u muß deshalb zB ggf auch als Vertreter des Staates **Beweisanträge zugunsten des Kl** stellen, auf **Klagestattgabe plädieren,** wenn er eine Klage für zulässig u begründet hält, usw (vgl Kopp BayVBl 1981, 353; str). 4

Umgekehrt kann der VöI, wenn er in seiner Eigenschaft als solcher auftritt, nicht zugleich Beteiligte vertreten u deren Interessen wahrnehmen (36, 191; 74, 21); auch ersetzt die Teilnahme als VöI an einem Verfahren, in dem der VöI nicht als Vertreter des Staates auftritt, nicht die Teilnahme eines Vertreters des Staates oder der Behörde als Partei, noch entbindet sie das Gericht von einer gebotenen Beiladung des Staates oder der Behörde (36, 191; 74, 21). Wohl aber kann der VöI uU in einem Verfahren, das er als VöI durch ein RMittel beim höheren Gericht anhängig gemacht hat, dann wieder **in die Rolle als Parteivertreter überwechseln** u umgekehrt (We DVBl 1999, 184; s auch 49 vor § 124; **aA** Sch-Gerhardt/Olbertz 4).

Als Beteiligter (§ 63 Nr 4) kann der VöI selbständig **Anträge stellen u RMittel** einlegen, der **VöI beim VG** jedoch, wenn ein gesonderter VöI beim OVG eingerichtet ist, nur, solange die Sache noch beim VG anhängig ist; daher kann er zB auch Anschlußberufung (§ 127) einlegen. S oben 3. **Voraussetzung** für die Einlegung eines RMittel durch den VöI ist jedoch immer, daß er sich durch Erklärung seiner Beteiligung (oben 3) vorher am Vf der Vorinstanz **beteiligt hat** (90, 340; NKVwGO-Guckelberger 15). Der VöI kann dies zwar **auch noch nach Ergehen des** Urteils u zum alleinigen Zweck der Einlegung eines RMittel tun, solange für wenigstens einen der (anderen) Beteiligten die Rechtsmittelfrist noch nicht abgelaufen ist (16, 268; 90, 339; 94, 269 mwN; s auch oben 3). **Nach Ablauf der Rechtsmittelfrist für die Beteiligten** ist dem VöI 5

[1] Vgl 7, 226; 31, 12; 36, 192.

diese Möglichkeit jedoch verschlossen, weil er sich dann, weil die Sache nicht mehr anhängig ist, am Rechtsstreit auch nicht mehr beteiligen kann. Die VwGO kennt insoweit **kein von der Beteiligung unabhängiges Recht zur Einlegung eines RMittel,** auch nicht eines AnschlußRMittel. S oben 3. Dem VöI kann insoweit zum Zweck der Beteiligung u dann auch der Rechtsmitteleinlegung aber **Wiedereinsetzung** gem § 60 gewährt werden (s 3 zu § 60; sehr str; **aA** NKVwGO-Guckelberger 12; offen 90, 340). Für die Beteiligung am **Vf vor dem OVG u dem BVerwG** ist ausschließlich der VöI beim OVG zuständig.

Der VöI kann als solcher **RMittel selbst dann** einlegen, **wenn** er durch die angegriffene Entscheidung **nicht beschwert** ist, insb auch, wenn sie seinem Antrag in der vorausgehenden Instanz voll entsprochen hat (7, 226). S auch 49 vor § 124.

Wenn der VöI vor dem BVerwG **als Parteivertreter** auftritt, unterliegt er wie jeder andere Beteiligte grds dem **Anwaltszwang** (§ 67 Abs 1), nicht dagegen, wenn er als VöI auftritt (s 9 zu § 67). Soweit er dem Anwaltszwang unterliegt, gilt auch für ihn nunmehr jedoch das Behördenprivileg gem § 67 Abs 1 S 3.

6 **3.** Für die **Stellung** des VöI in seiner Eigenschaft als solcher, dh nicht als Vertreter des Staates, **im Verhältnis zu den übrigen Verfahrensbeteiligten u** für seine Befugnis zur Stellung auch von **Sachanträgen,** die von den Anträgen des Kl u des Bekl abweichen, gelten die Grundsätze über die Stellung notwendig Beigeladener entsprechend (s 1 ff zu § 66), soweit sie nicht die Betroffenheit in eigenen Rechten voraussetzen (vgl auch 5 zu § 35; ferner Stettner JA 1982, 400).

§ 37 [Befähigung zum Amt des VdB bzw VöI]

(1) **Der Vertreter des Bundesinteresses beim Bundesverwaltungsgericht und seine hauptamtlichen Mitarbeiter des höheren Dienstes müssen die Befähigung zum Richteramt haben oder die Voraussetzungen des § 110 Satz 1 des Deutschen Richtergesetzes erfüllen.**[1]

(2) **Der Vertreter des öffentlichen Interesses bei dem Oberverwaltungsgericht und bei dem Verwaltungsgericht muß die Befähigung zum Richteramt nach dem Deutschen Richtergesetz haben; § 174 bleibt unberührt.**

Schrifttum: S zu § 35.

1 **1.** Die durch das G v 9. 7. 2001 (BGBl I 1510) in Abs 1geänderte Vorschrift verlangt als **Voraussetzung** der **Ernennung zum VdB oder VöI** grds die **Befähigung zum Richteramt.** Ausnahmsweise genügt nach näherer Maßgabe des § 110 S 1 DRiG bzw des § 174 iVm § 122 Abs 5 DRiG auch die Befähigung zum höheren Verwaltungsdienst.

2 Eine unter **Verstoß gegen § 37 vorgenommene Bestellung** (diese ist von der beamtenrechtlichen Ernennung zu unterscheiden; so zu Recht Sch-Gerhardt/Olbertz 3), ist nichtig; dies hat jedoch auf abgeschlossene Verfahren, an denen der betroffene VdB oder VöI mitgewirkt hat, keinen Einfluß, selbst dann nicht, wenn der betroffene VöI **als Parteivertreter** für den Staat aufgetreten ist (Ey-Geiger 3: es liegt insb kein Fall des § 138 Nr 4 vor; NKVwGO-Guckelberger 2). Wird die prozessuale Stellung der Hauptbeteiligten durch die Anträge betroffen, können sie aber im Vf deren Unzulässigkeit rügen (ebenso Sch-Gerhardt/Olbertz 3).

5. Abschnitt. Gerichtsverwaltung

§ 38 [Dienstaufsicht]

(1) **Der Präsident des Gerichts**[1] **übt die Dienstaufsicht**[2–3] **über die Richter, Beamten, Angestellten und Arbeiter aus.**

(2) **Übergeordnete Dienstaufsichtsbehörde für das Verwaltungsgericht ist der Präsident des Oberverwaltungsgerichts.**[1]

Vgl § 22 GVG; §§ 9, 30, 38 SGG; § 31 FGO; § 26 DRiG

Schrifttum: *Grünberg,* Die Dienstaufsicht über Verwaltungsrichter, LKV 1999, 354; *Hochschild,* Gedanken zu einer stummen Säule des Staates, LKV 1999, 14; *Huber,* Verfahrensrechtliche Anforderungen an die Erstellung dienstlicher Regelbeurteilungen, ZBR 1993, 361; *Lerch,* Die Rechtsprechung des BVerfG zum Richterstatus, DRiZ 1993, 226; *Papier,* Richterliche Unabhängigkeit und Dienstaufsicht, NJW 1990, 8; *Pfeiffer,* Zum Spannungsverhältnis richterlicher Unabhängigkeit – Dienstaufsicht – Justizgewährungspflicht, Bengl-FS 1984, 85; *Rozek,* Verwaltungsrichterliche Dienstaufsicht zwischen Bundes- und Landesrecht, DÖV 2002, 103; *Schaffer,* Die Unabhängigkeit der Rechtspfleger und des Richters, BayVBl 1991, 641; *Schmidt-Räntsch,* Deutsches Richtergesetz, 5. Aufl 1995; *ders,* Dienstaufsicht über Richter, Diss. Bonn 1985; *Schnellenbach,* Die dienstliche Beurteilung der Beamten und Richter, 2. Aufl 1995.

1. Allgemeines: § 38 überträgt die Dienstaufsicht über Richter, Beamte, Angestellte u Arbeiter des Gerichts (sog **personelle Dienstaufsicht**) den Präsidenten der einzelnen Gerichte (VG, OVG, BVerwG) u bestimmt zugleich, daß der Präsident des OVG übergeordnete Dienstaufsichtsbehörde ggü dem VG ist. Die Dienstaufsicht iSd § 38 umfaßt auch die **Leitung, Ordnung, Organisation u Überwachung des gerichtlichen Behördenbetriebs** (RÖ-M. Redeker 1; Obermayer 181 f; Sch-Stelkens 15). Nicht unter die Dienstaufsicht fallen die Rechtsprechungstätigkeit u die gerichtliche Selbstverwaltung (4 zu § 1). S auch unten 2. Der Präsident kann sich zur Ausübung der Dienstaufsicht **der Hilfe von Richtern** des Gerichts (§ 42 DRiG) u sonstiger Hilfskräfte bedienen. Dienstaufsicht ist **Teil der (staatlichen) Gerichtsverwaltung** (s dazu § 39); daher wird der Präsident des VG bzw des OVG oder des BVerwG dabei nicht als unabhängiger Richter, sondern **als Verwaltungsorgan** tätig u ist insoweit ggü den höheren Organen der Gerichtsverwaltung, insb auch ggü dem für die Vwgbk zuständigen Minister, **weisungsgebunden.** Oberste Dienstaufsichtsbehörde ist in den Ländern nach Maßgabe des Landesrechts der für die Vwgbk zuständige Minister bzw der Ministerpräsident, für das BVerwG der Bundesjustizminister. Da § 38 diesbezüglich keine Regelungen trifft u wohl auch nicht treffen kann, sind rechtliche Bedenken, die gegen Regelungen wie § 23 Abs 1 SächsJG erhoben werden (Hochschild LKV 1999, 15 – zur Vorgängerregelung des § 16 SächsJustAG), nach dem auch das Staatsministerium der Justiz die Dienstaufsicht ausübt, nicht durchschlagend (s auch Rozek DÖV 2002, 109). Vgl zur **Übertragung** von Aufgaben der Dienstaufsicht durch den zuständigen Minister auf nachgeordnete Beamte auch BGH 51, 363 = NJW 1969, 1303; NJW 1983, 889. 1

2. Ausgestaltung der Dienstaufsicht: Insoweit macht § 38 keine Aussagen u wird durch § 26 DRiG ergänzt. Maßnahmen der Dienstaufsicht dürfen die richterliche Unabhängigkeit nicht antasten (§ 26 DRiG), auch die richterliche Tätigkeit ist der Dienstaufsicht jedoch nicht völlig entzogen (BGH NJW 1995, 732). Ausfluß der Dienstaufsicht ist die **Beobachtungsfunktion.** Die Dienstaufsichtsbehörde hat die Aufgabe, eine geordnete Rechtspflege zu gewährleisten u die Einhaltung der Dienstpflichten zu kontrollieren. Hierzu ist sie befugt, sich durch ständige Beobachtung des Dienstbetriebs, der Geschäftslage, aber auch der Arbeit der Richter, zu informieren (st Rspr, zB BGHZ 112, 193 = NJW 1991, 421; NJW 1995, 732; s auch Sch-Stelkens 20). Solange sich die Aufsichtsbehörde auf bloße Beobachtung beschränkt, hält die Rspr die richterliche Unabhängigkeit grds für nicht beeinträchtigt (BGH NJW 95, 732; Kissel 62 zu § 1 GVG). Der **Kernbereich richterlicher Tätigkeit** muß dagegen **von der Dienstaufsicht frei** bleiben. Hierzu gehört die eigentliche Rechtsfindung, wobei im Interesse eines wirksamen Schutzes der richterlichen Unabhängigkeit eine großzügige 2

Grenzziehung geboten ist.[1] Es genügt jede Einflußnahme, die sich auch nur mittelbar auf die Tätigkeit des Richters auswirkt, sofern ein konkreter Bezug zu dieser Tätigkeit besteht (BGHZ 113, 38f; NJW 1995, 732). Diesen Kernbereich grenzt die hM vom **äußeren Ordnungsbereich** ab, der diejenigen Tätigkeiten umfassen soll, die dem Kernbereich „soweit entrückt sind, daß für sie die Garantie des Art 97 GG nicht mehr in Anspr genommen werden kann" (BGHZ 42, 169; Papier NJW 1990, 10 mwN). Im einzelnen ist die Abgrenzung strittig (vgl die Kommentierungen zu § 26 DRiG u zB Schaffer BayVBl 1991, 681f; Papier NJW 1990, 10f; Kissel 46ff zu § 1 GVG). Nicht zum Kernbereich gehören sollen zB das Tragen der **Amtstracht** (OLG Frankfurt NJW 1987, 1208), die **Zuteilung von Sitzungssälen** (Kissel 70 zu § 1 GVG), oder die Einführung von **Vordrucken** (LRStPO 22a zu § 1 GVG) oder **moderner Bürotechniken** (Kissel 75 zu § 1 GVG; einschränkend BGH NJW 1988, 417: Art der Protokollführung gehöre stets zum Kernbereich, also auch die Frage des Einsatzes von Diktiergeräten). Die Dienstaufsicht muß sich bei ihren Maßnahmen, Äußerungen usw „auch jeder psychologischen Einflußnahme enthalten" (BGHZ 90, 43 = NJW 1984, 2531; NJW 1988, 421).

3 **3. Grenzen der Dienstaufsicht: Unzulässig** sind insb Maßnahmen der Dienstaufsicht, die **den Inhalt richterlicher Entscheidungen** betreffen, einschließlich der Handlungen, die diese vorbereiten (vgl BGH NJW 1984, 2535), der Art der **Verhandlungsführung** (BGH NJW 1988, 420), hins einer Beweisanordnung (BGHZ 76, 288), hins der Form u des Inhalts der Sitzungsprotokolle (vgl BGHZ 67, 188; NJW 1978, 2509), der **Bestimmung des Berichterstatters** durch den Vorsitzenden (Kissel 54 zu § 1 GVG); hins der **Terminsbestimmung.**[2] Eine Ausnahme gilt insoweit jedoch bei **offensichtlich fehlerhafter Amtsausübung** (BGHZ 100, 271), zB offensichtlich fehlerhaften Maßnahmen der Sitzungspolizei (BGH BayVBl 1977, 349). Diese Offensichtlichkeitsrspr ist **sehr umstritten** (hierzu näher Kissel 59f zu § 1 GVG: auch die Kritiker würden aber keine überzeugendere Lösung anbieten), aber für die Praxis deswegen akzeptabel, weil der Richter, der sich beeinträchtigt fühlt, das Dienstgericht anrufen kann (LRStPO 24 zu § 1 GVG; Kissel 60 zu § 1 GVG). Zur Frage, ob u ggf wann die **Beanstandung** einer **richterlichen Beweisanordnung** in einem Prüfbericht des Präsidenten des Gerichts eine Maßnahme der Dienstaufsicht ist, s BGH NJW 1980, 1850. Zur Zulässigkeit einer **Telefonanlage mit automatischer Gesprächsdatenerfassung** BGH NJW 1995, 731: es handele sich um eine bloße Beobachtungsmaßnahme.

Als **nicht vor dem Richterdienstgericht anfechtbar,** da ohne konkrete Auswirkung auf die richterliche Unabhängigkeit, wurden zB angesehen eine Meinungsäußerung der dienstaufsichtführenden Stelle **zu einer Rechtsfrage** (BGHZ 61, 378; 85, 167); die **Aufforderung zur Befassung des Präsidiums** des Gerichts mit einer bestimmten Geschäftsordnungsangelegenheit (BGH DRiZ 1981, 426); eine ministerielle **Bek über die politische Betätigung** von Beamten u Richtern, die im wesentlichen die einschlägigen Rechtsvorschriften in allg Form wiedergibt u erläutert (BGH NJW 1984, 2472); die nicht vorher angekündigte **Geschäftsprüfung** (Nachschau) des Richterreferats durch den Gerichtspräsidenten (BGH NJW 1988, 419; s dazu auch Stanicki DRiZ 1986, 329); die Feststellung in einer dienstlichen Beurteilung, daß **zu hohe Rückstände** aufgelaufen sind (BGH NJW 1988, 420; vgl auch BVerwG NJW 1990, 850) oder daß das

---

[1] Vgl BGHZ 42, 169f; 90, 45; 93, 243f; NJW 1995, 732; NJW 1995, 2494; BGH DRiZ 1995, 352 zur Entscheidung des Richters, wie oft u zu welchem Zweck er sich die Akten vorlegen läßt.

[2] KG NJW 1995, 2115; NKVwGO-Guckelberger 19; anders wenn die Umterminierung aus Gründen erfolgt, die nichts mit dem konkreten Verfahren zu tun haben, s BGHZ 85, 162; KG NJW 1995, 2115.

Arbeitspensum nicht zu befriedigen vermochte (BGH NJW 1984, 2535; 1988, 420); der Widerruf eines bereits bewilligten Erholungsurlaubs, wenn sonst die **fristgerechte Absetzung** von **Urteilsgründen** in Frage gestellt wäre (BGHZ 102, 369).

Der betroffene Richter hat gem § 26 Abs 3 DRiG das **Recht zur Anrufung des Dienstgerichts,** wenn er der Auffassung ist, daß durch eine Maßnahme der Dienstaufsicht seine Unabhängigkeit als Richter berührt wird; **sonst, wenn es allein um das allg Dienstverhältnis u** die Frage der Rechtmäßigkeit einer Maßnahme der Dienstaufsicht geht – zB hins. der Verpflichtung eines Richters, die Amtstracht zu tragen (67, 224; vgl auch HessDGH für Richter MDR 1986, 464: je nachdem uU auch eine Frage, die die richterliche Unabhängigkeit berührt) –, das Recht zur **Klage im VRW** gem § 71 Abs 3 DRiG, § 126 Abs 1 BRRG (67, 224 = NJW 1983, 2589; BGH NJW 1984, 2531 unter Aufgabe der früheren Rspr; NKVwGO-Guckelberger 30). 4

Für Streitigkeiten über die **dienstliche Beurteilung eines Richters** ist idR der VRW gegeben, nicht der Weg zum Richterdienstgericht;[3] **anders,** wenn es um eine **kritische Stellungnahme** zum dienstlichen oder außerdienstlichen Verhalten des Richters geht (BGH NJW 1984, 2531, 1987, 2442; 1988, 419), wie zB um die Bemerkung, daß die Verhandlungsführung straffer sein könnte oder sollte oder daß künftig eine bestimmte **Form der Prozeßerledigung** anzustreben ist (BGH NJW 1978, 760; 1988, 420, 421; 1992, 46); die Bemängelung durch den Dienstvorgesetzten, daß der Richter der Anregung nicht nachgekommen ist, **mehr als einen Sitzungstag** in der Woche abzuhalten (BGH NJW 1988, 421); daß es doch möglich sein sollte, **Termine** alsbald oder jedenfalls **früher anzusetzen** (BGH NJW 1985, 1472; 1987, 2443); die Aufforderung, sich zu einer bestimmten **richterlichen Handlung zu äußern** (BGH NJW 1987, 2441); die **Bemerkung** in einer richterlichen Beurteilung: „Betont auf Wahrung der richterlichen Unabhängigkeit bedacht, bemüht er sich um eine positive, problemfreie Zusammenarbeit mit Vorgesetzten" (BGH NJW 1967, 2442). Zu **Maßnahmen wg politischer Äußerungen** eines Richters s NJW 1988, 1748; Lü NJW 1986, 1126; Göbel NJW 1985, 1057 mwN.

Das Richterdienstgericht prüft **nur, ob** die beanstandete Maßnahme die **richterliche Unabhängigkeit verletzt** u deshalb unzulässig ist, nicht auch, ob sie uU aus anderen Gründen rechtswidrig u unzulässig ist; **eine Prüfung im letzteren Sinn** kann der betroffene Richter nur mit der **Klage zum VG** erreichen.[4] Zur Richterdienstgerichtsbarkeit s auch 3 zu § 1. 5

§ 39 [Verwaltungsgeschäfte]

Dem Gericht dürfen keine Verwaltungsgeschäfte außerhalb der Gerichtsverwaltung übertragen werden.[1, 2]

Vgl § 1 SGG; § 32 FGO; §§ 4, 42 DRiG

Schrifttum: *Berlit,* Richtervorbehalte – Gerichtliche Verwaltungstätigkeit oder Rechtsprechung?, NdsVBl 1995, 197; *Lüdemann,* Richtervorbehalt in der Verwaltungsgerichtsbarkeit, DÖV 1996, 870.

1. Die Vorschrift **verbietet** im Einklang mit dem in § 1 ausgesprochenen Grundsatz der organisatorischen Trennung der Vwgbk von der Exekutive im Interesse der Wahrung der richterlichen Unabhängigkeit die **Übertragung von** 1

[3] Schnellenbach DVBl 1980, 949; vgl auch BVerwG NJW 1983, 62; 1990, 849: im Rahmen der dienstlichen Beurteilung eines Richters kann das erhebliche Zurückbleiben der Erledigungszahlen in einem neu übernommenen Dezernat hinter den Eingängen berücksichtigt werden.

[4] 67, 222 = NJW 1983, 2589; BGH NJW 1984, 2531; 2002, 359.

allg Verwaltungsgeschäften auf die Gerichte. Die Vorschrift wird in persönlicher Hinsicht für den einzelnen Richter durch § 4 DRiG ergänzt. **Nicht** unter § 39 fallen die Aufgaben gem § 4 Abs 2 DRiG (vgl dazu auch NJW 1985, 1093 = DVBl 1985, 452), insb Aufgaben der **Gerichtsverwaltung** (s unten 2), außerdem auch die Aufgaben der **gerichtlichen Selbstverwaltung** (s 3 zu § 1; 1 ff zu § 4).

2 **2. Nicht betroffen von dem Verbot** sind die Geschäfte der sog **Gerichtsverwaltung,** die wg ihres sachlichen Zusammenhangs mit der rechtsprechenden Funktion der Gerichte insb den Präsidenten der Gerichte übertragen sind (§ 38). Dazu gehören vor allem **die Ordnung des allg Dienstbetriebes,** das Personal-, Haushalts-, Rechnungs- u Kassenwesen, die Ausbildung des juristischen Nachwuchses am Gericht u die Handhabung der Dienstaufsicht (§ 38) durch den Präsidenten (NKVwGO-Guckelberger 4; SDC 1; Rasch VerwA 1969, 2). Die gänzliche oder teilweise **Freistellung eines Richters für Aufgaben der Gerichtsverwaltung** (zB als sog „hauptamtlicher" Ausbildungsrichter für die Referendarausbildung) ist nach § 4, § 21 e Abs 6 GVG nur nach vorheriger Anhörung des Präsidiums zulässig. Zur Zulässigkeit einer Lehrtätigkeit eines Richters an einer Fachoberschule als Nebentätigkeit vgl VG Regensburg DRiZ 1988, 220.

3 **3.** Soweit durch Gesetz **Verwaltungstätigkeit unter Richtervorbehalt** gestellt wird (insb in gefahrenabwehrrechtlichen Bestimmungen), gehen bundesgesetzliche Bestimmungen – verfassungsrechtlich unbedenklich (**aA** NKVwGO-Guckelberger 9) – den §§ 1, 39 vor (Sch-Stelkens 1). Landesrechtlich sind solche nur zulässig, wenn es sich nicht um Verwaltungstätigkeit handelt.

6. Abschnitt. Verwaltungsrechtsweg und Zuständigkeit

Vorbemerkung vor § 40

Klagearten und Verfahren vor den Verwaltungsgerichten

Schrifttum: *Bethge,* Der Kommunalverfassungsstreit, in: Püttner (Hg), Hdb der kommunalen Wissenschaft und Praxis, Bd 2, 1982, 176; *Bettermann,* Vorbeugender Rechtsschutz in der Verwaltungsgerichtsbarkeit, in: Zehn Jahre VwGO, 1970, 185; *v Danwitz,* Bürgerbegehren in der kommunalen Willensbildung, DVBl 1996, 136; *Diemert,* Der Innenrechtsstreit im öffentlichen Recht und im Zivilrecht, 2002; *Dreier,* Vorbeugender Verwaltungsrechtsschutz, JA 1987, 415; *Ehlers,* Die Klagearten und besonderen Sachentscheidungsvoraussetzungen im Kommunalverfassungsstreitverfahren, NVwZ 1990, 105; *ders,* Die verwaltungsgerichtliche Anfechtungsklage, Jura 2004, 30, 176; *ders,* Die verwaltungsgerichtliche Verpflichtungsklage, Jura 2004, 310; *ders,* Die allgemeine verwaltungsgerichtliche Leistungsklage, Jura 2006, 351; *Erichsen,* Die Zulässigkeit einer Klage vor dem Verwaltungsgericht, Jura 1994, 418, 476; *ders,* Der Innenrechtsstreit, Menger-FS 1985, 211; *ders,* Die allgemeine Leistungsklage, Jura 1992, 384; *Erichsen/Biermann,* Der Kommunalverfassungsstreit, Jura 1997, 157; *Felix/Schwarplys,* Die Notwendigkeit der allgemeinen Gestaltungsklage im Beamtenrecht, ZBR 1996, 33; *Fischer,* Rechtsschutz der Bürger bei Einwohneranträgen sowie Bürgerbegehren und Bürgerentscheid, DÖV 1996, 181; *Fraenkel-Haeberle,* Die Untätigkeitsklage im Vergleich zwischen dem italienischen, deutschen und österreichischen Recht, DÖV 2004, 861; *Franz,* Der Kommunalverfassungsstreit, Jura 2005, 156; *Frotscher/Knecht,* Bürgerbegehren zur Festlegung der Zahl hauptamtlicher Beigeordneter, DÖV 2005, 797; *Grupp,* Zur allgemeinen Gestaltungsklage im Verwaltungsprozeßrecht, Lüke-FS 1997, 207; *Heimlich,* Die allgemeine Leistungsklage zur Durchsetzung eines Bürgerbegehrens, DÖV 1999, 1029; *Hoppe,* Organstreitigkeiten vor den Verwaltungs- und Sozialgerichten, 1970; *ders,* Organstreitigkeiten und organisationsrechtliche subjektiv-öffentliche Rechte, DVBl 1970, 845; *Knödler,* Sperrgrundstücksklagen als Rechtsmißbrauch?, NuR 2001, 194; *Köller/Haller,* Prozessuale Durchsetzbarkeit eines Anspruchs auf Rechtsetzung, JuS 2004, 189; *Kramer,* Das Rechtsschutzbedürfnis bei der verwaltungsgerichtlichen Klage, NVwZ 2002, 1476; *Krebs,* Rechtsprobleme des Kommunalverfassungsstreits, VerwA 1977, 189; *ders,* Grundfragen des verwaltungsrechtlichen Organstreits, Jura 1981, 569; *Lerche,* Strukturfragen des verwaltungsrechtlichen Organstreits, Knöpfle-FS 1996, 171;

Marotzke, Von der schutzgesetzlichen Unterlassungsklage zur Verbandsklage, 1992; *Meyer,* Rechtsschutz bei kommunalen Bürgerbegehren und -entscheiden, NVwZ 2003, 183; *Peine,* Vorbeugender Rechtsschutz im Verwaltungsprozeß, Jura 1983, 285; *Pohle,* Zur Lehre vom Rechtsschutzbedürfnis, Lent-FS 1957, 195; *Püttner,* Organstreitverfahren, Dok. zum 6. Deutschen Verwaltungsrichtertag, 1980, 129; *Renck,* Der Rechtsweg im gerichtlichen Verfahrensrecht – Allgemeine Grundsätze, JuS 1999, 361; *Ronellenfitsch,* Die Planfeststellung, VerwA 1989, 92; *Roth,* Verwaltungsrechtliche Organstreitigkeiten. Das subjektive Recht im innerorganisatorischen Verwaltungsrechtskreis und seine verwaltungsgerichtliche Geltendmachung, 2001; *Schenke,* Vorbeugende Unterlassungs- und Feststellungsklage im Verwaltungsprozeß, AöR 1970, 223; *ders,* Vollstreckungsrechtsschutz gegen Verwaltungsakte bei nach Bestandskraft entstandenen Einwendungen gegen den zu vollstreckenden Anspruch, VerwA 1970, 260 u 342; *ders,* Rechtsschutz bei normativem Unrecht, 1979; *ders,* Verwaltung und Verwaltungsgerichtsbarkeit – Gedanken zu einem der Grundthemen des Wirtschaftsverwaltungsrechts, WuV 1988, 145; *ders,* Die Rechtsschutzgarantie des Art 19 Abs 4 GG (Sonderausgabe aus dem BK), 1982; *ders,* Rechtsprechungsübersicht zum Verwaltungsprozeß (Teil 1–4), JZ 1996, 998; 1055; 1103; 1155; *ders,* Rechtsschutz gegen normatives Unrecht, JZ 2006, 1004; *Schenke/Baumeister,* Probleme des Rechtsschutzes bei der Vollstreckung von VAen, NVwZ 1993, 1; *Schliesky,* Aktuelle Rechtsprobleme bei Bürgerbegehren und Bürgerentscheid, DVBl 1998, 169; *Schönke,* Das Rechtsschutzbedürfnis, 1950; *Schumann,* Kein Bedürfnis für das Rechtsschutzbedürfnis, Fasching-FS 1988, 439; *Schwarplys,* Die allgemeine Gestaltungsklage im Verwaltungsprozeß, 1996; *Stein,* Die Sachentscheidungsvoraussetzung des allgemeinen Rechtsschutzbedürfnisses im Verwaltungsprozeß, 2000; *Steiner,* Die allgemeine Leistungsklage im Verwaltungsrecht, JuS 1984, 853; *Stephan,* Das Rechtsschutzbedürfnis, 1967; *Strahl,* Die allgemeine Gestaltungsklage als Klageart im Verwaltungsprozeßrecht, Diss. Bonn 1987; *Stumpf,* Die allgemeine Gestaltungsklage im Kommunalverfassungsstreit, BayVBl 2000, 103; *Ule,* Vorbeugender Rechtsschutz im Verwaltungsprozeß, VerwA 1974, 291; *Wefelmeier,* Probleme des Rechtsschutzes bei Bürgerbegehren und Bürgerentscheid, NdsVBl 1997, 31; *Wehr,* Rechtsprobleme des Bürgerbegehrens, BayVBl 1996, 549; *Wißmann,* Funktionsfreiheiten in der öffentlichen Verwaltung, ZBR 2003, 293; *Wittreck,* Das Sachbescheidungsinteresse im Verwaltungsverfahren, BayVBl 2004, 193; *Ziekow,* Der Fraktionsausschluß im Kommunalrecht: Zulässigkeit und vorläufiger Rechtsschutz, NWVBl 1998, 297.

Übersicht

1. Allgemeines: Die Gerichte der allg Vwgbk gewähren **Rechtsschutz nur im Rahmen ihrer Rechtswegzuständigkeit** (§ 40) u nur, wenn sie mit einer **Klage** (§ 81) oder einem **Antrag** (zB nach § 47, § 80 Abs 5, § 123 oder nach anderen Bestimmungen) angerufen werden. Die Klage, bei selbständigen BeschlußVf der Antrag, sind **Voraussetzung dafür, daß** die Verwaltungsgerichte **überhaupt tätig werden** (dürfen); sie bestimmen zugleich auch Ziel, Art u Umfang des vom Gericht begehrten Rechtsschutzes u damit den **Streitggst** (s 7–14 zu § 90), über den das Gericht durch Urteil (§ 107) oder Beschluß (§ 122, zB nach § 80 Abs 5) zu entscheiden hat. 1

Voraussetzung für den Erfolg der Klage bzw des Antrags ist: a) daß die **Klage** (bzw der Antrag) **zulässig** ist, dh daß alle für die Sachentscheidung des Gerichts erforderlichen **Sachentscheidungsvoraussetzungen** (Zulässigkeitsvoraussetzungen, Prozeßvoraussetzungen, Sachurteilsvoraussetzungen s unten 10 ff, 17 ff) im Zeitpunkt der letzten mV bzw der Entscheidung des Gerichts gegeben sind, u b), daß sie (bzw der Antrag) **begründet** ist, dh daß der vom Gericht auf- 2 grund der mV bzw des schriftlichen Vf (§ 101 Abs 2) festgestellte Sachverhalt (§ 108) die Voraussetzungen erfüllt, an die das geltende Recht die Zuerkennung des geltend gemachten Anspr knüpft (zur Begründetheit s im einzelnen unten 21 f). Zur Frage der für die Beurteilung des Gerichts **maßgeblichen Sach- und Rechtslage** s 29 ff u 217 ff zu § 113; 137 zu § 47.

3 **2. Arten der Klagen und Urteile: a) Allgemeines.** Obwohl § 40 den Verwaltungsrechtsweg (VRW) allg für alle ör Streitigkeiten eröffnet, gewähren die Verwaltungsgerichte Rechtsschutz im Rahmen **bestimmter Klage- bzw Antragsarten,** denen jeweils auch bestimmte Urteils- oder Beschlußformen zugeordnet sind. Die Statthaftigkeit einer bestimmten Verfahrensart stellt zwar auf der Basis der verwaltungsgerichtlichen Generalklausel des § 40 u im Hinblick auf die Rechtsschutzgarantie des Art 19 Abs 4 GG prinzipiell keine Zulässigkeitsvoraussetzung mehr dar, beeinflußt aber einzelne Sachentscheidungsvoraussetzungen (s unten 9). Die VwGO selbst regelt die vor den Verwaltungsgerichten zulässigen Klagen bzw Anträge u die dafür im einzelnen maßgeblichen Erfordernisse jedoch zT nur unvollständig u lückenhaft. **Soweit ausdr Bestimmungen fehlen** u nicht Besonderheiten des verwaltungsgerichtlichen Rechtsschutzes entgegenstehen, sind deshalb gem § 173 S 1 das GVG u die ZPO sowie ergänzend die **allg Grundsätze des Prozeßrechts,** wie sie insb im GVG u in der ZPO zum Ausdruck gekommen sind, heranzuziehen.

Maßgeblich für die Klageart ist **der in der letzten mV gestellte Klageantrag** (bzw das in diesem Zeitpunkt nach § 88 zu bestimmende Klagebegehren); alles was vorher vorgetragen wurde, ist insoweit unerheblich, auch wenn das Klagebegehren erst nach Erörterung geändert wurde (74, 3).

4 **Als Klagen bzw Anträge** vor den Verwaltungsgerichten kommen insb in Betracht:

1. die **Anfechtungsklage** (§ 42, § 113 Abs 1);
2. die **Verpflichtungsklage** (§ 42, § 113 Abs 5), einschließlich der Bescheidungsklage (s im einzelnen 6 zu § 42);
3. die **allg Leistungsklage** bzw Unterlassungsklage (erwähnt bzw vorausgesetzt in §§ 43 Abs 2, 111, 113 Abs 3, 169 Abs 2 u 191 Abs 1 (zur vorbeugenden Unterlassungsklage s unten 33);
4. die **Feststellungsklage** (§ 43);
5. die **Normenkontrollklage** (Normenkontrollantrag, § 47, ggf iVm landesrechtlichen Bestimmungen);
6. der **Antrag** auf vorläufigen Rechtsschutz gem § 80 Abs 5, auf **Aussetzung der Vollziehung** eines VA usw;
7. der Antrag auf **einstweilige Anordnung** (eA, § 123);
8. die besonderen **Rechtsbehelfe im Vollstreckungsverfahren,** insb die Vollstreckungsabwehrklage (§ 167 Abs 1, § 767 ZPO) u die Drittwiderspruchsklage (Widerspruchsklage, § 167 Abs 1, § 771 ZPO); s dazu 2 zu § 167;
9. die besondere vereinsrechtliche **Bestätigungsklage** nach § 16 VereinsG (vgl dazu Ule 32 IV);
10. die besonderen **Rechtsbehelfe in Personalvertretungssachen** (vgl 7 zu § 187).

5 **Andere Klagearten** u Rechtsbehelfe als die in der VwGO selbst zumindest erwähnten oder aufgrund der Verweisung in § 173 S 1 auf die ZPO zulässigen Klagen u sonstigen Rechtsbehelfe können **nur durch Bundesgesetz**, nicht dagegen auch durch Landesrecht eingeführt werden, da die VwGO insoweit eine erschöpfende Regelung enthält.[1]

---

[1] BVerfG 20, 251 = NJW 1967, 435; 83, 30 mwN; BVerwG 61, 363; Erichsen Jura 1980, 159; Pfeifer JA 1992, 316; offen Sa NVwZ 1987, 914; Pietzner VerwA 1993, 284; **aA** BVerwG NJW 1978, 1870; Ms 27, 258; DVBl 1978, 150; Bethge, Hdb der kommunalen

b) Verwaltungsrechtliche Organstreitigkeiten, insb Kommunalverfassungsstreitigkeiten. Keine besondere Klageart ist gegeben für die sog **„Kommunalverfassungsstreitigkeiten" u** ähnliche Organstreitigkeiten,[2] dh für Streitigkeiten zwischen Organen ör juristischer Körperschaften (Gemeinden, Universitäten, ör Verbände) untereinander über organschaftliche Rechte (vgl 80 zu § 42) u Pflichten aus dem Körperschaftsverhältnis.[3] Eine prozeßrechtliche Besonderheit ergibt sich hier nur daraus, daß **Beteiligte solcher Streitigkeiten nur Organe oder Organteile sind,** s 5 zu § 61. Auch in Organstreitigkeiten können Organe u selbständige Rechtsträger **nur individuelle organschaftliche Rechte** (s zum Begriff 80 zu § 42) geltend machen.[4] Als Organe u Organteile kommen in KommunalverfassungsorganstreitVf als beteiligungsfähig namentlich in Betracht der Gemeinderat, der Bürgermeister, der Magistrat, die Beigeordneten,[5] die Gemeinderatsausschüsse (97, 224), die Gemeinderatsfraktionen[6] u einzelne Gemeinderatsmitglieder, ein Ortsbeirat[7] sowie schließlich qualifizierte Antragsminderheiten in Verteidigung ihrer Antragsbefugnisse.[8] Keine kommunalen Verfassungsorgane u damit keine Träger von Organrechten sind die Initiatoren eines Bürgerbegehrens, die Vertretungsbefugten sowie das Bürgerbegehren selbst.[9] Wie es sich beim Wahlrecht um ein subjektives Recht des Bürgers im Rahmen der repräsentativen (mittelbaren) Demokratie handelt, so werden auch mit der Teilnahme an Bürgerbegehren u Bürgerentscheiden – wenn auch in einem Akt unmittelbarer Demokratie – subjektive Bürgerrechte wahrgenommen. Als zusätzliches Indiz spricht gegen die Stellung als Kommunalverfassungsorgan die fehlende Dauerhaftigkeit u Organisationsstruktur des Bürgerbegehrens. Rechtsschutzeinbußen sind mit der Verneinung von Organrechten nicht verbunden, da dort, wo den Initiatoren des Bürgerbegehrens ein subjektives Recht eingeräumt wird[10] oder bereits jedem Unterzeichner (so § 41 Abs 2 BWKWG) dieses Recht ggü der Gemeinde zusteht, es klageweise geltend gemacht werden kann. Ist die Klage nicht gegen die Gemeinde, sondern gegen den Gemeinderat oder 6

Wissenschaft und Praxis Bd 2, 1982, 187; Graf BayVBl 1982, 333; Preusche NVwZ 1987, 855; vgl auch Bettermann NJW 1967, 435; Krebs VerwA 1977, 195.

[2] Umfassend hierzu Roth, Verwaltungsrechtliche Organstreitigkeiten.

[3] NJW 1980, 304; BVerfG 8, 130; Ks DVBl 1991, 777; Lorenz § 25, 9f; Schenke 226ff, 346, 432; DÖV 1982, 722; Aulehner JA 1989, 482; Kopp BayVBl 1977, 518; Hufen § 21, 11; Ziekow NWVBl 1998, 297; s auch 10 zu § 43; **aA** BVerwG JR 1974, 437; ebenso NVwZ 1982, 243; 1989, 470; Ms NVwZ 1989, 990; DVBl 1991, 499; Lü 27, 351; DuR 1988, 317; Mü BayVBl 1984, 401 mwN; 1988, 83 mwN; Ma NVwZ 1984, 660, 664; Ks NVwZ 1990, 391; Graf BayVBl 1982, 332: Aufhebung der entsprechenden Akte.

[4] Ko NVwZ 1985, 283; Ma DÖV 1988, 469; NuR 1990, 370: kein allg Anspr der Mitglieder auf formell u materiell ordnungsgemäße Beschlüsse, nur Anspr auf Feststellung, daß Beschluß, der unter Verletzung subjektiver Rechte zustandegekommen ist, rechtswidrig ist; Schröder NVwZ 1985, 246; Müller NVwZ 1994, 120.

[5] VG Potsdam LKV 1998, 409.

[6] DVBl 1986, 241; Lü NdsVBl 1998, 140; Ma VBlBW 1988, 407; Ms 30, 196; Ks DVBl 1998, 781.

[7] Ks NVwZ 1987, 919; Franz Jura 2005, 160.

[8] Ma DVBl 1984, 730.

[9] Ba SächsVBl 2004, 260, 264f; Gr NVwZ 1997, 307; Ks NVwZ 1997, 310; Mü NVwZ-RR 1998, 257; Ms DVBl 1998, 785; v Danwitz DVBl 1996, 141; Franz Jura 2005, 160; Frotscher/Knecht DÖV 2005, 808; Heimlich DÖV 1999, 1031; Meyer NVwZ 2003, 183; Roth Verwaltungsrechtliche Organstreitigkeiten 64ff; Schenke 462; Schliesky DVBl 1998, 170ff; **aA** Ba NVwZ-RR 1998, 254; Ko NVwZ-RR 1995, 412; 1997, 241 – Bürgerbegehren als gemeindliches Quasiorgan; Lü NdsVBl 1998, 240; 2001, 166; VG Leipzig LKV 2000, 556; Fischer DÖV 1996, 183; Wefelmeier NdsVBl 1997, 33ff.

[10] Für ein subjektives Recht der Initiatoren in ihrer Gesamtheit – allerdings unter Qualifizierung dieses Rechts als Organrecht – VG Darmstadt NVwZ-RR 1995, 157; Fischer DÖV 1996, 184; Jaroschek BayVBl 1997, 41; Wefelmeier NdsVBl 1997, 35; **aA** Ks NVwZ 1997, 310; VG Dessau LKV 1996, 74f.

ein anderes kommunales Verfassungsorgan gerichtet, das über die Zulässigkeit des Bürgerbegehrens zu entscheiden hat, kommt in Anknüpfung an den Rechtsgedanken des § 78 Abs 1 Nr 1, 2. HS eine Umdeutung des Klagebegehrens in dem Sinn in Betracht, daß es als gegen die Gemeinde gerichtet angesehen wird (Schenke 462). Richtige Klageart ist eine Verpflichtungsklage.[11]

Allg zum Rechtsschutz in Kommunalverfassungs- und ähnlichen Streitsachen s auch 10 zu § 43; 5 zu § 78; KR 90ff zu § 35 VwVfG; zu bei der Verwaltung angesiedelten Gremien (zB Ausländerbeirat, Jugendhilfeausschuß nach § 71 SGB VIII) s Herbert DÖV 1994, 108. Zur Zulässigkeit eines sog **„In-sich-Prozesses"** s auch 7 zu § 63; zur **Rechtsnatur der Organrechte als subjektive Rechte** 80 zu § 42; zur **Beteiligungsfähigkeit** im OrganstreitVf 5 u 11 zu § 61; zur Frage der **Klagebefugnis** bei kommunalen Verfassungsorganstreitigkeiten, insb zur Zulässigkeit von Klagen, mit denen ein Organteil die Verletzung von Rechten des Organs geltend macht, s 80 zu § 42; zur Frage des **richtigen Bekl** in OrganstreitVf 3 zu § 63; zum Rechtsschutz durch die allg Leistungsklage unten 7 sowie 8a; zur Klageart bei Bürgerbegehren 88 zu Anh § 42, zur Klagebefugnis in diesen Fällen 80 zu § 42.

Soweit in der Rspr oder im Schrifttum – entgegen der hier (s im einzelnen unten 7) vertretenen Auffassung – **Organklagen** der genannten Art als besondere Klageart **anerkannt werden,** ist str, ob sie analog zur Anfechtungsklage auch auf **Aufhebung des** in Frage stehenden **Aktes** (insb Beschlusses, Anordnung usw) gerichtet werden können[12] **oder nur auf Verpflichtung des zuständigen Organs** zur Aufhebung der Akte (s hierzu auch unten 8b). Unabhängig von der Streitfrage der Qualifikation von Organakten als VAe oder nicht, ist nach **Erledigung der Hauptsache** jedenfalls gem § 43 bzw gem oder analog § 113 Abs 1 S 4 die Klage auf Feststellung, **daß** das Organ **nicht zur Vornahme des Akts** bzw seiner Unterlassung **berechtigt war** bzw **der Akt** bzw seine Unterlassung **rechtswidrig war** u den Kl in seinen Rechten verletzt, anzuerkennen (vgl Ehlers NVwZ 1990, 109: FFK analog § 113 Abs 1 S 4).

7 Sind die in Frage stehenden (Organ-)Handlungen **als VAe zu qualifizieren,**[13] die in subjektive Rechte iSv § 42 Abs 2, einschließlich organschaftlicher Rechte u den Betroffenen zur Wahrung ihrer funktionellen Interessen verliehener Befugnisse (s 80 zu § 42), eingreifen, ist die **Anfechtungs- bzw Verpflichtungsklage** auch hier die gebotene Klageart (Mü BayVBl 1979, 686; Streinz BayVBl 1983, 747; Obermayer 207; **aA** die noch hM, vgl 10 zu § 43); **sonst die allg Leistungsklage**[14] **bzw,** soweit diese nicht in Betracht kommt, **die allg Feststellungsklage** gem § 43.[15]

Die Anfechtungs- bzw Verpflichtungsklage ist bei Organstreitigkeiten **insb gegeben** zB für die Anfechtung von Einzelakten (dh Akte, die nicht in Form von Rechtsvorschriften erfolgen), mit denen staatliche Behörden oder Organe der Körperschaft selbst **die Organisation** der Körperschaft mit Wirkung

---

[11] Ma NVwZ-RR 1994, 110; Mü NVwZ-RR 1999, 138; VG Dessau LKV 1996, 74; v Danwitz DVBl 1996, 141; Wehr BayVBl 1996, 552f; **aA** – allerdings zT von der Prämisse ausgehend, es handele sich hier um Organstreitigkeiten – Ko NVwZ-RR 1995, 412; 1997, 241; VG Darmstadt NVwZ-RR 1995, 157; Fischer DÖV 1996, 183; Heimlich DÖV 1999, 1034; Wefelmeier NdsVBl 1997, 34.

[12] So ua Lü DÖV 1979, 170; Lerche, Knöpfle-FS 181 sowie die unten unter 8b genannten Befürworter einer allg Gestaltungsklage; **aA** Ehlers, NVwZ 1990, 105.

[13] Schenke 228; KR 90ff zu § 35 VwVfG; s auch 86 zu Anh § 42; 5 zu § 77; vgl auch Hufen § 21, 12.

[14] Vgl Buchh 310 § 40 VwGO Nr 179; Ma NVwZ 1984, 660, 664.

[15] Buchh 310 § 40 VwGO Nr 179; Mü NVwZ-RR 1993, 503; Ma DÖV 1988, 469; Ko DÖV 1985, 156; Ms DVBl 1981, 874 – unter Aufgabe der abw Rspr in Ms 17, 207; 22, 75; 27, 209, wo eine Klage sui generis angenommen worden war –; Krebs VerwA 1977, 189; s auch 10 zu § 43.

hat, s 14 zu § 42, s zur Frage des Anspr auf Erlaß eines feststellenden VA auch 2u 26 zu § 43 sowie Schenke/Roth WuV 1997, 172.

Über die allg Leistungsklage können prinzipiell auch **Anspr eines Hoheitsträgers ggü dem Bürger aus einem ör Rechtsverhältnis** geltend gemacht werden. Geklagt werden kann dabei auch auf ein Unterlassen (Hbg DÖV 1989, 127; NKVwGO-Sodan 61 zu § 42; RÖ-v Nicolai 162 zu § 42). Im Hinblick auf die Möglichkeit des Hoheitsträgers, solche Anspr uU zum Gegenstand eines VA zu machen u erforderlichenfalls zwangsweise durchzusetzen, bedarf es immer einer näheren **Überprüfung des RSB** (s dazu unten 50).

Für die allg Leistungsklage gelten die **allg Prozeßvoraussetzungen** (Sachentscheidungsvoraussetzungen, s unten 17). Zur **analogen Anwendung des § 42 Abs 2 auf die allg Leistungsklage** s 62 zu § 42. Eines **Antrags** bei der Verwaltung auf Vornahme der begehrten Amtshandlung **bedarf es** selbst bei beamtenrechtlichen Streitigkeiten (anders als bei einer Verpflichtungsklage gem §§ 68 Abs 2, 75 S 1) **nicht,**[17] s unten 51. Soweit gesetzlich nichts anderes vorgesehen ist (so zB in § 126 Abs 3 BRRG), bedarf es keines VorVf u gelten auch keine Klagefristen. Zeitliche Einschränkungen können sich aber unter dem Gesichtspunkt der Verwirkung ergeben (s unten 52 ff).

Bezüglich des für die Entscheidung **maßgeblichen Zeitpunkts** gilt dasselbe wie für die Verpflichtungsklage (s dazu 217 ff zu § 42). Maßgeblich ist demnach, ob im **Zeitpunkt der letzten mündlichen Verhandlung bzw der Entscheidung** ein Rechtsanspr auf die begehrte Amtshandlung oder Unterlassung bestand.

8 b **d) Allg verwaltungsgerichtliche Gestaltungsklage.** Von deren Statthaftigkeit wird zT im neueren Schrifttum ausgegangen.[18] Als Anwendungsbereich werden neben Verwaltungsorganakten (86 f zu Anh § 42) u Flächennutzungsplänen (57 zu Anh § 42) vor allem solche Regelungen genannt, die ohne nach außen gerichtet zu sein, den Kl ausnahmsweise in seiner Rechtsstellung betreffen (so zB uU Umsetzungen oder aufsichtsbehördliche Weisungen, vgl 70 u 76 sowie 90 zu Anh § 42). Bewirken sie eine RVerletzung, könnten sie mittels eines Gestaltungsurteils (ähnlich wie VAe durch ein Aufhebungsurteil gem § 113 Abs 1 S 1) unmittelbar durch das Gericht aufgehoben werden. Der VwGO ist aber eine allg Gestaltungsklage fremd. Sie läßt sich **weder aus § 43 Abs 2 S 1 noch aus der Rechtsschutzgarantie des Art 19 Abs 4 GG** ableiten. Wenn § 43 Abs 2 S 1 außer von Leistungsklagen auch von Gestaltungsklagen spricht, so kann daraus nicht gefolgert werden, daß genauso wie eine allg Leistungsklage auch eine allg Gestaltungsklage statthaft sein muß (so aber zB P § 9, 4; Stern 148 f; s auch Grupp, Lüke-FS 212). Die Erwähnung der Gestaltungsklage in § 43 Abs 2 S 1 behält auch dann ihren Sinn, wenn man eine allg Gestaltungsklage für nicht statthaft ansieht, da die VwGO neben der Anfechtungsklage eine **Reihe anderer Gestaltungsklagen,** wie etwa die Vollstreckungsgegenklage (§ 167 Abs 1 iVm § 767 ZPO) u die Drittwiderspruchsklage (§ 167 Abs 1 iVm § 771 ZPO) kennt (s Schenke 366). Während eine allg Leistungsklage, deren Zulässigkeit bereits vor der VwGO bejaht u vom Gesetzgeber – wie die Entstehungsgeschichte belegt

[17] 36, 199; 49, 357; NJW 1981, 67; NVwZ 2002, 97; Ehlers Jura 2006, 356; Schenke 363; Sch-Ehlers 82.

[18] Vgl Grupp, Lüke-FS 1997, 208 ff; Felix/Schwarplys ZBR 1996, 38 f; P § 9, 2 f; Schwarplys, Die allgemeine Gestaltungsklage als Rechtsschutzform gegen verwaltungsinterne Regelungen, 1996; Stern 148; Strahl, Die allgemeine Gestaltungsklage als Klageart im Verwaltungsprozeß, Diss Bonn 1987, 62; Stumpf BayVBl 2000, 103 ff; ansatzweise auch Lerche, Knöpfle-FS 181, der sich bei Innenrechtsstreitigkeiten für eine analoge Anwendung der Anfechtungsklage ausspricht; **aA** Ks DVBl 1965, 452; Ma VerwRspr 25, 220; Ehlers NVwZ 1990, 106; Hk-Terhechte 68 zu § 43; Hoppe, Organstreitigkeiten vor den Verwaltungs- und Sozialgerichten, 1970, 172 ff; Schenke 370; SGH 369; Sch-Pietzcker 20 vor § 42 Abs 1; Schmidt-Aßmann, Menger-FS 116; Schoch JuS 1987, 788; Würt 266 Fn 2.

ggü den insoweit mit eigenen Rechten oder rechtlichen Befugnissen ausgestatteten Organen u Mitgliedern **regeln** (45, 42; s im einzelnen KR 90 ff zu § 35 VwVfG mwN), sowie für die Anfechtung der **Bestellung, Wahl** usw von Organen u von **Sanktionen** u sonstigen Einzelfallregelungen ggü Mitgliedern, zB des Ausschlusses von der Beratung u Abstimmung wg Befangenheit; ebenso für das Begehren, den Vorsitzenden zur Aufnahme eines Beratungs- u Beschlußpunktes in die Tagesordnung für eine Sitzung zu verpflichten (**aA** Ma DÖV 1980, 573: nur Feststellungsklage; Mü BayVBl 1988, 166: nur Leistungsklage). S. im einzelnen auch die Beispiele bei KR 90 ff zu § 35 VwVfG mwN. Zu **besonders geregelten Verfahren,** die mit einem VA enden, der dann der **Anfechtungsklage** unterliegt oder mit einer Verpflichtungsklage erzwungen werden kann, zB in Wahlangelegenheiten, s 4 f zu § 77.

Außerhalb des Anwendungsbereichs der Anfechtungs- und Verpflichtungsklage (s 1 ff zu § 42) sowie spezialgesetzlich geregelter Klagen (s oben 4) bietet sich ein Rechtsschutz über die **allg Leistungsklage** (dazu im folgenden) oder über die **allg verwaltungsgerichtliche Feststellungsklage** (dazu 1 ff zu § 43) an, die allerdings dort, wo die Feststellungsklage das Bestehen eines Anspr zum Gegenstand hat, der mit der Leistungsklage durchsetzbar ist, durch diese gem § 43 Abs 2 S 1 ausgeschlossen wird (Roth, Verwaltungsrechtliche Organstreitigkeiten 966; Sch-Pietzcker 18 vor § 42; Schenke 346; s auch allg 28 zu § 43). Diskutiert wird auch die Statthaftigkeit einer **allg verwaltungsgerichtlichen Gestaltungsklage.** Zum **Rechtsschutz gegen Normen** s neben 1 ff zu § 47 auch 8 ff zu § 43 sowie Schenke, Rechtsschutz passim u JZ 2006, 1004 ff. 8

c) Allg Leistungsklage. Sie kann sowohl auf die Vornahme einer **nicht als VA zu qualifizierenden ör Amtshandlung** der Verwaltung (zB eines Realakts, einer ör Willenserklärung, eines innerdienstlichen Rechtsakts wie einer Umsetzung oder eines Organakts, s 86 zu Anh § 42 sowie 10 u 28 zu § 42 u oben 7) wie auch auf Unterlassung einer ör Amtshandlung gerichtet sein (s auch 41 zu § 42). Gegenstand einer Unterlassungsklage ist nach hM das Unterlassen jeder Art ör Amtshandlungen der Verwaltung **einschließlich des Unterlassens eines VA,**[16] da insoweit § 42 nicht unmittelbar einschlägig ist (zu den Einschränkungen, die sich bei einer Klage auf Unterlassung des VA ergeben, wenn ein ausreichender Rechtsschutz gegen den drohenden VA mittels eines nach seinem Erlaß statthaften Anfechtungswiderspruchs bzw einer Anfechtungsklage möglich ist, s unten 33 f). Geht man davon aus, daß eine **Klage auf Erlaß einer untergesetzlichen Rechtsnorm** nicht als verfassungsrechtliche Streitigkeit zu qualifizieren ist (so etwa Ehlers Jura 2006, 353; Köller/Haller JuS 2004, 189; s hierzu dagegen 32 h zu § 40; Schenke 131), kommt auch insoweit ein Rechtsschutz über eine allg Leistungsklage in Betracht (s 13 f zu § 47), während eine Klage auf Erlaß eines formellen Gesetzes wg des hier unbestreitbaren Vorliegens einer verfassungsrechtlichen Streitigkeit (s 32 a zu § 40) unzulässig ist. Zur Unzulässigkeit einer Klage auf Aufhebung einer Norm s Br NVwZ-RR 2001, 378. 8 a

Statt auf eine hoheitliche Amtshandlung zu klagen, könnte der Kl auch auf **Bescheidung seines Antrags auf Vornahme einer Amtshandlung** klagen, was sich insb dann anbietet, wenn der Verwaltung ein gerichtlich begrenzt überprüfbarer Ermessens- oder Beurteilungsspielraum zusteht (s 2 zu § 113 u 9 zu § 42).

Allg zum Verhältnis der allg Leistungsklage zur Anfechtungs- u Verpflichtungsklage s 13 ff zu § 42 u 40 ff zu Anh § 42; zur Frage des **Verhältnisses von *allg Leistungsklage* zu einer Verpflichtungsklage,** die auf den Erlaß eines feststellenden VA gerichtet ist, der die Leistung der Verwaltung zum Gegenstand

---

[16] Vgl für die ganz hM DVBl 1971, 746 f; Ehlers Jura 2006, 354; NKVwGO-Sodan 57 zu § 42; Sch-Pietzcker 164 ff zu § 42; Schenke 354; 41 zu § 42.

(vgl BT-Dr III/1094 zu § 40 S 5) – anerkannt wurde, aus verfassungsrechtlichen Gründen bei der Durchsetzung von Anspr auf schlicht hoheitliches Verwaltungshandeln unerläßlich ist, ist dies bei der postulierten allg Gestaltungsklage anders. Sie war weder vor Schaffung der VwGO anerkannt noch bestehen Anhaltspunkte dafür, daß der Gesetzgeber sie bei der Schaffung der VwGO im Auge hatte. Vor allem ist sie auch zur Gewährleistung des verfassungsrechtlich gebotenen Rechtsschutzes nicht notwendig. Soweit der Betroffene einen Rechtsanspr auf die Beseitigung einer hoheitlichen Handlung hat, die ihn in seinen Rechten verletzt, ist dieser Anspr (außerhalb des Anwendungsbereichs des § 42) bereits mittels der allg Leistungsklage durchsetzbar. Das steht im Einklang damit, daß sich das prozessuale Rechtsschutzsystem grds am materiellen Recht zu orientieren hat (zu dieser „dienenden" Funktion Ruthig BayVBl 1997, 293; im Zivilprozeßrecht MKZPO 19 vor § 253 ZPO) u damit die Leistungsklage die richtige Klageart für die Durchsetzung von Leistungsanspr ist. Das gilt um so mehr, als eine kassatorische Entscheidung, bei welcher das Gericht selbst eine Regelung trifft, einen **weiterreichenden Eingriff in den Funktionsbereich der Verwaltung darstellt** als ein die Verwaltung zu einer Leistung verpflichtendes Urteil (s auch Sch-Pietzcker 20 zu § 42). Unabhängig davon, ob die Vollstreckung eines Leistungsurteils in entspr Anwendung des § 172 oder gem § 167 Abs 1 iVm § 888 ZPO oder § 894 ZPO stattzufinden hat (zur Notwendigkeit einer Vollstreckbarkeit wg Art 19 Abs 4 GG BK-Schenke 166 zu Art 19 Abs 4 GG), bestehen auch in dieser Hinsicht – ebenso wie bei anderen Leistungsklagen, insb auch Verpflichtungsklagen – keine Bedenken im Hinblick auf das verfassungsrechtliche Gebot der Effektivität des Rechtsschutzes (**aA** Grupp, Lüke-FS 219). Die Bejahung einer allg Gestaltungsklage läßt sich auch schwerlich damit in Einklang bringen, daß nachträglich entstandene Einwendungen gegen einen bestandskräftigen VA nach heute einhelliger Meinung mittels einer Verpflichtungsklage geltend zu machen sind (s 38 zu § 42).

Dazu, daß sich iVm verwaltungsrechtlichen Organstreitigkeiten die Frage der Statthaftigkeit einer allg Gestaltungsklage meist nicht stellt, weil Organakte häufig als VAe zu qualifizieren sind, s oben 7 sowie 87 zu Anh § 42.

e) Wg der **unterschiedlichen Voraussetzungen** (zB §§ 42 Abs 2, 68ff bei Anfechtungs- u Verpflichtungsklagen) u zT auch **Folgen** (zB § 167 Abs 2) der einzelnen Klage- bzw Antragsarten kann im konkreten Fall grds **nicht dahingestellt** bleiben, um **welche Klage-**(Antrags-)**Art es sich handelt** (14, 323; Ms MDR 1961, 538; ME VerwA 1967, 79; Bachof I Nr 231 u 319). Etwas **anderes** gilt insoweit nur **dann,** wenn es für die Entscheidung **im Ergebnis nicht darauf ankommt** u insb auch sich hins der Klagevoraussetzungen u der Bindungswirkung des Urteils u einer evtl Vollstreckung insoweit kein Unterschied ergibt.[19] 9

Str ist, **ob bei mißbräuchlicher Verwendung von Handlungsformen** durch die Verwaltung (sog Formenmißbrauch) als Klageart bzw Antragsart außer der Klage- oder Antragsart, die der Handlungsform entspricht, **auch die Klagebzw Antragsart zulässig** ist, die gegeben wäre, **wenn** die in Frage stehende **Handlung in der richtigen,** dh gesetzlich gebotenen **Form erfolgt** wäre. Die Frage dürfte heute auch in Fällen offensichtlichen Formenmißbrauchs zu **verneinen** sein (**aA** Ks NJW 1983, 2896). S auch KR 16 zu § 35 VwVfG.

3. Besondere Verfahrensarten: Im Gegensatz zur ZPO kennt die VwGO keine **besonderen Verfahrensarten,** durch die für besondere Sachgebiete in größerem Ausmaß die allg Verfahrensbestimmungen durch besondere Bestimmungen ersetzt werden. Auch nach der VwGO sind jedoch je nachdem, auf welche Kriterien man abstellt, jedenfalls **UrteilsVf** u die weniger förmlichen **BeschlußVf** (§ 122) zu unterscheiden, außerdem die **vereinfachten Vf nach** 9a

[19] 62, 14; Mü BayVBl 1981, 22; Ms NJW 1982, 1415; zur grds Unzulässigkeit einer Abweisung als jedenfalls unbegründet s unten 10.

§ 84 (Gerichtsbescheidsverfahren). Besonderheiten im Vergleich zum normalen Urteils- u BeschlußVf weisen auch die selbständigen **BeschlußVf nach § 80 u § 123** u das **NK-Vf** nach § 47, zT auch – s §§ 65 Abs 3; 67a; 121 Nr 2 – Vf mit einer Vielzahl von Beteiligten (s dazu oben 3).

Besondere Bestimmungen gelten auch für **Flurbereinigungssachen** u in **Asylsachen** nach dem AsylVfG. **Zu FlurbereinigungsVf** s Ronellenfitsch VerwA 1987, 323. **Zu AsylVf** s Schoch DVBl 1993, 1161; Voßkuhle DÖV 1994, 53; Henkel NJW 1993, 2705; Huber NVwZ 1993, 736; Sch-Schmidt-Aßmann Einl 97.

10 **4. Prozeßvoraussetzungen und Prozeßhandlungsvoraussetzungen: a) Prozeßvoraussetzungen (Sachentscheidungsvoraussetzungen).** Das Gericht darf eine Sachentscheidung durch Urteil bzw Beschluß entsprechend dem Rechtsschutzbegehren des Kl nur erlassen, wenn die Klage bzw der Antrag **zulässig** ist, dh, wenn die nach der VwGO dafür vorgeschriebenen Sachentscheidungsvoraussetzungen (Prozeßvoraussetzungen, Zulässigkeitsvoraussetzungen) vorliegen. Diese sind keine „echten" Prozeßvoraussetzungen, da bei ihrem Fehlen trotzdem ein Prozeßrechtsverhältnis zustande kommt, das nur nicht durch eine Sachentscheidung abgeschlossen wird (Schenke 58; Sch-Ehlers 6); dieser Begriff ist daher ungenau. Die Sachentscheidungsvoraussetzungen sind immer vAw **u** in jedem Stadium des Vf **zu prüfen.**[20] Bei ihrer Feststellung ist das Gericht weder an das tatsächliche Vorbringen der Beteiligten noch an ihre Rechtsauffassung gebunden. Es **darf** die **Frage der Zulässigkeit** grds auch dann **nicht offen lassen,** wenn sie schwierig zu beantworten ist, während die Begründetheit oder Unbegründetheit des geltend gemachten Anspr auf der Hand liegt.[21] **Anders, wenn sicher ist, daß keinem Beteiligten** aus der Abweisung der Klage (bzw der Zurückweisung eines RMittel) **als jedenfalls** unbegründet, insb auch aus der Ungewißheit hins des Umfangs der RKraft, **ein Nachteil** erwachsen kann.[22] Auf keinen Fall darf die Frage der Zulässigkeit des VRW oder der Zuständigkeit des Gerichts dahingestellt bleiben, da die Frage der gerichtlichen Zuständigkeit (s auch Art 101 Abs 1 S 2 GG) nicht zur richterlichen Disposition steht (zur hier idR gebotenen Verweisung s 2 zu § 40). Die grds **Notwendigkeit vorheriger Prüfung der Zulässigkeit** ergibt sich insb daraus, daß andernfalls der Umfang der RKraft ungewiß bliebe (s 18ff zu § 121). **Bei Verstoß** gegen den genannten Grundsatz erwächst die **Sachentscheidung nicht in RKraft** u sind Ausführungen zur Sache als nicht geschrieben zu betrachten.[23] Zur (zu verneinenden) Frage, ob der tatsächliche Sachvortrag des Kl bei der Entscheidung über die Zulässigkeit des VRW (wie auch der Zuständigkeit) als richtig unterstellt werden kann, s 6 zu § 40.

11 Die Sachentscheidungsvoraussetzungen müssen grds **jedenfalls im Zeitpunkt der letzten mV** vorliegen;[24] vorher fehlende Prozeßvoraussetzungen können bis

---

[20] S zB 40, 30; BVerfG 40, 361; Mü BayVBl 1984, 757.

[21] Vgl BAG NJW 1994, 1173; BFH NVwZ-RR 2002, 544; Geiger VBlBW 2004, 336; Jauernig § 33 V 4; Renck JuS 1999, 364; Sch-Ehlers 3f; Schenke 64; **aA** Grundmann ZZP 1987, 56; Grunsky ZZP 80, 55.

[22] DVBl 1968, 210; Buchholz 310 § 113 Nr 237; Mü BayVBl 1988, 212; BFH BayVBl 1988, 219; ebenso für das Vorliegen des RSB BGH NJW 1987, 2809; Jauernig § 35 I: die Funktion des RSB – Vermeidung sinnloser Inanspruchnahme der Gerichte – verbiete es, es auch dann langwierig zu prüfen, wenn die Unbegründetheit der Klage bereits feststeht; ebenso Schilken ZP Rn 335; demgegenüber stets für eine uneingeschränkte Zulässigkeitsprüfung Renck JuS 1999, 364f.

[23] BGHZ 64, 284; WM 1991, 2081; Geiger VBlBW 2004, 336; ThP 8 vor § 253 ZPO; **aA** bzgl RSB u Feststellungsinteresse M 12 vor § 253 ZPO mwN.

[24] NVwZ 1993, 889 – zur Klagebefugnis; Buchh 310 § 113 Nr 7 – zum RSB; BGH NJW 1980, 520; SGH 29; B-v Albedyll 1 vor § 42; Sch-Ehlers 19; Obermayer 217; Hambitzer DÖV 1985, 270 – als Folgerung aus dem Untersuchungsgrundsatz.

zu diesem Zeitpunkt grds **nachgebracht** bzw **geheilt** werden (Stern 1 II; Obermayer 217; SGH 29 mN; Herden NJW 1984, 2074). Soweit der **Gegenstand einer Klage bzw eines Antrags** im Zeitpunkt ihrer Einlegung noch **nicht existent** war, wird dieser Mangel jedoch nicht dadurch geheilt, daß der Gegenstand im Zeitpunkt der letzten mündlichen Verhandlung bzw der Entscheidung vorliegt (Ba BauR 1998, 513 – für den Fall des § 47; s auch 15 u 149 zu § 47). Entsprechendes hat auch für die Erhebung einer (nicht der vorherigen Durchführung eines VorVf bedürfenden) Anfechtungsklage, die vor Ergehen des VA angestrengt wurde, zu gelten.[25] Dies ergibt sich daraus, daß die bedingte Einlegung eines förmlichen Rechtsbehelfs unzulässig (s MDR 1978, 600 u Ba BauR 1998, 514) u deshalb das Vorliegen des Angriffsobjekts im Zeitpunkt der Stellung des Antrags bzw der Erhebung der Klage eine **Zugangsvoraussetzung** ist.[26] Wenn gesetzlich nicht ausdr etwas anderes bestimmt (vgl zB § 17 a Abs 1 u Abs 5 GVG, dazu 1 u 21 ff zu § 41) oder zugelassen ist, müssen die Voraussetzungen für die Zulässigkeit einer Klage **jedenfalls auch** (noch) **im Zeitpunkt der letzten mV** oder, bei Entscheidung ohne mV, im letztmöglichen Zeitpunkt für die Stellung von Anträgen (vgl 14 zu § 104) gegeben sein (DVBl 1993, 734; BGH MDR 1978, 566 bezeichnet dies als einen allg Grundsatz des Verfahrensrechts). Zu den Prozeßvoraussetzungen bei RMittel s 27 ff vor § 124.

b) Ausnahmen. Nur **bei Beendigung eines Vf in anderer Weise** als 12
durch Urteil bzw Beschluß bezüglich der Hauptsache, zB bei Klagerücknahme (§ 92), Vergleich (§ 106) oder übereinstimmenden Hauptsacheerledigungserklärungen (§ 161 Abs 2), ist das Vorliegen der **Prozeßvoraussetzungen** grds **nicht mehr zu prüfen** (soweit sie nicht zugleich auch die Wirksamkeit der entsprechenden verfahrensbeendenden Erklärungen betreffen).[27] Die **Zulässigkeit des** VRW u die Zuständigkeit des Gerichts gelten dann auch für die ggf noch zu treffende Entscheidung über die **Einstellung des Vf u die Kosten** (vgl OLG Frankfurt MDR 1981, 676: bei Erledigungserklärungen der Hauptsache keine Verweisung mehr wg der Kosten an das zuständige Gericht).

c) Prozeßhandlungsvoraussetzungen sind Voraussetzungen, die nicht das 13
gesamte Vf betreffen, die aber erfüllt sein müssen, damit bestimmte **Handlungen des Gerichts oder der Beteiligten** (§ 63) prozeßrechtlich zulässig sind. Das betrifft zB die Einstellung des Verfahrens, die Wiedereinsetzung gegen die Versäumung der Klagefrist (§ 60), die Beiladung Dritter zum Vf (§ 65) usw durch das Gericht oder die Rücknahme der Klage (§ 92), die Klageänderung, die Zurücknahme eines RMittel (§ 126), Beweisanträge nach § 86 Abs 1 usw Beteiligter (vgl auch Sch-Ehlers 13). Soweit Prozeßhandlungsvoraussetzungen nicht zugleich Prozeßvoraussetzungen sind, berührt ihr **Fehlen** die Zulässigkeit des Vf zur Sache im Zweifel nicht. Zur **Zurückweisung verspäteten Vorbringens** s 1 ff zu § 87 b.

Maßgeblich für die **Beurteilung der Zulässigkeit** u Gültigkeit einer Prozeßhandlung ist grds der **Zeitpunkt ihres Eingangs** bei Gericht (§ 269 Abs 2 S 2 ZPO, § 173 S 1; vgl BVerwG NJW 1987, 602).

Prozeßhandlungen, insb Prozeßerklärungen, **bedürfen,** wenn u soweit 13 a
durch Gesetz nichts anderes bestimmt ist (zB für die Klageerhebung § 81), **keiner besonderen Form.** Sie müssen aber jedenfalls für das Gericht u für die Beteiligten als solche erkennbar sein; sie können auch in einem konkludenten Ver-

---

[25] S 4 a zu § 74; zu dem entsprechenden Problem der Einlegung eines Widerspruchs vor Ergehen des VA s 2 zu § 68 mwN.

[26] S zu Zugangsvoraussetzungen auch Sch-Ehlers 20; als eine Zugangsvoraussetzung wird in den Fällen des § 80 Abs 6 grds auch die vorherige erfolglose Durchführung eines behördlichen AussetzungsVf angesehen, s 185 zu § 80.

[27] S im einzelnen 17 ff zu § 92; 9 zu § 106, 23 ff zu § 161; 3 zu § 40; Sch-Ehlers 5.

halten bestehen (BGH NJW 1978, 1817); **bloßes Schweigen** eines Beteiligten auf eine entsprechende Erklärung eines anderen Beteiligten genügt (sofern das Gesetz nichts anderes bestimmt, vgl zB §§ 91 Abs 2, 161 Abs 2 S 2) nicht u kann auch nicht konkludent als Zustimmung angesehen werden (DVBl 1992, 778; s hins der Zustimmung zur Klagerücknahme auch 16 zu § 93; zur Hauptsacheerledigungserklärung 13 zu § 161). Für die **Auslegung von Prozeßerklärungen** gelten §§ 133, 157 BGB analog (DVBl 1993, 563; s zur Klageerhebung auch 3ff zu § 82). Zur **Anfechtung** u **zum Widerruf** von Prozeßerklärungen s unten 15.

14 Bei **Handlungen der Beteiligten** macht das Fehlen einer Prozeßhandlungsvoraussetzung grds die betroffene **Prozeßhandlung unwirksam** mit der Folge, daß das Gericht sie nicht beachten darf. Fehlt dagegen nur die Vollmacht – u nicht die Postulationsfähigkeit – so kann dieser Mangel geheilt werden (s 56 zu § 67; allg Fenger, Die Genehmigung unwirksamer Prozeßhandlungen, Diss. Münster 1986); **bei Handlungen des Gerichts** dagegen gilt Entsprechendes **nur, wenn** der Fehler **so schwerwiegend** ist (zB Verkündung einer Entscheidung in einem Termin, zu dem die Beteiligten nicht geladen waren, s 3 zu § 56), daß die betroffene Handlung dadurch ihren prozeßrechtlichen Sinn verliert. Im einzelnen kommt es auf die jeweils in Frage stehende Prozeßhandlung an. Entsprechendes gilt auch für nicht an besondere Formen (vgl zB § 117) gebundene **Handlungen des Gerichts** (s zB zur Zulassung einer Klageänderung 18 zu § 91). Einer etwa vorgeschriebenen Schriftform wird, außer wenn Zustellung vorgeschrieben ist, immer auch durch **Aufnahme** der entsprechenden Erklärung **in die Sitzungsniederschrift** genügt (vgl 6 zu § 92).

15 Prozeßhandlungen der Beteiligten können grds – zu den Ausnahmen s im folgenden – **nicht** mit **Bedingungen** versehen werden (33, 165; 57, 347; BGH NJW-RR 1990, 68; Atzler DVBl 1986, 1214; Schenke 39; Sch-Ehlers 14). Sie können wg ihrer prozessualen Gestaltungswirkung (57, 347) u zum Schutz der Verfahrenslage vor Unsicherheit grds auch **nicht wg** Willensmängeln entspr §§ 119ff BGB **angefochten oder widerrufen** werden,[28] **auch nicht im Einvernehmen** mit den übrigen Prozeßbeteiligten (vgl BGH NJW 1983, 2334; s aber zum Prozeßvergleich 7 zu § 106). **Ausnahmen** gelten insoweit jedoch für Prozeßhandlungen, die **durch Drohung, sittenwidrige Täuschung,** unzulässigen Druck (vgl BGH NJW 1985, 2335; Orfanides ZZP 1987, 63; s auch BVerwG NVwZ-RR 1999, 408) uä oder durch **unzutr Empfehlung oder Belehrung** durch das Gericht[29] **herbeigeführt** wurden; solche Handlungen können grds frei widerrufen werden.[30] Dasselbe gilt für Prozeßhandlungen, bei denen **Wiederaufnahmegründe** gegeben sind.[31] Grds **widerruflich** sind auch Prozeßhandlungen, die auf einem **offensichtlichen Versehen** analog § 118 BGB beruhen (NJW 1987, 602; BL 59 Grdz § 128 ZPO); außerdem idR **Prozeßhandlungen, die,** wie zB die Hauptsacheerledigungserklärung,[32] für sich allein **noch keine prozessualen Gestaltungswirkungen haben,** sondern erst zusammen mit korrespondierenden Erklärungen anderer Prozeßbeteiligter, solange als noch nicht auch alle anderen erforderlichen Erklärungen vorliegen (NVwZ-RR 1999, 277; BFH BStBl 1972 II 455; Schaeffer NVwZ 1982, 22).

---

[28] NJW 1997, 2898; NVwZ-RR 1999, 407; BGH NJW 1991, 2839; 1985, 2334; Ks NJW 1987, 602: auch zu Ausnahmen; Sa BauR 1979, 135; Mü BayVBl 1975, 513, 674; Ma NVwZ 1983, 230; VG Meiningen NVwZ-RR 1999, 221; Sch-Ehlers 15.

[29] NVwZ-RR 1999, 408; BFH NJW 2006, 255: Die Zurücknahme der Klage ist unwirksam, wenn sie durch den nicht zutr Hinweis des Gerichts veranlaßt worden ist, daß die Klage unzulässig sei; Ks NVwZ 1987, 602; **aA** BVerwG NVwZ 1985, 197 zu einem allg Hinweis.

[30] BGHZ 12, 285; 33, 75; vgl auch BVerwG 57, 346.

[31] NVwZ-RR 1999, 410; BGHZ 80, 394.

[32] DVBl 1992, 778; Buchh 310 § 161 II VwGO Nr 34; 303 § 264 ZPO Nr 1; NVwZ-RR 1999, 277; s auch 13 zu § 161.

Vgl auch die Erläuterungen zu den einzelnen betroffenen Bestimmungen sowie allg Orfanides, Die Berücksichtigung von Willensmängeln im Zivilprozeß, 1982. Auch **das Unterlassen einer Prozeßhandlung** kann grds nicht nachträglich „angefochten" werden, zB weil irrtümlich eine Erklärung nicht abgegeben wurde (vgl OLG Frankfurt NVwZ 1985, 221); idR kann aber, soweit bei der in Frage stehenden Prozeßhandlung eine Anfechtung oder ein Widerruf möglich wäre, die **Handlung nachgeholt werden,** wenn durch Gesetz nichts anderes bestimmt ist (vgl zB § 295 ZPO iVm § 173 S 1) oder sich aus der Natur der Sache ergibt. **Vertragliche Vereinbarungen,** mit denen sich Beteiligte zu einem bestimmten prozessualen Verhalten verpflichten, sind grds zulässig, sofern sie nicht sittenwidrig sind (vgl BGH NJW 1982, 2073). Vgl dazu auch 5 zu § 92; 21 zu § 106.

d) Für die **Feststellung der Prozeßvoraussetzungen bzw Prozeßhandlungsvoraussetzungen** gelten, soweit durch Gesetz nichts anders vorgesehen ist (zB Glaubhaftmachung bei der Wiedereinsetzung gem § 60 Abs 2 S 2) oder sich aus der Natur des in Frage stehenden Vf zB als summarisches Vf ergibt (s 91 zu § 80; 18 ff zu § 123), **die allg Grundsätze über die Ermittlungspflicht** des Gerichts (§ 86 Abs 1) u die Beweiswürdigung bzw (materielle) Beweislast (s 9 ff zu § 108), u zwar **auch** hins des **BeweisVf** u der zulässigen Beweismittel.[33] 16

5. Die einzelnen Sachentscheidungsvoraussetzungen: a) Im Verwaltungsprozeß müssen folgende **Prozeß- bzw Sachentscheidungsvoraussetzungen** im Zeitpunkt der Entscheidung des Gerichts (s oben 11) gegeben sein, damit die Klage im VRW – anders uU wg der Möglichkeit einer Verweisung des Rechtsstreits nach § 17 a Abs 2 GVG, § 173 bzw § 83 bei Fehlen nur der Rechtswegzuständigkeit (im folgenden Nr 2) oder der fachlichen oder örtlichen Zulässigkeit (im folgenden Nr 5) – zulässig ist. Bei ihrer Prüfung empfiehlt sich folgende Reihenfolge (zur Begründung hierfür näher Schenke 65 ff): 17

1. Ordnungsgemäße Klageerhebung bzw Antragstellung (§§ 81, 82, ggf iVm § 55 a);
2. **Deutsche Gerichtsbarkeit** (§§ 18–20 GVG); insb zur Abgrenzung von der internationalen Zuständigkeit u ggü der Gerichtsbarkeit der **EU u anderer zwischenstaatlicher Einrichtungen** 24 zu § 1; 37 zu § 40
3. **Zulässigkeit des Verwaltungsrechtswegs** (VRW, § 40 oder Sondervorschriften wie § 126 BRRG); uU auch für die Verwaltungsgerichte bindende Entscheidung nach § 17 a Abs 5 GVG oder durch bindende Verweisung in den VRW gem § 17 a Abs 2 GVG bzw durch Kompetenzausweitung gem § 17 Abs 2 GVG
4. Die **Statthaftigkeit der Verfahrensart** (Anfechtungs-, Verpflichtungs-, Leistungs-, Gestaltungs- oder Feststellungsklage sowie Normenkontrollantrag u Antrag auf vorläufigen Rechtsschutz)
5. Die **sachliche, örtliche und instanzielle Zuständigkeit** des Gerichts (§§ 45 ff)
6. Die **Beteiligungsfähigkeit** (§ 61)
7. Die **Prozeßfähigkeit, Prozeßvertretung und Postulationsfähigkeit** (§ 62 u. § 67)
8. **Klagebefugnis** (§ 42 Abs 2 oder Analogie zu § 42 Abs 2) einschließlich der Frage der Zulässigkeit der Klage bei mehreren Streitgenossen gem § 173 iVm § 62 Abs 1 Alt 2 ZPO

---

[33] RS 77, 49; zT **aA** BVerwG 48, 204; BGH NJW 1987, 2875 mwN; NJW 1992, 627: Freibeweis hins der Prozeßvoraussetzungen, auch durch eidesstattliche Versicherung; MDR 1992, 1167; VersR 1989, 2064; NJW-RR 1992, 1338; Ule 49 III 3; ThP 12 vor § 253 u 6 vor § 284 ZPO: Freibeweis bzgl Prozeßvoraussetzungen, wobei jedoch auch hier der volle Beweis notwendig sei; diff Koch/Steinmetz MDR 1980, 901.

9. Die **(passive) Prozeßführungsbefugnis** (§ 78; str: nach hM soll § 78 die Passivlegitimation normieren, dazu unten 28; 1 ff zu § 78)
10. Kein Klageverzicht (s 21 ff zu § 74) sowie keine Klageverwirkung (s 18 ff zu § 74)
11. Das **Rechtsschutzbedürfnis** (Rechtsschutzinteresse); dazu unten 30 ff
12. Keine anderweitige **Rechtshängigkeit** (s 1, 15 f zu § 90) u Fehlen einer **rechtskräftigen Entscheidung** über den Streitggst
13. **Vorverfahren** (§§ 68 ff) oder Zulässigkeit der Klage nach § 75; zum Erfordernis des **vorherigen Antrags** bei der Behörde vor Erhebung einer Verpflichtungsklage s 5 a u 7 a vor § 68; 7 zu § 75; zur Frage eines entspr Antrags bei anderen Klagearten s unten 51
14. **Klagefrist** (§ 74 f)

Nicht zu den Sachentscheidungsvoraussetzungen gehören die Aktiv- bzw Passivlegitimation (dazu unten 28). Keine Sachurteilsvoraussetzung betrifft auch die Frage der Zulässigkeit einer objektiven Klagenhäufung gem § 44 (Geiger VBlBW 2004, 336; 8 zu § 44) sowie der subjektiven Klagenhäufung (ausgenommen den Fall des § 62 Abs 1 Alt 2 ZPO).

18 **6. Reihenfolge der Prüfung der Sachentscheidungsvoraussetzungen:** Die Reihenfolge der Prüfung ist umstritten (vgl Ule 31 III, SGH 31; P § 4, 3; ME VerwA 1970, 90; Stern 9; Erichsen Jura 1994, 418, 476), aber keinesfalls rechtlich zwingend (49, 223; Hufen § 10, 2). Nach hM ist es zulässig u aus prozeßökonomischen Gründen idR geboten, auch logisch vorausliegende **Prozeßvoraussetzungen dahingestellt** sein zu lassen, wenn jedenfalls eine bestimmte Prozeßvoraussetzung fehlt (Stern 10; Sch-Ehlers 11; zT **aA** für die Revisionszulassung unter Hinweis auf deren besondere Funktion BVerwG BayVBl 1979, 313: die Frage kann offen bleiben, ob die Klage wg fehlender Klagebefugnis gem § 42 Abs 2 unzulässig oder unbegründet ist). Der Richter wird bei mehreren fraglichen Prozeßvoraussetzungen **diejenigen zuerst** prüfen, deren Fehlen **am leichtesten u schnellsten feststellbar** ist (ThP 14 vor § 253 ZPO; M 13 vor § 253 ZPO), und, wenn eine Voraussetzung fehlt, seine Entscheidung (Abweisung der Klage bzw Ablehnung des Antrags als unzulässig) darauf stützen. Der **VRW** (§ 40) ist grds **vor anderen Prozeßvoraussetzungen** zu prüfen, die nur in Betracht kommen, wenn die VwGO zur Anwendung kommt (vgl NVwZ 1984, 590: VRW vor der Frage, ob ein erforderliches VorVf ordnungsgemäß durchgeführt wurde); auch führt das Nichtvorliegen des VRW wg § 17 a GVG nicht mehr zur Abweisung der Klage als unzulässig (Schenke 62, 155, Hufen § 10, 1). Zu **Ausnahmen** vom Erfordernis des Vorliegens aller Prozeßvoraussetzungen bzw Zulässigkeitsvoraussetzungen bei Erledigung eines Vf in anderer Weise als durch Urteil s oben 12.

19 **Ausführungen zu einzelnen Prozeßvoraussetzungen** sind – abgesehen von dem üblichen Hinweis in Urteilen (Beschlüssen), daß die Klage (Antrag) zulässig u form- sowie (wenn Fristen zu beachten waren) fristgerecht erhoben ist – im Urteil (Beschluß) nur dann veranlaßt, **wenn diese zweifelhaft** sind oder wenn ihr Vorliegen bestritten wird.

20 Zur Entscheidung, wenn zweifelhaft ist, **ob** für eine Streitsache **überhaupt ein Rechtsweg** gegeben ist, zB in Gnadensachen (vgl 49, 221), s 5 a zu § 40.

21 **7. Begründetheit der Klage bzw des Antrags:** Die Begründetheit einer **Klage** bzw eines Antrags richtet sich nach den hierfür maßgeblichen Bestimmungen (insb §§ 113, 80 Abs 5, 123) u verlangt entsprechend den Leitvorstellungen der VwGO – jedenfalls bei Anträgen des Bürgers – grds eine Verletzung in subjektiven Rechten (zur wichtigsten Ausnahme, der NK nach § 47, wo zwar durch das 6. VwGOÄndG die Antragsbefugnis von Privaten eingeschränkt wurde, für die Begründetheit aber weiterhin eine volle Rechtmäßigkeitskontrolle vorgesehen ist, s 112 ff zu § 47).

Wegen des **Amtsermittlungsgrundsatzes** kommt es, anders als nach der ZPO, nicht darauf an, ob die Beteiligten die für die Entscheidung **maßgeblichen Tatsachen vorgetragen** u erforderlichenfalls unter Beweis gestellt haben (s 1 ff zu § 86). Das Verwaltungsgericht hat den **Sachverhalt** gem § 86 Abs 1 immer **vAw** u ohne Bindung an das Vorbringen der Beteiligten **zu ermitteln.** Aus diesem Grund kennt das verwaltungsgerichtliche Vf auch **keine Schlüssigkeitsprüfung** hins der Klage (67 zu § 42 mwN) u auch **kein Versäumnisurteil** (3 zu § 103). 22

8. Aktive Prozeßführungsbefugnis, Prozeßstandschaft: Zu den Sachentscheidungsvoraussetzungen gehört auch die aktive Prozeßführungsbefugnis, dh die Befugnis des Kl bzw ASt, im eigenen Namen (dh nicht als Vertreter eines anderen) über das im Prozeß streitige Recht einen Rechtsstreit zu führen (BayVBl 1998, 760; Ehlers, Menger-FS 380; Sch-Wahl/Schütz 15 zu § 42 Abs 2). Die Prozeßführungsbefugnis ist von der Beteiligtenstellung (§ 63), die rein formal durch die Klage (§ 81) bzw Beiladung (§ 65) oder Beteiligungserklärung (s 5 zu § 63) bestimmt wird, u von der Sachlegitimation (unten 28) zu unterscheiden. Die passive Prozeßführungsbefugnis, dh die Frage, gegen wen eine Klage zu richten ist, ist für Anfechtungs- u Verpflichtungsklagen in § 78 geregelt (str, vgl 1 ff zu § 78). Ob für das Institut der aktiven Prozeßführungsbefugnis neben § 42 Abs 2 noch Raum ist, erscheint zweifelhaft (s unten 24 u 60 zu § 42). 23

Prozeßführungsbefugt ist nach allg prozessualen Grundsätzen: a) jeder, der eigene Rechte geltend macht, dh behauptet, **Inhaber des** von ihm im eigenen Namen geltend gemachten **Rechts** zu sein (Erichsen DVBl 1982, 100; RS § 46, 5). Da die Klagebefugnis in direkter oder analoger Anwendung des § 42 Abs 2 jedenfalls auch eine Regelung der aktiven Prozeßführungsbefugnis beinhaltet, ist insoweit ein Rückgriff auf die allg, im Zivilprozeßrecht für die aktive Prozeßführungsbefugnis entwickelten Grundsätze ausgeschlossen (Schenke 490, 539 u 60 zu § 42); 24

b) jeder, der in zulässiger Weise **im eigenen Namen fremde Rechte** geltend macht, entweder kraft gesetzlicher Ermächtigung (sog **gesetzliche Prozeßstandschaft;** dazu 60 f zu § 42) oder aufgrund einer Ermächtigung seitens des Inhabers des Rechts (sog **gewillkürte Prozeßstandschaft**). Die spezialgesetzlichen Regelungen der aktiven Prozeßführungsbefugnis in Form der sog gesetzlichen Prozeßstandschaft, die die Befugnis einer Person zur prozessualen Geltendmachung eigener Rechte ausschließen bzw sie Dritten einräumen, lassen sich jedenfalls für den Verwaltungsprozeß dogmatisch überzeugender als **gesetzliche Spezialregelungen der Klagebefugnis** ansehen, von deren Zulässigkeit § 42 Abs 2 („soweit gesetzlich nichts anderes bestimmt ist") expressis verbis ausgeht (s dazu u zu den Beispielen 60 f zu § 42). Zu solchen Regelungen ist prinzipiell auch der Landesgesetzgeber befugt (s 180 zu § 42).

Ob dagegen eine **gewillkürte Prozeßstandschaft im Verwaltungsprozeß** zulässig ist, hat das BVerwG bisher noch nicht entschieden.[34] Dies ist grds **abzulehnen.** Sie wird jedenfalls **bei Anfechtungs- u Verpflichtungsklagen** durch § 42 Abs 2 ausgeschlossen,[35] soweit nicht durch Gesetz **Ausnahmen** vorgesehen oder zugelassen sind, zB gem § 83 Abs 1 S 2 2. WohnbauG für den Mieter in Fällen, in denen der Bauherr nicht selbst klagt, für Klagen auf Anerkennung der Wohnung als steuerbegünstigt (22, 115); auf der Beklagtenseite zB gem § 78 25

---

[34] 61, 340 = NVwZ 1982, 40: jedenfalls nicht, soweit es um höchstpersönliche Rechte geht; Buchh 310 § 67 VwGO Nr 37; für möglich gehalten von Ba SächsVBl 1997, 210; Hbg NVwZ-RR 1994, 587; RÖ-v. Nicolai 153 zu § 42; **abl** Ma NVwZ-RR 1995, 639; Ey-Happ 76 zu § 42; Sch-Wahl/Schütz 34 zu § 42 Abs 2; SGH 170; P § 14, 26.

[35] NVwZ-RR 1996, 537; Ma NVwZ-RR 1995, 640; VG Regensburg BayVBl 1984, 281; RÖ 27 zu § 42; **aA** Ba SächsVBl 1997, 210. S auch 60 zu § 42.

Abs 1 Nr 2 Prozeßstandschaft der Behörde für den Rechtsträger, dem sie angehört bzw für den sie handelt. Entsprechendes gilt in allen Fällen der analogen Anwendung des § 42 Abs 2, insb bei der **allg Leistungsklage.** Denkbar wäre die gewillkürte Prozeßstandschaft daher allenfalls bei der **allg Feststellungsklage,** sofern man nicht auch dort die analoge Anwendbarkeit des § 42 Abs 2 bejaht (abl 38 zu § 42). Bei dieser übernimmt jedoch das **Kriterium des feststellungsfähigen Rechtsverhältnisses** die Funktion, die der aktiven Prozeßführungsbefugnis im Zivilprozeß zukommt, in dem verlangt wird, daß der Kl „entweder an dem Rechtsverhältnis selbst beteiligt ist" oder „von dem Rechtsverhältnis immerhin eigene Rechte des Klägers abhängen" (NVwZ 1991, 471), es also zumindest präjudizielle Bedeutung für die Rechtsbeziehungen zwischen Kl u Bekl hat (s dazu näher 63 f zu § 42 mwN).

26 **Vereine, Verbände** usw sind, wenn u soweit gesetzlich nichts anderes bestimmt ist, prozessual **nicht berechtigt,** unmittelbar in eigenem Namen allg Interessen (zB des Natur- u Umweltschutzes) oder in Prozeßstandschaft **für ihre Mitglieder deren Rechte** wahrzunehmen, auch dann nicht, wenn die Wahrung dieser Rechte Vereinszweck ist;[36] dies gilt auch dann, **wenn** dadurch **die Wahrnehmung des Vereinszwecks erschwert** oder unmöglich gemacht wird (offen insoweit NJW 1978, 555). Dasselbe gilt für **Gemeinden** hins der Rechte der Gemeindebürger[37] oder hins der Wahrung der Belange oder des Wohls **der örtlichen Gemeinschaft**[38] oder der Mitarbeiter oder Benutzer gemeindlicher Einrichtungen (Ko NVwZ 1987, 71); anders zur Wahrung des Selbstverwaltungsrechts (vgl 52, 233). S auch 137 zu § 42; 79 zu § 47. Zur **Abgrenzung von Prozeßstandschaft u Prozeßvertretung** vgl auch DÖV 1974, 318. **Allg zur Verbandsklage** s auch Breuer NJW 1978, 1558; Skouris JuS 1982, 200; Schwerdtner VBlBW 1983, 231; Jasper MDR 1985, 639; Marotzke, Von der schutzgesetzlichen Unterlassungsklage zur Verbandsklage, 1992; Kokott/Lee UTR 1998, 215; Epiney NVwZ 1999, 485.

27 Für **Normenkontrollanträge** (§ 47) gilt grds hins der Zulässigkeit einer Prozeßstandschaft dasselbe wie für Anfechtungs- u Verpflichtungsklagen.[39]

28 **9. Sachlegitimation, Aktivlegitimation, Passivlegitimation:** Von der Stellung als Beteiligter im Vf (§ 63), der Beteiligungsfähigkeit (§ 61) u der Prozeßführungsbefugnis (oben 23 ff) ist die Sachlegitimation (Sachbefugnis) des Kl, Bekl oder Beigeladenen zu unterscheiden. Sie **betrifft** nicht die Zulässigkeit, sondern ausschließlich die **Begründetheit** der Klage (Antrags) bzw von sonstigen Angriffs- oder Verteidigungsmitteln.[40] Die **Aktivlegitimation** (Sachlegitimation des Kl) bedeutet, daß der Kl kraft materiellen Rechts die geltend gemachte Leistung bzw Unterlassung bzw (vom Gericht) die begehrte Gestaltung oder Feststellung mit Wirkung ggü dem Bekl verlangen kann; die **Passivlegitimation** bezeichnet, daß der Bekl nach materiellem Recht zu der vom Kl begehrten Leistung bzw Unterlassung verpflichtet (oder aber zur Verweigerung berechtigt) ist, bzw daß ihm ggü vom Kl die begehrte Gestaltung oder Feststellung verlangt werden kann (bzw daß er, der Bekl, einer solchen Gestaltung oder Feststellung

---

[36] NVwZ-RR 1996, 537; Ma NVwZ-RR 1995, 639; Ms NJW 1982, 1171; Ko ZBR 1973, 109; Mü BayVBl 1975, 275; v Mutius VerwA 1973, 315; Ey-Happ 165 zu § 42; zT **aA** Brohm VVDStRL 1972, 245, 301; Faber, Die Verbandsklage im Verwaltungsprozeß.

[37] Mü BayVBl 1975, 275; DVBl 1979, 679; Ks NJW 1979, 180; Ko NVwZ 1987, 71; Ma DVBl 1977, 345.

[38] 52, 233; Ma DVBl 1977, 345; Jacob DÖV 1981, 464; unklar Lü DÖV 1981, 462; **aA** Pfaff VerwA 1979, 24.

[39] Vgl NJW 1978, 555; zur Anwendbarkeit von § 266 ZPO im NKVerfahren gegen Bebauungspläne Bln NVwZ 1997, 506; zu Anträgen von Verbänden auch 49 zu § 47.

[40] NJW 1976, 2277; allg auch Jauernig § 22 I; Schlosser I 83 Rn 265; Schmidt JuS 1987, 324; s auch oben 18.

widersprechen kann). Die hM deutet § 78 zu Unrecht als Vorschrift über die Passivlegitimation; dem widersprechen aber schon Wortlaut u systematische Stellung dieser Vorschrift (näher dazu 1 zu § 78 mwN).

Einer **entsprechenden Legitimation** bedarf auch **der notwendig Beigeladene** (§ 65), wenn seine Anträge (als begründet) Erfolg haben sollen; dieselben Gesichtspunkte, welche die Sachlegitimation des Beigeladenen begründen, sind hier freilich auch schon für die Entscheidung über die Beiladung selbst maßgeblich. 29

10. Das Rechtsschutzbedürfnis (Rechtsschutzinteresse): a) Allgemeines. Mit dem Begriff des RSB (**RSI** oder **berechtigten Interesses**) wird zum Ausdruck gebracht, daß nur derjenige, welcher mit dem von ihm angestrengten gerichtlichen RechtsschutzVf ein **rechtsschutzwürdiges Interesse** verfolgt, einen **Anspr auf eine gerichtliche Sachentscheidung** hat u beim Fehlen eines solchen Interesses das prozessuale Begehren als unzulässig abgewiesen werden muß (umfassend hierzu Stein, Die Sachentscheidungsvoraussetzung des allgemeinen Rechtsschutzbedürfnisses im Verwaltungsprozeß). Obwohl der Terminus RSB in der VwGO nicht erwähnt wird (lediglich die §§ 43, 113 Abs 1 S 4 sprechen von „berechtigtem Interesse"), besteht heute weitgehende Einigkeit, daß es sich bei dem RSB um eine **allg Sachentscheidungsvoraussetzung für alle Verfahrensarten** handelt. Sie wird abgeleitet aus dem auch im Prozeßrecht geltenden Gebot von **Treu und Glauben** (§ 242 BGB) dem **Verbot des Mißbrauchs prozessualer Rechte** (Schl NVwZ-RR 1993, 438; SGH 118) sowie dem auch für die Gerichte geltenden Grundsatz der Effizienz staatlichen Handelns (s 12 zu § 1). Das Erfordernis des RSB gilt allg **für alle Klagearten** (BVerfG 61, 135; 81, 165; BSG NJW 1987, 517) sowie für alle **Anträge in selbständigen AntragsVf** zB nach § 47 (s 88 ff zu § 47), § 80 Abs 5 u 7; § 80 a Abs 3; § 84 Abs 3, § 123. Zur Frage der Prüfung im Fall der Verweisung nach § 17 a GVG s 21 ff zu § 41. Eine Parallelfigur zum RSB für das gerichtliche Vf stellt das Sachbescheidungsinteresse im VerwaltungsVf dar (dazu näher Wittreck BayVBl 2004, 193 ff). 30

Das RSB knüpft begrifflich an den Rechtsschutz an u ist damit primär auf solche **Vf zugeschnitten,** die dem **Schutz subjektiver Rechte** dienen (78, 91). Damit dürfte es keine Rolle bei Vf spielen, die als objektive KontrollVf ausgestaltet sind (so etwa § 47 Abs 2 S 1, 2. Alt, s ferner die die Möglichkeit des Gesetzgebers gem § 42 Abs 2 eine Klage auch ohne Verletzung des Kl in subjektiven Rechten zuzulassen, dazu 180 ff zu § 42). Jedoch bedarf es auch für die Zulässigkeit der Initiierung eines **objektiven KontrollVf** eines berechtigten Interesses, das man als **objektives Kontroll- oder Beanstandungsinteresse** bezeichnen kann (vgl hierzu 82 u 94 zu § 47 iVm § 47 Abs 2 S 1, 2. Alt). Im Hinblick auf hier bestehende Gemeinsamkeiten wird – terminologisch nicht ganz korrekt – das Kontrollinteresse oft als **Unterfall eines weit verstandenen** u nicht nur auf subjektive RechtsschutzVf bezogenen **RSB** angesehen (vgl etwa Stern 276 mwN; Kopp, BayVGH-FS 211). 31

Das RSB ist insb **abzugrenzen** von der **Klagebefugnis** (zB im Falle der Verwirkung von Rechten, s unten 52 oder in den Fällen der Rechtsnachfolge, ausf 174 zu § 42), von dem **Antragserfordernis** der §§ 68 Abs 2, 75 S. 1 (s auch unten 51) u von **Verfahrenskonkurrenzregelungen,** welche entweder ausdr oder immanent dem Klagesystem zu entnehmen sind (Schenke 565 ff). Diese gehen als spezielle Normen den allg Grundsätzen für das RSB vor (zur Bedeutung iVm § 43 Abs 2 S 1 s 26 ff zu § 43) u weichen inhaltlich teilweise ab. Damit steht nicht in Widerspruch, daß Verfahrenskonkurrenzregelungen oft enge Berührungspunkte mit den für das RSB maßgebenden Topoi aufweisen u zT als spezielle Ausprägungen des RSB verstanden werden können. Verfahrenskonkurrenzregelungen beinhalten etwa die Vorschriften der **§§ 43 Abs 2 S 1, 44 a** (s auch Lorenz § 13, 22; NKVwGO-Sodan 336 zu § 42, Stein 81 ff u 153 f), ebenso 32

§ 113 Abs 1 S 4 sowie **§ 42 Abs 1,** wonach der Rechtsschutz gegen die Ablehnung eines begünstigenden VA grds nur über eine Versagungsgegenklage zu erreichen ist (zur sog isolierten Anfechtungsklage NVwZ-RR 1999, 179; Schenke 282, 570 sowie näher 30 zu § 42) u gegen einen belastenden VA (vor Eintritt seiner Bestandskraft) nur die Anfechtungsklage, nicht hingegen eine Klage auf Rücknahme des VA statthaft ist (für Rückgriff auf RSB aber Sch-Ehlers 90; zum Rechtsschutz über die Verpflichtungsklage nach Bestandskraft des VA 39 zu § 42). Keines Rückgriffs auf das allg RSB bedarf es auch, wenn gesetzliche Regelungen die Statthaftigkeit von Klagen an bestimmte qualifizierte Voraussetzungen knüpfen (zB § 173 S 1 iVm §§ 257 ff ZPO für die Klage auf künftige Leistungen).

33 **b) Vorbeugender Rechtsschutz bei Verwaltungsakten.** Eine ungeschriebene Verfahrenskonkurrenzregelung ist die **prinzipielle Unzulässigkeit einer vorbeugenden Unterlassungs- oder Feststellungsklage gegen drohende VAe** (Schenke 355: grds nur repressiver Rechtsschutz über die Anfechtungsklage, deren Zulässigkeitsvoraussetzungen anderenfalls ausgehöhlt würden). Im Hinblick auf Art 19 Abs. 4 GG ist diese gesetzgeberische Entscheidung im Regelfall unbedenklich (insb wg der Möglichkeit vorläufigen Rechtsschutzes). Ausnahmsweise kann sich zwingend aus der verfassungskonformen Interpretation der der VwGO immanenten Verfahrenskonkurrenzregelungen die Notwendigkeit eines vorbeugenden Rechtsschutzes ergeben. Der Sache nach geht hiervon auch die hM[41] aus, wenn sie ein **besonderes (qualifiziertes) RSB** verlangt (81, 347; P § 18, 8). Da – wie diese Bezeichnung deutlich macht – unter Zugrundelegung der allg Grundsätze des RSB die Einschränkung vorbeugender Unterlassungsklagen gegen VAe nicht erklärbar ist, empfiehlt es sich mE, im Interesse rechtsdogmatischer Klarheit den eigentlichen Gesichtspunkt für die auch nach hM erforderliche Einschränkung des vorbeugenden Rechtsschutzes zu benennen, nämlich Verfahrenskonkurrenz. Das macht zugleich deutlich, weshalb diese mit dem Etikett des „besonderen RSB" umschriebenen Gründe nicht für den vorbeugenden Rechtsschutz gegen sonstiges Verwaltungshandeln maßgeblich sind.

34 **Beispielsfälle** für die Notwendigkeit vorbeugenden Rechtsschutzes in Gestalt einer vorbeugenden Unterlassungsklage (zu deren Verhältnis zur vorbeugenden Feststellungsklage gem § 43 Abs 2 S 1 s 31 zu § 43): insb, wenn

- der **VA aus rechtlichen Gründen nicht aufgehoben werden könnte** (zB nach der Rspr bei Ernennung eines Beamten unter Verstoß gegen Art 33 Abs 2 GG, s Schenke 357 f u 50 zu § 42);
- sonst **vollendete Tatsachen** geschaffen würden,[42] zB weil bei einem sich kurzfristig erledigenden VA auch vorläufiger Rechtsschutz nicht rechtzeitig möglich wäre (Mü DÖV 1993, 832 – Start- u Landeerlaubnisse eines Flughafens; s Schenke 359 f);
- ein **nicht wiedergutzumachender Schaden** entstünde (Ms NJW 1984, 1642 – Sperrung eines Fernmeldeanschlusses eines Unternehmens);
- ein mit **Strafe oder Bußgeld** bewehrter VA droht (Ms 22, 291; Schenke 361; Sch-Ehlers 101; Würt 492);
- die Verwaltung den **Erlaß eines VA** ankündigt, ihn dann aber **verzögert,** ohne von ihrer Absicht zur Vornahme abzurücken (Mü NJW 1986, 3222; Schenke 362; Würt 491);

---

[41] 26, 25; 40, 326; 54, 216; 77, 212; 81, 347; NVwZ 1986, 1012; Bln NJW 1977, 2283; Mü BayVBl 1992, 439; NVwZ-RR 1993, 384; Lü DÖV 1971, 352; Ma NVwZ-RR 2004, 709; Ehlers Jura 2006, 354; Lorenz § 24, 19; Sch-Ehlers 101; Stein 53 ff; Ule VerwA 1974, 304; Obermayer 198, 202, 219; Dreier JA 1987, 420; Würt 489; zum vorbeugenden Rechtsschutz gegen Planungen Langer DÖV 1987, 420.

[42] Bln NJW 1977, 2283; 1978, 1644; Ms NJW 1984, 1642; Ba NVwZ 1997, 802; Schenke AöR 1970, 223 ff; Ule VerwA 1974, 306; Würt 490.

– der Bürger sonst ggf gegen eine **Vielzahl zu erwartender VAe** klagen müßte, zumal, wenn er nicht damit rechnen kann, daß ihm diese bekanntgegeben werden.[43]

Vorbeugender Rechtsschutz ggü Realakten unterliegt den genannten Einschränkungen nicht, da sich bei ihnen der Gesetzgeber nicht für einen prinzipiellen Vorrang des repressiven Rechtsschutzes entschieden hat u hier insb die §§ 68 ff grds nicht gelten sowie der repressive Rechtsschutz nicht rückwirkt bzw die §§ 80 ff nicht anwendbar sind. Zur Frage der **Zulässigkeit von vorbeugenden Unterlassungs- u Feststellungsklagen** im Über-/Unterordnungsverhältnis s auch 15, 41 zu § 42; 2 ff zu § 43. Zum Bestehen von **Unterlassungsanspr** ggü drohendem rechtswidrigem Verwaltungshandeln s Ms NWVBl 2000, 20; Laubinger VerwA 1989, 261 ff; Schenke PolR 235. Soweit man einen **vorbeugenden Rechtsschutz ggü untergesetzlichen Normen** zuläßt (s oben 8 a) u insoweit auch Unterlassungsanspr befürwortet (grds ablehnend Schenke 1083; anders für den interkommunalen Abstimmungsanspr des § 2 Abs 2 BauGB 40, 325 ff), wird es hier aber idR an einem RSB fehlen (s auch Ehlers Jura 2006, 357). 35

Streng von der Frage des RSB zu scheiden ist die nach dem Bestehen des geltend gemachten subjektiven Rechts. Wird deshalb in Zusammenhang mit der Neubesetzung einer Beamtenstelle durch einen Bewerber eine Verpflichtungsklage erhoben u wird diese Stelle nach Rechtshängigwerden der Klage anderweitig besetzt, so wird die Klage unbegründet; sie ist hingegen nicht etwa wg Fehlens des RSB unzulässig (Schenke 562 a; **aA** Hufen § 23, 13; NKVwGO-Sodan 354 zu § 42). Wg Wegfalls des RSB wird die Klage jedoch unzulässig, wenn der Kl die Annahme der ihm im Verlauf des Rechtsstreits angebotenen Ernennungsurkunde verweigert (NVwZ-RR 1999, 472). Zu beachten ist allerdings, daß, wenn es bei einer Klage bereis an der Möglichkeit einer RVerletzung fehlt, die Klagebefugnis ausscheidet, soweit § 42 Abs 2 unmittelbar oder analog anwendbar ist. Das trifft zB zu, wenn ein Dritter wg Versäumung von Einwendungen im VerwaltungsVf mit seinen subjektiven Rechten **offensichtlich** präkludiert ist (s § 10 Abs 3 S 5 BImSchG), diese aber dennoch durch die Anfechtung des das VerwaltungsVf abschließenden Bescheids geltend macht (s 179 zu § 42). Ist das Bestehen eines Anspr ausnahmsweise sowohl für die Zulässigkeit einer Klage wie auch für deren Begründetheit maßgeblich (s auch BGH NJW 1987, 2809), sprechen teleologische Erwägungen dafür, hier im Hinblick auf die weiterreichende Befriedungsfunktion eines Sachurteils die Klage bei Fehlen des Anspr als unbegründet abzuweisen. 36

c) Rechtsschutzbedürfnis bei Leistungs- u Gestaltungsklagen. Dieses ist **im Regelfall zu bejahen,** da die Rechtsordnung immer dann, wenn sie ein materielles Recht gewährt bzw eine prozessuale Gestaltungsklage normiert, grds auch ein Interesse an dessen gerichtlichem Schutz anerkennt (81, 165; RÖ-v Nicolai 28 zu § 42). Es ist also nur dann zu verneinen, wenn besondere Umstände gegeben sind. Diese können darin bestehen, daß auch ein Obsiegen dem Kl **keinen rechtlichen Vorteil** bringt (aa), es **einfachere oder effektivere Möglichkeiten des Rechtsschutzes** gibt (bb) oder es sich als rechtsmißbräuchlich darstellt (cc); zum berechtigten Interesse bei den §§ 43, 113 Abs 1 S 4 s 23 ff zu § 43, 129 ff zu § 113. 37

aa) Nutzlosigkeit des Rechtsschutzes. Das RS I fehlt insb, wenn die Klage für den Kl offensichtlich keinerlei rechtliche oder tatsächliche Vorteile bringen kann. Dabei ist jedoch **kein strenger Maßstab** anzulegen u das RSB **im Zweifel zu bejahen.** So kann das RSB für eine Nachbarklage idR nicht wg Fehlens einer tatsächlichen Beeinträchtigung des Nachbarn verneint werden, wenn der 38

[43] VG München BayVBl 1974, 198; VG Ansbach BayVBl 1975, 28; Birk JuS 1979, 415; Sch-Ehlers 101; Würt 493.

Gesetzgeber Nachbarrechte unabhängig vom Bestehen einer solchen Beeinträchtigung eingeräumt hat (dazu unten 52). Ebenso besteht das RSB für eine Klage auf eine dienstliche Beurteilung auch dann fort, wenn der Beamte zwischenzeitlich erneut dienstlich beurteilt u befördert worden ist (BayVBl 2003, 533). Das RS I fehlt dagegen zB

– für eine Klage auf **Erteilung einer Gaststättenerlaubnis** nur, wenn dem Betrieb der Gaststätte schlechthin nicht ausräumbare baurechtliche Hindernisse entgegenstehen (NVwZ 1990, 760);
– für eine Klage auf **Anerkennung als Kriegsdienstverweigerer,** wenn u solange eine Einberufung zum Wehrdienst ohnehin auf absehbare Zeit nicht in Betracht kommt (**aA** NVwZ 1990, 68; s auch oben 31), wenn der Kl sich mit Zustimmung der zuständigen Behörde nach § 13 a WPflG für mindestens sechs Jahre als Helfer im **Zivilschutz** oder **Katastrophenschutz** verpflichtet hat u deshalb keinen Wehrdienst leisten muß (61, 246; NVwZ 1986, 748); wenn der Kl nicht aufgrund der Wehrpflicht, sondern aufgrund **freiwilliger Verpflichtung** Sanitätsdienst leistet (NVwZ-RR 1995, 209); ebenso, wenn ein Kl **Theologie** studiert u deshalb nach § 12 Abs 2 WPflG vom Wehrdienst zurückgestellt wurde (**aA** NVwZ 1990, 68) oder Anspr auf Zurückstellung hat, oder wenn infolge **festgestellter Wehrdienstunfähigkeit** nicht zum Wehrdienst herangezogen werden kann (NVwZ-RR 1995, 208; 74, 345). Dagegen ist das RSI für eine solche Klage zu bejahen, wenn der Kl nur wg **besonderer Härte,** wg zeitweilig fehlender Wehrdiensttauglichkeit, wg eingeschränkter Tauglichkeit oder wg einer nur vorübergehenden Wehrdienstausnahme trotz weiter bestehender Wehrpflicht nicht einberufen worden ist (vgl 61, 248 mwN);
– wenn der Verwertung einer erstrebten Baugenehmigung **zivilrechtliche Hindernisse** entgegenstehen, die sich **„schlechthin nicht ausräumen"** lassen;[44] zum Ausschluß des RSB genügt es hingegen nicht, wenn ihr Vorliegen zweifelhaft oder ungewiß ist (NVwZ 1994, 482; vgl auch NVwZ 1994, 2648 im Rahmen einer Normenkontrolle);
– wenn für ein Vorhaben mehrere Genehmigungen erforderlich sind u sicher ist, daß der Kl eine nicht streitbefangene Genehmigung auf keinen Fall erhalten kann (s zu dem sich hier bereits im VerwaltungsVf stellenden entspr Problem Wittreck BayVBl 2004, 196);
– für eine Klage auf Erteilung eines **Bauvorbescheids unter Ausklammerung der Frage der Erschließung** für ein Vorhaben, dessen Verwirklichung wg in absehbarer Zeit nicht lösbarer Verkehrsprobleme ausgeschlossen ist; es besteht auch nicht wg der Absicht, **Entschädigungsanspr wg Planungsschäden** geltend zu machen (Ms NVwZ 1993, 493 f);
– für eine Klage auf Erteilung einer Bebauungsgenehmigung, wenn die geplante Anlage **offensichtlich bauordnungsrechtlich unzulässig** ist u dieser Mangel in absehbarer Zeit nicht behoben werden kann (48, 247; 61, 130 f; Sa DÖV 1978, 215; **aA** Sch-Ehlers 95) oder wenn eine erforderliche **Sanierungsgenehmigung** offensichtlich zu **versagen** ist u deshalb eine Verwirklichung des Bauvorhabens praktisch ausgeschlossen erscheint (Bln NVwZ-RR 1999, 232; s auch 67, 40). Ähnlich ist bei einer Klage auf Erteilung einer Baugenehmigung für ein Zwischenlager grds nicht zu überprüfen, ob beim Betrieb atom- u strahlenschutzrechtliche Vorschriften eingehalten werden (s auch Gr NJ 1998, 388);
– für eine Klage auf Nutzungsänderungsgenehmigung, wenn die für die Nutzungsänderung erforderliche Zweckentfremdungsgenehmigung versagt wurde (GewA 1997, 498).

---

[44] NJW 1973, 1518; 1976, 1988; NVwZ 1994, 482; Schenke 591; vgl auch NJW 1981, 2426; vgl auch Wittreck BayVBl 2004, 197.

Das **RSB für eine Nachbarklage** ist zu bejahen, wenn ein Bauherr ausdr oder aus nachvollziehbarem Grunde erklärt, an der ihm erteilten Baugenehmigung festhalten zu wollen, selbst wenn die Behörde ihre Verwirklichung für äußerst unwahrscheinlich hält, weil sie wirtschaftlich unsinnig wäre (NVwZ 1995, 894). 39

Im **Asylrecht** hat das BVerwG mangels RSB eine Klage auf Feststellung der Nichtigkeit des den Asylantrag ablehnenden Bescheids als unzulässig angesehen, weil der Asylsuchende mit einer solchen Klage dem erstrebten asylrechtlichen Schutz nicht nahekommt u dieser nur über eine Verpflichtungsklage erreichbar sei (DVBl 1985, 245); hier dürfte sich die Unzulässigkeit richtigerweise bereits aus dem Aspekt der Verfahrenskonkurrenz ergeben (oben 32). Der spezielle Unterbringungsanspr nach § 47 Abs 1 AsylVfG nimmt dem Ausländer das RSB für auf die allg Obdachlosenfürsorge gestützte Rechtsbehelfe (Ks DÖV 1994, 659). Es entfällt auch mit RKraft der Anerkennung als Asylbedürftiger für die Weiterverfolgung des Feststellungsanspr nach § 60 Abs 1 S 1 AufenthG (früher § 51 Abs 1 AuslG; s dazu NVwZ 1993, 787; 1998, 1085; Buchh 402.25 § 26 AsylVfG Nr 7). Hingegen besteht das RSB an einer Anfechtungsklage gegen eine nach § 34 AsylVfG erlassene Abschiebungsandrohung auch dann, wenn der Ausländer nach Erlaß der Abschiebungsandrohung einen Aufenthaltstitel erhält (Ms 25. 2. 1999 – 8 A 1166/98.A). Zu dem Fall eines „Untertauchens" s unten 54. Das RSB für eine Klage auf Gewährung von Abschiebungsschutz nach § 60 Abs 7 S 1 AufenthG (früher § 53 Abs 6 S 1 AuslG) entfällt wg des hierdurch gewährten weiterreichenden Schutzes nicht dadurch, daß der Ausländer über eine anderweitige Duldung verfügt oder einen Anspr hierauf hat (s zu § 53 Abs 6 S 1 AuslG aF NVwZ 2002, 101). 40

Nicht zur Unzulässigkeit einer Klage führt es, wenn die Erhebung einer Klage zu einer materiellrechtlichen Besserstellung führt, indem hierdurch sonst bestehende Ausschlußfristen unterbrochen bzw. gehemmt werden (s iVm § 46 Abs 5 BAföG: 95, 140). Das RS I für eine Klage kann grds nicht allein deshalb ausgeschlossen werden, weil die erstrebte Tätigkeit nicht dem Gesellschaftszweck entspricht oder sie erlaubnispflichtig ist u es für sie bisher an einer Erlaubnis fehlt. Lediglich wenn dies offensichtlich wäre, dürfte das RSB zu verneinen sein (75, 113). 41

Ein RSB ist auch für eine **Klage auf Notenverbesserung** zu bejahen, soweit die angestrebten Noten oder die im Zeugnis erscheinenden Teilnoten Bedeutung für die Schullaufbahn (DÖV 1983, 819) oder das berufliche Fortkommen, die Studienzulassung usw haben.[45] Ebenso ist RSB für eine Klage gegen **Stationszeugnisse im Rahmen der Referendarausbildung** selbst nach bestandenem Staatsexamen zu befürworten, da sich nicht ausschließen läßt, daß diesen für das spätere berufliche Fortkommen Bedeutung zukommt (Martensen JuS 1996, 1076; **aA** Mü BayVBl 1996, 27). Das RSB für ein Vorgehen gegen eine dienstliche Beurteilung entfällt nicht schon dann, wenn dieser inzwischen eine erneute Beurteilung gefolgt ist, weil bei der Eignungsbeurteilung auch frühere Beurteilungen zu berücksichtigen sind (Ks ZBR 1995, 109). 42

Das RSI **fehlt** idR auch bei Verpflichtungsklagen, wenn die Behörde einem **Antrag in vollem Umfang stattgegeben** hat (RÖ-v Nicolai 28 zu § 42); ferner für eine Verpflichtungsklage auf **Ernennung** zum Berufssoldaten, wenn der Kl die Annahme der ihm im Verlauf des Rechtsstreits angebotenen **Ernennungsurkunde verweigert** (NVwZ-RR 1999, 472); ebenso bei Klagen gegen einen VA, den der Kl **beantragt** hatte bzw dem er **vorher zugestimmt** hatte (54, 278; vgl zum Vorgehen gegen eine mit eigenen Stimmen befürwortete Wahl VG Minden NVwZ-RR 1998, 407). **Anders** dagegen, wenn der Kl geltend 43

---

[45] S auch Ma DÖV 1982, 164; Jakobs VBlBW 1981, 178; zur Klageart s 71 zu Anh 42.

macht, daß der Antrag nur gestellt wurde, um sonst drohende Schwierigkeiten zu vermeiden, obwohl die **Handlung** usw, für die Genehmigung beantragt worden war, nach Auffassung des Kl **nicht genehmigungspflichtig** ist (Mü BayVBl 1966, 171, bestätigt in BVerwG 27, 253), oder wenn er das Fehlen oder die Fehlerhaftigkeit des Antrags oder der Zustimmung geltend macht. Dasselbe gilt für die Anfechtung eines Bescheids, der einen **Genehmigungsantrag** aus sachlichen Gründen **ablehnt,** obwohl der Tatbestand nach Auffassung des Kl gar nicht genehmigungspflichtig ist (13, 62; 39, 135: wg des mit der Ablehnung verbundenen Anscheins, der Kl tue ohne Genehmigung etwas Unerlaubtes; 54, 55 f: weil der Kl im Hinblick auf anhängige Prozesse an der Feststellung interessiert war, daß eine Genehmigung nicht erforderlich war). Hier ergibt sich die Zulässigkeit einer Anfechtungsklage daraus, daß die Ablehnung der Genehmigung auch bei mangelndem Genehmigungserfordernis so zu interpretieren oder – so jedenfalls die hM – nach § 47 VwVfG umzudeuten ist, daß hierin ein Verbot der Tätigkeit liegt. Hat der Betroffene nur einen Antrag auf Teilbegünstigung (zB eine Teilgenehmigung gestellt), klagt er später nach erfolgloser Absolvierung eines VorVf auf eine weiterreichende Begünstigung (zB Vollgenehmigung), so ist die Klage, soweit sie über den bei der Verwaltung gestellten Antrag hinausgeht, nicht wg fehlenden RSB, sondern wg des Fehlens des gem §§ 68 Abs 2, 75 S 1 erforderlichen Antrags (oben 32) unzulässig. Hat die Widerspruchsbehörde **einem sachlich beschränkten Widerspruch stattgegeben,** so ist die auf ein Mehr gerichtete Anfechtungs- oder Verpflichtungsklage schon wg (insoweit) fehlenden VorVf (§ 68) unzulässig.

44 Daß das RSB für die **Klage gegen einen nichtigen VA** zu bejahen ist, läßt sich bereits aus § 43 Abs 2 S 2 schließen, der dem Umstand Rechnung trägt, daß hier der falsche Rechtsschein beseitigt werden muß. Ebenso besteht ein RSB für die Klage gegen die unzulässige (s 142 ff zu § 42) Subventionierung oder sonstige Begünstigung eines Dritten, auch wenn der Kl selbst die gleiche Subventionierung oder Vergünstigung erhalten kann oder bereits erhalten hat. Allerdings wird es in solchen Fällen häufig an einer Klagebefugnis fehlen (vgl Ehlers DVBl 1993, 865).

45 Nach tlw vertretener Auffassung soll das RSB auch dann entfallen, wenn sich die **Hauptsache erledigt** hat (so zB 10. Aufl 34). Da sich die im Hinblick auf eine nachträgliche Veränderung der Sach- oder Rechtslage ergebende Unzulässigkeit oder Unbegründetheit einer Klage (s hierzu 7 ff zu § 161) aus den verschiedensten Gründen ergeben kann, kann dieser Auffassung nicht gefolgt werden. Denkbar ist allerdings, daß für eine Klage aufgrund nachträglich eingetretener Umstände das RSB entfällt; in diesem Fall ist die Klage unter Zugrundelegung des Umstands, daß alle Zulässigkeitsvoraussetzungen in dem für die Entscheidung maßgeblichen Zeitpunkt bestehen müssen, unzulässig.

Soweit sich ein VA erledigt hat, weil seine Aufhebung sinnlos ist, ergibt sich bereits aus § 113 Abs 1 S 4 (oben 32) die Unzulässigkeit der Anfechtungsklage. Eines Rückgriffs auf das RSB bedarf es angesichts dieser Spezialregelung nicht mehr (Schenke 588). Zur Frage des RSB für eine FFK gem § 113 Abs 1 S 4 s 129 ff zu § 113.

46 Das RSI entfällt nicht dadurch, daß bei einer Klage gegen eine Anlagegenehmigung oä die **Klage eines anderen** ebenfalls betroffenen Streitgenossen bereits **Erfolg hatte;**[46] ebenso nicht dadurch, daß der Bekl **Abhilfe verspricht** (62, 19), sondern erst mit der erfolgten Abhilfe (s unten 34). Zu bejahen ist das RS I für die Anfechtung einer **Teilgenehmigung** für eine Anlage uä auch dann,

[46] S auch 136 zu § 80; **aA** Mü BayVBl 1984, 212 zum Antrag nach § 80 Abs 5 in einem Massenverfahren mit erheblicher Publizität, wenn zu erwarten ist, daß der ASt jedenfalls von einer Aufhebung der im anderen Verfahren ergangenen Entscheidung Kenntnis erlangen würde.

wenn der Kl **später erfolgte weitere Teilgenehmigungen nicht angegriffen hat** u damit bestandskräftig werden hat lassen.[47] Ebenso scheidet das RSB für die Anfechtung eines Vorbescheids, insb einer Bebauungsgenehmigung, nicht aus, wenn die hierauf aufbauende Baugenehmigung bestandskräftig wird, denn mit der Aufhebung der Bebauungsgenehmigung verliert zugleich die Baugenehmigung ihre Wirksamkeit (Schenke DÖV 1990, 495 f u 53 zu § 42; **aA** auf der Basis einer abweichenden Konzeption DVBl 1989, 674 f). Das RSB für eine Klage auf Erlaß eines Bauvorbescheids entfällt auch nicht deshalb, weil der Kl später eine Klage auf Erteilung einer Baugenehmigung erhebt (Bln NVwZ-RR 1999, 231, str, vgl näher 53 zu § 42).

Nicht erforderlich ist für die Bejahung des RSI unter dem Gesichtspunkt, daß 47 die Klage für den Kl bei Erfolg einen Vorteil bedeuten muß, daß die Klage die Erweiterung oder Sicherung einer **materiellen Rechtsposition** zum Ziel hat; das **RSI** kann **auch ideeller Natur** sein, zB auch darin bestehen, daß die Rechtswidrigkeit einer in der Sache selbst nicht mehr wiedergutzumachenden Handlung festgestellt wird. Vgl auch 142 zu § 113.

bb) Einfachere und effektivere Möglichkeiten zur Realisierung des 48 **Rechtsschutzes.** Das RS I fehlt jedenfalls, wenn der Kl das mit der Klage verfolgte Ziel auf andere, offensichtlich **einfachere und näher liegende Weise erreichen kann,**[48] zB durch

- **Vollstreckung aus einer vollstreckbaren Urkunde,** die er in seinem Besitz hat (s dazu aber auch BGH NJW 1986, 2704, im folgenden);
- **Antrag auf Fortsetzung des Vf** statt durch ein RMittel (s 5 vor § 124);
- **Einlegen einer Erinnerung** gem § 167 Abs 1 iVm § 766 ZPO gegen den Pfändungsbeschluß statt einer Feststellungsklage auf Unwirksamkeit der Forderungspfändung;
- Antrag auf **Kostenfestsetzung** statt einer Leistungsklage auf die geschuldete Summe (BayVBl 1976, 58);
- Antrag auf **Urteilsberichtigung** statt der Berufung (zT **aA** BGH JZ 1978, 283);
- **Erlaß eines VA** anstatt einer Leistungs-, Feststellungs- oder Unterlassungsklage (s unten 50);
- Einlegung einer Anhörungsrüge statt Stellung eines Wiederaufnahmeantrags (vertretbar ist auch, dies unter Hinw auf die Spezialität der Anhörungsrüge zu legitimieren).

Nicht ohne weiteres als der einfachere Weg ist die **Vollstreckung aus einem** 49 **Vergleich** als Vollstreckungstitel auf Abgabe einer Willenserklärung anstelle einer Leistungsklage anzusehen, **wenn** der Kl **mit einer Gegenklage rechnen** muß (BGH NJW 1986, 2704); ebenso grds nicht die Möglichkeit einer Klage auf Erteilung der Vollstreckungsklausel nach § 167 Abs 1 iVm § 731 ZPO anstelle einer neuen Klage gegen einen Vermögensübernehmer aus dem zugrundeliegenden Rechtsverhältnis (BGH NJW 1987, 2863).

Bei öffentlichen Rechtsträgern (bzw bei Behörden) ist als der einfachere 50 Weg idS für die Geltendmachung u Durchsetzung von ör Anspr im Über- u Unterordnungsverhältnis ggü dem Bürger idR[49] der Erlaß eines **Leistungsbescheids,** für Feststellungen der Erlaß eines **feststellenden Bescheids** (s 13 f zu § 42), anzusehen mit der Folge, daß Leistungs- u allg Feststellungsklagen öffentli-

---

[47] DVBl 1982, 961; Lü DVBl 1982, 966 unter Hinweis darauf, daß die späteren Teilgenehmigungen, soweit sie an die frühere anknüpfen u darauf aufbauen, ohnehin keine Regelungswirkung haben; s auch näher 53 zu § 42.

[48] BFH NJW 1977, 1256; BGHZ 28, 308; 55, 206; NJW 1986, 2704; Ms NJW 1984, 1577; Mü BayVBl 1988, 306; B-v Albedyll 25; Obermayer 217 Fn 226; Stern 255 ff; Martens 9; Ule VwGO 130; SGH 119; RÖ-v Nicolai 28 zu § 42; RS § 89, 29 ff.

[49] Anders uU, wenn zum Zweck einer Vollstreckung im Ausland ein Urteil erforderlich ist, vgl VG Schleswig NJW 1991, 1129.

cher Rechtsträger gegen Bürger im Über- u Unterordnungsverhältnis mangels RSB unzulässig sind, **wenn die Behörde die begehrte Entscheidung selbst** (s zur entsprechenden Befugnis, durch VA zu entscheiden, 14 zu § 42) **durch VA treffen kann.**[50] Das RSB ist jedoch zu bejahen, wenn ohnehin mit der Anfechtung des VA durch den Betroffenen zu rechnen ist.[51] Am RSB für eine allg Leistungsklage fehlt es jedoch, wenn der **VA bereits erging** (Schenke 592; Sch-Ehlers 84) oder der **Erlaß eines VA gesetzlich vorgeschrieben** ist (Sch-Ehlers 85), ferner dann, wenn es um die Verpflichtungen eines Bürgers geht, der sich in einem **ör Vertrag der sofortigen Vollstreckung nach § 61 VwVfG unterworfen** hat (Lorenz § 13, 9). Eine ggü der Klage einfachere Form der Rechtsdurchsetzung stellt es zB dar, wenn statt einer Unterlassungsklage Maßnahmen aufgrund des **Hausrechts, der Anstaltsgewalt oder** des **Aufsichtsrechts** ergriffen werden können (Ma DVBl 1978, 274; vgl auch Ks 24, 35) oder, wenn das mit einer Klage des Landes gegen eine Gemeinde verfolgte Ziel auch durch **fachaufsichtliche Weisung** einer Behörde des Landes erreicht werden kann (vgl Ma NVwZ 1993, 393: Aufhebung der Beschlagnahme einer Turnhalle). Das RS I für eine **verwaltungsrechtliche Organstreitigkeit** wird nicht schon dadurch ausgeschlossen, daß möglicherweise ein übergeordneter Hoheitsträger bzw ein übergeordnetes Organ in der Lage ist, den Streit autoritativ zu entscheiden, zB die Rechtsaufsichtsbehörde.[52] Mit der Anerkennung von Organrechten trifft der Gesetzgeber zugleich eine Entscheidung für deren prinzipielle gerichtliche Durchsetzbarkeit; zudem fehlt es den Organen regelmäßig an einem subjektiven Recht auf Beilegung des Organstreits durch eine übergeordnete Verwaltungsinstanz. Ohnehin handelt es sich bei aufsichtsbehördlichem Handeln typischerweise um eine Ermessensentscheidung.

51 Soweit ein **Rechtsschutz des Bürgers in einem VerwaltungsVf** in Betracht kommt, dessen vorherige Durchführung aber gesetzlich nicht gefordert ist, kann diese gesetzgeberische Entscheidung nicht unterlaufen werden, indem unter dem Gesichtspunkt des RSB grds die vorherige erfolglose Absolvierung des VerwaltungsVf gefordert wird. Deshalb ist es bei einer allg **Leistungsklage** nicht erforderlich, daß der Kl vorher einen Antrag an die zuständige Behörde auf Erbringung einer Leistung stellt. Insoweit besteht ein Unterschied zur **Verpflichtungsklage,** bei der sich das Erfordernis einer vorherigen Antragstellung aus den Regelungen der §§ 68 Abs 2, 75 ergibt, die eine spezielle Zulässigkeitsvoraussetzung der Verpflichtungsklage statuieren, die keiner analogen Anwendung zugänglich ist. Für eine solche Analogie besteht auch kein Bedürfnis, da der Kl in diesem Fall das Kostenrisiko (§ 156) trägt, falls der Bekl den Anspr sofort anerkennt. Verbietet sich aber eine Analogie zu §§ 68 Abs 2, 75 mangels Regelungslücke, so geht es nicht an, dasselbe Resultat unter Heranziehung des allg RSB zu begründen.[53] Aus ähnlichen Gründen setzt die **Normenkontrolle nach § 47** nicht voraus, daß der Kl sich vorher um die Aufhebung der seines Erachtens unwirksamen Norm bemüht (Sch-Ehlers 82). Nachdem eine verwaltungsgerichtliche **Feststellungsklage gem § 43** nicht die vorherige Durchführung eines VorVf voraussetzt, läßt sich dieses auch dadurch nicht erzwingen, daß vor der Entscheidung über

---

[50] BSG DÖV 1987, 209 mit eingehender Begründung; Ma DVBl 1978, 275 m zust Anm Lippert; VG Dresden SächsVBl 1996, 287; Bachof JZ 1966, 60; Stern 263; Schenke 573 u 592; SGH 120; RÖ-v Nicolai 154 zu § 42; zu Feststellungsklagen auch Ule 34 II; Ey-Happ 29 zu § 43.

[51] 24, 227; 48, 281; DVBl 1988, 348; Ma VBlBW 1995, 314; Ms DÖV 1983, 428; Ks DÖV 1992, 752; VG Schleswig NJW 1991, 1129; Stein 116 ff; Würt 389; zweifelnd Sch-Ehlers 85.

[52] Ms DVBl 1992, 446; We DVBl 2000, 935; Hufen § 21, 25; Roth, Verwaltungsrechtliche Organstreitigkeiten, 979; Schenke 592; Würt 685.

[53] Schenke 363, Sch-Ehlers 82; **aA** B-v Albedyll 26; Hufen § 23, 12; SGH 388; Würt 393, diff Stein 109.

die verwaltungsgerichtliche Feststellungsklage zunächst erfolglos eine verwaltungsbehördliche Feststellung der Nichtigkeit gem § 44 Abs 5 VwVfG versucht werden muß, wodurch die gesetzgeberische Entscheidung konterkariert würde.[54] Aus entsprechenden Gründen ist es auch nicht möglich, unter Rückgriff auf das RSB über den in **§ 80 Abs 6** vorgesehenen Rahmen hinaus vor der Beantragung der **gerichtlichen Aussetzung oder Anordnung der Vollziehung** zunächst einen erfolglosen Versuch zur behördlichen Aussetzung bzw Anordnung der Vollziehung gem §§ 80 Abs 4, 80 a Abs 1 Nr 1 u. 2 zu verlangen.[55]

Umstritten ist die Frage, ob ein RSB besteht für ein gerichtliches Vorgehen gegen sog **akzessorische VAe** (zB Genehmigung), die für bestimmte (meist privatrechtliche) Willenserklärungen, zB Kündigungen, zum Schutz eines Betroffenen vorgeschrieben sind; zB Klage einer Arbeitnehmerin gegen die **Zustimmung nach § 9 MuSchG** (dazu 10, 148; 54, 277), ferner Klage eines schwerbehinderten Menschen gegen die Zustimmung zur **Kündigung nach § 88 SGB IX** (früher SchwbG; dazu 8, 46; VG Saarlouis NJW 1980, 722). Der Inhaber des Gestaltungsrechts ist zur Wirksamkeit der Gestaltungserklärung auf den Erlaß eines akzessorischen VA angewiesen, deshalb besteht für ihn unbestreitbar ein RSB (4, 333; 7, 295). Zweifelhaft ist hingegen, ob derjenige, dessen Schutz das Erfordernis eines solchen akzessorischen VA dient, Einwendungen gegen den Erlaß im Rahmen eines verwaltungsgerichtlichen Vf geltend machen kann oder ob er sie nur ggü der privatrechtlichen Willenserklärung zu erheben vermag. Soweit Einwendungen ggü dem VA nicht zugleich auch zur Fehlerhaftigkeit der privatrechtlichen Willenserklärung führen, muß immer das RSB für ein verwaltungsgerichtliches Vf bejaht werden. Dasselbe gilt aber selbst dann, wenn solche Einwendungen auch ggü der privatrechtlichen Willenserklärung erhoben werden können. Wenn das Gesetz durch das Erfordernis eines gesetzesakzessorischen VA (zumindest auch) den Schutz des Empfängers der Gestaltungserklärung bezweckt, so bedeutet dies die Einräumung eines entsprechenden subjektiven Rechts u damit unter dem Aspekt des Art 19 Abs 4 GG grds die Möglichkeit eines gerichtlichen Rechtsschutzes, der nur in besonders gelagerten Fällen verneint werden kann. Deshalb überzeugt es nicht,[56] wenn das BVerwG früher von einem Rangverhältnis zwischen der zivilrechtlichen Kündigung als dem Hauptrechtsgeschäft u der behördlichen Kündigungsgenehmigungserklärung sprach u die Anfechtungserklärung des Kleingartenpächters gegen die Genehmigung einer Kündigung eines Kleingartenpachtverhältnisses am angeblichen Fehlen eines RSB scheitern ließ (so aber 1, 134 ff; vgl auch 4, 317 ff; Mü BayVBl 1969, 396). Zu Recht wurde hingegen die Zustimmung zur Kündigung (§ 9 MuSchG) eines Arbeitsverhältnisses durch die Arbeitnehmerin als anfechtbar angesehen (10, 150; vgl auch 54, 277 ff); entsprechendes gilt für die Anfechtungsklage eines schwerbehinderten Menschen gegen die Zustimmung des Integrationsamtes nach **§ 88 SGB IX** zur Kündigung seines Arbeitsverhältnisses (zu § 18 SchwbG aF 8, 48 ff; VG Saarlouis NJW 1980, 721 f). Soweit durch den gesetzesakzessorischen VA Dritte nicht subjektivrechtlich betroffen sind, scheitert deren Anfechtungsklage nicht am RSB, sondern an der fehlenden Klagebefugnis (Schenke JZ 1996, 1059; s auch 95, 135 – Klage des Kunden eines Elektrizitätsversorgungsunternehmens gegen die Genehmigung einer Tariferhöhung). 51 a

Nicht ausgeschlossen ist das RSB auch für **Klagen auf behördliches Einschreiten** in Fällen, in denen dem Kl nach Zivilrecht ein gleichgerichteter, uU sogar weitergehender Anspr unmittelbar gegen den „Störer" zusteht, zB im 51 b

---

[54] Lorenz § 22, 40; Schenke 576; Sch-Ehlers 82 mwN; Stein 100 f; 106 ff; BSG NVwZ 1989, 903; **aA** MB 30 zu § 44 VwVfG.

[55] Schenke JZ 1996, 1165; **aA** Lü NVwZ 1993, 592 zur Aussetzung; Mü BayVBl 1991, 723 zur Anordnung; s hierzu auch 21 zu § 80 a u 138 zu § 80.

[56] Ebenso wie hier NKVwGO-Sodan 347 zu § 42; Sch-Ehlers 87; Stein 125 ff; **aA** Lorenz § 13, 14; Stern 412.

Baurecht, Immissionsschutzrecht usw.[57] Beide Rechtsschutzmöglichkeiten stehen hier vielmehr **eigenständig nebeneinander.** Ein Zurücktreten des verwaltungsgerichtlichen Rechtsschutzes ggü dem zivilgerichtlichen wäre zudem im Hinblick auf die größere **Risikobehaftetheit** des zivilprozessualen Rechtsschutzes problematisch u führte, wenn der Rechtsschutz subjektiver öffentlicher Rechte nur mittels eines zivilrechtlichen quasinegatorischen Abwehranspr gem §§ 823 Abs 2, 1004 BGB geltend gemacht werden könnte, zu einer **systemwidrigen Verlagerung** des gerichtlichen Rechtsschutzes (s hierzu 102 zu § 42).

51 c Bei rechtlich gebundenen VAen scheidet eine **Bescheidungsklage** unter dem Gesichtspunkt bestehender anderer effektiverer Rechtsschutzmöglichkeiten im Hinblick auf die Möglichkeit einer Klage auf Erlaß eines VA jedenfalls nicht generell aus. Hat die Behörde es bisher unterlassen, über einen Antrag auf Erlaß eines begünstigenden VA zu entscheiden, so ergibt sich das RSB für eine solche Bescheidungsklage daraus, daß nur so einer Verkürzung des VerwaltungsVf durch Nichtentscheidung der Ausgangsbehörde u einen daraus resultierenden Wegfall des WiderspruchsVf (s §§ 68 Abs 2, 75 S 1) entgegengewirkt werden kann. Dies ist insb bei hochkomplexen Entscheidungen unabdingbar, da andernfalls das Verwaltungsgericht anstelle der Verwaltung „verwalten" würde. § 75 schließt eine solche Bescheidungsklage nicht aus (näher mwN Schenke DÖV 1996, 538 ff). Ein RSB für eine Bescheidungsklage besteht aber auch dort, wo die Verwaltung bei der Versagung eines eines VA auf wesentliche entscheidungsrelevante Fragen bisher nicht einging (s näher 8 zu § 42 u 201 zu § 113).

51 d Aus ähnlichen Gründen muß bei **unterbliebener Bescheidung eines Widerspruchs** eine Klage auf dessen Bescheidung bejaht werden. Das gilt nicht nur bei Ermessensentscheidungen, bei denen besonders deutlich ist, daß für die Klage im Hinblick auf die im Verhältnis zur gerichtlichen Überprüfung erweiterte Überprüfungsbefugnis der Widerspruchsbehörde (Zweckmäßigkeitskontrolle) das RSB nicht ausgeschlossen sein kann, sondern auch für rechtlich gebundene Entscheidungen (Schenke DÖV 1996, 529 ff). Auch hier hat der Kl ein Interesse an einer über die Bescheidungsklage ermöglichten verwaltungsinternen Kontrolle. Geht er davon aus, einen Rechtsanspr auf Erlaß eines begünstigenden VA zu besitzen, so ist allerdings eine Verpflichtungsklage auf Erlaß eines Widerspruchsbescheids mangels RSB als unzulässig anzusehen. Wohl aber kann hier, sofern bisher noch kein WiderspruchsVf durchgeführt worden ist, für den im Klageantrag als Minus enthaltenen Antrag auf Bescheidung des Widerspruchs ein RSB besteht.

51 e Zur Begründung der prinzipiellen Unzulässigkeit einer auf **Aufhebung der Ablehnung eines begünstigenden VA gerichteten Anfechtungsklage** bedarf es im Hinblick auf die Verfahrenskonkurrenzregelung des § 42 keines Rückgriffs auf das RSB. Sieht man hier nicht bereits die Anfechtungsklage unter dem Gesichtspunkt der Verfahrenskonkurrenz als ausgeschlossen an, ist diese jedenfalls im Hinblick auf den effektiveren Rechtsschutz durch die Verpflichtungsklage im Regelfall mangels RSB ausgeschlossen (29 zu § 42; Schenke 281 f).

51 f Das RSB für eine Klage auf Erteilung eines **Bauvorbescheids** (insb Bebauungsgenehmigung) wird **nicht** durch die Möglichkeit des Kl, gleich auf die **Baugenehmigung** zu klagen, **ausgeschlossen.** Das gilt selbst dann, wenn nach Erhebung einer Klage auf Erlaß eines Bauvorbescheids **später** auf den einer Baugenehmigung geklagt wird (str, s 53 zu § 42).

52 **cc) Mißbräuchliche Inanspruchnahme gerichtlichen Rechtsschutzes. Verwirkung.** Das RS I fehlt, wenn die Klage offensichtlich **rechtsmißbräuch-**

---

[57] Baumeister/Sennekamp, Jura 1999, 264; Bock DVBl 2006, 16; Martini DVBl 2001, 1492; Schenke VBlBW 2000, 59; Stein 130 ff; Steinberg NJW 1984, 464; zT **aA** zum Bau-Nachbarrecht Schmaltz NdsVBl 1995, 247.

lich ist,[58] bzw nur den Zweck haben kann, **dem Gegner zu schaden** oder das Gericht zu „belästigen" (prozeßrechtliches Schikaneverbot).[59] Ob dies der Fall ist, ist nicht nach den subjektiven Beweggründen oder Absichten des Kl zu beurteilen, sondern nach der objektiven Sachlage (OLG Frankfurt NJW 1979, 1613; zT **aA** Wieser, RS I 1971, 53: maßgeblich ist der subjektive Wille). Keine schikanöse Ausnutzung des Rechtsschutzes ist in den Fällen des sog **Bagatellunrechts** gegeben (BK-Schenke 144 zu 19 Abs 4; NKVwGO-Sodan 351 zu § 42; Ms OVGE 16, 236f). Grds kann auch einer Nachbarklage, welche darauf gestützt wird, daß ein Bauvorhaben seiner Art nach in einem der Baugebiete der BauNVO nicht zulässig ist, nicht wg einer fehlenden tatsächlichen Beeinträchtigung des Nachbarn das RSB abgesprochen werden,[60] da sonst die Entscheidung des **Gesetzgebers,** derzufolge das Bestehen subjektiver Rechte unabhängig von einer tatsächlichen Beeinträchtigung sein soll (s 99 zu § 42), **konterkariert** würde. Unzulässig ist allerdings eine Nachbarklage, wenn sich der Kl selbst nicht an die Festsetzung der Nutzungsart des Bebauungsplans (bzw die nach § 34 Abs 2 BauGB bestehenden Bindungen) gehalten hat (We UPR 1997, 156; Steffen BayVBl 1999, 164; s auch Lü BauR 1999, 1163). Weder wg fehlenden RS I noch wg **unzulässiger Rechtsausübung** ist die Klage gegen Anlagegenehmigungen uä aufgrund Eigentums an einem Grundstück, das ausschließlich zum Zweck der Klageberechtigung erworben wurde – sog **Sperrgrundstück** –, unzulässig (anders Würt 255, wie hier dagegen Knödler NuR 2001, 194ff; Sch-Ehlers 98; s dazu auch 89 zu § 42); anders nur dann, wenn das zum Zweck der Prozeßführung übertragene Recht materiell entleert ist.[61] So hat das BVerwG zu Recht die Klage eines Verbandes gegen eine wasserstraßenrechtliche Planfeststellung für zulässig angesehen, der Eigentum einzig zu dem Zweck erwarb, dadurch klagebefugt zu sein (72, 16; s auch NuR 1998, 647 zum Erwerb eines dinglichen Nießbrauchrechts).

Ein schutzwürdiges Interesse des Kl ist hingegen zu verneinen, wenn er seinen 53
Rechtsschutz zB durch eine gegen Treu und Glauben verstoßende **Verzögerung der Klageerhebung** verwirkt hat (Schenke 590; Sch-Ehlers 103; 18ff zu § 74; vgl auch 17 zu § 58; 6h zu § 70). Um einen Fall der prozessualen Verwirkung handelt es sich nach dem BVerwG auch dann, wenn der Kl eine bereits erhobene Nichtigkeitsklage (§ 579 ZPO iVm § 153), mit der er sein Rechtsschutzbegehren hätte erreichen können, zurücknimmt u später erneut erheben will (NVwZ 1994, 1207, sehr zweifelhaft; **aA** Jauernig NVwZ 1996, 31). Eine Verwirkung des Rechts zur Anfechtung einer Prüfungsentscheidung ist nicht schon deshalb anzunehmen, weil sich der beim ersten Prüfungsversuch erfolglos gebliebene Kl vor der Anfechtung der Prüfungsentscheidung der Wiederholungsprüfung unterzogen hat (Ms DVBl 2000, 724). Häufig wird eine Verwirkung des Rechtsschutzes (zu deren Voraussetzungen s BayVBl 2001, 727f) mit einer Verwirkung der durch das Prozeßrecht geschützten materiellen Rechte einhergehen u daher bereits die Klagebefugnis entfallen lassen (tlw anders Sch-Ehlers 104).

Ein **RSI** wurde früher auch dann verneint, wenn ein Kl in einer Sache **länge-** 54
re Zeit nichts mehr von sich hören ließ, insb auf Schriftsätze der Gegenseite

---

[58] Vgl BVerfG DVBl 1981, 625; Ks DVBl 1980, 200; NVwZ 1986, 767; Menger VerwA 1981, 72; Schenke AöR 1970, 253; Stein 225ff; iE auch Mü NVwZ 1989, 684: wg Rechtsmißbrauchs unzulässig, vgl entspr auch zum Sachbescheidungsinteresse im Verwaltungsverfahren Wittreck BayVBl 2004, 200.

[59] Vgl VG Meiningen NVwZ-RR 1996, 720; OLG Frankfurt NJW 1979, 1613; Sch-Ehlers 99; Schönke, Rechtsschutzbedürfnis 1950, 34; Stephan, Rechtsschutzbedürfnis 1967, 48; Wieser, Rechtsschutzinteresse 1971, 53.

[60] Schenke 591; s demgegenüber aber Battis BauGB 56 zu § 31; Brohm § 18, 25; s auch Steffen BayVBl 1999, 164.

[61] IE ebenso NVwZ 2001, 427 – allerdings unter Hinweis auf fehlende Klagebefugnis; s dazu Clausing JuS 2001, 1000f; Ehlers JK 01, VwGO § 42 II/25 u 89 zu § 42.

u Anfragen des Gerichts nicht reagierte usw oder sich sonst so verhielt, daß sein Desinteresse an einer Entscheidung des Gerichts offensichtlich war (anders, wenn Prozeßbevollmächtigter bestellt war, vgl NVwZ 1985, 428). Im Hinblick auf die durch das 6. VwGOÄndG geschaffene Möglichkeit des Gerichts, den Kl zur weiteren Betreibung des Vf aufzufordern (§ 92 Abs 2 S 1), u die hieran bei Erfolglosigkeit anknüpfende Fiktion der Klagerücknahme (vgl hierzu 18 ff zu § 92), kann dieser Ansicht heute nicht mehr gefolgt werden (**aA** BVerfG DVBl 1999, 167 f; Wittreck BayVBl 2004, 196). Anderes soll für die Fälle gelten, in denen der Kl unbekannten Aufenthalts u zugleich unerreichbar („untergetaucht") ist (DVBl 1997, 181; Ma NVwZ-Beil 1998, 72; We ThürVBl 1999, 285). Dem ist jedenfalls bei AsylVf trotz der hier auch bei unbekanntem Aufenthaltsort bestehenden Zustellungsmöglichkeiten (s dazu 41 ff zu § 56) zu folgen, da der Ausländer hier nicht die ihn nach § 10 Abs 1 AsylVfG treffende Pflicht erfüllt, vorzusorgen, daß ihn das angerufene Gericht stets erreichen kann. Angesichts der Verletzung dieser prozessualen Pflicht ist er nicht schutzwürdig. Zudem wird sein „Untertauchen" häufig so zu verstehen sein, daß er sich bei einem für ihn ungünstigen Urteil den Folgen entziehen will (s auch unten 56).

55 Nicht rechtsmißbräuchlich ist die Verpflichtungsklage auf Rücknahme eines VA nach Ablauf der Anfechtungsfrist (näher 39 zu § 42). Hier besteht ein formelles subjektives öffentliches Recht auf Entscheidung über die Rücknahme, das nicht durch die Verneinung des RSB entwertet werden darf.

56 **Nicht Voraussetzung** des RS I ist andererseits, daß der Kl seinerseits in der Sache **„besondere Gesetzestreue"** zeigt. Das RS I ist daher zB für die Klage gegen eine Bauuntersagung auch dann zu bejahen, wenn der Kl diese nicht befolgt (Sch-Ehlers 100; **aA** Ks NuR 1986, 344). Das RS I ist jedoch **in Eilfällen** uU dann zu verneinen, wenn ein Antrag nach § 80 Abs 5 oder § 123 oä aus einen vom ASt zu vertretenden Grund **so spät** gestellt wird, daß dem Gericht **nicht mehr ausreichend Zeit** für die Entscheidung bleibt (vgl Mü NJW 1989, 733 zu einer Beschwerde). Macht ein Verfahrensbeteiligter deutlich, daß er eine gerichtliche Entscheidung, sofern sie seinem Begehren nicht entspricht, nicht befolgen, sondern unterlaufen wird, kann dies dazu führen, daß ihm ein RSB für die Inanspruchnahme gerichtlichen Rechtsschutzes fehlt (Ba NJW 1999, 2986, zweifelhaft).

57 Für die Zulässigkeit der Klage unter dem Gesichtspunkt des RSB genügt es – wie auch sonst bei Zulässigkeitsvoraussetzungen –, wenn dieses im Zeitpunkt der letzten mündlichen Verhandlung vorliegt (97, 68).

§ 40 [Zulässigkeit des Verwaltungsrechtsweges]

(1) **Der Verwaltungsrechtsweg**[1 ff] **ist in allen öffentlich-rechtlichen Streitigkeiten**[6 ff, 37 ff] **nichtverfassungsrechtlicher Art**[31 ff] **gegeben, soweit die Streitigkeiten nicht durch Bundesgesetz einem anderen Gericht ausdrücklich zugewiesen sind.**[48 ff] **Öffentlich-rechtliche Streitigkeiten auf dem Gebiet des Landesrechts können einem anderen Gericht auch durch Landesgesetz zugewiesen werden.**[48 ff]

(2) **Für vermögensrechtliche Ansprüche aus Aufopferung für das gemeine Wohl**[61 ff] **und aus öffentlich-rechtlicher Verwahrung**[64 ff] **sowie für Schadensersatzansprüche aus der Verletzung öffentlich-rechtlicher Pflichten,**[69 ff] **die nicht auf einem öffentlich-rechtlichen Vertrag**[71 ff] **beruhen, ist der ordentliche Rechtsweg gegeben; dies gilt nicht für Streitigkeiten über das Bestehen und die Höhe eines Ausgleichsanspruchs im Rahmen des Artikels 14 Abs. 1 Satz 2 des Grundgesetzes.**[61] **Die besonderen Vorschriften des Beamtenrechts**[75 ff] **sowie über den Rechtsweg bei Ausgleich von Vermögensnachteilen wegen Rücknahme rechtswidriger Verwaltungsakte**[79 ff] **bleiben unberührt.**

Vgl § 13 GVG; § 51 SGG; § 33 FGO

Schrifttum: Allgemeines: *Bauer,* Gerichtsschutz als Verfassungsgarantie, 1973; *Emmert,* Die aktuelle Bedeutung des Europäischen Gemeinschaftsrechts für die Entwicklung der deutschen Verwaltungsgerichtsbarkeit, BayVBl 1997, Beiheft VI; *M. Fischer,* Zulässigkeit der Klage und Zulässigkeit des Rechtswegs, Jura 2003, 748; *ders,* Nochmals: Der Verwaltungsrechtsweg als Voraussetzung der Zulässigkeit der Klage, VBlBW 2005, 179; *Geiger,* Der Verwaltungsrechtsweg als Sachurteilsvoraussetzung, VBlBW 2004, 336; *Hufen/Bickenbach,* Der Verwaltungsprozess zwischen Konsolidierung und permanenter Reform, DV 2006, 525; *Klein,* Tragweite der Generalklausel des Art 19 IV GG, VVDStRL 1950, 67; *Leifer,* Die Eröffnung des Verwaltungsrechtswegs als Problem des Klausuraufbaus, JuS 2004, 956; *Lorenz,* Der Rechtsschutz des Bürgers und die Rechtsweggarantie, 1973; *Menger,* Der Schutz der Grundrechte in der Verwaltungsgerichtsbarkeit, in: Bettermann/Nipperdey/Scheuner Bd III 2, 1959, 717; *Renck,* Der Rechtsweg im gerichtlichen Verfahrensrecht – Allgemeine Grundsätze, JuS 1999, 361; *Schenke,* Verwaltung und Verwaltungsgerichtsbarkeit – Gedanken zu einem der Grundthemen des Wirtschaftsverwaltungsrechts, WuV 1988, 145; *ders,* Die Bedeutung der verfassungsrechtlichen Rechtsschutzgarantie, JZ 1988, 317; *ders,* Rechtswegabgrenzung, in: 50 Jahre BGH III (zit FG BGH III), 2000, 45; *Steiner,* Staats- und verfassungsrechtliche Bedeutung einer umfassenden Verwaltungsgerichtsbarkeit, BayVBl 1997, Beiheft II; *Stober (Hg),* Rechtsschutz im Wirtschaftsverwaltungs- und Umweltrecht, 1993; *Thiel/Garcia-Scholz,* Die Eröffnung des Verwaltungsrechtswegs, JA 2001, 957; *Ule,* Verwaltungsrechtsschutz, in: HwSW Bd 11, 281; *Wittreck,* Auftakt zu einer neuen Runde: die Vereinheitlichung der öffentlich-rechtlichen Fachgerichtsbarkeiten, DVBl 2005, 211. – **Rechtliche Streitigkeit:** *Bauer/Krause,* Innerorganisatorische Streitigkeiten im Verwaltungsprozeß, JuS 1996, 411; 512; *v. Campenhausen,* Der staatliche Rechtsschutz im kirchlichen Bereich, AöR 1987, 623; *Erichsen,* Der Innenrechtsstreit, Menger-FS 1985, 211; *Germann,* Urteilsanmerkung zu BVerwG DVBl 2002, 986, DVBl 2002, 988; *Goerlich,* Urteilsanmerkung zu BVerfG JZ 2004, 791, JZ 2004, 793; *Goos,* Rechtsschutz in Kirchensachen – eine unendliche Geschichte?, ZBR 2004, 159; *Grzeszick,* Staatlicher Rechtsschutz und kirchliches Selbstbestimmungsrecht, AöR 2004, 168; *Haastert,* Auf dem Weg zu einem gleichwertigen staatlichen Rechtsschutz im Kirchendienst? Zur neueren Rechtsprechung bzgl der sog „verkappten Statusklagen" (BVerwG, NJW 1994, 3367 f), DÖV 1996, 363; *Heckel,* Die staatliche Gerichtsbarkeit in Sachen der Religionsgesellschaften, in: Lerche-FS 1993, 213; *ders,* Der Rechtsschutz in Kirchensachen, NVwZ 1994, 564; *Hesse,* Der Rechtsschutz durch staatliche Gerichte im kirchlichen Bereich, 1956; *Kästner,* Staatliche Justizhoheit und religiöse Freiheit, 1991; *ders,* Tendenzwende in der Rechtsprechung zum staatlichen Rechtsschutz in Kirchensachen, NVwZ 2000, 889; *Kirchberg,* Staatlicher Rechtsschutz in Kirchensachen, NVwZ 1999, 734; *Korioth,* Vom institutionellen Staatskirchenrecht zum grundrechtlichen Religionsverfassungsrecht? Chancen und Gefahren eines Bedeutungswandels des Art. 140 GG, Badura-FS 2004, 727; *Lorenz,* Der Rechtsweg für Abwehrklagen gegen kirchliche Beeinträchtigungen, NJW 1996, 1855; *Magen,* Der Rechtsschutz in Kirchensachen nach dem materiell-rechtlichen Ansatz, NVwZ 2002, 897; *Maurer,* Die Verwaltungsgerichtsbarkeit der evangelischen Kirche, 1958; *ders,* Kirchenrechtliche Streitigkeiten vor den allgemeinen Verwaltungsgerichten, Menger-FS 1985, 285; *ders,* Urteilsanm zu BGH JZ 2000, 1111, JZ 2000, 1113; *ders,* Urteilsanm zu BVerwG JZ 2002, 1102, JZ 2002, 1104; *Nolte,* Durchbruch auf dem Weg zu einem gleichwertigen staatlichen Rechtsschutz in „Kirchensachen", NJW 2000, 1844; *Oettl,* Grenzen der Gerichtsbarkeit im sozialen Rechtsstaat, 1971; *Renck,* Der Rechtsweg im gerichtlichen Verfahrensrecht – Vertragshandeln und Realakte, JuS 2000, 1001; *Rüfner,* Rechtsschutz gegen kirchliche Rechtshandlungen und Nachprüfung kirchlicher Entscheidungen, in: Handbuch des Staatskirchenrechts 1974/5, 759; *Sachs,* Staatliche und kirchliche Gerichtsbarkeit, DVBl 1989, 487; *Schenke,* Rechtsschutz gegen Gnadenakte, JA 1981, 588; *ders,* Der Rechtsschutz im besonderen Gewaltverhältnis, JuS 1982, 906; *ders,* Die verfassungsrechtliche Garantie eines Rechtsschutzes kirchlicher Bediensteter, Faller-FS 1984, 133; *ders,* Rechtsschutz im besonderen Gewaltverhältnis, in: Merten, Das besondere Gewaltverhältnis, Vorträge des 25. Sonderseminars 1984 der Hochschule für Verwaltungswissenschaften Speyer, Berlin 1985, 83; *ders,* Verfassungsgerichtsbarkeit und Fachgerichtsbarkeit, Heidelberg 1987; *ders,* Rechtswegabgrenzung, FG BGH III, 45 ff; *ders,* Probleme der Unterhaltungs- und Verkehrssicherungspflicht an öffentlichen Wasserstraßen, VersR 2001, 533; *Schoch,* Der Kommunalverfassungsstreit im System des verwaltungsgerichtlichen Rechtsschutzes, JuS 1987, 783; *Schütte,* Zur Justitiabilität von Gnadenakten des Bundespräsidenten, JA 1999, 868; *Steiner,* Staatliche und kirchliche Gerichtsbarkeit, NVwZ 1989, 410; *Thiel/Garcia-Scholz,* Die Eröffnung des Verwaltungsrechtwegs, JA 2001, 957; *Weber,* Der Rechtsschutz der Kirchen und Religionsgemeinschaften durch die staatlichen Gerichte, in: Handbuch des Staatskirchenrechts, 1974/5,

729; *ders,* Staatliche und kirchliche Gerichtsbarkeit, NJW 1989, 2217; *ders,* Kontroverses zum Rechtsschutz durch staatliche Gerichte im kirchlichen Bereich, NJW 2003, 2067. – **Nichtverfassungsrechtliche Streitigkeit:** *Bethge,* Verfassungsstreitigkeiten als Rechtsbegriff, Jura 1998, 529; *ders,* Das Phantom der doppelten Verfassungsunmittelbarkeit, JuS 2001, 1100; *Di Fabio,* Rechtsschutz in parlamentarischen Untersuchungsverfahren, 1988; *Glauben,* Rechtsschutz Privater im parlamentarischen Untersuchungsverfahren, DVBl 2006, 1263; *Ipsen,* Rechtsschutz gegen Fraktionsausschluss, NVwZ 2005, 361; *Köller/Haller,* Prozessuale Durchsetzbarkeit eines Anspruchs auf Rechtsetzung, JuS 2004, 189; *Kraayvanger,* Der Begriff der verfassungsrechtlichen Streitigkeit im Sinne des § 40 Abs 1 S 1 VwGO, 2004; *Lenz,* Der Fraktionsausschluss – Zwischenbilanz nach den Fällen Möllemann und Hohmann, NVwZ 2005, 364; *Lerche,* Vom Verfassungsrecht geformte Streitsachen – Zur Abgrenzung des Verfassungs- vom Verwaltungsrechtsweg, BayVerfGH-FS 1997, 79; *Ossenbühl,* Rechtsschutz im parlamentarischen Untersuchungsverfahren, Martens-GS 1987, 177; *Schenke,* Rechtsschutz bei normativem Unrecht, 1979; *ders,* Der gerichtliche Rechtsschutz im Wahlrecht, NJW 1981, 2440; *ders,* Rechtsschutz gegen das Unterlassen von Rechtsnormen, VerwArch 82 (1991), 307; *ders,* Streitigkeiten verfassungsrechtlicher Art im Sinne des § 40 VwGO, AöR 2006, 117; *Schmelter,* Rechtsschutz gegen nicht zur Rechtssetzung gehörende Akte der Legislative, 1977; *Schrader,* Justiziabilität kommunaler Beteiligungsrechte im Gesetzgebungsverfahren, VBlBW 2007, 81; *Schweitzer,* Die Befristung prinzipaler Normenkontrollverfahren im Anwendungsbereich des Art. 19 Abs. 4 GG, 2007 (zit Befristung); *Sodan,* Der Anspruch auf Rechtsetzung und seine prozessuale Durchsetzbarkeit, NVwZ 2000, 601; *Winkler,* Bund-Länder-Streit um Weisungen nach Art. 85 Abs. 3 GG, JA 1998, 16; *Wolnicki,* Öffnungszeiten von Abstimmungsbüros bei Volksbegehren und Gewährleistung demokratischer Grundrechtsgewährleistung – keine Angelegenheit für den Verwaltungsrichter?, LKV 1997, 313; *Zillmer,* Rechtsschutz der Länder gegen bundesfernstraßenrechtliche Weisungen, DÖV 1995, 49; *Zimmermann,* Die Kontrolldichte gerichtlichen Rechtsschutzes gegen Weisungen in der Bundesauftragsverwaltung – ein Problem der Zuständigkeitsverteilung zwischen BVerfG und BVerwG?, DVBl 1992, 93. – **Öffentlichrechtliche Streitigkeit:** *Althammer/Zieglmeier,* Der Rechtsweg bei Beeinträchtigungen Privater durch die kommunale Daseinsvorsorge bzw erwerbswirtschaftliches Handeln von Kommunen, DVBl 2006, 810; *Bachof,* Über öffentliches Recht, BVerwG-FS 1978, 1; *Bamberger,* Grundfälle zum Recht der Geschäftsführung ohne Auftrag im Öffentlichen Recht, JuS 1998, 706; *Beaucamp,* Das Hausrecht von Behörden als Rechtsproblem, JA 2003, 231; *Bettermann,* Vom Rechtsschutz und Rechtsweg des Bürgers gegen den Rundfunk-Rufmord, NJW 1977, 513; *Braun,* Verwaltungsrechtlicher Rechtsschutz bei Vergaben unterhalb der Schwellenwerte, SächsVBl 2006, 249; *Brohm,* Wirtschaftstätigkeit der öffentlichen Hand und Wettbewerb, NJW 1994, 281; *Broß,* Rechtswegprobleme zwischen Zivil- und Verwaltungsgerichten, VerwA 1988, 97 ff; *Brüning,* Von öffentlichen Zwecken und privaten Rechten – Hausverbot für Gebäude der öffentlichen Verwaltung zwischen Scylla und Charybdis, DÖV 2003, 389; *Burmeister,* Verträge und Absprachen zwischen der Verwaltung und Privaten, VVDStRL 52, 190; *Dahm,* Der staatliche Aufwendungsersatzanspruch nach der erfolgreichen Befreiung entführter Deutscher im Ausland, NVwZ 2005, 172; *Ehlers,* Verwaltung in Privatrechtsform, 1984; *Faßbender,* Rechtsschutz privater Konkurrenten gegen kommunale Wirtschaftsbetätigung, DÖV 2005, 89; *Finkelnburg,* Zur Entwicklung der Abgrenzung der Verwaltungsgerichtsbarkeit im Verhältnis zu anderen Gerichtsbarkeiten durch das Merkmal der öffentlich-rechtlichen Streitigkeit, Menger-FS 1985, 279; *Heuvels,* Rechtsschutz unterhalb der Schwellenwerte, NZBau 2005, 570; *Hösch,* Die Nachprüfung von Vergabeentscheidungen der öffentlichen Hand, BayVBl 1997, 193; *Ipsen/Koch,* Öffentliches und privates Recht – Abgrenzungsprobleme bei der Benutzung öffentlicher Einrichtungen, JuS 1992, 809; *Kischel,* Handle und liquidiere? Keine Geschäftsführung ohne Auftrag im öffentlichen Recht, VerwA 1999, 391; *Klenke,* Das Hausrecht am Rathaus und anderen Verwaltungsgebäuden, NWVBl 2006, 84; *Köhler,* Auskunftsanspruch der Presse gegenüber Unternehmen der öffentlichen Hand, NJW 2005, 2337; *Leinenbach/Jurczyk,* Rückforderung von Subventionen – Zivilrechtsweg oder Verwaltungsrechtsweg?, LKV 2001, 450; *Leipold,* Rechtsweg und Rechtsgrundlagen bei der Rückforderung von Vermögen in der ehemaligen DDR, JZ 1993, 703; *Leisner,* Unterscheidung zwischen privatem und öffentlichem Recht, JZ 2006, 869; *Lerche,* Ordentlicher Rechtsweg und Verwaltungsrechtsweg, 1953; *Manssen,* Privatrechtsgestaltung durch Hoheitsakt, 1994; *Niestedt/Hölzl,* Zurück aus der Zukunft? Verfassungsmäßigkeit der Primärrechtsschutzbeschränkung im Vergaberecht oberhalb bestimmter Schwellenwerte, NJW 2006, 3680; *Otto,* Wettbewerblicher Schutz gegen kommunale Wirtschaftstätigkeit?, GewA 2001, 360; *Pietzcker,* Defizite beim Vergaberechtsschutz unterhalb der Schwellenwerte?, NJW 2005, 2881; *Prieß/Hölzl,* Das Ende des rechtsfreien Raumes: Der verwaltungsgerichtliche Rechtsschutz bei der

Rüstungsbeschaffung, NZBau 2005, 367; *Rinne/Schlick,* Die Rechtsprechung des BGH zu den öffentlich-rechtlichen Ersatzleistungen, NJW 2005, 3330; *Röhl,* Verwaltung und Privatrecht – Verwaltungsprivatrecht?, VerwA 1995, 531; *Ruthig,* Rechtsschutz von Bietern bei der Vergabe öffentlicher Bauaufträge, DÖV 1997, 539; *ders,* Verwaltungsrechtsschutz bei der staatlichen Auftragsvergabe? – Eine verwaltungsrechtliche Kritik der „Lenkwaffen"-Entscheidung des OVG Koblenz, NZBau 2005, 497; *Sack,* Gesetzwidrige Wettbewerbshandlungen nach der UWG-Novelle, WRP 2004, 1307; *Schenke,* Probleme der modernen Leistungsverwaltung, DÖV 1989, 365; *ders,* Rechtsprechungsübersicht zum Verwaltungsprozeß – Teil 1, JZ 1996, 998; *ders,* Rechtswegabgrenzung, FG BGH III, 45 ff; *ders,* Geschäftsführung ohne Auftrag zum Zwecke der Gefahrenabwehr, Bartlsperger-FS 2006, 529; *Schliesky,* Über Notwendigkeit und Gestalt eines Öffentlichen Wettbewerbsrechts, DVBl 1999, 78; *Siegel,* Effektiver Rechtsschutz und der Vorrang des Primärrechtsschutzes, DÖV 2007, 237; *Staake,* Die Polizei als Geschäftsführer ohne Auftrag?, JA 2004, 800; *Stich,* Die öffentlich-rechtlichen Zuständigkeiten der Zivilgerichte, Staatsb und Staatsgew Bd 2, 1963, 387; *Sydow/Gebhardt,* Auskunftsansprüche gegenüber kommunalen Unternehmen, NVwZ 2006, 986; *Unruh,* Kritik des privatrechtlichen Verwaltungshandelns, DÖV 1997, 657; *Wolff,* Der Unterschied zwischen öffentlichem Recht und privatem Recht, AöR 1950/1951, 205; *v Zezschwitz,* Rechtsstaatliche und prozessuale Probleme des Verwaltungsprivatrechts, NJW 1983, 1873. – **Aufdrängende und abdrängende Sonderzuweisungen:** *Antweiler/Nieberding,* Rechtsschutz im neuen Energiewirtschaftsrecht, NJW 2005, 3673; *Braun,* Verwaltungsrechtlicher Rechtsschutz bei Vergaben unterhalb der Schwellenwerte, SächsVBl 2006, 249; *Broß,* Die Vergabe öffentlicher Aufträge als Wettbewerbsproblem, Brandner-FS 1996, 343; *Dötsch,* Rechtsfragen bei Ansprüchen aus öffentlichrechtlicher culpa in contrahendo, NJW 2003, 1430; *Geiger,* Verlagerung der Sozialhilfestreitigkeiten auf die Sozialgerichte, NJW 2004, 1850; *Hebeler,* Anm zum Beschluß des BVerwG v 30. 4. 2002 – 4 B 72.01, JA 2002, 936 (culpa in contrahendo); *Kunig,* Unzulässigkeit des Verwaltungsrechtswegs bei öffentlich-rechtlichen Streitigkeiten, Jura 1990, 386; *Lege,* Der Rechtsweg bei Entschädigungen für „enteignende" Wirkungen, NJW 1995, 2745; *Leist,* Überblick über die Abgrenzung des Finanzrechtswegs (§ 33 FGO) zu anderen Rechtswegzuständigkeiten in der Praxis des Finanzgerichts, NWVBl 2004, 252; *Mühlhausen,* Überlegungen zur Zulässigkeit des Zivilrechtswegs bei kartell- und wettbewerbsrechtlichen Streitigkeiten der gesetzlichen Krankenkassen, SGb 1995, 146; *Murach,* Rechtswegzuständigkeit bei Ersatzansprüchen aus verwaltungsrechtlichen Schuldverhältnissen nichtvertraglicher Art, BayVBl 2001, 682; *Odersky,* Kartellrechtliche Kontrolle des Handelns der öffentlichen Hand, Lerche-FS 1993, 949; *Prieß/Hölzl,* Auf Nummer sicher gehen!, LKV 2006, 481; *Rinne,* Der Rechtsweg für Ausgleichsansprüche im Rahmen der Inhaltsbestimmung des Eigentums, DVBl 1994, 23; *Römer,* Der Rechtsweg für Streitigkeiten aus der privaten Pflegeversicherung, VersR 1996, 562; *Schenke,* Rechtsschutz gegen Strafverfolgungsmaßnahmen der Polizei, VerwA 1969, 332; *ders,* Rechtsschutz bei strafprozessualen Eingriffen von Staatsanwaltschaft und Polizei, NJW 1976, 1816; *ders,* Der Rechtsweg für die Geltendmachung von Ausgleichsansprüchen im Rahmen der Sozialbindung des Eigentums, NJW 1995, 3145; *K. Schmidt,* Wirtschaftsverwaltungsrecht vor den Kartellsenaten, die Praxis zu §§ 63 ff GWB als Beitrag zum Verwaltungsrechtsschutz im Wirtschaftsrecht, in: Festschrift für Peter Selmer zum 70. Geburtstag 2004, 499; *Schneider, Hans,* Gerichtsfreie Hoheitsakte, 1951; *Schoch,* Zuständigkeit der Zivilgerichtsbarkeit in öffentlich-rechtlichen Streitigkeiten kraft Tradition (§ 40 Abs 2 VwGO), Menger-FS 1985, 305; *ders,* Rechtsschutz gegen polizeiliche Maßnahmen, Wessels/Stree-FS 1993, 1095; *ders,* Der Rechtsweg bei ausgleichspflichtigen Eigentumsinhaltsbestimmungen, JZ 1995, 768. – **Rechtsweg und Vorfrageentscheidungen (insb Aufrechnung):** *Bahlan,* Die Aufrechnung im Steuerrecht, 1994; *Detterbeck,* Grundfragen der Aufrechnung im Verwaltungsprozeß, DÖV 1996, 889; *Drygala,* Auswirkungen der Neuregelung der §§ 17, 17 a GVG auf die Prozeßanforderung im Arbeitsrecht, NZA 1992, 294; *Gaa,* Die Aufrechnung mit einer rechtswegfremden Gegenforderung, NJW 1997, 3343; *ders,* Die Aufrechnung im Öffentlichen Recht unter Berücksichtigung der Neuregelung des § 17 Abs 2 GVG für den Verwaltungsprozeß, Diss. Konstanz 1996; *Grandtner,* Die Aufrechnung als Handlungsinstrument im öffentlichen Recht, 1995; *Habermeier,* Grundfragen der Aufrechnung, JuS 1997, 1057; *Hager,* Die Manipulation des Rechtswegs – Bemerkungen zur Reform der §§ 17 ff GVG, Kissel-FS 1994, 327; *K. Hartmann,* Aufrechnung im Verwaltungsrecht, 1996; *Hoffmann,* Der allgemeine Gerichtsstand des Sachzusammenhangs, 1993; *Kment,* § 17 II GVG: Aufrechnung mit einer rechtswegfremden Forderung, JA 2005, 340; *Lüke,* Der Rechtsweg zu den Arbeitsgerichten und die dogmatische Bedeutung der Neuregelung, Kissel-FS 1994, 709; *Rupp,* Zur Aufrechnung mit rechtswegfremden Forderungen im Prozeß, NJW 1992, 3274; *Schenke/Ruthig,* Die Aufrechnung mit rechtswegfremden Forderungen im Prozeß. Zur Rechtslage nach der Neufassung des

§ 17 II GVG, NJW 1992, 2505; NJW 1993, 1374; *Vollkommer,* Die Neuregelung des Verhältnisses zwischen den Arbeitsgerichten und den ordentlichen Gerichten und ihre Auswirkungen, Kissel-FS 1994, 1183.

Übersicht

1 **1. Allgemeines:** § 40 eröffnet den **Verwaltungsrechtsweg (VRW),** dh die Möglichkeit der Anrufung der Gerichte der allg Vwgbk (s 1 vor § 40), für alle **ör Streitigkeiten** nichtverfassungsrechtlicher Art, für die nicht die Zuständigkeit anderer Gerichte gesetzlich vorgesehen ist **(verwaltungsgerichtliche Generalklausel).** Entgegen dem Wortlaut handelt es sich grds nicht um eine Regelung des „Ob" des Rechtswegs, sondern um eine solche des „Wie", der sog **Rechtswegzuständigkeit.**[1] Angesichts § 40 kommt die subsidiäre Zuständigkeit der ordentlichen Gerichte gem Art 19 Abs 4 S 2 GG gegenwärtig für ör Streitigkeiten nichtverfassungsrechtlicher Art nicht in Betracht (Obermayer 183; SGH 36). § 40 eröffnet den VRW andererseits **nicht nur im Rahmen der Garantie des Art 19 Abs 4 GG** u in Beschränkung auf behauptete RVerletzung iS dieser Vorschrift,[2] sondern allg für ör Rechtsstreitigkeiten u damit **auch** für solche Rechtsstreitigkeiten **im** sog **Gleichordnungsverhältnis.** S zu dem insoweit gegebenen verfassungsrechtlichen **Justizgewährungsanspr** 11 u 13 zu § 1; zu **Beschränkungen des Rechtsschutzes** auch 18 zu § 1.

2 Die Zulässigkeit des VRW ist für **alle Klagen** u für alle Anträge in selbständigen AntragsVf zB gem §§ 47, 80 Abs 5, 80 a Abs 3, § 123 **vor den Verwaltungsgerichten** (anders aber bei Rechtsmittelgerichten gem § 17 a Abs 5 GVG; s 1 zu § 41) eine **zwingende** Sachurteilsvoraussetzung (10 vor § 40) für eine Entscheidung der Verwaltungsgerichte, die vom Gericht vAw zu berücksichtigen ist u von den Beteiligten **nicht wegbedungen** werden kann (B-v Albedyll 3; Ey-Rennert 3; v Zezschwitz NJW 1983, 1881). Ist sie nicht gegeben, so ist die Klage allerdings grds nicht durch Prozeßurteil abzuweisen; vielmehr ist nach

---

[1] 32, 283; OLG München BayVBl 1976, 157; ME VerwA 1966, 71; Flieger NJW 1979, 2603; **aA** Ule 4. Zur Rechtswegabgrenzung eingeh Schenke FG BGH III 45 ff.

[2] S v Mutius VerwA 1977, 199; Preusche NVwZ 1987, 855; allg auch Krebs VerwA 1977, 191; zweifelnd Menger VerwA 1975, 176; vgl auch 3 und 11 ff zu § 1.

§ 173, § 17 a Abs 2 GVG lediglich der **beschrittene Rechtsweg** durch Beschluß für **unzulässig zu erklären** u der Rechtsstreit an das zuständige Gericht des zulässigen Rechtswegs zu verweisen. Insoweit führt die Unzulässigkeit des VRW idR nicht mehr zur Unzulässigkeit der Klage in dem Sinn,[3] daß auf eine erhobene Klage hin keine Sachentscheidung mehr ergeht. Allerdings ergeht diese Sachentscheidung nach der vAw ergehenden Verweisung an das Gericht eines andern Rechtswegs durch dieses. Das VG trifft hingegen – ebenso wie beim Fehlen anderer Zulässigkeitsvoraussetzungen für eine verwaltungsgerichtliche Klage – keine Sachentscheidung. Angesichts dieser Gemeinsamkeiten mit anderen Zulässigkeitsvoraussetzungen einer verwaltungsgerichtlichen Klage erscheint es nicht sinnvoll, den VRW aufbaumäßig von anderen Zulässigkeitsvoraussetzungen zu trennen u einen „dreistufigen Aufbau" zu befürworten.[4] Das gilt um so mehr, als in den Fällen, in denen der VRW deshalb ausscheidet, weil der Verfassungsrechtsweg gegeben ist, sowie bei bestimmten nicht justitiablen Hoheitsakten das VG ebenfalls nicht verweist, sondern die Klage (als unzulässig) abweist (dazu 16 zu § 41 u unten 5 a). Bei Anträgen, die im Rahmen des vorläufigen Rechtsschutzes zu Unrecht im VRW gestellt wurden, ist nach umstrittener, aber richtiger Ansicht ohnehin der Antrag als unzulässig abzuweisen u findet keine Verweisung statt (näher 2 a zu § 42). Das Gericht kann gem § 17 a Abs 3 GVG die Zulässigkeit des VRW vorab durch Beschluß feststellen; gem § 173, § 17 a Abs 3 S 2 GVG hat es vorab zu entscheiden, wenn eine Partei (Beteiligter) die Zulässigkeit des VRW rügt. Zur Befugnis der Verwaltungsgerichte zur Beurteilung von **Vorfragen,** die an sich in die Zuständigkeit von Gerichten anderer Gerichtszweige fallen, unten 42 ff.

Wegen des „Vorschaltcharakters" des Widerspruchsverfahrens (s 1 u 6 2 a
vor § 68) gem §§ 68 ff ist **auch für dieses,** soweit durch Gesetz nichts anderes bestimmt ist, grds Zulässigkeitsvoraussetzung, daß Gegenstand auch des Widerspruchs eine ör Angelegenheit nichtverfassungsrechtlicher Art ist. **Nicht erforderlich** ist dagegen insoweit wg der konstitutiven **Verweisung in § 79 VwVfG u** in den entspr Vorschriften der LVwVfGe (soweit es sich um Angelegenheiten handelt, die unter diese Bestimmungen fallen), **daß auch für** ein ggf **nachfolgendes KlageVf der VRW gegeben wäre** (str). S im einzelnen 2 f vor § 68.

Außer durch § 40 kann die Rechtswegzuständigkeit der Verwaltungsgerichte 3
auch durch ausdr **Zuweisung von Streitigkeiten** – auch solcher nicht-ör Natur – **durch Gesetz,** nach Abs 2 (Verwaltungsstreitsachen kraft Zuweisung, zB gem § 126 Abs 1 u 2 BRRG) oder durch **Verweisung** eines Rechtsstreits **durch ein Gericht** eines anderen Gerichtszweiges (§ 17 a Abs 2 GVG) an das VG – selbst eine fehlerhafte Verweisung (s 21 zu § 41) – begründet werden. **Zuweisungen** an den VRW durch ein spezielles Gesetz, zB gem § 126 Abs 1 u 2 BRRG,[5] haben **Vorrang** u sind deshalb (sofern es sich um konstitutive Zuwei-

---

[3] Letztlich geht es bei dem Streit um eine rein terminologisches Problem, nämlich darum, ob der nicht legal definierte Begriff der Unzulässigkeit der Klage in dem Sinn zu verstehen ist, daß eine Klage bereits dann unzulässig ist, wenn in dem Rechtsweg, in dem die Klage erhoben wurde, keine Sachentscheidung ergehen kann, oder ob die Klage nur dann unzulässig ist, wenn auf ihre Erhebung hin überhaupt keine Sachentscheidung (auch nicht in einem anderen Rechtsweg) gefällt werden kann. Verwendet man den Begriff der Unzulässigkeit der Klage im ersteren Sinn ist § 40 eine Zulässigkeitsvoraussetzung, andernfalls hingegen nicht.

[4] So aber Hufen § 10, 1; Gersdorf 1; **aA** demgegenüber zutr Fischer Jura 2003, 748 ff u VBlBW 2005, 179; Geiger VBlBW 2004, 336 f; Leifer JuS 2004, 958; Lorenz § 10, 1 u 6, § 11, 113; NKVwGO-Sodan 50; Rozek JuS 1996, 87 f; Schenke 62; auch im Zivilprozeßrecht wird die Zulässigkeit des ordentlichen Rechtswegs als eine Zulässigkeitsvoraussetzung qualifiziert, vgl etwa Jauernig § 33 III.

[5] Stern 3 I 3 d: § 126 Abs 1 BRRG ist lex specialis zu § 40; **aA** insoweit Weides JuS 1992, 53 Fn 1; Bosch/Schmidt § 9 IV 1: nur deklaratorisch.

sung durch lex specialis handelt u nicht nur um lediglich deklaratorische Verweisungen auf die VwGO) immer **vor § 40 zu prüfen** (Stern 3 I 3 d); eine Prüfung, ob die Voraussetzungen gem § 40 im übrigen erfüllt sind, erübrigt sich dann (vgl BSG 64, 261). **Zuweisungen durch Landesgesetz** haben angesichts des kodifikatorischen Charakters der VwGO (s 8 f zu § 1) grds zur Voraussetzung, daß die VwGO selbst – so insb durch § 40 Abs 1 S 2 – oder ein anderes Bundesgesetz die Länder dazu ermächtigt. Zur Zuweisung **durch Gesetze der Religionsgemeinschaften,** s unten 38; ferner 30 f zu § 1.

Die Zuweisung kann grds **nur durch förmliches Gesetz** erfolgen, wobei es jedoch **genügt,** daß ein entspr Wille des Gesetzgebers sich **nur aus dem Zweck u dem Zusammenhang** einer gesetzlichen Regelung ergibt (vgl unten 49; die dort dargestellten Grundsätze gelten auch hier); sie kann uU auch in einem vor Erlaß der VwGO erlassenen **früheren Gesetz** zu sehen sein (vgl GSOGB BVerwG 37, 369). Keine Zuweisung durch Landesgesetz beinhaltet zB **Art 93 BayVerf,** wonach die Verwaltungsgerichte für verwaltungsrechtliche Streitigkeiten zuständig sind (s auch 15 zu § 1).[6]

Grds **formal bestimmt** ist der VRW als Rechtsweg auch für Streitigkeiten, wenn der Streit jedenfalls Rechte u Pflichten **aus verwaltungsrechtlichen Rechtstiteln** betrifft. So ist der VRW für Streitigkeiten im Zusammenhang mit der **Vollstreckung eines** verwaltungsgerichtlichen **Vergleichs** gem § 106 auch dann gegeben, wenn es sich in der Sache an sich um zivilrechtliche, sozialrechtliche oder sonstige Fragen handelt, die in den Vergleich mit einbezogen wurden (s 5 zu § 168). – Deshalb kommt es auch zB für eine **Klage gegen eine** aufgrund des Verwaltungsvollstreckungsrechts erfolgte **Pfändung** nicht auf die Rechtsnatur der gepfändeten Forderung, sondern auf die Rechtsnatur der Pfändung an (NJW 1987, 3272; vgl auch BFH NJW 1988, 1407). S auch unten 8. Ebenso ist der VRW gegeben für **Entscheidungen über die Wirksamkeit eines vor dem VG** abgeschlossenen Vergleichs gem § 106, **einer Klagerücknahme** gem § 92 oder Hauptsacheerledigungserklärung gem § 161 Abs 2 bei im VRW erhobenen Klagen, auch wenn nach § 40 an sich für die Sache der VRW nicht gegeben wäre u die Klage deshalb von vornherein unzulässig war (vgl BL 28 zu § 269 ZPO; s auch 23 ff zu § 161; 12 vor § 40).

4 Entgegen der unklaren Fassung des § 79 VwVfG u der entspr Bestimmungen der LVwVfGe ist die in diesen Bestimmungen ausgesprochene Verweisung auf die VwGO **nicht so zu verstehen,** daß unabhängig von § 40 immer schon dann **für alle „Klagen gegen Verwaltungsakte"** die VwGO anwendbar u insofern **auch der VRW gegeben sein müßte,** soweit nicht durch Gesetz etwas anderes bestimmt ist. Die Verweisung auf die VwGO in den genannten Vorschriften ist insofern wohl – anders als hins des WiderspruchVf (s dazu oben 2 a) – nicht konstitutiv, sondern **nur deklaratorisch.** Der VRW ist dann u nur dann gegeben, wenn sich dies aus § 40 oder aus anderen Vorschriften (s oben 3) ergibt. § 79 VwVfG u die entspr Vorschriften der LVwVfGe sind iü auch als deklaratorische Bestimmungen insofern zu eng, als der VRW in bezug auf VAe grds nicht **nur für „Rechtsbehelfe gegen VAe",** also für Anfechtungsklagen, gegeben ist, sondern **ua auch für Verpflichtungsklagen** (vgl KR 3 zu § 79 VwVfG). S auch unten 7. Zum Widerspruchsverfahren, wenn der VRW nicht gegeben ist, s oben 2 a; ferner 2 f vor § 68.

5 **Ist sowohl der Rechtsweg zu den Verwaltungsgerichten als auch,** aufgrund desselben Sachverhalts, aber im Hinblick auf andere Rechtsnormen, für den gleichen Klageanspr **zugleich ein anderer Rechtsweg** gegeben, so ist, wenn die Klage zu einem VG erhoben wird, der VRW jedenfalls zu bejahen, u zwar gem

[6] VG Regensburg BayVBl 1987, 507; **aA** Meder, Die Verfassung des Freistaates Bayern, 4. Aufl 1992, 2 zu Art 93.

§ 17 Abs 2 GVG, § 173 grds **auch für die zuständigkeitsfremden Klagegründe** (s 4 zu § 41); **anders gem § 17 Abs 2 S 2 GVG** zB für die Klage eines Beamten auf Schadensersatz wg Verletzung der beamtenrechtlichen Fürsorgepflicht (s unten 74 u 78) u aus **Amtshaftung,** oder **für** die Klage auf Ersatz des Schadens für die Beschädigung eines abgeschleppten u sichergestellten Kfz aus quasivertraglichem Schuldverhältnis sowie aus Amtshaftung.

2. Justizfreie Hoheitsakte: Bei bestimmten Streitigkeiten erscheint es zweifelhaft, ob sie **justizfreie Hoheitsakte** betreffen, sei es, daß hier eine **gerichtliche Überprüfung** überhaupt **ausgeschlossen** ist (a) oder es bereits am Vorliegen einer **rechtlichen Streitigkeit fehlt** (b). 5 a

a) Eine ausdr Statuierung justizfreier Hoheitsakte beinhalten **Art 44 Abs 4 GG** bezüglich der **Beschlüsse parlamentarischer Untersuchungsausschüsse** (s aber auch unten 33 u 35 sowie 49 a) sowie **Art 10 Abs 2 S 2 GG** iVm G10 hins diesbezüglicher Grundrechtseingriffe (Sch-Ehlers 103). Darüber hinaus wird durch die Rspr die **Ablehnung von Gnadenentscheidungen** (anders als der Widerruf von Gnadenakten BVerfG 30, 308 ff; B-v Albedyll 8; Schenke 90; Sch-Ehlers 124) als nicht justitiabel („Gnade vor Recht") angesehen,[7] obwohl auch sie gem Art 1 Abs 3 GG grundrechtsgebunden sind u der Rechtsschutzgarantie des Art 19 Abs 4 GG unterfallen. Folgt man der Rspr, ist bei einer Ablehnung der Begnadigung in bezug auf Entscheidungen, die der Jurisdiktion der allg Verwaltungsgerichte unterfallen (zB Entlassung eines Beamten wg Dienstvergehens), eine hiergegen gerichtete Klage **unzulässig;** für eine Verweisung nach § 173, § 17 a GVG ist kein Raum (NJW 1983, 187). Steht die Ablehnung allerdings in Zusammenhang mit Hoheitsakten, für welche bei unterstellter Justitiabilität ein anderer Rechtsweg gegeben wäre, so muß der Streit gem § 17 a Abs 2 GVG an das Gericht dieser Gerichtsbarkeit **verwiesen** werden u erst dieses könnte die Klage als unzulässig abweisen (49, 226: bei Ablehnung der Begnadigung eines Strafgefangenen Verweisung an das gem §§ 23, 25 Abs 1 EGGVG zuständige OLG).

Auch **Regierungsakte** (staatsleitende Hoheitsakte) werden teilw als justizfreie Hoheitsakte angesehen.[8] Da auch solche Akte trotz ihrer politischen Bedeutung rechtlichen Bindungen nach Art 1 Abs 3 GG unterliegen, können sie gem **Art 19 Abs 4 GG** nicht allg von einer gerichtlichen Überprüfung ausgenommen werden. Bedenken gegen die Zulässigkeit des VRW können sich hier aber uU daraus ergeben, daß es sich bei den sie betr Streitigkeiten um **verfassungsrechtliche** handeln kann (unten 31 ff); selbst wenn der VRW einschlägig wäre, dürfte es mangels subjektivrechtlicher Relevanz von Regierungsakten häufig an der **Klagebefugnis fehlen** (Schenke 93; s auch Würt 200). 5 b

b) Keine rechtlichen Streitigkeiten sind Streitigkeiten in **rein innerkirchlichen Angelegenheiten,** bei denen es nicht um die Anwendung staatlichen Rechts geht (vgl 39). **Rechtliche Streitigkeiten** sind dagegen **alle verwaltungsrechtlichen Organstreitigkeiten** (Ziekow NWVBl 1998, 298; s auch 6 vor § 40) sowie **Streitigkeiten im besonderen Gewaltverhältnis (Sonderstatusverhältnis),** selbst wenn sie das sog Betriebsverhältnis (dazu Schenke 97; Ule § 5 III 1) betreffen u grds keine subjektivrechtliche Relevanz aufweisen (Schenke 95 ff u JuS 1982, 906 ff; teilw **aA** Menger 1977, 177 ff u Schwerdtfeger 5 c

---

[7] BVerfG 25, 358 ff; BVerwG NJW 1983, 187; OLG Hamburg JR 1997, 255; Meyer-Goßner 17 zu § 23 EGGVG; s auch 49, 221 ff; krit demgegenüber zB Schenke JA 1981, 588 ff; BK 232 ff zu Art 19 Abs 4 GG; Bachof JZ 1983, 469; Hk-Unruh 88; MD-Schmidt-Aßmann 80 zu Art 19 Abs 4 GG; Jarass/Pieroth 43 zu Art 19 GG; BerlK-Ibler 74 zu Art 19 Abs 4; s auch unten 36.

[8] Klein VVDStRL 8, 111; Oettl 15 ff; Kn-Henneke 72 zu § 35; **aA** Bln DÖV 1991, 746; LKV 1991, 343; B-v Albedyll 7; BK-Schenke 219 ff zu Art 19 Abs 4 GG.

211). Die auf der sog Impermeabilitätstheorie basierende Ansicht, im besonderen Gewaltverhältnis gäbe es rechtsfreie Räume, in denen es konsequenterweise auch zu keinen rechtlichen Streitigkeiten kommen könne, ist auf der Basis des GG nicht mehr haltbar. Die Zulässigkeit einer Klage wird aber häufig am **Fehlen einer Klagebefugnis** scheitern (Schenke 98).

6 **3. Öffentlichrechtliche Streitigkeit: a) Natur des streitgegenständlichen Rechtsverhältnisses.** Ob eine Streitigkeit ör oder privatrechtlich ist, richtet sich, wenn eine ausdr gesetzliche (s oben 3) Rechtswegzuweisung fehlt, nach st Rspr **nach der Natur des Rechtsverhältnisses, aus dem der Klageanspr hergeleitet wird.**[9] Dieser Grundsatz bestimmt die Auslegung sowohl von § 40 VwGO als auch von § 13 GVG, § 51 Abs 1 SGG u § 33 FGO (BGH 89, 251).

Öffentlichrechtlich sind Streitigkeiten, wenn sie sich als Folge eines Sachverhaltes darstellen, der nach öffentlichem Recht zu beurteilen ist[10] (zu den Theorien für die Abgrenzung von öffentlichem Recht u Privatrecht unten 11 ff). Die Natur des zugrundeliegenden Rechtsverhältnisses bemißt sich nach dem erkennbaren Ziel der Klage, wie es im **Klageantrag** u dem ihm zugrundeliegenden **Sachverhalt** seinen Ausdruck findet. Umstritten ist, ob es bei der Beurteilung des Rechtswegs grds auf den vom Kl vorgetragenen Sachverhalt ankommt (so die sog **Schlüssigkeitstheorie**)[11] oder auf den realen Sachverhalt (so die sog **Beweiserhebungstheorie**).[12] Der Schlüssigkeitstheorie ist insofern zu folgen, als dort, wo nur ein Anspr in Betracht kommt, über den bei Vorliegen seiner Tatbestandsvoraussetzungen in dem eingeschlagenen Rechtsweg zu entscheiden wäre, der Sachvortrag des Kl – unabhängig von seiner Richtigkeit – maßgeblich sein muß.[13] Ist unter Zugrundelegung des realen Sachverhalts aber ein anderer Rechtsweg gegeben als aufgrund des vom Kl vorgetragenen, so ist auf ersteren abzustellen u insoweit der Beweiserhebungstheorie zu folgen.[14] Das ergibt sich aus dem **Untersuchungsgrundsatz,** der, wie sonst (rechtswegübergreifend) bei allen Zulässigkeitsvoraussetzungen anerkannt wird, das Gericht vAw verpflichtet, den Sachverhalt zu ermitteln. Wäre man hier anderer Ansicht, so hätte der Kl auf der Basis des **§ 17 Abs 2 GVG** die Möglichkeit, durch einen manipulierten Sachvortrag den zulässigen Rechtsweg zu bestimmen. Das erweckte sowohl unter dem Aspekt des **Art 101 Abs 1 S 2 GG** wie auch unter dem Gesichtspunkt der **prozessualen Waffengleichheit** Bedenken.[15] Die rechtliche Qualifikation des Streits durch den Kl ist nach einhelliger Meinung unbeachtlich.

Ohne Bedeutung für die Bestimmung des Rechtswegs ist, wie der Staat hätte **handeln müssen,** maßgeblich ist nur, wie er **tatsächlich gehandelt hat.**[16] Richtet sich die Klage gegen einen VA, ist folglich der VRW auch dann gegeben, wenn die Behörde nicht durch VA hätte entscheiden dürfen, zB weil das

---

[9] GSOGB BSG 37, 292; GSOGB BGH 97, 313 = NJW 1986, 2359; 102, 283 = NJW 1988, 2295; 108, 286 = NJW 1990, 1527; GSOGB BVerwG 74, 370; BVerwG 75, 112; 96, 73 = NJW 1994, 2968; BGH 121, 128.

[10] GSOGB BGH 102, 283; 108, 286; BVerwG 56, 140; 58, 91; 58, 169; DVBl 1987, 247; BGH 66, 232; 67, 83; 72 57; 103, 255 = NJW 1988, 1731; BSG NJW 1987, 773; Ko NVwZ 1993, 669.

[11] 89, 283; BGH 67, 84; 102, 284; B-v Albedyll 13; Ey-Rennert 34; Kluth NJW 1999, 342; anderes wird nur bei einer negativen Feststellungsklage angenommen, bei der auch der Vortrag des Bekl heranzuziehen ist, BGH 102, 284.

[12] BAG NJW 1994, 606; 1994, 1173; Hager, Kissel-FS 337; Sch-Ehlers 219 mwN.

[13] BAG NJW 1996, 2948; Kluth NJW 1999, 343; NKVwGO-Sodan 283; Schenke FG BGH III 49; **krit** Lüke JuS 1997, 217.

[14] Schenke FG BGH III, 47 ff; Schenke 85; Hk-Unruh 96.

[15] S dazu näher Schenke FG BGH III 50 ff; ebenso Hk-Unruh 96; NKVwGO-Sodan 282; Sch-Ehlers 219.

[16] 13, 308 f; 84, 275; Lü DVBl 1954, 298 m Anm Bettermann; Ms 30, 139; NKVwGO-Sodan 382; Schenke 113.

Rechtsverhältnis an sich privatrechtlich ist.[17] Erläßt beispielsweise ein Träger von Hoheitsgewalt eine Räumungsverfügung bezüglich verpachteter Räumlichkeiten, obwohl das betr Pachtverhältnis privatrechtlicher Natur ist u durch Kündigung hätte beendet werden müssen, dann ist eine solche Räumungsverfügung zwar rechtswidrig, stellt aber dennoch eine hoheitliche Handlung dar.[18] Der Kl kann die Klage dann auch **nicht nach den Grundsätzen** über Rechtsbehelfe gegen **sog inkorrekte Entscheidungen** (s dazu 22 vor § 124) statt im VRW vor dem Zivilrichter erheben.

Maßgeblich ist allein die **wirkliche Natur des behaupteten Rechtsverhältnisses,** nicht dagegen die rechtliche Qualifizierung des geltend gemachten Anspr durch den Kl selbst.[19] Kann das behauptete Rechtsverhältnis dem öffentlichen Recht zugeordnet werden, ist deshalb der VRW selbst dann einschlägig, wenn der Kl seine Klage (irrtümlich) auf Vorschriften des bürgerlichen Rechts oder auf sonstige Rechtssätze stützt, für die der VRW ausgeschlossen ist (zB § 40 Abs 2 S 1; vgl allg 47, 7; 52, 268). **Unerheblich** sind ferner die **Einwendungen des Bekl** u deren rechtliche Begründung (BGH 17, 320 = NJW 55, 1187; NJW 1984, 1622).

Bei der Beurteilung der maßgeblichen Natur des Rechtsverhältnisses sind im Zweifel auch **Gesichtspunkte der Sachnähe** zu ör oder privatrechtlich geregelten Rechtsverhältnissen bzw Anspr zu berücksichtigen (vgl BAG NJW 1990, 3226). S insoweit aber auch unten 6 a.

Für **die Zulässigkeit** des VRW **genügt es,** daß für das Klagebegehren eine **Anspruchsgrundlage** in Betracht kommt, **die in dem beschrittenen Rechtsweg zu verfolgen ist** (JA 1993, 191). Ob dies der Fall ist, ist auf der Grundlage des Klageantrags u des zu seiner Begründung vorgetragenen Sachverhalts zu beurteilen (12, 64, 65; NVwZ 1993, 359; Ms NVwZ 1998, 974; BGH NVwZ 1990, 1103); zum Auseinanderfallen von wahrem Sachverhalt u Klagevortrag oben 6. **Nicht erforderlich** ist, **daß** die materielle Rechtsgrundlage, auf die sich der Kl in u mit seiner Klage beruft, nach Lage der Dinge für das angestrebte Klageziel dafür **primär** in Betracht kommt (NVwZ 1993, 358; Ks NVwZ 2003, 238). Die Rechtsgrundlage, auf die der Kl ausdr oder konkludent seine Klage stützt, darf nur nicht aufgrund des vorgetragenen Sachverhalts ganz offensichtlich dafür nicht in Betracht kommen (NVwZ 1993, 359; BGH NVwZ 1990, 1103; Leipold JZ 1993, 703; s auch 5 zu § 41). Bei einer **negativen Feststellungsklage** muß konsequenterweise die Rechtsnatur des vom **Bekl geltend gemachten Rechts** maßgeblich sein.[20] 6 a

b) Regelung durch Normen des öffentlichen Rechts. Wesentliche Voraussetzung für den VRW ist, daß die für das Klagebegehren in Betracht kommende (s oben 6 a) **Anspruchsgrundlage,** auf die die Klage nach den oben dargelegten Grundsätzen als gestützt anzusehen ist, dem öffentlichen Recht zuzurechnen ist. **IdR gilt dies wenn für die begehrte Rechtsfolge Normen des öffentlichen Rechts** maßgeblich sind.[21] 6 b

---

[17] 30, 212; 40, 85; DÖV 1985, 165; BSG 15, 15; 24, 191; 25, 2; 49, 292; BFH NJW 1987, 1118; BGH NVwZ 1985, 517; Mü BayVBl 1983, 147.

[18] Lü DVBl 1954, 297; Schenke NVwZ 1990, 1011; Weides JuS 1992, 57; ferner 30, 211; Ms 30, 13.

[19] GSOGB BSG 37, 292 = NJW 1974, 2087; GSOGB BGH 102, 284; 108, 286 = NJW 1990, 1527; BVerwG 96, 74 = NJW 1994, 2968; Ko NVwZ-RR 1999, 582; BGH WM 1999, 151; BGH 103, 257 = NJW 1988, 1731; NJW 1993, 1657: daß Klage vom Kl auf §§ 903, 906, 1004 BGB gestützt wird, macht Streitigkeit nicht automatisch zivilrechtlich; BFH NVwZ 1988, 475; BSG DÖV 1985, 490; B-v Albedyll 13; Ey-Rennert 34; NK-VwGO-Sodan 284.

[20] GSOGB BGH 102, 283; Buchh 300 § 17 a GVG Nr 14; Ko NVwZ-RR 1999, 582; Ey-Rennert 38.

[21] Vgl GSOGB NJW 1993, 1657 – zivilrechtlich, wenn Streit nicht um Nutzung an einem Grundstück aufgrund Zivilrechts geht und Vollstreckung des dem Klageantrag stattge-

7 Klagen, die darauf gerichtet sind, **einem Träger öffentlicher Verwaltung** (einschl sog „beliehener Unternehmer") obrigkeitliches oder schlichthoheitliches – dh auf bestehendes oder vermeintliches öffentliches Recht gestütztes – **Handeln zu gebieten** oder zu verbieten bzw entspr Rechte oder Pflichten oder das Rechtsverhältnis insgesamt verbindlich festzustellen, sind im Zweifel (Ausnahmen s unten 8 a) als **ör** zu qualifizieren, weil den Zivilgerichten die Möglichkeit zu entspr Entscheidungen fehlt.[22] Der ZRW ist daher ausgeschlossen, wenn die Vollstreckung eines stattgebenden Urteils zur Aufhebung oder Änderung einer hoheitlichen Maßnahme führen würde (BGH 41, 266; 97, 231; BSG NJW 1989, 2772; Z 23 zu § 13 GVG). Dies gilt insb auch für **Klagen auf Vornahme,** Rückgängigmachung oder Unterlassung **hoheitlicher Maßnahmen** (BayObLG BayVBl 1982, 218; Kopp GewA 1988, 355).

8 **c) Abwehr-, Beseitigungs- und Unterlassungsansprüche.** Bei Rechtsstreitigkeiten um Eingriffsakte kommt es für den VRW, da nur der Verwaltungsrichter eine Entscheidung über eine nach Verwaltungsrecht zu beurteilende Handlung treffen kann, grds auf die **Rechtsqualität des Eingriffs** an (NJW 1994, 956: maßgeblich für die Rechtswegfrage ist, ob die Handlung des Beklagten, gegen die der Kl sich wendet, hoheitlicher oder privater Natur ist; BayObLG BayVBl 1982, 219), gegen den sich der Kl wehrt bzw dessen Rückgängigmachung er anstrebt; diese bestimmt im Zweifel (zu Ausnahmen s unten 8 a) zugleich **auch die Rechtsnatur des** mit der Klage geltend gemachten **Abwehr- oder Beseitigungsanspr** u damit auch des Rechtsstreits.[23]

8 a Gleichwohl ist jedoch für den Rechtsweg im Ergebnis nicht notwendig die ör oder privatrechtliche Natur des Klageziels (Prozeßziels), dh der Handlung (oder Unterlassung), die mit einer Klage angestrebt wird, maßgeblich, sondern letztlich allein die Zuordnung des **Rechtsverhältnisses,** aus dem der Klageanspr abgeleitet wird (s oben 6), zum öffentlichen oder privaten Recht.[24] Der eigentliche Grund dafür, daß die Zivilgerichte den Staat nicht zum **Erlaß eines VA** u idR auch nicht zu einem schlicht hoheitlichen Verhalten verurteilen können, ergibt sich denn auch daraus, daß ein Anspr auf einen VA u idR auch auf ein sonstiges hoheitliches Verwaltungshandeln **nur durch Rechtsvorschriften des öffentlichen Rechts** (als eines Sonderrechts für Träger öffentlicher Gewalt, s unten 11) **begründet wird.** So konstituiert nicht nur ein Gesetz, das sich lediglich an einen Hoheitsträger wendet, ein ör Rechtsverhältnis (s zur modifizierten Subjekttheorie unten 11); auch ein Vertrag zwischen Staat u Bürger, der auf die Vornahme des hoheitlichen Verhaltens des Staates gerichtet ist, ist gem §§ 54 ff VwVfG ör. Soweit hoheitliches Handeln die Rechte Privater verletzt (zB ehrverletzende Äußerungen im Rahmen der Sendung einer ör Rundfunkanstalt s dazu unten 28 b), ist ein Anspr auf Beseitigung dieses Handelns als ör zu qualifizieren, da er die Tatbestandsvoraussetzungen eines ör FBA erfüllt (dazu, daß hier nicht von einer Doppelnatur staatlichen Handelns ausgegangen werden kann s Schenke JZ 1996, 999; Sch-Ehlers 209). Ebenso ist bei einer Unterlassungsklage, mit der

---

benden Urteils auch nicht zur Aufhebung oder Änderung einer hoheitlichen Maßnahme führt –; BAG NJW 1978, 1766; Menger VerwA 1977, 295; vgl auch BGH LM § 13 GVG Nr 16; BSG NJW 1978, 2091.

[22] BGH NJW 1984, 1242; 1993, 1657; Bettermann DVBl 1977, 187; NJW 1977, 515; Menger VerwA 1977, 295; Kopp GewA 1988, 355; s auch unten 15 und 28 ff.

[23] 50, 282; DÖV 1985, 165; BayVBl 1987, 342; Buchh 310 § 113 VwGO Nr 68; BSG NVwZ 1984, 336; BGH 34, 106; 37, 15; Mü BayVBl 1988, 241; Ma NJW 1985, 2346 und 2352; Ms NJW 1985, 2350; OLG Frankfurt NVwZ 1993, 706: zur Klage eines Unternehmens auf Unterlassung der Subventionierung eines Konkurrenten durch eine Gemeinde; NKVwGO-Sodan 453.

[24] 87, 119 = NJW 1991, 2851; BAG NJW 1989, 2909; vgl auch BGH – GrZS – 66, 229; s dazu unten 30; Bachof JZ 1991, 621; krit Brohm NJW 1994, 282.

ein RA einer Fachhochschule untersagen lassen will, den Absolventen des von ihr angebotenen Studiengangs „Wirtschaftsrecht" den akademischen Grad „Dipl-Wirtschaftsjurist/in (FH)" zu verleihen, der VRW eröffnet (BGH NJW 1998, 546).

Daß andererseits die maßgebliche Rechtsnatur des Rechtsverhältnisses, das den Gegenstand der Klage bildet, **nicht notwendigerweise mit der Rechtsnatur** der begehrten Handlung **übereinzustimmen braucht,** wird daran deutlich, daß sich zB ein Anspr auf den Abschluß eines privatrechtlichen Vertrages aus einem VA (so die Zweistufentheorie, dazu unten 16ff u. 20) oder aus dem Gesichtspunkt der ör Folgenbeseitigung ergeben kann (vgl BAG NJW 1989, 2909; Sch-Ehlers 209). Insoweit müssen die Verwaltungsgerichte konsequenterweise auch befugt sein, die Verwaltung zu einem privatrechtlichen Handeln zu verurteilen (wie hier Sch-Ehlers 210). Soweit sich ein Privater ggü einem anderen zur Abgabe einer ör Willenserklärung oder zu einer Verfahrenshandlung verpflichtet, ist für einen solchen Vertrag, soweit er die Definitionsmerkmale eines ör Vertrags gem § 54 VwVfG nicht erfüllt (s auch unten 9a) ebenfalls der ZRW gegeben (dazu näher unten 9a; anders, wenn ein Fall der Beleihung vorliegt u damit der Beliehene als Behörde behandelt wird, für deren vertragliche Verpflichtung ggü dem Bürger § 54 VwVfG einschlägig ist). Das der ör Willenserklärung vorgeschaltete Rechtsverhältnis muß von dem durch dieses konstituierten (das für die Rechtsnatur der Willenserklärung maßgeblich ist) unterschieden werden.

Grds **nicht maßgebend** für die ör oder privatrechtliche Rechtsnatur eines Rechtsstreits ist auch, ob der Bekl **Einwendungen** gegen den Klageanspr aufgrund öffentlichen oder privaten Rechts erhebt.[25]

d) Aufhebung oder Erlaß von Verwaltungsakten. Soweit der VRW schon deshalb gegeben ist, weil der Kl sich gegen einen VA wendet, oder weil er einen VA begehrt (s oben 7 u 8), ist letztlich **nicht maßgeblich, welchem Bereich das durch den VA betroffene Rechtsverhältnis** angehört oder in welchem Bereich der VA sich letztlich auswirkt, ob ein öffentlicher Rechtsträger den VA erlassen hat oder erlassen soll, oder worauf der VA ausdr oder dem Zusammenhang nach gestützt ist, sondern **allein das Rechtsverhältnis, aus dem der Klageanspr hergeleitet wird u** für das die genannten Gesichtspunkte nur Indiz sind (s oben 8a). Unabhängig von der Rechtsnatur des letztlich zugrundeliegenden Rechtsverhältnisses ist danach (s oben 8a) der VRW auch für die Klage gegen einen **VA** eröffnet, **durch den ein privatrechtliches Schuldverhältnis** umgestaltet wird oder der für die Wirksamkeit oder Zulässigkeit einer privatrechtlichen Willenserklärung Voraussetzung ist, zB 8b

- für die Klage gegen die **Zustimmung des Integrationsamtes zur Kündigung des Arbeitsverhältnisses** eines schwerbehinderten Menschen gem § 85 SGB IX (zu § 15 SchwbG aF 8, 51; 29, 141; 90, 246; KR 35 zu § 35 VwVfG; s 51a vor § 40);
- für eine Klage auf Erteilung einer **Bescheinigung,** die von der zuständigen Wirtschaftsbehörde zu erteilen ist, Auswirkungen aber ausschließlich im Bereich des Abgabenrechts hat, für den sonst die Finanzgerichte zuständig sind (NVwZ 1987, 216 zu einer Bescheinigung nach § 7d Abs 2 Nr 2 EStG).

Dies gilt sogar dann, wenn dem formell auf Verwaltungsrecht gestützten Eingriff **Rechtsverhältnisse** zugrunde liegen, **für die sonst der VRW nicht gegeben** wäre. Daher ist der VRW zB auch für Streitigkeiten um die Rechtmäßigkeit einer nach Verwaltungsvollstreckungsrecht erfolgten **Pfändung von Kindergeld** (77, 139 = NJW 1987, 3272) oder einer nach dem Verwaltungsvollstreckungsrecht getroffenen Anordnung der **Durchsuchung einer Woh-**

[25] BGH NJW 1984, 1623; BayObLGZ 1989, 205 mwN; NVwZ-RR 1991, 325; OLG Hamm NVwZ 1992, 205.

nung zur Durchsetzung sozialrechtlicher Anspr[26] gegeben, obwohl für Streitigkeiten um Kindergeld oder sozialrechtliche Anspr sonst der VRW nicht in Betracht kommt. Entsprechendes gilt für Streitigkeiten aus einem verwaltungsgerichtlichen **Prozeßvergleich,** selbst wenn es sich im konkreten Fall um Rechte handelt, für die sonst ein anderer Rechtsweg gegeben wäre (s oben 3). Aus den gleichen Gründen ist der VRW auch für einen **Streit der AOK mit einer IHK** um ein **Amtshilfeersuchen** an die IHK gegeben, weil Rechtsgrundlage für die geltend gemachte Verpflichtung der IHK die §§ 4ff LVwVfG sind, auch wenn die Amtshilfe für eine sozialrechtliche Angelegenheit benötigt wird (NVwZ 1986, 467); ebenso für den Streit einer Gewerkschaft mit dem Staat über die Zulässigkeit des **Streikeinsatzes von Beamten**[27] **oder** für den Streit eines Ausländers mit der Ausländerbehörde über die Rücknahme eines **Antrags auf Anordnung der Abschiebungshaft** (VG Ansbach NVwZ 1986, 74 zu einem Antrag auf eA mit entspr Ziel; str); dagegen wäre der VRW für Rechtsbehelfe gegen die Anordnung der Abschiebungshaft nicht zulässig. Zur Stellung eines **Insolvenzantrags** durch eine Behörde zur Durchsetzung einer ör Forderung s unten 13.

Stützt der Kl seine Klage auf einen Sachverhalt, der bei seinem Vorliegen eine ör Befugnis für ihn begründete (s oben 6), so liegt bei deren Geltendmachung immer eine ör Streitigkeit vor,[28] **unabhängig davon,** ob ihm **diese Befugnis tatsächlich zusteht** oder nicht, was eine Frage der Begründetheit der Klage, nicht der Zulässigkeit des beschrittenen Rechtswegs ist (32, 283; 37, 234; BGH 32, 52 = NJW 1971, 1102; 1978, 1385; BSG 49, 292; DVBl 1987, 850 mwN). **Entsprechendes gilt, wenn sich der Bekl** hins der Weigerung, dem der Klage zugrunde liegenden Begehren nachzukommen, **auf Befugnisse** oder die Freistellung von Verpflichtungen nach öffentlichem Recht beruft, u der Kl gerade die Klärung dieser Frage begehrt.[29] Der **VRW** ist daher zB gegeben für die **Klagen**

- eines Hauseigentümers gegen die **Umbenennung einer Straße** (Mü BayVBl 1988, 496; Ms NJW 1987, 2695) u gegen die Änderung seiner Hausnummer;
- eines Professors gegen die **Herausgabe eines Jahrbuchs** für Sozialökonomie u Gesellschaftstheorie durch die Hochschule wg der Auswahl der aufgenommenen Beiträge (Hbg NVwZ 1986, 853).

9 **e) Inhalt und Ausmaß öffentlichrechtlicher Berechtigungen oder Verpflichtungen.** Immer als ör anzusehen sind insb auch Streitigkeiten darüber, welchen Inhalt u welches Ausmaß eine ör Berechtigung oder Verpflichtung hat, selbst wenn die Rechtsbeziehungen der Beteiligten im übrigen privatrechtlicher Natur sind (st Rspr, zB 58, 169; 75, 319). Öffentlichrechtlich sind auch Streitigkeiten mit **beliehenen Unternehmern** u sonstigen Verwaltungsmittlern, wenn sich aus dem vom Kl behaupteten Sachverhalt die anspruchsbezogene **Wahrnehmung ör Aufgaben** oder Pflichten (mit Mitteln des öffentlichen Rechts) gerade durch den Bekl ergibt (zu den Beliehenen u der Abgrenzung von Ver-

---

[26] Ma NJW 1984, 2482.

[27] Seiler NJW 1986, 413; **aA** BAG NJW 1986, 210: Weg zu den Arbeitsgerichten. Kritik: Das BAG berücksichtigt hier nicht, daß der Arbeitsrichter für einen Prozeß nicht zuständig sein kann, in dem die Hauptfrage verwaltungsrechtlicher Natur ist und daher seiner Kompetenz entzogen ist; anders, wenn es in der Hauptfrage um die Feststellung einer Verletzung einer tarifvertraglichen Verpflichtung ginge und die Frage der Zulässigkeit des Streikeinsatzes nur Inzidentfrage wäre.

[28] 32, 283; 39, 331; 58, 169; 84, 275; BayVBl 1988, 56; Mü DÖV 1990, 521; Ms NJW 1990, 3226.

[29] 32, 284; 37, 244; 44, 5; BGH 41, 266; NVwZ 1985, 517; BSG 49, 292; BayObLG BayVBl 1982, 218; **aA** Brandl BayVBl 1982, 332: das Gegenrecht kann ör sein, ohne daß deswegen der Streit ör sein müßte.

waltungshelfern unten 14ff; zu kommunalen Einrichtungen 16; zu Privatschulen 18).

Entsprechendes gilt uU auch bei **Streitigkeiten zwischen Privaten,**[30] zB aus **Wegeunterhaltungsverträgen** gem Art 54 Abs 4 BayStrWG (vgl auch Gern, Der Vertrag zwischen Privaten über ör Berechtigungen u Verpflichtungen, 1977; Lange NVwZ 1983, 321) oder bei Streit eines Bürgers mit einem privaten Verkehrsunternehmer über Inhalt u Ausmaß der diesem kraft öffentlichen Rechts obliegenden Verpflichtung zur **unentgeltlichen Beförderung** nach § 145 SGB IX (noch zu § 1 UnBefG 37, 245).

f) Nicht dem VRW unterfallende vor- und nachgelagerte Bereiche. 9a Um keine ör Streitigkeit handelt es sich dagegen, wenn es im Prozeß (noch) nicht um unmittelbare Folgerungen aufgrund öffentlichen Rechts bzw unmittelbare Auswirkungen im Bereich des öffentlichen Rechts geht, sondern allein um **Folgerungen oder Auswirkungen in „vorgelagerten"** (oben 8a) **oder „nachgelagerten" Bereichen,** für die andere Rechtsvorschriften gelten, die im Streitfall die Zuständigkeit eines anderen Rechtsweges begründen, oder um **Folgen aufgrund privatrechtsgestaltender VAe,** auch zB von Auflagen zugunsten der Nachbarn in einer Anlagengenehmigung oder einer Planfeststellung (s unten 9b). Vgl dazu auch BGH NJW 1993, 1659, der davon ausgeht, daß aus dem ör Charakter der letztlich betroffenen Vermessungstätigkeit allein noch nicht folgt, daß auch ein Streit eines Vermessungsingenieurs mit einer Gemeinde über die Vorzugsbehandlung eines Konkurrenten ör Natur sein muß (kritisch dazu Brohm NJW 1994, 281; Schliesky DÖV 1994, 114; s näher unten 30). **Nicht** dem **VRW** unterfällt daher zB die Klage

- eines Bürgers gegen einen anderen **auf Abgabe einer ör Willenserklärung,** wenn der Anspr aus einem privatrechtlichen Rechtsverhältnis hergeleitet wird (87, 119 = NVwZ 1991, 775; s auch oben 8a), zB für die Klage gegen den Ehegatten auf **Mitwirkung bei einer Steuererklärung** zur Zusammenveranlagung uä (vgl BGH NJW 1983, 1545);
- auf Erklärung der **Zustimmung des Nachbarn** zur Grenzbebauung, wie im Kaufvertrag vereinbart (BGH NJW 1978, 695; AG Cham NJW 1995, 1228; Gern NJW 1979, 694);
- eines Studenten auf Erfüllung einer getroffenen Vereinbarung über den **Studienplatztausch** (OLG München NJW 1978, 701);
- auf Erfüllung eines Vertrags, mit dem ein Beteiligter sich zur **Rücknahme eines Rechtsbehelfs** verpflichtet hat (BGH 79, 135);
- des für eine öffentliche Abgabe in Anspr genommenen **Gesamtschuldners** gegen den anderen Gesamtschuldner auf Ausgleich.[31] Hierbei handelt es um eine Streitigkeit in einem „nachgelagerten" Bereich, für den nicht wie im vorausliegenden Bereich des Abgabenverhältnisses der VRW gegeben ist, sondern der ZRW (NJW 1993, 1661);
- aus einer für eine verwaltungsrechtliche Forderung übernommenen **Sicherheitsleistung** (vgl BGH NJW 1984, 1622) oder **Bürgschaft;**[32] zum Schuldanerkenntnis s aber unten 26;
- der Ausländerbehörde aus einem mit einem Dritten abgeschlossenen **Vertrag,** in dem dieser sich verpflichtet hat, für die **Aufenthaltskosten eines Ausländers** aufzukommen (OLG Hamm NVwZ 1992, 205);

---

[30] 37, 245; BSG 43, 149: hins der Folgerungen im konkreten Fall jedoch abzulehnen, vgl Krause NJW 1979, 1010; vgl auch BAG SGb 1978, 546.

[31] BGH 39, 323; NJW 1973, 1077; 1979, 2198; BFH BStBl II 1976, 580; Stolterfoth JZ 1975, 658; Seibert DÖV 1983, 974; vgl auch Bln NJW 1984, 2593 zur Mietgarantie des Sozialamtes; **aA** Oswald BayVBl 1982, 319.

[32] Kraushaar/Häuser NVwZ 1984, 218 mwN; vgl auch Mü BayVBl 1990, 722; ebenso ausdr §§ 6, 48 Abs 2, 244, 192 AO für Bürgschaften für Steuerforderungen: zivilrechtlich.

– aus ungerechtfertigter Bereicherung (§ 816 Abs 2 BGB) auf **Rückzahlung** von Zahlungen an den Steuerfiskus, die aufgrund privatrechtlicher Abmachung auf die Steuerverbindlichkeit eines Dritten geleistet wurden (BGH NVwZ 1984, 267 mit weiteren Beispielen zu ähnlichen Fällen);
– aus einer **Vereinbarung,** die getroffen wurde, um hoheitliche Zwangsmaßnahmen abzuwenden (BFH BStBl II 1979, 449);
– eines Mitglieds oder einer „konkurrierenden" politischen Partei gegen eine politische Partei auf Rücknahme eines für eine allg Wahl eingereichten **Wahlvorschlags** (vgl LG Würzburg BayVBl 1984, 667).

Eine Streitigkeit wird auch nicht schon dadurch zu einer ör, daß in der Angelegenheit eine **ör Genehmigung,** Erlaubnis usw erforderlich ist (BGH NJW 1984, 1242 = DVBl 1984, 472 m Anm v Bettermann; s auch unten 14); ebenso nicht – jedenfalls, wenn die Grundlage des Anspr privatrechtlich ist (s. dazu auch 25 a) – dadurch, daß Vorschriften oder Grundsätze des öffentlichen Rechts in anderer Weise dafür von Bedeutung sind, zB die **Grundrechte** bei Streitigkeiten mit einem öffentlichen Rechtsträger in bezug auf Handlungen, die dieser im Rahmen der fiskalischen Verwaltung zur Erfüllung öffentlicher Aufgaben vornimmt (vgl 35, 106; BGH 29, 80; 52, 328; 65, 287; MK 3 IV 2b).

9b Nicht der VRW, sondern grds – anders, wenn das störende Bauwerk, die in Frage stehende Anlage oä selbst nicht aufgrund von Zivilrecht, sondern aufgrund öffentlichen Rechts errichtet oder betrieben wird (s dazu im folgenden unten) – der ZRW ist gegeben für gegen Private gerichtete **Klagen auf Beseitigung eines Bauwerks,** zB eines Hauses oder einer Anlage, auf **Unterlassung des Betreibens** oder der Benutzung **einer Anlage** usw, das (die) nur errichtet, betrieben usw werden dürfte, wenn die Betreiber eine dafür **erforderliche privatrechtsgestaltende Genehmigung** erhalten hätten, die den Kl zur Duldung verpflichtet.[33] Entsprechendes gilt für Unterlassungsklagen gegen das **Betreiben einer Anlage abweichend** von der dafür erteilten privatrechtsgestaltenden Genehmigung oder ohne daß der Betreiber eine drittschützende **Auflage,** die der Genehmigungsbescheid zum Schutz betroffener Nachbarn enthält, erfüllt bzw erfüllt hat (vgl BGH NJW 1993, 1580). Zur – zu verneinenden – Frage, ob jede ör, durch VA erfolgte Genehmigung, sofern der Betreiber einer Anlage die Genehmigungsbedingungen einhält, entspr Unterlassungsanspr ausschließt, oder nur dann, wenn ein Gesetz, wie zB § 75 VwVfG, dies ausdr vorsieht, vgl Peine NJW 1990, 2443; zT **aA** BGH 60, 122; 91, 23.

Die Betroffenen haben in derartigen Fällen unerlaubten Betreibens (oä) einer Anlage usw, durch das ihre Rechte berührt werden, statt der Möglichkeit einer unmittelbaren **zivilrechtlichen Klage gegen den Anlagenbetreiber** (bzw, wenn die Anlage aufgrund öffentlichen Rechts betrieben wird, statt einer gegen diesen gerichteten ör Klage) auch die Möglichkeit einer **im VRW zu verfolgenden Klage auf Verpflichtung der zuständigen Behörde zum Einschreiten** gegen den Anlagenbetreiber (ggf nach vorheriger Antragstellung bei der zuständigen Behörde auf Einschreiten).

Wird das in den vorgenannten Fällen errichtete **„Hindernis"** nicht aufgrund einer (behaupteten) privatrechtlichen Befugnis (wenn auch vielleicht mit [behaupteter] ör Genehmigung), sondern **aufgrund öffentlichen Rechts errichtet,** die in Frage stehende Anlage nach Privatrecht aufgrund öffentlichen Rechts betrieben usw, so sind auch die entspr Abwehranspr ör u insoweit dafür der

[33] Vgl BGH NJW 1993, 1580 – quasinegatorische Unterlassungsklage im ZRW analog §§ 823 Abs 2, 1004 Abs 1 S 2 BGB, unabhängig vom Vorliegen der Voraussetzungen des § 906 BGB; Ossenbühl DVBl 1990, 965; OLG Hamm NVwZ-RR 1993, 223 – ZRW für die Klage gegen den „Störer" auf Beseitigung der von ihm als Eigentümer eines Weges, der jedoch, da der Weg öffentliche Sache ist, dazu nicht berechtigt war, in den Weg eingerammten Pfähle; **aA** Mü NVwZ-RR 1993, 177 – Unterlassungsanspr im VRW geltend zu machen.

VRW gegeben. Dies gilt **zB** bei **Straßen,** die dem öffentlichen Verkehr gewidmet wurden u auf denen deshalb der Verkehr aufgrund öffentlichen Rechts stattfindet, obwohl das für den Bau der Straße erforderliche PlanfeststellungsVf (noch) nicht stattgefunden hat.

Nicht als ör anzusehen sind, trotz der öffentlichen Aufgaben der Parteien u 10
ihrer verfassungsrechtlichen Verankerung, **Streitigkeiten über die Aufnahme in politische Parteien,** den Ausschluß aus Parteien usw u über sonstige Rechtsbeziehungen im innerparteilichen Bereich oder ggü Parteien,[34] über **parteiinterne Wahlen** zu den Parteiämtern (KG NJW 1988, 3159); außerdem auch zB über die Zulässigkeit bestimmter von einer Partei **im Wahlkampf aufgestellter Behauptungen** uä (vgl OLG Köln NJW 1988, 1415) u über **Pressemitteilungen** einer Parlamentsfraktion (vgl OLG München NJW 1989, 910: privatrechtlich). S allg auch unten 32 u 36.

4. Abgrenzung öffentliches Recht und Privatrecht: a) Allgemeines. 11
Maßgeblich für die Beurteilung, ob ein Rechtsverhältnis als **ör oder privatrechtlich** anzusehen ist, u damit, ob der VRW gegeben ist oder nicht, ist letztlich immer, ob es seine **Grundlage im öffentlichen oder privaten Recht hat.** Ausschlaggebend ist insoweit nach heute hM nicht, in wessen Interesse eine gesetzliche Regelung getroffen wurde, ob im Interesse des einzelnen Bürgers oder des Gemeinwesens (sog **Interessentheorie;** vgl 19, 312; 41, 130; 47, 11; BSG 36, 238; BGH NJW 1973, 1077 m abl Anm von Rimmelspacher JZ 1975, 165; ähnlich auch Broß VerwA 1988, 100; s auch unten 13), oder welche Rechtssubjekte an einem Rechtsverhältnis beteiligt sind (sog ältere **Subjektstheorie**). Die hM knüpft vielmehr an die von WBS I § 22, 24 ff vertretene **Zuordnungstheorie** = modifizierte Zuordnungstheorie (modifizierte formale Subjektstheorie) an, wonach maßgeblich allein sein soll, ob eine juristische Person des öffentlichen Rechts – ggf auch ein beliehener Unternehmer, s oben 9 u unten 14 – aufgrund von Rechtssätzen gehandelt hat, deren Zuordnungssubjekt ausschließlich ein Träger öffentlicher Gewalt ist.[35] **Entscheidend ist** dabei, ob der Sachverhalt – die Richtigkeit des Sachvortrags des Kl unterstellt – **Rechtssätzen unterworfen ist, die für jedermann gelten, oder einem** (nicht notwendig gesetzlich geregelten, sondern uU auch nur aus allg Rechtsgrundsätzen bestehenden, vgl GSOGB NJW 1990, 1527; Bln DVBl 1992, 281; MK 4 III 4; s auch unten 13 a) **Sonderrecht des Staates** (oder sonstiger Träger öffentlicher Aufgaben wie Gemeinden usw) unterworfen ist, das im Interesse der Erfüllung öffentlicher Aufgaben das allg (bürgerliche) Recht durch Einführung einer für den konkreten Normenkomplex geltenden rechtlichen Regelung abändert.[36]

---

[34] BVerfG BayVBl 1989, 45; BGH NJW 1980, 443; OLG Bamberg NVwZ 1983, 572; Ma NJW 1977, 72 mwN; NKVwGO-Sodan 465; anders zum Ausschluß aus einer Fraktion einer Selbstverwaltungskörperschaft wie zB einer Gemeinde, s unten 30 c.

[35] Ebenso GSOGB BGH 97, 314 = NJW 1986, 2359: maßgeblich, ob sich „der Träger hoheitlicher Gewalt der besonderen Rechtssätze des öffentlichen Rechts bedient"; BVerwG NJW 1985, 1107: dem öffentlichen Recht zuzurechnen sind „die Rechtssätze, die sich nicht an beliebige Personen, an „jedermann", sondern nur an den Staat oder sonstige Träger öffentlicher Gewalt wenden; GSOGB NJW 1990, 1527; BGH 66, 239; Schenke 105.

[36] So oder ähnlich GSOGB NJW 1990, 1527; BVerwG 38, 281; BGH 66, 233; BSG 33, 209; 35, 191; Ma NJW 1977, 72; Sa DÖV 1979, 104; Ks NJW 1985, 1357; BayObLG BayVBl 1982, 219; VG Berlin NJW 1991, 377; Gern ZRP 1985, 56; ME VerwA 1968, 378; Brohm NJW 1994, 284; Schliesky DÖV 1994, 114; **krit** insoweit Bettermann NJW 1977, 515; Bachof BVerwG-FS 1; Leisner JZ 2006, 871 f. Die Ansicht Leisners, JZ 2006, 874, nach der über die Abgrenzung von öffentlichem Recht und Privatrecht nur der einfache Gesetzgeber zu entscheiden habe, setzt sich dem Einwand aus, daß die Unterscheidung von öffentlichem Recht und Privatrecht auf der Verfassungsebene in Art 19 Abs 4 GG, Art 34 GG und Art 1 Abs 3 GG vorausgesetzt wird, dann aber nicht in vollem Umfang zur Disposition des einfachen Gesetzgebers stehen kann.

Diese Form der Sonderrechtstheorie, die das öffentliche Recht unter grundsätzlicher Anknüpfung an einen formalen Gesichtspunkt bestimmt u die man deshalb zT auch als **formale Subjektstheorie**[37] bezeichnet, wird im neueren Schrifttum freilich vielfach unter Hinweis darauf in Frage gestellt, daß sie nicht in befriedigender Weise zu erklären vermöge, daß es auch ein **Sonderprivatrecht** gibt. Deshalb wird dafür plädiert, die **formale Subjektstheorie durch eine materielle Subjektstheorie zu ersetzen,** nach der es für das Vorliegen eines ör Handelns des Staates ausschlaggebend sein soll, ob durch das Sonderrecht ein Hoheitsträger als solcher berechtigt oder verpflichtet wird.[38] Durch diese materielle Anreicherung wird jedoch nicht nur die die formale Subjektstheorie auszeichnende begriffliche Schärfe u Handhabbarkeit – wie noch zu zeigen, ohne Not – aufgegeben. Diese materielle Subjektstheorie setzt sich vielmehr noch zusätzlichen Einwänden aus. Da sich die Frage, ob der Hoheitsträger als solcher Zuordnungssubjekt eines Rechtssatzes ist, gerade danach bemißt, ob der Hoheitsträger ör handelt, vermag die materielle Subjektstheorie die entscheidende Frage, wann von einem solchen ör Handeln auszugehen ist, selbst nicht mehr zu beantworten. Sie macht damit die Suche nach einem anderen Abgrenzungskriterium erforderlich. Ergibt sich aber erst aus diesem die Qualifikation einer Handlung als ör, so bedarf es keines Rückgriffs auf die Subjektstheorie u wird diese als Abgrenzungskriterium überflüssig u funktionslos. Wie sich aus dem vorher Gesagten ergibt, wird denn auch nicht zu Unrecht ggü der materiellen Subjektstheorie der Vorwurf erhoben, eine allein auf sie gestützte Abgrenzung von ör u privatrechtlichen Handeln müsse letztlich immer in einen Zirkel einmünden (so Erichsen Jura 1982, 540). Der Versuch, diesen Zirkel zu vermeiden, indem das Zuordnungssubjekt dann als im Rahmen seiner Hoheitsgewalt berechtigt oder verpflichtet angesehen wird, wenn es in Ausübung „einer ihm nach westlichem Demokratieverständnis zukommenden oder übertragenen volksvertretenden Leitungs- u Ordnungsfunktion handelt",[39] stellt – soll mit ihm eine substantielle Aussage verbunden werden – letztlich nichts anderes als einen **verklausulierten Rückgriff auf die Subordinationstheorie** dar (s auch Leisner JZ 2006, 871). Er ist aber damit all jenen Einwänden ausgesetzt, die ggü dieser heute als überwunden geltenden Theorie erhoben werden.

Auch ohne eine materielle Anreicherung der modifizierten Subjektstheorie läßt sich dem Phänomen des **Sonderprivatrechts** bereits auf der **Basis der formalen modifizierten Subjektstheorie** in dogmatisch befriedigender Weise **Rechnung tragen.** Auch wenn nämlich nach dieser Theorie Sonderrecht grds als ör zu qualifizieren ist, hindert dies den Gesetzgeber nicht, Sonderregelungen zu erlassen, welche auch für das privatrechtliche Handeln gelten sollen. Seine grundsätzliche Dispostionsbefugnis wird durch die modifizierte Subjektstheorie ebensowenig wie durch andere der Abgrenzung von öffentlichem Recht u Privatrecht dienende dogmatische Konstrukte eingeschränkt. Aus der Anwendbarkeit von Sonderrecht kann deshalb dann nicht auf die ör Rechtsnatur eines hierdurch geleiteten Handelns geschlossen werden, wenn die **Auslegung** der betr Bestimmungen ergibt, daß es dem Gesetzgeber darum geht, diesen Vorschriften unabhängig davon Geltung beizumessen, ob der Hoheitsträger ör oder privatrechtlich tätig wird oder daß sie sogar gerade für den Fall eines privatrechtlichen Handelns des Hoheitsträgers gelten sollen. So läßt sich etwa aus der Existenz des für den Staat geltenden materiellen Wirtschaftlichkeitsgebots, das ausschließlich an Hoheitsträger adressiert ist, noch nicht folgern, ein hierdurch gesteuertes Verhalten der Verwaltung sei ör; das gilt speziell dann, wenn sich das Wirtschaftlichkeitsgebot nach einfachgesetzlichen Regelungen tatbestandsmäßig ausdr auf das fiskalische Handeln des Staates

---

[37] So NKVwGO-Sodan 300.
[38] So Bachof BVerwG-FS 9; NKVwGO-Sodan 302; Sch-Ehlers 235.
[39] So NKVwGO-Sodan 305.

erstreckt. Ähnliches gilt für im BGB enthaltene Sondervorschriften, deren Zuordnungssubjekt ausschließlich eine juristische Person des öffentlichen Rechts ist. Beispielsweise spricht etwa bei Vorschriften wie §§ 45 f, 928 Abs 2, 981 BGB nicht nur deren systematische Stellung im BGB, sondern auch, daß sie ausdr an den Fiskus adressiert sind, dafür, ihre Anwendung als privatrechtlich zu qualifizieren. Solche sondergesetzlichen Bestimmungen vermögen deshalb nicht den Grundsatz zu erschüttern, nach dem dort, wo für Hoheitsträger Sonderrecht gilt, idR auch der ör Charakter entspr Vollzugshandlungen indiziert ist. Der Grundansatz der modifizierten Subjektstheorie, die einen wichtigen, für die ör Rechtsnatur staatlichen Handelns sprechenden Topos benennt, wird hierdurch nicht in Frage gestellt. Gerade die **Anwendung von Sonderrecht** markiert idR das **spezifisch Staatliche** u beinhaltet deshalb einen bedeutsamen Sachgesichtspunkt, der für die **Anwendung von öffentlichem Recht spricht** u eine diesbezügliche (freilich widerlegbare) **Vermutung** begründet.

Immer ör ist eine Streitigkeit, wenn sich die Parteien in bezug auf den Streitggst in einem wirklichen oder jedenfalls unter Zugrundelegung des vom Kl vorgetragenen Sachverhalts existenten **hoheitlichen Über- u Unterordnungsverhältnis** gegenüberstehen (vgl GSOGB BGH 97, 312 = NJW 1986, 2359; NJW 1990, 1527 mwN; Bln DVBl 1992, 281); nicht gilt **jedoch auch umgekehrt,** daß, wenn dies nicht der Fall ist, keine ör Streitigkeit vorliegen könne (GSOGB BGH 97, 312; NJW 1986, 2359 mißverständlich OLG München OLGZ 1987, 242). Vielmehr ist dann die Rechtsnatur des Streits nach der **modifizierten Subjektstheorie** zu bestimmen (s näher Schenke 99 ff), wobei in noch verbleibenden Zweifelsfällen insb im Bereich der gesetzesfreien Verwaltung **auch durch andere Theorien für maßgeblich angesehene Gesichtspunkte ergänzend** mit herangezogen werden können.[40] Anhaltspunkte für die Zuordnung zum öffentlichen Recht bzw zu einem bestimmten Zweig des öffentlichen Rechts kann auch (was vor allem bei Realakten bedeutsam wird) der Gesichtspunkt des **Sachzusammenhangs** bzw der Sachnähe liefern (79, 254; NKVwGO-Sodan 322; Schenke 121). So ist zB die Dienstfahrt eines Polizisten als ör anzusehen (vgl BGH NJW 1992, 1228; NKVwGO-Sodan 437; Schenke 121), ebenso die **Klage gegen Immissionen,** die von einer ör betriebenen Einrichtung oder Anlage ausgehen (s näher unten 29).

Ein Drittes neben öffentlichem u privatem Recht gibt es nicht, **auch nicht Rechtsvorschriften, die beiden Rechtsbereichen zugehören,** sondern nur allg Rechtsgedanken, wie zB die Verpflichtung zu Treu und Glauben, die **parallel** in beiden Rechtsbereichen Geltung haben, oder auch Rechtsvorschriften, die, wie die meisten Sätze des Vertragsrechts des BGB, als Ausdruck u Positivierung allg Rechtsgrundsätze **auch** im anderen Bereich **analog** anwendbar sind.[41]

b) Erfüllung öffentlicher Aufgaben als Indiz. Nicht ausreichend als Kriterium für den ör Charakter einer Streitigkeit ist es, daß eine Maßnahme usw der Erfüllung einer **öffentlichen Aufgabe** oder einer öffentlichen, ggf auch durch öffentliches Recht festgelegten, Zielsetzung dient;[42] denn **öffentliche Aufgaben** 12

---

[40] S auch Lorenz § 11, 9; NKVwGO-Sodan 306 f mwN; **krit** hierzu Leisner JZ 2006, 872.

[41] Kopp GewA 1988, 356; **aA** Menger VerwA 1977, 293; Bettermann DVBl 1977, 180; Schwabe JZ 1987, 1073; Ehlers, Die Verwaltung in Privatrechtsform, 364: es gibt Normen, die sowohl dem Zivilrecht als auch dem öffentlichen Recht angehören; NKVwGO-Sodan 309: „gemeinsames" Recht.

[42] GSOGB BGH 97, 312; BVerwG 47, 250; 61, 225; JZ 1990, 446: nicht ör, wenn einer jur Person des Privatrechts, im entschiedenen Fall der Stiftung Mutter und Kind, öffentliche Mittel zur Erfüllung einer öffentlichen Aufgabe nach Maßgabe von Richtlinien zur Verfügung gestellt werden; Buchh 451, 55 Subventionsrecht Nr 31; BGH NJW 1993, 1647, 1657 und 1659; BayObLG NVwZ-RR 1991, 317 mwN; zT **aA** BGH NVwZ-RR 1989, 347: Versorgung der Bevölkerung mit Wasser erfolgt als gemeindliche Pflichtaufgabe im

können nach hM vielfach **auch mit Mitteln** u in den Formen **des Privatrechts erfüllt** werden,[43] mit der Folge, daß auch die daraus entspringenden Streitigkeiten im ZRW auszutragen sind. **Das Vorliegen einer öffentlichen Aufgabe** u ör geregelte Zuständigkeiten sind jedoch immer ein (freilich widerlegbares) **Indiz** für den ör Charakter auch der Streitigkeit.[44]

13 **c) Beteiligung einer juristischen Person des öffentlichen Rechts.** Auch die Eigenschaft eines Rechtsträgers als ör oder ör anerkannte juristische Person,[45] das Vorliegen eines **öffentlichen Interesses** an einer Tätigkeit, besondere **Befugnisse oder Verpflichtungen nach öffentlichem Recht** in der Sache, besondere ör Kontrollen usw begründen nicht zwingend den Schluß, daß tatsächlich ör gehandelt wurde u demzufolge ein Rechtsverhältnis des öffentlichen Rechts vorliegt. Nicht ör, sondern **zivilrechtlich** ist **zB**
– trotz Art 21 GG die Klage eines Bürgers auf **Aufnahme in eine politische Partei** oder gegen den Ausschluß aus einer solchen (s oben 10); hingegen ör die Klage gegen einen Fraktionsausschluß im Kommunalrecht (Ziekow NWVBl 1998, 298);
– die Klage einer politischen Partei gegen eine andere auf Unterlassung des Gebrauchs eines verwechslungsfähigen Namens (BGH 43, 245; MDR 1981, 478);
– die Klage auf **Veröffentlichung der Beiträge Privater in dem** von einer Behörde herausgegebenen **Bundesgesundheitsblatt,** anders hingegen bei Klagen gegen amtliche Verlautbarungen im Bundesgesundheitsblatt, für die VRW gegeben ist (DVBl 1982, 636);
– die Klage einer Fachzeitschrift auf Überlassung von **Gerichtsentscheidungen zur Veröffentlichung** (**aA** Br NJW 1989, 926 = NVwZ 1989, 491: ör).

Dagegen ist für die auf Art 33 Abs 2 GG gestützte Klage auf Übernahme in den staatlichen Schuldienst unter Zugrundelegung der modifizierten Subjektstheorie (oben 11) der VRW gegeben, da maßgeblich die Rechtsnatur des geltend gemachten Anspr ist (oben 8 a).

Vor allem **bei Behörden u öffentlichen Rechtsträgern** ist jedoch, soweit die äußere Form des Handelns nicht entgegensteht oder sonstige besondere Umstände des Einzelfalles für eine privatrechtliche Gestaltung sprechen (s allg zum fiskalischen Handeln öffentlicher Rechtsträger unten 25), im Zweifel **davon auszugehen, daß sie sich** bei der Erfüllung öffentlicher Aufgaben auch **der dafür vorgesehenen ör Befugnisse** bedienen.[46] Dies ist insb dann der Fall,

---

Rahmen der schlichthoheitlichen Verwaltung und ist daher als ör zu qualifizieren; ähnlich NVwZ-RR 1989, 388: Straßenbau erfolgt ör.

[43] 35, 103; BGH 48, 98; NJW 1979, 101; krit hierzu NKVwGO-Sodan 370 f; Schenke DÖV 1989, 370; Unruh DÖV 1997, 653; v Zezschwitz NJW 1983, 1873; noch weiterreichend Burmeister VVDStRL 52, 217; eingeh zur Problematik Ehlers, Verwaltung in Privatrechtsform. Zu dem interessanten Versuch einer allg Ausdehnung des öffentlichen Rechts durch die Trennung zwischen der Entscheidung über die Benutzung von Privatrechtsformen, die dem öffentlichen Recht zuzuordnen sein soll, und der Abwicklung des entspr Rechtsverhältnisses nach privatrechtlichen Vorschriften s Röhl VerwA 1995, 535 f u Ks NVwZ 2003, 238 – Rechtsschutz eines Schilderprägebetriebs gegen die Vergabe von Räumen im Gebäude einer Kfz-Zulassungsstelle durch den Landkreis an ein Konkurrenzunternehmen; zur Privatisierung öffentlicher Aufgaben Bull VerwA 1995, 621; Schoch DVBl 1994, 962.

[44] GSOGB BVerwG 74, 370; NJW 1990, 1436; BVerwG 82, 282; BSG 35, 122; DÖV 1985, 490; BGH NJW 1993, 1656 – zu einem von einer Gebietskörperschaft betriebenen Zeltplatz –; Ms NJW 1990, 3226; ME VerwA 1969, 378; Br NVwZ 1990, 932; Ma NVwZ 1989, 265: ör, wenn Anhaltspunkte für zivilrechtliche Gestaltung nicht erkennbar sind; Brohm NJW 1994, 284.

[45] GSOGB BGH 97, 312; BVerwG 61, 222; Ma NVwZ 1985, 437.

[46] BGH 38, 52; NVwZ 1985, 517; Ma DÖV 1978, 571 mwN; Renck BayVBl 1978, 693; Kopp VwGO-Rspr 14; DVBl 1970, 724; Zuleeg VerwA 1982, 397; Erichsen Jura 1982, 544; v Pestalozza, Formenmißbrauch des Staates 175; Lange NVwZ 1983, 318; Lorenz § 11, 14; Schenke 109 f; v Zezschwitz NJW 1983, 1875.

wenn ein enger Zusammenhang mit der ör Regelung eines Sachverhalts besteht (Menger VerwA 1977, 296 mwN). Entsprechendes gilt für das Handeln **öffentlicher Anstalten** (s unten 16 f). Umgekehrt ist das **Handeln privatrechtlich organisierter Rechtsträger** (AG, OHG) privatrechtlich, auch wenn die Anteile von öffentlichen Rechtsträgern gehalten werden und/oder die Tätigkeit öffentlicher Aufsicht unterliegt (61, 225); **anders,** wenn der private Rechtsträger als **beliehener Unternehmer** (s unten 14) oder als Verwaltungshelfer eines öffentlichen Rechtsträgers tätig wird. S auch unten 14 ff; ferner oben 9. Aus dem öffentlichen Recht kann sich ferner ein Anspr gegen einen Hoheitsträger ergeben, von seinem Direktionsrecht in bezug auf von ihm beherrschte privatrechtlich organisierte Unternehmen der Daseinsvorsorge in einer bestimmten Weise Gebrauch zu machen (DVBl 1990, 154; Schenke 106).

Als ör Streitigkeit anzusehen ist daher auch zB der Streit

- zwischen einem betroffenen Bürger u der Behörde um die **Beantragung der Insolvenz wg** einer ör Forderung (vgl zum Konkursantrag BFH ZIP 1991, 458 – Finanzrechtsweg –); anders für den Anspr nach § 30 Konkursordnung (jetzt § 130 InsO) BGH NJW 1991, 2147;
- zwischen **Pfändungsgläubiger** u einem Träger öffentlicher Gewalt als Drittschuldner, wenn der gepfändete Anspr (zB Steuerguthaben) ör ist (BFH NJW 1988, 1407; Ks NJW 1992, 1253);
- um eine **Ausgleichsabgabe nach § 77 SGB IX** (zu § 11 SchwbG 72, 83);
- um die Geltendmachung einer **ör Forderung** gegen den Erben (s auch unten 21) oder
- um die **Durchgriffshaftung für eine ör Forderung ggü** dem Alleingesellschafter einer GmbH (vgl BGH NJW 1972, 1257; BSG 19, 18).

Dagegen ist ein Streit um den gesetzlichen **Rückgewähranspr des § 11 AnfechtungsG (AnfG)** auch dann dem bürgerlichen Recht zuzuordnen, wenn er von einer Finanzbehörde zum Zweck der **Befriedigung einer Steuerforderung** geltend gemacht wird. Zu Klagen aus einer für eine ör Forderung übernommene **Bürgschaft** s oben 9 a.

Der Streit über die Zulässigkeit u den Inhalt einer von einem öffentlichen Rechtsträger erteilten oder zu erteilenden **Auskunft** ist im Zweifel ör, wenn sich die Auskunft auf ein durch öffentliches Recht geregeltes Rechtsverhältnis bezieht, dagegen idR privatrechtlich, wenn sie sich zB auf ein privatrechtliches Rechtsverhältnis bezieht (BGH NJW 1987, 259). Entsprechendes gilt für den Streit um die Berechtigung einer **Aufrechnung** mit einer ör Forderung (s hierzu KR 61 u 63 zu § 35 VwVfG), Kündigung usw oder eines Anerkenntnisses in bezug auf ein ör Rechtsverhältnis (s unten 26).

Umgekehrt bedeutet das **Fehlen ausdr ör Regelungen** für einen Sachverhalt 13 a
nicht notwendig, daß das Rechtsverhältnis privatrechtlich ist. Der ör Charakter kann sich auch aus dem ungeschriebenen Recht, insb auch aus einer von der Sache her oder wg des Zusammenhangs mit ör Regelungen gebotenen **Anwendung allg Rechtsgrundsätze** des öffentlichen Rechts oder analog zu entspr zivilrechtlichen Regelungen ergeben (vgl oben 11).

Dies gilt insb auch für sog **Realhandlungen** öffentlicher Rechtsträger oder für Umstände oder Vorgänge, die öffentlichen Rechtsträgern zuzurechnen sind u die nach Art der Tätigkeit oä, der Zielsetzung, der behördlichen Einflußmöglichkeiten usw **in einem** engen **Funktionszusammenhang mit hoheitlicher** oder schlichthoheitlicher **Betätigung** des öffentlichen Rechtsträgers stehen.[47] S zu weiteren Beispielen unten 15, 22 f, 26 a; zu **amtlichen Äußerungen** 28 ff; zu

[47] Vgl BGH 34, 107; 48, 103; 70, 216; NJW 1991, 2954; 1992, 2882; 1993, 1258 – zur Amtshaftung bei einer polizeilich veranlaßten Fahrzeugbergung durch ein selbständiges Abschleppunternehmen –; Ko NJW 1987, 1660; Kreissl NVwZ 1994, 349; Schenke 121; vgl auch Ms DVBl 1991, 498 – zu Streit über Rauchverbot in Gemeinderatssitzung.

Wettbewerbshandlungen öffentlicher Rechtsträger auch unten 30; zur Zuordnung zum öffentlichen Recht aufgrund eines **konkludent** in der Handlung als gedanklich vorausgesetzt **zu sehenden VAen** auch 13 ff zu § 42.

14 **d) Beteiligung natürlicher oder juristischer Personen des Privatrechts.** Auch das Handeln von Rechtsträgern des Privatrechts kann als ör zu beurteilen sein, wenn u soweit eine Rechtsnorm des öffentlichen Rechts dies vorsieht, dies gilt insb für **beliehene Unternehmer.**[48] Eine Beleihung ist immer dann anzunehmen, wenn dem Privaten die Befugnis verliehen worden ist, Verwaltungsaufgaben **selbständig, in eigenem Namen** u **mit den Mitteln des ÖR** wahrzunehmen (Ossenbühl S 15); die Erfüllung von Verwaltungsaufgaben durch Private erfordert dabei eine Übertragung durch Gesetz oder aufgrund eines Gesetzes (98, 280; BVerfG NJW 1987, 2501). **Mängel der Beleihung** oder Übertragung der Befugnisse berühren die Rechtsnatur des Handelns nicht; insoweit genügt die organisatorische Zuordnung zu einem öffentlichen Rechtsträger (Kopp DVBl 1970, 727; zT **aA** BVerwG DVBl 1970, 735).

Der **VRW** ist daher zB gegeben für den Streit mit

– Kfz-Werkstätten bei der Durchführung der **Abgasuntersuchung** gem § 47 a StVZO (NKVwGO-Sodan 360; Sch-Ehlers 441);
– dem **Pensions-Sicherungs-Verein** als Träger der Insolvenzsicherung der betrieblichen Altersversorgung, soweit er als beliehener Unternehmer gem § 10 Abs 4 des G zur Verbesserung der betrieblichen Altersversorgung (BetrAVG) Beitragsbescheide erlassen kann (98, 280 = DVBl 1996, 156; NKVwGO-Sodan 360);
– dem **Bezirksschornsteinfegermeister,** der gem § 3 Abs 2 S 2 SchornsteinfegerG bei der Feuerstättenschau, der Bauabnahme u Tätigkeiten auf dem Gebiet des Immissionsschutzes sowie der rationellen Energieverwendung öffentliche Aufgaben wahrnimmt (NVwZ-RR 1990, 440; Ma VBlBW 1994, 67). Er ist jedoch nicht zur selbständigen Festsetzung der Gebühren durch VA ermächtigt (vgl Ma VBlBW 1994, 67; offengelassen von NVwZ-RR 1990, 439);
– **Feld-, Forst, Fischerei- und Jagdaufsehern,** zB nach § 25 Abs 2 BJagdG (NKVwGO-Sodan 360);
– **amtlich anerkannten Prüfingenieuren** (DÖV 1972, 500; OLG Hamm NVwZ 1989, 502; NKVwGO-Sodan 360);
– **Sachverständigen für den Kraftfahrzeugverkehr** bei der Abnahme von Fahrprüfungen (§§ 15 ff FeV) u der Prüfung von Kfz (§ 29 StVZO). Von der Rspr wird hier zB der technische Überwachungsverein als Beliehener angesehen;[49]
– Privaten, denen nach **§ 4 Abs 2 TierzuchtG** (v 22. 12. 1989 BGBl I 2493) die Durchführung von Leistungsprüfungen übertragen wurde;[50]
– privaten Investoren, die nach **§ 2 FStrPrivFinG** für die von ihnen gebauten u unterhaltenen Straßen mit dem Recht der **Erhebung von Straßenbenutzungsgebühren** beliehen wurden (Sch-Ehlers 441; Steiner NJW 1994, 3150; Schmidt NVwZ 1995, 38);
– **Beliehenen,** die nach §§ 3 Abs 1, 4 Abs 1 iVm § 2 Abs 1 UIG zur **Herausgabe von Umweltdaten** verpflichtet sind. Gegen sonstige Private, die gem § 2 Abs 1 Nr 2, Abs 2 UIG informationspflichtig sind, steht dagegen grds – sofern die Länder nicht von der Ermächtigung des § 6 Abs 5 UIG Gebrauch

---

[48] Vgl 61, 229; DÖV 1984, 1025, 1625; BGH NJW 1988, 443; Mü DÖV 1982, 371; NKVwGO-Sodan 359; Steiner NJW 1975, 1797.

[49] Mü NJW 1975, 1796; **aA** zB Götz DÖV 1975, 212 der die Entscheidung des Prüfers direkt der Zulassungsstelle zurechnet.

[50] OLG Köln AgrarR 1990, 260; anders zu den staatlich anerkannten Züchtervereinigungen iSd § 8 TierZG aF 61, 222: Eintragung eines Hengstes in das Zuchtbuch privatrechtlich.

gemacht u auch insoweit den VRW eröffnet haben – der Rechtsweg vor den ordentlichen Gerichten offen. Eine Klage gegen die Aufsichtsbehörde ist gem § 6 Abs 3 S 3 UIG idF der UIG-Novelle 2004 (BGBl I 3704) ausgeschlossen (s dazu BT-Dr 15/3680, 2–3);
- öffentlich bestellten **Vermessungsingenieuren** (NVwZ-RR 1989, 359; 1998, 152; Ms OVGE 41, 144; NKVwGO-Sodan 360);
- **Mitgliedern der freiwilligen Feuerwehr** (BGH 20, 292; NKVwGO-Sodan 360);
- **staatlich anerkannten privaten Ersatzschulen** hins ihrer Aufnahme-, Versetzungs-, Prüfungs- u Abschlußentscheidungen;[51] dagegen sind **staatlich genehmigte Privatschulen** nicht beliehen (45, 119; NKVwGO-Sodan 361) u diesbezügliche Streitigkeiten privatrechtlich.

Nicht gegeben ist der **VRW** dagegen, da den entspr Vereinigungen keine insoweit relevanten ör Kompetenzen übertragen sind, für den Streit
- eines **Arztes** mit der privatrechtlich organisierten **Deutschen Psychoanalytischen Vereinigung** auf Zulassung zu den von dieser veranstalteten Kursen usw zur ärztlichen Weiterbildung (Ms NJW 1983, 1390);
- eines Trainers mit einem **Trabrennverein** über die Erteilung einer Traberlizenz (MDR 1977, 868 = DÖV 1977, 784; s auch 61, 225);
- betr die **Tätigkeit eines Zivildienstleistenden** (**aA** BFH NJW 1992, 2882: **ör,** selbst wenn seine Beschäftigungsstelle privatrechtlich tätig wird).

Privatrechtlich ist dagegen (idR) das Handeln eines Privaten, der auch im Außenverhältnis selbständig tätig wird, ohne mit ör Befugnissen beliehen zu sein (ebenso Sch-Ehlers 425). Dies ist von der Rspr angenommen worden zB für das Handeln eines **privaten Müllunternehmers,** der mit der Wahrnehmung der Müllbeseitigung in der Gemeinde beauftragt ist, im Verhältnis zu Dritten (vgl BGH DVBl 1983, 1061; MK 50 III 2a); **ebenso** für das Handeln eines privaten **Mülldeponieunternehmers,** der aufgrund einer ör Genehmigung u unter staatlicher Aufsicht eine Mülldeponie betreibt, im Verhältnis zu den Kunden, es sei denn, daß dieses Verhältnis durch öffentliche Satzung geregelt ist (vgl Ma NVwZ 1985, 437 zur Klage eines betroffenen Dritten auf Einhaltung der Planfeststellungsauflagen). Privatrechtlich ist auch die **Planungstätigkeit eines Ingenieurbüros** für einen Verwaltungsträger (zur Errichtung eines Pumpwerks u der Frage, inwieweit für eine Fehlplanung Amtshaftungsanspr bestehen BGH JZ 1994, 784 m Anm Ossenbühl). Zu Post, Bahn u öffentlichen Verkehrsflughäfen s unten 19 ff.

Das Hauptproblem ist die **Abgrenzung von der Einschaltung unselbständiger Verwaltungshelfer,** die nur im Innenverhältnis von Bedeutung ist. Von einer selbständigen Einschaltung ging der BGH früher immer dann aus, wenn die Behörde nicht einen solchen Einfluß auf den Privaten ausübte, daß man ihn als „Werkzeug" ansehen mußte (BGH 48, 103). Hiervon ist der BGH jedoch zunächst für die Eingriffsverwaltung (**Abschleppen eines Kfz** durch von der Polizei beauftragtes Unternehmen) zu Recht abgerückt,[52] obwohl der Vertrag zwischen dem Träger der Polizei u dem Unternehmen privatrechtlichen Rechtscharakter hat (DÖV 1973, 245; NKVwGO-Sodan 409; s auch unten 14a). Die entspr Grundsätze dürften sich aber auch auf die Leistungsverwaltung übertragen lassen, soweit diese aufgrund gesetzlicher Vorgaben ör durchzuführen ist.[53]

---

[51] BVerfG 27, 202 f; BVerwG 17, 42; Ms NVwZ 1990, 678 f; NKVwGO 361; dagegen sollen disziplinäre Maßnahmen wie ein Schulverweis privatrechtlichen Charakter haben (BGH DVBl 1962, 70; NKVwGO-Sodan 361).

[52] BGH 121, 165 f = NJW 1993, 1259; NKVwGO-Sodan 365 f; Ossenbühl 22; Schenke PolR 727; Würtenberger JZ 1993, 1003 ff.

[53] S hierzu näher Schenke FG BGH III 70 f; ebenso NKVwGO-Sodan 367; Sch-Ehlers 427.

14 a **e) Handeln von Verwaltungshelfern und sonstigen durch die öffentliche Hand in Dienst Genommenen.** Nach diesen Grundsätzen muß die Verwaltung sich das Handeln eingeschalteter Privater immer dann wie eigenes zurechnen lassen, wenn sie die Verantwortung für die Aufgabenerledigung nicht aus der Hand geben darf (hierzu ausf Sch-Ehlers 427, Schenke FG BGH III 70 ff). Dies betrifft immer die Eingriffsverwaltung, kann sich aber auch aus anderen Vorschriften ergeben (zB Straßenbaulast als ör wahrzunehmende Aufgabe). Das Handeln wird ihnen daher nicht persönlich, sondern grds **dem Rechtsträger zugerechnet, in dessen Auftrag** sie tätig werden (UL § 9, 5; s allg auch oben 14), zB

- der Gemeinde das Handeln eines Unternehmens, dessen sie sich zum **Bau einer öffentlichen Straße** über ein privates Grundstück bedient (BGH 72, 292; NJW 1980, 1679; OLG München BayVBl 1976, 157) oder der für die Gemeinde den Bau eines Abwasserkanals, dessen unsachgemäße Ausführung Risse an einem Haus zur Folge hat, ausführt (**aA** BGH NVwZ 1984, 677 mwN: rein privatrechtlich, nur Ausgleichsanspr aus Nachbarrecht);
- der Polizei bzw dem Träger der Polizei das Handeln eines Tankstellenbesitzers, bei dem die Polizei ein **Fahrzeug zur Sicherstellung** abstellt (AG Hamm MDR 1978, 51), oder des privaten Unternehmens, das auf Anordnung der Polizei im Rahmen eines privatrechtlichen Vertrags mit der Polizei das **Abschleppen eines** verkehrswidrig abgestellten **PKW** durchführt;[54]
- der Polizei bzw dem Träger der Polizei die **Blutabnahme** durch einen von der Polizei damit beauftragten Arzt;[55]
- der zuständigen Verwaltungsbehörde bzw ihrem Träger die Abnahme der **Fahrerlaubnisprüfung** nach § 15 FeV (früher § 11 StVZO) durch einen amtlich anerkannten Prüfer des TÜV (Lü DÖV 1968, 135; Koblenz 9, 300; krit Sauer DÖV 1970, 486);
- der Straßenverkehrsbehörde bzw. ihrem Träger das **Aufstellen eines Verkehrszeichens** für die Zeit von Straßenbauarbeiten durch einen Bauunternehmer (35, 335) sowie die Einschaltung einer Spezialfirma zur **Programmierung einer Ampelanlage** (Sch-Ehlers 427; Ossenbühl JuS 1973, 423; **aA** früher BGH NJW 1971, 2220).

14 b Als **privatrechtlich** zu beurteilen ist dagegen idR das **Handeln eines Dritten,** der (nur) **von einer** ihm erteilten **ör Erlaubnis Gebrauch macht** (zB des Bauherrn bezüglich der **Ausführung seines Bauvorhabens** oder des Kraftfahrers hins der **Ausübung des Gemeingebrauchs).** Das Handeln des Dritten kann aber ggf je nach seiner Art uU selbst wieder als ör zu beurteilen sein (vgl BGH DVBl 1961, 736; 1965, 157). S auch oben 9 u 13.

Entsprechendes gilt für den Anspr eines Dritten, an den ein **ör Anspr** auf eine ör Leistung **abgetreten** wurde, oder der den Anspr durch Pfändung u Überweisung erworben hat (vgl BSG 60, 34: maßgeblich ist der Schuldgrund; dabei bleibt es auch im Verhältnis zum Drittschuldner). Zum Anspr aus einer von einem Dritten übernommenen **Bürgschaft** für eine ör Forderung s oben 9.

Auch für **Anspr auf Folgenbeseitigung** bleibt, da sie gewissermaßen die Kehrseite der Handlung sind, die damit rückgängig gemacht werden soll, grds das Recht maßgeblich, aus dem sich der Anspr ableiten läßt, u damit der VRW für Folgenbeseitigungsanspr, die die Folge ör RVerletzung sind (vgl BAG NJW

---

[54] BGH 121, 166 = NJW 1993, 1259; B-v Albedyll 40; NKVwGO-Sodan 366; Ossenbühl Staatshaftungsrecht, 20 f; Schenke FG BGH III 70; PolR 727; Sch-Ehlers 427; Schieferdecker, Die Entfernung von Kraftfahrzeugen als Maßnahme staatlicher Gefahrenabwehr, 1998, 317 ff; Schimikowsky VersR 1984, 316; Würtenberger DAR 1983, 160; Medicus JZ 1967, 64; zur Erstattung der Abschleppkosten s unten 26.

[55] Sch-Ehlers 427. Zur Frage, ob hier bei Strafverfolgungsvorsorge § 23 EGGVG einschlägig ist s 7 zu § 179.

1989, 2909; s auch Schenke JZ 1996, 999). Das gilt selbst dann, wenn die Handlung, auf welche der Anspr gerichtet ist, privatrechtlichen Charakter aufweist, zB es um den Abschluß eines privatrechtlichen Arbeitsvertrags geht. Zum **Erstattungsanspr** s unten 21 u 26.

5. Beispiele öffentlichrechtlicher Streitigkeiten: Öffentlichrechtliche Streitigkeiten iSd § 40 liegen vor allem dann vor, wenn der Streit die **Ausübung von** im öffentlichen Recht wurzelnden (s oben 7 ff) **hoheitlichen Befugnissen** betrifft, die wirklich oder aufgrund des vom Kl behaupteten Sachverhalts bzw einer „Anmaßung" des Bekl, der der Kl mit seiner Klage entgegentritt, angeblich bestehen. Öffentlichrechtlich sind auch Streitigkeiten bezüglich sonstiger **Leistungen und Unterlassungen** sowie der **Feststellung** von Rechtsverhältnissen **im Bereich von Über-Unterordnungsverhältnissen,** zB Klagen auf Unterlassung eines VA, auf Feststellung ör Befugnisse oder Beschränkungen usw u auf Beseitigung der Folgen vorangegangenen, dem öffentlichen Recht unterliegenden behördlichen Tuns, insb zur Geltendmachung eines **FBA** oder **Erstattungsanspr** (s dazu auch unten 59 u 62; ferner 80 ff zu § 113 u 40 f zu § 42. 15

a) Streitigkeiten im Zusammenhang mit VAen. Stellt sich das Handeln einer Behörde, gegen das sich der Kl wehrt oder das er begehrt, bei objektiver Betrachtung u ggf entspr **Auslegung des Klagebegehrens** als VA dar (s zum Begriff des VA 1 ff zu Anh § 42; KR 1 ff zu § 35 VwVfG mwN), so ist immer der VRW gegeben (13, 308 f; 30, 212; 40, 84). **Ob die Regelung durch VA erfolgen durfte** oder darf, ist eine **Frage der Begründetheit** der Klage, nicht der Zulässigkeit des VRW (37, 234). Das gilt auch dann, wenn der Hoheitsträger keinen VA erlassen durfte, weil das Rechtsverhältnis privatrechtlich geregelt ist (84, 274; Ms NWVBl 1998, 245; s auch 5 zu Anh § 42). Öffentlichrechtlich sind insoweit nicht nur Streitigkeiten im Bereich ausschließlich ör geordneter Verwaltungsverhältnisse, sondern uU auch Streitigkeiten in Angelegenheiten, die nur in bestimmter Hinsicht einer ör Regelung unterliegen (vgl Renck BayVBl 1978, 12). S allg auch oben 8, zu den Anwendungsfällen der Zwei-Stufen-Theorie 16 ff. 15 a

Hierzu gehören beispielsweise Klagen

- auf **Einschreiten gegen einen „Störer"** im Rahmen des Ordnungsrechts, Baurechts, Gewerberechts, Wasserrechts usw (vgl 11, 97; Steinberg NJW 1984, 464);
- auf **Anordnung besonderer Schutzvorkehrungen,** die Auswirkungen von einer Straße auf die angrenzenden Grundstücke verhindern sollen, im Rahmen straßenrechtlicher Planfeststellungen (41, 180; 62, 249; Buchh 407.4 § 17 FStrG Nr 7; Ma NJW 1972, 1589) oder unabhängig davon (62, 249; Broß VerwA 1984, 425 mwN; KR 46 zu § 22 VwVfG mwN);
- auf **Allgemeinverbindlicherklärung** eines arbeitsrechtlichen Tarifvertrags (80, 355);
- bezüglich der **Genehmigung von Versicherungstarifen, Stromtarifen usw** (95, 133; Mü BayVBl 1989, 308; s auch zur Frage der Klagebefugnis 166 f zu § 42 mwN); ebenso bzgl der **Genehmigung der Kündigung eines** privatrechtlichen **Arbeitsvertrages eines Schwerbehinderten** gem §§ 85, 91 Abs 4 SGB IX (zu §§ 15, 21 Abs 4 SchwbG 90, 275);
- gegen die **Ausübung des gemeindlichen Vorkaufsrechts gem §§ 24 ff BauGB** (Ms NJW 1981, 1467; Mü BRS 35 Nr. 90; Battis BauGB 8 zu Vorb §§ 24–28) u ähnlichen Vorschriften, zB § 46 BWNatSchG (Ma NVwZ 1992, 898), § 25 BWLWaldG (Ma NVwZ 1983, 556), da es sich um privatrechtsgestaltende VAe handelt. **Besonderheiten:** Bestimmt die Gemeinde in dem Bescheid gem § 28 Abs 4 BauGB auch den „Entschädigungswert" oder beim Kauf von unbebauten Grundstücken nach § 28 Abs 3 BauGB den „Verkehrswert", ist der VA insgesamt durch Antrag auf gerichtliche Entscheidung nach § 217 Abs 1 S 1 BauGB bei den Kammern für Baulandsachen anzufechten, selbst wenn

kumulativ die Voraussetzungen anderer Vorkaufsrechte vorliegen (Battis BauGB 22 zu § 28). Auch hins einer Entscheidung über die Entschädigung nach § 28 Abs 6 BauGB greift § 217 Abs 1 S 1 BauGB;

- gegen die Löschung oder auf Registrierung eines Standorts nach dem **Umweltauditrecht** (Kothe 389).

16 **b) Zulassung zur Benutzung öffentlicher Einrichtungen.** Nach der sog. **Zwei-Stufen-Theorie** (s dazu unten 20) richtet sich die **Entscheidung (VA) über die Zulassung** zur Benutzung einer öffentlichen Einrichtung im Rahmen ihrer ör (durch Widmung begründeten) Zweckbestimmung **nach Sonderrecht u** damit **grds nach öffentlichem Recht** (s oben 11), auch wenn die Benutzung im übrigen privatrechtlich geregelt ist.[56] Gleiches gilt für Klagen auf **Unterlassung einer Benutzung** oder sonstigen Inanspruchnahme (**aA** BGH 33, 230; OLG Koblenz MDR 1981, 671). Zur **Verkehrssicherungspflicht** in öffentlichen Einrichtungen s unten 27.

Voraussetzung für die Anwendbarkeit der Zwei-Stufen-Theorie ist, daß die Zulassung als solche durch einen Rechtssatz (s zB § 10 Abs 2 BWGO) oder Gewohnheitsrecht (Observanz) **ör geregelt** ist oder die Einrichtung zumindest durch einen (uU auch konkludenten) Organisationsakt (Rechtsvorschrift oder VA) **gewidmet,** dh dem öffentlichen Recht („Anstaltsrecht") unterworfen wurde. Für die Zulassung zu **Einrichtungen der Daseinsvorsorge** ist dies im Zweifel anzunehmen mit der Folge, daß insoweit für Streitigkeiten jedenfalls über die Zulassung dann ebenfalls der VRW gegeben ist.[57] Um eine ör Streitigkeit handelt es sich in diesen Fällen auch dann, wenn der Bekl (der Staat, eine Gemeinde usw) die **Einrichtung nicht selbst betreibt,** aber die Einrichtung zumindest tatsächlich kontrolliert u ihre Entscheidungen bestimmt u der Kl vom Bekl (Staat bzw Gemeinde) verlangt, auf den Betreiber einzuwirken **(Einwirkungs- oder Verschaffungsanspr);**[58] **anders,** wenn die **Klage gegen** den mit dem Betrieb der Einrichtung betrauten **privaten Rechtsträger** gerichtet ist (NVwZ 1990, 446; 1991, 59).

Der VRW ist demnach gegeben für Klagen

- auf Zulassung zu einem kirchlichen **Friedhof,** dessen Benutzung durch ortskirchliche Satzung ör geregelt ist.[59] Zur Abgrenzung von den eigenen Angelegenheiten der ör organisierten Religionsgemeinschaften unten 38;
- betreffend den Anschluß eines Hauses oder Grundstücks an die städtische **Kanalisation** (vgl BGH 54, 299; NJW 1984, 617; BayVBl 1990, 729);
- auf Zulassung zur Benutzung **gemeindlicher Kindergärten** u ähnlicher Einrichtungen (Ks DVBl 1993, 618; NJW 1979, 887);
- auf Zulassung als Aussteller in einer **staatlichen Kunsthalle** (ebenso Sch-Ehlers 803; Bachof BVerwG-FS 19; **aA** Ma DVBl 1976, 951: bei Fehlen besonderer ör Regelungen privatrechtlich) oder aus einem Vertrag über die Überlassung von Bildern für eine staatliche Kunstausstellung (VRspr 28, 283) bzw die Zulassung zu einer solchen Ausstellung (Mü NJW 1996, 1165);

---

[56] 91, 135; DVBl 1990, 154 mwN; BGH NJW 1987, 831; Mü NJW 1990, 2491; Ms DÖV 1991, 613; Ks DVBl 1993, 618; Hk-Unruh 123; KR 42 zu § 35 VwVfG; NKVwGO-Sodan 344; Vollmer DVBl 1989, 1087; Zundel JuS 1991, 472; **zT aA** Ossenbühl DVBl 1973, 289; VG Berlin JZ 1962, 86: ein einheitliches, dem öffentlichen Recht unterliegendes Rechtsverhältnis; krit ggü der Zweistufenlehre auch NKVwGO-Sodan 353 f.

[57] Vgl Mü NVwZ 1999, 1122; Ms NVwZ-RR 1993, 318; VG Frankfurt NJW 1993, 2667; Heinze NVwZ 1993, 1145; zT **aA** BVerwG DVBl 1976, 951.

[58] Vgl NVwZ 1991, 59; BGH NJW 1985, 200; Bln NVwZ-RR 1993, 319; Ma DVBl 1981, 220; Ko DÖV 1986, 153; März BayVBl 1992, 98; Erichsen Jura 1986, 196; Ey-Rennert 57; Gornig/Jahn JuS 1992, 857. Nach Mü NVwZ 1999, 1122 darf dem Privaten die Entscheidung über den Zulassungsanspr nicht übertragen werden.

[59] NJW 1990, 2079; Mü NVwZ-RR 1991, 251 mN; 1995, 59; Sch-Ehlers 114; vgl auch Renck DÖV 1993, 517.

- betreffend die Zulassung u „Benutzung" eines **psychiatrischen Landeskrankenhauses** (Ma NJW 1991, 2985 u 2986 – nicht nur bei zwangsweiser Unterbringung, sondern auch, wenn der Patient sich freiwillig dorthin begibt);
- auf Zulassung zur Mitwirkung bei den Oberammergauer Passionsspielen (NJW 1991, 1498; zweifelhaft);
- auf **Zuteilung eines Standplatzes** auf einem gemeindlichen Volksfestplatz;[60] auf einem nach § 69 GewO festgesetzten, von einer Gemeinde veranstalteten **Markt** bzw auf einer **Kirmes**[61] oder auf einem gemeindlichen **Weihnachtsmarkt** (Ks NVwZ-RR 1994, 651); ausf Hösch GewA 1996, 402. § 70 Abs 1 GewO ergänzt hier nur den kommunalrechtlichen Benutzungsanspr, macht den Streit aber nicht zu einem privatrechtlichen (Sch-Ehlers 232);
- hins der Zulassung zur Benutzung – u im Zweifel idR auch hins der Benutzung selbst – öffentlicher **Straßen iSd Straßen- und Wegerechts, Plätze, Parkanlagen** usw, im Rahmen ihrer Zweckbestimmung (Widmung, vgl 91, 135) oder über die Zweckbestimmung hinaus oder zu anderen Zwecken in einer Weise, daß die normale Zweckbestimmung berührt wird (91, 135; Koblenz MDR 1981, 671; Sch-Ehlers 841), zB des der Universität Bonn gehörenden Hofgartens für eine Massendemonstration (91, 135 = NJW 1993, 609; Burgi DÖV 1993, 633; Kopp NJW 1994, 1754), eines Feuerwehrplatzes als Zufahrt zu einem privaten Grundstück (vgl BGH NJW 1976, 2305; 1978, 671) oder eines Weges, der zu einer gemeindlichen Kläranlage gehört u als Notweg beansprucht wird (OLG Koblenz MDR 1981, 671); ausf Hösch GewA 1996, 402;
- auf Zulassung zur Benutzung einer **Schleusenanlage** (39, 236);
- auf Überlassung von **Universitätsräumen** an eine studentische Vereinigung für eine politische Veranstaltung, auch wenn diese nicht im Rahmen der eigentlichen Zweckbestimmung der Räume liegt (NJW 1980, 1863; Mü BayVBl 1979, 469; 1980, 300);
- auf Überlassung gemeindeeigener **Veranstaltungsräume** für Parteiveranstaltungen uä[62] – auch, wenn die Einrichtung formell unter einer eigenen Rechtsform als AG, GmbH oä organisiert ist, aber von der Gemeinde begehrt wird, daß sie dahingehend auf die GmbH einwirkt, daß der Veranstaltungsraum zur Verfügung gestellt wird (Verschaffungsanspr);[63] für Klage einer politischen Partei auf Eröffnung eines Girokontos bei einer Sparkasse im Hinblick auf § 5 Abs 1 S 1 PartG (Ms NVwZ-RR 2004, 795);
- auf Zulassung zur Benutzung **öffentlicher Verkehrsmittel** der Gemeinde (BayVerfGH BayVBl 1956, 125); anders wenn der beklagte Verkehrsbetrieb eine **jur Person des Privatrechts** ist (Sch-Ehlers 820; **aA** 37, 243).

Ob auch das **Benutzungsverhältnis** u die daraus entspringenden Rechte u Pflichten (zB Benutzungsentgelt) – dh das „wie" der Benutzung, im Gegensatz zu dem grds dem öffentlichen Recht unterliegenden „ob" – als ör oder privatrechtlich zu beurteilen sind, hängt ebenfalls von der **konkreten rechtlichen Gestaltung des Benutzungsverhältnisses** ab, insb davon, ob eine entspr Regelung durch einen Rechtssatz des öffentlichen Rechts oder durch einen Organisationsakt im Bereich des öffentlichen Rechts erfolgt ist.[64] Ist auch die **Benut-** 17

---

[60] NVwZ 1984, 585; Mü NVwZ 1982, 120; Lü NVwZ 1983, 49; Pitschas BayVBl 1982, 641; Lässig NVwZ 1983, 18; s auch KR 42 zu § 35 VwVfG mwN.

[61] KR 42 zu § 35 VwVfG mwN; zT **aA** Ko NVwZ 1982, 779; DÖV 1987, 165).

[62] 31, 368; 32, 333; DVBl 1990, 154; BGH NJW 1987, 831; Mü BayVBl 1987, 403; Ma 1987, 2697; VBlBW 1995, 17; Zundel JuS 1991, 472.

[63] Ks NJW 1986, 2660; Ms NJW 1980, 901; DÖV 1984, 946; Lü DÖV 1985, 165; Schenke 167; Sch-Ehlers 821.

[64] NJW 1977, 450; DVBl 1993, 1295: Streit über die Benutzung eines Wahlgrabes ör, da die Nutzung durch Satzung ör geregelt; BGH BayVBl 1985, 27; NJW 1987, 831; 1993,

zung durch Gesetz oder **durch eine Satzung,** also durch **Sonderrecht** (s oben 11), geregelt, nicht durch allgemeine Geschäftsbedingungen, so handelt es sich grds auch insoweit um ein ör Rechtsverhältnis;[65] auch bei Fehlen einer Regelung durch Satzung kann jedoch das Benutzungsverhältnis als ör zu beurteilen sein, wenn sich der ör Charakter **jedenfalls aus dem Gesamtzusammenhang der Regelung** ergibt.[66] Das **Bestehen eines Anschluß- und Benutzungszwangs** bedeutet wg der andersartigen Zielsetzung nicht notwendig, daß auch das Benutzungsverhältnis im übrigen ör sein müßte.[67] Allg zur Abgrenzung s auch Ipsen/Koch, JuS 1992, 809.

18 **c) Zulassung zu besonderen Dienst- oder Rechtsverhältnissen.** Die vorgenannten Grundsätze gelten auch für Streitigkeiten über

- die Zulassung zum **Studium** an einer Universität und/oder zur Benutzung usw der Universitätseinrichtungen (Bibliotheken uä) usw;[68]
- die Zulassung zum **juristischen Vorbereitungsdienst** (Referendariat), auch wenn dieser nicht im Beamtenverhältnis auf Widerruf abgeleistet werden soll;[69]
- die **Erteilung eines** (uU im übrigen dem Zivilrecht unterliegenden) **Lehrauftrags** an einer Universität, sofern den maßgeblichen Vorschriften im Weg der Auslegung zu entnehmen ist, daß diese Entscheidung durch VA erfolgen soll (52, 314; BAG NZA 1985, 250; NVwZ 1986, 424);
- die Bestellung zum **Verwalter einer Professorenstelle** oder als Privatdozent (BAG NZA 1985, 250);
- die Zulassung zur **fortführenden Lehramtsausbildung** im Rahmen der Lehrerausbildung, auch wenn die Ausbildung selbst im Angestelltenverhältnis erfolgen soll;[70]
- die Zulassung zu sonstigen **Dienstverhältnissen im öffentlichen Dienst,** die nicht nach Beamten- oder nach Arbeitsrecht zu beurteilende Arbeitsverhältnisse sind (BAG NJW 1990, 664; Ms NVwZ 1990, 889);
- die Zulassung zur **Abschlußprüfung** oder der Streit über das Ergebnis der Prüfung (im Hinblick auf die mit einem erfolgreichen Abschluß verbundenen ör Berechtigung) an einer **staatlich anerkannten Privatschule,** soweit diese ör geregelt ist, was eine Frage der anwendbaren Vorschriften ist (17, 41; 45, 118; NVwZ-RR 1991, 330 mwN; **aA** BGH DVBl 1962, 70: privatrechtlich); **nicht** dagegen auch zu lediglich **staatlich genehmigten Privatschulen** (45, 118) oder über die Entlassung aus einer staatlich anerkannten Schule (Mü NVwZ 1982, 562; Ms NJW 1998, 1579). Dagegen kommt es hins der Zu-

---

1657; WM 1999, 150: bei verlorenem Zuschuß idR ör; OLG Naumburg NVwZ 2001, 354 mwN; Ko NVwZ-RR 1999, 582: Streit um Entgelt für Parken auf dem Schulhof durch eine Lehrerin zivilrechtlich, wenn das Nutzungsverhältnis privatrechtlich ausgeformt ist; Lü NJW 1977, 450; Mü NVwZ-RR 1991, 251; BezG Erfurt LKV 1993, 236; Ossenbühl DVBl 1973, 291; Renck BayVBl 1968, 310; **aA** v Zezschwitz NJW 1983, 1877: immer ör.

[65] DVBl 1993, 1295; Renck BayVBl 1968, 310; 1978, 14 Anm 7 mwN; NJW 1980, 660; Vogel BayVBl 1973, 368.

[66] Vgl BGH DVBl 1978; 108: Regelung durch Satzung ist Indiz für die ör Gestaltung, nicht jedoch unabdingbares Erfordernis; vgl auch Ms DVBl 1976, 399: im Zweifel Vermutung, daß eine öffentliche Einrichtung ör betrieben wird; insoweit **aA** BGH 41, 264: im Zweifel privatrechtlich; vgl auch oben 12 ff.

[67] BGH MDR 1984, 558; Lü NJW 1977, 450; Menger VerwA 1973, 305; zu Benutzungsentgelten auch BGH BayVBl 1985, 27: können auch privatrechtlich sein.

[68] 42, 296, 299; Lü NJW 1978, 1940; BVerfG 35, 303; 39, 274; NJW 1975, 1501; 1977, 569; Vehse NJW 1977, 122 mwN.

[69] NJW 1990, 663 – für Hessen –; NJW 1992, 1208; BAG NJW 1989, 2909; s dazu auch oben 8; **aA** Ma ZBR 1987, 382 – für Baden-Württemberg..

[70] Mannheim, zit in NVwZ 1983, 220; **aA** BVerwG NVwZ 1983, 220 unter Aufhebung der Entscheidung des VGH Mannheim: Zuständigkeit der Arbeitsgerichte; keine Aufteilung der Streitsache nach der Zwei-Stufen-Theorie.

lassung zum Studium an staatlich anerkannten Schulen, bzw der Entlassung daraus, auf die konkrete gesetzliche Regelung an, ob ein entspr ör Rechtsverhältnis anzunehmen ist oder nicht;[71] ör ist der Rechtsstreit eines Studenten mit einer staatlich anerkannten **privaten Fachhochschule** hins der Studienordnung (Sa DÖV 1979, 104).

d) Zulassung zu den Einrichtungen und Diensten von Post und Bahn sowie zur Benutzung von Flughäfen. Grds **privatrechtlich** sind Streitigkeiten mit den Nachfolgeunternehmen der früheren Bundespost, die nach § 1 PostUmwG in Aktiengesellschaften umgewandelt worden sind u gem Art 87f Abs 2 S 1 GG privatwirtschaftlich tätig sind.[72] Auch der Streit über die Zulassung zur Benutzung der Einrichtungen der Nachfolgeunternehmen unterfällt daher § 13 GVG.[73] 19

Hoheitlich tätig wird ein Postdienstleister als **beliehenes Unternehmen** bei der **förmlichen Zustellung nach den Vorschriften des Prozeß- und Verfahrensrechts** (§ 33 Abs 1 PostG), vgl Z 63 zu § 13 GVG; Gramlich NJW 1996, 617. Insoweit haftet er nach Amtshaftungsgrundsätzen (§ 35 PostG), so daß nach Art 34 S 3 GG für Streitigkeiten der ordentliche Rechtsweg gegeben ist. Ebenfalls ör ist das Handeln der Regulierungsbehörde (§§ 2 Abs 1, 44 PostG, vgl Z 63 zu § 13 GVG; BL 37, 54 zu § 13 GVG).

Der **ZRW** ist auch für Klagen gegen die **Deutsche Bahn AG** gegeben. Dies gilt auch bei einem Streit um die Ausübung des Hausrechts oder die Benennung eines Bahnhofs, da dieses Recht nur noch der Bahn AG zusteht (vgl § 3 Abs 1 Nr 2 DB-GründungsG, BGBl 1993 I, 2378; anders zur früheren Deutschen Bundesbahn 44, 351). Der **VRW** ist nur hins der **Eisenbahnverwaltung des Bundes** gegeben (vgl Art 87e Abs 2 GG, auch bzgl der Öffentlichkeitsarbeit des Bundes, s bereits 47, 249 = NJW 1975, 891). Macht jedoch ein **Beamter des Bundeseisenbahnvermögens,** der der Deutschen Bahn AG zugewiesen ist, gegen diese Anspr geltend, ist der ZRW gegeben (Ma, ÖD 1995, 123 – Fahrvergünstigungen für die Arbeitnehmer der Bundesbahn). Zur Abwehr von Immissionen im Zusammenhang mit dem Bahnbetrieb s unten 29a. 19a

Ebenfalls privatrechtlich sind Anspr auf Zulassung zur Benutzung von **privatrechtlich organisierten Flughäfen,** da die Flughafenunternehmer nicht mit hoheitlichen Befugnisse beliehen werden.[74] Das gilt auch für den Verkehrsflugplatz einer Gemeinde als öffentliche Einrichtung, auch wenn der Träger als GmbH organisiert ist (Ma DVBl 1981, 220). 19b

e) Entscheidungen über die Gewährung von Subventionen. Öffentlichrechtlich sind – außer soweit durch Gesetz etwas anderes bestimmt ist oder sich aus den konkreten Umständen etwas anderes ergibt[75] – auch Klagen auf Zuerkennung von **Subventionen** u ähnlichen staatlichen Fördermaßnahmen durch **Zuschüsse** (vgl NJW 1980, 718; 1990, 1436) oder in Form von **Darlehen,** der Übernahme von **Bürgschaften,** der Einräumung **günstigerer als marktüblicher Bedingungen** für zu zahlende Zinsen,[76] die Gewährung von Preisvergün- 20

---

[71] Vgl 45, 111; NVwZ-RR 1990, 607 – uU auch nur privatrechtlich, jedenfalls wenn die für die Schulpflicht geltenden Regelungen nicht im Streit sind –; Ms NWVBl 1998, 244.

[72] Ebenso BGH 130, 13 = NJW 1995, 2295; BVerwG NJW 1996, 1010.

[73] Ebenso BGH NJW 95, 875; OLG Frankfurt NJW 1994, 1226; Sch-Ehlers 275; Gramlich NJW 1996, 617 jeweils mwN.

[74] BGH NJW-RR 1997, 1019; Ey-Rennert 56; Sch-Ehlers 769.

[75] DÖV 2006, 873: Macht ein Kreditinstitut, das im eigenen Namen im Rahmen eines staatlichen Förderungsprogramms Gelder an Private ausgezahlt hat (sog Bankenverfahren), aus eigenem Recht Rückzahlungsanspr gegen den Empfänger geltend, so ist der ZRW auch dann gegeben, wenn das Kreditinstitut eine ör Anstalt ist; ebenso schon Ms NWVBl 2005, 475.

[76] 1, 310; NJW 1990, 134f; BGH 40, 210; 52, 160ff; 61, 299; NVwZ 1988, 472; Ey-Rennert 46; Schenke FG BGH III 68ff; **aA** Ms NVwZ 1984, 522.

stigungen (OLG Naumburg NVwZ 2001, 354; Leinenbach/Jurczyk LKV 2001, 450ff), der Widerruf einer Subvention (Mgd NVwZ 2002, 108) usw. Das Gleiche gilt für sonstige Klagen, die auf die **Zuerkennung bestimmter Leistungen,** die die öffentliche Hand zur Erfüllung öffentlicher Aufgaben erbringt, gerichtet sind (zB der Übernahme von Ausfuhrgewährleistungen (KR 41 zu § 35 VwVfG; zu Verträgen zur Erfüllung öffentlicher Aufgaben unten 23ff). Der VRW ist einmal dann eröffnet, wenn die Subvention selbst aufgrund der Zuerkennung hins der Gewährung u der näheren Modalitäten einheitlich durch ör Vertrag (§ 54 VwVfG) geregelt wird, was grds zulässig ist, aber nach der Zwei-Stufen-Theorie (s auch 15f) auch dann, wenn die näheren Einzelheiten, Bedingungen usw, wie Zinsen, Sicherheiten usw dann in einer zweiten „Stufe" durch **privatrechtlichen Vertrag** geregelt werden.[77] Zwingend ist die Annahme einer zweiten Stufe, wenn ein **privater Dritter** in die Subventionsgewährung eingeschaltet ist (NVwZ 1985, 517; Schenke 118).

Der **VRW** ist daher eröffnet zB für Klagen

– auf Zuerkennung eines **gemeindlichen Grundstücks** im Rahmen der Förderung der örtlichen gewerblichen Wirtschaft u der Städtebaupolitik (Koblenz DVBl 1993, 260 = NVwZ 1993, 381 zu einem umfassend durch Vergaberichtlinien geregelten Auswahlvf; **aA** Sch-Ehlers 254); auf Vergabe von **Bauland** im Rahmen eines sog. **Einheimischenmodells** (VG München NVwZ-RR 1997, 375) oder zur **Familienförderung** (Ms NJW 2001, 698m Anm Hufen JuS 2001, 615), auf Bereitstellung von **Siedlungsland** im Rahmen eines staatlichen Siedlungsprogramms als Hilfe zur Eigentumsbildung für wirtschaftlich schwächere Familien im Rahmen der Sozialpolitik oder als Maßnahme der Wirtschaftsförderung (ausf KR 41 zu § 35 VwVfG mwN);
– aus **Interventionsgeschäften** der staatlichen Interventionsstellen (zB Ankauf von Agrarerzeugnissen), da sie nicht der Sachmittelbeschaffung, sondern der Preislenkung bzw Wirtschaftssteuerung dienen.[78] Soweit Verkäufe von Interventionsware privatrechtlich durchgeführt werden u die Interventionsstelle wie ein normaler Marktteilnehmer auftritt, ist für Streitigkeiten der ZRW gegeben.[79] Soweit allerdings der Absatz auf einem AusschreibungsVf auf gemeinschaftsrechlicher Grundlage beruht, sind auch die Rechtsbeziehungen zum Abnehmer ör zu qualifizieren, vgl 82, 281; Buchh 451.90 Europ Wirtschaftsrecht Nr 173.

21 Öffentlichrechtlich sind als „Kehrseite des Leistungsanspruchs" auch Klagen gegen die **Rückforderung** von (nach Auffassung der Behörde) zu Unrecht erfolgten Zahlungen u anderen Leistungen bzw die Geltendmachung entspr **Erstattungsanspr,** wenn auch das Leistungsverhältnis ör war,[80] zB **Klagen** von Betroffenen gegen die Rückforderung vermeintlich zu Unrecht ausbezahlten **Gehalts** uä; auch dann wenn dieser jetzt nicht mehr Beamter ist (52, 72; 71, 355 = NJW 1985, 905; NVwZ 1990, 670). Dies gilt auch, wenn aufgrund einer lediglich irrig angenommenen, aber **nicht bestehenden ör Rechtsbeziehung**

---

[77] 1, 308; 7, 180; 13, 52; 13, 307; 14, 68; BGH 36, 95; 57, 130; NJW 1976, 475; Ma NJW 1978, 2051; OLG Frankfurt DVBl 1980, 382; Gusy JA 1991, 328; Kopp DVBl 1970, 724; WuV 1978, 177; BayVBl 1980, 609; Ey-Rennert 50; grds auch Schenke FG BGH III 68ff; zumindest tlw **aA** Götz, Recht der Wirtschaftssubvention, 1966, 56ff; Ossenbühl DVBl 1973, 289; Rüfner, Formen der öffentlichen Verwaltung im Bereich der Wirtschaft, 1967, 372; Sch-Ehlers 255; Würt 150; v Zezschwitz NJW 1983, 1877; Zuleeg, Die Rechtsform der Subvention, 1965.

[78] 40, 85; 82, 281; Sch-Ehlers 251; zT **aA** BGH NJW 1976, 475: nur die Übernahme ör, die Abwicklung privatrechtlich.

[79] 40, 85; Ks NJW 1985, 2101; BGH NJW 1983, 519; **aA** v Zezschwitz NJW 1983, 1873.

[80] 48, 286 mwN; DÖV 1990, 521; BSG 61, 12; NJW 1984, 82; BGH 71, 182 mwN; 103, 255 = NJW 1988, 1731.

geleistet wurde (BSG 32, 52; BGH NJW 1978, 1385). Wenn bzw soweit eine Rückforderung **durch VA** geltend gemacht wird, ist unabhängig von der Rechtmäßigkeit des VA der VRW immer gegeben (s oben 8 u 8b). Der Rechtsweg für den Rückforderungsanspr wird auch dann durch die Rechtsnatur der Leistung bestimmt, wenn er sich gegen einen **Rechtsnachfolger** richtet, zB

– gegen die **Erben.**[81] Dies gilt auch, wenn die Behörde nicht wußte, daß der Berechtigte verstorben war u die **Leistung** deshalb **versehentlich an den Erben gelangt** ist;[82]
– gegen **sonstige Dritte,** an die die Zahlung irrtümlich erfolgt war.[83]

Entsprechendes gilt für den **Erstattungsanspr des Bürgers wg** zuviel gezahlter Gebühren usw (vgl DÖV 1985, 577 mit näheren Ausführungen zum Inhalt dieses Anspr; OLG Köln VersR 1982, 607; s auch unten 26). S allg zur neueren Rspr die Übersicht bei Martens NVwZ 1993, 27.

f) Ausübung des Hausrechts bzw vergleichbare Maßnahmen der öffentlichen Hand. Öffentlichrechtlich sind auch Klagen gegen Anordnungen von Organen ör Einrichtungen „in Ausübung des ör Hausrechts", dh des diesen zustehenden Ordnungsrechts („Anstaltspolizei"), zur Wahrung u zum Schutz der Zweckbestimmung einer öffentlichen Einrichtung, zB gegen ein **„Hausverbot".** Häufig ergibt sich dies bereits aus der Wahl der Handlungsform VA (NVwZ 1985, 264; Ms NVwZ-RR 1998, 595 mwN; s bereits oben 8b); auf den **Zweck des Betretens** des Adressaten des Hausverbots (zu „amtlichen" Zwecken, etwa im Zusammenhang mit einem Bauantrag, oder in Verfolgung privater, zB kommerzieller Interessen) kommt es dagegen **nach heute hM nicht** an.[84] Ohnehin läßt sich häufig die Zielsetzung, mit welcher ein öffentliches Gebäude betreten wird, gar nicht feststellen (Klenke NWVBl 2006, 84). **Ebenfalls ör** sind Maßnahmen in Ausübung sonstiger wirklicher oder vermeintlicher **ör Befugnisse ggü ASt, Mitgliedern** uä – auch ehemaligen Mitgliedern, die noch Rechte aus ihrer Mitgliedschaft beanspruchen[85] – oder ggü **Dritten** (Ks NJW 1980, 661). Dies gilt zB für die **Untersagung einer Tonbandaufnahme** über die öffentliche Sitzung eines Gemeinderates (s auch BVerwG DVBl 1991, 490) oder auch für ein **Rauchverbot in einer Gemeinderatssitzung** für Gemeinderatsmitglieder u Zuhörer (Ms NVwZ 1983, 485; Gornig/Jahn JA 1991, 169). 22

---

[81] 37, 317; BSG 36, 137; Sch-Ehlers 290.

[82] Ebenso Sch-Ehlers 290; Graf ZBR 1996, 383ff; Martens NVwZ 1993, 27; Maurer JZ 1990, 863; **aA** (privatrechtlich) die Rspr, BVerwG 84, 274 = NJW 1990, 2482; BGH 71, 180; 73, 202 = NJW 1979, 783; Ma NVwZ 1989, 892; Mü BayVBl 1989, 610 = NJW 1990, 933.

[83] BSG 55, 252; 60, 34; 60, 209; BGH NJW 1967, 156; BFH NVwZ 1989, 799; Ks NJW 1991, 510; OLG Düsseldorf NJW 1988, 2674; FG BW NVwZ 1989, 191; Bettermann DVBl 1961, 921; ML 11a zu § 51 SGG; diff BVerwG 71, 87 = NJW 1985, 2436; **aA** BSG 61, 11 = NVwZ 1988, 95; NVwZ 1988, 95; BGH NJW 1978, 1385; KG NJW 1977, 441.

[84] Ebenso zB Br NJW 1990, 931; Ma DVBl 1977, 223; Mü NJW 1980, 2722; Ms NVwZ-RR 1989, 316; NJW 1998, 1425; Schleswig NJW 1994, 340; Beaucamp JA 2003, 233; Berg JuS 1982, 260; Ehlers DÖV 1977, 739; NWVBl 1993, 330; Erichsen DVBl 1986, 1204; Erichsen/Weiß Jura 1993, 103; Ey-Rennert 66; Hufen § 11, 53; Klenke NWVBl 2006, 84; Knemeyer BayVBl 1977, 207; VBlBW 1982, 249; KR 37 zu § 35 VwVfG; NKVwGO-Sodan 389; Rasch DVBl 1984, 240; RÖ-v Nicolai 28; Ronellenfitsch VerwA 1982, 467; Sch-Ehlers 302; Schenke JZ 1996, 999f; FG BGH III 66ff; R. Schmid 17; TW § 9, 18; Würt 147; Zeiler DVBl 1981, 1000; **aA** 35, 106; BGH 33, 230; Mü BayVBl 1986, 271; Ms NJW 1998, 1425; iE ähnlich Brüning DÖV 2003, 389ff.

[85] Vgl Ma DVBl 1977, 223 zum Hausverbot der Universität ggü einem ehemaligen Lehrbeauftragten; OLG Hamburg NJW 1980, 1007 ggü einem ehemaligen Lehrer der Schule oder ggü Personen, denen ggü die „Anstalt" noch Befugnisse zu besitzen glaubt; Ms NJW 1998, 1425 ggü Doktoranden und Studenten.

Im Gegensatz dazu fallen in die Zuständigkeit der **Zivilgerichte** Streitigkeiten im Zusammenhang mit der **Ausübung des privatrechtlichen Hausrechts,**[86] insb soweit sie sich auf Sachen des „Finanzvermögens" beziehen (zB privatrechtlich vermietete Häuser einer Gemeinde, Ms NVwZ-RR 1989, 316; Ey-Rennert 66; Sch-Ehlers 302) oder für eine **öffentliche Einrichtung mit privatrechtlicher Nutzungsordnung.**[87] Ebenfalls privatrechtlich ist das Hausrecht der **Deutschen Bahn AG** (s oben 19 a) sowie das eines **Flughafenbetreibers** (AG im Mehrheitsbesitz der öffentlichen Hand) ggü Personen, die Flugblätter verteilen, mit denen gegen eine Abschiebung protestiert wird (BGH NJW 2006, 1054). Auch wenn ein ör Hausrecht besteht, sich die Behörde aber ausdr auf ein **privatrechtliches Hausverbot** stützt, ist der ZRW gegeben (insoweit richtig Ma NJW 1994, 2500; zur Befugnis zu privatrechtlichen Hausverboten trotz ör Hausrechts s näher KR 37 zu § 35 VwVfG). Hat sich der Verwaltungsträger aber nicht ausdr auf ein privates Hausrechts berufen, spricht eine **Vermutung für ör Tätigwerden.**[88]

23 **g) Öffentlichrechtliche Verträge und privatrechtliche Verträge zur Erfüllung öffentlicher Aufgaben.** Um ör Streitigkeiten handelt es sich auch bei Streitigkeiten im Rahmen von Gleichordnungsverhältnissen, dh von wirklichen oder behaupteten Rechtsverhältnissen, die ihre **Grundlage im öffentlichen Recht** (s 6 ff) haben, in denen aber keiner der Beteiligten dem anderen ggü **hoheitliche Befugnisse** hat bzw in Anspr nimmt. Hierzu gehören ua die Streitigkeiten aus **ör Verträgen.** Das sind nach hM alle Verträge, deren Gegenstand einem vom öffentlichem Recht geordneten Sachbereich zuzurechnen ist.[89] Öffentlichrechtlich sind daher alle Verträge, die aufgrund ör Vorschriften geschlossen werden (zB Erschließungsvertrag gem § 124 BauGB; s Kn-Henneke 10 zu § 54 VwVfG mwN), bei denen die Parteien eine **eindeutige Formenwahl** getroffen haben (ebenso Sch-Ehlers 312), oder bei denen der Vertrag an **die Stelle eines VA** tritt (s § 54 S 2 VwVfG).[90] Daß ein Vertrag der Erfüllung öffentlicher Aufgaben dient, macht ihn allein dagegen noch nicht zum ör Vertrag.[91] Maßgebend ist hier vielmehr der Willen der Parteien (sog Willenstheorie, für sie Renck JuS 2000, 1002; der Sache nach auch Sch-Ehlers 312). Wenn die Verwaltung nicht ausdr zivilrechtlich tätig wird, spricht jedoch eine Vermutung für den ör Charakter des Vertrages (BGH WM 1999, 150; Renck JuS 2000, 1002). Ör sind **insb Verträge,**

– die auf eine **Ausgestaltung oder Abänderung ör Verpflichtungen oder Berechtigungen** abzielen, insb **Pflichten und Rechte** in Über- u Unterordnungsverhältnissen durch vertragliche Regelungen **ersetzen, ergänzen oder näher bestimmten;**[92]
– die inhaltlich **so eng mit den ör Berechtigungen oder Verpflichtungen zusammenhängen,** daß sie unter dem Gesichtspunkt des Sachzusammen-

[86] NVwZ 1987, 677; Mü BayVBl 1986, 271.
[87] Mü NVwZ-RR 1993, 668 – soweit nicht der generelle Zulassungsanspr nach Art. 21 BayGO verneint wird, sondern ein Streit im Rahmen des Benutzungsverhältnisses zum Hausverbot geführt hat; **aA** Sch-Ehlers 302.
[88] Ms NWVBl 1989, 91; Schleswig NJW 1994, 340; Erichsen Jura 1994, 421; Schenke 110.
[89] GSOGB BGH 87, 313; BVerwG NJW 1995, 1105; 42, 332; 92, 56; BGH 102, 343; NKVwGO-Sodan 393; Scherzberg JuS 1992, 206 ff; ausf zur Abgrenzung vom zivilrechtlichen Vertrag KR 27 ff zu § 54 VwVfG; NKVwGO-Sodan 393 ff; Sch-Ehlers 306 ff.
[90] NJW 1993, 2969; GSOGB BGH 97, 313; OLG Saarbrücken NVwZ-RR 2005, 663.
[91] MDR 1976, 874; BayVBl 1993, 406; Ms NJW 1991, 61; NKVwGO-Sodan 396.
[92] GSOGB BVerwGE 74, 370; BVerwG NJW 1990, 1926; DVBl 1994, 482; Ma NJW 1994, 340: Vertrag über die Nutzung von Werbeflächen an gemeindlichen Straßen ör, da Vorwegentscheidung über die Sondernutzung; OLG Saarbrücken NVwZ-RR 2005, 662: Streit um Kosten für Bau und Unterhaltung einer Straße aufgrund straßenrechtlicher Vereinbarung.

hangs demselben Rechtsbereich zuzurechnen sind (NVwZ 1989, 176; 1990, 665; BGH 87, 12). Dann ist der gesamte Vertrag als ör zu qualifizieren, ohne daß es darauf ankommt, wo der Schwerpunkt des Vertrages liegt.[93] **Abzulehnen** ist auch die Annahme **gemischter ör-privatrechtlicher Verträge.**[94] Dies schließt allerdings nicht aus, daß ausnahmsweise selbständige vertragliche Regelungen in einer **äußerlich einheitlichen Urkunde** zusammengefaßt worden sind, aber inhaltlich eindeutig voneinander unterschieden werden können;[95]

– in denen sich die **Behörde zum Erlaß eines VA oder einer Satzung verpflichtet** (KR 6 zu § 56 VwVfG; Di Fabio DVBl 1990, 342; Peine NVwZ 1990, 548), nicht aber allein aus dem Umstand, daß eine solche „Leistung" als „unausgesprochene Bedingung" vorausgesetzt wird, ohne daß ein entspr Anspr des Bürgers begründet wird.[96]

Ebenfalls ör ist die Klage auf **Abschluß eines ör Vertrages.**[97]

Beispielsfälle: Öffentlichrechtlich sind daher zB Streitigkeiten

– aus **Ablösungsvereinbarungen** gem § 133 Abs 3 S 5 BauGB u sog Abgeltungsverträgen (vgl VG Hamburg NVwZ 1991, 806);
– aus einem Vertrag über die **Übertragung eines Grundstücks im EnteignungsVf** (BGH 84, 3; NVwZ 1987, 259) und/oder die Höhe der **Enteignungsentschädigung** (Degenhart NVwZ 1982, 72). Privatrechtlich ist dagegen ein Vertrag, der zur Vermeidung einer Enteignung geschlossen wird (BGH NVwZ 1987, 259);
– aus sog **Folgelastenverträgen** (Folgekostenverträgen) mit Gemeinden;[98]
– aus einem Vertrag zwischen einem Träger der früheren Jugendhilfe mit der Kommune um die **Kostentragungspflicht für eine Kindertagesstätte,** wenn dieser ör Bestimmungen zugrundeliegen (OLG Dresden LKV 1997, 468 zum früheren Sächs KindertagesstättenG – heute G über Kindertageseinrichtungen);
– aus einem Vertrag einer Stadt mit den künstlerisch tätigen Bühnenangehörigen über ein **Mitentscheidungsrecht bei der Auswahl des Leiters des Theaters** (Ks NJW 1984, 1139);
– aus einem Vertrag, in dem eine Behörde einen Studenten oä finanzielle Zuwendungen verspricht gegen die **Verpflichtung, nach Abschuß des Studiums in den Staatsdienst zu treten;**[99]
– aus einer Vereinbarung der Übernahme eines sog Wohnwegs in die **Straßenbaulast** einer Gemeinde gegen eine bestimmte Zahlung.[100]

Daß eine ör Zuständigkeitsregelung besteht und/oder der Vertrag **einem ör** 24 **Zweck dient,** macht allein einen Vertrag noch nicht zu einem ör,[101] **kann aber ein Indiz** für den ör Charakter **sein** (Mü BayVBl 1978, 146). Bei der Beurteilung ist – **sofern** der Vertrag **nicht nur äußerlich zusammengefaßte,** in-

[93] Zweifelnd 84, 183; **aA** BGH 76, 20; OLG Schleswig NJW 2004, 1052; Schoch JK 8/04 VwGO § 40 I 1/35.

[94] 42, 333 f; Gurlit Jura 2001, 661; NKVwGO-Sodan 398 f; Papier JuS 1981, 498; Schenke 123; Sch-Ehlers 313; **aA** DÖV 1981, 878; BGH NJW 1998, 909.

[95] Vgl BAG NJW 1991, 943 m Anm Kopp JZ 1991, 563; Mü NJW 1992, 2652; KR 29 f zu § 54 VwVfG; Sch-Ehlers 314; **aA** NJW 1990, 1680; Ma 48, 318: nur dann kein gemischter Vertrag, wenn privat- und ör Elemente schlechterdings nicht mehr trennbar.

[96] In diese Richtung auch 92, 58 f; **aA** StBS-Bonk 20 ff zu § 56 VwVfG unter Berufung auf 96, 332.

[97] Kopp BayVBl 1980, 609; VwVfG; Ehlers VerwA 1983, 121; Dawin NVwZ 1984, 401.

[98] NJW 1993, 1810; BGH NJW 1986, 1109; Ma NVwZ-RR 1999, 698.

[99] Vgl BAG NJW 1991, 943; Ms DVBl 1990, 314; Kopp JZ 1991, 564; Schubert BayVBl 1994, 233.

[100] Mü BayVBl 1978, 146; s allg auch v Mutius VerwA 1974, 201.

[101] DÖV 1976, 606; NJW 1993, 2695; BGH NJW 1985, 1892.

haltlich ohne weiteres voneinander trennbare, selbständige Regelungen enthält, die dann auch hins ihrer Rechtsnatur selbständig zu beurteilen sind (s oben 23 mwN) – auf die **Gesamtheit der Regelungen** abzustellen. Insb genügt es für die Annahme eines ör Vertrages auch, **wenn nur die Leistung eines Vertragspartners** ör Charakter hat (Erichsen VerwA 1977, 66), dies selbst dann, wenn die von einem ör Rechtsträger zu erbringende Leistung (zB die Aufstellung eines Bebauungsplans, die einvernehmliche Mitwirkung am BaugenehmigungsVf, uä) nicht als Gegenleistung der vom Vertragspartner zu erbringende Leistung iSd Lehre vom gegenseitigen Vertrag erscheint, sondern **nur stillschweigend als Bedingung dafür vorausgesetzt** wird, ohne daß entspr Anspr des Vertragspartners begründet werden.[102]

25 Rechtsgeschäfte u Rechtshandlungen, die in vergleichbarer Weise auch zwischen Privaten vorkommen, aber **mit einer spezifisch ör Zielsetzung ggü dem Vertragspartner** u in unmittelbarem Zusammenhang mit ör Regelungen erfolgen, sind dagegen zumindest hins des „Ob" als ör zu beurteilen. Dies trifft auch für fiskalisches Handeln zu, bei dem ein öffentlicher Rechtsträger **ör Vorschriften oder Rechtsgrundsätze** zu vollziehen hat, die nicht nur Modalitäten dieses Handelns betreffen u bestimmten Regelungen unterwerfen, sondern **das Ziel und den Inhalt des Handelns zumindest mitbestimmen** (vgl Kopp BayVBl 1980, 609; ähnlich auch Zuleeg DÖV 1988, 654; RÖ-v Nicolai 61 zu § 42; zu Subventionen, insb privatrechtlichen Rechtsgeschäften mit Subventionscharakter s oben 20). Entsprechendes müßte dann für alle Fiskalgeschäfte gelten, wenn man von einer Fiskalgeltung der Grundrechte ausginge.[103] Die weitere Ausgestaltung kann dagegen je nach der in Frage stehenden Regelung uU auch privatrechtlich erfolgen.

Nicht als ör zu beurteilen sind Rechtsstreitigkeiten aus Rechtsbeziehungen, an denen ör Körperschaften im Bereich ihrer **Teilnahme am allg Privatrechtsverkehr,** zB am Wirtschaftsverkehr,[104] insb durch Abschluß von Miet-, Kauf-, Arbeits- uä **Verträgen,** aber auch durch einseitige Erklärungen wie **Kündigungen, Aufrechnungen** im Rahmen privatrechtlicher Beziehungen (66, 218) oder auch als Folge **deliktischer Handlungen** beteiligt sind, soweit nicht ausnahmsweise besondere ör Regelungen berührt werden; privatrechtlich ist daher zB die **Verpflichtung des Sozialhilfeträgers zur Zahlung der Miete** für eine vom Bedürftigen gemietete Wohnung (DÖV 1994, 829; tlw **aA** für die Mietgarantie Br NJW 1990, 1313; Mü NJW 1990, 1868: ör); ebenso der Streit über die **Rechte und Pflichten einer im Angestelltenverhältnis stehenden Frauenbeauftragten** ggü ihrem Dienstvorgesetzten (ZBR 1997, 25); zur Klage eines Privaten gegen die öffentliche Hand auf Unterlassung **unerlaubten Wettbewerbs** unter Verstoß gegen gesetzliche Beschränkungen ihrer wirtschaftlichen Bestätigung unten 30.

25 a **Als ör** anzusehen ist nach den dargestellten Grundsätzen zB die Entscheidung über

– die **Vergabe öffentlicher Aufträge, soweit** der Auftraggeber dabei **besonderen ör Bindungen** unterworfen ist, die ausschließlich ihn als Träger öffentlicher Gewalt verpflichten. Ein Beispiel hierfür findet sich in § 31 Abs 2 bwGemHVO, der die Kommunen im Bereich der kommunalen Auftragsvergabe zur Einhaltung eines bestimmten, an der VOB/A orientierten VergabeVf verpflichtet (s Ma NVwZ-RR 1999, 264). Hieraus abgeleitete Rechte des übergangenen Auftraggebers sind demnach im VRW geltend zu machen (vgl hierzu aber Ma

---

[102] 42, 333; DÖV 1981, 878; B-v Albedyll 23; KR 6 zu § 56 VwVfG mwN; NKVwGO-Sodan 401– sog „hinkender Austauschvertrag".

[103] Diese abl BGH 36, 91; Schenke WuV 1978, 226; **aA** zB Hesse 346 ff; Jarass/Pieroth 28 zu Art 1 GG; Sachs-Höfling 95 zu Art. 1.

[104] 58, 169; 75, 112; NJW 1974, 813; BGH 36, 91, 67, 90.

NVwZ-RR 1999, 264, wo die Einräumung subjektiver Rechte durch § 31 Abs 2 BWGemHVO geleugnet wird). Entsprechendes gilt für die Entscheidung über die **bevorzugte Berücksichtigung normativ Begünstigter** bei der Vergabe öffentlicher Aufträge, dh solcher Personen, denen durch Gesetz eine besondere Rechtsstellung eingeräumt ist, u für die Klage von **Mitbewerbern** gegen die Zuerkennung des Auftrags an einen Begünstigten. Diese Mitbewerber haben als Kehrseite des Begünstigungsanspr einen ör Anspr darauf, daß potentiell Begünstigte ihnen nicht in rechtswidriger Weise vorgezogen werden, s Kopp BayVBl 1980, 609;

- die **Beauftragung Privater** mit der **Durchführung von Rettungsdienstmaßnahmen,** soweit diese selbst zur Erfüllung der ör Verwaltungsaufgabe mit herangezogen werden u ebenfalls ör handeln (zu § 5 NdsRDG Lü NdsVBl 1999, 285); es handelt sich also nicht um fiskalisches Handeln der Verwaltung;
- die **Förderung gewerblicher Investitionen** durch die Gemeinde gegen die Verpflichtung des Bürgers zu über den gesetzlich vorgeschriebenen Rahmen hinausreichenden Umweltschutzmaßnahmen.[105]

Als **privatrechtlich** anzusehen sind dagegen Streitigkeiten im Zusammenhang mit 25 b

- **Geschäften der Vermögensverwaltung,** zB der **Veräußerung** nicht mehr benötigter Gegenstände, **Vermietung oder Verpachtung** von Grundstücken (s auch Sch-Ehlers 283), zB des Eigenjagdbezirkes einer Gemeinde (Mü Rd L 1989, 122). Entsprechendes gilt, wenn einem Privaten gegen Zahlung eines Entgelts die **Werbeflächen** zB auf Fahrzeugen kommunaler Verkehrsbetriebe zur Verfügung gestellt werden oder gestattet wird, das **Universitätswappen** auf bestimmten Waren abzubilden (BGH 119, 237 = NJW 1993, 918); ebenso auch die „Vermietung" eines Schulparkplatzes an Lehrer dieser Schule (Ko NVwZ-RR 1999, 582); die Entscheidung über den behaupteten Anspr auf gleichmäßige Berücksichtigung bei Auftragserteilung an Bestattungsredner durch eine kommunale Bestattungsanstalt (Mü NVwZ-RR 2004, 392);
- **fiskalischen Hilfsgeschäften,** die zwar mittelbar auch der Erfüllung hoheitlicher oder schlichthoheitlicher Aufgaben dienen, selbst aber in den Formen des Privatrechts erfolgen,[106] zB für einen **Pachtvertrag** zwischen Bundeswehrverwaltung u Kantinenpächter (vgl BGH NJW 1979, 1208), die Beschaffung von **Sendematerial** durch ör Rundfunkanstalten (BGH 110, 371 = NJW 1990, 2815) sowie **sonstige Bedarfsdeckungsgeschäfte;**
- der **Aufnahme in die Liste** der von der Polizei mit dem **Abschleppen** von verkehrswidrig geparkten Autos beauftragten Unternehmen[107] u dem **Ausschluß eines Unternehmens von der Berücksichtigung bei Aufträgen.**[108] Es handelt sich insoweit um eine Art vorgezogene Teilentscheidung über die Vergabe öffentlicher Aufträge, so daß die Entscheidung über die Auftragssperre dem gleichen Rechtsweg unterfällt wie die Vergabeentscheidung. Es handelt sich im Regelfall um ein fiskalisches Hilfsgeschäft, so daß der ZRW gegeben ist; wird die Auftragssperre mit einem Unterlassungsanspr nach § 20 GWB bekämpft, liegt ein Streit zwischen einem Anbieter u einem marktbeherrschenden Nachfrager vor, über den im ordentlichen Rechtsweg zu entscheiden ist (Brinker WiB 1997, 888);

---

[105] 84, 236 = NVwZ 1990, 665; Aulehner JA 1994, 128; vom Ausgangspunkt der Rspr – Wahlfreiheit der Behörde bei der Subventionsverwaltung – aber nicht selbstverständlich, s Ehlers JZ 1990, 594.

[106] Gr NVwZ 2001, 446; NKVwGO-Sodan 406; s zur Vergabe bestimmter öffentlicher Aufträge und den hiergegen gegebenen Rechtsschutz gem §§ 97 ff GWB aber auch unten 25 b.

[107] BGH NJW 1977, 629; vgl auch NKVwGO-Sodan 409 zum privatrechtlichen Charakter der Beauftragung eines Abschleppunternehmens.

[108] 5, 325; DÖV 1973, 244; OLG Frankfurt WiB 1997, 886 mit zust Anm Brinker; Sch-Ehlers 282; Pietzcker ZHR 1998, 461; **aA** Ms DVBl 1971, 115 mit abl Anm Bettermann.

– Entscheidungen über die **Vergabe öffentlicher Aufträge,** soweit der öffentliche Auftraggeber hier keinen weitergehenden Bindungen unterliegt als ein Privater u damit als Teilnehmer am bürgerlichen Rechtsverkehr auftritt.[109] Anders ist indes zu entscheiden, soweit dabei ör Sondernormen zu berücksichtigen sind, wie sie beispielsweise für den Bereich der kommunalen Auftragsvergabe in § 31 Abs 2 BWGemHVO enthalten sind (siehe dazu oben 25a). Für die **Vergabe von Bau-, Liefer- und Dienstleistungsaufträgen,** deren geschätzter Wert oberhalb bestimmter Schwellenwerte liegt, werden bestimmte, in § 98 GWB genannte Auftraggeber allerdings besonderen Bindungen unterworfen (näher hierzu Thieme/Correll DVBl 1999, 890). Hieraus resultierende Rechtsstreitigkeiten sind gleichwohl als privatrechtlich zu qualifizieren; die §§ 97 ff GWB binden nämlich, wie sich aus § 98 GWB ergibt, nicht ausschließlich Träger öffentlicher Gewalt, sondern unter bestimmten Voraussetzungen auch Privatrechtssubjekte (Thieme/Correll DVBl 1999, 889; Ruthig DÖV 1997, 541). Durch das VergaberechtsänderungsG (BGBl 1998 I, 2512) u die damit einhergehende Verortung des Rechtsschutzes gegen die von der VergabeVO erfaßten Vergabeentscheidungen in §§ 97 ff GWB wird der Zugang zu den Zivilgerichten allerdings zunächst ausgeschlossen. Gem § 104 Abs 2 GWB kann der bei der Auftragsvergabe zu Unrecht übergangene Anbieter seine Rechte nur ggü den Vergabekammern geltend machen, die dann gem § 114 Abs 3 GWB durch VA entscheiden, ob das VergabeVf zu einer Verletzung der Rechte aus § 97 Abs 7 GWB geführt hat. Die über die Entscheidung der Vergabekammern geführte Streitigkeit ist demnach ör.[110] Indem § 116 GWB die Zuständigkeit für die hiergegen eingelegte Beschwerde gleichwohl dem OLG zuweist (zum Vf s Gröning ZIP 1999, 181), begründet er einen eigenständigen u ausschließlichen Rechtsweg u schließt insoweit als abdrängende Sonderzuweisung den Zugang zu den Verwaltungsgerichten aus.[111] Für VergabeVf unterhalb des durch die VergabeVO bestimmten Schwellenwertes weist die Ausgestaltung des Rechtsschutzes hins der Geltendmachung eines auf §§ 1, 20 GWB gestützten Unterlassungsanspr dagegen keine Besonderheiten auf (Byok WRP 1999, 404). Der Rechtsschutz ist insoweit im üblichen Instanzenzug vor den ordentlichen Gerichten zu bewerkstelligen.[112] Der Umstand, daß der Gesetzgeber für solche Auftragsvergaben bewußt auf die Zweiteilung des Vf verzichtet hat, spricht für eine Zuständigkeit der ordentlichen Gerichte, die ohnehin unbestreitbar für Streitigkeiten aus dem zivilrechtlichen Vertrag zwischen Auftraggeber u Auftragnehmer zuständig sind; die Entscheidung, an welche Person der Auftrag vergeben wird, ist insoweit nur eine Vorfrage, welcher für die Bestimmung des Rechtswegs

---

[109] 14, 72; BGH NJW 1977, 629; BlnB DVBl 2006, 1250; Lü 26. 7. 2006 – 7 OB 65/06; Dörr DÖV 2001, 1023 f; Hk-Unruh 127; NKVwGO-Sodan 335; Ruthig DÖV 1997, 541; vgl auch BVerfG NJW 2006, 3702; **aA** (Anwendung der Zweistufentheorie) Ba NZBau 2006, 393; Ko DVBl 2005, 988; DÖV 2007, 39; Ms NVwZ-RR 2006, 223; DVBl 2007, 391; WBS I § 22, 67; Triantafyllou NVwZ 1994, 946; s auch StBS-P. Stelkens/U. Stelkens 70 zu § 35.

[110] Ruthig DÖV 1997, 543 und oben 6; vgl zur der Entscheidung der Vergabeprüfstelle nach § 57 b Abs 4 S 2 HGrG aF auch VG Koblenz WiB 1997, 1266.

[111] Byok WRP 1999, 403; Bechthold, GWB, 3 zu § 104; BT-Dr 13/9340, 17; s auch unten 49 a.

[112] Von der privatrechtlichen Qualifikation der Auftragsvergabe geht im Hinblick auf die auch hier geltenden allg Regelungen des Wettbewerbsrechts auch BVerfG NJW 2006, 3703 aus, wobei es den hier in praxi bestehenden Ausschluß eines primären Rechtsschutzes und die Verweisung lediglich auf Schadensersatzanspr als verfassungsmäßig ansieht (BVerfG NJW 2006, 3701 ff; für zivilrechtliche Qualifikation auch BlnB DVBl 2006, 1250; Lü 26. 7. 2006 – 7 OB 65/06; Dörr DÖV 2001, 1023f; Heuwels NZBau 2005, 570 ff; Pietzcker NJW 2005, 2881 ff; Ruthig NZBau 2005, 497 ff; Siegel DÖV 2007, 242; **aA** Ba NZBau 2006, 393; Ko DVBl 2005, 988; DÖV 2007, 39; Ms NVwZ-RR 2006, 223; Braun SächsVBl 2006, 255; Niestedt/Hölzl NJW 2006, 3680 ff; Prieß/Hölzl NZBau 2005, 367 ff; LKV 2006, 486 ff.

keine entscheidende Bedeutung zukommt (s auch Ruthig NZBau 2005, 499). Die Bejahung des Rechtswegs zu den Zivilgerichten wird nicht zuletzt dadurch nahegelegt, daß nach der gesetzlichen Regelung selbst dort, wo die Auswahlentscheidung in Form eines VA erfolgt, nicht die Zuständigkeit der VGe, sondern die der ordentlichen Gerichte begründet wird. Eine Zuständigkeit der ordentlichen Gerichte besteht auch – unabhängig vom Auftragsvolumen – für nach Abschluß des VergabeVf erhobene Schadensersatzanspr (vgl § 104 Abs 2 S 2 GWB; hierzu Bechthold GWB, 4 zu § 104).

h) Öffentlichrechtliche Schuldverhältnisse und Ansprüche. Als ör an- 26
zusehen sind auch alle Streitigkeiten aus quasivertraglichen oder sich sonst unmittelbar aus Gesetz oder allg Rechtsgrundsätzen ergebenden Rechtsbeziehungen, auf die, da sie sich auf hoheitliche oder schlichthoheitliche Tätigkeiten beziehen oder doch in unmittelbarem, notwendigen inneren Zusammenhang damit stehen, öffentliches Recht zur Anwendung kommt (32, 279; BayVBl 1980, 474), was auch dann zutrifft, wenn hier Vorschriften des Zivilrechts analog anzuwenden sind. Das gilt **zB** für Streitigkeiten

- aus einem **Schuldanerkenntnis,** das an die Stelle eines sonst möglichen VA getreten ist;[113]
- die an eine ör innerdienstliche Weisung anknüpfen u auf deren Rücknahme gerichtet sind, selbst wenn sich die Weisung auf ein fiskalisches Handeln bezieht;[114]
- hins Aufwendungsersatzanspr aus ör **Auftrag** oder ör **Geschäftsführung ohne Auftrag (GoA):**[115] Nach Rspr u hM sollen Anspr aus GoA dann ör sein, wenn sie aus der Führung ör Geschäfte herrühren, dh das Geschäft zum ör Pflichtenkreis des Geschäftsherrn gehören würde, wenn er es selbst geführt hätte.[116] Die **Rechtsnatur der Handlungen des** Geschäftsführers soll bei dieser Fallkonstellation dagegen **unerheblich** sein.[117] Geschäftsführer einer ör GoA könnte demnach also ein anderer Verwaltungsträger, aber auch ein Privater (80, 170) sein (s auch Ey-Rennert 76), wenn die Handlung des Geschäftsherrn ör wäre. Probleme bereitet unter Zugrundelegung dieses Ansatzes die GoA für einen privaten Geschäftsherrn. Da dieser nur privatrechtlich handeln kann, müßte man eigentlich auf der Grundlage der geschilderten Auffassung immer zur Bejahung einer zivilrechtlichen GoA u damit zum ZRW gelangen.[118] Richtigerweise ist hier aber auf den Sachzusammenhang abzustellen, dem die GoA entspringt, so daß dann, wenn die Tätigkeit des Geschäftsführers in Verbindung mit einer Aufgabe steht, deren Erfüllung einem Hoheitsträger als eine

---

[113] NJW 1995, 1105: Rückzahlung von Ausbildungsbeihilfen; BGH NJW 1988, 1264: Rückzahlung zuviel gezahlter Dienstbezüge an den Dienstherrn.

[114] Schenke FG BGH III 62 ff; Sch-Ehlers 390; **aA** DÖV 1973, 244 f; BGH NJW 1991, 363.

[115] Vgl 80, 170 = NJW 1989, 922; BGH 89, 262 f = NJW 1984, 1822; NJW 1997, 1636 (im Verhältnis zu § 51 SGG); NJW 2004, 513; BSG NJW 1991, 2373; Bamberger JuS 1998, 706 ff; NKVwGO-Sodan 380 ff; Schenke FG BGH III 72 ff; Sch-Ehlers 543; Staake JA 2004, 800 ff; Ey-Rennert 76; 1989, 648; JuS 1989, 514; dies, Geschäftsführung ohne Auftrag im öffentlichen Recht, Diss Passau 1991; Habermehl Jura 1987, 203. Umstritten ist allerdings in der Lit, inwieweit im öffentlichen Recht überhaupt Raum für die entspr Anwendung der §§ 677 ff BGB ist – abl Kischel VerwA 1999, 391 ff mwN; Schenke Bartlsperger-FS 534 ff; zweifelnd auch Ms NWVBl 1990, 99; **aA** NVwZ 1992, 672; BVerfG 18, 436. Ausf zum Ganzen Nedden, Die Geschäftsführung ohne Auftrag im öffentlichen Recht, 1994, 50 ff; Schenke Bartlsperger-FS 534 ff.

[116] 80, 170; BGH NJW 1986, 1110; Schoch Jura 1994, 247; Schoch JK 11/04 Öff-rechtl GoA § 677/I, vgl auch Ma NVwZ-RR 2004, 473.

[117] Schoch Jura 1994, 247; Würt 137; Scherer NJW 1989, 2727 f; Habermehl Jura 1987, 203.

[118] **Krit** hierzu Oldiges JuS 1989, 620; Schenke Bartlsperger-FS 531 ff; Schoch Jura 1994, 247; Maurer § 29, 12: die Verwaltung könnte sich Befugnisse verschaffen, die ihr ör gerade vorenthalten sind.

hoheitliche Aufgabe obliegt, vom Vorliegen einer ör Streitigkeit auszugehen ist.[119] Abzulehnen ist deswegen die früher vom BGH vertretene Auffassung, nach der immer dann, wenn der Verwaltungsträger nicht nur seine ör Aufgabe, sondern zugleich die Interessen eines Privaten wahrnimmt, eine zivilrechtliche GoA zu bejahen sein soll[120] u dem Handeln des Hoheitsträgers eine Doppelnatur zukomme. Nunmehr wird aber auch durch den BGH (NJW 2004, 513; Rinne/Schlick NJW 2005, 3334 f) anerkannt, daß ein Polizeibeamter, der in dienstlicher Eigenschaft hoheitlich tätig wird, nicht zugleich (in seiner Person) das bürgerlichrechtliche Geschäft eines Dritten führen kann u die polizeirechtlichen Vorschriften über einen Kostenersatzanspr insoweit einen Anspr aus privatrechtlicher GoA ausschließen. Diese Rspr sollte über den entschiedenen Fall hinaus verallgemeinert werden, so daß ein **Aufwendungsersatzanspr eines Geschäftsführers**, der innerhalb seines **hoheitlichen Aufgabenbereichs** handelt, grds dem **VRW unterfällt.**[121] Deshalb ist zB ein staatlicher Aufwendungsersatzanspr nach der erfolgreichen Befreiung entführter Deutscher im Ausland ör Natur (**aA** Dahm NVwZ 2005, 172). Bestimmt man (richtigerweise) die Rechtsnatur der Geschäftsführung nach dem Zusammenhang mit der Tätigkeit des Geschäftsführers u nicht des Geschäftsherrn, so ist die **Tätigkeit eines Privaten**, der für einen Hoheitsträger ausnahmsweise eine **hoheitliche Aufgabe** wie die der Gefahrenabwehr **wahrnimmt** (s § 679 BGB), entgegen der hM als **privatrechtlich** anzusehen[122] u sind deshalb Aufwendungsersatzanspr im ZRW geltend zu machen. Zum Rechtsweg bei Schadensersatzanspr des Bürgers gegen den hoheitlich handelnden Staat unter dem Aspekt einer ör GoA s unten 72.

Entsprechendes gilt für die Geltendmachung ör **Rückforderungs-** bzw **Erstattungsanspr** eines ör Rechtsträgers gegen einen Bürger (vgl OLG Hamm NJW-RR 1993, 64; MK 58) bei **Fehlen** oder nachträglichem Wegfall **des Leistungsgrundes** (s oben 21; allg auch Ossenbühl NVwZ 1991, 513) oder von **Aufwendungen,** die ein öffentlicher Rechtsträger oder ein Bürger im Zusammenhang mit einer ör Tätigkeit gehabt hat. **Öffentlichrechtlich** ist zB der Streit um die Erstattung

– der **Abschleppkosten** für das von der Polizei angeordnete Abschleppen eines PKW;[123] ausf hierzu Schieferdecker, Die Entfernung von Kraftfahrzeugen als Maßnahme Staatlicher Gefahrenabwehr, 1998, 253 ff;
– der **Kosten des Einsatzes der Feuerwehr** bei der Beseitigung eines Verkehrshindernisses gem § 32 StVO (Mü BayVBl 1979, 623) oder
– der von einer Behörde zu Unrecht **erhobenen Gebühren** uä.

27 **i) Erfüllung der öffentlichrechtlichen Verkehrssicherungspflicht sowie der Bau- und Unterhaltungspflicht.** Öffentlichrechtlich sind auch Klagen auf Erfüllung der Verkehrssicherungspflicht für öffentliche Straßen, Kinderspiel-

---

[119] Ausf Schenke FG BGH III 72 ff u Bartlsperger-FS 531 ff; Schoch Jura 1994, 247.

[120] BGH 40, 28; 63, 167; 65, 354; 65, 384; OLG Hamm NWVBl 1989, 218; **abl** Schenke FG BGH III 73 u Bartlsperger-FS 531 ff; NKVwGO-Sodan 380; Scherer NJW 1989, 2728; Schoch Jura 1994, 247 f.

[121] Die Anwendbarkeit des § 40 Abs 2 S 1 auf den Aufwendungsersatzanspr des Hoheitsträgers scheitert nicht nur daran, daß ein Aufwendungsersatzanspr kein Schadensersatzanspr ist (Sch-Ehlers 543 Fn 1726), sondern auch daran, daß § 40 Abs 2 S 1 nicht auf Schadensersatzanspr eines Hoheitsträgers gegen einen Privaten anwendbar ist (anders für Schadensersatzanspr eines Privaten, s unten 72). Dagegen ist für Schadensersatzanspr des Bürgers gegen den im Wege einer ör GoA handelnden Staat gem § 40 Abs 2 S 1 der ZRW gegeben.

[122] Eingeh Schenke Bartlsperger-FS 555 ff; ebenso Bamberger JuS 1998, 710; Staake JA 2004, 802; **aA** 80, 172 f; BGH NVwZ 2004, 764; Ma NJW 1977, 843; Gusy JA 1979, 70; Kischel VerwA 1999, 400; Maurer § 29, 12; Oldiges JuS 1989; 620; Rinne/Schlick NJW 2005, 3334; Sch-Ehlers 385 f; Schoch Jura 1994, 247;

[123] NVwZ 1988, 623; Mü BayVBl 1984, 559; vgl auch oben 14; zT **aA** Ms DVBl 1983, 1074.

plätze, Parks usw, sofern diese durch besondere Bestimmungen (Gesetz, Satzung) oder durch einen Organisationsakt **ausdr** ör geregelt sind. Anderenfalls soll es sich nach der dogmatisch nicht überzeugenden Rspr um privatrechtliche Streitigkeiten handeln,[124] **zB** die Klage auf Schaffung von Vorkehrungen, um das **Abrutschen einer Straßenböschung** zu verhindern (NJW 1985, 1481 = DÖV 1985, 362). Bei **Schadensersatzklagen wg Verletzung der ör Verkehrssicherungspflicht** ist nach Art 34 S 3 GG der ZRW einschlägig, s unten 70, für die Geltendmachung von Beseitigungsanprüchen wg Verletzung der ör Verkehrssicherungspflicht der VRW nach § 40 Abs 1 S 1. Als ör einzustufen ist auch die Bau- u Unterhaltungspflicht hins öffentlicher Straßen u Gewässer.[125] Deshalb ist auch ein Beseitigungsanspr des Bürgers, der auf die Verletzung der ör Bau- u Unterhaltungspflicht an einer Straße oder Wasserstraße gestützt wird, gem § 40 Abs 1 S 1 im VRW geltend zu machen.[126] Ebenso kommt bei Verletzung dieser Pflichten ein Amtshaftungsanspr gem § 839 BGB iVm Art 34 GG (unten 70) u kein Schadensersatzanspr gem § 823 BGB zum Tragen.[127]

j) Auskünfte. Unterlassung oder Widerruf von Äußerungen. Öffentlichrechtlich sind auch Klagen gegen öffentliche Rechtsträger bzw gegen deren Organe auf Erteilung einer Auskunft oder umgekehrt auf Unterlassung u Widerruf von ehrverletzenden, kreditschädigenden oder sonst unzulässigen Äußerungen von Behörden oder öffentlichen Amtsträgern im Rahmen der Erfüllung öffentlicher Aufgaben u gestützt auf vorhandene oder vermeintliche entspr, sich häufig auf Sonderrecht stützende (s oben 11) ör Befugnisse.[128] 28

Dies gilt zB für Klagen

- auf Erteilung einer **Auskunft** aus dem Bereich der ör **Tätigkeit eines Verwaltungsträgers** (BayVBl 1986, 700; BGH NJW 1987, 259). Der Streit über die Zulässigkeit u den Inhalt einer von einem öffentlichen Rechtsträger erteilten oder zu erteilenden Auskunft ist im Zweifel ör, wenn sich die Auskunft auf ein durch öffentliches Recht geregeltes Rechtsverhältnis bezieht, dagegen idR privatrechtlich, wenn sie sich zB auf ein privatrechtliches Rechtsverhältnis bezieht (BGH NJW 1987, 259; zur gebotenen Klageart s 37 ff zu Anh § 42);
- auf Erfüllung eines gesetzlich vorgesehenen (zB Pressegesetze) oder aus Art 5 Abs 1 GG abgeleiteten **Informationsanspr der Presse ggü** den Behörden;[129] auch dann, wenn sich der Auskunftsanspr gegen ein von der öffentlichen Hand beherrschtes Unternehmen richtet (BGH NJW 2005, 1721; Köhler NJW 2005, 2341);
- gegen die Veröffentlichung einer **Arzneimittelliste** – sog. Transparenzliste – durch die vom Bundesgesundheitsminister berufene **Transparenzkommission** (71, 183 = NJW 1985, 2774), gegen die Verbreitung einer Stellungnahme der **Kassenärztlichen Vereinigung** über die therapeutische Wirksamkeit eines Arzneimittels (58, 168) oder gegen die Empfehlung eines Arzneimittels durch die **AOK** (BGH NJW 1964, 2208; vgl auch BVerwG 71, 187); gegen Äußerungen eines Staatssekretärs im **Bundesgesundheitsministerium** über einen Kritiker der Schulmedizin (**aA** OLG Düsseldorf AfP 1980, 47);

---

[124] Vgl 14, 306; BGH 60, 55 mwN; 112, 74 = NJW 1991, 33; OLG Celle NVwZ 1990, 114; WBS II § 77, 52 ff; **aA** OLG Düsseldorf VersR 1976, 1160; F 400 ff; Bartlsperger DVBl 1973, 465; NKVwGO-Sodan 431 ff; Schenke VersR 2001, 536 ff; Sch-Ehlers 421.

[125] BGH 121; 374; Schenke FG BGH III 82 ff.

[126] 44, 243; Schenke FG BGH III 81 ff; VersR 2001, 533 ff; s aber auch BGH 121, 36 ff.

[127] Schenke FG BGH III 82 ff mwN, **aA** BGH VersR 1964, 336; DVBl 1983, 1057; 121, 374, OLG Celle NVwZ 1987, 260.

[128] 58, 169; DÖV 1990, 108; BGH – GrZS – 34, 99; 66, 229; 67, 81; Ks NVwZ-RR 1994, 701; Ma NVwZ 1993, 285; ausf Sch-Ehlers 402 ff sowie NKVwGO-Sodan 421 ff; Faber, Der Schutz der Ehre und des Rufes vor herabsetzenden Äußerungen des Staates, 1999.

[129] BGH NJW 2005, 1720; Ms AfP 1996, 299 – ohne explizite Stellungnahme zum Rechtsweg; Mannheim NJW 1982, 668; VG Berlin NJW 2001, 3799; Köhler NJW 2005, 2341.

– gegen öffentliche Rechtsträger wg ehrverletzender oder **rufschädigender Erklärungen** ihrer Amtsträger, die diese in ihrer Eigenschaft als solche abgegeben haben (OLG Dresden NVwZ-RR 1998, 343; Würt 141), zB wg Äußerungen eines Bürgermeisters (Ks NVwZ-RR 1994, 701) oder eines **Gemeinderatsmitglieds** in einer Gemeinderatssitzung (Ma NVwZ 1993, 285) oder im Rahmen einer Bürgerfragestunde;[130]
– gegen ein von der Gemeinde in Auftrag gegebenes Kunstwerk, das von einem bildenden Künstler erstellt u von der Gemeinde auf einem öffentlichen Platz aufgestellt wurde, wenn der Kl dessen Beseitigung wg Verletzung seiner Persönlichkeitsrechte verlangt (VG Sigmaringen NJW 2000, 91);
– auf Herausgabe von **Umweltdaten nach dem UIG** (s nunmehr § 6 Abs 1 UIG nF);[131] gegen behördliche **Informationen** u Beratungen in Umweltfragen (vgl Lübbe-Wolff NJW 1987, 2706);
– um die Herausgabe von Daten nach dem **StUG** (s §§ 12ff StUG; Günther NJ 1997, 672 mwN);
– gegen wahl- oder abstimmungsbeeinflussende **Öffentlichkeitsarbeit** der Regierung oder anderer öffentlicher Rechtsträger (82, 76; DVBl 1989, 948; NJW 1991, 1770; Mü BayVBl 1990, 721; s auch unten 35);
– gegen geschäftsschädigende Feststellungen in einem **Rechnungshofsbericht;**[132]
– gegen **Warnungen** einer Behörde, zB **vor Religionsgemeinschaften oder Sekten**[133] oder **vor Produkten** (glykolhaltiger Wein: 87, 39ff = NJW 1991, 1766; Ms NJW 1986, 2783);
– gegen Erklärungen von **berufsständischen Selbstverwaltungskörperschaften** bzw deren Organen, wenn diese im Rahmen der Erfüllung ihrer öffentlichen Aufgaben gehandelt haben, zB gegen die Erklärung einer **Apothekenkammer,** sie erachte bestimmte Werbemaßnahmen eines Mitglieds als standeswidrig (BayObLG BayVBl 1982, 218), oder gegen öffentliche Stellungnahmen einer **Kassenärztlichen Vereinigung** u iner Landesärztekammer (vgl unten 30; **aA** BGH 67; 83: ZRW) oder des Präsidenten einer **Handwerkskammer;**[134]
– gegen die **staatliche Subventionierung** von Kritikern einer Religionsgemeinschaft, zB eines privaten Vereins zur Bekämpfung von „Jugendreligionen" oder „Jugendsekten", durch die Bundesregierung (NJW 1992, 2496; s auch Ms NVwZ 1991, 174);
– gegen Äußerungen einer **Studentenvertretung,** die diese mit dem ihr nach Auffassung des Kl nicht zustehenden „politischen Mandat" begründet (vgl Ms DVBl 1977, 996; zu sonstigen Handlungen s auch Ks NVwZ-RR 1991, 636); auf Unterlassung bzw Widerruf eines **Aufrufs des AStA** zum Vorlesungsstreik (VG Braunschweig DVBl 1974, 51 zu einem entspr Antrag der Universität auf Erlaß einer eA gegen den AStA); zur Klage eines Professors gegen störende Studenten s KG DVBl 1974, 379: ZRW;
– gegen Äußerungen von **Verfassungsschutzbehörden** (Bln NJW 1978, 1644; VG Bremen NJW 1978, 1650; Schneider NJW 1978, 1601; s auch BVerwG NJW 1988, 1991);

---

[130] LG Oldenburg GRUR 1980, 1020; s auch Ks NJW 1988, 1683; Lorenz § 11, 27; **aA** OLG Frankfurt DVBl 1999, 871.

[131] So schon früher Kollmer NVwZ 1995, 858; Turiaux 25 zu § 5 UIG aF; gem § 6 Abs 1 UIG nF ist nunmehr ausdr der VRW eröffnet; zum Rechtsweg für Auskunftsklagen gegen kommunale Unternehmen Sydow/Gebhardt NVwZ 2006, 990f; zu den Umweltinformationen Privater, s oben 14a; zur Rechtsnatur einer Entscheidung über die Auskunftserteilung s 37 zu Anh § 42 mwN.

[132] BVerfGE 74, 75; Ks ESVGH 43, 255; DÖV 1994, 1015; s auch unten 35.

[133] 82, 76 = NJW 1989, 2272; NVwZ 1994, 162; Ms NVwZ 1991, 176.

[134] LG Konstanz NVwZ 1988, 94; vgl auch LG Wiesbaden GewA 1998, 472; zT **aA** BGH NJW 1987, 330: ZRW, wenn die Äußerung zu Zwecken des Wettbewerbs erfolgte.

– gegen die Wiedergabe oder **Weitergabe von Berichten Dritter** (vgl Bln NJW 1978, 1644; VG Bremen NJW 1978; 1650; Schneider NJW 1978, 1601).

Für Klagen gegen **herabsetzende Äußerungen in gerichtlichen Entscheidungen** sind nur die RMittel nach den einschlägigen Verfahrensordnungen gegeben (Mü BayVBl 1996, 731). Zum Rechtsweg bei Presseerklärungen der **Staatsanwaltschaft oder Polizei** im Zusammenhang mit ErmittlungsVf s 4 zu § 179: wg des Zusammenhangs mit dem ErmittlungsVf unterfallen sie § 23 EGGVG (4 zu § 179).

Der **ZRW** ist in derartigen Fällen nur gegeben, wenn die in Frage stehenden Äußerungen, Erklärungen usw von einem Amtsträger nicht in seiner Eigenschaft **28 a**
als solcher bzw im Rahmen der Erfüllung öffentlicher Aufgaben, sondern erkennbar u unzweifelhaft nur gelegentlich einer nach öffentlichem Recht zu beurteilenden Tätigkeit oder überhaupt ohne Zusammenhang damit gemacht werden, zB **offensichtlich rein persönliche Erklärungen**[135] oder von einem Amtsträger offensichtlich – zB bei einer Wahlrede – in seiner **Eigenschaft als Organ, Mitglied oder Anhänger einer politischen Partei** gemachte Äußerungen.[136]

Der **ZRW** ist außerdem grds dann gegeben, wenn die Äußerung, die Gegenstand des Streits ist, „unbeschadet ihres amtlichen Charakters" ausschließlich einen Lebensbereich betrifft, der durch bürgerlichrechtliche Gleichordnung geprägt ist, so daß sich die Beziehungen der Beteiligten nach zivilrechtlichen Regeln richten (BGH NJW 1978, 1861; s jedoch unten 30), insb im Bereich des **rein fiskalischen Handelns der Behörden** (BGH 34, 105; NJW 1961, 1356; Ma NVwZ 1998, 413); **anders** (VRW), wenn die Äußerung zwar den fiskalischen Bereich betrifft, aber zur Darstellung oder Rechenschaft über den hoheitlichen Bereich abgegeben wird (BGH NJW 1978, 1860; vgl auch BVerwG DVBl 1975, 259), oder wenn sie aufgrund eines gesetzlichen Informationsanspr der Presse ggü den Behörden erfolgt (insoweit **aA** BGH NJW 1978, 1860).

Nur der ZRW ist für **Klagen eines öffentlichen Rechtsträgers gegen Bürger wg** (nach seiner Auffassung) unberechtigter Kritik uä an Handlungen ör oder privatrechtlicher Natur gegeben (BGH 90, 113 = NJW 1984, 1607).

k) Klagen gegen öffentlichrechtliche Rundfunkanstalten. Öffentlich- **28 b**
rechtlich sind auch Klagen gegen eine ör Rundfunk- oder Fernsehanstalt auf Veranstaltung, Gestaltung oder Unterlassung bestimmter Rundfunk- oder Fernsehsendungen bzw auf Widerruf von in einer Sendung aufgestellten Behauptungen, soweit die Anstalt selbst für die Sendung unmittelbar verantwortlich ist.[137] Das folgt daraus, daß nicht nur deren Organisation, sondern auch ihre Tätigkeit ör ist (vgl BVerfG 12, 246; 69, 266 mwN; **aA** Lorenz § 11, 28, der hier staatsfreies Verhalten annimmt) Deshalb ist unter dem Gesichtspunkt der Folgenbeseitigung etwa der Anspr eines durch eine Sendung in seinem Persönlichkeitsrecht Verletzten ör (Schenke JZ 1996, 999 – anders bei Sendung im privaten Rundfunk). Eine Doppelqualifikation als ör (gegenüber Gebührenzahlern) u zivilrechtlich (zB ggü den von Berichten „Betroffenen") ist abzulehnen.[138] Der VRW ist zB eröffnet für Klagen

---

[135] DÖV 1968, 429; NJW 1978, 1861; JZ 1987, 422; BGH 34, 99; NJW 1961, 658; Schenke 121.

[136] BGH NJW 1961, 1625; 1963, 1203.

[137] Mü DVBl 1994, 642; Hbg DVBl 1994, 1367; Hk-Unruh 135; NKVwGO-Sodan 378 u 459; Renck JuS 2000, 1005; Schenke JZ 1996, 999; FG BGH III 63 ff; Sch-Ehlers 288; außer für den Widerrufsanspr auch Stern 49; zweifelnd Würt 143; **aA** – für ZRW – NJW 1994, 2500; BGH 110, 284; s dazu auch im folgenden mwN.

[138] **AA** – ZRW – NJW 1994, 2500 m abl Anm Schwabe BayVBl 1995, 216 und zust Anm Hoffmann-Riem JZ 1995, 402; BGH – GrS – 66, 182 = NJW 1976, 1198; 1990, 3200 – maßgeblich für den Rechtsweg sei ausschließlich die Auswirkung auf den Wettbe-

– gegen die **Veranstaltung einer Sendung** insgesamt oder gegen einzelne in einer Sendung getroffene Feststellungen oder gemachte Aussagen (vgl OLG München NJW 1970, 1745 – „XY-ungelöst"–);
– auf **Nachholung einer Sendung** (Mü NJW 1992, 929; s jedoch zur Sondersituation des Rundfunks in Bayern weiter unten);
– gegen bzw in bezug auf von sonstigen Programmen nicht klar abgegrenzte **politische oder kommerzielle Werbung im redaktionellen Teil des Programms;**[139]
– gegen die Ausstrahlung bestimmter amtlicher oder **staatlicher offizieller Verlautbarungen** oder Verlautbarungen sonstiger öffentlicher Rechtsträger, der Regierung, einzelner Behörden usw (daneben wg des Inhalts ggf auch Klage im VRW gegen den Rechtsträger, s oben 28);
– gegen die für eine Sendung **verantwortlichen Redakteure, Rundfunkreporter,** freien Mitarbeiter usw;[140] idR kann eine solche Klage wenn sie auf Widerruf gerichtet ist, jedoch, da der Redakteur, Reporter usw nicht ohne Zustimmung der Sendeleitung eine Erklärung über den Sender abgeben kann, ihren Zweck nur dann erreichen, wenn zugleich **die Sendeanstalt mitverklagt** oder zumindest zum Rechtsstreit **beigeladen** wird (vgl Kopp, Ule-FS 1988, 52; BayVBl 1988, 196);
– auf kostenlose **Überlassung von Programmübersichten** (VG Hamburg NJW 1979, 2324).

Für den **Gegendarstellungsanspr** ist dagegen meist durch Gesetz **(abdrängende Sonderzuweisung gem § 40 Abs 1 S 2)** der **ZRW** vorgeschrieben (zB § 9 Abs 6 S 1 ZDF-Staatsvertrag, § 9 Abs 6 S 1 NWWDRG; vgl Bethge DÖV 1987, 309). Zur Sondersituation in Bayern aufgrund Art 111 a BayVerf s BayVerfGH NJW 1992, 3289 u 3317; Mü NJW 1992, 3315; Stock JZ 1991, 654.

28 c **Öffentlichrechtlich** sind auch Klagen, die auf Nutzung des Rundfunks zur Ausstrahlung eigener Sendungen gerichtet sind, da die Sendeanstalten auch hierbei aufgrund ihres öffentlichen Auftrags u ör Sonderregelungen tätig werden. Entsprechendes gilt für Klagen Dritter gegen die Einräumung entspr Sendezeiten. Beispiele:
– Klagen politischer Parteien auf Einräumung von **Sendezeiten für Wahlkampfsendungen**[141] u auf Teilnahme an einer redaktionell gestalteten Wahlsendung[142] im ör Rundfunk; vgl auch Benda NVwZ 1994, 521; auf **Mitwirkung im Rundfunkrat** einer ör Rundfunkanstalt (BVerfG 60, 63; NKVwGO-Sodan 464);
– Klagen privater Unternehmen u anderer auf Einräumung von Sendezeiten für **kommerzielle oder sonstige Werbesendungen** uä;[143]
– Klagen sonstiger privater Programmgestalter auf **Zulassung von ihnen gestalteter Sendeprogramme** (vgl Mü BayVBl 1988, 17).

---

werb; der ZRW sei folglich auch dann gegeben, wenn das Urteil in die ör Sendetätigkeit eingreifen würde.

[139] Str; wie hier zu Sendungen mit wahlwerbender politischer Wirkung im Vorfeld einer politischen Wahl auch Mü NVwZ 1991, 581; **aA** zu kommerzieller Werbung im redaktionellen Teil BGH NJW 1990, 3200: ZRW.

[140] Kopp BayVBl 1988, 193; Ule-FS 1988, 36; **aA** BGH GrS 66, 182 = NJW 1976, 1198; Bettermann NJW 1977, 513: zivilrechtlich.

[141] 75, 67 = NJW 1987, 270; 75, 79; 87, 270; BVerfG 7, 104; 47, 198; 69, 266 mwN; Br NJW 1987, 3024; NKVwGO-Sodan 464; s auch unten 34; **aA** OLG Köln NJW 1992, 3306.

[142] BVerfG 82, 58 f; Hbg NJW 1994, 69; NKVwGO-Sodan 464.

[143] Kopp BayVBl 1988, 197; Hufen § 11, 61 und wohl auch Mü NVwZ 1987, 435 und BayVerfGH NJW 1987, 2995; **aA** die hM, vgl Sch-Ehlers 403; Bethge VerwA 1972, 154 mwN.

Für Streitigkeiten, die nicht die Zulassung, sondern die **Nutzung der Sendeanstalt** im Verhältnis zu dieser betreffen, kommt es auf die konkrete Ausgestaltung an, dh ob auch dieses Verhältnis dem öffentlichen Recht unterstellt wurde. Soweit dies nicht der Fall ist, ist dafür der VRW nicht gegeben. Vgl oben 17.

Streitigkeiten mit privaten Sendeanstalten (zB hins der Einräumung von Sendezeit für Wahlsendungen von Parteien) unterfallen dagegen dem **ZRW** (NKVwGO-Sodan 460). Zwar unterliegen auch diese bei der Programmgestaltung Bindungen nach den Landesmediengesetzen. Diese machen die Rechtsbeziehungen zu den Nutzern jedoch nicht zu ör. Dem **VRW** unterfällt dagegen der Streit darum, ob die **Landesmedienanstalten** zu einem **Einschreiten gegen die privaten Rundfunkveranstalter** verpflichtet sind (Hbg NJW 1994, 73).

l) Abwehr von Immissionen oder Störungen. Öffentlichrechtlich sind 29
auch – da der Abwehranspr die gleiche Rechtsqualität hat wie der Eingriff (NJW 1974, 815; Ms NJW 1984, 596; Ey-Rennert 82) – Klagen auf Unterlassung bzw Beseitigung von Störungen, Immissionen uä bzw umgekehrt auf entspr Duldung, sofern ein **unmittelbarer Zusammenhang mit hoheitlichen oder schlichthoheitlichen Aufgaben oder Tätigkeiten** besteht u für die in Frage stehende Handlung oder ihr Unterbleiben ausdr oder konkludent eine entspr ör Befugnis bzw ein Recht dazu beansprucht wird,[144] was bei der Erfüllung öffentlicher Aufgaben, insb **im Bereich der Daseinsvorsorge,** im Zweifel anzunehmen ist.[145] Zur Abwehr von **Störungen,** die **von nicht genehmigten,** nach öffentlichem Recht aber genehmigungspflichtigen **Anlagen** ausgehen oder ihren Grund in der Nichteinhaltung von Genehmigungsauflagen usw haben, s oben 9a. Zum Schutz vor kirchlichem Glockengeläut s unten 40.

Diese Qualifizierung als ör gilt insb für Klagen wg Störungen, die von **mit Mitteln des öffentlichen Rechts betriebenen Einrichtungen** ausgehen; zB für Klagen auf Unterlassung, Unterbindung oder Reduzierung

- von **Bauarbeiten** usw, die von einem öffentlichen Rechtsträger oder einem von diesem beauftragten Unternehmer trotz der aW eines Rechtsbehelfs gegen die Planfeststellung (Mü BayVBl 1977, 171 zu auf dem Grundstück des Kl durchgeführten Arbeiten) oder überhaupt ohne konkreten Rechtstitel, aber offensichtlich nicht lediglich aufgrund einer behaupteten privatrechtlichen Befugnis, durchgeführt werden, zB **Straßenbaumaßnahmen** im Auftrag eines öffentlichen Rechtsträgers (BGH NJW 1980, 1679; 1984, 79 mwN; MK 3 III 1; vgl auch BGH 72, 289 = NJW 1979, 165); ebenso Klagen auf Wiederherstellung des durch Maßnahmen eines Hoheitsträgers veränderten früheren Straßenzustandes (Ma NJW 1978, 658);
- der **Zustimmung** der Behörde zu einem **Bauvorhaben ausländischer Streitkräfte** gem § 37 Abs 2 BauGB iVm Art 49 u 55 des Zusatzabkommens zum NATO-Truppenstatut (Ks NJW 1980, 2660);
- der **Einleitung von Hausabwässern** oder von Regenwasser aus einer gemeindlichen Kanalisation in ein im Privateigentum stehendes Gewässer (BGH DVBl 1965, 157, 1969, 623; ME VerwA 1969, 377; vgl auch BGH DVBl 1978, 109);
- der Beeinträchtigung durch **elektro-magnetische Felder,** die von einer Starkstromleitung herrühren (Br DÖV 1993, 833);
- des Lärms, der von einer **Feuerwehrsirene** auf dem Feuerwehrgerätehaus ausgeht (79, 254 = NJW 1988, 2396; Mü BayVBl 1986, 690);

---

[144] 42, 5; BGH 29, 314; 48, 98; NJW 1976, 1204; NKVwGO-Sodan 326u 414ff; Schenke 121; FG BGH III 56f; Würt 138; zu Abwehr- und Ausgleichsanspr im ör Nachbarschaftsverhältnis Dolderer UPR 1999, 326ff.

[145] BGH VRspr 27, 1022; Sch-Ehlers 396; zu weitgehend RÖ-v Nicolai 27, wo nur auf die Erfüllung ör geordneter Aufgaben abgestellt wird; solche Aufgaben können aber uU auch mit Mitteln des Privatrechts erfüllt werden.

– des Lärms von gemeindlichen **Kinderspielplätzen** oder **Sport- u Bolzplätzen** uä;[146] eines gemeindlichen Jugendzentrums (Mü BayVBl 1996, 731); des Lärms bei der Nutzung des **Pausenhofes außerhalb der Schulzeit** (VG Frankfurt NVwZ-RR 1993, 477); **aA** LG Aachen NVwZ 1988, 189 für einen in einem Bebauungsplan als **Schulsportplatz** ausgewiesenen Sportplatz, den die Stadt nach Schulschluß den örtlichen Sportvereinen zur Verfügung stellt; hins der **Flutlichtanlage** eines gemeindlichen Sportplatzes (Ma VBlBW 1983, 25);
– der Geruchsemissionen einer gemeindlichen **Kläranlage** (DVBl 1974, 239) oder einer öffentlichen **Mülldeponie;** der Belästigungen durch einen **städtischen Bauhof** (Ms NJW 1984, 1982) oder **Sammelstellen für Wertstoffe** (Mü BayVBl 1994, 600; 1996, 243; VG Köln NWVBl 1993, 113); anders bei Klagen gegen die Gemeinde, wenn sie dem Dualen System ein Grundstück zur Verfügung stellt: **ZRW**, da die Gemeinde nicht vom Sonderrecht Gebrauch macht (**aA** VG Gießen GewArch 1997, 38: ör Mitwirkungsakt; angesichts der Teilprivatisierung der Abfallentsorgung durch die VerpackungsVO (zweifelhaft; Mü NVwZ-RR 1995, 650; Ks NVwZ 1995, 299).
– der Geräuschbelästigung durch das Bellen von **Polizeihunden;**
– einer Beeinträchtigung durch fehlgeleitete Geschosse im Zusammenhang mit **Schießübungen auf einem Truppenübungsplatz** usw;
– der Störung des Rundfunk- u Fernsehempfangs durch den **Betrieb eines neuen Senders** bzw auf Vornahme von Schutzmaßnahmen, um diese Störungen auszuschalten oder zu verringen;[147]
– des Lärms eines **Springbrunnens** in einem der Allgemeinheit gewidmeten u damit dem öffentlichen Recht unterstellten Stadtpark (s Z 28 zu § 13 GVG);
– des von einer öffentlichen Straße ausgehenden Lärms oder sonstiger **Auswirkungen des Straßenverkehrs,** die dem Träger der Straßenbaulast zuzurechnen sind (BayVBl 1994, 84; BGH NVwZ 1992, 915), zB der **Lichtimmissionen gemeindlicher Straßenleuchten,**[148] auch des **Übergreifens des Verkehrs** von einer öffentlichen Straße durch Ausweichen auf ein privates Grundstück;[149]
– des Lärms eines **Volksfestes,** das auf einem öffentlichen Zwecken gewidmeten Grundstück der Gemeinde veranstaltet wird u deshalb der Gemeinde zuzurechnen ist, auch wenn diese nicht als solche unmittelbarer Veranstalter ist (MK 4 III 4; VG Düsseldorf NJW 1991, 2661; überholt BGH 41, 264); der Belästigungen durch **Feuerwerksveranstaltungen** in einem städtischen Park (VG Hannover NVwZ-RR 1993, 474).

Öffentlichrechtliche Streitigkeiten können sich außerdem auch aus sonstigen – wg unmittelbar betroffener Rechte, Befugnisse oder Pflichten nach öffentlichem Recht (vgl 37, 244; VRspr 25, 904; Renck JuS 1978, 462) – als ör zu beurteilenden **unerlaubten Handlungen** oder sonstigen Rechtsbeeinträchtigungen ergeben (vgl BGH 54, 299; MDR 1977, 207). Zu Klagen auf **Widerruf** oder Unterlassung **ehrverletzender Behauptungen** s oben 28.

29 a **Zivilrechtsweg:** Soweit die **Nutzungsverhältnisse privatrechtlich ausgestaltet** sind, sind nach hM auch die Streitigkeiten hins der Unterlassung oder

---

[146] Vgl 42, 5; 79, 254; 81, 197; 88, 143; DVBl 1989, 463; LKV 1991, 4; BGH NJW 1976, 570; Ks NJW 1993, 3088; Ms NVwZ 1984, 530; Ma BauR 1984, 151; 1987, 414; Mü NVwZ 1993, 1006.

[147] **AA** AG Karlsruhe NJW 1990, 329: ZRW für Aufwendungsersatz für Schutzmaßnahmen aus Geschäftsführung ohne Auftrag; ähnlich BGH NJW 1977, 2367 für Lärmschutzmaßnahmen an einer öffentlichen Straße; s dazu auch oben 26.

[148] Ks NJW 1989, 1550; Ko NJW 1986, 953; Mü NJW 1991, 2660; BayVBl 1992, 498; Ms NVwZ 1994, 713 – ohne Problematisierung des Rechtswegs.

[149] Vgl DÖV 1980, 518; Peine DÖV 1979, 815; **aA** Mü BayVBl 1965, 207; zum Anspr des Trägers der Straßenbaulast gegen Straßenanlieger auf Beseitigung von in den Straßenraum hineinragenden Ästen uä auch BGH NJW 1979, 2515.

Reduzierung von Lärm privatrechtlich.[150] Dem ist unbestreitbar dann zuzustimmen, wenn es sich nicht um den Betrieb einer durch einen ör Widmungsakt entstandenen öffentlichen Einrichtung handelt (Althammer/Zieglmeier DVBl 2006, 812). Aus diesem Grund dürfte etwa ein Anspr auf Unterlassung einer durch die Gemeinde durchgeführten **Open-Air-Veranstaltung** im ZRW geltend zu machen sein (BGH LM 32 zu § 906). Ebenso ist der ZRW eröffnet bei Streitigkeiten, die den Lärm betreffen, der von einem von einer Gemeinde betriebenen Jugendzeltplatz ausgeht, sofern es an einem diesbezüglichen Widmungsakt fehlt, wie dies möglicherweise im Fall BGH NJW 1993, 1656 ff zutraf. Schwieriger ist die Frage nach dem Rechtsweg dann zu beantworten, wenn der Lärm von einer öffentlichen Einrichtung ausgeht, bzgl derer zwar ein Widmungsakt vorliegt, deren Benutzung aber privatrechtlich geregelt ist. Hier wird bei einem Streit über Geräusch- u Abgabenimmissionen zT unter Rückgriff auf die Zweistufentheorie das Vorliegen einer ör Streitigkeit befürwortet (Althammer/Zieglmeier DVBl 2006, 813; Dolderer UPR 1999, 328; Peine JuS 1987, 177). Da es aber hier idR nicht um das Ob des Betriebs, sondern das Wie geht, spricht selbst auf der Basis der Zweistufentheorie viel für die privatrechtliche Qualifikation solcher Streitigkeiten. Gegenstand der Widmung ist ja nicht die Verursachung von Störungen für Dritte, sondern nur die prinzipielle Bereitstellung der öffentlichen Zwecken dienenden öffentlichen Einrichtung. Bei Störungen außerhalb des Widmungszwecks wird ohnehin allg von einer privatrechtlichen Qualifkation der Störung ausgegangen (so auch Althammer/Zieglmeier DVBl 2006, 814 mwN). Für eine privatrechtliche Qualifikation der Streitigkeit bei Bestehen eines privatrechtlichen Nutzungsverhältnisses (anders bei ör Benutzungsverhältnis) spricht auch hier der Gesichtspunkt des Sachzusammenhangs (s oben 29).[151] Privatrechtlich zu qualifizieren sind auf jeden Fall Abwehranspr ggü Störungen, die von einer Einrichtung ausgehen, die durch eine von einem Hoheitsträger geschaffene oder beherrschte privatrechtliche Gesellschaft betrieben wird u die für den Hoheitsträger, idR die Gemeinde, eine Aufgabe der Daseinsvorsorge erfüllt (insoweit ebenso Althammer/Zieglmeier DVBl 2006, 814 f).

Privatrechtlich sind nach der Privatisierung (s oben 19 ff) auch Streitigkeiten hins der von **Einrichtungen von Bahn u Post** ausgehenden Emissionen.[152] Ebenfalls privatrechtlich ist das Hausrecht einer **Sparkasse,** die zwar gem den Sparkassengesetzen Anstalt des öffentlichen Rechts ist u Verwaltungsaufgaben wahrnimmt, aber die Rechtsbeziehungen zu den Kunden privatrechtlich ausgestaltet hat (Ms NJW 1995, 1573). Der ZRW ist ebenfalls (zumindest auch) gegeben für **Schadensersatzklagen** oder Störungsbeseitigungsklagen **öffentlicher Rechtsträger gegen Bürger,** die öffentlich Sachen beschädigt haben (Hüttenbrink DÖV 1982, 491 mN) oder stören.[153] Entsprechendes gilt für **Klagen eines Bürgers gegen einen anderen wg Verletzung ör Verpflichtungen,** zB für Schadensersatzklagen gem § 823 Abs 2 BGB iVm dem öffentlichen Nachbarrecht (BGH NJW 1970, 1181), sowie für entspr Störungsbeseitigungsklagen. Der **VRW** ist dagegen gegeben, wenn die Klage nicht unmittelbar gegen den privaten Schädiger oder Störer gerichtet ist, sondern **gegen einen schlichtho-**

---

[150] BGH NJW 1993, 1656 – privatrechtlich betriebener Jugendzeltplatz; Ks NJW 1993, 3088; Ramsauer JuS 1995, 301; Sch-Ehlers 400; **aA** Br NVwZ-RR 1993, 469; OLG Karlsruhe VBlBW 1993, 147 – gemeindeeigene und privatrechtlich vermietete Mehrzweckhalle; NKVwGO-Sodan 417.

[151] **AA** Mü BayVBl 2004, 753 u Althammer/Zieglmeier DVBl 2006, 813, die hier zwischen einem privatrechtlichen Innenverhältnis und einem ör Außenverhältnis unterscheiden wollen.

[152] BGH NJW 1997, 744; OLG Schleswig, NJW-RR 1996, 399; Sch-Ehlers 393; zur früheren Rechtslage s NVwZ 1995, 379; Mü NVwZ-RR 1997, 159.

[153] BVerfG DVBl 1967, 919; Hüttenbrink DÖV 1982, 493; **aA** Bethge DV 1977, 313; Frotscher VerwA 1980, 153, 163 Anm 26; v Einem SGb 1990, 568.

heitlich handelnden Verwaltungsträger, zB gegen den öffentlichen Sachherrn (vgl MK 48 III mwN) wie zB (bei Straßen) gegen den Träger der Straßenbaulast, oder gegen die Behörde, von der der Kl ein **Einschreiten gegen den Störer** usw verlangt (vgl DÖV 1971, 857; NJW 1981, 241; Mü NVwZ-RR 1997, 159). Das gilt auch dann, wenn der Hoheitsträger sich bei der Erfüllung der Aufgabe der Hilfe eines privaten Unternehmers bedient, etwa bei der Herstellung der öffentlichen Kanalisation.[154]

30 **m) Wettbewerbsverhältnisse bei wirtschaftlicher Betätigung eines Hoheitsträgers.** Öffentlichrechtlich sind schließlich auch Klagen auf Unterlassung einer nach öffentlichem Recht unzulässigen wirtschaftlichen Betätigung eines Hoheitsträgers, insb auch eines unter Berufung auf eine (wirkliche oder vermeintliche) ör Befugnis, Berechtigung oder Verpflichtung betriebenen **Wettbewerbs** mit einem anderen öffentlichen Rechtsträger.[155] Ob gleiches auch bei **Wettbewerbsverhältnissen zwischen ör Hoheitsträgern u einem privaten Unternehmer** gilt, ist str. Für grds privatrechtlichen Charakter sprechen sich die wohl **hM** in der wettbewerbsrechtlichen Lit **u Rspr** aus.[156] Die Beantwortung der Streitfrage hängt nicht primär davon ab, welche Rechtsnatur die Tätigkeit aufweist, gegen deren Vornahme geklagt wird, sondern welche Rechtsnatur der geltend gemachte Abwehranspr hat (oben 8a). Geht man davon aus, daß auch hier die allg wettbewerbsrechtlichen Vorschriften unmittelbar Anwendung finden, so ist der ZRW gegeben. Sind diese jedoch nicht direkt, sondern allenfalls analog bzw als Ausdruck allg Rechtsgedanken anwendbar,[157] ist von einer ör Streitigkeit auszugehen. Davon ist jedenfalls nach der Novellierung des UWG durch G v 3. 7. 2004 (BGBl I 1414) insoweit auszugehen, als eine unlautere Wettbewerbshandlung gem **§§ 3, 4 Nr 11 UWG nF** durch ein Zuwiderhandeln gegen gesetzliche Bestimmungen begründet wird, die auch dazu bestimmt sind, im Interesse der Marktteilnehmer das Marktverhalten zu regeln u es sich bei diesen Bestimmungen um ör Normen handelt. Solche ör Normen sind auch die sonderrechtlichen Vorschriften der Gemeindeordnungen der Länder, welche das **„Ob" der wirtschaftlichen Betätigung der Gemeinden** regeln (Schenke 122 mwN; Althammer/Zieglmeier DVBl 2006, 817) u dabei auch dem Schutz von privaten Wettbewerbern zu dienen bestimmt sind (sehr str; s 151 zu § 42). Geht man davon aus, daß § 4 Nr 11 UWG nF sich auch auf Marktzugangsregelungen bezieht (BT-Dr 15/1487, 19) u damit auch den Verstoß gegen diesbezügliche ör Normen sanktioniert, die nur durch einen Hoheitsträger wie die Gemeinde verletzt werden können, so spricht dies dafür, daß es auch bei dieser Sanktionierung um die Anwendung einer sonderrechtlichen Norm geht u damit diesbezügliche Streitigkeiten ör sind (so iE auch Sack WRP 2004, 314). Auf die-

---

154 NKVwGO-Sodan 430 u 368 mwN; Sch-Ehlers 427; **aA** Althammer/Zieglmeier DVBl 2006, 815.

155 Vgl GSOGB BGH 108, 284; BSG NJW 1985, 1420 zum Wettbewerb öffentlicher Sozialversicherungsträger bzw Krankenkassen; für diese ist idR der Rechtsweg zu den Sozialgerichten gegeben, s OLG Zweibrücken NJW 1999, 875; Mühlhausen SGb 1995, 147, Schenke FG BGH III 53 ff.

156 S zB BGH 66, 232; 67, 85; 82, 375; OLG Frankfurt WiB 1997, 886; OLG Hamburg GRUR 1993, 776; Badura DÖV 1998, 822; Kraft GRUR 1976, 660; Scholz NJW 1978, 16; **aA** Bettermann DVBl 1977, 180; Brohm NJW 1994, 281; Faßbender DÖV 2005, 90 ff; NKVwGO-Sodan 454 ff; Otto GewA 2001, 366; Pielow NWVBl 1999, 380; Renck JuS 1978, 459; JuS 2000, 1005; Sack WRP 2004, 1314 f; Schenke JZ 1996, 999; FG BGH III 53 ff; Scherer NJW 1989, 2724; Schlacke JA 2002, 48 f; Schliesky DÖV 1994, 114; DVBl 1999, 78 ff; RÖ-v Nicolai 21; Sch-Ehlers 286 ff; Würt 157. S allg auch Huber, Konkurrenzschutz im Verwaltungsrecht 1991; Werner, Abwehr staatlicher Wettbewerbseinflüsse, 2. Aufl 1990.

157 So zutr Menger VerwA 1977, 293 mwN; Bettermann DVBl 1977, 180; Kopp GewA 1988, 356; s auch oben 11; **aA** Renck JuS 1978, 459.

se Weise wird auch vermieden, daß, je nachdem, ob sich ein Hoheitsträger oder ein Privater gegen eine Wettbewerbshandlung einer ör juristischen Person wendet, verschiedene Rechtswege gegeben sind, was der Sache nach die Doppelnatur einer solchen Handlung implizierte.[158] Ein Betroffener hat **jedenfalls** auch aufgrund von **Art 2 Abs 1, 12 u 14 GG Anspr** darauf, daß durch die Betätigung der öffentlichen Hand **seine Wettbewerbsmöglichkeiten nicht** ohne gesetzliche Grundlage **unzumutbar beeinträchtigt werden.**[159] Daß das in Frage stehende Verhalten des Hoheitsträgers offensichtlich **völlig außerhalb des Rahmens ör Befugnisse** liegt, begründet für sich allein noch nicht die Zulässigkeit des ZRW (**aA** BGH WuW 1977, 512 Nr 1474/1477). **Öffentlichrechtlich** ist grds auch sonstiges Verhalten eines ör Rechtsträgers, der einen Wettbewerber im Wettbewerb mit anderen unter Verstoß gegen ör Rechtsvorschriften oder Rechtsgrundsätze, die zumindest auch dessen Schutz dienen (vgl 151 zu § 42), rechtswidrig oder unlauter benachteiligt.[160] Der VRW ist auch für die Klage eines Freiberuflers gegen die durch eine **Hochschule mittels VA** erfolgte Verleihung eines akademischen **Titels an Konkurrenten** gegeben (BGH NJW 1998, 546; entgegen dem BGH kommt es allerdings nicht darauf an, ob es private Konkurrenten der Hochschule gibt).

Der ZRW ist hingegen gegeben bei Klagen auf Unterlassung unerlaubten Wettbewerbs, **wenn es sich um rein privatrechtlichen Wettbewerb handelt u** insb keinerlei ör Rechtsnormen bestehen, aus denen der Kl (bzw Bekl) Rechte zu seinen Gunsten gerade ggü dem Bekl (bzw Kl) herleiten könnte.[161]

Bedeutungslos ist der Streit um die Zuordnung für Streitigkeiten in Angelegenheiten nach SGB V, die nach **§ 51 Abs 1 Nr 2 u Abs 2 SGG** ausdr **den Sozialgerichten zugewiesen** sind, auch soweit sie Dritte betreffen. Dazu gehören auch Verträge mit Heil- oder Hilfsmittelerbringern, Apotheken oder pharmazeutischen Unternehmen (s auch unten 49 d). Die zur alten Gesetzesfassung bestehende Gegenauffassung (ZRW für wettbewerbsrechtliche Anspr) ist durch § 51 Abs 2 S 2 SGG, der die Anwendbarkeit der §§ 87, 96 GWB ausdr ausschließt, überholt (zur früheren Rechtslage s 12. Aufl).

Einzelfälle: Folgende Fälle wurden von der Rspr entschieden u zumeist **entgegen der hier vertretenen Ansicht** auf den **ZRW** verwiesen:

- **Handwerkskammer: Rechtsberatung** der Mitglieder mit dem Ziel der Vermittlung durch eine Handwerkskammer, wenn damit die Erfüllung der ihr kraft Gesetzes zugewiesenen Aufgabe zur Wahrung u Förderung des Allgemeininteresses des Handwerks verfolgt wird (OLG Karlsruhe GewA 1983, 228 – ZRW); Streit zwischen einem privaten Betriebsberater u einer Handwerkskammer über die Zulässigkeit **unentgeltlicher Betriebsberatung** durch die Kammer für ein Mitgliedsunternehmen (VG Schleswig GewA 1982, 30 mwN – **VRW**); **Äußerungen** der Handwerkskammer zu Wettbewerbszwecken (NJW 1987, 329 – ZRW);
- **Kommunale Wirtschaftstätigkeit:** Streit über die Einrichtung eines kommunalen Bestattungsinstitutes (BGH NJW 1987, 60 – ZRW); Unterlassungs-

[158] Krit ggü der Annahme einer Doppelnatur deshalb auch Brohm NJW 1994, 281; NKVwGO-Sodan 376; Schenke JZ 1996, 999; FG BGH III 57 ff; Schliesky DÖV 1994, 114; DVBl 1999, 85; Sch-Ehlers 287; für Doppelnatur aber BGH 66, 232; 67, 85; GSOGB NJW 1988, 2297; s auch BGH NJW 1998, 546.

[159] Vgl 30, 198 = NJW 1969, 522; 60, 154; NJW 1978, 1540; BGH NJW 1987, 60; Erichsen, Kommunalrecht NW, 1988, 253; Kopp GewA 1988, 358; allg auch 151 zu § 42.

[160] 39, 329; 58, 169; BayVBl 1978, 375, 376; Sack WRP 2004, 1314; Renck JuS 1986, 268; Brohm NJW 1994, 281; Schliesky DÖV 1994, 114; vgl allg auch GSOGB BGH 108, 284 = NJW 1990, 1527.

[161] BGH NJW 1976, 1794 mit im wesentl zust Anm v Püttner DÖV 1976, 633; BGH NJW 1976, 1940; MDR 1978, 26; WPR 1981, 380; Scholz NJW 1974, 781; 1978, 16; krit Menger VerwA 1977, 293; Bettermann DVBl 1977, 180.

klage gegen kommunale Wohnungsvermittlung (Mü BayVBl 1976, 628 = GewA 1976, 326 – **VRW);** kommunales Autorecycling (LG Wuppertal DVBl 1999, 939); kommunale Gartenbaufirma (OLG Hamm JZ 1998, 576); Durchführung von Gruppenreisen für Senioren durch die öffentliche Hand (KG WRP 1986, 207 – ZRW) oder kommunale Werbetätigkeit für den Fremdenverkehr (OLG Koblenz WRP 1983, 225 – ZRW); Abgabe von Kfz-Schildern durch Gebietskörperschaften; [162] Erteilung von Nachhilfeunterricht durch kommunale Volkshochschule (OLG Düsseldorf NWVBl 1997, 353); Umweltbonus durch Stadtwerke (BGH NJW-RR 1998, 1497);

– **ör Rundfunkanstalten:** Exklusivverträge zur fernsehmäßigen Verwertung von Sportveranstaltungen mit den Spitzenverbänden (BGH 110, 380 = NJW 1990, 2815 – ZRW);
– Klage eines **öffentlich bestellten Vermessungsingenieurs** auf Unterlassung eines ihn im Wettbewerb hins von Vermessungsaufträgen benachteiligenden unlauteren Verhaltens, auch wenn Vermessungstätigkeit grds ör Charakter hat (BGH NJW 1993, 1659 mwN – ZRW; krit Schenke JZ 1996, 999);
– Streitigkeiten aus einem Vertrag, durch den die Vermessungsbehörde einem Verlag **Nutzungsrechte an topographischen Kartenwerken** einräumt (BGH NJW 1988, 337 – ZRW).

30 a Der **ZRW** ist dagegen auch für die Klage einer Körperschaft des öffentlichen Rechts, zB einer Anwaltskammer, gegen ein Mitglied oder gegen private Dritte **auf Unterlassung unlauteren Wettbewerbs** gegeben.[163] **Droht** der öffentliche Rechtsträger jedoch **mit hoheitlichen Maßnahmen,** so ist dagegen der **VRW** gegeben; ebenso, wenn der Rechtsträger nur die Rechtswidrigkeit des Verhaltens rügt uä.[164]

30 b **n) Rückerstattung von DDR-Vermögen. Öffentlichrechtlich** sind zB die Klagen

– auf Erlaß oder gegen die Aufhebung eines **Investitionsvorrangbescheids** (ThürVBl 1996, 204; Sch-Ehlers 455 mwN; siehe §§ 12 Abs 1, 23 Abs 1 InvVorG);
– auf **Rückerstattung von Vermögen** in der früheren DDR **nach dem VermG.** Über diesen Rückübertragungs- bzw Erstattungsanspr bei Vermögenswerten, die aufgrund unlauterer Machenschaften (Machtmißbrauch, Korruption, Nötigung oder Täuschung von seiten staatlicher Stellen) erlangt wurden, ist durch das zuständige Vermögensamt grds durch VA zu entscheiden;[165] zum VorVf Fricke/Märker 797 ff. Dieser Anspr schließt zivilrechtl Anspr aus (verfassungsrechtlich unbedenklich, vgl BVerfG NJW 1997, 447).

Der **ZRW** ist allerdings eröffnet für **Klagen unmittelbar gegen die jetzigen Eigentümer** ua auf Unterlassung dinglicher Rechtsgeschäfte oder langfristiger vertraglicher Verpflichtungen[166] oder auf Herausgabe, etwa wg Ungültigkeit u Unwirksamkeit des Eigentumserwerbs durch diese (vgl BGH 118, 34; JZ 1993, 728; Leipold JZ 1993, 703; zusammenfassend Tropf WM 1994, 89). Beim zi-

---

[162] OLG Karlsruhe WRP 1996, 447; OLG Rostock WRP 1996, 465 – zu § 26 Abs 2 GWB; Immenga NJW 1995, 1921; Nordemann, WRP 1996, 383.

[163] Vgl BGH 79, 390; GRUR 1965, 690; 1971, 587; 1982, 709; NJW 1988, 772; krit dazu Redeker NJW 1982, 1268.

[164] BayObLG BayVBl 1982, 218: VRW für die Klage eines Apothekers gegen die Apothekenkammer auf Unterlassung der Erklärung, sie erachte bestimmte Werbemaßnahmen als standeswidrig und werde bei einem weiteren Verstoß ein berufsgerichtliches Verfahren einleiten.

[165] §§ 30 Abs 1 S 2, 31 ff VermG; NJW 1993, 2822; Fricke/Märker 792; Fritsche NJ 1996, 118; Leipold JZ 1993, 703; Sch-Ehlers 453 mwN.

[166] BVerfG NJW 1992, 1676; ViZ 1992, 401; BGH JZ 1994, 571; Bln ZIP 1991, 198; Sch-Ehlers 457.

vilrechtlichen Anspr gegen den Verfügungsberechtigten u dem ör Rückgabeanspr gegen den Staat handelt es sich um unterschiedliche Streitgegenstände; § 17 Abs 2 GVG u § 17a Abs 2 S 1 GVG sind nicht anwendbar (Sch-Ehlers 462). Allerdings kann die im ZRW erhobene Klage als unbegründet abzuweisen sein, sofern das VermG privatrechtliche Anspr wg Mängeln des Veräußerungsgeschäftes verdrängt.[167] Für den **Schadensersatzanspr** gem **§ 13 VermG** ist nach der Rspr ebenfalls der ZRW gegeben (NJW 2001, 2416; BGH NJW 1995, 728).

o) Weitere Einzelfälle. Der VRW ist auch gegeben für Klagen 30 c
- auf **Auszahlung** einer von der Polizei ausgesetzten **Prämie** (**aA** Stober DÖV 1979, 859: privatrechtlich) oder einer Prämie des Dienstherrn für Verbesserungsvorschläge von Beamten (Mü BayVBl 1979, 699; NJW 1983, 1749);
- auf Einräumung eines **Notwegrechts** über ein öffentlichen Zwecken gewidmetes Grundstück;[168]
- auf Einräumung einer **ör Sondernutzungserlaubnis** sowie für Klagen, welche die **Beeinträchtigung des Gemeingebrauchs durch Private** zum Gegenstand haben (NKVwGO-Sodan 442);
- auf Unterlassung der **Benutzung eines Gemeindenamens** bei der Erfüllung ör Aufgaben (44, 351); auf Benennung einer **Zufahrt zur Autobahn** nach einer Gemeinde (Ks DVBl 1977, 49);
- gegen die **Übernahme von Ausfuhrgewährleistungen** durch den Bund (v Spiegel NJW 1984, 2007);
- gegen den **Beschluß einer Ratsfraktion über den Fraktionsausschluß** eines ihrer Mitglieder;[169]
- bei Streit um Rechte u Pflichten aus dem Amt einer **Frauenbeauftragten,** selbst wenn diese in einem privatrechtlichen Arbeitsverhältnis steht (VG Frankfurt DVBl 1999, 941).

6. Streitigkeiten verfassungsrechtlicher Art (Abs 1): Der **Vorbehalt** in 31
Abs 1 zugunsten der verfassungsrechtlichen Streitigkeiten schließt den VRW für derartige Streitigkeiten **ohne Rücksicht darauf** aus, **ob insoweit** nach den dafür maßgeblichen Regelungen **die Zuständigkeit eines Verfassungsgerichts begründet** ist oder nicht.[170] Die inhaltliche Bestimmung des Begriffs der verfassungsrechtlichen Streitigkeit ist allerdings höchst umstritten. Im folgenden soll zunächst (s unten 32) der Standpunkt der hM dargestellt werden, die grds von der Theorie der doppelten Verfassungsunmittelbarkeit ausgeht, ehe hieran anschließend (s unten 32a ff) der eigene Standpunkt dargelegt wird (eingeh zum Begriff der Streitigkeiten verfassungsrechtlicher Art Schenke AöR 2006, 117ff).

a) Der Standpunkt der hM. Verfassungsrechtliche Streitigkeiten iSv 32
Abs 1 sind nach hM nicht schlechthin alle Streitigkeiten, für deren Entscheidung die Anwendung von Vorschriften des Bundes- oder Landesverfassungsrechts in Betracht kommt. Diese verlangt vielmehr eine **doppelte Verfassungsunmittelbarkeit,** dh die Streitigkeit muß sowohl **unmittelbar am Verfassungsleben Beteiligte** betreffen,[171] als auch sich kumulativ auf **Rechte u Pflichten bezie-**

---

[167] Sch-Ehlers 462 mwN; s auch Leipold JZ 1993, 705; Ressler JZ 1994, 1036ff; **aA** (zivilrechtliche Klage unzulässig) BGH NJW 1995, 1833; Tropf DtZ 1996, 6.

[168] BGH DVBl 1970, 275 – rechtlich wohl zutr als Anspr auf Einräumung einer Sondernutzung an der öffentlichen Sache durch VA zu klassifizieren –.

[169] Ms NVwZ 1993, 399; Ks NVwZ 1992, 506; Schleswig DÖV 1993, 1101; Ehlers NWVBl 1990, 50; Lange JuS 1994, 297; Schmidt-Jortzig/Hansen NVwZ 1994, 116; Ziekow NWVBl 1998, 298; **aA** Mü NJW 1988, 2755.

[170] 24, 272; NJW 1985, 2346; BVerfG 13, 96; Mü BayVBl 1990, 722; Kunig Jura 1990, 387; Sch-Ehlers 146; Ule/Laubinger DVBl 1970, 763; RÖ-v Nicolai 3.

[171] Verfassungsorgane und Teile von solchen; uU auch politischen Parteien und Wählergruppen (BVerfG 2, 143, 6, 449; 60, 63), außerdem einzelne Abgeordnete (BVerfG 4, 144; 40, 308; 64, 312; diff BVerwG NJW 1985, 2341; s auch unten 33).

hen, die unmittelbar in der Verfassung geregelt sind.[172] Es gibt also **nach hM grds keine verfassungsrechtlichen Streitigkeiten zwischen Staat u Bürger,**[173] was vielfach auch unter Hinw auf **Art 19 Abs 4 GG** begründet wird.[174] Allerdings werden zu den verfassungsrechtlichen auch sonstige, **herkömmlicherweise ausschließlich dem Verfassungsrecht zugerechnete Streitigkeiten** gezählt,[175] wie zB die prinzipale **Normenkontrolle gegen förmliche Gesetze,**[176] die **Klage auf Erlaß eines förmlichen Gesetzes** (80, 358; Bosch/Schmidt 58; Würt 166) sowie alle nicht kontradiktorischen verfassungsrechtlichen Vf, dh objektive verfassungsrechtliche Vf ohne unmittelbaren Ag, wie die **konkrete Normenkontrolle** durch das BVerfG nach Art 100 GG (s unten 32f u 33), **NormenqualifizierungsVf** gem Art 100 Abs 2 u Art 126 GG usw (Sachs BayVBl 1989, 128).

Verfassungsrecht idS soll **nur das Recht des GG** und, soweit Landesrecht nichts anderes bestimmt, das Recht der **Landesverfassungen** sein, **nicht** jedoch auch sonstiges **Verfassungsrecht im lediglich materiellen Sinn,** dh für das Verfassungsleben wesentliches Recht, insb Recht, das, wie zB die grundlegenden **einfachgesetzlichen Bestimmungen des Wahlrechts** oder über Volksbegehren u Volksabstimmungen, nur (wenn auch unmittelbar) dem Vollzug der GG oder der Landesverfassung dient.[177] Bei Rechtsvorschriften, die unmittelbar dem Vollzug u der Konkretisierung der Verfassung im formellen Sinn dienen bzw bei denen sich verfassungsrechtliche Vorfragen stellen, soll dies noch nicht genügen, um sie als verfassungsrechtlich iSv § 40 anzusehen. So heißt es bei 80, 357: „Grundlage des von der Klägerin verfolgten Anspr ist § 5 TVG, also eine Norm des einfachen Rechts, nicht des Verfassungsrechts. Daß die Verfassung in ihrem **Artikel 9** Abs 3 eine gesetzliche Regelung des Tarifvertragsrechts **fordert** (vgl BVerfG 50, 369; 58, 248) u daß das Tarifvertragsgesetz deshalb **im Lichte dieser verfassungsrechtlichen Bestimmungen** ausgelegt werden muß, ist ohne Bedeutung. Denn ein Rechtsverhältnis, das wie das hier streitige nicht selbst unmittelbar dem Verfassungsrechtskreis entstammt, hat nicht schon allein deshalb verfassungsrechtlichen Charakter, weil die maßgeblichen einfachgesetzlichen Bestimmungen der Erfüllung eines Verfassungsgebots dienen oder weil seine Beurteilung nicht unerheblich von verfassungsrechtlichen Gesichtspunkten abhängt. Deshalb gehören Prozesse zwischen Bürger u Staat einschließlich solcher, bei denen Verfassungs-, insb Grundrechtsnormen streitentscheidend sind, grds vor die Verwaltungs- u nicht vor die Verfassungsgerichte"; ebenso für einen anderen Anspr auf Erlaß einer untergesetzlichen Norm NVwZ 1990, 163.

---

[172] 36, 228; 51, 71; 60, 172; NJW 1985, 2341; BVerfG 27, 157; 42, 112; BayVerfGH DÖV 1992, 967; BerlVerfGH NJW 1996, 2568; Ms DVBl 1994, 124; Ko NVwZ 1986, 575; Hbg NVwZ 1987, 611; Mü BayVBl 1990, 721 mwN; Kassel NVwZ 1991, 1098; Bosch/Schmidt 58; Erichsen Jura 1994, 422; Erichsen/Scherzberg Jura 1994, 214; Hufen § 11, 69; Klenke NVwZ 1995, 644; Kopp JuS 1981, 419; P § 5, 4; SGH 56; Stern 116; TW § 9, 25; Würt 161.

[173] 51, 71; 80, 358; B-v Albedyll 85; **aA** Schenke 128ff; dem folgend Sch-Ehlers 143; Ey-Rennert 21, 27; Lerche, BayVerfGH-FS 80, 89; Bethge JuS 2001, 1100, der vom „Phantom der doppelten Verfassungsunmittelbarkeit" spricht.

[174] NJW 1985, 2344; **aA** Bethge Jura 1998, 531.

[175] BVerfG 42, 103; 70, 55; Ms NJW 1982, 1415; Sachs BayVBl 1989, 128.

[176] BVerfG 70, 55; Ma NVwZ-RR 1997, 326; Bosch/Schmidt 58; Detterbeck Jura 1990, 39; Würt 166; zT **aA** BVerfG 70, 35 = NJW 1985, 2317 zu einem in Gesetzesform ergangenen Bebauungsplan: VRW.

[177] Vgl 80, 357 = NJW 1985, 2341; unklar 96, 48; Bethge NJW 1975, 77; RÖ-v Nicolai 3; SDC 2a, aa; SGH 54; **aA** Ey-Rennert 19; Menger VerwA 1975, 172; Ule 48: materielles Verfassungsrecht ausreichend; enger Mü BayVBl 1990, 721: auch materielles Recht, das, wie die Bestimmungen über Volksbegehren, unmittelbar dem Vollzug der Verfassung dient.

b) Kritik an der hM. Die von der hM[178] vertretene Theorie der **doppelten Verfassungsunmittelbarkeit** vermag insoweit nicht zu überzeugen, als sie nur solche Streitigkeiten als verfassungsrechtlich qualifizieren will, bei denen zwischen **unmittelbar am Verfassungsleben beteiligten Personen** gestritten wird. Sie bleibt einen Beweis für diese These, die den Begriff der verfassungsrechtlichen Streitigkeiten ersichtlich nur am Begriff der verfassungsrechtlichen Organstreitigkeiten orientieren will, schuldig u entbehrt einer ausreichenden normativen Verankerung. Insb ist sie nicht damit vereinbar, daß sich die Zuständigkeiten des Bundesverfassungsgerichts, aber auch die der Landesverfassungsgerichte, **keineswegs nur auf Organstreitigkeiten beziehen,** sondern die verfassungsrechtliche Organstreitigkeit nur eine einzelne Verfahrensart unter vielen anderen darstellt, die den Verfassungsgerichten zugewiesen werden. Damit kann aber die der Abgrenzung der Zuständigkeiten der Verfassungsgerichte u der Verwaltungsgerichte dienende Bestimmung des Begriffs der verfassungsrechtlichen Streitigkeiten nicht unter Ausblendung der **zahlreichen anderen Kompetenzen** vorgenommen werden, welche den Verfassungsgerichten nunmehr zugewiesen werden u der **heutigen Verfassungsgerichtsbarkeit** ihr **spezifisches Gepräge** geben. Ein Rückgriff auf den durch die Weimarer Staatsrechtslehre im Anschluß an Thoma[179] verwandten Begriff der verfassungsrechtlichen Streitigkeiten, nach dem es für das Vorliegen einer verfassungsrechtlichen Streitigkeit nicht ausreichen sollte, daß über den Sinn eines Verfassungsartikels gestritten wurde, sondern es auf die streitenden Subjekte ankommen sollte, verbietet sich angesichts der **grundlegenden Veränderungen,** die die **Verfassungsgerichtsbarkeit nach 1945** im GG u tlw auch in den Landesverfassungen durch eine erhebliche Ausweitung erfahren hat.[180] Da sich die Verengung des Begriffs der Streitigkeiten verfassungsrechtlicher Art auf Streitigkeiten zwischen unmittelbar am Verfassungsleben Beteiligten um Rechte u Pflichten, die sich unmittelbar aus der Verfassung ergeben, **im wesentlichen** mit dem **Begriff der Verfassungsorganstreitigkeiten deckt,** würde zudem das in § 40 Abs 1 S 1 verwandte einschränkende Merkmal der **Streitigkeiten verfassungsrechtlicher Art** auf der Basis der Theorie von der doppelten Verfassungsunmittelbarkeit **weitgehend bedeutungslos.** Bei Verfassungsorganstreitigkeiten ergibt sich nämlich die Unzulässigkeit des VRW ohnehin schon aus § 40 Abs 1 S 1 u § 40 Abs 1 S 2, weil solche Streitigkeiten bereits bundesgesetzlich bzw durch Landesrecht den Verfassungsgerichten zugewiesen sind (Schenke 126 u 128). Einwänden ist die Theorie der doppelten Verfassungsunmittelbarkeit ferner insoweit ausgesetzt, als sie bei einer Klage eines Bürgers, die sich gegen **staatsleitende Akte von Verfassungsorganen** richtet (zB bei einer Klage gegen die Auflösung des Bundestags durch den Bundespräsidenten) konsequenterweise den VRW bejahen müßte, obschon ein gegen denselben Hoheitsakt gerichtetes Vorgehen eines Verfassungsorgans oder Organteils als Verfassungsorganstreitigkeit unbestreitbar der ausschließlichen Jurisdiktion des BVerfG unterfiele (s zB iVm der Bundestagsauflösung BVerfG 62, 1 ff u BK-Schenke 246 zu Art 68 GG). Die Bejahung des VRW für eine Klage des Bürgers gegen staatsleitende Hoheitsakte von obersten Staatsorganen (Verfassungsorganen) implizierte hier zwangsläufig **schwerwiegende Wer-** 32a

[178] BVerfG NVwZ 1988, 818; BVerwG 36, 228; NJW 1976, 638; Bosch/Schmidt § 8 Ziff 2; Büchner 106; Hufen § 11, 69; RÖ-v Nicolai 3; SGH 59; TW § 9, 25; Wolnicki LKV 1997, 314; Würt 161.

[179] Thoma AöR 1922, 282 u dem folgend Friesenhahn in: Anschütz/Thoma, Handbuch des Deutschen Staatsrechts II 1932, 534; dazu auch Schenke Rechtsschutz 271.

[180] Kraayvanger 35 ff u schon früher Schenke Rechtsschutz 269 f, dort auch unter Hinw darauf, daß eine Anknüpfung an die durch die dualistische Konzeption der konstitutionellen Monarchie bestimmte Verengung des Begriffs der verfassungsrechtlichen Organstreitigkeiten heute nicht mehr möglich ist; Schenke AöR 2006, 120 ff.

tungswidersprüche u setzte überdies das Monopol des BVerfG, über den Umfang des Rechtsschutzes gegen Staatsleitungsakte von Verfassungsorganen zu befinden, partiell außer Kraft. Nicht zu überzeugen vermag es zudem, wenn auch in Fällen einer doppelten Verfassungsunmittelbarkeit die Verneinung des Vorliegens einer verfassungsrechtlichen Streitigkeit dort erwogen wird (NJW 1985, 234 ff; krit hierzu näher unten u Schenke 133), wo sich sonst die **Verkürzung eines durch Art 19 Abs 4 GG gewährten Rechtsschutzes** ergeben würde. Hierdurch wird nicht nur die Theorie der doppelten Verfassungsunmittelbarkeit der Sache nach aufgegeben, eine solche Reduktion des Begriffs der verfassungsrechtlichen Streitigkeit beruht zudem auf der Fehlannahme, iVm verfassungsrechtlichen Streitigkeiten sei ein durch Art 19 Abs 4 GG gebotener Rechtsschutz nicht realisierbar.

Vollends evident wird die Unhaltbarkeit der Theorie der doppelten Verfassungsunmittelbarkeit aber auf jeden Fall daran, daß es bestimmte Streitigkeiten gibt, die nach heute ganz hM als **Streitigkeiten verfassungsrechtlicher Art qualifiziert** werden, obwohl bei ihnen gerade **nicht zwischen unmittelbar am Verfassungsleben Beteiligten gestritten** wird, sondern der Bürger mit staatlichen Hoheitsträgern bzw Organen streitet. So wird eine durch den **Bürger initiierte prinzipale NK gegen ein vom Parlament erlassenes Gesetz** nahezu einhellig als eine Streitigkeit verfassungsrechtlicher Art bewertet,[181] obschon der Bürger kein unmittelbar am Verfassungsleben Beteiligter iSd Theorie der doppelten Verfassungsunmittelbarkeit ist. Dasselbe gilt für eine Klage auf **Vornahme eines vom Parlament zu erlassenden Gesetzes.**[182] Ebenso wird von einer Streitigkeit verfassungsrechtlicher Art bei einer Klage eines **Bürgers** auf **Durchführung oder Terminierung eines Volksbegehrens oder Volksentscheids** auf Länderebene ausgegangen,[183] obschon der Bürger auch hier nur durch eine Umdefinition des Begriffs des am Verfassungsleben Beteiligten als ein solcher angesehen werden kann. An diesen Beispielen wird offensichtlich, daß ein ausnahmsloses Festhalten an der Theorie der doppelten Verfassungsunmittelbarkeit nicht möglich ist bzw diese **eindeutig falsifiziert** werden kann.

32 b Die unübersehbaren Schwächen der Theorie der doppelten Verfassungsunmittelbarkeit machen es damit unabweisbar, den Begriff der Streitigkeiten verfassungsrechtlicher Art in einer anderen Weise zu bestimmen. Dieser Aufgabe können sich Rspr u Lit jedenfalls nicht unter Hinw darauf entziehen, daß sich der Begriff der ör Streitigkeit „nicht ganz eindeutig" abgrenzen lasse.[184] Als Ansatzpunkt für eine Neubestimmung des Begriffs der verfassungsrechtlichen Streitigkeit stellt das **BVerwG** in seiner neueren Rspr denn auch darauf ab, ob das **streitige Rechtsverhältnis entscheidend vom Verfassungsrecht geprägt** sei.[185] In ähnlicher Weise verfährt das Schrifttum, wenn hier darauf abgestellt wird, ob **„spezifisch auf formelles Verfassungsrecht bezogenes Recht die Streitsache maßgeblich prägt".**[186] Bei diesen Ansätzen wird freilich nicht hinreichend deutlich, wann ein Rechtsverhältnis spezifisch vom Verfassungsrecht geprägt wird. Sie entbehren deshalb der für die Rechtsanwendung nötigen Konturenschärfe u lassen hiermit zusammenhängend eine präzise normative Ableitung vermissen. Bedenken erweckt es überdies, wenn etwa von Lerche (BayVerfGH-FS 88) angenommen wird, die Grundrechte gehörten nicht zum spezifischen Verfassungsrecht, aus dem sich das Vorliegen einer verfassungsrecht-

---

[181] BVerfG 70, 55; 76, 115; BVerwG 75, 334; 80, 358; Bosch/Schmidt 58; Detterbeck DÖV 1990, 859 mwN; RÖ-v Oertzen 4 f; Würt 166.
[182] 80, 358; Mü BayVBl 1990, 721; Sodan NVwZ 2000, 607.
[183] Bln DVBl 1999, 994; Ks NVwZ 1991, 1098; Mü NVwZ 1991, 386; Ms NJW 1974, 1671.
[184] So aber 24, 279; zu einer solchen Kapitulation zu Recht krit Kraayvanger 15.
[185] 96, 49; 102, 122; 107, 278; 109, 261; NVwZ 1998, 500.
[186] Lerche BayVerfGH-FS 81.

lichen Streitigkeit ergeben könne. Für eine solche Exemtion fehlt es an jeder sachlichen Rechtfertigung, zählt doch gerade der Grundrechtsschutz zu den zentralen Aufgabenfeldern des BVerfG (zu Recht krit daher Kraayvanger 47 f). Zudem beachtet eine Bestimmung der verfassungsrechtlichen Streitigkeiten anhand eines spezifischen Bezugs auf das Verfassungsrecht nicht ausreichend, daß verfassungsgerichtliche Kontrollkompetenzen keineswegs nur in bezug auf die Überwachung des Einhaltens verfassungsgesetzlicher Bestimmungen bestehen. Vielmehr hat das BVerfG in Verbindung mit dem ihm zugewiesenen verfassungsgerichtlichen NK-Vf Normen nicht nur auf ihre Vereinbarkeit mit verfassungsrechtlichen Vorschriften zu überprüfen, sondern – wie Art 100 Abs 1 S 2 GG, aber auch Art 93 Abs 1 Nr 2 GG zeigen – auch mit sonstigem höherrangigem Recht. Richtig ist allerdings, daß **außerhalb prinzipaler NK-Vf** die der Verfassungsgerichtsbarkeit zugewiesenen Streitigkeiten prinzipiell dadurch gekennzeichnet sind, daß bei ihnen **idR nur verfassungsgesetzliche Bestimmungen als Prüfungsmaßstab fungieren.**

Auf einer nicht ausreichenden Einbeziehung verfassungsgerichtlicher NK-Vf **32 c** beruht auch die von Ehlers entwickelte **materielle Subjektstheorie** aus, nach der eine verfassungsrechtliche Streitigkeit dann vorliegen soll, **„wenn der Rechtsschutzgegner ein Verfassungsrechtssubjekt ist, das als solches verpflichtet wird“.**[187] Indem sie den **Art 93 Abs 1 Nr 2 GG** u entspr Bestimmungen im Bereich der Landesverfassungsgerichtsbarkeit bei der Bestimmung des Begriffs der Streitigkeiten verfassungsrechtlicher Art ausblendet, wird die **materielle Verfassungsgerichtsbarkeit** um ein wesentliches, sie heute **prägendes Element verkürzt**. Damit zusammenhängend erweckt es auch Bedenken, wenn nach Ehlers (Sch-Ehlers 156) verfassungsrechtliche Streitigkeiten nur dann gegeben sein sollen, wenn Rechtsschutzgegner ein Verfassungsrechtssubjekt ist. Zudem kann es – was bei Ehlers nicht hinreichend deutlich wird – nicht von entscheidender Bedeutung sein (insoweit zutr Lerche BayVerfGH-FS 91; zust Kraayvanger 45), ob das Verfassungsrechtssubjekt als Ag (wie dies meist zutrifft) oder als ASt auftritt. Einen Fortschritt ggü den bisher angesprochenen Lösungsansätzen beinhaltet die materielle Subjektstheorie allerdings insoweit, als sie den Begriff der Streitigkeit verfassungsrechtlicher Art näher konkretisiert u (jedenfalls partiell) normativ anbindet. So macht sie insb deutlich, daß den verfassungsgesetzlichen Bestimmungen, die für Verfassungsorganstreitigkeiten gelten, über ihren unmittelbaren Anwendungsbereich hinausreichend eine wichtige Funktion bei der Bestimmung des Begriffs der verfassungsrechtlichen Streitigkeit zukommt. Aus ihnen läßt sich ableiten, daß (soweit kein Fall einer prinzipalen NK vorliegt) nur die in Ausführung ihrer verfassungsrechtlichen Organstellung ergangenen Akte oberster Staatsorgane bzw von Verfassungsrechtssubjekten, unabhängig davon, durch wen sie angegriffen werden, der Jurisdiktion der Fachgerichte entzogen u ausschließlich der Kontrolle der Verfassungsgerichte unterworfen sein sollen (Sch-Ehlers 155).

Im dogmatischem Ausgangspunkt stimmt die materielle Subjektstheorie mit **32 d** der hier vertretenen Auffassung überein.[188] Auch diese[189] plädiert für eine **stärkere normative Anbindung des Begriffs der Streitigkeiten verfassungsrechtlicher Art**, die – wenn es um die Abgrenzung der Zuständigkeiten von Verwaltungsgerichten u der Verfassungsgerichte geht – nur aus den die Zuständigkeit des Bundesverfassungsgerichts u der Fachgerichte regelnden Kompetenznormen abgeleitet werden kann, nicht aber mit Hilfe dieser übergestülpten, normativ nicht verankerten Konstruktionen. Maßgebend für das Vorliegen einer

---

[187] Sch-Ehlers 149; dem folgend Ey-Rennert 21; Hk-Unruh 171 u NKVwGO-Sodan 210 ff sowie NVwZ 2000, 607; dazu teilw krit Schenke AöR 2006, 129 ff.

[188] Auf die insoweit bestehende Gemeinsamkeit weist zu Recht NKVwGO-Sodan 214 hin.

[189] Ausf dargestellt wird sie in der Arbeit von Kraayvanger 28 f, 49 ff, der sich ihr im wesentlichen anschließt u sie vertieft.

Streitigkeit verfassungsrechtlicher Art ist folglich, ob eine Streitigkeit, soweit sie überhaupt justitiabel ist, **aufgrund verfassungsgesetzlicher Zuständigkeitsvorschriften grds** (vorbehaltlich abweichender verfassungsmäßiger gesetzlicher Regelungen) den **Verfassungsgerichten vorbehalten** sein soll.[190] Aus diesen Vorschriften ist dabei nicht nur abzuleiten, daß den dort für bestimmte Streitigkeiten als potentielle ASt genannten Personen insoweit der Rechtsweg zu anderen Gerichten verschlossen sein soll u entspr Streitigkeiten damit verfassungsrechtlicher Art iSd § 40 Abs 1 S 1 sind. Vielmehr kann aus ihnen idR auch auf die „verfassungsrechtliche Art" entspr von anderen Rechtssubjekten initiierter, denselben Gegenstand betr Streitigkeiten geschlossen werden, selbst wenn diese Rechtssubjekte nach den einschlägigen Bestimmungen nicht zu dem Kreis der dort genannten ASt zählen.[191] Da diese Streitigkeiten denselben oder jedenfalls einen ähnlichen Verfahrensgegenstand wie die verfassungsgesetzlich geregelten verfassungsrechtlichen Streitigkeiten aufweisen, teilen sie damit grds deren Rechtscharakter u sind ebenfalls als Streitigkeiten verfassungsrechtlicher Art iSd § 40 anzusehen. Auf diese Weise wird einer Aushöhlung der verfassungsgerichtlichen Kompetenzen durch die Verwaltungsgerichte entgegengewirkt u zugleich die Entscheidung darüber, ob u inwieweit der Kreis der Antragsberechtigten bei verfassungsgerichtlichen Vf – etwa im Hinblick auf Art 19 Abs 4 GG – zu erweitern ist, den Verfassungsgerichten vorbehalten.

32 e So folgt zB aus dem Umstand, daß sich oberste Staatsorgane gegen **Organakte anderer oberster Staatsorgane,** die die **ausschließlich ihnen durch das Verfassungsrecht**[192] **begründete Organkompetenzen** überschritten haben, nur im Wege einer vor den Verfassungsgerichten anhängig zu machenden Verfassungsorganstreitigkeit wehren können, zugleich, daß es (vorbehaltlich abweichender gesetzlicher Vorschriften) auch anderen Personen idR nicht möglich ist, dieses Organverhalten durch ein VG überprüfen zu lassen. Das trifft auch dann zu, wenn diese Personen gem Art 93 Abs 1 Nr 1 GG iVm § 63 BVerfGG **selbst keine Beteiligten einer Verfassungsorganstreitigkeit** sein können. Deshalb ergibt sich beispielsweise aus Art 93 Abs 1 Nr 1 GG iVm §§ 63 ff BVerfGG nicht nur, daß eine vor den VGen erhobene Klage eines Abgeordneten gegen die **Auflösung des Bundestages** unzulässig ist, sondern dasselbe auch für eine auf das gleiche Ziel gerichtete Klage eines Bürgers vor den VGen gelten muß, da es sich bei dieser um eine verfassungsrechtliche Streitigkeit handelt (s näher BK-Schenke 188 zu Art 68 GG). Aus entspr Gründen ist auch die **gegen einen Parlamentsbeschluß gerichtete Klage** eines Bürgers grds als eine Streitigkeit verfassungsrechtlicher Art zu qualifizieren, für die der VRW ausgeschlossen ist.[193] Das

---

[190] Ähnlich Sch-Ehlers 19.

[191] Vgl hierzu eingeh Kraayvanger 49 ff.

[192] Von daher erklärt sich auch, daß der Theorie der doppelten Verfassungsunmittelbarkeit insoweit beizupflichten ist, als sie von einer verfassungsrechtlichen Streitigkeit nur dort ausgehen will (oben 32), wo um die Auslegung und Verletzung verfassungsgesetzlicher Normen, nicht hingegen, wo um die Auslegung unterverfassungsgesetzlicher (das Verfassungsrecht möglicherweise konkretisierender) Vorschriften gestritten wird (s näher Kraayvanger 66 ff). Ebenso ergibt sich hieraus, daß dort, wo oberste Staatsorgane nicht staatsleitend, sondern wie Verwaltungsbehörden nur verwaltend tätig sind, die Annahme diesbezüglicher verfassungsrechtlicher Streitigkeiten ausscheidet (Kraayvanger 68 u 74). Das folgt tlw auch bereits aus ausdr gesetzlichen Regelungen. So ist auch aus § 126 Abs 1 BRRG abzuleiten, daß bei einem Streit um eine Ernennung eines Bundesbeamten durch den Bundespräsidenten der VRW einschlägig ist. Der Bundespräsident wird hier genauso verwaltend tätig wie bei einer aufgrund der Delegation der Ernennungskompetenz (Art 60 Abs 3 GG) erfolgenden Ernennung durch eine andere Bundesbehörde.

[193] Wie hier auch Sch-Ehlers 186; Schmelter, Rechtsschutz gegen nicht zur Rechtsetzung gehörende Akte der Legislative, 1977, 156 ff mwN; nach Hbg NVwZ 1987, 610, 611 soll fachgerichtlicher Rechtsschutz in Frage kommen; s auch BVerfG NVwZ 1993, 357.

wird hier zusätzlich durch den in Art 100 Abs 1 GG enthaltenen Rechtsgedanken indiziert, aus dem abzuleiten ist, daß es einem Fachgericht untersagt ist, die Rechtswidrigkeit eines Verhaltens des Parlaments ohne Einschaltung eines Verfassungsgerichts festzustellen. Wird der Bürger oder eine juristische Person durch einen Organakt ausnahmsweise in seiner Rechtsstellung betroffen (etwa wenn einem Großuntenehmen in einem Parlamentsbeschluß eine verfehlte Beschäftigungspolitik vorgeworfen wird), besteht für diese nur die Möglichkeit eines Rechtsschutzes vor dem BVerfG mittels einer VB. In vielen Fällen (so zB bei einer Bundestagsauflösung) wird allerdings eine gegen Organakte oberster Staatsorgane erhobene VB unzulässig sein, weil der Beschwerdeführer durch sie rechtlich nicht betroffen ist u es deshalb an einer VBBefugnis fehlt.

Ähnlich ist aus den verfassungsgesetzlichen Vorschriften des **Art 100 GG u des Art 93 Abs 1 Nr 2 GG** sowie aus entspr landesverfassungsrechtlichen Vorschriften abzuleiten, daß auch die von einem Bürger initiierten prinzipalen NK (vorbehaltlich abweichender gesetzlicher Regelungen wie § 47) nicht in den Zuständigkeitsbereich der Fachgerichte, insb der VGe, fallen. Wie Art 93 Abs 1 Nr 2 GG zeigt, gilt dies – was die materielle Subjektstheorie nicht ausreichend beachtet (s demgegenüber aber Sch-Ehlers 149u 156) – **unabhängig davon,** ob die Norm durch ein **oberstes Staatsorgan** erlassen wurde, u ob es hier um die Überprüfung der Norm am **Maßstab von Verfassungsrecht oder sonstigem höherrangigem Recht** geht. Anders als sog inzidente NK, bei denen nur vorfrageweise über die Gültigkeit einer Norm befunden wird, gehören denn auch prinzipale NK, bei denen bei ihrem Erfolg anders als bei allen anderen gerichtlichen Vf **allgemeinverbindlich** u mit **gesetzesgleicher Wirkung** über die Gültigkeit der Norm bzw ihre Vereinbarkeit mit höherrangigem Recht als Verfahrensgegenstand entschieden wird, zu den traditionellen Aufgaben der Verfassungsgerichtsbarkeit. Entspr Streitigkeiten sind damit verfassungsrechtlicher Art iSd § 40 Abs 1 S 1.[194] Das gilt um so mehr, als Art 93 Abs 1 Nr 4a GG mit der VB sogar ausdr eine (auch dem Individualrechtsschutz dienende) prinzipale NK vorsieht. 32f

Am Vorliegen einer **Streitigkeit verfassungsrechtlicher Art** kann jedenfalls dann kein Zweifel bestehen, wenn die Norm ein **vom Parlament erlassenes Gesetz** ist. Hier wäre ein Fachgericht, bei dem auf die Ungültigkeit eines nachkonstitutionellen formellen Gesetzes geklagt wird, durch Art 100 Abs 1 GG sogar gehindert, ohne Einschaltung des Verfassungsgerichts die Nichtigkeit bzw Unvereinbarkeit dieses Gesetzes mit höherrangigem Recht festzustellen. Deshalb stellt eine Klage, die auf die Feststellung der Nichtigkeit eines vom Parlament erlassenen nachkonstitutionellen Gesetzes gerichtet ist, nach ganz hM eine Streitigkeit verfassungsrechtlicher Art dar, für die der VRW ausgeschlossen ist (s zB Bethge JuS 2001, 1101). Entspr gilt für eine **Klage auf Erlaß eines formellen Gesetzes** (Sodan NVwZ 2000, 607) oder auf einzelne Akte innerhalb eines GesetzgebungsVf, wie zB die Klage einer Gewerkschaft auf Zurückziehung eines Gesetzentwurfs.[195] 32g

Nichts anderes kann aber dann gelten, wenn dieselbe **Norm** statt durch das Parlament aufgrund einer gesetzlichen Ermächtigung **durch die Verwaltung erlassen** wird. Hier zu differenzieren, scheint schon deshalb problematisch, weil es häufig vom Zufall abhängt, ob eine Norm durch das Parlament selbst oder durch die Verwaltung erlassen wird u deshalb eine unterschiedliche rechtliche Qualifikation im Hinblick auf die hiermit verbundenen prozessualen Folgen fragwürdig erscheint. Jedenfalls ist aber aus **Art 93 Abs 1 Nr 2 GG** u entspr **landesverfassungsrechtlichen Vorschriften,** welche vor dem Landesverfas- 32h

[194] S dazu eingeh Schenke Rechtsschutz 264ff u Kraayvanger 103ff.
[195] Ms NJW 1994, 1673; Bethge JuS 2001, 1101.

sungsgericht zu erhebende prinzipale NK ggü untergesetzlichen Rechtsvorschriften regeln, entgegen der heute hM abzuleiten, daß auch eine durch den Bürger initiierte prinzipale NK, die sich gegen solche Rechtsvorschriften richtet, eine Streitigkeit verfassungsrechtlicher Art iSd § 40 ist.[196] **§ 47** stellt daher im Verhältnis zu § 40 eine **Rechtswegerweiterung** dar.[197] Nur auf diese Weise läßt sich auch **erklären**, daß **außerhalb des Anwendungsbereichs des § 47 der VRW für prinzipale NK** ggü untergesetzlichen Rechtsvorschriften nach ganz hM **nicht eröffnet** ist u auch im Bereich anderer Zweige der Vwgbk (so in der Finanzgerichtsbarkeit u der Sozialgerichtsbarkeit), die eine § 47 entspr Regelung nicht kennen, durch den Bürger initiierte prinzipale NK nicht statthaft sind. Auch die **Vorbehaltsklausel des § 47 Abs 3,** welche einen Übergriff des Bundesgesetzgebers in den Bereich der Landesverfassungsgerichtsbarkeit verhindern wollte, **erfährt von daher ihre Rechtfertigung** (dazu Schenke NJW 1978, 671ff). Bezeichnenderweise hat auch das **BVerfG** bei der Beurteilung landesrechtlicher Regelungen, welche eine konkrete **NK auch ggü untergesetzlichen landesrechtlichen Vorschriften am Maßstab von höherrangigem Landesrecht** vorsehen, die Auffassung vertreten, es handele sich hier um eine Frage **materieller Verfassungsgerichtsbarkeit.**[198] Auch bei der **Schaffung der VwGO ging der Gesetzgeber** davon aus,[199] daß die prinzipale NK auch untergesetzlicher Rechtsvorschriften **„ihrem Wesen nach an sich zur Verfassungsgerichtsbarkeit"** gehöre. Aus der Qualifikation der gegen untergesetzliche Rechtsvorschriften gerichteten prinzipalen NK als materielle Verfassungsgerichtsbarkeit erklärt sich auch, daß das BVerfG sich bei der **Überprüfung von belastenden untergesetzlichen Rechtsvorschriften am Maßstab von einfachgesetzlichen Rechtsvorschriften** als nicht limitiert ansieht. Es ist damit **nicht u auf die Verletzung von spezifischem Verfassungsrecht beschränkt.**[200] Ist damit die durch einen Bürger beantragte prinzipale NK gegen untergesetzliche Vorschriften als Streitigkeit verfassungsrechtlicher Art zu qualifizieren, so muß dasselbe (ebenso wie bei formellen Gesetzen) für eine Klage auf Erlaß einer solchen untergesetzlichen Norm angenommen werden. Von daher gesehen erweckt es Bedenken, daß das **BVerwG** im Einklang mit der heute hM bei einem **rechtswidrigen Unterlassen einer untergesetzlichen Rechtsvorschrift** Rechtsschutz über eine **verwaltungsgerichtliche Feststellungs- oder Leistungsklage** gewähren will (13 zu § 47; 8j zu § 43).[201]

---

[196] Schenke Rechtsschutz 264ff mit eingeh Nachweisen in Fn 23; AöR 2006, 133f; Kraayvanger 103ff; Schweitzer Befristung 126ff; **aA** Bethge Jura 1998, 533; Pielow DV 1999, 468.

[197] Daß durch § 47 der VRW erweitert wird (s auch 4 zu § 47), da es sich hier um eine verfassungsrechtliche Streitigkeit handelt, wird zB auch von NKVwGO-Ziekow 8f zu § 47 konzediert.

[198] Vgl BVerfG 1, 201; 4, 188. Auch die bundesverfassungsgerichtliche Rspr, nach der das BVerfG bei der Überprüfung mittelbarer Grundrechtsverletzungen durch Normen keinen Beschränkungen seiner Prüfungsbefugnis unterliegt, läßt sich dogmatisch befriedigend nur so erklären, daß das BVerfG insoweit materielle Verfassungsgerichtsbarkeit ausübt (s dazu auch unten Rn 32m und Schenke 1080). Zum Charakter prinzipaler Normenkontrollen als materielle Verfassungsgerichtsbarkeit s iü ausf Schenke Rechtsschutz 264ff.

[199] BT-Dr 3/55, 33.

[200] BVerfG 11, 349; 15, 221; 18, 92; Schenke, Verfassungsgerichtsbarkeit und Fachgerichtsbarkeit, 1987, 31 mwN; Schenke Rechtsschutz 266ff.

[201] Vgl 80, 361; NVwZ 1990, 163; 2002, 1505f; Sodan NVwZ 2000, 608f (allg verwaltungsgerichtliche Feststellungsklage); krit hierzu eingeh Schenke VerwA Bd 82 (1991), 307ff. Von der Zulässigkeit einer Feststellungsklage ggü dem rechtswidrigen Unterlassen einer Norm bzw ggü einer rechtswidrigen, aber dennoch wirksamen Norm geht nunmehr auch BVerfG JZ 2006, 1022f aus; s dazu Schenke JZ 2006, 1004 u Muckel JA 2007, 76.Eine allg Leistungsklage, die auf Verpflichtung zur Aufhebung der den Kl in seinen Rechten verletzenden Norm gerichtet ist, wird von Pielow DV 1999, 469ff erwogen.

In den Ländern, in denen die unmittelbare Demokratie eine stärkere Ausprägung erfahren hat als im GG, stellt sich die Frage, inwieweit hier Klagen von Bürgern, die sich auf **Volksbegehren oder Volksentscheide** beziehen, die eine gesetzliche Regelung zum Gegenstand haben, als Streitigkeiten verfassungsrechtlicher Art zu qualifizieren sind. Das ist aus demselben Grund zu bejahen, aus dem prinzipale NK, die sich gegen den Erlaß von Gesetzen richten oder Akte innerhalb eines GesetzgebungsVf zum Gegenstand haben, Streitigkeiten verfassungsrechtlicher Art darstellen.[202] **32 i**

Nicht nur aus den Regelungen über die Verfassungsorganstreitigkeiten u NK, sondern auch aus anderen Kompetenzregelungen, die die Zuständigkeit von Verfassungsgerichten begründen, kann auf die verfassungsrechtliche Art vom Bürger initiierter gerichtlicher Streitigkeiten geschlossen werden.[203] So läßt sich aus **Art 93 Abs 1 Nr 3 GG** folgern, daß eine Klage, mit welcher ein Bürger sich gegen eine auf Art 85 Abs 3 GG gestützte Weisung des Bundes ggü einem Land gerichtlich zur Wehr setzt (s auch 3 zu § 50 mwN), eine Streitigkeit verfassungsrechtlicher Art zum Gegenstand hat, wenn durch den Bürger bestritten wird, daß die **verfassungsgesetzlichen Voraussetzungen** für entspr Weisungen fehlen (dazu näher Kraayvanger 95 ff). **32 j**

Als verfassungsrechtliche Streitigkeit sind auch Streitigkeiten anzusehen, mit welchen eine **Parlamentswahl als ein Gesamtakt angegriffen** wird.[204] Insb solche Streitigkeiten, mit denen der Bürger die Feststellung der Ungültigkeit einer Bundes- oder Landtagswahl u damit der Sache nach eine Wahlprüfung begehrt, gehören nach den einschlägigen gesetzlichen Regelungen (vgl zB Art 41 Abs 2 GG iVm § 48 BVerfGG) prinzipiell vor die Verfassungsgerichte (s auch Schenke NJW 1981, 2440 ff). Anderes gilt aber für Streitigkeiten, bei welchen der Bürger sich nicht gegen die Gültigkeit der Wahl wendet, sondern die Verletzung seines aktiven Wahlrechts behauptet. Hier läßt sich auch Normierungen wie § 49 BWahlG nicht entnehmen, daß ein gerichtlicher Rechtsschutz im VRW ausgeschlossen ist (sehr str).[205] Eine Ablehnung jeglichen gerichtlichen Rechtsschutzes wäre mit der Rechtsschutzgarantie des **Art 19 Abs 4 GG** unvereinbar, dem auch das keinen Schutz vor subjektiven RVerletzung bietende **WahlprüfungsVf** nicht genügt.[206] Dieses gewährleistet bereits deshalb keinen hinreichenden Rechtsschutz, weil einem Wahlberechtigten, dessen Einspruch gegen eine Bundestagswahl verworfen wurde, zur Zulässigkeit eines Antrags gem § 48 Abs 1 BVerfGG mindestens einhundert Wahlberechtigte beitreten müssen. Zudem hat selbst ein zulässiger Antrag eines Wahlberechtigten dann keinen Erfolg, wenn er zwar in seinem aktiven Wahlrecht verletzt ist, dies aber (was regelmäßig zutreffen wird) auf die Mandatsverteilung keinen Einfluß hat. Deshalb muß eine Verpflichtungsklage des Bürgers auf Eintragung in das für eine bestimmte Bundestagswahl angelegte Wählerverzeichnis möglich sein.[207] **32 k**

---

[202] Vgl zum Vorliegen einer Streitigkeit verfassungsrechtlicher Art bei Klagen eines Bürgers auf Durchführung eines Volksbegehrens bzw einer Volksbefragung auch Mü NVwZ 1991, 386; Lü NdsVBl 1997, 209; Ks NVwZ 1991, 1098; Hufen, § 11, Rn 70 f.

[203] Eingeh hierzu Kraayvanger 86 ff.

[204] Vgl BayVerfGH 27, 126 (Vorgehen gegen die Festsetzung eines Wahltermins für die Landtagswahl); s auch Schenke NJW 1981, 2444.

[205] Zu dieser sehr umstrittenen Frage mit eingeh Nachweisen Schenke NJW 1981, 2440 ff; Franzke DVBl 1980, 730 ff.

[206] S auch Puttler DÖV 2001, 856.

[207] Böttcher/Högner, Bundeswahlgesetz, Bundeswahlordnung, 12. Aufl 1990, § 49 BWahlG, 3 f; **aA** Schreiber, Handbuch des Wahlrechts zum Deutschen Bundestag, 7. Aufl 2002, § 49, 3; 51, 69 ff will hier wenigstens eine Klage zulassen, mit welcher der Anspr festgestellt werden soll, in das Wählerverzeichnis künftiger Bundestagswahlen aufgenommen zu werden.

321 Der von Lerche (BayVerfGH-FS 85) gegen die hier vertretene Ansicht erhobene Vorwurf, sie verwechsle Ursache u Wirkung, da die Zuweisung zu den Verfassungsgerichten nicht die Folge, sondern die Wurzel einer verfassungsrechtlichen Streitigkeit sei, überzeugt nicht, da die Zuweisung von Streitigkeiten an die Verfassungsgerichtsbarkeit nach der hier vertretenen Ansicht gerade nicht aus § 40 Abs 1 S 1, sondern aus den die Zuständigkeit des BVerfG begründenden Kompetenznormen abgeleitet wird. Dem § 40 Abs 1 S 1 kommt nach der hier vertretenen Konzeption lediglich die Funktion zu, klarzustellen, daß Lücken hins des Rechtsschutzes bei verfassungsrechtlichen Streitigkeiten nicht durch die Bejahung des VRW geschlossen werden können. Ebenso nicht durchschlagend ist der Einwand Lerches (VerfGH-FS 85f), daß die Tatsache eines nur lückenhaften verfassungsgerichtlichen Rechtsschutzes zeige, daß die Frage der Justiziabilität nicht aus einer vorgegebenen Natur der Sache zu beantworten sei, sondern aus dem konkreten gesetzgeberischen Willen. Die hier vertretene Ansicht gewinnt den Begriff der verfassungsrechtlichen Streitigkeiten ja – anders als andere in diesem Zusammenhang vertretene u von ihr kritisierte Konzeptionen – nicht aus der Natur der Sache, sondern unter Anknüpfung an die positivgesetzlichen Vorschriften, welche eine Zuständigkeit der Verfassungsgerichte begründen. Zudem bestimmt sie die **Justiziabilität nicht danach,** ob eine **Streitigkeit verfassungsrechtlicher Art gegeben** ist, sondern ausschließlich anhand der verfassungsrechtlichen Rechtsschutzgarantie des **Art 19 Abs 4 GG** (s auch Kraayvanger 50).

32m Damit wird hier zugleich die in der Rspr des BVerwG vertretene Ansicht abgelehnt, nach der sich bei Qualifizierung einer Streitigkeit als verfassungsrechtlich ein durch Art 19 Abs 4 GG gebotener Rechtsschutz nicht realisieren lasse, was das BVerwG[208] zu einer restriktiven Interpretation des Begriffs der verfassungsrechtlichen Streitigkeit veranlaßte. Hierbei wird freilich nicht ausreichend beachtet, daß es bei solchen Streitigkeiten häufig bereits an einem subjektivrechtlichen Betroffensein des Bürgers fehlt u deshalb die verfassungsrechtliche Rechtsschutzgarantie schon tatbestandlich nicht einschlägig ist. Selbst wenn aber ein subjektivrechtliches Betroffensein zu bejahen ist, läßt sich der **Rechtsschutz des Bürgers über die VB** gem § 93 Abs 1 Nr 4a GG iVm §§ 90ff BVerfGG sicherstellen. Diese schützt den Bürger vor allen belastenden, ihn möglicherweise in seinen Rechten verletzenden Hoheitsakten. Da bei verfassungsrechtlichen Streitigkeiten das BVerfG in seiner Überprüfung, ob eine subjektive RVerletzung vorliegt, nicht beschränkt wird, stellt die VB insoweit auch einen Rechtsweg iSd Art 19 Abs 4 GG dar (str).[209] Das gilt selbst dann, wenn eine belastende Norm nicht unmittelbar gegen Grundrechte verstößt, sondern primär gegen sonstiges höherrangiges Recht. Mit einer solchen RVerletzung geht nämlich stets eine **mittelbare Verletzung von Freiheitsgrundrechten** einher, die vor jedem rechtswidrigen Grundrechtseingriff in ein (spezielles oder das allg) Freiheitsgrundrecht schützen. Eine Beschränkung auf spezifische Grundrechtsverletzungen, wie sie iVm einer VB gegen Verwaltungshandlungen aus funktionellrechtlichen Gründen bejaht wird, um das BVerfG nicht zu einem Superrevisionsgericht zu machen, kommt bei verfassungsrechtlichen Streitigkeiten gerade nicht zum Tragen. Bei ihr droht nämlich kein Übergriff in den Bereich der Fachgerichtsbarkeit. Vielmehr handelt das BVerfG in seinem ureigensten Zuständigkeitsbereich (s hierzu mwN auch 11 zu § 47; Schenke 1080 mwN).

33 **c) Beispiele für verfassungsrechtliche Streitigkeiten.** Auf der Basis der hier erfolgten Bestimmung des Begriffs der verfassungsrechtlichen Streitigkeiten ist eine eindeutige Abgrenzung der verfassungsrechtlichen Streitigkeiten von an-

---

[208] Vgl NJW 1985, 2344ff.

[209] Dazu näher mwN BK-Schenke, Art 19 Abs 4, Rn 42ff u Schenke VerwA 1991, 328ff.

deren Streitigkeiten, insb verwaltungsrechtlichen Streitigkeiten iSd § 40, möglich. Als **verfassungsrechtliche Streitigkeiten** sind demnach anzusehen:

- **alle Organstreitigkeiten** iSv Art 93 Abs 1 Nr 1 GG; so zB über das Recht des Parlaments, von der Regierung die Vorlage von Akten verlangen zu können (BVerfG NVwZ 2004, 1105 m Anm Sachs JuS 2004, 1098; HmbVerfG DVBl 1996, 119), auch zB für prozessuales Begehren einer politschen **Partei** aus dem ihr von Verfassungs wegen zustehenden Recht auf **Mitwirkung an der politischen Willensbildung** (BVerfG 60, 63) – anders hins der Erstattung von Wahlkampfkosten, da es sich hier nicht um Rechte aufgrund von formellem Verfassungsrecht, sondern aufgrund von **einfachgesetzlichen Vorschriften** (s oben 32 e), handelt[210] (zu sonstigen Streitigkeiten iVm politischen Parteien s auch oben 10);
- Streitigkeiten über die **parlamentarische Einsetzung eines Untersuchungsausschusses;**[211] ebenso Streitigkeiten zwischen Mehrheit u Minderheit über Beweiserhebungen;[212]
- **Klagen Privater** gegen die Staatsleitung betr **Organakte oberster Staatsorgane** in Ausführung des GG, wie die **Auflösung des Bundestags** oder einen Parlamentsbeschluß (s oben 32 e), der den Haushalt betrifft oder die Frage des Regierungs- oder Parlamentssitzes zum Gegenstand hat;[213] ebenso für **Klagen Privater gegen die Einsetzung eines Untersuchungsausschusses** oder Beweiserhebungen, soweit sich insoweit keine Spezialregelungen wie zB in § 18 Abs 3 PUAG finden (s unten 35); für Klagen gegen die **Anordnung des militärischen Bereitschaftsdienstes** (§ 6 Abs 6 WPflG), die durch die Bundesregierung aufgrund ihrer verfassungsrechtlichen Stellung erfolgt (Sch-Ehlers 162, vgl auch 15, 64);
- **Bund-Länder-Streitigkeiten** uä iSv Art 93 Abs 1 Nr 3 GG, mit denen zB das Land geltend macht, es werde in seinen durch das GG übertragenen Rechten oder Pflichten durch den Bund verletzt oder unmittelbar gefährdet;[214] dasselbe muß auch für die **Klage Privater** gegen solche Akte des Bundes gelten, die Gegenstand einer Bund-Länder-Streitigkeit sein können (s oben 32 j);
- Streitigkeiten über einen **Staatsvertrag zwischen den Ländern,** wenn hierin **verfassungsrechtliche Rechte** u Pflichten zwischen den Ländern (s Art 93 Abs 1 Nr 4 GG) geregelt werden;[215]
- **Anklage des Bundespräsidenten** nach Art 61 GG (Sachs BayVBl 1989, 128);
- Klagen von **Abgeordneten** bei Streitigkeiten über den Verlust der **Abgeordneteneigenschaft** (Art 41 Abs 2 GG), Klagen **gegen Fraktionsausschluß,**[216] Klagen gegen Ausübung der **Ordnungsgewalt** durch den Parlamentspräsidenten, durch welche der Abgeordnete in der Wahrnehmung seiner Rechte aus **Art 38 Abs 1 GG** behindert wird,[217] gegen **Aufhebung der Immunität** (BVerfG 104, 310); ferner für Klagen gegen ein Gesetz, das die

---

[210] Ebenso iE BVerfG 27, 157; BVerwG 44, 187; NJW 1980, 2092; Kraayvanger 68; Sch-Ehlers 156.

[211] BVerfG 67, 123; BayVerfGH DVBl 1986, 233; NdsStGH DVBl 1986, 238; NKVwGO-Sodan 661.

[212] NdsStGH DVBl 1986, 238; LG Kiel NVwZ-RR 2006, 79; s aber nunmehr für Bundestagsuntersuchungsausschüsse § 18 Abs 3 PUAG.

[213] Vgl auch NKVwGO-Sodan 238; Sch-Ehlers 172 u 186.

[214] BVerfG 81, 329; 92, 226; NVwZ 2002, 1127 (entspr Anwendung des Art 104 a Abs 5 S 1 HS 1 GG zur Begründung einer verschuldensunabhängigen Haftung der Länder); hierzu gehören jedoch nicht Maßnahmen oder Unterlassungen innerhalb eines VerwaltungsVf, s zB zu § 6 Abs 1 S 1 VZOG BVerfG ThürVBl 1997, 155.

[215] BVerfG 62, 313; Kraayvanger 98 f.

[216] BerlVerfG NVwZ-RR 2006, 441; Hölscheidt, Das Recht der Parlamentsfraktionen 2001, 475 f mwN; Lenz NVwZ 2005, 370: Organstreit; **aA** Ipsen NVwZ 2005, 364.

[217] BVerfG 60, 374; Kraayvanger 72.

Aufwandsentschädigung eines Abgeordneten (Art 48 Abs 3 GG) regelt (vgl auch BVerfG 4, 144); **anders** für Streit um die **Anwendung dieses Gesetzes** durch den Parlamentspräsidenten (NJW 1990, 462). Keine verfassungsrechtlichen Streitigkeiten liegen bei Klagen gegen Maßnahmen u Entscheidungen nach § 44a AbgG u der Verhaltensregeln für Mitglieder des Bundestags vor (§ 50 Abs 1 Nr 5; dazu 8a zu § 50);

- bei auf **Art 38 Abs 1 GG gestützten Klagen** auf Zuschüsse aus dem Haushalt **an die Fraktionen im Parlament;**[218] anders aber nunmehr wohl beim **Streit über auf einfachgesetzliche Bestimmungen gegründete Zuschüsse an die Fraktionen** (Kraayvanger 69). Dagegen ist ein Streit über die Verfassungsmäßigkeit einer solchen gesetzlichen Regelung, die Gegenstand des gerichtlichen Vf sein soll, als prinzipale NK wiederum verfassungsrechtlicher Art;
- Klagen auf **Ungültigerklärung eines förmlichen Gesetzes** (s auch oben 32f)[219] oder auf **Erlaß eines förmlichen Gesetzes** (s oben 32h); ebenso auch bei Klagen auf Feststellung der **Ungültigkeit** einer dem § 47 nicht unterfallenden **untergesetzlichen Norm** (s oben 32h u 8ff zu § 47, dort auch mwN zur **abw hM**) sowie für **Klagen auf Erlaß untergesetzlicher Bestimmungen** (s oben 32f u 13ff zu § 47, dort auch mwN zur **abw hM**);
- Streitigkeiten über **kommunale Neugliederungen und Gebietsreformen,** soweit diese als Gesetze ergehen,[220] auch in bezug auf die Anhörung der betroffenen Gemeinden im Rahmen des Gesetzgebungsvf;[221] in Konsequenz der hier vertretenen Auffassung zur Rechtsnatur prinzipaler NKen auch gegen untergesetzliche Vorschriften, die Gebietsänderungen in Form einer RechtsVO vornehmen (s oben 32h u 8ff zu § 47);
- Streitigkeiten über das Einschreiten des Bundes im Rahmen der **Bundesaufsicht** gem Art 84 Abs 3 GG bzw des Bundeszwangs gem Art 37 GG (NJW 1977, 118); über die Zulässigkeit u Berechtigung von **Weisungen nach Art 85** Abs 3 S 1 u Abs 4 S 1 GG;[222] anders aber dann, wenn eine Verletzung einfachgesetzlicher Vorschriften gerügt wird;[223] zum Vorliegen einer verfassungsrechtlichen Streitigkeit bei einer Klage eines **Privaten gegen solche Weisungen, die auf eine unmittelbare Verletzung des Art 84 Abs 3 GG** gestützt werden, s oben 32j;
- Streitigkeiten über Ansätze im **Bundes- oder Landeshaushaltsplan** u über die Zulässigkeit u Gültigkeit von Haushaltsbeschlüssen (Hbg DÖV 1986, 439); über die **Entlastung der Regierung** gem Art 114 Abs 1 GG bzw nach Landesverfassungsrecht (vgl Ms DÖV 1979, 683; Tiemann DÖV 1975, 411; **aA** Belemann DÖV 1979, 684); **anders** dagegen für die Klagen eines Bürgers

---

[218] BVerfG 27, 157; 62, 201 = NVwZ 1983, 343; ebenso BVerwG NJW 1985, 2346 für die Rückforderung von Fraktionszuschüssen durch den Parlamentspräsidenten: verfassungsrechtliche Streitigkeit, für die in Berlin nach dem hier im Zeitpunkt der Entscheidung geltenden Recht weder der VRW noch ein anderer Rechtsweg eröffnet war.

[219] BVerfG DVBl 1992, 278 – Verwerfungsmonopol des BVerfG –; Bethge Jura 1998, 533; s aber zu sog satzungsvertretenden Gesetzen BVerfG 70, 36, dazu 14f zu § 47.

[220] NWVerfGH DVBl 1970, 794; RhPfVerfGH DVBl 1970, 785; BayVerfGH VGH 27 nF, 34.

[221] Ms 25, 21; RhPfVerfGH DVBl 1970, 794; SaarlVerfGH NJW 1974, 1995; ThürVerfG 2005, 11ff; wohl auch Schrader VBlBW 2007, 81ff; **aA** Ossenbühl DÖV 1969, 548.

[222] NVwZ 1998, 500; BVerfG 81, 310 = DVBl 1990, 763; 84, 30; Lange, Das Weisungsrecht des Bundes in der atomrechtlichen Auftragsverwaltung, 1990, 105 mit Fn 26; Lerche BayVBl 87, 321; Wagner DVBl 1987, 922; Winkler JA 1998, 16.

[223] Ebenfalls danach diff, ob dem Streit eine Uneinigkeit über die Auslegung verwaltungsrechtlicher Vorschriften oder über den Umfang des verfassungsrechtlichen Weisungsrechts zugrunde liegt, NKVwGO-Ziekow 8 zu § 50; Pauly, Anfechtbarkeit und Verbindlichkeit von Weisungen in der Bundesauftragsverwaltung, 1989, 239; Zillmer DÖV 1995, 53; Zimmermann DVBl 1992, 94f.

gegen den **Bundesrechnungshof wg** nachteiliger Feststellungen in einem Rechnungshofsbericht, da der Rechnungshof kein oberstes Staatsorgan ist (vgl auch oben 32c);
- Streitigkeiten über die **Zulässigkeit oder Durchführung eines Volksbegehrens** (s dazu auch oben 32i sowie Kraayvanger 131f),[224] zB einen Streit mit der Landesregierung, einem Landesminister usw, ob das eingeleitete oder einzuleitende **VolksabstimmungsVf** den verfassungsrechtlichen Anforderungen genügt (Ks NVwZ 1991, 1098); ob die **Eintragungsfrist für ein Volksbegehren** gem Art 66 Abs 3 WahlG Bay verlängert werden muß (Mü NVwZ 1991, 386), s aber auch unten 34;
- Streitigkeiten über die **Verwirkung von Grundrechten** (Art 18 S 2 GG);
- Streitigkeiten über die **Gültigkeit von Wahlen** zum Parlament (s dazu auch oben 32k) nach Art 41 GG;[225] anders aber beim Streit über die Eintragung in das Wählerverzeichnis u über ähnliche Akte (s unten 34). Zu der von einem einzelnen Bürger gegen die Gültigkeit einer Bundes- oder Landtagswahl oder gegen die Anordnung des Wahltermins gerichteten Klage s unten 36.

d) Beispiele für verwaltungsrechtliche Streitigkeiten. Der VRW ist zB zu bejahen: 34
- für Klagen gegen Akte des **Bundestagspräsidenten** bzw der Bundestagspräsidentin in Ausübung der **Polizeigewalt** gem Art 40 Abs 2 S 1 GG (Ms NVwZ 1987, 609; Menger VerwA 1975, 173; Di Fabio 109) oder als **Dienstherr der Parlamentsbeamten;**
- für Klagen auf **Ernennung eines Soldaten oder Bundesbeamten** durch den Bundespräsidenten gem Art 60 Abs 1 GG (Menger VerwA 1975, 173; Obermayer 184); gegen Entscheidungen eines **Richterwahlausschusses des Parlaments** (vgl BVerfG 24, 268; Leiner DVBl 1990, 1244 mwN);
- für Klagen eines Bürgers auf **Eintragung in das Wählerverzeichnis sowie in bezug auf sonstige behördliche Entscheidungen im WahlVf,** die das aktive oder passive Wahlrecht eines Bürgers betreffen,[226] **zB** Klagen gegen lediglich **vorbereitende Maßnahmen** außerhalb des WahlVf ieS (VG Koblenz, NVwZ-RR 1994, 226, s auch oben 33); zu Streitigkeiten um die Besetzungen von Wahlausschüssen u Wahlvorständen s Deter VBlBW 1997, 93 mwN;
- **im Zusammenhang mit Volksbegehren:** gegen – auf einfaches Gesetzesrecht gestützte – Anordnungen eines Gemeindedirektors im Zusammenhang mit der Vorbereitung eines Volksbegehrens;[227] Klagen gegen eine unzulässige

---

[224] Bln DVBl 1999, 994; Ms NJW 1974, 1671; Mü NVwZ 1991, 386; Ks NVwZ 1991, 1098; Lü NdsVBl 1997, 208; VG Potsdam LKV 1997, 338; Ey-Rennert 28; s auch BayVerfGH NVwZ-RR 2000, 401; BremStGH NVwZ-RR 2001, 1; ThürVerfGH LKV 2002, 83; Kraayvanger 131f; **aA** Wolnicki LKV 1997, 313.

[225] Vgl BVerfG 11, 329; 74, 101; 83, 156; BayVerfGH 26, 47 = BayVBl 1973, 387; BayVBl 1992, 269; RÖ-v Nicolai 4; Aulehner BayVBl 1991, 580 – bejahend, Puttler DÖV 2001, 849ff; zur VB wg Verletzung der Rechte gem Art 38 GG zum BVerfG gegen Entscheidungen des Parlaments im Wahlprüfungsverfahren.

[226] BVerfG NVwZ 1988, 818; BayVerfGH BayVBl 1974, 584; Schenke NJW 1981, 2440; Petzke BayVBl 1975, 317ff mwN; MD-Schmidt-Aßmann 34 zu Art 19 Abs 4 GG; Olschewski, Wahlprüfung und subjektives Wahlrecht, 1970, 13ff; Franzke DVBl 1980, 730; grds auch BVerwG 51, 69, jedoch offen, ob dies nur allg für die Wählerverzeichnisse künftiger Bundestagswahlen oder auch im Hinblick auf konkret bevorstehende Wahlen sowie für nicht nur vorbereitende Maßnahmen gilt. Zum Verhältnis des objektivrechtlichen WahlprüfungsVf zu dem subjektiven Rechtsschutz dienenden Verfahren s auch Lang DÖV 1999, 712; Puttler DÖV 2001, 856; Schenke 132.

[227] Menger VerwA 1975, 174ff; s auch oben 32a; **aA** Ms NJW 1974, 1671 mit Anm Bethge in NJW 1975, 77; Mü BayVBl 1990, 721 zu einer Klage auf Verlängerung der Eintragungsfrist für ein Volksbegehren; VG Potsdam LKV 1997, 338m abl Aufsatz Wolnicki LKV 1997, 313 zu einer Klage auf Verlängerung der Öffnungszeiten eines Abstimmungsbüros für ein Volksbegehren.

Wahl- oder Abstimmungsbeeinflussung durch Behörden oder Amtsträger (Mü NVwZ 1991, 699 zu „amtlichen" Gegenaktionen gegen eine Volksabstimmung über einen Volksbegehrensgesetzentwurf);

- für Klagen in bezug auf **Kommunalwahlen,**[228] einschließlich der Anfechtung des Wahlergebnisses (DVBl 1973, 313; RÖ-v Nicolai 4). Allg zum **Schutz des Wahlrechts** durch die Verwaltungsgerichte s auch Franzke DVBl 1980, 730 u Schenke NJW 1981, 2440;
- **für Klagen von Parteien** auf Anerkennung für eine bestimmte Bundestagswahl durch den Bundeswahlausschuß gem § 18 Abs 4 Nr 2 BWahlG;[229] für Klagen auf Zulassung eines Wahlvorschlags;[230] auf Erstattung von Wahlkampfkosten uä;[231] auf Zuteilung von Sendezeiten durch Rundfunk oder Fernsehen **für Wahlwerbung;**[232] **auf Unterlassung** redaktionell gestalteter Sendungen mit wahlwerbendem Inhalt bzw auf Berücksichtigung bei solchen Sendungen;[233] auf Mitwirkung im Rundfunkrat einer ör Rundfunkanstalt (vgl BVerfG 60, 63); auf Überlassung gemeindlicher Veranstaltungsräume für Parteiveranstaltungen.[234] Zum ZRW für Streitigkeiten hins der Aufnahme in eine politische Partei oder des Ausschlusses davon s oben 10;
- für **verwaltungsrechtliche Organstreitigkeiten** (RÖ-v Nicolai 4a; Sch-Ehlers 176) zB zwischen dem Bürgermeister einer Gemeinde u dem Gemeinderat oder auch zwischen dem Gemeinderat u seinen Mitgliedern (s auch 6 vor § 40);
- für Klagen eines **Landes gegen ein anderes Land** auf bestimmte Handlungen oder Unterlassungen aufgrund des **Staatsvertrags** über die Vergabe von Studienplätzen.[235]

35 **e) Nicht verfassungsrechtlich** iSv Abs 1 sind nach den oben herausgearbeiteten Grundsätzen zB auch

- Klagen aus Art 4 GG gegen **Warnungen der Bundesregierung oder eines Bundesministers** vor „Jugendsekten"[236] oder aus Art 2 Abs 1 GG bzw Art 12 GG und/oder Art 14 GG gegen Warnungen der Bundesregierung oder eines Bundesministers vor einem Produkt (s oben 28), da es sich hier der Sache nach um die Wahrnehmung von Verwaltungsaufgaben handelt (s auch oben 28 u 32 e);
- Klagen gegen die **Öffentlichkeitsarbeit der Regierung,** da sie keine spezifisch der Regierung obliegende Aufgabe darstellt, sondern prinzipiell allen Behörden obliegt;[237]

---

[228] JA 1992, 283; VG Würzburg NJW 1976, 1651; v Mutius VerwA 1977, 100; Geiger JA 1992, 293.

[229] Vgl BVerfG NVwZ 1988, 818; **aA** wohl BVerfG 74, 101 = NVwZ 1987, 770: nur Wahlprüfung; ebenso BVerfG BayVBl 1999, 46.

[230] Vgl BVerfG NVwZ 1988, 818; **aA** BVerfG 46, 196; BayVerfGH BayVBl 1976, 271; s dazu auch 18 zu § 1.

[231] 44, 187; NJW 1980, 2092; BVerfG 27, 152; Ms DVBl 1987, 101; Sch-Ehlers 156; anders für Zuschüsse für die Fraktionsarbeit; s oben 32 b.

[232] 75, 68 = NJW 87, 270; 87, 271 = NJW 1991, 938; BVerfG 7, 108; Ma VBlBW 1984, 73; Br NJW 1987, 3024; Hbg NJW 1987, 3023; Ks NJW 1986, 2660; Mü NVwZ-RR 1991, 152; Dörr JuS 1991, 1009; vgl auch BVerfG 69, 266: die Zuteilung von Sendezeiten erfolgt hoheitlich.

[233] BVerfG NVwZ 1991, 560.

[234] 32, 333; Ks NJW 1986, 2660; Ma VBlBW 1995, 17; Mü BayVBl 1987, 403; s auch oben 16 mwN.

[235] BVerfG 42, 103; BVerwG DÖV 1976, 750; anders aber, wenn verfassungsrechtliche Rechte u Pflichten zwischen den Ländern Gegenstand des Staatsvertrags sind, s Kraayvanger 99 u Sch-Bier 9 zu § 50.

[236] 82, 79 = NJW 1989, 2272; NJW 1991, 1770; BVerfG NJW 1989, 3269; ferner oben 28).

[237] Kraayvanger 115; Sch-Ehlers 180.

- Klagen auf Auskunft eines **Datenschutzbeauftragten ggü** einem **Ministerium,** da es auch hier um eine verwaltende Tätigkeit geht (Ba NJW 1999, 2832);
- Klagen aus Art 17 GG in bezug auf **Petitionsentscheidungen;**[238]
- Klagen hins der Zulässigkeit u des Umfangs einer **Prüfung durch den Rechnungshof;**[239] Klagen betroffener Bürger hins Inhalt u **Bekanntgabe von Berichten des Rechnungshofs,**[240] da es sich beim Rechnungshof nicht um ein Verfassungsorgan handelt (s auch oben 33);[241]
- Klagen auf Feststellung, daß die **Anordnung der Telekommunikationsüberwachung** gem G10 rechtswidrig war (NJW 1991, 581; Ms NJW 1983, 2348);
- Klagen auf **Gewährung diplomatischen Schutzes** (vgl BVerfG 55, 349; BVerwG 62, 11 = JZ 1981, 390) oder gegen die Bundesrepublik auf Vornahme geeigneter Schritte zum Schutz eines Betroffenen bei den zuständigen NATO-Stellen (Ms NJW 1993, 2637);
- Klagen gegen die Durchführung **militärischer Tiefflüge** sowie gegen die Einrichtung u Beibehaltung von Tieffluggebieten (97, 205 = NJW 1995, 1690 m Anm Ossenbühl JZ 1995, 512);
- Klagen gegen **Maßnahmen oder Unterlassungen eines parlamentarischen Untersuchungsausschusses des Bundestags** gem §§ 36, 17 Abs 4 PUAG, für die nunmehr grds der BGH zuständig ist. Darunter fallen zB Vorladungen von Zeugen durch den Untersuchungsausschuß oder sonstige Beweiserhebungen u hiermit in Verbindung stehende Zwangsmittel, bei denen früher durch die Rspr der VRW bejaht wurde (so zur Vorladung für die hM NJW 1988, 1924; weit Nachw 13. Aufl 34), bei denen aber vor Erlaß der §§ 17 Abs 4, 36 PUAG gute Gründe für die Bejahung einer verfassungsrechtlichen Streitigkeit sprachen.[242] Da die den Rechtsschutz gegen Untersuchungsausschüsse des Bundestags betr Vorschriften – wg des damit verbundenen Übergriffs in die Landeskompetenz – auf Maßnahmen der **Untersuchungsausschüsse der Landesparlamente nicht** übertragbar sind, dürfte insoweit, vorbehaltlich abweichender gesetzlicher Regelungen der Länder, vom Vorliegen einer verfassungsrechtlichen Streitigkeit auszugehen sein.[243] Der Untersuchungsausschuß stellt nämlich einen Teil des obersten Staatsorgans Parlament dar, das verfassungsrechtliche Funktionen wahrnimmt u bei dem deshalb grds in derselben Weise wie bei einem Streit zwischen obersten Staatsorganen in Ansehung ihrer verfassungsrechtlichen Stellung auch bei einer Klage Privater eine Zuständigkeit des LVerfG zu befürworten ist.

Nicht verfassungsrechtliche Streitigkeiten, sondern Streitigkeiten, für die der VRW gegeben ist, soweit nicht durch Gesetz dafür ausdr oder sinngemäß (vgl 49, 221) ein anderer Rechtsweg eröffnet ist,[244] sind nach der hM auch die Strei- **36**

[238] BVerfG NVwZ 1989, 953; BVerwG NJW 1991, 936.

[239] BVerfG DVBl 1987, 362; NVwZ 1987, 573; BVerwG DÖV 1986, 518; Ms NJW 1980, 137; Lü DVBl 1984, 837; Kopp JuS 1981, 419 mwN.

[240] Ms NJW 1980, 137; Lü DVBl 1984, 837; Robbers JuS 1988, 723; Kopp JuS 1981, 419 mwN.

[241] Sch-Ehlers 191; krit Krebs VerwA 1980, 78; diff Haverkate AöR 1982, 557 ff, der ihm aber eine verfassungsorganähnliche Stellung zubilligt; Rebmann DÖV 1990, 58 mwN; vgl auch NKVwGO-Sodan 262; **aA** VG Düsseldorf NJW 1981, 1396; Tiemann DÖV 1975, 405; Belemann DÖV 1990, 58.

[242] So Di Fabio JZ 1995, 828; Kästner NJW 1990, 2654 u JuS 1993, 112, Schenke JZ 1988, 818.

[243] S auch Di Fabio JZ 1995, 828; Schenke JZ 1988, 818 u oben 33; **aA** Glauben DVBl 2006, 1265.

[244] ZB gem § 23 EGGVG; Schenke JA 1981, 593; Schloßareck JuS 1991, 582 – für Gnadenakte ieS des Bundespräsidenten der Rechtsweg gem § 179 VwGO, §§ 23 Abs 1 S 1, 25

tigkeiten **hins der Verleihung** oder Entziehung **von Auszeichnungen, Orden** (Ms NVwZ-RR 1999, 313) usw u der **Ausübung des Gnadenrechts,** auch soweit Handlungen von Verfassungsorganen (Bundespräsident, Ministerpräsident usw) betroffen sind (str). S dazu im einzelnen sowie zur Frage der Rechtsnatur dieser Akte als VAe KR 46 zu § 35 VwVfG mwN; ferner Schenke JA 1981, 588. Da bei Streitigkeiten aus **Koalitionsvereinbarungen** zwischen an der Regierung beteiligten Parteien[245] nicht um im Verfassungsrecht wurzelnde Rechte der politischen Parteien gestritten wird, betreffen auch Streitigkeiten in bezug auf ihren Inhalt keine verfassungsrechtlichen Streitigkeiten, aus denen sich Verfassungsorganstreitigkeiten ergeben können;[246] dasselbe gilt auch für Streitigkeiten aus **Vereinbarungen über die Ausübung des Abgeordnetenmandats,** über den Rücktritt zu einem bestimmten Zeitpunkt usw (LG Braunschweig DVBl 1970, 591; **aA** Jung DÖV 1984, 203).

37 **7. Streitigkeiten völkerrechtlicher, supranationalrechtlicher und fremdrechtlicher Art:** Im Einklang mit Art 19 Abs 4 GG gewährt auch § 40 nur Rechtsschutz gegen Akte dt öffentlicher Gewalt. Nicht als ör Streitigkeiten iSd § 40 anzusehen sind also – soweit überhaupt die dt Gerichtsbarkeit gegeben ist – Streitigkeiten, die unmittelbar (prinzipal) Akte nach dem autonomen **Recht der EU** (ebenso RMG § 36, 4; Burgi 32; Schumann ZZP 1965, 86) **sowie zwischenstaatlicher Einrichtungen,** wie Eurocontrol (s 27 zu § 1), der Europäischen Weltraumorganisation ESA (dazu EGMR NJW 1999, 1173), den Europäischen Schulen (Mü DVBl 1996, 448; s auch Buchh 310 § 132 Abs 2 Ziff 1 VwGO Nr 7) oder dem Europäischen Patentamt (RiA 1997, 306; VG München GRUR Int 1999, 69) usw betreffen (s 24 f, 28 zu § 1); bei völkerrechtlichen Streitigkeiten fehlt es idR bereits an der dt Gerichtsbarkeit (s auch Stern 58: Exterritorialität von Völkerrechtssubjekten). Es handelt sich um originäres Recht, das einen neben das nationale Recht tretenden Rechtskreis darstellt (BVerwG NJW 1993, 1409; Jarass/Pieroth 13 zu Art 24 GG). Für derartige Streitigkeiten ist der **VRW nur dann** gegeben, wenn er ausnahmsweise durch formelles Gesetz oder durch Staatsvertrag eröffnet ist. Dies gilt nach allg Grundsätzen nicht, wenn das Völkerrecht, supranationale Recht oder das Recht eines fremden Staates nur für die Beurteilung einer **Vorfrage** (s unten 44 ff) maßgeblich ist.

Nicht vom Ausschluß des VRW erfaßt sind **Akte, die von dt Behörden aufgrund von Gemeinschaftsrecht** (EU-Recht) gesetzt werden,[247] auch beim unmittelbaren Vollzug zB von Verordnungen;[248] insoweit sind aber die inhaltlichen Beschränkungen der Entscheidungskompetenz der Verwaltungsgerichte zu beachten, die sich aus dem zwischenstaatlichen Recht ergeben (s dazu 20 zu § 1; zur Verpflichtung zur **Vorlage an den EuGH** gem Art 234 EGV 20 ff zu § 94). Entsprechendes gilt, wenn dt Behörden **Forderungen zwischenstaatlicher Einrichtungen** durch VA im Inland geltend machen, s zum Eurocontrol-Abkommen Ks NVwZ-RR 1996, 288 sowie 27 zu § 1.

Abs 1 S 1 EGGVG zum Strafsenat des OLG; Schenke 142, s 5 zu § 179 –; vgl auch Ks VRspr 28, 1006: Rechtsweg zu den Strafgerichten für Rechtsbehelfe gegen ablehnende Gnadenentscheidungen in Bußgeldsachen.

[245] Vgl Friauf AöR 1963, 307; Schenke JA 1982, 58 mwN: nicht einklagbar; Würt 163; zT **aA** BGH 29, 187; Jung DÖV 1984, 203: verfassungsrechtlich.

[246] BK-Schenke 22 zu Art 63 GG; Kraayvanger 65. Bei solchen Koaltionsvereinbarungen handelt es sich iü nicht um rechtlich bindende Vereinbarungen, sondern um rein politische Absichtserklärungen (BK-Schenke 25 ff zu Art 63 GG).

[247] Vgl 27 zu § 1; BVerfG 37, 271; Schenke 166 b; Erichsen/Frenz Jura 1995, 422; RMG § 36, 4.

[248] Sch-Schmidt-Aßmann Einl 109; zu weitgehend Ms NVwZ 2001, 691: VRW auch für Rückabwicklung eines zwischen Gemeinschaftsorganen und dt Staatsbürgern geschlossenen Vertrages.

Hierbei ist auch zu beachten, daß einige Streitigkeiten den besonderen Verwaltungsgerichten zugewiesen sind (dazu RMG § 36, 6). Hierzu zählen zB

- Streitigkeiten im Bereich des **gemeinschaftsrelevanten Agrarverwaltungsrechts,** das – mit Ausnahme der Interventionen – von den Zollbehörden abgewickelt wird u unter § 33 FGO fällt;
- die Abgabe im Milchsektor im Rahmen der VO zur Durchführung der EG-Milchabgabenregelung (**MilchabgabenVO**) v 9. 8. 2004 (BGBl I 2143) sowie **Ausfuhrabgaben.**

8. Öffentlichrechtlich organisierte Religionsgemeinschaften: a) Innerkirchliche Angelegenheiten. Keine ör Streitigkeiten iSv § 40 sind nach hM u der Ansicht des BVerwG grds auch die Streitigkeiten in **„eigenen" Angelegenheiten der ör organisierten Religionsgemeinschaften,**[249] bei denen es, wenn es um religiöse Fragen geht, oft bereits am **rechtlichen Charakter der Streitigkeit fehlen** wird (s oben 5 c). Als Rechtfertigung für den Ausschluß des verwaltungsgerichtlichen Rechtsschutzes wird zusätzlich auf das den Religionsgemeinschaften gem **Art 140 GG iVm Art 137 Abs 3 WRV** eingeräumte **Selbstverwaltungsrecht** verwiesen (so zB NJW 2003, 2112). Allerdings ist die genaue Umgrenzung des Begriffs der innerkirchlichen Angelegenheiten umstritten, was sich zB iVm dienstrechtlichen Streitigkeiten von Kirchenbediensteten bemerkbar macht (s unten 40 a) u iü mit den Anlaß dafür bildet, über die Frage des Rechtsschutzes nicht anhand des Kriteriums der innerkirchlichen Angelegenheiten, sondern auf der Basis einer **Abwägungslehre** zu entscheiden.[250] In diese Richtung tendiert auch die neuere Rspr des **BGH** (NJW 2003, 2097), nach welcher das kirchliche Selbstbestimmungsrecht auch bei **innerkirchlichen Streitigkeiten den zivilgerichtlichen Rechtsschutz nicht ausschließe,** sondern hier ebenfalls der **Justizgewährungsanspr** zum Tragen komme. Das kirchliche Selbstbestimmungsrecht schränke nicht die Justizgewährungspflicht ein, sondern nur das Maß der Justitiabilität der angegriffenen Entscheidung von Kirchen. Zudem bestehe dort, wo die Möglichkeit eingeräumt sei, innerkirchliche Streitigkeiten durch die Anrufung kircheneigener Gerichte oder Schlichtungsgremien beizulegen, für die Anrufung staatlicher Gerichte vor Erschöpfung des kirchlichen Rechtswegs kein RSB (BGH NJW 2003, 2099). Ein von der geistlichen Grundordnung u von dem Selbstverständnis der Kirche oder der Glaubensgemeinschaft getragene Maßnahme nach autonomem Kirchenrecht könne durch staatliche Gerichte **nicht auf ihre Rechtmäßigkeit,** sondern nur auf ihre **Wirksamkeit** überprüft werden. Die Wirksamkeitskontrolle sei darauf beschränkt, ob die Maßnahme gegen **Grundprinzipien der Rechtsordnung verstößt,** wie sie in dem allg Willkürverbot (Art 3 Abs 1 GG) sowie in dem Begriff der guten Sitten (§ 138 BGB) u in dem des ordre public (Art 6 EGBGB) ihren Niederschlag gefunden haben (BGH NJW 2003, 2099). Anhand dieses Maßstabs sei auch die disziplinarrechtliche Beendigung des Dienstverhältnisses von Funktionsträgern zu überprüfen.[251] Im Hinblick auf diese weitgehende Rücknahme der gerichtlichen Überprüfungsbefugnis unterscheidet sich die vom 38

[249] BVerfG 18, 387 f; BVerwG 66, 242 f; NJW 2003, 2112 f; Ey-Rennert 91; Renck DÖV 1993, 522; RÖ-v Nicolai 33; grds auch Schenke Faller-FS 1984, 133 ff; H. Weber NJW 1989, 2117; NJW 2003, 2069 (mit Einschränkungen); **aA** BGH NJW 2003, 2097; Kästner 239 ff; NVwZ 2000, 889; NKVwGO-Sodan 470; Sch-Ehlers 118 ff.

[250] Dazu näher BVerfG NJW 1999, 350; Ms NJW 1994, 3369; Sch-Ehlers 118 ff; Steiner NVwZ 1989, 412. Für eine Abwägung nur mit verfassungsrechtlich geschützten Rechtsgütern Grzeszick AöR 2004, 210 ff.

[251] BGH NJW 2003, 2100; s dazu auch BVerfG NJW 2004, 3099 f = JZ 2004, 791 f mit Minderheitsvotum Lübbe-Wolff JZ 2004, 792 u Anm Goerlich JZ 2004, 793 f, wo die Nichtannahme der VB damit gerechtfertigt wird, hier lägen jedenfalls nicht die Kriterien vor, bei welchen der BGH eine Justiziabilität kirchlicher Dienstmaßnahmen befürworte.

BGH im Anschluß an die Abwägungslehre vertretene Ansicht in praxi nicht wesentlich von der Auffassung, die bei innerkirchlichen Streitigkeiten die Justitiabilität verneint (s zu der hier bestehenden Kontroverse Sachs JuS 2003, 1123; vgl auch Weber NJW 2003, 2067 ff). Das gilt jedenfalls dann, wenn man – wie hier vertreten – den Begriff der innerkirchlichen Streitigkeiten eng interpretiert u darunter nicht auch dienstrechtliche Streitigkeiten subsumiert (s unten 40 a).

Soweit Religionsgemeinschaften den **Status ör Körperschaften** besitzen (Art 140 GG, Art 137 Abs 5, 6 WRV), ist der VRW nach der Rspr jedenfalls für Streitigkeiten über Inhalt u Ausmaß der den Kirchen in Ausübung ihres Sonderstatus vom Staat verliehenen Rechte gegeben, soweit diese den ausschließlich innerkirchlichen Bereich überschreiten u für ihre Mitglieder oder Dritte rechtlich bedeutsam werden. Das trifft zB für das Recht zur Erhebung von Kirchensteuern oder das Recht zum Läuten der Kirchenglocken zu liturgischen Zwecken zu[252] (s dazu auch unten 40 u 41). Darüber hinaus soll ein Rechtsschutz vor staatlichen Gerichten für Streitigkeiten in Betracht kommen, welche die Religionsgemeinschaften nicht eigenen Gerichten (s dazu allg u zu den an diese zu stellenden Anforderungen 30 zu § 1), sondern zB gem § 135 S 2 BRRG **den Verwaltungsgerichten** zur Entscheidung **zugewiesen** haben,[253] oder die **Bereiche** berühren, die (auch) durch staatliches Recht geregelt sind,[254] wie die kirchlichen Zwecke einer als ör Körperschaft anerkannten Religionsgemeinschaft **gewidmeten Kirchengebäude** u Kultgeräte.[255] Der **Status als Körperschaft** des öffentlichen Rechts dient hier gewissermaßen als Gefäß zur Aufnahme von einzelnen vom Staat delegierten bzw den Kirchen usw angebotenen ör Kompetenzen u Gestaltungsformen.[256]

39 **Ausgeschlossen** ist der VRW dagegen bei Streitigkeiten über **innerkirchliche Fragen,**[257] soweit diese nicht von den Religionsgemeinschaften selbst den Verwaltungsgerichten zugewiesen wurden oder durch staatliches Recht geregelte Bereiche berühren.[258] **Maßgebend dafür,** ob eine Maßnahme dem innerkirchlichen Bereich idS zuzurechnen ist oder nicht, ist nach hM, „ob sie materiell **der Natur der Sache nach oder der Zweckbeziehung nach als eigene Angelegenheit** der Kirche anzusehen ist" (BVerfG NJW 1980, 1041, unter Bezugnahme auch auf BVerfG 18, 387 u 42, 312). Zum innerkirchlichen Bereich gehören nach der verfassungs- u verwaltungsgerichtlichen Rspr insb Streitigkeiten über Fragen

– der Begründung, Übertragung, Suspendierung u der Beendigung bzw des Fortbestehens **geistlicher Ämter**[259] (zu den vermögensrechtlichen u dienst-

---

[252] Vgl 66, 241; 68, 62; NJW 1990, 2079; NVwZ 1993, 672; BVerfG 18, 187; Mü DÖV 1982, 371; Lü NVwZ 1991, 801; Böckenförde DÖV 1974, 253; Maurer DVBl 1974, 663; Isensee, Constantinescu-FS 1983, 301; Erichsen DVBl 1984, 1203; s auch unten 40.

[253] BVerfG 18, 385; BVerwG NJW 1993, 672; NJW 1994, 3367; s unten 40 a.

[254] 68, 62 = NJW 1984, 989; NJW 1993, 672; BAG MDR 1993, 1214; Isensee, Constantinescu-GS 1983, 301; s auch Müller-Volbehr JuS 1987, 869 mwN; Schatzschneider NJW 1984, 991; BayVBl 1980, 564; zT **aA** Renck BayVBl 1984, 714.

[255] BGH LM § 985 BGB Nr 71; BayObLG 1967, 97; Mü BayVBl 1987, 722: Doppelnatur der res sacrae; str; s auch unten 40.

[256] 68, 62 = NJW 1984, 989; JZ 1984, 228; Martens, Wacke-FS 1972, 350; Schatzschneider NJW 1984, 991; kritisch Goerlich JZ 1984, 221.

[257] 25, 229; 28, 385; NVwZ 1993, 672; BVerfG NJW 1999, 350; RÖ-v Nicolai 33; Renck DÖV 1993, 522; KR 7 ff zu § 2 VwVfG mwN.

[258] BVerfG 18, 385; 42, 312; 70, 138; BVerwG 24, 1; 25, 226 = BayVBl 1967, 133; 25, 364; 66, 241; Mü DVBl 1976, 908; NVwZ-RR 1991, 251.

[259] 25, 226 = NJW 1987, 1672; 28, 349; 30, 330; 66, 241: auch aus Art 6 EMRK ergebe sich nichts anderes; 66, 245 = DÖV 1984, 585; NVwZ 1993, 672 mwN; Buchh 310 § 40 VwGO Nr 122; NJW 2003, 2112; BAG MDR 1993, 1214; BVerfG NJW 1980, 1041; Ms NJW 1978, 2111; Ma NVwZ-RR 1994, 422 – Rücknahme des kirchlichen Auftrags zur Erteilung von Religionsunterricht –; Mü BayVBl 1986, 596 m Anm Sachs BayVBl 1987, 463;

rechtlichen Aspekten eines Amtes unten 40a) u **nicht-seelsorgerischer Kirchenämter** (30, 326; Ma DBVl 1981, 73);
- der kirchlichen **Ausbildung** (VG Stuttgart NVwZ 1985, 138), der kirchlichen **Mitarbeitervertretung** (LAG Berlin NJW 1985, 3039), sowie der kirchlichen **Lehr- und Amtsdisziplin** (BVerfG NJW 1980, 1041 m Anm Weber);
- der kirchlichen **Glaubenslehre,**[260] des **Gottesdienstes** (BVerfG NJW 1980, 1041) u der Verwaltung der **Sakramente;**[261]
- besonderer, auf kirchlichem Recht beruhender **Befugnisse,** wie der kirchlichen Lehrsendung **(missio canonica** bzw **vocatio),** selbst wenn diese Voraussetzung für Rechtsstellungen nach öffentlichem Recht sind (VG Aachen DVBl 1975, 57 m zust Anm v Listl);
- der Mitgliedschaft im **Kirchenvorstand** u der Gültigkeit der Wahl zum Kirchenvorstand (Ms NJW 1978, 905) oder der **Wahl kirchlicher Amtsträger;**[262]
- der Zulassung als **Bevollmächtigter** oder Beistand **vor kirchlichen Gerichten** (DVBl 1981, 492; Mü DVBl 1981, 41).

b) Tätigwerden der Religionsgemeinschaften im staatlichen Bereich. 40
Dagegen ist der VRW eröffnet für Streitigkeiten über Maßnahmen usw, die **auch im staatlichen Zuständigkeitsbereich unmittelbare Rechtswirkungen** entfalten,[263] **zB** für Streitigkeiten
- in **Kirchensteuerangelegenheiten** (21, 330; 52, 105), soweit die Länder hierfür nicht gem § 33 Abs 1 Nr 4 FGO den Finanzrechtsweg vorsehen (vgl hierzu im einzelnen Gräber 43f zu § 33 FGO; 52, 105);
- in **Kirchenstiftungsangelegenheiten**[264] u über ör **Kirchenbaulasten;**[265]
- über die **Widmung** von Sachen zu **kirchlichen öffentlichen Sachen** (res sacrae) bzw die Entwidmung, die Nutzung usw solcher Sachen;[266]
- über die **Benutzung** eines **kirchlichen Kindergartens,** sofern diese durch eine Satzung der Kirchengemeinde geregelt ist;[267]
- über ein **Hausverbot** für einen **kirchlichen Kindergarten,** wenn dieses aufgrund des ör Hausrechts verfügt wird;[268]

VG Ansbach BayVBl 1984, 120 – theologische Aufnahmeprüfung für die Aufnahme in die (Pfarramts-)Anwärterliste –; Steiner NJW 1983, 2560.

[260] BVerfG NJW 1980, 1041; BVerwG 66, 246; Mü NVwZ-RR 1991, 251: Angelegenheiten der Spiritualität, der Seelsorge und des Glaubens.

[261] DVBl 1960, 246, jedoch zu weitgehend, wenn dies auch für den Streit über die dafür erhobenen Gebühren angenommen wird; BVerfG NJW 1980, 1041; Ms NJW 1978, 2111.

[262] NVwZ 1993, 672 mit krit Anm Peglau NVwZ 1994, 564; BVerfG NJW 1999, 350; Ko NJW 2004, 3731; VG Neustadt NVwZ 1999, 796.

[263] 66, 242; 68, 62 = NJW 1984, 989; BVerfG 18, 387; NJW 1980, 1041; Lü NVwZ 1987, 709; Mü NVwZ-RR 1991, 251: auch im Bereich des kirchlichen Selbstverwaltungsrechts gem Art 140 GG iVm Art 137 Abs 3 WRV grds keine Freistellung von der staatlichen Gerichtsbarkeit; vgl auch BVerfG 66, 23; Kästner JuS 1977, 515; Isensee, Constantinesco-FS 1983, 301; Renck BayVBl 1982, 329.

[264] VG Augsburg BayVBl 1983, 632; krit Renck BayVBl 1983, 633: rein innerkirchlich.

[265] 38, 76; DÖV 1980, 458; Ks DÖV 1980, 459; Mü 22, 78; BayVBl 1985, 303.

[266] BVerfG 66, 23; BVerwG NVwZ 1991, 774; m Anm Renck BayVBl 1991, 200 und Bachof JZ 1991, 622; Mü BayVBl 1987, 720 (m Anm Goerlich BayVBl 1988, 182 und Renck BayVBl 1988, 601); NVwZ 1996, 1120; Ehlers ZevKR 1987, 166; Bachof JZ 1991, 622 mwN; Renck BayVBl 1982, 329; DÖV 1990, 333; NVwZ 1996, 1080; Müller-Volbehr ZevKR 1988, 156 Fn 107; Schlink NVwZ 1987, 638; jedenfalls iE auch BVerwG 68, 62; **aA** Kromer, Sachenrecht des öffentlichen Rechts, 1985, 30, 73; Keihl, Das Recht der res sacrae, 1977, 135: nur ZRW.

[267] Lü NVwZ 1987, 709; Renck JuS 2000, 1005; **anders** bei privatrechtlicher Regelung Ms, NVwZ 1996, 812; s allg oben 16.

[268] Vgl allg 22; KR 37 zu § 35 VwVfG; s auch unten 41; **anders,** wenn das Verbot auf das privatrechtliche Hausrecht gestützt wird, vgl DVBl 1986, 1202 m Anm v Ossenbühl; Mü NVwZ 1986, 273; vgl auch oben 22.

– über die **Benutzung eines kirchlichen Friedhofs**[269] u über Friedhofsgebühren (Schl DVBl 1993, 266; s auch Renck JuS 2000, 1005);
– über die Berechtigung einer Kirchengemeinde zur **Benutzung einer Kirche,** die ihr vom Staat überlassen wurde;[270]
– über das **Läuten von Kirchenglocken** zu liturgischen Zwecken;[271] dagegen geht es beim **Zeitschlagen von Kirchenglocken** um die Wahrnehmung von Eigentümerbefugnissen außerhalb der ör Zweckbindung, so daß Nachbarklagen im ZRW zu erheben sind (NJW 1994, 956);
– über **diskriminierende Äußerungen** einer Kirche über eine andere Religionsgemeinschaft[272] bzw eines Sektenbeauftragten einer Kirche (Mü BayVBl 1993, 632); BGH NJW 2001, 3537; **aA** Br NVwZ 1995, 793; 2001, 957;
– über die **Auskunft aus Kirchenbüchern** (Mü BayVBl 1968, 213);
– unter Beschränkung auf Auswirkungen im Bereich des staatlichen Rechts, insb im Hinblick auf die Kirchensteuerpflicht (s oben), auch für Streitigkeiten über den **Austritt aus einer Religionsgemeinschaft;**[273]
– über die **Gewährung von Staatsleistungen an eine Religionsgemeinschaft** auch für den Fall, daß das anzuwendende **staatliche Recht** die Gewährung von der Klärung einer **Vorfrage abhängig macht,** die an **religiöse Inhalte** anknüpft.

c) Rechtsschutz Geistlicher und kirchlicher Bediensteter. Für Streitigkeiten in Angelegenheiten des **kirchlichen Dienstrechts** ist nach der Rspr der VRW – u grds überhaupt der Weg zu einem staatlichen Gericht (66, 241 = NJW 1983, 2580; Listl DÖV 1989, 409) – **nur** eröffnet, wenn u soweit die betroffene Religionsgemeinschaft sie **gem § 135 S 2 BRRG** ausdr oder konkludent (aus dem Zusammenhang der Vorschriften ersichtlich) **dem VRW zugewiesen hat.**[274] Ob darüber hinaus der VRW auch ohne ausdr oder stillschweigende Zu-

---

[269] 25, 366; NJW 1990, 2079; BayVBl 1991, 220; Ms NVwZ 1987, 709; DÖV 1991, 1021: Entscheidung über eine Umbettung sei VA; Schleswig DVBl 1993, 2665; Mü NVwZ 1991, 795; NVwZ-RR 1991, 251 mwN: auch wenn die Benutzung durch eine ortskirchliche Satzung nach Kirchenrecht geregelt sei und daneben auch ein gemeindlicher Friedhof bestehe; NKVwGO-Sodan 472; s auch Renck DÖV 1992, 485; 1993, 517; zT **aA** Sch-Ehlers 108 und Maurer DÖV 1960, 751.

[270] JZ 1991, 616; VG München BayVBl 1985, 281; Renck BayVBl 1985, 283; 1988, 601; 1991, 200 mwN; Bachof JZ 1991, 622; **aA** BayObLG BayVBl 1981, 438: Herausgabeanspr des Staates zivilrechtlich.

[271] 68, 62 = NJW 1984, 989 m Anm Goerlich JZ 1984, 221 und Schatzschneider NJW 1984, 989; NJW 1992, 2779; 1994, 956; Lü NVwZ 1991, 801; Sa NVwZ 1992, 72; Hbg BauR 1992, 356; OLG Frankfurt NJW 1984, 989; Laubinger VerwA 1992, 623; Renck JuS 2000, 1004; Schenke JZ 1996, 1000; vgl auch Renck BayVBl 1982, 330; zT **aA** Mü NJW 1980, 1973 – durch 68, 62 aufgehoben –; Ma Justiz 1981, 255, wo jedoch im Ergebnis ebenfalls die Überprüfbarkeit im Hinblick auf die Einhaltung der Grenzen des allg Polizeirechts bejaht wird; Lü NVwZ 1991, 801: kein direkter Anspr und keine Klage unmittelbar gegen die Kirche, wie in BVerwG 68, 62 angenommen, sondern wie BVerwG 79, 254 = NJW 1988, 2396: Klage auf Verpflichtung der immissionsschutzrechtlich zuständigen Behörde auf Einschreiten.

[272] Mü BayVBl 1995, 565; NVwZ 1994, 598; NVwZ 1994, 788; Schenke JZ 1996, 1000; vgl auch BVerfG NVwZ 1994, 159; **für ZRW** OVG Br NVwZ 1995, 793; D. Lorenz NJW 1996, 1857.

[273] NJW 1979, 2324; Hbg NJW 1975, 1900; Mü DVBl 1976, 909; **aA** OLG Frankfurt NJW 1977, 1732; anders hins der innerkirchlichen Wirkungen BVerwG DÖV 1980, 451 m Anm Kerbusch DÖV 1980, 873; Weber NJW 1975, 1905.

[274] 28, 345; noch weitergehend 25, 233; 30, 326; 66, 246: auch bei bloßer Willensübereinstimmung von Religionsgemeinschaft und Staat über die Zulässigkeit des VRW; Maurer, in: Menger-FS 1985, 285; ähnlich BGH 34, 374; 46, 100; vgl auch BVerwG NJW 1968, 1345 m Anm Weber; zur Vereinbarkeit des Ausschlusses des Klagewegs mit dem GG – bejahend – BVerfG NJW 1980, 1041; mit der MRK EKMR NJW 1982, 2219. **Grds aA** Schenke, Faller-FS 1984, 136: § 135 S 2 BRRG betrifft nur die Wahl zwischen ordentli-

weisung durch die betroffene Kirche an die staatliche Vwgbk (vgl Lü NVwZ 1991, 796) **für** alle **dienstrechtlichen Streitigkeiten,** für die in entspr privatrechtlichen Arbeitsverhältnissen der Weg zu den ordentlichen Gerichten oder Arbeitsgerichten gegeben wäre, eröffnet ist, **ist str.**

Ausgehend von der Unterscheidung zwischen kirchlichem u staatlichem Bereich bzw zwischen Amts- u Dienstverhältnis wird überwiegend eine generelle Zuständigkeit der staatlichen Gerichte für **vermögensrechtliche Streitigkeiten** im Zusammenhang mit einem kirchlichen Amt oder dessen Beendigung befürwortet,[275] zB bei Streit über die Verpflichtung zur Herausgabe der Pfarrdienstwohnung,[276] über die finanzielle Versorgung ehemaliger Pfarrer (Ms NJW 1994, 3369) oder über Anspr von Pfarrern nach den Ostpfarrerrichtlinien der EKD.[277] ZT wird staatlicher Rechtsschutz in vermögensrechtlichen Streitigkeiten auch nur dann bejaht, wenn es an einer eigenen vollwertigen kirchlichen Gerichtsbarkeit fehle.[278] Nach diesen beiden Auffassungen scheidet Rechtsschutz vor den staatlichen Gerichten aber dann aus, soweit es um den Status eines kirchlichen Bediensteten geht (sog **Statusklagen**). Statusfragen sollen auch dann nicht in die Kompetenz der staatlichen Gerichte fallen, wenn sie nur als Vorfrage bei einer vermögensrechtlichen Streitigkeit von Bedeutung sind.[279] Nach **anderer, hier vertretener Ansicht** ist der Rechtsweg zu den staatlichen Gerichten im Hinblick auf den staatlichen Justizgewährungsanspr gegeben.[280] Der materiellrechtliche Prüfungsumfang kann jedoch eingeschränkt sein,[281] so daß zB beim Streit über die Beendigung eines kirchlichen Dienstverhältnisses das staatliche Gericht darüber entscheiden kann, ob die Beendigung verfahrensfehlerhaft erfolgte oder gegen auch für die Religionsgemeinschaften geltende staatliche Rechtsvorschriften verstieß. Die Gerichte dürfen aber über sich vorfrageweise stellende innerkirchliche Fragen (zB der Glaubenslehre) nicht selbst befinden, sondern haben insoweit die Beurteilung der Kirchen zu respektieren.[282] Insoweit stimmt die hier

---

chem Rechtsweg und VRW; Sch-Ehlers 86: § 135 S 2 BRRG habe nur für das „Wie" des Rechtsschutzes Bedeutung. Jedenfalls gegeben ist der VRW, soweit zB Militärgeistliche und zT Anstaltspfarrer im Rahmen eines staatl Beamtenverhältnisses fungieren, s auch Kästner 263 mwN.

[275] BGH NJW 2003, 2097; Ms NJW 1978, 2113; Martens, Öffentlich als Rechtsbegriff, S. 150; v Campenhausen Staatskirchenrecht, S. 212; Hollerbach, VVDStRL 26 (1968), 72; Uibel DVBl 1981, 37; Sperling BayVBl 1989, 43; vgl auch BAG NJW 1978, 2116 – Anwendbarkeit des allg Kündigungsschutzrechts auf Arbeiter in kirchlichen Einrichtungen, jedoch unter Berücksichtigung des Selbstverständnisses der Religionsgemeinschaften –; **gegen** eine Zuständigkeit staatlicher Gerichte ohne kirchliche Zuweisung 25, 232; BGH 46, 100; **offengelassen** von 28, 348; 30, 327; 66, 249; BVerfG NJW 1983, 2570.

[276] LG Berlin-Charlottenburg KirchE 24, 265; vgl auch VGH Ev. Kirche der Union NVwZ 1993, 712; **aA** insoweit Sperling BayVBl 1989, 43: ZRW; nach VG Düsseldorf NWVBl 1998, 455 ist der VRW nicht eröffnet, wenn sich der Streit zwar auf die Pfarrdienstwohnung bezieht, aber aus dem Dienstverhältnis resultiert.

[277] **AA** Lü NVwZ 1991, 796: VRW auch nicht für die Geltendmachung eines auf den Sozialhilfeträger übergeleiteten Anspr, außer wenn die Kirche die staatliche Gerichtsbarkeit insoweit ausdr oder stillschweigend anerkannt habe.

[278] Ma DVBl 1981, 33: analog § 40 Abs 1 VwGO; OVG Br ZevKR 1989, 61; Ule 6 VI; früher auch BGH 34, 374.

[279] NJW 1994, 3368: keine Kompetenz der staatlichen Gerichte, in einer dem VRW zugewiesenen versorgungsrechtlichen Streitigkeit als Vorfrage über das Bestehen eines kirchlichen Dienstverhältnisses zu entscheiden (sog „verkappte Statusklage"); NJW 2003, 2112; krit Haastert DÖV 1996, 371. S nunmehr auch BVerfG NJW 1999, 349 (jedenfalls nicht vor Erschöpfung des kirchlichen Rechtswegs); NVwZ 1999, 758; dazu auch Kirchberg NVwZ 1999, 734; Ks DÖV 2003, 256.

[280] Schenke, Faller-FS 1984, S. 136ff und 142 mwN; vgl auch Sch-Ehlers 122; Ehlers ZevKR 1982, 286; Steiner NVwZ 1989, 412f; Weber NJW 1967, 1641; NJW 1989, 2225.

[281] Schenke, Faller-FS 1984, S. 142f; ähnlich Sch-Ehlers 121; Haastert DÖV 1996, 367.

[282] S auch BVerfG NJW 1999, 350; BGH NJW 2000, 1556f; Kästner NVwZ 2000, 890.

vertretene Ansicht tendenziell mit der Abwägungslehre (s oben 38) u der neueren Rspr des BGH[283] überein, die einen gerichtlichen Rechtsschutz wg der staatlichen Justizgewährungspflicht bejaht, den Rechtsschutz aber noch weiter einschränkt, indem sie sich nur für eine Wirksamkeits-, nicht aber für eine Rechtmäßigkeitskontrolle ausspricht (s oben 38). Ein solcher grundsätzlicher Ausschluß der Rechtmäßigkeitskontrolle läßt sich aber unter Rückgriff auf das Selbstverwaltungsrecht von Religionsgemeinschaften schwerlich rechtfertigen. Er steht nicht im Einklang damit, daß die Einräumung eines Selbstverwaltungsrechts an Körperschaften des öffentlichen Rechts diese von der Einhaltung des Prinzips der Gesetzmäßigkeit der Verwaltung nicht entbindet u sich auch nicht unter Hinweis auf den Verhältnismäßigkeitsgrundsatz bzw dem diesen übergeordneten Grundsatz der praktischen Konkordanz als Oberbegriff legitimieren läßt. Die Ansicht des BGH ist vor allem auch damit nicht vereinbar, daß der Justizgewährungsanspuch nach seinem herkömmlichen Verständnis nicht nur eine gerichtliche Überprüfung von Maßnahmen fordert, sondern diese Überprüfung sich nach iü ganz hM auch uneingeschränkt auf alle RVerletzung des Anspruchsberechtigten zu beziehen hat. Der Justizgewährungsanspr ist insoweit einer Einschränkung durch den Verhältnismäßigkeitsgrundsatz nicht zugänglich (dazu näher Schenke JZ 2005, 117 ff; Maurer, FS 50 Jahre BVerfG II, 2001, 489 f). Limitierungen der gerichtlichen Überprüfungsbefugnis können sich vielmehr nur mittelbar aus dem materiellen Recht ergeben (s auch Magen NVwZ 2002, 897). Insb kann die Frage, ob das Verhalten eines Bediensteten, das den Anlaß für ihm ggü ergriffene dienstrechtliche Maßnahmen der Religionsgemeinschaft (wie eine Entlassung) bildete, mit den (allerdings weit zu verstehenden) **religiösen Vorstellungen einer Religionsgemeinschaft** u der auf ihnen aufbauenden innerkirchlichen Ordnung im Einklang steht oder diesen widerspricht, **nur durch die Religionsgemeinschaft** selbst, **nicht** hingegen durch den Staat u den **Richter als staatliches Organ beurteilt** werden.

Handelt es sich nicht ohnehin um privatrechtliche Streitigkeiten nach allg bürgerlichen Recht (vgl v Campenhausen Staatskirchenrecht 3. Aufl 1996, 189; Sperling BayVBl 1989, 49), so spricht eine **Vermutung für den VRW, wenn typische Sachverhalte** betroffen sind, für die auch im staatlichen Bereich der VRW gegeben ist.[284]

41 **d) Privatrechtliche Streitigkeiten.** Für alle sonstigen Streitigkeiten, die nicht in einem **unmittelbaren Zusammenhang** mit dem ör Sonderstatus einer Religionsgemeinschaft bzw mit der ör Zweckbindung der von ihr gewidmeten Sachen (NJW 1994, 956: Zeitschlagen von Kirchenglocken) stehen, u für Streitigkeiten mit **Religionsgemeinschaften, die nicht als öffentliche Körperschaften** konstituiert sind, gilt das allg, dh grds das **bürgerliche Recht** (zB für privatrechtliche Dienstverträge, Kaufverträge usw). Der VRW ist daher insoweit ausgeschlossen.[285] **Privatrechtlich** sind auch Streitigkeiten

---

[283] BGH NJW 2003, 2097 u dazu H. Weber NJW 2003, 2067 ff sowie schon vorher NJW BGH NJW 2000, 1556 u dazu Kästner NVwZ 2000, 889 u Nolte NJW 2000, 1844 f. Zumindest von der Einschränkung der gerichtlichen Rechtmäßigkeitskontrolle geht auch BVerfG NJW 2004, 3099 f in seiner Nichtannahmeentscheidung aus, vgl auch die unter verfahrensrechtlichen Gesichtspunkten geübte Kritik im Minderheitsvotum von Lübbe-Wolff NJW 2004, 3100 u Goerlich JZ 2004, 793.

[284] Vgl 68, 65 = NJW 1984, 989; NVwZ 1987, 677; VGH Ev. Kirche der Union NVwZ 1993, 110.

[285] Schlink NVwZ 1987, 638; **aA** für Streitigkeiten in bezug auf „res sacrae" Renck BayVBl 1982, 330; 1988, 601; Goerlich JZ 1984, 224: auf den Status als ör Körperschaft oder auf staatliche Verleihung könne es nach dem GG nicht mehr ankommen; alle „res sacrae" seien kraft Tradition dem öffentlichen Recht zugeordnet, auch solche, die privatrechtlich organisierten Religionsgemeinschaften dienten; Goerlich hat jedoch diese Ansicht in BayVBl 1985, 284 und 1988, 785 wieder aufgegeben.

– aus einem **Ausbildungsfinanzierungsvertrag** eines Priesteramtskandidaten mit der Kirche (LG Hanau DÖV 81, 427 mit krit Anm Tiedemann);
– um die **Zulassung** zu einem von einer kirchlichen Stiftung unterhaltenen **Kindergarten,** jedenfalls wenn keine besonderen kirchlichen Regelungen bestehen u es der erkennbaren Absicht des Hausherrn entspricht;[286]
– einer Kirche mit einer anderen Kirche oder Religionsgemeinschaft über die **Benutzung kirchlicher Namen oder Symbole.**[287]

9. Kompetenz zur Entscheidung von Vorfragen; Aufrechnung: a) Nach allg Grundsätzen des Prozeßrechts (vgl § 94) sind die Verwaltungsgerichte im Rahmen ihrer Rechtswegzuständigkeit nach § 40 auch zur Entscheidung über Vorfragen befugt, dh alle **Fragen,** die für den geltend gemachten Anspr **präjudiziell sind.** Dies gilt grds auch für rechtswegfremde Vorfragen, da Entscheidungen hierüber nicht in RKraft erwachsen (Ausnahme: § 322 Abs 2 ZPO). Eine **Ausnahme** von diesem Grundsatz gilt jedoch in den Fragen, für die einem anderen Gericht durch Gesetz oder Staatsvertrag ein **Entscheidungsmonopol** eingeräumt ist, zB in bestimmten Fällen hins der örtlichen Zuständigkeit des Gerichts dem nächsthöheren Gericht gem § 53. Zur **Vorabentscheidung** durch Beschluß **über die Frage der richtigen Besetzung** des Gerichts in Zweifelsfällen s 13 zu § 4. 42

Die **Vorfragenkompetenz** bezieht sich immer **nur** auf die **Beurteilung einer gegebenen Rechtslage;** sie umfaßt, soweit nicht durch Gesetz etwas anderes vorgesehen ist, nicht die Befugnis, etwa einen rechtswidrigen, aber nichtsdestoweniger gültigen Akt, der nur von einem Gericht eines anderen Gerichtszweiges aufgehoben werden könnte, aufzuheben oder als aufgehoben zu behandeln (vgl auch 18 zu § 121; vgl zum EU-Recht EuGH NJW 1988, 1451), ebenso **nicht** die Befugnis, über die Vorfrage **mit abschließender,** der RKraft fähiger **Wirkung** zu entscheiden. 43

Ist das vorfrageweise Bestehen oder Nichtbestehen eines Rechtsverhältnisses bereits Gegenstand eines anderweitig anhängigen Rechtsstreits, kann das Gericht gem § 94 die Verhandlung aussetzen, bis über die Vorfrage entschieden ist. **Erweist sich die Beurteilung** der Vorfrage später durch eine rechtskräftige oder unanfechtbare Entscheidung im dafür zuständigen Rechtsweg bzw durch die dafür zuständige Behörde **als unzutr,** so haben die betroffenen Beteiligten Anspr auf **Wiederaufnahme** des Vf gem § 153 iVm § 580 Nr 6 ZPO.

b) „Vor"fragen hins des anzuwendenden Rechts. In ähnlicher Weise wie bei Vorfragen iSd vorstehenden Ausführungen sind die VG grds berechtigt u verpflichtet, auch sog **abstrakte Vorfragen** rein rechtlicher Art hins der für die Entscheidung maßgeblichen Rechtssätze, insb **Fragen der Auslegung** der Rechtssätze u der **Vereinbarkeit** an sich anwendbarer Rechtssätze **mit höherrangigem Recht,** vor allem mit Verfassungsrecht, bei Verordnungen u Satzungen auch mit dem einfachgesetzlichen Recht[288] **in eigener richterlicher Zuständigkeit u Verantwortung inzident zu beurteilen,** soweit insofern nicht allg oder in bestimmten Fällen ein **Entscheidungsmonopol** eines anderen Gerichts (vgl zB § 47 Abs 5) oder des zuständigen Verfassungsgerichts (vgl **Art 100 GG** u entspr Vorschriften des Landesrechts; **§ 47 Abs 3** iVm Landesrecht) zu be- 44

[286] S oben 40; zT enger: DVBl 1986, 1203; Mü BayVBl 1986, 211 = NVwZ 1987, 677; Müller-Volbehr JuS 1987, 869; Erichsen DVBl 1986, 1203: immer privatrechtlich.

[287] Vgl BGH 124, 173 – Streit eines Bistums mit einer religiösen Gemeinschaft über das Recht, sich als römisch-katholisch zu bezeichnen.

[288] Zur Frage, wieweit im Streit zB über einen Beitrag auch die Ermächtigungsnorm zu prüfen ist, auch Mü NVwZ 1990, 793; BayVBl 1990, 87; Ms NVwZ 1990, 795: ja, das Gericht muß jedoch nicht „ungefragt", dh bei Fehlen konkreter einschlägiger Rügen oder naheliegender Zweifel auf Fehlersuche gehen; ferner Uechtritz NVwZ 1990, 734.

achten ist.[289] S im einzelnen 9 ff zu § 94. Zur **verfassungskonformen Auslegung** oben 32.

Entsprechendes gilt für die Fragen des **Vorrangs einer Norm bei Zusammentreffen** („Kollision") von Landes- u Bundesrecht, von nationalem Recht u Völkerrecht, supranationalem Recht oder dem Recht eines anderen Staates (vgl auch Papier/Olschewski DVBl 1976, 476; Kopp DVBl 1967, 469). Hier sind allerdings insb verfassungsrechtliche (Art 100 GG – dazu 9 ff zu § 94) u gemeinschaftsrechtliche Einschränkungen (Art 234 Abs 3 EGV – dazu 20 ff zu § 94) zu beachten. Der **Vorrang des Gemeinschaftsrechts** (EuGH 1982, 53 = NJW 1983, 499) führt dazu, daß entgegenstehendes nationales Recht nicht angewendet werden darf. Dies bedeutet eine **Nichtanwendungskompetenz** des Gerichtes hins des nationalen Rechts **ohne Vorlageverpflichtung** (EuGH 1982, 3415; Schockweiler EuR 1993, 116). Hierbei handelt es sich nämlich um eine Auslegungsfrage des nationalen Rechts, die dem EuGH nicht vorgelegt werden kann. Vorlagefähig wäre nur die Frage, ob das fragliche Gemeinschaftsrecht Anwendungsvorrang beansprucht (BAG EuZW 1993, 775; s auch Schenke, Lorenz-FS 1994, 512).

Wird die Frage des anwendbaren Rechts nachträglich durch ein Verfassungsgericht, ein supranationales Gericht oder (im Vf nach § 47) ein OVG allgemeinverbindlich **anders beurteilt,** so berührt dies die vom VG getroffene Entscheidung nicht u begründet auch **keinen Anspr** der Beteiligten auf **Wiederaufnahme** des Vf entspr § 153 iVm § 580 Nr 6 ZPO; wohl aber ist eine **Vollstreckung** aus einer solchen Entscheidung gem § 183 bzw in entspr Anwendung dieser Vorschrift nicht mehr zulässig. Vgl im einzelnen 1 ff zu § 183.

45 **c) Aufrechnung.** Eine Aufrechnung gem §§ 387 ff BGB ist nach hM auch mit u gegen ör Forderungen **grds zulässig und,** wenn sie erklärt wird, vom Verwaltungsgericht zu **berücksichtigen.**[290] Die Entscheidung über rechtswegfremde Gegenforderungen erwächst wg § 173 S 1 iVm § 322 Abs 2 ZPO aber ausnahmsweise in RKraft. Bis zur Neufassung des § 17 Abs 2 GVG verneinte die hM daher – zu Recht – die Entscheidungsbefugnis des Gerichts über rechtswegfremde Gegenforderungen (zB 77, 19; BGH 16, 129; s dazu Schenke/Ruthig NJW 1992, 2508 ff mwN). **Ausnahmsweise** sollte die Aufrechnung mit einer rechtswegfremden Forderung nur dann zulässig sein, wenn die Gegenforderung durch **bestandskräftigen VA** oder rechtskräftiges Urteil festgestellt war (vgl 77, 19 = NJW 1987, 2530; RÖ-v Nicolai 19; w Nachw in der 10. Aufl). Darüber hinaus wurde eine Entscheidungsbefugnis auch bejaht, wenn die rechtswegfremde Gegenforderung **nicht bestritten** wurde bzw wenn sich die Beteiligten über deren Bestehen einig waren.[291] Ebenso wurde eine Entscheidung über „artverwandte" Forderungen zugelassen.[292]

Rechtsweg kraft Sachzusammenhangs: Diese Lösung ist durch die **Neufassung des § 17 Abs 2 S 1 GVG** überholt. Dabei wurde eine Rechtswegzuständigkeit kraft Sachzusammenhangs anerkannt, dh die Befugnis, insoweit auch **über rechtswegfremde Gesichtspunkte mit RKraft** zu entscheiden. Dies gilt

---

[289] Vgl Mü DÖV 1980, 458; Ma NVwZ 1985, 351; RÖ-v Nicolai 6 ff zu § 1; Ey-Rennert 39 und 17 f zu § 1; Obermayer 185; SGH 74.

[290] 65, 226; 66, 218 = NJW 1983, 776 m Anm v Schmidt; 77, 19 = DÖV 1987, 821; BFH NVwZ 1984, 469; BSG 19, 207; Uechtritz NVwZ 1990, 734; Pietzner VerwA 1985, 87; Ehlers JuS 1990, 782.

[291] 77, 24 = NJW 1987, 2531; Mü BayVBl 1982, 245; RÖ-v Nicolai 19; Ey-Rennert 38; Ehlers JuS 1990, 782; weitergehend Ma NVwZ 1990, 684: auch Kognitionsbefugnis bei offensichtlich nicht bestehender Gegenforderung.

[292] ZB BSG NJW 1969, 1368 für das Verhältnis von Sozial- und allg Vwgbk; für ZRW und ArbG auch noch LAG München MDR 1998, 783; s auch Lüke, in: Kissel-FS 1994, 731; krit Schenke/Ruthig NJW 1992, 2509 mwN.

auch für die Vorfrage des Bestehens oder Nichtbestehens der (rechtswegfremden) Gegenforderung.[293] Das Bestehen oder Nichtbestehen der Gegenforderung stellt als Vorfrage einen **„rechtlichen Gesichtspunkt"** iSd § 17 Abs 2 S 1 GVG dar (Schenke/Ruthig NJW 1992, 2510 ff; **aA** Sch-Ehlers 28 zu § 17 GVG mwN). Anders als eine Widerklage führt die Aufrechnung nicht zur Rechtshängigkeit der Gegenforderung, so daß kein neuer Streitggst eingeführt wird, was von § 17 Abs 2 GVG in der Tat nicht erfaßt wäre (BGH NJW 1991, 1686). Der einzige Unterschied zu „Vorfragen im üblichen Sinn" (hierauf stützt Sch-Ehlers 28 zu § 17 GVG seine Ablehnung der hier vertretenen Auffassung) liegt in der Rechtskrafterstreckung durch § 322 Abs 2 ZPO, wenn man mit der hM die Aufrechnung gerade nicht als „unentwickelte Widerklage" ansieht (dazu Schenke/Ruthig NJW 1992, 2510; ausf zu den Unterschieden StJ 30 zu § 145 ZPO). Daß der Zusammenhang erst durch eine rechtsgeschäftliche Erklärung (nämlich die Aufrechnungserklärung) bewirkt wird, steht der Anwendbarkeit von § 17 Abs 2 S 1 GVG ebenfalls nicht entgegen (**aA** Sch-Ehlers 28 zu § 17 GVG unter Hinweis auf Jauernig 45 III, Z 10 zu § 17 GVG). Bei der Widerklage wird nur ein prozessualer Zusammenhang geschaffen, bei der Aufrechnungserklärung ein materieller; das „dienende" Prozeßrecht hat lediglich seine Durchsetzung zu ermöglichen. Nicht richtig ist es deshalb, wenn angenommen wird, der prozessuale Zusammenhang werde erst durch die Prozeßhandlung eines Beteiligten hergestellt (so aber Lü NVwZ 2004, 1515), vielmehr ergibt sich dieser Zusammenhang bereits aus dem materiellen Recht. Die Kompetenz zur Entscheidung über eine zur Aufrechnung gestellte rechtswegfremde Gegenforderung läßt sich auch nicht mit dem Argument in Frage stellen (so aber Lü NVwZ 2004, 1515), daß, wenn nur mit dem Teil einer Forderung aufgerechnet wird, in einem andereren Rechtsstreit das Bestehen der (Rest)forderung anders beurteilt werden könne als durch das über die Aufrechnung entscheidende Gericht. Diese unterschiedliche Beurteilung, die sich als eine Konsequenz allg Rechtskraftgrundsätze ergibt, ist nämlich völlig unabhängig davon möglich, ob das VG auch über das Bestehen einer rechtswegfremden Forderung entscheiden kann u ergibt sich in derselben Weise, wenn mit einem Teil einer nicht rechtswegfremden Forderung aufgerechnet wird.

Diese Befugnis zur Entscheidung bedeutet jedoch **keine Pflicht des Erstgerichts zur Entscheidung** über die zur Aufrechnung gestellte Geldforderung (BFH NVwZ-RR 1998, 790; Kissel 52 zu § 17 GVG). Da es sich bei der Entscheidung über die Gegenforderung trotz der Möglichkeit, über diese rechtskräftig zu entscheiden (§ 322 Abs 2 ZPO), um eine Vorfrage handelt, kann das Gericht nach allg Grundsätzen gem § 94 aussetzen (s auch 3 zu § 94). Gerade wenn

[293] Vgl Schenke/Ruthig NJW 1992, 2510 ff; 1193, 1374 ff.; Ks DVBl 1994, 806; NJW 1995, 1107; OLG Dresden NStZ 1999, 446; Bahlau 85 f; BL 63. Aufl 6 zu § 17 GVG; Drygala NZA 1992, 297; Gaa NJW 1997, 3343; Grandtner 307 ff; Grunsky ArbGG 15 zu § 2 ArbGG; Habermeier JuS 1997, 1061; Hager Kissel-FS 1994, 345; K. Hartmann 245; Hoffmann 80 ff; ZZP 1994, 26 ff; Jauernig-Stürner BGB, 9. Aufl, 23 zu § 387 BGB; Kissel 52 zu § 17 GVG; NZA 1995, 354; Leist ThürVBl 2004, 254; Mankowski EWiR § 17 GVG 1/94, 889; DVBl 1998, 64; P § 5, 26; Schwab, Zeuner-FS 1994, 503 f; Schilken ZZP 1992, 90; Vollkommer, in: Kissel-FS 1994, 1202; RÖ-Kothe 10 zu § 90; ausdr **offengelassen** BVerwG 96, 73 = NJW 1994, 2969; auch NJW 1999, 160 hat die Streitfrage noch nicht entschieden, da hier mit einem Amtshaftungsanspr aufgerechnet wurde, über den wg § 17 Abs 2 S 2 GVG nicht im VRW entschieden werden darf (nicht beachtet wird dies durch Hufen JuS 1999, 830); BAG NZA 1998, 1192; BFH NVwZ-RR 1998, 790; VG Gießen NVwZ 2001, 465; Kment JA 2006, 341; **aA** BAG NJW 2002, 317; BFH NJW 2002, 3126; Ks NJW 1994, 1490; Lü NVwZ 2004, 1513; FG BW NVwZ-RR 1993, 63; OLG Düsseldorf NJW 1995, 1620; Detterbeck DÖV 1996, 898; Ey-Rennert 38; Leibholz ZZP 1994, 219; Lorenz § 11, 108; Lüke, Kissel-FS 1994, 726 ff; Musielak JuS 1994, 823; NKVwGO-Sodan 279; Rupp NJW 1992, 3274; Sch-Ehlers 28 zu § 17 GVG; ThP 9 zu § 17 GVG; Z 10 zu § 17 GVG; M 10 zu § 17 GVG; Würt 160.

die Gegenforderung bereits bei einem anderen Gericht anhängig ist u bereits prozessualer Aufwand betrieben wurde, dürfte der ja auch hinter § 17 Abs 2 GVG stehende Gesichtspunkt der Prozeßökonomie häufig für eine Aussetzung sprechen (ebenso BFH NVwZ-RR 1998, 791).

Ausnahmen von der Entscheidungsbefugnis: Eine Ausnahme gilt nach § 17 Abs. 2 S 2 GVG für Anspr aus **Enteignung** nach Art 14 Abs 3 S 4 GG oder aus **Amtshaftung** gem Art 34 S 3 GG. Über die Aufrechnung kann daher nur dann entschieden werden, wenn die Gegenforderung **unanfechtbar** oder **rechtskräftig festgestellt** ist (NJW 1993, 2255; BSG SGb 2000, 127; Ma NJW 1997, 3395; VG Gießen NVwZ 2001, 465; Schenke/Ruthig NJW 1992, 2514). Das Nichtbestreiten dieser Anspr oder die Einigkeit über das Bestehen der Forderung reicht dagegen nicht. In diesem Fall ist das **Vf gem § 94 auszusetzen**, bis über die Gegenforderung im dafür zuständigen Rechtsweg entschieden wurde.[294] Außerdem kommt ein **Vorbehaltsurteil** gem § 173 S 1 iVm § 302 ZPO in Betracht,[295] einer Fristsetzung analog § 148 ZPO[296] bedarf es daneben nicht (dazu näher Schenke/Ruthig NJW 1992, 2514 mwN; 77, 27; RÖ-Kothe 2 zu § 94 stellt sie in das Ermessen des Gerichts). **Entscheidung unter Vorbehalt** bedeutet, daß das Gericht in der **Sache** entscheidet, aber **mit dem Vorbehalt** gem § 302 ZPO, § 173 S 1, daß über die zur Aufrechnung gestellte Forderung im dafür zuständigen Rechtsweg zu entscheiden ist.[297] Das **Vorbehaltsurteil** ist im Hinblick auf die Kosten u auf RMittel ein **Endurteil** (vgl § 302 Abs 3 ZPO). Den Vorbehalt kann auch noch das Revisionsgericht dem Urteil beifügen (77, 28) u lediglich das NachVf an die Vorinstanz oder an die 1. Instanz zurückverweisen (77, 28). Auch in den Fällen des § 17 Abs 2 S 2 GVG kann aber das Gericht eine **Aufrechnung als unzulässig** zurückweisen, weil hiermit keine rechtskräftige Aberkennung nach § 322 Abs 2 ZPO verbunden ist (BGH NJW-RR 1991, 972; s auch ThP 48 a zu § 322 ZPO).

46 **Aufrechnung gegen Verwaltungsakt:** Die Aufrechnung gegen eine durch einen VA festgesetzte Forderung berührt dessen Rechtmäßigkeit dann nicht, wenn der VA erst die entspr Forderung konstituierte, da hier die Aufrechnung das vorangegangene Entstehen der Forderung voraussetzt. **Dasselbe** gilt aber auch, wenn der VA nur **deklaratorische Funktion** hat u lediglich der Feststellung eines gesetzlichen Tatbestands bzw dessen Konkretisierung im Einzelfall dient, zB festsetzt, daß kraft Gesetzes eine Abgabenschuld besteht.[298] Anderes gilt hingegen, wenn der VA ein **Leistungsgebot** hins einer kraft Gesetzes bereits bestehenden Forderung beinhaltet u diese aufgrund einer Rückwirkung der Aufrechnung (§ 389 BGB) schon vor Erlaß des Leistungsgebots entfallen war; in einem solchen Fall ist das **Leistungsgebot rechtswidrig** u kann mit einer Anfechtungsklage angegriffen werden.[299] Das kann allerdings **nicht gelten,** wenn

---

[294] NJW 1987, 2530; DVBl 1993, 885; NJW 1999, 160; Ma NVwZ 1990, 685; Schenke/Ruthig NJW 1992, 2513 mwN.

[295] 77, 28; NJW 1999, 160; Ma NJW 1997, 3395; Schenke/Ruthig NJW 1992, 2514; Sch-Ehlers 31 zu § 17 GVG.

[296] 77, 27 = NJW 1987, 2530; Ma NJW 1997, 3395; für Fristsetzung unter Stützung auf den allg Gesichtspunkt des Konzentrationsgrundsatzes Gaa NJW 1997, 3346.

[297] 66, 223 = NJW 1983, 776; 77, 28 = NJW 1987, 2530; Ma NJW 1997, 3395; Mü BayVBl 1982, 245; FG BadW NVwZ-RR 1993, 63; Ehlers JuS 1990, 783; Kröger/Jacobs JA 1981, 269; Pietzner VerwA 1983, 76: Abweisung der Anfechtungsklage unter Vorbehalt einer positiven Entscheidung des Zivilgerichts über das Bestehen des zur Aufrechnung gestellten Anspr; vgl auch BGH 16, 141.

[298] 77, 21; NVwZ 1984, 168; Mü BayVBl 1980, 179; BayVBl 1985, 119; Ma NVwZ 1990, 684; Ms NJW 1976, 2036; Schenke 428; Ehlers JuS 1990, 780; Detterbeck DÖV 1996, 896; K. Hartmann 50; **aA** früher DVBl 1960, 36.

[299] 77, 21; NVwZ 1984, 168; Mü BayVBl 1985, 119; Ma NVwZ 1990, 685; K. Hartmann 94 ff; Pietzner VerwA 1985, 97; Schenke 429; soweit die Aufrechnung erst nach Ein-

der ein **Leistungsgebot beinhaltende VA konstitutiv** ist u nunmehr ihm ggü aufgerechnet wird. Hier begründet die Aufrechnung genauso wenig die Rechtswidrigkeit des Leistungsbescheids wie dessen Erfüllung.[300] Auf die Aufrechnung gestützte Einwendungen können hier nur mittels einer verwaltungsgerichtlichen Feststellungsklage geltend gemacht werden (K. Hartmann 86 ff; Schenke 430; insoweit zutr auch Ms NJW 1976, 2036).

Auch die **Aufrechnung der Verwaltung** (zu ihrer Rechtsnatur als ör Willenserklärung s 15 zu Anh § 42) mit einer in einem VA festgesetzten Forderung ist **zulässig.** Soweit der VA konstitutiv ist u seine Anfechtung zum Suspensiveffekt geführt hat bzw seine Aussetzung erfolgte, vermag die Aufrechnung jedenfalls zunächst **keine Wirksamkeit** zu entfalten.[301] Dies gilt nicht, falls der VA nur eine bereits vorher bestehende **Forderung deklaratorisch feststellte.**[302] Andernfalls ergäbe sich das merkwürdige Ergebnis, daß sich die deklaratorische Feststellung einer kraft Gesetzes bestehende Forderung des VA zum Nachteil der öffentlichen Hand auswirkte.

Soweit eine Aufrechnung zulässig ist, wirkt die entspr Erklärung zurück auf 47
den Zeitpunkt des **Entstehens der Aufrechnungslage.**[303]

Aufrechnung in der Rechtsmittelinstanz: Nach § 173 S 1, § 530 Abs 2 47 a
ZPO aF setzte die prozessuale Beachtlichkeit der Aufrechnung voraus, daß der Kl einwilligt oder das Gericht die Geltendmachung der Aufrechnung für sachdienlich hält. Die Verschärfung, die das ZPO-RG für die prozessuale Geltendmachung der Aufrechnung in der Berufungsinstanz in § 533 Nr 2 ZPO vorgesehen hat, gilt nicht für den Verwaltungsprozeß (s 57 vor § 124). § 533 Nr 1 ZPO enthält – wie sich aus seiner systematischen Stellung ergibt – keine unmittelbare Aussage über die materiellrechtliche Bedeutung einer Aufrechnung. Um hier ein Auseinanderklaffen von Prozeßrecht u materiellem Recht zu vermeiden, wird meist angenommen, daß die prozessuale Unbeachtlichkeit einer im Prozeß während des BerufungsVf erfolgten Aufrechnung entspr § 139 BGB auch zur materiellrechtlichen Unwirksamkeit der Aufrechnung führe.[304]

10. Ausschluß des VRW durch Zuweisung an einen anderen Gerichts- 48
zweig (Abs 1 S 1): Aus Gründen des Sachzusammenhangs **u** der Prozeßökonomie läßt § 40 in gewissem Umfang **Ausnahmen von der Rechtswegzuständigkeit** der Verwaltungsgerichte zu (Abs 1), bzw sieht selbst Ausnahmen vor (Abs 2). Die Zuweisung von Streitigkeiten an einen anderen Gerichtszweig setzt ein förmliches – uU auch vorkonstitutionelles (GSOGB BVerwG 37, 369) –

---

tritt der Bestandskraft des VA erfolgt, ist Rechtsschutz über eine Verpflichtungsklage zu gewähren, K. Hartmann 102 ff; Schenke 428.

[300] K. Hartmann 67; Schenke 430; **aA** Detterbeck DÖV 1996, 897; Ehlers JuS 1990, 781; Grandtner 271; die Entscheidungen 77, 19 ff u NVwZ 1984, 168 betreffen nur deklaratorische VAe.

[301] Ks DÖV 1975, 865; BFH DStR 1995, 1793; Detterbeck, DÖV 1996, 822; Ehlers JuS 1990, 779; Felix NVwZ 1996, 737; K. Hartmann 183 f; Schenke 955; Sch-Schoch 94 zu § 80; s auch Mü NVwZ-RR 1994, 399; **aA** 66, 221 ff; DVBl 1986, 146.

[302] K. Hartmann 223 f; Felix NVwZ 1996, 736 f; Schenke 955; **aA** Mü NVwZ-RR 1994, 399; Detterbeck DÖV 1996, 892 mwN; Ehlers JuS 1990, 779; Sch-Schoch 94 zu § 80.

[303] Ms NJW 1976, 2036; **aA** zu einer Aufrechnung gegen einen vom Gericht durch Beschluß angeforderten Kostenvorschuß Mü BayVBl 1975, 49: keine Rückwirkung; eine nach Ablauf der vom Gericht gesetzten Frist erklärte Aufrechnung hat nicht zur Folge, daß der Kostenvorschuß als rechtzeitig geleistet anzusehen ist; zweifelhaft, richtiger sollte hier Unzulässigkeit der Aufrechnung angenommen werden.

[304] Coester-Waltjen Jura 1990, 29 (zu § 530 Abs 2 ZPO aF); dort auch nähere Behandlung der schwierigen Probleme, die sich dann ergeben, wenn die materiellrechtliche Aufrechnung außerprozessual erklärt ist und nunmehr die Geltendmachung der Aufrechnung im Prozeß als prozessual unzulässig verworfen wird; dazu auch Kawano ZZP 1981, 1 ff.

Bundesgesetz[305] bzw als Bundesgesetz fortgeltendes Gesetz (GSOGB aaO) **oder** ein nach Inkrafttreten der VwGO erlassenes oder ausdr aufrechterhaltenes (zB Art 13 BayAGVwGO) förmliches **Landesgesetz** („zugewiesen werden"; Ey-Rennert 102; Herrmann BayVBl 1964, 140) voraus. Vgl zur Zuweisung an andere Gerichte durch Landesgesetz, **wenn die Landesverfassung** den Weg zu den Verwaltungsgerichten vorsieht, u zur Zuweisung von Streitigkeiten **ohne Rücksicht auf ihre Rechtsnatur** an die Verwaltungsgerichte oben 3; zur Auslegung vorkonstitutioneller Rechtswegregelungen s unten 52. **In Zweifelsfällen ist der Wortlaut** der Bestimmungen über den Rechtsweg maßgeblich; der Rechtschutzsuchende muß grds **auf diesen vertrauen** dürfen (58, 170; vgl auch GSOGB BVerwG 37, 372).

49 **a) Ausdrückliche Zuweisung.** In vielen Vorschriften des Verfassungs- u vor allem des einfachen Rechts werden ör Streitigkeiten nichtverfassungsrechtlicher Art anderen Gerichten zugewiesen. Im Interesse des Rechtsschutzsuchenden u um den gesetzlichen Richter eindeutig zu bestimmen, müssen diese Zuweisungen eindeutig sein. Allerdings wird zumindest in der Rspr für ausreichend angesehen (zu Bedenken vgl Renck JuS 1999, 367; Sch-Ehlers 488 ff), wenn die Zuweisung zwar nicht unmittelbar ausgesprochen ist, sich der dahingehende Wille des Gesetzes jedoch **aus dem Gesamtgehalt einer Regelung** u dem Sachzusammenhang in Verbindung mit der „Sachnähe" der betroffenen Materien **hinreichend deutlich** u logisch zwingend **ergibt.**[306]

Für die Auslegung der Vorschriften über die Rechtswegzuweisung kommt im Zweifel dem Gesichtspunkt der **Sachkunde, der Sachnähe u des Sachzusammenhangs** besondere Bedeutung zu (GSOGB NJW 1974, 2087; BGH GrS 67, 87; BGH 89, 252). **Art 19 Abs 4 GG** gewährleistet insoweit nicht nur den gerichtlichen Rechtsweg, sondern **erweitert auch einen** an sich gegebenen, aber **in seiner Ausgestaltung unvollständig gebliebenen** anderen **Rechtsweg.**[307] Der **VRW** ist deshalb auch als gegeben anzusehen **zB** für nicht ausdr in der rechtswegbestimmenden Norm genannte **Nebenanspr** uä (BGH 67, 91; BayObLG BayVBl 1984, 374); für den **Regreßanspr gegen einen Beamten** auf Ersatz der dem Dienstherrn im Amtshaftungsprozeß entstandenen Kosten (BayObLG BayVBl 1984, 374) ua. Aus demselben Grund ist auch der **Begriff des VA** in Vorschriften **über die Rechtswegzuweisung** im Zweifel in einem weiteren Sinn als in § 35 VwVfG zu verstehen (vgl NJW 1984, 191 zu § 223 Abs 1 BRAO; VG Freiburg DVBl 1965, 577 zu § 23 EGGVG; s dazu auch 2 zu § 179).

49 a **aa) Zivilgerichte.** Sonderzuweisungen an die ordentlichen Gerichte finden sich bereits in der Verfassung, in Art 14 Abs 3 S 4 (dazu unten 57 ff) u Art 34 S 3 GG, aber auch in vielen einfachgesetzlichen Vorschriften, die spezialgesetzliche Bestimmungen iSd § 40 Abs 1 S 1 darstellen. Sie betreffen insb **Schadensersatz- u Entschädigungsanspr.** Bundesrechtliche Beispiele finden sich zB in § 49 Abs 6 S 3 VwVfG, § 56 BPolG, § 68 Abs 1 IfSG, § 13 Abs 3 S 2 PatG. Der ZRW ist ferner nach den §§ 63 ff GWB eröffnet, die den Rechtsschutz gegen Verfügungen der Kartellbehörde zum Gegenstand haben (s dazu näher K. Schmidt FS Selmer, 499 ff). Der Rechtsschutz gem §§ 63 ff GWB bezieht sich dabei nach heute hM nicht nur auf VAe, sondern gewährt einen umfassenden Rechtsschutz in allen kartellrechtlichen Streitigkeiten.[308] Auch der Rechtsschutz

---

[305] 15, 34; vgl zur Zuständigkeit der Wehrdienstgerichte gem Art 96 Abs 4 GG iVm § 62 WDO aF – heute § 69 WDO – 93, 287 = NVwZ 1993, 1108.

[306] NJW 1986, 2845; BGH 34, 249; 67, 87; NJW 1983, 1793; Br NJW 1978, 967; Ks VRspr 28, 1010; Mü BayVBl 1989, 244; Ms NJW 1990, 3224.

[307] DVBl 1983, 743; NJW 1985, 2341, 2346; MD-Schmidt-Aßmann 231 zu Art 19 Abs 4; Bachof JZ 1951, 739.

[308] K. Schmidt FS Selmer 503 ff; K. Schmidt in: Immenga/Mestmäcker, GWB, 3. Aufl 2001, 1 zu § 63 GWB; NKVwGO-Sodan 647; Sch-Ehlers 582.

im Energiewirtschaftsrecht ist grds im ZRW durch die OLGe sicherzustellen (dazu näher Antweiler/Nieberding, NJW 2005, 3673). Im Landesrecht werden vor allem Entschädigungsanspr des Bürgers nach dem Polizei- u Ordnungsgesetz traditionell den Zivilgerichten zugewiesen (zB § 44 BWPolG), während für Anspr des Staates meist der VRW vorgesehen ist (Sch-Ehlers 33 mwN). Zu polizeigesetzlichen Regelungen, welche die Zuständigkeit ordentlicher Gerichte für die Entscheidung über die Zulässigkeit bzw Fortdauer einer **Freiheitsentziehung** regeln, wie § 20 Abs 2 ThürPAG, u deren inhaltliche Reichweite s unten 49b. Eine bundesgesetzliche Sonderzuweisung speziell an den BGH enthält jetzt § 36 Abs 1 PUAG für Streitigkeiten im Rahmen der Tätigkeit eines **BT-Untersuchungsausschusses** (s auch oben 33 u 35).

Nach hM werden über § 40 Abs 2 S 1 Alt 3 auch **Hilfs- u Nebenanspr kraft Sachzusammenhangs** den Zivilgerichten zugewiesen,[309] zB die **Klage auf Auskunft,** die im Rahmen einer Stufenklage auf Entschädigung wg Amtspflichtverletzung erhoben wird (BGH 87, 81 = DVBl 1981, 395); für die Klage auf **Rückübertragung eines enteigneten,** aber für den Enteignungszweck nicht benötigten **Grundstücks** u für die Zahlung des Entgelts dafür (BGH NJW 1979, 1710; 1980, 1571); (soweit man nicht richtiger den VRW für gegeben sieht, s unten 62) für die **Klage auf Rückerstattung** einer zu Unrecht gezahlten **Entschädigung nach § 56 IfSG**.

bb) Justizverwaltungsakte. Strafgerichte. Die wichtigsten Fälle der Abgrenzung zwischen den Verwaltungs- u den Strafgerichten werden von § 23 EGGVG erfaßt (dazu 1 ff zu § 179). Auch hier ergeben sich nach hM Zuständigkeiten kraft Sachzusammenhangs. Der Weg zu den Strafgerichten ist zB gegeben für die Anfechtung behördlicher **Entscheidungen im BußgeldVf,** auch soweit sie nicht in § 62 Abs 1 OWiG erwähnt sind (15, 36; s auch Schenke PolR 429); ebenso für Rechtsbehelfe gegen in der StPO nicht als rechtsbehelfsfähig bezeichnete **Maßnahmen der Strafverfolgung** (vgl 8 zu § 179); **nicht** hingegen für Maßnahmen der **Strafverfolgungsvorsorge,** s 7 zu § 179; ebenso, soweit ihnen durch Gesetz die Entscheidung über die Zulässigkeit einer Freiheitsentziehung zugewiesen ist, wie zB nach § 20 Abs 2 ThürPAG oder nach § 16 Abs 3 BremPolG für die richterliche Entscheidung über „Zulässigkeit und Fortdauer der Freiheitsentziehung". Ist nichts anderes vorgesehen (so aber zB in Art 18 Abs 2 S 1 BayPAG u § 31 Abs 2 BerlASOG), schließt dies allerdings **nicht** die **nachträgliche Feststellung der Rechtswidrigkeit** einer in der Vergangenheit erfolgten Freiheitsentziehung ein, so daß für letztere der VRW gegeben ist.[310] Zum Rechtsweg in Angelegenheiten der **Strafvollstreckung** gem §§ 109 Abs 1, 110 StVollzG s 3 zu § 179: an die Strafvollstreckungskammer des LG. Die Strafgerichte sind außerdem zuständig für die **Anordnung einer Wohnungsdurchsuchung** im Rahmen der Vollstreckung eines Bußgeldbescheids, obwohl diese Zuständigkeit in § 104 Abs 1 Nr 1 OWiG nicht ausdr genannt ist (Ma NJW 1986, 1190). Eine Zuständigkeit der Strafgerichte besteht dagegen nicht zB für Klagen eines Bürgers gegen ör **Anordnungen,** deren Nichtbefolgung **straf- oder bußgeldbewehrt** ist (77, 210) oder die (im VRW zulässige) Unterlassungsklage **gegen** den von einer Behörde angedrohten **Erlaß eines Bußgeldbescheids** (**aA** Lässig NVwZ 1988, 411 unter Hinweis auf die Eigenständigkeit des Vf u die Zuständigkeit der ordentlichen Gerichte für Rechtsbehelfe gegen Bußgeldbescheide). Der VRW ist auch für Klagen gegen sog **„Sperrerklärungen" gem § 96 StPO** gegeben (s 5 zu § 179). S zu **Klagen in bezug auf sog JustizVAe** 49 b

---

[309] 37, 256 f; 40, 255 f; BGH 78, 270, 277 f; **aA** NKVwGO-Sodan 495; Sch-Ehlers 556.

[310] Für Feststellung analog § 113 Abs 1 S 4 Br NVwZ-RR 1997, 474; We DÖV 1999, 879; Schenke PolR 144; mit Einschränkungen – im Fall der Antragstellung beim ordentlichen Gericht vor Beendigung der Freiheitsentziehung – auch Ms NJW 1990, 3224; Sch-Ehlers 623 f; Würt 175.

auch 1 ff zu § 179; zum Rechtsschutz gegen Realakte im Rahmen der Strafverfolgung Schenke PolR 426. Zum Rechtsweg gegen **Entscheidungen in Auslieferungssachen** vgl Ms MDR 1981, 435: Rechtsweg zum OLG; siehe aber auch Ms NJW 1989, 2209 (VRW für Klage gegen Einlieferungsersuchen); Bln NVwZ 2002, 114 (VRW bei Klage gegen Auslieferungsbewilligung der Bundesregierung).

49 c **cc) Arbeitsgerichte.** Abgrenzungsprobleme zur Vwgbk stellen sich vor allem im Bereich der **Beschäftigung im öffentlichen Dienst;** hier ist für Arbeiter u Angestellte wg der privatrechtlichen Natur der Rechtsbeziehungen idR der Rechtsweg zu den Arbeitsgerichten eröffnet (BAG 1, 86; Grunsky ArbGG 77 ff zu § 2 ArbGG), in Fragen des **Personalvertretungsrechts** obliegt die Kontrolle jedoch ausschließlich den Verwaltungsgerichten (vgl §§ 83, 106 BPersVG; Sch-Ehlers 63 ff), in Fragen des Betriebsverfassungsrechts ausschließlich den Arbeitsgerichten (Hbg NZA 1989, 235: behördliche Zustimmung zu einem Tarifvertrag gem. § 3 Abs 2 BetriebsverfassungsG – BetrVG – aF). Für eine Streitigkeit zwischen einem Angestellten im öffentlichen Dienst u seinem Arbeitgeber ist der **VRW** jedenfalls insoweit gegeben, als der Kl darauf abzielt, die **Übertragung eines Beförderungsdienstpostens** an den **verbeamteten Konkurrenten** zu unterbinden (**aA** Koblenz NVwZ-RR 1999, 51). Grund: Die Übertragung ist **ör.** Entsprechendes gilt, wenn ein Beamter sich gegen die Besetzung einer Stelle mit einem Angestellten wendet (Hbg NordÖR 1999, 251; inzident Koblenz NVwZ-RR 1996, 51). Der VRW wurde ferner insb bejaht für Streitigkeiten über (w Nachw bei Sch-Ehlers 651 ff):

- **beamtenrechtliche Verträge,** die unter § 126 BRRG fallen (91, 201 = NVwZ 1993, 1193), einschließlich der Vereinbarungen über die **Förderung der Ausbildung** gegen die Zusage des späteren Eintritts in das Beamtenverhältnis (30, 68; 74, 80; BAG NJW 1991, 943; Sch-Ehlers 324; Grunsky ArbGG 77 zu § 2 ArbGG);
- **ör Ausbildungsverhältnisse** außerhalb des Beamtenverhältnisses (s oben 18) oder die Aufnahme in eine Beamtenanwärterliste (BAG AP Nr 29 zu § 2 ArbGG);
- die Zulassung eines angestellten Lehrers zur berufsbegleitenden Weiterbildung (BAG NVwZ 2000, 360);
- das Dienstverhältnis eines Privatdozenten (s oben 18); bei Lehraufträgen hängt die Rechtsnatur von der konkreten Ausgestaltung ab (s oben 18; Grunsky ArbGG 78 zu § 2 ArbGG).

49 d **dd) Sozialgerichte.** Den Sozialgerichten sind gem § 51 Abs 1 Nr 1–9 SGG im Ergebnis insb die ör Streitigkeiten in **Angelegenheiten der Sozialversicherung** u der **Arbeitslosenversicherung** zugewiesen. Durch das 7. SGGÄndG v 9. 12. 2004 (BGBl I 3302, 3303) wurde die Zuständigkeit der Sozialgerichte mit Wirkung v 1. 1. 2005 auf die Sozialhilfe iwS zu Lasten des VRW ausgedehnt (§ 51 Abs 1 Nr 4 a SGG: Grundsicherung für Arbeitsuchende; § 51 Abs 1 Nr 6 a SGG: Angelegenheiten der Sozialhilfe u des AsylbLG[311]). Die Länder besitzen zwar gem §§ 50 a–d SGG – zeitlich befristet – die Möglichkeit, bei den VGen besondere Spruchkörper vorzusehen, die die Sozialgerichtsbarkeit in diesen Angelegenheiten ausüben. Soweit hiervon Gebrauch gemacht worden ist (so zB in Bremen, s den bis zum 31. 12. 2008 geltenden § 1 a Brem G über die Sozialgerichtsbarkeit), werden die betr Kammern u Senate der VGe u OVGe aber nicht als Teil der Verwaltungs-, sondern der Sozialgerichtsbarkeit tätig. Insb verfahren sie nicht nach der VwGO, sondern nach dem SGG.

---

[311] § 51 Abs 1 Nr 6 a SGG umfaßt alle Streitigkeiten, die sich im Zusammenhang mit der Sozialhilfegewährung ergeben, also nicht nur unmittelbare Leistungsanspr von Hilfebedürftigen (Lü NVwZ 2005, 1097).

Weiter erstreckt sich die Zuständigkeit der Sozialgerichte gem § 51 Abs 2 SGG auf privatrechtliche Streitigkeiten in Angelegenheiten der gesetzlichen Krankenversicherung sowie gem § 51 Abs 2 S 3 SGG der (sozialen u privaten) Pflegeversicherung. Ausgenommen sind nur Streitigkeiten in Angelegenheiten gem § 110 SGB V aufgrund einer Kündigung von Versorgungsverträgen, die für Hochschulkliniken u Plankrankenhäuser gelten (§ 51 Abs 1 Nr 2 SGG). In diesen letzteren Fällen ist der VRW gegeben (BSG SozR 3–2500 § 110 Nr 1; Hess, Kasseler Kommentar, 12 zu § 110 SGB V). Weiterhin ist der VRW gegeben in Rechtsstreitigkeiten iVm Bescheiden der **Landeswohlfahrtsverbände,** durch die von zugelassenen Pflegeeinrichtungen (§ 72 Abs 1 SGB XI) eine Umlage gefordert wird (Ma NVwZ-RR 1999, 38). Dasselbe gilt auch nach der Neuregelung des § 51 SGG weiterhin für Streitigkeiten über die **Investitionsförderung** für Pflegeeinrichtungen (für die bisherige Rechtslage NVwZ-RR 1999, 316). Dagegen sind für Streitigkeiten über die Zustimmung zur gesonderten Berechnung von Investitionsaufwendungen ggü den Pflegebedürftigen durch die Pflegeeinrichtung die SG zuständig (so bereits vor der Änderung des § 51 SGG BSG NZS 2000, 523; **aA** Lü DVBl 2001, 587 LS).

Zu den Angelegenheiten der gesetzlichen Krankenversicherung (§ 51 Abs 1 Nr 2 SGG) gehören zB auch die Klage eines Arzneimittelherstellers auf Beseitigung oder Änderung einer vom Bundesausschuß der Ärzte u Krankenkassen gem § 92 Abs 2 SGB V erlassenen **Arzneimittelrichtlinie.**[312]

Zu beachten ist, daß § 51 Abs 2 SGG den Sozialgerichten ausdr privatrechtliche Streitigkeiten zuweist, so daß bei Zweifeln über die Einschlägigkeit der Sonderzuweisung nicht die Abgrenzung vom VRW, sondern diejenige vom ordentlichen Rechtsweg in Frage steht.

ee) Finanzgerichte. Den Finanzgerichten als besonderen Gerichten sind nach dem generalklauselartig gefaßten § 33 Abs 1 FGO in erster Linie Abgabenangelegenheiten zugewiesen, für die sich in § 33 Abs 2 FGO eine Legaldefinition findet (dazu ausf Sch-Ehlers 674 ff; Gräber 9 ff zu § 33 FGO). Der Weg zu den Finanzgerichten gem § 33 FGO ist auch für Streitigkeiten um **Milchreferenzmengen** u die **Abgaben** nach der MilchabgabenVO v 9. 8. 2004 (BGBl I 2143; zur früheren MilchgarantiemengenVO BVerfG 71, 338; BFH AgrarR 1985, 154), nicht dagegen auch für Streitigkeiten um die **Bescheinigung** nach § 9 der genannten VO[313] oder um eine Bescheinigung nach § 6 Abs 1 S 2 Nr 5 EStG 1964 (90, 353: VRW, da keine Abgabenangelegenheit iSv § 33 Abs 2 FGO). 49 e

Nicht unter die Zuweisung **an die Finanzgerichte** gem § 33 FGO fällt zB auch ein Streit über die Ablieferung der **Grunderwerbsteuerzuschläge** an die kreisfreien Städte u an die Kreise (BFH NVwZ 1983, 766). Keine Abgabenangelegenheit liegt ferner vor, wenn darum gestritten wird, ob das Finanzamt eine gerichtlich angeforderte Auskunft erteilen darf (BFHE 114, 161; Sch-Ehlers 682); zur Feststellungsklage wg Verletzung des Steuergeheimnisses durch eine Auskunft des Finanzamts s BFH BStBl 1987 II 545; FG RhPf EFG 1993, 802: Finanzrechtsweg.

ff) Richterdienstgerichte. Für die Disziplinar-, Versetzung- u sog Prüfungsangelegenheiten von Richtern sind Dienstgerichte zuständig (für Bundesrichter vgl § 61 Abs 1 DRiG: ein besonderer Senat des BGH; für die Länder s § 77 Abs 1 DRiG); ausf zu den nach §§ 62 Abs 1, 78 DRiG den Dienstgerichten zu- 49 f

---

[312] Zu § 368 p RVO aF BSG 64, 78 = NJW 1989, 2771; Muschallik MedR 1987, 1; zu dieser Auffassung neigend auch 74, 253 = NJW 1987, 725; **aA** Lecheler NJW 1987, 698; vgl auch Hohm SGb 1987, 318.

[313] BVerfG 71, 338; BVerwG 79, 193 = BayVBl 1988, 536; 79, 171; BFH AgrarR 1985, 154; BayVBl 1987, 345; Mü BayVBl 1987, 20, 340: VRW.

gewiesenen Streitigkeiten Sch-Ehlers 80 ff. Der Weg zu den Richterdienstgerichten ist zB kraft Sachzusammenhangs über die Anfechtung der Entlassung eines Richters auch für Klagen gegen die **Feststellung der Nichtigkeit einer Entlassung** (BGH NJW 1979, 1710) u – obwohl §§ 62, 78 DRiG u die entspr Vorschriften der Richtergesetze der Länder als abschließende Regelung gedacht sind – für die Anfechtung der **Anordnung der Untersuchung eines Richters,** wenn bei Nichtbefolgung die zuständige Behörde die Dienstunfähigkeit annehmen kann (BGH NJW 1981, 2011). Vgl allg auch 2 ff zu § 38.

49 g **gg) Berufsgerichte.** Bundes- u Landesrecht enthalten zahlreiche Zuweisungen an Berufsgerichte bzw Ehren- oder Standesgerichte. Teilweise sind sie bei den ordentlichen Gerichten (dazu oben 49; zB der Anwaltsgerichtshof nach § 100 BRAO; ferner s §§ 95 ff StBerG; Art 68 BayHKaG) oder den Verwaltungsgerichten (insb nach den meisten HeilBGen der Länder, zB § 48 Abs 1 RhPfHeilBG) errichtet (s 6 zu § 187), teilweise werden sie als mittelbare Staatsgerichtsbarkeit von ör Körperschaften getragen (vgl zB § 8 Abs 2 BWHKaG). Für den Ausschluß des VRW kommt es darauf an, ob es sich um ein Gericht iSd GG handelt.[314] Außerdem ist die Zuständigkeit auf die disziplinarrechtliche Ahndung von schuldhaften Verstößen gegen die Berufspflichten beschränkt (für VRW bei einer mißbilligenden Belehrung eines Steuerberaters durch die Kammer daher Ma RsprD-LS 223/1999).

50 **b) Rechtsweg und Rechtsschutzziel.** Rechtswegzuweisungen gelten im Zweifel **ohne Rücksicht auf die gewählte bzw gebotene Klageart** (Br NJW 1978, 967; vgl auch BGH NJW 1977, 716), zB auch für in den Vorschriften über den Rechtsweg **nicht ausdr erwähnte Rechtsbehelfe** gegen **Vollstreckungsakte**[315] oder hins der **Besetzung der Richterbank** (vgl NJW 1982, 900: keine Feststellungsklage im VRW zur Feststellung, daß die Besetzung des Senats am OLG geschäftsverteilungswidrig ist); sie sind auch dann maßgeblich, **wenn eine bestimmte Klageart,** zB die NK iSv § 47, in diesem Rechtsweg **nicht vorgesehen** ist (vgl Br NJW 1978, 967). Entsprechendes gilt für **Erstattungsanspr,** die die **Kehrseite** von Anspr darstellen, für die eine ausdr Rechtswegzuweisung durch Gesetz besteht.[316]

Voraussetzung ist in allen Fällen jedoch, daß durch Gesetz nicht ausdr oder sinngemäß etwas anderes bestimmt ist oder ein noch **engerer innerer Zusammenhang** zu Regelungen über einen anderen Rechtsweg besteht (vgl Ma NJW 1984, 2483).

51 **c) Keine Zuständigkeit kraft Überlieferung.** Ungeschriebene Zuständigkeiten kraft Überlieferung oder eines nur sehr lose verstandenen Sachzusammenhangs (s aber oben 49), wie sie vor Inkrafttreten der VwGO von den Zivilgerichten in weitem Umfang angenommen wurden, werden durch § 40 ausgeschlossen (**aA** RS § 9, 22 mwN) u gelten nicht fort (Stern 3 I 3; Schoch, Menger-FS 1985, 305). S auch BVerwG 69, 197 (daß ein anderer Gerichtsweg „sachnäher" ist, hat allein noch nicht zur Folge, daß dieser gegeben ist u der VRW ausgeschlossen ist); ferner oben 5; s auch 10 zu § 41.

52 **d) Zuweisung durch vorkonstitutionelle Gesetze.** Bei vorkonstitutionellen Gesetzen ist im Wege der **Auslegung** zu ermitteln, ob der Gesetzgeber lediglich den Rechtsweg **schlechthin** eröffnen wollte – dann ist heute der Rechtsweg gegeben, der sachlich der Art der Streitigkeit entspricht, für ör Strei-

---

[314] Sch-Ehlers 709; BVerfG 48, 317: nicht erforderlich, daß Spruchkörper mit mindestens 1 Berufsrichter besetzt ist – zu § 94 Abs 1 BRAO.

[315] Mü NJW 1976, 260; 1983, 1992 mwN; Ma NJW 1984, 2483; RÖ-v Nicolai 1; Meyer-Ladewig 23 zu § 51 SGG.

[316] BGH NJW 1983, 2029 zum Anspr auf Erstattung einer Entschädigungszahlung gem § 61 Abs 1 BSeuchenG aF (heute § 68 Abs 1 IfSG); NKVwGO-Sodan 443 ff.

tigkeiten daher der VRW –, **oder aber, ob er einen bestimmten Rechtsweg** eröffnen wollte (29, 133; NJW 1976, 906; DVBl 1982, 590; BGH NJW 1983, 1798). **Nach GSOGB BVerwG 37, 370** schließt jedoch die Eröffnung des Rechtswegs **vor den ordentlichen Gerichten** in jedem Fall den VRW aus, auch wenn die Regelung zu einer Zeit erfolgte, als ein anderer Rechtsweg als der ZRW nicht in Betracht kam.

Soweit ältere Rechtsvorschriften den Rechtsweg für **Entschädigungs- oder** 53 **Ausgleichsanspr für die Beeinträchtigung von Eigentum** iSv Art 14 Abs 1 GG zu den ordentlichen Gerichten eröffnen, sind sie nicht dadurch „obsolet" geworden, daß die einschlägigen Entschädigungsklauseln der Natur- u Denkmalschutzgesetze oder sonstiger Gesetze nach heutigem Verständnis (vgl unten 58) nicht (mehr) Grundlage von Enteignungsentschädigungsanspr sein können, sondern (nur noch) Ausgleichsanspr im Rahmen der Inhaltsbestimmung des Eigentums gem Art 14 Abs 1 GG gewähren.[317]

e) Zuweisung nur an Gerichte. Die Zuweisung ist nur an ein anderes Ge- 54 richt möglich, das den Anforderungen des Art 97 GG genügt (vgl 3 zu § 1; RÖ-v Nicolai 39; Obermayer 186 mwN). Fehlt es an der Gerichtsqualität der betr Einrichtung, ist der Rechtsweg zu den staatlichen Gerichten eröffnet.[318] Im übrigen steht jedoch die **Zuweisung an einen anderen Gerichtszweig grds im Ermessen des Gesetzgebers** (BGH 38, 208; Sch-Ehlers 483).

f) Subsidiäre Zuständigkeit der ordentlichen Gerichte. Bei Ausschluß 55 des VRW durch Gesetz ohne gleichzeitige Zuweisung an einen anderen Gerichtszweig sieht **Art 19 Abs 4 S 2 GG** die subsidiäre Zuständigkeit der ordentlichen Gerichte vor, soweit es sich um Rechtsschutz gegen Maßnahmen der öffentlichen Gewalt handelt. Zur heute nur noch sehr eingeschränkten Bedeutung dieser Vorschrift BK-Schenke 64 f zu Art 19 Abs 4 GG.

g) Ausschluß des VRW durch Schiedsvertrag. Keinen Rechtsweg iSd 56 Art 19 Abs 4 GG stellen Schiedsgerichte iSv § 173 iVm §§ 1025 ff ZPO dar, da es ihnen an der in Art 92 GG vorausgesetzten staatlichen Gerichtsqualität fehlt (BK-Schenke 47 zu Art 19 Abs 4 GG). Trotzdem kann im Abschluß eines Schiedsvertrages ein **wirksamer Verzicht** auf die Beschreitung des Rechtswegs liegen (BK-Schenke 48 zu Art 19 Abs 4 GG; Erichsen VerwArch 1974, 318). Ein Ausschluß des VRW durch Schiedsvertrag ist aber gem § 173 S 1 iVm § 1030 Abs 1 S 2 ZPO nur zulässig u wirksam, wenn u soweit die Beteiligten über den Streitggst verfügen können (8, 329; NVwZ 1993, 584; Sch-Stelkens 21 zu § 1). Zur Frage, wann Verfügungsbefugnis idS anzunehmen ist, vgl 12 ff zu § 106. Die Vereinbarung der Zuständigkeit eines Schiedsgerichts begründet **nur ein Prozeßhindernis,** das auf Einrede zu berücksichtigen ist;[319] wird die Einrede erhoben, so hat dies zur Folge, daß die Klage im VRW unzulässig wird (Menger 256; Rapsch NVwZ 1993, 534). Die **Zuweisung** von Streitigkeiten an **Schiedsgerichte durch Gesetz,** die deswegen auch keine echten Schiedsgerichte iSv § 173 S 1 iVm §§ 1025 ff ZPO sind, schließt den VRW aus. Sie ist nur an Schiedsgerichte möglich, die den verfassungsrechtlichen Anforderungen an ein Gericht genügen (Rapsch NVwZ 1993, 534 mwN – mit Zweifeln, ob das Schiedsgericht nach dem G über Wasser- und Bodenverbände – WVG – diesen

---

[317] BGH 121, 328 = NJW 1993, 2095; Rinne DVBl 1994, 24; s auch unten 61 und 62; **aA** zB Grosse-Suchsdorf/Schmaltz/Wiechert, Niedersächsisches DenkmalschutzG, 18 zu § 30.

[318] NVwZ-RR 1995, 241 zu den „Ehrengerichten der Lotsenbrüderschaft nach dem SeelotsenG".

[319] NVwZ 1993, 584; Sch-Ehlers 725; Ey-Rennert 161; NKVwGO-Sodan 116; **aA** 5, 293; RÖ-v Nicolai 79: vAw zu berücksichtigen.

Anforderungen genügt –; s oben 53). Erfüllen „echte Schiedsgerichte" diese Anforderungen nicht, handelt es sich um Verwaltungsbehörden (Sch-Stelkens 22 zu § 1). Allg zu Schiedsgerichten in der Vwgbk s Sch-Ehlers 718 ff.

57 **11. Ansprüche auf Entschädigung wegen Enteignung/Abgrenzungsfragen:** Art 14 Abs 3 S 4 GG weist den Zivilgerichten alle Entschädigungsanspr aus Enteignung zu. Anspr iS dieser Bestimmung sind nach heute hM nur **Anspr aus gezieltem rechtmäßigen Eingriff** in eine durch Art 14 GG geschützte vermögenswerte Rechtsposition aufgrund eines Enteignungsgesetzes, das den Anforderungen des Art 14 Abs 3 S 2f GG genügt.[320] Unter die Regelung fällt auch zB der Anspr auf Ersatz der im EntschädigungsVf entstandenen **Kosten für die Zuziehung eines Anwalts.**[321, 322]

Die Rechtswegzuweisung gilt auch für die entspr **Anspr ausländischer juristischer Personen,** die gem Art 19 Abs 3 GG an sich nicht durch Art 14 GG geschützt werden (BGH NJW 1980, 1569); ebenso auch für die entspr **Anspr des Staates** u ör Körperschaften, auch soweit der Grundrechtsschutz für sie nicht gilt.

58 **Nicht** unter die Rechtswegzuweisung gem Art 14 Abs 3 S 4 GG fallen **Entschädigungsanspr,** die der Gesetzgeber ausschließlich als Ausgleich für sog **ausgleichspflichtige Eigentumsinhaltsbestimmungen** iSd Art 14 Abs 1 S 2 GG[323] oder **aus Billigkeitsgründen** gewährt (BGH DÖV 1987, 152; Bender DVBl 1984, 319), zB Anspr nach § 43 Abs 4 S 2 LFGB (zu § 42 Abs 3 S 2 LMBG aF s 78, 310 = NJW 1988, 1806), **§ 38 Abs 2 AtG**[324] sowie insb **§§ 48 Abs 3, 49 Abs 6, 74 Abs 2 S 3, 75 Abs 2 S 4 VwVfG** (77, 295 = DVBl 1987, 1022; s dazu auch unten 79 ff sowie KR 118 ff zu § 48; 78 ff zu § 49; 125 zu § 74 VwVfG mwN); ebenso nicht **Aufwendungs- oder Erstattungsanspr** (44, 362). Dies schließt jedoch nicht aus, daß auch in diesen Fällen mit den erwähnten Anspr Entschädigungsanspr aus Enteignung oder enteignungsgleichem Eingriff konkurrieren u insoweit dann für die Geltendmachung im Rahmen einer einzigen Klage nunmehr auch schon aufgrund § 17 Abs 2 S 1 GVG der ZRW in Betracht kommt (s 4 zu § 41; Rinne/Schlick NVwZ 1997, 42). Zudem kann dieser sich bei einem Teil der genannten Anspr aus dem Gesichtspunkt der **Aufopferung** gem § 40 Abs 2 S 1 (unten 61) oder aus **spezialgesetzlichen Bestimmungen** wie § 49 Abs 6 S 3 VwVfG, § 22a AEG; § 19a FStrG, § 28a LuftVG; § 31 S 2 iVm § 30 Abs 3 NWDSchG (DVBl 1993, 1141; BGH NJW 1993, 2096), § 68 Abs 1 IfSG (vgl BGH NJW 1983, 2029) ergeben.

59 **Nicht mehr** als gem Art 14 Abs 3 S 4 GG bzw in analoger Anwendung davon den Zivilgerichten zugewiesen anzusehen sind **seit der sog Naßauskiesungsentscheidung** des BVerfG in BVerfG 58, 300, die eine Zuordnung zu Art 14 Abs 3 S 4 GG ausschließt, **Entschädigungsanspr aus enteignendem Eingriff,** dh aus einem an sich rechtmäßigen Eingriff, der jedoch nicht wie die

---

[320] BVerfG 58, 300; BGH NJW 1984, 1171, 1174, 1877; Papier NVwZ 1983, 260; Götz DVBl 1984, 397; MK 51 III 1 und 2 mwN.

[321] 40, 254; Buchh 406/33 § 19 LBG Nr 1; BGH DVBl 1969, 204 f und 208; s auch 18 zu § 73; Kopp 6 und 47 zu § 80 VwVfG.

[322] Vgl allg zum Begriff der Enteignung und zur Abgrenzung von Enteignung, Inhaltsbestimmung und Sozialbindung, BVerfG 52, 1 = NJW 1980, 985; 58, 300 – sog Naßauskiesungsentscheidung – = NJW 1982, 745; 66, 257; 70, 199; 71, 143; NJW 1987, 1251; BVerwG NJW 1990, 1926; BGH NJW 1993, 1256; NJW 1993, 1700 – Fluglärm –; 1993, 1784; Engelhardt NVwZ 1994, 337.

[323] Vgl zB 87, 335; BGH 121, 73 = NJW 1993, 1255 m abl Anm v Schwabe DVBl 1993, 840; 121, 328 = NJW 1993, 2095; NJW 1993, 2605; Rinne DVBl 1994, 25; Maiwald BayVBl 1991, 101; Maurer DVBl 1991, 785 mwN; Lege JZ 1994, 431; Schenke NJW 1995, 3146; s dazu auch unten 61.

[324] Ms NJW 1990, 3226 – Billigkeitsentschädigung und Folge des Sozialstaatsprinzips –; Pelzer NJW 1986, 1666; DVBl 1986, 880; s auch Murswiek UPR 1986, 371.

Enteignung gezielt u in den Formen einer Enteignung stattfindet,[325] u aus **enteignungsgleichem Eingriff,** dh einem Eingriff, der nicht aufgrund eines Enteignungsgesetzes erfolgt, in der Wirkung aber einem förmlichen Enteignungsakt gleichkommt u sich im wesentlichen von einem solchen nur **durch seine Rechtswidrigkeit unterscheidet.**[326] Für beide Anspr kommt **nunmehr** nur gem Abs 2 der ordentliche Rechtsweg **unter dem Gesichtspunkt der Aufopferung** in Betracht, soweit durch Gesetz (s unten 61) dafür kein anderer Rechtsweg eröffnet ist.[327]

Die Zuweisung an die Zivilgerichte erstreckt sich auch auf die Entscheidung über den **Grund des** geltend gemachten **Anspr,** dh auf die Frage, ob eine entschädigungspflichtige Enteignung vorliegt[328] u über die Art der Entschädigung; **nicht** darunter fallen **Klagen gegen den Eingriff** (Enteignungsmaßnahme) selbst[329] oder auf **Folgenbeseitigung** (vgl 80 ff zu § 113), für die der VRW maßgeblich bleibt;[330] ebenso nach BVerwG BayVBl 1968, 23 auch nicht Klagen auf eine **Entscheidung im SchätzVf** gem Art 87 BayWasserG (BayWG) im Rahmen des EnteignungsVf, „weil insoweit nicht eine Entscheidung über die Entschädigung, sondern eine Entscheidung über die Verpflichtung der Behörde zu einem bestimmten Verwaltungshandeln erstrebt wird"; ähnlich BGH NJW 1984, 1551.

In die **Zuständigkeit des VG** fallen die sich nicht als Enteignung darstellen- 60
den Anspr jedenfalls dann, wenn über die **Entschädigungspflicht durch VA** zu entscheiden ist (zu Ausnahmen bei ausdr Zuweisung an die Zivilgerichte s unten). Dies hat zur Folge, daß, wenn dagegen nicht rechtzeitig Widerspruch eingelegt wird (§§ 68, 70), Unanfechtbarkeit u Bestandskraft eintritt.[331] Wenn durch VA entschieden wird, bringt der Gesetzgeber idR zugleich konkludent zum Ausdruck, daß auch für alle Streitigkeiten der VRW begründet sein soll. Dies gilt also auch für einen Streit über die **Höhe der Entschädigung.**[332] Ausdr Zuweisungen in den VRW finden sich zB in § 140 FlurbG[333] u §§ 66, 72 b TierseuchenG (TierSG).

Etwas anderes gilt nur bei einer **ausdr Zuweisung an die Zivilgerichte,** zB in §§ 37 Abs 2, 39 WaStrG für Entschädigungsfestsetzungsbescheide der Wasser- u Schiffahrtsdirektionen, in § 19 Abs 4 S 3 WHG u insb in § 217 Abs 1 BauGB an die Baulandgerichte (für die diesen zugewiesenen Streitigkeiten gilt das Enumerationsprinzip, s Sch-Ehlers 576). Soweit eine Zuständigkeit der Zivilgerichte begründet ist, kann die Frage nach der Rechtsnatur des Anspr (Enteignungsent-

---

[325] Vgl BGH NJW 1978, 1051; 1979, 1043; 1993, 1700 – Entschädigungsanspr wg Fluglärm –; 1993, 1093 – Entschädigungsanspr aufgrund landschaftsschützender Maßnahmen mit Verbot von Kiesabbau.

[326] Vgl zB BGH NJW 1978, 1051; 1984, 1171; Mü BayVBl 1968, 321; OLG Karlsruhe NJW 1987, 384; EF 112.

[327] Vgl BGH DÖV 1987, 153; Rinne/Schlick NVwZ 1997, 42; Schenke NJW 1995, 3147.

[328] 1, 44, 226; 39, 172; 41, 174; 47, 11; BGH 4, 272; 15, 268; 75, 270; DÖV 1986, 36; BVerfG 58, 324; Scherzberg DVBl 1991, 93; MD-Papier 646 zu Art 14 GG; RÖ 45; **aA** Bachof DÖV 1954, 592; unklar 77, 295 = NJW 1987, 2884.

[329] Vgl BVerfG 4, 400; 46, 285; 58, 318; 82, 24 = NJW 1989, 2484: bei einer unteilbaren Leistung uU gegen Ausgleichszahlung analog § 254 BGB, krit insoweit Schenke JuS 1990, 370; BVerwG 77, 295 = NJW 1987, 2884; vgl auch BGH 95, 35.

[330] 15, 143; 39, 173; BAG NJW 1989, 2909; Schloer JA 1992, 39; s allg auch oben 14 b.

[331] 77, 295 = NJW 1987, 2884; str; vgl auch BGH DVBl 1974, 909; Kopp 3 zu § 79 VwVfG; zur Bindungswirkung des Urteils eines VG, das mittelbar feststellt, daß für einen Entschädigungsanspr kein Grund gegeben ist, auch BGH DÖV 1986, 36.

[332] Schenke NJW 1995, 3150; zu § 17 Abs 4 S 2 FStrG aF 71, 167 u 174 f = NJW 1986, 80; BGH 97, 117 f = NJW 1986, 1980; zu § 74 Abs 2 S 2 VwVfG 77, 295 = NJW 1987, 2884; 87, 377; 94, 106; BGH 122, 76; Rinne DVBl 1994, 26; tlw **aA** 10. Aufl.

[333] Flurbereinigungsgerichte als besondere Spruchkörper des VG, vgl NJW 1970, 2042; zu Landabfindungsanspr nach §§ 87 ff FlurbG vgl 80, 341 f: kein Enteignungsanspr; anders für den Geldentschädigungsanspr nach § 88 Nr 3, 6, 7 FlurbG, s BGH NJW 1984, 1882.

schädigung nach Art 14 Abs 3 S 4 GG oder anderer Entschädigungsanspr) dahinstehen. Dies gilt insb für die in die Zuständigkeit der Baulandkammer fallenden Anspr (vgl BVerfG 4, 402: diese genügen trotz der Mitwirkung von Verwaltungsrichtern den Anforderungen des Art 14 Abs 3 S 4 GG). Soweit dem zivilgerichtlichen Vf ein **VorVf bei der Verwaltung** vorgeschaltet ist, ist dieses Voraussetzung des Antrags auf gerichtliche Entscheidung; ein Verzicht auf seine Durchführung ist unzulässig (zum NWEnteignG s OLG Düsseldorf NVwZ-RR 1993, 226). Weigert sich dagegen die Behörde, das VorVf durchzuführen, kann direkt vor den Zivilgerichten geklagt werden (s zum Parallelproblem bei § 6a StHG DDR unten 70). In seiner Entscheidung kann das Zivilgericht auch ohne ausdr Vorschrift (wie zB § 39 Abs 3 WaStrG) entgegenstehende Festsetzungen (VA) aufheben (BayVBl 1978, 186).

61 **12. Vermögensrechtliche Ansprüche aus enteignungsgleichem oder enteignendem Eingriff bzw Aufopferung (Abs 2):** Abs 2 S 1 weist den Zivilgerichten (wegen der im wesentlichen gleichliegenden Interessenlage u des häufig bestehenden Zusammenhangs mit Enteignungs- u Amtshaftungsanspr) auch alle vermögensrechtlichen **Anspr aus Aufopferung** für das gemeine Wohl zu mit der Folge, daß dafür, soweit durch Gesetz nichts anderes bestimmt ist, der ZRW gegeben ist (vgl Rinne DVBl 1994, 24; Schenke NJW 1995, 3145 ff; Z 58 zu § 13 GVG). Durch das RmBereinVpG wurde die Vorschrift dahingehend ergänzt, daß der ZRW nicht für Streitigkeiten über das Bestehen u die Höhe eines Ausgleichsanspr im Rahmen des Art 14 Abs 1 S 2 GG gegeben ist. Dadurch sollte der Streit zwischen dem BGH (BGH 128, 207; zust Rinne DVBl 1994, 24; Schenke NJW 1995, 3145) u dem BVerwG (94, 6; zust Lege NJW 1995, 2749; Schoch JZ 1995, 768) beigelegt werden.

a) Aufopferungsansprüche. Aufopferungsanspr idS sind nach der Novellierung des § 40 Abs 2 S 1 jedenfalls alle Aufopferungsanspr im engeren Sinne, dh **Ersatzanspr für Schäden wg Eingriffs in ein nicht-vermögensrechtliches Gut,** wie **Leben** u **Gesundheit,**[334] auf die der Begriff der Aufopferung vor der Entscheidung des BVerfG 58, 300 weitgehend beschränkt worden war, da die Zivilgerichte ihre Zuständigkeit für alle Anspr wg rechtmäßigen u rechtswidrigen Eingriffen in das Eigentum u in andere vermögenswerte Rechtsgüter schon gem Art 14 Abs 3 S 2 GG bejahten (s oben 58). Nicht hierunter fallen nach der Novellierung des § 40 Abs 2 S 1 ab dem 1. 1. 2002 rechtshängig gemachte **Entschädigungs- bzw Ausgleichsanspr wg** sog. **ausgleichspflichtiger Eigentumsinhaltsbeschränkungen** im Rahmen von Art 14 Abs 1 S 2 GG.

Zweifelhaft ist es, ob auch für **Anspr aus enteignendem Eingriff**[335] nunmehr der VRW gegeben ist. Leitet man diese unmittelbar oder analog aus Art 14 Abs 3 GG ab, so ist dies zu verneinen, da dann der einfache Gesetzgeber nicht die Kompetenz besitzt, für solche Entschädigungsanspr den sich aus der unmittelbaren oder jedenfalls analogen Anwendung des Art 14 Abs 3 S 4 GG ergebenden Rechtsweg zu den ordentlichen Gerichten auszuschließen. Ordnet man sie dem Art 14 Abs 1 S 2 GG zu, da alle Eigentumseingriffe, die sich nicht als Enteignung iSd Art 14 Abs 3 GG darstellen, dem Art 14 Abs 1 S 2 GG unterfallen, ist hingegen der VRW zu befürworten. Zweifelhaft ist es, welcher Rechtsweg für die Geltendmachung von Entschädigungsanspr **aus enteignungsgleichem Eingriff** gegeben ist, für die vor der Novellierung des § 40 Abs 2 nach ganz über-

---

[334] NJW 1987, 2758; BGH 47, 327; 60, 130; NJW 1976, 1687; anders dagegen noch RGZ 140, 285.

[335] Für ordentlichen Rechtsweg NJW 1987, 2758; BGH 91, 20 = NJW 1984, 1876; NJW1993, 1784; MD-Papier 723 zu Art 14; Papier NVwZ 1982, 260; JZ 1986, 548; Götz DVBl 1984, 397 mwN; Rinne DVBl 1993, 870; 1994, 25; MK 53 II; NKVwGO-Sodan 539; Nüßgens/Boujong, Eigentum, Sozialbindung, Enteignung, 1987, 205; Würt 182; **aA** Schwerdtfeger JuS 1983, 110; Maurer DVBl 1991, 786 – heute VRW –.

wiegender Ansicht[336] trotz der Abkoppelung dieses Entschädigungsanspr von Art 14 Abs 3 GG der ordentliche Rechtsweg gegeben war. Vom Wortlaut des neu geschaffenen § 40 Abs 2 S 1 HS 2 sind solche Anspr jedenfalls nicht erfaßt, da es sich bei ihnen nicht um einen Ausgleichsanspr im Rahmen von Art 14 Abs 1 S 2 GG handelt, denn diese Vorschrift bezieht sich – ebenso wie Art 14 Abs 3 GG – nur auf rechtmäßige Eingriffe in das Eigentumsgrundrecht. Andererseits war es ausweislich der Begründung der Novellierung des § 40 Abs 1 S 2 die Absicht des Gesetzgebers „die Ausnahmeregelung in § 40 Abs 2 S 1 auf die klassischen Tatbestände der Aufopferung von Leib und Leben" zu beschränken (BT-Dr 14/6854, 2). Da dieser Wille des Gesetzgebers aber im Wortlaut des § 40 Abs 2 S 1 HS 2 keinen Ausdruck gefunden hat u eine Erstreckung dieser Vorschrift auf den enteignungsgleichen Eingriff zu einem Bruch mit einer jahrzehntelangen Rspr mit weitreichenden Auswirkung führen müßte, wird man der Entstehungsgeschichte der Novellierung eine so weitreichende Konsequenz nicht entnehmen können, sondern die entspr Äußerung eher in dem Sinn zu interpretieren haben, daß dem Bundesrat bei dem von ihm unterbreiteten Änderungsvorschlag offensichtlich die Tragweite u die Konsequenzen der von ihm geäußerten Rechtsauffassung gar nicht voll bewußt waren (so auch NKVwGO-Sodan 539). Damit ist der Anspr aus **enteignungsgleichem Eingriff** nach wie vor als eine **richterrechtliche Ausprägung des Aufopferungsanspr** (so BGH 90, 31) iSd § 40 Abs 2 S 1 Alt 1 zu qualizieren, wobei selbst dann, wenn man dies ablehnen würde, sich der Rechtsweg zu den ordentlichen Gerichten jedenfalls aus § 40 Abs 2 S 1 Alt 3[337] ableitete (s unten 70). Zu verkennen ist allerdings nicht, daß sich nunmehr insoweit ein höchst unbefriedigender Rechtszustand ergibt, als zwar bei rechtmäßigen ausgleichspflichtige Sozialbindungen des Eigentums die Entschädigung im VRW einzuklagen ist, bei Rechtswidrigkeit eines solchen Eingriffs für den Entschädigungsanspr hingegen der ordentliche Rechtsweg eröffnet ist. Insofern begründet die Neuregelung ein besonderes Bedürfnis für eine weiterreichende Eröffnung des VRW, um Systembrüche (im Rahmen des verfassungsrechtlich Möglichen) zu vermeiden.

b) Abgrenzung und Inhalt. Als Regelung über Ausgleichsanspr – nicht über eine Enteignungsentschädigung – bei sonst nicht zumutbaren Eigentumsinhaltsbeschränkungen sind heute im Zweifel auch die vor allem in älteren Gesetzen häufig vorgesehenen sog. **salvatorischen Klauseln** anzusehen, die eine Entschädigung in Fällen vorsehen, in denen eine Vorschrift oder ein Einzelakt „enteignend" wirkt (vgl Krömer, Geiger-FS 1989, 455; allg auch Lege JZ 1994, 438). Soweit der Gesetzgeber es versäumt hat, für eine ohne Entschädigung unzumutbare Eigentumsbeschränkung eine Entschädigungsregelung vorzusehen, dennoch aber ein entspr Eingriff vorgenommen wurde, ist dieser rechtswidrig (94, 8; BGH 102, 360; Schenke, Friauf-FS 1996, 495). Hier kommt aber ein im ZRW geltend zu machender Anspr aus Aufopferung unter dem Gesichtspunkt des enteignungsgleichen Eingriffs in Betracht.

Beim **Aufopferungsanspr ieS,** dh wg eines Eingriffs in ein nicht-vermögensrechtliches Gut (s oben), kommt es auf die **Rechtmäßigkeit oder Rechtswidrigkeit** des Eingriffs grds nicht an (vgl Rinne DVBl 1993, 871); bei Rechtmäßigkeit fehlt jedoch häufig der Charakter des Sonderopfers, insb wenn der Eingriff in einer generellen Regelung besteht oder auf einer solchen beruht u

---

[336] NJW 1987, 2758; BGH 91, 26 = NJW 1984, 1876; NJW 1992, 3229; OLG Karlsruhe NJW 1993, 1402 – Entschädigung für Schäden als Folge fehlerhafter Schaltung einer Verkehrsampel –; Schenke NJW 1995, 3145 ff; Würt 182; **aA** Hain VerwA 2004, 510; Lege NJW 1995, 2749; Schoch JZ 1995, 770; Menger-FS 1985, 335: Schadensersatzanspr iSv § 40 Abs 2 S 1 Alt 3; dazu krit Schenke NJW 1995, 3148.

[337] Für die Subsumtion des Anspr aus enteignungsgleichem Eingriff unter § 40 Abs 2 S 1 Alt 3 Ey-Rennert 119; NKVwGO-Sodan 545.

nicht nur einzelne Bürger trifft (vgl MK 55 I). Im Gegensatz dazu ist beim **enteignenden Eingriff** u beim **enteignungsgleichen Eingriff** das Kriterium der **Rechtmäßigkeit oder Rechtswidrigkeit** ein wesentliches Unterscheidungsmerkmal; dieser Unterschied ist für den Rechtsweg, soweit die Rechtswegzuweisung unter dem Gesichtspunkt der Aufopferung iwS die gleiche ist, jedoch ohne praktische Bedeutung. Für die Rechtswegzuweisung **genügt** in jedem Fall **die,** wenn auch sehr entfernte, **Möglichkeit** der Herleitung des Anspr aus dem Gesichtspunkt der Aufopferung iwS.

Bedeutung hat die Unterscheidung jedoch für **die Begründetheit** der Klage. **Für die Begründetheit** eines Anspr aus enteignungsgleichem Eingriff oder aus Aufopferung wg eines rechtswidrigen Eingriffs verlangt die Rspr grds, daß, soweit sie auf rechtswidriges Handeln gestützt sind, **keine Möglichkeit** besteht bzw bestand, **den Eingriff** als solchen anzugreifen u **rückgängig zu machen** (vgl BVerfG 58, 324; BGH 84, 236; Maurer § 27, 87). Versäumt der Betroffene den Schaden durch RMittel abzuwenden, so führt dies zu einem Ausschluß oder Minderung des Anspr analog § 254 BGB.[338]

Wie die Anspr aus enteignendem Eingriff u enteignungsgleichem Eingriff ist **auch der Aufopferungsanspr** iwS nur auf Ersatz der durch den Eingriff verursachten wirtschaftlichen (finanziellen) Folgen, wie Heilungskosten, Ausgaben wg vermehrter Bedürfnisse gerichtet, **nicht auf Ersatz immateriellen Schadens.**

c) Einzelfälle. Ein **Aufopferungsanspr ieS** kommt zB in Betracht bei **Körperverletzung, Verletzung der Ehre und des guten Namens** (str; MK § 54 III 2b; enger u zT **aA** Rinne DVBl 1993, 871: nur bei Körperverletzung), **Freiheitsentzug,** rechtswidriger **Nichtanerkennung des Rechts zur Kriegsdienstverweigerung** (vgl Pagenkopf NJW 1977, 1519; **aA** BGH NJW 1976, 1687: keine Entschädigung unter dem Gesichtspunkt der Aufopferung), Verletzung der **Rechte aus Art 12 GG.**[339]

Ein **Anspr aus enteignendem Eingriff** (oder/und ausgleichspflichtiger Eigentumsinhaltsbestimmung, s oben) bzw aus enteignungsgleichem Eingriff kommt in Betracht, zB wg

- rechtswidriger **Verzögerung der Erteilung einer Baugenehmigung** (BGH NJW 1980, 1570; 20. 2. 1980 – III ZR 131/77);
- übermäßiger Beeinträchtigung der Straßenanlieger durch ohne Entschädigung nicht zumutbaren **Straßenlärm** (77, 295 = NJW 1987, 2884) bzw der Grundstückseigentümer im Nachbarbereich eines Militärflughafens durch **Fluglärm** (BGH NJW 1993, 1700 = JZ 1994, 259 m zust Anm Ossenbühl;
- ohne Entschädigung nicht zumutbarer Beeinträchtigung der Geschäftsinhaber an einer Straße durch Bauarbeiten für den **Bau einer U-Bahn** (BGH 57, 359; NJW 1983, 1661).

Mit dem Begriff der Plangewährleistung werden eine Reihe von Institute gekennzeichnet, die sich aus den unterschiedlichsten Quellen speisen u im wesentlichen nur durch einen gemeinsamen Bezug zum Vertrauensschutzprinzip geeint sind; Überschneidungen mit dem Aufopferungsanspr ergeben sich dabei nur am Rande.[340]

---

[338] Vgl BGH NJW 1999, 1251 zum Ausschluß des Anspr bei Vorliegen eines bestandskräftigen Planfeststellungsbeschlusses.

[339] Maurer JZ 1991, 38; Schenke NJW 1991, 1783; Schenke/Guttenberg DÖV 1991, 945; Ossenbühl, Staatshaftung, 4. Aufl 1991, 203; MK 54 III 2b; **aA** – außer zu Fällen einer zugleich durch eigentumsrechtlichen Vertrauensschutz qualifizierten Position wie in BGH 78, 45 zu innerörtlichen Werbefahrten – BGH 111, 355; NJW 1994, 1468; Rinne DVBl 1993, 872: keine Aufopferungsentschädigung bei Verlust bloßer Erwerbschancen uä; Rinne/Schlink NVwZ 1997, 41.

[340] Zum Plangewährleistungsanspr DVBl 1970, 61; Maurer § 16 , 26 und § 29, 35; Oldiges, Grundlagen eines Plangewährleistungsrechts, 1970; Schenke AöR 1976, 337 ff.

d) Keine Aufopferung. Nicht unter den Begriff der Anspr aus Aufopferung iSv Abs 2 (dh einschließlich der Anspr aus enteignungsgleichem u enteignendem Eingriff) fallen **Anspr aus Enteignung** (vgl 12, 87), ör **Erstattungsanspr** (vgl NVwZ 1983, 972; Buchh 310 § 113 VwGO Nr 58 S. 20; Wallerath DÖV 1972, 221) – für diese beurteilt sich der Rechtsweg vielmehr nach dem Rechtsgebiet, dem der ursprüngliche Leistungsanspr, dessen Umkehrung der Erstattungsanspr ist, zuzurechnen ist (38, 261) – u **Anspr auf Entschädigung,** die der Gesetzgeber dem Betroffenen ausschließlich **aus Billigkeitsgründen** zuerkennt (VG Ansbach BayVBl 1988, 667), zB Anspr nach § 13 LebMG, § 56 Abs 5 S 2 IfSG (**aA** BGH NJW 1979, 422, 1460; AgrarR 1983, 187), Anspr aus ör gestaltetem Nachbarschaftsverhältnis wg unzumutbarer Immissionen (Ks NVwZ-RR 1999, 4 – zweifelhaft) sowie auch **Entschädigungsanspr gem § 74 Abs 2 S 3** VwVfG u § 75 Abs 2 S 4 VwVfG (vgl 77, 295 = NJW 1987, 2884; 87, 335; KR 125 f zu § 74 VwVfG; Schenke NJW 1995, 3150) u nach vergleichbaren Bestimmungen, zB gem §§ 8 a Abs 4, 9 Abs 9 FStrG.[341] Überhaupt **keine Entschädigungsanspr** kommen in Betracht beim **Verlust bloßer Chancen** (vgl BGH 111, 249; BFHE 187, 159; Rinne DVBl 1993, 871) sowie bei Beschränkungen von Eigentum oder sonstigen Rechten im Rahmen der **Sozialbindung,** soweit die Eingriffe ohne Entschädigung zumutbar sind (vgl zB BGH NJW 1984, 1877; 1993, 1784). 62

Die Zuweisung nach Abs 2 bezieht sich außerdem nur auf den Anspr auf Entschädigung, **nicht auch** auf den Anspr auf Beseitigung oder Unterlassung des den Schaden auslösenden Eingriffs selbst, auf **Folgenbeseitigungsanspr**[342] u auf **Schadensersatzanspr wg** Verletzung der beamtenrechtlichen oder soldatenrechtlichen bzw ersatzdienstrechtlichen Fürsorgepflicht (s unten 75 u 78); für letztere verbleibt es gem § 40 Abs 2 S 2 iVm § 126 Abs 1 BRRG beim VRW, wenn gesetzlich nichts anderes vorgesehen ist (zur Möglichkeit seiner Geltendmachung im ZRW nach § 17 Abs 2 S 1 GVG s 4 zu § 41). Ebenso bezieht sich Abs 2 nicht auch auf die ggf nach einer gesetzlichen Vorschrift, zB nach § 74 Abs 2 S 3 VwVfG, gebotene, vorher **erforderliche Zuerkennung der Entschädigung durch VA** (77, 296 = NJW 87, 2884; KR 134 zu § 74 VwVfG).

e) Entscheidungskompetenz der Zivilgerichte. Die Zivilgerichte haben, soweit sie nach Abs 2 zuständig sind u durch Gesetz nichts anderes bestimmt ist (s im folgenden), nicht nur über die Höhe, sondern **auch über den Grund** zu entscheiden, dh darüber, ob überhaupt ein Fall der Aufopferung vorliegt;[343] sie sind insoweit auch nicht an **durch VA getroffene Feststellungen** der Verwaltungsbehörde hins der Entschädigungspflicht gebunden (vgl 39, 170); anders hins der Beurteilung der Rechtmäßigkeit oder Rechtswidrigkeit der Maßnahmen (BGH 95, 28; s auch 12 zu § 113; zT **aA** BGH 90, 31; NJW 1984, 1170: Bindung nur, wenn durch rechtskräftiges Urteil bestätigt). Ebenso fällt in die Zuständigkeit der Zivilgerichte die Entscheidung über die **Art der zu leistenden Entschädigung.** 63

f) Zuweisung an eine andere als die ordentliche Gerichtsbarkeit. Da die Zuweisung der Aufopferungsanspr nach Abs 2 (anders als die Zuweisung nach Art 14 Abs 3 S 4 GG) nur auf der VwGO beruht, kann der zuständige (s oben 61) Gesetzgeber durch spätere bzw durch die VwGO aufrechterhaltene 63 a

---

[341] Vgl 84, 361 = NJW 1990, 2575; BGH 97, 117 f = NJW 1986, 1980; Schick DVBl 1990, 1375; Pietzcker JuS 1991, 369 mwN; NVwZ 1991, 418; Papier NWVBl 1991, 400; Melchinger NJW 1991, 524 mwN; Maiwald BayVBl 1991, 101; Maurer § 28, 5; KR 125 f zu § 74 VwVfG mwN.

[342] NVwZ 1983, 472; Buchh 310 § 113 VwGO Nr 58 S. 20; Ey-Rennert 117; Hoffmann Becking JuS 1972, 509; Schloer JA 1992, 39; vgl zum FBA auch 80 ff zu § 113.

[343] BGH DVBl 1984, 399; JZ 1986, 182 mwN; DÖV 1986, 36; vgl auch BVerwG 39, 170 und oben 59 zur gleichliegenden Rechtslage bei Enteignungsentschädigungen.

förmliche Gesetze **abweichende Regelungen** treffen. Dies ist zB durch § 51 Abs 1 Nr 6 SGG grds für die Anspr in Angelegenheiten des sozialen Entschädigungsrechts durch Zuweisung an die Sozialgerichte geschehen.

64 **13. Vermögensrechtliche Ansprüche des Bürgers aus öffentlichrechtlicher Verwahrung (Abs 2):** Abs 2 weist den Zivilgerichten (wegen des häufig bestehenden Zusammenhangs mit Amtshaftungsanspr) auch alle Anspr aus ör Verwahrung zu. Das gilt aber nicht für Anspr des Staates aus dem Verwahrungsverhältnis (vgl unten 67). Anspr iSd Vorschrift sind sowohl die **Schadensersatzanspr** des Bürgers wg Verletzung der Verwahrerpflichten (LG Köln NJW 1965, 1440; AG Hamm MDR 1978, 51) als auch der **Anspr auf Rückgabe der verwahrten Sache.**[344] Wird die Klage auf Rückgabe jedenfalls auch auf **Folgenbeseitigung** gestützt, so kann nach § 17 Abs 2 S 1 GVG damit zugleich auch der Rückgabeanspr aus Verwahrung im VRW geltend gemacht werden.

65 **Verwahrung** iSv Abs 2 liegt nur vor, wenn eine Behörde eine Sache in Verfolgung öffentlicher Belange, dh **in Erfüllung öffentlicher Aufgaben** (BGH 21, 219; NJW 1952, 658; B-v Albedyll 125; vgl Büllesbach, Die öffentlich-rechtliche Verwahrung, 1994, 12 ff; Schieferdecker 154 ff), **in ihre Obhut** nimmt u dabei die Sache zugleich auch für den Bürger aufbewahrt (Maurer JuS 1994, 1018), **zB** bei der **Beschlagnahme** u **Sicherstellung** von Gegenständen nach Polizeirecht oder im Rahmen der Strafverfolgung (BGH NJW 1987, 2575), bei der Aufbewahrung eines durch die Polizei abgeschleppten Kfz (Ks NVwZ 1988, 656; Schieferdecker 156), bei der Inbesitznahme aufgrund einer **Pfändung** nach dem Verwaltungsvollstreckungsrecht, **nicht dagegen** bei der Einziehung eines Führerscheins (Stern JuS 1965, 357), der Bereitstellung einer Aufbewahrungsmöglichkeit[345] oder der Gutschrift eines Geldbetrages, der später zurückbezahlt werden soll (im Gegensatz zur Verwahrung bestimmter Geldscheine!). Um ör Verwahrung handelt es sich auch dann, wenn die Behörde sich zur Durchführung der **Hilfe eines Privaten** bedient (so zutr AG Hamm MDR 1978, 52 zur Hinterstellung eines sichergestellten Kfz bei einer privaten Tankstelle); auch in diesem Fall richten sich die Anspr des Bürgers nicht gegen den Privaten, sondern gegen die Behörde (AG Hamm MDR 1978, 52; Schieferdecker 276, 320).

66 **Voraussetzungen und Umfang der Haftung** folgen denselben Grundsätzen wie sie auch für die Verwahrung nach Privatrecht gelten (BGH NJW 1990, 1230; Ks NVwZ 1988, 656), soweit nicht wie im Polizeirecht spezielle Regelungen bestehen. Die Aufbewahrungs- u Obhutspflicht entspricht der Amtspflicht iSd Amtshaftungsrechts (BGH NJW 1987, 2574). Die Haftung wird durch die **Aufhebung der die Verwahrung anordnenden Verfügung** nicht berührt, solange die Verwahrung tatsächlich andauert u die verwahrte Sache nicht an den Berechtigten herausgegeben ist (BGH LM Nr 7 zu § 688 BGB; AG Hamm MDR 1978, 52); aus demselben Grund ist es auch unerheblich, **wenn die Anordnung** der Verwahrung **nichtig** war.

67 Die Zuweisung an die Zivilgerichte betrifft nur Anspr des Bürgers gegen den öffentlichen Rechtsträger (Verwahrer), **nicht** auch umgekehrt **Anspr** der öffentlichen Hand **gegen den Bürger,** zB auf Aufwendungsersatz, Zahlung der Lagerkosten usw.[346]

68 Nicht berührt wird durch die Regelung auch ein evtl Anspr **aus Verletzung der** beamtenrechtlichen oder soldatenrechtlichen **Fürsorgepflicht** (vgl unten 75, 78), auch wenn dieser Anspr mit denselben Tatsachen begründet wird (52, 247);

---

[344] Dieser Anspr kann jedoch auch als FBA geltend gemacht werden, für den der VRW gegeben ist, vgl RÖ-v Nicolai 44; Stich, Staatsb u Staatsgew II, 392; diff Schieferdecker, Die Entfernung von Kraftfahrzeugen als Maßnahme staatlicher Gefahrenabwehr, 1998, 296.

[345] OLG Köln NVwZ 1994, 619 f – private Sachen von Lehrern in der Schule –; hierzu auch Maurer JuS 1994, 1018.

[346] RÖ-v Nicolai 44; Schenke 146; Sch-Ehlers 537.

insoweit bleibt es bei der Zulässigkeit des VRW (52, 247). S jedoch dazu, daß nach **§ 17 Abs 2 GVG** auch dieser Anspr ggf **zusammen mit einem Anspr aus Verwahrung,** Amtshaftung oder Aufopferung vor den Zivilgerichten geltend gemacht werden, eingeklagt werden kann, 4 zu § 41; ferner zB unten 74.

14. Schadensersatzansprüche (des Bürgers) aus der Verletzung öffentlichrechtlicher Pflichten (Abs 2): Abs 2 weist wg des häufig gegebenen Zusammenhangs – Gesichtspunkt der Sachnähe – mit Enteignungs-, Aufopferungs- u Amtshaftungsanspr[347] Schadensersatzanspr des Bürgers (**anders als die des Staates**, s unten 73) aus der Verletzung ör Pflichten **schlechthin den Zivilgerichten** zu, sofern für die Anspr nicht ein anderer Rechtsweg gesetzlich vorgesehen ist, zB durch § 51 SGG.[348] 69

a) Amtshaftung. Erfaßt werden sowohl die bereits nach Art 34 S 3 GG mit § 839 BGB den Zivilgerichten zugewiesenen Anspr aus **Amtshaftung** – insoweit kommt der Vorschrift neben Art 34 S 3 GG keine selbständige Bedeutung zu (Obermayer 2. Aufl 216; **aA** wohl Stern 3 I 3b, nn) – als auch alle **sonstigen** damit vergleichbaren (37, 238, DÖV 1976, 319) **Schadensersatzanspr** des Bürgers aus der Verletzung ör Pflichten. ZT werden hierunter auch Entschädigungsanspr aus enteignungsgleichem Eingriff subsumiert (so Ey-Rennert 119; NKVwGO-Sodan 545), obschon gängigerweise Entschädigungsanspr strikt von Schadensersatzanspr getrennt werden u es näher liegt, den Anspr aus enteignungsgleichem Eingriff als Aufopferungsanspr zu qualifizieren (s oben 61). Als Schadensersatzanspr iSd § 40 Abs 2 S 1 Alt 3 sind aber zB anzusehen 70

- **Anspr** gem § 19 BNotO gegen einen **Notar** (RÖ-v Nicolai 43; Stern 3 I 3b, nn);
- der Anspr auf Ersatz des **Verzugsschadens wg** verspäteter Zahlung eines gesetzlich vorgesehenen Zuschusses zur Unterhaltung einer Brücke (37, 233) oder wg nicht-rechtzeitiger Erfüllung der Zusicherung eines VA (Ma DVBl 1981, 265);
- Anspr aus Verletzung der **Verkehrssicherungspflicht** (s auch oben 27) für öffentliche Straßen, Plätze usw, nach der nicht überzeugenden Rspr allerdings nur, **wenn und soweit** diese durch besondere Bestimmungen **ör geregelt** ist;[349]
- **Anspr wg** Verletzung einer **straßen-** oder **wegerechtlichen Unterhaltungspflichten;**[350]
- Anspr, bei denen wie bei **§ 30 Abs 3 WHG,** § 115 Abs 3 NdsWasserG Schadensersatz als Folge einer Eigentumsverletzung auch bei ordnungsgemäßer Ausübung einer ör Verpflichtung unter dem Gesichtspunkt der **Gefährdungshaftung** geschuldet wird (NJW 1987, 2758; OLG Karlsruhe NJW 1993, 1402; s auch oben 61);
- ebenso wohl auch – sofern man sie nicht als Anspr aus enteignungsgleichem Eingriff, enteignendem Eingriff oder Aufopferung ansieht (s oben 61) – die derzeit noch umstrittenen sonstigen Anspr **aus Gefährdungshaftung,** zB bei Unfallschäden infolge **fehlerhaften Funktionierens einer Verkehrsampel;**[351]

---

[347] Vgl 37, 238 = NJW 1971, 1053; NJW 1987, 2758; DÖV 1974, 133; 1976, 319 mwN; BGH 43, 277; DÖV 1990, 1028.

[348] BSG NJW 1984, 1424.

[349] 14, 304; 35, 337; BGH NJW 1989, 2808: wenn keine ausdr ör Regelung vorliegt, soll nach der Rspr die Verkehrssicherungspflicht, s zum Begriff oben 27, an Straßen, Plätzen usw nach bürgerlichem Recht zu beurteilen und demgemäß die allg Zuständigkeit der Zivilgerichte gegeben; **aA** Ey-Rennert 118; Ossenbühl JuS 1973, 423; Renck JuS 2000, 1003; Schenke VersR 2001, 533.

[350] S auch oben 27; Schenke FG BGH III 82ff; VersR 2001, 533ff; **aA** BGH VersR 1964, 336; BGH 121, 367.

[351] OLG Karlsruhe NJW 1993, 1402; vgl auch BGH 99, 149 = NJW 1987, 1945; Ossenbühl 372; Maurer § 29, 18.

– außerdem die **Ausgleichsanspr** in Geld **(Folgenersatzanspr)** analog § 251 Abs 2 BGB (vgl 82, 24 = DVBl 1989, 876) u § 1004 BGB (vgl BGH 62, 361; NJW 1970, 1181; DB 1977, 968; krit MKBGB 67 zu § 1004 BGB) als „Surrogat" bei Nichtrealisierbarkeit eines an sich begründeten FBA wg Unmöglichkeit oder Unzumutbarkeit aus allein oder überwiegend im Bereich des an sich verpflichteten Hoheitsträgers liegenden Gründen (vgl DVBl 1993, 1362, wo das BVerwG die Frage der Existenz eines solchen Anspr jedoch offen läßt; Franke VerwA 1966, 351; **aA** Maurer § 30, 17).

Auch für **Anspr nach dem StHG DDR,** das als Landesrecht in tlw unterschiedlich geänderter Fassung weitergilt (Ossenbühl 471 ff), ist nach § 6 a StHG DDR der Rechtsweg zu den Landgerichten gegeben. **Nicht** unter § 40 Abs 2 S 1 Alt 3 ist der Anspr aus **§ 123 Abs 3 iVm § 945 ZPO** zu subsumieren, da dieser Anspr nicht an die Verletzung ör Pflichten geknüpft ist,[352] weshalb hier der VRW gegeben ist.

71 **b) Öffentlichrechtliche Verträge. Ausgenommen** von der Zuweisung an die Zivilgerichte werden (dh insoweit verbleibt es beim VRW) alle Anspr auf Schadensersatz in Geld aus der Verletzung **ör Pflichten, die auf einem ör Vertrag beruhen** (BGH 87, 16 = NJW 1983, 2111; NVwZ 1986, 11; Sch-Ehlers 539), zB Ersatzanspr wg Schlechterfüllung oder Verzug. Umstritten ist, ob dies auch für Anspraus **culpa in contrahendo** gilt; dies dürfte aber zu bejahen sein.[353] Dies gilt auch für den Fall, daß ein **Sachzusammenhang mit einem Amtshaftungsanspr oder einem sonstigen Anspr** besteht, für den nach § 40 Abs 2 S 1 der ordentliche Rechtweg gegeben ist,[354] insb auch für einen Vergleichsvertrag, der einen derartigen Anspr betrifft (**aA** Ma NJW 2005, 2636). Aufwendungsersatzanspr analog §§ 683, 670 BGB sind dagegen keine Schadensersatzanspr u werden bereits deshalb von der Zuweisung an die ordentlichen Gerichte nicht erfaßt.[355]

72 **c) Nicht-vertragliche verwaltungsrechtliche Schuldverhältnisse. Nicht** von der Zuweisung an die ordentlichen Gerichte **ausgenommen** werden dagegen Streitigkeiten über **Anspr Privater** (anders für Schadensersatzanspr eines Hoheitsträgers, s unten 73) aus der Verletzung von Pflichten, die sich aus einem nicht-vertraglichen verwaltungsrechtlichen Schuldverhältnis ergeben, insb Streitigkeiten aus **ör positiver Forderungsverletzung**[356] über Schadensersatzanspr aus **ör Geschäftsführung ohne Auftrag** (s oben 21)[357] **u** aufgrund **ör Benut-**

---

[352] 18, 77 f; NKVwGO-Sodan 578; Sch-Ehlers 552 f; **aA** BGH 78, 128; Ey-Happ 85 zu § 123; offen BVerwG NVwZ 1991, 270.

[353] We NJW 2002, 386; Dötsch NJW 2003, 1430 ff; Ey-Rennert 121; Hufen § 11, 93; Hufen/Bickenbach DV 2006, 539; Keller, Vorvertragliche Schuldverhältnisse im Verwaltungsrecht, 1997, 204 f; RÖ-v Nicolai 15 a; Schenke 147; Scherer NVwZ 1986, 540; Schoch Menger-FS 320, 324; KR 6 zu § 62 VwVfG; vgl VG Meiningen LKV 1994, 456; vgl auch B-v Albedyll 136; **aA** NJW 2002, 2894 f; BGH NJW 1986, 1109; NVwZ 1990, 1103; BayVBl 2007, 155; Ko NJW 2002, 3724; VG Gera NJW 1999, 3575; Hebeler JA 2002, 936 ff; Lüke JuS 1980, 647; NKVwGO-Sodan 569; Sch-Ehlers 545. Nach NJW 2002, 2894; Ko NJW 2002, 3724 soll der VRW nur dann gegeben sein, wenn der Anspr aus cic neben einem Anspr aus einem ör Vertrag geltend gemacht wird.

[354] RÖ-v Nicolai 43; Sch-Ehlers 539, **aA** Ma NJW 2005, 2636 f.

[355] Vgl NVwZ 1992, 264; VG Hannover NdsVBl 1996, 167; VG Gießen NVwZ-RR 1995, 144; NKVwGO-Sodan 568 f; Sch-Ehlers 543 Fn 1726.

[356] Ma DVBl 1981, 266; Sch-Ehlers 544; **aA** für den Fall, daß ein aktueller Zusammenhang mit Amtshaftungsanspr nicht besteht, 37, 238; NJW 1976, 1468; Backhaus DVBl 1981, 268; Hbg NVwZ-RR 1995, 369 (s auch oben 71).

[357] Demnach sind Schadensersatzanspr Privater, die Schäden aus einer nicht gerechtfertigten GoA durch einen Hoheitsträger betreffen, trotz des ör Charakters einer derartigen GoA dem ZRW zuzuordnen. Nimmt ein Privater ausnahmsweise im Wege der GoA Aufgaben der Gefahrenabwehr oder eine sonstige hoheitliche Aufgabe wahr, sind die §§ 677 ff BGB

zungsverhältnisse;[358] insoweit ist der **ordentliche Rechtsweg** gegeben.[359] Die Auffassung, insoweit sei ebenfalls der VRW eröffnet, ist mit dem Wortlaut des Gesetzes nicht vereinbar, der die Zuweisung zum VRW eindeutig auf Anspr mit vertraglicher Grundlage beschränkt (Schoch, Menger-FS 1985, 324; StBS-P. Stelkens/Kallerhoff 4 zu § 97 VwVfG). Dies kann auch nicht unter Hinweis auf die angebliche ratio der Vorschrift überspielt werden, nach der Haftungs- u Erfüllungsanspr nicht verschiedenen Gerichten zugewiesen werden sollen (so aber Ey-Rennert 121; vgl auch Backhaus DVBl 1981, 268). Denn die nichtvertraglichen Anspr eines Privaten stehen den Amtshaftungsanspr, über die im ordentlichen Rechtsweg befunden wird, mindestens ebenso nahe, wie den Erfüllungsanspr (Ma DVBl 1981, 266; Schenke 147; vgl auch BSG 70, 189). **Soweit die Benutzung** ör Anstalten **privatrechtlich geregelt** ist (vgl Mü NVwZ-RR 1995, 59; Mü BayVBl 1969, 102; ferner oben 16f), entfällt die Anwendbarkeit des Abs 2 schon deshalb, weil in diesem Fall nur eine Verletzung privatrechtlicher Pflichten in Betracht kommt. Zu Anspr wg **Verletzung der Verkehrssicherungspflicht** s oben 27 u 70.

d) Vorfragenkompetenz. Die Zuweisung von Schadensersatzanspr an die 73
Zivilgerichte gem S 1 schließt auch die dabei vom Gericht zu prüfenden Vorfragen mit ein, insb bei Amtspflichtverletzungen durch VA auch die Frage der **Rechtswidrigkeit** des in Frage stehenden VA.[360] Sie erfaßt kraft Sachzusammenhangs (vgl oben 49) auch eine ggf im Rahmen einer **Stufenklage** vorgeschaltete Klage **auf Auskunft,** soweit diese zur Bezifferung des Schadens erforderlich ist (BGH 78, 274 = DVBl 1981, 395), u andere Nebenanspr zu einem Schadensersatzanspr.[361]

e) Nur Ansprüche auf Geldleistung. Im übrigen gilt die Zuweisung jedoch nur für Klagen auf Schadensersatz in Geld (27, 132; BGH 34, 99), nicht auch auf **Unterlassung, Beseitigung** eines Eingriffs oder auf **Naturalrestitution,**[362] auf **Folgenbeseitigung**[363] oder **Erstattung;** ebenso nicht für Klagen auf **Erfüllung ör Verpflichtungen,** einschließlich der Verpflichtungen aus ör Schuldverhältnissen; insoweit bleibt es bei der Zulässigkeit des VRW (DÖV 1990, 1028).

f) Nur Schadensersatzklagen des Bürgers gegen den Staat (bzw gegen andere ör Rechtsträger) werden erfaßt, nicht auch umgekehrt Klagen des Staates

---

unmittelbar anwendbar u ist ein gem § 678 BGB gegebener Schadensersatz im ZRW geltend zu machen. Dasselbe gilt wg § § 40 Abs 2 S 1 aber auch dann, wenn man entgegen der hier vertretenen Ansicht (21 zu § 40) von der Zulässigkeit einer ör GoA durch den Privaten ausgeht.

[358] BGH 59, 305; NJW 1984, 617 – Anschluß an die städtische Kanalisation –; NVwZ 1983, 571; DVBl 1973, 33 zur Haftung bei Lieferung schlechten Wassers; BayVBl 1976, 156 zur Haftung bei mangelhafter Einrichtung eines Schlachthofs; NJW 1983, 622 zur Haftung wg fehlerhafter Dimensionierung eines Abwasserkanalsystems mit ör Benutzungsordnung; Sch-Ehlers 543; **aA** Ma NVwZ-RR 1991, 325 – ohne nähere Begründung.

[359] BGH 59, 305; Maurer § 29, 9; Schenke FG BGH III 80f; Sch-Ehlers 543; Würt 185; **aA** Ey-Rennert 121; Henke JZ 1984, 446 u Murach BayVBl 2001, 682ff, demzufolge § 40 Abs 2 S 1 Alt 3 nur Amtshaftungsanprüche umfassen soll, womit diese Vorschrift aber neben Art 34 S 3 GG sinnlos und überflüssig wäre.

[360] BGH 2, 200; MDR 1956, 412m Anm Bettermann; NJW 1991, 1168 – keine Bindung an bestandskräftige VAe –; s dazu auch 8 zu § 113; Papier JZ 1986, 183; Jeronim NVwZ 1991, 543.

[361] BGH 67, 91; 78, 274 = DVBl 1981, 395; StJ Einl 348, **aA** Sch-Ehlers 556.

[362] BGH 34, 99; 67, 100; RÖ-v Nicolai 42f; **aA** Erichsen VerwA 1972, 219; Hoffmann Becking JuS 1972, 509.

[363] BGH MDR 1961, 665, 837; BSG NJW 1979, 1519; Ms MDR 1978, 169; BAG NJW 1989, 2909; Ey-Rennert 117; s auch oben 14b.

gegen den Bürger.[364] Bei ihnen fehlt es am Zusammenhang mit dem Schadensersatzanspr des § 839 BGB iVm Art 34 GG, aus dem sich die Normierung des § 40 Abs 2 3. Alt rechtfertigt.

IdR handelt es sich nach hM bei Schadensersatzanspr des Staates gegen Bürger ohnehin um zivilrechtliche Anspr;[365] anders idR in Sonderstatusverhältnissen, zB im Beamtenverhältnis (s unten 74 u 76). Für Streitigkeiten über den **Rückgriff** (Regreß) **gegen den Amtsträger in Amtshaftungssachen** gewährleistet Art 34 S 2 GG den ZRW.

74 **g) Beamtenrechtliche Fürsorgepflichten.** Nicht unter § 40 Abs 2 S 1 fallen Klagen auf Schadensersatz wg Verletzung beamtenrechtlicher oder soldatenrechtlicher Fürsorgepflichten – obwohl hins des idR mit weitgehend denselben Tatsachen begründeten Amtshaftungsanspr die Zivilgerichte zuständig sind[366] –; entspr gilt dies auch für Klagen auf Schadensersatz wg Verletzung der Fürsorgepflicht einer nach § 4 ZDG anerkannten Beschäftigungsstelle aus einem **Zivildienstverhältnis** bei einem Kriegsdienstverweigerer (BGH NVwZ 1990, 1103). Insoweit verbleibt es bei der Zulässigkeit des VRW. S dazu auch unten 75; ferner 5; 10 zu § 41. Allerdings können auch diese Anspr im ZRW gem **§ 17 Abs 2 S 1 GVG zusammen** mit einem Amtshaftungsanspr geltend gemacht werden; s dazu 4 zu § 41.

75 **15. Vorbehalt zugunsten des Beamtenrechts (Abs 2 S 2):** Der Ausschluß des VRW nach Abs 2 S 1 würde an sich auch die entspr Anspr aus Beamtenverhältnissen erfassen. Um dies zu verhindern, bestimmt Abs 2 S 2 – **im Einklang** mit **§ 126 BRRG,** der den VRW allg für alle Streitigkeiten aus dem Beamtenverhältnis, dh für Klagen, die im Beamtenrecht ihre Grundlage haben (s zu dieser extensiven Auslegung von § 126 BRRG auch Schnellenbach ZBR 1992, 250), vorsieht, um alle beamtenrechtlichen Streitigkeiten bei einem Gerichtszweig zusammenzuführen (BGH BayVBl 1988, 312) –, daß es auch für die in Abs 2 S 1 genannten Anspr bei der Zulässigkeit des VRW verbleibt, soweit es sich um **Streitigkeiten aus dem Beamtenverhältnis** handelt. Unter § 126 BRRG fallen damit auch Streitigkeiten hins des Vor- u Nachstadiums eines Beamtenverhältnisses (NKVwGO-Sodan 144; Schenke 149), so zB Klagen auf Begründung eines Beamtenverhältnisses (26, 33) wie auch Klagen, die in einem früheren Beamtenverhältnis wurzeln, etwa eine Klage eines Dienstherrn wg einer früheren Dienstpflichtverletzung des Beamten (27, 250). § 126 Abs 1 BRRG unterfallen auch Klagen eines Nichteingestellten gegen die Einstellung eines anderen, weniger geeigneten Bewerbers (NKVwGO-Sodan 144; Sch-Ehlers 41). Die Vorschrift gilt auch für Streitigkeiten aus dem **Richterverhältnis.** Entsprechendes gilt aufgrund besonderer gesetzlicher Zuweisung für Streitigkeiten aus dem **Wehrdienstverhältnis** u dem **Ersatzdienstverhältnis,** für die § 82 SoldG[367] bzw § 32 WPflG bzw § 78 Abs 2 ZDG (vgl BGH NVwZ 1990, 1103) ebenfalls den VRW für anwendbar erklären (52, 249; BGH NVwZ 1990, 1103), **nicht** jedoch für **nur beamtenrechtsähnliche Rechtsverhältnisse,** wie ör **Lehraufträge** an einer Universität (49, 140; 50, 258), die Rechtsstellung als **Privatdozent** (8, 171), als **Notar** (25, 46; 49, 142) uä.

---

[364] 18, 78; 37, 231; BGH 43, 277 f; Ms NVwZ 1987, 1105, ohne daß – soweit veröffentlicht – die Frage des VRW ausdr erörtert wird; NVwZ 1990, 1104 – auch zu Ansprüchen gegen einen beliehenen Unternehmer –; Bettermann JZ 1966, 446 f; Ey-Rennert 116; RÖ 43; Schenke 147; Sch-Ehlers 539; Würt 184.

[365] VG Darmstadt NVwZ 1986, 331: Schadensersatzklage einer Dienststelle iSv § 3 ZDG gegen einen Zivildienstleistenden; Hüttenbrink DÖV 1982, 489; MK 37 II mit Fn 13; zT **aA** v Einem NWVBl 1990, 336.

[366] 13, 25; 49, 232; 52, 249; DVBl 1983, 1111; BGH 14, 122; 43, 178; DVBl 1978, 413; Ms MDR 1978, 169; **aA** BGH 29, 310.

[367] Zu dessen Anwendungsbereich DVBl 2006, 50.

Der Anwendungsbereich des Vorbehalts ergibt sich aus § 126 BRRG bzw § 82 SoldG; er ist in sehr weitem Sinn zu verstehen.[368] Darunter fällt auch **zB** die Klage eines Beamten auf **Schadensersatz wg Verletzung der Fürsorgepflicht** oder wg unterbliebener oder verspäteter **Beförderung;**[369] der Streit eines Beamten mit seinem Dienstherrn über die **Einbehaltung der Lohnsteuer** (Ms DÖV 1979, 343); die Klage eines Dritten auf **Erteilung einer Aussagegenehmigung** (DÖV 1983, 894; zweifelhaft). Die Regelung gilt auch für Klagen im Zusammenhang mit der **Begründung des Beamtenverhältnisses,**[370] **ebenso** – weil auch hier die Anspruchsgrundlage im Beamtenrecht liegt, dessen möglichst einheitliche Auslegung u Anwendung § 127 BRRG sicherstellen soll (DVBl 1977, 424) – für Klagen, die auf Sachverhalte **vor Beendigung des Beamtenverhältnisses** gestützt werden (27, 250; 34, 253; 50, 304; DVBl 1977, 426; BGH BayVBl 1988, 312), u **Klagen von Hinterbliebenen.** Dasselbe gilt für Klagen der Beamten der Deutschen Post AG auf Abschluß eines Arbeitsvertrages unter gleichzeitiger Beurlaubung nach § 4 Abs 3 PostpersonalrechtsG (BAG NVwZ 1999, 1259). 76

Keine Streitigkeit aus dem Beamtenverhältnis ist dagegen die Klage eines **Prüflings** im Zusammenhang mit der **2. jur Staatsprüfung** (30, 173; 38, 105; 40, 207) oder ähnlichen **Prüfungen,** die nicht nur im Hinblick auf die Einstellung von Beamten durchgeführt werden (30, 173). **Nicht beamtenrechtlich** sind auch Streitigkeiten im Zusammenhang mit **Darlehen,** die im **Rahmen der Wohnungsfürsorge** für Angehörige des öffentlichen Dienstes gewährt werden (19, 313; 41, 132: ZRW), ebenso nicht Streitigkeiten über **Kindergeld** (Zuständigkeit der Sozialgerichte gem § 15 BundeskindergeldG (BKGG); vgl auch Mü BayVBl 1978, 180). Zum Rechtsschutz der **Amtsträger von Religionsgemeinschaften** s oben 40; ferner BVerwG NJW 1977, 368; Rüthers NJW 1976, 1918; Struck NJW 1977, 367. Für ör **Bedienstete der Religionsgemeinschaft** gilt Abs 2 S 2 nur, wenn für die entspr Streitigkeiten gem § 135 S 2 BRRG der VRW eröffnet wurde (25, 232). 77

Nicht berührt wird durch Abs 2 S 2 iVm § 126 BRRG die unabhängig von einer Klage aus Verletzung der beamtenrechtlichen Fürsorgepflicht des Dienstherrn im VRW zulässige[371] **Klage** eines Beamten auf **Schadensersatz wg Amtspflichtverletzung** des Dienstherrn im ZRW (18, 184; 22, 46; 67, 226). Entsprechendes gilt für Amtshaftungsklagen anstelle von Klagen aus Verletzung der **soldatenrechtlichen Fürsorgepflicht** (Ms MDR 1978, 163). S auch oben 74. 78

16. Vorbehalt zugunsten von Ausgleichsansprüchen bei Rücknahme eines VA (Abs 2 S 2): Durch den Rechtswegvorbehalt, der durch G v 25. 5. 1976 (BGBl I 1253) im Zusammenhang mit dem Erlaß des VwVfG eingefügt 79

---

[368] 50, 304; 67, 225; DVBl 1983, 505; DÖV 1983, 884; Buchh 232 § 54 BBG Nr. 6; BGH BayVBl 1988, 312.

[369] 80, 123 = NJW 1989, 538 – Anspr auch wg Verletzung der Bestimmungen und Grundsätze über die Beförderung –; DÖV 1997, 168; NJW 1998, 3288; Erichsen JK 97, GG Art 34 II/17; Günther NVwZ 1989, 837; Hufen JuS 1999, 716; Schnellenbach NVwZ 1989, 435.

[370] 26, 33: Klage auf Erfüllung einer Zusage bezüglich der Übernahme in das Beamtenverhältnis; 30, 65; 30, 173; NVwZ 1999, 424: Verletzung des Art 33 Abs 2 GG; Ms ZBR 1969, 247: Klage wg Nichtzulassung zu einem Auswahlwettbewerb für den höheren Dienst; BVerwG DVBl 1974, 49: Klage auf Zulassung zu einer beamtenrechtlichen Eignungsprüfung; Ks DVBl 1969, 844 mit abl Anm Pappermann: Klage eines kommunalen Wahlbeamten, dessen Wahl für ungültig erklärt wurde; BVerwG ZBR 1996, 265: Klage auf Schadensersatz entspr beamtenrechtlicher Vorschriften bei nicht wirksam zustande gekommenem Beamtenverhältnis; BGH BayVBl 1988, 312; Eichler DÖD 1994, 112 ff unter Hinweis auf § 52 Nr 4 S 1 VwGO.

[371] Vgl 13, 17; 18, 184; 22, 46; 44, 55; 52, 249; 67, 226; DVBl 1963, 677; BGH 14, 122; Sa ZBR 1976, 87; **aA** BGH 29, 310.

worden ist, wird klargestellt, daß (bestehende u künftige) **Vorschriften über den Rechtsweg** für Anspr aus Ausgleich von Vermögensnachteilen wg Rücknahme rechtswidriger VAe **unberührt bleiben,** dh nicht von der allg Verweisung an die Zivilgerichtsbarkeit gem Abs 2 S 1 erfaßt werden. Gedacht war vor allem an den durch G v 2. 5. 1996 (BGBl I 656) gestrichenen § 48 Abs 6 VwVfG, der Ausgleichsanspr der genannten Art dem VRW zuwies. Der Gesetzgeber hat bei der Novellierung der §§ 48 ff VwVfG durch das G v 2. 5. 1996 (BGBl I 656) diese Regelung für entbehrlich gehalten, da sich der VRW für Streitigkeiten über die Erstattungspflicht nach Abs 2 u der Erstattungsanspr nach Abs 3 bereits aus § 40 Abs 1 ergebe u für Entschädigungsanspr aus anderen Rechtsgründen ohnehin die Zivilgerichte zuständig seien (BT-Dr 13/1534, 6). Insoweit ist § 40 Abs 2 S 2 Alt 2 also derzeit ohne Anwendungsbereich. Allerdings erfaßt die Regelung auch die landesrechtliche Rechtswegzuweisung (ebenso Sch-Ehlers 30).

80 Auf Ausgleichsanspr im Zusammenhang mit dem **Widerruf eines VA** (dh der Aufhebung eines rechtmäßigen VA, vgl § 49 VwVfG) u auf Anspr auf Ausgleich nicht vermögensrechtlicher Nachteile ist die Vorschrift nicht, auch nicht analog, anwendbar – eine wenig zweckmäßige Regelung, da die Frage, ob ein VA, aus dessen Aufhebung die Ausgleichsanspr hergeleitet werden, rechtswidrig oder rechtmäßig war, u demgemäß, ob es sich um eine Rücknahme oder um einen Widerruf handelt, letztlich erst im Rahmen der Begründetheit der Klage abschließend beantwortet werden kann.

§ 41 [Entscheidung über die Zulässigkeit des Rechtswegs, Verweisung, perpetuatio fori]

(weggefallen; statt dessen gelten nunmehr §§ 17 ff GVG iVm § 173 S 1)

Anhang zu § 41

§ 17 GVG [Zulässigkeit des Rechtswegs]

(1) **Die Zulässigkeit des beschrittenen Rechtsweges wird durch eine nach Rechtshängigkeit eintretende Veränderung der sie begründenden Umstände nicht berührt. Während der Rechtshängigkeit kann die Sache von keiner Partei anderweitig anhängig gemacht werden.**[1]

(2) **Das Gericht des zulässigen Rechtsweges entscheidet den Rechtsstreit unter allen in Betracht kommenden rechtlichen Gesichtspunkten.**[4] **Artikel 14 Abs. 3 Satz 4 und Artikel 34 Satz 3 des Grundgesetzes bleiben unberührt.**[5]

§ 17 a GVG [Entscheidung über den Rechtsweg]

(1) **Hat ein Gericht den zu ihm beschrittenen Rechtsweg rechtskräftig für zulässig erklärt, sind andere Gerichte an diese Entscheidung gebunden.**[8]

(2) **Ist der beschrittene Rechtsweg unzulässig, spricht das Gericht dies nach Anhörung der Parteien von Amts wegen aus**[9 ff] **und verweist den Rechtsstreit zugleich an das zuständige Gericht des zulässigen Rechtsweges.**[15 ff, 19 ff] **Sind mehrere Gerichte zuständig, wird an das vom Kläger oder Antragsteller auszuwählende Gericht verwiesen oder, wenn die Wahl unterbleibt, an das vom Gericht bestimmte.**[19] **Der Beschluß ist für das Gericht, an das der Rechtsstreit verwiesen worden ist, hinsichtlich des Rechtsweges bindend.**[21 ff]

(3) **Ist der beschrittene Rechtsweg zulässig, kann das Gericht dies vorab aussprechen.**[3, 12 f] **Es hat vorab zu entscheiden, wenn eine Partei die Zulässigkeit des Rechtsweges rügt.**[3, 12 ff]

(4) **Der Beschluß nach den Absätzen 2 und 3 kann ohne mündliche Verhandlung ergehen.**[14, 20] **Er ist zu begründen.**[14, 20] **Gegen den Beschluß ist die sofortige Beschwerde nach den Vorschriften der jeweils anzuwendenden Verfahrensordnung gegeben.**[28 ff] **Den Beteiligten steht die Beschwerde gegen einen Beschluß des oberen Landesgerichts an den obersten Gerichtshof des Bundes nur zu, wenn sie in dem Beschluß zugelassen worden ist.**[29] **Die Beschwerde ist zuzulassen, wenn die Rechtsfrage grundsätzliche Bedeutung hat oder wenn das Gericht von der Entscheidung eines obersten Gerichtshofes des Bundes oder des Gemeinsamen Senats der obersten Gerichtshöfe des Bundes abweicht.**[29 f] **Der oberste Gerichtshof des Bundes ist an die Zulassung der Beschwerde gebunden.**[29]

(5) **Das Gericht, das über ein Rechtsmittel gegen eine Entscheidung in der Hauptsache entscheidet, prüft nicht, ob der beschrittene Rechtsweg zulässig ist.**[32 f, 35 f]

§ 17 b GVG [Wirkung der Verweisung; Kosten]

(1) **Nach Eintritt der Rechtskraft des Verweisungsbeschlusses wird der Rechtsstreit mit Eingang der Akten bei dem im Beschluß bezeichneten Gericht anhängig.**[21 ff, 26 f] **Die Wirkungen der Rechtshängigkeit bleiben bestehen.**[26 f]

(2) **Wird ein Rechtsstreit an ein anderes Gericht verwiesen, so werden die Kosten im Verfahren vor dem angegangenen Gericht als Teil der Kosten behandelt, die bei dem Gericht erwachsen, an das der Rechtsstreit verwiesen wurde.**[25] **Dem Kläger sind die entstandenen Mehrkosten auch dann aufzuerlegen, wenn er in der Hauptsache obsiegt.**[25]

Schrifttum: *Boin,* Die Prüfung der Rechtswegfrage iSd § 17 a GVG durch das Rechtsmittelgericht, NJW 1998, 3747; *Brückner,* Bindung des Rechtsmittelgerichts an den Rechtsweg im Falle der unterbliebenen oder verspäteten Rechtswegrüge?, NJW 2006, 13; *Ehle,* Rechtsweg und Zuständigkeit – §§ 17 ff GVG in der Examensklausur, JuS 1999, 166; *Hoffmann,* § 17 Abs. 2 S. 1 GVG und der allgemeine Gerichtsstand des Sachzusammenhangs, ZZP 107, 3; *Holzheuser,* Die Rechtswegverweisung in den verwaltungsgerichtlichen Eilverfahren, DÖV 1994, 807; *Jauernig,* § 17 Abs. 2 GVG – das unverstandene Wesen, NZA 1995, 12; *Kissel,* Neues zur Gerichtsverfassung, NJW 1991, 945; *Lüke,* Der Rechtsweg zu den Arbeitsgerichten und die dogmatische Bedeutung der Neuregelung, FS Kissel 1994, 709; *Ressler,* Zur vereinfachten Wirkung der Verfahrensvorschriften über die Bestimmung des Gerichtszweigs, JZ 1994, 1035; *Schaub,* Die Rechtswegzuständigkeit und die Verweisung des Rechtsstreits, BB 1993, 1666; *Sennekamp,* Die Verweisung summarischer Verfahren an das zuständige Gericht, NVwZ 1997, 642; *Wieser,* Die Prüfung der Rechtswegfrage im Berufungsverfahren bei unterlassenem Zwischenbeschluß über die Zulässigkeit des Rechtswegs durch das erstinstanzliche Gericht, ZZP 106, 529; *Windel,* Die Bedeutung der §§ 17 Abs. 2, 17 a GVG für den Umfang der richterlichen Kognition und die Rechtswegzuständigkeit, ZZP 1998, 3. Nachw zur früheren Rechtslage in der 10. Aufl. Zur Aufrechnung s § 40.

Übersicht

1 **1. Allgemeines:** § 41 wurde durch das 4. VwGOÄndG **aufgehoben.** Gem § 173 treten damit an seine Stelle auch für die Vwgbk **die §§ 17, 17 a u 17 b GVG,** die ebenfalls durch das 4. VwGOÄndG neu gefaßt wurden u nunmehr im wesentlichen einheitlich für alle Verfahrensarten gelten (vgl Begr BT-Dr 11/7031, 21; Kopp NJW 1991, 524), nachdem zugleich mit § 41 aF auch § 48 a ArbGG, § 52 SGG aF u § 34 FGO aufgehoben wurden. **Damit** gelten jetzt **für alle Gerichtsbarkeiten grds dieselben Regelungen für die Entscheidung über die Zulässigkeit des Rechtswegs** u über eine evtl **Rechtswegverweisung.** § 17 Abs 1 S 1 GVG, welcher die **perpetuatio fori** regelt, ist an die Stelle des durch das 4. VwGOÄndG ebenfalls aufgehobenen § 90 Abs 3 aF getreten (zu § 17 Abs 1 GVG näher 15 ff zu § 90).

Neu ggü § 41 aF ist insb die nunmehr vorgesehene **Konzentration der Entscheidung über die Rechtswegfrage** schon in der ersten Instanz (vgl Begr BT-Dr 11/7031, 21; BGH NJW 1991, 1696) u die **bindende Wirkung** der (ausdr oder inzidenten, s unten 7) Entscheidung über den Rechtsweg **auch für die Rechtsmittelinstanzen.** Damit entfällt das Risiko, daß uU erst im RechtsmittelVf die Unzulässigkeit des gewählten Rechtswegs festgestellt wird u die Sache dann in den zuständigen Rechtsweg verwiesen werden mußte. Neu ist auch die Erweiterung der Zuständigkeit des mit einer Sache befaßten Gerichts gem § 17 Abs 2 GVG auf **weitere rechtswegfremde Klagegründe** (s unten 4).

Die §§ 17 ff GVG stellen zusammen mit § 53 Abs 1 Nr 4 u 5 sicher, daß ein Kl nicht dadurch ohne gerichtlichen **Rechtsschutz** bleibt, daß kein Gericht der verschiedenen Gerichtszweige (Vwgbk, ordentliche Gerichtsbarkeit, Arbeitsgerichtsbarkeit, Sozialgerichtsbarkeit u Finanzgerichtsbarkeit, vgl Art 95 GG; zu Ausnahmen s unten 2) sich für zuständig hält (sog **negativer Kompetenzkonflikt**), daß aber andererseits auch nicht mehrere Gerichte verschiedener Gerichtszweige nebeneinander die Zulässigkeit des Rechtswegs zu sich bejahen u in der Sache, uU mit unterschiedlichem Ergebnis, entscheiden (sog **positiver Kompetenzkonflikt**); in letzterer Funktion wird § 17 a Abs 1 GVG durch § 17 Abs 1 S 2 GVG ergänzt. Außerdem sieht § 17 a Abs 2 GVG bei Anrufung eines (hins des gebotenen Rechtswegs) unzuständigen Verwaltungsgerichts – Entsprechendes gilt auch hier für die Prozeßordnungen der übrigen genannten Gerichtszweige – die **Möglichkeit der Verweisung des Rechtsstreits** vAw **an das zuständige Gericht** des dafür in Betracht kommenden Gerichtszweigs vor, um zu verhindern, daß einem Kl, der sich im Rechtsweg geirrt hat, daraus prozessuale oder materiellrechtliche Nachteile, wie Versäumung von Klagefristen, Rechtsverlust als Folge inzwischen eingetretener Verjährung usw, entstehen (vgl BVerfG 57, 22).

Die §§ 17ff GVG dienen zugleich der **Wahrung des gesetzlichen Richters** (BVerfG 61, 41 = NJW 1982, 2367).

Für die Beurteilung des Rechtswegs (wie auch der Justitiabilität einer Streitigkeit) ist auf den Klageantrag u den diesem zugrundeliegenden Sachverhalt abzustellen. Maßgeblich ist dabei nicht das tatsächliche Vorbringen des Kl, sondern der reale Sachverhalt (s 6 zu § 40).

2 Aufgrund der **Verweisung in § 83** gelten die §§ 17ff GVG entspr auch für die (früher in § 83 aF besonders geregelten) Entscheidungen der Verwaltungsgerichte über die **sachliche, örtliche u instanzielle**[1] **Zuständigkeit u** über eine etwaige Verweisung durch ein Verwaltungsgericht an ein anderes Verwaltungsgericht (s auch 1ff zu § 83), **nicht dagegen** im **Verhältnis zur Verfassungsgerichtsbarkeit,**[2] wohl aber grds, soweit durch Gesetze außerhalb der VwGO nichts anderes bestimmt ist, **im Verhältnis zu Sonderverwaltungsgerichten,** Berufsgerichten usw.[3] Zu **Kompetenzkonflikten innerhalb der Vwgbk** s auch § 53 Abs 1 Nr 4 u 5. Von der Anrufung eines im Rechtsweg oder sachlich oder örtlich unzuständigen Gerichts ist die **Einreichung einer an das zuständige Gericht gerichteten Klage (Antrags) bei einem unzuständigen Gericht** zu unterscheiden; s dazu 8 u 9 zu § 74. Soweit es sich um justizfreie Hoheitsakte handelt (5a zu § 40), scheidet die Verweisung einer Streitigkeit durch das Verwaltungsgericht an ein Gericht einer anderen Gerichtsbarkeit dann aus, wenn für die Streitigkeit bei unterstellter Justitiabilität der VRW gegeben wäre. Die Klage ist hier als unzulässig abzuweisen (vgl NJW 1983, 187). Wäre hingegen für die Streitigkeit bei angenommener Justitiabilität ein anderer Rechtsweg als der VRW einschlägig, ist die Streitigkeit an ein Gericht des anderen Rechtswegs zu verweisen (49, 226; s 5a zu § 40).

2a **2. Anwendungsbereich der §§ 17ff GVG:** Unbestritten gelten die §§ 17ff GVG in Klageverfahren, sie sind dagegen **nicht,** auch nicht analog, in selbständigen **Antragsverfahren,** insb in EilVf nach **§§ 80 Abs 5 u 6, 80a Abs 3 u 123 anwendbar.**[4]

Eine unmittelbare Anwendung scheitert schon am **Wortlaut** der §§ 17–17b GVG, der ausdr auf Klagen zugeschnitten ist,[5] zudem ist nicht einsichtig, daß § 17a Abs 4 S 4 bis 6 GVG dann nicht anwendbar sein sollen.[6] Einer **analogen Anwendung** steht insb das gesonderte ZwischenVf nach § 17a Abs 4 GVG entgegen (Ko NVwZ 1993, 381 mwN), durch das das EilVf in die Länge gezogen würde.[7]

---

[1] Ks NJW 1997, 211; s auch 4 zu § 83; zur Nichtanwendbarkeit in EilVf unten 2d.

[2] Lü NdsVBl 1997, 208; Bethge JuS 2001, 1101; Schenke 155; Ey-Rennert 7.

[3] Vgl allg u im Verhältnis zu Wehrdienstgerichten RÖ-M. Redeker 1 hins § 18 Abs 3 WBO; ebenso bisher BVerwG 76, 97; **aA** Mü BayVBl 1970, 294; Ule 9 III; anwendbar im Verhältnis zur Disziplinargerichtsbarkeit, NVwZ 1995, 85.

[4] Ko NVwZ 1993, 381; Ks NJW 1994, 145; DVBl 1995, 164; Holzheuser DÖV 1994, 807ff; Schenke 155; JZ 1996, 1003; Sennekamp NVwZ 1997, 642; RÖ-v Nicolai 5; **aA** Buchh 310 § 40 Nr 286; Bln NVwZ-RR 1998, 464; Hbg NVwZ-RR 2000, 842; Ks NVwZ 2003, 238; DÖV 2007, 263; Ko DVBl 2005, 988 (unter Aufgabe der bisherigen Rspr); Ma NJW 1993, 2194; 1994, 1362; Mü NVwZ-RR 2003, 74; Ms NVwZ 1994, 178; Schl NVwZ-RR 1993, 670; We DÖV 1996, 423; KG NJW 2002, 1504; B-v Albedyll 3; BL 4 zu § 17a GVG; Ey-Rennert 3; M 2 zu § 17 GVG; NKVwGO-Puttler 113 zu § 80; P § 57, 6; Sch-Ehlers 17 zu Vorb § 17 GVG; Sch-Schoch 307 zu § 80; Z 12 vor §§ 17–17b GVG.

[5] Zutr insofern Buchh 310 § 40 Nr 286; VG Berlin InfAuslR 1994, 380; Sch-Ehlers 15f zu Vorb § 17 GVG, auch zu der Frage, warum die Erwähnung des „Antragstellers" in § 17a Abs 2 S 2 GVG nicht entgegensteht; vgl auch BT-Dr 11/7030, 37f.

[6] Sennekamp NVwZ 1997, 642; Holzheuser DÖV 1994, 813; **aA** Ma VBlBW 1992, 471; für Anwendbarkeit des § 17a Abs 4 S 4 GVG auch im vorläufigen RechtsschutzVf Mü NVwZ 1999, 1015. Zweifel ggü der Anwendung des § 17a Abs 4 GVG im EilVf äußert demgegenüber auch BVerwG NVwZ 2006, 1291.

[7] Holzheuser DÖV 1994, 807ff; zutr auch Ko NVwZ 1993, 381: Rechtsmittelzug im ZwischenVf könnte weiter führen als Eilrechtszug selbst, der nur zwei Instanzen eröffnet;

Vor allem aber sprechen teleologische Gründe gegen die Zulässigkeit einer Verweisung, die bei ihrer Statthaftigkeit mit einer Bindungswirkung gem § 17 a Abs 1 GVG gekoppelt wäre u damit nicht dem Umstand Rechnung trüge, daß im EilVf die Prüfung des VRW nicht mit der gleichen Sorgfalt wie im HauptsacheVf erfolgen kann. Zudem erwüchsen bei Bejahung einer Verweisung gem § 17 a Abs 2u 3 GVG Probleme aus einer dann möglichen Divergenz des Rechtswegs im vorläufigen Rechtsschutz u im Hauptsacheverfahren. Eine Bindungswirkung der Verweisung im vorläufigen RechtsschutzVf auch für das HauptsacheVf verböte sich (BFH NVwZ 1991, 103). Einschlägige Eilanträge im unzulässigen Rechtsweg sind daher nicht zu verweisen, sondern als **unzulässig** abzuweisen. Unter Zugrundelegung **allg Rechtskraftgrundsätze** sind andere Gerichte jedoch (unabhängig von § 17 a Abs 1 GVG) an die von einem Gericht bejahte **Unzulässigkeit** des zu ihm **beschrittenen Rechtswegs gebunden** (insoweit erledigen sich die von Buchh 310 § 40 Nr 286; Ms NVwZ 1994, 178 u Ehle JuS 1999, 170 gegen die hier vertretene Ansicht erhobenen Bedenken).

2 b Auch im **PKH-Vf** nach § 166 sind die §§ 17–17 b GVG nicht anwendbar, Anträge im unzulässigen Rechtsweg sind ebenfalls als **unzulässig** abzuweisen, eine Verweisung ist nicht möglich.[8] Für eine analoge Anwendung besteht kein Bedarf, da die Zulässigkeit des Rechtswegs im Rahmen der Erfolgsaussichten, § 166 iVm § 114 ZPO zu prüfen ist u die PKH für jeden Rechtszug gesondert bewilligt wird (Ma NJW 1995, 1916). Wird der Antrag wg fehlender Rechtswegzuständigkeit abgewiesen, richtet sich der Rechtsschutz gegen die abweisende Entscheidung nach § 166 iVm § 127 ZPO, nicht nach § 17 a Abs 4 GVG (Sch-Ehlers 20 zu Vorb § 17 GVG).

2 c Nicht anwendbar sind zumindest die §§ 17 a, 17 b GVG für das **NK-Vf** nach § 47, da dieses nur dem Verwaltungsprozeßrecht bekannt ist, die §§ 17 a, 17 b aber von mehreren möglichen Rechtswegen ausgehen.[9]

2 d In den oben (2 a–2 c) genannten Vf kommt auch eine Verweisung wg **sachlicher, örtlicher u instanzieller Unzuständigkeit** an das zuständige Gericht gem **§ 83** iVm §§ 17–17 b GVG nicht in Betracht, obwohl das in § 17 a Abs 4 GVG vorgesehene ZwischenVf gem § 83 S 2 ausgeschlossen ist (vgl 4 zu § 83 mwN).

2 e Ebenfalls nicht anwendbar sind die §§ 17 ff GVG auf die bis zum Schluß der mV als zulässig anzusehende formlose Abgabe einer Streitsache an die zuständige Kammer bzw den zuständigen Senat **innerhalb** desselben Gerichts (Mü BayVBl 1989, 52; Sch-Ehlers 21 zu Vorb § 17 GVG; s auch 9 zu § 83 mwN). **Anwendbar** sind §§ 17 a, 17 b GVG dagegen, wenn der Rechtsstreit an eine Kammer des Gerichts abgegeben werden muß, die dem Verwaltungsgericht nur an-, nicht aber eingegliedert ist (NVwZ 1995, 85 – im Verhältnis zur damaligen Disziplinargerichtsbarkeit).

Zur Anwendbarkeit **bei mehrfacher Klagebegründung,** wenn die Rechtswegzuständigkeit nur für einen Teil der Klagegründe gegeben ist, s unten 4 ff; zur Anwendbarkeit auf **Vf nach § 23 EGGVG** u § 109 StVollzG OLG Saarbrücken NJW 1994, 1423.

---

gegen Anwendbarkeit des § 17 a Abs 3 u 4 GVG trotz prinzipieller Anwendbarkeit des § 17 a GVG Gr NVwZ 2001, 447; Ks DÖV 2007, 263; Ey-Rennert 3; Sch-Ehlers 47; vgl auch NVwZ 2005, 1201. Gegen eine Anwendbarkeit des § 17 a Abs 4 S 4 u 5 GVG auch NVwZ 2006, 1291.

[8] Ba NJW 1994, 1020; Ma NJW 1995, 1916; Ms NJW 1993, 2766; Sennekamp NVwZ 1997, 642; Kissel 6 a zu § 17 GVG; BL 4 zu § 17 a GVG; Z 12 vor §§ 17–17 b GVG; M 3 zu § 17 GVG; Sch-Ehlers 20 zu Vorb § 17 GVG; **aA** Ba NJW 1999, 517; Ma NJW 1992, 708; RÖ-Kothe 5 zu § 166.

[9] Geiger JA 1993, 190; Sch-Ehlers 11 zu Vorb § 17 GVG; gegen die Anwendung des § 17 GVG bestehen keine Bedenken; **aA** Ey-Rennert 2.

3. Möglichst frühzeitige Entscheidung über den Rechtsweg (§ 17a Abs 1, Abs 2 S 1 u Abs 3 S 2 GVG): Aus § 17a Abs 2 S 1, Abs 3 S 2 GVG ist – in Übereinstimmung mit der Logik, weil letztlich das gesamte weitere Vf davon abhängt – zu entnehmen, daß das Gericht **über die Frage** des für die erhobene Klage gegebenen **Rechtswegs**[10] **möglichst frühzeitig zu entscheiden** hat (Geiger JA 1993, 190). Der Rechtsstreit soll in einem späteren Stadium, nach § 17a Abs 5 GVG insb auch in der Rechtsmittelinstanz, nicht mehr mit der Frage belastet werden, ob für die Streitsache überhaupt der VRW gegeben ist. § 17a Abs 3 GVG gibt dem Gericht deshalb nicht nur die Befugnis zu einer **Vorabentscheidung** über den Rechtsweg (s im einzelnen unten 12ff), sondern **verpflichtet** es auch dazu, **wenn ein Beteiligter die Zulässigkeit des Rechtswegs rügt, u** deshalb gibt § 17a Abs 4 S 3ff GVG den Beteiligten auch grds das Recht der **Beschwerde,** wenn sie mit der Entscheidung über den Rechtsweg nicht einverstanden sind (s dazu unten 12). Folgerichtig erklärt § 17a Abs 1 GVG alle Gerichte **an die rechtskräftige Bejahung** des Rechtsweges zu ihnen – im Fall der Bejahung des VRW dieses Rechtsweges – **gebunden u** schließt in § 17a Abs 5 GVG jede erneute Prüfung der Rechtswegfrage durch die Rechtsmittelgerichte, die später gegen die Entscheidung in der Hauptsache angerufen werden, aus. Parallel mit der Verpflichtung zur Entscheidung über den Rechtsweg verpflichtet **§ 17a Abs 2** GVG das Gericht dazu, den Rechtsstreit sofort, dh ohne Prüfung der Sache bzw der weiteren Sachentscheidungsvoraussetzungen[11] **an das zuständige Gericht zu verweisen,** wenn es sich selbst für unzuständig hält (s unten 15ff). Auch gegen die Verweisung ist nach § 17a Abs 4 GVG die **Beschwerde** gegeben (vgl JA 1993, 190). Der Kl, der mit einer, ggf auch vom Beschwerdegericht bestätigten, **Verweisung nicht einverstanden ist,** hat nur noch die Möglichkeit der **Klagerücknahme,** s dazu unten 15. 3

4. Umfassende Entscheidungskompetenz des im Rechtsweg zuständigen Gerichts (§ 17 Abs 2 GVG): Nach § 17 Abs 2 GVG, § 173 hat das zuständige, bzw das nach § 17a Abs 1, 2 S 3 GVG bindend für zuständig erklärte, Verwaltungsgericht – im Interesse der Beschleunigung u Vereinfachung des Vf sowie der Kostenersparnis (NVwZ 1993, 359) – den Rechtsstreit grds in vollem Umfang, einschließlich etwaiger Hilfsanträge (Ma DVBl 1993, 903), **unter allen rechtlichen u tatsächlichen Gesichtspunkten,** die in Betracht kommen, **zu entscheiden,** ohne Rücksicht darauf, ob es nach § 40 oder aufgrund besonderer gesetzlicher Zuweisung (s 3 zu § 40) dafür zuständig ist. § 17 Abs 2 GVG **erweitert die Rechtswegzuständigkeiten** des Verwaltungsgerichts insoweit über die Klagegründe hinaus, für die der VRW an sich gegeben ist, **auch auf „zuständigkeitsfremde" Klagegründe** (Begr BT-Dr 11/7030, 37; BGH NJW 1991, 1686; Ms NVwZ 1993, 589). Deshalb kann zB mit einem auf Fürsorgepflichtverletzung des Dienstherrn gestützten Anspr des Beamten auch ein Anspr aus Aufopferung, enteignungsgleichem Eingriff oder enteignendem Eingriff (DVBl 2001, 732) geltend gemacht werden. Ebenso läßt sich eine Immissionsabwehrklage gegen einen Hoheitsträger sowohl auf zivilrechtliche wie auch auf ör Vorschriften stützen (Mü NVwZ-RR 2004, 225). **Ausgenommen von dieser Einbeziehung sind wg** der hier entgegenstehenden verfassungsrechtlichen Gewährleistung des ordentlichen (Zivil-)Rechtswegs nur Streitigkeiten über die Höhe einer **Enteignungsentschädigung** gem Art 14 Abs 3 S 4 GG – nicht auch einer Entschädigung wg enteignungsgleichen oder enteignenden Eingriffs oder wg Aufopferung (s 61ff zu § 40) – sowie über den Schadensersatz u den 4

---

[10] Anders als grds hins der übrigen Sachentscheidungsvoraussetzungen, die erst bei Erlaß des Urteils vorliegen müssen u deshalb erst zu diesem Zeitpunkt abschließend zu prüfen u zu beurteilen sind (s 11 zu § 40).

[11] Ma NJW 1991, 1905: die Beurteilung der weiteren Sachentscheidungsvoraussetzungen obliegt erst dem Gericht, an das verwiesen wird.

Rückgriff bei **Amtshaftungsanspr** gem Art 34 S 3 GG (s 70 zu § 40). S auch unten 6. Für Ansprüche, die unter die Ausnahmeregelung von § 17 Abs 2 S 2 GVG fallen, ist ausschließlich der ZRW gegeben. § 17 Abs 2 S 2 GVG hat hier zur Folge, daß das **Zivilgericht,** wenn es mit einer solchen Klage befaßt wird, nunmehr umgekehrt über alle Anspruchsgründe zu befinden hat, also zB bei einer Amtshaftungsklage eines Beamten wg einer Amtspflichtverletzung des Dienstherrn **auch** über den vielfach parallelen Anspr des Beamten **aus Fürsorgepflichtverletzung** (Schenke 151 f).

Aufgrund der Neuregelung des § 17 Abs 2 S 1 GVG ist der Kl auch bei Klagen, die hins des Rechtswegs gemischte Rechtsverhältnisse betreffen, nunmehr – vorbehaltlich der Ausnahmeregelung nach § 17 Abs 2 S 2 GVG – **nicht mehr** gezwungen, für die „zuständigkeitsfremden" Klagegründe **noch ein anderes (weiteres) Gericht** anzurufen.[12] Die erweiterte Zuständigkeit des Verwaltungsgerichts nach § 17 Abs 2 S 1 GVG **schließt** jetzt **auch eine Verweisung wg** der zuständigkeitsfremden Klagegründe **aus; anders,** wenn eine Entscheidung über den weiteren Klagegrund **durch § 17 Abs 2 S 2** GVG (s unten 6) ausgeschlossen ist (NVwZ 1993, 358), zB wenn ein Anspr auf Folgenbeseitigung u hilfsweise ein solcher auf Schadensersatz wg Amtspflichtverletzung gemeinsam in einer Klage beim VG geltend gemacht wird u das VG den FBA als nicht gegeben ansieht; dann hat es nach Abweisung des Hauptantrags den Hilfsantrag an das zuständige LG zu verweisen (Ma DVBl 1993, 903).

Zu **Klagen, die nur hilfsweise** auf Gründe gestützt sind, für die der VRW gegeben ist, s unten 6. Auswirkungen ergeben sich auch für die Zulässigkeit einer **Aufrechnung** im Verwaltungsprozeß mit VRW-fremden Forderungen u für die Entscheidung des Verwaltungsgerichts mit Rechtskraftwirkung gem § 322 Abs 2 ZPO über eine VRW-fremde Gegenforderung, mit der der Bekl aufgerechnet hat (s 45 zu § 40). Sie ist gemäß § 17 Abs 2 S 1 GVG nunmehr als zulässig anzusehen (Schenke/Ruthig NJW 1992, 2510; Schenke JZ 1996, 1002; s im einzelnen 45 zu § 40), soweit nicht die Ausnahmen nach § 17 Abs 2 S 2 GVG, zB Aufrechnung mit einem Anspr aus Amtshaftung, gegeben sind.

5 **Besonderheiten und Ausnahmen.** Die Zuständigkeitserweiterung nach § 17 Abs 2 S 1 GVG auch auf zuständigkeitsfremde Klagegründe betrifft nach Sinn u Zweck der Regelung **nur Fälle,** in denen ein prozessualer **Anspr zugleich** mit Klagegründen begründet wird bzw werden kann, für die an sich ein anderer Rechtsweg gegeben ist (vgl JZ 1995, 402), **nicht** auch **Fälle einer bloßen Klagenhäufung** (§ 44), in denen mehrere selbständige Ansprüche nur prozessual gemeinsam geltend gemacht werden, wie zB bei einer Klage auf Entrichtung einer Abwasserabgabe u auf Zahlung eines Entgelts für Wasserlieferung u Wasserabnahme; in diesen Fällen ist der Rechtsweg für jeden Anspr gesondert zu prüfen u nach § 17 a Abs 2 u 3 GVG zu entscheiden.[13] Unter § 17 Abs 2 GVG fallen deshalb **nur Klagegrundlagen,** die zwar an sich mehreren Rechtswegen zugeordnet sind, der Sache nach aber **ein u denselben Klageanspruch** begründen.[14] Das trifft dann nicht zu, wenn die Polizei eine Beschlagnahme, eine Durchsuchung oder ähnliche Maßnahmen sowohl auf das PolG des entspr Bun-

---

[12] Vgl zur bish hM, die dies zur Folge hatte, nunmehr jedoch nur noch für die erwähnten Ausnahmefälle gem § 17 Abs 2 S 2 GVG weiterhin Geltung hat, zB BVerwG 18, 182, 22, 47; 44, 175; BGHZ 5, 107; 13, 153; 85, 127; 90, 51 = NJW 1984, 2533; s auch unten 6.

[13] BGH NJW 1991, 1686 – zwei im prozessualen Sinn zu unterscheidende selbständige Ansprüche –; BSG MDR 1995, 508; Ms NVwZ 1993, 591; Ma NJW 1993, 3344; NVwZ-RR 1993, 516; Ms NVwZ-RR 1993, 517; Kissel NJW 1991, 951; Hoffmann JZ 1992, 110; Schilken ZZP 1992, 90; Schenke 153.

[14] BGH NJW 1991, 1686; Ms NVwZ 1993, 590; Kissel NJW 1991, 951; vgl auch BGH NJW 1993, 471 – negative Feststellungsklage, auf Feststellung, daß die Kammer zu berufsaufsichtlichen Maßnahmen nicht befugt ist u daß ein wettbewerbsrechtlicher Unterlassungsanspruch nicht besteht.

deslandes wie auch auf die StPO stützt. Angesichts der unterschiedlichen Zielsetzung dieser auf anderen Normen mit divergierenden Tatbestandsvoraussetzungen basierenden, sich jeweils nur äußerlich gleichenden polizeilichen Akte liegen zB bei einer polizeirechtlich wie strafrechtlich begründeten polizeilichen Beschlagnahme (s auch 65 zu § 113) tatsächlich zwei Maßnahmen vor, die nur zufällig uno actu zusammenfallen u bei denen dementsprechend der Rechtsschutz zwei verschiedene Streitgegenstände betrifft,[15] so daß § 17 Abs 2 S 1 GVG nicht anwendbar ist.

Weitere Voraussetzung für die Verpflichtung des angerufenen Gerichts, über den geltend gemachten Klageanspruch unter Einbeziehung auch rechtswegfremder (zuständigkeitsfremder) Klagegründe zu entscheiden u insoweit die Sache nicht an das dafür an sich zuständige fremde Gericht zu verweisen, ist jedoch außerdem immer, **daß** die **Anspruchsvoraussetzungen** für die bei ihm erhobene Klage **nicht ganz offensichtlich nicht gegeben sein können** (NVwZ 1993, 359; Ms DVBl 1993, 567). Der Kl kann sich die Zuständigkeit eines Gerichts „seiner Wahl" nicht dadurch „erschleichen", daß er die Klage zu diesem Gericht außer auf die Gründe, die er als maßgeblich betrachtet, zugleich auch auf Gründe stützt, für die der Rechtsweg zu diesem zwar formell in Betracht kommt, die aber ganz offensichtlich nicht gegeben sind (NVwZ 1993, 359).

Ausgenommen von der Anwendbarkeit des § 17 Abs 2 S 1 GVG sind nach § 17 Abs 2 S 2 GVG die Fälle, in denen die Klage ua auch auf **Art 14 Abs 3 S 4 GG** oder **Art 34 Abs 3 GG** gestützt wird oder werden kann, da bereits das GG dafür den Rechtsweg verbindlich festlegt. Insoweit verbleibt es bei dem früheren Rechtszustand, für den die hM bei mehrfacher Klagebegründung die Rechtswegzuständigkeit des Verwaltungsgerichts bejahte, **wenn jedenfalls für einen Grund** der VRW gegeben war, das VG jedoch auf diesen Klagegrund beschränkte u eine Verweisung des Rechtsstreits hins der zuständigkeitsfremden Klagegründe an ein Gericht des dafür zuständigen Rechtswegs ablehnte.[16] Da es sich hier um ein einheitliches Klagebegehren handelt, muß dies auch dann gelten, wenn die Klage nur **hilfsweise** auf Klagegründe gestützt ist, für die der VRW gegeben ist.[17] Das angerufene Gericht kann dann aber ebenso wie bei einer kumulativen Klagebegründung **nur über die Klagegründe** entscheiden, **für die es zuständig** ist. Im übrigen bleibt es dann dem Kl überlassen, die Klagegründe, für die dies nicht gilt, in dem dafür zuständigen anderen Gerichtsweg geltend zu machen (vgl die N oben zu 4, auch zu aA) oder, was häufig zweckmäßiger ist, die Klage für alle in Frage stehenden Klagegründe im ZRW zu erheben (Schenke 152; s auch oben 4). 6

5. Positive Entscheidung über den Rechtsweg (§ 17a Abs 1 GVG): 7
Die **Zulässigkeit des Rechtswegs** ist als Prozeßvoraussetzung (vgl 17 vor § 40) **vAw zu prüfen.** Über sie ist ausdr durch Beschluß (s unten 14) oder inzident (vgl Bln LKV 1991, 310) zu entscheiden.[18] **Dies gilt** allerdings nur für die Ge-

---

[15] S Schenke PolR 424 u Schenke 140; JZ 1996, 1002; ebenso Erichsen Jura 1993, 49; wohl auch Schoch JURA 2001, 631; **aA** VG Hannover NVwZ-RR 1999, 578; Götz NVwZ 1994, 658; Schoch, in: Wessels und Stree-FS 1993, 1116; s hierzu u zu der nicht überzeugenden Schwerpunkttheorie 7 zu § 179.

[16] Vgl 18, 181; 22, 47; 44, 174; BGHZ 5, 107; 13, 153; 85, 127; 90, 51 = NJW 1984, 2533; NJW 1986, 2709; RÖ-v Nicolai 6; zT **aA** Henke JZ 1984, 447; Obermayer 189; Kopp VwGO-Rspr 21: Verweisung wg des Anspr, der sich auf Gründe stützt, über die das VG nicht befinden kann, möglich; nach richtiger Auffassung dürfte es sich hier schon um zwei verschiedene Streitgegenstände handeln, s 13 zu § 90.

[17] Vgl BGH NJW 1979, 643; iE auch Mü NVwZ-RR 2004, 225, das aber nicht ausreichend deutlich macht, daß es sich hier nicht um einen echten Hilfsantrag handelt.

[18] Begr BT-Dr 11/7030, 37; BGH NJW 1993, 471; Kissel NJW 1991, 347; 949; vgl auch § 41 Abs 1 S 1 aF; diese Bestimmung wurde wie die entspr Bestimmungen der anderen Prozeßgesetze nur deshalb nicht in die Neufassung der §§ 17 ff GVG übernommen, weil sie sich von selbst versteht, vgl Begr BT-Dr 11/7030, 37.

richte 1. Instanz, **nicht auch für die Entscheidung der Rechtsmittelgerichte** über RMittel in der Hauptsache (vgl Begr BT-Dr 11/7030, 38; Kissel NJW 1991, 947; s dazu auch 4 zu § 45 u 2 zu § 46). Das Rechtsmittelgericht der Hauptsache kann eine fehlerhafte Bejahung des VRW durch die untere Instanz im Vf über die Hauptsache nicht mehr korrigieren u auch nicht mehr an das zuständige Gericht eines anderen Rechtswegs gem § 17a Abs 2 GVG verweisen, weil es nach § 17a Abs 5 GVG grds an eine Bejahung der Rechtswegzuständigkeit gebunden ist (Ausnahmen s unten 33). Korrektur u Verweisung sind **nur noch in einem BeschwerdeVf** nach § 17a Abs 4 GVG, § 146 möglich (Begr BT-Dr 11/7030, 37f; Kissel NJW 1991, 947).

8 **Bejaht** das angerufene Verwaltungsgericht **die Zulässigkeit des VRW,** so ist dies **nach RKraft der Entscheidung** in der Hauptsache (bzw eines Zwischenurteils bzw Zwischenbeschlusses nach § 17a Abs 3 GVG iVm § 109 oder analog dazu über die Zulässigkeit der Klage bzw des Antrags; s dazu auch unten 7) auch **für die Gerichte** der übrigen Fachgerichtsbarkeiten (Zivilgerichte, Arbeitsgerichte, Sozialgerichte usw, nicht jedoch auch im Verhältnis zu Verfassungsgerichten, vgl Mü BayVBl 1991, 404) **bindend,** auch wenn diese die Entscheidung für fehlerhaft halten. § 17a Abs 1 GVG meint jede rechtskräftige Bejahung des Rechtswegs oder der Zuständigkeit; dies kann auch inzident in einer Entscheidung zur Sache selbst geschehen (Mü NVwZ-RR 2003, 74). Abzulehnen ist die Ansicht (so aber Mü NVwZ-RR 2003, 75), nach der sich die Bindungswirkung auf sämtliche ParallelVf unter denselben Beteiligten zu dem für die Rechtswegs- bzw Zuständigkeitsvorschrift maßgeblichen Sachverhaltskomplex erstrecken soll, denn insoweit liegen unterschiedliche Streitgegenstände vor. Für die Zeit **vor Eintritt der RKraft** ergibt sich (vorbehaltlich einer Änderung der Entscheidung aufgrund einer Beschwerde gem § 17a Abs 4 S 3 GVG) die Unzulässigkeit einer Klage vor einem anderen Gericht aus § 17 Abs 1 S 2 GVG („sog Rechtswegsperre") sowie aus den allg Grundsätzen des Prozeßrechts über die Einrede anderweitiger Rechtshängigkeit. Umgekehrt binden rechtskräftige **Entscheidungen der Gerichte anderer Gerichtszweige** über die Zulässigkeit des Rechtswegs zu ihnen gem § 17a Abs 1 GVG auch die Verwaltungsgerichte. Somit gilt für die Rechtswegzuständigkeit allg der **Grundsatz der Priorität:** maßgebend für die Zulässigkeit des Rechtsweges ist immer die Entscheidung des zuerst angerufenen Gerichts, wenn dieses seine Zuständigkeit bejaht; ein (positiver) Kompetenzkonflikt mit anderen Gerichtszweigen kann sich dann grds (s aber unten 11f) nicht mehr ergeben. Die Regelung dient zugleich der **Bestimmung des gesetzlichen Richters** (BVerfG 6, 53; 29, 48; BayObLG BayVBl 1982, 218).

Die Bindungswirkung bezieht sich jedoch immer **nur** auf ein u **denselben Streitggst.** Nicht bindend ist daher zB die Bejahung des Rechtswegs in **Vf nach §§ 80 Abs 5,** 80a Abs 3 oder 123 für das Hauptsacheverfahren;[19] ebenso nicht die Bejahung des Rechtswegs im **PKH-Vf (**Ma NJW 1995, 1916 mwN). Vgl auch unten 24.

9 **6. Negative Entscheidung über den Rechtsweg (§ 17a Abs 2 S 1 GVG): Verneint** das angerufene Verwaltungsgericht gem § 17a Abs 2 S 1 GVG **die Zulässigkeit des VRW** u verweist es den Rechtsstreit an das Gericht eines anderen Rechtswegs, so ist der VRW (vorbehaltlich einer Änderung der Entscheidung aufgrund einer Beschwerde gem § 17a Abs 4 S 3 GVG) ausgeschlossen, auch wenn der VRW zu Unrecht verneint wurde. **Dies gilt** jedoch **dann nicht,** wenn das Gericht eines anderen Gerichtszweiges, dessen Zuständigkeit allein in Betracht kommt, seine Zuständigkeit bereits vorher rechtskräftig verneint u den Rechtsstreit (nach § 17 Abs 2 GVG) an das Verwaltungsgericht mit

[19] Ko NVwZ 1993, 381; vgl auch BAG NJW 1993, 752; BGH NJW-RR 1992, 59; Schenke JZ 1996, 1003.

bindender Wirkung verwiesen hat (s unten 21 ff). **Entsprechendes** gilt, wenn das angerufene Gericht unter Verletzung von § 17 Abs 2 GVG seine Zuständigkeit verneint, **ohne** den Rechtsstreit an das zuständige Gericht **zu verweisen** (Kissel NZA 1995, 351).

Da nach den oben zu 8 genannten Grundsätzen **schon die Rechtshängigkeit** einer Sache vor einem Verwaltungsgericht die Gerichte anderer Gerichtszweige hindert, sich über die Frage der Rechtshängigkeit hinaus mit einer Streitsache zu befassen (Ma NJW 1996, 1299: Dann auch keine Verweisung möglich), u da nach denselben Grundsätzen umgekehrt das Verwaltungsgericht sich nicht mit der Sache befassen darf, solange sie bei dem Gericht einer anderen Gerichtsbarkeit anhängig ist, kommt es auch hier letztlich auf die Entscheidung des zunächst angerufenen Gerichts an (**Grundsatz der Priorität,** vgl oben 8).

Nicht bindend für die Verwaltungsgerichte sind **Entscheidungen von** 10
Sondergerichten (zB von Berufsgerichten) über Fragen der Zuständigkeit; Sondergerichte sind jedoch umgekehrt grds an Entscheidungen der Verwaltungsgerichte u der übrigen Gerichte der in Art 95 GG genannten Gerichtszweige, mit denen diese ihre Zuständigkeit bejahen oder verneinen, gebunden.

7. Vorabentscheidung über den Rechtsweg (§ 17 a Abs 3 GVG): Das 11
Gesetz führt in § 17 a Abs 3 GVG ein gesondertes **ZwischenVf** mit dem Ziel ein, in diesem die **Zulässigkeit** des Rechtsweges **vorab abschließend durch Beschluß zu klären,** wenn das Gericht dies für zweckmäßig hält (s im folgenden) oder wenn ein Beteiligter die Zulässigkeit des Rechtswegs rügt (vgl BGH NJW 1994, 387; Ko NVwZ 1993, 381; Stelkens NVwZ 1991, 218). Die Entscheidung ergeht nach Anhörung der Parteien **vAw**. S unten 14. Sie ist im Zusammenhang mit § 17 a Abs 5 GVG zu sehen, wonach das Gericht, das über ein RMittel gegen eine Entscheidung in der Hauptsache zu entscheiden hat, grds nicht mehr zu prüfen hat u prüfen kann, ob der beschrittene Rechtsweg zulässig ist (s unten 34). Diese **Bindung** des Rechtsmittelgerichts kann von den Beteiligten **nur dadurch vermieden** werden, daß sie gegen den Beschluß nach Abs 3 bzw gegen den Verweisungsbeschluß nach Abs 2, wenn das Gericht den Rechtsweg zu sich nicht für gegeben hält, gem Abs 4 Satz 3 iVm den Vorschriften der jeweiligen Verfahrensordnung **Beschwerde** einlegen (Ko NVwZ 1993, 381).

Das Gericht entscheidet nach § 17 a Abs 3 S 1 GVG vorweg **vAw** durch 12
Beschluß (s unten 14, sog Vorabentscheidung) über die Zulässigkeit des VRW, wenn diese zweifelhaft ist (dh, wenn Zweifel insoweit von Beteiligten geltend gemacht werden oder jedenfalls nicht ganz offensichtlich fern liegen) u wenn es den VRW bejaht (zur Verweisung des Rechtsstreits bei Verneinung der Zuständigkeit s unten 15). Es **muß** nach § 17 a Abs 3 S 2 GVG darüber (je nachdem bejahend oder verneinend) **entscheiden, wenn ein Beteiligter die Zulässigkeit** des VRW **rügt,** dh mit einer Rüge geltend macht, daß für eine anhängige Streitsache der VRW nicht gegeben sei. Die Beteiligten haben nach dieser Vorschrift das Recht, durch **Rüge** eine Vorabentscheidung des Gerichts über den Rechtsweg zu erzwingen (Begr BT-Dr 11/7030, 37). Dieses Recht ist „das notwendige Korrelat" dafür, daß die Beteiligten später (nach § 17 a Abs 5 GVG) die in der Sache ergehende Entscheidung nicht mehr mit der Begründung angreifen können, der Rechtsweg sei nicht zulässig (Begr BT-Dr 11/7030, 37 f). Von einer Vorabentscheidung kann abgesehen werden, wenn das erkennende Gericht seine Zuständigkeit bejaht u im Falle einer Vorabentscheidung die Zulassung einer Beschwerde zum obersten Bundesgericht nicht in Betracht käme (OLG Celle NVwZ 1999, 1376). Zur **Bindung des Rechtsmittelgerichts** s unten 32, 33 sowie insb 35. Eine Bindung des Rechtsmittelgerichts tritt aber dann nicht ein, wenn das Gericht trotz einer die Zulässigkeit des Rechtswegs betr Rüge durch einen Beteiligten (idR des Bekl oder des notwendig Beigeladenen) entgegen § 17 a Abs 3 S 2 GVG über die Rüge nicht vorab, sondern erst mit der Hauptsa-

che entschieden hat.[20] Eine Ausnahme hiervon wird im Zivilprozeßrecht nur dann gemacht, wenn die Rechtswegrüge verspätet erfolgt, was aber im Hinblick auf die geringe Bedeutung des § 87 b im verwaltungsgerichtlichen Vf praktisch nicht relevant wird u iü auch im Hinblick auf den Untersuchungsgrundsatz bedenklich erscheint (vgl auch Brückner NJW 2006, 14).

13 **„Vorab" bedeutet** vor der Entscheidung zur Hauptsache, nicht notwendig vor Beginn der Verhandlung zur Hauptsache (Kissel NJW 1991, 949). Die Vorabentscheidung dient im Zusammenhang mit der gesamten Neuregelung der §§ 17–17 b GVG dem Ziel, im Interesse der Beschleunigung u Vereinfachung des Vf u der Kostenersparnis (NVwZ 1993, 359) die Frage der Rechtswegzuständigkeit zu einem **möglichst frühen Zeitpunkt** des Vf in der ersten Instanz **abschließend zu klären** u zu verhindern, daß das weitere Vf mit dem Risiko eines später erkannten Mangels des gewählten Rechtswegs belastet bleibt bzw wird.[21] Demselben Zweck dient in der Folge auch die **Bindung aller anderen Gerichte** an die Rechtswegentscheidung (§ 17 a Abs 2 u 5 GVG; dazu auch BGH NJW 1993, 471) u die Nichtanfechtbarkeit der Hauptsacheentscheidung hins des Rechtswegs (§ 17 a Abs 5 GVG). S dazu auch oben 3, sonst unten 33.

14 Die Vorabentscheidung ergeht **durch Beschluß,** der nach § 17 a Abs 4 GVG auch ohne mV ergehen kann. Vor der Entscheidung ist in jedem Fall den Parteien **rechtliches** Gehör zu gewähren. Der Beschluß ist **mit Gründen** zu versehen (§ 17 a Abs 4 S 2 GVG); angesichts der ausdr Regelung in § 17 a Abs 4 S 1 GVG („der Beschluß ... kann ... ergehen") ist davon auszugehen, daß die sonst bestehende Möglichkeit einer Entscheidung durch Zwischenurteil gem § 109 heute nicht mehr, auch nicht wahlweise, zulässig ist (str). Der Verweisungsbeschluß enthält keine Kostenentscheidung, vgl § 17 b Abs 2 GVG, wohl aber ein den Rechtsweg bejahender Beschluß, BGH NJW 1993, 2542, KG NJW 1994, 2702.

Wird die Zulässigkeit des VRW nicht nach § 17 a Abs 3 S 2 GVG gerügt, so genügt es grds, wenn das Gericht auf einen besonderen Beschluß darüber verzichtet u über die Zulässigkeit des Rechtswegs auch erst **im Rahmen der Entscheidung in der Hauptsache** entscheidet (Kissel NJW 1991, 949; ebenso BGH NJW 1993, 471; 1994, 387); s auch oben 7.

Zur **Anfechtung der Vorabentscheidung** gem § 17 a Abs 3 GVG über die Zulässigkeit des VRW u zur Frage der **Aussetzung des Vf** in der Hauptsache bis zur Entscheidung über eine Beschwerde s unten 28 ff.

15 **8. Verweisung an ein Gericht eines anderen Rechtswegs (§ 17 a Abs 2 GVG): Verneint** das (zunächst angerufene) Verwaltungsgericht **seine Rechtswegzuständigkeit,** so hat es nach § 17 a Abs 2 GVG **vAw** zugleich mit der negativen Entscheidung über den zu ihm nicht gegebenen Rechtsweg die **Streitsache** – uU, nach Abweisung der Klage hins des Hauptantrags, auch nur hins eines rechtswegfremden Hilfsantrags, Ma DVBl 1993, 903 – an das zuständige Zivil-, Arbeits-, Finanz- oder Sozialgericht usw 1. Instanz (vgl BayObLG BayVBl 1982, 220) **zu verweisen.** Eine Teilverweisung wg eines Grundes ist nicht vorgesehen, da der Rechtsweg dann zulässig ist.[22] Voraussetzung ist vielmehr, daß der beschrittene Rechtsweg für den Klageanspruch (bzw für den mit dem Hilfsantrag geltend gemachten Anspr, s näher oben 6) schlechthin, dh gem § 17 Abs 2 GVG **mit allen in Betracht kommenden Klageansprn** bzw Antragsgründen **unzulässig** ist (NVwZ 1993, 358). Soweit für den Hauptantrag der VRW nicht

---

[20] BGH NJW 1993, 1800; 1996, 1890; 1999, 651; KG NVwZ 1996, 413; Brückner NJW 2006, 13 mwN.

[21] Begr BT-Dr 11/7030, 36 f; BVerwG NVwZ 1993, 359; BGH NJW 1993, 470; Mü NVwZ-RR 1993, 668; Kissel NJW 1991, 928.

[22] Ms NVwZ-RR 1993, 517; OLG Rostock NVwZ-RR 2006, 223; Hoffmann ZZP 1994, 9.

gegeben ist, ist gem § 17 Abs 2 S 1 GVG auch der für den Fall der Unbegründetheit des Hauptantrags gestellte Hilfsantrag zu verweisen, unabhängig davon, welcher Rechtsweg hierfür gegeben ist (Mü NVwZ-RR 2004, 225; Z 13a zu § 17a GVG). Bzgl der Verweisung des Hilfsantrags, mit dem sich das VG noch gar nicht befaßt hat, tritt aber keine Bindungswirkung ein.[23] Ist der Hauptantrag nicht begründet u wird er deshalb durch das Gericht, an das verwiesen wird, als unbegründet abgewiesen, so hat dieses bei Zulässigkeit des VRW für den Hilfsantrag diesen an das VG zurückzuverweisen (Ms NVwZ 1994, 797; Mü NVwZ-RR 2004, 225). Ist der Hilfsantrag so zu interpretieren, daß über ihn bereits dann entschieden werden soll, wenn für den Hauptantrag nach Ansicht des VG der VRW nicht gegeben ist, so ist trotz der dann vorzunehmenden Verweisung des Hauptantrags über die Zulässigkeit u ggf die Begründetheit des Hilfsantrags durch das VG zu entscheiden (vgl Mü NVwZ-RR 2004, 225). Es gilt dann gleiches wie sonst bei einer (kumulativen) Klagenhäufung (s oben 5).

Wird eine Klage als unzulässig abgewiesen, ohne zugleich die gebotene Verweisung auszusprechen, so ist die Entscheidung rechtswidrig, u es liegt ein die Zulassung der Berufung gem § 124 Abs 2 Nr 5 rechtfertigender Verfahrensfehler vor; § 17a Abs 5 GVG findet hier keine Anwendung u hindert deshalb auch nicht das OVG an der erneuten Prüfung der Rechtswegfrage.[24]

Eines **Antrags** des Kl (bzw ASt) **bedarf es** dafür **nicht. Der Kl** bzw ASt **kann** daher, wenn er eine Verweisung des Rechtsstreits an das Gericht eines anderen Rechtswegs nicht wünscht, sie nur dadurch verhindern, daß er einen Antrag nach § 17a Abs 3 S 2 GVG auf Vorabfeststellung der Zulässigkeit des VRW stellt (s oben 6ff) u damit oder mit einer Beschwerde nach § 17a Abs 4 GVG, § 146 gegen eine anderslautende Vorabfeststellung Erfolg hat. Andernfalls **kann** er, wenn er die Verweisung verhindern will, **nur noch seine Klage zurücknehmen** (Begr BT-Dr 11/7030, 37; Kopp NJW 1991, 527). Ist der Rechtsweg zum Verwaltungsgericht nicht gegeben, dann muß das Verwaltungsgericht den Rechtsstreit **auch dann** an das zuständige Gericht verweisen, **wenn die übrigen prozessualen Voraussetzungen** für ein Vf vor diesem Gericht **nicht gegeben** sind (Ma DÖV 1991, 565), auch wenn dies offensichtlich ist, zB, weil Klagevoraussetzung bei dem Gericht, an das verwiesen werden soll, die vorherige Durchführung eines behördlichen Vf ist.[25] Etwas anderes muß aber dann gelten, wenn der Rechtsstreit bereits anderweitig rechtshängig ist u der Rechtsweg unzulässig ist. Dann ist eine Verweisung nicht möglich (Ma NJW 1996, 1299), die Prüfung anderweitiger Rechtshängigkeit geht der Prüfung der Zulässigkeit des Rechtswegs vor (Kissel 15 zu § 17 GVG; Z 3 zu § 17 GVG).

Verwiesen werden kann nur ein anhängiger Rechtsstreit. Eine Verweisung **nach Erledigung** des Rechtsstreits der Hauptsache ist nicht zulässig, auch nicht wg **der Kostenentscheidung** (s 12 vor § 40). Zur Unzulässigkeit bei gleichzeitiger Erledigungserklärung s auch OLG München OLGZ 1966, 67.

Die Verweisung ist grds **nur an** ein **ordentliches Gericht,** ein **Arbeitsgericht,** ein **Sozialgericht oder ein Finanzgericht** möglich, an ein sonstiges Gericht, auch ein **Sonderverwaltungsgericht,** nur, wenn dies gesetzlich vorgesehen ist, zB für die Verweisung an ein Truppendienstgericht (§ 18 Abs 3 WBO) oder für die Verweisung an den Ehrengerichtshof für RA (DVBl 1983, 942). Ausgeschlossen ist demnach die Verweisung eines Rechtsstreits an ein Kirchengericht (Mü NJW 1999, 379). Auch eine Verweisung **an ein Verfassungsgericht** 16

---

[23] Mü NVwZ-RR 2004, 225; Ms NVwZ 1994, 797; Z 13a zu § 17a GVG; s auch unten 22.

[24] Mü NVwZ-RR 2004, 225 unter Hinweis auf BGH 119, 249; Ms NVwZ 1994, 179; Ks NVwZ-RR 1994, 700f.

[25] ZT **aA** BGH NJW 1993, 332; 2542: keine Verweisung, sondern Klageabweisung – nicht überzeugend, da VorVf ggf nachgeholt werden kann; vgl auch Leipold JZ 1993, 703.

ist nicht möglich (s oben 2, zu den Fällen gem § 50 Abs 1 Nr 1, Abs 3 auch 10 zu § 50). Ausgeschlossen ist ferner eine Verweisung an Stellen der Exekutive u der Legislative (We NVwZ 2005, 235: Unzulässigkeit einer Verweisung an die Vergabekammer beim Landesverwaltungsamt). Eine Verweisung ist **unzulässig,** wenn ihr die bindende Entscheidung des Gerichts eines anderen Gerichtszweiges entgegensteht (s oben 9; unten 22).

17 Nach § 17 Abs 2 GVG, § 173 hat auch das nach § 17a Abs 1, Abs 2 S 3 GVG bindend für zuständig erklärte Verwaltungsgericht den Rechtsstreit grds **unter allen** rechtlichen u tatsächlichen **Gesichtspunkten,** die in Betracht kommen, zu **entscheiden.** S oben 4.

18 **In der Rechtsmittelinstanz** ist eine Verweisung **nicht** mehr **zulässig** u **möglich,** da ihr die Bindungswirkung gem § 17a Abs 1 u Abs 5 GVG (s oben 1, 8 u 9) entgegenstehen würde. Dies setzt aber voraus, daß das erstinstanzliche Gericht bereits über die Zulässigkeit des Rechtswegs entschieden hat (NJW 1994, 956). Andernfalls ist § 17a Abs 5 GVG schon nicht anwendbar (s unten 32). Dies gilt entgegen dem bish Recht auch für die Verweisung einer Streitsache durch die höhere Instanz, wenn bei einem **nicht teilbaren Streitggst** (nur) ein „Teil" bei ihr abhängig gemacht wurde (NVwZ 1983, 221).

19 **9. Verfahren bei Verweisung (§ 17a Abs 2 u 4 GVG):** Die Verweisung ist **in jedem Stadium des Vf zulässig** und, wenn die Voraussetzungen gegeben sind, geboten (24, 209), jedoch **nicht in der Rechtsmittelinstanz; anders** im BeschwerdeVf über die Zulässigkeit des VRW in den Fällen, in denen das Beschwerdegericht einer Beschwerde gegen eine Rechtswegentscheidung bzw Verweisung nach § 17a Abs 2 oder 3 GVG stattgibt (vgl Kissel NJW 1991, 949). **Sie ist immer geboten,** wenn der VRW nicht gegeben ist, was das Gericht vAw prüfen muß, u setzt **keinen** entspr **Antrag des Kl** voraus, sondern erfolgt nach § 17a Abs 2 S 1 GVG in jedem Fall **vAw.** Auch die **Bestimmung des Rechtswegs u des zuständigen Gerichts,** an das verwiesen wird, ist Sache des Gerichts, das insoweit an Anträge nicht gebunden ist (Mü BayVBl 1988, 726); etwas anderes gilt insoweit nach § 17a Abs 2 S 2 GVG nur, wenn mehrere Gerichte zuständig sind (was jedoch in der Vwgbk ohnehin kaum in Betracht kommt) u der Kl die Verweisung an ein bestimmtes Gericht beantragen würde; an die Stelle der Wahl des Gerichts durch den Kl bzw ASt, hilfsweise durch das Gericht, tritt gem § 53 Abs 1 Nr 3 oder analog dazu (s 1 zu § 53) ein entsprechender Antrag auf Zuständigkeitsbestimmung. Die Verweisung muß immer **an ein Gericht erster Instanz** erfolgen (Sch-Ehlers 12 zu § 17a GVG), u zwar an das nach Auffassung des verweisenden Gerichts sachlich u örtlich zuständige Gericht, nicht allg an den Gerichtszweig, für den der Rechtsweg gegeben ist.

20 **Die Entscheidung über die Unzulässigkeit des VRW** u die Verweisung (Tenor: „Der VRW ist unzulässig. Der Rechtsstreit wird an das ... verwiesen"; vgl 74, 254) ergeht **vAw.** Auch die Verweisung erfolgt unabhängig davon, ob sie nach mV (§ 101 Abs 1) oder ohne solche ergeht, nach § 17a Abs 4 S 1 GVG **immer durch Beschluß.** Zur Bindungswirkung dieses Beschlusses s unten 21, zu Rechtsbehelfen unten 28. Die Beteiligten haben gem Art 103 Abs 1 GG u ausdr gem § 17a Abs 2 S 1 GVG **Anspr auf rechtliches Gehör.**[26]

21 **10. Wirkungen der Unzuständigerklärung und Verweisung (§ 17a Abs 2 GVG): a)** Die **Entscheidung** des Gerichts über die Unzulässigkeit des Rechtswegs u die Verweisung des Rechtsstreits an das zuständige Gericht gem § 17a Abs 2 S 1 u 2 GVG ist nach Eintritt der RKraft für das Gericht, an das verwiesen wurde, grds hins der Rechtswege insoweit **bindend,** als es jedenfalls

[26] Vgl BVerfG 61, 41 = NJW 1982, 2367 mwN; BGH NJW 1978, 1163; BL 15 zu § 17a GVG; Z 10 zu § 17a GVG.

nicht mehr die Zulässigkeit des VRW bejahen u an ein Verwaltungsgericht zurückverweisen kann.[27] **Unzulässig** ist jedoch **auch,** wie § 17a Abs 2 S 3 GVG klarstellt, eine **(Weiter-)Verweisung** an ein Gericht eines dritten Gerichtszweiges (BAG NJW 1993, 1879). Die Verweisung ist damit nicht nur **„abdrängend“,** sondern zugleich **„aufdrängend“.** Zulässig bleibt jedoch bei einer Rechtswegverweisung gem § 83 iVm § 17a Abs 2 GVG eine etwaige **Weiterverweisung** des Rechtsstreits an ein anderes Gericht des Gerichtszweigs, in den verwiesen wurde, durch das Gericht, an das zunächst verwiesen worden war (BAG NZA 1992, 1047; 1994, 478; Ma VBlBW 2007, 33; B-v Albedyll 18; Sch-Ehlers 14 zu § 17a GVG; BL 12 zu § 17a GVG; M 10 zu § 17a GVG). Beim Haupt- u Hilfsantrag erstreckt sich die Bindungswirkung nur auf den Hauptantrag (Ms NVwZ 1994, 797; Ma NJW 1993, 3344); der Hilfsantrag kann nach dessen Ablehnung ggf weiter verwiesen werden (Mü NVwZ-RR 2004, 225; BGH NJW 1998, 2743f; Sch-Ehlers 14 zu § 17a GVG).

Nicht erfaßt von der Bindungswirkung werden **die** die Entscheidung über die Unzuständigkeit u die Verweisung tragenden **materiellrechtlichen** Gründe (OLG Frankfurt NVwZ 1993, 706; Ule JZ 1959, 503; **aA** Rupp AöR 1960, 182) sowie sonstige Feststellungen (obiter dicta) in der Entscheidung, wie zB, daß der angefochtene VA rechtmäßig sei (BGH NJW 1985, 1336). Daher **zB keine Bindung** des Gerichts, an das verwiesen wurde, an die auch in der Begründung des Verweisungsbeschlusses enthaltene Feststellung, **daß** der Rechtsstreit **nach dem UWG** zu beurteilen sei, u zwar auch dann, wenn die Unzuständigkeitserklärung u die Verweisung des Rechtsstreits allein aus diesem Grund erfolgt war.[28]

Die Unzuständigerklärung u die Verweisung **binden** grds sowohl **das verweisende** Gericht als auch **das Gericht, an das verwiesen wird, u** alle sonstigen Gerichte (mit Ausnahme des Rechtsmittelgerichts), das gegen die entsprechenden Beschlüsse angerufen wird.

Die Bindung tritt grds **auch bei offenbarer Unrichtigkeit der getroffenen Entscheidung** ein,[29] auch zB, wenn die Verweisung gegen Art 34 S 3 GG verstößt (DVBl 1974, 443; BAG NZA 1999, 392). Anderes dürfte jedoch dann gelten, wenn der offensichtlich rechtswidrige Verweisungsbeschluß den Rechtszug verkürzt (NVwZ 2004, 1124: rechtswidrige Verweisung eines Rechtsstreits durch ein VG an das BVerwG, obwohl offensichtlich kein Bund-Länder-Streit iSd § 50 Abs 1 Nr 1 vorlag). Keine Bindung tritt auch dann ein, wenn die Verweisung an ein Gericht erfolgte, das sich zuvor nach Abs 2 rechtskräftig für unzuständig erklärt hat (Sch-Ehlers 15 zu § 17a GVG). **Würde** das Gericht, an das verwiesen wurde, **gleichwohl sich für unzuständig erklären** u die Sache zurückverweisen oder an ein anderes Gericht weiterverweisen, so wäre das zuständige Gericht ggf gem § 53 Abs 1 Nr 5 zu bestimmen (vgl NJW 1993, 3087; RÖ-v Nicolai 8). 22

---

[27] Abs 1; vgl DVBl 1974, 443: Bindung selbst bei Verweisung unter Verstoß gegen Art 34 S 3 GG; BAG NJW 1993, 1878; Bln NJW 1984, 2593.

[28] OLG Frankfurt NVwZ 1993, 706; **aA** BAG NJW 1993, 75 – bei Verweisung eines PKH-Vf Bindung des Gerichts, an das verwiesen wurde, auch insoweit, als dieses nunmehr die Erfolgsaussichten für die Hauptsacheklage nicht noch verneinen kann; abzulehnen, zumal gerade für die Beurteilung der Erfolgsaussichten der zuständigen Richter besser qualifiziert ist, als der verweisende Richter; zur Verweisung eines PKH-Antrags s oben 2b.

[29] Vgl 27, 170; NVwZ 1989, 263; Ey-Rennert 27; RÖ-v Nicolai 7; BGHZ 17, 171; vgl auch 14ff zu § 83; zT **aA** BAG NJW 1993, 1878 mwN: keine Bindung einer offensichtlich gesetzwidrigen Verweisung; BFH NVwZ-RR 2006, 296 (offensichtliche Fehlerhaftigkeit bei Verstoß gegen perpetuatio fori); B-v Albedyll 18; offengelassen von BVerwG NJW 1993, 3088; Schneider DRiZ 1983, 24: keine Bindung, wenn die Verweisung unter Verletzung des rechtlichen Gehörs erfolgt. Nach BVerwG Buchh 300 § 17a GVG Nr 16 ist ein Verweisungsbeschluß, der jeder rechtlichen Grundlage entbehrt, nicht bindend.

23 Die Bindung erfaßt immer nur die bereits erhobenen Klageanspr u **gilt** daher nicht auch **bei einer späteren Klageänderung,** wenn für die geänderte Klage nunmehr ein anderer Rechtsweg gegeben wäre.[30]

24 Die **Verweisung hins der PKH bindet** das Gericht **nicht** auch **für das** nachfolgende **Klageverfahren,**[31] ebenso nicht die **Verweisung eines Antrags nach § 80 Abs 5,** § 80a Abs 3 oder § 123 für das Hauptsacheverfahren (vgl BFH BayVBl 1986, 378; NVwZ 1991, 103; Schenke JZ 1996, 1003 mwN). Eine Verweisung ist in diesen Vf ohnehin abzulehnen (vgl oben 2a u b).

25 **Das Gericht, an das verwiesen wird,** hat, auch wenn die Verweisung zu Unrecht erfolgt, nach seiner eigenen Verfahrensordnung zu entscheiden (vgl Ma VBlBW 1999, 93), notfalls nach der **Verfahrensart,** die dem Klagebegehren (bzw Antrag) am nächsten kommt (27, 120; Schenke 158), zB wenn ein Antrag auf einstweilige Verfügung nach der ZPO zu Unrecht verwiesen wurde, nach § 123. Hins des **anzuwendenden materiellen Rechts** bleibt es jedoch bei dem der Sache nach anwendbaren Recht, so daß auch ein Verwaltungsgericht uU nach Zivilrecht entscheiden muß (17, 175; Mü BayVBl 1976, 214; OLG Frankfurt NVwZ 1993, 707). Zur Entscheidung über die **Kosten,** die vor der Verweisung entstanden sind, s § 17b Abs 2 GVG, dazu 37.

26 **b) Sonstige Wirkungen.** Außer der zu 14f genannten Wirkung hat die Verweisung des Rechtsstreits die in § 17b Abs 1 GVG genannten Wirkungen (s auch unten 27). Sie erhält insb die für die Klage vor dem Gericht, an das verwiesen wurde, etwa vorgeschriebene **Wahrung der Klagefrist,** wenn die Klage bei dem zunächst angerufenen Gericht rechtzeitig erhoben worden war (DVBl 1993, 563; Mü BayVBl 2000, 699; BGH NJW 1986, 2255; Kissel NJW 1991, 950; s auch 8 zu § 74, 3 zu § 81). **Ebenso behalten** alle vor der Verweisung durch das Gericht oder durch die Beteiligten vorgenommenen **Verfahrenshandlungen** (zum Begriff s 13 vor § 40) grds ihre Wirksamkeit (Ey-Rennert 41; auch die Bewilligung von PKH). **Im übrigen** sind jedoch **die Zulässigkeitsvoraussetzungen** einer Klage vor dem für zuständig erklärten Gericht nach dessen Verfahrensordnung zu prüfen (27, 170; NJW 2001, 1513); insb wird ein etwa vorgeschriebenes **VorVf** durch die Verweisung nicht entbehrlich.[32] Die Verweisung bewirkt keine Präjudizierung hins sonstiger Zulässigkeitsfragen oder hins der im Rahmen der Begründetheit der Klage zu prüfenden Fragen (Mü BayVBl 1990, 112), auch soweit das verweisende Gericht ausdr dazu Stellung nimmt (Mü aaO). **Dies gilt** auch im umgekehrten Fall einer **Verweisung** von einem Gericht eines anderen Gerichtszweiges **an ein Verwaltungsgericht.**

27 **c) Die Wirkungen der Verweisung** treten **erst mit der RKraft** der verweisenden Entscheidung u dem **Eingang der Akten** bei dem im Verweisungsbeschluß bezeichneten Gericht ein (§ 17b Abs 1 GVG). Auch die **Akten** sind erst nach RKraft des Verweisungsbeschlusses an das Gericht, an das verwiesen wurde, **zu versenden** (BAG NZA 1992, 1047; Kissel 42 zu § 17 GVG). Soweit die Wirkungen der Verweisung die RKraft zur Voraussetzung haben, treten sie **jedoch rückwirkend** ein; Entsprechendes gilt auch bezüglich des Eingangs der Akten. Im Ergebnis bleiben damit bei der Verweisung eines Rechtsstreits alle Wirkungen, die mit der Rechtshängigkeit der bei dem unzuständigen Gericht erhobene Klage ursprünglich verbunden waren, trotz der Verweisung auch nach dieser erhalten (§ 17b Abs 1 S 2 GVG; Kissel NJW 1991, 950; s auch oben 26).

---

[30] Vgl BGH NJW 1990, 54 – zu § 281 II 2 ZPO aF; Ms NVwZ 1993, 591 – zu § 17 Abs 2 S 1 GVG, § 83 –; zT **aA** RÖ-v Nicolai 8.

[31] Ma NJW 1995, 1916; BGH NJW-RR 1992, 59; BAG NJW 1993, 751; BL 4 zu § 17a GVG; M 3 zu § 17 GVG; Z 12 vor §§ 17–17b GVG; Holzheuser DÖV 1994, 809.

[32] Vgl Sch-Ehlers 5 zu § 17b GVG; Leipold JZ 1993, 703; s auch oben 15; **aA** BSG 45, 120; Kissel 42 zu § 17 GVG.

11. Rechtsmittel: a) Gegen Beschlüsse des VG. Sowohl **gegen Beschlüsse des VG** nach § 17a Abs 2 GVG, mit denen das Gericht den VRW für unzulässig erklärt u den Rechtsstreit verweist (Hbg NJW 1993, 1133), als auch gegen Vorabbeschlüsse des VG über den Rechtsweg nach § 17a Abs 3 GVG ist gem § 17a Abs 4 S 3 GVG die sofortige Beschwerde gegeben, dh im Bereich der Vwgbk **die Beschwerde gem § 146.**[33] Die Beschwerde gegen einen Verweisungsbeschluß, in dem der beschrittene Rechtsweg für unzulässig erklärt wird, kann **nur darauf gestützt** werden, daß der **Rechtsweg vom verweisenden Gericht unrichtig beurteilt** wurde, nicht hingegen darauf, daß der Rechtsstreit an ein anderes Gericht des Rechtswegs hätte verwiesen werden müssen (Ma VBlBW 2007, 33). Wird der Beschwerde gem § 148 nicht abgeholfen, entscheidet gem § 148 Abs 1 das OVG. In den Fällen, in denen in der Hauptsache die Berufung generell ausgeschlossen ist, findet § 17a Abs 4 S 4 GVG Anwendung, so daß über die (deshalb zulassungsbedürftige) Beschwerde das BVerwG zu entscheiden hat (108, 153 = JZ 2000, 205 m Anm Ehlers; NJW 2001, 2416 zu § 37 VermG; NVwZ-RR 2004, 542; s auch unten 29). Im Falle der Nichtzulassung der Beschwerde durch das VG gibt es gegen diese Entscheidung kein der Nichtzulassungsbeschwerde gem § 133 Abs 1 vergleichbares RMittel (NVwZ-RR 2004, 542). Für **RMittel des Kl gegen die Verweisung** fehlt es iü idR an einer **Beschwer** (39 ff vor § 124), wenn die Verweisung auf seinen Antrag (seine Anregung) erfolgte; anders, wenn die Verweisung nur hilfsweise angeregt worden war (vgl NVwZ 1984, 266) oder auf Anregung des Widerkl erfolgte. Ebenso fehlt für RMittel der übrigen Beteiligten (§ 63) idR das **RSI,** soweit sie zugestimmt haben.[34] 28

b) Gegen Beschlüsse des OVG. Abweichend von § 152 ist gem § 17a Abs 4 S 3–6 GVG **auch** die **Beschwerde** (uU auch eine weitere Beschwerde; str) **an das BVerwG** grds jedenfalls dann (s auch unten 30) gegeben, **wenn** sie in dem Beschluß nach § 17a Abs 2 oder 3 GVG **zugelassen** wird (vgl Mü BayVBl 1993, 310). Die (zulassungsbedürftige) Beschwerde gem § 17a Abs 4 S 4 GVG ist auch dann gegeben, wenn – wie zB in § 37 Abs 2 S 1 VermG – die **Berufung** gegen ein erstinstanzliches Urteil u die Beschwerde gegen eine andere Entscheidung des VG **ausgeschlossen** ist u im HauptsacheVf nur die Revision gem § 135 statthaft ist.[35] Gegen die Nichtzulassung der Beschwerde durch das OVG ist kein RMittel statthaft (NVwZ 1994, 782, selbst bei fehlerhafter Rechtsmittelbelehrung). S auch 3 zu § 152. Im vorläufigen RechtsschutzVf ist eine weitere Beschwerde an das BVerwG zur Klärung des Rechtswegs unzulässig (NVwZ 2006, 1291; s auch allg oben 2a). Die Beschwerde muß nach § 17a Abs 4 S 5 GVG zugelassen werden, **wenn** die **Rechtsfrage grundsätzliche Bedeutung** hat oder wenn das Gericht **von der Entscheidung** eines obersten Gerichtshofes des Bundes oder des Gemeinsamen Senats der obersten Gerichtshöfe des Bundes **abweicht.** Hins der Voraussetzungen gilt insoweit im einzelnen dasselbe wie zu § 132 Abs 2 Nr 1 u 2. S dazu 9 ff u 14 ff zu § 132. Abweichend von § 132 Abs 2 Nr 2 ist die Divergenzbeschwerde nicht nur bei Abweichungen von Entscheidungen des BVerwG oder des GSOGB gegeben, sondern auch bei **Abweichungen von der Entscheidung eines anderen obersten Gerichtshofs** des Bundes, zB des BGH oder des BSG, **nicht jedoch** auch des BVerfG oder des EuGH. 29

Die Zulassung der **Beschwerde an das BVerwG** ist gem § 17a Abs 4 S 6 GVG für das BVerwG grds bindend; insoweit gilt dasselbe wie gem § 132 Abs 3 nF. S dazu 36 zu § 132. Zu Ausnahmen im Vf nach §§ 80 Abs 5, 80a Abs 3 u § 123 s 1a zu § 152. Gegen die Nichtzulassung der Beschwerde nach § 17a 30

---

[33] Mü BayVBl 1993, 310; BL 16, 23 zu § 17a GVG.

[34] Menger VerwA 1963, 280; iE auch Ms NJW 1963, 172; Rupp AöR 85, 178.

[35] 108, 153 = JZ 2000, 205 m Anm Ehlers; NJW 2001, 2416; RÖ-v Nicolai 16; Sch-Meyer-Ladewig/Rudisile 4 zu § 152; Ey-Rennert 31; **aA** Sch-Ehlers 37 zu § 17a GVG.

Abs 4 S 4 GVG ist eine Zulassungsbeschwerde analog § 133 nicht statthaft.[36] § 17a Abs 4 S 4 GVG geht einer analogen Anwendung des § 133 vor (NVwZ 1994, 782; BAG NJW 1994, 2110).

31 **c) Entscheidung des Beschwerdegerichts.** Kommt das Beschwerdegericht bei seiner Entscheidung über die Beschwerde zu dem Ergebnis, daß diese unzulässig oder unbegründet ist, so weist es die Beschwerde zurück; es **verbleibt dann bei der Entscheidung** des Gerichts 1. Instanz gem § 17a Abs 2 bzw 3 GVG über die Zulässigkeit des Rechtswegs zu ihm u über eine evtl Verweisung des Rechtsstreits. Hält das Beschwerdegericht die Beschwerde für zulässig u begründet, so **ändert es die angegriffene Entscheidung** entsprechend ab u verweist ggf (in Fällen des Abs 3) den Rechtsstreit an das zuständige Gericht (Kissel NJW 1991, 949); eine **Zurückverweisung der Sache** an die 1. Instanz ist hier zulässig (Kissel NJW 1991, 949). Hat sich der **Rechtsstreit erledigt,** so sind die übereinstimmenden Erledigungserklärungen (ebenso wie zB eine Klagerücknahme oder ein Klageverzicht) bei dem **zunächst angegangenen Gericht** abzugeben, da dieses bis zur RKraft des Verweisungsbeschlusses (§ 17b Abs 1 S 1 GVG) zuständig bleibt (Sch-Ehlers 43 zu § 17a GVG); damit erledigt sich auch das Beschwerdeverfahren. Das **Gericht der Hauptsache** hat zusammen mit der Einstellung über die **Kosten des HauptsacheVf** zu entscheiden, das **Beschwerdegericht** über die Kosten des **Beschwerdeverfahrens.**[37]

32 **12. Rechtsmittel bei Fehlen einer Vorabentscheidung über den VRW: a) Rechtsmittel bei Bejahung des VRW. Hat das** VG entgegen § 17a Abs 3 GVG nicht vorab durch Beschluß über die Zulässigkeit des Rechtswegs **entschieden, obwohl ein Beteiligter** die Zulässigkeit des VRW **gerügt hatte,** sondern **sofort durch Urteil** oder Gerichtsbescheid u hat es dabei erst im Rahmen der Entscheidungsgründe oder konkludent den **VRW bejaht,** so kann ein Beteiligter, der dadurch beschwert ist, dagegen **nur die Berufung** in der Hauptsache einlegen (vgl Ms NVwZ-RR 1993, 670; Geiger JA 1993, 191; Sch-Ehlers 29 zu § 17a GVG; Z 17 zu § 17a GVG). **Nicht möglich** ist es ihm, nach seiner Wahl nach den Grundsätzen über die Anfechtung einer inkorrekten Entscheidung (Theorie der Meistbegünstigung, s 22 vor § 124) statt der Berufung **die** (auf die Frage des Rechtswegs beschränkte) **Beschwerde gem § 146, § 17a Abs 4 S 3 GVG** einzulegen.[38] Gegen die Anwendung der Theorie der Meistbegünstigung u eine auf diese Weise ermöglichte Wahl des RMittel spricht, daß das untere Gericht nicht nur in der falschen Form entschieden hat, wie dies sonst für sog. „inkorrekte" Entscheidungen (s dazu 22f vor § 124) charakteristisch ist, sondern mit seinem Urteil zugleich auch nicht nur über die Vorfrage des Rechtswegs, sondern auch schon über die Hauptsache, also über einen anderen „Streitgegenstand". Deswegen ist insoweit nicht nur eine einfache Abänderung einer inkorrekten Entscheidung erforderlich, sondern eine förmliche Aufhebung. Will das OVG allerdings hins der Entscheidung über den Rechtsweg gem § 173 iVm § 17a Abs 4 GVG die **Beschwerde zulassen,** so hat es **vorab durch Beschluß** über den Rechtsweg zu entscheiden u kann es vor RKraft dieses Beschlusses nicht über die Hauptsache entscheiden (Sch-Ehlers 16f zu § 17a GVG; BL 20 zu § 17a GVG).

§ 17a Abs 5 GVG steht in diesen Fällen der Nachprüfung der Rechtswegfrage **nicht entgegen,** da der Rechtsmittelführer in Fällen dieser Art die Möglich-

---

[36] NVwZ 1994, 782; Buchh 300 § 17a GVG Nr 11; BSG NZA 1994, 192; RÖ-v Nicolai 13; Sch-Ehlers 39 zu § 17a GVG.

[37] S auch Sch-Ehlers 43 zu § 17a GVG; **aA** We DVBl 1999, 483: Das OVG stellt das gesamte Vf ein u entscheidet über die Kosten des Hauptsacheverfahrens.

[38] So wohl BGH NJW 1994, 387; Ko NVwZ-RR 1993, 669; BAG NJW 1993, 2459; OLG Saarbrücken NJW 1995, 1562.

keit einer gesonderten Vorwegklärung der Rechtswegfrage durch Beschwerde gegen eine Vorabentscheidung gem Abs 3, die § 17a Abs 5 GVG voraussetzt, ja bisher nicht gehabt hat.[39]

Kommt das Berufungsgericht zum Ergebnis, daß der VRW nicht gegeben ist, so hebt es das klageabweisende Urteil auf u verweist die Sache **durch Beschluß**[40] an das zuständige Gericht des zulässigen Rechtswegs. Kommt das Rechtsmittelgericht dagegen zu dem Ergebnis, **daß der VRW** entgegen der Auffassung des VG **gegeben** ist, so kann es nach § 130 in der Sache entscheiden oder das Urteil aufheben u die Sache zurückverweisen (Ms NVwZ-RR 1993, 670).

b) Rechtsmittel bei Verneinung des VRW. Hat das VG entgegen § 17a Abs 2 u 4 GVG statt vorweg durch Beschluß die Sache an das zuständige Gericht zu verweisen, **die Klage** durch Urteil oder Gerichtsbescheid wg **Unzulässigkeit des VRW abgewiesen,** kann der Kl dagegen nicht nach dem sog **Grundsatz der Meistbegünstigung** (s 22 vor § 124) **nach seiner Wahl Beschwerde** gem § 146, § 17a Abs 4 S 3 GVG **oder Berufung** in der Sache nach § 124 einlegen, sondern **nur** die Berufung (**aA** Ko NVwZ-RR 1993, 669). Auch **steht** – ebenso wie bei fälschlicher Bejahung des VRW (s oben 32) – **§ 17a Abs 5 GVG** einer Prüfung des VRW durch das Rechtsmittelgericht und, wenn das Berufungsgericht den VRW nicht für gegeben ansieht, der Aufhebung des erstinstanzlichen Urteils wg Unzulässigkeit der VRW u einer Verweisung des Rechtsstreits durch dieses gem § 17a Abs 2 GVG an das zuständige Gericht des zulässigen Rechtswegs **nicht entgegen** (BGH WM 1993, 998; Ko NVwZ-RR 1993, 663; Ma NVwZ-RR 1997, 325). Die Aufhebung des erstinstanzlichen Urteils u die Verweisung des Rechtsstreits an das zuständige Gericht erfolgt in diesem Fall durch **Beschluß,**[41] da das Rechtsmittelgericht seine Entscheidung in der Form treffen muß, in der die Vorinstanz richtigerweise hatte entscheiden müssen; daß durch den Beschluß dabei ein Urteil oder ein Gerichtsbescheid abgeändert wird, steht nicht entgegen. 33

13. Aussetzung des Verfahrens in der Hauptsache bis zur Entscheidung über die Beschwerde: § 17a GVG schreibt nicht ausdr eine Verpflichtung des Gerichts zur **Aussetzung des Vf** gem oder analog § 94 in der Hauptsache bis zur Entscheidung des Beschwerdegerichts gem § 17a Abs 4 S 3–6 GVG über die Zulässigkeit des VRW bzw die Zulässigkeit einer Verweisung vor. Da aus Gründen der Effektivität des Rechtsschutzes u nach § 17a Abs 5 GVG die Berücksichtigung einer abweichenden Beschwerdeentscheidung im HauptsacheVf nicht mehr möglich wäre, ist jedoch davon auszugehen, daß eine **Aussetzung** des HauptsacheVf grds **immer geboten** ist u jede andere Entscheidung des Gerichts insoweit ermessensfehlerhaft wäre (Schl NVwZ 1993, 670; Kissel NJW 1991, 949. 34

14. Bindung des Rechtsmittelgerichts (§ 17a Abs 5 GVG): Die Rechtsmittelgerichte, die über ein RMittel, das gegen eine Entscheidung eines unteren Gerichts in der Hauptsache eingelegt wurde, zu entscheiden haben, sind nach § 17a Abs 5 GVG grds an die Bejahung des Rechtswegs durch das untere Gericht gebunden u haben daher auch die Frage der Zulässigkeit des Rechtswegs 35

---

[39] NJW 1994, 956; Ma 48, 318; Mü BayVBl 1991, 117; NVwZ-RR 1995, 59; Schl 25. 8. 1999 – 2 L 153/98; BGH 114, 1 = NJW 1991, 1686; 1993, 470, 1799; 1994, 387; NJW 1999, 651; Ms NVwZ-RR 1993, 670; Ko NVwZ-RR 1993, 669; Schl NVwZ-RR 1993, 670; Geiger JA 1993, 191; **offen** Ks NJW 1995, 1171.

[40] BGH NJW 1998, 2057; BAG NZA 1992, 957; Ko NVwZ-RR 1993, 669; LAG Hamm MDR 1991, 986; Kissel 32 zu § 17 GVG; Kissel NZA 1995, 351; BL 20f zu § 17a GVG; Sch-Ehlers 30 zu § 17a GVG; **aA** Ma NVwZ-RR 1993, 515; Ms NVwZ-RR 1993, 670 u 11. Aufl.

[41] BAG NZA 1992, 957; Ko NVwZ-RR 1993, 669; **aA** Ma NVwZ-RR 1993, 515; Ms NVwZ-RR 1993, 670.

nicht mehr zu prüfen. Die Bindung nach § 17a Abs 5 GVG tritt auch dann ein, wenn nicht schon das Gericht 1. Instanz, sondern erst das Berufungsgericht über die Rechtswegzuständigkeit entschieden hat (BGH NJW 1993, 390 mwN; **aA** Leipold JZ 1993, 707). Wenn das VG im Falle objektiver Klagehäufung gem § 44 verfahrensfehlerhaft nur über **eines von mehreren Klagebegehren entschei- det,** also kein Teilurteil gem § 110, sondern ein Vollendurteil erläßt, beschränkt sich die Bindungswirkung des **§ 17a Abs 5 GVG** allein auf das entschiedene Begehren u steht auch § 17 Abs 2 S 1 GVG hins des „übersehenen" Klagebegehrens einer Rechtswegverweisung durch das Rechtsmittelgericht im Wege eines VorabVf gem **§ 17a Abs 2 GVG** nicht entgegen (Ks NVwZ-RR 1999, 4).

36 Eine **Ausnahme von der Bindung** des Rechtsmittelgerichts gilt nach der Rspr – entgegen dem Wortlaut von § 17a Abs 5 GVG – in den Fällen, in denen das untere Gericht den beschrittenen Rechtsweg für zulässig erachtet u der Klage in der Hauptsache stattgegeben hat, entgegen § 17a Abs 3 S 2 GVG aber über die Zulässigkeit des Rechtswegs, **obwohl ein Beteiligter** die Zulässigkeit des Rechtswegs **gerügt hatte, nicht vorab durch Beschluß,** sondern erst im Urteil entschieden hat (KG NVwZ 1996, 413; s oben 32).

Als weitere **Ausnahmen** kommen, soweit man Ausnahmen auch von der Bindungswirkung einer Verweisung nach § 17a Abs 2 GVG anerkennen will (s dazu oben 22), wg der Rechtsähnlichkeit der Situation auch die **Fälle** in Betracht, **in denen auch eine Verweisung** für das Gericht, an das verwiesen wird, **nicht** als **bindend** angesehen wird (dazu oben 22). Schließlich steht § 17a Abs 5 GVG einer Prüfung der Rechtswegfrage durch das Rechtsmittelgericht nicht entgegen, wenn das VG die Klage wg anderweitiger Rechtshängigkeit abgewiesen hat (Ks NVwZ-RR 1999, 102).

37 **15. Kosten gem § 17b Abs 2 GVG bei Verweisung eines Rechtsstreits nach § 17a Abs 2 GVG, § 173 S 1 bzw § 83 S 1 iVm § 17a Abs 2 GVG:** Der direkt (bei Verweisung durch ein Gericht einer anderen Gerichtsbarkeit) oder gem § 173 S 1 bzw § 83 S 1 analog anwendbare § 17b Abs 2 S 1 GVG enthält – entspr § 281 Abs 3 ZPO – den **Grundsatz der Kosteneinheit.** Danach enthält der Verweisungsbeschluß keine Kostenentscheidung u auch keine Streitwertfestsetzung (Ma NVwZ-RR 1992, 165). Die Kostenentscheidung ist dem Gericht vorbehalten, an das der Rechtsstreit verwiesen wird.[42] Wird der Verweisungsbeschluß dagegen gem § 17a Abs 4 S 3 GVG iVm § 146 mit der Beschwerde angefochten, so ist über die Kosten dieses RMittel nach allg Grundsätzen zu entscheiden;[43] zur Frage einer gesonderten Entscheidung über durch die **infolge einer falschen Rechtsmittelbelehrung entstandenen Kosten eines RMittel** bei Verweisung der Sache an das Gericht eines anderen Gerichtszweiges Br NJW 1985, 2046.

38 Gem § 17b Abs 2 S 2 GVG sind die durch die Anrufung des falschen Gerichts entstandenen Mehrkosten dem Kl auch dann aufzuerlegen, wenn er in der Hauptsache obsiegt. Mehrkosten sind diejenigen Verfahrenskosten, die durch die Anrufung eines unzuständigen Gerichts als Gerichts- oder außergerichtliche Kosten zusätzlich angefallen sind (Z 21 zu § 281 ZPO).

§ 42 [Anfechtungs- und Verpflichtungsklage]

(1) **Durch Klage[1 ff] kann die Aufhebung eines Verwaltungsakts[54 ff] (Anfechtungsklage)[1 ff, 20 ff, 31 ff] sowie die Verurteilung zum Erlaß eines abge-**

---

[42] Ko NVwZ-RR 1993, 669; Mü NVwZ-RR 1993, 668; Ms NVwZ-RR 1993, 670.

[43] BGH NJW 1993, 2541; Sch-Ehlers 8 zu § 17 b GVG; Z 4 zu § 17b GVG; BL 6 zu § 17b GVG; M 5 zu § 17b GVG; iE auch Ms NVwZ-RR 1993, 670 mwN, das sich aber dafür auf § 17b Abs 2 S 2 GVG stützen will.

lehnten oder unterlassenen Verwaltungsakts (Verpflichtungsklage)[1 ff, 6 ff, 27 ff, 31 ff] **begehrt werden.**

(2) **Soweit gesetzlich nichts anderes bestimmt ist,**[180 ff] **ist die Klage nur zulässig, wenn der Kläger geltend macht, durch den Verwaltungsakt**[54 ff] **oder seine Ablehnung oder Unterlassung**[6 ff, 54 ff] **in seinen Rechten**[59 ff] **verletzt zu sein.**

Vgl §§ 23f EGGVG, § 54 SGG; § 40 FGO

Schrifttum: Klagearten: Allgemeines (s auch zu § 113): *Bachof,* Die verwaltungsgerichtliche Klage auf Vornahme einer Amtshandlung, 1951 (2. Aufl 1968); *Bettermann,* Vorbeugender Rechtsschutz in der Verwaltungsgerichtsbarkeit, in: Zehn Jahre VwGO, 1970, 185; *ders,* Teilanfechtung, Teilkassation und Reformation von Abgabenbescheiden, Wacke-FS 1972, 233; *ders,* Die Anfechtung von Verwaltungsakten wegen Verfahrensfehlern, Ipsen-FS 1977, 271; *Bickenbach,* Das Bescheidungsurteil als Ergebnis einer Verpflichtungsklage, 2006; *Blunk/Schroeder,* Rechtsschutz gegen Scheinverwaltungsakte, JuS 2005, 602; *Cöster,* Kassation, Teilkassation und Reformation von VAen durch die Verwaltungs- und Finanzgerichte, 1979; *v Danwitz,* Bürgerbegehren in der kommunalen Willensbildung, DVBl 1996, 134; *Dreier,* Präventive Klagen gegen hoheitliches Handeln im Gewerberecht, NVwZ 1988, 1073; *Duken,* Normerlaßklage und fortgesetzte Normerlaßklage, NVwZ 1993, 546; *Ehlers,* Das Verwaltungsverfahrensgesetz im Spiegel der Rechtsprechung, DV 1998, 53; *ders,* Die verwaltungsgerichtliche Anfechtungsklage, Jura 2004, 30, 176; *ders,* Die verwaltungsgerichtliche Verpflichtungsklage, Jura 2004, 310; *Erichsen,* Verfassungs- und verwaltungsrechtsgeschichtliche Grundlagen der Lehre vom fehlerhaften belastenden Verwaltungsakt und seiner Aufhebung im Prozeß, 1971; *Faber,* Der Schutz der Ehre und des Rufes vor herabsetzenden Äußerungen des Staates, 1999; *Fraenkel-Haeberle,* Die Untätigkeitsklage im Vergleich zwischen dem italienischen, deutschen und österreichischen Recht, DÖV 2004, 861; *Heimlich,* Die allgemeine Leistungsklage zur Durchsetzung eines Bürgerbegehrens, DÖV 1999, 1029; *Hödl-Adick,* Die Bescheidungsklage als Erfordernis eines interessengerechten Rechtsschutzes, 2001; *Hufen/Bickenbach,* Der Verwaltungsprozess zwischen Konsolidierung und permanenter Reform, DV 2006, 525; *Jaroschek,* Formen des Rechtsschutzes bei kommunalen Bürgerbegehren, BayVBl 1997, 39; *Johlen,* Besonderheiten des Rechtsschutzes gegenüber Planfeststellungen, Redeker-FS 1993, 487; *Köller/Haller,* Prozessuale Durchsetzbarkeit eines Anspruchs auf Rechtsetzung, JuS 2004, 189; *Laubinger,* Die isolierte Anfechtungsklage, Menger-FS 1985, 443; *Lorenz,* Der Rechtsschutz des Bürgers und die Rechtsweggarantie, 1973 (Nachdruck 1995); *ders,* Die verfassungsrechtlichen Vorgaben des Art. 19 Abs. 4 GG für das Verwaltungsprozeßrecht, Menger-FS 1985, 143; *Menger,* System des verwaltungsgerichtlichen Rechtsschutzes, 1954; *Meyer,* Rechtsschutz bei kommunalen Bürgerbegehren und -entscheiden, NVwZ 2003, 183; *Paetow,* Die Teilbarkeit von Planungsentscheidungen, DVBl 1985, 369; *Pasemann,* Die isolierte Anfechtungsklage, VR 2005, 181; *Peine,* Vorbeugender Rechtsschutz im Verwaltungsprozeß, Jura 1983, 285; *Roth,* Verwaltungsrechtliche Organstreitigkeiten, 2001; *Rozek,* Neubewertung einer fehlerhaft bewerteten Prüfungsarbeit im Prüfungsrechtsstreit, NVwZ 1992, 33; *Sachs,* Grenze des Diskriminierungsverbots, 1987; *Schenke,* Vorbeugende Unterlassungs- und Feststellungsklage im Verwaltungsprozeß, AöR 1970, 223; *ders,* Vollstreckungsschutz gegen Verwaltungsakte bei nach Bestandskraft entstandenen Einwendungen gegen den zu vollstreckenden Anspruch, VerwA 1970, 260, 342; *ders,* Rechtsschutz bei normativem Unrecht, 1979; *ders,* Rechtsschutz gegen Gnadenakte, JA 1981, 588; *ders,* Rechtsschutz bei Divergenz von Form und Inhalt staatlichen Verwaltungshandelns, VerwA 1981, 185; *ders,* Die Fortsetzungsfeststellungsklage, Menger-FS 1985, 461; *ders,* Formeller oder materieller Verwaltungsaktsbegriff?, NVwZ 1990, 1009; *ders,* Rechtsprechungsübersicht zum Verwaltungsprozeß, JZ 1996, 998, 1055, 1103, 1155; *ders,* Der Anspruch des Verletzten auf Rücknahme des Verwaltungsakts vor Ablauf der Anfechtungsfrist, Maurer-FS, 2001, 723; *Schenke/Baumeister,* Probleme des Rechtsschutzes bei der Vollstreckung von Verwaltungsakten, NVwZ 1993, 1; *Schmidt-Aßmann,* Funktionen der Verwaltungsgerichtsbarkeit, Menger-FS 1985, 107; *Schröder,* Bescheidungsantrag und Bescheidungsklage, Menger-FS 1985, 487; *Schnapp,* Die Nichtigkeit des Verwaltungsakts – Qualität oder Qualifikation?, DVBl 2000, 247; *Schnapp/Cordewener,* Welche Rechtsfolgen hat die Fehlerhaftigkeit eines Verwaltungsakts?, JuS 1999, 39, 147; *Stein,* Die Sachentscheidungsvoraussetzung des allgemeinen Rechtsschutzbedürfnisses im Verwaltungsprozeß, 2000; *Ule,* Zur Verpflichtungsklage im Umweltschutzrecht; BB 1972, 1076; *ders,* Vorbeugender Rechtsschutz im Verwaltungsprozeß, VerwA 1974, 291; *Wehr,* Rechtsprobleme des Bürgerbegehrens, BayVBl 1996, 549ff; *ders,* Versagungsgegenklage und ablehnender Verwaltungsakt, Jura 1998, 575; *Wernsmann,* Klagearten und Klagebefugnis im Konkurrentenrechtsstreit, DV 2003, 67; *Wittmann,* Zum Wandel des Verhältnisses von Verwaltung und Verwaltungsgerichtsbarkeit, BayVBl 1996, 586. – **Organstreit:** *Barth,* Subjektive Rechte von Gemeinderatsmitgliedern im Kommunalverfassungsstreit, Diss Regensburg 1997; *Bauer/Krause,* Innerorganisatorische Streitigkeiten im Verwaltungsprozeß, JuS 1996, 411, 512; *Buchwald,* Der verwaltungsgerichtliche Organstreit: Eine verwaltungsprozessuale und normtheoretische Studie, 1998; *Ehlers,* Die Klagearten und besonderen Sachentscheidungsvoraussetzungen im Kommunalverfassungsstreitverfahren, NVwZ 1990, 105; *Erichsen,* Der Innenrechtsstreit, Menger-FS 1985, 211; *Erichsen/Biermann,* Der Kommunalverfassungsstreit, Jura 1997, 157; *Herbert,* Die Klagebefugnis von Gremien, DÖV 1994, 108; *Hoppe,* Organstreitigkeiten vor den Verwaltungs- und Sozialgerichten, 1970; *Krebs,* Rechtsprobleme des Kommunalverfassungsstreits, VerwA 1977, 189; *Papier,* Die verwaltungsgerichtliche Organklage, DÖV 1980, 292; *Petri,* Gemeindevertretung contra Gemeindevorstand: Auskunft und Akteneinsicht bei personenbezogenen Daten, NVwZ 2005, 399; *Pöcker,* Die Verrechtlichung des staatlichen Innenraums, JZ 2006, 1108; *Roth,* Verwaltungsrechtliche Organstreitigkeiten, 2001; *Ziekow,* Der Fraktionsausschluß im Kommunalrecht: Zulässigkeit und vorläufiger Rechtsschutz, NWVBl 1998, 297. – **Nebenbestimmungen:** *Axer,* Nebenbestimmungen im Verwaltungsrecht, Jura 2001, 748; *Beckmann,* Sind Zusätze zum VA immer echte Nebenbestimmungen iSv § 36 Abs 2 VwVfG?, VR 2003, 148; *Brenner,* Der Verwaltungsakt mit Nebenbestimmungen, JuS 1996, 281; *Brüning,* Ist die Rechtsprechung zur isolierten Anfechtbarkeit von Nebenbestimmungen wieder vorhersehbar?, NVwZ 2002, 1081; *Ehlers,* Verwaltungsrechtsdogmatik und modifizierende Auflage, VerwA 1976, 369; *Elster,* Begünstigende Verwaltungsakte mit Bedingungen, Einschränkungen und Auflagen, 1979; *Erichsen,* Die selbständige Anfechtbarkeit von Nebenbestimmungen, VerwA 1975, 299; *Fehn,* Die isolierte Auflagenanfechtung, DÖV 1988, 202; *Heitsch,* Neben- und Inhaltsbestimmungen bei begünstigenden Verwaltungsakten: Kriterien für die Auswahl des passenden Regelungsinstruments, DÖV 2003, 367; *Hönig,* Rechtsschutz gegen Auflagen, Diss Bonn 1990; *Hufen/Bickenbach,* Der Rechtsschutz gegen Nebenbestimmungen zum Verwaltungsakt, JuS 2004, 867 u 966; *Jahndorf,* Rechtsschutz gegen Nebenbestimmungen, JA 1999, 676; *Labrenz,* Die neuere Rechtsprechung des BVerwG zum Rechtsschutz gegen Nebenbestimmungen – falsch begründet, aber richtig, NVwZ 2007, 161; *Lange,* Die isolierte Anfechtbarkeit von Auflagen unter besonderer Berücksichtigung der Rechtsprechung des Bundesverwaltungsgerichts zur „modifizierenden Auflage", AöR 1977, 337; *Laubinger,* Die Anfechtbarkeit von Nebenbestimmungen, VerwA 1982, 345; *ders,* Das System der Nebenbestimmungen, WuV 1982, 117; *Pietzcker,* Rechtsschutz gegen Nebenbestimmungen – unlösbar?, NVwZ 1995, 15; *Remmert,* Nebenbestimmungen zu begünstigenden Verwaltungsakten, VerwA 1997, 112; *Schachel,* Nebenbestimmungen zu Verwaltungsakten, 1979; *Schenke,* Rechtsschutz gegen Nebenbestimmungen bei Wirtschaftsverwaltungsakten, WiVerw 1982, 142; *ders,* Rechtsschutz gegen Nebenbestimmungen – BVerwGE 60, 269, JuS 1983, 182; *ders,* Eine unendliche Geschichte: Rechtsschutz gegen Nebenbestimmungen, Roellecke-FS 1997, 281; *J. Schmidt,* Zur Anfechtbarkeit von Nebenbestimmungen, NVwZ 1996, 1188; *ders,* Rechtsschutz gegen Nebenbestimmungen, VBlBW 2004, 81; *Schneider,* Nebenbestimmungen und Verwaltungsprozeß, 1981; *Seidel,* „Ausnahme mit Hindernissen", JA 2003, 957; *Sproll,* Rechtsschutz gegen Nebenbestimmungen eines Verwaltungsakts, NJW 2002, 3221 ff; *Sieckmann,* Die Anfechtung von Nebenbestimmungen zu begünstigenden Verwaltungsakten, DÖV 1998, 525; *Stadie,* Rechtsschutz gegen Nebenbestimmungen eines begünstigenden Verwaltungsaktes, DVBl 1991, 613; *Störmer,* Rechtsschutz gegen Inhalts- und Nebenbestimmungen, DVBl 1996, 73; *ders,* Die aktuelle Rechtsprechung zur Anfechtbarkeit von Nebenbestimmungen – eine kritische Bestandsaufnahme, NWVBl 1996, 169; *Sturm,* Isolierter Rechtsschutz gegen Nebenbestimmungen, VR 2004, 15; *Weyreuther,* Über „Baubedingungen", DVBl 1969, 232. – **Klagebefugnis: Allgemeines:** *Alleweldt,* Verbandsklage und gerichtliche Kontrolle von Verfahrensfehlern: Neue Entwicklungen im Umweltrecht, DÖV 2006, 621; *Bachof,* Reflexwirkungen und subjektive Rechte im öffentlichen Recht, Jellinek-FS 1955, 287; *Battis/Dünnbacke,* Die Verbandsklage nach dem Berliner Naturschutzgesetz – BVerwG NVwZ 1988, 527, JuS 1990, 188; *Battis/Weber,* Zum Mitwirkungs- und Klagerecht anerkannter Naturschutzverbände – BVerwGE 87, 63, JuS 1992, 1012; *Bauer,* Geschichtliche Grundlagen der Lehre vom subjektiven öffentlichen Recht, 1986; *ders,* Altes und Neues zur Schutznormtheorie, AöR 1988, 582; *ders,* Die Schutznormtheorie im Wandel, in: Heckmann/Messerschmidt (Hg), Gegenwartsfragen des öffentlichen Rechts, 1988, 113; *Bettermann,* Klagebefugnis und Aktivlegitimation im Anfechtungsprozeß, in: Staatsbürger und Staatsgewalt, Bd 2, 1963, 449; *ders,* Die Beschwer als Klagevoraussetzung, 1970; *ders,* Über die Legitimation zur Anfechtung von Verwaltungsakten, Imboden-GS 1972, 37; *Blankenagel,* Klagefähige Rechtspositionen im Umweltrecht, DV 1993, 1; *Bühler,* Die subjektiven öffentlichen Rechte und ihr Schutz in der deutschen Verwaltungsrechtsprechung, 1914; *Bumke,* Klagebefugnis der Landesmedienanstalten im Streit um rundfunkrechtliche Zulassungsentscheidungen?, ZUM 1995, 360; *Burgi,* Das subjektive Recht im Energie-Regulierungsverwaltungsrecht, DVBl 2006, 269; *Calliess,* Die umweltrechtliche Verbandsklage nach der Novellierung des Bundesnaturschutzgesetzes, NJW 2003, 97; *ders/Kallmayer,* Der praktische Fall – Öffentliches Recht: Abwehrrechte und Schutzpflichten aus Grundrechten, JuS 1999, 785; *Dietlein,* Die Lehre von den grundrechtlichen Schutzpflichten, 1992; *ders,* Die Klagebefugnis des Jagdgenossen – BVerwG NVwZ 1995, 1200, JuS 1996, 593; *Eckhoff,* Der Grundrechtseingriff, 1992; *Ehlers,* Die Klagebefugnis nach deutschem, europäischem Gemeinschafts- und U.S.-amerikanischem Recht, VerwA 1993, 140; *Epiney,* Gemeinschaftsrecht und Verbandsklage, NVwZ 1999, 485; *Ewer,* Ausgewählte Rechtsanwendungsfragen des Entwurfs für ein Umwelt-Rechtsbehelfsgesetz, NVwZ 2007, 267; *Faber,* Die Verbandsklage im Verwaltungsprozeß, 1972; *Gallwas,* Faktische Beeinträchtigungen im Bereich der Grundrechte, 1970; *Geist-Schell,* Verfahrensfehler und Schutznormtheorie, 1988; *Gellermann,* Europäisierte Klagerechte anerkannter Umweltverbände, NVwZ 2006, 7; *Gierth,* Klagebefugnis und Popularklage, DÖV 1980, 893; *Groß,* Kriterien des Drittschutzes bei Tarifgenehmigungen, DÖV 1996, 52; *Gurlit,* Die Klagebefugnis des Adressaten im Verwaltungsprozeß, DV 1995, 449; *Hansen/Stollenwerk,* Anfechtung von Verkehrszeichen, VR 1991, 121; *Harings,* Die Stellung der anerkannten Naturschutzverbände im verwaltungsgerichtlichen Verfahren, NVwZ 1997, 538; *A. Hartmann,* Zum Anspruch auf Erlaß untergesetzlicher Normen im öffentlichen Recht, DÖV 1991, 62; *Hauber,* Verfahrensbeteiligung und Verbandsklage von Umweltschutzverbänden im Naturschutzrecht, VR 1991, 313; *Henke,* Das subjektive öffentliche Recht, 1968; *ders,* Zur Lehre vom subjektiven öffentlichen Recht, Weber-FS 1974, 495; *Hipp/Hufeld,* Grundfälle zur Klagebefugnis im Verwaltungsprozeß, JuS 1998, 802 u 898; *Hobe,* Die dogmatische Verortung des Anliegergebrauchs als eigenständiges Rechtsinstitut zwischen Gemeingebrauch und Sondernutzung, DÖV 1997, 323; *Hufeld,* Rechtsfragen zur Schließung von Studiengängen und Fakultäten, DÖV 1997, 1025; *Jäde,* Gemeindliches Einvernehmen im Bauordnungsrecht – VGH München NVwZ 1998, 205, JuS 1998, 503; *Jarass,* Die Beteiligung von Naturschutzverbänden an der Änderung von Planfeststellungsbeschlüssen und an Plangenehmigungen, NuR 1997, 426; *Keller,* Effektiver Rechtsschutz im Umweltrecht, DVBl 2004, 1153; *Kemper,* Verbandsklage- und Mitwirkungsrechte anerkannter Umweltverbände in Brandenburg, LKV 1996, 87; *Klenke,* Der „Ausschluss der Popularklage" – vom Sinn des § 42 Abs 2 VwGO, NWVBl 2005, 125; *Kment,* Das neue Umwelt-Rechtsbehelfsgesetz und seine Bedeutung für das UVPG, NVwZ 2007, 274; *Knödler,* Sperrgrundstücksklagen als Rechtsmißbrauch?, NuR 2001, 194; *Kokott/Lee,* Die Verbandsklage im deutschen und US-amerikanischen Umweltrecht – unter besonderer Berücksichtigung des Reformvorschlags im UGB-Entwurf der Unabhängigen Sachverständigenkommission, UTR 1998, 215; *Kollmer,* Klage auf Umweltinformation nach dem neuen Umweltinformationsgesetz, NVwZ 1995, 858; *Kopf,* Rechtsfragen bei der Ansiedlung von Einzelhandelsgroßprojekten unter besonderer Berücksichtigung von Factory Outlet Centern, 2002; *ders/Nickel,* Planungsbedürfnis bei Außenbereichsvorhaben als entgegenstehender öffentlicher Belang, UPR 2003, 22; *Krebs,* Subjektiver Rechtsschutz und objektive Rechtskontrolle, Menger-FS 1985, 191; *Kube,* Der subjektive Abwehrgehalt der Grundrechte – Zur grundrechtlichen Rüge der Verletzung von Rechten Dritter, DVBl 2005, 721; *Ladeur,* Drittschutz bei der Genehmigung gentechnischer Anlagen, NVwZ 1992, 948; *K. Lange,* Die gemeindliche Selbstverwaltungsgarantie in der Rechtsprechung der Landesverfassungsgerichte, NdsVBl 2006, 19; *Laubinger,* Der Verwaltungsakt mit Doppelwirkung, 1967; *ders,* Feststellungsklage und Klagebefugnis (§ 42 Abs. 2 VwGO), VerwA 1991, 459; *Lemke,* Die Klagebefugnis als besondere Sachentscheidungsvoraussetzung in der öffentlichrechtlichen Klausur, JA 1999, 887; *Lorz,* Der Rechtsschutz einfacher Verkehrsteilnehmer gegen Verkehrszeichen und andere verkehrsbehördliche Anordnungen, DÖV 1993, 129; *Louis/Stück,* Die Rechtsbehelfsbefugnis der anerkannten Naturschutzvereine im Niedersächsischen Naturschutzgesetz im Lichte der Umsetzung der Aarhus-Konvention durch die Richtlinie 2003/35/EG der Europäischen Union, NdsVBl 2005, 225; *Lübbe-Wolff,* Die Grundrechte als Eingriffsabwehrrechte, 1988; *Masing,* Die Mobilisierung des Bürgers für die Durchsetzung des Rechts, 1997; *Neumeyer,* Die Klagebefugnis im Verwaltungsprozeß, 1979; *Palme,* Zwischen Infrastrukturpolitik und Naturschutz – das Urteil des OVG Lüneburg zum Emssperrwerk, NdsVBl 2006, 6; *Pietzcker,* Drittwirkung – Schutzpflicht – Eingriff, Dürig-FS 1990, 345; *Preu,* Subjektivrechtliche Grundlagen des öffentlichrechtlichen Drittschutzes, 1992; *Ramsauer,* Die faktischen Beeinträchtigungen des Eigentums, 1980; *Rebler,* Nochmals: Der Rechtsschutz im Bereich verkehrsbehördlicher Anordnungen, BayVBl 2004, 554; *Rettberg,* Die Verbandsklage nach dem Niedersächsischen Naturschutzgesetz, NdsVBl 1996, 274; *Ringel,* Die Plangenehmigung im Fachplanungsrecht, 1996; *Robbers,* Anspruch auf Normerlaß? – OVG Koblenz NJW 1988, 1684, JuS 1988, 949; *Roth,* Faktische Eingriffe in Freiheit und Eigentum, 1994; *Roth,* Verwaltungsrechtliche Organstreitigkeiten, 2001; *Rudolph,* Mitwirkungsrechte der Naturschutzverbände nach § 29 I Nr 4 BNatSchG und Rechtsschutz, JuS 2000, 478; *Schechinger,* Rechtsverletzung und Schutznorm im Anfechtungsprozeß Privater gegen Straßenplanungen, DVBl 1991, 1182; *Scheidler,* Rechtsschutz Dritter bei fehlerhafter oder unterbliebener Umweltverträglichkeitsprüfung, NVwZ 2005, 863; *Schenke,* Rechtsschutz gegen das Unterlassen von Rechtsnormen, VerwA 1991, 307; *ders,* Der Rechtsschutz der Gemeinden gegen Braunkohlenpläne, UTR 1990, 69; *ders,* Der Rechtsschutz von Nachbargemeinden im Bauplanungsrecht, VerwA 2007, Heft 3; *Scherzberg,* Grundlagen und Typologie des subjektiv-öffentlichen Rechts, DVBl 1988, 129; *ders,* Das subjektiv-öffentliche Recht – Grundfragen und Fälle, Jura 2006, 839; *Schlacke,* Rechtsschutz durch Verbandsklage, NuR 2004, 629; *Schlette,* Die Klagebefugnis – § 42 Abs 2 VwGO, Jura 2004, 90; *A. Schmidt/Zschiesche,* Die Effizienz der naturschutzrechtlichen Verbands- oder Vereinsklage, NuR 2003, 16; *Schmidt-Preuß,* Kollidierende Privatinteressen im Verwaltungsrecht, 2. Aufl 2005; *ders,* Gegenwart und Zukunft des Verfahrensrechts, NVwZ 2005, 489; *Seelig/Gündling,* Die Verbandsklage im Umweltrecht, NVwZ 2002, 1033; *Siegel,* Die Verfahrensbeteiligung von Behörden und anderen Trägern öffentlicher Belange, 2001; *Skouris,* Verletztenklagen und Interessentenklagen im Verwaltungsprozeß, 1979; *Stehlin,* Wirkt die Subsidiaritätsklausel des § 102 Abs 1 Nr 3 BadWürttGO drittschützend, NVwZ 2001, 645; *Steiner,* Die allgemeine Leistungsklage im Verwaltungsprozeß, JuS 1984, 853; *Stüer,* Die naturschutzrechtliche Vereinsbeteiligung und Vereinsklage, NuR 2002, 708; *ders,* Rechtsschutz der Gemeinden gegen straßenverkehrsrechtliche Anordnungen, UPR 2004, 121; *Wahl,* Der Vorrang der Verfassung und die Selbständigkeit des Gesetzesrechts, NVwZ 1984, 401; *Wiegand,* Drittschutz im Spannungsverhältnis zwischen Verfassung, Gesetz und Verwaltungshandeln, BayVBl 1994, 609, 647; *Wilrich,* Vereinsbeteiligung und Vereinsklage im neuen Bundesnaturschutzgesetz, DVBl 2002, 872; *Wißmann,* Funktionsfreiheiten in der öffentlichen Verwaltung, ZBR 2003, 293; *Würtenberger,* Die Normerlaßklage als funktionsgerechte Fortbildung verwaltungsprozessualen Rechtsschutzes, AöR 1980, 370; *Ziekow,* Klagerechte von Naturschutzverbänden gegen Maßnahmen der Fachplanung, VerwA 2000, 483; *ders,* Von der Reanimation des Verfahrensrechts, NVwZ 2005, 263, *ders,* Das Umwelt-Rechtsbehelfsgesetz im System des deutschen Rechtsschutzes, NVwZ 2007, 259. – **Nachbarklagen:** *Bamberger,* Die verwaltungsgerichtliche vorläufige Einstellung genehmigungsfreier Bauvorhaben, NVwZ 2000, 983; *Bartlsperger,* Das Dilemma des baulichen Nachbarrechts, VerwA 1969, 35; *Baumeister/Sennekamp,* Examensklausur Öffentliches Recht: Immobilienanlage mit Hindernissen, Jura 1999, 259; *Blankenagel,* Klagefähige Rechtspositionen im Umweltrecht, DV 1993, 1; *Bock,* Die Verfahrensbeschleunigung im Baurecht und der Nachbarschutz, DVBl 2006, 12; *Bönker,* Baurechtlicher Nachbarschutz aus Art. 14 Abs. 1 S. 1 GG?, DVBl 1994, 506; *Borges,* Der Nachbarrechtsschutz im Freistellungsverfahren, DÖV 1997, 900; *Breuer,* Baurechtlicher Nachbarschutz, DVBl 1983, 431; *ders,* Ausbau des Individualschutzes gegen Umweltbelastungen als Aufgabe des öffentlichen Rechts, DVBl 1986, 849; *Decker,* Die Grundzüge des (bauplanungsrechlichen) Gebots der Rücksichtnahme, JA 2003, 246; *Degenhart,* Genehmigungsfreies Bauen und Rechtsschutz des Nachbarn, NJW 1996, 1433; *ders,* Das Sächsische Aufbaubeschleunigungsgesetz – Chancen und Risiken, SächsVBl 1995, 1; *Determann,* Mieter gegen Baugenehmigung, UPR 1995, 215; *Dolderer,* Abwehr- und Ausgleichsansprüche im öffentlich-rechtlichen Nachbarschaftsverhältnis, UPR 1999, 326; *Dürr,* Baurecht BW, 11. Aufl 2004; *ders,* Der baurechtliche Nachbarschutz gegenüber Stellplätzen und Garagen, BauR 1997, 7; *ders,* Die Entwicklung des öffentlichen Baunachbarrechts, DÖV 2001, 625; *Finkelnburg/Ortloff,* Öffentliches Baurecht, Bd 2: Bauordnungsrecht, Nachbarschutz, Rechtsschutz, 5. Aufl 2005; *Gassner,* Aktuelle Fragen des Baurechts, UPR 1995, 85; *Gröpl/Schleyer,* Anspruch des Nachbarn auf Einsichtnahme in die Bauunterlagen bei der Genehmigungsfreistellung, BayVBl 1998, 97; *Halama,* Lärmschutz an Straßen – eine Rechtsprechungsanalyse, VBlBW 2006, 132; *Hauth,* Das Gebot der Rücksichtnahme – vom Irrgarten in die Sackgasse, BauR 1993, 673; *Hösch,* Der Begriff der schädlichen Umwelteinwirkung und das Gebot der Rücksichtnahme im Bauplanungsrecht, GewA 1999, 402; *Hoppe/Bönker/Grotefels,* Öffentliches Baurecht, 3. Aufl 2004; *Jäde,* Der Mieter als Nachbar, UPR 1993, 330; *ders,* Die bauaufsichtliche Lebenslüge, die Schutznormtheorie und das Bundesverwaltungsgericht, UPR 1998, 326; *ders,* Das bauplanungsrechtliche Rücksichtnahmegebot, JuS 1999, 961; *Jahn,* Interkommunales Abstimmungsgebot und gemeindlicher Nachbarschutz bei Planung und Zulassung sog Factory Outlets, GewArch 2002, 412; *Kaplonek/Mittag,* Nachbarschutz im öffentlichen Baurecht, JA 2006, 664; *Kleinlein,* Das System des Nachbarrechts, 1987; *Kloepfer,* Rechtsschutz im Umweltschutz, VerwA 1985, 371 und 1986, 30; *Knödler,* Sperrgrundstücksklagen als Rechtsmißbrauch?, NuR 2001, 194; *König,* Drittschutz, 1993; *Kraft,* Entwicklungslinien im baurechtlichen Nachbarschutz, VerwA 1998, 264; *Krebs,* Öffentlich-rechtlicher Drittschutz im Bauplaungsrecht – Vom Wandel des Gebots der Rücksichtnahme zu einer Rücksichtnahmelehre, Hoppe-FS 2000, 1055; *Kunig,* „Dritte" und Nachbarn im Immissionsschutzrecht, Martens-GS 1987, 599; *Lühle,* Nachbarschutz gegen Windenergieanlagen, NVwZ 1998, 897; *Mampel,* Der Mieter ist nicht Nachbar, UPR 1994, 8; *ders,* Ver(de)reguliert – Einige Überlegungen zum Baugenehmigungs-Freistellungsverfahren, NVwZ 1996, 1160; *ders,* Baurechtlicher Drittschutz nach der Deregulierung, UPR 1997, 267; *ders,* Nachbarschutz durch das Abstandsflächenrecht und das Gebot der Rücksichtnahme – Anmerkungen zu einem scheinbar geklärten Konkurrenzverhältnis, ZfBR 1997, 227; *ders,* Modell eines neuen bauleitplanerischen Drittschutzes, BauR 1998, 697; *ders,* Kein Verwaltungsrechtsschutz zwischen Privaten, NVwZ 1999, 385; *ders,* Zum Anspruch Dritter auf bauaufsichtliches Einschreiten, DVBl 1999, 1403; *ders,* Drittschutz durch das bauplanungsrechtliche Gebot der Rücksichtnahme, DVBl 2000, 1830; *ders,* Nachbarschutz im Freistellungsverfahren, BayVBl 2001, 417; *ders,* Der Gebietserhaltungsanspruch im Streit der Meinungen, BauR 2003, 1824; *Manssen,* Die Genehmigungsfreistellung für Wohngebäude in der Landesbauordnung Mecklenburg-Vorpommern, NVwZ 1996, 144; *Martini,* Baurechtsvereinfachung und Nachbarschutz, DVBl 2001, 1488; *Muckel,* Der Nachbarschutz im öffentlichen Baurecht – Grundlagen und aktuelle Entwicklungen, JuS 2000, 132; *Oeter,* Baurechtsvereinbarung, Drittschutz und die Erfordernisse wirksamen Rechtsschutzes, DVBl 1999, 189; *Ortloff,* Verwaltungsrechtsschutz zwischen Privaten?, NVwZ 1998, 932; *ders,* Die Entwicklung des Bauordnungsrechts, NVwZ 1999, 955; *ders,* Die Entwicklung des Bauordnungsrechts, NVwZ 2005, 1381, 1384; NVwZ 2006, 999, 1003; *Pfaff,* Die neue Landesbauordnung für Baden-Württemberg – ein Fehlgriff des Gesetzgebers?, VBlBW 1996, 281; *Rebentisch,* Die Änderungsgenehmigung im Lichte des Krümmel-Urteils – Ein Problem für die Praxis?, DVBl 1997, 810; *Sacksofsky,* Privatisierung des baurechtlichen Nachbarschutzes bei genehmigungsfreien Vorhaben?, DÖV 1999, 946; *Sarnighausen,* Rücksichtnahme und Zumutbarkeit im öffentlichen Bau- und Nachbarrecht: Bundesrecht oder Landesrecht?, NVwZ 1993, 1054; *ders,* Zum Nachbaranspruch auf baubehördliches Einschreiten, NJW 1993, 1623; *ders,* Erweiterte Nachbarrechte im Bauplanungsrecht?, NJW 1995, 502; *ders,* Zur Schutzwürdigkeit im Baunachbarrecht, NVwZ 1996, 110; *Sauthoff,* Die Klagebefugnis drittbetroffener Privater gegen Fachplanungen, BauR 2000, 195; *Schenke,* Baurechtlicher Nachbarschutz, NuR 1983, 81; *ders,* Bergbau contra Oberflächeneigentum und kommunale Selbstverwaltung?, 1994; *Schlichter,* Schutznormtheorie und nachbarschützende Festsetzungen im Bebauungsplan, Hoppe-FS 2000, 1031; *Schlotterbeck,* Nachbarschutz im anlagenbezogenen Immissionsschutzrecht, NJW 1991, 2669; *Schmaltz,* Zur drittschützenden Wirkung von Festsetzungen eines Bebauungsplans, Schlichter-FS 1995, 583; *ders,* Die Freistellung von Wohngebäuden vom Genehmigungsvorbehalt nach § 69 a NBauO, NdsVBl 1995, 241; *Schmidt-Preuß,* Nachbarschutz des „Mieter-Eigentümers"?, NJW 1995, 27; *Schoch,* Nachbarschutz im öffentlichen Baurecht, Jura 2004, 317; *Seidel,* Bauordnungsrechtliche Verfahrensprivatisierung und Rechtsschutz des Nachbarn, NVwZ 2004, 139; *Spiegels,* Klagebefugnis aufgrund einer immissionsschutzrechtlichen Genehmigung NVwZ 2003, 1091; *Steffen,* Der Anspruch des Nachbarn auf Bewahrung der Gebietsart, BayVBl 1999, 161; *Steinberg,* Öffentlich-rechtlicher Nachbarschutz im Gaststättenrecht, DÖV 1991, 354; *Stüer,* Handbuch des Bau- und Fachplanungsrechts, 1997; *Thews,* Der „Eigentümer-Mieter" im baurechtlichen Nachbarstreit, NVwZ 1995, 224; *Uechtritz,* Nachbarrechtsschutz bei der Errichtung von Wohngebäuden im Freistellungs-, Anzeige- und vereinfachten Verfahren, NVwZ 1996, 640; *ders,* Interkommunales Abstimmungsgebot und gemeindliche Nachbarklage, NVwZ 2003, 176; *Weyreuther,* Das bebauungsrechtliche Gebot der Rücksichtnahme und seine Bedeutung für den Nachbarschutz, BauR 1975, 1; *Winkler,* Das vereinfachte Baugenehmigungsverfahren nach Art. 80 BayBO (Art. 73 BayBO 1998), BayVBl 1997, 744; *Ziekow,* Zum Begriff des Nachbarn im baurechtlichen Drittschutz, NVwZ 1989, 231. – **Konkurrentenklagen:** *Antweiler,* Öffentlich-rechtliche Unterlassungsansprüche gegen kommunale Wirtschaftstätigkeit, NVwZ 2003, 1466; *Badura,* Wirtschaftliche Betätigung der Gemeinde zur Erledigung von Angelegenheiten der örtlichen Gemeinschaft im Rahmen der Gesetze, DÖV 1998, 818; *Baumeister/Budroweit,* Konkurrentenrechtsschutz im Gesundheitsdienstleistungsrecht, WiVerw 2006, 1; *Bertram,* Konkurrentenklagen – „Bestenauslese", NJW 2001, 3167; *Bocksch,* Der beamtenrechtliche Konkurrentenstreit, ZAP 1993, 225; *Brohm,* Die Konkurrentenklage, Menger-FS 1985, 235; *Christ,* Die Konkurrentenklage im Spannungsfeld der Justiz, NJW 2003, 1648; *Deinert,*

Frauenförderung beim Zugang zu Ämtern: Beamtenrechtlicher Konkurrentenstreit als Möglichkeit des Rechtsschutzes für nichtberücksichtigte Bewerber?, RiA 1996, 5; *Ehlers,* Rechtsprobleme der Kommunalwirtschaft, DVBl 1998, 497; *ders,* Empfiehlt es sich, das Recht der öffentlichen Unternehmen im Spannungsverhältnis von öffentlichem Auftrag und Wettbewerb national und gemeinschaftsrechtlich neu zu regeln?, Gutachten E zum 64. DJT, 2002; *Els,* Rechtsschutz gegen einen unzulässigen Marktzutritt der Gemeinde – der Stand der bisherigen Rechtsprechung und die Novellierung des Gemeindewirtschaftsrechts in Baden-Württemberg, VBlBW 2006, 420; *Faber,* Aktuelle Entwicklungen des Drittschutzes gegen die kommunale wirtschaftliche Betätigung, DVBl 2003, 761; *Erichsen,* Konkurrentenklagen im Öffentlichen Recht, Jura 1994, 385; *Faßbender,* Rechtsschutz privater Konkurrenten gegen kommunale Wirtschaftsbetätigung, DÖV 2005, 89; *Fehling,* Die Konkurrentenklage bei der Zulassung privater Rundfunkveranstalter, 1994; *Frenz,* Verwaltungsgerichtlicher Rechtsschutz in Konkurrenzsituationen, 1999; *Füßer,* Kupierter Rechtsschutz und Nichtigkeit als Folge doloser Rechtsschutzvereitelung, DÖV 1997, 816; *Golitschek v,* Einstweiliger Rechtsschutz bei beamtenrechtlichen Auswahlentscheidungen, ThürVBl 1996, 1; *Grawert,* Zuständigkeitsgrenzen der Kommunalwirtschaft, FS Blümel, 1999, 119; *Grooterhorst/Törnig,* Wo liegt die Grenze der Zulässigkeit der wirtschaftlichen Betätigung von Kommunen, DÖV 2004, 685; *Grzeszick,* Lizenzvergabe nach dem Telekommunikationsgesetz, ZUM 1997, 911; *Günther,* Vom Stand des Streits um die Konkurrentenklage, ZBR 1983, 45; *ders,* Einstweiliger Rechtsschutz im Vorfeld der Beförderung, NVwZ 1986, 697; *Heine/Neun,* Konkurrentenklagen im Telekommunikationsrecht, MMR 2001, 352; *Hennecke,* Urteilsanmerkung zu RhPfVerfGH DVBl 2000, 992, DVBl 2000, 997; *Hösch,* Probleme der wirtschaftsverwaltungsrechtlichen Konkurrentenklage, DV 1997, 211; *Huber,* Konkurrenzschutz im Verwaltungsrecht, 1991; *Kehrberg,* Schutzzweck und Verfassungsmäßigkeit des Ladenschlußgesetzes, GewA 2001, 14; *Kernbach,* Die Rechtsschutzmöglichkeiten des unterlegenen Konkurrenten im beamtenrechtlichen Ernennungsverfahren, 1994; *Ladeur/Möllers,* Der europäische Regulierungsverbund der Telekommunikation im deutschen Verwaltungsrecht, DVBl 2005, 525; *Lecheler,* Die Konkurrentenklage – abgelehnt aus Angst vor den Folgen?, DÖV 1983, 953; *Lemhöfer,* Rechtsschutz im Beförderungsstreit: Systematik und Praxistauglichkeit, ZBR 2003, 14; *Miebach,* Die negative öffentlichrechtliche Konkurrentenklage im wirtschaftlichen Wettbewerb, JuS 1987, 956; *Otto,* Wettbewerblicher Schutz gegen kommunale Wirtschaftstätigkeit, GewA 2001, 360; *Peter,* Konkurrentenschutz im Beamtenrecht, JuS 1992, 1042; *Pielow,* Gemeindewirtschaft im Gegenwind?, NWVBl 1999, 369; *Pieroth/B. J. Hartmann,* Grundrechtsschutz gegen wirtschaftliche Betätigung der öffentlichen Hand, DVBl 2002, 421; *Pöcker,* Das Verfahrensrecht wirtschaftsverwaltungsrechtlicher Verteilungsentscheidungen: Der einheitliche Verteilungsverwaltungsakt, DÖV 2003, 193; *Pogrzeba,* Konkurrentenklagen im Beamtenrecht?, 1983; *Rittner/Stephan,* Die Konkurrentenklage im Subventionsrecht, GewA 1985, 177; *Ronellenfitsch,* Der vorläufige Rechtsschutz im beamtenrechtlichen Konkurrentenstreit, VerwA 1991, 121; *Ruthig,* Konkurrentenrechtsschutz im Rettungsdienstwesen, BayVBl 1994, 393; *Sack,* Gesetzwidrige Wettbewerbshandlungen nach der UWG-Novelle, WRP 2004, 1307; *Schenke,* Die Konkurrentenklage im Beamtenrecht, Mühl-FS 1981, 571; *ders,* Rechtsprobleme des Konkurrentenrechtsschutzes im Wirtschaftsverwaltungsrecht, NVwZ 1993, 718; *ders,* Urteilsanmerkung zu Magdeburg DVBl 1996, 162, DVBl 1996, 388; *Scherer,* Öffentlich-rechtliche Konkurrentenklage im Wirtschafts- und Beamtenrecht, Jura 1985, 11; *Schlacke,* Konkurrentenklagen gegen die Wirtschaftstätigkeit von Gemeinden, JA 2002, 48; *Schliesky,* Über Notwendigkeit und Gestalt eines öffentlichen Wettbewerbsrechts, DVBl 1999, 78; *R. Schmidt,* Die Stellung des Konkurrenten im Verwaltungsprozeß, JuS 1999, 1107; *Schmitt-Kammler,* Konkurrentenklage im Beamtenrecht?, DÖV 1980, 285; *Schmitz,* Konkurrentenklage und Ladenschluss, NVwZ 2002, 822; *Schneider J./Jürgens,* Frequenzvergabestreitigkeiten, JA 2001, 406; *Schnellenbach,* Zum vorläufigen Rechtsschutz bei der Einstellungs- und Beförderungsamts-Konkurrenz, NVwZ 1990, 637; *ders,* Konkurrenzen um Beförderungsämter – geklärte und ungeklärte Fragen, ZBR 1997, 169; *Schöbener,* Verwaltungsgerichtlicher Rechtsschutz in beamtenrechtlichen Konkurrenzsituationen, BayVBl 2001, 321; *Seiler/Vollmöller,* Die Konkurrentenklage im Krankenhausrecht, DVBl 2003, 235; *Selmer,* Rechtsprechungsübersicht – Konkurrentenklage im Personenbeförderungsrecht, JuS 2001, 198; *Shirvani,* Rechtsschutz gegen Zuteilungsentscheidungen im Emissionshandelsrecht, NVwZ 2005, 868; *Solte,* Zur Konkurrentenklage im Beamtenrecht, NJW 1980, 1027; *Stehlin/Grabolle,* Spielräume gemeindlicher Wirtschaftstätigkeit, VBlBW 2007, 41; *Stollmann,* Vorläufiger Rechtsschutz von Konkurrenten im Krankenhausrecht, NVwZ 2006, 425, *Sydow/Gebhardt,* Auskunftsansprüche gegenüber kommunalen Unternehmen, NVwZ 2006, 986; *Tegethoff,* Rechtsschutz im beamtenrechtlichen Beförderungsstreit, JA 2004, 732; *Tettinger,*

Rechtsschutz gegen kommunale Wettbewerbsteilnahme, NJW 1998, 3473; *Wallerath,* Ladenschluß und Konkurrentenschutz, NJW 2001, 781; *Wernsmann,* Klagearten und Klagebefugnis im Konkurrentenrechtsstreit, DV 2003, 67; *ders,* Die beamtenrechtliche Konkurrentenklage, DVBl 2005, 276; *Wieland,* Konkurrentenrechtsschutz in der neueren Rechtsprechung zum Wirtschaftsverwaltungsrecht, DV 1999, 217; *ders,* Konkurrentenschutz bei Beamtenernennungen, Blümel-FS 1999, 647; *Wittkowski,* Die Konkurrentenklage im Beamtenrecht (unter besonderer Berücksichtigung des vorläufigen Rechtsschutzes), NJW 1993, 817; *ders,* Ansätze zur Lösung praktischer Probleme bei beamtenrechtlichen Konkurrentenanträgen, NVwZ 1995, 345; *Wörz,* Konkurrentenklage bei „Dienstpostenkonkurrenz", ZBR 1988, 16; *Zimmerling,* Verfahrensrechtliche Aspekte der beamtenrechtlichen Konkurrenten- und Beurteilungsklage, PersV 2000, 205. – **Planungsrecht:** *Battis/Ingoldt,* Der Umweltinformationsanspruch im Planfeststellungsverfahren – zugleich Anmerkung zu VGH Kassel, DVBl 2006, 735; *Beckmann,* Der Rechtsschutz des Vorhabenträgers bei der Umweltverträglichkeitsprüfung, NVwZ 1991, 427; *Brandt,* Präklusion im Verwaltungsverfahren, NVwZ 1997, 233; *Degenhart,* Präklusion im Verwaltungsprozeß, Menger-FS 1985, 621; *Diefenbach,* Klagemöglichkeiten der Naturschutzverbände auf dem Gebiet der Verkehrswegefachplanung nach der Rechtsprechung des Bundesverwaltungsgerichts, NuR 1997, 573; *Dippel,* Alte und neue Anwendungsprobleme der §§ 36, 38 BauGB, NVwZ 1999, 921; *Gaentzsch,* Aktuelle Fragen der Planerhaltung bei Bauleitplänen und Planfeststellungen in der Rechtsprechung des Bundesverwaltungsgerichts, UPR 2001, 201; *Gassner,* Zur Gleichstellung der Rechtswirkungen von Planfeststellung und Plangenehmigung, NuR 1996, 492; *v Götz,* Eingeschränkter Rechtsschutz bei der Errichtung von Hochspannungsfreileitungen, DVBl 1999, 1413; *Grigoleit,* Gemeindliche Abwehrplanung gegen fachplanerische Inanspruchnahme, NJ 1998, 356; *Groß,* Das gemeindliche Einvernehmen nach § 36 BauGB als Instrument zur Durchsetzung der Planungshoheit, BauR 1999, 560; *Heilshorn/Seith,* Zulassung und Planung großflächiger Einzelhandelsbetriebe, VBlBW 2004, 409; *Henke,* Planerhaltung durch Planergänzung und ergänzendes Verfahren. Ein Beitrag zum gerichtlichen Rechtsschutz im Planungsrecht unter besonderer Berücksichtigung der Verkehrswegefachplanung, 1997; *Hoppe,* Planung und Pläne in der verwaltungsgerichtlichen Normenkontrolle, Menger-FS 1985, 747; *ders,* Erste Überlegungen zu einem „Grundsatz der Planerhaltung", Schlichter-FS 1995, 87; *ders,* Der Rechtsgrundsatz der Planerhaltung als Struktur- und Abwägungsprinzip, Erbguth/Oebbecke/Rengeling/Schulte (Hg), Abwägung im Recht, 1995, 133; *ders,* Der Rechtsgrundsatz der Planerhaltung als Struktur- und Abwägungsprinzip, DVBl 1996, 12; *ders,* Stehen die „Ziele der Raumordnung" in der Form von Soll-Zielen vor dem Aus?, DVBl 2004, 478; *Hoppe/Henke,* Der Grundsatz der Planerhaltung im neuen Städtebaurecht, DVBl 1997, 1407; *Hoppe/Just,* Zur Ausübung der planerischen Gestaltungsfreiheit bei der Planfeststellung und Plangenehmigung, DVBl 1997, 789; *Hoppe/Otting,* Zur Erweiterung der Planungshoheit und der gemeindenachbarlichen Klagebefugnisse in § 2 Abs 2 S 2 BauGB 2004 um raumordnungsrechtliche Belange, DVBl 2004, 1125; *Hufen,* Rechtsprechungsübersicht – rechtsmißbräuchliche Begründung der Eigentümerstellung, JuS 2001, 927; *Jarass,* Aktuelle Probleme des Planfeststellungsrechts – Plangenehmigung, Planänderung, Planergänzung, ergänzendes Verfahren, DVBl 1997, 795; *ders,* Die Beteiligung von Naturschutzverbänden an der Änderung von Planfeststellungsbeschlüssen und an Plangenehmigungen, NuR 1997, 426; *Johlen,* Inhalt und prozessuale Geltendmachung des Anspruches auf Ergänzung eines Planfeststellungsbeschlusses, DVBl 1989, 287; *ders,* Zum Erfordernis der Rechtsverletzung iSd §§ 42 II, 113 I 1 VwGO bei der Anfechtung eines Planfeststellungsbeschlusses, DÖV 1989, 204; *Kirchberg/Boll/Schütz,* Der Rechtsschutz von Gemeinden in der Fachplanung, NVwZ 2002, 550; *Kley,* Der prozeßrechtliche Ausschluß von Tatsachenvorbringen bei der Anfechtung eines Planfeststellungsbeschlusses, Schlichter-FS 1995, 637; *Kment,* Bindungswirkung der Grundsätze der Raumordnung gegenüber Personen des Privatrechts, NVwZ 2004, 155; *Kopp,* Beteiligung und Rechtsschutz der Länder in Planfeststellungsverfahren des Bundes, NuR 1991, 459; *Krausnick,* Factory-Outlet-Center, VerwA 2005, 191; *Krautzberger/Stüer,* Städtebaurecht 2004: Was hat sich geändert?, DVBl 2004, 781; *Kühling,* Fachplanungsrecht, 1988; *Kühne,* Der Schutz kommunalen Oberflächeneigentums im bergrechtlichen Betriebsplanverfahren, NVwZ 2005, 59; *Lasotta,* Die Ersetzung des gemeindlichen Einvernehmens nach § 36 BauGB idF durch das BauROG 1998, BayVBl 1998, 609; *Laubinger,* Naturschutzrecht in Planfeststellungen von Bundesbehörden. Zur Klagebefugnis der Länder bei der Anfechtung bundesbehördlicher Verwaltungsakte, VerwA 1994, 291; *Lecheler,* Infrastrukturplanung zwischen Beschleunigung, Öffentlichkeitsbeteiligung und Rechtsschutzerfordernissen, DVBl 2005, 1533; *Niehues,* Der verwaltungsverfahrensrechtliche Ausschluß von Einwendungen gegen einen Planfeststellungsbeschluß, Schlichter-FS 1995, 619; *Papier,* Einwendungen Dritter in

Verwaltungsverfahren, NJW 1980, 313; *Pöcker,* Irritationen einer Grundlage des Rechtssystems: Die Problematik des Verhältnisses von materiellem Recht und Verfahrensrecht bei Planungsentscheidungen, DÖV 2003, 980; *Reidt,* Das Gebot interkommunaler Abstimmung bei der Genehmigung von Factory-Outlet-Centern, BauR 2002, 562; *Ringel,* Die Plangenehmigung im Fachplanungsrecht, 1996; *Ronellenfitsch,* Die Planfeststellung, VerwA 1989, 92; *ders,* Das Zusammentreffen von Planungen, VerwA 1997, 175; *ders,* Rechtsfolgen fehlerhafter Planung, NVwZ 1999, 583; *ders,* Fachplanung und Verwaltungsgerichtsbarkeit, Blümel-FS 1999, 497; *Sauthoff,* Die Klagebefugnis drittbetroffener Privater gegen Fachplanungen, BauR 2000, 195; *Schechinger,* Rechtsverletzung und Schutznorm im Anfechtungsprozeß Privater gegen Straßenplanungen, DVBl 1991, 1182; *Schenke,* Der Rechtsschutz der Gemeinden gegen Braunkohlenpläne, UTR 1990, 69; *ders,* Der Rechtsschutz von Nachbargemeinden im Bauplanungsrecht, VerwA 2007, Heft 3; *Schmidt-Preuß,* Fachplanung und subjektiv-rechtliche Konfliktschlichtung, Hoppe-FS 2000, 1071; *Schulze-Fielitz,* Verwaltungsgerichtliche Kontrolle der Planung im Wandel – Eröffnung, Maßstäbe, Kontrolldichte, Hoppe-FS 2000, 997; *v Schwanenflug/Strohmayr,* Rechtsschutz von Kommunen gegen UVP-pflichtige Vorhaben, NVwZ 2006, 395; *Sellner/Reidt,* Verwaltungsrechtlicher Rechtsschutz von Flughafennutzern bei Kapazitätserweiterungen, -verringerungen und Schließung von Flughäfen, NVwZ 2004, 1168; *Sendler,* Plan- und Normerhaltung vor Gericht, Hoppe-FS 2000, 1011; *ders,* Der Jubilar, der Grundsatz der Planerhaltung und das Richterrecht, DVBl 2005, 659; *Siegel,* Die Behördenpräklusion und ihre Vereinbarkeit mit dem Verfassungsrecht und dem Gemeinschaftsrecht, DÖV 2004, 589; *Solveen,* Zur materiellen Präklusion im Fernstraßenplanungsrecht, DVBl 1997, 803; *ders,* Die materielle Präklusion im Fachplanungsrecht, 1998; *Steinberg,* Fachplanung. Das Recht der Fachplanung unter Berücksichtigung des Nachbarschutzes und der Umweltverträglichkeitsprüfung, 2. Aufl 1993; *ders,* Rechtsverletzung bei der Planfeststellung, Schlichter-FS 1995, 599; *Steinkemper,* Neuregelungen des BauGB durch das Europarechtsanpassungsgesetz Bau (EAG Bau), VBlBW 2004, 401; *Stüer,* Handbuch des Bau- und Fachplanungsrechts, 1997; *ders,* Fachplanung und Wirtschaftsstandort Deutschland, Rechtsfolgen fehlerhafter Planung, NWVBl 1998, 169; *ders,* Städtebaurecht 2004/2005: Planungsrechtliche Zulässigkeit von Vorhaben – Rechtsprechungsbericht –, DVBl 2006, 403; *ders/Rieder,* Präklusion im Fernstraßenrecht, DÖV 2003, 473; *Stühler,* Die Rechte der Gemeinde gegenüber staatlicher Fachplanung, JuS 1999, 234; *Thiel,* Zur verfassungsrechtlichen Zulässigkeit der (materiellen) Präklusion im Fachplanungsrecht, DÖV 2001, 814; *Vallendar,* Planungsrecht im Spiegel der aktuellen Rechtssprechung des BVerwG, UPR 1995, 296; UPR 1996, 121; *ders,* Das Abwägungsgebot – ein alter Hut mit neuen Federn, UPR 1999, 121; *Uechtritz,* Die Gemeinde als Nachbar – Abwehransprüche und Rechtsschutz von Nachbargemeinden gegen Einkaufszentren, Factory-Outlets und Großkinos, BauR 1999, 572; *ders,* Die Neuregelungen zur standortgerechten Steuerung des Einzelhandels – Versuch einer Zwischenbilanz, DVBl 2006, 799; *Wahl,* Rechtsschutz in der Fachplanung, NVwZ 1990, 923. – **Bezüge zum Gemeinschaftsrecht:** *Alleweldt,* Verbandsklage und gerichtliche Kontrolle von Verfahrensfehlern: Neue Entwicklungen im Umweltrecht – Zum Einfluß der Aarhus-Konvention und der Richtlinie 2003/35/EG auf die deutsche Rechtsordnung, DÖV 2006, 621; *Baumeister,* Effektiver Individualrechtsschutz im Gemeinschaftsrecht, EuR 2005, 1 ff; *Bergmann,* Europarecht im Deutschen Verwaltungsprozeß (1): Grundstrukturen der EU und des Europäischen Verwaltungsrechts, VBlBW 2000, 179; *Brenner,* Allgemeine Prinzipien des verwaltungsgerichtlichen Rechtsschutzes in Europa, DV 1998, 1; *Burgi,* Verwaltungsprozeß und Europarecht, 1996; *ders,* Deutsche Verwaltungsgerichte als Gemeinschaftsgerichte, DVBl 1995, 772; *Callies,* Feinstaub im Rechtsschutz deutscher Verwaltungsgerichte, NVwZ 2006, 1; *Classen,* Die Europäisierung der Verwaltungsgerichtsbarkeit, 1996; *ders,* Strukturunterschiede zwischen deutschem und europäischem Verwaltungsrecht, NJW 1995, 2457; *ders,* Das nationale Verwaltungsverfahren im Kraftfeld des europäischen Gemeinschaftsrechts, DV 1998, 307; *W. Cremer,* Gemeinschaftsrecht und deutsches Verwaltungsprozeßrecht – Zum zentralen Rechtsschutz gegenüber EG-Sekundärrecht, DV 2004, 165; *Danwitz v,* Zur Grundlegung einer Theorie der subjektiv-öffentlichen Gemeinschaftsrechte, DÖV 1996, 481; *ders,* Die Eigenverantwortung der Mitgliedstaaten für die Durchführung von Gemeinschaftsrecht, DVBl 1998, 421; *O. Dörr,* Der europäisierte Rechtsschutzauftrag deutscher Gerichte, 2003; *Dünchheim,* Verwaltungsprozeßsrecht unter europäischem Einfluß, 2003; *Ehlers,* Die Europäisierung des Verwaltungprozeßrechts, 1999; *ders,* Die Europäisierung des Verwaltungsprozessrechts, DVBl 2004, 1441; *Ekardt/Pöhlmann,* Europäische Klagebefugnis: Öffentlichkeitsrichtlinie, Klagerechtsrichtlinie und ihre Folgen, NVwZ 2005, 532; *Epiney,* Gemeinschaftsrecht und Verbandsklage, NVwZ 1999, 485; *dies,* Neuere Rechtsprechung des EuGH in den Bereichen des institutionellen Rechts und der Grundfreiheiten, NVwZ 1999,

1072; *Finger,* Der Zugang zur deutschen Verwaltungsgerichtsbarkeit unter gemeinschaftsrechtlichem Einfluß, JA 2005, 228; *Frenz,* Subjektiv-öffentliche Rechte aus Gemeinschaftsrecht vor deutschen Verwaltungsgerichten, DVBl 1995, 408; *Galetke,* Die unmittelbare Wirkung von EG-Richtlinien im Rahmen der Drittanfechtung, 1994; *Gellermann,* Beeinflussung des bundesdeutschen Rechts durch Richtlinien der EG, 1994; *ders,* Auflösung von Normwidersprüchen zwischen europäischem und nationalem Recht, DÖV 1996, 433; *ders,* Europäisierte Klagerechte anerkannter Umweltverbände, NVwZ 2006, 7; *Götz,* Europarechtliche Vorgaben für das Verwaltungsprozessrecht, DVBl 2002, 1; *Huber,* Gemeinschaftsrechtlicher Schutz vor einer Verteilungslenkung durch deutsche Behörden, EuR 1991, 31; *ders,* Die Europäisierung des verwaltungsgerichtlichen Rechtsschutzes, BayVBl 2001, 577; *Jarass,* Grundfragen der innerstaatlichen Bedeutung des EG-Rechts, 1994; *ders,* Konflikte zwischen EG-Recht und nationalem Recht vor den Gerichten der Mitgliedstaaten, DVBl 1995, 954; *Kahl,* Umweltprinzip und Gemeinschaftsrecht, 1993; *Kenntner,* Europarecht im Deutschen Verwaltungsprozeß (2): Europäisches Rechtsschutzsystem, VBlBW 2000, 297; *Kokott,* Europäisierung des Verwaltungsprozeßrechts, DV 1998, 335; *Krings,* Die Klagbarkeit europäischer Umweltstandards im Immissionsschutzrecht, UPR 1996, 89; *Ladeur/Möllers,* Der europäische Regulierungsverbund der Telekommunikation im deutschen Verwaltungsrecht, DVBl 2005, 525; *Lecheler,* Isolierte Anfechtung von Verfahrensfehlern ohne materielle Beschwer kraft Europarechts?, NVwZ 2005, 1156; *Louis,* Die Übergangsregelungen für das Verbandsklagerecht nach den §§ 61, 69 Abs 7 BNatSchG vor dem Hintergrund der europarechtlichen Klagerechte für Umweltverbände auf Grund der Änderungen der IVU- und der UVP-Richtlinie zur Umsetzung des Aarhus-Übereinkommens, NuR 2004, 287; *ders/Stück,* Die Rechtsbehelfsbefugnis der anerkannten Naturschutzvereine im Niedersächsischen Naturschutzgesetz im Lichte der Umsetzung der Aarhus-Konvention durch die Richtlinie 2003/35/EG der Europäischen Union, NdsVBl 2005, 225; *Masing,* Die Mobilisierung des Bürgers für die Durchsetzung des Rechts. Europäische Impulse für eine Revision der Lehre vom subjektiv-öffentlichen Recht, 1997; *Neßler,* Europäisches Richtlinienrecht wandelt deutsches Verwaltungsrecht, 1994; *Remmert,* Die nationale Ausgestaltung richtlinienrechtlich geforderter subjektiver Rechtsstellungen, DV 1996, 465; *Rengeling,* Europäische Normgebung und ihre Umsetzung in nationales Recht, DVBl 1995, 945; *Ruffert,* Subjektive Rechte im Umweltrecht der Europäischen Gemeinschaft. Unter besonderer Berücksichtigung ihrer prozessualen Durchsetzung, 1996; *ders,* Dogmatik und Praxis des subjektiv-öffentlichen Rechts unter dem Einfluß des Gemeinschaftsrechts, DVBl 1998, 69; *Ruthig,* Transformiertes Gemeinschaftsrecht und die Klagebefugnis des § 42 Abs. 2 VwGO, BayVBl 1997, 289; *ders,* Rechtsschutz von Bietern bei der Vergabe öffentlicher Bauaufträge, DÖV 1997, 539; *Scheuing,* Instrumente zur Durchführung des Europäischen Umweltrechts, NVwZ 1999, 475; *Schmidt-Aßmann,* Deutsches und europäisches Verwaltungsrecht, DVBl 1993, 924; *Schoch,* Die Europäisierung des Allgemeinen Verwaltungsrechts, JZ 1995, 109; *ders,* Individualrechtsschutz im deutschen Umweltrecht unter dem Einfluß des Gemeinschaftsrechts, NVwZ 1999, 457; *ders,* Die Europäisierung des Verwaltungsprozessrechts, Festgabe 50 Jahre BVerwG, 2003; 503; *Schwarze,* Subventionen im gemeinsamen Markt und der Rechtsschutz des Konkurrenten, Martens-GS 1987, 819; *ders,* Europäische Rahmenbedingungen für die Verwaltungsgerichtsbarkeit, NVwZ 2000, 241 ff; *Steinberg/Klößner,* Zur unmittelbaren Wirkung von Umweltschutz-Richtlinien der Europäischen Gemeinschaften, BayVBl 1994, 33; *Stern,* Die Einwirkung des europäischen Gemeinschaftsrechts auf die Verwaltungsgerichtsbarkeit, JuS 1998, 769; *Stüber,* Subjektive Rechte und Gemeinschaftsrecht, Jura 2001, 798; *v. Stülpnagel,* Der einstweilige Rechtsschutz nach § 80 VwGO und die Durchführung von gemeinschaftsrechtlichen Verordnungen, DÖV 2001, 932; *Triantafyllou,* Zur Europäisierung des subjektiven öffentlichen Rechts, DÖV 1997, 192; *Wahl,* Das Verhältnis von Verwaltungsverfahren und Verwaltungsprozessrecht in europäischer Sicht, DVBl 2003, 1285; *Weber,* Anfechtbarkeit und Aufhebbarkeit gemeinschaftsrechtswidriger nationaler Verwaltungsakte, BayVBl 1984, 321; *Winter,* Rechtsschutz gegen Behörden, die Umweltrichtlinien der EG nicht beachten, NuR 1991, 455; *ders,* Direktwirkung von EG-Richtlinien, DVBl 1991, 657; *ders,* Individualrechtsschutz im deutschen Umweltrecht unter dem Einfluß des Gemeinschaftsrechts, NVwZ 1999, 467; *Wolf,* Individueller Rechtsschutz als Sanktion? Überlegungen zur Weiterentwicklung der gemeinschaftsrechtlichen Richtliniendogmatik, Bernhard-FS 1995, 1361; *Zschiesche,* Die Aarhus-Konvention – mehr Bürgerbeteiligung durch umweltrechtliche Standards?, ZUR 2001, 177; *Zuleeg,* Umweltschutz in der Rechtsprechung des Europäischen Gerichtshofs, NJW 1993, 31; *ders,* Die Rolle der rechtsprechenden Gewalt in der europäischen Integration, JZ 1994, 1. **Schrifttumsnachweise zum 6. VwGOÄndG und zum GenBeschlG** s vor § 114.

Übersicht

1. Allgemeines: Die Vorschrift sieht für den **Rechtsschutz im Bereich der Hoheitsverwaltung,** dh im Über- u Unterordnungsverhältnis, als besondere Klagearten die **Anfechtungsklage bzw Verpflichtungsklage** vor u regelt zugleich in Abs 1 das Erfordernis, daß diese Klagen sich auf einen **VA** beziehen 1 müssen, außerdem in Abs 2 das Erfordernis der behaupteten Beschwer (sog **Klagebefugnis**) als besondere, vom Gericht vAw zu prüfende Prozeßvoraussetzungen (Sachurteilsvoraussetzungen, s dazu 10 ff, 17 ff vor § 40). Die Anfechtungs- bzw Verpflichtungsklage dient entspr der Rechtsweggewährleistung (s 11 zu § 1) dem **Rechtsschutz** des in einem Recht betroffenen Bürgers (64, 352; 69, 260). Zu Ausnahmen insoweit s unten 180.

Durch das Erfordernis der Klagebefugnis gem Abs 2 soll insb die **„Popularklage" ausgeschlossen werden** (s auch unten 59).

Zu den **übrigen** vor den Verwaltungsgerichten zulässigen **Klagearten** s 3 ff vor § 40; zur Zulässigkeit der sog „isolierten" Anfechtungsklage, wenn auch die Voraussetzungen einer Verpflichtungsklage gegeben sind, unten 30; zu den sog **Kommunalverfassungsstreitigkeiten** 6 ff vor § 40; 30 c u 34 d zu § 40; 10 zu § 43. Zur **Fassung der Klageanträge** bei Anfechtungs- u Verpflichtungsklagen s unten 20 ff u 27 ff; zu den allg, auch bei Anfechtungs- u Verpflichtungsklagen erforderlichen **Prozeßvoraussetzungen** 17 ff vor § 40; zur Frage einer sinngemäßen **Anwendung** von § 42 Abs 2 **auf andere Klagearten** unten 62.

2 **2. Rechtsnatur, Gegenstand und Unterarten der Anfechtungsklage:** Sie ist eine auf die **Aufhebung** oder Abänderung eines **belastenden VA** durch richterliches Urteil (§ 113 Abs 1 u 2) gerichtete **Gestaltungsklage besonderer Art,** mit welcher der Kl einen **materiellrechtlichen Anspr auf verwaltungsbehördliche Aufhebung (Rücknahme)** eines ihn in seinen Rechten verletzenden **VAs geltend macht** (51, 24; Schenke 178; Schnapp/Cordewener JuS 1999, 42; Sch-Pietzcker 3 zu § 42 Abs 1). Dieser Anspr ist ein **Unterfall des ör Beseitigungsanspr.**[1]

3 **Gegenstand der Anfechtungsklage** ist ein VA **(zum Begriff s Anh § 42).** Der VA muß zum **Zeitpunkt der Klageerhebung bereits erlassen** sein (zum „elektronischen VA" ab 1. 2. 2003 s 3. VwVfÄndG v. 21. 8. 2002, BGBl I 3322 u 6 c zu § 70); nicht ausreichend ist, daß er erst im Zeitpunkt der letzten mündlichen Verhandlung vor dem VG vorliegt (s 11 vor § 40; Ehlers Jura 2004, 31). Da es sich hier um eine Zugangsvoraussetzung handelt, findet auch **keine nachträgliche Heilung** statt (4 a zu § 74). Ohne Bedeutung ist, ob der VA wirksam oder nichtig ist. Auch einen nichtigen VA **hebt** das Gericht, wie **Wortlaut, Systematik, Teleologie u Entstehungsgeschichte** des § 43 Abs 2 S 2 (BT-Dr 3/55, 32: „Aufhebung eines nichtigen Verwaltungsakts") belegen, auf u stellt nicht dessen Nichtigkeit fest.[2] Wenn nach § 43 Abs 2 S 2 eine Gestaltungsklage nicht die Zulässigkeit einer Nichtigkeitsfeststellungsklage ausschließt, so kann dies sinnvollerweise nur bedeuten, daß auch bei einem nichtigen (noch nicht bestandskräftigen) VA eine gerichtliche Gestaltung, nämlich die hier einzig in Betracht kommende **Aufhebung gem § 113 Abs 1 S 1, zulässig** ist.[3] Bezeichnenderweise hält denn auch die überwiegende Meinung (trotz Fehlens einer dem § 43 Abs 2 S 2 entspr Regelung) die **verwaltungsbehördliche Aufhebung eines nichtigen VA** gem § 48 VwVfG für statthaft (KR 19 zu § 48 VwVfG mwN) u sieht hierin eine (neben § 44 Abs 5 VwVfG tretende) Mög-

---

[1] Dazu Schenke DÖV 1986, 313 ff; NVwZ 1993, 721 ff; Maurer-FS 723 ff sowie 80 zu § 113; zum Beseitigungsanspruch näher Baumeister 1 ff.

[2] BFH NVwZ 1986, 157; NVwZ 1987, 360; BSG DVBl 1990, 210; BGH NJW 1979, 1710; Mü BayVBl 1976, 239; Ko NVwZ 1987, 899; VG Potsdam NVwZ 1999, 214; Bosch/Schmidt § 20 IV; Ey-Happ 15; Ehlers NVwZ 1990, 108; Hk-Sennekamp 12; Lorenz § 17, 44 u §§ 22, 34; P § 31, 6; Schenke 183; Sch-Gerhardt 23 zu § 113; Stern 536; s auch Schnapp DVBl 2000, 249 f; **aA** (nur Feststellung der Nichtigkeit) Mü BayVBl 1976, 756; 1984, 186; Hufen § 14, 11; RÖ-M. Redeker 5 zu § 113; NKVwGO-Sodan 23; Sch-Pietzcker 18 zu § 42 Abs 1; s auch Kunig Jura 1997, 328 u SGH 139.

[3] Das korrespondiert auch mit dem von der hM im Zivilprozeßrecht vertretenen Standpunkt zum Problem der „Doppelwirkungen im Recht", vgl hierzu den berühmten Beitrag von Kipp, Martitz-FS 1911, 211 ff.

lichkeit, einem Anspr auf Rücknahme eines nichtigen VA Rechnung zu tragen (BSG DVBl 1990, 210). An der Aufhebung eines nichtigen VA besteht im Hinblick auf den selbst durch einen **nichtigen VA erzeugten Rechtsschein** auch durchaus ein Interesse, da hierdurch eine **inter-omnes wirkende Gestaltung** herbeigeführt wird u nicht nur wie bei einer Feststellungsklage die gerichtliche Entscheidung gem § 121 nur inter-partes wirkt (s auch Ehlers Jura 2004, 32; Schnapp DVBl 2000, 247 ff). Der mit § 43 Abs 2 S 2 ebenfalls verfolgte **verfahrensökonomische Zweck,** dem Kl die oft schwierige Entscheidung zu ersparen, ob ein rechtswidriger VA nichtig ist, spricht gleichermaßen dafür, das Gericht von einer solchen Prüfung zu entbinden. Könnte dieses nämlich einen nichtigen VA nicht gem § 113 Abs 1 S 1 aufheben, müßte es stets in eine Prüfung eintreten, ob der rechtswidrige VA nicht möglicherweise nichtig ist (inkonsequent daher Sch-Pietzcker 18 zu § 42 Abs 1) u ggf eine Änderung des Klageantrags anregen. Die Vorschrift des § 43 Abs 2 S 2 wäre damit bedeutungslos. Zur Umdeutung einer **Anfechtungsklage in eine Klage auf Feststellung der Nichtigkeit** des VA s unten 18.

Eine Anfechtungsklage gegen einen **NichtVA** ist nach dem eindeutigen Wortlaut des § 42 **nicht zulässig.**[4] Für eine analoge Anwendung besteht im Hinblick auf anderweitige Möglichkeiten des Rechtsschutzes (zB durch eine Klage auf Feststellung des Bestehens oder Nichtbestehens eines durch den NichtVA angestrebten Rechtsverhältnisses) kein Bedürfnis. Die Fälle, in denen durch die Behörde der Eindruck eines VA erweckt wurde u bei denen eine Anfechtungsklage zT für statthaft angesehen wird (Sch-Pietzcker 21 zu § 42 Abs 1), sind meist solche, in denen **tatsächlich ein (wenn auch uU nichtiger) VA** erlassen wurde. Das trifft zB zu, wenn eine Behörde zu Unrecht eine zivilrechtliche Rechtsbeziehung durch einen VA gestaltet hat[5] oder sich sonst rechtswidrig der Handlungsform des VA bediente. Nur ein Verwaltungsinternum stellt eine noch nicht durch die Behörde bekanntgegebene beabsichtigte Regelung dar (anders für einen Sonderfall VG Bremen NVwZ 1994, 1237; wie hier dagegen Ma NVwZ 1991, 1196). **Betrifft ein VA mehrere Personen,** liegt bereits dann ein **VA iSd § 42** vor, wenn er auch **nur einer Person ggü bekanntgemacht** wurde (Mgd NVwZ 2000, 209; Sch-Pietzcker 20 zu § 42 Abs 1). Kein VA liegt deshalb in einem Gemeinderatsbeschluß (Mgd NVwZ 2000, 208 f), er wird erst durch dessen Bekanntgabe zum VA, was aber auch durch die Bekanntgabe erst im WiderspruchsVf geschehen kann (NVwZ 1988, 52; Mgd NVwZ 2000, 209). Ist eine Regelung keinem der hierdurch Betroffenen bekanntgegeben worden, greift die getätigte Maßnahme aber ausnahmsweise **schon in deren subjektive Rechte** ein (zB unmittelbare Ausführung einer polizeilichen Maßnahme – dazu Schenke PolR 564 ff; nicht bekanntgegebene Anordnung der Telefonüberwachung s 36 zu Anh § 42), besteht die Möglichkeit eines Rechtsschutzes über eine allg Leistungs- oder Feststellungsklage (nicht überzeugend daher 87, 25: nicht bekanntgegebene Anordnung der Telefonüberwachung als VA). Falls eine rechtli- 4

---

[4] **AA** 10. Aufl 2 u Blunk/Schroeder JuS 2005, 606 ff in bezug auf sog ScheinVAe. Dabei werden aber durch letztere unter diesen Begriff ganz unterschiedliche Fallkonstellationen subsumiert (Blunk/Schroeder JuS 2005, 603 f), die sich einer einheitlichen rechtlichen Beurteilung entziehen. So dürfte in den Fällen einer Bekanntgabe eines VA an einen Minderjährigen ebenso wie bei Willensmängeln auf Seiten der Behörde in Wahrheit ein rechtswidriger, uU sogar bereits nichtiger VA vorliegen, gegen den eine Anfechtungsklage statthaft ist. Dagegen dürfte dort, wo eine Regelung gar keiner Behörde zuzurechnen ist, sondern einem nicht mit Hoheitsgewalt betrauten Privaten (Erlaß eines VA durch einen Hochstapler wie den „Hauptmann von Köpenick"), ein NichtVA vorliegen (s 21 zu Anh § 42 sowie Schenke 191).

[5] Kündigung eines zivilrechtlichen Rechtsverhältnisses mittels eines mit Rechtsmittelbelehrung versehenen Bescheids, vgl Schenke NVwZ 1990, 1011 zu Lü DVBl 1954, 297; **aA** Erfmeyer DÖV 1996, 635 f.

che Beeinträchtigung durch zukünftige VA erst bevorsteht, kommt bei Unzumutbarkeit des Wartens auf den späteren Erlaß des VA vorbeugender Rechtsschutz gegen die drohende Beeinträchtigung in Betracht (Schenke 356 ff; unten 12 u 41).

Zur Unstatthaftigkeit einer **gegen einen erledigten VA** gerichteten Anfechtungsklage s unten 58.

Zu den **Prozeßvoraussetzungen** (Sachentscheidungsvoraussetzungen) einer Anfechtungsklage s 10 ff u 17 ff vor § 40.

5 **Unterarten der Anfechtungsklage oder mit dieser eng verwandt** sind:

a) die **Teilanfechtungsklage,** mit welcher der Kl nicht die Aufhebung des gesamten VA, sondern nur eines Teils des VA begehrt. Sie kommt vor allem bei rechtswidrigen **Nebenbestimmungen** in Betracht (s unten 22);

b) die **isolierte Anfechtungsklage,** die sich gegen die Ablehnung eines begünstigenden VA richtet (s unten 30), aber im Regelfall unstatthaft ist (sehr str);

c) die **FFK nach §§ 42, 113 Abs 1 S 4** in direkter oder analoger Anwendung (s 95 ff zu § 113), mit der die Rechtswidrigkeit eines erledigten VA festgestellt werden soll. Sie ist zwar ihrem **Tenor nach unbestreitbar eine Feststellungsklage;** trotzdem ist sie rechtsdogmatisch auf das engste mit der Anfechtungsklage verwandt, orientiert sich an den für diese geltenden Vorschriften u wird deshalb vielfach als **„amputierte Anfechtungsklage"** bezeichnet (s hierzu Schenke 321); Entsprechendes gilt für eine analog § 113 Abs 1 S 4 zu bejahende Feststellungsklage in den Fällen, in denen sich der VA zwar nicht erledigt hat, aus **materiellrechtlichen Gründen** aber **trotz einer subjektiven RVerletzung** ein Anspr auf seine **Aufhebung ausgeschlossen** ist (s 108 zu § 113);

d) die in Fällen des § 75 Abs 1 a S 2 VwVfG, § 17 e Abs 6 S 2 FStrG u entspr Bestimmungen nach dem BVerwG zulässige **Klage auf Feststellung der Rechtswidrigkeit des Planfeststellungsbeschlusses** u der **Feststellung seiner Nichtvollziehbarkeit** bis zur Behebung des Mangels (100, 370 = DVBl 1996, 907; DVBl 1997, 714; s dazu unten 32 u ferner 108 zu § 113). Sie läuft der Sache nach meist auf eine (auflösend bedingte) gerichtliche Aufhebung des VA hinaus (s unten 32 sowie 108 zu § 113) u folgt jedenfalls den Regeln der Anfechtungsklage;

e) die in **§ 113 Abs 1 S 2** iVm der Anfechtungsklage vorgesehene Möglichkeit, den **VollzugsFBA** in vereinfachter Weise geltend zu machen, betrifft zwar eine Leistungsklage, folgt aber hinsichtlich ihrer Zulässigkeitsvoraussetzungen **weitgehend den für Anfechtungsklagen geltenden Regelungen;** gleiches gilt gem § 113 Abs 4 für die dort geregelte prozessuale Befugnis neben der Aufhebung eines VA eine Leistung zu verlangen;

f) die Entscheidung gem § 113 Abs 2, die der Sache nach eine iVm der Anfechtungsklage stehende **gerichtliche Feststellung** beinhaltet (dazu Sch-Gerhardt 36 zu § 113; s ferner NKVwGO-Wolff 323 ff zu § 113).

6 **3. Rechtsnatur, Gegenstand und Unterarten der Verpflichtungsklage (insb Bescheidungsklage):** Sie ist eine Unterart der **Leistungsklage** u hat die Verpflichtung des Prozeßgegners durch Urteil (§ 113 Abs 5) zum **Erlaß eines** abgelehnten beantragten **VA** (bzw zur Änderung oder Aufhebung eines VA durch Erlaß eines neuen VA) (insoweit auch als **Versagungsgegenklage** oder **Weigerungsgegenklage** bezeichnet) oder eines unterlassenen, bisher aber auch noch nicht abgelehnten beantragten VA (auch als **Untätigkeitsklage** bezeichnet) zum Ziel. Gegenstand kann ggf auch ein Widerspruchsbescheid sein (vgl Schenke DÖV 1996, 529 ff; allg auch 13 vor § 68). Zu weiteren Unterarten s unten 7 f. Der **Begriff der Amtshandlung** in § 113 Abs 5 ist gleichbedeutend mit VA (s unten 55, auch zu abweichenden Auffassungen). **Soweit ein ablehnender VA** u Widerspruchsbescheid **vorausgegangen ist,** schließt die Verpflichtungsklage

immer zugleich – ggf auch schon konkludent – den Antrag auf Aufhebung des VA u des Widerspruchsbescheids mit ein (s unten 29).

Die Verpflichtungsklage ist die **gebotene Klageart immer** dann, wenn mit der Klage die Verpflichtung einer Behörde zum **Erlaß eines VA begehrt wird. Nicht statthaft** ist eine solche **Verpflichtungsklage** allerdings, wenn der Kl den begehrten **begünstigenden VA bereits früher besaß** u ihm dieser später durch einen **noch nicht bestandskräftigen VA** (sei es der Ausgangsbehörde oder der Widerspruchsbehörde) **entzogen** wird. Hier wird die Verpflichtungsklage durch die gegen den behördlichen Entzug der Begünstigung gerichtete **Anfechtungsklage als speziellere u rechtsschutzintensivere Klage verdrängt.**[6] Eine dennoch erhobene Verpflichtungsklage kann aber gem § 88 in eine Anfechtungsklage umgedeutet werden (s auch unten 18).

Ob der mit der Verpflichtungsklage begehrte Erlaß eines **VA zulässig** u möglich ist u ob der Verwaltung die Handlungsform des VA überhaupt erlaubt ist, ist (bei vorliegender Klagebefugnis) keine Frage der Zulässigkeit, sondern eine Frage der **Begründetheit.** Die Klage ist, wenn sie auf Erlaß eines VA gerichtet ist, als Verpflichtungsklage grds zB auch dann zu behandeln, wenn es sich an sich um eine iü privatrechtliche Angelegenheit handelt, oder aus anderen Gründen die Befugnis der Behörde zum Erlaß des begehrten VA fehlt.[7] UU ist eine offensichtlich als Verpflichtungsklage im VRW unbegründete Klage jedoch gem **§ 88** in eine **zulässige andere Klage,** uU analog § 88 auch in eine in einem anderen Rechtsweg zu erhebende Klage, **umzudeuten,** falls eine solche in Betracht kommt u dies dem Willen des Kl nicht widerspricht. Vgl 1 ff zu § 88.

Zu den Prozeß- bzw Sachentscheidungsvoraussetzungen einer Verpflichtungsklage s 10 ff u 17 ff vor § 40.

Unterarten der Verpflichtungsklage oder mit dieser verwandt sind: 7

a) die auf Erlaß eines bestimmten VA gerichtete **Vornahmeklage (Verpflichtungsklage ieS);**

b) die **Teilverpflichtungsklage,** die auf Erlaß einer bestimmten Teilregelung eines VA gerichtet ist (s unten 28);

c) die **Verbescheidungsklage (Bescheidungsklage) auf Verbescheidung** eines Antrags auf Erlaß nicht eines bestimmten VA, sondern eines VA in einem für den ASt bzw Kl günstigen Sinn nach näherer Bestimmung seines Inhalts durch die Behörde unter Beachtung der Rechtsauffassung des Gerichts gem § 113 Abs 5 S 2 (s unten 8);

d) die bei Erledigung der Hauptsache in Betracht kommende sog **VerpflichtungsFFK** analog § 113 Abs 5 iVm Abs 1 S 4 auf Feststellung, daß die Weigerung bzw Unterlassung der Behörde, über den Antrag zu entscheiden, rechtswidrig ist u den Kl in seinen Rechten verletzt (s 109 f u 234 zu § 113);

e) sofern man in **analoger Anwendung des § 113 Abs 2** dem Verwaltungsgericht die Befugnis zuerkennt, bei Bestehen eines Anspr auf Erlaß eines Geldbescheids oder einer darauf bezogenen Feststellung den Bescheid selbst festzusetzen oder die Feststellung zu treffen,[8] die entspr Klagen; hierbei handelt es sich zwar von ihrem Tenor her um eine Gestaltungs- oder Feststellungsklage, für sie gelten aber iü die Regelungen der Verpflichtungsklage. Zur Möglichkeit, iVm einer Verpflichtungsklage auf Rücknahme eines VA einen Vollzugsfolgenbeseitigungsanspruch in analoger Anwendung des **§ 113 Abs 1 S 2** geltend zu machen, s unten 41.

---

[6] Vgl für die ganz hM Mü BayVBl 1997, 115; BayVBl 2005, 315; Ortloff NVwZ 2006, 1002; Schenke 281 a; **krit** Hufen § 14, 18 u für einen Sonderfall Ms NWVBl 1997, 20.
[7] Ehlers Jura 2004, 311; Ey-Happ 27; s auch unten 56.
[8] So B-Kuntze 75 zu § 113; **aA** 150 zu § 113; NKVwGO-Wolff 325 zu § 113.

8 Mit der Verpflichtungsklage kann sowohl die Verurteilung zum **Erlaß eines bestimmten VA (Vornahmeklage)** als auch – insb bei Ermessensentscheidungen der Verwaltung bzw soweit der Verwaltung nach materiellem Recht ein Beurteilungsspielraum zusteht – die Verurteilung der Behörde zur **Verbescheidung eines Antrags auf Erlaß eines** VA in einem für den Kl günstigen Sinn unter Beachtung der Rechtsauffassung des Gerichts (§ 113 Abs 5 S 2) begehrt werden **(Bescheidungsklage).**[9]

Die **Zulässigkeit** einer **Bescheidungsklage** ergibt sich vor allem auch daraus, daß sie **ein Minus** (eine Teilklage) **zur Vornahmeklage** ist (s Schenke 264) u sich nur mit ihr die sonst gem § 155 Abs 1 naheliegende Folge vermeiden läßt, daß dem Kl, der auf Verpflichtung zum Erlaß eines VA mit bestimmtem Inhalt geklagt hat, ein **Teil der Kosten** (vgl 37, 61; Rozek NVwZ 1992, 34) auferlegt werden muß, wenn das Gericht nur auf Bescheidung erkennt. Da das Gericht bei mangelnder Spruchreife gem **§ 113 Abs 5 S 2 auf ein Bescheidungsurteil beschränkt** ist, indiziert dies, daß der Kl auch befugt sein muß, seinen Klageantrag von vornherein nur auf eine Bescheidung zu richten.[10] Bedeutung erlangt eine solche Bescheidungsklage insb dort, wo der Verwaltung in bezug auf einen begünstigenden VA ein **Ermessens- und/oder Beurteilungsspielraum eingeräumt** ist. Ein Ermessensspielraum bezüglich der Rücknahme eines rechtlich gebundenen, den Kl in seinen Rechten verletzenden belastenden VA besteht auch dann, wenn dieser **nicht fristgerecht angefochten** wurde. Der vor Eintritt der formellen Bestandskraft bestehende Anspr auf Rücknahme des VA reduziert sich hier zu einem **mittels Bescheidungsklage verfolgbaren Anspr auf ermessensfehlerfreie Entscheidung** über die Rücknahme (s § 48 Abs 1 S 1 VwVfG; Schenke 278; Maurer-FS 723 ff; u unten 39; **aA** Mü BayVBl 1984, 405; Hufen § 15, 8). Zum Bestehen eines mit der Verpflichtungsklage verfolgbaren Anspr auf Rücknahme des VA bei **Rechtswidrigwerden nach Bestandskraft** wg einer Veränderung der Sach- oder Rechtslage sowie bei Vorliegen von **Wiederaufgreifensgründen** gem § 51 VwVfG s unten 39.

Bei **rechtlich gebundener Verwaltung** ist umstritten, ob der Kl hier gehalten ist, stets im Wege einer Vornahmeklage auf Erlaß des begünstigenden VA zu klagen, oder ob er sich auf eine Bescheidungsklage beschränken kann. Gegen letzteres wird vielfach angeführt, daß für sie idR das RS I fehle (so zB VG Kassel NVwZ 1985, 217; P § 10, 9). Dem kann jedoch dann nicht gefolgt werden, wenn es noch einer durch die **Verwaltung bisher versäumten umfassenden Sachverhaltsaufklärung bedarf,** wie es insb bei Untätigkeit der Verwaltung oder auch bei rechtswidriger Unterlassung eines Widerspruchs zutrifft.[11] In diesen Fällen **entspricht** die Bejahung der Statthaftigkeit einer auf Erlaß des AusgangsVA bzw des Widerspruchsbescheids gerichteten Bescheidungsklage einer vernünftigen, an **Art 20 Abs 2 GG orientierten Funktionsverteilung** u

---

[9] Für prinzipielle Zulässigkeit 48, 238; 69, 201; DVBl 1981, 774; DÖV 1982, 785; NJW 1986, 796; JuS 1990, 150; NVwZ 1991, 1181; NVwZ-RR 1993, 619; Mü BayVBl 1974, 435; Ms DVBl 1992, 1318; Lorenz § 16, 12; P § 10, 8; Hödl-Adick passim; Schröder, Menger-FS 1985, 487; Rozek NVwZ 1992, 34; Schenke NVwZ 1993, 724; DÖV 1996, 538 ff; Sch-Pietzcker 102 zu § 42 Abs 1; **aA** Ms 22, 185; DÖV 1974, 97; Ko NJW 1971, 1856; Mü DÖV 1974, 322: für die Bescheidungsklage fehlt das RS I, wenn eine Vornahmeklage sachdienlich gewesen wäre.

[10] NVwZ 1991, 1181; NVwZ-RR 1993, 619; Hufen § 15, 15; P § 10, 8; Schenke 264 u DÖV 1996, 538 ff; Ule § 32 II, 2; Würtenberger 256 ff; **aA** Czermak BayVBl 1981, 427 ff; NKVwGO-Sodan 34.

[11] Vgl hierzu näher Buchh 310 § 113 Nr 215; DÖV 1991, 1026; Ko BauR 2005, 1606 (bei Versagung einer Baugenehmigung aus planungsrechtlichen Gründen; das Gericht muß nicht Bauordnungsrecht u sonstiges Recht erstmals überprüfen); Ey-J. Schmidt 38 ff zu § 113; Hödl-Adick 231 ff; Schenke 266, DÖV 1996, 529 ff; ferner tendenziell auch 69, 201; vgl auch Bickenbach 69 ff; **aA** RÖ-Kothe 2 zu § 75; s ausführl 201 zu § 113.

macht auch die hier zT erwogene **analoge Anwendung des § 113 Abs 3 entbehrlich** (Schenke DÖV 1996, 540 f). Eine solche Bescheidungsklage ist insb dann **unentbehrlich,** wenn man von der **grundsätzlichen Unzulässigkeit der isolierten Anfechtungsklage ausgeht** (dazu unten 30).

Eine **Bescheidungsklage** ist prinzipiell auch iVm einer **allg Leistungsklage** 9
möglich (s auch 2 zu § 113). Das gilt jedenfalls dann, wenn die Vornahme eines Realaktes oder einer sonstigen hoheitlichen Amtshandlung in das **Ermessen der Behörde gestellt** oder ihr ein **Beurteilungsspielraum eingeräumt** wird. Eine solche Bescheidungsklage stellt keine Verpflichtungs-, sondern einen Unterfall der allg Leistungsklage dar. Soweit man im VRW eine **Leistungsklage auf Erlaß einer untergesetzlichen Rechtsvorschrift** oder eine Feststellung eines entspr Anspr auf Normerlaß für statthaft ansieht (dazu 13 zu § 47), wird hier im Hinblick auf den bestehenden Gestaltungsspielraum des Normgebers idR nicht eine allg Leistungsklage auf Erlaß einer inhaltlich bestimmten Norm, sondern nur auf **„Bescheidung"** in Betracht kommen. Im Wege einer Stufenklage kann für den Fall des Erfolgs einer entspr Leistungsklage zugleich im Wege einer Verpflichtungsbescheidungsklage auf Vornahme eines nach Schaffung der Rechtsgrundlage zu erlassenden VA geklagt werden (s auch NVwZ 1990, 163; Hamann DVBl 1991, 130).

Mit der Verpflichtungsklage, nicht der allg Leistungsklage, ist auch der **Anspr** 10
auf Erlaß eines VA gegen einen Dritten geltend zu machen.[12] Das gilt nicht nur dann, wenn die Klage auf Vornahme eines den Kl begünstigenden VA mit Dritt- bzw Doppelwirkung (s zum Begriff 2 zu § 80 a) gerichtet ist. Besteht bezüglich des begehrten VA kein subjektives Recht des Kl, so scheitert dessen Klage allerdings an der fehlenden Klagebefugnis. Das würde im Hinblick auf die gebotene analoge Anwendung des § 42 Abs 2 (unten 62) selbst dann gelten, wenn man bei der hier angesprochenen Fallkonstellation eine allg Leistungsklage als die statthafte Klageart ansähe.

Mit einer Verpflichtungsklage geltend zu machen ist deshalb zB der Anspruch des Straßenanliegers **auf Aufstellung eines Halteverbotszeichens** vor seiner Garageneinfahrt, um Dritte an einem Halten zu hindern;[13] des Nachbarn **auf Einschreiten der Polizei** gegen einen Störer (vgl dazu näher Dietlein DVBl 1991, 685; s auch unten 111); eines Nachbarn gegen die Baubehörde auf Erlaß einer Abbruchsverfügung gegen den Bauherrn, der einen „Schwarzbau" errichtet hat (Schenke 271; Kopp JuS 1983, 676); der FBA des Wohnungseigentümers auf Exmittierung eines zuvor behördlich eingewiesenen Obdachlosen;[14] eines Grundstückseigentümers auf Einschreiten der Behörde gegen vor seiner **Garagenausfahrt** geparkte Kfz (37, 113); eines Landwirts auf Einschreiten gegen einen Nachbarn, der seiner **Unterhaltungspflicht gem § 29 WHG** nicht erfüllt, so daß seine (dh des Kl) Wiesen versumpfen (44, 235); eines Betroffenen darauf, daß dem durch einen VA Begünstigten **weitere Auflagen** gemacht werden[15] oder **daß eine ihm gemachte Zusage** (Zusicherung) auf Rücknahme der einem anderen erteilten Baugenehmigung **erfüllt wird** (vgl 49, 244); der Handwerkskammer gegen die Ordnungsbehörde **auf Einschreiten** gegen einen

---

[12] 11, 98 mwN; 51, 23; DÖV 1980, 518; Ma DVBl 1994, 707; Sch-Pietzcker 98 zu § 42 Abs 1; **aA** RÖ-v Nicolai 159; Schäfer DVBl 1960, 838: allg Leistungsklage.

[13] Ms DVBl 1977, 258 – dies gilt auch dann, wenn die Anordnung als solche noch besteht u nur das Verkehrszeichen tatsächlich entfernt worden war; auch die Anordnung, das Verkehrszeichen wieder anzubringen, ist ein VA, der tatsächliche Vorgang des Anbringens dann dessen Vollzug.

[14] Ma DÖV 1996, 1056; VRspr 12, 1005; Lü 8, 484; Ko 9, 88; Detterbeck Jura 1990, 39; vgl dazu Roth DVBl 1996, 1401.

[15] 41, 180; 51, 9, 22; 56, 133, 256; DÖV 1976, 782; Mü DVBl 1977, 866; Schenke 300; s auch unten 33.

Gewerbetreibenden gem § 16 Abs 3 HandwO (Lü NJW 1979, 1999); des aus einem verwaltungsrechtlichen Vertrag berechtigten Bürgers **auf Erlaß des vereinbarten VA** (s unten 43).

11 Bei **Erledigung der Hauptsache** (s 21 ff zu § 113) – zB dadurch, daß der geltend gemachte Anspr auf Erlaß eines begünstigenden VA entfallen ist – vor Abschluß der letzten mündlichen Verhandlung vor dem Verwaltungsgericht ist in entspr Anwendung von § 113 Abs 1 S 4 **FFK** mit dem Ziel der Feststellung statthaft, daß die Ablehnung oder Unterlassung des begehrten VA rechtswidrig war (s 109 f u 234 zu § 113; Schenke 853 ff). Sie stellt zwar eine besondere Form der Feststellungsklage dar, orientiert sich aber weitgehend an den für eine Verpflichtungsklage geltenden Vorschriften (s auch oben 7) u ist insofern eine **„amputierte Verpflichtungsklage“.**

12 Anwendungsfälle der Verpflichtungsklage sind zB auch:

– die Klage auf Gewährung eines **Billigkeitserlasses** gem § 163 AO (68, 123; NJW 1982, 2683);

– die Klage auf **Unzulässigerklärung der** Zwangsvollstreckung aus einem VA, soweit hier in den Verwaltungsvollstreckungsgesetzen (vgl zB Art 21 BayVwZVG; § 16 Abs 2 RhPfVwVG) eine solche Feststellung in Form eines VA vorgesehen ist (s Schenke/Baumeister NVwZ 1993, 5, 7; K. Hartmann, Aufrechnung im Verwaltungsrecht, 1996, 85);

– die **Klage auf Erlaß eines im Gesetz vorgesehenen VA, der die Feststellung** eines Rechtsverhältnisses oder einzelner Rechte oder Pflichten aus einem Rechtsverhältnis zum Gegenstand hat (s 2 zu § 43; Kopp VerfR 212). Sieht das Gesetz nicht den Erlaß von VAen vor, die auf die Feststellung des Bestehens oder Nichtbestehens eines Rechtsverhältnisses gerichtet sind, ist dessen Bestehen jedenfalls über eine verwaltungsrechtliche Feststellungsklage gem § 43 klärbar. Sie ist zB auch dann die statthafte Klageart, wenn der Kl der Ansicht ist, eine bestimmte von ihm durchgeführte Tätigkeit sei entgegen der behördlichen Auffassung genehmigungsfrei (Schenke 383; Sch-Pietzcker 51 zu § 43; s auch unten 30). Keine Verpflichtungsklage, sondern eine **allg Leistungsklage** ist eine **Klage auf Unterlassen hoheitlichen Handelns.** Dies gilt selbst dann, wenn sie auf Unterlassung des VA gerichtet ist.[16]

13 **4. Verhältnis von Anfechtungs- und Verpflichtungsklage zur allgemeinen Leistungsklage: a)** Anfechtungs- bzw Verpflichtungsklage **schließen** für den Bereich der Hoheitsverwaltung, wenn u soweit der Rechtsstreit sich auf einen VA oder eine Regelung bezieht, die eine Behörde nach dem Klagebegehren durch VA treffen soll (s unten 16), grds (Ausnahmen s unten 15 u 41) **sonstige Klagearten,** insb auch die allg Leistungsklage (zu dieser 8 a vor § 40), **aus.** Der Bürger hat nur die Anfechtungsklage, **wenn** die **Rechtsbeeinträchtigung,** gegen die er sich wendet, **in einem VA liegt;** er hat nur die Verpflichtungsklage, **wenn die** belangte **Behörde** über die Gewährung oder Versagung der begehrten Leistung oder Feststellung durch VA entscheiden soll. Deshalb ist die **Verpflichtungsklage** die richtige Klageart, wenn durch Initiativberechtigte ein **kommunales Bürgerbegehren** angestrebt wird, dessen Zulässigkeit aber die Gemeinde bestreitet.[17] Die der Durchführung des Bürgerbegehrens nach der gesetzlichen Regelung vorgeschaltete Entscheidung über dessen Zulassung stellt einen VA dar (s näher 25 zu Anh § 42). Geht es um eine ör Zahlung des Staates an den Bürger u ist für diese – wie dies häufig zutrifft – in der gesetzlichen Regelung **ausdr oder konkludent der vorherige Erlaß eines Bewilligungsbe-**

---

[16] Ganz hM, vgl zB Lü DVBl 1971, 421; NKVwGO-Sodan 57; Schenke 354 ff; s auch unten 15; ferner 8 a vor § 40.

[17] S für die hM zB Ma NVwZ-RR 1994, 110; Mü NVwZ-RR 1999, 138; v Danwitz DVBl 1996, 141 f; **aA** Heimlich DÖV 1999, 1033 ff: allg Leistungsklage.

scheids vorgeschrieben, muß zunächst **Verpflichtungsklage auf Vornahme** erhoben werden,[18] wobei es allerdings statthaft sein dürfte, in **Analogie zu § 113 Abs 1 S 2** zugleich mit der Verpflichtungsklage auf Verurteilung zur Zahlung zu klagen (s unten 41 mit Beispielen). Raum für einen Rechtsschutz allein mittels einer **allg Leistungsklage** bleibt nur dort, wo die in einem VA **bewilligte Leistung durch den Hoheitsträger nicht erbracht** wird, ferner dann, wenn der Kl einen **RechtsAnspr auf eine Geldleistung hat u dieser nicht zwingend ein VA vorgeschaltet** ist (dazu unten 14). In anderen Fällen ist eine auf eine Geldzahlung gerichtete allg Leistungsklage zumindest unbegründet (zur Auslegung bzw Umdeutung als Verpflichtungsklage unten 18).

Der gegen VAe einschlägige Rechtsschutz ist ferner dann zu ergreifen, wenn es dem Kl um die **Beseitigung eines Realakts** geht, der sich als **Vollzug eines noch fortbestehenden VA** darstellt (s unten 40f). Deshalb ist etwa eine auf **Herausgabe einer polizeilich beschlagnahmten Sache** gerichtete Klage so auszulegen, daß mit ihr die Aufhebung der Beschlagnahme u die Rückgängigmachung ihrer Vollziehung gem **§ 113 Abs 1 S 2** mittels Herausgabe des beschlagnahmten Gegenstands begehrt wird. Entsprechendes gilt, wenn sich der Kl gegen **Maßnahmen der Vollziehung eines Planfeststellungsbeschlusses** wendet, was nur Erfolg haben kann, wenn er vorher die Aufhebung des ihnen zugrundeliegenden Planfeststellungsbeschlusses erreicht hat (zur Einschränkung des Rechtsschutzes mittels einer Anfechtungsklage bei Planfeststellungsbeschlüssen s unten 32). Ist ein den Kl beeinträchtigender Realakt (zB Schaffung einer öffentlichen Sache) unmittelbare Vollzugsfolge eines nicht mehr anfechtbaren Planfeststellungsbeschlusses (vgl hierzu näher auch unten 41), ist im Wege einer Verpflichtungsklage auf ermessensfehlerfreie Entscheidung über die Rücknahme des Planfeststellungsbeschlusses zu klagen u kann ohne diese die Beseitigung des Realakts nicht verlangt werden (Ko NJW 1986, 2779f). In Verbindung mit dem Verpflichtungsantrag kann analog § 113 Abs 1 S 2 die Rückgängigmachung der Vollziehung verlangt werden (Schenke 856; Schenke/Baumeister NVwZ 1993, 7). Ist der einem Realakt zugrundeliegende **VA bereits früher (gerichtlich oder behördlich) aufgehoben worden,** ohne daß der auf ihm beruhende, den Kl beeinträchtigende Realakt bisher beseitigt wurde, so ist ein Anspr aus dem Gesichtspunkt der Folgenbeseitigung bzw der ör Erstattung (s dazu 82 zu § 113 u unten 41) mittels einer **allg Leistungsklage** zu bewerkstelligen. Eine Verpflichtungsklage (und nicht die auf Vornahme eines Realakts gerichtete allg Leistungsklage) ist auch dann die richtige Klageart, wenn es die Planfeststellungsbehörde versäumt hat, im Wege einer **Schutzauflage** eine tatsächlich dem Lärmschutz dienende (planfeststellungspflichtige) Maßnahme anzuordnen (Mü NVwZ-RR 1997, 160; s auch 42 zu Anh § 42). Außerhalb der Fälle der Geltendmachung eines VollzugsFBA ist die Klage auf Beseitigung eines Realakts als allg Leistungsklage zu qualifizieren (s unten 41); das trifft zB für eine Klage auf Widerruf einer polizeilichen Warnung oder auf den Widerruf einer ehrverletzenden staatlichen Äußerung zu (Faber, Der Schutz der Ehre u des Rufes vor herabsetzenden Äußerungen des Staates, 1999, 251). Die behördliche Ablehnung der Erfüllung des Anspr auf Beseitigung des Realakts ist grds kein VA (s 40 zu Anh § 42), so daß hier idR neben der allg Leistungsklage keine Anfechtungsklage in Betracht kommt (s aber auch aE von 15).

Auch wenn das Gesetz eine Festsetzung eines ör Anspr durch die Verwaltung nicht ausdr oder zumindest konkludent vorsieht, leitet die hM aus dem Über-Unterordnungsverhältnis zwischen Staat u Bürger ab, daß die **Verwaltung als vollziehende Gewalt auch ohne eine gesetzliche Ermächtigung zum** 14

[18] 3, 213; 15, 309; BSG NVwZ 1987, 928; Bln NVwZ 1982, 253; Schl NVwZ-RR 2001, 590; Sch-Pietzcker 33 zu § 42 Abs 1; Schenke 347.

Erlaß eines derartigen VA berechtigt sei.[19] Folgt man dieser Ansicht, so ist eine Verpflichtungsklage **statthaft,** die auf Erlaß eines den ör Anspr des Bürgers feststellenden VA gerichtet ist. Auch die **Klagebefugnis** gem § 42 Abs 2 ist zu bejahen, da es für diese bereits genügt, daß ein formelles subjektives öffentliches Recht hinsichtlich der Entscheidung über die Vornahme eines feststellenden VA besteht (unten 91). **Durchschlagende Bedenken** ggü der Zulässigkeit einer solchen Klage ergeben sich aber unter dem **Gesichtspunkt des RSB** (dazu 30ff vor § 40). Besteht der Anspr auf Vornahme der hoheitlichen Handlung unabhängig vom Vorliegen eines (in das Ermessen der Behörde gestellten) Erlasses eines feststellenden VA, so ist die allg Leistungsklage, die unmittelbar der Durchsetzung eines Anspr auf Geldzahlung dient, **rechtsschutzintensiver** als eine auf Erlaß eines feststellenden VA gerichtete Bescheidungsklage. Selbst wenn aufgrund der Selbstbindung der Verwaltung ein Rechtsanspruch auf Erlaß eines feststellenden VA bestünde, fehlte für eine auf die Verpflichtung zu dessen Vornahme gerichtete Klage (ebenso wie für eine Bescheidungsklage) das RSB. Eine dennoch erhobene **Verpflichtungsklage** kann aber gem § 88 idR in eine **Leistungsklage umgedeutet werden** (s dazu auch Schenke 42a).

Bei **Schadensersatzanspr des Bürgers gegen den Staat,** für welche nach **Art 34 S 3 GG oder nach § 40 Abs 2 S 1** der ordentliche Rechtsweg gegeben ist, scheidet ohnehin die **Feststellung entspr Ansprüche** in einem VA u damit zugleich auch eine Verpflichtungsklage aus (anders zB in den Fällen des § 5 StHG DDR; s dazu 70 zu § 40). Hier ist bereits der VRW nicht gegeben u es muß unmittelbar vor dem ordentlichen Gericht auf Geldersatz geklagt werden. Dagegen ist für einen auf den **Gesichtspunkt der Fürsorgepflichtverletzung gestützten Schadensersatzanspruch** des Beamten gegen seinen Dienstherrn, für den der VRW gem § 40 Abs 2 S 2 iVm § 126 Abs 1 BRRG gegeben ist (76 zu § 40), die allg Leistungsklage die richtige Klageart (DÖV 1997, 168; Erichsen JK 97, GG Art 33 II/17), eines vorherigen Erlasses eines Leistungsbescheids bedarf es nicht. Dasselbe gilt für die Geltendmachung eines **Erstattungsanspr** (s dazu 82 zu § 113) oder eines **FBA,** wenn das Bestehen solcher Ansprüche nicht an die vorherige Aufhebung eines der Leistung zugrundeliegenden VA geknüpft ist bzw ein solcher VA bereits aufgehoben ist (s oben 13u unten 41).

Soweit sich aus dem vorher Gesagten nichts anderes ergibt, ist der Anspr auf Vornahme eines Realakts (zur Abgrenzung zum VA s näher 23ff zu Anh § 42) grds im Wege einer allg Leistungsklage geltend zu machen. Das trifft zB idR auch für eine Klage auf Auskunftserteilung zu.[20] Die Leistungsklage ist auch die richtige Klageart, wenn durch die Verwaltung die Vornahme eines Realakts abgelehnt wird (s 40 zu Anh § 42). In der Ablehnung ihrer Vornahme liegt prinzipiell kein VA. Soweit die Ablehnung des geltend gemachten Anspr auf Vornahme eines Realakts **ausnahmsweise als VA** zu qualifizieren ist, da die Behörde in unmißverständlicher Weise eine Regelung treffen wollte (zB bei einem mit einer Rechtsmittelbelehrung versehenen Ablehnungsbescheid), ist die Ablehnung mittels einer **Anfechtungsklage** anzugreifen, mit der gem § 113 Abs 4 im Wege einer **Stufenklage eine allg Leistungsklage verbunden** werden kann (s 42 zu Anh § 42 u 172 zu § 113).

Soweit aufgrund ausdr gesetzlicher Regelungen oder nach den vorstehenden Grundsätzen die Behörde befugt ist, durch VA zu entscheiden, ist es umstrit-

---

[19] Vgl ausf Kopp VwVfG 3 zu § 35; Maurer § 10, 5; Appellchinger VerwA 1993, 369ff; StBS-Stelkens/Stelkens 143 zu § 35 VwVfG; **aA** Bauer NVwZ 1987, 112f; Hill DVBl 1989, 323; KR 11 zu § 35 VwVfG; Ms DVBl 1997, 194.

[20] NJW 1997, 753; Lü NdsVBl 1997, 92; Bosch/Schmidt § 31 III 1b; RÖ-M. Redeker 158u 53; Schenke 202; JZ 1996, 1104; Sch-Pietzcker 26 zu § 42 Abs 1; mit Einschränkungen auch Hufen § 14, 26; **aA** (tlw diff) 31, 306f; Mü BayVBl 1984, 758; näher 37 zu Anh § 42.

ten, ob zur Durchsetzung eines Anspr des Hoheitsträgers gegen den Bürger eine **allg Leistungsklage zulässig** ist (dazu im einzelnen 50 vor § 40).

Der **vorbeugende Rechtsschutz ggü drohenden VAen** ist mittels einer allg Leistungsklage[21] zu bewerkstelligen (vgl 8a u 33 vor § 40; Schenke 354ff; zur Frage der Statthaftigkeit einer vorbeugenden Feststellungsklage s 24 zu § 43u Schenke 421f). Eine solche Klage ist allerdings – unabhängig davon, ob man dies aus dem Gesichtspunkt der Verfahrenskonkurrenz (Schenke 355; vgl auch 33 vor § 40) oder aus dem Erfordernis eines qualifizierten RSB (so zB DVBl 1973, 449; Ma NVwZ 1994, 802) ableitet – nur dann zulässig, wenn die **Verweisung auf die Möglichkeit eines repressiven Rechtsschutzes mittels einer Anfechtungsklage nicht ausreicht.**[22] **Abzulehnen** ist die in der 10. Aufl 29 vertretene Auffassung, derzufolge der Kl auf Erlaß eines VA klagen kann, mit welchem die Verwaltung sich zur Unterlassung eines VA verpflichtet. 15

b) Die Problematik der **Abgrenzung des Bereichs der Anfechtungs- und Verpflichtungsklage** von den übrigen Klagearten liegt nicht so sehr im Grundsätzlichen als bei der Frage, **in welchen Fällen bezüglich des Klagebegehrens ein Über- u Unterordnungsverhältnis vorliegt** u damit die Möglichkeit (s oben 14) u uU die Verpflichtung zur Entscheidung der Behörde durch VA gegeben ist. Ein **Über- u Unterordnungsverhältnis** bezüglich der vom Kl begehrten Regelung – auf die Rechtsbeziehungen zwischen Kl u Bekl iü kommt es nicht an – ist außer in den Fällen, in denen das Gesetz ausdr eine Entscheidung durch VA vorsieht, **dann anzunehmen,** wenn sich aus der **Gesamtregelung eines Rechtsverhältnisses** ergibt, daß der Staatsbürger auch hins einzelner Rechte oder Pflichten daraus gewaltunterworfen ist (MDR 1966, 954) u nach den maßgeblichen Rechtsvorschriften oder Rechtsgrundsätzen zur **Konkretisierung oder verbindlichen Feststellung** der Rechte und/oder Pflichten eine Regelung durch VA **notwendig ist.** Dies ist insb dann der Fall, wenn die in Frage stehende Regelung das **Gegenstück** oder der **actus contrarius** einer Regelung ist, für die das Gesetz ausdr eine Entscheidung durch VA vorsieht;[23] wenn das Gesetz **ein besonderes Vf** für die Regelung vorschreibt, zB ein AntragsVf (vgl 75, 113; Holland DÖV 1965, 411), oder wenn eine Regelung **ihrer Natur nach** oder doch herkömmlicherweise als hoheitliche Regelung verstanden wird, wie dies für die meisten polizeilichen Maßnahmen, aber auch zB für die Erteilung einer Bescheinigung über die Staatsangehörigkeit zutrifft (Kopp VwGO-Rspr 36).[24] 16

Voraussetzung für die Zulässigkeit der Anfechtungs- bzw Verpflichtungsklage ist in allen Fällen, daß das **Über- u Unterordnungsverhältnis tatsächlich gegeben ist;** die bloße Behauptung, daß ein solches Verhältnis gegeben sei, genügt in keinem Fall, da das Vorliegen eines VA bzw das Erfordernis, daß der begehrte Akt ein VA ist, Voraussetzung der Statthaftigkeit der Anfechtungs- bzw Verpflichtungsklage ist. 17

c) Auslegung bzw Umdeutung von Klageanträgen. Klageanträge, die entgegen den genannten Grundsätzen als **Anträge auf Verurteilung zu einer tatsächlichen Leistung** gefaßt sind, sind diesen Grundsätzen entspr **auszulegen** bzw **umzudeuten** (Schenke 42a), so zB ein Antrag auf Verurteilung zur Gewährung einer Subvention als Antrag auf Verpflichtung der zuständigen Be- 18

---

[21] Vgl zB NVwZ 1984, 168; Ma NVwZ 1994, 802; Schenke 354; JZ 1996, 1111; Sch-Pietzcker 164ff zu § 42 Abs 1; NKVwGO-Sodan 57ff, Dreier JA 1987, 415; Peine Jura 1983, 285ff; Ule VerwA 1974, 291ff; zur vorbeugenden Unterlassungsklage näher auch Schenke AöR 1970, 223ff.

[22] Zu den Fallgruppen, bei denen ein solcher repressiver Rechtsschutz nicht genügt s Schenke 357ff u AöR 1970, 249ff; Ule VerwA 1974, 305ff; s auch 34 vor § 40.

[23] 40, 89; DÖV 1970, 284; NJW 1977, 1838; FG BW NVwZ 1988, 872.

[24] Vgl DÖV 1966, 498; Kopp VwVfG 10 zu § 35; **aA** Mü BayVBl 1976, 566.

hörde auf Erlaß eines entspr Zuerkennungsbescheids bzw auf Verbescheidung des Antrags auf Subventionsgewährung (Schlichter DVBl 1966, 738; Kopp WuV 1978, 177f), ein Antrag auf Verurteilung zur Rückzahlung einer Gebühr als Antrag auf Aufhebung des Gebührenbescheids u Rückzahlung des geleisteten Betrags im Wege der Folgenbeseitigung nach § 113 Abs 1 S 2 u 3 (DÖV 1964, 712; **aA** Hbg VRspr 27, 1006). Dabei ist allerdings zu beachten, daß die Auslegung bzw Umdeutung **nicht vom Erfordernis** der für die Anfechtungs- bzw Verpflichtungsklage gem § 68 notwendigen vorherigen **Absolvierung eines WiderspruchsVf dispensiert;** soweit der Kl unmittelbar auf eine Leistung (zB eine Geldzahlung) ohne vorherigen Erlaß eines VA klagen kann (und muß), bereitet eine Umdeutung einer dennoch erhobenen Verpflichtungsklage in eine allg Leistungsklage keine Schwierigkeiten (oben 14). Die **Umdeutung** einer scheinbar als Anfechtungsklage erhobenen Klage in eine Verpflichtungsklage u umgekehrt ist ebenfalls **grds möglich u geboten,** wenn dies dem erkennbaren Klageziel entspricht.[25] S auch 1 ff zu § 88. Ist der VA nichtig u sind die Fristen für seine Anfechtung bereits abgelaufen, kommt eine Umdeutung einer Anfechtungsklage in eine auf Nichtigkeit gerichtete Feststellungsklage in Betracht.[26] Im Zweifel u in Grenzfällen sollte das Gericht jedoch immer **gem § 86 Abs 3 eine entspr ausdr Klarstellung des Antrags anregen** (21, 217).

19 **d) Wird ein Kl** durch einen im Über- u Unterordnungsverhältnis ggü einem Dritten ergangenen VA (zB eine Erlaubnis) **nur mittelbar-tatsächlich,** nicht aber iSv § 42 Abs 2 rechtlich **betroffen** (s unten 78), so kommt eine Anfechtungsklage nicht in Betracht, sondern **ggf eine** zivilrechtliche, uU auch ör **Leistungs- bzw Unterlassungsklage** hins des Handelns des Begünstigten (Mü BayVBl 1976, 629). S unten 44.

20 **5. Klageantrag bei Anfechtungsklage:** Bei der Anfechtungsklage lautet der Klageantrag auf **Aufhebung des belastenden VA.** Wenn ein erfolgloses WiderspruchsVf vorausgegangen war, ist **außerdem die Aufhebung** des den VA bestätigenden oder verbösernden **Widerspruchsbescheids** zu beantragen (der entspr Antrag ist jedoch, wenn er nicht ausdr gestellt ist, idR als auch im Antrag auf Aufhebung des VA stillschweigend mit enthalten anzusehen, so daß es unschädlich ist, wenn er nicht ausdr gestellt wird). **Hatte der Widerspruch teilweise Erfolg,** so ist die Aufhebung des VA, soweit er durch den Abhilfebescheid bzw Widerspruchsbescheid nicht aufgehoben oder abgeändert wurde, u des Widerspruchsbescheids, soweit er der Belastung nicht abgeholfen hat, zu beantragen. Besteht die **Belastung ausschließlich im Widerspruchsbescheid,** so ist nur dessen Aufhebung zu beantragen (s auch 1 ff zu § 79 u 15 zu § 113; zur Auslegung von Anträgen auch oben 8 sowie 1 ff zu § 88). Zur Verbindung der Anfechtungsklage mit einem **Folgenbeseitigungsantrag** s unten 40.

21 **a) Teilanfechtungen eines VA bzw einer Allgemeinverfügung. Bei teilbarem**[27] **Inhalt eines VA** kann die Anfechtung auch **auf einen Teil beschränkt** werden;[28] s aber zu Ermessensentscheidungen u zu von einer Beurteilung abhängigen VAen unten 24. In diesem Fall muß der angegriffene Teil **näher bezeichnet** werden (zB Aufhebung des Gebührenbescheids vom 4. 10. 2004,

---

[25] 25, 359; 38, 100; 52, 169; DVBl 1976, 222; Mü BayVBl 1972, 249; Schenke 42a u 270.

[26] Insoweit zu demselben Ergebnis kommen Mü NJW 1984, 626; Ehlers Jura 2004, 32 u Sch-Pietzcker 18 zu § 42 Abs 1 mit der Begründung, der Feststellungsantrag sei als Minus in dem Anfechtungsantrag enthalten.

[27] S zum Begriff KR 62f zu § 44 VwVfG mwN; Maurer § 10, 45ff; Erichsen § 15, 29ff; Paetow DVBl 1985, 369.

[28] 60, 271 = NJW 1980, 2773; 69, 259; Ms NVwZ 1984, 804 = DÖV 1985, 80; DVBl 1991, 1366; Laubinger VerwA 1982, 345; Paetow DVBl 1985, 369; Martens DVBl 1965, 428; Cöster Kassation 28ff.

soweit darin eine Gebühr von mehr als 100,– Euro festgesetzt wurde; soweit eine Gebühr auch für ... angesetzt wurde).

Zulässig sind Teilanfechtungen hins aller **objektiv abgrenzbaren u bezeichenbaren Teile** eines VA, die auch als gesonderter Streitggst bestehen könnten (s 7 ff zu § 90) u deshalb isoliert aufhebbar sind (zur Teilaufhebung von Baugenehmigungen s 16 zu § 113), insb **Nebenbestimmungen** (s unten 22 ff), aber auch zB einzelner auf selbständigen Berechnungsgrundlagen beruhender **Teilansätze** im Rahmen eines Steuer- oder Beitragsbescheids,[29] ferner, wenn einer **rechtlich gebotenen Einschränkung** eines belastenden VA durch dessen **Teilaufhebung Rechnung getragen** werden kann, etwa indem sein zeitlicher u räumlicher Anwendungsbereich eingeschränkt wird (s näher unten 34 f). Zu beachten ist, daß dann, wenn der Kl eine ihm ggü ergangene Teilregelung für rechtswidrig hält u deren Ersetzung durch eine ihn begünstigende Teilregelung begehrt (im Hinblick auf die grundsätzliche Unzulässigkeit einer isolierten Anfechtungsklage (unten 30) eine Teilverpflichtungsklage zu erheben ist. Das gilt zB für eine Klage auf Verbesserung einer einzelnen Zeugnisnote im Rahmen eines Gesamtzeugnisses (unten 28).

Nicht Voraussetzung der Zulässigkeit der auf einen Teil eines VA begrenzten Anfechtungsklage – anders dagegen der Begründetheit (s 24), was häufig nicht klar genug unterschieden wird – ist, ob bei Erfolg der Teilanfechtung der **Rest des VA selbständig fortbestehen** könnte, ohne daß er damit einen anderen Sinn oder Inhalt erhielte. Ist letzteres der Fall, so ist die Klage als Anfechtungsklage unbegründet u ist nur eine Umdeutung **in eine Verpflichtungsklage,** insb eine Bescheidungsklage in Betracht zu ziehen. S dazu aber unten 25.

Nicht zulässig ist eine Teilanfechtung dagegen lediglich hins **einzelner** unselbständiger **Elemente oder Voraussetzungen** eines **VA,** wie zB der Bedürftigkeit als Voraussetzung eines Unterhaltsbeitrages (vgl 43, 148), oder bloßer Ausführungen in der Begründung eines VA.

Das Problem des Umfangs des Aufhebungsantrags stellt sich auch iVm der Anfechtung von **Allgemeinverfügungen.** Hier muß differenziert werden: Soweit sich eine Allgemeinverfügung nur als eine Bündelung von VAen darstellt, von denen jeder für sich Bestand haben kann, ist der Kl grds lediglich in der Lage, ggü jener Regelung vorzugehen, die ihn betrifft; nur insoweit besteht für ihn eine Klagebefugnis (s auch unten 170). Die Situation ist hier grds nicht anders als dort, wo ggü den durch die Allgemeinverfügung betroffenen Personen statt einer solchen individuelle VAe mit demselben Inhalt ergehen (s auch Gr GewA 2000, 111 u Schenke 944 in bezug auf den vorläufigen Rechtsschutz). Anderes gilt hingegen dann, wenn ein rechtliches Betroffensein des Kläger sich gerade (auch) aus der anderen Personen ggü ergangenen Regelung ergibt. Das trifft zB bei einer Regelung zu, die durch die Begünstigung oder Belastung anderer Personen zugleich den Kl belastet, zB wenn sie diesen für eine zeitlich kurz bemessene Frist verbietet, Produkte des Kl wegen ihrer möglichen Schädlichkeit zu verkaufen. Hier muß der Kl die Allgemeinverfügung insgesamt anfechten, da er durch alle in ihr getroffenen rechtlichen Regelungen in seiner Rechtsstellung betroffen ist. Wird der Kl allerdings nur durch eine in der Allgemeinverfügung enthaltene gebündelte Regelung in seiner Rechtsstellung betroffen, so besteht für ihn nur insoweit die Möglichkeit eines klageweisen Vorgehens. Deshalb ist der Verkaufsangestellte eines Geschäfts, der sich klageweise gegen eine aufgrund des § 23 LadSchlG erlassene Allgemeinverfügung wendet, welche eine Verlängerung der Geschäftszeit für bestimmte Arten von Geschäften gestattet, nur befugt, die sei-

---

[29] BFH 152, 414; Gräber 21 zu § 100 FGO mwN; Söhn VerwA 1969, 64 ff; vgl auch BFH NJW 1982, 1016: gesonderte Anfechtbarkeit der Feststellungen zum Wert, zur Art u zur Zurechnung im Einheitswertbescheid; **aA** Mü BayVBl 1972, 274.

nem Arbeitgeber ggü getroffene Erlaubnis anzufechten. Nur insoweit tritt demgemäß Suspensiveffekt ein.[30] Demgegenüber überzeugte auch nicht das Argument, die Behörde sei gar nicht befugt, bei einer Regelung nach § 23 LadSchlG zwischen einzelnen in derselben Situation befindlichen Geschäften zu differenzieren. Bei rechtlich gebundenen VAen, welche ggü einer Vielzahl von Personen erlassen werden, ist diese Situation immer gegeben, ohne daß sich daraus die Notwendigkeit einer Gesamtanfechtung ergibt; eine solche wäre unbestreitbar als unzulässig anzusehen. Unabhängig davon, ob die verschiedenen Regelungen äußerlich zusammengefaßt werden, ist § 44 Abs 4 VwVfG nicht anwendbar. Aus § 44 Abs 4 VwVfG ergibt sich allerdings, daß es ausgeschlossen ist, eine Klage mit dem Ziel zu erheben, daß nur der Kl außerhalb der im LadSchlG vorgesehenen Zeiten vorläufig nicht mehr beschäftigt werden kann bzw einen entspr vorläufigen Rechtsschutz zu bejahen (so aber VG Schwerin GewA 1999, 432). Zu beachten ist jedoch, daß es Allgemeinverfügungen gibt, bei denen die einzelne Regelung in einem untrennbaren (sozialen) Zusammenhang mit anderen in der Allgemeinverfügung getroffenen Regelungen steht, so daß sie nicht isoliert angefochten werden kann u mit letzteren eine Einheit bildet. Dies trifft zB für dingliche VAe wie eine Entwidmung einer Straße oder für eine durch ein Verkehrszeichen getroffene Einbahnstraßenregelung zu (s zu entsprechenden Problemen iVm dem Rechtsschutz gegen Normen Schenke Rechtsschutz 159 ff), ebenso zB für organisatorische VAe wie die Schließung einer Schule (dazu auch 17 f zu § 80).

22 **b) Nebenbestimmungen.**[31] Grds **selbständig anfechtbar sind alle Nebenbestimmungen** eines VA (§ 36 VwVfG).[32] Das gilt **nicht nur für Auflagen,**[33] **sondern auch für Bedingungen, Befristungen, Widerrufsvorbehalt u Auflagenvorbehalt** (eingeh Schenke JuS 1983, 182 ff u Roellecke-FS 1997, 281). **Ansatzpunkte für Differenzierungen** zwischen den Nebenbestimmungen, die allesamt **Teile eines VA** sind, lassen sich **§ 36 VwVfG nicht entnehmen.** Aus § 113 Abs 1 S 1 ist vielmehr abzuleiten, daß, wenn das VG rechtswidrige Nebenbestimmungen als Teile eines VA aufheben kann, es dem Betroffenen auch möglich sein muß, zur **Vermeidung einer kostenpflichtigen teilweisen**

---

[30] So zutr Gr GewA 2000, 111; **aA** VG Dresden GewA 1999, 492; VG Leipzig GewA 1999, 492.

[31] Zu Neben- u Inhaltsbestimmungen bei VAen Heitsch DÖV 2003, 367 ff u Laubinger WuV 1982, 117 ff.

[32] 60, 274; NVwZ 1984, 366; NVwZ 2001, 429; 2001, 920; BSG 59, 152; 70, 169; NJW 1992, 2981 wohl auch Ms DVBl 1992, 920; Brenner JuS 1996, 286; Brüning NVwZ 2002, 1082; Erichsen § 15, 33; Hk-Sennekamp 38; Jahndorf JA 1999, 677 f; Kopp GewA 1970, 97; Lange AöR 1977, 351; Laubinger VerwA 1982, 357 ff; Lorenz § 17, 54 f; Martens DVBl 1965, 432; Maurer § 12, 25; NKVwGO-Wolff 171 ff zu § 113; MB 41 ff zu § 36 VwVfG; Obermayer 88 ff zu § 36 VwVfG; P § 9, 21; Schachel, Nebenbestimmungen zu Verwaltungsakten, 1979, 166 ff; Schenke 295 ff; DÖV 1982, 722; WuV 1982, 144; JuS 1983, 182; Roellecke-FS 1997, 281; J. Schmidt, VBlBW 2004, 81 ff (unter Aufgabe seiner bisherigen Ansicht); H.J. Schneider, Nebenbestimmungen und Verwaltungsprozeß, 1981, 149 ff; Seidel JA 2003, 959; Sproll NJW 2002, 3221; StK-Wolff 39; Sturm VR 2004, 15 ff; grds auch (anders für aufschiebende Bedingungen) Hufen § 14, 55 ff, 61; ders/Bickenbach JuS 2004, 871; Stern 117 u ebenso TW § 15, 13.

[33] Für selbständige Anfechtung nur von Auflagen die frühere Rspr des BVerwG zB 29, 265; 36, 153 f; DVBl 1966, 794; DÖV 1974, 380 f; Ks DVBl 1997, 440; Ko NJW 1990, 1195; Ma VBlBW 1995, 29; Bln NVwZ 2001, 1059 f (mit Einschränkungen); Achterberg § 21, 164; Axer Jura 2001, 752; Beckmann VR 2003, 149; Bosch/Schmidt § 24 II; Ehlers VerwA 1976, 371 ff; Elster, Begünstigende Verwaltungsakte mit Bedingungen, Einschränkungen und Auflagen, 1979, 317 ff; Hönig, Rechtsschutz gegen Auflagen, Diss Bonn 1990; Pietzcker NVwZ 1995, 20; Remmert VerwA 1997, 135; J. Schmidt NVwZ 1996, 1188 f (anders für auflösende Bedingungen); Sch-Pietzcker 120 ff zu § 42 Abs 1; Sieckmann DÖV 1998, 530 ff; StBS-Stelkens/Stelkens 96 zu § 36 VwVfG; Stelkens NVwZ 1985, 469 ff; Störmer DVBl 1996, 81 ff; NWVBl 1996, 173 ff; Würt 322.

Klageabweisung seinen Antrag von vornherein nur auf die Aufhebung bzw ggf die Teilaufhebung (s auch unten 34) der rechtswidrigen Nebenbestimmung zu **beschränken** (s 16 zu § 113). Die auf diese Weise bei gerichtlicher Aufhebung herbeiführbare Ausweitung der Rechtsposition des Kl stellt kein Spezifikum der Anfechtung von Nebenbestimmungen dar, sondern ergibt sich auch sonst iVm der Anfechtung belastender VA. So ist es denn auch unumstritten, daß dann, wenn einer **Begünstigung nachträglich eine Nebenbestimmung beigefügt** wird, der Rechtsschutz gegen diese, **unabhängig von ihrer Rechtsnatur, mittels einer Anfechtungsklage** zu bewerkstelligen ist.[34] Es liegt dann aber nahe, einen Rechtsschutz auf dieselbe Weise zu bejahen, wenn die Begünstigung bereits bei ihrer Vornahme mit einer belastenden Nebenbestimmung versehen wurde.[35] Die Frage, ob die Nebenbestimmung vom Rest des VA abtrennbar ist (dazu unten 24), ist **erst für die Begründetheit** der Teilanfechtungsklage **von Bedeutung.**[36] Für den mit der Teilanfechtung eines VA verfolgten Anspr auf Aufhebung der Nebenbestimmung spielt deren Rechtsnatur auch unter dem Gesichtspunkt der Klagebefugnis keine Rolle (aA Remmert VerwA 1997, 135; krit demgegenüber Schenke, Roellecke-FS 1997, 288). Nicht überzeugend ist schließlich auch der Versuch, die Frage der selbständigen Anfechtbarkeit (und Aufhebbarkeit) der Nebenbestimmung anhand ihrer logischen Abtrennbarkeit zu bestimmen u diese deshalb bei Auflagen generell zu befürworten, von anderen Nebenbestimmungen hingegen generell zu verneinen (so aber Sieckmann DÖV 1998, 533; s dazu auch unten 24). § 113 Abs 1 S 1 bietet für eine solche Differenzierung keinen Anhaltspunkt; sie ist auch unter teleologischen Gesichtspunkten nicht gerechtfertigt u mit der gesetzgeberischen Wertung des § 44 Abs 4 VwVfG (auf den Sieckmann DÖV 1998, 533 nicht eingeht) unvereinbar.[37] Eine unmittelbar zur Aufhebung der rechtswidrigen Nebenbestimmung führende Teilanfechtungsklage **verdrängt als die speziellere u rechtsschutzintensivere Klageart grds die Verpflichtungsklage** auf uneingeschränkten Erlaß des begünstigenden VA.[38] Das gilt auch für den Fall, daß der Kl eine zeitlich längere Befristung eines Aufenthaltstitels (oder eines sonstigen begünstigenden VA) erstrebt, als sie durch die Behörde angeordnet wurde. Hier kann der Kl darauf klagen, daß die Befristung insoweit aufgehoben wird, als sie sich nicht auf den

---

[34] Dies konzedieren zB auch Axer Jura 2001, 752; Störmer DVBl 1996, 81; vgl hierzu auch zB Mü NVwZ 1997, 1023.

[35] Dazu, daß sich bei Zulassung einer Teilanfechtungsklage auch in bezug auf den Suspensiveffekt wg der analogen Anwendung des § 44 Abs 4 VwVfG keine Probleme ergeben, s Schenke 298.

[36] So auch NVwZ 2001, 429; Schenke 296; mißverstanden werde ich deshalb von Hufen/Bickenbach JuS 2004, 872, wenn diese annehmen, ich halte bei ErmessensVAen – dazu unten 24 sowie 17 f zu § 113 u Schenke 807 – eine Anfechtungsklage für unstatthaft.

[37] Nicht zu überzeugen vermag auch die unbewiesene Behauptung, bei aufschiebend bedingten VAen sei eine Aufhebung der Bedingung deshalb unstatthaft, da diese gerade nicht zur Wirksamkeit des VA führe (so aber Hufen § 14, 61; Hufen/Bickenbach JuS 2004, 871; J. Schmidt NVwZ 1996, 1188 f). Ist der VA nicht mehr mit einer (durch das Gericht aufgehobenen) aufschiebenden Bedingung versehen, so steht seiner Wirksamkeit nichts mehr im Wege. Auf die Frage der äußeren u inneren Wirksamkeit – auf die durch mich iü entgegen Hufen/Bickenbach JuS 2004, 871 Fn 40 gar nicht abgestellt wird – kommt es in diesem Zusammenhang denn auch gar nicht an.

[38] Generell für Verpflichtungsklage aber Fehn DÖV 1988, 207 ff; Labrenz, NVwZ 2007, 164 f; Stadie DVBl 1991, 614; s auch Ehlers DV 1998, 67; diejenigen, die einen Rechtsschutz über die Teilanfechtungsklage des VA grds nur iVm der Auflage bejahen, befürworten hinsichtlich der anderen in § 36 VwVfG genannten Nebenbestimmungen ebenfalls eine Verpflichtungsklage auf uneingeschränkte Begünstigung, vgl zB Ey-Happ 45 ff; Peine 527; Sch-Pietzcker 129 ff zu § 42 Abs 1; Remmert VerwA 1997, 137; J. Schmidt NVwZ 1996, 1188 f (anders bei auflösender Bedingung); Sieckmann DÖV 1998, 525 ff; Störmer DVBl 1996, 81 ff; Würtenberger 259 ff.

gesetzlich vorgeschriebenen Zeitraum erstreckt. Die Zulässigkeit eines solchen Antrags zeigt sich daran, daß eine auf uneingeschränkte Aufhebung der Befristung gerichtete Anfechtungsklage zwar tlw unbegründet wäre, wenn eine unbefristete Erteilung der Begünstigung gesetzlich ausgeschlossen ist, der Antrag auf Aufhebung der Befristung aber als Minus auch den Antrag enthält, jedenfalls den gesetzlich gebotenen Zeitraum zugrunde zu legen. Ausnahmsweise hält das BVerwG (NVwZ 2001, 919) anstelle einer Anfechtungsklage eine Verpflichtungsklage auf uneingeschränkte Begünstigung für zulässig, sofern ihm diese einen im Vergleich zur Anfechtungsklage weitergehenden Rechtsschutz verschaffte. Dies soll in einem Fall gelten, in dem die Verwaltung sich nur unter bestimmten, von ihr im VA näher bezeichneten Umständen einen Widerruf der Begünstigung vorbehielt, es dem Betroffenen aber darum ging, generell die Koppelung des VA mit einem Widerrufsvorbehalt zu verhindern. Auf der Grundlage der hier vertretenen Auffassung zu den Voraussetzungen der Begründetheit der Anfechtungsklage (s unten 24) kann diese Ansicht nicht überzeugen. Ist die gegen die Nebenbestimmung gerichtete Anfechtungsklage nur begründet, wenn der Kl einen Rechtsanspruch auf die uneingeschränkte Begünstigung besitzt oder zumindest feststeht, daß die Behörde bei Kenntnis der Rechtswidrigkeit der Nebenbestimmung den begünstigenden VA ohne eine einschränkende Nebenbestimmung erlassen hätte (s dazu unten 24), kann eine Verpflichtungsklage keinen darüber hinausgehenden Rechtsschutz bewirken. Nur wenn man wie das BVerwG davon ausgeht, daß bei ErmessensVAen eine rechtswidrige Nebenbestimmung auf eine Anfechtungsklage hin stets aufzuheben sei (s unten 24), kommt eine Verpflichtungsklage in Betracht. Anderenfalls wäre der Betroffene nicht immer davor geschützt, daß die Verwaltung nach erfolgreicher Anfechtung der Nebenbestimmung diese nicht nunmehr durch eine andere fehlerfreie ersetzt. Freilich dürfte das RSB für eine Verpflichtungsklage auch auf der Basis der bundesverwaltungsgerichtlichen Rspr nur dann zu befürworten sein, wenn Anhaltspunkte dafür bestehen, daß die Behörde die aufgehobene Nebenbestimmung durch eine andere belastende Nebenbestimmung ersetzen will. Zudem hat eine Verpflichtungsklage, die auf eine uneingeschränkte Begünstigung gerichtet ist, bei ErmessensVAen regelmäßig keinen (vollen) Erfolg (s unten 25).

23 **c) Modifizierende Auflagen, Gewährungen und unverbindliche Hinweise.** Entgegen der hM ist **auch bei modifizierenden Auflagen**[39] u ähnlichen einem VA beigefügten rechtsverbindlichen „Maßgaben, die den Inhalt des VA selbst betreffen“ **(modifizierenden Gewährungen)** eine **selbständige Anfechtbarkeit nicht grds ausgeschlossen.**[40] Allerdings wird eine auf Teilanfechtung einer modifizierenden Auflage bzw einer Modifikation der beantragten Gewährung gerichtete Anfechtungsklage **nur in seltenen Fällen Erfolg** haben,

[39] Zum Begriff der modifizierenden Auflage DÖV 1974, 381; Schenke 288 ff; Störmer DVBl 1996, 86 f; Weyreuther DVBl 1984, 365; UL § 50, 16; zum Begriff der modifizierenden Gewährung s Weyreuther DVBl 1969, 295 f; Schenke 289. Unter einer modifizierenden Auflage wird hier (die Begriffsbestimmung variiert, vgl Schenke 288) eine im Verhältnis zu einer beantragten Begünstigung inhaltlich wesentlich veränderte Begünstigung (aliud) verstanden, bei der im Falle des Gebrauchmachens von letzterer eine (ggf vollstreckbare) Pflicht für den Begünstigten begründet wird, während sich die modifizierende Gewährung in einer inhaltlichen Veränderung der beantragten Begünstigung erschöpft u damit nicht vollstreckbar ist.

[40] Für selbständige Anfechtbarkeit von modifizierenden Auflagen u Gewährungen NVwZ 1984, 366 f; DVBl 1997, 165 ff = NVwZ-RR 1997, 317; Lü GewA 1985, 128; 1993, 116; **aA** 60, 274; DÖV 1974, 381; Ma NVwZ-RR 1999, 432; Mü BayVBl 1985, 150; Ms DVBl 1992, 920; NWVBl 1994, 24; Bln NVwZ 1997, 1005; Brenner JuS 1996, 286; Brüning NVwZ 2002, 1082; Ehlers DV 1998, 67; Kn-Henneke 52 zu § 36 VwVfG; Maurer § 12, 16; P § 9, 23; J. Schmidt NVwZ 1996, 1188; SGH 142; Stern 117; Störmer DVBl 1996, 86 ff; Weyreuther DVBl 1984, 369; Würt 327.

da der nach Teilkassation verbleibende RestVA idR einen für sich nicht **bestandsfähigen Torso** darstellen bzw **rechtswidrig** sein dürfte (s auch unten 24) u sich folglich seine isolierte Aufhebung in **Analogie zu § 44 Abs 4 VwVfG** verbietet (Schenke 301). Deshalb ist der hM insoweit beizupflichten, als die von dem Betroffenen erstrebte beantragte (unmodifizierte) Begünstigung in praxi **meist nur mittels einer Verpflichtungsklage** herbeiführbar ist (zur Möglichkeit einer Umdeutung der Teilanfechtungsklage in eine Verpflichtungsklage s auch unten 25). **Keine Rechtsschutzmöglichkeit** besteht ggü **bloßen Hinweisen,** die einem VA beigefügt sind u **keine rechtsverbindliche Regelung beinhalten,** so zB der Hinweis, daß bei der Ausführung des Baus nicht von der erteilten Baugenehmigung abgewichen werden darf u Verstöße mit Bußgeld geahndet werden oder sonstige Hinweise auf eine bestehende Rechtslage (Schenke 291; Beckmann VR 2003, 151 mit weiteren Beispielen).

d) Grenzen des Rechtsschutzes bei der Anfechtung von Nebenbestimmungen. 24 Von der Frage der Zulässigkeit einer Teilanfechtung, zB von Nebenbestimmungen, ist die Frage zu unterscheiden, ob dies im Hinblick auf den **inneren sachlichen Zusammenhang des angefochtenen Teils mit den übrigen Teilen des VA** zweckmäßig ist; letzteres ist nur dann der Fall, wenn auch die (Begründetheits-)Voraussetzungen erfüllt sind, die gegeben sein müssen, damit das Gericht den angefochtenen Teil allein aufheben kann. Das trifft dann zu, wenn der Kl einen **Anspr auf isolierte Aufhebung der rechtswidrigen Nebenbestimmung** hat. Von einem solchen ist in Anlehnung an den **Rechtsgedanken des § 44 Abs 4 VwVfG** grds dann auszugehen, wenn der Betroffene einen **Rechtsanspruch auf uneingeschränkte Begünstigung** besitzt (vgl statt vieler Schenke 807) oder wenn bei einem ErmessensVA feststeht, daß die Verwaltung bei Kenntnis der Rechtswidrigkeit der Nebenbestimmung den VA ohne eine einschränkende Nebenbestimmung erlassen hätte. **Ausgeschlossen ist die isolierte Aufhebung** der Nebenbestimmungen hingegen, falls der nach Aufhebung der rechtswidrigen Nebenbestimmung **verbleibende RestVA rechtswidrig wäre.**[41] Die Geltendmachung eines derartigen Anspr auf Aufhebung der rechtswidrigen Nebenbestimmung bei Fortbestand der rechtswidrigen Begünstigung ist mit dem Rechtsgedanken des § 44 Abs 4 VwVfG nicht vereinbar u stellt sich als ein treuwidriges Verhalten dar (Schenke, Roellecke-FS 295). Ebenso ist dem VG bei einem ErmessensVA die Aufhebung der rechtswidrigen Nebenbestimmung verwehrt, wenn der Verwaltung hierdurch unter **Mißachtung ihres Ermessensspielraums ein VA aufgedrängt würde.**[42] Im letzteren Fall wäre der verbleibende RestVA wg Fehlens einer ordnungsgemäßen Ermessensausübung ohnehin **idR rechtswidrig** u führte die gerichtliche Kassation der Nebenbestimmung zu einer mit dem **Gewaltenteilungsprinzip (Art 20 Abs 2 GG, § 114) unvereinbaren** gerichtlichen Beschneidung des verwaltungsbehördlichen Ermessensspielraums. Der vom BVerwG unternommene Versuch, über § 49 Abs 2 Nr 2 VwVfG den Ermessensspielraum der Behörde zu wahren, indem der Verwaltung das Recht zum Widerruf des begünstigenden VA nach Aufhebung der rechts-

[41] 81, 186; NVwZ 1984, 366; DVBl 1993, 152f; Bln NVwZ 1997, 1005; Ks NVwZ-RR 1994, 648 (Klage bereits unzulässig); Hufen § 14, 63; Maurer § 12, 25; Schenke 807ff; JuS 1983, 185f; SGH 142; Sturm VR 2004, 20; s auch 15ff zu § 113; **aA** Hufen/Bickenbach JuS 2004, 967fu Sieckmann DÖV 1998, 532 (sogar bei Sinnlosigkeit des RestVA). Dessen Hinweis, wenn der Bestand einer Begünstigung von der Erfüllung einer Auflage hätte abhängig gemacht werden sollen, wäre eine Bedingung notwendig gewesen, trägt der unterschiedlichen Zielsetzung beider Nebenbestimmungen nicht ausreichend Rechnung.

[42] So auch früher 55, 137ff; 56, 256; ebenso Lange AöR 1977, 352ff; Maurer § 12, 26; Schenke 808; Roellecke-FS 295; Sturm VR 2004, 20; **aA** BVerwG NJW 1982, 2269; Hufen/Bickenbach JuS 2004, 967; Laubinger VerwA 1982, 345ff, 357ff; UL § 50, 29.

widrigen Auflage eingeräumt wird,[43] läßt sich **weder auf eine unmittelbare noch eine analoge Anwendung des § 49 Abs 2 Nr 2 VwVfG** stützen[44] u scheidet für andere Nebenbestimmung als Auflagen ohnehin von vornherein aus. Selbst wenn sich die gerichtliche Aufhebung einer rechtswidrigen Nebenbestimmung wg Rechtswidrigkeit des RestVA oder einer Verkürzung des Ermessensspielraums der Verwaltungsbehörde verbietet, läßt sich jedoch auf **Antrag des Betroffenen ihre Rechtswidrigkeit in analoger Anwendung des § 113 Abs 1 S 4 feststellen** (Schenke 810). Der Einwand, der Bürger habe kein Interesse an der Feststellung der Rechtswidrigkeit der Begünstigung (Jahndorf JA 1999, 679), überzeugt nicht, da nur die Nebenbestimmung streitbefangen ist u damit konsequenterweise auch **nur deren Rechtswidrigkeit festgestellt** wird.

25 Falls die Anfechtungsklage trotz Rechtswidrigkeit einer Nebenbestimmung wg der **Rechtswidrigkeit des RestVA** nicht zu deren Aufhebung führen kann, **hilft** auch ein Rechtsschutz über eine auf uneingeschränkte Begünstigung gerichtete **Verpflichtungsklage** aus materiellrechtlichen Gründen nicht weiter. Der Betroffene vermag hier nur eine auf eine andere Begünstigung gerichtete Verpflichtungsklage zu erheben. Sofern der Kl einen Rechtsanspruch auf Erlaß eines begünstigenden VA mit einer anderen Nebenbestimmung besitzt, als er durch die Behörde verfügt wurde, ist sein Rechtsschutz grds mittels einer **Teilverpflichtungsklage** gewährleistet, mit der er auf **Ersetzung der rechtswidrigen Nebenbestimmung** durch eine von ihm als weniger belastend empfundene **rechtmäßige** klagt (Schenke 300 u WuV 1982, 161 ff). Stellt die rechtmäßige Nebenbestimmung allerdings kein aliud, sondern ein Minus im Verhältnis zu der behördlicherseits ausgesprochene dar, ist eine auf die **teilweise Aufhebung** der Nebenbestimmung gerichtete **Teilanfechtungsklage** zu erheben. Eine Verpflichtungsklage auf Ergänzung des VA durch eine Nebenbestimmung bietet sich ferner als Mittel des Rechtsschutzes für einen Dritten an (s § 75 Abs 1 a S 2 VwVfG u Schenke 300); jedoch ist hier für diesen (anders als für den Begünstigten) **wahlweise** daneben auch eine **Anfechtungsklage auf Aufhebung des gesamten VA** möglich (unten 33; anders bei Planfeststellungsbeschlüssen unten 32). Bei einem mit einer rechtswidrigen Nebenbestimmung versehenen **ErmessensVA** kommt eine **Bescheidungsklage** in Frage, bei der unter gleichzeitiger Aufhebung des bisherigen mit einer Nebenbestimmung versehenen VA die Verwaltung zur Neubescheidung des Antrags auf Erlaß des begünstigenden VA verpflichtet wird (s oben 22). Freilich birgt eine solche Klage das **Risiko** in sich, daß der Betroffene – anders als bei einer Teilanfechtungsklage oder FFK analog § 113 Abs 1 S 4 – die **Begünstigung nach einer Neubescheidung seines Antrags ganz verliert.**[45] Deshalb scheidet eine Umdeutung einer Teilanfechtungsklage in eine Bescheidungsklage idR aus bzw muß das Gericht, wenn es eine Bescheidungsklage anregt, nach § 86 Abs 3 auf das hiermit verbundene Risiko hinweisen (Schenke 299; s auch 7 zu § 88).

26 **e) Folgen für Restverwaltungsakt bei Teilanfechtung. Ist (nur) ein Teil des VA angefochten worden,** so kann die Klage **nicht** nachträglich nach Ablauf der Klagefrist (§ 74) **auf den nicht angefochtenen Teil erstreckt** werden (Mü BayVBl 1972, 274), es sei denn, dieser Teil hängt so eng mit dem angefochtenen Teil zusammen, daß die Teilanfechtung ohnehin von vornherein als Anfechtung des ganzen VA zu verstehen war.

---

[43] NJW 1982, 2269; krit Fehn DÖV 1988, 207; Schenke JuS 1983, 185; Schenke 808; Pietzcker NVwZ 1995, 19.

[44] Ausf Schenke 808; das konzedieren nun auch Hufen/Bickenbach JuS 2004, 967, allerdings scheidet damit dann auch die von ihnen gleichzeitig befürwortete Möglichkeit eines Widerrufs des VA aus, so daß sich nicht mehr verhindern läßt, daß der Verwaltung ein VA aufgedrängt wird, den sie so nicht erlassen hätte.

[45] Ks DVBl 1966, 506; Br BRS 36 Nr 179; **aA** Pietzcker NVwZ 1995, 20.

6. Klageantrag bei der Verpflichtungsklage (Bescheidungsklage): Bei der Verpflichtungsklage lautet der Klageantrag auf **Verurteilung** der zuständigen Behörde **zum Erlaß** des begehrten **VA** bzw zur **Bescheidung des Antrags** (s oben 8, auch zur abw M, die die Zulässigkeit der Bescheidungsklage verneint); bei einer Klage auf **Erlaß eines Widerspruchsbescheids** (zur Frage der Zulässigkeit s 13 vor § 68 u Schenke DÖV 1996, 529 ff) auf Verurteilung zum Erlaß eines solchen bzw zur Bescheidung des Widerspruchs. 27

a) Teilverpflichtungsklagen. Möglich ist auch die Beschränkung der Klage auf eine bestimmte **Teilregelung** im Rahmen eines im übrigen nicht in die Klage einbezogenen vorausgegangenen oder erst später zu beantragenden begünstigenden VA nach denselben Grundsätzen, wie sie für Teilanfechtungen gelten (s oben 21 ff), zB auf Verpflichtung der Behörde zu einer **Vorabentscheidung** (Vorbescheid) über die grundsätzliche Zulässigkeit der Errichtung einer Anlage an der vorgesehenen Stelle (24, 23), zu einer **Entscheidung** über eine Geldrente zunächst **nur dem Grunde** nach (Haueisen NJW 1957, 1660; 15, 117; **aA** 4, 207). Zulässig sind zB auch Klagen von Bürgern, die sich durch das **Fehlen** oder die **Unzulänglichkeit einer sie begünstigenden Teilregelung** in ihren Rechten betroffen fühlen, zB dadurch, daß eine **einzelne Zeugnisnote** im Rahmen eines Gesamtzeugnisses schlechter ausfiel, als es nach ihrer Ansicht geboten war.[46] Das steht auch im Einklang mit der Rspr des BVerwG, die davon ausgeht, daß das PrüfungsVf in Ermangelung einer normativen Regelung der Fehlerfolgen so zu gestalten ist, daß der Prüfling durch dieses Vf den geringst möglichen Nachteil erleidet u hieraus folgert, daß der Prüfling lediglich denjenigen selbständig zu bewertenden Prüfungsteil erneut abzulegen hat, dem der rechtserhebliche Mangel anhaftet (NVwZ 2002, 1375; s hierzu auch Brehm NVwZ 2002, 1334, 1336 u Schlette DÖV 2002, 816). Mit der Teilverpflichtungsklage kann im Wege der Stufenklage bei einer Prüfungsgesamtnote zugleich die Klage verbunden werden, über die Gesamtprüfungsnote unter Beachtung der Neubewertung der Teilprüfungsleistungen zu befinden. Der Rechtsschutz über eine Teilverpflichtungsklage ist grds auch dann statthaft, wenn der durch einen VA Begünstigte die Ersetzung einer rechtswidrigen belastenden Nebenbestimmung durch eine andere rechtmäßige Nebenbestimmung begehrt (oben 25). 28

Eine Teilverpflichtungsklage ist die richtige Klageart, wenn **die in einem VA enthaltene Begünstigung hinter der vom Kl beantragten zurückbleibt,** so wenn zB Wohngeld, Ausbildungsförderung oder eine Subvention nicht in der beantragten Höhe gewährt wird (Sch-Pietzcker 119 zu § 42 Abs 1). Im Hinblick darauf, daß **in der nur teilweisen Stattgabe des Antrags zugleich eine konkludente teilweise Ablehnung** liegt, muß der Kl hier fristgerecht **Versagungswiderspruch bzw Verpflichtungsklage erheben,** da **sonst** die teilweise **Ablehnung des Antrags bestandskräftig** wird u er ein möglicherweise bestehendes materielles subjektives öffentliches Recht verlieren würde u nur noch ein formelles subjektives öffentliches Recht (s § 48 Abs 1 S 1 VwVfG) besäße (unten 39). In dem Umfang, in dem der VA dem Antrag des Kl entspricht, wird er trotz einer auf weiterreichende Begünstigung gerichteten Verpflichtungsklage formell bestandskräftig. Eine Verpflichtungsklage ist auch dann die richtige Klageart, wenn der Kl die Festsetzung eines höheren Besoldungsdienstalters als durch den Dienstherrn festgesetzt begehrt (RÖ-v Nicolai 5).

---

[46] KR 58 zu § 35 VwVfG; Schenke 302; s auch Sch-Pietzcker 119 zu § 42 Abs 1; so zumindest in der Sache auch (zT unter der Bezeichnung „prüfungsrechtliche Verbesserungsklage“) BVerwG NVwZ-RR 1994, 582; Ms NVwZ 1993, 95; Rauschning JuS 1993, 552; Löwer/Linke WissR 1997, 155; vgl auch NVwZ 2002, 1375; **aA** – für den Fall, daß die Einzelnote keinen Einfluß auf das Gesamtergebnis hat – Ma DÖV 1982, 164 mwN; P § 18, 6: allg Leistungsklage; zum RSB s 42 vor 40.

29 **b) Kein gesonderter Aufhebungsantrag. Ist ein ablehnender VA** u ggf ein die Ablehnung bestätigender Widerspruchsbescheid **vorausgegangen,** so ist ein zusätzlicher, gesonderter **Aufhebungsantrag** bzgl dieser **ablehnenden Bescheide** nicht erforderlich, jedoch zur Klarstellung wünschenswert u weithin üblich (51, 23; NVwZ 1987, 894f; Mü BayVBl 1985, 371; s auch 179 zu § 113). Es bedarf grds keines zusätzlichen Aufhebungsantrags, weil die Zuerkennung eines Anspr auf den begünstigenden VA stets voraussetzt, daß der diesem Anspr entgegenstehende Ablehnungsbescheid zumindest tlw aufgehoben wird (nicht ausreichend beachtet von Wehr Jura 1998, 575, 577ff). Anders kann sich die Situation freilich darstellen, wenn es dem Kl gerade um die Aufhebung des Ablehnungsbescheides mit Wirkung ex tunc geht (29, 309; NVwZ 1987, 894f). Sofern die rückwirkende Aufhebung des Ablehnungsbescheids nicht notwendigerweise mit der Zuerkennung seines Verpflichtungsbegehrens verbunden ist, weil der begehrte VA nur mit Wirkung für die Zukunft gilt, bedarf es eines Antrags auf die rückwirkende Aufhebung des Ablehnungsbescheids. Reicht dem Kl aber die Feststellung, daß er von Anfang an einen Rechtsanspruch auf die beantragte Begünstigung hatte (s 179 zu § 113), bedarf es dagegen keines gesonderten Antrags. Darüber hinaus kann die Stellung eines Antrags auf rückwirkende Aufhebung des Ablehnungsbescheids ferner dann geboten sein, wenn es dem Betroffenen darum geht, unabhängig vom Bestehen des von ihm geltend gemachten Anspr auf Erlaß eines begünstigenden VA, den Aufhebungsbescheid wg seiner Rechtswidrigkeit aufzuheben, zB **weil** für den begehrten VA **keine Rechtsgrundlage** vorhanden ist[47] u die Ablehnung wg **eines Verfahrensfehlers** oder wg einer fehlerhaften Begründung (Schenke 853) rechtswidrig ist u den Kl in seinen Rechten verletzt (Ms NJW 1979, 1058). Häufig kann in diesen Fällen aber auch die Feststellung der Rechtswidrigkeit des Ablehnungsbescheides ausreichen.

30 **c) Ausschluß einer isolierten Anfechtungsklage.** Eine **isolierte Anfechtungsklage,** mit welcher der Kl nur auf die **Aufhebung der Ablehnung eines begünstigenden VA** klagt statt auf die Begünstigung, wird vielfach als grds zulässig angesehen,[48] ist im Hinblick auf die Spezialität der Verpflichtungsklage ggü einer auf Aufhebung der Ablehnung gerichteten Anfechtungsklage jedoch idR ausgeschlossen u deshalb nicht statthaft;[49] zT wird ihre grundsätzliche Unzulässigkeit auch mit fehlendem RSB begründet[50] oder aus dem Rechtsgedanken des § 44a gefolgert (Stern 113).

In besonderen Fällen ist aber von der **Statthaftigkeit** einer isolierten Anfechtungsklage auszugehen, wobei gegen sie weder unter dem Gesichtspunkt des RSB noch des § 44a Bedenken bestehen, da eine **Verweisung auf die Verpflichtungsklage nicht in Betracht kommt.** Das trifft zu:

– hins **der Ablehnung eines positiven Prüfungsbescheids,** wenn der Kl inzwischen die Wiederholungsprüfung bestanden hat (88, 114; BayVBl 1994, 443; anders aber wohl Ma DVBl 1991, 61);
– wenn der Kl **momentan kein Interesse mehr an dem** (gebührenpflichtigen) **Erlaß eines begünstigenden VA** besitzt, sich aber die Möglichkeit offenhalten will, die Begünstigung später zu erhalten (Schenke 283f; Sch-Pietzcker 112 zu § 42 Abs 1);
– in den seltenen Fällen, in denen die **Ablehnung des beantragten VA** über die Verneinung des geltend gemachten Anspr hinaus eine für **den Kl nach-**

---

[47] Vgl 39, 138f zu einer Klage auf Erteilung einer Genehmigung bei nicht genehmigungspflichtigem Sachverhalt.
[48] 38, 99ff; Laubinger, Menger-FS 1984, 457; P § 9, 24; NKVwGO-Sodan 337ff, 346.
[49] 25, 358; 69, 92; NVwZ 1993, 270; Bosch/Schmidt § 24 I 1; Metzner BayVBl 1977, 11ff; RÖ-v Nicolai 3; Schenke 282; JZ 1996, 1005; Sch-Pietzcker 110 zu § 42 Abs 1; Stern 112f.
[50] So Ehlers Jura 2004, 33; Hufen § 14, 21; Stern 192; SGH 126; Stein 142; TW § 16, 7.

teilige materiellrechtliche Bedeutung aufweist (Pasemann VR 2005, 183f), zB bei der Ablehnung eines Aufenthaltstitels, soweit hierdurch die begünstigende Wirkung des § 81 Abs 3 AufenthG (früher § 69 Abs 2 AuslG) entfällt. Danach gilt zT der Aufenthalt eines Ausländers bis zur Entscheidung der Ausländerbehörde als erlaubt, falls der Ausländer nach der Einreise einen Aufenthaltstitel beantragt hat (Schenke 286 – s zur entspr Problematik nach § 21 Abs 3 AuslG 1965 BVerwG DVBl 1988, 290);

- wenn der Kl keinen Rechtsanspr auf Erlaß des begünstigenden VA bzw auf eine Bescheidung besitzt, der Ablehnungsbescheid aber an einem formellen und/oder materiellen Fehler leidet u der Kl ein Interesse an dessen Aufhebung hat. Allerdings wird in diesen Fällen dem Rechtsschutzinteresse des Kl meist bereits durch eine Feststellung der Rechtswidrigkeit der Ablehnung analog § 113 Abs 1 S 4 genügt (Schenke 853);
- im Falle der **Zurückstellung eines Baugesuchs** gem § 15 BauGB.[51] Das ergibt sich bereits aus dem Interesse an zeitnaher sachlicher Bearbeitung u Entscheidung über sein Baubegehren u aus dem Gesichtspunkt, daß der Erfolg einer solchen Anfechtung an geringere Anforderungen geknüpft ist als der eines zeitaufwendigeren Verpflichtungsbegehrens (zum vorläufigen Rechtsschutz 136 zu § 80).

Eine isolierte Anfechtungsklage ist hingegen zB dann unzulässig

- soweit die Verpflichtungsklage wg einer **späteren Veränderung der Sach- oder Rechtslage** als unbegründet abzuweisen wäre u der Kl nunmehr unter Änderung seiner Klageanträge nur noch auf Aufhebung der Ablehnung klagt; hier besteht für den Betroffenen die Möglichkeit, die **Rechtswidrigkeit der Ablehnung analog § 113 Abs 1 S 4** feststellen zu lassen, neben der für eine Aufhebung der Ablehnung idR kein Interesse mehr bestehen dürfte (vgl Schenke 284, 330ff; **aA** Bosch/Schmidt § 24 I 2a);
- bei der Anfechtung der Ablehnung einer beantragten Genehmigung, wenn die **Genehmigung rechtlich nicht erforderlich** war. In diesem Fall ist der Rechtsschutz über eine **Feststellungsklage** möglich, mit welcher der Kl geltend macht, daß seine Tätigkeit ohne die Genehmigung zulässig ist (Schenke 285; **aA** Sch-Pietzcker 112 zu § 42 Abs 1; Bosch/Schmidt § 24 I 2 b).

Kein Fall der isolierten Anfechtungsklage im oben definierten Sinn liegt dann vor, wenn die **Vornahme eines Realakts durch VA abgelehnt** wurde. Hier muß die Möglichkeit einer **Anfechtung der Ablehnungsentscheidung** gegeben sein, da sonst der Kl wg der Bestandskraft des VA seinen Anspr auf Vornahme des Realakts nicht erfolgreich durchsetzen könnte. Mit der Anfechtungsklage gegen die Ablehnung kann gem **§ 113 Abs 4** eine allg Leistungsklage verbunden werden (s 42 zu Anh § 42 sowie 172 zu § 113).

Ebensowenig handelt es sich um eine isolierte Anfechtungsklage, wenn der Kl einen VA anficht, der die **Aufhebung eines ihn begünstigenden VA** beinhaltet (s oben 6). Hier ist die **Anfechtungsklage statthaft** u verdrängt eine auf Erlaß des begünstigenden VA gerichtete Verpflichtungsklage (Schenke 281 a).

7. Abgrenzungsprobleme bei Klagearten (Nebenbestimmungen, isolierte Anfechtungsklagen usw): Die Frage der Abgrenzung der Rechtsschutzzonen von Anfechtungs- u Verpflichtungsklage stellt sich nicht nur iVm Rechtsschutz gegen **Nebenbestimmungen** (dazu ausf oben 22u 24f), gegen **modifi-** 31

---

[51] Bln NVwZ 1995, 399; Ks DVBl 1993, 1101; Ko NVwZ-RR 2002, 708; Lü BRS 49 Nr 156; Mü 9. 11. 2004 – 14 CS 04.2835 (zit nach Jäde BayVBl 2006, 199); Sa BauR 2005, 827; Schl NordÖR 2004, 439; VG Sigmaringen VBlBW 1999, 432; Rieger BauR 2003, 1512ff; Schoch JK 2/03 § 80 V/13; **aA** Ma VBlBW 1999, 216; DÖV 2003, 555; früher Schenke, Veränderungssperre und Zurückstellung des Baugesuchs als Mittel zur Sicherung der Bauleitplanung, 1995, 89. Zu den Voraussetzungen für die Zurückstellung eines Baugesuchs Lemmel BauR 2005, 1878.

zierende Auflagen u Gewährungen (dazu ausf oben 23) sowie in bezug auf die Statthaftigkeit von **isolierten Anfechtungsklagen** (dazu ausf oben 30), sondern allg dort, wo die Rechtswidrigkeit eines VA durch einen **Austausch von Teilregelungen** bzw durch **Ergänzung des VA** behoben werden kann (unten 32) sowie wenn über Einwendungen gegen einen VA in einem gesonderten Vf zu entscheiden ist (unten 37) u in den Fällen, in denen rechtmäßig erlassene VAe wg einer späteren Veränderung der Rechts- oder Sachlage rechtswidrig werden (unten 38f). **Abgrenzungsprobleme** nicht nur im Verhältnis von Anfechtungs- u Verpflichtungsklage, sondern zT auch in bezug auf die **allg Leistungsklage** stellen sich in bezug auf Vollziehungsakte von VAen (unten 40f), auf VAe mit Drittwirkung (unten 42 u 44), hier insb bei Konkurrentenklagen (unten 45ff), außerdem bei Klagen auf Erlaß eines VA, der in Erfüllung von Zusicherungen u vertraglich begründeten Anspr zu ergehen hat (dazu unten 43). Schwierigkeiten bei der Bestimmung der richtigen Klageart ergeben sich schließlich auch im Verhältnis von Anfechtungs- u Verpflichtungsklage zur **Feststellungsklage** (unten 52).

32 **a) Rechtsschutz gegenüber Planfeststellungsbeschlüssen und Plangenehmigungen.** Hat die Behörde einen begünstigenden VA erlassen, ohne diesen zum Schutze Dritter mit einer rechtlich gebotenen Nebenbestimmung zu versehen oder in sonstiger Weise inhaltlich zu verändern, so stellt sich die Frage, ob hier der **Rechtsschutz des Dritten durch eine auf Ergänzung der Begünstigung gerichtete Verpflichtungsklage** zu realisieren ist oder durch eine auf **Aufhebung des VA zielende Anfechtungsklage** oder möglicherweise noch durch einen anderen Klageantrag. Besondere Bedeutung kommt ihr iVm **Planfeststellungsbeschlüssen** zu. Hier ging das BVerwG **zunächst davon aus, die Möglichkeiten des Rechtsschutzes** durch Anfechtung des Planfeststellungsbeschlusses sowie die auf Ergänzung des Planfeststellungsbeschlusses mit einer Nebenbestimmung gerichtete Verpflichtungsklage **stünden wahlweise offen** (so zu § 17 Abs 4 FStrG aF 41, 180; 51, 121f; s auch 48, 69f). In seiner späteren Rspr (56, 133) hat es hingegen ausgeführt (iVm dem Unterlassen einer Schutzauflage gem § 9 Abs 2 LuftVG aF), der Betroffene habe **häufig nur einen Rechtsanspr auf eine** seinen Belangen Rechnung tragende **Auflage,** neben dem **ein Anspr auf Aufhebung des Planfeststellungsbeschlusses ausscheide.** Zwar habe das rechtswidrige Unterlassen einer Schutzauflage stets eine objektive Rechtswidrigkeit des Planfeststellungsbeschlusses zur Folge. Zu einem **Anspr auf Aufhebung** bzw Teilaufhebung des Planfeststellungsbeschlusses könnte ein solcher Mangel allerdings nur dann führen, wenn er für die Planungsentscheidung **insgesamt von so großem Gewicht sei, daß dadurch nicht nur der einzelne Betroffene benachteiligt, sondern die Ausgewogenheit der Gesamtplanung bzw eines abtrennbaren Planungsteils überhaupt in Frage gestellt** werde.[52] Dies soll wesentlich von der **Größe des Planvorhabens** abhängen (56, 133), zudem von der **Bedeutung der Schutzauflage im Verhältnis zur Gesamtentscheidung** (Paetow DVBl 1985, 372). In neueren Planungsgesetzen hat der Gesetzgeber den Beseitigungsanspr noch weiter eingeschränkt[53] u damit in Anlehnung an § 214 Abs 3 BauGB einen Grundsatz der Planerhaltung positiviert.[54] So bestimmt etwa § 17 e Abs 6 S 1 FStrG, daß **Män-**

---

[52] Wie 56, 133 auch 71, 160; NVwZ 1988, 533; 1989, 252; 1993, 363; 1996, 905; Br NVwZ-RR 1994, 189f.

[53] S § 18e Abs 6 S 1 AEG; § 43e Abs 4 S 1 EnWG; § 17e Abs 6 S 1 FStrG; § 10 Abs 8 LuftVG; § 29 Abs 8 PBefG; § 14e Abs 6 S 1 WaStrG; dazu Baumeister 409ff.

[54] S dazu näher Gaentzsch UPR 2001, 201; Henke, Planerhaltung durch Planergänzung und ergänzendes Verfahren, 193ff; Hoppe, Schlichter-FS 1995, 87ff; ders, in: Erbguth/Oebbecke/Rengeling/Schulte (Hg), 133ff; DVBl 1996, 12; Hoppe/Henke DVBl 1997, 1407; Ronellenfitsch NVwZ 1999, 583ff; Sendler DVBl 2005, 659ff.

gel eines Planfeststellungsbeschlusses bzw einer Plangenehmigung bei der Abwägung der von dem Vorhaben berührten öffentlichen u privaten Belange nur erheblich sind, wenn sie **offensichtlich u auf das Abwägungsergebnis von Einfluß gewesen sind** (zur Interpretation dieser Vorschrift UPR 1995, 445; Vallendar UPR 1996, 128 mwN). **Erhebliche Mängel** bei der Abwägung oder eine Verletzung von Verfahrens- u Formvorschriften ziehen nur dann die Aufhebung des Planfeststellungsbeschlusses oder der Plangenehmigung nach sich, wenn sie **nicht durch Planergänzung** oder durch ein ergänzendes Vf behoben werden können; die §§ 45 u 46 VwVfG bleiben unberührt (§ 17e Abs 6 S 2 FStrG; § 14e Abs 6 S 2 WaStrG; s auch § 75 Abs 1a VwVfG).

Die genannten Vorschriften sind angesichts der **verfassungsrechtlichen Garantie** des mit der Anfechtungsklage verfolgten **Beseitigungsanspr** (dazu Schenke DÖV 1986, 313f; NVwZ 1993, 721ff; Baumeister 21ff; Stern StaatsR III/1, 673f) sehr problematisch[55] u bedürfen auf jeden Fall einer **verfassungskonformen Interpretation.** So wird in Anlehnung an die Rspr zu § 214 Abs 3 S 2 BauGB das Merkmal der „Offensichtlichkeit" zB in § 75 Abs 1a S 1 VwVfG u § 17 e Abs 6 S 1 FStrG weit verstanden u so die Zahl der unerheblichen Mängel iSv S 1 dieser Vorschrift reduziert,[56] um dadurch den Ausschluß von Sanktionen einzuengen. Es genügt damit bereits, wenn aus „objektiv feststellbaren Sachumständen" die Fehlerhaftigkeit der Abwägung zu erkennen ist.[57] Abwägungsmängel iSd § 75 Abs 1a S 1 VwVfG, § 17e Abs 6 S 1 FStrG, die „auf das Abwägungsergebnis von Einfluß gewesen sind", liegen dann vor, wenn nach den Umständen des Einzelfalls **die konkrete Möglichkeit** eines solchen Einflusses bestand;[58] die nur abstrakte Möglichkeit einer anderen Entscheidung genügt nicht (NuR 1998, 306). Vorschriften wie § 75 Abs 1a S 1 VwVfG u § 17 e Abs 6 S 1 FStrG sind überdies so zu verstehen (vgl 36a zu § 114; **aA** 100, 379f; Sch-Gerhardt 51 zu § 114), daß sie bei unerheblichen Abwägungsmängeln **nicht die Rechtswidrigkeit eines Planfeststellungsbeschlusses bzw einer Plangenehmigung** sowie einer **durch sie begründeten subjektiven RVerletzung** verneinen, sondern **lediglich einen Beseitigungsanspr** (s näher 36b zu § 114 u 108 zu § 113). In den Fällen, in denen es möglich ist, erhebliche Mängel der Abwägung durch Planergänzung oder durch ein ergänzendes Vf zu beheben, geht die neuere Rspr davon aus, daß der durch einen Planfeststellungsbeschluß in seinen Rechten Verletzte gerichtlich feststellen lassen kann, daß der **Planfeststellungsbeschluß rechtswidrig u bis zur Behebung des Mangels nicht vollziehbar ist** (100, 370 = DVBl 1996, 907; DVBl 1997, 717; dazu 108 zu § 113).

Auf diese Weise ergibt sich eine **Vierstufigkeit des Rechtsschutzes.** Erhebliche Abwägungsmängel, die nicht durch Planergänzung oder ein ergänzendes Vf behoben werden können, so daß nur der Erlaß eines Planfeststellungsbeschlusses mit anderem Inhalt in Betracht kommt (s hierzu Jarass DVBl 1997, 802), führen zur **Aufhebung des VA** gem § 113 Abs 1 S 1. Bei erheblichen Mängeln, die durch eine Planergänzung oder die Durchführung eines ergänzenden Vf behoben werden können, stellt das Gericht die **Rechtswidrigkeit des VA**[59] sowie dessen **Nichtvollziehbarkeit bis zur Behebung des Mangels** fest. Besteht

---

[55] **AA** Ronellenfitsch NVwZ 1999, 583ff, der jedoch auf den sonst grds bestehenden Beseitigungsanspr mit keinem Wort eingeht; s dazu auch 55 zu § 113.

[56] Vgl 100, 379; DVBl 1994, 1202; NVwZ-RR 1996, 68 mwN; Mü NVwZ 1994, 707; Bonk NVwZ 1996, 329f; Gromitsaris SächsVBl 1997, 105f; Oberrath/Hahn VBlBW 1997, 244; s auch 36b zu § 114.

[57] S zum entspr Problem bei § 214 Abs 1 Nr 1 u Abs 3 S 2 BauGB nF 128ff zu § 47 sowie zu § 214 Abs 3 S 2 BauGB aF 64, 33 = NJW 1982, 591; NVwZ 1992, 663 u 1992, 662.

[58] NVwZ-RR 1996, 69; NVwZ 1996, 791; NuR 1998, 306; Storost NVwZ 1998, 802; s auch 131 zu § 47.

[59] Nach § 121 bedingt dies zugleich eine konkludente Feststellung der subjektiven RVerletzung, s 21 zu § 121.

der erhebliche Mangel lediglich in einem unter Verstoß gegen § 74 Abs 2 S 2 VwVfG erfolgenden Unterlassen einer **Schutzauflage,**[60] ist der Planfeststellungsbeschluß aber iü nicht zu beanstanden, kann auf die Vornahme der Schutzauflage im Wege einer **Verpflichtungsklage** hingewirkt werden.[61] Liegt schließlich ein **Abwägungsmangel** vor, der **unerheblich** ist (s § 17 e Abs 6 S 1 FStrG; § 75 Abs 1 a S 1 VwVfG), so ist bei berechtigtem Interesse bei einem entspr Antrag nur eine **Feststellung der Rechtswidrigkeit des Planfeststellungsbeschlusses analog § 113 Abs 1 S 4** (s 108 zu § 113 u Schenke 329) möglich. Den Schwierigkeiten, die sich hier bei der Stellung des richtigen Klageantrags ergeben, läßt sich mittels eines richterlichen Hinweises gem § 86 Abs 3 gegensteuern. Zudem bietet sich uU auch eine **Umdeutung von Anträgen** an. So dürfte etwa ein Antrag auf Aufhebung eines Planfeststellungsbeschlusses in einen Antrag auf Feststellung der Rechtswidrigkeit des Planfeststellungsbeschlusses u seiner Nichtvollziehbarkeit bis zur Behebung des Mangels umdeutbar sein (s auch 108 zu § 113). Beharrt der Kl in den Fällen, in denen lediglich eine auf Erlaß einer Auflage gerichtete Verpflichtungsklage gem § 74 Abs 2 S 2 VwVfG Erfolg verspricht, trotz richterlichen Hinweises dennoch auf Aufhebung des Planfeststellungsbeschlusses, so ist eine Anfechtungsklage zwar **nicht unzulässig** (so aber NVwZ 1988, 535), wohl aber mangels Bestehens eines Beseitigungsanspr **unbegründet** (Mü NVwZ 1994, 706; Sch-Pietzcker 139 zu § 42 Abs 1).

33 **b) Ansprüche auf Ergänzung eines VA.** Bei anderen VAen mit Drittwirkung, bei denen der Verletzte einen Rechtsanspr auf Ergänzung des VA (etwa einer Baugenehmigung oder einer immissionsschutzrechtlichen Genehmigung) besitzt, kann dieser nicht nur mit einer **Verpflichtungsklage auf deren Vornahme klagen;** daneben besteht für ihn auch die Möglichkeit, den rechtswidrigen VA **mittels einer Anfechtungsklage anzugreifen.**[62] Die iVm Planfeststellungsbeschlüssen bzw Plangenehmigungen getroffenen Regelungen sind einer **Verallgemeinerung nicht zugänglich**[63] u schließen deshalb in anderen Fällen eine Bewerkstelligung des Rechtsschutzes durch eine Anfechtungsklage nicht aus. Vorschriften wie § 75 Abs 1 a S 2 VwVfG u § 17 e Abs 6 S 2 FStrG sind nämlich in besonderem Maße durch den **Grundsatz der Planerhaltung** (dazu oben 32) gekennzeichnet u schränken im Interesse der **Verwaltungseffizienz** den sonst bei subjektiven RVerletzung grds bestehenden **Anspr auf Beseitigung eines VA ein.** Deshalb ist es außerhalb des Planungsrechts idR **nicht möglich,** einen grds verfassungsrechtlich garantierten **Beseitigungsanspr im Wege einer Analogie** zu den die Planfeststellungsbeschlüsse betr Bestimmungen **auszuschließen** bzw lediglich durch einen Anspr auf Ergänzung des VA zu ersetzen. Dem Betroffenen kann es zudem nicht zugemutet werden, im Rahmen einer von ihm erhobenen Verpflichtungsklage näher darzulegen, wie eine ihn betr RVerletzung durch die Verwaltung behoben werden kann (s auch Sch-Gerhardt 26 zu § 113). Ist der Betroffene sich darüber im klaren, wie der dem VA anhaftende Fehler behoben werden kann, vermag er allerdings auf dessen Ergänzung

---

[60] Vgl hierzu zB NuR 1996, 524; DVBl 1997, 832 f; Ma NVwZ-RR 1997, 88; Stüer DVBl 1997, 331.

[61] Die Möglichkeit dürfte durch die Novellierung des § 17 e Abs 6 S 2 FStrG u entspr Vorschriften wie zB § 75 Abs 1 a S 2 VwVfG nicht beschnitten worden sein, da anderenfalls entgegen der Absicht des Gesetzgebers, Planfeststellungsbeschlüsse soweit wie möglich aufrechtzuerhalten, eine Vollziehung des Planfeststellungsbeschlusses ausgesetzt werden müßte. IE wie hier DVBl 1997, 832 f; Lü DVBl 1999, 256; Hoppe/Just DVBl 1997, 793; Jarass DVBl 1997, 801 unter Hinw auf 91, 20 u 61, 12.

[62] So auch 85, 378 in bezug auf eine immissionsschutzrechtliche Genehmigung; Sch-Pietzcker 140 zu § 42 Abs 1; grds auch Sch-Gerhardt 26 zu § 113.

[63] Sie gelten aber auch für die luftverkehrsrechtliche Genehmigung wg ihres planungsrechtlichen Einschlags, s oben 32 u Br NVwZ-RR 1997, 214.

zu klagen,[64] zumal er durchaus ein Interesse daran haben kann, den VA iü bestehen zu lassen. Ohnehin bleibt es der Verwaltung unbenommen, von sich aus den VA zu ergänzen, damit die subjektive RVerletzung eines Dritten zu beheben u einem verwaltungsgerichtlichen Rechtsschutz die Basis zu entziehen. Ebenfalls nicht zu beanstanden ist es, wenn die Baugenehmigungsbehörde in der Baugenehmigung noch nicht abschließend über den Schutz der Nachbarbelange entscheidet, sondern dies der Baufreigabe vorbehält, woraufhin der Anfechtungsklage des Nachbarn gegen die Baugenehmigung kein Erfolg beschieden ist (s hierzu Buchh 406.19 Nachbarschutz Nr 141 = NVwZ-RR 1997, 521 L).

c) Ansprüche auf zeitliche, räumliche oder ähnliche Beschränkungen eines belastenden VA. Begehrt der Kl die zeitliche Beschränkung eines belastenden VA, so kann er hiergegen mittels einer Anfechtungsklage auf Teilaufhebung eines DauerVA (zB eines polizeilichen Aufenthaltsverbots) von dem Zeitpunkt an klagen, von dem an die Belastung rechtswidrig wurde (s oben 21; vgl auch Sch-Pietzcker 138 zu § 42 Abs 1). Eine auf die **uneingeschränkte Aufhebung des VA gerichtete Anfechtungsklage** wäre **teilweise unbegründet.** Erwägenswert ist freilich, ob die Anforderungen hins der klägerischen Bestimmung des Zeitpunkts, von dem an ein zeitlich unbefristet erlassener VA aufzuheben ist, im Interesse der Rechtsschutzeffektivität abzumildern sind u es genügt, wenn der Kl die Aufhebung des VA von dem Moment an begehrt, von dem an das Gericht die Belastung für rechtswidrig ansieht. Zur Festlegung eines solchen Zeitpunkts wäre das Gericht ohnehin genötigt, wenn es eine auf uneingeschränkte Aufhebung des VA gerichtete Anfechtungsklage teilweise als unbegründet abzuweisen hätte. Die Teilanfechtungsklage als speziellere u rechtsschutzintensivere Klageart verdrängt in ihrem Anwendungsbereich idR eine Verpflichtungsklage, die auf einen ergänzenden VA gerichtet ist, der die behördliche Befristung der Regelung zum Gegenstand hat (anders jedoch dann, wenn über eine entspr Befristung nach der gesetzlichen Regelung nur in einem eigenständigen VerwaltungsVf zu entscheiden ist, dazu unten 37). Zu beachten ist allerdings, daß bei Ermessensentscheidungen ein rechtswidriges Unterlassen einer zeitlichen Begrenzung des belastenden VA uU dessen Rechtswidrigkeit insgesamt nach sich ziehen kann. Jedoch bleibt es auch hier dem Betroffenen in Konsequenz des Dispositionsgrundsatzes unbenommen, nur auf eine teilweise Aufhebung der Belastung zu klagen. Die Probleme, die sich bei der Beschränkung eines Klageantrags auf die Aufhebung einer mit einem begünstigenden ErmessensVA verbundenen Nebenbestimmung ergeben (dazu oben 24), stellen sich hier nicht. 34

Eine Teilanfechtungsklage schließt eine Verpflichtungsklage auch aus, wenn der Kl die **räumliche Beschränkung** eines VA begehrt (s auch oben 21). So kann er etwa bei einem sich auf eine größere Fläche beziehenden Versammlungsverbot die Aufhebung des VA insofern verlangen, als hierdurch die Versammlung auch in einem bestimmten Gebiet versagt wird, etwa die rechtlich gebotene räumliche Einschränkung eines Versammlungsverbotes mittels einer Teilanfechtungsklage, so zB, wenn Demonstrationen im Umkreis von 10 km eines Atomkraftwerks polizeilich verboten werden, der Kl aber allenfalls ein Verbot im Umkreis von 5 km für gerechtfertigt hält u deshalb auf Aufhebung eines hierüber hinausgehenden Verbots klagt. Insofern gilt beim rechtswidrigen Unterlassen räumlicher Beschränkungen eines belastenden VA Entsprechendes wie beim rechtswidrigen Unterlassen zeitlicher Beschränkungen (s oben 34). Statthaft ist auch die auf die **räumliche Beschränkung einer Aufenthaltserlaubnis** nach § 12 Abs 2 S 2 AufenthG (früher § 12 Abs 1 S 2 AuslG; s dazu NVwZ-RR 1997, 317) beschränkte Teilanfechtung. Ob die Anfechtung der Beschränkungen zu deren isolier- 35

---

[64] Schenke 271; zur Geltendmachung eines Genehmigungsergänzungsanspr Br NVwZ-RR 1994, 191 ff; s auch 85, 62 f.

ter Aufhebung führen kann, hängt davon ab, ob die Genehmigung unbeschränkt sinnvoller- u rechtmäßigerweise bestehen kann. Das aber ist eine Frage der Begründetheit u nicht der Zulässigkeit des Anfechtungsbegehrens, sofern nicht ausnahmsweise eine Teilanfechtbarkeit offenkundig von vornherein ausscheidet.[65]

36 Entgegen der in 10. Aufl 24 vertretenen Ansicht vermag auch eine Anfechtungsklage gegen einen Leistungsbescheid, durch den der Kl sich deshalb beschwert glaubt, weil ihm darin die Beschränkung der Haftung auf den Nachlaß nicht vorbehalten wurde oder ein von ihm geltend gemachter Abzugsposten nicht anerkannt wurde, nicht zur Aufhebung des gesamten VA zu führen, sondern nur zu dessen teilweiser Aufhebung (52, 16; wohl auch Ma NJW 1986, 273). So ist der VA bei Beschränkung der Haftung insoweit aufzuheben, als er diese Haftungsbeschränkung nicht beinhaltet.

37 **d) Besondere Verwaltungsverfahren für Änderungen von VAen.** Strebt der Kl in bezug auf eine in einem VA festgesetzte Abgabenforderung einen **Billigkeitserlaß** an, so muß er auf dessen Ergehen **im Wege der Verpflichtungsklage** hinwirken. Dies erklärt sich daraus, daß bei der Festsetzung der Abgabe **nicht zugleich über den Billigkeitserlaß** zu befinden ist, sondern die Ermessensentscheidung hierüber idR in einem eigenständigen VerwaltungsVf ergeht, selbst wenn die Entscheidung äußerlich mit dem Festsetzungsbescheid verbunden werden kann.[66]

Gleiches gilt, wenn sich der Kl gegen bestimmte **Elemente des Berechnungsmodus** einer Abgabe wendet, sofern durch diese nach der gesetzlichen Regelung in einem VA gesondert zu entscheiden ist. Hier ist die auf Feststellung dieser Elemente gerichtete Verpflichtungsklage die geeignete Klageart; hingegen können diesbezügliche Einwendungen nicht im Rahmen der Anfechtung des Abgabenbescheids geltend gemacht werden (RÖ-v Nicolai 5).

Sieht das Gesetz, wie dies vom BVerwG hins des § 35 Abs 6 GewO angenommen wird (NVwZ 1982, 503; 1991, 373; **aA** Schenke WuV 1988, 166ff), vor, daß ausschließlich in einem **besonderen Vf über die Rücknahme eines VA** wg nachträglicher Veränderung der Sach- oder Rechtslage zu befinden ist, so bedarf es zur gerichtlichen Geltendmachung entspr Einwendungen einer Verpflichtungsklage, die auf einen behördlichen Rücknahmebescheid gerichtet ist. Anders als sonstige nachträglich entstandene Einwendungen gegen einen noch nicht bestandskräftigen VA (vgl dazu 38) können diese nicht im Rahmen einer Anfechtungsklage geltend gemacht werden.

Eine über eine Anfechtungsklage zu bewerkstelligende Teilaufhebung eines ohne zeitliche Einschränkung ergangenen VA scheidet auch dann aus, wenn (ausnahmsweise) gesetzlich vorgesehen ist, daß über die zeitliche Befristung in einem eigenständigen VerwaltungsVf zu entscheiden ist. Das trifft für die nur auf Antrag des Betroffenen vorzunehmende Entscheidung über die **Befristung einer Ausweisungsverfügung** zu, die in einem gesonderten VerwaltungsVf zu erfolgen hat.[67]

38 **e) Nachträglich entstandene Einwendungen gegen noch nicht bestandskräftigen VA.** Eine Anfechtungsklage ist auch dann statthaft, wenn ein zunächst **rechtmäßig erlassener,** aber noch nicht **bestandskräftiger VA** wg einer **nachträglichen Veränderung** der Sach- oder Rechtslage später **rechtswidrig wird** (s hierzu näher 42ff zu § 113). Hier kann der Kl mit einer Anfech-

---

[65] NVwZ-RR 1997, 317 unter Hinw auf NVwZ-RR 1996, 20; s auch oben 23f.

[66] So im Hinblick auf einen Billigkeitserlaß nach § 163 AO NJW 1982, 2682; 68, 121 = NVwZ 1984, 174; s auch NVwZ-RR 1992, 93 u Hbg NVwZ-RR 1993, 53; zu einem Billigkeitserlaß nach § 135 Abs 5 BBauG 70, 96 unter Aufgabe der gegenteiligen Rspr DVBl 1979, 784; NVwZ 1987, 601; RÖ-v Nicolai 5; Sch-Pietzcker 116 zu § 42 Abs 1.

[67] NVwZ 1994, 506 zu § 8 Abs 2 AuslG aF (heute § 11 Abs 1 AufenthG).

tungsklage von dem Zeitpunkt an, in welchem der VA **rechtswidrig wurde,** eine Teilaufhebung des VA beantragen (s 36 zu § 113; Schenke 280 u 782 ff sowie NVwZ 1986, 522 ff). Für die Erhebung einer auf Rücknahme des VA gerichteten Verpflichtungsklage ist damit grds kein Raum (anders nach der Rspr, wenn ausschließlich in einem gesonderten VerwaltungsVf über die Rücknahme eines VA entschieden werden soll, s oben 37). Zum Rechtsschutz gegen Vollstreckungsakte s 19 ff zu § 167.

f) Einwendungen gegenüber bestandskräftigem VA. Begehrt der Kläger **nach Ablauf der Rechtsbehelfsfristen** gegen den ursprünglichen VA **dessen Aufhebung oder eine Teiländerung,** zB die Aufhebung einer Nebenbestimmung bzw die Auferlegung weiterer Nebenbestimmungen, so kommt dafür nur eine Verpflichtungsklage in Betracht. Sie ist unbestreitbar **statthaft**[68] (s 19 a zu § 167), wenn der VA erst nach Eintritt seiner formellen Bestandskraft aufgrund einer **nachträglichen Veränderung der Sach- oder Rechtslage** (vgl Schenke 279) **rechtswidrig** wird (zum Rechtswidrigwerden vor Eintritt der formellen Bestandskraft s oben 38). Dasselbe gilt aber auch dann, wenn keine nachträgliche Veränderung der Sach- oder Rechtslage vorliegt u der Kl es versäumt, einen sE von Anfang an rechtswidrigen VA fristgerecht mit einer Anfechtungsklage anzugreifen. In diesem Fall bietet sich als Mittel des Rechtsschutzes allerdings in erster Linie eine auf **ermessensfehlerfreie Entscheidung über die (ganze oder teilweise) Rücknahme des VA** gerichtete **Bescheidungsklage** an.[69] Die Ansicht, in diesem Fall sei eine auf Rücknahme des VA gerichtete Verpflichtungsklage generell mißbräuchlich und wg fehlenden RS I unzulässig, da anderenfalls die Fristen der §§ 70, 74 ausgehöhlt würden, läuft auf eine Entwertung des auch nach Eintritt der Bestandskraft eines VA gem § 48 Abs 1 S 1 VwVfG bestehenden **Rechts auf ermessensfehlerfreie Entscheidung** über die Rücknahme hinaus (dazu BVerfG 27, 307 ff; Schenke, Maurer-FS 723 ff) u ist mit **Art 19 Abs 4 GG** unvereinbar. Eine Umgehung der §§ 70, 74 ist zudem schon deshalb ausgeschlossen, weil sich nach Ablauf der Anfechtungsfrist die **Rechtsstellung des Belasteten insofern abschwächt,** als er nunmehr grds nur noch ein Recht auf eine ermessensfehlerfreie Entscheidung über die Rücknahme besitzt. Ausnahmsweise kann iü bei der hier angesprochenen Fallkonstellation sogar ein materielles subjektives öffentliches Recht in Gestalt eines Anspr auf Rücknahme des VA bestehen, welches mit einer Vornahmeklage verfolgt werden kann. Das kommt nicht nur in den Fällen in Betracht, in welchen die Voraussetzungen für ein **Wiederaufgreifen des VerwaltungsVf** gem § 51 VwVfG vorliegen, sondern auch unter dem Aspekt der **Selbstbindung der Verwaltung.** Liegen **Wiederaufgreifensgründe** iSd § 51 VwVfG vor (s auch § 71 Abs 1 AsylVfG) u lehnt die Behörde dennoch das beantragte Wiederaufgreifen ab, so ist der Betroffene nicht darauf beschränkt, auf das Wiederaufgreifen des Vf zu klagen (eine solche Klage begegnete unter dem Aspekt des § 44 a Bedenken, s 5 zu § 44 a), sondern kann **unmittelbar auf Rücknahme**[70] **des belastenden VA** oder auf Bescheidung[71] **klagen.** Zum **Rechtsschutz gegen Vollstreckungsakte** aufgrund eines nach Eintritt seiner Bestandskraft rechtswidrig gewordenen VA u der Möglichkeit einer **Stufenklage analog § 113 Abs 4** s 19 a zu § 167. Zum Rechtsschutz gegen einen erfolgten Vollzug s unten 40. 39

---

[68] Zu ihrer Anwendung bei Aufrechnung des Bürgers ggü einer vorher in einem formell bestandskräftigen VA festgesetzten Forderung s 46 zu § 40.

[69] Dazu oben 8; Ma VBlBW 2001, 23; Schenke 278; Schoch JK 01; VwVfG § 48 I/22; Sch-Pietzcker 118 zu § 42 Abs 1; **aA** Mü BayVBl 1984, 405; Hufen § 15, 8; Stern 261.

[70] NVwZ 1998, 861; Clausing JuS 1999, 475; Gersdorf 88; Schenke 278; **aA** zu § 71 AsylVfG Mü NVwZ-Beil 1997, 75; Ms NVwZ-RR 1996, 549; NVwZ-Beil 1997, 79: zur Klage auf Wiederaufgreifen.

[71] Hödl-Adick 282 ff.

40 **g) Klagen auf Folgenbeseitigung** (§ 113 Abs 1 S 2, 3) sowie auf **Rückgängigmachung** von **schlichtem Verwaltungshandeln.** Beantragt der Kl die **Wiederherstellung eines Zustandes,** den die Behörde durch Vollziehung (iwS) eines VA verändert hatte, zB die Rückzahlung einer zu Unrecht erhobenen Gebühr, die Rückgabe eines zu Unrecht beschlagnahmten Gegenstandes usw, so empfiehlt sich für ihn die Erhebung einer **Anfechtungsklage, verbunden mit einem Folgenbeseitigungsantrag** (§ 113 Abs 1 S 2 u 3; s dazu schon oben 13 u im einzelnen 80ff zu § 113). Da der **FBA** an die **aufschiebende Bedingung der Aufhebung des der Vollziehung zugrundeliegenden VA geknüpft** ist, ist eine auf Beseitigung der Vollziehung des VA gerichtete **allg Leistungsklage,** solange der VA noch wirksam ist, zumindest **unbegründet.** Zur analogen Anwendung des § 113 Abs 1 S 2 in den Fällen des Vollzugs eines nach Bestandskraft rechtswidrig gewordenen VA s 86 zu § 113.

41 Dient eine Handlung der Vollziehung eines Planfeststellungsbeschlusses u kann der Betroffene nicht dessen Aufhebung, sondern nur seine Änderung verlangen (s oben 32), muß er zunächst mittels einer Verpflichtungsklage auf Änderung des Planfeststellungsbeschlusses klagen. Erst nach **dessen Änderung** kann er **die Aufhebung der Vollziehung verlangen,** falls diese nunmehr im Planfeststellungsbeschluß keine Rechtsgrundlage mehr findet (Ko NJW 1986, 2779). Allerdings kann in **Analogie zu § 113 Abs 1 S 2** mit der auf Änderung des Planfeststellungsbeschlusses gerichteten Verpflichtungsklage zugleich der Anspr auf Beseitigung der Vollziehungshandlung geltend gemacht werden. Eine Analogie ist hier ebenso angebracht, wie dort, wo der Kl nach Ablauf der Anfechtungsfrist wg einer Veränderung der Sach- oder Rechtslage die Rücknahme eines inzwischen vollzogenen belastenden VA begehrt u mit diesem Klagebegehren der Antrag auf Verpflichtung zur Rückgängigmachung der Vollziehung des zurückgenommenen VA verbunden wird (vgl Schenke 856 u näher Schenke/Baumeister NVwZ 1993, 7).

Setzt das Bestehen eines Anspr auf eine Leistung den vorherigen Erlaß eines VA voraus (s 26 zu Anh § 42), so vermag eine **isoliert erhobene allg Leistungsklage nicht weiterzuhelfen.** So setzt die Erstattung eines Geldbetrags, der aufgrund eines durch die Verwaltung später aufgehobenen VA zunächst erhoben wurde, gem § 49a Abs 1 S 2 VwVfG den vorherigen Erlaß eines Erstattungsbescheids voraus; ebenso die Subventionierung idR den vorherigen Erlaß eines Bewilligungsbescheides (Schlichter DVBl 1966, 740) oder die Zahlung von Reisekosten an einen Beamten durch den Dienstherrn die Zuerkennung in einem Kostenersatzbescheid (28, 355). Der Betroffene vermag aber in einem solchen Fall mit der Verpflichtungsklage auf Erlaß des VA zugleich **analog § 113 Abs 1 S 2** eine Verurteilung zur Erbringung der Leistung nach Erlaß des VA zu erreichen.

Eine **allg Leistungsklage** ist hingegen die richtige Klageart, wenn der Kl die **Vernichtung erkennungsdienstlicher Unterlagen** begehrt.[72] Mit einer solchen Klage wird **weder ein VollzugsFBA gem § 113 Abs 1 S 2 noch ein Anspr auf Erlaß eines VA,** der die Anordnung der Vernichtung erkennungsdienstlicher Unterlagen aufhebt, durchgesetzt. Damit gilt nichts anderes als für sonstige auf einen hoheitlichen Realakt gerichtete Klagen, bei denen die (positive oder negative) unterbliebene Entscheidung über dessen Vornahme durch die Verwaltung nur einen **unselbständigen Annex des Realakts** beinhaltet (Schenke 347). Andernfalls wäre jede Klage auf Erlaß einer unterbliebenen oder abgelehnten hoheitlichen Amtshandlung eine Verpflichtungsklage u für eine allg Leistungsklage des Bürgers bliebe kein Anwendungsbereich mehr (s auch 40 zu Anh § 42). Die Statthaftigkeit einer Verpflichtungsklage läßt sich auch nicht mit

---

[72] Ma DVBl 1995, 369; Ks 33, 84; Bosch/Schmidt § 31 III 1b; Schenke 347; JZ 1996, 1104; Steiner JuS 1984, 858f; **aA** 11, 181; Ks NVwZ-RR 1994, 653; 1994, 656; Mü NJW 1984, 2236; NKVwGO-Sodan 186.

dem Argument begründen, „daß die Ablehnung oder Gewährung des Vernichtungsbegehrens das ... aus Art 2 Abs 1 iVm Art 1 Abs 1 GG abgeleitete subjektive Recht auf informationelle Selbstbestimmung in unmittelbar rechtserheblicher Weise betrifft" (so NKVwGO-Sodan 186). Die **subjektivrechtliche Relevanz** eines entspr Eingriffs sagt nämlich noch **nichts über das Vorliegen einer für die Annahme eines VA erforderlichen Regelung aus.** Mit einer allg Leistungsklage ist auch – sofern die Datenspeicherung nicht im Vollzug eines VA erfolgte – der Anspr auf **Löschung** einer gespeicherten Information zu verfolgen (**aA** NJW 1997, 2535: Verpflichtungsklage). Soweit der Anspr auf Vornahme eines Realakts **mittels eines VA abgelehnt** wird, bedarf es allerdings einer **Erhebung der Anfechtungs- u allg Leistungsklage,** die im Wege einer Stufenklage gem § 113 Abs 4 verbunden werden können (s 42 zu Anh § 42).

Eine **allg Leistungsklage** ist nicht nur die Klage auf Beseitigung oder Unterlassung hoheitlichen Handelns ohne Verwaltungsaktsqualität, sondern auch eine **vorbeugende Unterlassungsklage, mit welcher die Unterlassung eines VA** begehrt wird (s dazu oben 15).

h) Nachbarklagen. Wendet sich der Kl gegen den an eine andere Person adressierten VA, so besteht sein Rechtsschutz **prinzipiell in einer Anfechtungsklage.** Deshalb ist die **Nachbarklage** gegen die Erteilung einer Baugenehmigung nach heute ganz hM grds als eine **Anfechtungsklage** zu qualifizieren[73] u nicht, wie dies früher zT angenommen wurde (Münster 22, 249; Obermayer JuS 1963, 110), als Verpflichtungsklage auf Rücknahme der Baugenehmigung. Die Anfechtungsklage ist auch dann die statthafte Klageart, wenn, wie es in einer Reihe von Bundesländern zutrifft,[74] in einem sog vereinfachten GenehmigungsVf bei behördlicher Untätigkeit die **Genehmigung fingiert** wird.[75] Ausnahmsweise ist der Rechtsschutz gegen eine Baugenehmigung nicht mittels der Anfechtungsklage zu realisieren. Dies gilt, wenn **nach Ablauf der Anfechtungsfrist** mittels einer Verpflichtungsklage (oben 38) auf ganze oder teilweise Rücknahme des VA, auf Bescheidung eines entspr Antrags sowie auf Beifügung einer Nebenbestimmung (s oben 32) geklagt wird. Eine Verpflichtungsklage ist ferner in dem **Sonderfall** zu erheben, in dem der Nachbar gegen die Baugenehmigung lediglich unter Berufung auf eine ihm durch die Baugenehmigungsbehörde **erteilte Zusage** vorgeht, die ihm ein subjektives Recht **auf Einhaltung einer sonst nur objektivrechtlichen Bestimmung** einräumt.[76] Bei Zulässigkeit einer Anfechtungsklage würde hier der Vertrauensschutz des Bauherrn, der von der Zusage regelmäßig nichts weiß, in unzumutbarer Weise eingeschränkt. Kann der VA den Dritten nicht in seiner subjektiven Rechtsstellung **betreffen,** ist die Anfechtungsklage **mangels Klagebefugnis** unzulässig (zur Klagebefugnis bei Nachbarklagen unten 98 ff). 42

Sofern das mit der Klage begehrte behördliche Einschreiten **im Erlaß eines VA** besteht oder einen VA voraussetzt, der dann mit den weiter erforderlichen Maßnahmen durchgesetzt, insb vollstreckt wird, ist grds die **Verpflichtungsklage** die **gebotene Klageart.**[77] S auch oben 10. Stellt der Landesgesetzgeber in

---

[73] Vgl 22, 131; RÖ-v Nicolai 132; Schenke 271; Sch-Pietzcker 5 u 117 zu § 42 Abs 1.

[74] Vgl § 67 BremLBO; § 57 HessLBO; § 63 MVLBO; § 66 RhPfLBO; §§ 63, 69 Abs 5 SächsLBO; § 63 b ThürLBO; § 75 SchlHLBO; krit zu dieser Fiktion Jäde GewA 1995, 188.

[75] Vgl Degenhart NJW 1996, 1435; Uechtritz NVwZ 1996, 647; Winkler BayVBl 1997, 749; zum Rechtsschutz bei Wegfall des Baugenehmigungsverfahrens ohne Genehmigungsfiktion s sogleich unten. Allg zum Rechtsschutz über die Anfechtungsklage gegen fingierte VAe Caspar AöR 2000, 143 ff.

[76] 49, 244; Preu 90; Schenke 271; Sch-Pietzcker 117 zu § 42 Abs 1; **aA** 10. Aufl 30.

[77] Ks NVwZ-RR 1993, 407 – Verpflichtung zur Unterlassung des Betreibens einer Diskothek gem § 15 Abs 2 GewO bei Vorliegen von Gründen, die dem Schutz Dritter dienen –; Sa NVwZ 1983, 685; Ms NWVBl 1990, 195; Mü BRS 48, 174; JA 1992, 315; Lü BauR 1989, 188; **aA** RÖ-v Nicolai 159.

bestimmten Fällen **Bauvorhaben von der Genehmigungspflicht frei** (so zB § 51 BWLBO; weitere Nachweise bei Degenhart NJW 1996, 1433), ist der gegen die Errichtung eines Bauvorhabens unter Verstoß gegen nachbarschützende Vorschriften gerichtete Rechtsschutz – je nach Baustand – ebenfalls über eine auf Erlaß einer **baubehördlichen Untersagungs-, Einstellungs- bzw Beseitigungsverfügung gerichteten Verpflichtungsklage** zu bewerkstelligen.[78] Gegen **Bauvorhaben öffentlicher Bauherrn,** die **keiner Genehmigung bedürfen**, kann im Wege einer **allg Leistungsklage oder Unterlassungsklage** vorgegangen werden (Mü NVwZ-RR 2005, 532; Ortloff NVwZ 2006, 1004 mwN).

Wird in einem **vereinfachten GenehmigungsVf** die baurechtliche Zulässigkeit des Bauvorhabens nur begrenzt überprüft, so ist, je nachdem, ob der Nachbar die Verletzung nachbarschützender Bestimmungen geltend macht, die Gegenstand des GenehmigungsVf waren, oder ob über die als verletzt gerügten Rechte nicht im GenehmigungsVf zu befinden war, der Rechtsschutz über eine **Anfechtungsklage gegen die Baugenehmigung** oder durch eine **auf Untersagung usw gerichtete Verpflichtungsklage** zu bewerkstelligen. Bei der Geltendmachung verschiedener RVerletzung kann sich für den Nachbarn uU auch die Notwendigkeit ergeben, im Wege der objektiven Klagehäufung eine **Anfechtungsklage mit einer Verpflichtungsklage zu verbinden.**[79]

43 **i) Erfüllung von Zusicherungen (Zusagen) und vertraglich begründeten Ansprüchen.** Bei Klagen, die auf Zusicherung bzw Zusagen gestützt werden, bestimmt sich die gebotene Klageart nach den allg Grundsätzen entspr dem geltend gemachten prozessualen Anspr. **Zusicherungen,** die sich **auf den Erlaß eines** den Kl begünstigenden **VA** beziehen (s § 38 VwVfG), sind mit der Verpflichtungsklage verfolgbar. Soweit **entgegen einer Zusicherung ein VA** vorgenommen wurde, kann hiergegen **grds mit einer Anfechtungsklage** vorgegangen werden; **anderes** gilt jedoch dann, wenn sich die **Zusicherung** auf den einen Dritten begünstigenden VA bezieht u dem Zusicherungsempfänger ein **Recht auf Einhaltung einer nur objektivrechtlichen Vorschrift einräumt** (49, 244 u oben 42; **aA** 10. Aufl 30).

Entsprechendes gilt auch für die **Durchsetzung entspr vertraglich begründeter Anspr** auf Erlaß eines VA oder auf Unterbleiben eines VA (den die Behörde dann doch unter Verstoß gegen den Vertrag erließ) oder für die jedenfalls eine Erfüllung durch Erlaß eines VA in Betracht kommt. § 42 **differenziert nicht danach,** aus welchem **Rechtsgrund** ein **Anspr auf Erlaß eines begünstigenden VA** besteht. Deshalb **überzeugt die nur historisch verständliche Ansicht nicht,** in dem für Verträge typischen Gleichordnungsverhältnis seien **nur allg Leistungsklagen** möglich. Abgesehen davon, daß diese früheren Verwaltungsgerichtsgesetzen zugrundliegende Konzeption **in der VwGO** ohnehin keinen Ausdruck gefunden hat, geht es bei einem auf Erlaß eines VA gerichteten subordinationsrechtlichen Vertrag gerade nicht um Gleichordnung. Auch das Argument, die Vorschriften über das VorVf paßten für einen vertraglich begründeten Anspr auf Erlaß eines VA nicht (MB 4 zu § 61 VwVfG), **nötigt** nicht zu einer teleologischen Reduktion des § 42. Selbst bezüglich vAw ergehender VAe bedarf es nämlich gem § 68 Abs 2 aus prozeßrechtlichen Gründen eines Antrags auf Erlaß eines VA, so daß die Nichtanwendbarkeit der §§ 68,

---

[78] S Ma NVwZ-RR 1995, 490; Degenhart NJW 1996, 1436; Dürr 284; Schenke 271; Uechtritz NVwZ 1996, 644; Winkler BayVBl 1997, 749; Mampel UPR 1997, 267; Baumeister/Sennekamp Jura 1999, 259 ff; zur Frage, ob hier bereits ein Rechtsanspr auf ein baubehördliches Einschreiten besteht oder nur ein im Wege einer Bescheidungsklage verfolgbares Recht auf ermessensfehlerfreie Entscheidung s unten 102.

[79] Martini DVBl 2001, 1498; Uechtritz NVwZ 1996, 647; Winkler BayVBl 1997, 749 f; zur entspr Zweispurigkeit des vorläufigen Rechtsschutzes 4 zu § 123.

42 **nicht damit gerechtfertigt** werden kann, daß der **vertragliche Anspr materiellrechtlich antragsunabhängig** ist. Ebenso wie auch sonst bei rechtlich gebundenen VAen kann der Anwendung der §§ 68 ff nicht im Wege stehen, daß bei einem vertraglich begründeten Anspr eine Zweckmäßigkeitskontrolle nicht zum Zuge kommt. Entspricht ein in Erfüllung eines ör Vertrages erlassener VA nach Ansicht des Kl den vertraglichen Verpflichtungen der öffentlichen Hand nur unvollkommen, so müßte zudem ohnehin gegen die in ihm liegende konkludente Ablehnung eines weiterreichenden Anspr im WiderspruchsVf vorgegangen werden.[80]

j) Fehlende unmittelbare rechtliche Betroffenheit durch einen VA. 44
Wird der Kl durch einen ggü einem Dritten ergangenen bzw von ihm angestrebten VA nicht unmittelbar in seinen Rechten betroffen (vgl zur rechtlichen Betroffenheit unten 59 ff), so ist auch eine Anfechtungs- oder Verpflichtungsklage insoweit nicht zulässig. **UU** kommt in solchen Fällen **jedoch eine Leistungs- bzw Unterlassungs- oder Feststellungsklage** gegen den Dritten, an den der VA gerichtet ist oder zu richten wäre, in Betracht. Diese bezieht sich dann **nicht auf den VA, sondern auf das Handeln (Unterlassen)** – zB Wettbewerb – aufgrund des in Frage stehenden VA (zB einer Genehmigung) u richtet sich nach dem für dieses Handeln maßgeblichen Recht, bei Fehlen besonderer ör Vorschriften oder Grundsätze, die für das Verhältnis der Beteiligten zueinander gelten, nach **Zivilrecht** (vgl BGH NJW 1987, 60; Ma NJW 1995, 274 f; Mü BayVBl 1976, 629).

k) Konkurrentenklagen. Mit diesem Begriff werden Rechtsstreitigkeiten er- 45
faßt, die sich aus einer **durch die Verwaltung beeinflußten Konkurrenzsituation zwischen mehreren Personen** ergeben (ähnlich Erichsen Jura 1994, 385). Die Problematik der Konkurrentenklage stellt sich hier in den verschiedensten Zusammenhängen, so zB bei der **Vergabe von kontingentierten Genehmigungen** im Bereich des Wirtschaftsverwaltungsrechts, insb im Subventionsrecht u Personenbeförderungsrecht, im **Rundfunk- u Beamtenrecht** sowie im Hochschulrecht bei der **Vergabe von Studienplätzen** für ein numerus-clausus-Fach (vgl hierzu u zu weiteren Anwendungsbereichen Sch-Pietzcker 142 zu § 42 Abs 1). Einigkeit besteht dabei darin, daß es einen **eigenen Typus der Konkurrentenklage nicht gibt,** sondern es nur darum geht, mit welcher der herkömmlichen Klagearten der Rechtsschutz des Konkurrenten sicherzustellen ist (zur Klagebefugnis unten 142 ff).

Die **richtige Klageart** hängt wesentlich von dem **Rechtsschutzziel** einer Konkurrentenklage ab u läßt deshalb eine **typologische Differenzierung** als sinnvoll erscheinen. Geht es dem Kl **ausschließlich um die Beseitigung einer einem Konkurrenten gewährten Begünstigung,** spricht man von einer **negativen oder defensiven** Konkurrentenklage. Erstrebt er hingegen **dieselbe Begünstigung** wie **der Konkurrent, ohne dessen Begünstigung in Frage zu stellen,** liegt eine **positive oder offensive Konkurrentenklage** vor. Eine Mischung dieser Klagetypen nimmt die hM bei der sog **Mitbewerberklage** an,[81] bei welcher der Kl sich gegen die **Begünstigung des Dritten wendet,** da er ohne

---

[80] Für Verpflichtungsklage zur Durchsetzung vertraglich begründeter Anspr auf Erlaß eines VA auch Ehlers Jura 2004, 311; Fluck, Die Erfüllung des öffentlichrechtlichen Verpflichtungsvertrags durch VA, 1985, S. 84 ff; Maurer § 14, 55; Redeker DÖV 1966, 546; Sch-Pietzcker 99 zu § 42 Abs 1; UL § 72, 16; **aA** Ks DÖV 1964, 463; Lerche, in: Staatsbürger und Staatsgewalt II, 1963, S. 78; MB 4 zu § 61 VwVfG; NKVwGO-Geis 94 zu § 68; P § 31, 10; StBS-Bonk 3 zu § 61 VwVfG.

[81] So die Terminologie von P § 16, 2 u Schenke 275; Sch-Pietzcker 141 zu § 42 Abs 1: verdrängende Konkurrentenklage; Brohm, Menger-FS, 236 f: eine ausschließende Konkurrentenklage; zur Terminologie s auch Baumeister/Budroweit WiVerw 2006, 3 f.

deren Aufhebung nicht die von ihm **selbst begehrte Begünstigung** zu erlangen vermag.

46 Bei einer **defensiven Konkurrentenklage** wendet sich der Kl gegen die durch einen VA erfolgende Begünstigung einer anderen Person. Die richtige Klageart ist grds eine gegen die Begünstigung des Konkurrenten gerichtete **Anfechtungsklage.** Das betrifft zB die **Erteilung eines Subventionsbescheids** (30, 191), einer **Taxikonzession** (82, 302; Schenke JZ 1996, 1058) oder einer **Ausnahmebewilligung** (NJW 1982, 2514) an einen Konkurrenten. Dasselbe wird zT auch dann angenommen, wenn die Begünstigung des Dritten darin liegt, daß dieser im Gegensatz zum Kl nicht in derselben Weise belastet wurde wie dieser (so BFH 184, 214); näher liegt in diesen Fällen allerdings die Bejahung einer Verpflichtungsklage, die auf die Belastung des Dritten gerichtet ist (Wernsmann DV 2003, 77 ff). Besondere Probleme ergeben sich bei defensiven Konkurrentenklagen hins der Zulässigkeit meist unter dem Gesichtspunkt der **Klagebefugnis** (dazu Schenke JZ 1996, 1058; Wernsmann DV 2003, 81 ff; s auch unten 146). Erfolgt die **Begünstigung des Dritten nicht in einem VA** oder aufgrund eines solchen, ist der Rechtsschutz mittels einer **allg Leistungsklage** auf Beseitigung der Leistung zu realisieren (60, 148; Erichsen Jura 1994, 385). Bei einer Begünstigung des Dritten aufgrund eines rechtswidrigen Subventionsvertrags kommt eine Klage auf **Feststellung des Nichtbestehens** des die Begünstigung beinhaltenden vertraglichen Rechtsverhältnisses in Betracht (Ms NVwZ 1984, 522; Knuth JuS 1986, 524 f). Erwägbar ist auch eine Leistungsklage auf Unterlassung der Vollziehung (Friehe DÖV 1980, 674) sowie eine Leistungsklage auf Unterlassung des Vertragsabschlusses (Erichsen Jura 1994, 385; Huber, Konkurrenzschutz, 399).

47 Bei einer **positiven oder offensiven Konkurrentenklage** (dazu Wernsmann DV 2003, 75) erstrebt der Kl für sich dieselbe Begünstigung, die seinem Konkurrenten zuteil wurde. Soweit diese Begünstigung (wie dies meist zutrifft) in einem VA ihren Ausdruck findet, ist die **Verpflichtungsklage** die zutr Klageart; geht es hingegen um eine Begünstigung durch ein **sonstiges hoheitliches Handeln,** ist Rechtsschutz über die **allg Leistungsklage** zu gewähren. Die Verpflichtungsklage ist auch die richtige Klageart, wenn angestrebt wird, daß ein Dritter in derselben Weise belastet wird wie der Kl (s oben 46).

48 Sehr umstritten sind die Fälle der sog **Mitbewerberklage,** bei der die Zahl der zu vergebenden Begünstigungen (etwa Genehmigungen, Subventionen usw) beschränkt ist u der Kreis der Bewerber die Zahl der zu vergebenden Begünstigungen übersteigt. Nach **hM** ist in solchen Fällen der Rechtsschutz nach Erteilung der Begünstigung des Dritten u einer dadurch bewirkten Erschöpfung des Kontingents mittels einer **Kombination von Anfechtungs- u Verpflichtungsklage** zu bewerkstelligen.[82] Ohne eine Anfechtung der Begünstigung des

[82] BVerfG NVwZ 2004, 718; Bln DVBl 1991, 1266; Br DVBl 1991, 1271; Mgd DVBl 1996, 162; Ma NVwZ-RR 1993, 291; Mü NJW 1984, 680; BayVBl 1993, 20; Ms DVBl 1999, 372 – Parteienfinanzierung; wohl auch BVerwG NVwZ 1995, 478 ff (ohne Auseinandersetzung mit seiner früheren gegenteiligen Rspr) u iVm einer Konkurrentenklage im Personenbeförderungsrecht DVBl 2000, 1614 m Anm Selmer JuS 2001, 198 f; VG Berlin AfP 1997, 750; Anlehner JA 2004, 792; Erichsen Jura 1994, 388; Fehling, Die Konkurrentenklage bei der Zulassung privater Rundfunkveranstalter, 1994, 281 ff; Grzeszick ZUM 1997, 924; Heine/Neun, MMR 2001, 356 – für die Konkurrentenklage im Telekommunikationsrecht wg der engen Beschränkung der Zahl der Lizenzen; Horn GewA 1985, 81; Hösch DV 1997, 230; Huber, Konkurrenzschutz, 473; Kalz DVBl 1989, 561; P § 16, 2; Quaas DÖV 1982, 438; Sch-Pietzcker 41 zu § 42 Abs 1; Sch-Wahl/Schütz 325 zu § 42 Abs 2; Seiler/Vollmöller DVBl 2003, 236, Stollmann NVwZ 2006, 426 (betr Feststellungsbescheid im Krankenhausplanungsrecht); Wernsmann DV 2003, 74; vgl auch BVerfG GewArch 2004, 297; **aA** (Verpflichtungsklage ausreichend) 80, 272 f; VG Schleswig NVwZ-RR 1999, 308; Schenke 276; NVwZ 1993, 718 ff; DVBl 1996, 388; Frenz 67; Lorenz § 16,

Dritten stehe die mit der Verpflichtungsklage erstrebte Begünstigung nicht mehr zur Disposition der Verwaltung, zudem sei ihre verwaltungsbehördliche Rücknahme zT abschließend geregelt u erfasse nicht die Fälle, in welchen in rechtswidriger Weise eine Begünstigung eines Konkurrenten erfolgte (so zB Lü NJW 1992, 1979f; Mgd DVBl 1996, 162), da die allg Vorschriften über die Rücknahme des VA (§ 48 VwVfG) hier keine Anwendung fänden u ohne Anfechtung die rechtswidrige Begünstigung des Konkurrenten bestandskräftig würde. Diese Auffassung überzeugt in dieser Allgemeinheit nicht (vgl hierzu näher Schenke NVwZ 1993, 718ff; DVBl 1996, 388ff). Soweit die von der hM propagierte Anfechtungsklage gegen die Ernennung des Konkurrenten Erfolg haben soll, ist dies gem **§ 113 Abs 1 S 1 nur unter der Voraussetzung denkbar, daß** für den Übergangenen unabhängig von der Anfechtung u dieser vorgelagert **ein Anspr auf Beseitigung der Begünstigung** des (zunächst) erfolgreichen Mitbewerbers u eine entspr Verpflichtung des Hoheitsträgers besteht (Schenke DVBl 1996, 389). Die verschiedentlich vertretene Ansicht, in Fällen dieser Art sei zwar das VG befugt, die Begünstigung des Dritten aufzuheben, nicht aber die Verwaltung (vgl Mgd DVBl 1996, 162 u Wieland DV 1999, 220), ist daher nicht haltbar u inkonsequent. Sie trägt überdies der grundrechtlichen Verankerung des Beseitigungsanspr nicht Rechnung.[83] Dieser Anspr besteht solange, wie der VA dem Übergangenen ggü nicht bestandskäftig geworden ist, u ist – trotz § 50 VwVfG – unabhängig davon, ob der Übergangene den VA bereits angefochten hat.[84] Damit ist die Verwaltung aber bei der rechtswidrigen Begünstigung eines Dritten sehr wohl in der Lage u auch verpflichtet, den Anspr des Begünstigten von sich aus zu erfüllen. **Es bedarf folglich neben der Erhebung einer Verpflichtungsklage nicht der Anfechtung der Begünstigung** anderer Personen (zum vorläufigen Rechtsschutz des Übergangenen gem § 123 s näher 11a zu § 123), u es kann auch nicht davon ausgegangen werden, durch die Begünstigung des Konkurrenten erledige sich das Verpflichtungsbegehren (vgl aber auch BSG NVwZ-RR 2001, 450 u zur Konkurrentenklage im Beamtenrecht unten 49). Gegen das zusätzliche Erfordernis der Erhebung einer Anfechtungsklage spricht ferner, daß der Betroffene häufig gar nicht weiß, wer seine Konkurrenten sind u er auch nicht darüber informiert ist, inwieweit bei diesen die rechtlichen Voraussetzungen für eine Erteilung der Begünstigung vorliegen (in diesen Fällen hält Würt 330 eine Verpflichtungsklage für ausreichend). Das schließt auch die Annahme aus, in der Erhebung einer Verpflichtungsklage liege generell zugleich eine konkludente Anfechtung der Begünstigung anderer Personen (so aber EF 136; krit Mü NJW 1984, 681), zumal gar nicht klar wäre, gegen welche Begünstigte sie sich richtete. Selbst wenn der Übergangene über die Personen informiert wäre, die eine Begünstigung erhielten, müßte er, weil er deren persönliche Verhältnisse

---

26ff; R. Schmidt JuS 1999, 1109; Shirvani NVwZ 2005, 870f (iVm Zuteilungsentscheidungen im Emissionshandelsrecht); Wieland DV 1999, 220s auch Ko NVwZ-RR 1996, 651; Erichsen JK 97, VwGO § 123 I/1; Ey-Happ 54; Jacobj 432ff; Stern 115.

[83] Schenke NVwZ 1993, 721ff; s auch Baumeister 232ff; T. Horn, Die Aufhebung des der Drittanfechtung unterliegenden Verwaltungsaktes, 1989, 45ff; R. Schmidt JuS 1999, 1109; Stern StaatsR III/1673f; ablehnend Frenz 66 Fn 70.

[84] S hierzu eingeh Schenke Maurer-FS 2001, 736ff; nicht überzeugend daher die Ansicht Wernsmanns, derzufolge, solange der VA noch nicht angefochten sei, der Begünstigte Vertrauensschutz genieße u deshalb trotz der RVerletzung des übergangenen Mitbewerbers kein Anspruch auf Rücknahme des VA bestehe. Der Anspruch auf Rücknahme des VA ist entgegen Wernsmann (DV 2003, 74f, Fn 43, dazu krit Schenke Rn 276) auch nicht davon abhängig, ob der VA dem Übergangenen mitgeteilt wurde, was sich schon daran zeigt, daß der Erfolg einer Anfechtungsklage des Dritten auch sonst nicht davon abhängt, ob der VA dem Dritten eröffnet wurde, was sich rechtsdogmatisch aber nur damit erklären läßt, daß trotz unterbliebener Mitteilung des VA an den Dritten ein Rücknahme- bzw Beseitigungsanspr besteht.

idR nicht kennt, **auf Verdacht eine Vielzahl von Anfechtungsklagen** erheben. Das wäre mit dem Grundsatz der **Effektivität des Rechtsschutzes** (Art 19 Abs 4 GG) nicht in Einklang zu bringen (so auch Pöcker DÖV 2003, 196). Die Möglichkeit einer **Gesamtanfechtung** der anderen Personen ggü ergangenen VAe **scheidet aus** (**aA** Mü BayVBl 1993, 20), da es sich um unterschiedliche VAe mit verschiedenen Adressaten handelt. Wird dem übergangenen Bewerber die Erteilung der Begünstigung an bestimmte Konkurrenten nicht mitgeteilt, laufen ihm ggü auch nicht die Anfechtungsfristen der §§ 70, 58 (Schenke 675; s auch 44, 298; 78, 86) u kann nach Erhebung der Verpflichtungsklage zudem nicht von einer Verwirkung von Abwehrrechten ausgegangen werden (Schenke NVwZ 1993, 724). Die Verpflichtungsklage kann dabei nicht nur in Form einer Bescheidungsklage erhoben werden, sondern auch als Vornahmeklage (**aA** R. Schmidt JuS 1999, 1109f). Ggü übergangenen Mitbewerbern, die im Rahmen der Verpflichtungsklage nicht beigeladen wurden (dazu, daß hier kein Fall der notwendigen Beiladung gegeben ist, s 18 u 11 zu § 65), entfaltet das Verpflichtungsurteil keine Bindungswirkung. Die Erhebung einer **Anfechtungsklage** ist nur in den (seltenen) Fällen unentbehrlich, in welchen dem Übergangenen die den Begünstigten ggü **ergangenen VAe mitgeteilt** wurden. Das ist insb dann in Betracht zu ziehen, wenn nur eine Begünstigung zu vergeben ist u sich um diese nur wenige Personen beworben haben. Wird in einem solchen Fall dem Übergangenen der eine andere Person begünstigende VA eröffnet, muß er in der Tat zur Vermeidung der formellen Bestandskraft die Begünstigung anfechten u damit Anfechtungs- u Verpflichtungsklage nebeneinander erheben (im Wege einer Stufenklage gem § 113 Abs 4, s 172 zu § 113). Stützt der Kl, der über die Bevorzugung eines bestimmten anderen Konkurrenten behördlicherseits informiert wurde, sein auf Erteilung einer Begünstigung gerichtetes Klagebegehren darauf, daß an seiner Stelle rechtswidrigerweise ein von ihm bezeichneter Mitbewerber begünstigt wurde, so kann dies häufig so **ausgelegt** werden (insoweit zutr 10. Aufl 89 zu § 118), daß mit der **Verpflichtungsklage zugleich konkludent eine Anfechtungsklage erhoben** wurde (s auch 210 zu § 113).

49 Besonderheiten bestehen bei der **beamtenrechtlichen Konkurrentenklage.** Bei ihr ergibt sich zwar unbestrittenermaßen **zumindest ein Recht auf beurteilungs- u ermessensfehlerfreie Entscheidung** (vgl zB 68, 110). Dies gilt jedoch nur, wenn der Dienstherr tatsächlich eine Beamtenstelle zur Verfügung gestellt hat (NVwZ 1997, 283; Schenke BeamtenR 2; s auch 134). Dann dürfte der geeignetste Bewerber sogar einen Rechtsanspr auf eine diesbezügliche Ernennung besitzen.[85] Wird aber bei mehreren Bewerbern unter Verstoß gegen Art 33 Abs 2 GG bzw entspr beamtenrechtlicher Bestimmungen ein weniger geeigneter Beamter ernannt, ist, unabhängig davon, ob dieser bereits in eine Planstelle eingewiesen ist (Mgd ZBR 2000, 63; Sa RiA 1985, 239), nach der **Rspr** (vgl 80, 127; zust Hufen § 14, 147; krit Schenke 524, 562a; Wieland, Blümel-FS 653ff) die **Aufhebung der Ernennung des Konkurrenten** im Hinblick auf den **Grundsatz der Ämterstabilität** u den **Vertrauensschutz ausgeschlossen.**[86] Deshalb sei vom Gesetzgeber eine auf die Verletzung des Art 33 Abs 2 GG gestützte Rücknahme der Ernennung nicht vorgesehen u diese damit

---

[85] S Günther ZBR 1979, 100; Gusy RiA 1979, 202; Schmitt-Kammler Jura 1979, 650; Schenke BeamtenR 11.

[86] Anderes soll nach 115, 89 = NVwZ 2002, 604 sowie 118, 370 = DVBl 2004, 317 für den Sonderfall gelten, daß ein Mitbewerber entgegen einer eA befördert wird. Hier kann der im vorläufigen Rechtsschutzverfahren obsiegende Beamte seinen Bewerbungsverfahrensanspr im Hauptsacheverfahren weiter verfolgen; dazu auch Hufen JuS 2002, 1237; Schenke 524; von einer iü prinzipiellen Fortgeltung der bish Rspr gehen aber BVerfG DVBl 2002, 1633 u NVwZ 2004, 95 sowie BVerwG DVBl 2004, 318 aus; offen Ms NVwZ-RR 2003, 881; für ein Festhalten an der bish Rspr ausdr Ms DVBl 2003, 1558.

konsequenterweise auch dem VG verwehrt (zur Kritik s näher unten 148).[87] Die Klage wird dabei bereits wg **mangelnder Klagebefugnis**[88] oder wg **fehlenden RSB** (Hufen § 14, 147, Schöbener BayVBl 2001, 322) oder **„Erledigung"** des begehrten VA (80, 129; vgl B-v Albedyll 44) als unzulässig angesehen (s auch unten 148f). Keines dieser Argumente vermag jedoch zu überzeugen. Die Annahme, es sei keine Klagebefugnis gegeben, ist damit nicht vereinbar, daß die Ernennung des Beamten nur unter Beachtung des **Art 33 Abs 2 GG** erfolgen kann, es sich bei dieser Vorschrift aber **unbestrittenermaßen** (auch nach Ansicht des BVerwG) um eine **Rechtsvorschrift handelt, die auch dem Schutz anderer (qualifizierterer) Bewerber** um eine Beamtenstelle dient (dazu, daß auch keine analoge Anwendung des § 42 Abs 2 in Betracht kommt, unten 59). Ebenso bestehen bezüglich des RSB keine Zweifel, da der zu Unrecht übergangene Mitbewerber ein rechtliches Interesse an der Aufhebung der fehlerhaften Ernennung besitzt. Ohne deren Kassation ist ein ihm zustehender Ernennungsanspr nicht mit Erfolg geltend zu machen. Aus demselben Grund kann auch von einer **„Erledigung"** des VA **nicht die Rede** sein. Das hierfür erforderliche Kriterium, nämlich daß die Aufhebung des VA für den Kl **sinnlos ist** (unten 58 mwN), **liegt gerade nicht vor.** Lehnt man mit dem BVerwG einen Anspr des unter Verletzung des Art 33 Abs 2 GG Übergangenen ab, so kann die Klage auf Aufhebung der Ernennung des Konkurrenten wie auch auf eine eigene Ernennung lediglich unbegründet sein (Schenke 809; ebenso Sch-Wahl/Schütz 327 zu § 42 Abs 2). Dabei ist es freilich höchst zweifelhaft, ob die dafür vom BVerwG angeführten Gründe, daß eine unter Verstoß gegen Art 33 Abs 2 GG erfolgte Ernennung nicht aufgehoben werden kann, im Hinblick auf die **verfassungsrechtliche Verankerung** eines sonst grds anerkannten **Anspr auf Rücknahme eines subjektive Rechte verletzenden VA** durchschlagen.[89] Bejaht man einen derartigen Beseitigungsanspr, so kommt auf der Basis der hier zur Mitbewerberklage vertretenen Rechtsauffassung eine Verpflichtungsklage zur Gewährung des Rechtsschutzes in Betracht (s auch Hufen JuS 1999, 408);[90] im Hinblick darauf, daß dem Kl aber häufig die Ernennung des Konkurrenten mitgeteilt wird, dürfte zur Vermeidung der Bestandskraft der Ernennung des Konkurrenten aber daneben eine Anfechtungsklage geboten sein. Keinen Erfolg verspricht selbst bei einer dolos rechtsschutzvereitelnden Ernennung eines Konkurrenten eine Nichtigkeitsklage (nicht überzeugend daher Füßer DÖV 1997, 820), da zum einen die beamtenrechtlichen Vorschriften über die Nichtigkeit von Ernennungen abschließend sind (s zB § 4 BRRG) und, wenn man dies verneinte, die tatbestandlichen Voraussetzungen des § 44 VwVfG jedenfalls nicht erfüllt wären. Selbst

---

[87] So zB 80, 127; DVBl 1989, 1150; Ks DVBl 1983, 86; Mgd ZBR 2000, 63; Ma NVwZ 1983, 41; Mü NVwZ 1983, 755; Ms DVBl 2003, 1558; Bosch/Schmidt § 24 III 2; Erichsen Jura 1994, 385; Günther ZBR 1979, 108; Kernbach, Die Rechtsschutzmöglichkeiten des unterlegenen Konkurrenten im beamtenrechtlichen Ernennungsverfahren, 1994, 67ff, 161ff; Lemhöfer ZBR 2003, 14; Pogrzeba, Konkurrentenklagen im Beamtenrecht? 1983, 32ff; Schmidt-Preuß 475ff; Schnellenbach RiA 1990, 153; Tegethoff JA 2004, 732ff; Weiß ZBR 1989, 273; Wittkowski NJW 1993, 817; **aA** Brohm Menger-FS 253; Finkelnburg DVBl 1980, 809; Huber Konkurrentenschutz 476f; Lecheler DÖV 1983, 953; v Mutius VerwA 1978, 109; Ronellenfitsch VerwA 1991, 141; Schenke, Mühl-FS 577u Beamtenrecht 6ff; Schmitt-Kammler DÖV 1980, 285; Solte NJW 1980, 1027; Wieland Blümel-FS 648. S zur Problematik auch näher Wernsmann DVBl 2005, 276ff.

[88] Vgl Buchh 232 § 8 BBG Nr. 4; Ma 18, 37; Schöbener BayVBl 2001, 322, krit Schenke 524; Wernsmann DVBl 2005, 281.

[89] Vgl ausf Schenke BeamtenR 5ff; ders Mühl-FS 571; Ronellenfitsch VerwA 1991, 121ff; Sch-Wahl/Schütz 325 zu § 42 Abs 2.

[90] Eine solche Verpflichtungsklage bietet sich insb dann an, wenn man mit der neueren Rspr des BVerwG (DVBl 2004, 318f; s unten 50) einen Anspruch auf Ernennung auch ohne vorherige Aufhebung der rechtswidrigen Ernennung des Konkurrenten für möglich ansieht.

wenn man bei Verletzung des Art 33 Abs 2 GG einen Anspr auf Aufhebung der Ernennung des Konkurrenten verneint, kann das Vorliegen einer solchen Verletzung iVm der Neubesetzung einer anderen freiwerdenden Stelle von Bedeutung werden, indem die Ernennungskörperschaft unter dem Gesichtspunkt der **Folgenbeseitigungslast** (dazu 229 zu § 113) verpflichtet ist, dem früher rechtswidrig Übergangenen vor anderen **gleich geeigneten Bewerbern** nunmehr den Vorzug zu geben.[91]

50 Geht man mit der in der Rspr ganz hM davon aus, daß eine verwaltungsgerichtliche Aufhebung der unter Verletzung des Art 33 Abs 2 GG erfolgten Ernennung ausgeschlossen ist, läßt sich verwaltungsgerichtlicher Rechtsschutz nur durch eine **vorbeugende Unterlassungsklage** (s 8 u 34 vor § 40)[92] bzw – soweit man hier § 43 Abs 2 S 2 (fälschlich) für nicht anwendbar hält (dazu Schenke 421; 24 zu § 43) – durch eine Feststellungsklage u die iV hiermit eröffnete Möglichkeit eines vorläufigen Rechtsschutzes gem § 123 sichern (s 5 zu § 123).

Ein **wirksamer vorbeugender Rechtsschutz** setzt unter Zugrundelegung der von der Judikative vertretenen Auffassung freilich voraus, daß derjenige Bewerber, der durch die Ernennungsbehörde möglicherweise unter Verstoß gegen Art 33 Abs 2 GG übergangen wurde, rechtzeitig von der bevorstehenden Ernennung des Konkurrenten informiert wird.[93] Als **angemessen** wird dabei die **Frist** anzusehen sein, welche sonst **für die Entscheidung über die Einlegung** eines Widerspruchs bzw die Erhebung einer Anfechtungsklage erforderlich ist, also **ein Monat.**[94] Das liegt insb dann nahe, wenn man mit der (allerdings zweifelhaften) Rspr des BVerwG[95] davon ausgeht, daß es sich bei der Mitteilung um einen VA handelt (dazu 27 zu Anh § 42). Zur gebotenen Information gehört, daß dem abgelehnten Bewerber neben der vorgesehenen Ernennung auch die für sie **maßgeblichen Gründe mitgeteilt** werden. Die Begründung muß insb deutlich erkennen lassen, ob der erfolglose Bewerber aus **qualifikationsbezogenen Erwägungen** (zum Alter der zugrundeliegenden dienstlichen Beurteilungen Zimmerling PersV 2000, 209 f) oder uU unter Heranziehung von **Hilfsüberlegungen**[96] abgelehnt wurde.[97] Erforderlich ist es auch, daß dem Übergangenen der Name des ausgewählten Bewerbers mitgeteilt wird.[98] Ohne eine solche Verpflichtung, die sich aus **Art 33 Abs 2 GG iVm Art 19 Abs 4 GG** ableiten läßt u die nach fristgerechter Nutzung der eröffneten Rechtsschutzmöglichkeit durch die Pflicht zu ergänzen ist, die Ernennung nicht vor einer Entscheidung über

---

[91] Schenke BeamtenR 25 u 229 zu § 113; s auch BVerwG NVwZ 1998, 1082 u Hufen JuS 1999, 408.

[92] Ks 29, 175; NJW 1985, 1103; Ma 18, 37; s auch 80, 130; für vorbeugenden Rechtsschutz auch Bosch/Schmidt § 24 III 2; Günther NVwZ 1986, 697; Schenke 358 u BeamtenR 18 ff; Wernsmann DVBl 2005, 279 f.

[93] BVerfG NJW 1990, 501; Ks DÖD 1994, 234; Schl DÖV 1993, 962; Busch DVBl 1990, 108; v Golitschek ThürVBl 1996, 6 ff; Schnellenbach NVwZ 1990, 637; Wernsmann DVBl 2005, 280; Wittkowski NVwZ 1995, 346.

[94] Busch DVBl 1990, 108; Goldmann/Fuhst NdsVBl 1996, 230; Martens ZBR 1992, 131 f; für nur zwei Wochen: Ks NVwZ 1994, 399; v Golitschek ThürVBl 1996, 7; Schnellenbach NVwZ 1990, 638; für drei Wochen: Schl DÖV 1993, 962. Nach Schöbener BayVBl 2001, 325 soll überhaupt keine abstrakte Fristfestsetzung möglich sein. S zur Bemessung der Frist auch Zimmerling PersV 2000, 208 f.

[95] 80, 129, Schöbener BayVBl 2001, 323; **aA** Bracher ZBR 1989, 142; Laubinger VerwA 1992, 277; Schnellenbach DÖD 1990, 155 u 27 zu Anh § 42.

[96] Zu diesen Hilfskriterien s Schöbener BayVBl 2001, 330 f u ausf 30 b zu § 114.

[97] Schnellenbach NVwZ 1990, 638, Schöbener BayVBl 2001, 326; nach Ko NVwZ 2007, 109 soll dem Begründungserfordernis bereits durch den Hinweis auf weitere Auskünfte u die Möglichkeit einer Einsichtnahme in den Besetzungsbericht genügt sein; das ist aber mit § 39 Abs 1 S 2 u 3 VwVfG nicht vereinbar.

[98] VG Frankfurt NVwZ 1991, 1210; Battis NJW 1992, 1214; Frenz 93 f; Schöbener BayVBl 2001, 326; offengelassen von BGH NJW 1995, 2344.

eine eA auszusprechen (s 3 zu § 123), wäre der übergangene Mitbewerber nicht in der Lage, in effektiver Weise seinen Rechtsschutz zu realisieren (zum vorläufigen Rechtsschutz s 5 zu § 123). Zur differenziert zu beantwortenden Frage, inwieweit dem übergangenen Bewerber ein Recht auf Akteneinsicht zusteht, s Schöbener BayVBl 2001, 326f; ferner Zimmerling PersV 2000, 209 mwN, der ein Akteneinsichtsrecht hins personen- u leistungsbezogener Daten grds bejaht, da der Beamte, der sich bewirbt, sich damit einverstanden erklärt, diese Daten seinen Mitbewerbern zu offenbaren. Zum Bestehen einer Anhörungspflicht Schöbener BayVBl 2001, 327.

Auch wenn man mit der Rspr trotz der gegen sie bestehenden Bedenken (s unten 148) einen Anspr auf Beseitigung der unter Verletzung des Art 33 Abs 2 GG erfolgten Ernennung eines Konkurrenten grds verneint, läßt sich iü mit guten Gründen aus Art 33 Abs 2 GG iVm Art 19 Abs 4 GG ableiten, daß jedenfalls dort, wo die Verwaltung unter **Vereitelung vorläufigen Rechtsschutzes** (durch **Nichtinformation der Mitbewerber**) eine gegen Art 33 Abs 2 GG verstoßende Ernennung vornimmt (vgl auch Wernsmann DVBl 2005, 283 u dazu 6 zu § 113), hierdurch der Anspr des Verletzten auf Ernennung nicht verloren geht (so auch Ms NVwZ-RR 2006, 348). Das durch Art 33 Abs 2 GG gewährte subjektive Recht liefe nämlich weitgehend leer, wenn dem Mitbewerber nicht nur ein Anspr auf Rücknahme der unter Verletzung des Art 33 Abs 2 GG erfolgten Ernennung versagt wird, sondern ihm diesbezüglich auch ein vorbeugender u diesen flankierender vorläufiger Rechtsschutz durch das Verhalten der Verwaltung genommen werden könnte u dies zur Folge hätte, daß der geeignetste Bewerber sein aus Art 33 Abs 2 GG resultierendes Ernennungsrecht verlöre. Ansatzpunkte für eine solche Lösung lassen sich auch der neueren Rspr des BVerwG[99] entnehmen, wenn diese dort, wo eine Ernennung unter Mißachtung einer vom VG erlassenen eA erfolgte, dem Verletzten ein Recht einräumt, trotz der Besetzung der Planstelle durch einen Konkurrenten im Wege einer Verpflichtungsklage auf Ernennung zu klagen u den Dienstherrn bei rechtswidriger Übergehung des Kl für verpflichtet ansieht; „erforderlichenfalls eine benötigte weitere Planstelle zu schaffen". In der Logik dieser Rspr liegt es, auch dort, wo die Verwaltung bereits den Erlaß einer eA zur Unterbindung der Ernennung des Konkurrenten verhindert, indem sie dem Befähigsten die Möglichkeit nimmt, einen erfolgreichen Antrag auf Erlaß einer eA zu stellen, ebenso vom Fortbestehen eines Ernennungsanspr auszugehen.[100] Einer Aufhebung der Ernennung des Konkurrenten bedarf es in Konsequenz der bundesverwaltungsgerichtlichen Rspr zur Durchsetzung des Ernennungsanspr bei Verstoß gegen eine eA auch bei Unterlassung einer Information der Mitbewerber nicht (**aA** Wernsmann DVBl 2005,

---

[99] DVBl 2004, 318f; s dazu näher unten 148.

[100] So auch Ms NVwZ-RR 2006, 348, wenn der Beamte in der entspr Beförderungsrunde zwingend hätte ausgewählt werden müssen, weil er zumindest einem der erfolgreichen Mitbewerber hätte vorgezogen werden müssen. Das entspricht auch BVerfG NJW 2006, 2395f, das aus Art 33 Abs 2 iVm Art 12 GG ableitet, daß der unter Verstoß gegen den Bewerbungsverfahrensanspr abgelehnte Bewerber um ein Notaramt grds die Möglichkeit haben muß, vor Gericht die Beachtung seines Anspr durchzusetzen. Hierzu zähle auch, daß der abgelehnte Bewerber die Schaffung vollendeter Tatsachen durch die Ernennung des Mitbewerbers auf dem Wege des vorläufigen Rechtsschutzes verhindern kann. Die bloße Feststellung der Rechtswidrigkeit des ihn verletzenden Hoheitsakts oder der Verweis auf einen Schadensersatzanpruch in Geld genüge diesem Rechtsschutzanspr im Regelfall nicht, wenn nicht tatsächliche Umstände oder zwingende Gründe des gemeinen Wohls der Beseitigung des Hoheitsakts entgegenstehen. Wenn das BVerfG in concreto die Möglichkeit der Zuweisung einer gesonderten Notarstelle in Hinblick auf § 4 BNotO ablehnte, so gelten diese Gründe für die Ernennung eines übergangenen Bewerbers um eine Beamtenstelle idR nicht, denn dessen Ernennung stehen keine nicht überwindbaren gesetzlichen Hindernisse u Gründe des Gemeinwohls entgegen.

282). Würde man dennoch eine Anfechtungsklage des übergangenen befähigteren Bewerbers für erfolgreich ansehen, so ergäbe sich aus Umständen, die von dem rechtswidrig Ernannten nicht zu vertreten sind, eine vom Standpunkt des BVerwG aus nur schwer zu rechtfertigende Einschränkung des sonst durch das BVerwG grds bejahten Vertrauensschutz des Ernannten. Diese wäre bei einer unterlassenen Information der Mitbewerber sogar noch bedenklicher als bei einer unter Verstoß gegen eine eA erfolgte rechtswidrige Ernennung des Konkurrenten, bei der für den Ernannten wg seiner Beteiligung am vorläufigen RechtsschutzVf deutlich wird, daß er unter Verstoß gegen eine eA rechtswidrig ernannt wurde.

Als zulässig anzusehen ist nach ganz hM eine Klage, mit welcher sich der Beamte **gegen die Besetzung eines höherwertigen Dienstpostens** durch einen Mitbewerber im Vorgriff auf dessen beabsichtigte Beförderung wendet. Eine solche Besetzung, bei der es sich nach richtiger, wenn auch sehr umstrittener Auffassung um einen VA handelt (s auch 70 zu Anh § 42),[101] ist bei einer Verletzung des Art 33 Abs 2 GG – anders als eine Ernennung – aufzuheben.

51 Eine **Verpflichtungsklage** genügt auch im **Hochschulrecht** dem Rechtsschutz des Übergangenen, wenn ihm weniger qualifizierte Mitbewerber unter Verletzung des Grundsatzes der Chancengleichheit vorgezogen wurden u deshalb **alle Studienplätze vergeben** wurden. Die **Rspr** geht hier allerdings davon aus, daß eine solche Klage, selbst dann, wenn sie mit einer Anfechtungsklage gekoppelt werde, keinen Erfolg haben könne.[102] Die Begründung des BVerwG, die Zulassung eines anderen weniger qualifizierten Bewerbers schließe nicht rechtlich, sondern nur tatsächlich die Zulassung weiterer Bewerber aus, trägt jedoch dem Art 12 iVm Art 3 GG nicht ausreichend Rechnung (s unten 149). Aus entspr Gründen ist der **Rechtsschutz eines Schaustellers** über eine Verpflichtungsklage zu realisieren (s aber auch Ba NVwZ-RR 1999, 500; offen Mü NVwZ-RR 1999, 575), der unter Verletzung des Art 12 iVm Art 3 GG bei der Vergabe eines Platzes auf einem Volksfest oder Markt rechtswidrig übergangen wurde (näher unten 147).

52 **l) Verhältnis von Anfechtungs- und Verpflichtungsklage zur Feststellungsklage.** Trotz der Subsidiarität der Feststellungsklage (§ 43 Abs 2) wird diese durch die Anfechtungsklage dann nicht ausgeschlossen, wenn der Kl sich nicht gegen die Rechtmäßigkeit eines VA wendet, sondern nur Streit über die Rechte des Hoheitsträgers besteht, die sich aus dem VA ggü dem Bürger ergeben. Dies trifft etwa dann zu, wenn die **inhaltliche Reichweite** solcher Rechte wg einer **unterschiedlichen Auslegung** des VA umstritten ist (s 7a zu § 43; Sch-Pietzcker 47 zu § 43) oder der Bürger geltend macht, eine **Forderung des Hoheitsträgers** sei durch Leistung des Bürgers **erloschen.** Dementsprechend kann etwa der Bürger, wenn gegen eine durch einen VA konstituierte Geldforderung von ihm **aufgerechnet wird,** mittels einer Feststellungsklage geltend machen, daß die **Forderung erloschen** ist; Entsprechendes gilt für einen Leistungsbescheid, der eine bereits kraft Gesetzes bestehende Forderung zum Gegenstand hat u gegen die nunmehr mit einer Gegenforderung aufgerechnet wird, welche erst nach Ergehen des Leistungsbescheides entstanden ist. **Anderes** gilt nur dann, wenn die Gegenforderung analog § 389 BGB zum Erlöschen der Forderung geführt hat, **ehe der Leistungsbescheid erlassen** wurde (ausf zu den verschiedenen hierbei denkbaren Konstellationen, deren rechtliche Behandlung sehr

---

[101] Ko ZBR 1975, 117f; Lü 34, 475; DVBl 1985, 1245; Schenke BeamtenR 190ff; **aA** Ks NVwZ 1982, 638; Sa NVwZ 1990, 687; Ms ZBR 1988, 96; Günther NVwZ 1986, 701ff; Sch-Wahl/Schütz 328 zu § 42 Abs 2, die für eine Leistungsklage plädieren.

[102] So zB 60, 30f; Lü NVwZ 1989, 385; Ma NVwZ 1987, 711; zust Bosch/Schmidt § 25 III 3g; P § 16, 5; krit demgegenüber Huber 433; Schmidt-Preuß 393ff; Sch-Wahl/Schütz 329 zu § 42 Abs 2.

umstritten ist, mwN 46 zu § 40). Zulässig ist eine **Feststellungsklage** auch, wenn der Kl entgegen der Ansicht der zuständigen Behörde der Auffassung ist, eine ausgeübte **Tätigkeit** sei **genehmigungsfrei** (12 zu § 43). Zur Frage des Verhältnisses der Feststellungsklage zu einer **Verpflichtungsklage auf Erlaß eines feststellenden VA.**[103]

8. Klagen in bezug auf konsekutive VAe: Von konsekutiven VAen spricht 53
man, wenn in einer Sache, zB hins einer Anlagengenehmigung, nicht **ein** VA ergeht, der alle Aspekte der Angelegenheit abschließend regelt, sondern eine **Mehrzahl von VAen.** Diese können entweder von einer Konzeptentscheidung ausgehen, die zunächst – einem Grundurteil gem § 111 vergleichbar – grds über die Zulässigkeit des Vorhabens, vorbehaltlich näherer Einzelaspekte, entscheidet u dann durch weitere Teilentscheidungen fortschreitend weiter konkretisiert wird, oder überhaupt ohne Grundentscheidung über jeweilige Teilentscheidungen bis zur abschließenden Genehmigung oder zur Versagung der Genehmigung fortschreiten.[104] Der **Kl,** zB der Nachbar, muß in diesen Fällen, wenn er die erste Teilgenehmigung, mit der zugleich die grundsätzliche Zulässigkeit des Vorhabens bejaht wurde, angegriffen hat, nicht auch alle einzelnen weiteren Folge-Teilgenehmigungen angreifen, sondern kann sich mit der Anfechtung der ersten Teilgenehmigung begnügen (92, 190 = NVwZ 1993, 580). Die **Wirksamkeit nachfolgender Teilgenehmigungen** ist nämlich nach den **Grundsätzen gestufter Vf** (s hierzu Schenke DÖV 1990, 498) durch die **Wirksamkeit vorangegangener Teilgenehmigungen bedingt.** Wird versäumt, Einwendungen ggü vorangegangenen Teilgenehmigungen geltend zu machen, so können diese grds nicht mehr im Rahmen der Anfechtung von späteren Teilgenehmigungen geltend gemacht werden (VBlBW 1997, 257; s unten 162). Das gilt auch dann, wenn Einwendungen gegen die vorangegangenen Teilgenehmigungen erst **nach Eintritt von deren Bestandskraft entstanden sind;** sie sind hier mit einer auf Rücknahme der **Teilgenehmigung gerichteten Verpflichtungsklage** zu verfolgen (VBlBW 1997, 257; unten 162). Soweit einem Unternehmer für einen Abschnitt die erforderliche weitere Teilgenehmigung versagt wird, ist diesbezüglich **eine eigene Verpflichtungsklage** zu erheben (92, 185 = NVwZ 1993, 580). Im Hinblick auf den unterschiedlichen Regelungsgehalt einer Teilbaugenehmigung u der (endgültigen) Baugenehmigung für das Gesamtvorhaben, die nicht an die Stelle der Teilbaugenehmigung tritt, sondern diese in bezug auf die nicht genehmigten Baumaßnahmen ergänzt, wird die Anfechtung einer Teilbaugenehmigung durch die spätere Erteilung der Baugenehmigung nicht berührt; insb entfällt für sie auch nicht das RSB (Ks NVwZ-RR 1997, 10).

Die Rechtsschutzproblematik iVm konsekutiven VAen stellt sich auch im Verhältnis von **Bauvorbescheid zur Baugenehmigung.** Befindet ein Bauvorbescheid über die **bauplanungsrechtliche Zulässigkeit** eines Bauvorhabens (sog **Bebauungsgenehmigung**), muß ein Nachbar, der hierin eine Verletzung von nachbarschützenden planungsrechtlichen Vorschriften sieht, **bereits hiergegen** vorgehen. Nach deren Bestandskraft kann er entspr planungsrechtliche Einwendungen nicht mehr ggü einer später erlassenen Baugenehmigung geltend machen, da in dieser über die planungsrechtliche Zulässigkeit nicht mehr entschieden wird.[105] Wird die **Baugenehmigung vor Eintritt der Bestandskraft der Bebauungsgenehmigung** erteilt, ist allerdings umstritten, inwieweit hier in der Baugenehmigung nochmals über die planungsrechtliche Zulässigkeit des Bauvor-

---

[103] 2 zu § 43; Sch-Pietzcker 51 zu § 43; allg zur Subsidiarität der Feststellungsklage ggü anderen Klagearten 26 ff zu § 43.

[104] Vgl im einzelnen 92, 185 = NVwZ 1993, 580; KR 43 zu § 9 VwVfG; Roßnagel DÖV 1995, 624.

[105] 68, 243; NVwZ 1989, 863; Ba SächsVBl 1997, 240; Schenke DÖV 1990, 489.

habens in der Baugenehmigung befunden wird. Das BVerwG bejaht dies,[106] da es befürchtet, daß sich anderenfalls die Situation ergeben könne, daß die Bebauungsgenehmigung aufgrund der Anfechtung des Nachbarn nachträglich noch aufgehoben werden könne, inzwischen aber die Baugenehmigung mit der in ihr liegenden Baufreigabe bestandskräftig geworden sei. Diese im Widerspruch zu den allg Grundsätzen gestufter Vf stehende Ansicht überzeugt jedoch nicht, da sie mit der durch die **Stufung des Vf bezweckten Abschichtung u Reduktion von Komplexität nicht vereinbar** ist. Sie führt hiermit zusammenhängend zu **ökonomisch unbefriedigenden Ergebnissen,** indem die Bebauungsgenehmigung entwertet wird. Die vom BVerwG angenommene Gefahr, die Baugenehmigung könne bestandskräftig werden, obwohl die Bebauungsgenehmigung später verwaltungsgerichtlich aufgehoben wurde, besteht nicht, da unter Zugrundelegung der auch sonst bei gestuften Vf geltenden Grundsätze die Wirksamkeit der Baugenehmigung von jener der Bebauungsgenehmigung abhängt (eingeh Schenke DÖV 1990, 497 ff). Das macht es auch überflüssig, einerseits den vom BVerwG (NVwZ 1995, 895) beschrittenen Weg einzuschlagen (insoweit zutr), die noch nicht bestandskräftige Bebauungsgenehmigung durch eine nunmehr erlassene Baugenehmigung für noch nicht erledigt anzusehen u eine gegen sie gerichtete Anfechtungsklage damit für weiterhin zulässig zu erachten, andererseits aber dennoch (fälschlicherweise) in der Baugenehmigung eine erneute Entscheidung über die bauplanungsrechtliche Zulässigkeit des Bauvorhabens zu erblicken, was für den Betroffenen eine wenig überzeugende **doppelte Anfechtungslast** begründet.

Ist bereits eine Klage auf Erteilung eines die bauplanungsrechtliche Zulässigkeit eines Bauvorhabens feststellenden Bauvorbescheids (sog Bebauungsgenehmigung) anhängig gemacht worden, ist bei einer späteren auf Erteilung der Baugenehmigung gerichteten Verpflichtungsklage nur über solche baurechtlichen Fragen zu befinden, die nicht bereits Gegenstand der auf Erlaß des Bauvorbescheids gerichteten Klage sind; insofern steht nämlich die **Rechtshängigkeit** der auf Erlaß des Bauvorbescheids gerichteten Klage der Einbeziehung bauplanungsrechtlicher Fragen in die später erhobene Verpflichtungsklage im Wege. Schon aus diesem Grund kann dem VGH Mannheim nicht gefolgt werden, demzufolge das RSB für die Klage auf Erlaß eines Bauvorbescheids jedenfalls dann entfallen soll, wenn das Gericht sich mit der Klage auf Erlaß des Bauvorbescheids noch nicht befaßt hat (Ma VBlBW 1997, 144). Davon abgesehen überzeugt die gegenteilige Ansicht auch schon deshalb nicht, da zum einen die Entscheidung über die bauplanungsrechtliche Zulässigkeit eines Bauvorhabens idR zeitlich eher herbeiführbar ist als die über eine umfassende baurechtliche Zulässigkeit[107] u zum anderen dem Kl bei einem durch die Verpflichtungsklage initiierten Bauvorbescheid bereits eine Rechtsposition erwächst, die ihn vor Änderungen des Bebauungsplans schützt.[108] Bedeutsam wird dies insb, wenn die Klage auf Erteilung der Baugenehmigung nicht aus bauplanungsrechtlichen Gründen, sondern aus (ausräumbaren) bauordnungsrechtlichen Gründen scheitert u man mit der Rspr auch in

---

[106] Vgl NVwZ 1989, 863 u schon früher 68, 244; zust Schneider BauR 1988, 13 ff; Goerlich JZ 1990, 293 f; Selmer JuS 1990, 422; wN zu dieser auch in der Lit hM bei Schenke DÖV 1990, 489 Fn 4; krit ggü dieser Rspr Ms BRS 46 Nr 40; Fluck VerwA 1989, 223 ff; Laubinger VerwA 1989, 241 ff; Mann, Das gestufte Verwaltungsverfahren im Baurecht, 1992, 133 ff; Schenke 312; DÖV 1990, 490 ff.

[107] Soweit die auf Erlaß des Bauvorbescheids gerichtete Verpflichtungsklage weiter vorangeschritten ist, geht bezeichnender Weise auch Ma VBlBW 1997, 144 von der Zulässigkeit der auf den Bauvorbescheid gerichteten Klage aus, was freilich von der Basis seiner Ansicht her zusätzliche Abgrenzungsprobleme schafft.

[108] Daher für prinzipiell bestehendes RSB für die Klage auf Erteilung des Bauvorbescheids trotz späterer Rechtshängigkeit einer Klage auf Erteilung einer Baugenehmigung Bln NVwZ-RR 1999, 231; Ma VBlBW 1987, 303; Schenke VBlBW 1985, 442 ff.

einem solchen Fall die Verpflichtungsklage auf Erteilung der Baugenehmigung in vollem Umfang für unbegründet ansieht (s zu den sich hier stellenden Problemen auch Schenke VBlBW 1985, 442f u Ma VBlBW 1987, 303).

Eine **ähnliche Funktion wie eine Teilgenehmigung** erfüllt eine **abschnittsweise Planfeststellung** einer Fernstraße, die sich ebenfalls als eine Erscheinungsform der **horizontalen Verfahrensstufung** darstellt. Der Streckenabschnitt, der einer eigenständigen Planung unterworfen wird, muß aber für sich allein genommen bereits eine **Verkehrsfunktion besitzen** (100, 255; NVwZ 1997, 916), wie sich für Bundesfernverkehrsstraßen aus § 1 Abs 1 S 1 FStrG ableiten läßt, wonach diese dazu bestimmt sind, ein zusammenhängendes Verkehrsnetz zu bilden. Den sich hieraus ergebenden Anforderungen an das Abwägungsgebot wird aber bereits dann genügt, wenn zwar eine Verbindung zum vorhandenen Straßennetz fehlt, die Gefahr der **Entstehung eines Planungstorsos aber ausgeschlossen** werden kann, weil ein Lückenschluß sichergestellt ist (NVwZ 1997, 917). Daran fehlt es, wenn der Verwirklichung des Vorhabens von vornherein **unüberwindliche Hindernisse** entgegenstehen (UPR 1997, 407). Einen solchen Mangel kann der durch einen Planfeststellungsbeschluß für einen Streckenabschnitt betroffene Eigentümer bereits durch dessen Anfechtung geltend machen (s auch unten 112). Klagebefugt sind aber auch die Eigentümer von Grundstücken, die zwar nicht im Plangebiet liegen, deren Grundstücke aber aller Voraussicht nach durch die Weiterführung einer Straße betroffen werden, weil die Planfeststellung insoweit bereits **„Zwangspunkte"** setzt (NJW 1981, 2592; NVwZ 1997, 493u näher unten 112). Zur Klage eines nach **§ 29 Abs 2 BNatSchG aF (heute § 59 BNatSchG) anerkannten Vereins** gegen eine fehlerhafte Abschnittsbildung iVm einem fernstraßenrechtlichen Planfeststellungsbeschluß s Lü NuR 1999, 522.

Bei Klagen auf **Gewährung von Leistungen,** die jeweils **nur für begrenzte Zeitabschnitte** bewilligt werden (zB Wohngeld), genügt es nach 69, 198 = NVwZ 1985, 35, wenn der Betroffene nur die erste negative Entscheidung angreift. Für die weiteren Zeitabschnitte ist dann nicht jeweils erneut Klageerhebung erforderlich, vielmehr kann der Kl die bei Erhebung der ersten Klage noch ausstehenden VAe für die weiteren Zeitabschnitte, sobald sie ergangen sind, bzw für die weiteren Zeitabschnitte, für die ihr Erlaß inzwischen ebenfalls ansteht, einfach im Wege einer zulässigen Klageänderung (§ 91) in die **anhängige Klage mit einbeziehen** (vgl 69, 198 = NVwZ 1985, 35). Zur Frage des Erfordernisses jeweils neuer **VorVf** als Voraussetzung für die Klagen **in solchen Fällen** s 24 zu § 68.

Zur Frage, inwieweit **Einwendungen** gegen einen **GrundVA** im Rahmen der **Anfechtung von Vollstreckungsakten geltend gemacht werden können,** s 19a zu § 167. Dazu, ob u inwieweit Einwendungen gegen die **Rechtmäßigkeit von Vollstreckungsakten** innerhalb des gestreckten mehraktigen VollstreckungsVf (s dazu Selmer/Gersdorf 11ff sowie Poscher VerwA 1998, 111ff) noch im Rahmen der Anfechtung von **nachfolgenden Vollstreckungsakten** erhoben werden können, s 19c zu § 167.

9. Erfordernis eines nicht erledigten VA als Gegenstand der Klage (Abs 1): Die Anfechtungsklage hat den Rechtsschutz gegen einen VA zum Gegenstand.[109] Die **bloße Behauptung eines VA genügt nicht** (**aA** EF 19f; teilweise Schmidt-Jortzig JuS 1979, 491). Das ergibt sich zwar nicht daraus, daß in den Fällen, in denen nur beim Vorliegen eines VA der VRW eröffnet ist, eine Behauptung diesen nicht begründen kann (so aber RÖ-v Nicolai 10), ist doch 54

[109] Zum Begriff des VA s Anh § 42. Ein VA muß tatsächlich vorliegen, s 30, 287; NVwZ 1982, 103; Lü DÖV 1970, 390; Ey-Happ 4; RÖ-v Nicolai 10; Schenke 182; Sch-Pietzcker 19 zu § 42 Abs 1.

heute der VRW nicht vom Vorliegen eines VA abhängig. Wohl aber leitet es sich daraus ab, daß je nach der Rechtsnatur der hoheitlichen Amtshandlung unterschiedliche Zulässigkeitsvoraussetzungen gelten (s insb §§ 68 ff) u ehe über die Begründetheit einer Klage befunden werden kann, erst deren Zulässigkeit bejaht werden muß (Mü BayVBl 1997, 23; Schenke 64). Zudem kommt dem objektiven Vorliegen eines VA für den iVm § 42 stehenden u diesen flankierenden vorläufigen Rechtsschutz nach § 80 eine wesentliche Bedeutung zu (Schenke 957; s auch 50 zu § 80). Die Verneinung der Verwaltungsaktsqualität einer Maßnahme bedeutet aber **nicht, daß hiermit die Klage unzulässig** ist (so aber RÖ-v Nicolai 10), vielmehr muß dann geprüft werden, ob nicht eine andere Klageart gegeben ist (Schenke 171; NKVwGO-Sodan 100). VA iSd § 42 ist iü auch der **Widerspruchsbescheid,** soweit er ggü dem ursprünglichen VA eine zusätzliche oder – im Verhältnis zu einem Dritten – erstmalige Beschwer enthält. S dazu im einzelnen 1 ff zu § 79.

55 Entsprechend ist auch **die Verpflichtungsklage** nur zulässig, wenn die begehrte Amtshandlung ein VA ist (vgl auch 3 zu § 79; 178 zu § 113). Der Begriff der **Amtshandlung** in § 113 Abs 5 ist gleichbedeutend mit dem Begriff des VA in § 42.[110] Amtshandlung ist insoweit **ieS zu verstehen,** da **nicht jede behördliche Handlung** VA ist (s 1 ff zu Anh § 42).

56 **Die Frage der gesetzlichen Ermächtigung:** Weder für die Anfechtungsklage noch für die Verpflichtungsklage ist dagegen erforderlich, daß der angefochtene bzw begehrte VA sich auf eine ausdr Rechtsvorschrift stützt bzw eine solche vorhanden ist, welche die **Regelung** des in Frage stehenden Rechtsverhältnisses **durch VA** vorsieht (s dazu auch oben 14). Die Anfechtungsklage ist immer schon dann zulässig, wenn der angegriffene Akt objektiv bei sinngemäßer Auslegung sich als VA darstellt (18, 155; Ey-Happ 4 ff). **Ob der VA ergehen durfte,** ist bei der Anfechtungsklage eine Frage der Begründetheit der Klage, nicht ihrer Zulässigkeit. **Rechtsnatur u Rechtmäßigkeit einer Maßnahme** müssen **strikt voneinander getrennt** werden. Entsprechend hängt auch die Zulässigkeit der Verpflichtungsklage nur davon ab, daß die Handlung, zu deren Vornahme die Verwaltung verpflichtet werden soll, **objektiv die Kriterien eines VA** erfüllte. Ohne Bedeutung ist die rechtliche Qualifikation der Amtshandlung durch den Kl sowie ihre Rechtmäßigkeit. Geht der Kl etwa fälschlich davon aus, eine von ihm begehrte behördliche Maßnahme stelle einen VA dar, scheidet eine Verpflichtungsklage aus. Sein Klagebegehren kann aber hier idR iSd Erhebung einer allg Leistungsklage ausgelegt bzw umgedeutet (s § 88) werden (Schenke 42 a; zur **Umdeutung** einer gegen eine beamtenrechtliche Umsetzung erhobenen Anfechtungsklage in eine allg Leistungsklage auf behördliche Rücknahme der Umdeutung s 60, 149).

Unerheblich für die Qualität einer Handlung als VA ist auch, **ob** sie **dem Kl ggü ergangen ist** u ihm bekanntgegeben wurde (74, 4); nur **wenn** ein Akt **überhaupt noch nicht** durch wirksame Bekanntgabe an irgendeine Person **existent** geworden ist, liegt im Rechtssinn noch kein VA vor (s unten 58). Zur Frage der Anfechtbarkeit von Nicht-VAen oben 4.

57 **Klagen, die sich auf einen VA** bzw auf eine Leistung oder Unterlassung, die logisch eine als VA zu klassifizierende Entscheidung der Behörde voraussetzen, **beziehen,** sind nach den zu 2 ff dargelegten Grundsätzen als Anfechtungs- bzw Verpflichtungsklage zu klassifizieren. Daher ist **der Antrag** erforderlichen-

[110] 31, 303; BayVBl 1988, 502; Hbg DVBl 1961, 136; RÖ-v Nicolai 6; Schenke 260; Stern 112; **aA** Bettermann NJW 1960, 649 u DVBl 1969, 705: auch sonstiges Verwaltungshandeln; im Ergebnis ebenso: Maunz BayVBl 1971, 400 u Menger VerwA 1961, 318, die einen weiteren Begriff des VA als die hM vertreten u darunter alle behördlichen Handlungen im Über- u Unterordnungsverhältnis verstehen; dagegen überzeugend Renck BayVBl 1973, 367.

falls **entspr** als auf Bewilligung oder Zuerkennung der Leistung, Zusicherung der Unterlassung usw **auszulegen** (s auch oben 18). Soweit die begehrte Verwaltungshandlung keinen VA darstellt u auch nicht den vorherigen Erlaß eines VA voraussetzt, kommt eine Auslegung bzw Umdeutung einer vom Kl angestrengten „Verpflichtungsklage" in eine allg Leistungsklage in Betracht (oben 56).

Zum **Begriff des VA** iSv § 42 Abs 1 s 1 ff zu Anh § 42. **VA** iSv § 42 ist uU **58**
auch die in einem **konkludenten Verhalten** einer Behörde zu sehende Regelung eines Einzelfalls („sog **konkludenter VA**") sowie der nur vom Gesetz aufgrund bestimmter Gegebenheiten **„fingierte VA".** S dazu 24 zu Anh § 42. Zur Abgrenzung von VAen von **Realakten** (einschließlich der Ablehnung von Realakten) s 23 ff, 40 zu Anh § 42; zur Abgrenzung von **Rechtsnormen** 48 ff zu Anh § 42; zur Rechtsnatur von Maßnahmen im **Sonderstatusverhältnis (besonderen Gewaltverhältnis)** 67 ff zu Anh § 42; zu **innerdienstlichen Rechtsakten,** insb **Weisungen** innerhalb eines staatlichen Instanzenzuges 76 zu Anh § 42; zu **aufsichtsbehördlichen Maßnahmen** ggü anderen Rechtsträgern, insb kommunalaufsichtlichen Maßnahmen 77 ff zu Anh § 42; zur Rechtsnatur von **Organakten** 86 zu Anh § 42; zur grds abzulehnenden **Doppelnatur von Hoheitsakten** 8 ff u 63 f zu Anh § 42; zur Frage der **Maßgeblichkeit von Form oder Inhalt des Verwaltungshandelns** für die Qualifikation als VA 5 ff zu Anh § 42.

Der VA muß grds **bereits ergangen** sein, dh zumindest **einem Betroffenen ggü** – nicht notwendig dem Kl ggü – mit Wissen u Willen der Behörde **bekanntgegeben worden sein** (vgl 2 zu § 68; 6 b ff zu § 70). Gegenstand einer Anfechtungsklage kann, wie sich aus § 43 Abs 2 S 2 ergibt, **auch ein nichtiger VA** sein (oben 3), **nicht hingegen ein Nicht-VA** (s oben 4).

Voraussetzung für die Statthaftigkeit einer Anfechtungsklage ist, daß der **angefochtene VA sich noch nicht erledigt hat** (zum Begriff der Erledigung näher 101 ff zu § 113 u Schenke 309 ff). Diesbezüglich ergibt sich für den Fall einer Erledigung nach Klageerhebung aus **§ 113 Abs 1 S 4 die Unstatthaftigkeit einer Anfechtungsklage;** hat die Erledigung bereits vor Klageerhebung stattgefunden, folgt dies aus einer analogen Anwendung des § 113 Abs 1 S 4.[111] Grds zum selben Ergebnis kommt man, wenn man hier das **RSI verneint** (s auch Schl NordÖR 2001, 493: Klage gegen erloschene Baugenehmigung). Da sich die Vorschrift des § 113 Abs 1 S 4 als eine spezielle Ausprägung des RS I darstellt (Schenke 563), liegt es aber näher, aus § 113 Abs 1 S 4 auf die Unstatthaftigkeit der Anfechtungsklage zu schließen, statt auf das allg Institut des RS I zurückzugreifen (32 vor § 40). Bedenkt man, daß eine **Erledigung** eines VA dann vorliegt, wenn dessen Aufhebung **sinnlos ist** (unten 102 zu § 113; Schenke 313; P § 11, 12; Rozek JuS 1995, 417), so kann jedenfalls – unabhängig vom dogmatischen Ansatz – eine **Anfechtungsklage gegen einen erledigten VA nicht zulässig** sein u kommt nur eine **FFK in direkter oder analoger Anwendung des § 113 Abs 1 S 4,** gerichtet auf Feststellung der Rechtswidrigkeit des VA, in Betracht. **Entsprechendes** gilt bei der **Verpflichtungsklage,** wenn sich der begehrte VA bei seinem Erlaß schon erledigt hätte.

10. Behauptete Rechtsverletzung, Klagebefugnis (Abs 2): Abs 2 macht **59**
bei Anfechtungs- u Verpflichtungsklagen – einschließlich der FFK gem § 113 Abs 1 S 4 (BayVBl 1982, 472) – (auch) die **Geltendmachung einer** (zumindest möglichen) **Verletzung eigener Rechte** – also nicht lediglich ideeller, wirtschaftlicher uä Interessen[112] – des Kl durch den angefochtenen VA bzw durch die Ablehnung oder Unterlassung des begehrten VA zu **einer Zulässigkeitsvoraus-**

---

[111] Für Unstatthaftigkeit einer Anfechtungsklage gegen einen erledigten VA auch Ehlers Jura 2004, 31; Hufen § 14, 12; NKVwGO-Sodan 24; Schenke 246; SGH 143. Dazu, daß die Analogie zu § 113 Abs 1 S 4 der Erhebung einer Feststellungsklage gem § 43 vorzuziehen ist, s 99 zu § 113.

[112] 64, 352; 69, 260; 75, 290; BayVBl 1983, 731; BFH 124, 477 = NJW 1978, 1456.

setzung (Sachurteilsvoraussetzung) der Klage (sog **Klagebefugnis,** § 17 vor § 40), **um sog Popularklagen auszuschließen**[113] **u** den Bekl vor unnötiger Inanspruchnahme zu schützen (Ehlers VerwA 1993, 144; Knuth JuS 1986, 526). Zum **Begriff des Rechts** iSv Abs 2 s unten 78f. Zum Verhältnis von Abs 2 zum Erfordernis des **allg RSB** s 32 vor § 40; zu **Ausnahmen** vom Erfordernis der Betroffenheit in eigenen Rechten unten 180ff; zur **Hauptsacheerledigung bei** nachträglichem **Verlust der Klagebefugnis** 95ff zu § 113; zur Fortdauer der Klagebefugnis **bei Veräußerung der streitbefangenen Sache** gem §§ 265f ZPO s unten 61 sowie 14 zu § 63.

Die Frage, **ob** die behauptete **Verletzung** eigener Rechte **tatsächlich vorliegt,** gehört dagegen auch bei Anfechtungs- u Verpflichtungsklagen – wie bei allen anderen Klagearten – erst zur **Begründetheitsprüfung** (vgl NJW 1984, 1474). **Ausreichend** für die Klagebefugnis ist vielmehr die Möglichkeit **einer RVerletzung** (18, 157; 44, 3; NVwZ 1990, 262; s näher unten 65f). Es ist deshalb unschädlich, wenn der Kl **neben** einer möglichen RVerletzung auch die **nicht mögliche Verletzung anderen Rechts** oder die Verletzung objektivrechtlicher Bestimmungen geltend macht; dies führt nicht etwa zur **tlw Unzulässigkeit** der Klage (so richtig 60, 125; BayVBl 1999, 312), sondern wird erst im Rahmen der Begründetheitsprüfung gem § 113 Abs 1 S 1 relevant. Nicht erforderlich für die Klagebefugnis ist, daß die Verletzung des subjektiven Rechts stets auch **zur Aufhebung des VA gem § 113 Abs 1 S 1 führen muß** (s auch Buchh 232 § 8 BBG Nr 4). Das **verletzte Recht,** an das § 42 Abs 2 anknüpft, muß strikt von dem aus seiner Verletzung entstandenen **sekundären Reaktionsanspr unterschieden** werden, dessen Bestehen erst für die Begründetheit der Anfechtungsklage relevant ist (6 zu § 113; Schenke 502, 524; BeamtenR 26ff; Hk-Sennekamp 57). Scheidet die Möglichkeit des Bestehens eines Reaktionsanspr bei unterstellter subjektiver RVerletzung (ausnahmsweise) aus, ist allenfalls eine analoge Anwendung des § 42 Abs 2 erwägbar. Selbst sie verbietet sich aber, da mit der Anfechtungsklage zugleich auch die Feststellung einer subjektiven RVerletzung durch den angefochtenen VA begehrt wird (21 zu § 121; Schenke 610); das Bestehen dieser subjektiven RVerletzung ist aber völlig unabhängig von der Existenz eines aus ihr erwachsenden Beseitigungsanspr. Bezeichnenderweise kann denn auch der Kl in den Fällen, in denen die subjektive RVerletzung keinen Beseitigungsanspr nach sich zieht, bei Bestehen eines berechtigten Interesses wenigstens die **subjektive RVerletzung in analoger Anwendung des § 113 Abs 1 S 4** feststellen lassen.[114] Zu einer auf einzelne Verfahrensrechte, zB auf Information u Anhörung, **inhaltlich beschränkten Klagebefugnis** s unten 75.

Die Unzuständigkeit der Behörde, die zum Erlaß des beantragten VA verurteilt werden soll, kann dazu führen, daß damit von vornherein die Möglichkeit einer RVerletzung durch die Ablehnung oder Unterlassung des VA ausscheidet u folglich die **Klagebefugnis zu verneinen** ist. Allerdings hängt hier viel vom Einzelfall ab.[115] Um eine andere – praktisch allerdings kaum bedeutsame – Fallkonstellation geht es, wenn der Kl eine andere Person verklagt als diejenige, der ggü er behauptet, einen Anspr auf Erlaß des VA zu besitzen; eine solche Klage ist idR wg **mangelnder passiver Prozeßführungsbefugnis unzulässig** (dazu 1ff zu § 78; 28 vor § 40).

---

[113] 17, 91; 36, 199; DÖV 1966, 570; BayVBl 1980, 444; BSG 43, 141; Mü BayVBl 1982, 152; Sch-Wahl/Schütz 7 zu § 42 Abs 2.

[114] S unten 108 zu § 113; Schenke 326ff u 809f; iVm § 46 VwVfG Schenke DÖV 1986, 305ff.

[115] Generell für Fehlen der Klagebefugnis Mü BayVBl 1984, 368; s auch NKVwGO-Wolff 406 zu § 113 (für Fehlen des allgemeinen RSB); generell für Klagebefugnis NKVwGO-Sodan 381.

a) Klagebefugnis und aktive Prozeßführungsbefugnis. Die Klagebefugnis des § 42 Abs 2 weist **thematisch enge Verwandtschaft** mit der aus dem Zivilprozeßrecht bekannten Figur der **aktiven Prozeßführungsbefugnis** auf (zur passiven Prozeßführungsbefugnis 28 vor § 40). Beide betreffen die Frage, wer prozeßrechtlich als Kl zur Geltendmachung eines Rechts bzw zur sonstigen Initiierung u Führung eines gerichtlichen Vf befugt ist. Man mag deshalb in § 42 Abs 2 eine verwaltungsprozessuale Regelung der aktiven Prozeßführungsbefugnis sehen (krit demgegenüber aber Sch-Wahl/Schütz 17 zu § 42 Abs 2; s auch Schenke 490; JZ 1996, 1060). Allerdings muß man sich dann darüber im klaren sein, daß – unabhängig von solchen Etikettierungen – die einen zentralen Regelungsgegenstand des § 42 Abs 2 bildende Frage der Geltendmachung öffentlicher Interessen durch den Bürger im Zivilprozeßrecht praktisch kaum eine Rolle spielt u der hier bestehende Unterschied bedingt, daß die gesetzgeberische Ausgestaltung der Klagebefugnis in § 42 Abs 2 in wesentlichen Punkten von den von der zivilprozessualen Lehre u Rspr für die aktive Prozeßführung im Zivilprozeßrecht entwickelten Grundsätzen abweicht. So schließt § 42 Abs 2 idR eine **gewillkürte Prozeßstandschaft** aus.[116] Vor allem läßt § 42 Abs 2 – **zur Vermeidung von Popularklagen – allein die klägerische Behauptung einer Verletzung subjektiver Rechte nicht genügen** (unten 65), während es nach dem Zivilprozeßrecht für die aktive Prozeßführungsbefugnis ausreicht, daß der Kl behauptet, ihm stehe das geltend gemachte subjektive Recht zu (vgl zB RS § 46, 5). Unabhängig davon, ob man in der Klagebefugnis eine spezielle verwaltungsprozessuale Ausprägung der aktiven Prozeßführungsbefugnis sieht oder sie als eine eigenständige verwaltungsprozessuale Sachentscheidungsvoraussetzung wertet, verbietet § 42 Abs 2 jedenfalls in seinem Anwendungsbereich einen **Rückgriff auf die von der Zivilprozeßlehre aus dem RSB entwickelten allg Grundsätze für die aktive Prozeßführungsbefugnis** (NVwZ-RR 1996, 537; Schenke 490; Sch-Wahl/Schütz 17 zu § 42 Abs 2). Das dürfte auch für den Fall der gem § 173 S 1, § 62 Abs 1 HS 2 ZPO bestehenden eigentlichen notwendigen Streitgenossenschaft (7 zu § 64) gelten, wenn das geltend gemachte subjektive Recht nur mehreren Personen gemeinsam zusteht u deshalb durch sie auch nur gemeinsam geltend gemacht werden kann.[117] 60

Beispiele für die gesetzlich eingeräumte Klagebefugnis hins der Rechte Dritter (sog gesetzliche Prozeßstandschaft): Mit dem vorher Gesagten steht nicht in Widerspruch, daß **spezialgesetzliche Regelungen** der aktiven Prozeßführungsbefugnis, wie sie sich auch außerhalb der ZPO finden, ihrer **Teleologie entspr auch für das Verwaltungsprozeßrecht Geltung beanspruchen** u hier die Befugnis einer Person zur prozessualen Geltendmachung eigener Rechte ausschließen bzw sie Dritten einräumen. Dabei spielt es im Ergebnis keine Rolle, ob man in diesem schmalen Bereich noch von einer ergänzenden Anwendung der Grundsätze über die aktive Prozeßführungsbefugnis spricht oder – dogmatisch überzeugender – **gesetzliche Spezialregelungen der Klagebefugnis** annimmt, von deren Zulässigkeit § 42 Abs 2 („soweit gesetzlich nichts anderes bestimmt ist") expressis verbis ausgeht. **Klagebefugt** sind danach zB 61

– als Partei kraft Amtes der **Insolvenzverwalter** (§ 80 InsO; vgl noch zum Konkursverwalter Stuttgart VRspr 8, 550); der **Testamentsvollstrecker**[118] oder der **Nachlaßverwalter;**

---

[116] S 25 vor § 40; Ma NVwZ-RR 1995, 639 mwN; **aA** Ba SächsVBl 1997, 210.

[117] ThP 11 ff zu § 62 ZPO, für einen Rückgriff auf die Rechtsfigur der aktiven Prozeßführungsbefugnis in solchen Fällen Geiger VBlBW 2004, 336.

[118] **AA** BFH NJW 1978, 1456, 2264 zur Anfechtung eines Steuerbescheids, da der Testamentsvollstrecker dadurch nur „wirtschaftlich" betroffen werde; zur Anwendbarkeit des § 2213 Abs 1 S 1 BGB auf die Anfechtungsklage der Erben gegen einen Leistungsbescheid gegen den Erblasser Ms NVwZ-RR 1997, 62.

– ein **Miterbe** hins des Anspr auf **Rückübertragung eines Grundstücks nach dem VermG,** wenn Übertragung an die Erbengemeinschaft insgesamt beantragt wird,[119] ebenso hins des **Anspr auf wertgleiche Abfindung** gem § 44 FlurbG (BayVBl 1998, 761: § 2039 S 1 BGB), hins der Anfechtung eines **Investitionsvorrangsbescheids**[120] oder hins einer **baurechtlichen Nachbarklage** (Schenke JZ 1996, 1060; **aA** Ma NJW 1992, 388);
– der **Rechtsvorgänger** im anhängigen Prozeß gem § 173 S 1, §§ 265 f ZPO.[121] Soweit eine Beseitigungsanordnung erlassen wird u das Eigentum während des VorVf auf einen Dritten übergeht, ist jedenfalls der gleichwohl an den früheren Eigentümer gerichtete Widerspruchsbescheid rechtswidrig (für Rechtswidrigkeit des Ausgangs- u des Widerspruchsbescheids Ms NVwZ-RR 1997, 12; näher unten 174); also ist der frühere Eigentümer wg der Verletzung eines **eigenen Rechts** klagebefugt. **Kein Fall** einer Geltendmachung fremder Rechte liegt auch dann vor, wenn die in einem VA für eine bestimmte Person statuierte Pflicht nach Abschluß des VerwaltungsVf auf dessen Rechtsnachfolger übergeht (vgl hierzu Mü BayVBl 1997, 248; unten 174), womit zugleich in bezug auf ihn die Möglichkeit einer RVerletzung begründet wird;
– **der Bund** hins der Geltendmachung von **Stationierungsschäden** nach dem NATO-Truppenstatut gegen die Entsendestaaten **ausländischer Streitkräfte** (vgl BGHZ 33, 345 ff; Sennekamp NJW 1983, 2734; MKZPO 48 vor § 50 ZPO);
– die **Länder** hins der hoheitlichen wie auch der vermögensrechtlichen **Verwaltung der Bundesfernstraßen** für den Bund gem Art 90 Abs 2 GG.[122]

Keine Klagebefugnis besteht nach hM hingegen für **einzelne Mitglieder eines Gemeinderats** oder für eine **Gemeinderatsfraktion,** wenn **Rechte des Gemeinderats** durch eine Kompetenzüberschreitung eines anderen Gemeindeorgans, wie des Bürgermeisters, verletzt werden (s unten 80). An Vorschriften wie § 64 BVerfGG, aus dem sich eine Antragsbefugnis von Organteilen bei Verfassungsorganstreitigkeiten ableiten läßt, fehlt es. Denkbar ist allerdings, daß in der Verletzung von Rechten des Gemeinderats zugleich eine Verletzung von Innenrechten seiner Mitglieder oder Organteilen liegt (s unten 80).

62 **b) Analoge Anwendung des § 42 Abs 2 auf andere Klagearten.** § 42 Abs 2 ist über seinen unmittelbaren Anwendungsbereich hinaus **zT auch auf andere Klagearten analog anzuwenden.** Unproblematisch ist dies in bezug auf die FFK[123] als „amputierte" Anfechtungs- bzw Verpflichtungsklage. Bzgl des von § 113 Abs 1 S 4 unmittelbar erfaßten Anwendungsbereichs der FFK ergibt sich dies bereits direkt aus § 42 Abs 2, so daß es nicht einmal einer sonst gebotenen analogen Anwendung des § 42 Abs 2 bedarf (so auch NKVwGO-Sodan 375).

---

[119] § 2039 S 1 BGB, § 400 Abs 1 ZGB DDR; BayVBl 1996, 252; Fricke/Märker 693; **aA** VG Greifswald VIZ 1995, 44; VG Berlin ZOV 1994, 216, vgl auch Mü BayVBl 2000, 182.

[120] VG Chemnitz ZOV 1993, 439; ZOV 1995, 220: erbrechtliche Sonderregelung in § 2a VermG; VG Meiningen 1. 2. 1995 – 2 K 297/93.Me: Prozeßführungsbefugnis folge aus § 2038 S 1 BGB.

[121] Vgl NJW 1985, 281; Ms DVBl 1973, 226; NJW 1981, 598; NVwZ-RR 2001, 406; s dazu auch unten 174 u 11 ff zu § 63; 2 zu § 90; **aA** Ks NVwZ 1998, 1317; s allg auch Spannowsky NVwZ 1992, 430, der jede Anwendbarkeit der Grundsätze über die Prozeßstandschaft auf derartige Fälle ablehnt.

[122] BayVBl 1983, 538; Mü BayVBl 1980, 341; Ma NVwZ 1982, 253; vgl auch BVerwG 52, 228.

[123] NJW 1982, 2514; 1994, 2038; Ko NJW 1982, 1302; Hufen § 18, 82; NKVwGO-Sodan 375; Schenke, Menger-FS 467; Schmitt Glaeser 353; Sch-Wahl/Schütz 22 zu § 42 Abs 2.

Die ratio des § 42 Abs 2, Popularklagen von vornherein als unzulässig auszuschließen, legt es auch bei der **allg Leistungsklage** nahe, eine **Klagebefugnis analog § 42 Abs 2 zu fordern.**[124] Die im Zivilprozeßrecht anerkannten **Grundsätze über die aktive Prozeßführungsbefugnis vermögen diese Funktion nicht zu erfüllen** (nicht überzeugend daher Erichsen Jura 1992, 386u Jura 1994, 482), da diese nicht auf die Vermeidung von Popularklagen zugeschnitten sind u – hiermit zusammenhängend – hins ihrer Reichweite u ihrer Voraussetzungen **beträchtliche Unterschiede zur Klagebefugnis** bestehen (oben 60). Deshalb liegt es thematisch weit näher, auf die Normierung des § 42 Abs 2 als Ausdruck der Individualrechtsschutzfunktion des Verwaltungsprozeßrechts zurückzugreifen. **Nur auf diese Weise lassen sich Popularklagen ausschließen** u schwerwiegende **Wertungswidersprüche** innerhalb des verwaltungsprozessualen Rechtsschutzsystems **vermeiden.** Angesichts der strukturellen Gemeinsamkeiten der Verpflichtungklage u der allg Leistungsklage fehlt es jedenfalls an sachlichen Gründen für eine unterschiedliche Ausgestaltung der Klagebefugnis u drängt sich eine Analogie zu § 42 Abs 2 auf. Das gilt um so mehr, als diese Analogie vor allem durch Regelungen in **neueren, die besonderen Vwgbk betr Gesetzen** eine **zusätzliche positivgesetzliche Abstützung** erfahren hat, indem hier ausdr nicht nur für die Anfechtungs- u Verpflichtungsklage, sondern auch in bezug auf die allg Leistungsklage eine Klagebefugnis gefordert wird (s **§ 40 Abs 2 FGO; ähnlich § 54 Abs 5 SGG**). Vorbehaltlich abweichender gesetzlicher Regelungen ist § 42 Abs 2 auch analog auf Gestaltungsklagen anwendbar.[125] Entsprechendes gilt, wenn man hier von **Klagen sui generis** ausgeht (5 vor § 40), auch für Klagen in **Kommunalverfassungsstreitigkeiten** u für **sonstige verwaltungsrechtliche Organstreitigkeiten.**[126]

Nach einer im Vordringen befindlichen Auffassung ist **§ 42 Abs 2** auch auf 63 die **allg verwaltungsgerichtliche Feststellungsklage** anwendbar.[127] Diese Ansicht ist **abzulehnen,** da es hier an einer mittels einer Analogie zu schließenden **Regelungslücke fehlt.** Da die Feststellung des Rechtsverhältnisses nur die am Vf Beteiligten binden kann (§ 121), wie auch in Anbetracht der eine Bindung anstrebenden Teleologie der Feststellungsklage erscheint es überzeugender, statt auf die fragwürdige u hier nicht passende Analogie zu § 42 Abs 2 zu rekurrieren, den Anwendungsbereich der Feststellungsklage bereits mittels einer **Eingrenzung des feststellungsfähigen Rechtsverhältnisses** zu limiteren (s 16 zu § 43). Damit kann, iE mit der Rspr des BVerwG übereinstimmend, ein Rechts-

---

[124] 18, 157; 36, 199; NVwZ-RR 1992, 371; 100, 271 = NJW 1996, 2048; NVwZ 1991, 575; BSG NJW 1987, 517 u 736; Ma NJW 1987, 3274; NVwZ 1991, 185 = VBlBW 1991, 115; NVwZ-RR 1991, 334; Bln DÖV 1975, 572; Lü NdsVBl 1997, 108; Mü BayVBl 1985, 84; VG Kassel NVwZ 1983, 373; Ehlers NVwZ 1990, 109f; Jura 2006, 355; B-v Albedyll 111; Ey-Happ 69; Hipp/Hufeld JuS 1998, 802; Hufen § 17, 13; NKVwGO-Sodan 371; P § 14, 1; Schenke 492; Schmitt Glaeser 387; Sch-Wahl/Schütz 33 zu § 42 Abs 2; Steiner JuS 1984, 856; Stern 285; **aA** Achterberg DVBl 1981, 279; Bettermann DVBl 1965, 366; Erichsen DVBl 1982, 100; Jura 1992, 386; Neumeyer, Klagebefugnis 124ff; Ramsauer § 18.05; RÖ-v Nicolai 153; Rupp DVBl 1982, 146; Schoch JuS 1987, 790.

[125] S auch Ma NVwZ 1991, 185: „sinngemäß für sämtliche Klagearten"; Ehlers NVwZ 1990, 109ff; P § 14, 1; Schenke 492.

[126] NVwZ 1985, 113; Ko NVwZ 1985, 283; Ma DÖV 1988, 470; NVwZ-RR 1992, 373; Ms NVwZ 1989, 990; Hufen § 21, 17.

[127] NVwZ 1991, 471; DVBl 1995, 1250; 100, 271 = NJW 1996, 2048; Mü DVBl 1995, 162; Ms DVBl 1993, 61; Brüning JuS 2004, 884; Ehlers NVwZ 1990, 110f; Fehrmann NWVBl 1989, 305f; Knuth JuS 1986, 525ff; P § 14, 1; Stern 300; **aA** Erichsen Jura 1994, 386; Gersdorf 147; Hufen § 18, 26ff; Ipsen 1122; Knöpfle, Lerche-FS 738f; Laubinger VerwA 1991, 459ff; NKVwGO-Sodan 374; Ramsauer 16.06a; Schenke 410 u JZ 1996, 1113; Schoch JuS 1987, 790; Sch-Wahl/Schütz 25ff zu § 42 Abs 2; Schmitt Glaeser 341; Selb, Die verwaltungsgerichtliche Feststellungsklage 1998, 164ff; Würt 425 (grds).

verhältnis nur dann Gegenstand einer verwaltungsgerichtlichen Feststellungsklage sein, wenn **der Kl „entweder an dem Rechtsverhältnis selbst beteiligt ist"** oder **„von dem Rechtsverhältnis immerhin eigene Rechte des Kl abhängen"** (NVwZ 1991, 471), dh es muß zumindest präjudizielle Bedeutung für die Rechtsbeziehungen zwischen Kl u Bekl aufweisen.[128] Das gilt nicht nur für eine Klage auf Feststellung des Bestehens oder Nichtbestehens eines Rechtsverhältnisses, sondern gleichermaßen für eine **Klage auf Feststellung der Nichtigkeit eines VA** gem § 43 (Schenke 414; s auch BVerwG NJW 1982, 2205; DÖV 1982, 411).

Für Normenkontrollanträge ist die Antragsbefugnis in dem durch das 6. VwGO-ÄndG novellierten § 47 Abs 2 S 1 – trotz einer nunmehr erfolgten **Annäherung an § 42 Abs 2** – abweichend vom § 42 Abs 2 **geregelt** (29 ff zu § 47).

64 Einer durch die ganz hM bejahten **analogen Anwendung des § 42 Abs 2**[129] **auf die vorläufigen RechtsschutzVf** der §§ 80, 80 a, 123 **bedarf es nicht,** da die Zulässigkeit des vorläufigen Rechtsschutzes voraussetzt, daß eine in direkter oder analoger Anwendung des § 42 Abs 2 bestehende **Klagebefugnis für das HauptsacheVf zu bejahen ist** (Schenke 994 f; 1031). Im praktischen Ergebnis besteht freilich zwischen der hier vertretenen Ansicht u der hM kein Unterschied.

65 **11. Allgemeine Voraussetzungen der Klagebefugnis:** Die Klagebefugnis ist nach der von der Rspr immer wieder verwandten (zT allerdings tautologischen, vgl Achterberg DVBl 1981, 279 u. Sch-Wahl/Schütz 67 zu § 42 Abs 2) Formulierung gegeben, wenn eine Verletzung der Rechte des Kl durch den angefochtenen VA oder durch die Ablehnung oder Unterlassung des begehrten VA jedenfalls „nicht offensichtlich und eindeutig nach jeder denkbaren Betrachtungsweise unmöglich erscheint", dh, **wenn nicht „offensichtlich und eindeutig nach keiner Betrachtungsweise die vom Kläger behaupteten Rechte nicht bestehen oder ihm nicht zustehen können".**[130] **Die bloße (verbale) Behauptung** der rechtlichen Betroffenheit **genügt nicht.**[131] Eine vereinzelt vertretene gegenteilige Ansicht[132] **orientiert sich zu Unrecht an den zivilprozessualen Grundsätzen für die aktive Prozeßführungsbefugnis** u verurteilt damit das Erfordernis der Klagebefugnis – dem im Verwaltungsprozeß auch im vorläufigem Rechtschutz gem §§ 80, 80 a, 123 wesentliche Relevanz zukommt – zur Bedeutungslosigkeit (s Sch-Wahl/Schütz 65 zu § 42 Abs 2).

66 **a) Die Möglichkeitstheorie.** Die Rspr u die ihr folgende hM[133] bestimmen die Klagebefugnis zu Recht anhand der sog **Möglichkeitstheorie.** Nach ihr genügt es, wenn die Möglichkeit der vom Kl behaupteten RVerletzung besteht.

---

[128] Schenke JZ 1996, 1113; vgl auch Hufen § 18, 27; Knöpfle, Lerche-FS 771; s auch Laubinger VerwA 1991, 459 ff.

[129] Für sie NVwZ 1993, 566; NVwZ 1994, 1001; Bln DVBl 1992, 41; Ma DVBl 1993, 164; NKVwGO-Sodan 79 f u 377.

[130] 18, 157; 36, 199 f; 81, 330; 92, 316; DVBl 1989, 1097; NVwZ 1991, 575; 1993, 884 f; DÖV 1991, 28; Buchh 310 § 42 VwGO Nr 11; BayVBl 1984, 248; BSG 43, 141; DVBl 1968, 809; Gr DVBl 2000, 1074; Ko NVwZ 1987, 71 f; Lü DVBl 1987, 1019; Ma NVwZ-RR 1991, 334; 1993, 445; Mü NVwZ 1984, 816.

[131] BSG NJW 1991, 2989; Ey-Happ 93; Schenke 493; Sch-Wahl/Schütz 65 zu § 42 Abs 2; vgl im einzelnen auch unten 78.

[132] Neumeyer, Die Klagebefugnis im Verwaltungsprozeß 1979, 111 ff u Skouris, Verletztenklage und Interessentenklage im Verwaltungsprozeß, 163 f.

[133] NVwZ 1993, 884 f; 95, 334 f; BSG NJW 1991, 2989; Br UPR 1994, 80; Ma NVwZ-RR 1995, 323; Mü BayVBl 1994, 408; Sa NVwZ-RR 1995, 319; Hipp/Hufeld JuS 1998, 804; Ipsen 1053; NKVwGO-Sodan 379; Lorenz § 18, 11; P § 14, 10; Schenke 494; Schlette Jura 2004, 92; Schmidt-Preuß 553; SGH 154 f; Sch-Wahl/Schütz 67 zu § 42 Abs 2; Würt 274.

Dies setzt voraus, daß die Anwendung von Rechtssätzen möglich erscheint, die (abstrakt) auch dem **Schutz der Interessen von Personen zu dienen bestimmt sind, die sich in der Lage des Kl befinden** (unten 78 ff). Nicht erforderlich ist hingegen, daß der zugrundeliegende Sachverhalt tatsächlich vorliegt oder zumindest schlüssig vorgetragen wird (zur Schlüssigkeitstheorie s unten 67). Es reicht vielmehr aus, wenn die Erfüllung der Tatbestandsmerkmale einer subjektive Rechte konstituierenden Norm „nicht offensichtlich und eindeutig nach jeder Betrachtungsweise unmöglich erscheint". Die **abstrakte Eignung eines Rechtssatzes zur Begründung von subjektiven Rechten** muß damit **realiter bestehen;** dagegen genügt die Möglichkeit des Vorliegens eines unter dem Rechtssatz zu subsumierenden Sachverhalts. Aus diesem Grund ist es (was bei der Kritik von NKVwGO-Sodan 380 nicht ausreichend beachtet wird) durchaus konsequent, wenn die Rspr auf der Basis der Möglichkeitstheorie die Frage der abstrakten Tauglichkeit eines Rechtssatzes zur Begründung von subjektiven Rechten des Personenkreises, dem der Kl angehört, bereits abschließend im Rahmen der Zulässigkeit der Klage klärt (61, 261 ff; 72, 226 ff; 75, 147 ff; vgl auch 95, 133 ff). Ist dies nämlich, losgelöst vom Einzelfall, zu verneinen, ist schon aus logischen Gründen eine subjektive RVerletzung nicht möglich. Deshalb muß bei einer durch den Konkurrenten erhobenen Klage gegen die Begünstigung eines Dritten (unten 143) iVm der **Klagebefugnis abschließend geprüft** werden, ob eine auf die Begünstigung anwendbare Norm überhaupt **subjektive Rechte für den Konkurrenten** zu konstituieren vermag. Ähnlich muß bei einer Nachbarklage in bezug auf § 42 Abs 2 die Frage beantwortet werden, ob überhaupt eine Verletzung von Rechtsnormen möglich ist, die (abstrakt) **zur Begründung von Nachbarrechten** (zumindest unter bestimmten qualifizierenden Voraussetzungen) geeignet sind. Zum **Erfordernis einer Schutznorm** als Voraussetzung dafür, daß eine RVerletzung im dargelegten Sinn „möglich" ist u deshalb die Klagebefugnis für die Klage bejaht werden kann (sog **„Schutznormtheorie"**) s unten 78 u 83.

b) Keine Anwendung der Schlüssigkeitstheorie. Abzulehnen ist demgegenüber eine Bestimmung der Klagebefugnis anhand der Schlüssigkeitstheorie,[134] die allerdings ohnehin den Begriff der Schlüssigkeit nicht iSd Zivilprozeßrechts versteht (s auch P § 14, 9). Nach der **Schlüssigkeitstheorie** genügt vielmehr für die Zulässigkeit einer Klage **„die schlüssige Behauptung eines Kl, daß er – und dh gerade er und nicht irgendein anderer – durch den VA oder seine Ablehnung oder Unterlassung in seinen Rechten verletzt wurde, falls sich der VA oder seine Ablehnung als objektiv rechtswidrig erweist"** (Ule § 33 II). Obschon nach dieser Theorie die Schlüssigkeitsprüfung eingeschränkt wird, stellt sie jedoch noch **zu strenge Anforderungen an die Klagebefugnis.** Zudem ist sie mit dem im Verwaltungsprozeßrecht – anders als im Zivilprozeßrecht – geltenden **Untersuchungsgrundsatz nicht vereinbar** (NKVwGO-Sodan 378; P § 14, 9; Sch-Wahl/Schütz 66 zu § 42 Abs 2). Soweit ihr allerdings vorgeworfen wird, sie unterstelle zu Unrecht die objektive Rechtswidrigkeit eines VA (so der Vorwurf von NKVwGO-Sodan 378) erscheint eine hier ansetzende Kritik von Vertretern der Möglichkeitstheorie jedoch wenig überzeugend, wenn diese zugleich (zutr) darauf hinweisen, daß die Möglichkeit der Rechtswidrigkeit „fast nie ganz ausgeschlossen werden kann" (NKVwGO-Sodan 381; SGH 156). 67

Festzuhalten ist, daß im Rahmen der Prüfung der Zulässigkeit der Klage gem § 42 Abs 2 **nicht bereits eine,** wenn auch nur **summarische, Prüfung der Begründetheit** – oder auch nur der Schlüssigkeit iSd Zivilprozeßrechts (s dazu 68

[134] Ule § 33 II unter Bezugnahme auf 10, 122; 11, 332; ebenso H. Hoffmann VerwA 1962, 325 f; Lüke AöR 1959, 213 f.

oben 67) – der Klage vorzunehmen ist (s auch Sch-Wahl/Schütz 64 zu § 42 Abs 2). Die, wenn auch entfernte **Möglichkeit einer Verletzung** von Rechten (iSd Ausführungen oben zu 65 f) des Kl durch den angefochtenen VA oder durch die Ablehnung oder Unterlassung eines begehrten VA **genügt** für die Bejahung der Klagebefugnis; ob tatsächlich eine RVerletzung vorliegt, ist erst Gegenstand der Prüfung der Begründetheit der Klage (vgl auch Schenke 493).

69 **c) Die Adressatentheorie.** Soweit der Kl **Adressat eines VA ist, der ihm ein Handeln, Unterlassen oder Dulden gebietet,** ergibt sich aus dem zumindest durch das Auffanggrundrecht des Art 2 Abs 1 GG begründeten **umfassenden Schutz seiner Freiheitssphäre,** daß hier stets die Möglichkeit einer RVerletzung zu bejahen ist.[135] Insoweit enthält die **Adressatentheorie** (so zB 10. Aufl 42 a) einen richtigen Kern. Mitunter erhobene Einwände gegen die Adressatentheorie greifen dann nicht durch, wenn man wie hier die formale Adressierung des VA an den Kl nicht ausreichen läßt (für ausreichend hält dies aber Hufen § 14, 75 ff), sondern eine **materielle Beeinträchtigung durch ein Gebot** fordert, dessen Vorliegen freilich dann schwierig zu beurteilen ist, wenn sich dieses auf eine **Duldung** bezieht, da dieses zu seiner subjektivrechtlichen Relevanz eine **spezifische Beziehung zwischen dem Duldungsgebot u der Rechtssphäre des Adressaten** verlangt. Ob tatsächlich ein einen Eingriff in die Rechtssphäre des Adressaten begründendes Duldungsgebot vorliegt, ist oft zweifelhaft u kann durch die Adressatentheorie nicht beantwortet werden; immerhin begründet aber eine Adressierung eines VA (sofern sie nicht gesetzlich unabhängig von einem Eingriff in subjektive Rechte vorgeschrieben wird) eine **Vermutung für einen Rechtseingriff,** da sie prinzipiell nur unter dieser Voraussetzung sinnvoll ist. Jedenfalls im Hinblick auf den hierdurch behördlicherseits erzeugten Rechtsschein kommt ein rechtliches Betroffensein idR in Betracht. Auf juristische Personen des öffentlichen Rechts, denen grds keine Grundrechtsfähigkeit zukommt (unten 127), findet die Adressatentheorie nur dann Anwendung, wenn diese als Träger eigener Rechte betroffen sind u nicht nur – wie dies bei den staatlicherseits übertragenen Aufgaben meist zutrifft (unten 139) – lediglich als verlängerter Arm des Staates;[136] allerdings wird es hier idR bereits am Vorliegen eines VA fehlen, der für die Anwendbarkeit der Adressatentheorie erforderlich ist. Zu beachten ist, daß **die Ablehnung eines beantragten begünstigenden VA** im Hinblick darauf, daß die Freiheitsgrundrechte prinzipiell nur Abwehrrechte sind, noch **keine Klagebefugnis** begründet.[137] Zu (scheinbaren) **Einschränkungen** der Adressatentheorie im **Sonderstatusverhältnis** s unten 173 u Schenke 510 f; auch in diesen Fällen fehlt es aber regelmäßig bereits **am Vorliegen des von der Adressatentheorie verlangten VA.**

70 **d) Voraussetzungen für die Möglichkeit einer Rechtsverletzung.** Die behauptete RVerletzung muß grds **durch den VA,** dh die damit getroffene Regelung, Anordnung usw möglich erscheinen; **belastende Feststellungen allein in der Begründung des VA,** die negative Beurteilung präjudizieller Fragen usw können die Klagebefugnis idR **nicht begründen.** Zu beachten ist allerdings, daß sich aus dem **Fehlen einer Begründung** (s § 39 VwVfG) aber auch aus einer **inhaltlich fehlerhaften Begründung** (63 ff zu § 113; Schenke NVwZ 1988, 1 ff u NJW 1997, 88) die **Rechtswidrigkeit eines VA** u eine

---

[135] Zur Adressatentheorie NJW 1988, 2753; 2004, 698; BayVBl 1994, 90; Ko GewA 1993, 290; Hufen § 14, 75 ff; Lorenz § 18, 37; NKVwGO-Sodan 383; Schenke 510; Schlette Jura 2004, 92; SGH 146, 150; Stern 456; Würt 280; **krit** Gurlitt DV 1995, 449 ff; Hipp/Hufeld JuS 1998, 805; Hk-Sennekamp 60; Sch-Wahl/Schütz 70 zu § 42 Abs 2.

[136] Nicht überzeugend daher, wenn Hufen § 14, 129 u Schlette Jura 2004, 92 auch hier die Adressatentheorie für grds anwendbar halten.

[137] Ehlers Jura 2004, 314; Hufen § 15, 17; Schenke 512; Schlette Jura 2004, 95; **aA** SGH 295 u Stern 291.

Verletzung subjektiver Rechte des Kl ergeben kann. Werden durch die Begründung des VA subjektive Rechte des Adressaten des VA oder Dritten verletzt, ohne daß dies zur Rechtswidrigkeit des VA führt, kommt eine allg Leistungsklage auf Widerruf bzw auf Unterlassung der Begründung in Betracht.

Für die **Bejahung** der **Klagebefugnis** genügt es bereits, wenn die Voraussetzungen nach § 42 Abs 2 dafür **nur hins einzelner** mit einem VA getroffener **Regelungen** gegeben sind, zB bei einer Baugenehmigung nur im Hinblick auf die Verletzung sog nachbarschützender Normen, nicht auch hins der Vorschriften, die ausschließlich dem öffentlichen Interesse dienen. Auch in derartigen Fällen ist **die Klage insgesamt** nach § 42 Abs 2 zulässig; das Gericht muß nicht bereits im Rahmen der Zulässigkeitsprüfung differenzieren u hier in einer Art Vorprüfung einzelne Klagegründe ausscheiden (vgl 60, 125 f; Mü BayVBl 1976, 237), sondern **erst im Rahmen der Begründetheit der Klage** gem §§ 113, 114 prüfen, ob auch hins sonstiger möglicherweise für die Entscheidung maßgeblicher Rechtsnormen eine RVerletzung in Betracht kommt, oder es sich insoweit nur um Normen handelt, die überhaupt nicht oder nur in bestimmter Hinsicht (wie zB § 10 Abs 2 Nr 1 LuftVG) oder nur zugunsten anderer Betroffener subjektive Rechte begründen (DÖV 1978, 805 f; 1979, 517; vgl auch 60, 126. S auch unten 71. Die **Begründetheitsprüfung** ist gem **§ 86 auch keineswegs auf** die gem § 42 Abs 2 zur Begründung der Klagebefugnis **geltend gemachten Gesichtspunkte** beschränkt (s unten 177).

Erforderlich ist im einzelnen: 71

- **1.,** daß für die rechtliche Beurteilung des geltend gemachten Anspr die **Anwendung von Rechtssätzen des öffentlichen Rechts** (s unten 81), uU auch des Verfassungsrechts, insb der Grundrechte (s unten 117 ff) in Betracht kommt, **die zumindest auch dem Schutz der Interessen von Personen** in der rechtlichen Situation, in der sich der Kl befindet, **zu dienen bestimmt** sind (sog **Schutznormtheorie,** s dazu unten 78 u 83; DVBl 1981, 405 f);
- **2.,** daß der Kl von dem in Frage stehenden VA **unmittelbar-tatsächlich in der geschützten Rechtsposition betroffen** ist oder jedenfalls die Möglichkeit einer solchen tatsächlichen Betroffenheit nach Lage der Dinge nicht von vornherein ausgeschlossen erscheint;
- **3.,** daß **zumindest die konkrete Möglichkeit besteht, daß** angesichts der zur Begründung der Klage vorgetragenen oder sonst in Betracht kommenden (s unten 175 f) Tatsachen **Rechte des Kl verletzt werden.**[138] – An einer möglichen RVerletzung idS fehlt es auch, wenn der Kl das Recht aus einer nach **öffentlichem Recht unzulässigen Nutzung** ableitet.[139] S auch unten 81. Zur **Klagebefugnis von Ausländern** s unten 90.

Nicht Voraussetzung für die **Möglichkeit einer RVerletzung** (anders ggf für den Lauf von Rechtsbehelfsfristen usw) ist auch, **daß** der Kl bereits **an** dem idR **vorausgegangenen VerwaltungsVf** bzw WiderspruchsVf **beteiligt** war, oder daß der in Frage stehende VA ihm jedenfalls als auch ihn betr bekanntgegeben (vgl §§ 41, 43 VwVfG) worden ist (der angegriffene VA muß aber jedenfalls schon durch Bekanntgabe an wenigstens einen Betroffenen existent geworden sein, vgl auch oben 4). **Umgekehrt** bedeutet **die Tatsache, daß der Kl an einem vorangegangenen VerwaltungsVf** beteiligt war, in diesem Vf Einwendungen erhoben hat usw, auch noch nicht notwendig, daß allein deshalb auch schon die Klagebefugnis zu bejahen wäre.[140] Soweit Rechtsvorschriften eine 72

---

[138] 39, 347; BSG NJW 1991, 2990; Bln DVBl 1992, 41; ferner BVerwG DVBl 1981, 405 f; Rengeling DVBl 1981, 325.

[139] Vgl Ko NVwZ 1983, 692, wo diese Folge jedoch mit dem Verbot eines Rechtsmißbrauchs begründet wird; **aA** BVerwG NVwZ 1985, 736.

[140] 31, 267; 61, 275; 74, 87; 75, 291; 85, 373; DVBl 1967, 917; NVwZ 1983, 672; NJW 1987, 1154 – Kl muß auch in der Sache in materiellrechtlicher Rechtsposition betroffen

Beteiligung des Bürgers an dem Vf, in dem der in Frage stehende VA ergangen ist oder zu ergehen hätte, vorsehen, ist dies – sofern die Beteiligung (iwS) nicht offensichtlich ausschließlich im öffentlichen Interesse zur besseren Information der Behörde statuiert ist – im Zweifel aber ein Indiz dafür, daß dem Betroffenen von der Rechtsordnung insofern auch eine materiellrechtlich geschützte Rechtsposition iSd § 42 Abs 2 zuerkannt wird.[141] Von einer Klagebefugnis ist regelmäßig dann auszugehen, wenn der VA an den Kl adressiert wurde (s oben 69 u Bettermann, Imboden-FS 1972, 49 ff).

73 **e) Klagebefugnis bei „gestuften Verfahren".** Die Frage, **ob eine RVerletzung** iSv § 42 geltend gemacht werden kann, hängt davon ab, ob u welche Rechte der Kl in bezug **auf den angefochtenen oder begehrten VA** hat, u zwar bei der Anfechtungsklage darauf, daß der VA nicht, jedenfalls nicht so, wie geschehen, mit dem Inhalt, der Nebenbestimmung usw, ergeht, bei der Verpflichtungsklage darauf, daß er ergeht (vgl auch Lü NJW 1984, 1702); **es muß sich um Rechte** (wozu auch rechtlich geschützte Interessen gehören) **handeln, die** der VA oder das Unterbleiben des **VA berührt,** dh in die er eingreift, die er begründet, ändert, verbindlich feststellt usw. Dies ist **im Verhältnis zum Adressaten** eines VA der Fall (sog „Adressatentheorie"; vgl BVerwG BayVBl 1984, 248 = NVwZ 1984, 514; s im einzelnen oben 69); ggü **Dritten,** die nicht Adressaten sind, dagegen nur, wenn der VA – ob von der Behörde beabsichtigt oder nicht – **jedenfalls seinem Inhalt nach** bereits möglicherweise **gegenwärtig u unmittelbar rechtliche Auswirkungen** auf ihre Rechtsstellung haben kann (s auch Schenke 502 a), dh eine Rechtsnorm verletzt sein kann, die den Kl auch vor dem betreffenden VA schützen will (BayVBl 1984, 248 unter Hinweis auf BVerwG 65, 171 mwN u oben 65 f). **Ob letzteres der Fall** ist, ist nach dem Inhalt des VA, der ggf **im Weg der Auslegung** zu ermitteln ist (vgl auch KR 17 zu § 35 VwVfG), u nach den in der Sache maßgeblichen Rechtsvorschriften zu beantworten. So ist zB Gegenstand der Genehmigung einer Leitungstrasse aufgrund der naturschutzrechtlichen Eingriffsregelung nicht die Stromleitung als Anlage, sondern nur der mit ihr verbundene Eingriff in Natur u Landschaft, so daß eine Klagebefugnis nicht aus der Verletzung von Schutznormen abgeleitet werden kann, die mit der Anlage zusammenhängen (Schl NuR 1999, 533).

Manche Gesetze, vor allem im Planungsrecht, sehen **abgestufte Vf** dergestalt vor, daß zunächst Festlegungen erfolgen, die noch keinem Dritten ggü **oder nur bestimmten** Dritten ggü, zB den betroffenen Gemeinden ggü (vgl NJW 1986, 2447; Koch JA 1987, 1205), VA-Charakter haben, u **erst in späterer Folge dann VAe** ergehen, die auch von den betroffenen Bürgern angegriffen werden können, zB die Planfeststellungsbeschlüsse, mit denen dann erst in der letzten Stufe die abschließende, auch Dritten ggü verbindliche Gestattung eines Vorhabens erfolgt.[142] Entspr differenziert ist in diesen Fällen auch die Klagebefugnis zu beurteilen.[143] So sollte beispielsweise nach der Rspr in bezug auf die luftverkehrsrechtliche Genehmigung gem § 6 LuftVG aF zwar die Gemeinde bei Verletzung

sein –; NVwZ 1993, 890; 1993, 1105; Ko NVwZ 1987, 239; Ma DVBl 1976, 540; Mü GewA 1975, 63; Ms NJW 1993, 2132 f; Ruthig BayVBl 1994, 394; Schlotterbeck NJW 1991, 2676 mwN; Schmidt NJW 1978, 1773 f; Winters DÖV 1978, 268.

[141] 28, 269; DVBl 1967, 917; Ma VRspr 20, 308; Ruthig BayVBl 1994, 394 f; Schmidt-Preuß 405 f; s auch Ms BauR 1995, 686 f zum Verhältnis von verwaltungsverfahrensrechtlicher Antragsbefugnis u Klagebefugnis.

[142] 74, 14, 131; NJW 1986, 2451; UPR 1986, 107; Buchh 442.40 § 6. LuftVG Nr 8; Wahl DÖV 1975, 373; Schmidt-Aßmann DVBl 1981, 334; Weyreuther DÖV 1982, 179. Dazu auch Erbguth NVwZ 2005, 241 ff, der sich für eine Vorverlegung des Rechtsschutzes ausspricht.

[143] Vgl Kopp 80 ff zu § 73 VwVfG mwN; allg auch Schmidt-Aßmann DVBl 1981, 334; s ferner Schenke DÖV 1990, 489; zur Zulässigkeit „gestufter Verfahren" auch BVerwG 74, 131.

ihres Beteiligungsrechts schon klagebefugt sein (s unten 75), nicht hingegen ein privater Dritter wie ein Nachbar, der grds erst gegen den nachfolgenden Planfeststellungsbeschluß (s § 9 LuftVG) vorzugehen vermochte.[144] Diese im Hinblick auf die faktischen Vorwirkungen einer Genehmigung nach § 6 LuftVG schon früher problematische Ansicht[145] ist freilich durch den neu geschaffenen § 6 Abs 6 LuftVG, der in bezug auf Vorhaben nach § 8 Abs 1 LuftVG nunmehr von einem Rechtsschutz Dritter schon gegen die Genehmigung nach § 6 LuftVG ausgeht, weitgehend überholt. Die Konsequenz dieser Vorverlegung des Rechtsschutzes dürfte allerdings sein, daß solche Einwendungen, die nunmehr bereits ggü der nach § 6 LuftVG erteilten Genehmigung klageweise hätten geltend gemacht werden können, nicht mehr im Rahmen der Anfechtung eines späteren, nach den §§ 8 ff LuftVG ergehenden Planfeststellungsbeschlusses erhoben werden können (vgl auch Wahl NVwZ 1990, 924 f).

Die **Plan- u Linienführungsbestimmung** für eine Bundesfernstraße durch den Bundesverkehrsminister gem § 16 Abs 1 FStrG wird durch die Rspr als ein rein verwaltungsinterner Akt angesehen, der – wie nunmehr auch durch § 15 Abs 5 UVPG bestätigt wird (dazu Ewer NVwZ 2007, 268) – von keinem der später durch die Planfeststellung Betroffenen gem § 42 angefochten werden kann (48, 60; 62, 343 = NJW 1981, 2592; DVBl 1997, 1117; NVwZ-RR 2002, 2; Schenke 230), auch nicht von dem betroffenen Land oder den betroffenen Gemeinden. Da **Abwägungsmängel** auf der Ebene der Linienbestimmung auf das **nachfolgende PlanfeststellungsVf durchschlagen,** können sie jedoch von den durch die Planfeststellung Betroffenen geltend gemacht werden (DVBl 1997, 1117; Vallendar UPR 1998, 82). Entspr gilt nach § 15 Abs 5 UVPG für die Linienbestimmungen nach § 16 FStrG u § 13 WaStrG. Nach § 16 Abs 3 UVPG kann auch das Ergebnis eines RaumordnungsVf nach § 15 ROG nur im Rahmen eines Rechtsbehelfs gegen die nachfolgende Zulassungsentscheidung angefochten werden. Durch diese aus Gründen der Verfahrensökonomie erfolgende Konzentration des Rechtsschutzes auf eine spätere Stufe des mehrstufigen Vf (s auch unten 116) wird freilich die Effektivität des Rechtsschutzes beeinträchtigt (für eine Vorverlegung des Rechtsschutzes Erbguth NVwZ 2005, 241 ff). Ähnliche Probleme stellen sich iVm einem der Errichtung von Höchstspannungsfreileitungen vorgeschalteten naturschutzrechtlichen GenehmigungsVf (zB nach § 7 a SchlHNatSchG, hier eine Klagebefugnis des Eigentümers bejahend v Götz DVBl 1999, 1415 f mwN). Auch Einwendungen wg **befürchteter Nutzungsbeschränkungen nach § 19 Abs 2 WHG** können nach der Rspr **nicht** schon gem § 8 Abs 3 WHG gegen die **wasserrechtliche Bewilligung** geltend gemacht werden (DÖV 1997, 1008 im Anschluß an ZfW 1978, 234).

Zur (idR zu verneinenden) Klagebefugnis bzgl hoheitlicher Mitwirkungsakte zu Maßnahmen, die den Kl unmittelbar betreffen, wie zB das gemeindliche Einvernehmen zu einer Baugenehmigung gem § 36 BauGB oder die Genehmigung einer Satzung, s unten 166 ff.

Gestufte Vf sind häufig in Gesetzen auch **dergestalt** vorgesehen oder bei Fehlen ausdr Regelungen auch nach allg Rechtsgrundsätzen (s KR 43 zu § 9 VwVfG) dergestalt zulässig, **daß** die Behörde, zB bei der Genehmigung eines Vorhabens, **zunächst** durch VA **grds** über die Gesamtkonzeption u Genehmigungsfähigkeit, ähnlich wie dies bei Grundurteilen gem § 111 der Fall ist, oder 74

---

[144] NJW 1969, 340; NVwZ-RR 1991, 9; Hbg NVwZ-RR 1997, 619; s zu dieser sehr umstrittenen Problematik Ronellenfitsch DVBl 1984, 507 mwN in Fn 58; Schenke VBlBW 1982, 323; Wahl NVwZ 1990, 924.

[145] S auch NVwZ-RR 1991, 126; Hbg NVwZ-RR 1997, 620; für Rechtsschutz bei faktischer Grundrechtsbeeinträchtigung nunmehr Mü NVwZ-RR 1998, 491; zur fehlenden Klagebefugnis eines Luftverkehrsunternehmens s unten 115; zu der eines zukünftigen Benutzers unten 116.

über Teilregelungen, dh über einzelne Teile oder Teilaspekte u **dann in stufenweise fortschreitender Konkretisierung** über weitere Teile oder Teilaspekte der **Errichtung** des Vorhabens u später uU dann gegebenenfalls auch gesondert über die **Inbetriebnahme** entscheidet. Jedenfalls hier liegt es – vorbehaltlich abweichender gesetzlicher Regelungen – in der Logik der Stufung des Vf, grds von einer Vorverlegung des gerichtlichen Rechtsschutzes auszugehen. S auch oben 53 u 73 u unten 116 sowie 162; zu Besonderheiten solcher Vf u zur Anfechtung der einzelnen Teilentscheidungen insb 92, 185 = NVwZ 1993, 578; NVwZ-RR 1999, 15; s auch Schenke DÖV 1990, 489; oben 53 u unten 116 sowie 162; KR 43 zu § 9 VwVfG; speziell zum Bauvorbescheid in der Form der Bebauungsgenehmigung s oben 53. Für die **Anfechtungsklage** von betroffenen Nachbarn bzw für eine Verpflichtungsklage seitens des ASt kommt es in solchen Fällen auch hins der Klagebefugnis grds **nur auf die jeweilige Teilregelung** u die davon betroffenen Rechtspositionen an. Im **Interesse** einer **möglichst frühzeitigen Klärung** der Frage, ob der betroffene VA auch den damit letztlich verbundenen weitergehenden Zweck, zu dem er beitragen soll, u von dem her er letztlich auch seinen Sinn erhält, erfüllen kann, läßt es die Rspr in gewissem Umfang zu, daß die Klagebefugnis **auch schon** auf **Gesichtspunkte** gestützt werden kann, die unmittelbar **erst** die für das in Frage stehende Vorhaben **noch ausstehenden weiteren VAe betreffen.** So kann wg des unmittelbaren Zusammenhangs der entspr Regelungen, zB die Erlaubnis für die Errichtung einer Anlage, im Zweifel auch schon mit Gründen der Betroffenheit durch den evtl späteren Betrieb angegriffen werden. **Immer getrennt zu beurteilen** ist dagegen die Klagebefugnis für Anfechtungs- u Verpflichtungsklagen in bezug auf VAe, die Regelungen jeweils nur **für bestimmte Zeitabschnitte** treffen, wie zB die **Bewilligung von Wohngeld** jeweils nur für bestimmte Zeiträume, nach deren Ablauf die Weitergewährung jeweils neue Bewilligungen erfordert. S auch oben 53.

Zur **Unzulässigkeit** der Erhebung von **Einwendungen gegen einen GrundVA** im Rahmen der Anfechtung von **Vollstreckungsakten** s 19 a zu § 167; zur **Stufung des VollstreckungsVf** u den sich hieraus ergebenden **Konsequenzen für den Rechtsschutz** 19 c zu § 167.

75 **f) Umfassende oder partielle Rechtsbetroffenheit.** IdR hat die Klagebefugnis zur **Voraussetzung,** daß der Kl durch den in Frage stehenden VA bzw durch dessen Ablehnung oder Unterlassung jedenfalls im Ergebnis, wenn auch uU erst als Folge der Verletzung formellen Rechts (s unten 95), **in einem materiellen Recht** (zB Freiheit, Eigentum usw) betroffen sein kann. Je nach den in Frage stehenden Rechtsvorschriften, die die Rechtsbetroffenheit begründen, kann die Klagebefugnis jedoch uU **auch nur in bestimmter Hinsicht,** zB für die Klage des Straßenanliegers, wenn keine Planfeststellung durchgeführt wurde, grds nicht auf Durchführung einer solchen, sondern nur auf Anordnung geeigneter Schutzvorkehrungen zugunsten des Kl (vgl oben 32) gegeben sein, oder sich **nur** auf die **Verletzung von Normen des formellen Rechts,** insb des Verwaltungsverfahrensrechts, beziehen, die dem Kl unter Ausklammerung von in der Sache selbst möglicherweise betroffenen materiellen Rechten zB einen vom materiellen Recht unabhängigen, selbständig durchsetzbaren **Anspr (nur) auf Beteiligung** am Vf bzw auf Anhörung im Vf geben.[146] Sofern Verfahrensrechte dem Kl unabhängig von einem materiellen Betroffensein bzw von einer Verletzung sonstiger Rechte im Falle ihrer Verletzung grds ein Abwehrrecht ggü dem das Vf abschließenden VA einräumen u eine entspr Anfechtungsklage deshalb

[146] 44, 239; 56, 135; 81, 106 mwN; 87, 69 = NVwZ 1991, 164: dazu Battis/Weber JuS 1992, 1012; NJW 1980, 718 NVwZ 1988, 731; DVBl 1991, 214; Buchh 407.4 § 17 FStrG Nr 33 S. 101; s auch unten 95; vgl auch Peine DÖV 1983, 909.

immer zu einer Aufhebung des VA führt, spricht man von **absoluten Verfahrensrechten** (s Sch-Gerhardt 14 zu § 113 u hierzu auch unten 93u 95 sowie 58 zu § 113).

So kann zB **eine Gemeinde,** die im GenehmigungsVf gem § 6 LuftVG ein selbständiges, dh von einer rechtlichen Betroffenheit in der Sache losgelöstes, Beteiligungsrecht hat, bei Verletzung des Beteiligungsrechts **die Genehmigung mit Erfolg anfechten** (dazu, daß hier § 46 VwVfG keine Anwendung findet, s 58 zu § 113), letzteres allerdings nach bisher hM **nur wg Verletzung ihres Rechts auf** Beteiligung und wg mit der Beteiligtenstellung verbundener Verfahrensrechte, nicht auch in der Sache wg Verletzung ihrer Planungshoheit[147] (zur Klagebefugnis Dritter s oben 73 u unten 115f). **Auf ihre Planungshoheit** kann die Gemeinde eine Anfechtungsklage dann **erst gegen** den in der Sache möglicherweise später ergehenden **Planfeststellungsbeschluß** stützen (vgl auch unten 138).

Gleichfalls um die Geltendmachung eines selbständigen, von der materiellen Rechtsbetroffenheit losgelösten Verfahrensrechts (zu entspr Vereins- bzw Verbandsklagen s unten 180) geht es zB im Umweltrecht bei einer Klage einer anerkannten Umweltschutzvereinigung (dazu zählen nach § 3 Abs 1 S 2 UmwRG auch anerkannte Naturschutzvereine), die sich dagegen richtet, daß bei einer Entscheidung über die Zulässigkeit eines Vorhabens nach § 1 Abs 1 S 1 UmwRG eine nach näherer Maßgabe des § 4 Abs 1 UmwRG erforderliche Umweltverträglichkeitsprüfung nicht durchgeführt u auch nicht nachgeholt worden ist (dazu, daß hier eine Klage auf Durchführung einer Umweltverträglichkeitsprüfung unzulässig ist, s 9ff zu § 44a).[148] Auch die zulässige Klage von anderen nach § 61 Nrn 1 u 2 Beteiligten führt nach § 4 Abs 3 UmwRG beim Fehlen einer Umweltverträglichkeitsprüfung zur Aufhebung der Entscheidung. Auch eine unter Verstoß gegen die Verfahrensgarantien des Art 9 Abs 1 RL 64/221/EWG ergangene Ausweisungsverfügung ist wg eines absoluten unheilbaren Verfahrensfehlers aufzuheben (InfAuslR 2006, 110ff; Ma VBlBW 2007, 109, 114).

Dagegen kann bei sog **„Jedermann-Einwendungen",** dh Einwendungen, die keine Betroffenheit in eigenen Rechten erfordern, in PlanfeststellungsVf u ähnlichen Vf (vgl dazu auch KR 53f zu § 73 VwVfG) ein Einwender, wenn seine **Einwendung nicht** gem §§ 73 Abs 6, 74 Abs 2 S 1 VwVfG oder nach einer in der Sache anwendbaren vergleichbaren Bestimmung **behandelt** u erörtert **wurde,** die Planfeststellung deshalb nicht auch in der Sache angreifen[149] u nur auf Durchführung der rechtlich gebotenen Verfahrensbeteiligung klagen.

Auch in **OrganstreitVf** können die Betroffenen, **denen** (nach ihrer Auffassung) zu Unrecht die **Mitwirkung** bei Beschlüssen ua **versagt wurde,** grds nicht die aufgrund der Beschlüsse erlassenen VAe angreifen, sondern nur ihren Ausschluß von der Mitwirkung usw (s auch unten 80). Sie können allenfalls Aussetzung der Vollziehung der Beschlüsse verlangen u insoweit ggf vorläufigen Rechtsschutz gem § 123, bzw, soweit es sich bei den Beschlüssen ebenfalls um VAe handelt, gem § 80 in Anspr nehmen. **Mit dem Vollzug** des Beschlusses **erledigt sich** jedoch insoweit **die Hauptsache** u kommt, soweit es sich bei den Organakten um VAe handelt (86 zu Anh § 42) nur noch eine FFK gem § 113 Abs 1 S 4 bzw analog dazu in Betracht, bei Organakten, die keine VAe sind, eine

---

[147] 56, 135; 81, 106; 87, 63 = NVwZ 1991, 162; NJW 1979, 1421; DVBl 83, 889; Lü NVwZ 1992, 903: auch, wenn zu Unrecht kein Planfeststellungsverfahren durchgeführt wurde; Battis/Weber JuS 1992, 1012; Murswiek JuS 1993, 520; Sch-Wahl/Schütz 73 zu § 42 Abs 2; vgl auch BVerwG NJW 1980, 718.

[148] Dazu näher Ziekow NVwZ 2007, 259ff.

[149] Vgl Mü NVwZ 1989, 1180, auch zum Anspruch auf Nicht-Weiterführung eines Verfahrens, bevor nicht ein bestimmtes Gutachten, auf dessen Einholung der Kl Anspruch hat, eingeholt wurde.

allg verwaltungsgerichtliche Feststellungsklage (Schenke 338). **Entspr** gilt für **Klagen** von Mitgliedern ör Vereinigungen **gegen Beschlüsse der Organe** der Vereinigung, die sie für rechtswidrig halten.

76 **g) Belastungswirkung, insb Abgrenzung von belastenden und begünstigenden VAen.** Grds setzt die Klagebefugnis eine **Belastung des Kl** in seinen Rechten voraus. Nur eine scheinbare Ausnahme stellt es dar, wenn der angefochtene VA, zB eine Genehmigung, vom Kl zwar beantragt worden war, jedoch nur unter dem Druck der Umstände, obwohl der Kl der **Auffassung** war, **daß** seine Betätigung **nicht genehmigungspflichtig** sei. UU **hängt** die Frage, ob der Kl durch einen VA oder dessen Unterbleiben belastet oder begünstigt wird, jedoch auch **von den Interessen des Kl ab** (vgl zu § 47 Dürr DÖV 1990, 138 mwN). Ein **Wehrpflichtiger,** der Wehrdienst leisten möchte, wird durch einen positiven **Musterungsbescheid** begünstigt, ein anderer, der nicht eingezogen werden möchte, belastet (vgl allg auch KR 68 zu § 48 VwVfG). Klagebefugt ist deshalb der Kl zB bei **vorzeitiger Entlassung aus dem Zivildienst wg** des Wegfalls bestimmter Anspr u Vergünstigungen (66, 76 = NJW 1983, 774); bei vorzeitiger **Ausmusterung** eines Wehrpflichtigen wg Untauglichkeit (Buchh 448.0 § 8a WPflG Nr 28 S 50); bei Vorliegen von **Verwendungsausschlüssen** nach § 8a WPflG aus gesundheitlichen Gründen entgegen dem erklärten Willen des Wehrpflichtigen;[150] bei **Erteilung einer Erlaubnis,** wenn die Behörde damit die vom Kl bestrittene Rechtsbehauptung „betätigt", daß die Erlaubnis erforderlich ist (Mü BayVBl 1966, 171; bestätigt durch 27, 253); bei der **Benennung einer Straße** oder der **Zuteilung einer Hausnummer,** wenn der Kl eine andere Bezeichnung bzw eine andere Hausnummer wünscht bzw die bisherige behalten will (Mü NVwZ-RR 1996, 344); bei einer **Sondernutzungserlaubnis,** wenn damit die Verpflichtung zur Zahlung von Sondernutzungsgebühren entsteht; allg bei der idR mit begünstigenden VAen verbundene **Verpflichtung zur Zahlung** einer Verwaltungsgebühr. – Auch unabhängig vom Vorliegen dieser Voraussetzungen braucht sich der Bürger **Begünstigungen** grds **nicht „aufdrängen" zu lassen;** uU fehlt aber für eine Klage gegen ausschließlich begünstigende VAe das RS I. Vgl allg zur Frage, wann VAe als begünstigend oder belastend anzusehen sind, u zur Notwendigkeit einer Berücksichtigung subjektiver Kriterien dabei KR 64 ff zu § 48 VwVfG.

77 **h) Klagebefugnis in besonderen Gewaltverhältnissen (Sonderstatusverhältnissen) und im Bereich der Kommunalaufsicht uä.** S unten 114, 139, 173.

78 **12. Begriff der Rechtsverletzung und „Schutznormerfordernis":** Die Klagebefugnis erfordert, daß der Kl eine RVerletzung geltend macht (Abs 2).

a) Die geschützten Rechte. Als **Rechte,** deren Verletzung geltend gemacht werden kann, kommen neben **subjektiven Rechten,** die durch **einfachgesetzliche Vorschriften** begründet werden, auch solche des **Verfassungsrechts,** insb die Grundrechte (s unten 117 ff), des **Gewohnheitsrechts** oder aufgrund **allg Grundsätze des ungeschriebenen** Rechts (s unten 155) einschließlich des Richterrechts in Betracht, nach Maßgabe der Art 24 Abs 1 u 25 GG auch des zwischenstaatlichen Rechts, insb des EG-Rechts (s auch unten 152 ff) u des Völkerrechts (s auch unten 90), kollisionsrechtlicher Vorschriften oder Grundsätze, ggf auch rechtlich geschützter Interessen von **Personen im Ausland** (s unten 90). Nach hM genügt **jedes von der Rechtsordnung,** dh durch eine Rechtsnorm des geschriebenen oder ungeschriebenen öffentlichen (s unten 81) Rechts,

---

[150] **AA** NVwZ 1986, 479: keine mögliche RVerletzung, wenn weniger abverlangt wird, als gesundheitlich zugemutet werden könnte.

als schutzwürdig anerkanntes Individualinteresse.[151] Die in Frage stehende Norm, die nach hM Voraussetzung für die Klagebefugnis ist, muß ausschließlich oder – neben anderen Zwecken – zumindest auch dem Schutz der Interesse des Kl dienen (sog **„Schutznormtheorie“**, s dazu unten 83 ff). Der ursprünglich engere Begriff des (subjektiven) Rechts wird heute im weiteren Sinn als Oberbegriff für **Rechte** ieS u **rechtlich geschützte Interessen** bzw Rechtspositionen verstanden (vgl zB NJW 1987, 857; BK-Schenke 288 zu Art 19 IV GG; DÖV 1986, 308). **Keine RVerletzung** kann idS aus einer **unerlaubten Nutzung** hergeleitet werden (s unten 89).

Subjektive Rechte können sowohl Rechte Privater wie auch die von Hoheitsträgern, also auch die des Staates sein (s auch unten 141). Allerdings spielen die subjektiven Rechte des Staates iVm der Klagebefugnis keine große Rolle (ausf zu subjektiven Rechten des Staates 11 zu § 43).

Die verletzten Rechte können sowohl **materielle Rechte** als auch **formelle,** dh **Zuständigkeiten, Handlungsformen** oder das **Vf betr Rechte** des Kl sein. **Grds** müssen jedoch **jedenfalls im Ergebnis** subjektive materielle Rechte betroffen sein (s dazu 95).

Auf **Rechte der Landesverfassung** u des einfachen Landesrechts kann die 79 Klagebefugnis uneingeschränkt nur ggü VAen von Landesbehörden gestützt werden, ggü **VAen** von **Bundesbehörden** dagegen nur, wenn u soweit diese hins der in Frage stehenden VAe dem Landesrecht unterworfen sind bzw es jedenfalls zu beachten haben (s auch NVwZ 1996, 390). Dies ist jedenfalls **für Grundrechte,** die mit Grundrechten des GG übereinstimmen, gem Art 142 GG der Fall,[152] sonst wg Art 31 GG **nur** u immer, **wenn u soweit das Bundesrecht** insoweit **Raum läßt** u nicht (in zulässiger Weise) eine abschließende Regelung trifft. **Ob** u ggf inwieweit **eine Frage abschließend** u unter Ausschluß von Rechten nach Landesrecht bundesrechtlich geregelt ist, ist nach dem Sinn u Zweck der jeweiligen Regelung zu beurteilen. Für die Klagebefugnis sollte allg von der **Möglichkeit einer Anwendung des Landesrechts** ausgegangen werden; bei der Begründetheitsprüfung ist dann jedoch genau zu prüfen, ob u wieweit Raum für die Anwendung des Landesrechts bleibt. Bei **Ermessensentscheidungen** – vor allem auch im Planungsrecht – ist im Zweifel davon auszugehen, daß bei der zu treffenden Entscheidung auch das einschlägige Landesrecht zu berücksichtigen ist (vgl zum Polizeirecht ME VerwA 1969, 95; Scholz DVBl 1968, 735; vgl auch 29, 58). Entspr gilt, wenn, wie bei **Planfeststellungen** idR, durch den Planfeststellungsbeschluß zugleich Entscheidungen nach Landesrecht ersetzt werden (vgl KR 10 zu § 74 VwVfG).

b) Außenrechte und Organrechte sowie sonstige **„wehrfähige“ Rechtspositionen. Rechte iSv § 42 Abs 2** sind außer den subjektiven materiellen u 80 formellen öffentlichen Rechten im traditionellen (engeren) Sinn einschließlich der rechtlich geschützten Interessen (sog Außenrechte, s oben 79) **auch** die sog **organschaftlichen Rechte u vergleichbare** „wehrfähige“ Rechtspositionen,[153] die einer natürlichen oder juristischen Person oder einer sonstigen Verei-

---

[151] Vgl 10, 123; 15, 61; 41, 63; 58, 246; BSG DVBl 1991, 163; Ma DVBl 1976, 540; Mü BayVBl 1974, 279; Bauer AöR 1988, 582 ff; Blankenagel DV 1993, 1 ff; Huber 107 ff; Maurer § 8, 2; RÖ-v Nicolai 102; Schenke 496; Sch-Wahl 95 vor § 42 Abs 2; Wiegand BayVBl 1994, 609 ff u 647 ff.

[152] Vgl Jutzi DÖV 1983, 840: Art 28 Abs 2 u 142 GG würden sonst weitgehend leerlaufen; **aA** Bambey NVwZ 1985, 249; Tilch, in: Starck/Stern, Landesverfassungsgerichtsbarkeit II, 1983, 551.

[153] Vgl hierzu umfassend Roth Verwaltungsrechtliche Organstreitigkeiten 461 ff sowie unten im Text; s ferner 86 ff zu Anh § 42 u 10 f zu § 43; zu „wehrfähigen“ Rechtspositionen außerhalb von Organrechten, die von ihm aber – abweichend von der hier vertretenen Ansicht – nicht als subjektive Rechte verstanden werden, s Wißmann ZBR 2003, 293 ff.

nigung (iSv § 61 Nr 2) von der Rechtsordnung zur Wahrung eigener persönlicher oder „funktionaler" Interessen zuerkannt sind:[154] Der Umstand, daß durch Organrechte u sonstige wehrfähige Rechtspositionen von staatlichen Kompetenzträgern nicht Interessen des Bürgers, sondern öffentliche Interessen geschützt werden, steht der Bejahung der subjektiven Rechtsqualität solcher Rechtspostionen nicht im Wege (so aber Wißmann ZBR 2003, 302 f), da das durch das subjektive Recht geschützte rechtliche Interesse keineswegs nur ein privates Interesse zu sein braucht, was sich ua daran zeigt, daß auch subjektive Rechte des Staates anzuerkennen sind (Schenke 387 u eingeh Schenke Rechtsschutz 233 f). Subjektive Rechte sind deshalb zB **das Recht eines Mitglieds eines Gemeinderats auf Teilnahme** an den Sitzungen u an der Beratung u der Beschlußfassung des Gemeinderats; auf Antragstellung; darauf, sich mit anderen zu einer Fraktion zusammenzuschließen, wenn die rechtlichen Voraussetzungen dafür erfüllt sind (Ko NVwZ 1985, 283); auf Berücksichtigung bei der Besetzung von Ausschüssen usw; **nicht dagegen** zB auch darauf, daß ein anderes Gemeinderatsmitglied, das befangen ist, nicht an einer Beschlußfassung mitwirkt (Ko NVwZ 1985, 283); daß ein Gemeinderatsmitglied, das in der Sitzung einen „Aufkleber" mit einer politischen Parole trägt, nicht mitwirkt (DVBl 1988, 792); daß eine Gemeinderatssitzung öffentlich ist (Ma NVwZ-RR 1992, 373; **aA** Ms DVBl 2001, 1281); daß einer Einladung zur Gemeinderatssitzung die erforderlichen Unterlagen beigefügt werden (Ma VBlBW 1999, 304). Aus der subjektiven Rechtsqualität von Organrechten ergeben sich bei deren (fortdauernder) Verletzung Anspr auf Beseitigung der RVerletzung (eingeh Roth, Verwaltungsrechtliche Organstreitigkeiten 856 ff; s auch Schenke 867). Ein wehrfähiges Organrecht kann auch durch eine kommunalaufsichtsbehördliche Aufhebungsverfügung beseitigt werden u demgemäß muß auch insoweit eine Klagebefugnis des Organs bejaht werden (Ms NVwZ-RR 2004, 674; s auch unten 80).

Entspr gilt auch für durch Gesetz begründete (oder durch Gesetz anerkannte) sog **„wehrfähige" Innenrechtspositionen** von im Bereich der Verwaltung, auch im Bereich ein u desselben Verwaltungsträgers, errichteten **Gremien, Einrichtungen u Organen,** wie zB den Jugendwohlfahrtsausschuß.[155] Auch sie **begründen,** wenn u soweit die geschützte Rechtsposition betroffen ist, **die Klagebefugnis** ihres Trägers (Herbert DÖV 1994, 110; s auch 11 zu § 61). Als subjektives Recht ist zB auch das Recht eines Lehrers auf Schutz seiner pädagogischen Freiheit (dazu Wißmannn, Pädagogische Freiheit als Rechtsbegriff, 2003) anzusehen, u deshalb bedarf es nicht einer solchen Ausklammerung „wehrfähiger" Funktionsfreiheiten aus dem Begriff des subjektiven Rechts (**aA** Wißmann ZBR 2003, 293 ff).

Keine Organrechte bestehen iVm der Durchführung eines **Bürgerbegehrens** (s zum Organstreit auch 6 vor § 40; s auch zum Rechtsschutz bei kommunalen Bürgerbegehren 25 u 88 zu Anh § 42 sowie Roth, Verwaltungsrechtliche Organstreitigkeiten 64 ff).

Organrechte oder sonstige wehrfähige Innenrechtspositionen schützen grds nur vor ihrer **Verletzung durch andere Organe oder Organteile derselben**

---

[154] Vgl DVBl 1988, 792; Buchh 310 § 40 VwGO Nr 179; Ko NVwZ 1985, 283; Ms DVBl 1978, 150 mwN; NVwZ 1986, 852; Sa DÖV 1990, 156; NVwZ 1987, 915; Ma DÖV 1988, 469; Mü BayVBl 1995, 661; Barth, Subjektive Rechte von Gemeinderatsmitgliedern im Kommunalverfassungsstreit, 23 ff; Dolde Menger-FS 1985, 427; Kisker JuS 1975, 708; Bethge DVBl 1980, 309; Roth, Verwaltungsrechtliche Organstreitigkeiten 461 ff; Schenke 228 u JZ 1996, 1008 f; Schlette Jura 2004, 98; vgl auch Krebs VerwA 1978, 330; zT **aA** Rupp 69, 100. Sch-Wahl/Schütz 92 ff zu § 42 Abs 2 betonen zwar die Unterschiede zu den tradierten subjektiven öffentlichen Rechten, halten die „organschaftlichen Rechte" aber dennoch für Rechte iSd § 42 Abs 2; Wißmann ZBR 2003, 302 f.

[155] Herbert DÖV 1994, 110 mwN u Beispielen; vgl auch Erichsen Menger-FS 1985, 220; ferner auch 11 zu § 61.

juristischen Person des öffentlichen Rechts (Schenke 391), nicht hingegen vor sonstigen juristischen Personen u den für sie handelnden Organen. Anderes gilt aber dann, wenn durch eine aufsichtsbehördliche Verfügung ein Organrecht aufgehoben wird (Ms NVwZ-RR 2004, 674; Ehlers JK 4/05 VwGO § 42 II/27; s oben 80); insoweit wirken die Organrechte, wenn es um ihren **Fortbestand** geht, nicht nur relativ im Verhältnis zwischen den Organen, sondern auch **absolut. Kompetenzen** einer juristischen Person des öffentlichen Rechts können **nicht mit subjektiven Rechten der juristischen Person gleichgesetzt werden,** so daß deren Nichtbeachtung durch einen anderen Hoheitsträger prinzipiell keine subjektive RVerletzung der zuständigen juristischen Person des öffentlichen Rechts impliziert. Allerdings kann eine solche Nichtbeachtung von Kompetenzvorschriften ausnahmsweise zugleich mit einer subjektiven RVerletzung einer anderen juristischen Person des öffentlichen Rechts einhergehen. Das trifft etwa dann zu, wenn eine staatliche Behörde in Selbstverwaltungsangelegenheiten (anders hingegen idR bei staatlicherseits übertragenen Aufgaben) rechtswidrigerweise anstelle der zuständigen Gemeinde handelt (s unten 139). Da Organrechte prinzipiell nur im Innenverhältnis relevant sind, können sich Dritte auf deren Verletzung grds nicht berufen (Ma NVwZ-RR 1997, 615). Soweit ihre Verletzung nicht zugleich zur objektiven Rechtswidrigkeit eines auf ihr beruhenden VA im Außenverhältnis führt,[156] scheidet auch ihre mittelbare Subjektivierung im Verhältnis zu Dritten aus, in deren Rechtssphäre durch einen VA eingegriffen wird (s unten 124, 126 u zum entspr Problem iVm Rechtsnormen 63 zu § 47).

Zu beachten ist, daß einzelne Mitglieder eines Kollegialorgans, dem Organrechte ggü anderen Organen derselben juristischen Person des öffentlichen Rechts zustehen, grds nicht allein befugt sind, die Verletzung von Rechten des Kollegialorgans geltend zu machen, da es insoweit an einer dem § 64 BVerfGG entspr Regelung fehlt (für analoge Anwendung aber Roth, Verwaltungsrechtliche Organstreitigkeiten 944). Deshalb vermag ein einzelnes Gemeinderatsmitglied oder auch eine Gemeinderatsfraktion die Verletzung von Rechten des Gemeinderats als Kollegialorgan nicht geltend zu machen.[157] Liegt hierin allerdings zugleich eine Verletzung seines Organrechts, so ist auch ein Mitglied eines Kollegialorgans klagebefugt. An einer solchen Verletzung soll es nach hM (vgl Ba SächsVBl 1997, 120f) aber fehlen, wenn der Bürgermeister seine Zuständigkeit im Verhältnis zum Gemeinderat überschreitet. Unproblematisch ist diese Ansicht nicht, da sie etwa bei einzelnen Gemeinderatsmitgliedern oder Minderheitsfraktionen zu einer erheblichen **faktischen Beeinträchtigung ihrer subjektiven Organrechte** führt. Bedenkt man, daß bei sog Außenrechten, insb bei Grundrechten, heute überwiegend anerkannt ist, daß sie auch vor faktischen Beeinträchtigungen schützen (s unten 122f), so liegt es nicht fern, diesen Gedanken auch auf Organrechte zu übertragen (s auch Roth, Verwaltungsrechtliche Organstreitigkeiten 945). Dafür spricht auch die Überlegung, daß Bürgermeister u Gemeinderatsmehrheit häufig von derselben politischen Gruppierung gestellt werden u bei Zugrundelegung der hM die Organrechte von Minderheiten ausgehöhlt werden können. Insofern erhält der Gedanke eines Schutzes von Organrechten vor faktischen Beeinträchtigungen eine zusätzliche Schubkraft durch das Demokratieprinzip, das eine solche Subjektivierung jedenfalls dann nahelegt, wenn nicht bereits durch gesetzliche Regelungen entspr § 64 BVerfGG ein Schutz

---

[156] S zu durch Geschäftsordnungsbestimmungen begründeten subjektiven Organrechten Ms DVBl 1997, 1285: anders nur bei gleichzeitigem Verstoß gegen zwingende gesetzliche Bestimmungen.

[157] Ba SächsVBl 1997, 121; Ko DVBl 1985, 179; Ma VBlBW 1993, 179; Ms NVwZ 1989, 990; NVwZ-RR 1993, 157, **aA** Bethge DV 1975, 475f; Hoppe Organstreitigkeiten 224; Roth Verwaltungsrechtliche Organstreitigkeiten 944.

demokratischer Mitwirkungsrechte der Minderheiten gewährleistet ist.[158] Vgl zu Rechten in sog **besonderen Gewaltverhältnissen** auch unten 173; ferner Krebs Jura 1981, 569; Schnapp/Friehe NJW 1982, 1423; Maurer § 8, 26; KR 82ff zu § 35 VwVfG; zu Rechten ggü **Organisationsakten** unten 170; KR 94ff zu § 35 VwVfG; ggü **dinglichen VAen** u sonstigen intransitiven Regelungen durch VA unten 170; KR 106ff zu § 35 VwVfG.

81 **c) Nur subjektive öffentliche Rechte.** Es muß sich immer um Rechte **aus dem Bereich des öffentlichen Rechts** (s im einzelnen 11 zu § 40), ggf auch des EG-Rechts oder ausländischen öffentlichen Rechts (s 26 zu § 1), handeln, da nur solche einen VA bzw sein Unterbleiben rechtswidrig iSd § 42 Abs 2, § 113 Abs 1 S 1 bzw Abs 4 S 1 machen können; eine **Beeinträchtigung** lediglich **privater Rechte** oder Rechtspositionen **genügt nicht.**[159] Allerdings sind die meisten durch das Privatrecht geschützten Interessen auch **zugleich durch das öffentliche Recht** gegen Eingriffe geschützt, insb, soweit nicht spezielle Grundrechte betroffen sind, durch Art 2 Abs 1 GG oder Art 14 GG (44, 243; DÖV 1976, 564; BK-Schenke 286 zu Art 19 Abs 4 GG) sowie durch den ungeschriebenen Rechtsgrundsatz, daß der **Staat nicht ohne Rechtsgrund in private Rechte eingreifen** darf;[160] dies gilt insb auch bei Eingriffen in **privatrechtliche Rechtspositionen öffentlicher Rechtsträger,** die nach der Rspr des BVerfG (vgl BVerfG 61, 82) nur deshalb nicht auch unter ein Grundrecht fallen, weil der Träger eine Körperschaft des öffentlichen Rechts ist u nicht einer der Ausnahmefälle gegeben ist, in denen auch öffentliche Rechtsträger Träger von Grundrechten sein können. Vgl dazu auch unten 127. Der Unterschied wirkt sich vor **allem bei Verpflichtungsklagen** aus, wo diese Entsprechung nicht immer besteht.

82 **d) Der Zeitpunkt des Entstehens subjektiver Rechte.** Die subjektiven Rechte, deren Verletzung behauptet wird, müssen **nicht notwendig schon beim Erlaß des VA bestehen,** sie können auch die Folge späterer Rechtsänderungen, uU aber auch lediglich veränderter Umstände sein.[161] Nicht ausreichend ist aber die Stellung als Nacherbe, solange der Nacherbfall nicht eingetreten ist (NJW 2001, 2417). Ist nach dem materiellen Recht ein rechtmäßig erlassener VA wg einer späteren Veränderung der Sach- oder Rechtslage im Zeitpunkt der letzten mündlichen Verhandlung vor dem Verwaltungsgericht rechtswidrig, muß dies **grds im Rahmen der Anfechtungsklage berücksichtigt werden;**[162] dasselbe gilt, wenn eine ursprünglich rechtmäßige Ablehnung eines begünstigenden VA rechtswidrig oder eine rechtswidrige Ablehnung nachträglich rechtmäßig wird (217ff zu § 113; NJW 1989, 3233; Schenke 849). Sofern sich ein VA im für die Entscheidung maßgeblichen Zeitpunkt bereits erledigt hat (dazu oben 58), kommt nur noch die **FFK** in Betracht, deren Zulässigkeit ein besonderes Fest-

---

[158] Zur str Frage, ob Vorschriften wie § 64 BVerfGG u § 45 Abs 1 BWStGHG, wonach Fraktionen auch Rechte des Gesamtorgans geltend machen können, eine Prozeßstandschaft normieren oder ob es sich hier nur um die Geltendmachung eigener Rechte der Fraktionen handelt, s StGH BW DÖV 1997, 204 mwN: Wahrung nichteigener Rechte im Sinne einer Prozeßstandschaft.

[159] Obermayer BayVBl 1960, 211; Jarass DVBl 1976, 738; NJW 1983, 2845 – außer soweit private Rechte ausgeschlossen werden –; Kopp VerfR 106; Ehlers VerwA 1993, 144; RÖ-v Nicolai 102; Schlette Jura 2004, 91; s auch iVm Art 19 Abs 4 GG BK-Schenke 286 zu Art 19 Abs 4 GG; offen Lü DVBl 1984, 896; unklar BVerwG DVBl 1988, 447: Auswirkungen auf dem Gebiet des Privatrechts, zB auf die erbrechtliche Stellung des Kl, genügen.

[160] Vgl BVerfG 9, 88; BVerwG 67, 74; 69, 271; NJW 1984, 73; Ma DVBl 1976, 540; Erichsen VerwA 1973, 323, s auch unten 125.

[161] Vgl 48, 121; 56, 122; Buchh 406.11 § 133 Nr. 50; JZ 1977, 265; zum Rechtswidrigwerden von VAen s näher Schenke DVBl 1989, 433ff.

[162] S 35ff zu § 113; NVwZ 1990, 653; 1991, 360; NVwZ-RR 1992, 52; GewA 1995, 247; Schenke 782ff; NVwZ 1986, 522ff; JZ 1996, 1068.

stellungsinteresse zur Voraussetzung hat (129 ff zu § 113). Vgl zur **Frage der** für die Beurteilung der Rechtmäßigkeit eines VA bzw der Unterlassung eines VA **maßgeblichen Sach- u Rechtslage** 35 ff u 217 ff zu § 113; zur Heilung bzw Unbeachtlichkeit von Verfahrensmängeln, uU auch von inhaltlichen Mängeln eines VA, unten 95; ferner 59 ff u 63 ff zu § 113.

e) Das Erfordernis einer „Schutznorm". Erforderlich ist, daß die in Frage stehenden **Rechtssätze** ausschließlich oder doch jedenfalls neben dem mit ihnen verfolgten allg Interesse **zumindest auch dem Schutz von Individualinteressen zu dienen bestimmt** sind[163] (s auch unten 87). Ob ein Rechtssatz des objektiven Rechts iSd Schutznormtheorie dem Schutz von Individualinteressen dient oder nicht, ist daher letztlich eine Frage der **Auslegung,** die unter **Berücksichtigung der gesamten Rechtsordnung** u der in dieser wirksamen Schutz- u Zweckbestimmungen mit den üblichen juristischen Methoden der Auslegung u Ausfüllung von Lücken im Recht zu beantworten ist (vgl Mü BayVBl 1991, 567; v Mutius VerwA 1978, 106; Kopp BayVBl 1977, 519 f). Während sich die **sog ältere Schutznormtheorie** bei der Klärung, ob durch einen Rechtssatz Individualinteressen geschützt werden, in erster Linie um die Erforschung des **Willens des historischen Gesetzgebers** bemühte (vgl Bühler, Die subjektiven öffentlichen Rechte 1914, 44 f), versteht sich die hier zugrundegelegte **neuere Schutznormtheorie** (vgl zur Unterscheidung dieser Theorien etwa Bauer AöR 1988, 592; NKVwGO-Sodan 387 ff) als eine **„Sammelbezeichnung für einen Kanon von Methoden u Regeln,** nach denen der subjektiv-rechtliche Gehalt eines Rechtssatzes erschlossen werden soll" (MD-Schmidt-Aßmann 128 zu Art 19 Abs 4 GG). Sie trägt damit zum einen der **objektiven Auslegungstheorie** Rechnung, zum anderen läßt sie Raum für eine **stärkere Berücksichtigung der Grundrechte** u der sich aus ihnen ergebenden Verpflichtung des Gesetzgebers, sich bei der gesetzlichen Ausgestaltung subjektiver Rechte grds an den Grundrechten zu orientieren (sog norminterne Wirkung der Grundrechte, dazu Sch-Wahl/Schütz 97 ff vor § 42 Abs 2; s auch unten 118 ff). Dabei geht es nicht nur um die Sicherung einer **verfassungskonformen Auslegung des Gesetzes,** sondern auch um eine darüber hinausreichende **interpretative Umsetzung grundrechtlicher Wertgehalte** durch ihre Integration in die die Grundrechte konkretisierenden einfachgesetzlichen Rechtsvorschriften. Grds **nicht ausreichend** für die Bejahung eines Eingriffs in subjektive Rechte ist jedoch – auch unter Beachtung der Grundrechte – ein **tatsächliches Betroffensein in eigenen Angelegenheiten** (unten 87 u 119). 83

Wesentliches Kriterium für den „drittschützenden" Charakter einer Norm ist, inwieweit in der betr Norm (ggf auch erst im Zusammenhang mit anderen Normen) **das geschützte Interesse** (Rechtsgut), **die Art der Verletzung** u **der Kreis der geschützten Personen** hinreichend klargestellt u abgegrenzt wird (27, 33; 41, 63; 52, 129; DVBl 1987, 476, 1266; Jarass NJW 1983, 2845). Es genügt nicht, daß ein Rechtsgut in irgendeiner Weise geschützt ist; **maßgeblich** ist für die Bejahung der Klagebefugnis allein, **ob es auch in Richtung auf den angefochtenen** oder begehrten **VA geschützt** ist (vgl 55, 285). Abzustellen ist insoweit vor allem auch auf den **Zweck** der in Frage stehenden Rechts- 84

---

[163] 1, 83; 27, 31 f; 77, 73; 81, 334; 82, 344; 92, 317; BVerfG 27, 307; BFH NVwZ 1985, 375; NJW 1978, 1456; BSG DVBl 1991, 1316; Gr DVBl 2000, 1072; Bauer AöR 1988, 582 ff; Blankenagel DV 1993, 1 ff; Breuer NJW 1979, 1871; Ey-Happ 86; Jarass NJW 1983, 2845; Maurer § 8, 1 ff; NKVwGO-Sodan 386 ff; Schenke 496 f; MD-Schmidt-Aßmann 127 ff zu Art 19 Abs 4; SGH 158; Sch-Wahl/Schütz 94 ff vor § 42 Abs 2; Stern 289; WBS I § 43, 10 f; **aA** Bernhardt JZ 1963, 302; Henke 54, 57, 60; DVBl 1975, 272; DÖV 1980, 621; Bartlsperger VerwA 1969, 49; Zuleeg DVBl 1976, 515; Sening BayVBl 1982, 428; Schmidt NJW 1967, 1638: es kommt nicht auf den Schutzzweck der anwendbaren Normen, sondern allein auf die tatsächliche Betroffenheit des Kl an (dazu 119).

vorschriften, dh der Rechtsvorschriften, welche die Ermächtigung zum Erlaß des in Frage stehenden VA enthalten, u sonstiger einschlägiger Rechtsnormen (DÖV 1987, 297). Von Bedeutung ist insb auch unter verfassungsrechtlichen Gesichtspunkten (s auch oben 78) die Art des **geschützten „Rechtsgut"** (vgl Knemeyer DVBl 1978, 38; Sening BayVBl 1978, 206), die Intensität seiner Beeinträchtigung u die **Individualisierbarkeit** des Kreises der Betroffenen.[164] Dabei genügt es für die Bejahung einer Klagebefugnis aber noch nicht, daß der Kl angesichts der besonderen Umstände des Falles praktisch der einzige tatsächlich Betroffene ist (**aA** 52, 130). Zu beachten ist andererseits, daß der Gesetzgeber **nicht gehindert ist,** auch einem großen, zahlenmäßig **nicht von vornherein bestimmten Kreis von Personen subjektive Rechte einzuräumen.**[165] Maßgeblich ist nur, daß sich aus den individualisierten Tatbestandsmerkmalen der Norm ein Personenkreis entnehmen läßt, der sich von der Allgemeinheit unterscheidet (DÖV 1987, 297). Für die Subjektivierung einer gesetzlichen Regelung kann ferner sprechen, daß es bei dieser um einen **Interessenausgleich zwischen Personen** geht, die in einer durch den Normgeber vorgefundenen besonderen Beziehung zueinander stehen u insoweit – wie zB im Bauplanungsrecht – eine Art **rechtlicher Schicksalsgemeinschaft** bilden (s dazu näher Sendler BauR 1970, 5 ff; ferner Schenke 501). Sie ergibt sich – hiermit uU überschneidend – häufig auch aus dem Zusammenhang mit staatlichen Beschränkungen von Bürgern durch andere Maßnahmen, die eine **Kompensation** durch diesen eingeräumte subjektive Rechte in bezug auf staatliche Akte ggü Dritten nahelegen. In diesem Zusammenhang vermag auch die **Rechtsverhältnislehre** Gesichtspunkte zur Bestimmung subjektiver Rechte beizusteuern (s Schulte DVBl 1988, 513 f). Zur Klagebefugnis aufgrund eines Grundrechts auch 117. Ein Indiz für das Bestehen subjektiver Rechte kann sich ferner aus einer gesetzlich vorgesehenen Beteiligung einer Person im AnhörungsVf ergeben (s dazu auch oben 72). **Im Zweifel** ist bei der Auslegung der Rechtsvorschriften jene vorzuziehen, die dem Bürger **ein subjektives Recht** zuerkennt (s auch unten 156).

85 **Die Frage, ob eine Schutznorm** im dargelegten Sinn, auf die der Kl sich (möglicherweise) berufen kann, **besteht,** dh Bestandteil des geltenden Rechts ist, **kann** als wesentlicher Teil der Prüfung der Zulässigkeit der Klage grds auch dann **nicht dahingestellt bleiben,** wenn die Klage jedenfalls unbegründet ist (s 10 vor § 40). Vgl zum Umfang der Prüfung im Rahmen der Zulässigkeitsprüfung jedoch oben 40. **Ebensowenig genügt** die **Behauptung** des Kl, daß einer Rechtsvorschrift Schutzwirkung zu seinen Gunsten zukomme (hM, vgl oben 65; **aA** NKVwGO-Sodan 380).

86 Zur (norminternen und normexternen) **Begründung von subjektiven Rechten durch Grundrechte** s unten 117 ff. Zur über die Freiheitsgrundrechte bewirkten (mittelbaren) Subjektivierung nur objektivrechtlicher Bestimmungen, unter deren Verletzung einfachgesetzlich begründete subjektive Rechte aufgehoben oder eingeschränkt werden, s unten 124.

87 Daß mit einem Rechtssatz u einen darauf gestützten VA **Reflexwirkungen** (sog „Reflexrechte") **zugunsten des Bürgers** verbunden sind (oder sein können), **genügt nicht** für die Begründung der Klagebefugnis.[166] Auch die angesichts des die Verwaltung bindenden Grundsatzes der **Gesetzmäßigkeit der Verwaltung** begründete Erwartung, daß die Behörde im konkreten Fall dem

---

[164] 27, 33; 28, 275; 32, 175; 41, 63; 52, 129; 65, 171 = BayVBl 1982, 472; 66, 308; BayVBl 1984, 248; Jarass NJW 1983, 2845; Knemeyer DVBl 1978, 37.

[165] 78, 43; DÖV 1987, 297; DVBl 1994, 1195; Baumann BayVBl 1982, 265; Dolde NJW 1979, 898; NKVwGO-Sodan 388; Schenke 501; Schmidt-Preuß DVBl 1994, 289; **aA** früher 27, 33; Ma DÖV 1982, 293.

[166] Mü BayVBl 1993, 243; RÖ-v Nicolai 152; Ey-Happ 85; s auch dazu, daß ein Betroffensein in eigenen Angelegenheiten noch keinen Grundrechtsschutz begründet unten 119.

Gesetz gemäß handeln wird, schafft keine entspr wehrfähige Rechtsposition des Bürgers, sondern bedeutet für den Bürger eine **bloße Chance,** auf die die Klagebefugnis nicht gestützt werden kann (45, 199 = NJW 1975, 181; NJW 1993, 2066 mwN; Mü 20, 45).

So kann zB (sofern durch Gesetz nicht ausnahmsweise etwas anderes bestimmt ist) **auf die Verpflichtung der Aufsichtsbehörde,** gegen Gesetzesverletzungen einer Gemeinde im Aufsichtsweg einzuschreiten, die **Klagebefugnis** eines Betroffenen für eine Klage auf Einschreiten der Aufsichtsbehörde in einem konkreten Fall **nicht** gestützt werden (Mü 20, 45). Entspr gilt für die Klage eines Bürgers gegen die **Rechtsanwaltskammer** in ihrer Eigenschaft als Träger der **standesrechtlichen Aufsicht über die RA** auf Einschreiten gegen ein Mitglied (NJW 1993, 2066). Zur umstrittenen Frage des Bestehens von Anspr des Versicherungsnehmers auf Maßnahmen der Versicherungsaufsicht (heute: Bundesanstalt für Finanzdienstleistungsaufsicht, § 1 FinDAG) s Schenke, Lorenz-FS, 473 ff (teilweise zu bejahen; s aber nunmehr verneinend EuGH NJW 2004, 3479). Zu weiteren Beispielen für nur reflexhaftes Betroffensein unten 116.

Nicht erforderlich ist, daß der Rechtssatz, der dem Schutz des Kl dient u die 88
Klagebefugnis nach § 42 Abs 2 begründet, **in dem Gesetz enthalten ist,** auf das sich der angegriffene VA stützt bzw das die Ermächtigung für den begehrten VA enthält (DÖV 1982, 820; DVBl 1982, 642; s auch oben 78); insb muß das geschützte Interesse auch **nicht notwendig** schon **in der Ermächtigung** enthalten oder zumindest angesprochen sein. Es genügt, daß der VA jedenfalls unmittelbar solche geschützten Interessen berührt, **gleichgültig, aus welchen Rechtsnormen** sich dieser Schutz ergibt. **Geschützte Rechtspositionen** iSv § 42 Abs 2 ergeben sich insb in weitem Umfang **auch aus dem Verfassungsrecht,** vor allem aus den Grundrechten (s unten 117), aus dem **supranationalen Recht,** insb aus dem Recht der EG (s näher unten 152) u aus dem **Völkerrecht** (vgl Hofmann Zeidler-FS 1886); uU auch aus **dem Recht anderer Staaten,** wenn u soweit es nach dem deutschen Kollisionsrecht vor deutschen Gerichten anwendbar ist (vgl oben 78; zur Klagebefugnis von Ausländern unten 90; allg auch 20, 26 zu § 1; 37 zu § 40), aus dem **Gewohnheitsrecht** u aus **allg Rechtsgrundsätzen** (vgl Kopp BayVBl 1977, 519; ferner unten 155 ff), ggf auch **aus der Bindungswirkung gerichtlicher Entscheidungen,** begünstigender VAe usw (s unten 162 ff).

f) Erfordernis der Schutzwürdigkeit der Rechtsposition. Schutzwür- 89
digkeit als solche einer Rechtsposition kann das Erfordernis einer Schutznorm als Voraussetzung der Klagebefugnis nicht ersetzen (s aber auch unten 112). Umgekehrt kann die Klagebefugnis aber grds **nur für Interessen** in Betracht kommen, **die zugleich schutzwürdig** sind. Ergibt sich aus dem Zusammenhang der Rechtsordnung u der diese beherrschenden Wertvorstellungen unter Berücksichtigung insb auch der Wertentscheidungen u Ordnungsprinzipien der Verfassung, daß eine an sich sonst durch das öffentliche Recht geschützte Rechtsposition **im konkreten Fall nicht schutzwürdig** ist, so kann auch die Klagebefugnis nicht darauf gestützt werden (vgl Ko BRS 39 Nr 185). Dies ist **zB** der Fall, **wenn** jemand **ohne Bauerlaubnis** unter Verletzung zwingender baurechtlicher Vorschriften ein nicht genehmigungsfähiges Bauwerk im Außenbereich (§ 35 BauGB) errichtet hat u nunmehr gegen die Erteilung einer Genehmigung für ein „privilegiertes" Bauwerk klagt. **Ob** bei an sich genehmigungsbedürftiger, aber **nicht genehmigter Nutzung** eines Grundstücks, einer Wohnung usw daraus **Abwehrrechte gegen VAe,** die diese Nutzung bzw die genutzte Sache beeinträchtigen, hergeleitet werden können, hängt von den **im konkreten Fall anwendbaren Vorschriften** ab (90, 55; 91, 99 = DVBl 1993, 160; DVBl 1992, 1171). Im Zweifel ist die Klagebefugnis auch bei ungenehmigten Nutzungen, zB die Klagebefugnis des Inhaber von Räumen, die ohne die dafür erforderliche

baurechtliche Erlaubnis als Wohnung genutzt werden, zu bejahen, wenn die **Nutzung jedenfalls genehmigungsfähig** ist, insoweit also nur formell rechtswidrig, nicht jedoch auch materiellrechtlich rechtswidrig ist (DVBl 1993, 160); **anders** wohl, **wenn der Nutzer** trotz behördlicher Aufforderung **sich weigert,** die erforderliche **Genehmigung zu beantragen.** Im Hinblick darauf, daß die Klagebefugnis nur eine mögliche Rechtswidrigkeit des VA u damit auch der damit verbundenen Nutzungsbeeinträchtigung erfordert, ist die Klagebefugnis grds auch **bei gegebenen Zweifeln hins** der **Genehmigungsfähigkeit** der Nutzung, aus der die Klagebefugnis hergeleitet wird, zu bejahen.

Von der fehlenden Schutzwürdigkeit eines Nachbarn geht das OVG We aus (ThürVBl 1997, 41), wenn dieser selbst die mit der jeweiligen Gebietsfestsetzung verbundene **Beschränkung der baulichen Ausnutzbarkeit seines Grundstücks nicht einhält,** sich nunmehr aber mit der Begründung gegen das Vorhaben eines Dritten wendet, dieses sei seiner Art nach in dem jeweiligen Baugebiet nicht zulässig. Die Geltendmachung eines solchen Rechts widerspreche hier dem Gedanken des wechselseitigen Austauschverhältnisses im Bauplanungsrecht.

Zu bejahen ist die Klagebefugnis, wenn ein Kl ein **Grundstück** in der Nähe einer geplanten Anlage als sog **„Sperrgrundstück" nur deshalb erworben hat,** um als Nachbar zB zur Wahrung naturschutzrechtlicher Interessen **klagen** zu können.[167] Anderes gilt nur dann, wenn er das **Eigentum nur zum Schein erworben** hat.[168] Das BVerwG[169] verneint die Klagebefugnis wg rechtsmißbräuchlicher Prozeßführung außerdem für den Sonderfall der Übertragung eines materiell entleerten Rechts zum ausschließlichen Zweck der Ermöglichung einer Klage. Ein in einer solchen Verhaltensweise begründeter Rechtsmißbrauch führt aber richtigerweise zum Ausschluß des RSBses (Ehlers JK 01, VwGO, § 42 II/25 u Schenke 590 u 52 vor § 40).

Eine Klagebefugnis fehlt dann, wenn der Kl früher offensichtlich auf seine subjektiven Rechte **verzichtet** hat (s auch unten 179). Deshalb kann ein Richter oder Beamter durch eine Versetzung in den Ruhestand, die er selbst wirksam beantragt hat, nicht in seinen Rechten verletzt sein (ZBR 1997, 20 = BayVBl 1997, 378). Zwar schützen die Vorschriften (vgl zB Art 78 Abs 1 S 1 BayRiG; § 46 DRiG u § 43 Abs 1 BBG), welche die Versetzung in den Ruhestand regeln, nicht nur Interessen des Richters oder Beamten, sondern auch öffentliche Interessen. Auf deren Verletzung kann aber eine Klagebefugnis nicht gegründet werden.

90 **13. Klagebefugnis von Ausländern/grenzüberschreitender Umweltschutz:** Die dargelegten Grundsätze gelten auch für die **Klagebefugnis von Ausländern.** Soweit diese im Inland leben, ergeben sich keine Schwierigkeiten. Falls sie im Ausland leben, unterliegen sie wg des völkerrechtlichen Territorialprinzips regelmäßig nicht der dt Hoheitsgewalt (s auch 24 zu § 1), so daß sich die Problematik einer Klage gegen Akte dt Behörden im Regelfall nicht stellt. Anders verhält es sich jedoch insb im Umweltrecht, da schädliche Umweltauswirkungen auf Staatsgrenzen keine Rücksicht nehmen. Zumindest dann, wenn es in der Norm einen Anhaltspunkt für „grenzüberschreitenden Nachbarschutz" gibt, ist daher nach heute hM auch die Klagebefugnis von Ausländern gegeben, wenn

---

[167] 72, 16 = NVwZ 1985, 736; 1991, 784; Knödler NuR 2001, 194 ff; Schenke JZ 1996, 1059; Schlette Jura 2004, 94; Schmidt NVwZ 1993, 544; Seelig/Gündling NVwZ 2002, 1039; s auch BVerwG NuR 1998, 647; **aA** Ms NVwZ 1991, 387; Mü NVwZ 1989, 684: Geltendmachung der Klagebefugnis wäre unzulässige Rechtsausübung analog § 226 u § 242 BGB; Dürr VBlBW 1992, 327; Fliegauf NVwZ 1991, 748; Harings NVwZ 1997, 539 f; Würt 255; ferner KR 61 zu § 73 VwVfG.

[168] 72, 16; vgl allg dazu, daß die Klagebefugnis zu verneinen ist, wenn sie sich als Rechtsmißbrauch darstellt, Ko BRS 39 Nr 185.

[169] 112, 135 = NVwZ 2001, 427; zust Clausing JuS 2001, 1000 f; Schlette Jura 2004, 94.

die allg, an die Klagebefugnis von Nachbarn zu stellenden Anforderungen (s unter 96 ff) vorliegen.[170] Entsprechendes dürfte jedoch angesichts der Völkerrechtsfreundlichkeit des GG (75, 290) für alle Vorschriften des dt Umweltrechts gelten.[171] Zudem wäre auch das Diskriminierungsverbot des Art 12 EGV verletzt, wollte man die Klagebefugnis von nicht in Deutschland ansässigen Unionsbürgern generell verneinen (Jarass NJW 1983, 2848; Sch-Wahl/Schütz 224 zu § 42 Abs 2). Die §§ 230, 231 des Kommissionsentwurfes zum Umweltgesetzbuch, die die grenzüberschreitende Behörden- u Bürgerbeteiligung zum Gegenstand haben, sehen den Grundsatz der umweltrechtlichen Gleichbehandlung von Ausländern für das gesamte Umweltrecht vor (s auch Kloepfer/Durner DVBl 1997, 1094).

14. Rechtsverletzung bei Ermessensentscheidungen uä, Planungsentscheidungen und Prognoseentscheidungen: Bei Ermessensentscheidungen kann ein Kl die Klage nur auf die **Verletzung des (formellen) subjektiven öffentlichen Rechts auf fehlerfreie Ermessensausübung** – iVm einer betroffenen subjektiven Rechtsposition (s unten 93) – stützen,[172] insb darauf, daß bei der Entscheidung **nicht die gebotene Rücksicht** auf seine Interessen genommen (52, 122 = DVBl 1977, 722; DÖV 1987, 297) oder daß ohne hinreichende Information über die betroffenen Belange entschieden wurde (DVBl 1986, 1009); **nicht** dagegen **auf Unzweckmäßigkeit** ua vgl 4 zu § 114). 91

Insb kann die Klagebefugnis bei Ermessenentscheidungen – Entsprechendes gilt insoweit für Entscheidungen, bei denen der Behörde vom Gesetz ein Beurteilungsspielraum zuerkannt ist, s unten – nicht nur auf eine **Verletzung der allg Grundsätze** über die rechtmäßige Ermessensausübung (s 7 ff zu § 114) gestützt werden, sondern – idR zusätzlich – auch auf besondere **Begrenzungen** der Ermessensfreiheit usw (s 39 ff zu § 114), zB durch die Grundsätze über die **Selbstbindung** der Verwaltung (41 ff zu § 114), der **Chancengleichheit** bei Prüfungen usw (44 zu § 114), der **Priorität,**[173] des **Gebots gerechten Abwägens** bei Planungen usw (34 ff u 46 zu § 114). Zu Rechten der Betroffenen bei sog **Sollbestimmungen** s 21 zu § 114; zu Anspr in Fällen einer sog **Ermessensreduktion auf Null** 6 zu § 114.

Auch bei **Vorschriften, die primär öffentlichen** Interessen dienen, ist ein Anspr auf fehlerfreie Ermessensausübung idR – Ausnahmen s unten 126 – zu **bejahen, wenn** die in Frage stehenden VAe **jedenfalls im Ergebnis die Rechtsstellung Betroffener berühren,** wie **zB** die Entscheidung; über die **Einbürgerung** (NJW 1987, 857; s auch unten 160; **aA** Stein DÖV 1984, 177); über die **Benennung von Straßen** u die Zuteilung von **Hausnummern** bzw die Änderung von Straßenbezeichnungen oder Hausnummern;[174] über die Erteilung eines Anwohnerparkausweises (Ms NZV 1997, 132). Auch allg u spezielle polizeirechtliche Bestimmungen begründen subjektive öffentliche Rechte auf ermessensfehlerfreie Entscheidung (s unten 113 u 160), so zB hins der Entscheidung über die Einrichtung einer verkehrsregelnden Lichtzeichenanlage nach

---

[170] 75, 285 = NJW 1987, 1154: jedenfalls für Bewohner der Mitgliedstaaten der EG; Sa NVwZ 1995, 97; NKVwGO-Sodan 414; Sch-Wahl/Schütz 221 zu § 42 Abs 2; Brandt DVBl 1995, 779; Klaas, Boujong-FS 1996, 555.

[171] S für §§ 4 ff BImSchG Sa NVwZ 1995, 97; s auch ausdr zur grenzüberschreitenden Unterrichtung von Gemeinden u Trägern öffentlicher Belange § 4 a BauGB; weitere Bspe bei Sch-Wahl/Schütz 225 zu § 42 Abs 2.

[172] 91, 140 – Anspruch darauf, daß nur aufgrund sachgerechter Erwägungen entschieden wird –; NJW 1993, 2066; vgl allg auch 4 ff zu § 114.

[173] 45 zu § 114; vgl auch Ms NVwZ-RR 1991, 147 – Anspruch auf Berücksichtigung des Rangs nach der Vormerkliste bei der Vergabe von Taxikonzessionen, sofern keine besonderen Umstände vorliegen –.

[174] Mü BayVBl 1988, 496; NVwZ-RR 1996, 344; Ma NVwZ 1992, 196; **aA** BerlVerfGH LKV 1997, 66; Bln LKV 1994, 298; Ms NJW 1987, 2695.

§§ 37, 43 StVO, von der der Kl behauptet, daß er zu seinem Schutz vor Unfällen hierauf angewiesen ist (DÖV 1986, 928).

Entsprechendes gilt für **VAe,** die aufgrund der dafür maßgeblichen Rechtsvorschriften wesentlich **von einer Beurteilung, Wertung oder Prognose abhängen** (vgl dazu auch 3, 23 ff u 28 ff zu § 114) u bei denen das Gesetz der Behörde ausdr oder doch nach seinem Sinn u Zweck, zB durch Verwendung unbestimmter Rechtsbegriffe (s dazu 23 ff zu § 114), einen gewissen Beurteilungsspielraum einräumt. Dem Recht auf fehlerfreie Ermessensausübung entspricht hier ein **Recht** der durch den in Frage stehenden VA in ihrem Rechtskreis Betroffenen **auf sorgfältige Ermittlung** (Feststellung), **Berücksichtigung u gerechte Abwägung aller** nach dem Zweck der Ermächtigung (§ 40 VwVfG) für den VA **relevanten Gesichtspunkte,**[175] **soweit** diese zugunsten des Kl sprechen bzw sprechen können[176] **oder soweit jedenfalls im Ergebnis** ein Recht des Kl beeinträchtigt wird, zB das **Eigentum** (s unten 125 f), die Planungshoheit einer Gemeinde (s unten 137). **Entsprechendes** gilt – falls man hier überhaupt einen Beurteilungsspielraum anerkennt (krit Schenke 769; Tettinger DVBl 1982, 421 ff) – bei **Prognoseentscheidungen** (vgl 37 ff zu § 114) u **sog Risikoentscheidungen** (vgl dazu 38 zu § 114), zum Anspr auf Anwendung einer sachgemäßen Prognosemethode bei Prognoseentscheidungen auch 37 a zu § 114.

Ebenso sind bei **VAen mit Planungscharakter,** insb Planfeststellungsbeschlüssen (s unten 112) u ähnlichen VAen, die eine Abwägung verschiedener privater und/oder öffentlicher Belange erfordern, **alle Personen** klagebefugt, **deren Belange** die Behörde bei ihrer Entscheidung zu ermitteln u **zu berücksichtigen** hatte bzw hätte (82, 18; s näher unten 112; s zur vergleichbaren Situation bei Bebauungsplänen auch 113 ff zu § 47 mwN). Einen schutzwürdigen Einzelbelang, der bei der Schließung eines Flughafens zu berücksichtigen ist, bildet zB das Interesse der Betreiber von Flugschulen u Flugcharterunternehmen, die an diesem Flughafen angesiedelt sind (NVwZ 1990, 262; Sellner/Reidt NVwZ 2004, 1172), nicht hingegen das Interesse eines Unternehmens, das keinen unmittelbaren Bezug zu dem Flughafen hat u auf diesen nicht angewiesen ist (Ma 45, 129; Sellner/Reidt NVwZ 2004, 1172). Eine RVerletzung liegt hier dann vor, wenn eine **Abwägung überhaupt nicht stattgefunden hat,** die entspr **Belange in die Abwägung nicht eingestellt wurden** oder ihre **Bedeutung verkannt** wurde oder der **Ausgleich mit von der Planung betroffenen anderen Belangen in einer Weise vorgenommen** wurde, die zu ihrer **objektiven Gewichtigkeit außer Verhältnis** steht (34, 304; 45, 314; eingeh Hoppe/Just DVBl 1997, 789 ff).

Begehrt der Kl **statt einer ermessens- oder beurteilungsfehlerfreien Entscheidung** über den Erlaß eines begünstigenden VA im Wege der Bescheidungsklage die **Vornahme des VA,** ist die **Klagebefugnis** selbst dann **gegeben,** wenn der Kl keinen Anspr auf Erlaß des VA besitzt. Das ergibt sich daraus, daß hier regelmäßig eine Ermessensschrumpfung auf Null möglich ist.

92 Grds unerheblich sind insoweit jedoch **Gesichtspunkte, die nur und ausschließlich zugunsten anderer Betroffener** sprechen, auch wenn eine Aufhebung des in Frage stehenden VA aufgrund eines Rechtsbehelfs dieser Betroffenen faktisch auch dem Kl zugute käme (48, 66; 56, 122). **Ausnahmen** gelten insoweit nur bei **sog absoluten Verfahrensfehlern,** dh bei Verletzung von Verfahrensvorschriften, die dem Kl eine vom materiellen Recht unabhängige, selbständig durchsetzbare Verfahrensposition einräumen (s oben 70 u 75; unten 95); ebenso bei einer in der Verletzung des Rechts Dritter auf sorgfältige Sachverhaltsermittlung, Anhörung usw uU **zugleich** liegenden **Verletzung der Auf-**

---

[175] 34, 309; 61, 301; 67, 75; 69, 270; NVwZ 1992, 1203; Ma DÖV 1982, 865; NVwZ 1985, 432; Mü BayVBl 1984, 180; Becker NJW 1980, 1036; s auch 12 ff zu § 114.

[176] 48, 66; 54, 218; 56, 122; NVwZ 1992, 1203; Ma DÖV 1982, 865.

klärungspflicht auch ggü dem Kl sowie **bei objektiven Abwägungsfehlern,** die zur Folge haben, daß dem Kl Rechtsnachteile auferlegt werden, die er bei gerechter, sachgemäßer Abwägung nicht tragen müßte (s unten 124). **Allg** zu den für Ermessensentscheidungen bzw Beurteilungsentscheidungen, Prognoseentscheidungen usw geltenden **rechtlichen Grenzen,** auf deren Verletzung ein Kl sich auch gem § 42 Abs 2 berufen kann, s auch 14 ff zu § 114. Wie auch sonst bei § 42 Abs 2 **kommt es** für die Klagebefugnis (anders grds für die Frage der Begründetheit der Klage!) **nicht darauf** an, **ob** die Behörde von ihrem Ermessen, Beurteilungsspielraum usw **tatsächlich rechtsfehlerhaft** Gebrauch gemacht hat, sondern nur auf die Möglichkeit einer solchen Verletzung (vgl oben 65 ff).

Auch das **Recht auf ermessensfehlerfreie Ermessensausübung,** Ausfül- 93
lung eines Beurteilungsspielraums usw hat grds zur **Voraussetzung,** daß der in Frage stehende VA jedenfalls im Ergebnis **materielle** (und nicht nur formelle) subjektive Rechte des Kl berührt, dh, daß die Vorschrift, welche die Behörde zur Ermessensentscheidung ermächtigt, nicht nur eine Ordnungsvorschrift im öffentlichen Interesse ist, sondern unmittelbar oder in Verbindung mit anderen Rechtsnormen, die dem Schutz des Kl dienen, **zugleich auch dem Schutz der Interessen des Kl dient.**[177] Wenn der Kl in einer Sache nicht in seinen Rechten betroffen ist, kommt auch ein Anspr auf rechtsfehlerfreie Ermessensausübung, fehlerfreie Beurteilung usw nur dann ausnahmsweise in Betracht, wenn dem Kl eine geschützte Rechtsposition jedenfalls in formeller Hinsicht „absolut" (s oben 75 u 92) eingeräumt ist, zB einer Gemeinde (nur) das Recht auf Information u Anhörung in einem Vf gem § 10 Abs 2 Nr 1 LuftVG (s dazu 75). **Dasselbe gilt** auch für eine (behauptete) **Verletzung des Gleichheitsgebots** gem Art 3 GG (DÖV 1979, 911). Bei **Planungsentscheidungen** sind, auch soweit dahingehende ausdr Regelungen fehlen, als Folgerung aus dem Wesen der Planung (vgl 61, 301; NJW 1980, 2368; 1982, 591; 1982, 1473) immer **alle** nennenswert **betroffenen privaten Belange** auch iSv § 42 Abs 2 rechtlich geschützte Belange (s unten 112).

Entsprechendes gilt auch für das **Recht auf beurteilungsfehlerfreie Entscheidung** der Behörde, in Fällen, wenn der von der Behörde erlassene oder zu erlassende VA von nicht weiter gerichtlich überprüfbaren Beurteilungen, Planungen usw aufgrund sog **unbestimmter Rechtsbegriffe** u bei **Planungs-, Prognose-** oder **Risikoentscheidungen** abhängt. Vgl insoweit 28 ff u 35 ff zu § 114.

15. Verstöße gegen Verwaltungsrichtlinien uä: Da sie idR keine Außen- 94
rechtsnormen sind, stellt ein Verstoß gegen sie ebenso wie eine **Abweichung von einer ständigen Behördenpraxis nicht als solche eine RVerletzung** dar u begründet daher nicht eo ipso die Klagebefugnis gem § 42 Abs 2. Wohl aber liegt in bezug auf Ermessensentscheidungen hierin idR wg des damit ggf verbundenen **Verstoßes gegen Art 3 GG** (Ms DÖV 1981, 110) oder wg Ermessensfehlgebrauchs iSv § 114 (58, 45) eine subjektive RVerletzung. S im einzelnen 41 f zu § 114. Auch bei einem (behaupteten) **Verstoß gegen verwaltungsinterne Richtlinien** oder einer Abweichung von einer ständigen Praxis hat die Klagebefugnis jedoch grds zur Voraussetzung, daß der in Frage stehende VA jedenfalls im Ergebnis auch materielle subjektive Rechte des Kl berührt (58, 45 ff mwN; s auch oben 93).

16. Verstöße gegen Verwaltungsverfahrensrecht: Sie können die Klage- 95
befugnis grds (vgl oben 93) **nur dann** begründen, wenn der angegriffene oder begehrte VA (jedenfalls im Ergebnis) eine nach materiellem Recht **geschützte Rechtsstellung des Kl berührt,**[178] dh, daß auch das Gericht nach § 113, wenn

---

[177] 45, 199; 51, 267; 61, 275; 69, 259; Ko NJW 1982, 1302; vgl allg oben 83.

[178] Vgl 39, 235; 48, 66; NVwZ 1989, 1168 – der betroffene Dritte muß dartun, daß u insoweit sich die Nichtbeachtung der Verfahrensvorschrift auf seine materiellrechtliche

die entspr Tatsachen sich als zutr erweisen, eine Klage nicht abweisen müßte, weil der angefochtene VA selbst den Kl nicht in eigenen Rechten verletzt.

Berührt ein VA im Ergebnis **Rechte des Kl nicht,** so kann dieser seine Klagebefugnis grds auch nicht aus einem Verfahrensverstoß herleiten.[179] Dazu, daß die **Beteiligung an einem vorausgegangenen Verwaltungsverfahren,** auch zB einem Planfeststellungsverfahren, nicht notwendig auch die Klagebefugnis vermittelt, s oben 72.

Etwas anderes gilt insoweit nur **ausnahmsweise dann,** wenn eine Verfahrensvorschrift ein Verfahrensrecht begründet, dessen Verletzung – unabhängig davon, ob der Kl in sonstigen Rechten betroffen oder verletzt ist – **stets zur Aufhebung des VA führt (absolutes Verfahrensrecht).**[180] Das trifft nunmehr nach dem in Vollzug der EG-Richtlinie 2003/35/EG ergangenen UmwRG zu (dazu näher Ziekow NVwZ 2007, 259 ff). Nach § 4 UmwRG kann eine nach § 3 UmwRG anerkannte Umweltschutzvereinigung (dazu gehören nach § 3 Abs 1 S 3 UmwRG auch anerkannte Naturschutzvereine), aber auch eine rechtlich betroffene natürliche Person oder eine Vereinigung (§ 4 Abs 3 UmwRG) die Aufhebung einer Entscheidung über die Zulässigkeit eines Vorhabens nach § 1 Abs 1 UmwRG verlangen, wenn eine Umweltverträglichkeitsprüfung nicht durchgeführt u nicht nachgeholt worden ist.[181] Die materielle Rechtmäßigkeit einer derartigen Entscheidung steht ihrer Aufhebung nicht entgegen. § 46 VwVfG findet deshalb keine Anwendung (BT-Dr 16/2495, 14). Als andere absolute Verfahrensrechte werden auch die Beteiligungsrechte der Gemeinden im luftverkehrsrechtlichen GenehmigungsVf gem § 6 LuftVG (NVwZ 1988, 731 f; Scherzberg Jura 2006, 847) oder im bauordnungsrechtlichen GenehmigungsVf nach § 36 BauGB (NVwZ 1986, 556 f; Ma VBlBW 1995, 364) angesehen;[182] ferner die Verfahrensgarantie des Art 9 Abs 1 RL 64/221/EWG (InfAuslR 2006, 110 ff; Ma VBlBW 2007, 109, 114). Vgl **zur mittelbaren Verletzung** materieller Grundrechte durch Verfahrensfehler auch unten 124; zur mittelbaren Verletzung des Art 28 Abs 2 S 1 GG s unten 138.

Soweit Grundrechte die Durchführung **besonderer Vf** zu ihrer Wahrung oder Durchsetzung erfordern, zB Art 12 Abs 1 GG **bei** berufsbezogenen **Prüfungen** ein Verfahren, das dem Kandidaten ermöglicht, seine **Einwendungen** gegen die Prüfungsbewertung effektiv geltend zu machen u damit eine nochmalige Entscheidung der Prüfer darüber zu erreichen, kann die **Klagebefugnis auch** darauf gestützt werden, daß **ein solches Vf** – auch hins der der gerichtlichen Überprüfung nicht mehr zugänglichen prüfungsspezifischen Fragen der pädagogischen Wertung der Prüfungsleistung – unterblieben u auch nicht ggf noch nach Anhängigkeit der Sache bei Gericht (vgl 92, 132) nachgeholt worden ist, obwohl der Kl nicht darauf verzichtet hatte (Ms NVwZ 1993, 95; str; vgl auch 92, 132).

Rechtsposition ausgewirkt hat –; 85, 372 = DÖV 1991, 250 mwN – drittschützende Wirkung immissionsschutzrechtlicher Verfahrensvorschriften –; DVBl 1992, 52 mwN; Ko NVwZ 1988, 77; Ma NVwZ-RR 2007, 83; Ms NJW 1993, 2132.

[179] Vgl auch oben 93; BVerwG NJW 1992, 256; NuR 1999, 319; allg auch Geist-Schell, Verfahrensfehler und Schutznormtheorie, 1988.

[180] 44, 239; NVwZ 1996, 390; NVwZ-RR 1996, 141; NVwZ 1997, 491; Lü NVwZ 1992, 903; Ma NVwZ-RR 1993, 179; Jarass NuR 1997, 427; s auch oben 92.

[181] Vor der Schaffung des UmwRG ging die hM – unter Abweichung von einer früheren Rspr – davon aus, daß gem § 59 BNatSchG anerkannten Naturschutzvereinen generell keine absoluten Verfahrensrechte zustehen (100, 247; 104, 239; krit aber schon früher Murswiek DV 2005, 275 ff; Ziekow NVwZ 2005, 263 ff). Wesentliche Impulse für die Aufwertung der Verfahrensrechte im Umweltschutzrecht, wie sie nunmehr im UmwRG ihren Ausdruck findet, ergaben sich aus der neueren Rspr des EuGH (EuGH NVwZ 2004, 596), die ihrerseits wichtige Anstöße durch die Aarhus-Konvention erfahren hatte.

[182] **AA** Baumeister 314 f, der mit anderer Begründung – keine Erfüllung der Voraussetzungen des § 46 VwVfG – das Bestehen des Aufhebungsanspr bejaht.

Regelungen, die für bestimmte Anlagen eine Genehmigung, Planfeststellung, ein behördliches PrüfungsVf uä vorschreiben, begründen idR nur Rechte für denjenigen, der die Anlage errichten oder betreiben will, nicht hingegen für Dritte wie etwa für Nachbarn, die ein Interesse an der Ablehnung der Genehmigung bzw an ihrer nur eingeschränkten Erteilung haben.[183] Die Interessen Dritter werden hier meist dadurch geschützt, daß dann, wenn sie durch die Errichtung oder Inbetriebnahme der nicht genehmigten Anlage in Rechten verletzt werden, deren Schutz das Genehmigungserfordernis dient, ihnen ein Recht auf eine (zumindest ermessensfehlerfreie) Entscheidung über ein behördliches Einschreiten gegen eine solche Anlage zusteht (s unten 126). Die Nichtdurchführung eines Genehmigungsverfahrens kann hierbei zu einer Ermessensreduktion auf Null führen (s unten 102 zu Schwarzbauten). Nach § 4 Abs 1 u 3 UmwRG kann aber nunmehr das Unterlassen einer in § 4 Abs 1 UmwRG genannten Prüfung durch Anfechtung der auf diesem Unterlassen beruhenden Entscheidung geltend gemacht werden; diese führt nach § 4 Abs 1 UmwRG stets zur Aufhebung dieser Entscheidung.

Keine Verfahrensrechte einzelner verfahrensbeteiligter Dritter werden durch die Vorschriften des § 4 Abs 1 VwVfG **(Amtshilfe)** sowie § 26 Abs 2 VwVfG **(Sachverhaltsermittlung)** begründet, da diese Vorschriften **nur dem Interesse der Allgemeinheit** an einer effektiven Verwirklichung der Verwaltungsaufgaben dienen (NVwZ 1999, 536). Das aus den §§ 29, 72 VwVfG folgende Recht auf fehlerfreie Ermessensausübung über die Gewährung der Akteneinsicht betrifft nur die von der Anhörungs- oder Planfeststellungsbehörde geführten oder beigezogenen Akten (NVwZ 1999, 536). § 24 Abs 1 u 2 VwVfG iVm § 26 Abs 1 VwVfG überläßt es in den vom Gegenstand des Vf gezogenen Grenzen grds der nach **pflichtgemäßem Ermessen** zu treffenden Entscheidung der Behörde, welche **Mittel** sie zur **Erforschung des Sachverhalts** anwendet (NVwZ 1999, 535).

Verfahrensfehler sind **dann nicht** geeignet, die Klagebefugnis zu begründen, **wenn** sie offensichtlich u ohne daß der Kl insoweit Zweifel haben könnte **durch** (fehlerfreie) **Nachholung** oder durch Umdeutung des VA **geheilt wurden** (vgl §§ 45, 47 VwVfG). Dagegen führt der Umstand, daß ein Verfahrensfehler § 46 VwVfG unterfällt, nicht zur Unzulässigkeit der Klage, sondern nur zur Unbegründetheit (KR 42 zu § 46 VwVfG; **aA** Storost NVwZ 1998, 799 f); bei solchen Fehlern kommt zudem eine Feststellung einer durch den Verfahrensfehler begründeten RVerletzung analog § 113 Abs 1 S 4 in Betracht (Schenke 326; DÖV 1986, 317 ff; s auch oben 59 sowie 108 zu § 113).

17. Baurechtlicher Nachbarschutz: Die Frage des Drittschutzes stellt sich 96
in besonderer Weise iVm dem Nachbarschutz im **Baurecht.** Sie wird hier in bezug auf **Baugenehmigungen,** aber auch **Teilbaugenehmigungen** u **Bauvorbescheide** (s oben 53) sowie bei **Freistellung** von Bauvorhaben vom **BaugenehmigungsVf** (s unten 102) aufgeworfen. In diesem Zusammenhang bedarf es einmal der Klärung, wer als **Nachbar überhaupt in Betracht** kommt (s unten 97), zum anderen **inwieweit Normen generell oder partiell nachbarschützend** sind (s unten 97 ff). Aus **privatrechtlichen Nachbarrechten** lassen sich gegen den Träger der Bauaufsichtsbehörde gerichtete ör Abwehranspr **nicht ableiten** (NVwZ 1999, 413), was ua auch daran deutlich wird, daß mit der Baugenehmigung über privatrechtliche Rechtsbeziehungen nicht entschieden wird. Zur **Verwirkung** u zum **Verzicht** auf ör Abwehranspr des Nachbarn s unten 97. Zum Schutz von Gemeinden gegen die Erteilung einer Baugenehmigung s unten 138 a. Zur **„Gemeindenachbarklage“** bei der Genehmigung von bau-

---

[183] 44, 239; 62, 246; 85, 374; DVBl 1991, 304; Schl DVBl 1992, 1242; KR 46 zu § 22 VwVfG mwN. Zur Frage, ob ein Recht auf Durchführung eines Umweltverträglichkeitsprüfungsverfahrens besteht, s unten 105.

rechtlichen Vorhaben, insb **großflächigen Einzelhandelsbetrieben u Einkaufszentren,** s unten 138 a.

97 a) **Der baurechtliche Nachbarbegriff.** Der Begriff wird in den baurechtlichen Bestimmungen nicht definiert. Im Hinblick auf die Grundstücksbezogenheit baurechtlicher Regelungen wird aber überwiegend davon ausgegangen, daß der Begriff des Nachbarn iSd Baurechts nur den **Grundstückseigentümer** oder die **Inhaber eigentumsähnlicher Rechtspositionen** umfaßt (vgl Schenke BauO 568), also **Erbbauberechtigte** (NVwZ 1989, 1167), **Nießbrauchberechtigte** (NVwZ 1983, 672; Ms NVwZ 1994, 696), **Wohnungseigentümer**[184] sowie **Stockwerkseigentümer** (Ma BRS 30 Nr 135), **nicht** hingegen **den Inhaber einer Dienstbarkeit,**[185] eines **Grundpfandrechts** oder einer Grundschuld (Dürr 257 mwN; **aA** Gelzer/Birk, Bauplanungsrecht 1012). Eigentümer ist iü nicht nur der Alleineigentümer, sondern auch der **Miteigentümer,** soweit es um den Schutz vor der Erteilung einer Baugenehmigung für ein Nachbargrundstück geht (NJW 1988, 3279; Dürr 257), nicht hingegen, wenn er sich gegen die Baugenehmigung für die Errichtung von Anlagen wendet, die das gemeinschaftliche Eigentum betreffen.[186] Gesamthandseigentümer vermögen ihr Eigentum – vorbehaltlich von Spezialregelungen wie § 2039 BGB (s dazu Schenke JZ 1996, 1060 mwN) – allerdings nur als Gesamthandsgemeinschaft geltend zu machen. Als Nachbar kommt auch der **Inhaber eines Eigenjagdbezirks** in Betracht (Lü BRS 48 Nr 156; Sch-Wahl/Schütz 143 zu § 42 Abs 2). Voraussetzung für die Klagebefugnis ist dabei stets, daß das die Nachbarstellung begründende subjektive Recht noch in dem für die Entscheidung über die Anfechtungsklage maßgeblichen Zeitpunkt besteht (s zu einem entspr Problem iVm einem Planfeststellungsbeschluß Ms 22. 4. 1996 – 23 D 43/93. AK). Nicht klagebefugt ist aber der Eigentümer eines Baugrundstücks gegen die seinem **Mieter erteilte Baugenehmigung** (Mü NVwZ-RR 2006, 303; dazu Schübel-Pfister JuS 2007, 27); hier besteht nur ggf zivilrechtlicher Schutz. Zur Klagebefugnis bei Erwerb eines **Sperrgrundstücks** s oben 89.

Keine Nachbarn sind grds die bezüglich eines Grundstücks nur **obligatorisch Berechtigten** (Kaplonek/Mittag JA 2006, 665), zB aus einem **Schenkungsvertrag** (Lü NVwZ 1996, 918 f) oder **Käufer eines Grundstücks** (NJW 1994, 1234; We ThürVBl 1997, 41). Anderes gilt allerdings, wenn der obligatorisch Berechtigte bereits ein **Anwartschaftsrecht** besitzt, aufgrund dessen seine Rechtsstellung der eines Eigentümers so angenähert ist, daß dies den Nachbarschutz rechtfertigt. Dies trifft dann zu, wenn für den Erwerber bereits eine **Auflassungsvormerkung im Grundbuch eingetragen ist u der Besitz u Lasten des Grundstücks auf ihn übergegangen sind.**[187] Noch nicht klagebefugt ist hingegen ein als **Hoferbe bereits eingesetzter** u den Hof bewirtschaftender **Landwirt** (NVwZ 1989, 1163; Lü NVwZ 1996, 919).

Im Hinblick auf die Grundstücks- u nicht Personenbezogenheit des Baurechts geht die hM auch zu Recht davon aus, daß **Mieter u Pächter** oder sonstige nur obligatorisch berechtigte Besitzer grds in bezug auf die einer anderen Person er-

---

[184] NJW 1988, 3279; NVwZ 1990, 655; Mü DÖV 2004, 673 f; Ms NVwZ-RR 1992, 11; Sch-Wahl/Schütz 143 zu § 42 Abs 2; keine ör Abwehranspr aber bzgl anderer Wohnungseigentümer auf demselben Grundstück, ZfBR 1998, 254, sowie nur mit Einschränkungen hins gemeinschaftsrechtlichen Eigentums, Mü DÖV 2004, 673 f; Ms NVwZ-RR 1992, 11.

[185] Sa BRS 66 Nr 188; Dürr 257; Kübler/Speidel Baunachbarrecht I, 87; **aA** Hoppe/Bönker/Grotefels § 18, 36.

[186] Hierzu u zu ähnlichen Fällen NJW 1988, 3279; NVwZ 1989, 250; 1990, 655; ZfBR 1998, 254.

[187] NJW 1983, 1626; NJW 1988, 1228; 1994, 1234; Lü NVwZ 1996, 919; Mü BayVBl 1990, 755; NKVwGO-Sodan 445; Schenke 518; Sch-Wahl/Schütz 143 zu § 42 Abs 2.

teilte Baugenehmigung **keine subjektiven öffentlichen Rechte** besitzen u deshalb nicht klagebefugt sind.[188] Ihnen bleibt insofern nur die Möglichkeit, sich bei Beeinträchtigung ihrer obligatorischen Rechte an den Eigentümer zu wenden u diesen zu einem Vorgehen gegen die Genehmigung zu veranlassen. Daran hat sich auch durch die **Rspr des BVerfG** (NJW 1993, 2035; 1994, 41) **nichts geändert,** derzufolge das Mietrecht als Eigentum iSd Art 14 GG anzusehen ist, denn mit dieser (zutr u keineswegs revolutionären) Verankerung des Mietrechts in Art 14 GG ist angesichts der gesetzgeberischen Befugnis zur Ausgestaltung der der Eigentumsgarantie unterfallenden Rechte noch keinerlei Aussage darüber getroffen, ob u inwieweit der Mieter eigentumsgrundrechtlichen Schutz ggü der Erteilung einer Baugenehmigung für das Nachbargrundstück genießt.[189] Aus demselben Grund ist der Mieter selbst **dann nicht klagebefugt, wenn er Inhaber eines Rechts am eingerichteten u ausgeübten Gewerbebetrieb** ist u ihm dessen Ausübung durch die Erteilung einer Baugenehmigung an einen Nachbarn (zB wg der besonderen Immissionsempfindlichkeit dieser Bebauung) erschwert u gar unmöglich gemacht wird.[190] Die begriffliche Qualifikation eines Rechts als **Eigentum iSd Art 14 GG vermag auch hier nicht dessen Schutzbereich zu erweitern.** Denkbar, allerdings praktisch kaum relevant werdend (Gassner UPR 1995, 87), ist eine Klagebefugnis des obligatorisch berechtigten Mieters oder Pächters, die auf eine **Verletzung des Art 2 Abs 2 GG** durch eine Baugenehmigung gestützt wird, falls konkrete Gesundheitsgefahren drohen.[191] Hier endet die Befugnis des Gesetzgebers zur Einschränkung des subjektivrechtlichen Gesundheitsschutzes des Mieters bzw zur Verweisung auf einen nur mittelbaren Schutz über den Eigentümer (zum weiteren Nachbarbegriff im dem Gesundheitsschutz dienenden Immissionsschutzrecht u Atomrecht s unten 104). Aus der Grundstücksbezogenheit des Baurechts folgt zudem, daß bei einem Nutzungskonflikt benachbarter Grundstücke **ehe- oder familienrechtliche Bindungen** oder der gemeinsame Wohnsitz – anders als hins der Abwehr gesundheitsschädlicher Umwelteinwirkungen (dazu auch NJW 1983, 1507; NJW 1989, 2766) – **keine eigenständigen Rechtspositionen vermitteln** (NVwZ 1991, 566; NJW 1994, 1234). Dagegen dürfte dem Inhaber einer **immissionsschutzrechtlichen Genehmigung gem § 4 BImSchG,** auch wenn er nicht Eigentümer der Anlage ist, ein Nachbarschutz ggü einer die Ausnutzung seiner Genehmigung gefährdenden Baugenehmigung für eine Wohnbebauung im Einwirkungsbereich seiner Anlage zukommen, da hierdurch die (uneingeschränkte) Ausnutzung seiner immissionsschutzrechtlichen Genehmigung gefährdet wird (Spiegels NVwZ 2003, 1091, s auch unten 104).

Der Begriff des Nachbarn setzt iü eine **räumliche Nähe eines Grundstücks** zu dem Grundstück, auf dem ein genehmigtes Bauvorhaben errichtet werden soll, voraus. Er reicht insoweit weiter als der des Anliegers, der Eigentümer oder

---

[188] NJW 1983, 1626; NVwZ 1991, 567; NVwZ 1998, 956; Ba LKV 1995, 121; Bln NVwZ 1989, 267; BRS 66 Nr 187; Lü NVwZ 1996, 918; Ma VBlBW 2006, 394; Ms NVwZ 1994, 696; We ThürVBl 1997, 42; Brohm § 29, 9; Clausing JuS 1999, 475; NKVwGO-Sodan 456; Lorenz § 18, 64; Schenke 518; Schoch Jura 2004, 318; Schmidt-Preuß NJW 1995, 27; **aA** Determann UPR 1995, 215; Dürr DÖV 2001, 626f; Thews NVwZ 1995, 224ff.

[189] NVwZ 1998, 956; Clausing JuS 1999, 475; Konrad JA 2002, 967; Mampel UPR 1994, 8ff; Ortloff NVwZ 1994, 234; Schenke JZ 1996, 1057; Schlette Jura 2004, 94; Schmidt-Preuß NJW 1995, 27ff; Schröer/Dziallas NVwZ 2004, 135; **aA** Determann UPR 1995, 215; Dürr DÖV 2001, 627; Thews NVwZ 1995, 224ff; s auch Jäde UPR 1993, 330; ZfBR 1996, 252.

[190] So iE auch NJW 1989, 2766; NVwZ 1991, 566; Lü NVwZ 1996, 919; zweifelnd Sch-Wahl/Schütz 145 zu § 42 Abs 2.

[191] 82, 75; Ms UPR 1984, 131; Schenke JZ 1996, 1057; Brohm § 29, 9; NKVwGO-Sodan 456; Sch-Wahl/Schütz 146 zu § 42 Abs 2; **aA** Ms NVwZ 1993, 1115.

Inhaber eines eigentumsähnlichen Rechts in bezug auf ein auf dem Baugrundstück unmittelbar angrenzendes Grundstück ist (Schenke BauO 503). Diese räumliche Nähe, die für den Nachbarbegriff maßgeblich ist, läßt sich **nicht abstrakt bestimmen.** Es hängt vielmehr davon ab, inwieweit durch die **nachbarschützende Vorschrift der Kreis der Berechtigten gezogen wird** (vgl Hoppe/Bönker/Grotefels § 18, 35 ff). Das kann je nach den einschlägigen Tatbestandsmerkmalen der Schutznorm differieren (Schenke 515; Sch-Wahl/Schütz 141 zu § 42 Abs 2). Für den Kreis der danach Berechtigten (Nachbarn) sind häufig Art u Umfang der tatsächlichen Beziehung eines Grundstücks zu dem Vorhaben entscheidend, wobei dieses wiederum durch die Auswirkungen des jeweiligen Vorhabens geprägt sein kann (Hoppe/Bönker/Grotefels § 18, 37). Zu beachten ist dabei, daß der Gesetzgeber den **Kreis der Berechtigten weiter ziehen kann, als den der tatsächlich Betroffenen,** etwa indem prinzipiell allen Grundstückseigentümern im Geltungsbereich eines in einem Bebauungsplan festgesetzten Baugebiets ein Recht bzgl der Einhaltung der dort vorgesehenen Nutzungsart statuiert wird (DVBl 1994, 287 m Anm Schmidt-Preuß; Ma DÖV 1997, 472; s auch unten 99). Auf eine **tatsächliche Beeinträchtigung** des Nachbarn durch Erteilung der Baugenehmigung kommt es nur an, wenn die nachbarschützende Vorschrift das Vorliegen eines subjektiven öffentlichen Rechts **ausdr oder konkludent von dieser Voraussetzung abhängig macht.**[192] Fehlt es hieran, so kann die Zulässigkeit einer Nachbarklage grds auch nicht unter dem Gesichtspunkt eines **fehlenden Rechtsschutzbedürfnisses** verneint werden (s 52 vor § 40). Zur Frage der Teilaufhebung einer Baugenehmigung bei Verstoß gegen nachbarschützende Bestimmungen s 16 zu § 113.

Eine **Präklusion von Einwendungen,** die im BaugenehmigungsVf durch den Nachbarn nicht vorgebracht wurden, kommt nur zum Tragen, wenn sie **gesetzlich vorgesehen** ist (so zB in § 55 Abs 2 S 2 BWLBO). Soweit danach Einwendungen ausgeschlossen werden, die nicht fristgemäß geltend gemacht wurden, genügt es zum Ausschluß der Präklusion nicht, wenn unsubstantiiert „Einspruch" eingelegt wird (Ma NVwZ 1998, 986). Denkbar ist ferner eine **Verwirkung von Nachbarrechten** (Hoppe/Bönker/Grotefels § 18, 112). Diese kann allerdings **nicht allein durch Zeitablauf** geschehen (BRS 65 Nr 195; Ms NWVBl 2006, 25). Die Verwirkung setzt vielmehr voraus, daß durch die Untätigkeit des Nachbarn ein Vertrauen des Bauherrn begründet wird, der Nachbar werde sein Abwehrrecht nicht mehr geltend machen, u daß der Bauherr sich darauf eingestellt hat (Ms NWVBl 2006, 25). Von der Verwirkung materiellrechtlicher Nachbarrechte ist die prozessuale Verwirkung von Rechtsbehelfen, insb von Widersprüchen (6 g–h zu § 70) sowie von Klagen (18 ff zu § 74), zu unterscheiden (s auch Schenke 677). Zur Frage, inwieweit die Ausübung einer nicht genehmigten Nutzung der Geltendmachung von Nachbarrechten entgegenstehen kann, oben 89. Schließlich kommt auch ein **Verzicht auf Nachbarrechte** in Betracht (Ba LKV 1998, 242; Mü BayVBl 1998, 57), wie er etwa dort anzunehmen ist, wo der Nachbar Bauvorlagen unterschreibt.[193]

Zur besonderen Problematik von Abwehranspr im **ör Nachbarschaftsverhältnis,** zB ggü Beeinträchtigungen von Nachbarn durch ör genutzte Einrichtungen s Dolderer UPR 1999, 326 ff.

98 **b) Ansatzpunkte für einen baurechtlichen Nachbarschutz.** Zur Frage des nachbarschützenden Charakters baurechtlicher Vorschriften existiert eine

---

[192] NVwZ 1985, 39; DVBl 1994, 287; Sa BRS 36 Nr 130; Ma NJW 1989, 2280; We ThürVBl 1999, 261; Hoppe/Bönker/Grotefels § 18, 39; Schenke BauO 572; **aA** Lü DÖV 1996, 749; Ms BauR 1987, 550; Dürr BauR 1997, 11; Gelzer/Birk 1011; tendenziell auch Steffen BayVBl 1999, 164.

[193] Ms NVwZ-RR 1998, 614; Ortloff NVwZ 1999, 959; zur Wirkung ggü dem Rechtsnachfolger s unten 174.

kaum noch zu übersehende Kasuistik. Dabei lassen sich solche **Vorschriften unterscheiden,** die **generell nachbarschützend** sind u solche, die (häufig im Hinblick auf verfassungsrechtliche Vorgaben) nur **partiell nachbarschützend** sind. Eine partielle Subjektivierung von bauplanungsrechtlichen Bestimmungen ergibt sich dabei nach der Rspr vornehmlich aus dem **baurechtlichen Gebot der Rücksichtsnahme.**[194] Als Rechtfertigung für diese durch das BVerwG bei **„qualifizierter und zugleich individualisierter Betroffenheit"** eines Nachbarn bejahte Subjektivierung diente zunächst die Sozialbindung des Eigentums (dazu näher Weyreuther BauR 1975, 1 ff; krit Schenke NuR 1983, 82 ff); später bemühte man sich um seine normative Verankerung in bauplanungsrechtlichen Vorschriften wie den §§ 34 f BauGB (NJW 1981, 1973; DVBl 1981, 928) oder § 31 Abs 2 BauGB bzw § 15 BauNVO,[195] obwohl diesen keine Hinweise für derartige partielle situationsbedingte Subjektivierungen zu entnehmen sind. Der Sache nach geht es bei dieser partiellen Subjektivierung um eine eigentumsgrundrechtlich motivierte Ausdehnung der subjektiven Rechte des Nachbarn (Sch-Wahl/Schütz 123 ff zu § 42 Abs 2), also um einen Fall der **norminternen Wirkung von Grundrechten** (s unten 118 ff).[196] Demzufolge spricht sehr viel dafür, das baurechtliche Gebot der Rücksichtnahme damit zu erklären, daß in den von ihm erfaßten Fällen bereits ein **Eingriff in das Eigentumsgrundrecht** vorliegt (Schenke 517; NuR 1983, 86 ff); auf diese Weise läßt sich jedenfalls zwangslos erklären, daß das baurechtliche Gebot der Rücksichtnahme – wie durch die hM gefordert – auf ein qualifiziertes u individualisiertes Betroffensein des Nachbarn abstellt. Zugleich wird von hierher deutlich, weshalb die Verletzung einfachgesetzlicher Vorschriften, selbst dann, wenn sie nur objektivrechtliche Bedeutung haben, jedoch die Baugenehmigung den Nachbarn in „individualisierter und qualifizierter Weise" betrifft und dadurch in dessen Eigentumsgrundrecht eingreift, **eine subjektive RVerletzung (des Eigentums) beinhaltet.** Man steht mit dieser Annahme im Einklang damit, daß auch sonst ein nur unter Verstoß gegen objektives Recht erfolgender Eingriff in ein Freiheitsgrundrecht oder das Eigentumsgrundrecht zu einer subjektiven RVerletzung des Grundrechts führt (s unten 126). Die Herabsetzung der Eingriffsschwelle resultiert daraus, daß es hier um einen rechtlichen **Interessenausgleich zwischen Eigentümern** geht, die in einer Art **Schicksalsgemeinschaft** stehen (Sendler BauR 1970, 5 ff), was bereits vor einem schweren u unzumutbaren faktischen Betroffensein des Nachbarn durch die Erteilung einer Baugenehmigung an einen Dritten (nämlich schon bei einem individualisierten u qualifizierten Berührtsein) die **Bejahung eines Eigentumseingriffs rechtfertigt** (s unten 122 zu faktischen Grundrechtseingriffen). Da das zunächst richterrechtlich kreierte Gebot der Rücksichtnahme inzwischen zu **Gewohnheitsrecht erstarkt** sein dürfte, bedarf es freilich heute eines Rückgriffs auf Art 14 GG nicht mehr (89, 78 = NVwZ 1992, 979; Mü BayVBl 1997, 665). Dieser ist im Hinblick auf das extensive Verständnis des baurechtlichen Gebots der Rücksichtsnahme nunmehr selbst dort **entbehrlich** geworden, wo die Rspr früher unter ausdr Berufung auf Art 14 GG bei **schweren u unerträglichen Beeinträchtigungen des Eigen-**

---

[194] Dazu 52, 122 = NJW 1978, 62; 82, 343 = NJW 1990, 1192; Weyreuther BauR 1975, 1 ff; Alexy DÖV 1984, 953; Dürr DÖV 2001, 628 f; Hauth BauR 1993, 673; Mampel DVBl 2000, 1830 ff; Peine DÖV 1984, 963; Redeker DVBl 1984, 870; Sarnighausen NVwZ 1993, 1054; Schenke NuR 1983, 82 ff; Schlichter DVBl 1984, 875 ff; Brohm §§ 18, 30 ff.

[195] NVwZ 1987, 409; NJW 1990, 1192; NVwZ 1992, 977; Bln LKV 1993, 317; Br NVwZ 1993, 1218; Ma DÖV 1993, 257.

[196] Auf einer norminternen Wirkung von Grundrechten basiert letztlich auch die von Schmidt-Preuß 247 ff entwickelte Bestimmung subjektiver öffentlicher Rechte anhand eines normativen Konfliktschlichtungsprogramms der Ordnungsnorm u ihre Fruchtbarmachung für einen partiellen Drittschutz des § 34 Abs 1 S 1 BauGB (s unten 120).

tumsgrundrechts einen grundrechtlichen Eigentumsschutz bejahte.[197] Auch diese Fälle werden heute durch das baurechtliche Gebot der Rücksichtnahme erfaßt, das damit als spezielle Norm einen Rückgriff auf das Verfassungsrecht ausschließt (UPR 1996, 73; s auch schon früher UPR 1986, 140; Mü BayVBl 1997, 665). Aus entspr Gründen verbietet sich idR auch ein Rückgriff auf Art 2 Abs 2 GG.[198] Zu beachten ist iü, daß die partielle **Subjektivierung, die sich aus dem baurechtlichen Gebot der Rücksichtnahme ergibt** – anders als dies bei generell nachbarschützenden Bestimmungen (zB solchen über Abstandsflächen) meist zutrifft – eine **individuelle Beeinträchtigung verlangt.**

99 **c) Nachbarschutz iVm Bebauungsplänen sowie nach § 33 BauGB.** Im **Geltungsbereich eines Bebauungsplans** sind als **generell nachbarschützend** anzusehen:

- Die Festsetzungen über die **Art der baulichen Nutzung** iSv § 9 Abs 1 Nr 1 BauGB iVm §§ 2ff BauNVO.[199] Sie werden über § 1 Abs 3 S 2 BauNVO Bestandteile des Bebauungsplans u begründen iVm diesem subjektive Rechte. Diese Subjektivierung, die **bundesrechtlich vorgeschrieben** ist, vermag der kommunale Satzungsgeber nicht abzubedingen. Regelungen, welche die Art der baulichen Nutzung betreffen, stellen dabei neben den **§§ 2–11 BauNVO** ebenso die **§§ 12–14 BauNVO** dar (DVBl 1994, 286), so zB § 12 Abs 2 BauNVO (dazu DVBl 1994, 286; Schoch Jura 2004, 320; s näher auch Dürr BauR 1997, 7). Zum nachbarschützenden Charakter des **§ 13 BauNVO** ZfBR 1997, 157; Ms BauR 1996, 820; BRS 56 Nr 53 u Steffen BayVBl 1999, 166f. Zu dem durch § 14 BauNVO den Nachbarn unabhängig von tatsächlichen Beeinträchtigungen gewährten Abwehrrecht in Gestalt eines Gebietserhaltungsanspr NVwZ 2004, 1244. Zum Nachbarschutz gegen **Windenergieanlagen,** die sich nicht mehr als Nebenanlagen iSd § 14 BauNVO darstellen, Lühle NVwZ 1998, 898ff; s auch Lü NVwZ 1999, 444; Ms NVwZ 2002, 1133; NVwZ-RR 2003, 480. Festsetzungen einer **Feingliederung der Gebietsarten nach § 1 Abs 4ff BauNVO 1999** oder § 8 Abs 4 BauNVO 1968 besitzen nur dann nachbarschützende Funktion, wenn diese von der **Gemeinde bezweckt** ist.[200] **Befreiungen von Planfestsetzungen (31 Abs 2 BauGB)** verletzen den Nachbarn ebenfalls bei einer konkreten Rücksichtslosigkeit (Mü NVwZ-RR 2004, 90: Hubschrauberlandeplatz im allg Wohngebiet). Dasselbe gilt analog § 31 Abs 2 BauGB auch für eine Genehmigung ohne die erforderliche Befreiung (Ms BRS 66 Nr 183; Ortloff NVwZ 2005, 1386).
- Geschützt wird in Konsequenz der höchstrichterlichen Rspr auch der Eigentümer eines Grundstücks, das in einem Gewerbegebiet liegt, gegen die Errichtung eines nach § 11 Abs 3 S 1 Nr 2 BauNVO unzulässigen **großflächigen Einzelhandelsbetriebs** in diesem Baugebiet (tlw **aA** Lü NVwZ 1997, 1012). Der Umstand, daß die aus gesetzestechnischen Gründen nicht nur für Gewerbegebiete (sondern zB auch für Industriegebiete) geltende Einschränkung der Errichtung von großflächigen Einzelhandelsbetrieben nicht in § 8 BauNVO, sondern gesondert in § 11 Abs 3 S 1 BauNVO aufgeführt wird, ändert hieran nichts. Der Nachbar ist nicht nur vor qualitativ in einem Baugebiet unzulässi-

---

[197] 32, 173 = NJW 1969, 1787; 44, 244 = NJW 1974, 811; 50, 282 = NJW 1976, 1987.

[198] S dazu Ms NVwZ 1993, 1115; Ks NVwZ 1993, 1119; Lü NVwZ 1993, 1119 iVm Elektrosmog.

[199] DVBl 1994, 285; vgl auch Bln LKV 1992, 333; Lü BRS 54 Nr 98; Sa BauR 1992, 741; Battis BauGB 64 zu § 31 BauGB; Kaplonek/Mittag JA 2006, 665; Mampel DVBl 1994, 1055; Hoppe/Bönker/Grotefels § 18, 43; Hüttenbrink DVBl 1997, 944; Muckel JuS 2000, 133.

[200] Ko BauR 2000, 527; Lü NVwZ 2004, 1010; Ma NVwZ 1999, 439; Mü BayVBl 2003, 307; **aA** Koenig/Roeser/Stock, BauNVO, 2 Aufl. 2003, 56 zu § 8; Kraft VerwA 1998, 284 Fn 108; Mampel BauR 2003, 1832.

gen Nutzungsarten geschützt, sondern auch vor **quantitativ unzulässigen.** So ist Nachbarschutz in einem **Mischgebiet** auch dann zu bejahen, wenn ein Bauvorhaben dort zwar für sich gesehen zulässig wäre, es aber die gebotene **quantitative Durchmischung** von Wohnnutzungen u gewerblichen Nutzungen vereitelt.[201] Soweit Einschränkungen der Nutzungsarten in einem Baugebiet auf **§ 1 Abs 4, 5 oder 9 BauNVO** gestützt werden, ergibt sich nicht schon aus dem Bundesrecht, sondern erst aus dem Bebauungsplan, ob ein Recht auf Einhaltung dieser Nutzungsbeschränkungen besteht (Ma NVwZ 1997, 401 u Steffen BayVBl 1999, 167). Im Zweifel ist hierbei von subjektiven Rechten auszugehen.

– Auf den Nachbarschutz in bezug auf die Einhaltung der vorgesehenen Art der Nutzung können sich dabei grds alle **Eigentümer** (oder eigentumsähnlich Berechtigte) von Grundstücken berufen, für die in einem Bebauungsplan eine bestimmte Baugebietsfestsetzung (DVBl 1994, 287; Ma DÖV 1997, 471) getroffen ist, u zwar **unabhängig von der Entfernung zwischen den Grundstücken** u **von einer konkreten Beeinträchtigung,** die durch eine gebietsfremde Nutzung eintreten würde.[202] Zweifelhaft ist, ob dasselbe generell auch dann zu bejahen ist (so Steffen BayVBl 1999, 164), wenn für aneinander angrenzende Areale derselbe Baugebietscharakter durch mehrere Bebauungspläne festgesetzt wird. Eigentümer eines im Geltungsbereich desselben Bebauungsplans liegenden Grundstücks wie das zu bebauende Grundstück, für das aber ein anderes Baugebiet festgesetzt wurde (s hierzu auch DVBl 1994, 287; Ma DÖV 1997, 471), vermögen eine aus der Nichtbeachtung der Nutzungsart resultierende Rechtswidrigkeit einer dem Nachbarn erteilten Baugenehmigung nur dann zu rügen, wenn im Rahmen der Abwägung nach **§ 1 Abs 7 BauGB auch ihre Belange berücksichtigt werden mußten.**[203] Ob nachbarschützende Festsetzungen über die Art der baulichen Nutzung ausnahmsweise auch iü Grundstückseigentümern außerhalb des Plangebiets zugutekommen,[204] ist **anhand des Inhalts u der Begründung der einzelnen Festsetzungen** zu untersuchen. Enthält ein Bebauungsplan, der ein Mischgebiet festsetzt, keinerlei Festsetzung zur örtlichen Verteilung der in einem Gebiet gebotenen Durchmischung von Wohnnutzungen u nicht wesentlich störenden Gewerbebetrieben, besteht ggü dem Umkippen in ein Gewerbegebiet für die Eigentümer außerhalb des Plangebiets liegender angrenzender Wohngrundstücke Nachbarschutz nur nach Maßgabe des in § 15 BauNVO verankerten Rücksichtnahmegebots (Mü NVwZ-RR 1999, 227). Zum abgeschwächten Nachbarschutz des Eigentümers eines im Außenbereich gelegenen Wohngrundstücks ggü baulichen Nutzungen in einem Industriegebiet Ma NVwZ 1997, 1014. Zum zu bejahenden Nachbarschutz eines in einem **Industriegebiet ansässigen Gewerbebetriebs** gegen die Zulassung einer mit diesem unvereinbaren **Wohnnutzung** in einem **angrenzenden Gewerbegebiet** Ms BauR 2003, 1006.

– Festsetzungen, die in einem Bebauungsplan zum **Schutz vor schädlichen** Umwelteinwirkungen **gem § 9 Abs 1 Nr 23 BauGB** getroffen wurden

---

[201] S ZfBR 1997, 51; ähnlich Schl NVwZ-RR 1995, 252 für die Umwandlung eines Dorfgebiets in ein Wohngebiet.

[202] Finkelnburg/Ortloff II 272, 274 f mwN; Sch-Wahl/Schütz 117 zu § 42 Abs 2; s auch BVerwG UPR 1993, 226; Sa BauR 1992, 739; Ms BRS 52 Nr 180; We ThürVBl 1999, 261; **aA** Gelzer/Birk 1011; s zur Problematik auch oben 97 sowie 52 vor § 40.

[203] 44, 245; Ma VBlBW 1996, 24; Dürr 270; vgl zum Immissionsschutz auch Sa NVwZ 1995, 97.

[204] Abl Ms BRS 66 Nr 168: Gebietsgewährleistungsanspr nur innerhalb desselben Baugebiets, wobei verschiedene Nutzungsgebiete eines Bebauungsplans unterschiedliche Baugebiete darstellen; **aA** Ms NVwZ-RR 2003, 818: genereller Drittschutz, wenn verschiedene Baugebiete in einem Bebauungsplan festgesetzt sind.

(NJW 1989, 467; Hoppe/Bönker/Grotefels § 18, 51; Finkelnburg/Ortloff II 273).

– Regelungen, welche eine **offene Bauweise** aufweisen, weil hier der unmittelbare Grundstücksnachbar einen mit dem Sinn u Zweck der bauordnungsrechtlichen Normen über die Abstandsfläche vergleichbaren Schutz erhalten soll.[205]

Andere Festsetzungen des Bebauungsplans wie etwa die der **Grundflächenzahl** oder **Geschoßflächenzahl** sowie sonstige Bestimmungen, die das **Maß der baulichen Nutzung** (dazu UPR 1995, 396; Dürr 272; Hoppe/Bönker/Grotefels § 18, 47; Schenke 515) betreffen (zB überbaubare Grundstücksflächen, Geschoßzahl, geschlossene Bauweise), haben nur dann generell nachbarschützenden Charakter, wenn sich **aus dem Bebauungsplan ergibt,** daß durch sie auch **private Belange geschützt werden** sollen.[206] Dies trifft dann **nicht zu,** wenn sie, wie dies hins der Festsetzungen über das Maß der baulichen Nutzung idR anzunehmen ist, **nur städtebaulichen Belangen dienen.**[207] Auch bei solchen grds nicht nachbarschützenden Normen kann aber **im Einzelfall aus dem baurechtlichen Gebot der Rücksichtnahme ein Nachbarschutz abzuleiten sein** (67, 334 = NJW 1984, 138; 82, 344 = NJW 1990, 1192; 89, 69 = NVwZ 1992, 977; Dürr 272). Das wird insb bei einem beträchtlichen Überschreiten der zulässigen Geschosse oder der Geschoßflächenzahl relevant, wenn sich hieraus eine „erdrückende" Wirkung für den Nachbarn ergibt. Als Ansatzpunkt für eine Subjektivierung bietet sich hier der Rechtsgedanke des **§ 31 Abs 2 BauGB** an, der eine Befreiung von den Festsetzungen des Bebauungsplans im Einzelfall nur vorsieht, wenn „die Abwägung auch unter Würdigung nachbarlicher Interessen mit den öffentlichen Belangen vereinbar ist" u dabei nicht nur eine Befreiung **von nachbarschützenden Normen** zum Gegenstand hat.[208] § 15 BauNVO findet hier hingegen keine (direkte oder analoge) Anwendung, da er sich nur auf die Fälle bezieht, in denen ein Bauvorhaben nach den Vorschriften der BauNVO zwar grds zulässig ist, sich aber wg der **konkreten Ausgestaltung im Einzelfall gleichwohl als rücksichtslos ggü der Nachbarschaft erweist** (82, 343 = NJW 1990, 1192). Soweit nach den §§ 2–14 BauNVO zulässige Anlagen im Einzelfall unzulässig sind, weil von ihnen Belästigungen oder Störungen ausgehen können, die nach der Eigenart des Baugebiets im Baugebiet selbst oder in dessen Umgebung unzumutbar sind oder weil sie solchen Belästigungen oder Störungen ausgesetzt werden, folgen jedoch aus **§ 15 Abs 1 S 2 BauNVO Nachbarrechte,** welche eine Klagebefugnis begründen.[209]

Vorschriften in einem Bebauungsplan, welche die **Wohnungsanzahl** regeln, sollen nach der Rspr nicht das Maß der baulichen Nutzung, sondern ihre Art betreffen.[210] Sie haben jedoch nicht schlechthin nachbarschützenden Charakter. Ob sie allein städtebaulichen Gründen dienen oder auch nachbarschützend sind, richtet sich nach dem **Gesamtinhalt des Plans** u ist durch dessen Auslegung zu ermitteln (NVwZ 1993, 1100; Ma NVwZ-RR 1997, 598). Ein Drittschutz

---

[205] Ko BRS 23 Nr 182; Ma NVwZ-RR 1999, 492; Battis BauGB 70 zu § 31 BauGB; Gelzer/Birk 1002; Hoppe/Bönker/Grotefels § 18, 49; **aA** Ks BRS 25 Nr 188.

[206] NVwZ 1985, 748; BauR 1995, 823; Ma BauR 1984, 52; VBlBW 1987, 100; Ms BauR 1992, 60; Dürr 272.

[207] NVwZ 1996, 170 f; Ma VBlBW 1983, 74; NVwZ-RR 1993, 347; Lü BauR 1979, 489; Dürr 272; Schoch Jura 2004, 320.

[208] 82, 343 = NJW 1990, 1192; NVwZ-RR 1999, 408; s auch Mü BayVBl 1999, 152; Muckel JuS 2000, 134; Selmer JuS 1999, 829.

[209] 67, 334 = NJW 1984, 138 f; BRS 66 Nr 172 (Lärm eines Bolzplatzes); Dürr DÖV 2001, 630; Finkelnburg/Ortloff II 275; Hösch GewA 1999, 405 f; Kaplonek/Mittag JA 2006, 665; Muckel JuS 2000, 134; Schoch Jura 2004, 320 f; s auch BVerwG NVwZ 1999, 8; Ma NuR 1998, 447; Mü BayVBl 1997, 115 u 1999, 152.

[210] NVwZ 1993, 1100; Ma NVwZ-RR 1997, 598; We ThürVBl 1997, 20 = NVwZ-RR 1997, 596.

wurde beispielsweise bejaht für eine in einem Bebauungsplan **statuierte Beschränkung** der **höchstzulässigen Zahl auf zwei Wohneinheiten,** soweit die Festlegung der Wohnungsanzahl in einem Wohngebiet sich als Ausdruck der Art der baulichen Nutzung erweist, die einzelnen Festsetzungen diesem Planziel verpflichtet sind u deshalb nach dem Willen des Plangebers zugleich das nachbarschaftliche Verhältnis in einer Weise ausgestaltet wird, daß die Planbetroffenen sich darauf berufen können (We NVwZ-RR 1997, 597); verneint wurde der nachbarschützende Charakter, wenn in dem betr Gebiet außer Wohngebäuden auch solche Gebäude zugelassen wurden, „die der Bildung, der Erholung, der Krankenpflege oder öffentlichen Versorgungsbetrieben dienen" (Ma NVwZ-RR 1997, 598). **Kein Nachbarschutz** wird durch die ausschließlich stadtgestalterische Festsetzung einer **Flachdachbebauung** begründet (Ma DÖV 1997, 472), ebenso nicht durch Festsetzungen eines Bebauungsplans zur Bepflanzung gem § 9 Abs 1 Nr 25 BauGB, da sie im allgemeinen nur der Berücksichtigung von städtebaulichen Belangen dienen (Mü NVwZ-RR 1999, 228).

Die Nichtberücksichtigung eines privaten Belangs des Nachbarn beim Erlaß eines Bebauungsplans (s hierzu § 1 Abs 7 BauGB) u eine daraus resultierende subjektive RVerletzung (s 71 ff zu § 47) durch den Bebauungsplan **implizieren nicht,** daß damit stets auch ggü einer auf diesen Bebauungsplan gestützten Baugenehmigung **Abwehrrechte des Nachbarn** bestehen (NVwZ-RR 1997, 682; Schütz NVwZ 1999, 931). Das ergibt sich bei Unwirksamkeit bzw Nichtvollziehbarkeit des Bebauungsplans daraus, daß subjektive Rechte des Nachbarn hier nur aus den §§ 34 f BauGB ableitbar sind.

Wird ein Bauvorhaben im Vorgriff auf einen zukünftigen Bebauungsplan nach **§ 33 BauGB** genehmigt, verletzt dies den Nachbarn in seinen Rechten, soweit bzgl der zukünftigen Festsetzungen des Bebauungsplans **nachbarschützende Wirkungen nach der BauNVO** bestehen würden u diese bei Erteilung der Baugenehmigung nicht beachtet wurden.[211] **Unterstellt** die Bauaufsichtsbehörde **zu Unrecht** das Vorliegen der nach § 33 BauGB **erforderlichen Planreife,** läßt sich auf eine solche Verletzung des § 33 BauGB allerdings **kein Nachbarschutz** stützen (Ms NVwZ 1992, 278). Der Nachbarschutz richtet sich hier nach dem Vorgängerbebauungsplan oder nach den §§ 34 f BauGB (Ma VBlBW 2004, 146; Ortloff NVwZ 2005, 1386). Der Umstand, daß der Bürger mit der Rüge, ein ihn benachteiligender Bebauungsplan sei wg eines Abwägungsfehlers rechtswidrig, im Vf der Normenkontrolle weitergehenden Rechtsschutz erlangen kann als im Vf der Anfechtung einer auf einen Bebauungsplan gestützten Baugenehmigung, **rechtfertigt es nicht,** für die Anfechtung einer nach § 33 BauGB erteilten Baugenehmigung **Grundsätze des NK-Vf zu übernehmen** (NVwZ 1995, 598; s auch Hüttenbrink DVBl 1997, 944).

d) Nachbarschutz im unbeplanten Innenbereich. Im **unbeplanten Innenbereich** (§ 34 BauGB) wird dort, wo das Baugrundstück u seine nähere Umgebung (zum Begriff s NVwZ-RR 1999, 106) einem der Baugebiete der BauNVO entspricht, die durch **§ 34 Abs 2 BauGB** erfolgte **Inbezugnahme** der baurechtlichen Bestimmungen der BauNVO nunmehr so verstanden, daß hiernach die Vorschriften über die **Art der baulichen Nutzung generell nachbarschützend** sind.[212] Der die Einhaltung der Gebietsart betr Nachbarschutz wird durch die wechselseitige Prägung der benachbarten Grundstücke begrenzt u muß (insoweit enger als bei bauplanerischen Festsetzungen, s oben 99) 100

[211] Ms NVwZ 1992, 278; Brügelmann-Dürr 21 zu § 33 BauGB; Kaplonek/Mittag JA 2006, 666.

[212] 94, 151 = NJW 1994, 1546 = DVBl 1994, 285 ff m zust Anm Schmidt-Preuß DVBl 1994, 288; Dürr 274; Gelzer/Birk Bauordnungsrecht 1233 ff; Hoppe/Bönker/Grotefels § 18, 58; Mampel BauR 1994, 299; Hüttenbrink DVBl 1997, 945; Brohm § 18, 35; **aA** früher BVerwG NJW 1986, 1704; Bln NVwZ 1987, 984.

keineswegs alle Grundstücke in der Umgebung erfassen, die zu derselben Baugebietskategorie gehören (NVwZ-RR 1999, 105). Auch wenn ein Bauvorhaben von der Art der baulichen Nutzung her in der näheren Umgebung grds zulässig ist, können sich aus **§ 34 Abs 2 BauGB iVm § 15 Abs 1 S 2 BauNVO** unter dem Gesichtspunkt des **baurechtlichen Gebots der Rücksichtnahme im Einzelfall Abwehrrechte** des Nachbarn ergeben.[213] **§ 34 Abs 1 BauGB** kommt hingegen nach hM – **selbst in bezug auf die Bestimmung der Art der baulichen Nutzung** – nur bei individualisiertem u qualifiziertem Betroffensein **iVm dem baurechtlichen Grundsatz der Rücksichtnahme partiell nachbarschützender Charakter** zu,[214] wobei eine Verletzung des Rücksichtnahmegebots dann ausgeschlossen ist, wenn sich ein Vorhaben nach seiner Art u seinem Maß der baulichen Nutzung, nach seiner Bauweise u nach seiner überbauten Grundstücksfläche in die Eigenart der näheren Umgebung einfügt (DÖV 1999, 558). An einem Einfügen fehlt es zB in bezug auf ein Multiplex-Kino dann, wenn die zu erwartenden Besucher und Verkehrslärmimmissionen zu unzumutbaren Belästigungen führen, die über die durch die Vorbelastung begründete Duldungspflicht hinausgehen (Bln GewA 2000, 171). Iü spricht einiges dafür, auch § 34 Abs 1 BauGB insoweit generell nachbarschützenden Charakter beizumessen, als er planungsrechtliche Regelungen trifft, die, **wenn sie in einem Bebauungsplan getroffen würden, Nachbarschutz begründeten,** also insb bzgl der Art der baulichen Nutzung.[215] Dies trüge dem Umstand Rechnung, daß **§ 34 Abs 1 BauGB eine ähnliche Funktion wie ein Bebauungsplan entfaltet** u es häufig vom Zufall abhängt, ob für ein Grundstück ein Bebauungsplan aufgestellt wurde; der Kreis der bei einer Subjektivierung des § 34 Abs 1 BauGB geschützten Nachbarn wäre hier sogar noch enger als bei einem Bebauungsplan, bei dem die Festsetzung eines bestimmten Baugebiets häufig eine größere Fläche umfaßt als die nähere Umgebung iSd § 34 Abs 1 BauGB. Das Rücksichtnahmegebot kann unter Zugrundelegung der hM zB auch dann verletzt sein, wenn die landesrechtlichen Abstandsvorschriften eingehalten sind (DÖV 1999, 558; s auch unten 102). Ein genereller Schutz vor einer Wertminderung wird durch das nur nach Maßgabe des § 34 Abs 1 BauGB geltende Rücksichtnahmegebot nicht vermittelt (ZfBR 1998, 166). Kein Nachbarschutz besteht bzgl des Gebots ausreichender wegemäßiger Erschließung des Baugrundstücks (Mü BayVBl 1999, 662).

101 **e) Nachbarschutz im Außenbereich.** Hins des **Außenbereichs** (§ 35 BauGB) wird zwar grds kein Nachbarschutz befürwortet; selbst hier hat es das BVerwG aber im Hinblick auf die **Planersatzfunktion des § 35 Abs 1 BauGB** schon vor Anerkennung eines baurechtlichen Gebots der Rücksichtnahme für zulässig erachtet, daß sich der Eigentümer eines gem § 35 Abs 1 BauGB privilegierten Bauvorhabens (das nach dieser Vorschrift typischerweise in den Außenbereich gehört) gegen eine Genehmigung des Bauvorhabens in seiner Nachbarschaft zur Wehr setzen kann, wenn durch dessen Realisierung seine Privilegierung gefährdet wird.[216] Vorhaben im Außenbereich müssen auf das Inte-

[213] Mü BayVBl 1997, 115: Wohnbebauung neben einem schon vorhandenen, der Rinderhaltung dienenden landwirtschaftlichen Betrieb; Ma VBlBW 2004, 345: Gaststätte mit Außenbewirtschaftung in einem faktischen Dorfgebiet wg angrenzender Wohnbebauung (dazu auch Pöltl VBlBW 2004, 330).

[214] NJW 1981, 1973; 1986, 1703; BauR 1989, 320; DVBl 1993, 652; We NVwZ-RR 2000, 350 f; ThürVBl 2002, 258 f; Finkelnburg/Ortloff II 280; Hoppe/Bönker/Grotefels § 18, 57; Schoch Jura 2004, 322; Stüer 1289.

[215] Breuer DVBl 1983, 437; Dürr 274; NVwZ 1985, 719; Redeker DVBl 1984, 870; Schenke NuR 1983, 84; s auch Mampel BauR 1999, 854 ff, 861 ff.

[216] DVBl 1969, 263 m Anm Bartlsperger – Schweinemästerei; s auch Schenke NuR 1983, 86; anders aber, wenn die Privilegierung inzwischen aufgegeben wurde, s Mü BayVBl 1997, 150.

resse eines Landwirts, seinen Betrieb in den Außenbereich hinein zu erweitern, jedenfalls dann keine Rücksicht nehmen, wenn das Erweiterungsinteresse vage u unrealistisch ist (NVwZ-RR 2001, 82). Der Inhaber eines privilegiert ansässigen Betriebs hat weder einen allg Abwehranspr gegen im Außenbereich unzulässige Nachbarvorhaben noch einen Anspr auf Bewahrung der Außenbereichsqualität seines Betriebsgrundstücks (UPR 2000, 37). § 1 Abs 7 BauGB u § 3 BauGB verleihen dem Nachbarn keine Abwehrrechte ggü der Erteilung einer Baugenehmigung für ein Vorhaben im Außenbereich (NVwZ-RR 1997, 682). Keine Nachbarrechte Privater bestehen auch dann, wenn ein Vorhaben ohne vorherige, objektivrechtlich erforderliche Bebauungsplanung verwirklicht werden soll (Ms NVwZ-RR 2006, 306; anders hingegen bei Gemeindenachbarklagen, s unten 138 a). Nachbarrechte können sich aber aus dem bauplanungsrechtlichen Gebot der Rücksichtnahme ergeben, das in das Tatbestandsmerkmal **„öffentliche Belange" u dessen Konkretisierungen durch § 35 Abs 3 BauGB hineininterpretiert** u konsequenterweise bei individualisierter u qualifizierter Betroffenheit eines Nachbarn zu einer partiellen Subjektivierung des § 35 BauGB benutzt wird.[217]

f) Nachbarschutz im Bauordnungsrecht. Als **nachbarschützend** anerkannt sind 102

- die **bauordnungsrechtliche Generalklausel,** soweit es bei ihr – ähnlich wie bei der polizeilichen Generalklausel (Schenke PolR 104) – auch um den **Schutz von Rechtsgütern einzelner Personen** geht;[218]
- die **Abstandsflächenbestimmungen;**[219] mitunter wird durch ausdrückliche gesetzliche Regelung den Vorschriften über Abstandsflächen jedoch nur tlw nachbarschützende Wirkung zuerkannt (s § 5 Abs 7 S 3 BWLBO). Soweit Abstandsflächenvorschriften nachbarschützend sind, kommt es auf die Frage, ob sich bei deren Nichteinhaltung eine spürbare tatsächliche Beeinträchtigung des Nachbarn ergibt, nicht an.[220] Zu beachten ist, daß **§ 34 Abs 1 BauGB** im Hinblick auf seine städtebauliche Zielsetzung unter dem Aspekt des **Rücksichtnahmegebots** (ausnahmsweise) trotz Einhaltung der bauordnungsrechtlichen Abstandsflächenbestimmungen verletzt sein kann (DÖV 1999, 558 mwN u oben 100). Ein Nachbar, der von der halben Abstandsfläche nach Art 6 Abs 5 BayLBO betroffen ist, wird in seinen Rechten verletzt, wenn vor einer anderen Gebäudeseite die dort erforderliche volle Abstandsflächentiefe nicht eingehalten wird (Mü BayVBl 1999, 246);
- die **Brandschutzvorschriften;**[221]
- die in den Bauordnungen enthaltenen **immissionsschutzrechtlichen** Bestimmungen, die dem **Schutz vor grenzüberschreitenden Emissionen dienen;**[222] das gilt auch für bauordnungsrechtliche Bestimmungen, die vorschreiben, daß **Stellplätze u Garagen die Umgebung nicht stören dürfen.**[223]

---

[217] 52, 125 f; NVwZ 1983, 609; BauR 1994, 354; Ma VBlBW 1994, 349; NuR 1998, 447; Mü NVwZ-RR 1999, 232; Finkelnburg/Ortloff II 281; Hoppe/Bönker/Grotefels § 18, 59; Hösch GewA 1999, 403 ff – bzgl schädlicher Umwelteinwirkungen gem § 35 Abs 3 S 1 Nr 3 BauGB; Stüer 1400.

[218] Bln LKV 1992, 26; Mü BayVBl 1987, 727; Ms BauR 1982, 353; NVwZ 1983, 356; Finkelnburg/Ortloff II 282; Hoppe/Bönkere/Grotefels § 18, 61; Schenke BauO 575.

[219] Mü BayVBl 1992, 55; Ms NWVBl 1994, 419; Sa NVwZ-RR 1992, 404; Schoch Jura 2004, 323; eingeh Überblick zur neueren Rspr bei Ortloff, NVwZ 2002, 420 f; NVwZ 2003, 665.

[220] Bln DVBl 1993, 120; Ms BRS 58 Nr 113; We ThürVBl 1999, 261.

[221] Hbg BauR 1982, 262; Ko BRS 28 Nr 142; Ma BRS 25 Nr 192; Ms BRS 27 Nr. 103; Sa BauR 1988, 330; Finkelnburg/Ortloff II 287 f; Hoppe/Bönker/Grotefels § 18, 66.

[222] Zu Dungstätten Ks BRS 40 Nr 184; Sa BRS 44 Nr 165; Finkelnburg/Ortloff II 288; Hoppe/Bönker/Grotefels § 18, 67; zu Ställen zB Ma VBlBW 1985, 64.

[223] Ks BRS 38 Nr 128; Ko BRS 36 Nr 200; Ma NVwZ-RR 1991, 287; NVwZ 1993, 595; Finkelnburg/Ortloff II 288 f; Schenke BauO 570; s näher auch Dürr BauR 1997, 13 ff.

Nachbarschutz ist zB auch dann zu bejahen, wenn Bauschein u genehmigte Bauvorlagen hins nachbarschützender Maßnahmen **unbestimmt** sind u deshalb bei der Ausführung des Bauvorhabens eine Verletzung von Nachbarrechten nicht auszuschließen ist (Ms BauR 1994, 750; 1996, 230; NVwZ-RR 1999, 427; BauR 2005, 1459; Schoch JK 1/06 VwVfG § 37 I/1).

Grds **nicht nachbarschützend** sind Vorschriften, welche die formellen Voraussetzungen für Bauvorlagen regeln (Bln BauR 2004, 987); anderes muß aber dann gelten, wenn wg **Unvollständigkeit der Bauvorlagen** eine Verletzung von nachbarschützenden Bestimmungen nicht geprüft oder nicht zuverlässig ausgeschlossen werden kann.[224] Nicht nachbarschützend sind Normen, welche die **bauliche Gestaltung** von Anlagen zum Gegenstand haben.[225] IVm dem baurechtlichen Gebot der Rücksichtnahme kann sich aber im Einzelfall auch hier, wenn ein Nachbar durch eine Verunstaltung in besonderer Weise betroffen ist, ein Nachbarschutz ergeben (Finkelnburg/Ortloff II 286 f; Hoppe/Bönker/Grotefels § 18, 65). Grds nicht nachbarschützend sind ferner die Vorschriften, die eine **Stellplatzpflicht** zum Gegenstand haben,[226] uU zu bejahen ist hier aber eine Verletzung des Rücksichtnahmegebots bei Verstärkung der Verkehrssituation u **unzumutbarer Gesamtbelastung** der Eigentümer der Nachbargrundstücke (Ms NVwZ-RR 1999, 365). Nachbarschutz wurde ferner verneint bzgl der bauordnungsrechtlichen Anforderungen an die Erschließung (Mü BayVBl 1999, 662).

Die Bestimmungen in den Landesbauordnungen, die vorsehen, daß **Nachbarn – insb Anlieger – am BaugenehmigungsVf zu beteiligen sind,** konstituieren für diese noch keine **materiellen subjektiven Rechte,** auf deren Verletzung die Anfechtung einer Baugenehmigung gestützt werden kann (s auch Schenke JZ 1996, 1056). Das Beteiligungsrecht räumt den Nachbarn nur eine **rein verfahrensrechtliche Rechtsstellung** ein, deren Verletzung zudem dadurch **geheilt** wird, daß der Nachbar im WiderspruchsVf Gelegenheit zur Stellungnahme erhält (Dürr 263 f mwN; s auch Hoppe/Bönker/Grotefels § 18, 71).

Wird ein Bau **formell illegal** errichtet, für den bei Erteilung einer baurechtlichen Genehmigung ein Nachbar unter bauplanungsrechtlichen oder bauordnungsrechtlichen Gesichtspunkten gemäß dem oben Gesagten eine Klagebefugnis besessen hätte, ist grds auch **eine Klagebefugnis** für die auf **Einstellung oder Beseitigung des Schwarzbaus** gerichtete Klage zu befürworten (s dazu NVwZ 1992, 165; Bln LKV 1991, 108; Schenke BauO 620 ff). Auf die Frage, ob nur ein Recht auf ermessensfehlerfreie Entscheidung über ein bauordnungsrechtliches Einschreiten besteht oder ob sogar ein Anspr auf die begehrte bauordnungsrechtliche Verfügung zu bejahen ist (GewA 1998, 304: maßgeblich insoweit grds Landesrecht), kommt es iVm der Klagebefugnis noch nicht an. Sofern es sich nicht nur um unbedeutende Verstöße gegen nachbarschützende Bestimmungen handelt, dürfte iü **grds ein Rechtsanspr auf Einstellung** bzw uU sogar auf Beseitigung des Bauvorhabens bestehen.[227] Andernfalls ergäbe sich eine sachlich nicht zu rechtfertigende Privilegierung des Schwarzbauers ggü demjenigen, der aufgrund einer den Nachbarn in dessen subjektiven Rechten verletzenden, später aber aufgehobenen Baugenehmigung baute. Der durch eine **Bau-**

---

[224] Ma VBlBW 2005, 480; Ms BauR 2005, 1459; Ortloff NVwZ 2006, 1003.

[225] Bln ZMR 1982, 43; Lü BRS 44 Nr 118; Mü BauR 1989, 187 f; Sa BRS 44 Nr 162; Ortloff NVwZ 2002, 421; Schenke JZ 1996, 1056; Schoch Jura 2004, 323; Würt 284; diff Finkelnburg/Ortloff II 286 f; tlw **aA** Muckel JuS 2000, 135; in bezug auf umgebungsbezogenen Verunstaltungsschutz Ko NJW 1998, 1422: Fassadebemalung/Graffiti.

[226] Ks BRS 55 Nr 171; 66 Nr 190; Lü UPR 1998, 34; Ms NVwZ-RR 1999, 365; Ortloff NVwZ 2005, 1386.

[227] Bock DVBl 2006, 15; Enders/Armbruster SächsVBl 2001, 286 ff; Schoch Jura 2004, 324 f; s 21 c zu § 114.

genehmigung in seinen Rechten verletzte Nachbar hat nach Aufhebung der Baugenehmigung grds einen **Rechtsanspr auf Beseitigung der zunächst genehmigten baulichen Anlage** bzw zumindest auf Untersagung ihrer Nutzung (s auch 21 c zu § 114).[228]

g) Nachbarschutz bei (ganzer oder partieller) Freistellung eines Bauvorhabens von einer Genehmigungspflicht. Bei Bauvorhaben, die nach den LBOen keiner Genehmigungspflicht unterliegen, stellt sich die Problematik der Klagebefugnis in bezug auf Klagen auf Erlaß eines Bauverbots, einer Baueinstellung, Nutzungsuntersagung oder Beseitigungsverfügung. Eine Klagebefugnis ist hier dann gegeben, wenn das Bestehen eines Rechtsanspr auf entspr bauaufsichtsbehördliche Maßnahmen möglich ist. Das trifft grds dann zu, wenn der Kl solche Rechte bei Erteilung einer Baugenehmigung für das Bauvorhaben gehabt hätte (s zB Ms NVwZ-RR 1999, 427) bzw Folgenbeseitigungsanspr möglich gewesen wären. Auf die Frage, ob bei einer Freistellung von der Genehmigungspflicht ein Rechtsanspr auf ein baupolizeiliches Handeln möglich erscheint (sog materielles subjektives öffentliches Recht) oder nur ein Recht auf eine ermessensfehlerfreie Entscheidung (formelles subjektives öffentliches Recht), kommt es iVm der Klagebefugnis nicht an, vielmehr ist dies erst für die Begründetheit der Klage relevant. Ist nach den neuen Landesbauordnungen bei bestimmten Bauvorhaben eine **Freistellung von dem Erfordernis der Durchführung eines BaugenehmigungsVf** vorgesehen u dieses durch ein KenntnisgabeVf oder ähnliches ersetzt, wird vielfach als Kompensation[229] für den Wegfall des die Belange des Nachbarn sichernden BaugenehmigungsVf ein **Anspr auf Einschreiten der Baurechtsbehörde** durch Erlaß eines Bauverbots (Bauuntersagung) bzw einer Baueinstellung bejaht,[230] wenn nachbarschützende Normen mißachtet u die **nachbarlichen Belange mehr als nur geringfügig berührt werden.** Diesem Ergebnis ist zuzustimmen; es indiziert im übrigen ebenfalls, daß erst recht ggü dem illegalen Schwarzbauer ein Rechtsanspr auf baupolizeiliches Einschreiten bestehen muß (damit erledigen sich dann auch die Bedenken von Dürr 284 gegen die Rechtsprechung des VGH Mannheim, die sE zu einer Bevorzugung des Schwarzbaus führe). Ohne prinzipielle Anerkennung eines solchen 102 a

---

[228] Zu dem hier bestehenden FBA vgl 83 zu § 113; eingeh Schenke DVBl 1990, 336 ff; im Ergebnis für Rechtsanspr (allerdings mit anderer Begründung) grds auch Ms BauR 1990, 342; 1993, 714; 1994, 749; Sa NVwZ 1983, 685; Schoch Jura 2004, 325; Uechtritz NVwZ 1996, 643; einschränkend nur bei besonderer Intensität der Störung oder Verletzung eines wesentlichen Rechtsguts Ma BRS 33 Nr 159; VBlBW 1992, 148; Mü BRS 48 Nrn 174 u 175; s auch Lü BauR 1989, 188; Bln BRS 50 Nr 206; Gr LKV 2004, 188; diff zwischen der Vorhabensuntersagung, bzgl deren grds ein Rechtsanspr befürwortet wird, u der Einstellungsanordnung sowie der Beseitigungsanordnung Degenhart NJW 1996, 1438 ff, der aber gleichfalls sieht, daß auch bei letzteren häufig eine Ermessensschrumpfung stattfinden kann.

[229] S auch BRS 52 Nr 217: Nachbarschutz darf ggü genehmigungslosen baurechtswidrigen Nutzungen nicht geringer sein als ggü genehmigten Nutzungen; ebenso Bock DVBl 2006, 15.

[230] So oder jedenfalls in diese Richtung tendierend Ba NVwZ 1997, 922; Ma NVwZ-RR 1995, 490; VBlBW 1997, 142; Mü NVwZ 1997, 923; VG Meiningen NVwZ 1997, 928; VG München NVwZ 1997, 927; Bamberger NVwZ 2000, 987; Bock DVBl 2006, 15; Borges DÖV 1997, 902; Degenhart NJW 1996, 1438; SächsVBl 1995, 6; Dürr 284; Martini DVBl 2001, 1492 f; Schenke 741; VBlBW 2000, 59; Schoch Jura 2004, 325; Uechtritz NVwZ 1996, 644; Winkler BayVBl 1997, 749; s auch Mampel UPR 1997, 267; NVwZ 1999, 387; DVBl 1999, 1408; Baumeister/Sennekamp Jura 1999, 264; s auch 21 c zu § 114; **aA** Ms BauR 1999, 630 bei möglicher Zulassung einer Abweichung von bauordnungsrechtlichen Abstandsbestimmungen; Manssen NVwZ 1996, 146; Oeter DVBl 1999, 189 ff; Sacksofsky DÖV 1999, 952 f; Seidel NVwZ 2004, 142 bei möglicher nachträglicher Dispensierung gem § 31 Abs 2 BauGB oder einer bauordnungsrechtlichen Abweichungszulassung; Schmaltz NdsVBl 1995, 247 u früher Ma VBlBW 1992, 149. Nach BVerwG NVwZ 1998, 395 ist grds Landesrecht maßgeblich.

Anspr des Nachbarn bei Genehmigungsfreistellung ergäbe sich eine bedenkliche Systemverschiebung im Verhältnis der Vwgbk zur Zivilgerichtsbarkeit, da dann der zivilrechtliche Nachbarschutz über die §§ 1004, 906, 823 Abs 2 BGB iVm der ör Schutznorm (dazu Seidel NVwZ 2004, 142 ff) weiter reichte als der ör Nachbarschutz bei Anerkennung lediglich eines Anspr auf eine ermessensfehlerfreie Entscheidung der Baurechtsbehörde (s auch zum folgenden Schenke VBlBW 2000, 59 f). Verstärkt würde dies noch dadurch, daß der bei der Genehmigungsfreistellung über § 123 zu gewährende vorläufige Rechtsschutz bei Anerkennung lediglich von Ermessensanspr unter Zugrundelegung der hM weitgehend leerliefe. Eine Verlagerung des Nachbarschutzes in den Bereich der Zivilgerichtsbarkeit würde iü das Prozeßkosten- u das Schadenersatzrisiko (gem § 945 ZPO verschuldensunabhängig; s auch 44 zu § 123) des Nachbarn erheblich erhöhen (s hierzu auch Seidel NVwZ 2004, 144). Zur Frage der Verwirkung des ör Abwehranspr wg Zeitablaufs Martini DVBl 2001, 1494.

Die Möglichkeit eines **zivilrechtlichen Nachbarschutzes** (zu diesem Seidel NVwZ 2004, 142 f) hindert die Geltendmachung ör Rechtsanspr des Nachbarn auf ein Einschreiten der Bauaufsichtsbehörde nicht.[231] Sie schließt weder das RSB für die verwaltungsgerichtliche Klage aus (dazu 51 b vor § 40; Bock DVBl 2006, 16 f), noch erweitert sie den behördlichen Ermessensspielraum (s aber NVwZ 1998, 395). Der Versuch, ör Abwehranspr des Nachbarn unmittelbar ggü dem Bauherrn zu begründen,[232] entbehrt einer normativen Absicherung.

Besteht für das Bauvorhaben nur eine eingeschränkte Genehmigungspflicht, bedarf jeweils einer genauen Prüfung, welche Rechtsfragen Gegenstand des GenehmigungsVf waren u über welche die Behörde nicht zu befinden hatte. Eine Klage gegen die Baugenehmigung kann demgemäß nicht auf solche Einwendungen gestützt werden, die einen Verstoß gegen nachbarschützende baurechtliche Bestimmungen betreffen, die im BaugenehmigungsVf ausgeklammert bleiben.[233] Entspr Einwendungen können nur im Rahmen einer auf Erteilung eines Bauverbots bzw einer Baueinstellung gerichteten Verpflichtungsklage geltend gemacht werden. Umgekehrt kann sich im Rahmen einer solchen Verpflichtungsklage der Kl wg der Tatbestandswirkung der Baugenehmigung nicht auf die Verletzung solcher Rechte stützen, über die im BaugenehmigungsVf zu befinden war.

Zum Anspr des Nachbarn auf **Einsichtnahme in die Bauunterlagen** bei der Genehmigungsfreistellung s Gröpl/Schleyer BayVBl 1998, 97 ff; dort auch zur Frage, inwieweit bei Verletzung eines solchen Anspr eine Baueinstellung verlangt werden kann (Gröpl/Schleyer BayVBl 1998, 100 ff).

Auch für eine Gemeinde besteht dort, wo das Bauvorhaben mit bauplanungsrechtlichen Vorgaben nicht im Einklang steht, im Hinblick auf die Verletzung ihrer Planungshoheit grds ein Rechtsanspr auf bauaufsichtliches Einschreiten.[234]

103 **18. Nachbarschutz außerhalb des Baurechts:** Die Frage des Nachbarschutzes stellt sich auch außerhalb des Baurechts, insb im **Immissionsschutzrecht,** im **Atomrecht,**[235] im **Gaststätten- u Gewerberecht,** im **Gentechnikrecht** sowie im **Bergrecht.**

---

[231] S Kraft VerwA 1998, 287; Mampel BayVBl 2001, 418 f; Martini DVBl 2001, 1491 mwN; Schenke VBlBW 2000, 59; Uechtritz NVwZ 1996, 643; tendenziell anders Oeter DVBl 1999, 195 ff; s auch Schmaltz NdsVBl 1995, 247 f.

[232] Ortloff NVwZ 1998, 933; krit hierzu Mampel NVwZ 1999, 385 ff; Martini DVBl 2001, 1490; Sacksofsky DÖV 1999, 951 f; Seidel NVwZ 2004, 141; Schenke VBlBW 2000, 59.

[233] NVwZ 1998, 58; Ortloff NVwZ 1999, 959; vgl auch Wittreck BayVBl 2004, 203.

[234] Martini DVBl 2001, 1494 f; vgl auch BVerwG NVwZ 1992, 878 f; NVwZ 2000, 1048 ff; Hässy BauR 2001, 1539 ff.

[235] Auch nach dem G zur geordneten Beendigung der Kernenergienutzung zur gewerblichen Erzeugung von Elektrizität vom 22 .4. 2002 (BGBl I 1351) besteht das Problem des

a) Der umweltschutzrechtliche Nachbarbegriff. Der Nachbarbegriff ist im Bereich des Umweltschutzrechts, insb im Immissionsschutz- u Atomrecht, weiter als in dem durch die Grundstücksbezogenheit der Regelungen charakterisierten Baurecht. Aus der **Teleologie der primär dem Gesundheitsschutz dienenden Vorschriften** wie den §§ 5f BImSchG ergibt sich, daß nicht nur Eigentümer oder eigentumsähnlich Berechtigte geschützt sind, sondern auch **obligatorisch Berechtigte wie Mieter oder Pächter** sowie diejenigen, deren Arbeitsplatz sich im möglichen Einwirkungsbereich einer Anlage befindet.[236] Das gilt richtigerweise **auch für Arbeitnehmer des emittierenden Betriebs** (Sch-Wahl/Schütz 162 zu § 42 Abs 2), begünstigt sind ferner auch **Familienangehörige sowie andere Personen,** die dauernd immissionsbelastet sind. Anderes ist hingegen für solche Personen anzunehmen, die sich (zB als Besucher oder Urlauber) nur vorübergehend im Einwirkungsbereich der Anlage aufhalten (NJW 1983, 1508; Mü BayVBl 1979, 540; Ma NVwZ-RR 1995, 641). Zur Möglichkeit des **Inhabers einer immissionsschutzrechtlichen Genehmigung gem § 4 BImSchG,** sich gegen die Baugenehmigung für eine im Einwirkungsbereich seiner Anlage vorgesehene Wohnbebauung zur Wehr zu setzen, s Spiegels NVwZ 2003, 1091 u oben 97. 104

Für den Nachbarbegriff iVm den dem BImSchG oder dem AtG unterfallenden Anlagen ist ein räumlicher Bezug zu diesen erforderlich, der sich allerdings nicht abstrakt bestimmen läßt, sondern zB nach dem BImSchG wesentlich **von der Art der Emissionen abhängt** (s auch Mü NVwZ-RR 1997, 162; Sch-Wahl/Schütz 165 zu § 42 Abs 2). Im **Atomrecht** ist der **Nachbarbegriff noch weiter zu ziehen.** So hat das BVerwG die Klagebefugnis für einen niederländischen Staatsbürger befürwortet, der ca. 25 km von dem vorgesehenen Standort eines Atomkraftwerks entfernt lebte u der sich gegen eine Genehmigung gem § 7 AtG wandte (75, 285 ff; zur Klagebefugnis von Ausländern auch oben 90). Allerdings genügt es für die Zulässigkeit einer gegen eine atomrechtliche Genehmigung gem § 7 AtG oder einen atomrechtlichen Vorbescheid nach § 7a AtG gerichtete „Nachbarklage" nach der Rspr nicht schon, daß der Kl **unspezifiziert geltend macht,** die Auswirkungen eines bei der Anlegung der Anlage nicht berücksichtigten Reaktorunfalls könnte ihn in seiner Gesundheit schädigen;[237] ebenso reicht es nicht aus, daß er in seiner Klage nur auf ein allg Entsorgungsdefizit der Atomkraftwerke in der Bundesrepublik hinweist (61, 275; NVwZ 1993, 176; Ma NJW 1983, 63). Er muß vielmehr **substantiiert behaupten,** daß dieses Risiko so **hinreichend wahrscheinlich ist, daß dagegen Vorsorge iSv § 7 Abs 2 Nr 3 AtG getroffen werden muß.**[238] Das trifft dann zu, wenn er substantiiert vorträgt, die **Einhaltung der drittschützenden Dosisgrenzwerte des § 47 StrlSchV** sei in einem für ihn bedeutsamen Punkt nicht gewährleistet (zu § 45 StrlSchV aF NJW 1981, 1393; NVwZ 1997, 162); nach der Rspr des BVerwG soll es sogar bereits genügen, wenn der Kl substantiiert geltend macht, er sei beim Normalbetrieb des Kernkraftwerks einem **unzumutbaren Risiko ausgesetzt, weil die Dosisgrenzwerte des § 47 StrlSchV** die Grenze der gem § 7 Abs 2 Nr 3 AtG erforderlichen Schadensvorsorge auf-

---

Nachbarschutzes im Atomrecht weiter fort. Zwar wird nach § 7 Abs 1 S 2 AtG für die Errichtung u den Betrieb von Anlagen zur Spaltung von Kernbrennstoffen zur gewerblichen Erzeugung von Elektrizität u von Anlagen zur Aufarbeitung bestrahlter Kernbrennstoffe keine Genehmigung mehr erteilt. Wie aber § 7 Abs 1 S 3 AtG deutlich macht, bleibt die Thematik für wesentliche Veränderungen von Anlagen oder ihres Betriebs erhalten.

[236] NJW 1983, 1507; Lü NVwZ 1985, 357; Jarass 35 f zu § 3 BImSchG; Schenke 519; JZ 1996, 1057; Schlette Jura 2004, 94; Sch-Wahl/Schütz 162 zu § 42 Abs 2.

[237] 70, 365 = NVwZ 1985, 341; s auch 61, 261; 70, 368; Lü NVwZ 1987, 75; ebenso NKVwGO-Sodan 419; Stüer 1606.

[238] 61, 263 = NJW 1981, 1393; NVwZ 1985, 341; 1986, 208; 1994, 1097; NVwZ 1997, 162; Ms NVwZ-RR 1994, 143.

grund neuerer Erkenntnisse **nicht mehr zutr konkretisieren.**[239] Die für eine Nachbarklage nach der Rspr erforderliche Substantiierung läßt sich nicht nahtlos mit den sonst für die Klagebefugnis geltenden Grundsätzen in dem vom Untersuchungsgrundsatz bestimmten verwaltungsgerichtlichen Rechtsschutzsystem in Einklang bringen (s auch unten 175 f; ferner Sendler UPR 1997, 162), denen zufolge den Kl grds keine Darlegungs- u Behauptungslast trifft (Schenke 22). Sie ist offensichtlich von dem Bestreben getragen, nur auf **„Verdacht" mit ganz allg Gesichtspunkten erhobene Klagen einzuschränken.**

Zu beachten ist, daß im Umweltrecht (so zB im Immissionsschutz- u im Atomrecht, vgl § 10 Abs 3 S 5 BImSchG u § 7 Abs 1 S 2 AtVfV; zu weiteren Präklusionsvorschriften s Brandt NVwZ 1997, 234) eine **Präklusion von solchen Einwendungen** stattfindet, die im GenehmigungsVf **nicht fristgerecht vorgebracht** wurden (zur verfassungsrechtlichen Zulässigkeit einer solchen Präklusion s Thiel DÖV 2001, 814 ff) u hier zT davon ausgegangen wird, diese Präklusion führe bereits zur Unzulässigkeit der Klage mangels Klagebefugnis (so Brandt NVwZ 1997, 235; dazu auch unten 179). Zur Frage, inwieweit der Eigentümer eines „Sperrgrundstücks" klagebefugt ist, oben 89.

105 **b) Nachbarschützende Vorschriften im BImSchG, AtG, GastG, GenTG, BBergG uä.** Im Bereich des BImSchG wird – im Einklang mit den sonst für das Polizeirecht geltenden Grundsätzen (Schenke PolR 104) – die der **Gefahrenabwehr dienende Vorschrift des § 5 Abs 1 Nr 1 BImSchG als drittschützend qualifiziert,** während die der **Gefahrenvorsorge dienende Norm des § 5 Abs 1 Nr 2 BImSchG grds nur objektivrechtliche Bedeutung** besitzen soll.[240] Daran dürfte auch die Modifizierung durch das G v 27. 7. 2001 (BGBl I 1950) nichts ändern. Keine Ausnahme von der fehlenden Subjektivierung des Vorsorgegrundsatzes ist in bezug auf die Emissionsgrenzwerte für krebserzeugende Stoffe nach Nr 5.2.7.1 TA Luft anzunehmen (anders aber Sch-Wahl/Schütz 168 zu § 42 Abs 2), denn insoweit geht es regelmäßig bereits um Gefahrenabwehr iSd § 5 Abs 1 Nr 1 BImSchG,[241] womit in diesem Umfang Drittschutz anzuerkennen ist. Solange für potentiell gesundheitsgefährdende Stoffe **keine Immissionswerte** bestimmt sind, dienen zur Minimierung des Gesundheitsrisikos erlassene Emissionsgrenzwerte auch dem Schutz eines individualisierbaren Personenkreises im Einwirkungsbereich der Anlage (NVwZ 2004, 610 u Anm Murswiek JuS 2004, 1026). Als **nicht drittschützend** angesehen wurden die Regelungen über die Reststoffentsorgung des **§ 5 Abs 1 Nr 3 BImSchG aF u die in § 5 Abs 1 Nr 4 BImSchG aF statuierte Abwärmenutzungspflicht** (Ko NVwZ 1991, 87; Sch-Wahl/Schütz 171 zu § 42 Abs 2). Entsprechendes dürfte auch nach der Gesetzesänderung v 27. 7. 2001 (s oben) in § 5 Abs 1 Nr 3 u 4 BImSchG gelten. **Kein Drittschutz** wird auch allein durch die Verfahrensvorschrift des **§ 10 BImSchG** begründet.[242] Dasselbe gilt für die verfahrensrechtlichen Bestimmungen des BImSchG über das vereinfachte GenehmigungsVf gem § 19 BImSchG (Ms NVwZ 2003, 361). Die Vorschrift des **§ 20 Abs 2 BImSchG,** welche die Stillegung einer formell illegalen

---

[239] Zu § 45 StrlSchV aF NVwZ 1997, 162: Häufung von Leukämiefällen in der Umgebung des Kernkraftwerks Krümmel; s dazu auch Sendler UPR 1997, 161 sowie Rebentisch DVBl 1997, 810 ff.

[240] 65, 320; NVwZ 2004, 610 mit Anm Murswiek JuS 2004, 1026 ff; Lü NVwZ 1985, 507; Ma NVwZ-RR 1995, 639 mwN; NVwZ 1996, 300; Mü NVwZ 1989, 482; Breuer DVBl 1986, 855; Rengeling DVBl 1982, 628; Schenke JZ 1996, 1057; Sch-Wahl/Schütz 151 zu § 42 Abs 2 mwN.

[241] Ma NVwZ-RR 1995, 639; NVwZ 1996, 300; s auch Ko NVwZ 1991, 87 u Ms NVwZ 1991, 1202.

[242] Ms NVwZ-RR 2004, 408: Lecheler NVwZ 2005, 1156 f; **aA** unter Hinw auf europarechtskonforme Auslegung des § 10 Abs 3 u 4 BImSchG Ko NVwZ 2005, 1208.

Anlage zum Gegenstand hat, ist insofern nachbarschützend, als der Nachbar sich **bei ordnungsgemäßer Durchführung** eines GenehmigungsVf gem §§ 4ff BImSchG gegen die Genehmigung hätte zur Wehr setzen können. Auch **§ 20 Abs 3 S 1 BImSchG** ist nach richtiger, aber umstrittener Ansicht **nachbarschützend,** wenn sich die Untersagung wg Unzuverlässigkeit des Betreibers oder eines mit der Leitung des Betriebes Beauftragten auf die Nichteinhaltung von Rechtsvorschriften zum Schutze vor schädlichen Umwelteinwirkungen stützt (Sch-Wahl/Schütz 174 zu § 42 Abs 2; **aA** Ma GewA 1988, 241f). Dem Drittschutz dienen auch die die Gefahrenabwehr bezweckenden §§ 24f BImSchG. Das trifft eindeutig im Fall des **§ 25 Abs 2 BImSchG** zu (Meixner NVwZ 1997, 128), ferner aber auch insoweit, als die Vorschriften der **§§ 24, 25 Abs 1 BImSchG** zur **Durchsetzung der Pflichten gem § 22 Abs 1 Nr 1 u 2 BImSchG** herangezogen werden.[243] Zum Lärmschutz an Straßen gem §§ 41ff BImSchG u den auf der Basis des § 43 BImSchG ergangenen LärmschutzVOen s näher Halama VBlBW 2006, 132ff. Zur Frage, inwieweit bei Lücken im BImSchG (zB des Nachbarschutzes bei anzeigepflichtigen Anlagen, durch die eine Explosions- oder Brandgefahr erzeugt wird) auf das allg Polizei- u Ordnungsrecht zurückgegriffen werden kann, s Meixner NVwZ 1997, 129ff.

Dem **UVPG** kam nach bisher hM keine drittschützende Funktion zu.[244] Das hat sich durch § 4 Abs 1 u 3 UmwRG geändert (so auch Ziekow NVwZ 2007, 261; vgl auch Kment NVwZ 2007, 276). Danach kann nicht nur von einer anerkannten Umweltschutzvereinigung, sondern auch von denjenigen, die durch eine Entscheidung iSd § 1 Abs 1 S 1 Nr 1 UmwRG in ihrer Rechtsstellung betroffen sind, die Aufhebung dieser Entscheidung verlangt werden, wenn eine Umweltverträglichkeitsprüfung nicht durchgeführt u nicht nachgeholt worden ist. Es handelt sich bei der Nichteinhaltung des verfahrensrechtlichen Erfordernisses einer Umweltverträglichkeitsprüfung um einen **absoluten Verfahrensfehler**, der unabhängig von der materiellen Rechtmäßigkeit der Entscheidung zu deren Aufhebung führt (s oben 95).

Im Bereich des **Abfallrechts** richtet sich die Errichtung u der Betrieb von **106**
ortsfesten Beseitigungsanlagen zur Lagerung oder Behandlung von Abfällen sowie die wesentliche Änderung einer solchen Anlage oder ihres Betriebes gem § 31 Abs 1 KrW-/AbfG nach dem BImSchG, womit die dort geltenden **Grundsätze über den Nachbarschutz Anwendung** finden; nur die Errichtung u der Betrieb von Deponien sowie die wesentliche Änderung einer solchen Anlage oder ihres Betriebes bedürfen der **Planfeststellung** durch die zuständige Behörde (§ 31 Abs 2 KrW-/AbfG). Deshalb kommen die **allg Grundsätze für einen Drittschutz bei Planfeststellungsbeschlüssen** zur Anwendung (vgl unten 112). Nachbarschutz ist demnach zu bejahen, falls durch den Planfeststellungsbeschluß **private Belange** betroffen werden. Dies trifft dann zu, wenn es sich bei diesen um **mehr als nur geringfügig betroffene schutzwürdige Interessen** handelt (unten 112). Auch der Mieter ist geschützt, wenn es um die **Abwehr gesundheitsschädlicher Umwelteinwirkungen** geht.[245]

Im **Atomrecht** besitzen – anders als im Immissionsschutzrecht – auch die der **107**
Gesundheitsvorsorge dienenden Vorschriften angesichts des hier bestehenden besonderen Risikopotentials **nachbarschützenden Charakter.** So geht die hM heute davon aus, daß die Vorschriften des § 7 Abs 2 Nr 3 AtG u die sie kon-

---

[243] 74, 327; 79, 257 = NJW 1988, 2396; Hbg NVwZ 1990, 379; Ma NJW 1990, 1930; NVwZ-RR 1999, 569; Ms NVwZ 1991, 901; Stüer DVBl 1999, 1332.

[244] 104, 239 = NVwZ 1998, 509; Lü NVwZ-RR 2004, 407; Ms NVwZ-RR 2004, 408; Murswiek JuS 2003, 508f; **aA** Ko NVwZ 2005, 1208; Scheidler NVwZ 2005, 866ff; vgl auch v Schwanenflug/Strohmayr NVwZ 2006, 399ff.

[245] S zu diesem Nachbarschutz des Mieters UPR 1991, 67; 1996, 109; dazu auch Vallendar UPR 1996, 125.

kretisierenden Vorschriften, welche für die Erteilung der Genehmigung verlangen, daß die nach dem Stand der Wissenschaft u Technik erforderliche Vorsorge ggü Schäden getroffen wird, drittschützend sind.[246] Deshalb kann der Kl gem § 42 Abs 2 geltend machen, daß die Einhaltung der den § 7 Abs 2 Nr 3 AtG konkretisierenden drittschützenden **Dosisgrenzwerte des § 47 StrlSchV** nicht gewährleistet sei (zu § 45 StrlSchV aF NJW 1981, 1393; NVwZ 1986, 208; 1997, 162). Er ist darüber hinaus unter unmittelbarem Rückgriff auf § 7 Abs 2 Nr 3 AtG auch dann klagebefugt, wenn er geltend macht, er sei beim Normalbetrieb des Kernkraftwerks einem unzumutbaren Risiko ausgesetzt, weil die Dosisgrenzwerte des § 47 StrlSchV die Grenze der gem § 7 Abs 2 Nr 3 AtG erforderlichen Schadensvorsorge aufgrund neuerer Erkenntnisse nicht mehr zutr wiedergeben (zu § 45 StrlSchV aF NVwZ 1997, 162). Anders als § 47 StrlSchV vermittelt das in **§ 6 Abs 2 StrlSchV** niedergelegte Strahlenexpositionsminimierungsgebot keinen Drittschutz.[247] Die in **§ 49 Abs 1 StrlSchV** festgelegten Grenzwerte, die der Planung von Schutzmaßnahmen gegen Störfälle dienen, sind hingegen **drittschützend.**[248] Die personenbezogenen subjektiven Genehmigungsvoraussetzungen des § 7 Abs 2 Nr 1 u 2 AtG bilden eine Basis für den Drittschutz, wenn sich aus der mangelnden Zuverlässigkeit Gefährdungen von durch das BImSchG geschützten Rechtsgütern Dritter ergeben können.[249] Gleichfalls als **drittschützend** angesehen wird **§ 7 Abs 2 Nr 5 AtG** (Sch-Wahl/Schütz 183 zu § 42 Abs 2), der dem Schutz gegen Störmaßnahmen oder sonstige Einwirkungen Dritter dient; **nicht drittschützend** ist **§ 7 Abs 2 Nr 6 AtG,** wonach überwiegende öffentliche Interessen, insb im Hinblick auf Umweltschutzeinwirkungen, der Wahl des Standorts der Anlage nicht entgegenstehen dürfen (s zu § 7 Abs 2 Nr 6 AtG aF 72, 331 = NVwZ 1986, 208; Heitsch UPR 1994, 253; zweifelhaft); ebenso keinen drittschützenden Charakter besitzt **§ 9a Abs 1 AtG,** der die Verwertung radioaktiver Reststoffe u die Beseitigung radioaktiver Abfälle zum Gegenstand hat (88, 289 = NVwZ 1993, 177), sowie **§ 4 Abs 2 Nrn 3 u 5 AtG** für die **Anwohner einer Transportstrecke** bzgl einer atomrechtlichen Beföderungsgenehmigung (Lü NVwZ-RR 2007, 28). Ein **Drittschutz** kann sich hingegen in bezug auf die Anordnung nachträglicher Auflagen nach **§ 17 Abs 1 S 3 AtG** u den **Widerruf der Genehmigung nach § 17 Abs 5 AtG** ergeben (Ks NVwZ 1989, 1184f; Mü NVwZ 1991, 904), der ua wg einer erheblichen Gefährdung Beschäftigter oder Dritter zugelassen wird. Zu Problemen des Drittschutzes iVm der Stufung von atomrechtlichen GenehmigungsVf s Sch-Wahl/Schütz 184 zu § 42 Abs 2.

108 Im **Gaststättenrecht** kommt der Vorschrift des **§ 4 Abs 1 Nr 3 GastG nachbarschützende Funktion** zu.[250] Das läßt sich aus der Verweisung auf schädliche Umwelteinwirkungen iSd BImSchG u damit auf die Begriffsbestimmung des § 3 Abs 1 BImSchG ableiten, nach dem neben der Allgemeinheit auch ausdr die Nachbarschaft geschützt wird; dasselbe gilt für **§ 5 Abs 1 Nr 3 GastG,** der neben Auflagen zum Schutz gegen schädliche Umwelteinwirkungen auch solche zum Schutz gegen erhebliche Nachteile, Gefahren oder Belästigungen für die **Bewohner des Betriebsgrundstücks oder der Nachbargrund-**

---

[246] Vgl 61, 263ff = NJW 1981, 1393; 72, 315f = NVwZ 1986, 208; NVwZ 1997, 162; DVBl 1997, 722f; Schenke JZ 1996, 1057; Sch-Wahl/Schütz 177 zu § 42 Abs 2.

[247] Zu §§ 46 Abs 1 Nr 2, 28 Abs 1 Nr 2 StrlSchV aF 61, 267 = NJW 1981, 1393; Bln NVwZ-RR 1991, 183; Sch-Wahl/Schütz 180 zu § 42 Abs 2.

[248] Zu § 28 Abs 3 StrlSchV aF NVwZ 1990, 859; 1994, 1098; Ma VBlBW 1989, 454; Breuer DVBl 1986, 856f.

[249] NVwZ 1990, 858f; Ks NVwZ 1989, 1186; Lü ET 1980, 698; Sch-Wahl/Schütz 183 zu § 42 Abs 2; **aA** Ma VBlBW 1989, 455.

[250] Ks NVwZ-RR 1993, 407; NVwZ-RR 1997, 159; Ko GewA 1998, 209; Steinberg DÖV 1991, 354ff; Stüer DVBl 1999, 1332.

stücke vorsieht (Mü NVwZ-RR 1990, 407; VG Düsseldorf NVwZ 1991, 813; Steinberg DÖV 1991, 362). **Nachbarschützenden Charakter** hat nach der Rspr (NVwZ 1997, 276; Mü GewA 1986, 33; s auch NKVwGO-Sodan 197) ferner **§ 18 S 2 GastG** insoweit, als das öffentliche Bedürfnis an einer Verkürzung der Sperrzeit voraussetzt, daß diese nicht zu schädlichen Umwelteinwirkungen führt. Daneben kann sich auch aus den auf der Basis des § 18 GastG erlassenen **Sperrzeitverordnungen ein Nachbarschutz** ergeben.[251]

Die **gentechnischen Vorschriften der §§ 1 Abs 1 Nr 1 u 6 Abs 2** 109 **GenTG,** welche die Grundpflichten des Betreibers einer gentechnischen Anlage normieren, dienen nicht nur den Belangen der Allgemeinheit, sondern auch dem individuellen **Schutz des Nachbarn.**[252] Ebenso drittschützend sind die Regelungen über **Labor- u Sicherheitsmaßnahmen (§§ 7 ff GenTG)** sowie die Regelungen über die Freisetzung u das Inverkehrbringen **gentechnisch veränderter Organismen** (§§ 14 ff GenTG) (s Sch-Wahl/Schütz 190 zu § 42 Abs 2).

Im Bergrecht hat das BVerwG einen „Nachbarschutz" gegen die Be- 110 triebsplanzulassung aus **§ 48 Abs 2 BBergG** insofern bejaht, als diese Vorschrift in verfassungskonformer, an Art 14 GG orientierter Auslegung den Oberflächeneigentümer vor einer unverhältnismäßigen Beeinträchtigung seines Eigentumsgrundrechts schützt.[253] Später schien das BVerwG zunächst dahin zu tendieren, den Drittschutz des Oberflächeneigentümers in **§ 55 Abs 1 S 1 Nr 3 BBergG** zu verankern, ohne diese Frage freilich endgültig zu entscheiden.[254] Nunmehr geht BVerwG DÖV 2006, 1048 davon aus, daß § 48 Abs 2 S 1 BBergG schon bei der Zulassung eines Rahmenbetriebsplans für einen Tagebau **drittschützende Wirkung zugunsten der Eigentümer** entfaltet, deren **Grundstücke für den Tagebau unmittelbar in Anspr genommen** werden. Selbst wenn man diesen Versuchen des BVerwG zur Subjektivierung einfachgesetzlicher bergrechtlicher Bestimmungen nicht folgt, dürfte sich aber jedenfalls aus dem **Eigentumsgrundrecht des Oberflächeneigentümers** ableiten lassen, daß für ihn dann, wenn die Betriebsplanzulassung unmittelbar zur Beeinträchtigung seines Eigentums führt, eine Klagebefugnis besteht. Das gilt selbst dort, wo er die Verletzung von Bestimmungen rügt, die nur objektivrechtliche Bedeutung besitzen (näher Schenke Bergbau 31 ff). Berufen sich Dritte auf eine **Gefährdung von Leben u Gesundheit,** die aus der Zulassung eines Betriebsplans resultieren, ergibt sich für sie aus § 55 Abs 1 S 1 Nr 3 BBergG die Klagebefugnis.[255] Ein Drittschutz resultiert ferner für die durch eine Betriebsplanzulassung in ihrer **Planungshoheit betroffenen Gemeinde aus § 48 Abs 2 S 1 BBergG;**[256] außerdem ist ein Drittschutz bei drohenden Schäden für öffentliche Einrichtungen der Gemeinde (zB die gemeindliche Wasserversorgung) zusätzlich aus **Art 28**

---

[251] 11, 331 = NJW 1961, 1129; Ks NVwZ 1991, 802; Sch-Wahl/Schütz 210 zu § 42 Abs 2; Steinberg GewA 1991, 170.

[252] Hbg ZUR 1995, 93; VG Berlin NVwZ-RR 1994, 150; VG Gießen NVwZ-RR 1993, 534; VG Neustadt NVwZ 1992, 1008; Sch-Wahl/Schütz 190 zu § 42 Abs 2. Zum Nachbarschutz im Gentechnikrecht s auch Beaucamp NuR 2002, 333 f mwN.

[253] 81, 346 = NVwZ 1989, 1157; dazu krit Schenke Bergbau 20 ff, ferner Gaentzsch DVBl 1993, 531; Sch-Wahl/Schütz 206 zu § 42 Abs 2; Stüer 1638 ff.

[254] 89, 249 = NVwZ 1992, 980; NVwZ 1991, 992; zust Sch-Wahl/Schütz 206 zu § 42 Abs 2; s auch Gaentzsch DVBl 1993, 531; Kühne UPR 1992, 218; näher zum Gasspeicher-Urteil Schenke Bergbau 29 ff.

[255] 89, 248; Brauner NuR 1994, 23 f; Schenke Bergbau 39 ff; Sch-Wahl/Schütz 207 zu § 42 Abs 2.

[256] Schenke Bergbau 72 f; vgl auch Stüer 1643 ff; s zur Planungshoheit als Bestandteil des Selbstverwaltungsrechts auch BVerwG 90, 100 u näher unten 138. Für eine eigentumsrechtliche Begründung von Rechten der Gemeinde aus § 48 Abs 2 BBergG Kühne NVwZ 2005, 60 ff.

Abs 2 S 1 GG iVm § 48 Abs 2 S 1 BBergG begründet (Schenke Bergbau 82 ff; s auch zum Schutz gemeindlicher Einrichtungen BVerwG 69, 261), da die gemeindliche **Daseinsvorsorge** durch das kommunale Selbstverwaltungsrecht geschützt ist (s unten 138). Mit der Rüge mangelnder Beteiligung gem § 15 BBergG allein kann die Gemeinde die Verletzung eigener Rechte iSd § 42 Abs 2 nicht geltend machen (DVBl 1999, 255).

111 Nachbarschutz folgt für die durch ein gefährliches Verhalten auf einem anderen Grundstück gefährdeten Nachbarn bei fehlenden spezialgesetzlichen Vorschriften aus den **allg polizei- u ordnungsrechtlichen Bestimmungen;**[257] zur **Klagebefugnis für den Anlieger einer Straße** gegen die Einziehung oder Teileinziehung dieser Straße bzw auf Durchführung von Lärmschutzmaßnahmen s unten 135.

Nicht klagebefugt ist hingegen der Eigentümer eines dem Wald benachbarten Grundstücks bezüglich einer **Waldumwandlungserklärung** gem § 10 Abs 2 BWLWaldG, da diese Vorschrift nicht drittschützend ist (Ma NVwZ-RR 1996, 495). An der Klagebefugnis fehlt es für den Nachbarn in bezug auf die Genehmigung oder Änderung der **Beseitigung eines Denkmals** (Bln LKV 1992, 26).

112 **19. Die Klagebefugnis in anderen Fällen (Planfeststellungsbeschlüsse, Polizeirecht usw):** Bei **Planfeststellungsbeschlüssen** ist immer eine Klagebefugnis eines **Eigentümers** oder eines **eigentumsähnlichen Berechtigten** gegeben, der **unmittelbar** durch den Planfeststellungsbeschluß in dieser Rechtsstellung **betroffen** ist. Das gilt auch, wenn das Eigentum nur zum Zwecke der Klageerhebung erworben wurde (sog **Sperrgrundstück,** tlw **aA** nunmehr NVwZ 2001, 427; s näher oben 89 mwN). Der Eigentümer vermag in Konsequenz des Umstands, daß das **Eigentumsrecht vor jedem rechtswidrigen Eingriff schützt,** nicht nur bei einer Enteignung (hier NVwZ 1999, 528), sondern auch bei jeder anderen Eigentumsbeschränkung die Rechtswidrigkeit des Eingriffs geltend zu machen.[258] Das gilt auch dann, wenn der Eigentumseingriff nur unter Verletzung von Normen erfolgte, die ausschließlich öffentliche Interessen oder Interessen Dritter schützen (s auch unten 124). Deshalb ist zB eine RVerletzung immer schon dann anzunehmen, wenn einem Grundstückseigentümer durch einen Planfeststellungsbeschluß infolge einer **objektiv fehlerhaften Abwägung öffentlicher Belange,** zB des Natur- oder Landschaftsschutzes, oder wg einer **fehlerhaften Abschnittsbildung** (s oben 53) im PlanfeststellungsVf Enteignungswirkungen auferlegt wurden, die bei gerechter Abwägung (möglicherweise) nicht erforderlich wären.[259] Ebenso wird durch die Verletzung einer bereits als objektives Recht anwendungsfähigen u von den nationalen Behörden zu beachtenden **Richtlinie der EG** eine Verletzung des enteignungsbetroffenen Grundstückseigentümers begründet (NVwZ 1999, 528: Mißachtung der nicht rechtzeitig umgesetzten Vogelschutzrichtlinie). Als klagebefugt ist neben dem Grundstückseigentümer auch der planbetroffene Bergwerkseigentümer anzusehen (Buchh 407.4 § 17 FStrG Nr 123).

Klagebefugt sind auch die Eigentümer von Grundstücken, die zwar nicht im Plangebiet liegen, deren Grundstücke aber aller Voraussicht nach durch die Weiterführung einer Straße betroffen werden, weil die **Planfeststellung** bzw

---

[257] 11, 95 ff; Dietlein DVBl 1991, 685 ff; Pietzcker JuS 1982, 106 ff; Schenke PolR 104; Wilke, Scupin-FS 1983, 831 ff.

[258] Anders für Eigentumsbeschränkungen, die keine Enteignung darstellen, NJW 1983, 2459; BVerfG NVwZ 1987, 969; Ba SächsVBl 2006, 112; wie hier dagegen Gassner DVBl 1981, 9; Hoppe, Menger-FS 775 f; Schenke Bergbau 35 ff; s auch Maurer § 27, 95.

[259] BVerfG NVwZ 1987, 969; BVerwG 67, 74; 69, 271; 77, 91; UPR 1983, 310; NVwZ 1998, 508; 1999, 528; Ko NVwZ 1986, 321; Mü BayVBl 1982, 599; Ma NJW 1984, 1700; Kühling DVBl 1989, 222; Wahl NVwZ 1990, 925; Wolfrum DÖV 1981, 611; Ramsauer DÖV 1981, 37.

Plangenehmigung (NVwZ 1998, 1178) **insoweit bereits „Zwangspunkte" setzt.**[260] Für die Annahme eines Zwangspunktes genügt es aber noch nicht allein, daß eine andere Trassenführung im späteren Abschnitt lediglich unvernünftig ist (NVwZ 1997, 491; 2001, 800). Eine straßenrechtliche Planung, die sich im nachfolgenden Streckenabschnitt objektiv vor **nicht überwindbaren Hindernissen** sieht, verfehlt ihren gestaltenden Auftrag u ist **rechtswidrig** (NVwZ 1998, 616).

Als klagebefugt sind auch die Träger **privater Belange** anzusehen, die bei der Planfeststellung zu berücksichtigen sind (s zB § 17 S 2 FStrG; zu der selbst ohne ausdr gesetzliche Regelung gebotenen Berücksichtigung privater Belange oben 93). Sie besitzen ein subjektives Recht, sofern es sich bei diesen Belangen um **mehr als nur geringfügig betroffene schutzwürdige Interessen handelt.**[261] Zwar betont das BVerwG zutr, daß der Begriff der Belange nicht auf subjektive öffentliche Rechte u Privatrechte beschränkt ist, sondern weiterreicht (NVwZ 1988, 363; 1993, 479); dies ändert aber nichts daran, daß diese privaten Belange, indem sie durch die planungsrechtlichen Normen mitgeschützt werden, das nach der Schutznormtheorie (vgl oben 83) erforderliche **Kriterium für die Annahme eines subjektiven öffentlichen Rechts erfüllen.** Sie sind damit **in bezug** auf **Planfeststellungsbeschlüsse** als rechtlich geschützte Interessen anerkannt. Hins **Mietern, Pächtern oder ähnlich obligatorisch Berechtigten** ging die Rspr zunächst davon aus, daß diese bzgl rein grundstückbezogener Belange grds durch den **Eigentümer repräsentiert** würden u daher nicht klagebefugt seien.[262] Als klagebefugt angesehen wurde hingegen der Pächter eines Kleingartens ggü einer wasserrechtlichen Planfeststellung, der sich gegen den Abriß eines dort von ihm bewohnten Hauses wandte, das er als Scheinbestandteil (§ 95 Abs 1 BGB) des Pachtlands zu Eigentum erworben hatte (UPR 1997, 151). In seiner neueren Rspr geht das BVerwG (DVBl 1998, 44; s auch Mü BayVBl 1999, 18; Vallendar UPR 1998, 87) aber nunmehr davon aus, daß, wenn der Planfeststellungsbeschluß enteignungsrechtliche Vorwirkungen auch in bezug auf Personen entfaltet, denen ein obligatorisches Recht an einem Grundstück zusteht, diese ebenfalls klagebefugt seien (zur begrenzten Reichweite dieser Entscheidung s aber Clausing JuS 1999, 475). Dies steht auch im Einklang mit der Rspr zur Antragsbefugnis bei § 47 (s auch 70 zu § 47) u trägt der Austauschbarkeit von Bebauungsplan u Planfeststellungsbeschluß (vgl zB § 17b Abs 2 FStrG) Rechnung. Eine Klagebefugnis kommt auch für den **Inhaber eines eingerichteten u ausgeübten Gewerbebetriebs** in Betracht (Sauthoff BauR 2000, 204; Sch-Wahl/Schütz 145 zu § 42 Abs 2; s aber auch BVerwG UPR 1989, 387). Nicht berührt werden dürfte durch diese RsprÄnderung allerdings die Judikatur, derzufolge der Käufer eines Grundstücks im Planungsbereich nicht klagebefugt ist, solange zu dessen Gunsten **nicht wenigstens eine Auflassungsvormerkung** im Grundbuch eingetragen ist u **Nutzungen u Lasten** des Grundstücks auf ihn übergegangen sind (NJW 1983, 1626; 1994, 1234; 18. 6. 2001 – 11 A 19/00: durch Auflassungsvormerkung geschützter Anspr begründet noch kein Abwehrrecht). Der Kauf als solcher begründet noch **kein Nutzungsrecht** u konstituiert

---

[260] 62, 342 = NJW 1981, 2592; NVwZ 1997, 169 = 100, 388; NVwZ 1997, 491; 1998, 1178; 2001, 800; s auch NVwZ 1997, 493; DVBl 1997, 1115; Hbg NVwZ-RR 1992, 343; Lü DVBl 1994, 769; Ma NVwZ-RR 1991, 399; Mü UPR 1996, 400 L; Sch-Wahl/Schütz 260 zu § 42 Abs 2.

[261] NVwZ 1988, 363; 1989, 151; NVwZ-RR 1989, 619; 87, 342 = NVwZ-RR 1991, 601; NVwZ 1993, 479; zust Johlen DÖV 1989, 204ff; ders, Redeker-FS 1993, 489f; Schmidt-Preuß 322f; Vallendar UPR 1999, 121ff; **aA** Schechinger DVBl 1991, 1187; Sch-Wahl/Schütz 259 zu § 42 Abs 2; Steinberg § 7, 69.

[262] UPR 1991, 67: Klagebefugnis kraft Eherechts verneint; NJW 1994, 1233; Hbg NuR 1998, 213; Ronellenfitsch VerwA 1997, 192; Vallendar UPR 1996, 124.

ohne Auflassungsvormerkung auch noch **kein eigentumsähnliches** (Anwartschafts-)**Recht.** Auch schon nach der bisherigen Rspr waren Mieter u Pächter klagebefugt, wenn es um Abwehr schädlicher Umwelteinwirkungen ging.[263]

Prinzipiell nicht gestützt werden kann die Klagebefugnis eines **Nachbarn** auf die **Verletzung öffentlicher Belange.**[264] Soweit allerdings die fehlerhafte Berücksichtigung öffentlicher Belange zugleich mit einer **fehlerhaften Behandlung privater Belange einhergeht** bzw mit dieser untrennbar verbunden ist, besteht für den Nachbarn insoweit eine Klagebefugnis u kann die Verkennung öffentlicher Belange (etwa wenn sie im Verhältnis zu privaten übergewichtet wurden) eine **subjektive RVerletzung nach sich ziehen.** Grds nicht möglich ist hingegen (anders als bei dem durch einen Planfeststellungsbeschluß unmittelbar betroffenen Eigentümer, s oben) eine mittelbare Subjektivierung öffentlicher Belange über Art 14 GG (unten 124), da die Rechtsposition des Nachbarn idR keinen Eigentumsschutz genießt. Etwas **anderes** gilt nur dann, wenn ein **faktischer Eigentumseingriff** besteht (unten 122), wovon jedenfalls dann auszugehen ist, wenn der Nachbar durch die Planfeststellung „schwer und unerträglich" beeinträchtigt wird (Schenke Bergbau 55; s auch Kühling 397).

Zum **Umfang,** in dem **private Belange** bei der Abwägung **zu berücksichtigen sind,** s oben 91. Zu beachten ist, daß auch bei Vorliegen einer subjektiven RVerletzung durch den Planfeststellungsbeschluß idR kein Anspr auf die Aufhebung des Planfeststellungsbeschlusses gegeben ist (s oben 32). Dies schließt allerdings die Klagebefugnis nicht aus, sondern wird erst iVm der Begründetheit einer Verpflichtungsklage relevant (zur Möglichkeit einer FFK oben 32). Zur Reichweite der Klagemöglichkeiten **anerkannter Naturschutzvereine** gem § 61 BNatSchG s oben 75 u 95 sowie ferner unten 180f. Zur Geltendmachung der **Fehlerhaftigkeit einer Linienbestimmung** gem § 16 Abs 1 S 1 FStrG im Rahmen der Anfechtung von Planfeststellungsbeschlüssen s oben 73.

Zur Klagebefugnis drittbetroffener Privater gegen Fachplanungen s eingeh Sauthoff BauR 2000, 195ff. Zur rechtlichen Betroffenheit von **Gemeinden durch Planfeststellungsbeschlüsse** s unten 137f.

Zur Klagebefugnis im **Energie-Regulierungsverwaltungsrecht** s näher Burgi DVBl 2006, 269ff.

113 Im Bereich des **Polizeirechts** hat nach heute hM auch der Inhaber von Individualrechtsgütern, die unter den Begriff der öffentlichen Sicherheit subsumierbar sind, ein Recht auf ermessensfehlerfreie Entscheidung über ein polizeiliches Einschreiten zu seinen Gunsten.[265] Das gilt **nicht nur für das allg Polizei- u Ordnungsrecht,** sondern ebenso grds für **spezialgesetzliche polizeirechtliche Bestimmungen.**[266] Zur Klagebefugnis des Nachbarn aus baupolizeirechtlichen u gewerbepolizeilichen Rechtsvorschriften s oben 102. Nicht klagebefugt sind Zuhörer einer gerichtlichen Verhandlung gegen die Verfügung der Polizeibehörde, bewaffnete Polizeibeamte zum Schutz der Gerichtsverhandlung zu entsenden (NJW 1973, 895).

Unbestreitbar ist eine Klagebefugnis dann gegeben, wenn eine Person als **Polizeipflichtiger** oder im Wege des **polizeilichen Notstands in Anspr genommen** wird (zur Adressatentheorie s oben 69). **Keine Klagebefugnis** be-

---

[263] UPR 1991, 67; 1996, 389; Vallendar UPR 1996, 125.

[264] Insoweit zutr 44, 242ff; 50, 287; NJW 1972, 269; 1974, 817; Schenke Bergbau 54f; Kühling 446ff; weiterreichend hingegen Ramsauer DÖV 1981, 37ff; s auch Wahl NVwZ 1990, 925 mwN.

[265] Vgl für die heute ganz hM 11, 95ff; 37, 112f; Ms NVwZ 1983, 101f; Dietlein DVBl 1991, 685ff; Pietzcker JuS 1982, 106ff; Schenke PolR 104; Wilke, Scupin-FS 1983, 831ff; allg zum Verhältnis von öffentlichem Interesse u schutzwürdigen Individualinteressen unten 160.

[266] Vgl etwa 74, 236; ebenso Mü BayVBl 1999, 371.

steht hingegen für einen **Dritten,** der in bezug auf eine **störende Sache ein privatrechtliches Recht** innehat (zB Eigentümer oder Mitgeigentümer ist) bezüglich der einem anderen Polizeipflichtigen ggü ergangenen polizei- oder ordnungsbehördlichen Grundverfügung, da diese „unbeschadet der privaten Rechte" ergeht (Ortloff NVwZ 1999, 962f; offen Bln NVwZ-RR 1998, 270); der Dritte wird **erst durch eine Zwangsmittelandrohung** in seinem der Vollstreckung entgegenstehenden subjektiven Recht **betroffen,** so daß er nur insoweit klagebefugt ist.[267] Nicht klagebefugt ist deshalb auch ein Miteigentümer gegen die einem anderen Miteigentümer ggü erlassene baupolizeiliche Beseitigungsverfügung (Ks NJW 1983, 2282).

Zur (vor allem grundrechtlich fundierten) Klagebefugnis von **Konkurrenten** s unten 142ff, zum Krankenhausplanungsrecht s auch unten 115; zur Klagebefugnis des Betroffenen ggü **Mitwirkungshandlungen** in bezug auf einen ihm ggü unmittelbar vorgenommenen Rechtsakt s unten 166ff; zur Klagebefugnis im **Sonderstatusverhältnis** (besonderen Gewaltverhältnis) näher unten 173. Zur grds fehlenden Klagebefugnis des Bürgers in bezug auf **staatliche Aufsichtsmaßnahmen** ggü nachgeordneten staatlichen Behörden oder juristischen Personen des öffentlichen Rechts wg fehlender Außenwirkung s 76ff zu Anh § 42. 114

Sonstige Beispiele von rechtlicher Betroffenheit iSv § 42 Abs 2: Klagebefugt ist zB 115

- ein Verkäufer gegen die dem Geschäftsinhaber gestützt auf § 23 LadSchlG iVm Ausführungsverordnungen erteilte Ausnahmegenehmigung für eine Erweiterung der Ladenschlußzeiten;[268]
- eine Kirchengemeinde gegen eine auf § 23 LadSchlG gestützte Ausnahmebewilligung für die Öffnung eines Geschäfts am Sonntag (Gr GewA 2000, 110; **aA** VG Schwerin GewA 1999, 430;
- gegen die Einziehung eines Weges nicht nur der **Eigentümer eines Grundstücks,** das über diesen Weg erschlossen wird[269] u die **Anlieger der Straße** (32, 225f; Lü NVwZ-RR 2007, 148; s auch unten 135), sondern auch der Verkehrsteilnehmer, der einen durch Art 2 Abs 1 GG geschützten **schlichten Gemeingebrauch** daran geltend machen kann;[270] ebenso der **Sondernutzungsberechtigte** im Hinblick auf den mit der Einziehung verbundenen **Wegfall eines widerruflichen Sondernutzungsrechts** (Schenke, in: Maurer/Hendler, aaO 384f);
- gegen eine **Verkehrsbeschränkung gem § 45 Abs 1 StVO** der **Benutzer der Straße;**[271] die Klagebefugnis eines **Verkehrsteilnehmers gegen ein Verkehrszeichen,** mit dem er bereits konfrontiert worden ist, setzt **nicht voraus,** daß er von dem Verkehrszeichen nach seinen persönlichen Lebensumständen in einer **gewissen Regelmäßigkeit oder Nachhaltigkeit tatsächlich betroffen** wird;[272]
- gegen eine **Widmung** der Straße ein Anlieger dieser Straße, der geltend macht, durch die Widmung mit **ör Handlungspflichten** (Reinigungs-, Räum- u Streupflicht) **belastet** zu werden;[273]

---

[267] Ks NVwZ-RR 1996, 330 unter Berufung auf BVerwG 40, 101ff; Bln DÖV 1991, 557; s auch We ThürVBl 1997, 212; Schenke PolR 281.

[268] VG Dresden GewA 1999, 492f; VG Leipzig GewA 1999, 491 sowie oben 23 u unten 170 zum Umfang der Klagebefugnis; s zur Problematik auch Rozek NJW 1999, 2921ff.

[269] 32, 225; 54, 2; Buchh 407.51 Art 8 BayStrWG Nr 1; Ma NJW 1979, 1670; 1982, 403.

[270] Lorenz VBlBW 1984, 334; Schenke, Maurer/Hendler Baden-Württembergisches Staats- und Verwaltungsrecht 384; Steiner-Steiner IV 124; **aA** 32, 225.

[271] NJW 1993, 1729; Ks NJW 1999, 2057; Lorz DÖV 1993, 129; Manssen NZV 1992, 469; **aA** Ma NVwZ-RR 1993, 282.

[272] NJW 2004, 698; Hufen JuS 2004, 637; Rebler BayVBl 2004, 554.

[273] Ko NJW 1987, 1284; Ms 15. 9. 1994 – 23 A 2673/92; VG Karlsruhe NVwZ-RR 1999, 220; vgl weiter Ma NVwZ-RR 1995, 185.

- der **Arzt,** der infolge der nach seiner Auffassung unberechtigten Befreiung eines Kollegen vom ärztlichen Notdienst damit rechnen muß, daß er selbst öfter zum **Notdienst herangezogen** werden kann u der wg der Tatbestandswirkung der Befreiungen sonst diesen Gesichtspunkt nicht mehr gegen seine Heranziehung geltend machen könnte (NJW 1983, 1388);
- ein **Gewerbetreibender** gegen die **Ablehnung** der Eintragung des von ihm mit einem Auszubildenden abgeschlossenen **Berufsausbildungsvertrags in das amtliche Verzeichnis** der Berufsausbildungsverhältnisse gem § 35 Abs 1 Nr 1 BerufsbildungsG (BBiG) (zum gleichlautenden § 32 Abs 1 Nr 1 BBiG aF Ms GewA 1980, 274; **aA** BVerwG 65, 109; Mü BayVBl 1982, 151);
- ein **Kirchenmitglied** gegen Maßnahmen der **Stiftungsaufsicht** in bezug auf eine **Kirchenstiftung,** auch wenn der Betroffene uU einmal zu den Personen gehören könnte, die Anspr auf Leistungen aus der Stiftung haben (NVwZ 1991, 471);
- der **Bauwerber** unter den Voraussetzungen einer Verdichtung der Erschließungslast der Gemeinde gem § 123 Abs 2 BauGB – u entgegen dem Wortlaut des § 123 Abs 3 BauGB – hins der Entscheidung der Gemeinde, die **Straße, die zur Erschließung des Grundstücks erforderlich ist, herzustellen** u für den Verkehr zu widmen;[274]
- der **Sozialleistungsträger** gegen die Festsetzung zu hoher Pflegesätze **für die Kreiskrankenhäuser** (DVBl 1984, 523 unter Bezugnahme auf 60, 154);
- ein übergangenes Krankenhaus gegen die nach § 8 Abs 1 S 3 KHG mittels eines Feststellungsbescheids erfolgende **Aufnahme eines Konkurrenten in den Krankenhausplan** (BVerfG NVwZ 2004, 718; Ms NVwZ 2006, 481; Baumeister/Budroweit WiVerw 2006, 7 ff; Stollmann NVwZ 2006, 425);
- eine **Rundfunkanstalt gegen die Anerkennung eines Bürgers als Schwerbehinderter,** soweit damit eine Befreiung von den Rundfunkgebühren verbunden ist;[275]
- der **Arbeitgeber** gegen die versorgungsamtliche **Feststellung des** Schwerbehindertenstatus **seines Arbeitnehmers** u den Rückwirkungsvermerk im Schwerbehindertenausweis (**aA** BSG NJW 1987, 2462);
- der **Käufer** eines Waldgrundstücks gegen einen Bescheid der Gemeinde über die Ausübung des ihr nach § 25 Abs 1 BWLWaldG zustehenden **Vorkaufsrechts** (Ma NuR 1998, 430);
- der **Ehegatte** im Hinblick auf Art 6 Abs 1 GG sowie die **Eltern** aufgrund von **Art 6 Abs 2 GG** (näher dazu unten 132);
- an einem Flughafen angesiedelte Flugunternehmen u Flugschulen hins der luftverkehrsrechtlichen **Änderung der Flughafengenehmigung,** wenn sie geltend machen, bei dem Erlaß eines sie betr Bahnverbots seien ihre abwägungserheblichen gewerblichen Belange verkannt worden (82, 246 ff); anderes für künftige Benutzer, s unten 116;
- die für die Wasserversorgung einer Stadt zuständige **Stadtwerke-AG** gegen eine wasserrechtliche **Erlaubnis bzw Planfeststellung für die Auskiesung des Grundstücks** mit der Folge, daß dort ein Baggersee entsteht (78, 40 = DVBl 1987, 1265; Bauer JuS 1990, 25; Knauber NVwZ 1988, 997); allg alle **rechtmäßigen Wasserbenutzer** u diejenigen Personen, deren Belange nach Lage der Dinge durch die Erteilung einer wasserrechtlichen Erlaubnis betroffen werden u deren Beeinträchtigung nach dem **WHG tunlichst zu vermeiden** ist (NVwZ 2005, 85: verneint für Berufsfischer; DVBl 2004, 1561: verneint für Sportsegler);

---

[274] 64, 189; 78, 273 = NVwZ 1988, 355; NVwZ 1991, 1086; Mü NVwZ 1991, 1107; Gloria NVwZ 1991, 720.

[275] Kopp DÖV 1980, 504; allg zur Bindungswirkung der mit dem Schwerbehindertenausweis getroffenen Feststellungen auch für die Befreiung von Rundfunkgebühren BVerwG DÖV 1983, 509; **aA** Grosser BayVBl 1980, 488.

– die **Unterhaltspflichtige hins eines Gewässers** bzgl der Pflicht des Eigentümers des Gewässerbettes, des Anliegers sowie des Hinterliegers (s zB § 60 Abs 1 S 2 BWWasserG), alles zu unterlassen, was die Unterhaltung des Gewässers unmöglich macht oder wesentlich erschwert (Ma NVwZ-RR 1997, 615);
– gegen die **Verletzung einer ör Gewässerunterhaltspflicht** der Dritte jedenfalls dann, wenn diese zu einem Eingriff in sein durch Art 14 Abs 1 GG geschütztes Eigentumsrecht führt (Ks UPR 1998, 199);
– der **Inhaber einer Spedition,** der ein geschäftliches Interesse daran hat, einen bestimmten Platz als Parkplatz für seine Lkw zu nutzen, gegen die **Ausweisung als Parkplatz** nur für Pkw durch verkehrsbehördliche Anordnung;[276]
– der Waldeigentümer hins der Festsetzung der **Abschußquote gem § 21 Abs 1 BJagdG** wg einer durch Art 14 GG gebotenen verfassungskonformen Auslegung (DÖV 1995, 909f; Schenke JZ 1996, 1058);
– der **Geschäftsführer** einer GmbH hins der dieser ggü ausgesprochenen **Betriebsuntersagung** wg fehlender Hygiene (Ko NVwZ 1987, 425) oder der vorgesehene **Stellvertreter** für einen Gewerbebetrieb wg **Versagung der Stellvertretungserlaubnis** (Ks GewA 1999, 38; s auch unten 116 sowie 134).

Nicht klagebefugt ist dagegen, da es insoweit an einer Schutznorm (des geschriebenen oder ungeschriebenen Rechts) fehlt: **116**
– eine Gemeinde gegen die bescheidmäßige **Feststellung** (feststellender VA) einer anderen Gemeinde, daß ein bei ihr gemeldeter Einwohner in dieser Gemeinde seine **Hauptwohnung** hat (Ma NVwZ 1987, 512);
– der **Ehemann** gegen einen **gegen die Ehefrau ergangenen** Kirchensteuerbescheid, auch wenn er letztlich dafür die Mittel bereitstellen muß (BFH NJW 1984, 1712 – auch nicht aus Art 4 Abs 1 oder Art 6 Abs 1 GG –; ähnlich BVerfG HFR 1984, 73); näher zur Klagebefugnis von Ehegatten unten 132;
– der **Verpächter einer Gaststätte** gegen die Versagung der Gaststättenerlaubnis für den Pächter;[277]
– der **Grundstückseigentümer** in bezug auf die Ablehnung einer für sein Grundstück von einem **Dritten beantragten Baugenehmigung** (BauR 1998, 536);
– ein **Unternehmer** bzgl der Einhaltung von § 31 Abs 1 BWGemHVO, wonach der Vergabe von Aufträgen grds eine **öffentliche Ausschreibung der Vergabe** vorauszugehen hat (Ma NVwZ-RR 1999, 264);
– der Architekt eines Hauses **und der** mit dem Bau beauftragte **Bauunternehmer gegen die Versagung der Baugenehmigung** (VG Regensburg BayVBl 1984, 281);
– ein an einer Universität **Habilitierter** gegen die Entscheidung der Fakultät, für ihn keinen Antrag an den Senat der Universität auf **Erteilung der Lehrbefugnis** zu stellen (Ma WissR 1991, 176);
– **die Sängerin** gegen **die Untersagung der Veranstaltung,** in der sie auftreten sollte, wg Baufälligkeit des Veranstaltungssaals;
– **der Gastwirt** gegen die **Verhängung eines Gasthausverbots** für einen Trinker, der bisher bei ihm Stammkunde war;
– **der künftige** Benutzer einer Anlage, für die die Planfeststellung erfolgen soll, zB bei einem **Flughafen** eine Fluggesellschaft (69, 259: nicht rechtlich betroffen u daher **nicht** klagebefugt, auch wenn sie im PlanfeststellungsVf beteiligt war oder gehört wurde); zur Klagebefugnis einer **Gemeinde** s oben 75; zu „Nachbarn" s oben 73;

---

[276] **AA** Ks GewA 1991, 319 – § 45 StVO gewährt keine Individualrechtsposition –; durch BVerwG NJW 1993, 1729, wohl überholt.

[277] Vgl NVwZ 1984, 514, wo jedoch die Klagebefugnis bejaht u nur die Begründetheit der Klage verneint wird. Die Erlaubnis war wg Unzuverlässigkeit des Pächters versagt worden, weil dieser einen zu hohen Pachtzins vereinbart habe, der eine für die ordnungsgemäße Gewerbeausübung erforderliche Gewinnerzielung nicht ermögliche.

- der Jagdpächter gegen die Feststellung der Jagdbehörde durch feststellenden VA, daß innerhalb des von ihm gepachteten **Jagdreviers ein Gebiet als Eigenjagdrevier** anzuerkennen ist mit der Folge, daß seine Pacht sich nicht darauf beziehen kann (Mü BayVBl 1987, 691), oder gegen **die Planfeststellung für eine Straße,** die das von ihm gepachtete Jagdgebiet durchschneiden wird (NVwZ 1983, 672; anders dagegen, wenn das Jagdrecht gleichsam ausgehöhlt oder entschädigungslos entzogen würde, aaO);
- Landesverbände **der Allgemeinen Ortskrankenkasse** gegen Feststellungsbescheide der Landesbehörden, mit denen Krankenhäuser in den **Krankenhausplan des Landes** aufgenommen werden (NJW 1995, 1628);
- der Mieter einer öffentlich geförderten Wohnung durch eine an den **Vermieter gerichtete Kündigungsanordnung** der zuständigen Stelle gem § 4 Abs 8 S 1 WoBindG (NJW 1995, 2866);
- der Zedent **eines vermögensrechtlichen Rückübereignungsanspr** durch die ggü dem **Zessionar ausgesprochene Ablehnung der Restitution,** u zwar selbst dann nicht, wenn die vermögensbehördliche Entscheidung Tatbestandsvoraussetzung für die steuerliche Behandlung des Abtretungserlasses ist (VIZ 1996, 714);
- der Käufer **eines restitutionsbefangenen Grundstücks** gegen einen vermögensrechtlichen Rückübertragungsbescheid, wenn der Kaufvertrag wg **fehlender Grundstücksverkehrsgenehmigung unwirksam** ist (ThürVBl 1995, 130);
- ein Grundstückseigentümer nach dem **NWDSchG** zur Erhebung einer Verpflichtungsklage, mit der erstrebt wird, eine **bauliche Anlage in eine Denkmalliste** einzutragen;[278]
- eine Bausparkasse für eine Klage auf Verpflichtung der Behörde, sie als **Selbsthilfeeinrichtung der Beamten** iSd Nebentätigkeitsrechts **anzuerkennen** (NVwZ 1984, 652; sehr zweifelhaft);
- ein **Kunde** auf Verpflichtung der Behörde, einem Gewerbetreibenden gem § 35 GewO das **Gewerbe zu untersagen** (Lü GewA 1985, 95);
- das Vorstandsmitglied **einer Stiftung gegen deren Aufhebung** (Ms NWVBl 1995, 318);
- der persönlich **haftende Gesellschafter** einer Personenhandelsgesellschaft hins eines gegen die **Gesellschaft ergangenen Abgabenbescheids** (Ms NVwZ-RR 1996, 701);
- der „Dritte", der mit dem Adressaten eines Abgabenbescheides nur als **Gesamtschuldner** verbunden ist, wenn er selbst nicht in Anspr genommen wird (17, 296);
- der Rechtsvorgänger, der mit zivilrechtlichen Rückgriffsanspr des Käufers eines Grundstücks rechnen muß, dem er zugesichert hat, Erschließungskosten seien nicht mehr zu bezahlen, bzgl der gegen den Käufer gerichteten **Erschließungsbeitragsbescheide** (s auch 64, 67);
- der in einem Betrieb beschäftigte **Arbeitnehmer gegen eine** behördliche **Betriebsuntersagung,** da diese sein Arbeitsverhältnis nicht unmittelbar berührt. Zur (zu bejahenden) Klagebefugnis des Geschäftsführers einer GmbH oben 115);
- der **Übernahmeinteressent** gegen die auf § 11 AEG gestützte **Genehmigung der Stillegung einer Eisenbahnstrecke,** da § 11 AEG ausschließlich dem öffentlichen Interesse an der Aufrechterhaltung des Betriebs dient (Ks NVwZ 2001, 105; **aA** VG Kassel NVwZ 2001, 112);

---

[278] NVwZ 1992, 1197; hingegen Klagebefugnis für denkmalschutzrechtlichen Bescheid, wenn hiermit Verpflichtungen begründet werden, Ms NVwZ 1992, 991 – sogar für Mieter.

– das **Aufsichtsorgan einer privatrechtlichen Stiftung** gegen eine **staatliche Maßnahme der Stiftungsaufsicht** (Bln NVwZ-RR 2003, 323: Genehmigung einer Stiftungssatzung; Suerbaum NVwZ 2005, 161f; s zur fehlenden Beteiligungsfähigkeit des Organs auch 10 zu § 61).

Häufig ergibt die Auslegung der in Frage stehenden Rechtsvorschriften, daß die **Klagebefugnis** zwar zu bejahen ist, jedoch nur **in bestimmter Hinsicht;** s auch oben 75. So kann die Klagebefugnis des Nachbarn **gegen eine Baugenehmigung** grds nur aus Vorschriften abgeleitet werden, die **nachbarschützend** sind, nicht auch aus solchen, die allein öffentlichen Interessen dienen (NVwZ 1984, 38; 1987, 409; vgl auch oben 70; zu Ausnahmen zugunsten einer Klagebefugnis als Folge betroffener Grundrechte s aber unten 124).

Sind in einer Angelegenheit, zB für ein Vorhaben, in zeitlicher Reihenfolge **mehrere VAe nacheinander erforderlich,** zB eine Genehmigung für den **Bau einer Anlage** u eine weitere Genehmigung für den **Betrieb** der Anlage, so kann die Klagebefugnis idR **auch gegen die Baugenehmigung schon auf Gründe** gestützt werden, **die den Betrieb betreffen u** ergeben, daß jedenfalls die Betriebserlaubnis nicht erteilt werden könnte (vgl 72, 310 = NVwZ 1986, 210; Bln NVwZ 1988, 182; s auch oben 74). Ebenso kann die Klage gegen eine **Teilerlaubnis** auch schon auf Gründe gestützt werden, die ergeben, daß eine für den Betrieb erforderliche weitere Teilerlaubnis nicht erteilt werden darf (s auch oben 53u 74). Steht ein VA **nur in einem sachlichen Zusammenhang** mit einem anderen, ohne daß er kraft Gesetzes oder aus logischen Gründen nur zusammen mit diesem ergehen kann, so kann die Klage gegen diesen VA nicht darauf gestützt werden, daß nicht auch schon die den zweiten VA betr Gesichtspunkte berücksichtigt wurden, zB bei einer **Beitragsfestsetzung,** daß nicht auch bereits die Möglichkeit eines **Billigkeitserlasses** berücksichtigt wurde u der Betroffene insoweit auf eine gesonderte Entscheidung verwiesen wurde (vgl NVwZ 1987, 601; oben 37). Gleiches gilt, wenn für ein Vorhaben **mehrere VAe nebeneinander** (kumulativ) erforderlich sind, was allerdings deshalb keine große Bedeutung hat, weil Genehmigungen vielfach eine **Konzentrationswirkung** besitzen (vgl § 13 BImSchG, § 8 Abs 2 AtG; s auch § 75 Abs 1 VwVfG). Einwendungen wg **befürchteter Nutzungsbeschränkungen** nach § 19 Abs 2 WHG können **nicht schon gem § 8 Abs 3 WHG** gegen die wasserrechtliche Bewilligung geltend gemacht werden (DÖV 1997, 1008 im Anschluß an ZfW 1978, 234).

Nicht gestützt werden kann die Klage eines erschließungsbeitragspflichtigen Straßenanlegers **gegen die Einstufung einer Straße** als Ortsstraße statt als Ortsdurchfahrt einer Bundesstraße darauf, daß bei Ortsdurchfahrten kein Erschließungsbeitrag für die Fahrbahn verlangt werden kann (Ma NVwZ 1986, 1031); **wohl aber** kann der Betroffene **gegen einen** an ihn ergangenen **Erschließungsbeitragsbescheid** geltend machen, daß die Straße falsch eingestuft ist u deshalb Kosten für die Fahrbahn nicht hätten angesetzt werden dürfen. Ebenso ist auch ein nur mittelbar durch den **Verkehrslärm** der zu bauenden Straße von einem Planfeststellungsbeschluß für die Straße betroffener Grundstückseigentümer gegen die **straßenrechtliche Einstufung der Straße** als Kreisstraße statt als Staatstraße klagebefugt, ua weil von dieser Entscheidung auch Art u Maß der technischen Ausführung der Straße u damit auch Art u Maß seiner tatsächlichen Betroffenheit abhängt (Mü NVwZ 1991, 590).

20. Klagebefugnis aufgrund verfassungsrechtlicher Normen: Geschützte Rechtspositionen ergeben sich in weitem Umfang auch aus dem Verfassungsrecht, vor allem aus den **Grundrechten,**[279] der **kommunalen Selbstverwal-** 117

---

[279] S unten 118; 32, 178; 36, 249; 44, 243; 60, 160; 60, 301; NJW 1982, 2515; Callies/Kallmayer JuS 1999, 785ff; NKVwGO-Sodan 393ff; Hufen § 14, 109ff; Maurer § 8, 10ff; Schenke 498; Kopp BayVBl 1977, 519; Pietzcker, Bachof-FS 1984, 139; Würt 279.

tungsgarantie (dazu unten 137) u dem Grundsatz der **Eigenstaatlichkeit der Länder** (dazu unten 141). Grundrechte können nach hM in zweierlei Hinsicht von Bedeutung für die Ermittlung subjektiver Rechte sein (s MD-Schmidt-Aßmann 123 ff zu Art 19 Abs 4 GG). Sie beeinflussen normintern (s unten 118) die Auslegung einfachen Rechts u können – ausnahmsweise – unmittelbar die Klagebefugnis begründen, wenn einfachgesetzliche Bestimmungen fehlen (normexterne Wirkung, s unten 121).

118 **a) Norminterne Wirkung von Grundrechten.** Haben grundrechtlich geschützte Rechtsgüter eine verfassungsmäßige **Konkretisierung in einfachgesetzlichen Rechtsvorschriften** erfahren, sind diese im Zweifel verfassungskonform iS auch entspr subjektiver Rechte der Betroffenen auszulegen.[280] Gleichzeitig genießen solche Vorschriften wg **ihrer Spezialität Anwendungsvorrang** u schließen einen unmittelbaren Rückgriff auf Grundrechte aus.[281] Das hat nicht nur methodische, sondern auch praktische Bedeutung, da **einfaches Gesetzesrecht** nicht nur grundrechtlich geschützte Rechtspositionen **erweitern,** sondern auch zum Schutz anderer Grundrechte u sonstiger verfassungsrechtlich anerkannter Rechtsgüter die Subjektivierung grundrechtlich geschützter Interessen in verfassungsmäßiger Weise einschränken kann (Schenke 498).

119 Schon im Hinblick auf die angesprochene Ausgestaltungsbefugnis des Gesetzgebers in bezug auf die Grundrechte **verbietet es sich, in jedem tatsächlichen Betroffensein** in eigenen Angelegenheiten (s oben 83 u 87) eine **Grundrechtsbeeinträchtigung zu sehen.**[282] Würde man generell eine auch nur entfernte Bedeutsamkeit eines hoheitlichen Handelns für grundrechtlich geschützte Rechtsgüter einer Person (ebenso wie ein an diese adressiertes Gebot oder Verbot, s zur Adressatentheorie oben 69) als einen Grundrechtseingriff bewerten u ihm damit subjektivrechtliche Relevanz zubilligen, so käme es zwangsläufig zu einer **Ausuferung subjektiver Rechte.** Diese resultierte dabei nicht nur aus der Aufwertung von Belangen Privater zu subjektiven Grundrechten (zur nicht zu verallgemeinernden Aufwertung von Belangen Privater zu subjektiven Rechten im Planungsrecht s oben 112), sondern in deren Gefolge auch aus dem Umstand, daß die Grundrechte zu einer mittelbaren Subjektivierung von nur objektivrechtlichen Bestimmungen führen, die bei einem Grundrechtseingriff zu beachten sind (unten 124). Dadurch würde die Unterscheidung zwischen einer zulässigen, dem **individuellen Rechtsschutz dienenden Klage** u einer unzulässigen **Popularklage** der Sache nach weitgehend verwischt. Mit dieser Extension subjektiver Rechtspositionen wäre neben der (insb durch den vorläufigen Rechtsschutz bedingten) **Beeinträchtigung des öffentlichen Interesses** an einem zügigen u effizienten Gesetzesvollzug eine Schwächung der Rechtsposition von Personen verbunden, für welche **das hoheitliche Handeln eine Begünstigung beinhaltet** hat. Letzteres wiegt besonders schwer, da gesetzliche Regelungen häufig einen **Ausgleich zwischen verschiedenen** miteinander konfligierenden **grundrechtlich geschützten Rechtsgütern** bezwecken (vgl hierzu näher Schmidt-Preuß 37 ff) u diese gesetzgeberische Befugnis bei einem **unmittelbaren Durchgriff der Judikative** auf die Grundrechte zwangsläufig in **Mitleidenschaft gezogen** würde. Damit ergäbe sich nicht nur eine unter funktionellrechtlichen Gesichtspunkten problematische **Verschiebung des Kräfteverhältnisses zwischen Judikative u der Legislative.** Eine solche wäre auch im Verhältnis der Judikative zur Exekutive unabweisbar. In der Logik der generellen Bejahung des Grundrechtseingriffs bei

[280] Dazu oben 83; vgl auch NVwZ 1989, 248; NKVwGO-Sodan 394; Schliesky DVBl 1999, 85; Sch-Wahl/Schütz 58 zu § 42 Abs 2.

[281] DVBl 2000, 1614; NVwZ 1995, 1200; Mü BayVBl 1994, 406; NKVwGO-Sodan 392; überpointiert Sch-Wahl/Schütz 98 vor § 42 Abs 2.

[282] In diese Richtung aber zB Bartlsperger VerwA 1969, 35 ff; Henke, Das subjektive öffentliche Recht, 1968, 59 ff; Zuleeg DVBl 1976, 516.

einem Betroffensein in eigenen Angelegenheiten läge es, in jedem objektivrechtlichen Verstoß der exekutiven Eingriffshandlung eine mittelbare, gerichtlich überprüfbare Grundrechtsverletzung zu erblicken (unten 124).

Einen richtigen Kern enthält die hier abgelehnte Auffassung freilich insoweit, als die Frage der **Subjektivierung von Rechtsnormen nicht ausschließlich in der Dispositionsfreiheit des einfachen Gesetzgebers** liegt, sondern dieser hierbei grundrechtliche Vorgaben zu beachten hat (s auch zur Beschränkung dieses Spielraums durch EG-Recht unten 152 sowie Ruthig BayVBl 1997, 296). Diesen hat die Legislative – bei Wahrung eines weiten politischen Handlungsspielraums – bei der Ausgestaltung einfachgesetzlicher Rechtsvorschriften Rechnung zu tragen. Solchermaßen kann sich im Wege der **verfassungskonformen Auslegung** die Notwendigkeit einer **norminternen Wirkung von Grundrechten** ergeben, die zu einer Subjektivierung einfachgesetzlicher Vorschriften – uU sogar gegen den Willen des einfachen Gesetzgebers – zu führen vermag (Sch-Wahl/Schütz 97 ff vor § 42 Abs 2). Erst wenn dieser Weg sich als **nicht gangbar** erweist, ist Raum für eine **normexterne Wirkung der Grundrechte** durch unmittelbaren Rückgriff auf diese (vgl unten 121).

In Verbindung mit der norminternen Wirkung von Grundrechten kommt den 120
grundrechtlich gebotenen **staatlichen Schutzpflichten** eine besondere Bedeutung zu,[283] die auch Ansatzpunkte für eine Subjektivierung einfachgesetzlicher Vorschriften zum effektiven Schutz grundrechtlicher Rechtsgüter bieten. So hat die Rspr etwa im Bereich des **Polizeirechts** (oben 113) **ein formelles subjektives öffentliches Recht** von Personen hins solcher polizeirechtlicher Maßnahmen angenommen, die dem Schutz ihrer Rechtsgüter dienen,[284] obwohl dies schwerlich dem Willen des historischen Gesetzgebers entsprach, der durch polizeirechtliche Normen ursprünglich nur öffentliche Interessen als geschützt ansah (Schenke 501 a). Eine in Richtung auf eine **Subjektivierung** wirkende grundrechtliche Schutzpflicht kann sich dabei insb aus **vorangegangenem staatlichen Tun** ergeben. Schränkt der Staat etwa die Grundrechte einer Person ein, so legt dies nahe, dem Betroffenen ein Recht auf Einhaltung dieser Beschränkungen auch ggü solchen Personen einzuräumen, die sich in einer entspr Situation befinden u damit deren Bevorteilung durch Verschonung gegenzusteuern. Bedeutsam wird dies insb iVm dem Konkurrentenrechtsschutz (unten 142 ff) u dem Nachbarschutz (oben 98). Grundrechtlich fundiert ist auch die von Schmidt-Preuß (eingeh Schmidt-Preuß 247 ff) entwickelte, zur Konturierung subjektiver Rechte bei multipolaren Verwaltungsrechtsverhältnissen entwickelte **Konfliktschlichtungsformel**. Nach ihr ist notwendige, aber auch hinreichende Bedingung für das Vorliegen eines subjektiven öffentlichen Rechts im multipolaren Verwaltungsrechtsverhältnis, daß eine Ordnungsnorm die kollidierenden Privatinteressen in ihrer Gegensätzlichkeit u Verflochtenheit wertet, begrenzt, untereinander gewichtet u derart in ein normatives Konfliktschlichtungsprogramm einordnet, daß die Verwirklichung der Interessen des einen Privaten notwendig auf Kosten des anderen geht (Schmidt-Preuß 247 f). Zu ihrer Bedeutung für den baurechtlichen Nachbarschutz (oben 98), insb für die Begründung eines partiellen Drittschutzes iVm § 34 BauGB Schmidt-Preuß 252. Zur Anwendbarkeit der Konfliktschlichtungsformel auf nicht umgesetze Richtlinien im **Gemeinschaftsrecht** Schmidt-Preuß NVwZ 2005, 494 u dem folgend Pernice EuR 1994, 340.

b) Normexterne Wirkung der Grundrechte. Fehlt es an einfachgesetzli- 121
chen Vorschriften, die den verfassungsrechtlich geforderten Mindestschutz von

[283] Vgl hierzu 60, 301: Genehmigungsabwehranspr im Atomrecht; NKVwGO-Sodan 394; Schenke Lorenz-FS 1994, 488 mwN; Schenke/Ruthig NJW 1994, 2326; Roth Faktische Eingriffe 413 ff.

[284] 11, 181 ff; Dietlein DVBl 1991, 685; Pietzcker JuS 1982, 106 ff; Schenke PolR 104.

Grundrechten gewährleisten u scheidet auch eine verfassungskonforme Auslegung in dieser Richtung aus, so besteht die Möglichkeit eines **direkten Rückgriffs auf Grundrechte.**[285] Die Gegenauffassung, die eine solche Wirkung der Grundrechte für generell ausgeschlossen hält (Sch-Wahl/Schütz 59f zu § 42 Abs 2; krit Hufen DV 1999, 535f), überzeugt nicht. **Grundrechte** beinhalten **nicht lediglich Rahmenregelungen,** sondern sind **„subjektive öffentliche Rechte par excellence"** (SGH 157). Deutlich wird dies insb an der Möglichkeit, auf Grundrechtsverletzungen gestützte VB zu erheben (Art 93 Abs 1 Nr 4a GG). In der Logik des dort anerkannten subjektiven **Grundrechtsschutzes ggü dem Gesetzgeber** liegt es, den Grundrechten dann eine normexterne Wirkung zuzubilligen, wenn der Gesetzgeber es versäumt hat, den grundrechtlich **gebotenen Mindestschutz (sog Untermaßverbot,** vgl BVerfG 88, 254) durch unterverfassungsrechtliche Vorschriften zu gewährleisten. Ein derartiger Grundrechtsschutz beinhaltet selbstverständlich keine Aufgabe der Schutznormtheorie, stellen doch gerade die **Grundrechte Schutznormen** dar.

122 Bedeutung erlangt die **normexterne Wirkung der Grundrechte vor allem in Verbindung mit faktischen (mittelbaren) Grundrechtseingriffen,**[286] wenn es an unterverfassungsrechtlichen Vorschriften fehlt, die dem Grundrechtsträger subjektive Rechte einräumen. Zwar kann keineswegs in jeder reflexhaften Auswirkung auf grundrechtlich geschützte Rechtsgüter bereits ein Grundrechtseingriff gesehen werden (oben 119). Von einem solchen ist aber regelmäßig dann auszugehen, wenn sich aus hoheitlichem Handeln **schwere u unzumutbare Beeinträchtigungen grundrechtlich geschützter Rechtsgüter** ergeben. Auch unter Beachtung des **politischen Gestaltungsspielraums** des Gesetzgebers, der bei der Ausgestaltung subjektiver Rechte sehr wohl der Frage **Bedeutung** beimessen darf, **wie eine Beeinträchtigung rechtlich geschützter Rechtsgüter wirkt,** ist bei Eingriffen der oben bezeichneten Schwere eine für den Gesetzgeber idR nicht mehr überschreitbare Schwelle bei der Beschränkung des subjektiven Grundrechtsstatus des Bürgers erreicht u findet der **Anwendungsvorrang des einfachen Gesetzes seine Grenzen.** Hier ist deshalb unabhängig von der Modalität des Handelns kein Raum mehr für eine einfachgesetzliche Negation des subjektivrechtlichen Grundrechtsschutzes. Eine Aktivierung des Grundrechtsschutzes jedenfalls bei solchen Konstellationen liegt in der Logik des Verständnisses der **Grundrechte als objektive Wertordnung,** das dem BVerfG auch sonst dazu dient, unabhängig von der Art des Grundrechtseingriffs auf die Einhaltung grundrechtlicher Mindeststandards zu achten (s auch Schenke, Armbruster-FS 1977, 190ff). Zu beachten ist allerdings, daß bei bestimmten Fallkonstellationen der **subjektive Grundrechtsschutz sogar schon vor der schweren u unzumutbaren Grundrechtsbeeinträchtigung einsetzen muß** (s auch Schliesky DVBl 1999, 82) u sich hier der Handlungsspielraum des Gesetzgebers bei der Ausformung des Grundrechtsschutzes verengt. Das gilt insb dann, wenn Vorschriften dem **Interessenausgleich zwischen Grundrechtsträgern** dienen, die in einer rechtlichen Schicksalsgemeinschaft stehen (Sendler BauR 1970, 5ff; 8ff) oder wenn sonst aus vorangegangenem staatlichen Tun eine besondere grundrechtliche Einstandspflicht des Staates folgt. So erfordert eine staatliche Beschränkung von Grundrechten von Verfassungs wg eine **Kompensation** dergestalt, daß der durch sie betroffene Grundrechtsträger

[285] MD-Schmidt-Aßmann 122, 125 zu Art 19 Abs 4 GG; Huber Konkurrenzschutz 284; Schliesky DVBl 1999, 85.

[286] Dazu Albers DVBl 1996, 233ff; Eckhoff, Der Grundrechtseingriff, 1992; Faßbender DÖV 2005, 98ff (iVm dem Konkurrentenschutz); Gallwas, Faktische Beeinträchtigungen im Bereich der Grundrechte, 1970; Kirchhof, Verwalten durch „mittelbares" Einwirken, 1977; Pietzcker, Bachof-FS 1984, 138ff; Ramsauer, Die faktischen Beeinträchtigungen des Eigentums, 1980 u eingeh Roth Faktische Eingriffe passim mwN; Stern StaatsR III/1 1205ff.

grds die Ausdehnung entspr rechtlicher Beschränkungen auch im Verhältnis zu anderen Personen jedenfalls dort **verlangen kann,** wo sich andernfalls für ihn aus deren Verschonung eine **(mittelbare) empfindliche Beeinträchtigung eines grundrechtlich geschützten Rechtsgutes ergäbe** (s dazu im Bereich des Konkurrentenschutzes unten 150, im Baunachbarrecht oben 98). Auch **gemeinschaftsrechtliche Vorgaben** können dazu führen, daß die Klagebefugnis bereits unterhalb dieser Schwelle einsetzt. Bezwecken die umgesetzten Richtlinien ausweislich ihrer Erwägungsgründe nämlich den Grundrechtsschutz, liegt bei einem Verstoß gegen ihre Vorgaben, die zu einer **nicht nur unerheblichen Beeinträchtigung** grundrechtlich geschützter Interessen führt (s unten 154), regelmäßig ein auch die Klagebefugnis begründender (faktischer) Grundrechtseingriff vor (dazu ausf Ruthig BayVBl 1997, 289; Schenke 531 a ff).

Nur ausnahmsweise lassen sich aus den **grundrechtlichen Schutzpflichten** normexterne Wirkungen ableiten, da bei ihrer Ausgestaltung dem Gesetzgeber ein weiter Gestaltungsspielraum zusteht, der sich nur selten zu einem Anspr verdichtet.[287] Soweit der Gesetzgeber seinem Auftrag nachgekommen ist, wirken die Grundrechte normintern (s oben 120). Daher braucht der Bürger, der durch das Unterbleiben polizeirechtlicher, gewerberechtlicher, baurechtlicher uä Maßnahmen gegen „Störer" **in Leben, Gesundheit, Vermögen oder einem sonstigen Rechtsgut betroffen** wird oder würde, zur Begründung seiner Klagebefugnis nicht mehr auf die Grundrechte zurückzugreifen.[288] Gewähren einfachgesetzliche Vorschriften keine Rechte, hat die Rspr aber ausnahmsweise die Klagebefugnis direkt auf die Grundrechte gestützt, s dazu näher unten 128 ff. 123

c) Freiheitsgrundrechte und die Verletzung objektivrechtlicher Bestimmungen. Eine RVerletzung iSv § 42 Abs 2 liegt nicht nur dann vor, wenn eine Maßnahme gegen besondere Rechtsvorschriften verstößt, die unmittelbar dem Schutz des Kl dienen (Vorrang des Gesetzes). In **Konsequenz der Elfes-Rspr** (BVerfG 6, 41) erstreckt sich der Schutzbereich von Grundrechten auf alle (auch faktischen) objektiv-rechtlich rechtswidrigen Eingriffe in Grundrechte. Insofern liegt in einer **Verletzung objektiv-rechtlicher Bestimmungen** (anders nur, wenn diese rein verwaltungsinterne Bedeutung haben, wie zB Geschäftsordnungsbestimmungen, s oben 80) zugleich eine **mittelbare Verletzung von Grundrechten.**[289] Besondere Bedeutung kommt dem insofern zu, als auch **jede einfachgesetzlich begründete Rechtsposition** (zB ein Subventionsanspr), wenn sie nicht bereits dem Schutzbereich eines besonderen Freiheitsgrundrechts unterfällt, das sie ausgestaltet u konkretisiert, **jedenfalls unter Art 2 Abs 1 GG** subsumierbar ist (vgl hierzu Eckhoff 177; Roth Faktische Eingriffe 167 ff; Schenke Rechtsschutz 321 f) u diesem damit eine **„prozessuale Hebelfunktion"** (vgl MD-Dürig 26 zu Art 2 Abs 1 GG) in bezug auf eine **(mittelbare) Subjektivierung** nur objektivrechtlicher Bestimmungen zukommt, wenn unter deren Verletzung bestehende subjektive Rechte aufgehoben oder eingeschränkt werden (zur mangelnden mittelbaren Subjektivierung objektiv-rechtlicher Bestimmungen bei Eingriffen in einfachgesetzliche Rechtspositionen juristischer Personen des öffentlichen Rechts s unten 127). Zur zu bejahenden Frage, ob ein Eingriff in ein Freiheitsgrundrecht, der unter Verletzung drittschützender Vorschriften zustande kam, eine Freiheitsgrundrechtsverletzung impliziert, s unten 126. 124

aa) Vorbehalt des Gesetzes. Eine RVerletzung iSv § 42 Abs 2 ist daher **auch** anzunehmen, wenn die Behörde zu der in Grundrechte eingreifenden 125

---

[287] BVerfG 85, 212; NuR 1996, 507; BVerwG UPR 1996, 227.

[288] S aber Maunz BayVBl 1977, 135; Kloepfer, Grundrechte als Entstehenssicherung und Bestandsschutz, 1970, 8; Schwerdtfeger NVwZ 1982, 9.

[289] S dazu auch oben 112; Gassner DVBl 1981, 8; Hoppe, Menger-FS 775 f; Kopp DÖV 1980, 512; Schenke Bergbau 53; DÖV 1986, 308 f.

Maßnahme **nicht** durch Gesetz oder aufgrund eines Gesetzes **ermächtigt war bzw ist.**[290] Dies gilt nach im wesentlichen unbestrittener Auffassung jedenfalls für VAe, die **in Freiheit, Eigentum, körperliche Unversehrtheit oder** in andere grundrechtlich geschützte Rechtsgüter **eingreifen** oder die grundsätzliche Ordnung eines Rechtsgebiets betreffen:[291] Behörden dürfen VAe jedenfalls in diesen Bereichen grds **nur aufgrund einer ausdr, inhaltlich hinreichend bestimmten Ermächtigung** in einem förmlichen Gesetz erlassen. Eine Auffassung, die darüber hinaus auch für den gesamten Bereich der Leistungsverwaltung eine hinreichend bestimmte gesetzliche Ermächtigung fordert – **Theorie des „Totalvorbehalts"**[292] –, hat sich nicht durchzusetzen vermocht. Soweit allerdings der Gewährung von Leistungen **wesentliche Bedeutung** zukommt bzw sie für einen **längeren Zeitraum ggü einem im vorhinein nicht feststehenden Kreis von Personen** vorgesehen ist u damit durch die Verwaltung (im Hinblick auf ihre Selbstbindung) ohne eine gesetzliche Ermächtigungsgrundlage unter **Mißachtung des Art 80 GG bzw entspr landesverfassungsrechtlicher Bestimmungen** ein **gesetzesunabhängiges quasinormatives Rechtsetzungsrecht** ausgeübt würde (Schenke GewA 1977, 313 ff; ebenso Maurer § 6, 15), dürfte auch hier unter **demokratierechtlichen u rechtsstaatlichen Gesichtspunkten der Gesetzesvorbehalt gelten.** Wird deshalb im Anwendungsbereich des Gesetzesvorbehalts eine Leistung ohne gesetzliche Grundlage beantragt, fehlt es an der Klagebefugnis (s näher im Zusammenhang mit Art 3 GG unten 129). Wendet sich der Kl dagegen gegen eine Begünstigung Dritter, ist er klagebefugt, wenn die Begünstigung zugleich einen Grundrechtseingriff beinhaltet, der zur Anwendbarkeit des Gesetzesvorbehaltes führt;[293] vgl zum Konkurrentenrechtsschutz näher 142 ff.

126 **bb) Gesetzliche Vorschriften zum Schutz öffentlicher Interessen oder der Interessen Dritter.** Als RVerletzung iSv § 42 Abs 2 ist es auch anzusehen, wenn ein VA in ein Freiheitsgrundrecht des Kl, zB das Eigentum, eingreift u **gegen Vorschriften, die allein öffentlichen Interessen** (zB Naturschutz) dienen, verstößt.[294] Das muß unbestreitbar zumindest dann gelten, wenn bei strikter Beachtung der in Frage stehenden Vorschriften **der VA** für den Kl **günstiger** ausgefallen wäre.[295]

Bei **Planfeststellungen** ist deshalb zB eine RVerletzung immer schon dann anzunehmen, wenn durch einen Planfeststellungsbeschluß einem Grundstückseigentümer infolge einer **objektiv fehlerhaften Abwägung öffentlicher Belange,** zB des Natur- oder Landschaftsschutzes, im PlanfeststellungsVf **Enteignungswirkungen** oder sonstige rechtswidrige Eingriffe in sein Eigentumsgrundrecht (oben 112) auferlegt werden, die bei gerechter Abwägung (möglicherweise) nicht erforderlich wären. Entspr gilt **auch sonst bei VAen,** die **im Ergebnis** unter

---

[290] Zum Vorbehalt des Gesetzes vgl ua NJW 1991, 652; BVerfG 33, 9 f; 34, 192 f; 40, 248 f; 40, 283; 41, 259 f; 41, 330 f; 45, 417 f; 49, 126 f; Erichsen § 15, 14 ff; Maurer § 6, 3 ff.

[291] BVerfG 33, 9 f; 49, 126; 76, 184; 80, 131; 84, 226; DVBl 1993, 547; BVerwG 58, 48 ff; 64, 309 ff; 65, 325; BerlVerfGH DVBl 1995, 428; VerfG Brandenburg DVBl 1996, 37; Stern StaatsR I 811 mwN; Evers JuS 1977, 804; Maurer § 6, 9 ff; Schenke GewA 1977, 313; Sendler NVwZ 1990, 231; Starck DÖV 1979, 269; Degenhart DVBl 1996, 773.

[292] Vgl bej idS 10. Aufl 46; Jesch, Gesetz und Verwaltung, 171 ff; 175 ff; Rupp JuS 1975, 614; Spanner DÖV 1963, 29; Stern JZ 1960, 525; **aA,** insb zu Subventionen, vgl BVerwG 6, 287; 18, 353; 31, 285; 58, 48; 90, 126; DVBl 1987, 365; diff zur Problematik s näher Schenke GewA 1977, 313 f.

[293] Vgl 90, 126; BVerfG 80, 131; 82, 224; Jarass/Pieroth 49 zu Art 20 GG; iVm Pressesubventionen Bln DVBl 1975, 905; Schenke Der Staat 1976, 553 ff.

[294] NVwZ 1991, 165; Schenke 498 u DÖV 1986, 308 f; s auch BVerfG 6, 37 ff; 7, 208 u NKVwGO-Sodan 383.

[295] Vgl 67, 76; 69, 213; 72, 25; 74, 110 f; 77, 91; 80, 207; DÖV 1986, 923; 1987, 969; Mü BayVBl 1984, 180; Ramsauer DÖV 1981, 37; Kopp DÖV 1980, 512; str.

(möglicher) Verletzung objektiven Rechts in das durch Art 14 GG geschützte Eigentum des Kl **oder in andere Rechte** des Kl eingreifen.[296]

Klagebefugt ist deswegen auch

– ein **Straßenbenutzer,** wenn er gegen eine auch ihn treffende **Verkehrsbeschränkung nach § 45 Abs 1 StVO** geltend macht, die rechtlichen Voraussetzungen der Vorschrift seien nicht gegeben u seine Interessen seien bei der getroffenen Entscheidung im Rahmen der Interessenabwägung mit den Interessen der Allgemeinheit u anderer Betroffener, die für die Einführung der Verkehrsbeschränkung sprechen, nicht ohne Rechtsfehler abgewogen worden (NJW 1993, 1729; Lorz DÖV 1993, 129); wenn er geltend macht, die **Einziehung einer Straße** sei rechtswidrig gewesen,[297] obwohl er nach dem Straßenrecht keinen Anspr auf Beibehaltung des Gemeingebrauchs hat (s auch unten 128, 135, 170);
– ein **Ausländer** gegen die Ablehnung seines Antrags auf **Einbürgerung** gem § 8 StAG;[298]
– ein **ausländischer Arzt** gegen die Ablehnung der **Erlaubnis** zum Praktizieren gem **§ 10 Abs 3 BÄO,** weil die zuständige Behörde das Vorliegen eines **öffentlichen Interesses** im Hinblick auf die ärztliche Versorgung der Bevölkerung **verneint** hat (65, 22 = NJW 1982, 2620; 67, 203).

Str ist, ob das gleiche auch bei **Verstößen gegen Rechte Dritter** gilt, zB weil der Plan für eine neue Straße so festgestellt wurde, daß er zwar nicht den Kl, wohl aber dessen Nachbarn möglicherweise in seinen Rechten verletzt. Die Frage wird von der Rspr verneint.[299] Vorbehaltlich spezieller gesetzlicher Regelungen spricht aber einiges dafür, daß, ebenso wie ein unter Verstoß gegen nur objektives Recht erfolgender Eingriff in ein Freiheitsgrundrecht dessen Verletzung nach sich zieht, dasselbe auch dann gilt, wenn der verletzte Rechtssatz auch die Rechte Dritter schützt.[300] Etwas anderes gilt indes für Kl, denen **nur** durch das einfache **Gesetzesrecht eingeräumte Rechte** zustehen u bei denen **kein Eingriff in ihre Freiheitsgrundrechte** vorliegt. So kann ein Grundstückseigentümer eine RVerletzung idR nicht daraus ableiten, daß einem Nachbarn trotz Fehlens eines gem § 36 BauGB erforderlichen gemeindlichen Einvernehmens eine Baugenehmigung erteilt wurde (52, 128; vgl zur Ersetzungsbefugnis der Aufsichtsbehörde § 36 Abs 2 BauGB). Zu beachten ist ferner, daß eine hoheitliche Maßnahme uU dergestalt **aufspaltbar ist,** daß die ggü dem Kl ergriffene **Maßnahme von der ggü anderen Personen getroffenen Maßnahme zu trennen** ist, obwohl sie äußerlich mit dieser zusammenfällt. So kann zB ein Ausländer bei einem Versammlungsverbot, das in bezug auf Deutsche gegen Art 8 GG verstößt, nicht geltend machen, er sei durch eine solche Verletzung des Art 8 GG

---

[296] Vgl 69, 213; 77, 91; Mü BayVBl 1984, 180; Battis NJW 1982, 978; Bender DVBl 1984, 308; Kopp DÖV 1980, 508; Skouris NJW 1981, 2727; **aA** BVerwG NVwZ 1983, 93; BVerfG NVwZ 1987, 969.

[297] Schenke 498; Lorenz VBlBW 1984, 334; Lorz DÖV 1993, 129; s auch BVerwG NJW 1993, 1729; **aA** 32, 225; Otte NWVBl 1996, 43.

[298] S zu § 8 RuStAG aF NJW 1982, 538; 1987, 857: Klagebefugnis, obwohl für die Einbürgerung ausschließlich öffentliche Interessen maßgeblich sein können; **aA** Stein DÖV 1984, 177.

[299] Vgl BVerwG 48, 56; 56, 122; Ko NVwZ 1986, 1036; 1988, 77 mwN; Mü NVwZ 1991, 590; Ks NuR 1988, 250: Sind anerkannte Naturschutzverbände in dem straßenrechtlichen Planfeststellungsverfahren nicht angehört worden, so kann der von der Planfeststellung betroffene Grundstückseigentümer hieraus keine Rechte herleiten.

[300] So auch BVerfG 34, 200; 38, 302 ff; 61, 112 f; 85, 205 f; Bleckmann, Staatsrecht II 351; v Münch-Kunig 23 zu Art 2 Abs 1 GG; BK-Stern 673 zu Art 93 GG; Dreier, in: Dreier, GG I 2. Aufl 2004, 44 zu Art 2 Abs 1 GG; zur hier vertretenen Ansicht tendierend auch Mü NVwZ 1991, 590; **aA** BVerfG 13, 235 f; 17, 313 ff; Kube DVBl 2005, 721 ff; Roth Faktische Eingriffe 558 ff; Schnapp SGb 1988, 315.

selbst in seiner allg Handlungsfreiheit verletzt. Die **Verletzung von Organrechten,** die nicht zur Rechtswidrigkeit eines im Verhältnis Staat-Bürger ergangenen VA führt, läßt sich auch nicht über die Freiheitsgrundrechte für Bürger mittelbar subjektivieren (s oben 80).

Wenn man entgegen der hier vertretenen Ansicht davon ausgeht, daß der durch einen VA in seinen Freiheitsgrundrechten betroffene Kl Verfahrensverstöße, die Rechte Dritter oder öffentliche Interessen betreffen, nicht rügen kann, schließt dies aber jedenfalls nicht aus, daß er die Rechtswidrigkeit etwaiger sich **für seine Rechte daraus ergebender Folgen** geltend macht u daraus die Klagebefugnis herleitet. **Die Klagebefugnis** ist deshalb zB **zu bejahen,** wenn nicht auszuschließen ist, daß der VA deshalb fehlerhaft ist, **weil der** für die Entscheidung maßgebliche **Sachverhalt** infolge der Nichtanhörung sonstiger Betroffener oder der Berücksichtigung fehlerhafter Stellungnahmen anderer Behörden uä **nicht ausreichend geklärt wurde,** oder weil das **Ermessen** dadurch, daß die Behörde an eine fehlerhafte Mitwirkungshandlung einer anderen Behörde gebunden war oder eine fehlerhafte u daher „wertlose" Mitwirkungshandlung berücksichtigt hat, **fehlerhaft ausgeübt** wurde. Der Kl macht hier nicht die Verletzung der Rechte anderer, sondern seiner eigenen Rechte geltend. Zur Klagebefugnis des **zu Unrecht** bzw ohne Rücksicht auf eine Betroffenheit in eigenen Rechten zum **VerwaltungsVf beigezogenen** Kl u des im VerwaltungsVf **übergangenen** Kl s oben 72.

Drittbetroffene, zB die Eigentümer der einer planfeststellungspflichtigen Anlage benachbarten Grundstücke, haben idR **keinen Anspr auf Durchführung des PlanfeststellungsVf,** wohl aber darauf, daß die Behörde ggf unabhängig davon die **Auflagen** zu ihren Gunsten anordnet, die im Planfeststellungsbeschluß anzuordnen wären (44, 235; 62, 247; NJW 1981, 239; BayVBl 1988, 23; vgl auch 69, 259). S auch oben 95.

127 **d) Juristische Personen des öffentlichen Rechts (Art 19 Abs 3 GG).** Diese können sich nach der Rspr des BVerfG **grds nicht auf Grundrechte** berufen.[301] Allerdings kann sich die Klagebefugnis tlw aus entspr **landesrechtlichen Grundrechten** (zB Eigentumsrecht von Gemeinden in Bayern; s dazu aber auch oben 78) ergeben; außerdem **entspricht** den Grundrechten bei öffentlichen Rechtsträgern idR eine für die Klagebefugnis ausreichende **einfachrechtliche Rechtsposition.**[302] Praktische Bedeutung soll die Verankerung der Rechtsstellung juristischer Personen des öffentlichen Rechts nicht in den Grundrechten, sondern im einfachen Gesetzesrecht nach der Rspr des BVerwG insofern haben, als es hier ausgeschlossen sei, die „prozessuale Hebelfunktion" der Grundrechte bei Verstößen gegen nur objektivrechtliche Bestimmungen (s 124) zu nutzen (NVwZ 1997, 170; NuR 1998, 92; Stühler JuS 1999, 237). Zum (abzulehnenden) Grundrechtsschutz der Gemeinde s näher unten 137. Zum – in besonderen Fällen, zB bei Universitäten, Berufsverbänden (BVerfG 75, 200), ör Rundfunkanstalten,[303] Kirchen (Ks NVwZ 1995, 506), Wasserverbänden oder Jagdgenossenschaften (BGHZ 84, 264 = NJW 1982, 2183) – zu bejahenden

---

[301] Vgl zB BVerfG 21, 369; 61, 103; 68, 206; 75, 200; NVwZ 2002, 1366 f; BVerwG NVwZ-RR 1999, 554; NJW 2001, 909 f (Berufsgenossenschaft); SächsVerfGH SächsVBl 1997, 136; s auch Jarass/Pieroth 22 ff zu Art 19 GG; Stühler JuS 1999, 237.

[302] Vgl BayVBl 1999, 312; vgl ferner zB NVwZ-RR 1990, 128 zur Klagebefugnis eines Landkreises gegen die Genehmigung eines Kernkraftwerks; SächsVBl 1997, 55 zur Klagebefugnis bei Verpflichtung zur Rückübereignung kommunalen Eigentums an den Restitutionsberechtigten; Ma VBlBW 1997, 389 zur Klagebefugnis der Gemeinde als Grundstückseigentümerin gegen luftverkehrsrechtliche Genehmigung; Kühne NVwZ 2005, 60; Stühler JuS 1999, 237.

[303] SächsVerfGH SächsVBl 1997, 136 – nicht aber für Landesmedienanstalten, die keine unmittelbar programmgestaltende Aufgaben wahrnehmen.

Grundrechtsschutz auch ör Rechtsträger s Zimmermann, Der grundrechtliche Schutzanspr juristischer Personen des öffentlichen Rechts, 1993.

e) Beispiele zu den Einzelgrundrechten. In folgenden Fällen wurde die Klagebefugnis aus Grundrechten abgeleitet, zT iVm einfachem Recht. 128

aa) Allgemeine Handlungsfreiheit (Art 2 Abs 1 GG). Die größte Bedeutung kommt Art 2 Abs 1 GG im Zusammenhang mit der Adressatentheorie zu (s oben 69). Aus Art 2 Abs 1 GG folgt die Klagebefugnis aber nicht nur, wenn der Kl Adressat eines belastenden VA ist, sondern gleichermaßen bei der Aufhebung oder Änderung eines früheren begünstigenden VA (s unten 162). **Art 2 Abs 1 GG** u die Rspr des BVerfG dazu (insb BVerfG 6, 32 „Elfes") machen iü jedoch die Frage nach einer besonderen Schutznorm zur Begründung der Klagebefugnis **nicht** hinfällig oder **überflüssig.** Zwar ist Art 2 Abs 1 GG ein subjektives öffentliches Recht; nicht jeder Belang, an dem der Bürger ein Interesse hat, unterfällt jedoch seinem Schutzbereich (s oben 119). Zudem räumt die Schrankenregelung des Art 2 Abs 1 GG dem Gesetzgeber einen weiten Spielraum bei der Ausgestaltung der allg Handlungsfreiheit ein. Dieser ist damit auch in der Lage, die subjektive Rechtsstellung insoweit erheblich einzuschränken. Insb kann aus Art 2 Abs 1 GG zB **kein Recht** Interessierter auf Schutz **vor einer Beeinträchtigung der Natur** oder allg der Umwelt gegen die Genehmigung von Anlagen usw abgeleitet werden.[304] Anderes kann nach der Rspr dann gelten, wenn **schutzwürdige Interessen des Kl willkürlich außer acht gelassen** werden[305] oder sonst der Schutzbereich des Art 2 Abs 1 GG **schwer u unzumutbar beeinträchtigt wird.** Unmittelbar aus Art 2 Abs 1 GG sind zB **klagebefugt:**

- das **Mitglied einer ör Körperschaft** aus Art 2 Abs 1 GG iVm gesetzlichen Bestimmungen oder Satzungsbestimmungen über die Aufgaben der Körperschaft auf Einhaltung der sich daraus für die Betätigung ergebenden Begrenzungen (NJW 1982, 1298; NJW 1982, 1300);
- ein **Patient** gegen den **Widerruf der Zulassung** eines Arzneimittels;[306]
- der Wehrpflichtige aus Art 2 Abs 1 GG gegen seine **Ausmusterung wg Wehrdienstuntauglichkeit** (58, 40);
- der Bewohner eines Hauses gegen eine seinen Vorstellungen nicht entsprechende Festlegung der **Straßenbezeichnung u** der **Hausnummer** bzw Änderung der Straßenbezeichnung oder Hausnummer;[307]
- ein Verkehrsteilnehmer gegen die Anordnung eines Halteverbots (27, 185; 30, 238) oder einer geschwindigkeitsbeschränkten Zone (NJW 1995, 1372; vgl aber auch Ma NJW 1992, 3187; s näher unten 135 u 170 sowie oben 126).

bb) Menschenwürde (Art 1 Abs 1 iVm 2 Abs 1 GG). Ein stärkerer Schutz ergibt sich dann, wenn neben Art 2 Abs 1 GG zugleich Art 1 Abs 1 GG betroffen ist.[308] Das trifft zB bei einer ungerechtfertigten **Beeinträchtigung der Ehre** zu.[309]

---

[304] 54, 220 = NJW 1978, 554; DÖV 1983, 680; JZ 1975, 666; vgl auch Ramsauer VerwA 1981, 89; *ferner oben 126;* **aA** Bln DVBl 1977, 901; Sening BayVBl 1978, 205.

[305] Vgl zur Subventionierung eines Konkurrenten 30, 198 = NJW 1969, 522; näher zum Konkurrentenrechtsschutz bei Subventionen unten 143 f.

[306] **AA** NJW 1993, 3002: Klagebefugnis weder aufgrund des AMG noch aus Art 2 Abs 2 S 1 GG; NKVwGO-Sodan 465.

[307] S auch oben 76; Ma NVwZ 1992, 196; Mü NJW 1988, 2816: Beeinträchtigung von Rechtspositionen, die durch Art 2 Abs 1 GG, uU auch Art 14 Abs 1 GG geschützt werden; NVwZ-RR 1996, 344; **aA** Bln LKV 1994, 298; Ms NJW 1987, 2695: keine Klagebefugnis.

[308] Vgl NJW 1992, 62; Ko NJW 1991, 2659; BVerfG 88, 203; VG Darmstadt NVwZ-RR 1999, 553; Jarass NJW 1983, 2847; Schwerdtfeger NVwZ 1982, 7; Kopp NJW 1994, 1753.

[309] Mü NVwZ-RR 1999, 549: uU Ehrverletzung eines Dritten durch Prüfungsbericht des Rechnungshofs; s auch Ks NVwZ-RR 1994, 519.

cc) Gesundheit (Art 2 Abs 2 GG). Da der Gesetzgeber in weitem Umfang Vorschriften erlassen hat, die dem Gesundheitsschutz dienen, spielt hier insb die norminterne Wirkung von Grundrechten eine Rolle (dazu oben 120 u 123). Hiermit läßt sich zB die Klagebefugnis eines **Mieters** gegen eine Planfeststellung oder Baugenehmigung begründen, wenn konkrete Gesundheitsgefahren drohen (dazu oben 97 u 112). Aus Art 2 Abs 2 GG (auch iVm §§ 20 Abs 2 S 1, 21 Abs 1 LuftVG) läßt sich **kein Anspr** der Benutzer von Linienfahrzeugen darauf ableiten, daß die Luftverkehrsbehörde für alle Inlandsflüge ein absolutes **Rauchverbot** für Flugpersonal u Passagiere anordnet (NuR 1998, 508). Mit **Art 2 Abs 2 GG** ist es **vereinbar,** daß die Grenzwerte nach § 2 der 26. BImSchV keinen Schutz gegen zwar nicht auszuschließende, derzeit aber wissenschaftlich nicht belegbare Gefährdungen durch athermische (biologische) Wirkungen hochfrequenter elektromagnetischer Felder **(Mobilfunksendeanlage)** bieten (VBlBW 2004, 262; Schoch JK 12/04, GG, Art 2 II 1/6)

129 **dd) Das Gleichheitsgebot (Art 3, 21, 33 Abs 2 GG). Auch Art 3 GG** vermittelt nicht schlechthin einen Anspr des Bürgers auf sachgemäßes, willkürfreies Handeln der Behörde, sondern **nur** dann, **wenn** jedenfalls **eine materielle Rechtsposition** des Kl betroffen ist;[310] zur ähnlichen Situation beim Recht des Bürgers auf ermessensfehlerfreie Entscheidung oben 93. Im übrigen hängt die Klagebefugnis davon ab, ob aus Art 3 Abs 1 GG ggf in Verbindung mit einfachem Recht (ausnahmsweise) Anspr abgeleitet werden können, zB ein Anspr auf gleichheitsgerechte Entscheidung über den **Zugang zu öffentlichen Einrichtungen** (vgl Sachs-Osterloh 53 zu Art 3 GG) oder ein Anspr auf **Prüfungserleichterungen** zum Ausgleich von Behinderungen u zur Herstellung von Chancengleichheit (Ma NVwZ 1994, 599; vgl auch 94, 64).

Die Klagebefugnis kann sich jedenfalls dann aus Art 3 Abs 1 GG ergeben, wenn infolge gleichmäßiger Ermessenspraxis eine **Selbstbindung der Verwaltung** eingetreten ist, mit der Folge, daß die Verwaltung gegen Art 3 GG verstieße, wenn sie ohne sachlichen Grund von dieser Praxis abwiche u den Kl nicht begünstigte.[311] Keine Bindung tritt jedoch durch eine **rechtswidrige Verwaltungspraxis** ein (34, 283 = NJW 1970, 675; NVwZ 1986, 758; zu Vergaberichtlinien 55, 352), von der auch dann auszugehen ist, wenn im Anwendungsbereich des Vorbehalts des Gesetzes Leistungen ohne gesetzliche Grundlage erbracht wurden (oben 125). Bei der **Vergabe öffentlicher Aufträge** fehlt es regelmäßig an einer ör Streitigkeit, da sich die inhaltlichen Bindungen auch an Private richten.[312]

Die Klagebefugnis kann sich außerdem aus den **besonderen Diskriminierungsverboten** des GG ergeben. Dies gilt zB für die Klage

– einer **politischen Partei** aus Art 21 u 3 Abs 1 GG gegen eine nicht berechtigte oder unangemessene, den Grundsatz der Chancengleichheit verletzende Zuteilung der **Sendezeiten** für die Wahlkampfwerbung an eine konkurrierende Partei (vgl 75, 79; 35, 342), gegen den Ausschluß von **Fernsehdiskussionen** (BVerfG 82, 54) oder gegen das Eingreifen staatlicher Organe in den **Wahlkampf** durch parteiliche Öffentlichkeitsarbeit (BVerfG 44, 125);

---

[310] 65, 167 = NJW 1982, 2513; DÖV 1979, 911; BVerwG 18. 10. 1996, 4 B 188/96: keine Klagebefugnis für eine Feststellungsklage, daß die einem Dritten erteilte Baugenehmigung rechtswidrig sei, weil in gleichheitswidriger Weise von diesem nicht der Anschluß an eine Kläranlage verlangt worden sei; Ms NJW 1993, 2133 mwN.

[311] Vgl 44, 74; NVwZ 1994, 581; NJW 1996, 1767; s auch Ks NVwZ 1995, 394: Selbstbindung durch Erklärung, das Ergebnis eines Musterprozesses im Rahmen der Ermessensausübung zu berücksichtigen; v Münch-Gubelt 39 zu Art 3 GG; s auch zum Konkurrentenrechtsschutz 143 u 147.

[312] S 25 b zu § 40; Ruthig DÖV 1997, 541; für Zulässigkeit einer verwaltungsgerichtlichen Feststellungsklage vor der Neuregelung Pietzcker NvwZ 1983, 125; zur Feststellungsfähigkeit 12 f zu § 43.

– des nicht ernannten **Bewerbers um einen Beamtenposten** oder Beförderungsposten aus Art 33 Abs 2 GG gegen die Ernennung eines anderen auf diesen Posten (s zur beamtenrechtlichen Konkurrentenklage ausf unten 148).

ee) Glaubens- und Gewissensfreiheit (Art 4 GG).[313] Praktisch bedeutsam war Art 4 GG insb in Zusammenhang mit Klagen gegen staatliche **Informationen bzw Warnungen** im Zusammenhang mit sog Jugendsekten.[314] Klagebefugt sind außerdem zB eine Biologiestudentin gem **Art 4 Abs 1 GG** in bezug auf die von ihr zum Erwerb eines Leistungsnachweises geforderte **Teilnahme an Tierversuchen** oder Übungen an zuvor getöteten Tieren (NuR 1998, 415); eine **Kirchengemeinde** aus Art 4 Abs 2 GG gegen die Erteilung einer **Konzession für den Betrieb einer Gaststätte** neben einer Kirche (10, 91); ein religiöser Verein aus Art 4 Abs 1 u 2 GG gegen die **Verwehrung der Einreise seines geistigen Oberhaupts** (NVwZ 2001, 1396 f). Erforderlich ist allerdings, daß in höchstpersönliche Rechte eingegriffen wird, als **Mitglied eines Kollektivs** ist der einzelne nicht klagebefugt (zu herabsetzenden Äußerungen gegen eine Religionsgemeinschaft Mü BayVBl 1995, 564). Zur Klagebefugnis der Kirche ggü der Einrichtung eines Diplom-Studiengangs Katholische Theologie an einer staatlichen Hochschule s NJW 1996, 3287; Ks NVwZ 1995, 505; Kriewitz NVwZ 1995, 767; Lecheler NJW 1997, 439. Bejaht wurde auch die Klagebefugnis einer Kirchengemeinde gegen die auf § 23 LadSchlG gestützte Öffnung von Geschäften am Sonntag (Gr GewA 2000, 110; **aA** VG Schwerin GewA 1999, 430). 130

ff) Meinungs-/Rundfunk- und Pressefreiheit, Kunst- und Wissenschaftsfreiheit (Art 5 GG). Auch diese Grundrechte spielen insb bei Konkurrenzverhältnissen eine Rolle (dazu unten 143 ff, s auch 28 b, 28 c, 30 zu § 40), zB **Art 5 Abs 1 S 2 GG** iVm Pressesubventionen (Bln DVBl 1975, 905; Schenke Der Staat 1976, 553 ff), die **Rundfunkfreiheit** (Art 5 Abs 1 S 2 GG) für die Klage eines privaten Rundfunkveranstalters gegen die Zulassung eines weiteren Veranstalters[315] sowie die **Kunstfreiheit** des Art 5 Abs 3 GG bei der Klage eines Filmproduzenten gegen die Subventionierung eines Konkurrenten (DVBl 1966, 571 ff). Entsprechendes gilt, wenn ein Hoheitsträger die für ein Forschungsvorhaben erforderlichen Informationen zurückhält oder den Zugang dazu nicht gewährt, oder, soweit sich die Information in den Händen Dritter befindet, nicht in angemessener, allen Betroffenen zumutbarer Weise u unter Abwägung der in Frage stehenden öffentlichen u privaten Interessen den Zugang ermöglicht oder erleichtert.[316] Zum Anspr eines **Hochschullehrers** auf **Teilhabe an den Hochschuleinrichtungen** s BVerfG 35, 114 f; Ma NVwZ-RR 1999, 640. Zu den sich aus Art 5 Abs 3 GG ergebenden rechtlichen Schranken bei der Schließung von Studiengängen u Fakultäten Hufeld DÖV 1997, 1026; zur rechtlichen Betroffenheit von Professoren, wissenschaftlichen Assistenten, Mitarbeitern u Studenten s Hufeld DÖV 1997, 1031. Zum Selbstverwaltungsrecht der Universitäten u zur Wissenschaftsfreiheit Groß DVBl 2006, 721 ff; Kahl Hochschule und Staat 2004; AöR 2005, 225 ff u Schenke NVwZ 2005, 1000 ff. 131

---

[313] Zum subjektivrechtlichen Gehalt des Art 140 GG iVm Art 139 WRV näher Stollmann VerwA 2005, 348 ff.

[314] 82, 76; BVerfG NJW 1989, 3269; Ma NVwZ 1989, 878; Hbg NVwZ 1995, 498; Mü NVwZ 1995, 794; Ms NJW 1996, 2114; s auch 28, 35 zu § 40.

[315] BVerfG NJW 1991, 1943; VG Berlin AfP 1997, 748; einschränkend Ks AfP 1997, 746; ebenso für die Klage einer Landesmedienanstalt gegen die Zulassung eines Rundfunkveranstalters AfP 1997, 742; Mü NVwZ-RR 1993, 553; NVwZ-RR 1995, 529; NKVwGO-Sodan 453; **anders** für eine Betriebsgesellschaft hins der Verpflichtung zur Ausstrahlung von „Fensterprogrammen“ Ms DÖV 1996, 337.

[316] Vgl Mayen, Der grundrechtliche Informationsanspruch des Forschers gegenüber dem Staat, 1992; Bizer, Forschungsfreiheit und informationelle Selbstbestimmung, 1992; Würkner NVwZ 1993, 658.

132 **gg) Ehe und Familie (Art 6 GG).** Hieraus ergibt sich zB die Klagebefugnis
- des **Ehegatten** gegen Beeinträchtigung der Ehe durch **Ausweisung des Ehepartners**[317] oder gegen die **Versagung der Aufenthaltserlaubnis** für den Ehepartner;[318]
- eines **minderjährigen Kindes ggü** der Ausweisung eines Elternteils (Lü NVwZ-RR 2004, 791);
- eines Familienangehörigen gegen die **Namensänderung** eines Familienmitglieds;[319]
- der Eltern gegen eine unberechtigte **Namensänderung der Kinder;**[320]
- der **Eltern** (aus Art 6 Abs 2 GG) gegen Beeinträchtigungen ihres Eltern- u Erziehungsrechts zB durch **schulorganisatorische Maßnahmen** u sonstige Maßnahmen ggü den Kindern,[321] zB gegen eine **Schulschließung,**[322] gegen die **Zuweisung moslemischer Schüler an eine Bekenntnisschule** (VG Gelsenkirchen NJW 1982, 120), gegen die Verweigerung der Erlaubnis zur **Teilnahme der Kinder am Religionsunterricht** einer anderen Religionsgemeinschaft, vorbehaltlich deren Zustimmung (68, 16 = NJW 1983, 2585), gegen die Gewährung von Jugendhilfe entgegen ihrem Willen (NJW 2002, 232).

Zur abzulehnenden Frage, inwieweit sich aus Art 6 Abs 1 u 2 GG die Klagebefugnis von Ehegatten u Familienangehörigen eines Grundstückseigentümers für eine Nachbarklage ergibt, s oben 97 u 104.

133 **hh) Vereinigungsfreiheit (Art 9 Abs 1 GG).** Das Grundrecht aus Art 9 Abs 1 GG steht nicht nur den Vereinsmitgliedern, sondern auch dem Verein selbst zu (54, 219; Ma NVwZ-RR 1995, 639; BVerfG 13, 175). Dieser Schutz erfaßt aber neben der Existenz u Funktionsfähigkeit des Vereins nur die eine Verwirklichung der Vereinsziele erstrebende Betätigung, nicht deren Erfolg. Wird dagegen durch eine Maßnahme lediglich die Verwirklichung von Vereinszielen erschwert oder gar unmöglich gemacht, ist Art 9 Abs. 1 GG nicht verletzt.[323] Art 9 Abs 1 GG bietet insb keine Basis für die Zulässigkeit einer Verbandsklage, mit welcher der Verband lediglich Rechte seiner Mitglieder geltend macht, selbst wenn er zu deren Wahrnehmung kraft der Vereinssatzung verpflichtet ist.[324] Der Verein kann die Klagebefugnis auch nicht allein mit einem Hinweis auf seine Vereinsziele rechtfertigen, sondern hat die Möglichkeit einer Verletzung

---

[317] 42, 142; NJW 1978, 1762; NVwZ 1997, 1116 – selbst wenn die Ausweisungsverfügung dem Ehemann ggü bestandskräftig geworden ist; BVerfG 51, 396 ff; 76, 45; Lü NVwZ-RR 2004, 791; Ma VBlBW 1990, 386; 1999, 342; ähnlich BVerfG 31, 67 zur VB des Verlobten gegen Maßnahmen, die eine beabsichtigte Eheschließung hindern; **aA** Roth Faktische Eingriffe 364.

[318] Zum AuslG (heute AufenthG) 55, 10 f; Buchholz 402.24 § 10 AuslG Nr 115; DVBl 1997, 186 – selbst wenn die Versagung ggü Ehegatten bestandskräftig ist; Ma NVwZ 1987, 920 m Anm Frohn VBlBW 1988, 148; **aA** Ma aaO für die Klage auf Erteilung der Aufenthaltserlaubnis für den Ehepartner; dazu auch NKVwGO-Sodan 422.

[319] NJW 1960, 450; Ms NJW 1993, 2132 – jedoch keine Klagebefugnis des Bruders, da ein Bruder nicht zur Familie iSv Art 6 Abs 1 zählt; keine Klagebefugnis insoweit auch aus Art 1 Abs 1, Art 2 Abs 1 GG –.

[320] S NJW 1983, 1866; Mü BayVBl 1982, 116; Ms FamRZ 1981, 699; vgl auch BVerfG 31, 205; Ks FamRZ 1992, 1100.

[321] Ms NVwZ 1984, 806; NWVBl 1991, 86; Ma NVwZ-RR 1990, 246; Theuersbacher NVwZ 1993, 633; NKVwGO-Sodan 424.

[322] 18, 42; NJW 1979, 176, 828; Ms DÖV 1974, 824; ebenso zur Schließung der Oberstufe einer Schule Ks NVwZ 1984, 114: auch wenn davon jetzt ein anderes Kind der Kl betroffen ist.

[323] NJW 1981, 362; Ma NVwZ-RR 1995, 639; BVerfG 30, 241 = NJW 1971, 1123.

[324] Ma NVwZ-RR 1995, 639; BK-Schenke 151 zu Art 19 Abs 4 GG; Sch-Wahl/Schütz 234 zu § 42 Abs 2; **aA** Brohm VVDStRL 30, 300 f; Faber, Die Verbandsklage im Verwaltungsprozeß, 49 ff.

eigener Rechte konkret darzulegen (Ma NVwZ-RR 1995, 639). Allerdings kann das einfache Recht insoweit abweichende Regelungen treffen. Zu beachten ist hier insb, daß ein nach § 59 BNatSchG oder nach landesrechtlichen Vorschriften im Rahmen des § 60 BNatSchG anerkannter Verein, ohne in seinen eigenen Rechten verletzt zu sein, nach näherer Maßgabe des § 61 BNatSchG klagebefugt ist. Durch das der Umsetzung der Richtlinie 2003/35/EG dienende UmwRG wird nunmehr ferner einer nach § 3 UmwRG anerkannten inländischen oder ausländischen Vereinigung (dazu zählen gem § 3 Abs 1 S 3 UmwRG auch anerkannte Naturschutzvereine), **ohne daß diese eine Verletzung in eigenen Rechten geltend machen muß**, nach näherer Maßgabe des § 2 UmwRG eine Klagebefugnis gegen eine in § 1 Abs 1 S 1 UmwRG genannte Entscheidung oder deren Unterlassung eingeräumt (s unten 180 u oben 95 sowie 105). Bei nicht durchgeführter u nicht nachgeholter Umweltverträglichkeitsprüfung gem § 4 Abs 1 UmwRG ist die Entscheidung allein wg dieses Fehlers aufzuheben.

Durch das Verbot einer Vereinigung wird nicht nur diese, sondern werden auch deren Mitglieder in Art 9 Abs 1 GG verletzt. **Mitglieder** eines verbotenen Vereins sind deshalb jedenfalls dann klagebefugt, wenn auch der verbotene Verein selbst die Verbotsverfügung angefochten hat (Ma NJW 1990, 61; **aA** BVerwG Buchholz 402.45 VereinsG Nr 34). Zur Anfechtung befugt sind Teilorganisationen, soweit sie bestreiten, **Teilorganisation** des verbotenen Vereins zu sein (NJW 1989, 996; NVwZ 1995, 590; 1995, 595).

ii) Berufsfreiheit/Berufsbeamtentum (Art 12, 33 GG). Auch diese 134
Grundrechte spielen zur Begründung der Klagebefugnis vor allem bei Konkurrentenabwehrklagen eine Rolle (hierzu eingeh 143 ff). Gerade bei Art 12 GG ist der **Schutz vor faktischen Grundrechtseingriffen** (s oben 122) von großer Bedeutung, um die Klagebefugnis gegen Maßnahmen zu begründen, die infolge ihrer tatsächlichen Auswirkungen geeignet sind, den Schutzbereich des Art 12 GG erheblich zu beeinträchtigen, obwohl sie nicht unmittelbar auf die berufliche Tätigkeit des Kl abzielen (BVerfG 13, 185; 61, 308; 81, 121).

Nach diesen Grundsätzen besteht die Klagebefugnis für

- einen **Unternehmer** zumindest in bezug auf eine ermessensfehlerfreie Entscheidung über einen Antrag auf Aufstellung eines innerörtlichen Wegweisers, der den Weg zu seinem Betrieb zeigt (**aA** NJW 1990, 400: keine Klagebefugnis);
- ein Linienbusunternehmen, das sich gestützt auf Art 12 GG gegen den **Einbau** von **Fahrbahnschwellen** wendet (Lü NdsVBl 1997, 108);
- ein Unternehmen, das sich gegen **staatliche Informationstätigkeit** wendet (s auch 28 zu § 40), zB für ein Pharmaunternehmen aus Art 12 u 14 GG gegen die **Veröffentlichung von Arzneimittellisten** mit Qualitätssicherungskennzeichen;[325] für einen Winzer gegen die Veröffentlichung einer **Liste von glykolhaltigen Weinen** (87, 37); für einen Hersteller gegen die Veröffentlichung von **Warentests** durch eine Landwirtschaftskammer (NJW 1996, 3161); gegen die Empfehlung einer Stadtverwaltung, in Karton verpackte Getränke zu meiden (Ks NVwZ 1995, 612); für einen Unternehmensberater gegen die **Beratung einer IHK für Existenzgründer,** bei der nur auf dessen Konkurrenten hingewiesen wird (89, 281);
- einen **Unternehmer** (auch unter dem Aspekt des Art 14 GG) gegen den Prüfungsbericht eines Rechnungshofs, der ihn in geschäftlichen Interessen schädigt (Mü NVwZ-RR 1999, 549);
- einen **nicht zum Studium zugelassenen Studenten;**[326]

---

[325] Bln PharmaR 1984, 220; s auch BVerwG 71, 188 f; NKVwGO-Sodan 413.

[326] BVerfG 39, 274; NJW 1977, 569; BVerwG 42, 300 mwN; VG Berlin NVwZ 1999, 909 – zum Anspruch auf Schaffung von Studienplätzen.

– einen **Prüfling** in bezug auf die Durchführung der **Prüfung innerhalb angemessener Zeit** (BVerfG NVwZ 1999, 1102; s auch 44 zu § 114);
– einen **Prüfling,** der bei **berufsbezogener Prüfung** geltend macht, daß ein Vf unterblieb, das ihm ermöglichte, seine Einwendungen gegen die Prüfungsbewertung effektiv geltend zu machen;[327]
– die Klage des **Vertretungsberechtigten** eines Heimbetreibers gegen die an den Betreiber gerichtete **Untersagung des Heimbetriebs** (Ko NVwZ 1987, 425);
– den vorgesehenen **Stellvertreter** gegen eine mit seiner Unzuverlässigkeit begründete u deshalb in das Gewerbezentralregister eintragungspflichtige gewerberechtliche **Versagung der Stellvertretererlaubnis** (Ks GewA 1999, 38);
– einen Beamten aus Art 33 Abs 2 GG auf zumindest **beurteilungs- und ermessensfehlerfreie Entscheidung** über die Besetzung einer Stelle.[328] Zu beachten ist, daß das Recht des Art 33 Abs 2 GG nur im Rahmen der der Besetzung vorgelagerten organisatorischen Entscheidung, eine Stelle zur Verfügung zu stellen, besteht (NJW 1997, 1866; Schenke BeamtenR 2). Deshalb ist der Dienstherr aufgrund seines **Organisationsrechts** befugt, ein AuswahlVf zur Besetzung einer Stelle aus sachlichen Gründen zu beenden; hierdurch wird grds die Rechtsstellung von Bewerbern nicht berührt (NJW 1997, 1866);
– einen Beamten, der eine Verletzung des ihm gem Art 33 Abs 5 GG iVm den Beamtengesetzen zustehenden Rechts auf Fürsorge sowie sonstiger zu den hergebrachten Grundsätzen des Berufsbeamtentums gehörender Rechte wie das Recht auf angemessene Besoldung (Alimentation, s BVerfG DÖV 1999, 381) geltend macht.[329]

Auch iVm Art 12 u Art 33 GG können mittelbare Grundrechtsverstöße gerügt werden (oben 124ff). Grds keine mittelbare Grundrechtsbeeinträchtigung eines Unternehmers liegt in einer wirtschaftlichen Tätigkeit durch die öffentliche Hand.[330]

135 **jj) Eigentum, Recht am eingerichteten und ausgeübten Gewerbebetrieb (Art 14 GG).** Zu bejahen ist die Klagebefugnis, zumindest auch gestützt auf die Art 14 GG konkretisierenden Rechtsvorschriften (BayVBl 1999, 634), zB für Klagen:
– eines **Hochseefischers** gegen die seinen **Gewerbebetrieb ernsthaft in Frage stellende Dünnsäureverklappung** in der Nordsee (NVwZ 1983, 151; Hbg NVwZ 1982, 198 m Anm Kunig NuR 1982, 25 f) sowie eines Berufsfischers gegen den Einsatz biologisch wirkender Sprühmittel bei **wirtschaftlicher Existenzgefährdung** (zweifelnd Mü NuR 1998, 489);
– wegen Verletzung der ör Gewässerunterhaltungspflicht, sofern hierdurch in das Eigentumsgrundrecht eines Dritten eingegriffen wird (Ks UPR 1998, 199);
– des **Grundeigentümers** hins der durch die **Planfeststellung** bewirkten **präjudiziellen Bindung** für eine evtl **Enteignung** (67, 77 f; Gassner DVBl 1984, 708);

---

[327] 92, 132; Ms NVwZ 1993, 95; s auch oben 95 sowie zur Bedeutung des Art 12 GG im Prüfungsverfahren allg 7 sowie 30 u 44 sowie 47 zu § 114.

[328] Zu den Einschränkungen des Rechts des Bewerbers nach einer unter Verstoß gegen Art 33 Abs 2 GG erfolgten Ernennung eines Mitbewerbers s oben 49 f u unten 148.

[329] S hierzu näher 68 f zu Anh § 42; zu beachten ist, daß Art 33 Abs 5 GG allein nur einen Gesetzgebungsauftrag beinhaltet; zu den Konsequenzen hieraus für eine Klage des Beamten auf höhere Gehaltszahlung s Schenke BeamtenR 70 f. Das BVerfG läßt eine verwaltungsgerichtliche Klage auf höhere als die gesetzlich vorgesehene Besoldung zu, wenn diese dem Art 33 Abs 5 GG nach Auffassung des Kl nicht genügt. Teilt das VG diese Ansicht, hat es entspr Art 100 Abs 1 GG auszusetzen (BVerfG DÖV 1999, 381).

[330] S 39, 336 f; DVBl 1996, 152 f; Ma NJW 1995, 274; s auch Ks GewA 1996, 232 u unten 151. Für weiterreichenden Schutz ggü der öffentlichen Hand bei einer Tätigkeit außerhalb ihres gesetzlich initiierten Kompetenzbereichs Pielow NWVBl 1999, 375; Tettinger NJW 1998, 3474.

– des **Anliegers** einer öffentlichen Straße gegen die Einziehung, Teileinziehung oder eine sonstige (zB straßenverkehrsrechtliche) Beschränkung der Nutzbarkeit dieser Straße (s auch oben 115).[331] Soweit auf der Basis einfachgesetzlicher Bestimmungen ein Anlieger- oder Gemeingebrauch durch die straßenrechtliche Widmung eingeräumt wird, unterfällt dieser Gebrauch dem grundrechtlichen Schutzbereich zumindest des Art 2 Abs 1 GG.[332] Daraus folgt, daß jede Beschränkung einen Eingriff in den Schutzbereich des Grundrechts darstellt, auch wenn gerade kein subjektives Recht auf Aufrechterhaltung des status quo besteht (s oben 124). Der Fall der Beschränkung eines straßenrechtlich oder straßenverkehrsrechtlich zunächst zugelassenen, erst später beschränkten **Anliegergebrauchs** ist demgemäß zu unterscheiden von Fällen, in denen die Einräumung des Anliegergebrauchs, also eine Erweiterung der bestehenden Rechtsposition, erst begehrt wird. Hier geht es um die Frage, inwieweit etwa Art 14 GG einen Anspr auf Zulassung des Anliegergebrauchs gewährt. Ein solcher Anspr – u damit auch eine Klagebefugnis – ist aber nur anzuerkennen, soweit die angemessene Nutzung des Grundeigentums eine Benutzung der Straße erfordert;[333] ebenfalls befürwortet wird die Klagebefugnis, soweit der Anlieger **Verkehrsbeschränkungen** oder Verkehrsumleitungen zum Schutz vor Lärm u Abgasen verlangt (74, 235 = DVBl 1987, 373; NJW 1993, 1729; Br NZV 1990, 367) oder der Betreiber einer Kurklinik solche Maßnahmen verlangt, da aufgrund der Verkehrssituation ein Rückgang der Belegung eingetreten ist (Schl NordÖR 2000, 459). An der Klagebefugnis fehlt es dagegen im Rahmen einer Anfechtungsklage gegen die Genehmigung des Linienverkehrs mit Omnibussen (NJW 1990, 930; anders aber, wenn Anspr auf Verkehrsbeschränkungen geltend gemacht wird, s oben). Der Schutzbereich des Art 14 GG wird ferner zB betroffen durch einen **Planfeststellungsbeschluß für einen vorangehenden Straßenabschnitt,** wenn der Grundstückseigentümer geltend macht, daß sein Grundstück im weiteren Planverlauf zwangsläufig betroffen werden wird (NVwZ 1993, 887; ausf zum Planungsrecht oben 112). Ein faktischer Eingriff (s dazu oben 122) in den Schutzbereich kann auch im Falle der (Teil-) Einziehung einer anderen Straße gegeben sein, durch die sich das Verkehrsaufkommen in der „eigenen" Straße erheblich erhöht. Auch hier ist eine Klagebefugnis nicht deshalb abzulehnen, weil kein materielles subjektives Recht auf Beibehaltung der anderen Straße besteht (so aber Lü NdsVBl 1995, 75);
– des **Inhabers eines eingerichteten und ausgeübten Gewerbebetriebs** auf Bewilligung eines **Zugangs zur öffentlichen Straße,** an der das Unternehmen liegt (54, 1 = NJW 1977, 1789) oder auf Herstellung einer Verkehrseinrichtung, soweit diese zur angemessenen, üblichen Nutzung des Grundstücks erforderlich ist;[334] **auf** Herstellung u **Widmung der Straße,** wenn besondere Umstände, wie das Vorhandensein eines qualifizierten Bebauungsplans, Vorausleistungen uä jede andere Lösung ausschließen (64, 189 = DVBl 1982, 540; Mü NVwZ 1991, 1107; s auch unten 61);
– des **Inhabers eines eingerichteten und ausgeübten Gewerbebetriebs** auf Unterlassung einer **Schädigung geschäftlicher Interessen** zB durch einen Prüfungsbericht eines Rechnungshofs (Mü NVwZ-RR 1999, 549).

---

[331] Ebenso für jeden Verkehrsteilnehmer s oben 115, 126, 128 u unten 170; **aA** wohl Ms NVwZ-RR 1995, 481.

[332] Zur Verankerung des Anliegergebrauchs auch in Art 14 GG s 30, 235; NJW 1975, 357; 1980, 354; Mü BayVBl 1999, 595; Hobe DÖV 1997, 327; **krit** ggü unmittelbarem Rückgriff auf Art 14 GG unter Hinweis auf diesen konkretisierende Spezialvorschriften des Anliegergebrauchs wie zB § 8 a FStrG BayVBl 1999, 635.

[333] 30, 235; 32, 225; 54, 3; 94, 138 f; BVerfG NVwZ 1991, 358; Ma NVwZ-RR 1995, 186; Sauthoff NVwZ 1994, 18; Schenke 498; Steiner VerwA 1995, 175.

[334] NJW 1983, 1096; anders für eine gesteigerte Nutzung, vgl Ma NJW 1982, 402.

Praktisch keine Rolle spielt das Eigentumsgrundrecht im **Anwendungsbereich des baurechtlichen Gebots der Rücksichtnahme** (dazu 98), obschon es hier in Teilbereichen überzeugender gewesen wäre, statt auf eine partielle Subjektivierung der §§ 34f BauGB unmittelbar auf einen durch eine Baugenehmigung begründeten (faktischen) Eingriff in das Grundrecht des Nachbarn aus Art 14 GG zurückzugreifen (dazu ausf 98). Bejaht wurde ein Anspr auf Nachbarschutz unmittelbar aus Art 14 GG aber[335] dann, wenn die angegriffenen Baugenehmigung **eine unmittelbare Rechtsverschlechterung für das Eigentum** des Kl zur Folge hat (zB Verpflichtung zur Duldung eines Notwegs, vgl 50, 286; Mü BayVBl 1997, 758f) bzw eines Notleitungsrechts (Mü BayVBl 2000, 472), oder wenn die daraus resultierende **nachhaltige Veränderung der Grundstückssituation** das Eigentum am Grundstück des Kl **schwer u unerträglich** trifft.[336] Entsprechendes gilt für Anspr des Nachbarn aus Art 14 GG iVm wasserrechtlichen Vorschriften gegen die Erteilung einer **wasserrechtlichen Erlaubnis** an einen Dritten (78, 40 = NJW 1988, 434m Anm Kunig DVBl 1988, 237). Vgl allg auch Ramsauer AöR 1986, 515; Preu JZ 1991, 265. Aus Art 14 Abs 1 GG iVm dem Grundsatz der Verhältnismäßigkeit u § 48 Abs 2 BBergG zu begründen ist auch der Anspr eines Nachbarn auf **Schutz durch die Bergbehörde** gegen Beeinträchtigungen seines Grundstücks (s oben 110 mwN). Bestimmt eine landesrechtliche **Norm Inhalt u Schranken** des Eigentums iSd Art 14 Abs 1 S 2 GG, so verbietet sich der Rückgriff auf Art 14 Abs 1 S 1 GG als unmittelbare Anspruchsgrundlage für die Zuerkennung von **Bestandsschutz** (NuR 1998, 415).

Zur abzulehnenden Frage, inwieweit sich aus der Qualifikation obligatorischer Rechte wie dem Miet- u Pachtrecht als Eigentum iSd Art 14 GG ein Nachbarschutz der Berechtigten ableitet, s oben 97; dort auch zur Frage, ob ein Nachbarschutz allein auf das Recht am eingerichteten u ausgeübten Gewerbebetrieb gestützt werden kann. Zur Bedeutung des Art 14 GG bei Konkurrentenklagen s unten 143ff; zum Schutz vor wirtschaftlicher Betätigung der öffentlichen Hand unten 151.

136 **kk) Art 19 Abs 4 GG. Nicht** abgeleitet werden kann die Klagebefugnis **aus Art 19 Abs 4 GG,** da diese Norm Rechte, die verletzt sein könnten, voraussetzt u ihre Klagbarkeit gewährleistet, aber solche Rechte nicht selbst begründet.[337] Allerdings ergibt sich aus Art 19 Abs 4 GG, den materiellen Grundrechtsgewährleistungen u dem Rechtsstaatsprinzip die **Vermutung,** daß Rechtsvorschriften, die Pflichten der Behörden begründen, im Zweifel dem in der Sache dadurch begünstigten Bürger **auch entspr subjektive Rechte geben** (s unten 156); **außerdem** ist Art 19 Abs 4 GG immer auch **bei der Auslegung** u Anwendung von aus anderen Rechtsvorschriften oder Rechtsgrundsätzen herzuleitenden Rechten **zu berücksichtigen.**[338]

137 **f) Kommunale Selbstverwaltungsgarantie.** Die Gemeinde kann sich wie andere juristische Personen des öffentlichen Rechts (s oben 81) nicht auf Grund-

[335] In der älteren Judikatur; ausdr offengelassen von 89, 78; dazu Bönker DVBl 1994, 508; s auch Wilke, Grabitz-GS 1995, 919f.

[336] 32, 178f; 44, 246; 50, 286; 54, 222; BGHZ 64, 230; NVwZ 1982, 211; Lü NJW 1980, 253; Dolde NJW 1979, 899; 1980, 1663; Schenke 517; NuR 1983, 86ff; Schwerdtfeger NVwZ 1982, 9; Rengeling AöR 1980, 450 mwN; Czybulka DÖV 1991, 413; krit zu dieser Rspr Thiele DÖV 1979, 237; Bönker DVBl 1994, 506 mwN; vgl auch allg Enders AöR 1990, 610; Masing, Die Mobilisierung des Bürgers für die Durchsetzung des Rechts, 1997, 162ff.

[337] Vgl BVerfG 15, 281; 61, 110; NVwZ 1988, 1017; BayVBl 1991, 592; BVerwG 60, 161; BSG NJW 1987, 2463; BK-Schenke 287 zu Art 19 Abs 4 GG.

[338] NJW 1990, 2761m Anm Simitis NJW 1990, 2713 – zum Anspruch gegen das Bundesamt für Verfassungsschutz auf Auskunft –; vgl auch BVerfG NJW 1991, 1878.

rechte berufen.[339] Dies gilt selbst dann, wenn sie fiskalisch tätig wird u damit nicht unmittelbar öffentliche Aufgaben erfüllt (BVerfG 61, 105; DVBl 1984, 682). Sie kann auch **nicht die Rechte ihrer Bürger** geltend machen,[340] insb nicht das Recht der Gemeindeeinwohner auf Leben u Gesundheit[341] u die **Siedlungsfähigkeit des Gemeindegebiets** (Ko NVwZ 1987, 71), die Wirtschaftsstruktur der Gemeinde (NVwZ 1997, 904), die Interessen des örtlichen Einzelhandels (BVerfG NJW 1982, 2174; Ks NJW 1979, 181; Uechtritz BauR 1999, 579) sowie Belange des Natur- u Landschaftsschutzes (We DVBl 1997, 857) oder bloß allg Interessen (BayVBl 1997, 571; 1999, 312); **ebenso** nicht **Rechte ihrer Beamten,** Angestellten und/oder Arbeiter oder der **Benutzer ihrer Einrichtungen** (Ko NVwZ 1987, 71). Wohl aber steht ihr der **einfachgesetzliche Schutz** insb des Eigentums zu;[342] diesen genießt auch das gem **Art 22 Abs 4 EinigungsV** begründete kommunale Eigentum (101, 47 = LKV 1996, 455). Das einfachgesetzlich geschützte Eigentum schützt freilich nach der Rspr (NVwZ 1997, 170) nicht in derselben Weise vor einer Verletzung objektivrechtlicher Bestimmungen, wie dies bei einem Eingriff in eine durch Art 14 GG geschützte Rechtsposition zutreffen würde (s auch oben 127). So kann die Gemeinde nach Ansicht des BVerwG nicht eine umfassende gerichtliche Kontrolle eines Planfeststellungsbeschlusses mit enteignungsrechtlicher Vorwirkung dahingehend verlangen, daß bei der Abwägung auch öffentliche Belange in der objektivrechtlich gebotenen Weise berücksichtigt werden. Zur **beschränkten Klagebefugnis nach besonderen Vorschriften,** zB gem § 10 Abs 2 Nr 1 LuftVG **nur im Hinblick auf Information** über ein geplantes Vorhaben u auf Stellungnahme dazu, nicht auch im Hinblick auf den Inhalt des VA, s auch oben 75. Dazu, daß die Gemeinde allein auf die Rüge mangelnder Beteiligung gem § 15 BBergG ihre Klagebefugnis nicht stützen kann, NuR 1999, 318.

aa) Schutz des gemeindlichen Selbstverwaltungsrechts, insb der Planungshoheit. Vor allem aber ergibt sich ihre **Klagebefugnis aus der kommunalen Selbstverwaltungsgarantie (Art 28 Abs 2 GG),** die nach heute hM ein subjektives Recht iSd § 42 Abs 2 darstellt (31, 264; NJW 1976, 2175). Hieraus – idR, wenn auch nicht notwendigerweise iVm einfachgesetzlichem Recht (s NJW 1995, 1690) – leitet sich insb auch der Schutz der gemeindlichen **Planungshoheit**[343] gegen Maßnahmen ab, die **bestehende Planungen** oder **hinreichend konkrete planerische Vorstellungen** der Gemeinde nachhaltig beeinträchtigen[344] oder unabhängig davon jedenfalls „unmittelbare **Auswirkun-** 138

[339] Vgl BVerfG 61, 105 = NJW 1982, 2173; BVerwG 87, 391; 90, 100; UPR 1995, 268.

[340] 100, 391 = NVwZ 1997, 169; BayVBl 1999, 312; DÖV 2001, 692; Ko NVwZ 1987, 71; Ma NVwZ 1995, 1017; VBlBW 1997, 389; Mü NVwZ 1986, 680; BayVBl 1995, 52; Sch-Wahl/Schütz 269 zu § 42 Abs 2; **krit** Steinberg DVBl 1982, 18 f mwN; s auch 26 vor § 40.

[341] Ma NVwZ-RR 1999, 631; Mü NVwZ 1986, 680; Ko NVwZ 1987, 71 mwN; We DVBl 1997, 857; **krit** Czybulka DÖV 1991, 413 mwN – zugleich mit Hinw, daß in derartigen Fällen ohnehin zugleich auch Planungshoheit u damit Recht der Gemeinde auf Selbstverwaltung betroffen ist.

[342] Vgl 90, 96 = NVwZ 1993, 364; 97, 151 = NVwZ 1995, 601; 100, 388 = NVwZ 1997, 169; 101, 47; SächsVBl 1997, 55; Ko NVwZ 1987, 71; Lü DVBl 1984, 895; NVwZ 1987, 341; Ma NVwZ 1985, 432; Mü NVwZ 1986, 680; Kühne NVwZ 2005, 60; NKVwGO-Sodan 429.

[343] Die Planungshoheit steht in RhPf der Ortsgemeinde u nicht der Verbandsgemeinde zu, Ko DVBl 2001, 408.

[344] St Rpsr, zB 81, 106; 90, 101; 100, 391 = NVwZ 1997, 169; BayVBl 1999, 312; Ks NVwZ 1987, 989; NVwZ-RR 1991, 537; Ko NVwZ 1999, 435; Lü NVwZ 1987, 341; Ma NVwZ 1990, 487; Ms NVwZ-RR 1988, 11; Lerche BayVGH-FS 233; Steinberg DVBl 1982, 18; Sailer BayVBl 1981, 545; Schoch VerwA 1990, 18; Schenke 498 a; Stühler JuS 1999, 235; **krit** Hendler JZ 1987, 554.

gen gewichtiger Art für die klagende Gemeinde haben",[345] wobei allerdings für die Klagebefugnis bereits die Möglichkeit eines derartigen gemeindlichen Abwehrrechts ausreicht (BayVBl 1999, 312). Sie umfaßt damit das Recht der Gemeinde, das örtliche Gepräge u die örtlichen Strukturen jedenfalls im Kernbereich selbst zu bestimmen u grundlegende Veränderungen insoweit abzuwehren (74, 89; 81, 106; Mü BayVBl 1985, 628; im Ergebnis auch LKV 1996, 246). Ob ein über die kommunale Planungshoheit der Gemeinde hinausreichendes **Selbstgestaltungsrecht** besteht,[346] erscheint dagegen zweifelhaft; die hierfür angeführten Beispiele lassen sich idR bereits unter die Planungshoheit der Gemeinde subsumieren, die auch vor schwerwiegenden Beeinträchtigungen künftiger Planungsmöglichkeiten einer Gemeinde Schutz bieten dürfte (Schenke Bergbau 80).

Zum Inhalt des gemeindlichen Selbstverwaltungsrechts gehört auch ihre **Finanzhoheit,**[347] die sie vor der Auferlegung finanzieller Lasten durch andere Hoheitsträger schützt. Daraus ergibt sich etwa, daß eine Gemeinde auch ggü einem im übertragenen Wirkungskreis erlassenen Widerspruchsbescheid der staatlichen Widerspruchsbehörde klagebefugt ist, mit dem der Betrag der von ihr gem § 80 Abs 3 S 1 VwVfG zu erstattenden Aufwendungen festgesetzt wird (NVwZ-RR 2001, 326). Zur Beeinträchtigung der Finanzhoheit der Gemeinde durch von ihr beanstandete Fachplanung UPR 1997, 470.

Zum Selbstverwaltungrecht gehört ferner die **gemeindliche Daseinsvorsorge** s We DVBl 1997, 857. Voraussetzung ist dabei, daß ein Bezug zur Gemeindebevölkerung oder zum Gemeindegebiet besteht. Dabei ist darauf abzustellen, wem die im Rahmen der Daseinvorsorge wahrgenommene Tätigkeit zugute kommt **(funktionsbezogene Betrachtungsweise).** Nicht entscheidend ist, ob sich die Anlagen u Einrichtungen, mit denen die Aufgabe wahrgenommen wird, auf dem Gemeindegebiet befinden (NVwZ 2005, 958). Zum Selbstverwaltungsrecht gehört ferner die **Personalhoheit der Gemeinden**. Zu Beeinträchtigungen der gemeindlichen Personalhoheit durch aufsichtsbehördliche Maßnahmen s unten 139.

Die Gemeinde kann bei einem Eingriff in ihr Selbstverwaltungsrecht – ähnlich wie der Bürger bei Eingriffen in seine Freiheitsgrundrechte (oben 124) – auch die **Verletzung solcher Bestimmungen** geltend machen, die nicht dem Schutz ihres Interesses, sondern nur **öffentlichen Interessen oder dem Schutz der Interessen anderer Personen** dienen.[348] Ist das kommunale Selbstverwaltungsrecht vom Schutzbereich her betroffen, **schützt** es ebenso wie die Freiheitsgrundrechte (vgl oben 124) **vor allen rechtswidrigen Eingriffen,** unabhängig davon, woraus diese Rechtswidrigkeit des Eingriffakts resultiert (näher Schenke Bergbau 96 ff). Obwohl durch die Ziele der Raumordnung u Landesplanung

---

[345] 84, 215 ff = NVwZ 1990, 465 iVm § 2 Abs 2 BauGB; mit entspr Formulierungen für überörtliche Vorhaben u Planungen 90, 100 = NVwZ 1993, 364; 97, 211 f = NJW 1995, 1690 unter Hinweis auf NVwZ-RR 1993, 373; LKV 1996, 246; FfO NuR 1999, 588; Ma NVwZ 1995, 1017; VBlBW 1997, 389; Schenke Bergbau 70 ff; s zur gemeindlichen Abwehrplanung gegen fachplanerische Inanspruchnahme auch Grigoleit NJ 1998, 356.

[346] Vgl NJW 1976, 2176; NVwZ 1983, 610; NVwZ-RR 1999, 555; Mü BayVBl 1985, 628; Blümel, Ule-FS 1987, 19 ff; skeptisch Schenke Bergbau 79 ff u Stühler JuS 1999, 238; offen Ma VBlBW 1997, 389.

[347] Dazu auch ThürVerfGH NVwZ-RR 2005, 665 ff sowie Henneke ThürVBl 2005, 221 ff; Vetzberger LKV 2006, 347 ff.

[348] Ks NVwZ 1989, 484; Alexander/Martin NVwZ 1992, 952; Bethge DVBl 1981, 914; Ehlers NWVBl 1990, 45; Kirchberg/Boll/Schütz, NVwZ 2002, 554; Kopf/Nickel UPR 2003, 24; Krebs DVBl 1982, 1046; Kühling Fachplanungsrecht 467; Püttner AöR 1970, 612; Schenke Bergbau 96 ff; BK-Stern 177 zu Art 28; **aA** UPR 1999, 271; DÖV 2001, 692; NVwZ 2003, 208; 2004, 1229; BVerfG DVBl 1999, 699; Mü NVwZ-RR 2006, 433; Sa DÖV 1987, 496; Knemeyer/Wehr VerwA 2001, 343; v Schwanenflug/Strohmayr NVwZ 2006, 397.

unmittelbar keine subjektiven Rechte einzelner Gemeinden begründet werden,[349] führt ein Verstoß gegen diese bei einem **Eingriff in die kommunale Planungshoheit der Gemeinde** (s zu den Voraussetzungen für einen solchen Eingriff FfO LKV 1997, 130) zu einer Verletzung des kommunalen Selbstverwaltungsrechts,[350] wie nunmehr durch § 2 Abs 2 S 2 BauGB klargestellt wird. Dabei ist von einem solchen Eingriff bereits dann auszugehen, wenn eine unmittelbare Auswirkung gewichtiger Art gegeben ist, nicht erst dann, wenn sich diese als unzumutbar darstellt (so aber Uechtritz BauR 1999, 578). Dafür spricht der Umstand, daß vorbehaltlich abweichender gesetzlicher Regelungen – ähnlich wie im Grundrechtsbereich – bereits bei solchen Eingriffen eine faktische Beeinträchtigung eines verfassungsrechtlich gewährten subjektiven Rechts anzunehmen ist, da sonst der Eingriff in das Selbstverwaltungsrecht u dessen Verletzung identisch wären. Vor allem indiziert aber **§ 2 Abs 2 BauGB** als eine einfachgesetzliche **Konkretisierung des kommunalen Selbstverwaltungsrechts** eine derartige Lösung (dazu näher Schenke VerwA 2007 unter III 2). Bei einem unzumutbaren Eingriff liegt allerdings immer eine Verletzung des kommunalen Selbstverwaltungsrechts bzw der in ihr angelegten Planungshoheit vor (Krausnick VerwA 2005, 200). In der Rspr zeichnet sich die Tendenz ab, bei Umsatzverlusten ab 10% (wobei primär auf den gesamten innenstadtrelevanten Einzelhandel abzustellen ist, aber auch die Beachtung besonders sensibler Branchen angezeigt ist) von unmittelbaren Auswirkungen gewichtiger Art auszugehen.[351] Zumindest einen bedeutsamen Anhaltspunkt für das Vorliegen von Auswirkungen gewichtiger Art stellt es auch dar, wenn Einzelhandelsbetriebe die in **§ 11 Abs 3 S 1 BauNVO bezeichneten Merkmale** aufweisen.[352] Hat in einem solchen Fall vor einer Zulassung des Bauvorhabens keine Abstimmung gem § 2 Abs 2 BauGB (als einer gesetzlichen Ausprägung des durch Art 28 Abs 2 S 1 GG garantierten Selbstverwaltungsrechts, NVwZ 2003, 87) mit einer Nachbargemeinde stattgefunden (s dazu auch weiter unten 138 a) u führt dieser Fehler dazu, daß dem Bauvorhaben öffentliche Belange iSd § 35 Abs 3 BauGB entgegenstehen, weil einem aus dem Abstimmungserfordernis resultierenden Planungsbedürfnis nicht ausreichend Rechnung getragen wird, so kann sich die Nachbargemeinde gegen eine Erteilung der Baugenehmigung für ein dem § 11 Abs 3 S 1 BauNVO unterfallendes Einzelhandelsgroßprojekt mit Erfolg zur Wehr setzen (NVwZ 2003, 87). Auf die Frage, ob sich aus der Erteilung einer Baugenehmigung eine unzumutbare Beeinträchtigung der Nachbargemeinde ergibt, kommt es danach nicht mehr an.[353] Zur mittelbaren Bedeutung des § 2 Abs 2 BauGB auch iVm einem Nachbarschutz gegen ein Vorhaben, das nach §§ 30, 34 f BauGB nur auf der Grundlage eines nach § 2 Abs 2 BauGB abstimmungspflichtigen Bebauungsplans zulässig wäre, s unten 138 a sowie eingeh Schenke VerwA 2007 unter III.

Nach den dargelegten Grundsätzen besteht die Klagebefugnis der Gemeinde bei einer Klage zB: **138 a**

---

[349] S We ThürVBl 1997, 278 mwN u unten 138 a; dort auch zur Bedeutung der 2004 erfolgten Einfügung des § 2 Abs 2 S 2 BauGB.

[350] Schenke WUR 1990, 69 u zum entspr Problem iVm dem Rechtsschutz gegen Normen auch 79 zu § 47; ebenso Kopf/Nickel UPR 2003, 24.

[351] FfO BauR 1999, 613; Ko BauR 1999, 613; 2002, 581, 584; Ms BauR 1998, 312; Kopf, 208 f; Kopf/Nickel UPR 2003, 23 mwN; Krausnick VerwA 2005, 200; Moench/Sandner NVwZ 1999, 344; Uechtritz BauR 1999, 579.

[352] NVwZ 2003, 86 zu einem Bauvorhaben im Außenbereich: Von einem qualifizierten Abstimmungsbedarf gem § 2 Abs 2 BauGB ist immer dann auszugehen, wenn das Vorhaben die in § 11 Abs 3 S 1 BauNVO bezeichneten Merkmale aufweist; **aA** Kopf/Nickel UPR 2003, 24; Uechtritz NVwZ 2003, 178.

[353] NVwZ 2003, 86 ff. Auch Uechtritz NVwZ 2003, 177 konzediert, daß nach der Rspr des BVerwG bei Bauvorhaben im Außenbereich die Verletzung subjektiver Rechte der Nachbargemeinde nicht davon abhängt, daß diese in unzumutbarer Weise beeinträchtigt wird.

– gegen die **Erteilung einer Baugenehmigung** bzw eines die bauplanungsrechtliche Zulässigkeit eines Bauvorhabens feststellenden Bauvorbescheids (sog **Bebauungsgenehmigung**) für das eigene Gemeindegebiet, wenn eine solche Entscheidung **nicht mit** den Festsetzungen eines dem **§ 30 BauGB** unterfallenden Bebauungsplans im Einklang steht (NVwZ 1982, 310); ebenso bei einer Verletzung des § 15 Abs 1 BauNVO, wenn die Zulassung eines Bauvorhabens ein „Umkippen" des Gebietscharakters nach sich zieht (Ma UPR 1992, 197);
– bei einer **Verweigerung einer Genehmigung:** Eine faktische Betroffenheit der Gemeinde liegt auch dann vor, wenn die Bauaufsichtsbehörde die Erteilung einer Baugenehmigung verweigert, weil sie fälschlich (entgegen der Ansicht der Gemeinde) davon ausgeht, das Bauvorhaben sei mit den planerischen Festsetzungen der Gemeinde nicht vereinbar. Ist hier bereits ein Bauvorhaben abgelehnt worden, so kommt uU eine isolierte Anfechtungsklage (dazu oben 31) in Betracht, jedenfalls aber, sofern die Zulässigkeit einer bestimmten von der Gemeinde gewollten Nutzungsart durch die Bauaufsichtsbehörde verneint wird, eine Feststellungsklage, mit welcher die Zulässigkeit einer solchen Nutzung festgestellt wird (s 92 zu § 47);
– gegen die **Erteilung einer Baugenehmigung bzw einer Bebauungsgenehmigung** im **Innen- oder Außenbereich,** zu der die Gemeinde nicht ihr nach § 36 BauGB erforderliches Einvernehmen erteilt hat[354] u zwar unabhängig davon, ob der Bauherr einen Anspr auf die Genehmigung hat (BauR 1999, 1282); ebenso bei auf §§ 31, 33 BauGB gestützten Genehmigungen (s auch Groß BauR 1999, 566 ff). Dasselbe wird auch bzgl der nach § 36 Abs 2 S 3 BauGB erfolgten **Ersetzung des Einvernehmens** durch die nach Landesrecht zuständige Behörde angenommen (Dippel NVwZ 1999, 925; Lasotta BayVBl 1998, 615), wobei freilich eine solche Anfechtung ein Vorgehen gegen die Baugenehmigung nicht entbehrlich machen soll (s Lasotta BayVBl 1998, 615). Richtigerweise dürfte hier allerdings der Rechtsschutz der Gemeinde gegen die Ersetzung des Einvernehmens im Hinblick auf die Möglichkeit eines Vorgehens gegen die Baugenehmigung nach **§ 44 a ausgeschlossen** sein.[355] Anderenfalls ergäbe sich ein prozeßökonomisch wenig befriedigendes Nebeneinander verschiedener Verfahren. Die Anwendung des § 44 a trägt auch dem Umstand Rechnung, daß der BauASt aus demselben Grund nicht die Möglichkeit eines Rechtsschutzes gegen die gemeindliche Erteilung des Einvernehmens besitzt (vgl ausf Budroweit 325 ff; s 6 zu § 44 a) u der Gemeinde überdies auch die Anfechtung eines nach Ablauf der Erklärungsfrist des § 36 Abs 2 S 2 (zu deren Nichtverlängerbarkeit s DVBl 1997, 827) fingiertes Einvernehmen[356] verwehrt ist. Die hier einzig in Betracht kommende Anfechtung der Baugenehmigung scheitert daran, daß die Gemeinde nach Ablauf der Frist des § 36 Abs 2 S 2 BauGB mit auf ihre Planungshoheit gestützten Abwehrrechten ausgeschlossen ist (Lü NVwZ 1999, 1004; s auch Mü UPR 1999, 317; krit Budroweit 310 ff u 314 ff).[357] Zur Frage, ob sich die Bauauf-

---

[354] NVwZ 1986, 556; BauR 1999, 1281; Ma VBlBW 1995, 364; Budroweit 242 f; Fehling Jura 2006, 371; Groß BauR 1999, 563. Keiner Erteilung des Einvernehmens bedarf es, wenn die Gemeinde zugleich für die Erteilung der Baugenehmigung zuständig ist (28, 271; 45, 212; 121, 339 = NVwZ 2005, 83; Mü BayVBl 2003, 211; Budroweit 262 ff; NVwZ 2005, 1013 ff, Fehling Jura 2006, 372 ff; Stüer DVBl 2006, 414; **aA** Ma VBlBW 2004, 56; Schoch JK 7/04 BauGB § 36 I 1/6).

[355] Budroweit 284 ff; Möstl BayVBl 2003, 225 ff; vgl ferner Klinger BayVBl 2002, 484; s näher auch 6 zu § 44 a.

[356] Zu dessen mangelnder behördlicher Aufhebbarkeit DVBl 1997, 827 u Lü NVwZ 1999, 1004.

[357] Anders dann, wenn – im Hinblick auf die Unvollständigkeit der Bauvorlagen – fälschlich davon ausgegangen wird, daß die Fiktion des § 36 Abs 2 S 2 BauGB eingetreten ist

sichtsbehörde in den Fällen der §§ 31, 33 Abs 2 BauGB über eine **positive Einvernehmungsentscheidung** der Gemeinde hinwegsetzen kann, Budroweit 108 ff u Groß BauR 1999, 568;
- gegen die gegen ihren Willen erfolgte **Zulassung** eines Vorhabens nach **§ 37 Abs 2 S 3 BauGB,** wobei sich ihre Klagebefugnis über die Verletzung ihrer Planungshoheit hinaus auch auf sich aus § 36 Abs 1 S 1 BauGB iVm §§ 31, 33, 34 u 35 BauGB ergebende Gründe erstreckt (Ma NuR 1998, 434);
- gegen die Erteilung einer Baugenehmigung trotz einer bestehenden Veränderungssperre, wenn die Gemeinde hierzu nicht ihr nach § 14 Abs 2 BauGB erforderliches Einvernehmen erteilt hat (vgl Budroweit 310);
- gegen die Genehmigung eines **großflächigen Einzelhandelsbetriebs**[358] oder eines **Einkaufszentrums** in einer Nachbargemeinde, wenn davon unmittelbare Auswirkungen gewichtiger Art auf die städtebauliche Entwicklung der klagenden Gemeinde ausgehen,[359] weil diese Handelseinrichtungen von ihr einen erheblichen Teil der Kaufkraft abziehen.[360] Das gilt nunmehr nicht nur für entspr Bauvorhaben im Geltungsbereich eines qualifizierten Bebauungsplans (§ 30 BauGB) u im Außenbereich (§ 35 BauGB),[361] sondern gem § 34 Abs 3 BauGB nF auch für Bauvorhaben, von denen schädliche Auswirkungen auf zentrale Versorgungsbereiche in einer Gemeinde oder in einer anderen Gemeinde zu erwarten sind. Allein die Nichtberücksichtigung von Zielen der Raumordnung u Landesplanung (zB bei der Genehmigung von raumbedeutsamen Außenbereichsvorhaben) genügt zwar noch nicht für die Begründung der Klagebefugnis, da die Ziele der Raumordnung u Landesplanung nicht den Interessen einzelner Gemeinden, sondern übergeordneten Planungsinteressen dienen.[362] Deshalb kann sich auch eine Gemeinde, der nach Landesplanung zentralörtliche Funktionen zugewiesen sind, nicht gegen Vorhaben in Gemeinden ohne zentralörtliche Funktion wenden.[363] Soweit jedoch bei der Abstimmung der Bauleitpläne benachbarter Gemeinden die einer Gemeinde durch die Ziele der Raumordnung zugewiesenen Funktionen möglicherweise nicht ausreichend beachtet wurden u sich daraus für diese gewichtige Auswirkungen auf ihre städtebauliche Entwicklung ergeben können, besteht aber jedenfalls nach der Novellierung des § 2 Abs 2 BauGB auch eine Klagebefugnis ggü einem Vorhaben, das auf einem solchen nicht abgestimmten Bebauungsplan beruht (s auch weiter unten 138a). Zur hier auch in Betracht kommenden mittelbaren Subjektivierung von objektivrechtlichen Vorschriften des Landesplanungs- u Raumordnungsrechts bei Eingriffen in das Selbstverwaltungsrecht s oben 138; zur Frage eines Schutzes gegen **Großkinos** s Bln GewArch 2000, 171; Mü GewA 2000, 174; Uechtritz BauR 1999, 583 ff;

(dazu 122, 13 = NVwZ 2005, 213: Fiktion eingetreten, wenn Gemeinde nicht auf die Vervollständigung der Unterlagen hingewirkt hat).

[358] Ein solcher großflächiger Einzelhandelsbetrieb setzt nach der neueren Rspr des BVerwG eine Mindestverkaufsfläche von 800 qm voraus (124, 364 = NVwZ 2006, 452; dazu näher Stüer DVBl 2006, 406).

[359] 117, 25 = NVwZ 2003, 87; We ThürVBl 1997, 279; s auch FfO LKV 1997, 129; Ma BauR 1982, 150; Reidt BauR 2002, 562 ff; eingeh zur Problematik Schenke VerwA 2007 Heft 3 unter III; Uechtritz BauR 1999, 572 ff; DVBl 2006, 799 ff; Stüer DVBl 2006, 405 ff.

[360] We ThürVBl 1997, 279 unter Bezugnahme auf Ms DÖV 1988, 845; Mü GewA 1991, 316.

[361] 117, 31 ff = NVwZ 2003, 87 u dazu Schenke VerwA 2007 unter III.

[362] S We ThürVBl 1997, 278; s zu § 1 Abs 4 BauGB auch Lü UPR 1986, 316; Ma NVwZ 1987, 1089; EZB 99 zu § 1 BauGB; Uechtritz BauR 1999, 578.

[363] We ThürVBl 1997, 278; s auch Ko BRS 54 Nr 13; aber auch Ms DÖV 1988, 843 ff; Ko NVwZ 1989, 984.

– in bezug auf den Erlaß einer Beseitigungsanordnung, wenn der ohne die erforderliche Baugenehmigung errichtete Bau die durch § 36 Abs 1 S 1 BauGB geschützte Planungshoheit der Gemeinde beeinträchtigt (NVwZ 1992, 878); dasselbe dürfte nach Aufhebung einer Baugenehmigung allg gelten, wenn ein Bauvorhaben möglicherweise die Planungshoheit verletzt, etwa, weil es mit den Bestimmungen eines Bebauungsplans nicht in Einklang steht (vgl auch Mü NVwZ-RR 2000, 345; **aA** wohl Ma NVwZ-RR 1998, 389);
– gegen eine **Baugenehmigung,** wenn diese nur auf der (fehlenden) Basis eines nach § 2 Abs 2 BauGB abgestimmten Bebauungsplans der Nachbargemeinde zulässig wäre.[364] Zwar betrifft § 2 Abs 2 BauGB unmittelbar nur den Erlaß eines Bauleitplans u begründet deshalb weder in direkter noch in analoger Anwendung Abwehrrechte für Nachbargemeinden.[365] Die Vorschrift kann als eine Konkretisierung der im Selbstverwaltungsrecht angelegten Planungshoheit aber zur Subjektivierung bauplanungsrechtlicher Bestimmungen wie des § 35 BauGB u des § 30 BauGB iVm § 11 Abs 3 BauNVO herangezogen werden u trägt überdies dort, wo unterverfassungsrechtliche Bestimmungen nicht auf den Schutz der Interessen von Nachbargemeinden abstellen, dazu bei, Art 28 Abs 2 S 1 GG dahingehend zu konkretisieren, daß ein Abwehrrecht einer Nachbargemeinde ggü einer rechtswidrigen Baugenehmigung besteht, welche auf diese – wie auch in § 2 Abs 2 BauGB gefordert – **unmittelbare Auswirkungen gewichtiger Art** zur Folge hat (zu diesem Erfordernis näher s oben 138). Nachdem sich aufgrund des im Rahmen der Baurechtsnovelle 2004 ergänzten § 2 Abs 2 S 2 BauGB Nachbargemeinden bei der Abstimmung auch auf die ihnen durch Ziele der Raumordnung zugewiesenen Funktionen sowie auf Auswirkungen auf ihre zentralen Versorgungsbereiche berufen können, muß der Schutz auch ggü solchen Baugenehmigungen bejaht werden, die auf einer fehlenden oder nicht ausreichenden Berücksichtigung dieser in § 2 Abs 2 S 2 BauGB genannten Belange beim Erlaß eines Bebauungsplans beruhen. Ohne die Bejahung von Abwehrrechten einer Nachbargemeinde gegen eine rechtswidrige Baugenehmigung, die für sie unmittelbare Auswirkungen gewichtiger Art hat u auf einem mit ihr nicht abgestimmten Bebauungsplan beruht, wäre der Schutz der Nachbargemeinde unvollkommen u würde ihr eine im Wege einer Normenkontrolle erfolgende Unwirksamerklärung des Bebauungsplans nichts nützen, da das Abstimmungsgebot des § 2 Abs 2 BauGB durch die Erteilung einer Baugenehmigung umgangen bzw ausgehebelt werden könnte (NVwZ 2003, 87, s auch Schenke VerwA 2007 unter III; nicht überzeugend daher We NJOZ 2005, 3909). Das Abwehrrecht der Nachbargemeinde kann dabei auch **nicht davon abhängen, ob die Gemeinde** zugleich die für die Genehmigung des Bauvorhabens zuständige Bauaufsichtsbehörde ist. Vielmehr genügt es bereits, daß die Gemeinde durch die Aufstellung eines nicht nach § 2 Abs 2 BauGB abgestimmten Bebauungsplans oder auf andere Weise (s unten 138 c) eine **Weichenstellung für die Erteilung der Baugenehmigung** durch die Bauaufsichtsbehörde **vorgenommen** hat. Zu Recht hat deshalb das BVerwG eine Klagebefugnis einer Nachbargemeinde in bezug auf eine Baugenehmigung für ein dem § 11 Abs 3 BauNVO unterfallendes Einzelhandelsgroßprojekt im Außenbereich befürwortet, die auf

---

[364] 84, 214 = NVwZ 1990, 464; NVwZ 2003, 87; Ko NVwZ 1999, 435; Mü GewA 2000, 174; We ThürVBl 1997, 278; Jahn GewA 2002, 413; Kopf/Nickel UPR 2003, 23; Reidt BauR 2002, 562 ff; Schenke VerwA 2007 unter III.

[365] Insoweit zutr, wenn Uechtritz DVBl 2006, 802 darauf hinweist, daß eine Anfechtungsklage einer Nachbargemeinde nicht auf § 2 Abs 2 BauGB gestützt werden kann u auch BVerwG NVwZ 2003, 87 § 2 Abs 2 BauGB nur heranzieht, um ein Planungsbedürfnis zu begründen, was einen subjektivierten öffentlichen Belang iSd § 35 Abs 3 BauGB darstellt; näher dazu auch Schenke VerwA 2007 unter III.

einem nicht abgestimmten Bebauungsplan beruhte (117, 31 ff = NVwZ 2003, 87) u in diesem Fall eine Verletzung des Rechts der Nachbargemeinde selbst dann befürwortet, wenn diese durch die erteilte Baugenehmigung nicht unzumutbar beeinträchtigt wird. Diese Rspr ist auch auf Bauvorhaben zu übertragen, die im Geltungsbereich eines qualifizierten Bebauungsplans gem § 30 BauGB errichtet werden sollen (näher Schenke VerwA 2007 unter III 2; **aA** We NJOZ 2005, 3909; Uechtritz NVwZ 2003, 178), dort aber nur auf der Basis eines neuen, von der Gemeinde erlassenen Bebauungsplans genehmigt werden konnten u ein solcher zwar erlassen, aber nicht gem § 2 Abs 2 BauGB mit der Nachbargemeinde abgestimmt wurde. Soweit sich hier nicht aus unterverfassungsrechtlichen Bestimmungen wie § 11 Abs 3 BauNVO ein Rechtsschutz der Nachbargemeinde ggü einer rechtswidrigen Baugenehmigung ableiten läßt, aus der sich für sie unmittelbare Auswirkungen gewichtiger Art ergeben, folgt ein solches Abwehrrecht aus der im Selbstverwaltungsrecht enthaltenen Planungshoheit (näher Schenke VerwA 2007 unter III 2). Auch bei einem Bauvorhaben im Geltungsbereich eines qualifizierten Bebauungsplans, der unter Verletzung des Abstimmungsgebots des § 2 Abs 2 BauGB geändert wurde, kommt es damit nicht darauf an, ob sich aus dem in rechtswidriger Weise genehmigten Bauvorhaben unzumutbare Beeinträchtigungen für die Nachbargemeinde ergeben (so Uechtritz BauR 1999, 573 ff), vielmehr genügen bereits unmittelbare Auswirkungen gewichtiger Art. Dafür spricht auch, daß andernfalls die Nachbargemeinde gegen ein Bauvorhaben im Geltungsbereich eines qualifizierten Bebauungsplans weniger geschützt wäre als ggü einem Bauvorhaben im Innenbereich, bei dem die Nachbargemeinde durch einen Verstoß gegen § 34 Abs 3 BauGB in ihrem hierdurch begründeten Recht verletzt wird (s unten 138 b).

Bei einer für ein **Vorhaben im Innenbereich** erteilten Baugenehmigung, die 138 b
auf einem rechtswidrigen, nicht nach § 2 Abs 2 BauGB abgestimmten unwirksamen Bebauungsplan beruht u deren Zulässigkeit (mangels Bestehens eines früheren Bebauungsplans) nach § 34 BauGB zu beurteilen ist, ergibt sich ein **Abwehrrecht** der Nachbargemeinde vielfach bereits aus **§ 34 Abs 3 BauGB**. Danach dürfen von Vorhaben nach § 34 Abs 1 u 2 BauGB keine schädlichen Auswirkungen auf zentrale Versorgungsbereiche einer anderen Gemeinde zu erwarten sein. Lassen sich Abwehrrechte nicht schon aus § 34 Abs 3 BauGB begründen, können diese bei einem einheitlichen Baugebietscharakter der näheren Umgebung auch aus **§ 34 Abs 2 BauGB iVm § 11 Abs 3 BauNVO** abzuleiten sein. Bei uneinheitlichem Baugebietscharakter lassen sich Abwehrrechte hins solcher Bauvorhaben, die mit unmittelbaren Auswirkungen gewichtiger Art für eine Nachbargemeinde verbunden sind u die wg eines Nichteinfügens in die nähere Umgebung (§ 34 Abs 1 BauGB) rechtswidrig sind, aus Art 28 Abs 2 S 1 GG ableiten (dazu eingeh Schenke VerwA 2007 unter III 3). Fügt sich das **Bauvorhaben in die nähere Umgebung** ein, kann ihm **hingegen ein Planungsbedürfnis nicht entgegengehalten** werden (Ks NVwZ-RR 2006, 230; VG Darmstadt NVwZ-RR 2006, 237) u ist es auch unschädlich, daß ein (unwirksamer) Bebauungsplan, der eine planerische Neuordnung des Baugebiets erstrebte, nicht nach § 2 Abs 2 BauGB abgestimmt wurde (119, 36 = NVwZ 2004, 223). Zur aus dem interkommunalen Rücksichtsnahmegebot abzuleitenden Pflicht, einen Bebauungsplan zu erlassen, u zur Frage der gerichtlichen Durchsetzbarkeit einer solchen Pflicht durch eine Nachbargemeinde s unten 138 d.

Ein Abwehrrecht einer Nachbargemeinde ggü einer Baugenehmigung, die nur 138 c
aufgrund eines nach § 2 Abs 2 BauGB abgestimmten Bebauungsplans hätte erteilt werden dürfen, ist iü nicht nur dann gegeben, wenn die Baugenehmigung aufgrund einer nicht abgestimmten Bauleitplanung erteilt wurde, sondern auch dann, wenn die Gemeinde, in deren Gebiet das Vorhaben durchgeführt werden soll, „auf andere Weise die Weichen in Richtung Zulassungsentscheidung gestellt

hat" (DVBl 1993, 658; Mü GewA 2000, 175), insb wenn sie für die Erteilung der Baugenehmigung zuständig ist (Krausnick VerwA 2006, 211) oder bei Vorhaben nach §§ 34f BauGB rechtswidrig ihr Einvernehmen erteilt hat (dazu näher Schenke VerwA 2007 unter III 1b u 2), aber auch dann, wenn die Zulassung auf einer unter Mitwirkung der Gemeinde (vgl § 36 Abs 1 S 1 BauGB) ergangenen Ermessensentscheidung gem § 31 Abs 1 u 2 BauGB beruht. Dasselbe dürfte auch dann gelten, wenn die Zulassung auf einer mitwirkungspflichtigen Ermessensentscheidung beruhen müßte, diese Entscheidung – oder die Mitwirkung der Gemeinde an ihr – aber unterblieb (Mü GewA 2000, 175; **offen** Lü NVwZ-RR 2007, 7).

138 d Gegen ein **Unterlassen einer nach § 1 Abs 3 u 4 BauGB gebotenen Planung** scheidet ein gerichtlicher Rechtsschutz der Nachbargemeinde grds selbst dann aus, wenn das interkommunale Abstimmungsgebot einen **qualifizierten städtebaulichen Handlungsbedarf begründet** u deshalb (ausnahmsweise) eine **Pflicht zum Erlaß eines Bebauungsplans besteht**[366] (zu einem solchen Fall NVwZ 2004, 220ff). Das ergibt sich daraus, daß nach § 1 Abs 3 S 2 BauGB kein Rechtsanspr auf eine Aufstellung von Bauleitplänen besteht. Etwas anderes ist allerdings im Hinblick auf die verfassungsrechtlich geschützte kommunale Planungshoheit der Nachbargemeinde ausnahmsweise dann zu erwägen, wenn die **planerischen Auswirkungen** eines nach § 34 BauGB zulässigen Bauvorhabens für eine Nachbargemeinde **unzumutbar** wären (dazu Schenke VerwA 2007 unter III 3d). Hier kommt dann, wenn man mit der hM eine sich unmittelbar gegen ein rechtswidriges Unterlassen einer Norm richtende Klage nicht als verfassungsrechtliche Streitigkeit qualifiziert, ein verwaltungsgerichtlicher Rechtsschutz über eine allg Leistungs- bzw Feststellungsklage in Betracht (8j zu § 43u 13f zu § 47) Solche Fälle werden aber nur sehr selten sein; iü wird die Problematik ohnehin dadurch erheblich entschärft, daß § 34 Abs 3 BauGB nF Vorhaben verbietet, von denen schädliche Auswirkungen auf zentrale Versorgungsbereiche einer Nachbargemeinde zu erwarten sind, u insoweit für die Nachbargemeinde subjektive Rechte begründet (s auch oben 138b).

138 e Eine **Klagebefugnis** besteht ferner für eine Klage der **Gemeinde**

- allg gegen **Fachplanungen auf fremdem Gebiet**, wenn eine **eigene hinreichend konkrete Planung nachhaltig gestört** wird oder wenn das Vorhaben **wesentliche Teile des Gemeindegebiets einer durchsetzbaren Planung entzieht** (81, 95, 106; NVwZ 2003, 207; Lü NdsVBl 2006, 283; 2007, 81), so zB bei der Plangenehmigung, Planfeststellung usw eines **Truppenübungsplatzes** (74, 132 = NVwZ 1986, 837; vgl auch BVerfG 56, 298; Steinberg DVBl 1982, 15), oder eines **Militärflughafens** (81, 107). **§ 2 Abs 2 BauGB**, nach dem ein Eingriff in die Planungshoheit einer Gemeinde bereits dann anzunehmen ist, wenn unmittelbare Auswirkungen gewichtiger Art vom Bauleitplan einer Nachbargemeinde ausgehen (s oben 138), es also keiner Beeinträchtigung schon konkreter Planungen bedarf, **findet nach hM auf Fachplanungen keine Anwendung.** Das gilt selbst dann, wenn der Vorhabensträger eine Gemeinde ist (NVwZ 2005, 813; Graf JA 2005, 774);
- gegen die Entscheidung des Bundesministers nach § 37 Abs 2 S 3 BauGB bei Wohnheimvorhaben der NATO-Streitkräfte (91, 227 = NVwZ 1993, 892); **nicht** jedoch gegen die Zustimmung dt Stellen im Rahmen des NATO-Truppenstatuts (NVwZ 1993, 894);
- gegen die Zulassung von **Abfallentsorgungsanlagen** (Ko DVBl 1995, 251);

---

[366] Die Bejahung eines solchen Anspr der Nachbargemeinde liegt trotz des § 1 Abs 3 S 2 BauGB nunmehr jedenfalls im Hinblick auf die Novellierung des § 2 Abs 2 BauGB nahe, der ohne einen solchen Anspruch leerlaufen würde, wenn eine Gemeinde sich ihrer Planungspflicht entziehen könnte (s aber nunmehr auch § 34 Abs 3 BauGB).

– gegen die Planfeststellung für einen **Flughafen** mit entspr Auswirkungen auf das Gemeindegebiet;[367] gegen die Festlegung von **Tieffluggebieten** (NJW 1995, 1690);
– gegen die Genehmigung eines **Kernkraftwerks;**[368]
– gegen die Ablehnung einer Anordnung der **Kennzeichnung einer geschwindigkeitsbeschränkten Zone** durch die Straßenverkehrsbehörde nach § 45 Abs 1b S 1 Nr 3 StVO[369] oder einer Anordnung nach § 45 Abs 1b S 1 Nr 5 StVO zur Unterstützung einer geordneten städtebaulichen Entwicklung (NVwZ 1995, 165; Schenke 501);
– gegen eine **straßenverkehrsrechtliche Anordnung,** wenn straßenverkehrsrechtliche Regelungen in **verfestigte gemeindliche Planungsabsichten** eingreifen oder wenn **Gemeindestraßen** u -wege von straßenverkehrsrechtlichen Anordnungen **nachhaltig betroffen** sind (Stüer/Probstfeld UPR 2004, 121);
– aufgrund der **Regelungen über die Straßenbaulast** darauf, daß ihre Straßenbaulast nicht faktisch erweitert u ihre Wahrnehmung erschwert wird (NVwZ 1984, 584);
– gegen Maßnahmen, die eine **schwere Schädigung der Weinberge** in einer so gut wie ausschließlich vom Weinbau geprägten Gemeinde zur Folge haben (Mü BayVBl 1985, 628);
– gegen die wasserrechtliche Erlaubnis einer Fischzucht im Meer, die zur **Beeinträchtigung eines Seebads** führt (Gr NVwZ-RR 1996, 197);
– gegen Maßnahmen, die die Gemeinde bei der Erfüllung ihrer Aufgaben, wie etwa der Sicherstellung der öffentlichen **Trinkwasserversorgung,** behindern[370] oder die sonst **kommunale Einrichtungen** zur Erfüllung von Selbstverwaltungsaufgaben,[371] wie **Brunnen,** einen als Freischwimmbad der Allgemeinheit zur Verfügung gestellten **Kies-See** (Ks NVwZ 1987, 989; Mü NVwZ 1986, 680; Ko NVwZ 1987, 71), erheblich beeinträchtigen;
– gegen die Beeinträchtigung der **Finanzhoheit** der Gemeinde durch ein **Fachplanungsvorhaben,** das den finanziellen Spielraum der Gemeinde nachhaltig in nicht mehr zu bewältigender u hinzunehmender Weise einengt (UPR 1997, 470);
– über den engen bauplanerischen Bereich hinaus gegen die Mißachtung örtlicher Bauvorschriften, wenn deren Erlaß zu den Selbstverwaltungsangelegenheiten gehört (Mü NVwZ 1998, 205; Groß BauR 1999, 563).

Nicht gestützt werden kann dagegen die Klagebefugnis darauf, die Folgen einer Maßnahme beträfen die Gemeinde zB in ihren gesetzlichen Aufgaben im Bereich des **Rettungsdienstes** u des **Katastrophenschutzes** (Mü NJW 1980, 723 zur Genehmigung eines Kernkraftwerkes). Keine Klagebefugnis besteht ferner für eine Klage gegen eine staatliche Maßnahme, von der die Gemeinde eine **Beeinträchtigung des Orts- u Landschaftsbildes**[372] oder von Belangen des

---

[367] 69, 261 mwN; 81, 106; vgl auch DÖV 1985, 113f; Ma VBlBW 1997, 387; Schmidt-Aßmann DVBl 1981, 334ff.

[368] Ko NVwZ 1987, 71; Ma DÖV 1982, 864m Anm Ossenbühl; Mü NJW 1980, 723; Lerche BayVGH-FS 223; Jarass DVBl 1976, 732; Zeiler GewA 1978, 114; Steinberg DVBl 1982, 13.

[369] NVwZ 1995, 910; Ma DVBl 1994, 349; Sch-Wahl/Schütz 106 zu § 42 Abs 2; krit Schwerdtner VBlBW 1994, 194; 1996, 209; vgl auch Steiner NZV 1995, 209; VerwA 1995, 173ff.

[370] 41, 188; 51, 13; 52, 233 = BayVBl 1977, 571; ZfBR 2000, 204; Mü NJW 1980, 723; NVwZ 1986, 679; Ko NVwZ 1987, 71; Hbg NVwZ 1987, 1003; We DVBl 1997, 857; VG Schleswig NVwZ 1987, 354; Schenke Bergbau 82ff; Sch-Wahl/Schütz 272 zu § 42 Abs 2.

[371] 81, 106 mwN; 90, 100 = NVwZ 1993, 364; NVwZ-RR 1991, 601ff; 1999, 554; NVwZ 1993, 886; Ma NVwZ 1995, 1018; VBlBW 1997, 389; Stühler JuS 1999, 238.

[372] Mü NVwZ 1986, 680; Stühler JuS 1999, 239; s aber auch BVerwG NVwZ 2001, 90: Interesse der Gemeinde an der Gestaltung ihres Ortsbildes ist bei überörtlicher Fachplanung als gemeindlicher Belang zu berücksichtigen.

Natur- u Landschaftsschutzes (NVwZ 1995, 905; Stühler JuS 1999, 239) befürchtet. Ferner fehlt der Gemeinde die Klagebefugnis bzgl eines **Planfeststellungsbeschlusses,** der zu **Änderungen des Schienennetzes** führt, die sich auf das fahrplanmäßige Schienenverkehrsangebot in einer Gemeinde auswirken (NVwZ-RR 1999, 225) oder das Schienenfernverkehrsangebot beeinträchtigen (BayVBl 1999, 156). Abgelehnt wurde ferner eine Klagebefugnis hins der einem **Dritten erteilten bergrechtlichen Bewilligung** (Ba NVwZ 1999, 1015). Zu beachten ist, daß, selbst wenn sich die Klagebefugnis der Gemeinde nicht aus dem Selbstverwaltungsrecht ableiten läßt, sie doch durch **einfachgesetzliche Bestimmungen,** die auch **ihrem Schutz dienen,** begründet sein kann (Ba NVwZ-RR 1999, 573: Klagebefugnis der Gemeinde in bezug auf die von ihr beantragte Übertragung ihrer **wasserrechtlichen Unterhaltungspflicht** auf andere). Zur Klagebefugnis bei **Verletzung des Grundstückseigentümers** oben 127 u 137.

139 **bb) Schutz gegenüber Maßnahmen der Kommunalaufsicht.**[373] Klagebefugt sind Gemeinden[374] gegen Anordnungen u sonstige **Maßnahmen der Aufsichtsbehörden,** die sie in ihrem **Selbstverwaltungsbereich,** dh dem Aufgabenbereich betreffen, in dem ihnen nach Verfassungsrecht (Art 28 Abs 2 GG u entspr Bestimmungen der Landesverfassung) und/oder nach dem Kommunalrecht des Landes das Selbstverwaltungsrecht zuerkannt ist (s auch 80 zu Anh § 42).[375] Dies gilt insb für Weisungen, die in die **Personalhoheit,** dh die Befugnis zur Einstellung, Beförderung oder Entlassung von Bewerbern (BVerfG 8, 359) eingreifen, zB die Weisung der Rechtsaufsichtsbehörde, bei Einstellungsuntersuchungen einen HIV-Test durchzuführen (Mü NJW 1989, 790). Zu beachten ist, daß sich eine subjektive RVerletzung der Gemeinde durch eine Ersatzvornahme nicht allein daraus ableiten läßt, daß die ihr zugrundeliegende u vorausgehende Beanstandung rechtswidrig erfolgte, denn diesbezügliche Einwendungen müssen durch die Anfechtung der Beanstandung geltend gemacht werden (Schenke 502f; Franz JuS 2004, 941). Da bei einer Ersatzvornahme jedoch idR aus anderen Gründen eine RVerletzung der Gemeinde möglich erscheint, läßt sich hieraus allerdings noch nicht die Unzulässigkeit einer gegen die Ersatzvornahme gerichteten Klage ableiten, vielmehr ist (beim Fehlen anderer RVerletzung) die gegen die Ersatzvornahme gerichtete Klage nur unbegründet.

Umstritten ist, inwieweit auch **Pflichtaufgaben nach Weisung** (sog **übertragener Wirkungskreis,** zur unterschiedlichen Aufgabenstruktur in den verschiedenen Bundesländern s v Mutius KommR 311f) dem Selbstverwaltungsrecht unterfallen.[376] Vom Vorliegen eines VA (dazu 77 zu Anh § 42) wie auch von einer Klagebefugnis (auch für eine allg Leistungsklage) kann hier nur dann ausgegangen werden, wenn den Gemeinden durch eine Vorschrift des formellen oder materiellen Rechts eine in gewissem Umfang geschützte Rechtsstellung zuerkannt ist.[377] Ist das Weisungsrecht, wie dies bei fachaufsichtlichen Maßnahmen

---

[373] Zur staatlichen Rechtsaufsicht über Kommunen s Schoch Jura 2006, 188.

[374] Nicht dagegen auch die einzelnen Mitglieder des Gemeinderats usw (Ms 27, 265; Mü 13, 92); anders uU die Teilnehmer an einem Bürgerentscheid (Ma VRspr 26, 982).

[375] 10, 146; 19, 122f; NVwZ-RR 1989, 359; Lü DVBl 1973, 928; Ms 13, 359; Mü NVwZ-RR 1992, 91: rechtsaufsichtliche Beanstandung der Eingruppierung von Gemeindearbeitern; Erichsen DVBl 1985, 947; Franz JuS 2004, 941; Schenke 222.

[376] So BrandVerfG DVBl 1997, 508; NWVerfGH NVwZ 1985, 820; Ms NVwZ-RR 1995, 502; Brohm DÖV 1989, 432; Ehlers NWVBl 1990, 48; K. Lange NdsVBl 2006, 21; Vietmeier DVBl 1992, 420; **aA** VG Köln NVwZ 1984, 316; Petz DÖV 1991, 323; s auch v Mutius KommR 315; ausf Vietmeier DVBl 1992, 414ff; zur Rechtsnatur der Weisung s 80 zu Anh § 42.

[377] 6, 101; NJW 1978, 1820; NVwZ 1982, 310; 1995, 165; VBlBW 1995, 236; Ms DÖV 1970, 607; Mü DÖV 1978, 100; BayVBl 1985, 368; BayVBl 1966, 370; Knemeyer BayVBl 1977, 130f; Erichsen DVBl 1985, 948; Franz JuS 2004, 942; Schenke 222; JZ 1996, 1008; s

häufig zutrifft, uneingeschränkt (zB § 44 StVO, § 65 Abs 1 BWPolG), ist auch die Klagebefugnis idR zu verneinen.[378]

Nicht klagebefugt sind Gemeinden also gegen Maßnahmen staatlicher Behörden, die sie nur **im Bereich** der ihnen zur Erfüllung übertragenen **rein staatlichen Aufgaben** betreffen (ebenso Sch-Wahl/Schütz 269 zu § 42 Abs 2), zB als **Straßenverkehrsbehörde** (52, 234; NVwZ 1983, 610) oder **Jagdbehörde** (52, 234) oder beim Entzug der Aufgaben des Standesamts (Mü BayVBl 1971, 309). In den Fällen, **in denen keine eigene rechtlich geschützte Rechtsstellung** des angewiesenen Rechtsträgers betroffen ist, fehlt es idR auch schon am Vorliegen eines VA (77 zu Anh § 42). Anders verhält es sich, wenn Weisungen die Selbstverwaltungsgarantie in einer Weise berühren, daß sich hieraus besondere Anforderungen ergeben (Sch-Wahl/Schütz 106 zu § 42 Abs 2; Steiner DVBl 1994, 353). Daraus resultiert die Klagebefugnis zB gegen fachaufsichtliche Weisungen, die einen Selbstverwaltungsträger als selbständigen Vermögensträger,[379] als Träger einer eigenen Finanzhoheit (Mü BayVBl 1979, 306) oder der Planungshoheit (NVwZ 1995, 165; VBlBW 1995, 236) usw, betreffen. Die **einschlägigen Vorschriften** lassen sich dann **als Schutznormen auslegen;** selbst wenn man dies ablehnen wollte, müßte sich dieses Ergebnis jedenfalls aus dem Umstand ergeben, daß wie die Freiheitsgrundrechte auch die kommunale Selbstverwaltungsgarantie vor allen objektiv rechtswidrigen Eingriffen schützt, soweit ihr Schutzbereich betroffen ist, unabhängig davon, woraus diese Rechtswidrigkeit des Eingriffsakts resultiert (s oben 138). Ebenso wie bei den Grundrechten (s oben 119) reicht aber ein bloß reflexhaftes Betroffensein der Selbstverwaltungsgarantie nicht aus. Allerdings ist es nicht erforderlich, daß die Gemeinde unmittelbarer Adressat der Weisung ist. Im Hinblick auf den hierin liegenden **faktischen Eingriff in das Selbstverwaltungsrecht** ist es zB ausreichend, wenn sich infolge einer Weisung an einen **Zweckverband,** dessen Mitglied die Gemeinde ist, die von der Gemeinde zu erhebende Umlage erhöhen wird (**aA** Mü NVwZ-RR 1993, 519 zum Schulverband, vgl Art 9 Abs 9 BaySchulfinanzierungsG – BaySchFG –).

Zur Frage des Rechtsschutzes Dritter ggü kommunalaufsichtsbehördlichen Maßnahmen s oben 114 u 77 ff zu Anh § 42.

cc) Klagen gegen Widerspruchsbescheide. Eine Klagebefugnis der Gemeinde besteht für Klagen gegen Widerspruchsbescheide der Aufsichtsbehörden nach § 73 in Angelegenheiten, in denen sie als Selbstverwaltungsträger in der unteren Instanz entschieden hatten.[380] Im Bereich der **Erfüllung staatlicher Aufgaben** und, soweit keine besonderen Schutzvorschriften zugunsten der Selbstverwaltungskörperschaft bestehen oder der Widerspruchsbescheid zugleich unter das Selbstverwaltungsrecht fallende Belange berührt (vgl NJW 1974, 1836 mwN; NVwZ 1982, 310), auch im **übertragenen Wirkungskreis** stellt der Widerspruchsbescheid zwar einen VA dar (Ma VBlBW 2004, 56; Koehl BayVBl 2003, 331; s auch 78 zu Anh § 42), es fehlt der Gemeinde aber hier idR an der Klagebefugnis, da sie nicht in eigenen Rechten betroffen wird. Anders aber (im Hinblick auf ihre Finanzhoheit) dann, wenn in einem Widerspruchsbescheid der Betrag der von ihr gem § 80 Abs 3 S 1 VwVfG zu erstattenden Aufwendungen festgesetzt wird (NVwZ-RR 2001, 326; s auch oben 138), ferner auch sonst, wenn der Widerspruchsbescheid den **Selbstverwaltungsbereich** berührt, zB 140

---

auch 80 zu Anh § 42; zT abweichend Widtmann BayVBl 1978, 723; Schröder JuS 1986, 371. S allg auch Knemeyer BayVBl 1977, 129 ff.

[378] Franz JuS 2004, 937 ff; v Mutius KommR 316; Steiner DVBl 1994, 352.

[379] 52, 153 zu einem Wohnungsbaudarlehen nach dem WoFG (früher II. WoBauG) aus Haushaltsmitteln der Gemeinde.

[380] Vgl NVwZ 1982, 310; BayVBl 1989, 247; Knemeyer BayVBl 1977, 133; s auch KR 101 zu § 35 VwVfG.

eine im WiderspruchsVf erteilte Baugenehmigung, die ohne das erforderliche Einvernehmen (und ohne Ersetzung gem § 36 Abs 2 S 3 BauGB) der Gemeinde erteilt wurde.[381] Zu beachten ist in diesem Zusammenhang, daß nach der neuesten Rspr des BVerwG,[382] sofern die Gemeinde als Baurechtsbehörde zugleich für die Erteilung der Baugenehmigung zuständig ist, § 36 BauGB keine Anwendung findet u die Gemeinde die Ablehnung eines Bauantrags auch der Widerspruchsbehörde ggü nicht mit der Versagung ihres Einvernehmens begründen darf. Eine Klage der Gemeinde kann hier lediglich darauf gestützt werden, daß die Gemeinde in ihrer materiellen Planungshoheit verletzt ist (s auch oben 138 a).

141 **g) Eigenstaatlichkeit der Länder.** Im Verhältnis der Länder zum Bund stellt sich das Problem der Klagebefugnis der Länder in jenen Fällen nicht, in denen der **Streit um die Wahrnehmung von verfassungsrechtlich begründeten Aufsichtsbefugnissen** des Bundes ggü den Ländern geht, da solche **Streitigkeiten** idR **verfassungsrechtlicher Art** sind[383] u für sie die Zuständigkeit des BVerfG im Rahmen des **Bund-Länder-Streits** gem Art 93 Abs 1 Nr 3 GG iVm §§ 13 Nr 7, 68 ff BVerfGG (32 b zu § 40) besteht. Im übrigen geht das BVerfG ohnehin davon aus, daß die Länder – anders als bei der Ausführung von Bundesgesetzen durch die Länder als eigene Angelegenheiten – bei Weisungen im Rahmen der **Bundesauftragsverwaltung** gem Art 85 Abs 3 GG **grds nicht in ihren eigenen subjektiven Rechten betroffen** sind.[384] Die Frage, inwieweit die Länder iü eine Klagebefugnis ggü Akten des Bundes besitzen, bemißt sich nach dem hier einschlägigen Bundesrecht, das die Rechtsstellung der Länder ausgestaltet.[385] Unabhängig von solchen bundesgesetzlichen Regelungen können sich die Länder nicht auf **ein Recht** auf Selbstbestimmung in **Fragen der Landesplanung** u **Landesentwicklung** (**aA** 10. Aufl 64 b mwN) oder auf ihre Eigenstaatlichkeit bzw die Pflicht des Bundes zu bundesfreundlichem Verhalten berufen (**aA** Zillmer DÖV 1995, 53 f). Falls der VA eines Landes in subjektive Rechte des Bundes eingreift, ist dieser klagebefugt.[386]

142 **h) Grundrechtlicher Konkurrentenschutz.** Ein Paradebeispiel für eine Begründung der Klagebefugnis aufgrund verfassungsrechtlicher Normen liefern Konkurrentenklagen (zur Klageart oben 45 ff). Sie ergibt sich hier oft erst aus einer norminternen oder normexternen Wirkung von Grundrechten (oben 118 ff). Das Problem stellt sich in ganz besonderer Weise iVm dem Schutz eines Unternehmers gegen **VA**e, die einen **Konkurrenten begünstigen u dadurch die Rechtsstellung des Unternehmers verschlechtern.** Das trifft zB zu, wenn die Zahl der zu vergebenden Begünstigungen begrenzt ist u ein Unternehmer nur deshalb von ihnen ausgeschlossen wird, weil sie einem Konkurrenten rechtswidrig erteilt wurden, ferner falls Konkurrenten Subventionen oder andere wettbewerbsrelevante Vorteile eingeräumt werden u sich hieraus für ein Unternehmen

---

[381] 22, 342; NVwZ 1982, 310: Abwehrrecht aufgrund der Planungshoheit gegen eine Baugenehmigung, die den planerischen Festsetzungen der Gemeinde widerspricht; s auch Ma VBlBW 1995, 364.

[382] ZfBR 2004, 804; so auch Budroweit 262 ff mwN; **aA** noch Ma VBlBW 2004, 56.

[383] Anders möglicherweise dort, wo um die richtige Auslegung einfachgesetzlicher Rechtsvorschriften gestritten wird, vgl zu dieser umstrittenen Frage Zillmer DÖV 1995, 52 ff mwN.

[384] BVerfG 81, 332 f; 84, 31; ebenso MD-Lerche 61 u 66 zu Art 85; Steinberg AöR 1985, 442 ff; **aA** Zillmer DÖV 1995, 53 f.

[385] 82, 22 = NVwZ 1990, 561; 92, 258 = NVwZ 1993, 890 zur abzulehnenden Klagebefugnis eines Landes gegen eine Planfeststellung der Bundesbahn nach § 36 BBahnG aF.

[386] Vgl 87, 338 = NVwZ 1992, 167 zur Klage des Bundes gegen eine luftverkehrsrechtliche Planfeststellung eines Landes für einen Flughafen: materielle Beschwer des Bundes zu bejahen, wenn Auswirkungen auf die vom Bund im Rahmen der Luftverkehrsverwaltung als eigenständiger Aufgabenkreis wahrgenommene Koordinierung des nationalen u internationalen Luftverkehrs auf den deutschen Flughäfen möglich sind.

eine Beeinträchtigung ergibt. Die materiellrechtliche Problematik des Schutzes ggü Begünstigungen anderer wird damit iVm der **defensiven Konkurrentenklage** (s oben 46) u der **Mitbewerberklage** (verdrängenden Konkurrentenklage) **relevant** (oben 48), nicht hingegen bei der **offensiven Konkurrentenklage.** Bei letzterer besteht die Klagebefugnis prinzipiell unabhängig davon, ob anderen Personen bereits die vom Kl begehrten Begünstigungen erteilt wurden. Die Begünstigung Dritter vermag sich hier rechtlich nur iVm dem Grundsatz der Selbstbindung der Verwaltung für den Kl positiv auszuwirken (Schenke NVwZ 1993, 719 f; Sch-Wahl/Schütz 288 zu § 42 Abs 2).

aa) Grundrechtsschutz bei defensiver Konkurrentenklage. Als grundrechtliche Ansatzpunkte für eine Begründung einer Klagebefugnis im Bereich des Wirtschaftsverwaltungsrechts werden genannt: **143**

- ein aus **Art 2 Abs 1 GG abgeleitetes Grundrecht der Wettbewerbsfreiheit.**[387] Daraus (uU noch gekoppelt mit Art 14 GG) ergibt sich zB der Schutz eines Einzelhändlers gegen die (ihm vorenthaltene) Erteilung von Ausnahmen vom LadSchlG für Konkurrenten, die zu einer nicht unerheblichen Beeinträchtigung seiner beruflichen Tätigkeit führen, falls hier nicht ohnehin bereits aus einfachgesetzlichen Bestimmungen wie § 8 Abs 2 a LadSchlG subjektive öffentliche Rechte abzuleiten sind;[388]
- **Art 3 Abs 1 GG** (Huber, Konkurrenzschutz 377 f; Sachs, Grenzen des Diskriminierungsverbots 1987, 24 ff);
- **Art 12 Abs 1 GG;**[389]
- eine Kombination **von Art 12 u 14 GG,**[390] zT auch iVm Art 3 Abs 1 GG (Schmidt-Preuß 59 ff);
- bei Eingriffen in den publizistischen Wettbewerb die **Pressefreiheit des Art 5 Abs 1 S 2** (so iVm Pressesubventionen Bln DVBl 1975, 905; Schenke Der Staat 1976, 553 ff), die **Rundfunkfreiheit des Art 5 Abs 1 S 2 GG**[391] sowie **Art 5 Abs 3 GG** (DVBl 1966, 571 ff).

Prinzipiell richtig erscheint die Verankerung des Grundrechtsschutzes eines **schon bestehenden Unternehmens** ggü Begünstigungen von Konkurrenten in **Art 12 u 14 GG,** die leges speciales ggü Art 2 Abs 1 GG darstellen.[392] Soweit man den Grundrechtsschutz in einem in Art 2 Abs 1 GG verankerten Grundrecht der Wettbewerbsfreiheit ansiedeln will, ist ohnehin zweifelhaft, ob Art 2 Abs 1 GG überhaupt Anhaltspunkte für die Bejahung eines solchen Grundrechts **144**

---

[387] 30, 198 = NJW 1969, 523; 60, 158 ff = NJW 1980, 2765; 65, 173 ff = NJW 1982, 2515; 66, 308 ff = NVwZ 1983, 151.

[388] Vgl Rozek SächsVBl 1999, 156; Huber Konkurrenzschutz 213; Roth Faktische Eingriffe 353; Schliesky DVBl 1999, 82; vgl auch Br NVwZ 2002, 873; **aA** Ba SächsVBl 1999, 72 – nur bei unerträglichem bzw unzumutbarem Betroffensein; ebenso restriktiv hins des grundrechtlichen Schutzes BVerwG 65, 174 – Klett-Passage; Lorenz § 18, 69; vgl auch Schmitz NVwZ 2002, 822.

[389] BVerfG 46, 137 = NJW 1978, 313; BVerwG NJW 1995, 2939; NJW 2004, 3134; Ms NVwZ 1984, 524; Brohm, Menger-FS 245; Pieroth/B. J. Hartmann DVBl 2002, 421 ff; Sch-Wahl/Schütz 295 zu § 42 Abs 2; Zuleeg DÖV 1984, 739.

[390] Friehe DÖV 1980, 673 Fn 8 mwN; Henke, Das Recht der Wirtschaftssubventionen als öffentliches Vertragsrecht 1979, 119 ff; Schenke 523 u WuV 1978, 226 ff; Scherer Jura 1985, 14; R. Schmidt JuS 1999, 1112; MD-Scholz 136 zu Art 12 GG; Zacher VVDStRL 25, 363 ff.

[391] BVerfG NJW 1991, 1943: Klage eines privaten Rundfunkveranstalters gegen die Zulassung eines weiteren Konkurrenten; BVerwG AfP 1997, 745: Klage einer Landesmedienanstalt gegen die Zulassungsentscheidung einer anderen Landesmedienanstalt; s auch Mü NVwZ-RR 1993, 552; BayVBl 1995, 535; Ks AfP 1997, 746; s auch eingeh zur Problematik Fehling, Die Konkurrentenklage bei der Zulassung privater Rundfunkveranstalter, u unten 147.

[392] Für Spezialität des Art 12 GG Hösch DV 1997, 226; Huber Konkurrenzschutz 380 f; Rozek SächsVBl 1999, 155; Schliesky DVBl 1999, 82; Wernsmann DV 2003, 92.

bietet. Die gegenteilige Ansicht des BVerwG (oben 143) dürfte **entstehungsgeschichtlich** durch die heute ganz überwiegend abgelehnte Auffassung beeinflußt sein, das GG garantiere die **soziale Marktwirtschaft** (dazu krit BVerfG 4, 7 ff). Sie hat mit der Preisgabe dieser Auffassung ihre Existenzberechtigung verloren. Für sie besteht nach der heute ganz überwiegenden Anerkennung faktischer Grundrechtseingriffe (oben 122), welche die Möglichkeit zu einer Aktivierung des Grundrechtsschutzes der Art 12 u 14 GG auch bei der hier untersuchten Fallkonstellation eröffnet, zudem kein Bedürfnis mehr. Bezeichnenderweise wird denn auch bei Heranziehung eines dem Art 2 Abs 1 GG zugeordneten **Grundrechts der Wettbewerbsfreiheit** der Schutzbereich dieses Grundrechts **sehr restriktiv interpretiert,** indem es grds nur vor einer willkürlichen Bevorzugung eines Konkurrenten schützen soll (30, 197). Um dies zu begründen bedarf es aber keines Rückgriffs auf Art 2 Abs 1 GG, da hier stets eine Verletzung des Art 3 Abs 1 GG vorliegt. Zudem mutete es merkwürdig an, wenn der Eingriff auf ein in Art 2 Abs 1 GG angesiedeltes Grundrecht der Wettbewerbsfreiheit im Gegensatz zu sonstigen Freiheitsbeeinträchtigungen stets mit einer Verletzung des Art 2 Abs 1 GG einherginge u so mit der sonst bei den Freiheitsgrundrechten strukturell angelegte Differenzierung zwischen Grundrechtseingriff u Grundrechtsverletzung gebrochen würde.

145 Die schwerpunktmäßige Verankerung des Grundrechtsschutzes in Art 12 u Art 14 GG steht nicht damit in Widerspruch, daß dort, wo die Begünstigung eines Konkurrenten die **Ausweitung der eigenen Rechtsstellung eines Unternehmens beeinträchtigt, primär Art 12 GG** einschlägig ist u Art 14 GG in den Hintergrund tritt, uU sogar tatbestandlich nicht betroffen ist. Wenn die Begünstigung einer anderen Person die Neuerrichtung eines eigenen Unternehmens beeinträchtigt, ist ohnehin nur Art 12 GG einschlägig. Bei der **Konkurrenz um die Vergabe kontingentierter Begünstigungen** verdient zusätzlich **Art 3 GG** besondere Beachtung.[393] Neben Art 12 GG u Art 14 GG gewährt ferner bei solchen Tätigkeiten, die durch Art 5 Abs 1 S 2 GG (Pressefreiheit u Rundfunkfreiheit) sowie Art 5 Abs 3 GG (zB künstlerische Tätigkeit eines Filmproduzenten) erfaßt werden, Art 5 GG kumulativ Grundrechtsschutz (s auch oben 143).

Die Schwierigkeiten, die sich iVm der Klagebefugnis bei der Konkurrentenklage stellen, demonstrieren besonders eindrücklich die Probleme, die sich daraus ergeben, daß der Gesetzgeber einerseits die **Grundrechte bei der Subjektivierung einfachgesetzlicher Vorschriften zu beachten hat, andererseits** auch die **Kompetenz zu deren Ausgestaltung** (und damit in gewissem Umfang auch zur Beschneidung subjektiver Rechte) besitzt. Dieses Problem wird allerdings dort nicht aufgeworfen, wo die Verwaltung ohne eine gesetzliche Ermächtigung einen Konkurrenten etwa durch Erteilung von Subventionen fördert. Hier reicht der Grundrechtsschutz des Übergangenen, der (etwa wg der Rechtswidrigkeit der Begünstigung) nicht selbst einen Rechtsanspr auf deren Erteilung besitzt (vgl oben 129), zwar **nicht so weit, daß jede Begünstigung** eines Konkurrenten, die sich irgendwie wirtschaftlich auf sein Unternehmen auswirken kann, für ihn einen **Grundrechtseingriff begründet.** Wollte man solche Reflexe stets als ausreichend ansehen, ergäben sich über die Ausschließung des Konkurrentenrechtsschutzes hinausreichend erhebliche Auswirkungen auf das Verhältnis von Exekutive u Legislative in Konsequenz des dann zur Anwendung kommenden Vorbehalts des Gesetzes (oben 125). Andererseits wird aber der Schutzbereich der Art 12 u 14 GG zu eng bestimmt, wenn man sie (damit neben Art 3 GG leerlaufend) nur dann als tangiert ansähe, wenn die Bevorzugung ande-

[393] S auch Huber Konkurrenzschutz 432 ff; Pietzcker JZ 1989, 309 f u Sch-Wahl/Schütz 291 zu § 42 Abs 2.

rer Personen willkürlich erfolgte[394] oder die Wettbewerbsstellung des Nichtbegünstigten in unzumutbarer Weise einschränkte (so 10. Aufl 65 a). Zwar wäre der **Gesetzgeber** in der Lage, eine solche Einschränkung des aus den Grundrechten abzuleitenden subjektivrechtlichen Schutzes bis zur Grenze der Zumutbarkeit vorzunehmen. Beim Fehlen einer gesetzlichen Regelung muß es aber für die Bejahung eines Grundrechtseingriffs bereits genügen, wenn durch die Subventionierung des Konkurrenten die wirtschaftliche Betätigung eines Unternehmens **nicht nur unerheblich beeinträchtigt** wird.[395] Da die Pressefreiheit vor jeder möglichen Form der Einflußnahme des Staates auf das Pressewesen schützt, ist bei Pressesubventionen sogar noch darüber hinausgehend ein nicht gefördertes Presseunternehmen hinsichtlich **jeder Form der Subventionierung** eines Konkurrenten **klagebefugt.**[396] Zum (auch einfachgesetzlichen) **Konkurrentenschutz** eines privaten Unternehmers ggü **einer wirtschaftlichen Betätigung der öffentlichen Hand** s unten 151.

Läßt der Staat durch die Erteilung von gesetzlich geforderten Erlaubnissen, 146
Genehmigungen u ähnlichem Konkurrenten eines Unternehmens zu, liegt hierin grds kein Eingriff in Art 12 u 14 GG u bietet sich bei Fehlen einfachgesetzlich eingeräumter subjektiver Rechte **weder ein Ansatzpunkt für eine norminterne noch eine normexterne Grundrechtswirkung.**[397] Ein Konkurrenzschutz als solcher wird durch diese Grundrechte nicht gewährleistet (BVerfG 11, 188f; Grzeszick ZUM 1997, 925; Ruthig BayVBl 1994, 393ff). Damit können die sich aus der Zulassung von Konkurrenz ergebenden Beeinträchtigungen von Unternehmen **nicht als (faktischer) Grundrechtseingriff** bewertet werden. So kann etwa ein Taxiunternehmer, der selbst keine weitere Genehmigung erstrebt, deren Erteilung an einen Konkurrenten nicht unter Hinweis darauf anfechten, sie beschränke die Funktionsfähigkeit des örtlichen Taxigewerbes u verstoße aus diesem Grund gegen § 13 Abs 4 PBefG; ein solcher Konkurrentenschutz liegt außerhalb der Zielsetzung dieser Vorschrift u wäre zudem nicht in Art 12 GG verankerbar, der Einschränkungen zum Zwecke des Konkurrentenschutzes grds verbietet (82, 302 unter Hinweis auf 79, 213ff; Schenke JZ 1996, 1058). Ausgeschlossen ist auch eine Klagebefugnis eines privaten Rundfunkveranstalters, der ein Einschreiten der Rechtsaufsicht gegen den Südwestrundfunk wg behaupteter RVerletzung des Südwestrundfunks begehrt (für Unbegründetheit der Klage wg Fehlens eines entsprechenden Rechts Ma NVwZ-RR 1999, 580 m Anm Dörr JuS 2000, 491). Ebenso fehlt die Klagebefugnis für die Anfechtungsklage

- eines **Taxiunternehmers** gegen die einem Konkurrenten erteilte **Genehmigung zum Verkehr mit Mietwagen** (Mü NJW 1985, 758). Deshalb kann der Taxiunternehmer kein polizeiliches Einschreiten gegen eine nichtgenehmigte Konkurrenztätigkeit eines Mitwagenunternehmens verlangen (Mü NJW 1985, 785);
- eines **mittelständischen Unternehmers** gegen die Vergabe von Aufträgen an seinen Konkurrenten unter **Verstoß** gegen die eine **öffentliche Ausschreibung** vorsehende Bestimmung des § 31 Abs 1 BWGemHVO (Ma NVwZ-RR 1999, 264);
- des Inhabers einer Lizenz nach dem TKG **gegen eine Lizenzvergabe** nach dem TKG (Grzeszick ZUM 1997, 925);

---

[394] S aber iVm Art 2 Abs 1 GG 30, 196f; BVerfG 4, 7 = NJW 1954, 1235; Sch-Wahl/Schütz 300 zu § 42 Abs 2.

[395] S auch Ehlers DVBl 1998, 502; Schenke 523; Schliesky DVBl 1999, 82; Wernsmann DV 2003, 95.

[396] Bln DVBl 1975, 905ff; Lübbe-Wolff Die Grundrechte als Eingriffsabwehrrechte 1988, 308; Schenke Der Staat 1976, 553ff; Sch-Wahl/Schütz 301 zu § 42 Abs 2.

[397] Vgl Huber Konkurrenzschutz 298ff; Preu Subjektivrechtliche Grundlagen 190ff; Roth Faktische Eingriffe 342ff; Schmidt-Preuß 77ff.

– des Gastwirts in bezug auf die Erteilung der **Gaststättenerlaubnis** an eine andere Person (Ko NJW 1982, 1301);
– eines Einzelhandelsunternehmers gegen die Erteilung einer **Baugenehmigung** für ein konkurrierendes Einzelhandelsunternehmen (Ma NVwZ 1990, 575);
– eines Konkurrenzunternehmens gegen die Erteilung einer **Genehmigung an eine staatlich anerkannte Privatschule** (Ma NVwZ 1984, 124);
– eines Pflanzenschutzherstellers gegen die Zulassung eines **Pflanzenschutzmittels, die einem Konkurrenten erteilt** wurde (VG Braunschweig NJW 1985, 83);
– eines Kassenarztes gegen die **Ermächtigung von Nichtkassenärzten zur Teilnahme an der kassenärztlichen Versorgung** (BSG NJW 1991, 2989 f);
– eines RA hins der **Zulassung eines Rechtsbeistands** gem Art 1 § 1 RBerG (NJW 1989, 1175);
– eines Handwerkmeisters gegen die **einem Konkurrenten erteilte Ausnahmegenehmigung** zur Eintragung in die Handwerksrolle;[398]
– eines **Beamten** gegen die **dienstlichen Beurteilung eines Kollegen,** mit dem er in „Konkurrenz" um eine Beförderungsstelle steht (Mü NVwZ 1983, 756).

Als grds unzulässig anzusehen ist auch die Klage, mit der ein Gewerbetreibender darauf klagt, einem **Konkurrenten wg Unzuverlässigkeit die Fortführung seines Gewerbes behördlich zu untersagen** (s auch Lü GewA 1985, 95).

Der mangelnden Einschlägigkeit einer norminternen sowie normexternen Grundrechtswirkung steht nicht entgegen, daß der **einfache Gesetzgeber** einem **Altunternehmer** im Linienverkehr bzgl der Neuzulassung eines Konkurrenten gem § 13 Abs 2 PBefG ein **subjektives Recht einräumt;** dieses folgt zwar noch nicht allein aus der Verfahrensbeteiligung, sondern aus dem Umstand, daß hier ein Oligopol weniger Anbieter errichtet worden ist.[399] Ebenso kann ein Konkurrent die einem Mitbewerber erteilte Erlaubnis nach § 20 PBefG nur dann anfechten, wenn durch eine Erlaubnis Linienverkehr gestattet wird, den der Konkurrent bislang als vorhandenes Unternehmen iSv § 13 PBefG bedient hat oder für den er über eine unanfechtbare Genehmigung nach § 15 PBefG verfügt, es sei denn, daß sich die Unanfechtbarkeit auf den Begünstigten selbst beschränkt (Gr NVwZ-RR 1997, 139). Eine Klagebefugnis dürfte auch für die vorrangig mit der Durchführung des Rettungsdienstes betrauten Hilfsorganisationen ggü der rechtswidrigen Neuzulassung privater Betreiber bestehen.[400]

Wenn der Gesetzgeber mit der Zulassung neuer Konkurrenten diesen **nicht zugleich einen Wettbewerbsvorteil einräumt,** läßt sich ein **Konkurrenzschutz auf Grundrechte** selbst dann **nicht stützen,** wenn die Neuzulassung zur Folge hat, daß ein schon vorhandenes Unternehmen sich aufgrund der schwierigen wirtschaftlichen Lage zur Unternehmensschließung gezwungen sieht.

147 **bb) Grundrechtsschutz bei Mitbewerberklage.** Durchaus anders zu beurteilen ist die Frage des Bestehens subjektiver Rechte in den Fällen der **Mitbewerberklage,** bei denen die Erteilung einer **Begünstigung an einen Konkurrenten zur Erschöpfung des Kontingents führt** u deshalb eine andere

---

[398] NVwZ 1982, 681; 1984, 307; Huber Konkurrenzschutz 308; Sch-Wahl/Schütz 319 zu § 42 Abs 2.

[399] 30, 348; NKVwGO-Sodan 448; Huber, Konkurrenzschutz 306; Ruthig BayVBl 1994, 395; Schenke JZ 1996, 1058; im Ergebnis zust Sch-Wahl/Schütz 315 f zu § 42 Abs 2; s auch Ko DVBl 1997, 962.

[400] S zum BayRDG Ruthig BayVBl 1994, 393 ff; Schenke JZ 1996, 1058; **aA** Mü BayVBl 1994, 408.

Person nicht mehr begünstigt werden kann (dazu auch oben 48). In Fällen dieser Art wird ein grundrechtlich in **Art 12 GG verankerter Anspr auf Begünstigung** unter Verletzung der Berufsfreiheit ausgeschlossen, wenn die Begünstigung in rechtswidriger Weise einer anderen Person erteilt wurde u dies dafür ursächlich war, daß der Übergangene nicht selbst zum Zuge kam. Hier wird allerdings vielfach angenommen, daß sich bereits aus den **einfachgesetzlichen Vorschriften** subjektive Rechte ergeben, wobei diese Interpretation häufig zusätzlich durch die grundrechtlichen Bestimmungen der Art 12 u 3 GG als indiziert angesehen wird (vgl Sch-Wahl/Schütz 303 ff zu § 42 Abs 2). Selbst wenn man aber die einfachgesetzlichen Vorschriften, anhand derer über die Begünstigung von Mitbewerbern (wie auch des Bewerbers) entschieden wird, nicht als drittschützend ansähe, ließe sich ein **Konkurrentenrechtsschutz unmittelbar aus Art 12 GG folgern.** Eine Einschränkung eines prinzipiell aus Art 12 GG ableitbaren Anspr auf eine Begünstigung stellt nämlich nur unter der Voraussetzung keine Verletzung des Art 12 GG dar, daß das **einschränkende Gesetz u der es vollziehende VA rechtmäßig** sind. Es gelten hier damit dieselben Grundsätze wie auch sonst bei einem objektiv rechtswidrigen Eingriff in ein Freiheitsgrundrecht, der stets dessen Verletzung impliziert (oben 124). Die Mitbewerberklage kann damit beim Fehlen einfachgesetzlich begründeter subjektiver Rechte jedenfalls auf Art 12 GG iVm Art 3 GG gestützt werden. Zu beachten ist jedoch, daß eine Verletzung dieser Normen nur möglich ist, wenn der Bewerber ohne die rechtswidrige Bevorzugung eines Mitbewerbers die **Begünstigung selbst bekommen** hätte oder zumindest ein Recht auf **ermessensfehlerfreie Entscheidung über sie** besessen hätte.

Ein Abwehrrecht des wg der Begünstigung eines Konkurrenten erfolglosen Bewerbers ist – unabhängig davon, ob man den Rechtsschutz hier durch eine Anfechtungsklage in Verbindung mit einer Verpflichtungsklage oder nur durch eine Verpflichtungsklage gewähren will (s oben 48) – nach Erschöpfung des zur Verfügung stehenden Kontingents möglich

- bei einer Erteilung einer **Taxikonzession** an einen Mitbewerber wg eines evtl Verstoßes gegen das in § 13 Abs 5 S 2 PBefG statuierte Prioritätsprinzip;[401]
- bei der Konzessionserteilung **an einen Unternehmer im Omnibuslinienverkehr** wg einer in Betracht kommenden Verletzung des § 13 Abs 3 iVm Abs 2 Nr 2 PBefG;[402]
- bei der Bestellung eines Mitbewerbers zum **Bezirksschornsteinfeger** im Hinblick auf das dem § 6 Abs 1 SchornsteinfegerG zugrundeliegende **Prioritätsprinzip;**[403]
- bei der Zulassung eines anderen **privaten Rundfunkveranstalters;**[404] zur Zulässigkeit der **Klage einer Landesmedienanstalt** gegen die **Zulassung eines privaten Programmanbieters** s AfP 1997, 745; Mü ZUM 1996, 326; vgl auch Dörr ZUM 1997, 368 u oben 143;
- bei einer Lizenzvergabe nach dem **TKG** an einen Mitbewerber (Grzeszick ZUM 1997, 926; Heine/Neun MMR 2001, 355 ff);
- bei der Erteilung der beantragten **Spielbankerlaubnis** an einen Konkurrenten (NVwZ 1995, 478; Schenke JZ 1996, 1058);

---

[401] Ms NVwZ-RR 1991, 147; s auch BVerwG 82, 298; Sch-Wahl/Schütz 305 zu § 42 Abs 2.

[402] NVwZ 2001, 322 mit zust Anm Selmer JuS 2001, 198; Ma NVwZ-RR 1993, 292; Schenke JZ 1996, 1058; Sch-Wahl/Schütz 309 zu § 42 Abs 2.

[403] 79, 131 = NVwZ 1988, 1026; Lü GewA 1990, 250; Sch-Wahl/Schütz 306 zu § 42 Abs 2.

[404] Ko NVwZ 1990, 1088; P § 16, 4; Sch-Wahl/Schütz 310 zu § 42 Abs 2; eingeh zur Problematik Fehling, Die Konkurrentenklage bei der Zulassung privater Rundfunkveranstalter, 1994.

– bei der Zuteilung eines **Marktstandplatzes** an einen anderen Bewerber;[405] über die **Zulassung eines Schaustellers** zu einem als öffentliche Einrichtung betriebenen Volksfest muß die **Gemeinde selbst entscheiden** (Mü NVwZ 1999, 1122);
– bei der Vergabe einer **Rezeptannahmestelle** gem § 21 Abs 2 Nr 9 ApothekenG iVm der Apothekenbetriebsordnung an einen anderen Bewerber (Mü NVwZ 1984, 257);
– bei einer rechtswidrigen Gewährung einer Parteienfinanzierung an eine andere Partei, soweit hierdurch die **finanzielle Förderung** der klagenden Partei **verschlechtert** wird (Ms DVBl 1999, 1373);
– bei einer Zuteilungsentscheidung im Emissionshandelsrecht zugunsten eines konkurrierenden Mitbewerbers (Shirvani NVwZ 2005, 872 ff).

148 Die Problematik der **Mitbewerberklage** stellt sich auch im **Beamtenrecht.** Hier entspricht es zwar der ganz hM, die auch durch das BVerwG geteilt wird, daß Art 33 Abs 2 GG dem Bewerber um eine Beamtenstelle ein zumindest formelles subjektives öffentliches Recht einräumt, bei der Besetzung einer Beamtenstelle unter Beachtung der dort genannten Kriterien zu entscheiden (RiA 1989, 160; Schenke BeamtenR 8; Schmidt-Aßmann NJW 1980, 17). Deshalb wird hier bei einer drohenden Ernennung eines weniger geeigneten Konkurrenten für eine **Klage auf Unterlassung einer Ernennung** die Klagebefugnis **analog § 42 Abs 2 bejaht.**[406] Konsequenterweise müßte damit aber auch nach bereits erfolgter Ernennung die **Klagebefugnis für eine Mitbewerberklage** befürwortet werden (zu anderen – nicht überzeugenden – Versuchen, die Zulässigkeit solcher Klagen wg fehlenden RSB oder „Erledigung" auszuschließen, s oben 49). Dies hätte selbst dann zu gelten, wenn man der problematischen Auffassung der Rspr u eines Teils der Lit folgt,[407] derzufolge eine **gerichtliche Aufhebung der Ernennung deshalb ausgeschlossen** sei, weil sie im **Beamtengesetz nicht vorgesehen** wäre u gegen den **Grundsatz des Vertrauensschutzes** sowie der **Ämterstabilität verstoße.** Diese Argumentation könnte bei ihrer unterstellten Richtigkeit nämlich nur im Rahmen der Prüfung der Begründetheit der verwaltungsgerichtlichen Klage Bedeutung erlangen (so auch Sch-Wahl/Schütz 327 zu § 42 Abs 2), indem die verwaltungsgerichtliche Aufhebung der Ernennung (wie sich aus einer teleologischen Reduktion des § 113 Abs 1 S 1 ergäbe) auszuscheiden hätte (s oben 59). Dies stünde aber der Feststellung der Rechtswidrigkeit des Verhaltens der Ernennungsbehörde in analoger Anwendung des § 113 Abs 1 S 4 nicht im Wege. Die Nichtaufhebung der Ernennung ist aber iü angesichts der **verfassungsrechtlichen Verankerung eines sonst anerkannten Anspr** auf **Beseitigung** eines subjektive Rechte verletzenden VA fragwürdig (s auch Schenke DVBl 1996, 389; NVwZ 1993, 721 ff); auch der Hinweis auf den Vertrauensschutz vermag die Nichtaufhebung in Anbetracht

---

[405] VG Schleswig NVwZ-RR 1999, 308; Sch-Wahl/Schütz 311 zu § 42 Abs 2; **aA** NVwZ 1984, 585; Ba NVwZ-RR 1999, 500; Ma NVwZ 1984, 254 f; P § 16, 5 mit der nicht überzeugenden Begründung, die Begehren seien rechtlich selbständig u voneinander unabhängig; offen Mü NVwZ-RR 1999, 575.

[406] Ks NJW 1985, 1103; Ma 18, 37; s auch 80, 130; Bosch/Schmidt § 24 III 2; Günther NVwZ 1986, 697.

[407] So zB 80, 127; DVBl 1989, 1150; Ks DVBl 1983, 86, Ma NVwZ 1983, 41; Ms DVBl 2003, 1558; NKVwGO-Sodan 174 u 415; v Golitschek ThürVBl 1996, 6 ff; Kernbach, Die Rechtsschutzmöglichkeiten des unterlegenen Konkurrenten im beamtenrechtlichen Ernennungsverfahren, 1994, 67 ff; Lemhöfer ZBR 2003, 14; Pogrzeba, Konkurrentenklage im Beamtenrecht, 1983; Schmidt-Preuß 475 ff; Tegethoff JA 2004, 733; Wittkowski NJW 1993, 817; NVwZ 1995, 345; **aA** Brohm, Menger-FS 253; Huber, Konkurrenzschutz 476 f; Hufen/Bickenbach DV 2006, 533; Lecheler DÖV 1983, 953; Ronellenfitsch VerwA 1991, 141; Schenke, Mühl-FS 577; BeamtenR 6 ff; Schmitt-Kammler DÖV 1980, 285 ff; w Nachw oben 49 sowie ausf 10. Aufl 81.

der (wie auch bei anderen VAen mit Drittwirkung anzutreffenden) **Beschränkung des Vertrauensschutzes** durch die Rechte des Belasteten (s § 50 VwVfG) **nicht zu legitimieren** bzw mündet in einen Zirkelschluß ein. Das Problem der Stabilität der Ämterorganisation stellt sich in derselben Weise, wenn ein entlassener oder in den einstweiligen Ruhestand versetzter Beamter sich hiergegen mit förmlichen Rechtsbehelfen zur Wehr setzt u die Stelle inzwischen anderweitig besetzt wurde; in jenem Fall steht der Grundsatz der Ämterstabilität aber dem Erfolg der Klage gegen die rechtswidrig erfolgte Entlassung bzw Versetzung in den einstweiligen Ruhestand auch nach der Rspr des BVerwG nicht im Wege (115, 89; s auch Wernsmann DVBl 2005, 284). Auch unter Effizienzgesichtspunkten befriedigt es nicht, daß die Lösung der Rspr dazu nötigt, im Hinblick auf die Notwendigkeit eines präventiven Rechtsschutzes, eine frei werdende Stelle uU über einen langen Zeitraum unbesetzt zu lassen (Hufen/Bickenbach DV 2006, 534). Eine vorsichtige Kehrtwende in der Rspr des BVerwG scheint sich im iü inzwischen insoweit anzubahnen, als es nunmehr der Auffassung ist, daß, wenn entgegen einer einstweiligen Anordnung ein Mitbewerber befördert ist, der im vorläufigen Rechtsschutz obsiegende Beamte seinen Bewerbungsanspr weiterverfolgen kann u dies nicht die Möglichkeit voraussetzt, die bereits erfolgte Ernennung aufheben zu können.[408] Konsequenterweise müßte dies dann aber zumindest auch in den Fällen angenommen werden, in welchen eine Information der anderen Mitbewerber über die bevorstehende Ernennung eines Konkurrenten rechtswidrigerweise unterblieb, u deshalb der befähigste Bewerber nicht in der Lage war, eine eA zu beantragen (s oben 50 sowie Hermanns JA 2004, 521). Sicher ist eine **Konkurrentenklage** iü dann **als zulässig** anzusehen, wenn der Konkurrent noch nicht ernannt ist, sondern ihm nur als Vorstufe der Ernennung ein **höherwertiger Dienstposten** zugewiesen wurde u der **übergangene Mitbewerber sich hiergegen wehrt.**[409] Grds **abzulehnen** ist die **Klagebefugnis** eines Mitbewerbers, sofern die **Umsetzung** nicht der **Vorbereitung einer Beförderungsentscheidung** dient.[410]

Begrüßenswert ist es aber auf jeden Fall, daß sich die Ansicht, die nach erfolgter Ernennung einen Rechtsschutz ablehnt, zunehmend darum bemüht, die bedenklichen Folgen ihrer negativen Stellungnahme zu einem repressiven Rechtsschutz durch **Ausbau eines präventiven Rechtsschutzes** abzumildern.[411] Zu hoffen bleibt iü, daß die Rspr ihren Standpunkt zum repressiven Rechtsschutz nicht auf andere Anwendungsfälle des Konkurrentenrechtsschutzes überträgt, was mE dann unabweisbar wird, wenn sie etwa bei der Vergabe kontingentierter Genehmigungen das Recht der Verwaltung verneint, eine den übergangenen Mitbewerber in seinen Rechten verletzende Genehmigung zurückzunehmen (so aber Lü NJW 1992, 1979; Mgd DVBl 1996, 162 m krit Anm Schenke DVBl 1996, 387 f).

Zum **Konkurrentenschutz bei der Konkurrenz von Beförderungs- und Versetzungsbewerbern** und der umstrittenen Frage, ob und inwieweit hier die Einhaltung des Leistungsgrundsatzes gem Art 33 Abs 2 GG verlangt werden kann, s Ko NVwZ-RR 1997, 369 (verneinend); diff Mü NVwZ-RR 1997, 368;

---

[408] DVBl 2004, 318 f; s auch schon vorher 115, 89; dazu auch DVBl 2002, 203; Brinktrine RiA 2003, 15; Grundmann NordÖR 2002, 106; Hermanns JA 2004, 520 f; Hufen JuS 2002, 1137; Lemhöfer ZBR 2003, 14; Wernsmann DVBl 2005, 276 ff; s auch oben 49.

[409] Bracher ZBR 1989, 141 ff; Günther NVwZ 1986, 704 f; Sch-Wahl/Schütz 328 zu § 42 Abs 2; zur umstrittenen Frage, welche Klageart hier statthaft ist, s oben 49 f.

[410] Ko NVwZ-RR 1999, 592; Ma VBlBW 2006, 189 – Art 33 Abs 2 GG gilt nicht bei der Auswahl mehrerer Richter bei der Übertragung richterlicher Dienstgeschäfte; Schnellenbach ZBR 1997, 169.

[411] BVerfG NJW 1990, 501; Ks NVwZ 1994, 398; Schl DÖV 1993, 962; ebenso in der Lit v Golitschek ThürVBl 1996, 6 ff; Schnellenbach NVwZ 1990, 637; Wittkowski NVwZ 1995, 345; oben 50; zur Möglichkeit von Amtshaftungsanspr nach ungenügender vorheriger Information s BGH JZ 1996, 147 m Anm Huber; Mann JR 1996, 114 f.

s auch Schl NVwZ-RR 1997, 373; Ma VBlBW 1992, 189. Zur **(Un)Zulässigkeit** von **Frauenquotenregelungen** s 100, 354 = NVwZ 1997, 288; EuGH NJW 1995, 3109; EuGRZ 1997, 563; Lü NVwZ 1996, 497; Ms NVwZ 1996, 495; Hoffmann NVwZ 1996, 424; Gutzeit, Wiese-Dankschrift 1996, 42; Laubinger VerwA 1996, 305 u 473. Zum **Vorrang von Leistungskriterien vor Hilfskriterien** s oben 50 u 30 ff zu § 114, NVwZ 2003, 1397.

Zu beachten ist, daß die **Schaffung und Besetzung von Planstellen** des öffentlichen Dienstes grds **allein dem öffentlichen Interesse** an einer bestmöglichen Erfüllung der öffentlichen Aufgaben dient u grds außerhalb des Schutzbereichs des Art 33 Abs 2 GG liegt. Der Dienstherr darf deshalb ein eingeleitetes Bewerbungs- u AuswahlVf aus sachlichen Gründen jederzeit beenden u von einer ursprünglich geplanten Beförderung absehen (101, 114 f; ZBR 2000, 41 f; Schenke BeamtenR 2). Ein **Abbruch des AuswahlVf** aus unsachlichen Gründen kann aber eine **(mittelbare) Verletzung des Art 33 Abs 2 GG iVm Art 19 Abs 4 GG** darstellen, weil sonst die aussichtsreiche Position eines Stellenbewerbers ohne irgendwelche sachgerechten Ermessenserwägungen entwertet u damit Art 33 Abs 2 GG ausgehöhlt werden könnte (Mü NVwZ-RR 2006, 345; 30 c zu § 114; vgl auch BVerfG NJW-RR 2005, 998). Das trifft zB dann zu, wenn die Einstellungsbehörde, nachdem ihr wg einer Verletzung des Art 33 Abs 2 GG gerichtlich untersagt wurde, ihren „Wunschkandidaten" zu ernennen, nunmehr das Vf abbricht.

149 **Nicht anerkannt wird** von der Rspr, da die in Frage stehenden **Grundrechte** nach ihrer Ansicht **keinen Schutz in dieser Richtung bieten** (vgl oben 84) bzw wirksamer Rechtsschutz in diesen Fällen auch in anderer Weise sichergestellt werden kann, eine Schutzwirkung zugunsten eines **Studienbewerbers für ein numerus-clausus-Fach** aus Art 2 Abs 1, 12 Abs 1 GG dagegen, daß ihm andere Bewerber, vor denen er nach den maßgeblichen Auswahlkriterien Vorrang hätte, vorgezogen werden.[412] Diese Ansicht, die in Widerspruch zur Rspr bei der sog Mitbewerberklage im Wirtschaftsverwaltungsrecht steht (dazu oben 147), vermag jedoch auch hier nicht zu überzeugen. Selbst wenn sich aus einfachgesetzlichen Rechtsvorschriften kein Drittschutz ergibt, liegt bei einem rechtswidrigen Übergehen eines Studienbewerbers durch Zuweisung eines Platzes an einen anderen Bewerber hierin ein **rechtswidriger Eingriff in Art 12 Abs 1 GG,** der als solcher eine Grundrechtsverletzung darstellt (oben 124). Etwas anderes wäre nur dann anzunehmen, wenn man davon ausginge, der Gesetzgeber habe aus Gründen der Praktikabilität (Zeitaspekt, Massencharakter der Vergabe) den Schutzbereich des Art 12 GG durch § 13 Abs 5 VergabeVO ZVS 1985 konkludent eingeschränkt, indem er dort die bevorzugte Berücksichtigung des vor Gericht obsiegenden Studienplatzbewerbers im nächsten VergabeVf vorsieht (darauf stützt Sch-Wahl/Schütz 329 zu § 42 Abs 2 die Ablehnung der Konkurrentenklage). Ob diese Regelung aber tatsächlich so ausgelegt werden kann, erscheint jedoch höchst zweifelhaft. Es dürfte sich bei ihr nur um eine positivgesetzliche Regelung der **Folgenbeseitigungslast** (dazu Schenke 850) handeln.

150 **cc) Grundrechtsschutz des staatlicherseits belasteten Unternehmers gegenüber dem von einer solchen Belastung rechtswidrig befreiten Wettbewerber.** Zwischen den Fällen der Zulassung weiterer Konkurrenz u denen der Mitbewerberklage liegen jene Konstellationen, bei denen der Staat die Betätigung eines Unternehmers einschränkt, während dessen Wettbewerber von der Belastung befreit wird u damit ersterem (uU erhebliche) wirtschaftliche Nachteile erwachsen. Die Rspr verfährt hier allerdings bei ihrer Stellungnahme zur Zulässigkeit einer Konkurrentenklage sehr restriktiv. So lehnt sie grds die Klagebefugnis eines Unternehmers gegen die seinem **Konkurrenten erteilte**

---

[412] 60, 30 ff; Lü NVwZ 1989, 385; Ma NVwZ 1987, 711; P § 16, 5.

Genehmigung zur Beschäftigung von Arbeitnehmern an Sonn- u Feiertagen ab.[413] Für möglich gehalten wird die Verletzung eines **Krankenhausträgers,** wenn für dessen Konkurrenten unter Verstoß gegen §§ 17ff KHG **günstigere Pflegesätze** festgesetzt werden (60, 157ff; im Ergebnis zust Sch-Wahl/Schütz 320 zu § 42 Abs 2).

In Fällen dieser Art läßt sich der Ausschluß der Klagebefugnis nicht allein mit dem Argument rechtfertigen, das einfache Gesetzesrecht biete keine ausreichenden Anhaltspunkte für eine Klagebefugnis des benachteiligten Unternehmers. Soweit eine norminterne Wirkung der Grundrechte ausscheidet, entfalten diese **normexterne Wirkung.** Dabei bildet den maßgeblichen Ansatzpunkt für den Grundrechtsschutz jedoch entgegen der Ansicht des BVerwG (60, 157ff; 65, 172) nicht Art 2 Abs 1 GG, sondern **Art 12 iVm Art 14 GG.** Der Grundrechtsschutz setzt bei dieser Fallgestaltung **nicht erst bei schweren u unzumutbaren Eingriffen** ein. Vielmehr muß es bereits genügen, wenn durch den staatlichen Eingriff für den Benachteiligten eine **empfindliche Beeinträchtigung seiner unternehmerischen Tätigkeit** herbeigeführt wird. Dies rechtfertigt sich daraus (s auch oben 122), daß der Staat, wenn er Wettbewerbsbeziehungen zum Gegenstand von Regelungen macht, nicht dem einen Wettbewerber Einschränkungen auferlegen darf, ohne ihm zugleich die in den Grundrechten angelegte Möglichkeit zu belassen, darauf hinzuwirken, daß sein Konkurrent nicht zu seinen Lasten hiervon rechtswidrig befreit wird.[414] Hier drängt sich eine **Parallele** zu den vom **baurechtlichen Gebot der Rücksichtnahme** erfaßten Fällen der Subjektivierung von Normen auf, deren dogmatische Begründung sich – obwohl inzwischen gewohnheitsrechtlich anerkannt (vgl oben 98) – auch hier letztlich aus Grundrechten (hier Art 14 GG) ableitet u bei denen der Grundrechtsschutz ebenfalls **schon vor einer unzumutbaren Grundrechtsbeeinträchtigung** einsetzt.

dd) Grundrechtsschutz gegenüber wirtschaftlicher Betätigung der öffentlichen Hand. Die Frage eines Konkurrentenschutzes stellt sich auch iVm der wirtschaftlichen Tätigkeit des Staates oder einer anderen juristischen Person des öffentlichen Rechts, insb der Gemeinden. Ein Konkurrentenschutz ist hier grds dann gegeben, wenn die die **wirtschaftliche Tätigkeit der öffentlichen Hand beschränkenden Vorschriften auch den Schutz Dritter** bezwecken. Das hat das BVerwG[415] hins § 102 BWGO aF abgelehnt u dem privaten Unternehmer einen Grundrechtsschutz aus Art 12 u 14 GG nur insofern zugesprochen, als ihm durch die Tätigkeit der öffentlichen Hand die private wirtschaftliche Betätigung nicht unmöglich gemacht oder **unzumutbar eingeschränkt** oder eine unerlaubte **Monopolstellung** herbeigeführt werden darf.[416] Allerdings wird die Verneinung eines einfachgesetzlichen Konkurrentenschutzes mit guten Gründen zunehmend in Frage gestellt[417] u ist durch die landesverfassungsgericht- **151**

---

413 Ko NVwZ 1993, 700; **aA** VG Düsseldorf GewA 1988, 300f; krit Sch-Wahl/Schütz 320 zu § 42 Abs 2.

414 S auch Brohm, Menger-FS 241; Sch-Wahl/Schütz 295 zu § 42 Abs 2; Wallerath NJW 2001, 786ff; zur Problematik des Konkurrentenschutzes durch das LadSchlG u den sich hier ergebenden verfassungsrechtlichen Problemen auch Kehrberg GewA 2001, 14ff.

415 NJW 1995, 2938 zu § 102 BWGO aF; Ks NVwZ-RR 2005, 427 zu § 121 HessGO; OLG Karlsruhe NVwZ 2001, 712; ebenso Schlacke JA 2002, 50f zu § 107 NWGO u Art 87 Abs 1 BayGO; Selmer JuS 1995, 1136f; Stehlin NVwZ 2001, 646.

416 So schon früher 39, 336f; ferner Ma NJW 1995, 274; Antweiler NVwZ 2003, 1466ff; Pieroth/B.J. Hartmann DVBl 2002, 421ff. S demgegenüber zum Erfordernis eines weiterreichenden Grundrechtsschutzes, der schon bei einer nicht nur unerheblichen Beeinträchtigung der wirtschaftlichen Betätigung des privaten Konkurrenten einsetzt, oben 145. Ein Drittschutz wird aber nunmehr hins § 102 BWGO Abs 1 Nr 3 nF durch Ma DÖV 2006, 831; Els VBlBW 2006, 423ff; Stehlin/Grabolle VBlBW 2007, 42ff befürwortet.

417 Ma DÖV 2006, 831; Ehlers, Gutachten E zum 64. DJT, 84; Els VBlBW 2006, 423ff; Hennecke DVBl 2000, 999; Pielow NWVBl 1999, 375; Sack WRP 2004, 1315; Schenke

liche[418] bzw die oberverwaltungsgerichtliche Rspr[419] hins der kommunalrechtlichen Bestimmungen der Bundesländer, welche die wirtschaftliche Betätigung der Gemeinden daran binden, daß der mit ihr verfolgte **Zweck nicht ebenso gut u wirtschaftlich durch einen privaten Dritten erfüllt wird oder werden kann (so § 85 Abs 1 Nr 3 RhPfGO u nunmehr auch § 102 Abs 1 Nr 3 BWGemO) bzw durch andere Unternehmen nicht besser u wirtschaftlicher erfüllt werden kann (so § 107 Abs 1 S 1 Nr 3 NWGO), nunmehr bejaht** worden. Eine solche grundrechtsimmanente Deutung der Vorschrift liegt nicht zuletzt im Lichte der Art 12 u 14 GG nahe. Zu einem auf §§ 3, 4 Nr 11 UWG idF v 3. 7. 2004 (BGBl I 1414) gestützten Anspr eines Konkurrenten auf Unterlassung einer wirtschaftlichen Betätigung der öffentlichen Hand, der ebenfalls ör ist, s 30 zu § 40.

Wegen Fehlens eines einfachgesetzlich begründeten Drittschutzes sollen auch private Konkurrenten eines privatrechtlich organisierten Unternehmens, an dem eine Gemeinde beteiligt ist, grds keinen aus Art 12 u Art 14 GG ableitbaren Anspr darauf haben, daß die Gemeinde auf das Unternehmen einwirkt, sofern durch das Unternehmen die private Konkurrenz nicht unmöglich gemacht wird (Ks GewA 1996, 232, s krit ggü einer solchen Einschränkung des Grundrechtsschutzes aber oben 145). Ein **privater Rundfunkveranstalter** kann weder aus Art 5 Abs 1 S 2 GG noch aus einfachgesetzlichen Rechtsvorschriften einen Anspr auf Einschreiten der Rechtsaufsicht gegen den Südwestrundfunk bei behaupteter Verletzung des Südwest-Rundfunk-Staatsvertrags ableiten (Ma DÖV 1999, 880).

152 **21. Klagebefugnis aufgrund von Gemeinschaftsrecht:** Bei der Klagebefugnis ergeben sich zunehmend Berührungspunkte zum europäischen Gemeinschaftsrecht (dazu Schwarze NVwZ 2000, 248 f). Beim **indirekten Vollzug** gemeinschaftsrechtlicher Regelungen durch nationale Behörden erfolgt nämlich trotz der sich dadurch zwangsläufig innerhalb der EG ergebenden Unterschiede die **Kontrolle der Verwaltung durch die nationalen Gerichte u nach nationalem Prozeßrecht** (s zuletzt EuGH DVBl 1996, 249 Tz 12 mwN), so daß nach dt Recht regelmäßig das Vorliegen der Klagebefugnis zu prüfen ist. Allerdings statuiert das Gemeinschaftsrecht **Anforderungen an das Ergebnis** dieser Prüfung u damit **Mindeststandards** für den Rechtsschutz (zur „Europäisierung" des Rechtsschutzes s 20 zu § 1 mwN): Wenn Richtlinien dem einzelnen bestimmte Rechte vermitteln, muß nach der Rspr des EuGH die innerstaatliche Umsetzung den Begünstigten in die Lage versetzen, von seinen Rechten Kenntnis zu erlangen u sie vor den nationalen Gerichten durchzusetzen (stRspr; zB EuGH 1991 I-2567 Tz 16). Bei der Umsetzung dieser Vorgaben sind **verschiedene Fallkonstellationen** zu unterscheiden (dazu ausf Ruthig BayVBl 1997, 289 ff; Schenke 531 a ff).

Keine Besonderheiten ergeben sich, wenn zur Umsetzung des Gemeinschaftsrechts **vom (deutschen) Gesetzgeber subjektive Rechte begründet** werden. Räumen (nationale) materiellrechtliche Rechtsvorschriften dem einzelnen ausdr Rechte ein, ist nach dt Verständnis immer auch die Klagebefugnis gegeben, selbst wenn der Gesetzgeber dabei auch solche subjektiven Rechte begründet, die im traditionellen System eher einen Fremdkörper darstellen (Classen NJW 1995, 2459; Ruthig BayVBl 1997, 289 mwN), das insoweit „dienende" Prozeßrecht ermöglicht ihre prozessuale Geltendmachung. Daß bei einer solchen Normauslegung die Schutznormtheorie den inhaltlichen Vorgaben des Gemein-

---

523; Sydow/Gebhardt NVwZ 2006, 988; Tettinger NJW 1998, 3474, s auch Ehlers DVBl 1998, 502 u Faber DVBl 2003, 765; zum VRW näher 30 zu § 40.

[418] RhPfVerfGH DVBl 2000, 992.

[419] Ma DÖV 2006, 831; Ms DVBl 2004, 133; ebenso Els VBlBW 2006, 423 ff; Grooterhorst/Törnig DÖV 2004, 687.

schaftsrechts unterliegt, resultiert allein aus der Entscheidung des deutschen Prozeßrechts, die Frage der Klagebefugnis an das Vorliegen eines (materiellrechtlichen) subjektiven Rechts zu knüpfen.[420]

Dies gilt zB für den verfahrensunabhängigen **Anspr auf Mitteilung von Umweltinformationen** (§ 4 Abs 1 UIG),[421] der die Definitionsmerkmale des subjektiven Rechts erfüllt (dazu oben 83; s auch NJW 1997, 754 m Anm Röger DVBl 1997, 885). Die Motive des Gesetzgebers für diese Regelung sind irrelevant. Selbst wenn er den Einzelnen sozusagen als **Sachwalter von Allgemeininteressen** instrumentalisiert hätte, würde dies am subjektivrechtlichen Charakter des zu diesem Zweck gewährten Anspruches u damit seiner Klagbarkeit nichts ändern.[422] Daß ein subjektives Recht auch dann anzunehmen ist, wenn eine Person zur Verfolgung altruistischer Interessen ggü der Verwaltung ermächtigt wird, entspricht auch dem Standpunkt des BVerwG in rein nationalen Sachverhalten, wenn dieses durch § 29 Abs 1 Nr 4 BNatSchG aF, welcher die Beteiligung von Naturschutzverbänden an bestimmten PlanfeststellungsVf normiert hat, subjektive Rechte iSd § 42 Abs 2 als begründet ansah (NVwZ 1991, 165; zur heutigen Rechtslage s oben 75, vgl auch unten 180).

Bei der Auslegung der nationalen Norm hins ihres drittschützenden Charakters sind insb auch die **Erwägungsgründe der umzusetzenden Richtlinien** heranzuziehen;[423] das Gemeinschaftsrecht entfaltet insoweit **norminterne Wirkung**[424] (s zur Parallele bei den Grundrechten oben 118).

Auch **unmittelbar anwendbare Gemeinschaftsrechtssätze**[425] können die 153
Klagebefugnis begründen, soweit sie der deutschen Gerichtsbarkeit unterfallen.[426] Dabei können solche subjektiven Rechte nicht nur durch primäres Gemeinschaftsrecht u durch Verordnungen, sondern uU auch unmittelbar durch Richtlinien begründet werden. Der Betroffene kann sich bei einer in der Richtlinie vorgesehenen Begünstigung dem Staat ggü hierauf berufen, wenn die **Frist zur Umsetzung abgelaufen** ist, die **Richtlinie hinreichend bestimmt** u **unbedingt gefaßt** ist.[427] Die Begründung subjektiver Rechte bei unmittelbar an-

---

[420] Frenz DVBl 1995, 412; Ruthig BayVBl 1997, 289; **aA** Erichsen NVwZ 1992, 419; Masing 176 ff; Neßler 195 f: sektorale Systemänderung.

[421] Zu § 4 Abs 1 UIG s. NK-Schmidt-De Caluwe 139 zu § 44 a mwN; Kollmer NVwZ 1995, 858. Bei der Prüfung der Klagebefugnis müssen folglich potentielle Interessen bzw. die verfolgten Zwecke des ASt außer Betracht bleiben, vgl Kollmer NVwZ 1995, 859; Scherzberg DVBl 1994, 736. Zum Anspruch des Ortsverbands einer politischen Partei DVBl 1999, 1134.

[422] Ruthig BayVBl 1997, 293; Ruffert DVBl 1998, 74; **aA** Schoch-Wahl/Schütz 216 zu § 42 Abs 2: Umweltinformationsanspruch im Allgemeininteresse, kein subj Recht iSd § 42 Abs 2. Auch Wahl/Schütz müssen aber zugestehen, daß es „formal beim Erfordernis einer Verletzung des eigenen Informationsrechts des Anspruchsinhabers bleibt"; Würt 72; s auch Masing 193 ff; Ruffert 200 ff.

[423] S Mü NuR 1994, 145; Frenz DVBl 1995, 408; Ruthig BayVBl 1997, 294; Scheidler NVwZ 2005, 864; Schenke, Lorenz-FS 1994, 508 f; Schenke/Ruthig NJW 1994, 2328; R. Schmidt JuS 1999, 1112; allg zur Bedeutung der Erwägungsgründe einer Richtlinie für die Auslegung Lutter JZ 1992, 600.

[424] Zur europarechtskonformen Interpretation der Subjektivierung nationaler Rechtsnormen s O. Dörr 191.

[425] Zur unmittelbaren Geltung von RL s EuGH 1982, 70 = NJW 1982, 499; 1986, 723 = NJW 1986, 2178; 1989, 1839 = NVwZ 1990, 649; Jarass NJW 1990, 2420; 1991, 2665; Papier DVBl 1993, 809; Steinberg/Klößner BayVBl 1994, 33; Zuleeg ZGR 1988, 466; zu den Grenzen s EuGH NJW 1996, 1401: keine horizontale Drittwirkung; EuGH NVwZ 1994, 885 m Anm Wegener ZUR 1994, 196: keine Drittwirkung bei programmatischen RL.

[426] S NKVwGO-Sodan 400; Frenz DVBl 1995, 408 f; v Danwitz DÖV 1996, 481; Remmert DV 1996, 466 f; Schlette Jura 2004, 98; enger Ruffert DVBl 1998, 74: Keine Implementierung ins dt Recht, aber iE erweiternde Auslegung des § 42 Abs 2.

[427] Vgl zB EuGH NVwZ 1994, 885; NVwZ 1996, 369; We ThürVBl 1998, 39; Gassner JuS 1996, 304; Schoch NVwZ 1999, 462.

wendbarem **Gemeinschaftsrecht** beurteilt sich **ausschließlich nach diesem** (Hufen § 14, 108 a; R. Schmidt JuS 1999, 1113; zu den Kriterien, nach denen der subjektivrechtliche Charakter einer Norm zu ermitteln ist, näher RMG § 36, 15 ff). Das Ergebnis der Gegenauffassung, die ein enges Verständnis der Schutznormtheorie des deutschen Rechts zugrundelegen u danach die Klagebefugnis ablehnen will[428] genügt den gemeinschaftsrechtlichen Anforderungen nicht, basiert aber vor allem auf der – schon in rein nationalen Fällen bedenklichen (dazu unten 160) – Annahme, es sei zwischen dem Interesse des einzelnen u dem „damit nicht notwendigerweise übereinstimmenden" typisierten Interesse der Gesamtheit zu unterscheiden u deswegen die Klagbarkeit auch insoweit zu verneinen, als es eine Übereinstimmung gibt. Hier zwingt das Gemeinschaftsrecht also wohl weniger zu radikalen Systemeingriffen in das Prozeßrecht als zur Bereinigung von Unstimmigkeiten im Detail.[429] Nicht erforderlich ist es jedenfalls, solche Bestimmungen als anderweitige Regelungen iSd § 42 Abs 2 HS 1 zu verstehen.[430] Bei einer solchen **rein prozeßrechtlichen Konzeption** würde dem **verwaltungsverfahrensrechtlichen Moment,** das in dem durch das Gemeinschaftsrecht statuierten Interessenschutz angelegt ist u dem auch nach der Rspr des EuGH eine besondere Bedeutung für einen effektiven Interessenschutz zukommt (s hierzu auch Classen DV 1998, 307 ff), **nicht ausreichend Rechnung** getragen.[431] Ein bereits im materiellen Recht ansetzender Interessenschutz fügt sich auch unter Systemgesichtspunkten weit mehr in unsere nationale Rechtsordnung ein als ein dem gerichtlichen Schutz gemeinschaftsrechtlich anerkannter Interessen dienendes objektivrechtliches BeanstandungsVf gem § 42 Abs 2 HS 1 in Anlehnung an das frühere preußische System der Vwgbk. Nicht zuletzt spricht auch der Umstand, daß bei der Nichtbeachtung des gemeinschaftsrechtlich vorgegebenen Interessenschutzes, insb auch bei der Nichtumsetzung des durch Richtlinien geforderten Rechtsgüterschutzes, **Schadensersatzanspr** entstehen können (s EuGH 1991, I-5357 Francovich; s auch Hermes DV 1998, 371 ff), für die Anerkennung subjektiver Rechte. Da die Schutznormtheorie indifferent ggü der Art des geschützten Interesses ist (s auch oben 78 u 80 sowie 141) u es zudem nach dem heute gängigen Verständnis des subjektiven Rechts bereits ausreicht, wenn durch einen Rechtssatz auch Interessen einzelner geschützt werden u die Geschützten nicht zahlenmäßig begrenzt sein müssen (s oben 84), bestehen auch von hierher keine durchschlagenden Einwände gegen die Bejahung subjektiver Rechte. Jedenfalls leuchtet es schwerlich ein, wenn man im vorliegenden Zusammenhang von subjektiven Rechten zu scheidenden, dogmatisch nicht weiter verorteten Interessen sprechen würde, deren rechtliche Konsequenzen sich nicht von anderen unbestreitbar subjektive Rechte begründenden rechtlich geschütz-

---

[428] Ma DÖV 1994, 527; Mü UPR 1993, 274 bzgl der damals noch nicht umgesetzten UVP-Richtlinie; Sch-Wahl/Schütz 215 zu § 42 Abs 2; Pernice NVwZ 1990, 414.

[429] Dazu, daß zwischen der Bestimmung von Berechtigungen nach Gemeinschaftsrecht u subjektiven öffentlichen Rechten nach nationalem Recht mannigfache Gemeinsamkeiten bestehen, s Schmidt-Preuß NVwZ 2005, 492 ff. So läßt sich die von ihm zur Begründung von subjektiven öffentlichen Rechten bei multipolaren Verwaltungsrechtsverhältnissen entwickelte Konfliktschlichtungsformel (Schmidt-Preuß 247 ff) auf das Gemeinschaftsrecht übertragen (Schmidt-Preuß 243 ff; NVwZ 2005, 494; Pernice EuR 1994, 340).

[430] So aber Kokott DV 1998, 349; Masing 193 ff; Schmidt-Aßmann DVBl 1993, 934; Sch-Wahl/Schütz 127 f vor § 42 Abs 2; Sch-Wahl/Schütz 37 zu § 42 Abs 2; **krit** O. Dörr 189 ff; Ehlers Europäisierung 63; DVBl 2004, 1445 f; Finger JA 2005, 231; Götz DVBl 2002, 4; Huber BayVBl 2001, 581 f; Pietzcker, Redeker-FS 1993, 504; Ruthig BayVBl 1997, 295; Ruffert DVBl 1998, 74; Subjektive Rechte im Umweltrecht der EG, 200 ff; Schenke 531 b; Schoch FG BVerwG 518 f; Stüber Jura 2001, 803; Wernsmann DV 2003, 101; Würt 72.

[431] S auch Dünchheim 231; Finger JA 2005, 231. Insofern hat die dogmatische Konstruktion entgegen Kokott DV 1998, 351, doch erhebliche praktische Bedeutung.

ten Interessen unterschieden.[432] Die Bejahung eines nur objektivrechtlichen Interessenschutzes würde überdies iVm untergesetzlichen Vorschriften, bzgl derer Gemeinschaftsrecht eine Klagemöglichkeit erfordert, Schwierigkeiten bereiten. § 47 Abs 2 S 1 sieht nämlich, anders als § 42 Abs 2 S 1 Alt 1 für Private, keine Möglichkeit eines objektivrechtlichen Interessenschutzes vor (s 48 zu § 47).

Schwierigkeiten scheinen sich jedoch zu ergeben, wenn es an einer Norm 154 fehlt, der eine subjektivrechtliche Relevanz auch nicht im Wege der Auslegung beigemessen werden kann. Dies betrifft etwa Vorschriften, die **Grenzwerte für bestimmte gesundheitsgefährdende Stoffe** zB in der Luft (vgl die Umsetzung in der 22. BImSchV) oder im Trinkwasser festlegen. In diesen Fällen von der Einräumung subjektiver Rechte auszugehen, wäre angesichts der völligen Unbestimmtheit nicht nur des Kreises der Betroffenen, sondern auch der für den Fall ihrer Überschreitung zu treffenden Maßnahmen kaum möglich.[433] Hier stellt sich die Frage, wie die Anforderungen des EuGH, der einzelne müsse sich vor den nationalen Gerichten auf „zwingende Vorschriften" berufen können, soweit er von dessen Nichtbeachtung nachteilig betroffen werden kann,[434] mit dem deutschen Verständnis der Schutznormtheorie harmonisiert werden können.[435]

Auch diese Fälle lassen sich auf der Grundlage unseres Prozeßrechts lösen. Der EuGH versteht gerichtliche Durchsetzbarkeit nämlich **nicht notwendigerweise im Sinne der Einräumung subjektiv-öffentlicher Rechte unmittelbar durch die Richtlinien** bzw der zu ihrer Umsetzung erlassenen Vorschriften, wenn er die Klagemöglichkeiten an den individualschützenden Charakter der Vorschrift anknüpft.[436] Er verlangt nur, daß ein wesentliches **Schutzgut** der Richtlinie **dem einzelnen zugute kommen** muß (s auch Furrer/Epiney JZ 1995, 1032; Jarass, Grundfragen der innerstaatlichen Bedeutung des EG-Rechts, 1994, S. 59; Winter NuR 1991, 455). Hat der nationale Gesetzgeber Vorschriften erlassen, die – wie im Wege der richtlinienkonformen Auslegung, also unter Heranziehung der Erwägungsgründe der umgesetzten Richtlinie zu ermitteln ist – zumindest objektiv (auch) dem Schutz des betroffenen Grundrechts dienen,[437] folgt daraus regelmäßig bei einer **nicht nur unerheblichen Beeinträchtigung** eine Subjektivierung der Vorschriften.[438] Damit zusammenhängend dürfte sich die prinzipielle Einteilung der immissionsschutzrechtlichen Regelungen in (prin-

---

[432] Nicht überzeugend insoweit Winter NVwZ 1999, 467, der zwischen subjektiven Rechten u bloß rechtlich geschützten Interessen differenziert.

[433] Everling NVwZ 1993, 215; anders wohl Zuleeg NJW 1993, 37; deswegen krit zur Europarechtskonformität der 22. BImSchV Ruffert 313.

[434] Vgl insb EuGH 1991, I-2567 Tz 16 (Luftreinhaltungsrichtlinie Schwefeldioxid); EuGH DVBl 1996, 250 Tz 12 mwN.

[435] Eine Lösung auf der Grundlage der Schutznormtheorie halten für möglich Everling NVwZ 1993, 215; Frenz DVBl 1995, 412; Ruthig BayVBl 1997, 289 ff; Schoch NVwZ 1999, 457 ff; Stern JuS 1998, 771; Triantafyllou DÖV 1997, 196: auch der EuGH bekenne sich zum Ausgangspunkt der Schutznormtheorie; **aA** zB Sch-Wahl/Schütz 128 vor § 42 Abs 2: EuGH-Rspr gefährde die Ausgleichsleistung der Schutznormtheorie; Gellermann 46 mwN; v Danwitz DVBl 1998, 426; Hufen, § 14, 108 a; Steinberg/Klößner BayVBl 1994, 38; Wegener ZUR 1994, 196; Winter, NuR 1991, 455; NVwZ 1999, 467 (mit der nicht überzeugenden Differenzierung – vgl oben 78 u 83 – zwischen subjektiven Rechten u rechtlich geschützten Interessen); eine „veränderte Auslegung" des § 42 Abs 2 hält Ruffert Subjektive Rechte im Umweltrecht der EG 314 für erforderlich.

[436] S Gellermann DÖV 1996, 436 unter Hinweis auf EuGH 1994, I-3717; ebenso Haneklaus DVBl 1993, 132; Pernice NVwZ 1990, 424; Winter DVBl 1991, 659; s auch Scheuing NVwZ 1999, 484; Schoch NVwZ 1999, 460; Triantafyllou DÖV 1997, 192.

[437] Nicht erforderlich ist es in diesem Fall, auf gemeinschaftsrechtlich gewährte Rechte abzustellen; s auch Frenz DVBl 1995, 414.

[438] Ruthig BayVBl 1997, 296; Schenke/Ruthig NJW 1994, 2326 f; Wernsmann DV 2003, 100 (zu wettbewerbsverzerrenden staatlichen Maßnahmen); die Subjektivierung von Schutzpflichten generell ablehnend Schmidt-Preuß 69 ff.

zipiell nachbarschützende) Gefahrenabwehrbestimmungen u (nicht drittschützende) Vorsorgenormen nicht mehr uneingeschränkt aufrechterhalten lassen.[439] Scheidet dieser Weg einer Auslegung des einfachen Rechts aus, bewirken solche Richtlinienbestimmungen eine **Ausweitung des Grundrechtsschutzes.** In Anlehnung an die **Elfes-Rspr** (dazu Schenke 498, 517; s auch oben 124) kann ihre Verletzung eine (mittelbare) Verletzung von Grundrechten darstellen.[440] Die Schutzgüter, die der EuGH im Auge hat, wenn er Klagemöglichkeiten verlangt, sind nämlich (insb Gesundheit u Eigentum) genau diejenigen, die grundrechtlich geschützt u damit dem Ansatz der Elfes-Rspr zugänglich sind.[441]

Dieser Begründungsansatz erlaubt eine systemkonforme Berücksichtigung der gemeinschaftsrechtlichen Vorgaben (dies konzediert auch Ruffert DVBl 1998, 74), nimmt aber gleichzeitig die subjektivrechtliche Relevanz des Gemeinschaftsrechts ernst.[442] Die vorgeschlagene Lösung enthebt allerdings nicht der Notwendigkeit zu klären, wann ein Grundrechtseingriff vorliegt. Hierbei stellen sich insb hins des persönlichen Schutzbereiches vergleichbare Probleme wie auch sonst in rein nationalen Fällen (s zB oben 122). Die im Einzelfall sonst sehr schwierige Abgrenzung zwischen Grundrechtseingriffen u bloß reflexhaften Auswirkungen, die einen Eingriff gerade nicht begründen, wird dabei durch die Wertungen der Richtlinie erleichtert. Diese definieren den Schutzbereich des Grundrechts mit u füllen den an sich gegebenen gesetzgeberischen Spielraum (dazu oben 118) aus (Ruthig BayVBl 1997, 296). Von einem Grundrechtseingriff ist sinngemäß nicht erst bei einer schweren u unzumutbaren Beeinträchtigung der durch ein Grundrecht geschützten Interessen auszugehen, sondern bereits dann, wenn diese **nicht nur unerheblich beeinträchtigt** werden (s auch oben 122). Insoweit bietet sich eine Parallele zum baurechtlichen Gebot der Rücksichtnahme an, das seine dogmatische Rechtfertigung letztlich auch aus den Grundrechten bezieht (s oben 98 u ferner Schoch NVwZ 1999, 465). Besteht die **Möglichkeit eines Verstoßes gegen ihre Vorgaben,** begründet dies also die **Klagebefugnis,** wenn diese Rechtspositionen gegenwärtig u unmittelbar betroffen sind (zu diesem Erfordernis Schenke 502 a; Ruthig BayVBl 1997, 297). Ob wirklich eine Verletzung gegeben ist, ist dann eine Frage der Begründetheit.

155 **22. Klagebefugnis aufgrund ungeschriebenen Rechts:** Die Klagebefugnis kann sich auch aus ungeschriebenem Recht (Gewohnheitsrecht, allg Rechtsgrundsätzen, Richterrecht) ableiten, wenn sich hieraus rechtlich geschützte Interessen ergeben. Allerdings dürfte dies keine große praktische Bedeutung erlangen. Die hierfür in 10. Aufl 67 angeführten Beispiele[443] stellen sich meist als Fälle dar, in denen bereits aus einer norminternen oder normexternen Wirkung von Grundrechten subjektive Rechte begründet werden.

---

[439] S dazu Kutscheidt, Redeker-FS 1996, 454; Ruthig BayVBl 1997, 293; Ruffert Subjektive Rechte im Umweltrecht der EG 316 f; DVBl 1998, 74; Schoch NVwZ 1999, 466.

[440] S auch NVwZ 1999, 528: Verletzung des Eigentumsrechts durch Mißachtung der Vogelschutzrichtlinie, dazu auch oben 112.

[441] S näher Ruthig BayVBl 1997, 296 u dazu auch v Stülpnagel DÖV 2001, 938; ebenso Calliess NVwZ 2006, 4: Wird der Einzelne durch die objektive Verletzung von der Umsetzung von Richtlinien dienendem nationalem Recht faktisch in Grundrechten betroffen, so ist er klagebefugt nach § 42 Abs 2.

[442] Ruthig BayVBl 1997, 296; Schenke 531 c; ähnlich Calliess NVwZ 2006, 4 ff (unter Anknüpfung an grundrechtliche Schutzpflichten); Kokott DV 1998, 356 ff; Bedenken aber bei Ruffert DVBl 1998, 74.

[443] Vgl 7, 237; 52, 123 f; 59, 227 ff; DVBl 1987, 373; 1989, 1053; Ko NVwZ 1985, 667; DVBl 1993, 1156; Ms BauR 1977, 385; Kopp BayVBl 1977, 519 f; WuV 1978, 189 f; Gutachten 72 mwN; Knauber NVwZ 1988, 997; Wasmuth NVwZ 1988, 324 f: Rücksichtnahmegebot aus § 242 BGB analog; krit Menger VerwA 1978, 317; Müller DVBl 1978, 80; NJW 1979, 2378; s auch unten 158.

Ungeschriebene **Schutznormen** idS, die die Klagebefugnis begründen können, sind insb zB die im Rechtsstaatsprinzip zu verankernden Rechtsgrundsätze von **Treu u Glauben** (vgl Wasmuth NVwZ 1988, 324f) u des **Vertrauensschutzes.**[444] Zur Frage des Bestehens von subjektiven Rechten aufgrund des Gebots der **Rücksichtnahme** s unten 158 mwN.

Im Zweifel ist **als Folge aus dem Rechtsstaatsprinzip** sowie insb auch aus Art 19 Abs 4 GG (84, 387) davon auszugehen, daß **Rechtsvorschriften,** die, auch wenn sie vor allem im öffentlichen Interesse erlassen wurden, jedenfalls im Ergebnis **auch** konkret bestimmte Interessen eines hinreichend ggü einer unbestimmten Allgemeinheit **abgegrenzten Personenkreisen** (vgl auch oben 84) **schützen, auch entspr subjektive Rechte u** damit die Klagebefugnis der durch sie begünstigten Bürger begründen.[445] 156

Dies gilt insb dann, wenn der Bürger aufgrund ausdr **verfahrensrechtlicher Vorschriften** am Vf zum Erlaß des in Frage stehenden VA zu beteiligen ist u diese Beteiligung nicht erkennbar nur ausschließlich im öffentlichen Interesse zur besseren Information der Behörde vorgesehen ist (s oben 72), oder **wenn die entspr Interessen im Privatrecht** gegen entspr Beeinträchtigungen durch Dritte **geschützt** sind (s auch unten 161), zB im Wettbewerbsrecht durch das UWG u das GWB[446] u die **Auswirkungen** für die Betroffenen **schwer u unerträglich** sind bzw wären (Mü BayVBl 1989, 756), was regelmäßig einen Grundrechtseingriff impliziert (s oben 122 zu faktischen Grundrechtseingriffen). 157

Soweit den in Frage stehenden Rechtsvorschriften (dh den Vorschriften, aufgrund derer der angefochtene oder begehrte VA ergeht, u sonstigen in der Sache relevanten Vorschriften) **nicht eine weitergehende Schutzwirkung** zu Gunsten des von einem VA betroffenen Bürgers zu entnehmen sind, hat der Bürger **zumindest Anspr darauf, daß** die Behörde bei ihrer Entscheidung in Angelegenheiten, in denen seine durch Verfassungsrecht oder einfaches Gesetz (vgl 82, 249) geschützten Rechtspositionen unmittelbar betroffen werden, diese nicht außer acht gelassen werden. Umstritten ist, ob darüber hinaus ein subjektives Recht auf Berücksichtigung **eigener Belange** bei staatlichen Entscheidungen anzuerkennen ist. Sind die eigenen Belange nicht durch einfachgesetzliche Rechtsvorschriften geschützt oder genießen sie nicht (was nur in besonders gelagerten Fällen anzunehmen ist, s oben 119 u 112) Grundrechtsschutz, ist **grds abzulehnen**. Nur eine scheinbare Ausnahme hiervon bildet es, daß das BVerwG in bezug auf Planfeststellungen, bei denen neben den berührten öffentlichen Belangen auch **private Belange zu berücksichtigen** sind (vgl zB § 17 S 2 FStrG) annimmt, daß hins dieser dann ein subjektives Recht besteht, sofern es sich bei diesen um **mehr als nur geringfügig betroffene schutzwürdige Interessen** handelt (s oben 112). Einer **Verallgemeinerung** sind diese auf **Besonderheiten des Planungsrechts** beruhenden planungsrechtlichen Vorschriften, welche die subjektivrechtliche Aufwertung von mehr als nur geringfügig betroffenen schutzwürdigen Interessen vorsehen, jedoch **nicht zugänglich.** Deshalb ist sonst ein subjektiver Rechtsschutz nur dann angebracht, wenn Belange als rechtlich geschützte Interessen anerkannt werden. Ein Interessenschutz läßt sich auch **nicht aus einem allg Gebot der Rücksichtnahme ableiten** (dagegen zutr 158

---

[444] Vgl 30, 101: Rechtsposition aufgrund Vertrauenschutzes als Folge der Selbstbindung der Verwaltung trotz Unwirksamkeit der zugrundegelegten Rechtsvorschrift.

[445] Vgl BVerfG 15, 281 f; 27, 308; NJW 1979, 1591 f; BVerwG 1, 161 f; NJW 1987, 857; Ms DVBl 1968, 662; Bachof Jellinek-GS 1966, 303; v Mutius VerwA 1978, 109 ff; SGH 158; Kopp WuV 1978, 189; BK-Schenke 288 zu Art 19 Abs 4 GG; WBS I § 43, 10 ff.

[446] Vgl Kopp WuV 1978, 190 unter Hinweis darauf, daß im Rechtsstaat nicht angenommen werden kann, daß der Bürger gegen hoheitliches Handeln geringere Rechtsschutzmöglichkeiten hat als ggü vergleichbarem privatrechtlichem Handeln; vgl auch Menger VerwA 1977, 293; Bettermann NJW 1977, 517.

66, 308). Zu Recht hat das BVerwG in seiner neueren Rspr selbst hins des baurechtlichen Gebots der Rücksichtnahme seine positivgesetzliche Verankerung (etwa in § 34 BauGB) betont (68, 60; 81, 338 mwN; BayVBl 1992, 440), wobei seine Subjektivierung selbst hier letztlich erst über das Eigentumsgrundrecht erreicht wird (s auch oben 98 u Schenke NuR 1983, 82 ff). Dasselbe gilt auch für andere Gebiete, in denen das Gebot der Rücksichtnahme anerkannt wird, so bei der Erteilung von Begünstigungen im Wasserrecht an Dritte (NJW 1988, 435; s auch 36, 251).

159 Die **Klagebefugnis scheidet aus, wenn eine Vorschrift** auf verfassungsgemäße Weise (vgl Knemeyer DVBl 1978, 37; Sening BayVBl 1978, 206) **Rechte der Betroffenen** (einschließlich des Rechts auf ermessensfehlerfreie Entscheidung) **ausdr** oder nach ihrem Sinn u Zweck **ausschließt** (vgl zu Grenzen der gesetzgeberischen Regelungsmacht auch Schenke, Lorenz-FS 488 ff) u der Behörde **ausschließlich dem öffentlichen Interesse** dienende Befugnisse gibt u sie zugleich zur Wahrung nur dieses Interesses verpflichtet, wie dies etwa für § 6 Abs 2 StrlSchV hins des **Strahlenminderungsgebots im Atomrecht** (zu § 28 StrlSchV aF 61, 256 = NJW 1981, 1393) im Verhältnis zum Bürger idR zutrifft, wie auch für die Vorschriften über die **Rechts- oder Fachaufsicht** über ör Körperschaften.[447] Dasselbe gilt, wenn eine Rechtsvorschrift **Befugnisse** u Verpflichtungen **ausschließlich im Interesse eines bestimmten Kreises Betroffener** vorsieht, zu denen der Kl nicht gehört.[448]

160 Der Umstand allein, **daß eine Rechtsvorschrift nur öffentliche Belange,** das **öffentliche Wohl** oder die **öffentliche Sicherheit und Ordnung** als Maßstab für die von der Behörde zu treffende Entscheidung nennt, schließt die Annahme einer gleichzeitigen Schutzwirkung zugunsten der unmittelbar betroffenen Bürger nicht aus (vgl 77, 73; Ruthig BayVBl 1994, 398); denn die **Berücksichtigung schutzwürdiger Individualinteressen** ist idR auch ein wesentlicher **Teil** der Aufgabe der **Wahrung des Gemeinwohls** bzw gehört zugleich zu den von der Behörde zu wahrenden wesentlichen öffentlichen Belangen.[449] In diesen Fällen ist es deshalb auch nicht möglich, zwischen dem Interesse des einzelnen u dem „damit nicht notwendigerweise übereinstimmenden" typisierten Interesse der Gesamtheit zu unterscheiden;[450] daß ein Gesetz sich dabei prinzipiell an den typischen Belangen eines Personenkreises u nicht an individuellen Besonderheiten einzelner Gruppenzugehöriger orientiert, liegt im Normcharakter begründet u steht dem Charakter als Schutzgesetz nicht entgegen (Schenke, Lorenz-FS 479; **aA** zu § 823 Abs 2 BGB BGHZ 58, 99). Deshalb schließt zB der Umstand, daß für die Entscheidung über die Einbürgerung nach § 8 StAG allein das staatliche (öffentliche) Interesse maßgeblich ist, nicht aus, daß das Gesetz in diesem Rahmen zugleich das Interesse des (antragsbefugten) einzelnen an der Begünstigung schützt, so daß dieser eine rechtsfehlerfreie Entscheidung beanspruchen kann (so zu § 8 RuStAG aF NJW 1987, 857). Ebenso umfaßt das öffentliche Interesse an einem funktionierenden Rettungsdienstwesen auch diejenigen der bisher am Rettungsdienst beteiligten Träger.[451] Auch der Be-

---

[447] Vgl NJW 1977, 118; FfO NVwZ 1995, 1220; Mü 9, 95; Pietzner JA 1977, 38; Weber NJW 1977, 595.

[448] Vgl aber zur durch die Freiheitsgrundrechte begründeten mittelbaren Subjektivierung objektivrechtlicher Bestimmungen oben 124.

[449] 52, 122 zu § 35 Abs 3 BBauG; 77, 73 zu § 69 a Abs 1 Nr 3 GewO; DÖV 1995, 909 zu Anspr der Forst-, Fischerei- u Landwirtschaft; ähnlich DVBl 1987, 373 zu § 45 StVO; allg auch Kopp BayVBl 1980, 263; zT **aA** Sa NJW 1977, 2093; Menger VerwA 1978, 319.

[450] So aber 95, 137 zur Tarifgenehmigung; **krit** dazu Groß DÖV 1996, 52; NKVwGO-Sodan 451. Vgl näher zum Problem Schenke, Lorenz-FS 479 mwN; Schenke/Ruthig NJW 1994, 2327; Ruthig BayVBl 1994, 397 f.

[451] S zum Nds RettungsdienstG Lü NdsVBl 1995, 35; zum bay RettungsdienstG Ruthig BayVBl 1994, 393; Schenke JZ 1996, 1058; **aA** Mü BayVBl 1994, 407; s auch oben 146.

griff der **öffentlichen Sicherheit u Ordnung** in einer Rechtsvorschrift schließt grds im Zweifel immer auch den **Schutz der** in einer Sache **betroffenen Bürger** mit ein (oben 113). Selbst der Umstand, daß **der Kreis der normativ Begünstigten uU sehr groß** ist, steht nicht notwendig der Anerkennung einer Rechtsschutzwirkung von insoweit iü nicht eindeutigen Bestimmungen entgegen (vgl oben 84). Zur **mittelbaren Subjektivierung** nur objektivrechtlicher, **dem öffentlichen Interesse dienender Bestimmungen** über die Freiheitsgrundrechte s oben 124.

Beurteilungshilfen bei der Beantwortung der Frage, ob eine Norm rechtliche **161**
Interessen einzelner schützt, bietet insb auch die Rspr der Zivilgerichte zu vergleichbaren privatrechtlichen Interessenkonstellationen (s oben 157), insb auch zu **§ 823 Abs 2 BGB** sowie zu **§ 839 BGB, Art 34 GG,** außerdem auch die **Rspr zur Enteignung, zum enteignungsgleichen Eingriff u zur Aufopferung.** Soweit die Norm auf umgesetzten Richtlinien beruht, sind auch deren Erwägungsgründe heranzuziehen (s oben 153).

23. Klagebefugnis aufgrund der Bindungswirkung von Urteilen, VAen **162**
und Verträgen: Außer unmittelbar aus Rechtsnormen können sich Rechte, die gem § 42 Abs 2 geltend gemacht werden können, **auch aus** (sonstigen) **Hoheitsakten** wie Urteilen u VAen,[452] u aus ör Verträgen ergeben (s auch Ehlers VerwA 1993, 145 Fn 26). Dies gilt zB für **Urteile,** die aufgrund besonderer gesetzlicher Vorschriften oder nach allg Recht für die Behörden bindend sind u den Betroffenen eine entspr geschützte Rechtsstellung einräumen. Begründet wird die Klagebefugnis insb auch durch für die Verwaltung bindende **Entscheidungen der Verfassungsgerichte gem § 31 BVerfGG** oder nach entspr Bestimmungen der Verfassungsgerichtsgesetze der Länder;[453] ebenso durch bindende Entscheidungen des **EuGH** oder **eines OVG gem § 47,** außerdem vor allem auch durch rechtskräftige **Urteile** bzw sonstige verwaltungsgerichtliche Entscheidungen gem § 113 Abs 5 S 2 oder allg gem § 121. Zur **Bindungswirkung verwaltungsgerichtlicher Urteile** s allg 1 ff zu § 121; zu Grenzen der Bindungswirkung rechtskräftiger Urteile bei Erfolg einer Anfechtungsklage auch 91, 256 = NVwZ 1993, 672; dazu krit u einschränkend Maurer JZ 1993, 574 u Kopp NVwZ 1994, 1.

In vergleichbarer Weise kann die Klagebefugnis auch aus vorangegangenen **begünstigenden VAen** iVm Art 2 Abs 1 GG bzw anderen in der Sache betroffenen Grundrechten oder den Vorschriften bzw Grundsätzen über die Feststellungswirkung von VAen u über die Rücknahme u den Widerruf von VAen (67, 129 = NVwZ 1983, 612) hergeleitet werden. Dies gilt nicht nur für früher gegebene, für die Behörde bindende **Zusicherungen** (Zusagen) usw, sondern allg für VAe, die wie **Vorbescheide** u **Teilgenehmigungen** die Rechtslage zugunsten eines Bürgers fixieren u zwar, wie sich aus §§ 48 ff VwVfG ergibt, nicht erst ab Unanfechtbarkeit u Bestandsschutz des früheren VA, sondern bereits ab seinem Ergehen.[454] Deshalb kann derjenige, der einen die bauplanungsrechtliche

---

[452] Vgl § 31 BVerfGG; Art 234 EGV; §§ 47 Abs 5 S 2, 113 Abs 5, 121 VwGO; §§ 38, 48 ff VwVfG.

[453] Vgl BVerfG 40, 94; 42, 260; NJW 1988, 249 – Nichtbeachtung durch ein Gericht stellt einen Verstoß gegen Art 19 Abs 4 GG dar –; BVerwG 85, 296; Renck BayVBl 1977, 368; Lange JuS 1978, 1; Klein NJW 1977, 697; Seuffert AöR 1979, 169; dazu, daß nach Ansicht des BVerfG nicht nur der Entscheidungssatz bindende Wirkung hat, sondern auch die tragenden Gründe vgl BVerfG 19, 392; 40, 93; NJW 1988, 2289; BVerwG 77, 261 = DVBl 1987, 1116; NJW 1982, 780; Sachs NJW 1979, 344; kritisch Bettermann DVBl 1982, 95; Schenke, Verfassungsgerichtsbarkeit und Fachgerichtsbarkeit 1987, 60 ff.

[454] Zur Bindungswirkung von Vorbescheiden u Teilgenehmigungen auch 61, 274; 68, 244; 72, 306 „Wyhl“ = NVwZ 1986, 208; NVwZ 1985, 341; NJW 1981, 1393; NVwZ 1988, 539; VBlBW 1997, 257; Mann, Das gestufte Verwaltungsverfahren im Baurecht, 1992; Roßnagel DÖV 1995, 624; Selmer, Vorbescheid und Teilgenehmigung im Immis-

Zulässigkeit eines Bauvorhabens feststellenden Bauvorbescheid (sog Bebauungsgenehmigung) besitzt, bei Vorliegen der sonstigen baurechtlichen Voraussetzungen die Erteilung einer Baugenehmigung selbst dann verlangen, wenn die bauplanungsrechtliche Zulässigkeit des Bauvorhabens tatsächlich nicht gegeben ist; die Bindungswirkung entfällt erst mit der Rücknahme der Bebauungsgenehmigung. Mit der Bindungswirkung der Bebauungsgenehmigung hängt es zusammen, daß Einwände gegen die bauplanungsrechtliche Zulässigkeit eines Bauvorhabens prinzipiell nur durch ein Vorgehen gegen diese, nicht hingegen durch die Anfechtung der auf ihr aufbauenden Baugenehmigung geltend gemacht werden können (näher oben 53 sowie Ba SächsVBl 1997, 240; Schenke DÖV 1990, 489 ff mwN). Ebenso kann eine Teilgenehmigung nicht mit Einwendungen bekämpft werden, denen die Bindungswirkung einer früher erteilten Teilgenehmigung entgegensteht.[455] So hat das BVerwG zu Recht angenommen, daß ein Dritter sich gegen eine **atomrechtliche Betriebsgenehmigung nicht** mehr mit materiellrechtlichen Einwendungen wehren kann, die thematisch zum **Regelungsgehalt einer früheren Teilerrichtungsgenehmigung gehören** (VBlBW 1997, 257). Das gilt auch dann, wenn Einwendungen aufgrund einer **veränderten Sachlage** (in concreto Alterungserscheinungen) erst nach Erlaß einer vorangegangenen Teilerrichtungsgenehmigung entstanden sind. Im Hinblick auf die fortbestehende Bindungswirkung der früheren Teilgenehmigung lassen sie sich nur durch eine auf deren behördliche Aufhebung gerichtete Verpflichtungsklage geltend machen (VBlBW 1997, 257 unter Berufung auf 61, 274).

Verlangt bei einem **VA mit Drittwirkung** der durch den VA Begünstigte (zB der Gefährdete hins einer seinem Schutz dienenden Polizeiverfügung) dessen **Vollstreckung,** ergibt sich deren prinzipielle **Zulässigkeit unabhängig von der Rechtmäßigkeit des VA** (vgl hierzu 177 u 189 zu § 113). Dem korrespondiert es, daß (ursprüngliche oder erst nachträglich entstandene) Einwendungen gegen die Rechtmäßigkeit des vollstreckten VA **nicht durch die Anfechtung von Vollstreckungsakten** geltend gemacht werden können (s 19 a zu § 167), sondern nur durch ein Vorgehen gegen den GrundVA.

Die Klagebefugnis kann auch **aus verwaltungsrechtlichen Verträgen** hergeleitet werden, wenn bzw soweit diese einen **Anspr auf Erlaß** eines VA oder auf Unterbleiben eines VA (vgl Mü NJW 1992, 2653; Ehlers VerwA 1993, 145 Fn 26) oder aber jedenfalls einen **Anspr** des Kl im Über- u Unterordnungsverhältnis vorsehen, **der durch VA erfüllt** werden kann bzw der den Erlaß des nunmehr angefochtenen VA insgesamt oder hins einzelner Teilregelungen ausschließt (str, s im einzelnen oben 43). Durch einen privatrechtlichen Vertrag kann kein Anspr auf Aufhebung bzw Erlaß eines VA begründet werden (Ma NJW 1994, 211).

163 Die Betroffenen sind in diesen Fällen **auch dann klagebefugt** gem § 42 Abs 2, **wenn der** die Bindungswirkung begründende **Akt fehlerhaft,** jedoch nicht nichtig ist (vgl zu Zusagen auch 49, 244 u Ma VBlBW 1987, 141).

164 **Die Klagebefugnis entfällt** in analoger Anwendung von **§ 79 Abs 2 BVerfGG,** § 183, **wenn die Vorschrift,** auf die ein subjektive Rechte begründendes Urteil oder ein VA gestützt wird, durch das BVerfG, das Verfassungsgericht des Landes **für nichtig** (vgl 1 ff zu § 183) **oder** im Vf gem § 47 vom OVG **für unwirksam erklärt wurde; außerdem bei Aufhebung des Urteils** oder VA, aus denen die Klagebefugnis hergeleitet wird, im Rechtsmittelverfahren, RechtsbehelfsVf oder WiederaufnahmeVf oder durch ein Verfassungsgericht bzw

---

sionsschutzrecht, 1979; Büdenbender/Mutschler, Bindungs- und Präklusionswirkung von Teilentscheidungen nach BImSchG und AtG, 1979; Schenke DÖV 1990, 489 ff; KR 17 zu § 9 VwVfG mwN.

[455] 61, 271; DVBl 1982, 961; NVwZ 1988, 538; VBlBW 1997, 257; Ms DVBl 1987, 1023.

bei **Rücknahme oder Widerruf des VA. Die Klagebefugnis ist** dagegen grds auch dann zu bejahen, **wenn** u solange die Verfassungswidrigkeit des Gesetzes oder die Gesetzwidrigkeit der Verordnung, aus der sie hergeleitet wird, **noch nicht mit allgemeinverbindlicher Wirkung** festgestellt ist; ebenso, wenn u solange das Urteil noch **nicht vollstreckbar** ist bzw der VA infolge der **aW** eines Rechtsbehelfs nicht vollziehbar iwS (s 22 ff zu § 80) ist.

24. Besondere Abgrenzungsprobleme im Hinblick auf die Klagebefugnis: Schwierige Probleme ruft die Klagebefugnis in bezug auf den Rechtsschutz gegen Mitwirkungsakte zu den Kl unmittelbar betr Maßnahmen auf (unten 166 ff), ferner hins Allgemeinverfügungen u dinglichen VAen (unten 170) sowie in bezug auf die Klagebefugnis von Verbänden u des Fiskus (unten 171). Umstritten ist ferner die Klagebefugnis in Sonderstatusverhältnissen (unten 173) sowie die von Rechtsnachfolgern (unten 174). 165

a) Klagebefugnis in bezug auf hoheitliche Mitwirkungsakte zu Maßnahmen, die den Kl unmittelbar betreffen. Grds nicht klagebefugt sind Dritte hins solcher nur öffentliche Interessen schützenden VAe, die **unmittelbar an eine andere Person adressiert sind,** u diese ermächtigen, dem Dritten ggü belastende Maßnahmen **(Rechtsvorschriften, VAe, privatrechtliche Handlungen)** zu tätigen.[456] Das ergibt sich zwar noch **nicht daraus,** daß die betr Maßnahmen eine Doppelnatur aufweisen u den Dritten ggü keine VAe darstellen. Von den rechtlichen **Bedenken gegen die Annahme einer solchen Doppelnatur** abgesehen (8 zu Anh § 42), wäre es bei Vorliegen eines VA ohnehin nicht erforderlich, daß dieser dem Dritten ggü ergeht. Zudem ist das Ob des Rechtsschutzes gem Art 19 Abs 4 GG iVm § 40 nicht von der Form des Verwaltungshandelns abhängig. Wohl aber scheitert der Rechtsschutz an der **fehlenden Klagebefugnis,** weil der Dritte erst **durch spätere Rechtsakte** (etwa die Satzung, die genehmigt wurde) **in seiner subjektiven Rechtsstellung betroffen** werden kann.[457] Eine Rechtsschutzverkürzung ist hiermit nicht verbunden, da der Dritte nach Ergehen des ihn unmittelbar betr abschließenden Aktes (etwa dem Erlaß der genehmigten Satzung oder des VA, zu dem das rechtswidrige Einvernehmen erteilt wurde), diesen gerichtlich anzugreifen vermag u hierbei zumindest in verfassungskonformer Auslegung (74, 112) die Rechtswidrigkeit des **vorangegangenen Rechtsakts** geltend machen kann. Das ergibt sich bei der Genehmigung eines Rechtsetzungsakts schon daraus, daß die **Rechtswidrigkeit des vorangegangenen Akts** regelmäßig zur **Nichtigkeit der Rechtsnorm** führt,[458] bei der Anfechtung eines zB aufgrund fehlerhaften Einvernehmens ergangenen VA daraus, daß dieses auch die RVerletzung des Dritten durch den VA zur Folge hat (s auch 22, 342). Dasselbe gilt auch iVm den Dritten unmittelbar betr privatrechtlichen Handlungen.[459] **Anderes** müßte aber dann **angenommen** werden, wenn die Rechtmäßigkeit des vorangegangenen Aktes nicht zugleich zu einer **Rechtswidrigkeit des „Schlußaktes" führte,** vielmehr dieser nur an die Wirksamkeit des vorangegangenen Aktes gebunden wäre. Deshalb ist dann, wenn die Rechtmäßigkeit einer **Zustimmung der höheren Verwaltungsbehörde zur Herstellung von Erschließungsanlagen** nicht im Rahmen der Anfech- 166

---

[456] IE wie hier iVm der Genehmigung von Satzungen: 16, 83; 34, 303; Mü BayVBl 1985, 84; Hufen § 14, 40; Schenke 209; JZ 1996, 1008; Sch-Wahl/Schütz 331 zu § 42 Abs 2; iVm VAen: 16, 119 f; 22, 345; NVwZ 1986, 556; 74, 112; Laubinger VerwA 1986, 421 ff; Schenke 225; iVm privatrechtlichen Handlungen: 95, 133; Schenke 502 a; JZ 1996, 1008 Fn 128; Sch-Wahl/Schütz 331 zu § 42 Abs 2.

[457] S auch Hufen § 14, 40; Laubinger, VerwA 1986, 421; NKVwGO-Sodan 115; Schenke 209, 502 a; JZ 1996, 1008.

[458] Und zwar unabhängig von der Rechtswirksamkeit der Genehmigung, nicht überzeugend daher Ko DÖV 1995, 250.

[459] Vgl auch 4, 329; 11, 251; 21, 355; 75, 154; 95, 133 ff; BGH DVBl 1974, 561 mwN.

tung des Erschließungsbeitrags geltend gemacht werden kann (so Driehaus, in: Berliner Kommentar zum BauGB, 21 zu § 125 BauGB unter Bezug auf NVwZ 1985, 751) erforderlich, daß der Grundstückseigentümer die Zustimmungserklärung (obwohl unmittelbar an die Gemeinde gerichtet) **anfechten kann** (s NVwZ 1993, 1198). Zu beachten ist iü, daß selbst dann, wenn der vorausgegangene Akt einen Dritten bereits in seiner Rechtsstellung betrifft, sich aus **§ 44 a** ergeben kann, daß dieser zur isolierten Anfechtung dieses Aktes nicht befugt ist (Schenke 225; s auch 30 zu Anh § 42), sondern erst den das Vf abschließenden VA anzufechten vermag (unten 6 zu § 44 a).

167 Nicht klagebefugt ist demzufolge (s aber auch Kopp DÖV 1980, 504 ff)

– der durch eine später erlassene Norm Betroffene bzgl einer gesetzlich vorgeschriebenen **Genehmigung dieses Rechtsetzungsakts durch die Aufsichtsbehörde;**[460]
– der Nachbar gegen die Erteilung des **gemeindlichen Einvernehmens** für eine Baugenehmigung gem **§ 36 BauGB** (s auch 16, 119 f; 22, 345; NVwZ 1986, 556; s auch 81 zu Anh § 42);
– der Grundstückseigentümer ggü der **Bezeichnung eines Verteidigungsvorhabens** gem § 1 Abs 3 LBeschG, die ggü der Gemeinde einen VA beinhaltet, aber durch den Grundstückseigentümer nicht angegriffen werden kann;[461]
– der Kunde ggü der **Genehmigung einer Tariferhöhung eines Elektrizitätsverbandes** (95, 133 ff; NKVwGO-Sodan 451; Schenke 502 d; **aA** Groß DÖV 1996, 52 f);
– der Flughafenlotse gegen die **Genehmigung der Flughafen-Gebührenordnung;**[462]
– der Versicherte gegen die **Genehmigung erhöhter Versicherungstarife** (21, 360; 30, 136; 75, 148; VersR 1996, 1133; **aA** Kopp DÖV 1980, 511);
– der Verkehrsteilnehmer gegen die Genehmigung erhöhter **Verkehrstarife** (DÖV 1980, 416; **aA** Kopp DÖV 1980, 511);
– der Versender von Frachtgut ua gegen die **Genehmigung erhöhter Frachttarife;**
– der Mieter gegen die Genehmigung einer **Mieterhöhung nach dem WoBindG** (72, 229); oder gegen eine an den Vermieter gerichtete **Kündigungsanordnung** der nach § 4 Abs 8 S 1 WoBindG zuständigen Stelle (NJW 1995, 2866) oder eine dem Vermieter für den vermieteten Wohnraum erteilte Zweckentfremdungsgenehmigung (Buchh 454.51 MRVerbG Nr 22);
– der Wehrpflichtige gegen die **Verweigerung der Zustimmung der zust Behörde** zu seiner Mitwirkung im Katastrophenschutz, die für ihn die Befreiung vom Wehrdienst zur Folge hatte (DÖV 1991, 28).

Eine Klagebefugnis besteht hingegen, wenn bzgl des **vorangegangenen VA subjektive Rechte des Dritten in Betracht kommen** u die Anfechtung des VA auch **durch § 44 a nicht ausgeschlossen** ist, so etwa die Klagebefugnis eines **Arbeitnehmers, wenn es um die Zustimmung zur Kündigung nach § 88 SGB IX** geht oder einer Frau, die **Anspr auf Mutterschutz** hat (oben 51 a vor § 40 mwN). Geht man davon aus, daß dem Dritten hier in bezug auf den VA eine Rechtsposition eingeräumt ist, so kann auch das RSB für eine Klage nicht verneint werden.

Klagebefugt ist, wenn das Genehmigungserfordernis ausschließlich dem Schutz der Gemeinde dient, nicht der **Vertragspartner einer Gemeinde** gegen die Versagung der **Genehmigung** des Vertrags **durch die Rechtsauf-**

---

[460] 16, 83; 34, 303 – zum Bebauungsplan; Hbg JVBl 1995, 95 ff; Mü BayVBl 1985, 84; Hufen § 14, 40; Schenke JZ 1996, 1008.
[461] Laubinger VerwA 1986, 421 ff; Schenke JZ 1996, 1008; im Ergebnis ebenso 74, 124.
[462] DÖV 1978, 620; Sch-Wahl/Schütz 331 zu § 42 Abs 2; **aA** Kopp DÖV 1980, 504.

sichtsbehörde.[463] Im Zweifel klagebefugt ist, wenn das Gemeinderecht ein entspr Antragsrecht vorsieht, auch der **ASt** oder Mitunterzeichner eines Antrags auf **Einberufung einer Bürgerversammlung** gegen die Ablehnung des Antrags (Gramlich BayVBl 1985, 200; **aA** Mü BayVBl 1990, 718); **anders** wohl die Gemeindebürger oder Mitglieder eines Gemeinderats hins der Beanstandung eines Gemeinderatsbeschlusses durch den Bürgermeister oder der Entscheidung der Aufsichtsbehörde darüber u hins von **Maßnahmen der Kommunalaufsicht** (vgl Mü BayVBl 1990, 718). Zur Klagebefugnis der **Gemeinde** gegen Maßnahmen der **Aufsichtsbehörde** s oben 139.

Gegenüber der für sie maßgeblichen Umgemeindung sind die Gemeindeeinwohner zwar nicht zur Anfechtung befugt, da es sich bei ihr um **keinen VA** handelt u auch die Bejahung eines VA mit Doppelnatur ausscheidet (Schenke 208; s auch 63 zu Anh § 42), wohl aber kommt hier ein **Rechtsschutz nach § 47** in Betracht (gegen jeden Rechtsschutz der Gemeindeeinwohner Ko DÖV 1982, 702). Sie sind deshalb nicht darauf angewiesen, erst die Hoheitsakte der aufgrund der Umgemeindung für sie nunmehr zuständigen Gemeinde anzufechten. Abgelehnt wurde die Klagebefugnis eines Landkreises bei Gemeindezusammenschlüssen (Ba DÖV 1996, 882).

Bei **mehrstufigen VAen** (s zum Begriff Schenke 223 ff) ist die Klagebefugnis 168
hins des „abschließenden" VA nach den zu 166 dargelegten Grundsätzen **auch dann** zu bejahen, wenn bzw soweit die in Frage stehenden **Mitwirkungsakte** anderer Behörden **fehlerhaft** sind.

Mängel des Mitwirkungsaktes können u müssen (vgl zu Verfahrensmängeln § 44 a) grds **gegen den abschließenden VA** geltend gemacht werden (81 zu Anh § 42); dies gilt jedenfalls für Verstöße gegen materielles Recht, **wenn keine Möglichkeit des Dritten besteht,** sich gegen den **vorangegangenen Mitwirkungsakt gerichtlich zur Wehr zu setzen** (s auch oben 166).

Eine **Klage hins der Mitwirkungsakte selbst** kommt nur dann in Betracht, wenn diese ausnahmsweise nicht, wie dies die Regel ist, Verwaltungsinterna bleiben, sondern den Dritten in seiner Rechtsstellung berühren u einem gerichtlichen Vorgehen gegen den Mitwirkungsakt auch § 44 a nicht entgegensteht (6 zu § 44 a; 81 zu Anh § 42).

Bei der Genehmigung (bzw Versagung der Genehmigung) **einer Satzung** 169
oder VO durch die Aufsichtsbehörde ist gegen die Versagung der Genehmigung (bzw gegen eine Genehmigung nur unter Einschränkungen, mit Auflagen usw) klagebefugt **jedenfalls der Rechtsträger** (die Gemeinde, Universität usw), der die genehmigungspflichtige Satzung oder Verordnung erlassen möchte.[464] Vgl zur Genehmigung von Tarifen auch oben 81. **Nicht klagebefugt** ist dagegen nach den oben zu 166 dargelegten Grundsätzen **der Bürger,** der (erst) durch die Satzung oder VO unmittelbar in seinen Rechten betroffen wird (Ey-Happ 9; Bachof, Weber-FS 1974, 523; zweifelnd Kopp DÖV 1980, 508). Entsprechendes gilt für **andere betroffene Rechtsträger, zB** eine durch die Genehmigung eines Bebauungsplans in ihrer Planungshoheit betroffene **Nachbargemeinde.** Der Bürger und sonstige betroffene Rechtsträger können Mängel der Genehmigung der Satzung oder VO jedoch nach Erlaß der Satzung oder VO mit **dem NKAntrag** gem § 47 oder im Rahmen **inzidenter NK** wg der durch den Mangel bewirkten Ungültigkeit der Satzung geltend machen (eingeh Schenke Rechtsschutz 145 ff), etwa durch Anfechtung von Vollzugsakten oder durch die

[463] Mü BayVBl 1981, 183.

[464] 16, 83; 34, 301; Hbg JVBl 1995, 95; Lü DVBl 1969, 849; Mü BayVBl 1960, 289 m Anm Masson; Ms DÖV 1974, 715 mwN; Bachof JZ 1966, 511 u Weber-FS 1974, 523; Menger VerwA 1964, 76; RÖ-v Nicolai 39; **aA** Bettermann, Nipperdey-FS 1965, Bd 2, 723 ff: nur Mitwirkung an der Rechtsetzung; ebenso zur Vollziehbarkeitserklärung zu einer VO Sahlmüller BayVBl 1969, 82.

Feststellung von Rechtsverhältnissen, deren Bestehen von der Gültigkeit der Norm abhängt; allg dazu auch 8 ff zu § 43.

170 **b) Klagebefugnis bei Allgemeinverfügungen und dinglichen VAen. Bei Allgemeinverfügungen** (s zum Begriff 55 ff zu Anh § 42) und bei sonstigen VAen, die mehrere Personen unterschiedlich betreffen (zB Planfeststellungsbeschlüsse), ist **jeder Betroffene nur im Hinblick auf die ihn betr Regelung,** nicht schlechthin gegen die Allgemeinverfügung als solche, klagebefugt (dazu oben 21). Daran ändert auch nichts, daß bei Erfolg der Klage die Verwaltung regelmäßig auch die anderen in einer Allgemeinverfügung getroffenen parallelen Regelungen, die andere Personen betreffen, von sich aus aufheben wird. Stehen die in einer Allgemeinverfügung getroffenen Regelungen in einem unmittelbaren sozialen Zusammenhang u können deshalb nicht isoliert werden, wie dies bei dinglichen VAen häufig zutrifft, besteht die Klagebefugnis in bezug auf die Allgemeinverfügung insgesamt. Dasselbe gilt auch sonst, wenn ein wirksamer Rechtsschutz nur dadurch möglich ist, daß alle in der Allgemeinverfügung getroffenen Regelungen aufgehoben werden (dazu oben 21).

Bei Allgemeinverfügungen, die in Form einer **intransitiven „Zustandsregelung"** (dingliche VAe) ergehen (vgl 55 zu Anh § 42), sind außer den unmittelbar diesbezüglich Betroffenen (zB dem Eigentümer eines gewidmeten Weges) auch alle sonstigen **Personen** klagebefugt, **denen ggü der VA** vermittels der Rechtsvorschrift, die daran Rechtsfolgen knüpft, **unmittelbare Rechtswirkungen auslöst.** Klagebefugt sind zB gegen **die Widmung oder Einziehung eines Weges** nicht nur die am Straßengrund dinglich Berechtigten u ggf der Träger der Straßenbaulast, sondern auch die unmittelbaren Anlieger, deren Grundstück durch den Weg erschlossen wurde[465] sowie die **Verkehrsteilnehmer;**[466] gegen die Aufstellung von gebietenden oder verbietenden **Verkehrszeichen** die Anlieger an der Straße sowie an Straßen, in die infolge davon der Verkehr geführt wird (Ko NVwZ 1985, 667; **aA** Ma DÖV 1990, 981), außerdem **auch alle Verkehrsteilnehmer,** sobald sie den betroffenen Straßenabschnitt benützen wollen;[467] gegen die **Schließung einer Schule** uä schulorganisatorische Entscheidungen wg Art 2 Abs 1 bzw 6 GG sowie im Hinblick auf die Regelungen über die Schulpflicht u das Recht zum Schulbesuch auch die Schüler u deren Eltern (18, 42; NJW 1979, 828; Ms NJW 1979, 829).

171 **c) Klagebefugnis von Verbänden und des Fiskus.** Verbände usw sind **nur hins der ihnen selbst zukommenden Rechte** (vgl Art 9 GG; ferner zur Geltendmachung eigener Rechte auch § 61 Nr 3 sowie dazu 13 ff zu § 61), **nicht** auch, wenn u soweit durch Gesetz nichts anderes bestimmt ist, hins bestimmter **Anliegen der Allgemeinheit,** zB des Natur- u Umweltschutzes (Ma NVwZ-RR 1999, 242), klagebefugt. Sie sind nicht klagebefugt auch hins der **Rechte ihrer Mitglieder,** auch nicht aufgrund von Art 9 GG (vgl Janssen JA 1991, 208 mwN) u **selbst dann nicht, wenn sie nach ihrer Satzung die Wahrung dieser Rechte zur Aufgabe haben;**[468] ebenso **nicht Gemeinden** hins der

---

[465] S oben 135 u 32, 225; BayVBl 1994, 278; Ma NJW 1982, 403; Sauthoff NVwZ 1994, 18; Schenke 498; Steiner VerwA 1995, 175; **aA** Schmaltz DVBl 1971, 794 unter Berufung auf Lü NJW 1970, 77; zum Rechtsschutz der Anlieger vgl auch Ziekow ZMR 1986, 267.

[466] Lorenz VBlBW 1984, 334; Lorz DÖV 1993, 129 ff; Schenke 498; **aA** 32, 225; Otte NWVBl 1996, 43; s auch oben 126, 128, 135.

[467] Lorz DÖV 1993, 129; Manssen NZV 1992, 470: spezielle grundrechtliche Betroffenheit erforderlich; Steiner-Steiner IV 124.

[468] 54, 219; NJW 1980, 1911; DÖV 1981, 268; Hbg NuR 1998, 213; Ko NJW 1976, 1165; Lü GewA 1978, 91; Ma NVwZ-RR 1995, 639; NVwZ-RR 1999, 242; Mü BayVBl 1975, 275; BayVBl 2004, 343; Ey-Happ 165; v Mutius VerwA 1973, 311; NKVwGO-Sodan 477; Schenke 526; Schlette Jura 2004, 92; Sch-Wahl/Schütz 234 zu § 42 Abs 2.

Rechte oder Interessen ihrer Bürger.[469] S auch 26 vor § 40; dort auch allg zur Zulässigkeit einer **Prozeßstandschaft.** Vgl aber zur **Verbandsklage** zB von Naturschutzvereinen unten 180f; zur **Vertretung** einzelner klagebefugter Bürger **durch Verbände** bzw durch die Vertretungsorgane von Verbänden 13f u 37 zu § 67 sowie Ko ZBR 1973, 109.

Zur **Klage des Staates als Fiskus gegen VAe staatlicher Behörden** (sog **In-sich-Prozeß**) s auch 7 zu § 63. 172

d) Klagebefugnis in besonderen Gewaltverhältnissen (Sonderstatus-verhältnissen). In besonderen Gewaltverhältnissen, zB im Schulverhältnis, Beamtenverhältnis, Anstaltsbenutzungsverhältnis, ist ein durch eine hoheitliche Anordnung der Schulleitung, des Behördenleiters oder anderer Vorgesetzten oder höherer Behörden, der Anstaltsleitung usw Betroffener dagegen klagebefugt, wenn u soweit die Anordnung VA ist u ihn in seinen Rechten **als selbständiger Rechtsträger** (sog **Grundverhältnis**) u nicht nur als Rädchen u Glied der Verwaltung (sog **Betriebsverhältnis**) **betrifft** (Schenke 214f u JuS 1982, 906ff; s näher 67f zu Anh § 42). Die **Adressatentheorie** gilt im Betriebsverhältnis **nicht** (oben 69; Schenke 510; s auch 67ff zu Anh § 42). 173

e) Klagebefugnis von Rechtsnachfolgern. Klagebefugt gegen VAe, die gegen einen Rechtsvorgänger ergangen sind, bzw gegen die Ablehnung oder Unterlassung eines von einem Rechtsvorgänger beantragten VA sind Rechtsnachfolger immer – aber auch nur –, **wenn u soweit der VA** bzw die Ablehnung oder Unterlassung des VA **auch ihnen ggü Rechtswirkungen** hat (70, 157; NVwZ 2006, 1072). So ist nach der Rspr auch der neue Grundstückseigentümer klagebefugt im Hinblick auf eine Abbruchsanordnung, mit der dem Alteigentümer die Beseitigung einer auf dem Grundstück gelegenen baulichen Anlage aufgegeben wurde.[470] Entsprechendes gilt auch zB für die dem Voreigentümer iVm einer Baugenehmigung erteilten Auflagen.[471] Gleiches wird für den Besitznachfolger bei einer vorher ggü dem Eigentümer erlassenen Beseitigungsanordnung (Mü BayVBl 1997, 248) angenommen. Klagebefugt ist deshalb zB der **Käufer eines Hauses,** der zwar noch nicht Eigentümer ist, auf den aber bereits Besitz u Lasten übergegangen sind u zu dessen Gunsten auch bereits eine Vormerkung im Grundbuch eingetragen wurde (DÖV 1983, 344; s oben 97). Soweit eine Beseitigungsanordnung fälschlich noch ggü dem Eigentumsvorgänger erging, wirkt sie jedoch nicht in bezug auf den neuen Eigentümer (Ms NVwZ-RR 1997, 12). Eine bauaufsichtliche Verfügung, die dem Grundstückseigentümer aufgab, eine **baurechtswidrige Nutzung genehmigter baulicher Anlagen zu unterlassen** u bei seinem Mieter zu unterbinden, bindet nach Hamburgischem Landesbaurecht nicht den Einzelrechtsnachfolger (Hbg NVwZ-RR 1997, 11). Zu den Voraussetzungen hins der Rechtsnachfolge in einer Abgrabungsgenehmigung Ms NVwZ-RR 1997, 70. Soweit nach diesen Grundsätzen eine Klagebefugnis des Rechtsnachfolgers zu bejahen ist, übernimmt dieser die Klagemöglichkeit jedoch grds **auch mit allen Beschränkungen u** muß daher auch zB die Präklusion nicht rechtzeitig erhobener Einwendungen (NVwZ 1989, 967), eine bereits dem Rechtsvorgänger ggü verstrichene **Rechtsbehelfsfrist** (dh er kann, vorbehaltlich einer Wiedereinsetzung gem § 60 bei unver- 174

---

[469] Oben 137; 52, 233; Mü BayVBl 1975, 275; Ma DVBl 1987, 140; NVwZ 1995, 1017; Jacob DÖV 1981, 464; unklar Lü DÖV 1981, 462; **aA** Pfaff VerwA 1979, 24.

[470] NJW 1971, 1624; Ks NVwZ 1998, 1315; Ma NJW 1977, 861; Mü BayVBl 1997, 248; Ms NVwZ-RR 1997, 13; s auch Hbg NVwZ-RR 1997, 11; Ortloff NVwZ 1999, 962; **aA** (soweit es an gesetzlichen Nachfolgeregelungen fehlt) Dietlein, Nachfolge im öffentlichen Recht, 1999, 227ff, 276; Schenke GewA 1976, 1ff u PolR 292ff mwN.

[471] Wirkung auch ggü einem Rechtsnachfolger; Vollziehung setzt jedoch einen neuen diesbezüglichen VA voraus; Schenke BauO 476; **aA** für Hamburg aufgrund besonderer Regelungen Hbg DVBl 1991, 220.

schuldeter Unkenntnis, nur den noch offenen Rest von Rechtsbehelfsfristen nutzen) gegen sich gelten lassen (NVwZ 1989, 967; Gr NVwZ-RR 2001, 541; Waldhoff JuS 2007, 275). Dasselbe gilt für einen Verzicht auf Abwehrrechte, wie er etwa in bezug auf eine Baugenehmigung in dem Unterschreiben der Bauvorlagen durch den Nachbarn liegt (Ba LKV 1998, 242; Ortloff NVwZ 1999, 959; s auch Mü BayVBl 1998, 57).[472] **Bei VAen mit höchstpersönlichem Charakter,** zB einer **Fahrerlaubnis,** einem **Waffenschein,** ist eine Rechtsnachfolge nicht möglich u damit auch eine Klagebefugnis des Rechtsnachfolgers, zB des Erben, grds ausgeschlossen.[473] Bei personenbezogenen, jedoch **nicht höchstpersönlichen** (dh „vertretbaren", vgl Ko DÖV 1980, 655) VAen, zB Abgabenbescheiden, ist, soweit gesetzlich nicht eine Rechtswirkung ggü Rechtsnachfolgern ausgeschlossen ist, nach hM grds auch der Rechtsnachfolger kraft Gesetzes klagebefugt, **zB der Erbe,**[474] nicht aber der Nacherbe vor Eintritt des Nacherbfalls (NJW 2001, 2417). Grds **nicht als höchstpersönliche Pflichten** werden nach der (sehr bedenklichen) hM heute die **Polizeipflichten** angesehen.[475] Bejaht wird hier auch eine Rechtsnachfolge eines neuen Eigentümers bzgl eines ggü dem Voreigentümer ergangenen, dessen polizeirechtliche Zustandsverantwortlichkeit geltend machenden VA.[476] Ist die Klagebefugnis an das Eigentum an einem Grundstück gebunden u hat der frühere Grundstückseigentümer gegen eine ihn zunächst belastende Baugenehmigung, die einem Nachbarn erteilt wurde, noch keine Anfechtungsklage erhoben, so endet seine **Klagebefugnis für eine Nachbarklage** mit der Umschreibung des Grundstücks im Grundbuch (Gr NVwZ-RR 2001, 541). Geht das Eigentum erst **während der Anhängigkeit einer Nachbarklage** über (s dazu auch 13 zu § 91), so besteht für den bisherigen Eigentümer, der die Nachbarklage angestrengt hatte, gem **§ 173 S 1 iVm § 265 Abs 2 S 1 ZPO** die Befugnis, den Prozeß weiterzuführen. Der neue Eigentümer ist aber nach **§ 173 S 1 iVm § 266 Abs 1 S 1 ZPO** berechtigt u auf Antrag des Gegners verpflichtet, den Rechtsstreit in der Lage, in der er sich befindet, als **Partei zu übernehmen.** Wird eine ör Forderung des Bürgers während eines Prozesses an einen anderen abgetreten, so ist der neue **Forderungsinhaber gem § 173 S 1 iVm § 265 Abs 2 S 2 ZPO** nur bei Zustimmung des Klagegegners befugt, den Prozeß an Stelle des Rechtsvorgängers zu übernehmen (NVwZ-RR 2001, 406). Wird die ör Forderung vor Klageerhebung abgetreten, so ist nur der neue Forderungsinhaber, nicht hingegen der bisherige klagebefugt. Dies gilt auch dann, wenn die Forderungsübertragung erst nach Bekanntgabe des Widerspruchsbescheids an den bisherigen Gläubiger erfolgte; eine entspr Anwendung des § 173 S 1 iVm § 265 Abs 2 ZPO scheidet insoweit aus (Buchh 428 § 37 VermG Nr 20).

Zur **Klagebefugnis des Rechtsvorgängers bei Rechtsnachfolge während des Prozesses** s auch oben 61. Zum Rechtsschutz desjenigen, der entgegen der Behörde davon ausgeht, eine **Rechtsnachfolge** bzgl der in einem VA

---

[472] Allg zur Rechtsnachfolge im Verwaltungsrecht auch MK 38; Rumpf VerwA 1987, 269; Schenke GewA 1976, 1 ff u PolR 292 ff; Schlabach/Simon NVwZ 1992, 143.

[473] Vgl Ko DÖV 1980, 654; Mü BayVBl 1970, 328; v Mutius VerwA 1971, 83; 1972, 87; MK 38 II 1; anders uU hins der mit dem VA verbundenen Kostenentscheidung.

[474] Vgl BSG NJW 1987, 1846 mwN; Ko DÖV 1980, 655: entspr Anwendung von §§ 1922, 1967 BGB, §§ 239 f, 325 Abs 1, 727 f ZPO; Martens NVwZ 1987, 108; zum Rechtsweg für die Geltendmachung von Anspr gegen Erben s auch 21 zu § 40.

[475] Ko DÖV 1980, 654; BauR 1985, 183; Schoch BauR 1983, 532; Ortloff JuS 1981, 574; v Mutius VerwA 1971, 83; 1972, 87; 1980, 93; Wallerath JuS 1971, 465; **aA** Mü BayVBl 1970, 328; Ks NJW 1976, 1910; Dietlein, Nachfolge im öffentlichen Recht, 1999, 192 ff; Schenke GewA 1976, 1 ff.

[476] NJW 1971, 1624 ff; Ma NJW 1979, 1564 f; Ms NVwZ 1997, 507; **aA** Ks DVBl 1977, 255; Dietlein, Nachfolge im öffentlichen Recht, 1999, 192 ff, 276; Schenke PolR 292 ff mwN.

festgelegten Pflicht **sei bei ihm nicht eingetreten** s 26 zu § 43. Durch die Ablehnung der von einem **Dritten beantragten Baugenehmigung** wird der **Grundstückseigentümer** grds nicht betroffen (BauR 1998, 536).

25. Geltendmachung der Rechtsverletzung („behauptete Beschwer"): 175
Der Kl muß gem Abs 2 **geltend machen,** daß er durch den VA bzw dadurch, daß der begehrte VA bisher nicht ergangen ist, in **seinen Rechten verletzt** ist. Die Behauptung der RVerletzung darf **nicht** in einer **bloßen Formalbehauptung** bestehen, sondern muß grds **substantiiert** erfolgen (oben 65). Es sind jedoch **keine strengen Anforderungen** daran zu stellen (NJW 1979, 1422; Ms DVBl 1987, 1024; str, s im folgenden).

Der „Behauptungspflicht" wird grds schon damit genügt, **daß** der Kl **hinreichend substantiiert Tatsachen vorträgt,** die es zumindest **als möglich erscheinen** lassen, daß er durch den VA in einer eigenen rechtlich geschützten Position **beeinträchtigt** wird (Ms DVBl 1987, 1024), u daß **der Klage jedenfalls zu entnehmen** ist, daß der Kl sich **in eigenen Rechten verletzt glaubt, u** die Möglichkeit einer derartigen Verletzung nicht ausgeschlossen erscheint (3, 238; 7, 89; Böckenförde JuS 1966, 360; Baumann BayVBl 1982, 265). **Weitergehende,** strengere **Anforderungen,** wie sie durch die Rspr mitunter insb im Bereich des Atomrechts verlangt werden (dazu oben 104), erscheinen schon im Hinblick auf die beschränkte Funktion der Klagebefugnis, die Popularklage auszuschließen (s oben 59), sowie den verwaltungsprozessualen Untersuchungsgrundsatz fragwürdig. Das gilt um so mehr, als die VwGO für die Klage in der 1. Instanz **keinen Anwaltszwang** kennt u von juristischen Laien die zu näheren Ausführungen erforderlichen Rechtskenntnisse idR nicht erwartet werden können (krit zur Rspr Baumann BayVBl 1982, 297). Stellt man strengere Anforderungen an die Geltendmachung einer Rechtsverletzung, so hätte dies zudem nur die Folge, daß sich daraus **auch erhöhte Anforderungen an die Aufklärungs- u Beratungspflichten** des Gerichts gem § 82 Abs 2, § 86 Abs 3 ergeben; es wäre aber nicht sinnvoll, auf diese Weise wesentliche Teile der dem Gericht obliegenden Verpflichtung zur Aufklärung des Sachverhalts schon in die Prüfung der Klagebefugnis zu verlagern.

Bei Anfechtungsklagen liegt die Behauptung einer Rechtsverletzung iSv 176
§ 42 Abs 2 grds konkludent **schon in der Tatsache der Erhebung der Klage als solcher u** dem hinreichend substantiierten **Vortrag der Tatsachen,** die eine Rechtsverletzung möglich erscheinen lassen.[477]

Nähere Ausführungen dazu, **warum** u weshalb der Kl glaubt, in **seinen Rechten verletzt** zu sein, u um welche Rechte es sich dabei (nach seiner Auffassung) handelt, **bei Ermessens- u Beurteilungsentscheidungen** auch, **welche sonstigen Gesichtspunkte** von der Behörde bei ihrer Entscheidung hätten berücksichtigt werden müssen (vgl BSG NVwZ 1991, 407) u **zu welchem Ergebnis** dann die Behörde hätte kommen müssen oder können, sind nur dann **erforderlich,** wenn die Rechtsbetroffenheit u die Möglichkeit einer RVerletzung nach dem Klagevortrag nicht ohne weiteres ersichtlich sind (vgl auch 61, 261). **Geringere Anforderungen** sind an den Vortrag zur Rechtsbetroffenheit dann zu stellen, **wenn** ein substantiiertes Vorbringen dem Kl **nicht zuzumuten wäre** (vgl 75, 291), **zB, weil** die Behörde ihn **nicht am Vf beteiligt hatte u** er deshalb auch keine Gelegenheit hatte, sich über seine materielle Rechtsbetroffenheit zu vergewissern.[478] **Erforderlich** sind vor allem **Ausführungen in tatsächlicher** Hinsicht, warum, wodurch u in welchen Rechten sich der Kl betrof-

---

[477] Böckenförde JuS 1966, 360; enger Stern 288; Erichsen VerwA 1973, 322; zT **aA** BVerwG 54, 100: grds nähere Ausführungen erforderlich; ähnlich Ms NVwZ 1993, 385 u Lü NVwZ 1985, 357 zu einer immissionsrechtlichen Klage.

[478] 75, 291 = NJW 1987, 1155 unter Bezugnahme auf UPR 1983, 70; vgl auch Ms DVBl 1987, 1024.

fen fühlt; die **nähere rechtliche Qualifizierung** kann er getrost dem Gericht überlassen (Lü NVwZ 1986, 323).

Bei Verpflichtungsklagen genügt es für die Erfüllung der „Behauptungspflicht", wenn aus der Klage erkennbar ist, daß u **aufgrund welcher Tatsachen** der Kl auf den begehrten VA ein Recht zu haben glaubt (3, 238; 7, 89; RÖ-v Nicolai 15), u iü die oben genannten Voraussetzungen der Klagebefugnis gegeben sind.

177 Ist **die Klage zulässig,** weil der Kl seine Behauptungspflicht aus § 42 Abs 2 erfüllt hat, so hat das Gericht gem § 86 den angefochtenen VA bzw den Anspr auf den begehrten VA **unter allen insoweit maßgeblichen** (vgl 4 zu § 86) **Gesichtspunkten zu prüfen, nicht nur unter den Gesichtspunkten, die** gem § 42 Abs 2 zur Begründung der Klagebefugnis **geltend gemacht wurden.**[479] S auch oben 70.

178 **26. Klagebefugnis, Rechtsschutzinteresse, unzulässige Rechtsausübung und Ausschluß der Geltendmachung eines Mangels nach § 46 VwVfG oder wegen Präklusion:** Vom allg RS I (s 30 vor § 40) unterscheidet sich die Klagebefugnis dadurch, daß es bei ihr ausschließlich auf die **generelle** (in gewissem Sinn fast als abstrakt zu bezeichnende) **Möglichkeit einer Verletzung der Rechte des Kl** ankommt, während beim allgemeinen RS I auf die Frage abzustellen ist, ob angesichts der besonderen Umstände des Falles die Klageerhebung nicht erforderlich ist, weil der Kl seine Rechte auf einfachere Weise verwirklichen kann, oder die Klage aus anderen Gründen unnütz, unlauter (RÖ-v Nicolai 28) oder mutwillig erscheint.[480] Soweit das Bestehen subjektiver Rechte (etwa im Nachbarrecht, s oben 99) **unabhängig** von einer **tatsächlichen Beeinträchtigung** des Rechtsinhabers begründet wird, kann das RSB **nicht** allein wg des Fehlens einer solchen tatsächlichen Beeinträchtigung **verneint** werden (s auch 52 vor § 40). Allg zum RSB s 30 ff vor § 40.

Nicht an der Klagebefugnis scheitert die Anfechtungsklage gegen einen erledigten VA (**aA** NVwZ 1991, 571). Hier ergibt sich aus der Regelung des § 113 Abs 1 S 4, daß eine Anfechtungsklage nicht mehr statthaft ist u nur noch eine FFK in Betracht kommt (oben 58).

179 **Grds nicht im Rahmen der Klagebefugnis** oder des RS I zu prüfen ist, ob die Klage angesichts besonderer Umstände, zB eines **Verzichts** auf den materiellen Anspr (zu dessen Voraussetzungen s Ba SächsVBl 1997, 120), der **Präklusion**[481] wg der **Versäumung von Einwendungsfristen,**[482] **Ausschlußfristen** für die Geltendmachung eines Anspr[483] uä oder der **Verwirkung des materiellen**

---

[479] **AA** NVwZ 1983, 672: auf eine Beeinträchtigung durch Lärm u Abgase nicht einzugehen, da nicht geltend gemacht.

[480] NJW 1976, 2277; Mü BayVBl 1975, 541 (vgl zur Unterscheidung auch Ehlers NVwZ 1990, 109; VerwA 1993, 143; unklar 60, 150: § 42 Abs 2 als „besonderes Rechtsschutzinteresse").

[481] Dazu, daß zur Vermeidung einer Präklusion im Planfeststellungsverfahren das Einwendungsvorbringen so konkret sein muß, daß die Planungsbehörde erkennen kann, in welcher Weise sie bestimmte Belange einer näheren Betrachtung unterziehen soll, NVwZ-RR 2006, 760.

[482] 60, 299; 66, 106 = NJW 1984, 1250: die Frage der Präklusion kann nur im Rahmen einer zulässigen Klage geprüft werden; DÖV 1993, 433; NVwZ 1999, 70; NVwZ 2005, 219; Ma NVwZ-RR 1999, 631; Papier NJW 1980, 314; Mader BayVBl 1982, 169; Stober AöR 1981, 67; Stüer/Rieder DÖV 2003, 478; offen BVerwG 60, 301; **aA** Brandt NVwZ 1997, 235 u Solveen DVBl 1997, 803 ff; Stober DVBl 1977, 909; Würt 294 (grds); Jarass 98 zu § 10 BImSchG. Ausf zur Präklusion s Brandt NVwZ 1997, 235 u speziell zur Präklusion im Fernstraßenrecht Stüer/Rieder DÖV 2003, 473 ff; zur formellen Verfassungsmäßigkeit materieller Präklusionsnormen im Recht der Länder Oexle BayVBl 2004, 265; zur Behördenpräklusion u ihrer Vereinbarkeit mit dem Verfassungsrecht u dem Gemeinschaftsrecht Siegel DÖV 2004, 589.

[483] Ma DVBl 1992, 438; zur verfassungsrechtlichen Zulässigkeit von Vorschriften, die eine materielle Präklusion vorsehen, s Thiel DÖV 2001, 814 ff.

Anspr, voraussichtlich keinen Erfolg haben kann. Die Klage ist in diesen Fällen – sofern der Verlust des Rechts nicht offensichtlich ist – zulässig, aber unbegründet.[484] Zur Verwirkung eines nachbarrechtlichen Abwehrrechts bei kurzfristig fertiggestellten Gebäuden s Ms BauR 2000, 381. Dazu, daß der Erwerb eines Grundstücks nur zum Zwecke der Klageerhebung (sog **Sperrgrundstück**) die Klage grds nicht unzulässig macht, s oben 89.[485] Zur Berücksichtigung einer möglicherweise erfolgten **Heilung oder Unbeachtlichkeit von Mängeln** gem §§ 45, 47 VwVfG oder nach entspr Vorschriften oder allg Rechtsgrundsätzen s oben 95.

Keine Frage der Klagebefugnis – Entsprechendes gilt für das RSB – u daher auch nicht im Rahmen von § 42 Abs 2 zu prüfen ist auch die Frage, ob die Klage nicht uU nach **§ 46 VwVfG** oder nach entspr Vorschriften erfolglos bleiben muß (oben 59). § 46 VwVfG betrifft nach hM **die Begründetheit,** nicht die Zulässigkeit der Klage u setzt daher die Zulässigkeit der Klage u damit auch die Klagebefugnis nach den allg Grundsätzen voraus. Vgl allg Mü BayVBl 1987, 244; Schenke DÖV 1986, 305; KR 42 zu § 46 VwVfG.

Zu **konsekutiven VAen** u zur **Stufung von VerwaltungsVf** mit den daraus folgenden Konsequenzen für die Geltendmachung von Einwendungen jeweils in bestimmten Verfahrensstufen s oben 53 u 73 f. Von einer Präklusion von Einwendungen sollte man hier, wo von vornherein bestimmte Einwendungen nur für eine Stufe eines mehrgliedrigen Vf relevant werden, nicht sprechen.

27. Ausnahmen vom Erfordernis der Geltendmachung einer Verletzung eigener Rechte (Abs 2): Abweichend von der allg Regelung des Abs 2 ist eine Anfechtungs- oder Verpflichtungsklage **ohne Rücksicht auf eine Betroffenheit des Kl** in eigenen Rechten auch dann zulässig, **wenn ein formelles Bundes- oder Landesgesetz** – auch ein vor Erlaß der VwGO ergangenes Gesetz (RÖ-v Nicolai 21) – ein **Klagerecht unabhängig von der Betroffenheit in eigenen Rechten** ausdr vorsieht oder eine dahingehende Regelung jedenfalls aus dem Zusammenhang einer Vorschrift, insb ihrem Zweck, ersichtlich ist (28, 65; 78, 347 = NVwZ 1988, 527; NVwZ 1988, 364 – auch durch Landesgesetz; Stern 298). **Ein Landesgesetz** kann dies jedoch, obwohl § 42 Abs 2 allg auch den Landesgesetzgeber zu entspr Regelungen ermächtigt,[486] **nur** insoweit, als es nicht um Klagen gegen Bundesbehörden geht,[487] da die Einführung objektivrechtlicher Kontrollbefugnisse nicht mehr durch Art 74 Abs 1 Nr 1 GG gedeckt ist (92, 266 = NVwZ 1993, 892). Das Klagerecht kann, da der Gesetzgeber zur Einführung grds nicht verpflichtet ist, in dem Gesetz, das es einführt, **auch** auf **einzelne Klagegründe beschränkt** werden.[488] Ein Beispiel für eine 180

---

[484] 60, 299; Mü VRspr 16, 472 u 479; BayVBl 1979, 723; Ma DVBl 1992, 438; Lü DVBl 1975, 192; Ks NuR 1992, 385; Ms NWVBl 1993, 50; Menger VerwA 1975, 90; Kopp GewA 1967, 73; Papier NJW 1980, 394; Mader BayVBl 1982, 169; Stüer/Rieder DÖV 2003, 478 mwN; **aA** BVerfG BayVBl 1982, 624; Ba SächsVBl 1997, 120; Ks NVwZ-RR 1991, 171; Mü NJW 1980, 723; Brandt NVwZ 1997, 235; Dütz NJW 1972, 1027; Stober DVBl 1977, 909.

[485] NVwZ 1991, 781; **aA** Mü NVwZ 1989, 684 f u Ms NVwZ 1991, 387: rechtsmißbräuchliche Klage. S zu dem in der Unterzeichnung eines Bauantrags zu sehenden Verzicht auf Nachbarrechte auch Mü BauR 1980, 56; Sa BauR 1979, 135.

[486] Schenke 533; Kopp NuR 1994, 77; vgl auch DVBl 1988, 494: der Landesgesetzgeber kann die Verbandsklage auch gegen VAe zulassen, die in einem bundesrechtlich geregelten Verfahren ergehen; er kann sie auf die Geltendmachung eines Verstoßes gegen naturschutzrechtliche Vorschriften begrenzen. Zu landesrechtlich vorgesehenen naturschutzrechtlichen Verbands- oder Vereinsklagen Schmidt/Zschiesche NuR 2003, 16.

[487] 92, 263 = NVwZ 1993, 891; NVwZ-RR 1996, 141; NVwZ 1996, 390; DVBl 1997, 856 = NuR 1997, 403 u VG Kassel DÖV 1984, 123; Diefenbach NuR 1997, 574; Harings NVwZ 1997, 540; Schenke 533; für weiterreichende Kompetenz 10. Aufl 97 u Kopp NuR 1994, 77.

[488] DÖV 1999, 349; FfO LKV 1996, 102 = NVwZ 1996, 406; **aA** VG Darmstadt NVwZ 1987, 922: immer Eröffnung der Nachprüfung in vollem Umfang, auch bei Natur-

unabhängig von der Geltendmachung eigener Rechte eingeräumte Klagemöglichkeit stellt die durch G v 25. 3. 2002 (BGBl I 1193) auch auf Bundesebene durch § 61 BNatSchG eingeführte **naturschutzrechtliche Verbands- bzw Vereinsklage** dar, die ua gegen Planfeststellungsbeschlüsse über Vorhaben, die mit Eingriffen in Natur u Landschaft verbunden sind sowie gegen Plangenehmigungen, soweit eine Öffentlichkeitsbeteiligung vorgesehen ist, zugelassen wird. Eine Voraussetzung für die Zulässigkeit von (förmlichen) Rechtbehelfen, insb von Klagen, ist nach § 61 Ab 2 BNatSchG die Geltendmachung eines Verstoßes gegen das BNatSchG, gegen Rechtsvorschriften, die aufgrund oder im Rahmen des BNatSchG erlassen worden sind oder fortgelten oder gegen andere Rechtsvorschriften, die bei Erlaß des VA zu beachten sind u zumindest auch den Belangen des Naturschutzes u der Landschaftspflege zu dienen bestimmt sind. Für die Zulässigkeit genügt die Möglichkeit einer Verletzung solcher Bestimmungen. Ob tatsächlich eine Verletzung vorliegt, ist erst im Rahmen der Begründetheit der Klage (25 zu § 113) zu entscheiden. Nach § 61 Abs 5 BNatSchG können die Länder auch in anderen Fällen, in denen nach § 60 Abs 2 BNatSchG die Mitwirkung eines anerkannten Vereins vorgesehen ist, Rechtsbehelfe zulassen.[489]

Durch das UmwRG ist nunmehr außerdem gem § 3 UmwRG anerkannten Umweltschutzvereinigungen (dazu zählen nach § 3 Abs 1 S 3 UmwRG auch nach dem BNatSchG anerkannte Naturschutzvereine) nach näherer Maßgabe des § 2 UmwRG die Möglichkeit eingeräumt, Rechtsbehelfe nach der VwGO gegen eine Entscheidung nach § 1 Abs 1 UmwRG iVm § 2 Abs 3 UVPG einzulegen[490] u auf diese Weise zur Wahrung umweltschutzrechtlicher Belange beizutragen.[491] Die Klagemöglichkeit ist nach § 2 Abs 1 S 1 UmwRG zwar nicht an die Geltendmachung der Verletzung eigener Rechte der Vereinigung gebunden. Sie erfordert aber ua, daß die Vereinigung geltend macht, daß Rechtsvorschriften, die dem Umweltschutz dienen, Rechte Einzelner begründen u für die Entscheidung von Bedeutung sein können, verletzt worden sind. Die Klage dient damit nur dem Umweltschutz, wobei dieser Begriff weit zu interpretieren ist (Ziekow NVwZ 2007, 262). Auf umweltschutzrechtliche Vorschriften läßt sich daher eine Klagebefugnis einer Umweltschutzvereinigung nur stützen, wenn durch diese Vorschriften subjektive Rechte Einzelner (auch Dritter) begründet werden können. Die Geltendmachung einer Verletzung nur objektivrechtlicher Vorschriften genügt (anders als bei einer auf § 61 Abs 2 BNatSchG gestützten Vereinsklage) nicht.[492] Geht man davon aus, daß immissionsschutzrechtliche, der Vorsorge dienende Bestimmungen keine subjektiven Rechte Dritter begründen (dazu oben 105), scheidet deshalb eine Klagebefugnis aus. Ausreichend ist es aber, wenn die Vorschriften zwar nicht allg, wohl aber hins der konkreten Entscheidung subjektive Rechte Einzelner begründen (Ziekow NVwZ 2007, 261). Während sonst bei Verletzung der in § 2 Abs 1 UmwRG genannten Bestimmungen § 46

---

schutzverbänden keine Beschränkung auf naturschutzrechtliche Aspekte; Skouris NVwZ 1982, 233.

[489] Dazu näher Calliess NJW 2003, 97 ff; Schmidt/Zschiesche, NuR 2003, 18; Seelig/Gündling NVwZ 2002, 1033 ff; Stüer NuR 2002, 708; Wilrich DVBl 2002, 872 ff.

[489] Soweit die spezielle Regelung des § 61 BNatSchG nicht greift, können Naturschutzverbände die Klagemöglichkeit nach dem UmwRG auch in demselben Verfahren geltend machen, BT-Dr 16/295, 11.

[490] Näher dazu Ziekow NVwZ 2007, 259 ff.

[491] Das UmwRG, das der Umsetzung der EG-Richtlinie 2003/35/EG diente, war durch den Bundesgesetzgeber nicht fristgerecht umgesetzt worden. Umstritten war deshalb, ob bis zum Erlaß des UmwRG eine Klage einer Umweltvereinigung direkt auf die Richtlinie gestützt werden konnte (dafür Louis NuR 2004, 291; Louis/Stück NdsVBl 2005, 225; **aA** Alleweldt DÖV 629 f).

[492] Kritik insoweit bei Ewer NVwZ 2007, 272; Kment NVwZ 2007, 275; Ziekow NVwZ 2007, 260.

VwVfG Anwendung findet (Ziekow NVwZ 2007, 264), führt die Nichtdurchführung u Nichtnachholung einer gebotenen Umweltverträglichkeitsprüfung, da es sich insoweit um einen absoluten Verfahrensfehler handelt (oben 75 u 95), nach § 4 Abs 1 UmwRG stets zur Aufhebung einer Entscheidung über die Zulässigkeit eines Vorhabens nach § 1 Abs 1 S 1 Nr 1 UmwRG.

Ein unabhängig von der Verletzung eigener Rechte bestehendes Verbandsklagerecht sieht auch § 13 BGG im Behindertenrecht für nach § 13 Abs 3 BGG anerkannte Verbände vor. Es handelt sich hier aber um eine Feststellungsklage u keine Anfechtungsklage (NVwZ 2006, 817; Ma NVwZ-RR 2005, 635).

Gesetzliche **Ausnahmen** bestehen aufgrund besonderer **bundesrechtlicher** 181 **Vorschriften** neben dem genannten § 61 BNatSchG u § 3 UmwRG (s oben 180) zB **zugunsten bestimmter Behörden** oder **ihrer Leiter**; zugunsten der **Handwerkskammer** nach §§ 11, 12, 8 HandwO (12, 75); **aufgrund** besonderer **landesrechtlicher Vorschriften** – etwa § 44 BremNatSchG; § 65 BrandNatSchG (FfO LKV 1996, 102f); § 60c NdsNatSchG (dazu Louis/Stück NdsVBl 2005, 227) – zB zugunsten von anerkannten **Naturschutzverbänden** nach dem Naturschutzrecht (NVwZ 1996, 390);[493] zugunsten der **zuständigen Behörde bzw des zuständigen Ministers** hins des Widerspruchsbescheids des Ausschusses gem § 17 Abs 1 S 1 RhPfAGVwGO bzw § 17 Abs 1 SaarlAGVwGO (sog **„Aufsichtsklage"**, vgl 37, 50; dazu auch 25 zu § 113).[494]

Andere Fälle, in denen eine Klagebefugnis gem § 42 Abs 2 trotz fehlender subjektiver RVerletzung besteht, sind auch dort gegeben, wo sich diese aus einer für alle gerichtlichen Vf gesetzlich anerkannten Prozeßstandschaft ableitet (vgl zB oben 61).

Mit der Zulassung der Klage ohne Rücksicht auf die persönliche Betroffenheit 182 des Kl ist notwendig verbunden, daß **auch für die Begründetheit der Klage** die **Verletzung eigener Rechte nicht erforderlich** ist, vielmehr eine Klage schon immer dann Erfolg haben muß, wenn der angefochtene VA bzw die Ablehnung oder das Unterbleiben eines VA objektiv rechtswidrig ist (VG Darmstadt NVwZ 1987, 922; v Oertzen DVBl 1961, 652; SGH 174; Skouris NVwZ 1982, 234).

Anhang zu § 42
Begriff des Verwaltungsaktes

§ 35 VwVfG

Verwaltungsakt[5 ff] ist jede Verfügung, Entscheidung oder andere hoheitliche Maßnahme,[13 ff] die eine Behörde[16 ff] zur Regelung[23 ff] eines Einzelfalls[48 ff] auf dem Gebiet des öffentlichen Rechts trifft und die auf unmittelbare Rechtswirkung nach außen gerichtet ist[65 ff]. Allgemeinverfügung ist ein Verwaltungsakt, der sich an einen nach allgemeinen

---

[493] 87, 63 = JuS 1991, 518m Anm Battis/Weber JuS 1992, 1012; NVwZ 1991, 960; NVwZ 1996, 390 mwN; FfO KLV 1996, 102f; Ks NVwZ 1982, 263 u 689; NuR 1985, 154; VG Darmstadt NVwZ 1987, 921; Harings NVwZ 1997, 540f.

[494] Allg zur Klagebefugnis von Behörden im sog „In-sich-Prozeß" auch 7 zu § 63; ferner insb Herbert, Die Klagebefugnis von Gremien, DÖV 1994, 108. Zur Verbandsklage, insb im Umweltrecht, Diefenbach NuR 1997, 573; Epiney NVwZ 1999, 485; Harings NVwZ 1997, 538; Jarass NuR 1997, 426; Rehbinder NVwZ 1982, 666; Neumeyer UPR 1987, 327; Skouris NVwZ 1982, 233; Battis/Dünnbacke JuS 1990, 188; Battis/Weber JuS 1992, 1016; Sch-Wahl/Schütz 228ff zu § 42 Abs 2; Bizer/Ormond/Riedel, Die Verbandsklage im Naturschutzrecht, 1990; Hauber, Verfahrensbeteiligung und Verbandsklage von Umweltschutzverbänden im Naturschutzrecht, VR 1991, 313; Kokott/Lee UTR 1998, 215; Marotzke, Von der schutzgesetzlichen Unterlassungsklage zur Verbandsklage, 1992; Wolf ZUR 1994, 1; Winkelmann ZUR 1994, 12.

Merkmalen bestimmten oder bestimmbaren Personenkreis richtet oder die öffentlich-rechtliche Eigenschaft einer Sache oder ihre Benutzung durch die Allgemeinheit betrifft.[52 ff]

Schrifttum: *Bachof,* Verwaltungsakt und innerdienstliche Weisung, Laforet-FS 1952, 285; *Bachof/Brohm,* Die Dogmatik des Verwaltungsrechts vor den Gegenwartsaufgaben der Verwaltung, Referate mit Diskussion, VVDStRL 30 (1972), 193; *Becker-Schwarze/Köck ua (Hg),* Wandel der Handlungsformen im öffentlichen Recht, 1991; *Beschorner,* Individualrechtsschutz bei inkongruenten Form-Inhalt-Beziehungen des Verwaltungshandelns, 1985; *Bickenbach,* Die Ersetzung gemeindlichen Einvernehmens durch Verpflichtungsurteil?, BauR 2004, 428; *ders,* Nochmals zur Ersetzung des gemeindlichen Einvernehmens durch Verpflichtungsurteil?, ZfBR 2005, 765; *Blümel,* Fachplanung durch Bundesgesetz, DVBl 1997, 205; *Bockey,* Der vorläufige VA, JA 1992, 161; *Brühl,* Die Prüfung der Rechtmäßigkeit des Verwaltungszwangs im gestreckten Verfahren, JuS 1997, 926; 1021; JuS 1998, 65; *Budroweit,* Die Mitwirkung der Gemeinde bei baurechtlichen Entscheidungen, 2004; *ders,* Kein gemeindliches Einvernehmenserfordernis bei Identität von unterer Baugenehmigungsbehörde und Gemeinde, NVwZ 2005, 1013; *Caspar,* Der fiktive Verwaltungsakt – Zur Systematisierung eines aktuelllen verwaltungsrechtlichen Instituts, AöR 2000, 131; *Deger,* Platzverweise und Betretungsverbote gegen Mitglieder der Drogenszene und anderer offener Szenen, VBlBW 1996, 90; *Ehlers,* Das Verwaltungsverfahrensgesetz im Spiegel der Rechtsprechung, DV 1998, 53, 60; *Emmerich-Fritsche,* Kritische Thesen zur Legaldefinition des Verwaltungsakts, NVwZ 2006, 762; *Engel,* Planungssicherheit für Unternehmen durch Verwaltungsakt, 1992; *Erfmeyer,* Der nichtmaterielle Verwaltungsakt – Rechtswidrige und überflüssige Fiktion, DÖV 1996, 629; *ders,* Die Rechtsnatur „heimlicher" behördlicher Maßnahmen, DÖV 1999, 719; *Erichsen/Rauschenberg,* Verwaltungsvollstreckung, Jura 1998, 31; *Fechner,* Zur Rechtsnatur der straßenrechtlichen Genehmigung beim Erlass kommunaler Sondernutzungssatzungen in Mecklenburg-Vorpommern, LKV 2006, 158; *Fehling,* Einvernehmen der Gemeinde nach § 36 BauGB trotz Identität von Gemeinde und Baugenehmigungsbehörde?, Jura 2006, 369; *Finger,* Polizeiliche Standardmaßnahmen und ihre zwangsweise Durchsetzung – Rechtsnatur, Rechtsgrundlage und Rechtsschutz am Beispiel der Ingewahrsamnahme, JuS 2005, 116; *Franz,* Die Staatsaufsicht über die Kommunen, JuS 2004, 937; *Gornig,* Die sachbezogene hoheitliche Maßnahme, 1985; *Graupeter,* Rechtsfolgen der rechtswidrigen Versagung des gemeindlichen Einvernehmens und rechtmäßige Handlungsalternativen der Gemeinden zur Verhinderung eines Bauvorhabens, ZfBR 2005, 432; *Günther,* Zur Handlungsform des beamtenrechtlichen Lei-stungsbescheids, DöD 1991, 159; *Haseloff-Grupp,* Bekämpfung der Drogenszene durch Platzverweise, VBlBW 1997, 161; *Heilemann,* Der Ausführungsbescheid als Verwaltungsakt im Sinne des Verwaltungsverfahrensgesetzes und des Sozialgesetzbuchs – Zehntes Buch –, 1998; *ders,* Nochmals: Die Rechtsqualität von Aufrechnung, Verrechnung, Abtretung (Übertragung), Abzweigung und Pfändung, SGb 1999, 507; *Heintzen,* Was standardisieren Standardmaßnahmen, DÖV 2005, 1038; *Hellermann,* Das gemeindliche Einvernehmen (§ 36 BauGB), Jura 2002, 589; *Hoffmann-Riem/Schmidt-Aßmann (Hg),* Innovation und Flexibilität des Verwaltungshandelns, 1994; *Horn,* Verwaltungsvollstreckung, Jura 2004, 447, 597; *Jäde,* Das gemeindliche Einvernehmen – doch ein Verwaltungsakt?, ThürVBl 1997, 217; *ders,* Gemeindliches Einvernehmen im Bauordnungsrecht, JuS 1998, 503; *Kahl,* Der Verwaltungsakt – Bedeutung und Begriff, Jura 2001, 505; *Kemper,* Der vorläufige VA, DVBl 1989, 981; *ders,* Der vorläufige VA, 1990; *Kirchhof,* Der VA auf Zustimmung, DVBl 1985, 651; *Kirschner,* Die Abgrenzung des VA von anderen behördlichen Handlungen, vor allem zur Beeinflussung wirtschaftlicher Abläufe in der Rspr des Gerichts erster Instanz der EG, 1991; *Klinger,* Die Ersetzung des gemeindlichen Einvernehmens gem § 36 Abs 2 S 3 BauGB, Art 74 BayBO 1998 – Versuch einer Neubestimmung, BayVBl 2002, 481; *Kloepfer,* Zu den neuen umweltrechtlichen Handlungsformen des Staates, JZ 1991, 737; *Koch,* Vorläufige VAe im Gaststättenrecht, GewA 1992, 374; *Koehl,* Zur Verwaltungsaktqualität von kommunalaufsichtlichen Widerspruchsbescheiden, BayVBl 2003, 331; *Kopp,* VAe unter Vorbehalt und sonstige vorläufige VAe, DVBl 1989, 238; *ders,* Vorläufiges Verwaltungsverfahren und vorläufiger VA, Diss. Berlin 1991; *Kothe,* Das neue Umweltauditrecht, 1997; *Krause,* Rechtsformen des Verwaltungshandelns, 1974; *Kreßel,* Der „vorläufige" VA, BayVBl 1989, 65; *Ladeur,* Die Zukunft des Verwaltungsakts. Kann die Handlungsformenlehre aus dem Aufstieg des „informalen Verwaltungshandelns" lernen?, VerwA 1995, 511; *Laubinger,* Der Verwaltungsakt mit Doppelwirkung, 1967; *ders,* Zur Rechtsnatur der „Bezeichnung" eines Vorhabens nach dem Landbeschaffungsgesetz und zur Doppelnatur hoheitlicher Maßnahmen, VerwA 1986, 421; *ders,* Elektronisches Verwaltungsverfahren und elektronischer Verwaltungsakt – zwei (fast) neue Institute des

Verwaltungsrechts, König-FS 2004, 517; *Lindner,* Der ernennungsähnliche Verwaltungsakt im Beamtenrecht, NVwZ 2006, 543; *Linhart,* Der Bescheid, 1994; *Losch,* Der vorsorgliche VA, NVwZ 1995, 235; *Lücke, J.,* Vorläufige Staatsakte, 1991; *Maidorn,* Der automatisierte Kontenabruf – Rechtsschutz gegen einen „Realakt", NJW 2006, 3752; *Malmendier,* Die Zwangsmittelfestsetzung in der Verwaltungsvollstreckung des Bundes und der Länder, VerwA 2003, 25; *Manssen,* Privatrechtsgestaltung durch Hoheitsakt. Verfassungsrechtliche und verwaltungsrechtliche Grundlagen, 1994; *Maurer,* Wasserrecht, Allgemeinverfügung und Rechtsverordnung, VBlBW 1987, 361; *Möstl,* Der Rückbau des § 36 BauGB schreitet voran, BayVBl 2007, 129; *Müller-Franken,* Der Verwaltungsaktsbegriff der VwGO beim Handeln von Landes- und Kommunalbehörden, VerwA 1999, 552; *v Mutius,* Rechtsnorm und Verwaltungsakt, Wolff-FS 1973, 167; *Obermayer,* Verwaltungsakt und innerdienstlicher Rechtsakt, 1956; *Peine,* Der vorläufige VA, DÖV 1986, 849; *ders,* Entwicklungen im Recht des VA – eine Zwischenbilanz, Thieme-FS 1993, 563; *Pestalozza,* Formenmißbrauch des Staates, 1973; *Poscher,* Verwaltungsakt und Verwaltungsrecht in der Vollstreckung, VerwA 1998, 111; *Rasch,* Der Realakt insb im Polizeirecht, DVBl 1992, 207; *Reich,* Der Ruf als vorläufiger Verwaltungsakt, DÖV 2004, 413; *Robbers,* Schlichtes Verwaltungshandeln, DÖV 1987, 272; *Rubel,* Der Leistungsbescheid, JA 1990, 86; *Sachs,* Wiederbelebung des besonderen Gewaltverhältnisses?, NWVBl 2004, 209; *Sanden,* Der vorsorgliche Verwaltungsakt, DÖV 2006, 811; *Schenke,* Rechtsschutz bei Divergenz von Form und Inhalt staatlichen Verwaltungshandelns, VerwA 1981, 185; *ders,* Formeller oder materieller Verwaltungsbegriff, NVwZ 1990, 1009; *ders,* Der Rechtsschutz der Gemeinden gegen Braunkohlepläne, UTR 1990, 69; *ders,* Die Rechtsnatur der Vorlage eines Musters gem. Art 3 § 7 Abs 3a S. 2 Nr 5 des Gesetzes zur Neuordnung des Arzneimittelrechts sowie die Zulässigkeit seines Zurückziehens, PharmaR 1993, 4; *Schimmelpfennig,* Vorläufige VAe, 1989; *Schmidt-Aßmann,* Die Lehre von den Rechtsformen des Verwaltungshandelns, DVBl 1989, 532; *ders,* Institute gestufter Verwaltungsverfahren: Vorbescheid und Teilgenehmigung, BVerwG-FS 1978, 569; *Schoch,* Die staatliche Rechtsaufsicht über Kommunen, Jura 2006, 198; *Scholz,* Der Rechtsschutz der Gemeinden gegen fachaufsichtliche Weisungen, Diss Mainz 2003; *Schwabe,* Über Zitatbräuche und über die Verjährung von Minderheitsmeinungen – zugleich eine Anmerkung zur Auslegung des § 36 BauGB –, DVBl 1997, 1322; *Schwerdtner,* Die Weisung – Innerdienstlicher Rechtsakt oder anfechtbarer Verwaltungsakt?, VBlBW 1996, 209; *Selmer/Gersdorf,* Verwaltungsvollstreckungsverfahren, 1996; *Tschentscher,* Der privatrechtsgestaltende Verwaltungsakt als Koordinationsinstrument zwischen öffentlichem Recht und Privatrecht, DVBl 2003, 1424; *Ule,* Probleme des verwaltungsgerichtlichen Rechtsschutzes im besonderen Gewaltverhältnis, VVDStRL 1957, 133; *Volkmar,* Allgemeiner Rechtssatz und Einzelakt, 1962; *Voßkuhle,* Der „relative Verwaltungsakt" – eine unzulässige Handlungsform, SächsVBl 1995, 54; *K. Weber,* Rechtsschutz im Verwaltungsvollstreckungsverfahren, VR 2004, 253; *R. Weber,* Die Rechtsqualität von Aufrechnung, Verrechnung, Abtretung (Übertragung), Abzweigung und Pfändung, SGb 1999, 225; *Wißmann,* Funktionsfreiheiten in der öffentlichen Verwaltung, ZBR 2003, 293; *Zimmer,* Handlungsformen und Handlungsbefugnisse der öffentlichen Verwaltung, Jura 1980, 242; *Zuleeg,* Die Zweistufenlehre, Fröhler-FS 1980, 275.

Übersicht

1 **1. Der prozeßrechtliche und der verwaltungsverfahrensrechtliche Begriff des Verwaltungsakts:** Der VA ist ein **Schlüsselbegriff** sowohl des **materiellen Verwaltungsrechts** wie auch des **Verwaltungsprozeßrechts** (vgl auch Löwer JuS 1980, 805). Im materiellen Recht führt er zur Anwendung einer Reihe von Regeln u Grundsätzen, die insb in den **Vorschriften der Verwaltungsverfahrensgesetze** (s § 9 VwVfG) positiviert sind. Sie haben die Voraussetzungen sowie die Vorbereitung u den Erlaß von VA einschließlich ihrer Wirksamkeit u verwaltungsbehördlichen Aufhebung zum Gegenstand. Im **Verwaltungsprozeß** entscheidet sein Vorliegen über die Anwendung der Normen, welche die **Zulässigkeit** u **Begründetheit** der **Anfechtungs-** u **Verpflichtungsklage** (**einschließlich der FFK** in direkter oder analoger Anwendung des § 113 Abs 1 S 4) regeln. Im Hinblick auf die vor allem hoheitlichen Verwaltungshandeln schützende verfassungsrechtliche Rechtsschutzgarantie des Art 19 Abs 4 GG u

die sie (mit-)konkretisierende verwaltungsgerichtliche Generalklausel des § 40 kommt der begrifflichen Qualifikation von Verwaltungshandeln als VA allerdings heute nicht mehr jene Bedeutung zu wie früher, als die auf dem Enumerationsprinzip aufbauenden Verwaltungsgerichtsgesetze nur ggü einem VA Rechtsschutz einräumten. Deshalb besteht **keine Notwendigkeit mehr, zur Sicherung des verwaltungsprozessualen Rechtsschutzes für ein möglichst weites Verständnis des Begriffs des VA** im Verwaltungsprozeßrecht zu plädieren. Damit bietet sich auch von vornherein eine **grundsätzliche Orientierung des prozessualen Verwaltungsaktsbegriffs an dem des materiellen Verwaltungsrechts** an.

Der Begriff des VA iSd § 42 ist in der VwGO nicht definiert; eine **Legaldefinition** enthalten aber **§ 35 VwVfG** bzw die inhaltlich hiermit übereinstimmenden Regelungen in **§ 35 der LVwVfGe** (s ebenso § 118 S 1 AO, § 31 SGB X). Diese lehnt sich eng an den durch die Verwaltungsrechtswissenschaft[1] entwickelten u zT auch schon früher gesetzlich definierten Verwaltungsaktsbegriff[2] an. Obschon § 35 VwVfG u die entspr Vorschriften der LVwVfGe **unmittelbar nur das VerwaltungsVf** betreffen (s § 1 VwVfG), erlauben sie nicht nur angesichts der **Vermutung für einen einheitlichen Sprachgebrauch des Gesetzgebers,** sondern vor allem wg des **funktional-systematischen Zusammenhangs zwischen Verwaltungsrecht u Verwaltungsprozeßrecht,** speziell der Orientierung des verwaltungsprozessualen Rechtsschutzes an der verwaltungsrechtlichen Sanktionierung rechtswidrigen Verwaltungshandelns (s §§ 113 Abs 1, 47 Abs 5), eine **Anknüpfung an die verwaltungsverfahrensrechtliche Legaldefinition.** Da der Begriff des VA iSd bundesrechtlichen Regelung des § 42 ein bundesrechtlicher ist,[3] muß er korrekterweise **grds anhand des § 35 VwVfG bestimmt werden.** Das gilt selbst dann, wenn es um die Qualifikation des Handelns von Landesbehörden geht, für die im Bereich des Verwaltungsverfahrensrechts § 35 LVwVfG einschlägig ist.[4] Angesichts der wörtlichen Übereinstimmung dieser Legaldefinitionen spielt es im praktischen Ergebnis keine Rolle, wenn man den Begriff des VA bei landesbehördlichem Handeln auch iSd § 42 unter Heranziehung des § 35 LVwVfG konturiert (so zB Ma NVwZ-RR 1996, 306; krit Schenke JZ 1996, 1007 Fn 110). Trotzdem bleibt es – über das **Erfordernis rechtsdogmatischer Stimmigkeit hinausreichend** – wichtig daran festzuhalten, daß der Terminus des VA iSd § 42 stets ein bundesrechtlicher ist. Billigte man dem Landesgesetzgeber im Hinblick auf ein Handeln der Landesbehörden die **Definitionshoheit** auch in bezug auf den Begriff des VA iSd Prozeßrechts zu, so läge es in seiner **Dispositionsbefugnis, über die Reichweite der Anfechtungsklage** u damit über die Rechtsschutzzonen der verschiedenen in der VwGO vorgesehenen Klagearten zu entscheiden. 2

[1] Nach der klassischen Definition von O. Mayer (Deutsches Verwaltungsrecht I, 1895, 95) ist der VA „ein der Verwaltung zugehöriger obrigkeitlicher Ausspruch, der dem Unterthanen ggü im Einzelfall bestimmt, was für ihn rechtens sein soll"; näher zur Entwicklung des Verwaltungsaktsbegriffs Erichsen, Verfassungs- und verwaltungsrechtsgeschichtliche Grundlagen der Lehre vom fehlerhaft belastenden Verwaltungsakt und seiner Aufhebung im Prozeß, 1971, 110ff.

[2] S § 25 Abs 1 S 1 MRVO Nr 165. Er und die mit ihm wörtlich übereinstimmenden Vorschriften in § 22 der Verwaltungsgerichtsgesetze von Bayern, Bremen, Hessen und Württemberg-Baden definierten als VA „jede Verfügung, Anordnung, Entscheidung oder sonstige Maßnahme, die von einer Verwaltungsbehörde zur Regelung eines Einzelfalls auf dem Gebiet des öffentlichen Rechts getroffen wird".

[3] Kahl Jura 2001, 506; Müller-Franken VerwA 1999, 559; NKVwGO-Sodan 99 zu § 42; Suerbaum JuS 1998, 636.

[4] NVwZ-RR 1994, 582; DVBl 1997, 366; Ks DVBl 1995, 165; Kahl Jura 2001, 506; Müller-Franken VerwA 1999, 552 mwN; NKVwGO-Sodan 99 zu § 42; Schenke 185; Suerbaum JuS 1998, 636 Fn 9; **aA** Ey-Happ 4 zu § 42.

3 Mit der Ablehnung einer solchen Kompetenz der Länder steht es nicht in Widerspruch, daß der Landesgesetzgeber durch die nähere **Ausgestaltung des Verwaltungshandelns** der Landesbehörden zugleich **mittelbar** darauf Einfluß zu nehmen vermag, ob ein Handeln die Begriffsmerkmale des § 35 VwVfG erfüllt. Darüber hinaus kommt der landesverwaltungsverfahrensrechtlichen Qualifikation eines Verwaltungshandelns im Hinblick auf den engen Zusammenhang von materiellem Verwaltungsrecht u Verwaltungsprozeßrecht wie auch unter dem Aspekt der Rechtssicherheit in den „Grauzonen" des § 35 VwVfG indizielle Bedeutung für die Auslegung des Verwaltungsaktsbegriffs iSd § 42 zu (s zu einer „harmonisierenden" Gesetzesauslegung in parallelem Zusammenhang auch Wendt JA 1980, 27), ohne daß damit die Maßgeblichkeit des dem Bundesrecht zugehörigen prozessualen Verwaltungsaktsbegriffs in Frage gestellt wird. Dem **Bundesgesetzgeber** ist es ohnehin nicht verwehrt, in Teilbereichen des Verwaltungsrechts den **Begriff des VA abweichend von § 35 VwVfG zu bestimmen** (dazu auch Wendt JA 1980, 26; ferner KR 70 zu § 35 VwVfG), wobei solche Regelungen im Zweifelsfall auch für das Prozeßrecht Geltung beanspruchen.[5] Zum „elektronischen VA" ab 1. 2. 2003 s 3. VwVfÄndG v. 21. 8. 2002, BGBl I 3322.

4 **2. Die Legaldefinition des Verwaltungsakts durch § 35 VwVfG:** Sie bestimmt den VA-Begriff anhand materieller Kriterien (s unten 5). Sie ermöglicht auf diese Weise eine Abgrenzung von **privatrechtlichen Maßnahmen** (s unten 13), von **ör Verträgen** u **sonstigen ör Willenserklärungen** (s unten 14 f), von Akten **anderer staatlicher Organe, die nicht verwaltend tätig werden** (s unten 16 ff), von **Handlungen ohne Regelungscharakter,** insb **Realakten** (s unten 23 ff), von **Rechtsnormen** (s unten 48 ff) sowie von **verwaltungsinternen Handlungen ohne intendierte subjektiv-rechtliche Relevanz** (s unten 65 ff).

5 **a) Maßgeblichkeit materieller Kriterien.** Da das Vorliegen eines VA iSd § 42 grds anhand der in § 35 VwVfG genannten Tatbestandsmerkmale zu prüfen ist, ist es hierfür **ohne Bedeutung, wie die Behörde** eine von ihr getroffene Maßnahme **rechtlich qualifiziert** (Kopp VwVfG 5 a zu § 35). Maßgeblich ist vielmehr der entspr § 133 BGB zu bestimmende objektive Erklärungswert. Hierbei stellt § 35 VwVfG (vgl näher unten 13 ff) grds auf **materielle, nicht auf formelle Kriterien ab.**[6] So wird eine innerdienstliche Weisung nicht dadurch zu einem VA, daß sie in der Form eines VA erlassen wird (**aA** Mü BayVBl 2003, 212). Zu beachten ist allerdings, daß die **Form einer hoheitlichen Maßnahmen häufig auch deren Inhalt zu beeinflussen vermag** (s auch unten 59); so etwa, wenn eine Wasserschutzanordnung, die nach der Rspr als materielles Gesetz qualifiziert wird (s unten 61), statt in der für Rechtsverordnungen vorgesehenen Weise durch eine Einzelbekanntmachung ggü dem Grundstückseigentümer erlassen wird (18, 1 ff; zu weiteren Fällen Schenke NVwZ 1990, 1011)

[5] S hierzu Schenke JZ 1996, 1009 und näher NVwZ 1990, 1011 f sowie VerwA 1981, 205 ff; zu den sehr weiten Grenzen, die der Definitionsmacht des Gesetzgebers durch die Verfassung gesetzt sind, BVerwG DÖV 1985, 108; s auch Lü GewA 1983, 164; Mü NVwZ 1985, 503 sowie v Mutius Wolff-FS 1973, 177.

[6] 7, 55; 12, 89; Ks NJW 1966, 1625; Ma VBlBW 1987, 380; Mü DVBl 1978, 182; VG Dessau NuR 1997, 465; Beschorner, Individualrechtsschutz bei inkongruenten Form-Inhalt-Beziehungen des Verwaltungshandelns, 1985; Czybulka DÖV 1991, 410; Erfmeyer DÖV 1996, 629 ff; Erichsen JK 98 VwVfG § 35/6; Kn-Henneke 24 zu § 35 VwVfG; Ronellenfitsch DÖV 1981, 940; Schenke VerwA 1981, 185 ff; NVwZ 1990, 1009 ff; wohl auch KR 16 zu § 35 VwVfG (mißverstanden wird hier allerdings Schenke NVwZ 1990, 1009); **aA** Detterbeck 480; Ehlers Jura 2004, 31; Emmerich-Fritsche NVwZ 2006, 764 f; Pielow DV 1999, 469 Fn 119; Sch-Pietzcker 32 vor § 42 Abs 1; vermittelnd StBS-P. Stelkens/V. Stelkens 14 zu § 35 VwVfG.

oder eine Aufrechnung der Behörde mit einer ör Forderung in Form eines VA erfolgt (Mü BayVBl 1995, 565f; Schenke 194), ferner, falls ein Hoheitsträger sich zur Regelung einer nach dem Gesetz privatrechtlichen Rechtsbeziehung des Einsatzes von Hoheitsgewalt bedient, indem er eine einseitige verbindliche Regelung trifft[7] oder die Feststellung einer Eigenschaft (gesetzlich geschütztes Biotop) in einem mit einer Rechtsbehelfsbelehrung versehenen Bescheid erfolgt (VG Dessau NuR 1997, 465). Dasselbe gilt für die in Form eines Bescheids getroffene **Feststellung** des **Erlöschens eines Aufenthaltstitels** (§ 51 Abs 1 AufenthG), obwohl eine solche Festsstellung gesetzlich nicht vorgesehen ist.[8] Keine Ausnahme von dem Grundsatz, daß es auf den Inhalt des Verwaltungshandelns ankommt, liegt auch darin, daß die Rspr zu Recht (Buchh 310 § 79 VwGO Nr 23; zust Schenke 232; KR 18 zu § 35 VwVfG) einen **Widerspruchsbescheid** als eine **verfahrensrechtlich bedeutsame Regelung** selbst dann als einen VA qualifiziert, wenn sich der Widerspruch gegen ein Verwaltungshandeln richtet, das selbst kein VA ist (s auch § 79 Abs 1 Nr 1), denn dieser wird durch den Widerspruchsbescheid umgestaltet. Abzulehnen ist auch die Ansicht (so aber SGH 411), die zwar – insofern zunächst richtig – nicht auf die Form eines Hoheitsakts abstellen will, es dann aber **fälschlich als maßgeblich ansieht,** in welcher Form ein **Hoheitsakt hätte erlassen werden müssen.** Entscheidend kann nur sein, ob der **tatsächlich erlassene Hoheitsakt ein VA** ist, nicht hingegen in welcher Form er hätte erlassen werden müssen (so nunmehr auch KR 16 zu § 35 VwVfG). Anderenfalls entschiede das Gericht über einen gar nicht existenten Hoheitsakt (s auch 27 zu § 47).

Schreibt der Bundesgesetzgeber eine bestimmte Form des Verwaltungshandelns vor, bestimmt er hiermit häufig konkludent die **Rechtsnatur der Maßnahme sowohl mit Wirkung für das Verwaltungsrecht wie auch das Verwaltungsprozeßrecht** (dazu Schenke NVwZ 1990, 1011f; s auch Mü NVwZ-RR 1995, 115). So ist zB aus der Regelung des § 10 BauGB, nach der ein Bebauungsplan in der Form einer Satzung erlassen wird, zu folgern, daß dieser als Rechtsnorm zu behandeln ist (s unten 57); umgekehrt ist aus einer gesetzlich vorgesehenen **Individualbekanntmachung einer Schutzbereichsanordnung** auf deren Verwaltungsakteigenschaft zu schließen (DÖV 1985, 109; Schenke JZ 1996, 1009). Bei landesbehördlichen Maßnahmen, deren Rechtsnatur durch § 35 VwVfG nicht eindeutig vorgegeben ist, vermag auch der **Landesgesetzgeber** durch ihre **verwaltungsverfahrensrechtliche Qualifikation** zugleich deren Rechtsnatur für das Prozeßrecht mit zu **beeinflussen** (oben 3 u unten 58). Niemals VAe sind die in einem vom Parlament erlassenen Gesetz getroffenen Regelungen (s unten 16). 6

Wenn die Form des Handelns nicht zugleich dessen Inhalt beeinflußt, kommt es nur auf den Inhalt an. Hier **verbietet sich auch eine Anknüpfung an die im Rechtsmittelrecht vertretene Theorie der Meistbegünstigung.**[9] Nach dieser (vgl 22ff vor § 124) ist bei einer formell inkorrekten Entscheidung (zB statt Urteil Beschluß) nicht nur das RMittel statthaft, welches nach dem Inhalt der Entscheidung eingeräumt ist, sondern aus Gründen der Rechtssicherheit auch das der Form der Entscheidung entsprechende. Einer analogen Berücksichtigung eines durch die Verwaltung mittels der gewählten Handlungsform erzeugten Rechtsscheins stehen angesichts der für das Rechtsschutzsystem der VwGO 7

---

[7] KR 16 zu § 35 VwVfG; Schenke NVwZ 1990, 1011; s auch 29, 310; BAG NVwZ-RR 1999, 663 mwN; Lü DVBl 1954, 298; **aA** Erfmeyer DÖV 1996, 636.

[8] So zu § 44 Abs 1 AuslG aF Ma InfAuslR 1997, 306; **aA** VG Darmstadt AuAS 1998, 221.

[9] So aber StBS-P. Stelkens/U. Stelkens 14 zu § 35 VwVfG; **krit** Schenke NVwZ 1990, 1016ff und VerwA 1981, 213ff u Schenke 233; Beschorner aaO, 223ff; Ehlers Jura 2004, 31 Fn 13.

typischen Verzahnung von materiellem Recht u Prozeßrecht unüberwindbare Schwierigkeiten entgegen. In diesem Punkt bestehen, was die **materiellrechtlichen Fehlerfolgen** angeht, **zwischen VA, Rechtsnormen u sonstigem hoheitlichem Verwaltungshandeln, grundsätzliche Unterschiede,** die es (anders als bei fehlerhaften gerichtlichen Entscheidungen) verbieten, den verwaltungsgerichtlichen Rechtsschutz sowohl am Inhalt wie auch zugleich an der Form staatlichen Handelns zu orientieren (näher Schenke NVwZ 1990, 1016 ff). Dem durch eine fehlerhafte Handlungsform herbeigeführten Rechtsschein kann im Rahmen der gerichtlichen Kostenentscheidung gem § 155 Abs 4 Rechnung getragen werden (s auch näher Schenke 233). Soweit bei einem Abstellen nur auf den Inhalt einer Maßnahmen wg **Fehlens anderer Zulässigkeitsvoraussetzungen kein Rechtsschutz** gegeben wäre (zB wg fehlender Klagebefugnis), müßte iü selbst bei einer **Heranziehung der Meistbegünstigungstheorie** verwaltungsgerichtlicher **Rechtsschutz abgelehnt** werden. Auch die Anhänger der Meistbegünstigungstheorie lehnen nämlich die Einräumung gerichtlichen Rechtsschutzes dann ab, wenn bei einer zutr, dem Inhalt der Entscheidung korrespondierenden Form des Handelns gegen diese kein Rechtsschutz eröffnet wäre.

8 **b) Doppelnatur hoheitlicher Maßnahmen.** Aus ähnlichen Gründen, aus denen heraus eine Übertragung der Meistbegünstigungstheorie auf hoheitliches Handeln ausscheidet, erweckt auch eine undifferenzierte Bejahung einer Doppel- oder gar Dreifachnatur staatlichen Handelns Bedenken (s auch unten 63).[10] **Ausgeschlossen** ist es jedenfalls, daß ein u dieselbe Maßnahme ggü **bestimmten Personen einen VA,** anderen ggü aber **eine Rechtsnorm darstellt.**[11] Angesichts der unterschiedlichen Rechtsfolgen rechtswidriger VA u rechtswidriger Normen, müßte anderenfalls davon ausgegangen werden, daß eine rechtswidrige hoheitliche Maßnahme (zB eine durch die Verwaltung verfügte kommunale Gebietsänderung, dazu Schenke 208) ggü **bestimmten Personen rechtswirksam, anderen ggü hingegen nichtig** wäre, obwohl diese Regelungen im Hinblick auf die **Verschränkung ihrer Rechtswirkungen** ggü den verschiedenen Adressaten in einem untrennbaren Zusammenhang stehen u deshalb nicht aufspaltbar sind. Die Bejahung einer Doppelnatur verbietet sich hier damit bereits aus **Gründen der Rechtslogik.** Selbst wenn man aber dennoch eine Doppelnatur annehmen würde, wäre unter Zugrundelegung der sonst ganz überwiegend akzeptierten Ansicht, nach der es für das Vorliegen eines anfechtbaren VA nicht darauf ankommt, ob die in ihm enthaltene Einzelfallregelung gerade ggü dem Kl getroffen wurde (vgl 58 zu § 42; Schenke 182), davon auszugehen, daß der normativ Betroffene **neben dem Rechtsschutz nach § 47** auch die Möglichkeit eines **Rechtsschutzes über die Anfechtungsklage** besitzen müßte.[12] Umgekehrt wäre derjenige, demgegenüber eine Maßnahme mit Doppelnatur sich als Einzelfallregelung darstellen soll, befugt, neben der Anfechtungsklage eine Normenkontrolle gem § 47 zu initiieren, da es auch hier irrelevant ist, an wen die Norm adressiert ist. Damit ergäbe sich das alles andere als überzeugende Ergebnis, daß ein rechtlich Betroffener mehrere sich hins ihrer Zulässigkeitsvoraussetzungen wie ihres Entscheidungsinhalts erheblich unterscheidende Möglichkeiten des Rechtsschutzes wahlweise besäße. Selbst wenn man annähme, es bestünde für einen Betroffenen nicht die Möglichkeit eines derartigen wahlweisen Rechts-

---

[10] Gegen Doppelnatur auch Ehlers DV 1998, 60; Jura 2004, 31; Kn-Henneke 25 zu § 35 VwVfG; Laubinger, VerwA 1986, 431 ff; Rasch DVBl 1983, 617 ff; Schenke JZ 1996, 1008; Voßkuhle SächsVBl 1995, 56 f; WBS II § 45, 73; Ziekow 52 zu § 35 VwVfG.

[11] So aber zB 18, 154; DÖV 1993, 1093; Ko NVwZ 1983, 303 f; Mü DVBl 1981, 223; Ms 24, 22; 30, 117 ff; Stern 131; unten 63.

[12] Inkonsequent deshalb die Bejahung der Unzulässigkeit einer solchen Anfechtungsklage zB durch Stern 134.

schutzes, bliebe es dennoch höchst unbefriedigend, wenn die verschiedenen Adressaten einer Maßnahme mit Doppelnatur ihren Rechtsschutz in **beträchtlich divergierenden Vf** zu verwirklichen hätten.

9 Zu beachten ist allerdings, daß eine äußerlich scheinbar einheitliche Maßnahme sich zT **gedanklich in zwei Handlungen** aufspalten läßt, die ein **unterschiedliches rechtliches Schicksal** haben können.[13] Der Annahme einer solchen „Doppelnatur" stehen keine rechtslogischen Hindernisse im Wege. Dasselbe trifft zu, wenn ein unter einem **einheitlichen Terminus zusammengefaßtes Handeln mehrere unterschiedliche Akte beinhaltet** wie polizeiliche Standardmaßnahmen (unten 35), die häufig neben einem VA zugleich eine tatsächliche Vollziehungshandlung in sich schließen.

10 Um zu erklären, daß ein VA (wie zB die **Genehmigung einer Satzung** oder die Bezeichnung eines Verteidigungsvorhabens, s unten 84) bestimmte Personen noch nicht rechtlich betrifft, sondern es hierzu noch weiterer Rechtsakte bedarf, erweist sich die Annahme einer Doppelnatur (VA u Verwaltungsinternum) ebenfalls als wenig hilfreich u nur irreführend. Sie erweckt den fälschlichen Eindruck, eine solche Regelung sei (jedenfalls partiell) nach den materiellrechtlichen Grundsätzen zu behandeln, die für verwaltungsinterne Regelungen (wie zB Verwaltungsvorschriften) bestehen. In Wahrheit liegt hier jedoch **ausschließlich ein VA** vor, der allerdings mangels Klagebefugnis – im Einklang mit allg prozessualen Grundsätzen – nicht durch solche Personen angefochten werden kann, die er noch nicht unmittelbar betrifft (Schenke 502 d; s auch unten 64).

11 Mißverständlich ist es schließlich, wenn man einer Handlung unter Anknüpfung an **verschiedene begriffliche Ebenen zuzuordnenden Kennzeichnungen** eine Mehrfachnatur zuspricht, etwa die staatliche Genehmigung eines Rechtsetzungsakts einer Selbstverwaltungskörperschaft nicht als VA u im Verhältnis zum Normbetroffenen als Verwaltungsinternum, sondern zugleich als Mitwirkungsakt an einer Rechtsetzung klassifiziert (dazu unten 64). Ein ähnlicher Fall von „Begriffsverwirrung" liegt vor, wenn man kommunale Gebietsänderungen nicht nur – fälschlich (s oben 8 u unten 63) – als Rechtsnorm u VA, sondern auch als Organisationsakte qualifiziert u damit ihre Rechtsnatur sogar „verdreifacht" (krit Schenke 208).

12 **c) Rechtsakte sui generis.** ZT versucht man, der rechtlichen Qualifikation einer Verwaltungshandlung dadurch auszuweichen, daß man diese als Rechtsakt sui generis bezeichnet (s unten 62). Da aber im Prozeßrecht die Frage, ob ein hoheitlicher Akt einen VA, eine Rechtsnorm oder ein sonstiges hoheitliches Verwaltungshandeln darstellt, im Hinblick auf die Orientierung der Klageart an dieser Differenzierung beantwortet werden muß, **verbietet sich die Annahme von Hoheitsakten sui generis** (s auch Kn-Henneke 29 zu § 35 VwVfG) bzw kann bei einer solchen Charakterisierung nicht stehengeblieben werden.

13 **3. Verfügung, Entscheidung oder andere hoheitliche Maßnahme:** Der Begriff der **hoheitlichen Maßnahme** stellt einen **Oberbegriff** dar, im Verhältnis zu dem die Termini **„Verfügung"** u **„Entscheidung"** nur **Beispielsfälle** darstellen (vgl Erichsen § 12, 7), die allerdings zugleich zu einer näheren Konturierung der „hoheitlichen Maßnahme" herangezogen werden können (unten 15). Unter **Verfügungen sind dabei Gebote oder Verbote** zu verstehen (vgl Kn-Henneke 12 zu § 35 VwVfG), unter Entscheidungen sowohl feststellende wie auch gestaltende rechtsverbindliche Regelungen (s auch Kn-Henneke 13 zu § 35 VwVfG).

Eine Voraussetzung für das Vorliegen einer hoheitlichen Maßnahme ist, daß diese ör ist. In diesem Zusammenhang muß auf die für die Abgren-

---

[13] Zu einem Beispiel Schenke PolR 424: Polizeiliche Beschlagnahme oder Durchsuchung, die sowohl auf PolG wie auch auf StPO gestützt wird.

zung von öffentlichen Recht u Privatrecht geltenden Grundsätze zurückgegriffen werden, wobei hier insb die **modifizierte Subjektstheorie** maßgebliche Abgrenzungskriterien liefert (s 11 ff zu § 40). Ein ör Handeln liegt danach immer vor, wenn die Verwaltung für sich **Sonderbefugnisse** in Anspr nimmt oder (bei der Verpflichtungsklage nach dem Willen des Kl) in Anspr nehmen soll. Ein VA ist deshalb zB ein auf Sonderrecht gestützter Subventionsbescheid (20 zu § 40; näher zur Zweistufentheorie 16 ff zu § 40) oder die Ausübung des gemeindlichen Vorkaufsrechts gem § 24 BauGB (15 a zu § 40). Irrelevant ist es, ob die in Anspr genommenen Sonderbefugnisse tatsächlich bestehen. Deshalb ist von einer ör Maßnahme selbst dann auszugehen, wenn nach dem Gesetz eine Rechtsbeziehung zwar privatrechtlich zu gestalten wäre, die Verwaltung aber für sich in Anspr genommen hat, das Rechtsverhältnis **unter Einsatz von Hoheitsgewalt zu regeln,** indem sie etwa einen mit Rechtsmittelbelehrung versehenen Bescheid erläßt, beispielsweise den Pächter von Räumen der öffentlichen Hand auf diese Weise zu deren Räumung verpflichtet.[14]

14 Wie sich aus der Formulierung „Verfügung, Entscheidung oder andere hoheitliche Maßnahme" ergibt, fallen **nur einseitige hoheitliche Maßnahmen** wie Anordnungen u Verfügungen, die die Verwaltung „trifft", unter § 35 VwVfG, nicht hingegen – wie durch die §§ 54 ff VwVfG bestätigt – ör Verträge.[15] Dabei bereitet allerdings die Abgrenzung zu mitwirkungsbedürftigen VA zT erhebliche Schwierigkeiten. Sie hat nach hM danach zu erfolgen, ob nach dem **erkennbaren Willen der Beteiligten** die Entscheidung der Behörde maßgeblich sein sollte u der Bürger sich dieser **ohne Möglichkeit der inhaltlichen Einflußnahme nur unterwarf** (sog VA auf Unterwerfung, vgl zB Mü BayVBl 1975, 116 f; Stern 138) oder ob neben dem Hoheitsträger der Bürger (gleichberechtigt) auf den **Inhalt einer Regelung Einfluß zu nehmen vermochte** (**ör Vertrag;** s auch KR 26 zu § 35 VwVfG). Soweit das Gesetz nicht ausdr für bestimmte Materien den Abschluß von ör Verträgen vorschreibt oder dieser jedenfalls der Verwaltungspraxis entspricht, ist im Zweifel von einem VA auszugehen.

15 Grds nicht als hoheitliche Maßnahme iSd § 35 VwVfG anzusehen sind solche dem öffentlichen Recht unterfallenden Handlungen, die ein Hoheitsträger in **derselben Weise** u nach **Maßgabe derselben Regeln wie ein Bürger** vornimmt. Das trifft für einseitige ör Willenserklärungen der Behörde zu wie die **Kündigung eines ör Vertrags,** seine Anpassung gem § 60 VwVfG[16] oder die **Aufrechnung mit einer ör Forderung**[17] (zu ihren Rechtsfolgen s näher 46 zu § 40). Das ergibt sich daraus, daß die Behörde hier **nicht die spezifische Regelungsmacht** wie bei einer Verfügung u Entscheidung in Anspr nimmt. Das

[14] Schenke 114 u NVwZ 1990, 1011 zu Lü DVBl 1954, 297 f: „Bahnhofsgaststättenfall"; KR 16 zu § 35 VwVfG; s ferner allg BAG NVwZ-RR 1999, 663 mwN zu oben 5; **aA** Erfmeyer DÖV 1996, 636.

[15] Nicht überzeugend, wenn vielfach (so zB StBS-P. Stelkens/U. Stelkens 68 zu § 35 VwVfG) allein schon aus dem Begriff der hoheitlichen Maßnahme abgeleitet wird, daß nur einseitige verbindliche Regelungen als VA angesehen werden, denn auch die ör Verträge gehören zur sog schlichten Hoheitsverwaltung. Nicht überzeugend aber auch Emmerich-Fritsche NVwZ 2006, 763, die das Tatbestandsmerkmal „hoheitlich" neben dem Tatbestandsmerkmal „Behörde" für überflüssig ansieht, damit aber nicht ausreichend beachtet, daß sich aus § 1 Abs 4 VwVfG noch nicht das Erfordernis einer einseitigen Regelung ableiten läßt.

[16] 97, 340 = NVwZ 1996, 173; Ms NVwZ-RR 1997, 476.

[17] Ebenso iE, wenn auch zT in Begründung abw 66, 220 = NJW 1983, 776; DVBl 1986, 146; BFH NVwZ 1987, 1119 f; Mgd NVwZ-RR 2002, 908; Ma VBlBW 1991, 386 f; Mü BayVBl 1997, 23; Ebsen DÖV 1982, 389 ff; Ehlers JuS 1990, 777 ff; K. Hartmann Aufrechnung im Verwaltungsrecht 1996, 139 ff; KR 63 zu § 35 VwVfG; Maurer § 9, 10; Pietzner VerwA 1982, 453 ff; Peine 350, 366; Schenke 194; R. Weber SGb 1999, 235; Weidemann DVBl 1981, 113 ff; **aA** früher 13, 249; Ko VRspr 22, 409; Heilemann SGb 1999, 508; Schmidt JuS 1984, 32 f.; unzutr Kn-Henneke 33 zu § 35 VwVfG, wo zivilrechtliche Willenserklärung bejaht wird.

behördliche Handeln unterfällt hier nicht den für VA geltenden Regeln u ist damit als Willenserklärung u nicht als VA zu qualifizieren. Dasselbe gilt auch für die Verrechnung mit einer ör Forderung (R. Weber SGb 1999, 232ff; **aA** Heilemann SGb 1999, 508) oder die Ausübung eines **ör Zurückbehaltungsrechts** durch Private wie durch den Staat (Ms DÖV 1983, 1024; Jarass NVwZ 1987, 96; KR 63 zu § 35 VwVfG). Zu beachten ist allerdings, daß, wenn die Verwaltung die Ausübung eines Aufrechnungs- oder eines Zurückbehaltungsrechts zum Gegenstand einer rechtsverbindlichen Regelung macht, ein – wenn auch rechtswidriger – VA vorliegt (Mü BayVBl 1995, 565f; dazu auch Schenke 194).

4. Behörde: Urheber der ör Maßnahme muß eine Behörde sein. Das ist nach der **Legaldefinition des § 1 Abs 4 VwVfG** jede Stelle, die Aufgaben der öffentlichen Verwaltung wahrnimmt. Maßgeblich ist demnach nicht die organisatorische Stellung des Handelnden, sondern die Art der jeweils wahrgenommenen Tätigkeit, die sich als Verwaltung im materiellen Sinn darstellen muß (KR 27 zu § 35 VwVfG; Schenke 189). Keine Behörden sind folglich staatliche Stellen, soweit sie gesetzgeberisch, staatsleitend oder in sonstiger Weise in ihrer Eigenschaft als Verfassungsorgan oder rechtsprechend tätig werden. Handlungen, die das Parlament als Inhaber der Gesetzgebungsgewalt oder als oberstes Staatsorgan staatsleitend wahrnimmt, sind deshalb keine VAe (zur Abgrenzung von ör u verfassungsrechtlicher Streitigkeit 31ff zu § 40), so zB: 16

- die in einem **parlamentarischen Gesetz enthaltenen Fachplanungen** (s hierzu BVerfG NJW 1997, 383; Blümel DVBl 1997, 205) oder die **Auflösung einer Gemeinde durch ein Gesetz;**[18]
- die Entscheidung über die **Zurückziehung eines Gesetzentwurfs** (Ms NJW 1994, 1673);
- eine Tätigkeit, die in **unmittelbarem Zusammenhang mit der Gesetzgebung** steht, wie zB die **Anhörung einer Gemeinde** durch das Parlament vor Erlaß eines Eingemeindungsgesetzes (Ms DVBl 1970, 788ff; **aA** Sch-Ehlers 170 zu § 40);
- **staatsleitende Handlungen,** bei denen das Parlament nicht verwaltend tätig wird, so zB bei **Parlamentsbeschlüssen** (Schenke 130; Sch-Ehlers 186 zu § 40) wie der Entscheidung über den Sitz der Hauptstadt (Koopmann NWVBl 1991, 45f) oder der Feststellung des Verteidigungsfalls (15, 64);
- Verfassungsorgantätigkeiten **wie die Wahl des Bundeskanzlers** (KR 44 zu § 35 VwVfG) oder die **Ausübung des Mißtrauensvotums** (BVerfG 62, 31);
- eine Entscheidung über die **Immunität eines Abgeordneten;**[19]
- die **parlamentarische Wahlprüfung** gem Art 41 GG (Sch-Ehlers 185 zu § 40) oder die **Festsetzung eines Wahltermins für Bundes- oder Landtagswahlen** (BayVerfGH 27, 126; Schenke NJW 1981, 2444); anders hingegen eine behördliche Entscheidung über das Bestehen des aktiven Wahlrechts (Schenke NJW 1981, 2440ff).

Soweit das Parlament oder seine Organe hingegen verwaltend tätig werden, ist vom Handeln einer Behörde auszugehen. So zB 17

- bei einer **Wahl durch den Richterwahlausschuß;**[20] geht es aber um die Wahl von Verfassungsrichtern gem § 5 BVerfGG, liegt im Hinblick auf die Verfassungsorganstellung des BVerfG eine staatsleitende Tätigkeit vor;
- bei der Ausübung **der Polizeigewalt** im Bundestagsgebäude durch den Bundestagspräsidenten;[21]

---

[18] Zum verfassungsgerichtlichen Rechtsschutz s zB RhPfVerfGH DVBl 1972, 783; ThürVerfGH NVwZ-RR 1997, 639.

[19] BayVerfGH 5, 218; BK-Magiera 103 zu Art 46 GG; MD-Maunz 71 zu Art 46 GG; Sch-Ehlers 173 zu § 40; **aA** BayVerfGH nF 1, 41; Ms zit nach Sch-Ehlers 173 zu § 40, Fn 558.

[20] Ks DVBl 1990, 306f; Sch-Ehlers 192 zu § 40; **aA** Leiner DVBl 1990, 1244.

[21] Ms NVwZ 1987, 609; KR 45 zu § 35 VwVfG; Schenke 190.

– bei der Ausübung der **Diensthoheit des Bundestagspräsidenten** ggü den Bundestagsbeamten;
– bei der Erstattung **von Wahlkampfkosten.**[22]

18 Keine Verwaltungstätigkeit der Bundesregierung bzw ihrer Mitglieder liegt in der **Ausübung der Richtlinienkompetenz** durch den Bundeskanzler sowie in dem **Vorschlag zur Ministerernennung** gem Art 64 GG, die Regierungsakte sind (Schenke 92); in **Weisungen der Bundesregierung** im Rahmen der **Bundesauftragsverwaltung** gem Art 85 Abs 3 GG (s BVerfG 81, 331 f; 84, 30; KR 80 zu § 35 VwVfG); in **völkerrechtlichen Rechtsakten der Bundesregierung** wie in völkerrechtlichen Erklärungen, einem Auslieferungsersuchen oder in der Vereinbarung einer Rücklieferung (Ms NVwZ 1982, 205; Sch-Pietzcker 84 zu § 42 Abs 1). Anders dagegen in der Entscheidung des auswärtigen Amts über die Gewährung diplomatischen Schutzes (62, 14; BVerfG 55, 353). Verwaltend wird die Bundesregierung ferner tätig bei der **Wahrnehmung von Aufgaben im Rahmen der bundeseigenen Verwaltung** gem Art 86 ff GG.

19 Als **Verfassungsorgan** u nicht als Behörde wird der **Bundespräsident** bei der Ausübung der **Bundestagsauflösung gem Art 68 GG** (Schenke 128, 190) sowie bei der Ernennung des Bundeskanzlers (Art 63 Abs 2 S 2, Abs 4 S 3 GG, Art 67 Abs 1 S 2 GG) oder eines Bundesministers (Art 64 Abs 1 GG) tätig, während er bei der **Ernennung von Beamten, Soldaten u Richtern unbestreitbar als Behörde** handelt (Sch-Pietzcker 84 zu § 42 Abs 1). Ebenso ist von einem **Behördenhandeln** in bezug auf die Ausübung der vom Bundespräsidenten delegierbaren Befugnis zur **Begnadigung** auszugehen (Schenke JA 1981, 593; Sch-Ehlers 171 zu § 40), wobei allerdings hier der Rechtsschutz meist über § 23 EGGVG zu gewähren ist (4 zu § 179; Schenke 142).

20 Üben Gerichte in **persönlicher u sachlicher Unabhängigkeit Rspr** aus, sind sie keine Behörden u erlassen keine VAe; anders hingegen, wenn sie **Justiz-VAe** vornehmen, wobei allerdings hier idR nicht der VRW gegeben ist (Schenke 190). Als Verwaltungstätigkeit u damit als VA (vgl Sch-Pietzcker 85 zu § 42 Abs 1) qualifiziert wurden: die Entscheidung eines Richters über die **Anerkennung ausländischer Ehescheidungsurteile** (6, 86 = NJW 1958, 723), die **Zulassung als Prozeßagent** nach § 157 Abs 3 ZPO (2, 89 = NJW 1955, 1534) u die Entscheidung über die Erteilung u den Widerruf der **Rechtsberatungserlaubnis** nach dem RBerG (DVBl 1985, 1070). Zuweilen bereitet die Abgrenzung der verwaltenden Tätigkeit von der rechtsprechenden erhebliche Schwierigkeiten u kann nur unter Berücksichtigung der historischen Entwicklung vorgenommen werden. Aus ihr ergibt sich, daß, obwohl **richterliche Tätigkeiten auf dem Gebiet der freiwilligen Gerichtsbarkeit** häufig Elemente einer Verwaltungstätigkeit aufweisen, sie dennoch als **materielle Rspr** bewertet werden (vgl zB BVerfG 76, 106 = NJW 1988, 406). Ein durch die Verwaltung in Vollzug eines verwaltungsgerichtlichen Verpflichtungsurteils erlassener Bescheid ist als VA zu qualifizieren (Heilemann 48).

21 Da der Begriff der Behörde gem § 1 Abs 4 VwVfG nur an die wahrgenommene Tätigkeit anknüpft, können auch Private, sofern sie mit **Hoheitsgewalt betraut** sind, auf diesem Sektor als Behörden angesehen werden, so zB **Beliehene** wie der TÜV (KR 27 zu § 35 VwVfG; Schenke 191). Keine Behörde ist hingegen grds eine AG oder GmbH, derer sich die Verwaltung bedient, um eine Verwaltungsaufgabe zu erfüllen, ohne daß ihr Hoheitsbefugnisse verliehen werden;[23] erst recht nicht ein Hochstapler, der sich Hoheitsbefugnisse anmaßt (4 zu § 42 sowie Schenke 191). Auch **Religionsgemeinschaften** können, soweit sie

---

[22] 44, 187; NJW 1980, 2092; BVerfG 27, 157; Sch-Ehlers 156 zu § 40, zweifelhaft.
[23] **AA** Kopp VwVfG 14 zu § 35 unter fälschlicher Berufung auf NJW 1990, 134.

Körperschaften des öffentlichen Rechts sind u **staatlicherseits übertragene Kompetenzen wahrnehmen,** Behörden sein. Sie sind aber **keine Behörden,** falls es um **rein innerkirchliche Angelegenheiten** geht (näher hierzu WBS II § 45, 21).

Nicht erforderlich für das Vorliegen einer Behörde ist, daß die **Hoheitsgewalt im Außenverhältnis ausgeübt wird.**[24] Zwar wird im Organisationsrecht der Begriff der Behörde häufig nur für sog Außenorgane verwandt. Diese Einschränkung des Behördenbegriffs hat aber in **§ 1 Abs 4 VwVfG keinen Ausdruck gefunden** u erübrigt sich auch deshalb, weil § 35 VwVfG für einen VA ohnehin eine Regelung verlangt, „die auf unmittelbare Rechtswirkung nach außen gerichtet ist". Zudem ist der Begriff „außen" alles andere als klar (vgl unten 87). 22

5. Regelung: Unter Regelung ist dabei eine **Entscheidung zu verstehen, welche die Begründung, Änderung, Aufhebung oder auch die verbindliche Feststellung von Rechten u Pflichten wie von rechtserheblichen Tatsachen zum Gegenstand hat** (36, 194; 77, 271; Sch-Pietzcker 25 zu § 42 Abs 1; s auch Schenke 195). Die Bedeutung dieses Tatbestandsmerkmals liegt vor allem darin, daß hierdurch der VA von **tatsächlichen Handlungen (Realakten oder sog schlichtem Verwaltungshandeln) abgegrenzt** wird, wie etwa der **Wiederherstellung einer Brücke** für den Kraftfahrzeugverkehr (VG Berlin LKV 1996, 459; Kunig JK 97, Allgem VerwR, FBA/11), der **Einbau von Fahrbahnschwellen** auf einer von Bussen befahrenen Strecke (Lü NdsVBl 1997, 108) oder dem Treffen **lärmschützender Maßnahmen** iVm einer ör Tätigkeit.[25] Realakte sind ferner grds **Hinweise** u **Mitteilungen** (zur zT schwierigen Abgrenzung zu VAen s unten 25 ff), Empfehlungen, Gutachten u Untersuchungsberichte (KR 50 zu § 35 VwVfG). 23

a) Ausdr oder konkludente Regelung. Eine Regelung kann dabei **nicht nur ausdr,** sondern auch **konkludent** erfolgen. Wird etwa eine aufgrund eines Subventionsbescheids erfolgte Geldleistung an den Begünstigten später durch die Behörde zurückgefordert, so liegt hierin zugleich eine **konkludente Aufhebung** des Subventionsbescheids (s auch 62, 5; 67, 305; KR 22 zu § 35 VwVfG; zu weiteren Beispielen unten 25 ff). In einem **Unterlassen** liegt grds **kein konkludenter** VA. Mitunter wird aber bei einem Unterlassen der Erlaß eines VA **gesetzlich fingiert,**[26] was auch für das **Prozeßrecht Geltung beansprucht** (NVwZ 1993, 272; s auch 31, 276; KR 24 zu § 35 VwVfG). Zu der Genehmigungsfiktion des § 15 Abs 1 S 5 PBefG u ihren Voraussetzungen Mgd DVBl 1997, 964; zur Genehmigungsfiktion des § 69 Abs 3 AuslG aF (heute § 81 Abs 3 u 4 AufenthG) BVerwG NVwZ-RR 1997, 319. 24

b) Verbindliche Feststellung von Rechten und Hinweise. Während die Qualifikation hoheitlichen Handelns, das auf die Begründung oder Veränderung von Rechten u Pflichten gerichtet ist, als VA meist keine besonderen Probleme aufwirft, ist es oft schwierig zu klären, ob eine **rechtsverbindliche Feststellung von Rechten** vorliegt oder nur ein **unverbindlicher Hinweis** auf diese. Für das Vorliegen einer verbindlichen Regelung in bezug auf Rechte des Bürgers spricht es, wenn die entspr Maßnahme **schriftlich erfolgt u als Bescheid, Bewilligung oder VA bezeichnet wird, insb auch mit einer Rechtsmit-** 25

---

[24] Schenke 228 Fn 47; zust Lerche Knöpfle-FS 1996, 181 Fn 33; **aA** WBS II § 45, 20; Schoch, Übungen im öffentlichen Recht II, 1992, 187.

[25] Mü NVwZ-RR 1997, 159 ff; s aber auch zum Rechtsschutz gegen solche Maßnahmen iVm Planfeststellungsbeschlüssen 13 zu § 42.

[26] So zB die fingierte Baugenehmigung gem § 57 HessLBO; §§ 63, 69 Abs 5 SächsLBO; Degenhart NJW 1996, 1433 Fn 9. Weitere Beispiele gesetzlich fingierter VAe bei Caspar AöR 2000, 133 ff.

telbelehrung versehen ist. Ein Indiz für einen VA bildet es ferner, wenn nach dem **Gesetz der Erlaß feststellender VAe** in bezug auf ein Recht **vorgeschrieben** ist oder jedenfalls der **Verwaltungspraxis entspricht.** Das trifft zB für die gesetzlich vorgesehene Entscheidung des zuständigen kommunalen Verfassungsorgans über die **Zulassung eines Bürgerbegehrens** zu.[27] Soweit dies nicht bereits unmittelbar im Gesetz statuiert ist (s § 41 Abs 2 S 1 BWKWG), ergibt es sich daraus, daß die Zulassung eine rechtliche Voraussetzung für die Durchführung des Bürgerentscheids ist (nicht ausreichend beachtet durch Heimlich DÖV 1999, 1035). Das BSG[28] geht in Übereinstimmung mit dem Willen des Gesetzgebers (BT-Dr 8/2034, 33) davon aus, der im Rahmen der gesetzlichen Krankenversicherung erfolgenden Auszahlung von Krankengeldern sei regelmäßig wg der der Auszahlung vorangegangenen Prüfung der Tatbestandsvoraussetzungen einer Gewährung ein **konkludenter VA** (sog **Schalter-VA**) iSd mit § 35 VwVfG übereinstimmenden § 31 SGB X vorgeschaltet. Dem ist **im Ergebnis** im Hinblick auf den aus der Entstehungsgeschichte des § 31 SGB X zu schließenden **Willen des Gesetzgebers** sowie in **Anbetracht der Verwaltungspraxis** zuzustimmen; der Annahme eines VA steht die Vorläufigkeit einer Auszahlung (sofern man von einer solchen Vorläufigkeit überhaupt ausgeht, abl BSG NVwZ 1987, 928) angesichts der Anerkennung des Rechtsinstituts des vorläufigen VA (unten 46) nicht im Wege (dazu Kopp DVBl 1990, 1189).

26 Die sozialgerichtliche Rechtsfigur des SchalterVA, die auf Besonderheiten des Sozialrechts beruht, in dem der Gesichtspunkt eines durch die Annahme eines VA bewirkten Vertrauensschutzes eine besondere Rolle spielt, u die sich außerdem noch auf den Willen des Gesetzgebers berufen kann, läßt sich aber **nicht dahingehend verallgemeinern,**[29] daß Geldleistungen auch sonst grds ein konkludenter VA vorausgehe u daher der Betroffene bei Unterbleiben einer Geldzahlung stets Verpflichtungsklage zu erheben habe. Die Bedenklichkeit eines solchen Ansatzes wird bereits an **§ 111 deutlich,** der von der Zulässigkeit einer unmittelbar auf Geldleistung gerichteten Klage ausgeht. Selbst bei Ermessensentscheidungen wird man nicht generell von einem mit der Geldzahlung gekoppelten VA auszugehen haben,[30] vielmehr ist auch hier in entspr Anwendung des § 114 ein Bescheidungsurteil möglich (vgl 60, 150 = NJW 1981, 67; Ehlers VerwA 1983, 112; s 2 zu § 114). Soweit es um eine **Begünstigung** geht, ist allerdings bei schriftlichen, durch den Bürger initiierten Feststellungen **im Zweifelsfall zu dessen Gunsten das Vorliegen eines VA** u nicht nur eines unverbindlichen Hinweises zu bejahen. Das gilt insb dann, wenn im Gesetz ausdr der Erlaß eines begünstigenden VA in bezug auf die Frage vorgesehen ist, zu der sich die Behörde schriftlich geäußert hat (99, 208 ff = NVwZ 1997, 181 ff). **Keine Regelung** beinhalten aber zB **Besoldungsmitteilungen an einen Beamten,** außer wenn ein behördlicher Regelungswille für den Betroffenen hinreichend erkennbar ist (48, 281). An einer **verbindlichen Regelung** fehlt es ferner idR bei Kassenanweisungen (24, 258; Mü BayVBl 1981, 239; KR 63 zu § 35 VwVfG) oder bei der staatlichen Begleichung von Schadensersatzanspr des Beamten ggü seinem Dienstherrn aus Fürsorgepflichtverletzung (s auch DÖV 1997, 168; Erichsen JK 97, GG Art 33 II/17).

---

[27] Ma NVwZ-RR 1994, 110; Mü NVwZ-RR 1999, 138; VG Dessau LKV 1996, 75; v Danwitz DVBl 1996, 140 f; Roth Verwaltungsrechtliche Organstreitigkeiten 65; s auch 13 zu § 42; **aA** Heimlich DÖV 1999, 1033; s hierzu auch unten 88; dazu, daß hier bei Streit über Zulassung keine kommunale Verfassungsorganstreitigkeit vorliegt, s 6 vor § 40.

[28] NVwZ 1987, 928; zust Kn-Henneke 84 zu § 35 VwVfG; KR 24 zu § 35 VwVfG; DVBl 1990, 1189; **aA** früher BSG 25, 282.

[29] So aber Bln NVwZ 1982, 253 bzgl Auszahlung von Sitzungsgeld; **krit** dazu Renck NVwZ 1982, 236.

[30] Hier aber stets für Annahme eines VA Bln NVwZ 1982, 253 unter Hinw auf 28, 355.

c) Verbindliche Feststellung von Pflichten und Hinweise. Auch in bezug auf **Pflichten des Bürgers** stellt sich die Frage der **Abgrenzung zwischen verbindlichen Regelungen** u **unverbindlichen Hinweisen.** So kann etwa eine gesetzlich bestehende Forderung im Interesse der Rechtssicherheit in einem **Festsetzungsbescheid** verbindlich festgelegt werden oder darüber hinaus ein vollstreckbares **Leistungsgebot**[31] ausgesprochen werden. Denkbar ist aber ebenso, daß die Verwaltung den Schuldner **ohne Regelungsabsicht auf die Existenz der Abgabenschuld hinweist** oder zur Zahlung anhält. Auch hier ist bei der Abgrenzung von VA u tatsächlichem Hinweis der **objektive Erklärungswert des behördlichen Handelns** maßgeblich. Von Bedeutung sind in diesem Zusammenhang insb Form wie Inhalt entspr Erklärungen. Ist etwa ein Schreiben als **Bescheid** (GewA 1997, 22 f: Beitragsbescheid einer Industrie- u Handelskammer), **Verfügung oder ähnlich bezeichnet,** so drängt sich die Annahme eines VA auf; in aller Regel ist ferner beim Vorliegen einer **Rechtsmittelbelehrung** ein VA zu bejahen, ebenso, wenn darauf hingewiesen wird, daß bei Nichterfüllung einer Pflicht durch den Bürger die Behörde die **Verwaltungsvollstreckung betreiben** werde oder die Pflicht in unmittelbarem **Zusammenhang mit einer als VA** zu qualifizierenden Regelung ausgesprochen wird (s auch KR 86 zu § 35 VwVfG). Nimmt die Behörde etwa in einem Schreiben einen begünstigenden **VA zurück** u fordert sie in ihm zugleich den Betroffenen (wenn auch in höflicher Form, zB durch eine Bitte) zur **Rückzahlung der gewährten Begünstigung** auf, so liegt grds in dieser Aufforderung ebenfalls eine verbindliche Regelung u damit ein VA. Ähnlich ist die in einem **Widerspruchsbescheid getroffene Kostenentscheidung** ein VA (Kn-Henneke 60 zu § 35 VwVfG). Relevant ist zudem, ob nach der gesetzlichen Regelung der Erlaß eines Festsetzungs- oder Leistungsbescheides in bezug auf den staatlichen Anspr vorgeschrieben ist (s § 49 a Abs 1 S 2 VwVfG), oder ein solcher Bescheid jedenfalls in der Verwaltungspraxis regelmäßig ergeht (KR 51 zu § 35 VwVfG). Wenn es um Verpflichtungen des Bürgers ggü dem Staat geht, ist im Hinblick auf die Nachteile, die sich für den Betroffenen aus der Bejahung eines VA ergeben können, im Zweifelsfall lediglich von einem unverbindlichen Hinweis auszugehen (Schenke 198; s auch 99, 208 ff = NVwZ 1997, 181 ff). **Keine VAe** sind zB 27

- eine einfache Rechnung über die Kosten des Abschleppens eines Fahrzeugs (**aA** wohl 48, 264) oder eine sonstige **gewöhnliche Zahlungsaufforderung u Rechnungsstellung**[32] bzw Lastschrift (BayVBl 1999, 411) oder eine Mahnung (50, 66; Ko NJW 1982, 2277; Mü BayVBl 1993, 600);
- ein **automatisierter Kontenabruf** (Maidorn NJW 2006, 3752);
- eine **Fälligkeits-** oder **Besoldungsmitteilung** (Ms DÖV 1974, 599; Kopp VwVfG 35 zu § 35);
- ein **bloßes Hinweisschild,** das sich auf eine bestehende Unterschutzstellung eines Naturdenkmals oder auf ein durch eine Verordnung oder Satzung verfügtes Verbot oder Gebot bezieht (Kopp VwVfG 10 zu § 35);
- **Gefahrenhinweise** auf Verkehrsschildern, die keine Gebote oder Verbote enthalten (NKVwGO-Sodan 298 zu § 42; Schenke 204);
- ein **„polizeiliches Gefährderanschreiben“,** mit welchem dem Adressaten nahegelegt wird, sich nicht an Demonstrationen zu beteiligen (Lü NJW 2006, 391; Schübel-Pfister JuS 2007, 27);
- mangels rechtsverbindlicher Regelung nach Ansicht des BVerwG (NJW 1984, 2541 f; 82, 244; zust Lü NVwZ 1990, 1195) die **Ladung eines Wehrpflichtigen zur Musterung.** Dagegen ist die polizeiliche Vorführung eines Wehrpflichtigen, der der Musterung unentschuldigt fernbleibt, ein VA (82, 243);

[31] 66, 218; NVwZ 1984, 168; Lü NVwZ 1989, 1192.
[32] 29, 312; 41, 305; 48, 281; Ma NVwZ 1991, 80; Weidemann DVBl 1981, 113.

- die **Ausreiseaufforderung** nach dem AsylVfG (Mü BayVBl 1997, 182f);
- der an den **Bewerber um eine Professorenstelle gerichtete Ruf.** Hiermit wird nur die Bereitschaft der zuständigen Stelle bekundet, mit dem Adressaten in Berufungsverhandlungen einzutreten;[33]
- die Mitteilung an den Bewerber um eine Beamtenstelle, daß die Behörde ihn nicht ernennen will,[34] da hierin noch keine rechtsverbindliche Ablehnung liegt, sondern vorbehaltlich besonderer Umstände nur eine Ankündigung der Ablehnung (s auch 50 zu § 42);
- die **Berichtigung des Melderegisters** nach dem MelderechtsrahmenG iVm § 21 MVLMeldeG (zu § 10 MVLMeldeG aF Gr DÖV 1999, 1009);
- die Eintragung von Entscheidungen im Verkehrszentralregister (NJW 1988, 87) sowie die der Eintragung vorgeschaltete Mitteilung an das Kraftfahrt-Bundesamt (VG Braunschweig NZV 2001, 536).

28 **d) Verbindliche Feststellungen von Eigenschaften bzw Tatsachen und Hinweise.** Eine behördliche Feststellung von Eigenschaften und/oder Tatsachen mit bindender Wirkung ist nur ausnahmsweise ausdr gesetzlich vorgesehen (s dazu näher unten 31 sowie 14 zu § 42 u 2 zu § 43). Das trifft beispielsweise zu bei der

- Feststellung der **Gemeinnützigkeit** einer Tätigkeit (57, 158);
- Feststellung des Flüchtlingsstatus gem § 100 Abs 2 S 3 BVFG (VG Arnsberg DÖV 1997, 82);
- Feststellung des Verlustes der Mitgliedschaft im Gemeinderat durch den Wahlleiter gem § 13 Abs 3 S 3 NWKWG (Ms NWVBl 1998, 58);
- Feststellung der **Einhaltung rechtlich relevanter Qualitätsnormen** (NJW 1985, 1302);
- **Mitteilung gem § 15 Abs 2 S 2 BImSchG,** daß die Änderung einer Anlage keiner Genehmigung bedarf. Die Mitteilung begründet ein Recht zur Änderung (Fluck VerwA 1997, 293);
- Vorlage **eines Musters** gem Art 3 § 7 Abs 3a S 2 Nr 5 des Gesetzes zur Neuordnung des Arzneimittelrechts (Schenke PharmaR 1993, 4ff mwN);
- Bekanntgabe der wiederholten **Unterschreitung der Mehrwegquote** iSd § 9 VerpackungsVO aF durch die Bundesregierung (DVBl 2003, 544), die für das Wirksamwerden der Rücknahme- u Pfandpflichten konstitutiv ist;
- Eintragung **in öffentliche Register,** sofern die Eintragungs- oder Löschungsentscheidung Rechte oder die Rechtsstellung des Betroffenen begründet, ändert oder zum Wegfall bringt. VA ist deshalb die Eintragung bzw die Löschung eines Betriebs in der **Handwerksrolle;**[35] eines Architekten bzw einer Architekten-GmbH in die **Architektenliste** (Ma DVBl 1999, 50); einer Sache in der **Denkmalliste;**[36] einer Straße in ein **Bestandsverzeichnis** (Ba SächsVBl 2000, 138) sowie eines Standorts im **Standortregister** nach dem UmweltauditG (Kothe 389). Sind solche Feststellungen gesetzlich vorgesehen, liegt in einer behördlichen Stellungnahme zu einer entspr Eigenschaft und/oder Tatsache, sofern sie in der **gesetzlich vorgeschriebenen Form** erfolgt, **im Zweifelsfall ein VA,** während sonst – falls die Behörde nicht eindeutig

---

[33] DVBl 1998, 643; **aA** Epping WissR 1992, 179; Krüger, Hailbronner, HRG, 48 zu § 45: „Verbindliche Zusicherung der Anstellung"; Reich DÖV 2004, 413ff: Ruf ist vorläufiger VA.

[34] Laubinger VerwA 1992, 277; Schnellenbach DÖD 1990, 155; **aA** 80, 129 allerdings für den Fall, daß die Mitteilung erst nach Ernennung des anderen Bewerbers erfolgt ist; Schöbener BayVBl 2001, 323.

[35] NVwZ 1988, 151; GewA 1994, 248; Ma NVwZ-RR 1992, 473; DÖV 2002, 170; Schl GewA 1992, 277; VG Meiningen GewA 1996, 483; s auch unten 34.

[36] Ms BRS 57 Nr 266; NWVBl 1993, 227; NVwZ 1992, 991; VG Meiningen ThürVBl 2001, 189; KR 54 zu § 35 VwVfG; **aA** We ThürVBl 2004, 143.

ihren Willen zu einer verbindlichen Regelung zum Ausdruck bringt – ein **unverbindlicher Hinweis** bzw eine Auskunft anzunehmen ist. So ist zB die Mitteilung, daß ein bestimmtes Grundstück als Biotop gesetzlich geschützt ist, grds kein VA; anderes gilt nur, falls sie in einem mit Rechtsbehelfsbelehrung versehenen Bescheid erfolgt (VG Dessau NuR 1997, 465; s auch oben 5);
– Ordensverleihung (36 zu § 40).

e) Wiederholende Verfügung, Zweitbescheid und Ausführungsbescheid. Während bei der **wiederholenden Verfügung** nur auf den **Inhalt eines früher erlassenen VA hingewiesen** wird, trifft der **Zweitbescheid eine erneute Regelung,** die **wiederum als VA** anzusehen ist. Ein Zweitbescheid liegt immer dann vor, wenn von einem früheren VA im Entscheidungstenor **inhaltlich abgewichen wird.** Denkbar ist aber auch, daß ein Zweitbescheid erlassen wurde, ohne daß sich dessen Tenor nicht von der früher getroffenen Regelung unterscheidet (We ThürVBl 1999, 232; Kopp VwVfG 38 zu § 35). Im **Zweifelsfall** wird aber hier **kein Zweitbescheid** vorliegen. Für dessen Existenz kann aber zB eine in **wesentlichen Punkten geänderte Begründung** u die **Beifügung einer Rechtsmittelbelehrung** sprechen;[37] ferner der Umstand, daß sich die Behörde über die Rechtswirksamkeit der ursprünglichen Entscheidung im unklaren ist (We ThürVBl 1999, 232). Zu beachten ist, daß in einer wiederholenden Verfügung, die auf einen Antrag des Betroffenen auf Aufhebung eines VA hin ergeht, zugleich **konkludent eine Ablehnung** eines von diesem geltend gemachten **Anspr auf erneute inhaltliche Überprüfung** des früheren Bescheids liegen kann, u insoweit dann doch ein VA (freilich mit einem **anderen Inhalt als ein Zweitbescheid**) anzunehmen ist (44, 335; NVwZ 2002, 482f; Erichsen § 12, 31; Schenke 199; **aA** KR 55 zu § 35 VwVfG). Eine Regelung u damit einen VA beinhaltet auch der in Vollzug eines Verpflichtungsurteils durch die Verwaltung erlassene Ausführungsbescheid (Heilemann 50). 29

f) Keine Regelung bei Begründung nur einer Obliegenheit. Begründet eine hoheitliche Maßnahme für den Betroffenen keine rechtliche Verpflichtung, sondern lediglich eine **Obliegenheit,** aus deren Nichterfüllung im Rahmen der behördlichen Beweiswürdigung für ihn nachteilige Schlüsse gezogen werden können, ist **mangels Vorliegen einer Regelung noch kein VA** gegeben. Deshalb ist die ggü dem Inhaber einer Fahrerlaubnis **nach §§ 13 Nr 2, 14 Abs 2 FeV** ausgesprochene behördliche Anordnung, das **Gutachten einer medizinisch-psychologischen Untersuchungsstelle beizubringen, kein VA;**[38] anderes gilt hingegen für die Anordnung einer Nachuntersuchung ggü einem bedingt geeigneten Kraftfahrer im Anwendungsbereich des § 46 FeV, die eine Auflage nach § 46 Abs 3 FeV u damit einen Teil eines VA darstellt (Ma DÖV 1997, 213; dort auch zu Unanwendbarkeit des § 44a). Kein VA ist die ausländerbehördliche, nicht eigenständig vollstreckbare Aufforderung an einen Ausländer, sich zur Prüfung einer Kriegstraumatisierung einer polizeiärztlichen Untersuchung zu unterziehen (VG Berlin NVwZ 2001, 232); ebenso fehlt es an einer Regelung, wenn der **Bewerber** um eine Beamtenstelle aufgefordert wird, sich einem **HIV-Test zu unterziehen,** da hier lediglich eine Obliegenheit begründet wird (Schenke BeamtenR 19ff). Hingegen wird der **Beamte durch eine Weisung seines Dienstherrn,** sich zur Nachprüfung seiner Dienstfähigkeit amtsärztlich untersuchen zu lassen (§ 42 Abs 1 S 3 BBG), verpflichtet. Da die Nichterfüllung dieser Verpflichtung disziplinarisch verfolgt werden kann, 30

---

[37] 13, 103; 17, 258; Erichsen § 20, 16; Kn-Henneke 70 zu § 35 VwVfG; eine Änderung der Begründung soll aber nach DÖV 1964, 23; nicht immer schon für die Bejahung eines Zweitbescheids ausreichen.

[38] Ms NJW 2001, 3427; zu § 15b Abs 2 StVZO aF 34, 249f; BayVBl 1995, 59; Ma DÖV 1997, 213 (VA ist aber Auflage nach § 15b Abs 1a StVZO); KR 65 zu § 35 VwVfG; **aA** Schreiber ZRP 1999, 523.

scheitert die Anfechtung eines diesbezüglichen VA auch nicht an § 44a (34, 250; ausf Lü DVBl 1990, 882; KR 86 zu § 35 VwVfG). Dasselbe gilt, wenn ein **Beamter wg Fernbleibens vom Dienst** aufgefordert wird, seine **Krankheit** durch ein **ärztliches Attest nachzuweisen** oder wenn der Dienstherr einen Polizeibeamten auffordert, sich wg des Verdachts auf eine konstitutionell bedingte Leistungsschwäche, deren Ursache im psycho-mentalen Bereich vermutet wird, durch einen Neurologen untersuchen zu lassen (Ma DVBl 1988, 358f) oder eine stationäre Beobachtung angeordnet wird (Bln NVwZ-RR 2002, 762). Die an einen wg eines Dienstunfalls **vorzeitig in den Ruhestand versetzten Beamten** gerichtete Anordnung, sich zur **Nachprüfung seiner Dienstfähigkeit** ärztlich untersuchen zu lassen, soll nach Ks NVwZ-RR 1995, 47, zwar **kein selbständig anfechtbarer VA** sein. Dieses Ergebnis dürfte aber nicht aus der mangelnden Verwaltungsaktsqualität der Aufforderung, sondern aus § 44a abzuleiten sein. Die Pflicht ist nämlich auch nicht in einem weiteren Sinne vollstreckbar (s auch 8 zu § 44a).

31 **g) Keine Regelungen bei unverbindlichen Stellungnahmen einer Behörde.** Mangels Regelung keine VAe sind **Realakte wie Empfehlungen, Beratungen, Warnungen** (hierzu zB Ms NVwZ 1997, 302) u **Appelle** (StBS-P. Stelkens/V. Stelkens 62 zu § 35 VwVfG), ferner Meinungsäußerungen u unverbindliche Bewertungen (NJW 1989, 2273), selbst wenn sie im Rahmen eines VerwaltungsVf einen Verfahrensabschnitt abschließen, so zB behördliche **Bewertungen im Rahmen einer Umweltverträglichkeitsprüfung** (StBS-P. Stelkens/U. Stelkens 62 zu § 35 VwVfG) oder – vorbehaltlich abweichender landesrechtlicher Bestimmungen (80, 201; Ma NVwZ 1995, 1017) – **landesplanerische Beurteilungen** gem § 15 ROG (§ 6a ROG aF), die der Vorbereitung außenrechtlich relevanter Planungen oder der Entscheidung über die Erteilung einer Baugenehmigung dienen,[39] ferner Linienbestimmungen gem § 16 FStrG.[40] Zu Stellungnahmen der Umweltbehörde ggü der Registrierungsstelle im **UmweltauditVf** s 82. Wg Fehlens einer Regelung ist trotz ihrer subjektivrechtlichen Relevanz auch eine **dienstliche Beurteilung eines Beamten kein VA;**[41] ebenso nicht die **Mitteilung,** daß die Versetzung eines Beamten in den einstweiligen Ruhestand **beabsichtigt** ist (DVBl 1990, 1232; DVBl 1992, 99; Ehlers DV 1998, 60). **Keine Regelungen** enthalten ferner **gesundheitsbehördliche Informationen** (NKVwGO-Sodan 183 zu § 42), wie der Hinweis auf Weine, in denen gesundheitsschädliche Stoffe festgestellt wurden (87, 41f; Ms NJW 1986, 2783; Schoch DVBl 1991, 667), eine behördliche Pressemitteilung, in der vor Gesundheitsgefahren gewarnt wird (VG Berlin PharmaR 1988, 71), oder das aufsichtsbehördliche Testat gem § 257 Abs 2a SGB V (Präve VersR 1997, 1301ff). Nicht als VA, sondern **unverbindliche Gutachten** wurden angesehen: **Untersuchungsberichte des Luftfahrtbundesamts** über Flugunfälle (14, 325; KR 50 zu § 35 VwVfG; **aA** Lü 16, 445), **Sprüche des Bundesoberseeamts,** die lediglich ein schuldhaftes Verhalten eines Beteiligten feststellen (32, 21; MDR 1980, 782; Kn-Henneke 66 zu § 35 VwVfG), **dienstärztliche Gutachten** (DVBl 1961, 87f) sowie dienstärztliche **Bescheinigungen** zur Vorlage beim Finanzamt (**aA** DÖV 1977, 571).

32 **h) Regelungen im Verwaltungsvollstreckungsverfahren.** Obwohl die **Androhung eines VA** wie zB einer Polizeiverfügung **grds selbst kein VA,** sondern nur ein unverbindlicher Hinweis ist,[42] ist die **Androhung von Zwangs-**

---

[39] BauR 1995, 802f; VG Koblenz NuR 1998, 53; König/Zekl NWVBl 1999, 335ff; Schenke 229.

[40] DVBl 1997, 1117; NVwZ-RR 2002, 2; KR 80 zu § 35 VwVfG; Schenke 230.

[41] 28, 191; 49, 355; NVwZ 1988, 67; Ks NJW 1985, 1104; auch nicht die Ablehnung ihrer Berichtigung s unten 40.

[42] S auch NJW 1984, 2541; Mü DÖV 1978, 852; KR 50 zu § 35 VwVfG; StBS-P. Stelkens/V. Stelkens 55 zu § 35 VwVfG; Schenke 197.

mitteln, die der Durchsetzung eines VA dienen, der nicht auf eine Geldleistung, sondern auf ein sonstiges Handeln, Dulden oder Unterlassen gerichtet ist, immer als VA anzusehen.[43] Das ergibt sich daraus, daß die **Androhung eines Zwangsmittels** nach den einschlägigen vollstreckungsrechtlichen Regelungen (zB § 13 VwVG) grds eine **rechtliche Voraussetzung für die Anwendung des Zwangsmittels** darstellt u damit eine für die Fortsetzung der Verwaltungsvollstreckung unerläßliche Regelung trifft. Hingegen ist die **Androhung von Vollstreckungsmaßnahmen zur Durchsetzung eines auf eine Geldforderung gerichteten VA,** etwa einer Pfändung, nur ein **tatsächlicher Hinweis,** da sie nach den einschlägigen verwaltungsvollstreckungsrechtlichen Regelungen **keine Rechtmäßigkeitsvoraussetzung für Vollstrekkungsmaßnahmen** ist (Schenke 197). Aus denselben Gründen kein VA ist die eine Verwaltungsvollstreckung einleitende Vollstreckungsanordnung iSd § 3 VwVG.[44] Zur Unzulässigerklärung der Verwaltungsvollstreckung s 12 zu § 42.

Die **Festsetzung eines Zwangsmittels** ist dann ein **VA,** wenn sie gesetzlich vorgeschrieben ist. Dies kann etwa bei der Festsetzung der Ersatzvornahme der Fall sein (Erichsen/Rauschenberg Jura 1998, 40). Dasselbe dürfte aber auch dann gelten, wenn die Festsetzung zwar gesetzlich nicht vorgeschrieben ist, die Behörde aber in rechtsverbindlicher Weise die Ersatzvornahme oder die Anwendung unmittelbaren Zwangs festsetzt.[45] Ein VA ist auch die Festsetzung des Zwangsgelds.[46] Ebenso ist die **behördliche Pfändung** zur Durchsetzung einer Geldforderung ein **VA** (NJW 1978, 335; Br NJW 1986, 2131) wie auch der behördliche **Antrag auf Eintragung einer Sicherungshypothek.**[47] **Kein VA** ist – anders als die gesetzlich vorgesehene Festsetzung eines Zwangsmittels – die behördliche **Anwendung unmittelbaren Zwangs** wie zB der Schlagstockeinsatz der Polizei.[48] Die Annahme, hier liege ein mit dem Schlagstockeinsatz einhergehender konkludenter VA vor, der auf Duldung gerichtet sei, ist lebensfremd u heute im Hinblick auf Art 19 Abs 4 GG u § 40 nicht mehr zur Sicherung eines Rechtsschutzes Betroffener erforderlich (oben 1). **Realakt ist ferner** – möglicherweise anders als deren Festsetzung (s oben) – die **Ersatzvornahme** selbst.[49] Dagegen ist die Festsetzung der Ersatzvornahme, jedenfalls wenn sie rechtliche Voraussetzung für die Ersatzvornahme ist, ein VA (Erichsen/Rauschenberg Jura 1998, 40). Auch wenn kein VA vorliegt, ist der Rechtsschutz gegen VAe dann gegeben, wenn – wie in § 18 Abs 2 VwVG – geregelt ist (anders aber alle VwVGe der Länder mit Ausnahme von Berlin), daß gegen die Anwendung von Zwangsmitteln im Wege der sofortigen Vollstreckung (§ 6 Abs 2 VwVG) die RMittel zulässig sind, die gegen VAe allg gegeben sind (Horn Jura 2004, 600). Zum Rechtsschutz gegen Vollstreckungsakte s auch 15 ff zu § 167. Dort auch dazu, daß Einwendungen, die sich gegen die Rechtmäßigkeit des vollstreckten VA richten, 33

---

[43] Ks GewA 1983, 267; Mü BayVBl 1983, 276; We ThürVBl 1997, 211; Battis 113; Brühl JuS 1997, 929; Ehlers DV 1998, 60; Erichsen/Rauschenberg Jura 1998, 34 u 38 ff; Horn Jura 2004, 600; Kahl Jura 2001, 508; KR 67 zu § 35 VwVfG; Weber VR 2004, 256.

[44] NJW 1961, 333; Erichsen/Rauschenberg Jura 1998, 32 f; KR 67 zu § 35 VwVfG; StBS-P. Stelkens/U. Stelkens 62 zu § 35 VwVfG.

[45] Ko NVwZ 1986, 762 mwN; Ma VBlBW 1981, 325; KR 67 zu § 35 VwVfG; Horn Jura 2004, 600; Malmendier VerwA 2003, 32 ff.

[46] 49, 170 f; Ba SächsVBl 1997, 10; Gr SächsVBl 1997, 189; We ThürVBl 1997, 19.

[47] BFH BStBl II 1986, 236; FG Kassel EFG 1990, 51; s auch StBS-P. Stelkens/U. Stelkens 64 a zu § 35 VwVfG; **aA** KR 67 zu § 35 VwVfG.

[48] Erichsen/Rauschenberg Jura 1998, 40; Horn Jura 2004, 600; Kahl Jura 2001, 508; StBS-P. Stelkens/U. Stelkens 65 zu § 35 VwVfG; Weber VR 2004, 257; **aA** 26, 164, s auch Battis 113.

[49] Ks NVwZ 1982, 514; Burmeister JuS 1989, 256; Erichsen/Rauschenberg Jura 1998, 40; Horn Jura 2004, 600; Kahl Jura 2001, 508; KR 67 zu § 35 VwVfG; StBS-P. Stelkens/U. Stelkens 65 zu § 35 VwVfG; Schenke 196.

nicht gegen die Rechtmäßigkeit von Vollstreckungsakten geltend gemacht werden können (19 a zu § 167) u auch die Rechtswidrigkeit von Vollstreckungsakten im gestuften VerwaltungsvollstreckungsVf nicht mehr ggü der Anwendung von nachfolgenden Vollstreckungsakten geltend gemacht werden kann (19 c zu § 167).

34 **i) Vorbereitende staatliche Akte mit Regelungswirkung.** Obwohl staatliche Beanstandungen u Mitteilungen eines beabsichtigten behördlichen Handelns[50] **mangels Regelungswirkung grds keine VAe** sind, müssen auch sie als VAe qualifiziert werden, falls sie eine **Rechtmäßigkeitsvoraussetzung** für die Vornahme nachfolgender staatlicher Rechtsakte bilden. Es gilt damit dasselbe wie etwa bei der Androhung unmittelbaren Zwangs (oben 32). Deshalb sind zB als VA anzusehen

– die **Mitteilung über die beabsichtigte Eintragung oder Löschung einer Eintragung** des Gewerbetreibenden **in die Handwerksrolle;**[51]
– **die rechtsaufsichtsbehördliche Beanstandung** eines Verhaltens der Gemeinde im Selbstverwaltungsbereich. Sie stellt nach den insoweit übereinstimmenden GO der Länder eine **Rechtmäßigkeitsvoraussetzung** für weitere aufsichtsbehördliche Maßnahmen wie die **staatliche Ersatzvornahme oder eine Aufhebung gemeindlicher Akte** dar (Schenke 201);
– die **Verwarnung gem § 36 Abs 2 KreditwesenG** durch das Bundesaufsichtsamt für Kreditwesen (heute: Bundesanstalt für Finanzdienstleistungsaufsicht, s § 1 FinDAG), da diese Voraussetzung dafür ist, die Abberufung des Geschäftsleiters eines Kreditinstituts zu fordern (VG Frankfurt NJW 2004, 1059).

Die **Abschiebungsandrohung** nach § 59 AufenthG (früher § 50 AuslG), in der über die **Art u Weise der Abschiebung** eines Ausländers u über Einwendungen gegen diese **entschieden** wird, ist schon aus diesem Grund ein **VA** (s zu § 50 AuslG Ma VBlBW 1996, 478); dasselbe dürfte aber auch für die Abschiebungsankündigung gem § 60 a Abs 5 S 4 AufenthG gelten (**aA** zum vergleichbaren § 56 Abs 6 S 2 AuslG aF Ma VBlBW 1996, 478), da deren Erlaß eine **rechtliche Voraussetzung** für die Rechtmäßigkeit der von der Behörde in Aussicht genommene **Abschiebung** ist.

35 **j) Polizeiliche Standardmaßnahmen.** Bei diesen **ist umstritten, ob sie Realakte oder VAe oder möglicherweise eine Mischung beider darstellen.** Eindeutig als ein VA zu qualifizieren sind Platzverweise u Wegverweisungen.[52] Ebenso (jedenfalls **auch**) **als VA zu qualifizieren ist die polizeiliche Beschlagnahme,** die zu einer Verstrickung der Sache führt; daran ändert sich auch dadurch nichts, daß mit der getroffenen **Regelung eine tatsächliche Ingewahrsamnahme einhergeht,** die ein Realakt ist, so daß die Beschlagnahme insofern eine „Doppelnatur" besitzt.[53] Entsprechendes gilt auch für die **Durchsuchung,** die nicht nur den **tatsächlichen Vorgang der Durchsuchung** in sich schließt, sondern zugleich den **Betroffenen verpflichtet, die tatsächliche Durchsuchung zu dulden** (ebenso Mü BayVBl 1997, 634; Selmer/Gersdorf 29 ff, **aA** WHR 316 f). Sowohl eine **Regelung wie einen Realakt** beinhaltet ferner die **polizeiliche Ingewahrsamnahme** (**aA** Finger

---

[50] 75, 113; DVBl 1990, 1233; DÖV 1992, 536; Ma VBlBW 1981, 397; Kopp VwVfG 32 a zu § 35.

[51] 88, 122; 95, 364; Ks GewA 1988, 199; KR 59 a zu § 35 VwVfG; Schenke JZ 1996, 1007; Koch AllgVR § 3 Rn 26.

[52] Nicht überzeugend Heintzen DÖV 2005, 1040, wonach zwar ein Platzverweis idR ein VA sei, etwas anderes aber dann zu gelten habe,wenn der Platzverweis ggü einem nicht nach § 12 Abs 1 Nr 1 VwVfG Handlungsfähigen vorgenommen werde. Hier werden die Rechtswidrigkeit einer Maßnahme und deren Rechtsnatur fälschlich miteinander vermengt.

[53] Mü BayVBl 1997, 634; Kahl Jura 2001, 508; Schenke PolR 115 ff; Möller/Wilhelm Allgemeines Polizei- und Ordnungsrecht 4. Aufl 1995, 149; Selmer/Gersdorf 29 ff; oben 9.

JuS 2005, 117 ff). Die bei diesen Standardmaßnahmen feststellbare Doppelnatur ändert jedoch nichts daran, daß **maßgeblich für den Rechtsschutz die dem Betroffenen ggü vorgenommene Regelung** ist, im Verhältnis zu der die tatsächliche Maßnahme lediglich eine **unselbständige Vollziehungshandlung** darstellt. Weil letztere ihre **Rechtsgrundlage in dem mit ihr verbundenen VA** hat, kann sie deshalb (sofern dieser nicht bereits aufgehoben ist, s im folgenden) **nur im Zusammenhang mit diesem erfolgreich angegriffen** werden. Eine Klage auf Herausgabe einer beschlagnahmten Sache ohne gleichzeitige Erhebung einer Anfechtungsklage gegen den noch bestehenden VA bliebe ohne Erfolg (s auch oben 40 zu § 42). Die mitunter vertretene Auffassung,[54] bei Standardmaßnahmen liege ausschließlich ein Realakt vor, blendet die zur notfalls zwangsweisen Durchsetzung unerläßliche Regelung zu Unrecht aus. Da ein **Realakt keine Grundlage für eine Verwaltungsvollstreckung** bilden kann,[55] müßten die Anhänger der Gegenansicht bei konsequenter Verfolgung ihres Ansatzes zur Brechung des Widerstands Betroffener systemwidrig nicht auf die die Standardmaßnahme regelnde Ermächtigungsgrundlage zurückgreifen, sondern auf die **polizeiliche Generalklausel** mit ihren häufig abweichenden Tatbestandsvoraussetzungen. An diesem schwerlich überzeugenden Ergebnis wird deutlich, daß bei polizeilichen Standardmaßnahmen – anders etwa als bei der Anwendung unmittelbaren Zwangs (oben 33)[56] – die Annahme eines mit dem Realakt einhergehenden VA auf Duldung durchaus ihren guten Sinn hat. **Keine VAe** sind die Herausgabe einer Sache nach Aufhebung ihrer Beschlagnahme, die **Vernichtung erkennungsdienstlicher Unterlagen,**[57] die Auskunft über polizeilich gespeicherte Daten bzw deren Löschung u Vernichtung (NJW 1997, 2535) sowie die Übermittlung von Daten (Ba NJW 2007, 170).

k) Keine Regelung bei fehlender Mitteilung an Betroffene. Keine VA sind **heimliche Maßnahmen der Verwaltung, von denen der Betroffene** bei ihrer Vornahme **nichts erfährt.** Die gegenteilige Ansicht Erfmeyers (DÖV 1999, 719 ff) läßt sich nicht darauf stützen, daß es für den Erlaß eines VA mit Drittwirkung bereits genügt, wenn ein solcher VA seinem Adressaten mitgeteilt wird (4 zu § 42) u bei fiktiven VAen eine Mitteilung nicht erforderlich ist. Die Rechtsnatur einer behördlichen Maßnahme kann **nur einheitlich bestimmt** werden (s oben 4), so daß die Bekanntgabe an eine Person u eine hierdurch konstituierte VA-Qualität ausreicht; zudem bleibt es dem Gesetzgeber bei Wahrung verfassungsrechtlicher Vorgaben unbenommen, das Vorliegen eines VA auch **ohne Bekanntgabe zu fingieren;** gerade die Verwendung einer Fiktion zeigt im übrigen, daß ohne diese eine heimliche behördliche Maßnahme eben kein VA wäre. Kein VA ist die **Observation** (Schenke 196), der Einsatz verdeckter Ermittler (NJW 1997, 2534) oder das **Abhören von Telefongesprächen** (**aA** 87, 25; Sch-Pietzcker 66 zu § 42 Abs 1). Der Umstand, daß im letzteren Fall die Bekanntgabe an den Betroffenen durch die Unterrichtung der nach G 10 gebildeten Kommission ersetzt wird, ändert nichts daran, daß es an dem für den Be- 36

[54] Vgl Drews/Wacke/Vogel/Martens Gefahrenabwehr §§ 12, 12 c; Finger JuS 2005, 117 ff; Schwabe NJW 1983, 369; krit Schenke PolR 116.

[55] Abzulehnen ist die Ansicht von Heintzen DÖV 2005, 1040, bei Qualifikation einer Standardmaßnahme als Realakt würde die polizeirechtliche Ermächtigungsgrundlage zugleich zu Vollstreckungsmaßnahmen ermächtigen.

[56] Nicht überzeugend ist es daher, wenn Finger, JuS 2005, 117 ff die Rechtsnatur einer polizeilichen Standardmaßnahme und die Anwendung unmittelbaren Zwangs zu ihrer Durchsetzung – bei der sich das Problem ihrer Vollstreckung nicht stellt – einheitlich bestimmen möchte. Auch aus dem Umstand, daß eine unmittelbare Ausführung einer Standardmaßnahme mangels Bekanntgabe keinen VA darstellt (unten 36), ergibt sich nicht, daß auch die Standardmaßnahme keinen VA darstellt.

[57] Mü BayVBl 1993, 211; **aA** Ks NVwZ-RR 1995, 661; s auch BVerwG NJW 1997, 2535; Würt 379; **offen** VG Würzburg BayVBl 1997, 285.

griff des VA essentiellen Merkmal der Bekanntgabe an einen außenstehenden Betroffenen fehlt.[58] Die Maßnahme **verwandelt sich auch nicht nachträglich von einem Realakt zu einem VA,** wenn der Betroffene über sie später informiert wird.[59] Dasselbe gilt für die dem Betroffenen zunächst nicht mitgeteilte **unmittelbare Ausführung polizeilicher Maßnahmen** wie auch den **polizeilichen Sofortvollzug.**[60] Die Bejahung einer späteren Veränderung der Rechtsnatur der bereits getätigten Maßnahme ist **weder unter prozeßrechtlichen noch unter verwaltungsverfahrensrechtlichen Gesichtspunkten sinnvoll. Gerichtlicher Rechtsschutz** ist hier auch dann gegeben, wenn man sie als **Realakt** qualifiziert. Zudem können im nachhinein die **meisten verwaltungsverfahrensgesetzlichen Rechte nicht mehr wahrgenommen** werden; zur Sicherung eines wirksamen gerichtlichen Rechtsschutzes (BK-Schenke 220f zu Art 19 Abs 4 GG) sind Auskunftsanspr des Betroffenen unter rechtsstaatlichen Gesichtspunkten ebenfalls nicht von der Annahme eines VA abhängig. Zum Rechtsschutz gegen Vollstreckungsmittel, die ohne vorhergehenden Erlaß eines VA angewandt werden (zB § 6 Abs 2 VwVG), s auch oben 33.

Das Problem, ob ein **Verkehrszeichen** erst dann ggü einem Verkehrsteilnehmer wirksam wird, wenn für diesen die Möglichkeit einer Kenntnisnahme bestand[61] oder es bereits genügt, wenn dieses aufgestellt wurde,[62] spielt deshalb iVm der Bejahung eines VA keine Rolle, da es für dessen Vorliegen bereits ausreicht, wenn jedenfalls in bezug auf einen anderen Verkehrsteilnehmer eine Kenntnisgabe erfolgte u damit ein VA vorliegt (vgl auch unten 84 sowie 72 zu § 42), auch die Möglichkeit einer Verletzung von Rechten (§ 42 Abs 2) ist jedenfalls vom Moment der Kenntnisnahme an gegeben (s auch allg 84 sowie 72 zu § 42). Bestreitet der Kl nicht die Rechtmäßigkeit der getroffenen Regelung, sondern macht er geltend, sie habe ihm ggü vor Kenntnisnahme keine Wirkung entfaltet, bietet sich als adäquate Rechtsschutzform eine Feststellungsklage gem § 43 an, mit der festgestellt werden soll, daß der Bürger vor Kenntnisnahme von dem Verkehrszeichen berechtigt war, die durch das Verkehrszeichen verbotene Handlung vorzunehmen, s 26 zu § 43.

37 **l) Grundsätzlich keine Regelung durch Auskünfte. Keine VAe,** sondern tatsächliche Handlungen **sind grds Auskünfte.**[63] Die Auffassung, bei deren Erteilung handele es sich um einen VA, da mit der Auskunft eine Entscheidung über die Erteilung einhergehe u hierin eine Regelung zu sehen sei, vermag nicht zu überzeugen. Mit derselben Begründung ließe sich bzgl jeder tatsächlichen Handlung die Auffassung vertreten, im Hinblick auf die ihr logisch vorangehende Entscheidung liege ein VA vor. Dies implizierte, daß der Rechtsschutz des

---

[58] Zur Bekanntgabe von VAen s näher Erichsen/Hörster Jura 1997, 659ff.

[59] Schenke PolR 178, 188 u Jura 1988, 257ff; **aA** VG Bremen NVwZ 1989, 895.

[60] Ms NVwZ-RR 2000, 429 (für adressatenneutrale Sicherstellung); Erichsen/Rauschenberg Jura 1998, 42; Kästner JuS 1994, 363; Kugelmann DÖV 1997, 155; Pietzner VerwA 1991, 291ff; Schenke PolR 566; Schoch JuS 1995, 218; Selmer/Gersdorf 64ff; Würt 270; **aA** Ms DVBl 1973, 925.

[61] So Ma NJW 1991, 1698; VG Leipzig SächsVBl 1997, 16; Koch/Niebaum JuS 1997, 313; Schenke PolR 566, 716 u ausf Schieferdecker, Die Entfernung von Kraftfahrzeugen als Maßnahme staatlicher Gefahrenabwehr, 39ff.

[62] BayVBl 1997, 377; Ms NJW 1990, 2835; Erichsen/Hörster Jura 1997, 65; Klenke NWVBl 1994, 289.

[63] NJW 1997, 753; Mü BayVBl 1987, 499; VG Lüneburg NdsVBl 1997, 92; Battis 114; Bettermann DVBl 1969, 703ff; Bosch/Schmidt § 31 III 1b; Ehlers Jura 2006, 353; Kn-Henneke 59 zu § 35 VwVfG; Köhler NJW 2005, 2341; KR 50 zu § 35 VwVfG; Lorenz § 17, 11; Obermayer 43 zu § 25 VwVfG; RÖ-v Nicolai 158 u 53 zu § 42; Schenke 202; JZ 1996, 1104; Sch-Pietzcker 26 zu § 42 Abs 1; mit Einschränkungen Hufen § 14, 26; StBS-P. Stelkens/U. Stelkens 56ff zu § 35 VwVfG; **aA** BVerwG BayVBl 1986, 698, wohl auch NJW 1997, 2535; Ma NJW 1997, 3111; Kahl Jura 2001, 509.

Bürgers ggü dem Staat im Über- u Unterordnungsverhältnis bei einer solchen **konturenlosen Ausweitung des Verwaltungsaktsbegriffs** (gegen eine Gleichsetzung von hoheitlicher Amtshandlung u VA auch DVBl 1969, 701 f) letztlich nur noch über eine Anfechtungs- oder Verpflichtungsklage möglich wäre u **komplizierte den Rechtsschutz unnötig.** Eine solche Konstruktion hätte überdies die sehr problematische Konsequenz, daß hiermit Auskünfte **de facto bestandskräftig würden.** Um zu begründen, daß auch in bezug auf Auskunftserteilungen die Anwendung bestimmter verwaltungsverfahrensrechtlicher Grundsätze geboten sein kann, bedarf es auch hier nicht der Annahme, sie seien VA. Vielmehr läßt sich dieses Ergebnis mittels einer durch das Rechtsstaatsprinzip geforderten analogen Anwendung einzelner für VA geltender Verfahrensvorschriften verwirklichen (dazu Schenke PolR 654). Dem Gesetzgeber bleibt es aber freigestellt, die Entscheidung über die Erteilung einer Auskunft als einen VA auszugestalten. Dies dürfte für die behördliche Entscheidung über die Erteilung einer **Umweltinformation auf Bundesebene nach § 3 Abs 1 S 1 UIG** idF v 22. 12. 2004 (BGBl I 3704)[64] zutreffen, die – wie sich aus § 6 Abs 2 S 1 iVm § 5 Abs 1 S 4 UIG schließen läßt – ein VA ist.[65] Die Entscheidung über den Antrag auf Zugang zu amtlichen Informationen (dazu Kugelmann NJW 2005, 3609 ff) ist, wie sich aus dem auf § 9 Abs 4 IFG verweisenden § 8 Abs 2 S 3 IFG ergibt, ebenso wie die Ablehnung eines solchen Antrags (§ 9 Abs 4 IFG) als VA zu qualifizieren (Reinhart DÖV 2007, 24).

Soweit es an solchen spezialgesetzlichen Regelungen fehlt, bleibt es aber dabei, 38
daß eine Auskunftserteilung ein Realakt ist. Es kann dann bei der Bestimmung der Rechtsnatur einer Auskunft auch nicht danach differenziert werden, ob ihr **Schwerpunkt** in der tatsächlichen Erteilung der Auskunft als solcher oder in der eine verbindliche Regelung über das Auskunftsverlangen enthaltenden rechtlichen Entscheidung liegt (so aber DVBl 1969, 702; krit Schenke 202). Abgesehen davon, daß die Annahme eines solchen VA, wenn auch auf beschränkterem Sektor, ähnlichen Einwendungen ausgesetzt wäre wie die Bejahung generell mit Realakten gekoppelter Regelungen, bleibt **unklar, wie festgestellt werden soll, wo der Schwerpunkt der Auskunftserteilung besteht.** Ebenso wie auch sonst in der **Ablehnung von Realakten idR nicht eine konkludente,** durch VA getroffene rechtsverbindliche Versagung eines Anspr liegt (vgl unten 40; Lü NJW 1994, 2634; Schenke 347; Steiner JuS 1984, 858), gilt dies auch für die Ablehnung einer Auskunft.

m) Ausnahmsweise rechtsverbindliche Regelung durch Auskunft. Falls 39
eine Auskunft über das Bestehen subjektiver Rechte hingegen eine **verbindliche Zusicherung nach § 38** darstellt (Ma VBlBW 1987, 104; Kn-Henneke 59 zu § 35 VwVfG) oder durch **eine Zusage ein Anspr auf Vornahme eines Realakts** begründet wird, liegt ein VA vor. Dasselbe gilt auch, wenn Eigenschaften oder Tatsachen nach den gesetzlichen Regelungen in Form eines VA festzustellen sind u keine besonderen Anhaltspunkte dafür ersichtlich sind, daß die Behörde im Einzelfall keine verbindliche Regelung treffen wollte. Ein VA ist deshalb die **Anerkennung als Kriegsdienstverweigerer**[66] (s §§ 2 Abs 1, 5 KDVG) oder als **Asylberechtigter** nach § 31 Abs 1 oder 2 AsylVfG. Dasselbe gilt für **Feststellungen einer Abgabenschuld** (Sch-Pietzcker 26 zu § 42 Abs 1). Die Befugnis zum Erlaß von feststellenden VAen kann sich uU – unabhängig vom Umfang der Geltung des Gesetzesvorbehalts – **konkludent aus einer Norm** ableiten lassen. So folgt etwa aus der Befugnis einer Behörde, über die Erteilung von Genehmi-

---

[64] Dazu auch Battis DVBl 2006, 735 ff.

[65] Ks NVwZ 2007, 349; Ms DVBl 1995, 1020; Schl NVwZ 1999, 671; Ehlers Jura 2006, 354; Kollmer NVwZ 1995, 858; Turiaux UIG, 15, 26 zu § 5 UIG; **aA** bzgl § 4 UIG aF BVerwG NJW 1997, 753 u 14. Aufl.

[66] 65, 288; 69, 91; KR 52 zu § 35 VwVfG.

gungen zu entscheiden, zugleich ihr Recht, in einem VA **festzustellen, daß ein bestimmtes Verhalten keiner Genehmigung oder Erlaubnis bedarf.**[67] In einer **Unbedenklichkeitsbescheinigung** liegt ebenso ein VA (57, 158; KR 52 zu § 35 VwVfG) wie in der **Eintragung in eine Denkmalliste** (Ms NVwZ-RR 1993, 129; KR 54 zu § 35 VwVfG) oder in der **Ausstellung eines Vertriebenenausweises** (85, 82). Auch die Auskunft über Tatsachen kann, insb wenn im Gesetz diesbezügliche verbindliche Feststellungen vorgesehen sind (oben 28), einen VA darstellen. Als VA angesehen werden die **Bestätigung der Ausmusterung** (58, 37), die **Feststellung des allg Dienstalters eines Beamten** (19, 22f), die **Feststellung des Hauptwohnsitzes** (Ma NJW 1987, 209), nicht aber die **Einhaltung** rechtlich relevanter **Qualitätsnormen.**[68] Zu beachten ist, daß selbst dann, wenn ein Gesetz nicht den Erlaß eines feststellenden VA vorsieht, dennoch in einer Feststellung ein (wenn auch möglicherweise rechtswidriger) **VA liegen kann, wenn unmißverständlich zum Ausdruck gebracht wird, daß eine verbindliche Regelung gewollt ist.**

40 **n) Ablehnung eines Realakts kein VA.** Umstritten ist, ob die **Ablehnung der Vornahme von Realakten** als VA anzusehen ist. Das wird zu Recht überwiegend verneint,[69] da die Entscheidung über die Vornahme des Realakts nur einen **unselbständigen Annex** im Verhältnis zu der begehrten Leistung darstellt und **keine rechtsverbindliche Regelung** beinhaltet. Würde man in der Ablehnung eines Realakts einen konkludenten Erlaß eines VA erblicken, müßte zudem konsequenterweise dasselbe für die positive Entscheidung über die Vornahme eines Realakts angenommen werden (so folgerichtig NJW 1997, 2535). Für die Anwendung der allg Leistungsklage bliebe damit bei Klagen des Bürgers gegen den Staat kaum noch Raum. Damit würde das **Institut der Bestandskraft** nicht nur, wie vom Gesetzgeber vorgesehen, auf VA, sondern der Sache nach auch **auf Realakte übertragbar,** was sich für den durch einen Realakt Verletzten im Hinblick auf die hierdurch bewirkte Anfechtungslast höchst nachteilig bemerkbar machte. Ferner müßten auf alle Realakte mit individualrechtlichem Bezug entgegen § 9 VwVfG die **Vorschriften des VwVfG Anwendung finden,** obschon diese hier zT offensichtlich nicht passen.

41 Bleibt man, um die aufgezeigten Konsequenzen zu vermeiden, auf halbem Wege stehen u bewertet, wie es der Gesetzgeber in §§ 5, 6 UIG nF (s oben 37) getan hat, lediglich die **Ablehnung des Realakts als VA,**[70] führt dies nicht nur zu einer unbefriedigenden Komplizierung des Rechtsschutzes, indem der Betroffene **neben der Anfechtungsklage gegen die Ablehnung eine allg Leistungsklage** auf die Vornahme des Realakts zu erheben hat (13ff zu § 42). Im Widerspruch zu sonstigen prozessualen Regelungen ergeben sich **unterschiedliche Klagearten,** je nachdem, ob der begehrte Realakt abgelehnt wurde oder die Behörde **völlig untätig** blieb, womit dann der Rechtsschutz nur über eine allg Leistungsklage zu bewerkstelligen wäre. Für die demnach gebotene **Ablehnung des Vorliegens eines VA** spielt es richtigerweise **keine Rolle,** ob auf die **Vornahme des Realakts ein Rechtsanspr besteht** oder diese **in das**

---

[67] Sog Negativattest vgl NJW 1980, 718; 1987, 1348; NVwZ 1991, 267; s auch J. Martens NVwZ 1993, 31 f; StBS-P. Stelkens/U. Stelkens 60 zu § 35 VwVfG.

[68] NJW 1985, 1302, weitere Beispiele bei StBS-Stelkens/Stelkens 89 zu § 35 VwVfG.

[69] Lü NJW 1994, 2634; Ma NJW 1991, 2786; KR 49 zu § 35 VwVfG; Schenke 347 u JZ 1996, 1104; Ehlers Jura 2006, 354; Sch-Pietzcker 32 zu § 42 Abs 1; Steiner JuS 1984, 857; Koch AllgVR § 3 Rn 28; **aA** (zT mit Einschränkungen) NJW 1997, 2535; BFH NJW 1979, 735; Br NJW 1989, 926; Mü NJW 1984, 2236; NKVwGO-Sodan 45 zu § 42; Kn-Henneke 59 zu § 35; StBS-P. Stelkens/U. Stelkens 56 zu § 35 VwVfG; Ob-Engelhardt 66 zu § 25 VwVfG.

[70] So wohl in der Tat Mü NJW 1984, 2236; KR 49, 65a zu § 35 VwVfG; s auch StBS-P. Stelkens/U. Stelkens 56f zu § 35 VwVfG mwN.

Ermessen der Behörde gestellt ist,[71] da diese den Umfang der gerichtlichen Überprüfung betr Frage aus systematischen Gründen erst bei der Prüfung der Begründetheit der Klage, nicht hingegen schon für die Bestimmung der Klageart relevant wird. Da Bescheidungsklagen analog § 113 Abs 5 S 2 auch iVm allg Leistungsklagen zulässig sind (s 9 zu § 42 u 2 zu § 113), besteht auch insoweit keine prozeßrechtliche Notwendigkeit, in einer Auskunftserteilung einen VA zu sehen. Der Umstand, daß der Betroffene bei Ablehnung einer Auskunft aus rechtsstaatlichen Gründen (ebenso wie bei der Ablehnung eines VA) einen Anspr darauf besitzt, die Gründe zu erfahren, aus denen heraus die Behörde ihr Ermessen dahingehend ausübte, daß sie keine Auskunft erteilte, verwandelt die Ablehnung der Auskunft nicht in einen VA.

Nur wenn die **Vornahme des Realakts** (zB einer Geldzahlung) **rechtlich** 42
an den vorhergehenden Erlaß eines VA gebunden ist (s auch Steiner JuS 1984, 858), empfiehlt sich für den Kl die Erhebung einer **Verpflichtungsklage.** Auch hier ist die Geldzahlung zwar kein VA. Eine unmittelbar auf eine Geldzahlung gerichtete allg Leistungsklage könnte jedoch keinen Erfolg haben. Dasselbe gilt, wenn die Realakte iVm einem Planfeststellungsbeschluß stehen, bei dem es **versäumt** wurde, eine **Schutzauflage anzuordnen.**[72] Eine **allg Leistungsklage** kann aber – bei Vorliegen der anderen Zulässigkeitsvoraussetzungen – uU in eine **Verpflichtungsklage umgedeutet** werden (vgl 13 zu § 42), wobei der Kl in **analoger Anwendung des § 113 Abs 1 S 2** neben der Verpflichtung des Bekl zum Erlaß eines VA **zugleich den Anspr auf Geldzahlung** prozessual **geltend machen** kann.[73] Nur die Erhebung einer **allg Leistungsklage reicht ferner dann nicht aus,** wenn die Behörde einen geltend gemachten Anspr auf einen Realakt in einer **rechtsverbindlichen Weise abgelehnt** hat, etwa in einem mit Rechtsmittelbelehrung versehenen Bescheid (Ma NJW 1991, 2787; Sch-Pietzcker 32 zu § 42 Abs 1); hier bedarf es richtigerweise dessen **Anfechtung, neben der** dann eine auf Vornahme des Realakts gerichtete **allg Leistungsklage** zu erheben ist.[74] Die beiden Klagebegehren können im Wege einer Stufenklage gem § 113 Abs 4 miteinander verbunden werden, s 172 zu § 113.

Unter Zugrundelegung dieser Grundsätze ist **regelmäßig kein VA:** 43
- die **Ablehnung von Auskünften** (s aber oben 37);[75]
- die **Ablehnung der Vernichtung der für erkennungsdienstliche Zwecke aufbewahrten Daten und Unterlagen** wie Fingerabdrücke, Lichtbilder usw;[76]
- die **Ablehnung der Löschung gespeicherter Daten** (**aA** wohl NJW 1997, 2535);
- die **Ablehnung des Antrags, eine dienstliche Beurteilung zu ändern**.[77]

---

[71] Gegen eine hieran anknüpfende Differenzierung auch Bettermann DVBl 1969, 703; Renck NVwZ 1982, 236; Steiner JuS 1984, 857; **aA** 31, 301; Kn-Henneke 59 zu § 35.

[72] S Mü NVwZ-RR 1997, 160; s auch oben 35 sowie 13 zu § 42; anders nur, wenn ein Hoheitsräger einer Schutzauflage nicht nachkam und nunmehr allg Leistungsklage geboten ist.

[73] Schenke 347; ebenso Ehlers Jura 2006, 353.

[74] VG Münster NVwZ 1996, 411; Sch-Pietzcker 32 u 156 zu § 42 Abs 1.

[75] Buchh 427.3 § 339 LAG Nr 169 S 3 unter Hinweis auf Urteil v 17. 2. 1984 – 7 C 58.83; Lü NJW 1994, 2634; KR 49 f zu § 35 VwVfG; Menger/Erichsen VerwA 1969, 390; Schenke JZ 1996, 1104; Steiner JuS 1984, 857; tlw **aA** DVBl 1969, 701 f; NJW 1997, 2535; Mü BayVBl 1984, 758; Kopp VwVfG 9 zu § 35.

[76] Ks 33, 84; Ma DVBl 1995, 369; Schenke JZ 1996, 1104; Steiner JuS 1984, 857 f; **aA** Ks NVwZ-RR 1994, 653; NVwZ-RR 1994, 656; Mü NJW 1984, 2236; KR 60 iVm 16 zu § 35 VwVfG – bei Versehen mit einer Rechtsmittelbelehrung.

[77] Schenke BeamtenR 116 f; **aA** 28, 192 f; 49, 352; StBS-P. Stelkens/U. Stelkens 57 zu § 35 VwVfG; KR 86 zu § 35 VwVfG.

44 **o) Verfahrenshandlungen als VA.** Die Rechtsnatur von Verfahrenshandlungen läßt sich nicht einheitlich bestimmen. Die (positive oder negative) Entscheidung über die **Hinzuziehung einer Person** zum VerwaltungsVf gem **§ 13 Abs 2 VwVfG** stellt eine rechtsverbindliche Regelung u damit einen **VA** dar,[78] da hierdurch eine Verfahrensrechtsstellung des Betroffenen als Beteiligter begründet wird, aus der sich eine Reihe von Verfahrensrechten ergeben (s §§ 28 ff VwVfG). Das gilt auch für die Ablehnung der Heranziehung, bei der einem gerichtlichen Rechtsschutz § 44 a nicht entgegensteht, da der Betroffene vor der Heranziehung keine Beteiligtenstellung besitzt (§ 44 a S 2; s 4 a zu § 44 a mwN). Dasselbe ist auch für die Entscheidung über die Beteiligung an einem PlanfeststellungsVf anzunehmen (s demgegenüber aber Mgd DÖV 1995, 780), ferner nach der Rspr die negative Entscheidung von der Durchführung eines PlanfeststellungsVf Abstand zu nehmen, nicht hingegen die positive Entscheidung über die Durchführung.[79] Die Einstellung eines Vf ist, wenn an die Einstellung gesetzlich nachteilige Folgen geknüpft werden, ein VA, so die **Einstellung des AsylVf** durch das Bundesamt nach §§ 32, 33 AsylVfG.[80] Demgegenüber ist die **Einstellung eines Verwaltungsverfahrens,** das auf einen lediglich belastenden VA gerichtet ist, selbst wenn die Einstellung mit einer Begründung versehen ist, mangels Regelungswirkung regelmäßig **kein VA** (Ms NWVBl 1996, 357; zweifelnd Ehlers DV 1998, 61). In einer **Verfahrenseinstellung** eines Verwaltungsverfahrens, das auf den Erlaß eines (zumindest auch) **begünstigenden VA** zielte, liegt hingegen eine konkludente Ablehnung des Erlasses dieses **VA,** gegen die sich der Betroffene über eine verwaltungsgerichtliche Verpflichtungsklage wehren kann. Die Entscheidung, ein auf den Erlaß eines VA gerichtetes Vf **fortzusetzen,** ist kein VA;[81] ebenso nicht ein landesplanerischer Einspruch iSd § 19 Abs 1 RhPfLPlG, der sich darauf beschränkt, das raumplanerische Vf einzuleiten (VG Koblenz NuR 1998, 52).

45 Umstritten ist die Rechtsnatur der Ablehnung des Antrags auf Akte innerhalb eines Vf wie zB die **Anhörung** oder die **Gewährung von Akteneinsicht.**[82] Richtigerweise wird man hier ebenso wie zB bei der Verweigerung einer Auskunft im Rahmen eines VerwaltungsVf **nicht vom Vorliegen eines VA** auszugehen haben, da die begehrte Handlung nichts regelt; einer Klage durch den am VerwaltungsVf Beteiligten steht aber, selbst wenn man einen VA bejaht, **§ 44 a im Wege** (8 zu § 44 a). An verbindlichen Regelungen fehlt es auch, wenn im Rahmen eines **VerwaltungsVf vorbereitende Handlungen** getroffen werden, etwa bei **Stellungnahmen von Behörden** als Träger öffentlicher Belange in einem BaugenehmigungsVf (zur Mitwirkung von Behörden im Rahmen des Erlasses eines mitwirkungsbedürftigen VA s unten 82), bei einer landesplanerischen Beurteilung im Rahmen eines laufenden Verwaltungsverfahrens[83] oder **Planungs- u Linienführungsbestimmungen des Bundesministeriums für Verkehr, Bau- und Wohnungswesen nach § 16 Abs 1 FStrG** (48, 60; 62, 345; KR 80 zu § 35 VwVfG). Einem gerichtlichen Rechtsschutz steht aber – unabhängig von ihrer Rechtsnatur – ohnehin idR § 44 a entgegen (s 1 ff zu

---

[78] Ko NVwZ 1988, 76; Horn DÖV 1987, 23; **aA** KR 65 zu § 35 VwVfG.

[79] NJW 1977, 2367; Ks NVwZ-RR 1999, 304 mwN; zweifelhaft: Unterschiede können sich hier nur aus § 42 Abs 2 u § 44 a ergeben.

[80] Ba 25. 4. 1995 – 4 S 135/95; Hbg EzAR 210 Nr 8; Ms 13. 12. 1994 – 13 A 267/94. A.

[81] DVBl 1992, 98: Fortsetzung des Vf der Versetzung in den Ruhestand wg Dienstunfähigkeit.

[82] Für VA hier 12, 297; 50, 259 f; VG Lüneburg NdsVBl 1997, 14; KR 65 a zu § 35 VwVfG; StBS-Bonk/Kallerhoff 81 zu § 29 VwVfG 57 zu § 35 VwVfG; **aA** Mü NVwZ 1990, 775 f; Ms NVwZ 1999, 1253; Ehlers DV 1998, 61; Steiner JuS 1984, 858 f; StBS-P. Stelkens/U. Stelkens 87 c zu § 35 VwVfG.

[83] NVwZ-RR 1996, 67; Schl NuR 1995, 316; Schenke 229; anders hingegen, wenn das Landesrecht etwas anderes bestimmt 80, 201; s auch oben 31.

§ 44 a). Noch keine Regelung mit Außenwirkung, sondern nur einen vorbereitenden Akt stellt die Anordnung der Straßenverkehrsbehörde an die Straßenbehörde zur Aufstellung eines Verkehrszeichens dar; erst das Verkehrszeichen (unten 55) ist VA (NZV 1994, 165; Ma VBlBW 1996, 70 f). Als rechtsverbindliche Regelung u damit als VA angesehen wurde hingegen die Feststellung der **Aufnahme eines Krankenhauses in den Krankenhausbedarfsplan** eines Landes, da sie nach § 8 Abs 1 S 1 KHG eine rechtliche Voraussetzung für dessen Förderung regelt (60, 271).

p) Teilregelungen und vorläufige Regelungen als VA. Eine verbindliche 46
Regelung, freilich mit eingeschränktem Regelungsbereich, enthalten hingegen **Teilgenehmigungen, Vorbescheide u vorläufige VA.** Eine Teilgenehmigung, die insb im Immissions-, Atom- u Planfeststellungsrecht eine erhebliche Bedeutung besitzt, stellt insoweit einen **Endbescheid** dar, als eine Behörde in bezug auf einen Teil eines Vorhabens bereits dessen **Verwirklichung erlaubt.** Ihr liegt neben der Genehmigung des Teilvorhabens zugleich ein **vorläufiges positives Gesamturteil** zugrunde (so für das Atomrecht etwa DVBl 1993, 734), das „in den nachfolgenden Teilgenehmigungen jeweils im Umfang von deren Gestattung in eine neue, detaillierte u auf den neuesten Stand von Wissenschaft u Technik aktualisierte endgültige Feststellung umgewandelt u dadurch verfestigt wird". Während die Teilgenehmigung ein auf einen Teil des gesamten Vorhabens beschränkter Endbescheid ist (Kn-Henneke 111 zu § 35 VwVfG), entscheidet ein **Vorbescheid** lediglich über **einzelne** Genehmigungsvoraussetzungen abschließend u verbindlich, **ohne aber eine auch nur partielle Verwirklichung des Vorhabens zu erlauben.** Besondere Bedeutung hat im Baurecht die über die planungsrechtliche Zulässigkeit eines Bauvorhabens abschließend befindende **Bebauungsgenehmigung** (dazu 53 zu § 42), die einen Unterfall des Bauvorbescheids darstellt.[84] Bei einem **vorläufigen VA** werden die Rechte u Pflichten aus einem Verwaltungsrechtsverhältnis zunächst nur **aufgrund einer summarischen Prüfung der Sach- u Rechtslage** geregelt u stehen deshalb unter dem Vorbehalt der späteren Prüfung, am Vorliegen einer Regelung ändert das aber nichts.[85]

q) Vollziehungsanordnung kein VA. Kein VA iSd § 42 ist die **Anord-** 47
nung der sofortigen Vollziehung gem § 80 Abs 2 Nr 4.[86] Es handelt sich bei ihr um einen **unselbständigen Annex** zu einem VA, nicht hingegen selbst um einen VA. Auf diese Weise läßt sich zwanglos erklären, daß nach ganz hM im Verwaltungsprozeß **gegen die Vollziehungsanordnung ein Rechtsschutz über Widerspruch u Anfechtungsklage nicht statthaft** ist (NVwZ-RR 1995, 299).

6. Einzelfall: Dieses an **materielle Kriterien anknüpfende Begriffsmerk-** 48
mal dient der **Unterscheidung des VA von untergesetzlichen Rechtsnormen** (materiellen Gesetzen), die eine unbestimmte Vielzahl von Einzelfällen regeln. Die Abgrenzung kann – sieht man § 35 S 1 VwVfG isoliert – einmal an die Zahl der hierdurch Betroffenen anknüpfen. Sind die durch sie **betroffenen Personen von vornherein bestimmt,** ist sie **individuell,** bei im vorhinein

---

[84] S zur Teilgenehmigung und Vorbescheid im Baurecht Schenke BauO 548 ff; Mann, Das gestufte Verfahren im Baurecht, 1992.

[85] NVwZ 1989, 1172; Ms NVwZ 1996, 493; Kn-Henneke 114 zu § 35 VwVfG; Kemper, Der vorläufige Verwaltungsakt, 1990 u DVBl 1989, 981 ff; F.J. Kopp, Vorläufiges Verwaltungsverfahren und vorläufiger Verwaltungsakt, 1992; DVBl 1989, 238 ff; Peine DÖV 1986, 849; Sanden DÖV 2006, 811; Schimmelpfennig, Vorläufige Verwaltungsakte, 1989.

[86] Bln NVwZ 1993, 198; Ko NVwZ 1988, 748; Mü BayVBl 1990, 756; Ma NVwZ-RR 1990, 561; Schenke 973 u JZ 1996, 1157; Schmaltz DVBl 1992, 232; **aA** Ganter DÖV 1985, 398; Grigoleit, Die Anordnung der sofortigen Vollziehbarkeit gem. § 80 Abs 2 Nr 4 VwGO als Verwaltungshandlung, 1997; wohl auch Lü NVwZ 1993, 586.

nicht **feststehenden Betroffenen** hingegen **generell.** Als Anknüpfungskriterium bietet sich aber auch (unabhängig vom Adressatenkreis) die Zahl der hierdurch geregelten Sachverhalte an: Bezieht sich die Regelung auf einen **bestimmten Sachverhalt,** ist sie **konkret,** hat sie hingegen eine durch allg Tatbestandsmerkmale umschriebene **Vielzahl von Sachverhalten** zum Gegenstand, ist sie **abstrakt.**

49 **a) Individuell-konkrete Regelungen als VA.** Unbestreitbar liegt eine als VA zu qualifizierende individuell-konkrete Regelung vor, wenn für im vorhinein feststehende Adressaten in bezug auf einen bestimmten Sachverhalt eine Regelung getroffen wird, zB das **polizeiliche Verbot,** einen bestimmten Gegenstand zu benutzen, die Erteilung einer **Baugenehmigung** oder die **Zurückstellung eines Baugesuchs** gem § 15 BauGB (Ks DVBl 1993, 1101).

50 **b) Generell-abstrakte Regelungen als Rechtsnormen.** Umgekehrt ist stets vom Vorliegen einer **Rechtsnorm** auszugehen, wenn ggü einer im vorhinein nicht **feststehenden Zahl von Personen** eine unbestimmte Vielzahl von Fällen geregelt wird **(generell-abstrakte Regelung),** so zB das landesweite Verbot aller Versammlungen, bei denen rote Fahnen gezeigt werden (Schenke 205; s auch allg KR 71 zu § 35 VwVfG). Klärungsbedürftig sind damit noch jene Fälle, bei denen eine individuell-abstrakte oder eine generell-konkrete Regelung getroffen wird.

51 **c) Individuell-abstrakte Regelungen als VA. Individuell-abstrakte** Regelungen werden zu Recht ganz überwiegend als **VA angesehen.**[87] In einem solchen Fall ist es ohne Schwierigkeiten möglich, in der für VA vorgesehenen Form über den Inhalt der Regelung zu informieren; die für Normen erforderliche Art der Publikation macht hier grds keinen Sinn. Deshalb liegt ein VA vor, wenn einer Person durch die Polizei befohlen wird, immer bei Glatteis vor ihrem Grundstück zu streuen (Ms 16, 290; Erichsen § 12, 45) oder sie verpflichtet wird, jedesmal, wenn das Wasser einen bestimmten Pegelstand überschreitet, ihr Wehr zu öffnen (WBS II § 45, 79). Mitunter wird sogar behauptet, in solchen Fällen liege in Wahrheit gar keine abstrakte Regelung vor (Maurer § 9, 20).

52 **d) Generell-konkrete Regelungen als Verwaltungsakt.** Die Einordnung der Rechtsnatur von Maßnahmen, die eine konkret-generelle Regelung beinhalten, wird durch **§ 35 S 2 VwVfG erleichtert,** der in seiner Alt 1 bestimmt, daß ein **VA** vorliegt, wenn sich eine Regelung an einen nach **allg Merkmalen bestimmten oder bestimmbaren Personenkreis** richtet. Allein der Umstand, daß eine Regelung sich an eine im vorhinein **nicht feststehende Zahl von Adressaten wendet (generelle Regelung),** reicht im Gegensatz zu einer vor Schaffung des VwVfG vielfach vertretenen Ansicht[88] demnach noch **nicht aus, um eine Rechtsnorm zu bejahen.** Deshalb überzeugt es nicht, wenn es zT noch heute heißt: „Ist der Personenkreis dagegen nicht bestimmbar, sondern offen, die Maßnahme daher abstrakt, handelt es sich nicht mehr um eine Allgemeinverfügung, sondern um einen Rechtsetzungsakt".[89] Die Formulierung des § 35 S 2 Alt 1 VwVfG zeigt vielmehr deutlich, daß **nicht auf zum Zeitpunkt des Erlasses einer Regelung schon feststehende Adressaten abzuheben** ist. Nach allg Merkmalen bestimmbar sind nämlich auch solche Personen, bei denen es, ex ante betrachtet, noch unklar ist, ob bei ihnen zukünftig das maßgebliche Normmerkmal vorliegt. Nur so gewinnt die tatbestandliche **Differen-**

---

[87] Ms 16, 290; Erichsen § 12, 45; Kahl Jura 2001, 511; Maurer § 9, 20; v Mutius, Wolff-FS 1973, 199f; Volkmar, Allgemeiner Rechtssatz und Einzelakt, 150f; WBS II § 45, 79.

[88] ZB 29, 208; s aber schon Volkmar, Allgemeiner Rechtssatz und Einzelakt, 1961, 59 u 67ff.

[89] So noch RÖ-v Oertzen 13. Aufl 38 zu § 42; ähnlich Kn-Henneke 23 zu § 35 VwVfG; UL § 48, 14; wohl auch Stern 130.

zierung des § 35 S 2 zwischen einem **„bestimmten"** u einem **„bestimmbaren"** Personenkreis einen Sinn.[90] Während **„bestimmt"** so auszulegen ist, daß die betroffenen Personen schon **im Zeitpunkt der Vornahme der Regelung bereits feststehen,** stellt **„bestimmbar"** darauf ab, daß sie zukünftig **nach allg Merkmalen „ermittelbar"** sind.

Für die Annahme, daß der Adressatenkreis in den von § 35 S 2 Alt 1 VwVfG erfaßten Fällen offen ist, **spricht auch der Zusammenhang mit den in § 35 S 2 Alt 2 u 3 VwVfG** angesprochenen Regelungen, bei denen die betroffenen Personen ebenfalls **nicht von vornherein feststehen**[91] u das Tatbestandsmerkmal „Einzelfall" (konkret) näher bestimmt wird. Gründe, aus denen heraus der Adressatenkreis in § 35 S 2 Alt 1 VwVfG u § 35 S 2 Alt 2 u 3 VwVfG unterschiedliche Bedeutung besitzen soll, sind nicht ersichtlich. Wie die tatbestandliche Struktur des § 35 S 2 VwVfG deutlich macht, ist vielmehr die Frage der Betroffenen strikt **von jener nach dem Vorliegen eines Einzelfalls zu unterscheiden.**[92] Daher ist zB das **Verbot einer bestimmten Versammlung** an einem bestimmten Tag u einem bestimmten Versammlungsort als **Regelung eines Einzelfalls** u folglich als VA gem § 35 S 2 VwVfG zu qualifizieren, obwohl die hierdurch Betroffenen nicht von vornherein feststehen (Erichsen § 12, 46; Schenke 205). Ein VA ist auch die Bestimmung des **Termins zur Wahl des Landrats** durch die Aufsichtsbehörde (Henze NdsVBl 1998, 186; s aber auch Lü NVwZ-RR 1999, 332). 53

e) Anknüpfungspunkte für die Bestimmung eines Einzelfalls. Das Hauptproblem bei der Abgrenzung von VA u Rechtsnorm besteht damit darin, **generell-konkrete Regelungen von generell-abstrakten zu unterscheiden.** Seine Lösung bereitet deshalb erhebliche Schwierigkeiten, weil man bei der Abgrenzung von konkreter (Einzelfall-)Regelung u abstrakter Regelung je nach dem gewählten Anknüpfungspunkt zu unterschiedlichen Ergebnissen gelangt. Deutlich wird dies bei **Bebauungsplänen,** deren Rechtsnatur vor Schaffung des § 10 BauGB höchst umstritten war. Stellt man bei ihnen darauf ab, daß sie sich auf eine bestimmte **Örtlichkeit** beziehen, liegt die Bejahung der **Konkretheit der Regelung nahe.** Orientiert man sich hingegen an der **Zahl der betroffenen Bauvorhaben,** so spricht dies für die Regelung einer **unbestimmten Vielzahl von Fällen.** Entsprechendes gilt für Verkehrszeichen, die durch einen **engen örtlichen Bezug** gekennzeichnet sind, bei denen aber nicht bestimmt ist, wieviele **Verkehrsvorgänge durch sie betroffen** werden. Die hier aufgeworfenen Rechtsfragen sind heute jedoch zT vom Gesetzgeber durch Schaffung spezieller Regelungen innerhalb des VwVfG, aber auch in anderen Normen gelöst worden. Fehlt es an klarstellenden Rechtsvorschriften, so vermögen noch zu erörternde andere Gesichtspunkte die Abgrenzung zu erleichtern (unten 60). 54

f) Die Regelung des § 35 S 2 Alt 2 u 3 VwVfG. Danach liegt ein VA in Gestalt einer Allgemeinverfügung dann vor, wenn eine Regelung **die ör Eigenschaft einer Sache oder ihre Benutzung durch die Allgemeinheit betrifft** (dinglicher VA). Daraus ist abzuleiten, daß Gebote oder Verbote enthaltende **Verkehrszeichen VAe** sind[93] (s auch oben 45). Sie betreffen sowohl die ör Ei- 55

---

[90] Zu der auf Anregung des Bundesrats – 7/910 S. 109 – eingefügten Formulierung „bestimmbar" s Erichsen § 12, 47, der sie aber für überflüssig hält und damit ihre klarstellende Funktion nicht hinreichend würdigt.

[91] Deshalb für Verfassungswidrigkeit des § 35 S 2 2. u 3. Alt VwVfG Obermayer 151 ff zu § 35 VwVfG sowie NJW 1980, 2386.

[92] Nicht überzeugend daher RÖ-v Oertzen 13. Aufl 38 zu § 42; wie hier Erichsen § 12, 46 f; Maurer § 9, 18; Schenke 205; WBS II § 45, 79.

[93] 59, 221 ff u schon früher 27, 181 ff; DÖV 2007, 210 (Schiffahrtszeichen); BVerfG NJW 1965, 2395; BGHSt 23, 86 ff; Ks DÖV 1964, 61; Mü NVwZ 1984, 383; Ms NJW 1977, 597; Erichsen § 12, 50; Kn-Henneke 129 zu § 35 VwVfG; KR 108 zu § 35 VwVfG; Mau-

genschaft einer Sache (nämlich der Straße) wie auch ihre Benutzung durch die Allgemeinheit. Aus § 35 S 2 Alt 2 VwVfG ergibt sich ferner, daß die **Widmung oder Entwidmung einer Straße,** die deren ör Eigenschaft betrifft, ein VA ist.[94] Die **Teilentwidmung** einer Straße betrifft deren Benutzung durch die Allgemeinheit (§ 35 S 2 Alt 3 VwVfG). Ebenso dürfte die **Umstufung einer Straße** (MB 71 zu § 35) oder die **Umbenennung einer Straße** ein **VA** sein.[95] Dasselbe gilt für die Festlegung von „Flugrouten", selbst wenn sie als Rechtsverordnung „verpackt" ist (Czybulka DÖV 1991, 410; Czybulka/Wandres DÖV 1990, 1038). Anderes ist nur dann anzunehmen, wenn der Erlaß in der Form einer Rechtsverordnung durch den Gesetzgeber vorgeschrieben ist.[96] Ein VA liegt auch in der Einschränkung des wasserrechtlichen Gemeingebrauchs, wenn die Verwaltung nicht von der gesetzlich eingeräumten Befugnis gem § 28 Abs 2 BW-WasserG Gebrauch macht, eine Regelung in Form einer Rechtsverordnung zu treffen (Ma VBlBW 1998, 26). VAe sind **organisatorische Akte** wie die **Schaffung oder Schließung einer öffentlichen Schule**[97] oder einer **kommunalen Anstalt,** die Leistungen an dem Bürger erbringt (WBS II § 45, 91). Sofern die Benutzungsordnung oder eine Gebührenregelung aufgrund gesetzlicher Vorschriften in der Form einer Satzung erlassen wird, ist jedoch vom Vorliegen einer Rechtsnorm auszugehen (RÖ-v Nicolai 38 f zu § 42). Ein VA liegt auch in der von der Landesregierung oder einem Landesminister verfügten Einrichtung bzw Schließung einer Fakultät oder eines Studiengangs (Ks NVwZ 1995, 506; s hierzu Hufeld DÖV 1997, 1025 ff); anderes gilt, wenn dies in einem vom Parlament erlassenen Gesetz statuiert wird (s BerlVerfGH WissR 1997, 69) oder in einer RechtsVO aufgrund einer gesetzlichen Ermächtigung (zu einem solchen Fall Karpen, Abbau von Hochschulkapazitäten 1987, 12 f).

56 **g) Gesetzliche Bestimmung der Rechtsnatur von Regelungen auch außerhalb des VwVfG. Planfeststellungsbeschlüsse** für raumbedeutsame Vorhaben, für welche die §§ 72 ff VwVfG gelten, sind als **VAe anzusehen** (RÖ-v Nicolai 45 zu § 42; Ronellenfitsch VerwA 1989, 106). Das folgt bereits aus der **systematischen Stellung im VwVfG (§ 9 VwVfG),** aber auch aus den §§ 74 Abs 4, 75 Abs 2 S 1 VwVfG. Das gleiche gilt zB für die ähnlich ausgestalteten Planfeststellungsbeschlüsse nach § 31 WHG (79, 318), § 41 FlurbG (74, 1) oder §§ 8, 10 LuftVG.[98]

57 Die **Rechtsnatur von Bebauungsplänen** wird durch **§ 10 BauGB** festgelegt, wonach der Bebauungsplan als Satzung beschlossen wird. Dies bestimmt im Hinblick auf den engen Zusammenhang von materiellem Recht u Prozeßrecht **auch für das Verwaltungsprozeßrecht die Rechtsnatur des Bebauungsplans als Rechtsnorm.** Entsprechendes gilt für die **Veränderungssperre** (§ 16 BauGB), das **Vorkaufsrecht** nach § 25 BauGB u **Innenbereichsatzungen gem § 34 Abs 4 BauGB** (s ferner §§ 12, 142, 165 Abs 6, 172 BauGB); s auch 25, 249 f; 35, 258; RÖ-v Nicolai 44 zu § 42. Umgekehrt ist zB aus der bundesgesetzlich zugelassenen **Individualbekanntmachung einer Schutzbereichs-**

---

rer § 9, 36; Prutsch JuS 1980, 566 ff; StBS-P. Stelkens/U. Stelkens 241 zu § 35 VwVfG; Schenke 204; UL § 48, 13; **aA** früher Mü NJW 1979, 670; Obermayer NJW 1980, 2387 f.

[94] Erichsen § 12, 49; KR 108 zu § 35 VwVfG; Maurer § 9, 33; schon früher BGH DÖV 1968, 132.

[95] Ma NVwZ 1992, 196; Mü BayVBl 1988, 496; Ms NJW 1987, 2695; KR 108 zu § 35 VwVfG.

[96] Davon gehen NJW 2000, 3584; Mü NVwZ-RR 1995, 114 und wohl Lü 17. 3. 1995 – 12 M 585/95 u 25. 1. 1996 – 12 M 7755/95 (zit nach Kilian NVwZ 1998, 142 Fn 3) aus; s hierzu auch BVerfG NVwZ 1998, 169 u Kilian NVwZ 1998, 142 sowie 8 zu § 47 mwN.

[97] 18, 40; Klenke NWVBl 1999, 448; KR 109 zu § 35 VwVfG; Sch-Pietzcker 53 zu § 42 Abs 1.

[98] 75, 214; zu ebenso als VA zu qualifizierenden weiteren Planfeststellungsbeschlüssen RÖ-v Nicolai 45 zu § 42; Ronellenfitsch VerwA 1989, 92 ff.

anordnung auf deren **Verwaltungsaktscharakter** zu schließen (DÖV 1985, 109; Schenke NVwZ 1990, 1012). **Grds keine Rechtsnormen** sollten nach dem ursprünglichen Willen des Gesetzgebers die nicht in der Form einer Satzung zu erlassenden **Flächennutzungspläne** darstellen.[99] Dem ist auch heute noch insoweit zu folgen, als Flächennutzungspläne idR nur vorbereitenden Charakter haben u keine unmittelbare Außenwirkung aufweisen. Anderes gilt aber für Flächennutzungspläne, **soweit** sie Festsetzungen der in **§ 35 Abs 3 S 3 BauGB** bezeichneten Art enthalten u insoweit ebenso wie ein Bebauungsplan normative Wirkungen entfalten; insoweit sind sie **Rechtsnormen**.[100] Ein VA ist die Genehmigung eines Flächennutzungsplans gem § 6 BauGB (Lü NVwZ 2003, 232).

h) Dispositionsbefugnis des Gesetzgebers. Der Bundesgesetzgeber vermag insb bei Maßnahmen, die im Grenzbereich von VA u Rechtsnorm angesiedelt sind, vorzuschreiben, ob er eine Regelung (materiell u prozeßrechtlich) als VA behandelt wissen will (oben 3 u zB Mü NVwZ-RR 1995, 115; KR 69 zu § 35 VwVfG). Weder § 35 VwVfG noch das Verfassungsrecht schränken insoweit seine Definitionsmacht ein. Auch durch Art 19 Abs 4 GG wird er **nicht verpflichtet,** sich für diejenige rechtliche Qualifikation hoheitlicher Maßnahmen auszusprechen, bei welcher dem Bürger ein **Maximum an Rechtsschutz** gewährt wird.[101] Der Landesgesetzgeber vermag selbst in bezug auf landesbehördliche Maßnahmen **grds nicht zu bestimmen,** ob sie als **VA iSd bundesrechtlichen Vorschrift des § 42** zu qualifizieren sind (oben 2). Da die Bestimmung der Frage, ob eine Regelung einen Einzelfall betrifft, jedoch je nach dem ihr zugrunde gelegten Anknüpfungspunkt (oben 54) zu unterschiedlichen Ergebnissen führen kann, ist er nicht gehindert, **deutlich zu machen, welchen Gesichtspunkt er hier als maßgeblich** ansieht. Die Zuerkennung einer derartigen **Klarstellungs- u Konkretisierungsbefugnis** ändert nichts an der Maßgeblichkeit des § 35 VwVfG für den Verwaltungsaktsbegriff des § 42; sie steht auch im Einklang damit, daß das **verwaltungsprozessuale Rechtsschutzsystem** auf der **verwaltungsrechtlichen Handlungsformenlehre** u der mit ihr verzahnten unterschiedlichen Sanktionierung rechtswidrigen Handelns je nach seiner Rechtsnatur aufbaut. Hiermit wird zugleich der **Rechtssicherheit** Rechnung getragen. Deshalb ist es nicht zu beanstanden, wenn zB aus der in § 8 Abs 6 BWGO vorgesehenen Änderung eines Gemeindegebiets in der Form einer Rechtsverordnung gefolgert wird, der Gesetzgeber habe hiermit zum Ausdruck gebracht, daß sie nicht nur eine Regelung ggü der Gemeinde beinhaltet, sondern für eine unbestimmte Vielzahl von Fällen die Anwendung des maßgeblichen Ortsrechts verändert.[102] Von einer Rechtsnorm ist auch dann auszugehen, wenn die Auflösung einer Fakultät oder eines Studiengangs aufgrund einer gesetzlichen Ermächtigung in Form einer RechtsVO erfolgt[103] oder die Neuordnung von Kammerbezirken aufgrund einer gesetzlichen Ermächtigung in Form einer RechtsVO vorgenommen wird (Mgd LKV 1998, 65). Ebenso ist aus der in 58

[99] NVwZ 1991, 263; Lü DÖV 1971, 492; Ma NJW 1979, 331; Ms 26, 251; Dolde NJW 1979, 895; Kn-Henneke 29 zu § 35 VwVfG

[100] Näher Schenke NVwZ 2007, 136f; ebenso Ko ZNER 2005, 336; Guckelberger DÖV 2006, 981; Jeromin NVwZ 2006, 1374; Kment NVwZ 2004, 314f; Loibl UPR 2004, 421f; s auch 21f u 25 zu § 47.

[101] DÖV 1985, 109 mwN; Mü NVwZ 1985, 503; Schenke JZ 1996, 1009; s auch v Mutius, Wolff-FS 1973, 177.

[102] Schenke 208; ebenso – mit anderer Begründung – Kopp VwVfG 30 zu § 35 VwVfG). Dagegen für Doppelnatur (VA ggü Gemeinde, Rechtsnorm ggü Bürgern): 74, 125; NVwZ 1990, 261; BayVBl 1986, 664f; RÖ-v Nicolai 43 zu § 42; Stern 134; für VA hingegen Kn-Henneke 74 zu § 35 VwVfG.

[103] S hierzu Ks NVwZ 1995, 506; Karpen, Abbau von Hochschulkapazitäten 12f u oben 55; s ferner allg Hufeld DÖV 1997, 1025ff.

den LPlGen vorgesehenen Veröffentlichung von **Landesentwicklungs-, Gebietsentwicklungs-, Regionalplänen** uä abzuleiten, daß sie als abstrakte Regelungen u damit als **Rechtsnormen** zu bewerten sind.[104] Selbst wenn ihr Erlaß im Wege der Normgebung **nicht ausdr** vorgesehen ist, dürften sie dennoch als **Normen** sowohl iSd materiellen wie des Prozeßrechts anzusehen sein.[105]

59 **i) Rechtsnatur und behördliche Handlungsform.** Auch wenn dem Gesetz keine Aussage über die Rechtsnatur eines Verwaltungshandelns zu entnehmen ist, kann sich aus der von der Verwaltung gewählten Form einer Regelung uU eine Aussage über deren Inhalt u damit über ihre Rechtsnatur ergeben. Das kommt sogar dann in Betracht, wenn das Gesetz möglicherweise eine andere Form des Handelns vorschreibt. Wird zB eine Regelung entgegen gesetzlicher Bestimmungen nur bestimmten Personen ggü durch **Individualbekanntmachung** eröffnet, so liegt wg der dadurch begründeten Bestimmtheit der Adressaten der Regelung (oben 51), nur ein (wenn auch möglicherweise rechtswidriger) **VA** vor. So zB, wenn die Anordnung eines Wasserschutzgebiets, die nach Ansicht des BVerwG (29, 207 u unten 61) durch Erlaß einer Rechtsnorm zu treffen ist, nur den Eigentümern der Grundstücke mitgeteilt wird, die im Wasserschutzgebiet liegen, nicht hingegen der Allgemeinheit durch die Veröffentlichung im GVBl bekanntgemacht wird (vgl 18, 1 ff; Schenke 232). Dasselbe ist anzunehmen, wenn eine Regelung, die das Windsurfen auf dem Bodensee im Uferbereich generell einschränkt, nicht als Rechtsnorm publiziert wird, sondern in einer für VA bestimmten Form erlassen wird (Ma VBlBW 1987, 378; Schenke JZ 1996, 1009). Ebenso ein VA ist die Feststellung der Eigenschaft einer Sache (obschon rechtlich nicht vorgesehen) in einem mit einer Rechtsmittelbelehrung versehenen Bescheid (VG Dessau NuR 1997, 465 u oben 28). **Rechtsnatur u Rechtmäßigkeit einer hoheitlichen Maßnahme müssen strikt getrennt werden.** Der Bejahung eines VA im Hinblick auf die tatsächlich getroffene Regelung steht folglich nicht im Wege, daß in den genannten Beispielsfällen möglicherweise Rechtsverordnungen hätten erlassen werden müssen. Zu beachten ist allerdings, daß eine **individuell-konkrete Regelung** (wie das Verbot einer bestimmten Handlung ggü einer Firma) **nicht dadurch zu einer Rechtsnorm** (iSd materiellen Rechts u Prozeßrechts) **wird,** daß die Behörde dieses Verbot ohne gesetzliche Ermächtigung in der für **Rechtsverordnungen vorgesehenen Weise bekanntmacht.** Es bleibt auch hier ein (wenn auch uU nichtiger) VA iSd § 42 iVm § 35 VwVfG.

60 **j) Die Bedeutung örtlicher und zeitlicher Regelungsaspekte.** Ergibt sich die Rechtsnatur eines Verwaltungshandelns weder aus einer speziellen gesetzlichen Normierung noch aus ihrer Form, so spielt für die Frage des Vorliegens einer Einzelfallregelung in Zweifelsfällen neben dem Gesichtspunkt der **örtlichen Begrenzung einer Regelung** (Ma VBlBW 1987, 138) vor allem ihre **zeitliche Geltungsdauer** eine bedeutsame Rolle. Je kürzer diese ist, um so eher wird man von einem VA auszugehen haben.[106] Deshalb ist etwa ein aus Anlaß einer konkreten Seuchengefahr für einen bestimmten Bezirk ausgesprochenes **Verkaufsverbot als VA** zu bewerten (ebenso die gesetzlichen Regelungen in einigen AGLFGB der Länder, zB §§ 11, 12 BWAGLMBG; s Maurer § 7, 19). Das ergibt sich zwar nicht – wie das BVerwG zur Begründung des Verwaltungsaktscharakters ausführt (12, 89) – daraus, daß die Regelung aus Anlaß einer

---

[104] Lü DÖV 1971, 494; Mü NVwZ 1985, 504; Kn-Henneke 29 zu § 35 VwVfG; Schenke UTR 1990, 85 f.

[105] Mü BayVBl 1984, 241; NVwZ-RR 1991, 332; Erbguth, DVBl 1982, 1 ff u NVwZ 1988, 289 ff; Kn-Henneke 29 zu § 35 VwVfG; Schenke UTR 1990, 69 ff u Schenke 882; Weidemann DVBl 1984, 767 ff; s auch 33 zu § 47.

[106] KR 71 a zu § 35 VwVfG; Jarass NVwZ 1987, 98; Maurer § 9, 19; Schenke 210.

konkreten Gefahr erfolgte. Auch eine aus Anlaß einer konkreten Gefahr getroffene Regelung kann nämlich von ihrem Inhalt her abstrakt sein. So etwa wenn anläßlich eines bekanntgewordenen konkreten Vergiftungsfalls ein dauerndes Verkaufsverbot für bestimmte gefährliche Produkte erlassen wird. Wohl aber läßt sich die Bejahung eines VA damit begründen, daß ein derartiges Verbot des Verkaufs von Endiviensalat nur **kurzfristig gelten** soll. Selbst wenn dies innerhalb der Regelung noch keinen Ausdruck gefunden hatte, ergab sich im Endiviensalatfall jedenfalls aus den Umständen des Erlasses, daß das Verbot nur solange aufrechterhalten werden sollte bis die Seuchengefahr gebannt war.

Im Hinblick auf die örtliche bzw zeitliche Begrenzung von Regelungen wird man als VAe anzusehen haben 61

- die **Anordnung eines Schutzbereichs nach § 2** des Gesetzes über die Beschränkung von Grundeigentum für die militärische Verteidigung **(SchutzBG)** (70, 81; Mü NVwZ 1989, 979; KR 108 zu § 35 VwVfG);
- die Eintragung **in das Naturschutzdenkmalbuch** (Erichsen § 12, 51);
- eine **Anordnung über die Öffnungszeiten von Apotheken,** was zusätzlich durch die Systematik des LadSchlG u einen Vergleich mit anderen dort getroffenen Bestimmungen, die vom Erlaß von Rechtsverordnungen sprechen, nahegelegt wird (NJW 1990, 787; Mü NJW 1986, 1564);
- die Festsetzung u **Anordnung eines Wasserschutzgebiets** gem § 19 Abs 1 WHG.[107] Die vor Schaffung des § 35 S 2 VwVfG vertretene Ansicht des BVerwG (29, 208), das Vorliegen einer Rechtsnorm ergäbe sich aus der Unbestimmtheit des Adressatenkreises, ist nicht mehr haltbar (oben 52);
- die Freigabe **bestimmter Wasserstrecken für das Wasserskifahren**;[108]
- polizeiliche **Beschränkungen für das Musizieren in der Fußgängerzone** einer Stadt (Ma VBlBW 1987, 138);
- ein sich auf Drogenkonsumenten beziehendes **dreimonatiges Betretungsverbot** u ein entspr **Platzverweis** für zentrale Innenstadtbereiche einer Großstadt;[109]
- das polizeiliche **Tauchverbot** für einen **räumlich eng begrenzten Bereich** eines Sees (Ma VBlBW 1998, 25: Tauchverbot am Teufelstisch im Überlinger See).

k) Keine Rechtsakte sui generis. Nicht möglich ist es, der Klärung der Frage, ob eine Regelung einen Einzelfall betrifft, dadurch auszuweichen, daß man einen hoheitlichen Akt als **Rechtsakt sui generis** qualifiziert (s auch Maurer § 9, 21 u oben 12). Wenn eine Regelung die anderen Kriterien des § 35 VwVfG erfüllt, ist sie entweder **als ein einen Einzelfall betr VA** oder als **eine Rechtsnorm** zu qualifizieren. Das schließt nicht aus, daß für eine Maßnahme hins der Art ihres Erlasses oder ihrer Rechtswirkung bestimmte Besonderheiten bestehen mögen u man deshalb einen Hoheitsakt wie die Allgemeinverbindlichkeitserklärung des Tarifvertrags zur Charakterisierung dieser **materiellrechtlichen Spezifikation** als einen „Rechtsakt sui generis" bezeichnet (BVerfG 44, 338 ff; Maurer § 9, 21; s auch 80, 357 f, 364). Hins des Rechtsschutzes ist dies irrelevant, da der **Rechtsschutz gegen einen derartigen „Rechtsakt sui generis" sich entweder nach § 42 oder nach den Grundsätzen richtet, die für einen Rechtsschutz gegen Normen gelten.** 62

l) Grundsätzlich keine Doppelnatur. Ausgeschlossen ist die Bejahung einer Doppelnatur in dem Sinn, daß eine Maßnahme je nach ihren Ad- 63

---

[107] Erichsen § 12, 49; **aA** DVBl 1997, 439 = NVwZ 1997, 887; 29, 207; Ma NVwZ 1999, 1250; Mü BayVBl 1997, 111; Kn-Henneke 29 zu § 35 VwVfG.

[108] Ks DÖV 1966, 871 unter Hinw auf parallele Problematik bei Verkehrszeichen.

[109] Ma NVwZ-RR 1997, 225; Erichsen JK 97; Pol- u OrdR, Platzverweis/1; Haseloff-Grupp VBlBW 1997, 162; **aA** Deger VBlBW 1996, 91; Ehlers DV 1998, 65.

ressaten als Rechtsnorm und zugleich als VA angesehen wird (s bereits oben 8). Dieselbe rechtswidrige Regelung kann jedenfalls dann, wenn ihre Wirkungen ggü verschiedenen Personen im Hinblick auf eine hier bestehende Verschränkung der Regelungswirkung nicht teilbar sind, **nicht zugleich rechtswirksam u nichtig** sein. Deshalb ist eine durch die Verwaltung verfügte **kommunale Gebietsänderung** nicht VA ggü der Gemeinde u Rechtsnorm ggü dem Bürger, sondern nur **Rechtsnorm.**[110] Dasselbe gilt für eine **im Wege der Ersatzvornahme erlassene Satzung,** die sowohl gegenüber der Gemeinde wie auch den Bürgern ggü eine Rechtsnorm darstellt (Schenke JZ 1996, 1010; **aA** DÖV 1993, 1093; Schoch Jura 2006, 194) oder die **Allgemeinverbindlichkeit eines Tarifvertrags,** die, statt sie richtigerweise einheitlich als Rechtsnorm zu qualifizieren (so zutr 80, 357 = NVwZ 1989, 648; BVerfG 55, 25; 64, 215), mitunter im Verhältnis zu den Tarifvertragspartnern als VA, ggü den Arbeitnehmern hingegen als Rechtsnorm eingestuft wird (Kopp VwVfG 31 zu § 35). Da sowohl ein VA wie auch eine Rechtsnorm durch einen rechtlich Betroffenen gem §§ 42, 47 unabhängig davon angreifbar sind, an wen sie adressiert wurden (66 ff zu § 42 u 46 f zu § 47), müßte die Gegenauffassung konsequenterweise bei Annahme einer Doppelnatur davon ausgehen, die Betroffenen besäßen nach ihrer **Wahl zwei verschiedene Möglichkeiten des Rechtsschutzes,** die sich sowohl hins ihrer Zulässigkeitsvoraussetzungen wie auch des Inhalts der Entscheidung wesentlich unterschieden.

64 **Bedenken** bestehen auch bezüglich der Annahme, die staatliche Genehmigung der Satzung einer Selbstverwaltungskörperschaft sei nur dieser ggü **ein VA, im übrigen jedoch Mitwirkung an einem Rechtsetzungsakt.**[111] Die unbestreitbar richtige **Kennzeichnung** einer solchen **Genehmigung als Bestandteil eines RechtsetzungsVf** (was sie selbstverständlich auch in bezug auf die Selbstverwaltungskörperschaft ist) sagt noch **nichts über deren für den Rechtsschutz maßgebliche Rechtsnatur** aus (oben 11), die nur einheitlich als VA bestimmt werden kann. Hier von einer Doppelnatur zu sprechen, ist daher zumindest mißverständlich. Die Klage des Bürgers (zB gegen die Genehmigung eines Bebauungsplans) scheitert nicht am Vorliegen eines VA, sondern nur **an der fehlenden Klagebefugnis.**[112]

65 **7. Auf unmittelbare Rechtswirkung nach außen gerichtet:** Für das Vorliegen eines VA ist neben dem Vorliegen einer hoheitlichen behördlichen Maßnahme erforderlich, daß die getroffene Regelung des Einzelfalls auf **unmittelbare Rechtswirkung nach außen gerichtet** sein muß. Erforderlich ist demnach **nicht allein das Vorliegen einer Außenwirkung** (dazu unten 66), sondern eine **spezifische Beziehung zwischen der Regelung u der Außenwirkung** (unten 90).

66 **a) Der Begriff der Außenwirkung. Außenwirkung** kommt einer Maßnahme dann zu, wenn sie eine natürliche oder juristische Person oder ein sonstiges (nicht voll **rechtsfähiges**) **Rechtssubjekt als Träger eigener Rechte** betrifft. Besondere Abgrenzungsprobleme ergeben sich in diesem Zusammenhang bei Maßnahmen im sog **Sonderstatusverhältnis** (früher: besonderes Gewaltverhältnis), ferner bei **Weisungen innerhalb eins Instanzenzugs,** iVm Handlungen, die der **Vorbereitung staatlicher Entscheidungen** dienen, insb in bezug auf mehrstufige VAe, sowie bei **Organakten,** die in die **Organrechte eines anderen Organs oder Organteils eingreifen.**

---

[110] Schenke 208 u oben 11; **aA** 18, 156; Ko NVwZ 1983, 304; Lü 18, 429 ff; Mü DVBl 1981, 224; Stern 134.

[111] 16, 84 f; 34, 304; 75, 146; Lü DVBl 1971, 323; Mü BayVBl 1986, 623; Ms DÖV 1974, 715; Ma NVwZ 1984, 124.

[112] Schenke 209; ebenso Ey-Happ 9 zu § 42; Fechner LKV 2006, 160; s unten 83.

b) Außenwirkung und Sonderstatusverhältnis (besonderes Gewaltverhältnis). Unter einem Sonderstatusverhältnis (besonderen Gewaltverhältnis) versteht man durch eine **besondere Zwecksetzung** geprägte Rechtsverhältnisse, aufgrund deren bestimmte Rechtspersonen in einer spezifischen Rechtsbeziehung zu einem Hoheitsträger stehen, die sich durch die **Existenz ihr eigener Pflichten** vom **allg Bürger-Staat-Verhältnis unterscheidet.** In der klassischen Definition des besonderen Gewaltverhältnisses durch O. Mayer (VerwR I, 3. Aufl 1924, 101) wird das besondere Gewaltverhältnis dementsprechend gekennzeichnet als „die verschärfte Abhängigkeit, welche zugunsten eines bestimmten Zweckes öffentlicher Verwaltung begründet wird für alle einzelnen, die in den vorgesehenen besonderen Zusammenhang treten". Dem Sonderstatusverhältnis werden das **Beamten- u Soldatenverhältnis, die Rechtsverhältnisse zwischen Schüler u Studenten u dem öffentlichen Träger der Schule bzw Hochschule** sowie das **Strafvollzugsverhältnis** u nach heute umstrittener Auffassung auch das **Anstaltsbenutzungsverhältnis** (gegen dessen Einbeziehung aber Breuer VVDStRL 44, 219) zugerechnet. Obwohl das besondere Gewaltverhältnis bzw Sonderstatusverhältnis mitunter totgesagt u ihm in der heutigen Verfassungsordnung im Hinblick auf die auch hier zu bejahende prinzipielle Grundrechtsgeltung (BVerfG 33, 1 ff) seine Existenzberechtigung abgesprochen wird,[113] bestehen doch in bezug auf solche Rechtsverhältnisse nach wie vor insofern Besonderheiten, als **im Interesse ihrer Funktionsfähigkeit** durch das Grundgesetz iVm einfachgesetzlichen Rechtsvorschriften **Einschränkungen der Rechtsstellung der in einem derartigen Sonderstatusverhältnis Befindlichen begründet** werden.[114] Diese im **materiellen Recht einsetzenden Beschränkungen** müssen zwangsläufig mittelbar auch auf den **Rechtsschutz durchgreifen** u werfen hier ebenfalls spezifische Probleme auf.[115] Nicht überzeugend ist allerdings die Ansicht, im Sonderstatusverhältnis gelte die Rechtsschutzgarantie des Art 19 Abs 4 GG nur eingeschränkt.[116] Begrenzungen der gerichtlichen Überprüfungsbefugnis ergeben sich vielmehr ebenso wie im allg Bürger-Staat-Verhältnis lediglich daraus, daß die verfassungsrechtliche Rechtsschutzgarantie nur dann zum Tragen kommt, wenn die **Möglichkeit einer Verletzung subjektiver Rechte besteht.** 67

c) Außenwirkung und Beamtenverhältnis. Den wichtigsten Anwendungsbereich für besondere Statusverhältnisse bildet das **Beamtenverhältnis,** in welchem die Rechtsstellung des Beamten **nach Art 33 Abs 5 GG iVm den beamtengesetzlichen Regelungen dadurch eingeschränkt wird, daß hier nicht jedes an einen Beamten adressiertes Gebot oder Verbot** für diesen (abweichend vom allg Bürger-Staat-Verhältnis, s Schenke 510 ff) **einen Eingriff in dessen subjektive Rechtsstellung impliziert.** Ein Grundrechtseingriff scheidet hier dann aus, wenn der Beamte nur als Teil der staatlichen Organisation in seiner Funktion als staatlicher Amtswalter betroffen wird. Einen wichtigen Beitrag zur Beantwortung der Frage nach der subjektivrechtlichen Relevanz im Sonderstatusverhältnis vorgenommener Rechtsakte liefert dabei die plastische **Unterscheidung Ules zwischen Maßnahmen im Grundverhältnis,** welche den im Sonderstatusverhältnis Befindlichen in seiner subjektiven Rechtsstellung 68

---

[113] Vgl ggü derartigen Bestrebungen krit Merten, Merten (Hrsg), Das Besondere Gewaltverhältnis 1985, S. 56 ff; Ronellenfitsch DÖV 1981, 932: „Das besondere Gewaltverhältnis – ein zu früh totgesagtes Rechtsinstitut".

[114] Schenke BeamtenR 87 f; eingeh Loschelder, Vom besonderen Gewaltverhältnis zur öffentlich-rechtlichen Sonderverbindung, 1982, passim.

[115] Vgl hierzu allg näher Schenke JuS 1982, 906 ff u in: Merten (Hg), Das besondere Gewaltverhältnis, S. 83 ff.

[116] So aber zB Menger VerwA 1977, 177 f; krit hierzu BK-Schenke 199 f zu Art 19 Abs 4 GG; Schenke BeamtenR 110 f.

tangieren, u **Maßnahmen im Betriebsverhältnis,** die **prinzipiell** keine subjektivrechtliche Relevanz aufweisen (Ule VVDStRL 15, 151 f; zust KR 83 zu § 35 VwVfG; Ziekow 43 zu § 35 VwVfG; **krit** aber Erichsen § 12, 36). Dem Grundverhältnis zugerechnet werden dabei von Ule jene Akte, die eine **Begründung, Beendigung oder inhaltliche Veränderung des Rechtsstatus des Beamten** bewirken, während zum Betriebsverhältnis alle jene Akte zählen sollen, die den Beamten allein in seiner **Eigenschaft als Amtsperson,** also gewissermaßen als „Rädchen" innerhalb des Staatsapparats, betreffen. Diese Differenzierung vermag ein **grobes Raster** abzugeben, welches bei der Abgrenzung subjektivrechtlich relevanter Maßnahmen von rein innerdienstlichen Akten hilft. Freilich ist dabei zu bedenken, daß die nähere Abgrenzung dieser verschiedenen Sphären durch **disponible gesetzliche Regelungen bestimmt u** zudem durch **verfassungsrechtliche Direktiven gesteuert** wird. Diese Vorgaben werden durch Ule bei der näheren Konkretisierung des von ihm sehr restriktiv verstandenen Grundverhältnisses nicht immer ausreichend beachtet. Zudem wurde durch ihn nicht erkannt, daß im Hinblick auf **atypische Besonderheiten** eine grds dem Betriebsverhältnis zugehörige Maßnahme **im Einzelfall subjektivrechtliche Relevanz aufweisen** kann, etwa wenn sie eine Person diskriminiert. Allerdings ergibt sich hieraus noch nicht zwingend ihre Qualifikation als VA (s unten 70 u 90).

69 Von einer Außenwirkung ist auszugehen (s auch Schenke JuS 1982, 909) bei

- der **Ernennung und Entlassung eines Beamten** (51, 205); der **Beförderung** als Unterfall der Ernennung (80, 130 = NVwZ 1989, 158) sowie der Übertragung eines Amtes gem § 77 Abs 2 BBesG durch einen **ernennungsähnlichen VA** (Lindner NVwZ 2006, 545) u der **Versetzung in den einstweiligen Ruhestand** (NJW 1977, 1355);
- dem **Verbot** der **Führung der Dienstgeschäfte** (We ThürVBl 1999, 240);
- der **Versetzung** (26, 65; 60, 147; Kremer NVwZ 1983, 6 ff; Kathke ZBR 1999, 327; Schenke BeamtenR 185), die mit einem Behördenwechsel verbunden ist u in den Beamtengesetzen an einschränkende Voraussetzungen gebunden wird (s zB § 26 BBG);
- der **Abordnung** zB nach § 27 BBG (60, 147; Kathke ZBR 1999, 336; Kremer NVwZ 1983, 7; Schenke BeamtenR 189) einschließlich der Teilabordnung (Ma ZBR 1987, 63; Kathke ZBR 1999, 336); anders hingegen die **Rücknahme des Einverständnisses** des aufnehmenden Dienstherrn **zur Abordnung** (Ba SächsVBl 1995, 186 f);
- der **Abberufung von einer leitenden Funktion** (Ba DVBl 1999, 935);
- der **Änderung der wahrzunehmenden Aufgabe,** die das Fach, das ein **Professor in Forschung u Lehre** zu vertreten hat, betrifft;[117]
- **Eingriffen in die pädagogische Freiheit eines Lehrers** (**aA** Wißmann ZBR 2003, 304 f, der zwar hier die Außenwirkung verneint, dennoch aber von einem Eingriff in eine „wehrfähige" Rechtsposition ausgeht u deshalb Rechtsschutz bejaht);
- dem **Verbot** an eine Lehrerin, ein **Kopftuch mit religiösem Symbolgehalt** zu tragen;[118]
- der **Erteilung** oder **Verweigerung einer Genehmigung** zur Aussage in einem StrafVf (34, 254; NJW 1983, 638);
- der **Erteilung** (Ks NVwZ-RR 1996, 338 f) oder **Versagung einer Nebentätigkeitsgenehmigung** (31, 243);
- der Festsetzung **des allg Dienstalters** (19, 23);
- der Ablehnung **eines Urlaubsgesuchs** (51, 216; KR 86 zu § 35 VwVfG);

---

[117] Lü ZBR 2003, 253: im Hinblick auf Art 5 Abs 3 GG; anderes gilt dagegen sonst für eine Umsetzung eines Beamten, s unten 70.

[118] BVerfG 108, 282; Sachs NWVBl 2004, 209 ff; zur grds Geltung von Grundrechten im besonderen Gewaltverhältnis Tangermann Jura 2005, 123 f mwN.

- der **Beurlaubung** unter Wegfall der Besoldung u ihr **Widerruf** (s auch ZBR 1997, 320);
- der Anordnung **einer ärztlichen Untersuchung** gem § 42 Abs 1 S 3 BBG (vgl 34, 250, **aA** Ba NVwZ 2006, 716; ebenso für Weisung, einen Privatarzt ggü dem Amtsarzt von seiner Schweigepflicht zu befreien);
- dem Verbot des Tragens einer bestimmten Haartracht, sog Karl-Lagerfeld-Zopf;[119]
- einem auf **Schadensersatz** (18, 285 = NJW 1964, 2030; 21, 270 = NJW 1966, 364) oder auf **Rückerstattung** (40, 237) gerichteten **Leistungsbescheid;**
- der Zusage **einer Umzugskostenvergütung** (81, 149 = NVwZ 1989, 1172);
- der **Zuweisung** einer im Haushaltsplan ausgewiesenen **Dienstwohnung** (DVBl 2001, 726);
- der dienstlichen **Beurteilung** eines Beamten; allerdings ist sie mangels einer in ihr enthaltenen Regelung **kein VA** (28, 191; KR 86 zu § 35 VwVfG; Schenke BeamtenR 114ff; oben 31) u kann auch in der **Ablehnung ihrer Berichtigung kein VA** gesehen werden (s oben 31 u 42; **aA** KR 86 zu § 35 VwVfG). Dasselbe gilt für **Stationszeugnisse** im Rahmen der Referendarausbildung, die zwar Außenwirkung aufweisen können, dennoch aber keine Regelung beinhalten (s zum RSB für Klage 42 vor § 40). Gleichfalls können **Vorhaltungen u Rügen des Dienstvorgesetzten** bei besonderer Schwere der erhobenen Vorwürfe trotz fehlender Regelung Außenwirkung besitzen;[120]
- der Ungültigerklärung der Prüfungsaufgabe eines Lehrers durch den Schulleiter (Mü BayVBl 1986, 729).

Keine Außenwirkung weisen idR auf 70

- **dienstliche Weisungen,** die die **Erledigung einer Amtshandlung zum Gegenstand haben** u den Beamten allein in seiner Eigenschaft als Amtsträger u Glied der Verwaltung betreffen (60, 146; Ko NVwZ-RR 2000, 371; KR 87 zu § 35 VwVfG; Schenke 215);
- die Anweisung eines Schulleiters an eine Lehrerin, ihm für ein Fach in einer Klasse die von ihr gefertigte Unterrichtsplanung für die jeweilige Stunde, den Entwurf des ggf geplanten Tafelbildes u ein Exemplar der Klassenarbeiten vorab zuzuleiten (Lü NdsVBl 1999, 297);
- die dienstliche **Aufforderung,** nach ärztlicher Feststellung der Dienstfähigkeit den **Dienst** wieder **aufzunehmen,** bei der es aber bereits an einer Regelung fehlen dürfte (DVBl 1999, 1450);
- die Aufforderung an einen Ruhebeamten, sich ärztlich untersuchen zu lassen, die lediglich eine vorbereitende u nicht selbständig gerichtlich angreifbare Verfahrenshandlung gem § 44a darstellt (111, 246; Ko 30, 255 u 5 zu § 44a);
- die Entbindung **eines Beamten von der Amtsausübung wg Befangenheit** (NVwZ 1994, 785);
- die **Umsetzung eines Beamten,** bei welcher dem Beamten innerhalb derselben Behörde ein anderer seiner laufbahnmäßigen Stellung entspr Aufgabenbereich zugewiesen wird.[121] Der Beamte hat **kein Recht, denselben Aufgabenbereich beizubehalten;** die Umsetzung ist zudem (anders als die Versetzung u Abordnung) nicht gesetzlich geregelt. In **atypischen Einzelfäl-**

---

[119] **AA** Mü BayVBl 2003, 212: anders allerdings dann, wenn sich der Dienstherr der Handlungsform des VA bedient; abgelehnt wird VA auch (inkonsequenterweise) durch BVerwG BayVBl 2007, 23, obwohl das Verbot auch nach seiner Ansicht in Art 2 Abs 1 GG eingreift.

[120] Schenke JuS 1982, 909; s auch Ko NVwZ-RR 1999, 648 zu einer Mißbilligung.

[121] 60, 146; 65, 273; 98, 335 = DÖV 1995, 1003f m Anm Hufen JuS 1997, 759; Hbg ZBR 1997, 31: Zuweisung eines Lehrers an andere Hamburger Schule; We ThürVbl 1997, 133; Kathke ZBR 1999, 333; KR 84 zu § 35 VwVfG.

len hat eine Umsetzung (zB bei Verletzung der Fürsorgepflicht oder wg diskriminierender Umstände) jedoch **Außenwirkung.** Da diese aber nicht intendiert wird (die Regelung also nicht hierauf gerichtet ist), liegt dennoch **kein VA** vor (s unten 90) u ist der gebotene Rechtsschutz über die **allg Leistungsklage** zu bewerkstelligen.[122] Ein VA dürfte hingegen vorliegen, wenn die Regelung darauf **gerichtet ist, einem Beamten dauernd eine seiner laufbahnmäßigen Stellung nicht entspr Aufgabe** zuzuweisen (Schenke 218), ebenso die **dauernde Umsetzung auf einen höherwertigen Dienstposten** (s 50 zu § 42);

- eine **Dienstpostenbewertung** (36, 221; Bull/Mehde VR 1997, 312; Hachenberg VR 1993, 112); auch eine Entscheidung nach **§ 13 DRiG über die Verwendung eines Richters auf Probe** im gerichtlichen Bereich oder an anderer Stelle stellt – ähnlich wie die Umsetzung – keinen VA dar (DVBl 1997, 366 f; Ma VBlBW 1996, 16 f);
- die schulaufsichtsbehördliche **Weisung an einen Lehrer zur Notenänderung** (Lü NdsVBl 1997, 64);
- die innerdienstliche **Anordnung zum Einsatz verdeckter Ermittler** (NJW 1997, 2534). Sie kann allerdings bereits in die Rechtsstellung derjenigen Person eingreifen, der ggü der Einsatz erfolgen soll, stellt aber selbst dann keinen VA dar, weil es am Willen fehlt, eine nach außen gerichtete Regelung zu treffen (NJW 1997, 2534; s auch unten 90);
- die Zuweisung **oder Nichtzuweisung einer Planstelle für wissenschaftliche Assistenten an einen Lehrstuhl;**[123]
- die aufgrund des Organisationsrechts des Dienstherrn getroffene Entscheidung, ein **AuswahlVf zur Besetzung einer Beförderungsstelle zu beenden** (NJW 1997, 1866 = NVwZ 1997, 283).

71 **d) Außenwirkung im Rahmen von Ausbildungsverhältnissen.** Im Bereich des **Schul- u Universitätsrechts** ist im **Interesse der Funktionsfähigkeit** dieser Einrichtungen ebenfalls davon auszugehen, daß hier nicht jede Maßnahme der Schule oder Universität ggü dem Schüler bzw Studenten subjektivrechtliche Relevanz besitzt. Insoweit kann die **Differenzierung von Grund- u Betriebsverhältnis** trotz hier zweifellos bestehender Unterschiede zum Beamtenverhältnis (Sch-Pietzcker 51 zu § 42 Abs 1) **mit herangezogen** werden (Ma NVwZ-RR 1999, 636). Regelungen mit Außenwirkung sind hier

- die **Entscheidung über die Aufnahme in eine öffentliche Schule**[124] oder die **Schulentlassung** als Ordnungsmaßnahme;[125] auch ein **zeitweiliger Schulausschluß** (VG Sigmaringen NJW 2004, 2258);
- die Versetzung **eines Schülers in die nächsthöhere Klasse** (DVBl 1978, 918; KR 88 zu § 35 VwVfG);
- das Abschlußzeugnis **einer Schule, insb das Abiturzeugnis,** da dieses von erheblicher Bedeutung für die Ergreifung bestimmter Studien u das spätere berufliche Fortkommen ist. Kein eigener VA, sondern nur Teil eines solchen ist hingegen eine einzelne Note (tlw **aA** Ms NVwZ-RR 2001, 384), deren Verbesserung mit einer Teilverpflichtungsklage erstrebt werden kann (s auch 42 vor § 40);

---

[122] 60, 145; 98, 335 f; DVBl 1981, 495; Hufen § 14, 45 ff; Schenke 218; s auch Sch-Pietzcker 49 zu § 42 Abs 1.

[123] Ks 31, 60; Mü BayVBl 1978, 573; DÖV 1997, 79; s auch KR 85 zu § 35 VwVfG; **aA** Ma DVBl 1982, 454; Kopp VwVfG 52 zu § 35; offen BVerwG Buchh 421.2 Hochschulrecht Nr 84.

[124] 5, 154; We ThürVBl 1997, 42; KR 88 zu § 35 VwVfG; NKVwGO-Sodan 267 zu § 42.

[125] NJW 1996, 1690 m Anm Hufen JuS 1997, 473; Ma NJW 2004, 89; Mü BayVBl 1994, 346; KR 88 zu § 35 VwVfG.

- die Überweisung **eines Schülers an eine andere Schule;**
- die **Schließung einer Schule** (18, 40; KR 109 zu § 35 VwVfG) oder die **Umwandlung eines Schultyps** wie zB die eines Gymnasiums in eine Gesamtschule (Hbg DVBl 1981, 51; Sch-Pietzcker 53 zu § 42 Abs 1); ebenso die **Schließung** einer **kommunalen Kindertagesstätte** (Erichsen JK 98 VwVfG § 35/6; **aA** FfO NVwZ-RR 1997, 555);
- der **Ausschluß** eines Schülers von einer **Klassenfahrt** aus disziplinarischen Gründen (**offen** Mü NVwZ-RR 1999, 378).

Keine Regelungen mit Außenwirkung sind dagegen **weniger bedeutsame, im Rahmen des Schulbetriebs** erfolgende Maßnahmen (Sch-Pietzcker 52 zu § 42 Abs 1), so 72

- die **Festlegung des Stundenplans;**
- die Erteilung **von Hausaufgaben** (Schenke JuS 1982, 909; Zimmermann VerwA 1971, 66f);
- die Anordnung an Schüler, die durch sie verursachte **Unordnung zu beseitigen** (Schl NJW 1993, 952; **aA** KR 88 a zu § 35 VwVfG);
- die Umsetzung **eines Schülers in eine Parallelklasse,** wenn **sie aus organisatorischen Gründen** erfolgt, zB wg Auflösung einer Klasse (Hbg NVwZ-RR 2005, 40f); dagegen ist **Außenwirkung** gegeben, wenn sie aus **disziplinarischen Gründen** erfolgt.[126]

Im **Hochschulbereich** sind Regelungen, die auf Außenwirkung gerichtet sind: **Immatrikulation u Exmatrikulation,** die Entscheidung über das **Bestehen einer Abschlußprüfung,** die **Annahme als Doktorand,** die **Promotion** (s hierzu Sch-Pietzcker 54 zu § 42 Abs 1), die Erteilung eines für das **Abschlußexamen erforderlichen Scheins,** nicht hingegen Maßnahmen wie die zeitliche Festlegung von Vorlesungen u vergleichbare organisatorische Maßnahmen, so zB die Einrichtung bisher nicht existenter Praktika an einer Universität.[127] **Organisationsakte der Universität** sind ggü **Professoren** nur dann VAe, wenn sie diese in ihrem **„Grundverhältnis" berühren,** etwa ihren korporationsrechtlichen Status verkürzen (Ma NVwZ-RR 1999, 636). Die Berührung in einer durch eine **Berufungszusage** begründeten Rechtsstellung bedeutet noch **nicht,** daß die Maßnahme **hierauf gerichtet** ist (Ma NVwZ-RR 1999, 636). Die Erteilung eines Rufs an den Bewerber um eine Professorenstelle ist wg fehlender Regelung kein VA (DVBl 1998, 643 u oben 27). 73

e) Außenwirkung im Strafvollzugsverhältnis. Auf die Frage der Außenwirkung von Maßnahmen im Strafvollzugsverhältnis braucht in diesem Zusammenhang nicht eingegangen zu werden (s dazu Schenke JuS 1982, 909), da hier der Rechtsschutz nicht durch die VGe gewährt wird, sondern nach Maßgabe der **lex specialis des § 109 StVollzG.** 74

f) Außenwirkung und Anstaltsbenutzungsverhältnisse. In bezug auf **Anstaltsbenutzungsverhältnisse** beantwortet sich die Frage, inwieweit hier Maßnahmen mit Außenwirkung vorgenommen werden, aus der **Ausgestaltung der Rechtsstellung** des Anstaltsbenutzers durch die **Anstaltsbenutzungsordnung** (Sch-Pietzcker 55 zu § 42 Abs 1), wobei auch hier die Unterscheidung Ules zwischen Grund- u Betriebsverhältnis in Zweifelsfällen Gesichtspunkte zur Abgrenzung mit beizusteuern vermag. Die **Zulassung zur Benutzung einer Anstalt** (s zB § 10 BWGO) oder ihr **Ausschluß** ist ebenso wie die verbindliche Festsetzung von **Anstaltsbenutzungsgebühren** oder ein diesbezügliches Leistungsgebot immer als VA zu qualifizieren. Die Rspr verfährt dabei relativ groß- 75

---

[126] Hier für VA Br NJW 2003, 1962; Ma NVwZ 1984, 810; Ko NVwZ-RR 1993, 480f; KR 88 zu § 35 VwVfG.

[127] Ma VBlBW 1996, 356 m Anm Erichsen JK 97, GG, Art 4 I/14; Mü NVwZ-RR 1993, 190.

zügig mit der Bejahung von Regelungen mit Außenwirkung. So beurteilt sie etwa die **Umquartierung eines Obdachlosen** in einem als ör Anstalt betriebenen Obdachlosenheim in andere Räume als **VA.**[128]

76 **g) Außenwirkung und Weisungen innerhalb eines staatlichen Instanzenzuges.** Die Problematik der Außenwirkung stellt sich auch iVm **Weisungen innerhalb eines staatlichen Instanzenzuges,** etwa einer staatlichen Aufsichtsbehörde ggü nachgeordneten staatlichen Behörden. Da die Behörden grds **keine Träger subjektiver Rechte** sind, **fehlt** es regelmäßig an einer **Außenwirkung** (KR 80 zu § 35 VwVfG; Ziekow 48 zu § 35 VwVfG). Das gilt auch dann, wenn sich die Weisung auf den Erlaß eines VA bezieht, denn eine solche Weisung ist **nicht unmittelbar auf Außenwirkung gerichtet.** Sie bedarf vielmehr noch ihrer Umsetzung. An dem mangelnden Gerichtetsein auf unmittelbare Außenwirkung ändert sich **nichts, wenn Weisungen im Einzelfall** aufgrund besonderer Umstände bereits zu einer **mittelbaren faktischen Grundrechtsbeeinträchtigung** des Bürgers **führen** (s auch KR 75 zu § 35 VwVfG). Das traf zB bei der Weisung des Innenministeriums an alle für die Erteilung von Baugenehmigungen zuständigen nachgeordneten Bauaufsichtsbehörden zu, Bauvorhaben, die mit einem bestimmten Baustoff hergestellt werden, wg dessen angeblicher Gefährlichkeit nicht zu genehmigen, was zur Folge hatte, daß der von einem bestimmten Unternehmer produzierte Baustoff nicht mehr gekauft wurde (so der Fall VGH Stuttgart DRZ 1950, 500). Hier lag zwar bereits eine mittelbare (faktische) Grundrechtsbeeinträchtigung vor. Da die Weisung aber nach ihrem Regelungsgehalt hierauf nicht gerichtet war (unten 90), kam entgegen der Ansicht des VGH Stuttgart (DRZ 1950, 500) eine Anfechtungsklage nicht in Betracht, sondern mußte der **Rechtsschutz mittels einer allg Leistungsklage** bewerkstelligt werden.[129] Entsprechendes gilt, wenn eine Aufsichtsbehörde die nachgeordneten Behörden **anweist, die Schriftsätze eines Anwalts nicht mehr zu beantworten**[130] oder sich aus einer Verwaltungsvorschrift sonst bereits eine **Beeinträchtigung ergibt, die durch ein Vorgehen gegen die durch sie veranlaßten Akte** im Außenverhältnis nicht mehr wirksam bekämpft werden kann.[131] Ist eine Verwaltungsvorschrift allerdings von ihrem Regelungsgehalt her darauf **gerichtet,** bereits (meist rechtswidrigerweise) **unmittelbare Rechte u Pflichten** für einen Bürger zu **begründen** u ergeben sich diese nicht nur als ungewollte Nebeneffekte, ist der **Rechtsschutz gegen VA bzw Rechtsnormen** einschlägig (Schenke VerwA 1981, 195 f).

77 **h) Außenwirkung und staatliche Weisungen gegenüber Gemeinden in bezug auf übertragene Angelegenheiten.** Die Gemeinde bzw eine sonstige Selbstverwaltungskörperschaft wird hier nur als verlängerter Arm des Staates tätig[132] u **nicht als Träger eigener subjektiver Rechte,** so daß es an der für die Bejahung eines VA erforderlichen Außenwirkung mangelt. Würde man dennoch den **Verwaltungsaktscharakter bejahen,** so müßte jedenfalls die Zulässigkeit

---

[128] Ma NJW 1993, 1027; KR 89 a zu § 35 VwVfG; s auch NVwZ-RR 1992, 20; **aA** Ms 18, 136.

[129] Schenke 221 u eingeh DÖV 1979, 623 ff; anderes gilt nur bei rechtsaufsichtsbehördlichen Weisungen, s unten 80.

[130] Lü NJW 1961, 936; Kn-Henneke 51 zu § 35 VwVfG; Schenke DÖV 1979, 627.

[131] NVwZ 1987, 316 f; s auch StBS-P. Stelkens/U. Stelkens 111 f zu § 35 VwVfG; Schenke DÖV 1979, 627 ff u NVwZ 1993, 728 f.

[132] DVBl 1994, 1194; 1995, 745; NJW 1978, 1820; Lü NVwZ 1982, 386; s auch Lü NdsVBl 1997, 156 – Selbsteintritt der Aufsichtsbehörde im Versammlungsrecht kein VA ggü primär zuständigem Landkreis; Ehlers DV 1998, 62; Franz JuS 2004, 942; Kahl Jura 2001, 512; Kn-Henneke 51 zu § 35 VwVfG; KR 101 zu § 35 VwVfG; Maurer § 23, 23; StBS-P. Stelkens/U. Stelkens 105 zu § 35 VwVfG; Sch-Pietzcker 57 zu § 42 Abs 1; Schenke 222; **aA** Hufen § 14, 42; Schmidt-Jortzig JuS 1979, 491; Scholz passim.

einer Anfechtungsklage idR an der **Klagebefugnis scheitern.** Nicht überzeugend ist die Ansicht (so aber Schmidt-Jortzig JuS 1979, 491), nach der die Frage des Bestehens subjektiver Rechte der Gemeinde lediglich für die Begründetheit der Klage relevant sein soll. Dies geht daran vorbei, daß nach ganz hM für die Zulässigkeit einer Anfechtungsklage das tatsächliche Vorliegen eines VA notwendig ist (3 zu § 42) u zudem das abstrakte Bestehen eines subjektiven Rechts bereits für die Möglichkeit einer RVerletzung gem § 42 Abs 2 erforderlich ist. Dem Landesgesetzgeber bleibt es aber unbenommen, die **Stellung der der Fachaufsicht unterliegenden juristischen Person des öffentlichen Rechts ggü dem Staat so zu stärken,** daß auch fachaufsichtliche Maßnahmen in deren **Rechtsstatus eingreifen.**[133] **Pflichtaufgaben nach Weisung** sind in NW **Selbstverwaltungsangelegenheiten** mit der Folge, daß auf sie bezogene Weisungen stets VAe darstellen (Ms NVwZ-RR 1995, 502 u unten 80).

Darüber hinaus ist denkbar, daß eine **fachaufsichtliche Maßnahme im** 78
Einzelfall mit einem **Eingriff in das Selbstverwaltungsrecht einer juristischen Person des öffentlichen Rechts verbunden ist.** Das hat das BVerwG hins einer fachaufsichtlichen Weisung im Straßenverkehrsrecht für möglich gehalten, die **kommunale Entscheidungen zur Einrichtung geschwindigkeitsbeschränkter Zonen nach § 45 Abs 1b StVO betraf.** Sie kann „ihrem objektiven Sinngehalt nach auf Außenwirkung gerichtet u damit VA sein, wenn ihre Rechtswirkung unter Berücksichtigung des zugrunde liegenden materiellen Rechts nicht im staatlichen Innenbereich verbleibt, sondern auf den rechtlich geschützten Bereich der Gemeinde in Selbstverwaltungsangelegenheiten übergreift u damit Außenwirkung erzeugt".[134]

Stets als VAe zu qualifizieren sind **Widerspruchsbescheide,** die VAe betreffen, welche die Gemeinde im Bereich der staatlicherseits **übertragenen Aufgaben** erlassen hat (Koehl BayVBl 2003, 331; **aA** DVBl 1995, 744). In diesen Fällen scheitert aber die Klage einer Gemeinde gegen einen ihren VA aufhebenden Widerspruchsbescheid idR an der Klagebefugnis (140 zu § 42).

i) Außenwirkung der Weisungen von Bundesbehörden gegenüber 79
Ländern. Nicht als VA werden auch **Weisungen von Bundesbehörden an Landesbehörden** angesehen, die **im Rahmen der sog Bundesauftragsverwaltung nach Art 85 Abs 3 GG** ergehen. Sie greifen prinzipiell nicht in subjektive Rechte eines Landes ein u besitzen folglich keine Außenwirkung.[135] Außerdem sind entsprechende Rechtsstreitigkeiten verfassungsrechtlicher Art u deshalb dem VRW gem § 40 entzogen (BVerfG 81, 329f; 84, 30). Wg § 40 sind auch Weisungen des Bundes an die Länder in bezug auf die Ausführung von Bundesgesetzen durch die Länder nicht durch die Verwaltungsgerichte justitiabel (s auch 84, 30 u 32j zu § 40), obwohl ihnen sicherlich Außenwirkung zukommt.

j) Außenwirkung bei Eingriffen in das Selbstverwaltungsrecht. Unbe- 80
streitbar **Regelungen mit Außenwirkung** sind hingegen Maßnahmen der **Rechtsaufsichtsbehörden,** die eine juristische Person des öffentlichen Rechts, zB eine Gemeinde, in ihrem eigenen Wirkungskreis berühren u dadurch in deren Selbstverwaltungsrecht eingreifen.[136] Das trifft zB für eine **kommunalaufsichtliche förmliche Beanstandung** (oben 34) des Verhaltens der Gemeinde

---

[133] So für Bayern Mü BayVBl 1985, 369 und Reigl BayVBl 1985, 370, wobei es freilich inkonsequent erscheint, wenn Mü BayVBl 1985, 369 nur in bezug auf Ermessensentscheidungen eine Klagebefugnis bejaht.

[134] DVBl 1995, 745 im Anschluß an DVBl 1994, 1194; bezüglich des Vorliegens der Finalität der Regelung hier aber Bedenken bei Sch-Pietzcker 57 zu § 42 Abs 1.

[135] BVerfG 81, 331ff; 84, 31; KR 80 zu § 35 VwVfG; Lerche BayVBl 1987, 323; Sch-Pietzcker 59 zu § 42 Abs 1.

[136] 52, 317; Lü DVBl 1973, 929; NdsVBl 1997, 9; Ma VBlBW 1989, 332; Mü NVwZ-RR 1990, 243; KR 98 zu § 35 VwVfG; Lorenz § 17, 36; Schenke 222.

zu (Ma VBlBW 1989, 332; KR 99 zu § 35 VwVfG). Zu den Selbstverwaltungsangelegenheiten der Gemeinden gehören dabei in **NW auch die Pflichtaufgaben nach Weisung** (Ms NVwZ-RR 1995, 502 sowie 139 zu § 42 mwN), ebenso in Brandenburg (VerfGBbG DVBl 1997, 508; s allg auch 139 zu § 42). Ebenso VAe sind **rechtsaufsichtliche Maßnahmen ggü den Universitäten** (Erichsen DVBl 1985, 947; Sch-Pietzcker 58 zu § 42 Abs 1). Ein VA liegt nicht nur in der **rechtsaufsichtlichen Ersetzung** des nach § 36 Abs 1 BauGB erforderlichen **Einvernehmens** für die Erteilung einer Baugenehmigung nach den §§ 31, 33 bis 35 BauGB, sondern auch in der **Ersetzung** des **gemeindlichen Einvernehmens** gem **§ 36 Abs 2 S 3 BauGB.**[137] Soweit **staatliche Fachplanungen** zu einer **Beeinträchtigung konkreter Planungen** der Gemeinde führen, besitzen sie **ebenfalls Außenwirkung** (s dazu näher 138 zu § 42). Selbst wenn noch **keine konkreten Planungen** der Gemeinde betroffen sind, ist dann, wenn durch großräumige Vorhaben **wesentliche Teile eines Gemeindegebiets durch den Staat einer durchsetzbaren Planung der Gemeinde entzogen** werden, von einer Außenwirkung auszugehen.[138]

Das Vorliegen eines VA bei einer rechtsaufsichtsbehördlichen Maßnahme des Staates ggü der Gemeinde bedeutet allerdings noch nicht, daß damit der Bürger ggü einem solchen Akt eine Anfechtungsklage erheben kann oder im Wege einer Verpflichtungsklage auf deren Vornahme klagen kann. Zwar steht einer solchen Klage **nicht deren angebliche Doppelnatur** im Wege (s oben 8 ff; ferner 42 u 44 zu § 42), wohl aber **fehlt es meist an der Klagebefugnis,** da aufsichtsbehördliche Maßnahmen idR nur im öffentlichen Interesse ergehen (v Mutius KommR 857 mwN). Weist die Aufsichtsbehörde die Gemeinde an, ggü dem Bürger eine Maßnahme vorzunehmen, so liegt prinzipiell erst in dem gemeindlichen Akt ein Eingriff in die Rechtsstellung des Bürgers (Schenke 502 d); anderes gilt nur, wenn der Staat anstelle der Gemeinde im Wege der **Ersatzvornahme** eine Regelung ggü dem Bürger trifft.[139] Eine Anfechtungsklage ist ferner gegeben, wenn die staatliche im Selbstverwaltungsbereich vorgenommene Aufsichtsmaßnahme ausnahmsweise einen faktischen Grundrechtseingriff darstellt (s auch das Beispiel oben 76, wo allerdings mangels Vorliegens eines VA nur die allg Leistungsklage in Betracht kommt).

Trotz des Vorliegens eines durch den Eingriff in das Selbstverwaltungsrecht der Gemeinde begründeten VA dürfte eine Anfechtung der **Ersetzung des gemeindlichen Einvernehmens gem § 36 Abs 2 S 3 BauGB** an **§ 44 a scheitern.**[140]

81 **k) Außenwirkung bei Mitwirkungshandlungen von Behörden.** Ist für den Erlaß eines VA nur eine **Anhörung** einer anderen juristischen Person des

---

[137] Ks NVwZ-RR 2004, 388; Lü NVwZ-RR 2004, 91; Mü NVwZ-RR 2001, 365; Bickenbach BauR 2004, 428; Budroweit 282 ff; Dippel NVwZ 1999, 925; Ehlers JK 01 BauGB § 36/4; Fehling Jura 2006, 370; Franz JuS 2004, 940; Hellermann Jura 2002, 593; Lasotta BayVBl 1998, 615; s auch 138 a zu § 42; **aA** Klinger BayVBl 2002, 484 mit der nicht überzeugenden Begründung, die Ersetzung sei nicht auf Außenwirkung gerichtet; zu Bedenken gegen die Anfechtbarkeit der Ersetzung des Einvernehmens unter dem Gesichtspunkt des § 44 a s unten 80 aE. Gegen die Fiktion der Einvernehmenerteilung gem § 36 Abs 2 S 2 BauGB kann sich die Gemeinde schon deshalb nicht zur Wehr setzen, weil sie wg ihrer Untätigkeit mit ihren Rechten präkludiert ist (Lü NVwZ 1999, 1004; s auch Mü UPR 1999, 317; krit Budroweit 310 ff u 314 ff).

[138] 74, 125; 79, 325; 97, 211 f; Ma VBlBW 1997, 389; s auch Schenke, Bergbau 96 ff u 138 e zu § 42.

[139] S Ms NVwZ-RR 1990, 23; zur Frage, gegen wen hier die Klage zu richten ist, s 7 zu § 78.

[140] Budroweit 284 ff; Fehling Jura 2006, 374 f; Klinger BayVBl 2002, 484; Möstl BayVBl 2003, 225, 227 ff; 2007, 131; Schenke 567; **aA** Lü NVwZ-RR 2004, 91; Dippel NVwZ 1999, 925; Lasotta BayVBl 1998, 615; s auch 138 a zu § 42 u 6 zu § 44 a.

öffentlichen Rechts oder einer Behörde ohne Bindungswirkung vorgesehen oder ist die Entscheidung im **Benehmen** mit dieser zu treffen, können diese behördlichen Mitwirkungshandlungen schon mangels Vorliegens einer Regelung kein VA sein. Zudem **mangelt es idR auch an der Außenwirkung** (StBS-P. Stelkens/U. Stelkens 91 zu § 35). Dasselbe gilt für die **Gewährung von Amtshilfe** zwischen Behörden oder auch juristischen Personen des öffentlichen Rechts (Bln NJW 1978, 1644; KR 81 zu § 35 VwVfG). Soweit unter fälschlicher Stützung auf die Amtshilfe individuelle Daten einer Person von einer Behörde an eine andere weitergegeben werden, liegt hier zwar ein Eingriff in ein subjektives Recht (informationelles Selbstbestimmungsrecht) vor, trotzdem **fehlt es an einem Wesensmerkmal eines VA,** wenn der Betroffene hierüber **nicht unterrichtet** wird (oben 36). Außerdem ist die Regelung **nicht auf unmittelbare Außenwirkung gerichtet** (unten 90).

Ist eine Behörde beim Erlaß eines VA an das **Einvernehmen oder die Zu-** 82
stimmung eines **anderen Hoheitsträgers oder einer Behörde gebunden (sog mehrstufiger VA),** ist umstritten, ob dieser Mitwirkungsakt seinerseits einen VA darstellt. Das BVerwG lehnt dies iVm dem nach § 36 Abs 1 BauGB erforderlichen Einvernehmen[141] der Gemeinde für die Erteilung von Baugenehmigungen im Innen- u Außenbereich ab, da die Entscheidung über das Einvernehmen dem BauASt **durch die Gemeinde nicht mitgeteilt** werde u die eigentliche Entscheidung mit Außenwirkung erst in der Baugenehmigung bzw deren Ablehnung liege[142] (dazu, daß die Ersetzung des gemeindlichen Einvernehmens gem § 36 Abs 2 S 3 BauGB einen VA darstellt, s oben 80). Zur Rechtfertigung dieser Ansicht führt das BVerwG zusätzlich aus, daß sich der betroffene BauASt anderenfalls zu einem **doppelten gerichtlichen Vorgehen gezwungen sähe,** indem er im Falle der Verweigerung des Einvernehmens gem § 36 BauGB u einer sich daran anschließenden Ablehnung gegen beide Maßnahmen klageweise vorgehen müßte. Das **widerspräche** nicht nur dem **Grundsatz der Prozeßökonomie,** sondern auch jenem der **Effektivität des Rechtsschutzes.** Für die Verneinung eines isolierten Rechtsschutzes gegen die Verweigerung der Mitwirkungshandlung im Wege einer Verpflichtungsklage wie auch einer in Betracht zu ziehenden allg Leistungsklage dürfte aber **vor allem § 44 a** sprechen (Budroweit 325 ff; Schenke 225 u JZ 1996, 1008; Jäde ThürVBl 1997, 220; s auch 6 zu § 44 a). Aus ihm läßt sich mühelos ableiten, daß, obwohl die Erteilung des Einvernehmens unbestrittenermaßen Rechtmäßigkeitsvoraussetzung (das konzediert auch NVwZ 1986, 556) für die Baugenehmigung ist (und insofern entgegen dem BVerwG eben doch Außenwirkung besitzt), nur auf die Erteilung der Baugenehmigung zu klagen ist. Das **VG ersetzt** (anders als die Widerspruchsbehörde, s 7 zu § 73) bei einer Verurteilung der Bauaufsichtsbehörde zur Vornahme der Baugenehmigung zugleich auch **das fehlende Einvernehmen**[143]

---

[141] Keines Einvernehmens bedarf es dann, wenn die Baugenehmigungsbehörde und die Gemeinde identisch sind. Das gilt selbst dann, wenn bei unterstellter Anwendbarkeit des § 36 BauGB ein anderes gemeindliches Organ für die Erteilung des Einvernehmens zuständig wäre als für die Erteilung der Baugenehmigung (121, 339 ff; Budroweit NVwZ 2005, 1013; Fehling Jura 2006, 372 ff).

[142] 22, 342; DVBl 1966, 181; im Ergebnis zust Ehlers DV 1998, 64; Fehling Jura 2006, 369; Hellermann Jura 2002, 591 f; Kn-Henneke 56 zu § 35 VwVfG; KR 77 a zu § 35 VwVfG; NKVwGO-Sodan 129 zu § 42 mwN der früher vielfach vertretenen gegenteiligen Ansicht; StBS-P. Stelkens/U. Stelkens 95 zu § 35 VwVfG; Schenke 225 u JZ 1996, 1008; Sch-Pietzcker 62 zu § 42 Abs 1; **aA** früher zB Ms 17, 255; Ks DÖV 1964, 745 u nunmehr wieder Budroweit 122 ff u Jäde ThürVBl 1997, 219 f – abstellend auf die Figur eines relativen VA; Schwabe DVBl 1997, 1323. Zum gemeindlichen Einvernehmen s auch Budroweit passim u Jäde JuS 1998, 503.

[143] Nicht überzeugend Bickenbach ZfBR 2005, 657, wonach nicht das Verpflichtungsurteil, sondern erst der auf das Urteil hin ergangene VA das gemeindliche Einvernehmen ersetze.

(ausf u tlw krit Budroweit 344 ff; zur Fiktion der Erteilung des Einvernehmens gem § 36 Abs 2 S 2 BauGB s BayVBl 1997, 376). Auch ein Bescheidungsurteil ersetzt das gemeindliche Einvernehmen, wenn das Gericht dabei zu dem Ergebnis gelangt, daß das Vorhaben mit den §§ 31, 33–35 BauGB vereinbar ist (NVwZ-RR 2003, 719 f sowie 180 u 212 zu § 113). Dasselbe wie für das gemeindliche Einvernehmen nach § 36 BauGB wird für die **Zustimmung der obersten Landesstraßenbaubehörde** zur Erteilung einer Baugenehmigung nach **§ 9 Abs 2 FStrG** vertreten[144] oder für eine gesetzlich geforderte Zustimmung der höheren Verwaltungsbehörde in bezug auf eine Baugenehmigung (21, 354 ff; NKVwGO-Sodan 129 zu § 42). Entsprechendes ist für die **Zustimmung des Bundespersonalausschusses** zu einer Ausnahme von der LaufbahnVO anzunehmen (26, 39), ferner für die nach § 22 Nr 2 StAG erforderliche **Zustimmung des Bundesverteidigungsministers** zum **Verzicht** eines Wehrpflichtigen auf seine Staatsangehörigkeit (so zu § 22 Nr 2 RuStAG NJW 1986, 2206), die Entscheidung der **obersten Denkmalbehörde** über die **Denkmaleigenschaft gem § 21 Abs 4 S 3 NWDSchG**[145] u Stellungnahmen der Umweltbehörde über das Vorliegen von Umweltverstößen im RegistrierungsVf nach dem **Umweltauditrecht;**[146] s auch 6 zu § 44 a.

83 Ein **VA liegt jedoch vor,** wenn die für die Erteilung des Einvernehmens oder der Zustimmung zuständige Behörde **dem Bürger die Verweigerung in einem mit Rechtsmittelbelehrung versehenen Bescheid mitgeteilt hat** u damit (wenn auch rechtswidrig) eine Regelung mit Außenwirkung traf.[147] Selbst in einem solchen Fall dürfte (**aA** NJW 1969, 444, allerdings vor Schaffung des § 44 a) die **selbständige Anfechtbarkeit an § 44 a scheitern,** der auch auf VA anwendbar ist (6 zu § 44 a mwN). Nicht nur um eine interne Mitwirkung kann es sich handeln, wenn die mitwirkende Behörde über **Aspekte zu befinden hat, die außerhalb der Regelungsbefugnis der anderen Behörde liegen** (26, 39; Ks DVBl 1981, 1071). Das gilt jedenfalls dann, wenn die Entscheidung der mitwirkenden Behörde dem Betroffenen durch diese unmittelbar eröffnet wird. So stellt die der Landesstraßenbaubehörde iVm der Erteilung von Baugenehmigungen **nach § 9 Abs 8 FStrG zugewiesene Dispensmöglichkeit einen VA** dar (16, 303). Umstritten ist, ob dies für einen Befreiungsbescheid nach § 31 Abs 2 BauGB ebenfalls gilt.[148]

Die verschiedentlich vorgesehenen **Mitwirkungshandlungen beim Erlaß von Satzungen u RechtsVO** werden durch die Rspr nur ggü dem mit Rechtsetzungsautonomie ausgestatteten Normgeber als VA angesehen,[149] nicht hingegen im Verhältnis zu den durch die Norm betroffenen Bürger. Dieser Auffassung ist aber nicht zu folgen (vgl oben 64), zumal für den Rechtsschutz über eine Anfechtungsklage **nicht erforderlich ist, daß der VA auch an den Kl adressiert ist** (72 zu § 42 sowie oben 63)**; Einschränkungen des Rechtsschutzes** für den Bürger ergeben sich hier jedoch aus der nach **§ 42 Abs 2 zu fordernden Klagebefugnis.** Nicht wg Fehlens eines VA (so aber 95, 135),

---

[144] 16, 119; BayVBl 1964, 49; Ma DVBl 1967, 205; KR 77 a zu § 35 VwVfG; NKVwGO-Sodan 129 zu § 42; Schenke 225; Sch-Pietzcker 62 zu § 42 Abs 1.

[145] Ms NVwZ-RR 1993, 134; Sch-Pietzcker 62 zu § 42 Abs 1 mit weiteren Beispielen.

[146] **AA** Kothe 393 ff, der isolierten Rechtsschutz für möglich hält und die „hinreichende Zusicherung" der Behörde nach Art 8 Abs 4 S 2 der EG-Umweltauditverordnung als feststellenden VA qualifiziert.

[147] NJW 1969, 444; Hellermann Jura 2002, 593; Kopp VwVfG 41 zu § 35; WBS II § 45, 67; **aA** StBS-P. Stelkens/U. Stelkens 93 zu § 35 VwVfG.

[148] So Ks BRS 40 Nr 184; StBS-P. Stelkens/U. Stelkens 96 zu § 35 VwVfG; **aA** NJW 1971, 1147.

[149] 16, 84; 27, 352; 34, 303; 90, 90; Hbg HmbJVBl 1995, 95 ff; Lü DVBl 1969, 849; Ms DVBl 1995, 1368; KR 79 zu § 35 VwVfG; RÖ-v Nicolai 39 zu § 42; **aA** Schenke 209; Ey-Happ 9 zu § 42; Fechner LKV 2006, 160.

sondern wg **mangelnder Klagebefugnis** (bejaht wird diese aber von Groß DÖV 1996, 52ff) ist ferner die Klage eines Kunden gegen die **staatliche Genehmigung der Erhöhung des Tarifs** eines Elektrizitätsversorgungsunternehmens **unzulässig.** Dieser kann sich nur gegen die zivilrechtliche Umsetzung der Tariferhöhung wehren (Schenke JZ 1996, 1059). Sofern aus Kontrollzwecken **behördliche Zustimmungserfordernisse** in bezug auf **privatrechtliche Rechtsgeschäfte** zwischen Bürgern vorgesehen sind,[150] handelt es sich bei diesen hingegen unbestreitbar um **VAe,** für deren **Anfechtung regelmäßig auch ein RSB** besteht (s 31 vor § 40). Auch die **Genehmigung eines Flächennutzungplans** ist ein **VA**, da sie in die Planungshoheit der Gemeinde eingreift (Lü NVwZ 2003, 232).

l) Sonstige Fälle sog „relativer" Verwaltungsakte. Auch in anderen Fäl- 84
len, in denen VAe vorliegen, durch sie aber keine Regelungen ggü Dritten getroffen werden, steht der Zulässigkeit eines Rechtsschutzes Dritter gem § 42 nicht entgegen, daß ihnen ggü der VA nicht erlassen wurde u er für sie noch einer Umsetzung durch einen weiteren Hoheitsakt bedarf. Für die Statthaftigkeit einer Anfechtungsklage genügt vielmehr bereits das **Vorliegen eines VA, unabhängig davon,** an wen dieser adressiert ist u wer hierdurch **rechtlich betroffen** ist (72 zu § 42). Deshalb scheitert entgegen dem BVerwG (74, 126) die Klage eines Grundstückseigentümers gegen die Bezeichnung eines Verteidigungsvorhabens nach § 1 Abs 3 LBeschG nicht an der Existenz eines VA (den das BVerwG lediglich ggü der Gemeinde bejaht), sondern – wenn man die unmittelbare rechtliche Betroffenheit des Bürgers verneint – an der Klagebefugnis.[151]

m) Verwaltungsinterne Beschlüsse und Vorbereitungshandlungen. Nicht 85
unmittelbar auf Außenwirkung gerichtet sind die **Beschlüsse von Gremien, wie zB eines Gemeinderats, die noch einer Umsetzung durch das ausführende Organ,** zB den Bürgermeister, **bedürfen** (Brugger JuS 1990, 567; KR 92 zu § 35 VwVfG; Sch-Pietzcker 60 zu § 42 Abs 1). **Keine** VAe sind daher zB Ausschußwahlen, die durch einen VA vollzogen werden (We DVBl 1995, 1259). Aus diesem Grund ist die Entscheidung eines Richterwahlausschusses über die Einstellung eines Richters, die noch der Umsetzung durch die von einem anderen Organ vorzunehmende Einstellung bedarf, kein VA (Ks DVBl 1990, 307). Zur Frage, inwieweit Handlungen der Organe einer juristischen Person des öffentlichen Rechts ggü anderen Organen bzw deren Teilen Außenwirkung besitzen, s unten 87. Nur als eine **verwaltungsinterne Regelung wird die Plan- u Linienführungsbestimmung des Bundesverkehrsministeriums gem § 16 Abs 1 FStrG**[152] angesehen. Dasselbe gilt für die **Bestimmung der Planung u Linienführung für eine Bundeswasserstraße** (72, 18; s auch 73 zu § 42) u **grds für einen Flächennutzungsplan,** soweit er **nicht Festsetzungen der in § 35 Abs 3 S 3 BauGB** bezeichneten Art enthält (oben 57), anderes hingegen für **Gebietsentwicklungs- u Regionalpläne,** welche die **kommunale Planungshoheit einschränken** (oben 58). An einer **Außenwirkung fehlt** es auch beim **Geschäftsverteilungsplan innerhalb einer Behörde** u dessen Änderung (BayVBl 1981, 464) oder der **Mitteilung der Absicht, einen VA zu erlassen** (26, 23; s aber auch oben 34). **Kein VA** ist auch die in einem verwaltungsinternen **ZwischenVf getroffene Entscheidung**, ob ein Vorhaben planfeststellungsbedürftig ist (UPR 2002, 73), ferner **nicht die**

---

[150] Zur als VA zu qualifizierenden kommunalrechtlichen Genehmigung von Geschäften des bürgerlichen Rechts s näher Wachsmuth ThürVBl 2004, 181.

[151] So auch Laubinger VerwA 1986, 431ff; Schenke JZ 1996, 1008 u 1059; unentschieden BVerwG DVBl 1989, 1052 = NVwZ 1990, 261; s auch Sch-Pietzcker 64 zu § 42 Abs 1; allg Erichsen § 12, 38; WBS II § 45, 73.

[152] 48, 60; 62, 343; UPR 1997, 408; KR 80 zu § 35 VwVfG; Schenke 230; Vallendar UPR 1998, 82; s auch 73 zu § 42.

Auswahl von iSd FFH-Richtlinie schutzbedürftigen Flächen durch die nationale Behörde u die **Meldung** an die Europäische Kommission (Br NVwZ-RR 2007, 23).

86 **n) Außenwirkung bei Organakten.** Umstritten ist, inwieweit hoheitliche **Maßnahmen, die das Organ einer juristischen Person des öffentlichen Rechts ggü einem anderen Organ oder Organteilen trifft,** als VA zu qualifizieren ist, wenn hierdurch sog Organrechte (Schenke 226) oder **„wehrfähige Innenrechtspositionen"** (so Erichsen/Biermann Jura 1997, 159) berührt werden. Die **hM lehnt es mangels Außenwirkung ab, hierin einen VA zu sehen.**[153] Die gelegentlich vertretene Ansicht, das Vorliegen eines VA scheitere bereits am fehlenden Handeln einer **Behörde** (so Schoch Übungen, 187), überzeugt angesichts der **weiten Fassung des Behördenbegriffs** in § 1 Abs 4 VwVfG nicht (oben 22; Schenke 228; zust Lerche, Knöpfle-FS 181 Fn 33). Auch am Bestehen eines für einen VA erforderlichen **Über-Unterordnungsverhältnis** (darauf stützt sich RÖ-v Nicolai 12 zu § 43) mangelt es nicht, wenn ein Organ **einseitig u mit unmittelbarer Wirkung** ggü einem anderen eine **Regelung treffen kann** (Obermayer 228 zu § 35 VwVfG).

87 Damit ließe sich die generelle Ablehnung der Verwaltungsaktsnatur eines Organaktes nur dann rechtfertigen, wenn man hier stets die Außenwirkung verneinen müßte. Das scheint zwar vordergründig insofern nahezuliegen, als es sich um Rechtsbeziehungen „innerhalb" einer juristischen Person des öffentlichen Rechts im Gegensatz zur Außenrechtsbeziehung zu Dritten handelt. Bedenkt man aber, daß das Tatbestandsmerkmal „außen" dazu dienen soll, **Rechtsbeziehungen dem Anwendungsbereich des Verwaltungsaktsbegriffs zu entziehen, in bezug auf die keine subjektiven Rechte bestehen,** u sich entspr Pflichten nicht auf einen Rechtsstatus beziehen können, so wird die Problematik einer solchen Argumentation deutlich (vgl zur Gleichsetzung von Organrechten u Außenrechten näher 80 zu § 42). In **Konsequenz der Anerkennung von auch im „Innenrecht" bestehender klagfähiger Rechtspositionen** liegt es in der Teleologie des Tatbestandsmerkmals „außen", Anordnungen innerhalb einer juristischen Person des öffentlichen Rechts ausnahmsweise dann **Außenwirkung beizumessen, wenn sie in Organrechte eingreifen.** Dieser unter Überwindung der Impermeabilitätstheorie im besonderen Gewaltverhältnis vorgenommene Schritt liegt auch iVm den verwaltungsrechtlichen Organstreitigkeiten nahe (s Schenke JZ 1996, 1008). Das Tatbestandsmerkmal **„außen"** wird dadurch **keineswegs überflüssig,** da es nach wie vor dazu dient, solche staatsinternen Akte aus dem Verwaltungsaktsbegriff zu eliminieren, die subjektivrechtlich irrelevant sind, wie dies zB idR bei das Betriebsverhältnis betr Maßnahmen oder bei Weisungen einer höheren Behörde ggü einer nachgeordneten Behörde zutrifft. Daß es sich teleologisch nicht rechtfertigen läßt, zwischen „Innenrechten" u „Außenrechten" zu differenzieren, wird denn bezeichnenderweise auch in der neueren Lit anerkannt. So spricht sich etwa Lerche, Knöpfle-FS 181 dafür aus, auf Innenrechtsstreitigkeiten die Anfechtungsklage analog anzuwenden. Im Hinblick auf die dem Kriterium „außen" zugrundeliegender Teleologie dürfte es

[153] So NVwZ-RR 1994, 352; Ma NVwZ 1993, 396; Mü BayVBl 1988, 16; Ms DVBl 1991, 495; Sa NVwZ 1987, 914; Bauer/Krause JuS 1996, 413; Ehlers NVwZ 1990, 106; DV 1998, 63; Erichsen/Biermann Jura 1997, 161; Erichsen, Menger-FS 230; Franz Jura 2005, 157; Grupp, Lüke-FS 1997, 214; Hellermann Jura 1995, 146; KR 90 zu § 35 VwVfG; Krebs Jura 1981, 579 f; Lerche, Knöpfle-FS 1996, 178 f; NKVwGO-Sodan 231 zu § 42; RÖ-v Nicolai 12 zu § 43 (Fehlen eines Über- und Unterordnungsverhältnisses); Roth, Verwaltungsrechtliche Organstreitigkeiten 794 ff; Sch-Pietzcker 61 zu § 42 Abs 1; Schoch JuS 1987, 787 f; Stern 169; Würt 672; Ziekow 49 zu § 35 VwVfG; **aA** Ks NVwZ-RR 1996, 409; Gramlich BayVBl 1989, 10; Martensen JuS 1995, 1077 f; Obermayer 228 zu § 35 VwVfG; Schenke 228 u JZ 1996, 1008 f; Steiner-Seewald B 215.

aber bereits möglich sein, eine Regelung beinhaltende **Organakte der hier untersuchten Art im Wege der Auslegung unter den Verwaltungsaktsbegriff zu subsumieren** u damit den Weg für eine unmittelbare Anwendung des § 42 zu ebnen.[154] Das gilt um so mehr, als im Bereich der **Leistungs-, aber auch der Feststellungsklage** (s 10 zu § 43 u Schnapp VerwA 1987, 418 ff) sowie der **Normenkontrolle** des § 47 (s 30 zu § 47 u NVwZ 1988, 1120; Schenke JZ 1996, 1117) schon längst die Gleichstellung von „Innenrechten" u „Außenrechten" anerkannt ist (vgl Schenke 228; JZ 1996, 1008 f) u sich auch im materiellen Verwaltungsrecht zunehmend die Erkenntnis durchsetzt, daß auch **Organakte** genauso wie sonstige VAe bei ihrer **Rechtswidrigkeit grds rechtswirksam** sind[155] u bei **der Verletzung von Organrechten** – auch insoweit übereinstimmend mit anerkannten VAen – **Beseitigungsanspr entstehen.**[156] Diese Lösung verdient auch den Vorzug vor einer rechtsdogmatisch nicht überzeugenden Konstruktion einer allg Gestaltungsklage[157] (dazu näher 8 b vor § 40).

Auf der Basis der hier vertretenen Ansicht sind **entgegen der hM als VA** anzusehen: 88

- der **Ausschluß eines Gemeinderatsmitglieds** von der Beratung **wg** angeblicher **Befangenheit;**[158]
- die **Beschränkung des Rederechts** eines Gemeinderatsmitglieds (**aA** Ko NVwZ-RR 1996, 53; Ma NVwZ-RR 1994, 229);
- Regelungen, die das Recht betreffen, **Anträge zu stellen oder zu begründen** (**aA** Ba SächsVBl 1997, 14; Ms NVwZ-RR 1989, 380);
- Einschränkungen in bezug auf das **Recht von Ratsmitgliedern, sich zu Fraktionen zusammenzuschließen** (**aA** Ko DVBl 1983, 56; Ma NVwZ-RR 1989, 426), sowie der **Ausschluß** aus einer **Ratsfraktion;**[159]
- die Beanstandung **eines Beschlusses des Gemeinderats durch den Bürgermeister** (Ks NVwZ-RR 1996, 409);
- die Zulassung bzw Nichtzulassung eines Bürgerbegehrens durch den Gemeinderat, u zwar selbst dann, wenn man entgegen der hier vertretenen Ansicht (6 vor § 40) diesbezügliche Streitigkeiten als Organstreitigkeiten qualifiziert;[160]
- die durch ein universitäres Organ verfügte Auflösung einer Fakultät oder die Schließung eines Studiengangs (s hierzu näher Hufeld DÖV 1997, 1029).

Die Bejahung eines VA in den genannten Fällen ändert freilich nichts daran, daß es sich bei diesbezüglichen Rechtsstreitigkeiten um **verwaltungsrechtliche Organstreitigkeiten** handelt, deren Beteiligte nur Verwaltungsorgane bzw Organteile sind.

---

[154] Dafür spricht auch, daß aufsichtbehördliche Verfügungen, welche auf die Aufhebung eines Organrechts gerichtet sind, als VA angesehen werden (Ms NVwZ-RR 2004, 674; Ehlers JK 4/05 VwGO § 42 II/27; s auch 80 zu § 42).

[155] Vgl Ehlers NVwZ 1990, 107; Grupp, Lüke-FS 216 ff u Lerche, Knöpfle-FS 179 ff, 181: „verwaltungsaktsähnliche Maßnahme"; Roth, Verwaltungsrechtliche Organstreitigkeiten 835 ff; Stumpf BayVBl 2000, 107; **aA** Schoch JuS 1987, 789; Würt 677.

[156] Ms 36, 155; 42, 72; Baumeister 84; Roth, Verwaltungsrechtliche Organstreitigkeiten 852 ff; Schenke 228; Schneider NWVBl 1996, 94 f.

[157] Für sie aber zB Grupp, Lüke-FS 207 ff; P § 9, 2 ff; Schwarplys, Die allgemeine Gestaltungsklage als Rechtsschutzform gegen verwaltungsinterne Regelungen, 1996; Felix/Schwarplys ZBR 1996, 33 ff u Strahl, Die allgemeine Gestaltungsklage als Klageart im Verwaltungsprozeß, Diss Bonn 1987.

[158] Streinz BayVBl 1983, 747; **aA** Ks NVwZ 1982, 44; KR 93 zu § 35 VwVfG; Wißmann ZBR 2003, 302; Würt 680.

[159] **AA** zB Ms NJW 1989, 1106; KR 93 zu § 35 VwVfG; Ziekow NWVBl 1998, 299; s auch 30 c zu § 42.

[160] So iE auch Ma NVwZ-RR 1994, 110; DÖV 1988, 476; Mü NVwZ-RR 1999, 138; VG Dessau LKV 1996, 74; v Danwitz DVBl 1996, 141; Wehr BayVBl 1996, 553 **aA** Ko NVwZ-RR 1995, 412; 1997, 241; VG Darmstadt NVwZ-RR 1995, 157; Fischer DÖV 1996, 183; Heimlich DÖV 1999, 1034 f; Wefelmeier NdsVBl 1997, 33.

89 Selbst wenn Organakte in subjektive Rechte anderer Organe oder Organteile eingreifen, kann die Bejahung eines VA dennoch am **Fehlen einer Regelung** scheitern. So liegt etwa in der Vorenthaltung entscheidungserheblicher Informationen durch den Vorsitzenden des Rates kein VA (im Ergebnis zutr Ma NVwZ-RR 1990, 369); dasselbe gilt, wenn durch den Bürgermeister oder entspr kommunale Verfassungsorgane dem Gemeinderat als Kollegialorgan Informations- u Akteneinsichtsrechte verwehrt werden.[161]

90 **o) Fehlende intendierte Außenwirkung.** Das Vorliegen einer Regelung wie auch einer durch sie hervorgerufenen Außenwirkung genügt noch nicht für die Bejahung eines VA. Notwendig hierfür ist vielmehr, daß die Regelung **auf Außenwirkung gerichtet** ist, dh diese **final** anstrebt. Das trifft nicht zu, wenn eine Maßnahme, die grds keine Außenwirkung hat, aufgrund atypischer Umstände im Einzelfall eine (nicht erstrebte) Außenwirkung aufweist.[162] Beispiele hierfür bieten eine Umsetzung, die unter diskriminierenden Umständen vorgenommen wurde (60, 146; s auch oben 70), die innerdienstliche Einsatzanordnung ggü einem verdeckten Ermittler (NJW 1997, 2534), welche die observierte Person bereits subjektivrechtlich betreffen kann (s oben 70), oder die Weisung einer Aufsichtsbehörde ggü nachgeordneten staatlichen Behörden, die bereits zu einer faktischen Grundrechtsbeeinträchtigung von Personen führt (oben 76). In solchen Fällen ist der Rechtsschutz in der Hauptsache folglich nicht durch eine Anfechtungsklage, sondern über eine allg Leistungsklage zu bewerkstelligen (Schenke 218 u 220; Sch-Pietzcker 48 zu § 42 Abs 1); damit zusammenhängend ist der vorläufige Rechtsschutz nicht über § 80, sondern über § 123 zu gewähren.

§ 43 [Feststellungsklage]

(1) **Durch Klage[1 ff] kann die Feststellung des Bestehens oder Nichtbestehens eines Rechtsverhältnisses[11 ff, 15 ff] oder der Nichtigkeit eines Verwaltungsakts[20] begehrt werden, wenn der Kläger ein berechtigtes Interesse[17 ff, 23 ff] an der baldigen[23 ff] Feststellung hat (Feststellungsklage).**

(2) **Die Feststellung kann nicht begehrt werden, soweit der Kläger seine Rechte durch Gestaltungs- oder Leistungsklage verfolgen kann[26 ff] oder hätte verfolgen können.[27] Dies gilt nicht, wenn die Feststellung der Nichtigkeit eines Verwaltungsakts begehrt wird.[32]**

Vgl § 256 ZPO; § 55 SGG; § 41 FGO

Schrifttum: *Axer,* Normenkontrolle und Normerlaßklage in der Sozialgerichtsbarkeit, NZS 1997, 10; *Bauer/Krause,* Innerorganisatorische Streitigkeiten im Verwaltungsprozeß, JuS 1996, 411 ff, 512 ff; *Baumeister,* Effektiver Individualrechtsschutz im Gemeinschaftsrecht, EuR 2005, 1; *Brüning,* Die Konvergenz der Zulässigkeitsvoraussetzungen der verschiedenen verwaltungsgerichtlichen Klagearten, JuS 2004, 883; *Christonakis,* Drittschutz gegen den bodenschutzrechtlichen Sanierungsvertrag, UPR 2005, 11; *W. Cremer,* Gemeinschaftsrecht und deutsches Verwaltungsprozessrecht – Zum dezentralen Rechtsschutz gegenüber EG-Sekundärrecht, DV 2004, 165; *v Danwitz,* Zu Funktion und Bedeutung der Rechtsverhältnislehre, DV 1997, 339; *Dickersbach,* Die verwaltungsgerichtliche Feststellungsklage im Lebensmittelrecht, GewA 1989, 41; *O. Dörr,* Der europäisierte Rechtsschutzauftrag deutscher Gerichte, 2003; *Dünchheim,* Die Einwirkungen des Europarechts auf die verwaltungsprozessuale Normabwehr-, Normerlaß- und Normergänzungsklage, DÖV 2004, 137; *Duken,* Feststellungsklage nach § 43 VwGO im Baurecht, NVwZ 1990, 443; *Ehlers,* Die Fortsetzungsfeststellungsklage, Jura 2001, 415; *ders,* Verwaltungsgerichtliche Feststellungklage, Jura 2007, 179; *Fechner,* Die Rechtswidrigkeitsfeststellungsklage, NVwZ 2000, 121; *Fellenberg/*

---

[161] IE zutr VG Gelsenkirchen, NWVBl 1995, 111; Erichsen/Biermann Jura 1997, 160 mit zahlreichen weiteren Beispielen von innerorganisatorischen Rechten.

[162] 60, 146; Erichsen DVBl 1982, 96; Günther ZBR 1978, 84; KR 75 zu § 35 VwVfG; Menger VerwA 1977, 176; Schenke 218; s aber auch Sch-Pietzcker 47 f zu § 42 Abs 1.

Karpenstein, Feststellungsklagen gegen den Normgeber, NVwZ 2006, 1133; *Fink,* Der Hochschulverfassungsstreit, WissR 1994, 126; *Gröschner,* Vom Nutzen des Verwaltungsrechtsverhältnisses, DV 1997, 301; *Hammerl,* Zur verwaltungsgerichtlichen Feststellungsklage im Lebensmittelrecht – aktuelle Tendenzen in der Rechtsprechung, ZLR 1995, 15; *Huber,* Die Verwaltungsgerichte und der Mietspiegel, JZ 1996, 893; *Klenke,* Zur so genannten Subsidiarität der Feststellungsklage, NWVBl 2003, 170; *Knöpfle,* Feststellungsinteresse und Klagebefugnis bei verwaltungsprozessualen Feststellungsklagen, Lerche-FS 1993, 771; *Koeller/Haller,* Prozessuale Durchsetzbarkeit eines Anspruchs auf Rechtsetzung, JuS 2004, 189; *Kunig,* Die Zulässigkeit verwaltungsgerichtlicher Feststellungsklagen, Jura 1997, 326; *Kuntz,* Der Rechtsschutz gegen unmittelbar wirkende Rechtsverordnungen des Bundes, 2001; *R. Lange,* Die sogenannte Fortsetzungsfeststellungsklage in entsprechender Anwendung des § 113 Abs 1 S 4 – eine unzulässige Analogie?, SächsVBl 2002, 53 ff; *Laubinger,* Feststellungsklage und Klagebefugnis (§ 42 Abs 2 VwGO), VerwA 1991, 459; *Lenz/Staeglich,* Kein Rechtsschutz gegen EG-Verordnungen?, NVwZ 2004, 1421; *Maaß,* Beamtenrechtliche Konkurrentenklage in Form der vorbeugenden Feststellungsklage, NJW 1985, 303; *Muckel,* Erschöpfung des Rechtswegs durch Feststellungsklage gegen Rechtsverordnung, JA 2007, 76; *v Mutius,* Zur „Subsidiarität" der Feststellungsklage, VerwA 1972, 229; *Peters,* Die Zulässigkeit der Feststellungsklage (§ 43 VwGO) bei untergesetzlichen Normen, NVwZ 1999, 506; *Pielow,* Neuere Entwicklungen beim „prinzipalen" Rechtsschutz gegenüber untergesetzlichen Normen, DV 1999, 445; *Pietzcker,* Das Verwaltungsrechtsverhältnis – Archimedischer Punkt oder Münchhausens Zopf?, DV 1997, 281; *Rozek,* Neues zur Fortsetzungsfeststellungsklage: Fortsetzung folgt? – BVerwGE 109, 203, JuS 2000, 1162; *H. Rupp,* Fluglärm: Rechtsschutz gegen die Festlegung von An- und Abfahrtwegen von und zu Flughäfen durch das Luftfahrt-Bundesamt, NVwZ 2002, 286; *Schenke,* Vorbeugende Unterlassungs- und Feststellungsklage im Verwaltungsprozeß, AöR 1970, 223; *ders,* Rechtsschutz bei normativem Unrecht 1979; *ders,* Rechtsschutz gegen Normen, JuS 1981, 81; *ders,* Rechtsschutz gegen das Unterlassen von Rechtsnormen, VerwA 1991, 307; *ders,* Streitigkeiten verfassungsrechtlicher Art im Sinne des § 40 VwGO, AöR 2006, 130; *ders,* Rechtsschutz gegen normatives Unrecht, JZ 2006, 1004; *Schenke/Roth,* Die verwaltungsgerichtliche Feststellung strafbewehrter verwaltungsrechtlicher Pflichten, WuV 1997, 81; *R. P. Schenke,* Neue Wege im Rechtsschutz gegen vorprozessual erledigte Verwaltungsakte?, NVwZ 2000, 1255; *Schnapp,* Die Nichtigkeit des Verwaltungsakts – Qualität oder Qualifikation?, DVBl 2000, 247; *Selb,* Die verwaltungsgerichtliche Feststellungsklage, Diss Mannheim 1997; *Siemer,* Normenkontrolle durch Feststellungsklage?, 1971; *ders,* Rechtsschutz im Spannungsfeld zwischen Normenkontrolle und Feststellungsklage, Menger-FS 1985, 501; *Sodan,* Der Anspruch auf Rechtsetzung und seine prozessuale Durchsetzbarkeit, NVwZ 2000, 601; *Sodan/Kluckert,* Die verwaltungsprozessuale Feststellungsfähigkeit von vergangenen und zukünftigen Rechtsverhältnissen, VerwA 2003, 3; *Stein,* Die Sachentscheidungsvoraussetzung des allgemeinen Rechtsschutzbedürfnisses im Verwaltungsprozeß, 2000; *Storr,* Zur Zulässigkeit einer Klage auf Überprüfung eines kommunalen Mietspiegels durch ein Verwaltungsgericht, ZMR 1996, 453; *Sydow/Fiedler,* Flugroutenfestlegung. Zum Verhältnis von Verwaltungs- und Gerichtsverfahren am Beispiel der Bestimmung von Flugverfahren, DVBl 2006, 1420; *Trzaskalik,* Die Rechtsschutzzone der Feststellungsklage im Zivil- und Verwaltungsprozeß, 1978; *Ule,* Vorbeugender Rechtsschutz im Verwaltungsprozeß, VerwA 1974, 291; *Wehr,* Abschied von der Fortsetzungsfeststellungsklage analog § 113 Abs 1 S 4 VwGO, DVBl 2001, 785; *Weidemann,* Nochmals: Feststellungsklagen gegen den Normgeber, NVwZ 2006, 1259.

Übersicht

1 **1. Allgemeines:** Die Feststellungsklage **entspricht** – abgesehen von ihrer Zulässigkeit auch hins nichtiger VAe (s unten 7 u 20) u dem Erfordernis, daß der Kl nur ein berechtigtes, nicht wie nach § 256 ZPO ein rechtliches Interesse (s unten 23) an der begehrten Feststellung haben muß – im wesentlichen **der Feststellungsklage nach § 256 ZPO.** Sie dient a) der gerichtlichen **Feststellung des Bestehens oder Nichtbestehens eines Rechtsverhältnisses** (einschließlich seines Bestehens mit anderem als vom Gegner behaupteten Inhalt) sowie **einzelner Teile** eines solchen Rechtsverhältnisses, insb **einzelner** sich aus dem Rechtsverhältnis ergebender **Rechte u Pflichten** (vgl 14, 236; 50, 19), oder b) der **Feststellung** der **Nichtigkeit eines VA** durch richterliches Urteil. Die Wirkung des Feststellungsurteils ist auf die verbindliche Feststellung des in Frage stehenden Rechtsverhältnisses oder der Nichtigkeit des VA beschränkt. Sie tritt **erst mit der RKraft des Urteils** ein. Auch die Feststellungsklage genügt voll den Anforderungen, die gem **Art 19 Abs 4 GG** an den nach dieser Vorschrift gewährleisteten gerichtlichen Rechtsschutz zu stellen sind (50, 19; unklar BVerfG 70, 35 = NJW 1985, 2317).

Für Feststellungsklagen gilt **keine Klagefrist,** soweit durch Gesetz nicht ausnahmsweise etwas anderes bestimmt ist (BVerfG NVwZ 1988, 818; RÖ-v Nicolai 28). Vgl aber zur Verwirkung des Klagerechts 18 ff zu § 74. Zur Frage der analogen **Anwendbarkeit** von § 42 Abs 2 **auf Feststellungsklagen** s unten 21 u 23.

2 **2. Abgrenzung zu anderen Klagearten: a) Verhältnis zu anderen Klagearten im Über- und Unterordnungsverhältnis.** Im **Über- u Unterordnungsverhältnis** wird die **Feststellungsklage** (§ 43) **des Bürgers** gegen öffentliche Rechtsträger durch Abs 2 grds ausgeschlossen (s unten 26 ff), wenn u soweit der Kl seine Rechte auch durch eine Anfechtungsklage (Unterart der Gestaltungsklage) oder Verpflichtungsklage (Unterart der Leistungsklage) geltend machen könnte oder konnte. **Str** ist, **ob dies auch im Verhältnis** zu der **Klage auf Erlaß eines feststellenden VA** gilt. Soweit ein Rechtsanspr auf Erlaß eines feststellenden VA besteht, ist dies gem § 42 Abs 1 zu bejahen,[1] iü jedoch entgegen 10. Aufl 2 (s auch Kopp GewA 1986, 41) abzulehnen (Schenke/Roth WuV 1997, 172; s auch VG Würzburg DÖV 1996, 428). Das ist ganz eindeutig, wenn der Erlaß eines solchen feststellenden VA gesetzlich nicht vorgesehen ist u man das Erfordernis des Gesetzesvorbehalts auch hier zum Tragen kommen läßt (14 zu § 42). Es gilt aber auch dann, wenn man den Erlaß eines feststellenden VA für zulässig hält, da jedenfalls ein Rechtsanspr auf Erlaß eines solchen VA nicht gegeben ist (Schenke/Roth WuV 1997, 172). Eine hier allenfalls in Betracht kommende Bescheidungsklage ist nicht so rechtsschutzintensiv wie die allg verwaltungsgerichtliche Feststellungsklage u vermag diese deshalb nicht auszuschließen. Dies gilt schon deswegen, weil die Feststellungsklage praktisch nie statthaft wäre, wenn man eine grundsätzliche Befugnis der Verwaltung annähme, das Be-

[1] Ks NVwZ 1988, 447; s auch Mü NVwZ 1988, 944; Lässig NVwZ 1988, 411; Schenke AöR 1970, 258.

stehen oder Nichtbestehen eines Rechtsverhältnisses in Über-Unterordnungsverhältnissen durch den Erlaß feststellender VA bindend festzustellen. Soweit die Behörde allerdings einen feststellenden VA erlassen hat, kann hierdurch gem § 43 Abs 2 S 1 die allg verwaltungsgerichtliche Feststellungsklage ausgeschlossen sein.

Umstritten ist, ob für **die Feststellungsklage einer Behörde,** die aufgrund spezieller Ermächtigung oder ihrer allg Kompetenz in der Sache im Über- u Unterordnungsverhältnis (vgl 13 ff zu § 42; Kopp VwVfG 71 f zu § 35) die Möglichkeit hat, die gewünschte Klärung durch feststellenden VA zugleich auch für den Bürger verbindlich herbeizuführen, ein **RSB besteht** (s 50 vor § 40). 3

Ist bereits ein VA ergangen, so schließt die Möglichkeit einer Anfechtungsklage (§ 42) nach Abs 2 S 1 die Feststellungsklage aus (Buchh 236.1 § 10 SG Nr 2), es sei denn, der Kl begehrt die Feststellung der Nichtigkeit des VA (s unten 7 u 20 ff) oder die Anfechtungsklage genügt aus anderen Gründen, etwa wg der Vielzahl schon ergangener u weiter ergehender, im einzelnen schwer feststellbarer VAe, seinem RSB nicht (s unten 29). **Entsprechendes gilt,** wenn die Voraussetzungen für eine **Verpflichtungsklage** erfüllt sind. Bedarf es für eine Tätigkeit einer Genehmigung, so ist der Anspr auf Genehmigungserteilung mittels einer Verpflichtungsklage geltend zu machen; eine auf Bestehen des Anspr gerichtete Feststellungsklage ist hingegen wg § 43 Abs 2 S 1 unzulässig. Geht der Kl dagegen davon aus, eine bestimmte Tätigkeit bedürfe entgegen der Ansicht der Behörde **keiner Genehmigung,** so ist von seinem Rechtsstandpunkt aus auf Feststellung zu klagen, daß er zu dieser **Tätigkeit (ohne Genehmigung) befugt ist.** Ist die Tätigkeit tatsächlich genehmigungspflichtig, ist seine Feststellungsklage allerdings unbegründet. 4

Ist die Anfechtungs- bzw Verpflichtungsklage nicht mehr möglich, weil der VA **sich erledigt** hat (s 95, 109 zu § 113), hat aber der Kl gleichwohl noch ein schutzwürdiges Interesse an der Klärung der Frage der Rechtswidrigkeit des VA bzw der Ablehnung oder Unterlassung eines beantragten VA, so ist die gebotene u allein zulässige[2] Klageart die sog **FFK** nach § 113 Abs 1 S 4 (95 ff zu § 113) bzw in analoger Anwendung davon (s 99 ff u 109 ff zu § 113), die eine Unterart der Anfechtungs- bzw Verpflichtungsklage ist (s 5 u 7 zu § 42). Deshalb spricht neben dem Gesichtspunkt der Spezialität auch § 43 Abs 2 S 1 für die Unzulässigkeit einer allg Feststellungsklage (s Sch-Gerhardt 77 zu § 113). Nicht überzeugend ist hingegen die für die Unzulässigkeit einer solchen Feststellungsklage gegebene Begründung, die Frage, ob ein VA in einer ganz bestimmten Verfahrensweise u mit bestimmten Ermessenserwägungen erlassen werden durfte, sei nicht auf die Feststellung eines Rechtsverhältnisses gerichtet[3] (s dazu auch 99 zu § 113). Die Klage auf Feststellung der Nichtberechtigung des Staates zur Vornahme eines **erledigten Realakts** oder auf das **frühere Bestehen eines Anspr** auf einen **Realakt** kann hingegen durch § 113 Abs 1 S 4 nicht verdrängt werden, da die FFK sich nur auf VAe bezieht (116 zu § 113) u § 43 bei berechtigtem Interesse auch die Feststellung in der **Vergangenheit bestehender Rechtsverhältnisse** zuläßt.[4] Festgestellt werden kann dabei über § 43 auch, ob der Hoheitsträger berechtigt war, den Realakt in der konkreten Form u Verfahrensweise, in der er getätigt wurde, vorzunehmen.[5] 5

Wenn man im Vf nach § 80 Abs 5 nach Erledigung einer Vollziehungsanordnung einen Antrag auf Feststellung der Rechtswidrigkeit der Vollziehungsanord- 6

---

[2] Mü BayVBl 1977, 49; Schenke 418; **aA** 61, 134: auch die allg Feststellungsklage gem § 43.

[3] So aber Fechner NVwZ 2000, 127; Rozek JuS 2000, 1166 u Wehr DVBl 2001, 787; krit hierzu R. P. Schenke NVwZ 2000, 1257; Schenke 388; R. Lange SächsVBl 2002, 54.

[4] Unten 18 u 25; zum Übergang von einer allg Leistungsklage auf eine Feststellungsklage bei Wegfall des geltend gemachten Anspr nach Rechtshängigkeit s unten 23.

[5] S auch 116 zu § 113 u R. P. Schenke NVwZ 2000, 1255.

nung nicht zuläßt,[6] muß im Hinblick auf die verfassungsrechtliche Rechtsschutzgarantie des Art 19 Abs 4 GG bei bestehendem berechtigtem Interesse gem § 43 feststellbar sein, daß die Verwaltung nicht zum Erlaß einer Vollziehungsanordnung berechtigt war (nicht überzeugend daher Mü BayVBl 1977, 49).

7 **b) Feststellung der Nichtigkeit eines VA und Anfechtungsklage.** Die Möglichkeit von Anfechtungs- oder Verpflichtungsklagen[7] oder von FFKn schließt die Zulässigkeit einer **Klage auf Feststellung der Nichtigkeit eines VA** nach Abs 2 S 2 nicht aus.[8] Entsprechendes gilt umgekehrt. Im Zweifel können Klagen auch nach dem erkennbaren Zweck **umgedeutet** werden, zB eine Anfechtungsklage (insb eine verspätet erhobene!) in eine Nichtigkeitsfeststellungsklage.[9] – Da sie der Sache nach dasselbe Ziel anstreben, kann jedoch eine **Klage** auf Feststellung der Nichtigkeit **zusammen mit einer der genannten anderen Klagen** nur in der Form erhoben werden, daß der Antrag auf Feststellung der Nichtigkeit neben dem **Antrag auf Aufhebung** usw nur **hilfsweise,** oder umgekehrt der Antrag auf Aufhebung nur hilfsweise neben dem Antrag auf Feststellung der Nichtigkeit, gestellt wird.[10] Wird ausdr u bewußt nur die Nichtigkeitsfeststellungsklage erhoben, so ist im Rahmen dieser Klage eine **Aufhebung des VA nicht möglich.**[11] Zur Frage der Zulässigkeit einer Klage auf **Feststellung der Rechtmäßigkeit,** des Inhalts oder der Auslegung **eines VA** s 99 zu § 113. **Nicht berührt** wird von der Unzulässigkeit solcher Klagen die (zu bejahende) Zulässigkeit einer **Klage** gem § 43 **auf Feststellung der sich aus einem VA ergebenden Rechte** und/oder Pflichten (NVwZ 1987, 216; Schenke 401 ff). Im Zweifel ist eine Klage der genannten Art idS auszulegen. Zur Zulässigkeit einer Verpflichtungsklage auf Feststellung der Nichtigkeit eines VA oder auf Rücknahme oder Widerruf eines nichtigen VA s auch unten 20.

7 a Als grds **zulässig** anzusehen sind auch **Klagen** auf Feststellung **des Inhalts** bzw der richtigen Auslegung eines **Urteils,** eines gerichtlichen oder außergerichtlichen **Vergleichs** (Renck NJW 1992, 2209) oder eines **sonstigen Titels** (vgl auch BGH JZ 1990, 392 m Anm Brehm), auch **des Inhalts** oder der **Auslegung eines ein Rechtsverhältnis begründenden VA.**

7 b **c) Feststellung der Wirksamkeit eines VA.** Als **statthaft** anzusehen ist auch eine **Klage auf Feststellung der Wirksamkeit eines VA.**[12] An einer solchen Klage kann der durch einen VA Begünstigte genauso ein Interesse haben wie der Belastete an der Feststellung der Nichtigkeit eines VA. Für die Zulässigkeit einer auf die Feststellung der Wirksamkeit des VA gerichteten Feststellungsklage spricht zudem, daß bei Unbegründetheit einer auf die Feststellung der Nichtigkeit eines VA gerichteten Feststellungsklage die Wirksamkeit des VA ebenfalls gerichtlich festgestellt wird. Die **Feststellung der Rechtswidrigkeit**

---

[6] Für Zulässigkeit 10. Aufl 6; ablehnend ggü der Möglichkeit solcher Feststellungen im vorläufigen RechtsschutzVf 131 zu § 80; BVerwG DVBl 1995, 520; Bln UPR 1989, 400; Ks ESVGH 30, 26 f; Lü 41, 511 f; Ma VBlBW 1990, 135 f; 1981, 289 f; 1996, 418; NJW 1978, 774 f.

[7] Zur Zulässigkeit auch gegen nichtige VAe s unten 20 f, ferner 3 zu § 42; dort auch zur Möglichkeit einer gerichtlichen Aufhebung eines nichtigen VA.

[8] Schenke 425, s auch BSG NVwZ 1989, 902: der Antrag auf Feststellung der Nichtigkeit eines VA bei der zuständigen Behörde gem § 44 Abs 5 VwVfG ist nicht vorrangig ggü der Nichtigkeitsfeststellungsklage; ebenso Ehlers Jura 2007, 188; Schenke 576; Sch-Pietzcker 27; nach Ms NVwZ-RR 1991, 332 muß sich der Bürger aber auf einen der beiden Wege festlegen.

[9] Sch-Pietzcker 27; Würtenberger 409; **aA** Ehlers Jura 2007, 184.

[10] BSG NVwZ 1989, 903; Ey-Happ 26; vgl auch BVerwG 74, 3 und BFH NVwZ 1987, 360; BSG 12, 185; Mü BayVBl 1990, 370; zT **aA** Jäde BayVBl 1990, 696.

[11] S auch 3 zu § 42; **aA** BFH 143, 495 = NVwZ 1986, 156; Preißler NVwZ 1987, 871.

[12] Schenke 412; **aA** B-v Albedyll 14; NKVwGO-Sodan 63; RÖ-v Nicolai 16; Selb 126 f; SGH 336.

eines VA oder der Ablehnung oder Unterlassung eines VA ist nur nach § 113 Abs 1 S 4 möglich (s oben 5 u 7).

d) Feststellungsklage und Rechtsschutz gegen Normen. Die **Feststellung der Nichtigkeit einer Rechtsnorm** ist in § 43 jedenfalls **nicht ausdr vorgesehen.** Das schließt aber nicht aus, daß dennoch Feststellungsklagen einen wichtigen Beitrag zur Sicherung eines Rechtsschutzes gegen Normen zu leisten vermögen. Diese Rechtsschutzmöglichkeit schließt dabei **nicht die Möglichkeit einer NK gem § 47** aus, wie umgekehrt auch § 47 den **Rechtsschutz durch eine Feststellungsklage gem § 43 nicht in Frage stellt** (s unten 31; Ehlers Jura 2007, 185). Als Möglichkeit eines Rechtsschutzes gegen rechtswidrige Normen bietet sich hier zum einen eine Feststellungsklage nach § 43 an, mit welcher das **(Fort-)Bestehen des Rechts geltend gemacht** wird, auf dessen Aufhebung oder Einschränkung eine Norm gerichtet ist (dazu aa). Zum anderen kommt aber auch eine neuerdings verstärkt befürwortete **atypische Feststellungsklage** in Betracht, mit welcher insb die Unwirksamkeit einer Norm ggü dem Kl geltend gemacht wird (dazu bb). **Nicht auf § 43 stützbar** ist eine Klage, mit welcher das **Nichtbestehen eines „Normgebungsrechts"** eines Hoheitsträgers festgestellt werden soll, denn das „Recht" zur Normgebung begründet kein Rechtsverhältnis iS des § 43 (s unten 11 sowie 9 zu § 47), u die Bejahung der Feststellungsfähigkeit des „Normgebungsrechts" über § 43 würde auch iü schwerwiegende Bedenken hervorrufen (näher 9 zu § 47). 8

aa) Die Klage auf (Fort-)Bestehen des aufgehobenen oder eingeschränkten Rechts. Da durch ein subjektives öffentliches Recht einer Rechtsperson rechtslogisch immer ein Rechtsverhältnis begründet wird (s unten 11), kommt zur Realisierung des Rechtsschutzes gegen eine Norm eine Klage in Betracht, mit welcher das (Fort-)Bestehen des Rechts festgestellt werden soll,[13] auf dessen Aufhebung bzw Einschränkung die nach Ansicht des Kl rechtswidrige u nichtige Norm zielt.[14] So kann zB dort, wo durch eine Norm ein bestimmtes Verhalten verboten wird u dieses Verbot nach Ansicht eines Betroffenen gegen höherrangiges Recht verstößt, durch diesen – vorbehaltlich des § 43 Abs 2 S 1 (s unten 26 ff) – auf Feststellung geklagt werden, daß er nach wie vor zu diesem **Verhalten berechtigt** ist.[15] Ebenso besteht für ihn dann, wenn er durch eine sE rechtswidrige u nichtige Norm zu einem bestimmten Verhalten verpflichtet wird, die Möglichkeit feststellen zu lassen, daß er ein **Recht hat, dieses Verhalten zu unterlassen.** Hat der Kl einen ör Anspr auf eine staatliche Leistung, auf deren Aufhebung eine sE rechtswidrige Norm gerichtet ist, kommt eine Klage, mit welcher das (Fort-)Bestehen des Leistungsanspr festgestellt werden soll, in Betracht, die allerdings wg einer hier regelmäßig zulässigen Leistungsklage meist 8a

---

[13] 40, 327; 50, 17; 51, 106; NJW 1983, 2208; NJW 1984, 677; DVBl 1990, 156; NJW 2000, 3584; Br NVwZ-RR 2001, 379; Ma DVBl 1966, 409; Ms NJW 1976, 2038; ZfWW 1979, 170; Stern 159; Schenke Rechtsschutz 215 ff; Schenke 1072, 1074; Selb 83 f; Weidemann NVwZ 2006, 1260 f; Würt 440; Kopp VVDStRL 30, 348; Hoppe, Redeker-FS 1993, 389; vgl ferner BVerwG 54, 214; 80, 362; BayVBl 1976, 375; s dazu auch unten 14; ferner 124 zu § 47. Krit ggü einer solchen Feststellungsklage aber H. H. Rupp NVwZ 2002, 288, der hierbei jedoch übersieht, daß diese Feststellungsklage gerade nicht auf die Feststellung der Nichtigkeit der Norm gerichtet ist (dazu auch im nachfolgenden Text).

[14] Daneben kommt auch eine Feststellungsklage in Frage, mit welcher das Nichtbestehen eines durch eine Norm begründeten Rechts eines Hoheitsträgers (dazu unten 11) ggü dem Normbetroffenen geltend gemacht wird. Der auf diese Weise gewährte Rechtsschutz reicht aber nicht weiter als der Rechtsschutz durch eine auf das (Fort)Bestehen eines Rechts des Normbetroffenen gerichtete Feststellungsklage und kann deshalb im vorliegenden Zusammenhang außer Betracht bleiben.

[15] Vgl hierzu 8 zu § 47 mwN; BVerfG NVwZ 2004, 977: Zulässigkeit einer Verfütterung; BVerwG DVBl 2000, 636: Zulässigkeit einer Frischzellentherapie; Mü NuR 2001, 527: Befugnis zum Reiten in einem Nationalpark.

durch § 43 Abs 2 ausgeschlossen sein wird. Ist der Kl der Ansicht, daß eine Norm, die für andere Personen eine Erlaubnis begründet, ihn dadurch in seinen eigenen Rechten verletzt, so kann er darauf klagen, daß dieses **Erlaubnisrecht (Gestattungsrecht)** wg der Rechtswidrigkeit u Nichtigkeit der Norm **nicht besteht.**[16] Ferner kann zB eine Person bei einer durch ein rechtswidriges Gesetz statuierten Zwangsmitgliedschaft in einer Körperschaft des öffentlichen Rechts das **Nichtbestehen des Mitgliedschaftsrechtsverhältnisses** (das Rechte u Pflichten beinhaltet) feststellen lassen.[17]

8b Bei solchen Feststellungsklagen wird jeweils **inzidenter über die Gültigkeit des belastenden Gesetzes entschieden.** Sie kommen – wie die vorangegangenen Beispiele (s etwa NJW 1983, 2208) zeigen – damit auch bei sog **self-executing-Normen** (**Vollzugsnormen,** die keiner Vollziehung zugänglich sind) als Möglichkeit des Rechtsschutzes in Betracht,[18] ja sie besitzen hier sogar eine ganz besondere Bedeutung, da in solchen Fällen ein inzidenter Rechtsschutz gegen Normen durch eine Anfechtung von Vollziehungsakten regelmäßig ausscheidet u dementsprechend die Zulässigkeit einer Feststellungsklage auch unter dem Gesichtspunkt der Subsidiaritätsregelung des § 43 Abs 2 (s unten 26 ff) nicht in Frage gestellt werden kann.

8c Ein derartiger inzidenter Rechtsschutz kommt auch iVm **faktischen Grundrechtsbeeinträchtigungen** (dazu 122 zu § 42) in Betracht (insoweit **aA** Peters NVwZ 1999, 507), wobei allerdings hier – wie auch sonst beim Rechtsschutz gegen Normen – zu beachten ist, daß es Sonderfälle gibt, in welchen ein effektiver Rechtsschutz nur durch eine allgemeinverbindliche prinzipale Nichtigkeits- bzw Unwirksamkeitserklärung (s zur prinzipalen NK auch 1 zu § 47) der entspr Norm möglich ist[19] u damit eine nur mit inter-partes-Rechtskraftwirkung versehene u zudem nicht die Nichtigkeit der Norm zum Gegenstand habende Feststellungsklage insoweit nicht rechtsschutztauglich ist (s dazu 8 zu § 47). Der Versuch, hier mittels einer auf allgemeinverbindliche Feststellung der Nichtigkeit einer Norm gerichteten, vor dem erstinstanzlichen VG zu erhebenden Feststellungsklage Rechtsschutz zu gewähren (so Pielow DV 1999, 470), ist nicht nur den Einwänden ausgesetzt, die ggü einer atypischen Feststellungsklage bestehen (s unten 8 g). Er erweckt im Hinblick auf die bejahte Allgemeinverbindlichkeit der Entscheidung, die ua im klaren Widerspruch zu § 121 steht, zusätzlich eine Reihe gravierender Bedenken (s näher 9 f zu § 47), so daß sich auch auf diese Weise Rechtsschutzlücken nicht schließen lassen.

8d Die auf die Feststellung des (Fort-)Bestehens eines Rechts gerichtete Klage bietet dem durch eine Norm Verletzten nicht nur ggü untergesetzlichen Rechtsvorschriften, sondern auch ggü vom **Parlament erlassenen Gesetzen** Rechtsschutz. Dabei ist freilich Art 100 GG zu beachten. Will das VG der Klage des

---

[16] NJW 2000, 3584: Gestattung einer Flugroute, die zu unzumutbaren Lärmbelästigungen führt.

[17] Vgl NJW 1983, 2208; s ferner NJW 1984, 677; Br NVwZ-RR 2001, 379; Ms NVwZ-RR 1995, 138; eingeh Schenke Rechtsschutz 216 ff; Schenke 1076; JZ 1996, 1114 sowie Siemer 27 ff u Menger-FS 508 ff; s auch 8 zu § 47 mwN.

[18] Nicht überzeugend deshalb Ks NVwZ 2006, 1198; Hufen DV 1999, 525 u Kilian NVwZ 1998, 142, die eine Inzidentkontrolle durch eine verwaltungsgerichtliche Feststellungsklage offensichtlich nur durch ein Vorgehen gegen Vollziehungsakte für möglich ansehen.

[19] Die Möglichkeit einer Beiladung kann zwar bei bestimmten Konstellationen die Problematik entschärfen, hilft aber insb bei janusköpfigen Normen, wenn sich die RVerletzung aus einer Person aus der ggü einer unbestimmten Vielzahl von Personen getroffenen Regelung ergibt (8 zu § 47), nicht weiter. Ein Entschärfung der Problematik würde sich bzgl formellen nachkonstitutionellen Gesetzen, die gegen höherrangiges Recht verstoßen, allerdings dann ergeben, wenn man dem Verletzten analog § 82 Abs 2 BVerfGG ein Beitrittsrecht bei einem konkreten NormenkontrollVf einräumen würde (dazu näher Schenke JZ 2006, 1009 ff).

Verletzten stattgeben, weil es davon ausgeht, ein formelles nachkonstitutionelles Gesetz sei unter Verstoß gegen höherrangiges Recht erlassen worden, so hat es nach näherer **Maßgabe des Art 100 Abs 1 GG das Vf auszusetzen u** die Entscheidung eines Verfassungsgerichts einzuholen. Nur wenn die Nichtigkeit des Gesetzes auch durch das Verfassungsgericht bejaht wird, kann das VG der Klage des Verletzten stattgeben. Zur Rechtsstellung des Verletzten bei dem verfassungsgerichtlichen Vf s näher Schenke JZ 2006, 1009ff, wo für ein **Beitrittsrecht des Verletzten analog § 82 Abs 2 BVerfGG** plädiert wird. Bejaht man ein solches Beitrittsrecht, so läßt sich auch ggü formellen nachkonstitutionellen Gesetzen dort, wo gegen diese ein Rechtsschutz **ausnahmsweise nur über eine prinzipale NK** möglich ist (8 zu § 47), der von Art 19 Abs 4 GG gebotene **Rechtsschutz sicherstellen** (s auch 11 zu § 47).

Über eine auf Bestehen oder Nichtbestehen eines Rechtsverhältnisses gerich- 8e
tete Feststellungsklage ist auch ein **inzidenter Rechtsschutz ggü sekundärem Gemeinschaftsrecht sicherzustellen,** das nach Ansicht des Kl gegen primäres Gemeinschaftsrecht verstößt.[20] Kommen die Verwaltungsgerichte zu dem Ergebnis, daß tatsächlich ein Verstoß sekundären Gemeinschaftsrechts gegen primäres Gemeinschaftsrecht vorliegt, sind sie gem Art 234 EGV zur Vorlage an den EuGH verpflichtet (21ff zu § 94). Dieser Rechtsschutzmöglichkeit kommt hier deshalb eine besondere Bedeutung zu, weil der EuGH Art 230 Abs 4 EGV sehr restriktiv interpretiert u deshalb dem Bürger die Möglichkeit eines unmittelbaren Rechtsschutzes gegen gemeinschaftsrechtliche Rechtsvorschriften grds verbaut.[21]

Bedenken aus § 47 sind ggü solchen Feststellungsklagen, welche zu einer mittelbaren Überprüfung nationaler oder gemeinschaftsrechtlicher Normen durch die VGe führen, nicht angebracht, da bei diesen Klagen – anders als nach § 47 – nicht prinzipal, sondern inzident über die Rechtmäßigkeit eines Gesetzes befunden wird (zum Begriff prinzipale u inzidente NK s 1 zu § 47). Ohnehin ist eine solche Feststellungsklage dort unentbehrlich, wo nicht über die Rechtmäßigkeit u Wirksamkeit einer auf die Aufhebung von Rechtsverhältnissen gerichteten Norm, sondern über das Vorliegen ihrer Tatbestandsvoraussetzungen gestritten wird.[22] Nicht überzeugend ist deshalb der ggü dieser Feststellungsklage erhobene Einwand H. H. Rupps (NVwZ 2002, 288), § 43 Abs 1 sehe nur die Feststellung der Nichtigkeit eines VA, nicht aber der Nichtigkeit einer Rechtsnorm vor. Er verkennt, daß die hier befürwortete Feststellungsklage eben gerade nicht die Nichtigkeit der Rechtsnorm zum Gegenstand hat, sondern über diese nur vorfrageweise befunden wird. **Im Zweifel** ist ein beim VG gestellter Feststellungsantrag in bezug auf eine nach Ansicht des Kl rechtswidrige Rechtsnorm **als Antrag** auf Feststellung des (Fort-)Bestehens eines durch die Norm aufgehobenen Rechts zu verstehen bzw entspr **umzudeuten.**

Die Feststellung des (Fort-)Bestehens eines Rechts trotz des Erlasses einer auf 8f
seine Aufhebung gerichteten Norm kommt ggü allen Hoheitsträgern in Betracht, welche das Bestehen des Rechts des Kl bestreiten. Dies ist einmal der Träger des Normgebungsorgans, zum anderen können dies aber auch Träger jener Behörden sein, welche für den Normvollzug zuständig sind. Dabei ist aller-

---

[20] Baumeister EuR 2005, 16; W. Cremer DV 2004, 182; Ehlers Jura 2007, 185; Lenz/Staeglich NVwZ 2004, 1425ff; Stern JuS 1998, 771f; s zu der Möglichkeit eines inzidenten Rechtsschutzes ggü Gemeinschaftsrecht durch die nationalen Gerichte der Mitgliedstaaten auch allg EuGH 2002 I–6677, insb Tz 26, 36; Dörr 252ff, vgl auch BVerfG NVwZ 2004, 977.

[21] EuGH 2002 I-6677 Tz 36 = NJW 2002, 2935; NJW 2004, 2006; zu dieser Rspr Baumeister EuR 2005, 15ff; Braun/Kettner DÖV 2003, 58; Calliess NJW 2002, 3579ff; Cremer DV 2004, 166ff; Nettesheim JZ 2002, 928ff; Röhl Jura 2003, 830ff; Schmidt-Aßmann VBlBW 2006, 129.

[22] S Schenke Rechtsschutz 228ff; nicht überzeugend demgegenüber Ey-Happ 15, der in diesem Fall ein Rechtsverhältnis verneint.

dings zu beachten, daß bei letzteren eine Feststellungsklage im Hinblick auf die Möglichkeit eines Rechtsschutzes gegen Vollzugsakte häufig durch § 43 Abs 2 S 1 oder unter dem Gesichtspunkt fehlenden RSB ausgeschlossen sein kann.

Zum Rechtsschutz über die Feststellungsklage bei rechtswidrigen Verwaltungsvorschriften s 29 zu § 47. Soweit der Rechtsschutz gegen eine Norm über eine Feststellungklage möglich ist, schließt diese wg § 90 Abs 2 S 1 BVerfGG[23] bzw eines diesem zu entnehmenden allg Grundsatzes der Subsidiarität[24] die sofortige Erhebung der VB aus.

8g **bb) Atypische Feststellungsklagen.** Eine **Klage auf Feststellung der Nichtigkeit einer Rechtsnorm** ist nach § 43 **nicht möglich,** da die Nichtigkeit einer Norm kein Rechtsverhältnis darstellt.[25] Ebenso **unzulässig** ist eine **atypische Feststellungsklage,** mit welcher festgestellt werden soll, daß die Norm ggü dem Kl unwirksam ist,[26] sie rechtswidrig ist[27] oder der Kl durch eine Norm in seinen Rechten verletzt wird.[28] Für die Anerkennung solcher **atypischer Feststellungsklagen besteht keinerlei Bedürfnis,** da, wie oben 8a ff gezeigt, bereits die in § 43 gesetzlich geregelte Feststellungsklage einen ausreichenden Rechtsschutz bietet[29] u insoweit eine abschließende Regelung beinhaltet. Im Hinblick auf diesen schon durch den Gesetzgeber gesicherten Rechtsschutz verbietet sich die Einführung einer nur richterrechtlich kreierbaren atypischen Feststellungsklage auch wg des Gewaltenteilungsprinzips. Dies gilt um so mehr, als die Zulassung einer solchen, vor dem VG zu erhebenden atypischen Feststellungsklage – anders als eine Feststellungsklage nach § 43 – denselben Gegenstand wie eine vor dem OVG zu erhebende NK hätte u wie diese eine prinzipale NK darstellte.[30] Sie liefe damit auf eine **Umgehung des § 47** hinaus, der die Einführung eines auf die Feststellung der Unwirksamkeit einer Norm gerichteten NK-Vf (sofern nicht § 47 Abs 1 Nr 1 einschlägig ist) in das Ermessen des Landesgesetzgebers stellte (§ 47 Abs 1 Nr 2).

8h Für eine Anerkennung atypischer Feststellungsklagen besteht insb **auch bei Vollzugsnormen,** die keiner Vollziehung durch die Verwaltung bedürfen (sog self-executing-Normen) u in bezug auf die meist die Notwendigkeit einer aty-

---

[23] Schenke Rechtsschutz 302ff; Schenke 1085 mwN; NJW 1986, 1451ff; JZ 2006, 1011; Detterbeck DÖV 1990, 562ff;

[24] BVerfG 72, 43f; 97, 164f; NVwZ 2004, 977ff; JZ 2006, 1022 (dazu Besprechung von Muckel JA 2007, 76ff u Schenke JZ 2006, 1004).

[25] Br NVwZ-RR 2001, 378f; Ms NJW 1976, 2038; Brüning JuS 2004, 883; Hoppe, Redeker-FS 1993, 389; Kuntz 107; Schenke 1073.

[26] So aber BlnB BeckRS 2006, Nr 20174; Ks NVwZ 2006, 1198; Fellenberg/Karpenstein NVwZ 2006, 1134; früher Maurer, Tübinger FS für Kern 305ff sowie tlw auch Peters NVwZ 1999, 507; der Sache nach auch BSG 71, 52; unklar Axer NZS 1997, 11ff. Für eine Feststellung der Nichtigkeit der Norm mit Allgemeinverbindlichkeit Pielow DV 1999, 470; krit hierzu unten u näher 9f zu § 47.

[27] Gegen eine solche Feststellungsklage zutr Br NVwZ-RR 2001, 378.

[28] Hierfür aber Wilken DVBl 1969, 535 und nunmehr auch BVerwG NVwZ 2004, 474, Ks NVwZ 2003, 1422f sowie Sydow/Fiedler DVBl 2006, 875, wobei allerdings nicht erkannt wird, daß es sich hier um eine nicht mehr durch § 43 gedeckte atypische Feststellungsklage handelt und eine solche Lösung nicht mehr durch eine weite verfassungskonforme Auslegung des Begriffs des Rechtsverhältnisses gerechtfertigt werden kann.

[29] Vgl krit zu solchen atypischen Feststellungsklagen näher Schenke Rechtsschutz 247ff u Schenke 1073 sowie Kuntz 107ff; zur Unzulässigkeit einer von Renck JuS 1966, 278 befürworteten Klage auf Feststellung des Nichtbestehens eines Normgebungsrechts s unten 11 sowie 9 zu § 47; ausf hierzu Schenke Rechtsschutz 242ff u Schenke 1075.

[30] Die Zulässigkeit einer solchen mit einer atypischen Feststellungsklage bewirkten prinzipalen NK läßt sich nicht auf BVerfG NVwZ 2006, 922 stützen, denn die dort befürwortete prinzipale NK betraf den Sonderfall einer rechtswidrigen, aber dennoch rechtswirksamen Norm, der ggü naturgemäß eine inzidente NK ausscheidet (Schenke JZ 2006, 1007f; richtig sieht dies auch Weidemann NVwZ 2006, 1259).

pischen Feststellungsklage behauptet wird (so zB Ks NVwZ 2006, 1198; s auch BlnB BeckRS 2006 Nr 20 174, S. 11), **kein Grund.** Bei solchen Vollzugsnormen kann nämlich das Fortbestehen des durch die Norm aufgehobenen (oder eingeschränkten) Rechts festgestellt werden. So kann etwa bei einer durch eine untergesetzliche Norm begründeten Pfand- u Rücknahmepflicht für Einweggetränkeverpackungen durch die Lebensmitteleinzelhändler festgestellt werden, daß sie entgegen der durch den Verordnungsgeber statuierten Pflicht das Recht haben, solche Verpackungen nicht zurückzunehmen. Das Bestehen eines solchen Rechts, das – ebenso wie auch eine sonst durch die Freiheitsrechte geschützte Befugnis – ein absolutes Recht darstellt u als solches auch ein (iü unabhängig von Verletzungshandlungen bestehendes)[31] Rechtsverhältnis begründet, kann auch ggü dem Normgeber festgestellt werden (so auch Hbg NVwZ-RR 2007, 97), denn dieses absolute Recht begründet auch ihm ggü (ebenso wie auch ggü anderen Personen) ein Rechtsverhältnis. Für die Feststellung eines solchen Rechts besteht auch angesichts des vom Normgeber erhobenen Geltungsanspr der Norm ein berechtigtes Interesse, zumal der Normgeber der Rechtsverletzer ist.[32] Der Umstand, daß bei einer vom Bund erlassenen Verordnung die Länder für die Durchführung der Norm verantwortlich sind u deshalb möglicherweise auch ihnen ggü ein berechtigtes Interesse an der Feststellung des Rechts anzuerkennen sein kann, steht der Bejahung eines berechtigten Interesses an der Festellung des Rechts (Rechtsverhältnisses) ggü dem Normgeber als potentiellem Rechtsverletzer nicht entgegen. Das ergibt sich auch daraus, daß eine dem Normgeber ggü getroffene Feststellung des (Fort-)Bestehens des Rechts diesen regelmäßig eher dazu veranlassen wird, die Norm aufzuheben, als eine nur im Verhältnis zu anderen Personen getroffene Feststellung. Bei einer Feststellungsklage ggü den für die Durchsetzung einer bundesrechtlichen Rechtsvorschrift zuständigen Ländern können sich zusätzlich im Hinblick auf die hier bestehende Möglichkeit eines Rechtsschutzes gegen Durchsetzungsakte (zB ggü polizeilichen Verfügungen zur Sicherung der Beachtung der Norm) unter dem Gesichtspunkt des RSB Bedenken gegen die Zulässigkeit einer nur gegen die Länder (ohne Beteiligung des Bundes) gerichteten Feststellungsklage ergeben.

Rechtskraftprobleme lassen sich bei einer gegen den Bund gerichteten, auf § 43 **8i**
gestützten Feststellungsklage, die das (Fort-)Bestehen eines Rechts zum Gegenstand hat, meist mittels einer Beiladung der juristischen Personen (insb der Bundesländer), welche für die Durchsetzung der Bundesnorm zu sorgen haben, beheben. Diese behaupteten Rechtskraftprobleme würden sich iü genauso bei einer nur interpartes-RKraft entfaltenden atypischen Feststellungsklage stellen. Das Argument,[33] Rechtskraftprobleme ergäben sich bei einer atypischen Feststellungsklage schon deshalb nicht, weil schon „auf Grund des Rechtsstaatsprinzips nach Art 20 Abs 3 GG ... ausgeschlossen (sei), dass eine Norm ggü einem (vermeintlichen) Adressaten vollzogen wird, wenn bereits im Verhältnis zum Normgeber rechtskräftig festgestellt ist, daß die Pflichten nicht bestehen", ist mit seiner Vermengung prozeßrechtlicher u materiellrechtlicher Fragen rechtsdogmatisch nicht überzeugend[34] u würde zudem bei seiner (unterstellten) Richtigkeit genauso für eine Feststel-

[31] S auch unten 17 sowie Schenke/Roth, WuV 1997, 134f.

[32] S auch Hbg NVwZ-RR 2007, 97ff. Unzulässig wäre hingegen eine Feststellungsklage gegen den Bund, wenn der Kl nicht eine RVerletzung durch den Verordnungsgeber behauptet, sondern nur ein unrechtmäßiges Verhalten der Länder, welche für die Durchsetzung der Norm zu sorgen haben und hierbei von einer Fehlinterpretation der Norm ausgehen oder sich über den tatbestandsrelevanten Sachverhalt irren.

[33] So BlnB BeckRS 2006, Nr 20 174, S. 11 und dem folgend Fellenberg/Karpenstein NVwZ 2006, 1135.

[34] In seiner Konsequenz würde die Rechtskraftregelung des § 121 in bezug auf Hoheitsträger völlig ausgehebelt.

lungsklage gem § 43 gelten, mit welcher das Bestehen eines Rechts trotz seiner durch den Normgeber angestrebten Aufhebung festgestellt werden soll. Iü stellen sich die behaupteten Rechtskraftprobleme immer iVm einer dem Rechtsschutz gegen Normen dienenden inzidenten NK (zB auch bei einer Anfechtung von Vollzugsakten), ohne daß dies die ganz hM[35] daran hindert, die Tauglichkeit einer inzidenten NK zur Gewährleistung eines Rechtsschutzes gegen Normen in Frage zu stellen. Schließlich würde eine atypische Feststellungsklage ohnehin in den Fällen nicht in Betracht kommen, in denen es um den Schutz gegen ein formelles Gesetz geht u bei welchen der Rechtsschutz gegen ein Vollzugsgesetz mittels einer Feststellungsklage gem § 43 zu bewerkstelligen ist.

8j **e) Feststellungsklage und Anspruch auf Normerlaß sowie auf Korrektur rechtswidriger, aber rechtswirksamer Normen.** Bei einem Unterlassen von Rechtsnormen scheidet eine inzidente Möglichkeit des Rechtsschutzes idR aus (BayVBl 1997, 475; Schenke Rechtsschutz 175; VerwA 1991, 318f), da sie auf eine unzulässige **Beschneidung des Gestaltungsspielraums des Normgebers hinausliefe.** Etwas anderes gilt nur dann, wenn sich der Gestaltungsspielraum des Gesetzgebers ausnahmsweise (insb im Hinblick auf den Gleichheitssatz) so reduziert hat, daß nur eine bestimmte Regelung getroffen werden kann (s zu einem solchen Fall BayVBl 1997, 475). Hier ist das Gericht in der Lage, inzident Rechtsschutz zu gewähren. Freilich wird hierbei die Zulässigkeit der Feststellungsklage häufig wg deren Subsidiarität gem § 43 Abs 2 (s unten 26) ausgeschlossen sein. Grds kommt aber in den Fällen eines Unterlassens nur ein Rechtsschutz mittels einer prinzipalen Entscheidung über den Normerlaßanspr in Betracht. Als zulässig angesehen wird dabei durch die hM eine **Klage auf Feststellung,** daß der Kl einen Rechtsanspr auf **Erlaß einer bestimmten untergesetzlichen Rechtsvorschrift** besitzt.[36] Das soll auch dann gelten, wenn die Ausgestaltung der begehrten untergesetzlichen Norm in das Ermessen des öffentlichen Rechtsträgers gestellt ist, wobei der Feststellungskl in diesem Fall für die begehrte Tendenz darlegungspflichtig sei (NVwZ 1990, 163). Bedenken gegen die Zulässigkeit einer solchen verwaltungsgerichtlichen Feststellungsklage unter dem Aspekt der Subsidiarität (§ 43 Abs 2) werden durch die Rspr als nicht durchschlagend angesehen, da auch dann, wenn man eine Leistungsklage auf Normerlaß befürwortet (dazu 8a zu § 40 u 13 zu § 47), die Subsidiaritätsklausel des § 43 Abs 2 im Verhältnis der Feststellungsklage zu einer allg Leistungsklage nicht anwendbar sei.[37] Die Anwendung des § 43 wird auch in den Fällen bejaht, in denen eine rechtswidrige **Norm ausnahmsweise wirksam** ist u ein Anspr auf Behebung dieser Rechtswidrigkeit durch Neuerlaß bzw Ergänzung einer Norm besteht.[38]

Die Statthaftigkeit derartiger verwaltungsgerichtlicher Klagen auf Normerlaß bzw Behebung der Rechtswidrigkeit einer (ausnahmsweise) rechtswirksamen Norm hat sich in der Praxis inzwischen durchgesetzt u entspricht heute der ganz hM, obschon diese Ansicht dogmatisch zweifelhaft erscheint. Bedenken gegen solche Klagen ergeben sich mE aus § 40, da es sich bei ihnen um **verfassungsrechtliche Streitigkeiten**[39] handeln dürfte, wofür auch die Entstehungsge-

---

[35] S nunmehr auch BVerfG NVwZ 2006, 923: „Dieser Rechtsschutz wird idR durch die inzidente Überprüfung der Rechtmäßigkeit der untergesetzlichen Rechtssätze im Rahmen von Verfahren gegen deren Anwendung im Einzelfall erfolgen".

[36] BVerfG NVwZ 2006, 924; BVerwG 80, 363; NVwZ 1990, 163; 2002, 1506; ebenso Münster NVwZ-RR 1995, 105; NKVwGO-Sodan 57; Sch-Pietzcker 11; Sodan NVwZ 2000, 601; Würt 705; s auch 13f zu § 47 mwN; vgl aber auch BSG NZS 2001, 590f.

[37] BVerfG NVwZ 2006, 924; BVerwG 111, 279; NVwZ 2002, 1506; s dazu krit aber auch unten 28 sowie Köller/Haller JuS 2004, 191.

[38] BVerfG NVwZ 2006, 924; BVerwG NVwZ 2002, 1506.

[39] Vgl hierzu 32a vor § 40; Schenke Rechtsschutz 333ff; VerwA 1991, 339ff mwN; AöR 2006, 130ff: s auch BVerfG 1, 201; 4, 188; **aA** BVerfG NVwZ 2006, 923f; BVerwG

schichte der VwGO spricht (BT-Dr 3/55, 3; s 32a zu § 40). Bei Bejahung der Statthaftigkeit einer derartigen Klage ergeben sich zudem schwerwiegende Wertungswidersprüche zu § 47. Wenn gem § 47 eine auf die Feststellung der Unwirksamkeit einer Norm gerichtete Klage selbst vor den OVGen nur sehr eingeschränkt zugelassen wird, so erscheint eine (unter dem Aspekt der Gewaltenteilung weit bedenklichere) vor einem einfachen VG erhobene Klage auf Feststellung eines Anspr auf Normerlaß noch problematischer. Näher läge es deshalb, den von Art 19 Abs 4 GG her gebotenen Rechtsschutz bei einem rechtswidrigen Unterlassen des Normgebers mittels einer VB zu realisieren (Schenke 1083 u eingeh VerwA 1991, 354 ff; ebenso Ey-J. Schmidt 19 zu § 47). Allerdings geht auch die Rspr des BVerfG inzwischen von der Zulässigkeit einer solchen verwaltungsgerichtlichen Feststellungsklage aus u fordert im Hinblick auf § 90 Abs 2 S 1 BVerfGG sogar den vorher erfolglos unternommenen Versuch eines solchen verwaltungsgerichtlichen Rechtsschutzes als Voraussetzung für die Zulässigkeit einer VB (BVerfG NVwZ 2006, 923; dazu Schenke JZ 2006, 1012). Unbestritten **nicht zulässig** im VRW sind Feststellungsklagen **in bezug auf förmliche,** vom Parlament zu erlassende **Gesetze,** da es sich jedenfalls hier um verfassungsrechtliche Streitigkeiten iSv § 40 Abs 1 handeln würde.[40] Zur hier in Betracht kommenden Möglichkeit eines inzidenten Rechtsschutzes iVm Art 100 GG u § 82 Abs 2 BVerfGG s 14 zu § 47 u Schenke JZ 2006, 1011.

f) Besondere Feststellungsklagen. Zu der auch im Verwaltungsprozeß zulässigen **Zwischenfeststellungsklage** nach § 173 S 1, § 256 Abs 2 ZPO s unten 33 ff; zur Klage auf **Feststellung der Rechtmäßigkeit des Verbots eines Vereins** § 16 Abs 1 VereinsG. Eine besondere Form der Feststellungsklage stellt die Behindertenverbandsklage gem § 13 BGG dar, die ein objektives BeanstandungsVf zum Gegenstand hat u die auf die Feststellung bestimmter Verstöße gegen Benachteiligungsverbote gerichtet ist (dazu NVwZ 2006, 817; Ma NVwZ-RR 2005, 637). 9

g) Verwaltungsrechtliche Organstreitigkeiten. Keine besondere Klageart, insb auch keine Sonderform der Feststellungsklage, steht nach der VwGO für die sog **Kommunalverfassungsstreitigkeiten u ähnliche verwaltungsrechtliche Organstreitigkeiten** zwischen den Organen usw einer Körperschaft des öffentlichen Rechts (zB Universität) zur Verfügung (s dazu ausf 6 ff vor § 40). Auch zwischen staatlichen Organen oder zwischen Organen u Organteilen bestehende subjektive Rechte begründen ein Rechtsverhältnis u sind damit prinzipiell gem § 43 feststellungsfähig.[41] Soweit Organakte VAe darstellen (s dazu 86 ff zu Anh § 42) oder zur Durchsetzung von Anspr eines Organs eine Leistungsklage (s 7 u 8a vor § 40) gegeben ist, wird allerdings nach den allg Grundsätzen die Zulässigkeit einer Feststellungsklage durch § 43 Abs 2 S 1 ausgeschlossen (s unten 28). Zur **Frage des richtigen Bekl** bei Kommunalverfassungsstreitigkeiten u 10

80, 357; Köller/Haller JuS 2004, 189 f; Pielow DV 1999, 468; Sch-Gerhardt/Bier 4 zu § 47; s auch 9 u 13 zu § 47.

[40] 32 ff zu § 40; s auch 75, 334; 80, 358; BVerfG 70, 55; Hk-Terhechte 15; Würt 700, **aA** aber nunmehr Dünchheim DÖV 2004, 143 ff, der bei einem gemeinschaftsrechtswidrigen Unterlassen des parlamentarischen Gesetzgebers eine Feststellungsklage zuläßt, mit der der Anspr auf Erlaß des Gesetzes feststellbar sein soll.

[41] S Ko DVBl 1985, 178; NVwZ-RR 1996, 52; Ma NVwZ-RR 1992, 204; Mü NVwZ 1988, 84; Münster DVBl 1978, 150; NVwZ 1986, 852; We LKV 1996, 416; Ehlers Jura 2007, 181; Ey-Happ 14; Erichsen Menger-FS 213; Erichsen/Biermann Jura 1997, 157; Hufen § 21, 14; Martensen JuS 1995, 989, 1077; Papier DÖV 1980, 292; Preusche NVwZ 1987, 854; Schenke 391 f; Schoch JuS 1987, 785; Sch-Pietzcker 26; für die Statthaftigkeit der Klage sui generis Münster 17, 263; 27, 258; Lü DÖV 1961, 548; vgl auch Fehrmann DÖV 1983, 314; Stern 169; für analoge Anwendung des § 42 Lerche Knöpfle-FS 179 ff.

sonstigen Organstreitigkeiten s 3c zu § 63; zum Bürgerbegehren vgl 11 zu § 61; 88 zu Anh § 42; 80 zu § 42.

11 **3. Bestehen oder Nichtbestehen eines Rechtsverhältnisses (Abs 1):** Die Feststellungsklage ist gem § 43 Abs 1 Alt 1 **statthaft, wenn** die Feststellung des Bestehens oder Nichtbestehens eines Rechtsverhältnisses begehrt wird.[42]

a) Rechtsverhältnis und subjektives Recht. Unter **Rechtsverhältnis** iSd Abs 1 sind „die aus einem konkreten Sachverhalt aufgrund einer Rechtsnorm (des öffentlichen Rechts) sich ergebenden **rechtlichen Beziehungen einer Person zu einer anderen Person oder zu einer Sache**" zu verstehen,[43] **zu einer Sache allerdings nur in dem** Sinn, daß **Rechtsbeziehungen** zu „dritten" Personen, meist einer unbestimmten Vielzahl von Personen, **durch** eben **diese Sache vermittelt werden** (s auch Schenke 378; ebenso Lorenz § 22, 3; NKVwGO-Sodan 8). **„Rechtliche Beziehungen" zu einer Sache** ist insoweit nur eine verkürzte Sprachweise. Letztlich sind **Rechtsbeziehungen** ieS nur zwischen Personen denkbar (vgl Ule VwGO 171; Hadding JZ 1986, 926; Lorenz § 22, 3). Für die rechtlichen Beziehungen, die ein ör Rechtsverhältnis begründen, ist **wesensnotwendig,** daß sie **zumindest ein subjektives öffentliches Recht zum Gegenstand haben** (vgl Schenke 380; Selb 54; s auch unten 12), ein Rechtsverhältnis kann aber uU auch einen Komplex von subjektiven Rechten u Pflichten beinhalten, wie das zB beim Beamtenverhältnis zutrifft.

Subjektive öffentliche Rechte des **Bürgers** sind **Anspr** (zB ein Anspr auf Sozialhilfe oder auf Unterlassung eines Verwaltungshandelns, s hierzu aber auch unten 24 aE), **Beherrschungsrechte** (zB die Freiheitsgrundrechte) sowie **Gestaltungsrechte** (zB ein Kündigungs- oder ein Optionsrecht hins eines ör Vertrages).

Rechtsverhältnisse können auch durch **subjektive öffentliche Rechte des Staates** begründet werden. Die auf Otto Mayer zurückgehende Auffassung, subjektive Rechte des Staates seien deshalb ausgeschlossen, weil das subjektive Recht immer etwas Begrenztes sei, während beim Staat das „dahinterstehende Unbegrenzte" durchschlage (O. Mayer Deutsches Verwaltungsrecht Bd I 3. A, 104), hat ihren gedanklichen Ausgangspunkt in der positivistischen Vorstellung einer rechtlich unbegrenzten Souveränität des Staates. Sie trägt damit nicht dem Umstand Rechnung, daß im heutigen Rechtsstaat alle Macht des Staates von vornherein rechtlich begrenzt u verfaßt ist. Im Interesse einer rechtsstaatlich gebotenen Verrechtlichung der Beziehungen zwischen Staat u Bürger ist es daher nur konsequent, eine dem Staat verliehene **Rechtsmacht in bezug auf staatliche Interessen** ebenfalls als subjektives Recht zu begreifen.[44] Sie bieten neben den subjektiven öffentlichen Rechten des Bürgers eine zusätzliche Basis zur Begründung von Rechtsverhältnissen, auch wenn ihre praktische Bedeutung im Hinblick auf die umfassende Verrechtlichung der Freiheitsphäre des Bürgers durch das als Auffanggrundrecht fungierende Grundrecht der allg Handlungsfrei-

---

[42] Zur dogmatischen Bedeutung und Funktion des Begriffs des Verwaltungsrechtsverhältnisses s die kontroverse Diskussion zwischen Pietzcker DV 1997, 281, Gröschner DV 1997, 301 u v Danwitz DV 1997, 339.

[43] 89, 329; 100, 264 = NJW 1996, 2046; DVBl 1992, 1168 mwN; BGHZ 22, 47 = NJW 1957, 22; NJW 1984, 1556; 1985, 387; Mü BayVBl 1987, 240; 1992, 469; Ks NJW 1979, 997; Lü NJW 1979, 1999; Ma NVwZ-RR 1991, 518; Sch-Pietzcker 7 ff; Ey-Happ 12; Stern 158; Kunig Jura 1997, 327; s auch Schenke/Roth WuV 1997, 93; zT **aA** Ule VwGO 171; Jellinek 191; Rupp 166; Hadding JZ 1986, 926: nur Rechtsbeziehung zwischen Personen; vgl auch BVerwG 50, 19: die „rechtlichen Beziehungen, die sich aus einem bestimmten Sachverhalt aufgrund einer ör Regelung für das Verhältnis mehrerer Personen untereinander ergeben".

[44] Vgl hierzu eingeh Schenke Rechtsschutz 233 ff; Erichsen § 11, 42; Bauer DVBl 1986, 208 ff; Selb 74 ff; **aA** P § 14, 3; Rupp 248 f.

heit nicht groß sein mag. Subjektive Recht des Staates, die feststellungsfähige Rechtsverhältnisse des § 43 begründen, liegen dort vor, wo **staatliche ör Anspr** ggü dem Bürger bestehen, die mittels einer Klage oder eines VA durchsetzbar sind, ferner **staatliche Beherrschungsrechte** (wie etwa die staatliche Herrschaft in bezug auf eine öffentliche Sache). Subjektive öffentliche Rechte des Staates sind auch **staatliche Gestaltungsrechte,** wie etwa das **Recht zum Erlaß eines VA** (allerdings ist eine solche Klage wg der Subsidiarität der Feststellungsklage unzulässig, s unten 26). Ein Rechtsverhältnis beinhaltet zudem die Befugnis eines Hoheitsträgers zum Erlaß eines den Bürger belastenden Realakts (116 zu § 113). Schließlich ist möglicher Gegenstand einer Feststellungsklage beispielsweise die Befugnis der Gemeinde, einen Bürgerentscheid in einer ganz bestimmten Weise durchzuführen, durch die möglicherweise der Bürger in der Ausübung seines Stimmrechts verletzt wird.[45] **Kein Rechtsverhältnis** iSd § 43 wird hingegen durch das **staatliche „Normgebungsrecht“** begründet.[46]

Obwohl das staatliche Recht zum Erlaß des VA als Rechtsverhältnis zu qualifizieren ist, scheidet die Feststellung dieses Rechts idR im Hinblick auf die **Subsidiarität der Feststellungsklage** ggü Anfechtungsklagen u vorbeugenden Unterlassungsklagen **grds aus** (s unten 26). Zu beachten ist in bezug auf VAe, daß das **(Gestaltungs-)Recht,** einen VA zu erlassen, strikt von einem erst **durch den VA begründeten, veränderten oder aufgehobenen Rechtsverhältnis zu unterscheiden** ist (s zur **Stufung von Rechtsverhältnissen** Schenke 401). So ist die Befugnis des Staates zum **Erlaß eines Abgabenbescheides** von dem durch den Abgabenbescheid begründeten staatlichen Anspr auf Zahlung zu trennen (vgl auch unten 26 iVm den sich hier stellenden Problemen bei einer Aufrechnung). Soweit der Bürger in diesem Zusammenhang Rechtsschutz begehrt, ist es dabei wichtig zu klären, ob er sich gegen die Berechtigung des Staates zur Vornahme des VA wehrt (hier kommt wg § 43 Abs 2 S 1 regelmäßig nur eine Anfechtungsklage in Betracht) oder ob er sich gegen das (Fort-)Bestehen eines durch den **VA** begründeten **staatlichen Anspr wendet** (vgl unten 26), bzgl dessen die **Subsidiaritätsklausel nicht zur Anwendung** kommt. Streit hins dieses **nachgelagerten Rechtsverhältnisses** kann sich zB daraus ergeben, daß die **Auslegung des VA umstritten** u deshalb der Umfang der staatlichen Leistungsanspr ungeklärt ist und/oder die Frage kontrovers beurteilt wird, ob der Bürger die ihm durch den VA ggü dem Staat **auferlegten Verpflichtungen erfüllt** hat.

Rechtsverhältnisse iSv § 43 idS sind **auch** die durch organschaftliche Befugnisse u Verpflichtungen gekennzeichneten **Rechtsbeziehungen zwischen Organen uä juristischer Personen** des öffentlichen Rechts, zB von Gemeindeorganen, zueinander (s oben 10; We LKV 1996, 416). Auch Organrechte sind ebenso wie Außenrechte subjektive öffentliche Rechte (s ausf 80 zu § 42).

Zur (abzulehnenden, vgl Schenke/Roth WuV 1997, 126) Frage, ob die „Streitigkeit“ der Anwendung der Norm auf einen bestimmten Sachverhalt ein Wesensmerkmal eines Rechtsverhältnisses darstellt (dafür 100, 262 = NJW 1996, 2046; Kunig Jura 1997, 327) s ausf unten 19. Zur Feststellungsfähigkeit von **früheren** („vergangenen“), dh im Zeitpunkt der Klageerhebung nicht mehr bestehenden **Rechtsverhältnissen,** s auch unten 18 u 25; von **künftigen Rechtsverhältnissen** unten 17f, ferner Bln NJW 1978, 1645. Zum **Begriff der subjektiven Rechte** vgl 81 ff zu § 42.

Als Rechtsverhältnis iSv Abs 1 sind auch die einer selbständigen Feststellung fähigen **Teile von Rechtsverhältnissen** anzusehen, insb auch **einzelne** sich aus 12

---

[45] Vgl auch Lü NdsVBl 2001, 165, das hier von Organstreitigkeit ausgeht; gegen Organstreitigkeit aber 6 vor § 40.

[46] S 9 zu § 47; Schenke Rechtsschutz 242f; Schenke 389; Kuntz 121f; Weidemann NVwZ 2006, 1259; **aA** Renck JuS 1966, 278, NKVwGO-Sodan 59.

einem umfassenden Rechtsverhältnis ergebende **Berechtigungen,**[47] **zB** die **Berechtigung**

- des Staates als Träger einer staatlichen Hochschule, die studentischen Mitglieder eines Prüfungsausschusses auch bei Entscheidungen über Täuschungshandlungen mitwirken zu lassen, bzw seine Verpflichtung – auch dem Kl ggü –, die Mitglieder von der Entscheidung auszuschließen (Ms NVwZ 1986, 852);
- eines Zahnmedizinstudenten, von der Universität kostenlos ein **zahnärztliches Instrumentarium zur Verfügung gestellt zu bekommen.** Soweit ein solcher Anspr für die Vergangenheit geltend gemacht wird, wird er nicht durch eine allg Leistungsklage ausgeschlossen;[48]
- eines Grundstückseigentümers, einen bestimmten **Baum zu fällen** (Ma NJW 1997, 2128);
- ein bestimmtes **Gewerbe** ohne besondere behördliche Gestattung **zu betreiben**[49] oder einen Betrieb zu führen (Lü NJW 1979, 1998);
- einer Gemeinde, die **Ortsplanung** aufgrund bestimmter Beschlüsse ohne weitere Abstimmung mit der klagenden Nachbargemeinde weiterzuführen (40, 325);
- der Behörde, **Telefongespräche** der Behördenangehörigen zu registrieren (Ma NJW 1991, 2721);
- **der Rüge eines** Vorgesetzten ggü einem Beamten (Ms DÖV 1961, 270), jedenfalls wenn sie einen schwerwiegenden Vorwurf betrifft;
- zur Vornahme von Maßnahmen, die normalerweise nur **Behördeninterna** sind, sich jedoch im Einzelfall als Verletzung der individuellen Rechtssphäre auswirken können (Gr NJ 1995, 221 unter Berufung auf 60, 144), so etwa (bei bestehendem berechtigtem Interesse) zur Vornahme einer früher erfolgten, nicht mehr rückgängig zu machenden Umsetzung (s auch Buchh 310 § 43 VwGO Nr 122) oder eines durchgeführten Einsatzes verdeckter Ermittler (NJW 1997, 2534);
- eines inländischen religiösen Vereins, daß seinem ausländischen geistlichen Oberhaupt nicht die Einreise durch Ausschreibung zur Einreiseverweigerung im Schengener Informationssystem genommen wird (NVwZ 2001, 1396).

Entsprechendes gilt für einzelne **Verpflichtungen** (36, 225; DVBl 1988, 739), die sich aus einem Rechtsverhältnis ergeben. Zu beachten ist allerdings, daß allein durch eine Pflicht[50] ohne ein korrespondierendes Recht noch kein Rechtsverhältnis begründet wird (Schenke 382; Selb 19 ff; Wehr DVBl 2001, 787 Fn 21; s auch NKVwGO-Sodan 10; **aA** Ey-Happ 13). Feststellungsfähig sind zB

- die **Verpflichtung** bzw Nicht-Verpflichtung der Richter **zum Tragen der Amtstracht** (DVBl 1983, 1111); die Verpflichtung des Dienstherrn, einen **Dienstposten** im Rahmen der Dienstpostenbewertung in eine bestimmte Kategorie einzureihen (41, 259); die Verpflichtung zur **Amtsverschwiegenheit u** der Umfang dieser Verpflichtung (NJW 1983, 2343);
- der Umfang der **Verpflichtung** eines Importeurs, eingeführte **Lebensmittel untersuchen** zu lassen (77, 207 = NVwZ 1988, 430; dazu Schenke/Roth WuV 1997, 122);

---

[47] 36, 225; 38, 347; 40, 325; 92, 175; Mü NVwZ 1988, 84; Ks NVwZ 1988, 446; vgl auch BVerwG 41, 337; 53, 133; BSG SGb 1983, 441; Ehlers Jura 2007, 181; Ey-Happ 20; NKVwGO-Sodan 26.

[48] S unten 28; nicht überzeugend Ma NJW 1997, 2466, das hier eine FFK bejaht, s dazu auch oben 5 sowie 116 zu § 113.

[49] 39, 248; 94, 271; Mü BayVBl 1987, 499: Feststellung, daß Vorhaben genehmigungsfrei ist; s auch Mü GewArch 2001, 65.

[50] Allerdings werden dann, wenn man subjektive Rechte des Staates anerkennt (oben 11), de lege lata Pflichten des Bürgers idR auch subjektive Rechte entsprechen und damit durch diese dann auch ein Rechtsverhältnis begründet.

– sog Statusrechte uä, die sich als abgekürzte Bezeichnung für ein Bündel von Berechtigungen und/oder Verpflichtungen darstellen, wie die **Staatsangehörigkeit;**[51] die **Mitgliedschaft** in einer Körperschaft des öffentlichen Rechts;[52] die **Zugehörigkeit** zu einer Gemeindevertretung (Ms DÖV 1954, 439); der **Status als Körperschaft** des öffentlichen Rechts (EF 3; **aA** Hbg DÖV 1952, 155); das **Ruhen der Wehrpflicht** gem § 1 Abs 2 WPflG (NVwZ 1987, 598); die **Rechtsstellung als** anerkannter **Kriegsdienstverweigerer** (57, 323), **als Beamter** zur Wiederverwendung (Stuttgart VRspr 5, 436), usw.

Nicht feststellungsfähig durch das VG ist eine auf Bestehen des Eigentums gerichtete Klage, auch wenn sie damit begründet wird, daß ein enteignender Hoheitsakt unwirksam ist (VG Leipzig VIZ 1995, 364).

b) Abgrenzung von Rechtsverhältnissen und nicht feststellungsfähigen Rechtsfragen. Gegenstand einer Feststellungsklage können auch Rechte u Pflichten aufgrund **einzelner abtrennbarer selbständiger Anspruchsgrundlagen** (zB aus unerlaubter Handlung, Vertrag, VA usw) sein (vgl BGH NJW 1984, 1556), **zB, ob** ein VA **eine bestimmte Rechtsstellung vermittelt** (NVwZ 1987, 216), ob die Vorlage bestimmter Akten aus den dafür geltend gemachten Gründen berechtigt war (75, 5). 13

Nicht feststellungsfähig sind dagegen (s aber unten zu der idR gegebenen Möglichkeit einer Umdeutung entspr Anträge) **bloße Elemente, unselbständige Teile** oder **Vorfragen** von Rechtsverhältnissen, die nicht unmittelbar Rechte u Pflichten begründen, sondern nur Voraussetzungen solcher Rechte u Pflichten sind,[53] wie

– bestimmte **rechtserhebliche Eigenschaften iwS einer Person oder eines Betriebes,** zB Eignung oder Zuverlässigkeit für ein bestimmtes Gewerbe (Ey-Happ 15; **aA** Sch-Pietzcker 16), Befähigung zur Ausübung eines Amtes usw, die Eigenschaft eines Betriebes als Handwerksbetrieb (Ko 29. 12. 1959 – 2 A 80/59; **aA** Lü NJW 1979, 1998) oder als Hilfsbetrieb iSv § 3 Abs 3 HandwO (61, 148);
– Eigenschaften **einer Sache** iwS, zB die Nutzbarkeit oder Bebaubarkeit eines Grundstücks (BRS 32 Nr 149; Ms NJW 1980, 1070), oder **sonstige,** wenn auch **rechtserhebliche Tatsachen** (24, 358; Haueisen NJW 1952, 913), die nicht unmittelbar Rechte oder Pflichten begründen, sondern nur Voraussetzungen für Berechtigungen oder Verpflichtungen sind, wie **zB, ob** eine bestimmte Behörde einen bestimmten **VA erlassen hat;**[54]
– die Ungültigkeit eines Bürgerentscheids (Ma DVBl 2001, 1280);
– die **rechtliche** Qualifikation bestimmter Vorgänge wie die Beurteilung einer Handlung als rechtswidrig (NKVwGO-Sodan 35; **aA** VG Hamburg GewA 1981, 261), **schuldhaft** (vgl BGH NJW 1984, 1556: zulässig nur hins des Grundes u Gegenstands der Schuld), **strafbar** (Ms PostRE 4.00.1 Nr 50) oder als Amtspflichtverletzung iSv Art 34 GG; § 839 BGB (VG München 16. 1. 1967 – Nr 3166/66).

Allerdings ist in der Mehrzahl dieser Fälle der unzulässige Antrag dem erkennbaren Rechtsschutzzweck entspr als Antrag auf Feststellung, daß der ergangene VA **eine bestimmte Rechtsstellung vermittelt** (NVwZ 1987, 216), bzw auf Feststellung des Rechts zur Mißbilligung, des Rechts, sich in bestimmter Weise zu verhalten, bzw der Verpflichtung, ein bestimmtes Verhalten zu unterlas-

---

[51] Vgl NVwZ 1993, 782; Ma RsprD-LS 402/1995; VG Düsseldorf NJW 1977, 1607.

[52] 25, 156; NJW 1983, 2208; Hbg VRspr 1, 226; Kormann GewA 1979, 287.

[53] 24, 358; 90, 228: Tatbestandsmerkmale, von deren Vorliegen die Rechtsbeziehungen zwischen Kl und Bekl abhängen, sind kein feststellungsfähiges Rechtsverhältnis; BGHZ 22, 47; NJW 1977, 1288; 1984, 1556; Ehlers Jura 2007, 182; NKVwGO-Sodan 28; StJ 27 zu § 256 ZPO; kritisch Trzaskalik 146.

[54] NVwZ 1987, 216, auch dazu, wie die Klage ggf zu formulieren ist, um zulässig zu sein; s auch weiter unten.

sen usw, **auszulegen bzw entspr umzudeuten.**[55] Zur **Feststellung der Nichtigkeit eines VA** s unten 20 ff, zur Feststellung, daß ein VA bzw die Ablehnung oder Unterlassung eines VA nicht zulässig ist oder rechtswidrig war, oben 5.

Feststellungsfähig sind dagegen Eigenschaften, an deren Vorliegen das Bestehen von Rechten u Pflichten geknüpft ist (s auch – allerdings zT zu weitgehend – Sch-Pietzcker 16, **aA** NKVwGO-Sodan 33). Das trifft insb dann zu, wenn in einem formalisierten Vf über das Bestehen dieser Eigenschaft entschieden wird. Feststellungsfähig ist zB die Eigenschaft einer **Sache als öffentliche Sache** (Ms 9, 32; DÖV 1959, 876 zur Öffentlichkeit eines Weges); die Bedeutung einer **Bescheinigung gem § 7 d Abs 2 Nr 2 EStG** als Grundlage des Anspr auf steuerliche Absetzungen (NVwZ 1987, 216); die Eigenschaft eines **Gebiets als Eigenjagdbezirk** (Mü DVBl 1960, 735); die Eigenschaft einer **Wohnung als „öffentlich gefördert";**[56] die Frage, ob eine Wohnung **der Wohnraumbewirtschaftung unterliegt** (**aA** Ms 9, 369); die Denkmaleigenschaft, die unmittelbar rechtliche Pflichten u Rechte auslöst (VG Dessau LKV 2000, 268).

Nicht feststellungsfähig ist (zumal eine entspr Sonderregelung wie in § 256 ZPO in § 43 fehlt) die **Echtheit einer Urkunde** (RÖ-v Nicolai 6; **aA** SDC 2 d; Selb 129 ff), da es sich insoweit nur um eine (wenn auch rechtserhebliche) Eigenschaft handelt, nicht aber um einen rechtlichen Bezugskomplex im oben zu 12 angegebenen Sinn u die bewußte Nichterwähnung eines solchen Klagegegenstands in § 43 nicht über die Generalverweisung des § 173 S 1 auf § 256 ZPO „ausgehebelt" werden kann.

14 **Nicht** als Gegenstand einer Feststellungsklage kommen weiter in Betracht: die Frage der **Gültigkeit von Rechtsnormen**[57] sowie **abstrakte Rechtsfragen,** wie die Frage, in welchem Sinn eine bestimmte Vorschrift auszulegen ist,[58] u „abstrakte", rein theoretische oder rein **„akademische" Fragen** (14, 236; 77, 211; BayVBl 1983, 376); ebenso **auch nicht konkrete Rechtsfragen,** die nicht unmittelbar ein Rechtsverhältnis zum Gegenstand haben (s oben 13 u Schenke 382; **aA** Göpfert ThürVBl 1999, 184); in vielen Fällen können solche Anträge jedoch in Anträge auf Feststellung bestimmter Rechtsverhältnisse umgedeutet werden (vgl oben 13). Nicht feststellungsfähig sind weiter **Eigenschaften u Beurteilungen, Vorgänge** usw, denen **jeder unmittelbare Bezug zur Rechtsordnung u** zu subjektiven Rechten oder Pflichten **fehlt,** wie die Richtigkeit wissenschaftlicher Erkenntnisse, die Wahrheit von Berichten über bestimmte Ereignisse, das Vorhandensein oder Fehlen bestimmter physikalischer Eigenschaften von Sachen usw. **Soweit** es sich dagegen um **rechtserhebliche Tatsachen** handelt, gilt das oben zu 13 Gesagte. Zur Feststellung der **Nichtigkeit von VAen** s unten 20.

15 **4. Beteiligte am Rechtsverhältnis; richtiger Bekl:** Die Feststellungsklage ist immer **gegen den sachlichen Streitgegner,** dh gegen den zu richten, dem ggü das Rechtsverhältnis festgestellt werden soll. Andernfalls ist sie wg fehlenden RS I unzulässig. Zum Erfordernis der Betroffenheit des Kl s unten 22.

16 **Nicht erforderlich** ist, daß das festzustellende Rechtsverhältnis unmittelbar **zwischen den Parteien des Feststellungsprozesses** besteht.[59] Die Klage

---

[55] NVwZ 1987, 216; Münster NJW 1980, 1070; Schenke 383; Ehlers Jura 2007, 182.

[56] Vgl Ms KTS 1983, 653: feststellungsfähig auch, wann Eigenschaft einer Wohnung als öffentlich gefördert endet.

[57] DÖV 1965, 169; 1974, 426; NVwZ-RR 1993, 513: auch nicht einer von der Aufsichtsbehörde im Weg der Ersatzvornahme erlassenen Satzung; Münster 23, 162; Schmidt-Aßmann VVDStRL 34, 240; Erichsen VerwA 1977, 185; RÖ-v Nicolai 6; Renck JuS 1966, 273; Schenke Rechtsschutz 215 ff; s ausf oben 8 ff.

[58] Mü NVwZ 1988, 84; VG Augsburg DVBl 1981, 1160; Schenke/Roth WuV 1997, 121; Kunig Jura 1997, 327 NKVwGO-Sodan 11.

[59] 39, 248; 50, 62; NVwZ 1985, 113; BGH NJW 1984, 2950 mwN; BFH NVwZ 1987, 264; Münster NVwZ 1984, 523; DVBl 1993, 61: Streitgegner einer Feststellungsklage kann

kann auch auf Feststellung des Bestehens oder Nichtbestehens eines Rechtsverhältnisses **zwischen dem Bekl u einem Dritten** gerichtet sein (Ms DVBl 1993, 61),[60] zB wenn ein zwischen anderen Personen nach dem BBodSchG abgeschlossener Sanierungsvertrag in rechtliche Interessen des Kl eingreift (Christonakis UPR 2005, 11 ff). Das Rechtsverhältnis kann **uU** auch überhaupt **nur zwischen Dritten** bestehen (NVwZ 1985, 113; BGH MDR 1971, 1001; NJW 1977, 1637). Immer müssen aber von dem festzustellenden Rechtsverhältnis **jedenfalls auch eigene Rechte** des Kl **abhängen.**[61] Umstritten ist die dogmatische Begründung dieses Ergebnisses. Richtigerweise dürfte sich die Restriktion des feststellungsfähigen Rechtsverhältnisses aus der Teleologie der Feststellungsklage ergeben. Eine Feststellungsklage kann im Hinblick auf die Beschränkung der Rechtskraftwirkung auf die Beteiligten (§ 121) nur dann die von ihr intendierte Befriedungsfunktion erfüllen, wenn es entweder um ein unmittelbar zwischen Kl u Bekl bestehendes Rechtsverhältnis geht oder dieses zumindest präjudizielle Bedeutung für ein Rechtsverhältnis zwischen diesen besitzt (Schenke 409; ähnlich Sch-Pietzcker 31 u Trzaskalik 156 ff). Einer von der hM[62] bejahten Analogie zu § 42 Abs 2 (s 63 zu § 42) bedarf es zur Begründung dieses Ergebnisses nicht (s auch unten 22). Außerdem muß, damit die Klage zulässig ist, **jedenfalls das Feststellungsinteresse** (s unten 23 ff) **dem Bekl ggü** bestehen.[63]

5. Konkretheit des festzustellenden Rechtsverhältnisses: Gegenstand einer Feststellungsklage kann ein Rechtsverhältnis nach hM nur sein, wenn es durch besondere „konkrete" Umstände bereits **hinreichend konkretisiert ist.**[64] 17

Soweit hiermit zum Ausdruck gebracht werden soll, daß die Feststellung eines Rechtsverhältnisses nur in bezug auf einen hinreichend **bestimmten, bereits überschaubaren,** dh konkreten u nicht nur gedachten oder als möglich vorgestellten **Sachverhalts** (dazu unten 18), möglich ist,[65] ist dem zuzustimmen. Unerläßlich ist für das Bestehen eines für ein Rechtsverhältnis essentiellen subjektiven Rechts, daß ein Sachverhalt vorliegt, der die Tatbestandsvoraussetzungen der Rechtsnorm erfüllt, welche das subjektive Recht begründet. Gerichte sollen nicht mit der Klärung abstrakter Rechtsfragen befaßt werden.[66] Soweit darüber

---

auch ein an dem streitigen Rechtsverhältnis nicht beteiligter Dritter sein, wenn gerade diesem ggü ein Feststellungsinteresse besteht; Lü NJW 1968, 2396; Ma DVBl 1975, 555; Ko NJW 1976, 1164; GewA 1981, 336; Bln NJW 1978, 1644; Ey-Happ 22; NKVwGO-Sodan 37; Preusche NVwZ 1987, 857; **aA** Sch-Pietzcker 24.

[60] S zB NJW 1970, 2260 zur Klage des Ehemanns auf Feststellung der Nichtigkeit des Beamtenverhältnisses seiner Ehefrau; 50, 60 zur Klage des Vermieters gegen den Träger der Kriegsopferversorgung auf Feststellung, daß dem von diesem betreuten Mieter Anspr auf Ersatz der Aufwendungen für Schönheitsreparaturen an der Mietwohnung zusteht; vgl auch BGH NJW 1979, 872.

[61] DÖV 1982, 411; NVwZ 1985, 113; 1991, 471 mwN; DVBl 1995, 1250; 100, 271 = NJW 1996, 2048; BGHZ 34, 165; 69, 40 = NJW 1977, 1637; NJW 1984, 2950 mwN; Ko NJW 1976, 1165; GewA 1981, 336; DÖV 1985, 156; Münster NVwZ 1984, 523; DVBl 1993, 61; Ma NJW 1991, 2365 und 2721; VG Köln DVBl 1985, 182; NKVwGO-Sodan 39; Schenke 409; Sch-Pietzcker 31; Stern 300; Trzaskalik 156 ff.

[62] ZB NVwZ 1991, 470 f; DVBl 1995, 1250; 100, 271 = NJW 1996, 2048; Stern 300.

[63] DVBl 1998, 50; BGH NJW 1984, 2950 mwN; Bln NJW 1978, 1644; Ma NVwZ 1990, 680 f; NKVwGO-Sodan 41; s auch unten 24.

[64] 14, 237; 71, 319; 77, 211 = NVwZ 1988, 431; 89, 329; BayVBl 1984, 667; DÖV 1990, 662; Buchh 310 § 43 VwGO Nr 31; BSG SGb 1983, 442 mit Anm Zeihe; Mü NVwZ 1988, 84; Ma NVwZ 1987, 254; NVwZ-RR 1991, 518; Ey-Happ 21; Obermayer 198; Schenke/Roth WuV 1997, 120.

[65] 14, 237; 38, 347; 71, 319; 77, 211 = NVwZ 1988, 431; 100, 264 f = NJW 1996, 2046; DÖV 1990, 662 mwN; Mü NVwZ 1988, 84; Ks NVwZ 1988, 446; NKVwGO-Sodan 44.

[66] S oben 14; NVwZ 1988, 431; 100, 268 = NJW 1996, 2046; Ma NVwZ-RR 1991, 518; Schenke 382; Sch-Pietzcker 17; SGH 330.

hinaus gefordert wird, daß das Rechtsverhältnis **streitig** ist (16, 93; 39, 248; 77, 211; 89, 329; 100, 265 = NJW 1996, 2046), dh daß ernsthafte Meinungsverschiedenheiten zwischen Kl u Bekl darüber bestehen (61, 148), geht es hingegen nicht um **eine Frage** des Bestehens eines Rechtsverhältnisses,[67] sondern **des RS I** an der Feststellung eines solchen Verhältnisses (s dazu im einzelnen unten 23 ff). Andernfalls bestimmte man den dem materiellen Recht zugehörigen Begriff des Rechtsverhältnisses iSd Verwaltungsprozeßrechts ohne Not abweichend vom materiellen Recht wie auch vom Zivilprozeßrecht.[68] Das staatliche Bestreiten eines durch die Freiheitsgrundrechte geschützten Rechts (zB einer bestimmten gewerblichen Betätigung des Bürgers) kann allerdings, wenn der Staat ggü dieser Betätigung in rechtswidriger Weise vorgehen will, zusätzlich zum Entstehen von entspr Unterlassungsanspr führen. Damit wird ein weiteres Rechtsverhältnis begründet, welches neben das schon vorher bestehende, durch die Freiheitsgrundrechte konstituierte Rechtsverhältnis tritt (vgl Schenke/Roth WuV 1997, 125).

18 An das Erfordernis eines hinreichend bestimmten Sachverhalts sind **keine zu strengen Anforderungen** zu stellen. So genügt zB die ernsthafte Absicht, ein bestimmtes Gewerbe zu beginnen, jedenfalls dann, wenn die Realisierung für eine nicht ferne Zukunft geplant u nicht von unbestimmten weiteren Voraussetzungen abhängig ist, für eine Klage auf Feststellung der Berechtigung zur Ausübung dieses Gewerbes ohne besondere behördliche Gestattung; ebenso die durch die Bestimmung der Planung u Linienführung gem § 16 Abs 1 FStrG „betätigte" Absicht, eine Fernstraße zu bauen (**aA** 62, 351 = DVBl 1981, 936: noch kein feststellungsfähiges Rechtsverhältnis). **Als feststellungsfähiges Rechtsverhältnis** ist auch ein **aufschiebend bedingtes Rechtsverhältnis** anzusehen, wenn die wesentlichen Tatsachen bereits vorliegen u nur der Eintritt der Bedingung noch aussteht (38, 347; Mü BayVBl 1984, 719; NKVwGO-Sodan 15; RÖ-v Nicolai 8), ebenso die Verpflichtung zu **erst künftig fällig werdenden Leistungen,** sofern diese Leistungen aufgrund eines gegenwärtig bereits feststehenden Sachverhalts zu erbringen sein werden u nur noch die Fälligkeit aufgeschoben ist,[69] nicht dagegen ein Rechtsverhältnis, bei dem wesentliche Elemente noch unbestimmt sind (NJW 1990, 1866; Schenke JZ 1996, 1113). Sofern der **zukünftige Eintritt des Sachverhalts, der ein Rechtsverhältnis begründen wird, gewiß oder sehr wahrscheinlich** ist, sollte idR von einem Rechtsverhältnis ausgegangen werden, womit dann auch **zukünftige Rechtsverhältnisse feststellungsfähig** sind;[70] allerdings sind hier in bezug auf das berechtigte Interesse erhöhte Anforderungen zu stellen (Schenke JZ 1996, 1113). **Bei einem „in vielerlei Variationen vorkommenden Geschehen"** genügt es für die Annahme eines bestimmten u überschaubaren Sachverhalts als Bestandteil eines feststellungsfähigen Rechtsverhältnisses auch, wenn das Gericht allein auf den im Regelfall eintretenden Sachverhalt abhebt u denkbare atypische Umstände außer Betracht läßt (NVwZ 1990, 1174). Hinreichende Konkretheit ist auch bei **in der Vergangenheit liegenden,** in der Gegenwart nicht mehr bestehenden **Rechtsverhältnissen** gegeben, wenn sich aus dem früheren Bestehen **noch konkrete,**

---

[67] Dickersbach GewArch 1989, 45; Ehlers Jura 2007, 182; Ey-Happ 25; NKVwGO-Sodan 55; Schenke/Roth WuV 1997, 127; Siemer Menger-FS 509 f.

[68] S auch Schenke 382, 386; Schenke/Roth WuV 1997, 134 f; Schwabe 61 f; **aA** 89, 329 f mwN; SGH 329.

[69] Ks 2, 197; vgl auch BGH NJW-RR 1988, 445: die Feststellungsklage ist insgesamt zulässig, wenn sich ein anspruchsbegründender Sachverhalt, insb der Schaden, noch in der Entwicklung befindet.

[70] S auch 38, 346 ff; NVwZ 1990, 1174; Ks DVBl 1994, 221; Ma NJW 1990, 268; Ehlers Jura 2007, 183; Lorenz § 22, 11; NKVwGO-Sodan 22 f; Schenke JZ 1996, 1113; Selb 94 ff; Sodan/Kluckert VerwA 2003, 5.

überschaubare **Auswirkungen** ergeben können, **oder aus sonstigen Gründen** ein schutzwürdiges besonderes Interesse an der Klärung besteht.[71] So kann zB bei einem Realakt, der sich durch Zeitablauf **erledigt** hat (zB einer Warnung), bei Bestehen eines berechtigten Interesses festgestellt werden, daß der Staat **nicht** zu dessen **Vornahme berechtigt** war bzw vor Eintritt der Erledigung ein **Rechtsanspr auf dessen Beseitigung** bestand (116 zu § 113), weshalb es hier keiner analogen Anwendung des § 113 Abs 1 S 4 bedarf. S auch unten 25.

19 Soweit die Rspr fordert, daß das Rechtsverhältnis in dem Sinne konkret ist, **daß das Rechtsverhältnis** oder einzelne sich daraus ergebende Rechte oder Pflichten **streitig** sind, dh **vom Prozeßgegner bestritten** werden, oder sich der Prozeßgegner umgekehrt **des Rechtsverhältnisses oder einzelner Rechte, Befugnisse usw „berühmt"**, die der Kl bestreitet oder für sich beansprucht,[72] wird hiermit eine Zulässigkeitsvoraussetzung angesprochen, die richtigerweise erst iVm dem berechtigten Interesse relevant wird (Schenke/Roth WuV 1997, 127; ähnlich Ehlers Jura 2007, 182; Ey-Happ 25; s oben 17). Eine Konkretisierung idS liegt immer vor, wenn der Prozeßgegner die Zulässigkeit eines bestimmten Verhaltens des Kl bestreitet u für den Fall einer Verwirklichung bzw Fortsetzung **mit rechtlichen Maßnahmen** (VAe, Bußgeldbescheide) **droht;**[73] es genügt aber auch bereits, daß **Meinungsverschiedenheiten** über eine Berechtigung oder Befugnis bestehen (vgl 14, 203; 61, 148) u der Kl mit der nicht ganz entfernt liegenden Möglichkeit rechnen muß, daß sein Verhalten durch den Bekl mit Bußgeld geahndet werden wird, wenn er sich ihrer Auffassung nicht anschließt (39, 249; 77, 216; Schenke/Roth WuV 1997, 130f; s auch unten 24). Auch die **Drohung** nicht mit eigenen Maßnahmen, sondern **mit einer gerichtlichen Klage oder einer Anzeige** bei der Strafverfolgungsbehörde bzw Bußgeldbehörde ist als ausreichend für die Konkretisierung des Rechtsverhältnisses anzusehen,[74] letzteres ungeachtet der Tatsache, daß die Entscheidung des Verwaltungsgerichts den Strafrichter rechtlich nicht bindet (ausf Schenke/Roth WuV 1997, 110ff; s auch 12 zu § 121). Nicht erforderlich ist, daß das behauptete oder bestrittene Rechtsverhältnis selbst unmittelbar zwischen dem Kl u dem Bekl besteht, der sein Bestehen bestreitet bzw behauptet (s oben 16). Eine Konkretisierung wird um so mehr auch durch ein **bereits ergangenes Strafurteil** bzw einen bereits ergangenen Bußgeldbescheid bewirkt (VG Frankfurt NVwZ 1982, 143; **aA** VG Freiburg GewA 1972, 282).

20 **6. Feststellung der Nichtigkeit eines VA (Abs 1):** Abs 1 sieht außer der Feststellung des Bestehens oder Nichtbestehens eines Rechtsverhältnisses ausdr auch die Feststellung der Nichtigkeit eines VA vor (sog **„Nichtigkeitsfeststellungsklage"**). Die ausdr Regelung war erforderlich, weil die Nichtigkeit eines VA kein Rechtsverhältnis darstellt u daher nicht schon unter die allg Regelung des Abs 1 für die Feststellung eines Rechtsverhältnisses fällt (einschränkend Ey-Happ 27). Die Regelung ist nicht **analog** auch **auf Nicht-VAe** anwendbar.[75] Die **Möglichkeit bzw Zulässigkeit einer Anfechtungsklage oder** FFK gem

---

[71] Vgl 80, 365; DVBl 1970, 866; Ma NVwZ-RR 1991, 518; Ehlers Jura 2007, 183; NKVwGO-Sodan 16f; Schenke 405; Selb 92f; Sodan/Kluckert VerwA 2003, 5f.

[72] 16, 93; 39, 248; 77, 211; 77, 215; 89, 369; 100, 265 = NJW 1996, 2046; Münster ZLR 1996, 603ff.

[73] 26, 23 – zur sog vorbeugenden Feststellungsklage –; 77, 212 = NVwZ 1988, 431; DÖV 1992, 791; ähnlich VG Augsburg DVBl 1981, 1160; vgl auch 77, 215; Mü MDR 1971, 611 und Münster DÖV 1972, 323 zur (zu bejahenden) Konkretheit des Rechtsverhältnisses bei Weigerung der Behörde, anzuerkennen, daß eine bestimmte Tätigkeit ohne Erlaubnis ausgeübt werden darf.

[74] 4, 364; Buchh 310 § 43 VwGO Nr 31; Schenke/Roth WuV 1997, 132f; str; vgl auch VG Frankfurt NVwZ 1988, 470.

[75] NVwZ 1987, 330: nur Klage auf Feststellung der sich daraus ergebenden bzw nicht ergebenden Rechte und Pflichten; s auch 4 zu § 42; **aA** BFH NVwZ 1986, 157.

§ 113 Abs 1 S 4 (innerhalb der Klagefrist, s Ko NVwZ 1999, 198) gegen einen nichtigen VA wird durch die Regelung nicht berührt (s oben 7; VRspr 25, 541; Ey-Happ 26); ebenso nicht umgekehrt die Zulässigkeit der Klage auf Feststellung der Nichtigkeit des VA durch die Möglichkeit einer Anfechtungs- oder FFK gegen den nichtigen VA. S aber zur gleichzeitigen Geltendmachung oben 7.

Zulässig ist nach hM – nach Wahl des Betroffenen – statt der Nichtigkeitsfeststellungsklage **auch die Verpflichtungsklage** auf Feststellung der Nichtigkeit des in Frage stehenden VA durch feststellenden VA der Behörde gem § 44 Abs 5 VwVfG bzw nach entspr Bestimmungen.[76] Im Hinblick darauf, daß die Nichtigkeitsfeststellungsklage unmittelbar zu einer gerichtlichen Feststellung der Nichtigkeit führt, sowie in Anbetracht ihrer Spezialität spricht allerdings einiges für die Unstatthaftigkeit einer auf Feststellung der Nichtigkeit des VA gerichteten Verpflichtungsklage (ebenso NKVwGO-Sodan 70; dahin tendierend auch Ma VBlBW 2006, 387). Statthaft ist hingegen auch bei nichtigen VA eine **Klage auf Rücknahme oder Widerruf** des VA (vgl BSG NVwZ 1989, 902; KR 70 zu § 44 VwVfG).

Die **Möglichkeit des Antrags** auf Nichtigkeitsfeststellung **gem § 44 Abs 5** VwVfG u – bei Erfolglosigkeit des Antrags – ggf einer darauf gerichteten Verpflichtungsklage steht der Zulässigkeit einer Nichtigkeitsfeststellungsklage nach § 43 **nicht entgegen.**[77] Das berechtigte Interesse entfällt nur dann, wenn der Kl vor Erhebung der Feststellungsklage einen Antrag nach § 44 Abs 5 VwVfG gestellt hat u eine angemessene Entscheidungsfrist noch nicht abgelaufen ist oder die Behörde die Nichtigkeit des VA bereits festgestellt hat (NKVwGO-Sodan 109; Schenke 577).

21 **Voraussetzung** der Nichtigkeitsfeststellungsklage ist, **daß** objektiv **ein VA vorliegt** (74, 3). Die Behauptung, daß es sich um einen VA handle, genügt nicht (Kunig Jura 1997, 328; Obermayer 198; Schenke 413; Sch-Pietzcker 27). Dagegen gehört die Frage, **ob** der VA tatsächlich **nichtig** ist, zur Begründetheit (Ey-Happ 26; Schenke 413; Sch-Pietzcker 27). Ergibt die Nachprüfung, daß der VA nicht nichtig, sondern nur anfechtbar ist, so ist die Nichtigkeitsfeststellungsklage als unbegründet abzuweisen. Soweit jedoch auch die Voraussetzungen einer Anfechtungsklage gegeben sind, ist die Klage **im Zweifel auch als Anfechtungsklage** bzw als FFK nach § 113 Abs 1 S 4 zu behandeln (35, 335; BSG 9, 179; NJW 1960, 2308; Schnapp DVBl 2000, 250). Umgekehrt kann eine (zB wg Versäumung der Klagefrist) unzulässige Anfechtungsklage ggf in eine Nichtigkeitsfeststellungsklage umgedeutet werden (RÖ-v Nicolai 16).

Festgestellt werden kann nicht nur die **gegenwärtige Nichtigkeit** des VA, sondern auch (entspr § 43 Abs 1, Alt 1, s oben 11 u 25) bei einem diesbezüglichen berechtigten Interesse die Nichtigkeit des VA zu einem **früheren Zeitpunkt** (Hk-Terhechte 51). Eine Klage auf Feststellung der Nichtigkeit eines erst künftig zu erlassenden VA scheidet hingegen wg des prinzipiellen Vorrangs des repressiven ggü dem präventiven Rechtsschutz gegen VAe aus (vgl 33 vor § 40).

Erforderlich ist, daß der VA, wenn er nicht den Kl unmittelbar in seinen Rechten betrifft, jedenfalls präjudizielle Bedeutung für ein Rechtsverhältnis besitzt, an dem der Kl beteiligt ist (Schenke 414; Sch-Pietzcker 31; s auch oben 16 u 63 zu § 42). Einer analogen Anwendung des § 42 Abs 2 bedarf es zur Begründung dieses Ergebnisses nicht (s 63 zu § 42; allg zum Stand der Meinungen auch Laubinger VerwA 1991, 459). S zum **Erfordernis,** daß die begehrte Feststellung außerdem geeignet sein muß, die Position des Kl in rechtlicher, wirtschaftlicher

[76] Vgl BSG NVwZ 1989, 903; Münster NVwZ-RR 1991, 332; KR 69 zu § 44 VwVfG.
[77] S unten 32; KR 69 zu § 44 VwVfG; Lorenz § 22, 40; NKVwGO-Sodan 109; Schenke 576; Stein 100 f; 106 f; StBS-Sachs 203 zu § 44 VwVfG; **aA** MB 30 zu § 44 VwVfG; SGH 342.

oder ideeller Hinsicht zu verbessern, unten 22f; zur Frage des **RS I** auch unten 32. Auf die Nichtigkeit eines VA kann sich zwar jedermann berufen; nicht jedermann ist aber zur entspr Feststellungsklage befugt.

Die Nichtigkeitsfeststellungsklage ist **nicht fristgebunden** (BFH NJW 1987, 920 für das finanzgerichtliche Verfahren; BSG 9, 178f). Sie hat auch **nicht** zur **Voraussetzung,** daß der Kl vorher oder jedenfalls vor dem Schluß der mV (vgl 3 zu § 68) bei der zuständigen Behörde (erfolglos) die Feststellung der Nichtigkeit des in Frage stehenden VA **gem § 44 Abs 5 VwVfG** bzw nach entspr Bestimmungen **beantragt** hat.[78]

7. Betroffenheit einer eigenen Rechtsposition des Kl: Str ist, ob u ggf in 22
welcher Form auch die Zulässigkeit einer Feststellungsklage im Rahmen des berechtigten Interesses gem Abs 1 letzter HS oder zusätzlich dazu eine Betroffenheit eigener Rechte des Kl voraussetzt (s Laubinger VerwA 1991, 459), insb, ob auch für Feststellungsklagen eine **Klagebefugnis** analog **§ 42 Abs 2** erforderlich ist, was aber abzulehnen ist (dazu näher mwN 63 zu § 42).

8. Berechtigtes Interesse an der alsbaldigen Feststellung (Abs 1 letzter 23
HS): a) Das Vorliegen eines „berechtigten Interesses an der baldigen Feststellung" bzgl der mit der Klage begehrten Feststellung, dh des **Feststellungsinteresses** (gegenüber dem Bekl, s oben 16), ist eine Prozeßvoraussetzung, die **im Zeitpunkt der Entscheidung** des Gerichts gegeben sein muß. In der Sache handelt es sich dabei um eine besondere Erscheinungsform des allg RS I (DÖV 1992, 265; zum allg RSI s 30ff vor § 40). Im Gegensatz zu § 256 ZPO[79] ist nicht ein rechtliches, sondern **nur ein berechtigtes Interesse** erforderlich (s dazu zB DÖV 1982, 411; NVwZ 1991, 471).

Der Begriff des berechtigten Interesses ist weiter (100, 271 = NJW 1996, 2048); er schließt zugleich den Begriff des rechtlichen Interesses mit ein (NJW 1982, 2205), ebenso notwendig auch den von der Zweckbestimmung her zT anders gearteten[80] Begriff des **Rechts iSv § 42 Abs 2.** S auch oben 16 u 21. Der **Kl muß** grds **dartun,** warum u inwiefern er ein berechtigtes Interesse an der begehrten Entscheidung hat (53, 137). Der Begriff des berechtigten Interesses ist dabei in § 43 **genauso auszulegen wie in § 113 Abs 1 S 4.**[81] Allein dies entspricht der **Vermutung für einen einheitlichen Sprachgebrauch** des Gesetzgebers. Das Argument des BVerwG, das berechtigte Interesse sei bei § 113 Abs 1 S 4 deshalb weiter zu verstehen als bei § 43, da bei § 113 Abs 1 S 4 bereits prozessualer Aufwand entfaltet wurde, der die Anforderungen an das berechtigte Interesse senke, ist schon deshalb nicht überzeugend, weil die FFK nach heute hM auch dort statthaft ist, wo die Erledigung des VA bereits vor Klageerhebung eintrat. Das BVerwG berücksichtigt zudem nicht, daß sich auch die Feststellungsklage des § 43 als eine **Fortsetzung zB einer auf die Vornahme eines Realakts gerichteten Leistungsklage** darstellen kann, wenn der betr Leistungsanspr nach Rechtshängigkeit entfallen ist oder sich in sonstiger Weise erle-

---

[78] Vgl BSG NVwZ 1989, 903; Münster NVwZ-RR 1991, 331; StBS-Sachs 203 zu § 44 VwVfG; KR 66 zu § 44 VwVfG; Hauck § 40 Rn 29; Hk-Terhechte 51; Zweng/Scherer/Buchner SGB 10 § 40 IV; Schenke 576; insoweit **aA** Weides 53; MB VwVfG 30f zu § 44.

[79] Vgl dazu auch BGH NJW 1991, 2707: Ungewißheit eines zu erwartenden Schadens steht der Zulässigkeit der Feststellungsklage nicht entgegen, sondern hat allenfalls deren Unbegründetheit zur Folge.

[80] Vgl 63 zu § 42; Ehlers VerwA 1993, 144; zT **aA** insoweit Schoch JuS 1987, 790.

[81] Vgl auch 129 zu § 113; Lü NVwZ-RR 2007, 68; Ma VBlBW 1993, 470; Mü NVwZ-RR 1999, 378; Ehlers Jura 2007, 186; Ey-Schmidt 106 zu § 113; Göpfert ThürVBl 1999, 185; NKVwGO-Sodan 83; Roth, Verwaltungsrechtliche Organstreitigkeiten 968; Schenke 579; Schenke/Roth WuV 1997, 136f; Sch-Pietzcker 35; Selb 143; Wehr DVBl 2001, 787 Fn 19; **aA** 81, 228; Buchh 310 § 113 VwGO Nr 74; NJW 1997, 2534; DVBl 1998, 50; Ma DVBl 1995, 368.

digt hat u nunmehr nur noch sein früheres Bestehen geltend gemacht wird (vgl auch 100, 91 = NJW 1997, 72f). Der Begriff des berechtigten Interesses erweist sich dabei sowohl in § 113 Abs 1 S 4 als auch in § 43 als **elastisch genug,** um ggf dem Umstand Rechnung zu tragen, daß bereits vorher prozessualer Aufwand betrieben wurde, der nicht entwertet werden soll (Schenke 579). So geht das BVerwG denn auch zu Recht davon aus, daß zwar die **präjudizielle Wirkung,** die einem Feststellungsurteil für einen **späteren Schadensersatz- oder Entschädigungsprozeß** vor den Zivilgerichten zukommt, allein **nicht in der Lage** ist, das **berechtigte Interesse** für die Erhebung der Feststellungsklage **zu begründen,** da die ordentlichen Gerichte von sich aus in der Lage sind, vorfrageweise über das Bestehen oder Nichtbestehen eines ör Rechtsverhältnisses zu befinden (s auch Schenke 578 mwN). **Befürwortet** wird ein solches **berechtigtes Interesse** aber dann, wenn sich eine **bereits erhobene Leistungsklage erledigt** u der Kl nunmehr nur noch die Feststellung des vor Erledigung bestehenden Leistungsanspr begehrt. Hier genügt in Anbetracht der bereits erfolgten Befassung des VG mit dem Bestehen eines Leistungsanspr die präjudizielle Wirkung des Feststellungsurteils für einen Schadensersatz- oder Entschädigungsprozeß vor den ordentlichen Gerichten.[82]

Das berechtigte Interesse schließt dabei jedes als **schutzwürdig anzuerkennende Interesse rechtlicher, wirtschaftlicher oder auch ideeller Art** ein (st Rspr, vgl 100, 271 = NJW 1996, 2046), zB:

- im Hinblick auf **zu erwartende Sanktionen** (Schenke/Roth WuV 1997, 137ff; ebenso Hk-Terhechte 55; Sch-Pietzcker 34), zB ein **DisziplinarVf** (50, 20 = NJW 1976, 1224: Pflicht eines Richters zur Beachtung des Geschäftsverteilungsplanes) oder eine **Geldbuße** (Ms NVwZ-RR 1997, 264);
- das Interesse an **Rehabilitierung;**[83]
- die Gefahr **einer Wiederholung** der Beeinträchtigung (Ma NVwZ-RR 1992, 204 zu einem Organrecht; Selb 144);
- die Vermeidung **wirtschaftlicher oder persönlicher Nachteile** (41, 336f: Mindestreservepflicht einer Bank; Mü BayVBl 1984, 719). Dieses umfaßt aber nicht die vorbeugende Klärung wirtschaftlicher Folgen eines eigenen Handelns des Kl, über die durch VA entschieden wird;[84] hierbei handelt es sich aber in Wahrheit um eine Frage der Verfahrenskonkurrenz (vgl 33 vor § 40).

24 **b) Ein berechtigtes Interesse** ist insb gegeben, **wenn die Rechtslage unklar ist,** die zuständige Behörde insoweit anderer Auffassung als der Kl ist (NJW 1983, 2584) u der Kl sein künftiges Verhalten an der Feststellung orientieren will,[85] oder er Grund zur Besorgnis der Gefährdung seiner Rechte hat (Ks NJW 1979, 997), zB, wenn ein Kl der Auffassung ist, daß er für eine bestimmte Tätigkeit **keine behördliche Erlaubnis** benötigt, die Behörde insoweit jedoch anderer Auffassung ist (NJW 1983, 2584; Schenke 383); wenn ein Beamter befürchtet, daß ihm eine Aussage, Mitteilung oä als Verletzung der Verschwiegenheitspflicht u deshalb **als Dienstvergehen** angelastet werden könnte (NJW 1983, 2343). Ein berechtigtes Interesse besteht auch für eine Feststellungsklage gem § 43, durch die ein Lehrer klären lassen will, daß der Dienstherr nicht be-

---

[82] 81, 228; 92, 172; 100, 91 = NJW 1997, 72f; Ma NVwZ-RR 1991, 519; Schenke JZ 1996, 1115; Selb 141.

[83] 12, 90; DÖV 1982, 411; Mü CR 1995, 113; Ks DVBl 1996, 570: Speicherung von Daten; Münster DVBl 1995, 373: Übermittlung personenbezogener Daten durch Verfassungsschutz; Schenke/Roth WuV 1997, 136.

[84] NVwZ 1986, 1012: Höhe eines bei Antrag auf Aberkennung der Gemeinnützigkeit evtl zu zahlenden Abgeltungsbetrages; Ma VBlBW 1993, 467: keine vorbeugende Feststellungsklage gegen einen nach Durchführung eines Bauvorhabens zu erwartenden Abwasserbescheid.

[85] Münster DVBl 1972, 507; Ks NJW 1979, 997; Duken NVwZ 1990, 444; Schenke/Roth WuV 1997, 149f.

rechtigt ist, ihn zur Durchführung von Unterrichtsstunden in dem Umfang heranzuziehen, wie dies in einer Verwaltungsvorschrift festgelegt wurde.[86] Voraussetzung für die Zulässigkeit der Feststellungsklage ist, daß das Feststellungsinteresse **gerade ggü dem Bekl** besteht.[87] Ein Feststellungsinteresse ggü dem **beigeladenen Dritten genügt nicht,** da sich anderenfalls die ungewöhnliche Situation ergeben würde, daß die bei Klageerhebung zunächst mangels Feststellungsinteresses unzulässige Klage erst durch Beiladung des Dritten zulässig würde (DVBl 1998, 50; Ma NVwZ 1990, 681).

Das Feststellungsinteresse ist im Hinblick darauf, daß dem Betroffenen **nicht zuzumuten** ist, die Klärung verwaltungsrechtlicher Zweifelsfragen auf der Anklagebank erleben zu müssen,[88] sondern vielmehr diesbezüglich der **VRW die „fachspezifischere" Rechtsschutzform** ist (Schenke/Roth WuV 1997, 147), auch dann zu bejahen, wenn dem Kl **eine Strafanzeige** (NVwZ 1988, 431; Buchh 310 § 43 VwGO Nr 31) oder ein **Ordnungswidrigkeiten-Verfahren**[89] **drohen,** oder wenn ein strafgerichtliches Vf oder ein OrdnungswidrigkeitenVf (vgl Ks NVwZ 1988, 445; NVwZ-RR 1991, 227) bereits anhängig ist, u sogar dann, wenn eine strafgerichtliche **Verurteilung** bereits erfolgt (NKVwGO-Sodan 88; **aA** insoweit VG Frankfurt NVwZ 1988, 470) bzw ein Bußgeldbescheid bereits ergangen ist (Lässig NVwZ 1988, 412) u damit auch eine Klärung durch den Strafrichter möglich ist oder gewesen wäre.[90]

Im Hinblick auf die uU gravierenden Folgen, die ein Verstoß gegen straf- oder bußgeldbewehrte Vorschriften nach sich ziehen kann, ist aber entgegen der **Damokles-Rspr** des BVerwG (77, 213; 89, 331) nicht erforderlich, daß die Behörde eine konkrete Drohung mit einer Strafanzeige oder mit einem OrdnungswidrigkeitenVf ausgesprochen oder konkrete Vorwürfe rechtswidrigen Verhaltens erhoben hat. Sofern, wie bei **verwaltungsrechtsakzessorischer Strafbewehrung** (vgl dazu Schenke/Roth WuV 1997, 84ff mwN), das **Strafbarkeitsrisiko unabhängig von** solchen vorherigen **Androhungen** besteht, genügt schon eine aus einer unklaren Rechtslage erwachsende **begründete Besorgnis** für die Rechtsstellung des Kl zur Begründung des Feststellungsinteresses (Schenke/Roth WuV 1997, 145ff). Hat sich die zuständige Behörde jedoch noch überhaupt nicht zu der Angelegenheit geäußert, so trifft den Kl die **Obliegenheit,** vor Erhebung der Feststellungsklage bei der zuständigen Behörde den Erlaß eines **feststellenden VA zu beantragen,** daß sein Vorhaben rechtmäßig ist; seine Feststellungsklage ist statthaft, wenn der **begehrte** feststellende VA – ein Anspr auf seinen Erlaß besteht nicht (vgl oben 2), wohl aber bei Vorliegen des Einverständnisses eine entspr Befugnis der Behörde – **nicht ergeht** (dazu Schenke/Roth WuV 1997, 153ff, 171ff).

---

[86] Zur Bedeutung einer nach Ansicht des Kl auf einer Fehlinterpretation einer Norm beruhenden gesetzesauslegenden Verwaltungsvorschrift für die Begründung eines berechtigten Interesses an einer Feststellung s allg 29 zu § 47.

[87] DVBl 1998, 49f mwN; BGH NJW 1984, 2950; Bln NJW 1978, 1644; Ma NVwZ 1990, 680.

[88] 4, 364; 39, 249; Buchh 310 § 43 VwGO Nr 31; Schenke/Roth WuV 1997, 144f mwN.

[89] Sa NJW 1992, 2846; Ks NVwZ 1988, 446; NVwZ-RR 1991, 227; Münster NVwZ-RR 1997, 264.

[90] Vgl Buchh 310 § 43 VwGO Nr 31; Ks NVwZ 1988, 446: wenn auch nicht bindend, so doch von Einfluß auf das Ordnungswidrigkeitenverfahren; VG Frankfurt NVwZ 1982, 143; enger Lässig NVwZ 1988, 412: nur solange die Bindungswirkung des verwaltungsgerichtlichen Urteils im strafgerichtlichen EinspruchsVf sich noch auswirken kann; daher nicht mehr nach Unanfechtbarkeit des Bußgeldbescheids; **aA** VG Frankfurt NVwZ 1988, 470: auch wenn noch kein rechtskräftiges Urteil des Strafgerichts vorliegt; um so mehr, wenn zudem ungewiß ist, ob eine rechtskräftige Entscheidung des VG vor Beendigung des StrafVf ergehen kann.

Das Feststellungsinteresse kann sich auch infolge von **Maßnahmen** ergeben, die die Behörde **gegen Dritte** ergriffen hat, zB Feststellungsklage des Unternehmers anläßlich von Sanktionen gegen verantwortliche Mitarbeiter[91] oder Feststellungsklage eines Gastgebers, dessen Gästen die Polizei den Zugang durch einen Platzverweis verwehrt hat (VG Lüneburg NJW 2006, 3300).

Zulässig ist insoweit grds nur eine Feststellungsklage hins der Frage, was dem Kl verwaltungsrechtlich erlaubt oder verboten ist, nicht jedoch bzgl der Frage, **ob** die Behörde einen Bußgeldbescheid erlassen darf (Lässig NVwZ 1988, 412; Schenke/Roth WuV 1997, 101; **aA** 10. Aufl), da hierdurch in die Kompetenz der ordentlichen Gerichte eingegriffen würde, die über die Rechtmäßigkeit des Bußgeldbescheids zu entscheiden haben. Ebenso nicht (wegen des anderen Rechtswegs) hins des **Vf der Staatsanwaltschaft** oder des Strafrichters; insoweit genügt jedoch grds die nach § 43 mögliche Klärung der maßgeblichen Vorfragen, selbst wenn der Strafrichter dann uU nicht in jeder Hinsicht gebunden ist.[92] Bestätigt das Verwaltungsgericht die Rechtmäßigkeit eines Verhaltens des Kl, kann diesem jedenfalls grds kein Verschuldensvorwurf gemacht werden, wenn er sich an dem Urteil orientiert (Schenke/Roth WuV 1997, 119, 142). Eine **endgültige** u nicht nur vorläufige **Einstellung des Straf- bzw OrdnungswidrigkeitenVf** läßt das Feststellungsinteresse nur entfallen, wenn sie mangels objektiver Tatbestandsmäßigkeit u nicht nur wg strafrechtlicher Geringfügigkeit erfolgt; eine Einstellung allein aus subjektiven Gründen (zB mangels Verschulden) berührt das Feststellungsinteresse nicht.[93]

Auch der Umstand, daß die Beteiligten **vertraglich vereinbart haben,** daß eine zwischen ihnen streitige Frage durch Entscheidung des Gerichts geklärt werden soll, kann ein Feststellungsinteresse begründen (NVwZ 1982, 620). Das Feststellungsinteresse ist auch dann immer zu bejahen, **wenn ein anderes Gericht** im Hinblick auf eine Feststellungsklage das bei ihm anhängige Vf **ausgesetzt** hat (60, 107).

Kein berechtigtes Interesse für eine allg Feststellungsklage ist idR in Fällen anzuerkennen, in denen die begehrte Feststellung eine Vorfrage betrifft, für deren Feststellung **ein besonderes VerwaltungsVf** vorgesehen ist (Ms NJW 1980, 1070), wobei allerdings dann, wenn ein Rechtsanspr auf Erlaß eines feststellenden VA besteht (anders im Falle des § 44 Abs 5 VwVfG s Schenke 576), eine Feststellungsklage ohnehin bereits wg § 43 Abs 2 S 1 unzulässig ist (oben 2). Eine Feststellungsklage, die nur der Klärung ör Fragen **zur Vorbereitung eines Amtshaftungsprozesses** dienen soll[94] ist unzulässig. Zulässig ist aber, wenn der Kl zunächst eine Leistungsklage erhoben hat, u nach Erledigung dieser Klage im Hinblick auf die präjudizielle Wirkung eines Feststellungsurteils nunmehr nur noch eine Feststellung begehrt.[95] Vgl allg auch oben 2.

Das Feststellungsinteresse für **eine negative Feststellungsklage** wird verneint, wenn der **Prozeßgegner** in derselben Sache bereits **Leistungsklage erhoben hat** u diese nicht mehr einseitig zurücknehmen kann (BGH NJW 1994, 3107; NJW-RR 1990, 1532); **anders** uU, **wenn** die **Feststellungsklage entscheidungsreif** ist, die Leistungsklage dagegen noch nicht (BGH WM 1987,

---

[91] Münster DB 1994, 1517; VG Braunschweig NJW-RR 1989, 1063; Dickersbach GewA 1989, 49; Hammerl ZLR 1995, Schenke/Roth WuV 1997, 178 ff; **aA** BVerwG 89, 331; Ks ZLR 1994, 429.

[92] Vgl Ks NVwZ 1988, 446; Lässig NVwZ 1988, 412; vgl auch 11 zu § 113.

[93] Schenke/Roth WuV 1997, 179; zu pauschal insofern Ks NVwZ 1988, 447 u 10. Aufl.

[94] 81, 228 mwN; DVBl 1992, 1225 mwN; DÖV 2001, 298 (allerdings unter nicht überzeugender Berufung auf § 43 Abs 2); Ks DVBl 1997, 1398; Ma NVwZ 1987, 253; NVwZ-RR 1991, 518; vgl allg auch 8 zu § 113.

[95] 81, 228; 92, 172; 100, 89 = NJW 1997, 72 f; Ma NVwZ-RR 1991, 519; NKVwGO-Sodan 94; Schenke JZ 1996, 1115.

637). Soweit eine negative Feststellungsklage **nur** auf die **Verneinung** eines bereits mit einer allg Leistungsklage geltend gemachten Begehrens gerichtet ist, steht ihrer Zulässigkeit freilich bereits die **Rechtshängigkeit** der Leistungsklage entgegen. Erhebt der Prozeßgegner die **Leistungsklage** erst, **nachdem bereits negative Feststellungsklage** erhoben ist, so entfällt dadurch das Feststellungsinteresse für die negative Feststellungsklage, es sei denn, daß die Feststellungsklage in dem Zeitpunkt, in dem die Leistungsklage nicht mehr einseitig zurückgenommen werden kann, bereits entscheidungsreif bzw im wesentlichen zur Entscheidungsreife fortgeschritten ist.[96]

Umstritten ist, ob ein Feststellungsinteresse für eine Feststellungsklage der Behörde dann zu bejahen ist, wenn die Behörde die Möglichkeit hat, das Rechtsverhältnis durch VA verbindlich festzustellen. Im Hinblick darauf, daß dieser VA durch den Betroffenen nach grds erforderlicher Durchführung eines VorVf anfechtbar ist, muß im Interesse einer **beschleunigten gerichtlichen Klärung** u der Verfahrensökonomie jedenfalls dann von der Zulässigkeit einer Feststellungsklage des Trägers der öffentlichen Gewalt ausgegangen werden, wenn Anlaß für die Annahme besteht, daß der Betroffene die durch einen VA getroffene Feststellung nicht akzeptiert u gegen sie gerichtlich vorgehen wird.[97] Unzulässig ist eine Feststellungsklage allerdings dann, wenn die Behörde verpflichtet ist, einen feststellenden VA zu erlassen. Zur Zulässigkeit von Feststellungsklagen des Bürgers im Über- u Unterordnungsverhältnis s oben 2 u 4 ff.

Für **vorbeugende Feststellungsklagen** wird das Feststellungsinteresse durch die hM nur dann bejaht, wenn ein spezielles, auf die Inanspruchnahme **vorbeugenden Rechtsschutzes** gerichtetes RS I besteht[98] u mit dem Abwarten der befürchteten Maßnahme[99] für den Kl **Nachteile** verbunden wären, **die** ihm auch unter Berücksichtigung der Möglichkeiten vorläufigen Rechtsschutzes nach § 80 bzw § 123 **nicht zumutbar sind,**[100] insb, wenn Rechtsnachteile drohen, die mit einer späteren Anfechtungs- oder Verpflichtungsklage usw nicht mehr ausräumbar sind (Bln NJW 1978, 1644), oder wenn sonst ein **nicht wiedergutzumachender Schaden** droht (Ule VerwA 1974, 304 ff; Obermayer 198). S auch 33 vor § 40. Im Hinblick darauf, daß sich der Kl gegen ein drohendes Verwaltungshandeln grds mit einer Unterlassungsklage zur Wehr setzen kann, ergibt sich richtigerweise bereits aus dem auch für das Verhältnis von allg Leistungsklage u Feststellungsklage anwendbaren **§ 43 Abs 2 S 1** (NKVwGO-Sodan 127; RO 26-v Oertzen; Schenke 421 a u AöR 1970, 255; **aA** NJW 1967, 996 f) **generell die Unzulässigkeit einer vorbeugenden Feststellungsklage** (s auch unten 26). Ist eine vorbeugende Unterlassungsklage ggü drohenden VA unter dem Gesichtspunkt der Verfahrenskonkurrenz unzulässig (33 vor § 40; Schenke 569), da der repressive Rechtsschutz nach Erlaß des VA ausreicht, muß aus demselben Grund auch eine vorbeugende Feststellungsklage unstatthaft sein (Schenke 421).

c) Bei der **Vergangenheit angehörenden Rechtsverhältnissen** ist ein be- **25**
rechtigtes Interesse grds nur anzuerkennen, wenn das Rechtsverhältnis über seine

---

[96] Vgl BGH NJW 1987, 2680 = JuS 1988, 76 m Anm K Schmidt; BGH NJW 1994, 3107 mwN; StJ 125 zu § 256 ZPO.

[97] 24, 227; 28, 153; 29, 172; 29, 312 = DÖV 1968, 729; Münster DÖV 1983, 428; s auch oben 3 und ferner 50 vor § 40; Schenke 573; s auch Sch-Pietzcker 37; **aA** 10. Aufl.

[98] DÖV 1975, 397; Bln NJW 1977, 2283; 1978, 1645; vgl auch Mü DVBl 1965, 448 m Anm Evers.

[99] Handlung oder Unterlassung, Erlaß eines Rechtssatzes – vgl 40, 326 –; sofern man die Zulässigkeit der allg Feststellungsklage im Über- und Unterordnungsverhältnis bejaht, ggf auch eines VA.

[100] 26, 23; 39, 249; 40, 326; 40, 326; 51, 74 = NJW 1976, 1649; 54, 215; 71, 319; 77, 212; DVBl 1981, 939 mwN; NVwZ 1984, 168; 1988, 430; BayVBl 1976, 27; Ks NVwZ 1988, 445; Münster 22, 291; Ule VerwA 1974, 299; Maaß NJW 1985, 304; Lässig NVwZ 1988, 411.

Beendigung hinaus anhaltende **Wirkung in der Gegenwart** äußert,[101] insb bei **fortdauernden Rechtsbeeinträchtigungen u** bei **Wiederholungsgefahr,**[102] bei fortdauernder **diskriminierender Wirkung** oder wenn die Klärung der in Frage stehenden Rechtsprobleme **für das künftige Verhalten des Kl wesentlich** ist[103] oder bei sich **typischerweise kurzfristig erledigenden hoheitlichen Maßnahmen,** insb Realakten (s auch 145 zu § 113; Ehlers Jura 2007, 187; NKVwGO-Sodan 100f, Schenke Menger-FS 470). Die präjudizielle Bedeutung, die einem Feststellungsurteil für einen Amtshaftungsprozeß oder einen auf enteignungsgleichen Eingriff gestützten Anspr vor den ordentlichen Gerichten zukommt, rechtfertigt hingegen nicht das berechtigte Interesse für die Erhebung einer Feststellungsklage (oben 24). Im einzelnen gilt hier insoweit **dasselbe wie zu § 113 Abs 1 S 4** (s 136 zu § 113). Ein Feststellungsinteresse ist nach dem ausdrücklichen Wortlaut von Abs 1 auch bei **Klagen auf Feststellung der Nichtigkeit eines VA** erforderlich.

26 **9. Grundsatz der Subsidiarität der Feststellungsklage (Abs 2): a)** Die Feststellungsklage ist nicht zulässig, wenn der Kl den damit verfolgten **Zweck** mit einer **Gestaltungsklage** (insb einer Anfechtungsklage; vgl Buchh 236.1 § 10 SG Nr 2), einer **Verpflichtungsklage oder** einer allg **Leistungsklage ebensogut oder besser** (s zu dieser sich aus dem Zweck der Subsidiaritätsregelung ergebenden Einschränkung auch im folgenden) verfolgen kann oder hätte verfolgen können. Durch die in Abs 2 festgelegte **Subsidiarität der Feststellungsklage** sollen unnötige Feststellungsklagen verhindert werden, wenn für die Rechtsverfolgung **unmittelbarere,** sachnähere u **wirksamere Vf** zur Verfügung stehen.[104] **Insb** soll auch vermieden werden, daß für die Anfechtungs- u Verpflichtungsklagen vorgeschriebene **Sonderregelungen** (zB das Vorverfahren) **unterlaufen u** die Gerichte mit nicht oder noch nicht erforderlichen Feststellungsklagen belastet werden;[105] außerdem, daß der Kl **das Gericht uU ein zweites Mal mit einer Streitsache befassen** muß, wenn der Bekl nicht freiwillig bereit ist, aus der festgestellten Rechtslage die gebotenen Folgerungen zu ziehen (37, 247; Ks NJW 1979, 997). Abs 2 S 1 schließt die Feststellungsklage auch dann aus, **wenn** für die sonst mögliche Gestaltungsklage usw nicht der VRW, sondern der Weg zu einem **Gericht eines anderen Gerichtszweiges** gegeben ist;[106] ebenso, wenn der Kl sein Prozeßziel auch mit einer **Gestaltungsklage usw gegen einen Dritten** mindestens ebensogut erreichen kann.

Als unzulässig anzusehen ist zB im Hinblick auf den Grundsatz der Subsidiarität der Feststellungsklage eine Klage, mit welcher der Bürger festgestellt haben will, daß der Staat zur **Vornahme eines ihm ggü ergangenen VA** (zB einer Polizeiverfügung oder eines Abgabenbescheids) **nicht berechtigt** war. Durch die statthafte Anfechtungsklage gegen den VA wird die auf Berechtigung des Staates zum Erlaß des VA gerichtete Feststellungsklage ausgeschlossen.[107] Auch eine FFK in unmittelbarer Anwendung des § 113 Abs 1 S 4 schließt als spezielle-

---

[101] 2, 229; 80, 376; 92, 174; DÖV 1985, 207; Ma VRspr 9, 558; Bln NJW 1978, 1644; Mü BayVBl 1979, 123; NVwZ 1988, 84; Naumann DVBl 1951, 140; Haueisen NJW 1952, 914.

[102] 2, 231; 80, 365; 80, 376; Bln NJW 1978, 1645; Ks NVwZ-RR 1993, 483.

[103] 61, 165 = DVBl 1981, 682: weil die Klärung für die weitere Erziehungsarbeit der Eltern wichtig ist.

[104] NJW 1986, 1829; NVwZ 1987, 217; DVBl 1990, 156; BSG NJW 1985, 2215; DVBl 1990, 211; Duken NVwZ 1990, 444.

[105] 36, 181; 38, 102; 40, 328; 51, 75 = NJW 1976, 1650; 77, 211; NVwZ 1982, 620; 1987, 217; NJW 1997, 2535; Ko VRspr 27, 892; Bln NJW 1978, 1644.

[106] 37, 247; NJW 1986, 1829; NVwZ 1987, 217; Brüning JuS 2004, 883; Sch-Pietzcker 53; NKVwGO-Sodan 115; **aA** P § 18, 15.

[107] Zur Unzulässigkeit der Feststellung der fehlenden Berechtigung des Staates zum Erlaß eines VA vor seiner Vornahme s unten 24 sowie 33 vor § 40.

re Klageart die Feststellungsklage gem § 43 aus. Die Feststellungsklage gem § 43 scheitert auch dann, wenn der Verwaltungsakt sich bereits vor Klageerhebung erledigt hat; hier kommt nur eine Fortsetzungsfestellungsklage in analoger Anwendung des § 113 Abs 1 S 4 in Betracht (dazu 99 zu § 113; in eine andere Richtung tendierend nunmehr 109, 209). Ebenso **scheitert an der Subsidiaritätsregelung** die **Feststellung eines Rechtsanspr auf Erlaß eines VA,** da hier die Möglichkeit zur Erhebung einer **Verpflichtungsklage** besteht. Soweit der Bürger einen Rechtsanspr auf Erlaß eines ein Rechtsverhältnis feststellenden VA besitzt, ist nicht nur die Klage auf Bestehen des Anspr auf Erlaß des betr VA ausgeschlossen, sondern auch die Klage auf Feststellung des Rechtsverhältnisses, das den Gegenstand des feststellenden VA bildet (vgl oben 2).

Grds nicht ausgeschlossen wird durch § 43 Abs 2 S 1 im Hinblick auf die Möglichkeit des Rechtsschutzes gegen einen VA eine Klage, die nicht die Berechtigung zu dessen Erlaß zum Gegenstand hat, sondern ein **durch den VA begründetes, verändertes oder aufgehobenes Rechtsverhältnis** (zu dieser Stufung von Rechtsverhältnissen Schenke 401 ff u Ehlers Jura 2007, 182; s auch oben 11). Das trifft zB dann zu, wenn der Kl geltend macht, eine in einem Abgabenbescheid begründete Abgabenforderung sei inzwischen erloschen, weil er sie erfüllt habe. Die Feststellungsklage erweist sich hier wie in anderen Fällen, in denen der Kl das Erlöschen der in einem VA statuierten Forderung geltend macht, zugleich als ein wirksames Mittel zur Verhütung der Vollstreckung aus einem solchen VA (s auch 19b zu § 167) u macht damit eine verschiedentlich geforderte Vollstreckungsgegenklage entbehrlich.[108]

Zuweilen bereitet es Schwierigkeiten festzustellen, ob sich der Kl gegen die Berechtigung eines Hoheitsträgers zum Erlaß des VA zur Wehr setzt (was grds nur über eine Anfechtungsklage möglich ist) oder ob er nur das Erlöschen eines Anspr geltend macht, der den Gegenstand des VA bildet. Bedeutsam wird dies iVm der **Aufrechnung des Bürgers ggü ör Geldforderungen.** So ist der Rechtsschutz des Kl über die Anfechtungsklage zu bewerkstelligen, wenn er bei einem Leistungsgebot, das eine **kraft Gesetzes bestehende Geldforderung** zum Gegenstand hat, mit einer durch die öffentliche Hand bestrittenen Geldforderung aufrechnet, die bereits **vor Erlaß des Leistungsbescheids bestand;** anderes gilt hingegen dann, wenn die zur Aufrechnung gestellte Forderung erst **nach Erlaß des Leistungsgebots entstand** oder das **Leistungsgebot** die **Geldforderung** des Staates überhaupt erst **konstituierte.** Wenn die Wirksamkeit der Aufrechnung staatlicherseits bezweifelt wird, ist bei den zuletzt genannten Fällen der Bürger zur Erhebung einer verwaltungsgerichtlichen Feststellungsklage befugt (s hierzu näher 46 zu § 40).

Dasselbe gilt allg, wenn der Bürger im Hinblick auf die **umstrittene inhaltliche Reichweite** eines ihm ggü ergangenen VA gerichtlich klären lassen will, daß er nach wie vor zu einem bestimmten Handeln befugt ist, weil dies nicht Inhalt des ihm ggü in einem VA ausgesprochenen Verbots war (s auch oben 11).

Außerhalb des Anwendungsbereichs der Subsidiaritätsklausel des § 43 Abs 2 S 1 liegt es auch, wenn der Kl der Ansicht ist, ein in einem VA ausgesprochenes Verbot habe ihm ggü **keine Wirksamkeit entfaltet,** weil der VA ihm nicht bekanntgemacht wurde (s 36 zu Anh § 42) oder weil entgegen der behördlichen Auffassung für ihn **keine Rechtsnachfolge** bzgl der in einem VA für seinen Rechtsvorgänger statuierten Pflicht eingetreten ist (NKVwGO-Sodan 137; s hierzu 174 zu § 42). Eine Anfechtungsklage würde hier seinem **Rechtsschutzbegehren nicht gerecht,** da er idR nicht die Rechtmäßigkeit des erlassenen VA bestreitet, sondern diesen nur für sich als rechtlich nicht bedeutsam ansieht.

[108] 27, 143; Münster NJW 1976, 2038; Büchner 41; Lorenz § 43, 25; Schenke VerwA 1970, 351 ff.

Selbst wenn er den VA für rechtswidrig hielte, wäre er von seinem Standpunkt aus mangels Klagebefugnis gem § 42 Abs 2 nicht anfechtbar. Täuscht sich der Kl freilich hins der rechtlichen Bedeutsamkeit des VA für sich, ist seine Feststellungsklage zwar nicht unzulässig, wohl aber unbegründet, da der VA (grds selbst bei seiner Rechtswidrigkeit, ausgenommen bei Nichtigkeit) im Rahmen der **Feststellungsklage Tatbestandswirkung** entfaltet.

Ausdr **ausgenommen** vom Subsidiaritätserfordernis nach Abs 2 S 1 sind gem Abs 2 S 2 **Klagen auf** Feststellung der **Nichtigkeit** eines VA (s dazu unten 32).

Zur umstrittenen Frage der Subsidiarität der verwaltungsgerichtlichen Feststellungsklage ggü allg Leistungsklagen s unten 28.

27 Der Grundsatz der Subsidiarität gilt nach der ausdr Regelung des Abs 2 S 1 auch dann, wenn eine **Leistungs- oder Gestaltungsklage nicht mehr möglich** ist, etwa, weil die Anfechtungsfrist für die Anfechtung eines belastenden VA bereits verstrichen ist oder der Kl das Klagerecht verwirkt hat (vgl 18 ff zu § 74) oder darauf verzichtet hat (vgl 21 ff zu § 74). Zum Verhältnis der Klage gem § 43 zur **Normenkontrollklage** gem § 47 s unten 31; zur **Unterlassungsklage** oben 24; zur **FFK** gem § 113 Abs 1 S 4 oben 5; ferner unten 31.

28 Angesichts der ausdr Regelung in Abs 2 gilt der Grundsatz der Subsidiarität entgegen der Rspr **auch** für das Verhältnis von **Feststellungsklagen gegen** einen Hoheitsträger u allg Leistungsklagen.[109] Deshalb wird zB durch eine statthafte allg Leistungsklage regelmäßig eine entspr Feststellungsklage ausgeschlossen, die das Bestehen des mit der allg Leistungsklage verfolgbaren Anspr zum Gegenstand hat. Die Berufung des BVerwG auf das Zivilprozeßrecht überzeugt nicht. Dort ist zwar anerkannt (vgl BGH NJW 1995, 2219 mwN; BAG JZ 1990, 194; BL 82 zu § 256 ZPO; weitergehend M 13 zu § 256 ZPO), daß eine Feststellungsklage gegen eine **juristische Person des öffentlichen Rechts** trotz einer möglichen Leistungsklage zulässig ist, da die Bekl in diesem Fall regelmäßig bereits einem in der Hauptsacheentscheidung nicht vollstreckbaren Feststellungsurteil Folge leisten wird u deshalb hier für eine zivilprozessuale Feststellungsklage trotz des weiterreichenden Rechtsschutzes mittels der zu einem Vollstreckungsurteil führenden Leistungsklage ein RSB anzuerkennen ist. Für das Verhältnis der verwaltungsprozessualen Feststellungsklage zur allg Leistungsklage läßt sich hieraus jedoch nichts ableiten. Deren Verhältnis wird nämlich nicht durch die allg Zulässigkeitsvoraussetzung des RSB, sondern durch die ihrem **Wortlaut nach eindeutige Spezialregelung des § 43 Abs 2 S 1 bestimmt.** Deren allenfalls in Betracht zu ziehende teleologische Reduktion verbietet sich, da Bekl sowohl einer allg verwaltungsgerichtlichen Feststellungsklage wie auch einer Leistungsklage typischerweise eine juristische Person des öffentlichen Rechts ist (s näher Schenke AöR 1970, 255). Aus der hier vertretenen Interpretation des § 43 Abs 2 S 1 ergibt sich auch, daß eine als allg Leistungsklage zu qualifizierende **vorbeugende Unterlassungsklage** (s zu dieser 8 a vor § 40) eine **vorbeugende Feststellungsklage ausschließt,** die das Bestehen eines Anspr auf Unterlassung einer hoheitlichen Handlung (einschließlich eines VA) oder auf Nichtberechtigung ihrer Vornahme zum Gegenstand hat (s oben 24).

---

[109] Lü NJW 1979, 1999; Ma DVBl 1995, 369; Brüning JuS 2004, 884; Ehlers Jura 2006, 351; Ey-Happ 43; Klenke NWVBl 2003, 170 ff; Köller/Haller JuS 2004, 191; RO-v Nicolai 26; Gersdorf 146; Hufen § 18, 10 ff; SGH 337; v Mutius VerwA 1972, 229 ff; NKVwGO-Sodan 121; Schmidt VBlBW 1983, 96; Schenke 420 und AöR 1970, 255; Selb 171 f; Stein 153 f; Würt 416; wohl auch passim Münster NJW 1980, 1069; vgl auch BVerwG 92, 174; krit ggü der Rspr ebenfalls Ey-Happ 43; s auch B-v Albedyll 35; **aA** zB 36, 181; 40, 327; 77, 211; NVwZ 1984, 523; BayVBl 1988, 502; 1997, 90; NJW 1997, 2535 mwN; BSG 59, 267; Lü NVwZ-RR 1998, 533; Mü BayVBl 1984, 719; 1993, 81; NVwZ-RR 1993, 503; Münster NJW 1976, 2038; Ma DÖV 1980, 573; Ule VerwA 1974, 309; Jachmann JuS 1993, L 37; Lorenz § 22, 31.

Relativiert wird der in bezug auf die Bedeutung der Subsidiaritätsklausel bestehende Streit allerdings zT dadurch, daß in bestimmten Konstellationen **nur durch eine Feststellungsklage effektiver Rechtsschutz gewährleistet** werden kann, sofern nämlich diese hins ihres **Gegenstandes weiter reicht als ein einzelnes Leistungsbegehren.**[110] Deshalb ist das BVerwG auch im Ergebnis zu Recht davon ausgegangen, daß ein Bürger, der die Feststellung der Rechtswidrigkeit des Einsatzes verdeckter Ermittler gem § 43 begehrt, um Genugtuung für den mit der Verletzung seiner Privatsphäre verbundenen Eingriff in sein Persönlichkeitsrecht zu erlangen, unter dem Gesichtspunkt der Subsidiarität der Feststellungsklage nicht darauf verwiesen werden kann, die Rechtswidrigkeit des Einsatzes als **Vorfrage** in einem auf Datenauskunft u -löschung gerichteten Verwaltungsrechtsstreit klären zu lassen (NJW 1997, 2534). Das hier mit dem Feststellungsantrag verfolgte Rechtsschutzziel, dem Kl als Kompensation für einen rechtswidrigen Eingriff in sein Persönlichkeitsrecht Genugtuung zu verschaffen, **deckt sich nicht mit dem Anliegen,** über gespeicherte personenbezogene Daten **Auskunft zu erhalten bzw ihre Löschung zu bewirken** (NJW 1997, 2535). Dagegen würde – entgegen dem BVerwG (NJW 1997, 2535) – eine Klage auf Feststellung des Bestehens eines Löschungsanspr durch die Möglichkeit, im Wege einer allg Leistungsklage auf Löschung zu klagen, ausgeschlossen (s oben 28 am Anfang).

Auch **für Kommunalverfassungsstreitigkeiten u** sonstige Organstreitigkeiten bestehen hins der Anwendung des Subsidiaritätsgrundsatzes keine Ausnahmen oder Besonderheiten.[111] Die Gegenauffassung[112] verkennt, daß bei der Bestimmung der richtigen Klageart vom Begehren des Kl auszugehen ist, so daß bei (den auch im Innenrechtsverhältnis vorstellbaren) Leistungsbegehren die allg Leistungsklage heranzuziehen ist (Schoch JuS 1987, 788; Sch-Pietzcker 45). Parallele Probleme stellen sich zB auch im **Hochschulrecht.**[113]

b) Trotz der allg Fassung des Abs 2 wird die **Feststellungsklage** durch die genannten, grds weiterreichenden, Klagen **nur dann ausgeschlossen,** wenn durch diese **Rechtsschutz in zumindest gleichem Umfang u mit gleicher Effektivität** erreicht würde.[114] Das ist **zB nicht** der Fall, 29

- wenn der Kl **Rechte gerade ohne Rücksicht auf eine** mit einer Verpflichtungsklage verfolgbare behördliche **Gestattung** zu haben behauptet (39, 249), zB die beabsichtigte Handlung **als erlaubnisfrei ansieht** u deshalb keine Ausnahmebewilligung begehrt (DVBl 1974, 681; vgl auch 39, 249; 94, 271;

---

[110] Sch-Pietzcker 43 unter Hinweis auf 32, 335: Klage einer politischen Partei auf Feststellung, eine Gemeinde sei zur Überlassung eines Gemeindesaales verpflichtet, wenn ein bestimmter Termin in Unkenntnis des Belegungsplanes nicht beantragt werden könne, bzw vor RKraft des Leistungsurteils bereits verstrichen sei; s auch Ks NJW 1979, 997; Ma NVwZ 1993, 903 f; s auch unten 29.

[111] Sa NVwZ-RR 1993, 210; Sch-Pietzcker 45 und 18 vor § 42 Abs 1; Hoppe DVBl 1970, 850; Schoch JuS 1987, 788 f; Stern 169; s auch oben 10; aA 77, 211; Mü NVwZ-RR 1993, 503; Franz Jura 2005, 158.

[112] Nur Feststellungsklagen, s etwa Ko NVwZ 1985, 283 mwN, einschränkend aber NVwZ-RR 1995, 412; 1997, 241 Münster NJW 1979, 1726; Preusche NVwZ 1987, 857; Fehrmann DÖV 1983, 314.

[113] S Fink WissR 1994, 126; vgl auch Ks DVBl 1991, 777: Macht ein Mitglied eines Hochschulgremiums geltend, bei einer durch das Gremium vorzunehmenden Wahl in seinem mitgliedschaftlichen Recht auf geheime Wahl verletzt worden zu sein, so ist die Feststellungsklage jedenfalls dann eine statthafte Klageart, wenn nicht die umfassende rechtliche Prüfung der Wahlhandlung begehrt wird.

[114] 32, 335; 37, 247; 40, 327; 51, 75 f = NJW 1976, 1650; NVwZ 1985, 750; DVBl 1990, 157; BayVBl 1997, 90; NJW 1997, 2535; BSG 59, 267; Münster NJW 1976, 2038; Bln NJW 1978, 1644; Mü BayVBl 1985, 146; Sch-Pietzcker 40; Duken NVwZ 1990, 444 mwN; zu weitgehend BVerwG 51, 75 = NJW 1976, 1650, wo als ausreichend angesehen wird, daß die Feststellungsklage jedenfalls nicht zur Umgehung der für Verpflichtungsklagen geltenden Sonderregelungen, insb hins der Klagefrist, mißbraucht wird; s auch oben 28.

Mü GewArch 2001, 65) oder wenn der private Vertragspartner einer Gemeinde einen mit dieser abgeschlossenen **Vertrag als nicht genehmigungsbedürftig** ansieht (Ba SächsVBl 2007, 66f); wenn die Leistungsklage erst die Änderung einer untergesetzlichen Rechtsvorschrift, auf die sich die Feststellungsklage bezieht, voraussetzt;[115]

– wenn eine Leistungsklage bei einem **sich entwickelnden Schaden** nur zu einem Teil beziffert werden könnte (BayVBl 1997, 90; BGH NJW 1984, 1554) oder sich die Höhe eines Anspr auf Kostenbeteiligung derzeit noch nicht angeben läßt u das Bestehen eines Anspr nur dem Grunde nach festgestellt werden soll (NVwZ 2001, 565);
– wenn eine Anfechtungsklage **nur** zur Klärung **einer Teilfrage** führen könnte, die Feststellungsklage sich dagegen auf das gesamte zwischen den Beteiligten bestehende Rechtsverhältnis bezieht (NJW 1983, 2208; RÖ-v Nicolai 25), zB auf die Mitgliedschaft in einer ör Kammer;[116]
– wenn sonst eine **Vielzahl von Anfechtungsprozessen** (Ks VRspr 17, 511) oder sonstiger Prozesse (Mü BayVBl 1985, 146) geführt werden müßte, es dem Kl aber um die **grundsätzliche Zulässigkeit eines bestimmten Verhaltens** überhaupt geht (Ms NVwZ-RR 1991, 588); nach 54, 179 soll eine zulässigerweise erhobene Feststellungsklage auch dann zulässig bleiben, wenn **später** eine **Gestaltungs-** oder **Leistungsklage** hätte erhoben werden können; anderes soll aber dann gelten, wenn die Feststellungsklage noch nicht begründet wurde (Buchh 310, § 113 Nr 282);
– wenn der Kern des Rechtsschutzbegehrens in einem anderen Vf **nur Vorfrage** wäre[117] u es letztlich um die „Rechtsstandsfrage“, dh die Gesamtbeurteilung des Rechtsverhältnisses, geht (36, 182; 37, 247; NJW 1983, 2208; NVwZ 1985, 750); deshalb keine Unzulässigkeit der Klage auf Feststellung der Rechtswidrigkeit des Einsatzes eines verdeckten Ermittlers im Hinblick auf eine Klage auf Löschung der Informationen, die durch den Einsatz gewonnen wurden (s NJW 1997, 2534);
– wenn eine Gestaltungs- oder Leistungsklage **aus sonstigen gewichtigen** Gründen **nicht dem Rechtsschutzziel** des Kl entspräche[118] bzw für den Kl nicht zumutbar wäre (59, 163).

Teilweise neigen die Gerichte **zwecks Schonung der Exekutive** insb auch in **Sachverhalten mit politischer Brisanz** zur (allerdings bedenklichen) Beschränkung auf eine Feststellung;[119] s aber zur Unterlassungsklage gegen Tiefflüge 97, 205 = NJW 1995, 1690 m Anm Ossenbühl JZ 1995, 512 entgegen VG Münster NVwZ 1990, 290. Der Gedanke der Schonung der Exekutive könnte – neben dem Gesichtspunkt der Bestimmtheit des Klageantrages – auch hinter der Tendenz der Rspr (80, 365; Ms NVwZ-RR 1995, 98; zust SGH 332) stehen, bei ausnahmsweise gegebenen Anspr auf **Erlaß untergesetzlicher Normen** nur eine Feststellungsklage zuzulassen (so Sch-Pietzcker 44 u 13 zu § 47); s aber zum verfassungsrechtlichen Charakter dieser Streitigkeiten oben 8j.

---

[115] DVBl 1990, 156 = BayVBl 1990, 118; krit zur Statthaftigkeit einer solchen Feststellungsklage aber oben 8a.

[116] NJW 1983, 2208: der Betroffene kann in solchen Fällen zB nicht auf die Möglichkeit einer Anfechtung der Beitragsbescheide verwiesen werden.

[117] 36, 182; 37, 247; NVwZ 1985, 750; 1987, 217; NJW 1997, 2534; 241; BGH NJW 1978, 1521.

[118] Vgl Ks DVBl 1991, 777: Klage nur auf Feststellung, daß das Recht auf geheime Wahl verletzt wurde, nicht notwendig Klage auf umfassende Wahlprüfung; s auch oben 28 aE.

[119] 81, 262 = NVwZ 1989, 1055: Klage eines beim Bundesnachrichtendienst tätigen Soldaten gegen die Entziehung des Sicherheitsbescheids – nicht überzeugend, soweit die Beschränkung nur auf Feststellung mit der angeblich fehlenden subjektivrechtlichen Relevanz der Maßnahme begründet wird, s auch Sch-Pietzcker 44.

Entsteht die **Möglichkeit einer Gestaltungs- oder Leistungsklage erst nachträglich,** nachdem bereits Feststellungsklage erhoben wurde, so bleibt die Feststellungsklage gleichwohl grds zulässig (54, 179; RÖ-v Nicolai 27), uU entfällt aber das Feststellungsinteresse (vgl oben 24). 30

c) Die **Möglichkeit einer Normenkontrolle** nach § 47 schließt wg der unterschiedlichen Zielsetzung u da diese Klage idR nicht denselben Rechtsschutz, jedenfalls aber nicht mehr an Rechtschutz, gewährt, die Feststellungsklage auf Feststellung eines sich als Folge der Norm ergebenden Rechtsverhältnisses bzw einzelner Rechte und/oder Pflichten daraus nie aus;[120] Entsprechendes gilt nach dem BVerwG für die **Möglichkeit einer auf Normerlaß gerichteten Leistungsklage** (s dazu 13 zu § 47) im Verhältnis zu einer Feststellungsklage (zu Bedenken gegen diese Klage wg Vorliegens einer verfassungsrechtlichen Streitigkeit s oben 8j), daß das Unterlassen einer Normsetzung rechtswidrig ist u der Normgeber damit Rechte des Kl verletzt (DVBl 1990, 156). Ebenso schließt die nach der Rspr ausnahmsweise zu bejahende **Möglichkeit einer vorbeugenden Unterlassungsklage** gegen den drohenden Erlaß einer Norm die vorbeugende Feststellungsklage nicht aus.[121] **Unzulässig** ist dagegen die Klage nach § 43 auf **Feststellung der Rechtswidrigkeit eines VA** bzw der Ablehnung oder Unterlassung eines VA, da insoweit § 113 Abs 1 S 4 eine Sonderregelung enthält, die vorgeht u zudem die Subsidiaritätsregelung des § 43 Abs 2 S 1 gilt (s oben 5). Entspr gilt für Klagen auf Feststellung **der Rechtmäßigkeit** eines VA (s oben 7). Die Zulässigkeit einer Feststellungsklage gem § 43 auf Feststellung der sich aus einem VA ergebenden Rechte oder Pflichten wird davon jedoch nicht berührt. 31

d) Für die Klage auf **Feststellung der Nichtigkeit eines VA** gilt Abs 2 S 1 nicht (so ausdr Abs 2 S 2; vgl dazu auch Mü BayVBl 1985, 410; Sch-Pietzcker 48); die Zulässigkeit der Nichtigkeitsfeststellungsklage hat auch unter dem Gesichtspunkt des **Feststellungsinteresses** (RSB) **nicht** zur Voraussetzung, daß der Kl vorher erfolglos Antrag bei der zuständigen Behörde auf Feststellung der Nichtigkeit des VA gem § 44 Abs 5 HS 2 VwVfG gestellt hat (s oben 21). **Wenn jedoch bereits Anfechtungsklage erhoben ist,** ist eine (nachträgliche) gesonderte Nichtigkeitsfeststellungsklage gegen denselben VA wg der Ähnlichkeit der Klagebegehren mangels RS I unzulässig (s auch Ey-Happ 26: Rechtshängigkeit steht entgegen); die Klage kann nur entweder auf Feststellung der Nichtigkeit, hilfsweise auf Aufhebung des VA, oder umgekehrt, gerichtet werden.[122] Zum Verhältnis von Nichtigkeitsfeststellungsklage nach § 43 u Verpflichtungsklage auf Feststellung der Nichtigkeit des VA durch feststellenden VA der zuständigen Behörde s auch Ms NVwZ-RR 1991, 331 u oben 20. Zur Klage auf **Feststellung der Rechtswidrigkeit** bzw **Rechtmäßigkeit** eines VA oder des Inhalts eines VA s oben 31; ferner oben 5 u 7. 32

10. Zwischenfeststellungsklage: Außer der allg Feststellungsklage nach § 43 ist auch im Verwaltungsprozeß gem § 173 S 1 iVm § 256 Abs 2 ZPO eine Zwischenfeststellungsklage zur Feststellung eines für die Entscheidung **vorgreiflichen Rechtsverhältnisses** (nicht auch eines von mehreren Klagegründen) möglich.[123] Sie gibt dem Kl bzw dem Bekl – nicht auch einem Beigeladenen 33

---

[120] 40, 327; Mü NJW 1978, 1991; Ehlers Jura 2007, 185; Sch-Pietzcker 25; Schenke Rechtsschutz 228 ff.

[121] 40, 327; Ule VerwA 1974, 309; jedenfalls im Ergebnis auch BVerwG NVwZ 1988, 431: Subsidiarität nicht relevant, wenn ohne ihre Beachtung keine für die in Frage stehenden Klagearten geltenden Sonderregelungen unterlaufen werden; offen BVerwG 77, 211 und 216; **aA** Lässig NVwZ 1988, 411 FN 18.

[122] BSG NVwZ 1989, 902 = NJW 1989, 2910; Ey-Happ 26; s auch oben 7.

[123] Ey-Happ 6; RÖ-v Nicolai 30; Menger VerwA 1957, 172; offengelassen in BVerwG 39, 138; vgl allg BGH NJW 1977, 1637; Schneider MDR 1973, 270.

(RÖ-v Nicolai 30) – die Möglichkeit, mit der Entscheidung in der Hauptsache zugleich auch eine verbindliche, der **RKraft fähige Feststellung** über das in Frage stehende Rechtsverhältnis zu erreichen.[124] Auf Zwischenfeststellung nach § 256 Abs 2 ZPO kann auch **hilfsweise** für den Fall der Abweisung des Hauptantrages geklagt werden (BGH NJW 1992, 1897).

34 **Voraussetzung** für die Zulässigkeit der Zwischenfeststellungsklage ist außer dem Vorliegen der allg Sachurteilsvoraussetzungen, daß das festzustellende Rechtsverhältnis **dem öffentlichen Recht** zugehört u für die Entscheidung über die Hauptsache **vorgreiflich** ist, dh daß diese von der Beantwortung der dabei festzustellenden Fragen ganz oder jedenfalls zT abhängt (39, 138). Bei Identität des Streitggst ist eine Zwischenfeststellungsklage nicht zulässig (39, 138), ebenso nicht, wenn sie keine über die Hauptklage hinausgehende Bedeutung hätte.[125] Zulässig ist auch, daß, **wenn** der Kl nur einen Teil einer Forderung einklagt, der Zwischenfeststellungswiderkl mit seiner Widerklage **die Feststellung eines** der Klage **entgegenstehenden Rechtsverhältnisses** auch mit Wirkung für den nicht rechtshängigen Teil anstrebt (BGH MDR 1959, 636; NJW 1977, 1637). Ein besonderes **RSI** ist für die Zwischenfeststellungsklage nicht erforderlich (hM; vgl BGH NJW 1977, 1637); anders, wenn die Klage als selbständige Feststellungsklage nach Beendigung des HauptsacheVf weitergeführt wird. Es **genügt** grds die bloße Möglichkeit, daß das inzident ohnehin zu klärende Rechtsverhältnis zwischen den Parteien noch **über den** gegenwärtigen **Streitggst hinaus Bedeutung hat** oder gewinnen kann (BGH JR 1955, 64; NJW 1977, 1638). Der Kl kann die Zwischenfeststellungsklage jedoch nur erheben, **wenn** sie **seinen Klageantrag** (Bln JR 1969, 115), der Bekl nur, wenn sie seine **Verteidigung stützt** (EF 1).

35 Die Zwischenfeststellungsklage kann **auch noch in der Berufungsinstanz** erhoben werden, in **der Revisionsinstanz** dagegen jedenfalls dann nicht mehr, wenn für die Entscheidung insoweit noch eine weitere Klärung des Sachverhalts erforderlich wäre.[126] Die Erhebung der Zwischenfeststellungsklage stellt, selbst wenn sie erst in der Rechtsmittelinstanz erfolgt, **keine Klageänderung** (§ 91) dar (offen 39, 138). Vgl zum Übergang von einer Feststellungsklage zu einer Zwischenfeststellungsklage auch BGH NJW-RR 1990, 318.

§ 44 [Objektive Klagehäufung]

Mehrere Klagebegehren[1–3] können vom Kläger in einer Klage zusammen verfolgt werden,[8] wenn sie sich gegen denselben Beklagten richten,[4] im Zusammenhang stehen[5] und dasselbe Gericht zuständig ist.[6]

Vgl § 260 ZPO; § 56 SGG; § 43 FGO

Schrifttum: *Fleischmann,* Sachliche Zuständigkeit bei Haupt- und Hilfsantrag, NJW 1993, 506; *Saenger,* Klagenhäufung und alternative Klagebegründung, MDR 1994, 860.

1 **1. Allgemeines:** Die Vorschrift regelt die sog **objektive Klagenhäufung (Klagenverbindung).** Hierbei handelt es sich um die **Verbindung mehrerer Klagebegehren,** dh mehrerer prozessualer Anspr eines Kl gegen denselben Bekl im Rahmen ein u desselben Vf u aufgrund einer einzigen Klage. Die Klagenhäufung kann sein: **a) kumulativ** in der Weise, daß die verschiedenen Anspr nebeneinander geltend gemacht werden; **b) eventual** in der Weise, daß neben dem Hauptantrag für den Fall, daß dieser unzulässig ist oder unbegründet ist, ein

---

[124] Vgl ThP 26 zu § 256 ZPO: ein Mittel zur Ausdehnung der RKraft auf das bedingende Rechtsverhältnis u die tragenden Urteilsgründe.

[125] NVwZ 1987, 217; BGHZ 69, 42 = NJW 1977, 1638; ThP 29 zu § 256 ZPO.

[126] Vgl BGH NJW 1961, 779; BAG NJW 1982, 790: nicht mehr, wenn die Zwischenfeststellungsklage schon in der Berufungsinstanz möglich gewesen wäre und der Sachverhalt noch nicht ausreichend geklärt ist.

Eventualantrag (Hilfsantrag) gestellt wird, dessen Rechtshängigkeit mit Zuerkennung des Hauptanspr rückwirkend entfällt (sog. eigentliche Antragshäufung);[1] oder **c)** in der Form der **Stufenklage** in der Weise, daß ein zweiter Antrag nur für den Fall gestellt wird, daß das Gericht dem zunächst gestellten Antrag stattgibt („uneigentliche" Antragshäufung, vgl Ma NVwZ 1985, 351; RS § 65, 29 ff; Würt 233); **d)** Eine **alternative Klagehäufung** wäre dagegen unzulässig, da die Bestimmung des Streitggst dem Kl obliegt. Sie scheitert daher an mangelnder Bestimmtheit (vgl Sch-Pietzner 11), ist aber ggf umdeutbar in eine eventuale Klagehäufung (NKVwGO-Sodan 5 mwN).

Die **Entscheidung,** mehrere Klagebegehren zusammen zu verfolgen, liegt nach § 44 immer beim Kl (s unten 3). **Auch das Gericht** kann jedoch gem **§ 93 mehrere** bei ihm anhängige **Vf** verbinden.

Zur Befugnis des Gerichts, nach § 44 verbundene **Klagebegehren zu trennen,** s § 93; zur sog **subjektiven Klagenhäufung** § 64. Diese ist kein Fall des § 44, sie kann aber kumulativ mit der objektiven Klagehäufung vorliegen.

Was als **gesondertes Klagebegehren** im Sinn des § 44 anzusehen ist, ergibt 2
sich aus den jeweiligen Klagezielen u dem Streitggst (s dazu 7 ff zu § 90). **Nicht um Klagenhäufung,** sondern nur um **ein einziges** Klagebegehren handelt es sich, wenn eine Klage nur auf **mehrere rechtliche Gesichtspunkte** oder tatsächliche Sachverhalte, dh auf mehrere materielle Anspr, gestützt wird, zB bei einer **Anfechtungsklage** der Antrag auf Aufhebung eines belastenden VA auf Unzuständigkeit der Behörde, Verfahrensfehler u Ermessensmißbrauch,[2] oder bei einer **allg Leistungsklage** der Antrag auf Zahlung einer bestimmten Geldsumme auf Vertrag u die allg Grundsätze des Erstattungsrechts. S dazu auch 4 zu § 41 aF. Um eine **Klagenhäufung** handelt es sich **dagegen** immer, wenn für alle geltend gemachten materiellen Anspr weder von vornherein noch aufgrund der erweiterten Entscheidungskompetenz gem § 17 Abs 2 GVG (s dazu 4 zu § 41) der VRW gegeben ist, wie zB für eine auf Amtspflichtverletzung gem Art 34 GG, § 839 BGB u auf Verletzung der beamtenrechtlichen Fürsorgepflicht gestützte Schadensersatzklage.[3]

Die Klagenhäufung liegt, wenn die Voraussetzungen des § 44 gegeben sind, 3
bei Klageerhebung im **Ermessen des Kl.** Dagegen stellt die **nachträgliche Einbeziehung eines weiteren Klagebegehrens** grds eine Klageänderung nach § 91 dar.[4]

2. Voraussetzung der Zulässigkeit der objektiven Klagenhäufung ist: 4
a) Die verschiedenen Klagebegehren müssen **gegen denselben Bekl** gerichtet sein. Zulässig ist nur die **eventuale objektive Klagenhäufung,** bei der zwar der Hauptantrag unbedingt, der Hilfsantrag aber bedingt gestellt ist (Ks DÖV 1983, 778), **nicht** dagegen **die eventuale subjektive Klagenhäufung,** zB die Klage hilfsweise gegen einen anderen Bekl für den Fall, daß die Klage gegen den primär benannten Bekl keinen Erfolg hat.[5]

b) Zusammenhang zwischen den Klagebegehren. Der Zusammenhang 5
muß nicht rechtlicher Art sein. Es **genügt,** daß die geltend gemachten Klagebe-

---

[1] Vgl Ma NVwZ 1985, 351; Ms NVwZ-RR 2003, 532; RS § 65, 29 ff; s auch 55 f vor § 124.

[2] Vgl Schl NVwZ-RR 1993, 395 – keine Klagenhäufung, wenn die Anfechtungsklage gegen eine VA ua auch darauf gestützt wird, daß ein befangener Amtsträger nicht, wie § 21 VwVfG vorschreibt, vom Vf abgezogen wurde –; vgl auch § 44 a.

[3] **AA** Sch-Pietzner 5, da die Entscheidungskompetenz des Gerichts hier trotz einheitlichem Streitggst beschränkt sei.

[4] Eine Ausnahme gilt insoweit jedoch für die Zwischenfeststellungsklage nach § 173 S 1 iVm § 256 Abs 2 ZPO – s 33 zu § 43 – und für die Geltendmachung eines FBA nach § 113 Abs 1 S 2 und 3.

[5] Vgl NJW 1980, 1911; ThP 5 zu § 60 ZPO; M 12 zu § 60 ZPO jeweils mwN; StJ 3 zu § 59; zT **aA** RS § 65, 34.

gehren nach der allg Lebensanschauung **rein tatsächlich,** sei es nach dem Entstehungsgrund oder nach dem erstrebten Erfolg, **einem einheitlichen Lebensvorgang zuzurechnen** sind, zB Klage auf Genehmigung einer Veranstaltung u auf Verlängerung der Polizeistunde (Ey-Rennert 9). § 44 dient der Prozeßökonomie, so daß eine weite Auslegung geboten ist (Sch-Pietzner 7). Fehlt dieser Zusammenhang, so sind die Klagebegehren zu trennen (§ 93), ein Eventualantrag als unzulässig abzuweisen, da dieser vom Schicksal des Hauptantrags abhängig ist (Sch-Pietzner 15).

6 **c) Zuständigkeit desselben Gerichts.** Dasselbe Gericht muß sachlich u örtlich für alle Klageanspr zuständig sein. Fehlt bei kumulativer Klagenhäufung für einen Anspr die Zuständigkeit, so ist die Klage insoweit nach § 17 a Abs 2 S 1 GVG bzw § 83 iVm § 17 a Abs 2 S 1 GVG an das zuständige Gericht zu verweisen.[6] Bei **eventualer Klagenhäufung** (s oben 1) ist bei Unzuständigkeit des Gerichts für den Hauptantrag die Klage auch bezüglich des Hilfsantrags abzuweisen bzw an das zuständige Gericht zu verweisen.[7] Ist das Gericht **nur für den Hilfsantrag unzuständig,** so ist zunächst über den Hauptantrag zu entscheiden; ist er (aus anderen Gründen) unzulässig oder unbegründet, so ist die Klage, auch hins des Hilfsantrags, abzuweisen bzw an das zuständige Gericht zu verweisen.

7 **d) Nicht erforderlich** ist, daß es sich um **gleichartige Klagebegehren** handelt. Nicht zulässig ist jedoch die Verbindung eines **NKAntrags** nach § 47 mit sonstigen Klagearten, was aus der unterschiedlichen Funktion, Ausgestaltung u Zuständigkeit für das NKVf folgt.[8] Iü müssen für jedes einzelne Klagebegehren die dafür maßgeblichen Voraussetzungen erfüllt sein. Wenn für einzelne Klagebegehren die dafür vorgeschriebenen **Prozeßvoraussetzungen** nicht erfüllt sind, so ist die Klage insoweit im Endurteil oder vorweg durch Teilurteil (§ 110) abzuweisen. Die übrigen Klagebegehren werden dadurch nicht berührt. Zulässig ist auch die **Stellung eines Hilfsantrags** für den Fall, daß der Hauptantrag unbegründet ist (Ey-Rennert 5; wohl auch ThP 8 zu § 260 ZPO; BL 8 zu § 260 ZPO).

8 **3. Wirkung der Klagenhäufung:** Ist die Klagenverbindung zulässig, so **verhandelt u entscheidet** das Gericht grds über sämtliche geltend gemachten Klagebegehren **gemeinsam.** Es kann jedoch die Vf nach § 93 S 2 trennen, wenn es dies für zweckmäßig hält. Unberührt bleibt auch die Befugnis des Gerichts, durch **Teilurteil** (§ 110) über einzelne Anspr vorweg zu entscheiden, bei eventualer Klagenhäufung auch zB zunächst über den Hauptantrag.[9] **Ist die Klagenhäufung unzulässig** (s oben 4 ff), so ist die Klage (nur) in der vorliegenden Form unzulässig (17 vor § 40; Geiger VBlBW 2004, 336). Das Gericht kann sie aber nicht deshalb als unzulässig abweisen, sondern muß die Klagebegehren trennen. **Anders,** wenn die Klagebegehren im Verhältnis von **Haupt-** u **Hilfsantrag** zueinander stehen (vgl oben 1). **Fehlt die Zuständigkeit** für den Hilfsantrag, so ist dieser, wenn der Hauptantrag unbegründet ist u die Klage deshalb insoweit abgewiesen wird, nach § 17 a Abs 2 GVG iVm § 83 vAw **an das zuständige Gericht zu verweisen** (vgl BGH NJW 1993, 3328; Ma NJW 1993, 3344).

9 **4. Streitwert:** Bei kumulativer Klagehäufung werden die Klagebegehren addiert, bei eventualer Klagehäufung nur dann, wenn über den Hilfsantrag eine Entscheidung ergeht, vgl § 45 Abs 1 S 2 u 3 GKG.

---

[6] **AA** – auch keine Verweisung – Ma VBlBW 1992, 259 zu einer mit einem Normenkontrollantrag nach § 47 verbundenen Feststellungsklage nach § 43.

[7] NVwZ 1987, 216 = DVBl 1987, 240 – uU dann wg des Hilfsantrags Zurückverweisung an das VG –.

[8] Sch-Pietzner 8; B-v Albedyll 4; Ey-Rennert 2; **aA** Hufen § 13, 19 – jedenfalls ohne grds Bedenken, aber unter Hinw auf die idR fehlende Zuständigkeit desselben Gerichts.

[9] Mü BayVBl 1979, 187; BGH NJW 1995, 2361; Ey-Rennert 12; M 12 zu § 260 ZPO, 14 zu § 301 ZPO; **aA** Z 8 zu § 301 ZPO.

§ 44 a [Rechtsbehelfe gegen behördliche Verfahrenshandlungen]

Rechtsbehelfe[4] gegen behördliche Verfahrenshandlungen[1, 3, 6] können nur gleichzeitig[7] mit den gegen die Sachentscheidung[8] zulässigen Rechtsbehelfen[4, 7] geltend gemacht werden.[7, 12 ff] Dies gilt nicht, wenn behördliche Verfahrenshandlungen vollstreckt werden können[8 ff] oder gegen einen Nichtbeteiligten ergehen.[11]

Schrifttum: *Berg,* Begleitende Verwaltungskontrolle. Zur gerichtlichen Durchsetzung subjektiver Verfahrensrechte, Diss. Bonn 1994; *Bohl,* Der „ewige Kampf" des Rechtsanwalts um die Akteneinsicht, NVwZ 2005, 133; *Budroweit,* Die Mitwirkung der Gemeinde bei baurechtlichen Entscheidungen, 2004; *Eichberger,* Die Einschränkung des Rechtsschutzes gegen behördliche Verfahrenshandlungen, 1986; *Hill,* Rechtsbehelfe gegen behördliche Verfahrenshandlungen (§ 44 a VwGO), Jura 1985, 61; *ders,* Das fehlerhafte Verfahren und seine Folgen im Verwaltungsrecht, 1986; *Laubinger,* Grundrechtsschutz durch Verfahrensgestaltung, VerwA 1982, 78; *Möstl,* § 44 a VwGO und der Rechtsschutz gegen die Ersetzung des gemeindlichen Einvernehmens (§ 36 Abs 2 S 3 BauGB iVm Art 74 BayBO), BayVBl 2003, 225; *v Mutius,* Gerichtsverfahren und Verwaltungsverfahren, Menger-FS 1985, 575; *Ramcke,* Zu § 44 a VwGO als weiterhin unmittelbar geltendes Recht, DÖV 2000, 69; *Roßnagel,* Verfahrensfehler ohne Sanktion?, JuS 1994, 927; *Roth,* Versehentliche Gesetzesreform?, Zur Fortgeltung des § 44 a VwGO trotz seiner irrtümlichen Aufhebung durch den Gesetzgeber, NVwZ 1999, 155; *Steike,* Akteneinsicht bei der Prüfungsanfechtung, NVwZ 2001, 868; *Tiedemann,* Reform aus Versehen? – Zur Streichung des § 44 a VwGO, NJW 1998, 3475; *Ziekow,* Von der Reanimation des Verfahrensrechts, NVwZ 2005, 263.

1. Allgemeines: Die Vorschrift ist durch G v 25. 5. 1976 (BGBl I 1253) im Zusammenhang mit dem Erlaß des VwVfG in die VwGO eingefügt worden. Sie wurde entgegen einer in der Lit vertretenen Ansicht (Tiedemann NJW 1998, 3475) auch nicht dadurch außer Kraft gesetzt, daß durch Art 1 Nr 7 des 2. VwVfGÄndG v 6. 8. 1998 (BGBl I 2022) ua § 97 VwVfG gestrichen wurde, durch den § 44 a seinerzeit in die VwGO eingefügt worden war (s auch NJW 1999, 1729; Ramcke DÖV 2000, 69; Roth NVwZ 1999, 155). 1

§ 44 a ist in seiner konkreten Ausgestaltung wohl als **eigenständige** (negative) **Zulässigkeitsvoraussetzung** für verwaltungsgerichtliche Klagen bzw, in selbständigen Beschlußverfahren, zB nach § 80 Abs 5, § 80 a Abs 3, § 123, für entsprechende Anträge, anzusehen.[1] Dies schließt nicht aus, daß § 44 a, der insb der Verfahrensökonomie dient,[2] enge Berührungspunkte mit dem RSB aufweist. Er reicht jedoch über dieses insofern hinaus, als nicht in allen Fällen, in welchen nach § 44 a ein isolierter gerichtlicher Rechtsschutz gegen Verfahrenshandlungen ausgeschlossen ist, sich dasselbe Ergebnis bereits durch einen Rückgriff auf das allg Institut des RSB erzielen ließe (**aA** NKVwGO-Ziekow 15).

Durch § 44 a soll verhindert werden, daß der Abschluß von noch bei den Behörden anhängigen **VerwaltungsVf** durch Rechtsbehelfe **verzögert u** erschwert wird u die Gerichte mit Streitfällen befaßt werden, obwohl das Vf noch gar nicht abgeschlossen ist u **noch offen** ist, **ob die Betroffenen** überhaupt durch das Ergebnis des Vf **in der Sache beschwert** bzw in ihren Rechten betroffen werden.[3] Die Vorschrift ist insofern zugleich eine Folge des **Grundsatzes,** daß die Verwaltungsgerichte grds **nachträglichen Rechtsschutz,** nicht verfahrensbegleitenden Rechtsschutz, gewähren (Mü NVwZ 1988, 1054; 1989, 1180). Prob-

---

[1] Ey-Geiger 1; Schenke 566: Verfahrenskonkurrenzregelung; NKVwGO-Ziekow 15; Jank DVBl 1993, 219; Lorenz § 13, 22; Stein 81 ff; s auch 32 vor § 40; **aA** SGH 128: ein Erfordernis des RS I.

[2] BT-Dr 7/910, 97 f; Ma NVwZ-RR 1990, 369; BK-Schenke 138, 217 f zu Art 19 Abs 4 GG; allg auch Kopp VerfR 233.

[3] Vgl BT-Dr 7/910, 97 f; NJW 1979, 177; 1982, 120; Mü NVwZ 1987, 614; Laubinger VerwA 1982, 78; Kopp NJW 1976, 1966 f; vgl auch VG Köln NJW 1978, 2261: Verhinderung „zweispuriger" Klageverfahren.

leme ergeben sich insoweit freilich dann, wenn die Aufhebung des das Vf abschließenden verfahrensfehlerhaften VA gesetzlich ausgeschlossen wird, wie dies in § 46 VwVfG geschehen ist. Durch diese „unheilige Allianz von § 44a u § 46 VwVfG" (Ziekow NVwZ 2005, 264) wird das Verfahrensrecht entwertet. Im Bereich des **Umweltrechts** haben sich diesbezüglich geäußerte Bedenken (so Ziekow NVwZ 2005, 265 ff) ggü einer früher konstatierbaren Abwertung des Verfahrensrechts, die bei Anwendung des § 46 VwVfG möglicherweise mit den Vorgaben von Art 9 Abs 2 Unterabs 1 der Aarhus-Konvention iVm der Richtlinie 2003/35/EG nicht in Einklang standen, allerdings durch Erlaß des UmwRG wenigstens teilweise erledigt. Nach näherer Maßgabe des § 4 Abs 1 UmwRG kann nunmehr bei Nichtdurchführung einer Umweltverträglichkeitsprüfung durch eine Klage einer anerkannten Umweltschutzvereinigung (§ 2 Abs 1 iVm § 3 UmwRG), aber auch durch die zulässige Klage sonstiger nach § 61 Nrn 1 u 2 Beteiligter (§ 4 Abs 3 UmwRG) stets die gerichtliche Aufhebung einer Entscheidung über die Zulässigkeit eines Vorhabens nach § 1 Abs 1 S 1 Nr 1 UmwRG herbeigeführt werden. Bei der Verletzung anderer umweltschutzrechtlicher Bestimmungen bleibt es freilich auch im Falle einer auf § 2 UmwRG gestützten Klage einer Umweltschutzvereinigung bei einer Anwendbarkeit des § 46 VwVfG (Ziekow NVwZ 2007, 264), so daß § 46 VwVfG neben dem auch hier anwendbaren § 44a dazu führt, daß nicht ergebnisrelevante Verfahrensfehler sanktionslos bleiben und auch im Rahmen einer Anfechtungsklage keiner gerichtlichen Überprüfung unterzogen werden. Bedenken, die sich insoweit unter dem Aspekt des Art 19 Abs 4 GG ergeben, läßt sich, wenn man den Anwendungsbereich des § 44a nicht weitgehend reduzieren will, nur dadurch begegnen, daß man dem Verletzten die Möglichkeit einräumt, auf Antrag das Vorliegen einer durch den verfahrensfehlerhaften VA begründeten RVerletzung in analoger Anwendung des § 113 Abs 1 S 4 feststellen zu lassen (107 f zu § 113) u dabei grds vom Bestehen eines berechtigten Interesses ausgeht. Insoweit bietet sich eine Parallele zu sich typischerweise kurzfristig erledigenden VAen an, bei denen heute (zumindest wenn es sich um gravierende Grundrechtsbeeinträchtigungen handelt) das berechtigte Interesse an einer Feststellung der Rechtswidrigkeit des VA u einer hierdurch begründeten RVerletzung grds bejaht wird (s 145 zu § 113), da sonst derartige Grundrechtsverletzungen keiner gerichtlichen Überprüfung zugeführt werden könnten.

Soweit es sich nicht um Verfahrensfehler handelt, die nach § 46 VwVfG (und vergleichbaren Vorschriften) unbeachtlich sind u bei denen deshalb nur eine Feststellung der Rechtswidrigkeit des abschließenden VA analog § 113 Abs 1 S 4 in Betracht kommt, vermag § 44a bei einer am Gebot effektiven Rechtsschutzes orientierten Auslegung den isolierten Rechtsschutz gegen rechtswidrige Verfahrenshandlungen nur dann auszuschließen, wenn die Möglichkeit eines wirksamen (notfalls vorbeugenden) gerichtlichen Rechtsschutzes gegen die das VerwaltungsVf abschließende Entscheidung besteht (s dazu vor allem unten 8 ff). Bei einer solchen verfassungskonformen Interpretation begegnet § 44a S 1 keinen verfassungsrechtlichen Bedenken (NJW 1982, 120; BK-Schenke 138 zu Art 19 Abs 4 GG; Stelkens NJW 1982, 1137).

2 In den in S 1 angesprochenen Fällen **genügt** für einen Rechtsschutz der Betroffenen **die Möglichkeit, die das Vf abschließende (Hauptsache-)Entscheidung** der Behörde mit Rechtsbehelfen **anzugreifen,** bzw die sonst nach der VwGO gegebenen Rechtsschutzmöglichkeiten dagegen (s unten 4), einschließlich der in besonderen Fällen schon vor der abschließenden Entscheidung gegen diese möglichen **vorbeugenden Unterlassungs- oder Feststellungsklagen** (Mü NVwZ-RR 2001, 374) bzw entsprechenden Verpflichtungsklagen,[4] zu ergreifen.

[4] Vgl 4 und 33 vor § 40; 2 und 3 zu § 43; zu „verwaltungsinternen" Handlungen von Behörden auch Kopp BayVBl 1976, 719 mwN.

S 2 macht in unmittelbarer bzw analoger Anwendung von der Regel des S 1 für die Fälle eine **Ausnahme,** in denen **Beteiligte oder Dritte** durch Verfahrenshandlungen **schon endgültig in ihren Rechten betroffen** werden u dem Gebot eines effektiven Rechtsschutzes durch Rechtsbehelfe hins der abschließenden Entscheidung in der (Haupt-)Sache nicht genügt würde bzw diese ihnen, da sie von der Hauptsacheentscheidung nicht betroffen sind, nicht zur Verfügung stehen (s unten 8).

2. Anwendungsbereich des § 44 a: Als Verfahrenshandlungen kommen alle Maßnahmen in Betracht, die eine Behörde in einem Vf auf Antrag oder vAw vornimmt oder vorzunehmen ablehnt, auch konkludentes Verhalten oder bloßes Unterlassen (VG Köln NJW 1978, 1397). Aus dem Wortlaut des § 44 a ist zu schließen, daß er sich unmittelbar auf alle Fälle bezieht, bei denen das VerwaltungsVf durch eine Sachentscheidung abgeschlossen werden kann. Unter Sachentscheidungen sind dabei VAe zu verstehen, unabhängig davon, ob sie im Rahmen eines formlosen oder förmlichen VerwaltungsVf (s §§ 63 ff VwVfG), eines PlanfeststellungsVf (s zB §§ 72 ff VwVfG) oder eines RechtsbehelfsVf wie des WiderspruchsVf gem §§ 79 f VwVfG ergehen. Nicht vom Begriff der Sachentscheidung erfaßt werden hingegen ör Verträge (so auch Sch-Stelkens 10; RÖ-v Nicolai 2; **aA** NKVwGO-Ziekow 30 f), auf welche auch die ratio des § 44 a deshalb nicht paßt, weil Verträge dem Bürger nicht aufgezwungen werden können, dieser aber unabhängig vom Vertragsabschluß wg Art 19 Abs 4 GG die Möglichkeit besitzen muß, Verletzungen seiner Verfahrensrechte gerichtlich geltend zu machen. Nicht unter § 44 a subsumierbar sind auch formlose Rechtsbehelfe wie Gegenvorstellung u Dienstaufsichtsbeschwerde (Eichberger 194; StBS-P. Stelkens/Kallerhoff 15 zu § 97 VwVfG), Realakte sowie innerdienstliche Rechtsakte, ferner Rechtsverordnungen u Satzungen, da eine Sachentscheidung nach gängigem Sprachgebrauch nur eine Einzelfallentscheidung ist u überdies die Möglichkeit eines prinzipalen Rechtsschutzes gegen Normen nur im Rahmen des § 47 besteht (wie hier iE auch Sch-Stelkens 12; NKVwGO-Schmidt-De Caluwe 101; RÖ-v Nicolai 2). Ein Rechtsschutz gegen Verfahrenshandlungen im Rahmen solcher dem § 44 a nicht unterfallender Vf kann aber wg des Fehlens subjektiver Rechte u unter dem (hinter § 44 a zurückbleibenden, vgl oben 1) Gesichtspunkt des RSB ausgeschlossen sein. Soweit es um den Rechtsschutz gegen Verfahrensakte geht, die in Verbindung mit VAen stehen, die vor besonderen VGen angreifbar sind u bei denen in den einschlägigen Verfahrensvorschriften keine dem § 44 a entsprechende Vorschrift enthalten ist, ist § 44 a analog anzuwenden (so für Sozialgerichtsbarkeit BSG NVwZ 1989, 902; Hill 54). – **Nicht berührt** werden durch § 44 a die Vorschriften u allg Grundsätze des Verwaltungsverfahrensrechts u des Verwaltungsprozeßrechts über die **Heilung bzw Unerheblichkeit fehlerhafter Verfahrenshandlungen** (vgl §§ 45 ff VwVfG; ferner unten 7). 3

§ 44 a **gilt** nicht nur für Anfechtungsklagen, sondern **auch für Verpflichtungsklagen** (s im folgenden; zT **aA** MB 22 zu § 97 VwVfG), allg **Leistungs- bzw Unterlassungsklagen u Feststellungsklagen** in bezug auf Verfahrenshandlungen von Behörden,[5] **FFK** (Ko NVwZ 1988, 76), **Kommunalverfassungsklagen** (vgl 6 ff vor § 40) u ähnliche Organklagen (**aA** Ma NVwZ-RR 1990, 370; s aber unten 9), für den **Widerspruch** nach §§ 68 ff u für **Anträge gem § 80 Abs 5 u § 123**[6] u **sonstige Rechtsbehelfe** (StBL 22 zu § 97 4

---

[5] Mü DÖV 1986, 209; DVBl 1988, 1179; SDC 2; Pagenkopf NJW 1979, 2382; Weides 7 V 9; Hamann DVBl 1991, 130; StBL 22 zu § 97 VwVfG; Stelkens NJW 1982, 1137 mwN; Zuck/Quaas NJW 1987, 692; im Ergebnis auch MB 22 zu § 97 VwVfG.

[6] NVwZ-RR 1997, 663; Ba NVwZ-RR 1999, 209; Ma VRS 58, 476 – zu § 123 –; Mü DÖV 1986, 209; NVwZ-RR 2000, 36; VG Oldenburg DÖV 1993, 439 – zu § 123 –; RÖ-v Nicolai 2; Eichberger 194; **aA** VG Köln NJW 1978, 1397; MB 18, 22 und 27 zu § 97 VwVfG.

VwVfG: der Begriff der Rechtsbehelfe ist in einem umfassenden Sinn zu verstehen). Einschränkungen des in bezug auf die abschließende Sachentscheidung bestehenden Rechtsschutzes sind § 44a nicht zu entnehmen (so zur vorbeugenden Unterlassungsklage zutr Ma GewA 1987, 295; s auch Schenke VBlBW 1982, 325).

Entgegen dem insoweit zu engen Wortlaut („gegen behördliche Verfahrenshandlungen") schließt § 44a S 1 **auch** auf Verfahrenshandlungen gerichtete **Verpflichtungsklagen**[7] u **Anträge gem § 123** auf vorläufige Verpflichtung der Behörde durch eA zur Vornahme entspr Verfahrenshandlungen aus.[8] Anders ist nur für den Fall zu entscheiden, daß nur so eine Rechtsvereitelung verhindert werden könnte, Schenke VBlBW 1982, 325; Pietzcker VVDStRL 1983, 227.

4a **3. Tatbestandlich nicht von § 44a erfaßte Fälle:** § 44a ist schon nach seinem Wortlaut nur einschlägig für Verfahrenshandlungen innerhalb eines Verwaltungsverfahrens. Werden entsprechende **Verfahrenshandlungen unabhängig von einem laufenden VerwaltungsVf** begehrt, ist § 44a S 1 bereits tatbestandlich nicht einschlägig (NJW 1982, 120; Sch-Stelkens 18). Das ist zunächst bei allen materiellen u **verfahrensunabhängigen Auskunfts- oder Akteneinsichtsrechten** der Fall, zB beim Anspr auf Erteilung von **Umweltinformationen** gem § 4 UIG[9] sowie auf Information nach § 1 IFG, beim Anspr auf Einsicht in das **Wasserbuch nach § 37 WHG,** der landesrechtlich zwar unterschiedlich, aber jedenfalls verfahrensunabhängig ausgestaltet ist (dazu NKVwGO-Ziekow 48); ebenso beim Auskunftsanspr nach den **Katastergesetzen** der Länder[10] oder dem **StUG.**[11] Dasselbe gilt für ein auf das brand Akteneinsichts- u Informationszugangsgesetz (AIG) v 10. 3. 1998 (GVBl I 46; dazu Breidenbach/Palenda LKV 1998, 252 u Partsch NJW 1998, 2559) gestütztes Akteneinsichtsrecht u müßte, wenn man (so Nolte DÖV 1999, 363ff) ein allg formelles subjektives öffentliches Recht auf Akteneinsicht bejahen würde, auch sonst gelten (dazu auch Bohl NVwZ 2005, 139).

Entsprechendes gilt, wenn sich **nichtbeteiligte Dritte** gegen Verfahrenshandlungen mit dem Einwand wehren, sie würden durch die Gewährung von Auskunft bzw. Akteneinsicht in ihren Rechten verletzt (s S 2 u unten 11). Ebenfalls steht § 44a S 1 einer Klage nicht entgegen, mit welcher die **Ablehnung der Beteiligung** gerügt wird.[12] Hier den Betroffenen auf eine Anfechtung der späteren Sachentscheidung zu verweisen, wäre unter dem Aspekt der Verfahrensökonomie geradezu kontraproduktiv (die Nachholungsmöglichkeiten einer Anhörung gem § 45 Abs 2 VwVfG sind tatbestandlich nicht einschlägig). Anderes gilt bei einer Unterlassung der Beteiligung einer Behörde gem § 73 Abs 2 VwVfG, wenn jedenfalls aufgrund von Einwendungen gem § 73 Abs 4 VwVfG eine **Be-**

---

[7] NVwZ-RR 1997, 663; NJW 1979, 177; Ko UPR 1988, 310; Mü NVwZ 1987, 614; Münster DVBl 2000, 573; VG Köln NJW 1978, 1397; RÖ-v Nicolai 2; Hill Jura 1985, 63; StBS-P. Stelkens/Kallerhoff 15 zu § 97 VwVfG; Pagenkopf NJW 1979, 2382; zT **aA** MB 22 zu § 97 VwVfG.

[8] Mü NVwZ 1988, 743 – keine eA gegen die Einleitung eines Vf –; Münster NJW 1981, 70; RÖ-v Nicolai 2; SDC 2; Sch-Stelkens 20; Hill 48; Jura 1985, 63; Pagenkopf NJW 1979, 2382; s aber zu Ausnahmen unten 9; **aA** Ma NVwZ 1994, 599 – § 44a steht einer eA auf Gewährung von Prüfungsvergünstigungen nicht entgegen –; Plagemann NJW 1978, 2261; Preussner VBlBW 1982, 9.

[9] Erichsen NVwZ 1991, 417; Turiaux 35 zu § 5 UIG; NKVwGO-Ziekow 48; Sch-Stelkens 18 jeweils mwN.

[10] Ks UPR 1989, 155; Sch-Stelkens 18.

[11] Dazu StBS-Bonk/Kallerhoff 86ff zu § 29 VwVfG; Weberling DÖV 1992, 161; Günther NJ 1997, 632.

[12] KR 32 zu § 13 VwVfG; Kn-Clausen 12 zu § 13 VwVfG; MB 8 zu § 13 VwVfG; VG Berlin DVBl 1984, 1186; **aA** Ko NVwZ 1988, 76; Sch-Stelkens 17; StBS-Bonk/Schmitz 37 zu § 13 VwVfG; UL § 15, 21.

teiligung am AnhörungsVf stattfindet (NVwZ-RR 1999, 209). Wird jemand hinzugezogen u rügt, daß seine **Beteiligung zu Unrecht erfolgt** sei, weil die Voraussetzungen des § 13 Abs 2 VwVfG nicht vorliegen, gilt er insoweit als Nichtbeteiligter iSv § 44a S 2 (KR 32 zu § 13 VwVfG; UL § 15, 20). Zur Bedeutung des § 44a nach Abschluß des VerwaltungsVf s unten 12.

Nicht von § 44a erfaßt werden auch alle **Verfahrenshandlungen, die nicht Teil des mit dem Betroffenen anhängigen Vf** sind, zB die Ablehnung einer von einem Dritten oder nach Abschluß des Vf beantragten **Akteneinsicht.**[13] Ferner ist § 44a dann nicht einschlägig, wenn die **abschließende Sachentscheidung nicht mit RMittel angreifbar** ist.[14] Nicht aus § 44a, sondern aus dem Gesichtspunkt **fehlender Klagebefugnis** ergibt sich auch die Unzulässigkeit einer Klage wg Verletzung von Amtshilfe- bzw Mitwirkungspflichten, wenn diese **nicht dem Schutz einzelner verfahrensbeteiligter Dritter,** sondern nur dem Interesse der **Allgemeinheit** an einer effektiven Verwirklichung von Verwaltungsaufgaben dienen (NVwZ 1999, 536).

4. Ausschluß von Rechtsbehelfen gegen unselbständige, nicht selbständig vollstreckbare Verfahrenshandlungen (S 1): S 1 erfaßt im wesentlichen **die den in § 146 Abs 2 genannten Prozeßhandlungen** des Gerichts **entspr Verfahrenshandlungen** der Behörde, die das VerwaltungsVf führt, u anderer daran in „amtlicher" Eigenschaft teilnehmender Behörden, insb 5

- alle Entscheidungen, die **den äußeren, förmlichen Gang des Vf** betreffen, zB die **Einleitung eines Verfahrens,**[15] die **Ausschreibung einer Professorenstelle** im Rahmen eines BerufungsVf (Ba NVwZ-RR 1999, 209), die Ausschreibung, die dazu dient, **Genehmigungen** für die Teilnahme an der Notfallrettung **zu erteilen** (Mgd DVBl 2001, 588). Unter § 44a fällt auch die Entscheidung über die **Fortführung des Vf** der Versetzung eines Beamten in den einstweiligen Ruhestand wg Dienstunfähigkeit trotz der hiermit kraft Gesetzes (s zB § 44 Abs 2 S 4 BBG) verbundenen Rechtsfolge der Einbehaltung eines Teils der Dienstbezüge (88, 332; **aA** Ko ZBR 1990, 224); die **Festsetzung von Fristen u Terminen** oder die **Entgegennahme eines Antrags;** hier muß der Anspr auf Sachentscheidung verfolgt werden (Sch-Stelkens 15);
- die **Bestimmung der zuständigen Behörde** in Zweifelsfällen usw;[16]
- die verwaltungsbehördliche Entscheidung über Ablehnung oder Gewährung einer **Wiedereinsetzung in den vorigen Stand;**[17]
- die Entscheidung über das **Wiederaufgreifen des VerwaltungsVf** auch in den Fällen des § 51 VwVfG;[18]
- Entscheidungen zur **„personellen" Verfahrensgestaltung,** insb die Bestimmung des Amtsträgers, der das Vf zu führen hat, der **Ausschluß wg Befangenheit** gem §§ 20f VwVfG u nach entsprechenden Vorschriften;[19] die Entscheidung über einen **Ablehnungsantrag** (90, 290); die **Bestellung eines Prüfers** (FG Neustadt EFG 1982, 6; s auch unten 9); **nicht aber die**

---

[13] Mü NVwZ 1987, 614; VG Berlin NVwZ 1982, 572; Obermayer 21 zu § 7 VwVfG; v Mutius Jura 1983, 223)

[14] Bln DtZ 1996, 253 zur Auskunft einer Behörde an parlamentarischen Untersuchungsausschuß.

[15] Mü NVwZ 1988, 743; NVwZ-RR 2001, 373; VG Kassel NVwZ 1985, 217; VG Oldenburg DÖV 1993, 440.

[16] 21, 353; Obermayer RiA 1976, 228; FL 37, 43; KR 38, 43 und 47 zu § 3 VwVfG.

[17] Ma DVBl 1981, 229; Eichberger 180ff; KR 63 zu § 32 VwVfG; NKVwGO-Ziekow 44; RÖ-v Nicolai 3; Schenke 568 und 682a; UL § 30, 11; **aA** Ma DVBl 1982, 206; Ganter VBlBW 1984, 404f; MB 16 zu § 32.

[18] S auch NVwZ 1998, 861; **aA** Mü NVwZ-Beil 1997, 75; Münster NVwZ-RR 1996, 549; NVwZ-Beil 1997, 79; zweifelnd Clausing JuS 1999, 476.

[19] HM s NJW 1982, 120; Mü BayVBl 1988, 661; Münster DVBl 2000, 573; Schl NVwZ-RR 1993, 396; diff Kösling NVwZ 1994, 456; Scheuing NVwZ 1982, 492.

Zurückweisung eines Bevollmächtigten oder die **Bestellung eines gemeinsamen Vertreters** im MassenVf (§§ 17 f VwVfG, dazu unten 9);
- die Inanspruchnahme u die Leistung von **Amtshilfe;**[20]
- **Aufklärungs- und Beweisanordnungen,** sofern diese nicht in das Persönlichkeitsrecht der Betroffenen eingreifen,[21] **zB** die **Anordnung,** sich einer **Fahrtauglichkeitsprüfung** oder der Wiederholung der theoretischen Fahrprüfung zu unterziehen;[22] die **Aufforderung gem §§ 13 Nr 2, 14 Abs 2 FeV,** sich zur Klärung der Eignung zum Führen eines Kfz gem § 11 FeV der **Begutachtung durch die Medizinisch-Psychologische Untersuchungsstelle** (MPU) zu unterziehen;[23] die ausländerbehördliche, nicht eigenständig vollstreckbare Aufforderung an einen Ausländer, sich zur Prüfung einer Kriegstraumatisierung einer **polizeiärztlichen Untersuchung zu unterziehen** (VG Berlin NVwZ 2001, 232: Rechtsschutz nur gegen Versagung der Duldung); die **Übersendung von Behördenakten** an die MPU zur Begutachtung im Hinblick auf die Klärung der Fahrtüchtigkeit einer Person (VG Oldenburg DÖV 1993, 439); die Aufforderung an einen Prüfungskandidaten durch die Prüfungsbehörde, zum Nachweis der von ihm geltend gemachten Prüfungsunfähigkeit ein **amtsärztliches Attest** vorzulegen (NVwZ-RR 1993, 252); die an einen vorzeitig in den Ruhestand versetzten Beamten gerichtete Anordnung, sich zur **Nachprüfung seiner Dienst(un)fähigkeit** ärztlich untersuchen zu lassen;[24] die Anordnung u Durchführung einer **Umweltverträglichkeitsprüfung** zur Vorbereitung eines AnlagegenehmigungsVf oder im Rahmen eines solchen (Erbguth/Schink, UVPG, Einl 115; krit Steinberg BayVBl 1994, 38); die **Zuziehung eines Sachverständigen;**[25] die **Beiziehung bestimmter Urkunden, Akten** usw bzw die Ablehnung der Beiziehung von Akten usw zum Vf (VG Oldenburg DÖV 1993, 439); die Einholung u das Geben von **Auskünften** zur Verwendung in einem Vf (Meyer-Teschendorf ZBR 1979, 269; **aA** Schneider NJW 1978, 1603), jedenfalls nach dem Wortlaut des UIG auch bei der **Erteilung von Umweltinformationen,** soweit der Anspr nach § 4 UIG durch § 7 Abs 1 Nr 2 UIG für die Dauer des VerwaltungsVf ausgeschlossen ist; zum UIG näher oben 4 a;
- die Ablehnung der **Akteneinsicht** in einem mit dem späteren Kl als Beteiligten anhängigen Verfahren;[26] anders zur Akteneinsicht nach Abschluß des Vf

---

[20] Mü NVwZ 1987, 614; NVwZ 1988, 742; Hamann DVBl 1991, 130; Kn-Clausen 11 zu § 7 VwVfG; MB 12 zu § 7 VwVfG; KR 12 zu § 7 VwVfG; **anders,** wenn eine in der Aushilfshandlung selbst liegende RVerletzung iSv § 44 S 2 geltend gemacht wird; Mü aaO; Obermayer 21 zu § 7 VwVfG.

[21] NVwZ-RR 1993, 252; Mü BayVBl 1988, 661; Ks NVwZ-RR 1995, 48; Sch-Stelkens 29.

[22] 34, 250 = NJW 1970, 1923; DAR 1974, 111; NVwZ 1983, 346; Mü NJW 1968, 469; Ko VRspr 28, 7111; DÖV 1991, 473; VG Oldenburg DÖV 1993, 440.

[23] 34, 248; BayVBl 1995, 59; Lü NJW 2007, 454; **krit** Gehrmann NZV 1997, 12; vgl anders für einen Sonderfall BVerfG 89, 84 (Untersuchung wg Haschischkonsums); allg für Anfechtung Henn NJW 1993, 3170.

[24] NVwZ-RR 1998, 574; Ko 30, 257; Mü NVwZ-RR 2000, 35; Ks NVwZ-RR 1995, 48: anders aber bei Anordnung einer psychiatrischen Untersuchung wg Eingriffs in Persönlichkeitsrecht; s auch Ma DVBl 1988, 358.

[25] Münster NWVBl 1995, 430: anders jedoch, wenn behauptet wird, der Sachverständige offenbare unbefugt aus dem Gutachtenauftrag gewonnene Kenntnisse; Redeker NJW 1980, 1597.

[26] NJW 1979, 177 mwN; NJW 1981, 177; 1982, 120; BayVBl 1978, 444; Mü BayVBl 1987, 118; 1995, 632; Münster DÖV 1980, 222; Münster DÖV 1980, 222; NJW 1981, 70; Bohl NVwZ 2005, 138 f (anders, wenn im Rechtsstreit über späteren VA kein ausreichender Rechtsschutz gewährleistet ist); BK-Schenke 218 zu Art 19 Abs 4; Obermayer 70 zu § 29 VwVfG; RÖ-v Nicolai 3 b; Ule 32 Anh I 6; MuE 245 f; Kopp VerfR 233 mwN; krit Redeker NJW 1980, 1597; Martens NVwZ 1982, 17 und für Prüfungsakten Steike NVwZ 2001, 871 f.

oder unabhängig vom Verfahren; s unten 8; die Ablehnung der Anfertigung von **Ablichtungen aus den Akten** (Ko DÖD 2000, 140; Mü NVwZ 1987, 614); die Ablehnung der **Übersendung der Akten in die Kanzlei** des Verfahrensbevollmächtigten (vgl Pagenkopf NJW 1979, 238; RÖ-v Nicolai 3 b). Zur Abgrenzung zu selbständig vollstreckbaren Verfahrenshandlungen u anderen isoliert angreifbaren Verfahrenshandlungen s auch unten 9 ff.

6 Ausgeschlossen sind nach S 1 gesonderte Rechtsbehelfe auch bei sog **mehrstufigen VAen u** ähnlichen VAen (s zum Begriff KR 76 f zu § 35 VwVfG) in bezug auf **die Mitwirkungshandlungen** von **Ausschüssen,** Beratungsgremien, Beschlußgremien oder von **anderen Behörden** u **Rechtsträgern,** wenn und soweit über eine fehlende oder fehlerhafte Mitwirkung im Anfechtungs- oder Verpflichtungsprozeß bzgl des am Ende des Vf stehenden VA, erforderlichenfalls nach Beiladung des anderen Rechtsträgers (vgl 18 c zu § 65), mit entschieden werden kann.[27] Darin dürfte der letztlich maßgebliche Grund dafür liegen, daß der Bauantragssteller die Verweigerung eines nach **§ 36 BauGB erforderlichen Einvernehmens** für die Erteilung einer Baugenehmigung **nicht selbständig gerichtlich angreifen** kann (auch nicht im Wege einer allg Leistungsklage),[28] ebenso ergeben sich von hierher Bedenken gegen die **Anfechtbarkeit der Ersetzung des gemeindlichen Einvernehmens gem § 36 Abs 2 S 3 BauGB.**[29] Durch § 44 a ausgeschlossen sind zB auch Klagen gegen oder auf die Abgabe einer Stellungnahme der Umweltbehörde ggü der Registrierungsstelle im **UmweltauditVf** (**aA** Kothe 394 ff). **Anders,** wenn über die Frage durch nach außen handelnde Behörden nicht mehr entschieden wird (vgl auch 22, 342) oder wenn die Mitwirkungshandlung insoweit absolut **selbständige Bedeutung** in dem Sinne hat, daß eine Bereinigung von Mängeln der Mitwirkungshandlung im KlageVf gegen den Akt nicht möglich ist, wie uU bei Mitwirkungshandlungen eines parlamentarischen **Richterwahlausschusses** (vgl Ks DVBl 1990, 306 m Anm Leiner DVBl 1990, 1242).

7 Entgegen seines mißverständlichen Wortlauts ist S 1 **nicht so zu verstehen,** daß gegen rechtswidrige Verfahrenshandlungen neben u gleichzeitig mit einem Rechtsbehelf in der Hauptsache **gesonderte** (wenn auch mit dem Rechtsbehelf in der Hauptsache gleichzeitig zu erhebende) **Rechtsbehelfe** eingelegt werden könnten oder müßten.[30] Gemeint ist in Übereinstimmung mit dem bish Recht offensichtlich nur die **Geltendmachung** der Rechtswidrigkeit unselbständiger Verfahrenshandlungen **im Rahmen des Rechtsbehelfs in der Hauptsache** (Stern 12 I; NKVwGO-Ziekow 11, 59). Auch eine besondere Verpflichtung zur Geltendmachung (etwa, um das Rügerecht nicht zu verlieren) oder eine Behauptungslast bzgl der Verfahrensmängel wird durch § 44 a nicht begründet.[31] **Die Widerspruchsbehörde** bzw das VG ist in jedem Fall – u unabhängig von einer

---

[27] Schenke 225; NKVwGO-Ziekow 52 f; s zur Nichtbeteiligung des Jugendhilfeausschusses Münster NWVBl 1997, 303.

[28] Budroweit 325 ff; 82 zu Anh § 42; dagegen stützt Fehling Jura 2006, 371 die Unzulässigkeit einer allg Leistungsklage auf das Fehlen eines RSB, was jedoch im Hinblick auf den Spezialitätscharakter des § 44 a nicht überzeugt. Zur Bedeutung einer Verweigerung des Einvernehmens bzw einer gesetzlich erforderlichen Zustimmung im VorVf s 14 zu § 68.

[29] Budroweit 284 ff; Hellermann Jura 2002, 594; Klinger BayVBl 2002, 484; Möstl BayVBl 2003, 227 ff; 2007, 131; 80 zu Anh § 42; 138 a zu § 42; **aA** Lü NVwZ-RR 2004, 91; NVwZ-RR 2005, 90; Ortloff NVwZ 2005, 1384 u NVwZ 2006, 1002; s zur Frage des Suspensiveffekts bei Anfechtung der Ersetzung 65 zu § 80.

[30] Ma NVwZ 1983, 565: § 44 a ist insoweit mißverständlich; RÖ-v Nicolai 4; Stern 12 I; MB 19 zu § 97 VwVfG; Kopp VwVfG 5 zu § 97; zT **aA** StBS-P. Stelkens/Kallerhoff 17 zu § 97 VwVfG.

[31] Sie kann sich jedoch aus Vorschriften oder allg Grundsätzen des Verwaltungsverfahrensrecht ergeben, vgl § 71 Abs 3 S 3 VwVfG; Kopp VerfR 36 ff; 8 und VwVfG 17 ff zu § 24; allg auch 11 ff zu § 86.

ausdr entsprechenden Rüge – **vAw** verpflichtet, **bei der Überprüfung der in der Hauptsache ergangenen Entscheidung** auch die Rechtswidrigkeit vorangegangener Verfahrenshandlungen, soweit sie nicht gem §§ 45 ff VwVfG oder nach entsprechenden Vorschriften oder Grundsätzen geheilt wurde bzw unbeachtlich ist, zu berücksichtigen, auch wenn die Betroffenen sie nicht geltend gemacht haben.[32] Insoweit gilt nichts anderes als gem § 146 Abs 2 für prozeßleitende Verfügungen usw (vgl dazu auch 3 ff zu § 128 mwN).

Sachentscheidung iSv S 1 ist **jeder VA** (vgl oben 3), mit dem die Behörde abschließend in der Hauptsache, die den eigentlichen Gegenstand des Vf bildet, entscheidet, auch zB die Ablehnung eines Antrags als unzulässig (vgl auch 6 zu § 75 mwN).

8 **5. Selbständig vollstreckbare Verfahrenshandlungen sowie sonstige Fälle durch einen Beteiligten isoliert anfechtbarer Verfahrenshandlungen:** S 2 Alt 1 läßt abweichend von S 1 in den näher bezeichneten Fällen **gesonderte, selbständige Rechtsbehelfe** (s zum Begriff oben 4) deshalb zu, weil hier die Möglichkeit eines Rechtsbehelfs in der Hauptsache nicht dem RSB der Betroffenen genügen würde bzw überhaupt nicht zur Verfügung steht (vgl oben 1; BVerwG BayVBl 1978, 444; MuE 146). Das trifft zu bei einer Beschlagnahme von Briefen eines Beteiligten zum Zwecke der Verwertung als Beweismittel im Vf (MB 20 zu § 97; Stelkens NJW 1982, 1137) oder bei einer polizeilichen Durchsuchung, mit der Beweismittel für das Verbot eines Vereins sichergestellt werden sollen. Für die Bejahung der Vollstreckbarkeit dürfte es auch genügen, wenn auf die Befolgung einer Verfahrenshandlung mittels des Disziplinarrechts hingewirkt werden kann, so bei der Anordnung gem § 42 Abs 1 S 3 BBG gegen einen Beamten, sich ärztlich untersuchen zu lassen (34, 250). Soweit sich die ursprünglich vollstreckbare Verfahrenshandlung inzwischen erledigt hat, kann sie gem § 44 a S 1 idR nicht selbständig mit einer Klage angegriffen werden (NVwZ 2002, 984). Besteht unter Zugrundelegung der allg für erledigte VAe geltenden Grundsätze ein berechtigtes Interesse an der Feststellung von dessen Rechtswidrigkeit (129 ff zu § 113), muß aber auch hier eine solche Feststellung möglich sein (NVwZ 2002, 985 f).

Die isolierte Anfechtbarkeit von Verfahrenshandlungen ist über den Wortlaut des § 44 a S 2 hinausreichend grds bei allen Verfahrenshandlungen möglich, die nicht lediglich unselbständige Verfahrensbestandteile sind, „**sondern selbst unmittelbare Rechtswirkungen zu Lasten des Betroffenen über das Vf hinaus, innerhalb dessen sie vorgenommen worden sind, entfalten,** ohne daß es darauf ankommt, ob sie mit den Mitteln des Verwaltungszwangs durchgesetzt werden könnten" (Ma DVBl 1988, 359). In diesen Fällen haben die Verfahrenshandlungen meist Rechtsbeeinträchtigungen zum Inhalt, die auch durch ein Obsiegen im HauptsacheVf nicht oder nicht ausreichend beseitigt werden können (VG Hannover NVwZ 1986, 990; s im einzelnen unter 9). Deshalb ergibt sich aus der verfassungsrechtlichen Garantie eines effektiven Rechtsschutzes durch Art 19 Abs 4 GG u die materiellen Grundrechte hier die Notwendigkeit des isolierten Rechtsschutzes gegen Verfahrenshandlungen.[33] Dem versucht man zT durch eine weite Auslegung des Begriffs der Vollstreckung Rechnung zu tragen.[34] Im Hinblick auf den eindeutigen Wortlaut des § 44 a S 2 dürfte es allerdings methodisch überzeugender sein, wenn aus verfassungsrechtlichen Gründen ein isolierter Rechtsschutz gegen nicht vollstreckbare behördliche Verfahrenshandlungen geboten ist, den § 44 a S 1 teleologisch zu reduzieren (so wohl NKVwGO-Ziekow 61 aE) bzw (was auf

---

[32] Vgl 11 zu § 68; 7 zu § 73; 28 ff, 36 und 102 ff zu § 113; Schumacher DÖV 1982, 807.

[33] BK-Schenke 218 zu Art 19 Abs 4 GG; s auch BVerfG NJW 1991, 416; BVerwG NVwZ-RR 1997, 664; **aA** P § 18, 27.

[34] Vgl Ma DVBl 1988, 359; Pagenkopf NJW 1979, 2382; Redeker NJW 1980, 1597; Hill Jura 1985, 63 und 10. Aufl 8.

dasselbe hinausläuft) § 44a S 2 als Ausdruck dieses Rechtsgedankens analog anzuwenden. Zu beachten ist überdies, daß in einem Teil der Fälle, bei denen zur Begründung der isolierten Anfechtbarkeit von Verfahrenshandlungen auf einen „weit ausgelegten" § 44a S 2, 1. Alt zurückgegriffen wird, sich dieses Ergebnis ohnehin bereits aus § 44a S 1 ergibt.

Das trifft zu, wenn der durch eine behördliche Verfahrenshandlung (möglicherweise) Verletzte **durch die abschließende Sachentscheidung nicht in seiner Rechtsstellung betroffen** ist u gegen die Sachentscheidung auch nicht aus anderen Gründen (zB aufgrund eines gesetzlich angeordneten Verbands- bzw Vereinsklagerechts) Rechtsbehelfe einlegen kann. Hier ergibt sich bereits zwanglos aus § 44a S 1, daß in einem solchen Fall ein isoliertes gerichtliches Vorgehen gegen die behördliche Verfahrenshandlung möglich sein muß. Es fehlt hier nämlich an „gegen die Sachentscheidung zulässigen Rechtsbehelfen", u auch die Teleologie des § 44a S 1 (Konzentration des Rechtsschutzes durch Vorgehen gegen abschließende Sachentscheidungen) paßt nicht. Das wird zB iVm der Zulassung des „Jedermann"-Einwenders zum **Erörterungstermin gem § 10 Abs 6 BImSchG** (dazu Roßnagel JuS 1994, 927) relevant. 9

Dagegen wird beim Vorliegen absoluter Verfahrensfehler (s 95 zu § 42), bei denen eine auf einen solchen Fehler gestützte Anfechtungsklage – unabhängig davon, ob der Kl durch die abschließende Sachentscheidung in materiellen Rechten betroffen ist – immer zur Aufhebung der Sachentscheidung führt u auch § 46 VwVfG keine Anwendung findet, durch § 44a S 1 ein isoliertes Vorgehen gegen die Verfahrensrechtsverletzung ausgeschlossen (dazu, daß auch § 44a S 2 hieran nichts ändern kann, s unten 11). Deshalb kann sich zB eine nach § 3 UmwRG anerkannte Umweltschutzvereinigung bei Unterlassen der erforderlichen Umweltverträglichkeitsprüfung oder einer erforderlichen Vorprüfung des Einzelfalls über die UVP-Pflichtigkeit nur gegen die abschließende Entscheidung über die Zulässigkeit eines Vorhabens nach § 1 Abs 1 S 1 UmwRG zur Wehr setzen u über § 4 Abs 1 UmwRG deren Aufhebung erreichen. Eine auf Durchführung einer Umweltverträglichkeitsprüfung gerichtete Klage scheidet hingegen wg § 44a S 1 aus.

Im Hinblick auf die Gewährleistung effektiven gerichtlichen Rechtsschutzes gem Art 19 Abs 4 GG ist S 2 **analog auch auf alle Verfahrenshandlungen** anzuwenden, die nicht ausschließlich nur verfahrensrechtliche Bedeutung haben, sondern **zugleich** der verbindlichen **Regelung materiellrechtlicher Rechtspositionen des Kl dienen**[35] **oder** mit denen jedenfalls auch **selbständige materiellrechtliche Folgen** verbunden sind (anders nur, wenn diese durch Vorgehen gegen Sachentscheidung beseitigt werden können, vgl 88, 332f u oben 5), wie die **Ladung zu einer** Prüfung, die bei Nichterscheinen zum festgesetzten Termin als nicht bestanden gilt,[36] bei denen **sonst** eine Verweisung der Betroffenen auf die Rechtsschutzmöglichkeiten in der Hauptsache bzw hins der abschließenden Behördenentscheidung ua **unzumutbar** wäre,[37] auch zB, weil

---

[35] So jedenfalls der Sache nach Ma DVBl 1988, 359; VG Köln NJW 1978, 1397; Sch-Stelkens 29; Plagemann NJW 1978, 2261; Weides 7 V 9; Redeker NJW 1980, 1597; DVBl 1982, 811; RÖ-v Nicolai 3b; Pagenkopf NJW 1979, 2382; Stelkens NJW 1982, 1137; Eichberger 252; wohl auch Ule DÖV 1987, 881; vgl auch BVerwG NJW 1979, 177; Münster NJW 1981, 70; KR 63 zu § 32 VwVfG; krit Ossenbühl NVwZ 1982, 470; Hill Jura 1985, 65.

[36] Ebenso NKVwGO-Ziekow 74; Zimmerling/Brehm NVwZ 2004, 656; **aA** Mü BayVBl 1989, 343: eine nur vorbereitende nicht anfechtbare Verfahrenshandlung.

[37] NVwZ-RR 2000, 760; Mü NVwZ 1988, 742; NVwZ-RR 2001, 374; Ma NVwZ 1994, 599 – zu einer eA auf Gewährung von Prüfungserleichterungen –; Bohl NVwZ 2005, 138 (bei Verweigerung der Akteneinsicht, soweit Rechtsschutz gegen abschließenden VA nicht effektiv); Pagenkopf NJW 1979, 2382; Ossenbühl NVwZ 1982, 470; RÖ-v Nicolai 3b; Stelkens NJW 1982, 1137; Ziekow NVwZ 2005, 265; s auch Münster NJW

sonst der Rechtsschutz (selbst ein vorbeugender) zu spät kommen würde (VG Hannover NVwZ 1986, 960); ebenso allg in Fällen, in denen dem betroffenen **Verfahrensabschnitt** im Verhältnis zur abschließenden Sachentscheidung **eigenständige Bedeutung zukommt.**[38] Das trifft zB auch hins der Zurückweisung der **Ablehnung eines Prüfers** zu.[39]

Wegen der **Gefahr zwischenzeitlicher Rechtsverluste** sind **gesondert** anfechtbar auch die Anordnung der **Bestellung eines Vertreters** sowie die Bestellung eines Vertreters vAw **gem §§ 17 ff VwVfG** u ähnlicher Vorschriften[40] sowie die **Zurückweisung eines Bevollmächtigten oder Beistandes** im Verwaltungsverfahren, die sowohl der betroffene Bevollmächtigte oder Beistand (Mü BayVBl 1984, 725; vgl 47 zu § 67) als auch der **Beteiligte,** der den Bevollmächtigten bestellt bzw den Beistand zugezogen hat, angreifen kann.[41] Im einzelnen gelten insoweit **ähnliche Grundsätze für die Abgrenzung** wie für den vorbeugenden Rechtsschutz (vgl 4 u 33 vor § 40; 72 zu Anh § 42; 2f zu § 43). Anhaltspunkte kann auch die Rspr des BVerfG zur Zulässigkeit einer VB gegen Verfahrenshandlungen geben.

10 Selbständig anfechtbar sind in direkter oder analoger Anwendung des § 44a S 2 Verfahrenshandlungen, die **in materielle Rechtspositionen** des Betroffenen eingreifen u dadurch eine selbständige, im Verhältnis zur abschließenden Sachentscheidung andersartige Beschwer enthalten (Mü BayVBl 1988, 661; s auch BVerfG 89, 84; ausf Sch-Stelkens 29 f). Dies gilt zB für das **Recht auf informationelle Selbstbestimmung** (Gr NJ 1995, 499); das **Steuer- oder Sozialgeheimnis** (Will Jura 1985, 66; Kunkel VBlBW 1992, 49), das **Betriebs- u Geschäftsgeheimnis,**[42] zB bei rechtswidriger Auslegung von Antragsunterlagen in Vf mit Öffentlichkeitsbeteiligung, das **allgemeine Persönlichkeitsrecht,** zB bei Heranziehung von Briefen u Tagebuchaufzeichnungen oder bei einer das Persönlichkeitsrecht tangierenden Anordnung einer medizinischen Untersuchung.[43]

11 **6. Verfahrenshandlungen gegen Nichtbeteiligte** iSv S 2 Alt 2 sind alle Verfahrenshandlungen, die Personen (natürliche oder juristische Personen sowie diesen gem § 11 Nr 2 VwVfG bzw § 61 Nr 2 gleichgestellte Personenvereinigungen) betreffen, die in der Verwaltungssache **hins des Gegenstands des VerwaltungsVf** – u idS in der Hauptsache, die Gegenstand dieses Vf ist – nicht iSv § 13 Abs 1 VwVfG oder entspr Bestimmungen **mit eigenen Rechten beteiligt u** damit Beteiligte iS dieser Vorschriften **sind** bzw von der Behörde beteiligt wurden, zB **Zeugen, Sachverständige,** Bevollmächtigte in ihrer Eigenschaft als solche (Mü BayVBl 1988, 661), aber auch zB Personen, die ohne Erfolg ihre Heranziehung zum Vf (§ 13 Abs 1 Nr 4, Abs 2 VwVfG) **beantragt** haben.[44] Nicht erfaßt von § 44a werden auch Rechtsbehelfe gegen die Hinzuziehung zu einem Verwaltungsverfahren, solange der Hinzuziehungsbescheid

---

1981, 70; VG Hannover NVwZ 1986, 960; allg auch BVerfG 89, 82; BK-Schenke 217 ff zu Art 19 Abs 4 GG.

[38] Vgl Ma NVwZ 1994, 599 – zu Prüfungsvergünstigungen – unter Aufgabe von Ma, Die Justiz 1984, 316; Mü NVwZ-RR 1999, 642 zu BerufungsVf in Fachhochschulen.

[39] Anders BFH BB 1981, 1697; Kn-Clausen 12 zu § 21 VwVfG; wie hier Pagenkopf NJW 1979, 2383; NKVwGO-Ziekow 74; Stelkens NJW 1982, 1137; Zimmerling/Brehm NVwZ 2004, 655 f; dazu neigend auch VG Hannover NVwZ 1986, 960.

[40] VwVfG 24 zu § 17; NKVwGO-Ziekow 74; **aA** StBS-Bonk/Schmitz 41 zu § 14 VwVfG; MB 19 zu § 14 VwVfG; RÖ-v Nicolai 3.

[41] Mü BayVBl 1981, 346; Hbg NJW 1976, 205; Plagemann NJW 1977, 564; 1978, 2261; Sch-Stelkens 31; **aA** Br NJW 1976, 770.

[42] Ms NWVBl 1999, 423; Roßnagel JuS 1994, 927; vgl auch BVerfG NJW 1988, 403.

[43] Ks NVwZ-RR 1995, 48; Ma DVBl 1988, 358; Mü BayVBl 1988, 661; s auch oben 5.

[44] KR 32 zu § 13 VwVfG; **aA** VG Berlin DVBl 1984, 1187; UL 15 III 4b; O 46 zu § 13 VwVfG; StBS-Bonk/Schmitz 37 a zu § 13 VwVfG: nicht isoliert erzwingbar.

noch nicht bestandskräftig u der Hinzugezogene damit noch Nichtbeteiligter ist (Ks NVwZ 2000, 828).

Den Beteiligten iSv § 13 VwVfG sind Personen gleichzuachten, die als **Einwender** in einem PlanfeststellungsVf (vgl § 73 Abs 6 VwVfG) oder vergleichbaren Vf zur Durchsetzung oder Wahrung ihrer Rechte[45] **beteiligt** sind oder waren bzw von der Behörde beteiligt wurden. Soweit „Jedermann"-Einwender durch die abschließende Sachentscheidung nicht rechtlich betroffen sind u ihr Einwenderrecht verletzt wurde, ergibt sich die Möglichkeit eines isolierten gerichtlichen Rechtsschutzes gegen die entsprechenden Verfahrenshandlungen aus § 44 a S 1 (vgl oben 9).

Zweifelhaft sein kann, ob bei Verletzung absoluter Verfahrensrechte § 44 a S 2 einen unmittelbar gegen die Verfahrensrechtsverletzung gerichteten verwaltungsgerichtlichen Rechtsschutz dort ausschließt, wo der Inhaber eines solchen Verfahrensrechts nicht an dem VerwaltungsVf nach § 13 VwVfG beteiligt war. Das Problem stellt sich zB, wenn eine anerkannte Umweltschutzvereinigung, die an einem VerwaltungsVf nicht beteiligt war, das Unterlassen einer Umweltverträglichkeitsprüfung rügt, die nach näherer Maßgabe des § 4 Abs 1 UmwRG bei einer durch die Umweltschutzvereinigung erhobenen Anfechtungsklage zur Aufhebung einer Entscheidung über die Zulässigkeit eines Vorhabens nach § 1 Abs 1 S 1 Nr 1 UmwRG führen würde. Obwohl die Umweltschutzvereinigung hier Nichtbeteiligter ist, schließt § 44 a S 2 nach richtiger Ansicht nicht die Anwendung des § 44 a S 1 aus (s oben 9).[46] Die ratio des § 44 a S 2 besteht nämlich offensichtlich darin, daß für den Nichtbeteiligten idR keine Möglichkeit besteht, die abschließende Sachentscheidung anzufechten u deshalb hier ein (isolierter) Rechtsschutz unmittelbar ggü der Verfahrensrechtsverletzung gegeben sein muß. Bei Verletzung eines absoluten Verfahrensrechts kann sich der Verletzte – so etwa im Fall des § 4 Abs 1 UmwRG – nun aber gerade immer gegen die abschließende Sachentscheidung mit Erfolg zur Wehr setzen. Deshalb ist das Bedürfnis für die Einräumung eines vorgezogenen Rechtsschutzes gegen den Verfahrensfehler sogar weniger ausgeprägt als in den Fällen, in denen die Anfechtung der abschließenden verfahrensfehlerhaften Sachentscheidung wg Vorschriften wie § 46 VwVfG nicht zu einer Aufhebung des abschließenden VA führt, dennoch aber ein isolierter Rechtsschutz gegen die Verfahrensrechtsverletzung durch § 44 a S 1 ausgeschlossen wird (s oben 9).

S 2 Alt 2 läßt das **Recht Nicht-Beteiligter zum Ergreifen von Rechtsbehelfen** (Widerspruch, Klage) gegen Verfahrenshandlungen, die ihre Rechte berühren, unberührt. Grds **zulässig** sind daher nach S 2 Alt 2 unabhängig vom HauptsacheVf u dessen Stand zB **der Rechtsbehelf** eines **Zeugen** gegen die Ablehnung der von ihm gem § 26 Abs 3 S 2 VwVfG beantragten Zeugenentschädigung (Kopp VwVfG 8 zu § 97; allg auch Mü BayVBl 1988, 661); der Widerspruch u die Klage **eines Dritten** gegen die Ablehnung der von ihm beantragten Zuziehung zum Vf gem § 13 Abs 2 VwVfG; die **Verpflichtungsklage** – ggf Antrag auf eA nach § 123 – des Dritten **auf Zuziehung;**[47] der Widerspruch

---

[45] NVwZ-RR 1997, 664; NJW 1999, 1729; Mü NVwZ 1988, 1054: den Beteiligten gem § 13 Abs 1 VwVfG hins der Anwendung von § 44 a gleichzustellen: vgl auch Ko NVwZ 1988, 76; UPR 1988, 309; Sch–Stelkens 31; zur Verfassungsmäßigkeit auch – bejahend – BVerfG NVwZ 1988, 1017; **tlw aA** zur selbständigen Anfechtbarkeit Jarass 131 zu § 10 BImSchG.

[46] IE wie hier NKVwGO-Ziekow 71; Sch-Stelkens; **aA** aber wohl 87, 68 ff; Sch-Wahl/Schütz 73 zu § 42 Abs 2, wo von einem Nebeneinander einer Leistungsklage auf Verfahrensbeteiligung und der Möglichkeit eines Rechtsschutzes gegen die abschließende Sachentscheidung ausgegangen wird.

[47] Bln DVBl 1984, 1187; **aA** Ko NVwZ 1988, 76 unter Hinweis darauf, daß der ASt bereits dadurch, daß er im Vf Einwendungen erhoben hat, Beteiligter geworden sei, also nicht mehr „Nichtbeteiligter" ist.

u die Klage **eines Einwenders** gegen die Ablehnung der Zulassung verspäteter Einwendungen im PlanfeststellungsVf bzw auf Zulassung, wenn die Ablehnung sonst rechtlich oder faktisch als Ablehnung der Beteiligung am Vf wirkt (s oben 5); der Widerspruch u die Klage **des zurückgewiesenen Bevollmächtigten** oder Beistandes gegen seine Zurückweisung (vgl 42, 318; 44, 126; Mü BayVBl 1988, 661; ebenso auch im Verhältnis zum Beteiligten; s oben 9).

12 **7. Zeitliche Abgrenzung:** Der Ausschluß der gesonderten Anfechtbarkeit von Verfahrenshandlungen nach S 1 gilt zumindest für **Handlungen im Rahmen eines laufenden VerwaltungsVf** (NJW 1979, 177; Mü NVwZ 1987, 614 mwN), auch wenn das Anliegen nach Abschluß des Vf weiterverfolgt wird. Sie soll nach einer in der Rspr vertretenen Ansicht (Mü NVwZ 1987, 614; VG Berlin NVwZ 1982, 576) dann nicht mehr der selbständigen Geltendmachung des Anspruches entgegenstehen, wenn das **Verlangen überhaupt erst nach Verfahrensbeendigung erhoben** wird. Diese Auffassung ist abzulehnen, § 44 a wirkt über den Zeitpunkt der Sachentscheidung hinaus (ebenso im Grundsatz Ms DVBl 2000, 573; NKVwGO-Ziekow 59). Soweit hier nicht ein verfahrensunabhängiger Anspr geltend gemacht wird, wäre dies nicht nur dann mit dem Gedanken des § 44 a unvereinbar, wenn der das Vf abschließende Verwaltungsakt noch mit RMittel angefochten werden kann (**aA** VG Berlin NVwZ 1982, 576), sondern auch nach Eintritt der Bestandskraft. Hier hat der Betroffene einen Antrag auf Wiederaufgreifen des Vf (§ 51 VwVfG) zu stellen oder ein formelles subjektives öffentliches Recht auf Entscheidung über die Aufhebung des seines Erachtens rechtswidrigen VA geltend zu machen u bei der Ablehnung Verpflichtungsklage zu erheben. Das schließt gem § 44 a S 1 ebenfalls die Möglichkeit eines isolierten Vorgehens gegen fehlerhaftes behördliches Verfahrenshandeln aus.

Kommt es zu einer **Beendigung des Vf ohne Sachentscheidung,** so steht § 44 a S 1 der Möglichkeit eines isolierten Vorgehens gegen eine fehlerhafte behördliche Verfahrenshandlung tatbestandlich nicht im Wege.[48] Bei Vorliegen eines berechtigten Interesses (etwa wg der Gefahr einer Wiederholung des Verfahrensfehlers in einem entspr anderen Verfahren) muß schon wg Art 19 Abs 4 GG die Möglichkeit bestehen, gegen die behördliche Verfahrenshandlung gerichtlich vorzugehen. Handelt es sich bei dieser um einen VA, besteht die Befugnis der Feststellung seiner Rechtswidrigkeit analog § 113 Abs 1 S 4. Liegt kein VA vor, kann nach § 43 festgestellt werden, daß die Behörde nicht berechtigt war, in der geschehenen Weise zu verfahren (s auch Lü NVwZ 1992, 903).

§ 44 a S 1 gilt nach seinem Sinn u Zweck auch für zukünftige Verfahrenshandlungen in noch gar nicht anhängigen VerwaltungsVf (Ms DVBl 2000, 573, s auch Mü NVwZ-RR 2001, 373).

13 **8. Erheblichkeit von Mängeln des Verwaltungsverfahrens:** § 44 a betrifft nur die generelle Zulässigkeit von Rechtsbehelfen gegen Verfahrenshandlungen der Behörden. Im übrigen gelten dann **auch** hier **die allg Grundsätze über die Zulässigkeit** u Begründetheit von Klagen u sonstigen Rechtsbehelfen (s 1 ff vor § 40). In jedem Fall, auch bei der Rüge im Rahmen eines gegen die Entscheidung in der Hauptsache gerichteten Rechtsbehelfs, können **nur solche Verfahrensfehler** geltend gemacht werden, die auf einem Verstoß gegen Rechtsvorschriften oder allg Rechtsgrundsätze beruhen, die **zumindest auch den Interessen des Rechtsbehelfsführers zu dienen bestimmt** sind (24, 31; DVBl 1974, 562; vgl 48 ff zu § 42 mwN) oder die sich **jedenfalls im Ergebnis** auf eine rechtlich geschützte Rechtsposition auswirken (vgl 46 u 85 zu § 42); dies gilt auch für alle Rechtsbehelfe des Adressaten des VA (**aA** insoweit Erichsen

---

[48] Wie hier VG Berlin NVwZ 1987, 577; Eichberger 94; NKVwGO-Ziekow 25; **aA** Sch-Stelkens 18, wonach hier regelmäßig das RS I fehle.

§ 38, 37). **Soweit allerdings** die Verletzung einer Verfahrensvorschrift zugunsten eines anderen Beteiligten zugleich zur Folge hat, daß dadurch eine **hinreichende Klärung** des für die Entscheidung maßgeblichen **Sachverhalts unterblieben** ist, kann in diesem Fall ein Rechtsbehelf **damit** begründet werden (s 59 zu § 42).

Nicht erforderlich ist, daß es sich um Mängel des Vf iSv § 9 VwVfG im engeren Sinn handelt; auch **Mängel in vorgeschalteten oder sekundären Vf** (zB Vf bzgl verwaltungsinterner Mitwirkungshandlungen anderer Behörden) können, wenn die vorgenannten Voraussetzungen zutreffen, die Fehlerhaftigkeit der abschließenden Behördenentscheidung begründen u insoweit iVm einem Vorgehen gegen diese geltend gemacht werden.[49] 14

In jedem Fall ist bei Rechtsbehelfen gegen Verfahrenshandlungen auch die Möglichkeit einer evtl **Heilung bzw Unbeachtlichkeit von Verfahrensmängeln** (vgl §§ 45–47 VwVfG; allg auch 28 ff u 102 ff zu § 113; Kopp VerwA 1970, 219 u VerfR 94 ff mwN) sowie ein evtl **Verlust des Rügerechts** aufgrund ausdr Präklusionsvorschriften (zB gem § 73 Abs 4 S 3 VwVfG) oder nach den Grundsätzen der **Verwirkung** (s KR 12 f zu § 46 VwVfG) zu berücksichtigen.[50] Ob u in welchem Umfang eine **Heilung** von Verfahrensmängeln durch Handlungen der Behörde oder des Gerichts auch noch **im verwaltungsgerichtlichen Vf bis zum Abschluß der letzten Tatsacheninstanz** (so § 45 Abs 2 VwVfG) möglich ist, bzw Mängel hier als unerheblich anzusehen sind, soweit ausdr Regelungen fehlen (vgl §§ 45 ff VwVfG), ist str u wird zT auch je nach Art des in Frage stehenden Mangels unterschiedlich beantwortet (s 28 ff, 102 ff zu § 113); auch in diesem Fall sind **die Kosten** des Vf jedoch, wenn die als zulässig angesehene Heilung bzw Unerheblichkeit erst nach Klageerhebung eingetreten ist, idR der Behörde aufzuerlegen (§ 155 Abs 4), insb wenn diese die entspr Handlungen gesetzt hat. 15

Im Gegensatz zur Frage der **Zulässigkeit eines** auf Verfahrensmängel gestützten **Rechtsbehelfs** gem § 44 a u (beim Widerspruch u der Klage gegen VAe) der ebenfalls im Rahmen der Zulässigkeit zu prüfenden Frage, ob die verletzte Verfahrensvorschrift bzw der verletzte Verfahrensgrundsatz überhaupt (zumindest auch) dem Schutz des Widerspruchsführers bzw Kl dient (s oben 13), ist die **Frage des tatsächlichen Vorliegens einer RVerletzung** bzw einer Heilung **eine Frage** nicht der Zulässigkeit, sondern **der Begründetheit des Rechtsbehelfs** (KR 42 zu § 46 VwVfG). 16

§ 45 [Sachliche Zuständigkeit des VG]

Das Verwaltungsgericht entscheidet im ersten Rechtszug[3] über alle Streitigkeiten, für die der Verwaltungsrechtsweg offensteht.[1 ff]

Vgl §§ 23 ff, 71 GVG; § 8 SGG; § 35 FGO

Schrifttum: *Reichl,* Probleme des gesetzlichen Richters in der Verwaltungsgerichtsbarkeit, 1994. Teil I. Gerichtsverfassung.

1. Allgemeines: Wie die ZPO unterscheidet auch die VwGO hins der Zuständigkeit der Gerichte die **sachliche** (einschließlich der **funktionellen**) **Zuständigkeit** (§§ 45 bis 51, 53) u die **örtliche Zuständigkeit** (Gerichtsstand, §§ 52, 53). Sowohl die sachliche als auch die örtliche Zuständigkeit des Gerichts sind Voraussetzung der Zulässigkeit der Klage bzw in Antragsverfahren, zB nach 1

---

[49] Vgl Kopp BayVBl 1976, 720 f; DÖV 1980, 504; KR 10 ff zu § 9 VwVfG.

[50] S zu § 46 VwVfG BVerwG NJW 1982, 120; Mü NVwZ 1987, 614; BayVBl 1978, 444: § 44 a läßt die Regelungen über die Heilung bzw Unbeachtlichkeit von Verfahrensmängeln unberührt.

§§ 80 Abs 5, 80a, § 123, des Antrags (s 10ff, 17 vor § 40), u demzufolge auch einer Entscheidung des Gerichts zur Sache. Die sachliche u örtliche Zuständigkeit des Gerichts ist von der sog **Rechtswegzuständigkeit** nach § 40 (s 1 zu § 40), die immer gegeben sein muß, damit überhaupt die §§ 45ff, 52f zur Anwendung kommen können, zu unterscheiden. Die Wahrung der Zuständigkeit **dient,** wenn u soweit in einer Sache Grundrechte berührt sind, **auch dem Grundrechtsschutz** (BVerfG 56, 216 = NJW 1981, 1436). Sie ist außerdem immer ein **Erfordernis** des **gesetzlichen Richters** (Art 101 Abs 1 S 2 GG).

2 Sowohl die sachliche als auch die örtliche Zuständigkeit beziehen sich immer auf das **Gericht als organisatorische Einheit,** nicht auf den einzelnen bei einem Gericht gebildeten Spruchkörper (Kammer, Senat). Der Begriff des **gesetzlichen Richters** gem Art 101 Abs 1 S 2 GG umfaßt demgegenüber auch die Zuständigkeit des mit der Streitsache befaßten Spruchkörpers aufgrund des **Geschäftsverteilungsplans** des Gerichts u die Besetzung der einzelnen Spruchkörper mit bestimmten Richtern (vgl 7ff zu § 4).

3 **2. Sachliche Zuständigkeit des VG:** § 45 regelt die sachliche Zuständigkeit des VG im ersten Rechtszug (dh in erster Instanz) u begründet zugleich die **allg Zuständigkeit des VG** für alle Streitsachen, die nicht ausdr nach der VwGO – s zB für bestimmte Großvorhaben § 48 – oder nach anderen Gesetzen dem OVG oder dem BVerwG zugewiesen sind. Gem § 167 Abs 2 S 2 ist das VG außerdem, soweit es im ersten Rechtszug zuständig ist, auch **Vollstreckungsgericht** (s 5 zu § 167). Vgl zur Zuständigkeit des VG für **Zeugenvernehmungen** im Wege der **Rechtshilfe für Verwaltungsbehörden** auch § 180 iVm § 65 VwVfG. **Ausnahmen** von der allg Zuständigkeit der VGe enthalten insb die §§ 46, 47 u 50.

4 **3. Die Regelung der sachlichen Zuständigkeit** in § 45 (wie auch in allen übrigen Vorschriften der VwGO über die sachliche Zuständigkeit) ist **zwingend u** der Disposition der Beteiligten entzogen. Sie kann weder durch Vereinbarung **noch durch rügelose Einlassung** auf eine Klage begründet, geändert oder beseitigt werden[1] u ist als Sachentscheidungsvoraussetzung (s oben 1) nach § 83 S 1 iVm § 17a Abs 5 GVG – dasselbe gilt auch für die örtliche Zuständigkeit – **nicht in jedem Stadium des Vf vAw zu prüfen** u zu berücksichtigen, sondern kann **in der Rechtsmittelinstanz** für diese selbst u hins der Zuständigkeit der Vorinstanzen **nicht mehr in Frage gestellt** werden (6 zu § 83; zweifelhaft für die sog internationale Zuständigkeit, vgl 54, 294 = NJW 1978, 1759; BGH 44, 46; NJW 1978, 2202).

5 **Fehlt** die sachliche (oder örtliche) **Zuständigkeit,** so ist der Rechtsstreit nach § 83 S 1 iVm § 17a Abs 2 GVG an das zuständige Gericht zu verweisen (vgl 7ff zu § 83).

§ 46 [Instanzielle Zuständigkeit des OVG]

Das Oberverwaltungsgericht entscheidet über das Rechtsmittel[1, 2]

1. **der Berufung gegen Urteile des Verwaltungsgerichts,**
2. **der Beschwerde gegen andere Entscheidungen des Verwaltungsgerichts und**
3. *(aufgehoben)*

Vgl §§ 72, 119 GVG, § 29 SGG

Schrifttum: *Sendler,* Zum Instanzenzug in der Verwaltungsgerichtsbarkeit, DVBl 1982, 157.

---

[1] 54, 34; Mü BayVBl 1986, 695; VG Stuttgart NJW 1967, 411; Ey-Geiger 3; NK-VwGO-Ziekow 10ff; RÖ-v Nicolai 2; Sch-Bier 4 – mit Hinweis auf den Rechtsgedanken des § 40 Abs 2 ZPO; Würt 203; Grunsky 36 III 2 mwN; Martens 3.6; Schenke 438; **aA** Lüke JuS 1961, 42 FN 17.

§ 46 wurde durch das RmBereinVpG geändert. 1

Die §§ 46 bis 48 regeln die **sachliche Zuständigkeit des OVG** (VGH). Das OVG ist außerdem zuständig gem § 53 Abs 1 **zur Bestimmung des zuständigen Gerichts** in den dort genannten Fällen sowie gem § 54 Abs 1 iVm § 45 Abs 3 ZPO für die **Entscheidung über ein Ablehnungsgesuch** bei Beschlußunfähigkeit eines Verwaltungsgerichts u in einigen anderen durch Gesetz dem OVG zugewiesenen Fällen (s die in § 190 Abs 1 genannten Regelungen) sowie uU als **Vollstreckungsgericht** nach § 167 Abs 1 S 2 (s 5 zu § 167). S zur **erstinstanzlichen** Zuständigkeit der OVG auch § 47 u § 48. § 46 betrifft nur die **funktionelle Zuständigkeit** als Rechtsmittelgericht.

Hins des **zwingenden Charakters der Zuständigkeit,** der Verpflichtung 2 des Gerichtes zur Prüfung der Zuständigkeit vAw u der Möglichkeit einer Verweisung an das zuständige Gericht gilt dasselbe wie für das VG (s 4 f zu § 45).

§ 47 [Zuständigkeit bei Normenkontrollverfahren]

(1) **Das Oberverwaltungsgericht entscheidet im Rahmen seiner Gerichtsbarkeit**[17 ff] **auf Antrag**[36 f] **über die Gültigkeit**[112 ff]

1. **von Satzungen, die nach den Vorschriften des Baugesetzbuchs erlassen worden sind, sowie von Rechtsverordnungen auf Grund des § 246 Abs. 2 des Baugesetzbuchs,**[21 f]
2. **von anderen im Rang unter dem Landesgesetz stehenden Rechtsvorschriften, sofern das Landesrecht dies bestimmt.**[23 ff]

(2) **Den Antrag kann jede natürliche oder juristische Person, die geltend macht, durch die Rechtsvorschrift oder deren Anwendung in ihren Rechten verletzt zu sein oder in absehbarer Zeit verletzt zu werden,**[43 ff] **sowie jede Behörde innerhalb eines Jahres**[83 ff] **nach Bekanntmachung der Rechtsvorschrift stellen. Er ist gegen die Körperschaft, Anstalt oder Stiftung zu richten, welche die Rechtsvorschrift erlassen hat.**[39] **Das Oberverwaltungsgericht kann dem Land und anderen juristischen Personen des öffentlichen Rechts, deren Zuständigkeit durch die Rechtsvorschrift berührt wird, Gelegenheit zur Äußerung binnen einer zu bestimmenden Frist geben.**[40 f] **§ 65 Abs. 1 und 4 und § 66 sind entsprechend anzuwenden.**[42 ff]

(2 a) **Der Antrag einer natürlichen oder juristischen Person, der einen Bebauungsplan oder eine Satzung nach § 34 Abs. 4 Satz 1 Nr. 2 und 3 oder § 35 Abs. 6 des Baugesetzbuchs zum Gegenstand hat, ist unzulässig, wenn die den Antrag stellende Person nur Einwendungen geltend macht, die sie im Rahmen der öffentlichen Auslegung (§ 3 Abs. 2 des Baugesetzbuchs) oder im Rahmen der Beteiligung der betroffenen Öffentlichkeit (§ 13 Abs. 2 Nr. 2 und § 13 a Abs. 2 Nr. 1 des Baugesetzbuchs) nicht oder verspätet geltend gemacht hat, aber hätte geltend machen können, und wenn auf diese Rechtsfolge im Rahmen der Beteiligung hingewiesen worden ist.**[75 a]

(3) **Das Oberverwaltungsgericht prüft die Vereinbarkeit der Rechtsvorschrift mit Landesrecht nicht, soweit gesetzlich vorgesehen ist, daß die Rechtsvorschrift ausschließlich durch das Verfassungsgericht eines Landes nachprüfbar ist.**[95 ff]

(4) **Ist ein Verfahren zur Überprüfung der Gültigkeit der Rechtsvorschrift bei einem Verfassungsgericht anhängig, so kann das Oberverwaltungsgericht anordnen, daß die Verhandlung bis zur Erledigung des Verfahrens vor dem Verfassungsgericht auszusetzen sei.**[108 ff]

(5) **Das Oberverwaltungsgericht entscheidet durch Urteil oder, wenn es eine mündliche Verhandlung nicht für erforderlich hält, durch Beschluß.**[140] **Kommt das Oberverwaltungsgericht zu der Überzeugung, daß die Rechtsvorschrift ungültig ist, so erklärt es sie für unwirksam;**[120 ff] **in diesem Fall ist die Entscheidung allgemein verbindlich und die Entscheidungsformel vom Antragsgegner ebenso zu veröffentlichen wie die Rechtsvorschrift bekanntzumachen wäre.**[141] **Für die Wirkung der Entscheidung gilt § 183 entsprechend.**[145]

(6) **Das Gericht**[148] **kann auf Antrag eine einstweilige Anordnung erlassen, wenn dies zur Abwehr schwerer Nachteile oder aus anderen wichtigen Gründen dringend geboten ist.**[148 ff]

Schrifttum: *Achterberg,* Probleme des Normenkontrollverfahrens, Dok des 6. Deutschen Verwaltungsrichtertages 1980, 97; *ders,* Probleme des verwaltungsgerichtlichen Normenkontrollverfahrens, VerwA 1981, 163; *Aulehner,* Rechtsschutz gegen Rechtsverordnungen des Bundes, JA 2001, 291; *Axer,* Normenkontrolle und Normenerlaßklage in der Sozialgerichtsbarkeit, NZS 1997, 10; *Bader,* Praktische Erfahrungen mit dem Sechsten VwGO-Änderungsgesetz, VBlBW 1997, 449; *Bamberger,* Die Beiladung im verwaltungsgerichtlichen Normenkontrollverfahren, NVwZ 2002, 556; *v Barby,* Der Anspruch auf Erlaß einer Rechtsverordnung, NJW 1989, 80; *Battis/Krautzberger/Löhr,* Die Neuregelungen des Baugesetzbuches zum 1. 1. 1998, NVwZ 1997, 1145; *dies,* Die Änderungen des Baugesetzbuchs durch das Europarechtsanpassungsgesetz Bau (EAG Bau 2004), NJW 2004, 2553; *Baumeister,* Das Rechtswidrigwerden von Normen, 1996; *ders,* Rechtswidrigwerden statt Funktionslosigkeit von Bebauungsplänen, GewA 1996, 318; *ders,* Effektiver Individualrechtsschutz im Gemeinschaftsrecht, EuR 2005, Heft 1; *Beckmann/Kleefisch,* Nachteil oder Rechtsverletzung als Zulässigkeitsvoraussetzung in anhängigen Normenkontrollverfahren, NVwZ 1997, 1193; *Bell/Rehak,* Erheblichkeit von Abwägungsmängeln, UPR 2004, 296; *Berg,* Alte und neue Fragen zur verwaltungsgerichtlichen Normenkontrollklage, DÖV 1981, 889; *Besler,* Die Probleme der verwaltungsgerichtlichen Normenkontrolle, 1981; *Bettermann,* Rechtssetzungsakt, Rechtssatz und VA, Nipperdey-FS 1965, 723; *ders,* Anm zu BVerwG 9. 11. 1979, DVBl 1980, 233, 237; *ders,* Richterliche Normenkontrollklage als negative Gesetzgebung?, DVBl 1982, 91; *ders,* Anm zu BVerwG 12. 3. 1982, DVBl 1982, 954; *ders,* Das Verhältnis der verfassungsgerichtlichen zur oberverwaltungsgerichtlichen Normenkontrolle, in: Starck/Stern (Hg), Landesverfassungsgerichtsbarkeit, II, 1983, 467; *Bickel,* Erfahrungen mit der verwaltungsgerichtlichen Normenkontrolle – eine Zwischenbilanz, NJW 1985, 2441; *Bickenbach,* § 47 V 2 VwGO nF und die Unwirksamkeit von Rechtsvorschriften, NVwZ 2006, 178; *Bier,* Gültigkeit von Bebauungsplänen im Hinblick auf die Frage eines „Außer-Kraft-Tretens wegen Funktionslosigkeit", UPR 2004, 335; *Blümel,* Rechtsschutz gegen Raumordnungspläne, VerwA 1993, 123; *Bohl,* Zum Rechtsschutz der Gemeinden gegen Flugroutenfestlegungen, NVwZ 2001, 764; *Bracher,* Die Beiladung im Normenkontrollverfahren – Anmerkungen zu § 47 Abs 2 S 4 VwGO, DVBl 2002, 309; *Braun/Kettner,* Die Absage des EuGH an eine richterrechtliche Reform des EG-Rechtsschutzsystems – Plaumann auf immer und ewig? DÖV 2003, 58; *Brehm/Zimmerling,* Die verwaltungsgerichtliche Kontrolle zahlenförmiger Normen und die Rechtsfolgen der Kassation, NVwZ 1992, 340; *Calliess,* Kohärenz und Konvergenz beim europäischen Individualrechtsschutz; NJW 2002, 3576; *Clausing,* Aktuelles Verwaltungsprozessrecht – I Gegenstand einer verwaltungsgerichtlichen Normenkontrolle, JuS 2004, 298; *W. Cremer,* Gemeinschaftsrecht und deutsches Verwaltungsprozessrecht – zum dezentralen Rechtsschutz gegenüber EG-Sekundärrecht, DV 2004, 165; *v Danwitz,* Die Gestaltungsfreiheit des Verordnungsgebers, 1989; *Dolde,* Das ergänzende Verfahren nach § 215 a BauGB, NVwZ 2001, 976; *O. Dörr,* Der europäisierte Rechtsschutzauftrag deutscher Gerichte 2003; *Dreier,* Vorbeugender Verwaltungsrechtsschutz, JA 1987, 415; *Dünchheim,* Die Einwirkungen des Europarechts auf die verwaltungsprozessuale Normabwehr-, Normerlaß- und Normergänzungsklage, DÖV 2004, 137; *Dürr,* Die Antragsbefugnis bei der Normenkontrolle von Bebauungsplänen, 1987, zugl Diss. Mannheim; *ders,* Der Begriff des Nachteils bei der Normenkontrolle von Bebauungsplänen, DÖV 1990, 136; *ders,* Die Entwicklung der Rechtsprechung zur Antragsbefugnis bei der Normenkontrolle von Bebauungsplänen, NVwZ 1996, 105; *ders,* Anm zu SächsOVG, SächsVBl 1996, 113, SächsVBl 1996, 117; *Duken,* Normerlaßklage und fortgesetzte Normerlaßklage, NVwZ 1993, 546; *Ehlers,* Die Befugnis natürlicher und juristischer Personen zur Beantragung einer verwaltungsgerichtlichen Normenkontrolle, in: Planung, Festschrift für W. Hoppe zum 70. Geburtstag, 2000, 1041; *ders,* Die verwaltungsgerichtliche Normenkontrolle,

Jura 2005, 171; *v Engelhardt,* Der Rechtsschutz gegen Rechtsnormen 1971; *Erbguth,* Rechtsschutzfragen und Fragen der §§ 214 und 215 BauGB im neuen Städtebaurecht, DVBl 2004, 802; *ders,* Phasenspezifischer oder konzentrierter Rechtsschutz? – Anhand des Umwelt- und Planungsrechts, Art. 14 GG, § 35 III 3 BauGB, NVwZ 2005, 241; *ders,* Abwägung auf Abwegen? – Allgemeines und Aktuelles –, JZ 2006, 484; *Erichsen/Scherzberg,* Die einstweilige Anordnung der verwaltungsgerichtlichen Normenkontrolle (§ 47 Abs 7 VwGO), DVBl 1987, 168; *Fellenberg/Karpenstein,* Feststellungsklagen gegen den Normgeber, NVwZ 2006, 1133; *Frenz,* Der Rechtsschutz gegen unmittelbar beeinträchtigende Normen, BayVBl 1993, 483; *Gaentzsch,* Aktuelle Fragen zur Planerhaltung bei Bauleitplänen und Planfeststellungen in der Rechtsprechung des Bundesverwaltungsgerichts, UPR 2001, 201; *Gärtner,* Rechtsfolgen einer fehlerhaft bekannt gemachten Hauptsatzung der Gemeinde für Bebauungspläne und Verwaltungsakte sowie Handlungsempfehlungen, LKV 2006, 107; *Gern,* Teilnichtigkeit von Gesetzen und Satzungen, NVwZ 1987, 851; *Gleixner,* Die Normerlaßklage, Diss Passau 1993; *Gril,* Verwaltungsgerichtliche Normenkontrolle bei identischem Inhalt von Satzung und Gesetz (VGH Mannheim, NVwZ 1998, 643), JuS 1999, 442; *Gröpl,* Fristenkollisionen zwischen verwaltungsgerichtlichem Normenkontrollverfahren und Verfassungsbeschwerde, NVwZ 1999, 967; *Grooterhorst,* Der Schutz gewerblicher Interessen im Normenkontrollverfahren gegen Bebauungspläne, UPR 1995, 332; *Grünberg,* Eine pädagogische Entscheidung – Anmerkung zum Urteil des BVerwG v 17. 4. 2002, SächsVBl 2002, 213, SächsVBl 2002, 267; *Grünebaum,* Teilabweisung eines Normenkontrollantrages bei Unwirksamkeitserklärung einer Norm nach § 47 V 4 VwGO?, DVP 2004, 50; *ders,* Antrag auf Normergänzung im Normenkontrollverfahren?, BayVBl 2005, 11; *ders,* Normenkontrolle bei außer Kraft getretener Norm, DVP 2005, 372; *ders,* Nichtigerklärung im Normenkontrollverfahren über einen Antrag auf Teilnichtigerklärung hinaus?, DVP 2005, 456; *Guckelberger,* Die veränderte Steuerungswirkung des Flächennutzungsplans, DÖV 2006, 973; *Hahn,* Raumordnung und Landesplanung in der Rechtsprechung des Oberverwaltungsgerichts für das Land Brandenburg, LKV 2006, 193; *C. Hartmann,* Verfassungswidrige und doch wirksame Rechtsnormen?, DVBl 1997, 1265; *Heckmann,* Geltungskraft und Geltungsverlust von Rechtsnormen, 1997; *Heeren,* Die Antragsbefugnis im Normenkontrollverfahren bei Bebauungsplänen. Aus der Rechtsprechung des 4. Senats, Schlichter-FS 1995, 557; *Hendler,* Verwaltungsgerichtliche Normenkontrolle Privater gegen Raumordnungs- und Flächennutzungspläne, NuR 2004, 485; *Hoppe,* Planung und Pläne in der verwaltungsgerichtlichen Kontrolle, Menger-FS 1985, 747; *ders,* Plädoyer für eine verwaltungsgerichtliche Normenkontrolle von Gebietsentwicklungsplänen in Nordrhein-Westfalen – Gegen die normenkontrollfeindliche Haltung des nordrhein-westfälischen Gesetzgebers, Redeker-FS 1993, 377; *ders,* Eine Wende für das Landesplanungsrecht zu Einzelhandelsgroßprojekten?, NVwZ 2005, 1141; *ders/Henke,* Der Grundsatz der Planerhaltung im neuen Städtebaurecht, DVBl 1997, 1407; *ders/Otting,* Zur Erweiterung der Planungshoheit und der gemeindenachbarlichen Klagebefugnisse in § 2 Abs 2 S 2 BauGB 2004 um raumordnungsrechtliche Belange, DVBl 2004, 1125; *Hildebrandt/Hecker,* Beiladung in der baurechtlichen Normenkontrolle, NVwZ 2001, 1007; *Hüttenbrink,* Das Recht auf fehlerfreie Abwägung als subjektiv-öffentliches Recht iSd Antragsbefugnis gem. § 47 Abs. 2 VwGO nF, DVBl 1997, 1253; *S. Huber,* Kommunale Satzungen und ihre verwaltungsgerichtliche Überprüfung unter dem Einfluß von EG-Richtlinien, BayVBl 1998, 584; *Hufen,* Rechtsprechungsübersicht – Rechtsschutz gegen die Festlegung von An- und Abflugstrecken, JuS 2001, 406; *Ipsen J.,* Die prinzipale Normenkontrolle von Bebauungsplänen, Vw 1987, 477; *Jäde,* Bauleitplanung, Fachplanung und Normenkontrollverfahren, BayVBl 1988, 385; *ders,* Nochmals: Prinzipale Normenkontrolle planreifer Bebauungspläne?, BayVBl 2003, 449; *Jeromin,* Normenkontrolle gegen Flächennutzungspläne, NVwZ 2006, 1374; *Jung,* Umfang der Prüfungspflicht des Normenkontrollgerichts vor Entscheidung gem § 47 Abs 5 S 4, BauR 2002, 1638; *Kapsreiter,* Der Begriff des Nachteils als Zulässigkeitsvoraussetzung des Antrags natürlicher und juristischer Personen nach § 47 VwGO, Diss. Passau 1986; *Kerkmann,* Rechtsschutz gegen ausgewiesene „FFH-Gebiete", BauR 2006, 794; *Kienemund,* Das Gesetz zur Bereinigung des Rechtsmittelrechts im Verwaltungsprozess (RmBereinVpG), NJW 2002, Fundstellenergänzung; *Kintz,* Die Normenkontrolle nach § 47 VwGO, JuS 2000, 1049; *Kment,* Rechtsschutz im Hinblick auf Raumordnungspläne, 2002; *ders,* Unmittelbarer Rechtsschutz von Gemeinden gegen Raumordnungspläne, DÖV 2003, 349; *ders,* Unmittelbarer Rechtsschutz Privater gegen Ziele der Raumordnung und Flächennutzungspläne im Rahmen des § 35 Abs 3 BauGB, NVwZ 2003, 1047; *ders,* Die Regelungsqualität der Raumordnungspläne, NuR 2003, 69; *ders,* Bindungswirkung der Grundsätze der Raumordnung gegenüber Personen des Privatrechts, NVwZ 2004, 155; *ders,* Die raumordnungsrechtliche Planerhaltung im Lichte des europäischen Rechts, DÖV 2006, 462; *v Komorowski,* Die Beiladung im Normenkontrollverfahren, NVwZ 2003, 1458; *ders,* Europarechtskonforme Beiladungspraxis im Normenkontrollverfahren – Der neue § 47 Abs 2 S 4 VwGO im Fadenkreuz des europäischen Verfassungsrechts, BayVBl 2003, 360 ff; *ders,* Normenkontrolle bei außer Kraft getretener Norm, SächsVBl 2003, 33; *ders/Kupfer,* Der Bebauungsplan – Rechtmäßigkeit, Fehlerfolgen und Kontrolle unter besonderer Berücksichtigung der Rechtsprechung des VGH Baden-Württemberg, VBlBW 2003, 1, 49, 100; *Knöpfle,* Die Bedeutung der Vorbehaltsklausel des § 47 Abs 3 VwGO für das Normenkontrollverfahren vor dem BayVGH, BayVGH-FS 1979, 187; *Köller/Haller,* Prozessuale Durchsetzbarkeit eines Anspruchs auf Rechtsetzung, JuS 2004, 189; *D. König,* Die Individualklage nach § 230 Abs 4 EG, JuS 2003, 257; *Kohl,* Leitfaden für die Normenkontrolle von Bebauungsplänen, JuS 1993, 320, 499; *Konrad,* Die Normenkontrolle nach § 47 VwGO, JA 1999, 331; *Kopp,* Die Beteiligung im verwaltungsgerichtlichen Normenkontrollverfahren, BayVGH-FS 1979, 205; *Kraft,* Gerichtliche Abwägungskontrolle von Bauleitplänen nach dem EAG Bau, UPR 2004, 331; *Krautzberger/Stüer,* Städtebaurecht 2004: Was hat sich geändert?, DVBl 2004, 781; *Kreiner,* Parlamentsgesetzlich geändertes Verordnungsrecht und gerichtliche Normenkontrolle, BayVBl 2005, 106; *Kukk,* Rechtsschutz von Flughafenanwohnern gegen die Festsetzung von Flugrouten, – Zwei Schritte vor, ein Schritt zurück, NVwZ 2001, 408; *Kuntz,* Der Rechtsschutz gegen unmittelbar wirkende Rechtsverordnungen des Bundes, 2001; *Lapp,* Vorbeugender Rechtsschutz gegen Normen, Diss Mannheim 1994; *Lenz/Staeglich,* Kein Rechtsschutz gegen EG-Verordnungen?, NVwZ 2004, 1421; *Leopold,* Unmittelbarer Rechtsschutz gegen Flächennutzungspläne im Rahmen des § 35 Abs 3 S 3 BauGB, VR 2004, 325; *Löhnig,* Rechtsschutz gegen Bauleitpläne nach § 47 VwGO nF, JuS 1998, 315; *Loibl,* Zur Zulässigkeit von Normenkontrollen von Privaten gegen Regional- und Flächennutzungspläne, UPR 2004, 419; *Lossos,* Zur Abgrenzung der Normenkontrolle des BayVerfGH und des BayVGH, BayVGH-FS 1979, 1; *Lotz,* Sechstes Gesetz zur Änderung der Verwaltungsgerichtsordnung, BayVBl 1997, 257; *ders,* Das Gesetz zur Bereinigung des Rechtsmittelrechts im Verwaltungsprozeß – praktischen Verbesserungen und einige neue Probleme –, BayVBl 2002, 353; *Maslaton,* Die Rechtsprechung des OVG Bautzen zur Regionalplanung in Sachsen, LKV 2006, 55; *Maurer,* Rechtsschutz gegen Rechtsnormen, Kern-FS 1968, 275; *Meister,* Normenkontrolle gegen Änderung einer Rechtsverordnung durch Gesetz (Anmerkung zu BVerwG NVwZ 2003, 730), JA 2003, 754; *Meissner,* Die Novellierung des Verwaltungsprozeßrechts durch das 6. Gesetz zur Änderung der Verwaltungsgerichtsordnung, VBlBW 1997, 81; *Muckel,* Die fehlgeschlagene Einschränkung der Antragsbefugnis bei der Normenkontrolle von Bebauungsplänen, NVwZ 1999, 963; *ders,* Erschöpfung des Rechtswegs durch Feststellungsklage gegen Rechtsverordnung, JA 2007, 76; *Nettesheim,* Effektive Rechtsschutzgewährleistung im arbeitsteiligen System europäischen Rechtsschutzes, JZ 2002, 928; *Numberger/Schönfeld,* Neuerungen in der VwGO, UPR 1997, 89; *Obermayer,* Verfassungsrechtliche Aspekte der verwaltungsgerichtlichen Normenkontrolle, DVBl 1965, 625; *Oebbecke,* Kommunale Satzungsgebung und verwaltungsgerichtliche Kontrolle, NVwZ 2003, 1313; *Ossenbühl,* Eine Fehlerlehre für untergesetzliche Normen, NJW 1986, 2805; *Ossenbühl,* Anm zum Urteil des BVerwG v 17. 4. 2003, JZ 2003, 96; *Pabst,* Funktionslose Bebauungspläne als Gegenstand der Normenkontrolle, ZfBR 1999, 244; *Pache/Burmeister,* Gemeinschaftsrecht im verwaltungsgerichtlichen Normenkontrollverfahren, NVwZ 1996, 979; *Paetow,* Erfahrungen mit der verwaltungsgerichtlichen Normenkontrolle – eine Zwischenbilanz, NVwZ 1985, 309; *Papier,* Normenkontrolle (§ 47 VwGO), Menger-FS 1985, 517; *Peters,* Zur Zulässigkeit der Feststellungsklage (§ 43 VwGO) bei untergesetzlichen Normen, NVwZ 1999, 506; *Pielow,* Neuere Entwicklungen beim „prinzipalen" Rechtsschutz gegenüber untergesetzlichen Normen, DV 1999, 445; *Quaas,* Die Prüfungspflicht im Normenkontrollverfahren bei der Anfechtung von Bebauungsplänen, VBlBW 2002, 289; *ders/Müller,* Normenkontrolle und Bebauungsplan, 1986; *ders/Kukk,* Neustrukturierung der Planerhaltungsbestimmungen in §§ 214 ff BauGB, BauR 2004, 1541; *Rabe,* Fehler in der Bauleitplanung, ZfBR 2001, 229; *ders,* Die Verwerfungsbefugnis der Widerspruchsbehörde, ZfBR 2003, 329; *Redeker,* Fragen des Rechtsschutzes gegen Maßnahmen der Raumordnung und Landesplanung, Schlichter-FS 1995, 541; *Renck,* Probleme der verwaltungsgerichtlichen Normenkontrolle, NJW 1980, 1022; *ders,* Die Normerlaßklage – VGH München, BayVBl 1980, 209 –, JuS 1982, 338; *ders,* Die verwaltungsgerichtliche Normenkontrolle: Rechtsschutz- oder Rechtsbeanstandungsverfahren?, BayVBl 1985, 263; *ders,* Zur Dogmatik des Rechtsschutzes unmittelbar gegen Normen, BayVBl 1994, 457; *ders,* Gesetzgebungsbefugnis und verwaltungsgerichtliche Normenkontrolle, DÖV 1996, 409; *ders,* Standortsicherung durch Normenkontrolle, ZRP 1997, 48; *Repkewitz,* Festlegung von Flugrouten – Materielle und formelle Anforderungen, Rechtsschutz, VBlBW 2005, 1; *Rieger,* Bedeutung und Rechtsfolgen der Regelung in § 215 a Abs 1 BauGB über das ergänzende Verfahren zur Behebung von Satzungsmängeln, UPR 2003, 161; *ders,* Nochmals: § 47 V 2 VwGO aF und die Unwirksamkeit von

Rechtsvorschriften, NVwZ 2006, 1027; *Robbers,* Anspruch auf Normerlaß – OVG Koblenz, NJW 1988, 1684 –, JuS 1988, 949; *ders,* Anspruch auf Normergänzung – BVerwG, NVwZ 1990, 162 –, JuS 1990, 978; *Röhl,* Rechtsschutz gegen EG-Verordnungen, Jura 2003, 830; *Ronellenfitsch,* Rechtsfolgen fehlerhafter Planung, NVwZ 1999, 583; *Rozek,* „Leipziger Allerlei“: eine Bahnhofseinkaufpromenade, das Ladenschlußrecht und die grundrechtliche Wettbewerbsfreiheit, SächsVBl 1999, 149; *H. Rupp,* Fluglärm: Rechtsschutz gegen die Festlegung von An- und Abfahrtwegen von und zu Flughäfen durch das Luftfahrtbundesamt, NVwZ 2002, 286; *Sarnighausen,* Zur Schutzwürdigkeit im Baunachbarrecht, NVwZ 1996, 110; *Sauer,* Rechtsnatur und Bindungswirkung von Zielen der Raumordnung und Landesplanung – Rechtsschutz gegen Planungen, VBlBW 1995, 465; *Saurer,* Verwaltungsvorschriften und Gesetzesvorbehalt, DÖV 2005, 587; *ders,* Die neueren Theorien zur Normkategorie der Verwaltungsvorschriften, VerwA 2006, 249; *Sauthoff,* Die „neue“ Normenkontrolle von Satzungen nach dem BauGB seit dem 1. 1. 1997, insbesondere: Zum Anspruch auf fehlerfreie Abwägungsentscheidung im Bauplanungsrecht, BauR 1997, 721; *Schenke,* Verwaltungsgerichtliche Normenkontrolle und Landesverfassungsgerichtsbarkeit, NJW 1978, 671; *ders,* Die einstweilige Anordnung in Verbindung mit der verwaltungsgerichtlichen Normenkontrolle (§ 47 Abs 7 VwGO), DVBl 1979, 169; *ders,* Rechtsschutz bei normativem Unrecht, 1979; *ders,* Der Rechtsschutz des Bürgers gegen Verwaltungsvorschriften, DÖV 1979, 622; *ders,* Verfassungsrechtliche Grenzen gesetzlicher Verweisungen, Fröhler-FS 1980, 87; *ders,* Die verfassungsrechtliche Problematik dynamischer Verweisungen, NJW 1980, 743; *ders,* Rechtsschutz bei Divergenz von Form und Inhalt staatlichen Verwaltungshandelns, VerwA 1981, 185; *ders,* Rechtsschutz gegen Normen, JuS 1981, 81; *ders,* Der Rechtsschutz der Gemeinden gegen Braunkohlenpläne, Jahrbuch des Umwelt- und Technikrechts 1990, 69; *ders,* Rechtsschutz gegen das Unterlassen von Rechtsnormen, VerwA 1991, 307; *ders,* Veränderungssperre und Zurückstellung des Baugesuchs, WuV 1994, 253; *ders,* Rechtsprechungsübersicht zum Verwaltungsprozeß, Teil 3 und 4, JZ 1996, 1103 und 1155; *ders,* „Reform ohne Ende“ – Das 6. Gesetz zur Änderung der VwGO und anderer Gesetze (6. VwGOÄndG), NJW 1997, 81; *ders,* Urteilsanmerkung zu Münster DVBl 1997, 675, DVBl 1997, 853; *ders,* Die Antragsbefugnis natürlicher und juristischer Personen im Normenkontrollverfahren gem § 47 Abs. 2 S. 1, 1. Alt nF VwGO, VerwA 1999, 301; *ders,* Rechtsschutz gegen normatives Unrecht, JZ 2006, 1004; *ders,* Rechtsschutz gegen Flächennutzungspläne, NVwZ 2007; 134; *ders,* Der Rechtsschutz von Nachbargemeinden im Bauplanungsrecht, VerwArch 2007, Heft 3; *ders,* Der Rechtsschutz von Nachbargemeinden in Verbindung mit Bauleitplänen, Frotscher-FS, 2007; *ders,* Die Feststellung der Rechtswidrigkeit einer Norm als Streitgegenstand der oberverwaltungsgerichtlichen Normenkontrolle gem. § 47 VwGO, Kopp-GdS 2007; *Schlichter,* Das verwaltungsgerichtliche Normenkontrollverfahren im vereinten Deutschland – Harmonisierung nach der Herstellung staatlicher Normalität, Redeker-FS 1993, 357; *J. Schmidt,* Der Einfluß des Bundesverfassungsgerichts auf das Verwaltungsprozeßrecht, VerwA 2001, 443, 457; *ders,* Möglichkeit und Grenzen der Heilung von Satzungen nach § 215 a BauGB, NVwZ 2000, 977; *ders/A. Lange,* Die Sachentscheidung im verwaltungsgerichtlichen Normenkontrollverfahren, Mühl-FS 1981, 595; *Schmidt-Preuß,* Urteilsanm zu DVBl 1999, 100, DVBl 1999, 103; *Schmieszek,* Sechstes Gesetz zur Änderung der Verwaltungsgerichtsordnung und anderer Gesetze (6. VwGOÄndG), NVwZ 1996, 1151; *Schmitz,* Konkurrentenklage und Ladenschluss, NVwZ 2002, 822; *Schmitz-Rode,* Das Normenkontrollverfahren (§ 47 VwGO) nach der 6. VwGO-Novelle, NJW 1998, 415; *Schnapp,* Die Richtlinien im Kassenarztrecht (§ 92 SGB V) auf dem verfassungsrechtlichen Prüfstand, Krasney-FS 1997, 437; *Schoch,* Die verwaltungsgerichtliche Prüfung von Bebauungsplänen, AöR 1990, 93; *Schrader,* Normverwerfungskompetenzen der Behörden?, VBlBW 2006, 382; *Schütz,* Anmerkung zu Mannheim VBlBW 1997, 426, VBlBW 1997, 428; *ders,* Das „Recht auf gerechte Abwägung“ im Bauplanungsrecht, NVwZ 1999, 929; *P. Schulz,* Vorbeugender gerichtlicher Rechtsschutz gegen FHH-Gebiete, NVwZ 2000, 289; *Schweitzer,* Die Befristung prinzipaler Normenkontrollverfahren im Anwendungsbereich des Art. 19 Abs. 4 GG, 2007 (zit Befristung); *Seibert,* Änderungen der VwGO durch das Gesetz zur Bereinigung des Rechtsmittelrechts, NVwZ 2002, 265, 270 f; *Selmer,* Bauplanungsrecht – Funktionslosigkeit eines Bebauungsplans, JuS 2006, 279; *Sendler,* Anm zum Urt des BVerwG v 17. 4. 2002, DVBl 2002, 1409 = JZ 2003, 93, DVBl 2002, 1412; *ders,* Zur verwaltungsgerichtlichen Normenkontrolle, DVBl 2005, 423; *ders,* Der Jubilar, der Grundsatz der Planerhaltung und das Richterrecht, DVBl 2005, 659; *Siemer,* Normenkontrolle durch Feststellungsklage?, 1971; *ders,* Rechtsschutz im Spannungsfeld zwischen Normenkontrolle und Feststellungsklage, Menger-FS 1985, 501; *Sodan,* Der Anspruch auf Rechtsetzung und seine prozessuale Durchsetzbarkeit, NVwZ 2000, 601; *Sommer,* Zur Vorlagepflicht des OVG an den EuGH im verwaltungsgerichtlichen Normenkontrollverfahren, NVwZ 1996, 135; *Stamer,* Anmerkung zu Mannheim MedR 1998, 477, MedR 1998, 478; *Steinkemper,* Neuregelungen des BauGB durch das Europarechtsanpassungsgesetz Bau (EAG Bau), VBlBW 2004, 401; *Stelkens,* Planerhaltung bei Abwägungsmängeln nach dem EAG-Bau, UPR 2005, 81; *Stüer,* Handbuch des Bau- und Fachplanungsrechts, 1997; *ders,* Antragsbefugnis im Normenkontrollverfahren – Stürzt die Abwägungs- und Rechtsschutzpyramide ein?, BauR 1999, 1221; *ders,* BauNVO-Normenkontrolle – Städtebaurecht 2000–2003 – Rechtsprechungsübersicht, DVBl 2004, 83; *ders,* Der Nachhaltigkeitsgedanke als Kompensationselement in der planerischen Ausgleichsentscheidung, NVwZ 2005, 508; *Sydow/Fiedler,* Flugroutenfestlegung. Zum Verhältnis von Verwaltungs- und Gerichtsverfahren am Beispiel der Bestimmung von Flugrouten, DVBl 2006, 1420; *Tysper,* Zur Rechtsfigur der Funktionslosigkeit von Bebauungsplänen als bauplanungsrechtliches Paradigma für die Derogation von Rechtsnormen, BauR 2001, 349; *Uechtritz,* Die Änderungen im Bereich der Fehlerfolgen und der Planerhaltung nach §§ 214 ff. BauGB, ZfBR 2005, 11; *Uhle,* Verwaltungsgerichtliche Kontrolle von Gesetzesrecht?, DVBl 2004, 1272; *Upmeier,* Einführungen zu den Neuerungen durch das Europarechtsanpassungsgesetz Bau (EAG Bau), BauR 2004, 1382; *Wallerath,* Ladenschluß und Konkurrentenschutz, NJW 2001, 781; *Weidemann,* Nochmals: Feststellungsklage gegen den Normgeber, NVwZ 2006, 1259; *Westbomke,* Der Anspruch auf Erlaß von Rechtsverordnungen und Satzungen, 1976; *Wilke,* Teilnichtigkeit von Bebauungsplänen, Schlichter-FS 1995, 567; *H. A. Wolff,* Die Subsidiarität des § 47 Abs 3 aus bayerischer Sicht, BayVBl 2003, 321; *Würtenberger,* Die Normerlaßklage als funktionsgerechte Fortbildung verwaltungsprozessualen Rechtsschutzes, AöR 1980, 370; *Zieglmeier,* Die inzidente Normenkontrolle eines Bebauungsplans im Beitragsverfahren, BayVBl 2006, 517; *Ziekow,* Die Antragsbefugnis Gewerbetreibender im Verfahren der verwaltungsgerichtlichen Normenkontrolle von Bebauungsplänen, GewA 1990, 387; *ders,* Die Zulässigkeit von Konkurrentenanträgen bei der Normenkontrolle von Bebauungsplänen, NVwZ 1991, 345.

Übersicht

1 **1. Allgemeines:** Die Vorschrift, die durch G v 24. 8. 1976 (BGBl I 2437), v 8. 12. 1986 (BGBl I 2191), v 17. 12. 1990 (BGBl I 2809) u v 21. 12. 2006 (BGBl I 3316) sowie durch das 6. VwGOÄndG, das BauROG, das RmBereinVpG u das EAG Bau zT in wesentlichen Punkten geändert wurde, hat eine sog **prinzipale Normenkontrolle** (NK) zum Gegenstand.[1] Hierbei ist die **Rechtmäßigkeit bzw Gültigkeit einer Norm unmittelbar Gegenstand des Vf u** nicht wie bei sog **inzidenten NKen** nur Vorfrage. § 47 regelt trotz seiner systematischen Stellung im Zusammenhang mit anderen Zuständigkeitsvorschriften **nicht nur die sachliche Zuständigkeit des OVG** (VGH) für die Entscheidung über die Gültigkeit von **untergesetzlichen Rechtsvorschriften** im Rahmen der prinzipalen NK; sie enthält zugleich **auch** wesentliche Bestimmungen über **die Zulässigkeit** solcher Anträge iü u über das zu beachtende **Verfahren.** Dabei wurde die Antragsbefugnis natürlicher u juristischer Personen durch das 6. VwGOÄndG dahingehend normiert, daß sie **nicht mehr an einen Nachteil,** sondern an die **Geltendmachung einer RVerletzung** durch den ASt geknüpft ist, die dieser durch die Rechtsvorschrift oder deren Anwendung zumindest in absehbarer Zeit zu erwarten hat; zugleich wurde der **NKAntrag befristet** (s § 47 Abs 2 S 1). Nach § 47 Abs 2 S 1 idF des 6. VwGOÄndG konnte der Antrag nur noch innerhalb von 2 Jahren nach Bekanntmachung der Rechtsvorschrift gestellt werden. Diese Antragsfrist wurde durch G v 21. 12. 2006 (BGBl I 3316) verkürzt auf ein Jahr. Durch das 6. VwGOÄndG wurden daneben das **VorlageVf des § 47 Abs 5 aF** u die hiermit zusammenhängende **Nichtvorlagebeschwerde** des § 47 Abs 7 aF **abgeschafft** u das NK-Vf dem **allg Rechtsmittelrecht unterworfen.**[2] Durch die Streichung von Abs 5 u 7 kam es zu einer Verschiebung der nachfolgenden Absätze. Durch das BauROG wurde ein neuer § 47 Abs 5 S 4 geschaffen, der vorsah, daß festgestellte Mängel einer Satzung oder einer RVO, die nach den Vorschriften des BauGB erlassen worden waren u die durch ein ergänzendes Vf gem § 215 BauGB aF behoben werden konnten, durch das OVG bis zur Behebung des Mangels für unwirksam zu erklären waren. § 47 Abs 5 S 4 wurde aber im Rahmen des EAG Bau wieder aufgehoben u zugleich in § 47 Abs 5 S 2 das Wort „nichtig“ durch „rechtsunwirksam“ ersetzt.[3] Durch G v 21. 12. 2006 (BGBl I 3316) wurde eine neue Präklusionsvorschrift in Abs 2 a geschaffen.

2 Enthält § 47 keine besonderen Regelungen für das Verfahren, sind grds **die allg Vorschriften** der VwGO anwendbar, soweit wesentliche Unterschiede der Verfahrensarten nicht entgegenstehen.[4] **§ 6** findet für das Vf vor dem OVG keine Anwendung, so daß eine Übertragung auf den Einzelrichter ausscheidet. Die **§§ 87 a u 87 b** über die **Befugnisse** des Vorsitzenden oder des Berichterstatters **als Einzelrichter** sind grds anwendbar. Das gilt im Hinblick auf den besonderen Charakter des NKVerfahrens, insb in Anbetracht der objektivrechtlichen Bedeutung der NK jedoch nicht für § 87 a Abs 2 u 3.[5]

---

[1] Zu dieser auf Bettermann ZZP 1959, 34 f zurückgehenden, heute überwiegend benutzten Terminologie s Schenke 131; die Bezeichnung prinzipale NK verdient den Vorzug vor dem Begriff der abstrakten NK, der zT synonym mit dem Terminus prinzipale NK verwandt wird, zT aber auch einen anderen Bedeutungsinhalt aufweist, vgl hierzu Schenke Rechtsschutz 26.

[2] S zur Novellierung Bader DÖV 1997, 444; Krämer LKV 1997, 117; Lotz BayVBl 1997, 257; Löhnig BayVBl 1997, 274; Meissner VBlBW 1997, 84; Millgram SächsVBl 1997, 107; Numberger/Schönfeld UPR 1997, 89; Renck ZRP 1997, 48; Schenke NJW 1997, 82 ff; Schmieszeck NVwZ 1996, 1155.

[3] Krit ggü dieser Neuregelung Bickenbach NVwZ 2006, 178; Sendler DVBl 2005, 664; befürwortend Rieger NVwZ 2006, 1027.

[4] 65, 134 = NJW 1983, 1012; NVwZ 1983, 407; DVBl 1992, 39; Ma NVwZ-RR 1989, 444 – betr Antragsrücknahme und Erledigung; s aber zur Beiladung unten 42; **aA** zu § 88 Ma DVBl 1985, 130; dagegen überzeugend Lemmel DVBl 1985, 131.

[5] RÖ-M. Redeker 40; **aA** Kopp NJW 1991, 1267.

Die **NK** nach § 47 besitzt eine **doppelte Funktion:** Sie dient durch die Möglichkeit allgemeinverbindlicher Entscheidungen über die Unwirksamkeit von Rechtsvorschriften im Rang unter dem förmlichen Gesetz, ähnlich wie die NK des Art 93 Abs 1 Nr 2 GG, zu einem wesentlichen Teil auch der **Rechtssicherheit u** Rechtsgewißheit u der Einheitlichkeit der Rechtsanwendung u damit vor allem auch der **Verfahrensökonomie** durch Vermeidung weiterer Prozesse u durch Entlastung der Verwaltungsgerichte **(„objektives Rechtsbeanstandungsverfahren“).**[6] Das wird insb an der durch eine Behörde gem § 47 Abs 2 S 1 Alt 2 initiierten NK deutlich. Soweit die NK auf Antrag einer von der angegriffenen Norm betroffenen natürlichen oder juristischen Person erfolgt, dient sie **auch dem subjektiven Rechtsschutz** des einzelnen **(Rechtsschutzverfahren).** 3

Verfassungsrechtliche Bedenken gegen § 47: Soweit Bedenken gegen die Verfassungsmäßigkeit des § 47[7] auf den Charakter der Vorschrift als eines (auch) objektiven BeanstandungsVf gestützt werden (so Renck DÖV 1996, 409 ff), ist ihnen nicht zu folgen, da gute Gründe für die Schaffung eines auch der objektivrechtlichen NK dienenden Vf sprechen u der Gesetzgeber insoweit einen **weiten Gestaltungsspielraum** besitzt. 4

Zweifelhaft kann die Verfassungsmäßigkeit der Regelung nur soweit sein, als die durch **§ 47 Abs 1 Nr 1 bundesrechtlich vorgeschriebene NK** landesrechtlicher Vorschriften am Maßstab von höherrangigem Landesrecht, insb Landesverfassungsrecht, sich als **Landesverfassungsgerichtsbarkeit** darstellt,[8] für die grds eine **ausschließliche Gesetzgebungskompetenz der Länder** besteht. Rechtfertigen läßt sich die Verfassungsmäßigkeit einer bundesrechtlich obligatorischen vorgeschriebenen NK am Maßstab vom Landesrecht **nur unter dem Gesichtspunkt der Annexkompetenz,** wobei in diesem Zusammenhang bedeutsam wird, daß § 47 Abs 3 Vorsorge trifft, daß das **Monopol der Landesverfassungsgerichtsbarkeit** zur Letztentscheidung für die Nachprüfung am Maßstab von Verfassungsrecht gewahrt bleibt (vgl BayVerfGH NJW 1984, 226; Kopp NJW 1976, 1262; Sachs BayVBl 1982, 398; s auch NKVwGO-Ziekow 12). Die Bedeutung dieser Problematik ist allerdings heute beschränkt, da **weitaus die meisten Bundesländer von der bundesrechtlichen Ermächtigung des § 47 Abs 1 Nr 2 Gebrauch gemacht** haben (s unten 23). Gegen eine **auf Landesrecht beruhende Überprüfung** untergesetzlicher Rechtsvorschriften am Maßstab von höherrangigem Landesrecht bestehen aber unter dem Gesichtspunkt der Gesetzgebungskompetenz keine Bedenken. Deshalb ergibt sich hier jedenfalls aus § 47 Abs 1 Nr 2 iVm den landesgesetzlichen

---

[6] S BT-Dr 3/55, 33; 7/4324, 11; 7/5492, 3; BVerfG 64, 79; BVerwG 56, 178 = DÖV 1978, 925; 64, 78 = NVwZ 1982, 104; NJW 1985, 2317; DVBl 1989, 1102; 1992, 36; NVwZ 1992, 568; Ba NuR 1999, 345; Bln NVwZ 1997, 1222; Mü 11, 96; BayVBl 1988, 398; Lü DVBl 1978, 176; Ks DVBl 1975, 909; Br DÖV 1986, 980; Ma DVBl 1986, 626; Bachof NJW 1968, 1067; Werner BayVBl 1976, 709, 711; Ritter DÖV 1976, 802; Ey-J. Schmidt 5; Bergmann VerwA 1960, 36; König DVBl 1963, 81; v Mutius VerwA 1973, 99; Krebs VerwA 1978, 328 mwN; Achterberg DVBl 1981, 283; NKVwGO-Ziekow 30 ff; Schenke Rechtsschutz 258 und Schenke 873; Sch-Gerhardt/Bier 8; Würt 435; **aA** Obermayer, Zehn Jahre VwGO 1970, 156; v Engelhardt 195: nur Rechtsschutzverfahren.

[7] Zur Vereinbarkeit von § 47 mit dem GG s BVerfG VRspr 13, 140; BVerwG 64, 78 = NVwZ 1982, 104; 80, 257 – die gerichtliche Kontrolle der Exekutive ist, auch soweit sie rechtssetzend tätig wird, Aufgabe der Verwaltungsgerichte –; Stern 174; Sch-Gerhardt/Bier 4; Maurer NJW 1979, 2507; ausf 10. Aufl 4; ferner unten 95; zT **aA** Renck NJW 1980, 1026; DÖV 1996, 409 f; Knöpfle BayVGH FS 1979, 187 sowie früher Schenke Rechtsschutz 263 und NJW 1978, 675 mwN.

[8] Dazu ausf Schenke Rechtsschutz 264 ff und NJW 1978, 675; s auch NKVwGO-Ziekow 8 f mwN; BVerfG 4, 188; BGH VRSpr 1957, 70; BT-Dr 3/55, 33; **aA** 80, 357; Sch-Gerhardt/Bier 4; Erichsen VerwA 1977, 183.

Ausführungsgesetzen die Zulässigkeit einer Überprüfung etwa von Bebauungsplänen am Maßstab von Landesverfassungsrecht.

5 **Anwendungsbereich und Verhältnis zur inzidenten NK:** § 47 erfaßt nur einen **relativ schmalen Bereich des Rechtsschutzes bei nationalem normativem (untergesetzlichem) Unrecht,** der durch die 1996 eingeführte u 2006 verkürzte Antragsfrist weiter beschränkt wurde. So ist § 47 **nicht anwendbar** auf alle Parlamentsgesetze, alle **bundesrechtlichen Rechtsvorschriften,** alle landesrechtlichen Normen, soweit der Landesgesetzgeber von der Ermächtigung des § 47 Abs 1 Nr 2 keinen Gebrauch gemacht hat, auf den Fall des rechtswidrigen Unterlassens von Rechtsnormen (s zum letzteren unten 13f) sowie auf **Rechtsnormen des Gemeinschaftsrechts.** IdR besteht aber die Möglichkeit eines Rechtsschutzes mittels **inzidenter NK.** Das gilt auch für den Rechtsschutz gegen Gemeinschaftsrechtsnormen, etwa in Form eines **Vorgehens gegen die Vornahme oder Unterlassung nationaler Vollzugsakte** bzw – bei Fehlen von Vollzugsakten – durch eine **allg Feststellungsklage** (dazu zB Baumeister EuR 2005, 1ff, 16; Cremer DV 2004, 176ff; s auch 8e zu § 43). Nicht möglich ist es hingegen, über § 43 einen durch das Gemeinschaftsrecht begründeten Rechtsanspr auf Erlaß eines formellen Gesetzes feststellen zu lassen, da es sich insoweit nach ganz hM (31ff zu § 40) um eine verfassungsrechtliche Streitigkeit handelt (s auch 8j zu § 43; **aA** lediglich Dünchheim DÖV 2004, 143ff).

6 **Nicht berührt werden** durch § 47 die Berechtigung u Verpflichtung der Gerichte, im Rahmen anderer Vf Normen **inzident** auf ihre Vereinbarkeit mit höherrangigem Recht zu prüfen;[9] ebenso nicht **Verpflichtungen** zur **Vorlage an Verfassungsgerichte,** zB nach Art 100 GG u entspr Vorschriften des Landesrechts (s auch unten 106), oder an den EuGH (s 44 zu § 40).

7 **2. Verfassungsrechtliche Rechtsschutzgarantie bei normativem (untergesetzlichem) Unrecht:** Nach heute ganz hM[10] garantiert Art 19 Abs 4 GG zumindest bei untergesetzlichem normativem Unrecht gerichtlichen Rechtsschutz. Da § 47 aber nur einen relativ beschränkten Anwendungsbereich besitzt (s oben 1, 5), der durch die Antragsfrist nach Abs 2 S 1 weiter eingeschränkt wurde, wirft dies die Frage auf, ob ausreichender Rechtsschutz außerhalb des § 47 besteht (im folgenden 8–11). Dieselbe Frage stellt sich auch insoweit, als § 47 keinen Rechtsschutz gegen ein Unterlassen untergesetzlicher Rechtsvorschriften vorsieht (s unten 13f). Unter 15f wird der vorbeugende Rechtsschutz ggü Normen behandelt.

8 **a) Grds kein Erfordernis einer prinzipalen Normenkontrolle.** Die Einführung der NK ist in den meisten Fällen **nicht verfassungsrechtlich geboten.** Eine **Verpflichtung** des Bundes oder der Länder **zur** allg **Einführung des NKAntrags** entspr § 47 ergibt sich auch **nicht aus Art 19 Abs 4 GG.**[11] Die NK ist, soweit sie nicht gem § 47 Abs 1 Nr 1 bzw aufgrund eines Landesgesetzes gem § 47 Abs 1 Nr 2 zulässig ist, nach der Rspr, selbst soweit Normen direkt in geschützte Rechte eingreifen, auch nicht schon unmittelbar aufgrund von Art 19

---

[9] BT-Dr 7/4324, 11; BVerwG 25, 156; 56, 178; 58, 301; NJW 1983, 2208; 1984, 677 – beide zu Feststellungsklagen, deren Begründetheit ausschließlich von der Frage der Gültigkeit einer Rechtsvorschrift abhing –; Mü BayVBl 1978, 574; s auch unten 8 und 106 sowie allg 44 zu § 40; **aA** Mü 27, 34; auch BVerwG DÖV 1965, 169; DÖV 1974, 427; abzulehnen.

[10] 80, 361; NVwZ 1990, 163; MD-Schmidt-Aßmann 70ff zu Art 19 Abs 4 GG; BK-Schenke 249ff zu Art 19 Abs 4 GG und VerwA 1991, 313ff mwN; BerlK-Ibler 66 zu Art 19 Abs 4; ebenso nunmehr auch BVerfG NVwZ 2006, 923 u dazu Schenke JZ 2006, 1004ff.

[11] BVerfG 31, 370; 69, 33; NVwZ 1984, 90; BVerwG 26, 253; NVwZ-RR 1993, 514; Stüer DVBl 1985, 473; Schenke 883 und Rechtsschutz 159ff; **aA** Mü BayVBl 1980, 211: zur Normerlaßklage; Sa DÖV 1985, 75: zu § 47 Abs 7 aF, ohne Begründung.

Abs 4 GG und/oder analog § 47 zulässig.[12] Ausgeschlossen ist auch eine allgemeine Leistungsklage (für sie aber Repkewitz VBlBW 2005, 12; Wysk ZLW 1998, 295; Czybulka ZUR 2001, 269), die auf die Aufhebung der Norm gerichtet ist (Br NVwZ-RR 2001, 378). Abgesehen davon, daß es sich bei einer derartigen Klage entgegen der hM um eine verfassungsrechtliche Streitigkeit handeln dürfte (32f zu § 40), liefe ihre Befürwortung jedenfalls auf eine Umgehung des § 47 hinaus u würde überdies nicht dem Umstand gerecht, daß der Rechtsschutz gegen rechtswidrige Normen im Hinblick auf deren grds Nichtigkeit nach unserer Rechtsordnung nur über Feststellungsklagen gewährt wird (treffend insoweit die Kritik von Sydow/Fiedler DVBl 2006, 1423). Dem Erfordernis effektiven gerichtlichen Rechtsschutzes gem Art 19 Abs 4 GG **genügen** nach hM meist auch inzidente Möglichkeiten des Rechtsschutzes, so bei **vollziehbaren Normen** idR die Anfechtungsklage gegen Vollziehungsakte,[13] bei **nicht vollziehbaren Normen (sog self-executing-Normen),** wie zB bei einer gesetzlich festgelegten Zwangsmitgliedschaft in einer juristischen Person des öffentlichen Rechts (NJW 1983, 2208) oder dem gesetzlichen Verbot einer gewerblichen Tätigkeit, **verwaltungsgerichtliche Feststellungsklagen** gem § 43 (s 8h zu § 43), mit denen das (Fort-)Bestehen des Rechts geltend gemacht wird, auf dessen Aufhebung die Norm gerichtet ist.[14]

Art 19 Abs 4 GG fordert jedoch **ausnahmsweise eine prinzipale NK,** wenn nur so ein wirksamer Rechtsschutz möglich ist. Das trifft etwa zu bei **januskköpfigen Rechtsnormen,** bei denen die rechtliche Belastung bestimmter Personen untrennbar mit einer Regelung ggü einer im vorhinein nicht feststehenden Zahl von Personen verbunden ist,[15] bei **Plannormen**[16] (Schenke Rechtsschutz 156ff) u sonstigen **Gesetzen, bei denen die Belastung in einem sozialen Gesamtzusammenhang steht,** von dem sie nicht isoliert werden kann (Bsp: Wahl- oder Organisationsregelung), sowie bei **Normen, die trotz ihrer Rechtswidrigkeit als rechtswirksam u anwendbar anzusehen sind** (s im Zusammenhang mit § 47 unten 129; insgesamt auch BK-Schenke 271 zu Art 19 Abs 4 mwN).

b) Keine prinzipale Normenkontrolle durch verwaltungsgerichtliche Feststellungsklagen. Soweit Art 19 Abs 4 GG zur Sicherung eines effektiven Rechtsschutzes ausnahmsweise eine prinzipale NK fordert, läßt sich diese jedenfalls nicht allein[17] mit einer verwaltungsgerichtlichen **Feststellungsklage auf Feststellung des Bestehens oder Nichtbestehens eines Normgebungs-** 9

[12] BVerfG 31, 368; NVwZ 2006, 923f; Ks DVBl 1992, 779; vgl auch BVerfG NJW 1984, 1805: keine abstrakte NK in der Sozialgerichtsbarkeit; BVerwG DVBl 1993, 886; Bartlsperger DVBl 1967, 372; **aA** Obermayer 236; DVBl 1965, 632; v Engelhardt 182ff; Umbach DVBl 1971, 743; Frenz BayVBl 1993, 490f.

[13] BVerfG NVwZ 2006, 923f; DÖV 1993, 1093; Schenke 1065; eingeh Schenke Rechtsschutz 190ff sowie Schenke JZ 2006, 1007f; Weidemann NVwZ 2006, 1260; Kuntz 45ff.

[14] S BVerfG NVwZ 2004, 977; ; BVerwG NJW 1983, 2208; s auch NJW 1984, 677; NJW 2000, 3584 mit zust Anm Hufen JuS 2001, 406; Br NVwZ-RR 2001, 379; Mü NuR 2001, 527; Ms NVwZ-RR 1995, 138; Bachof I 241; P § 11, 7; Bohl NVwZ 2001, 764; Kuntz 121ff; Schenke 1074 und eingeh Rechtsschutz 215ff; JZ 1996, 1114; Sch-Pietzcker 25 zu § 43; Siemer 27ff und Menger-FS 508ff; Ule 157; Weidemann NVwZ 2006, 1260f; **aA** – zumindest aber mißverständlich – Hufen § 19, 5; DV 1999, 525, ferner Clausing JuS 2001, 998ff u H.H. Rupp NVwZ 2002, 286 (zu diesem näher 8e zu § 43); s auch Kukk NVwZ 2001, 408f.

[15] Bsp bei Gallwas BayVBl 1965, 41ff; BVerfG 13, 232; BerlK-Ibler 202 zu Art 19 Abs 4; s zum Fall der Regelungen betr Ethik-Kommissionen Schenke NJW 1996, 745ff.

[16] **AA** BerlK-Ibler 202 zu Art 19 Abs 4.

[17] Zur Möglichkeit eines Rechtsschutzes gegen formelle nachkonstitutionelle Gesetze bei analoger Anwendung des § 82 Abs 2 BVerfGG s Schenke JZ 2006, 1009ff sowie 8ff zu § 43 und unten 11.

rechts realisieren.[18] Ein „Recht" zur Normgebung begründet nämlich kein Rechtsverhältnis iSd § 43, zumal in Konsequenz einer solchen Auffassung eine vorbeugende Feststellungsklage gegen den bevorstehenden Erlaß einer Norm zulässig sein müßte (vgl unten 15 f), was schwerwiegende Bedenken unter dem Aspekt der **Gewaltenteilung** provozierte (Schenke 1089). Schließlich liefe die Zulässigkeit einer solchen Feststellungsklage in der Tat auf eine Umgehung des § 47 hinaus u beträfe iü eine **verfassungsrechtliche Streitigkeit** (s auch Schenke 1075). Ggü vom Parlament erlassenen Gesetzen könnte sie – was auch von den Befürwortern einer solchen Klage konzediert wird – ohnehin keinen Rechtsschutz gewährleisten. Auch eine **atypische Feststellungsklage,** mit welcher die Unwirksamkeit einer untergesetzlichen Norm[19] oder eine durch sie verursachte RVerletzung[20] festgestellt werden soll, ist der VwGO fremd (s dazu näher 8 ff zu § 43), zudem käme ihr gem § 121 **nur inter-partes-Wirkung** zu.

10 Noch weniger zu überzeugen vermag die Ansicht, welche sich für die Zulässigkeit einer auf die Feststellung der Unwirksamkeit einer untergesetzlichen Norm gerichteten **atypischen Feststellungsklage** ausspricht, der bei ihrem Erfolg **inter-omnes Wirkung** zukommen soll (so aber Pielow DV 1999, 470). Zum einen bedarf es regelmäßig zur Gewährleistung eines effektiven Rechtsschutzes keiner allgemeinverbindlichen NK. Der verfassungsrechtlich fundierte Beseitigungsanspr ist gerichtet auf die Beseitigung der RVerletzung, dh grds auf die individuelle Beseitigung der sich aus der Rechtsnorm ergebenden Beeinträchtigung (Schenke Rechtsschutz 147 ff; Baumeister Rechtswidrigwerden 86 f). Zum anderen wäre eine atypische Feststellungsklage in den Fällen, in denen ausnahmsweise effektiver Rechtsschutz nur mittels einer allgemeinverbindlichen Unwirksamerklärung einer Norm möglich ist, zwar in der Lage, Rechtsschutzlücken zu schließen. Bei Bejahung der Statthaftigkeit einer solchen Klage würde aber die Umgehung des § 47 besonders deutlich, indem nunmehr untergesetzliche Normen – abweichend von § 47 – allg einer verwaltungsgerichtlichen prinzipalen NK unterfielen - u dies sogar durch jedes erstinstanzliche Verwaltungsgericht u frei von den Einschränkungen der verfassungsgerichtlichen Vorbehaltsklausel des § 47 Abs 3. Eine solche Lösung wäre auch mit der Regelung des § 121 unvereinbar, der nur eine inter-partes-Rechtskraftwirkung, nicht aber die Allgemeinverbindlichkeit einer Entscheidung vorsieht. Zudem bliebe unklar, wie eine solche allgemeinverbindliche Unwirksamerklärung bekannt gemacht würde (s auch Schweitzer Befristung 163). Bei einer analogen Anwendung des § 47 Abs 5 S 2 ergäbe sich bei Unwirksamerklärung einer bundesrechtlichen Rechtsverordnung das merkwürdig anmutende Ergebnis, daß die Entscheidung des VG im BGBl zu veröffentlichen wäre. Am Beispiel einer bundesrechtlichen Rechtsverordnung wird iü in besonderer Weise deutlich, wie problematisch es wäre, die Entscheidung über die allgemeinverbindliche Unwirksamerklärung einer Norm nicht beim BVerwG zu konzentrieren, sondern sie jedem VG zu überlassen.

11 **c) Schließung von Rechtsschutzlücken, insb durch die Verfassungsbeschwerde.** Bei untergesetzlichen Normen, die trotz ihrer Rechtswidrigkeit (ausnahmsweise) zunächst wirksam sind u bei denen der Verletzte nur einen Rechtsanspr darauf hat, daß die Rechtswidrigkeit durch Erlaß einer neuen Norm beseitigt wird, läßt sich ein Rechtsschutz dann sicherstellen, wenn man mit der

---

[18] Hierfür aber Renck JuS 1966, 278; vgl auch Repkewitz VBlBW 2005, 13; krit Schenke Rechtsschutz 242 ff; Kuntz 121 f; Schweitzer Befristung 152 ff; Selb, Die verwaltungsgerichtliche Feststellungsklage, 1998, 78 ff; vgl auch VG Düsseldorf NVwZ 2001, 591 f.

[19] Für sie BlnB BeckRS 2006 Nr 20 174; Ks NVwZ 2006, 1198; Fellenberg/Karpenstein NVwZ 2006, 1134; früher Maurer Kern-FS 305 ff; SGH 397; **krit** Schenke 1073; Schweitzer Befristung 163 ff.

[20] So NVwZ 2004, 474; Sydow/Fiedler DVBl 2006, 1423; **krit** Schweitzer Befristung 159 ff.

Rspr des BVerfG u des BVerwG der Ansicht ist, daß hier der Verletzte im Wege einer verwaltungsgerichtlichen Feststellungsklage auf Erlaß einer die Rechtswidrigkeit behebenden Norm klagen kann.[21] Bei vom Parlament erlassenen Gesetzen, die trotz ihrer Verfassungswidrigkeit rechtswirksam sind, scheidet dieser Weg allerdings aus. Denkbar ist hier u in den anderen Fällen, in denen ausnahmsweise ein dem Art 19 Abs 4 GG genügender effektiver Rechtsschutz nur über eine prinzipale Nichtigerklärung möglich ist,[22] den Rechtsschutz über eine verwaltungsgerichtliche inzidente NK iVm der in einem konkreten NKVerfahren gem Art 100 GG ergehenden Entscheidung eines Verfassungsgerichts sicherzustellen. Dies setzte allerdings voraus, daß dieses verfassungsgerichtliche Vf dem Kl des AusgangsVf subjektiven Rechtsschutz gewährte, was nach bisher ganz hM nicht zutrifft, denn nach letzterer stellt das Vf des Art 100 Abs 1 GG ein rein objektivrechtliches Vf dar,[23] in welchem den Beteiligten des AusgangsVf keine Beteiligtenstellung eingeräumt wird. Das würde allerdings dann nicht gelten, wenn man, wie an anderer Stelle vorgeschlagen (Schenke JZ 2006,1009), dem Kl des Ausgangsverfahrens, der eine RVerletzung durch das Gesetz geltend macht, ein **Beitrittsrecht in analoger Anwendung des § 82 Abs 2 BVerfGG** einräumte und dieser hiervon Gebrauch machte.

Hält man diesen Weg für nicht gangbar, so kann in allen Fällen, in denen ein dem Art 19 Abs 4 GG genügender Rechtsschutz ausnahmsweise nur durch eine prinzipale allgemeinverbindliche NKEntscheidung möglich (s oben 8 sowie Schenke 1077 ff) u diese gesetzlich nicht vorgesehen ist, der Rechtsschutz nur durch eine **VB** gewährleistet werden (s auch Mü NVwZ-RR 1995, 116; Schenke Rechtsschutz 297 ff),[24] da jede rechtswidrig belastende Rechtsnorm, wenn nicht schon gegen ein spezielles Grundrecht, so jedenfalls gegen Art 2 Abs 1 GG verstößt (Schenke 1080 u Rechtsschutz 197 ff).

Die Beschränkungen des Prüfungsmaßstabs bei mittelbaren Grundrechtsverletzungen finden iVm Normen **keine Anwendung.**[25] Ein Rechtsschutz über die VB kommt sogar dann in Betracht, wenn dem § 47 nicht unterfallendes nationales Recht (also insb Bundesrecht u formelle Landesgesetze) gegen EG-Recht verstößt u ausnahmsweise effektiver Rechtsschutz gegen die nationale Norm nur mittels einer prinzipalen NK zu bewerkstelligen ist. Auch eine Verletzung von EG-Recht durch eine den Bürger rechtlich belastende Norm führt dazu, daß hiermit zugleich eine Verletzung von nationalen Grundrechten einhergeht[26] u sich das BVerfG auch damit zu befassen hat, ob die angegriffene Norm Gemeinschaftsrecht verletzt, wenn auf andere Weise (ausnahms-

---

[21] BVerfG NVwZ 2006,924 (dazu Muckel JA 2007, 76 ff u Schenke JZ 2006, 1004 ff); BVerwG NVwZ 2002, 1506; s dazu näher 8 j zu § 43.

[22] Schenke 1077 ff; Rechtsschutz 159 ff; BK 271 zu Art 19 Abs 4 GG; MD-Schmidt-Aßmann 75 zu Art 19 Abs 4; AK-GG-Wassermann 38 zu Art 19 Abs 4; BerlK-Ibler 202 zu Art 19 Abs 4; generell für prinzipale NK Frenz BayVBl 1993, 490; Obermayer DVBl 1965, 632; Bartlsperger DVBl 1967, 372; Umbach DVBl 1971, 743; v Engelhardt 182; die inzidente NK halten stets für ausreichend Sch-Gerhardt/Bier 10, wobei die dort genannten Fundstellen sich nur auf die Frage beziehen, ob eine prinzipale NK gem Art 19 Abs 4 GG generell geboten ist, was zu Recht abgelehnt wird, s oben 8.

[23] BVerfG 2, 217; 20, 351; Benda/E. Klein, Verfassungsprozessrecht, 2. Aufl. 2001, § 23, 772.

[24] Dazu, daß auch eine VB gegen Normen (anders als gegen VAe und sonstiges Verwaltungshandeln) einen Rechtsweg iSd Art 19 Abs 4 darstellt, s ausf BK-Schenke 42 ff zu Art 19 Abs 4 GG mwN; **aA** BVerfG NVwZ 1998, 170; Pielow DV 1999, 467 mwN.

[25] Vgl zB 7, 118 f; 9, 248 f; 45, 413; 53, 390 u dazu mwN Schenke, Verfassungsgerichtsbarkeit und Fachgerichtsbarkeit, 1987, 59; nicht ausreichend beachtet wird dies von BVerfG NVwZ 1998, 170.

[26] Ebenso E. Klein, Stern-FS 1997; 1309; vgl auch Frowein, FG BVerfG Bd II 1976, 200; Gellermann, in: RMG § 35, 58; Giegerich JuS 1997, 430; Hasselbach MDR 1994, 852; Rengeling DVBl 1986, 311.

weise) kein effektiver Rechtsschutz sicherzustellen ist.[27] Allerdings können sich hierbei Einschränkungen der bundesverfassungsgerichtlichen Verwerfungskompetenz aus der Vorlagepflicht des Art 234 EGV ergeben, die auch das BVerfG dort zur Vorlage vor den EuGH zwingt, wo es von einem entscheidungserheblichen Widerspruch zwischen primärem u sekundärem Gemeinschaftsrecht ausgeht (Schenke 166b). Gemeinschaftsrecht selbst kann ohnehin grds nicht Gegenstand einer VB sein. Soweit Rechtsschutzlücken daraus resultieren, daß Art 230 Abs 4 EGV nach der Rspr des EuGH keinen Rechtsschutz gegen Gemeinschaftsrecht bietet[28] u auch der inzidente Rechtsschutz etwa über eine Anfechtung nationaler Vollzugsakte wie auch durch eine verwaltungsgerichtliche Feststellungsklage nicht ausreicht (dazu 8e zu § 43), ist noch ein verfassungsgerichtlicher Rechtsschutz gegen das Zustimmungsgesetz in Erwägung zu ziehen, das die ihm durch das nationale Verfassungsrecht gesetzten Integrationsgrenzen überschritten hat.[29]

Ist zur Gewährung eines effektiven Rechtsschutzes (ausnahmsweise) eine in den Prozeßordnungen nicht vorgesehene prinzipale NK erforderlich, kommt die **Subsidiarität** der VB **nicht zum Tragen.** Ebensowenig kann in diesen Fällen die Befristung der VB durch **§ 93 Abs 3 BVerfGG** zum Ausschluß des verfassungsrechtlich gebotenen effektiven Rechtsschutzes gegen untergesetzliche Rechtsvorschriften führen.[30] Die Rechtsschutztauglichkeit des VBVerfahrens scheitert auch nicht daran, daß ihm nach § 93a BVerfGG ein AnnahmeVf vorgeschaltet ist (s demgegenüber BVerfG NVwZ 1998, 170). Soweit sich ohne Annahme der VB eine Rechtsschutzlücke ergeben würde, läßt sich aus einer verfassungskonformen Auslegung des § 93a BVerfGG (s auch § 93a Abs 2 lit b BVerfGG) die Notwendigkeit einer Annahme folgern (s auch Schenke Rechtsschutz 311). Eine Überlastung des BVerfG wäre hierbei nicht zu befürchten, da die Fälle, in denen Art 19 Abs 4 GG zur Sicherung eines effektiven Rechtsschutzes eine prinzipale Nichtigerklärung der Norm fordert, relativ selten sind (zu den Fallgruppen s oben 8). Zudem kann bei aller Anerkennung des Bedürfnisses, das BVerfG zu entlasten, dies nicht rechtfertigen, den VGen zur Sicherung eines effektiven Rechtsschutzes eine Aufgabe zu übertragen, die auf der Basis des verwaltungsprozessualen Rechtsschutzsystems im Wege der richterlichen Rechtsfortbildung – wie an den Versuchen zur Ausweitung der verwaltungsgerichtlichen Feststellungsklage aufgezeigt (s oben 9f) – nicht zu bewerkstelligen ist, während es bei der Realisierung des

---

[27] **AA** BVerfG 31, 174; 82, 191 und Dörr 212, die hierbei aber nicht ausreichend beachten, daß die von ihnen angeführten kompetenzrechtlichen Gründe dann nicht durchzuschlagen vermögen, wenn sich hieraus eine Verletzung des Art 19 Abs 4 GG ergibt; s zu einem entspr Problem, das sich iVm der Verletzung von Landesgrundrechten stellt, auch Schenke, Rechtsschutz 326ff.

[28] EuGH 2002, I 6677 = NJW 2002, 2935; DVBl 2004, 820: Einzelner kann gegen eine Vorschrift mit allg Geltung nur dann Klage erheben, wenn er von ihr nicht nur unmittelbar, sondern auch individuell betroffen wird. Eine individuelle Betroffenheit liegt nur dann vor, wenn die Vorschrift den Einzelnen wg bestimmter besonderer Eigenschaften oder aufgrund von Umständen betrifft, die ihn aus dem Kreis aller übrigen heraussheben und in ähnlicher Weise individualisieren wie einen Adressaten. Krit zu dieser Rspr Braun/Kettner DÖV 2003, 58ff; Callies NJW 2002, 3579ff; Nettesheim JZ 2002, 928ff; Röhl Jura 2003, 830ff; vgl auch König JuS 2003, 257.

[29] Vgl auch Dörr 254; dort auch 255ff zur Frage des Rechtsschutzes in den Fällen, in denen das Gemeinschaftsrecht die Grenze des Übertragenen überschritten hat.

[30] Schenke 1080; Schweitzer Befristung 191ff; nicht überzeugend deshalb BVerfG NVwZ 1998, 170, in dem zwar Art 19 Abs 4 GG auf untergesetzliche Normen erstreckt wird (so nunmehr ausdr auch BVerfG JZ 2006, 1022), trotzdem aber von einer uneingeschränkten Anwendung des § 93 Abs 3 BVerfGG ausgegangen wird. Die bei formellen Gesetzen in Betracht kommende analoge Anwendung des § 82 Abs 2 BVerfGG auf das konkrete NKVerfahren des Art 100 GG (s oben 11) wäre zwar bei formellen (nachkonstitutionellen) Gesetzen in der Lage, Rechtsschutzlücken zu schließen, nicht aber bei untergesetzlichen Rechtsvorschriften, auf die Art 100 GG keine Anwendung findet.

Rechtsschutzes mittels einer VB nur relativ geringer Korrekturen bedarf (s auch Maurer NJW 1979, 2507).

In Konsequenz dessen beinhaltet § 47 auch **keinen allg Rechtsgedanken,** der auch für andere Gerichtszweige Geltung hätte.[31] Es sprechen aber gewichtige **praktische u rechtspolitische Argumente** für die Einführung, so insb Gründe des Rechtsfriedens, der Rechtsstaatlichkeit u Rechtssicherheit, Gründe der Verstärkung des Rechtsschutzes, vor allem auch seiner Rechtzeitigkeit, seiner Rationalisierung u der Vermeidung von divergierenden Entscheidungen u damit zugleich auch einer **Entlastung der Vwgbk** (Hoppe, Redeker-FS 1993, 392; Kopp, Gutachten zum 42. DJT 1982, 71). Sie hat sich auch, soweit sie im Rahmen der Vwgbk eingeführt wurde, sehr gut bewährt.[32] 12

d) Rechtsschutz gegen das rechtswidrige Unterlassen von Normen sowie gegen rechtswidrige wirksame Normen. Dort wo der Bürger ausnahmsweise einen Rechtsanspr auf Erlaß einer untergesetzlichen Rechtsnorm besitzt (was auch dann zutrifft, wenn eine Norm – insb bei einer Verletzung des Art 3 GG – **trotz ihrer Rechtswidrigkeit wirksam** ist u eine **Pflicht zu ihrer Änderung**[33] besteht), muß gem Art 19 Abs 4 GG eine gerichtliche Rechtsschutzmöglichkeit bestehen (s 8j zu § 43).[34] Eine (analoge) Anwendung des § 47 wird überwiegend abgelehnt[35] (anders zum Fall des relativen Unterlassens, s unten 14). Als zulässig angesehen wird dagegen vielfach eine allg **Leistungsklage auf Normerlaß**[36] (8 a vor § 40) oder eine **Feststellungsklage.**[37] Bedenken ggü beiden Klagemöglichkeiten bestehen freilich insoweit, als es sich hier – ebenso wie bei einer Klage, die auf Anspr eines formellen Gesetzes gerichtet ist[38]– um 13

---

[31] Vgl BVerfG NJW 1984, 1805 f: keine prinzipale NK im Bereich der Sozialgerichtsbarkeit, auch nicht aufgrund § 54 Abs 5 SGG; s auch Schenke Rechtsschutz 257 ff, 297 ff und oben 8 ff.

[32] Vgl Bickel NJW 1985, 2441; Hoppe, Redeker-FS 1993, 393; Kopp, Gutachten aaO; Paetow NVwZ 1985, 316; Schenke NJW 1997, 82.

[33] Zu einem solchen Fall BVerfG JZ 2006, 1021 ff u dazu Muckel JA 2007, 76 u Schenke JZ 2006, 1004.

[34] 80, 361; NVwZ 1990, 163; BVerfG JZ 2006, 1021 f; eingeh Schenke Rechtsschutz 28 ff und 169 ff; BK 272 f zu Art 19 Abs 4 GG; JZ 2006, 1004; Robbers JuS 1988, 951; MD-Schmidt-Aßmann 76 und 93 zu Art 19 Abs 4 GG; AK-GG-Wassermann 37 ff zu Art 19 Abs 4 GG; Würtenberger AöR 1980, 390 f.

[35] 80, 362; NVwZ 1983, 92; 1990, 162; Ks DÖV 1983, 385; DVBl 1992, 779; Mü BayVBl 1981, 499; Robbers JuS 1988, 951; Schenke VerwA 1991, 352; Westbomke 129 f; **aA** Mü BayVBl 1980, 211.

[36] Br NVwZ-RR 2001, 378; Ma NVwZ-RR 2000, 701; Mü BayVBl 1981, 503; Ms DVBl 1974, 814; BSG NZS 2001, 590 – für Sozialgerichtsbarkeit; Axer NZS 1997, 14 ff; v Barby DVBl 1974, 816; Duken NVwZ 1993, 548; Ehlers Jura 2006, 353; Hufen § 20, 12; Köller/Haller JuS 2004, 190; Maurer, Kern-FS 312; Fn 118; Obermayer in: 10 Jahre VwGO, 1970, 158 f; Papier, Menger-FS 533; P § 12, 14 f – mit Einschränkungen; Sch-Pietzcker 160 zu § 42 Abs 1; Schoch JK 01 VwGO § 42/23; Westbomke 132; Würtenberger PdW 585; **aA** Ko NJW 1988, 1684; Ma DVBl 1986, 630; Allesch BayVBl 1990, 121; Ey-J. Schmidt 19; A. Hartmann DÖV 1991, 65 f; NKVwGO-Sodan 49 zu § 42; Robbers JuS 1988, 952; 1990, 980; Schenke VerwA 1991, 351 f; Sodan NVwZ 2000, 608 f.

[37] 80, 365 ff und NVwZ 1990, 163; 2002, 1506; BVerfG JZ 2006, 1022 (bei rechtswidriger untergesetzlicher Norm); Mü BayVBl 1981, 503; BayVBl 1985, 146; Ms Rd L 1997, 167; NVwZ-RR 1995, 105; Bachof I 245; Löhr DVBl 1980, 21; NKVwGO-Sodan 49 zu § 42; Robbers JuS 1988, 952; 1990, 980; Sch-Pietzcker 160 zu § 42 Abs 1; SGH 332; Zuck DVBl 1985, 1022; s auch 8j zu § 43; offen zur Frage, ob Rechtsschutz durch Feststellungsklage oder Leistungsklage zu verwirklichen ist, Ks DÖV 1983, 386; gegen solche Feststellungsklage Ko NJW 1988, 1684; Ehlers Jura 2006, 353; A. Hartmann DÖV 1991, 66; Köller/Haller JuS 2004, 190 f; Schenke VerwA 1993, 347 ff.

[38] Für eine verwaltungsgerichtliche Feststellungsklage bei auf Gemeinschaftsrecht gestützten Anspr auf Erlaß eines formellen Gesetzes nur Dünchheim DÖV 2004, 144 ff; s hierzu auch 8j zu § 43.

verfassungsrechtliche Streitigkeiten handeln dürfte (ausf Schenke VerwA 1991, 336ff).[39] Die Bejahung der Statthaftigkeit einer allg verwaltungsgerichtlichen Feststellungsklage, bei der jedes einfache VG die Verwaltung zum Erlaß einer Norm verurteilen könnte, dürfte auch schwerlich mit § 47 in Einklang zu bringen sein (eingeh Schenke VerwA 1991, 342ff), wonach eine prinzipale NK ggü untergesetzlichen Rechtsvorschriften nur unter eingeschränkten Voraussetzungen (ua nur gegen Landesrecht) zulässig ist u selbst bei ihrer Statthaftigkeit nur das OVG hierzu berufen ist. Bezeichnenderweise wird denn zT auch dort, wo das Landesrecht von der Ermächtigung des § 47 Abs 1 Nr 2 Gebrauch gemacht hat, dessen entspr Anwendung auf Normerlaßklagen bejaht (P § 12, 15). Gegen die Zulässigkeit einer Feststellungsklage spricht ferner deren Subsidiarität gem § 43 Abs 2 S 1 (28 zu § 43). Wenn man eine Klage auf Erlaß einer untergesetzlichen Rechtsvorschrift mit der hM nicht als verfassungsrechtliche Streitigkeit ansieht, dürfte deshalb der Rechtsschutz hier über eine allg Leistungsklage sicherzustellen sein (Ehlers Jura 2006, 353). Dogmatisch überzeugender wäre es deshalb, hier den Rechtsschutz über eine VB, die auf die Verletzung des Art 3 Abs 1 GG gestützt werden kann, zu bewerkstelligen (s näher Schenke VerwA 1991, 354ff; zust Ey-J. Schmidt 19). Das trüge dem besonderen Charakter solcher, den Rahmen herkömmlicher Gerichtsbarkeit sprengender RechtsschutzVf Rechnung. Allerdings gilt es in der Praxis nunmehr zu beachten, daß auch nach dem BVerfG ein Rechtsschutz ggü dem Unterlassen einer untergesetzlichen Norm oder ggü einer (zu ändernden) rechtswidrigen, aber ausnahmsweise rechtswirksamen Norm durch die Verwaltungsgerichte im Wege einer Feststellungsklage nach § 43 sicherzustellen sein soll (BVerfG JZ 2006, 1021 u dazu Muckel JA 2007, 76; Schenke JZ 2006, 1004) u diese Klage die sofortige Erhebung einer VB wg deren Subsidiarität ausschließt (BVerfG JZ 2006, 1022).

14 Als **zulässig** angesehen werden zT NKen gem § 47 in den **Fällen relativen Unterlassens (sog Normergänzungsklage),** bei denen geltend gemacht wird, daß eine **Rechtsvorschrift** deshalb **fehlerhaft** ist, weil sie bestimmte Regelungen nicht enthält, dh diese „unterlassen" hat, zB es zu Unrecht unterlassen hat, eine bestimmte Regelung selbst zu treffen u es stattdessen der Verwaltung überläßt, Regelungen zu treffen;[40] einen Gemeindeteil in eine VO einzubeziehen (Ma GewA 1981, 204); die antragstellende Gemeinde bei der Festlegung der zentralen Orte u Unterzentren im Rahmen des Landesentwicklungsprogramms als Unterzentrum, Kleinzentrum usw auszuweisen;[41] ein an das Plangebiet angrenzendes Grundstück in den Bebauungsplan mit einzubeziehen;[42] das generelle Verbot fliegender Verkaufswagen durch eine Ausnahmeregelung für begründete

---

[39] BVerfG 70, 55; 76, 115; BVerwG 75, 334; 80, 358; Schenke VerwA 1991, 325 mwN; s auch 32 zu § 40.

[40] NVwZ 1982, 105 zu einer sog „Kapazitäts-VO"; Mü BayVBl 2003, 433; Schenke 877 u Rechtsschutz 336f; Dünchheim DÖV 2004, 142; Ehlers Jura 2005, 173; s auch Bln NVwZ 1983, 416; Ma NVwZ-RR 1998, 50; Mü BayVBl 1975, 169; Ks DVBl 1978, 175. Nicht überzeugend sind die Bedenken, die von Grünebaum BayVBl 2005, 11ff gegen einen solchen Rechtsschutz bei relativem Unterlassen geäußert werden, denn durch deren Einbeziehung in den Anwendungsbereich des § 47 wird das Ermessen des Normgebers gerade nicht beschnitten.

[41] Mü BayVBl 1975, 168; 1982, 727; ähnlich Mü BayVBl 1983, 371; DÖV 1984, 476; dazu neigend auch Werner BayVBl 1976, 713; zur vergleichbaren Situation bei der Anfechtung von Planfeststellungsbeschlüssen auch BVerwG 41, 180; 56, 111; s auch 32f zu § 42; **aA** zu § 47 Robbers JuS 1990, 980, der die erwähnte Rspr als überholt ansieht.

[42] Vgl für den Fall, daß die Planung dadurch insgesamt unausgewogen wird, auch BVerwG 56, 111; BayVBl 1980, 442f; für den Fall, daß objektive Anhaltspunkte für eine willkürliche Nichteinbeziehung eines Grundstücks in den Geltungsbereich des Bebauungsplans bestehen, Ba NVwZ 1996, 1028; Ma VBlBW 1995, 204; s auch BVerwG NVwZ-RR 1997, 92.

Fälle abzumildern (Mü BayVBl 1987, 19, hier bietet sich aber eine auf Teilunwirksamkeit gerichtete NK an).

Versteht sich eine Norm als **abschließende Regelung** u verstößt hierdurch gegen höherrangiges Recht, insb Art 3 GG (vgl hierzu auch BayVBl 1997, 475), kann im NK-Vf nach § 47 insoweit ihre **Teilunwirksamkeit** bzw Verfassungswidrigkeit festgestellt werden. Besteht eine Möglichkeit zur „Heilung" durch Ausweitung des Anwendungsbereichs der Rechtsnorm, so bietet sich **überdies** die Möglichkeit eines **inzidenten Rechtsschutzes** an (8j zu § 43).

Unbestreitbar ist eine **verwaltungsgerichtliche Klage unzulässig,** welche auf den **Erlaß eines Parlamentsgesetzes gerichtet** ist. Da es sich hier nach einhelliger Ansicht um eine verfassungsrechtliche Streitigkeit handelt (dazu 32 g) u § 47 nicht einschlägig ist, scheidet sowohl eine verwaltungsgerichtliche Feststellungsklage wie auch eine verwaltungsgerichtliche Leistungsklage aus. Befürwortet man eine analoge Anwendung des Art 100 GG auf ein legislatives Unterlassen (so BVerfG 81, 375, 383; 99, 314) u geht man mit einer neuerdings vertretenen Ansicht davon aus, daß § 82 Abs 2 BVerfGG dem Verletzten ein Recht auf Beitritt in einem konkreten NK-Vf einräumt (so erstmals Schenke JZ 2006, 1009 ff), so kommt hier aber ein **Rechtsschutz über eine inzidente NK iVm Art 100 GG u § 82 Abs 2 BVerfGG** in Betracht (s dazu Schenke JZ 2006, 1011; 8j zu § 43). Die inzidente NK erfolgte dabei im Rahmen einer Klage, mit welcher der Kl begehrte, so gestellt zu werden, wie dies bei Vornahme des bisher rechtswidrigen unterlassenen Gesetzes zuträfe.[43]

e) Vorbeugender Rechtsschutz gegenüber Normen. Die untergesetzlichen Rechtsvorschriften, die dem § 47 unterfallen, müssen zwar noch nicht in Kraft getreten, aber grds **schon verkündet** sein.[44] Eine vorbeugende NK vor Abschluß der normativen Willensbildung erlaubt § 47 nicht (s auch unten 22 u 26).[45] Eine vor Veröffentlichung der Norm in unzulässiger Weise beantragte NK wird auch nach der Veröffentlichung nicht zulässig (Ba BauR 1998, 513 u 11 vor § 40). 15

Als **idR unzulässig** anzusehen ist eine **Klage auf Unterlassung untergesetzlicher Vorschriften oder auf Feststellung des Bestehens eines Anspr auf Unterlassung einer Norm** (allg zur Problematik Lapp, Vorbeugender Rechtsschutz gegen Normen, Diss Mannheim 1994). Auch hier dürfte es sich, ebenso wie bei einer Klage auf Unterlassung eines formellen Gesetzes, um eine **verfassungsrechtliche Streitigkeit** handeln (s oben 9). Selbst wenn man dies mit der hM ablehnt (54, 215 = DVBl 1977, 897; Mü BayVBl 1978, 439; 1985, 84), erscheint jedenfalls dort, wo die Willensbildung durch den Normgeber noch nicht abgeschlossen ist, die Bejahung der grundsätzlichen Zulässigkeit einer vorbeugenden Unterlassungsklage[46] als ausgeschlossen, da **idR kein Rechtsanspr** 16

---

[43] Ein solcher inzidenter Rechtsschutz kommt iVm dem rechtswidrigen Unterlassen untergesetzlicher Rechtsvorschriften hingegen nicht in Betracht (BVerfG JZ 2006, 1023 in bezug auf eine Verpflichtungsklage, die auf Erlaß eines VA gerichtet war, der bei Behebung der Gleichheitswidrigkeit einer rechtwidrigen Norm hätte erlassen werden müssen), da hier Art 100 GG *nicht* anwendbar ist.

[44] NVwZ 1992, 1089; Ba BauR 1998, 513; Ma NJW 1976, 1706; Mü BayVBl 1986, 497; BayVBl 1999, 760; Ehlers Jura 2005, 173; Schenke Rechtsschutz 132 ff; Sch-Gerhardt/Bier 16; **aA** Jäde BayVBl 2003, 449 ff bei planreifen Bebauungsplänen. Ein Verkündungsmangel steht der Statthaftigkeit einer NK nicht entgegen, sofern eine Verkündung überhaupt stattgefunden hat, vgl Ks UPR 1996, 79 (L); s ferner unten 28 mwN. Zur Irrelevanz eines nach der Hauptsatzung vorgesehenen Hinweises in den örtlichen Tageszeitungen auf anderweitig verkündete Satzungen und Verordnungen Mgd NVwZ-RR 1999, 668.

[45] Dies gilt auch für den Fall des Planentwurfs nach § 33 BauGB, s unten 22 mwN.

[46] Für sie aber Mü BayVBl 1978, 439; 1985, 84; Hufen § 16, 14; Karpen NJW 1986, 885; für vorbeugende Feststellungsklage Dreier JA 1987, 426; NKVwGO-Sodan 60 zu § 42 und in bezug auf einen Sonderfall 40, 325 ff u DVBl 1977, 897 ff; grds **abl** Ma 12, 152; VG

auf Unterlassung einer rechtswidrigen Norm besteht (Schenke 1087, 1089; Rechtsschutz 127 ff sowie BK 401 ff zu Art 19 Abs 4 GG) u es deshalb an einer Klagebefugnis analog § 42 Abs 2 fehlt. Die vor einer rechtswidrigen Norm schützenden Freiheitsgrundrechte können nicht mit Unterlassungsanspr gleichgesetzt werden. So betont denn auch das BVerwG (54, 215 = DVBl 1977, 897) durchaus zutr, daß „nur in seltenen Ausnahmefällen" ein entspr Unterlassungsanspr gegeben sei, mit der Folge, daß auch in bezug auf die Feststellungsklage „nur in seltenen Fällen ein der verwaltungsgerichtlichen Feststellung zugängliches Rechtsverhältnis gegeben ist". Die Krabbenkamp-Entscheidung des BVerwG (40, 325 ff), bei welcher das BVerwG eine Feststellungsklage zur Sicherung des verfahrensrechtlichen Abstimmungsanspr zwischen Nachbargemeinden gem § 2 Abs 2 BauGB iVm der Bauleitplanung für zulässig hielt, erklärt sich aus der ausdr Regelung solcher vorgezogener Anspr u aus sachgesetzlichen Besonderheiten des PlanungsVf (Schenke 1090). Hält man eine Unterlassungs- bzw Feststellungsklage nicht bereits im Hinblick auf das grundsätzliche Fehlen eines Unterlassungsanspr mangels Klagebefugnis für unzulässig, ist sie jedenfalls unbegründet. Ausgeschlossen ist es ferner, einen vorbeugenden Rechtsschutz dadurch zu gewähren, indem auf Feststellung geklagt wird, daß die Verwaltung nicht zum Erlaß einer Rechtsnorm berechtigt ist.[47] Es erscheint widersprüchlich, Unterlassungsanspr bzgl drohender Normen grds abzulehnen u trotzdem die gerichtliche Überprüfung durch Anerkennung eines durch das „Recht zur Normgebung" konstituierten Rechtsverhältnisses zu befürworten.

17 **3. „Im Rahmen der Gerichtsbarkeit des OVG":** Der NKAntrag ist nach S 1 nur im Rahmen der Gerichtsbarkeit, dh der Rechtswegzuständigkeit (§ 40), des OVG (VGH) zulässig (Ks NVwZ 1991, 1098), dh nur hins von **Rechtssätzen,** zu deren **Vollzug** im VRW anfechtbare oder mit Verpflichtungsklagen erzwingbare **VAe ergehen** können oder aus deren Anwendung sonstige ör Streitigkeiten entstehen können, für die der VRW (s 1 ff zu § 40) gegeben ist,[48] sowie hins von **Rechtssätzen,** durch die solche Rechtssätze **aufgehoben werden** (Ks DÖV 1984, 685). Diese Beschränkung soll verhindern, daß das OVG die Gerichte anderer Gerichtszweige für Streitigkeiten präjudiziert, für die diese sonst im Streitfall ausschließlich zuständig sind.[49]

18 **Ausgeschlossen** wird durch den Vorbehalt die NK gem § 47 **zB** gegen eine VO über die **Zuständigkeit eines Amtsgerichts** für Familiensachen u über die Abgrenzung von Gerichtsbezirken (Ks NJW 1977, 1895); gegen eine VO über die Errichtung einer Zweigstelle eines LSG (**aA** Mü NVwZ-RR 1996, 300); gegen eine VO, die Regelungen über die Tätigkeit der Notare enthält (Br NJW 1978, 967); gegen Ordnungswidrigkeitenbestimmungen (§ 40 Abs 1, § 68 OWiG), gegen deren Vollzug der VRW nicht gegeben ist;[50] gegen die **Anordnung über Mitteilungen in Strafsachen** u gegen die **Richtlinien für das StrafVf** und das BußgeldVf (Ma NJW 1989, 3298).

19 **Zulässig** ist dagegen der NKAntrag gegen einen **Bebauungsplan,** der lediglich dazu dienen soll, einer **Enteignung** die Rechtsgrundlage zu entziehen (Lü

Oldenburg NVwZ 2001, 349; Birk BayVBl 1976, 748; Kriener BayVBl 1984, 99; Schenke 1089; s auch Schulz NVwZ 2001, 290.

[47] So aber SGH 367; NKVwGO-Sodan 60 zu § 42; krit zu dieser auch von Renck JuS 1966, 278 befürworteten Feststellungsklage oben 9.

[48] 99, 96 = NVwZ 1996, 65; Lü DVBl 1980, 370 mwN; Mü BayVBl 1982, 562; NVwZ-RR 1996, 300 ff; Ma NVwZ-RR 1992, 418; Ks DÖV 1984, 685; BayObLG BayVBl 1976, 475; Schenke JZ 1996, 1117; SGH 417.

[49] BGH VRspr 9, 69; Lü DVBl 1980, 370 mwN; Ma NJW 1984, 507; 1989, 3298; Ks NJW 1977, 1895; s auch BT-Dr 3/55, Anlage 1 zu § 55, 33.

[50] NVwZ 1996, 63 ff; Ma 28, 242; NVwZ-RR 1992, 418; 1996, 642; VBlBW 1996, 178; Schenke JZ 1996, 1117.

DVBl 1980, 369; Stüer DVBl 1985, 474); gegen eine **PolizeiVO,** soweit darin verwaltungsrechtliche Angelegenheiten geregelt sind (Ma DVBl 1983, 1071); gegen eine **Badeordnung,** wenn die Regelungen die Zulassung usw u nicht die privatrechtlich geordnete Benutzung betreffen (Ma DÖV 1978, 569). Zur **Abgrenzung ggü** der Zuständigkeit der **Verfassungsgerichte** s unten 97ff, zu Rechtsvorschriften, die unter **Mitwirkung** des Parlaments erlassen werden, unten 20 aE.

Nicht ausreichend ist, daß sich **im Zusammenhang** mit anderen ör Normen, insb mit dem Polizeirecht, solche Streitigkeiten ergeben können; die gegenteilige Auffassung würde dazu führen, daß uU sogar gegen Rechtssätze des Zivilrechts der NKAntrag in Betracht käme. **Unerheblich** ist dagegen, daß einer Norm verwaltungsrechtlichen Charakters auch **Straf- oder Bußgeldvorschriften** beigefügt sind, dh, daß sie strafbewehrt oder bußgeldbewehrt ist – von der Gerichtsbarkeit des OVG sind in diesem Fall nur die Straf- bzw Bußgeldbestimmungen selbst ausgenommen (99, 88 = NVwZ 1996, 65; Mannheim NVwZ-RR 1992, 418; 1996, 642) –, oder daß ein Bebauungsplan zugleich Grundlage für **Enteignungsmaßnahmen** ist u der NKAntrag gerade zu dem Zweck erhoben wird, um solchen Maßnahmen die Grundlage zu entziehen (Lü DVBl 1980, 370). Zulässig ist auch zB die NK gegen sog DirnensperrbezirksVOen.[51] Der NK steht auch nicht entgegen, daß die angegriffene Rechtsvorschrift nur mit **Zustimmung des Landtags** erlassen werden durfte.[52] 20

Die NK des **Geschäftsverteilungsplans** eines Gerichts (s unten 25 sowie 9f zu § 4) bewegt sich dagegen nur „im Rahmen der Gerichtsbarkeit des OVG", wenn es sich um den **Geschäftsverteilungsplan** eines Verwaltungsgerichts handelt. Streitigkeiten um den Geschäftsverteilungsplan werden vor den Gerichten der jeweiligen Gerichtsbarkeit ausgetragen. Daß betroffene Richter aller Gerichtszweige Feststellungsklagen vor dem VG erheben können (s 10 zu § 4), ändert daran nichts. Das folgt vor allem aus der Erwägung, daß das Tatbestandsmerkmal „im Rahmen der Gerichtsbarkeit" eine Überordnung des OVG über andere Gerichtszweige ausschließen soll (ebenso NKVwGO-Ziekow 51).

4. Statthaftigkeit der Normenkontrolle – Zulässiger Verfahrensgegenstand: § 47 läßt eine NK nur bei bestimmten Normen zu. 21

a) Satzungen nach dem BauGB oder Rechtsverordnungen nach § 246 Abs 2 BauGB (§ 47 Abs 1 Nr 1). Nach Bundesrecht ist die NK nur für bestimmte **Rechtsvorschriften des Baurechts** vorgesehen (§ 47 Abs 1 Nr 1):

- **Bebauungspläne** (§§ 8, 10 BauGB) einschl der nach § 173 Abs 3 S 1 BBauG u § 246a Abs 3 S 3 BauGB aF übergeleiteten Pläne (DVBl 1992, 36), **vorhabenbezogene Bebauungspläne** (§ 12 BauGB) u Aufhebungssatzungen (Stüer DVBl 2004, 88); Nr 1 erlaubt auch die Nachprüfung von **Festsetzungen,** die gem § 9 Abs 4 BauGB **iVm Landesrecht** in Bebauungsplänen getroffen wurden (Ms NVwZ 1984, 595; Mü BRS 48, 264; **aA** Sa NVwZ 1983, 42 – obiter dictum; P § 12, 7 Fn 18). **Nicht** erfaßt sind allerdings sog „satzungsvertretende Gesetze" wie zB hamburgische Bebauungspläne in Gesetzesform;[53]
- **Veränderungssperren** (§§ 14, 16 BauGB);

---

[51] Ks NJW 1984, 506; Ma DÖV 1978, 848; NVwZ-RR 1989, 443.

[52] Mü BayVBl 1983, 723; 1984, 530; DVBl 1983, 1157; Lossos VerfGH-FS 1979, 5; Schmidt BayVBl 1979, 131.

[53] ZT **aA** BVerfG 70, 36 = NJW 1985, 2317: auch förmliche Landesgesetze, die nach Maßgabe einer bundesgesetzlichen Regelung ergehen, die an sich eine Regelung durch eine Satzung vorsieht, und für die nur mit Rücksicht auf landesverfassungsrechtliche Besonderheiten die Form des Gesetzes gewählt wurde, fallen unter § 47 Abs 1 Nr 1; zust NKVwGO-Ziekow 82f; abl Steinberger in BVerfG 70, 59; van den Hövel NVwZ 1993, 552 mwN; Henseler Jura 1986, 249; Schenke DVBl 1985, 1367; Goerlich DÖV 1985, 945; Zuck JZ 1985, 1050; Kosmider JuS 1988, 447; Sch-Gerhardt/Bier 17 Fn 89.

– Satzungen zur Sicherung von Gebieten mit **Fremdenverkehrsfunktion** gem § 22 BauGB (95, 217);
– Satzungen über die Ausübung eines **Vorkaufsrechts** (§ 25 BauGB);
– **Satzungen** über die Bestimmung des **Innenbereiches** (§ 34 Abs 4 BauGB) und **Außenbereichssatzungen** (§ 35 Abs 6 BauGB);
– **Erschließungsbeitragssatzungen** (§ 132 BauGB);
– Satzungen zur Festlegung (§ 142 Abs 3 BauGB) oder zur Aufhebung (§ 162 BauGB) eines **Sanierungsgebietes;**
– **Entwicklungssatzungen** (§ 165 Abs 6 BauGB);
– **Erhaltungssatzungen** (§ 172 BauGB);
– Satzungen über die Verfassung von **Planungsverbänden** (§ 205 BauGB)
– **Rechtsverordnungen,** die gem **§ 246 Abs 2 BauGB** in den Stadtstaaten anstelle der Satzungen treten;
– **Flächennutzungspläne in Analogie zu § 47 Abs 1 Nr 1,** soweit sie Festsetzungen der in § 35 Abs 3 S 3 BauGB genannten Art enthalten, wg ihrer bebauungsplangleichen Wirkung (Schenke NVwZ 2007, 140 ff; **aA** 14. Aufl und die früher hH; s auch unten 25).

22 **Nicht** in den Anwendungsbereich des § 47 Abs 1 Nr 1 fallen etwa:
– **grds der Flächennutzungsplan** gem §§ 5, 6 BauGB (**anders** aber **Flächennutzungspläne gem § 35 Abs 3 S 3 BauGB,** s oben 21), da er idR nicht normgleich wirkt;[54] bei einer mittelbaren Außenwirkung über § 35 Abs 3 BauGB besteht aber die **Möglichkeit eines inzidenten Rechtsschutzes,** zB durch eine auf Erteilung einer Baugenehmigung gerichteten Verpflichtungsklage, wenn das Bauvorhaben ohne die Festsetzungen des nach Ansicht des Bauantragstellers rechtswidrigen u rechtsunwirksamen Flächennutzungsplans gem § 35 Abs 3 Nr 1 BauGB zulässig wäre. Zudem kann sich ein Privater bei Verletzung des § 1 Abs 7 BauGB sowie eine Nachbargemeinde bei einer Verletzung des § 2 Abs 2 BauGB durch den Flächennutzungsplan mittels einer auf dessen Beseitigung gerichteten allg Leistungsklage zur Wehr setzen (Schenke NVwZ 2007, 138 f), die allerdings nur dann begründet ist, wenn die Verletzung nicht wg §§ 214 f BauGB unbeachtlich ist;
– **Umlegungsbeschlüsse** gem § 47 BauGB u **Umlegungspläne** gem § 66 BauGB;
– **„planreife“ Bebauungsplanentwürfe** iSv § 33 BauGB,[55] da noch keine Rechtsvorschrift iSv § 47 (s allg auch Zoubek BayVBl 1982, 137; Weidemann DVBl 1984, 767);
– der **Beschluß einer Gemeindevertretung, der die Nichtigkeit eines Bebauungsplanes feststellt,** auch wenn der Beschluß öffentlich bekanntgemacht wurde (Ks DÖV 1987, 450); anderes muß aber dann gelten, wenn es sich um ein AufhebungsVf mit einem Satzungsbeschluß gehandelt hat (Ms BRS 50, 114; Lü NVwZ 1995, 911).

23 **b) Sonstiges Landesrecht (§ 47 Abs 1 Nr 2).** Die Zulässigkeit gegen **sonstige Vorschriften** des Landesrechts ist gem § 47 Abs 1 Nr 2 von einer entspr Regelung durch (förmliches) **Landesgesetz** abhängig. Bisher haben **Baden-Württemberg** (§ 4 BWAGVwGO), **Bayern** (Art 5 BayAGVwGO), **Brandenburg** (§ 4 Abs 1 BrandVwGG), **Bremen** (Art 7 BremAGVwGO), **Hessen** (§ 15 Abs 1 HessAGVwGO), **Mecklenburg-Vorpommern** (§ 13 MVAGGStrukG), **Niedersachsen** (§ 7 NdsVwGG), **Rheinland-Pfalz** (§ 4 RhPfAGVwGO, mit der Einschränkung, daß RechtsVO, die Handlungen eines Verfas-

[54] 68, 314; NVwZ 1991, 262; Ey-Happ 23; Hufen § 19, 22.
[55] DVBl 2002, 281; Gr NordÖR 2000, 37; Ks BauR 1982, 136; Ma 12, 154 f; Mü BayVBl 1986, 498 f; BayVBl 1999, 760; Stüer DVBl 2004, 88; **aA** Jäde BayVBl 1985, 227; BayVBl 2003, 449; Uechtritz BauR 1999, 587; s auch Schl NVwZ 1994, 916.

sungsorgans iSd Art 130 Abs 1 RhPfLVerf sind, ausgeschlossen sind), das **Saarland** (§ 18 SaarlAGVwGO), **Sachsen** (§ 24 Abs 1 SächsJG), **Sachsen-Anhalt** (§ 10 SachsAnhAGVwGO), **Schleswig-Holstein** (§ 5 SchlHAGVwGO) u **Thüringen** (§ 4 ThürAGVwGO) die NK nach § 47 Abs 1 Nr 2 durch Landesgesetz eingeführt. Entspr Regelungen für **die übrigen Bundesländer** (Berlin, Hamburg, Nordrhein-Westfalen) u **den Bund fehlen.**

Zwar obliegt es der Entscheidung des Landesgesetzgebers, darüber zu befinden, 24
welche der nach § 47 Abs 1 Nr 2 in Betracht kommenden Rechtsvorschriften (dazu DVBl 1988, 790; s auch DÖV 1991, 163) der NK gem § 47 Abs 1 Nr 2 unterstellt werden (s DÖV 1991, 162 zur Rechtmäßigkeit einer entspr Begrenzung der NK in Rheinland-Pfalz; vgl auch Bln 21, 202). Hat er aber von der Ermächtigung Gebrauch gemacht, so vermag er die in § 47 **bundesrechtlich geregelte NK** (sofern § 47 Abs 3 nicht einschlägig ist) **nicht zu verändern.** Deshalb dürfte die Regelung des Art 5 S 2 BayAGVwGO, derzufolge eine NK gegen Satzungen nach **Art 91 Abs 1 u 2 BayLBO** nur zulässig ist, wenn der Antrag von einer Behörde gestellt wird u die Rechtssache überdies grundsätzliche Bedeutung hat, wg Verstoßes gegen § 47 rechtswidrig u **nichtig** sein.[56] Eine weitere mit § 47 unvereinbare Regelung enthält § 49 Abs 1 S 1 BWStGHG, der den StGH ermächtigt, vom VGH im Hinblick auf eine abstrakte NK beim StGH die Aussetzung des Vf zu verlangen (vgl auch Sch-Gerhardt/Bier 20 u 86). Der ebenfalls gegen § 47 verstoßende Art 7 Abs 1 BremAGVwGO aF (dazu Br DÖV 1980, 570; NVwZ-RR 1992, 665) ist dagegen mit G v 14. 10. 2003 (GVBl 364) durch eine unbedenkliche Vorschrift ersetzt worden. Zu den sich nach seiner Ansicht aus Art 130 Abs 1 RhPfLVerf ergebenden Einschränkungen der NK nach § 47 bei einer von einem Minister oder dessen Ministerium erlassenen RVO s RhPfVerfGH DÖV 2002, 165 f.

Der NKAntrag gem § 47 Abs 1 Nr 2 ist, soweit er durch Landesrecht einge- 25
führt wurde (s oben 23), nur gegen **Rechtsvorschriften** (s näher unten 27) **im Rang unter einem förmlichen Gesetz** gegeben (vgl zum Problem der sog satzungsvertretenden Gesetze oben 21 – Bebauungspläne). Soweit eine landesrechtliche RVO durch ein formelles Landesgesetz geändert wird, kann sie deshalb in diesem Umfang nicht mit der NK nach § 47 angegriffen werden;[57] dagegen unterliegt sie iü der Kontrolle nach § 47. Der Umstand, daß der Gesetzgeber nach verbreiteter Praxis gleichzeitig nach seiner Änderung der RVO eine „Rückkehr zum einheitlichen Verordnungsrang" anordnet, ändert nichts an der Eigenschaft der Änderungen als formelles Gesetz (so auch Mü BayVBl 2001, 84). Darin ist nur die Ermächtigung an den Verordnungsgeber zur Änderung auch der durch Gesetz vorgenommenen Änderungen zu sehen. Die Bestimmung einer Rangänderung u damit auch einer Suspendierung von Art 100 GG liegt außerhalb der Kompetenz des Gesetzgebers. Auch wenn diese Regelungstechnik einige Probleme für die Praxis im Hinblick auf § 47 (wie auch für die inzidente NK hins Art 100 Abs 1 GG) aufwerfen kann,[58] muß für jede einzelne Bestimmung der RVO der Urheber ermittelt werden.

---

[56] So auch Geiger BayVBl 1995, 363 f; s auch unten 43. Der Anwendungsbereich dieser Vorschrift wird im übrigen durch die Rspr (Mü BayVBl 1999, 340) dahingehend eingeschränkt, daß sie sich nur auf örtliche Bauvorschriften beziehen soll, die durch eine selbständige Satzung ergangen sind, nicht hingegen auf örtliche Bauvorschriften, die Bestandteil eines Bebauungsplans sind.

[57] Mü BayVBl 2001, 83; Minderheitsvotum BVerfG NVwZ 2006, 199 ff; Kreiner BayVBl 2005, 106 ff; Schenke 879; Uhle DVBl 2004, 1272 ff; tendenziell auch Clausing JuS 2004, 300; **aA** BVerfG NVwZ 2006, 191; 2006, 322; BVerwG NVwZ 2003, 730; Sendler DVBl 2005, 423; s auch Meister JA 2003, 754 ff u Sachs JuS 2006, 263.

[58] Hierauf und auf den rechtsstaatlichen Grundsatz der Rechtssicherheit stützt sich BVerfG NVwZ 2006, 196; NVwZ 2006, 323; treffend demgegenüber die Kritik im Minderheitsvotum BVerfG NVwZ 2006, 200 f.

Als Rechtsvorschriften im Rang unter dem Landesgesetz kommen zB in Betracht:

– **RechtsVOen** von Landesbehörden u anderen Rechtsträgern des Landesrechts (zB Gemeinden, Stiftungen u Anstalten des Landesrechts, Jagdgenossenschaften usw) – auch wenn zu ihrem Erlaß die Zustimmung des Parlaments erforderlich ist (s oben 20 aE) –, einschließlich der Ausführungs- u DurchführungsVOen, die von Landesorganen aufgrund bundesrechtlicher Ermächtigung erlassen werden.[59] Unter § 47 Abs 1 Nr 2 fallen auch ländereinheitlich aufgrund von Vereinbarungen zwischen den Ländern erlassene RechtsVOen, soweit sie für den Bereich des jeweils betroffenen Landes gelten u für dieses eine gesetzliche Regelung gem § 47 Abs 1 Nr 2 besteht, zB die entspr VergabeVO ZVS (Ma DVBl 1982, 451);
– **Satzungen,** die eine juristische Person des öffentlichen Rechts erläßt; zu nennen sind zB Satzungen kommunaler Selbstverwaltungskörperschaften, Universitätssatzungen (Ks NVwZ-RR 1991, 80), die Satzung eines Versorgungswerkes der RA (Ma NJW 1987, 1350) sowie die Berufsordnungen von Ärztekammern (Ks NJW 1994, 812);
– **rechtsetzende Vereinbarungen** im Bereich des Landesrechts (BayVBl 1988, 249; Lü NJW 1984, 627; Ey-J. Schmidt 24; NKVwGO-Ziekow 122);
– **Geschäftsverteilungspläne** der Verwaltungsgerichte (s auch oben 20, näher 10 zu § 4).

Zu **Raumordnungs-, Regionalplänen** u ähnlichen Plänen u Programmen s unten 33. Mißt man Flächennutzungsplänen, soweit sie Festsetzungen der in **§ 35 Abs 3 S 3 BauGB genannten Art beinhalten,** normgleiche Wirkung zu u lehnt die oben befürwortete Analogie zu § 47 Abs 1 Nr 1 ab (s oben 21), so unterfallen sie **jedenfalls dem § 47 Abs 1 Nr 2.**[60]

26 Der NKAntrag ist **auch gegen nicht mehr geltende,** insb bereits aufgehobene oder durch andere ersetzte, **Rechtsvorschriften** der genannten Art (einschließlich obsolet oder sonstwie „funktionslos" gewordener Rechtsvorschriften, vgl dazu Degenhart BayVBl 1990, 78; Baumeister GewA 1996, 318) **zulässig, wenn** u soweit sie **noch Auswirkungen auf Rechtsbeziehungen in der Gegenwart** haben (s auch unten 90), insb noch für die Beurteilung von gegenwärtigen Rechtsverhältnissen von Bedeutung sind oder sonst dafür Bedeutung haben oder haben können,[61] **ebenso** gegen Rechtssätze, die bereits erlassen (verkündet), aber **noch nicht in Kraft** getreten sind;[62] **nicht** dagegen gegen **noch nicht erlassene Rechtssätze,** auch wenn dem Entwurf über § 33 BauGB bereits mittelbare Bedeutung zukommt (s dazu oben 22, **aA** Jäde BayVBl 2003, 449). Ausgeschlossen ist auch eine NK gegen eine Norm, die zwar schon erlassen war, aber vor ihrem Inkrafttreten bereits aufgehoben wurde (NVwZ-RR 2002, 152). Als zulässig angesehen wird eine NK auch, wenn eine auf kurzfristige Geltung angelegte Norm während des NK-Vf außer Kraft tritt (NVwZ-RR

---

[59] Vgl BVerfG 18, 407; BayVerfGH BayVBl 1984, 399: Vorschriften, die aufgrund bundesrechtlicher Ermächtigung von Landesbehörden erlassen werden, sind Landesrecht; vgl auch 10 zu § 137.

[60] So Ko ZNER 2005, 336; Guckelberger DÖV 2006, 981; Jeromin NVwZ 2006, 1374; Leopold VR 2004, 327 f; Loibl UPR 2004, 422; Kment NVwZ 2004, 315; NKVwGO-Ziekow 118; ebenso wohl implizit auch Hendler NuR 2004, 485 u Hoppe DVBl 2003, 1345. Zum Rechtsnormcharakter von Flächennutzungsplänen der in § 35 Abs 3 S 3 BauGB bezeichneten Art scheint auch NVwZ 2005, 212 zu tendieren.

[61] S zum RSB unten 90; ferner zB DVBl 1990, 366; 1993, 662; UPR 1997, 369; NVwZ-RR 2002, 152; FfO NVwZ 2004, 1122; Lü NdsVBl 1997, 178; Ma NVwZ 1999, 565; NKVwGO-Ziekow 71 ff.

[62] Ma NJW 1976, 1706; Mü BayVBl 1986, 497; BayVBl 1999, 760; Ks BauR 1982, 135; Schenke Rechtsschutz 132 f; Stüer DVBl 1985, 473; noch weitergehend für besondere Fälle Schl NVwZ 1994, 917; dazu krit Ba BauR 1998, 513.

2002, 152). Werden durch eine Gemeinde während eines laufenden NK-Vf erkannte **Mängel eines Bebauungsplans behoben,** so ist Gegenstand der NK der Bebauungsplan, wie er **nach Behebung des Mangels wirksam in Kraft gesetzt** worden ist (BRS 63 Nr 60). Normen aus Rechtsverordnungen u Satzungen können auch dann Gegenstand einer NK sein, wenn sie **mit höherrangigem Recht identisch** sind;[63] zweifelhaft kann hier allenfalls das RSB für eine NK sein (dazu unten 89).

Zur **Abgrenzung der Rechtsvorschriften,** die der NK unterliegen, **von VAen** s unten 27 sowie 48 ff zu Anh § 42; zur Abgrenzung von bloßen Verwaltungsvorschriften unten 30.

c) Maßgeblichkeit materieller Kriterien für das Vorliegen einer Rechtsvorschrift. Ob eine Rechtsvorschrift iSd § 47 Abs 1 Nr 2 vorliegt, richtet sich nach richtiger, aber sehr str Ansicht grds nach **materiellen Kriterien** (s allg auch 5 ff zu Anh § 42).[64] Der Unterschied zu der auf formelle Kriterien abhebenden Auffassung relativiert sich jedoch beträchtlich, da dort, wo der Gesetzgeber vorschreibt, daß eine hoheitliche Maßnahme in der Form einer **RechtsVO oder Satzung** zu erlassen ist, deren Rechtsnatur mit bindender Wirkung nicht nur für das materielle Recht, sondern auch für das Prozeßrecht bestimmt wird.[65] Dasselbe gilt dann, wenn die Form des Verwaltungshandelns den Inhalt einer Regelung bestimmt, zB bei Individualbekanntmachung einer „Rechtsnorm", die nur ggü den Adressaten, nicht aber ggü anderen Personen Wirkung entfalten soll (s 5 u 59 zu Anh § 42; BVerwG 18, 1 ff; Schenke NVwZ 1990, 1011). Soweit die von der Verwaltung (uU rechtswidrig) gewählte Form des Handelns nicht den Inhalt der Regelung bestimmt, kommt es im Einklang mit der Definition des **VA-Begriffs in § 35 VwVfG** nur auf **inhaltliche Kriterien** an (5 u 13 ff zu Anh § 42). Dies gilt nicht nur deshalb, weil anderenfalls eine wenig befriedigende Zweispurigkeit des Rechtsweges (NK vor dem OVG neben Anfechtungsklage vor dem VG) zu bejahen wäre, sondern vor allem, weil die NK des § 47 von der grundsätzlichen **Unwirksamkeit** des durch sie angegriffenen rechtswidrigen Hoheitsakts ausgeht, diese bei **VAen** (auch wenn nicht in der für sie geltenden Form erlassen) jedoch – ähnlich wie bei nur verwaltungsinternen Regelung – grds nicht gegeben ist. Die Verwaltung ist nicht von sich aus in der Lage, die Sanktionierung ihres rechtswidrigen Verhaltens zu bestimmen; vielmehr sind hierfür grds § 44 VwVfG bzw gesetzliche Spezialregelungen maßgeblich. Im Hinblick auf die unterschiedliche Sanktionierung rechtswidrigen Handelns je nach seiner Rechtsnatur scheitert auch eine Anknüpfung an die **Theorie der Meistbegünstigung** (s 7 zu Anh § 42 mwN; Schenke 233; NVwZ 1990, 1016 ff). Nicht überzeugend ist auch die Ansicht (so aber SGH 411), für den Rechtsschutz komme es darauf an, in welcher Form die Regelung ordnungsgemäß hätte bekanntgegeben werden müssen. Gegenstand einer NK (wie überhaupt einer bestimmten Klageart, s auch 5 zu Anh § 42) kann nur der **tatsächlich erlassene Hoheitsakt** sein, nicht hingegen ein gar nicht existenter Hoheitsakt, der in einer bestimmten Form hätte erlassen werden 27

[63] S Ehlers, Hoppe-FS 1046 f, Gril JuS 1999, 442; Schenke VerwA 1999, 311 ff; **aA** Ma NJW 1987, 1350; MedR 1998, 477 m zust Anm Stamer.

[64] 7, 55; 12, 89; NVwZ 1988, 1120; Ma 20, 11; 25, 206; NVwZ 1986, 855; VBlBW 1987, 380; Mü DVBl 1978, 182; Beschorner, Individualrechtsschutz bei inkongruenten Form-Inhalt-Beziehungen des Verwaltungshandelns 1985, 46 ff; Erfmeyer DÖV 1996, 629 ff; Kn-Henneke 24 zu § 35 VwVfG; Ronellenfitsch DÖV 1981, 940; Schenke 231; VerwA 1981, 185 ff; NVwZ 1990, 1009 ff; JZ 1996, 1117; **dagegen** stellen prinzipiell auf die Form ab: Gr NVwZ-RR 2000, 780; Lü NJW 1984, 627; Ma DÖV 2005, 126; Quaas/Müller Normenkontrolle 1986, 88; in diese Richtung tendierend auch Bickel NJW 1985, 2445; Hoppe, Menger-FS 757; Pielow DV 1999, 469 Fn 119; Würt 445; wohl auch NKVwGO-Ziekow 103; SGH 410 f; vermittelnd Sch-Gerhardt/Bier 23 ff; offen NVwZ 1991, 263.

[65] 6, 57 f zu Anh § 42 mit Beispielsfällen; Mü NVwZ-RR 1995, 115; Schenke NVwZ 1990, 1011 f; ebenso NKVwGO-Ziekow 100; Sch-Gerhardt/Bier 23; SGH 410.

müssen. Es muß sich immer tatsächlich, objektiv gesehen, um Rechtssätze im dargelegten Sinn handeln; die (bloße) **Behauptung,** daß es sich um einen Rechtssatz handle, **genügt nicht.**

28 **d) Von § 47 nicht erfaßte Regelungen.** Das sind

– (alles) **Bundesrecht** (das GG, einfaches Gesetzesrecht, VOen u Satzungen von Bundesbehörden, bundesunmittelbaren Körperschaften usw; vgl Renck NJW 1980, 1025);
– Landesverfassungsrecht u **formelles Gesetzesrecht des Landes** (vgl 80, 357; s aber oben 21 zu sog satzungsvertretenden Gesetzen);
– **innerkirchliches Recht;**[66]
– **EG-Recht;**[67]
– **ausländisches Recht;**
– **Gesetzes- oder Verordnungsentwürfe und sog „werdendes Recht",** zB bereits beschlossene, aber noch nicht erlassene, insb noch nicht verkündete, Rechtsvorschriften;[68]
– Gewohnheitsrecht oder **sonstiges ungeschriebenes Recht;**[69]
– grds **Verwaltungsvorschriften** (s unten 29);
– **Landschaftspläne** (Ms NuR 1995, 95).

29 **e) Verwaltungsvorschriften.** Nicht der NK gem § 47 unterliegen idR Verwaltungsvorschriften, da es sich bei ihnen um **keine (Außen-)Rechtssätze** handelt[70] u es zudem an der Antragsbefugnis gem § 47 Abs 2 S 1 fehlt, soweit sie nur auf verwaltungsinterne Regelungen gerichtet sind (s auch 76 u 90 zu Anh § 42), dh keinen Eingriff in subjektive Rechte (einschließlich Organrechte) anstreben.[71] Das gilt jedenfalls für **norminterpretierende**[72] u **ermessenslenkende Verwaltungsvorschriften.**[73] Auch wenn ermessenslenkende Verwaltungsvorschriften

---

[66] Ks DÖV 1980, 459; Mü DVBl 1999, 119 – Mitarbeitervertretungsanordnung einer katholischen Erzdiözese; anders zB für eine kirchliche Kindergartenordnung, da diese auch das allg Recht berührt.

[67] Zum Rechtsschutz gegen EG-Verordnungen und der durch den EuGH (2002 I-6677 = NJW 2002, 2935) verneinten Frage, ob es vor dem EuGH für den Bürger Rechtsschutz gegen EG-Verordnungen gibt, näher Baumeister EuR 2005, 1 ff; Braun/Kettner DÖV 2003, 58 ff; Callies NJW 2002, 3577; Classen JZ 2006, 159 f; Nettesheim JZ 2002, 928; Dörr 239 ff; Röhl Jura 2003, 830 ff; s auch 8 e zu § 43.

[68] NJW 1963, 1122; Ba BauR 1998, 513; Mü BayVBl 1978, 439; 1986, 225; Ks BauR 1982, 135; Hendler JZ 1987, 555; – anders nach BVerwG, wenn str ist, ob eine Rechtsvorschrift rechtsgültig erlassen ist und das Gegenteil jedenfalls nicht offensichtlich ist, vgl NVwZ 1992, 1089, zB bei lediglich fehlerhaft, zB in anderer Form als vorgeschrieben, verkündeten oder vor Erteilung einer dazu erforderlichen Genehmigung verkündete Rechtsvorschriften, vgl Mü BayVBl 1982, 654, oder wenn jedenfalls der Normgeber bereits von der Rechtsgültigkeit ausgeht, vgl NVwZ 1992, 1089; dazu, daß es nicht erforderlich ist, daß die Rechtsvorschriften bereits in Kraft getreten ist, oben 15.

[69] Lü NJW 1984, 627; Hufen § 19, 17; NKVwGO-Ziekow 113; Schenke Rechtsschutz 260 f; Stern 177; Ule 32 III 2; offen BVerwG BayVBl 1988, 249; **aA** Ks BauR 1982, 135; P § 12, 9; RÖ-M. Redeker 15; unklar Ey-J. Schmidt 24.

[70] Zu neueren Theorien zur Normkategorie von Verwaltungsvorschriften, die zunehmend auf eine Außenwirksamkeit von Verwaltungsvorschriften zielen, zu Recht krit Saurer VerwA 2006, 262 ff.

[71] NVwZ 1987, 316; DVBl 1994, 430; 100, 268 = NJW 1996, 2047 m krit Bespr von Huber JZ 1996, 893 und Storr ZMR 1996, 453; Ks 24, 48; DÖV 1992, 122; Ma 22, 181; Hufen § 19, 22; RÖ-M. Redeker 16; Saurer DÖV 2005, 592; Schenke 881; DÖV 1979, 627 ff u NVwZ 1993, 728 f; **aA** Ehlers Jura 2005, 173, der aber zugleich betont, daß eine NK Privater regelmäßig am Fehlen einer Antragsbefugnis scheitern wird und insofern letztlich zum selben Ergebnis kommt wie die hM.

[72] Buchh 240 § 57 BBesG Nr 3 S 5; NVwZ 1991, 881; NJW 1996, 2047; Schl NuR 2000, 589; Ossenbühl DVBl 1969, 528; Schenke DÖV 1979, 624 f.

[73] 58, 49; DÖV 1997, 161; Ks DÖV 1992, 122; Schl NuR 2000, 589; anders Beckmann DVBl 1987, 611 f; NKVwGO-Ziekow 127; s auch Sch-Gerhardt/Bier 26.

über den Grundsatz der Selbstbindung der Verwaltung im Regelfall eine ähnliche Wirkung entfalten wie Rechtsnormen, bleiben doch charakteristische Unterschiede in ihrer Wirkungsweise bestehen (Möglichkeit der Abweichung im Einzelfall aus sachlichen Gründen), die ihre Behandlung als Rechtsvorschriften iSd § 47 Abs 1 Nr 2 verbieten (Schenke DÖV 1979, 624; s auch Wahl NVwZ 1991, 417). Nicht haltbar ist es jedenfalls, wenn man aus der Möglichkeit, Verwaltungsvorschriften in einem rechtstheoretischen Sinn als Rechtssätze (des Innenrechts) zu verstehen, ableitet, sie müßten deshalb auch als Rechtsvorschriften iSd § 47 Abs 1 Nr 2 angesehen werden, obwohl § 47 insb nach seiner Novellierung durch das 6. VwGOÄndG auf außenwirksame Rechtssätze abstellt und, wie sich aus § 47 Abs 5 S 2 ergibt, davon ausgeht, daß die der NK unterfallenden Rechtsvorschriften bei ihrer Rechtswidrigkeit unwirksam sind. Letzteres trifft aber für verwaltungsinterne Verwaltungsvorschriften gerade nicht zu. Nicht unter § 47 fallen auch **Richtlinien mit sachverständiger Beurteilung** (NVwZ-RR 1991, 118 mwN; NJW 1996, 2047), auch wenn diese gesetzlich vorgesehen sind (NJW 1983, 775 mwN; 1996, 2047), sowie **antizipierte Sachverständigengutachten** (55, 255 f = NJW 1978, 1450; NJW 1996, 2047). Mißt man Verwaltungsvorschriften allerdings ebenso wie Rechtsnormen eine unmittelbare rechtliche Wirkung im Außenbereich zu u kommt diesen damit eine quasinormative Wirkung zu, wie dies heute hinsichtlich normkonkretisierender Verwaltungsvorschriften im Umweltrecht durch die neuere Rspr[74] vertreten wird,[75] so ist es nur konsequent, diese auch als Rechtsvorschriften iSd § 47 zu bewerten. Es gilt insoweit ähnliches wie für normgleich wirkende Verwaltungsvorschriften in Sonderstatusverhältnissen (dazu unten 34) wie zB Beihilferegelungen uä (BayVBl 1996, 218; DVBl 2004, 766), die konsequenterweise (soweit nicht dem Bund zurechenbar) ebenfalls wie Rechtsvorschriften iSd § 47 Abs 1 Nr 2 zu behandeln sind. Zur **mittelbaren Bedeutung von Verwaltungsvorschriften für den Rechtsschutz** s unten 30.

Maßgeblich für die Frage, ob es sich bei von der Verwaltung getroffenen Re- **30**
gelungen um verwaltungsinterne Verwaltungsvorschriften oder um unmittelbar im Außenverhältnis wirkende Rechtsvorschriften handelt, ist auch hier (s oben 27) grds **der Inhalt, nicht hingegen die Form des staatlichen Handelns.**[76] Das schließt nicht aus (s oben 27), daß die Form staatlichen Handelns zugleich für dessen Inhalt indizielle Bedeutung besitzen kann (Schenke VerwA 1981, 195; Zoubek BayVBl 1982, 137) u deshalb Verwaltungsvorschriften, die nicht gewissen rechtsstaatlich gebotenen Mindesterfordernissen (zugängliche Publikation) für Rechtsnormen genügen, von vornherein nicht als solche angesehen werden können. Sofern die in der Verwaltungsvorschrift getroffene Regelung ihrem Inhalt nach darauf gerichtet ist, im Außenverhältnis in derselben Weise wie dies auch sonst für Außenrecht zutrifft, in subjektive Rechte einzugreifen u in einer Weise verlautbart wird (Schenke VerwA 1981, 204 f), welche den durch sie Betroffenen Kenntnisnahme ermöglicht, ist sie als Rechtsvorschrift iSd § 47 Abs 1 zu qualifizieren.[77] So hat das BVerwG zu Recht die Festsetzung von Sozialhilferegelsätzen durch

---

[74] NVwZ 1999, 1114; 2000, 440; s auch 18 zu § 137; **krit ggü** der Zulässigkeit solcher normkonkretisierender Verwaltungsvorschriften unter Hinweis auf 121, 103 Saurer DÖV 2005, 593 f.

[75] Die frühere Deutung dieser im Umwelt- und Technikrecht bedeutsamen Vorschriften als antizipierte Sachverständigengutachten (55, 255 f) ist damit überholt.

[76] BayVerfGH BayVBl 1985, 176; 1994, 143; tendenziell auch Sch-Gerhardt/Bier 24; **aA** Mü BayVBl 1997, 692; NVwZ-RR 2001, 757; Ey-J. Schmidt 24.

[77] DÖV 1994, 475; Br NVwZ-RR 1992, 666; Bickel NJW 1985, 2446; Lorenz § 26, 26; Ossenbühl DVBl 1969, 528 f; Scheffler DÖV 1980, 243; Schenke 882; DÖV 1979, 626; JZ 1996, 1117; Weyreuther DVBl 1976, 856; noch weiterreichend die – s oben im Text – abzulehnende Ansicht von Beckmann DVBl 1987, 611; Ehlers Jura 2005, 173; NKVwGO-Ziekow 127 u Sch-Gerhardt/Bier 26, nach der auch nur an die Verwaltung adressierte Vorschriften Rechtsvorschriften sein sollen.

Runderlaß der zuständigen Landesbehörde als Rechtsvorschrift iSd § 47 angesehen.[78] Ähnliches muß für sog **SonderVOen** (näher hierzu unten 34) u **OrganisationsVOen**[79] angenommen werden, wobei es für die Qualifizierung solcher Maßnahmen als Rechtsvorschriften iSd § 47 keine Rolle spielt, ob der Einsatz von Verwaltungsvorschriften möglicherweise wg des Verstoßes gegen Art 80 GG bzw entspr landesverfassungsrechtliche Bestimmungen rechtswidrig ist.[80] Entsprechendes dürfte dort gelten, wo gesetzliche Regelungen auf **Verwaltungsvorschriften verweisen** u nach dem Willen des Gesetzgebers eine verordnungs- oder satzungsgleiche Außenwirkung entfalten sollen (Schenke DÖV 1979, 626). Soweit der Inhalt von Verwaltungsvorschriften durch eine **statische oder dynamische Verweisung**[81] in eine **Rechtsnorm inkorporiert** wird, ist der gegen die Verweisungsnorm gegebene Rechtsschutz einschlägig (s Brugger VerwA 1987, 5; Schenke, Fröhler-FS, 101 f; Schnapp, Krasney-FS 440); handelt es sich bei der Verweisung um eine dem § 47 unterfallende untergesetzliche Rechtsvorschrift, so ist folglich auch die als Verweisungsobjekt fungierende Verwaltungsvorschrift auf diesem Wege überprüfbar. Auch **generell-abstrakte Regelungen,** die wie eine **Geschäftsordnung kommunaler Vertretungskörperschaften in Organrechte eingreifen** (s zu Parallelproblemen bei VAen 86 ff zu Anh § 42) sind als Rechtsvorschriften iSd § 47 anzusehen.[82]

31 Kein Raum für die Anwendung des § 47 besteht hingegen dort, wo Verwaltungsvorschriften, ohne auf Außenwirkung gerichtet zu sein, ausnahmsweise subjektivrechtliche Relevanz besitzen, da sie bereits durch ihre Existenz zu **faktischen Grundrechtseingriffen** führen (dazu 76 zu Anh § 42). In diesen Fällen, die vor allem dann vorliegen, wenn ein Bürger ggü den durch die Verwaltungsvorschrift initiierten, ihn in seiner subjektiven Rechtsstellung berührenden Verwaltungshandlungen keinen effektiven Rechtsschutz besitzt (ein Paradebeispiel hierfür ist der Baustoffall des WürttBadVGH DRZ 1950, 500; s dazu Schenke 221), ist der Rechtsschutz mittels einer auf Beseitigung der Verwaltungsvorschriften gerichteten **allg Leistungsklage** zu verwirklichen.[83] Geht man davon aus, daß ein **kommunaler Mietspiegel,** der zur Feststellung der ortsüblichen Vergleichsmiete heranzuziehen ist (dazu NJW 1996, 2046), bereits einen faktischen Grundrechtseingriff beinhaltet u inzidenter Rechtsschutz insoweit nicht ausreicht (so Huber JZ 1996, 895 ff; Storr ZMR 1996, 453 f), so bedarf es auch hier keiner prinzipalen Kontrolle des Mietspiegels (sie wird aber durch Huber JZ 1996, 895 gefordert), sondern es genügt eine **allg Leistungsklage** auf Rücknahme des Mietspiegels.[84]

32 Selbst wenn Verwaltungsvorschriften (wie dies meist zutrifft) keinen faktischen Grundrechtseingriff bewirken, können sie uU insofern prozeßrechtliche Bedeut-

---

[78] DÖV 1994, 475; JZ 2005, 892 mit Anm Maurer.

[79] Dazu Ks DÖV 1985, 927 f; Mü NVwZ-RR 1996, 300 – VO über die Errichtung einer Zweigstelle für ein LSG; Schenke DÖV 1986, 190 ff.

[80] Dazu Schenke DÖV 1977, 27 ff; DÖV 1986, 190; Maurer § 8, 31; Rupp JZ 1991, 1034; s auch BVerwG NJW 1979, 280.

[81] Vgl hierzu Brugger, VerwA 1987, 1; Schenke, Fröhler-FS 1980, 87; NJW 1980, 743; Schnapp, Krasney-FS 1997, 443 ff mwN.

[82] NVwZ 1988, 1119; Lü DVBl 1999, 1737; Ma NVwZ-RR 2003, 56; Mü BayVBl 1994, 530; Schl NuR 2000, 590; Ehlers JA 2005, 173; Geiger JuS 1997, 67; Schenke JZ 1996, 1117; Schoch JK 4/03 GO BW § 36/2; zu ihrer fehlenden rechtlichen Wirkung im „Außenverhältnis" zum Bürger s Ms DÖV 1997, 344 m eingeh Nachw sowie unten 63 u 120.

[83] NVwZ 1987, 316; Lü NJW 1961, 936; Schenke DÖV 1979, 627 ff u NVwZ 1993, 728; s auch 76 zu Anh § 42.

[84] Gegen jeden Rechtsschutz aber NJW 1996, 2046 und Ms NVwZ-RR 2007, 78, wobei aber die Frage eines faktischen Grundrechtseingriffs durch den Mietspiegel nicht ausreichend thematisiert wird, insofern überzeugend die Kritik von Huber JZ 1996, 893 ff u Storr ZMR 1996, 453 f; s auch Hufen DV 1999, 522 ff.

samkeit besitzen, als sie drohende, auf Umsetzung der Verwaltungsvorschriften gerichtete **rechtswidrige Verwaltungshandlungen indizieren.** Beruhen etwa **normauslegende oder ermessenslenkende Verwaltungsvorschriften** auf einem Fehlverständnis gesetzlicher Regelungen, so kann dies (unter Beachtung der Begrenzungen, die sich für den vorbeugenden Rechtsschutz gegen VAe ergeben, s 33f vor § 40) Anlaß für die Erhebung einer vorbeugenden Unterlassungsklage sein (Schenke DÖV 1979, 629). Wird in einer Verwaltungsvorschrift ein gesetzliches Verbot nach Ansicht Betroffener zu extensiv interpretiert, so vermag dies zudem ein berechtigtes Interesse für eine Feststellungsklage gem § 43 zu begründen, mit welcher die Berechtigung des Betroffenen zu einer Verhaltensweise gerichtlich bestätigt wird, welche die Verwaltungsvorschrift zu Unrecht als verboten ansieht. Zu Recht als zulässig angesehen wurde deshalb zB eine Feststellungsklage gem § 43, die darauf gestützt wurde, daß der Dienstherr nicht berechtigt sei, von einem Lehrer die Durchführung von Unterrichtsstunden in dem Umfang zu verlangen, wie dies in einer Verwaltungsvorschrift festgelegt wurde (Ko NVwZ-RR 1998, 52).

f) Pläne, Programme uä. Sie sind je nach der konkreten Ausgestaltung 33
Rechtsvorschriften, VAe, rechtsnormähnliche Verwaltungsvorschriften oder rein verwaltungsinterne Akte.[85] Unproblematisch ist die Zulässigkeit der NK nach § 47, soweit gesetzlich vorgesehen ist, daß sie in der für Rechtsnormen vorgesehenen Weise erlassen werden (6, 56ff zu Anh § 42). Über die in § 47 Abs 1 Nr 1 genannten Fälle (s oben 21) hinaus sind als **Rechtsvorschriften** iSv § 47 anzusehen zB **Regelungen, die** an sich als solche keine Rechtsvorschriften sind, jedoch durch die **Verbindlicherklärung durch eine Rechtsvorschrift** auch selbst die Qualität einer Rechtsvorschrift erlangen, wie zB ein für verbindlich erklärter **Abfallentsorgungsplan.**[86] Entsprechendes muß für die ab 31. 12. 1999 aufzustellenden Abfallwirtschaftspläne gem § 29 KrW-/AbfG gelten, s Fritsch, Kreislaufwirtschafts- u Abfallrecht 648. **Landesentwicklungspläne, Raumordnungspläne, Regionalpläne** uä Pläne sowie Festsetzungen in solchen Plänen wie die **Bestimmung von zentralen Orten,** Kleinzentren uä[87] oder die Ausweisung eines landschaftlichen Vorbehaltsgebiets (Mü BayVBl 1997, 179) sind, jedenfalls soweit sie aufgrund gesetzlicher Regelung formell als – oder durch (vgl 81, 131)! – VO oder Satzung erlassen u in Kraft gesetzt werden, Rechtsvorschriften (s auch 58 zu Anh § 42 mwN). Das gilt aber auch sonst, soweit an solche **Pläne unmittelbar Rechte u Pflichten** von Gemeinden u sonstigen Rechtsträgern, uU auch von Bürgern, **anknüpfen** u sich idS auch RVerletzung iSv § 47 Abs 2 ergeben können. Es erscheint berechtigt u **geboten, sie** (grds ohne weitere Differenzierung hins der einzelnen in ihnen enthaltenen Regelungen, sofern die in Frage stehenden Pläne jedenfalls nach ihrem Gesamtcharakter den vorerwähnten Voraussetzungen genügen) hins der Zulässigkeit der NK gem § 47 **als Rechtsvorschriften zu behandeln** oder jedenfalls solchen gleichzusetzen.[88]

---

[85] MK 26 I 2; RÖ-M. Redeker 17; SGH 407ff mwN; Zoubek BayVBl 1982, 137.

[86] 81, 131 = NVwZ 1989, 459; Br DVBl 1988, 546; allg Jörgensen, Rechtsschutz gegen Abfallentsorgungspläne, BayVBl 1992, 353.

[87] Vgl 81, 128; Ba UPR 2004, 450; Gr NVwZ-RR 2001, 565; Mü BayVBl 1983, 724; NVwZ 1985, 503; NVwZ-RR 1991, 332; BayVBl 1996, 81; NuR 2004, 315; Hendler DVBl 2001, 1241; NuR 2004, 485; Hoppe/Otting DVBl 2004, 1125ff; Kment DÖV 2003, 348ff; NuR 2003, 69ff; Loibl UPR 2004, 419; Sauer VBlBW 1995, 465; Schenke UTR 1990, 72ff; **aA** Ks NuR 2003, 117m krit Anm Kment NuR 2003, 69; Lü 27, 328.

[88] Vgl 58 zu Anh § 42; 107, 215; NVwZ 2007, 229; Mü NVwZ 1985, 503; NVwZ-RR 1991, 332; Blümel VerwA 1993, 137; Erbguth DVBl 1982, 1ff; NVwZ 1988, 289ff; Hoppe, Redeker-FS 1993, 377ff; Kn-Henneke 29 zu § 35 VwVfG; Schenke UTR 1990, 78ff; Schmidt-Aßmann DÖV 1981, 245; Weidemann DVBl 1984, 767ff; zur Bestimmung von Orten in Raumordnungsplänen zu zentralen Orten, Kleinzentren usw wg der damit ver-

34 **g) Sonderverordungen uä.** Unter SonderVOen sind Rechtsnormen zu verstehen, die von der **Exekutive zur Regelung von Sonderstatusverhältnissen** (besonderen Gewaltverhältnissen) **erlassen werden**[89] u für die Art 80 GG bzw entspr landesverfassungsrechtliche Bestimmungen nicht gelten sollen. Unabhängig davon, wie man zu letzterer Frage steht, müssen sie – auch wenn sie nicht formell als VOen oder Satzungen erlassen u bekanntgemacht worden sind –, falls sie, wie dies nach Verrechtlichung des besonderen Gewaltverhältnisses häufig zutrifft, unmittelbar Rechte und/oder Pflichten der in einem Sonderstatusverhältnis Befindlichen begründen (so zB Schulordnungen, Prüfungsordnungen usw) als Rechtsvorschrift iSd § 47 Abs 2 S 1 angesehen werden.[90] Auch Beihilfevorschriften der Länder[91] uä sind im Hinblick auf ihren quasinormativen Charakter als Rechtsvorschriften iSd § 47 anzusehen (vgl auch iVm dem Revisionsrecht BayVBl 1996, 218; DVBl 2004, 765 f u DVBl 2004, 766 f sowie 18 zu § 137).

Rechtsvorschriften iSv § 47 sind auch zB die **Geschäftsordnung** eines Gemeinderats (s oben 30) u die **Geschäftsverteilungspläne** der Gerichte (s oben 20 u 25 sowie 9 f zu § 4). Zu **Organisationsverordnungen** oben 30.

35 **h) Mitwirkungsakte beim Erlaß von Rechtsvorschriften. Keiner isolierten NK** gem § 47 unterliegen Mitwirkungsakte beim Erlaß von Rechtsvorschriften wie etwa die Genehmigung einer Satzung (vgl zB 16, 84 f; 75, 146). Aus der Kennzeichnung solcher Akte als Bestandteil eines RechtsetzungsVf ist noch nicht abzuleiten, daß sie damit selbst als allein mittels einer NK angreifbare Normen anzusehen sind (s auch 11 u 64 zu Anh § 42).

36 **5. Antrag: a) Erfordernis.** Das OVG entscheidet über die Gültigkeit einer veröffentlichten Norm (s oben 15) nur auf **Antrag.** Der Antrag ist gem § 81 Abs 1 S 1 analog schriftlich (Sch-Gerhardt/Bier 34; s zur prozessualen Schriftform ausf 4 ff zu § 81) oder gem § 81 Abs 1 S 1 analog iVm § 55 a Abs 1 u 2 u den entspr RechtsVOen elektronisch (s dazu 5 ff zu § 55 a) zu stellen. Für den Inhalt des Antrags gilt § 82 entsprechend, für die Bindung des Gerichts an das Begehren des ASt ist § 88 analog anzuwenden.[92] **Zulässig** sind auch **Eventualanträge,** zB hilfsweise zum Antrag auf Unwirksamerklärung eines Bebauungsplans der Antrag auf Unwirksamerklärung auch des vorangegangenen Bebauungsplans (Ma NVwZ 1985, 351).

Der Antrag kann **nicht zur Niederschrift der Geschäftsstelle** des OVG gestellt werden, da § 81 Abs 1 S 2 diese Möglichkeit nur für das VG vorsieht (Ey-J. Schmidt 66; 12–13 zu § 81). Er ist **fristgebunden** (s unten 83). Zur **Verweisung** des bei einem unzuständigen Gericht gestellten NKAntrags **an das zuständige OVG** s 4 zu § 83.

37 **b) Inhalt des Antrags.** Wie auch bei einer Klage richtet sich der denkbare Antragsinhalt nach dem möglichen Entscheidungstenor. So ist der **Antrag** entspr Abs 5 S 2 grds **auf Unwirksamerklärung** (dh Feststellung der Unwirksamkeit [Ungültigkeit] der angegriffenen Rechtsvorschrift zu richten, da eine rechtswidrige Vorschrift grds **von Anfang an ungültig** ist (zu Ausnahmen s unten 125 ff). **Nicht statthaft** ist ein Antrag, daß eine Vorschrift **nur dem ASt ggü für unwirksam** erklärt werden soll (vgl Ma VBlBW 1992, 259). Zu den Entschei-

---

bundenen unmittelbaren Auswirkungen auch Mü BayVBl 1975, 168; 1982, 727; NVwZ 1985, 503; **aA** Lü 27, 328; RÖ-M. Redeker 17.

[89] S dazu Böckenförde/Grawert AöR 1970, 1 ff; WBS I § 25, 43 ff; zu Recht krit ggü dieser Rechtsfigur Maurer § 8, 31.

[90] Vgl Ma NVwZ 1986, 855 – zu Studienplänen; NVwZ-RR 1990, 257 – Pflichtstundenregelung für Lehrer; NVwZ-RR 1998, 49 – Altersermäßigung für Teilzeit-Lehrer.

[91] 121, 103 geht nunmehr davon aus, daß solche Beihilferegelungen in Verwaltungsvorschriften unzulässig sind, dazu näher zustimmend Saurer DÖV 2005, 587 ff.

[92] Mü BayVBl 1985, 437; Lemmel DVBl 1985, 131; Erichsen/Scherzberg DVBl 1987, 168; zT **aA** Ma DVBl 1985, 130.

dungsmöglichkeiten s im einzelnen unten 120ff. Zur Antragstellung u Kostenfolgen bei Teilnichtigkeit s unten 121 f.

6. Antragsteller, Antragsgegner, sonstige Teilnehmer am Verfahren (Abs 2): a) Antragsteller. Den Antrag nach § 47 stellen können sowohl **natürliche** als auch **juristische Personen, auch** solche des öffentlichen Rechts in ihrer Eigenschaft **als Fiskus,** u – über den Wortlaut von Abs 2 hinaus – **Personenmehrheiten,** die im Rechtsverkehr durch Gesetz oder gewohnheitsrechtlich hins der Parteifähigkeit juristischen Personen gleichgestellt sind – wie die **OHG** (Ks ZfBR 1986, 194; NVwZ 1988, 847 mwN; Mü BayVBl 1997, 525) oder die **Gewerkschaften** (Ks ZfBR 1986, 194; s auch 6 zu § 61) –, **oder** die **gem § 61 Nr 2 beteiligungsfähig** sind (Mü BayVBl 1981, 720; NKVwGO-Ziekow 261; Schenke 886); neben der Gesellschaft des bürgerlichen Rechts (vgl BGH 146, 341; Schenke 461) also auch Verwaltungsorgane u -organteile als Träger von Innenrechten (NVwZ 1988, 1120; Lü DVBl 1999, 1737); außerdem – wie sich aus § 47 Abs 2 S 1 Alt 2 schließen läßt – **Behörden** des Landes, des Bundes, anderer Länder[93] u sonstiger Rechtsträger des öffentlichen Rechts (zB der Gemeinden), **nicht jedoch Gerichte,** da es sich insoweit nicht um Behörden iSd § 47 handelt;[94] **anders, wenn** Gerichte nicht als Organe der Rechtsprechung, sondern **im Rahmen der sog Gerichtsverwaltung** (s zum Begriff 2 zu § 39) tätig werden (SGH 427). Die Ansicht, ASt sei auch bei einem durch eine Behörde gem § 47 Abs 2 S 1 Alt 2 eingeleiteten Vf nicht die Behörde, sondern die hinter ihr stehende juristische Person des öffentlichen Rechts,[95] überzeugt nicht, da § 47 Abs 2 S 1 den Behörden die Antragsbefugnis zubilligt, damit aber zugleich deren Beteiligteneigenschaft voraussetzt. Insoweit ist die Vorschrift lex specialis zu § 61. Das wird nicht zuletzt auch durch die Entstehungsgeschichte der Norm (BT-Dr 3/55 Anl 1, 33 u BT-Dr 3/1094, 6) bestätigt, bei der trotz Bedenken gegen die Antragsbefugnis von Behörden sich diese dennoch durchsetzte. Keine Behörden sind anerkannte Naturschutzvereine gem § 59 BNatSchG (zu § 29 BNatSchG aF BezG Dresden VBlBW 1992, 273ff; SG 427; s auch Ba NVwZ-RR 1995, 514). ASt ist uU (vgl 3 zu § 61) auch eine bereits **aufgelöste Körperschaft,** ein aufgelöster Verein usw, zB eine **Gemeinde,** die durch die angegriffene Rechtsnorm **aufgelöst wurde,** wenn sie sich gegen die Auflösung oder gegen die Zuweisung ihres Gebiets u ihrer Gemeindeangehörigen an eine andere Gemeinde wendet (Mü BayVBl 1977, 433). 38

b) Antragsgegner. Die Frage, gegen wen der Antrag zu richten ist, betrifft ebenso wie nach § 78 (dazu 1 zu § 78) die passive Prozeßführungsbefugnis (Schenke 899; StK-Wolff 24; R. Schmidt, 206; TW § 21, 20; **aA** Kintz JuS 2000, 1103). Daß es nicht um eine Frage der Passivlegitimation geht (so aber Kintz JuS 2000, 1103), wird hier besonders deutlich, da Streitggst der NK nicht die Verletzung subjektiver Rechte des ASt ist. 39

Ag ist, wie in Abs 2 S 2 ausdr bestimmt ist, der **Rechtsträger,** der die angegriffene Rechtsvorschrift erlassen hat (bzw dessen Rechtsnachfolger, s Kopp, BayVGH-FS 213; Stettner JA 1982, 401). Da § 47 Abs 2 S 2 auf dem Rechtsträgerprinzip basiert, ist bei einer NK eines kommunalen Verfassungsorgans, das sich gegen eine Geschäftsordnung einer Gemeinde wendet, die Gemeinde u

[93] RÖ-M. Redeker 33; Stettner JA 1982, 401; Kopp BayVGH-FS 209ff; zT **aA** Ule 32 III 4.

[94] Mü NJW 1982, 1474; Ma 12, 85; Ks NJW 1967, 798; Ey-J. Schmidt 58; NKVwGO-Ziekow 267; Obermayer 230; Dageförde VerwA 1988, 123; Kopp BayVGH-FS 208; offen BVerwG DÖV 1982, 863; **aA** Mü 11, 94; Bergmann VerwA 1960, 54: auch Gerichte; krit v Mutius VerwA 1973, 95; Menger VerwA 1963, 402; Eyermann DVBl 1963, 401.

[95] So Ks BRS 62 Nr 53 S 280 = DÖV 2000, 475; Schl NordÖR 2000, 304; **aA** NKVwGO-Ziekow 264; Schenke 886; Sch-Gerhardt/Bier 82; Staudacher JZ 1985, 970.

nicht der Gemeinderat als Körperschaft anzusehen.[96] Mit Abs 2 S 2 ist zugleich klargestellt, daß es sich auch bei der NK um ein **echtes StreitVf u** nicht um ein lediglich objektives Vf handelt (Kopp NJW 1976, 1964). Wird die Norm im Wege der **Ersatzvornahme,** zB durch das Land anstelle der Gemeinde erlassen, ist der richtige Ag der für die Ersatzvornahme zuständige Rechtsträger.[97] Dafür spricht nicht nur der Wortlaut des § 47 Abs 2, sondern auch die Lösung der parallelen Problematik iVm dem Erlaß eines VA im Wege der Ersatzvornahme.[98] Die Aufsichtsbehörde erläßt den Akt nicht etwa in Stellvertretung der beaufsichtigten Körperschaft, sondern aus eigenem Recht. Zudem wäre es mißlich, wenn die beaufsichtigte Körperschaft einen Hoheitsakt prozessual verteidigen müßte, den sie selbst gar nicht erlassen wollte. Dagegen führt ein Zuständigkeitswechsel nach Normerlaß dazu, daß die zur Zeit der gerichtlichen Entscheidung kompetente Körperschaft zum Ag wird (NK-VwGO-Ziekow 273; Sch-Gerhardt/Bier 83). Auch wenn die normerlassende Stelle nur teilrechtsfähig ist, ist der Antrag gegen sie zu richten (Ks NVwZ-RR 1991, 81; Schenke 886; **aA** NKVwGO-Ziekow 272).

40 **c) Äußerungsberechtigte (Abs 2 S 3).** Nach Abs 2 S 3, der entspr Vorschriften über das Vf vor den Verfassungsgerichten nachgebildet ist (vgl § 77 BVerfGG), kann das OVG unter bestimmten Voraussetzungen **auch anderen Rechtsträgern,** die am Vf nicht unmittelbar beteiligt sind, Gelegenheit zur Äußerung geben. Es handelt sich dabei nicht um eine Beiladung, sondern um eine **bloße Anhörung** im Interesse einer besseren Aufklärung aller für die Entscheidung möglicherweise erheblichen Gesichtspunkte, mit der – anders als bei einer Beiladung nach § 47 Abs 2 S 4 – keine Beteiligtenstellung (§ 63) ieS verbunden ist.[99]

41 Eine Möglichkeit zur Äußerung kam nach dem Wortlaut des § 47 Abs 2 S 3 **nur juristischen Personen des öffentlichen Rechts** zu. Allerdings ging die Rspr vor der Einführung des § 47 Abs 2 S 4 davon aus, eine Äußerungsmöglichkeit könne **auch anderen Personen** eingeräumt werden, jedenfalls sofern sie rechtlich betroffen sind (65, 138). War sonst eine Erfüllung der gerichtlichen Sachverhaltsaufklärungspflicht nicht oder nur erschwert möglich, konnte sich sogar das grds bestehende Ermessen des Gerichts hins der Eröffnung einer Gelegenheit zur Äußerung zu einer objektivrechtlichen Pflicht verdichten;[100] ein subjektives Recht wurde durch § 47 Abs 2 S 3 jedoch nicht begründet (65, 139; NKVwGO-Ziekow 275). Nach Eröffnung der Möglichkeit zur Beiladung durch § 47 Abs 2 S 4 besteht heute keine Notwendigkeit mehr, den Anwendungsbereich des § 47 Abs 2 S 3 in der geschilderten Weise zu erweitern (Bracher DVBl 2002, 311).

42 **d) Sonstige Beteiligte.** Eine **Beteiligung des Völ** am Vf ist nach den allg Vorschriften möglich. Eine **Beiladung** (vgl § 65) kannte das NK-Vf nach hM bis zur Neueinführung des § 47 Abs 2 S 4 durch das RmBereinVpG nicht.[101] Seit

---

[96] **AA** Lü DVBl 1999, 1737, das ohne Begründung davon ausgeht, die Körperschaft, welche die GeschO erlassen hat, sei der Gemeinderat.

[97] NKVwGO-Ziekow 272; **aA** NVwZ-RR 1993, 513f; Ey-J. Schmidt 60; Sch-Gerhardt/Bier 83.

[98] Ms NVwZ-RR 1990, 23; Knemeyer BayVBl 1977, 131; Sch-Meissner 35 zu § 78; s auch 7 zu § 78.

[99] NKVwGO-Ziekow 274; Rasch BauR 1977, 148; SGH 430; Stettner JA 1982, 401; Kopp NJW 1976, 1964.

[100] 65, 138; NKVwGO-Ziekow 275; Sch-Gerhardt/Bier 84a.

[101] 65, 133ff; NVwZ-RR 1994, 235; NVwZ 1999, 988; Lü BauR 1981, 244; Ks DÖV 1993, 874; Ma BauR 1982, 139; Mü BayVBl 1980, 116; NKVwGO-Ziekow 276; Schenke 888; SGH 430; Sch-Gerhardt 84; **aA** Ms DVBl 1980, 603; Bln DÖV 1982, 373; Dienes DVBl 1980, 674ff; Papier, Menger-FS 527ff.

dem 1. 1. 2002 ist vorgesehen, daß im NK-Vf § 65 Abs 1 u 4 u § 66 entspr anzuwenden sind. Den Anlaß für die Neuregelung bildete die vom BVerfG[102] in einem obiter dictum vertretene Ansicht,[103] der generelle Ausschluß der Beiladung von Grundstückseigentümern, denen die Unwirksamerklärung im Rahmen einer NK nach § 47 zum Nachteil gereiche, sei verfassungsrechtlich zweifelhaft, u deshalb müsse wg Art 14 GG eine Ermessensentscheidung über die Beiladung getroffen werden (krit zu dieser dogmatisch zweifelhaften Auffassung eingeh 14. Aufl).

Fraglich ist, nach welchen Kriterien über die Frage der Beiladung zu entscheiden ist. Sicherlich muß bei der Ermessensentscheidung über die Beiladung von Bedeutung sein, wie groß die **Zahl der durch eine mögliche Unwirksamerklärung der Norm Betroffenen** ist;[104] relevant sind ferner die **Schwere der Beeinträchtigung,** die sich aus der Unwirksamerklärung der Norm für die Normbegünstigten ergibt, sowie nicht zuletzt auch die **Erfolgsaussichten** des NKAntrags. Noch weitergehend vertritt v Komorowski (NVwZ 2003, 1463; BayVBl 2003, 360 – auch im Hinblick auf EG-Recht) die Ansicht, daß das OVG aus verfassungsrechtlichen Gründen zur Beiladung verpflichtet sei, wenn es die Verwerfung einer Norm mit personell beschränktem Geltungsbereich erwäge. Fehlt es an einer durch die Norm herbeigeführten Begünstigung Dritter, so besteht idR kein Anlaß für eine Beiladung (ebenso Lotz BayVBl 2002, 354), zumal die im NK-Vf ergehende Entscheidung bei ihrer Unbegründetheit nach § 121 nur ggü den am Vf Beteiligten RKraft entfaltet (unten 146). Aus einer Nichtbeiladung ergeben sich damit für andere durch die Norm Belastete keine rechtlichen Nachteile. Bei schwerwiegenden **Beeinträchtigungen,** die für Normbegünstigte aus einer möglichen Unwirksamerklärung einer Norm resultieren, kann – insb, wenn es sich hier nur um einen unschwer feststellbaren kleinen Personenkreis handelt – auf der einfachgesetzlichen Basis des § 47 Abs 2 S 4 eine **Ermessensreduktion auf Null** zu bejahen u eine Beiladung geboten sein (BT-Dr 14/6393, 9; Kienemund NJW 2002, 1236; Seibert NVwZ 2002, 271). Anderes gilt aber bei offensichtlicher Unzulässigkeit oder Unbegründetheit des NKAntrags (s auch Bracher DVBl 2002, 313; v Komorowski NVwZ 2003, 1462; Lotz BayVBl 2002, 354). Inwieweit dem Umstand, ob die in ihren rechtlichen Interessen Berührten einen **Antrag auf Beiladung gestellt** haben u damit ihr **Beteiligungsinteresse bekundet** haben, Bedeutung für die Entscheidung über die Beiladung zukommen kann (so Lotz BayVBl 2002, 355), ist nicht so leicht zu beantworten. Relevanz kann diesem Gesichtspunkt nur zukommen, wenn auch alle Begünstigten die tatsächliche Möglichkeit zu einem entsprechenden Antrag besitzen. Das 42 a

---

[102] BVerfG NVwZ 2000, 1283 f; zust Hildebrandt/Hecker NVwZ 2001, 1007; krit J. Schmidt VerwA 2001, 457 ff; dazu auch Bamberger NVwZ 2002, 556 ff.

[103] Zur Problematik dieses obiter dictum s Bamberger NVwZ 2002, 558 u allg Schenke, Verfassungsgerichtsbarkeit und Fachgerichtsbarkeit, 1987, 24 ff.

[104] BVerfG, NVwZ 2000, 1284 („dürfte eine Differenzierung nach Anzahl der betroffenen Grundstückseigentümer aus Gründen der Rechtssicherheit nicht grds ausscheiden"); Bamberger NVwZ 2002, 558 ff; Lotz BayVBl 2002, 355. Von einer grundsätzlichen Pflicht zur Beiladung bei einem überschaubaren Kreis von Planbetroffenen (weniger als 50) gehen v Komorowski/Kupfer VBlBW 2003, 104 aus, wobei dies v Komorowski BayVBl 2003, 360 ff auch aus gemeinschaftsrechtlichen Gründen ableitet. Bei einer großen Zahl von Betroffenen ergeben sich erhebliche praktische Schwierigkeiten, die sich auch durch die vom BVerfG (NVwZ 2000, 1284 f; zust Bamberger NVwZ 2002, 559) empfohlene Heranziehung der §§ 56 a, 67 a nur begrenzt vermeiden lassen. Auf § 65 Abs 3, der nur auf die Fälle der notwendigen Beiladung anwendbar ist, kann hier nicht zurückgegriffen werden, da die dort getroffene Regelung sich ausdr nur auf die notwendige Beiladung bezieht und der Gesetzgeber in § 47 Abs 2 S 4 bewußt nicht auf § 65 Abs 3 verwiesen hat. Angesichts dieser eindeutigen gesetzlichen Entscheidung verbietet sich auch (ebenso Lotz BayVBl 2002, 355 Fn 15) die von Bracher DVBl 2002, 312 befürwortete Analogie.

setzt Kenntnis von dem NK-Vf voraus. Die Rechtshängigkeit des Vf müßte folglich bekanntgemacht werden, idR wohl in derselben Form wie die Norm selbst (so auch Lotz BayVBl 2002, 355 für NK gegen Bebauungspläne). Sofern dies nicht geschehen ist, erscheint die Berücksichtigung der Tatsache der Antragstellung bei der Entscheidung über die Beiladung nicht zweifelsfrei bzw kann nur aus dem Umstand, daß eine Person trotz ihrer im Einzelfall bestehenden Kenntnis vom NK-Vf keinen Antrag stellt, auf ihr Desinteresse geschlossen werden.

42 b Der Beigeladene kann gem § 66 S 1 innerhalb der Anträge eines Beteiligten selbständig Angriffs- u Verteidigungsmittel gelten machen. Abweichende Sachanträge nach § 66 S 2 kann er hingegen nicht stellen, da kein Fall der notwendigen Beiladung vorliegt (Bracher DVBl 2002, 314).

43 **7. Antragsbefugnis:** Soweit eine Norm gem § 47 Abs 1 Gegenstand einer NK sein kann, ist diese nur zulässig, wenn die Antragsbefugnis natürlicher oder juristischer Personen gem § 47 Abs 2 S 1 Alt 1 (dazu unten 44 ff) oder von Behörden gem § 47 Abs 2 S 1 Alt 2 (dazu unten 82) gegeben ist. Nicht zulässig ist es, daß der Landesgesetzgeber zwar von der Ermächtigung des § 47 Abs 1 Nr 2 Gebrauch macht, eine Antragsbefugnis gem § 47 Abs 2 S 1 aber teilw ausschließt (s oben 24 u Geiger BayVBl 1995, 363 f), indem er etwa die Antragsbefugnis natürlicher u juristischer Personen gem § 47 Abs 2 S 1 Alt 1 ausschließt u die einer Behörde nur bei grundsätzlicher Bedeutung der Rechtssache zuläßt, wie dies zB in Art 5 S 2 BayAGVwGO hins örtlicher Bauvorschriften nach Art 91 Abs 1 u 2 BayLBO geschehen ist (oben 24).

44 **a) Die Änderung der Antragsbefugnis durch die Novellierung.** Der Antrag ist, wenn er von natürlichen oder juristischen Personen gestellt wird, nach der **Novellierung des § 47** durch das 6. VwGOÄndG gem Abs 2 S 1 Alt 1 nur zulässig, wenn der ASt **geltend macht, durch die Rechtsvorschrift oder deren Anwendung in seinen Rechten verletzt zu sein oder in absehbarer Zeit verletzt zu werden.** Damit unterscheidet sich § 47 Abs 2 S 1 von der früher geltenden Fassung, derzufolge es genügte, wenn der ASt einen Nachteil erlitten oder in absehbarer Zeit zu erwarten hatte. Allerdings ist der Unterschied nicht so groß, wie es auf den ersten Blickt scheint. Deutlich wird dies am wichtigsten Anwendungsbereich der NK gem § 47 Abs 2 S 1, nämlich bei Bebauungsplänen. Die **privaten Belange,** die bei der NK in den Abwägungsprozeß gem § 1 Abs 7 BauGB einzustellen sind, sind nämlich, selbst wenn sie unabhängig von § 1 Abs 7 BauGB noch nicht als subjektive Rechte anzusehen sind, jedenfalls durch diese Vorschrift – ähnlich wie auch sonst iVm einem Planfeststellungsbeschluß zu berücksichtigende private Belange (s 112 zu § 42) – als rechtlich geschützte Interessen anerkannt u damit zu subjektiven Rechten aufgewertet werden (s Schenke DVBl 1997, 854 u näher unten 52 ff).

45 **b) Übergangsregelung.** S dazu 14. Aufl.

46 **c) Möglichkeitstheorie.** Mit der Anknüpfung an subjektive Recht gelten (mit Modifikationen) **entspr Grundsätze** wie für die **Klagebefugnis** gem § 42 Abs 2. Ein wichtiger Unterschied besteht hier nur insofern, als es für § 47 Abs 2 S 1 genügt, wenn der ASt geltend macht, durch die Rechtsvorschrift oder deren Anwendung **in absehbarer Zeit verletzt** zu sein. Ebenso wie bei § 42 Abs 2 bedarf es nach § 47 Abs 2 S 1 **keiner schlüssigen Geltendmachung** einer (jedenfalls in absehbarer Zeit) erfolgenden RVerletzung (**aA** Löhnig JuS 1998, 317), vielmehr genügt die **Möglichkeit einer Rechtsverletzung.**[105] Dafür

[105] NVwZ 1998, 732; DVBl 1999, 101; Mü NVwZ-RR 1999, 265; Ms NWVBl 1997, 346; We ThürVBl 1999, 213; Ehlers, Hoppe-FS 1051; Kuhla/Hüttenbrink DVBl 1999, 899; Rozek SächsVBl 1999, 151; Schenke VerwA 1999, 306; Schmidt-Preuß DVBl 1999, 101; Würt 451; grds auch Sch-Gerhardt/Bier 43; **einschränkend** Sauthoff BauR 1997, 740, der sich für eine modifizierte Möglichkeitstheorie ausspricht; ähnlich oder ebenso Lotz

spricht die durch den Gesetzgeber gewollte Anlehnung des § 47 Abs 2 S 1 an die Klagebefugnis des § 42 Abs 2. Dies wird vor allem daran deutlich, daß die „Anwendung", von der § 47 spricht, idR durch VA erfolgt. An dieser Anknüpfung änderte es auch nichts, daß – anders als bei einer Anfechtungsklage – der Erfolg der NK nicht davon abhängt, ob die Norm oder deren Anwendung den Kl jetzt oder in absehbarer Zeit tatsächlich in seinen subjektiven Rechten (dazu unten 112) verletzt. Voraussetzung für die **Möglichkeit einer RVerletzung** ist freilich auch bei § 47 Abs 2 S 1, daß in bezug auf untergesetzliche Rechtsvorschriften oder deren Anwendungsakte die Heranziehung von Rechtssätzen in Betracht kommt, die zumindest auch dem Schutz der Interessen von Personen in der rechtlichen Situation des **Kl** zu dienen bestimmt sind.[106] Die Frage, ob die Norm, um deren Anwendung es hier geht, nur öffentliche Interessen oder auch Interessen von Personen in der Lage des ASt schützt, kann damit bei § 47 ebenso wie bei § 42 (71 u 85 zu § 42) bei der Prüfung der Zulässigkeit des Rechtsbehelfs nicht offenbleiben.

Die **subjektiven Rechte,** deren mögliche Verletzung im Rahmen des § 47 Abs 2 S 1 gerügt werden kann, können sich aus dem einfachen Gesetzesrecht, aus höherrangigen untergesetzlichen Rechtsvorschriften, aber auch aus dem Verfassungsrecht sowie aus dem Gemeinschaftsrecht u aus ungeschriebenen Rechtssätzen usw ergeben (s auch 78 zu § 42). Es kann sich dabei nicht nur um „Außenrechte", sondern auch um Organrechte handeln (NVwZ 1988, 1120; Lü DVBl 1999, 1737). Zu beachten ist, daß, wenn eine Norm ein den ASt tatbestandlich betr **Gebot oder Verbot** beinhaltet, in Konsequenz der umfassenden **grundrechtlichen Subjektivierung der Freiheitssphäre** des Bürgers bzw einer nach Art 19 Abs 3 GG grundrechtsfähigen Vereinigung idR eine Antragsbefugnis vorliegt (Schenke 892; Schlette Jura 2004, 96). Insofern kann hier eine **Parallele zur Adressatentheorie** gezogen werden (s zu dieser iVm VAen 69 zu § 42). So ist zB ein Kursmakler ggü einer Neuregelung einer Börsenordnung antragsbefugt, die seine Pflichten zum Gegenstand hat (Ks DÖV 1998, 343), ebenso Personen, die ein Landschaftsschutzgebiet zu Reitzwecken nutzen, ggü einem in einer LandschaftsschutzVO enthaltenen Reitverbot (NVwZ 2000, 1296), ein Taucher hins der ein Tauchverbot statuierenden PolizeiVO (Ma VBlBW 1998, 174; Schenke VerwA 1999, 308), wobei sich die Möglichkeit einer **(mittelbaren) Grundrechtsverletzung** auch aus einem Verstoß gegen **nur objektivrechtliche Normen** ergeben kann (s auch unten 52 sowie zum entspr Problem bei VAen 124 ff zu § 42). Auf juristische Personen des öffentlichen Rechts, die nicht grundrechtsfähig sind, läßt sich aber die Adressatentheorie nicht unbesehen übertragen (s 69 zu § 42; **aA** Schlette Jura 2004, 97). Eine Gemeinde kann sich zwar nicht auf den grundrechtlichen Eigentumsschutz berufen, wohl aber auf ihr einfachgesetzliches Eigentum, das etwa durch eine naturschutzrechtliche VO beschränkt wird (Ba NVwZ 2002, 110; s auch SächsVBl 2000, 88 u 127 zu § 42). Keine Antragsbefugnis bzgl der Gründungssatzung eines kommunalen Abwasserverbands hat der vom Zweckverband zur Zahlung von Abwassergebühren in Anspr genommene Grundstückseigentümer (We ThürVBl 1999, 212). Dazu, daß auch einfachgesetzliche Rechtspositionen (zB ein Subventionsanspr) über die Grundrechte vor einer rechtswidrigen Aufhebung oder Einschränkung geschützt sind s auch 124 zu § 42 sowie Ma DVBl 1997, 1184 (Aufhebung bzw Kürzung eines Anspr auf Schülerbeförderungskosten). 47

Wird eine Regelung nicht dem ASt, sondern **Dritten ggü** getroffen, schließt dies die Möglichkeit einer RVerletzung nicht aus (81, 131; Mü BayVBl 1979,

---

BayVBl 1997, 258; NKVwGO-Ziekow 205; Schmidt-Preuß DVBl 1999, 103 f; s zur Möglichkeitstheorie 66 zu § 42.

[106] DÖV 1999, 513 f; Ko DÖV 1998, 694; Mü NVwZ-RR 1999, 265; v Komorowski/Kupfer VBlBW 2003, 101.

754), wenn durch die Norm jedenfalls höherrangige Vorschriften verletzt werden können, die zumindest **auch** dem **Schutz rechtlicher Interessen des ASt dienen** (s unten 52; 83 zu § 42). Von einem solchen **Drittschutz** für **Konkurrenten** ist jedenfalls unter Berücksichtigung der normimmanenten Wirkung des Art 12 GG hins § 8 Abs 2a LadSchlG auszugehen, der im Bahnhofsbereich Ausnahmen vom LadSchlG vorsieht (Rozek SächsVBl 1999, 151; **aA** Ba SächsVBl 1999, 70; s auch unten 77), wobei ähnliches für § 10 LadSchlG in Betracht zu ziehen ist; ebenso für die **Ladenangestellten** gegen eine VO, die **längere Ladenöffnungszeiten** zulässt.[107] Abzulehnen ist Drittschutz für einen benachbarten Grundstückseigentümer ggü einer Satzung, welche die Benutzung von Kinderspiel- u Bolzplätzen regelt (Mü NVwZ-RR 1999, 265) sowie für Mieter bzgl einer gebührenrechtlichen Bestimmung in einer Beitrags- u Gebührensatzung, wenn sie nicht der Gebührenpflicht unterliegen (We NVwZ-RR 2001, 186). Lassen sich solche subjektiven Rechte nicht aus unterverfassungsrechtlichen Bestimmungen (auch unter Berücksichtigung einer unter dem Aspekt der verfassungskonformen Auslegung gebotenen norminternen Wirkung der Grundrechte, dazu 118 zu § 42) ableiten, können sie sich aus einer normexternen Wirkung von Grundrechten (dazu 121 zu § 42) ergeben, die auch vor faktischen Grundrechtseingriffen schützen (s auch unten 77 sowie Rozek SächsVBl 1999, 154; Wallerath NJW 2001, 786 ff).

48 Anders als § 42 Abs 2 (s dazu 180 zu § 42) sieht § 47 Abs 2 S 1 Alt 1 hins natürlicher wie juristischer Personen **keine Ausnahme** vom Erfordernis der Geltendmachung der Verletzung eigener Rechte vor (unbenommen bleibt allerdings die Antragsbefugnis von Behörden gem § 47 Abs 2 S 1 Alt 2). Allerdings kann der Bundesgesetzgeber in anderen Regelungen davon Ausnahmen vorsehen oder auch den Landesgesetzgeber zu entspr Ausnahmeregelungen ermächtigen. Geschehen ist dies durch § 2 Abs 1 UmwRG iVm § 1 Abs 1 UmwRG u § 2 Abs 3 Nr 3 UVPG, der Umweltschutzvereinigungen iSd § 3 UmwRG, auch ohne daß sie eine Verletzung in eigenen Rechten geltend machen müssen, unter den Voraussetzungen des § 2 Abs 1 UmwRG eine befristete Antragsbefugnis in bezug auf Bebauungspläne einräumt (zur Notwendigkeit einer Einschränkung des § 2 Abs 1 UmwRG im Hinblick auf § 2 Abs 5 Nr 2 UmwRG s unten 112). Eine Ermächtigung des Landesgesetzgebers zur Schaffung entspr objektivrechtlicher NK-Vf findet sich in § 61 Abs 5 iVm § 60 Abs 2 S 1 Nr 1 BNatSchG. Ohne eine solche Ermächtigung ist es dem Landesgesetzgeber allerdings verwehrt, in NKSachen eine Verbands- bzw Vereinsklage einzuführen.[108] **Zulässig** ist jedoch die **Statuierung subjektiver Rechte ggü dem Normgeber,** die dann mittels einer dem Rechtsschutz dienenden NK geltend gemacht werden können, wie dies zB der Bundesgesetzgeber durch Einräumung von Mitwirkungsrechten der anerkannten Naturschutzvereine „bei der Vorbereitung von Verordnungen u anderen im Rang unter dem Gesetz stehenden Rechtsvorschriften auf dem Gebiet des Naturschutzes u der Landschaftspflege durch die Bundesregierung oder das Bundesministerium für Umwelt, Naturschutz u Reaktorsicherheit" gem § 58 Abs 1 Nr 1 BNatSchG vorgesehen hat.[109] Denkbar ist ferner, daß einer Person

---

[107] DÖV 1999, 513; Br NVwZ NVwZ-RR 1999, 576; Ko DÖV 1998, 694; Ma DÖV 1999, 260; We NVwZ-RR 2001, 234; Schenke VerwA 1999, 308 f. Nach Ko DVBl 2001, 587 soll dies nicht gelten, wenn der Angestellte während der Verlängerung der Arbeitszeit gar nicht zur Arbeit eingesetzt werden soll; hier dürfte es aber richtigerweise am RSB fehlen, s unten 89.

[108] So zur früheren Rechtslage hins der anerkannten Naturschutzverbände/-vereine Ba NVwZ-RR 1995, 514; Ks NuR 1998, 209; Kokott UTR 1998, 221; s auch BVerwG NuR 1998, 131 f u Lü NdsVBl 1999, 291.

[109] Zum insoweit vergleichbaren § 29 Abs 1 Nr 1 BNatSchG aF NuR 1998, 131 f; Ba NVwZ-RR 1995, 514; zur Reichweite des § 29 Abs 1 Nr 1 BNatSchG aF BVerwG DVBl 1996, 47.

ein **Recht** auf Gewährung einer Leistung an **andere Personen** eingeräumt wird, weshalb dann bei Schmälerung eines solchen Anspr für sie eine Antragsbefugnis besteht (Ma DVBl 1997, 1184: Anspr eines privaten Schulträgers auf Erstattung von Schülerbeförderungskosten an Schüler bzw Eltern). Eine Antragsbefugnis selbst solcher Personen, die nunmehr durch die Norm u deren Anwendung nicht mehr in ihren subjektiven Rechten verletzt sein können, kann sich zudem aus den Regelungen der **gesetzlichen Prozeßstandschaft** gem **§ 173 S 1 iVm §§ 265 f ZPO** zB für einen ASt ergeben, der im Moment des Anhängigmachens eines NKAntrags gegen einen Bebauungsplan noch Grundstückseigentümer u als solcher rechtlich betroffen war, später aber das Grundstück veräußerte.[110]

d) Selbstbetroffenheit. An § 47 Abs 2 S 1 Alt 1 wird deutlich, daß der ASt durch die angegriffene Rechtsvorschrift oder deren Anwendung **selbst** die mögliche **RVerletzung erlitten** oder zu erwarten haben muß. Es genügt deshalb grds nicht, wenn er die Verletzung von Vorschriften rügt, die ausschließlich öffentliche Interessen (Bln NVwZ 1997, 1222) oder die Interessen Dritter schützen (s zu Ausnahmen aber iVm dem entspr Problem bei VAen 124 zu § 42). So kann zB eine **Fraktion** nicht Rechte ihrer Fraktionsmitglieder geltend machen (Ks DVBl 1995, 931; s auch Herbert DÖV 1994, 113); ebenso **Verbände, Vereine** usw nach Abs 2 nicht RVerletzung, die nicht sie als solche, sondern einzelne oder alle Mitglieder treffen (NVwZ 1990, 464; Mü NVwZ-RR 1997, 198; s auch 133 zu § 42; ferner 26 vor § 40); ebenso eine **Gemeinde** nicht Rechte ihrer Gemeindebürger oder eine Religionsgemeinschaft die ihrer Mitglieder oder Anhänger (s auch BayVBl 1991, 341 zum Antrag einer Kirchengemeinde). Allerdings geht eine rechtliche Beeinträchtigung einzelner oder aller Mitglieder **oft** auch parallel mit der **Betroffenheit in einer eigenen Rechtsposition** des Verbands, der Gemeinde oder der Religionsgemeinschaft, **zB** der **Gemeinde** in ihrer im Selbstverwaltungsrecht gem Art 28 Abs 2 GG enthaltenen **Planungshoheit** oder in ihrem Recht auf selbstverantwortliche Ordnung der Entwicklung der Gemeinde einher,[111] einer **Religionsgemeinschaft** in ihrem Recht **auf Entfaltung** u Betätigung gemäß ihrem religiösen Selbstverständnis gem Art 4 Abs 1 u 2 GG, Art 140 GG iVm 137 Abs 2 WRV (vgl zur Begründung mit der Pflicht zur Seelsorge ggü den Gemeindeangehörigen jedoch zT **aA** NVwZ 1991, 778). 49

e) Partielle rechtliche Betroffenheit. Zu beachten ist, daß das Bestehen einer Antragsbefugnis ggü einer in der Norm getroffenen Regelung unter einem bestimmten Aspekt bereits genügt, eine **umfassende Überprüfung der Regelung** auch in bezug auf ihre Vereinbarkeit mit solchen höherrangigen Vorschriften herbeizuführen, bezüglich derer subjektive Rechte des ASt nicht begründet sind. Da im Rahmen des § 47 eine dem § 113 Abs 1 S 1 entspr Vorschrift fehlt, kommt es für die **Begründetheit** der NK nicht auf das Vorliegen einer subjektiven RVerletzung an. Insoweit besteht ein **wichtiger Unterschied zu § 42.** Deshalb überzeugt es nicht, wenn das OVG Bautzen unter Anknüpfung an die Rspr des BVerwG zu § 42 (87, 72) die Ansicht vertritt, im Rahmen der Prüfung der Begründetheit einer von einem anerkannten Naturschutzverein wg Verletzung seiner Mitwirkungsrechte[112] zulässigerweise erhobenen NKAntrags sei das OVG auf die Prüfung beschränkt, ob tatsächlich gegen ein Mitwirkungsrecht verstoßen wurde (so aber zu § 29 Abs 1 Nr 1 BNatSchG aF Ba NVwZ-RR 1995, 514). 50

---

[110] NVwZ 2001, 1282; Bln NVwZ 1997, 506; Ehlers Jura 2005, 175; Stüer DVBl 2004, 91; s zum entspr Problem iVm der Anfechtung von VAen 61 zu § 42.

[111] Vgl zu § 42 Abs 2 zB BVerwG NJW 1976, 2176; DVBl 1984, 88; s auch 138 zu § 42.

[112] S zur rechtlichen Begrenzung der Antragsbefugnis des Naturschutzverbands NVwZ-RR 1998, 98.

51 **f) Rechtliche Betroffenheit durch Teilregelung.** Bei Rechtsvorschriften, die **mehrere Regelungen** enthalten, von denen **nur einzelne für den ASt** einen Nachteil iSv Abs 2 aF darstellten, ging die Rspr unter der Geltung des § 47 Abs 2 S 1 aF grds davon aus, daß es für die Zulässigkeit des gegen eine Rechtsvorschrift gerichteten NKAntrags prinzipiell ausreiche, daß bzgl einer in der Rechtsvorschrift enthaltenen **(Teil-)Regelungen eine Antragsbefugnis** bestehe (82, 234 = NVwZ 1990, 159; 88, 273 = NVwZ 1992, 376; Ms NWVBl 1995, 299). Wenn in entspr Anwendung des § 139 BGB die Norm nur als teilunwirksam anzusehen war, sollte dies idR nicht nur an der Zulässigkeit der NK nichts ändern, sondern der NKAntrag sollte insoweit nicht einmal kostenpflichtig teilweise abgewiesen werden (88, 272). Diese schon früher problematische Ansicht kann jedenfalls nach der **Neufassung des § 47 Abs 2 S 1** mit seiner Annäherung an § 42 Abs 2 sowie im Hinblick auf das mit der Novellierung verfolgte Anliegen einer Einschränkung der NK nicht mehr gefolgt werden (**aA** Ehlers, Hoppe-FS 1047; NKVwGO-Ziekow 199). Vielmehr erscheint es nunmehr geboten, die **Antragsbefugnis nur soweit** reichen zu lassen, als der ASt durch die Norm oder deren Anwendung möglicherweise in seinen Rechten verletzt wird oder in absehbarer Zeit **verletzt werden kann.** Probleme unter dem Gesichtspunkt der Überforderung des ASt ergeben sich hier deshalb nicht, weil der **Antrag** bei nicht teilbaren Regelungen so **auszulegen bzw umzudeuten** ist, daß solche Normen, hins derer unter dem Gesichtspunkt des entspr anwendbaren § 139 BGB die Frage der Gültigkeit nur einheitlich beantwortet werden kann,[113] als insg streitbefangen anzusehen sind; zumindest ist durch das Gericht gem § 86 Abs 3 auf eine klarstellende Fassung des Antrags hinzuwirken. Da die **Unwirksamkeit einer Regelung** unabhängig von der NKEntscheidung des OVG besteht, ergeben sich hier iü ohnehin nicht die Probleme, wie bei einer Teilanfechtung eines nicht teilbaren VA, dessen Aufhebung insgesamt sich uU für den Kl nachteilig auswirken kann. Zu weit geht es allerdings, wenn es der VGH Ma, losgelöst von dem Antrag des ASt, für zulässig ansieht (Ma DVBl 1985, 130), die **gesamte Satzung** für **unwirksam** zu erklären, wenn der im Rahmen einer Teilanfechtung der Norm geltend gemachte Fehler deren Unwirksamkeit insgesamt begründet (krit zu Recht Lemmel DVBl 1985, 131 f; die Sondervorschrift des **§ 78 S 2 BVerfGG ist in NK-Vf nicht anwendbar**), Beharrt der Kl trotz richterlicher Aufklärung auf der Unwirksamerklärung selbst solcher in einer Rechtsvorschrift enthaltenen Regelungen, hins derer die Voraussetzungen des § 47 Abs 2 S 1 Alt 1 nicht bestehen, ist sein Antrag unter Zugrundelegung allg Grundsätze **kostenpflichtig** als teilw unzulässig zu verwerfen (so auch UPR 1997, 371; **aA** 88, 271 f; s auch unten 121).

52 **g) Die Möglichkeit der Rechtsverletzung.** Für die Annahme einer möglichen RVerletzung durch die Norm oder deren Anwendung genügt nicht eine **faktische Beeinträchtigung** des ASt (anders nur, wenn faktischer Grundrechtseingriff vorliegt, s unten 77). Lediglich **wirtschaftliche u ideelle Interessen,** die nicht durch eine gesetzliche Regelung oder zumindest nach den der Rechtsordnung (insb den Grundrechten) insgesamt zu entnehmenden Wertungen als rechtlich geschützte Interessen anzusehen sind, **genügen nicht,**[114] ebenso nicht – mit rechtlich geschützten Interessen nicht gleichsetzbare – berechtigte Interessen iSd § 43 (vgl dazu 23 f zu § 43). Allerdings können **private Belange,** die als solche noch keine subjektiven Rechte sind, in bezug auf den Erlaß einer Norm durch gesetzliche Regelungen (partiell) als **rechtlich geschützte Inte-**

---

[113] Vgl NVwZ 1990, 160; 1992, 976; 1994, 273; Sa NVwZ 1994, 1033; Schenke JZ 1996, 1119.

[114] Hier wurde iSv § 47 aF auch schon das Vorliegen eines Nachteils abgelehnt, s zB 59, 87 = NJW 1980, 1061; Br DÖV 1988, 568; Lü DVBl 1978, 176; Mü NJW 1985, 1180; Ms NJW 1978, 1023; **aA** Ma NJW 1977, 1212.

ressen Privater anerkannt werden (so etwa iVm § 1 Abs 7 BauGB u entspr planungsrechtlichen Normen) u insoweit als subjektive Rechte anzusehen sein. **Keine** rechtlich geschützten Interessen Privater stellen (selbst im Hinblick auf Bebauungspläne) grds das **Interesse an der Erhaltung der dt Landschaft** (59, 97 = BayVBl 1980, 89), an **Belangen des Naturschutzes** oder des **Erholungswerts der Landschaft** dar (Ko NVwZ 1990, 282; Ma NuR 1994, 136; Dürr NVwZ 1996, 107) oder (auch für den Eigentümer eines im Landschaftsschutz gelegenen Grundstücks) die Aufrechterhaltung des Landschaftsschutzes dar (Schl DVBl 2000, 1368). Zu beachten ist jedoch, daß dort, wo durch eine Norm in ein spezielles **Freiheitsgrundrecht** oder **Art 2 Abs 1 GG** eingegriffen wird, die Verletzung solcher Normen, die nur öffentliche Belange schützen, **mittelbar** zu einer **Grundrechtsverletzung** führt.[115]

Private Rechte sind lediglich dann als rechtlich geschützte Interessen anzuse- 53
hen, wenn sie **durch das öffentliche Recht** geschützt sind (Mü BayVBl 1980, 294). Dies trifft hins vermögenswerter subjektiver Privatrechte zu, die durch Art 14 GG geschützt sind, wobei es freilich jeweils einer genauen Analyse bedarf, wie weit dieses subjektive öffentliche Recht in seinem Schutz reicht (s 97 u 135 zu § 42). Als **Umschaltnorm,** durch welche private Rechte zu subjektiven öffentlichen Rechten werden können, bietet sich in bezug auf Bebauungspläne insb **§ 1 Abs 7 BauGB** an (s näher unten 71 ff).

Soweit ein Individualinteresse durch eine ör Norm geschützt wird u insofern 54
ein subjektives öffentliches Recht begründet wird, genügt grds **jede Einschränkung** des betroffenen rechtlich geschützten Interesses zur Begründung einer Antragsbefugnis (Ma DVBl 1997, 1184; NVwZ-RR 1998, 423; We ThürVBl 2001, 109), etwa die Aufhebung einer Sondernutzung (We ThürVBl 2001, 109). Ferner ist zB ein **Grundstückseigentümer** oder ein sonstiger in Einverständnis mit dem Eigentümer **Nutzungsberechtigter,** dem durch eine Rechtsnorm eine (wenn auch nur unwesentliche) Beschränkung der Nutzung des Grundstücks durch einen Bebauungsplan auferlegt wird, hierdurch bereits in seiner durch **Art 14 GG bzw Art 2 Abs 1 GG** geschützten Rechtsstellung betroffen u deshalb im Hinblick auf eine mögliche Verletzung seiner Rechte als antragsbefugt anzusehen.[116] Dabei ist von einer subjektivrechtlichen Relevanz einer Norm selbst dann auszugehen, wenn diese nur zu einer unbedeutenden Beeinträchtigung eines rechtlich geschützten Interesses führt.[117] Damit steht nicht in Widerspruch, daß ein Schutz privater Belange (die nicht ohnehin schon subjektive öffentliche Rechte sind) nach § 1 Abs 7 BauGB voraussetzt, daß diese nicht nur ganz unwesentlich beeinträchtigt sind u deshalb bei einer nur unwesentlichen Beeinträchtigung **durch § 1 Abs 7 BauGB** diesbezüglich keine rechtlich geschützten Interessen bzw subjektiven Rechte konstituiert werden, die Schutz vor einem Bebauungsplan bieten.

Die Frage, ob ein subjektives Recht schutzwürdig ist, spielt (sofern das Recht 55
nicht verwirkt wird; dazu unten 61) grds iVm der Antragsbefugnis noch keine Rolle, sondern wird erst unter dem Aspekt des Rechtsschutzbedürfnisses relevant (s unten 88 ff); allerdings hängt die Begründung von subjektiven Rechten durch § 1 Abs 7 BauGB davon ab, daß private Belange (die nicht ohnehin schon subjektive Rechte darstellen) schutzwürdig sind, s dazu unten 71 f.

---

[115] Ma VBlBW 1998, 174; Schenke VerwA 1999, 326 zu einer subjektiven RVerletzung wg Verstoßes gegen Vorschriften, die naturschutzrechtliche Belange schützen, s Ko NuR 1994, 199; s auch 124 zu § 42.

[116] Vgl NVwZ 1989, 554; 1993, 561; 1993, 562f; ZfBR 1997, 315; Schenke JZ 1996, 1117.

[117] NJW 1999, 1567; Ehlers, Hoppe-FS 1047 f; Schenke VerwA 1999, 316 f; zumindest mißverständlich Mü BayVBl 1996, 659, das hier in bezug auf § 47 Abs 2 S 1 aF einen Nachteil für nicht gegeben ansah und konsequenterweise auch eine subjektive RVerletzung leugnen müßte.

56 **h) Rechtsverletzung durch Anwendungsakte.** Die Möglichkeit einer RVerletzung ist, wie sich aus Abs 2 ergibt, bereits dann zu bejahen, wenn die angegriffene Rechtsvorschrift noch nicht selbst die Folgen herbeiführt, vor denen der Bürger nach dem Zweck der Regelung geschützt werden soll, sondern es dazu erst **noch weiterer Rechtsakte** bedarf, zB einer zusätzlichen Genehmigung, die jedoch in absehbarer Zeit zu erwarten ist. Daher ist zB die Antragsbefugnis gegen die **Festsetzung eines Sondergebiets** für eine Kernbrennelemente-Zwischenlagerung zu bejahen, obwohl dafür zusätzlich auch noch eine atomrechtliche Genehmigung erforderlich ist (Lü ZfBR 1983, 34); ebenso gegen einen Bebauungsplan, der eine Versorgungsfläche mit der Zweckbestimmung **„Heizkraftwerk"** festsetzt, auch wenn für den Bau u den Betrieb des Heizkraftwerks erst noch die Prüfung in einem immissionsschutzrechtlichen Vf erforderlich ist (vgl Bln NVwZ 1984, 188), oder gegen einen Abfallbeseitigungsplan, wenn dieser Plan den Standort der Abfallbeseitigungsanlage konkret festlegt u zu erwarten ist, daß von der Anlage schädliche Umwelteinwirkungen auf das benachbarte Grundstück des BauASt ausgehen werden (NVwZ 1989, 458). Keine Antragsbefugnis besteht hingegen in bezug auf die **Gründungssatzung eines kommunalen Abwasserzweckverbands** für den vom Zweckverband zur Zahlung von Abwassergebühren in Anspr genommene **Grundstückseigentümer** (We ThürVBl 1999, 212).

57 Entscheidend ist, daß die **Beeinträchtigung durch einen Folgeakt bereits in der Norm angelegt** ist.[118] Hiervon ist nur dann auszugehen, wenn der Folgeakt bei wertender Betrachtung der Norm zuzuordnen ist; ein Ursachenzusammenhang iS äquivalenter Verursachung genügt nicht (NVwZ 1991, 980; Ma NVwZ-RR 2000, 489). Das wurde zB unter der Geltung des § 47 Abs 2 S 1 aF bejaht hins einer ein Nachbargrundstück betr **Aufhebung einer LandschaftsschutzVO,** die dem Zweck dienen sollte, einen Golfplatz durch einen Bebauungsplan zu ermöglichen, welcher den ASt in seinen privaten Belangen beeinträchtigen würde u deshalb bereits eine Antragsbefugnis hins der LandschaftsschutzVO begehrt (s NVwZ 1988, 728), ebenso für einen **Gewerbetreibenden,** der sich gegen einen **Bebauungsplan** wandte, der der Vorbereitung einer Fußgängerzone dienen sollte (NVwZ 1993, 470; s auch Sauthoff BauR 1997, 737). Die Antragsbefugnis wurde ferner für einen Unternehmer in bezug auf eine LandschaftsschutzVO bejaht, die einer Gewinnung von Kies nach dem Bergrecht entgegenstand u im Falle ihrer Gültigkeit gem § 12 Abs 2 BBergG die Überleitung einer Erlaubnis in eine Bewilligung unmöglich machte (NVwZ 2001, 1038). Von einer Antragsbefugnis ging das BVerwG im Zusammenhang mit § 1 Abs 6 BauGB aF (heute § 1 Abs 7 BauGB) auch aus, wenn die negative Betroffenheit in einem abwägungsbeachtlichen Belang nicht durch den Bebauungsplan selbst eintrat, sondern erst durch einen nachfolgenden rechtlich tatsächlich eigenständigen Rechtsakt, wenn dieser der **Lösung von Konflikten dient, die der Bebauungsplan aufgeworfen,** aber nicht ausreichend gelöst hat u deshalb absehbar war, daß sie im Zusammenhang mit dem Bebauungsplan ergriffen werden mußten.[119]

58 Allerdings muß die Entwicklung von der Norm zur RVerletzung eine **konkrete Wahrscheinlichkeit** für sich haben.[120] Diese fehlt zB für den Eigentümer eines Grundstücks gegen die Festsetzung von Fluglärmzonen in einem Landesraumordnungsprogramm (Lü DVBl 1994, 296f). Dagegen dürfte sie zu bejahen

---

[118] NVwZ 1988, 728f; 1991, 980; 1993, 470; Lü NdsVBl 1995, 35; Ma NVwZ-RR 2000, 489; Mü BayVBl 1996, 536; Sch-Gerhardt/Bier 50.

[119] NVwZ 1991, 980 – Festsetzung eines Wohngebiets neben einem Lebensmittelgroßhandelsbetrieb, dessen Betreiber Einschränkungen seines Betriebs befürchten mußte.

[120] S schon zum alten Recht NVwZ 1993, 470; Lü DVBl 1994, 296f; NVwZ 1997, 682.

sein, wenn der Bebauungsplan eine Befreiungsentscheidung wahrscheinlich macht, die in subjektive Rechte eines Nachbarn eingreift (s auch NVwZ 1997, 682).

Die Begründung der Antragsbefugnis mittels zukünftiger Vollzugsakte setzt notwendigerweise voraus, daß diese Akte als **Vollzug der angegriffenen Norm** anzusehen sind. Keine Akte des Vollzugs eines Bebauungsplans sind immissionsträchtige **Maßnahmen im Vorfeld der Planverwirklichung** (Bebauung des Potsdamer Platzes), die sich mit fortschreitendem Planvollzug reduzieren u mit der Planverwirklichung enden (Bln DÖV 1999, 162). 59

i) Der Zeitpunkt der Rechtsverletzung. Es genügt, daß die Möglichkeit einer RVerletzung durch die Norm bzw deren Anwendung in absehbarer Zeit zu erwarten ist. Das trifft dann zu, wenn eine derartige Beeinträchtigung mit großer Wahrscheinlichkeit in so **naher Zukunft** zu erwarten ist, daß ein vernünftiger u vorsichtig handelnder Bürger sich schon jetzt zur Antragstellung entschließen darf (Sch-Gerhardt/Bier 48). Nicht ausreichend ist es idR hingegen, wenn ein späteres rechtliches Betroffensein durch eine Norm noch von **ungewissen Ereignissen** abhängt (Ba NVwZ-RR 1999, 676). 60

Eine mögliche RVerletzung wird nicht dadurch ausgeschlossen, daß der ASt **erst nach Erlaß** der Rechtsvorschrift **die Rechtsposition erlangt** hat, aus der er nunmehr sein Antragsrecht ableitet, zB das Grundstück, das von dem angegriffenen Bebauungsplan erfaßt wird, erworben hat.[121] Zu beachten ist, daß ein Rechtsnachfolger eines früheren Antragsberechtigten sich idR **nicht** auf die Verletzung solcher **Rechte seines Rechtsvorgängers** berufen kann, die dieser **verwirkt** oder auf andere Weise **verloren** hat (Ko NVwZ 1983, 617; Hufen § 19, 32), selbst wenn ihm dieser Verlust nicht bekannt war. Soweit ein früherer Grundstückseigentümer mit seinem gegen einen Bebauungsplan gerichteten Antrag keinen Erfolg hatte, muß dessen **Rechtsnachfolger dies nach Maßgabe des § 173 S 1 iVm § 325 ZPO gegen sich gelten lassen** so daß seinem neuen Antrag die RKraft der früheren Entscheidung entgegensteht. 61

Für die Bejahung einer Antragsbefugnis genügt es bereits, wenn der ASt das Recht, auf dessen mögliche Verletzung er seine Antragsbefugnis stützt, zur Zeit noch nicht besitzt, aber eine hohe Wahrscheinlichkeit für dessen Erwerb in absehbarer Zeit besteht. Antragsbefugt ist deshalb uU bereits der Käufer eines Grundstücks in bezug auf mit dem Eigentumsrecht verbundene Rechte (s Ba SächsVBl 1996, 115 m Anm Dürr u näher unten 70), nicht hingegen ein bloßer Kaufinteressent (Stüer DVBl 1985, 475).

Umstritten ist, welche Konsequenzen es hat, wenn die RVerletzung schon **in der Vergangenheit eintrat** u diese durch die Unwirksamerklärung einer Norm nicht mehr beseitigt oder auch in ihren Wirkungen nicht mehr gemindert werden kann (gegen eine Zulässigkeit der NK 78, 85 = DÖV 1988, 32; NVwZ 1988, 729), so daß sich der Kl in seiner Rechtsstellung nicht mehr verbessern kann. An dem Vorliegen einer RVerletzung ändert diese Irreparabilität einer sich für den ASt in der Vergangenheit ergebenden rechtlichen Beeinträchtigung allerdings nichts, so daß die hier angesprochene Problematik sinnvollerweise iVm dem Aspekt des **RSB** zu diskutieren ist (so zutr auch Lü NuR 1991, 192; Sch-Gerhardt/Bier 77; Uechtritz DVBl 1993, 190; **aA** v Komorowski SächsVBl 2003, 35). Allein dies entspricht auch der **Behandlung des Parallelproblems,** bei dem sich ein den Kl in seinen Rechten verletzender **VA** erledigt hat. Hier ergibt sich die Unzulässigkeit einer Anfechtungsklage nicht etwa aus dem Gesichtspunkt einer fehlenden Klagebefugnis, sondern aus § 113 Abs 1 S 4 als einer speziellen Ausprägung des RSB (s Schenke 563; zum RSB s unten 88 ff). 62

[121] Vgl auch 59, 100; BayVBl 1989, 665; Sa NVwZ 1985, 354; Bln DÖV 1986, 1068; **aA** Ko NVwZ 1983, 617.

63 **j) Die verletzten subjektiven Rechte.** Voraussetzung für die Möglichkeit einer RVerletzung ist die Anwendbarkeit einer Rechtsnorm, die jedenfalls auch dem Schutz der Interessen des ASt dient (s auch 78 zu § 42) u dem OVG als Prüfungsmaßstab zur Verfügung steht (dazu unten 95 ff). Als verletzte Rechte kommen auch solche aus **EG-Recht** in Betracht (s zur Begründung subjektiver Rechte durch Gemeinschaftsrecht auch 152 ff zu § 42), da auch das Gemeinschaftsrecht Prüfungsmaßstab einer NK ist (s unten 99). Soweit das EG-Recht Klagemöglichkeiten ggü Rechtsvorschriften fordert, bereitet es auch iVm Rechtsnormen keine Schwierigkeiten, diese mit der Schutznormtheorie in Einklang zu bringen (s auch Dörr 189 ff; Pielow DV 1999, 478). Ginge man trotz einer durch Gemeinschaftsrecht geforderten Klagemöglichkeit hins gemeinschaftsrechtlich geschützter Interessen davon aus, hier lägen nur objektivrechtliche Schutzpositionen vor, ließe sich auf der Basis des § 47 kein Rechtsschutz bewerkstelligen, da diese Vorschrift (anders als § 42 Abs 2 Alt 1) keine Ausnahmen für Private vorsieht, eine NK auch ohne Möglichkeit einer subjektiven RVerletzung zu initiieren. Bei einer gemeinschaftskonformen Interpretation liegt es damit hier noch stärker als bei VAen (dazu 153 f zu § 42) nahe, vom Vorliegen subjektiver Rechte auszugehen. Eine **Schutznorm** kann sich sowohl aus dem **formellen Recht** (insb Organisationsnormen u Verfahrensvorschriften) wie auch aus dem **materiellen Recht** (s unten 64) ergeben. Geschützt sind nicht nur **„Außenrechte“** im Bürger-Staat-Verhältnis, sondern auch **Organrechte.**[122] Zu beachten ist allerdings, daß sich andere Personen als die Träger von Organrechten nicht auf deren Verletzung berufen können u zudem die Verletzung der allein durch eine **Geschäftsordnung eines Gemeinderats begründeten Organrechte** beim Erlaß von „Außenrechtsvorschriften“ nicht **zu deren Rechtswidrigkeit** (Ms DÖV 1997, 344; s auch Schneider NWVBl 1996, 91 ff) u damit auch nicht zu einer hierdurch begründeten subjektiven RVerletzung Dritter führen kann (s auch unten 120).

64 **aa) Organisationsnormen.** Sie dienen nur dem öffentlichen Interesse u berühren daher den Bürger grds noch nicht in seinen rechtlich geschützten Interessen (Sch-Gerhardt/Bier 72). Deshalb kann sich zB ein Bürger – auch als Beteiligter in einem Prozeß – nicht gegen die Übertragung der Prozeßvertretung des Landes an den VöI durch VO gem § 36 Abs 2 wenden (NVwZ-RR 1990, 378). Ebenso greift eine RechtsVO, die nur die **Zuständigkeit** für den Erlaß von VAen regelt, allein noch **nicht in subjektive Rechte ein** (so zu § 47 Abs 2 aF Ma NVwZ 1988, 842). Soweit allerdings VAe gestützt auf solche Organisationsnormen ergehen u in die grundrechtlich geschützte **Freiheitssphäre** eingreifen, führt dies in Konsequenz der **mittelbaren Subjektivierung** auch nur objektivrechtlicher Bestimmungen durch die Freiheitsgrundrechte (s 124 zu § 42) bei Fehlerhaftigkeit u Unwirksamkeit der Organisationsnorm auch zu einer subjektiven RVerletzung des betroffenen Bürgers durch den Erlaß des VA. Ist diese durch den VA in Anwendung der Norm mögliche subjektive RVerletzung in absehbarer Zeit zu erwarten (oder ist sie gar schon eingetreten) u besteht auch ein RSB für eine NK, s unten 91, so muß auch hins der **Organisationsnorm** eine **Antragsbefugnis** bejaht werden (nicht ausreichend beachtet von Ma NVwZ 1988, 842).

65 Eine Antragsbefugnis gem § 47 Abs 2 S 1 Alt 1 ist ferner immer dann gegeben, wenn der **Aufgabenbereich einer mit einem Selbstverwaltungsrecht ausgestatteten juristischen Person des öffentlichen Rechts durch eine organisatorische Regelung sachlich oder örtlich beschnitten** wird, zB wenn die einer Gemeinde im Rahmen ihres Selbstverwaltungsrechts zustehende Aufgabe einer anderen juristischen Person des öffentlichen Rechts, etwa einer Verwaltungsgemeinschaft oder einem Zweckverband durch RechtsVO oder

---

[122] Ks DVBl 1995, 931; Mü BayVBl 1990, 54; 1994, 530; Schenke JZ 1996, 1117.

Satzung übertragen wird (Mü BayVBl 1983, 18; s auch für Landkreise Mü DVBl 1978, 965) oder ihre örtliche Zuständigkeit eingeschränkt wird. Zu weitgehend ist es allerdings, in allen Fällen, in denen Organisationsnormen Körperschaften in ihrem bisherigen Aufgabengebiet berühren, die Antragsbefugnis zu bejahen (so aber Sch-Gerhardt/Bier 72). Werden den Körperschaften staatlicherseits übertragene Aufgaben (also keine Selbstverwaltungsaufgaben) entzogen, werden sie idR nur als verlängerter Arm des Staates u nicht als Träger eigener subjektiver Rechte betroffen (zum entspr Problem bei VAen s auch 77 zu Anh § 42), wohl aber ergibt sich ihre Antragsbefugnis idR aus § 47 Abs 2 S 1 Alt 2 (s auch Grziwotz DVBl 1988, 769 mwN). Weder aus § 47 Abs 2 S 1 Alt 1 noch aus § 47 Abs 2 S 1 Alt 2 ist eine Antragsbefugnis einer Gemeinde jedoch dann abzuleiten, wenn staatliche Behörden aus dem Gemeindegebiet verlegt werden (Mü BayVBl 1975, 114) oder ein dort vorhandenes Gericht aufgehoben wird (Mü BayVBl 1976, 178; s auch unten 79).

bb) Verwaltungsverfahrensnormen. Die Frage, inwieweit den Normerlaß 66
betr **verfahrensrechtliche Bestimmungen** subjektive Rechte konstituieren, läßt sich nicht generell beantworten (s auch Sch-Gerhardt/Bier 73). Allein der Umstand, daß der ASt an dem dem Normerlaß vorangegangenen Vf **beteiligt** war bzw hier Einwendungen erhoben hatte u dabei erfolglos war, begründet für sich noch keine Möglichkeit einer RVerletzung gem § 47 (zum entspr Problem bei VAen s 72 zu § 42). So kann aus dem Umstand, daß einem anerkannten Naturschutzverein (in concreto Jagdverband) nach Maßgabe des § 58 Abs 1 Nr 1 BNatSchG ein Mitwirkungsrecht (Gelegenheit zur Äußerung sowie zur Einsicht in die einschlägigen Sachverständigengutachten, s dazu auch 75 zu § 42) bei der Vorbereitung von VOen u anderen im Rang unter dem Gesetz stehenden RechtsVOen der für Naturschutz u Landschaftspflege zuständigen Behörde eingeräumt wird, nicht abgeleitet werden, daß diese damit eine entspr Vorschrift wg der Verletzung **materieller Belange des Naturschutzes u der Landschaftspflege** angreifen können.[123] Ist die Verletzung ihrer Mitwirkungsrechte gem § 58 Abs 1 Nr 1 BNatSchG aber möglich, sind anerkannte Naturschutzvereine antragsbefugt.[124] Da im Rahmen einer zulässigerweise beantragten NK eine umfassende Überprüfung der angegriffenen Norm stattfindet, kann die Vorschrift hier (ebenso wie auch sonst grds in bezug auf höherrangiges Recht) auch auf ihre **Vereinbarkeit mit** nur **objektivrechtlich geschützten naturschutzrechtlichen Belangen** überprüft werden.[125] Das Beteiligungsrecht des § 58 Abs 1 Nr 1 BNatSchG bezieht sich nicht auf Bebauungspläne, selbst wenn sie naturschutzrechtliche Regelungen treffen (so zu § 29 Abs 1 Nr 1 BNatSchG aF DVBl 1996, 47), u läßt sich auch nicht auf eine Umgehung dieses Beteiligungsrechts durch die Verwendung des Bebauungsplans stützen.[126] Kommen Normen unter Verletzung von nur objektivrechtlich bedeutsamen oder nur Dritte schützenden verwaltungsverfahrensrechtlichen Bestimmungen, wie zB § 29 Abs 1 Nr 1 BNatSchG aF, zustande, so kann, wenn die verfahrensfehlerhafte Norm oder jedenfalls deren Anwendung durch die Verwaltung in die Freiheitssphäre eines Bürgers eingreift, dieser die Verletzung des Verfahrensverstoßes geltend machen.

---

[123] So zu § 29 Abs 1 Nr 1 BNatSchG aF NVwZ-RR 1998, 98f; Lü NVwZ 1999, 1241; Mü BayVBl 1996, 660; s auch Ba NVwZ-RR 1995, 514f u Schenke VerwA 1999, 310.

[124] So zu § 29 Abs 1 Nr 1 BNatschG aF DVBl 1996, 47; Ba NVwZ-RR 1995, 514f; an einer solchen Möglichkeit der Verletzung des Mitwirkungsrechts fehlte es in dem von Mü BayVBl 1996, 659 entschiedenen Fall. Offen läßt Lü NVwZ 1999, 1242, inwieweit bei rechtswidriger Umgehung von Mitwirkungsrechten gem § 29 BNatSchG aF eine NK zulässig ist.

[125] Nicht überzeugend die gegenteilige Ansicht von Ba NVwZ-RR 1995, 514f; s auch oben 50.

[126] So zu § 29 Abs 1 Nr 1 BNatSchG aF DVBl 1996, 47; s auch 75 zu § 42 zu der insoweit anders zu beurteilenden Problematik bei Planfeststellungsbeschlüssen.

67 **cc) Materiellrechtliche Normen.** Meist ergibt sich die Möglichkeit einer RVerletzung aus materiellrechtlichen Vorschriften entweder des **Verfassungsrechts** (zu den durch Grundrechte u das kommunale Selbstverwaltungsrecht begründeten subjektiven öffentlichen Rechten s unten 76ff) oder des **einfachen Rechts,** soweit diese Normen zumindest auch dem Schutz der Interessen des Kl dienen (zur sog **Schutznormtheorie** s 83ff zu § 42). Zum praktisch bedeutsamsten Fall der durch Bebauungspläne begründeten materiellen subjektiven öffentlichen Rechte s unten 68ff.

68 **k) Antragsbefugnis bei Bebauungsplänen und anderen Planungsnormen. aa) Einschränkung subjektiver Rechte durch einen Bebauungsplan.** Allein die Belegenheit eines Grundstücks im Geltungsbereich eines Bebauungsplans begründet noch nicht die Antragsbefugnis (Stüer DVBl 2004, 88). Dagegen kommt die Möglichkeit einer RVerletzung – vorbehaltlich des § 47 Abs 2a (s dazu unten 75a) – immer dann in Betracht, wenn für einen Grundstückseigentümer oder einen eigentumsähnlich Berechtigten (s auch 97 zu § 42) durch einen Bebauungsplan die bauliche Nutzbarkeit seines Grundstücks beschränkt wird.[127] Wenn das BVerwG dabei zT noch fordert, daß der ASt hinreichend substantiiert Tatsachen vorträgt, die es als zumindest möglich erscheinen lassen, daß er durch die Festsetzungen des Bebauungsplans in seinen Rechten verletzt ist (NVwZ 1998, 732f), so kommt diesem Postulat keine nennenswerte Filterfunktion zu (**aA** wohl Schütz NVwZ 1999, 930), da diese Voraussetzung im Hinblick auf die geringen Anforderungen, welche an die Möglichkeit einer RVerletzung gestellt werden (hierzu iVm § 42s 66 zu § 42: „nicht offensichtlich u nach jeder Betrachtungsweise unmöglich"), regelmäßig erfüllt ist u insofern in der Tat dasselbe wie für die iVm § 42 anwendbare Adressatentheorie (dazu 69 zu § 42) gilt (**aA** Schütz NVwZ 1999, 930). Eine Antragsbefugnis besteht selbst dann, wenn die **Beschränkung der Bebaubarkeit** des Grundstücks schon vor dem Erlaß des Bebauungsplans bestand.[128] Zur Begründung subjektiver Rechte bedarf es aufgrund des hier bestehenden Eingriffs in das Eigentumsgrundrecht, das vor allen rechtswidrigen Eingriffen schützt, nicht einmal **eines Rückgriffs auf § 1 Abs 7 BauGB,** so daß insoweit die – zu bejahende (s unten 71) – Frage, ob § 1 Abs 7 BauGB in bezug auf die hier genannten privaten Belange subjektive öffentliche Rechte begründet, offenbleiben kann. Damit zusammenhängend spielt es für die Bejahung einer Antragsbefugnis auch keine Rolle, ob die Einwendungen, auf die sich der Eigentümer stützt (was bei privaten Belangen, die nicht für sich gesehen bereits subjektive öffentliche Rechte darstellen, nach § 1 Abs 7 BauGB relevant ist), von ihm bereits im Rahmen der Aufstellung des Bebauungsplans vorgetragen wurden oder sich der Gemeinde jedenfalls aufdrängen mußten (NVwZ 1995, 264f; Dürr NVwZ 1996, 106f). Eine Antragsbefugnis wird jedoch nicht allein dadurch begründet, daß von dem Eigentümer eines im Geltungsbereich eines Bebauungsplans gelegenen Grundstücks geltend gemacht wird, sein Grundstück hätte auch in einen Änderungsbebauungsplan einbezogen werden müssen (NVwZ 2000, 1413); ebenso nicht durch das Interesse, mit einem bisher nicht bebaubaren Grundstück in den Geltungsbereich eines Bebauungsplans einbezogen zu werden (NVwZ 2004, 1120; Ehlers JK 2/05, VwGO § 47 II 1/27). **Veräußert der Grundeigentümer,** der sich antragsbefugt mit einer NK gegen die Gültigkeit eines Bebauungsplan wehrt, während des NK-Vf

[127] Vgl 91, 318 = NVwZ 1993, 562; NVwZ 1993, 561; ZfBR 1997, 315 = NVwZ-RR 1998, 416; NVwZ 1998, 732; NVwZ-RR 2001, 200; Ms NVwZ-RR 1999, 111; NWVBl 1998, 236; Dürr DVBl 1989, 361; Groß DVBl 1989, 1079; Kuhla/Hüttenbrink DVBl 1999, 899; Sauthoff BauR 1997, 724f; Schenke JZ 1996, 1117; VerwA 1999, 315ff.

[128] So unter Hinweis darauf, daß hier sogar die Klagebefugnis gegeben wäre, schon zu § 47 Abs 2 S 1 aF 91, 318 = NVwZ 1993, 562; NVwZ 1993, 561; We ThürVBl 1995, 277; Dürr NVwZ 1996, 106; **aA** Ma DÖV 1982, 993.

sein Grundstück u führt der Erwerber den Rechtsstreit nicht in eigenem Namen fort, bleibt es gem § 173 iVm § 265 Abs 2 ZPO bei der **Prozeßführungsbefugnis des ursprünglichen Eigentümers** (NVwZ 2001, 1282).

Schwieriger ist die Frage nach dem Bestehen einer Antragsbefugnis dort zu 69
beantworten, wo der Bebauungsplan nicht unmittelbar das Grundstück des Eigentümers, sondern Nachbargrundstücke betrifft, sich aber aus den für sie statuierten Regelungen zugleich **mittelbar** eine **Beschränkung der Nutzbarkeit seines Grundstücks** zumindest im Hinblick auf zu erwartende Anwendungsakte der zuständigen Behörden ergeben kann. Man denke etwa daran, daß in der Nachbarschaft eines mit erheblichen Emissionen verbundenen Gewerbebetriebs eine Wohnbebauung zugelassen wird u der Eigentümer im Hinblick auf deren Immissionsempfindlichkeit damit rechnen muß, daß zu deren Schutz ihm ggü belastende Maßnahmen, wie etwa Auflagen oder gar eine Betriebsuntersagung gem §§ 24f BImSchG vorgenommen werden. Da solche in seine Freiheitssphäre eingreifende Akte durch den Bebauungsplan schon vorprogrammiert sind, dürfte auch insofern – unabhängig davon, daß hier idR auch subjektive Rechte aus § 1 Abs 7 BauGB ableitbar sind (s oben 54ff) – eine Antragsbefugnis zu bejahen sein (vgl NVwZ 1991, 980; s auch schon 59, 98ff; Sauthoff BauR 1997, 725) Wird eine Straße, die auf dem Gebiet zweier benachbarter Gemeinden verlaufen soll, inhaltlich u zeitlich abgestimmt durch Bebauungspläne der beiden Gemeinden festgesetzt, so sind Eigentümer hins ihrer Eigentumsbetroffenheit nur ggü dem Bebauungsplan der Gemeinde antragsbefugt, durch den ihr Grundstück betroffen wird (NVwZ-RR 2001, 199).

Die vorstehend dargestellten Grundsätze, die für den Grundstückseigentümer 70
oder einen eigentumsähnlich Berechtigten gelten, der rechtlichen Beschränkungen durch einen Bebauungsplan oder durch dessen Anwendung unterworfen wird, sind grds auch auf **obligatorisch Berechtigte** übertragbar. Das trifft zunächst für den **Käufer** eines Grundstücks zu, der jedenfalls dann, wenn durch einen Bebauungsplan auf dem von ihm gekauften Grundstück eine Beschränkung einer von ihm angestrebten Grundstücksnutzung vorgesehen ist, antragsbefugt ist u zwar (abweichend von der Nachbarklage im Baurecht s 97 zu § 42; s zum Planfeststellungsrecht aber 112 zu § 42) **selbst** für den Fall, daß für ihn noch **keine Auflassungsvormerkung** eingetragen ist u Nutzen u Lasten des Grundstücks auf ihn noch nicht übergegangen sind.[129] Das ergibt sich daraus, daß für ihn als zukünftigen Grundstückseigentümer in absehbarer Zeit eine subjektive RVerletzung möglich erscheint u dies für die Bejahung der Antragsbefugnis (anders als für die Klagebefugnis nach § 42 Abs 2) bereits ausreicht (so auch, jedenfalls wenn der Käufer beim Grundbuchamt den Antrag auf Eigentumsüberschreibung gestellt hat, NVwZ 1996, 887). Im Hinblick auf **Art 2 Abs 1 GG** sind auch all diejenigen **BauASt,** die vom Grundstückseigentümer zur Bebauung bzw zur Nutzung des Grundstücks ermächtigt sind u sich gegen eine entspr Beschränkung durch einen Bebauungsplan wehren, antragsbefugt (vgl NVwZ 1995, 264), ferner aber auch **Mieter u Pächter,** soweit sich aus einem Bebauungsplan **Einschränkungen der ihnen zustehenden Grundstücksnutzung** ergeben[130] (zum Schutz des Mieters vor Verkehrslärm s unten 73). Eine Anknüpfung an die Rspr zum Nachbarschutz ggü Baugenehmigungen (für sie aber Ms NVwZ 1997, 1003) verbietet sich – angesichts der Austauschbarkeit von Planfeststellungs-

---

[129] So iE zutr Ba SächsVBl 1996, 115 und dem prinzipiell folgend BVerwG NVwZ 1996, 887; **krit** hierzu Dürr SächsVBl 1996, 117; NKVwGO-Ziekow 217; Ko NVwZ 1983, 617f; Ks BRS 39 Nr 87.

[130] NVwZ 1989, 553f; 1993, 562; 1995, 265; 1996, 887; DVBl 1989, 359 m Anm Dürr; NVwZ 2000, 806; Bln DÖV 1999, 162; Ma NuR 1998, 438; NKVwGO-Ziekow 159; Schenke VerwA 1999, 323ff; **aA** Ms NVwZ 1997, 1003; Schütz NVwZ 1999, 931; Sch-Gerhardt/Bier 59a; Würt 455; nicht eindeutig Löhnig JuS 1998, 317.

beschluß u Bebauungsplan (vgl zB § 17b Abs 2 FStrG) – schon im Hinblick auf die Ausdehnung des Schutzes obligatorisch Berechtigter ggü Planfeststellungsbeschlüssen durch die neuere Rspr des BVerwG (DVBl 1998, 45 u 112 zu § 42). Eine Antragsbefugnis nur obligatorisch Berechtigter dürfte ferner dann zu bejahen sein, wenn diese mit einem Vorgehen gegen die von ihnen ausgeübte Nutzung aufgrund der für ein Nachbargrundstück getroffenen bauplanerischen Festsetzungen zu rechnen haben (s auch 59, 101 – Festsetzung eines Wohngebiets in der Umgebung des von dem antragstellenden Pächters betriebenen emittierenden Gewerbebetriebs). Zur Antragsbefugnis **des früheren Grundstückseigentümers** bei nach Rechtshängigkeit der NK erfolgten Veräußerung des Grundstücks gem § 173 S 1 iVm §§ 265f ZPO s oben 48. **Nicht antragsbefugt** ist der **Nacherbe** vor Eintritt des Nacherbfalls (BauR 1998, 200).

71 **bb) Begründung subjektiver Rechte durch § 1 Abs 7 BauGB und das für andere Planungsnormen geltende Abwägungsgebot.** Andernfalls, wenn der Bebauungsplan nicht subjektive öffentliche Rechte aufhebt oder einschränkt, sondern nur ein **privater,** bei der Aufstellung des Bebauungsplans zu beachtender **Belang** dabei nicht oder nicht ausreichend berücksichtigt worden ist, läßt sich die Antragsbefugnis – vorbehaltlich des § 47 Abs 2a (s dazu unten 75a) – allein auf **§ 1 Abs 7 BauGB** stützen. Dieser räumt ein Recht darauf ein, daß hiernach schutzwürdige Belange Privater bei der von der Gemeinde zu treffenden planerischen Entscheidung in rechtlich fehlerfreier Weise zu berücksichtigen sind (so zu § 1 Abs 6 BauGB aF DVBl 1999, 100f; s unten 72). Dies gilt allerdings nicht in bezug auf eine Baugenehmigung für ein Außenbereichvorhaben (NVwZ-RR 1997, 682). Der Rückgriff auf § 1 Abs 6 BauGB aF diente der Rspr des BVerwG schon bei § 47 Abs 2 S 1 aF zur Bejahung der Antragsbefugnis. Ein „die Befugnis zur Einleitung eines NK-Vf gegen einen Bebauungsplan begründender Nachteil" iSv § 47 Abs 2 S 1 aF war iVm Bebauungsplänen hiernach dann gegeben, wenn der ASt durch den Bebauungsplan oder dessen Anwendung negativ, dh verletzend in einem Interesse betroffen wurde bzw in absehbarer Zeit betroffen werden konnte, das bei der Entscheidung über den Erlaß oder den Inhalt dieses Bebauungsplans als privates Interesse des ASt (oder eines Rechtsvorgängers) bei der **Abwägung berücksichtigt werden mußte,** das also – anders ausgedrückt – zum **notwendigen „Abwägungsmaterial"** iSd Urteils vom 5. 7. 1974 (45, 322) gehörte.[131] Auch nach § 214f BauGB unbeachtliche Abwägungsmängel können die Antragsbefugnis begründen.[132] Keinen privaten Belang iSd § 1 Abs 7 BauGB (§ 1 Abs 6 BauGB aF) (und damit auch keinen Nachteil iSd § 47 Abs 2 S 1 aF) stellen nach dieser Rspr solche **Belange** dar, die durch einen Bebauungsplan nur in **geringfügiger Weise** betroffen werden[133] oder **nicht schutzwürdig** sind.[134] Falls private Belange (die nicht ohnehin schon subjektive öffentliche Rechte sind) für den **Normgeber nicht erkennbar sind** u durch den „Interessierten" **nicht im Rahmen des NormgebungsVf geltend gemacht werden,** erkennt sie § 1 Abs 7 BauGB **nicht als rechtlich geschützt** an (so zu § 1 Abs 6 BauGB aF ZfBR 2000, 419; Ma VBlBW 1999, 460; anders 10. Aufl 28a).

---

[131] 59, 87 = NJW 1980, 1062; 81, 311 = NVwZ 1989, 654; NVwZ 1992, 975; Buchh 310 § 47 Nr 42; zust Schenke VerwA 1999, 322; krit dazu Skouris DVBl 1980, 315ff; Müller DÖV 1980, 220; vgl zum Begriff des Nachteils bei Bebauungsplänen und vergleichbaren Planungsentscheidungen nach § 47 Abs 2 S 1 aF auch Schermer, Bebauungspläne in der Normenkontrolle, 1988; Schoch AöR 1990, 93; Dürr DÖV 1990, 139; NVwZ 1996, 105ff.

[132] Vgl ZfBR 2003, 49; v Komorowski/Kupfer VBlBW 2003, 102; Stüer DVBl 2004, 88.

[133] S auch NVwZ 1993, 468; 1995, 896; ZfBR 2000, 419; Ma NuR 1990, 172; VBlBW 1999, 460; Schenke VerwA 1999, 322.

[134] S auch 59, 87; 81, 138; ZfBR 2000, 419; Ma VBlBW 1999, 460; Schenke VerwA 1999, 322; s entspr zu Planfeststellungsbeschlüssen auch 112 zu § 42.

Entgegen einer Reihe von Stellungnahmen[135] ist mit der mittlerweile eindeutigen Ansicht des BVerwG davon auszugehen, daß § 1 Abs 7 BauGB in bezug auf **schutzwürdige private Belange subjektive Rechte konstituiert.**[136] Für diese Ansicht spricht (zu § 1 Abs 6 BauGB aF s eingeh Schenke DVBl 1997, 854 f), daß § 1 Abs 7 BauGB hins der hiernach zu berücksichtigenden privaten Belange das für die Annahme eines subjektiven öffentlichen Rechts maßgebliche Kriterium erfüllt, nämlich ein **Individualinteresse** rechtlich schützt. Es hat hier damit dasselbe zu gelten wie für **Planfeststellungsbeschlüsse** im Bereich des Fachplanungsrechts (s zB § 17 S 2 FStrG), in dem die Rspr des BVerwG hins schutzwürdiger privater Belange – abweichend von ihrem früher zu § 1 Abs 6 BauGB aF bezogenen Standpunkt – vom **Vorliegen eines subjektiven öffentlichen Rechts** ausgeht (s 48, 66; 82, 17; UPR 1997, 150 u 112 zu § 42). Ein Grund für eine Differenzierung besteht um so weniger, als **Bebauungspläne u Planfeststellungsbeschlüsse** nicht selten **austauschbar** sind (s zB § 17 b Abs 2 FStrG u dazu DÖV 1999, 557) u es schwerlich überzeugte, wenn die Frage des Bestehens subjektiver öffentlicher Rechte eines Trägers privater Belange von dem zufälligen Umstand abhinge, welcher Weg der Planung beschritten wurde (so auch Ma VBlBW 1997, 427). Im Hinblick auf die weitgehende Subjektivierung privater Belange durch § 1 Abs 7 BauGB besteht kein Raum mehr für einen Rückgriff auf das bebauungsrechtliche Gebot der Rücksichtnahme.[137] 72

Auch für Rechtsvorschriften, die auf einer **ähnlichen Abwägung der privaten Belange** wie § 1 Abs 7 BauGB **beruhen,** insb für in Form einer Rechtsvorschrift ergehenden **Planungsakte,** ist eine Bejahung subjektiver Rechte in bezug auf diese privaten Belange zu bejahen. Bei Planungsentscheidungen gilt das **Abwägungsgebot unabhängig von seiner fachgesetzlichen Normierung u unabhängig von einer bestimmten Handlungs- oder Verfahrensform.** Es folgt hier – wie das BVerwG[138] zu Recht betont hat – bereits aus den Anforderungen an eine rechtsstaatliche Planung. Deshalb hat das BVerwG[139] zu Recht die Subjektivierung abwägungsrelevanter privater Belange in bezug auf die durch eine Rechtsverordnung erfolgende Flugroutenfestlegung bejaht. Dasselbe gilt für die Festsetzung eines FFH-Gebiets, wobei hier für eine Abwägung nur wenig Raum bleibt (Nies/Schröder AgrarR 2002, 178 mwN).

cc) Beispiele. Ein privater Belang ist damit iSd § 1 Abs 7 BauGB u ähnlicher Planungsnormen dann als ein subjektives Recht anzusehen, wenn es sich bei ihm 73

---

[135] S vor der Novellierung des § 47 Abs 2 S 1 auch 54, 211 und Buchh 406.11 § 3 BauGB Nr 4; nach Novellierung des § 47 Abs 2 S 1 Ms DVBl 1997, 675; Ronellenfitsch NVwZ 1999, 588; Schütz VBlBW 1997, 432 u NVwZ 1999, 929; Stüer DVBl 1997, 332 und BauR 1999, 1221 ff; dahin tendierend wohl auch Hufen § 19, 38 u RÖ-M. Redeker 31; Württ 454.

[136] Zu § 1 Abs 6 BauGB aF DVBl 1999, 100 f m zust Anm Schmidt-Preuß; NVwZ 1999, 987 (zu Vorhaben- und Erschließungsplan); ZfBR 2000, 194; NVwZ-RR 2001, 200; Ma VBlBW 1997, 426m ablehnender Anm Schütz; Mü BayVBl 1997, 591; Bader VBlBW 1997, 452; Dürr NVwZ 1996, 109; DÖV 2001, 642; Ehlers, Hoppe-FS 1049; Erichsen JK 99 BauGB § 1 VI/1; Hk-Unruh 72; Hüttenbrink DVBl 1997, 1257; Hufen § 19, 37; Kahl Jura 1997, 649; Kintz JuS 2000, 1101 f; Kuhla/Hüttenbrink DVBl 1999, 899; Muckel NVwZ 1999, 963; NKVwGO-Ziekow 163 f; Numberger/Schönfeld UPR 1997, 89; Pielow DV 1999, 460; Rozek SächsVBl 1999, 150 Fn 17; Sauthoff BauR 1997, 730 f; Schenke DVBl 1997, 854 f u VerwA 1999, 317 ff; Sch-Gerhardt/Bier 61 a; Selmer JuS 1999, 717; StK-Wolff 34.

[137] Zu § 1 Abs 6 BauGB aF DVBl 1999, 101 f; Pielow DV 1999, 461; Schenke VerwA 1999, 322; Schmidt-Preuß DVBl 1999, 105 f; **aA** Mü 9. 2. 1998 – 15 N 97 3421 u Sa 12. 1. 1998 – 2 N 4/97.

[138] Zur allg Geltung eines dem § 1 Abs 6 BauGB aF (heute § 1 Abs 7 BauGB) entspr Abwägungsgebots 81, 132: § 1 Abs 6 BauGB aF gilt in Grundzügen generell für Normen mit Planungscharakter; ebenso 56, 122; 111, 280 f; NVwZ 2004, 474 ff; Ma NVwZ 1988, 842; Sydow/Fiedler DVBl 2006, 1423 ff; s auch zu Planfeststellungsbeschlüssen in Form von Verwaltungsakten 122 zu § 42.

[139] 111, 280 f; NVwZ 2004, 474 ff; dazu näher Sydow/Fiedler DVBl 2006, 1423 ff.

um ein **mehr als nur geringfügig betroffenes schutzwürdiges Interesse** handelt. Als schutzwürdige Interessen des **Eigentümers oder eines eigentumsähnlich Berechtigten** werden zB angesehen[140]

- das Interesse an der **Erhaltung einer ruhigen Wohnlage ggü Verkehrslärm.**[141] Eine Antragsbefugnis kann sich dabei selbst dann ergeben, wenn die Erhöhung von Verkehrsimmissionen erst infolge einer durch planerische Maßnahmen herbeigeführten Verkehrsberuhigung anderer Straßen zu erwarten ist.[142] Zu beachten ist allerdings, daß **nicht jede zu erwartende Zunahme des Verkehrslärms** durch die Planung eines neuen Baugebiets einen **schutzwürdigen privaten Belang** berührt; es kommt darauf an, ob das (verständliche) Vertrauen auf den Fortbestand einer **bestimmten Verkehrslage** noch als **schutzwürdig** anzusehen ist (NVwZ 1996, 711). Verringert sich planbedingt die vorhandene Belastung durch den Verkehrslärm u fordert der Eigentümer eines außerhalb des Plangebiets gelegenen Grundstücks Planänderungen mit dem Ziel zusätzlicher Verminderungen der Verkehrslärmbelastung, genügt das für sich allein nicht zur Annahme einer Antragsbefugnis (Ma VBlBW 1999, 460);
- das Interesse des **Inhabers eines emittierenden Betriebs,** wenn aufgrund der **immissionsschutzrechtlichen Empfindlichkeit** der Wohnbebauung mit **Betriebsbeschränkungen zu rechnen** ist (NVwZ 1991, 980; s auch 59, 101); anders hingegen, wenn solche im Einzelfall offensichtlich ausgeschlossen sind (Ms 7. 2. 1997 – 7 a D 93/95.NE) oder wenn die Nutzung formell u materiell illegal ausgeübt wird u es deshalb an einer **Schutzwürdigkeit mangelt** (vgl auch Ba SächsVBl 2000, 276);
- das Interesse eines Betriebsinhabers nach einer **künftigen Ausweitung oder Umstellung seines Betriebs,** nicht allerdings bei einer noch unklaren wesentlichen Erweiterung seines Betriebs (Ms BRS 63 Nr 53);
- der **Schutz einer Wohnnutzung** ggü einem Bebauungsplan, der eine mit Emissionen verbundene **gewerbliche oder industrielle Nutzung in der Nachbarschaft zuläßt** (Ma VBlBW 1980, 24); das gilt grds allg, wenn **Industrie- oder Gewerbebetriebe neben einer Wohnbebauung zugelassen** werden (Ma NVwZ 1992, 802); ferner bei der **Erweiterung eines reinen** Wohngebiets um bis zu 32 Wohnungen für ein Wohngrundstück, an dessen Gartenseite eine Erschließungsanlage entlang führt, wg zu erwartender **Verkehrsimmissionen** (DVBl 1998, 1293);
- das Interesse am Schutz einer Wohnbebauung vor der **Festsetzung von Spiel-, Sport- u Bolzplätzen in der Nachbarschaft;**[143] zur abzulehnenden Antragsbefugnis in bezug auf die Benutzungsordnung für Kinderspiel- u Bolzplätze s oben 47 u Mü NVwZ-RR 1999, 265;
- das Interesse an einem Schutz vor der **Verkürzung von Abstandsflächen** (Mü BayVBl 1993, 657), insb vor einer nach dem Bebauungsplan möglichen Bebauung unmittelbar an der Grundstücksgrenze (Ms NWVBl 1993, 387);
- das Interesse des Nachbarn an der Vermeidung der Folgen aus der mit der Festsetzung von **Baulinien verbundenen Pflicht zur Grenzbebauung** (Ba SächsVBl 2000, 216);

---

[140] Die zitierten Entscheidungen ergingen zT noch zu § 1 Abs 6 BauGB aF, der wortgleich mit dem heutigen § 1 Abs 7 BauGB ist.

[141] NVwZ 1990, 256 – Schutz eines Grundstückseigentümers, dessen Grundstück an der Zufahrtstraße zu einem durch Bebauungsplan festgesetzten Sondergebiet für Krankenhaus- und Universitätseinrichtungen liegt; ebenso NVwZ 1994, 683; Bln UPR 1988, 463; Ks UPR 1992, 360; Schl SchlHA 1996, 136 ff; Dürr NVwZ 1996, 108.

[142] NVwZ 1990, 256; UPR 1991, 73; Lü BRS 48 Nr 24; Ma VBlBW 1982, 229.

[143] 78, 91; Bln NVwZ-RR 1991, 289; Ko ZfBR 1980, 154; Sa 19, 158; **aA** für einen Spielplatz Ma VBlBW 1986, 387.

– das Interesse an einer Nichtbebauung von Nachbargrundstücken mit **Hochhäusern** (Ma 17, 102), insb wenn die bisherige Bebauung des Grundstücks u seiner näheren Umgebung wesentlich niedriger ausfiel;
– das Interesse daran, daß die **Grundstückssituation nicht durch eine Bebauung des Nachbargrundstücks nachhaltig verschlechtert** wird, indem eine bish Grünfläche massiv bebaut werden kann;[144]
– das Interesse an der **ausreichenden Erschließung eines Grundstücks,** das im Bebauungsplan nur unzureichend erschlossen wird (Ma 40, 93; Ms 36, 214);
– das Interesse eines Anliegers (selbst, wenn dessen Grundstück außerhalb des Bebauungsplans liegt), von der **Überlastung eines sein Grundstück erschließenden Weges** als Folge der Aufstellung eines Bebauungsplans für ein neues Baugebiet verschont zu bleiben (NVwZ 2001, 431; Stüer DVBl 2004, 89);
– das Interesse an der genügenden **Ausweisung von Parkplätzen** (Ms NWVBl 1995, 59);
– das Interesse am Schutz vor Festsetzungen eines Bebauungsplans, die zur **Entstehung einer Erschließungsbeitragspflicht** führen (Mü BauR 1989, 309; **aA** Lü BauR 1982, 352);
– das Interesse am Schutz vor durch einen Bebauungsplan verursachten **ortsklimatischen Auswirkungen** (Ma NVwZ-RR 1996, 497);
– das Interesse am **Schutz vor Beschränkungen der Aussicht,** wenn sich ein Grundstückseigentümer auf die Festsetzungen eines früheren Bebauungsplans berufen kann, der sein Interesse an der Erhaltung der Aussicht schützte, zB durch Anordnung des Bauens auf Lücke oder durch eine vorgeschriebene Flachdachbauweise.[145] Dies ergibt sich schon aus dem allg Grundsatz, daß eine rechtswidrige Beeinträchtigung eines subjektiven öffentlichen Rechts stets eine subjektive RVerletzung nach sich zieht (s oben 54). Dasselbe wird im Hinblick auf Art 14 GG für einen Bebauungsplan angenommen, durch den eine für das Grundstück vorgesehene besonders reizvolle Aussichtslage entfällt (Mü BayVBl 1993, 721; Schl NuR 2002, 761: Seeblick). In seiner neueren Rspr hat das BVerwG entschieden, daß eine Beeinträchtigung einer freien Aussicht, wenn eine **Veränderung der Aussichtsverhältnisse nicht nur unerheblich** ist, eine Verletzung des Abwägungsgebots des § 1 Abs 7 BauGB beinhalten kann,[146] womit unter Zugrundelegung der hier vertretenen Ansicht dann konsequenterweise auch eine subjektive RVerletzung möglich sein muß. Allein der Umstand, daß ein bisher unbebautes Grundstück künftig bebaut werden darf, macht das Interesse des Nachbarn an der Erhaltung des bisherigen Zustandes wg der mit ihr verbundenen Aussichtslage aber noch nicht zu einem abwägungserheblichen Belang (NVwZ 2000, 1413);
– der Schutz vor **Lärmeinwirkungen,** die sich aufgrund der Festsetzungen eines Bebauungsplans ergeben können. Dabei kommt es in diesem Zusammenhang darauf an, welchen Charakter das Gebiet aufweist, in welchem das aufgrund von Lärmauswirkungen betroffene Grundstück liegt. So ist etwa derjenige, der gem § 8 Abs 3 BauNVO in einem Gewerbegebiet wohnt, nicht in derselben Weise schutzwürdig wie derjenige, der in einem reinen oder allg Wohngebiet angesiedelt ist (vgl Sarnighausen NVwZ 1996, 113). Das zeigt sich auch an den für einzelne Baugebiete maßgeblichen unterschiedlichen

---

[144] Ms NuR 1997, 514; zur mittlerweile weitgehenden Anerkennung der Subjektivierung des § 1 Abs 7 BauGB s oben 71 f.

[145] Ma NVwZ-RR 1988, 63; Lü BauR 1988, 307; 1991, 173; Dürr NVwZ 1996, 105; DÖV 2001, 642; s auch Kahl Jura 1997, 649.

[146] Zu § 1 Abs 6 BauGB aF NVwZ 1995, 895; Ma UPR 1996, 319 – in concreto bzgl Blick auf Streuobstwiese; dieser neuen Rspr zustimmend Sch-Gerhardt/Bier 65; **aA** noch früher Ks NVwZ 1987, 514; Ma BRS 38 Nr 49.

Immissionsschutzrichtwerten. Maßgeblich dafür, ob ein unter dem Aspekt des Gesundheitsschutzes schutzwürdiger Belang vorliegt, ist (unter Beachtung des Baugebietscharakters) der **Standpunkt eines objektiven Betrachters;**[147] außer Betracht zu bleiben haben solche Auswirkungen, die sich lediglich aus der **besonderen Anfälligkeit** kranker oder überempfindlicher Personen ergeben. Zu beachten ist, daß der Immissionsschutz nicht nur dem Eigentümer oder eigentumsähnlich Berechtigten zukommt, sondern auch **obligatorisch Berechtigten** wie Mietern u Pächtern.[148] Es gilt insoweit Ähnliches wie bei **Planfeststellungsbeschlüssen** (dazu auch 112 zu § 42). Dafür spricht auch, daß Bebauungspläne u Planfeststellungsbeschlüsse in weitem Umfang austauschbar sind (s zB § 17b Abs 2 FStrG). Bzgl nachteiliger Auswirkungen, die sich iü aus einem Bebauungsplan ergeben u die nicht zu einer Einschränkung der Nutzung eines Mieters durch einen Bebauungsplan oder einen aufgrund dessen ergangenen VA führen (s oben 70), **fehlt dem Mieter** (soweit es nicht um seinen Gesundheitsschutz geht) hingegen die **Antragsbefugnis.** So vermag er anders als der Eigentümer nicht geltend zu machen, daß ein Bebauungsplan nicht in ausreichendem Maße Stellplätze zur Verfügung stellt;
– das Interesse eines Grundstückseigentümers, daß bei einer auf einer Gesamtkonzeption beruhenden abschnittsweisen Straßenplanung mit **hinreichender Gewißheit** für die nahe Zukunft zu erwarten ist, daß der folgende Abschnitt sein **Grundstück** erreichen wird, u insofern die vorhergehende abschnittsweise Planung einen **Zwangspunkt** setzt (Mü BayVBl 1975, 504; s auch 112 zu § 42);
– der Schutz vor Absatzrückgang **infolge veränderter Verkehrsführung,** jedenfalls für solche Gewerbetreibende, die, wie dies bei Tankstellen zutrifft, auf eine aus einem hohen Verkehrsaufkommen resultierende Kundschaft angewiesen sind, wenn ihnen die wirtschaftliche Basis für den Betrieb entzogen wird (NKVwGO-Ziekow 221; dort auch weitere Beispiele); ebenso Schutz ggü der **Festsetzung von Fußgängerzonen** u einem damit einhergehenden Wegfall einer Zufahrt für solche Gewerbebetriebe, die zwingend oder zumindest üblicherweise von motorisierten Kunden aufgesucht werden (Dürr VBlBW 1993, 369);
– der Schutz vor einer **unzureichenden Erschließungskonzeption,** die nicht sichert, daß im Plangebiet anfallendes Niederschlagswasser so beseitigt werden kann, daß Gesundheit u Eigentum der Planbetroffenen – auch außerhalb des Plangebiets – keinen Schaden nehmen (NVwZ 2002, 1509).

74 **Keine (schutzwürdigen) privaten Belange** iSd § 1 Abs 7 BauGB bilden hingegen[149]
– das Interesse an der **Erhaltung der dt Landschaft** (59, 87; Mü BayVBl 1999, 82; vgl zum Interesse an der Aussicht aber oben);
– Belange des Naturschutzes oder des **Erholungswerts der Landschaft** (Ma NuR 1994, 136; Mü BayVBl 1999, 82; Dürr NVwZ 1996, 107) sowie des Hochwasserschutzes (Mü BayVBl 1999, 82; in dieser Generalität abzulehnen); zu dem bei Eingriffen in das Eigentum bestehenden mittelbaren Schutz s Ko NuR 1994, 199 u oben 52;
– **Ziele der Raumordnung und Landesplanung** (Buchh 406.11 § 1 BauGB Nr 77); allerdings können sich nunmehr Nachbargemeinden nach § 2 Abs 2 S 2

---

[147] NVwZ 1991, 886; BGH 121, 248 = NJW 1993, 1656; Sarnighausen NVwZ 1996, 111.
[148] NVwZ 2000, 807 f; Ma NVwZ 1994, 697; Ehlers, Hoppe-FS 1050; Schenke VerwA 1999, 323 ff; s auch, jedenfalls, wenn ein faktischer Eingriff in Art 2 Abs 2 GG vorliegt, Sch-Gerhardt/Bier 62 unter Hinweis auf Ms NWVBl 1990, 193; noch weitergehend wohl NKVwGO-Ziekow 215; s iü 112 zu § 42.
[149] Die zitierten Entscheidungen ergingen zT noch zu § 1 Abs 6 BauGB aF, der mit dem heutigen § 1 Abs 7 BauGB wortgleich ist.

BauGB nF im Rahmen der Abstimmung von Bauleitplänen auch auf die ihnen durch Ziele der Raumordnung zugewiesenen Funktionen berufen. Vor Schaffung des § 2 Abs 2 S 2 BauGB nF konnte eine **Nachbargemeinde** nicht geltend machen, daß ein Bebauungsplan sich nicht den Zielen der Landes- u Regionalplanung anpaßt;[150] jedoch konnte nach richtiger, aber sehr str Auffassung bei einem unter Verletzung dieser Ziele erfolgenden Eingriff in die kommunale Planungshoheit eine Verletzung des kommunalen Selbstverwaltungsrechts der Gemeinde geltend gemacht werden, s unten 79 sowie 138 zu § 42;

– das Interesse am **Schutz vor Konkurrenzbetrieben,** die durch einen Bebauungsplan ermöglicht werden (s auch 87, 103; NVwZ-RR 1993, 513; NVwZ 1997, 683). So kann ein Bebauungsplan, der ein Sondergebiet Einkaufszentrum/Verbrauchermarkt aufweist, nicht von Einzelhändlern einer Nachbargemeinde mit der Begründung angegriffen werden, sie hätten existenzbedrohende Einkommenseinbußen zu erwarten (Ms 2. 5. 1994 – 10 a D 137/93.NE) oder der Bebauungsplan sei unter Verstoß gegen § 2 Abs 2 BauGB zustande gekommen (Ms NVwZ 2005, 1201); ebenso wenn Einzelhändler in derselben Gemeinde niedergelassen sind; **nicht antragsbefugt** ist ggü einer solchen Gebietsfestsetzung auch eine **Nachbargemeinde,** die sich hiergegen mit der allg, nicht weiter spezifizierten Behauptung zur Wehr setzt, sie verliere an Kaufkraft u Zentralität durch ein geplantes Einkaufszentrum (Mü BayVBl 1994, 495);
– der Verkehrswert **eines Grundstücks,** der durch planerische Festsetzungen für die Umgebung eines Grundstücks gemindert wird (NVwZ 1995, 895);
– allein das Interesse, mit einem bisher **nicht bebaubaren Grundstück in den Geltungsbereich eines Bebauungsplans aufgenommen** zu werden;[151]
– der Schutz einer baulichen Nutzung vor einer sie gefährdenden bzw einschränkenden, durch einen Bebauungsplan ermöglichten Bebauung der näheren Umgebung, wenn die **bauliche Nutzung formell und materiell illegal** ausgeübt wird u deshalb **nicht schutzwürdig** ist (Ba SächsVBl 2000, 276);
– die Absatzchancen **für ein Geschäft,** die aufgrund von Festsetzungen eines Bebauungsplans (Dürr DÖV 1991, 140) gefährdet werden, so zB kein Schutz des **Herstellers von Baumaterialien** ggü örtlichen Bauvorschriften, die nur die Verwendung anderer als der von ihm hergestellten Baumaterialien zulassen (Mü BayVBl 1980, 537; **aA** Ks VRspr 25, 952) oder eines **Brennstoffeinzelhändlers** in bezug auf einen Bebauungsplan, durch den in einem Neubaugebiet die Beheizung mit Kohle u Öl ausgeschlossen wird (Ms NJW 1982, 1171); gefolgt werden kann der gegenteiligen Auffassung allenfalls dann, wenn sich aus solchen Festsetzungen für den Gewerbetreibenden eine Existenzgefährdung ergibt (s auch 122 zu § 42);
– der **Schutz** eines **Arbeitnehmers vor Verlust des Arbeitsplatzes** wg der durch einen Bebauungsplan verursachten Umsatzeinbußen des Unternehmens, bei dem er arbeitet (Dürr DÖV 1991, 140).

An der Antragsbefugnis fehlt es auch sonst, wenn der ASt **nicht schutzwürdig** ist (s auch iVm Klagebefugnis 89 zu § 42). Interessen, denen der **Schutz durch die Rechtsordnung** versagt ist, braucht die Gemeinde grds **nicht in ihre planerischen Erwägungen miteinzubeziehen** (Ms NWVBl 1995, 294 ff im Anschluß an BVerwG NVwZ-RR 1994, 373). Dies trifft – von Ausnahmen abgesehen (zB einer Duldung) – zu, wenn eine Grundstücksnutzung, die nicht genehmigt ist u auch nicht genehmigt werden kann, da sie dem materiellen Baurecht widerspricht (Ms NWVBl 1995, 294), durch einen Bebauungsplan beeinträchtigt wird. So kann die Antragsbefugnis des Eigentümers eines außer- **75**

[150] Ma NVwZ 1987, 1088; s auch Ko BauR 1993, 204; NKVwGO-Ziekow 234; Sch-Gerhardt/Bier 67.

[151] NVwZ 2004, 1120; Hufen JuS 2005, 88; vgl auch Lü Rd L 2003, 118; Ma NuR 2003, 170; Stüer DVBl 2004, 89.

halb des Plangebiets liegenden Grundstücks nicht im Hinblick auf eine durch ihn ausgeübte **(formell u materiell) unzulässige Nutzung** daraus abgeleitet werden, daß deren Fortführung durch die **Festsetzungen des Bebauungsplans für das Nachbargrundstück gefährdet** ist (Ma NVwZ 1987, 1103). Nicht schutzwürdig ist auch, wer in unmittelbarer Hofnähe Ackerland als **Bauerwartungs- oder Rohbauland** an die Gemeinde für mehrere Millionen DM veräußert hat, dann aber widersprüchlicherweise verlangt, daß dieser Bereich auf Kosten der Gemeinde von einer **Bebauung freigehalten** wird (Ms NVwZ-RR 1998, 17); hier wäre eine NK, wenn man nicht bereits die Antragsbefugnis verneint, jedenfalls wg **fehlenden RSB unzulässig.** Als Begründung für das Fehlen einer Antragsbefugnis unter dem Gesichtspunkt der Schutzwürdigkeit nennt das BVerwG auch den Fall von Interessen, „denen gegenüber sich die Rechtsordnung, jedenfalls was ihre Relevanz für die Bauleitplanung betrifft, bewußt neutral verhalten will, wie zB gegenüber den Wettbewerbsinteressen von Einzelhandelsunternehmen, obwohl sie in tatsächlicher Hinsicht nicht als geringfügig anzusehen sind" (NVwZ 1994, 683 unter Hinweis auf NVwZ 1990, 555). Der in dieser Entscheidung gleichzeitig unternommene Versuch, den Aspekt der Schutzwürdigkeit sehr restriktiv zu interpretieren u ihn deshalb für die Beurteilung der Abwägungsrelevanz von Verkehrslärm nicht heranzuziehen, dürfte aber mit der sonstigen Rspr des BVerwG nur schwer in Einklang zu bringen sein (wie auch an NVwZ 1996, 711 deutlich wird, obwohl sich diese Entscheidung ausdr auf NVwZ 1994, 683 beruft). Der Schutzwürdigkeit steht es ebenso wie bei § 42 (s NVwZ 1991, 781 sowie 89 u 179 zu § 42) nicht entgegen, daß ein Grundstück (sog **„Sperrgrundstück"**) ausschließlich zum Zwecke der Begründung einer Antragsbefugnis erworben wird (v Komorowski/Kupfer VBlBW 2003, 101; vgl auch Ehlers JK 01 VwGO § 42 II/25); dies kann nur in eng begrenzten Sonderfällen (Übertragung eines inhaltlich entleerten Eigentums) unter dem Gesichtspunkt des RSB relevant werden (s unten 89). In der im Rahmen des PlanaufstellungsVf gem **§ 33 Abs 1 Nr 3 BauGB** durch den BauASt schriftlich abgegebenen Erklärung, er **erkenne den Bebauungsplan für sich u seine Rechtsnachfolger an,** liegt ein Verzicht auf Abwehrrechte (vgl Battis BauGB 11 zu § 33), der zum Ausschluß der Antragsbefugnis führt. Nicht gehindert wird jedoch hierdurch die Stellung eines NKAntrags, der mit der Funktionslosigkeit des Bebauungsplans begründet ist (Ma VBlBW 1999, 423).

75 a **dd) Verlust von Abwehrrechten.** Zu beachten ist iü, daß Abwehrrechte, insb Abwägungsmängel, dann **nicht mehr geltend** gemacht werden können, wenn die Berufung hierauf aufgrund gesetzlicher Regelungen **verfristet** ist (Mü BayVBl 1999, 340) oder auf Abwehrrechte **verzichtet** wurde (zB nach § 33 BauGB, s Battis BauGB 11 zu § 33 BauGB) oder diese **verwirkt** (dazu unten 87) oder **präkludiert** sind. Besondere Bedeutung kommt in diesem Zusammenhang dem durch G v 21. 12. 2006 (BGBl I 3316) neu geschaffenen § 47 Abs 2a zu, wonach der Antrag dann unzulässig ist, wenn die den Antrag stellende Person nur Einwendungen geltend macht, die sie im Rahmen der öffentlichen Auslegung (§ 3 Abs 2 BauGB) oder im Rahmen der Beteiligung der betroffenen Öffentlichkeit (§ 13 Abs 2 Nr 2 u § 12a Abs 2 Nr 1 BauGB) nicht oder verspätet geltend gemacht hat, aber hätte geltend machen können, u wenn auf diese Rechtsfolge im Rahmen der Beteiligung hingewiesen worden ist. Soweit der Antrag trotz einer Präklusion subjektiver Rechte im Hinblick auf die Möglichkeit einer Verletzung anderer subjektiver Rechte zulässig ist, ist im Rahmen der Begründetheit der NK aber auch über präkludierte Einwendungen zu entscheiden, da die Präklusion nur zum Ausschluß subjektiver Rechte führt, aber eine objektivrechtlich gebotene Berücksichtigung planungsrechtlich relevanter Belange hierdurch nicht ausgeschlossen wird. Im Rahmen der Begründetheit der NK kommt es schließlich nur auf die Verletzung objektiven Rechts an.

Zur **Antragsbefugnis von Umweltschutzvereinigungen** iSd § 3 UmwRG, die nach § 2 Abs 1 UmwRG keine Geltendmachung der Verletzung eigener Rechte verlangt, s oben 48. 75 b

l) Grundrechte und Antragsbefugnis. Als eine RVerletzung iSd § 47 Abs 2 S 1 ist es immer anzusehen, wenn durch eine Norm in **rechtswidriger Weise unmittelbar in die grundrechtlich geschützte** Freiheitssphäre eingegriffen wird, indem für den Betroffenen Verpflichtungen begründet werden bzw seine Rechtsstellung gemindert wird. Dementsprechend besteht eine Antragsbefugnis wg der Möglichkeit einer RVerletzung 76

- für den **Wassersportler** in bezug auf das **Verbot des Befahrens von ihm bisher benutzter Gewässer** mit Wasserfahrzeugen (Ko DVBl 2001, 1468; Ma NuR 1983, 315);
- für den Jagdpächter hins einer NaturschutzVO, die ihm **Beschränkungen seines Jagdrechts** auferlegt (Mü BayVBl 1996, 501);
- für den Inhaber **von Gewinnungsrechten gem § 8 BBergG** durch die einstweilige Sicherstellung eines geplanten Landschaftsschutzgebiets, wenn die Lagerstätte im Geltungsbereich der VO liegt (Ba LKV 1996, 382);
- für den Grundstückseigentümer durch Normierung eines **Anschluß- u Benutzungszwangs** (Mü BayVBl 1983, 336; NVwZ-RR 1995, 345) oder die Beschränkung der Nutzbarkeit seines Grundstücks durch ein Wasserschutzgebiet (Mü BayVBl 1997, 111; NVwZ-RR 1997, 609); sowie für den Landwirt durch die **Festsetzung eines allg Wohngebiets** in der Nähe seines Hofes (Lü ZfBR 1983, 281; s auch Ma VBlBW 1995, 26; Ms AgrarR 1989, 347);
- für den Abgabenpflichtigen aufgrund einer **Abgabensatzung** (Mü BayVBl 1995, 432), so zB für die Eltern bzgl einer Gebührenregelung für den kommunalen Kindergarten (Ks DVBl 1977, 216);
- für Eltern bei der **Änderung von Schulsprengeln** (Mü BayVBl 1983, 272; 1994, 690);
- für den an der **Einsicht in ein Stadtarchiv** interessierten Bürger ggü einer durch die Satzung festgelegten Beschränkung der Einsicht in das Archiv (BayVBl 1985, 366);
- für den **Lehrer** durch die **Festsetzung einer Lehrverpflichtung** (Ks DVBl 1977, 738); für einen **Fachhochschullehrer** bei der **Einschränkung seiner Mitwirkungsbefugnisse** an der Gestaltung des Studiums (Ma NVwZ 1986, 855);
- für einen **Studienbewerber,** dem die **Zulassung zum Studium** aufgrund der Kapazitätsberechnung nach der angegriffenen KapazitätsVO verweigert worden ist oder verweigert zu werden droht (64, 80 = NVwZ 1982, 105);
- für Private (auch nur obligatorisch berechtigte BauASt) ggü für sie nach **§ 35 Abs 3 S 2 BauGB**[152] u nach **§ 35 Abs 3 S 3 BauGB**[153] verbindlichen **Zielen**[154] **der Raumordnung u Landesplanung**, nicht hingegen ggü nur abwägungsrelevanten Grundsätzen der Raumordnung u Landesplanung.[155]

---

[152] NVwZ 2007, 229; Ba LKV 2003, 333; Gr NVwZ-RR 2001, 565; Mü NuR 2004, 315 ff; Hendler DVBl 2001, 1241; NuR 2004, 487; Kment NVwZ 2003, 1047 ff; Loibl UPR 2004, 419 ff; Maslaton LKV 2006, 56; **aA** die bisher hM DVBl 1997, 434; Brohm, Öffentliches Baurecht, § 37, 47; Peine, Öffentliches Baurecht, 4. Aufl 2003, 266 u 268.

[153] Ba SächsVBl 2005, 225; Hendler NuR 2004, 488; Kment NVwZ 2003, 1047 ff; Maslaton LKV 2006, 56; iE ähnlich Erbguth NVwZ 2005, 245 ff.

[154] Zu der für das Vorliegen eines Ziels erforderlichen Bestimmtheit landesplanerischer Aussagen und zur Frage, ob bei mangelnder Bestimmtheit entsprechende Regelungen als Grundsätze zu behandeln sind, näher Hoppe NVwZ 2005, 1141 ff u Ms NVwZ 2005, 1201.

[155] Hendler NuR 2004, 487; **aA** Kment, Rechtsschutz im Hinblick auf Raumordnungspläne, 349 ff; NVwZ 2004, 155.

Grds kein Grundrechtsschutz kommt juristischen Personen des öffentlichen Rechts zu. Jedoch entspricht den Grundrechten bei ihnen idR eine für die Bejahung der Antragsbefugnis ausreichende einfachgesetzliche Rechtsposition (s auch 127 zu § 42 Abs 2).

77 Der Grundrechtsschutz erstreckt sich auch auf **faktische Grundrechtseingriffe,** so daß auch auf diese eine NKAntragsbefugnis gem § 47 Abs 2 S 1 gestützt werden kann. Freilich stellt sich dabei das Problem der **Abgrenzung faktischer Grundrechtseingriffe von reflexhaften Auswirkungen,** auf die ein NKAntrag nicht gestützt werden kann. Für die Abgrenzung gelten dabei prinzipiell dieselben Grundsätze, wie sie oben iVm § 42 dargestellt wurden (vgl 122 zu § 42). Von einem faktischen Grundrechtseingriff ist zB auszugehen

- gegenüber der **Universität** in bezug auf Vorschriften, welche die **Hochschulzulassung** regeln u dadurch ihre Funktionsfähigkeit gefährden (Ks 27, 58);
- bei Einführung eines **Anschluß- u Benutzungszwangs** für die gemeindliche Wasserversorgung oder die Müllabfuhr in bezug auf das **Unternehmen,** das hier die Versorgung wahrnahm;[156]
- bzgl **Einzelhändlern** bei einer RechtsVO, die erweiterte **Ladenöffnungszeiten** für Konkurrenten im Bahnhofsbereich zuläßt u dadurch die berufliche Tätigkeit der nicht Privilegierten **nicht unerheblich** beeinträchtigt,[157] falls nicht ohnehin schon durch spezielle einfachgesetzliche Vorschriften wie § 8 Abs 2 a LadSchlG (dazu oben 47) subjektive öffentliche Rechte für den Einzelhändler begründet werden (s dazu Rozek SächsVBl 1999, 156);
- für den Betreiber **einer privatrechtlich organisierten Ethik-Kommission,** wenn vorgesehen ist, daß die als Voraussetzung für die Erprobung ärztlicher Arzneimittel erforderliche Beratung nicht mehr wie bisher auch durch sie, sondern nur noch durch eine ör Ethik-Kommission vorgenommen werden kann (vgl Schenke NJW 1996, 745 ff: Eingriff in Art 12 GG u bei schon vorhandenen Ethik-Kommissionen in Art 14 GG);
- wenn eine **Dirnensperrbezirksregelung** den Grundstückseigentümer eines benachbarten Wohngebiets dadurch beeinträchtigt, daß sich dessen Charakter durch die Verlagerung der Prostitution dorthin mit nachteiligen Auswirkungen für die Vermietung verändert (Ks NJW 1981, 779); ebenso beim Anlieger eines in einer **SperrgebietsVO als Toleranzzone** für die Straßenprostitution ausgewiesenen Straßenzugs (Ks NVwZ-RR 2004, 470).

78 **Kein** faktischer Grundrechtseingriff liegt demgegenüber vor

- wenn der **Hersteller von Baumaterialien** dadurch einen wirtschaftlichen Nachteil erleidet (s auch oben 52), daß durch eine örtliche Bauvorschrift die von ihm hergestellten Materialien zum Bau nicht zugelassen werden (Mü BayVBl 1980, 537; **aA** Ks VRspr 25, 952 f); anders wenn der Ausschluß der Materialien derart weiträumig erfolgt, daß die Erzeugung dieses Produkts praktisch sinnlos wird (Mü BayVBl 1980, 538);
- in bezug auf einen **Anbieter von Müllschleusensystemen** bei einem Verbot von Müllschleusen in einer örtlichen Satzung (Mü NVwZ-RR 2006, 319);
- in bezug auf den **Hersteller von Schiffsmotoren** gegen die Festsetzung von bestimmten Abgasgrenzwerten für Schiffsmotoren auf dem Bodensee (Mü BayVBl 1996, 180 f);

---

[156] Vgl Lü DÖV 1978, 44; Schenke NJW 1996, 754 f mwN; ein Eingriff liegt dabei selbst dann vor, wenn man mit BVerwG 62, 225 f und BGH 40, 358 ff davon ausgeht, daß ggü dem privaten Unternehmer kein enteignender Eingriff vorliegt; s näher Schenke NJW 1996, 754.

[157] Rozek SächsVBl 1999, 156; s auch BVerfG 86, 37; Br, NVwZ 2002, 873; Huber, Konkurrenzschutz im Verwaltungsrecht, 213; Schliesky, Öffentliches Wettbewerbsrecht, 213; DVBl 1999, 82; Wallerath NJW 2001, 786 ff; **aA** Ba SächsVBl 1999, 72: nur, wenn Konkurrent in unerträglichem Umfang eingeschränkt bzw unzumutbar geschädigt wird; ähnlich auch BVerwG NJW 1996, 3161 (bei voraussehbaren schweren Beeinträchtigungen des Konkurrenten).

- für einen Landesjagdverband **als Vereinigung der Jägerschaft** durch eine NationalparkVO, die den Wildabschuß zum Gegenstand hat (Mü NVwZ-RR 1997, 198); das gilt selbst dann, wenn sich der Verband satzungsgemäß die Wahrung der Rechte seiner Mitglieder zur Aufgabe gemacht hat (s auch 133 zu § 42);
- in bezug auf einen **Steinmetz,** der gewerblich mit der Herstellung oder der Aufstellung von Grabdenkmälern beschäftigt ist, durch eine Satzung, welche Anforderungen an die Gestaltung der Grabdenkmäler u eine Genehmigungspflicht für ihre Aufstellung auf dem Friedhof statuiert (**aA** 10. Aufl 28);
- für eine Kirchengemeinde, die ihren Antrag mit der Sorge um das gesundheitliche **Befinden ihrer Mitglieder** begründet (NVwZ 1991, 779);
- bei Nichtberücksichtigung des Interesses eines **privaten Rundfunkveranstalters** an der erneuten Nutzung einer bestimmten UKW-Hörfunkfrequenz, da ein solches Interesse weder durch Art 5 Abs 1 S 2 GG noch durch Art 12 Abs 1 GG oder Art 14 Abs 1 GG geschützt ist (Ma DÖV 1995, 343).

m) Antragsbefugnis von Gemeinden. Geltend machen kann die Gemeinde, gestützt auf ihr Selbstverwaltungsrecht und/oder einfachgesetzliche Rechtsvorschriften (s dazu allg Grziwotz DVBl 1988, 768 ff; s auch 127 zu § 42), **79**

- eine Einschränkung ihrer **Planungshoheit** durch Erlaß einer **naturschutzrechtlichen VO** oder die **Festsetzung eines Wasserschutzgebiets.** Während dabei früher für die Antragsbefugnis gefordert wurde, daß eine solche VO einen erheblichen Teil des Gemeindegebiets erfaßt[158] oder eine nachhaltige Störung einer hinreichend bestimmten gemeindlichen Planung beinhaltet (so Ba NVwZ 2002, 110; Ma NVwZ 1999, 1250), soll es nach der neueren Rspr des BVerwG für die Bejahung der Antragsbefugnis bereits ausreichen, wenn eine solche VO überhaupt das Gemeindegebiet erfaßt (NVwZ 2001, 1280). Keine Antragsbefugnis der Gemeinde besteht hingegen grds bei der **Aufhebung eines Wasserschutzgebiets** innerhalb der Gemeinde (Ma NVwZ-RR 1998, 423: anders hingegen für den in einer WasserschutzVO als Begünstigten genannten Wasserzweckverband);
- eine Einschränkung ihrer **Planungshoheit** durch nach § 4 Abs 1 ROG, § 1 Abs 4 BauGB **verbindliche Raumordnungspläne.**[159] Dabei dürfte es nicht darauf ankommen, ob durch die angegriffenen Pläne bereits hinreichend konkretisierte Planungsabsichten einer Gemeinde betroffen werden (so aber 81, 307, 311 = NVwZ 1989, 654), vielmehr genügt es schon, wenn die Gemeinde bei einer zukünftigen, ihr Gemeindegebiet betr Planung durch solche Pläne unmittelbar beeinträchtigt wird. So wie Private bei einer Beeinträchtigung ihrer grundrechtlich geschützten Freiheitssphäre durch die in einer Norm enthaltenen Verbote u Gebote rechtlich betroffen sind u dementsprechend eine Antragsbefugnis besitzen (oben 76), muß dasselbe für Pläne gelten, welche die Gemeinden durch Gebote oder Verbote in ihrer kommunalen Planungshoheit einschränken, die durch das kommunale Selbstverwaltungsrecht umfassend vor unmittelbaren staatlichen Eingriffen geschützt wird. Allein dies entspricht auch der Rspr zum kommunalen Abstimmungsgebot des § 2 Abs 2 BauGB (s unten 79), bei der es nach der Rspr des BVerwG ebenfalls nicht darauf ankommt, ob durch die Verletzung des § 2 Abs 2 BauGB eine bereits konkretisierte Planungsabsicht einer Nachbargemeinde beeinträchtigt wird.[160] Zum Rechtsschutz Privater gegen Ziele der Raumordnung s oben 76;

---

[158] So Ba NVwZ 2002, 110; Lü NuR 1997, 203 ff für die Festsetzung eines Naturschutzgebiets u Ma NVwZ 1999, 1250; Mü NVwZ-RR 1997, 611 für die Festsetzung eines Wasserschutzgebiets.

[159] FfO LKV 2004, 320; 2005, 123; Hahn LKV 2006, 198; Hendler DVBl 2001, 1241; Schenke VerwA 1999, 309.

[160] Vgl auch Kment DÖV 2003, 351 ff. Nicht überzeugend ist es allerdings, wenn dort in Anlehnung an § 2 Abs 2 BauGB für die Antragsbefugnis einer Gemeinde in bezug auf sie

– eine Beschränkung des ihr zukommenden **allseitigen Wirkungskreises in Selbstverwaltungsangelegenheiten** durch **Übertragung von Aufgaben** auf gemeinsame Einrichtungen;[161]
– ihre Nichtaufnahme **in als VO** erlassene Landes-, Regional- u Entwicklungspläne **als zentraler Ort,** Kleinzentrum oder ähnliches iSd Landesplanungsrechts (Mü BayVBl 1979, 720; 1982, 727; NVwZ 1985, 504); nicht hingegen – da es insoweit an einer betroffenen eigenen Rechtsstellung fehlt – die **Ausweisung einer anderen Gemeinde** als zentraler Ort usw, es sei denn, daß diese die wesentliche Ursache für die Nichtberücksichtigung des ASt war (Mü NVwZ 1985, 504);
– den Verstoß eines **Bebauungsplans der Nachbargemeinde gegen Normen der Raumordnung u Landesplanung,** sofern dadurch in das kommunale Selbstverwaltungsrecht eingegriffen wird, da dieses auch vor einem Eingriff schützt, der nur unter Verletzung objektivrechtlicher Rechtssätze erfolgte;[162] in § 2 Abs 2 S 2 BauGB ist seit 2004 ausdr normiert, daß sich bei der Abstimmung der Bauleitpläne benachbarter Gemeinden die Gemeinden auch auf die ihnen durch Ziele der Raumordnung zugewiesenen Funktionen berufen können (zu dieser Vorschrift, die nur eine teilweise Subjektivierung des § 1 Abs 4 BauGB bewirkt, näher Hoppe/Otting DVBl 2004, 1125 ff);
– die Verletzung des (formellen) Abstimmungsgebots des § 4 BauGB durch Nichtbeteiligung der antragstellenden Gemeinde bei der **Aufstellung eines Bebauungsplans durch die Nachbargemeinde;**
– eine Verletzung des (dem § 1 Abs 7 BauGB als lex specialis vorgehenden) interkommunalen materiellen **Abstimmungsgebots des § 2 Abs 2 BauGB** nF durch den Bebauungsplan einer Nachbargemeinde, wenn diese die **Belange** der den NKAntrag stellenden Gemeinde bei der Aufstellung des Bebauungsplans nicht hinreichend berücksichtigt u bestehende Konflikte nicht angemessen bewältigt hat.[163] Dabei kann sich eine Nachbargemeinde nach § 2 Abs 2 S 2 BauGB nF auch auf die ihr durch die Ziele der Raumordnung zugewiesenen Funktionen sowie auf Auswirkungen auf ihre zentralen Versorgungsbereiche berufen. Als Voraussetzung für eine Verletzung von Rechten der antragstellenden Gemeinde wird dabei zT angesehen, daß diese bereits eine hinreichend konkrete eigene Planung hat, die eine materielle Abstimmung des Plans der Nachbargemeinde ermöglicht u erfordert.[164] Es dürfte aber bereits **genügen, wenn sich** aus einem Bebauungsplan der Nachbargemein-

---

nach § 1 Abs 4 BauGB unmittelbar rechtlich verpflichtende Ziele der Raumordnungspläne gefordert wird, daß die Beeinträchtigung der kommunalen Planungshoheit wesentlich sein müsse. Hier wird nicht ausreichend beachtet, daß es sich bei den Beeinträchtigungen der kommunalen Planungshoheit im Fall des § 2 Abs 2 BauGB lediglich um faktische Beeinträchtigungen der kommunalen Planungshoheit durch eine Nachbargemeinde handeln und sich von hierher keine Schlüsse auf die Antragsbefugnis der Gemeinde gegen Landesentwicklungs- und Raumordnungs- und Regionalpläne ergeben, die sie nach § 1 Abs 4 BauGB unmittelbar verpflichtende Ziele der Raumordnung enthalten. Einschränkungen der Zulässigkeit können sich bei einer nur ganz unwesentlichen Beeinträchtigung durch die Gemeinde unmittelbar verpflichtende raumordnerische Ziele allenfalls unter dem Gesichtspunkt des RSB ergeben.

[161] Mü BayVBl 1983, 18; Grziwotz DVBl 1988, 771; s auch ThürVerfGH ThürVBl 1997, 132.

[162] IE ebenso Ko BauR 1993, 205; Kopf/Nickel UPR 2003, 24; s auch Mgd LKV 1994, 220; ferner 138 zu § 42.

[163] Zu § 2 Abs 2 BauGB aF vgl 84, 215 = NVwZ 1990, 465; NVwZ 1995, 266 und 694; Ba LKV 1994, 116; Lü BRS 63 Nr 63, S 322; Ma NVwZ 1987, 1088; VBlBW 1994, 353; Mü BayVBl 1994, 495; BRS 62 Nr 60, S 305 ff; We ThürVBl 1997, 278; VG Magdeburg NuR 1998, 170; Battis 9 zu § 2 BauGB; Uechtritz BauR 1999, 585.

[164] Ba SächsVBl 1993, 256; Ko BauR 1993, 205; BezG Dresden LKV 1992, 338; Ma NVwZ 1987, 1088; NKVwGO-Ziekow 234.

de, die nicht notwendigerweise unmittelbar an das Gemeindegebiet der den Antrag stellenden Gemeinde angrenzen[165] muß (v Komorowski/Kupfer VBlBW 2003, 102), **Auswirkungen gewichtiger Art**[166] **für die Planungshoheit** der antragstellenden Gemeinde ergeben[167] (s dazu auch näher 138 zu § 42); auf das Bestehen entsprechender planerischer Absichten bei ihr kommt es nicht an (NVwZ 2003, 87; Schenke VerwA 2007 unter I). Von einer Verletzung des materiellen interkommunalen Abwägungsgebots ist zB auszugehen, wenn die Nachbargemeinde unmittelbar **angrenzend** an ein von der Gemeinde festgesetztes **reines Wohngebiet** ein **Gewerbe- oder Industriegebiet** ausweist (vgl Lü BauR 1991, 171), ferner wenn ein **Sondergebiet für großflächige Einzelhandelsbetriebe** in der Nachbargemeinde festgesetzt u **nicht nach § 2 Abs 2 BauGB abgestimmt** wurde;[168] ähnlich bei der Ausweisung eines Sondergebiets für Großkinos (Uechtritz BauR 1999, 583 f). Dagegen wurde ein möglicher Verstoß gegen das interkommunale Abstimmungsgebot durch die Rspr (Lü BRS 39 Nr 36, S 74) in bezug auf die **Festsetzung eines großflächigen Möbelmarkts an der Anschlußstelle einer Bundesautobahn abgelehnt,** da dessen Einrichtung nach Warensortiment u Standort auf einen überörtlichen Käuferkreis ausgerichtet sei; ebenso in bezug auf einen Bebauungsplan einer benachbarten Gemeinde für ein Einkaufszentrum, das als zentralörtliche Einrichtung für ein neues (mögliches) Mittelzentrum dienen soll, wenn Tatsachen für gewichtige Folgen städtebaulicher Art (hier: Beeinträchtigung der verbrauchernahen Grundversorgung in der antragstellenden Gemeinde) **weder konkret dargelegt noch ersichtlich** sind (Mü BayVBl 1994, 495, aber gleichzeitig von der Zulässigkeit des Antrags ausgehend). Die Abwägung der städtebaulichen Konsequenzen eines Einkaufszentrums für eine Nachbargemeinde ist auch dann nicht entbehrlich, wenn wg des § 34 Abs 1 BauGB bereits derzeit ein Anspr auf dessen Genehmigung besteht (Ms NVwZ-RR 2006, 450);

- die fehlende Berücksichtigung ihrer Belange gem Art 11 Abs 1 BayGO bei der **teilweisen Auflösung eines gemeindefreien Gebiets** u dessen Zuweisung an sie (Mü BayVBl 1983, 179 f);
- die Beeinträchtigung ihres **Grundeigentums** durch eine hierfür geltende NaturschutzVO (Ba SächsVBl 2000, 88; NVwZ 2002, 110) oder WasserschutzgebietsVO (Mü NuR 2003, 428).

Nicht antragsbefugt ist die Gemeinde bei organisatorischen Maßnahmen, 80
die sie nicht in ihrem Selbstverwaltungsrecht, sondern nur **wirtschaftlich u strukturpolitisch berühren,** so zB die **Verlegung des Sitzes der Kreisverwaltung** in eine andere Gemeinde (Mü BayVBl 1975, 114) oder eine gerichtsorganisatorische Maßnahme wie die **Aufhebung einer in der Gemeinde zu-**

[165] § 2 Abs 2 BauGB vermittelt aber nicht die Befugnis, alle Bebauungspläne einer Nachbargemeinde zum Gegenstand einer NK zu machen, die einen räumlichen Bezug zum eigenen Gemeindegebiet haben, Ks ZfBR 2005, 189.

[166] Zur Frage, wann von einer solchen gewichtigen Beeinträchtigung auszugehen ist, s 138 zu § 42 u Uechtritz BauR 1999, 579. Nach BVerwG DVBl 2001, 1845 f genügt es für die Antragsbefugnis bereits, wenn die Möglichkeit einer nicht nur geringfügigen Beeinträchtigung der gemeindlichen Planungshoheit besteht. Von Auswirkungen gewichtiger Art ist dabei idR bei einem Einzelhandelsprojekt auszugehen, das die Merkmale des § 11 Abs 3 S 1 BauNVO aufweist (vgl NVwZ 2003, 86 zu einem Einzelhandelsgroßprojekt im Außenbereich).

[167] Vgl NVwZ 1990, 465; 1994, 288; 2003, 87; Ma VBlBW 1994, 353; Sa BRS 57 Nr 47; We ThürVBl 1997, 278; DÖV 2003, 636; Kment DÖV 2003, 354; Sch-Gerhardt 67; Schenke VerwA 2007 unter I; s auch iVm der Klagebefugnis Schenke 498 a und ders Bergbau 79 ff sowie 138 zu § 42.

[168] So schon zu § 2 Abs 2 BauGB aF NVwZ 1995, 266; Mgd LKV 1994, 220; Mü BRS 62 Nr 60, S 306 ff; s nunmehr § 2 Abs 2 S 2 BauGB.

nächst vorhandenen Zweigstelle eines Amtsgerichts (Mü BayVBl 1976, 178).

Nicht berufen kann sich die Gemeinde mit ihrer NK auf Belange wie die **Gesundheit der Gemeindeeinwohner,** da sie nicht allg Sachwalter der Interessen der Bürger oder anderer öffentlicher Interessen ist (NVwZ 1993, 886; s auch 137 zu § 42).

81 **n) Geltendmachung der Rechtsverletzung.** Wie bei § 42 Abs 2 muß der ASt grundsätzlich **geltend machen,** daß er durch die angegriffene Rechtsvorschrift oder deren Anwendung eine RVerletzung erlitten hat oder in absehbarer Zeit zu erwarten hat, **dh** – vgl oben 52 ff –, daß **die Rechtsvorschrift in seine Rechte eingreift** oder von ihrer Anwendung eine solche Rechtsbeeinträchtigung zu erwarten ist. Zur **Anfechtung nur einzelner Teile** einer Rechtsvorschrift bzw zur Frage der Notwendigkeit einer entspr Beschränkung, wenn nur einzelne Regelungen RVerletzung zur Folge haben, s oben 51.

Für die **Geltendmachung,** dh für den entspr Tatsachenvortrag u ggf erforderliche rechtliche Ausführungen, gilt das gleiche wie bei § 42 Abs 2 (vgl 65 ff zu § 42). Es **genügt,** daß aus der Tatsache der Antragstellung u den Umständen erkennbar ist, daß der ASt wg **einer Verletzung seiner subjektiven Rechte** das Gericht anruft; es ist dann Sache des Gerichts, gem § 86 Abs 1 unter Mitwirkung der Beteiligten die näheren Einzelheiten zu ermitteln.

82 **o) Die Antragsbefugnis einer Behörde.** Diese ist nach dem klaren Wortlaut des § 47 Abs 2 nicht an die einschränkende Voraussetzung eines möglichen Nachteils u auch nicht an die (bei Behörden grds ohnehin ausscheidende) Möglichkeit der Verletzung eines subjektiven Rechts gebunden. Soweit die antragstellende Behörde derselben juristischen Person angehört wie die normerlassende Behörde, handelt es sich auch nicht um einen unzulässigen Insichprozeß. Einschränkungen der Zulässigkeit des Antrags ergeben sich allerdings unter dem **Gesichtspunkt des objektiven Kontrollinteresses,** das als ungeschriebene Zulässigkeitsvoraussetzung die Parallele zum RSB darstellt (s dazu unten 94). Antragsberechtigt ist immer nur die Behörde, **nicht der einzelne Amtsträger,** der die Rechtsvorschrift zu vollziehen hat, als Person. Keine Behörde iSd § 47 Abs 2 S 1 ist die Körperschaft, der die Behörde angehört (s oben 38).

Gerichte sind als solche **nicht antragsbefugt** (s oben 36). **Gemeindebehörden** können, je nachdem, in welcher Weise die Gemeinde durch eine Rechtsvorschrift betroffen ist, **als Behörde** (vgl DÖV 1989, 859; Ks UPR 1986, 280; Grziwotz DVBl 1988, 771) oder aber als **juristische Person** einen Antrag stellen, soweit sie nach § 47 Abs 2 S 1 antragsbefugt sind (dazu bereits oben 79).

Eine **landesgesetzliche Einschränkung der Antragsbefugnis** dergestalt, daß die Behörde hins der dem § 47 Abs 1 Nr 2 unterfallenden Rechtsvorschrift nur dann antragsbefugt ist, wenn die Rechtssache grundsätzliche Bedeutung hat, ist **ausgeschlossen** (s oben 24 u zu einer solchen Regelung in Art 5 S 2 BayAGVwGO Geiger BayVBl 1995, 363).

83 **8. Befristung des Antrags und Verwirkung: a) Inhalt und Bedeutung der Antragsfrist.** Gem § 47 Abs 2 S 1 idF vor dem G v 21. 12. 2006 (BGBl I 3316) mußte der NKAntrag **innerhalb von zwei Jahren nach Bekanntmachung der Rechtsvorschrift** gestellt werden. Durch die Novellierung des § 47 Abs 2 durch das genannte G wurde die Antragsfrist von **zwei Jahren auf ein Jahr verkürzt.** Hins solcher Rechtsvorschriften, die vor dem 1. 1. 2007 bekannt gemacht worden waren, bleibt es aber nach der Übergangsregelung des § 195 Abs 7 bei der bisherigen Frist von zwei Jahren. Werden einzelne Normen einer Gesamtregelung neu erlassen u nach dem 31. 12. 2006 bekannt gemacht, so gilt die Einjahresfrist des novellierten § 47 Abs 2 S 1 hins dieser Normen, nicht hingegen bzgl nicht geänderter Normen. Auch die Neubekanntmachung der Gesamtregelung führt nicht notwendigerweise dazu, daß damit die Antragsfrist für

alle Normen der Gesamtregelung neu eröffnet wird; vielmehr gilt sie nur für neu erlassene Normen. Anderes gilt nur dann, wenn in der Neuregelung bestimmt wird, daß die Gesamtregelung anstelle der alten Regelung in Kraft tritt; das gilt auch dann, wenn diese Bestimmung rechtswidrig ist.[169]

Für die Berechnung der Frist gilt die **allg Regelung des § 57** (s dazu 10–10a zu § 57; vgl zum Zeitpunkt der Antragstellung auch 8ff zu § 74). Die Frist **beginnt** nicht mit dem Inkrafttreten der Norm, sondern – anders als nach § 93 Abs 3 BVerfGG – **mit der Bekanntmachung.** Das dürfte, soweit nur nach außen erkennbar ist, daß die Norm sich Geltung beimißt, selbst dann anzunehmen sein, wenn die Bekanntmachung der Norm Mängel aufweist.[170] Wird die zunächst fehlerhafte Bekanntmachung einer Norm allerdings wiederholt, beginnt die Frist erneut zu laufen (s auch Ba SächsVBl 1997, 56). Die Antragsfrist gilt auch dann, wenn eine frühere Regelung, die durch die angegriffene Norm ersetzt wurde u hinsichtlich derer die Antragsfrist bereits verstrichen ist, denselben Fehler aufweist (Ma DVBl 2002, 212); sie läuft dann von neuem u beträgt bei Bekanntmachung der neuen Norm vor dem 1. 1. 2007 zwei Jahre, sonst ein Jahr (§ 47 Abs 2 iVm § 195 Abs 7). Die Antragsfrist beginnt überhaupt nicht zu laufen, wenn eine Bekanntmachung der Norm nicht nachweisbar ist (FfO NVwZ 2004, 1122). Eine **Rechtsbehelfsbelehrung** ist **nicht vorgesehen,** wie sich auch aus § 58 Abs 2 schließen läßt (Ms NVwZ-RR 2001, 484f). Auch in der ortsüblichen Bekanntmachung eines Bebauungsplans ist nicht auf § 47 Abs 2 S 1 hinzuweisen, selbst wenn die Bekanntmachung Hinweise auf sonstige, zur Rechtswahrung einzuhaltende gesetzliche Fristen (vgl §§ 44 Abs 4, 215 Abs 1 BauGB; s auch § 47 Abs 2a) enthält (ZfBR 2001, 350). Eine **Wiedereinsetzung in den vorigen Stand** gem § 60 ist **nicht statthaft,** da die Antragsfrist nach ihrem Zweck als eine **echte Ausschlußfrist** anzusehen ist, auf die § 60 keine Anwendung findet.[171] Anderenfalls hätten alle Personen, die erst nach Ablauf der Antragsfrist antragsbefugt geworden sind, einen Anspr auf Wiedereinsetzung in den vorigen Stand. Damit würde die gesetzgeberische Absicht zu einer Befristung der prinzipalen NK weitgehend obsolet.

Die Frist des § 47 Abs 2 S 1 gilt (von verfassungsrechtlichen Bedenken gegen sie einmal abgesehen, s unten 84) nach ganz hM[172] **nur für die NK des § 47.** Ein Verbot einer Inzidentprüfung der Norm nach Ablauf der Antragsfrist (so früher Ey-J. Schmidt 10. Aufl 74; **aA** aber wohl in der 11. Aufl) wäre nicht nur mit Wortlaut, Systematik u Entstehungsgeschichte (BT-Dr 13/3993, 10) unvereinbar. Es würde dem Fristerfordernis auch eine sowohl aus kompetenzrechtlichen wie auch aus grundrechtlichen Gesichtspunkten **verfassungswidrige**

---

[169] 21. 1. 2004 – 8 CN 1.02 und dazu Ehlers JK 6/04 VwGO § 47 II 1/26; vgl auch Ma DVBl 2003, 416; Stüer DVBl 2004, 90.

[170] So auch FfO NVwZ 2004, 1122; Sch-Gerhardt/Bier 36; ebenso zu Nr 1 RMBeschrG aF, die allerdings die Frist an das Inkrafttreten der Norm anknüpfte, LKV 1996, 336 = DÖV 1996, 701; Frankfurt (Oder) LKV 1996, 208.

[171] Schl NordÖR 2001, 29; Schenke 912b; Ey-J. Schmidt 74; Kintz JuS 2000, 1102; Lorenz § 26, 15; NKVwGO-Ziekow 292; Schmidt, R. 205; Schweitzer Befristung 165ff; iE auch Sch-Gerhardt/Bier 35; dahin tendierend iVm der Befristung der NK durch Nr 1 RMBeschrG aF auch Frankfurt (Oder) LKV 1996, 210; **aA** Ehlers, Hoppe-FS 1053; Hufen § 19, 54; v Komorowski/Kupfer VBlBW 2003, 102; offen BVerwG LKV 1996, 337; zu den entspr Problemen iVm der Befristung der RechtssatzVB durch § 93 Abs 3 BVerfGG – früher § 93 Abs 2 BVerfGG – auch BVerfG 4, 313f. Keine Bejahung der Wiedereinsetzung läßt sich auf die Entscheidung DVBl 1999, 1516 stützen, die eine Wiedereinsetzung iVm einer Versäumung einer Antragsfrist zum Gegenstand hatte, die erst im Wege richterlicher Rechtslückenschließung entwickelt wurde.

[172] S statt vieler zB SächsVBl 1998, 237; Ma NVwZ-RR 1999, 626; Kuhla/Hüttenbrink DVBl 1999, 899; Lotz BayVBl 1997, 259; Rozek SächsVBl 1999, 150 Fn 16; Schenke 912b.

weitreichende materiellrechtliche Bedeutung beimessen. Der (iü zu Unrecht angeführte) Aspekt der Rechtssicherheit, welcher als Begründung für die weitere Verkürzung der Antragsfrist durch den novellierten § 47 Abs 2 S 1 angeführt wird (BT-Dr 16/2469, 17), vermag eine inzidente Überprüfung einer dem § 47 unterfallenden Rechtsvorschrift nach Ablauf der Einjahresfrist nicht auszuschließen, zumal gerade die Rechtssicherheit gegen eine Befristung der NK spricht (s unten 84).

84 **b) Rechtspolitische und verfassungsrechtliche Bedenken gegenüber der Antragsfrist.** Die Befristung des NKAntrags begegnet angesichts der dem NK-Vf **unter dem Aspekt der Rechtsklarheit u der Prozeßökonomie** (vgl 56, 178 = NJW 1978, 2522) zukommenden Funktion zumindest unter rechtspolitischen Gesichtspunkten schwerwiegenden Bedenken, ja sie erweist sich, gemessen an der **Zielsetzung** des 6. VwGOÄndG, geradezu als **kontraproduktiv.**[173] Da die Befristung der NK nichts daran ändert, daß auch nach Ablauf der Antragsfrist die **Unwirksamkeit einer Norm** jederzeit inzidenter (zB im Rahmen der Anfechtung von Normvollzugsakten) geltend gemacht werden kann (s oben 83), wird die **„erhebliche Beeinträchtigung der Rechtssicherheit“,** wie sie in der Begründung des 6. VwGOÄndG ohne Befristung der NK befürchtet wird (vgl BT-Dr 13/3993, 10; ebenso nunmehr BT-Dr 16/2649, 17 zur Rechtfertigung der weiteren Verkürzung der Antragsfrist), durch die oberverwaltungsgerichtliche NK in Wahrheit gerade vermieden, indem in deren Rahmen die Unwirksamkeit einer rechtswidrigen Norm allgemeinverbindlich festgestellt wird (s § 47 Abs 5 S 2) u damit unterschiedliche Entscheidungen verhindert werden. Das wird durch die Befristung der NK nunmehr ebenso in Frage gestellt wie die der Prozeßökonomie u der Rechtsschutzeffektivität dienende Bündelung der Normenüberprüfung.[174] Der in bezug auf untergesetzliche Rechtsvorschriften durch Art 19 Abs 4 GG nach heute ganz hM geforderte Rechtsschutz[175] bedarf iü nämlich in **bestimmten – wenn auch seltenen – Fällen** zur Sicherung der Effektivität des Rechtsschutzes einer **prinzipalen Unwirksamerklärung,**[176] die im Hinblick auf die Befristung der VB durch § 93 Abs 3 BVerfGG (ein Jahr seit Inkrafttreten des Gesetzes) nicht immer erreichbar ist.[177] Damit führt die Befristung der NK durch § 47 Abs 2 S 1 dazu, daß der erst nach Ablauf der Antragsfrist durch die Norm Betroffene zu keinem Zeitpunkt die Möglich-

---

[173] Schenke NJW 1997, 83; Schweitzer Befristung 255 ff; s auch NKVwGO-Ziekow 287 f.

[174] Unverständlich ist, daß trotz der bereits an der bisherigen Zweijahresfrist vielfach geübten Kritik dennoch zur Begründung einer weiteren Fristverkürzung behauptet wird (BT-Dr 16/2496, 17), die Frist habe sich bewährt, erweise sich jedoch mit zwei Jahren als zu lang. Die Bedenken gegen die Befristung der NK auf zwei Jahre müssen sich im Gegenteil bei einer weiteren Verkürzung sogar noch verstärken. Verfehlt ist auch die in der Gesetzesbegründung aaO vertretene Ansicht, mit der Unwirksamerklärung einer Norm entfalle „nicht nur die Rechtsgrundlage für künftige behördliche Entscheidungen, (z. B. Baugenehmigungen), sondern auch für solche Verwaltungsakte …, die bereits erlassen sind, jedoch nicht bestandskräftig oder – im Falle der verwaltungsgerichtlichen Klage – noch nicht durch rechtskräftige gerichtliche Entscheidungen unanfechtbar geworden sind“. Das geht schlicht daran vorbei, daß eine rechtsunwirksame Norm – völlig unabhängig von der oberverwaltungsgerichtlichen Feststellung ihrer Unwirksamkeit – niemals eine Rechtsgrundlage für einen VA sein kann und der NKEntscheidung daher keine konstitutive Bedeutung zukommt.

[175] Vgl 80, 361 = NJW 1989, 1495; NVwZ 1990, 163; eingeh Schenke, Rechtsschutz, 28 ff u BK-Schenke 249 ff zu Art 19 Abs 4 GG.

[176] Vgl hierzu Schenke NJW 1997, 84 u BK-Schenke 271 zu Art 19 Abs 4 GG; MD-Schmidt-Aßmann 75 zu Art 19 Abs 4 GG; AK-Wassermann 38 zu Art 19 Abs 4 GG; **aA** Sch-Gerhardt/Bier 10; offen Schl NVwZ 1994, 916.

[177] Nicht überzeugend daher, wenn Sauthoff BauR 1997, 743 auf eine verfassungskonforme Auslegung der Vorschriften über den Einzelrechtsschutz verweist.

keit besaß, die Unwirksamkeit der Norm prinzipal feststellen zu lassen (näher Schenke NJW 1997, 84f). Diese Einwände verstärken sich noch, wenn man davon ausgeht, daß es Fälle gibt, in welchen dem durch eine Rechtsvorschrift Betroffenen der Weg eines inzidenten Rechtsschutzes gegen **Normvollzugsakte** nicht eröffnet war, da ihn **diese** (anders als die Rechtsnorm) **nicht in seinen subjektiven Rechten betreffen.**[178] Bedeutsam werden kann dies etwa iVm Bebauungsplänen, bei denen sich zwar aus § 1 Abs 7 BauGB ein subjektives Recht einer Person ergibt, daß ihre schutzwürdigen privaten Belange im Rahmen der Erstellung eines Bebauungsplans zu berücksichtigen sind, während sie aber aus § 1 Abs 7 BauGB keine subjektiven Rechte hins der einem Nachbarn erteilten Baugenehmigung ableiten kann, die auf einem sie in ihren subjektiven Rechten verletzenden Bebauungsplan beruht (s 99 zu § 42; zu § 1 Abs 6 BauGB aF NVwZ-RR 1997, 682; Schütz NVwZ 1999, 931; s auch Uechtritz BauR 1999, 586). Deshalb spricht viel dafür, die Befristung des § 47 Abs 2 S 1 insoweit als **teilnichtig** anzusehen, als sie der Verwirklichung eines durch Art 19 Abs 4 GG gebotenen effektiven Rechtsschutzes im Wege steht.[179]

c) Keine Antragsfrist bei rechtswidrig gewordenen Normen bzw funktionslosen Bebauungsplänen. Keine Geltung kann das Fristerfordernis des § 47 Abs 2 S 1 in jenen Fällen beanspruchen, in denen eine Norm **zunächst rechtmäßig erlassen,** später aber wg einer **Veränderung der Sach- oder Rechtslage rechtswidrig** oder **funktionslos** geworden ist.[180] Das zeigt schon der Fall, in dem die Norm erst nach Ablauf der Antragsfrist des § 47 Abs 2 S 1 rechtswidrig geworden ist, da es hier bei einer Anwendung des Fristerfordernisses des § 47 Abs 2 S 1 nie möglich wäre, mittels einer NK gem § 47 die Unwirksamkeit der Norm feststellen zu lassen (s auch Ma VBlBW 1999, 424). Folglich könnte § 47 insoweit nicht die ihm durch den Gesetzgeber zugedachten prozeßökonomischen Funktionen sowie den durch ihn intendierten Rechtsschutz erfüllen. In Betracht kommt daher allenfalls ein Fristbeginn ab dem Zeitpunkt, in dem die Norm rechtswidrig geworden bzw der Gesetzgeber seiner Pflicht zur Änderung oder Aufhebung der Norm nicht nachgekommen ist. Ein Abstellen auf den Zeitpunkt des Rechtswidrigwerdens erwiese sich freilich unter dem Aspekt der Rechtssicherheit als problematisch. Häufig wird es nicht möglich sein, einen exakten Zeitpunkt zu benennen. Berücksichtigt man weiter, daß umstr ist, ob das Rechtswidrigwerden bzw das Unwirksamwerden ohne den Ablauf einer – in ihrem Ausmaß kaum bestimmbaren – Nachbesserungsfrist eintritt (dafür Baumeister Rechtswidrigwerden 238ff, 269ff; zT **aA** BVerfG 53, 312f; 55, 308; 73, 121; 80, 31ff), spricht etliches gegen die Anwendbarkeit der Antragsfrist des Abs 2 S 1 auf die Fälle des nachträglichen Rechtswidrigwerdens. Zusätzlich läßt sich dafür auch die bundesverfassungsgerichtliche Lösung eines ähnlichen Problems, das sich iVm § 93 Abs 3 BVerfGG stellt, anführen. Dort gilt das Fristerfordernis des § 93 Abs 3 BVerfGG grds nicht bei einem Unterlassen des Normgebers;[181] 85

---

[178] Diese Beschneidung des Rechtsschutzes erscheint umso problematischer, als nunmehr auch BVerfG JZ 2006, 1021 (dazu Schenke JZ 2006, 1004ff) die Rechtsschutzgarantie des Art 19 Abs 4 GG auf untergesetzliche Rechtsvorschriften erstreckt und deshalb dort, wo dieser Rechtsschutz durch inzidente NK nicht bewerkstelligt werden kann, einen anderweitigen gerichtlichen Rechtsschutz fordert.

[179] Schenke 912b u NJW 1997, 83ff; dem folgend Schweitzer Befristung 241f; Stern 292 u Schmidt, R. 205f; Bedenken auch bei Hüttenbrink DVBl 1997, 1258u Schütz NVwZ 1999, 932; **aA** zB Ehlers Hoppe-FS 1052; Sauthoff BauR 1997, 743; Schmitz-Rode NJW 1998, 416 (zu letzterem näher 14. Aufl).

[180] Ma VBlBW 1999, 424; Mü NVwZ-RR 2005, 776; Bier UPR 2004, 339; Jäde BayVBl 2006, 198 offen BVerwG NVwZ 1999, 987; zum Rechtswidrigwerden s unten 135 sowie die Beispiele aus der BVerfG-Rspr bei Baumeister 187ff.

[181] Vgl BVerfG 77, 208ff; Clemens/Umbach, BVerfGG, 40ff zu § 93 BVerfGG mwN; Schenke Rechtsschutz 338.

das legt es nahe, Entsprechendes dort anzunehmen, wo der Gesetzgeber die Verpflichtung zur Beseitigung einer Norm nicht erfüllt hat. Bei einer nach Ablauf der Frist des § 47 Abs 2 S 1 erhobenen NK kann allerdings, wenn man von der prinzipiellen Verfassungsmäßigkeit der Fristenregelung ausgeht, die NK selbstverständlich nur auf solche Gründe gestützt werden, die nach Erlaß der Norm eingetreten sind.

Ist der Gegenstand der NK ein Bebauungsplan, hins dessen ein ergänzendes Vf zur Heilung nach § 214 Abs 4 BauGB durchgeführt wurde, so läuft die Frist des § 47 Abs 2 S 1 erst ab der Bekanntgabe der Durchführung eines ergänzenden Vf (vgl auch Ba SächsVBl 1997, 56).

86 **d) Antragsfrist und Verfassungsbeschwerde.** Vor der Befristung der NK durch § 47 Abs 2 S 1 ergaben sich Probleme daraus, daß einerseits eine VB gegen eine dem § 47 unterfallende Rechtsvorschrift nach § 93 Abs 3 BVerfGG nur innerhalb eines Jahres seit deren Inkrafttreten zulässig war, andererseits aber grds erst ein NK-Vf als ein anderweitiger Rechtsweg iSd § 90 Abs 2 S 1 erfolglos absolviert werden mußte, ehe eine VB gegen die Rechtsvorschrift erhoben werden konnte. Das BVerfG versuchte diese Schwierigkeit dadurch zu lösen, daß es eine VB unmittelbar gegen die Norm nur dann zuließ, wenn innerhalb der Jahresfrist des § 93 Abs 3 BVerfGG beim OVG eine NK anhängig gemacht worden war, u die Auffassung vertrat, daß bei deren Erfolglosigkeit die Frist des § 93 Abs 3 für die Erhebung einer VB gegen die Norm mit der NKEntscheidung des OVG von neuem beginnen sollte.[182] Diese Rspr wurde allerdings problematisch, nachdem bereits im Rahmen des 6. VwGOÄndG die NK befristet worden war, denn die Fortführung der bisherigen Rspr des BVerfG hätte dazu führen müssen, daß hierdurch die auf zwei Jahre bemessene Frist zur Erhebung einer NK gem § 47 Abs 2 S 1 idF des 6. VwGOÄndG – um nicht die Möglichkeit einer RechtssatzVB zu verlieren – faktisch noch weiter verkürzt worden wäre. Deshalb wurde schon in den Voraufl dafür plädiert (ebenso zB Gröpl NVwZ 1999, 967; Löhnig JuS 1988, 317; Schweitzer Befristung 272), auf die frühere Rspr des BVerfG nach Erlaß des 6. VwGOÄndG jedenfalls insoweit nicht mehr zurückzugreifen, als Voraussetzung für die Erhebung einer RechtssatzVB die Beantragung einer NK innerhalb der Frist des § 93 Abs 3 BVerfGG sein sollte. Nachdem nunmehr durch § 47 Abs 2 S 1 nF eine Einjahresfrist für die Beantragung einer NK vorgesehen ist u diese Regelung ausweislich der Gesetzesbegründung nicht zuletzt der Harmonisierung der Antragsfristen für eine NK u eine VB dienen sollte,[183] ist jedenfalls zukünftig davon auszugehen, daß es für die Möglichkeit der späteren Erhebung einer VB ausreicht, wenn die NK innerhalb der Frist des § 47 Abs 2 S 1 beantragt worden ist. Eine Abweichung von der bisherigen Rspr des BVerfG ist ferner insoweit geboten, als nunmehr das Fristerfordernis des § 93 Abs 3 BVerfGG für die Erhebung einer RechtssatzVB nach Ergehen einer NKEntscheidung gänzlich irrelevant ist. Der Betroffene ist vielmehr darauf zu verweisen, nach Erschöpfung des Rechtswegs (das wird idR erst nach erfolgloser Durchführung eines RevisionsVf vor dem BVerwG der Fall sein) die letztinstanzliche gerichtliche Entscheidung innerhalb der Frist des § 93 Abs 1 BVerfGG anzugreifen u auf diese Weise mittelbar eine Überprüfung der Norm herbeizuführen (so schon früher Gröpl NVwZ 1999, 968; NKVwGO-Ziekow 19; Pestalozza § 12, 58 Fn 227).

---

[182] BVerfGE 76, 115 f; 107, 8; BVerfG NVwZ 1992, 972; DVBl 1993, 649; BayVBl 1993, 656; vgl auch Grabe NVwZ 1992, 954; RÖ-M. Redeker 26; Sauthoff BauR 1997, 743; Sch-Gerhardt 37.

[183] BT-Dr 1 672 496, 18. Allerdings bestehen – was in der Gesetzesbegründung übersehen wird – nach wie vor hinsichtlich des Beginns der Antragsfrist insofern Unterschiede, als nach § 47 die Antragsfrist mit der Bekanntmachung der Rechtsvorschrift beginnt, während § 93 Abs 3 BVerfGG auf das Inkrafttreten abstellt.

e) Verwirkung. Die Frage einer Verwirkung stellt sich sowohl in bezug auf die Antragsbefugnis **(prozessuale Verwirkung)** wie auch in bezug auf die materiellen Rechte, deren Schutz die NK bezweckt **(materiellrechtliche Verwirkung).** Was zunächst die Frage einer **prozessualen Verwirkung** des Antragsrechts angeht, dürfte diese im Hinblick auf die kurze Antragsfrist nur noch sehr selten problematisch werden. Zwar unterliegen prinzipiell auch prozessuale Rechte wie die Antragsbefugnis gem § 47 Abs 2 S 1 in Konsequenz des aus dem Rechtsstaatsprinzip abzuleitenden Grundsatzes der materiellen Gerechtigkeit der Verwirkung (BRS 63 Nr 50; NKVwGO-Ziekow 294; BK-Schenke 68 zu Art 19 Abs 4 GG). Eine **Verwirkung allein durch Zeitablauf** (vgl hierzu aber zum früheren Recht Lü NuR 1991, 192: Verwirkung bei Antragstellung 16 Jahre nach Erlaß einer Norm) scheidet jedoch nach der Novellierung des § 47 Abs 2 S 1 grds aus (so schon zu § 47 Abs 2 S 1 aF NKVwGO-Ziekow 252), da die Befristung der NK so zu verstehen ist, daß Antragsbefugten ein Zeitraum von einem Jahr eingeräumt werden soll, sich zu entscheiden, ob sie gerichtlich vorgehen wollen (s auch Sch-Gerhardt/Bier 38). Im Hinblick auf die ohnehin kurze Bemessung der Antragsfrist des § 47 Abs 2 S 1 dürfte auch eine Verwirkung der Antragsbefugnis unter dem Gesichtspunkt des nachbarschaftlichen Gemeinschaftsverhältnisses regelmäßig abzulehnen sein. Die besonderen Probleme, die sich insoweit in bezug auf die Verwirkung der Widerspruchs- bzw Klagebefugnis bei VAen mit Drittwirkung ergeben (s 6h zu § 70 u 19 zu § 74), die den Betroffenen nicht mitgeteilt worden sind, stellen sich iVm einer NK nicht. Denkbar ist eine **prozessuale Verwirkung** der Antragsbefugnis allerdings dann, wenn der ASt durch sein **früheres Handeln den Eindruck entstehen** gelassen hat, er wolle **gegen die Norm rechtlich nicht vorgehen.** In einem solchen Fall wird aber meist bereits ein ggü dem ASt ausgesprochener **Antragsverzicht** vorliegen u muß deshalb zur Begründung der Unzulässigkeit der NK nicht auf den Gesichtspunkt der prozessualen Verwirkung der Antragsbefugnis zurückgegriffen werden. Reicht das Verhalten des ASt noch nicht aus, um darin einen (zumindest konkludenten) Antragsverzicht zu sehen (vgl dazu Ba LKV 1995, 84), kommt eine prozessuale Verwirkung jedoch dann in Betracht, wenn der ASt zwar die Vorteile der Rechtsnorm ausgenutzt hat, er sich nun aber Belastungen, die aus der Rechtsnorm erwachsen u praktisch die Kehrseite der Vorteile bilden, durch die Initiierung eines NKVf entziehen will u damit treuwidrig handelt.[184] Bei nach § 47 Abs 2 S 1 Alt 2 grds antragsbefugten **Behörden** käme (da diese keine materiellen subjektiven öffentlichen Rechte besitzen) ohnehin nur eine **Verwirkung der prozessualen Antragsbefugnis** in Betracht. Selbst sie ist aber grds abzulehnen.[185] Deshalb schließt etwa der Umstand, daß eine Behörde als Genehmigungsbehörde beim Erlaß einer Rechtsnorm mitgewirkt hat, die spätere Zulässigkeit eines NKAntrags nicht aus (s unten 94). 87

Bei einer auf § 47 Abs 2 S 1 Alt 1 gestützten NK kommt aber eine materiellrechtliche Verwirkung von subjektiven Rechten in Betracht, die mittelbar auch den Verlust der Antragsbefugnis nach § 47 Abs 2 S 1 zur Folge haben kann. Für eine solche materiellrechtliche Verwirkung von Abwehrrechten ggü einem Bebauungsplan genügte es allerdings bisher grds nicht, daß der Träger von durch einen Bebauungsplan beeinträchtigten schutzwürdigen Belangen es versäumt hatte, diese iVm der Aufstellung des Bebauungsplans geltend zu machen (GewA 1983, 213; NKVwGO-Ziekow 295; **aA** Mü BayVBl 1993, 278: kein Nachteil). Anderes gilt aber nunmehr aufgrund der neu geschaffenen Spezialregelung des

---

[184] NVwZ 1992, 975; BRS 63 Nr 50; Ko 18, 162; Ms NVwZ-RR 2006, 848; NKVwGO-Ziekow 253; Sch-Gerhardt 38.

[185] Ma BWVBl 1967, 185; Mü BayVBl 1993, 627; Ey-J. Schmidt 76; offen NVwZ 1990, 554; Bln NVwZ 1983, 164; Mü BayVBl 1982, 727; **aA** Blümel VerwA 1983, 166; einschränkend Sch-Gerhardt/Bier 38.

§ 47 Abs 2a, nach der ein Antrag unzulässig ist, wenn die den Antrag stellende Person nur Einwendungen geltend macht, die sie im Rahmen der öffentlichen Auslegung (§ 3 Abs 2 BauGB) oder im Rahmen der Beteiligung der betroffenen Öffentlichkeit (§ 13 Abs 2 Nr 2 oder § 13a Abs 2 Nr 1 BauGB) nicht oder verspätet geltend gemacht hat, aber hätte geltend machen können, u wenn auf diese Rechtsfolge im Rahmen der Beteiligung hingewiesen worden ist. Schon vor der Schaffung des § § 47 Abs 2a galt iü, daß dann, wenn ein Privater durch einen Bebauungsplan in Belangen betroffen war, denen als solchen nicht die Qualität subjektiver öffentlicher Rechte zukam u die für die Gemeinde nicht ersichtlich waren, er bei Versäumung der Geltendmachung dieser Belange im Vf der Bauleitplanung aus § 1 Abs 7 BauGB keine subjektiven Rechte abzuleiten vermochte (s oben 71) u es ihm deshalb an einer Antragsbefugnis fehlen konnte. Außerhalb des § 47 Abs 2a führt aber die unterlassene Geltendmachung für den **Normgeber erkennbarer schutzwürdiger Belange** durch deren Träger – vorbehaltlich abweichender spezialgesetzlicher Vorschriften – nicht zum Verlust von Abwehrrechten der durch eine Rechtsnorm verletzten Person.

88 **9. Rechtsschutzbedürfnis:** Neben der Antragsbefugnis bedarf es für die Zulässigkeit der NK natürlicher oder jur P – zu den NKAnträgen von Behörden s unten 94 – nach **allg Grundsätzen** (s 30ff vor § 40) auch eines Rechtsschutzbedürfnisses.[186] Die Abgrenzung im einzelnen ist freilich bisher nicht trennscharf erfolgt, was aber vor allem auf den Nachteilsbegriff zurückzuführen war. Nach der Neufassung des § 47 Abs 2 hat die Abgrenzung in der gleichen Weise wie bei § 42 Abs 2 zu erfolgen (s bereits oben 44). Deswegen ist zB die tlw Unzulässigkeit eines NKAntrags infolge der **Teilbarkeit der Norm** keine Frage des RSB; soweit der ASt durch eine Teilregelung nicht in seinen Rechten verletzt ist, fehlt es bereits an der Antragsbefugnis (s oben 51; **aA** 82, 234; 88, 273: kein RSB). Zu Einwänden, die der Betroffene **nicht rechtzeitig** im Vf zum Erlaß der Rechtsvorschrift **geltend gemacht** hat, obwohl dazu Gelegenheit gewesen wäre, s oben 87. Das **Verhältnis zur VB** ist keine Frage des RSB, sondern der Subsidiarität der VB (s unten 161).

89 **a) Allgemeines.** Das RSB (RS I) ist bei Normen, die von den Behörden als gültig angesehen werden, **idR** anzunehmen, **wenn** eine Rechtsverletzung des Kl durch die Feststellung der Unwirksamkeit der angegriffenen Rechtsvorschrift noch verhindert, beseitigt oder wenigstens gemildert werden kann.[187] Es fehlt also nur, wenn die Ungültigerklärung der Vorschrift für den Kl offensichtlich **keinerlei rechtliche oder tatsächliche Vorteile** bringen kann u die Inanspruchnahme des Gerichts deshalb als nutzlos erscheint.[188] Das trifft beispielsweise bei einer NK eines Angestellten zu, der sich gegen eine Verlängerung der Ladenschlußzeit richtet, wenn feststeht, daß dieser durch seinen Arbeitgeber während der Verlängerung gar nicht zur Arbeit eingesetzt wird (vgl Ko DVBl 2001, 587, s auch oben 47). Das RS I für die Durchführung eines NK-Vf gegen einen Bebauungsplan, der einen früheren Bebauungsplan mit einem im wesentlichen gleichen Inhalt ersetzt, kann auch dann fehlen, wenn die Gemeinde den alten Plan zeitgleich mit dem Satzungsbeschluß mit einem gesonderten Beschluß aufgehoben hat, aber der Aufhebungsbeschluß nicht erkennen läßt, daß er auch dann Bestand haben soll, wenn die neuen Festsetzungen unwirksam sein sollten (Ma BRS 63 Nr 51). Ferner darf der ASt das Gericht nicht für **unlautere**

---

[186] 81, 310 = NVwZ 1989, 654; NVwZ 1994, 268; NKVwGO-Ziekow 128ff; Sch-Gerhardt/Bier 76f; BVerwG 56, 175 = NJW 1978, 2522 hatte beide noch gleichgesetzt.

[187] 78, 91f = BayVBl 1988, 89; NVwZ 1988, 729; Ks UPR 1985, 221; Ms NVwZ 1988, 74; Ma NVwZ 1984, 44; Sa 17, 388 = UPR 1983, 30; UPR 1985, 143; Ko NJW 1982, 1170; Lü BauR 1982, 351.

[188] NVwZ 1989, 653; 82, 225; NVwZ 1992, 975; 1994, 268; UPR 1999, 350; allg 38 vor § 40.

Zwecke oder **rechtsmißbräuchlich** in Anspr nehmen.[189] Das kann dann zutreffen, wenn er zunächst die Gemeinde veranlaßt, den Bebauungsplan zu seinen Gunsten zu ändern, u nach Erhalt einer hierauf gestützten Baugenehmigung die Feststellung begehrt, daß der Bebauungsplan vor der in seinem Interesse erfolgten Planänderung nichtig gewesen sei (ZfBR 2001, 287; Stüer DVBl 2004, 90). **Nicht ausgeschlossen** ist die Antragsbefugnis für den **Erwerber eines „Sperrgrundstücks“,** der gegen einen Bebauungsplan vorgeht (Sch-Wahl/Schütz 262 zu § 42 Abs 2; s auch oben 75); anderes gilt nur dann, wenn das übertragene Eigentum inhaltlich weitgehend entleert ist (Schenke 590, vgl auch v Komorowski/Kupfer VBlBW 2003, 101).

Allg ist jedoch **kein strenger Maßstab** an das RSB anzulegen u dieses **im Zweifelsfall zu bejahen** (s auch 37 vor § 40). Insb kann es angesichts der durch das 6. VwGOÄndG eingeführten Befristung des Antragsrechts **entgegen der bish Rspr nicht mehr** allein deshalb generell abgelehnt werden, weil ein Erfolg die Rechtsstellung des ASt derzeit nicht verbessern kann.[190] Es ist weiter **auch dann zu bejahen,** wenn die angegriffene **Rechtsvorschrift**

– **keine Neuerung** ggü **der bisherigen Verwaltungspraxis** bringt (Ks DVBl 1977, 738) oder zB der angegriffene Bebauungsplan die vorher bestehende Nutzung des Grundstücks nicht einschränkt;
– **nur feststellender Natur** ist (Sa NVwZ 1982, 125 zu einer lediglich klarstellenden Abrundungssatzung gem § 34 Abs 2 BBauG aF – heute § 34 Abs 4 Nr 1 BauGB);
– **eine durch ein förmliches Gesetz bereits fixierte Rechtslage** wiederholt.[191] Dies ergibt sich daraus, daß es nicht ausreicht, wenn nur eine dieselbe Rechtsfolge anordnende Rechtsvorschrift für unwirksam erklärt wird u zum anderen auch unterschiedliche Beurteilungen der Rechtmäßigkeit denkbar sind (zB bei Verfahrensfehlern);
– von der Behörde aller Voraussicht nach sofort wieder **durch eine gleichartige,** nunmehr jedoch fehlerfreie **Regelung** ersetzt werden wird.

b) Außer Kraft getretene Rechtsvorschriften. Der Umstand, daß eine RVerletzung in der Vergangenheit eingetreten war, ändert an der Antragsbefugnis für eine NK nichts (s oben 26). Zur **Tenorierung** der Entscheidung des OVG in diesem Falls s unten 134. Zur Hauptsacheerledigung s 7 zu § 161. Allerdings ist hier das RSB nur dann gegeben, wenn die aufgehobene Rechtsvorschrift entweder **noch Rechtswirkungen zu äußern vermag,** zB weil in der Vergangenheit liegende Sachverhalte noch danach zu entscheiden sind,[192] wenn die „begehrte Feststellung jedenfalls **präjudizielle Wirkung** für die Frage der Rechtmäßigkeit 90

---

[189] Ms Rd L 1997, 38: der ASt wehrte sich ör gegen die Bebauung von Nachbargrundstücken, die er zuvor zivilrechtlich an die Gemeinde als Bauerwartungsland verkauft hatte.

[190] So aber zum bisherigen Recht 78, 85 = DVBl 1987, 1276; 82, 231; NVwZ 1988, 729.

[191] Näher Schenke VerwA 1999, 311 ff; Gril JuS 1999, 442; richtig erkannt wird auch durch FfO NVwZ 2002, 870, daß das RSB dann nicht verneint werden kann, wenn nicht feststeht, ob das formelle Gesetz verfassungswidrig ist und dieses deshalb noch in einem anderen Vf auf seine Gültigkeit hin untersucht werden kann, vgl auch BVerwG NVwZ 2002, 1126; **aA** (und damit generell für Verneinung des RSB) NVwZ 2002, 869; Ma NJW 1987, 1350; MedR 1998, 477 m zust Anm Stamer; Ehlers Jura 2005, 176; Stüer DVBl 2004, 90; s auch oben 26.

[192] 56, 176; 64, 80 = NVwZ 1982, 105; 68, 13 = NJW 1984, 881; Ks 23, 183; DVBl 1973, 958; Ma NVwZ-RR 1989, 445; DVBl 1999, 119; Mü 12, 64; ähnlich BVerfGE 5, 28 zur NK gem Art 93 Abs 1 Nr 2 GG, §§ 76 ff BVerfGG; **enger** Ko DÖV 1981, 590: nur, wenn die Rechtsvorschrift noch einen, wenn auch beschränkten Geltungsbereich hat; § 113 Abs 1 S 4 ist grds nicht analog anwendbar; vgl auch andererseits Lü NVwZ 1982, 254: allein eine Frage des RS I.

oder Rechtswidrigkeit eines auf die Norm gestützten Verhaltens" hat, das Rechte des ASt berührt hat bzw künftig berühren kann,[193] oder der ASt aus anderen Gründen ein **Interesse** an der Feststellung hat, daß die Rechtsvorschrift rechtswidrig u unwirksam war (s dazu auch Schenke 909). Das ist also bei einer nach § 47 Abs 2 S 1 Alt 1 initiierten NK entspr den iVm § 113 Abs 1 S 4 anerkannten Grundsätzen (s 129ff zu § 113) anzunehmen,[194]

- wenn die Norm **nach Rechtshängigkeit der NK** außer Kraft trat u **Schadensersatz- oder Entschädigungsanspr**[195] des ASt in Betracht kommen;
- wenn im Hinblick auf die (allerdings nur sehr selten gegebene) diskriminierende Wirkung der Norm für den ASt ein berechtigtes Interesse an **Rehabilitierung** besteht (56, 177; v Komorowski SächsVBl 2003, 36, **aA** Grünebaum DVP 2005, 374 f);
- bei **Wiederholungsgefahr;**[196] Voraussetzung ist hierbei, daß der ASt hinreichend konkreten Anlaß hat, mit einer Wiederholung zu rechnen (Lü NdsVBl 1997, 179; s auch 141 zu § 113);
- bei Normen, deren **Geltung typischerweise zeitlich kurz befristet** ist (68, 14 = DVBl 1984, 146 zu einer Veränderungssperre; NVwZ-RR 2002, 152; Schenke 909 f).

Der **Zeitpunkt des Außerkrafttretens der Norm** spielt dabei nur insoweit eine Rolle, als entspr der Rspr zu § 113 Abs 1 S 4 (81, 228; s 135 zu § 113) nach dem Außerkrafttreten der Norm ein NKAntrag wg eines berechtigten Interesses nicht alleine im Hinblick auf einen zivilgerichtlichen Amtshaftungs- oder Entschädigungsanspr zu bejahen ist. Wird die Norm bereits vor ihrem Inkrafttreten aufgehoben, so scheidet eine NK wg mangelnden RSB stets aus u kann der ASt das von ihm bereits anhängig gemachte NKV in entspr Anwendung des § 161 nur noch für erledigt erklären (NVwZ-RR 2002, 152).

Wurde eine in Kraft getretene **Rechtsvorschrift durch eine andere ersetzt,** so kann – u muß ggf, wenn der NKAntrag nicht an fehlendem RS I scheitern soll – der **Antrag** grds analog § 91 auf die neue Rechtsvorschrift **umgestellt werden,** es sei denn, daß auch die aufgehobene Rechtsvorschrift noch Wirkungen im oben dargelegten Sinn hat.[197] **Hat** die außer Kraft gesetzte Rechtsnorm aber **noch Auswirkungen** (s auch oben 26), so hat der ASt grds die **Wahl,** ob er seinen Antrag umstellt, **gegen die alte Norm** weiterführt oder uU beides tut (vgl Ma NVwZ-RR 1989, 444).

91 **c) Normenkontrolle und Anfechtungsklage gegen Vollzugsakte sowie sonstiger inzidenter Rechtsschutz.** Daß die Frage der Gültigkeit der Rechtsvorschrift **in einem anderen** anhängigen **Prozeß inzident zu prüfen** ist, schließt das RSB nicht aus. Dies gilt auch dann, wenn der ASt den aufgrund der

---

[193] Vgl 68, 13 = DVBl 1984, 146; Mü 12, 64; Ks 23, 183; Ma NVwZ 1984, 44.

[194] Krit ggü einer Anknüpfung an das berechtigte Interesse bei § 113 Abs 1 S 4 Grünebaum DVP 2005, 374, der dabei aber nicht ausreichend beachtet, daß eine auf § 47 Abs 2 S 1 Alt 1 gegründete NK ebenso wie eine Anfechtungsklage (jedenfalls) auch dem Schutz subjektiver Rechte dient. Diese Anküpfung an § 113 Abs 1 S 1 hat iü nichts mit einer analogen Anwendung des § 113 Abs 1 S 4 zu tun, sondern ergibt sich aus dem RSB und dessen Konkretisierung iVm einer FFK, aber auch einer Feststellungsklage gem § 43 (23 zu § 43). Dem steht nicht entgegen, daß für das Kontrollinteresse bei einem von einer Behörde gem § 47 Abs 2 S 1 Alt 2 gestellten Antrag andere Grundsätze gelten, s unten 94.

[195] 68, 15; Lü NdsVBl 1997, 179; Mü BayVBl 1982, 626; Bln NVwZ 1983, 164; NJW 1996, 740: nicht offensichtlich aussichtslose; v Komorowski SächsVBl 2003, 36; Stern 278; Stüer 1926.

[196] Ko NVwZ-RR 1996, 201; Lü NdsVBl 1997, 179; Stüer 1926; **aA** Grünebaum DVP 2005, 374.

[197] Ma NVwZ-RR 1989, 445; Grünebaum DVP 2005, 374; v Komorowski SächsVBl 2003, 37; **aA** NVwZ 1982, 105: RS I entfällt nicht und auch keine Umstellung des Antrags erforderlich, wenn neue Norm im wesentlichen dieselben Mängel aufweist.

in Frage stehenden Rechtsvorschrift ergangenen **VA auch unmittelbar angreifen**[198] bzw den begehrten VA unmittelbar mit einer Verpflichtungsklage erzwingen könnte (68, 16), oder wenn ein solcher **Rechtsstreit bereits anhängig ist.**[199]

Grds genügt es, daß ein aufgrund der Rechtsvorschrift ggü dem ASt ergangener **VA noch nicht,** bzw jedenfalls noch nicht vollständig **vollzogen worden ist** u im Falle des Obsiegens analog § 47 Abs 5 S 3 iVm § 183 S 2 u 3 auch nicht mehr vollzogen werden könnte (Mü BayVBl 1993, 404; s unten 145; ferner 5 zu § 183) – oder sich sonstige für den ASt günstige Rechtsfolgen (vgl 4 ff zu § 183) aus der Unwirksamerklärung ergeben können (was im Zweifel vom ASt substantiiert darzulegen wäre). Da im Fall der Unwirksamerklärung der Rechtsgrundlage eines VA nach hier vertretener Ansicht (s näher 6 zu § 183) ein Anspr auf ein Wiederaufgreifen iwS (nicht jedoch nach § 51 VwVfG) besteht, ist auch bei bereits vollständig vollzogenen VA ein RSB grds zu bejahen;[200] ebenso wohl auch, wenn noch nachfolgende **Schadensersatz- oder Entschädigungsanspr** offen sind,[201] anders nur, wenn die Geltendmachung solcher Ansprüche offensichtlich aussichtslos ist (Lü NdsVBl 1997, 179; Bln NJW 1996, 740). Das RSB **ist immer** zu bejahen, **wenn** der aufgrund der Vorschrift ergangene **VA** nur eine **zeitlich begrenzte Geltungsdauer** hat, wie dies bei Baugenehmigungen, Bauvorbescheiden usw die Regel ist, u nicht sicher ist, daß die zeitliche Begrenzung entfallen wird, zB weil der Begünstigte von der Baugenehmigung Gebrauch macht (vgl 78, 92 = DÖV 1988, 33).

Das **RSB fehlt** jedoch, wenn ein aufgrund der angegriffenen Norm ergangener **VA bereits unanfechtbar** geworden ist (und auch – etwa nach rechtskräftiger Abweisung einer Anfechtungsklage – keine Anspr auf Rücknahme des VA mehr in Betracht kommen) u nach Lage der Dinge **mit weiteren Beeinträchtigungen,** insb auch mit neuen VAen,[202] **nicht zu rechnen** ist[203] u die Unwirksamerklärung des Rechtssatzes auch nicht zur Unterbindung der Vollstreckung des VA führen könnte (56, 175), weil eine Vollstreckung nach der Art des VA (gestaltender oder feststellender VA) nicht in Betracht kommt bzw alle **Vollstreckungsmaßnahmen bereits abgeschlossen** sind. Die Wirksamkeit des VA als solcher wird durch die Unwirksamerklärung der Rechtsvorschrift, aufgrund der er erlassen worden ist, nicht berührt (vgl §§ 47 Abs 5 S 3, 183; dazu 56, 175; Ey-J. Schmidt 104; Stüer DVBl 1985, 478). Bei den hier angesprochenen Fragen geht es entgegen der zitierten Rspr richtigerweise nicht um das Bestehen der Antragsbefugnis, sondern um das des RSB (s oben 91). 92

d) Einzelheiten zur Rspr bei Bebauungsplänen. Soweit ein abtrennbarer Teil eines Bebauungsplanes angegriffen wird, der Belange des ASt nicht betrifft, hat die ältere Rspr tlw das RSB verneint; hier mangelt es aber regelmäßig bereits 93

---

[198] BayVBl 1992, 503; Mü BayVBl 1972, 444; Bln NVwZ 1982, 442; 1983, 164; Ma 11, 128; Bökelmann JZ 1974, 332; Obermayer 233; Schenk DVBl 1976, 201.

[199] 81, 138; BauR 1992, 343; Mü BayVBl 1983, 724; 1987, 658.

[200] IE wohl ebenso Ks UPR 1985, 221: es genügt, daß die Voraussetzungen für eine Rücknahme geschaffen werden; in dieselbe Richtung, wenn auch mit abw, nicht überzeugender Begründung Sch-Gerhardt/Bier 77 und SGH 424; enger: Ma NVwZ 1983, 163; NVwZ 1984, 44; Lü BauR 1982, 351; BRS 44 Nr 26; Mü BayVBl 1982, 626; Stüer DVBl 1985, 478.

[201] Vgl dazu Mü BayVBl 1982, 626; Bln NVwZ 1983, 164; NJW 1996, 740; Stern 278.

[202] Deshalb rechtfertigt der Umstand, daß aufgrund einer nach Ansicht des ASt nichtigen Norm bereits ein bestandskräftiger Gebührenbescheid erlassen worden ist, jedenfalls dann nicht die Verneinung des RSB, wenn in Zukunft mit weiteren Gebührenbescheiden zu rechnen ist, vgl auch Ma NVwZ-RR 2004, 286.

[203] 56, 177; 68, 16; 78, 92 = DÖV 1988, 33; Ko NJW 1982, 1170; Lü DVBl 1980, 962; NVwZ 1982, 254; Sa NVwZ 1985, 355; Ma NVwZ 1983, 163; 1984, 44; Mü BayVBl 2000, 438; Stüer DVBl 1985, 478.

an der Antragsbefugnis (vgl dazu NVwZ 1992, 374). Das RSB fehlt bei bestehender Antragsbefugnis nur dann, wenn ein Antrag **unzweifelhaft keinen rechtlichen Vorteil** bringt, weil zB unanfechtbare Einzelfallentscheidungen, wie etwa Baugenehmigungen, vorliegen.[204] Es ist seit der Neufassung des § 47 Abs 2 auch nicht mehr möglich, das RSB deswegen zu verneinen, weil die Aufhebung des Bebauungsplanes **derzeit keinen rechtlichen Vorteil** bringt (s oben 89). Das RSB kann auch dann gegeben sein, wenn die begehrte Entscheidung für den ASt aus **tatsächlichen Gründen vorteilhaft** ist (NVwZ 2002, 1126; Stüer DVBl 2004, 90).

Will der ASt **mit dem Antrag die Zulässigkeit einer bestimmten Bebauung erreichen,** fehlt das RSB allenfalls, wenn er der bau-lichen Nutzung unzweifelhaft auf unübersehbare Zeit nicht näher kommen u die Aufhebung des Bebauungsplanes ihm auch sonst keinen rechtlichen Vorteil bringen kann,[205] etwa wenn bei Erfolg der NK der **frühere u nicht mehr angreifbare Bebauungsplan** wieder gilt, der ebenfalls der gewünschten Bebauung entgegensteht[206] oder wenn der angefochtene Bebauungsplan für das Grundstück des ASt weitergehende Bebauungsmöglichkeiten vorsieht, als dies im Fall der Unwirksamerklärung des Plans nach § 34 Abs 1 BauGB der Fall wäre (Ms NVwZ-RR 1999, 807; anders bei realer Aussicht auf günstigeren neuen Bebauungsplan). Ein RSB fehlt, wenn sich die Erteilung einer Genehmigung jedenfalls aufgrund **nicht ausräumbarer privatrechtlicher Hindernisse** nicht verwirklichen läßt (Beschl v 31. 7. 1992 – 4 B 140.92; Stüer 2251).

Es **besteht** dagegen, wenn die Gemeinde möglicherweise einen neuen Bebauungsplan erlassen wird, der für den ASt günstigere Festsetzungen enthält (NVwZ 1994, 268; s auch Ms NVwZ-RR 1999, 807; enger wohl noch NVwZ 1992, 976; 1993, 563). Auch die **Bestandskraft noch nicht vollzogener Gestaltungsauflagen** steht nach allg Grundsätzen (s oben 91) dem RSB nicht entgegen (Mü BayVBl 1989, 211; Sch-Gerhardt/Bier 77). Die Frage, ob das RSB entfallen kann, wenn der ASt die sich für ihn aus den Festsetzungen eines Bebauungsplans ergebenen **Belastungen lange Zeit hingenommen** hat (s oben 87 mwN; zur Verwirkung des materiellrechtlichen Abwehranspr ZfBR 1988, 240; Sch-Gerhardt/Bier 77), spielt heute praktisch keine Rolle mehr.

Geht es dem ASt um die **Abwehr einer bestimmten Bebauung,** besteht das RSB idR auch dann, wenn die im angegriffenen Bebauungsplan ermöglichte **Bebauung bereits verwirklicht** worden ist; dies gilt zumindest dann, wenn durch die Aufhebung des Bebauungsplanes die Voraussetzungen für die **Rücknahme oder Einschränkung einer Baugenehmigung** geschaffen werden;[207] ebenso, wenn bei Erfolg des NKAntrags ein unmittelbar nicht mehr anfechtbarer **Umlegungsplan geändert werden muß** (NVwZ 1993, 1183). Es fehlt, wenn feststeht, daß die vom ASt bekämpfte Bebauung auch ohne den Bebauungsplan, etwa **nach §§ 34 oder 35 BauGB, genehmigt werden müßte** (NVwZ-RR 1996, 478); läßt sich die Frage der Genehmigungsfähigkeit aber ohne aufwendige Vorprüfung nicht eindeutig ausschließen, ist das RSB für eine NK zu bejahen (Mü NVwZ 1988, 546). Das RSB für eine NK des Nachbarn wird auch bei den von einer **Baugenehmigung freigestellten Bauvorhaben** durch die Möglich-

[204] NVwZ 1994, 268; Lü VRspr 32, 556; BauR 1982, 351; NuR 1991, 192; Ma NVwZ 1983, 163; BauR 1982, 348; Bln NVwZ 1983, 164; Stüer DVBl 1985, 478.

[205] NVwZ 1998, 733; s auch Ms NWVBl 1998, 236: nur, wenn Bebauung offensichtlich aussichtslos; wohl enger Sch-Gerhardt/Bier 77.

[206] **AA** Ma VBlBW 1993, 428 für den heute im Hinblick auf das Fristerfordernis des § 47 Abs 2 S 1 kaum noch vorstellbaren Fall, daß auch die wiederauflebende Norm zum Gegenstand einer NK gemacht werden kann.

[207] Ma NVwZ 1984, 44: anders nur, wenn im Einzelfall eine Rücknahme oder Einschränkung praktisch ausgeschlossen erscheint; Stern 278; Stüer 1929.

keit einer Klage auf eine behördliche **Unterlassungsverfügung** ggü dem Bauherrn grds **nicht ausgeschlossen** (Ms BRS 59 Nr 52; Ortloff NVwZ 1999, 960).

e) „Rechtsschutzbedürfnis" bei Behördenanträgen. Bei Anträgen von Behörden bedarf es als Entsprechung zum RSB eines **obj Kontrollinteresses** (Schenke 912). Dieses liegt jedenfalls dann vor, wenn die Behörde **mit der Ausführung der Norm befaßt** ist[208] oder sie jedenfalls bei der Wahrnehmung ihrer Aufgaben zu beachten hat.[209] So ist es zB zu bejahen für eine **Gemeinde** ggü einer Natur- oder LandschaftsschutzVO (Ma DÖV 1985, 161) oder ggü einem Regionalplan (vgl Mü DÖV 1989, 859) oder für das **Landratsamt** ggü dem Bebauungsplan einer kreisangehörigen Gemeinde, den es zu vollziehen hat (Mü BayVBl 1982, 654). Es genügt dabei, wenn die Wahrnehmung ihrer öffentlichen Aufgaben mit Mitteln des Privatrechts erfolgt. Dagegen genügt es nicht, wenn eine Norm nur bei der Teilnahme am allg Rechts- u Wirtschaftsverkehr oder im Zusammenhang mit fiskalischen Hilfsgeschäften (s zu den Begriffen 25 b zu § 40) zu beachten ist. 94

Dem Kontrollinteresse steht nicht entgegen, daß die Behörde die Befugnis zur **inzidenten Verwerfung** einer Norm besitzt.[210] Das gilt selbst dann, wenn eine Behörde **Aufsichtsbefugnisse ggü** dem Normgeber **besitzt** (NVwZ 1990, 57; Mü BayVBl 1982, 654; 1993, 626) oder am **Normerlaß mitgewirkt** hat (Sch-Gerhardt/Bier 79), insb die Norm genehmigt hat (75, 146 f; SächsVBl 1998, 236). Die Möglichkeit einer Aufhebung einer Norm im Wege der Rechtsaufsicht schließt das Kontrollinteresse idR schon deshalb nicht aus, weil es auch hier meist zu einer gerichtlichen Auseinandersetzung in bezug auf die Rechtmäßigkeit der Norm kommen wird u der Weg zu einer gerichtlichen Klärung bei Verneinung des Kontrollinteresses damit nur unnötig verzögert u kompliziert würde (s auch zu einem Parallelproblem 50 vor § 40). Auch der Umstand, daß eine Behörde am Erlaß einer Norm mitgewirkt hat, zB die erforderliche Genehmigung erteilte, rechtfertigt nicht die Verneinung des Kontrollinteresses, da dann, wenn die Behörde am Vollzug der Norm teilnimmt, sie unabhängig von ihrem früheren Verhalten gem Art 20 Abs 3 GG die Rechtmäßigkeit der Norm zu überprüfen hat; insoweit scheidet auch eine Verwirkung der prozessualen Antragsbefugnis aus; materielle Rechte, die verwirkungsfähig sind, stehen der Behörde ohnehin nicht zu (s auch oben 87). Das Kontrollinteresse fehlt dagegen, soweit die Behörde **selbst frei über die Norm verfügen, sie insb auch selbst abändern könnte,**[211] wie dies regelmäßig bei einer von ihr erlassenen Norm zutrifft.

---

[208] Ebenso oder ähnlich NVwZ 1989, 654; 1990, 57; Br DVBl 1980, 369; Ks BRS 62 Nr 53, S. 283 f; Mü BayVBl 1982, 654; Ma NJW 1977, 1469; VBlBW 1994, 353; v Komorowski/Kupfer, VBlBW 2003, 109; RÖ-M. Redeker 34; Ey-J. Schmidt 81; Lorenz § 26, 59; Schmidt-Aßmann DÖV 1981, 246; SGH 428; Stern 278; Stüer DVBl 1985, 477; Papier Menger-FS 1985, 526; vgl auch Ms DVBl 1979, 194; **aA** NKVwGO-Ziekow 266: Frage eines sachgerechten Behördenbegriffes; in dieser Richtung auch Lü VRspr 25, 10.

[209] 81, 310; Ks BRS 62 Nr 53 S 284; SGH 428; Zimmerling NVwZ 1992, 124; zu eng Mü BayVBl 1975, 115; 1976, 178; 1979, 721; Br DVBl 1980, 369; Ko DÖV 1981, 231; Ma BauR 1977, 182: nur, wenn die Behörde die Norm anzuwenden hat, nicht auch, wenn sie nur in anderer Weise davon betroffen ist.

[210] Gegen eine solche Verwerfungskompetenz Ms NuR 2006, 191 f; Schrader VBlBW 2006, 382; tendenziell BVerwG NVwZ 2001, 1035 ff. Zur Frage der Prüfungs- und Verwerfungsbefugnis der Verwaltung s zB Kopp DVBl 1983, 821; Pietzcker AöR 1976, 374; Schenke WuV 1994, 319 ff. Speziell zur (zu bejahenden) Verwerfungskompetenz der Widerspruchsbehörde Rabe ZfBR 2003, 329 ff.

[211] 81, 310; Ma NJW 1977, 1470; Br DÖV 1979, 686; Ey-J. Schmidt 81; Lorenz § 26, 60; SGH 428; Ehlers Jura 2005, 176; v Komorowski/Kupfer VBlBW 2003, 102; Krebs VerwA 1978, 330; Stüer DVBl 1985, 475; Pagenkopf BauR 1979, 14; **aA** Kopp BayVGH-FS 1979, 211; Renck NJW 1965, 1794; Dolde BauR 1978, 155.

Ist eine **Norm außer Kraft getreten** u entfaltet sie **keine aktuellen Rechtswirkungen** mehr, wird es idR am Kontrollinteresse fehlen (Grünebaum DVP 2005, 374; Komorowski SächsVBl 2003, 36); an die iVm § 113 Abs 1 S 4 bei RechtsschutzVf anerkannten Fallgruppen (s 136ff zu § 113) kann insoweit nicht angeknüpft werden. Ein Kontrollinteresse ist aber dann noch zu befürworten, wenn bereits eine NK vor Außerkrafttreten anhängig war u die Rechtswidrigkeit der Norm für den Träger der Behörde unter dem Gesichtspunkt einer ihn treffenden Schadensersatz- bzw Entschädigungspflicht bei Rechtswidrigkeit der Norm bedeutsam ist.

95 **10. Vorbehalt zugunsten der Verfassungsgerichtsbarkeit (Abs 3): a) Allgemeines.** Durch die Neufassung von § 47 durch G v 14. 8. 1976 wurde der für das NK-Vf zuvor bestehende besondere **Vorbehalt zugunsten der Verfassungsgerichtsbarkeit** (vgl § 47 Abs 3 S 1 aF), der insb Überschneidungen der NK gem § 47 u der verfassungsgerichtlichen NK verhindern sollte, **für den Bereich des Bundesrechts,** dh soweit es für die Entscheidung des Gerichts auf die Vereinbarkeit mit dem GG u einfachgesetzlichem Bundesrecht ankommt, **aufgehoben.** Abs 3 ermächtigt die Länder jedoch, **durch Landesgesetz** (Landesverfassung oder förmliches Landesgesetz, s unten 100) **einen entspr** (uU auch weiteren oder engeren) **Vorbehalt** zugunsten eines Entscheidungsmonopols des LVerfG – unter Beschränkung auf die Frage der Vereinbarkeit von Rechtsvorschriften mit dem Landesrecht – vorzusehen.[212]

Die Regelung gilt **auch für Rechtsvorschriften gem Abs 1 Nr 1** u sonstige **aufgrund von Ermächtigungen in Bundesgesetzen** von Landesbehörden erlassene Rechtsvorschriften,[213] da auch diese Landesrecht sind (BVerfG 18, 413) u deshalb die Länder dafür die Prüfungskompetenz der Landesverfassungsgerichte vorsehen können (Birk DVBl 1978, 162). Abs 1 Nr 1 kann **auch nicht** dahin verstanden werden, daß für die in dieser Vorschrift genannten Rechtsvorschriften **eine abschließende Regelung** getroffen worden ist, die gem Art 31 GG die Begründung einer Prüfungskompetenz des Landesverfassungsgerichts durch Landesrecht gem Abs 3 ausschließen würde. Weder der Wortlaut noch die systematische Stellung des § 47 Abs 3 bieten Ansatzpunkte für eine solche Restriktion der Vorbehaltsklausel. Da der Ausschluß der Landesverfassungsgerichtsbarkeit insoweit verfassungsrechtlich bedenklich wäre, ergibt sich dies zusätzlich aus dem Grundsatz der verfassungskonformen Auslegung, vgl Schenke NJW 1978, 672f.

96 Soweit derartige **Landesgesetze,** die einen Vorbehalt zugunsten des Landesverfassungsgerichts vorsehen, **bereits bestehen, gelten** sie fort. S zur Bedeutung u Tragweite des Vorbehalts im einzelnen unten 100ff.

97 **b) Verfassungsrechtliche Beschränkungen der Normenkontrolle nach Bundesrecht und Europarecht. Nach Bundesrecht** ist die Statthaftigkeit des NKAntrags unmittelbar nur noch durch den Vorbehalt zugunsten verfassungsrechtlicher Streitigkeiten gem § 40 Abs 1 S 1 (s dazu 31 zu § 40 sowie oben 17) u durch den Vorbehalt in § 47 Abs 1 der Gerichtsbarkeit der OVG (s oben 17) beschränkt (v Pestalozza NJW 1978, 1786). Ausgeschlossen werden dadurch nur **Anträge von Verfassungsorganen** im Rahmen von (echten) Verfassungsstreitigkeiten, vgl 31 zu § 40. **Anträge von Bürgern, Gemeinden** u Gemeindeverbänden gegen Rechtsvorschriften, gegen die auch eine VB gem Art 93 Abs 1 Nr 4a u b GG, §§ 90ff BVerfGG in Betracht kommt, werden davon nicht berührt u sind daher **zulässig.**

---

[212] Allg zum Vorbehalt gem Abs 3 s BayVerfGH BayVBl 1984, 236; 1984, 460 mit dissenting opinion S. 493; Bettermann, in: Starck/Stern (Hg), Landesverfassungsgerichtsbarkeit II, 1983, 504ff; Birk DVBl 1978, 162; Knöpfle BayVGH-FS 1979, 187; Lossos BayVGH-FS 1979, 7; v Pestalozza NJW 1978, 1786; Sachs BayVBl 1982, 396; Schenke NJW 1978, 676.

[213] Birk DVBl 1978, 162; Kopp NJW 1976, 1964; NKVwGO-Ziekow 311; Schenke NJW 1978, 672; **aA** RÖ-M. Redeker 6.

Die vorherige (erfolglose) **Durchführung des Vf** gem § 47 ist heute im Gegenteil sogar als **Voraussetzung** gem § 90 Abs 2 u 3 BVerfGG **für eine VB** an das BVerfG gegen die in Frage stehenden Rechtsvorschriften anzusehen; das Vf nach § 47 ist Rechtsweg iSd genannten Vorschrift, der grds vor Erhebung der VB erschöpft sein muß.[214] 98

Umstritten ist die Frage, inwieweit **Europarecht Prüfungsmaßstab des NK-Vf** sein kann. Dies wird überwiegend befürwortet,[215] zT wurde es aber auch unter Hinweis darauf verneint,[216] daß ein Verstoß gegen EG-Recht nach hM[217] lediglich zur **Unanwendbarkeit, nicht dagegen zur Unwirksamkeit** der gemeinschaftsrechtswidrigen innerstaatlichen Rechtsvorschrift führt. Da § 47 Abs 5 das OVG nicht auf die Feststellung der Unwirksamkeit der Norm beschränkte (s 13 Aufl 120 ff), sondern in Anwendung der Hilfsfunktion, die dem prozessualen Recht im Verhältnis zum materiellen Recht zukommt, dort, wo die Rechtswidrigkeit einer Norm ausnahmsweise noch nicht zu deren Unwirksamkeit führte, auch eine andere Tenorierung zuließ, sprach dies schon früher dafür, auch bei einem Verstoß der angegriffenen Vorschrift gegen Gemeinschaftsrecht dem OVG die **Feststellung der Unanwendbarkeit der gemeinschaftsrechtswidrigen Norm** zu gestatten.[218] Anhaltspunkte dafür, daß der Gesetzgeber durch die Novellierung des § 47 Abs 5 hieran etwas ändern wollte (s dazu auch unten 120 ff), bestehen nicht. Eine solche Feststellung der Unanwendbarkeit ist nicht nur aus funktionellrechtlichen Gründen geboten, sondern auch deshalb, weil diese ein Minus im Verhältnis zu der in § 47 Abs 5 vorgesehenen Unwirksamerklärung einer Norm darstellt. Nur so wird der objektivrechtlichen Kontrollfunktion sowie dem verfahrensökonomischen Zweck voll Rechnung getragen, der mit dem Institut der oberverwaltungsgerichtlichen NK verfolgt wird (dazu näher Pache/Burmeister NVwZ 1996, 979 ff). 99

c) Vorbehalte nach Landesrecht (Abs 3). Soweit das Landesrecht in der Landesverfassung oder durch förmliches Landesgesetz (VO würde nicht genügen) einen **ausschließlichen Vorbehalt** gem Abs 3 vorsieht, entfällt die entspr Prüfungskompetenz des OVG zur NK. Die Regelung gilt für **alle Rechtsvorschriften gem Abs 1.**[219] Ein Vorbehalt idS ist nicht schon dann anzunehmen, wenn das Landesrecht (zB die Landesverfassung oder das G über das Landesverfassungsgericht) die NK durch das LVerfG auch für untergesetzliche Rechtsvorschriften vorsieht, sondern **nur, wenn es dem LVerfG insoweit das ausschließliche „Monopol" einräumt** („ausschließlich", vgl dazu Birk DVBl 1978, 163; Schenke NJW 1978, 679). Maßgeblich ist dabei nach dem eindeutigen Wortlaut des § 47 Abs 3, ob für ein **prinzipales NK-Vf** eine ausschließliche **Überprüfungsbefugnis** eines Landesverfassungsgerichts vorgesehen ist, nicht hingegen, ob dem Landesverfassungsgericht ein Verwerfungsmonopol eingeräumt 100

---

[214] Begr der Regierungsvorlage zur Neufassung des § 47, BT-Dr 7/910, 9 f; Ey-J. Schmidt 37; Schenk/Meyer-Ladewig DVBl 1976, 207; Schenke NJW 1978, 679; NJW 1986, 1451 ff; Kopp NJW 1976, 1964.

[215] NVwZ-RR 1995, 359; Ks ET 1995, 809; GewA 1996, 223; Ma VBlBW 1992, 333; 1994, 361; Burgi 34 f; S. Huber BayVBl 1998, 589; Pache/Burmeister NVwZ 1996, 979; Pielow DV 1999, 474 ff; RÖ-M. Redeker 20; RMG § 36, 47; Sommer NVwZ 1996, 135; für eine analoge Anwendung des § 47 auf Gemeinschaftsrecht Dünchheim DÖV 2004, 141, der dabei aber fälschlich annimmt, aus § 47 Abs 3 ergäbe sich, daß nur Bundes- und Landesrecht als Prüfungsmaßstab in Betracht kämen (Dünchheim DÖV 2004, 138).

[216] Mü BayVBl 1996, 243; Rinze NVwZ 1996, 459; zweifelnd Hufen § 30 Rn 16.

[217] Vgl EuGH NVwZ 1991, 461; BVerfG 85, 204 = NJW 1992, 964; BVerwG 87, 158 dazu auch Niedobitek VerwA 2001, 60 ff.

[218] So auch S. Huber BayVBl 1998, 589; Pache/Burmeister NVwZ 1996, 979; s auch unten 125; **aA** Mü BayVBl 1996, 243; Rinze NVwZ 1996, 459.

[219] S oben 95; **offen** Ey-J. Schmidt 36: für Vorschriften gem § 47 Abs 1 Nr 1 praktisch nicht bedeutsam.

wird.[220] Der Einwand (so zB NKVwGO-Ziekow 313 mwN), § 47 Abs 3 könne entgegen seinem Wortlaut nur so verstanden werden, daß hier an die Verwerfungsbefugnis angeknüpft werde, da ein Ausschluß der gerichtlichen Überprüfungsbefugnis aus verfassungsrechtlichen Gründen ausgeschlossen sei, überzeugt nicht. Zwar ist es zutr, daß eine Einschränkung der inzidenten Überprüfungsbefugnis des Gerichts aus rechtsstaatlichen Gründen (s Art 20 Abs 3 GG) anders als eine Einschränkung der Verwerfungsbefugnis ausgeschlossen ist. § 47 Abs 3 meint aber, wie sich aus seinem systematischen Zusammenhang u dem Telos (Schutz der Verfassungsgerichtsbarkeit der Länder) ergibt, **nur die prinzipale Überprüfungsbefugnis,** so daß ein Abstellen des § 47 Abs 3 auf diese durchaus sinnvoll erscheint. Aus einem gesetzlich statuierten Verwerfungsmonopol kann (ebenso wie bei einer inzidenten NK) auch in bezug auf eine prinzipale NK nicht zwingend auf den Ausschluß einer Überprüfungsbefugnis geschlossen werden, selbst wenn eine Monopolisierung der Verwerfungsbefugnis möglicherweise einen Topos bildet, der auch eine Monopolisierung der prinzipalen Überprüfungsbefugnis bei der Landesverfassungsgerichtsbarkeit nahelegt (zu der Notwendigkeit einer Aussetzung u Vorlage des OVG an das VerfG des Landes bei Monopolisierung der Verwerfungsbefugnis s unten 101).

101 **Str** ist, **ob** es sich bei dem Vorbehalt zugunsten der Verfassungsgerichtsbarkeit um eine **Zulässigkeitsvoraussetzung** des NKAntrags bzw einzelner damit vorgebrachter Rügen[221] **oder** (nur) um eine **Beschränkung des Prüfungsmaßstabes,** an dem die Norm zu messen ist,[222] handelt. Richtigerweise enthält § 47 Abs 3 grds **nur eine Beschränkung des Prüfungsmaßstabs.** Das indiziert nicht nur der Wortlaut des § 47 Abs 3, sondern auch der Umstand, daß der Gegenstand der NK die Feststellung der Unwirksamkeit (und der Rechtswidrigkeit) einer Regelung ist. Woraus sich diese ableitet, ist für den ASt ohne Bedeutung. Deshalb steht es der Zulässigkeit eines Antrags nicht entgegen (und führt auch nicht zu einer tlw Unzulässigkeit), wenn der ASt die Unwirksamkeit einer in seine Rechtsstellung eingreifenden belastenden Norm (auch) auf die Verletzung solcher Normen stützt, die dem OVG als Prüfungsmaßstab gem § 47 Abs 3 nicht zur Verfügung stehen.

102 Geht es dem ASt allerdings (aus seinem Antrag eindeutig erkennbar) **ausschließlich um die Überprüfung einer Rechtsnorm anhand eines dem Landesverfassungsgericht reservierten Prüfungsmaßstabs,** so ist eine solche NK vor dem OVG in der Tat unstatthaft u ein entspr **Antrag unzulässig.** Dabei ist jedoch zu beachten, daß selbst der Umstand, daß der Kl seinen auf die Feststellung der Unwirksamkeit einer Norm gerichteten Antrag nur mit der Verletzung solcher Normen begründet, die als tauglicher Prüfungsmaßstab für das OVG nicht in Betracht kommen, allein noch nicht zur Unzulässigkeit des Antrags führt, sondern es des Vorliegens besonderer – nur selten vorliegender – Umstände für die Annahme bedarf, daß es dem ASt **lediglich** um eine Überprüfung der Norm anhand eines dem OVG entzogenen Prüfungsmaßstabs geht.[223] In Zweifelsfällen bedarf es eines richterlichen Hinweises gem § 86 Abs 3, um Klarheit hins des Antrags zu schaffen. Im übrigen gilt auch hier der Grund-

---

[220] BayVerfGH BayVBl 1984, 460; Schenke NJW 1978, 678; Sch-Gerhardt/Bier 91; **aA** NKVwGO-Ziekow 313; Bettermann, Landesverfassungsgerichtsbarkeit II 494; Quaas/Müller Normenkontrolle, 1986, 61; Wolff BayVBl 2003, 321 f.

[221] So BayVerfGH BayVBl 1984, 460 – mit dissenting opinion S. 493 –; Mü BayVBl 1962, 57; 1967, 319 und 1971, 27; Ey-J. Schmidt 35; NKVwGO-Ziekow 332; Renck DÖV 1964, 1; wohl auch Lü DVBl 1966, 761; offen Ks NVwZ 1991, 1098.

[222] So Ks NJW 1969, 1733; DVBl 1975, 909; VRspr 25, 952; Lorenz § 26, 40; Schenke 885; NJW 1978, 676; SGH 440.

[223] **AA** Mü BayVBl 1983, 180 und BayVerfGH BayVBl 1984, 460: unzulässig gem Abs 3, wenn nur die Verletzung von Grundrechten gerügt wird.

satz, daß es mangels einer abweichenden gesetzlichen Regelung ebenso wie auch bei anderen Klagearten allein Sache des Richters ist, die Zulässigkeit u Begründetheit des Antrags im Hinblick auf alle seiner Prüfungskompetenz unterliegenden Normen zu beurteilen (Mü BayVBl 1962, 57).

d) Abstrakte oder konkrete Betrachtung. Str ist weiter, **ob** die Vorbehaltsklausel zugunsten der Verfassungsgerichtsbarkeit erst dann eingreift, wenn die in § 47 Abs 3 angesprochene verfassungsgerichtliche NK durch den ASt selbst initiierbar ist (so die sog konkrete Betrachtungsweise),[224] oder ob es für die Einschränkung der oberverwaltungsgerichtlichen NK nach § 47 Abs 3 irrelevant ist, ob das verfassungsgerichtliche Vf durch den ASt beantragt werden kann (so die sog abstrakte Betrachtungsweise).[225] Obwohl in der amtlichen Begründung ausgeführt wurde, die Novellierung des § 47 Abs 3 hätte den Streit zwischen der konkreten u abstrakten Betrachtungsweise „im Sinne der konkreten Betrachtungsweise entschieden" (BT-Dr 7/4324, 9), hat diese Ansicht in dem insoweit eindeutigen Wortlaut des § 47 Abs 3 keinen Ausdruck gefunden. Maßgeblich ist demnach nur, ob „die Rechtsvorschrift ausschließlich durch das Verfassungsgericht eines Landes nachprüfbar ist". Ob der ASt selbst in der Lage ist, ein solches verfassungsgerichtliches NK-Vf einzuleiten, ist demgegenüber ohne Bedeutung. Eine ausschließliche Überprüfungsbefugnis der Landesverfassungsgerichte in dem dargelegten Sinn ist derzeit nur **in Hessen gem Art 132 HessVerf** für die Prüfung von Rechtsverordnungen der Landesregierung u der Minister auf die Vereinbarkeit mit höherrangigem Recht (mit Ausnahme der Grundrechte)[226] vorgesehen;[227] außerdem **allg in Bayern gem Art 98 S 4 BayVerf,** Art 55 BayVerfGHG für die Prüfung auf die Vereinbarkeit mit den Grundrechtsbestimmungen der BayVerf.[228] Zur Rechtslage in den anderen Bundesländern s ausf NKVwGO-Ziekow 315 ff. 103

Soweit eine Einschränkung des Prüfungsmaßstabs nach § 47 Abs 3 zum Tragen kommt, ergibt sich aus der ratio die Vorschrift, die einer Aushöhlung der Landesverfassungsgerichtsbarkeit entgegenwirken soll, daß dem OVG auch **verwehrt** ist, im Rahmen einer NK **festzustellen, ob eine (mittelbare) Verletzung von grundgesetzlich garantierten Freiheitsrechten** daraus resultiert, daß die angegriffene **untergesetzliche Rechtsvorschrift** gegen höherrangiges Landesrecht verstößt. Hier greifen dieselben funktionellrechtlichen Beschränkungen der Prüfungskompetenz des OVG ein, wie sie dem BVerfG im Rahmen einer mittelbaren Grundrechtsverletzung auferlegt sind, die sich daraus ergibt, daß eine landesrechtliche Vorschrift gegen höherrangiges Landesrecht, insb Landesverfassungsrecht, verstößt (vgl hierzu BVerfG 41, 119; Schenke Rechtsschutz 104

---

[224] Für sie BT-Dr 7/4324, 9 f; RÖ-M. Redeker 8; so auch vor der Novellierung des § 47 die früher ganz hM, vgl zB Ks DVBl 1975, 909; 1977, 216; Mü BayVBl 1975, 618.

[225] Für sie Achterberg VerwA 1981, 168; Berg DÖV 1981, 891; Ehlers Jura 2005, 177; Hk-Unruh 92; Lorenz § 26, 41; NKVwGO-Ziekow 333; Schenke 919; NJW 1978, 677; Wolff BayVBl 2003, 324; der Sache nach auch BayVerfGH BayVBl 1984, 460 f und NKVwGO-Ziekow 307 ff.

[226] Vgl Schenke NJW 1978, 679 unter Hinweis auf § 48 Abs 3 HessStGHG aF (heute § 44 HessStGHG), wo insoweit ausdr die vorherige Erschöpfung des Rechtswegs vorgeschrieben ist.

[227] Ks 21, 1; NVwZ 1991, 1098; HessStGH NVwZ 1991, 561; Schenke NJW 1978, 677; Birk DVBl 1978, 161; v Pestalozza NJW 1978, 1786; SGH 441.

[228] BayVerfGH BayVBl 1984, 236; 1984, 460 mwN; Mü BayVBl 1983, 272; 1985, 437; Ey-J. Schmidt 35; Lossos BayVGH-FS 7; v Pestalozza NJW 1978, 1787; Sachs BayVBl 1982, 397; Schäfer BayVBl 1979, 590; Schenke 921; NJW 1978, 679; Tilch BayVBl 1984, 428; **aA** Birk DVBl 1978, 163; Knöpfle BayVGH-FS 198; NKVwGO-Ziekow 317; Wolff BayVBl 2003, 323 f; Besler, Die Probleme der verwaltungsgerichtlichen Normenkontrolle, 1981, 105; Bettermann Landesverfassungsgerichtsbarkeit II, 500. In anderen Bundesländern bestehen keine ausschließlichen Zuständigkeiten, s NKVwGO-Ziekow 316 ff.

274f). Stimmen **Landesgrundrechte mit den Bundesgrundrechten überein,** so schließt dies eine Überprüfung der untergesetzlichen Rechtsvorschrift am Maßstab von Bundesrechtgrundrechten selbst dann **nicht aus,** wenn hins der Überprüfung der Rechtsvorschriften am Maßstab des Landesrechts eine ausschließliche Prüfungskompetenz des Landesverfassungsgerichts besteht.[229]

105 Scheidet nach § 47 Abs 3 höherrangiges Landesverfassungsrecht als Prüfungsmaßstab im NK-Vf aus, so hindert dies jedoch nicht, es **nach Maßgabe der Grundsätze einer verfassungskonformen Auslegung**[230] bei der Auslegung der zu überprüfenden untergesetzlichen Rechtsvorschrift zu berücksichtigen. Dies gilt insb für **Verfassungssätze,** die inhaltsgleich mit Sätzen des GG sind (Ks DVBl 1987, 1212 mwN zu inhaltsgleichen Grundrechten) u **zugleich auch allg Grundsätze des Verwaltungsrechts** sind, wie das **Rechtsstaatsprinzip** (vgl Mü BayVBl 1977, 435; 1982, 563), das **Sozialstaatsprinzip** (Mü BayVBl 1982, 563), das **Übermaßverbot** (Mü DÖV 1976, 752), das **Willkürverbot** u das für Rechtssätze im Bereich des Planungsrechts geltende **Abwägungsgebot** (vgl 45, 309; BGH NJW 1976, 1745; Stüer DVBl 1985, 478; s auch 46 zu § 114).

106 **e) Verhältnis zur Inzidentprüfung.** Der Vorbehalt zugunsten des Verfassungsrechts in § 47 Abs 3 berührt **nicht** die **Berechtigung u Verpflichtung** des OVG, im Rahmen seiner **Vorfragenkompetenz** (s dazu 44 zu § 40) ggf die Norm, die für seine Entscheidung nach § 47 als Prüfungsmaßstab in Betracht kommt, am Verfassungsrecht oder an formellen Gesetzen zu messen[231] u ggf, soweit eine Verpflichtung nach Art 100 GG oder nach entspr Regelungen des Landesrechts dazu besteht, dem zuständigen **Verfassungsgericht vorzulegen** (85, 337). Ist die Norm, die als Prüfungsmaßstab im Vf nach § 47 anzuwenden wäre, nichtig (und kann das OVG dies selbst abschließend feststellen – zB bei VOen des Bundesrechts – oder wird sie aufgrund der Vorlage des OVG vom Verfassungsgericht für nichtig erklärt), so kann das OVG dann die Norm, die nach § 47 Gegenstand seines Vf ist, nach den oben dargelegten **allg Grundsätzen wg** fehlender Ermächtigung bzw wg entgegenstehender sonstiger Normen für unwirksam erklären (Mü DVBl 1978, 965; RÖ-M. Redeker 18; Stüer DVBl 1985, 478).

107 **Str** ist, ob das OVG auch den **Rechtssatz** selbst, **der den Gegenstand** des bei ihm nach § 47 **anhängigen Vf bildet,** einem Verfassungsgericht zur Entscheidung vorlegen kann bzw muß, wenn es ihn für verfassungswidrig hält. Maßgeblich ist insoweit **die konkrete Regelung der Vorlagepflicht** in den einschlägigen Verfassungsbestimmungen u sonstigen Gesetzen. Eine **Vorlage** der zu prüfenden Rechtsvorschrift **nach Art 100 Abs 1 GG** ist danach schon deshalb nicht möglich, da Gegenstand hier nur ein förmliches Gesetz sein kann (BVerfG 1, 262; 17, 209). Eine **Vorlage nach anderen Vorschriften,** insb nach Landesrecht, an das Verfassungsgericht des Landes ist dagegen uU als zulässig anzusehen.[232] Bedeutsam wird dies in **Bayern** iVm Art 92 BayVerf u Art 50 BayVerfGHG, in **Bremen** iVm Art 142 BremVerf, in **Hamburg** iVm Art 64 Abs 2 HmbVerf u §§ 44ff HmbVerfGG, in **Hessen** iVm Art 133 HessVerf u § 41 HessStGHG. Auch wenn man annimmt, diese Vorschriften regelten unmittelbar

---

[229] Ks NVwZ 1988, 642; insoweit überholt Ks 31, 1; krit zu Ks 31, 1 auch Sachs BayVBl 1982, 396.

[230] Mü BayVBl 1970, 70: Art 101 BayVerf als immanente Schranke der Ermächtigung der Gemeindeordnung zum Erlaß gemeindlicher Satzungen; ferner Engels BayVBl 1970, 321; Birk DVBl 1978, 164.

[231] Vgl Ma NVwZ 1985, 351: auch im NK-Vf Inzidentprüfung an anderen Normen; Stüer DVBl 1985, 478.

[232] Mü DVBl 1963, 107 zu Art 92 BayVerf; Knöpfle BayVGH-FS 1979, 200f; Sachs BayVBl 1982, 397; Schenke NJW 1978, 678f; **aA** Ks NVwZ 1991, 1098 mwN.

nur die Verwerfungsbefugnis in bezug auf inzidente NK, müssen sie **jedenfalls analog auf prinzipale NK angewandt** werden (für Anwendung auch Wolff BayVBl 2003, 325 mwN). Besteht eine Verpflichtung der VGe (einschließlich der OVGe) zur Aussetzung u Vorlage, wenn diese inzident über die Verfassungsmäßigkeit einer entscheidungserheblichen untergesetzlichen Rechtsvorschrift zu befinden haben, so muß diese erst recht bei einem im Rahmen einer prinzipalen NK vom OVG bejahten Verstoß der den Gegenstand des Vf bildenden Norm gegen höherrangiges Recht angenommen werden, falls vom Vorliegen dieses Verstoßes der Erfolg der prinzipalen NK abhängt. Es bedeutete nämlich einen **besonders gravierenden Eingriff** in die Kompetenz der LVerfGe, wenn das OVG nicht nur inzident, sondern sogar **prinzipal eine untergesetzliche Rechtsvorschrift verwerfen** könnte. Teilt das LVerfG die Ansicht des OVG u stellt es im Rahmen der konkreten NK die Nichtigkeit der Norm fest, so führt dies zur Erledigung des NK-Vf vor dem OVG, so daß nur noch über dessen Kosten zu entscheiden ist. Geht das LVerfG anders als das OVG von der Vereinbarkeit mit höherrangigem Recht aus, so hat das OVG wg seiner Bindung an die verfassungsgerichtliche Entscheidung die NK als unbegründet abzuweisen.

11. Aussetzung des Verfahrens bei Anhängigkeit eines verfassungsgerichtlichen Verfahrens (Abs 4): Aus Gründen der Verfahrensökonomie u zur Vermeidung sich widersprechender Entscheidungen gibt Abs 4 dem OVG die **Befugnis, das Vf** gem § 47 ggf bis zur Entscheidung des Verfassungsgerichts über die Gültigkeit der angegriffenen Norm (bzw bis zu einer anderweitigen Erledigung dieses Verfahrens) **auszusetzen.** Die Regelung ist notwendig, weil in derartigen Fällen eine Aussetzung nicht schon nach § 94 möglich ist (vgl 4a zu § 94), da die Frage der Gültigkeit einer Rechtsnorm kein vorgreifliches Rechtsverhältnis ist. Abs 4 ist **entspr anwendbar, wenn** das Vf vor dem Verfassungsgericht noch nicht anhängig ist, aber für die allernächste Zeit mit hinreichender Sicherheit **zu erwarten** ist.[233] 108

Nicht erforderlich ist, daß **ASt** in beiden Vf **dieselbe Person** ist (dies wäre in Fällen, in denen die VB die Erschöpfung des Rechtswegs – wozu auch das Vf nach § 47 gehört – voraussetzt, idR auch gar nicht möglich); es muß sich jedoch um **dieselbe Rechtsvorschrift** handeln, bloße inhaltliche oder auch wörtliche Übereinstimmung der Rechtsvorschriften genügt nicht (Sch-Gerhardt/Bier 86; str). 109

Trotz der weiten Fassung des Abs 4 ist nach dem Zweck der Regelung u im Hinblick auf den Grundsatz der **Subsidiarität der Verfassungsgerichtsbarkeit** eine Aussetzung des Vf dann ausgeschlossen, wenn das Verfassungsgericht seinerseits das bei ihm anhängige Vf bis zur Entscheidung des OVG aussetzt. Abs 4 läßt insb auch **Rechtsvorschriften,** auch solche des Landesrechts, die die Anrufung des Verfassungsgerichts **von der vorherigen Erschöpfung des Rechtswegs abhängig machen** (zB § 90 Abs 2 BVerfGG; dazu oben 98) unberührt; in diesen Fällen kommt eine Aussetzung gem Abs 4 nicht in Betracht, da eine Sachentscheidung des Verfassungsgerichts nicht zu erwarten ist (anders, wenn das Verfassungsgericht befugt ist, ausnahmsweise vom Erfordernis der Erschöpfung des Rechtswegs abzusehen, u dies im konkreten Fall tut; vgl § 90 Abs 2 BVerfGG). 110

Im übrigen gelten für die Aussetzung gem Abs 4 die **zu § 94** entwickelten Grundsätze (vgl 1 ff zu § 94) entspr. Vgl **allg zu Richtervorlagen** auch Ulsamer BayVBl 1980, 519. 111

12. Begründetheit des Normenkontrollantrags: Der NKAntrag ist begründet (und muß damit Erfolg haben), wenn die angegriffene Rechtsvorschrift **gegen zwingendes höherrangiges formelles oder materielles Recht verstößt,** an dem das OVG sie bei seiner Entscheidung zu messen hat (s zur Be- 112

[233] Achterberg VerwA 1981, 180; **aA** NKVwGO-Ziekow 339; Sch-Gerhardt/Bier 86; vgl auch 5 zu § 94.

schränkung des Prüfungsmaßstabs durch Abs 3 oben 95 ff). Werden mehrere Rechtsfehler geltend gemacht, genügt es, wenn das OVG einen Rechtsfehler für durchgreifend ansieht. Es muß nicht überprüfen, ob auch noch andere gerügte Rechtsfehler vorliegen (NVwZ 2002, 83 im Anschluß an NVwZ 2001, 431). Eine prozessuale Pflicht zur umfassenden Prüfung besteht nur insoweit, als das OVG seine Kontrolle erst beenden darf, wenn es keine Möglichkeit gefunden hat, dem NKAntrag stattzugeben (NVwZ 2002, 83). Bei der Prüfung der Gültigkeit einer Norm ist das OVG nicht auf die vom ASt geltend gemachten Mängel beschränkt (NVwZ 2001, 431). Die Prüfung erstreckt sich daher insb auch auf solche objektivrechtlichen Abwägungsmängel, hins derer eine **Präklusion subjektiver Rechte** des ASt nach **§ 47 Abs 2 a** iVm §§ 3 Abs 2, 13 Abs 2 Nr 2, 13 a Abs 2 Nr 1 BauGB stattgefunden hat (s oben 75 a).

Eine Einschränkung des Prüfungsmaßstabs ergibt sich bei einer durch eine **Umweltschutzvereinigung** iSd § 3 UmwRG initiierten NK gegen einen **Bebauungsplan** aus § 2 Abs 5 Nr 2 UmwRG, bei der sich die Prüfung auf die dort genannten Voraussetzungen beschränkt (s oben 48 sowie Kment NVwZ 2007, 277; Ziekow NVwZ 2007, 263). Da sich die Begründetheitsprüfung nach § 2 Abs 5 UmwRG nur auf Festsetzungen bezieht, die die Zulässigkeit eines UVP-pflichtigen Vorhabens begründen, ist sie mit der weiterreichenden Antragsbefugnis nach § 2 Abs 1 URG nicht abgestimmt. Hier dürfte ein redaktionelles Versehen vorliegen, das durch eine entspr Einschränkung der Antragsbefugnis zu beheben ist (so iE auch Ziekow NVwZ 2007, 263 unter Heranziehung des RSB).

Anders als bei der Anfechtungsklage gem § 113 kommt es **nicht darauf an, ob** die verletzte Rechtsvorschrift zugleich auch **dem Schutz des** ASt dient.[234] Die Anknüpfung der Novellierung des § 47 Abs 2 S 1 an die Geltendmachung einer solchen RVerletzung steht dem nicht entgegen (NVwZ 2001, 431; Löhning BayVBl 1997, 274; Schenke NJW 1997, 82). Eine **analoge Anwendung des § 113 Abs 1 verbietet** sich (**aA** Ronellenfitsch NVwZ 1999, 588), da die Vorschrift des § 47, wie Wortlaut u Genese zeigen, den Erfolg der NK bewußt nur an deren Ungültigkeit knüpft; sie wäre zudem aber auch damit unvereinbar, daß § 47 Abs 2 S 1 Alt 2 eindeutig nur als objektives BeanstandungsVf konzipiert ist. Die Entscheidung des Gerichts muß sich jedoch **im Rahmen des Antrags** halten (§ 88). Das OVG kann mit seiner Entscheidung hinter dem Antrag zurückbleiben (vgl Mü BayVBl 1987, 19; Ks DVBl 1978, 175), jedoch grds nicht darüber hinausgegehen.[235] Allg zur Tenorierung Sachs DÖV 1982, 23.

113 **a) Gerichtliche Kontrolldichte.** Bei der Überprüfung von untergesetzlichen Rechtsvorschriften stellt sich insb das Problem, inwieweit in der Ermächtigungsgrundlage verwandte unbestimmte Rechtsbegriffe eine – von der Judikative zu respektierende – Beurteilungsermächtigung beinhalten u inwieweit die Willensbildung des Normgebers über eine Ergebniskontrolle hinausreichend (ähnlich wie bei Ermessensentscheidungen der Verwaltung iVm VAen) der gerichtlichen Kontrolle unterworfen ist. Beide Fragen, die auf die grundsätzliche Bestimmung der Funktionsverteilung im Dreieck Legislative – Exekutive – Judikative zurückführen, weisen enge Verwandtschaft auf u betreffen gleichermaßen die Grenzen der rechtlichen Gestaltungsfreiheit des untergesetzlichen Normgebers u die Möglichkeiten ihrer gerichtlichen Kontrolle.

---

[234] 82, 233 = DVBl 1989, 1103; DÖV 1992, 69; Ks 24, 53; Ko 12, 277; Mü BayVBl 1983, 699; Sa DÖV 1985, 75; Löhning BayVBl 1997, 274; Lorenz § 26, 70; NKVwGO-Ziekow 354; Schenke 914; Sch-Gerhardt/Bier 88.

[235] S im einzelnen unten 120 ff; Lü BauR 1980, 439; Lemmel DVBl 1985, 132; **aA** Ma DVBl 1985, 130: § 88 im NK-Vf nicht anwendbar; daher zB Unwirksamerklärung der ganzen VO, wenn sie unter Mitwirkung einer in der Sache ausgeschlossenen Person erlassen wurde; Sa DÖV 1986, 708: Nichtigerklärung des ganzen Bebauungsplans, wenn der festgestellte Mangel den ganzen Bebauungsplan erfaßt.

Grundlegende Bedenken gegen die Einräumung von Beurteilungsermächtigungen bestehen nicht.[236] Das Element der Gestaltung ist der untergesetzlichen Normgebung in stärkerem Maße als dem Einzelfallhandeln der Verwaltung wesensimmanent, u die Frage, ob sie durch eine Beurteilungsermächtigung oder durch Handlungsspielräume auf der Rechtsfolgeseite realisiert wird,[237] ist weitgehend nur eine der Rechtstechnik. Damit steht nicht im Widerspruch, daß dort, wo der Gesetzgeber die Tatbestandsvoraussetzungen für den Erlaß einer untergesetzlichen Rechtsvorschrift mittels eines unbestimmten Rechtsbegriffs umschreibt, ähnlich wie sonst auch der Exekutive beim Erlaß von VAen idR keine Beurteilungsermächtigung zusteht u damit die Konkretisierung durch den untergesetzlichen Normgeber einer uneingeschränkten gerichtlichen Kontrolle unterliegt.[238] Sofern sich im Wege der **Auslegung der Norm besondere Anhaltspunkte für die Begründung einer Beurteilungsermächtigung** ergeben, gilt etwas anderes. Indiziert sein kann dies zB 114

- durch die **Struktur der verwendeten unbestimmten Rechtsbegriffe,** insb dort, wo diese auf eine Ausfüllung durch politische Wertungen angelegt sind;[239] das trifft etwa für den Begriff des **„öffentlichen Bedürfnisses"** als Voraussetzung für die Festsetzung eines **kommunalen Anschluß- u Benutzungszwangs** zu (Lü DVBl 1991, 1004f), ferner für das gesetzlich geforderte **öffentliche Interesse** an der **Allgemeinverbindlichkeitserklärung eines Tarifvertrags** (NJW 1989, 1495) oder die **Festsetzung von Höchstzahlen** in einer Kapazitätsverordnung (BVerfG 85, 36, Schenke JZ 1996, 1067; zu weitgehend aber – u durch BVerfG 85, 36 daher aufgehoben – 70, 322, wonach hier nur eine Willkürkontrolle stattfinden soll);
- wenn das Gesetz ausdr **auf das Urteil des Normgebers** bzgl des Vorliegens eines unbestimmten Rechtsbegriffs abstellt;[240]
- auch bei der **Kalkulation von Abgaben** durch den **kommunalen Satzungsgeber** (NVwZ 2002, 1123).

Auch im übrigen bietet sich hier eine Anlehnung an die Fallgruppen an, iVm denen bei der Vornahme von VAen ein Beurteilungsspielraum anerkannt ist (s 23ff zu § 114). Die Bedenken gegen die Anerkennung eines Beurteilungsspielraums fallen dabei angesichts des gestalterischen Elements, das der untergesetzlichen Normgebung eigentümlich ist, eher geringer aus als bei VAen.

Noch nicht endgültig geklärt ist, inwieweit sich die Grundsätze heranziehen lassen, die für die Ausübung des Ermessens beim Erlaß von VAen gelten. In der Rspr wird zT die Ansicht vertreten, daß für die rechtliche Beurteilung einer untergesetzlichen Rechtsvorschrift idR allein das Ergebnis der Norm relevant ist u demgemäß nur eine Ergebniskontrolle stattzufinden habe.[241] Damit werden 115

---

[236] So auch Sch-Gerhardt/Bier 94 Fn 489; **aA** v Danwitz Gestaltungsfreiheit 143f.

[237] Zu dieser Austauschbarkeit von Beurteilungsspielräumen iVm dem auf der Tatbestandsseite einer Norm angesiedelten Beurteilungsspielraum sowie dem auf der Rechtsfolgeseite lokalisierten Verwaltungsermessen iVm VAen s Schenke WuV 1988, 179ff; Starck, Sendler-FS 1991, 895; ähnlich Herdegen JZ 1991, 747ff; Schmidt-Aßmann/Groß NVwZ 1993, 617ff; s auch BVerwG DVBl 1972, 895.

[238] BK-Schenke 381f zu Art 19 Abs 4 GG; s auch MD-Schmidt-Aßmann 217 zu Art 19 Abs 4 GG.

[239] S hierzu auch Schenke 761a; iVm der Feststellung von Wohnbedarf nach dem WoBindG 80, 116ff = NJW 1989, 181; s hierzu auch neben Sch-Gerhardt/Bier 94 mwN und zum entspr Problem iVm VAen Schenke 748ff.

[240] Vgl Lü DVBl 1991, 1004f hins eines dringenden öffentlichen Bedürfnisses als Voraussetzung für einen Anschluß- und Benutzungszwang; anders hingegen für einen vergleichbaren Fall Mü NVwZ-RR 1989, 264.

[241] DVBl 2002, 1411 – kommunale Abgabensatzung unter Hinweis auf das kommunale Selbstverwaltungsrecht; grds zust Grünberg SächsVBl 2002, 267; Oebbecke NVwZ 2003, 1315ff; Ossenbühl JZ 2003, 96; Sendler DVBl 2002, 1412; für nur eine Ergebniskontrolle

untergesetzliche Rechtsvorschriften auf eine Stufe mit formellen Gesetzen gestellt, bei denen weitgehende Einigkeit besteht, daß die **Ausübung des „gesetzgeberischen Ermessens" nicht nach den Grundsätzen kontrolliert** werden kann, wie sie für das Verwaltungsermessen beim Erlaß von VAen gelten. Eine heute fast allg anerkannte Einschränkung hat dieser Grundsatz allerdings insofern erfahren, als iVm den als Rechtsnorm erlassenen **Bauleitplänen die Ausübung des planerischen Ermessens** (über eine Ergebniskontrolle hinaus) durch die Gerichte **zu überprüfen** ist u daher im wesentlichen die für das Verwaltungsermessen anerkannte Grundsätze gelten (vgl auch 34 zu § 114).[242] Das hiernach bei der Ausübung der Planungsermessen zu beachtende Abwägungsgebot (s heute § 1 Abs 7 BauGB) ist verletzt, „wenn eine (sachgerechte) Abwägung überhaupt nicht stattgefunden hat ..., wenn in der Abwägung an Belangen nicht eingestellt wurde, was nach Lage der Dinge in sie eingestellt werden muß ..., wenn die Bedeutung der betroffenen privaten Belange verkannt oder wenn der Ausgleich zwischen den von der Planung berührten öffentlichen Belangen in einer Weise vorgenommen wird, der zur objektiven Gewichtigkeit einzelner Belange außer Verhältnis steht" (34, 309; s auch 45, 314f = NJW 1975, 72).[243] Diese Grundsätze, die das BVerwG aus dem **Rechtsstaatsprinzip** ableitet u als **Wesensmerkmal staatlicher Planung** ansieht, müssen konsequenterweise über den Bereich der Bauleitplanung hinaus grds für alle **staatlichen Planungsnormen** gelten, was nicht ausschließt, den Besonderheiten einzelner Planungsnormen Rechnung zu tragen.[244] Daran ändern auch die Versuche des Gesetzgebers nichts, die Sanktionierung einer Verletzung des Abwägungsgebots durch Vorschriften wie § 214 Abs 3 BauGB einzuschränken. Ganz abgesehen davon, daß § 214 Abs 3 S 2 BauGB aF durch das BVerwG im Wege einer verfassungskonformen Auslegung in ihrem Anwendungsbereich sehr eingeschränkt wurde (vgl 64, 35ff) u diese Restriktion auch für § 214 Abs 1 Nr 1 u Abs 3 BauGB nF zu gelten hat (s unten 130f), beinhaltet diese Norm keine Einschränkung des **Abwägungsgebots,** das gleichermaßen das **Abwägungsergebnis wie den Abwägungsvorgang betrifft.**

116 Tlw wird auch außerhalb des Planungsrechts eine Anknüpfung an die für den Bereich des Planungsrechts entwickelten Grundsätze erwogen.[245] Diese Forde-

---

auch Mgd DVBl 2004, 1050; vgl ferner Mü BayVBl 2002, 1411; Ms DVBl 1993, 269; **aA** Ba LKV 1997, 219; 1999, 275; SächsVBl 2001, 238.

[242] Zu dieser Parallele BK-Schenke 332 zu Art 19 Abs 4 GG; Koch/Hendler, Baurecht, Raumordnungs- und Landesplanungsrecht, 4. Aufl 2004, § 17, 4ff; Papier NJW 1977, 1714; s auch Schmidt-Aßmann VVDStRL Bd 34, 251; **aA** Erbguth JZ 2006, 486ff mwN; Hoppe DVBl 1974, 644. Diese Anknüpfung an die Ermessenslehre schließt nicht aus, daß im Hinblick auf die finale Programmierung der Planung die Gesetzesdirektiven hier weiter zurückgenommen sind als bei sonstigen, konditional programmierten Ermessensentscheidungen. Daß sich im Ergebnis zwischen beiden dogmatischen Ansätzen kaum Unterschiede ergeben, konzediert auch Erbguth JZ 2006, 486ff.

[243] An diesen Grundsätzen hat auch die Novellierung durch das EAG Bau nichts geändert, auch wenn der Gesetzgeber nunmehr früher als materielle Abwägungsfehler angesehene Fehler als Verfahrensfehler ansieht, s dazu näher Erbguth JZ 2006, 490ff; s auch Stüer NVwZ 2005, 512ff.

[244] Zur Festlegung von Flugrouten 111, 280; NVwZ 2004, 1230.

[245] So der Sache nach Ba LKV 1997, 219; 1999, 275; SächsVBl 2001, 238; ferner auch Sch-Gerhardt/Bier 97 unter Berufung auf Schmidt-Aßmann, Die kommunale Rechtsetzung im Gefüge der administrativen Handlungsformen und Rechtsquellen, S. 11; ebenso Kloepfer DVBl 1995, 445ff mit dem – wenig überzeugenden – Versuch, entspr Abwägungsdirektiven auch für das parlamentarische GesetzgebungsVf zu fordern, ohne die sich hier stellende Problematik einer Verallgemeinerung der im Planungsrecht entwickelten Grundsätze anzusprechen; der Zusatz, daß „die Anerkennung der Dynamik des politischen Prozesses enge Kontrollmaßstäbe im vorhinein ausschließt", relativiert die vorhergehenden Ausführungen im wesentlichen.

rung scheint durch die Rspr des BVerfG Auftrieb bekommen zu haben (vgl BVerfG 85, 36 ff; zust. Schenke JZ 1996, 1067), die abweichend von der Judikatur des BVerwG (70, 322 f; 70, 350 f) postuliert, daß eine den Zugang zum Hochschulstudium beschränkende Kapazitätsverordnung durch das VG nicht nur am Willkürverbot zu messen, sondern auch darauf zu überprüfen ist, ob sie den Erfordernissen rationaler Abwägung genügt. Allerdings dient die Kapazitätsverordnung der Hochschulplanung. Ebenfalls kaum verallgemeinerungsfähig sind ferner Entscheidungen, welche in **Form einer Rechtsverordnung erlassene Einzelfallregelungen** anhand ähnlicher Grundsätze prüfen, wie sie für die **gerichtliche Kontrolle von Ermessensentscheidungen** gelten.[246] Eine spezielle Rechtfertigung für diese Ausdehnung der gerichtlichen Kontrolle ergibt sich mE hier daraus, daß solche Normierungen – ähnlich wie die Bauleitplanung – Elemente einer konkreten Regelung aufweisen[247] u unter Zugrundelegung des § 35 S 2 VwVfG als VA qualifiziert werden müßten. Dann aber überzeugt es unter rechtsstaatlichen Gesichtspunkten nicht, wenn der Gesetzgeber durch den von ihm angeordneten Erlaß einer derartigen Einzelfallregelung in Gestalt einer Rechtsnorm auch die inhaltlichen Bindungen voll beseitigen könnte, die nach der verwaltungsrechtlichen Ermessenslehre für VAe gelten.

Von solchen **Sonderfällen abgesehen, verbietet** sich aber (vorbehaltlich 117 vom Gesetzgeber aufgestellter besonderer Anforderungen an die Art u Weise der Willensbildung) eine **Anknüpfung an die verwaltungsrechtliche Ermessenslehre.**[248] Dagegen spricht, daß es nach der heute herrschenden objektiven Auslegungstheorie prinzipiell auf den **objektivierten Sinngehalt einer Norm** u nicht auf den tatsächlichen Willen des Normgebers ankommt u daher der subjektive Wille des Normgebers auch bei der Beurteilung der Fehlerhaftigkeit einer Norm keine ausschlaggebende Bedeutung haben kann. Ansonsten wäre eine Norm, deren objektivrechtlicher Sinngehalt nicht dem Willen des Normgebers entspricht, immer wg Fehlens einer diesbezüglichen Willensbildung des Normgebers fehlerhaft u grds nichtig. Eine unreflektierte Übernahme der verwaltungsrechtlichen Ermessenslehre ginge auch daran vorbei, daß die Überprüfung formeller Gesetze sich grds auf eine Ergebniskontrolle beschränkt u es damit nicht einzusehen wäre, warum bei der Übertragung der Normgebung auf die Verwaltung grds etwas anderes gelten soll.

Noch ein anderer Gesichtspunkt spricht gegen die Übertragung der am VA 118 entwickelten verwaltungsrechtlichen Ermessenslehre auf das normative Ermessen: Die Erforschung des Willensbildungsprozesses bei Normen wird dadurch erschwert, daß belastende Normen anders als belastende VAe (s § 39 VwVfG) **grds keiner Begründungspflicht** unterliegen[249] u damit die Art u Weise der Willensbildung des Normgebers oft im dunkeln bleibt. Angesichts dieser Unsicherheit ließe sich aber schwerlich legitimieren, von der Art der Willensbildung die Gültigkeit der Norm abhängig zu machen. In diesem Zusammenhang wirkte sich zusätzlich erschwerend aus, daß untergesetzliche Normen schon wg ihrer Regelungsbreite u ihrer Substitutionsfunktion im Verhältnis zu formellen Geset-

---

[246] Vgl zu einer kommunalen SchulsprengelVO Mü BayVBl 1994, 691 mwN zur st Rspr.

[247] S auch Ossenbühl NJW 1986, 2809: bei den Maßnahmen- und Individualverordnungen ist das Verordnungsermessen in seiner Qualität dem Verwaltungsermessen weitgehend angenähert; s auch Kloepfer DVBl 1995, 447: grundsätzliche Anwendung der Lehre von den Abwägungsfehlern auf das parlamentarische Vf jedenfalls bei Maßnahmegesetzen und sonstigen situationsbedingten Gesetzen.

[248] NVwZ 2006, 1068 (Beitragssatzung einer Handwerkskammer): Für die Gültigkeit untergesetzlicher Normen ist das Ergebnis des Rechtsetzungsakts maßgeblich; eine Prüfung des Abwägungsvorgangs erfolgt nur, wenn eine besonders ausgestaltete Bindung des Normgebers an gesetzlich formulierte Abwägungsdirektiven besteht.

[249] Die in dieser Richtung von Ossenbühl NJW 1986, 2811, erhobenen Forderungen haben sich, so sehr sie auch verfassungspolitisch zu begrüßen sein mögen, nicht durchgesetzt.

zen häufig eine besondere **politische Komponente** aufweisen u Gegenstand politischer Auseinandersetzungen sind, die sich nicht nach den Grundsätzen strenger Rationalität vollziehen.[250] Eine weitere Verstärkung erfährt die Beschränkung auf eine Ergebniskontrolle bei kommunalen Satzungen in diesem Zusammenhang auch noch durch das Selbstverwaltungsrecht der Gemeinden (Art 28 Abs 2 S 1 GG), das es nahelegt, bei kommunalpolitischen Regelungen die gerichtliche Überprüfung grds auf eine Ergebniskontrolle zu beschränken.[251] So wird denn auch iVm kommunalen Abgabensatzungen dem kommunalen Satzungsgeber ein Prognosespielraum zugestanden, der gerichtlich nur eingeschränkt überprüfbar ist (DVBl 2002, 1409), u zugleich betont, daß ein Kalkulationsirrtum, der nur einzelne für die Bestimmung der Abgabenhöhe relevante Berechnungsfaktoren betrifft, dennoch nicht zur Rechtswidrigkeit der Abgabensatzung führt, wenn die Festsetzung der Abgabenhöhe gemessen an den gesetzlichen Vorgaben im Ergebnis vertretbar ist (DVBl 2002, 1411, **aA** Ba SächsVBl 2002, 241 ff). Selbst ein Ergebnisfehler soll dann noch nicht zur Rechtswidrigkeit der Satzung führen, wenn er nur ganz geringfügig ist u eine insoweit bestehende Toleranzgrenze nicht überschreitet (DVBl 2002, 1412, vgl auch Oebbecke NVwZ 2003, 1315). Insoweit wird hier dem Grundsatz der Normerhaltung (dazu Oebbecke NVwZ 2003, 1316; Sendler DVBl 2002, 1413) auch ohne eine gesetzliche Regelung, wie sie in § 214 Abs 3 BauGB für Bebauungspläne getroffen wird, Rechnung getragen. Daß eine von der Gegenansicht befürwortete grundsätzliche Anknüpfung an die verwaltungsrechtliche Ermessenslehre im Hinblick auf die mit ihr verbundenen Rechtsfolgen problematisch ist, wird denn auch letztlich von den Vertretern dieser Rechtsauffassung erkannt, indem sie bei „ermessensfehlerhaften" Normen, etwa bei **Gebühren- u Beitragsregelungen,** die auf einer **fehlerhaften Kalkulation** beruhen,[252] im Ergebnis aber nicht zu beanstanden sind, für eine großzügige Heilung von Normfehlern plädieren (vgl Sch-Gerhardt/Bier 100 mwN), obschon es hierfür keine normative Basis gibt. Diese Vorgehensweise birgt die Gefahr einer Bagatellisierung echter Normfehler in sich.

119 Überprüfbar ist bei untergesetzlichen Rechtsnormen allerdings grds (und dies bildet einen in ihrer Natur liegenden Unterschied zu formellen Gesetzen), ob sie dem **vom Gesetzgeber verfolgten Zweck** entsprechen. Dies ist nicht nur für die Ergebniskontrolle von Bedeutung, indem eine Norm, die den mit ihr verfolgten **Zweck in einer dem Normgeber zurechenbaren Weise verfehlt, rechtswidrig ist.** Die Rechtswidrigkeit ist vielmehr auch dann gegeben, wenn die Norm zwar objektiv betrachtet nicht zweckuntauglich ist, der Normgeber aber in einer nach außen hin erkennbaren Weise von der gesetzgeberischen Ermächtigung mit einer Zielsetzung Gebrauch macht, die nicht durch parlamentarische Ermächtigungsgrundlagen gedeckt ist. Das trifft etwa zu, wenn eine PolizeiVO ersichtlich aus polizeifremden Zwecken – etwa aus fiskalischen Motiven – erlassen wird (s hierzu BK-Schenke 379 zu Art 19 Abs 4 GG mwN; Sch-Gerhardt/Bier 100). Freilich dürften solche Fälle mehr akademische als praktische Bedeutung haben.

120 **b) Unwirksamkeit und Teilunwirksamkeit.** Verstößt die angegriffene Rechtsvorschrift gegen zwingendes höherrangiges Recht, so hat dies grds die Nichtigkeit der Norm zur Folge (zu Ausnahmen s unten 125 ff). Diese ipso iure eintretende Rechtsfolge war vom NKGericht gem der bis zum 19. 7. 2004 gel-

---

[250] S Schlaich VVDStRL 39, 108 f in krit Auseinandersetzung mit der gegenteiligen Auffassung von Schwerdtfeger, Ipsen-FS, S. 108 f.

[251] DVBl 2002, 1411; Lü ZKF 2001, 159; Mü BayVBl 1998, 593; Ms DVBl 1993, 269; Oebbecke NVwZ 2003, 1315 ff.

[252] Für die Notwendigkeit einer der Gebühren- oder Beitragsfestsetzung zugrundeliegenden Kalkulation Ma NVwZ-RR 1999, 267.

tenden Fassung des § 47 Abs 5 S 2 durch die Nichtigerklärung der Norm (mit inter-omnes-Wirkung, s unten 141 ff) festzustellen. Zugleich sah § 47 Abs 5 S 4 aF vor, daß festgestellte Mängel einer Satzung oder einer Rechtsverordnung, die nach den Vorschriften des BauGB erlassen worden waren u die durch ein ergänzendes Vf iSd § 215a BauGB aF behoben werden konnten, durch das OVG bis zur Behebung der Mängel für unwirksam zu erklären waren. Nach dem durch das **EAG Bau novellierten § 47 Abs 5 S 2 wird eine ungültige Norm nunmehr für unwirksam erklärt.** Darunter fallen jetzt auch die vorher in (dem nunmehr aufgehobenen) § 47 Abs 5 S 4 aF geregelten Fälle der Unwirksamkeit einer nach dem BauGB erlassenen Norm wg Mängeln, die durch ein ergänzendes Vf behoben werden können. Der Gesetzgeber griff damit eine Empfehlung der Unabhängigen Expertenkommission auf, die Unterscheidung zwischen nichtigen u unwirksamen Satzungen, wie sie dem bisherigen § 215a BauGB zugrunde lagen, aufzuheben, da sie Rechtsunsicherheit erzeuge (BT-Dr 15/2250, 74).[253]

Der Begriff der Unwirksamkeit iSd § 47 Abs 5 S 2 **umfaßt** damit **erstens** die Fälle, in welchen der Norm ein nicht durch ein ergänzendens Vf behebbarer Mangel anhaftet u sie aus diesem Grund **dauerhaft unwirksam** ist, das sind also solche rechtwidrige Normen, bei denen üblicherweise von deren Nichtigkeit gesprochen wird. Unter den Begriff der Unwirksamkeit fallen **zweitens** die Fälle, in denen festgestellte **Mängel einer Norm durch ein ergänzendes Vf behoben werden können** (so § 214 Abs 4 BauGB) u die Norm bis zur Behebung dieses Mangels unwirksam ist. **Drittens** liegt eine Unwirksamkeit aber auch in den Fällen vor, in denen eine Norm wg eines Mangels zunächst nicht wirksam ist, dieser **Mangel** aber später bei unterlassener Geltendmachung **durch Zeitablauf unbeachtlich werden kann** (§ 215 BauGB). Besonders geglückt scheint die dem § 47 Abs 5 S 2 zugrundeliegende Wortwahl des Gesetzgebers freilich nicht (s auch Bickenbach NVwZ 2006, 178 ff; Sendler DVBl 2005, 664), denn der Begriff der Unwirksamkeit wird sonst meist nur auf die (außerhalb des Baurechts) seltenen Fälle beschränkt, in denen eine rechtswidrige Norm nicht endgültig ungültig ist, während der Begriff der Nichtigkeit nach der gebräuchlichen Terminologie sonst sowohl im materiellen Recht wie auch im Prozeßrecht in Verbindung mit einer rechtswidrigen Norm verwandt wird, die – wie dies in aller Regel zutrifft – endgültig ungültig ist. Von diesem Begriff der Nichtigkeit wird auch bei anderen mit dem § 47 vergleichbaren NK-Vf ausgegangen (zB §§ 78, 95 Abs 3 S 1 BVerfGG). Es überzeugt deshalb nicht, wenn hiervon bei § 47 im Hinblick auf die Besonderheiten der nach dem BauGB erlassenen Rechtsvorschriften abgewichen wird, zumal sich § 47 keineswegs nur auf solche Rechtsvorschriften bezieht (§ 47 Abs 1 Nr 2). Trotzdem soll im folgenden der in § 47 Abs 5 S 2 verwandte Begriff der Unwirksamkeit zugrundegelegt werden. Ihm **synonym verwandt wird der Begriff der Ungültigkeit** (s § 47 Abs 5 S 2).

An den **Wirkungen eines die Unwirksamkeit einer Rechtsnorm feststellenden Entscheidung** hat sich durch die veränderte **Tenorierung allerdings nichts Grundsätzliches geändert.** Ob eine Rechtsnorm (endgültig) unwirksam (nichtig) ist oder ob sie nur einen Rechtsfehler aufweist, der zu einer behebbaren Unwirksamkeit führt u dementsprechend durch ein ergänzendes Vf behoben werden kann, wie dies in § 214 Abs 4 BauGB vorgesehen ist, ergibt sich aber nach der Neuregelung des § 47 nicht mehr aus der Tenorierung der NKEntscheidung. Da das OVG in der Begründung seiner NKEntscheidung **die Gründe bezeichnen muß, aus denen heraus es eine Norm für unwirk-**

---

[253] Krit ggü der Neuregelung Bickenbach NVwZ 2006, 178 ff; Sendler DVBl 2005, 664; **aA** Rieger NVwZ 2006, 1027 f.

sam ansieht,[254] wird deren Benennung allerdings häufig unschwer einen Schluß darauf zulassen, ob es sich hier um solche Mängel handelt, die durch ein ergänzendes Vf behebbar sind oder ob es sich um unheilbare Unwirksamkeitsgründe (Nichtigkeitsgründe) handelt.[255] Soweit sowohl ein nicht behebbarer Unwirksamkeitsgrund als auch ein durch ein ergänzendes Vf behebbarer Mangel in Betracht kommen, mag es sich zudem für das Gericht empfehlen, zunächst zu überprüfen, ob ein Mangel vorliegt, der zu einer nicht durch ein ergänzendes Vf behebbaren Unwirksamkeit (Nichtigkeit) führt u erst dann, wenn dies zu verneinen ist, in eine Prüfung einzutreten, ob ein zur Unwirksamkeit führender, durch ein ergänzendes Vf behebbarer Mangel gegeben ist. Von einer dahin gehenden Rechtspflicht, wie sie vor der Novellierung des § 47 bestand, in dem eine unterschiedliche Tenorierung für die Fälle einer endgültigen Nichtigkeit (§ 47 Abs 5 S 2 aF) u einer behebbaren Unwirksamkeit (§ 47 Abs 5 S 4 aF) zu bejahen war (s unten 133), kann jedoch nicht ausgegangen werden. Sie wäre mit der gesetzgeberischen Intention bei der Novellierung des § 47 Abs 5 unvereinbar, die dem Gericht mit der vorgeschriebenen einheitlichen Tenorierung zugleich **ersparen** wollte, **zwischen nicht heilbaren u heilbaren Unwirksamkeitsgründen zu unterscheiden.** Im Hinblick auf die einheitliche Tenorierung ist zudem im Falle einer nur auf eine heilbare Unwirksamkeit gestützten gerichtlichen Erklärung der Unwirksamkeit statt der vom ASt angestrebten Unwirksamkeit wg einer endgültigen Nichtigkeit – anders als auf der Basis der früheren Rechtslage – kein tlw Unterliegen des ASt gegeben (s auch unten 133). Soweit eine Norm erst ab einem bestimmten späteren, **im Moment der Entscheidung bereits feststehenden Zeitpunkt unwirksam** werden wird, ist nur dies festzustellen (NK-VwGO-Ziekow 357); hier ist ein auf die uneingeschränkte Feststellung der Unwirksamkeit gerichteter Antrag tlw unbegründet.

Zur Unwirksamkeit führen grds auch **Verstöße gegen lediglich objektives materielles Recht** wie zB das **Fehlen einer gesetzlichen Ermächtigung** (Mü BayVBl 1983, 724) u (vorbehaltlich abweichender gesetzlicher Regelungen) **Verfahrensfehler,** zB das Unterbleiben einer vorgeschriebenen **Anhörung** (Mü BayVBl 1985, 87), ein Verstoß gegen Vorschriften über die **Auslegung der Pläne** usw (DVBl 1989, 1105; Ma NVwZ 1983, 561), das Fehlen einer klaren **Abgrenzung des räumlichen Geltungsbereichs** (Mü BayVBl 1985, 437; NuR 1998, 150), **unzulängliche Sachaufklärung** hins des „Abwägungsmaterials",[256] eine **Abweichung** der verkündeten Vorschrift **von dem** ihr zugrunde liegenden **Beschluß,**[257] das Fehlen der erforderlichen aufsichtsrechtlichen **Genehmigung,** die Verkündung der Norm vor Erteilung der erforderlichen Genehmigung. Auch **Verkündungsmängel** (s auch Ma NuR 1999, 539) führen – sofern sie nicht schon zur Folge haben, daß eine Rechtsvorschrift auch formell überhaupt nicht entstanden ist –, grds zur Unwirksamkeit der Norm u damit zur Erklärung ihrer Unwirksamkeit gem § 47 Abs 5 S 2 (vgl zu § 47 Abs 5 S 2 aF Mü BayVBl 1982, 655). Dagegen hat der Umstand, daß eine gemeindliche Rechtsvorschrift unter Verstoß gegen Bestimmungen der **Geschäftsordnung des Gemeinderats** erlassen wurde (da es sich bei der Geschäftsordnung als solcher nur um **Innenrecht** handelt), nicht die Rechtswidrigkeit u damit auch

---

[254] Ohne eine Benennung dieser Gründe liefe das in der RKraft einer Entscheidung angelegte Wiederholungsverbot leer (22a zu § 121).

[255] Dazu, daß § 214 Abs 4 BauGB nicht in dem Sinn verstanden werden kann, daß hiernach jeder Fehler rückwirkend geheilt werden kann, sondern daß dies jedenfalls nicht für gravierende materielle Fehler gelten kann, welche die Planung als Ganzes oder deren Grundzüge betreffen, s Sendler DVBl 2005, 665.

[256] DVBl 1989, 1105: das Gericht kann die Sachaufklärung nicht nachholen.

[257] Ms NVwZ 1983, 162: auch bei nur geringfügigen Abweichungen; Ma NJW 1999, 2298.

nicht deren Unwirksamkeit zur Folge.[258] Zu den **Anforderungen an die Verkündung** s auch BVerfG 65, 283 = DVBl 1984, 183; BVerwG DVBl 1985, 113. Eine **Umdeutung** (Konversion) analog § 47 VwVfG, § 140 BGB ist bei Rechtsvorschriften **nicht möglich (zulässig),** da sie gegen den Grundsatz der Normenklarheit verstoßen würde.[259]

121 War der NKAntrag nicht gegen die ganze Rechtsvorschrift (Verordnung, Satzung usw), sondern **nur gegen einzelne Bestimmungen** gerichtet oder betrifft die Fehlerhaftigkeit **nur** abtrennbare **Teile** der **angegriffenen Vorschrift,** so hat das Gericht bei Erfolg des Antrags (Zulässigkeit u Begründetheit) gem Abs 5 die Rechtsvorschrift – **uU auch nur teilweise,** wenn die Vorschrift im übrigen Bestand haben kann,[260] **oder** umgekehrt auch **einschließlich** nicht ausdr angegriffener, aber mit der angegriffenen Bestimmung **in untrennbarem Zusammenhang stehender Bestimmungen**[261] – **für unwirksam** zu erklären.[262] Versäumt es der ASt, seinen Antrag (trotz eines richterlichen Hinweises gem § 86 Abs 3) auf die unwirksamen Teile einer im übrigen rechtswirksamen Norm zu beschränken, ist dieser kostenpflichtig (NVwZ 1997, 898; NVwZ 2005, 696) tlw abzuweisen (s oben 51). Erfolgt kein Hinweis gem § 86 Abs 3 u beruht das teilw Unterliegen auf einer nicht vom ASt zu vertretenden Unkenntnis (vgl 88, 271; NVwZ 1997, 898; NVwZ 2005, 696), so werden die Kosten dem Ag gem § 155 Abs 4, der insoweit im Lichte des Art 19 Abs 4 GG auszulegen ist, in vollem Umfang auferlegt.

122 Bei **Teilunwirksamkeit** bleibt im Zweifel der Teil der Vorschrift oder des Rechtssatzes, der von dem Unwirksamkeitsgrund nicht betroffen ist, **wirksam.** Die ganze Vorschrift bzw der ganze Rechtssatz ist nur dann für unwirksam zu erklären, wenn sich bei objektiver Betrachtung ergibt, daß die übrigen an sich mit der Rechtsordnung vereinbaren Regelungen keine selbständige Bedeutung haben oder **wenn** die rechtswidrige Regelung Teil einer **Gesamtregelung** ist, die Sinn u Rechtfertigung verliert, wenn ein Bestandteil herausgenommen wird, weil die Regelungen in diesem Sinn eine untrennbare Einheit bilden.[263] So bildet etwa die Verlängerung einer Veränderungssperre mit der ursprünglichen Veränderungssperre eine Einheit. Leidet die ursprüngliche Veränderungssperre an einem Rechtsfehler, so ist deshalb die Verlängerungssatzung schon aus diesem Grund unwirksam (DVBl 2004, 950; Schenke WuV 1994, 312). Keine Teilbarkeit idS ist zB auch bei einer Erschließungsbeitragssatzung anzunehmen, wenn

---

[258] Ms DÖV 1997, 344 mwN: anders nur, wenn diese zwingende gesetzliche Vorschriften wiedergibt; s auch Schneider NWVBl 1996, 91 ff.

[259] Vgl BayVerfGH BayVBl 1984, 532: § 47 VwVfG auf Rechtsvorschriften nicht ohne weiteres übertragbar.

[260] DÖV 1993, 876; Ma NVwZ-RR 1993, 602; Ks DVBl 1978, 175; Ms NVwZ-RR 1999, 111; Sa NVwZ 1983, 45; 1985, 355; Mü BayVBl 1985, 339; NVwZ 1985, 504; vgl auch BVerfG 8, 301 = NJW 1959, 475.

[261] Vgl 82, 230 = NVwZ 1990, 159; 1992, 567; DVBl 1991, 826; DVBl 1992, 37; NVwZ 1994, 271 f; Ks DVBl 1978, 175; Ma VRspr 12, 368; Ms BRS 36 Nr 36; Becker BauR 1980, 196; Lemmel DVBl 1985, 131; Paetow NVwZ 1985, 312; Quaas/Müller 106 f, 230; Sch-Gerhardt/Bier 110; vgl auch Br BRS 35 Nr 28; Mü BayVBl 1985, 339; Gern NVwZ 1987, 851; zu weitgehend Ma DVBl 1985, 130: ohne Bindung an den Antrag; § 88 nicht anwendbar; bei Fehlerhaftigkeit der ganzen Norm zB wg Befangenheit, Ungültigerklärung der ganzen Norm; ähnlich Mü BayVBl 1985, 437.

[262] Vgl auch Mü BayVBl 1982, 730; vgl auch BVerfG 33, 305; Begr BT-Dr 7/4324, 8; ebenso die hM schon zum bish Recht, s oben; vgl ferner auch §§ 78 S 1, 95 Abs 1 BVerfGG, denen Abs 5 nachgebildet ist; **aA** unter Berufung auf den Dispositionsgrundsatz Grünebaum DVP 2005, 459, wonach die NK bei Beschränkung auf einen untrennbaren Teil einer Bestimmung unbegründet sein soll.

[263] Vgl NVwZ 1990, 160; NVwZ 1992, 976; BayVBl 1991, 343: von einem Bebauungsplan darf kein Planungstorso übrig bleiben; DÖV 1993, 876; NVwZ-RR 1993, 602; Grünebaum DVP 2005, 457.

der Verteilungsmaßstab unwirksam ist (Mü BayVBl 1977, 277). Ein Bebauungsplan, der bauliche Nutzungen mit einem erheblichen Zu- u Abgangsverkehr festsetzt, ohne Vorsorge für eine hinreichende Erschließung des gesamten Plangebiets zu treffen, kann nicht in zeitlicher Hinsicht, nämlich beschränkt für eine Übergangszeit bis zur planerischen Sicherung einer hinreichenden Erschließung, für teilunwirksam erklärt werden (vgl NVwZ 2001, 431). Die Unwirksamkeit einer Baugebietsfestsetzung führt ausnahmsweise dann nicht zur Gesamtunwirksamkeit des Bebauungsplans, wenn die bisherige Gebietsausweisung dadurch wieder auflebt u die übrigen Festsetzungen sich auch mit ihr vereinbaren lassen (Ma NVwZ-RR 1997, 684 in Fortführung von BVerwG 85, 289 = NVwZ 1991, 673).

123 **c) Keine Gültigkeitsfeststellungen.** Eine **Befugnis zu positiven Feststellungen** hins **der Gültigkeit** des angegriffenen Rechtssatzes uä[264] oder zu mit einer Unwirksamerklärung verbundenen **Ausführungs- oder Übergangsanordnungen** bzgl einer modifizierten Gesetzesanwendung[265] ist als mit der Stellung des OVG als Gericht – u nicht, wie bei den Verfassungsgerichten, zugleich als Verfassungsorgan – unvereinbar **abzulehnen.**[266] Gegen eine derartige Ausweitung der Entscheidungsbefugnis des OVG in Vf nach § 47 spricht nicht nur der Wortlaut des Abs 5 u der Umstand, daß auch in der Neufassung des § 47 die Allgemeinverbindlichkeit der Entscheidung bewußt auf die Fälle der Unwirksamkeit beschränkt wurde, sondern insb, daß eine Ausdehnung der Regelung auf positive Feststellungen im GesetzgebungsVf ausdr abgelehnt worden war, um zu verhindern, daß Entscheidungen nach § 47 insoweit Entscheidungen der Verfassungsgerichte vorgreifen (Begr BT-Dr 7/4324, 12); **auch aus Abs 1** („entscheidet ... über die Gültigkeit") **kann nichts anderes entnommen werden,** da Abs 1 nur die Zuständigkeit des OVG u die Zulässigkeit der NK betrifft, nicht wie Abs 5 den Inhalt der Entscheidung u deren Wirkungen (s auch NKVwGO-Ziekow 367). Zu beachten ist iü, daß sich in praxi ein ähnlicher Effekt, wie er bei unterstellter Statthaftigkeit einer auf **Feststellung** der Wirksamkeit der Norm gerichteten NK eintreten würde, durch eine auf **§ 43** gestützte Klage erreichen läßt, welche die Feststellung des Bestehens eines durch die wirksame Norm begründeten Rechtsverhältnisses zum Gegenstand hat. Hierdurch läßt sich auch mittelbar die umstrittene Reichweite einer wirksamen Rechtsnorm klären. Wird etwa durch die zuständige Bauaufsichtsbehörde bestritten, daß eine bestimmte Nutzungsart im Geltungsbereich eines Bebauungsplans zulässig ist, so kann die Gemeinde, die von der Zulässigkeit einer solchen Nutzung ausgeht u an deren Realisierung durch Private interessiert ist, feststellen lassen, daß eine solche Nutzung im Geltungsbereich des Bebauungsplans zulässig ist. Ein Privater, der eine solche Nutzung erstrebt, besitzt die Möglichkeit, für ein von ihm beabsichtigtes Bauvorhaben dessen bauplanerische Zulässigkeit mittels Beantragung einer Bebauungsgenehmigung „feststellen" zu lassen u ggf auf deren Erteilung eine Verpflichtungsklage zu erheben, welche eine Feststellungsklage gem § 43 Abs 2 S 1 ausschließt.

124 Anderes gilt jedoch für **die Feststellung, daß eine bestimmte Auslegung** der angegriffenen Rechtsvorschrift **mit dem höherrangigen Recht nicht vereinbar** u daher unzulässig ist.[267] Antragsbefugnis u RSB vorausgesetzt, sind

---

[264] Vgl zB die Entscheidungsformeln des BVerfG 15, 81, 169; 16, 255; 52, 264; 53, 258; 56, 110; NKVwGO-Ziekow 367; Sachs DÖV 1982, 30; Sch-Gerhardt/Bier 115; anders die Wirkung zwischen den Beteiligten, s dazu unten 146.

[265] Vgl BVerfG 37, 81; 39, 2; 53, 300; BWStGH 26, 130.

[266] Ma VBlBW 1980, 23; Kopp NJW 1976, 1964; v Pestalozza NJW 1978, 1786; ebenso im Ergebnis Bickel NJW 1985, 2442; SGH 448; **aA** Schenk/Meyer-Ladewig DVBl 1976, 209 unter Hinweis auf die Praxis der Verfassungsgerichte; zweifelnd Mü 16, 76.

[267] Schenke 922a; **aA** Hufen § 38, 54; NKVwGO-Ziekow 367.

entsprechende Anträge im NK-Vf zulässig u muß das NKGericht entsprechend tenorieren. Da es sich hierbei nicht um eine positive Feststellung im Sinne einer Gültigkeitsfeststellung handelt, sondern um eine negative Feststellung, die nach ihrer Funktion einer (teilweisen) Unwirksamerklärung der Rechtsvorschrift im Hinblick auf die in Frage stehende Auslegung entspricht, muß **das OVG dazu** (auch mit der Folge der Allgemeinverbindlichkeit gem Abs 5) jedenfalls dann zu einer solchen Feststellung als **befugt** angesehen werden,[268] wenn die verfassungskonforme „Auslegung" einer Norm – wie dies in den Fällen einer vom BVerfG bejahten „verfassungskonformen Auslegung" häufig zutrifft[269] – der Sache nach auf eine Teilunwirksamerklärung einer Norm hinausläuft (für eine weiterreichende Feststellung 10. Aufl 67).

d) Sonderfälle: Unanwendbarkeit und Rechtswidrigkeit ohne Unwirksamkeit. Bei einem **Verstoß untergesetzlicher Rechtsvorschriften gegen EG-Recht** (zum Gemeinschaftsrecht im NK-Vf s oben 99) hat das NKGericht die Feststellung zu treffen, daß die Rechtsvorschrift **nicht anwendbar** ist.[270] Soweit Rechtsvorschriften trotz ihrer Rechtswidrigkeit aufgrund (verfassungsmäßig zulässiger) gesetzlicher Anordnung oder aus sonstigen Gründen rechtswirksam sind, kommt (bei bestehendem RS I) jedenfalls die Feststellung ihrer Rechtswidrigkeit in Betracht. 125

Dies gilt jedenfalls für die Sonderfälle, in welchen nach der Rspr der Verfassungsgerichte zur verfassungsrechtlichen NK aus verfassungsrechtlichen Gründen (zB bei Verstößen gegen Art 3 Abs 1 GG, zur Vermeidung eines Rechtschaos oder eines dem höherrangigen Recht noch ferneren Zustands[271]) eine rechtswidrige Norm ausnahmsweise zunächst rechtswirksam ist u der Normgeber lediglich verpflichtet ist, die Rechtswidrigkeit der Norm zu beheben.[272] Hier beschränkt sich die Entscheidung nach § 47 auf die Feststellung der Rechtswidrigkeit der angegriffenen Rechtsvorschrift,[273] dh ohne Unwirksamerklärung u ggf iSd **vor-** 126

---

[268] Vgl zur vergleichbaren Situation bei verfassungsrechtlichen NKEntscheidungen BVerfG 40, 94; 42, 260; ferner allg BVerwG 54, 139 unter Bezugnahme auf Seetzen NJW 1970, 1997 und Simon EuGRZ 1974, 85: „zwischen der Teilnichtigerklärung einer Norm und der Ausscheidung verfassungswidriger Norminterpretationen mittels verfassungskonformer Norminterpretation besteht kein Wesensunterschied. Die verfassungskonforme Auslegung ist eine Alternative zur Nichtigerklärung".

[269] Vgl zu einem Beispiel Schenke JZ 1986, 35 ff und allg Bettermann, Die verfassungskonforme Auslegung, Grenzen und Gefahren 1986 sowie Schenke, Verfassungsgerichtsbarkeit und Fachgerichtsbarkeit, S. 40 ff.

[270] Vgl S. Huber BayVBl 1998, 589 f; Pache/Burmeister NVwZ 1996, 980; **aA** Mü BayVBl 1996, 243; Rinze NVwZ 1996, 458.

[271] Zu beachten ist dabei freilich, daß die mit der Bejahung der Unwirksamkeit einer Norm verbundenen Folgen es grds nicht erlauben, von der Annahme der Unwirksamkeit einer rechtswidrigen Norm abzusehen (vgl auch Buchh 310 § 113 VwGO Nr 273; DVBl 2000, 1461.

[272] Vgl BVerfG 21, 39; 27, 174; NJW 1992, 1876; BayVerfGH NJW 1975, 1739; BWStGH NJW 1976, 2205; allg auch Maunz BayVBl 1980, 516; Sommerlad NJW 1984, 1489; s näher Schenke JZ 1996, 1119; offengelassen wurde die Frage von DVBl 1992, 40; für Feststellung der Rechtswidrigkeit eines relativen Unterlassens des Normgebers 64, 81 – KapazitätsVO.

[273] 64, 81 = NVwZ 1982, 105; Mü BayVBl 1982, 730; Bln NVwZ 1983, 418; Ma DVBl 1979, 923; Lü NVwZ 1984, 596; Hill, Gutachten D 58. Deutscher Juristentag, S. 112 ff; Stüer DVBl 1985, 479; NKVwGO-Ziekow 357; Schenke 922 a; J. Schmidt/A. Lange, Mühl-FS 606 f; Würtenberger AöR 1980, 387; offen BVerwG DVBl 1992, 40; unklar Ehlers Jura 2005, 177, wo zwar die Feststellung der Unvereinbarkeit mit höherrangigem Recht als zulässig angesehen wird, zugleich aber betont wird, die Feststellung der Rechtswidrigkeit sei ausgeschlossen; **aA** Ey-J. Schmidt 92 a; RÖ-M. Redeker 42; Sch-Gerhardt/Bier 113; ohne Thematisierung des Problems bei Verstößen gegen Art 3 Abs 1 GG auch Ma NVwZ 1992, 1109; NuR 1999, 696; zur Problematik verfassungswidriger und doch wirksamer Rechtsnormen näher mwN C. Hartmann DVBl 1997, 1265 ff.

läufigen weiteren Anwendbarkeit der Vorschrift (s aber im folgenden) bis zu ihrer Ersetzung durch eine rechtlich unbedenkliche Regelung[274] oder bis zum Erlaß einer noch fehlenden Teil- oder Folgeregelung oder bis zur rechtsschöpferischen Ausfüllung der Lücke durch die Rspr.[275] Soweit die Norm erst zu einem späteren bereits bestimmbaren Zeitpunkt rechtswidrig (aber nicht unwirksam) wird, ist festzustellen, daß die Norm von diesem Zeitpunkt an rechtwidrig wird (Schenke Kopp-GS unter C II 4 b dd; NKVwGO-Ziekow 357). Die autoritative gerichtliche Feststellung der Rechtswidrigkeit der Norm macht deutlich, daß der Normgeber zur Behebung der Rechtswidrigkeit der Norm verpflichtet ist u zeigt damit, daß ein RS I an der gerichtlichen Feststellung stets zu bejahen ist. Deshalb ist dort, wo der ASt auf Feststellung der Unwirksamkeit der Norm klagt, unter Abweisung des Antrags iü wenigstens deren Rechtswidrigkeit festzustellen ist (näher Schenke Kopp-GS unter C II 4b). In Fällen dieser Art bestehen auch keine Bedenken, wenn das Gericht nicht nur in den Entscheidungsgründen, sondern auch im Tenor die **Verpflichtung des Normgebers zur Korrektur der Rechtswidrigkeit feststellt,** wobei allerdings eine solche Feststellung entbehrlich erscheint. Ist die Norm aus materiellrechtlichen Gründen zwar nicht rechtsunwirksam, darf sie aber bis zur Behebung der Rechtswidrigkeit zunächst nicht angewandt bzw vollzogen werden, bestehen keine Bedenken, wenn das OVG **die Nichtanwendbarkeit** (bzw Nichtvollziehbarkeit) **der Norm bis zur Behebung ihrer Rechtswidrigkeit feststellt** (ausf hierzu Schenke Kopp-GS unter C II 4b dd).

127 Anderes gilt in bezug auf eine Reihe von Fehlern, hins derer der Gesetzgeber in einer Reihe von Bestimmungen aus jüngerer Zeit die Folgen der Rechtswidrigkeit von untergesetzlichen Rechtsvorschriften noch weiter eingeschränkt hat. Im Gegensatz etwa zu zu den Fällen der Gleichheitswidrigkeit einer Norm (s oben 126) besteht aufgrund dieser Bestimmungen **keine Verpflichtung des Normgebers, die Norm zu korrigieren** u dadurch deren Rechtswidrigkeit zu beheben. Deshalb hat das OVG hier im Rahmen eines auf Feststellung der Unwirksamkeit einer Norm gerichteten NK-Vf dann, wenn die angegriffene Norm rechtswirksam ist, über deren Rechtswidrigkeit nicht zu befinden, auch wenn diese uU zu bejahen ist. Die Rechtswidrigkeit ist für die begehrte Feststellung der Unwirksamkeit nicht entscheidungserheblich, u an der isolierten Feststellung der Rechtswidrigkeit besteht jedenfalls bei Fehlen eines entspr Antrags (analog § 113 Abs 1 S 4) kein Interesse (dazu näher Schenke Kopp-GS unter C II 4c). Ein auf die Feststellung der Unwirksamkeit der Norm gerichteter Antrag ist deshalb grds in vollem Umfang abzuweisen (anders wenn der ASt auch für den Fall der Rechtswirksamkeit der rechtswidrigen Norm die Feststellung ihrer Rechtswidrigkeit begehrt s untern 129). Konsequenterweise kann einer die **Unwirksamkeit einer Norm verneinenden Entscheidung keine Aussage über die Rechtswidrigkeit der Norm** entnommen werden; damit fehlt es diesbezüglich – anders als bei Bejahung ihrer Unwirksamkeit – an einer in RKraft erwachsenden Entscheidung. Bedeutsam wird dies zB bei den der Konkretisierung des Grundsatzes der Planerhaltung (dazu Sendler DVBl 2005, 661) dienenden Vorschriften des § 214 BauGB nF, die sich sowohl auf Verfahrens- u Formvorschriften als auch auf Abwägungsfehler beziehen. Auf dem Grundsatz der Planerhaltung beruht auch § 10 ROG, wonach in den Landesplanungsgesetzen die Unbeachtlichkeit von Verfahrens- u Formvorschriften sowie von Abwä-

---

[274] 56, 161; 92, 144; Lü, NVwZ-RR 2001, 749; Mü BayVBl 1982, 730; Schmidt/Lange, Mühl-FS 595; Schenk/Meyer-Ladewig DVBl 1976, 209; Kopp NJW 1976, 1964; allg auch BVerwG 56, 261; NVwZ 1993, 685 mwN; Heußner NJW 1982, 257; aA Ey-J. Schmidt 92a: Annahme einer vorläufigen weiteren Anwendbarkeit nicht haltbar.

[275] Vgl BVerfG NVwZ 1989, 350: wenn nicht in angemessener Frist eine Korrektur durch den Normgeber erfolgt, uU Ausfüllung der Lücke durch die Rspr.

gungsmängeln geregelt werden kann.[276] Aber auch außerhalb des Planungsrechts finden sich Normen, welche die Fehlerfolgen von Normen, insb bei Verfahrensfehlern, einschränken, so **kommunalrechtliche Normen** der Länder (s zB § 4 Abs 4 BWGO) in bezug auf die Verletzung von Verfahrens- u Formvorschriften.[277] Diese Normen sind allerdings (ähnlich wie § 46 VwVfG) **nicht etwa so zu verstehen,** daß die dort genannten Verletzungen (was bereits eine contradictio in adjecto darstellte) **keine Rechtswidrigkeit beinhalten,** sie betreffen vielmehr ausschließlich die **Rechtswirkung** der rechtswidrigen Norm u schließen hier eine sonst bei Rechtswidrigkeit von Normen grds zu bejahende Rechtsunwirksamkeit aus.[278] Für die Bejahung einer Rechtswidrigkeit (gegen sie aber wohl Sch-Gerhardt/Bier 12 vor § 47) sprechen **dieselben Erwägungen wie bei § 46 VwVfG** (s dazu eingeh Schenke DÖV 1986, 305 ff u 55 zu § 113). Die im Vergleich zu § 46 VwVfG andere Wortwahl des Gesetzgebers erklärt sich lediglich daraus, daß rechtswidrige Normen sonst grds unwirksam (nichtig) sind u anders als rechtswidrige VAe keiner Aufhebung bedürfen. Das ändert aber nichts daran, daß eine unter Verstoß gegen Verfahrens- u Formvorschriften erlassene Norm ebenso wie ein verfahrens- und/oder formfehlerhafter VA rechtswidrig ist.[279] **Bestätigt wird dies durch § 216 BauGB,** nach dem die Verpflichtung der für das GenehmigungsVf zuständigen Behörde unberührt bleibt, die Einhaltung der Vorschriften zu prüfen, deren Verletzung sich nach §§ 214 f BauGB auf die Rechtswirksamkeit eines Flächennutzungsplans oder einer Satzung nicht auswirkt.

Dies gilt insb auch für die nach **§ 214 Abs 3 S 2 BauGB unbeachtlichen** 128 **Mängel im Abwägungsvorgang.** Auch hier werden nur die **Rechtsfolgen einer Rechtswidrigkeit** unter Heranziehung von **Offensichtlichkeitskriterien** u aus **Kausalitätsgründen** eingeschränkt.[280] Die Vorstellung, ein Bebauungsplan könne offensichtliche rechtliche Mängel aufweisen, sei aber dennoch nicht rechtswidrig, wenn diese ohne Einfluß auf das Abwägungsergebnis bleiben, vermag schwerlich zu überzeugen.

In den Fällen, in welchen eine rechtswidrige Norm rechtswirksam ist u auch 129 keine Pflicht zur Behebung der Rechtswidrigkeit besteht, muß aber auf **Antrag des Betroffenen** u bei **berechtigtem Interesse** wenigstens **die Rechtswidrigkeit** feststellbar sein (dazu näher Schenke GdS Kopp unter C II 4 c) Wenn sie mit einer subjektiven RVerletzung verbunden ist, ist die Feststellung der Rechtswidrigkeit im Hinblick auf Art 19 Abs 4 GG sogar geboten (dazu weiter unten unter 129), wenn ein berechtigtes Interesse (etwa wg Wiederholungsgefahr) besteht. Dabei spricht viel dafür, bei der Bejahung eines berechtigten Interesses großzügig zu verfahren u dies bei rechtswidrigen, aber rechtswirksamen Bebauungsplänen grds anzuerkennen, da andernfalls entspr Rechtsverstöße, auch wenn sie mit einer subjektiven RVerletzung einhergehen, stets einer gerichtlichtlichen

---

[276] Näher zur raumordnungsrechtlichen Planerhaltung im Lichte des europäischen Rechts Kment DÖV 2006, 462 ff.

[277] Diese Vorschriften bilden aber entgegen der Auffassung von Sendler DVBl 2005, 665 keine Basis für eine richterrechtliche Ausdehnung der Sanktionslosigkeit von Rechtsverstößen über den Bereich des Planungsrechts hinaus. Eine solche kann – und auch das nur in engen Grenzen – lediglich durch den Gesetzgeber angeordnet werden. Der einzige Fall, in dem Sendler von einer derartigen, sE nachahmenswerten richterrechtlichen Fortentwicklung ausging (nämlich DVBl 2002, 1409), dürfte denn auch nicht in diesen Zusammenhang gehören (s dazu oben 118).

[278] So zutr Schmaltz DVBl 1990, 77 ff; Schrödter-Schmaltz BauGB 4 zu § 214 BauGB.

[279] In diesen Fällen liegt entgegen Sauthoff BauR 1997, 740 auch eine subjektive RVerletzung vor, auf die es allerdings für die Begründetheit einer NK nicht ankommt.

[280] Dagegen wird bei Sch-Gerhardt/Bier 12 vor § 47 davon ausgegangen, § 214 Abs 3 S 2 BauGB verneine bereits die Rechtswidrigkeit des Bebauungsplans bei unbeachtlichen Fehlern.

Überprüfung entzogen wären (näher Schenke Kopp-GS unter C II 4c cc, vgl auch zum entspr Problem bei VAen 145 zu § 113). Der Umstand, daß die subjektive RVerletzung hier als solche (anders als bei einer Anfechtungsklage) nicht Verfahrensgegenstand ist, steht der Rechtsschutztauglichkeit einer Rechtswidrigkeitsfeststellung nicht im Wege, denn Art 19 Abs 4 GG fordert nicht zwingend, daß die subjektive RVerletzung Verfahrensgegenstand ist (s auch oben 3). In Betracht kommt die Möglichkeit einer Feststellung der Rechtswidrigkeit in den Fällen des § 214 Abs 3 S 2 bei **zwei Konstellationen,** nämlich einmal, wenn der Abwägungsfehler auf das Abwägungsergebnis von Einfluß war, es aber an einem offensichtlichen Abwägungsmangel fehlte, zum zweiten zwar ein offensichtlicher Abwägungsmangel vorlag, dieser aber für das Abwägungsergebnis nicht von Einfluß war. Der erste Fall spielt allerdings im Hinblick auf die extensive Interpretation des Kriteriums „offensichtlich" kaum eine Rolle. Bedeutsam dürfte hingegen die zweite Fallgestaltung sein, bei der eine Offensichtlichkeit zwar gegeben ist, diese aber für das Abwägungsergebnis ohne Einfluß blieb. In einem solchen Fall, bei dem die Unwirksamkeit der Norm unter dem Gesichtspunkt des Rechtswidrigkeitszusammenhangs ausgeschlossen wird, ist bei Vorliegen eines entspr Antrags u beim Bestehen eines berechtigten Interesses eine **Feststellung der Rechtswidrigkeit der Norm** – ähnlich wie in den Fällen des § 46 VwVfG bzw § 75 Abs 1a S 1 VwVfG gem § 113 Abs 1 S 4 hins der Rechtswidrigkeit eines VA (s 108 zu § 42) – zulässig. Die Feststellung der Rechtswidrigkeit einer Norm ist auch dann statthaft, wenn die Norm infolge Zeitablaufs geheilt ist u das materielle Recht der Heilung nicht die Wirkung beimißt, auch für die Vergangenheit die Rechtswidrigkeit der geschaffenen Regelung zu beseitigen.

Der ggü der Feststellung der Rechtswidrigkeit einer Norm erhobene Einwand, sie sei angesichts der sich aus der Rechtswidrigkeit einer Norm zwangsläufig ergebenden Nichtigkeit bzw Unwirksamkeit in Wahrheit nur eine andere Formulierung für die „Unwirksamerklärung" (so Ey-J. Schmidt 92a), überzeugt nicht. Rechtswidrigkeit eines Hoheitsaktes u seine Nichtigkeit bzw Unwirksamkeit müssen genauso wie bei anderen Hoheitsakten auch bei Normen rechtstheoretisch streng geschieden werden. Der Erlaß eines Hoheitsakts unter Verstoß gegen Normen, bei dessen Vorliegen rechtslogisch immer eine Rechtswidrigkeit des Hoheitsakts anzunehmen ist, muß von der differenziert zu beurteilenden Frage getrennt werden, welche Folgen das Recht an einen solchen Verstoß knüpft. Wie bei rechtswidrigen VAen deutlich wird, die regelmäßig trotz ihrer Rechtswidrigkeit rechtswirksam sind, ja uU trotz ihrer Rechtswidrigkeit nicht einmal aufgehoben werden können (§ 46 VwVfG, dazu 55ff zu § 113), braucht die Rechtswidrigkeit eines Hoheitsakts keineswegs notwendigerweise dessen Unwirksamkeit bzw Nichtigkeit nach sich zu ziehen. An der Richtigkeit dieser Feststellung ändert es auch nichts, daß rechtswidrige Normen idR unwirksam sind. Die Existenz rechtswidriger, dennoch aber rechtswirksamer Normen ist in der Rspr des BVerfG iü schon seit langem anerkannt (dazu mwN Pestalozza, in: Bundesverfassungsgericht und Grundgesetz I 1976, 519ff; s ferner zB Maurer, Weber-FS 1974, 345ff); das Auseinanderfallen von Rechtswidrigkeit u Nichtigkeit einer Norm wird bei Bebauungsplänen zudem gerade an § 214 Abs 3 S 2 BauGB aF u nF evident. Er beweist, daß keineswegs jeder unter Verstoß gegen (auch subjektive Rechte begründende) Rechtsvorschriften erlassene u damit notwendigerweise rechtswidrige Bebauungsplan unwirksam ist. Die Notwendigkeit der hier befürworteten Feststellung der Rechtswidrigkeit in solchen Fällen ist (bei bestehendem RSB) eine zwingende Konsequenz des Art 19 Abs 4 GG (s dazu Schenke, Rechtsschutz, 158 sowie oben 8), der sich nach heute ganz herrschender, auch durch das BVerwG (zB 80, 361; NVwZ 1990, 163; NJW 2000, 3584) geteilter Auffassung jedenfalls auf untergesetzliche Rechtsvorschriften erstreckt. Das RSB für eine solche Feststellung kann keineswegs generell geleugnet werden, insb wenn Wiederholungsgefahr besteht.

Trotzdem ergeben sich bezüglich des Ausschlusses bzw einer Einschränkung der Unwirksamkeitsfolge sowohl unter allg **rechtsstaatlichen Gesichtspunkten** wie auch dem Aspekt des Eigentumsgrundrechtsschutzes Bedenken. Letztere resultieren insb daraus, daß bei einer normativen Verletzung subjektiver Rechte des Betroffenen – ebenso wie bei sonstigem ihn in seinen Rechten verletzenden Verwaltungshandeln (s zum FBA 80 ff zu § 113) – dieser grds einen **Anspr darauf** hat, daß die entspr **individuelle RVerletzung beseitigt** wird,[281] u dieser Anspr – sofern die Norm nicht ohnehin schon unwirksam ist – idR eine diesem Zweck dienende **materiellrechtliche Sanktion verlangt.** Rechtsstaatliche Erwägungen veranlaßten denn auch das BVerwG zu einer **verfassungskonformen Interpretation des § 214 Abs 3 S 2 BauGB aF,**[282] die auch für § 214 Abs 1 Nr 1 u Abs 3 S 2 BauGB nF[283] zu gelten hat. Ein offensichtlicher Verfahrens- bzw Abwägungsmangel ist demnach dann anzunehmen, wenn aus den „objektiv feststellbaren Sachumständen" u „ohne Ausforschung der Mitglieder des Rates über deren Planvorstellungen" erkennbar ist, daß abwägungserhebliche Belange, die der Gemeinde bekannt waren oder die sich ihr hätten aufdrängen müssen, übergangen worden sind. Dabei hat das BVerwG in seiner späteren Rspr klargestellt, daß ein offensichtlicher Mangel nicht schon deshalb vorliege, weil Planbegründung u Aufstellungsverfahrensakten keinen ausdr Hinweis darauf enthalten, daß der Plangeber sich mit bestimmten Umständen abwägend befaßt hat.[284] **130**

Hins der in § 214 Abs 3 S 2 BauGB aF für die Erheblichkeit von Mängeln im Abwägungsvorgang genannten zweiten Voraussetzung, daß die Abwägungsmängel „auf das Abwägungsergebnis von Einfluß gewesen sind", war das BVerwG ebenfalls bemüht, die Fälle der Unbeachtlichkeit von Mängeln einzugrenzen. Dementsprechend genügte es bereits, wenn nach den Umständen des Einzelfalles die **konkrete Möglichkeit eines solchen Einflusses bestand,** was etwa dann der Fall sein konnte, wenn sich anhand der Planunterlagen oder sonst erkennbarer oder naheliegender Umstände ergab, daß sich ohne die Fehler im Abwägungsvorgang ein anderes Abwägungsergebnis abgezeichnet hätte.[285] An diese Rspr kann auch iVm § 214 Abs 1 Nr 1 u Abs 3 S 2 BauGB nF angeknüpft werden. **131**

Soweit Rechtsvorschriften (zB § 215 BauGB für bestimmte Fehler von Bebauungsplänen) vorsehen, daß Fehler nur innerhalb einer bestimmten Frist gerügt werden können, ist es zweifelhaft, ob die entspr Norm vor Ablauf der Frist für die Rüge von Mängeln wirksam ist. Dies war richtigerweise bisher schon abzulehnen,[286] womit es bei der Unwirksamkeit der betr Regelung bleibt. **132**

Eine besondere Form einer begrenzten Fehlerbeachtlichkeit hatte der Gesetzgeber mit dem BauROG in **§ 215 a Abs 1 BauGB aF** eingeführt, der bestimmte, daß **Mängel der Satzung, die nicht nach den §§ 214 u 215 BauGB aF unbeachtlich** waren u die durch ein **ergänzendes Vf behoben werden** konn- **133**

---

[281] Vgl hierzu näher Schenke Rechtsschutz 147 ff u BK-Schenke 302 f zu Art 19 Abs 4 GG; dem folgend Stern StaatsR III/1 § 66 III 1 a a.

[282] 64, 38 = NJW 1982, 591; s auch NVwZ 1992, 662; 1992, 663; 1995, 692.

[283] Zu diesen Neuregelungen, bei denen die Grenzziehung zwischen Verfahrensfehlern und materiellrechtlichen Abwägungsfehlern neu vorgenommen wurde, ohne daß sich hierdurch im Ergebnis nennenswerte Änderungen ergeben haben, s näher Erbguth JZ 2006, 489 ff; Quaas/Kukk BauR 2004, 1541 ff; Stelkens UPR 2005, 81 ff; Uechtritz ZfBR 2005, 11 ff.

[284] NVwZ 1992, 663; NVwZ 1995, 693; Bell/Rehak UPR 2001, 297 ff; krit hierzu – da die Gemeinde die Fehlerfolgen anderenfalls durch ungenügende Dokumentation manipulieren könnte – Brügelmann/Dürr 47 zu § 214 BauGB.

[285] 64, 33 = NJW 1982, 591; NVwZ 1992, 663; 1996, 791; NVwZ-RR 1996, 69; für eine noch stärkere Eingrenzung Sch-Gerhardt/Bier 13 vor § 47.

[286] So auch Battis BauGB 2 zu § 214; BerlK-Lemmel 18 zu § 215 BauGB; Schmaltz DVBl 1990, 79 ff.

ten, nicht zur Nichtigkeit führen sollten, die Satzung aber bis zur Behebung des Mangels keine Rechtswirkung entfalten sollte.[287] Zudem sah § 215a Abs 2 BauGB aF vor, daß bei Verletzung der in § 214 Abs 1 BauGB aF bezeichneten Vorschriften oder sonstigen Verfahrens- oder Formfehlern nach Landesrecht der Flächennutzungsplan oder die Satzung auch mit Rückwirkung erneut in Kraft gesetzt werden konnte. Diese Vorschrift ist nunmehr durch das EAG Bau aufgehoben worden, das zugleich in § 214 Abs 4 BauGB nF bestimmt, daß der Flächennutzungsplan oder die Satzung durch ein ergänzendes Vf zur Behebung von Fehlern auch rückwirkend in Kraft gesetzt werden soll. Eine **rechtliche Änderung** wird mit dieser im wesentlichen aus systematischen Gründen erfolgten Novellierung des § 214 Abs 4 BauGB **nicht bezweckt** (BT-Dr 15/2250, 65; Kraft UPR 2004, 335), Vielmehr bleibt es dabei, daß durch eine im Wege eines ergänzenden Vf erfolgende Behebung von Fehlern, welche (zunächst) die Unwirksamkeit einer Satzung nach dem BauGB begründeten, der Satzung Wirksamkeit verschafft werden kann. Die Behebung eines Mangels durch ein ergänzendes Vf ist selbst dann nicht ausgeschlossen, wenn zur Behebung des Mangels der Planinhalt geändert werden muß (NVwZ 1999, 414). Eine Fehlerbehebung kommt iü nicht nur in bezug auf Verfahrensfehler in Betracht, vielmehr kann sie sich auch auf Abwägungsfehler beziehen. Genausowenig wie nach § 215a BauGB aF ist aber auch nach § 214 Abs 4 BauGB nF im Wege eines ergänzenden Vf eine Fehlerbehebung zulässig, welche den Kern der Abwägungsentscheidung betrifft[288] bzw die Grundzüge der Planung berührt (DVBl 1999, 243). Möglich ist nach der durch ein ergänzendes Vf erfolgenden Behebung von Mängeln gem § 214 Abs 4 BauGB auch die Anordnung der Rückwirkung durch den Satzungsgeber. Unter rechtsstaatlichen Gesichtspunkten ist eine solche gesetzlich zugelassene rückwirkende Anordnung der Wirksamkeit einer zunächst in unwirksamer Weise erlassenen Satzung nach Behebung ihr anhaftender rechtlicher Mängel jedenfalls grds dann nicht zu beanstanden, wenn sich hierdurch der Inhalt der Satzung, insb also eines Bebauungsplans, nicht verändert oder sie zu keinen stärkeren Beeinträchtigungen der Planbetroffenen führt. Ob im Wege eines ergänzenden Vf eine Fehlerbehebung durch den Normgeber vorgenommen wird, bleibt diesem überlassen; verpflichtet ist er hierzu nicht. Erst recht besteht für ihn keine Verpflichtung, der Rechtsnorm nach der im Rahmen eines ergänzenden Vf vorgenommenen Fehlerbehebung Rückwirkung beizumessen.

Prozeßrechtlich hat das EAG Bau aber durch die in seinem Rahmen erfolgte Novellierung des § 47 Abs 5 zu **Änderungen geführt.** Abweichend von der früheren Rechtslage hat die Tenorierung nach § 47 Abs 5 nF unabhängig von der Behebbarkeit des zur Unwirksamkeit einer Norm führenden Mangels einheitlich zu erfolgen. Deshalb ist selbst dann, wenn der ASt die Unwirksamkeit einer Rechtsnorm aus einem im Wege eines ergänzenden Vf nicht behebbaren Mangel erstrebt, das OVG nicht verpflichtet, erst zu überprüfen, ob die Norm tatsächlich wg eines nicht behebbaren Mangels unwirksam ist (anders nach § 47 Abs 5 aF, dazu eingeh 13. Aufl 133). Vielmehr kann es die Unwirksamerklärung auch auf einen in einem ergänzenden Vf behebbaren Mangel stützen u es dabei dahingestellt lassen, ob möglicherweise auch ein nicht behebbarer Mangel vorliegt. In einem solchen Fall scheidet konsequenterweise auch – anders als dies vor der Novellierung des § 47 Abs 5 zutraf[289] – eine teilweise Abweisung des

---

[287] Vgl hierzu Battis/Krautzberger/Löhr NVwZ 1997, 1166; Dolde NVwZ 2001, 976 ff; Gaentzsch UPR 2001, 201 ff; Rieger UPR 2003, 161; J. Schmidt NVwZ 2000, 977 ff sowie allg zu Fehlern in der Bauleitplanung Rabe ZfBR 2001, 229 ff.

[288] ZfBR 1999, 106 f; Ma NuR 1998, 438; Mü BRS 62 Nr 60, 311; Kuhla/Hüttenbrink DVBl 1999, 900.

[289] NVwZ 2003, 621; Grünebaum DVP 2004, 53 ff; 13. Aufl 133; **aA** Quaas VBlBW 2002, 290; J. Schmidt NVwZ 2000, 977.

NKAntrags aus, wenn der ASt begehrte, die Norm wg eines nicht behebbaren Mangels für unwirksam zu erklären. Aus diesem Grund ist dem ASt hier mangels Vorliegens einer Beschwer auch die Einlegung von RMitteln nicht möglich (44 vor § 124). Beruht die Erklärung der Unwirksamkeit darauf, daß ein in einem ergänzenden Vf behebbarer Mangel vorliegt, so vermag der Normgeber die Norm nunmehr nach Behebung des Mangels in einem ergänzenden Vf in rechtwirksamer Weise zu erlassen, ohne daß dem die RKraft der vorher ergangenen NKEntscheidung im Wege steht (22a zu § 121). Allerdings besteht ebenso wie nach § 47 Abs 5 S 4 aF[290] auch nach § 47 Abs 5 S 2 nF keine Verpflichtung des Normgebers, den Mangel in einem ergänzenden Vf zu beheben.

e) Außer Kraft getretene Normen. Ist die zu prüfende Rechtsvorschrift **bereits vor der NKEntscheidung** außer Kraft getreten, so ist die Feststellung zu beantragen, daß sie **unwirksam war.**[291] Entsprechendes gilt für die Entscheidung des Gerichts. S zu außer Kraft getretenen Normen als Gegenstand der NK oben 26, zum RSB oben 90. 134

f) Rechtswidrigwerden, Funktionslosigkeit. Nach zutr u unbestrittener Auffassung des BVerfG können Normen nicht nur bereits im Erlaßzeitpunkt rechtswidrig sein, sondern auch rechtswidrig werden.[292] Wie in diesem Fall der Entscheidungstenor lautet, hängt von den materiellrechtlichen Rechtsfolgen des Rechtswidrigwerdens ab. Sofern sich die Rechtsfolge auf den Eintritt der Rechtswidrigkeit beschränkt, kommt es nur zur Feststellung der Rechtswidrigkeit. Ist die Norm zugleich unwirksam geworden, so ist sie auch **für unwirksam zu erklären.** Grds ist in beiden Fällen der Zeitpunkt des Rechtswidrig- bzw des Unwirksamwerdens zusätzlich in den Entscheidungstenor aufzunehmen. Darüber hinaus kommt nach Maßgabe des materiellen Rechts u in Anknüpfung an die verfassungsgerichtliche Rspr die **Unwirksamerklärung** erst **mit Wirkung ab einem** vom Gericht in seiner Entscheidung zu bestimmenden **zukünftigen Zeitpunkt** in Betracht.[293] Für eine solche Lösung spricht auch die **Regierungsbegründung** (BT-Dr 7/4324, 8) zur Novellierung der VwGO, wenn dort in bezug auf dieses Problem festgestellt wird, daß auch die Verfassungsgerichtsbarkeit in der Lage gewesen sei, für derartige Fälle praktikable Lösungen zu finden u zugleich gefordert wird, daß auch die OVGe „Lösungen, welche den tatsächlichen Gegebenheiten Rechnung tragen, finden können u auch finden müssen". Keinen tauglichen Einwand ggü der hier vertretenen Ansicht liefert die Berufung auf die **„Ökonomisierungsaufgabe des § 47"** (so aber Sch-Gerhardt/Bier 114), denn gerade diese spricht für die Zulässigkeit eines solchen Entscheidungsinhalts, der eine erneute spätere Durchführung einer NK entbehrlich macht. **Als Ausnahme** von dem in Abs 5 genannten Grundsatz der Unwirksamerklärung ist diese Möglichkeit jedoch, sofern es an ausdrücklichen in diese Richtung deutenden gesetzlichen Regelungen fehlt, **auf Fälle zu be-** 135

[290] S auch DÖV 1997, 252; zu sich iVm § 17 Abs 6c S 2 FStrG aF (nunmehr § 17e Abs 6 S 2 FStrG nF) und ähnlichen Bestimmungen stellenden entspr Problemen ebenso 100, 372f; für eine Pflicht zur Behebung eines Mangels iVm § 215a Abs 1 BauGB aF hingegen Battis/Krautzberger/Löhr NVwZ 1997, 1166.

[291] Vgl 68, 12 = NJW 1984, 881; DVBl 1978, 963; Mü 16, 76.

[292] ZB BVerfG 26, 116; 59, 337; 68, 309; 71, 393; 78, 119f; 78, 287; 83, 16; 84, 272; 85, 87; 88, 309; s auch BayVerfGH 41, 76f; 39, 140f; BWStGH BWVPr 1979, 184; SaarlVerfGH DÖV 1993, 910; selbst für Bebauungspläne anerkannt von Sch-Gerhardt/Bier 111 aE; w Nachw Baumeister Rechtswidrigwerden 55ff; 181ff. Bzgl § 47s Bln UPR 1992, 358; Ma DVBl 1979, 923; NKVwGO-Ziekow 356; Schenke Rechtsschutz 294; JZ 1996, 1119.

[293] Mü BayVBl 1982, 730; vgl auch BVerfG 37, 261; 61, 356; NJW 1987, 888: geboten, wenn die Folgen der Nichtigerklärung der verfassungsrechtlichen Ordnung noch ferner stünden als der bisherige Zustand.

schränken, in denen die (ansonsten gebotene) Unwirksamerklärung **erhebliche, anders nicht zu vermeidende Störungen oder sonst nicht oder nur schwer wiedergutzumachende Schäden für das Gemeinwohl** zur Folge hätte oder zwingenden Erfordernissen wirksamen Rechtsschutzes (einschließlich des Schutzes des berechtigten Vertrauens der Betroffenen auf den Bestand der Rechtsvorschrift) widersprechen würde (Mü BayVBl 1987, 751: noch für das laufende Schuljahr; s auch C. Hartmann DVBl 1997, 1268 mwN). **Das Gericht** überschreitet mit solchen Entscheidungen seine Kompetenzen als Gericht nicht, sondern wendet nur den besonderen, dem Verfassungsrecht zuzurechnenden **besonderen Gemeinwohlvorbehalt** an, der als ungeschriebenes Recht das sonst anzuwendende materielle Recht in diesen Fällen ergänzt u modifiziert. Im einzelnen ist jedoch dabei **ein strenger Maßstab** anzuwenden.

136 Auch wenn das Gericht nach diesen Grundsätzen sich auf die Feststellung der Rechtswidrigkeit der Vorschrift beschränkt, ist im Hinblick auf Art 19 Abs 4 GG u auf den Grundsatz der Prozeßökonomie zusätzlich die **Bestimmung eines Zeitpunkts,** ab dem die angegriffene Rechtsvorschrift unwirksam wird, idR jedenfalls dann geboten, **wenn** die in Frage stehende Rechtsvorschrift bereits **unmittelbar Rechte des ASt verletzt** (vgl § 113 Abs 1) u eine RVerletzung nicht erst von noch zu erwartenden VAen oder sonstigen Handlungen der Behörden zu befürchten ist. Es wäre mit dem **Grundsatz der Prozeßökonomie** nicht vereinbar, wenn das Gericht sich in solchen Fällen mit der Feststellung der Rechtswidrigkeit der angegriffenen Rechtsvorschrift begnügen u es dem Normgeber überlassen würde, wann er die (zunächst ja noch anwendbare!) Rechtsvorschrift außer Kraft setzt, mit der Folge, daß ggf nach Wegfall der besonderen Umstände, die der Unwirksamerklärung ex tunc entgegenstanden, in einem weiteren Vf aufgrund eines neuen Rechtsbehelfs des Betroffenen zu klären wäre, ob die Rechtsvorschrift nunmehr auch unwirksam geworden ist (vgl insoweit auch zur analogen Situation bei einem Obsoletwerden von Rechtsvorschriften 54, 5; der Wegfall der besonderen Gründe für eine vorläufige beschränkte Weitergeltung ist damit vergleichbar). – Die Bestimmung eines Zeitpunktes, von dem ab die Rechtsvorschrift jedenfalls unwirksam wird, steht einer **vorherigen Außerkraftsetzung** der Rechtsvorschrift bzw Ersetzung durch eine andere Rechtsvorschrift **durch den zuständigen Verordnungsgeber** nicht entgegen, da dieser, wie während des Vf nach § 47 so auch während einer vom Gericht angenommenen „Auslaufzeit", seine Befugnis, über die Rechtsvorschrift zu verfügen, nicht verliert.

137 Angesichts der grds Möglichkeit des Rechtswidrigwerdens von Normen kommt es für die Beurteilung der Rechtmäßigkeit u damit auch der Gültigkeit ausschließlich auf die Sach- u Rechtslage im **Zeitpunkt der mV bzw der gerichtlichen Entscheidung** an.[294] Allein dies steht im Einklang mit einem sonst das Prozeßrecht prägenden Grundsatz, demzufolge prinzipiell dieser Zeitpunkt maßgeblich ist (s auch 37 zu § 42 u BVerwG 97, 81 f). Die Frage, inwieweit **nach Beschlußfassung des Normgebers bzw nach Inkrafttreten der Norm eintretende Umstände** noch das Urteil über die **Rechtmäßigkeit**

---

[294] Baumeister Rechtswidrigwerden 66 ff; Schenke 913; der Sache nach auch Ks NVwZ-RR 2004, 471, wonach nur dann auf den Zeitpunkt der letzten mV bzw der Entscheidung abzustellen ist, wenn nachträglich eintretende Umstände zu einer anderen Beurteilung der Rechtmäßigkeit der Norm nötigen. Auch hier wird damit anerkannt, daß Rechtsnormen nachträglich rechtswidrig werden können und dies noch im Rahmen der Entscheidung über die NK zu berücksichtigen ist. Solange sich aber keine Veränderung der Sach- und Rechtslage ergibt, die eine andere Beurteilung der Rechtmäßigkeit der Norm als im Zeitpunkt ihres Erlasses rechtfertigt, ist diese im maßgeblichen Zeitpunkt der gerichtlichen Entscheidung genauso zu bewerten wie in dem hier nach Ansicht des VGH Kassel maßgeblichen Moment ihres Erlasses; s auch zum parallelen Problem bei der Anfechtung von VAen und den hier bestehenden Verständigungsproblemen 39 zu § 113 sowie Schenke 782 ff.

einer Rechtsnorm **beeinflussen** (was selten zutrifft), bemißt sich dabei **ausschließlich nach materiellem Recht** (s zum entspr Problem iVm der Anfechtung von VAen 41 ff zu § 42). Denkbar ist dabei etwa, daß eine zunächst **rechtmäßig erlassene Rechtsnorm nachträglich rechtswidrig wird.** Das kommt etwa bei PolizeiVOen in Betracht, die (vergleichbar mit VAen mit Dauerwirkung, s dazu 43 ff zu § 113) ein dauerndes Verbot beinhalten u denen die sie rechtfertigende Gefahr (zB das Bestehen einer Seuche) nachträglich entfallen ist. Hier ergibt sich das Rechtswidrigwerden bzw die Verpflichtung des Normgebers, solche PolizeiVOen aufzuheben, aus dem **Übermaßverbot.** Fraglich kann nur sein, ob die Norm mit ihrem Rechtswidrigwerden auch zugleich unwirksam bzw nichtig wird (so im Grundsatz Baumeister Rechtswidrigwerden 269 ff) oder ob, wofür einiges spricht, aus Gründen der **Rechtssicherheit** erst dann von der Unwirksamkeit der Norm auszugehen ist, wenn es der **Normgeber versäumt** hat, innerhalb einer **angemessenen Frist die Norm aufzuheben.**[295]

Kein Rechtmäßigwerden: Fälle, in welchen eine **rechtswidrige Norm nachträglich rechtmäßig wird, scheiden grds aus** (s zum entspr Problem bei VAen 47 ff zu § 113). Soweit eine Kontrolle auf Abwägungsmängel stattfindet, ist es deshalb (vorbehaltlich abweichender gesetzlicher Regelungen, s hierzu oben 127 ff) zB ausgeschlossen, einen einer Norm anhaftenden Abwägungsmangel, wie er etwa aus einer ungenügenden Sachverhaltsermittlung resultieren kann, später durch ein **Nachschieben von Gründen** zu heilen (s zu einem Sonderfall bei formellen Gesetzen auch SächsVerfGH SächsVBl 1999, 243). Denkbar ist jedoch, daß durch den Normgeber unter Beachtung verfassungsrechtlicher Vorgaben[296] eine rechtswidrige Norm **rückwirkend** durch eine **rechtswirksame mit demselben Inhalt ersetzt wird** oder nach Maßgabe gesetzlicher Regelungen wie § 214 Abs 4 BauGB nF in sonstiger Weise die **Heilung** einer rechtswidrigen Norm herbeigeführt wird. Wird ein an einem Ausfertigungsmangel leidender Bebauungsplan während eines anhängigen NK-Vf nach Behebung des Mangels nachträglich in Kraft gesetzt, so bleibt in Konsequenz des § 214 Abs 4 BauGB nF der inhaltlich unveränderte Bebauungsplan nach wie vor Verfahrensgegenstand, auch wenn er nicht mit Rückwirkung in Kraft gesetzt wurde (so zu § 215 a BauGB aF NVwZ 2000, 807). Schließlich kann der Gesetzgeber, ohne an der Rechtswidrigkeit der Norm etwas zu ändern, jedenfalls bei bestimmten, einer Norm anhaftenden Fehlern nach Ablauf einer bestimmten Zeit deren **Wirksamkeit anordnen** u damit – ähnlich wie bei VAen (vgl dazu 50 f zu § 113) – einen sonst bei normativen RVerletzung bestehenden **Beseitigungsanspr ausschließen,**[297] womit dann noch eine **Feststellung der Rechtswidrigkeit** der Norm in Betracht kommt (s oben 125 ff). Obwohl es dem ASt bei einer NK regelmäßig auf die Feststellung der Rechtswidrigkeit u Unwirksamkeit der Norm im Zeitpunkt der gerichtlichen Entscheidung (bzw der letzten mV) ankommt, ist denkbar, daß bei berechtigtem Interesse die Unwirksamkeit (bzw Rechtswidrigkeit) der Norm auch zu einem früheren Zeitpunkt festgestellt wird (s auch zum entspr Problem bei Feststellungsklagen 11 u 18 sowie 25 zu § 43). Fehlt es an Heilungsnormen (wie § 214 Abs 4 BauGB nF) 138

[295] Die Rspr des BVerfG ist in dieser Frage nicht einheitlich; überwiegend wird bereits das Rechtswidrigwerden an den Fristablauf gekoppelt, s Nachw bei Baumeister Rechtswidrigwerden 232 Fn 207; für ein Rechtswidrigwerden ohne sofortige Nichtigkeit dagegen etwa Steiner BB 1989, Beilage 3, 8; zum Fall eines Rechtswidrigwerdens bzw der Nichtigkeit einer Norm erst zu einem zukünftigen Zeitpunkt s oben 135, zur Antragsfrist oben 85.

[296] S dazu näher BVerfG 13, 271 f; 14, 299; 22, 252; Schenke AgrarR 1990, 33.

[297] Vgl zu dem prinzipiell bestehenden Beseitigungsanspruch Schenke Rechtsschutz 77 ff; BK-Schenke 302 zu Art 19 Abs. 4 GG; Stern StaatsR III/1, 673 ff; v Engelhardt, Der Rechtsschutz gegen Rechtsnormen 111; Lorenz, Der Rechtsschutz des Bürgers und die Rechtsweggarantie 278 Fn 39; H. H. Rupp DÖV 1974, 195; Schwabe, Probleme der Grundrechtsdogmatik 196 ff; Baumeister Rechtswidrigwerden 81 ff.

oder an (rechtsgültigen) Vorschriften, welche die Unbeachtlichkeit von Fehlern normieren, die einer zunächst nach § 47 angegriffenen Rechtsvorschrift anhaften u wird nunmehr während des NK-Vf die rechtswidrige Norm durch eine rechtmäßige ersetzt, so erledigt sich die NK u kann die neu erlassene Norm nur im Wege einer Antragsänderung analog § 91 zum Gegenstand des vorher anhängig gemachten Vf gemacht werden (s zum Parallelproblem bei VAen 73 zu § 113 aE).

139 **Das Rechtswidrigwerden von Bebauungsplänen, Funktionslosigkeit:** Die Möglichkeit des Rechtswidrigwerdens und die Konsequenzen für den maßgeblichen Beurteilungszeitraum gelten auch für **Bebauungspläne.** Die hM vertritt demgegenüber ua unter Rückgriff auf § 214 Abs 3 S 1 BauGB die Auffassung, maßgeblicher Zeitpunkt für die gerichtliche Beurteilung der Gültigkeit einer Satzung nach § 10 BauGB sei hins des Abwägungsvorgangs der Zeitpunkt der Beschlußfassung über den Bauleitplan, hins des Abwägungsergebnisses der Zeitpunkt der Bekanntmachung.[298] Bereits die Abweichung im Hinblick auf das Abwägungsergebnis zeigt, daß sich § 214 Abs 3 S 1 BauGB nur auf den Abwägungsvorgang beziehen kann. Darüber hinaus sieht sich auch die hM zur Berücksichtigung mancher Veränderungen der Rechts- oder Sachlage nach Bekanntmachung und Inkrafttreten der Satzung gezwungen. So geht die ganz hM von der Möglichkeit des Außerkrafttretens von Bebauungsplänen bzw einzelner Festsetzungen infolge von **Funktionslosigkeit** aus.[299] Diese soll vorliegen, wenn u soweit die Verhältnisse, auf die sich die bauplanerische Festsetzung bezieht, in der tatsächlichen Entwicklung einen Zustand erreicht haben, der eine Verwirklichung der Festsetzung auf unabsehbare Zeit ausschließt u die Erkennbarkeit dieser Tatsache einen Grad erreicht hat, der einem etwa dennoch in die Fortgeltung der Festsetzung gesetzten Vertrauen die Schutzwürdigkeit nimmt (54, 5 = NJW 1977, 2325). Die bloße Aufgabe oder die Änderung gemeindlicher Planungsabsichten bewirkt für sich allein noch keine Funktionslosigkeit. Es muß sich vielmehr um nachträgliche tatsächliche Veränderungen handeln, die der Planverwirklichung objektiv entgegenstehen. Das wird allerdings nur in eng begrenzten Ausnahmefällen angenommen. So ist ein Bebauungsplan (Gewerbegebiet) nicht etwa deshalb bereits ganz oder tlw wg Funktionslosigkeit außer Kraft getreten, weil auf einer Teilfläche eine singuläre planwidrige Nutzung (Einrichtungshaus mit einer Verkaufsfläche von 13 000 qm) entstanden ist (NVwZ-RR 2000, 411). Neuerdings wird von einer aus Art 14 GG abzuleitenden Funktionslosigkeit bereits dann ausgegangen, wenn eine wirtschaftlich tragfähige Nutzung auf Dauer ausgeschlossen u damit unzumutbar ist u diese Tatsache so offenkundig ist, daß ein in die Fortgeltung der Festsetzung gerichtetes Vertrauen nicht mehr schutzwürdig ist (Mü NVwZ-RR 2005, 776; Selmer JuS 2006, 279).

Tatsächlich dürfte es sich bei den Fällen des Funktionsloswerdens eines Bebauungsplans jedoch um Fälle des **Rechtswidrigwerdens** (Baumeister Rechtswid-

---

[298] 56, 288 f = NJW 1979, 1516; UPR 1997, 325 f; Lü NdsVBl 2006, 71 (Berücksichtigung später aufgestellter Ziele der Raumordnung); Ma VBlBW 1999, 424; Mü BayVBl 1999, 531; Erbguth NVwZ 2000, 970 f; Lemmel, in: Berl Kommentar, 37 f zu § 214 BauGB.

[299] ZB 54, 5 = NJW 1977, 2325; 1984, 138; ZfBR 1985, 89; DVBl 1991, 159 f; 1994, 344; 1998, 235; 2004, 1320 – Funktionslosigkeit eines Kleinsiedlungsgebiets; NVwZ 1996, 395; NVwZ-RR 1997, 512 u 513; UPR 1997, 325; BauR 1997, 803; BRS 63 Nr 54; Ma VBlBW 1999, 424; Mü NVwZ-RR 2005, 777; Ms ZfBR 2000, 56; Battis BauGB 7 a zu § 9 BauGB; Bier UPR 2004, 335; Blümel/Hannig BayVBl 1978, 628; Brügelmann-Dürr 42 zu § 214 BauGB; Degenhart BayVBl 1990, 71; EZB-Bielenberg 88 zu § 2 BauGB; Gaentzsch Berl Kommentar 27 zu § 10 BauGB; Grooterhorst, Der Geltungsverlust von Bebauungsplänen durch die nachträgliche Veränderung der tatsächlichen Verhältnisse 1988; Heckmann 429 ff; Lemmel Berl Kommentar 37 zu § 214 BauGB; Selmer JuS 2006, 279 f; Steiner, Schlichter-FS 1995, 313; Tysper BauR 2001, 349 ff; w Nachw bei Baumeister GewA 1996, 318.

rigwerden 358ff; GewA 1996, 318; s auch Selmer JuS 2006, 280) handeln, welches anzunehmen ist, wenn erstens die betroffene Festsetzung des Bebauungsplans im Zeitpunkt der Kontrolle nach dem materiellen Recht nicht mehr begründbar vorgenommen werden kann u zweitens auch eine entspr Änderung oder Aufhebung der Festsetzung durch den Satzungsgeber selbst unzulässig wäre (Baumeister GewA 1996, 324). Diese Voraussetzungen zeigen, daß – entspr dem, was für VAe gilt (s 38 zu § 113) – ein Rechtswidrigwerden von Normen grds nicht schon dann anzunehmen ist, wenn die Norm nicht erneut rechtmäßig erlassen werden könnte, auch wenn dies eine der Voraussetzungen des Rechtswidrigwerdens ist (s näher Baumeister Rechtswidrigwerden 255f). Im Hinblick auf die Entscheidung nach § 47 führt sowohl die Annahme eines Funktionsloswerdens als auch die eines Rechtswidrigwerdens zu der Feststellung der (ab einem bestimmten Zeitpunkt eingetretenen) Unwirksamkeit des gesamten Bebauungsplans oder eines Teils davon. Nur hins des Zeitpunkts des Eintritts der Unwirksamkeit unterscheiden sich diese Fälle vom Normalfall der Unwirksamerklärung (s oben 120 u 135). Zu beachten ist iü, daß auch bei Bebauungsplänen (ebenso wie auch sonst bei Normen sowie bei VAen, dazu 35ff zu § 113) die Maßgeblichkeit des Zeitpunkts der gerichtlichen Entscheidung für die Beurteilung der Rechtmäßigkeit noch keine Aussage in bezug auf die nach **materiellem Recht** zu beantwortende Frage erlaubt, inwieweit nach Beschlußfassung über einen Bebauungsplan **eintretende Veränderungen der Sach- oder Rechtslage** (dazu UPR 1997, 323) bzw Veränderungen nach seiner Bekanntmachung noch das **Urteil über seine Rechtmäßigkeit zu beeinflussen** vermögen. Da eine solche Relevanz schon aus Gründen der Rechtssicherheit nur selten gegeben sein wird, ergeben sich trotz des unterschiedlichen dogmatischen Ansatzes in praxi keine größeren Unterschiede zwischen der hM u der hier vertretenen Ansicht. S zur Teilunwirksamkeit oben 121f; zur möglichen Wirksamkeit (Gültigkeit) trotz Rechtswidrigkeit im Hinblick auf Unbeachtlichkeitsvorschriften oben 125; zum Fristbeginn bei rechtswidrig gewordenen Normen oben 85. Wird ein Bebauungsplan lediglich wg eines Verstoßes gegen § 1 Abs 4 BauGB einem **ergänzenden Vf mit neuem Satzungsbeschluß** unterzogen, so ist eine nach dem ursprünglichen Satzungsbeschluß eingetretene Veränderung der Abwägungsgrundlagen im Rahmen des ergänzenden Vf dann beachtlich, wenn sie der Gemeinde bekanntgegeben worden ist (Ko NVwZ-RR 2003, 629; DÖV 2004, 674).

13. Form der Entscheidung und Entscheidungswirkungen: a) Form 140
der Entscheidung (Abs 5 S 1): Das OVG entscheidet grds aufgrund mV **durch Urteil.** Abs 5 geht ähnlich wie §§ 101 Abs 1, 107 davon aus, daß idR aufgrund mV u „damit in einem Verfahrensgang entschieden werden soll, der durch die Grundsätze der Mündlichkeit u der Unmittelbarkeit geprägt ist u deshalb in besonderem Maße eine umfassende Behandlung der Sache in rechtlicher u tatsächlicher Hinsicht gewährleistet" (81, 142), läßt jedoch auch Entscheidung durch **Beschluß** ohne mV zu, um dem Gericht die Möglichkeit zu geben, in dafür geeigneten Fällen in vereinfachter u beschleunigter Weise zu entscheiden.[300] **Will das Gericht ohne mV entscheiden,** so muß es die Beteiligten **dazu vorher hören.**[301] Die **Entscheidung** des OVG ergeht **„im Namen des Volkes"** (vgl Naumann Vw 1970, 183; Martens Texte 217).

---

[300] 81, 142 unter Hinweis auf 72, 125 und die Entstehungsgeschichte der Vorschrift; DÖV 1992, 118f.

[301] **AA** NVwZ 1989, 245; DÖV 1992, 883; NKVwGO-Ziekow 350 und NVwZ 1989, 245 allerdings mit der Einschränkung, daß ein entspr Hinweis geboten sei, wenn die Beteiligten durch eine Entscheidung ohne mündliche Verhandlung überrascht würden. Da aber die Entscheidung durch Beschluß die Ausnahme ist – vgl 81, 142; NKVwGO-Ziekow 358 – müßte auch hier grds von einer Hinweispflicht ausgegangen werden.

Ob das Gericht **aufgrund mV durch Urteil oder** ohne mV durch **Beschluß** entscheidet, steht in seinem **Ermessen.**[302] Eine Entscheidung ohne mV durch Beschluß kommt insb bei offensichtlicher Unzulässigkeit der NKKlage in Betracht. Wenn eine **mV** stattgefunden hat, kann die Entscheidung **nur** noch **durch Urteil** erfolgen; dies gilt auch dann, wenn die Beteiligten nach Schluß der mV auf Aufforderung des Gerichts erneut zur Sache vortragen (81, 142). Die **Beteiligten können** aber – was jedoch an der Verpflichtung des Gerichts zur Entscheidung durch Urteil nichts ändert – auch im Vf nach § 47 gem § 101 Abs 2 **auf mV verzichten.**

Die von § 47 Abs 5 S 1 vorgesehene Möglichkeit der Entscheidung durch Beschluß ohne mV erfährt allerdings durch **Art 6 Abs 1 EMRK** (dazu 16 zu § 1, 2a zu § 84) eine äußerst bedeutsame Einschränkung: Da NK-Vf gegen Bebauungspläne in den Schutzbereich des Art 6 Abs 1 EMRK fallen (NVwZ 2000, 810; s 16 zu § 1), ist das NKGericht bei Ausübung seines Verfahrensermessens an die Vorgaben dieser Vorschrift gebunden (NVwZ 2000, 810). Sofern nicht die Beteiligten gem § 101 Abs 2 auf mV verzichten, ist das NK-Gericht deshalb **verpflichtet, über den NKAntrag gegen einen Bebauungsplan,** wenn der ASt mit seiner NK gegen Festsetzungen vorgeht, die sein Grundstück unmittelbar betreffen, **aufgrund öffentlicher mV durch Urteil zu entscheiden** (NVwZ 2000, 810). Dasselbe gilt für NKAnträge gem § 47 Abs 1 Nr 2, wenn die angegriffenen Rechtsvorschriften unmittelbar für zivilrechtliche Rechte u Pflichten im weit verstandenen Sinne des Art 6 Abs 1 EMRK (dazu 16 zu § 1) relevant sind. Wird über einen solchen NKAntrag entgegen Art 6 Abs 1 EMRK ohne öffentliche mV entschieden, liegt ein **absoluter Revisionsgrund gem § 138 Nr 3** vor, ohne daß es darauf ankommt, was der Beteiligte noch hätte vortragen wollen u ob dies erheblich gewesen wäre (NVwZ 2000, 813; s 15 u 20 zu § 138).

Bei **Hauptsacheerledigung** gem § 161 Abs 2 ist immer durch **Beschluß** zu entscheiden (vgl 7 zu § 161; allg auch Ma NVwZ-RR 1989, 44; Bln DÖV 1986, 1068).

Auch wenn die Entscheidung durch Beschluß erfolgt, muß das OVG sie in der **für Urteile maßgeblichen Besetzung** treffen (72, 122; s 2 zu § 9). Die Entscheidung in Form des Beschlusses hat die **gleiche Wirkung** wie die Entscheidung durch Urteil (DVBl 1992, 118; BayVBl 1988, 344); bei beiden kommt eine Revision nach Maßgabe des § 132 Abs 1 in Betracht.

Die Entscheidung ist immer, auch wenn sie durch Beschluß erfolgt, wie ein Urteil **zu begründen** (72, 125 = DÖV 1986, 247; Ey-J. Schmidt 89). Sie ist außerdem mit einer Rechtsmittelbelehrung zu versehen.[303] Bei fehlender Belehrung ist nach § 58 Abs 2 die Revision bzw die Nichtzulassungsbeschwerde noch innerhalb eines Jahres seit Zustellung der Entscheidung zulässig.

Für die **Kostenentscheidung** gelten grds die allg Vorschriften der §§ 154 ff. Besonderheiten, die aus der Rechtsnatur der NK abgeleitet werden, gelten hier allerdings hins der Anwendbarkeit des § 155 Abs 1 dort, wo der ASt mit seinem Antrag auf Feststellung der Unwirksamkeit der Norm nicht voll durchgedrungen ist u diese nur als teilunwirksam gesehen wird (dazu oben 121 u 2 zu § 155).

141 **b) Entscheidungswirkungen, Allgemeinverbindlichkeit (Abs 5).** Nachdem durch das 6. VwGOÄndG die NKEntscheidung gem § 132 Abs 1 der Revision unterworfen wurde, tritt die RKraft frühestens ein, wenn – unter Beachtung des § 58 – bei Zulassung der Revision die Frist zur Einlegung der Revision gem § 139 Abs 1 bzw bei Nichtzulassung der Revision zur Einlegung der Nichtzulassungsbeschwerde (§ 133 Abs 2 S 1) abgelaufen ist (RÖ-M. Redeker 44).

---

[302] 81, 143 = DÖV 1989, 588; DÖV 1992, 118; BayVBl 1988, 344; Mü BayVBl 1980, 117; NKVwGO-Ziekow 350.

[303] S RÖ-M. Redeker 44; zum bisherigen Recht im Hinblick auf die Nichtvorlagebeschwerde nach § 47 Abs 7 S 2 aF 78, 305 = NVwZ 1988, 726; Ey-J. Schmidt 89.

Auch die **Allgemeinverbindlichkeit** (Abs 5 S 2 HS 2) tritt erst mit der RKraft u nicht schon mit dem Ergehen der Entscheidung ein. Daran kann auch eine etwaige frühere Veröffentlichung der Entscheidungsformel nichts ändern.

Da die im NK-Vf ergehende Entscheidung nur deklaratorisch wirkt, sind die **Beteiligten** wie alle von der Norm Betroffenen **nicht gehindert, sich schon vorher auf die Ungültigkeit zu berufen;** die Entscheidung ist nur vor RKraft noch nicht verbindlich.

Die Entscheidung (dh der Entscheidungssatz, nicht auch die Begründung) ist, 142 **wenn** das OVG die angegriffene Rechtsvorschrift (bzw eine bestimmte mögliche Auslegung, s oben 124) **für unwirksam** (bzw für nicht mit dem geltenden Recht vereinbar, s oben 125 ff) **erklärt, allgemeinverbindlich,** dh die Unwirksamkeit u Rechtswidrigkeit der Vorschrift (dazu 11 a zu § 90 u 22 a zu § 121) ist ggü jedermann festgestellt u von allen Gerichten – auch anderer Gerichtszweige (BGH NJW 1984, 2516) u den Verfassungsgerichten[304] – u Behörden zu beachten. Der Entscheidungssatz ist in diesem Fall in der Weise **zu veröffentlichen,** in der auch eine Aufhebung des in Frage stehenden Rechtssatzes durch die zuständige Behörde zu verkünden wäre (Mü BayVBl 1982, 656), dh grds in derselben Weise, in der die Vorschrift bekanntgemacht worden war, **bei** inzwischen erfolgtem **Zuständigkeitswechsel** oder bei Änderung des VerkündungsVf (zB durch anderweitige Bestimmung über das Verkündungsorgan) durch den nunmehr zuständigen Rechtsträger in dem nunmehr maßgeblichen Verfahren. Soweit man auch **Entscheidungen mit anderem Inhalt** als mit allgemeinverbindlicher Wirkung als zulässig ansieht, gilt Entsprechendes. Die Allgemeinverbindlichkeit der Entscheidung tritt mit RKraft des entspr Urteils ein; auf die Veröffentlichung der Entscheidungsformel durch den Ag kommt es nicht an.[305]

Die Bindungswirkung der Unwirksamerklärung, die auch die Feststellung der 143 Rechtswidrigkeit der Norm umfaßt (Schenke 912 a) schließt das **Verbot** mit ein, eine **Rechtsvorschrift mit gleichem Inhalt und demselben Fehler erneut zu erlassen;**[306] **anders,** wenn die für die Entscheidung maßgebliche **Sach- oder Rechtslage** sich seither geändert hat (Ma DÖV 1979, 571; Stüer DVBl 2004, 94). Hat das OVG die Unwirksamkeit eines Bebauungsplans festgestellt u erläßt die Gemeinde trotzdem ohne eine Veränderung der Sach- oder Rechtslage nochmals denselben Bebauungsplan, so hindert die RKraft der NKEntscheidung das Gericht, in einem neuen NK-Vf in eine neue sachliche Bewertung der Gründe einzutreten, die die Feststellung der Unwirksamkeit der vorangegangenen Norm tragen (NVwZ 2000, 813). Die Bindungswirkung einer Entscheidung im NK-Vf reicht jedoch wie auch sonst die Rechtskraftwirkung **nicht weiter, als über den Streitggst entschieden** wurde.[307] Sie hindert daher zB nicht den

---

[304] Bauer BayVBl 1984, 238; Tilch BayVBl 1984, 427; Molodowski BayVBl 1984, 430, mit unterschiedlichen Auffassungen zur Reichweite; zT **aA** BVerfG NVwZ 1985, 647: wg der unterschiedlichen Prüfungsmaßstäbe insoweit keine absolute Bindung.

[305] Ms NVwZ 2001, 1060; Ey-J. Schmidt 100; Sch-Gerhardt/Bier 119; **aA** NKVwGO-Ziekow 378: Veröffentlichung wirkt auf den Zeitpunkt der RKraft der Entscheidung zurück und begründet Allgemeinverbindlichkeit.

[306] DVBl 1993, 1096; NVwZ 2000, 813 (tendenziell); BVerfG 69, 115 ff = NVwZ 1985, 648; Ma DÖV 1979, 571; NKVwGO-Ziekow 365; RÖ-M. Redeker 45; Stüer DVBl 1985, 479; diff Ey-J. Schmidt 102; vgl allg auch 11 zu § 121; zur vergleichbaren Situation bei der verfassungsrechtlichen NK auch BVerfG 1, 37; 20, 86; BayVerfGH Bay VBl 1985, 144; Vogel BVerfG-FS Bd I 1585; zT **aA** insoweit BVerfG NJW 1988, 1195; BayVerfGH 5, 183; Schmidt VBlBW 1983, 134; offen BayVerfGH BayVBl 1984, 236. Nach BVerwG NVwZ 2000, 814 läßt sich die verfassungsgerichtliche Rspr, in der ein Normwiederholungsverbot verneint wird, nicht ohne weiteres auf § 47 Abs 5 übertragen (**aA** Ks NVwZ-RR 1993, 296).

[307] LG Stuttgart NVwZ 1984, 821: keine Bindung hins der Gültigkeit der Norm, wenn der NKAntrag als unzulässig abgewiesen worden war.

Erlaß einer inhaltsgleichen Rechtsvorschrift in einem fehlerfreien Verfahren, wenn eine frühere gleichlautende Vorschrift wg eines Verfahrensfehlers für ungültig erklärt worden war (NVwZ 2000, 809f; Sch-Gerhardt/Bier 119) oder ein Abwägungsfehler beim Neuerlaß einer inhaltsgleichen Norm vermieden wurde;[308] ebenso nicht den Erlaß einer mit der ungültig erklärten Norm inhaltsgleichen Rechtsvorschrift durch einen anderen Rechtsträger, **zB eine andere Gemeinde** (so auch NKVwGO-Ziekow 366). Wurde eine Rechtsvorschrift für ungültig erklärt, so muß **nicht immer das gesamte Vf** zum Erlaß der Vorschrift **wiederholt** werden, sondern nur die Teile, die von dem Fehler betroffen waren. ZB muß, wenn die **Verkündung** unwirksam war, nur diese nachgeholt werden (Schmaltz DVBl 1990, 1120; **aA** Ms DVBl 1990, 1119).

144 Die **Unwirksamerklärung** (bzw eine vergleichbare Feststellung) stellt die Unwirksamkeit u Rechtswidrigkeit einer Norm grds **ex tunc** fest, dh rückwirkend auf den Zeitpunkt des Erlasses der Norm[309] bzw des späteren Ereignisses, das die Unwirksamkeit zur Folge hatte[310] oder einer wesentlichen Änderung der Verhältnisse,[311] uU auch erst ab einem zukünftigen Zeitpunkt (vgl oben 135). S aber zu Auswirkungen auf vorher ergangene VA usw unten 145. **Abweichungen von der ex tunc Wirkung** ab dem Zeitpunkt des Inkrafttretens der Rechtsvorschrift sind grds **im Tenor** festzustellen. Die Allgemeinverbindlichkeit tritt **erst mit der Veröffentlichung** ein, **wirkt** aber nach der Veröffentlichung auf den **Zeitpunkt des Eintritts der RKraft zurück.**[312] Damit wird verhindert, daß der Ag über den Zeitpunkt der Allgemeinverbindlichkeit disponieren kann.

145 Die **Rückwirkung läßt,** wie die Verweisung in Abs 5 S 3 auf § 183 klarstellt, **Entscheidungen der Verwaltungsgerichte** grds **unberührt;** die Unwirksamkeit kann, vorbehaltlich abweichender gesetzlicher Regelungen, insoweit nur im Rahmen von noch zulässigen RechtsmittelVf sowie im VollstreckungsVf geltend gemacht werden. **Entsprechendes gilt** für **VAe,** die aufgrund der für unwirksam erklärten Norm ergangen sind;[313] die Vollstreckung eines noch nicht vollzogenen VA wird damit unzulässig. Noch nicht bestandskräftige belastende VAe (auch wenn sie zugleich Dritte begünstigen), können nicht nur (so aber NKVwGO-Ziekow 380; Sch-Gerhardt/Bier 119 Fn 686), sondern **müssen** im Hinblick auf die grundsätzliche verfassungsrechtliche Garantie des Anspr auf Beseitigung eines belastenden VA (vgl hierzu näher Schenke NVwZ 1993, 721ff) durch die Verwaltung zurückgenommen werden (Ey-J. Schmidt 104; RÖ-M. Redeker 46; Schenk DVBl 1976, 204). Solange der VA nicht aufgehoben wird, ist von seiner Wirksamkeit auszugehen (s auch Ma NVwZ 1997, 506). Vgl auch zur Anwendbarkeit auf **Vergleiche** u **Verträge** 4ff zu § 183.

146 Die **Ablehnung des Antrags entfaltet nur zwischen den Beteiligten** (§ 63) des Vf **RKraft;**[314] sie hat, wenn sie aus materiellrechtlichen Gründen ergeht, zur Folge, daß die angegriffene oder **eine damit inhaltsgleiche** neue

---

[308] NVwZ 2000, 809f; Sch-Gerhardt/Bier 119; Stüer DVBl 2004, 91.

[309] BGH 86, 359 = NJW 1983, 1796; NVwZ 1982, 330; Ey-J. Schmidt 91; NKVwGO-Ziekow 362.

[310] Ma DÖV 1985, 163; Stüer DVBl 1985, 479; Sandtner BayVBl 1969, 236; NKVwGO-Ziekow 356.

[311] Vgl 54, 5; Mü BayVBl 1982, 730; Schmidt/Lange, Mühl-FS 595f.

[312] NKVwGO-Ziekow 378; nicht eindeutig SGH 446; für Wirkung der Allgemeinverbindlichkeit auch ohne Veröffentlichung; Ey-J. Schmidt 100; Sch-Gerhardt/Bier 119.

[313] S 5 zu § 183; 56, 176 = NJW 1978, 2522; NJW 1984, 881; Mü BayVBl 1983, 699; 1993, 404; Ey-J. Schmidt 104; NKVwGO-Ziekow 380; Würt 473.

[314] NJW 1984, 881; NJW 1984, 2904; BGH 77, 341 = NJW 1980, 2815; DVBl 1982, 535; Bettermann DVBl 1982, 956; tlw **aA** Zieglmeier BayVBl 2006, 521: Bindung der Feststellung eines Rechtsverhältnisses zwischen den Beteiligten auch für einen Dritten, in dessen Prozess das Urteil des Vorprozesses präjudiziell ist.

Rechtsvorschrift (vgl BayVerfGH BayVBl 1985, 115) **als gültig** anzusehen ist.[315] Die Rechtmäßigkeit der Norm wird hingegen nicht rechtskräftig festgestellt (s 11 a zu § 90 u 22 a zu § 121), wie schon daran deutlich wird, daß die Norm trotz ihrer Rechtswidrigkeit rechtswirksam sein kann. Bei Unbegründetheit des NKAntrags ist auch in einem **zivilrechtlichen Streit** zwischen den Beteiligten von der Gültigkeit der Norm auszugehen,[316] aber nur soweit die betr Norm Gegenstand der NK war (also zB nicht auch hins der Verfassungsmäßigkeit, soweit die Verfassung nach Abs 3 nicht Prüfungsmaßstab sein konnte). **Andere mögliche ASt** werden (falls sie nicht nach § 47 Abs 2 S 4 beigeladen wurden, oben 42) dadurch nicht gehindert, ihrerseits gegen dieselbe Norm **einen neuen NK-Antrag** zu erheben, ebenso nicht das OVG, auf solche Anträge hin sich erneut mit der Frage der Gültigkeit der Norm zu befassen u die Norm für unwirksam zu erklären.[317] Der **unterlegene ASt** selbst kann einen **neuen Antrag** nur bei Änderung der Sach- oder Rechtslage stellen,[318] zB mit der Begründung, daß **neue** höherrangige oder gleichrangige **Rechtsvorschriften** die in Frage stehende Norm später rechtswidrig werden ließen; daß **neues Gewohnheitsrecht** entstanden ist;[319] daß sich **abweichende Rechtsanschauungen** zu den maßgeblichen Fragen gebildet haben;[320] daß die **Prognosen,** auf denen die Regelung beruht u die auch im Zeitpunkt der Entscheidung noch vertretbar erschienen, sich **inzwischen als unzutr** erwiesen haben (vgl BVerfG 18, 332; 25, 12; 33, 189; Meessen NJW 1979, 837); daß die **Rechtsvorschrift** nachträglich rechtswidrig geworden, zB ein **Bebauungsplan** dadurch, daß eine Vielzahl von Ausnahmen zugelassen wurde, **funktionslos** geworden ist (54, 5; näher Baumeister GewA 1996, 318 ff mwN; s auch oben 135 ff). Eine erneute Antragstellung ist außerdem auch als zulässig anzusehen, wenn sich **sonst wesentliche neue Gesichtspunkte** ergeben haben, die bei der früheren Entscheidung noch nicht berücksichtigt worden waren (vgl zum Verfassungsrecht BayVerfGH BayVBl 1984, 302; 1985, 144).

Zur Zulässigkeit eines Wiederaufnahmeverfahrens nach § 153 iVm 147 §§ 578 ff ZPO s 4 zu § 153. Für die Zulässigkeit einer **VB** zum BVerfG gegen die Entscheidung des OVG gem Abs 5 gelten die allg Vorschriften (s oben 86 u unten 161). Die VB ist nach Erschöpfung des Rechtswegs nach näherer Maßgabe des § 93 Abs 1 BVerfGG gegen die letztinstanzliche gerichtliche Entscheidung zu erheben u richtet sich damit mittelbar auch gegen die der NK unterfallende Rechtsnorm.

14. Einstweilige Anordnungen in NKVerfahren (Abs 6): a) Allgemeines. 148
Abs 6 (entspr Abs 8 aF) regelt die Frage der **Zulässigkeit einstweiliger Anordnungen (eA)**[321] durch das Gericht der Hauptsache (OVG oder BVerwG, s

---

[315] 68, 15, 307; Bln NVwZ 1983, 164; NKVwGO-Ziekow 369; zum Verfassungsrecht BVerfG 4, 39; 5, 37; 20, 86 f; 33, 203.

[316] 68, 15 = NJW 1984, 881 f; 68, 309 = NJW 1984, 2904; BGH 77, 341 = NJW 1980, 2814; OLG Hamm NVwZ 1999, 804.

[317] Begr BT-Dr 7/4324, 12; BVerwG 65, 137 = DÖV 1982, 940; RÖ-M. Redeker 48; **aA** Mü 11, 96.

[318] 65, 137; NKVwGO-Ziekow 370; vgl auch BGH DVBl 1981, 90; zum Verfassungsrecht auch BVerfG NJW 1986, 422.

[319] Vgl Ks DVBl 1975, 913; Ma DÖV 1979, 573; Bettermann DVBl 1982, 956; zum Außerkrafttreten eines Bebauungsplans, der durch die Umstände überholt ist, auch BVerwG 26, 284; 54, 5.

[320] Vgl BayVerfGH 5, 166 und BayVBl 1970, 325; 1972, 579; 1975, 77; 1983, 495; 1985, 144 mwN; RÖ-M. Redeker 48; Obermayer 233; ferner Wenig DVBl 1973, 345; im Einzelfall differierend Sch-Gerhardt/Bier 120.

[321] S allg zur einstweiligen Anordnung im NK-Vf Finkelnburg Rn 437 ff; Schenke DVBl 1979, 169; Grave BauR 1981, 156 ff; Zuck DÖV 1977, 849; Krieger, NuR 1983, 257; Erichsen/Scherzberg DVBl 1987, 168; Grooterhorst DVBl 1989, 1176; Schoch Vorläufiger Rechtsschutz 453 ff.

unten 158) in Anlehnung an **§ 32 BVerfGG;** die vom BVerfG dazu entwickelten Grundsätze sind im Zweifel deshalb **auch auf eAen nach § 47 Abs 6 anwendbar;**[322] insb ist auch hier grds **ein strengerer Maßstab** als bei § 123 anzuwenden (Ks NVwZ 2000, 1438), da Abs 6 verlangt, daß die eA „dringend geboten" sein muß, § 123 dagegen nur, daß sie „nötig" erscheint.[323] **Grds** müssen, wenn eine eA ergehen soll, die dafür sprechenden **Gründe so schwer wiegen,** daß der Erlaß unabweisbar erscheint.[324]

Die Regelung in Abs 6 ist unvollständig. **Ergänzend** sind neben § 32 BVerfGG die allg Grundsätze der **§§ 80 u 123** sowie die allg Vorschriften der VwGO heranzuziehen.[325]

149 Der Erlaß einer eA nach Abs 6 ist angesichts der zugleich objektiven Funktion der NK nach § 47 (s oben 3) auch dann **nicht** grds schon wg fehlender Dringlichkeit oder fehlenden RS I **ausgeschlossen, wenn ausreichender Rechtsschutz auch durch Anfechtung eines** aufgrund der in Frage stehenden Rechtsvorschrift ergangenen **VAs** bzw **gem § 80** hins eines solchen VA **oder gem § 123** erlangt werden kann.[326] Eine generelle Verweisung auf den vorläufigen Rechtsschutz gegen in Ausführung des Bebauungsplans erlassene VAe scheitert schon daran, daß sich nach der heute auch durch das BVerwG anerkannten Subjektivierung des § 1 Abs 7 BauGB (dazu oben 71) ebenso wie nach § 47 Abs 2 aF die Situation ergeben kann, daß der ASt zwar durch einen Bebauungsplan, nicht aber durch die auf ihm basierenden Baugenehmigungen rechtlich betroffen ist (oben 84; s auch Uechtritz BauR 1999, 586) u aus diesem Grund für einen Antrag gem § 80 Abs 5 bzw § 123 die Antragsbefugnis fehlen würde.[327] Zudem kann auch **aus anderen Gründen** eine Verweisung des ASt auf den vorläufigen Rechtsschutz gem §§ 80, 123 unter dem Gesichtspunkt der Effektivität des Rechtsschutzes unzumutbar sein (Sa DÖV 1985, 75), zB weil der ASt sonst uU eine Vielzahl von Vf nach § 80 Abs 5 oder § 123 anstrengen müßte (Lü BRS 39 Nr 44; Papier, Menger-FS 1985, 573). Auch darüber hinaus wird aber die Zulässigkeit eines Antrags auf Erlaß einer eA gem § 47 Abs 6 idR nicht durch die Möglichkeit eines vorläufigen Rechtsschutzes gem §§ 80, 80 a, 123 ausgeschlossen sein. Vielmehr kommt einem solchen anderweitigen Rechtsschutz (insb wenn er bereits beantragt worden ist), **erst im Rahmen der Begründetheit** der eA **Bedeutung** zu (s auch Mü BayVBl 2007, 146 f).

---

[322] Vgl BT-Dr 7/4324, 12; Mü DVBl 1978, 114; BayVBl 1980, 211; Ms NJW 1980, 1014; NVwZ 1997, 923; NWVBl 1997, 215; Lü DVBl 1979, 194; Ks NVwZ-RR 1991, 589; Ma NJW 1977, 1212; Sa DÖV 1992, 1019; Schenke DVBl 1979, 1178; Kopp NJW 1976, 1965; Papier, Menger-FS 1985, 531; zT **aA** NKVwGO-Ziekow 384.

[323] Lü DÖV 1997, 923; Ks DVBl 1989, 887; Ko NJW 1995, 741; NVwZ-RR 1991, 589; Ma NJW 1977, 1212; Mü DVBl 1987, 314, 958; NVwZ-RR 1990, 353 mwN; Ms NWVBl 1997, 215; Sa DÖV 1992, 1019; NK-VwGO-Ziekow 395; RÖ-M. Redeker 49; Schenke DVBl 1979, 172; Stüer DVBl 1985, 479 mwN.

[324] Mü NVwZ-RR 1990, 353 mwN; Ms NVwZ 1997, 923.

[325] Vgl Lü NVwZ 1984, 185; Ma VBlBW 1990, 182; DVBl 1999, 1735; Hufen § 34, 11; Karpen NJW 1986, 882; Schenke DVBl 1979, 170; krit aber Sch-Gerhardt/Bier 136 ff.

[326] Ks DVBl 1989, 887; NVwZ-RR 1991, 588; Lü NVwZ 2002, 109; Mü NVwZ-RR 2000, 417; BayVBl 2007, 145 (Verhältnis eines Antrags nach § 80 Abs 4 zu § 47 Abs 6); Schl NVwZ-RR 1996, 365; Ms NVwZ-RR 1993, 126; Erichsen/Scherzberg DVBl 1987, 173; Karpen NJW 1986, 881: kein Vorrang anderer Rechtsbehelfe, sondern ggf auch neben solchen und kumulativ dazu; v Komorowski/Kupfer VBlBW 2003, 107; Mampel BayVBl 2001, 419 f; Sch-Schoch 141; Uechtritz BauR 1999, 586; **aA** Mü BayVBl 1976, 725; 1996, 732; Ms DÖV 1979, 303; DVBl 1981, 687; BRS 33 Nr 23; Ma NJW 1981, 1799; Sa BRS 38 Nr 55; Ey-J. Schmidt 107; Stüer DVBl 1985, 480 mwN; Papier Menger-FS 1985, 531; RÖ-M. Redeker 49.

[327] So auf der Basis des § 47 Abs 2 aF Ms NJW 1980, 1014; Sa DÖV 1985, 75; vgl auch Ms DVBl 1981, 689; zum novellierten § 47 ebenso Uechtritz BauR 1999, 586.

So ist zB die Außervollzugsetzung eines Bebauungsplanes **dann nicht geboten u der Antrag auf Erlaß einer eA jedenfalls unbegründet,** wenn die Baumaßnahme, die der ASt mit seinem Antrag auf Erlaß einer einstweiligen Anordnung verhindern will, bereits durch einen planungsrechtlichen Vorbescheid zugelassen ist u sich darüber hinaus aus dem Bebauungsplan keine Nachteile ergeben (Ms NVwZ 1988, 74). An einem Anordnungsgrund fehlt es auch, wenn der Ast bereits gegen das von ihm bekämpfte Bauvorhaben bereits ein RechtsschutzVf gem §§ 80, 80a anhängig gemacht hat u sich aus dem Bebauungsplan für ihn keine weiterreichenden Nachteile ergeben (Bln BRS 62 Nr 59). S zum Verhältnis von eAen gem Abs 6 u gem § 123 auch unten 152.

EAen gem Abs 6 sind ebenso wie der NKAntrag **nur in bezug auf bereits erlassene** (vgl oben 15), dh **veröffentlichte Rechtsvorschriften** möglich.[328] Gegen **Akte im Zusammenhang mit der Vorbereitung der Rechtssetzung** kommt nur der Rechtsschutz nach § 123 in Betracht.[329] **Daß** die Vorschrift **bereits in Kraft getreten** ist, ist nicht erforderlich.[330] Soweit die eA bereits vor Abschluß des NormgebungsVf beantragt wurde, wird sie nicht mit der Veröffentlichung der Norm zulässig (Ba BauR 1998, 513).

Die eA ist nur in dem Umfang zulässig, in dem der ASt im NK-Vf die Un- 150
wirksamkeit der Norm bejaht (Ma DVBl 1999, 1734); nicht beantragt werden kann eine Verpflichtung des Normgebers auf Änderung der Norm (Ma DVBl 1999, 1734). Aus dem Charakter des NK-Vf wird vielfach abgeleitet, daß **nur** eine gänzliche oder uU teilweise **Aussetzung des Vollzugs** bzw der Anwendung des angegriffenen Rechtssatzes **mit genereller** – dh nicht auf den ASt beschränkter – **Wirkung** möglich sei.[331] Vereinzelt wurde auch die gegenteilige Ansicht vertreten, derzufolge nur eine Aussetzung für den konkreten Fall möglich sein soll.[332] Richtig erscheint demgegenüber die Ansicht, die sowohl eine **generelle als auch eine individuelle** (meist nur auf den ASt beschränkte) **Aussetzung des Normvollzugs als zulässig ansieht.**[333] § 47 sagt über den Inhalt einer eA nichts näheres aus; nach den allg Grundsätzen des vorläufigen Rechtsschutzes gilt nur, daß der Inhalt der eA grds nicht zu einer Vorwegnahme der Hauptsache führen darf u diese dem ASt idR nicht mehr zu geben vermag als das Hauptsacheverfahren. Im übrigen kann aber der Inhalt der im vorläufigen RechtsschutzVf ergehenden Entscheidung (und wird dies meist auch) von der Hauptsacheentscheidung abweichen, so daß aus dem Umstand, daß die Unwirksamerklärung einer Norm allgemeinverbindlich ist (§ 47 Abs 5 S 2) nicht gefolgert werden kann, über § 47 Abs 6 sei nur eine generelle (vorläufige) Aussetzung

---

[328] Ba BauR 1998, 513; Ks BauR 1982, 135; Mü BayVBl 1985, 84; NVwZ-RR 2000, 469: Kriener BayVBl 1984, 99; Erichsen/Scherzberg DVBl 1987, 169; Schenke DVBl 1979, 170; Stüer DVBl 1985, 473.

[329] BayVBl 1977, 736; Mü BayVBl 1978, 439; Erichsen/Scherzberg DVBl 1987, 169; s auch oben 15 sowie unten 156; zT **aA** Mü BayVBl 1980, 211; s auch Schl NVwZ 1994, 916 f.

[330] Mü BayVBl 1986, 498 Erichsen/Scherzberg DVBl 1987, 169 mwN; Sch-Gerhardt/Bier 144.

[331] Ks BRS 50 Nr 54; Mü BayVBl 1984, 370; Ko DÖV 1983, 646; Ms NVwZ 1988, 74; Kopp NJW 1976, 1965 und 10. Aufl 77; Papier, Menger-FS 1985, 532; NKVwGO-Ziekow 404; P § 61, 22; SGH 453; Schoch Vorläufiger Rechtsschutz 499 ff; Sch-Schoch 182; wohl auch Br NVwZ-RR 1992, 154; Sa DÖV 1992, 1019; offen Mü DVBl 1987, 958.

[332] Ma NJW 1977, 1212; w Nachw dieser früher vielfach vertretenen Ansicht bei Schenke DVBl 1979, 175 Fn 70.

[333] Dürr Antragsbefugnis 137 ff; Erichsen/Scherzberg DVBl 1987, 177; Finkelnburg 470; Karpen NJW 1986, 888; v Pestalozza NJW 1978, 1787; Quaas/Müller 263; Schenke 1049; Rechtsschutz 349 ff; DVBl 1979, 177 f; JZ 1996, 1170; Zuck DÖV 1977, 852; wohl auch RÖ-M. Redeker 54 f.

des Normvollzugs möglich. Auf diese Weise läßt sich auch zwanglos erklären, weshalb für eine im vorläufigen RechtsschutzVf ergangene stattgebende Entscheidung anders als im HauptsacheVf (s § 47 Abs 5 S 2) die Veröffentlichung der gerichtlichen Entscheidung nicht zwingend vorgeschrieben ist. Ließe man nur eine generelle Aussetzung des Normvollzugs zu, so ergäbe sich zudem das mißliche (und die Rechtsschutztauglichkeit des § 47 einschränkende) Ergebnis, daß der durch die Norm Belastete gezwungen sein könnte, zur Sicherung der Effektivität des Rechtsschutzes vorläufigen Rechtsschutz über § 123 zu suchen u damit uU gem § 123 Abs 3 iVm § 926 ZPO gezwungen wäre, neben der NK noch ein zusätzliches HauptsacheVf (zB eine allg verwaltungsgerichtliche Feststellungsklage) anzustrengen. Die Voraussetzungen für den Erlaß einer eA gem § 47 Abs 6, mit welcher nur die generelle Aussetzung des Normvollzugs erreichbar wäre, wären nämlich ungleich strenger als bei einer über § 47 Abs 6 auch möglichen individuellen Aussetzung des Normvollzugs u machten damit einen Rückgriff auf § 123 vielfach unentbehrlich, um den individuellen Rechtsschutz sicherzustellen. Andererseits reichte allein die Möglichkeit zu einer individuellen Aussetzung des Normvollzugs über § 47 Abs 6 nicht aus, da es Fälle gibt, in denen ein wirksamer vorläufiger Rechtsschutz nur durch eine generelle Aussetzung des Normvollzugs zu erreichen ist (Schenke 1077 f sowie Rechtsschutz 159 ff). Bezeichnenderweise wurde denn auch in 10. Aufl 77 von der Zulässigkeit einer **Anordnung von bestimmten Auflagen** ausgegangen[334] u **eine Beschränkung** der Regelung **auf Teile der in Frage stehenden Rechtsvorschrift** für statthaft angesehen, was konsequenterweise ebenfalls eine individuelle Aussetzung des Normvollzugs nahelegt.

151 Die eA gem § 47 Abs 6 kann je nach ihrem Inhalt ebenso wie eine eA nach § 123 gem § 168 Nr 2 vollstreckbar sein.[335] Der Erlaß einer eA läßt jedoch grds **bereits ergangene VAe unberührt** (Ko DÖV 1983, 646; Ms NVwZ 1988, 74; 2001, 1061; Würt 477), ebenso auch die Befugnis Dritter, ihnen aufgrund der Vorschrift erteilte Genehmigungen, zB eine Baugenehmigung, weiterhin auszunutzen.[336] **Für den ASt** bedeutet dies jedoch, daß, **wenn die Baumaßnahme,** zB durch eine Baugenehmigung oder ein Vorbescheid, die er mit seinem Antrag verhindern will, **bereits zugelassen ist** u sich aus der Norm für ihn keine weiteren Nachteile ergeben, idR sein Antrag auf eA als unbegründet abgewiesen werden muß, da die eA nicht mehr geeignet ist, etwas zu seinen Gunsten zu bewirken (Ms NVwZ 1988, 74 mwN). Bildet die Norm die Rechtsgrundlage für noch nicht vollstreckte belastende VAe, so hat die generelle, aber auch die nur auf den ASt beschränkte Aussetzung des Normvollzugs die Folge, daß in entspr Anwendung des § 183 S 2 eine Vollstreckung aus dem VA zunächst unzulässig ist (Hahn JuS 1983, 684). Einer eA, mit welcher ein vorläufiges Vollstreckungsverbot herbeigeführt wird[337] bedarf es hierzu nicht, zumal eine solche eA nicht mehr mit dem Gegenstand des HauptsacheVf in Einklang zu bringen wäre u diesen überschritte, da sie sich auf Folgewirkungen der Hauptsacheentscheidung bezöge (s auch RÖ-M. Redeker 54). Mit einer eA gem § 47 Abs 6 kann auch keine Verpflichtung zur Stillegung eines Bauvorhabens erreicht werden (Ms NVwZ 2001, 1061).

---

[334] Folgerichtig werden sie aber von Sch-Schoch 183 abgelehnt; vgl zur vergleichbaren Situation in der Verfassungsgerichtsbarkeit zB auch HessStGH NVwZ 1991, 562: Auflagen, um die Aussetzung des Vollzuges der angefochtenen Rechtsnorm bis zur Entscheidung in der Hauptsache sicherzustellen.

[335] **AA** 10. Aufl 77 unter Berufung auf Mü BayVBl 1984, 370; mit Einschränkungen auch NKVwGO-Ziekow 410.

[336] 69, 1 = NJW 1984, 1473; Ko DÖV 1983, 646; Ma 16, 31; Ms NJW 1978, 342; NVwZ 1988, 74; NVwZ 2001, 1061; Rasch BauR 1977, 152; RÖ-M. Redeker 54.

[337] Hierfür aber Erichsen/Scherzberg DVBl 1987, 170; NKVwGO-Ziekow 405.

Für die Entscheidung des OVG bzw des **BVerwG** (NVwZ 1998, 1065 u unten 158) über einen Antrag gem Abs 6 **auf Erlaß einer eA** gelten – abgesehen von dem allg Erfordernis, daß grds jedenfalls bei genereller Aussetzung des Normvollzugs **ein strengerer Maßstab** anzuwenden ist (s oben 148) – im wesentlichen **dieselben Grundsätze wie für Entscheidungen gem § 123** (s im einzelnen 23 ff zu § 123). Anders als nach § 32 BVerfGG, demzufolge der Erlaß einer eA nach hM stets das Vorliegen von Gründen des gemeinen Wohls verlangen soll,[338] fordert dies § 47 Abs 6 nicht u vermag damit (auch) der Individualrechtsschutzfunktion des § 47 Rechnung zu tragen.[339] Dies bedeutet allerdings nicht, daß die schweren Nachteile oder anderen wichtigen Gründe, aus denen heraus eine eA dringend geboten ist, nur aus einer rechtlichen Beeinträchtigung des ASt erwachsen könnten. Wg der (auch) objektivrechtlichen Funktion des § 47 sind auch Belange des Gemeinwohls wie (hiermit zusammenhängend) die Interessen anderer vom Normerlaß betroffener Personen zu berücksichtigen.[340] Soweit die eA gem § 47 Abs 2 S 1 Alt 2 angestrengt wird, können sich die Nachteile ohnehin nicht aus Interessen des ASt ergeben. Daher spricht einiges dafür, den Begriff der schweren Nachteile bei § 47 Abs 6 (ebenso wie bei § 47 Abs 2 S 1 Alt 1 aF) zwar als individualbezogen anzusehen, die in § 47 Abs 6 daneben genannten anderen wichtigen Gründe jedoch so zu interpretieren, daß durch sie zumindest auch die Interessen der Allgemeinheit erfaßt werden.[341] Im Ergebnis sind jedenfalls bei der nach § 47 Abs 6 gebotenen Entscheidung alle für u gegen die Anordnung sprechenden Gründe zu berücksichtigen u gegeneinander abzuwägen, auch die in der Sache betroffenen Interessen der Allgemeinheit u Dritter, insb **die Folgen** für den ASt, die Allgemeinheit bzw das Gemeinwohl u für Dritte, die eintreten würden, wenn die eA nicht erginge, der NKAntrag aber Erfolg hätte, ggü den Nachteilen, die entstünden, wenn die eA erlassen würde, der NKAntrag aber keinen Erfolg hätte (Sa DÖV 1992, 1019): die **Art, Schwere u Zumutbarkeit der** mit der Aufrechterhaltung bzw vorläufigen Suspendierung der Vorschrift verbundenen **Folgen u** Nachteile (Mü BayVBl 1978, 277; DVBl 1987, 958), u die **Reparabilität der Folgen** usw.[342] Von Bedeutung ist auch, ob auf der Basis der Norm bereits VAe ergangen sind, die der Betroffene zur Vermeidung ihrer Bestandskraft ohnehin anfechten muß. **Erschöpfen** sich die sich aus einer Norm für ihn ergebenden **Beeinträchtigungen im Erlaß eines VA,** hat ein Antrag gem § 47 Abs 6 im Hinblick auf die Möglichkeit eines vorläufigen Rechtsschutzes gegen den VA gem §§ 80, 80a regelmäßig keinen Erfolg.[343] Soweit der Vollzug des Bebauungsplans im KenntnisgabeVf nach § 51 BWLBO erfolgt, in dem keine anfechtbare Baugenehmigung erlassen wird, soll nach Ansicht des VGH Ma (DÖV 1997, 1056) dasselbe gelten. Der ASt wird hier darauf verwiesen, im Wege einer eA nach § 123 den Erlaß einer Untersagungsverfügung vor Baubeginn gem § 47 Abs 1 BWLBO u für den Zeitraum nach Baubeginn eine Baueinstellungsanordnung nach § 64 BWLBO zu erwirken (Ma DÖV 1997, 1056). 152

[338] Vgl Pestalozza 250, 147 f mwN; BVerfG 14, 153; krit hierzu Schenke Rechtsschutz 352 f mwN.

[339] Grave BauR 1981, 161 ff; Schenke DVBl 1979, 172; s auch Sch-Schoch 168; Zuck DÖV 1977, 849; **aA** Ms DVBl 1981, 689; Karpen NJW 1986, 886.

[340] Vgl Sa DÖV 1992, 1019; NKVwGO-Ziekow 393; **aA** Ma DÖV 1999, 261 – bei eA ggü Erweiterung der Ladenschlußöffnungszeiten nur die Interessen des antragstellenden Arbeitnehmers, nicht hingegen die Interessen der Arbeitnehmerschaft als ganzer.

[341] So Ms 35, 196, Besler 249; Erichsen/Scherzberg DVBl 1987, 174 f; Finkelnburg 440, 443; **aA** Karpen NJW 1986, 886; Sch-Schoch 164 iVm Fn 899, wonach das in § 47 Abs 6 erstgenannte Merkmal eine spezifische Ausprägung und damit einen Unterfall des zweiten Merkmals darstelle.

[342] Mü BayVBl 1992, 727; 1999, 83; Ms DVBl 1981, 688.

[343] Ma DÖV 1997, 556 f; 1997, 1056 mwN; Ms NVwZ 1997, 1006.

153 Relevant sind **Erfolgsaussichten** des NKAntrags **in der Hauptsache,** soweit sie sich bereits übersehen lassen.[344] Diesen muß dabei **um so stärkeres Gewicht** beigemessen werden, ggf nach dazu noch erforderlichen Ermittlungen, wenn die eA die **Hauptsacheentscheidung** ganz oder zT vorwegnimmt.[345] **Bei offensichtlicher Unzulässigkeit oder Unbegründetheit** des Antrags gem § 47 Abs 1 in der Hauptsache ist der Antrag auf eA idR allein schon deshalb abzulehnen.[346] Ebenso dürfte bei offensichtlichen Erfolgsaussichten eine eA regelmäßig geboten sein.[347] Ein Bebauungsplan kann auch dann durch eine eA vorläufig außer Vollzug gesetzt werden, wenn er an einem Verfahrensfehler leidet, der in einem ergänzenden Vf behoben werden kann (Ms BRS 62 Nr 56).

Liegen die Tatbestandsvoraussetzungen des § 47 Abs 6 vor, dh ist die eA zur Abwehr schwerer Nachteile oder aus anderen wichtigen Gründen dringend geboten, so besteht für das OVG **hins des „Ob" der eA kein Ermessensspielraum.** Vielmehr ist dieses zu deren Erlaß verpflichtet.[348] Nur hins des „Wie" der eA ist ein Ermessensspielraum anzunehmen.

154 Die einstweilige **Aussetzung** des Vollzugs der Rechtsvorschrift ist **insb dann geboten,** wenn sonst **vollendete Tatsachen** geschaffen würden, die später nicht mehr oder nur schwer wieder rückgängig gemacht werden könnten, wenn in der Hauptsache anders entschieden würde, u wenn außerdem mit **großer Wahrscheinlichkeit** damit gerechnet werden kann, daß **auch der NKAntrag Erfolg haben** wird.[349] Dies gilt vor allem auch dann, wenn wichtige Rechte, insb zB Grundrechte, oder rechtlich geschützte Interessen in ganz besonderen Maße betroffen sind (Ks NVwZ-RR 1991, 589; BRS 32 Nr 25) oder dem Betroffenen außergewöhnliche Opfer abverlangt werden (Ks NVwZ-RR 1991, 589 mwN; Finkelnburg 440). Ein Bebauungsplan ist wg Unzumutbarkeit von Immissionen idR dann vorläufig außer Kraft zu setzen, wenn der Grad der schädlichen Umwelteinwirkungen iSd § 3 Abs 1 BImSchG erreicht wird (Ms NWVBl 2006, 225). **Sind die Nachteile,** die dem ASt entstehen (können), wenn die Anordnung nicht ergeht, **nicht schwerwiegender als die Nachteile, die der Allgemeinheit** oder Dritten entstehen, wenn der NKAntrag dann in der Hauptsa-

---

[344] Ks NVwZ 2000, 1438; Mü NVwZ-RR 1990, 353; BayVBl 1999, 83; NVwZ-RR 2000, 416 (in erster Linie auf die Erfolgsaussichten der NK abzustellen); Sa DÖV 1992, 1019 unter Bezugnahme auch auf BVerfG 82, 313; 85, 95 = NVwZ 1992, 52; ferner BVerfG NJW 1992, 3288; vgl auch 25 zu § 123; wohl auch Hbg DÖV 1981, 32: Erlaß der eA, wenn die VO bei überschlägiger Betrachtung als nichtig erscheint und den ASt in einem Grundrecht verletzt; Lü BRS 39 Nr 44; Ehlers Jura 2005, 177; Papier Menger-FS 1985, 532; Schenke 1045; Sch-Schoch 163 ff; Schoch Jura 2002, 328 f; **enger** Mü BayVBl 1980, 211 und DVBl 1987, 958; We NVwZ-RR 2001, 234: nur bei Unzulässigkeit oder offensichtlicher Unbegründetheit bzw Begründetheit des Antrags im Hauptsacheverfahren; ähnlich Ks NVwZ-RR 2000, 655; Ma NJW 1999, 1569; Ms UPR 1998, 230; NKVwGO-Ziekow 395; früher Schenke DVBl 1979, 173. Nach Ma NVwZ 2001, 827 sollen grds allein die Folgen abzuwägen sein, die eintreten würden, wenn die eA nicht erginge, die NK aber später Erfolg hätte, ggü den Nachteilen, die entstünden, wenn die begehrte eA erlassen würde, die NK aber erfolglos bliebe.

[345] Vgl BVerfG 46, 164; 67, 151; 77, 135; abw Meinung Winter in BVerfG JZ 1991, 459; zT **aA** BVerfG JZ 1991, 456.

[346] Ba SächsVBl 1994, 207; Br NVwZ-RR 1992, 155; Gr NuR 1999, 237; Besler 252; Schenke DVBl 1979, 173; NKVwGO-Ziekow 395.

[347] Lü BRS 38, 57; 39, 44; NVwZ 2002, 109; BezG Magdeburg LKV 1992, 309; Ma NVwZ-RR 1992, 418; P § 61, 19; Schenke DVBl 1979, 173; SGH 452; **aA** Mü BayVBl 1992, 727; Besler 253; Erichsen/Scherzberg DVBl 1987, 175; NKVwGO-Ziekow 394; Ms NJW 1980, 1014; DVBl 1981, 687; Mü BayVBl 1980, 211.

[348] Erichsen/Scherzberg DVBl 1987, 176; NKVwGO-Ziekow 402; Finkelnburg 448; Schenke DVBl 1979, 1727; Sch-Schoch 180; dahin tendierend wohl auch Mü BayVBl 1999, 83; Ms NWVBl 1993, 29; Ks NVwZ-RR 1991, 590; **aA** aber Br NVwZ-RR 1992, 154.

[349] Ks NVwZ-RR 1991, 588, 590; Ms NJW 1980, 1014.

che abgewiesen wird, so ist idR der Antrag nach Abs 6 abzulehnen (vgl BVerfG NJW 1983, 2136 zur eA im verfassungsrechtlichen Verfahren).

Die eA gem Abs 6 soll grds nur einer **vorläufigen Regelung** dienen, die die Situation bis zur Klärung des Rechtsschutzes in der Hauptsache nach Möglichkeit offenhalten soll. Das Gericht darf damit die **Hauptsache** nur in den Fällen vorwegnehmen, in denen effektiver Rechtsschutz anders nicht möglich wäre. Vgl 13ff zu § 123; dazu auch HessStGH NVwZ 1991, 562. Deshalb muß **auch** der mit der eA erstrebte Ausspruch des Gerichts sich **grds im Rahmen dessen** halten, was das Gericht auch **im HauptsacheVf** entscheiden kann (Ma DVBl 1999, 1735). Es liegt im besonderen Charakter des NKVerfahrens, daß Eilrechtsschutz, der die umstrittene Norm zeitweilig außer Vollzug setzt, eine der Entscheidung in der Hauptsache zwar verwandte, in dieser Form dort jedoch nicht mögliche Entscheidung darstellt (vgl HessStGH NVwZ 1991, 562). Die Frage, ob eine u gegebenenfalls welche von mehreren in Betracht kommenden **Maßnahmen zur vorläufigen** Regelung des Streitfalls zu treffen sind, ist im Rahmen der – allein auf einen prozeßrechtlichen Anspr bezogenen – Begründetheitsprüfung unter Beachtung des Gebots des geringsten Eingriffs zu beantworten. Dabei bestimmt das Gericht analog § 938 ZPO nach **freiem Ermessen,** welche Anordnungen zur Erreichung des Eilrechtsschutzes erforderlich sind (vgl 28 zu § 123). 155

b) Verfahren. Im übrigen gelten die allg Grundsätze **des Vf nach § 123** auch für Verfahren nach Abs 6 sinngemäß. Insb ist, obwohl in Abs 6 das Erfordernis eines Antrags nicht ausdr genannt wird, davon auszugehen, daß das OVG bzw BVerwG (s unten 158) eine eA **nur aufgrund des Antrags** eines Antragsberechtigten iSv Abs 2 S 1 erlassen kann.[350] Der **Antrag** ist auch **schon vor Erhebung des NKAntrags** zulässig.[351] Ag ist entspr Abs 2 S 2 **die Körperschaft,** Anstalt oder Stiftung, die die in Frage stehende Rechtsvorschrift erlassen hat.[352] Obwohl Ag nur die juristische Person des öffentlichen Rechts ist, welche die Norm erlassen hat, können Anordnungen gem § 47 Abs 6 auch ggü den Trägern von Vollziehungsbehörden erlassen werden,[353] ohne daß diese damit Verfahrensbeteiligte werden (**aA** Ma NJW 1977, 1212). Insoweit bietet sich eine Parallele zu der bundesverfassungsgerichtlichen Rspr (BVerfG 8, 46; 12, 45) zu den sog Sachverhaltsbeteiligten an (P § 61, 23; RÖ-M. Redeker 54; Schenke DVBl 1979, 172 mwN; gegen eine solche Parallele – freilich von anderen Prämissen ausgehend – NKVwGO-Ziekow 388; Sch-Schoch 183). 156

Der ASt muß die Tatsachen **glaubhaft machen,** die dafür sprechen, daß die aA gem Abs 6 zur Abwehr ihn sonst treffender schwerer Nachteile dringend geboten ist (Ks NVwZ-RR 1991, 589). Vgl allg zum Erfordernis der Glaubhaftmachung 24 zu § 123.

Nicht berührt wird durch § 47 Abs 6 die Zulässigkeit von **eAen nach § 123** an die mit dem Vollzug befaßten Behörden bzgl der unter deren Zuständigkeit fallenden Handlungen oder Unterlassungen, wobei auch die Unwirksamkeit der 157

---

[350] Ms NJW 1978, 1022; Ma NJW 1977, 1212; Erichsen/Scherzberg DVBl 1987, 168; NKVwGO-Ziekow 385; Schenke DVBl 1979, 171.

[351] Erichsen/Scherzberg DVBl 1987, 171; Finkelnburg 459; Kriener BayVBl 1984, 99; NKVwGO-Ziekow 386; Papier, Menger-FS 1985, 531; Schenke DVBl 1979, 170; Sch-Schoch 146; ferner 18 zu § 123; **aA** Zuck DÖV 1977, 850.

[352] Ks DÖV 1983, 777; BRS 50 Nr 54; Bickel NJW 1977, 1934; Ey-J. Schmidt 109; Finkelnburg 308; Grooterhorst DVBl 1989, 1179; NKVwGO-Ziekow 388; Rasch BauR 1985, 255f; RÖ-M. Redeker 51; Schenke DVBl 1979, 171; JZ 1996, 1169; Sch-Schoch 150; **aA** Ma NJW 1977, 1212: im Vf nach Abs 7 (aF) kommt als Ag abweichend von Abs 2 S 1 jeder Hoheitsträger in Betracht, der die Norm anzuwenden hat; Zuck DÖV 1977, 852 FN 44.

[353] Bickel NJW 1977, 1934; P § 61, 22; RÖ-M. Redeker 54; Schenke DVBl 1979, 171; **aA** 10. Aufl 79.

in Frage stehenden Rechtsvorschriften bzw, bei der Abwägung der für oder gegen die eA sprechenden Gesichtspunkte auch die Möglichkeit oder Wahrscheinlichkeit der Unwirksamkeit nach allg Grundsätzen des Vf gem § 123 zu berücksichtigen ist.

158 **c) Zuständigkeit und Entscheidung.** Zuständig gem § 47 Abs 6 ist das **Gericht der Hauptsache;** das ist grds (auch schon vor Stellung eines NKAntrags) das **OVG,** nach **Einlegung der Revision** während der **Dauer des RevisionsVf** aber das **BVerwG** (NVwZ 1998, 1065; Ey-J. Schmidt 110; Lorenz § 26, 85). Wird gegen eine Entscheidung des OVG die Nichtzulassungsbeschwerde eingelegt, so ist das BVerwG vom Moment des Ergehens des Nichtabhilfebeschlusses an Hauptsachegericht (s auch 143 zu § 80; **aA** Ey-J. Schmidt 110). Die gegenteilige Auffassung, nach der das Gericht stets nur das OVG sein soll (Finkelnburg 601; NKVwGO-Ziekow 389; Sch-Schoch 143), beachtet zu wenig, daß § 47 Abs 6 abweichend von den sonstigen Regelungen des § 47, in welchen jeweils vom OVG die Rede ist, nur vom Gericht spricht. Damit ist aber, wie die allg Normierung des § 123 Abs 2 S 1 zeigt, auf die zur Schließung von Lücken zurückzugreifen ist (s oben 148), das Gericht der Hauptsache zuständig. Nur auf diese Weise wird dem auf die Zuständigkeitsregelungen ausstrahlenden funktionalen Zusammenhang zwischen vorläufigem Rechtsschutz u dem HauptsacheVf Rechnung getragen, wie er etwa auch in § 80 Abs 5 seinen Ausdruck gefunden hat. § 123 Abs 2 S 2 steht dem nicht entgegen, da die dort getroffene Zuständigkeitsregelung ersichtlich für das NK-Vf nicht paßt. Ebensowenig läßt sich die Ansicht, Gericht iSd § 47 Abs 6 sei nur das OVG, darauf stützen, daß vor Schaffung einer Revisionsmöglichkeit gegen die Entscheidung des OVG das BVerwG (58, 179) die ausschließliche Zuständigkeit des OVG für den Erlaß von eA befürwortete; das erklärte sich nämlich damals daraus, daß hier das OVG stets das Gericht der Hauptsache blieb, was aber heute nach Anhängigwerden eines RevisionsVf unbestreitbar nicht mehr zutrifft. Ist das OVG zuständig, entscheidet es in **voller Besetzung;** eine Entscheidung durch den Vorsitzenden allein analog § 123 Abs 2 S 3 ist nicht zulässig.[354]

159 **Die Entscheidung** ergeht durch Beschluß, gegen den **kein Rechtsbehelf** gegeben ist (Umkehrschluß aus § 146). Das Gericht kann seine Entscheidung jedoch **bei Änderung der Umstände** auf Antrag oder vAw nach den auch sonst für eine eA geltenden Grundsätzen (35 zu § 123) ändern.[355] Dieses Ergebnis dürfte sich dogmatisch am überzeugendsten durch eine **analoge Anwendung des § 80 Abs 7** rechtfertigen lassen.[356] Für ein AntragsVf in analoger Anwendung des § 80 Abs 7 S 1 sind veränderte Umstände zu fordern; sie können sich auch aus erst nachträglich zur Verfügung stehenden Beweismitteln ergeben (Ms NVwZ-RR 1999, 474). Aus der analogen Anwendung des § 80 Abs 7 ergibt sich iü zwanglos, daß dem Gericht auch ohne Eintritt veränderter Umstände vAw eine Änderung der eA gestattet ist (s Sch-Schoch 186).

Setzt das Gericht den Vollzug (iwS) der Rechtsvorschrift **generell aus,** so bindet die Entscheidung nicht nur die Beteiligten, sondern ist analog Abs 5 S 2 **allgemeinverbindlich** u entspr Abs 5 S 2 bekanntzumachen.[357]

---

[354] Grooterhorst DVBl 1989, 1182; NKVwGO-Ziekow 390; Sch-Schoch 176.

[355] Hbg NVwZ-RR 1995, 180; Lü DÖV 1997, 923; Ma DVBl 1995, 929; Grooterhorst DVBl 1989, 1180; NKVwGO-Ziekow 409; Schenke 1050; JZ 1996, 1167 f; Sch-Schoch 186.

[356] Lü DÖV 1997, 924; Schenke 1050; Sch-Schoch 186; für entspr Anwendung von § 927 Abs 1 ZPO und § 80 Abs 7 Ma DVBl 1995, 929 mwN; für entspr Anwendung der §§ 927, 936 ZPO Hbg NVwZ-RR 1995, 180, was allerdings insoweit Bedenken hervorruft, als auf die §§ 927, 936 ZPO in § 123 Abs 3 gerade nicht verwiesen wird.

[357] Ms DVBl 1980, 603; Erichsen/Scherzberg DVBl 1987, 179; Finkelnburg 474; Rasch BauR 1977, 152; RÖ-M. Redker 55; Schenke 1050.

d) Sonstige vorläufige Regelungen. Abs 6 läßt die Befugnis des zuständigen Gerichts (idR des VG; der Zusammenhang mit einem Antrag nach § 47 könnte die Zuständigkeit des OVG bzw BVerwG nicht auch für sonstige, nicht auf § 47 Abs 6 gestützte Maßnahmen des vorläufigen Rechtsschutzes begründen) unberührt, dem durch eine Rechtsvorschrift betroffenen Bürger **vorläufigen Rechtsschutz aufgrund der allg Vorschriften** (§§ 80, 123) **gegen Auswirkungen** der Norm zu gewähren,[358] etwa durch Verpflichtung der Baubehörde, gegen die Ausübung von Berechtigungen aufgrund einer Vorschrift, die der ASt für rechtswidrig hält, einzuschreiten. Ebenfalls kommen die allg Rechtsbehelfe zur Erlangung vorläufigen Rechtsschutzes in Betracht, wenn der ASt **Schutz ggü behördlichen** Maßnahmen begehrt, die **„im Vorgriff"** auf eine erst beabsichtigte normative Regelung erfolgen (s oben 15) oder in anderer Weise im Zusammenhang mit dem Erlaß einer erst beabsichtigten Rechtsvorschrift stehen, insb auch, wenn er eine **eA** beantragt, die auf das **Unterbleiben** des Erlasses **einer Rechtsvorschrift** abzielt, u man einen solchen vorbeugenden Rechtsschutz für zulässig ansieht.[359] 160

15. Revision, Verfassungsbeschwerde: Seit Inkrafttreten des 6. VwGOÄndG ist auch gegen NKBeschlüsse gem § 132 Abs 1 eine Revision statthaft. Es gelten insoweit die **allg Grundsätze des Revisionsrechts.** Befugt zur Einlegung einer Revision sind nur die Beteiligten, dh **grds nur ASt u Ag sowie ein Beigeladener,** nicht hingegen Dritte, die sich durch die Unwirksamerklärung einer Norm belastet fühlen (s RÖ-M. Redeker 44; s auch BVerfG NVwZ 1995, 157). Wie auch sonst im Revisionsrecht ist auch der VdB nicht befugt, Revision (oder Anschlußrevision) einzulegen (96, 259; RÖ-M. Redeker 3 zu § 132). 161

Die NK nach § 47 ist gem **§ 90 Abs 2 S 1 BVerfGG** idR auch einer sich gegen untergesetzliche Rechtsvorschriften richtenden **VB vorgeschaltet.** Sie stellt einen anderen Rechtsweg iSd § 90 Abs 2 S 1 BVerfGG dar (BVerfG 70, 54; 76, 107; Schenke 1084). Die letztinstanzliche NKEntscheidung kann nach § 93 Abs 1 BVerfGG mit einer VB angegriffen werden, die sich mittelbar auch gegen die Norm richtet, die Gegenstand des NK-Vf war (s oben 86 u 147).

16. Normgewährleistungs- und Entschädigungsansprüche: Das geltende Recht kennt **keinen Anspr** des betroffenen Bürgers **auf Aufrechterhaltung einer fehlerhaften Rechtsvorschrift,** auf deren Bestand er vertraut hat. Wohl aber kann sich gem den Grundsätzen über die Zulässigkeit einer unechten Rückwirkung von Rechtsvorschriften[360] uU für den Gesetzgeber die Notwendigkeit ergeben, angemessene **Problembereinigungs- u Übergangsregelungen** zu schaffen, wenn u soweit der Bürger auf den Bestand u der Gültigkeit der Vorschrift (und damit auch auf ihre Abänderbarkeit nur nach den Grundsätzen über die echte oder unechte Rückwirkung von Rechtsvorschriften) vertraut hat u vertrauen durfte (vgl zu einem Beispiel etwa Schenke AgrarR 1987, 89 ff u AgrarR 1990, 33 ff mwN). Vgl zu Entschädigungsanspr auch Fronhöfer BayVBl 1991, 193; Ossenbühl, 319 ff; Birk NVwZ 1984, 1; Brohm Jura 1986, 617; Schenke DÖV 1987, 45 ff. 162

Kein Anspr besteht grds bei Unwirksamkeit einer Rechtsvorschrift auch **auf Ersatz von Aufwendungen,** die der Bürger im Vertrauen auf die Gültigkeit u Wirksamkeit gemacht hat (BGH NJW 1983, 215). UU kommen jedoch Anspr aus **Amtshaftung** (Schenke/Guttenberg DÖV 1991, 945 ff), aus enteignungsgleichem Eingriff oder Aufopferung in Betracht (Schenke NJW 1988, 857 ff u 163

[358] Vgl Ma NJW 1981, 1799; Sa DÖV 1985, 75; Karpen NJW 1986, 887.

[359] BayVBl 1977, 737; Mü BayVBl 1978, 439; 1985, 245: idR nicht notwendig, da auch nach Erlaß noch ausreichende Rechtsschutzmöglichkeiten; s oben 15 f.

[360] Vgl BVerfG 67, 14 = NJW 1984, 2567; 72, 196; NJW 1986, 2536 mwN Jarass/Pieroth 67 ff zu Art 20 GG; Kopp APF 1980, 29 mwN; BayVBl 1980, 38.

NJW 1991, 1777f); letztere insb, wenn durch die Umstände des Einzelfalls ein **Vertrauenstatbestand** begründet wurde, aufgrund dessen der Betroffene mit dem Fortbestand der gegebenen Rechtslage rechnen durfte.[361]

§ 48 [Weitere erstinstanzielle Zuständigkeit des OVG]

(1) **Das Oberverwaltungsgericht entscheidet[1 ff] im ersten Rechtszug über sämtliche Streitigkeiten, die betreffen**

1. die Errichtung, den Betrieb, die sonstige Innehabung, die Veränderung, die Stillegung, den sicheren Einschluß und den Abbau von Anlagen im Sinne der §§ 7 und 9a Abs. 3 des Atomgesetzes,[4]

2. die Bearbeitung, Verarbeitung und sonstige Verwendung von Kernbrennstoffen außerhalb von Anlagen der in § 7 des Atomgesetzes bezeichneten Art (§ 9 des Atomgesetzes) und die wesentliche Abweichung oder die wesentliche Veränderung im Sinne von § 9 Abs. 1 Satz 2 des Atomgesetzes sowie die Aufbewahrung von Kernbrennstoffen außerhalb der staatlichen Verwahrung (§ 6 des Atomgesetzes),[5]

3. die Errichtung, den Betrieb und die Änderung von Kraftwerken mit Feuerungsanlagen für feste, flüssige und gasförmige Brennstoffe mit einer Feuerungswärmeleistung von mehr als dreihundert Megawatt,[6]

4. Planfeststellungsverfahren für die Errichtung und den Betrieb oder die Änderung von Hochspannungsfreileitungen mit einer Nennspannung von 110 Kilovolt oder mehr, Erdkabeln mit einer Nennspannung von 110 Kilovolt oder Gasversorgungsleitungen mit einem Durchmesser von mehr als 300 Millimeter sowie jeweils die Änderung ihrer Linienführung,[7]

5. Verfahren für die Errichtung, den Betrieb und die wesentliche Änderung von ortsfesten Anlagen zur Verbrennung oder thermischen Zersetzung von Abfällen mit einer jährlichen Durchsatzleistung (effektive Leistung) von mehr als einhunderttausend Tonnen und von ortsfesten Anlagen, in denen ganz oder teilweise Abfälle im Sinne des § 41 des Kreislaufwirtschafts- und Abfallgesetzes gelagert oder abgelagert werden,[8]

6. das Anlegen, die Erweiterung oder Änderung und den Betrieb von Verkehrsflughäfen und von Verkehrslandeplätzen mit beschränktem Bauschutzbereich,[9]

7. Planfeststellungsverfahren für den Bau oder die Änderung neuer Strecken von Straßenbahnen, Magnetschwebebahnen und von öffentlichen Eisenbahnen sowie für den Bau oder die Änderung von Rangier- und Containerbahnhöfen,[10]

8. Planfeststellungsverfahren für den Bau oder die Änderung von Bundesfernstraßen,[11]

9. Planfeststellungsverfahren für den Neubau oder Ausbau von Bundeswasserstraßen.[12]

Satz 1 gilt auch für Streitigkeiten über Genehmigungen, die anstelle einer Planfeststellung erteilt werden,[13] sowie für Streitigkeiten über sämtliche für das Vorhaben erforderlichen Genehmigungen und Erlaubnisse, auch soweit sie Nebeneinrichtungen betreffen, die mit ihm in einem räumlichen und betrieblichen Zusammenhang stehen.[13] Die

---

[361] Vgl BGH 78, 41; NJW 1983, 215. Vgl auch zum ähnlich gelagerten – uU auch, soweit Pläne in Gestalt von Rechtsvorschriften beschlossen und in Kraft gesetzt werden, damit zusammenfallenden – Problem des Vertrauens auf Planungsakte Ossenbühl 319ff; MK 19 III; 29 II.

Länder können durch Gesetz vorschreiben, daß über Streitigkeiten, die Besitzeinweisungen in den Fällen des Satzes 1 betreffen, das Oberverwaltungsgericht im ersten Rechtszug entscheidet.[13a]

(2) **Das Oberverwaltungsgericht entscheidet im ersten Rechtszug ferner über Klagen gegen die von einer obersten Landesbehörde nach § 3 Abs. 2 Nr. 1 des Vereinsgesetzes ausgesprochenen Vereinsverbote und nach § 8 Abs. 2 Satz 1 des Vereinsgesetzes erlassenen Verfügungen.**[15]

Schrifttum: *Battis,* Der Umweltinformationsanspruch im Planfeststellungsverfahren – zugleich Anmerkung zu VGH Kassel, Beschl. v. 4. Januar 2006, AZ: 12 Q 2828/05, DVBl 2006, 463 L; *Meyer-Ladewig,* Das Gesetz zur Beschleunigung verwaltungsgerichtlicher und finanzgerichtlicher Verfahren, NJW 1985, 1985; *v Oertzen,* Zur erstinstanzlichen Zuständigkeit des OVG nach dem Beschleunigungsgesetz, DÖV 1985, 749; *Petersen/Rid,* Das neue Kreislaufwirtschafts- und Abfallgesetz, NJW 1995, 7; *Ronellenfitsch,* Neues Verkehrswegeplanungsrecht, DVBl 1994, 441; *Steinberg/Berg,* Das neue Planungsvereinfachungsgesetz, NJW 1994, 488; *Steiner,* Das Planungsvereinfachungsgesetz, NVwZ 1994, 313; *Versteyl/Wendenburg,* Änderungen des Abfallrechts, NVwZ 1994, 833.

1. Allgemeines: Die Vorschrift wurde durch das 4. VwGOÄndG neu gefaßt 1
(zur Vorgeschichte s näher 10. Aufl). Durch § 50 Abs 1 Nr 6, der durch das G zur Beschleunigung von Planungsverfahren von Infrastrukturvorhaben v 9. 12. 2006 (BGBl I 2833) eingefügt worden ist u der das VerkPBG ersetzt hat, sind Zuständigkeiten des OVG in nicht unerheblichem Umfang auf das BVerwG übertragen worden (s 8a zu § 50). Seit der Neufassung durch das 4. VwGOÄndG ist § 48 geändert worden durch das PlVereinfG in Abs 1 S 1 Nr 6, 7, 9, durch G v 30. 8. 1994 (BGBl II 1438), durch G v 27. 9. 1994 (BGBl I 2705), durch das MBPlG, durch das 6. VwGOÄndG u das G v 15. 7. 2006 (BGBl I 1619) in Abs 1 S 1 Nr 5 sowie durch G v 9. 12. 2006 (BGBl I 2833) in Abs 1 S 1 Nr 4. Das 6. VwGOÄndG hat außerdem Abs 1 S 2 für Streitigkeiten über Plangenehmigungen ergänzt sowie Abs 3 gestrichen.

2. Zuständigkeit des OVG für bestimmte Großvorhaben (Abs 1): 2
Abs 1 begründet die erstinstanzliche Zuständigkeit der **OVGe als** erste u **einzige Tatsacheninstanz** für Streitigkeiten, für die ursprünglich nach § 45 die VGe zuständig waren. Die Vorschrift soll vor allem der **Entlastung der Vwgbk** von Prozessen dienen, die idR sonst zwei Tatsacheninstanzen mit einer teilweisen Wiederholung umfangreicher Beweisaufnahmen ausfüllen; zugleich soll damit eine **Abkürzung der Verfahrensdauer** insgesamt erreicht werden.[1]

Die Zuweisung an die OVG (und nicht an das VG unter Ausschluß der Berufung an das OVG) erfolgte vor allem im Hinblick auf die meist **erhebliche wirtschaftliche,** ökologische u raumordnerische **Bedeutung** u nicht selten auch **politische Brisanz** der in Frage stehenden Vorhaben; aus demselben Grund u als gewisser Ausgleich für den Verlust einer Instanz sieht § 9 Abs 3 S 2 die Möglichkeit vor, das OVG bei Streitigkeiten gem § 48 **mit 5 Richtern** sowie ggf 2 ehrenamtlichen Richtern zu besetzen (näher 6 zu § 8).

Die Regelung begegnet auch im Hinblick darauf, daß sonst für vergleichbare Fälle idR zwei Tatsacheninstanzen zur Verfügung stehen, **keinen verfassungsrechtlichen Bedenken** (s 12 zu § 1). Ihre rechtspolitische Zweckmäßigkeit erscheint jedoch zweifelhaft.[2]

Die **erstinstanzliche Zuständigkeit** des OVG gem § 48 gilt für die entspr 3
Hauptsache- u NebenVf („sämtliche Streitigkeiten", Abs 1 S 1), „für Streitigkei-

[1] Vgl BT-Dr 10/171; Meyer-Ladewig NJW 1985, 1187 mwN; Pagenkopf DVBl 1985, 981; Begr BT-Dr 11/7030, 22; Bln NVwZ-RR 1991, 448.

[2] Vgl Ule WuV 1983, 23; Kopp Gutachten 43 mwN; DVBl 1982, 615 u NJW 1991, 523; vgl auch Stelkens NVwZ 1991, 211 mwN: eine nach wie vor umstrittene Frage; **aA** Meyer-Ladewig NJW 1985, 1967.

ten über Genehmigungen, die anstelle einer Planfeststellung erteilt werden, sowie für Streitigkeiten über sämtliche für das Vorhaben erforderlichen Genehmigungen u Erlaubnisse" (Abs 1 S 2, s unten 13). Gegen eine einheitliche Umschreibung des Inhalts der Zuständigkeitsregeln des Abs 1 S 1 u 2 sperrt sich die unterschiedliche Ausgestaltung der einzelnen Tatbestände im Katalog des Abs 1 S 1. Ein Teil der Tatbestände ist „vorhabenbezogen" (Nrn 1–4, 6), die übrigen sind „verfahrensbezogen", wobei sich nur die Nrn 7–9 ausschließlich auf PlanfeststellungsVf beziehen. Unter Beachtung dieser Differenzen werden durch Abs 1 S 1 u 2 entweder unabhängig vom konkreten Vf alle Streitigkeiten erfaßt, die das jeweils genannte Vorhaben zum Gegenstand haben, oder nur auf das jeweilige Vorhaben bezogene spezielle Verfahren. So läßt sich etwa aus der genannten Zweiteilung des Katalogs ableiten, daß in den Fällen der Nrn 7–9 (zu Nr 5 s unten 8) Streitigkeiten über die nachträgliche, außerhalb des Planfeststellungs- oder PlangenehmigungsVf erfolgende Anordnung von Schutzauflagen nicht in den Anwendungsbereich des § 48 fallen.[3] Aus denselben Gründen dürfte auch eine außerhalb eines Planfeststellungs- bzw PlangenehmigungsVf erfolgende Aufhebung des Planfeststellungsbeschlusses oder der Plangenehmigung in den Fällen der Nrn 7–9 nicht dem § 48 unterfallen.[4] Zu den **NebenVf** (Ko 21, 209; NVwZ 1988, 76; 1989, 1178), zählen insb **Vf nach § 80 Abs 5, § 80 a Abs 3 u § 123 usw**[5] und, da ein Zusammenhang mit den technischen Besonderheiten, die Anlaß für die Zuweisung an das OVG sind, nicht auszuschließen ist, auch für Streitigkeiten über die **Hinzuziehung** Dritter (§ 13 Abs 2 VwVfG) zum GenehmigungsVf (Ko NVwZ 1988, 76). Durch das 6. VwGOÄndG wurde (zumindest) klargestellt, daß das OVG auch dann erstinstanzlich entscheidet, wenn an die Stelle der Planfeststellung eine Plangenehmigung tritt. Gem Abs 1 S 2 erfaßt die Zuständigkeit auch Streitigkeiten über Entscheidungen, nach denen von der Durchführung eines Planfeststellungs- oder PlangenehmigungsVf abgesehen werden soll (s auch Ma RsprD-LS 112/1996; DVBl 1996, 929 [L]). **Nicht** unter § 48 fallen Streitigkeiten über **Kostenbescheide**[6] oder über die Notwendigkeit der **Zuziehung eines Anwalts** gem § 162 (Ko NVwZ 1989, 1178) oder über sonstige u **weitere Maßnahmen** (nur) **aus Anlaß der Ausführung** eines unter § 48 Abs 1 fallenden Vorhabens, die den Bestand und/oder Inhalt der Genehmigung, Planfeststellung usw, die die Zuständigkeit gem Abs 1 begründet, nicht berühren (Bln NVwZ-RR 1991, 448), **zB** über **Bauarbeiten zur Herstellung** oder Änderung einer Straße entsprechend dem Planfeststellungsbeschluß (vgl Bln NVwZ-RR 1991, 448). Dies gilt selbst dann, wenn zB zur Beurteilung der Rechtmäßigkeit der Kostenbescheide inzidenter die Rechtmäßigkeit der Genehmigung geprüft werden muß, da derartige Streitigkeiten nicht mehr durch den Beschleunigungszweck der Regelung erfaßt werden (Ks NVwZ 1994, 1036; **aA** NKVwGO-Ziekow 8). Nicht unter § 48 fallen auch Streitigkeiten, die einen allg auf § 3 Abs 1 S 1 UIG oder entspr landesrechtliche Vorschriften bzw Art 3 Abs 1, 2 Umweltinformationsrichtlinie gestützten Umweltinformationsanspr zum Gegenstand haben, selbst wenn dieser Anspr anläßlich der Ausführung eines unter § 48 fallenden Vorhabens geltend gemacht wird (Battis DVBl 2006, 738; **aA** Ks NVwZ 2006, 1081). **Eben-**

---

[3] NVwZ 2000, 1168; Bln NVwZ-RR 1991, 448; Lü NVwZ 2003, 1283; Ma NVwZ 1995, 179; Mü NVwZ-RR 2002, 393; NVwZ-RR 2004, 698 – auch dann, wenn die Entscheidung über Schutzauflage im Planfeststellungsbeschluß vorbehalten war; Sch-Bier 9.

[4] So auch Ko NVwZ-RR 2004, 697; Ma NVwZ 1995, 179; Mü NVwZ-RR 2003, 156; Sch-Bier 9, **aA** Ma NVwZ-RR 1997, 862; 2000, 87; Ey-J Schmidt 4.

[5] Mü BayVBl 1987, 82; Lü NVwZ 1987, 71; Br DÖV 1987, 160; Battis DVBl 2006, 738; v Oertzen DÖV 1985, 750.

[6] ZB NVwZ-RR 1996, 610; für die Genehmigung einer Anlage, Ks NVwZ 1988, 75; für Untersuchungs- u Aufsichtsmaßnahmen, Ks 47, 77; NVwZ 1994, 1036; **aA** RÖ-M. Redeker 8.

so nicht von § 48 erfaßt werden Streitigkeiten über die **raumordnerische Beurteilung** von Vorhaben iSd § 48 (Ms UPR 1996, 454).

3. Die unter Abs 1 S 1 fallenden Streitigkeiten (Abs 1 S 1 Nrn 1 bis 9): Nr 1: Atomanlagen. Nr 1 betrifft Atomanlagen aller Art: Kernkraftwerke **zur Erzeugung elektrischer Energie** oder von Wärme usw, **Brennelemente-Fabriken,** Wiederaufbereitungsanlagen, Zwischen- u Endlager für radioaktive Abfälle – einschließlich der entsprechenden Landessammelstellen (v Oertzen DÖV 1985, 754; Pagenkopf DVBl 1985, 983) –, Kernforschungsanlagen u Versuchsreaktoren, Reaktorschiffe (v Oertzen DÖV 1985, 751) usw, **nicht** jedoch schlechthin **alle** mit radioaktiven Stoffen befaßten **Anlagen,** Verfahren usw (NVwZ 1988, 913: bewußte Beschränkung des Gesetzes auf einige; Ks NVwZ 1989, 1178), zB **nicht die Beförderung** radioaktiver Stoffe (Ks NVwZ 1989, 1178). Die Regelung gilt nicht nur für die nach dem AtG erforderlichen Erlaubnisse, einschließlich von Teilgenehmigungen u Vorbescheiden, sondern auch **für Änderungen,** dh für **nachträgliche Einschränkungen,** Auflagen usw u für die **Rücknahme u** den Widerruf von Genehmigungen (v Oertzen DÖV 1985, 751), nach S 2 außerdem **auch für alle** für die Anlage iwS sonst **erforderlichen Erlaubnisse** usw, zB nach dem BImSchG, Baurecht, Wasserrecht (Meyer-Ladewig NJW 1985, 1987; v Oertzen DÖV 1985, 751), und, sofern dies durch Landesgesetz vorgesehen wird, auch für im Zusammenhang damit stehende **Besitzeinweisungen** (s unten 13 a). 4

Vom Tatbestand erfaßt werden ua **Betriebsveränderungen,** der sichere **Einschluß** einer stillgelegten Anlage, der **Abbau** bzw Abbruch der – auch ortsveränderlichen – Anlage sowie Streitigkeiten über **wesentliche Änderungen** iS von § 7 Abs 1 AtG u darüber, ob eine Änderung wesentlich ist, über Anordnungen nach § 19 Abs 3 AtG u über Maßnahmen der Aufsichtsbehörde nach der StrlSchV (Ks NVwZ 1994, 1125; v Oertzen DÖV 1985, 751).

Nr 2: Bearbeitung usw von Kernbrennstoffen außerhalb von Anlagen gem § 7 AtG. Nr 2 bezieht sich auf Tätigkeiten usw, die gem §§ 9 oder 6 AtG genehmigungspflichtig sind (**aA** NKVwGO-Ziekow 11: auch bei Genehmigungsfreiheit gem § 8 Abs 1 StrlSchVO). Die (aus sich heraus nicht verständlichen!) Begriffe der **Abweichung** bzw **Veränderung** stehen für die in § 9 Abs 1 S 2 AtG näher bezeichneten Tatbestände einer „Abweichung von dem in der Genehmigungsurkunde bezeichneten Verfahren" bzw einer „Veränderung der in der Genehmigungsurkunde bezeichneten Betriebsstätte oder deren Lage". 5

Die Zuweisung gilt auch für nachträgliche **Auflagen** nach § 17 Abs 1 S 3 AtG u für die **Rücknahme** u den Widerruf der Genehmigung nach § 17 Abs 2 ff AtG sowie für **Anordnungen** der Aufsichtsbehörde nach § 19 Abs 3 AtG. Ebenso fallen unter die Zuweisung die sich auf den Umgang beziehenden Genehmigungen, Auflagen u Anordnungen nach der StrlSchV, zB nach § 7 StrlSchV (v Oertzen DÖV 1985, 752). Betroffen sind alle **Handlungen,** Maßnahmen usw von der **Uranbeschaffung** u -anreicherung über die Herstellung von Brennelementen jeden Typs bis **hin zur Entsorgung** u Rückführung wiedergewonnenen Kernbrennstoffs (Pagenkopf DVBl 1985, 983).

Dagegen wird der **Umgang mit sonstigen radioaktiven Stoffen** nur dann erfaßt, wenn sich die Genehmigung nach §§ 9 u 6 AtG auch auf diesen Umgang erstreckt.[7] Nicht unter die Zuweisung fällt eine gesondert erteilte Genehmigung nach § 7 Abs 1 StrlSchV für den Umgang mit radioativen Stoffen in demselben Raum oder Gebäude (zu § 3 Abs 1 StrlSchV aF v Oertzen DÖV 1985, 752).

Nr 3: Konventionelle Kraftwerke. Nr 3 betrifft **Kraftwerke herkömmlicher** Art mit einer Feuerungswärmeleistung von mehr als 300 Megawatt. **Meh-** 6

---

[7] § 7 Abs 2 StrlSchV; zu § 3 Abs 2 StrlSchV aF Sch-Bier 21; **aA** NKVwGO-Ziekow 11: nur bei Umgang mit Kernbrennstoffen.

rere Kraftwerkblöcke sind hins ihrer Heizleistung zusammenzurechnen, wenn sie auch hins der Genehmigung usw nach dem BImSchG u den dazu ergangenen VOen zusammenzurechnen sind (BT-DR 10/3368, 6; Meyer-Ladewig NJW 1985, 1988; v Oertzen DÖV 1985, 753).

Die Zuweisung bezieht sich auf die **Errichtung, den Betrieb u die wesentliche Änderung** von Kraftwerken mit derartigen Feuerungsanlagen, insb die Baugenehmigung für das Kraftwerk, die für die Errichtung u den Betrieb der Feuerungsanlage erforderliche Genehmigung (§§ 4, 10 BImSchG), eine etwaige Änderungsgenehmigung (§ 16 Abs 1 BImSchG), jeweils mit Nebenbestimmungen (§ 12 BImSchG), sowie die Rücknahme, den **Widerruf der Genehmigung** (§ 21 BImSchG) u die Untersagung, Stillegung u Beseitigung der Anlage (§ 20 BImSchG), nicht jedoch auf nachträgliche Anordnungen gem § 17 BImSchG (vgl auch Ma NVwZ-RR 2000, 191). Sie bezieht sich auch auf die **Genehmigung des Kraftwerks** als solche, die seit dem 1. 11. 1985 an die Stelle der bis dahin erforderlichen Einzelgenehmigungen getreten ist (§ 1 Abs 2 4. BImSchV); s dazu v Oertzen DÖV 1985, 753. Da Nr 3 vorhabenbezogen u nicht verfahrensbezogen ausgestaltet ist, fallen unter die Zuweisung (zumindest über Abs 1 S 2) sämtliche das Kraftwerk betr Planfeststellungen, Zulassungen, Genehmigungen, bergrechtliche Betriebspläne, wasser- oder atomrechtliche Entscheidungen u die Feststellung der Zulässigkeit der Enteignung gem § 45 EnWG (s NKVwGO-Ziekow 13; B-v Albedyll 9; **aA** 11. Aufl).

7 **Nr 4: Planfeststellungsverfahren für die Errichtung und den Betrieb oder die Änderung von Energieleitungen.** Diese durch G v 9. 12. 2006 (BGBl I 2833) neu geschaffene Regelung, die die zugleich vorgenommenen Änderungen der §§ 43ff EnWG ergänzt, sieht – anders als Nr 4 aF (dazu 14. Aufl) – nicht nur für die (nunmehr in einem PlanfeststellungsVf erfolgende) Errichtung von Hochspannungsfreileitungen mit einer Nennspannung von 110 oder mehr Kilovolt, sondern auch für deren Betrieb u ihre Änderung die Zuständigkeit des OVG vor. Entsprechendes gilt nach Nr 4 nF nunmehr auch für PlanfeststellungsVf iVm Erdkabeln mit einer Nennspannung von 110 Kilovolt sowie für Gasversorgungsleitungen mit einem Durchmesser von mehr als 300 Millimeter sowie jeweils für die Änderung der Linienführung. Als Begründung für die Neuregelung nennt der Gesetzgeber das **Interesse an der Beschleunigung des Ausbaus von Energieanlagen** (BT-Dr 16/54).

Nr 4 erfaßt alle Rechtsakte, die Inhalt des Planfeststellungsbeschlusses sind, außerdem gem § 48 Abs 1 S 2 auch Streitigkeiten über die Genehmigungen u Erlaubnisse, auch soweit sie Nebeneinrichtungen betreffen, die mit der Planfeststellung in einem räumlichen u betrieblichen Zusammenhang stehen. Nicht erfaßt werden dürften allerdings hierdurch außerhalb des Planfeststellungsbeschlusses ergehende nachträgliche Auflagen u Anordnungen (vgl unten 8).

8 **Nr 5: Abfallbeseitigungs- und Abfallablagerungsanlagen.** Die Regelung wurde zuletzt geändert durch das 6. VwGOÄndG, womit (tlw) der Rechtszustand wiederhergestellt wurde, der schon durch G v 30. 8. 1994 (s oben 1) erreicht worden war.

Nr 5 erfaßt alle Streitigkeiten, die Vf (nicht nur Planfeststellungsverfahren) für die **Errichtung,** den **Betrieb** u die **wesentliche Änderung von ortsfesten Anlagen**

(1) zur Verbrennung oder zur thermischen Zersetzung von Abfällen mit einer jährlichen Durchsatzleistung von mehr als 100 000 Tonnen und
(2) zur Lagerung oder Ablagerung von Abfällen iSd § 41 KrW-/AbfG betreffen.

Damit fallen in die erstinstanzliche Zuständigkeit des OVG zT auch die **GenehmigungsVf** nach § 31 Abs 1 KrW-/AbfG iVm § 10 BImSchG, nicht nur **PlanfeststellungsVf** nach § 31 Abs 2 KrW-/AbfG. Die Regelung gilt auch für die **Zulassung** des vorzeitigen Beginns der Errichtung und/oder des Betriebs

(§ 33 KrW-/AbfG), außerdem dem Zweck der Regelung entsprechend auch für **Teilplanfeststellungen,** die Planfeststellung von **Planänderungen** (§ 34 Abs 1 S 1 KrW-/AbfG iVm § 76 Abs 1 VwVfG) usw, Auflagen im Planfeststellungsbeschluß usw, auch wenn davon nur abgrenzbare Teile solcher Anlagen betroffen sind (str). **Nicht** dazu zählen die außerhalb eines Genehmigungs- oder eines PlanfeststellungsVf ergehenden **nachträglichen Auflagen** nach § 32 Abs 4 S 3 KrW-/AbfG (= § 32 Abs 4 S 2 KrW-/AbfG aF) sowie **nachträgliche Anordnungen** nach § 17 BImSchG (Ma NVwZ-RR 2000, 191). Vgl zum Begriff der **Planänderung** auch 90, 98. Unter die Regelung fallen seit dem 4. VwGO-ÄndG auch Streitigkeiten über Planfeststellungen für wesentliche Änderungen bestehender Anlagen oder über eine nach § 31 Abs 3 KrW-/AbfG erteilte oder zu erteilende **Genehmigung;** auch wenn der Streit gerade auch darum geht, **ob nicht eine Planfeststellung** durchgeführt werden müßte oder durchgeführt werden hätte müssen. **Lagern** von Abfällen iS von Nr 5 ist **auch das Zwischenlagern** von Sonderabfällen, nicht dagegen auch das bloße Bereitstellen von Sonderabfällen zur Sammlung (Ma DVBl 1993, 168).

Nr 6: Verkehrsflughäfen und Verkehrslandeplätze. Nr 6 gilt ohne Rück- 9
sicht auf die Größe der Flugplätze für die Anlage, die Erweiterung oder Änderung u den Betrieb von **Verkehrsflughäfen u Verkehrslandeplätzen mit beschränktem Bauschutzbereich.** Die Änderung durch das PlVereinfG erweiterte den früheren Anwendungsbereich betr Flughäfen, die dem allg Verkehr dienen (**Verkehrsflughäfen,** § 6 Abs 3 LuftVG, § 38 Abs 2 Nr 1 LuftVZO; Ma NVwZ-RR 1994, 197), um **Verkehrslandeplätze** mit beschränktem Bauschutzbereich (§§ 6 Abs 1, 17 LuftVG, § 49 Abs 1, 2 Nr 1, § 52 Abs 2 Nr 3 LuftVZO).

Die Zuweisung gilt für **alle** Rechtsstreitigkeiten **über Entscheidungen in luftverkehrsrechtlichen GenehmigungsVf** für Verkehrsflughäfen u die genannten Verkehrslandeplätze, insb die Genehmigung der **Anlage** u des **Betreibens** (§ 6 Abs 1 LuftVG); die **Änderung oder Ergänzung** der Genehmigung wg Erweiterung u Änderung der Anlage u des Betriebes (§ 6 Abs 4 S 1 u 2 LuftVG); die **Planfeststellung** nach §§ 8, 10 Abs 1 LuftVG (BT-Dr 10/171; Meyer-Ladewig NJW 1985, 1988; Pagenkopf DVBl 1985, 985) einschließlich der Schutzauflagen nach § 9 Abs 2 LuftVG; die als VA zu qualifizierende **Entscheidung** (NJW 1980, 710), daß nach § 8 Abs 2 LuftVG **die Planfeststellung unterbleiben kann** (v Oertzen DÖV 1985, 754; Pagenkopf DVBl 1985, 985); die Gestattung von Vorarbeiten nach § 7 Abs 1 LuftVG zur Vorbereitung des Genehmigungsantrags; den **Ausbauplan** nach § 12 Abs 1 LuftVG; die Anordnung eines beschränkten Bauschutzbereichs nach § 17 LuftVG; die Zulassung des **Luftsicherungsplanes** u etwaiger Auflagen dazu nach § 8 Abs 1 S 2–4 u Abs 2 LuftSiG (soweit Verkehrsflughäfen oder Verkehrslandeplätze mit beschränktem Bauschutzbereich); außerdem auch **alle Genehmigungen,** Zustimmungen, Erlaubnisse u Aufsichtsmaßnahmen, die der Unternehmer **für den Betrieb des Flughafens** oder Landeplatzes benötigt oder die diesen betreffen, wie Maßnahmen der **Flugaufsicht** (Czybulka DÖV 1991, 410) sowie flugüberwachende Tätigkeit durch die Deutsche Flugsicherungs GmbH (Sa 28, 190), die Festlegung von **Flugrouten** (Ma VBlBW 2003, 193; Mü NVwZ-RR 1995, 114; Czybulka DÖV 1991, 410; **aA** Hermanns/Hönig VBlBW 2004, 375 f), die Genehmigung der nach § 43 Abs 1 LuftVZO erforderlichen **Benutzungsordnung u Entgeltregelung, die Abnahmeprüfung** vor der ersten Inbetriebnahme nach § 44 LuftVZO, die Bestätigung der Bestellung des Betriebsleiters nach § 45 Abs 3 LuftVZO (v Oertzen DÖV 1985, 754).

Erfaßt werden auch alle **Streitigkeiten über die ör Pflichten des Unternehmers** in bezug auf den Betrieb des Flughafens. Hierzu gehören Streitigkeiten hins der Verpflichtung, den Flughafen oder Landeplatz in betriebssicherem Zustand zu erhalten (Unterhaltungspflicht), ihn ordnungsgemäß zu betreiben (Betriebspflicht) u zu sichern (Sicherungspflicht),[8] sowie Streitigkeiten über die Vergabe von **Bodenabfertigungsdiensten** nach der BodenabfertigungsdienstVO (Lü NVwZ 1999, 1130; Mü NVwZ 1999, 1132); ebenso Streitigkeiten über Maßnahmen der **Aufsicht** durch die Genehmigungsbehörde nach § 47 Abs 1 LuftVZO u der Luftaufsichtsbehörde nach § 29 LuftVG; nicht dagegen, weil sie nicht zum „Betrieb" zählen, die **Genehmigung von Luftfahrtunternehmen** oder für Luftfahrzeuge für besondere Zwecke (§ 20 LuftVG), sowie alle weiteren Genehmigungen, die die Benutzer eines Flughafens benötigen (v Oertzen DÖV 1985, 754).

Gem S 2 gilt die Zuweisung auch für **Streitigkeiten über** die **Baugenehmigung** für die Betriebsanlage des Flughafens, dh für alle Anlagen, die mittelbar oder unmittelbar der Abwicklung oder Sicherung des Flugverkehrs dienen, von **Hallen, Werkstattgebäuden, Passagierabfertigung, Zollabfertigung** bis zu **Parkplätzen** mit Tankstelle, Restaurant, **Ladenstraßen,** Duty-free-Shop u **Flughafenhotel** (v Oertzen DÖV 1985, 754).

10 **Nr 7: Straßenbahnen, öffentliche Eisenbahnen, Magnetschwebebahnen, Rangier- und Containerbahnhöfe.** Nr 7 betrifft nach der Änderung durch das PlVereinfG **Planfeststellungen (und gem S 2 auch Genehmigungen)** für den **Bau u die Änderung neuer Strecken usw.** Nicht hiervon erfaßt werden planfeststellungersetzende Bebauungspläne, selbst dann, wenn sie ungültig sind (Ma NVwZ-RR 2001, 411). Bei der Einführung des Zusatzes „oder die Änderung" wurde aber offenbar vergessen, auch das Tatbestandsmerkmal „neu" zu streichen. Die Regelung ist danach so zu lesen, als ob sie lautete: „Planfeststellungsverfahren für den Bau neuer oder die Änderung vorhandener Strekken …".[9] Eine weitere Änderung hat Nr 7 durch das MBPlG erfahren, das Magnetschwebebahnen hinzugefügt hat.

Straßenbahnen iSd Nr 7 sind gem § 4 Abs 2 PBefG auch **Hochbahnen, U-Bahnen, Schwebebahnen u** ähnliche Bahnen,[10] nicht dagegen auch Obusse. Zu den **Magnetschwebebahnen** s MBPlG, das jedoch keine Begriffsdefinition enthält. Der Begriff der **öffentlichen Eisenbahnen** iSd Nr 7 ist identisch mit dem Begriff der öffentlichen Eisenbahnen iSd §§ 2, 3 AEG. Eisenbahnen sind danach, unabhängig von der Betriebsform (ör oder privatrechtlich), sowohl Eisenbahnverkehrs- als auch Eisenbahninfrastrukturunternehmen (§ 2 Abs 1 AEG); zum Begriff des Eisenbahnverkehrs s § 2 Abs 2 AEG, zum Begriff der Eisenbahninfrastruktur s § 2 Abs 3 AEG. Öffentlich ist die Eisenbahn, wenn jeder sie nach ihrer Zweckbestimmung zur Personen- oder Güterbeförderung nutzen kann (§ 3 Abs 1 Nr 1 AEG) bzw wenn Zugang zu ihrer Infrastruktur gewährt werden muß (§ 3 Abs 1 Nrn 2 u 3 AEG). Nicht unter den Begriff der Eisenbahnen fallen gem § 1 Abs 2 AEG Straßenbahnen, Magnetschwebebahnen u ähnliche Bahnen, die aber gleichwohl von Nr 7 erfaßt werden (s dazu oben). Die Zuweisung gem Nr 7 ist nicht beschränkt auf Streitigkeiten über Planfeststellungen oder Plangenehmigungen (S 2) gem § 18 AEG, sondern erfaßt auch Streitigkeiten über **Veränderungssperren** (§§ 19 AEG, 4 MBPlG, 28 a PBefG) oder **vorzeitige Besitzeinweisungen** (§§ 21 AEG, 6 MBPlG, 29 a PBefG), nicht dagegen auch Streitigkeiten gem § 2 des G über den Bau u den Betrieb von Versuchsanlagen zur Erprobung von Techniken für den spurgeführten Verkehr vom 29. 1. 1976 (BGBl I 241), da sich diese Vorschrift nicht auf öffentliche Eisenbahnen oder Straßenbahnen bezieht (Pagenkopf DVBl 1985, 985).

---

[8] Ma NVwZ-RR 2006, 840: Streit wg Eigensicherungsmaßnahmen nach § 8 Abs 1 S 1 Nr 1 LuftSiG.

[9] Vgl auch Ko DÖV 2002, 346; Lü NVwZ-RR 1998, 718; Schl SchlHA 1994, 267 LS 1; Steinhoff DVBl 1996, 1242.

[10] Meyer-Ladewig NJW 1985, 1988; v Oertzen DÖV 1985, 755; Pagenkopf DVBl 1985, 985.

Gem S 2 gilt die Zuweisung an das OVG auch für Streitigkeiten in bezug auf **Nebenanlagen,** zB Freileitungen für Straßenbahnen, Magnetschwebebahnen u öffentliche Eisenbahnen, soweit diese nicht ohnehin schon von der Planfeststellung bzw Plangenehmigung (S 2) erfaßt werden. Zur tlw Verdrängung des § 48 Abs 1 S 1 Nr 7 durch § 50 Abs 1 Nr 6 s 8b zu § 50.

Nr 8: Bundesfernstraßen. Nr 8 gilt für alle **Planfeststellungen u** Plangenehmigungen (S 2) **gem § 17 FStrG** für Bundesfernstraßen iSv § 1 Abs 2 FStrG einschließlich der Planfeststellungen u Plangenehmigungen für Änderungen. Seit dem 6. VwGOÄndG inbegriffen sind damit Streitigkeiten über eine Plangenehmigung, die anstelle des Planfeststellungsbeschlusses erteilt wurde (§ 17b Abs 1 Nrn 1–3 FStrG iVm § 74 Abs 6 VwVfG), u über das Absehen von Planfeststellung u Plangenehmigung (§ 17b Abs 1 Nr 4 FStrG iVm § 74 Abs 7 VwVfG). Unter die Zuweisung fallen auch Streitigkeiten über **Vf** nach **§ 12 Abs 4 FStrG,** die Kreuzungen zwischen Bundesfernstraßen u anderen öffentlichen Straßen betreffen, u nach § 12a Abs 4 FStrG, die sich auf Kreuzungen mit Gewässern beziehen (v Oertzen DÖV 1985, 755; **aA** NKVwGO-Ziekow 24), außerdem auch **über Ausnahmen,** die die oberste Landesstraßenbaubehörde von der Veränderungssperre nach **§ 9a Abs 5 FStrG** zuläßt (v Oertzen DÖV 1985, 755), **nicht dagegen** Streitigkeiten über die Anordnung von **Schutzauflagen** nach § 75 Abs 2 VwVfG oder nach entspr Vorschriften (NVwZ 2000, 1168; s auch oben 3) nach Unanfechtbarkeit des Planfeststellungsbeschlusses u Fertigstellung des Vorhabens (vor Unanfechtbarkeit ist Nr 8 anwendbar, Ma NVwZ-RR 1996, 70; VG Freiburg NVwZ-RR 1997, 144); über Maßnahmen zur Vollziehung eines unanfechtbaren Planfeststellungsbeschlusses (Bln NVwZ-RR 1991, 448); über **Baugenehmigungen** von Anlagen nach **§ 9 Abs 2 FStrG,** die dem Zustimmungsvorbehalt der obersten Landesstraßenbaubehörde unterliegen. Zur Zuständigkeit des **BVerwG** nach § 50 Abs 1 Nr 6, die die Zuständigkeit nach § 48 Abs 1 S 1 Nr 8 weitgehend verdrängt, s 8b zu § 50. 11

Die Zuweisung gilt infolge des **weiten Begriffs der Straße** gem § 1 Abs 4 FStrG u der **Konzentrationswirkung** der Planfeststellung nicht nur für Streitigkeiten über den **Straßenkörper** mit seinen Einrichtungen (gem § 1 Abs 4 Nr 3a FStrG zählen dazu auch Mautstellen) oder über **vorzeitige Besitzeinweisungen** gem § 18f FStrG (s auch unten 13a), sondern auch über das **Zubehör u** die **Nebenanlagen** von Bundesfernstraßen sowie über die Nebenbetriebe an den Bundesautobahnen, ferner über **Anlagen der Verkehrsüberwachung,** der Unfallhilfe u des Zolls nach § 17f FStrG (v Oertzen DÖV 1985, 756), **außerdem,** entspr dem Zweck der Regelung, auch über durch **Landesrecht** in die Planfeststellung einbezogene Regelungen über **Straßen nach Landesrecht,** die an sich keine Folgemaßnahmen des nach Bundesrecht zu beurteilenden Vorhabens betreffen.[11]

Nr 9: Bundeswasserstraßen. Nach der Novellierung durch das PlVereinfG u das 6. VwGOÄndG werden von Nr 9 Planfeststellungen u Plangenehmigungen (S 2) für den **Neubau oder Ausbau von Bundeswasserstraßen** aller Art erfaßt, dh Binnen- u Seewasserstraßen des Bundes (§ 1 Abs 1 WaStrG). Zur Nichterstreckung der Vorschrift auf nachträglich außerhalb des Planfeststellungs-Vf erlassene Auflagen sowie auf die Aufhebung von Planfeststellungsbeschlüssen s oben 3. Für die früher erfaßten Landeswasserstraßen besteht keine Zuständigkeit mehr. Gem § 1 Abs 4 WaStrG zählen zu den Bundeswasserstraßen auch bundeseigene Schiffahrtsanlagen (Schleusen, Talsperren usw) sowie die zur Unterhaltung der Wasserstraßen dienenden bundeseigenen Ufergrundstücke, Bauhöfe u Werkstätten. **Welche Binnenwasserstraßen des Bundes** dem allg Verkehr 12

---

[11] Enger v Oertzen DÖV 1985, 756: nur dann, wenn die Entscheidung der Landesbehörde, ihr Vorhaben an das Vorhaben des Bundes anzuhängen, als VA angesehen u nicht angefochten worden ist.

dienen, ergibt sich aus einem **Verzeichnis** in der Anl zu § 1 Abs 1 Nr 1 WaStrG. Zur Zuständigkeit des **BVerwG** nach § 50 Abs 1 Nr 6, die die Zuständigkeit nach § 48 Abs 1 S 1 Nr 9 weitgehend verdrängt, s 8b zu § 50.

Die Zuweisung der Nr 9 gilt außerdem auch für **Teile einer Wasserstraße, die in einen Hafen** einbezogen wurden, u insoweit auch für den Neubau von Häfen (vgl § 45 Abs 4 WaStrG; dazu v Oertzen DÖV 1985, 756), u für nach § 78 Abs 1 VwVfG oder nach ähnlichen Vorschriften in das Vorhaben einbezogene Straßen usw (Mü BayVBl 1987, 82), **nicht dagegen** auch für Maßnahmen in Landflächen an Bundeswasserstraßen gem § 9 Abs 1 WaStrG (v Oertzen DÖV 1985, 756). Unter § 48 Abs 1 S 1 Nr 9 u S 2 fallen nur solche Planfeststellungsverfahren, die die **Verkehrsfunktion** einer Bundeswasserstraße betreffen (Hbg DVBl 2001, 406; Ma NVwZ-RR 1999, 349). Dienen Maßnahmen zur Umgestaltung einer Bundeswasserstraße sowohl Interessen der Schiffahrt als auch sonstigen Zwecken, so richtet sich die Rechtsnatur dieser Maßnahme danach, aus welchen Gründen sie überwiegend vorgenommen wird (Hbg DVBl 2001, 406).

13 **4. Zuständigkeit auch für Streitigkeiten über Genehmigungen, die anstelle einer Planfeststellung erteilt werden, sowie für sämtliche sonst erforderlichen Genehmigungen usw (Abs 1 S 2):** Seit dem 6. VwGOÄndG ist in S 2 die erstinstanzliche Zuständigkeit der OVG insgesamt auf Plangenehmigungen erweitert, die Planfeststellungen in bestimmten Bereichen ersetzen können. Erfaßt werden damit auch alle Entscheidungen über das Absehen von einem Planfeststellungs- oder PlangenehmigungsVf (s auch oben 3).

Im Interesse der Einheitlichkeit der Entscheidung u im Hinblick auf die häufig gar nicht bestehende Möglichkeit einer getrennten Beurteilung gilt die Zuständigkeitszuweisung zugunsten des OVG auch für alle **Streitigkeiten** über für Vorhaben iS von Abs 1 **zusätzlich erforderliche** baurechtliche, gewerberechtliche, immissionsschutzrechtliche, wasserrechtliche usw **Genehmigungen** usw, auch soweit sie Nebenanlagen betreffen.[12] S zur Abgrenzung u zu scheinbaren Ausnahmen auch oben 3. **Soweit** die Zuweisung an das OVG sich auf **Planfeststellungen** bezieht, die ohnehin alle sonst erforderlichen Erlaubnisse usw einbeziehen (Konzentrationswirkung), kommt Abs 1 S 2 nur deklaratorische (klarstellende) Bedeutung zu (vgl Pagenkopf DVBl 1985, 986).

Nebeneinrichtungen sind Anlagen u sonstige Einrichtungen, die überwiegend den Zwecken des Vorhabens gem Abs 1 oder einer Nebeneinrichtung dazu oder der Wahrnehmung damit verbundener Aufgaben dienen, zB Kühltürme bei Kraftwerken,[13] Freileitungen bei Straßenbahnen, Schleusen u Schiffshebewerke bei Wasserstraßen, Straßenmeistereien, Gerätehöfe, Lager, Lagerplätze, Neben- u Hilfsbetriebe (vgl § 1 Abs 4 Nr 4 u 5 FStrG) bei Bundesautobahnen. Erforderlich ist ein **räumlicher u betrieblicher Zusammenhang,** dh die Nebeneinrichtung muß auch räumlich u sachlich, insb technisch, dem Vorhaben zugeordnet sein.

13 a **5. Ermächtigung für die Länder (Abs 1 S 3):** Ermächtigt werden die Länder, die Regelung auch auf Besitzeinweisungen bei Vf gem S 1 auszudehnen (so zB § 5 ThürAGVwGO, dazu We ThürVBl 1999, 231). Keine Anwendung findet S 3 in den Fällen, in denen die vorzeitige Besitzeinweisung bundesrechtlich geregelt ist (§ 21 AEG, § 18f FStrG, § 20 WaStrG, § 27g LuftVG, § 29a PBefG, § 6 MBPlG). Hier sind die OVG bereits nach Abs 1 S 1, 2 zuständig

---

[12] Vgl Mü BayVBl 1987, 82: auch wenn der Bau der Wasserstraße den Kl nicht berührt, sondern er nur durch den Bau einer Straße betroffen ist, die im Zusammenhang damit steht u nach § 78 Abs 1 VwVfG oder nach ähnlichen Vorschriften in das Vorhaben mit einbezogen wurde.

[13] Ko NVwZ 1988, 76; Meyer-Ladewig NJW 1985, 1988; v Oertzen DÖV 1985, 755 **aA** NKVwGO-Ziekow 9.

(NKVwGO-Ziekow 32; **aA** Ba SächsVBl 1997, 13). Gebrauch gemacht haben von der Ermächtigung BW (§ 5 BWAGVwGO), Bay (Art 6 BayAGVwGO), Brand (§ 4 Abs 2 BrandVwGG), RhPf (§ 4 Abs 2 RhPfAGVwGO), Sachs (§ 25 SächsJG), Sachs-Anh (§ 11 SachsAnhAGVwGO), Thür (§ 5 ThürAGVwGO).

6. Sonstige Regelungen für Großverfahren: Im übrigen gelten auch für die Verfahren, für die die OVG nach Abs 1 S 1 u 2 als erste u einzige Tatsacheninstanz zuständig sind, **die allg** Vorschriften. Dies bedeutet zB, daß auch bei Entscheidungen des OVG nach § 80 Abs 5 oder 6 u § 80a Abs 3 **keine Beschwerde an das BVerwG** gegeben ist (§ 152) – die Einführung einer Beschwerdemöglichkeit war im GesetzgebungsVf ausdr abgelehnt worden (vgl Meyer-Ladewig NJW 1985, 1989) – u auch die **Revision** gegen Entscheidungen des OVG nach § 48 nur nach den allg Vorschriften (§§ 132ff) zulässig ist (Meyer-Ladewig NJW 1985, 1989; Pagenkopf DVBl 1985, 937). 14

7. Zuständigkeit des OVG in Vereinssachen (Abs 2): Nach Abs 2 ist das OVG zuständig für Anfechtungsklagen gegen Verbote bzw Verfügungen der Vereinsbehörden nach §§ 3 Abs 1 Nr 1, 8 Abs 2 S 1 VereinsG, ferner gem § 16 Abs 2 VereinsG, der §§ 48, 50 Abs 1 Nr 2 ergänzt, auch für Feststellungsklagen der Vereinsbehörden zur Bestätigung von Maßnahmen nach § 16 VereinsG (sog Bestätigungsverfahren, vgl Ule 32 IV). 15

Die besondere Zuständigkeit des OVG gilt nur für Maßnahmen der obersten Landesbehörden nach § 48 Abs 1 iVm dem VereinsG. Für Klagen gegen Vollziehungsmaßnahmen (§ 5 VereinsG) verbleibt es bei der allg Zuständigkeit der VGe in erster Instanz (§ 6 Abs 1 VereinsG). Auch für das Vf in Vereinsverbotssachen gelten nach § 51 u nach dem VereinsG zT besondere Regelungen.

Abs 3 war mit der Aufhebung des § 5 Abs 2 VereinsG durch G v 28. 10. 1994 (BGBl I 3186) obsolet geworden u ist deshalb – auf unseren Hinweis hin – durch das 6. VwGOÄndG aufgehoben worden. Zum Vereinsverbot in der verwaltungsgerichtlichen Rspr s neuestens Planker NVwZ 1998, 113. 16

8. Weitere Zuständigkeitsregelungen: In **Flurbereinigungssachen** sind die OVGe Gerichte erster Instanz (§§ 138 Abs 1, 140 FlurbG). Nach § 31 Abs 1 **StUG** ist das OVG erst- (und letzt-)instanzlich zuständig bei Ablehnung behördlicher Anträge durch den Bundesbeauftragten. Wird der Antrag nicht von einer Behörde gestellt, bleibt es bei der Zuständigkeit des VG. 17

§ 49 [Zuständigkeit des BVerwG als Rechtsmittelgericht]

Das Bundesverwaltungsgericht entscheidet über das Rechtsmittel

1. **der Revision gegen Urteile des Oberverwaltungsgerichts nach § 132,**
2. **der Revision gegen Urteile des Verwaltungsgerichts nach §§ 134 und 135,**
3. **der Beschwerde nach § 99 Abs. 2 und § 133 Abs. 1 dieses Gesetzes sowie nach § 17a Abs. 4 Satz 4 des Gerichtsverfassungsgesetzes.**

Vgl §§ 133, 135 GVG; § 39 SGG; § 36 FGO

Die §§ 49 und 50, die zT durch das 4. u das 6. VwGOÄndG geändert wurden, regeln die **sachliche Zuständigkeit** des BVerwG. § 49 betrifft die **funktionelle Zuständigkeit** des BVerwG als Rechtsmittelgericht. Das BVerwG ist außerdem zuständig für die Bestimmung des zuständigen Gerichts nach näherer Maßgabe des § 53 Abs 1 u 2, zur Entscheidung über Ablehnungsgesuche bei Beschlußunfähigkeit des OVG als Folge des Ausscheidens abgelehnter Richter nach § 54 Abs 1, § 45 Abs 1 ZPO u in einigen anderen durch besondere Gesetze 1 dem BVerwG zugewiesenen Angelegenheiten (s auch § 190 Abs 1). Vgl zur Zuweisung von Sachen, bei denen es sich um die Anwendung von Landesrecht handelt, zur Entscheidung im letzten Rechtszug, uU durch Landesgesetz auch Art 99 GG.

2 Hins des **zwingenden Charakters** der Bestimmung, der Verpflichtung des BVerwG zur Prüfung seiner Zuständigkeit vAw u der Möglichkeit einer Verweisung an das zuständige Gericht gilt dasselbe wie für das VG (s 4 f zu § 45).

§ 50 [Sachliche Zuständigkeit des BVerwG in erster Instanz]

(1) **Das Bundesverwaltungsgericht entscheidet im ersten und letzten Rechtszug**[1 ff]

1. **über öffentlich-rechtliche Streitigkeiten nichtverfassungsrechtlicher Art zwischen dem Bund und den Ländern und zwischen verschiedenen Ländern,**[3 ff]
2. **über Klagen gegen die vom Bundesminister des Innern nach § 3 Abs. 2 Nr. 2 des Vereinsgesetzes ausgesprochenen Vereinsverbote und nach § 8 Abs. 2 Satz 1 des Vereinsgesetzes erlassenen Verfügungen,**[6 ff]
3. **über Streitigkeiten gegen Abschiebungsanordnungen nach § 58 a des Aufenthaltsgesetzes und ihre Vollziehung,**[7]
4. **über Klagen, denen Vorgänge im Geschäftsbereich des Bundesnachrichtendienstes zugrunde liegen,**[8]
5. **über Klagen gegen Maßnahmen und Entscheidungen nach § 44 a des Abgeordnetengesetzes und der Verhaltensregeln für Mitglieder des Deutschen Bundestages,**[8 a]
6. **über sämtliche Streitigkeiten, die Planfeststellungsverfahren und Plangenehmigungsverfahren für Vorhaben betreffen, die in dem Allgemeinen Eisenbahngesetz, dem Bundesfernstraßengesetz, dem Bundeswasserstraßengesetz oder dem Magnetschwebebahnplanungsgesetz bezeichnet sind.**[8 b]

(2) (weggefallen)

(3) **Hält das Bundesverwaltungsgericht nach Absatz 1 Nr. 1 eine Streitigkeit für verfassungsrechtlich, so legt es die Sache dem Bundesverfassungsgericht zur Entscheidung vor.**[10]

Vgl § 39 Abs 2 SGG

Schrifttum: *Paetow,* Erstinstanzliche Großverfahren vor dem BVerwG, NVwZ 2007, 36.

1 **1. Allgemeines:** Die Regelung wurde mehrfach geändert: Durch das 4. VwGOÄndG wurden Abs 1 Nr 3 u Abs 2 aufgehoben. Abs 1 Nr 4 wurde durch G v 9. 7. 2001 (BGBl I 1510) u durch das RmBereinVpG modifiziert (s unten 8). Abs 1 Nr 3 wurde durch das ZuwanderungsG v 30. 7. 2004 (BGBl I 1950, 2008) mit verändertem Inhalt wieder eingefügt. Abs 1 Nr 5 wurde durch G v 22. 8. 2005 (BGBl I 2482), Abs 1 Nr 6 durch das G zur Beschleunigung von PlanungsVf für Infrastrukturvorhaben v 9. 12. 2006 (BGBl I 2833) neu eingefügt.

Die Vorschrift regelt die **sachliche Zuständigkeit des BVerwG** zur Entscheidung von Verwaltungsstreitsachen in erster (und zugleich letzter) Instanz u damit zugleich auch als Tatsachengericht (vgl Paetow DVBl 1994, 99). Dabei handelt es sich vor allem um Fälle, für die ein näherer Anknüpfungspunkt in einem einzelnen Land fehlt oder die wg ihrer Bedeutung u im Interesse der Beschleunigung dem BVerwG zur Entscheidung vorbehalten wurden. Die Vorschrift begegnet unter verfassungsrechtlichen Gesichtspunkten (dazu Paetow DVBl 1994, 99) keinen durchschlagenden Bedenken, da Art 19 Abs 4 GG keinen mehrstufigen Rechtsweg fordert[1] u sachliche Gründe für die Konzentration des Rechtsschutzes beim BVerwG sprechen, da hier ein besonderes bundespolitisches Interesse an der Verweisung dieser Rechtsstreitigkeiten an das BVerwG besteht u zudem – so im Fall des Abs 1 Nr 3 – ein legitimes Interesse an der Beschleunigung des Vf anzuerkennen ist.

Die **Aufzählung ist** – vorbehaltlich der Übertragung weiterer Zuständigkeiten durch Bundesgesetz, die dem Bund jederzeit u unabhängig von §§ 49f möglich ist – **abschließend;** eine erweiternde Auslegung der Vorschriften oder eine analoge Anwendung ist nicht zulässig (DVBl 1984, 1015). Insb wird die Zuständigkeit des BVerwG darüber hinaus nicht allein schon dadurch begründet, daß der Bund an einem Rechtsstreit beteiligt ist. Auch für den Bund gelten die allg Zuständigkeitsregelungen, die im Regelfall die Zuständigkeit des VG eines Landes vorsehen. Art 95 GG ließe eine erstinstanzliche Zuständigkeit des BVerwG außer aus besonderen Gründen u ausnahmsweise auch gar nicht zu (vgl BVerfG 8, 178; Paetow DVBl 1994, 99). Außer durch § 49 u § 50 wird die Zuständigkeit des BVerwG durch verschiedene Bundesgesetze (s unten 8a), außerdem in einigen Fällen auch durch **Sonderregelungen,** die gem § 190 Abs 1 Nr 2 u 8 aufrechterhalten blieben, begründet. Zur Zuständigkeit des BVerwG im übrigen s auch 1 zu § 49.

Hins des **zwingenden Charakters** des § 50, der Verpflichtung des BVerwG 2
zur Prüfung seiner Zuständigkeit vAw u der Möglichkeit einer Verweisung an das zuständige Gericht gilt dasselbe wie für das VG (s 4f zu § 45).

2. Zuständigkeit des BVerwG in erster Instanz (Abs 1): a) öffentlichrechtliche Streitigkeiten nichtverfassungsrechtlicher Art zwischen Bund und Ländern und zwischen verschiedenen Ländern (Nr 1). 3
Streitigkeiten iSd Abs 1 Nr 1 sind nur Streitigkeiten mit „förderativem Einschlag" (Huba Jura 1991, 656), dh solche, deren Gegenstand durch die **Eigenart der Länderbeziehungen** bzw Bund-Länderbeziehungen geprägt wird u die „sich ihrem Gegenstand nach einem Vergleich mit den landläufigen Verwaltungsstreitigkeiten entziehen".[2] Insb – jedoch nicht nur! – handelt es sich um Streitigkeiten, bei denen es um die **Abgrenzung gegenseitiger Hoheitsbefugnisse** (Kompetenzen) von Bund oder Ländern (nicht auch von ör Körperschaften des Bundes oder eines Landes) – oder von Ländern untereinander – geht.[3]

Bsp: Zins- u Tilgungsquoten des Landes auf Bundesdarlehen für den sozialen Wohnungsbau (BayVBl 1987, 24); **Nutzungsentgelte,** die der Bund aus der Verpachtung einer Seewasserstraße erzielt hat (87, 169); ob ein Land berechtigt ist, eine **bauaufsichtliche Anordnung hins einer militärischen Anlage** des Bundes zu treffen (NJW 1977, 163; Ma DÖV 1975, 757) oder bei der **Vergabe von Studienplätzen** an den Landesuniversitäten von durch Staatsvertrag mit anderen Ländern getroffenen Vereinbarungen abzuweichen;[4] ob die Länder, die Träger der ZVS sind, verpflichtet sind, in einem Studienfach den **numerus clausus einzuführen;**[5] ob ein Land nach dem mit dem Kl abgeschlossenen Staatsvertrag über den Norddeutschen Rundfunk verpflichtet ist, **an einer** bestimmten **Aufsichtsmaßnahme ggü** dem **Rundfunk** mitzuwirken (54, 29; 60,

---

[1] BVerfG 49, 340; 65, 90; NJW 2003, 1925; BK-Schenke 275 zu Art 19 Abs 4 GG; Schenke JZ 2005, 116ff.

[2] 60, 173f; 87, 171 = NVwZ-RR 1991, 344; 96, 46 = NVwZ 1995, 57; NJW 1977, 163; 1984, 818; BayVBl 1980, 474; 1987, 24; Ma NJW 1969, 1375; Mü NVwZ 1993, 794.

[3] Neben den genannten Entscheidungen: 50, 130; 54, 29; NJW 1976, 1468; 1977, 66; DVBl 1988, 735; DVBl 2000, 487; BVerfG 1, 306; 42, 103; Ma NJW 1969, 1366; 1975, 757; Huba Jura 1991, 656 mwN.

[4] BVerfG 42, 103; BVerwG NJW 1977, 66; krit Maunz BayVBl 1976, 340.

[5] NVwZ 1988, 828 zum Antrag eines Landes gem § 123 gegen die anderen Länder mit dem genannten Ziel.

173); ob ein Land dem Bund **Schadensersatz wg** unzureichender Wahrnehmung von hoheitlichen Aufgaben des Bundes (BayVBl 1980, 479) oder nach **Art 104 a Abs 5 GG** wg RVerletzung auf der Ebene des einfachen Rechts (BayVBl 1987, 24; 96, 45 = NVwZ 1995, 56; NVwZ 1995, 991; 1997, 886) zu leisten hat; ob der Bund verpflichtet ist, einem Land die von diesem im Zusammenhang mit dessen Tätigkeit für den Bund an einen Dritten geleisteten **Schadensersatzzahlungen** oder die **Kosten** der Beseitigung der Ölverschmutzung auf einer Bundeswasserstraße durch das Land im eigenen Aufgabenbereich zu erstatten (NJW 1986, 2524); ob ein Land, weil es mit der Unterbringung eines Straftäters aus dem beklagten Bundesland in einem Krankenhaus des klagenden Landes Aufgaben des beklagten Landes erfüllt hat, Kostenerstattung verlangen kann (NStZ 1991, 557). Hierunter fällt auch der Streit über die bundesstaatlichen Begrenzungen, die sich für die Beweiserhebungsbefugnis parlamentarischer Untersuchungsausschüsse von Landesparlamenten ergeben (DVBl 2000, 487 ff). **Streitigkeiten aus verwaltungsrechtlichen Staatsverträgen u Verwaltungsvereinbarungen** zwischen Bund u Ländern bzw zwischen den Ländern fallen grds immer unter § 50 Abs 1 Nr 1.[6]

Um **verfassungsrechtliche Streitigkeiten** handelt es sich dagegen etwa bei **Weisungen des Bundes** im Rahmen der Bundesauftragsverwaltung (s 32 j zu § 40).[7]

Nicht anwendbar ist Nr 1 bei einer Streitigkeit zwischen dem Land u einem nicht rechtsfähigen Sondervermögen des Bundes, das wie das **Bundeseisenbahnvermögen** unter seinem Namen handeln, klagen u verklagt werden kann (NVwZ 2003, 620; **aA** Sch-Bier 8).

4 Kl u Bekl müssen sich in **ihrer Eigenschaft als Hoheitsträger** u nicht (nur) als Teilnehmer am allg Rechtsverkehr (BVerfG 42, 103; BVerwG 28, 64; NJW 1977, 163) gegenüberstehen; daher fallen Streitigkeiten nicht unter Nr 1, bei denen die Hoheitsbefugnisse als solche des Kl oder des Bekl bzgl des Streitggst von den Parteien nicht in Frage gestellt wird. **Nicht entscheidend** ist **die Art der** (gebotenen) **Klage** (ebenso überzeugend Huba Jura 1991, 656). ZB fällt auch die Anfechtungsklage des Bundes gegen einen VA eines Landes, durch den sich der Bund in verfassungsmäßigen Kompetenzen beeinträchtigt fühlt, unter Nr 1.[8] § 50 gilt auch für **Anträge nach § 80** Abs 5, **§ 80 a** Abs 3 u **§ 123** (50, 132; NVwZ 1988, 828; Sch-Bier 5). Bund u Länder können **durch Staatsvertrag keine** von § 50 **abweichende Zuständigkeit** eines anderen Gerichts vereinbaren; vor Erlaß der VwGO getroffene Zuständigkeitsvereinbarungen sind angesichts des abschließenden Charakters von § 50 obsolet geworden u nicht mehr anwendbar (54, 34).

5 **Zur Vorlagepflicht an das BVerfG** s unten 10, zur (zu bejahenden) Frage der Zulässigkeit einer **Widerklage** im Vf gem Abs 1 Nr 1 NJW 1977, 66.

6 **b) Vereinsverbotssachen (Nr 2).** Die Zuständigkeit des BVerwG nach Nr 2 entspricht der Zuständigkeit des OVG gem § 48 (s 15 zu § 48). Voraussetzung für die Zuständigkeit des BVerwG ist, daß der **Bundesinnenminister als Vereinsbehörde** entschieden hat. Für Klagen gegen Verfügungen zum Vollzug eines

---

[6] Vgl 50, 130; 54, 33; 80, 376; NVwZ 1988, 828; BVerfG 42, 113; SDC 2 a.

[7] Buchh 11 Art 85 GG Nr 4; Lerche BayVBl 1987, 322; Steinberg AöR 1985, 439; Wagner NJW 1987, 417; Wagner DVBl 1987, 922; Pera NVwZ 1989, 1223; Kisker/Höfling Fall 1 S 6; ebenso wohl BVerfG 81, 330 = DVBl 1990, 763; 1991, 534 mit zust Anm Gornig JZ 1992, 308; **aA** Lange NJW 1986, 1306; Zimmermann DVBl 1992, 93; diff Winter DVBl 1985, 996; s auch 32 a zu § 40.

[8] NJW 1977, 163; Ma NJW 1969, 1366; Huba Jura 1991, 656 – ua unter Hinweis darauf, daß sonst vor Ergehen eines VA in einer Sache das BVerwG für eine Feststellungsklage zuständig wäre, nach Ergehen des VA in derselben Sache des VG –; enger BVerwG 28, 64; RÖ-M. Redeker 2: nur Streitigkeiten im Gleichordnungsverhältnis).

Vereinsverbotes (§§ 5 f VereinsG) verbleibt es bei der allg Zuständigkeit der VGe nach § 45. **S allg** zu Vereinsverbotsstreitigkeiten auch 37, 344; 55, 175; 61, 218 = NJW 1981, 1796.

c) Streitigkeiten über Abschiebungsanordnungen gem § 58 a AufenthG und ihre Vollziehung (Nr 3). Nr 3 aF, der Streitigkeiten aus dem Zuständigkeitsbereich der diplomatischen u konsularischen Auslandsvertretungen betraf, war durch das 4. VwGOÄndG gestrichen worden. Durch das ZuwanderungsG v 30. 7. 2004 (BGBl I 1950, 2008) wurde – mit verändertem Inhalt – wieder eine Nr 3 eingefügt. Nr 3 nF betrifft den Rechtsschutz gegen Abschiebungsanordnungen gem § 58 a AufenthG. Mit Hilfe solcher Abschiebungsanordnungen können **Ausländer,** die die **Sicherheit der Bundesrepublik gefährden,** in einem stark beschleunigten Vf abgeschoben werden. Die erst- u letztinstanzliche Zuweisung an das BVerwG (zur verfassungsrechtlichen Zulässigkeit s oben 1) dient dieser Verfahrensbeschleunigung. 7

d) Dienstrechtliche Vorgänge im Geschäftsbereich des Bundesnachrichtendienstes (Nr 4). Die Zuständigkeit nach Nr 4 dient vor allem der besseren Geheimhaltung der Vorgänge im Bereich des Bundesnachrichtendienstes (BND). „Dienstrechtliche" Vorgänge iSd Nr 4 sind auch Klagen von im Bereich des BND tätigen Soldaten gegen den Bund, soweit sie sich gegen dienstliche Beurteilungen des BND richten (Buchh 311 § 18 WBO Nr 1). Infolge der Aufhebung der Beschränkung auf Klagen „gegen den Bund" durch G v 9. 7. 2001 (s oben 1) fällt auch die Disziplinarklage nach § 52 BDG in den Anwendungsbereich der Vorschrift. Überdies erfaßt sie seit der Änderung durch das RmBereinVpG nicht mehr nur dienstrechtliche, sondern sämtliche Vorgänge im Bereich des BND. Nr 4 findet keine Anwendung auf **Klagen aus einem Angestelltenverhältnis;** insoweit verbleibt es bei der Zuständigkeit der Zivil- bzw Arbeitsgerichte. Bezüglich Streitigkeiten aus dem Schwerbehindertenrecht im Geschäftsbereich des BND erklärt § 158 Nr 5 SGB IX das BVerwG für erstinstanzlich zuständig. 8

e) Klagen bzgl Mandatsausübung und Verhalten von Bundestagsabgeordneten gem § 44 a AbgG und Verhaltensregeln (Nr 5). Durch G v 22. 8. 2005 (BGBl I 2842) wurde in Ergänzung der neu gefaßten § 44 a u b AbgG sowie der Verhaltensregeln für Mitglieder des Deutschen Bundestags eine Zuständigkeit des BVerwG begründet (s zu den Motiven BT-Dr 15/5671). 8 a

f) Streitigkeiten über Planungsverfahren für wichtige Verkehrsinfrastrukturvorhaben (Nr 6). Durch G v 9. 12. 2006 (BGBl I 2833) wurde in § 50 eine neue Nr 6 eingefügt. Die Vorschrift beruht auf den in den neuen Bundesländern mit § 5 VerkPBG gemachten Erfahrungen u soll zu einer Verkürzung des Zeitraums bis zur Bestandskraft von Planfeststellungsbeschlüssen führen (BT-Dr 16/54, 27). Diese Beschleunigung wird freilich dadurch erkauft, daß dem BVerwG hier eine sehr zeit- u arbeitsaufwendige Kompetenz zugewiesen wird, die mit der ihm sonst obliegenden Tätigkeit als Revisionsgericht nur schwer in Einklang zu bringen ist. § 50 Abs 1 Nr 6 geht in seinem Anwendungsbereich § 48 Abs 1 S 1 Nrn 7–9 vor u schränkt deren Bedeutung damit weitgehend ein. Die Vorschrift ist extensiv zu interpretieren („sämtliche Streitigkeiten"). Sie erstreckt sich aber ähnlich wie bei § 48 (s 3 u 11 zu § 48) nicht auf nachträgliche, außerhalb des Planfeststellungs- bzw des PlangenehmigungsVf erfolgende Schutzauflagen oder sonstige Anordnungen. 8 b

g) Weitere Zuständigkeiten aufgrund besonderer Bundesgesetze: Iü bleibt es dem Gesetzgeber unbenommen, für weitere Fälle eine erst- u letztinstanzliche Zuständigkeit des BVerwG vorzusehen, wie dies etwa in § 13 Abs 2 PatG, in dem früheren „Südumfahrung-Stendal-Gesetz" v 29. 10. 1993 (BGBl I 1906) oder in dem „BAB-A 20-Gesetz" v 2. 3. 1994 vorgesehen ist bzw war. 8 c

9, 10 **3. Vorlage an das BVerfG (Abs 3):** Die Vorschrift stellt eine Sonderregelung ggü der anderenfalls erforderlichen Klage- oder Antragsabweisung wg fehlender Rechtswegzuständigkeit dar, s 2, 16 zu § 41 (Verweisung an ein Verfassungsgericht nicht möglich). Das BVerwG muß danach eine Streitsache nach Abs 1 Nr 1 **dem BVerfG vorlegen,** wenn es zur Überzeugung kommt, daß es sich um eine **verfassungsrechtliche Streitigkeit** handelt. Zweifel genügen nicht. Die Vorlagepflicht besteht auch dann, wenn das BVerwG die Voraussetzungen einer Sachentscheidung durch das BVerfG nicht für gegeben hält. Der **Beschluß des BVerfG** über die Rechtsnatur der Streitsache bindet das BVerwG. Stellt das BVerfG fest, daß es sich um eine verfassungsrechtliche Streitigkeit handelt, so hat das BVerwG die Klage als unzulässig abzuweisen; eine **Verweisung an das BVerfG** ist nicht möglich.[9] Das **BVerfG** kann sich **auch nicht selbst für zuständig erklären u** den Fall übernehmen.[10] Die **Vorschrift** ist auf andere Fälle, in denen das BVerwG zur Überzeugung kommt, daß es sich um eine verfassungsrechtliche Streitigkeit handelt, **nicht analog anwendbar.**[11]

11 **4. Verfahren:** Für das Vf vor dem BVerwG gelten **die allg Vorschriften** für das Klageverfahren, insb auch §§ 81 ff. Soweit das BVerwG zur Entscheidung berufen ist, muß es **auch** etwa einschlägiges **Landesrecht** auslegen u anwenden; die Beschränkung des § 137 Abs 1 gilt also nicht (NJW 1985, 1655; DVBl 1994, 343 m abl Anm Brönneke ZUR 1994, 132; zu den rechtspolitisch bedenklichen Folgen vgl auch Paetow DVBl 1994, 99).

§ 51 [Zusammentreffen von Klagen in Vereinssachen]

(1) **Ist gemäß § 5 Abs. 2 des Vereinsgesetzes das Verbot des Gesamtvereins anstelle des Verbots eines Teilvereins zu vollziehen, so ist ein Verfahren über eine Klage dieses Teilvereins gegen das ihm gegenüber erlassene Verbot bis zum Erlaß der Entscheidung über eine Klage gegen das Verbot des Gesamtvereins auszusetzen.**[1f]

(2) **Eine Entscheidung des Bundesverwaltungsgerichts bindet im Fall des Absatzes 1 die Oberverwaltungsgerichte.**[1f]

(3) **Das Bundesverwaltungsgericht unterrichtet die Oberverwaltungsgerichte über die Klage eines Vereins nach § 50 Abs. 1 Nr. 2.**

Schrifttum: S zu § 48.

1 **1.** § 51 enthält besondere Regelungen für den Fall der **gleichzeitigen Anhängigkeit** (§ 90) **mehrerer Klagen in Vereinssachen** bzgl desselben Vereins bei verschiedenen Gerichten u bestimmt, insb um widersprechende Entscheidungen zu verhindern, daß das Gericht, das nur über einen Teilaspekt oder Einzelmaßnahmen zu entscheiden hat, das **Vf aussetzen** muß, bis über die nach Abs 1 präjudiziellen Fragen rechtskräftig entschieden ist. Die **Aussetzungspflicht** nach Abs 1 gilt **entsprechend,** wenn dasselbe Gericht (Senat) für sämtliche Klagen zuständig ist (**aA** RÖ-M. Redeker 1 unter Hinweis auf Abs 3; NKVwGO-Ziekow 4: Verbindung der Vf gem § 93; so auch Sch-Bier 4).

Durch das 6. VwGOÄndG wurde in Abs 1 der Verweis auf das VereinsG korrigiert. Der frühere Abs 2 wurde gestrichen; der bisherige Abs 3 wurde Abs 2. Mit diesen Änderungen reagierte der Gesetzgeber – auf unseren Hinweis hin –

---

[9] **AA** Sachs DÖV 1981, 707: nichtbindende Verweisung möglich; vgl auch Bley SGG 4 a zu § 39 SGG.

[10] Ule 15 I 2; **aA** Ey-P. Schmidt 11; Sachs DÖV 1981, 708; SDC 2 a.

[11] Ule VwGO 192; Ey-P. Schmidt 11; NKVwGO-Ziekow 12; RÖ-M. Redeker 6; offengelassen 24, 280.

auf die durch G v 28. 10. 1994 (BGBl I 3186) erfolgten Änderungen des VereinsG. Durch das JuMiG wurde der frühere Abs 4 zu Abs 3.

Die **Verletzung** der Verpflichtung zur Aussetzung des Vf nach Abs 1 u 2 ist **ein wesentlicher Verfahrensmangel** iSd §§ 130 Abs 1 Nr 2, 132 Abs 2 Nr 3; ebenso die Nichtbeachtung der Bindungswirkung einer (Sach-)Entscheidung des BVerwG nach Abs 3 (Ey-P. Schmidt 6). 2

§ 52 [Örtliche Zuständigkeit]

Für die örtliche Zuständigkeit[1 ff] gilt folgendes:

1. In Streitigkeiten, die sich auf unbewegliches Vermögen oder ein ortsgebundenes Recht oder Rechtsverhältnis beziehen, ist nur das Verwaltungsgericht örtlich zuständig, in dessen Bezirk das Vermögen oder der Ort liegt.[5 ff]

2. Bei Anfechtungsklagen gegen den Verwaltungsakt einer Bundesbehörde oder einer bundesunmittelbaren Körperschaft, Anstalt oder Stiftung des öffentlichen Rechts ist das Verwaltungsgericht örtlich zuständig, in dessen Bezirk die Bundesbehörde, die Körperschaft, Anstalt oder Stiftung ihren Sitz hat, vorbehaltlich der Nummern 1 und 4.[8 ff] Dies gilt auch bei Verpflichtungsklagen in den Fällen des Satzes 1. In Streitigkeiten nach dem Asylverfahrensgesetz ist jedoch das Verwaltungsgericht örtlich zuständig, in dessen Bezirk der Ausländer nach dem Asylverfahrensgesetz seinen Aufenthalt zu nehmen hat; ist eine örtliche Zuständigkeit danach nicht gegeben, bestimmt sie sich nach Nummer 3.[11] Für Klagen gegen den Bund auf Gebieten, die in die Zuständigkeit der diplomatischen und konsularischen Auslandsvertretungen der Bundesrepublik Deutschland fallen, ist das Verwaltungsgericht örtlich zuständig, in dessen Bezirk die Bundesregierung ihren Sitz hat.[11 a]

3. Bei allen anderen Anfechtungsklagen vorbehaltlich der Nummern 1 und 4 ist das Verwaltungsgericht örtlich zuständig, in dessen Bezirk der Verwaltungsakt erlassen wurde.[12] Ist er von einer Behörde, deren Zuständigkeit sich auf mehrere Verwaltungsgerichtsbezirke erstreckt, oder von einer gemeinsamen Behörde mehrerer oder aller Länder erlassen, so ist das Verwaltungsgericht zuständig, in dessen Bezirk der Beschwerte seinen Sitz oder Wohnsitz hat.[13] Fehlt ein solcher innerhalb des Zuständigkeitsbereichs der Behörde, so bestimmt sich die Zuständigkeit nach Nummer 5. Bei Anfechtungsklagen gegen Verwaltungsakte der von den Ländern errichteten Zentralstelle für die Vergabe von Studienplätzen ist jedoch das Verwaltungsgericht örtlich zuständig, in dessen Bezirk die Stelle ihren Sitz hat. Dies gilt auch bei Verpflichtungsklagen in den Fällen der Sätze 1, 2 und 4.[13]

4. Für alle Klagen aus einem gegenwärtigen oder früheren Beamten-, Richter-, Wehrpflicht-, Wehrdienst- oder Zivildienstverhältnis und für Streitigkeiten, die sich auf die Entstehung eines solchen Verhältnisses beziehen, ist das Verwaltungsgericht örtlich zuständig, in dessen Bezirk der Kläger oder Beklagte seinen dienstlichen Wohnsitz oder in Ermangelung dessen seinen Wohnsitz hat.[15 ff] Hat der Kläger keinen dienstlichen Wohnsitz oder keinen Wohnsitz innerhalb des Zuständigkeitsbereichs der Behörde, die den ursprünglichen Verwaltungsakt erlassen hat, so ist das Gericht örtlich zuständig, in dessen Bezirk diese Behörde ihren Sitz hat.[18] Die Sätze 1 und 2 gelten für Klagen nach § 79 des Gesetzes zur Regelung der Rechtsverhältnisse der unter Artikel 131 des Grundgesetzes fallenden Personen entsprechend.

5. In allen anderen Fällen ist das Verwaltungsgericht örtlich zuständig, in dessen Bezirk der Beklagte seinen Sitz, Wohnsitz oder in Ermangelung dessen seinen Aufenthalt hat oder seinen letzten Wohnsitz oder Aufenthalt hatte.[19]

Vgl §§ 12–35 a ZPO; §§ 57, 57 a, 57 b SGG; § 38 FGO

Schrifttum: *Hermanns/Hönig,* Die gerichtliche Zuständigkeit bei Klagen gegen die Festlegung von Flugrouten am Beispiel des Flughafens Zürich, VBlBW 2004, 373; *Mayer,* Sachliche Zuständigkeit bei Widerklagen, JuS 1991, 678; *Schnellenbach,* Die Sachurteilsvoraussetzungen bei beamtenrechtlichen Streitigkeiten, ZBR 1992, 257.

1 **1. Allgemeines:** Die durch das G v 9. 7. 2001 (BGBl I 1510) in Nr 4 geänderte Vorschrift regelt die örtliche Zuständigkeit der Verwaltungsgerichte. Die **örtliche Zuständigkeit (Gerichtsstand)** ist die Zuständigkeit des im Rahmen der sachlichen Zuständigkeit (s 1 zu § 45) zur Entscheidung berufenen Gerichts für die Streitigkeiten, die aufgrund der in §§ 52, 53 näher bestimmten Voraussetzungen seinem Gerichtsbezirk zugehören (Ms DVBl 1974, 949). Die Regelung der örtlichen Zuständigkeit in § 52 ist abschließend u kann daher durch **Landesgesetze** oder **Staatsverträge** zwischen den Ländern **nicht** – auch nicht nach § 3 Abs 1 Nr 4 oder Abs 2 – geändert oder ergänzt werden (BVerfG DVBl 1974, 633 zum Staatsvertrag über die Vergabe von Studienplätzen). Für die örtliche **Zuständigkeit** der Verwaltungsgerichte **als Vollstreckungsgerichte** gilt nicht § 52, sondern § 167 Abs 1 iVm dem 8. Buch der ZPO, insb § 828 Abs 2, § 23 ZPO (Mü BayVBl 1985, 180).

2 Wie die Regelung der sachlichen Zuständigkeit nach §§ 45 ff ist auch die **Regelung** über die örtliche Zuständigkeit **zwingend u** kann durch Parteivereinbarung oder rügelose Einlassung des Gegners auf eine Klage nicht geändert oder berührt werden (Ey-P. Schmidt 27; vgl auch 4 zu § 45). Auch die örtliche Zuständigkeit ist vom Gericht **in jedem Stadium des Vf vAw zu prüfen** (4 vor § 40), **nicht mehr jedoch in der Rechtsmittelinstanz** (s 4 zu § 45; 32 vor § 124).

3 Der im Zeitpunkt der Klageerhebung (§ 90 Abs 1) begründete Gerichtsstand wird durch den **späteren Wegfall der Voraussetzungen,** auch im Hinblick auf den Instanzenzug, nicht mehr geändert (**perpetuatio fori,** § 83 S 1 iVm § 17 Abs 1 S 1 GVG; s im einzelnen 17 ff zu § 90). Demgegenüber sind Veränderungen zuständigkeitsbegründender Umstände bis zu einer gerichtlichen Entscheidung zu berücksichtigen, wenn die (örtliche) Zuständigkeit bei Klageerhebung (noch) fehlte. Zur Verweisung der Streitsache bei örtlicher Unzuständigkeit s § 83 S 1 iVm § 17 a Abs 2 GVG, s 7 ff zu § 83; zur Klärung bei Ungewißheit § 53; zum Gerichtsstand der Widerklage 1 ff zu § 89.

4 **2. Verhältnis der Gerichtsstände des § 52 zueinander:** § 52 unterscheidet zwischen den **besonderen Gerichtsständen** der Belegenheit der Sache (Nr 1), für Anfechtungs- u Verpflichtungsklagen (Nr 2 u 3) u für Beamtenklagen (Nr 4) u einem **allg Gerichtsstand** für alle übrigen Fälle (Nr 5). Die einzelnen Gerichtsstände schließen sich in der **Reihenfolge** Nr 1 vor Nr 2 bis 5, Nr 4 vor Nr 2, 3 u 5, Nr 2 vor Nr 3 u 5, Nr 3 vor 5 gegenseitig aus (39, 98; 40, 209; Mü NVwZ-RR 1991, 332; 1995, 114) u sind daher immer in dieser Reihenfolge zu prüfen.[1] Entsprechendes gilt für die **innerhalb der einzelnen Absätze** festgelegte Reihenfolge (so zu Abs 4 35, 142; Buchh 310 § 52 Nr 12).

5 **3. Gerichtsstand der Belegenheit der Sache (Nr 1):** Der Gerichtsstand nach Nr 1 gilt ohne Rücksicht auf die Art der erhobenen Klage (Anfechtungs-, Verpflichtungs-, allg Leistungsklage, usw) für alle Klagen der bezeichneten Art.

---

[1] SDC 1; Mü NVwZ-RR 1991, 332; nach Sch-Bier 3 handelt es sich bei Nr 1 u 4 um überschneidungsfreie Spezialmaterien.

Unbewegliches Vermögen iSd Nr 1 sind entspr § 864 ZPO außer Grundstücken auch Berechtigungen, für die die Vorschriften über Grundstücke gelten, wie zB das Erbbaurecht, sowie im Schiffsregister eingetragene Schiffe u Schiffsbauwerke (**aA** NKVwGO-Ziekow 10: insoweit inhaltsgleich mit § 24 ZPO; ebenso Sch-Bier 5). 6

Ortsgebundene Rechte oder Rechtsverhältnisse sind alle auf bestimmte Grundstücke bezogenen Rechte u Rechtsverhältnisse, für die diese Beziehung den wesentlichen Inhalt ausmacht (VG Schleswig NJW 1991, 1129); zB das Recht, ein **Grundstück zu bebauen** (LKV 1992, 59; VG Schleswig NJW 1991, 1129); einen **Militärflugplatz** zu betreiben (Ms NVwZ 1993, 591); eine **Kernbrennstoffanlage** zu errichten (Ks NVwZ 1988, 75); ein **Gewässer** zu benutzen (DÖV 1953, 268); eine bestimmte **Flugroute** festzulegen;[2] eine **Straße zu sperren** (Bln LKV 1992, 205); einen verbindlichen **Regionalplan** für ein bestimmtes Gebiet allg oder mit bestimmtem Inhalt aufzustellen (Mü NVwZ-RR 1991, 332); **Wasser-, Forst-** u **Wegerechte;** das **Jagdrecht;** das Recht eines **Linienverkehrsunternehmens** in bezug auf die von ihm befahrene Strecke;[3] die Nahbereichseinteilung für **Telefonanschlüsse** (VG Augsburg BayVBl 1982, 731); **Rückübertragungsanspr hins einzelner Grundstücke** gem § 6 Abs 6a VermG (LKV 1995, 115) – **anders** bei **Rückübertragung von Rechten an einen Unternehmer** (DÖV 1993, 666) –; **nicht dagegen** auch Rechte eines Gemeindebeamten in bezug auf die Anstellungsgemeinde (18, 28); **Ersatzanspr wg** Schäden an einem Grundstück (Sa NJW 1976, 1909); die Verpflichtung zur Zahlung einer **Anschlußgebühr** für ein Grundstück (MuLö BayVBl 1976, 253) oder von sonstigen **Gebühren oder Beiträgen** für ortsgebundene Vorhaben oder Anlagen (VG Schleswig NJW 1991, 1129). Bei **Grundstücksverkehrsgenehmigungen** bestimmt § 6 S 3 GVO das örtlich zuständige Gericht. 7

4. Gerichtsstand für Anfechtungs- oder Verpflichtungsklagen im Bereich der Bundesverwaltung (Nr 2 S 1, 2): Der Gerichtsstand nach Nr 2 gilt für alle Anfechtungs- (S 1) u Verpflichtungsklagen (S 2), die sich auf **VAe einer Bundesbehörde** oder einer bundesmittelbaren Körperschaft, Anstalt oder Stiftung des öffentlichen Rechts beziehen u nicht unter Nr 1 oder Nr 4 fallen; als Anfechtungsklagen sind auch Klagen nach § 113 Abs 1 S 4 (**aA** NKVwGO-Ziekow 15; Sch-Bier 6) sowie Klagen nach § 43 Abs 1 auf **Feststellung der Nichtigkeit eines VA** anzusehen (RÖ-M. Redeker 10; **aA** Sch-Bier 7). Die Regelung ist entspr anzuwenden auf **Landesbehörden,** denen in Ausführung von Bundesrecht eine das ganze Bundesgebiet umfassende Verwaltungskompetenz übertragen ist u die insoweit als „Surrogat einer Bundesbehörde" tätig werden,[4] nicht dagegen auch auf Behörden, die lediglich auf **bundeseinheitlich geltendem Länderrecht** beruhen, die ausschließlich unter Nr 3 fallen. 8

Als **Behörden** iS von Nr 2 anzusehen sind **auch** weisungsfreie **Ausschüsse,** die im eigenen Namen Aufgaben der öffentlichen Verwaltung mit Wirkung ggü dem Bürger erfüllen (14, 151; 36, 322; 71, 788; VRspr 7, 141; 27, 373), zB der Ausschuß für die Anerkennung von Kriegsdienstverweigerern (36, 323; 67, 5) oder der Ausschuß für die Anerkennung ausländischer Flüchtlinge, die sog Transparenz-Kommission (71, 188), außerdem auch **beliehene Unternehmer** (**aA** B-v Albedyll 17; NKVwGO-Ziekow 18; RÖ 12: nach Nr 3 S 1), **nicht** dagegen unselbständige **Verwaltungsmittler** – auch wenn ihnen bezüglich an- 9

---

[2] Ma VBlBW 2003, 193; Mü NVwZ-RR 1995, 114; Czybulka DÖV 1991, 410; **aA** Hermanns/Hönig VBlBW 2004, 374 f.

[3] Wolff/Bachof Verwaltungsrecht I, 9. Aufl 1974, 51 III b; **aA** NKVwGO-Ziekow 12 – anders nur, wenn Streit ausschließlich um Linienführung; RÖ-M. Redeker 6.

[4] Mü DVBl 1974, 949; Barbey DVBl 1973, 233 f Fn 13; str, s RÖ-M. Redeker 13; **aA** NKVwGO-Ziekow 18.

derer Aufgaben Behördeneigenschaft zukommt –, die nur namens u im Auftrag einer Behörde Körperschaft usw u nur mit Wirkung für u gegen diese (Mandat) handeln, oder unselbständige Außenstellen von Behörden, zB die Außenstelle der Bundesanstalt für Güterfernverkehr (10, 161); eine Außenstelle des Eisenbahn-Bundesamtes (NVwZ-RR 1996, 610); ebenso die Außenstellen der Landesämter zur Regelung offener Vermögensfragen.[5] Wird nur ein **Widerspruchsbescheid** (§ 79 Abs 1 Nr 2, Abs 2) angegriffen, so kommt es auf den Sitz der Widerspruchsbehörde an (14, 151; 36, 322).

10 **Der Sitz der Behörde** usw ist im Zweifel dort anzunehmen, wo die Verwaltung geführt wird u der Leiter sich befindet.[6] Bei Behörden mit mehr als einem Dienstsitz, für die nach außen durch den Behördenleiter oder in dessen Auftrag gehandelt wird, ist der Amtssitz des Behördenleiters maßgeblich (NVwZ-RR 2001, 276).

11 **a) Gerichtsstand für Asylbewerber (Nr 2 S 3).** Nr 2 S 3 enthält eine **Sonderregelung für Asylsachen,** die dem besonderen Umstand Rechnung zu tragen sucht, daß bisher wg der zentralen Unterbringung asylsuchender Personen im Lager Zirndorf praktisch alle derartigen Streitsachen in die Zuständigkeit des VG Ansbach fielen. Spätestens mit der Neufassung von Nr 2 S 3 durch das AsylVfG 1992 gilt die Regelung **nicht nur** für Streitigkeiten über die **Anerkennung als Asylberechtigter,** sondern für **alle Streitigkeiten,** die sich **bei der Anwendung des AsylVfG** ergeben. Örtlich zuständig ist das VG, in dessen Bereich sich der Asylsuchende nach dem Zuweisungsbescheid aufzuhalten hat, nicht wo er sich tatsächlich aufhält (28. 7. 1997 – 9 AV 3/97). Liegt kein Zuweisungsbescheid (mehr) vor, richtet sich die Zuständigkeit gem Nr 2 S 3 HS 2 nach Nr 3.

Die Regelung, die die örtliche Zuständigkeit des VG in Asylsachen letztlich von einer Entscheidung der Behörde abhängig macht, ist **verfassungsrechtlich nicht unbedenklich,** soweit sie auf die Zustimmung der zuständigen Ausländerbehörde abstellt, da dadurch Manipulationen der Zuständigkeit möglich werden.[7]

11 a **b) Diplomatische und konsularische Auslandsvertretungen (Nr 2 S 4).** S 4 wurde durch das 4. VwGOÄndG im Zusammenhang mit der Streichung der erstinstanzlichen Zuständigkeit des BVerwG für entspr Klagen gem § 50 Abs 1 Nr 3 aF eingefügt. Entscheidend ist die Zuständigkeit einer Auslandsvertretung, nicht des Auswärtigen Amtes (Buchh 310 § 50 VwGO Nr 3); nicht bei bloßer Amtshilfe der Auslandsvertretung (Buchh 310 § 50 VwGO Nr 11).

12 **5. Gerichtsstand für sonstige Anfechtungs- und Verpflichtungsklagen (Nr 3):** Der Gerichtsstand nach Nr 3 gilt für alle Anfechtungs- u Verpflichtungsklagen (S 5 bezieht sich nicht nur auf S 3, sondern auch auf S 1 u 2), die nicht unter Nr 1, 2 oder 4 fallen. Bei Anfechtungs- u Verpflichtungsklagen im Fall der Versagungsgegenklage ist maßgeblich der **Ort, an dem der VA erlassen,** dh bei schriftlichen VAen, wo er abgesandt, insb zur Post aufgegeben wurde, bei mündlichen VAen, wo er dem Betroffenen oder seinem Vertreter **eröffnet wurde** (Hbg NVwZ 1983, 434; Ey-P. Schmidt 13), im Fall der Untätigkeitsklage der Ort, an dem der VA nach dem insoweit maßgeblichen Recht – nicht notwendig nach der Rechtsauffassung des Kl oder den von ihm vorgetragenen Tatsachen –, das Bestehen eines Anspr auf seinen Erlaß vorausgesetzt, zu

---

[5] VG Chemnitz VIZ 1995, 107; VG Leipzig ZOV 1994, 513; **aA** VG Dresden SächsVBl 1993, 260.

[6] VRspr 27, 373; Ks DVBl 1953, 308; Ey-P. Schmidt 8.

[7] **AA** DÖV 1981, 26, 841; DVBl 1981, 190: mit Art 101 Abs 1 S 2 GG vereinbar, da für die Regelung so schwerwiegende Gründe sprechen, daß sie als nahezu unvermeidbar angesehen werden muß.

erlassen wäre, also der Sitz der Behörde, um deren VA es geht. Unerheblich ist, wo der VA zugestellt oder sonst bekanntgegeben wurde (Ey-P. Schmidt 13). Für die isolierte **Anfechtung des Widerspruchsbescheids** gilt dasselbe wie bei Nr 2 (vgl oben 9).

Eine **Ausnahme** von der Regel, daß der Ort des Erlasses des VA maßgeblich ist, gilt nach S 2 u 3 für VAe von Behörden, deren **Zuständigkeitsbereich sich auf mehrere Gerichtsbezirke** erstreckt, sowie von sog **„gemeinsamen" Länderbehörden** (56, 307), wie des gemeinsamen Prüfungsamtes der Länder Bremen, Hamburg u Schleswig-Holstein für das 2. juristische Staatsexamen. Dadurch soll eine **Konzentration von Prozessen** bei dem Gericht **vermieden** werden, das sonst an dem Sitz einer Behörde mit weiträumigem Wirkungsbereich zuständig wäre.[8] Die Regelung ist auch in Fällen anwendbar, in denen die Zuständigkeit der Behörde für mehrere Gerichtsbezirke **auf einer behördlichen Zuständigkeitserklärung beruht,** zB für eine Sicherstellung nach dem Vereinsrecht (Mü BayVBl 1984, 118). 13

Gem S 4 ist für VAe der von den Ländern errichteten u mit eigener Rechtsfähigkeit ausgestatteten **Zentralstelle für die Vergabe von Studienplätzen** (Mü NJW 1981, 643; Hbg DVBl 1982, 470) **das VG Gelsenkirchen** zuständig. Dies gilt auch zB für Streitigkeiten hins der **Zulassung zum Auswahltest,** der im Auftrag des ZVS von einer Landesbehörde vorgenommen wird,[9] **nicht dagegen** auch **für** sog **„Kapazitätsklagen",** dh Klagen unmittelbar gegen die einzelne Universität, die mit der Behauptung erhoben werden, daß diese die Kapazität nicht ausgeschöpft habe.[10]

Zum Begriff des **Sitzes der Behörde** usw s oben 10, zum Begriff des **Wohnsitzes** unten 20. Dem Fehlen eines Wohnsitzes oder Aufenthaltsorts ist es gleichzusetzen, wenn der **Wohnsitz oder Aufenthalt unbekannt** ist u auch nicht, jedenfalls nicht ohne erhebliche Mühe, ermittelt werden kann (vgl BGH NJW 1983, 285). 14

6. Gerichtsstand für Klagen aus einem „besonderen Pflichtenverhältnis" (Nr 4): Der Gerichtsstand nach Nr 4 gilt für alle Klagen (mit Ausnahme der Klagen nach Nr 1) aus einem gegenwärtigen oder früheren **Beamten-, Richter-, Wehrpflicht-, Wehrdienst-** oder **Zivildienstverhältnis ohne Rücksicht auf die Klageart** (auch für Anfechtungs- u Verpflichtungsklagen). Unerheblich ist, ob Dienstherr der Bund, das Land, eine Gemeinde, sonstige öffentlich-rechtliche Körperschaften, Anstalten usw sind. Selbst juristische Personen des Privatrechts kommen in Betracht, wenn sie Beamte beschäftigen u Beamtenrecht anzuwenden haben (VG Frankfurt NVwZ 1995, 410). Aufgrund der Neuordnung des Zivilschutzes unterfallen diese Rechtsverhältnisse nun nicht mehr Nr 4 (vgl Art 6 Abs 3 Nr 2 ZSNeuOG). Nr 4 ist analog auch auf Klagen eines **Helfers des THW** gegen die Bundesanstalt Technisches Hilfswerk wg des Ausschlusses aus dieser Organisation anzuwenden (Hbg DVBl 1981, 48; **aA** Sch-Bier 14). **Nicht** unter die Regelung fallen jedoch Klagen von **Bediensteten der Religionsgemeinschaften,** der **Europäischen Gemeinschaften** oder **fremder Staaten.** 15

Nach ausdr Regelung in Nr 4 S 1 („Entstehung eines solchen Verhältnisses") werden auch erfaßt die **Klagen auf Ernennung zum Beamten** (26, 31; Ey-P. Schmidt 18), Klagen im Zusammenhang mit Anstellungsprüfungen,[11] **Klagen** 16

---

[8] 40, 208; 56, 307; Mü BayVBl 1984, 118; 1986, 695.

[9] Ms NJW 1981, 643; Mü NVwZ 1988, 295; Rottmann/Breinersdorfer NVwZ 1988, 885 mwN; zT **aA** vgl auch 22 zu § 42; Mü NVwZ 1988, 952; Ms NVwZ 1988, 957.

[10] Ms VRspr 27, 23; Ma NJW 1980, 2779; Hbg DVBl 1982, 470 mwN; Ks NVwZ 1988, 956; Ma NVwZ 1988, 958; Rottmann/Breinersdorfer NVwZ 1988, 885.

[11] Nicht dagegen Klagen gegen Prüfungsentscheidungen des 1. oder 2. juristischen Staatsexamens, da es sich hierbei nicht um Prüfungen handelt, die nur die Anstellung als Beamter

ehemaliger Beamter, Richter usw u der **Hinterbliebenen** von Beamten usw im Zusammenhang mit Anspr, die ihren Grund in einem früheren Beamtenverhältnis haben. Infolge der Änderung von Nr 4 durch G v 9. 7. 2001 (s oben 1) fällt auch die Disziplinarklage nach § 52 BDG in ihren Anwendungsbereich. Vgl zum **Begriff der Beamtenstreitigkeiten** auch 75 ff zu § 40. Eine Beamtenklage ist auch zB die Klage eines Hochschullehrers gegen die Hochschule auf Feststellung, daß eine Registrierung seiner Ferngespräche durch die Hochschule unzulässig ist (Br NJW 1980, 606).

17 Maßgeblich für den Gerichtsstand ist, vorbehaltlich des S 2 (s unten 18), der **dienstliche Wohnsitz** des Beamten, bei Fehlen eines solchen im Inland, der bürgerliche Wohnsitz des Beamten. Dienstlicher Wohnsitz ist der Sitz der Behörde oder Dienststelle, der der Beamte angehört, nicht (notwendig) der Ort, an dem er tatsächlich tätig ist (vgl § 15 Abs 1 BBesG; Ko NVwZ-RR 1999, 592; VG Darmstadt NVwZ-RR 1996, 162; Ule VwGO 199; RÖ-M. Redeker 8). Während der Begriff der **Behörde** sich nach **§ 1 Abs 4 VwVfG** bemißt, bezeichnet die **Dienststelle** die den Dienstposten des Beamten einschließende – regelmäßig eingerichtete – **kleinste organisatorisch abgrenzbare Verwaltungseinheit,** der ein örtlich u sachlich bestimmtes (Teil-)Aufgabengebiet zugewiesen ist (Ko NVwZ-RR 1999, 592). Fällt der Sitz der Behörde u der der Dienststelle auseinander, so ist **der Sitz der Dienststelle maßgeblich** (Ko NVwZ-RR 1999, 592). Der dienstliche Wohnsitz bleibt in Verfahren, in denen eine Versetzung oder Abordnung Streitggst ist, auch dann unverändert, wenn der Beamte unter Anordnung der sofortigen Vollziehbarkeit an einen anderen Ort abgeordnet oder versetzt wird (Mü ZBR 1985, 210; VG Darmstadt NVwZ-RR 1996, 163). Der (bürgerliche) Wohnsitz des Beamten ist der Wohnsitz nach §§ 7–11 BGB (MDR 1958, 367). Der **Wehrpflichtige** hat seinen dienstlichen Wohnsitz am Standort seiner Einheit.[12]

18 **Ausnahmen:** Nach S 2 gilt die Regelung gem S 1 **für Anfechtungsklagen** nur, wenn der nach S 2 maßgebliche Wohnsitz im **Zuständigkeitsbereich der Behörde** liegt, die den Bescheid erlassen hat (VG Frankfurt NVwZ-RR 2001, 416); andernfalls bestimmt sich die Zuständigkeit des Gerichts nach dem Sitz der Behörde (58, 229). Dasselbe gilt für **Verpflichtungsklagen,** wenn ein (ablehnender) Bescheid ergangen war („die den ... Bescheid erlassen hat"), in analoger Anwendung von S 3 außerdem auch, wenn ein ablehnender Bescheid nicht vorliegt (Ey-P. Schmidt 22; Klinger 3; **aA** RÖ-M. Redeker 9). Zum **Sitz der Behörde** s oben 10. Ist der Sitz der Behörde **im Ausland,** so bestimmt sich die Zuständigkeit nach Nr 5 (39, 98).

19 **7. Gerichtsstand des Wohnsitzes (Nr 5):** Der Gerichtsstand des Wohnsitzes ist als **allg subsidiärer Gerichtsstand** in allen Fällen gegeben, die nicht unter Nr 1 bis 4 fallen. Maßgebend ist danach der Sitz, Wohnsitz oder Aufenthaltsort des Bekl. Wenn mehrere Personen verklagt werden sollen u dafür gem § 52 Nr 5 verschiedene Verwaltungsgerichte örtlich zuständig sind, kommt die Bestimmung eines gemeinsam zuständigen Gerichts nach § 52 Nr 3 nur in Betracht, wenn die Annahme zumindest nicht fernliegt, daß eine notwendige Streitgenossenschaft besteht (NVwZ-RR 2000, 261). **Ist der Staat Bekl,** so ist der Sitz der Behörde (s zum Begriff oben 10) maßgeblich, die befugt ist, über den vom Kl geltend gemachten Anspr zu entscheiden, auch wenn ihr die Vertretung im Rechtsstreit nicht obliegt (71, 188). Richtet sich die **Klage** nur **gegen** einen **Widerspruchsbescheid,** so ist der Sitz der Widerspruchsbehörde maßgeblich (14, 151; 36, 322).

---

betreffen, vgl 30, 173; 38, 105; 40, 207 zum 2. juristischen Staatsexamen; DVBl 1974, 49 zu einer Lehramtsprüfung.

[12] VG Stuttgart NJW 1969, 858; **aA** VG Arnsberg NJW 1969, 1317: nur bürgerlicher Wohnsitz.

Wohnsitz ist der Wohnsitz gem §§ 7–11 BGB (MDR 1958, 367; vgl auch 25ff zu § 56). **Aufenthalt** ist das tatsächliche (gewollte oder ungewollte, dauernde oder vorübergehende) körperliche Sein an einem Ort (BL 3 zu § 16; RÖ-M. Redeker 20); er ist vom gewöhnlichen Aufenthalt zu unterscheiden. Bei **doppeltem Wohnsitz** erfolgt die Bestimmung des zuständigen Gerichts nach § 53 Abs 1 Nr 3 (Ks DÖV 1969, 508). Bei **Klagen von RA** iSd § 52 Nr 3 S 2 ist für den Gerichtsstand ihr **Wohnsitz** maßgebend, **nicht der Ort, an dem** sie ihre **Kanzlei** eingerichtet haben (Ks NJW 1994, 145). 20

§ 53 [Bestimmung des zuständigen Gerichts]

(1) **Das zuständige Gericht innerhalb der Verwaltungsgerichtsbarkeit wird durch das nächsthöhere Gericht**[10] **bestimmt,**[1 ff; 11 ff; 13]

1. **wenn das an sich zuständige Gericht in einem einzelnen Fall an der Ausübung der Gerichtsbarkeit rechtlich oder tatsächlich verhindert ist,**[4]
2. **wenn es wegen der Grenzen verschiedener Gerichtsbezirke ungewiß ist, welches Gericht für den Rechtsstreit zuständig ist,**[5]
3. **wenn der Gerichtsstand sich nach § 52 richtet und verschiedene Gerichte in Betracht kommen,**[6]
4. **wenn verschiedene Gerichte sich rechtskräftig für zuständig erklärt haben,**[7]
5. **wenn verschiedene Gerichte, von denen eines für den Rechtsstreit zuständig ist, sich rechtskräftig für unzuständig erklärt haben.**[8]

(2) **Wenn eine örtliche Zuständigkeit nach § 52 nicht gegeben ist,**[9] **bestimmt das Bundesverwaltungsgericht das zuständige Gericht.**[10]

(3) **Jeder am Rechtsstreit Beteiligte und jedes mit dem Rechtsstreit befaßte Gericht kann das im Rechtszug höhere Gericht oder das Bundesverwaltungsgericht anrufen.**[10] **Das angerufene Gericht kann ohne mündliche Verhandlung entscheiden.**[10 ff]

Vgl §§ 36f ZPO; § 58 SGG; § 39 FGO

1. Allgemeines: Die Vorschrift, die im wesentlichen den §§ 36f ZPO nachgebildet ist, sieht für die Fälle, in denen das nach den Regelungen der VwGO über die sachliche und örtliche Zuständigkeit an sich **zuständige Gericht verhindert** ist (Abs 1 Nr 1) oder diese Regelungen im konkreten Fall aus rechtlichen oder tatsächlichen Gründen zu keinem oder zu **keinem eindeutigen Ergebnis** führen, die Bestimmung der Zuständigkeit durch das nächsthöhere Gericht bzw durch das BVerwG vor **(sog Gerichtsstand kraft Richterspruch).** Zweck der Regelung ist vor allem, „im Interesse der Parteien und der Rechtssicherheit den mißlichen Streit darüber, welches Gericht für die Sachentscheidung zuständig ist, möglichst schnell zu beenden" (vgl BGH NJW 1964, 1416f; NJW 1984, 1624). Die Bestimmung des zuständigen Gerichts nach § 53 ist ein **Akt der Rspr,** nicht eine Maßnahme der Gerichtsverwaltung (vgl zum Begriff 3 zu § 1). § 53 ist **analog** im Verhältnis **zwischen Kammern bzw Senaten** desselben Gerichts anzuwenden (vgl BGH NJW 1978, 1531 mwN), sofern es sich nicht nur um den Fall einer Unklarheit der Geschäftsverteilung handelt, die vom Präsidium zu klären ist (vgl 13 zu § 4); außerdem auch auf die Nr 1–5 vergleichbaren Fälle der Verhinderung usw des **im Rechtsweg** zuständigen Gerichts;[1] ebenso für die sachliche Zuständigkeit bei Abs 1 Nr 2, 3, Abs 2 1

[1] NJW 1993, 3087 in Übereinstimmung mit BGH NJW 1990, 54; BAG NJW 1984, 751; NZA 1998, 1191; BSG MDR 1989, 189; **aA** NKVwGO-Ziekow 5.

(für § 36 Abs 1 Nr 3 ZPO BGH NJW 1984, 1624); **bloße Zweckmäßigkeitserwägungen** genügen jedoch jedenfalls **nicht** für eine analoge Anwendung (vgl 64, 347).

Die Regelung gilt nicht nur für Urteils-, sondern **auch für selbständige AntragsVf** (zB gem § 80 Abs 5 oder § 123), in PKH-Vf (vgl BGH FamRZ 1991, 1172), KostenfestsetzungsVf (vgl ThP 1 zu § 36 ZPO mwN) usw.

2 Die **Zuständigkeitsbestimmung** ist immer **nur für einen konkreten** anhängigen oder anhängig zu machenden **Rechtsstreit** zulässig, nicht dagegen für Gruppen oder bestimmte Arten von Fällen (NVwZ 1993, 359). **Voraussetzung** der Anwendung der Vorschrift ist außerdem, daß die Zuständigkeit auf andere Weise aufgrund der maßgeblichen Vorschriften – allenfalls auch durch deren analoge Anwendung (DVBl 1981, 190; DÖV 1981, 841) – **nicht** oder nicht mehr (Nr 4 u 5) **bestimmt werden kann.**[2] § 53 ist, da keinerlei materielle Kriterien für die Bestimmung des zuständigen Gerichts festgelegt sind, **verfassungsrechtlich nicht unbedenklich** (**aA** EF 1).

3 Die **Aufzählung** der Fälle einer Bestimmung des zuständigen Gerichts in Abs 1 Nr 1–5 u Abs 2 ist für die Fälle der örtlichen Zuständigkeit (anders als für die sachliche Zuständigkeit, s dazu oben 1) **erschöpfend;** die **analoge Anwendung** auf sonstige Fälle, zB bei Geltendmachung mehrerer Anspr, für die verschiedene Gerichte zuständig sind, ist **nicht möglich.**[3] Ebenso ist **§ 36 ZPO** neben § 53 **nicht anwendbar** (12, 365).

Nicht möglich ist nach § 53 die Bestimmung des zuständigen Gerichts durch das nächsthöhere Gericht, wenn es in Wahrheit nicht um eine Frage der Zuständigkeit geht, sondern darum, **ob** gegen eine Entscheidung **ein Rechtsbehelf** an ein bestimmtes **bzw an welches Gericht** gegeben ist u ggf welcher.[4]

4 **2. Die einzelnen Bestimmungsfälle: a) Verhinderung des zuständigen Gerichts** (Nr 1) ist anzunehmen, wenn das **Gericht** durch Ausschluß oder erfolgreiche Ablehnung (§ 54; Ms DÖV 1996, 615), Erkrankung, Tod usw von Richtern oder durch sonstige Gründe auch unter Berücksichtigung der für die ausfallenden Richter nach der Geschäftsverteilung (s 14 zu § 4) des Gerichts bestimmten Vertreter **nicht** (mehr) in absehbarer Zeit in der gesetzlich vorgeschriebenen Besetzung **zusammentreten** kann, oder wenn seine **Tätigkeit** infolge von Aufruhr, Naturkatastrophen, Stillstand der Rechtspflege (§ 245 ZPO) usw für längere Zeit **behindert** ist. Behinderungen nur von einigen Wochen Dauer sind – außer in Vf nach §§ 80, 80a oder § 123 – unbeachtlich.

5 **b) Ungewißheit der Gerichtsbezirke** (Nr 2) liegt vor, wenn angesichts der **Ungenauigkeit** oder **Unbestimmtheit der Abgrenzung der Gerichtsbezirke** ungewiß ist, ob die für die Bestimmung des Gerichtsstandes maßgeblichen Wohn- oder Bürogebäude, Grundstücke usw in einen oder im anderen Gerichtsbezirk liegen. **Nicht** unter die Vorschrift fällt die Unbestimmtheit der Zuständigkeit **als Folge einer unwirksamen gesetzlichen Bestimmung** (§ 3 Nr 3) der Gerichtsbezirke.

6 **c) Mehrfache örtliche Zuständigkeit** (Nr 3) liegt vor, wenn aus Gründen tatsächlicher Art aufgrund der allg Zuständigkeitsregelungen **mehrere VGe zuständig wären,** zB bei Zuständigkeit nach § 52 Nr 1, weil ein **Grundstück**

---

[2] 58, 228; rechtliche Zweifel, die das mit einer Sache befaßte Gericht durch Auslegung der Zuständigkeitsregelungen beseitigen kann, reichen nicht aus, Buchh 310 § 53 VwGO Nr 5; Ks NVwZ-RR 1994, 476.

[3] Vgl DÖV 1977, 65: keine Bestimmung der örtlichen Zuständigkeit eines VG für die Klagen gegen die 9 dem ARD angehörenden Rundfunkanstalten in bezug auf eine bestimmte Sendung.

[4] Vgl BGHSt 31, 183 = NJW 1983, 1437; BGHSt 39, 162 = NJW 1993, 1808; **aA** BGHSt 31, 361 = NJW 1983, 1918.

im Bereich mehrerer VGe liegt; bei Zuständigkeit nach § 52 Nr 5 bei **doppeltem Wohn- oder Amtssitz** des Bekl (Ks DÖV 1969, 508; Gr NVwZ-RR 1997, 389); bei Wohnsitzen von **Streitgenossen** in verschiedenen Gerichtsbezirken;[5] ähnlich bei **Gesamtschuldnern** (Sa NJW 1976, 1909); bei verschiedenen Gerichtsständen für **Klage u Widerklage** (BGH NJW 1991, 2838; Mayer JuS 1991, 678 mwN) bei Zusammentreffen von Anfechtungsklagen eines Kl **gegen einen VA u** eines anderen Kl nach § 79 Abs 1 Nr 2 **gegen den Widerspruchsbescheid,** wenn für jede Klage ein anderer Gerichtsstand gegeben wäre (Lü DVBl 1995, 934; Ey-P. Schmidt 6). Nr 3 ist auch bei einer objektiven Klagenhäufung in den Fällen anwendbar, in denen die örtliche Zuständigkeit verschiedener Gerichte in Betracht kommt, wg des inneren Zusammenhangs der Klagebegehren aber eine einheitliche gerichtliche Entscheidung notwendig ist (Lü DÖV 2003, 867). Die Regelung gilt **auch** für Fälle, in denen hins eines oder mehrerer Streitgenossen eine **ausschließliche Zuständigkeit** gegeben ist (vgl BGH NJW 1984, 1624; 1987, 439); sie ist **analog** auch auf Fälle verschiedener **sachlicher Zuständigkeiten** anzuwenden (BGH NJW 1984, 1624; **aA** NKVwGO-Ziekow 13). Bei mehrfacher Zuständigkeit im Hinblick auf **eine bestehende Streitgenossenschaft** muß eine **notwendige Streitgenossenschaft** gegeben sein oder die Annahme einer solchen zumindest nicht fernliegen;[6] eine **einfache Streitgenossenschaft** genügt nicht (**aA** Ms NVwZ-RR 1995, 478; ebenso zu § 36 Abs 1 Nr 6 ZPO BGH NJW 1986, 3209). **In keinem Fall** reichen **rechtliche Zweifel,** welches von mehreren Gerichten zuständig ist, aus, wenn diese Zweifel durch Auslegung der Zuständigkeitsregeln behoben werden können (58, 228; s auch oben 2). **Um keinen Fall einer Mehrfachzuständigkeit** iS von Nr 3 handelt es sich auch, wenn ein **Regionalplan** sich zwar über das Gebiet mehrerer Gerichtsbezirke erstreckt, jedoch einen teilbaren Inhalt (vgl dazu jedoch 51 zu § 47) hat u mit der beantragten Teilunwirksamerklärung hins des in den Bezirk eines Gerichts fallenden Teils nicht insgesamt gegenstandslos würde oder inhaltlich im Sinne des Grundsatzes der Problembewältigung möglicherweise nicht mehr genügen würde (Mü NVwZ-RR 1991, 332).

Die Bestimmung des gemeinschaftlichen Gerichts kann auch **noch nach Klageerhebung** erfolgen, **nicht mehr jedoch,** wenn bereits eine Beweisaufnahme stattgefunden hat[7] oder gegen einen Streitgenossen bereits ein (Sach-)**Urteil** – anders bei einem bloßen Prozeßurteil (vgl BGH NJW 1980, 189) – ergangen ist. Sie ist ebenfalls ausgeschlossen, wenn **bereits** ein **Verweisungsbeschluß** vorliegt (Vollkommer MDR 1987, 805 mwN). Auch darf nicht etwa die Bindungswirkung gem § 83 S 1 iVm § 17a Abs 2 S 1, Abs 5 GVG umgangen werden (NVwZ-RR 1995, 301; NVwZ 1995, 372). Ein **Antrag** eines Beteiligten ist nicht erforderlich; ein bereits mit der Sache befaßtes Gericht kann auch vAw vorlegen. Als ASt kommen auch bei Nr 3 sämtliche Beteiligten (s unten 10) in Betracht (**aA** zu § 36 Abs 1 Nr 3 ZPO, der keine mit § 53 Abs 3 [„jeder am Rechtsstreit Beteiligte"] identische Regelung kennt, BGH NJW 1987, 439). IdR ist eines der Gerichte, deren Zuständigkeit betroffen ist, für zuständig zu erklären. Ist für einen Streitgenossen **ein Gericht ausschließlich zuständig,** so kann dieses bestimmt werden (BGH aaO).

d) Rechtskräftige Feststellung der Zuständigkeit (Nr 4, positiver Zuständigkeitsstreit). Die Regelung kann nur Fälle betreffen, in denen sich verschiedene Gerichte im Wege einer **Vorabentscheidung** gem § 83 S 1 iVm 7

---

[5] DÖV 1993, 666; BGH NJW 1987, 439; BAG ZIP 1984, 223; Ma 18, 128.

[6] DÖV 1978, 338; Buchh 310 § 53 VwGO Nr 23; NVwZ 1996, 998; NVwZ-RR 2000, 261; Ko NVwZ-RR 2000, 472; Sch-Bier 8.

[7] BGH NJW 1978, 321; BayObLG 1980, 151; 1985, 316; MDR 1988, 60; Vollkommer MDR 1987, 804; **aA** NKVwGO-Ziekow 20.

§ 17a Abs 3 GVG (s 12 zu § 41) für zuständig erklärt haben. Gem § 83 S 2 sind diese Entscheidungen mit ihrem Erlaß rechtskräftig, so daß andere Gerichte gem § 83 S 1 iVm § 17a Abs 1 GVG daran gebunden sind. Folglich kann es nur in Ausnahmefällen zur Anwendbarkeit von Nr 4 kommen; so im Fall **schwerer u offensichtlicher Rechtsverstöße,** die zum Wegfall der Bindungswirkung eines Beschlusses führen (NJW 1993, 3088 zu Nr 5; s 15 zu § 83); denkbar auch, wenn sich zwei Gerichte in Unkenntnis voneinander für zuständig erklären.

8 **e) Rechtskräftige Feststellung der Unzuständigkeit (Nr 5, negativer Zuständigkeitsstreit).** Voraussetzung ist idR, daß jedenfalls **eines der beteiligten Gerichte zuständig** ist; denn andernfalls ist der Kl ja nicht gehindert, sich an das zuständige Gericht zu wenden; anders, wenn eine (nicht-bindende) Verweisung von einem der in Frage stehenden Gerichte an ein anderes vorliegt (vgl 7 zu § 83), in Wahrheit aber ein drittes Gericht zuständig ist.[8] Im übrigen gilt das zu Nr 4 Gesagte, so daß auch Nr 5 in seinem Anwendungsbereich durch die Regelung des § 83 S 1 iVm § 17a Abs 2 GVG stark eingeschränkt ist. Zu einem Anwendungsfall s NJW 1993, 3088.

9 **f) Fehlende örtliche Zuständigkeit (Abs 2).** Dieser Fall ist wg der subsidiären allg Zuständigkeit nach § 52 Nr 5 nur sehr selten (39, 100), im Zuge der deutschen Einheit aber aufgetreten (LKV 1992, 59) u kann sich auch sonst ergeben, zB wenn es um die Bestimmung des zuständigen Gerichts für eine Verpflichtungsklage auf Neubewertung einer Abiturprüfungsleistung an einer Deutschen Internationalen Schule im Ausland geht (NJW 2006, 3512). Einen Ansatz, sich gegen einen bindenden Verweisungsbeschluß zur Wehr zu setzen, sieht Abs 2 nicht vor (vgl 4. 6. 1997 – 1 AV 1/97; NVwZ-RR 1989, 506).

10 **3. Zuständigkeit und Verfahren:** Die Zuständigkeitsbestimmung erfolgt auf Antrag eines Beteiligten oder eines mit dem Rechtsstreit befaßten Gerichts (Abs 3) durch das nächsthöhere, dh das den Gerichten, deren Zuständigkeit in Betracht kommt, **gemeinsam übergeordnete Gericht** (auch wenn dessen eigene Zuständigkeit in Betracht kommt, zT **aA** 64, 347), für VGe also durch das OVG (VGH), auch wenn in der Sache die Berufung ausgeschlossen ist;[9] bei Gerichten verschiedener Bundesländer durch das BVerwG (DÖV 1993, 665; NVwZ 1996, 998). **Fehlt ein gemeinsames übergeordnetes** Gericht, wie zB bei der analogen Anwendung von § 53 bei Kompetenzkonflikten zwischen Gerichten verschiedener Gerichtsbarkeiten (s oben 1), so ist das Oberste Bundesgericht (je nachdem das BVerwG, der BGH usw) für die Zuständigkeitsbestimmung zuständig, das einem der beteiligten Gerichte übergeordnet ist u **zuerst angegangen wird,** nicht der GSOGB.[10] Für den **Antrag** auf Zuständigkeitsbestimmung gelten die allg Vorschriften für Klagen (§§ 81, 82) entspr; insb setzt der Antrag eines Beteiligten (§ 63) die Beteiligungsfähigkeit (§ 61) u die Prozeßfähigkeit (§ 62) voraus.[11] Da der Antrag grds (Ausnahmen Abs 1 Nr 4, 5) **schon vor Erhebung der Klage** gestellt werden kann (Ms DÖV 1996, 615; RÖ-M. Redeker 5), ist auch der notwendig Beizuladende, der bisher noch nicht beigeladen ist, antragsbefugt (Lü DVBl 1995, 934; **aA** NKVwGO-Ziekow 20). Zum **Vertretungszwang** s 25 zu § 67. Die Zuständigkeitsbestimmung erfolgt

---

[8] Ks NVwZ-RR 1996, 611; BGH NJW 1978, 1164: das für die Zuständigkeitsbestimmung zuständige Gericht kann in diesem Fall in analoger Anwendung der Regelung auch unmittelbar die Zuständigkeit des dritten Gerichts bestimmen.

[9] MDR 1960, 872; BGH NJW 1979, 2249; **aA** 58, 227 = DÖV 1979, 80; 1993, 666: wenn die Berufung in der Sache ausgeschlossen ist, das BVerwG; Sch-Bier 14.

[10] NJW 1993, 1878; 3087; BGH NJW 1990, 53; BSG MDR 1989, 189; BAG NJW 1984, 752 mwN.

[11] Herz, Die gerichtliche Zuständigkeitsbestimmung, 1990, 72ff; **aA** BGH NJW-RR 1987, 757; Schilken DVBl 1991, 1219: auch darüber soll erst das für zuständig erklärte Gericht entscheiden; Sch-Bier 13.

durch **Beschluß.** Zur **Kostenentscheidung** bei Rücknahme des Antrags vgl BGH NJW-RR 1987, 757.

Ein anhängiges Vf geht mit dem Erlaß des Beschlusses unter Beibehaltung der Wirkung der Rechtshängigkeit (§ 90) in dem Stand, in dem es sich befindet, **auf das bestimmte Gericht über,** ohne daß es im Regelfall – anders, wenn die Zuständigkeit eines Gerichts bestimmt wird, bei dem der Rechtsstreit noch nicht anhängig ist, u kein Verweisungsantrag gestellt ist[12] – noch eines besonderen Verweisungsantrags bedürfte.[13] **Wenn die Bestimmung** des zuständigen Gerichts schon **vor Erhebung der Klage** erfolgt, so bedarf es erst noch der Klageerhebung vor dem nach § 53 bestimmten Gericht (Buchh 310 § 53 VwGO Nr 4). 11

Rechtskräftige Entscheidungen über die Zuständigkeit gem Abs 1 Nr 4 u 5 werden, soweit sie entgegenstehen, gegenstandslos (NJW 1960, 1541; VRspr 26, 121). Dagegen schließen rechtskräftige **Entscheidungen zur Sache** in den Fällen der Nr 2 bis 4 (schon) die Anwendbarkeit des § 53 aus. 12

Inhaltliche Kriterien für die Entscheidung: Mangels ausdr materieller Kriterien für die Auswahl des Gerichts, das als zuständig bestimmt werden soll, können solche Kriterien nur aus dem Normzweck abgeleitet werden. Da die gerichtliche Zuständigkeitsbestimmung im Interesse der Beteiligten u der Rechtssicherheit möglichst schnell eine Entscheidung in der Sache ermöglichen soll (s auch oben 1), ist der Beschluß gem § 53 nach Zweckmäßigkeitsgesichtspunkten zu treffen (Buchh 310 § 52 VwGO Nr 2; § 53 VwGO Nr 11, 18 u 19; NVwZ 1996, 998; Gr NVwZ-RR 1997, 389; NKVwGO-Ziekow 24). Vor allem muß die Bestimmung das Gebot einer effektiven u sachgerechten Verfahrensdurchführung beachten (NKVwGO-Ziekow 24). 12 a

4. Bindungswirkung der Zuständigkeitsbestimmung. Das nach § 53 für zuständig erklärte Gericht kann seine **Zuständigkeit** grds **nicht mehr** aus den Gründen **verneinen,** die für die Zuständigkeitsbestimmung maßgeblich waren (Ey-P. Schmidt 15; RÖ-M. Redeker 7). Dies gilt grds **auch, wenn** die Zuständigkeitsbestimmung **fehlerhaft** ist (2, 43; 46, 83; 64, 354 = DÖV 1982, 325 mwN); **anders bei „extremen" Rechtsverstößen** (64, 354 = DÖV 1982, 325; Buchh 310 § 53 VwGO Nr 7 u Nr 10), zB, wenn das höhere Gericht sich selbst für zuständig erklärt u beim unteren Gericht anhängige Streitsachen einfach an sich zieht (64, 354 = DÖV 1982, 328). Die Zuständigkeitsbestimmung unterliegt insoweit hins ihrer **Bindungswirkung** den gleichen **Beschränkungen** wie Verweisungsbeschlüsse gem § 83 S 1 iVm § 17a Abs 3 GVG (NZA 1992, 1047; AG Lübeck NJW 1978, 649; NJW 1978, 1271). Vgl dazu im einzelnen 6 ff zu § 83. 13

---

[12] Vgl BGH NJW 1978, 1164, auch zu der vom BGH bejahten Zulässigkeit der Stellung des Verweisungsantrags vor dem für die Zuständigkeitsbestimmung zuständigen Gericht.

[13] NJW 1960, 154; Buchh 310 § 53 VwGO Nr 4; SDC 4; RÖ-M. Redeker 7; **aA** Hbg NJW 1966, 611.

Teil II. Verfahren

7. Abschnitt. Allgemeine Verfahrensvorschriften

§ 54 [Ausschließung und Ablehnung von Gerichtspersonen]

(1) **Für die Ausschließung und Ablehnung der Gerichtspersonen gelten §§ 41 bis 49 der Zivilprozeßordnung entsprechend.**[1 ff]

(2) **Von der Ausübung des Amtes als Richter oder ehrenamtlicher Richter ist auch ausgeschlossen, wer bei dem vorausgegangenen Verwaltungsverfahren mitgewirkt hat.**[8 f]

(3) **Besorgnis der Befangenheit nach § 42 der Zivilprozeßordnung ist stets dann begründet, wenn der Richter oder ehrenamtliche Richter der Vertretung einer Körperschaft angehört, deren Interessen durch das Verfahren berührt werden.**[1 ff]

Vgl §§ 18, 19 BVerfGG; §§ 41 ff ZPO; § 60 SGG; § 51 FGO

Schrifttum: *Deguchi,* Das mißbräuchliche Ablehnungsgesuch im Zivilprozeß, Arens-GS 1993, 31; *Deumeland,* Befangenheit und unfaires Gerichtsverfahren bei unwahrem Sachvortrag eines Richters, ZfS 1993, 139; *Fleischer,* Die dienstliche Äußerung des abgelehnten Richters, MDR 1998, 757; *Gerdes,* Die Ablehnung wegen Besorgnis der Befangenheit aufgrund von Meinungsäußerungen des Richters, 1992; *Günther,* Der „vorbefaßte" Zivil- oder Verwaltungsrichter, VerwA 1991, 179; *Lamprecht,* Befangenheit an sich: Über den Umgang mit einem prozessualen Grundrecht, NJW 1993, 2222; *V. Lipp,* Das private Wissen des Richters, 1995; *Müller,* Zur Ablehnung von Bundesverfassungsrichtern wegen Besorgnis der Befangenheit nach § 19 BVerfGG, NVwZ 1993, 1167; *Nowak,* Richterliche Aufklärungspflicht und Befangenheit, 1991; *Peters,* Richter entscheiden über Richter – ein Problem der Befangenheitsablehnung, Lüke-FS 1997, 603; *Quarch,* Zur Einführung: Das deutsche Recht der richterlichen Befangenheit, JA 2005, 450; *Riedel,* Das Postulat der Unparteilichkeit des Richters – Befangenheit und Parteilichkeit im deutschen Verfassungs- und Verfahrensrecht, 1980; *Roth,* Richterliche Vorbefassung und das Konzept der objektiven Befangenheit, DÖV 1998, 916; *Schneider,* Befangenheitsablehnung im Zivilprozeß, 1993; *ders,* Die Sackgasse der Befangenheitsablehnung im Zivilprozeß, NJW 1997, 1832; *ders,* Die dienstliche Äußerung des abgelehnten Richters, MDR 1998, 454; *ders,* Kein Rechtsschutz gegen faule Richter?, MDR 1998, 1397; *ders,* Zuständigkeitskontroversen im zivilprozessualen Ablehnungsrecht, MDR 1999, 14; *Vollkommer,* Selbstablehnung eines Richters, NJW 1994, 2007; *de Wall,* Nochmals: Befangenheit an sich – Über den Umgang mit einem prozessualen Grundrecht, NJW 1994, 843; *Wißmann,* Richterliche Selbstanzeigepflicht im Verwaltungsprozess, NdsVBl 2002, 322; *Zuck,* Befangenheit als Fehlerquelle eines fairen Verfahrens, DRiZ 1988, 172.

Übersicht

1. Allgemeines: Die Vorschrift regelt die **Ausschließung und die Ablehnung von Gerichtspersonen** im Verwaltungsprozeß in Anlehnung an die Vorschriften der ZPO, die für entspr anwendbar erklärt u durch einige weitere Gründe ergänzt werden. **Gerichtspersonen** sind die Mitglieder des Gerichts, die **Richter;** § 49 ZPO dehnt den Anwendungsbereich der §§ 41–48 ZPO auf die 1

Urkundsbeamten der Geschäftsstelle aus. **Keine** „Gerichtspersonen" sind **Sachverständige**[1] u **Auskunftspersonen,** für die ebenfalls § 406 ZPO gilt, soweit sie an die Stelle von Sachverständigen treten (NJW 1988, 2491; NVwZ 1988, 1020; s 6 zu § 86). **Ebenfalls nicht** zu den Gerichtspersonen zählen **Dolmetscher,** deren Ablehnung sich gem § 55 nach § 191 GVG richtet. **Nicht** zu den Gerichtspersonen zu rechnen sind der VdB u der **Völ.** Bei diesen besteht keine Ablehnungsmöglichkeit, s 3 zu § 35; 3 zu § 36 mwN. Ebenfalls unzulässig ist nach der Rspr die Ablehnung des um Vernehmung eines Zeugen ersuchten **Konsularbeamten,** OLG Düsseldorf NJW 1983, 2781 – sehr zweifelhaft.

§ 54 u die Bestimmungen der ZPO, die gem § 54 im Verwaltungsprozeß entspr anzuwenden sind, sowie die übrigen genannten Vorschriften sind eine Folge des **Rechtsstaatsprinzips** (vgl BVerfG 60, 214 = NJW 1982, 1583), des **Willkürverbots** gem Art 3 Abs 1 GG (vgl Riedel 5, 13 ff; Krekeler NJW 1981, 1633; allg zum Willkürverbot s 11 zu § 1; 7 zu § 137) u des Rechts auf den **gesetzlichen Richter** gem Art 101 Abs 1 S 2 GG.[2] Sie dienen der Funktionsfähigkeit, der **Unparteilichkeit** u dem Ansehen der Rspr sowie dem Vertrauen des Bürgers u der Öffentlichkeit in die Unparteilichkeit der Gerichte,[3] vor allem aber auch der **Gerechtigkeit u sachlichen Richtigkeit** der Entscheidungen (BVerfG 42, 78; MDR 1978, 202; BVerwG BayVBl 1976, 55); zugleich handelt es sich um wesentliche Erfordernisse des **gesetzlichen Richters** nach Art 101 Abs 1 S 2 GG (s oben) u der **Fairneß** des Vf (s 11 zu § 1) sowie, soweit es im Vf um „zivilrechtliche" Ansprüche iSv Art 6 EMRK (s dazu 16 zu § 1) geht, auch des **Rechts auf ein unparteiisches Gericht** gem **Art 6 Abs 1 EMRK** (EGMR NJW 1992, 613 u 1873). Zu den Folgen einer Verletzung s unten 22 u 24. Vermieden werden soll nicht nur die Mitwirkung am Vf trotz gegebener tatsächlicher Parteilichkeit, sondern **auch der „böse Schein"** der Parteilichkeit, dh der mögliche Eindruck mangelnder Objektivität (BVerfG 46, 41; BVerwG 52, 48; s auch unten 11).

2 Die Ausschließungs- u Ablehnungsgründe gelten **für alle Verfahrensarten** außer für Klageverfahren, also auch für BeschlußVf nach § 47, § 80 Abs 5, 7, § 80 a Abs 3, § 123 usw, §§ 118 ff[4] sowie für haupt- u nebenamtliche **Richter,** Richter auf Probe u kraft Auftrages u die ehrenamtlichen Richter (§§ 5, 9, 10; s zur Ablehnung ehrenamtlicher Richter auch NVwZ 1990, 460), darüber hinaus auch für die **Urkundsbeamten** der Geschäftsstelle (§ 13 S 2, § 49 ZPO) einschließlich der Schriftführer (§ 105). Zur Ablehnung von **Sachverständigen, Dolmetschern u** des VdB bzw VöI s oben 1.

3 Hins der **Voraussetzungen und des Vf** verweist § 54 Abs 1 auf die §§ 41–49 ZPO, die für entspr anwendbar erklärt werden, u **ergänzt** sie in Abs 2 u 3 für das verwaltungsgerichtliche Vf durch besondere **weitere Ausschluß- bzw Ablehnungsgründe.** Zum Anspr der Beteiligten auf Mitteilung der Namen der zur Entscheidung berufenen Richter s unten 4.

---

[1] Mü NJW 2004, 90; ihre Ablehnung richtet sich gem § 98 nach § 406 ZPO; s 17 zu § 98; NVwZ 1998, 634; Fezer JR 1990, 397.

[2] Vgl BVerfG 21, 145 = NJW 1967, 1123: eine Bestimmung, die die Richterablehnung ausschließt, verstößt gegen Art 101 Abs 1 S 2 GG; DVBl 1991, 1139: ein Richter, der nicht die Gewähr der Unparteilichkeit bietet, muß ausgeschlossen sein oder abgelehnt werden können; NJW 1993, 2229: die Justizgewährungspflicht wird nur durch die Bereitstellung eines unparteiischen Richters erfüllt, andererseits wird der gesetzliche Richter auch bei Ersetzung eines nicht wirklich befangenen Richters vorenthalten; die Verfassung gewährleistet, daß die Beteiligten nicht vor einem Richter stehen, dem es an der gebotenen Neutralität fehlt; BayVerfGH VRspr 32, 271; Ks NJW 1985, 1105; Günther NJW 1986, 281.

[3] BVerfG 21, 145; 46, 37; BVerwG 52, 48 = BayVBl 1977, 574; Mü BayVBl 1985, 311; Lipp 49 ff, 83 ff.

[4] Vgl zB BFH NVwZ 1990, 504 mwN – zur Richterablehnung im Tatbestandsberichtigungsverfahren; BGH NJW 1983, 46.

2. Begriff und Wirkungen der Ausschließung bzw Ablehnung: Ausschließung bedeutet, daß der betroffene Richter **kraft Gesetzes** u ohne daß hierzu noch eine besondere Anordnung oder Entscheidung des Gerichts erforderlich wäre (vgl aber zur Feststellung des Ausschlusses durch Beschluß des Gerichts in Zweifelsfällen § 48 ZPO), von jeder Mitwirkung an einer gerichtlichen Entscheidung ausgeschlossen ist (BVerfG 46, 37). Bei der **Ablehnung** tritt diese Wirkung erst aufgrund der einem Ablehnungsantrag stattgebenden Entscheidung des Gerichts, ggf des Rechtsmittelgerichts, ein (BVerfG 46, 37); bis zu diesem Zeitpunkt ist der abgelehnte Richter gesetzlicher Richter, er darf aber grds keine richterlichen Handlungen in der Sache mehr vornehmen (s aber unten 14). Außerdem kann die **Verzögerung der Entscheidung** über einen Ablehnungsantrag uU einen Verfahrensmangel darstellen. Zur Berechtigung zur **Vornahme von unaufschiebbaren Handlungen** vgl § 47 Abs 1 ZPO. Aus dem Recht auf den gesetzlichen Richter folgt nicht, daß die Gerichte von sich aus die Verfahrensbeteiligten vor einer Entscheidung darüber **unterrichten** müssen, **welche Richter** daran **mitwirken** werden, um die Ausübung eines etwaigen Ablehnungsrechts zu erleichtern; insoweit besteht die Möglichkeit der Einsichtnahme in die Geschäftsverteilungspläne (BVerfG NJW 1998, 369). Ist eine Einsichtnahme nicht möglich oder nicht zumutbar, besteht jedoch ein **Anspr auf Auskunfterteilung** über die konkrete Besetzung des Spruchkörpers (BayObLG MDR 1978, 232). Ein Richter, bei dem mögliche Ablehnungsgründe vorliegen, hat dies dienstpflichtgemäß dem Gericht nach § 54 Abs 1 iVm § 48 ZPO anzuzeigen. Es handelt sich dabei nicht um ein gerichtsinternes Vf (BVerfG NJW 1993, 2229; BGH NJW 1995, 1679; wohl auch BVerwG DVBl 1997, 1236; **aA** früher Buchh 310 § 54 VwGO Nr 35), sondern um Amtspflichten auch ggü den Verfahrensbeteiligten, die zu der Selbstanzeige zu hören sind. 4

3. Ausschließungsgründe: a) Die Ausschließungsgründe sind in § 41 ZPO u § 54 Abs 2 **abschließend aufgezählt.** Die einzelnen Ausschließungstatbestände sind grds **eng auszulegen** (DÖV 1980, 569; zum weiten Begriff der Sache in Nr 4 u 5 s allerdings unten 6b); sie sind einer analogen Anwendung auf ähnlich liegende Fälle nicht zugänglich (NVwZ 1990, 461; zur Begründung Lipp 89f). Auch soweit Ausschließungsgründe nicht gegeben sind, kann das **Verhalten** eines Richters, Sachverständigen uU **in einem früheren Vf** die Ablehnung in einem späteren Vf („Folgeprozeß") rechtfertigen (vgl NJW 1977, 312; Schneider MDR 1977, 444; allg unten 9). Die Ausschließungsgründe wirken „automatisch" kraft Gesetzes u sind **in jedem Stadium des Vf** vom Gericht vAw **zu prüfen u** zu beachten (§ 48 ZPO; vgl auch BVerfG 46, 35); außerdem können die Beteiligten gem § 42 eine Ablehnung darauf stützen (s unten 10). 5

b) Einzelne Ausschließungsgründe: Die Ausschließungsgründe der Nr 1–3 des § 41 ZPO wurzeln in **persönlichen Beziehungen** des Richters zu den durch Entscheidung zu erledigenden Prozeßsachen. Gem **§ 41 Nr 1 ZPO** ist ein Richter ausgeschlossen, „in Sachen, in denen er selbst Partei ist oder bei denen er zu einer Partei in dem Verhältnis eines Mitberechtigten, Mitverpflichteten oder Regreßpflichtigen steht". Dem Begriff der **Partei** in § 41 Nr 1 ZPO entspricht im Verwaltungsprozeß der Begriff des Beteiligten nach § 63; auch der Beigeladene ist idS „Partei" (EF 3; NKVwGO-Czybulka 18), nicht dagegen der VöI.[5] **Sache** iSv Nr 1 – dasselbe gilt auch für Nr 2, 2a u 3 – ist **nur die Prozeßsache,** dh der konkrete bei Gericht anhängige, vom Richter zu entscheidende Rechtsstreit. Maßgeblich ist **allein die formelle Stellung im konkreten Prozeß.** Umstände, die nicht in der Beziehung des Richters zu einem anhängigen Prozeß liegen, bleiben deshalb im Rahmen des § 41 Nr 1 ZPO außer Be- 6

[5] Kopp BayVBl 1981, 353; vgl auch BVerfG 63, 63: der Staatsanwalt ist im Strafverfahren nicht formell Partei; **aA** Mü BayVBl 1981, 724.

tracht. Daß der Richter in der konkreten Sache betroffen ist u auch selbst Klage erheben könnte, ist unerheblich, solange er nicht tatsächlich Klage erhoben hat (insgesamt dazu Mü BayVBl 1981, 724). Je nach der Art u Intensität der Betroffenheit kann diese jedoch ein Ablehnungsgrund sein.

6a **Nr 2, Nr 2a und Nr 3 erweitern** den Ausschlußgrund des § 41 Nr 1 ZPO auf Prozesse, in denen der (gegenwärtige oder ehemalige) **Ehegatte** oder gleichgeschlechtliche **Lebenspartner** iSd LPartG (Verlöbnis oder Lebensgemeinschaft kann dagegen nur zur Befangenheit führen, s unten 11) oder eine der hier genannten Personen, die mit dem Richter **in einem verwandtschaftlichen oder schwägerschaftlichen Verhältnis** steht, Partei ist. Auch hier ist allein die formelle Stellung als Partei maßgeblich, nicht wer Klage erhoben hat u ob die Klage zulässig ist. Ist der Ehegatte, Lebenspartner oder sonstige Verwandte nur Prozeßbevollmächtigter, fällt dies nicht unter Nr 2, 2a oder 3; dies kann nur die Besorgnis der Befangenheit begründen (s unten 11). Im übrigen gilt das gleiche wie zu Nr 1. Insb ist auch bei Nr 2, 2a u 3 bloße Betroffenheit in der Sache unschädlich (Mü BayVBl 1981, 724).

6b Neben den in Nr 1–3 erfaßten personenbezogenen enthalten die Nr 4–6 **sachbezogene Ausschlußgründe.** Eine solche besonders enge Beziehung zum Rechtsstreit führt nach **Nr 4** zum Ausschluß des Richters „in Sachen, in denen er als Prozeßbevollmächtigter oder Beistand einer Partei bestellt oder als gesetzlicher Vertreter einer Partei aufzutreten berechtigt ist oder gewesen ist“, nach **Nr 5** „in Sachen, in denen er als Zeuge oder Sachverständiger vernommen ist“. Im Gegensatz zum engen Begriff der Sache in § 41 Nr 1–3 u 6 ZPO ist **bei § 41 Nr 4–5 ZPO** von einem **weiten Begriff der Sache** auszugehen.[6] Das Bestehen eines bloßen Sachzusammenhangs genügt jedoch nicht (Mü BayVBl 1981, 368). **Prozeßbevollmächtigter** oder Beistand iSv Nr 4 ist nur der Prozeßbevollmächtigte oder Beistand iSv § 67. Bevollmächtigter, Beistand oder Vertreter kann iSv Nr 4 **nur eine natürliche Person** sein, nicht zB ein Ministerium, ein Landratsamt (vgl Mü BayVBl 1981, 368; Kopp BayVBl 1981, 356) usw, sondern nur die für die Behörde im konkreten Fall vertretungsberechtigte u mit der Vertretung im Prozeß betraute Person. Unter **Vernehmung als Zeuge** iSv § 41 Nr 5 ZPO (näher Lipp 84ff) ist nur die Vernehmung als Beweismittel, nicht auch die Einholung einer dienstlichen Äußerung zu verstehen (63, 273 = DÖV 1980, 142; BGHSt 11, 206; **aA** Lipp 91); unschädlich ist die bloße **Benennung als Zeuge,** solange der Richter nicht als Zeuge auftritt.[7]

7 Nach **§ 41 Nr 6** ZPO ist ein Richter von der Ausübung des Richteramtes ausgeschlossen „in Sachen, in denen er in einem früheren Rechtszuge oder im schiedsrichterlichen Verfahren bei dem Erlaß der angefochtenen Entscheidung mitgewirkt hat, sofern es sich nicht um die Tätigkeit eines beauftragten oder ersuchten Richters handelt“. Dieser Ausschlußgrund will verhindern, daß ein Richter im Rechtsmittelzug seine eigene Entscheidung überprüft (ThürVBl 1997, 85; BVerfG 30, 153f; 78, 337f); nicht erfaßt wird der Fall, daß die Ehefrau des Rechtsmittelrichters bei der angefochtenen Entscheidung mitgewirkt hat (BGH NJW 2004, 163). § 41 Nr 6 ZPO liegt zudem nicht schon bei jeder Vorbefassung mit der Sache in der Vorinstanz der Ausschließungsgrund des § 41 Nr 6 ZPO vor. Abzustellen ist auf die Mitwirkung gerade bei der **angefochtenen** Entscheidung.[8] Dazu zählt **nicht** die Mitwirkung

---

[6] S zu Nr 4 Mü BayVBl 1981, 368 (Anm Kopp 353); 1981, 724; BL 12f zu § 41 ZPO; M 12 zu § 41 ZPO; ThP 5 zu § 41 ZPO; **aA** NKVwGO-Czybulka 23 unter Hinweis auf den Bestimmtheitsgrundsatz; Sch-Meissner 21 unter Hinweis auf BVerfG NJW 1990, 2457.

[7] 63, 273 = DÖV 1980, 142; BGHSt 11, 206; NKVwGO-Czybulka 29; Lipp 91f.

[8] NVwZ-RR 1996, 122; ThürVBl 1997, 85; Buchh 448.6 § 6 KDVG Nr. 3; s auch BVerfG 78, 336 = NJW 1989, 25; NVwZ 1993, 1078; BSG NJW 1993, 2261; Mü BayVBl 1981, 369; Ma Justiz 1982, 278.

- an einem Beweisbeschluß oder lediglich an der Verhinderung der in Frage stehenden Entscheidungen;
- **als beauftragter oder ersuchter Richter** nach § 96 (anders wenn der Rechtsbehelf sich gerade gegen dessen Entscheidung richtet, s 1 zu § 151);
- in einem mit dem Vf nur zusammenhängenden, aber nicht denselben Gegenstand betr Vf (Stemmler NJW 1974, 1545; vgl auch Buchh 310 § 54 VwGO Nr 27; Mü BayVBl 1981, 369: nur dieselbe, eng verstandene Sache), zB im vorangegangenen **PKH-Vf** (NVwZ-RR 1998, 269; Buchh 448.6 § 6 KDVG Nr 3);
- in einem vorangegangenen **Vf gem § 80 oder § 123** (vgl NVwZ-RR 1998, 268; OLG Saarbrücken NJW 1976, 1459), **bei einem Zwischenurteil** (§ 109), Grundurteil (§ 110) oder Vorbehaltsurteil (§ 173 S 1, § 302 ZPO), wenn das in Frage stehende RMittel nur gegen das Endurteil bzw Betragsurteil gerichtet ist;
- **an parallelen Vf** mit lediglich gleichliegendem Sachverhalt (NJW 1975, 1241; Lü 27, 372; BGH MDR 1976, 574);
- an der Entscheidung der Vorinstanz, sofern diese Entscheidung im RechtsmittelVf bereits aufgehoben u über die Sache ohne Mitwirkung des Betroffenen nach Zurückweisung erneut entschieden wurde u diese neue Entscheidung Gegenstand des Vf ist (NJW 1975, 1241 mwN; ThürVBl 1997, 85; Buchh 448.6 § 6 KDVG Nr 3);
- **bei WiederaufnahmeVf** (§ 153), auch wenn der Richter beim Urteil in der Sache mitgewirkt hat, auf die sich der Wiederaufnahmeantrag bezieht;[9]
- bei Vf über einen Anspr auf **Wiederaufgreifen** des Verwaltungsverfahrens, auch wenn der Richter an einer rechtskräftigen (gerichtlichen) Entscheidung über das zugrundeliegende VerwaltungsVf beteiligt war (NVwZ-RR 1996, 122; zur Beteiligung am vorausgehenden VerwaltungsVf s unten 8f).

Zur **Ablehnung eines Sachverständigen,** der in einer Sache bereits im BeweissicherungsVf tätig war, vgl OLG Karlsruhe Justiz 1983, 236; Motzke BauR 1983, 500; Müller NJW 1982, 1961; s auch oben 1 u 17 zu § 98.

Mitwirkung bei dem vorausgegangenen Verwaltungsverfahren (Abs 2): 8
Die Vorschrift soll ähnlich wie § 41 Nr 6 ZPO (vgl oben 7) ausschließen, daß ein Richter einen Rechtsstreit entscheidet, „dessen Mitwirkung dem **Einwand** ausgesetzt sein könnte, er **habe sich bereits in der Sache festgelegt u** könne seine Entscheidung nicht mehr mit der gebotenen Objektivität treffen" (Mü BayVBl 1985, 311; vgl auch 52, 48). Mitwirkung iSd Abs 2 ist nicht nur die Mitwirkung bei der Entscheidung, sondern **jede wie auch immer geartete amtliche Handlung** – auch zB als Beamter der Aufsichtsbehörde (52, 47; Mü BayVBl 1981, 369) oder in lediglich beratender Funktion (BFH 125, 33 = BStBl II 1978, 467) – **in bezug auf die Sache im VerwaltungsVf 1. Instanz,** im Widerspruchsverfahren[10] oder **in „Subverfahren"** vor Behörden, die am Vf der zur Entscheidung usw berufenen Behörde durch Stellungnahmen, Einvernehmen usw mitwirken.[11] Mitwirkung ist auch zB die **‚schweigende' Teilnahme** des zuständigen Sachbearbeiters an der Besprechung (Buchh 310 § 54 VwGO Nr 1) oder die Teilnahme **als Verhandlungsleiter** in amtlicher Eigenschaft (Buchh 310 § 54 VwGO Nr 25). **Keine Mitwirkung** iSv Abs 2 ist dagegen zB die bloße **Verfü-**

[9] Lü 27, 375; BGH NJW 1981, 1273; OLG Zweibrücken NJW 1974, 955; RÖ-M. Redeker 7; ThP 8 zu § 41 ZPO u 13 zu § 42 ZPO; s auch BVerwG NJW 1977, 312.

[10] 52, 48; Buchh 310 § 54 Nr 1, 3, 13 und 22; 310 § 133 Nr 13; Mü BayVBl 1981, 369, 725; Ey-J. Schmidt 8; RÖ-M. Redeker 8.

[11] 52, 47 zu Maßnahmen der Aufsichtsbehörde, durch die Art und/oder Inhalt des angefochtenen VA beeinflußt wurden; VG Köln NJW 1986, 2207: nur die Mitwirkung in amtlicher Eigenschaft, die Einfluß auf die Sachentscheidung ermöglicht haben muß; ähnlich DÖV 1977, 796; Ma NJW 1969, 524.

gung der Aktenvorlage oder die **Vermittlung einer Ladung;** ebenso bei einem ehrenamtlichen Richter die nur vorbereitende oder beratende Mitwirkung bei der Entscheidung über das für die angefochtene Baugenehmigung erforderliche gemeindliche Einvernehmen gem § 36 BauGB (DVBl 1990, 383). Unschädlich ist auch die **Tätigkeit** lediglich **bei derselben Behörde.**[12]

9 Abs 2 ist einer **extensiven Auslegung nicht zugänglich.**[13] Als „vorausgegangenes Verwaltungsverfahren" ist grds **nur das VerwaltungsVf** zu verstehen, **in dem die Entscheidung ergangen ist,** die im anhängigen verwaltungsgerichtlichen Vf überprüft werden soll (Buchh 310 § 54 VwGO Nr 3; NVwZ 1990, 461; dazu mit Bedenken aber BVerfG NVwZ 1996, 885); wenn eine Zwangsvollstreckung aus einem VA Gegenstand eines Rechtsstreits ist, das Vf über die Rechtmäßigkeit des der Zwangsvollstreckung zugrundeliegenden VA nur dann, wenn dessen Rechtmäßigkeit überhaupt zu prüfen ist (weiter Mü BayVBl 1985, 311; NKVwGO-Czybulka 37). Bei prinzipalen NKEntscheidungen (§ 47) dürfte als „Verwaltungsverfahren" das NormsetzungsVf anzusehen sein.[14]

Nicht unter Abs 2 fällt:

- die **Mitwirkung in parallelen Vf** mit lediglich gleichliegendem Sachverhalt[15] oder in vorausgegangenen **früheren,** schon abgeschlossenen **Vf** in derselben Sache iwS,[16] – auch wenn die Ergebnisse solcher Vf beim Erlaß des VA mitberücksichtigt worden sein mögen (DÖV 1965, 354; NVwZ 1990, 461) – zB die Mitwirkung bei der Aufstellung u dem Erlaß eines **Bebauungsplans,** wenn nunmehr im Prozeß über eine Anfechtungsklage gegen eine aufgrund dieses Bebauungsplans erteilte Baugenehmigung zu entscheiden ist (NVwZ 1990, 461);
- die Mitwirkung bei einem vorangegangenen VerwaltungsVf auf Anerkennung des Kl als Kriegsdienstverweigerer, das mit einer Ablehnung geendet hatte, wenn nunmehr ein neuer Prozeß aufgrund eines neuen Antrags auf Anerkennung als Kriegsdienstverweigerer anhängig ist (NJW 1977, 312);
- die Mitwirkung als **Prüfer** in der Erstprüfung einer **juristischen Staatsprüfung,** wenn Klagegegenstand das Nichtbestehen der Wiederholungsprüfung ist (Buchh 310 § 54 VwGO Nr 56);
- die Mitwirkung bei einem VA, wenn die Klage gegen den **„Zweitbescheid"** oder gegen die **Rücknahme des** VA gerichtet ist;[17]
- die Mitwirkung an einem berufsgerichtlichen Vf über den Widerruf der ärztlichen Approbation bei vorangegangener Mitwirkung an einem Vf über die **Berufsunverträglichkeit** (DÖV 1980, 569).

UU liegt jedoch in derartigen Fällen, wenn zusätzliche Gesichtspunkte gegeben sind, **ein Ablehnungsgrund** vor (DÖV 1980, 569).

10 **4. Ablehnungsgründe:** Ablehnungsgründe sind nach Abs 1 iVm § 42 ZPO außer den Ausschließungsgründen nach § 41 ZPO u § 54 Abs 2 auch die **Besorgnis der Befangenheit,** dh das Vorliegen eines Grundes, der geeignet ist,

---

[12] BFH NJW 1974, 1528; Mü BayVBl 1981, 725; NKVwGO-Czybulka 39; RÖ-M. Redeker 8.

[13] DÖV 1980, 569; 1983, 552; NVwZ 1990, 461; Kopp BayVBl 1981, 377; zu § 41 Nr 6 ZPO auch BGH NJW 1960, 1762; zT **aA** Mü BayVBl 1985, 311.

[14] Anders § 18 Abs 1 Nr 2, Abs 3 Nr 1 BVerfGG; im Gegensatz dazu für Thüringen ThürVerfGH ThürVBl 1996, 132; **aA** NKVwGO-Czybulka 36.

[15] Vgl für gerichtliche Verfahren BayVBl 1976, 757; NJW 1977, 312; Lü 27, 372; BGH MDR 1976, 574.

[16] NJW 1977, 312; vgl auch 63, 175; DÖV 1983, 552; ZMR 1966, 122 = Buchh 310 § 54 Nr 3; NVwZ 1990, 461.

[17] NKVwGO-Czybulka 37; für einen nicht zu engen Begriff der Sache jedoch 52, 48; BayVBl 1976, 55; Buchh 310 § 54 VwGO Nr 1 und 3; Mü BayVBl 1981, 369; anders zum gerichtlichen Wiederaufnahmeverfahren Lü 22, 375; OLG Zweibrücken NJW 1974, 955; das Verwaltungsverfahren kennt aber keine so scharfe Abgrenzung der Verfahren.

Mißtrauen gegen die Unparteilichkeit eines Richters zu rechtfertigen (Entsprechendes gilt für die Ablehnung von Sachverständigen, Urkundsbeamten usw, s oben 2). Diese Voraussetzung ist außer in den Fällen des Abs 3, in denen sie unwiderleglich vermutet wird (NVwZ 1990, 461), nach Abs 1 iVm § 42 Abs 2 ZPO dann gegeben, wenn ein Beteiligter **die auf objektiv feststellbaren Tatsachen beruhende, subjektiv vernünftigerweise mögliche Besorgnis** hat, der Richter werde in der Sache nicht unparteiisch, unvoreingenommen oder unbefangen entscheiden[18] oder habe sich in der Sache bereits festgelegt (52, 50; Lipp 52 ff, 92 ff). Tatsächliche Befangenheit oder Voreingenommenheit ist nicht erforderlich; **es genügt schon der „böse Schein"** (52, 51; BVerfG NJW 1993, 2230; BSG NJW 1993, 2262). Für die Beurteilung kommt es wesentlich auf **die konkreten Umstände des einzelnen Falles,** insb darauf an, ob angesichts besonderer, angebbarer Umstände nach der Verkehrsauffassung bzw der Auffassung des gerecht u billig denkenden Bürgers die Unparteilichkeit noch ausreichend gewahrt erscheint. Die Mitwirkung der Ehefrau eines Rechtsmittelrichters bei dem Erlaß der angefochtenen Entscheidung soll nicht generell einen Ablehnungsgrund iS des § 42 Abs 2 ZPO darstellen (BGH NJW 2004, 163; **krit** Feiber NJW 2004, 650). Die Ablehnung ist **kein Mittel, unliebsame Richter „abzuschießen"** (Ks NJW 1985, 1105).

Der Ablehnungsgrund muß sich auf das Verhältnis zu den Parteien (BVerfG 21, 145 f) oder zur Sache (BVerfG 46, 37) beziehen. **Spannungen zwischen Richtern u Prozeßbevollmächtigten** allein sind kein Ablehnungsgrund;[19] **anders,** wenn konkrete Anhaltspunkte dafür sprechen, **daß** der Richter **nicht hinreichend zwischen Partei u Bevollmächtigten unterscheidet u** unmittelbar oder im Ergebnis auch die Partei benachteiligt oder benachteiligen könnte. Die Partei muß sich jedenfalls nicht entgegenhalten lassen, daß sie ja auch den Prozeßbevollmächtigten wechseln könnte.

Ablehnungsgründe können, je nach den konkreten Umständen des Einzelfal- 11
les etwa **persönliche Beziehungen** zu anderen am Vf beteiligten Personen, zB **Freundschaft** (vgl BayObLG NJW-RR 1987, 127) oder **Feindschaft** zu einem Beteiligten, **Verlöbnis** mit einem Beteiligten oder auch **zu Prozeßbevollmächtigten** sein. So begründet etwa die Ehe mit einem Prozeßbevollmächtigten grds die Besorgnis der Befangenheit.[20] Weiter kann insb das **Verhalten des Richters** im Prozeß die Besorgnis der Befangenheit begründen. Das trifft etwa zu bei unangebrachten, offensichtlich unsachlichen oder verletzenden **Äußerungen** in der Verhandlung (BayVBl 1976, 346; BGHSt NJW 1976, 1363; OLG München AnwBl 1993, 242), in einer Entscheidung (50, 37), im privaten Kreis, usw (s aber zur Äußerung von Rechtsauffassungen unten 11 b); je nach den Umständen reicht ggf auch schon das **Übergehen eines** bestimmten **Vortrags oder Antrags** eines Beteiligten (BVerfG NJW 1980, 1379) oder die fehlende Bereitschaft, das Vorbringen einer Partei vollständig zur Kenntnis zu nehmen u zu würdigen, insb auch eine Entstellung des klaren Sinnes eines Vortrags.[21] **Verfahrensfehler** rechtfertigen die Besorgnis der Befangenheit, wenn daraus bei objektiver Betrachtung auf

[18] BVerfG 82, 38 = NJW 1990, 2457; 95, 189 = NJW 1997, 1500; BVerwG 50, 38; BFH 121, 295; BGH NJW 1991, 1693; BSG NJW 1993, 2262; Hbg NJW 1994, 2779; Ks NJW 1985, 1105; Mü NJW 2004, 91; Ms NJW 1990, 1749; Ey-J. Schmidt 12; RÖ-M. Redeker 9.

[19] BGH StrVert 1986, 281; OLG Karlsruhe NJW-RR 1987, 126 unter Hinweis darauf, daß nur die Parteien ablehnungsberechtigt sind.

[20] VG Freiburg VBlBW 1999, 474 – auch wenn Ehepartner nur Mitglied in einer Sozietät ist, die einen Beteiligten vertritt; Ba SächsVBl 2001, 10 – auch wenn Bevollmächtigung im Laufe des gerichtlichen Vf beendet wird.

[21] OLG Hamm VersR 1978, 647; vgl auch Seetzen NJW 1982, 2341, der zutr darauf hinweist, daß dieselben Handlungen auch zugleich eine Verletzung des rechtlichen Gehörs darstellen können.

eine unsachliche Einstellung des Richters ggü einem Beteiligten geschlossen werden kann;[22] ebenso bei **gezielter Sachverhaltserforschung außerhalb eines förmlichen BeweiserhebungsVf** (Lipp 78 ff), nicht bei zufälligen privaten Beobachtungen des Richters unter Beachtung des rechtlichen Gehörs.[23] **Gründe, die ihrer Art nach Ausschlußgründen** iSv § 41 ZPO zT entsprechen oder ähnlich sind, aber einen Ausschluß nach § 41 ZPO nicht begründen, rechtfertigen grds **auch eine Ablehnung nicht,** es sei denn, daß besondere, **zusätzliche Umstände** hinzukommen, die die Besorgnis der Befangenheit rechtfertigen.[24]

11 a Es muß sich immer um **individuelle,** aus der Person des einzelnen Richters hergeleitete, angebbare u im Ablehnungsgesuch auch angegebene **Gründe** handeln, die geeignet sind, **Zweifel an der Unparteilichkeit** zu rechtfertigen. Entscheidend ist ausschließlich, ob ein am Vf Beteiligter bei vernünftiger Würdigung aller Umstände Anlaß hat, an der Unvoreingenommenheit des Richters zu zweifeln.[25] Gründe, die ihre Ursache **im Bereich des Beteiligten selbst** haben, zB der Umstand, daß dieser gegen den Richter in einem früheren Vf „massive strafrechtliche Vorwürfe" erhoben hat, **genügen nicht** (OLG Frankfurt NJW 1980, 1805; zweifelhaft); ebenso nicht **allg Gründe** wie **Staatsangehörigkeit, Geschlecht,** Zugehörigkeit zu einer **Konfession,** Berufsgruppe, Partei (MDR 1970, 442; Ma VRspr 26, 766; OLG Frankfurt NJW 1986, 1273) oder **Vereinigung;**[26] Mitgliedschaft in einer **Gewerkschaft,**[27] es sei denn, daß es in einem Vf wesentlich gerade um insoweit einschlägige Fragen geht (Krekeler NJW 1981, 1636 mwN; zT weniger streng BVerfG NJW 1993, 2231). Entsprechendes gilt, sofern es im Prozeß nicht unmittelbar u zentral darum geht, für **politische, religiöse usw Auffassungen,** auch wenn ein Richter sich dazu öffentlich bekennt, zB durch seine Unterschrift unter eine entsprechende Zeitungsanzeige, u sich auch in der mV in einer Sache, in der das Thema berührt wird, nicht davon distanziert (vgl Ks NJW 1985, 1105; allg auch Göbel NJW 1985, 1057; Wassermann NJW 1987, 418 mwN); **ebenso und umso mehr** für **wissenschaftlich,** zB in einer Kommentierung, einer Schrift, einem Aufsatz zu einem Gesetz oder zu einzelnen Auslegungsfragen, selbst wenn es im Prozeß gerade um diese Fragen geht, **vertretene Auffassungen;**[28] anders, wenn sich zusätzlich aus konkreten Umständen des Falles ergibt, daß ein Richter sich in der Sache festgelegt hat u dem Vorbringen nicht mehr aufgeschlossen ggüsteht, Argumenten einer Partei nicht mehr ernstlich zuhört usw (BSG NJW 1993, 2263; Wassermann NJW 1987, 418; BGH StrVert 1993, 339) oder aggressiv oder mit unverständlichen Animositäten reagiert usw (Wassermann NJW 1987, 418). Grds wird jedoch von einem Richter **erwartet,** daß er auch dann **unvoreinge-**

---

[22] Bln MDR 1996, 1069 LS; zB Ablehnung eines Antrags auf Terminsverlegung mit der Begründung, die Sache sei unbedeutend, OLG Zweibrücken MDR 1999, 113; nicht bei Mängeln in der Behandlung der Gerichtspost, Buchh 310 § 54 VwGO Nr. 55.

[23] Hbg NJW 1994, 2779 f **aA** Lipp 49 ff, 61 ff, 78 ff: sowohl bei zufälligem als auch bei gezieltem Erwerb privaten Wissens außerhalb des Prozesses.

[24] NJW 1977, 312; Lü 27, 373; Mü BayVBl 1981, 724; OLG Zweibrücken NJW 1974, 944; Kopp BayVBl 1981, 357.

[25] BVerfG NJW 1993, 2230 – Böckenförde; 1994, 649 – Herzog; 1995, 1277 u 1996, 2022 – beide Limbach.

[26] Vgl BVerfG NJW 1993, 2230: zur Mitgliedschaft in einem Verein, der bestimmte rechtspolitische Ziele verfolgt; OLG Karlsruhe NJW-RR 1988, 1534: zur Mitgliedschaft im selben Rotary-Club; **aA** M 16 zu § 42 ZPO; ThP 10 zu § 42 ZPO sieht die Besorgnis der Befangenheit nur bei Vereinen mit größerer Mitgliederzahl nicht.

[27] Vgl BVerfG NJW 1984, 1874 – auch wenn die Gewerkschaft das Verhalten eines Beteiligten kritisiert hat und der Richter sich nicht von der Kritik distanziert; vgl auch BVerwG NJW 1990, 291.

[28] BSG NJW 1993, 2263; krit Lamprecht NJW 1993, 2224; s auch Krekeler NJW 1981, 1636.

nommen an die Beurteilung einer Sache **herantritt,** wenn er sich schon früher einmal über die entscheidungserheblichen Rechtsfragen ein Urteil gebildet hatte;[29] dies gilt auch dann, wenn diese frühere Urteilsbildung nicht im Wege richterlicher Rechtsfindung, sondern, in einer wissenschaftlichen Äußerung erfolgt ist (BSG NJW 1993, 2262 unter Hinweis auch auf § 18 Abs 3 Nr 2 BVerfGG, krit Lamprecht NJW 1993, 2224). Ob dies auch dann zutrifft, wenn die frühere Äußerung in einem **Gutachten** erfolgt ist, das den erkennbaren Zweck hatte, die umstrittene Position des Auftraggebers oder einer diesem nahestehenden Person oder Organisation zu unterstützen, so daß die Auftragserteilung von dem voraussehbaren Ergebnis des Gutachtens abhängig war, kann im **Einzelfall** unterschiedlich zu beurteilen sein; regelmäßig liegt in der Übernahme eines Gutachtenauftrags ein besonderes Näheverhältnis zum Gegenstand des Verfahrens, so daß für die Verfahrensbeteiligten Zweifel an der Unvoreingenommenheit des Richters, insb die Sorge, daß er die streitige Rechtsfrage nicht mehr offen u unbefangen beurteilen werde, bei lebensnaher Betrachtungsweise entstehen können.[30] **Kein Ablehnungsgrund** ist auch die **Zugehörigkeit zum Gericht,** dem auch ein Verfahrensbeteiligter angehört (BGH NJW 1974, 55; Gr DÖV 2001, 791) oder, ohne daß sonstige zusätzliche Gründe vorliegen, die Zweifel hins der Unparteilichkeit begründen könnten, die als unzumutbar empfundene **Verfahrensdauer** (NJW 1993, 2259), die Untätigkeit eines Richters (OLG Düsseldorf MDR 1998, 1052; **aA** Schneider MDR 1998, 1397 ff), die **Ablehnung der PKH** (50, 36 = BayVBl 1976, 346), ein **fehlerhafter Sachvortrag** gem 103 Abs 2 (vgl Deumeland ZfS 1993, 139: anders bei Vortrag eines unwahren Sachverhalts) oder ein **gerichtliches Anhörungsschreiben** gem § 84 Abs 1 S 2, bei dem nur eine vorläufige Einschätzung über die Sachverhaltsklärung zum Ausdruck kommt (Ma NVwZ-RR 1994, 183). Die **Mitgliedschaft** des Richters, über dessen Klage zu entscheiden ist bzw gegen den die Klage sich richtet oder bei dem die Voraussetzungen einer Beiladung, auch einer einfachen, vorliegen oder der zum Kl, zum Bekl oder einem Beigeladenen in einem besonderen Näheverhältnis steht, **in der Kammer** (Senat) begründet idR die Besorgnis der Befangenheit auch der übrigen ordentlichen Kammermitglieder, nicht dagegen auch der Ersatzmitglieder.[31] Grund für die Besorgnis der Befangenheit ist auch zB ein **bestehendes Konkurrenzverhältnis,** in dem ein Richter, zB auch ein ehrenamtlicher Verwaltungsrichter, oder ein naher Angehöriger eines Richters zu einer Partei steht (str; **aA** OLG Düsseldorf JurBüro 1980, 284: kein Ablehnungsgrund, wenn Inhaber eines Konkurrenzbetriebs). **Kein Ablehnungsgrund** ist dagegen in Vf gegen Entscheidungen des Prüfungsamts die nebenamtliche **Tätigkeit als Lehrbeauftragter an der Universität u als Prüfer** (Bln DÖV 1978, 338); ebenso nicht der Umstand, daß ein Berufsrichter über **Maßnahmen seines Dienstherrn** zu entscheiden hat,[32] anders wohl bei ehrenamtlichen Richtern (§ 19) u uU Richtern gem §§ 16 u 17 (**aA** VG We ThürVBl 1994, 268). Die Mitwirkung eines Richters in einem früheren anderen gerichtlichen Vf des Beteiligten rechtfertigt allein die Besorgnis der Befangenheit grds nicht (Bln DÖV 2001, 790). Allein der Umstand, daß sich der zust Richter bereits mit der

---

[29] BVerfG NJW 1993, 2231; 82, 38 = NJW 1990, 2457; 30, 153 = NJW 1971, 1029; NVwZ-RR 1998, 268; BSG NJW 1993, 2262; zweifelnd im Hinblick auf Art 6 Abs 1 EMRK bei mündlicher Verhandlung nach Erlaß eines Gerichtsbescheides Roth NVwZ 1997, 658; DÖV 1998, 920.

[30] BVerfG 88, 4 = NJW 1993, 2231; 95, 189 = NJW 1997, 1500; BVerfG 6. 7. 1999 – 2 BvF 2/98.

[31] Vgl VG Freiburg VBlBW 1994, 37; VG Düsseldorf NWVBl 1997, 437; BGH NJW 1957, 1400; OLG Hamm MDR 1978, 583; OLG Nürnberg MDR 1967, 407; ThP 10 zu § 42 ZPO.

[32] Ms VRspr 27, 236; Bln JR 1969, 159; BGH DRiZ 1959, 153; **aA** Teplitzky JuS 1969, 820.

Sache befaßt u dazu geäußert hat – etwa im Rahmen eines Beweisbeschlusses, einer Entscheidung über PKH oder über vorläufigen Rechtsschutz – genügt noch nicht, um Mißtrauen gegen seine Unparteilichkeit zu rechtfertigen (NVwZ-RR 1998, 268; Schl NVwZ-RR 2004, 457). Kann die Entscheidung über eine Schadensersatzklage wg beamtenrechtlicher Fürsorgepflichtverletzung aber davon abhängen, ob das Verschulden des Dienstherrn nach der sog Kollegialgerichtsregel entfällt, so ist der Richter, der am Erlaß der das Verhalten des Dienstherrn billigenden Entscheidung beteiligt war, beim nachfolgenden Schadensersatzprozeß nach § 54 Abs 1 iVm § 42 Abs 1 u 2 ZPO ausgeschlossen (Schl NVwZ-RR 2004, 457). Zur **Mitwirkung in einem früheren, dieselbe Angelegenheit betr Vf** als Ausschließungsgrund s auch oben 6 u 8f.

11b **Kein Ablehnungsgrund** ist es, daß ein Richter allg, zB insb in **Veröffentlichungen,** bei öffentlichen Veranstaltungen (Ma VBlBW 1985, 455 zu Diskussionsbeiträgen in einer Veranstaltung), als Mitunterzeichner von öffentlichen Aufrufen[33] oder konkret zur Sache oder zum Vf eine **bestimmte Rechtsauffassung** vertritt oder im Vf geäußert hat;[34] ebenso nicht die **Mitteilung** in der mV über eine **Rechtsauffassung,** die das Gericht sich aufgrund der bisherigen Aktenlage, vorbehaltlich weiterer Erkenntnisse zur Sache, gebildet hat (73, 346; s auch 24 zu § 86) u aufgrund derer es eine Entscheidung nach § 130a beabsichtigt (Ma NVwZ-RR 2000, 549); **anders** jedoch, wenn offensichtlich unsachliche Erwägungen erkennbar sind oder wenn ein Richter sonst zu Zweifeln Anlaß gibt, ob er für Gegengründe gegen seine Ansicht offen bleibt (BFH 144, 144 = BStBl II 1985, 555 = NJW 1986, 3442; BSG NJW 1993, 2263). Auch **irrige Rechtsauffassungen u** sich daraus ergebende Verfahrensverstöße rechtfertigen eine Ablehnung nicht, sofern sie nicht offensichtlich auf Willkür beruhen oder offensichtlich wesentliche Rechte des betroffenen Beteiligten wie das Persönlichkeitsrecht oder das Recht auf Gehör verletzen (NJW 1992, 1187; BayObLG DRiZ 1977, 244; NJW 1978, 2253). Grds **unbedenklich** sind auch **Hinweise des Vorsitzenden** bzw des Gerichts gem §§ 86 Abs 3, 104 Abs 3 (s im einzelnen 24 u 27 zu § 86; 4 zu § 104; OLG Düsseldorf NJW 1993, 2542; Deubner JuS 1993, 755), auch zB ein Hinweis auf die Notwendigkeit, ein noch nicht durchgeführtes VorVf nachzuholen (Mü BayVBl 1980, 297); **anders** dagegen **Hinweise,** die einem Beteiligten ein falsches Bild hins seiner prozessualen Möglichkeiten zu vermitteln geeignet sind (Ks NJW 1983, 901). Auch der richterliche **Hinweis auf die eingetretene Verjährung,** soweit diese im Verwaltungsrecht per Einrede geltend zu machen ist (s mwN Erichsen § 11, 56; Sonderfall: Mü NJW 1999, 666), rechtfertigt die Besorgnis der Befangenheit, da insoweit Grund zur Befürchtung besteht, der Richter mache sich zum Sachwalter der Gegenpartei.[35] Der im Hinblick auf den verfassungsrechtlichen Grundsatz der richterlichen Neutralität problematische **§ 87 Abs 1 Nr 7** (eingefügt durch das 6. VwGOÄndG) wurde durch das RmBereinVpG aufgehoben. Weiterhin bleibt aber die materiellrechtliche Möglichkeit der Heilung gem § 45 VwVfG. Ergreift das Gericht von sich aus die Initiative u weist die beklagte Behörde auf die Möglichkeit zur Heilung von Verfahrens- u Formfehlern hin, so kann dies eine Ablehnung wg Befangenheit rechtfertigen (ähnlich NKVwGO-Czybulka 72).

---

[33] Vgl Ma NJW 1986, 2068; vgl auch BVerfG DVBl 1986, 885 – grds nicht; anders jedoch uU bei Vorliegen besonderer Umstände, insb bei einem inneren Zusammenhang mit dem Verfahren oder bei zeitlicher Nähe zum Verfahren.

[34] BFH 101, 207 = BStBl II 1971, 243; HFR 1976, 386; FG Münster EFG 1971, 388; RÖ-M. Redeker 11; Friesenhahn JZ 1966, 704; weiter dagegen BVerfG NJW 1995, 1277.

[35] Für das Zivilrecht: OLG Hamburg NJW 1984, 2710 mwN; OLG Bremen NJW 1986, 999; LG Berlin NJW 1986, 1000; **aA** allerdings unter Hinweis auf die konkreten Fallumstände BGH NJW 1998, 612; OLG Köln NJW-RR 1990, 192; LG Hamburg NJW 1984, 1904; Schneider NJW 1986, 1316 mwN.

Neben den oben genannten besonderen Fallkonstellationen, in denen aufgrund der persönlichen Beziehung zu anderen am Vf beteiligten Personen, der früheren Interessenwahrnehmung für einen Beteiligten, der Vorbefassung oder der Pflichtverletzung im Vf die Besorgnis der Befangenheit begründet ist, kann diese sich im Einzelfall auch unter Rückgriff auf den allg Grundgedanken der Befangenheit ergeben. Befangenheit ist vor allem anzunehmen, wenn der Richter ein **persönliches Interesse am Prozeßausgang** haben kann. Dies kann auch aus **wirtschaftlichen oder ideellen Vor- und Nachteilen** abzuleiten sein. Bei Streit über die Errichtung eines Einkaufszentrums soll die Besorgnis der Befangenheit eines Richters nicht schon dann bestehen, wenn er in der Nähe Grundbesitz hat oder dort wohnt (Bln NVwZ 2000, 1188); ebenso keine Befangenheit allein deshalb, weil ein Richter in einem Bereich wohnt, in dem der Lärm des Nachtflugbetriebs vom streitbefangenen Flughafen aus wahrnehmbar ist (Ms NVwZ-RR 2004, 457). **11 c**

Nicht möglich ist die **Ablehnung des ganzen Gerichts** als Spruchkörper (BayVBl 1976, 757; Buchh 310 § 86 Abs 2 VwGO Nr 31; BFH NVwZ 1998, 664; BGHSt 23, 202), wohl aber die Ablehnung aller einzelnen Richter des Gerichts; im Zweifel ist die Ablehnung des ganzen Gerichts idS zu verstehen (50, 36 = BayVBl 1976, 346; NJW 1977, 312; **aA** zur Ablehnung einer als Sachverständiger benannten Behörde Mü BayVBl 1972, 81: Ablehnung nicht möglich, da eine Behörde nicht befangen sein kann). Die **Ablehnung aller (einzelnen) Richter** einer Kammer oder eines Senats kommt ua dann in Betracht, wenn eine **Kollegialentscheidung** den Grund für die Ablehnung darstellt (50, 36; Buchh 310 § 54 VwGO Nr 55; BFH NVwZ 1998, 664); in diesem Fall bedarf es auch keiner individuellen Begründung hins der einzelnen Richter, da eine solche dem ASt wg des Beratungsgeheimnisses auch gar nicht möglich wäre. **12**

5. Verfahren: a) Die **Ausschließung** wirkt **kraft Gesetzes;** sie setzt einen Antrag eines Beteiligten (§ 63) nicht voraus. Die Beteiligten können auch nicht auf die Beachtung der Ausschließungsgründe verzichten (SDC 3 a). Die **Ablehnung durch einen Verfahrensbeteiligten** führt nicht unmittelbar, sondern erst auf dem („Um-")Weg über einen **Ablehnungsantrag** (§ 44 ZPO) u eine entspr Entscheidung des Gerichts, ggf des Rechtsmittelgerichts, zum Ausschluß des betroffenen Richters. Sie erfordert immer einen ausdr **Ablehnungsantrag** (Lipp 92 ff) – auch in den Fällen des Abs 3 (NVwZ 1990, 461) – u hat **keine aufschiebende** Wirkung (s unten 19). **13**

Der **Ablehnungsgrund** ist **substantiiert darzulegen** und **glaubhaft zu machen** (§ 44 Abs 2 ZPO), sonst ist der Antrag unstatthaft (50, 37). Eine Glaubhaftmachung ist nicht **erforderlich, wenn** die entsprechenden Tatsachen **dem Gericht bekannt** sind oder vom Gericht jederzeit aus den Akten festgestellt werden können (73, 345 mwN; Peters JR 1974, 284); außerdem auch nicht in den Fällen des **Abs 3,** für die Abs 3 eine **unwiderlegliche Vermutung** für eine bestehende Befangenheit begründet (NVwZ 1990, 461). **14**

Der Beschluß des Gerichts kann außer aufgrund eines Ablehnungsgesuchs (§ 44 ZPO) auch aufgrund einer **Selbstablehnung** des betroffenen Richters **oder vAw** ergehen (§ 48 ZPO). Zur Pflicht eines Richters, bei dem ein möglicher Ablehnungsgrund vorliegt, dies anzuzeigen s oben 4. Ein Richter, der einen möglichen Ablehnungsgrund anzeigt, darf bis zur Entscheidung über seine Ablehnung **Handlungen in der Sache** mit Ausnahme unaufschiebbarer Maßnahmen gem § 47 Abs 1 ZPO grds nicht mehr vornehmen u insb auch bei der Entscheidung in der Sache nicht mehr mitwirken.[36] Eine Ausnahme

---

[36] BayVBl 1976, 346; BFH BStBl 1975 II 153; vgl aber unten 15 und 16; zT **aA** BFH 134, 525 = BStBl II 1982, 217: der erfolglos abgelehnte Richter ist bis zur RKraft der Entscheidung über eine Beschwerde berechtigt und verpflichtet, an der Entscheidung über die Hauptsache mitzuwirken.

gilt jedoch nach § 47 Abs 2 S 1 ZPO. Danach kann der Termin, wird ein Richter während der Verhandlung abgelehnt u würde die Entscheidung über die Ablehnung eine Vertagung der Verhandlung erfordern, unter Mitwirkung des abgelehnten Richters fortgesetzt werden. Allerdings ist der nach Anbringung des Ablehnungsgesuchs liegende Teil der Verhandlung zu wiederholen, wenn die Ablehnung für begründet erklärt wird (§ 47 Abs 2 S 2 ZPO). Hat das Gericht auf die Selbstablehnungsanzeige des Richters hin unanfechtbar entschieden, daß keine Befangenheit vorliegt, so ist das auf denselben Ablehnungsgrund gestützte Ablehnungsgesuch unzulässig (BayVBl 1999, 60).

14 a Der ablehnungsberechtigte Beteiligte **verliert das Ablehnungsrecht,** wenn er einen ihm bekannten Ablehnungsgrund **nicht rechtzeitig** geltend macht, dh bevor er sich in die Verhandlung einläßt oder Anträge stellt;[37] **in Vf ohne mV,** bevor die abschließende Entscheidung zugestellt wird (enger 58, 148: vor Absendung der Entscheidung durch die Geschäftsstelle). Der Verlust des Rügerechts gilt jedoch immer **nur für die** dem Betroffenen **bekannten Ablehnungsgründe u** für das konkrete, durch denselben Streitggst bestimmte Verfahren, **nicht** auch **für** spätere **sog Folgeverfahren.**[38]

Der Beteiligte muß sich die **Kenntnis seines Bevollmächtigten** analog § 85 Abs 1 ZPO, § 166 Abs 1 BGB zurechnen lassen (Mü BayVBl 1981, 370; ThP 2 zu § 85 ZPO; StJ 3 zu § 85 ZPO). Nicht als Kenntnis ist es anzusehen, **wenn der Vorfall uä vergessen war;** in diesem Fall gilt als Zeitpunkt der Kenntnis erst wieder der Zeitpunkt, in dem sich der Beteiligte der Sache wieder bewußt wird (Kopp BayVBl 1981, 358).

15 **b) Verfahren, Zuständigkeit und Rechtsmittel** im AblehnungsVf sind in den §§ 44–48 ZPO geregelt. Das AblehnungsVf ist gem § 54 Abs 1, §§ 44 Abs 1, 46 Abs 1 ZPO ein **nichtstreitiges ZwischenVf** (vgl § 19 Abs 1 Nr 3 RVG), bei dem sich die Beteiligten nicht als Gegner gegenüberstehen; dies selbst dann nicht, wenn einer der Beteiligten dem Ablehnungsgesuch entgegentritt. Demgemäß gibt es weder bei Erfolg des Ablehnungsgesuchs eine obsiegende noch bei Erfolglosigkeit eine unterliegende Partei (Ba NVwZ-RR 1993, 448).

Zum Recht der Beteiligten zur Ablehnung eines Richters mit einem entsprechend dahin gehenden **Antrag** s auch oben 13; zum Anspr auf **Bekanntgabe der Namen der Richter** vor Beginn der mV oben 4; zum Anspr auf rechtliches Gehör auch im AblehnungsVf – bejahend – auch BVerfG NJW 1991, 2758 u 1993, 847. Die **dienstliche Äußerung** des abgelehnten Richters nach § 44 Abs 3 ZPO ist den Beteiligten im Rahmen der Gewährung des **rechtlichen Gehörs** bekanntzugeben (BVerfG 24, 56; vgl auch Metzner ZZP 1984, 196), **ebenso** gem Art 103 Abs 1 GG die Selbstanzeige von Ablehnungsgründen **(Selbstablehnung)** eines Richters.[39] Der befangene Richter ist damit auch ggü

---

[37] § 43 ZPO; vgl 90, 290; DVBl 1990, 383; ferner Mü BayVBl 1980, 343: Verlust jedenfalls, wenn erst nach dem Vortrag des Berichterstatters und nach Erörterung der Sach- und Rechtslage geltend gemacht; Br NVwZ 1985, 351: auch die Beantwortung einer Frage des Vorsitzenden während des Vortrags gem § 103 Abs 2 stellt schon eine Einlassung dar; OLG Saarbrücken OLGZ 1982, 366: Sachverständigenablehnung verspätet, wenn sie erst nach Ablauf einer Äußerungsfrist zum Gutachten erklärt wird.

[38] OLG Stuttgart Justiz 1973, 92; OLG Karlsruhe MDR 1992, 409; Kopp BayVBl 1981, 358; vgl auch OLG München NJW 1981, 2309; 1984, 1048; OLG Karlsruhe Justiz 1983, 276: Ablehnung eines Sachverständigen, der bereits im Beweissicherungsverfahren tätig war, im nachfolgenden Hauptsacheprozeß auch dann noch, wenn der Ablehnungsgrund schon vor Erstattung des Gutachtens im Beweissicherungsverfahren bekannt war; vgl auch Müller NJW 1982, 1961; zT **aA** OLG Hamm NJW 1967, 1864; vermittelnd Mü BayVBl 1981, 371; Schneider MDR 1977, 441: Fortwirkung, wenn ein enger rechtlicher und sachlicher Zusammenhang zwischen den Verfahren besteht.

[39] BVerfG NJW 1993, 2229; BGH NJW 1995, 1679; Lipp 95 ff; **aA** – jedoch durch die vorstehende Entscheidung sowie etwa die Streichung des § 48 Abs 2 ZPO aF (BGBl I

den Verfahrensbeteiligten zur Mitteilung von Ablehnungsgründen verpflichtet (BGH NJW 1995, 1679; Lipp 94 ff). Über die Ablehnung ist nach **Anhörung** der Beteiligten – bei Ablehnung eines Sachverständigen ist auch dessen Anhörung erforderlich (vgl OLG Karlsruhe NJW 1984, 1413: jedenfalls, wenn aus Gründen außerhalb des Gutachtens oder des Vernehmungsprotokolls) – durch **gesonderten Beschluß,** nicht erst im Rahmen der die Hauptsache abschließenden Entscheidung, grds (zu Ausnahmen s unten 16) **ohne Mitwirkung des betroffenen Richters** (BVerfG 46, 35) zu entscheiden.[40] Durch eine **gleichwohl ergehende Hauptsacheentscheidung** wird der Ablehnungsantrag jedoch gegenstandslos;[41] die Betroffenen können dann den Ablehnungsgrund nur noch im Rahmen eines RMittel gegen die Entscheidung in der Hauptsache geltend machen. S unten 21 ff.

Gem § 45 Abs 1 ZPO entscheidet über das Ablehnungsgesuch **das Gericht,** dem der Abgelehnte angehört; im Fall des Einzelrichters ist das die Kammer oder der Senat (Ma VBlBW 1996, 97; Ks NVwZ 1997, 311 – aber beschränkte Bedeutung des Verstoßes; Ms DVBl 1999, 1671). Das Gericht muß über das Ablehnungsgesuch grds durch **förmlichen Beschluß** entscheiden.[42] **Ergangen** idS ist eine Entscheidung nicht schon mit der Beschlußfassung des Gerichts darüber, sondern erst **mit der Verkündung** bzw, wenn die Entscheidung nicht verkündet wird, der Zustellung der Entscheidung (vgl 58, 148, jedoch abweichend für den Fall des Erlasses der Entscheidung durch Zustellung: maßgeblich der Zeitpunkt der Absendung durch die Geschäftsstelle).

Ist die Ablehnung offensichtlich mißbräuchlich, zB weil es dem ASt 16
nicht um die Person des Richters, sondern um die Verhinderung einer Entscheidung schlechthin geht, **oder ist sie gar nicht** oder nur mit Gründen **begründet,** welche die Besorgnis der Befangenheit unter keinem denkbaren Gesichtspunkt rechtfertigen könnten oder ist sie deshalb unzulässig, weil das Gericht bereits zur Hauptsache entschieden hat (vgl auch oben 15, unten 17), so kann **auch der abgelehnte Richter** selbst an der Entscheidung über das Gesuch **mitwirken.**[43] In diesen Fällen kann das Gericht das Ablehnungsgesuch ohne ausdr Entscheidung darüber auch einfach unberücksichtigt lassen.[44] **Nicht um eine unzulässige Ablehnung** idS handelt es sich jedoch bei bloßer **Ablehnung des gesamten Gerichts** oder der meisten Richter eines Gerichts (s oben 12), sofern nicht einer der vorstehend genannten Gründe hinzukommt (50, 37 = DÖV 76, 749; RÖ-M. Redeker 16), oder wenn das Ablehnungsgesuch nach **In-**

1994, 2323) überholt – BVerfG NVwZ 1993, 56 f; BVerwG NVwZ 1990, 461; Ks NJW 1994, 1083 f m abl Anm Vollkommer NJW 1994, 2007 f. Zur Selbstanzeigepflicht s näher Wißmann NdsVBl 2002, 322 ff.

[40] BSG MDR 1976, 83; BGH MDR 1959, 112; BAG AP Nr 1 zu § 406 ZPO; OLG Düsseldorf JZ 1977, 565; Ey-J. Schmidt 20; zu dem Ausnahmefall, daß bei einer Tatbestandsberichtigung außer dem abgelehnten Richter kein weiterer Richter mehr entscheiden könnte, vgl BFH NVwZ 1990, 504 und BAG NJW 1970, 1624.

[41] Vgl BGH NJW 1979, 720; ferner Ma VBlBW 1988, 433; vgl auch BFH NVwZ 1990, 504 und BAG NJW 1970, 1624.

[42] ZT **aA** NJW 1992, 1186: keine förmliche Entscheidung erforderlich, wenn sich aus den Umständen ergibt, daß der Gesuchsteller durch konkludentes Verhalten auf förmliche Entscheidung verzichtet hat.

[43] 50, 38 = DÖV 1976, 748; NJW 1988, 722; Buchh 310 § 54 Nr 50, 51; NJW 1997, 3327; NVwZ-RR 1999, 75; BGH NJW 1992, 984; OLG Braunschweig NJW 1976, 2025; Günther NJW 1986, 289; krit Roidl NVwZ 1988, 905; diff Sch-Meissner 61 ff; **aA** Schneider MDR 1999, 14 ff.

[44] BVerfG 74, 100; BVerwG MDR 1970, 442; s auch Hbg NVwZ-RR 2000, 548: Ein Ablehnungsgesuch ist unbeachtlich u bedarf keiner förmlichen Bescheidung, wenn alle Richter einer Entscheidungsbesetzung abgelehnt werden u das Gesuch nicht mit individuellen Tatsachen betr die Richter oder nur mit Umständen begründet wird, die eine Befangenheit unter keinem denkbaren Gesichtspunkt besorgen lassen können.

halt oder Form unsachlich, insb **beleidigend** ist, gleichwohl zulässige Ablehnungsgründe immerhin aber noch erkennbar sind.[45] Bei **Ablehnung aller Richter eines Gerichts** ist über die Ablehnung **einheitlich u gleichzeitig zu entscheiden** (LG Münster NVwZ 1984, 525).

17 **Nach Beendigung der Instanz** (Verkündung oder Zustellung der Entscheidung, s oben 15) kann (da mit der Ablehnung nur das Ziel verfolgt werden kann, den abgelehnten Richter an weiterer Tätigkeit im betroffenen Vf zu hindern, BFH NVwZ 1990, 504) ein Richter **nicht mehr abgelehnt** werden, auch nicht, wenn der Ablehnungsgrund vorher dem betroffenen Beteiligten unbekannt war.[46] Etwas anderes gilt aber dann, wenn die Richter, bei denen Befangenheitsgründe vorliegen, noch nach dem Ergehen der Entscheidung mit dieser befaßt werden, wie es nach § 133 bei einer noch ausstehenden Abhilfeentscheidung zur Beschwerde gegen die Nichtzulassung der Revision zutrifft (DVBl 1997, 1236). Auf eine fehlerhafte nachträgliche Entscheidung über ein derartiges Ablehnungsgesuch kann aber eine Beschwerde wg Nichtzulassung der Revision nicht gestützt werden, da die angegriffene Entscheidung auf einem solchen erst nachträglich eingetretenen Verfahrensfehler nicht beruhen kann (DVBl 1997, 1236). War der Befangenheitsgrund vor der angegriffenen Entscheidung für die Verfahrensbeteiligten nicht ersichtlich u konnten sie deshalb keinen Befangenheitsantrag stellen, liegt aber bei einer **Verletzung der Pflicht eines Richters zur Selbstanzeige eine Verletzung des rechtlichen Gehörs** vor (oben 4), auf die ein Antrag auf Zulassung der Berufung gem § 124 Abs 2 Nr 5 bzw eine Beschwerde gegen die Nichtzulassung der Revision gestützt werden kann (unten 22).

18 **Die betroffenen Beteiligten sind** bei unveränderter Tatsachenlage **an einen Beschluß des** Gerichts – auch einen vAw (§ 48 ZPO) ergangenen Beschluß – **gebunden u** können **neue Ablehnungsanträge** nur aufgrund neuer Tatsachen stellen (RGSt 11, 225). Das Gericht selbst kann jedoch, solange die Hauptsache bei ihm anhängig ist, einen ablehnenden Beschluß (grds nicht jedoch einen stattgebenden!) jederzeit **vAw,** insb auch auf Anregung eines Beteiligten, auch ohne daß neue Tatsachen vorliegen oder geltend gemacht wurden, durch einen **neuen Beschluß,** der den Ablehnungsgrund anerkennt, ersetzen. Ebenso ist **das Rechtsmittelgericht** in der Hauptsache, es sei denn, das Ablehnungsrecht wurde nach §§ 43, 44 ZPO durch nicht rechtzeitige Geltendmachung verwirkt, nicht an eine das Vorliegen eines Ablehnungsgrundes verneinende Entscheidung gebunden (s auch unten 21 ff).

19 **6. Rechtsbehelfe im Ablehnungsverfahren:** Seit dem 1. 1. 1997 ist durch die Änderung des § 146 Abs 2 eine **Beschwerde** gegen einen Beschluß über ein Ablehnungsgesuch von Gerichtspersonen **stets ausgeschlossen,** gleichgültig, ob dem Ablehnungsgesuch stattgegeben oder es abgelehnt wurde (Mü NVwZ-RR 2004, 705; s näher 7 zu § 146). Dies gilt allerdings nur für Ablehnungsgesuche betr **Gerichtspersonen,** nicht zB für solche gegen Sachverständige oder Dolmetscher (Ma NVwZ-RR 1998, 689; s auch oben 1).

20 In den Fällen des Ausschlusses einer Beschwerde kommt ein **Rechtsschutz** gegen die Zurückweisung des Ablehnungsgesuchs grds **nur über** ein **RMittel ge-**

---

[45] OLG Stuttgart NJW 1977, 112 mwN auch zu abw Auffassungen; **aA** OLG Hamm NJW 1974, 971; vgl auch 14 zu § 81.

[46] MDR 1970, 442; NVwZ 1990, 461; BFH 130, 20 = BStBl II 1980, 333; NVwZ 1990, 504; Antrag unzulässig, wenn der Richter seine Tätigkeit im konkreten Verfahren beendet hat; BSG 27. 1. 1993 – 6 R Ka 2/91; s auch unten 22; in Frage gestellt jetzt von BVerwG DVBl 1997, 1235; **aA** OLG Köln OLGZ 1968, 464; OLG Saarbrücken NJW 1975, 339: auch nachträglich, wenn die Mitwirkung des befangenen Richters bis dahin nicht bekannt war; Lüke NJW 1979, 2050; NKVwGO-Czybulka 97 ff; vgl auch Seetzen NJW 1982, 2341: aus Art 101 Abs 1 S 2 folgt nicht zwingend, daß auch nach Verkündung eines unanfechtbaren Urteils noch eine Ablehnung möglich sein muß.

gen die gerichtliche Entscheidung in der Sache selbst in Betracht (s unten 22).[47] Für eine außerordentliche Beschwerde ist auch in Fällen „greifbarer Gesetzeswidrigkeit" neben der Möglichkeit eines RMittel gegen den Beschluß über das Ablehnungsgesuch kein Raum mehr (Ms NVwZ-RR 1998, 600; **aA** NKVwGO-Czybulka 125; s zur Problematik auch 5 zu § 146, 8a vor § 124). Ausgeschlossen ist auch die früher bei Verletzungen des rechtlichen Gehörs erwogene Gegenvorstellung (für sie Mü NVwZ-RR 2004, 705; s auch 9ff vor § 124u 1ff zu § 152a), für die ohnehin neben der Anhörungsrüge gem § 152a kein Raum mehr ist. Iü ist aber hier auch eine Anhörungsrüge nicht statthaft, da diese gem § 152a Abs 1 S 2 ggü Zwischenentscheidungen nicht möglich ist (s auch 7 zu § 152a).

7. Rechtsschutz über das Rechtsmittel gegen die Sachentscheidung: 21
Hat ein Richter an einer Entscheidung mitgewirkt, obwohl er gem § 41 ZPO **ausgeschlossen** war **oder mit Erfolg wg** Befangenheit **abgelehnt** wurde, so stellt dies einen **absoluten Revisionsgrund** gem § 138 Nr 2 (58, 149; NVwZ 1990, 461; Buchh 237.1 Art 15 BayBG Nr 2) u einen **Wiederaufnahmegrund** nach § 153, § 579 Abs 1 Nr 2 ZPO (vgl Seetzen NJW 1982, 2741; Günther VerwA 1991, 194 u 219) dar u verletzt das Recht der Beteiligten auf den **gesetzlichen Richter** gem Art 101 Abs 1 S 2 GG.[48] Die Betroffenen können diesen Mangel grds mit einem **RMittel gegen die in der Hauptsache ergangene Entscheidung** rügen, sofern sie das Rügerecht nicht nach §§ 43, 44 ZPO verloren haben (s 3ff zu § 128).

Wird ein Ablehnungsgesuch zu Unrecht abgelehnt oder ihm zu Unrecht statt- 22
gegeben, so **scheidet** ein hierauf gestützter **Antrag auf Zulassung der Berufung wg § 173 S 1 iVm § 512 ZPO bzw eine Beschwerde gegen die Nichtzulassung der Revision gem § 173 S 1 iVm § 557 Abs 2 ZPO grds aus,**[49] da Beschlüsse über die Ablehnung von Gerichtspersonen nach § 146 Abs 2 nicht mit der Beschwerde angreifbar sind. Die für einen Antrag auf Zulassung der Berufung vertretene gegenteilige Ansicht (Ba SächsVBl 2001, 10u ähnlich noch 12 Aufl) vermag angesichts der eindeutigen Regelung des § 512 ZPO nicht zu überzeugen (Lü NVwZ-RR 2002, 472). Zwar hat der Gesetzgeber bei der Schaffung des § 146 Abs 2 die prozessualen Konsequenzen seiner Neuregelung möglicherweise nicht voll überblickt (s hierzu die Nachw aus der Entstehungsgeschichte bei Ba SächsVBl 2001, 12); das rechtfertigt es aber nicht, sich über den klaren Wortlaut des § 512 ZPO hinwegzusetzen. Dessen über § 173 S 1 vermittelte Anwendung im Verwaltungsprozeß steht es auch nicht im Wege, daß im Zivilprozeßrecht – anders als im Verwaltungsprozeßrecht – gegen einen Beschluß, durch den ein Gesuch für begründet erklärt wird, eine (sofortige) Beschwerde eingeräumt ist (**aA** Ba SächsVBl 2001, 12). Entscheidend kann es bei einer entspr Anwendung des § 512 ZPO vielmehr nur sein, ob in der VwGO eine Unanfechtbarkeit eines solchen Beschlusses – wie nunmehr in § 146 Abs 2 normiert – vorgesehen ist. Nicht überzeugend ist es auch, wenn bei Beschlüssen des VG über Ablehnungsgesuche in Verfah-

---

[47] S unten 21ff sowie BVerwG 50, 36; MDR 1972, 442; **aA** OLG Braunschweig NJW 1976, 2024; Teplitzky JuS 1969, 325; MDR 1970, 106. Zur VB gegen eine ablehnende Entscheidung über ein Ablehnungsgesuch vgl BayVerfGH BayVBl 1983, 367 mit Zweifeln, ob ein RS I noch besteht, wenn die Entscheidung in der Hauptsache inzwischen rechtskräftig geworden ist.

[48] BVerfG 21, 139; MDR 1981, 470; NJW 1983, 1900: die Mitwirkung eines ausgeschlossenen Richters hat zur Folge, daß das Gericht nicht ordnungsgemäß besetzt ist; BVerfG NJW 1993, 2230 unter Hinweis darauf, daß auch die Nicht-Mitwirkung eines zu Unrecht wg Befangenheit ausgeschlossen bzw nicht mitwirkenden Richters das Recht der Beteiligten auf den gesetzlichen Richter verletzt; NJW 1995, 2913; 1995, 2914; weiter auch Sch-Meissner 16; vgl auch oben 1.

[49] DVBl 1997, 1236; NVwZ-RR 2000, 260; Lü NVwZ-RR 2002, 472; B-v Albedyll 12, 14; Ey-J. Schmidt 22u 24; Laudemann NJ 1999, 9; NKVwGO-Seibert 206 zu § 124; RÖ-M. Redeker 18.

ren, in denen keine Beschwerde gegeben ist (§ 34 S 1 WPflG, § 80 AsylVfG), eine Verfahrensrüge, die auf die rechtswidrige Entscheidung über ein Ablehnungsgesuch gestützt wird, als statthaft angesehen wird (so aber Ey-J. Schmidt 23). Dies führte nach der Neuregelung des § 146 Abs 2 entgegen der auf die Beschränkung des Rechtsschutzes gerichteten ratio von Vorschriften wie § 80 AsylVfG dazu, daß hier der Rechtsschutz iVm Entscheidungen über Ablehnungsgesuche weiter reichte als bei anderen gerichtlichen Entscheidungen, denen entsprechende allg Rechtsmittelbeschränkungen fremd sind. Nach der Novellierung des § 146 Abs 2 scheidet deshalb auch eine Berufung (so aber Ey-J. Schmidt 23) auf die ältere Rspr des BVerwG (so etwa Buchh 310 § 54 VwGO Nr 8; 50, 36) aus.

Ein über **§ 124 Abs 2 Nr 5 und § 132 Abs 2 Nr 3 rügbarer Verfahrensmangel** liegt aber dann vor, wenn die fehlerhafte Entscheidung über die Ablehnung zugleich eine **Verletzung des Art 101 Abs 1 S 2 GG** beinhaltet, was dann zutrifft, wenn die Zuständigkeitsvorschriften **willkürlich unrichtig angewandt** werden (DVBl 1997, 1236; Buchh 310 § 132 Abs 2 Ziff 3 Nr 29), wofür aber allein ein Auslegungsfehler noch nicht ausreicht. Erforderlich ist vielmehr, daß die gerichtliche Entscheidung „nicht mehr verständlich" erscheint oder „offensichtlich unhaltbar" ist (BVerfG 29, 207; 82, 194; NJW 2005, 3410) oder daß die „Bedeutung und Tragweite des Art 101 Abs 1 S 2 GG grundlegend verkannt" worden ist (BVerfG 82, 299; 87, 285; NJW 2005, 3410). In diesen Fällen wäre die Entscheidung bei Ablehnung eines rügbaren Verfahrensmangels wg Verletzung des Art 101 Abs 1 S 2 GG mit einer VB angreifbar u ist deshalb zur Entlastung der Verfassungsgerichtsbarkeit vom Vorliegen von Verfahrensfehlern iSd § 124 Abs 2 Nr 5 u des § 132 Abs 2 Nr 3 auszugehen (s ausf 28 zu § 6 zu dem sich iVm § 6 stellenden entsprechenden Problem; vgl auch Sch-Meyer-Ladewig 6 zu § 128). Der Verstoß gegen die Befangenheitsregeln kann auch dann, wenn er sich erst aus dem Endurteil ergibt, noch geltend gemacht werden (DVBl 1997, 1236).

Eine Verletzung von Verfahrensrecht iSd § 124 Abs 3 Nr 5 bzw § 132 Abs 2 Nr 3 liegt ebenso dann vor, wenn kein Ablehnungsgesuch gestellt wurde, weil das Vorliegen eines Ablehnungsgrunds den Verfahrensbeteiligten vor Abschluß des Vf nicht bekannt war u der **Richter der Pflicht zur Selbstanzeige gem § 173 S 1 iVm § 48 ZPO nicht nachkam** (MKZPO 5 zu § 48 ZPO mwN). Da die Pflicht zur Selbstanzeige wg möglicher Ablehnungsgründe auch ggü den Verfahrensbeteiligten besteht (s oben 4), begründet ihre Verletzung zugleich eine **Verletzung des Grundrechts auf rechtliches Gehör** gem Art 103 Abs 1 GG (vgl BVerfG NJW 1993, 2229; BGH NJW 1995, 1678; NKVwGO-Czybulka 109; offen DVBl 1997, 1236). § 512 bzw § 557 Abs 2 ZPO stehen einer solchen Rüge nicht entgegen, da es hier an einer Entscheidung über ein Ablehnungsgesuch fehlt. Selbst bei einer entsprechenden Anwendung dieser Bestimmungen bzw in den Fällen, in denen die Entscheidung über ein Ablehnungsgesuch unter Verletzung des verfassungsrechtlich garantierten rechtlichen Gehörs vorgenommen würde (da ein Richter mögliche Selbstablehnungsgründe nicht offenbarte), ergäbe sich iü im Hinblick auf die sonst bestehende Möglichkeit, die gerichtliche Endentscheidung wg Verletzung des Art 103 Abs 1 GG durch eine VB anzugreifen, die Rügefähigkeit eines derartigen Verstoßes jedenfalls in dem Umfang, in dem das BVerfG zur Überprüfung einer Verletzung des Art 103 Abs 1 GG berechtigt ist. Nur auf diese Weise ließe sich dogmatisch überzeugend eine Entlastung des BVerfG bewerkstelligen (s auch 4 zu § 6).

§ 55 [Ordnungsvorschriften für das gerichtliche Verfahren]

§§ 169, 171a bis 198 des Gerichtsverfassungsgesetzes[1 ff] über die Öffentlichkeit,[2 ff] Sitzungspolizei,[6 ff] Gerichtssprache,[9 ff] Beratung und Abstimmung[12 ff] finden entsprechende Anwendung.

Vgl §§ 169–197 GVG; § 61 SGG; § 52 FGO

Schrifttum: Zur Öffentlichkeit: *Berg,* Grundsätze des verwaltungsgerichtlichen Verfahrens, Menger-FS 1985, 537; *v Coelln,* Der Zutritt von Journalisten zu öffentlichen Gerichtsverhandlungen, DÖV 2006, 804; *Eberle,* Gesetzwidrige Medienöffentlichkeit beim BVerfG?, NJW 1994, 1637; *Enders,* Die Beschränkung der Gerichtsöffentlichkeit durch § 169 S. 2 GVG – verfassungswidrig?, NJW 1996, 2712; *Ernst,* Kameras im Gerichtssaal, ZUM 1996, 187; *ders,* Informations- oder Illustrationsinteresse, NJW 2001, 1624; *Finger/Baumanns,* Die Öffentlichkeit von Gerichtsverhandlungen bei medienwirksamen Prozessen, JA 2005, 717; *Gerhardt,* Störenfried oder demokratischer Wächter?, ZRP 1993, 377; *ders,* Mehr Fernsehen in den Gerichtssälen – aber nicht überall, DRiZ 1999, 8; *Gündisch,* Fernsehaufnahmen von Gerichtsverhandlungen, NVwZ 2001, 1004; *Gündisch/Dany,* Rundfunkberichterstattung aus Gerichtsverhandlungen, NJW 1999, 256; *Hain,* „Big Brother" im Gerichtssaal?, DÖV 2001, 589; *Hamm,* Hauptverhandlungen in Strafsachen vor Fernsehkameras – auch bei uns?, NJW 1995, 760; *Hopf,* Öffentlichkeit der mündlichen Verhandlung und Klagebefugnis einer Landesmedienanstalt für Anfechtungsklage gegen eine andere Landesmedienanstalt, BayVBl 1998, 731; *Huff,* Fernsehöffentlichkeit im Gerichtsverfahren – Kippt das BVerfG § 169 S. 2 GVG?, NJW 1996, 571; *ders,* Saalöffentlichkeit auch in Zukunft ausreichend – Keine Änderung des § 169 S. 2 GVG, NJW 2001, 1622; *Kortz,* Ausschluß der Fernsehöffentlichkeit im Gerichtsverfahren, AfP 1997, 443; *Koschorreck,* Fernsehen im Gerichtssaal, JA 1997, 134; *Lohrmann,* Wollt Ihr das Court-TV? oder: Principiis obsta!, DRiZ 1995, 247; *Lorz,* Gerichtsberichterstattung und Informationsanspruch der Öffentlichkeit aus der Sicht deutscher und amerikanischer Verfassungsrechtsprechung, in: Haratsch ua (Hg), Herausforderungen an das Recht der Informationsgesellschaft, 1997, 59; *W. Roth,* Der Anspruch auf öffentliche Verhandlung nach Art. 6 Abs. 1 EMRK im verwaltungsgerichtlichen Rechtsmittelverfahren, EuGRZ 1998, 495; *Scholz,* Zur Zulässigkeit von Presseberichterstattung und Rundfunkberichterstattung im Gerichtssaal, NStZ 1995, 42; *Schwarz,* Fernsehöffentlichkeit im Gerichtsverfahren, AfP 1995, 353; *Staff,* Öffentlichkeit als Verfassungsprinzip, ZRP 1992, 384; *Töpper,* Fernsehen aus dem Gerichtssaal, DRiZ 1995, 242; *Walther,* Mehr Publizität oder mehr Diskretion?, JZ 1998, 1145; *Wolf,* Gerichtsberichterstattung – künftig „live" im Fernsehen?, ZRP 1994, 187; *ders,* Die Gesetzwidrigkeit von Fernsehübertragungen aus Gerichtsverhandlungen, NJW 1994, 681; *ders,* „Wir schalten um nach Karlsruhe ...", JR 1997, 441; *Zuck,* Mainstream-Denken contra Medienöffentlichkeit – Zur Politik der n-tv-Entscheidung des BVerfG, NJW 2001, 1623; *Zuck,* Court TV – Das will ich sehen!, NJW 1995, 2082. – **Zur Sitzungspolizei:** *Gilles,* Contempt of Court – Ungebühr vor Gericht – Richter in eigener Sache – Rechtsvergleichende Überlegungen aus deutscher Sicht, Arens-GS 1993, 143; *Staff,* Zur Verfassungsmäßigkeit einer sitzungspolizeilichen Durchsuchungsanordnung gegenüber Strafverteidigern, JZ 1998, 406; *Voßkuhle,* Rechtsschutz gegen den Richter, 1993.

1. Allgemeines: Die VwGO enthält keine selbständigen Regelungen über die **Öffentlichkeit des Verfahrens,** über die **Sitzungspolizei, Gerichtssprache, Beratung u Abstimmung** usw, sondern verweist insoweit auf die entsprechenden Vorschriften des GVG. Die Verweisung bezieht sich jedoch nicht auf das **Beschwerderecht** u das Beschwerdeverfahren. Insoweit verbleibt es bei der Regelung der §§ 146 ff (Mü NVwZ 2003, 884). Der Rechtsmittelausschluß des § 80 AsylVfG schließt die Beschwerde gegen sitzungspolizeiliche Anordnungen iVm Rechtsstreitigkeiten nach dem AsylVfG nicht aus (Mü NVwZ 2003, 884). 1

2. Öffentlichkeit des Verfahrens (§§ 169–175 GVG): Für die **Verhandlung** vor den Verwaltungsgerichten u für die **Verkündung** von Urteilen u Beschlüssen gilt der Grundsatz der Öffentlichkeit; dadurch soll vor allem das **Vertrauen der Allgemeinheit** in die Objektivität der Rspr sichergestellt werden (DÖV 1984, 889) u die **Objektivität der Rspr** u ihre Kontrolle durch die Allgemeinheit gewährleistet werden (BayVerfGH VRspr 4, 173; Bäumler JR 1978, 317; Kopp VerfR 191). Die Öffentlichkeit des Vf ist außer durch § 55 iVm § 169 GVG durch **Art 6 Abs 1 EMRK,** der bei „civil rights" (s zum Begriff 16 zu § 1) auch den Beteiligten einen entsprechenden Anspr gibt,[1] u durch **Art 14 Abs 1 S 2** des **Internationalen Paktes** über bürgerliche u politische Rechte v 19. 11. 1966 (BGBl 1973 II 1534; DVBl 1986, 286) gewährleistet. 2

---

[1] Vgl EGMR NJW 1979, 477 – König; 1986, 2177 – Pretto; BVerwG ZfBR 2000, 188.

Die Verpflichtung zur **Öffentlichkeit** gem Art 6 EMRK gilt grds nicht nur für die erste Instanz, sondern **auch** für **das Berufungsverfahren,** wenn das Berufungsgericht über eine Frage erstmals zu entscheiden hat u eine angemessene Beurteilung nicht ohne unmittelbare Würdigung der Beweise möglich ist.[2] Zur Frage, ob es für Art 6 EMRK genügt, daß die Öffentlichkeit der Verhandlung erst im RechtsmittelVf gewährleistet ist, s 2 zu § 84.

Hins des Öffentlichkeitsgrundsatzes ist zu trennen zwischen der Möglichkeit der persönlichen Teilnahme an den Verhandlungen, sog **unmittelbare Öffentlichkeit** (s näher 3 ff), u der Teilnahme aufgrund einer Übertragung durch Lautsprecher, Rundfunk oder Fernsehen, sog **mittelbare Öffentlichkeit.** Während die unmittelbare Öffentlichkeit durch § 55 iVm § 169 S 1 GVG gewährleistet wird, gilt dies für die mittelbare Teilnahme am Prozeß gerade nicht. § 55 iVm § 169 S 2 GVG normiert die **Unzulässigkeit von Ton- u Fernseh-Rundfunkaufnahmen** sowie Ton- u Filmaufnahmen zum Zwecke der öffentlichen Vorführung oder Veröffentlichung. Diese Regelung ist verfassungsmäßig.[3] Von dem Verbot **nicht erfaßt** sind Ton- u Fernsehaufnahmen **vor dem Beginn** u **nach dem Ende der Verhandlung** sowie **während der Sitzungspausen** (BGH NJW 1989, 1741; NKVwGO-Czybulka 17). Rundfunk- u Fernsehübertragungen in diesen Zeitspannen unterfallen der **Sitzungspolizei** des Vorsitzenden; § 176 GVG muß als allg Gesetz allerdings **im Lichte des Art 5 Abs 1 S 2 GG ausgelegt** werden (BVerfG NJW 1995, 185 f – Honecker-Prozeß –; NJW 2002, 2021 – El-Kaida-Verfahren).

3 **Öffentlichkeit** bedeutet, daß **jedermann,** insb auch am Vf unbeteiligten Personen, der **Zutritt zum Gerichtssaal** gestattet werden muß, soweit es die örtlichen u räumlichen Verhältnisse erlauben.[4] Es muß sich um einen – jedenfalls für die Zeit der mV – **allg zugänglichen,** dh beliebigen Personen ohne besondere Schwierigkeiten erreichbaren, **Ort** handeln.[5]

Lediglich tatsächliche **Zugangshindernisse,** die dem Gericht **nicht bekannt** waren u die es auch nicht erkennen konnte bzw mit denen es nicht rechnen konnte u mußte, sind ohne Bedeutung.[6] **Außerdem** ist die Öffentlichkeit nur gewahrt, wenn sich jeder Interessierte ohne Schwierigkeiten rechtzeitig **Kenntnis über Zeit u Ort** der mV verschaffen kann;[7] eines Aushangs im Gerichtsgebäude bedarf es nicht;[8]

---

[2] EGMR NJW 1992, 1813 = JuS 1992, 959; vgl eingehend Roth EuGRZ 1998, 495; ferner BVerwG NVwZ 1999, 763; näher 2 zu § 130 a.

[3] BVerfG DÖV 2001, 596 ff; Finger/Baumanns JA 2005, 718 f; **krit** Gündisch NVwZ 2001, 1004; Hain DÖV 2001, 589 ff; Huff NJW 2001, 1622; Zuck NJW 2001, 1623.

[4] DÖV 1972, 796; NVwZ 1985, 566; NJW 1990, 1249 – Verhandlung bei geschlossenen Gerichtseingang –; Buchh 310 § 138 Nr 5 VwGO Nr 1; BGH NJW 1977, 157; BFH 166, 5 = NJW 1992, 2656; NVwZ 1996, 103; BayObLG 1982, 395; vgl zu Verhandlungen außerhalb des Gerichtsgebäudes auch OLG Celle StrVert 1987, 287.

[5] JR 1972, 521; Buchh 300 § 169 GVG Nr 7; DVBl 1999, 95: zumutbare Möglichkeit für jedermann, sich Zugang zu verschaffen (Klingeln an verschlossener Tür) reicht; BGH/NV 1998, 340: Mindestzahl von Sitz- und Stehplätzen erforderlich; ähnlich BayObLG NJW 1982, 395: nicht ausreichend, wenn für Zuhörer nur ein Sitzplatz und einige Stehplätze in drangvoller Enge; BGH NJW 1979, 771: Verhandlung in einer Haftanstalt, zu der nur Aufsichtspersonal Zugang hat, genügt nicht den Erfordernissen der Öffentlichkeit; OLG Hamm NJW 1976, 122: auf dem Gehsteig neben einer Straße genügt; OLG Köln NJW 1976, 637: Randstreifen der Autobahn ist kein allg zugänglicher Ort; vgl auch BGH MDR 1970, 560 zur Verhandlung in einem Eigenheim; OLG Hamm NJW 1974, 1780: in einer Strafanstalt; OLG Hamburg VRS 24, 437: im Dienstzimmer des Richters; s allg auch Bäumler JR 1978, 317; Kuhlmann NJW 1974, 1231.

[6] NVwZ 1982, 43; DÖV 1984, 889; Buchh 310 § 55 VwGO Nr 5; § 133 VwGO Nr 31; BGH NJW 1979, 2622; s auch unten 5.

[7] DVBl 1999, 95; BGHSt 5, 83; NStZ 1982, 476; OLG Köln NJW 1976, 637; OLG Stuttgart MDR 1977, 249.

[8] Buchh 300 § 169 GVG Nr 8; NVwZ-RR 2002, 798; weitergehend BGH MDR 1970, 560; OLG Hamm NJW 1974, 1780; OLG Düsseldorf NJW 1983, 2514.

daß ggf **die Geschäftsstelle Auskunft geben kann,** genügt **nicht** (BGH MDR 1970, 560), wohl aber uU die Bekanntgabe in einer öffentlichen Sitzung, daß die Verhandlung an einem anderen Ort fortgeführt wird.[9] Nicht erforderlich ist es, daß ein eventueller Aushang die Öffentlichkeit der Sitzung ausdr vermerkt (DVBl 1999, 95).

Zulässig sind **örtlich u räumlich** sowie durch Erfordernisse einer geordneten Verhandlung **bedingte zahlenmäßige Beschränkungen** (auch zB die Ausgabe von Platzkarten; vgl BayObLG NJW 1982, 396 mwN), vorausgesetzt, daß sich um die verfügbaren Plätze jeder mit gleicher Chance bemühen kann (vgl BGHSt 5, 75; 21, 72; 22, 157; 24, 72; NJW 1979, 2622) u auch der **Presse** die Berichterstattung ermöglicht wird (s auch oben 2). Als zulässig anzusehen ist es, wenn eine gewisse Zahl von Plätzen für die Presse reserviert wird (BGH NJW 2006, 1221; v Coelln DÖV 2006, 806). Umstritten ist, ob sich aus Art 5 Abs 1 S 2 GG ableiten läßt, daß Medienvertreter bei der Vergabe von Plätzen privilegiert zu behandeln sind (dafür v Coelln DÖV 2006, 807; **aA** BVerfG 103, 59ff; NJW 2003, 500f). Ist der Zuhörerraum voll, so können weitere Personen abgewiesen (BGH NJW 1959, 899) u ggf auch die Türen geschlossen werden (BGHSt NJW 1966, 1570; BayObLG NJW 1982, 390). Eine Verpflichtung des Gerichts, Verfahren, bei denen mit breiterem öffentlichen Interesse zu rechnen ist, vom normalen Gerichtssaal **in größere Räumlichkeiten** außerhalb des Gerichtsgebäudes zu verlegen, ergibt sich aus dem Erfordernis der Öffentlichkeit nicht (Kissel 25f zu § 169 GVG; Finger/Baumanns JA 2005, 719). In **Verfahren, in denen die Sicherheit** im Gerichtsgebäude **nicht ohne weiteres gewährleistet** erscheint, ist es auch zulässig, daß nur Personen Zutritt erhalten, die sich besonders ausweisen (BGH NJW 1977, 157). Wurden Zugangskontrollen verfügt, so ist die Öffentlichkeit erst gewahrt, **wenn auch der letzte interessierte Teilnehmer,** der rechtzeitig zum Beginn der mV gekommen war, **abgefertigt** ist u Gelegenheit hatte, sich im Verhandlungsraum einzufinden; auf später kommende Interessenten braucht dagegen nicht gewartet zu werden (BGH NJW 1979, 2622; 1995, 3197). Nicht als Verletzung des Öffentlichkeitsgrundsatzes ist es anzusehen, wenn **einer von zwei Kl** seitens des Gerichts aufgefordert wird, während der formlosen Anhörung des anderen Kl **den Sitzungssaal zu verlassen** (Ma VBlBW 1999, 184), oder wenn **Zeugen** vor ihrer in Aussicht genommenen Vernehmung zum Verlassen des Saales aufgefordert werden u dann nicht mehr hereingebeten werden, weil sie nicht mehr benötigt werden, ihnen jedoch versehentlich auch die Anwesenheit nicht wieder ausdr gestattet wird (Buchh 310 § 55 VwGO Nr 13).

Das **Eindringen** weiterer Personen in einen Sitzungssaal, nachdem der Vorsitzende die Zulassung weiterer Personen wg Überfüllung abgelehnt hat, ist als **Hausfriedensbruch** strafbar (BGH NJW 1982, 947).

Der Grundsatz der Öffentlichkeit gilt **nur für Verhandlungen, Beweisaufnahmen u Entscheidungsverkündungen in der mV** (Buchh 310 § 133 VwGO Nr 82; § 87 VwGO Nr 8; DVBl 2001, 726), nicht auch für Erörterungen u Beweisaufnahmen vor bzw durch den beauftragten oder ersuchten Richter (nur **Parteiöffentlichkeit,** dh nur Recht der Verfahrensbeteiligten, § 63, auf Teilnahme; vgl Ko VRS 1981, 270). Bei Beweisaufnahmen sind sachbedingte Einschränkungen zulässig, zB bei einem Augenschein am Krankenbett, in Privaträumen usw (vgl BayObLG NJW 1982, 395). Einen Verstoß gegen die Parteiöffentlichkeit muß die betroffene anwaltlich vertretene Partei gem § 173 S 1 iVm § 295 Abs 1 ZPO in der nächsten mündlichen Verhandlung rügen (DVBl 2001, 726). Darüber hinaus kann der Grundsatz der Öffentlichkeit seine Grenze am **Hausrecht** eines Privaten finden, in dessen Privaträumen ein Augenscheinster- 4

[9] OLG Stuttgart MDR 1977, 249; OLG Köln VRS 1984, 209; vgl auch BGH NStZ 1984, 470 zur Fortsetzung der Verhandlung außerhalb des Gerichtsgebäudes, bei der erst an Ort und Stelle entschieden werden kann, wo die nächsten Verhandlungsabschnitte stattfinden.

min durchzuführen ist (BGHSt 40, 191 = NJW 1994, 2773; dazu auch T. Schmidt, JuS 1995, 110). Außerdem kann nach §§ 171 a, 171 b, 172 GVG in bestimmten Fällen die **Öffentlichkeit** für die Verhandlung bzw Beweisaufnahme, bzw Teile davon, nicht dagegen auch für die **Verkündung des Urteils** (anders uU für die Urteilsgründe, vgl § 173 Abs 2 GVG), **ausgeschlossen** werden (zu § 172 GVG – Gefährdung der Staatssicherheit – s 19. 11. 1996 – 2 B 47/96). Über den Ausschluß der Öffentlichkeit ist zu verhandeln (§ 174 Abs 1 GVG), die Beteiligten haben dabei das **Recht auf Gehör.** Der Beschluß über den Ausschluß der Öffentlichkeit muß gem § 174 Abs 1 S 2 GVG grds in öffentlicher Sitzung **verkündet werden,** ebenso auch der Beschluß über eine Verlängerung des Ausschlusses der Öffentlichkeit (BGH NJW 1980, 2088); er ist **unanfechtbar.** Wurden die Urteilsgründe fälschlich öffentlich verkündet, obwohl dies unzulässig war, so ist dies kein Revisionsgrund (BGHSt 23, 85, 178; krit Zipf JuS 1970, 353; Gramlich DÖV 1982, 144).

Der Ausschluß der Öffentlichkeit ist nur wg **Tatsachen möglich,** die Dritten nicht ohne weiteres zugänglich sind u Schutz vor Einblick Dritter verdienen.[10] Er muß gem § 174 Abs 1 S 3 GVG mit Ausnahme des Falls des § 171 a GVG **begründet werden;**[11] dies auch dann, wenn die Gründe aus dem Gang der Verhandlung für die Beteiligten ohnehin ersichtlich sind.[12] Dem Begründungserfordernis genügt auch die **Bezugnahme auf die Gründe** eines vorausgegangenen Beschlusses (BGH NJW 1982, 948). Im Fall des § 172 Nr 1 GVG genügt zur Begründung die Mitteilung des gesetzlichen Wortlauts des Ausschließungsgrundes (19. 11. 1996 – 2 B 47/96).

5 Eine **Verletzung** der §§ 169–175 GVG ist ein **absoluter Revisionsgrund** nach § 138 Nr 5; soweit dadurch Reporter betroffen werden, grds auch ein Verstoß gegen die Gewährleistung der **Pressefreiheit** gem Art 5 Abs 1 S 2 GG (s oben 2). Da die Wahrung der Öffentlichkeit im öffentlichen Interesse liegt, wird der Mangel durch das Unterbleiben einer Rüge **nicht geheilt;** ebenso ist es unerheblich, ob tatsächlich weitere Zuhörer Zugang begehrt hätten (BayObLG NJW 1982, 396). Ein unzulässiger Ausschluß der Öffentlichkeit ist jedoch **nur dann** ein **Verfahrensmangel,** wenn er entweder vom Gericht verfügt wurde oder wenn das Gericht Kenntnis hatte (zB davon, daß versehentlich vergessen worden war, das Schild am Sitzungssaal zu wechseln) u die Öffentlichkeit nicht sofort hergestellt hat, oder wenn die Beschränkung des Zugangs zum Verhandlungssaal aus anderen Gründen auf mangelnder Sorgfalt des Gerichts beruht.[13]

6 **3. „Sitzungspolizei" (§§ 176–182 GVG):** Das Gericht hat grds selbst für die **äußere Ordnung** im Sitzungssaal u für den **ordnungsgemäßen (äußeren) Ablauf des Vf** einschließlich der Beweisaufnahme, der Beratung u Verkündung des Urteils zu sorgen.[14]

---

[10] BGH NJW 1982, 59; vgl zum Ausschluß wg Gefährdung der Sittlichkeit auch BGH NJW 1986, 200 m Anm Gössel NStZ 1986, 180 und Böttcher JR 1986, 216.

[11] NJW 1983, 2155; vgl auch BGH NJW 1977, 1643; 1982, 949; NStZ 1982, 169: sonst Verletzung des Öffentlichkeitserfordernisses.

[12] BGH StrVert 1981, 3; **aA** BGH NStZ 1999, 92: wenn Ausschließungsgrund durch den sich aus dem Beschluß ergebenden Hinweis auf den Verfahrensabschnitt für die Verfahrensbeteiligten zweifelsfrei erkennbar ist; NStZ 1999, 372: wenn Ausschließung der Öffentlichkeit gem § 171 b Abs 2 GVG zwingend und für Verfahrensbeteiligte eindeutig erkennbar.

[13] NVwZ 1982, 43; NJW 1985, 448; BGHSt 21, 73; 22, 299; NJW 1979, 2622; Skouris DÖV 1982, 143; s auch oben 3; krit RÖ-M. Redeker 8; **aA** Ks 28. 3. 1994 – 12 UZ 152/94: Verschulden des Gerichts nicht erforderlich.

[14] Vgl im einzelnen, insb auch zu den Befugnissen des Gerichts gem §§ 176 ff GVG, Ms JZ 1974, 175; Pardey DRiZ 1990, 132; Seibert NJW 1973, 127; Schwind JR 1973, 133; zu den – davon zu unterscheidenden – Befugnissen des Gerichtspräsidenten als Hausherr nach allg Verwaltungsrecht Schl DÖV 1993, 723; Mü BayVBl 1980, 963; OLG Celle DRiZ 1979, 776; allg auch 22 zu § 40.

Durch §§ 176 ff GVG (sog **„Sitzungspolizei"**) wird der Vorsitzende sowie ggf der beauftragte oder ersuchte Richter – nicht die Kammer bzw der Senat[15] – ermächtigt, alle Maßnahmen zu ergreifen, die zu diesem Zweck erforderlich sind, zB **Ermahnung** der Zuhörer **zur Ruhe, Rauchverbot** (bzw Hinweis auf ein bereits durch die Hausordnung angeordnetes Rauchverbot); Ablehnung der Zulassung weiterer Zuhörer wg Überfüllung des Sitzungssaales (NJW 1982, 949: Sitzungsgewalt u Hausrecht als Grundlage der Anordnung); **Ausschluß von Personen** – auch von Beteiligten (§ 63), dagegen grds nicht von Anwälten[16] –, die den Verlauf der Sitzung stören, sich ungebührlich benehmen usw;[17] Verbot von **Fernsehaufnahmen;**[18] **Fotografierverbot** in u vor dem Sitzungssaal (BVerfG NJW 1996, 310); die Anordnung von Kontrollen mit **Durchsuchung von Personen** – auch der Prozeßvertreter (vgl zur Verfassungsmäßigkeit der Durchsuchung von Strafverteidigern BVerfG NJW 1998, 297) – u der von diesen mitgeführten Gegenstände vor Einlaß in den Sitzungssaal;[19] **Zurückweisung eines Anwalts ohne Robe** (BVerfG 28, 28 u BayVBl 1973, 108; Mü BayVBl 1971, 338; als zu weitgehend abzulehnen). Das **aus religiösen Gründen** erfolgende **Tragen von Kopfbedeckungen** im Gerichtssaal bedeutet **keine Störung** der öffentlichen Sicherheit, wenn eine gleichzeitige Mißachtung anderer Personen ausgeschlossen werden kann u der Zuhörer identifizierbar bleibt (BVerfG NJW 2007, 56; dazu Sachs JuS 2007, 71). 7

Eine ahndungsbedürftige **Ungebühr** iSd § 178 GVG **setzt** eine **Mißachtung** der Aufgaben des Gerichtes in einer nach allg Empfinden **grob unangemessenen Weise** voraus, dh eine Verhaltensweise, welche geeignet ist, die Rechtspflegeaufgaben des Gerichts zu verletzen u die Ordnung der Gerichtsverhandlung zu stören.[20] Gegen eine Prozeßpartei braucht wg Ungebühr vor Gericht ein Ordnungsmittel nicht festgesetzt werden, wenn das **Verschulden gering** ist, weil für die Partei erhebliche Werte auf dem Spiel standen, der Prozeßgegner die lang dauernde mV seinerseits nicht emotionsfrei geführt hatte u unverzüglich nach dem Fehlverhalten um Entschuldigung gebeten worden ist (OLG Köln NJW 1986, 2515).

Rechtsbehelfe: Im Bereich der Gerichtsbarkeiten, in denen §§ 176 ff GVG unmittelbar anwendbar sind, geht die hM davon aus, daß die Betroffenen gegen Anordnungen der Sitzungspolizei gem § 176 GVG keinen Rechtsbehelf haben,[21] sondern nur im RechtsmittelVf gegen die Endentscheidung (Kissel 49 zu § 176 GVG) bzw mit der VB (BVerfG 87, 338 = NJW 1992, 3288) vorgehen können. Ange- 8

---

[15] Vgl OLG Koblenz MDR 1978, 693: Entscheidung der Kammer wäre Verletzung des Rechts auf gesetzlichen Richter!

[16] § 177 GVG, für Extremfälle str Zulässigkeit angedeutet BGH NJW 1977, 438; abl mwN zB Kissel 40 ff zu § 176 GVG.

[17] OLG Düsseldorf NJW 1989, 241 – Erscheinen in angetrunkenem Zustand –; vgl auch OLG Schleswig SchlHA 1984, 60: nicht jede erregte Äußerung, nicht jedes erregte Wort ggü dem Gericht ist bereits „Ungebühr".

[18] Zu den Anforderungen an Verbote von Aufnahmen im Gerichtssaal außerhalb der Verhandlung BVerfG NJW 1995, 185 f m Anm Stürner JZ 1995, 297; Dörr JuS 1995, 544; vgl zu Tonbandaufnahmen allg auch – abl – BVerwG DVBl 1991, 490.

[19] BVerfG NJW 1978, 1049, zugleich unter Bejahung der Verfassungsmäßigkeit solcher Anordnungen, sofern sie „auf vernünftigen Erwägungen zugunsten des Gemeinwohls" beruhen, dem Grundsatz der Verhältnismäßigkeit genügen und für die Betroffenen nicht unzumutbar sind; Krekeler NJW 1979, 185.

[20] OLG Düsseldorf NJW 1986, 2516 – mehrfache Benutzung des Wortes „Scheißgesetz" in der mV ist keine Ungebühr, die gegen das Gericht gerichtet ist; vgl auch OLG Düsseldorf NJW 1986, 1505: sehr unordentliche Kleidung als Ungebühr.

[21] Stellv OLG Hamburg NJW 1976, 1987; MDR 1992, 799; OLG Zweibrücken NStZ 1987, 477; BL 8 zu § 176 GVG; Kissel 48 zu § 176 GVG; MKZPO 14 zu § 176 GVG; Müller NJW 1979, 22; **aA** Krekeler NJW 1979, 188; **zweifelnd** unter Hinweis auf Art 19 Abs 4 GG BVerfG 87, 338 f = NJW 1992, 3288; offengelassen BGH NJW 1998, 1420.

sichts des § 146 gilt dies allerdings nicht im Verwaltungsprozeß (str; ebenso RÖ-M. Redeker 14; Sch-Meissner 48; Sch-Meyer-Ladewig/Rudisile 7 zu § 146; **aA** Ey-J. Schmidt 6; **offen** NKVwGO-Czybulka 48). Gegen Beschlüsse über Anordnungen gem §§ 177, 178 GVG ist auch nach hM richtigerweise die Beschwerde nach § 146 gegeben (Ey-J. Schmidt 10; RÖ-M. Redeker 14; Sch-Meissner 48).

9 **4. Gerichtssprache (§§ 184–191 a GVG):** Die Gerichtssprache ist **Deutsch** (§ 184 S 1 GVG). Das Recht der Sorben, in den Heimatkreisen der sorbischen Bevölkerung vor Gericht sorbisch zu sprechen, bleibt gewährleistet (§ 184 S 2 GVG). Zur Verständigung mit **Tauben, Stummen** oder **der deutschen Sprache nicht mächtigen Personen** s §§ 185 bis 191 a GVG, für Strafmaßnahmen ferner Art 6 Abs 3 lit e EMRK. **Schriftsätze** in fremder Sprache sind unbeachtlich u **wahren auch keine Fristen.**[22] Zulässig u wirksam ist dagegen die **Unterzeichnung** eines Schriftsatzes mit fremden (zB arabischen) Schriftzeichen (Mü NJW 1978, 511).

10 Das Gericht ist **auch einem der deutschen Sprache nicht mächtigen Beteiligten ggü** grds **nicht verpflichtet** oder berechtigt, sich in **Entscheidungen,** Verfahrensanordnungen, Schreiben, Rechtsmittelbelehrungen usw an ihn **einer anderen Sprache** zu bedienen.[23] Auch **Art 3 Abs 3 GG** verpflichtet **nicht** zu einem Ausgleich sprachbedingter Erschwernisse (BVerfG 64, 157; NVwZ 1987, 785).

Der deutschen Sprache nicht oder nicht hinreichend **mächtige Beteiligte dürfen aber** jedenfalls **nicht zu einem Objekt des Vf** gemacht werden (BVerfG 64, 145 zum Strafverfahren: als Folgerung aus dem Rechtsstaatsprinzip u dem Grundsatz der Fairneß; ähnlich NVwZ 1987, 785 zum Asylprozeß); erforderlichenfalls sind sie **in die Lage zu versetzen,** die sie betr **Verfahrensvorgänge zu verstehen** u sich im Vf verständlich zu machen (BVerfG 64, 146; NVwZ 1987, 785; vgl auch Sachs BayVBl 1984, 208). Auch aufgrund von **Art 103 Abs 1 GG** u **Art 19 Abs 4 GG** ist das Gericht grds verpflichtet, dafür zu sorgen, daß mangelnde oder mangelhafte Deutschkenntnisse nicht zu einer Verkürzung des **Anspr** Beteiligter **auf rechtliches Gehör** führen (BVerfG NJW 1991, 2208). Das Gericht muß deshalb zB ggf vAw Übersetzungen einholen, wenn der Ausländer dartut, daß er diese aufgrund finanzieller Notlage nicht beibringen kann, u außerdem darlegt, daß die von ihm eingereichten Schriftstücke für das Vf bedeutsam sind;[24] die Ablehnung der Verwertung einer fremdsprachlichen Urkunde allein mit der Begründung, es fehle eine Übersetzung, verletzt den Anspr auf rechtliches Gehör u die Sachaufklärungspflicht (NJW 1996, 1553). Zu **Rechtsbehelfsbelehrungen** s auch 6 zu § 58. **Im übrigen** ist es grds **Sache des Betroffenen,** sich um die Übersetzung zu bemühen (BayVBl 1973, 443; s auch unten 11). UU kommt aber **Wiedereinsetzung** gem § 60 in solchen Fällen in Betracht (s 9 zu § 60).

11 **Ein Dolmetscher** muß nach § 185 GVG (vgl dazu insoweit auch BVerfG 64, 146), Art 6 Abs 3 lit e EMRK nur bei Verhandlungen, dh **in der mV** u in Terminen gem § 87, **zugezogen** werden, wenn der betroffene Beteiligte daran teilnimmt, ebenso wohl auch bei Beweisterminen außerhalb der mV nach § 97. Als **Beteiligte** idS sind **auch Zeugen u Sachverständige** zu verstehen.

---

[22] BayVBl 1973, 443; NJW 1990, 3104; Buchh 310 § 130 a VwGO Nr 48; BGHSt 30, 182 = NJW 1982, 532; NJW 1987, 2184; BayVBl 1987, 220; BSG NJW 1987, 2184; BayObLG BayVBl 1987, 220; vgl auch BVerfG NJW 1976, 1021; NVwZ 1987, 785 m Anm Sachs JuS 1988, 412; **aA** Mü NJW 1976, 1048; OLG Frankfurt NJW 1980, 1173; Schneider MDR 1979, 534; Stober VR 1979, 329.

[23] BVerfG 64, 154; BVerwG BayVBl 1973, 443; Buchh 310 § 55 VwGO Nr 33; BSG DVBl 1987, 847; BFH BB 1976, 773; Deibel DÖV 1980, 33 mwN.

[24] BVerfG NVwZ 1987, 785; zur Darlegungspflicht auch Buchh 402.25 § 24 AsylVfG Nr 2 S 5; § 27 AsylVfG Nr 1 S 2.

Ist die Zuziehung eines Dolmetschers geboten, so kann sich das Gericht **jeder Person, die als Sprachmittler geeignet** ist, bedienen (Ks DVBl 1989, 893). Spricht die Person, auf die sich die Dolmetschertätigkeit bezieht, **mehrere Sprachen,** so liegt es im Ermessen des Gerichts, für welche Sprache bzw Sprachen ein Dolmetscher zugezogen wird (Ks DVBl 1989, 893). Sachlich gerechtfertigt ist die Zuziehung **auch** dann, wenn sie **nur vorsorglich** für den Fall von Verständigungsschwierigkeiten erfolgt oder aufrechterhalten wird (Ks DVBl 1989, 893). Der Mitwirkung eines Dolmetschers in der mV oder in einem Termin gem § 87 oder § 97 bedarf es nicht, wenn ein Beteiligter die deutsche Sprache zwar nicht beherrscht, sie aber in einer die Verständigung mit ihm ermöglichenden Weise spricht u versteht (DVBl 1991, 276).

Die Nichtzuziehung eines Dolmetschers in der mV kann eine **Verletzung des rechtlichen Gehörs** darstellen[25] u ist ggf Revisionsgrund (§ 138 Nr 3); der Beteiligte kann allerdings auch darauf **verzichten** (NVwZ 1983, 668). Die Nichtzuziehung eines Dolmetschers muß gem § 173 S 1 iVm § 295 Abs 1 ZPO spätestens in der nächsten mündlichen Verhandlung **gerügt** werden (NVwZ 1983, 668; NJW 1988, 723). Die **Kosten** des Dolmetschers sind **Verfahrenskosten,** die – anders als im Strafprozeß gem Art 6 Abs 3 lit e EMRK – von der **unterlegenen Partei zu tragen sind** (NKVwGO-Czybulka 61; **aA** 11. Aufl). Für die **Übersetzung von Schriftsätzen, gerichtlichen Entscheidungen** usw müssen die Beteiligten selbst sorgen u auch dadurch verursachte Kosten selbst tragen (BayVBl 1973, 443; OLG Hamburg NJW 1978, 2462). Zur Ablehnung bzw zum Ausschluß eines Dolmetschers s 1 zu § 54.

Der zugezogene Dolmetscher ist gem § 55 iVm § 189 Abs 1 GVG zu **vereidigen;** ausreichend ist die Bezugnahme auf den **allg geleisteten Eid** gem § 189 Abs 2 GVG. Die Nichtvereidigung stellt einen **Verfahrensfehler** dar, der nicht durch Rügeverzicht geheilt werden kann.[26]

5. Beratung und Abstimmung (§§ 192–197 GVG): Für Beratungen u 12
Abstimmungen gelten die §§ 192ff GVG mit der Maßgabe, daß die für Schöffen geltenden Vorschriften entspr auf die ehrenamtlichen Richter anzuwenden sind. Mit § 194 Abs 1 GVG sind auch **Beratungen u** Abstimmungen **„im Umlaufverfahren"** vereinbar, wenn kein daran mitwirkender Richter eine gemeinsame Beratung und/oder Abstimmung verlangt (DVBl 1992, 777; BL 1 zu § 194 GVG).

An der **Beratung müssen alle Richter** des erkennenden Spruchkörpers mitwirken, die die Entscheidung zu treffen haben (s dazu § 112), **Ergänzungsrichter** erst nach ihrem Eintritt anstelle der verhinderten Richter. Außer den genannten Richtern ist die Anwesenheit nur den dem Gericht zur Ausbildung offiziell zugeteilten **Referendaren** (§ 193 GVG) sowie den dort beschäftigten **wissenschaftlichen Hilfskräften** erlaubt, soweit der Vorsitzende deren Anwesenheit gestattet, **nicht** dagegen **Gerichtsassessoren,** die nicht der Kammer als Richter angehören (NJW 1982, 1716; Ey-J. Schmidt 15; **aA** Damrau NJW 1968, 633), **Studenten** (BGH NJW 1995, 2645; **aA** Hbg NordÖR 1999, 112), **Ergänzungsrichtern,** die noch nicht eingetreten sind (Ey-J. Schmidt 15), u sonstigen dritten Personen (5, 85; BSG 13, 147; weniger streng BAG MDR 1967, 621). S auch Schneider MDR 1968, 973.

---

[25] § 108 Abs 1; Art 103 Abs 1 GG; vgl BVerfG NJW 1991, 2208; BVerwG NVwZ 1983, 668; MD-Schmidt-Aßmann 79 zu Art 103 GG; zu den Anforderungen an die Darlegungspflicht vgl InfAuslR 1998, 220; **aA** wohl BVerfG 64, 145f und NVwZ 1987, 785, wo zT die gleichen Folgerungen jedoch aus dem Recht auf ein rechtsstaatliches, faires Verfahren abgeleitet werden; s auch oben 10.

[26] BGH NJW 1987, 260; vgl allerdings Ma RsprD-LS 323/1997: verfahrensfehlerhafte Nichtbeeidigung führt nicht ohne weiteres zu einer Verletzung rechtlichen Gehörs als Zulassungsgrund nach § 78 Abs 3 Nr 3 AsylVfG iVm § 138 Nr 3.

Die Teilnahme nichtberechtigter Personen an der Beratung hat zur Folge, daß das **Gericht nicht ordnungsgemäß** iSv § 133 Nr 1 **besetzt** ist (Ks NJW 1981, 599; s auch unten 13); die Beteiligten können auf die Einhaltung der §§ 192, 193 GVG nicht wirksam verzichten (Ks aaO).

Ein **Verstoß** gegen §§ 192, 193 GVG stellt einen **Revisions- u Wiederaufnahmegrund** dar (§ 138 Nr 1; § 153 mit § 579 ZPO).[27]

13 **Abstimmung: Ist der Vorsitzende** zugleich Berichterstatter, so **stimmt** er nicht gem § 197 S 3 GVG zuerst, sondern **gem § 197 S 4 GVG** zuletzt ab (BayVBl 1980, 305).

14 Zur **Abstimmung über Summen** u bei **mehr als zwei Meinungen** s § 196 Abs 2 GVG, zum **Beratungsgeheimnis** §§ 43, 45 Abs 1 S 2 DRiG. Die Bekanntgabe einer sog **„dissenting opinion"** eines Richters ist für den Bereich der Vwgbk nicht vorgesehen (vgl § 43 DRiG) u jedenfalls mit namentlicher Erwähnung der die abweichende Meinung vertretenden Richter nicht zulässig.

§ 55a [Elektronische Kommunikation]

(1) **Die Beteiligten können dem Gericht elektronische Dokumente**[5] **übermitteln, soweit dies für den jeweiligen Zuständigkeitsbereich durch Rechtsverordnung der Bundesregierung oder der Landesregierungen zugelassen worden ist.**[2, 6–7] **Die Rechtsverordnung bestimmt den Zeitpunkt, von dem an Dokumente an ein Gericht elektronisch übermittelt werden können, sowie die Art und Weise, in der elektronische Dokumente einzureichen sind.**[8 ff] **Für Dokumente, die einem schriftlich zu unterzeichnenden Schriftstück gleichstehen, ist eine qualifizierte elektronische Signatur**[20] **nach § 2 Nr. 3 des Signaturgesetzes vorzuschreiben.**[10] **Neben der qualifizierten elektronischen Signatur kann auch ein anderes sicheres Verfahren zugelassen werden, das die Authentizität und die Integrität des übermittelten elektronischen Dokuments sicherstellt.**[10] **Die Landesregierungen können die Ermächtigung auf die für die Verwaltungsgerichtsbarkeit zuständigen obersten Landesbehörden übertragen. Die Zulassung der elektronischen Übermittlung kann auf einzelne Gerichte oder Verfahren beschränkt werden.**[6] **Die Rechtsverordnung der Bundesregierung bedarf nicht der Zustimmung des Bundesrates.**

(2) **Ein elektronisches Dokument ist dem Gericht zugegangen, wenn es in der von der Rechtsverordnung nach Absatz 1 Satz 1 und 2 bestimmten Art und Weise übermittelt worden ist und wenn die für den Empfang bestimmte Einrichtung es aufgezeichnet hat.**[12–13] **Die Vorschriften dieses Gesetzes über die Beifügung von Abschriften für die übrigen Beteiligten finden keine Anwendung.**[11] **Genügt das Dokument nicht den Anforderungen, ist dies dem Absender unter Angabe der für das Gericht geltenden technischen Rahmenbedingungen unverzüglich mitzuteilen.**[13]

(3) **Soweit eine handschriftliche Unterzeichnung durch den Richter oder den Urkundsbeamten der Geschäftstelle vorgeschrieben ist, genügt dieser Form die Aufzeichnung als elektronisches Dokument,**[5] **wenn die verantwortenden Personen am Ende des Dokuments ihren Namen hinzufügen und das Dokument mit einer qualifizierten elektronischen Signatur**[20] **nach § 2 Nr. 3 des Signaturgesetzes versehen.**[4, 14 ff]

Vgl §§ 130a, 130b ZPO; § 52a FGO; § 65a SGG; §§ 46b, 46c ArbGG

[27] Vgl 5, 85; Ks NJW 1981, 599; Ey-J. Schmidt 15; RÖ-M. Redeker 16.

Schrifttum: *Bludau,* Kommunikation niedersächsischer Verwaltungen in Verwaltungs-, Widerspruchs- und Klageverfahren, NdsVBl 2007, 7; *Dästner,* Neue Formvorschriften im Prozessrecht, NJW 2001, 3469; *Degen,* Elektronischer Rechtsverkehr aus Sicht der Anwaltschaft, VBlBW 2005, 329; *Hähnchen,* Das Gesetz zur Anpassung der Formvorschriften des Privatrechts und anderer Vorschriften an den modernen Rechtsgeschäftsverkehr, NJW 2001, 2833; *dies,* Elektronische Akten bei Gericht – Chancen und Hindernisse, NJW 2005, 2257; *B. J. Hartmann,* Wahren E-Mails an das BVerfG und an die Fachgerichte die Form?, NJW 2006, 1390; *Roßnagel,* Das neue Recht elektronischer Signaturen – Neufassung des SigG und Änderung des BGB und der ZPO, NJW 2001, 1817; *ders,* Die elektronische Signatur im Verwaltungsrecht, DÖV 2001, 221; *Schmitz,* Die Regelung der elektronischen Kommunikation im Verwaltungsverfahrensgesetz, DÖV 2005, 885; *Viefhues,* Das Gesetz über die Verwendung elektronischer Kommunikationsformen in der Justiz, NJW 2005, 1009; *Viefhues/Scherf,* Sicherheitsaspekte bei der elektronischen Kommunikation zwischen Anwalt und Gericht, K&R 2002, 170.

1. Allgemeines: § 55 a wurde durch das JKomG v 22. 3. 2005 (BGBl I 837) in die VwGO eingefügt. Er ersetzt § 86 a aF. § 55 a läßt die **Übermittlung elektronischer Dokumente** an das Gericht zu. Diese Möglichkeit ist **fakultativ** u zwingt die Beteiligten nicht, sie zu nutzen (s auch 1 zu § 55 b).[1] § 55 a Abs 1 u 2 regeln die elektronische Kommunikation der Beteiligten mit dem Gericht (dazu näher unten 6 ff), § 55 a Abs 3 regelt die elektronische Kommunikation des Gerichts (dazu näher unten 14 ff). Eine elektronische Kommunikation zwischen den Beteiligten ist gesetzlich nicht geregelt, aber selbstverständlich zulässig (Viefhues NJW 2005, 1010). 1

2. Anwendungsbereich von Abs 1 u 2: a) Persönlicher Anwendungsbereich. § 55 a Abs 1 u 2 gilt (nur) für alle **Beteiligten** u setzt den Erlass einer entspr RechtsVO (dazu unten 6) voraus. Wer Beteiligter ist, bestimmt sich nach § 63. Beteiligt sein können folglich nur Kl, Bekl (3 zu § 63), Beigeladener (4 zu § 63 u 1 ff zu § 65), VdB u VöI (5 zu § 63 u 1 ff zu § 35 bzw § 36). 2

Der Wortlaut von Abs 1 u 2 erstreckt sich mithin nicht auf **Dritte** wie zB Sachverständige; er ist damit insoweit deutlich enger als der Wortlaut des § 86 a aF. Diese Änderung war nicht beabsichtigt.[2] Die Regelungslücke, die für nicht am Vf beteiligte Personen durch den zu eng geratenen Wortlaut von Abs 1 u 2 entstanden ist, kann u muß deswegen über § 173 S 1 iVm § 130 a ZPO, dessen Wortlaut auch Dritte erfaßt, geschlossen werden. Dies entspricht auch Sinn u Zweck des JKomG (und damit des § 55 a), das die elektronische Kommunikation mit den Gerichten gerade nicht beschränken, sondern im Gegenteil ausweiten u erleichtern soll.

b) Sachlicher Anwendungsbereich. § 55 a Abs 1 u 2 gilt für die gesamte Kommunikation mit dem Gericht. Insb läßt er auch die elektronische Einreichung einer Klage bzw die elektronische Einlegung von RMittel zu.[3] 3

3. Anwendungsbereich von Abs 3: § 55 a Abs 3 enthält Regelungen für elektronische Dokumente des **Gerichts** (dazu näher 14 ff) u setzt damit als selbstverständlich voraus, daß auch das Gericht in elektronischer Form kommunizieren darf. Diese Möglichkeit besteht, wie sich aus Wortlaut u Systematik des § 55 a ergibt, unabhängig von der Existenz einer entspr RechtsVO. Voraussetzung ist 4

---

[1] Zu den praktischen Problemen bei der Einführung des elektronischen Rechtsverkehrs, insb hins der Akzeptanz durch die Beteiligten, s Hähnchen NJW 2005, 2258.

[2] Dies ergibt sich mittelbar aus der Gesetzesbegründung, die eine entspr Änderung nicht nur nicht erwähnt, sondern im Gegenteil sogar behauptet (BT-Dr 15/4067, 37), § 55 a decke sich inhaltlich mit § 130 a ZPO (der wiederum fast wortgleich mit § 86 a aF ist).

[3] Z 3 zu § 130 a ZPO; Meyer-Ladewig 3 zu § 108 a SGG; NKVwGO-Schmid 8; auch die ERVVOen des Bundes und der Länder setzen dies als selbstverständlich voraus; **aA** wohl Ey-Geiger 10 zu § 81.

aber natürlich, daß der jeweilige Adressat – ausdr oder konkludent (vgl dazu 6 c zu § 70) – sein Einverständnis damit erklärt hat, daß das Gericht mit ihm elektronisch kommuniziert (vgl 1 zu § 55 b). Für die Zustellung geht die Spezialvorschrift des § 56 iVm §§ 174 Abs 3, 195 Abs 1 S 5 ZPO (dazu näher 17 ff zu § 56) vor.

5 **4. Begriff des elektronischen Dokuments:** Elektronische Dokumente sind solche, die mit den Mitteln der Datenverarbeitung erstellt u auf Datenträgern gespeichert werden können.[4] Ein Computerfax oder ein Funkfax sind deswegen keine elektronischen Dokumente, da sie vom Telefaxgerät des Empfängers lediglich in Papierform ausgedruckt werden.[5]

6 **5. Elektronische Kommunikation der Beteiligten mit dem Gericht (Abs 1 u 2): a) Notwendigkeit einer Eröffnung des elektronischen Rechtsverkehrs durch Rechtsverordnung (Abs 1 S 1, 5–7).** § 55 a Abs 1 u 2 bedürfen der Ausfüllung durch die Verordnungsgeber. Die Möglichkeit, elektronische Dokumente an das Gericht zu übermitteln, besteht gem Abs 1 S 1 erst ab dem Zeitpunkt, zu dem eine entspr RechtsVO des Bundes (für das BVerwG) bzw eines Landes (für dessen Verwaltungsgerichtsbarkeit) den elektronischen Rechtsverkehr eröffnet. Die Länder dürfen dabei diese Eröffnung gem Abs 1 S 6 auf bestimmte Gerichte oder bestimmte Vf beschränken; erst recht ist daher auch eine noch weitergehende Beschränkung auf einzelne Spruchkörper oder gar auf einzelne Arten von Schriftstücken (zB auf die Einreichung der Klageschrift oder der Klageerwiderung) zulässig (so auch Viefhues NJW 2005, 1010; M 4 zu § 130 a ZPO) – was freilich bisher noch nicht geschehen ist.

Gem Abs 1 S 2 hat die jeweilige RechtsVO die Art u Weise der Einreichung elektronischer Dokumente, dh insb die technischen Rahmenbedingungen (zB Übertragungsweg, Datenformat, Signatur; dazu näher unten 8 ff), festzulegen.

Zur Zeit haben Brand, Brem, Hess, Nds, NW, RhPf u der Bund entspr RechtsVOen erlassen (im einzelnen dazu unten 7).[6] Diese schrittweise Einführung der elektronischen Form ist vom Gesetzgeber so gewollt. Insb soll damit eine Experimentierphase möglich sein, um Erfahrungen zu sammeln (BT-Dr 14/4987, 24 zu § 130 a ZPO). Darüber hinaus wollte der Gesetzgeber die Festlegung der Formerfordernisse dem Verordnungsgeber vorbehalten (zu den dabei zu beachtenden Sicherheitsaspekten zB Viefhues/Scherf K&R 2002, 170). Angesichts der föderalen Zuständigkeitsverteilung können sich die Regelungen im Anwendungsbereich der verschiedenen Prozeßordnungen u in den verschiedenen Bundesländern unterscheiden. Sofern aber die jeweiligen Anforderungen zB im Internet veröffentlicht werden – was zZ stets der Fall ist –, dürfte dies die Handhabung nicht wirklich erschweren.[7]

7 Im Bereich der Vwgbk besteht die **Möglichkeit des elektronischen Rechtsverkehrs** zur Zeit in Brand (alle VGe),[8] Brem (OVG u VG),[9] Hess (VG

[4] Sch-Rudisile 21 zu § 55 a; ähnlich Dietlein/Heinemann NWVBl 2005, 55: Dokumente, die nicht papierbezogen sind und bei denen kein automatischer Papierausdruck erfolgt.

[5] NJW 2006, 1990; Z 1 f zu § 130 a ZPO; M 11 zu § 129 ZPO; zum Computerfax näher 9 zu § 81.

[6] Stand Februar 2007. Die Entwicklung befindet sich aber im Fluß. Es empfiehlt sich daher, sich regelmäßig zB mittels der Internetseiten der Landesjustizverwaltungen über die aktuelle Situation zu informieren.

[7] S aber zu Bedenken gegen eine „Partikularisierung" des elektronischen Rechtsverkehrs Z 5 zu § 130 a ZPO mwN.

[8] Seit dem 1. 5. 2007; VO über den elektronischen Rechtsverkehr im Land Brandenburg v 14. 12. 2006 (GVBl II 558) (BrandERVVO) u http://www.erv.brandenburg.de.

[9] Seit dem 1. 12. 2005; VO über den elektronischen Rechtsverkehr im Land Bremen v 18. 12. 2006 (GBl 548) (BremERVVO) iVm den Bek auf http://www.egvp.de (Menüpunkt „Bearbeitungsvoraussetzungen"); vgl ferner http://www.justiz.bremen.de.

Frankfurt am Main),[10] Nds (OVG sowie VG Lüneburg),[11] NW (OVG sowie VG Minden),[12] RhPf (OVG und alle VGe)[13] sowie beim BVerwG.[14]

b) Übertragung elektronischer Dokumente (Abs 1 S 2 iVm Rechts-VO). 8 Bzgl des **Übertragungsweges** verlangen der Bund sowie die Bundesländer Brem, Hess u NW,[15] daß für den elektronischen Rechtsverkehr das sog „elektronische Gerichts- u Verwaltungspostfach" verwendet werden muß; die Einreichung elektronischer Dokumente mittels einfacher E-Mail ist dort unzulässig (so ausdr § 2 Abs 1 S 2 NWERVVO). Das elektronische Gerichts- u Verwaltungspostfach ist eine spezielle Übertragungssoftware, die zwar einem gewöhnlichen E-Mail-Programm ähnelt u auch e-mail-ähnliche Nachrichten versendet, aber nicht mit dem üblichen SMTP-Protokoll, sondern mit dem sog. OS CI-Protokoll arbeitet, das einen erheblich höheren Sicherheitsstandard aufweist. Die Übertragungssoftware wird kostenlos zur Verfügung gestellt (http://www.egvp.de). In Brand muß eine spezielle elektronische Poststelle genutzt werden (§ 2 Abs 1 u 2 BrandERV-VO), die dem elektronischen Gerichts- u Verwaltungspostfach ähnelt.[16] In Nds u in RhPf schließlich sind elektronische Dokumente in Form eines Dateianhangs an eine gewöhnliche E-Mail (zu möglichen Dateiformaten s unten 9) mittels des SMTP-Protokolls an die dafür vorgesehene E-Mail-Adresse des Gerichts zu übermitteln (Nr 1.1 Anl zu § 2 NdsERVVO; Nr 1 Anl zu § 4 RhPfERVVO).

Das **Volumen der übermittelten Daten** ist jeweils auf eine bestimmte Maximalgröße beschränkt, so zB beim BVerwG, in Brand u in Brem auf 50 MB in maximal 30 Dateien,[17] in Nds auf 10 MB in beliebig vielen Dateien (Nr 1.2 Anl zu § 2 NdsERVVO), in NW auf 10 MB in maximal 10 Dateien,[18] in RhPf auf 5 MB in beliebig vielen Dateien (Nr 1 S 2 Anl zu § 4 RhPfERVVO).[19] Es ist aller-

---

[10] Seit dem 1. 12. 2005; VO über den elektronischen Rechtsverkehr bei den in der Stadt Frankfurt am Main ansässigen Gerichten und Staatsanwaltschaften v 4. 9. 2006 (GVBl I 480) (HessERVVO) iVm der Bek zu § 2 HessERVVO. Den zusätzlichen Anforderungen, die unter dem Menüpunkt „Bearbeitungsvoraussetzungen" auf der Internetseite http://www.egvp.de gestellt werden, dürfte dagegen mangels gesetzlicher Grundlage keine normative Verbindlichkeit zukommen, da § 2 HessERVVO nicht zu dieser Form der Bek ermächtigt.

[11] Seit dem 8. 7. 2006; VO über den elektronischen Rechtsverkehr in der Justiz v 3. 7. 2006 (GVBl 247) (NdsERVVO) u http://www.justiz.niedersachsen.de.

[12] Seit dem 1. 1. 2006; VO über den elektronischen Rechtsverkehr bei den Verwaltungsgerichten und den Finanzgerichten im Lande Nordrhein-Westfalen v 23. 11. 2005 (GVBl 926) (NWERVVO) iVm den Bek auf http://www.egvp.de (Menüpunkt „Bearbeitungsvoraussetzungen"); vgl ferner http://www.justiz.nrw.de.

[13] Schrittweise eingeführt zwischen dem 5. 2. 2004 und dem 1. 6. 2005; s im einzelnen LandesVO über den elektronischen Rechtsverkehr v 22. 12. 2003 (GVBl 2004, 36) idF v 5. 2. 2006 (GVBl 50) (RhPfERVVO) u http://www.justiz-rlp-portal.de.

[14] Seit 1. 12. 2004; VO über den elektronischen Rechtsverkehr beim BVerwG und beim BFH v 26. 11. 2004 (BGBl I 3091) (ERVVO BVerwG) iVm den Bek auf http://www.egvp.de (Menüpunkt „Bearbeitungsvoraussetzungen").

[15] § 2 Abs 1 u 2 ERVVO BVerwG iVm Nr 1 Bek zu § 3 Nr 1 u 4; § 2 Abs 1 u 2 BremERVVO iVm Bek auf http://www.justiz.bremen.de; § 3 HessERVVO iVm Bek auf http://www.justiz.hessen.de; § 2 Abs 1 iVm § 3 NWERVVO.

[16] S dazu näher http://www.erv.brandenburg.de u http://www.gerichtsbriefkasten.de.

[17] Nr 3 Bek zu § 3 Nr 1 u 4 ERVVO BVerwG; Nr 3 Bek zu § 3 Nr 1 u 4 BrandERV-VO; Nr 3 Bek zu § 3 Nr 1 u 4 BremERVVO.

[18] Nr 4 Bek zu § 5 NWERVVO. Der gleichlautenden Beschränkung in Hess (Bek auf http://www.egvp.de) dürfte mangels gesetzlicher Ermächtigungsgrundlage – gem Nr 3 Anl zu § 2 HessERVVO sind weitere Bek nur auf der Internetseite http://www.justiz. hessen.de zulässig – keine normative Verbindlichkeit zukommen (s oben in der Fn zu 7).

[19] ZT werden allerdings wohl Überschreitungen dieser Höchstgrenzen toleriert: So führt zB S. 7 der Informationsbroschüre „Elektronischer Rechtsverkehr in der Verwaltungsgerichtsbarkeit Rheinland-Pfalz", die von der Internet-Seite http://www.ovg.justiz.rlp.de bezogen werden kann, aus, die Erfahrungen in der Praxis hätten gezeigt, „dass auch E-Mails mit einem Volumen von bis zu 10 MB beanstandungsfrei übermittelt werden können." Laut dieser

dings zulässig, die Daten zu komprimieren u als ZIP-Datei einzureichen.[20] Im Bund sowie Brand, Brem, Hess u NW erfolgt eine **Verschlüsselung der übermittelten Daten** automatisch, da in das elektronische Gerichts- u Verwaltungspostfach bzw (in Brand) in die elektronische Poststelle bereits eine Verschlüsselungssoftware integriert ist. In Nds u RhPf muß dagegen, weil die Übertragung hier über den gewöhnlichen E-Mail-Verkehr erfolgt, der Benutzer selbst für die Verschlüsselung der E-Mail sorgen, wenn er dies wünscht.[21] Dies ist nicht zwingend vorgeschrieben, aber gem Nr 1.52 S 1 Anl zu § 2 NdsERVVO bzw Nr 4 Anl zu § 4 RhPfERVVO zulässig.[22]

Bzgl der **Bezeichnung der übermittelten Nachricht** wird gefordert, daß im Betreff das gerichtliche Aktenzeichen angegeben werden soll (BVerwG, Brand, Brem, Hess, NW) bzw muß (zB Nds, RhPf); bei verfahrenseinleitenden Dokumenten soll zT (BVerwG, Brand, Brem, NW) die jeweilige Verfahrensart (zB „Klage", „Revisionseinlegung"),[23] zT (Nds, RhPf) nur das Wort „Neueingang" verwendet werden;[24] Hess fordert entspr Angaben im Dateinamen (näher Nr 4 Anl zu § 2 HessERVVO). Zum **Inhalt der übermittelten Nachricht** vgl zB Nr 5 Bek zu § 3 Nr 1 u 4 ERVVO BVerwG; Nr 1.4 S 3 Anl zu § 2 NdsERVVO; Nr 6 Bek zu § 5 NWERVVO; Nr 2 S 3 Anl zu § 4 RhPfERVVO. Zu **schädlichen Komponenten in den übermittelten Daten** (zB Viren, Trojaner, Würmer) vgl zB Nr 6 Bek zu § 3 Nr 1 u 4 ERVVO BVerwG; Nr 5 Bek zu § 3 Nr 1 u 4 BrandERVVO; Nr 5 Bek zu § 3 Nr 1 u 4 BremERVVO; Nr 7 Bek zu § 5 NWERVVO: Die Datei gilt als nicht zugegangen.

9 **c) Format elektronischer Dokumente (Abs 1 S 2 iVm RechtsVO).** Die **Dateiformate,** in denen elektronische Dokumente eingereicht werden können, sind in der jeweiligen VO festgelegt (zu elektronischen Dokumenten, die zu Beweiszwecken eingereicht werden, s aber unten 12). Die Formate AS CII, Unicode, Microsoft RTF, Adobe PDF, XML,[25] Microsoft Word[26] u TIFF[27] sind nach allen einschlägigen VOen zugelassen.[28] Der Bund sowie NW gestatten ferner auch das Format Open Office, Brem das Format Microsoft Excel, Nds u RhPf das Format ANS I. Das Format muß dabei eine für das Gericht bearbeitbare Version aufweisen (s zB § 2 Abs 4 ERVVO BVerwG; § 2 Abs 4 BremERVVO). Auch zum **Dateinamen** der elektronisch übermittelten Dokumente darf der Verordnungsgeber Vorgaben machen. Relevant ist dies in denjenigen Bundeslän-

---

Broschüre soll es ferner möglich sein, „nötigenfalls [...] große Dateien auch auf festen Datenträgern (CD-ROM, DVD)" einzureichen (gleichlautend die Informationsbroschüre in Nds). Aus dem Wortlaut der entspr VOen ergeben sich diese Möglichkeiten freilich nicht.

[20] So ausdr zB § 2 Abs 6 ERVVO BVerwG; § 2 Abs 5 BrandERVVO; § 2 Abs 5 BremERVVO; Nr 1.4 S 7 Anl zu § 2 NdsERVVO; § 2 Abs 6 NWERVVO.

[21] Das angehängte elektronische Dokument verfügt allerdings idR – nämlich dann, wenn es qualifiziert elektronisch signiert ist – ohnehin über eine Verschlüsselung.

[22] Es müssen die öffentlichen Schlüssel und Zertifikate verwendet werden, die das jeweilige Gericht auf seiner Internetseite bekanntgibt (Nr 1.5.2 S 2 Anl zu § 2 NdsErVVO; Nr 4 S 2 Anl zu § 4 RhPfERVVO).

[23] Nr 4 Bek zu § 3 Nr 1 u 4 ERVVO BVerwG; Nr 4 Bek zu § 3 Nr 1 u 4 BrandERVVO; Nr 4 Bek zu § 3 Nr 1 u 4 BremERVVO; Nr 5 Bek zu § 5 NWERVVO.

[24] Nr 1.4 S 2 Anl zu § 2 NdsERVVO; Nr 2 Anl zu § 4 RhPfERVVO.

[25] ZT mit der Beschränkung, daß sich die Datei mit dem Microsoft Internet Explorer darstellen lassen muß; so zB Nr 5.1 lit d Anl zu § 5 RhPfERVVO.

[26] ZT beschränkt auf Word-Dokumente ohne aktive Komponenten (wie zB Makros); so zB § 2 Abs 4 BrandERVVO, § 2 Abs 4 Nr 6 NWERVVO.

[27] IdR beschränkt auf Unterlagen, die sich in anderen Formaten nicht darstellen lassen; s zB § 2 Abs 5 ERVVO BVerwG; Nr 3 lit g Anl zu § 2 HessERVVO; Nr 1.3 lit p Anl zu § 2 NdsERVVO; § 2 Abs 5 NWERVVO; Nr 5.1 lit g Anl zu § 4 RhPfERVVO.

[28] § 2 Abs 4 u 5 ERVVO BVerwG iVm Bek zu § 3 Nr 3, § 2 Abs 4 BrandERVVO, § 2 Abs 4 BremERVVO, Nr 3 Bek zu § 2 HessERVVO, Nr 1.3 Anl zu § 2 NdsERVVO; § 2 Abs 4 NWERVVO sowie Nr 5 Anl zu § 2 RhPfERVVO.

dern, in denen elektronische Dokumente als Anlage an eine gewöhnliche E-Mail übermittelt werden; s dazu Nr 1.4 S 4 u 5 Anl zu § 2 NdsERVVO u Nr 6 Anl zu § 4 RhPfERVVO.

d) Notwendigkeit einer Signatur (Abs 1 S 3 u 4). Für Dokumente, die 10
einem schriftlich zu unterzeichnenden Schriftstück (zB Klageschrift, § 81 Abs 1 S 1) gleichstehen, **muß** die entspr RechtsVO eine **qualifizierte elektronische Signatur** gem § 2 Nr 3 SigG (dazu unten 20) vorschreiben. Dies ist zB in § 2 Abs 3 BrandERVVO, § 2 Abs 3 BremERVVO, Nr 1.5.1 S 1 Anl zu § 2 Nds-ERVVO, Nr 1 Bek zu § 5 NWERVVO u Nr 3 Anl zu § 4 RhPfERVVO geschehen. Damit soll sichergestellt werden, daß das elektronische Dokument dem angegebenen Absender zugerechnet werden (Authentizität) u nach der Signierung nicht mehr verändert werden kann (Integrität). Ist das Dokument entgegen § 55 a Abs 1 S 3 nicht mit einer qualifizierten elektronischen Signatur versehen, entfaltet es keine Rechtswirkung; mit ihm wird insb keine Frist gewahrt (Ko NVwZ-RR 2006, 519; Bludau NdsVBl 2007, 13; Schübel/Pfister JuS 2007, 25). Wenn mehrere elektronische Dokumente zusammen übermittelt werden (zB eine Klageschrift mit mehreren Anlagen), genügt es, alle Dokumente zusammen mit einer Signatur zu versehen (sog „Containersignatur"); zu Beweiszwecken muß dann allerdings der Container, der die einzelnen Dateien enthält, insgesamt unverändert aufbewahrt werden (Viefhues NJW 2005, 1010).

§ 55 a Abs 1 S 3 bedeutet eine Verschärfung ggü § 86 a aF, der bzgl der qualifizierten elektronischen Signatur nur eine Soll-Vorschrift enthielt (Ko NVwZ-RR 2006, 520). Der Gesetzgeber stellt damit an die prozessuale elektronische Form dieselben hohen Anforderungen wie an die materiellrechtliche elektronische Form (§ 126 a BGB).[29]

Neben dem Vf der qualifizierten elektronischen Signatur darf allerdings gem Abs 1 S 4 in der entspr RechtsVO auch ein anderes sicheres Vf zugelassen werden, sofern auch dieses Vf Authentizität u Integrität des elektronischen Dokuments sicherstellt. Die Länder haben von dieser Möglichkeit allerdings bisher keinen Gebrauch gemacht u beabsichtigen dies auch nicht (vgl Viefhues NJW 2005, 1015).

Für Dokumente, für die das Gesetz keine besondere Form vorschreibt, genügt eine **einfache elektronische Signatur** iSd § 2 Nr 1 SigG (BT-Dr 15/4067, 24; zur Signatur unten 20). Da der Bundesgesetzgeber insoweit bewußt keine qualifizierte elektronische Signatur vorschreiben wollte (vgl BT-Dr 15/4067, 24), dürften entgegenstehende landesrechtliche Vorschriften[30] nur als unverbindliche Empfehlungen anzusehen sein.

e) Keine Beifügung von Abschriften (Abs 2 S 2). Gem Abs 2 S 2 müssen 11
einem elektronisch übermittelten Dokument auch dann, wenn dies eigentlich vorgeschrieben ist (zB in § 81 Abs 2 für die Klageschrift), keine Abschriften (dh keine Ausdrucke in Papierform)[31] für die übrigen Beteiligten beigefügt werden. Wenn anderen Beteiligten ein elektronisch übermitteltes Dokument bekanntgegeben werden muß, diese aber das Dokument elektronisch nicht empfangen können, so ist das Gericht dazu verpflichtet, die erforderlichen Abschriften auf eigene Kosten anfertigen (BT-Dr 15/4067, 38; Viefhues NJW 2005, 1012) u den jeweiligen Beteiligten zukommen zu lassen.

---

[29] Bei der Schriftform werden dagegen an die prozessuale Form geringere Anforderungen gestellt als an die materiellrechtliche Form; dazu ausf 4 ff zu § 81. **Krit** zu den hohen Sicherheitsanforderungen Hähnchen NJW 2005, 2259; Viefhues NJW 2005, 1011.

[30] Vgl zB Nr 3 S 2 Anl zu § 4 RhPfERVVO: Sonstige elektronische Dokumente „sollen" mit einer qualifizierten elektronischen Signatur versehen werden.

[31] Daß eine Datei nicht mehrfach übermittelt werden muß, versteht sich von selbst; BT-Dr 15/4067, 38; Degen VBlBW 2005, 331 zu § 130 b ZPO.

12 **f) Zugang beim Gericht (Abs 2 S 1 u 3).** Ein elektronisches Dokument ist, wie Abs 2 S 1 klarstellt, dem Gericht zugegangen, wenn es erstens in der Art u Weise, die von der für das jeweilige Gericht geltenden RechtsVO verlangt wird (dazu 8 ff), **übermittelt** wurde u zweitens durch die für den Empfang bestimmte Einrichtung des Gerichts **aufgezeichnet** worden ist. Auf den Zeitpunkt zB des Ausdrucks kommt es nicht an. Die Empfangseinrichtung muß sich nicht in den Räumen des Gerichts befinden (Viefhues NJW 2005, 1011).

Zu beachten ist, daß die Beschränkung des Abs 2 S 1 nur für elektronische Schriftsätze gilt. Für elektronische Dokumente, die als Beweismittel eingereicht werden, gilt dagegen die Spezialvorschrift des § 98 iVm § 371 Abs 1 S 2 ZPO, so daß insoweit jedes beliebige Format verwendet werden darf (Viefhues NJW 2005, 1011). Wenn das Gericht die entspr Datei nicht lesen kann, muß es sie ggf mit Hilfe eines Sachverständigen gem § 98 iVm § 372 ZPO lesbar machen (Viefhues NJW 2005, 1011).

13 Das **Risiko des Zugangs** trägt nach allg Grundsätzen der Absender (Viefhues NJW 2005, 1011). IdR erhält dieser von der elektronischen Posteingangsstelle des Gerichts für jedes eingegangene elektronische Dokument eine Empfangsbestätigung, so daß er den Eingang bei Gericht idR problemlos kontrollieren kann. Zu beachten ist allerdings, dass diese Empfangsbestätigung nur den (faktischen) Eingang, nicht jedoch den (rechtlichen) Zugang bescheinigt, weil sie keine Aussage darüber enthält, ob das elektronische Dokument auch in der Form, die Abs 2 iVm der jeweiligen RechtsVO fordert (insb virenfrei u in einem zulässigen Format), eingegangen ist.[32] Deswegen wird der Absender zusätzlich dadurch geschützt, daß das Gericht gem Abs 2 S 3 verpflichtet ist, ihm unverzüglich eine Mitteilung zu schicken, wenn das elektronische Dokument der geforderten Form nicht entspricht. Diese Mitteilung muß auch über die für das Gericht geltenden technischen Rahmenbedingungen informieren. Damit erhält der Absender die Möglichkeit, das Dokument nochmals – dieses Mal in korrekter Form – zu übermitteln, sofern dies noch fristgerecht möglich ist (Viefhues NJW 2005, 1011). Wenn bei der Einreichung eines fristgebundenen Dokuments die Mitteilung gem Abs 2 S 3 erst nach Ablauf der Frist oder überhaupt nicht erfolgt, kommt uU eine auf diesen Umstand gestützte Wiedereinsetzung gem § 60 (dazu ausf 1 ff zu § 60) in Betracht (BT-Dr 15/4067, 37). An das Erfordernis einer unverschuldeten Säumnis iSd § 60 Abs 1 sind jedoch strenge Anforderungen zu stellen. Insb ist derjenige, der ein elektronisches Dokument an ein Gericht verschicken möchte, verpflichtet, sich vorher über die für dieses Gericht geltenden technischen Rahmenbedingungen zu informieren, so daß eine auf entspr Unkenntnis beruhende Säumnis idR schuldhaft ist (Viefhues NJW 2005, 1011; vgl auch 17 zu § 60).

Eine Verpflichtung des Gerichts gem Abs 2 S 3 besteht nicht, wenn der Absender der Datei trotz entspr Bemühungen des Gerichts – zu denen es aufgrund seiner prozessualen Fürsorgepflicht verpflichtet ist – mit vertretbarem Aufwand nicht ermittelt werden kann oder wenn die Datei wg Virenbefalls automatisch von der gerichtlichen Firewall vernichtet worden ist (vgl Viefhues NJW 2005, 1011).

14 **6. Elektronische Kommunikation des Gerichts (Abs 3): a) Grundsatz.** § 55 a Abs 3 enthält Vorschriften für bestimmte elektronische Dokumente des Gerichts u setzt damit als selbstverständlich voraus, daß auch das Gericht in elektronischer Form kommunizieren darf, sofern der jeweilige Adressat damit einverstanden ist (dazu oben 4). Für die elektronische Kommunikation des Gerichts genügt grds, wie sich auch im Umkehrschluss aus Abs 3 ergibt, eine einfache Signatur, dh der bloße Namenszusatz unter das elektronische Dokument. Dies gilt insb für Informationen, die früher schon telefonisch bzw mittels eines nur

[32] Vgl dazu zB Nr 6 Bek zu § 3 Nr 1 u 4 BremERVVO; Nr 8 Bek zu § 5 NWERVVO.

maschinell oder mit Paraphe „unterzeichneten" Dokuments übermittelt werden durften (BT-Dr 15/4067, 38; Viefhues NJW 2005, 1012).

b) Elektronische Form bei in Papierform handschriftlich zu unterzeichnenden Dokumenten. Besonderheiten gelten aber für Dokumente, die in Papierform handschriftlich durch den Richter oder den Urkundsbeamten der Geschäftsstelle unterzeichnet werden müssen. Auch diese Dokumente, insb auch gerichtliche Protokolle (vgl BT-Dr 15/4067, 31), Beschlüsse u Urteile,[33] dürfen zwar in elektronischer Form erstellt werden. Sie müssen dann jedoch gem Abs 3 mit dem **Namen** sowie der **qualifizierten elektronischen Signatur** (§ 2 Nr 3 SigG; dazu unten 20) der verantwortenden Personen versehen werden. 15

Wenn bei einer Entscheidung eines Kollegialgerichts mehrere Richter das Dokument verantworten, müssen grds alle Richter ihren Namen sowie ihre qualifizierte elektronische Signatur auf das Dokument setzen (BT-Dr 15/4067, 31 zu § 130b ZPO). Dabei ist darauf zu achten, daß nach dem Anbringen der ersten Signatur keine Änderungen an dem Dokument mehr vorgenommen werden dürfen (auch nicht zB bzgl Rechtschreibung u Zeichensetzung), weil dadurch die erste Signatur zerstört u das Dokument damit formunwirksam würde (Degen VBlBW 2005, 331 zu § 130b ZPO). Wenn ein Richter verhindert ist, so hat der Vorsitzende bzw – bei dessen Verhinderung – der dienstälteste Richter, der bei der Entscheidung mitgewirkt hat, den Hinderungsgrund u den Namen des verhinderten Richters auf dem elektronischen Dokument zu vermerken (vgl 2a zu § 117).

Die **Rechtsfolgen eines Formfehlers** hängen von der Art des elektronischen Dokuments ab. Für den praktisch wichtigsten Fall einer gerichtlichen Entscheidung gelten die – umstrittenen! – Grundsätze über die Rechtsfolgen fehlerhafter bzw fehlender Unterschriften bei Urteilen bzw Beschlüssen (dazu 3 zu § 117) entsprechend (BT-Dr 15/4067, 31 zu § 130b ZPO; zweifelnd Degen VBlBW 2005, 331 zu § 130b ZPO). Wenn also bei einer gerichtlichen Entscheidung zB eine elektronische Signatur bzw der diese ersetzende Vermerk über die Verhinderung auf dem elektronischen Dokument fehlt oder wenn Namensangabe u Signaturinhaber nicht übereinstimmen oder wenn eine elektronische Signatur nicht den Anforderungen des § 2 Nr 3 SigG entspricht oder – zB durch später angebrachte Signaturen – beschädigt ist, so ist die Entscheidung grds unwirksam; der Formmangel kann jedoch durch Berichtigung analog § 118 (bzw § 122 Abs 1 iVm § 118) geheilt werden (vgl 3 zu § 117).

In welchen Fällen ein gerichtliches Dokument **handschriftlich zu unterzeichnen** – u damit im Falle elektronischer Erstellung qualifiziert elektronisch zu signieren – ist, ergibt sich zT aus dem Wortlaut des Gesetzes (zB bei Urteilen aus § 117 Abs 1; bei Zustellungs- u Verkündungsvermerken aus § 117 Abs 6; bei Niederschriften über die mündliche Verhandlung aus § 105 iVm § 163 ZPO), zT aus der Natur der Sache (zB bei Rechtshilfeersuchen, BT-Dr 15/4067, 38). Für Dokumente, für die in Papierform die maschinelle Unterzeichnung oder die Unterzeichnung mittels Paraphe genügt, ist jedenfalls eine qualifizierte elektronische Signatur nicht erforderlich (s oben 14). 16

c) Elektronische Form bei der Zustellung. Für die Zustellung gelten die Spezialvorschriften des § 56 iVm §§ 174 Abs 3, 195 Abs 1 S 5 ZPO (dazu näher 18 zu § 56). 17

d) Elektronische Form von Vermerken und Beschlüssen auf der Entscheidung. Die VwGO sieht insb in §§ 117 Abs 6, 118 Abs 2, 119 Abs 2, 122 18

---

[33] Degen VBlBW 2005, 331 zu § 130b ZPO. Der Wortlaut des § 117 Abs 1 S 2, der verlangt, daß das Urteil „schriftlich abzufassen und [...] zu unterzeichnen" ist, steht dem nicht entgegen, da § 55a Abs 3 für grds handschriftlich zu unterzeichnende Dokumente des Gerichts gerade die Ersetzung der schriftlichen Form durch die elektronische Form zuläßt. S dazu näher 1 zu § 117.

Abs 1 vor, daß Vermerke oder Beschlüsse auf das Dokument, das die Entscheidung enthält, gesetzt werden müssen. Da ein entspr elektronisches Dokument jedoch gem § 55a Abs 3 mit einer qualifizierten elektronischen Signatur versehen werden muß (s oben 15 u 16) u auf elektronisch signierte Dokumente kein Zusatz gesetzt werden kann, ohne die Signatur zu zerstören, muß der Vermerk oder Beschluß dann gem §§ 117 Abs 6 S 2 u 3, 118 Abs 2 S 3, 119 Abs 2 S 6, 122 Abs 1 in einem gesonderten elektronischen Dokument festgehalten u dieses Dokument untrennbar mit dem Ursprungsdokument verbunden werden. Dies kann zB durch eine sog „Containersignatur" (dazu oben 10) erreicht werden (Viefhues NJW 2005, 1010).

19 **e) Zugang bei den Beteiligten.** Für den Zugang elektronischer Dokumente des Gerichts bei den Beteiligten gelten die allg Vorschriften (BT-Dr 15/4067, 37), dh § 130 BGB (dazu näher 6 zu § 57) bzw – für Zustellungen – § 56 iVm §§ 166ff ZPO, insb § 174 Abs 3 ZPO (dazu näher 5ff u 17ff zu § 57, zum Zugang bei fehlender oder fehlerhafter Zustellung s insb 8 zu § 57).

20 **7. Begriff der Signatur:** Die Einzelheiten zur elektronischen Signatur ergeben sich aus dem SigG. Dieses unterscheidet zwischen der (einfachen) „elektronischen Signatur" (§ 2 Nr 1 SigG), der „fortgeschrittenen elektronischen Signatur" (§ 2 Nr 2 SigG) u der „qualifzierten elektronischen Signatur" (§ 2 Nr 3 SigG). Einfache elektronische Signaturen haben keinerlei Sicherheitswert (Roßnagel NJW 2001, 1819; Schmitz DÖV 2005, 886); auch fortgeschrittene elektronische Signaturen weisen Sicherheitslücken auf. Für Dokumente, für die das Gesetz keine besondere Form vorschreibt, genügt daher zwar die einfache elektronische Signatur. Der Schriftform gleichgestellt ist aber gem § 55a Abs 1 S 3 nur die **qualifizierte elektronische Signatur** iSd **§ 2 Nr 3 SigG.** Diese muß – wie die fortgeschrittene elektronische Signatur – ausschließlich dem Inhaber des Signaturschlüssels (dazu § 2 Nr 4 SigG) zugeordnet sein, seine Identifzierung ermöglichen, mit Mitteln erzeugt sein, die er unter seiner alleinigen Kontrolle halten kann, u mit den Daten, auf die sich die Signatur bezieht, so verknüpft sein, daß eine nachträgliche Veränderung der Daten erkannt werden kann (§ 2 Nr 2 SigG). Darüber hinaus muß sie auf einem zum Zeitpunkt ihrer Ernennung gültigen qualifzierten Zertifikat (dazu § 2 Nr 6 u 7 SigG) beruhen u mit einer sicheren Signaturerstellungseinheit (dazu § 2 Nr 10 SigG) erzeugt werden (§ 2 Nr 3 SigG).[34] Vereinfacht läßt sich das Vf der qualifizierten Signierung wie folgt beschreiben: Der Absender signiert sein Dokument mit seinem privaten Schlüssel. Dies geschieht mit Hilfe einer zertifizierten Signaturkarte (sog Smartcard), die von einem Signaturanbieter (sog Trustcenter) vergeben wird[35] u zum Signieren in ein Kartenlesegerät eingeführt u mittels Eingabe einer PIN aktiviert werden muß. Beim Signieren wird das elektronische Dokument automatisch verschlüsselt u mit einem qualifizierten Signaturzertifikat – der elektronischen Unterschrift – versehen, so daß der Empfänger mit einem öffentlichen Schlüssel überprüfen kann, ob das Dokument von dem angegebenen Absender stammt (Authentizität) u ob es unverändert angekommen ist (Integrität).[36] Dieses Vf gewährleistet ein sehr hohes Sicherheitsniveau, ist allerdings auch recht kompliziert.[37] Zu Einzel-

---

[34] Ausf zum Zweck der Signatur und zu technischen Fragen Sch-Rudisile 20ff zu § 86a aF; **krit** zur Sicherheit der qualifizierten elektronischen Signatur Dietlein/Heinemann NWVBl 2005, 56.

[35] Eine Liste geeigneter Signaturanbieter und Signaturkarten steht auf der Internetseite der Bundesnetzagentur (http://www.bundesnetzagentur.de).

[36] Zur Funktionsweise der qualifizierten elektronischen Signatur s ausf Schmitz DÖV 2005, 886ff; vgl ferner Hähnchen NJW 2001, 2833; Viefhues NJW 2005, 1011.

[37] **Krit** zu den hohen Sicherheitsanforderungen Viefhues NJW 2005, 1011 mwN; **abl** Hähnchen NJW 2005, 2259 mwN: Elektronische Signatur im Rechtsverkehr nicht akzeptiert und überflüssig.

heiten des Vf zur Erlangung bzw zum Gebrauch des Signaturschlüssels s die Internetseiten zum elektronischen Rechtsverkehr (zB http://www.egvp.de) sowie die einschlägigen Kommentierungen, zB Mertes/Zeuner, in: Hoeren/Sieber (Hg), Handbuch Multimediarecht, 13.3 Rn 114ff; Lapp, in: Gounalakis (Hg), Handbuch Electronic Business, § 10.

§ 55b [Elektronische Aktenführung]

(1) **Die Prozessakten können elektronisch geführt werden.**[1] **Die Bundesregierung und die Landesregierungen bestimmen jeweils für ihren Bereich durch Rechtsverordnung den Zeitpunkt, von dem an die Prozessakten elektronisch geführt werden.**[2–3] **In der Rechtsverordnung sind die organisatorisch-technischen Rahmenbedingungen für die Bildung, Führung und Verwahrung der elektronischen Akten festzulegen.**[2] **Die Landesregierungen können die Ermächtigung auf die für die Verwaltungsgerichtsbarkeit zuständigen obersten Landesbehörden übertragen. Die Zulassung der elektronischen Akte kann auf einzelne Gerichte oder Verfahren beschränkt werden.**[2] **Die Rechtsverordnung der Bundesregierung bedarf nicht der Zustimmung des Bundesrates.**

(2) **Dokumente, die nicht der Form entsprechen, in der die Akte geführt wird, sind in die entsprechende Form zu übertragen und in dieser Form zur Akte zu nehmen, soweit die Rechtsverordnung nach Absatz 1 nichts anderes bestimmt.**[4 ff]

(3) **Die Originaldokumente sind mindestens bis zum rechtskräftigen Abschluss des Verfahrens aufzubewahren.**[8]

(4) **Ist ein in Papierform eingereichtes Dokument in ein elektronisches Dokument übertragen worden, muss dieses den Vermerk enthalten, wann und durch wen die Übertragung vorgenommen worden ist.**[5–6] **Ist ein elektronisches Dokument in die Papierform überführt worden, muss der Ausdruck den Vermerk enthalten, welches Ergebnis die Integritätsprüfung des Dokuments ausweist, wen die Signaturprüfung als Inhaber der Signatur ausweist und welchen Zeitpunkt die Signaturprüfung für die Anbringung der Signatur ausweist.**[5–6]

(5) **Dokumente, die nach Absatz 2 hergestellt sind, sind für das Verfahren zugrunde zu legen, soweit kein Anlass besteht, an der Übereinstimmung mit dem eingereichten Dokument zu zweifeln.**[8]

Vgl §§ 298, 298a ZPO; § 52b FGO; § 65b SGG; § 46d ArbGG

Schrifttum: *Degen,* Elektronischer Rechtsverkehr aus Sicht der Anwaltschaft, VBlBW 2005, 329; *Hähnchen,* Elektronische Akten bei Gericht – Chancen und Hindernisse, NJW 2005, 2257; *Roßnagel/Wilke,* Die rechtliche Bedeutung gescannter Dokumente, NJW 2006, 2145; *Viefhues,* Das Gesetz über die Verwendung elektronischer Kommunikationsformen in der Justiz, NJW 2005, 1009.

1. Allgemeines: § 55b wurde durch das JKomG in die VwGO eingefügt. Er schafft die rechtlichen Rahmenbedingungen für die elektronische Aktenführung in der Vwgbk (dazu allg BT-Dr 15/4067, 24ff). Ziel ist eine umfassende elektronische Aktenbearbeitung des Gerichts; Akten, die zT aus Papierdokumenten, zT aus elektronischen Dokumenten bestehen, soll es nicht geben (Viefhues NJW 2005, 1010). 1

Beteiligte u Dritte sind nicht an die Form gebunden, in der das Gericht seine Akten führt. Auch bei elektronischer Aktenführung dürfen also Dokumente in Papierform bei Gericht eingereicht werden; auch bei Aktenführung in Papierform dürfen – sofern die Voraussetzungen des § 55a vorliegen (dazu 6ff zu

§ 55 a) – Dokumente elektronisch dem Gericht übermittelt werden. Mit Beteiligten u Dritten, die elektronische Dokumente nicht empfangen können oder wollen, muß das Gericht auch bei elektronischer Aktenführung in Papierform kommunizieren (Art 103 Abs 1 GG).

2 **2. Notwendigkeit der Einführung der elektronischen Aktenführung durch Rechtsverordnung (Abs 1):** § 55 b bedarf der Ausfüllung durch die Verordnungsgeber. Die Akten können gem Abs 1 S 2 erst ab dem Zeitpunkt elektronisch geführt werden, zu dem eine entspr RechtsVO des Bundes (für das BVerwG) bzw eines Landes (für dessen Vwgbk) dies anordnet. Vor dem durch RechtsVO bestimmten Zeitpunkt dürfen die Akten nur in Papierform geführt werden. Nach dem durch RechtsVO bestimmten Zeitpunkt dürfen die Akten auch in elektronischer Form geführt werden; eine Pflicht zur Führung der Akten in elektronischer Form besteht aber selbst dann nicht (**aA** BT-Dr 15/4067, 38). Dies ergibt sich aus dem Wortlaut des Abs 1 S 1 („können"), der erst von dem Moment an anwendbar ist, in dem die RechtsVO erlassen wurde. Auch Abs 1 S 2 ist keine Pflicht zur Führung von elektronischen Akten zu entnehmen. Das Ermessen des Gerichts ergibt sich zudem aus Sinn u Zweck der elektronischen Aktenführung, die das Vf gerade vereinfachen soll. Diesem Ziel widerspräche es, wenn die Gerichte auch in Verfahren, in denen dies völlig unzweckmäßig wäre (zB weil alle Beteiligten nur in Papierform mit dem Gericht kommunizieren), zu elektronischer Aktenführung gezwungen wären. Die Länder dürfen allerdings gem Abs 1 S 5 die Zulassung der elektronischen Aktenführung auf bestimmte Gerichte, bestimmte Verfahren, bestimmte Spruchkörper oder bestimmte Arten von Schriftstücken (vgl 6 zu § 55 a) beschränken.

Gem Abs 1 S 3 muß die jeweilige RechtsVO die organisatorisch-technischen Rahmenbedingungen für Bildung, Führung u Verwahrung der elektronischen Akten festlegen. Erforderlich sind damit insb Regelungen zu dem dann erforderlich werdenden Dokument-Management-System (dazu Viefhues NJW 2005, 1013) sowie Regelungen, wie Dokumente, die in Papierform eingereicht werden, in die elektronische Form konvertiert werden (vgl Abs 2), u wie dabei sichergestellt wird, dass die elektronische Fassung mit dem papiernen Original übereinstimmt (BT-Dr 15/4067, 38).

3 Entspr RechtsVOen existieren zur Zeit (Stand Februar 2007) nicht, da die Einführung der elektronischen Aktenführung mit großen Schwierigkeiten verbunden ist.[1] Allerdings besteht zB in der nds u in der rhpf Vwgbk schon jetzt die Möglichkeit elektronischer Akteneinsicht (vgl dazu auch § 100 Abs 2 u 5 ff zu § 100) u elektronischer Verfahrensstandsabfrage.

4 **3. Medientransfer (Abs 2 u 4): a) Allgemeines.** Beteiligte u Dritte sind bei der Einreichung von Dokumenten bei Gericht nicht an die Form der Aktenführung gebunden (s oben 1). Gem Abs 2 müssen jedoch eingereichte Dokumente, die nicht der Form entsprechen, in der die Akte geführt wird, grds in die passende Form konvertiert u in dieser Form zur Akte genommen werden (sog „Medientransfer"). Damit wird sichergestellt, daß die gesamte Akte einheitlich entweder in elektronischer Form oder in Papierform vorhanden ist.[2]

5 **b) Formerfordernisse.** Für den Medientransfer gelten bestimmte Formerfordernisse. Wenn ein Papierdokument in ein elektronisches Dokument übertragen wird, muss diesem der Vermerk hinzugefügt werden, wann u durch wen die Übertragung vorgenommen worden ist (Abs 4 S 1; **krit** dazu Degen VBlBW

---

[1] S zB die Rede des Justizstaatssekretärs Diwell v 26. 9. 2006, abrufbar auf der Internetseite des Bundesjustizministeriums (http://www.bmj.bund.de); vgl auch unten 4 ff.

[2] Allg zum Medientransfer und zu den damit verbundenen Problemen Degen VBlBW 2005, 332; Hähnchen NJW 2005, 2258; Roßnagel/Wilke NJW 2006, 2145; vgl ferner Fischer-Dieskau MMR 2003, 702; Viefhues/Volesky K&R 2003, 62.

2005, 332 zu § 298 a ZPO; Viefhues NJW 2005, 1013). Wenn ein elektronisches Dokument in ein Papierdokument übertragen wird, muss letzterem der Vermerk hinzugefügt werden, zu welchem Ergebnis die Integritätsprüfung des Dokuments geführt hat, wer der Inhaber des mit dem Dokument verbundenen Signaturschlüssels ist u wann die Signatur mit dem Dokument verbunden worden ist (sog „Transfervermerk", Abs 4 S 2). Eine Unterschrift unter den Transfervermerk ist nicht erforderlich (BT-Dr 15/4067, 32 zu § 298 ZPO).

Die Bestimmung der **Rechtsfolgen eines fehlerhaften Transfervermerks** 6 hat der Gesetzgeber der Rspr überlassen; BT-Dr 15/4067, 32 zu § 298 ZPO weist insoweit lediglich auf die Rspr zu den Rechtsfolgen bei Fehlern der Ausfertigung hin. Diese Rspr – die annimmt, daß Unrichtigkeiten der Ausfertigung grds gem § 118 analog berichtigt werden, während Unvollständigkeiten die Ausfertigung grds unwirksam machen (vgl Z 6 zu § 317 ZPO) – ist freilich nicht eins zu eins auf die Rechtsfolgen eines fehlerhaften Transfervermerks übertragbar, weil ein Dokument schon mit Eingang bei Gericht wirksam in das Vf eingeführt (bzw eine Klage schon mit Eingang bei Gericht wirksam erhoben, dazu 1 zu § 81) ist. Daran vermögen auch spätere gerichtsinterne Fehler beim Medientransfer nichts mehr zu ändern. Richtigerweise ist daher davon auszugehen, daß nicht nur Unrichtigkeiten, sondern auch Unvollständigkeiten beim Medientransfer gem § 118 analog berichtigt werden können u müssen. Zuständig für die Berichtigung ist die für den Medientransfer verantwortliche Person, also idR der Urkundsbeamte der Geschäftsstelle (vgl 4 zu § 118; Z 6 zu § 317 ZPO; BL 14 zu § 317 ZPO).

c) Ausgestaltung durch RechtsVO. Die Konvertierung von Papierdoku- 7 menten zu elektronischen Dokumenten kann durch die aufgrund Abs 1 erlassene RechtsVO näher geregelt werden. Diese kann zB Vorkehrungen treffen, um sicherzustellen, daß doppelseitig beschriftete Papierdokumente auch beidseitig eingescannt werden (BT-Dr 15/4067, 38). Die RechtsVO darf außerdem, wie Abs 2 letzter HS ausdr anordnet, Ausnahmen vom Erfordernis des Medientransfers vorsehen. So darf sie es zB gestatten, Papierdokumente, deren Scannen unwirtschaftlich wäre (zB Bebauungspläne, umfangreiche Anlagen zu Schriftsätzen), auch in Papierform zu den Akten zu nehmen (BT-Dr 15/4067, 38).

4. Maßgebliche Fassung und Aufbewahrungspflicht (Abs 3 u 5): Maß- 8 geblich für das Vf ist grds diejenige Fassung des Dokuments, die zu den Akten genommen worden ist, u zwar gem Abs 5 HS 1 grds auch dann, wenn es sich dabei nicht um die Originalfassung, sondern um eine gem Abs 2 konvertierte Fassung handelt. Dies gilt gem Abs 5 HS 2 allerdings dann nicht, wenn an der Übereinstimmung des konvertierten Dokuments mit dem Originaldokument begründete Zweifel bestehen. Diese Zweifel müssen geklärt werden können. Um dies zu ermöglichen, ordnet Abs 3 an, daß die Originaldokumente auch dann, wenn sie nicht Akteninhalt geworden sind, mindestens bis zum rechtskräftigen Abschluß des jeweiligen Vf aufzubewahren sind.[3]

§ 56 [Zustellungen]

(1) **Anordnungen und Entscheidungen, durch die eine Frist in Lauf gesetzt wird, sowie Terminbestimmungen und Ladungen sind zuzustellen, bei Verkündung jedoch nur, wenn es ausdrücklich vorgeschrieben ist.**[2 f]

(2) **Zugestellt wird von Amts wegen nach den Vorschriften der Zivilprozessordnung.**[1, 4 ff]

---

[3] S dazu BT-Dr 15/4067, 38; **krit** zur gesetzlichen Regelung Degen VBlBW 2005, 332 zu § 298 a ZPO; Hähnchen NJW 2005, 2259 (dort insb zu Schwierigkeiten bei der Archivierung elektronischer Dokumente).

(3) **Wer nicht im Inland wohnt, hat auf Verlangen einen Zustellungsbevollmächtigten zu bestellen.**[15]

Vgl §§ 166ff ZPO; § 50 ArbGG; § 63 SGG; § 53 FGO

Schrifttum: *Kim/Dübbers,* Rechtliche Probleme bei Einwurf- und Übergabe-Einschreiben, NJ 2001, 65; *Gsell,* Direkte Postzustellung an Adressanten im EU-Ausland nach neuem Zustellungsrecht, EWS 2002, 115; *Hannich/Meyer-Seitz,* ZPO-Reform 2002 mit Zustellungsreformgesetz, 2002; *Heß,* Die Zustellung von Schriftstücken im europäischen Justizraum, NJW 2001, 15; *ders,* Neues deutsches und europäisches Zustellungsrecht, NJW 2002, 2417; *Nies,* Zustellungsreformgesetz – Ein Überblick über das neue Recht, MDR 2002, 69; *Stadler,* Neues europäisches Zustellungsrecht, IPRax 2001, 514; *Steiner/Steiner,* Beweisprobleme durch das neue Zustellungsreformgesetz, insbesondere aus verwaltungsverfahrens- und prozessrechtlicher Sicht, NVwZ 2002, 437.

Übersicht

1 **1. Allgemeines:** Durch das **ZustRG** v 25. 6. 2001 (BGBl I 1206) wurde das **Zustellungsrecht mWv 1. 7. 2002 in zentralen Punkten umgestaltet** (zur früheren Rechtslage s 12. Aufl) u ein **einheitliches Zustellungsrecht für sämtliche Gerichtszweige** geschaffen. Während früher die Verwaltungs-, Sozial- u Finanzgerichte nach dem VwZG zustellten, finden sich jetzt die **Vorschriften über das Verfahren der Zustellung in der ZPO** (s Abs 2). Das VwZG ist nur noch für die Zustellung durch Behörden anzuwenden, auch im WiderspruchsVf (s § 73 Abs 3 S 2 u dazu 22ff zu § 73). Das ZustRG sollte das Zustellungsrecht vereinfachen, den Gerichten eine **größere Wahlfreiheit zwischen verschiedenen Zustellungsarten** – einschließlich des Einsatzes moderner Kommunikationsmittel – einräumen u dabei auch der Postreform Rechnung tragen (BT-Dr 14/4554, 13).

Die Zustellung eines Dokuments soll dem Adressaten Gelegenheit geben, sich von diesem **Kenntnis zu verschaffen** u ggf RMittel einzulegen (BVerfGE 67, 208; BGH NJW 1992, 2281). An den Zeitpunkt der Zustellung knüpfen sich wichtige prozessuale Wirkungen, vor allem der **Lauf von Rechtsbehelfsfristen** (zum Fristbeginn s 10ff zu § 57; 6a zu § 70; 4ff zu § 74; zur Wahrung von Rechtsbehelfsfristen 8ff zu § 74). Die Regelung dient damit insb der **Wahrung des rechtlichen Gehörs** (Art 103 Abs 1 GG) der Betroffenen,[1] ist aber gleichzeitig bedeutsam für den Anspr auf effektiven Rechtsschutz in angemessener Zeit u für die Rechtssicherheit als wesentlichem Element des Rechtsstaatsprinzips (s auch BT-Dr 14/4554, 13).

2 **2. Zustellungserfordernisse (Abs 1):** Der Verweis auf die ZPO betrifft lediglich die Form der Zustellung, enthält aber keine Aussage zu den zustellungsbedürftigen Dokumenten (s auch BT-Dr 14/4554, 14f). Die **Zustellungsbedürftigkeit** ergibt sich deswegen allein aus der VwGO. § 56 Abs 1 nennt sämtliche **Anordnungen u Entscheidungen, durch die eine Frist in Lauf gesetzt wird** sowie **Terminsbestimmungen u Ladungen.** Bei **verkündeten**

---

[1] BVerfG 37, 97; NJW 1988, 2361; BayVerfGH NJW 1982, 2660; BGH NJW 2002, 829; Ms NWVBl 1996, 115; MD-Schmidt-Aßmann 80 zu Art 103 GG.

Entscheidungen muß (nur) dann eine Zustellung erfolgen, wenn dies ausdr vorgeschrieben ist. Aus dieser Regelung ergeben sich insb folgende Konsequenzen zum Erfordernis der Zustellung (zum Zustellungsgegenstand s auch NK-VwGO-Czybulka 11; Weingärtner VBlBW 1989, 10):

- **Urteile, Gerichtsbescheide** sowie **selbständige Beschlüsse** (zum Begriff 4 zu § 122) sind auch bei Verkündung zuzustellen, soweit dies in direkter oder analoger Anwendung des § 116 Abs 1 S 2 gesetzlich ausdr angeordnet ist (s näher 1 zu § 116); ebenso **Beiladungsbeschlüsse** gem § 65 Abs 4 S 1 u **Beschlüsse nach § 56 a** (s § 56 a Abs 1 S 3); soweit Beschlüsse nicht verkündet werden, ergibt sich das Erfordernis der Zustellung unmittelbar aus Abs 1;
- Anordnungen des Gerichts, des Vorsitzenden oder Einzelrichters mit **richterlichen Fristen;**
- **Terminsbestimmungen und Ladungen** sind nach dem Wortlaut des Abs 1 unabhängig davon zuzustellen, ob dadurch eine Frist in Lauf gesetzt wird. Bei einer in der mV verkündeten Terminsbestimmung ist allerdings keine Zustellung (Buchh 310 § 56 VwGO Nr 7) u – außer im Fall des persönlich angeordneten Erscheinens – auch keine Ladung der Beteiligten erforderlich;
- **sämtliche Dokumente können** zugestellt werden, wenn das Gericht dies im Rahmen seines Ermessens für geboten erachtet (Abs 2 iVm § 166 Abs 2 ZPO).

Die Zustellung setzt zunächst einmal die **Wirksamkeit der zuzustellenden** 3 **Entscheidung** (s dazu 1 zu § 116; Ruthig NVwZ 1997, 1189) voraus, was insb bei der Zustellung verkündeter Entscheidungen relevant wird. Eine Verkündung, die unter Verletzung wesentlicher Verfahrensvorschriften erfolgt, so daß von einer Verkündung im Rechtssinn nicht mehr gesprochen werden kann oder doch der Zweck der Verkündung dadurch ernsthaft in Frage gestellt wird, zB Verkündung in einem Termin, der nicht in einem verkündeten Beschluß bestimmt wurde u zu dem die Beteiligten nicht geladen wurden,[2] ist **unwirksam** mit der Folge, daß die Entscheidung als nicht existent zu behandeln ist u auch Fristen dadurch nicht in Lauf gesetzt werden (s auch 19 vor § 124). Sonstige, **weniger schwere Verstöße** berühren die Existenz u Wirksamkeit der Entscheidung nicht, begründen aber die **Verfahrensrüge,** wenn eine Entscheidung darauf beruht, so zB bei Verkündung eines Urteils unter Ausschluß der Öffentlichkeit (Unwirksamkeit tritt aber dann ein, wenn keiner der Beteiligten anwesend ist, vgl Sch-Clausing 8 zu § 116), Verkündung ohne Aufnahme in die Niederschrift u Unterzeichnung der Niederschrift (Ey-J. Schmidt 7 zu § 116); außerdem beginnen in diesem Fall idR **Fristen nicht zu laufen.**[3]

3. Form und Wirksamkeit der Zustellung: a) Legaldefinition. Zustel- 4 lung ist die Bekanntgabe eines Dokuments an eine Person in der in den §§ 166 ff ZPO bestimmten Form (Abs 2 iVm § 166 Abs 1 ZPO). Begrifflich löst die Vorschrift sich damit von der in der früheren Rspr entwickelten Definition der Zustellung als die in gesetzlicher Form erfolgte u beurkundete Übergabe eines Dokuments. Die **Beurkundung** ist jetzt **nicht mehr konstitutiv,** sondern dient lediglich dem Nachweis der Zustellung (BT-Dr 14/4554, 15). **Nur** eine Zustellung **mit Zustellungswillen** u als **für den Empfänger bestimmt** – bei Urteilen darüber hinaus: als für ihn verbindlich[4] – ist eine Zustellung im Sinn des § 56, nicht auch eine zufällige, nicht gewollte Übermittlung eines Dokuments.[5] Auf den Willen des Richters kommt es nur dann an, wenn er die Zustellung an-

---

[2] EF 8 zu § 116 unter Hinweis auf BGHZ 10, 346; **aA** BGHZ – GrZS – 14, 39; Ey-J. Schmidt 7 zu § 116.

[3] Vgl auch BGH NJW 1955, 988; 1985, 1783: fehlerhafte Ersetzung der Verkündung des Urteils durch Zustellung berührt den Bestand des Urteils nicht.

[4] Abzulehnen insoweit NJW 1988, 1613: mit Vermerk „zur Kenntnis" genügt.

[5] HM; vgl 16, 166; 29, 322; NJW 1988, 1613; NVwZ 1999, 181; Bitter NVwZ 1999, 146; s auch 4 zu § 57.

ordnet; sonst ist der Wille des Urkundsbeamten der Geschäftsstelle maßgeblich (Z 2 zu § 166 ZPO). Dieser hat grds für die Zustellung zu sorgen, Abs 2 iVm § 168 ZPO, u ein Ermessen bei der Auswahl des Zustellungsorgans. Er muß den einfachsten u kostengünstigsten Weg wählen, ist jedoch an richterliche Weisungen u gerichtliche Anordnungen gebunden.

5 **b) Zustellungsarten.** Die Arten der Zustellung ergeben sich **abschließend aus Abs 2 iVm §§ 166 ff ZPO.** Da die Zustellung **vAw** zu erfolgen hat, erfaßt die Verweisung des Abs 2 nicht die §§ 191 ff ZPO über die Zustellung im Parteibetrieb. Auch eine Bekanntgabe von Entscheidungen in sonstiger Weise (insb telefonisch) ist keine Zustellung. Ein **Verzicht** auf die vAw vorzunehmende Zustellung ist nicht möglich.

Die Geschäftsstelle kann dem Adressaten das zuzustellende Dokument **an der Amtsstelle aushändigen** (§ 173 ZPO), gegen **Empfangsbekenntnis** (§ 174 ZPO) oder durch **Einschreiben mit Rückschein** (§ 175 ZPO) übermitteln, s unten 16 ff. Die Praxis bediente sich schon bisher ggü RA u Behörden der Zustellung gegen Empfangsbekenntnis.[6] § 174 ZPO hat den Adressatenkreis für diese Art der Zustellung erheblich erweitert (s unten 17). Alternativ zur Zustellung durch die Geschäftsstelle wird im Auftrag der Geschäftsstelle entweder durch die **Post** (dh durch ein gem § 33 Abs 1 PostG beliehenes Unternehmen) oder durch einen **Justizbediensteten** (§ 168 Abs 1 ZPO) zugestellt, unter bestimmten Voraussetzungen im Auftrag des Vorsitzenden oder eines von ihm bestimmten Mitglieds des Prozeßgerichts auch durch den **Gerichtsvollzieher** oder eine **andere Behörde** (§ 168 Abs 2 ZPO); zu den Zustellungsformen s unten 23 ff. Sondervorschriften betreffen die **Zustellung im Ausland** (s unten 36 f), die **öffentliche Zustellung** (s unten 39 f) sowie die Vf nach dem **AsylVfG** (s unten 41 f).

6 **c) Form des zuzustellenden Dokuments.** Die §§ 166 ff ZPO enthalten **keine Aussage** darüber, in welcher Form das Dokument zuzustellen ist (Urschrift, Ausfertigung oder beglaubigte Abschrift). Die Festlegung sollte der jeweiligen materiell- oder prozeßrechtlichen Regelung vorbehalten bleiben (BT-Dr 14/4554, 16). Bei Urteilen, Beschlüssen u Gerichtsbescheiden wird eine **Ausfertigung,** dh ein mit einem vom ausfertigenden Amtsträger mit einem Ausfertigungsvermerk, der zu unterschreiben ist, versehene Abschrift, Durchschrift, Ablichtung oä des bei der Behörde bzw beim Gericht verbleibenden Originals zugestellt (Ms 28, 45). Die Übergabe einer Abschrift oder Fotokopie ohne Ausfertigungsvermerk genügte nach der Rspr zum früheren Recht nicht.[7] Dies gilt jedenfalls für den Verwaltungsprozeß auch weiterhin, da nach § 116 Abs 2 „das Urteil" an die Geschäftsstelle zu geben ist, aber nur eine Ausfertigung die (in den Akten des Gerichts verbleibende) Urschrift des Urteils vertritt (s schon BGH NJW 1959, 2119 zu § 317 Abs 3 ZPO). Bei anderen Dokumenten dagegen ist eine **Beglaubigung** jedenfalls nicht in der Neuregelung der ZPO-Vorschriften vorgeschrieben. Sie folgt insb nicht aus § 169 Abs 2 ZPO, der lediglich die Beglaubigungsbefugnis der Geschäftsstelle, nicht aber die Notwendigkeit einer Beglaubigung des zuzustellenden Dokuments zum Gegenstand hat (anders noch § 210 ZPO aF: „zu übergebende Abschrift ... wird beglaubigt"). Sofern sich nicht aus Spezialvorschriften etwas anderes ergibt, kann daher auch eine **Abschrift** oder **unbeglaubigte Kopie** zugestellt werden. Außerdem kann gem § 189 ZPO das Fehlen der Beglaubigung durch den tatsächlichen Zugang einer inhaltlich richtigen Abschrift geheilt werden (ebenso schon zum früheren Recht BGH LM § 170 ZPO Nr 12).

---

[6] Dazu, daß die Unterzeichnung eines Empfangsbekenntnisses nicht dem Vertretungszwang gem § 67 unterliegt, s Ms DÖV 2007, 38.

[7] NVwZ 1999, 184; VG Meiningen NVwZ 1999, 213; Bitter NVwZ 1999, 145; **aA** für das Verwaltungsverfahren VG Köln NVwZ 1987, 83.

Einzelheiten der Ausfertigung sind gesetzlich nicht vorgeschrieben. Auch unwesentliche oder offenkundige Unrichtigkeiten oder Unvollständigkeiten in der Ausfertigung beeinträchtigen die Wirksamkeit der Zustellung nicht (BGH VersR 1980, 772), solange der wesentliche Entscheidungsinhalt der Ausfertigung entnommen werden kann. Unerheblich sind zB das **Fehlen des Datums** auf der zugestellten Ausfertigung[8] oder das Fehlen einer ordnungsgemäßen (s dazu 10 ff zu § 58) Rechtsbehelfsbelehrung. **Wesentliche Abweichungen von Urschrift u Ausfertigung machen die Zustellung** allerdings **unwirksam,** da der Adressat hierdurch von dem Dokument keine sichere Kenntnis erhält (ebenso Z 6 zu § 189 ZPO: Mängel, die dem zuzustellenden Dokument anhaften, können auch durch § 189 ZPO – dazu unten 8 – nicht geheilt werden). Nicht fehlen dürfen **zB:** 7

- der vollständige **Tenor** (BGH VersR 1978, 155); **anders,** wenn nur der **Verkündungsvermerk** auf der Ausfertigung fehlt (BGH VersR 1987, 680: ohne Einfluß auf die Wirksamkeit der Zustellung; **aA** MKZPO 4 zu § 170 ZPO);
- die **Unterschriften der Richter** (RGZ 159, 26; MKZPO 4 zu § 170 ZPO); die Ausfertigung muß ggf auch erkennen lassen, daß ein Richter **an der Unterzeichnung verhindert** war (BGH NJW 1978, 217);
- der **Ausfertigungsvermerk** (BGH NJW-RR 1993, 956) u die **Unterschrift des Urkundsbeamten** (BGH 100, 237 = NJW 1987, 2868; BGH NJW 1991, 1116);
- die richtige **Geschäftsnummer** auf der Sendung (BFH NVwZ 1999, 223; BGH MDR 1966, 44).

d) Folgen der Verletzung von Zustellungsvorschriften (§ 189 ZPO). 8
Bei **Verletzung zwingender Vorschriften** über die Zustellung u dann, wenn die **formgerechte Zustellung nicht nachweisbar** ist, gilt die Zustellung als in dem Zeitpunkt erfolgt, in dem das Dokument dem Adressaten tatsächlich zugegangen ist, § 189 ZPO. Dafür genügt noch nicht, daß der Empfänger objektiv die Möglichkeit hat, es zur Kenntnis zu nehmen. Erforderlich ist vielmehr, daß ihm die Kenntnisnahme zuverlässig möglich ist, was bei einem RA die Bereitschaft hierzu einschließt (Hbg NVwZ 2005, 236). Bei einem Schriftstück liegt tatsächlicher Zugang dann vor, wenn der Empfänger es selbst in die Hand bekommen (Besitz erlangt) hat (BL 5 zu § 189 ZPO; Z 4 zu § 189 ZPO; BGH NJW 2001, 1947 zu § 187 ZPO aF). Kenntnisnahme durch den Empfänger ist nicht erforderlich (ThP 8 zu § 189 ZPO). Adressat ist entweder der Beteiligte, ein Bevollmächtigter oder Prozeßbevollmächtigter, nicht jedoch eine Ersatzperson gem § 178 ZPO (BGH NJW 2001, 1946; Z 4 zu § 189 ZPO). Das Dokument muß allerdings im Original tatsächlich zugehen, Kenntniserlangung auf sonstige Weise (zB durch Akteneinsicht bzw Kopie, s OLG Nürnberg MDR 1982, 238; Z 4 zu § 189 ZPO) genügt nicht. Zur Möglichkeit tendierend, daß eine Heilung auch durch Zugang einer vom Gericht veranlaßten Telekopie erfolgen kann, Hbg NVwZ 2005, 236.

Die Zustellung ist also kein Selbstzweck; sämtliche Zustellungsmängel sind unbeachtlich, wenn der Zustellungszweck erreicht ist. Wird also zB an den Beteiligten u nicht seinen Bevollmächtigten zugestellt, wird dieser Bekanntgabemangel durch die **Weiterleitung** geheilt (BFH/NV 2002, 8 zu § 9 VwZG aF). Diese Folge ist **zwingend** (anders noch § 187 ZPO aF: Ermessen des Gerichts) u auch, wenn an die Zustellung eine **Frist** anknüpft, BT-Dr 14/4554, 14. Die **frühere Rspr** – auch der VGe (auch § 9 Abs 2 VwZG aF schloß die Anwendung der Heilungsvorschriften in den Fällen aus, in denen an die Zustellung Fristen anknüpfen) – ist deswegen **in weitem Umfang überholt.** Insb entfallen

[8] Ko NVwZ-RR 1991, 390; auch Rechtsmittelfristen laufen ab Zustellung, nicht erst ab einer evtl Berichtigung; Allesch BayVBl 1991, 654.

die Folgen einer fehlerhaften Zustellung in allen Fällen, sobald der in Betracht kommende Rechtsbehelf ohne Rüge des Zustellungsmangels[9] eingelegt wird.[10] Wird der Rechtsbehelf nachträglich wieder zurückgenommen, so kann er nicht später nach Ablauf der Rechtsbehelfsfrist unter Berufung darauf, daß die fehlerhafte Zustellung keine Frist in Lauf gesetzt habe, wieder erneut eingelegt werden (bisher str).

Nicht anwendbar ist § 189 ZPO auf den Fall, daß es bei einer **Zustellung gegen Empfangsbekenntnis** (§ 174 ZPO) am **Empfangswillen** des Adressaten (dazu unten 18) fehlt (Hbg NVwZ 2005, 236; BL 6 zu § 189 ZPO; Z 6 zu § 174 ZPO; BGH NJW 1989, 1154). Fehlender Empfangswille ist nicht heilbar. **Nicht anwendbar** ist § 189 ZPO ferner auch in dem Fall, daß das Gericht eine Zustellung gar nicht gewollt hat, es also am **Zustellungswillen** (dazu oben 4) fehlt (NVwZ-RR 2006, 854). Auch fehlender Zustellungswille ist nicht heilbar.

8a e) Zur **Vereitelung des Zugangs** s 7–8 zu § 57 sowie §§ 179 ff ZPO (dazu unten 33 ff).

9 **4. Die Adressaten der Zustellung: a) Adressat des Dokuments.** Zuzustellen ist **grds an den Adressaten des zuzustellenden Dokuments.** Dies sind in erster Linie die Verfahrensbeteiligten, können aber im Einzelfall auch Zeugen, Sachverständige, Dolmetscher usw sein (NKVwGO-Czybulka 22). Für den Fall, daß es sich nicht um eine prozeßfähige natürliche Person handelt, sehen die §§ 170 f ZPO die Zustellung an gesetzliche Vertreter u Bevollmächtigte vor. Für **beschränkt Prozeßfähige** (s 5 f zu § 62) gilt diese Vorschrift allerdings nicht;[11] diese sind daher selbst Zustellungsadressaten.

10 Bei **nicht prozeßfähigen Personen** ist an den gesetzlichen Vertreter zuzustellen, eine Zustellung an den Beteiligten selbst ist unwirksam, § 170 Abs 1 ZPO. Dies gilt auch dann, wenn die Prozeßunfähigkeit unbekannt war;[12] der Mangel kann aber ex nunc (Ma NVwZ-RR 1991, 494) durch ausdr oder stillschweigende konkludente **Genehmigung** des gesetzlichen Vertreters[13] oder des inzwischen geschäftsfähig Gewordenen selbst (Ma NVwZ-RR 1991, 494) geheilt werden (str; **aA** bis 10. Aufl). Bei Zustellung an **durch beide Elternteile vertretene Minderjährige** (§ 1629 Abs 1 BGB) genügt Zustellung an einen Elternteil.[14]

11 Ist der Zustellungsadressat keine natürliche Person, genügt die **Zustellung an den Leiter,** § 170 Abs 2 ZPO. Durch den Begriff „Leiter" soll der außerhalb der Finanzverwaltung ungebräuchliche Begriff des „Vorstehers" ohne inhaltliche Änderung ersetzt werden. Zuzustellen ist jeweils an den Leiter der gesamten Behörde usw, nicht etwa an den Leiter einer Untergliederung des Adressaten (BT-Dr 14/4554, 17). Sobald allerdings das Dokument an den Adressaten weitergeleitet wird, wird der Mangel gem § 189 ZPO geheilt.

---

[9] So zutr Mü NJW 1984, 2845; BayVBl 1991, 338 und VG Regensburg BayVBl 1976, 761.

[10] Mü BayVBl 1979, 733 mwN; NJW 1984, 2845; Ks NVwZ 1986, 137; Ma DVBl 1989, 893; VG Regensburg BayVBl 1976, 761; vgl auch BGH NJW 1980, 990; 1987, 592; Ks NVwZ 1986, 137; zT **aA** Hbg DVBl 1982, 218; Mü NJW 1984, 333, 926, 2845 für den Fall der Zustellung an einen nicht Prozeßfähigen: keine Heilung möglich.

[11] MKZPO (2. Aufl) 1 zu § 171 ZPO aF; tlw **aA** NKVwGO-Czybulka 27: Zustellung auch an den gesetzlichen Vertreter zulässig.

[12] Ma NVwZ-RR 1991, 494; s auch BGHZ 104, 111: geht die fehlende Prozeßfähigkeit aus dem Titel nicht erkennbar hervor, setzt sie die Rechtsmittel- und Einspruchsfristen in Lauf; die Neuregelung ließ diese Frage bewußt offen. Auch wenn ein Beteiligter erst später die Prozeßunfähigkeit geltend macht, bleibt eine erfolgte Zustellung wirksam (NJW 1970, 962).

[13] Ehlers Jura 1991, 211 – unter Hinweis auf § 138 Nr 4 VwGO –; im Ergebnis auch BVerwG DÖV 1985, 407; Mü DÖV 1984, 434; Meyer, Die Stellvertretung des Minderjährigen im öffentlichen Recht 1988, 63.

[14] Vgl. § 170 Abs. 3 ZPO.

Auch an **jeden rechtsgeschäftlich bestellten Vertreter** kann mit gleicher Wirkung wie an den Vertretenen selbst zugestellt werden, § 171 ZPO. Er ist allerdings nicht notwendiger, sondern fakultativer Zustellungsadressat. Für die Wirksamkeit der Zustellung an den rechtsgeschäftlichen Vertreter soll es nach der Begründung darauf ankommen, daß im Zeitpunkt der Zustellung eine wirksame schriftliche Vollmacht vorliegt (BT-Dr 14/4554, 17). Dies mag bei der – nach der Neuregelung zulässigen – Bevollmächtigung eines Nachbarn usw angezeigt sein, überzeugt bei der gesetzlich vertypten Vollmacht wie insb der Prokura, die alle Rechtsstreitigkeiten im Zusammenhang mit dem Betrieb stehenden Rechtsstreitigkeiten erfaßt (§ 49 Abs 1 HGB), allerdings nicht. Hier muß der Nachweis der Prokura genügen. Der Mangel einer Zustellung an eine nicht bevollmächtigte Person entfällt, wenn dieser **nachträglich Vollmacht** erteilt wird (BGH NJW 1980, 990). **12**

b) Zustellung an mehrere Betroffene. Bei Zustellung an Ehegatten, Miteigentümer usw muß (wenn durch Gesetz nichts anderes bestimmt ist) **für jeden** von ihnen **eine eigene,** gesonderte **Ausfertigung** zugestellt werden.[15] Da die Zustellung die Übergabe (dh Besitzverschaffung) erfordert (s oben 4), ist eine **Zustellung** auch **an Ehegatten, Miteigentümer** (Mü NVwZ 1987, 901; BayVBl 1991, 338 mwN) **usw,** bei der nur eine Ausfertigung an alle gemeinsam zugestellt wird, unheilbar[16] **fehlerhaft,** da hier keiner der Ehegatten, Miteigentümer usw die Urkunde für sich allein behalten kann.[17] Bedenklich 51, 291, wonach bei „Verfügungen, die nicht unmittelbar in die Rechte der verfügungsberechtigten Eigentümer eingreifen", die Zustellung an einen von mehreren Miteigentümern ausreichend sein soll, wenn dieser der zustellenden Stelle ggü als Verwalter des im Miteigentum stehenden Grundstücks aufgetreten ist. **13**

c) Zustellung an Prozeßbevollmächtigte (§ 172 ZPO). Ist im gerichtlichen Vf ein **Prozeßbevollmächtigter bestellt,** so müssen gem § 172 ZPO u dem identischen, aber durch das ZustRG nicht aufgehobenen § 67 Abs 3 alle Zustellungen, um wirksam zu sein u Fristen in Lauf zu setzen, an ihn gerichtet werden (§ 67 Abs 3 S 3).[18] Der Prozeßbevollmächtigte ist also selbst Zustellungsadressat. Die einem RA erteilte u dem VG ggü vorgelegte schriftliche Vollmacht endet erst dann, wenn der RA dem Gericht die wirksame Kündigung des Mandatsverhältnisses nachweist (Ks NVwZ 1998, 1314; vgl auch 53 zu § 67). Die Beendigung eines Mandats berührt die Wirksamkeit der früheren Zustellung **14**

---

[15] BFH NVwZ 1986, 156; Ma VBlBW 1984, 114; NVwZ-RR 1992, 396; Ms NVwZ-RR 1995, 623; VG Meiningen NVwZ 1999, 213; NKVwGO-Czybulka 25; zT **aA** BVerwG NVwZ 1992, 565: zur Bekanntgabe eines VA reicht es aus, daß die Behörde den Adressaten von seinem Inhalt Kenntnis verschafft; bei einem an Ehegatten gerichteten VA muß nicht jeder Besitz an einer Ausfertigung erhalten; es genügt, daß er, was im Zweifel jedoch die Behörde beweisen muß, Kenntnis erlangt; ähnlich Allesch NVwZ 1993, 544.

[16] Vgl Mü BayVBl 1982, 630; FG München NVwZ-RR 1990, 526; Ms NVwZ-RR 1995, 623.

[17] DÖV 1958, 715; BFH 126, 5 = BStBl II 1979, 58; NJW 1979, 392; Mü NVwZ 1987, 901; Ks NVwZ 1986, 138; Ma VBlBW 1984, 114; NVwZ 1986, 140 – Rechtsbehelfsfristen laufen nicht –; Lü NVwZ 1984, 246 – mit der Einschränkung, daß dies nur dann gilt, wenn förmliche Zustellung vorgeschrieben ist –; Ko DÖV 1974, 714 – außer, wenn die Ehegatten eine gemeinsame Steuererklärung abgegeben hatten und damit die Vermutung begründet haben, daß sie sich gegenseitig zu Empfangsbevollmächtigten bestellen, vgl BFH 134, 395; 139, 224 = NVwZ 1984, 270; NVwZ 1986, 156; Ko NVwZ 1987, 899 – uU nichtig –; Bln NVwZ 1986, 136; RÖ-M. Redeker 10; allg zum Problem mwN Preißer NVwZ 1987, 867; zT **aA** für die Zustellung eines VA, wenn beide Ehegatten gemeinsam Verfügungsgewalt erlangen, Ms 27, 309 = DÖV 1976, 608: ausreichend.

[18] S 61 zu § 67; ferner BGH NJW 1984, 2029: direkte Zustellung eines Urteils unwirksam; ähnlich für BVerfG 63, 273 für die Zustellung eines Steuerbescheids; **aA** BFH 155, 472 = NJW 1989, 2496; krit Herder/Gmach NJW 1990, 425; vgl auch einerseits Ms NVwZ-RR 1990, 442, andererseits Ks InfAuslR 1985, 286.

nicht (BGH 118, 322; Z 2 zu § 172 ZPO). Andererseits muß sich ein Beteiligter eine **Zustellung** an einen **früheren Bevollmächtigten** nicht zurechnen lassen, wenn zum Zeitpunkt der Zustellung das Mandatsverhältnis wirksam gekündigt u das **VG** hierüber **in Kenntnis gesetzt war** (Ks NVwZ-RR 1991, 216). Auch der **Tod des Vollmachtgebers** berührt die Zulässigkeit u Wirksamkeit von Zustellungen an den Bevollmächtigten nicht (§ 173 iVm § 86 ZPO). Der **Tod des Bevollmächtigten** führt dagegen gem §§ 675 Abs 1, 673 S 1, 168 S 1 BGB zum Erlöschen der Vollmacht (s dazu 53 zu § 67), so daß Zustellungen unter der Adresse des Bevollmächtigten ab diesem Zeitpunkt unwirksam sind.

In einer **Sozietät** ist grds jeder Anwalt empfangsberechtigt (BGH NJW 1980, 999; VersR 1994, 874: auch ein später eintretendes Sozietätsmitglied; zur überörtlichen Sozietät u Anwalts-GmbH s Z 4 zu § 172 ZPO mwN). Sind **mehrere Prozeßbevollmächtige** bestellt, genügt die Zustellung an einen von ihnen (BGH 118, 322; BVerwG NJW 1998, 3582: für den Lauf der Frist ist die erste Zustellung maßgebend, wenn an mehrere zugestellt wird; Mü NVwZ-RR 2002, 696: das gilt auch im Asylverfahren). Ausreichend ist auch die Zustellung einer einzigen Ausfertigung an den **gemeinsamen Bevollmächtigten mehrerer Personen** (DÖV 1958, 1751; BFH NJW 1971, 727; 1983, 120; Mü NJW 1984, 626; **aA** NKVwGO-Czybulka 26).

15 **d) Bestellung eines Zustellungsbevollmächtigten (Abs 3).** Wohnt ein Beteiligter im Ausland u hat er keinen inländischen Prozeßbevollmächtigten oder Vertreter, hat er auf Verlangen des Gerichts einen **inländischen Zustellungsbevollmächtigen** zu bestellen. Dieser ist bzgl der Zustellungen (und nur dafür) **Vertreter** des betroffenen Beteiligten mit der Folge, daß eine Zustellung an ihn unmittelbar auch dem Vertretenen ggü wirkt, Fristen in Lauf setzt, usw. Erforderlich ist grds eine **echte,** dh tatsächlich bestehende **Bevollmächtigung zur Empfangnahme** von Zustellungen, doch dürfte Anscheinsvollmacht genügen (offen Mü NJW 1991, 1249). Bloße **„Deckadressen“,** die dem Gericht angegeben werden, genügen nicht (12, 75). Die Angabe eines Postamts für postlagernde Sendungen stellt keine Bevollmächtigung des Vorstehers des Postamts iSd Abs 3 dar. Die **Aufforderung zur Bestellung eines Zustellungsbevollmächtigten** kann jedenfalls außerhalb der mV auch der Vorsitzende treffen (DÖV 1964, 567; RÖ-M. Redeker 9). Wird ein Zustellungsbevollmächtigter trotz Aufforderung nicht benannt, kann anschließend durch Aufgabe zur Post an die ausländische Anschrift zugestellt werden, § 184 ZPO. Soweit diese Voraussetzungen nicht vorliegen, ist eine **Auslandszustellung** erforderlich (zu den §§ 183f ZPO s unten 36ff).

16 **5. Zustellung durch die Geschäftsstelle:** Wie § 168 ZPO klarstellt, ist die Zustellung grds Sache der Geschäftsstelle, die damit allerdings die Post beauftragen kann. Die Geschäftsstelle selbst (zur Beauftragung der Post usw unten 20ff) führt die Zustellung nach den §§ 173–175 ZPO aus. Sie kann ein Dokument dem Adressaten oder seinem rechtsgeschäftlich bestellten Vertreter durch **Aushändigung an der Amtsstelle** zustellen (§ 173 ZPO), an bestimmte Personen **gegen Empfangsbekenntnis** (§ 174 ZPO) u in Anlehnung an § 4 VwZG aF jetzt für alle Gerichtsarten auch **durch Einschreiben mit Rückschein** (§ 175 ZPO).

17 **a) Zustellung gegen Empfangsbekenntnis (§ 174 ZPO).** Für diese Zustellungsart – für die auch die elektronische Form zugelassen ist (§ 174 Abs 3 ZPO; vgl 14ff zu § 55a) – ist charakteristisch, daß dem zuzustellenden Schriftstück ein Empfangsbekenntnis beigefügt wird, in dem der Empfänger selbst die erfolgte Zustellung bestätigt.

(1) Voraussetzungen: Eine Zustellung gegen Empfangsbekenntnis darf nur an bestimmte **Personen** erfolgen, bei denen das Gesetz aufgrund ihrer beruflichen Stellung von einer erhöhten Zuverlässigkeit ausgeht, die eine reibungslose u zuverlässige Zustellung gewährleistet u die Einschaltung eines Zustellungsorgans entbehrlich macht.[19] Ggü der – in der Praxis bewährten – Vorgängerregelung des § 212a ZPO aF wurde der **Adressatenkreis** deutlich erweitert. Ausdr genannt werden **Anwälte, Notare, Gerichtsvollzieher u Steuerberater** sowie **Behörden, Körperschaften u Anstalten des öffentlichen Rechts.** Diese Aufzählung ist allerdings nicht abschließend, die Festlegung sonstiger berufsbedingt ebenso zuverlässiger Personen soll der Praxis überlassen bleiben (BT-Dr 14/4554, 18). Denkbar wären zB Wirtschaftsprüfer, Patentanwälte u Rechtsbeistände (Z 3 zu § 174 ZPO). Die Zuverlässigkeit wird **abstrakt aus der beruflichen Stellung** abgeleitet, nicht aus einer konkreten Tätigkeit beispielsweise als Testamentsvollstrecker, Insolvenzverwalter, Betreuer usw (ebenso Z 4 zu § 174 ZPO). Für die Zustellung mittels **elektronischen Dokuments** gestattet außerdem § 174 Abs 3 S 2 ZPO auch die Zustellung gegen Empfangsbekenntnis an **andere Verfahrensbeteiligte** (krit dazu BL 17 zu § 174), sofern jene dieser Zustellungsart **vorher u ausdr** zugestimmt haben. Eine nachträgliche Genehmigung genügt ebensowenig wie eine konkludent erteilte Zustimmung.

Eine wirksame Zustellung gegen Empfangsbekenntnis setzt außerdem – wie alle anderen Zustellungsarten – voraus, daß sie **mit Zustellungswillen** u als **für den Empfänger bestimmt** erfolgt (dazu oben 4).

Eine Zustellung gegen Empfangsbekenntnis ist außerdem erst dann wirksam, wenn der Adressat ausdr oder konkludent seinen Willen äußert, das Dokument als zugestellt in Empfang zu nehmen **(Empfangsbereitschaft;** dazu näher BL 7 zu § 174; Z 6 zu § 174). Fehlt es an dieser Empfangsbereitschaft, ist die Zustellung unheilbar unwirksam; § 189 ZPO ist nicht anwendbar (oben 8). Dies gilt auch für die Zustellung mittels elektronischen Dokuments. Insb ist, wenn es im Falle des § 174 Abs 3 S 2 ZPO an der erforderlichen Zustimmung zur Teilnahme am elektronischen Rechtsverkehr fehlt, bzgl elektronischer Dokumente stets von fehlender Empfangsbereitschaft auszugehen.

§ 174 ZPO begründet **keine Pflicht zur Verwendung dieser Zustellungsform,** ermöglicht also eine flexible Handhabung im Einzelfall u nach den besonderen Bedürfnissen der jeweiligen Fachgerichtsbarkeit (BT-Dr 14/4554, 18).

(2) Verfahren: Das Dokument kann dem Empfänger **mit Zustellungsabsicht ausgehändigt** oder in sein **Gerichtsfach** gelegt werden, es kann per **Boten oder einfachem Brief** u nach näherer Maßgabe des § 174 Abs 2 u 3 ZPO auch **mittels moderner Kommunikationsmittel** (Telefax u elektronisches Dokument) zugeleitet werden. Bestimmte Formerfordernisse sind für die Telekopie als Sollvorschrift ausgestaltet, bei der elektronischen Zustellung jedoch zwingend (digitale Signatur u Sicherung gegen unbefugte Kenntnisnahme Dritter/Verschlüsselung). Die Zustellung ist dann bewirkt, wenn der Adressat das Dokument in Kenntnis der Zustellungsabsicht tatsächlich entgegengenommen hat,[20] die Übergabe an einen Büroangestellten bewirkt deswegen noch keine Zustellung. Es reicht allerdings auch aus, wenn das Dokument in den Herrschaftsbereich des Empfängers gelangt ist u dieser – bevor er das Dokument in den Händen hat – diese Tatsache durch das Unterschreiben des Empfangsbekenntnisses akzeptiert (Gr NVwZ 2002, 113). Zur **Heilung von Zustellungsmängeln** s § 189 ZPO u dazu oben 8. 18

(3) Nachweis der Zustellung: Das mit Datum u Unterschrift des Adressaten versehene **Empfangsbekenntnis** liefert **vollen Beweis** für die **Zustellung,** u zwar grds auch dafür, daß diese **am angegebenen Tag** erfolgt ist; der Gegen- 19

[19] Bewirkt wird die Zustellung unabhängig von der Art der Übermittlung des zuzustellenden Schriftstücks und des Empfangsbekenntnisses durch die Geschäftsstelle. Auch bei der Übersendung eines Briefes handelt es sich um eine Zustellung durch die Post.

[20] **AA** die zivilprozessuale Rspr, vgl zB NJW 1991, 709; 1994, 526.

beweis der Unrichtigkeit dieses Datums ist jedoch zulässig (§ 418 ZPO).[21] Die Zustellung ist freilich auch dann wirksam, wenn das Empfangsbekenntnis nicht zurückgesendet oder nicht vollständig ausgefüllt, insb der Zeitpunkt der Zustellung nicht vermerkt worden ist (str).[22] Falls das Datum fehlt oder nachweislich falsch angegeben ist, ist die Zustellung in dem Zeitpunkt bewirkt, in dem der Adressat das Dokument in Kenntnis der Zustellungsabsicht tatsächlich entgegengenommen hat; wenn sich dieser Zeitpunkt nicht ermitteln läßt, so ist der Zeitpunkt maßgeblich, in dem gem § 130 BGB analog nach dem gewöhnlichen Lauf der Dinge mit der Kenntnisnahme zu rechnen war (BFH BayVBl 1990, 699). Die Zustellung ist schließlich auch dann wirksam, wenn die Behörde kein Formular für ein Empfangsbekenntnis übersandt hat, denn § 174 ZPO schreibt letzteres nicht vor (BT-Dr 14/4554, 18; **aA** zu § 5 Abs 2 VwZG aF = § 5 Abs 4 VwZG nF Ba NVwZ-RR 2002, 56).

Das Empfangsbekenntnis ist **an das Gericht zurückzusenden** (§ 174 Abs 4 S 1 ZPO). Dies kann – unabhängig davon, in welcher Form die Zustellung erfolgt ist – **schriftlich,** durch **Telekopie** oder durch **elektronisches Dokument** iSd § 130 a ZPO geschehen (§ 174 Abs 4 S 2 ZPO idF des G v 23. 7. 2002 [BGBl I 2850]); ein elektronisches Dokument soll mit einer qualifizierten elektronischen Signatur versehen werden (§ 174 Abs 4 S 3 ZPO). Kein Empfangsbekenntnis iSd § 174 ZPO liegt dagegen vor, wenn der Empfänger lediglich telefonisch den Eingang des zuzustellenden Dokuments bestätigt; eine entspr Aktennotiz der Geschäftsstelle kann allerdings zum Beweis des Zugangs auf andere Weise ausreichen (so zu § 5 VwZG VG Bremen NJW 1998, 2378). Das Empfangsbekenntnis muß nicht notwendig auf einem Formular erklärt werden u kann auch im Nachhinein übersandt werden (BGH NJW 1994, 2297); insb reicht die **Bezugnahme** auf das zuzustellende Dokument in einem späteren Schriftsatz (BT-Dr 14/4554, 18).

20 **b) Zustellung durch Einschreiben mit Rückschein (§ 175 ZPO).** § 175 ZPO übernimmt die in § 4 VwZG aF vorgesehene Form der Zustellung durch Einschreiben u stellt gleichzeitig klar, daß nur das Einschreiben mit Rückschein für die förmliche Zustellung nach der VwGO in Betracht kommt.[23] Zur **zustellungsfähigen Anschrift** beim Einschreiben mit Rückschein macht § 175 ZPO keine Angaben. Damit ist auch eine Zustellung an ein vom Empfänger unterhaltenes **Postfach** möglich (VBlBW 1999, 421 zu § 4 VwZG), bei der das Dokument dem Inhaber des Postfaches am Schalter übergeben wird. Diese Zustellungsform kommt also auch in Betracht, wenn ein **Adressat mit ausländischem Wohnsitz** im Inland ein Postfach unterhält (ebenso Engelhardt/App 2 zu § 4 VwZG).

21 Für die Aushändigung an **Ersatzempfänger** gelten bei der Zustellung durch Einschreiben die **Allgemeinen Geschäftsbedingungen des Postdienstleistungsunternehmens.** Daß der Gesetzgeber diese Regelungen privaten Unternehmen überlassen hat, erscheint problematisch.[24] Dies gilt umso mehr, wenn

[21] Ma NVwZ-RR 2005, 364: Empfangsbekenntnis weist Datum aus, das zeitlich nach dem Rücklaufdatum liegt; vgl zu § 212 a ZPO aF NJW 1994, 535; BGH NJW 1979, 2566; 1980, 998; 1987, 325; 1990, 2125.

[22] Wie hier die Rspr zu § 5 VwZG, s NJW 1972, 1435; Mgd NJW 1998, 2993; BFH BayVBl 1990, 699; NKVwGO-Czybulka 35; **aA** bisher die Zivilgerichte (korrekt ausgefülltes Empfangsbekenntnis als Wirksamkeitsvoraussetzung), s BGH NJW 1991, 709; NJW-RR 1998, 1443 zur Datumsangabe; dieser Auffassung ist aber jedenfalls durch § 189 ZPO und die Neufassung des § 182 ZPO der Boden entzogen worden.

[23] Für die Zustellung nach dem VwZG ist dagegen seit dem G zur Novellierung des Verwaltungszustellungsrechts v 17. 8. 2005 (BGBl I 2354) auch die Zustellung mittels Einschreibens durch Übergabe zulässig (§ 4 VwZG). Auch für die Zustellung nach dem VwZG weiterhin unzulässig ist die Zustellung mittels Einwurf-Einschreibens; so schon zu § 4 VwZG aF 112, 79 = NJW 2001, 458. S dazu auch 22 b zu § 73.

[24] S auch Hannich/Meyer-Seitz 3 zu § 175 ZPO: zur Vermeidung von Wertungswidersprüchen sei eine Beschränkung auf den Empfängerkreis entspr § 178 ZPO erforderlich;

der Kreis der Ersatzempfänger in den AGB erheblich weiter gefaßt ist als in § 178 ZPO (dazu unten 29 ff), wie dies zB nach Nr 4 Abs 4 AGB Deutsche Post (Brief National) idF vom 1. 1. 2004 der Fall ist, die – sofern das Einschreiben nicht den Vermerk „eigenhändig" trägt – zB die Ersatzzustellung an alle „in den Räumen des Empfängers anwesende(n) Personen" zuläßt.

Der **Rückschein** ist im Gegensatz zur Zustellungsurkunde **keine öffentliche** 22
Urkunde iSd § 418 ZPO (BT-Dr 14/4554, 19), genügt aber nach § 175 S 2 ZPO zum **Nachweis der Zustellung.**

6. Zustellungsauftrag: Erfolgt die Zustellung durch die Post, einen Justizbe- 23
diensteten, Gerichtsvollzieher oder eine Behörde, wird das Dokument **in einem verschlossenen Umschlag** u **mit einer Zustellungsurkunde** (zum notwendigen Inhalt s § 182 Abs 2 ZPO) übergeben, § 176 ZPO. Mit dem Merkmal **„Justizbediensteter"** soll klargestellt werden, daß die Geschäftsstelle nicht nur einen Gerichtswachtmeister, sondern auch andere geeignete Bedienstete des Gerichts oder der Staatsanwaltschaft mit der Ausführung der Zustellung beauftragen kann (BT-Dr 14/4554, 16). Bei der **Zustellung an einen Gefangenen** wird regelmäßig ein Bediensteter der Justizvollzugsanstalt mit der Zustellung beauftragt werden. Die **Post** – dh ein Lizenznehmer gem §§ 5 ff PostG, der Briefzustelldienstleistungen erbringt (s zur Privatisierung der Post 19 zu § 40) – ist, sofern er nicht nach § 33 Abs 2 S 1 PostG von dieser Verpflichtung befreit ist, nach § 33 Abs 1 PostG verpflichtet u mit dem Recht beliehen, förmliche Zustellungen nach den Vorschriften der Prozeßordnungen u dem VwZG vorzunehmen.

Bei Zustellung mit **Zustellungsurkunde (ZU)** begründet diese als öffentli- 24
che Urkunde iSd § 98 iVm § 418 Abs 1 ZPO den **vollen Beweis** für die darin bezeugten Tatsachen, so zB für Zustellungsart, -ort u -zeit (MKZPO 5 zu § 418 ZPO). Keinen vollen Beweis iSd § 418 Abs 1 ZPO erbringt die ZU dagegen über Tatsachen, die nicht in ihr bezeugt sind. Insoweit muß sehr sorgfältig differenziert werden. So ist zB durch den Niederlegungsvermerk gem § 181 ZPO zwar bewiesen, daß der Postzusteller die vorgeschriebene Mitteilung in den Hausbriefkasten eingelegt hat (so zu § 182 ZPO aF NJW 1986, 2127; OLG Frankfurt NJW 1996, 3159), nicht aber, daß das niedergelegte Dokument auch tatsächlich zugegangen ist (MKZPO 5 zu § 418 ZPO; s aber Zugangsfiktion in § 181 Abs 1 S 4 ZPO). Durch den Vermerk auf einer ZU, daß der entspr Zustellungsversuch erfolglos war, ist nur bewiesen, daß gerade dieser Zustellungsversuch erfolglos geblieben, nicht aber, daß überhaupt keine Zustellung erfolgt ist.[25] Ferner erbringt die ZU nur dann einen vollen Beweis iSd § 418 Abs 1 ZPO dahingehend, daß ein bestimmtes Dokument zugestellt worden ist, wenn auf der ZU das Aktenzeichen des zugestellten Dokuments vermerkt ist, weil nur dann aus der ZU selbst hervorgeht, welches Dokument zugestellt worden ist.[26] Wenn ein entspr Vermerk fehlt, muß dagegen im Zweifel auf andere Weise bewiesen werden, welches Dokument zugestellt worden ist.

Nach § 418 Abs 2 ZPO kann jedoch derjenige, zu dessen Nachteil sich die gesetzliche Beweisregel auswirkt, den **Beweis** für die Unrichtigkeit der beurkundeten Tatsachen **antreten.** Ein derartiger Beweisantritt verlangt seinerseits

---

eine solche Beschränkung ließe sich allerdings praktisch nicht durchführen, so daß nur noch Einschreiben mit dem Vermerk „eigenhändig" in Betracht kämen, wenn künftig die AGB geändert werden bzw neben der Post andere Briefbeförderungsunternehmen ein Einschreiben mit Rückschein mit abweichendem Ersatzempfängerkreis vorsehen.

[25] Vgl auch VG Wiesbaden HessVGRspr 2001, 96, dessen Leitsatz aber zumindest mißverständlich ist.

[26] § 182 ZPO schreibt einen entspr Vermerk zwar nicht mehr zwingend vor – so daß eine Zustellung auch ohne ihn wirksam ist –, im amtlichen Formular ist er aber weiterhin vorgesehen (s ZustellungsvordruckVO v 12. 2. 2002, BGBl I 671). S dazu näher Steiner/Steiner NVwZ 2002, 437.

den vollen Nachweis eines anderen Geschehensablaufs (NJW 1984, 2962; 1986, 2128). Deshalb muß ein Beweisantritt **substantiiert** sein, dh es muß nach dem Vorbringen des Beteiligten **eine gewisse Wahrscheinlichkeit** für die Unrichtigkeit der bezeugten Tatsachen dargelegt werden.[27] Bloßes Bestreiten genügt hierfür nicht; vielmehr müssen **Umstände dargelegt** werden, die ein Fehlverhalten des Zustellers bei der Zustellung u damit eine Falschbeurkundung in der ZU zu belegen geeignet sind (NJW 1986, 2128; BVerfG NJW 1992, 226).

25 **a) Ort der Zustellung und Begriff der Wohnung.** Zustellungen können **an jedem Ort** bewirkt werden, an dem der Empfänger angetroffen wird (§ 177 ZPO). Bei Zustellungen außerhalb von Wohnung u Geschäftsräumen sind Ort u Gelegenheit so zu wählen, daß eine unnötige Belästigung des Empfängers vermieden wird. Andernfalls ist der Betr zur Verweigerung der Annahme berechtigt, s Z 2 zu § 179 ZPO; ein generelles Verbot der Zustellung zur Nachtzeit u an Sonn- u Feiertagen wie nach § 180 ZPO aF gibt es allerdings nicht mehr. In der Praxis erfolgt die Zustellung regelmäßig an der – auf dem Umschlag bzw Dokument angegebenen – Wohnungs- oder Geschäftsadresse. Ob der Betr am Ort der Zustellung tatsächlich eine Wohnung unterhält, spielt nur in den Fällen der Ersatzzustellung (§§ 178–180 ZPO) eine Rolle.

Der Zustellende hat sich von den ihm **nicht bekannten Zustellungsvoraussetzungen** – insb auch der Frage, ob es sich um eine Wohnung handelt – selbst zu überzeugen (Z 2 zu § 178 ZPO; OLG Zweibrücken MDR 1985, 1048: bloße Befragung eines Dritten genügt nicht). Auch eine **Postzustellungsurkunde** begründete keinen Beweis dafür, daß der Adressat tatsächlich dort wohnt.[28] Die **Erklärung des Zustellenden,** er habe den Zustellungsadressaten in seiner Wohnung nicht angetroffen, ist jedoch ein **beweiskräftiges Indiz** dafür, daß der Adressat unter der Zustellungsanschrift wohnt. Der Zustellungsadressat kann im Regelfall die indizielle Wirkung der Erklärung des Zustellenden hins der Wohnung nur durch die plausible u schlüssige Darstellung entkräften, daß er seinen Lebensmittelpunkt an einem anderen Ort begründet hat (BGH NJW 1992, 1663).

26 Der **Begriff der Wohnung** iSd Zustellungsrechts bleibt auch weiterhin der Kasuistik der Rspr überlassen. Wohnung sind danach die vom Zustellungsempfänger **tatsächlich** für eine gewisse Dauer **bewohnten Räume,**[29] selbst wenn der Aufenthalt nur ein vorübergehender ist (s schon RGZ 35, 432; zu einem Frauenhaus OLG Karlsruhe NJW-RR 1995, 1220). Keine Wohnung sind idR ein Wochenendhaus (OLG Celle RPfl 1992, 305 mwN) oder Kanzleiräume mit Schlafgelegenheit (VG Dessau EFG 1998, 989). Unerheblich ist, ob – bzw wo – der Empfänger polizeilich gemeldet ist (83, 43; BGH NJW-RR 1986, 1083). Wenn jemand nur den **Anschein erweckt, daß er Inhaber einer bestimmten Wohnung** ist, zB durch Anbringen oder Nichtentfernen seines Namensschilds, Angabe als Adresse usw, obwohl er tatsächlich nicht dort wohnt, so kann ihm dort auch wirksam zugestellt werden, es sei denn, dem Gericht ist der wahre Sachverhalt bekannt.[30]

---

[27] NJW 1986, 2128; Buchh 310 § 70 VwGO Nr 5; Buchh 11 Art 103 Abs 1 GG Nr 52; BGH NJW 1992, 1963; enger OLG Frankfurt NJW 1996, 3159: es muß ein Sachverhalt vorgetragen werden, der zur Überzeugung des Gerichts jede Möglichkeit der Richtigkeit der beurkundeten Tatsachen ausschließt.

[28] Vgl BVerfG NJW 1992, 224 – aber jedenfalls ein „beweiskräftiges Indiz", das nur durch plausible und schlüssige Darlegungen entkräftet werden kann.

[29] St Rspr zB 85, 215 = NJW 1991, 1904; BGH NJW 1992, 1963; NJW-RR 1997, 1162.

[30] Lü NVwZ-RR 2005, 760; vgl auch LG Koblenz RPfl 1996, 165; OLG Frankfurt NJW 1985, 1910; FG Münster NJW 1985, 1184; BL 4, 7 zu § 181 ZPO; M 3 zu § 178 ZPO; Z 7 zu § 178 ZPO; zT **aA** BVerwG 83, 43.

Vorübergehende Abwesenheit (Urlaub, Krankenhausaufenthalt, Renovierungsarbeiten – dazu BayObLG NJW-RR 1988, 508 – uä) heben die Wohnungseigenschaft nicht auf.[31] Der Empfänger kann eine Wohnung auch **an mehreren Orten** haben; behält er seine bisherige Wohnung bei, bleibt die Zustellung unter dieser Anschrift auch dann zulässig, wenn er sich vorübergehend in der Zweitwohnung aufhält (BGH NJW-RR 1994, 565; Z 5 zu § 178 ZPO; zu dem Sonderfall, daß ein Nachsendeantrag gestellt wurde, s aber unten 29); auch die **Ableistung des Wehrdienstes** schließt eine Zustellung unter der Heimatadresse nicht notwendigerweise aus (Z 5 zu § 178 ZPO; MKZPO 10 zu § 181), anders bei der Privatwohnung eines **Zeitsoldaten,** die dieser erkennbar nicht als Lebensmittelpunkt nutzt, OLG Düsseldorf JurBüro 1992, 54). Dadurch, daß der Zustellungsempfänger eine von mehreren seiner Wohnungen zur **„Hauptwohnung"** bestimmt, verliert die **„Nebenwohnung",** in der der Zustellungsempfänger postalisch erreichbar bleibt, nicht die Eigenschaft einer Wohnung, unter der Zustellungen mit Zustellungsurkunde bewirkt werden können (Ms DVBl 1993, 903). Um keine Wohnung iSd Zustellungsrechts handelt es sich dagegen bei einem längeren **Auslandsaufenthalt** eines Soldaten (OLG Düsseldorf MDR 1999, 497: keine Ersatzzustellung in der heimatlichen Truppenunterkunft), einer längeren **Strafhaft** usw, auch wenn eine fortdauernde Beziehung zur (bisherigen) Wohnung aufrechterhalten wird, weil zB noch Angehörige dort wohnen.[32]

Geschäftsräume sind diejenigen Räume von Behörden, Gewerbetreibenden, RA, Notaren u Gerichtsvollziehern usw (s auch BT-Dr 14/4554, 20), die zur Ausübung einer Berufs-, Büro- oder Amtstätigkeit dienen (NVwZ 2005, 1331). Sie können von mehreren gemeinsam (RGZ 16, 350) oder nur vorübergehend genutzt werden (zB Messestand, Z 15 zu § 178 ZPO). Als Geschäftsraum ist nicht das gesamte Gebäude anzusehen, sondern regelmäßig der Raum, in dem sich der Publikumsverkehr abspielt u zu dem der mit der Ausführung der Zustellung Beauftragte Zutritt hat; s BT-Dr 14/4554, 20. In großen Betrieben u Behörden sind es die für den Postzugang bestimmten Räume (BGH DB 1988, 1210; BFH DB 1988, 1935). Geschäftsräume sind auch gegeben, wenn jemand lediglich in zurechenbarer Weise den **Anschein** hervorruft, er unterhalte an einem bestimmten Ort Geschäftsräume (BGH NJW 1998, 1959, der dies für den zu beurteilenden Fall allerdings abgelehnt hat). **Keine** Geschäftsräume sind bloße Betriebsstätten, Warenlager, Lagerhallen u Auslieferungsstätten usw oder Pförtnerlogen (Z 15 zu § 178 ZPO). 27

Gemeinschaftsunterkünfte sind unabhängig von Organisationsform oder Trägerschaft denkbare Orte für eine Zustellung. Hierher gehören zB Altenheime, Wohnheime, Krankenhäuser, Justizvollzugsanstalten, Asylbewerberheime. Erforderlich ist allerdings, daß der Zustellungsempfänger in dieser Unterkunft wohnt (s auch BT-Dr 14/4554, 21). 28

b) Ersatzzustellung in der Wohnung, in Geschäftsräumen und Einrichtungen (§ 178 ZPO). Die Ersatzzustellung nach § 178 ZPO dient der **Vereinfachung und Beschleunigung des ZustellungsVf** unter gleichzeitiger Wahrung der Interessen des Adressaten an unverzüglichem Zugang des Dokuments; bei der Neuregelung wurden verschiedene Zustellungsformen in einer einheitlichen Regelung zusammengefaßt, gleichzeitig aber der Kreis derjenigen, an die eine Ersatzzustellung erfolgen kann, erheblich verändert. Die Ersatzzustellung setzt zunächst voraus, daß der Zustellungsadressat **nicht angetroffen** wird. Das ist auch dann der Fall, wenn der Betr zwar anwesend, aber etwa wg Erkran- 29

[31] 83, 43: anders nur, wenn Umstände vorliegen, die gegen eine Rückkehr demnächst sprechen, auch zB die Erklärung, aus dem Leben scheiden zu wollen; 88, 67 = NJW 1991, 1904; BFH NJW 1988, 2000.

[32] BGH NJW 1978, 1858: 2 Monate; BVerwG DVBl 1984, 90: mehrjährige Strafhaft; BFH NVwZ 1986, 545: mehrmonatige Untersuchungshaft.

kung oder wg unabwendbarer Dienstgeschäfte **an der Annahme gehindert** ist (BT-Dr 14/4554, 20). Gleichzeitig muß es sich beim Ort der Zustellung um eine Wohnung, Geschäftsräume oder eine Gemeinschaftseinrichtung handeln (zu den Definitionen s oben 26 ff). Eine wirksame Ersatzzustellung setzt in jedem Fall voraus, daß zuvor zumindest der **Versuch der persönlichen Zustellung** unternommen (Ma NVwZ-Beil 1999, 42; VG Frankfurt NVwZ-Beil 1999, 31) bzw nach der Anwesenheit des Adressaten gefragt wurde (abzulehnen OLG Frankfurt NJW-RR 1998, 1684). Die Ersatzzustellung ist auch dann unwirksam, wenn die entspr Person, der zugestellt wurde, an dem Rechtsstreit als **Gegner des Zustellungsadressaten** beteiligt ist, § 178 Abs 2 ZPO. Das Dokument ist mit der Übergabe an die Ersatzperson zugestellt. Ob u wann der Zustellungsadressat davon Kenntnis erhält, ist für die Wirksamkeit der Zustellung unerheblich (BFH/NV 2002, 216). Wenn ein **Nachsendeantrag** bei der Post gestellt worden ist, in dem auch die Nachsendung förmlicher Zustellungen beantragt worden ist,[33] so kann eine wirksame Zustellung nur an die neue Anschrift erfolgen,[34] u zwar auch dann, wenn der Zustellungsempfänger unstreitig noch eine Wohnung iSd § 178 ZPO (dazu näher oben 26) unter der alten Anschrift hat (**aA** Z 5 zu § 178 ZPO; Ma NJW 1997, 3330). Wenn trotz entspr Nachsendeantrages an die alte Anschrift zugestellt wird, so ist diese Zustellung grds unwirksam (s aber zur Zugangsfiktion bei vereiteltem Zugang 7 u 8 zu § 57) u setzt daher keine Fristen in Lauf (§ 57). Soweit hier nicht ohnehin eine Heilung von Zustellungsmängeln gem § 56 Abs 2 iVm § 189 ZPO greift (s oben 8), kann sich eine zeitliche Grenze für die Einlegung von Rechtsbehelfen allerdings aus den Grundsätzen der Verwirkung ergeben; s dazu ausf 6 h zu § 70 u 18 ff zu § 74.

30 Die **Ersatzzustellung in der Wohnung** (zum Begriff oben 26) ist unter den geschilderten Voraussetzungen möglich

– an **erwachsene Familienangehörige,** zB Ehegatten, Geschwister, Groß- u Schwiegereltern u erwachsene Kinder. Eine Ersatzzustellung ist auch möglich durch Übergabe an einen Ehegatten, wenn die Eheleute innerhalb der Ehewohnung getrennt leben (LG Berlin MDR 1998, 926; **aA** Z 8 zu § 178 ZPO); **Kinder** müssen zwar nicht volljährig sein, aber nach Aussehen u Auftreten mit Erwachsenen vergleichbar sein u erwarten lassen, daß das Dokument weitergegeben wird; idR müssen sie älter als 14 Jahre alt sein (BGH NJW 1981, 1614; NJW-RR 2002, 137; Z 13 zu § 178 ZPO; ThP 11 zu § 178 ZPO mwN; **aA** BL 15 zu § 178 ZPO). Zu den Familienangehörigen gehören auch **Pflegekinder** (OLG Celle FamRZ 1983, 202; Z 8 zu § 178) oder Pflegeeltern, da der Begriff der Familienangehörigkeit in einem weitgefaßten Sinn zu verstehen ist. Ein (gleichgeschlechtlicher) **Lebenspartner** gilt gem § 11 Abs 1 LPartG ebenfalls als Familienangehöriger iSd Zustellungsrechts; entsprechendes gilt gem § 11 Abs 2 LPartG für **dessen Familienangehörige.** Es ist dagegen nicht mehr erforderlich, den **nichtehelichen Lebensgefährten** als Familienangehörigen zu qualifizieren,[35] da er jedenfalls regelmäßig als erwachsener ständiger Mitbewohner anzusehen ist. Damit kann auch nicht mehr vorsorglich durch Niederlegung zugestellt werden (anders noch zum bish Recht NVwZ 2002, 80). Nach neuem Zustellungsrecht muß der Familienangehörige mit dem Zustellungsempfänger **nicht in häuslicher Gemeinschaft** leben

---

[33] Wenn sich der Nachsendeantrag nicht auf förmliche Zustellungen erstreckt, muß natürlich an die alte Anschrift zugestellt werden.

[34] BFH NJW 1988, 1999; BL 8 zu § 178 ZPO; **aA** Ma NJW 1997, 3330; MKZPO 6 zu § 181 ZPO aF, der dem Nachsendeantrag nur ein – widerlegbares – Indiz dafür entnimmt, daß der Zustellungsempfänger seine Wohnung iSd § 178 ZPO unter der neuen Anschrift hat.

[35] So BGH 111, 1 für den Fall, daß der Zustellungsadressat nicht nur mit dem Partner, sondern einer Familie zusammenlebt.

(der Begriff des „Hausgenossen“ gem § 181 Abs 1 ZPO aF wurde aufgegeben). Für diese Form der Ersatzzustellung wird allein auf das durch die Familienzugehörigkeit begründete Vertrauensverhältnis abgestellt; s ausdr BT-Dr 14/4554, 20. Es genügt, wenn zB ein Familienangehöriger während der Abwesenheit des Wohnungsinhabers die Wohnung hütet;

- an eine **in der Familie beschäftigte Person,** zB die Haushälterin, Haushaltshilfe oder Raumpflegerin (FG Berlin NJW 1986, 344). Die Beschäftigung stellt auf die tatsächlichen Verhältnisse, nicht vertragliche Bindungen (Z 11 zu § 178 ZPO; unklar BT-Dr 14/4554, 20) oder Vergütung (OLG Hamm MDR 1982, 516) ab. Hausgemeinschaft (dh ein Wohnen bei der Familie) ist nicht erforderlich, auch keine Vollzeitbeschäftigung. **Nicht** ausreichend ist allerdings eine einmalige kurzfristige Tätigkeit, etwa eine Gelegenheitshilfe. Auch die Entgegennahme der Post während der Abwesenheit des Zustellungsadressaten begründet kein Beschäftigungsverhältnis (OLG Nürnberg NJW-RR 1998, 495);
- an **erwachsene ständige Mitbewohner.** Der Gesetzgeber sieht in dem Zusammenwohnen ein besonderes Vertrauensverhältnis, das in vergleichbarer Weise wie bei der Familienzugehörigkeit die ersatzweise Übergabe des Dokuments an eine solche Person rechtfertige; s ausdr BT-Dr 14/4554, 20, zB auch die Partner einer nichtehelichen Lebensgemeinschaft.

In **Geschäftsräumen** (zum Begriff s oben 27) kann ersatzweise an **dort beschäftigte Personen** zugestellt werden. Die frühere Beschränkung dieser Zustellungsmöglichkeit auf die gewöhnlichen Geschäftszeiten wurde aufgegeben. Aus dem Umstand, daß der Inhaber diesen die Räume überlasse, könne man schließen, daß er ihnen auch das für Zustellungen notwendige Vertrauen entgegenbringe, BT-Dr 14/4554, 20. Dies gilt sicherlich für **Bedienstete, Gehilfen, Büro- oder Schreibkräfte,** kann aber nicht in der gleichen Weise für solche Beschäftigte gelten, bei denen man ein entspr Vertrauen gerade nicht erwarten darf. Eine Ersatzzustellung ist deswegen **ausgeschlossen bei Reinigungskräften oder dem Pförtner usw** (s auch schon oben 27 dazu, daß eine Pförtnerloge schon keinen Geschäftsraum darstellt, an dem eine Zustellung erfolgen kann). Insoweit ist der weitergehende Wortlaut der Vorschrift teleologisch zu reduzieren.[36] **Nicht** vom Wortlaut der Vorschrift erfaßt sind solche Mitarbeiter, die sich nur zufällig in den Geschäftsräumen aufhalten, also dort nicht im eigentlichen Sinn beschäftigt sind, zB **Außendienstmitarbeiter.** 31

In **Gemeinschaftseinrichtungen** darf nur an deren **Leiter** oder eine **ausdr zur Entgegennahme von Zustellungen bevollmächtigte Person** zugestellt werden. Sie darf als Ersatzzustellung erst dann erfolgen, wenn eine Zustellung an den Adressaten nicht möglich ist (BT-Dr 14/4554, 21; Z 20 zu § 178 ZPO; weitergehend zum bisherigen Recht Ma NJW 2001, 3569 bzgl JVA). Leiter der Einrichtung sind bei einem **Krankenhaus** der ärztliche Direktor u der Leiter der Verwaltung (zum bisherigen Recht auch MKZPO 20 zu § 182), bei einer **Kaserne** lediglich der Kasernenkommandant, aufgrund Bevollmächtigung kann aber auch an den jeweiligen Kompaniefeldwebel zugestellt werden. Angesichts der Möglichkeit zur Bestimmung von Bevollmächtigten ist es nicht angebracht, den Begriff des Leiters auf sonstige Personen in herausgehobener Stellung zu erstrecken (so aber Hannich/Meyer-Seitz 10 zu § 178 ZPO). 32

c) Zustellung bei verweigerter Annahme (§ 179 ZPO). Wird durch den Adressaten oder eine Ersatzperson die Annahme des zuzustellenden Dokuments **in der Wohnung oder dem Geschäftsraum** unberechtigt verweigert, kann das Dokument dort zurückgelassen werden; diese Möglichkeit besteht also **nicht bei Gemeinschaftsunterkünften** (zum AsylVfG s unten 41 ff). Nach § 179 33

---

[36] Auch der Gesetzgeber wollte den Kreis der für eine Ersatzzustellung in Frage kommenden Personen nicht über das bisherige Recht hinaus erweitern, s BT-Dr 14/4554, 20.

ZPO gilt das Dokument als mit der – zu beurkundenden – Annahmeverweigerung zugestellt (s auch BT-Dr 14/4554, 21). Die Weigerung ist nur dann berechtigt, wenn die Zustellung zur Unzeit erfolgt oder wenn Zweifel über die Identität der in Anspr genommenen Person bestehen (BT-Dr 14/4554, 21). Das **Zurücklassen** kann durch Niederlegen in den entspr Räumlichkeiten, Anheften an die Tür oder Durchschieben unter der Tür u (wenn ein Verlust nicht zu besorgen ist) auch durch Niederlegen vor der Tür (Z 1 zu § 179 ZPO) erfolgen. Probleme werden sich dadurch ergeben, daß das **Verhältnis des § 179 ZPO zu § 180 ZPO** nicht eindeutig ist (s auch Hannich/Meyer-Seitz 3 zu § 180 ZPO). Der Wortlaut des § 180 ZPO spricht dafür, daß beide Möglichkeiten nebeneinander bestehen.

34 **d) Ersatzzustellung durch Einlegen in den Briefkasten (§ 180 ZPO).** Diese **neue Form der Ersatzzustellung** steht nach Ansicht des Gesetzgebers im Zentrum der Reform (BT-Dr 14/4554, 21) u soll den Anwendungsbereich der Ersatzzustellung durch Niederlegung (§ 181 ZPO) deutlich reduzieren. Sie ist nur zulässig, wenn weder eine unmittelbare Zustellung noch die Ersatzzustellung nach § 178 Abs 1 Nr 1 u 2 ZPO ausführbar waren. Praktische Bedeutung wird sie insb bei Geschäftsräumen erlangen, die zum Zeitpunkt des Zustellgangs nicht geöffnet haben.

Zulässig ist ein Einlegen in den Briefkasten nur, wenn der Zusteller sich davon überzeugt hat, daß der Briefkasten eindeutig **dem Adressaten zugeordnet** (insb Beschriftung) u **zu einer gesicherten Aufbewahrung geeignet** ist (s auch BT-Dr 14/4554, 21). Dies ist nicht der Fall, wenn der Briefkasten unverschlossen oder beschädigt ist oder wenn er überquillt u wohl nicht regelmäßig geleert wird. Weitere Anforderungen enthält die Vorschrift nicht. Auch ein **Gemeinschaftsbriefkasten** oder eine sonstige Vorrichtung wie etwa ein **Briefschlitz** (dazu BT-Dr 14/4554, 21) können diese Voraussetzungen grds erfüllen. Zum Nachweis der Wirksamkeit einer Ersatzzustellung nach § 180 ZPO ist nicht erforderlich, daß der Zusteller in der Urkunde angibt, in welche Empfangseinrichtung – Briefkasten oder ähnliche Vorrichtung – er das Schriftstück eingelegt hat oder im Fall einer ähnlichen Vorrichtung diese näher bezeichnet (BGH NJW 2006, 150).

35 **e) Ersatzzustellung durch Niederlegung (§ 181 ZPO).** Nur wenn keine der genannten Möglichkeiten einer Ersatzzustellung möglich ist, kann durch Niederlegung beim Amtsgericht oder einer von der Post bestimmten Stelle zugestellt werden. Angesichts der Ersatzzustellung im Briefkasten wird für diese Zustellungsmöglichkeit nur noch ein sehr eingeschränkter Anwendungsbereich verbleiben. Die Niederlegung wird dadurch bewirkt, daß das zuzustellende Dokument im Anschluß an den (erfolglosen) Zustellungsversuch entweder auf der Geschäftsstelle des Amtsgerichts, in dessen Bezirk der Ort der Zustellung liegt, oder – bei Zustellungen durch die Post – am Ort der Zustellung oder am Ort des Amtsgerichts bei einer von der Post dafür bestimmten Stelle niedergelegt wird; die **Weiterleitung** der Sendung zB aufgrund eines Nachsendeantrags an eine vom Zustellungsempfänger angegebene Adresse ist für die Frage der Wirksamkeit der (Ersatz-)Zustellung **rechtlich unerheblich** (zur Aufbewahrungsfirst s Abs 3). Über die Niederlegung ist eine **schriftliche Mitteilung** in der bei gewöhnlichen Briefen üblichen Weise abzugeben (s auch BGH NJW 2001, 832 zu § 182 ZPO aF) oder – wenn dies nicht möglich ist – an der Tür anzuheften, § 181 Abs 1 S 3 ZPO. Damit genügt nach dem Wortlaut der Vorschrift auch der Einwurf der Mitteilung in den Briefkasten.[37]

---

[37] **AA** Z 4 zu § 181 ZPO: die Mitteilung über die Niederlegung könne nicht mehr durch Einwurf in den Briefkasten erfolgen, da ein solcher die Möglichkeit der Zustellung nach § 180 ZPO erfüllt. Ein Anwendungsbereich verbleibt der Ersatzzustellung durch Niederlegung aber vor allem in den Fällen, in denen der Briefkasten nicht die Anforderungen

Die Zustellung gilt mit der ordnungsgemäßen[38] Mitteilung darüber als erfolgt (§ 181 Abs 1 S 4 ZPO; s auch schon BGH NJW-RR 1999, 1151), selbst wenn die Benachrichtigung dem Adressaten nicht zur Kenntnis gelangt (Z 10 zu § 181 ZPO). Auf die **Niederlegung** (vgl BT-Dr 14/4554, 22) bzw den **Zeitpunkt der tatsächlichen Kenntnisnahme** bzw der Möglichkeit dazu kommt es **nicht** an (BayObLG NJW-RR 1999, 1379), auch nicht, wenn ein **Nachsendeantrag** gestellt ist (88, 66 = NJW 1991, 1904).

7. Zustellungen im Ausland (§§ 183, 184 ZPO): Da die **förmliche Zustellung** eines Dokuments durch Amtspersonen ein **staatlicher Hoheitsakt** ist, 36
dürfen deutsche Organe im Ausland nur mit Zustimmung des jeweiligen Staates Zustellungen bewirken. Das Recht der Zustellung an Adressaten im Ausland ist durch mehrere Rechtsakte **neu geordnet** worden. Sie ist aber weiterhin zersplittert u kompliziert (s auch Heß NJW 2002, 2421 ff mit Einzelheiten). Die wichtigste Form der Auslandszustellung ist nach dem Vorbild des früheren § 37 Abs 2 StPO u Art 52 SDÜ nunmehr gem **§ 183 Abs 1 Nr 1 ZPO** das **Einschreiben mit Rückschein,** sofern die unmittelbare postalische Übersendung von Dokumenten völkerrechtlich zulässig ist; nach § 183 Abs 2 ZPO genügt dann der Rückschein als Nachweis der Zustellung.

Der praktisch bedeutsamste Fall der völkerrechtlich zulässigen Auslandszustellung durch die Post findet sich im Anwendungsbereich der **EuZustVO,** die unmittelbar nur für Zivil- u Handelssachen gilt. Bei dieser können die Mitgliedsstaaten nur die Modalitäten dieser Zustellungsform festlegen (s in Deutschland §§ 1067 ff ZPO), dieses Vf aber nicht gänzlich ausschließen. Es ist allerdings zweifelhaft, ob diese Vorschriften im Verwaltungsprozeß anwendbar sein können. Nach **allg Grundsätzen** entscheidet die **lex fori** des die Zustellung veranlassenden Gerichts über die Voraussetzungen der zu bewirkenden Zustellung u damit auch die Frage, ob eine Zivil- u Handelssache vorliegt (in Deutschland also anhand des § 40 VwGO bzw § 13 GVG). Lediglich im Bereich der EuGVO gibt es einen **autonomen Begriff der zivilrechtlichen Streitigkeit,** der zT auch Streitigkeiten erfaßt, die nach deutschem Recht verwaltungsrechtlicher Art sind (s näher 26 zu § 1). Würde man diesen autonomen Begriff auf die EuZustVO übertragen, käme insoweit auch im Verwaltungsprozeß eine Zustellung nach § 183 Abs 1 Nr 1 ZPO iVm der EuZustVO in Betracht. Für das Zustellungsrecht wäre eine solche Lösung allerdings **nicht praktikabel,** da die Form der Zustellung nicht vom geltend gemachten Anspr abhängen kann, wie insb am Fall der Klagehäufung deutlich wird.

Soweit eine Zustellung durch Einschreiben nicht in Betracht kommt, kann sie 37
durch eine **ersuchte (ausländische) Behörde** erfolgen, § 183 Abs 1 Nr 2 Alt 1 ZPO. Sofern keine völkerrechtlichen Verträge bestehen, kommt nur eine sog formlose Zustellung in Betracht (einfache Übergabe an den Empfänger, sofern er zur Annahme bereit ist); möglich ist auf der Grundlage völkerrechtlicher Verträge entweder die formlose oder eine förmliche Zustellung entweder in der vom Recht des ersuchten Staates vorgesehenen oder in der vom ersuchenden Gericht gewünschten Form (s auch Z 62 zu § 183 ZPO). Für den Bereich der Vwgbk s insb den Deutsch-Österreichischen Vertrag über Amts- u Rechtshilfe in Verwaltungssachen v 31. 5. 1988 (BGBl 1990 II 358) sowie das Europäische Übereinkommen v 24. 11. 1977 über die Zustellung von Schriftstücken in Verwaltungssachen im Ausland (BGBl 1981 II 535), das auch verwaltungsgerichtliche Zustellungen erfaßt

---

des § 180 ZPO erfüllt, etwa weil er offensichtlich nicht regelmäßig geleert wird. Die Differenzierung ist auch sinnvoll, weil hier nur eine Mitteilung und nicht das zuzustellende Dokument in den Briefkasten eingeworfen wird.

[38] S dazu BVerfG NJW 1988, 817: Anheften an der Gartentür nicht ausreichend; BFH NJW 1990, 1500; Ks DVBl 1989, 894: Einklemmen in Türspalt genügt nicht; OLG München OLGR 1998, 364: Einwurf in Gemeinschaftsbriefkasten uU ausreichend.

(Engelhardt/App 1 zu Art 1 Europäisches Übereinkommen über die Zustellung von Schriftstücken in Verwaltungssachen im Ausland; Sch-Meissner 64); s dazu näher 6 zu § 14. **Deutsche Auslandsbehörden** (§ 183 Abs 1 Nr 2 Alt 2 ZPO) können nur durch Übergabe an den empfangsbereiten Adressaten formlos zustellen (näher Geimer, Internationales Zivilprozeßrecht 2138), Zustellungen nach § 183 Abs 1 Nr 3 ZPO an Deutsche, die das Recht der Immunität genießen u zu einer deutschen Auslandsvertretung gehören, bedürfen keiner Einschaltung der ausländischen Behörden.

38 **Fiktive Auslandszustellung (§ 184 ZPO):** Wird entgegen § 184 Abs 1 S 1 ZPO ein Zustellungsbevollmächtigter nicht (rechtzeitig) benannt, können spätere Zustellungen durch Aufgabe zur Post an die Auslandsanschrift erfolgen, § 184 Abs 1 S 2 ZPO. Diese Form der Zustellung ist verfassungsrechtlich unbedenklich (BVerfG NJW 1997, 1772; BGH NJW 1992, 1701) u mit Art 6 Abs 1 EMRK vereinbar (BGH NJW 1999, 1191). Als zugestellt gilt das Dokument **2 Wochen nach Aufgabe zur Post,** es sei denn das Gericht bestimmt eine andere Frist, § 184 Abs 2 S 1 u 2 ZPO. Diese **Fiktion** greift auch, wenn der Empfänger die Sendung tatsächlich nicht erhalten hat (BGH NJW-RR 1996, 388) oder wenn die Sendung als unzustellbar zurückkommt (Z 8 zu § 184 ZPO). Der **Nachweis** der Zustellung erfolgt durch Aktenvermerk darüber, wann u unter welcher Anschrift das Schriftstück zur Post gegeben wurde (s dazu u zu Konsequenzen aus Fehlern näher Z 9 ff zu § 184 ZPO).

39 **8. Öffentliche Zustellung (§ 185 ZPO):** Die öffentliche Zustellung ist als **ultima ratio** nur dann zulässig, wenn andere Zustellungsarten nicht möglich sind oder keinen Erfolg versprechen, s auch BVerfG 61, 109; 77, 285. Ihre Bewilligung steht im pflichtgemäßen Ermessen des Gerichts. Gegeneinander abzuwägen sind das RSB des die Zustellung betreibenden Beteiligten gegen das Schutzbedürfnis des Zustellungsadressaten.[39] Die öffentliche Zustellung ist im Einzelnen zulässig, wenn

- der **Aufenthaltsort eines Beteiligten unbekannt** und eine Zustellung an einen Vertreter oder Zustellungsbevollmächtigten nicht möglich ist (Nr 1); es sind gründliche u umfangreiche Nachforschungen hins des neuen Aufenthaltsorts erforderlich (zu § 15 VwZG aF 104, 307 = NVwZ 1999, 179). Diese Voraussetzungen liegen vor, wenn ein Zustellungsversuch bei der letzten bekannten Anschrift erfolglos blieb u auch Nachforschungen beim Einwohnermeldeamt keinen Aufschluß brachten (s auch Z 2 zu § 185 ZPO mwN zur früheren ZPO-Rspr);
- eine **Zustellung im Ausland** nicht möglich ist oder keinen Erfolg verspricht (Nr 2); zu den Anforderungen an eine öffentliche Zustellung bei einer **im Ausland zu bewirkenden Zustellung** NVwZ 1999, 179; Geimer NJW 1991, 1431; zur Zustellung von Klagen gegen fremde Staaten allg sowie bei gegebener Immunität Hess RIW/AWD 1989, 254.
- in der **Wohnung einer extraterritorialen Person** (§§ 18–20 GVG) zugestellt werden müßte (Nr 3).

40 Über die Anordnung entscheidet das Prozeßgericht vAw durch Beschluß, der ohne mV ergehen kann, § 186 Abs 1 ZPO. Sie erfolgt durch **Aushang einer Benachrichtigung an der Gerichtstafel** oder durch **Einstellung in ein elektronisches Informationssystem,** das im Gericht öffentlich zugänglich ist („elektronische Gerichtstafel"; zu den Einzelheiten s § 186 Abs 2 ZPO). Zur Möglichkeit, zusätzlich in einem von dem Gericht für Bekanntmachungen bestimmten elektronischen Informationssystem – zB der Internet-Seite des Gerichts, BT-Dr 15/4067, 32 – bekanntzumachen, s § 186 Abs 1 S 2 ZPO; zur

[39] Z 4 zu § 186 ZPO; s KG MDR 1998, 125: geringeres Schutzbedürfnis dessen, der zB durch Verstoß gegen die Meldevorschriften die Ermittlung seines Aufenthaltsorts erschwert.

Möglichkeit, zusätzlich die Veröffentlichung im elektronischen Bundesanzeiger oder einem anderen Blatt anzuordnen s § 187 ZPO. Die Anordnung erfordert die genaue Bezeichnung des Dokuments, es kann **keine Bewilligung für den gesamten Rechtszug** erfolgen. Das Dokument gilt nach einem Monat ab Aushang als zugestellt, es sei denn das Prozeßgericht hat eine längere Frist bestimmt, § 188 ZPO (für Fristberechnung gilt § 222 ZPO, §§ 188 Abs 2, 187 Abs 1 BGB; s näher 10 zu § 57).

Wird die öffentliche Zustellung angeordnet, **obwohl die gesetzlichen Voraussetzungen dafür nicht vorliegen,** so ist sie **unwirksam** u verletzt das Recht des Betroffenen auf Gehör, wenn das anordnende Gericht erkennen konnte bzw mußte, daß die Voraussetzungen für eine öffentliche Zustellung nicht vorlagen.[40] **Konnte** das Gericht dies **nicht erkennen,** ist die Zustellung zwar wirksam, dem Betroffenen ist jedoch **bei Fristversäumnis Wiedereinsetzung** zu gewähren (NJW-RR 1993, 446; BGH 118, 48 = NJW 1992, 2280; Z 9 zu § 186 ZPO). **Mängel im ZustellungsVf** dürften regelmäßig nicht heilbar sein, da § 189 ZPO genauso wie § 8 VwZG den nachweislichen Zugang des Dokuments voraussetzt, an dem es aber regelmäßig fehlen dürfte (s auch BFH 143, 223; Engelhardt/App 19 zu § 10 VwZG).

9. Zustellungen nach dem AsylVfG: § 10 AsylVfG enthält auch für das gerichtliche Vf eine Reihe besonderer Zustellungsvorschriften, über die der Asylbewerber **ausf zu belehren** ist. Die erfüllte Belehrungspflicht gemäß § 10 Abs 7 AsylVfG ist tatbestandliche **Voraussetzung für das Eintreten der Zustellfiktion** (We DVBl 2001, 1012). Der Asylbewerber ist nach Abs 1 verpflichtet, ständig für das Gericht erreichbar zu sein.[41] Hat der Ausländer keinen Empfangsberechtigten oder Bevollmächtigten bestellt, hat er nach § 10 Abs 2 S 1 AsylVfG **Zustellungen an seine letzte gem Abs 1 mitgeteilte Anschrift** gegen sich gelten zu lassen.[42] Außerdem enthält § 10 Abs 4 S 4 letzter HS AsylVfG eine **Zustellungsfiktion** bei der Übergabe von Schriftstücken an eine Aufnahmeeinrichtung.[43] Endet die 3-Tages-Frist an einem Sonntag, wird sie nicht auf den nächsten Werktag verlängert (s allg oben 10 zu § 57 mwN; **aA** VG Weimar 16. 2. 1995 – 6 E 20106/95.We). Kann das Schriftstück dem Asylbewerber später doch noch ausgehändigt werden, ändert sich am durch die Fiktion bewirkten Lauf der Fristen nichts mehr (Sch-Meissner 69). § 10 Abs 4 AsylVfG gilt nur für Aufnahmeeinrichtungen iSd §§ 44 ff AsylVfG, nicht jedoch – auch nicht analog – für Gemeinschaftsunterkünfte iSd § 53 AsylVfG (Ma NVwZ-Beil 1999, 42; Mü 22. 4. 2002 – 15 ZB 01 30 409). **41**

Nach Abs 5 bleiben die Vorschriften über die **Ersatzzustellung** unberührt. Die Mitteilung über die Ersatzzustellung durch Niederlegung kann auch in den Hausbriefkasten einer Aufnahmeeinrichtung eingeworfen werden, solange es jedenfalls in der Vergangenheit nicht zu Unregelmäßigkeiten durch verspätete oder unterbliebene Aushändigung von Postsendungen gekommen ist (VG Leipzig SächsVBl 1996, 122); eine Ersatzzustellung kann auch an den Heimleiter erfol- **42**

---

[40] NJW-RR 1993, 446; BGH NJW 2002, 827; BayObLG NJW-RR 2000, 1452; OLG Hamm NJW-RR 1998, 497; offengelassen von BGH 118, 48 = NJW 1992, 2280; **aA** MKZPO 3 zu § 203 ZPO; Z 9 zu § 186 ZPO: Vorrang der Rechtssicherheit und nur Antrag auf Wiedereinsetzung.

[41] DVBl 1997, 180: auch als Beigeladener; zur Belehrungspflicht und der Verfassungsmäßigkeit der Regelungen BVerfG InfAuslR 1994, 324; 1997, 87; BayVBl 1996, 727. Sie besteht nach der Rspr unabhängig von Mitteilungen, die andere Behörden gemacht haben, Ms 4. 12. 2001 – 11 A 3003/01.A und auch dann, wenn er vAw einer anderen Unterkunft zugewiesen wird, We DVBl 2001, 2012.

[42] § 10 Abs 2 AsylVfG schließt allerdings andere Zustellungsformen, insb die öffentliche Zustellung nicht aus, We DVBl 2001, 1012.

[43] Zu den Einschränkungen der Zustellungsfiktion, wenn der Mangel in der Sphäre der Post liegt, Ma RsprD-LS 7/1996.

gen, der nicht selbst in der Gemeinschaftsunterkunft wohnt (Mü BayVBl 1997, 411; allg oben 32).

43 § 10 Abs 6 AsylVfG modifiziert die **öffentliche Zustellung;** diese hat auch zu erfolgen, wenn der Asylbewerber sich im Ausland aufhält. Zur Heilung eines Zustellungsmangels bei fehlerhafter öffentlicher Zustellung u bei fehlgeschlagener Zustellungsfiktion nach § 10 AsylVfG s Ms NVwZ-RR 2001, 409. Zum Fehlen des RSB bei „Untertauchen" eines Asylbewerbers 54 vor § 40.

§ 56 a [Bekanntgabe in Massenverfahren]

(1) **Sind gleiche Bekanntgaben[4, 5] an mehr als fünfzig Personen[3] erforderlich, kann[5] das Gericht für das weitere Verfahren die Bekanntgabe durch öffentliche Bekanntmachung anordnen.[1 ff] In dem Beschluß muß bestimmt werden, in welchen Tageszeitungen die Bekanntmachungen veröffentlicht werden; dabei sind Tageszeitungen vorzusehen, die in dem Bereich verbreitet sind, in dem sich die Entscheidung voraussichtlich auswirken wird.[8] Der Beschluß ist den Beteiligten zuzustellen. Die Beteiligten sind darauf hinzuweisen, auf welche Weise die weiteren Bekanntgaben bewirkt werden und wann das Dokument als zugestellt gilt.[11] Der Beschluß ist unanfechtbar.[4] Das Gericht kann den Beschluß jederzeit aufheben; es muß ihn aufheben, wenn die Voraussetzungen des Satzes 1 nicht vorlagen oder nicht mehr vorliegen.**

(2) **Die öffentliche Bekanntmachung erfolgt durch Aushang an der Gerichtstafel oder durch Einstellung in ein elektronisches Informationssystem, das im Gericht öffentlich zugänglich ist und durch Veröffentlichung im elektronischen Bundesanzeiger sowie in den im Beschluss nach Absatz 1 Satz 2 bestimmten Tageszeitungen. Sie kann zusätzlich in einem von dem Gericht für Bekanntmachungen bestimmten Informations- und Kommunikationssystem erfolgen. Bei einer Entscheidung genügt die öffentliche Bekanntmachung der Entscheidungsformel und der Rechtsbehelfsbelehrung.[8] Statt des bekannt zu machenden Dokuments kann eine Benachrichtigung öffentlich bekannt gemacht werden, in der angegeben ist, wo das Dokument eingesehen werden kann.[8] Eine Terminbestimmung oder Ladung muss im vollständigen Wortlaut öffentlich bekannt gemacht werden.[8]**

(3) **Das Dokument gilt als an dem Tage zugestellt, an dem seit dem Tage der Veröffentlichung im Bundesanzeiger zwei Wochen verstrichen sind;[10] darauf ist in jeder Veröffentlichung hinzuweisen.[11] Nach der öffentlichen Bekanntmachung einer Entscheidung können die Beteiligten eine Ausfertigung schriftlich anfordern; darauf ist in der Veröffentlichung gleichfalls hinzuweisen.[12]**

Schrifttum: *Bambey,* Massenverfahren und Individualzustellung, DVBl 1984, 374; *Kopp,* Gesetzliche Regelungen zur Bewältigung von Massenverfahren, DVBl 1980, 320; *ders,* Die Beteiligung des Bürgers an „Massenverfahren" im Wirtschaftsrecht, Fröhler-FS 1980, 231; *ders,* Änderungen der VwGO zum 1. 1. 1991, NJW 1991, 521, 523; *Laubinger,* Gutachten über eine künftige gesetzliche Regelung für Massenverfahren im Verwaltungsverfahrensrecht und im Verfahrensrecht für die Verwaltungsgerichte, 1975; *Meyer-Ladewig,* Massenverfahren in der Verwaltungsgerichtsbarkeit, NVwZ 1982, 349; *Stelkens,* Das Gesetz zur Neuregelung des verwaltungsgerichtlichen Verfahrens (4. VwGOÄndG) – das Ende einer Reform?, NVwZ 1991, 209, 213.

1 **1. Allgemeines:** Die Regelung wurde durch das 4. VwGOÄndG zusammen mit weiteren Bestimmungen mit ähnlicher Zielsetzung, nämlich mit **§ 65 Abs 3** (Beiladung), **§ 67 a** (Bestellung eines gemeinsamen Vertreters) u **§ 93 a** (Auswahl u Durchführung von Musterprozessen) **zur Erleichterung** des Vf **bei sog**

Massenverfahren, dh von Vf mit mehr als 50 Beteiligten (Abs 1 S 1), in Anlehnung an ähnliche Bestimmungen des VwVfG in die VwGO eingefügt. Einige kleinere Änderungen brachte das JKomG.

§ 56 a sieht in Anlehnung an §§ 67 Abs 1 S 2ff, 69 Abs 2 S 2ff, 72 Abs 2, 73 Abs 6 S 4ff, 74 Abs 5 VwVfG vor, daß die Bekanntgabe, wenn gleiche Bekanntgaben an mehr als 50 Personen erforderlich sind, durch **öffentliche Bekanntmachung** statt nach § 56 durch Zustellung erfolgen kann, u regelt das dabei zu beachtende Verfahren.

Die Regelung erscheint **rechtlich** u vor allem auch rechtspolitisch **nicht unbedenklich**[1] Ihre **praktische Bedeutung** ist eher **gering,** da die Beteiligten sich in MassenVf nach den bisherigen Erfahrungen meist ohnehin durch einige wenige Anwälte vertreten lassen u dadurch die Zahl von 50 Personen selten erreicht wird. **Statt nach § 56 a** zu verfahren, kann das Gericht zudem auch nach § 67 a den Beteiligten die Bestellung eines **gemeinsamen Bevollmächtigten** aufgeben. 2

2. „Mehr als fünfzig Personen" (Abs 1 S 1): Voraussetzung der Anwendung der Vorschrift ist entgegen der mißverständlichen Fassung des Abs 1 S 1 nicht, daß sonst (gleiche) „Bekanntgaben an mehr als 50 Personen erforderlich" wären, sondern, daß sonst mehr als 50 Bekanntgaben (s dazu näher unten 3) notwendig wären (Begr BT-Dr 11/7030, 23; zur vergleichbaren Bestimmung des § 67 Abs 1 S 4 VwVfG KR 10 zu § 67 VwVfG). Werden mehrere Beteiligte durch einen **gemeinsamen Prozeßbevollmächtigten** vertreten u bedarf es daher auch nur der Bekanntgabe an den gemeinsamen Prozeßbevollmächtigten (vgl 14 zu § 56), so zählt dies nur als eine (einzige) Bekanntgabe.[2] **Auch wenn** ein Beteiligter **mehrere Bevollmächtigte** bestellt hat, ist nur **eine** Bekanntgabe erforderlich (vgl 14 zu § 56). Ebenso kommt es auch **auf seiten des Staates** und/oder sonstiger am Vf beteiligter Rechtsträger nicht auf die Zahl der am Vf teilnehmenden Personen, sondern nur auf die Zahl erforderlicher Bekanntgaben an. ZB ist für den Staat als Kl oder Bekl unabhängig von der Zahl der tatsächlich uU zum Vf entsandten Vertreter nur eine Bekanntgabe erforderlich. Als Folge davon kann die Zahl erforderlicher Bekanntgaben uU erheblich unter der Zahl der Beteiligten des Vf liegen u uU die Zahl 50 nicht mehr erreicht werden. 3

Anders als bei § 67 a u § 93 a kommt es bei § 56 a **nicht darauf** an, daß alle Personen **„im gleichen Interesse"** oder doch einem im wesentlichen gleichen Interesse am Vf beteiligt sind, sondern nur auf den gleichen, dh übereinstimmenden, **identischen Inhalt der** Bekanntgabe. Die Bekanntgaben an Kl, Bekl u Beigeladene(n) u VÖI bzw VdB sind insoweit **zusammenzuzählen** (RÖ-M. Redeker 2: es genügt die einfache Addition der Adressaten). Nicht dazuzurechnen sind dagegen **Bekanntgaben an Zeugen** u Sachverständige, zB bei Ladungen zum Termin (RÖ-M. Redeker 2). Unerheblich ist auch, ob die Personen, an die die Bekanntgaben zu erfolgen haben, natürliche oder juristische Personen sind.

3. Gleiche Bekanntgaben (Abs 1): § 56 a enthält keine näheren Angaben dazu, **für welche Bekanntgaben** die Regelung gelten soll. Nach dem Zweck der Vorschrift, sonst erforderliche individuelle Mitteilungen zu ersetzen, fallen alle **verfahrensrelevanten** Mitteilungen des Gerichts darunter, nicht nur förmliche End-Entscheidungen des Gerichts (Urteile u Beschlüsse), sondern vor allem auch Ladungen, Beweisbeschlüsse, Zwischenentscheidungen (RÖ-M. Redeker 3), Anordnungen nach § 87 a usw. 4

---

[1] Kopp NJW 1991, 521 ff; NKVwGO-Czybulka 5, 6; vgl auch Schmieszek NVwZ 1991, 524.

[2] Begr BT 11/7030 S. 23; ebenso RÖ-M. Redeker 2; Sch-Meissner 15; NKVwGO-Czybulka 8.

5 Die bekanntzugebenden Mitteilungen müssen **gleich,** dh in ihrem maßgeblichen Gehalt identisch, sein (vgl KR 14, 15 zu § 17 VwVfG). **Abweichungen** im Wortlaut sind nur dann unerheblich, wenn sie im Hinblick auf den Sinn u Zweck der Mitteilung unter keinem denkbaren Gesichtspunkt von Bedeutung sein können (vgl KR 14, 15 zu § 17 VwVfG).

6 **4. Anordnung der öffentlichen Bekanntmachung (Abs 1):** Das Gericht kann, wenn die Voraussetzungen des Abs 1 S 1 erfüllt sind, für alle gerichtlichen Verfügungen, Entscheidungen usw (s oben 3) Bekanntgabe statt durch Zustellung oder im Termin die Bekanntgabe durch öffentliche Bekanntmachung nach § 56 a nach näherer Maßgabe des Abs 2 u 3 anordnen. Die Anordnung liegt **im Ermessen** des Gerichts. Sie erfolgt durch **Beschluß des Gerichts;** die §§ 87 a u 87 b sind darauf nicht anwendbar (ebenso RÖ-M. Redeker 7; NKVwGO-Czybulka 12). Der Beschluß ist den Beteiligten, da die Anordnung dafür noch nicht gilt, nach § 56 zuzustellen (s auch 2 zu § 56); entspr ist auch erst später durch Beiladung zum Vf hinzukommenden Beteiligten die Anordnung individuell zuzustellen (ebenso RÖ-M. Redeker 7). Zum notwendigen Inhalt des Beschlusses s Abs 1 S 2 bis 4. Beteiligten ggü, denen der **Beschluß nicht ordnungsgemäß bekanntgegeben** wird, ist er ohne jede rechtliche Wirkung (ebenso RÖ-M. Redeker 9). Der **Beschluß** ist **unanfechtbar** (Abs 1 S 5); er kann auch im **RechtsmittelVf** im Rahmen einer Überprüfung der Hauptsacheentscheidung **nur** noch **begrenzt** nachgeprüft werden (vgl §§ 512, 548 ZPO iVm § 173; 63 vor § 124). In Betracht kommt hier jedoch insb eine Überprüfung unter dem Gesichtspunkt einer **Verletzung des rechtlichen Gehörs** (vgl RÖ-M. Redeker 9).

7 **Sinkt** im Verlauf des Vf **die Zahl der erforderlichen Bekanntgaben,** oder erweist sich, daß die Voraussetzungen von Anfang an nicht vorgelegen hatten, so ist der **Beschluß** vom Gericht **aufzuheben** (Abs 1 S 6). Die **Gültigkeit** der vorher erfolgten öffentlichen Bekanntgaben wird davon jedoch **nicht berührt.**[3]

8 **5. Verfahren bei öffentlicher Bekanntmachung (Abs 2):** Abs 2 regelt, **wie** die öffentliche Bekanntmachung **durchzuführen** ist. Vorgesehen sind der Aushang einerseits an der **Gerichtstafel** oder die Einstellung in ein **elektronisches Informationssystem,** das im Gericht öffentlich zugänglich ist u andererseits zusätzlich **auch** die Veröffentlichung **im elektronischen Bundesanzeiger** sowie in **Tageszeitungen;** beides ist kumulativ u zwingend vorgeschrieben. Eine Verletzung dieses Erfordernisses hat die Unwirksamkeit der Bekanntgabe zur Folge. Die Veröffentlichung im Bundesanzeiger ist Voraussetzung der Zustellungsfiktion nach Abs 3 S 1. Um nach Möglichkeit eine tatsächliche Unterrichtung der Beteiligten zu erreichen, muß das bekanntzugebende Dokument **außerdem** nach S 1 in den im Beschluß über die Anordnung **nach Abs 1 S 2 bestimmten Tageszeitungen** veröffentlicht werden. Bei gerichtlichen Entscheidungen genügt nach S 3 die Bekanntmachung der Entscheidungsformel u der Rechtsmittelbelehrung (vgl insoweit auch § 69 Abs 2 S 4 VwVfG). Nach S 4 ist dabei wie gem § 10 Abs 2 S 1 VwZG nur eine Benachrichtigung bekannt zu machen, die die Betroffenen informiert, daß u wo das Dokument eingesehen werden kann. **Terminbestimmungen u Ladungen** müssen dagegen nach S 5 immer mit dem vollständigen Wortlaut öffentlich bekanntgemacht werden.

9 Soweit gegen die öffentlich bekanntgegebenen Entscheidungen RMittel gegeben sind, hat der **Lauf der Rechtsmittelfrist** zur Voraussetzung, daß die Veröffentlichung im Bundesanzeiger eine **Rechtsmittelbelehrung** gem § 58 darüber enthält (RÖ-M. Redeker 5); daß die Ausfertigung, die die Beteiligten nach Abs 3 S 2 anfordern können, eine Rechtsmittelbelehrung enthält, genügt nicht

---

[3] Ebenso Sch-Meissner 22; RÖ-M. Redeker 7; nicht eindeutig NKVwGO-Czybulka 14; str, insb für den Fall, daß die Voraussetzungen von Anfang an nicht vorgelegen hatten.

(dies auch deshalb, weil es unbestimmt ist, wann sie die Ausfertigung erhalten). Die Rechtsmittelbelehrung **muß,** um nach § 58 Abs 1 die Frist für RMittel in Lauf zu setzen, abweichend von dem allg Grundsatz, daß eine Belehrung über den Beginn der Frist nicht erforderlich ist, auch entweder **das Datum** des Beginns der 2-Wochen-Frist nach Abs 3 S 1 oder das Datum, an dem nach S 1 die Zustellung als erfolgt gilt, u das Recht, eine Ausfertigung anzufordern, angeben (ebenso Sch-Meissner 29; NKVwGO-Czybulka 21; vgl RÖ-M. Redeker 5 u 9).

6. Zustellungsfiktion und Anspruch auf eine Ausfertigung (Abs 3): 10
Nach Abs 3, der insoweit § 69 Abs 2 S 5 u § 73 Abs 6 S 5, HS 2 VwVfG nachgebildet ist, **gilt** die Zustellung, da es sich insoweit um eine **gesetzliche Fiktion** handelt, ohne Rücksicht auf den Zeitpunkt, in dem ein Betroffener tatsächlich Kenntnis erlangt, bzw ob er davon überhaupt Kenntnis erlangt, an dem Tag als erfolgt, an dem seit der Veröffentlichung im Bundesanzeiger **zwei Wochen** verstrichen sind. Vgl zur Berechnung der Zwei-Wochen-Frist 10 zu § 57, zur erforderlichen Rechtsmittelbelehrung nach § 58 oben 5. Ist zB die Veröffentlichung am 5. 10. 2001 erfolgt, so gilt die Zustellung als am 19. 10. 2001 erfolgt (Beispiel nach RÖ-M. Redeker 8).

Auf die Zustellungsfiktion sind die Beteiligten nach S 1 HS 2 in jeder Ver- 11
öffentlichung **hinzuweisen.** Ist dieser Hinweis in einer Veröffentlichung unterblieben, so tritt die Zustellungsfiktion nicht ein u die betroffene Verfügung, Entscheidung oä ist **als nicht wirksam** bekanntgegeben anzusehen (ebenso Sch-Meissner 28; NKVwGO-Czybulka 21).

Nach S 2 haben die Beteiligten das **Recht,** schriftlich eine **Ausfertigung** der 12
nach Abs 2 u Abs 3 S 1 bekanntgemachten Verfügung, Entscheidung oä **anzufordern** (vgl insoweit auch § 69 Abs 2 S 6 u § 74 Abs 5 S 4 VwVfG), u zwar abweichend von den entspr Bestimmungen des VwVfG auch noch nach Ablauf der Rechtsmittelfrist (Begr BT-Dr 11/7030, 23); das Gericht muß wie über dieses Recht ebenfalls in der Veröffentlichung belehren. Die Ausfertigung ist den Beteiligten, die sie anfordern, dann unverzüglich auszuhändigen oder zu übersenden. Förmliche Zustellung ist dafür nicht erforderlich (ebenso NKVwGO-Czybulka 19).

§ 57 [Fristen]

(1) **Der Lauf einer Frist[1 ff] beginnt, soweit nichts anderes bestimmt ist, mit der Zustellung[4] oder, wenn diese nicht vorgeschrieben ist, mit der Eröffnung oder Verkündung.[4]**

(2) **Für die Fristen gelten die Vorschriften der §§ 222, 224 Abs. 2 und 3, §§ 225 und 226 der Zivilprozeßordnung.[10]**

Vgl §§ 221–226 ZPO; §§ 64 f SGG; § 54 FGO

Schrifttum: *Dietlein/Heinemann,* eGovernment und elektronischer Verwaltungsakt, NWVBl 2005, 53; *Gregor,* Der OK-Vermerk des Telefaxsendeprotokolls als Zugangsnachweis, NJW 2005, 2885; *Hebeler,* Wann bestehen Zweifel am Zugang eines schriftlichen, mittels einfachem Brief übersandten Verwaltungsakts?, DÖV 2006, 112; *Kintz,* Zustellung und Frist in der öffentlichrechtlichen Arbeit, JuS 1997, 1115; *Lemke,* Die Wahrung der Klagefrist bei verwaltungsgerichtlichen Klagen, JA 1999, 422; *Linhart,* Fristen und Termine im Verwaltungsrecht, 3. Aufl 1996; *Müller-Franken,* Gemeinschaftsrechtliche Fristenhemmung, richtlinienkonforme Auslegung und Bestandskraft von Verwaltungsakten, DVBl 1998, 758; *Pichel,* Fristen, Termine und Wiedereinsetzung, SGb 1999, 93.

1. Allgemeines: § 57 regelt – wie die Parallelvorschriften etwa in der ZPO – 1, 2
Beginn u Ende der **prozessualen Fristen** (s zur Unterscheidung von eigentlichen u uneigentlichen Fristen unten 3). § 57 gilt nach Maßgabe der §§ 70, 74 auch für die Widerspruchsfrist u die Klagefrist (für § 70 str, s dazu näher 8 zu

§ 70). **Materiellrechtliche Fristen,** dh nach materiellem Recht oder nach dem Verwaltungsverfahrensrecht vorgeschriebene Fristen (zB § 30a VermG, vgl ThürVBl 1996, 254), fallen nicht unter § 57 (NKVwGO-Czybulka 7). Sie sind entsprechend den Vorschriften des BGB zu berechnen, soweit gesetzlich (zB § 31 VwVfG) nichts anderes bestimmt ist (DVBl 1968, 941; GSOGB BVerwG 40, 363). Zur **Wahrung von Fristen,** dh zur Frage, was der Betroffene tun muß, wenn die Frist noch gewahrt sein soll, s 8ff zu § 74. Zur Frage einer Fristenhemmung bei Klagen gegen eine noch nicht ordnungsgemäß in nationales Recht umgesetzten EG-Richtlinie s 4 zu § 74.

3 **2. Verschiedene Fristenbegriffe:** Neben der Trennung von prozessualen u materiellrechtlichen Fristen (oben 1) sind Unterscheidungen von Fristen auch nach anderen Kriterien gebräuchlich. So unterscheidet man zusätzlich zwischen **gesetzlichen u richterlichen Fristen. Gesetzliche Fristen** sind Fristen, deren Dauer durch das Gesetz bestimmt ist u die kraft Gesetzes ohne besondere Festsetzung allein aufgrund eines bestimmten Ereignisses, zB der Zustellung einer Entscheidung, zu laufen beginnen (DVBl 1986, 287). **Richterliche Fristen** sind Fristen, deren Dauer und/oder Beginn und/oder Ende vom Richter festgesetzt werden. Richterliche Fristen für Prozeßhandlungen können nicht wirksam mit unbestimmten Begriffen wie „umgehend" uä, sondern nur mit den in §§ 187ff BGB bestimmten Zeitmaßen (Tage, Wochen usw) festgesetzt werden (Ko NJW 1993, 2457).

Bei den prozessualen Fristen (s oben 1) werden häufig die sog **eigentlichen** (oder echten) von den **uneigentlichen Fristen** unterschieden. Als **eigentliche Fristen** sind Zeitspannen zu verstehen, die den Beteiligten zur Vornahme prozessualer Handlungen zur Verfügung stehen. Der Begriff der **uneigentlichen Fristen** wird (auch im Zivilprozeßrecht) im Schrifttum nicht einheitlich verwendet. Nach seinem engsten Bedeutungsgehalt handelt es sich dabei um Fristen, innerhalb derer das Gericht Amtshandlungen vorzunehmen oder zu unterlassen hat (vgl Z 6 vor § 214 ZPO). Als Beispiele in der VwGO können dafür die §§ 102 Abs 1, 116 Abs 1 S 1, Abs 2, 117 Abs 4 genannt werden. Große praktische Bedeutung kommt der Frage, ob § 57 auch auf die uneigentlichen Fristen Anwendung findet (dagegen B-v Albedyll 1; NKVwGO-Czybulka 7), bei dieser engen Bedeutung nicht zu. Anderes gilt jedoch dann, wenn mit dem Begriff der uneigentlichen Frist auch solche Fristen bezeichnet werden, bei denen im Ergebnis von der Nichtanwendbarkeit der Regeln über die Wiedereinsetzung in den vorigen Stand (§ 60) ausgegangen wird. Derartige Fristen, bei denen von einem Ausschluß der Wiedereinsetzung auszugehen ist, werden hier jedoch als **Ausschlußfristen** bezeichnet. Ob bei einer Frist die Anwendung des § 60 ausgeschlossen sein soll u sie deshalb als Ausschlußfrist anzusehen ist, ist eine Frage der Auslegung der die Frist begründenden Norm. Terminologische Differenzen in der Bezeichnung haben deshalb keine Auswirkungen auf die konkrete Rechtsanwendung.

Zur **Verlängerung** von Fristen bzw **Wiedereinsetzung** gegen Fristversäumung allg s unten 12ff.

4 **3. Zustellung, Verkündung, Eröffnung: a) Begriffe.** Zum **Begriff der Zustellung** s § 166 Abs 1 ZPO u 4 zu § 56; zur Frage, in welchen Fällen Zustellung vorgeschrieben ist, §§ 56, 73 Abs 3 S 1, 116, 117 Abs 3, 4. **Verkündung** ist die förmliche mündliche Bekanntgabe der Entscheidung in der mV bzw in einem besonderen Verkündungstermin (§ 116, s dazu näher 4ff zu § 116). Sie ist zulässig in allen Fällen, in denen das Gericht aufgrund mV entscheidet. **Eröffnung** ist die Bekanntgabe einer Entscheidung durch das Gericht an die Beteiligten; sie kann außer in der Form der Zustellung oder Verkündung uU formlos gem § 173 S 1, § 329 Abs 2 S 1 ZPO erfolgen. Keine Zustellung, Verkündung oder Eröffnung iSd § 57 liegt vor, wenn die Betroffenen nur **zufällig Kenntnis**

erlangen.[1] Zum Adressaten der Zustellung s 9ff zu § 56; insb ist bei mehreren Beteiligten für jeden Beteiligten die jeweilige Zustellung an ihn maßgeblich für den Lauf der Frist (Ma InfAuslR 1998, 335; ThP 3 zu § 221 ZPO; Schneider NJW 1978, 833). Dies gilt auch für den Fall der notwendigen Streitgenossenschaft (BGH NJW 1996, 1061). Wird an denselben Beteiligten **mehrfach zugestellt,** so ist die erste Zustellung maßgeblich (58, 106; DÖV 1979, 870; Ks NVwZ 1998, 1314; BGH MDR 1978, 153; s auch 25 zu § 73; **aA** Uhle NVwZ 2003, 818); die spätere Zustellung setzt keine neue Rechtsbehelfsfrist in Lauf.[2] Zu den Besonderheiten der Rechtsnachfolge s 14 zu § 63u 6 zu § 74.

b) Zugang bei Zustellung. Zu welchem Zeitpunkt eine Zustellung im Rechtssinne erfolgt ist, ergibt sich für Zustellungen nach § 56 aus der ZPO. Danach kommt es nicht immer auf den Zeitpunkt des tatsächlichen Zugangs an, s zB § 180 S 2 ZPO (dazu 34 zu § 56), der auf die Einlegung in den Briefkasten abstellt. Bei **Zustellungen** mit **Zustellungsurkunde (ZU)** ist der auf der ZU vermerkte Zeitpunkt maßgeblich; die ZU ist Beweismittel iSv § 98 iVm § 418 Abs 1 ZPO (s 24u 25 zu § 56u NJW 1965, 1179; 1986, 2128; Buchh 310 § 98 VwGO Nr 6 u 20). Wenn die Eintragung auf der ZU fehlt oder nicht eindeutig ist, läuft keine Frist (51, 378; NKVwGO-Czybulka 35). Zur Ersatzzustellung in den Fällen, in denen ein **Nachsendeantrag** gestellt worden ist, s 29 zu § 56. Bei **Zustellungen durch Einschreiben mit Rückschein** (§ 175 ZPO) ist der auf dem Rückschein vermerkte Zeitpunkt maßgeblich (vgl § 175 S 2 ZPO u 22 zu § 56). Bei **Zustellungen gegen Empfangsbekenntnis** an Empfänger, an die gem § 174 Abs 1 ZPO auf diese Weise zugestellt werden kann, ist grds das **Datum des Empfangsbekenntnisses** maßgeblich (vgl § 174 Abs 4 ZPO),[3] es sei denn, dieses ist nachweislich unrichtig (BFH Betr 1971, 2293; s auch 19 zu § 56). Bei **Behörden u Gerichten** ist das Datum des **Eingangsstempels** entscheidend (s näher 16 zu § 74 sowie zu § 60). Bei Zustellung, Verkündung oder Eröffnung **im Ausland** kann wirksam nur mit Zustimmung der dort herrschenden Gewalt zugestellt, verkündet oder eröffnet werden; s für die Zustellung § 183 Abs 1 ZPO (dazu 36ff zu § 56) u § 14 Abs 1 VwZG. Zum **tatsächlichen Zugang iSd § 189 ZPO** bei fehlender oder fehlerhafter Zustellung s 8 zu § 56. 5

c) Zugang nach allgemeinen Grundsätzen. Soweit besondere Vorschriften nicht zu beachten sind (insb bei formloser Eröffnung, s dazu oben 4), kommt es auf den **Zugang nach allg Grundsätzen** an; es gelten also idR die Grundsätze des BGB (§§ 130ff) für den Zugang von Willenserklärungen entsprechend. Maßgeblich ist danach nicht der Zeitpunkt, in dem der Adressat Kenntnis nimmt, sondern der Zeitpunkt, in dem das entspr **Dokument so in seinen Machtbereich gelangt,** daß bei gewöhnlichem Verlauf u normaler Gestaltung der Verhältnisse mit der Kenntnisnahme durch den Empfänger zu rechnen ist (10, 294; Palandt 5 zu § 130 BGB mwN; Hebeler DÖV 2006, 113). 6

Bei Einlegen in den Briefkasten bzw in das Postschließfach ist dies – auch beim Einwurf-Einschreiben – der Zeitpunkt, zu dem normalerweise mit Leerung bzw Abholung zu rechnen ist (Mü BayVBl 1971, 427).[4] **„Gewöhnliche“**

[1] Vgl 22, 14; zu weitgehend DÖV 1972, 391: Bekanntgabe liege auch vor, wenn ein VA in einem anderen behördlichen Schreiben als ergangen erwähnt wird; s auch 29, 321.

[2] 58, 106; Ks NVwZ 1998, 1314. Zur Maßgeblichkeit der ersten Zustellung an einen von mehreren Prozeßbevollmächtigten s BayVBl 1999, 287.

[3] 58, 109; NJW 1979, 1998; BayVBl 1980, 249; DÖV 1984, 776 – bei Annahme an einem Samstag, Fristbeginn am Sonntag! –; Buchh 340 § 5 VwZG Nr 7; BGH 57, 160; VersR 1983, 1080 – zugleich zu den strengen Anforderungen an einen Gegenbeweis –; NJW 1987, 325 und 328 – auch zum Gegenbeweis.

[4] Zur str Frage, zu wessen Lasten es geht, wenn Zweifel am Zugang eines VA iSd § 41 Abs 2 S 2 VwVfG bestehen, s näher Hebeler DÖV 2006, 113ff, nach dem es bereits genügen soll, wenn der Betroffene schlicht behauptet, den VA nicht erhalten zu haben.

Übergabeeinschreiben (s dazu 22b zu § 73; zur Zustellung durch Einschreiben mit Rückschein s 20ff zu § 56u oben 5) gehen erst **mit der Aushändigung,** nicht schon mit der Einlegung eines Verständigungszettels in den Briefkasten oder das Postfach zu,[5] u zwar **auch dann, wenn der Empfänger die Abholung verzögert**[6] (s jedoch zu einer treuwidrigen Verzögerung oder Verweigerung unten 7). Entsprechendes gilt für Briefe, die in ein abschließbares **Postfach** eingelegt werden (Ms MDR 1977, 1048; Mü 28, 32: Zugang erst, wenn abgeholt). Wird ein (gewöhnlich) eingeschriebener **Brief nicht abgeholt** u geht er deshalb zurück, so ist er nicht zugegangen (36, 127). Eine **E-Mail** geht grds zu, wenn sie in der Mailbox des Empfängers oder seines Providers abrufbereit gespeichert wird; bei Eingang zur Unzeit (zB idR nachts) geht sie am folgenden Tag zu (Palandt 7a zu § 130 BGB mwN). Dies gilt freilich nur dann, wenn der Empfänger nach der Verkehrsauffassung seine Bereitschaft erklärt hat, per E-Mail am Rechtsverkehr teilzunehmen (vgl dazu 6c zu § 70).

Die Grundsätze über die **Ersatzzustellung** (s § 178 ZPO u dazu 29ff zu § 56) sind zur Bestimmung des Zugangs einer schriftlichen Willenserklärung bei Aushändigung an einen Dritten grds auch sonst heranzuziehen, soweit sie aus einer entsprechenden Verkehrssitte erwachsen sind oder darauf beruhen (vgl BAG NJW 1993, 1092). Nach der Verkehrssitte sind heute insb auch **Angehörige u nichteheliche Lebensgefährten** des Empfängers **als Empfangsboten** für diesen als zur Entgegennahme von Sendungen ermächtigt anzusehen, wenn sie mit ihm in derselben Wohnung wohnen (vgl BAG NJW 1993, 1092u näher 29ff zu § 56). **Lehnt** ein als Empfangsbote anzusehender Angehöriger des abwesenden Empfängers **die Annahme** eines Schreibens **ab,** so muß der Empfänger dieses dann als zugegangen gegen sich gelten lassen, wenn er auf die Annahmeverweigerung, etwa durch vorherige Absprache mit dem Angehörigen, im Sinn der Verweigerung Einfluß genommen hat (vgl BAG NJW 1993, 1092; s auch unten 7).

7 **d) Vereitelung des Zugangs.** In den **§§ 179ff ZPO** idF des ZustRG hat der Gesetzgeber einige Vorkehrungen gegen eine Vereitelung der Zustellung durch den Empfänger getroffen. Iü – dh in den Fällen, in denen bei einer Zustellung die §§ 179ff ZPO nicht einschlägig sind, sowie in den Fällen, in denen nicht zugestellt wird – gelten die **allg Grundsätze der Zugangsvereitelung,** die aus dem **Grundsatz von Treu u Glauben** abzuleiten sind: Wenn der Empfänger die Zustellung oder sonstige Bekanntgabe unter Verstoß gegen Treu u Glauben vereitelt oder verzögert, muß er sich so behandeln lassen, als sei die Bekanntgabe in dem Zeitpunkt erfolgt, in dem er bei pflichtgemäßem Verhalten die Sendung oder Mitteilung erhalten hätte (BAG NJW 1993, 1093). Ein Zugang in diesem Zeitpunkt wird dann also fingiert. Eine Fristversäumung, die auf der fehlenden tatsächlichen Kenntnis der fiktiv zugegangenen Mitteilung oder Sendung beruht, ist verschuldet u kann deswegen nicht eine Wiedereinsetzung in den vorigen Stand begründen (s auch 10 zu § 60).

8 Eine treuwidrige Vereitelung des Zugangs ist zB dann zu bejahen,

– wenn der Empfänger (oder ein Empfangsbote [dazu oben 6] mit Wissen u Wollen des Empfängers) ohne berechtigten Grund[7] die Annahme der Sendung

---

[5] NJW 1983, 2345; BayVerfGH 26, 134; BSG DVBl 1991, 161.

[6] NJW 1971, 446; Ms JZ 1977, 644; BSG 27, 239; NJW 1967, 598; BFH 110, 235; Hermann DÖV 1970, 845; Geiger BayVBl 1970, 200; Maetzel MDR 1970, 465; für den Zugang privater eingeschriebener Briefe auch BAG NJW 1974, 1386; **aA** Menger VerwA 1963, 298.

[7] Ein berechtigter Grund liegt insb dann vor, wenn eine Ersatzzustellung gem §§ 178, 180ff ZPO unzulässig wäre, so zB, wenn mehrere Personen desselben Namens unter der angegebenen Adresse wohnen, ohne daß klar ist, an welche dieser Personen sich die Zustellung richtet. S auch BL 4 zu § 179 ZPO; MKZPO 1–2 zu § 186 ZPO aF; ThP 3 zu § 179 ZPO.

oder Mitteilung verweigert (LSG NW DÖV 1990, 119; BAG NJW 1993, 1093); für Zustellungen ergibt sich dieses Ergebnis freilich schon aus § 56 iVm § 179 S 3 ZPO (vgl für Zustellungen ferner die Möglichkeiten einer Ersatzzustellung durch Einlegen in den Briefkasten oder durch Niederlegung gem § 56 iVm §§ 180, 181 ZPO);
- wenn der Empfänger eine Sendung, über die ihn die Post benachrichtigt hat, nicht rechtzeitig abholt (BVerfG NJW 1993, 847); bei Zustellungen besteht hier allerdings die Möglichkeit einer Ersatzzustellung durch Niederlegung gem § 56 iVm § 181 ZPO (mit Zugangsfiktion gem § 181 Abs 1 S 4 ZPO);
- wenn der Empfänger nicht über einen ordnungsgemäßen (insb mit seinem Namen versehenen) Briefkasten verfügt (BGH NJW 1991, 109);[8] bei Zustellungen besteht hier allerdings die Möglichkeit einer Ersatzzustellung durch Niederlegung gem § 56 iVm § 181 ZPO (mit Zugangsfiktion gem § 181 Abs 1 S 4 ZPO);
- wenn der Aufenthaltsort des Empfängers aus Gründen, die der Empfänger arglistig herbeigeführt hat, nicht festgestellt werden kann (FG München NVwZ 1988, 1072; BGH NJW 1978, 1859).

e) Beweis des Zugangs. Das **Gericht** hat, soweit gesetzlich nichts anderes 9
vorgesehen ist, die **Tatsache u** den **Zeitpunkt des Zugehens** der Mitteilung (zB einer Anordnung oder Entscheidung), von der der Lauf einer Frist abhängt, zu beweisen, wenn der Betroffene den Zugang oder den Zeitpunkt des Zugangs substantiiert bestreitet (vgl BFH NJW 1976, 2040; NVwZ 1990, 303; dazu 6 zu § 56). Entsprechendes gilt auch für Behörden (KR 22 zu § 41 VwVfG). Zur differenziert zu beantwortenden Frage, inwieweit ein OK-Vermerk des Telefaxsendeprotokolls als Zugangsnachweis genügt, s Gregor NJW 2005, 2885 f. Zum **Nachweis der Zustellung** s auch ausf 19, 22 u 24 zu § 56.

4. Beginn und Berechnung von Fristen: a) Beginn von Fristen: Maß- 10
geblich für den **Beginn gesetzlicher Fristen,** insb auch von Rechtsbehelfsfristen, ist gem § 57 Abs 1 der **Tag der Zustellung** (BGH NJW 1984, 1358). Für die **Berechnung der Fristen** (s dazu unten 10 a) kommt es dagegen erst auf den darauf folgenden Tag an (str, wie hier zB BGH NJW 1984, 1358; NKVwGO-Czybulka 30 mwN).

Für den Beginn von Rechtsbehelfsfristen ist gem § 58 Abs 2 zusätzlich erforderlich, daß eine ordnungsgemäße Rechtsbehelfsbelehrung erteilt worden ist (s dazu näher 6 u 10 ff zu § 58). Eine Verkündung setzt Fristen nur in Lauf, wenn nicht ausdr die Zustellung der Entscheidung usw vorgeschrieben ist (§ 56 Abs 1).

Richterliche Fristen beginnen mit dem Ereignis oder Tag, der in der entsprechenden Entscheidung festgesetzt worden ist, bei Fehlen einer derartigen Bestimmung nach Maßgabe des Abs 1.

b) Berechnung von Fristen: Für die **Berechnung** von Fristen gilt § 57 10 a
Abs 2 iVm §§ 222 ZPO, 187 ff BGB. Insb wird gem § 187 Abs 1 BGB[9] bei der Fristberechnung (anders als beim Fristbeginn, s dazu oben 10) der Tag der Zustellung, Verkündung oder Eröffnung nicht mitgerechnet. Insoweit maßgeblich ist also der auf dieses Ereignis folgende Tag (BGH NJW 1984, 1358) u zwar auch dann, wenn dieser Tag ein Samstag, Sonn- oder Feiertag ist (Ey-J. Schmidt 7).

---

[8] BVerfG 41, 335 = NJW 1976, 1537; BVerwG NJW 1977, 543; 17. 6. 1997 – 9 B 239/97; BGH NJW 1994, 2898 (einschränkend); BVerwG NJW 1994, 1672 zur Überwachungspflicht eines Postfachs; vgl auch NJW 1988, 577: erlangt jemand von einer Zustellung verspätet Kenntnis, weil die Benachrichtigung über die Niederlegung, die der Zusteller in einen von mehreren Bewohnern eines Hauses gemeinsam benutzten Briefkasten eingeworfen hat, versehentlich von einem Mitbewohner an sich genommen worden ist, so ist die Wiedereinsetzung in den vorigen Stand nicht schon deshalb zu versagen, weil der Beteiligte nicht für einen ordnungsgemäßen Briefkasten gesorgt hat.

[9] § 187 Abs 2 BGB ist wg § 57 Abs 1, der von einem für den Fristbeginn maßgeblichen Tag ausgeht, hier praktisch bedeutungslos, Sch-Meissner 21.

Deswegen fällt gem § 188 Abs 2 u 3 BGB zB das Ende der jeweils einmonatigen Frist für die Erhebung der Klage (§ 74) bzw für die Einlegung u den Antrag auf Zulassung der Berufung (§ 124a Abs 2 u 4) auf denjenigen Tag des Monats, der durch seine Zahl dem Anfangstag, also dem Tag der Zustellung, entspricht (BGH NJW 1984, 1358) bzw ihm am nächsten kommt (Ausnahme: § 57 Abs 2 iVm § 222 Abs 2 ZPO). Bei Zustellung eines Urteils zB am 28. 1. 2005 endet damit die Berufungsfrist am 28. 2. 2005, bei Zustellung am 31. 1. 1996 am 29. 2. 1996 (§ 188 Abs 3 BGB), bei Zustellung am 31. 1. 2004 gem § 222 Abs 2 ZPO am 1. 3. 2004 (weil der 29. 2. 2004 ein Sonntag war).

Allg Feiertage iSd § 222 Abs 2 ZPO sind nur solche Tage, die gesetzlich zum Feiertag bestimmt worden sind (Sch-Meissner 29; NKVwGO-Czybulka 37). Wenn ein Tag nur in einzelnen Bundesländern oder nur in Teilen einzelner Bundesländer (zB Mariä Himmelfahrt) gesetzlich zum Feiertag erklärt worden ist, ist das Recht am Ort desjenigen Gerichts, bei dem die Frist zu wahren ist, maßgeblich für die Anwendbarkeit des § 222 Abs 2 ZPO.[10] Keine Feiertage iSv § 222 Abs 2 ZPO sind der 24. 12. (Hbg NJW 1993, 1941), der 31. 12. (Ma NJW 1987, 1353) u der Rosenmontag, letzterer auch nicht in den Hochburgen der Fastnacht u des Karnevals (BPatG GRUR 1978, 711). Wenn kraft gesetzlicher Regelung (zB gem § 4 Abs 2 S 1 VwZG oder § 41 Abs 2 VwVfG) ein Dokument am dritten Tag nach dessen Aufgabe zur Post als zugestellt gilt, so bleibt dieser Tag für die Fristberechnung auch dann maßgeblich, wenn er ein Samstag, Sonn- oder Feiertag ist (s dazu näher 6d zu § 70 u 22b zu § 73).

Fristen dürfen bis zur letzten Minute ausgenutzt werden. Eine fristgebundene Verfahrenshandlung kann daher noch bis 24.00 Uhr des letzten Tages der Frist rechtzeitig vorgenommen werden (Sch-Meissner 30; Ausnahme: § 222 Abs 3 ZPO). Vgl dazu ausf 11 ff zu § 74.

11 Gesetzliche u richterliche Fristen laufen grds **für jeden Beteiligten gesondert** u können daher auch zu verschiedenen Zeiten enden. Fristen laufen jeweils **um 24 Uhr des letzten Tages** (NJW 1964, 1239) ab, es sei denn, sie sind nach Stunden bestimmt.

12 **5. Wiedereinsetzung und Verlängerung von Fristen:** Bei **gesetzlichen Fristen** ist gem § 60 grds Wiedereinsetzung möglich, wenn sie schuldlos versäumt wurden. Eine **Verlängerung** ist dagegen **ausgeschlossen,** soweit diese Möglichkeit nicht ausdr durch Gesetz (deshalb keine Verlängerung zB nach § 124a Abs 3 S 3 oder § 139 Abs 1 S 2; s dazu 22 zu § 124a u 8 zu § 139) vorgesehen ist (43, 239).

13 Bei **richterlichen Fristen** ist die Möglichkeit einer Wiedereinsetzung (außer in § 82 Abs 2 S 3, s dazu auch im Folgenden) nicht ausdr vorgesehen. Sie **können** jedoch, soweit der Vorsitzende oder der Berichterstatter dafür zuständig ist (s auch 4 zu § 1), durch diesen, sonst **durch das Gericht**[11] stets **verlängert** werden, wenn erhebliche Gründe glaubhaft gemacht werden (§ 173 S 1, § 224 Abs 2 ZPO). Eine Verlängerung kann auch noch **nach Ablauf der richterlichen Frist** gewährt werden, jedenfalls wenn sie rechtzeitig, dh vor Ablauf, beantragt worden ist;[12] bei **Versäumung der Frist** jedoch außerdem, da die Folgen für die Betroffenen nicht einschneidender sein können als bei Versäumung gesetzlicher Fristen, **jedenfalls** dann, **wenn** bei gesetzlichen Fristen **ein Anspr auf Wiedereinset-**

---

[10] FfO NJW 2004, 3795; Mü NJW 1997, 2130; Sch-Meissner 28.

[11] ZT **aA** BGH NJW 1983, 2030: eine vom Kollegium gesetzte Frist kann nicht vom Vorsitzenden verlängert werden; der Beteiligte wird allerdings durch eine Entscheidung des Vorsitzenden nicht beschwert, da die Verlängerung gültig ist.

[12] BGHZ 83, 219 f = NJW 1982, 1651; NJW 1983, 1741 – unter Aufgabe der früheren abw Rspr; RÖ-M. Redeker 12, Sch-Meissner 37; Z 7 zu § 224 ZPO; M 4 zu § 224 ZPO; P. Hartmann NJW 1978, 1463; Schneider MDR 1978, 577; vgl auch BVerwG 10, 75; 16. 3. 1990 – 8 B 193/89.

zung bestünde;[13] Entsprechendes gilt, wenn die **Voraussetzungen für eine Wiederaufnahme** des Vf (§ 153) gegeben wären.

14 Unabhängig davon ist nach hM die Versäumung richterlicher Fristen grds **ohne prozessuale Folgen, wenn** die Handlung, für die die Frist gesetzt wurde, **jedenfalls noch vor der abschließenden Entscheidung** des Gerichts über die Hauptsache nachgeholt wird (vgl auch 56 zu § 67; 14 zu § 82); idR ist auch noch Nachholung im **RechtsmittelVf** mit heilender Wirkung (rückwirkend) möglich. S aber zur Nachreichung der **Vollmacht** 57 f zu § 67.

15 In Fällen von **gesetzlichen Ausschlußfristen** (s oben 3) ist eine Verlängerung oder Wiedereinsetzung nur möglich, wenn sie ausnahmsweise ausdr zugelassen ist, wie zB in § 58 Abs 2 S 1 HS 2.[14] **Wurde** eine Ausschlußfrist **jedoch** ohne Verschulden des Betroffenen **infolge höherer Gewalt** (s zum Begriff 20 zu § 58) versäumt, **so** ist **grds** auch eine unverzüglich nach Wegfall des Hindernisses vorgenommene Handlung noch als rechtzeitig anzusehen bzw den Behörden die Berufung auf das Verstreichen der Frist genommen;[15] **das gleiche gilt, wenn besondere Umstände des Einzelfalles** (vgl § 76 aF) **vorliegen,** welche die Anwendung der Frist für den Betroffenen als außergewöhnliche, durch den Zweck der Frist nicht gebotene oder im Hinblick darauf vertretbare u den Betroffenen zumutbare Härte erscheinen ließen.[16] Die genannten Grundsätze gelten auch für die gesetzliche Fiktion der Klagerücknahme gem § 92 Abs 2 (Mü NVwZ 1998, 529; VG Bayreuth BayVBl 1998, 286) bzw der Berufungsrücknahme gem § 126 Abs 2 sowie zB für § 81 AsylVfG, wenn ein Asylkl einer **Aufforderung** des Gerichts (des Vorsitzenden oder des Berichterstatters, 71, 213 = NJW 1986, 207 f zu § 33 AsylVfG aF; We NVwZ 1996, 1140), **das Vf zu betreiben,** nicht binnen eines Monats nachkommt. Liegt **höhere Gewalt** im dargelegten Sinn vor, so hat der Kl jedoch Anspr auf Wiedereinsetzung u kann die **Fortsetzung des Vf beantragen;** das Gericht muß dem stattgeben.[17]

Ausschlußfristen können uU aber auch so zu verstehen sein, daß auch in Fällen höherer Gewalt eine Wiedereinsetzung ausscheidet. Dies trifft etwa für die Frist des § 47 Abs 2 S 1 zu (s auch 65 zu § 47).

16 **6. Rechtsbehelfsfristen bei mangelhafter Zustellung, Verkündung oder Eröffnung: Wenn** die **Zustellung,** Verkündung oder Eröffnung einer Entscheidung (VA, Urteil usw) **unwirksam,** dh keinem Beteiligten ggü wirksam erfolgt u die Entscheidung dadurch noch nicht wirksam (existent) geworden ist (s dazu 4 ff zu § 56), so sind auch Rechtsbehelfe dagegen grds noch nicht zulässig (s 19 f vor § 124) u es laufen auch keine Rechtsbehelfsfristen; **anders,** wenn die in Frage stehende Entscheidung jedenfalls in einer Weise bekannt gegeben wur-

---

[13] NJW 1994, 673 – zugleich auch als Folge aus Art 103 Abs 1 GG –; RÖ-M. Redeker 12; im Ergebnis auch Schneider MDR 1978, 577; vgl zur Versäumung behördlicher Fristen auch Kopp BayVBl 1977, 36; **aA** BAG NJW 1974, 1350: keine Verlängerung bereits abgelaufener Fristen; NKVwGO-Czybulka 43.

[14] Vgl zur verfassungsrechtlichen Zulässigkeit derartiger Regelungen, die höchst zweifelhaft ist, bejahend nur für besondere Fälle 58, 104 = NJW 1980, 1481; 72, 368; ThürVBl 1996, 255; BVerfG 25, 165; 40, 92; 46, 307; 53, 133 f; NJW 1986, 1603.

[15] InfAuslR 1985, 280; 71, 213 = NJW 1986, 208; 1988, 249: Wiedereinsetzung analog §§ 58 Abs 2, 60 Abs 2; ThürVBl 1996, 255; BVerfG 71, 348; Kopp BayVBl 1977, 35; zur Versäumung der Ausschlußfrist des § 234 Abs 3 ZPO auch BGH NJW 1973, 1373; MDR 1976, 569 unter Hinweis darauf, daß dies in der Natur der Sache begründet liege; **aA** zum OWiG BayObLG MDR 1978, 598.

[16] Vgl BVerfG 71, 348; Bln NJW 1975, 1530; Kopp BayVBl 1977, 35 mwN; noch weitergehend BSG 48, 12: Versäumung einer Ausschlußfrist unschädlich, wenn die Fristüberschreitung von geringer Bedeutung ist und für den Bürger erhebliche langfristige Interessen auf dem Spiel stehen; **aA** BayObLG MDR 1978, 598.

[17] 71, 213 = NJW 1986, 207; NVwZ 1987, 606; Sch-Clausing 57 zu § 92; vgl auch BVerfG 71, 346.

de, daß die Unwirksamkeit nicht offensichtlich ist. Vgl auch 20 vor § 124. Ist die Zustellung, Verkündung oder Eröffnung nur ggü einzelnen Beteiligten unwirksam, so werden diesen ggü keine Rechtsbehelfsfristen in Lauf gesetzt (s aber zur Verwirkung unten 17 sowie 6h zu § 70u 18ff zu § 74), wohl aber ggü den Beteiligten, an die wirksam bekannt gemacht worden ist.

17 Ist die Zustellung usw **nur fehlerhaft** (und eine Heilung nicht erfolgt, s dazu 8 zu § 56), so sind Rechtsbehelfe **zeitlich unbegrenzt zulässig,** solange das Recht, sie einzulegen, nicht **verwirkt** ist.[18] Dasselbe gilt bei **VAen mit Drittwirkung,** die dem in seiner Rechtsstellung betroffenen Dritten **behördlicherseits nicht eröffnet** wurden. S zur Verwirkung ausf 6h zu § 70u 18ff zu § 74.

§ 58 [Rechtsbehelfsbelehrung]

(1) **Die Frist für ein Rechtsmittel oder einen anderen Rechtsbehelf**[4] **beginnt nur zu laufen, wenn der Beteiligte über den Rechtsbehelf, die Verwaltungsbehörde oder das Gericht, bei denen der Rechtsbehelf anzubringen ist, den Sitz und die einzuhaltende Frist**[10 ff] **schriftlich oder elektronisch belehrt**[6] **worden ist.**[1 ff]

(2) **Ist die Belehrung unterblieben oder unrichtig erteilt, so ist die Einlegung des Rechtsbehelfs nur innerhalb eines Jahres seit Zustellung, Eröffnung oder Verkündung zulässig, außer wenn die Einlegung vor Ablauf der Jahresfrist infolge höherer Gewalt unmöglich war oder eine schriftliche oder elektronische Belehrung dahin erfolgt ist, daß ein Rechtsbehelf nicht gegeben sei.**[20, 21] **§ 60 Abs. 2 gilt für den Fall höherer Gewalt**[20] **entsprechend.**

Vgl § 66 SGG; § 55 FGO

Schrifttum: *Battis,* Zur Fristberechnung bei Verfahren in Baulandsachen im Anschluß an eine unrichtige Rechtsmittelbelehrung, JZ 1999, 403; *Behn,* Beginn der Klagefrist und Rechtsmittelbelehrung über Fristbeginn, RV 1998, 222; *Grigoleit,* Die Anordnung der sofortigen Vollziehbarkeit gemäß § 80 Abs. 2 Nr 4 VwGO als Verwaltungshandeln, 1997; *Leber,* Rechtsbehelfsbelehrung, Streitgegenstand und Klagebegehren, NVwZ 1996, 668; *Proppe,* Die korrekte Berechnung von Rechtsmittelfristen, JA 2001, 977; *Stollmann,* Die neuere Rspr zur fehlerhaften Rechtsmittelbelehrung gem § 58 VwGO, BayVBl 1993, 200; *Stumm,* Die Rechtsbehelfsbelehrung bei öffentlichrechtlichem Verwaltungshandeln, DVP 1991, 395; *Ulmer,* Von fehlenden, unrichtigen und irreführenden Rechtsmittelbelehrungen, SGb 1998, 575; *Zeihe,* Folgen der Belehrung über ein falsches Rechtsmittel, SGb 1998, 259.

1 **1. Allgemeines:** Die Vorschrift, die durch das JKomG leicht geändert wurde, beruht auf dem Gedanken, daß niemand aus Rechtsunkenntnis eines Rechtsbehelfs verlustig gehen soll. Sie macht den **Lauf der Fristen** für RMittel u sonstige Rechtsbehelfe (s zum Begriff unten 4f) jedoch ohne Rücksicht darauf, ob den Betroffenen die Möglichkeit u die Voraussetzungen der in Betracht kommenden RMittel bzw Rechtsbehelfe tatsächlich unbekannt waren bzw ob das Fehlen oder die Unrichtigkeit der Rechtsbehelfsbelehrung kausal für das Unterbleiben oder die Verspätung der Einlegung des Rechtsbehelfs waren (81, 84 = NVwZ 1989, 1057), in allen Fällen von der Erteilung einer ordnungsgemäßen **Rechtsbehelfsbelehrung abhängig.** Unerheblich ist auch, ob das Gericht bzw die Behörde gesetzlich zur Erteilung einer Rechtsbehelfsbelehrung verpflichtet ist (§ 117 Abs 2 Nr 6, § 84 Abs 1 S 3, § 59, § 73 Abs 3 S 1) oder nicht. **Erfolgt die Rechtsbehelfsbelehrung nicht zusammen mit der Entscheidung,** die sie betrifft, so läuft eine Rechtsmittel- bzw sonstige Rechtsbehelfsfrist auch gegen die Entscheidung selbst erst ab dem späteren Zeitpunkt der schriftlichen oder

[18] 44, 294; NJW 1983, 1076; Buchh § 9 VwZG Nr 8; Haueisen NJW 1966, 2340; RÖ-M. Redeker 18 zu § 58; s auch 17 zu § 58.

elektronischen Erteilung der Rechtsbehelfsbelehrung (RÖ-M. Redeker 13; s unten 8). Zur Form der Rechtsbehelfsbelehrung u ihrer Bekanntgabe s unten 6 ff.

Eine **Verpflichtung zur Erteilung einer Rechtsbehelfsbelehrung** ergibt sich aus § 58 nicht; ebenso auch nicht aus Art 19 Abs 4 GG, dem Rechtsstaatsprinzip oder Art. 3 Abs 1 GG.[1] **§ 58 regelt nur die Folgen** für den Fall, daß eine ordnungsgemäße Rechtsbehelfsbelehrung, gleichgültig aus welchen Gründen, unterblieb. 2

Andere Folgen, als daß Fristen nicht in Lauf gesetzt werden, hat das Fehlen einer ordnungsgemäßen Rechtsbehelfsbelehrung **nicht,** auch dann nicht, wenn eine Belehrung durch Gesetz vorgeschrieben ist. Insb wird der davon betroffene **VA** bzw die betroffene gerichtliche Entscheidung dadurch **nicht rechtswidrig** (RÖ-M. Redeker 19; Stelkens NuR 1982, 14); auch eine Zustellung bleibt wirksam (s 7 zu § 56). Ebenso wird ein **Widerspruch nicht deshalb entbehrlich,** weil über ihn nicht oder unrichtig belehrt wurde (NVwZ-RR 1995, 90; Ma NVwZ-RR 1999, 432; s auch 7 a zu § 70). Dem Bekl bzw – bei Fehlern des Gerichts – der Gerichtskasse (Mü BayVBl 1972, 616) sind jedoch idR nach § 155 Abs 4 bzw nach § 21 GKG **die dadurch verursachten Kosten** aufzuerlegen. Außerdem kommen uU Anspr aus **Amtshaftung** in Betracht (RÖ-M. Redeker 20). Umgekehrt hat eine fehlerhafte Rechtsbehelfsbelehrung **nie zur Folge,** daß damit **ein an sich nicht gegebener Rechtsbehelf** zulässig würde.[2] Zur Anwendung des § 58 auf außerordentliche Rechtsbehelfe u Ausschlußfristen s unten 5, 16 u 18 ff. 3

2. Erforderlichkeit der Rechtsbehelfsbelehrung (Abs 1): RMittel oder Rechtsbehelfe iSd Abs 1 sind **alle** von der VwGO vorgesehenen **ordentlichen Rechtsbehelfe,** die auf eine materielle oder formelle Nachprüfung eines VA oder einer verwaltungsgerichtlichen Entscheidung gerichtet sind, also außer den **formellen RMittel** der Berufung (§ 124), der Revision (§ 132) u der Beschwerde (§ 146), einschließlich der Zulassungsbeschwerde (§ 132 Abs 3), der **Widerspruch** (§ 68), u die **Klage** (§§ 81, 74); Gleiches gilt, obwohl kein RMittel, auch für den **Antrag auf mV** gem § 84 Abs 2; **nicht** dagegen (wegen des fehlenden Anspr auf Verbescheidung) **Aufsichtsbeschwerden.** Zu weiteren Ausnahmen s unten 5. Zur Unterscheidung von RMittel u sonstigen Rechtsbehelfen s auch 1 vor § 124. Im Sprachgebrauch wird der **Begriff des RMittel** vielfach auch auf Rechtsbehelfe angewandt, die nicht RMittel im juristisch-technischen Sinn sind. 4

Trotz der allg Fassung bezieht sich Abs 1 nach hM **nicht** auf die **sog außerordentlichen Rechtsbehelfe,** wie die Anhörungsrüge,[3] die Nichtigkeits- u Restitutionsklage (§ 153), die Wiedereinsetzung (§ 60), den Antrag auf Urteilsberichtigung oder Urteilsergänzung (§§ 119, 120). Sehr zweifelhaft ist hingegen, ob eine Nichtanwendung des § 58 auf den Antrag auf Aussetzung der Vollziehung u auf Wiederherstellung der aufschiebenden Wirkung mit dem Argument gerechtfertigt werden kann, es handele sich hier ebenfalls um einen außerordentlichen Rechtsbehelf (so aber iE Ey-J. Schmidt 3). Bei der zunehmend zu beobachtenden Ausdehnung der Vollziehbarkeit von VAen dürfte dies der Bedeutung des § 80 Abs 5 für die Gewährung effektiven Rechtsschutzes nicht gerecht werden. Richtigerweise läßt sich die prinzipielle Unanwendbarkeit des § 58 auf einen Antrag nach § 80 Abs 5 nur damit rechtfertigen, daß diese Regelung nach ihrem eindeutigen Wortlaut nur auf befristete Rechtsbehelfe oder RMittel anwendbar ist, es an einer solchen Befristung aber bei § 80 Abs 5 grds 5

---

[1] S 2 zu § 59; für den Zivilprozeß BVerfG NJW 1995, 3173 f: „jedenfalls derzeit noch nicht", tlw **aA** Kühling 3176; vgl auch BGH NJW 1989, 2890; offen BGH NVwZ 1983, 570.

[2] 63, 200; 66, 312; 8. 10. 1997 – 2 B 113/97; Ko VRspr 2, 1020; BFH/NV 1998, 735.

[3] Hbg NVwZ 2006, 484; s 8 zu § 152 a.

fehlt. Da die ratio des § 58 in erster Linie darauf gerichtet ist, einer Verfristung von Rechtsbehelfen entgegenzuwirken, dürfte ebenso eine analoge Anwendung des § 58 ausscheiden. Auch der Versuch, unter unmittelbarem Rückgriff auf Art 19 Abs 4 GG eine Pflicht zu einer Rechtsbehelfsbelehrung wenigstens iVm einer VzA nach § 80 Abs. 2 S 1 Nr 4 zu begründen,[4] überzeugt nicht, da er auf eine Überdehnung der Rechtsschutzgarantie hinausläuft. Soweit allerdings ein **Antrag auf Wiederherstellung der aW** befristet ist, wie dies in neueren Gesetzen zunehmend der Fall ist (s 141 zu § 80), ist eine **Anwendung des § 58 geboten.** Das gilt nicht nur dort, wo sie ausdr gesetzlich vorgesehen ist (s zB § 18e Abs 2 S 4, Abs 3 S 3 AEG; § 17e Abs 2 S 4, Abs 3 S 3 FStrG; § 10 Abs 6 S 3 LuftVG; § 14e Abs 2 S 4, Abs 3 WaStrG), sondern auch dann, wenn sie nicht ausdr normiert ist (**aA** Lü NVwZ-RR 1995, 177; zutr demgegenüber die Kritik von Grigoleit 149). Eine zumindest analoge Anwendung des § 58 ist deshalb im Fall des § 29 Abs 6 S 3 PBefG geboten. Anderenfalls würde den Betroffenen hier (insb im Hinblick auf die Gefahr der Schaffung vollendeter Tatsachen) die Möglichkeit eines effektiven Rechtsschutzes genommen. Nicht anwendbar ist Abs 1 nach der Rspr auf die sog **Ausschlußfristen** (s 3 u 15 zu § 57), insb nach § 58 Abs 2 u § 60 Abs 3 (26, 54; 28, 305; Ey-J. Schmidt 3).

6 **3. Form der Rechtsbehelfsbelehrung, Nachholung:** Die Rechtsbehelfsbelehrung setzt nur dann Fristen in Lauf, wenn sie **schriftlich** oder elektronisch erfolgt u die Voraussetzungen für das Laufen einer Frist gem § 57 Abs 1 gegeben sind. Bei Bekanntgabe von VAen durch **öffentliche Bekanntmachung** (§ 41 Abs 4 VwVfG) von Ort u Zeit der Auslegung des VA genügt es – sofern durch Gesetz nichts anderes bestimmt ist (vgl zB § 69 Abs 2 VwVfG), – wenn der zur Einsicht ausgelegte VA die Rechtsbehelfsbelehrung enthält; sie muß nicht öffentlich bekanntgemacht werden (DÖV 1988, 223).

Auch Ausländern ggü erfolgt die Rechtsbehelfsbelehrung grds in deutsch; eine Belehrung in einer Sprache, die der Ausländer beherrscht, ist nicht erforderlich;[5] allenfalls ist bei unverschuldeter Fristversäumung Wiedereinsetzung gem § 60 zu gewähren.[6] Aber auch eine in der entspr Fremdsprache abgefaßte Rechtsbehelfsbelehrung löst die Rechtswirkungen nach § 58 aus.[7]

7 Die Rechtsbehelfsbelehrung ist bei **Urteilen, Beschlüssen** (auch Zulassungsbeschlüssen, NVwZ 2000, 191) u **Gerichtsbescheiden Bestandteil der Entscheidung** (§§ 117 Abs 2 Nr 6, 122, 84 Abs 1 S 3; Nachholung nach § 118); **bei** allen **anderen** mit Rechtsbehelfen angreifbaren **Entscheidungen** ist sie zT notwendigerweise (so gem § 73 Abs 3 S 1 beim Widerspruchsbescheid), im übrigen zweckmäßigerweise mit der Entscheidung selbst zu verbinden; ausreichend ist insoweit, wenn sie dem Bescheid mit gesondertem Schreiben beigefügt ist (BayVBl 1999, 58). Nach hM setzt auch eine nicht mitunterschriebene Rechtsbehelfsbelehrung den Lauf der Fristen in Gang.[8] Die Frist für ein RMittel läuft erst dann, wenn in der Entscheidung, die die Rechtsmittelfrist in Gang setzt, zugleich über diese belehrt wird. Deshalb genügt es für das Laufen einer Frist zur Vorlage einer Berufungsbegründung nicht, wenn ein Beteiligter bereits im erstinstanzlichen Urteil, nicht hingegen im Zulassungsbeschluß über das Erfordernis einer fristgemäßen Berufungsbegründung belehrt wurde (NVwZ 2000, 191).

---

[4] So NKVwGO-Czybulka 24; Stober BayVBl 1976, 172f; ähnlich Grigoleit 146ff; Kaltenborn DVBl 1999, 832.

[5] NJW 1978, 1988, BVerfG 42, 125 = NJW 1976, 1021; **aA** SG Detmold MDR 1976, 260.

[6] BVerfG 40, 99 = NJW 1975, 1597; Sch-Meissner 40; vgl auch BSG DVBl 1987, 849.

[7] RÖ-M. Redeker 14a; Sch-Meissner 40; **aA** NKVwGO-Czybulka 43; s auch 9f zu § 55.

[8] 25. 6. 1992 – 6 B 46/91; NKVwGO-Czybulka 47; Sch-Meissner 36; **aA** BAG NJW 1980, 1871.

Der Lauf der Frist wird auch dann nicht in Gang gesetzt, wenn die Rechtmittelbelehrung zusammen mit der gerichtlichen Entscheidung in einem gesonderten Schreiben des Gerichts zugesandt wird (NVwZ 2000, 191; **aA** Ma VBlBW 1999, 62).

Nachholung oder Berichtigung der Rechtsbehelfsbelehrung – bei Urteilen, Beschlüssen u Gerichtsbescheiden allerdings nur nach § 118, wobei Offensichtlichkeit idR anzunehmen ist – ist **jederzeit möglich** (vgl BayVBl 1987, 629; 1999, 58), wobei dann die Frist erst mit der Bekanntgabe der nachgeholten Belehrung zu laufen beginnt (BayVBl 1999, 58). Die Nachholung ist jedoch immer nur **für die Zukunft** u nicht mehr nach Ablauf der Ausschlußfrist des Abs 2 oder mit der Wirkung möglich, daß Rechtsbehelfe über diese Frist hinaus zulässig würden.[9] **Bei Urteilen** erfordert die Nachholung der Rechtsbehelfsbelehrung die erneute Zustellung des gesamten ergänzten Urteils;[10] Die Rechtsbehelfsfrist beginnt erst mit der Zustellung des ergänzten Urteils zu laufen (Mü NVwZ-RR 2006, 583; vgl auch BAG NJW 2005, 2251; 8 ff zu § 118). Entsprechendes gilt für **Beschlüsse.** Bei **anderen Akten,** insb VAen, genügt dagegen die nachträgliche **Übermittlung** einer Rechtsbehelfsbelehrung **unter Bezugnahme** auf den Akt, zu dem sie gehört (vgl oben 7). 8

Zustellung der Rechtsbehelfsbelehrung ist in Abs 1 nicht ausdr vorgeschrieben, die Notwendigkeit der Zustellung ergibt sich **für Urteile u Beschlüsse** aber aus § 117 Abs 2 Nr 6, § 56, da die Rechtsbehelfsbelehrung Bestandteil der Entscheidung ist (NVwZ 2000, 192; Ey-J. Schmidt 11; **aA** RÖ-M. Redeker 13); **bei sonstigen Entscheidungen** ist Zustellung nur erforderlich, wenn auch für die Entscheidung selbst Zustellung alternativ zur Verkündung vorgeschrieben ist, sonst genügt die auch für die Entscheidung selbst maßgebliche Form (**aA** EF 2: immer Zustellung erforderlich; RÖ-M. Redeker 13: Zustellung nicht erforderlich); außerdem genügt jedenfalls auch die **Übergabe eines** entsprechenden **Formblattes.** Zum **Lauf von Fristen bei Nachholung** der Rechtsbehelfsbelehrung s oben 1. 9

4. Inhalt der Rechtsbehelfsbelehrung (Abs 1): Die Rechtsbehelfsbelehrung muß **die in Abs 1 näher bezeichneten Angaben vollständig u richtig** enthalten. Nicht entscheidend ist grds die Formulierung bzw der Wortlaut der Belehrung (30. 11. 1995 – 10 B 2/95, s aber auch unten 12). Die Belehrung muß sich, wenn mehrere Rechtsbehelfe in Betracht kommen, auf sämtliche erstrecken (36, 252; RÖ-M. Redeker 6). Bei einem **VA mit Drittwirkung** muß sichergestellt werden, daß der Dritte eine dem VA beigefügte Rechtsbehelfsbelehrung als **auch an sich gerichtet ansieht** (Ms NVwZ-RR 2000, 556). Zur Belehrung über den Rechtsbehelf gehört auch die Belehrung über 10

– die **Art des** in Betracht kommenden **Rechtsbehelfs,** zB Widerspruch, Klage (zT **aA** Buchh 310 § 58 VwGO Nr 22: unschädlich, wenn in der Rechtsbehelfsbelehrung das Wort „Klage" fehlt, wenn jedenfalls beim Empfänger dadurch kein Irrtum entsteht); bei der Belehrung über Rechtsbehelfe gegen den Widerspruchsbescheid nicht nur über die Klage gem § 79 Abs 1 Nr 2, Abs 2, sondern **auch über die Klage gegen den Erstbescheid u** den Widerspruchsbescheid gem § 79 Abs 1 Nr 1.[11] Ist die **Sprungrevision** in der Entscheidung des VG zugelassen (§ 134 Abs 1 S 1), muß sowohl **über die Berufung** als auch über die **Revision** belehrt werden (81, 83 = NVwZ 1989,

---

[9] NJW 1967, 591; vgl auch StBS-Sachs 12 zu § 42 VwVfG; RÖ-M. Redeker 16; **aA** Ey-J. Schmidt 16; gegen diese Auffassung auch Stelkens NuR 1982, 14; Sch-Meissner 54 (Fn 179).

[10] BayVBl 1987, 629; NVwZ 2000, 192; Ba SächsVBl 2000, 94; NKVwGO-Kilian 87 zu § 117; Sch-Meissner 39.

[11] Gr NVwZ-RR 2006, 78; Mü NVwZ 1987, 902; s auch unten 12; zT **aA** Schl NVwZ 1992, 385; RÖ-M. Redeker 5.

1057; 91, 142 = NJW 1993, 2256); bei an eine **Beschwerdesumme** gebundenen RMittel auch über den **Mindestbeschwerdewert;**[12]

– **zwingende Formvorschriften,** zB gem §§ 70 Abs 1 S 1, 81, 82;[13] – dazu gehört insb auch der Hinw auf die Möglichkeit elektronischer Einlegung, sofern der Empfänger diese Möglichkeit eröffnet hat (Kintz NVwZ 2004, 1431; s dazu näher 2 zu § 70; 9 zu § 81; 5 ff zu § 55 a) –; ebenso erforderlich sind hins der (vom VG zugelassenen) Berufung (§ 124 a Abs 1, 3), des Antrags auf Zulassung der Berufung (§ 124 a Abs 4), der Beschwerde gem § 146 Abs 4, der Nichtzulassungsbeschwerde[14] sowie der Berufung u der Revision Hinweise auf die **Begründungspflicht.**[15] Ist gem § 58 Abs 1 über dessen Wortlaut hinaus auf zwingende Formvorschriften hinzuweisen, so muß dies auch für den **Vertretungszwang** nach § 67 Abs 1 gelten;[16]
– die **Rechtsbehelfsfristen,** zB die Widerspruchsfrist gem § 70 Abs 1 bzw die Klagefrist gem § 74, die **Rechtsmittelfristen** u – über den engen Wortlaut des § 58 Abs 1 hinaus – **Begründungsfristen** (5, 178); insb ist im Zulassungsbeschluß über die Berufungsbegründungspflicht u -frist zu belehren;[17] ebenso bei einer nicht zugelassenen Berufung über die Pflicht zur Begründung u die hierfür geltende Frist (§ 124 a Abs 4 S 4) sowie über die Frist zur Begründung gem § 146 Abs 4 S 1 (Ba NVwZ-RR 2003, 692). Hinzuweisen ist nur auf die Dauer der Frist, nicht auf deren Beginn (s unten 11);
– die **Verwaltungsbehörde oder das Gericht,** bei denen der Rechtsbehelf einzulegen ist, mit Angabe des **Sitzes,** dh des **Ortes,**[18] ggf auch der **Straße u Hausnummer,** wenn sonst Zweifel bestehen können, eine Verwechslung möglich ist oder sonst die Zustellung gefährdet sein kann.[19] Erforderlich ist die Be-

[12] Mü BayVBl 1972, 616; Ks DÖV 1970, 650; RÖ-M. Redeker 9; **aA** Sch-Meissner 32.

[13] BSG 7, 22; MDR 1976, 348; RÖ-M. Redeker 9; vgl auch Ks NVwZ 1986, 1032: bloße Verweisung auf die „Erfordernisse des § 82 Abs 1 VwGO" ohne nähere Hinweise genügt nicht; **aA** zur Form des Widerspruchs 57, 190 mwN; DÖV 1981, 636; NJW 1991, 508; Buchh 310 § 58 VwGO Nr 1, 19 u 25, zugleich mit dem Hinweis, daß bei durch unverschuldete Unkenntnis hins der Schriftform bedingter Fristversäumung Wiedereinsetzung gem § 60 in Betracht kommt; NKVwGO-Czybulka 61; B-v Albedyll 8.

[14] Ey-J. Schmidt 5; RÖ-M. Redeker 10; BSG NVwZ 1995, 1040; Sch-Meissner 18; NKVwGO-Czybulka 63; **aA** 50, 250; DVBl 1965, 840; 1970, 279; Buchh 427/3 § 339 LAG Nr 155.

[15] NVwZ 1998, 1311; 2000, 191; NVwZ-RR 2000, 325; Ey-J. Schmidt 5; RÖ-M. Redeker 40 zu § 124 a; **aA** Ba NVwZ 1997, 1004; Ma VBlBW 1998, 419; We NVwZ-Beil 1997, 90; NVwZ-RR 1998, 208.

[16] BSG 1, 194; NJW 1967, 1493; Ma NVwZ-RR 2002, 466; RÖ-M. Redeker 9; zu Personalvertretungssachen auch Lü 23, 278; **aA** 52, 232 = NJW 1978, 1278; DVBl 1960, 897, 913; NVwZ 1997, 1211 f; Ba NVwZ 1999, 784; Lü DÖV 2000, 969; Ma NJW 1997, 2698; Mü NVwZ-RR 1998, 595; 2003, 314; Bader VBlBW 1997, 401; Ey-J. Schmidt 5; NKVwGO-Czybulka 62; Noack DÖV 1961, 218; Sch-Meissner 32 (nur Nobile officium); ausdr offen BVerwG NVwZ 1995, 901.

[17] NVwZ 1998, 1313; Lü NVwZ-Beil 1997, 93 f – mit ausf Begründung, wenn auch mit nicht überzeugendem Hinweis auf BVerwG NVwZ-RR 1994, 361 f; GewA 1999, 32; Ma NVwZ 1998, 1092; NVwZ-Beil 1998, 49; NVwZ 1999, 207; **aA** Ba NVwZ 1997, 1003 f; Ms DVBl 1997, 1340; DVBl 1998, 735.

[18] Vgl 85, 298 = NVwZ 1991, 261: nur Angabe des einen Ortsnamen enthaltenden Namens der Behörde, zB Bürgermeisteramt A, genügt jedenfalls dann nicht, wenn der Rückschluß vom Namen der Behörde auf deren Sitz nicht ohne jeden Zweifel gezogen werden kann; NVwZ-RR 1994, 362: Revisionsbegründungsfrist wird nicht in Lauf gesetzt, wenn der Sitz des BVerwG in Berlin nicht angegeben wird; die Anschrift auswärtiger Senate eines Gerichts ist nicht anzugeben, Mü BayVBl 1996, 734; NVwZ-RR 2005, 4.

[19] 25, 261; weiter 85, 300: Postleitzahl, Straße, Hausnummer grds nicht erforderlich; vgl auch RÖ-M. Redeker 7; zT **strenger** Ba SächsVBl 1997, 159: Angabe des Postschließfachs irreführend (insoweit abzulehnen); **aA** VG Koblenz DÖV 1978, 853: nicht erforderlich; VG Sigmaringen ZBR 1987, 95: falsche Angabe grds unschädlich.

zeichnung des Namens der Behörde (zB Oberbürgermeister der Stadt X); die Belehrung darüber, der Widerspruch könne bei der Kämmerei erhoben werden, ist nicht ausreichend (Gr NVwZ-RR 1999, 476). Als ausreichend wurde es aber auch angesehen (FfO NVwZ-RR 2004, 316; **aA** FfO NVwZ-RR 2000, 499), wenn zwar nicht die formal richtige Bezeichnung der Behörde erfolgt, die Bezeichnung aber gewährleistet, daß der Rechtsbehelf dort eingelegt wird, wo er einzulegen ist. Andererseits konnte die unrichtige Angabe in einer Rechtsmittelbelehrung, nach der die Klage „beim Oberverwaltungsgericht in Frankfurt/O" – anstatt beim „Oberverwaltungsgericht für das Land Brandenburg" – erhoben werden kann, nach Ansicht eines anderen Senates die gesetzliche Klagefrist nicht in Lauf setzen (FfO NVwZ-RR 2000, 499). **Kommen** nach § 52 für eine Klage **verschiedene Verwaltungsgerichte** in Betracht, so genügt die Rechtsbehelfsbelehrung den Anforderungen des § 58 Abs 1, wenn sie alle als zuständig in Betracht kommenden Gerichte nennt (NVwZ 1993, 359; NKVwGO-Czybulka 54). Bei **Änderung der gerichtlichen Zuständigkeit** muß die Belehrung auch in dieser Hinsicht vollständig sein (Ma RsprD-LS 260/1993).

Nicht erforderlich ist (s aber zu den Folgen bei Unvollständigkeit solcher Hinweise unten 12 u 13) – außer bei öffentlicher Bekanntgabe nach § 56a Abs 3, s dazu 5 zu § 56a – ein Hinweis: 11

- auf den **Beginn der Frist,**[20] auch bei Fristbeginn gem der **Fiktion des § 4 Abs 2 S 1 VwZG;**[21]
- auf die **Berechnung der Frist** (VRspr 20, 232; BVerfG NJW 1971, 2217) u die dafür maßgebliche Art der Bekanntgabe oder Zustellung;[22]
- auf **Besonderheiten des Fristenlaufs** wie die Kürze des Monats Februar (NJW 1976, 865);
- auf die **Möglichkeit einer Verlängerung** der Revisionsbegründungsfrist bei rechtzeitiger Beantragung (VRspr 20, 232);
- darauf, **daß** der Rechtsbehelf innerhalb der Frist bei der Behörde bzw bei Gericht **eingehen muß** (DÖV 1972, 790);
- darauf, daß die Widerspruchsfrist nach § 70 Abs 1 S 2 **auch durch Einreichung bei der Widerspruchsbehörde** gewahrt wird;[23]
- auf den näheren **Inhalt einer Klage** gem § 82 Abs 1 S 2 (Mü NVwZ 1982, 564 zur Nachholbarkeit bestimmter Erfordernisse gem § 82 Abs 2).

Ebenso ist die **Angabe des Bekl nicht** erforderlich (85, 296; BSG 7, 16; BGH NVwZ 1983, 570; RÖ-M. Redeker 7). Zur genauen **Adresse der Behörde** bzw des Gerichts mit Straße u Hausnummer s oben 10. Nicht erforderlich ist auch die Belehrung über Form u Frist einer **Sprungrevision, wenn** diese im Urteil **nicht zugelassen** wurde (DÖV 1979, 303).

Sind **Angaben,** die nach § 58 Abs 1 nicht erforderlich sind (s oben 10f), **unzutr oder irreführend,** so machen sie die Belehrung dann unrichtig, **wenn sie geeignet sind,** die Einlegung des in Betracht kommenden Rechtsbehelfs nennenswert **zu erschweren,**[24] zB beim Kl einen **Irrtum über die formellen** 12

---

[20] NJW 1991, 508 – Belehrung, daß „Klage innerhalb eines Monats nach Bekanntgabe des Widerspruchsbescheides erhoben werden kann", genügt –; BGH DVBl 2000, 1287; **aA** BFH NJW 1987, 2704.

[21] Zu § 4 Abs 2 VwZG aF NJW 1991, 508; NVwZ 1989, 650; Buchh 310 § 58 Nr 73; Mü BayVBl 1977, 341; BSG NJW 1970, 583; **aA** BFH 107, 411; NJW 1964, 1246; Maetzel MDR 1970, 466; RÖ-M. Redeker 8; Spaeth Steuerberater 1974, 189; PSW 3c zu § 66 SGG; Kühn/Kutter 3c zu § 356 AO; Hingerl BayVBl 1977, 607.

[22] NVwZ 1985, 900; Mü BayVBl 1977, 341; P § 48, 12 mwN; **aA** BFH NJW 1964, 1246; BStBl II 1975, 155; Hingerl BayVBl 1977, 607 mwN.

[23] 1, 192; BSG MDR 1976, 348; Ms NJW 1974, 879; Mü BayVBl 1976, 691; RÖ-M. Redeker 7; Ey-J. Schmidt 6.

[24] NJW 1991, 508 mwN; BayVBl 1990, 600; Buchh 424.02 § 64 LWAnpG Nr 8; BFH NVwZ-RR 1999, 350; BGH NVwZ 1983, 570; Ks NVwZ 1986, 1032; NVwZ-RR

oder materiellen Voraussetzungen des in Betracht kommenden Rechtsbehelfs **hervorzurufen** u ihn dadurch abzuhalten, einen Rechtsbehelf einzulegen bzw ihn rechtzeitig einzulegen (57, 190; NJW 1979, 1670; Schl NVwZ 1992, 385). Dies gilt zB für die Bezeichnung einer **Sollvorschrift als Mußvorschrift**[25] oder für den Hinweis

- auf **gesetzlich nicht vorgesehene Formerfordernisse,** die bei einem gewissenhaften Kl den Eindruck hervorrufen können, daß die Rechtsverfolgung scheitern werde, wenn er sie nicht beachtet (57, 190 = NJW 1979, 1670; NVwZ-RR 1994, 617), zB der Hinweis, daß die Klage einen **bestimmten Antrag** enthalten müsse;[26]
- daß der Widerspruch (bzw die Klage, Berufung, Beschwerde) **schriftlich** eingelegt werden müsse, **ohne Hinweis** auf die Möglichkeit einer Einlegung **auch zur Niederschrift** (57, 190 = NJW 1979, 1670; Ms NVwZ 1984, 655);
- in einer Rechtsbehelfsbelehrung bei einem nach dem Verfahrensrecht zuzustellenden VA, daß für den Fristbeginn für die Einlegung eines Rechtsbehelfs der **Zeitpunkt des Zugangs des VA** maßgeblich sei u nicht richtigerweise auf dessen Zustellung abgestellt wird (Ms NVwZ 2001, 212; vgl auch Ms NJW 1973, 165; Sch-Meissner 29; **aA** BVerwG NJW 1991, 509); unrichtig ist es ferner, wenn bei einer gesetzlich vorgesehenen Zustellung einer bereits vorher mündlich bekanntgegebenen Prüfungsentscheidung die Rechtsbehelfsbelehrung dahingehend erfolgt, daß der Widerspruch „gegen diesen Bescheid" zu richten sei (Ms NVwZ 2001, 212);
- daß ein RMittel zur Niederschrift des Urkundsbeamten der Geschäftsstelle eingelegt werden kann, wenn Vertretungszwang besteht;[27] das gilt auch dann, wenn die Rechtsmittelbelehrung unverbunden nebeneinander den Hinweis auf den Vertretungszwang nach § 67 u den Zusatz enthält, das RMittel könne auch zur Niederschrift des Urkundsbeamten der Geschäftsstelle eingelegt werden (Ms NVwZ-RR 2002, 912);
- daß der **Widerspruch begründet** werden muß (57, 188);
- daß **Abschriften** beigefügt werden müssen;[28]
- daß **ein Widerspruch** (bzw die Berufung oder die Beschwerde) **bei der Behörde** (bzw dem Gericht), die (das) darüber zu entscheiden hat, eingereicht werden müssen, die Einreichung bei der Ausgangsbehörde (bzw beim unteren Gericht) dagegen nur die Frist wahrt (3, 273);
- daß **die Klage** innerhalb der Klagefrist **zu begründen** ist (Buchh 310 § 58 VwGO Nr 12);
- daß die **Klage auch gegen den Widerspruchsbescheid** gegeben ist;[29]
- daß der **Widerspruch „schriftlich oder zur Niederschrift"** eingelegt werden könne, obwohl in der Spezialregelung des § 36 Abs 1 S 2 VermG nur die

---

1990, 671; Ma RsprD-LS 121/1996; Mü BayVBl 1991, 469; Ms 26. 3. 1997 – 23 A 1834/95; Schl NVwZ 1992, 385; v Mutius VwGO § 58 II 2; Petersen DÖV 1981, 344.

[25] 57, 188; NJW 1980, 1707; Ms NVwZ 1984, 655 zur Belehrung, daß in 2facher Ausfertigung; RÖ-M. Redeker 11; offen 58, 102 zur Belehrung, daß die Klage in 3facher Ausfertigung einzureichen ist.

[26] 28, 178; 37, 86; bedenklich NJW 1982, 300: unschädlich ein bloßer Hinweis, daß es „tunlich" ist, einen bestimmten Antrag zu stellen; dagegen auch NKVwGO-Czybulka 66.

[27] NVwZ 1997, 1212; NVwZ 1998, 171; Lü NdSMBL 1997, 943; Ms NWVBl 1998, 406; NVwZ-RR 1998, 596; s aber zum Hinweis auf den Vertretungszwang auch oben 10.

[28] 57, 191: auch wenn nur als Bitte formuliert: „Es wird gebeten, den Widerspruch mit Begründung in doppelter Fertigung einzureichen"; DÖV 1980, 344: 4 Abschriften beizufügen; offen 58, 102; **aA** Petersen DÖV 1981, 345; zT auch NJW 1982, 300: unschädlich der Hinweis, daß es „tunlich" sei, den Widerspruch zu begründen.

[29] Ks NJW 1983, 242, unter Hinweis darauf, daß damit auch ein falscher Eindruck erweckt wird, gegen wen die Klage zu richten ist; anders nur, wenn es sich um einen Fall gem § 79 Abs 1 Nr 2 handeln würde.

schriftliche Einlegung eines Widerspruchs gegen einen vermögensrechtlichen Restitutionsbescheid vorgesehen ist (VIZ 2000, 723; Buchh 310 § 58 VwGO Nr 77);
- im Beschluß über die Zulassung der Revision, daß die Revision innerhalb von 2 Monaten nach Zustellung der Entscheidung zu begründen sei (Buchh 310 § 139 Abs 3 VwGO Nr 7).

Unschädlich dürfte der Hinweis sein,
- daß die Klage den „Streitgegenstand" (statt gem § 82 Abs 1 S 1 „Gegenstand des Klagebegehrens") bezeichnen muß (für Irreführung aber Leber NVwZ 1996, 669);
- daß die Einlegung schriftlich bzw zur Niederschrift – statt „oder zur Niederschrift" – erfolgen muß (DÖV 1981, 635);
- daß die angefochtene **Entscheidung anzugeben** ist (Ks NVwZ 1992, 334 – kein die Klageerhebung wesentlich erschwerender Zusatz, der Unrichtigkeit zur Folge hätte –);
- „der Widerspruch wird in **dreifacher Ausfertigung** erbeten" (Bln NVwZ 1998, 270).

Enthält die Belehrung **Hinweise, die nicht erforderlich sind,** so müssen sie **richtig und vollständig** sein, zB hins **Beginn oder Berechnung der Rechtsbehelfsfrist,** so muß sie auch auf mögliche Besonderheiten, insb Abweichungen zugunsten des Betroffenen, hinweisen, so zB auf die Maßgeblichkeit des tatsächlichen Zugehens, wenn das Schreiben nicht innerhalb der fingierten Frist des **§ 4 Abs 2 S 1 VwZG** zugegangen ist (so zu § 4 Abs 2 VwZG aF BFH NJW 1964, 1246). Fehlerhaft ist auch zB bei mit **eingeschriebenem Brief** erfolgter Zustellung der Hinweis, daß der Zeitpunkt des Empfangs maßgeblich ist (BSG 66, 877). 13

Wird anstelle der gesetzlich vorgesehenen Frist eine **längere Frist angegeben,** so gilt diese,[30] eine Verlängerung über die Jahresfrist des Abs 2 hinaus wird dadurch aber nicht bewirkt. Ist eine **zu kurze Frist** angegeben, so ist die Belehrung unrichtig u kann weder die angegebene noch die gesetzlich vorgesehene Frist in Lauf setzen (NKVwGO-Czybulka 69). 14

Hinweise darauf, worauf die Klage gestützt werden kann, sind nicht erforderlich; werden sie jedoch gegeben, so müssen sie **alle** möglichen **Klagegründe** erfassen u dürfen nicht den Eindruck erwecken, daß andere Gründe nicht vorgebracht werden können (25, 191 zum Hinweis, daß die Klage auch auf Ermessensmißbrauch gestützt werden kann), sonst wird die Rechtsbehelfsbelehrung dadurch fehlerhaft. 15

5. Ausschlußfrist bei fehlender oder fehlerhafter Rechtsbehelfsbelehrung (Abs 2): Die Jahresfrist des Abs 2 ist keine Rechtsmittelfrist, sondern eine **Ausschlußfrist** (s 3 u 15 zu § 57); sie soll verhindern, daß bei einer Verletzung der Belehrungspflicht Rechtsbehelfe zeitlich unbegrenzt möglich bleiben. Die Vorschrift beruht auf dem Gedanken, daß die Betroffenen jedenfalls innerhalb eines Jahres Gelegenheit haben, sich über mögliche Rechtsbehelfe zu informieren. Die Regelung wird **ergänzt** durch die **Grundsätze über die Verwirkung von Rechtsbehelfen** (s dazu 6 h zu 70 u 18 ff zu § 74). Die Einjahresfrist gilt demzufolge auch dann nicht, wenn zwar eine fehlerhafte Rechtsmittelbelehrung mit der Angabe unzutr Fristen erfolgte, der Betroffene aber sowohl für die Einlegung des RMittel als auch für die Begründung desselben nicht einmal die unzutr Fristen einhält (Ms InfAuslR 2005, 123). Eine fehlerhafte Rechtsmittelbelehrung berechtigt den Beteiligten, der gleichwohl das vorgeschriebene RMittel innerhalb der Frist des § 58 Abs 2 eingelegt hat, nicht dazu, das RMittel erneut einzulegen, 16

---

[30] NJW 1967, 591; NVwZ 1999, 653; Stumm DVP 1991, 395; zT **aA** 52, 232: nur Wiedereinsetzungsgrund; offen NVwZ 1999, 654.

wenn über das zuerst eingelegte RMittel unanfechtbar entschieden worden ist (Ma NVwZ-RR 2000, 647).

Als Ausschlußfrist ist die Frist gem Abs 2 **von einer Belehrung** darüber nach Abs 1 **nicht abhängig** (s oben 5) u kann auch durch die Behörde bzw das Gericht **nicht verlängert** werden (s auch 15 zu § 57); **Wiedereinsetzung** gegen ihre Versäumung ist nur nach näherer Bestimmung des Abs 2, nicht unmittelbar nach § 60 möglich.[31] Weitere Ausnahmen s unten 18 ff sowie 15 zu § 57. Erfaßt werden nur die Fälle, in denen eine ordnungsgemäße Rechtsbehelfsbelehrung weder mit der ursprünglichen Entscheidung verbunden war noch innerhalb eines Jahres nachgeholt wurde (s oben 8). Ist eine in einem angefochtenen Urteil enthaltene Rechtsmittelbelehrung sowohl in bezug auf das statthafte RMittel (hier: Beschwerde gegen die Nichtzulassung der Revision) als auch in bezug auf die zu beachtende Begründungsfrist unrichtig erteilt, so muß der Rechtsmittelführer das RMittel innerhalb der Jahresfrist des § 58 Abs 2 S 1 nicht nur einlegen, sondern auch begründen (NVwZ-RR 2000, 325). Die Jahresfrist steht dem Betroffenen auch dann zur Verfügung, wenn er trotz nicht ordnungsgemäßer Rechtsbehelfsbelehrung **den Rechtsbehelf einlegt, aber wieder zurücknimmt.** Er kann ihn dann innerhalb der Jahresfrist wiederholen (RÖ-M. Redeker 15; **aA** Ey-J. Schmidt 15). Ohne Bedeutung für die Anwendung des § 58 Abs 2 ist es, daß für den rechtskundigen Empfänger der Rechtsmittelbelehrung auf der Hand liegt, daß diese unrichtig erteilt ist (Ms NVwZ 2001, 212). Zur **Verfassungsmäßigkeit** von Ausschlußfristen s 15 zu § 57.

17 Nicht von Abs 2 erfaßt werden **Fälle, in denen** eine Entscheidung (VA, Urteil usw) einem Betroffenen **nicht oder nicht in der vorgeschriebenen Weise verkündet, zugestellt oder eröffnet (bekanntgegeben) wurde.** S dazu aber auch 16 f zu § 57; 18 ff zu § 74. § 58 Abs 2 setzt die ordnungsgemäße Bekanntgabe der Entscheidung voraus.[32] **Rechtsbehelfe bleiben** in solchen Fällen auch nach Ablauf der (hier nicht anwendbaren) Jahresfrist zulässig, **solange** der Rechtsbehelfsberechtigte sein Recht dazu **nicht verwirkt** hat (Gr NVwZ-RR 2001, 210; NKVwGO-Czybulka 75). **Die Verwirkung als Hauptanwendungsfall des venire contra factum proprium** (Verbot widersprüchlichen Verhaltens) bedeutet, daß ein Recht nicht mehr ausgeübt werden darf, wenn seit der Möglichkeit der Geltendmachung längere Zeit verstrichen ist u besondere Umstände hinzutreten, welche die verspätete Geltendmachung als Verstoß gegen Treu u Glauben erscheinen lassen. Das ist insbesondere der Fall, wenn der Verpflichtete infolge eines bestimmten Verhaltens des Berechtigten darauf **vertrauen durfte,** daß dieser **das Recht nach so langer Zeit nicht mehr geltend machen würde** (Vertrauensgrundlage), der Verpflichtete **tatsächlich darauf vertraut** hat, daß das Recht nicht mehr ausgeübt würde (Vertrauenstatbestand) u sich infolgedessen in seinen Vorkehrungen so eingerichtet hat, daß ihm durch die verspätete Durchsetzung des Rechts ein **unzumutbarer Nachteil** entstehen würde (NVwZ 2005, 1334). Daraus hat das BVerwG abgeleitet, daß sich ein Nachbar, der von der Erteilung einer ihn in seiner Rechtsstellung betreffenden Baugenehmigung auf andere Weise als durch behördliche Bekanntgabe Kenntnis erlangt hat oder Kenntnis hätte haben müssen, weil sich ihm das Vorliegen der Baugenehmigung aufdrängen mußte, so behandeln lassen muß, als sei ihm die Baugenehmigung im Zeitpunkt der Kenntnisnahme bzw der möglichen u zumutbaren Verschaffung einer Kenntnisnahme amtlich – aber ohne Rechtsbehelfsbelehrung – bekannt gemacht worden.[33] Aus dem nachbarschaftlichen Ge-

---

[31] 58, 103; Ule 37 IV 3; 37 Anh I 2; Ey-J. Schmidt 19; SDC 2 a.

[32] BayVBl 1969, 174; Gr NVwZ-RR 2001, 210; Lü NVwZ 1985, 507; offen gelassen in Mü BayVBl 1973, 386, ob die Jahresfrist nicht auch bei Bekanntwerden des VA, zB bei Baubeginn aufgrund der erfolgten Genehmigung, zu laufen beginnt; abzulehnen.

[33] 44, 299 f; 78, 89 ff; Schenke 676; s auch 17 zu § 58 u 6 h zu § 70.

meinschaftsverhältnis ergibt sich daher, daß er idR innerhalb eines Jahres vom Zeitpunkt der Kenntnisnahme bzw. ihrer Möglichkeit Widerspruch einlegen muß. Der Grundsatz der Verwirkung prozessuler Rechte gilt allg auch im Bereich des Vermögensrechts ohne Einschränkung (NVwZ 2005, 1334). Zu beachten ist dabei aber, daß der reine Zeitablauf die Annahme einer Verwirkung allein noch nicht rechtfertigt (NVwZ 2005,1334). S zur Verwirkung auch 53 vor § 40; 17 zu § 57; 17 zu § 58; 6h zu § 70; 18ff zu § 74; 1ff zu § 76 aF.

6. Ausnahmen von der Ausschlußfrist gem Abs 2 sind grds auf die Fälle einer Fristversäumung infolge höherer Gewalt sowie einer schriftlichen oder elektronischen Belehrung, daß ein Rechtsbehelf überhaupt nicht gegeben sei, beschränkt. Zur Frage weiterer Ausnahmen s 15 zu § 57. **Bei höherer Gewalt** bedarf es gem Abs 2 S 2 einer besonderen **Wiedereinsetzung,** die gem § 60 Abs 2 auf Antrag oder ggf auch vAw gewährt werden kann u fristgebunden ist. 18

In den Fällen, in denen fälschlich eine schriftliche oder elektronische Belehrung dahin erfolgt, daß ein Rechtsbehelf nicht gegeben sei (Abs 2 S 1 aE), sind Rechtsbehelfe zeitlich unbeschränkt u ohne daß ein besonderes WiedereinsetzungsVf Voraussetzung ist, zulässig; einem Rechtsbehelf kann aber uU der Einwand der Verwirkung entgegengehalten werden (vgl Ey-J. Schmidt 21); s ferner 17 zu § 57 u 18ff zu § 74). Die **nachträgliche Erteilung einer Rechtsbehelfsbelehrung** kurz vor oder nach Ablauf der Jahresfrist berührt die Ausschlußwirkung der Jahresfrist nicht u kann einen Rechtsbehelf, der nach ihrem Ablauf eingelegt wird, nicht mehr zulässig machen (s oben 8; sehr zweifelhaft). Dagegen wird die Befugnis der Behörde, eine **neue Sachentscheidung** – auch mit demselben Inhalt (sog. Zweitbescheid; vgl 29 zu Anh § 42) – zu erlassen u damit neue Fristen in Lauf zu setzen u auch den Weg für eine gerichtliche Überprüfung erneut zu eröffnen, dadurch nicht berührt, selbst dann nicht, wenn infolge der Versäumung der Jahresfrist ein Urteil zur Sache in RKraft erwachsen ist (s 13 zu § 121). 19

Höhere Gewalt liegt vor **bei außergewöhnlichen Ereignissen,** die nach den Umständen des Falles **auch durch die größte,** nach den Umständen des gegebenen Falles vernünftigerweise von dem Betroffenen unter Anlegung subjektiver Maßstäbe – also unter Berücksichtigung seiner Lage, Erfahrung u Bildung – zu erwartende u zumutbare **Sorgfalt** weder abgewehrt noch in ihren schädlichen Folgen verhindert werden könnten.[34] Der Begriff der höheren Gewalt ist insoweit enger als der Begriff „ohne Verschulden" in § 60 Abs 1; er entspricht dem Begriff der **„Naturereignisse oder anderer unabwendbarer Zufälle"** in § 233 Abs 1 ZPO aF (NJW 1980, 1480; 1986, 208), so daß zur näheren Bestimmung auch auf die Rspr der Zivilgerichte zu § 233 aF ZPO zurückgegriffen werden kann. Der Begriff der höheren Gewalt setzt **kein von außen kommendes Ereignis** voraus (NJW 1986, 208). Bei **Unzumutbarkeit** ist aus verfassungsrechtlichen Gründen **immer** höhere Gewalt anzunehmen (BVerfG 71, 348 = NJW 1986, 1485). Höhere Gewalt kann in besonders gelagerten Fällen auch bei einer falschen, **irreführenden Rechtsbehelfsbelehrung,** wenn gerade sie ursächlich für die Fristversäumung war (NJW 1980, 1480), oder bei unverschuldeter **Unkenntnis hins des Ergehens eines VA,** zB bei Ersatzzustellung (bei fehlerhafter Zustellung läuft dagegen grds – sofern keine Heilung erfolgt ist – überhaupt keine Frist, s 16ff zu § 57) vorliegen (NJW 1980, 1480); ebenso wohl auch bei unverschuldetem **Irrtum über den Charakter** eines Schreibens **als VA** (Kopp DVBl 1970, 724), sofern die mangelnde Erkennbarkeit der Eigenschaft als VA nicht schon zur Folge hat, daß ein VA im Rechtssinn nicht vorliegt (vgl auch 5 zu Anh § 42 sowie MDR 1973, 302). **Mußte der Betroffene** nach 20

[34] NJW 1986, 208; 1990, 1437; vgl auch EuGH 1985, 3049; Sch-Meissner 52; RÖ-M. Redeker 19 zu § 60.

den **näheren** Umständen des Falles **mit der Zustellung (Bekanntgabe) eines VA rechnen,** etwa weil der VA ihm bereits mündlich eröffnet oder angekündigt worden war, so kann er sich nicht mehr auf höhere Gewalt berufen, denn die ihm zumutbare Sorgfalt hätte es in einem derartigen Fall erfordert, daß er sich um Aufklärung bemüht (NJW 1980, 1480). Als ein Fall höherer Gewalt wurde es auch angesehen, wenn ein fristgebundener Begründungsschriftsatz im Vertrauen auf eine bisherige, nunmehr aber geänderte Rspr nicht rechtzeitig eingelegt wurde (Lü NVwZ 2000, 1059); anderes gilt jedoch von dem Moment an, in dem durch ein Gericht auf die Änderung der Rspr hingewiesen wurde (Mü BayVBl 1999, 637). Auch ein **Versehen des** sonst zuverlässigen **Büropersonals** kann höhere Gewalt sein (NJW 1986, 208 mwN), ebenso auch zB **treuwidriges Verhalten der Behörde** (NJW 1980, 1480), insb wenn die Behörde dadurch den Betroffenen arglistig um seinen Rechtsbehelf gebracht hat (NJW 1980, 1480); bloße Untätigkeit der Behörde reicht dafür hingegen nicht aus (NVwZ 1998, 1295). Um höhere Gewalt handelt es sich zB dann, wenn von einer obersten Landesbehörde eine falsche Rechtsbehelfsbelehrung erteilt wurde, der Bürger den ihm genannten Rechtsbehelf fristgemäß einlegt u die Behörde den Bürger ein Jahr lang seit der Zustellung der angegriffenen Verwaltungsentscheidung **in dem Glauben läßt,** der **eingelegte Rechtsbehelf sei geeignet,** eine Abänderung der getroffenen Entscheidung zu erreichen (Ks 30. 4. 1981 – IX OE 26/79).

21 Einer **Belehrung, daß kein Rechtsbehelf** gegeben ist, ist es gleichzuachten, wenn in der Belehrung auf einen in Wahrheit nicht gegebenen, **falschen Rechtsweg** verwiesen wird; ebenso, wenn nur auf einen **nicht statthaften Rechtsbehelf** hingewiesen wird, obwohl in Wahrheit nur ein anderer Rechtsbehelf gegeben wäre.[35]

§ 59 [Belehrungspflicht der Bundesbehörden]

Erläßt eine Bundesbehörde[3] einen schriftlichen oder elektronischen Verwaltungsakt,[3] der der Anfechtung unterliegt, so ist eine Erklärung beizufügen, durch die der Beteiligte über den Rechtsbehelf, der gegen den Verwaltungsakt gegeben ist, über die Stelle, bei der der Rechtsbehelf einzulegen ist, und über die Frist belehrt wird.[1 ff]

1 **1. Allgemeines:** § 59 wurde durch das JKomG leicht geändert. Die VwGO sieht eine Verpflichtung zur Erteilung von Rechtsbehelfsbelehrungen nicht allg, sondern nur für bestimmte Entscheidungen vor (vgl außer § 59 zB § 117 Abs 2 Nr 6, § 73 Abs 3 S 1). § 59 gilt nur für **schriftliche oder elektronische VAe von Bundesbehörden.** Die Beschränkung auf Bundesbehörden erfolgte im Hinblick auf die nur beschränkte Gesetzgebungszuständigkeit des Bundes. **Entsprechende Regelungen durch Landesgesetz** für den Bereich der Zuständigkeit der Landesgesetzgebung werden dadurch nicht ausgeschlossen; sie bedürfen auch keiner Ermächtigung durch die VwGO. § 59 ist gem § 79 VwVfG **auch auf Bundesbehörden** anzuwenden, deren VAe **nicht** der Anfechtung im **VRW,** sondern in einem anderen Rechtsweg unterliegen (BGH DVBl 1974, 909; KR 11 zu § 79 VwVfG). **Allg** zur Belehrungspflicht s auch 1 ff zu § 58.

2 Obwohl die Belehrungspflicht dem Rechtsschutz des Bürgers u im Hinblick auf § 58 auch der Rechtssicherheit u dem Rechtsfrieden dient, kann eine allg

---

[35] 71, 359; 77, 184 = NVwZ 1988, 153 zur Belehrung, daß die Berufung gegeben ist, obwohl allein die Beschwerde gegen die Nichtzulassung der Berufung statthaft war; vgl auch NKVwGO-Czybulka 83; **aA** Zeihe NVwZ 1995, 560; ähnlich NVwZ 1986, 471 zur Belehrung, daß unmittelbar die Revision gegeben sei, obwohl in Wahrheit nur die Berufung gegeben war.

Belehrungspflicht ohne besondere gesetzliche Grundlage weder aus Art 19 Abs 4 GG noch allg aus dem Rechtsstaatsprinzip abgeleitet werden;[1] **ebensowenig eine Verpflichtung des Gesetzgebers** zu entspr gesetzlichen Regelungen (Kopp VerfR 124, 161 f). Es bedarf damit einer gesetzlichen Anordnung (neben §§ 59, 73 Abs 3 S 1 s zB § 211 BauGB, § 6 WDO).

2. Anwendungsbereich: Die Belehrungspflicht gem § 59 gilt nur für **Bundesbehörden** ieS, nicht auch für bundesunmittelbare ör Körperschaften, Anstalten oder Stiftungen (Argument aus § 52 Nr 2; BVerwG Buchh § 21 BVerwGG Nr 1; Ey-J. Schmidt 1). Für Rechtsbehelfe außerhalb der VwGO s oben 1. Betroffen sind nur **schriftliche oder elektronische VAe,** auch (trotz des Hinweises auf die Anfechtung) VAe, mit denen ein Antrag abgelehnt wird (RÖ-M. Redeker 2). **Ausgenommen** sind jedoch („der Anfechtung unterliegt") ausschließlich **begünstigende VAe** (str) sowie VAe, die gem § 44 a nicht gesondert angegriffen werden können.[2] Der **Inhalt der Belehrung** entspricht § 58 Abs 1. Die Belehrungspflicht kann durch (späteres) Gesetz ausgeschlossen werden (vgl zB § 77 Abs 2 AufenthG). Für den **Widerspruchsbescheid** (auch soweit ihn eine Landesbehörde erläßt) ergibt sich die Belehrungspflicht aus § 73 Abs 3. 3

Eine **Verletzung der Belehrungspflicht** macht den betroffenen VA nicht fehlerhaft, sondern hat nur die **Folgen gem § 58** u kann ggf Anlaß zu Anspr unter dem Gesichtspunkt der **Amtshaftung** geben (Müller NJW 1962, 1892; RÖ-M. Redeker 20 zu § 58). Zu der Kostenfolge gem § 155 Abs 4 s 3 zu § 58. 4

§ 60 [Wiedereinsetzung bei Fristversäumung]

(1) **Wenn jemand ohne Verschulden[9–23] verhindert war,[6] eine gesetzliche Frist[2–5] einzuhalten, so ist ihm auf Antrag Wiedereinsetzung in den vorigen Stand zu gewähren.[1 ff]**

(2) **Der Antrag[24 ff] ist binnen zwei Wochen[26] nach Wegfall des Hindernisses[8] zu stellen; bei Versäumung der Frist zur Begründung der Berufung, des Antrags auf Zulassung der Berufung, der Revision, der Nichtzulassungsbeschwerde oder der Beschwerde beträgt die Frist einen Monat.[33] Die Tatsachen zur Begründung des Antrags sind bei der Antragstellung oder im Verfahren über den Antrag glaubhaft zu machen.[29 ff] Innerhalb der Antragsfrist ist die versäumte Rechtshandlung nachzuholen.[33] Ist dies geschehen, so kann die Wiedereinsetzung auch ohne Antrag gewährt werden.[24]**

(3) **Nach einem Jahr seit dem Ende der versäumten Frist ist der Antrag unzulässig, außer wenn der Antrag vor Ablauf der Jahresfrist infolge höherer Gewalt unmöglich war.[28]**

(4) **Über den Wiedereinsetzungsantrag entscheidet das Gericht, das über die versäumte Rechtshandlung zu befinden hat.[34 ff]**

(5) **Die Wiedereinsetzung ist unanfechtbar.[39]**

Vgl § 93 Abs 2 BVerfGG; §§ 233–238 ZPO; § 67 SGG; § 56 FGO

Schrifttum: *Ball,* Die Rechtsprechung des BGH zur Wiedereinsetzung in den vorigen Stand, JurBüro 1992, 653; *Borgmann,* Der Anwalt und sein Büro – Fristverlängerung und

---

[1] BVerfG NJW 1995, 3173 f; BVerwG 46, 252; DVBl 1973, 313; NJW 1989, 2890; MD-Schmidt-Aßmann 257 zu Art 19 Abs 4 GG; Stober BayVBl 1976, 170; Kopp VerfG 124; offen BVerfG 40, 258 u BGH NVwZ 1983, 570; zT **aA** zum Wehrbeschwerderecht 46, 252 mwN.

[2] **AA** MB 26 zu § 97 VwVfG: Belehrung, daß Widerspruch u Klage nur zusammen mit einem Widerspruch bzw einer Klage bezügl der Sachentscheidung eingelegt werden können; ebenso Battis BauGB 2 zu § 211 BauGB; gegen diese Auffassung spricht jedoch, daß es sich insoweit überhaupt nicht um einen eigentlichen Rechtsbehelf handelt, vgl 7 zu § 44 a.

Wiedereinsetzung, BRAK-Mitt 1999, 24; *dies,* Der Anwalt und sein Büro – Der Wiedereinsetzungsantrag im Zivilprozeß – Form, Inhalt, Frist, BRAK-Mitt 1999, 215, 258; *Büttner,* Wiedereinsetzung in den vorigen Stand, 2. Aufl, 1999; *Derleder,* Parteinotlagen und Wiedereinsetzung in den vorigen Stand, JurBüro 1993, 580; *Ganter,* Wiedereinsetzung in den vorigen Stand wegen Versäumung der Berufungsbegründungsfrist ohne Nachholung der Berufungsbegründung?, NJW 1994, 164; *Goette,* Wiedereinsetzung in den vorigen Stand bei irreführender gerichtlicher Verfügung, DStR 1999, 1120; *Guttenberg,* Öffentliche Zustellung und Wiedereinsetzung in den vorigen Stand, MDR 1993, 1049; *Heß,* Die Wiedereinsetzung in den vorigen Stand in der höchstrichterlichen Rechtsprechung, DStZ 1999, 41; *Kerwer,* Rechtsschutz gegen Wiedereinsetzung in den vorigen Stand bei Verletzung des rechtlichen Gehörs – BGHZ 130, 97, JuS 1997, 592; *Laghzaoni/Wirges,* Der Einsatz von Telefaxgeräten als zivilprozessuales Problem, MDR 1996, 230; *Lange,* Wiedereinsetzung in den vorigen Stand und Verfassungsrecht, DStR 2000, 1145; *Meyer,* Versäumung der Berufungsfrist wegen der Beantragung von Prozeßkostenhilfe – wiederholte Antragstellung und Gegenvorstellungen, NJW 1995, 2139; *Müller,* Typische Fehler bei der Wiedereinsetzung in den vorigen Stand, NJW 1993, 681; *dies.,* Die Rechtsprechung des BGH zur Wiedereinsetzung in den vorigen Stand, NJW 1995, 3224; NJW 1998, 497; NJW 2000, 322; *Pape/Notthoff,* Prozeßrechtliche Probleme bei der Verwendung von Telefax, NJW 1996, 417; *Peter/Schmittmann,* Telefax im Prozeßrecht, JA 1995, 516; *Pickel,* Fristen, Termine und Wiedereinsetzung, SGb 1998, 93; *Schneider,* Wiedereinsetzung in den vorigen Stand nach verspäteter Weiterleitung eines statt an das Rechtsmittelgericht an das Ausgangsgericht adressierten fristgebundenen Schriftsatzes, EWiR 1998, 283; *Schultz,* Rechtsmittelbegründungsfrist und Prozeßkostenhilfe, NJW 2004, 2329; *Strnischa,* Die Verbindung von fristgebundener Klageerhebung und Prozesskostenhilfeantrag im verwaltungsgerichtlichen Verfahren, NVwZ 2005, 267; *Wolff,* Überschneidungen der Wiedereinsetzung in den vorigen Stand (§ 60 VwGO) mit dem Wiederaufgreifen des Verfahrens (§ 51 VwVfG), NVwZ 1996, 559; *Wüllenkemper,* Zur Wiedereinsetzung in den vorigen Stand bei fehlerhafter oder unvollständiger Adressierung einer Rechtsmittelschrift, DStZ 2000, 366.

Übersicht

1 **1. Allgemeines:** Die VwGO läßt in § 60 vor allem auch im Hinblick auf Art 19 Abs 4 GG,[1] Art 2 Abs 1 GG (79, 376 mwN) bzw sonstige ggf in einer

---

[1] Vgl BVerfG 35, 361; NJW 1993, 720, 1635; BVerwG 58, 104; NJW 1992, 38; BK-Schenke 128 ff zu Art 19 IV.

Sache betroffene Grundrechte (NJW 1983, 560), das Rechtsstaatsprinzip (vgl BVerfG 36, 71; NJW 1984, 2148) u Art 103 Abs 1 GG[2] die Wiedereinsetzung gegen die Versäumung gesetzlicher Fristen zu. Die Wiedereinsetzungsfrist im Fall der Versäumung der Rechtsmittelbegründungsfrist wurde durch das 1. JuMoG auf einen Monat verlängert, um Rechtsmittelführer, die auf PKH angewiesen sind, ggü vermögenden Rechtsmittelführern nicht zu benachteiligen (BT-Dr 15/1508, 17f; s dazu 33); insoweit erübrigen sich damit die schon vorher in der Rspr (NVwZ 2002, 992; Ma NVwZ-RR 2003, 789) unternommenen Versuche, praeter legem eine Ausdehnung der Rechtsmittelbegründungsfrist zu begründen.[3] Vgl dazu, wann eine Frist abläuft, sowie zur Wahrung von Fristen 8ff zu § 74; zum Beginn des Laufs von Fristen § 57 Abs 1, dazu 10ff zu § 57; zur Berechnung von Fristen § 57 Abs 2, dazu 10ff zu § 57.

Die Wiedereinsetzung ist eine gerichtliche Entscheidung, durch die für eine versäumte Prozeßhandlung die Zulässigkeit wiederhergestellt wird mit der Folge, daß auch die bereits eingetretene Bestandskraft eines VA bzw die formelle oder auch materielle RKraft gerichtlicher Entscheidungen nachträglich wieder entfallen[4] u der Weg zu einer Sachentscheidung wieder so eröffnet wird, wie er vorher gegeben war. Zu weiteren Wirkungen u Folgen der Wiedereinsetzung für sonst von der RKraft erfaßte Handlungen vgl BGH NJW 1987, 328; ferner unten 34 sowie für die Revisionsbegründungsfrist 11 zu § 139.

§ 60 beruht auf einer **Abwägung der Erfordernisse der Rechtssicherheit gegen die Forderungen materieller Gerechtigkeit** (BVerfG 35, 48 = NJW 1973, 1315; 60, 269f; NJW 1993, 720) u des Schutzes der Rechte der Betroffenen, einschließlich in Frage stehender materieller Grundrechte u des Rechts auf Gehör gem Art 103 Abs 1 GG (s oben). Der Rechtsstaat u die „Grundsätze freiheitlich-rechtsstaatlicher Ordnung" sowie Art 19 Abs 4 S 1 GG gebieten es grds, daß VAe u gerichtliche Entscheidungen binnen angemessener Frist unanfechtbar werden (BVerfG 60, 289). Dieser Grundsatz erleidet in § 60 im Interesse des Schutzes der Betroffenen aus übergeordneten, letztlich ebenfalls im Rechtsstaatsprinzip u in den betroffenen Rechten wurzelnden Gründen in den Fällen eine Ausnahme, in denen der Rechtsverlust dem Betroffenen nicht zumutbar wäre, weil es ihm trotz der gebotenen u zumutbaren Sorgfalt nicht möglich war, die Frist einzuhalten. Die in § 60 getroffene Abgrenzung trägt, auch soweit in seiner Sache Grundrechte betroffen sind, den verfassungsgerichtlichen Anforderungen voll Rechnung.[5] Der Umstand, daß ein Grundrecht betroffen ist, hat **auch nicht** zur Folge, daß an die Voraussetzung einer Wiedereinsetzung **ein weniger strenger Maßstab** zu legen wäre (BVerfG 49, 253; 60, 269 = NJW 1982, 2425; BVerwG NVwZ 1985, 35); insgesamt **dürfen** jedoch wg der Bedeutung der Wiedereinsetzung für das rechtliche Gehör gem Art 103 Abs 1 GG **die Anforderungen nicht überspannt** werden (BVerfG NJW 1991, 2277; NJW 1996, 2857; s auch unten 9). Zur verfassungsrechtlichen Zulässigkeit der Zurechnung des Verschuldens eines Vertreters oder Bevollmächtigten s auch unten 20ff sowie insb BVerfG 60, 253.

Möglich ist auch die **Wiedereinsetzung gegen die Versäumung der Frist für den Antrag auf Wiedereinsetzung** nach Abs 2,[6] nicht dagegen auch der 2

---

[2] Vgl BVerfG 25, 166; 86, 284 = NJW 1993, 847; NJW 1991, 2277; 1993, 720; BVerwG 58, 104; NJW 1994, 673; BayVerfGH NJW 1982, 2661; BAG NJW 1989, 2709.

[3] Krit ggü dieser Neuregelung Schultz NJW 2004, 2334, da sie zu einer Benachteiligung des auf PKH angewiesenen Rechtsmittelführers führe, indem sie dessen Begründungsfrist im Vergleich zu anderen Rechtsmittelführern verkürze u damit nicht der Zielsetzung der neueren Rspr (NVwZ 2002, 992) entspreche.

[4] Ebenso Postier NVwZ 1985, 96; Sch-Bier 11; ferner Leisner Jura 1990, 123.

[5] BVerfG 35, 48 = NJW 1973, 1315; 49, 252 = NJW 1979, 538; 60, 269 = NJW 1982, 2425; BVerwG NVwZ 1985, 34.

[6] BVerfG 22, 83; 60, 267 = NJW 1982, 2425; BVerwG DVBl 1986, 287; Mü BayVBl 1978, 246; Ey-J. Schmidt 27; RÖ-M. Redeker 14; Sch-Bier 5.

Jahresfrist nach Abs 3 (Ey-J. Schmidt 28). § 60 gilt gem § 70 Abs 2 **entspr** – jedoch ohne Abs 5 – auch für das **Vorverfahren**[7] **u** ist sinngemäß, soweit gesetzlich nichts anderes bestimmt ist (vgl § 32 VwVfG), auch bei Versäumung gesetzlicher Fristen, auch von Antragsfristen des materiellen Rechts, **im VerwaltungsVf** anwendbar (21, 48; BFH 123, 395; RÖ-M. Redeker 1; Kopp BayVBl 1977, 33); die Wiedereinsetzung kann für Fristen des VerwaltungsVf jedoch immer nur von der zuständigen Behörde, ggf auch der Widerspruchsbehörde, nicht dagegen vom Gericht gewährt werden.[8] Zur **Wiedereinsetzung bei Fehlen der erforderlichen Begründung eines VA** bzw bei **unterbliebener Anhörung** in Vf nach dem VwVfG s § 45 Abs 3 VwVfG (dazu KR 48 ff zu § 45 VwVfG; DVBl 1977, 29; BGH DVBl 2000, 1286). § 45 Abs 3 VwVfG greift danach zugunsten desjenigen, der die rechtzeitige Anfechtung eines VA versäumt hat, vor dessen Erlaß er nicht gehört wurde, nur so lange ein, als ein Ursachenzusammenhang zwischen dem Anhörungsmangel u dem (weiteren) Unterbleiben der Anfechtung gegeben ist (BGH DVBl 2000, 1286). Zur Nachholung der Unterschrift bei einer Klage usw unten 4; ferner 8 zu § 81; zur Zulässigkeit eines Ausschlusses der Wiedereinsetzung durch Gesetz 15 zu § 57; zur grds nur ausnahmsweise zulässigen Wiedereinsetzung oder Nachsicht bei Ausschlußfristen im allg u bei § 81 AsylVfG 15 zu § 57.

3 **2. Anwendungsbereich:** § 60 gilt – anders als § 233 ZPO – für alle **gesetzlichen Fristen** (s zum Begriff 1 u 3 zu § 57), ua auch bei **Versäumung der Wiedereinsetzungsfrist** gem § 60 Abs 2 (s oben 2). Anwendbar ist § 60 zB auf die **Versäumung der Klagefrist** nach § 74, die Frist zur Stellung von **Anträgen auf Anordnung oder Wiederherstellung der aW** nach §§ 80 Abs 5, 80 a Abs 3, soweit diese Prozeßhandlungen ausnahmsweise fristgebunden sind, wie zB gem § 36 Abs 3 S 1 AsylVfG (VG Sigmaringen VBlBW 1993, 312), der Berufungsfrist (wenn vom VG zugelassen) nach § 124 a Abs 2 S 1, der Frist für den Antrag auf **Zulassung der Berufung** nach § 124 a Abs 4 S 1, der **Revisionsfrist** nach § 139 Abs 1, der **Beschwerdefrist** nach § 147 Abs 1, der Frist für die **Nichtzulassungsbeschwerde** nach § 133 Abs 2; wohl auch auf die Versäumung der Zeit der Noch-Anhängigkeit eines Vf durch den VöI (§ 36) zum Zweck einer **Beteiligung** des VöI am Vf u zur **Einlegung eines RMittel** (s 6 zu § 36; offen DVBl 1993, 41). Anwendbar ist § 60 auch auf die Frist des § 152 a Abs 2 S 1, nicht hingegen auf die Einjahresfrist des § 152 a Abs 2 S 2 (s 9 zu § 152 a). Außerdem ist § 60 auch anwendbar auf die Versäumung von **Begründungsfristen,** etwa **einer Revision** nach § 139 Abs 1,[9] einer **Berufung** gem § 124 a Abs 3 S 1, Abs 6 S 1 oder eines sonstigen Rechtsbehelfs (vgl auch OLG Celle NJW 1978, 1675) bzw einer **Zulassungsbeschwerde** (Ms NVwZ 1991, 490; vgl auch BVerfG NVwZ 1984, 301) sowie auf die Versäumung sonstiger gesetzlicher Fristen zur **Geltendmachung** einzelner bestimmter, sonst nicht nachschiebbarer, Rechtsbehelfsgründe, zB auch **einzelner Wiedereinsetzungsgründe** nach § 60 Abs 2 S 2,[10] **einzelner Revisionsrügen**[11] oder einzelner

---

[7] Vgl 21, 48; NJW 1977, 542; unklar in diesem Zusammenhang § 45 Abs 3 VwVfG; dazu KR 48 ff zu § 45 VwVfG; DVBl 1977, 29.

[8] Vgl 13 zu § 70; **aA** zB DÖV 1981, 636; VG Dresden NVwZ-RR 1994, 368.

[9] VRspr 10, 151; BSG SGb 1969, 448; BAG NJW 1984, 941; BGH NJW 1988, 568; 1993, 134; Friederichs NJW 1977, 2054; RÖ-v Nicolai 9 zu § 139; vgl auch Ms NVwZ 1991, 490; **aA** BGH 122, 34.

[10] Vgl 46, 292; **aA** BayVBl 1976, 29; NJW 1963, 2042.

[11] 46, 292; OLG Celle GoldA 1968, 153; OLG Hamm GoldA 1973, 210; LR I 4 zu § 44 StPO; Leisner Jura 1990, 122; Pohle Anm zu BAG AP Nr 10 zu § 554 ZPO; für einen besonders gelagerten Fall auch BGHSt 14, 330; ferner NStZ 1981, 110; **aA** 28, 18; BGH 122, 34; BGHSt 1, 44; NJW 1951, 572; BAG aaO: nur wenn es sich zugleich um Wiederaufnahmegründe nach § 153 handelt.

Revisionsbegründungen (BSG SGb 1969, 448) usw im Rahmen eines im übrigen fristgerecht eingereichten Rechtsbehelfs; ebenso bei Fristen zur **formgerechten Vornahme fristgebundener Verfahrenshandlungen,** zB **der Schriftform** bei der Klage (NJW 1976, 1332), der richtigen Parteibezeichnung (vgl BGH VersR 1986, 471) oder der **Unterschrift** unter einem Rechtsbehelf,[12] u für **fristgebundenes Vorbringen** (vgl DVBl 1994, 821 – Folgerung aus Art 103 Abs 1 GG –). Zur **analogen Anwendung** von § 60, jedoch ohne Abs 5, auf das **WiderspruchsVf** s 11 ff zu § 70.

Nicht anwendbar ist § 60 dagegen auf sog **Ausschlußfristen** (zB die Antragsfrist nach § 47 Abs 2 S 1,[13] die Fristen nach § 58 Abs 2 u § 60 Abs 3 sowie nach § 152a Abs 2 S 2; vgl zum Begriff 3 u 15 zu § 57), es sei denn, daß die insoweit maßgeblichen Vorschriften ausdr auf § 60 verweisen oder daß höhere Gewalt oder besondere Gründe des Einzelfalles vorliegen (s näher 15 zu § 57); ebenso nicht auf vereinbarte **Widerrufsfristen bei gerichtlichen Vergleichen** nach § 106;[14] ein Berufen auf eine Versäumung der Widerrufsfrist kann **aber ggf gegen Treu u Glauben** verstoßen u deshalb unbeachtlich mit der Folge sein, daß der unverschuldet verspätete Widerruf gleichwohl noch anzuerkennen ist (s 17 zu § 106). 4

Analoge Anwendbarkeit auf richterliche Fristen und auf Termine? Die Vorschrift des § 60 ist auf richterliche Fristen nicht unmittelbar anwendbar. Auch eine **analoge Anwendung** dürfte **ausgeschlossen** sein,[15] da der Gesetzgeber sich ganz bewußt in § 60 Abs 1 für eine Wiedereinsetzung nur in bezug auf gesetzliche Fristen ausgesprochen hat u er dort, wo er eine entspr Wiedereinsetzung in bezug auf richterliche Fristen bejaht, dies wie in § 82 Abs 2 S 3 ausdr angeordnet hat. Es besteht auch grds kein Bedürfnis für eine analoge Anwendung des § 60, da dem hinter dieser Vorschrift stehenden Prozeßgrundsatz des rechtlichen Gehörs idR bereits auf andere Weise Rechnung getragen werden kann. So ist etwa dort, wo der Betroffene unverschuldet gehindert war, einen Termin zur mV wahrzunehmen, auf sein Verlangen hin (s § 57 Abs 2 iVm § 224 Abs 2 ZPO) die mV wieder zu eröffnen.[16] Ist allerdings bereits ein Urteil ergangen, so kann dieses durch das Gericht nicht mehr vAw abgeändert werden,[17] wohl aber kann hier bei unverschuldeter Versäumung ein in der richterlichen Entscheidung liegender Verstoß gegen Art 103 Abs 1 GG zum Erfolg eines RMittel bzw, wenn keine RMittel mehr gegeben sind, zum Erfolg einer Anhörungsrüge gem § 152a führen. Im Sonderfall des Eintritts einer **gesetzlichen Fiktion** nach Ablauf einer richterlichen Frist (s § 92 Abs 2) ist dagegen eine analoge Anwendung in Fällen höherer Gewalt zu bejahen (s 22 zu § 92). 5

3. Voraussetzungen der Wiedereinsetzung (Abs 1): a) Fristversäumung. Voraussetzung für die Wiedereinsetzung ist, daß die für die in Frage stehende Prozeßhandlung maßgebliche gesetzliche **Frist tatsächlich versäumt** 6

---

12 BGH NJW 1975, 56; 1982, 2571; Mü BayVBl 1973, 593; s auch 8 zu § 81.

13 Dahin tendierend auch FfO LKV 1996, 210; offengelassen BVerwG LKV 1996, 337; zu § 93 Abs 2 BVerfGG aF im Hinblick auf den Zweck der Regelung, BVerfG 4, 313 f; MSch 56 zu § 93 BVerfGG; Lechner/Zuck 49 ff, 65 zu § 93 BVerfGG.

14 NVwZ-RR 2000, 255; Lü DÖV 1999, 923; Ms NJW 1978, 181; BGH NJW 1974, 107; NJW 1980, 1753; BAG NJW 1978, 1876; RÖ-M. Redeker 1; **aA** BAG NJW 1978, 1876; 1986, 1374; BGH NJW 1974, 107; RS § 130, 32 ff; Lüke JuS 1973, 47; Säcker NJW 1967, 1117, 1968, 708; ZZP 80, 421; Bauer, Der schiedsr Vergleich 17; vgl auch BVerfG AP § 794 ZPO Nr 27; OLG Düsseldorf NJW 1968, 111.

15 So auch Ks NVwZ-RR 1999, 539; B-v Albedyll 25; Ey-J. Schmidt 1; RÖ-M. Redeker 1; mit Einschränkungen auch Sch-Bier 9; **aA** 11. Aufl u für atypische Fälle NJW 1994, 674; s auch Ks NVwZ-RR 1996, 179.

16 S auch NVwZ-RR 1991, 588, NJW 1994, 673; Ms NVwZ-RR 2006, 852; Sch-Bier 9.

17 NVwZ-RR 1991, 588; Ks NVwZ-RR 1999, 539; zur Abänderbarkeit eines Beschlusses BVerwG NJW 1994, 674.

wurde. Das Gericht muß – auch wg der Kostenfolgen (s § 155 Abs 3) – vAw prüfen, ob eine Frist gewahrt bzw Fristversäumung wirklich vorliegt.[18] Zur Frage, **wann ein Rechtsbehelf im Rechtssinne als eingereicht anzusehen** ist, s auch unten 9 u 8 ff zu § 74; zum Nachweis 17 zu § 74.

Eine **Fristversäumung,** gegen die eine Wiedereinsetzung in Betracht kommt, ist auch dann anzunehmen, wenn zunächst die Frist gewahrt wurde, dann aber der Rechtsbehelf zB infolge eines Irrtums wieder **zurückgenommen** u später nach Ablauf der Frist **erneut eingelegt wird** (zT **aA** NVwZ 1997, 1211; BGH NJW 1991, 2839). S dazu auch unten 12 u 26.

7 Der Betroffene muß **während der noch offenen Frist gehindert** gewesen sein, die Prozeßhandlung rechtzeitig vorzunehmen. Nach Sinn u Zweck der Vorschrift, insb auch des S 1 des Abs 2, der eine Überlegungsfrist von 2 Wochen bzw 1 Monat einräumt, ist § 60 Abs 1 jedoch auch auf den Fall **anzuwenden,** daß das Hindernis zwar **noch während der Frist weggefallen ist,** dem Betroffenen aber **weniger als 2 Wochen bzw 1 Monat** zur Vornahme der Prozeßhandlung **verbleiben würden.**[19] Entsprechendes, dh daß Wiedereinsetzung nach § 60 bei Vorliegen der sonstigen Voraussetzungen zu gewähren ist, gilt um so mehr, wenn der Betroffene aus entschuldbarem **Irrtum** der Auffassung war, daß die Frist – uU auch die Wiedereinsetzungsfrist – bereits versäumt sei, u Wiedereinsetzung beantragt, obwohl in Wahrheit die Frist noch nicht verstrichen war.

8 **b) Hinderungsgrund** (Hindernis): Ein Hinderungsgrund ist nicht nur ein Ereignis uä, das die Fristwahrung schlechthin unmöglich macht, sondern auch **alles, was** die dafür erforderlichen Maßnahmen seitens des Betroffenen **unzumutbar** erscheinen läßt (vgl BVerfG 71, 348). Das **Hindernis** braucht **nicht** in einem **Umstand der Außenwelt** zu liegen. Auch **Unkenntnis, Irrtum** (vgl unten 12), **fehlende Beherrschung der deutschen Sprache** (vgl unten 11) uä können Hinderungsgründe sein; jedoch ist in diesen Fällen die Verschuldensfrage besonders streng zu prüfen. **Gründe, die Verschulden ausschließen,** sind idR auch **Hinderungsgründe.** Darin zeigt sich zugleich, daß eine exakte Trennung zwischen Hinderungsgrund u fehlendem Verschulden in der Praxis nicht vorgenommen zu werden braucht.

Hinderungsgrund ist immer auch zB das **Fehlen der Prozeßfähigkeit,** wenn auch kein gesetzlicher Vertreter vorhanden ist (BGH NJW 1987, 440; vgl auch § 138 Nr 4), u das Fehlen der **Beteiligungsfähigkeit;** ebenso auch der Umstand, **daß** der Betroffene **von der** in Frage stehenden **Entscheidung,** zB wg Abwesenheit, **keine Kenntnis hatte;**[20] ebenso bei **fehlender Kenntnis** von der **Fristversäumung** (BAG NJW 1989, 2708 mwN) oder davon, **daß** bei Fristversäumung **Wiedereinsetzung** beantragt werden kann, die Umstände glaubhaft zu

---

[18] BGH 4, 396; **aA** Mü BayVBl 1970, 223: Wiedereinsetzung kann auch gewährt werden, wenn die Feststellung der Fristwahrung mit erheblichen Schwierigkeiten verbunden wäre.

[19] Str, wie hier Mü BayVBl 1980, 183; Ey-J. Schmidt 3; Ostler NJW 1977, 2079; Leisner Jura 1990, 123; beim Tod des Prozeßbevollmächtigten vor Ablauf der Frist auch BGH VersR 1984, 988; **offen** BVerfG 74, 227; aA das BVerwG, das eine Einzelfallprüfung befürwortet, bei der es darauf ankommt, ob angesichts des Schwierigkeitsgrades des Falles die verbleibende Zeit zur Beratung u Überlegung noch ausreicht, NJW 1976, 74; Buchh 310 § 60 Nr 150; NVwZ-RR 1999, 472; BGH NJW 1976, 627; 1986, 257; FamRZ 1987, 985; BFH BayVBl 1987, 507; Sch-Bier 50 – angesichts der damit insgesamt verbundenen Rechtsunsicherheit nicht überzeugend. **AA** (generell keine Wiedereinsetzung) Ma DÖV 1979, 303; Mü NJW 1982, 251; BayVerfGH NJW 1982, 2661; RÖ-M. Redeker 14.

[20] BVerfG 25, 166; 26, 319; 34, 156; 37, 93; 37, 100; 38, 38 – zur fehlenden Kenntnis vom Ergehen eines durch Niederlegung bei der Post zugestellten Bescheids; NJW 1993, 847; BVerwG 44, 108; Mü BayVBl 1972, 497; NJW 1982, 251; Ma NJW 1978, 719 u BPatG NJW 1963, 268 – zu einem Dritten ausgehändigten, von diesem aber nicht weitergegebenen Schreiben.

machen sind, usw (BAG aaO). Hinderungsgrund ist **uU auch ein** in der Sache entgegenstehendes **Urteil,** das erst beseitigt werden muß, bevor die Klage erhoben werden kann usw.[21] Ein **Hinderungsgrund** ist immer auch der Umstand, daß über einen rechtzeitig gestellten **Antrag auf PKH noch nicht entschieden ist** (s aber auch näher unten 15 zum Fall eines gem § 188 gerichtskostenfreien Verfahrens).[22]

c) Ohne Verschulden. aa) Grundsatz. Verschulden liegt vor, wenn der Beteiligte hins der Wahrung der Frist **diejenige Sorgfalt außer acht** läßt, **die** für einen gewissenhaften u seine Rechte u Pflichten sachgemäß wahrnehmenden Prozeßführenden im Hinblick auf die Fristwahrung **geboten ist u ihm** nach den gesamten Umständen des konkreten Falles **zuzumuten war.**[23] Dies gilt auch hins der Kenntnis vom Wegfall des Hindernisses[24] u der Erkenntnis, daß die Frist versäumt wurde (s unten 26), sowie hins möglicher, angesichts der konkreten Umstände des Falles zu erwartender u zumutbarer Bemühungen, die bestehenden Hindernisse zu überwinden oder zu beseitigen.[25] 9

Auch **Fahrlässigkeit** schließt die Wiedereinsetzung aus. **Die Anforderungen an die Sorgfaltspflicht dürfen** angesichts der Bedeutung der Wiedereinsetzung für den verfassungsrechtlich gewährleisteten Rechtsschutz der Betroffenen (s oben 1) jedoch **nicht überspannt werden.**[26] Im Gegensatz zum Verschuldensbegriff des BGB ist auf die **Verhältnisse des Betroffenen** abzustellen.[27] Es kommt darauf an, ob dem Betroffenen **nach den gesamten Umständen des Falles ein Vorwurf** daraus gemacht werden kann, daß er die Frist versäumt hat bzw **nicht alle ihm zumutbaren Anstrengungen unternommen** hat, damit das Hindernis baldmöglichst wegfällt. **Bei einem RA** sind grds **höhere Anforderungen** zu stellen als bei einem juristischen Laien,[28] bei einer im Umgang mit Behörden u Gerichten erfahrenen Person höhere als bei einer unerfahrenen, unbeholfenen Person.[29] **Wesentlich** kommt es außerdem immer **auf die konkreten Umstände** des Einzelfalles an.

---

[21] Vgl BVerfG 74, 220: wenn die Berufung verworfen wurde, Wiedereinsetzung für die Berufungsbegründung, nachdem das Verwerfungsurteil vom BVerfG aufgehoben wurde; s dazu auch Wagner NJW 1986, 2933; Bernards NJW 1987, 764.

[22] BVerfG 22, 83 = NJW 1967, 1267; BayVerfGH NJW 1987, 315; BVerwG 15, 306; NJW 1991, 2294; Lü NVwZ 1998, 534; Ma NVwZ 1999, 205; **aA** zu nach § 188 S 2 gerichtskostenfreien, nicht dem Anwaltszwang unterliegenden Verfahren Bln DVBl 1994, 805; Ks 24. 10. 1995 – 9 UE 1050/94 u MDR 1994, 1147; Ma VBlBW 1996, 339 – auch wenn Beiordnung eines Anwalts beantragt; Kritik: mit Art 103 Abs 1 GG schwerlich vereinbar; s näher vor allem zum Verschulden unten 9 ff.

[23] BVerfG 86, 286 = NVwZ 1992, 1080; BVerwG 50, 254 = BayVBl 1976, 569; MDR 1977, 75; NJW 1975, 1574; 1983, 1924; 1984, 251, 763; 1991, 2097; Buchh 310 § 60 Nr 83, 125, 132 u 152; NVwZ-RR 1990, 87; BGH NJW 1976, 626; 1985, 1711; Ma NJW 1997, 2699; Mü BayVBl 1991, 287 mwN; SG Freiburg NJW 1987, 342; s auch ThP 13 zu § 233 ZPO.

[24] BGH NJW 1985, 1744; vgl auch BAG NZA 1986, 404: Kennenmüssen hins des Wegfalls des Hindernisses genügt für den Fristbeginn.

[25] Vgl BVerfG 40, 44; 86, 286 = NVwZ 1992, 1081 mwN; BGH NJW-RR 1990, 830.

[26] BVerfG 25, 166 = NJW 1969, 1103; NJW 1991, 2277; 1993, 720 u 847; 1996, 309, 2857 mwN; BayVerfGH NJW 1982, 2661 mwN; BayVBl 1985, 316; BVerwG 58, 104 mwN; BGH NJW 1982, 533; allg auch zur Zumutbarkeit BVerfG 71, 348.

[27] GewA 1965, 48: „Die Auslegung des § 60 VwGO entspricht dem auch bei § 276 BGB verschiedentlich vertretenen subjektiven Fahrlässigkeitsbegriff"; ebenso MDR 1977, 75; BGH NJW 1976, 626; Ey-J. Schmidt 6; Sch-Bier 19; **aA** RÖ-M. Redeker 3: die Zumutbarkeit ist nach einem objektiven Maßstab zu prüfen; BAG NJW 1987, 1355: objektivierter Verschuldensmaßstab; ebenso MKZPO-Feiber 21 zu § 233 ZPO; eher ermittelnd Schl AgrarR 1995, 313: objektiver Maßstab, aber Maß an Umsicht u Sorgfalt der Verkehrsweise, in denen sich der Betr bewegt.

[28] 49, 255; Lü NVwZ 2004, 117; Ms NVwZ 1991, 490.

[29] GewA 1965, 48; BSG NJW 1975, 1383; BGH 8, 54; NJW 1981, 577.

Die **Grenze** des einem Beteiligten **Zumutbaren** ist zB dann überschritten, wenn auf den Rechtsuchenden die Verantwortung für Risiken u Unsicherheiten bei der Entgegennahme **rechtzeitig in den Gewahrsam des Gerichts gelangender fristwahrender Schriftsätze** abgewälzt wird u die Ursache hierfür allein in der Sphäre des Gerichts zu finden ist (BVerfG NJW 1991, 2076). Insb dürfen Fristversäumungen, die auf **Verzögerungen der Entgegennahme** einer Sendung durch das Gericht beruhen, dem Bürger nicht angelastet werden.[30] Da die Frist auch in diesen Fällen nicht als gewahrt anzusehen ist (vgl 16 zu § 74), kann nur Wiedereinsetzung gewährt werden. Wenn der Wiedereinsetzungsgrund in einem den **Gerichten zuzurechnenden Fehler** liegt, fordert der Grundsatz fairer Verhandlungsführung eine ausdr **Belehrung des Betroffenen** über die Möglichkeit der Wiedereinsetzung (BVerfG NJW 2005, 3629).

Von den Fällen eines mitursächlichen Verschuldens des Gerichts (bzw einer Behörde), das die Fristversäumung unberührt läßt u allenfalls, zB bei unterbliebener Belehrung, das Verschulden ausschließt, sind die **Fälle zu** unterscheiden, in denen sich die Frage der Wiedereinsetzung nicht stellt, weil **nach Treu u Glauben die Frist** als **noch gewahrt** angesehen werden muß (vgl auch BVerfG NJW 2005, 3629). Hat zB eine Behörde (oder ein Gericht) mit der Post eine Absprache getroffen, daß entgegen den tatsächlichen Umständen u Möglichkeiten an sich **rechtzeitige Telegramme,** die nach Dienstschluß eingehen, **nicht mehr zugestellt** bzw zugesprochen werden sollen, so ist das Telegramm als rechtzeitig eingegangen zu behandeln (Ks NJW 1987, 2765).

10 **bb) Einzelfälle.**

– **Unkenntnis vom Fristbeginn, Empfangsfehler:** Die Versäumung der Frist kann ihre Ursache etwa darin haben, daß dem Betroffenen gar nicht bekannt war, daß ein Bescheid ergangen ist bzw einen Bescheid erhalten zu haben. Voraussetzung ist allerdings der tatsächliche Zugang des Bescheids (vgl 8 ff zu § 74). Fehlende Kenntnis vom Zugang bzw vom Inhalt des Bescheids kommen etwa bei einem „Dazwischentreten“ dritter Personen, Naturereignissen, eigener Ortsabwesenheit, Kenntnisnahmeverweigerung oder auch in den Fällen öffentlicher Zustellung u Bekanntgabe in Betracht. Entscheidend ist in allen Fällen, ob die mangelnde Kenntnis vom Fristbeginn zumindest mitverschuldet ist.

  So liegt **kein Verschulden** vor, wenn etwa eine **dritte Person,** die nicht Bevollmächtigter des Betroffenen ist, eine Zustellung in Empfang genommen u nicht weitergegeben hat;[31] wenn auf dem durch einen Dritten entgegengenommenen Briefumschlag ein falsches Zustellungsdatum vermerkt wurde u dem Betroffenen nicht zum Vorwurf gemacht werden kann, daß er sich darauf verlassen hat; **anders,** wenn der Betroffene von der Unzuverlässigkeit des Dritten wußte u gleichwohl nichts unternommen hat (MDR 1977, 431; Ma NJW 1978, 122).

  Verschulden liegt auch dann vor, wenn der Betroffene den **Zugang** einer Sendung oder Mitteilung **treuwidrig vereitelt** hat (s zu einzelnen Fallgruppen ausf 8 zu § 57 oder wenn der Postbote auf dem Umschlag des zugestellten Schriftstücks das Datum der Zustellung nicht vermerkt u der Betroffene sich über den Tag der Zustellung getäuscht hat (NVwZ-RR 2001, 484).

  Zu differenzieren ist bei Abwesenheit von der ständigen Wohnung. Bei vorübergehender Abwesenheit zB wg Urlaubs[32] oder einer Geschäftsreise usw

---

[30] BVerfG 44, 306 = NJW 1977, 1233; 52, 212 = NJW 1980, 580; 69, 386 = NJW 1986, 244; NJW 1991, 2076.

[31] 44, 108; Ma NJW 1978, 719; Ms NJW 1995, 2508; BPatG NJW 1963, 268: Empfangnahme durch die Ehefrau.

[32] NVwZ-RR 1990, 87 – vierwöchiger Urlaub (auch außerhalb der allg Urlaubszeit); BVerfG 40, 91; 41, 332; Ma DÖV 1979, 303; Mü DÖV 1981, 974.

brauchen keine besonderen Vorkehrungen für mögliche Zustellungen getroffen zu werden,[33] zB eine Studentin bei sechswöchiger Abwesenheit, auch wenn sie vor Erlaß des in Frage stehenden Bußgeldbescheids polizeilich vernommen worden war (BVerfG 25, 154); anders bei voraussehbarer längerer (idR über 6 Wochen dauernder, vgl BVerfG 41, 336; BVerwG 77, 161 mwN) Abwesenheit,[34] oder wenn besondere Umstände vorliegen, die für den Betroffenen Anlaß hätten sein müssen, besondere Vorkehrungen zu treffen, damit er Kenntnis erlangt,[35] zB bei Entscheidungen nach § 80 oder § 123;[36] wenn der Betroffene selbst auf rasche Entscheidung gedrängt hat u ihm eine solche angekündigt war (DÖV 1976, 167; Ma NJW 1975, 50), oder wenn er aus anderen Gründen, etwa weil, wie er wußte, die mV bereits stattgefunden hat, mit einer alsbaldigen Zustellung rechnen mußte.[37] Der Betroffene muß aber jedenfalls nach seiner Rückkehr aus dem Urlaub usw sofort prüfen, ob ihm Sendungen zugegangen sind (Ma DÖV 1979, 303). Wer häufig längere Dienst- oder Geschäftsreisen unternimmt, muß Vorkehrungen treffen, daß er von fristauslösenden Zustellungen Kenntnis erlangt, zB sich durch Niederlegung zugestellte Sendungen als einfache Sendung nachsenden lassen (BFH 119, 208).

Verschulden liegt idR vor, wenn ein Beteiligter seinem Prozeßbevollmächtigten eine **Anschriftänderung nicht mitteilt u** dadurch eine Frist versäumt wird (Mü NVwZ 1982, 266; zT **aA** BSG MDR 1988, 119).

Die Unkenntnis ist bei (wirksamer) **öffentlicher Zustellung bzw öffentlicher Bekanntgabe** (s 39 u 40 zu § 56) jedenfalls dann nicht unverschuldet, wenn der Betroffene die Umstände, die zur öffentlichen Zustellung geführt haben, verschuldet hat (NJW 1994, 1672). Dasselbe gilt in den Fällen, in denen der Betroffene vom Erlaß eines VA oder einer gerichtl Entscheidung Kenntnis haben mußte. Im übrigen sind die Umstände des Einzelfalls maßgeblich.[38]

– **Sprachschwierigkeiten:** Verschulden liegt auch bei einem der deutschen Sprache nicht mächtigen Ausländer vor, der sich nicht rechtzeitig um eine Übersetzung des ihm zugestellten VA bemüht hat[39] oder sich im Falle der Zustellung im Ausland nicht unverzüglich um die Wiedereinsetzung bemüht hat (BGH NJW-RR 1996, 387). Kein Verschulden ist allerdings dann anzuneh- 11

---

[33] BVerfG 25, 166; 26, 320; 31, 398; 34, 154; 35, 296; 37, 102; 38, 40; 40, 91, 186; 41, 335; NJW 1993, 847; Mü BayVBl 1980, 183; Ey-J. Schmidt 11.

[34] 77, 161; BVerfG 41, 336; BSG NZA 1992, 712 – Verschulden, wenn der Betroffene bei krankheitsbedingter Abwesenheit weder einen Post-Nachsendeantrag gestellt, noch einen Bevollmächtigten bestellt hat, noch sich an das Prozeßgericht um Rat gewandt hat, wie Fristversäumnisse vermieden werden könnten; Mü BayVBl 1974, 595; Ey-J. Schmidt 11.

[35] NVwZ-RR 1995, 613; MDR 1977, 431; Bln NJW 1994, 3117; Ma NJW 1978, 719; BGH JZ 1977, 762; NJW 1978, 427; JurBüro 1984, 51 – bei längerer Ortsabwesenheit, 5 Wochen Urlaub im Ausland, ist dafür zu sorgen, daß prozessuale Fristen, mit deren Ablauf zu rechnen ist, eingehalten werden können; anders selbst bei anhängigen Verfahren, wenn längere Zeit nichts mehr „los“ war.

[36] ZT **aA** insoweit Mü BayVBl 1980, 183 für den Zeitraum von vier Wochen nach Antragstellung, wenn u solange der Betroffene zudem einer Aufforderung des Gerichts zur näheren Begründung seines Antrags noch nicht nachgekommen ist.

[37] Vgl BVerfG 41, 335; BGH NJW 1979, 984; VersR 1982, 652; zu weitgehend BGH JZ 1977, 762: auch wenn der Betroffene von der Anhängigkeit einer Sache oder einer bevorstehenden Klage wußte oder wissen hätte können u müssen.

[38] Demgegenüber grds für eine Wiedereinsetzung Sch-Bier 30; MKZPO-Feiber 30 zu § 233 ZPO; dagegen etwa Guttenberg MDR 1993, 1049.

[39] BayVBl 1978, 474; 1991, 287; Buchh 310 § 60 VwGO Nr 123; InfAuslR 1994, 129; BVerfG 40, 100; 42, 146; 86, 286 = NVwZ 1992, 1080 – für Asylsuchende angesichts des nicht gesicherten Aufenthalts eher weniger als 1 Monat; BGH NJW 1982, 533; enger BayObLG MDR 1977, 322.

men, wenn der Betroffene aufgrund seiner fehlenden Sprachkenntnisse nicht einmal bei der erforderlichen Sorgfalt erkennen konnte, daß es sich um ein amtliches Dokument handeln könnte, das sich als belastende Maßnahme darstellt (BVerfG NVwZ-RR 1996, 121; ebenso indirekt auch BVerwG InfAuslR 1994, 129).

12 – **Rechtsirrtum, -unkenntnis:** Rechtsunkenntnis kann die Fristversäumnis grds nicht entschuldigen.[40] Der Betroffene muß sich in geeigneter, zuverlässiger Weise informieren. Ein juristisch nicht vorgebildeter Bürger muß sich bei ihm nicht geläufigen juristischen Problemen grds in geeigneter Weise juristischen Rat holen.[41] Hat der Betroffene sich in derartigen Fällen bei einer Person erkundigt, auf deren Sachkunde er vertrauen durfte,[42] liegt bei einer falschen Auskunft kein eigenes Verschulden vor. Für einen Wiedereinsetzungsgrund ist aber zusätzlich erforderlich, daß die Person, die die falsche Auskunft gegeben hat, nicht mit der Wahrnehmung der Interessen des Betroffenen betraut war (43, 335 = NJW 1972, 1212; BSG NJW 1993, 1351), da andernfalls das Verschulden gem § 173 S 1 iVm § 85 Abs 2 ZPO zugerechnet wird (s dazu unten 20). Soweit eine ordnungsgemäße Rechtsbehelfsbelehrung aufgrund anderslautender falscher Auskünfte nicht befolgt wird, ist eine darauf beruhende Fristversäumnis idR schuldhaft;[43] anderes kommt nur in Ausnahmefällen in Betracht, etwa bei Fehlverhalten der Stelle, der ggü die Frist einzuhalten ist.[44] Entschuldigt ist der Rechtsirrtum auch, wenn die **Auslegung** einer Vorschrift durch die Rspr noch nicht geklärt ist u der Betroffene mit einer anderen Auslegung als der, die er für richtig gehalten hat, nicht rechnen mußte (49, 255; BGH NJW 1978, 890), so zB, wenn eine **Änderung der höchstrichterlichen Rspr** hins der Zulässigkeitsvoraussetzungen eines RMittel dem Kl bzw seinem Bevollmächtigten noch **nicht bekannt sein mußte** (NVwZ 2000, 66: gesonderte Berufungsbegründung) oder wg unterschiedlicher höchstrichterlicher Rspr Unsicherheit über den Beginn einer Rechtsmittel- bzw Rechtsmittelbegründungsfrist bestand (BFH NJW 2003, 1550); ebenso, wenn die Auffassung auch von einem Kollegialgericht vertreten wurde (60, 313). Wenn der rechtsschutzsuchende Bürger auf die eindeutige Rspr eines obersten Bun-

---

[40] Bei Irrtümern über Fristbeginn, -berechnung etc NJW 1970, 773; NVwZ-RR 1999, 538; Ma DÖV 1981, 33; Mü BayVBl 1973, 15; Ms NVwZ 1982, 564; BFH 123, 395; ebenso hins der Unkenntnis des Vertretungszwanges nach § 67 Ma NJW 1997, 2699; bzgl Unkenntnis der Begründungspflicht gem § 124 a Abs 1 S 4 bzw § 146 Abs 5 S 3 auch We NVwZ-RR 1998, 208; Ba NVwZ 1997, 1004 (abzulehnen, wenn nicht ohnehin von Pflicht zum Hinweis in der Rechtsmittelbelehrung ausgegangen wird, s 10 zu § 58); krit auch Bader VBlBW 1997, 401.

[41] NVwZ-RR 1989, 519; BayVerfGH NJW 1993, 2231; BGH VersR 1982, 672; NJW 1987, 441; 1993, 3206; FamRZ 1993, 310; vgl auch BVerwG BayVBl 1984, 251 zum Irrtum über das Erfordernis der handschriftlichen Unterzeichnung der Klageschrift: mangelnde Rechtskenntnis entschuldigt eine Fristversäumnis grds nicht; ebenso Buchh 310 § 60 VwGO Nr 109 S 59, 60 mwN; Nr 200; Ma VBlBW 1991, 215; allg zum Rechtsirrtum auch BayVerfGH BayVBl 1987, 314 mwN; vgl auch BGH NJW 1987, 957: keine Wiedereinsetzung bei Nichtbeachtung der höchstrichterlichen Rspr zum Unterschriftserfordernis.

[42] 43, 335 = NJW 1972, 1212; Mü NJW 1991, 125: nicht bei Auskunft eines RRefs; BGH DtZ 1995, 178: nicht bei inhaltlich unbestimmter telefonischer Auskunft eines Rechtspflegers – Einzelfall.

[43] Ma VBlBW 1987, 297; Sch-Bier 33.

[44] 50, 254 = NJW 1976, 1332: anstandslose Entgegennahme eines mündlich eingelegten Widerspruchs; NJW 1983, 1923: Fall, in dem der bei einer mündlichen Vorsprache offensichtlich als unbeholfen erkennbare Kl erwarten durfte, von der Behörde auf den Fristablauf hingewiesen zu werden; 43, 240: wenn ein Bürger auf eine ihm gewährte, an sich rechtlich nicht mögliche u daher unwirksame Verlängerung einer Rechtsbehelfsfrist durch ein Gericht oder eine Behörde vertraut u dadurch die Frist versäumt hat; ebenso, wenn der Betroffene entspr einer richterlichen Empfehlung gehandelt hat, BGH NJW 1981, 576.

desgerichts vertraut, darf ihm eine anderslautende, nachteilige Rspr eines anderen Gerichts, das Verfahrensvorschriften strenger handhabt, nur vorgehalten werden, wenn er mit einer solchen rechnen mußte (BVerfG NVwZ 2003, 341).
Wurde ein bestimmender Schriftsatz (zB eine Klageschrift) mit einer „Paraphe" unterzeichnet, so erfordert es der Anspr auf ein faires Verfahren, dem Rechtsschutzsuchenden die Möglichkeit einer Wiedereinsetzung zu eröffnen, wenn glaubhaft u unwidersprochen vorgetragen wird, diese Art der Unterzeichnung sei im Geschäftsverkehr, bei Behörden u in GerichtsVf jahrelang unbeanstandet verwendet worden (BFH NVwZ 1999, 1263).
Ein **Irrtum über die Erfolgsaussichten eines Rechtsbehelfs** ist dagegen **nie** Wiedereinsetzungsgrund.[45] Dementsprechend kann die erst nach Ablauf der Rechtsbehelfsfristen (etwa durch eine gerichtliche Entscheidung) erworbene Kenntnis der Rechtswidrigkeit eines VA keine Wiedereinsetzung begründen (s auch BVerfG NJW 1996, 512 für VBVerfahren). Wiedereinsetzung ist bei Vorliegen der sonstigen Voraussetzungen gem **§ 60** aber dann zu gewähren, wenn ein **Rechtsbehelf** ursprünglich **rechtzeitig** eingelegt worden war, dieser aber **aus einem unverschuldeten Irrtum wieder zurückgenommen** u dann nach Ablauf der Frist, als der Irrtum erkannt wurde, wieder eingelegt wurde.[46]

- **Überlastung, Krankheit, Tod:** Kein Verschulden, wenn der Betroffene ernsthaft **erkrankt** ist u infolgedessen die Frist nicht selbst wahren oder einen Bevollmächtigten damit beauftragen kann (25, 243; BGH NJW-RR 1994, 957; Müller NJW 1993, 685); wenn dem Betroffenen infolge besonderer Umstände (zB Erkrankung der Ehefrau, die sonst alle Schreibarbeiten erledigt, starke berufliche Anspannung, Unerfahrenheit, hohes Alter usw) **die Dinge über den Kopf gewachsen** sind.[47] 13
- **Fehlende Prozeßfähigkeit:** Immer unverschuldet ist eine Fristversäumung, wenn die Person, die die Frist zu wahren hat, nicht prozeßfähig ist u ein Vertreter für sie nicht bestellt ist.[48] Zur fehlenden **Postulationsfähigkeit** s unten 15 aE. 14
- **PKH-Antrag/Mittellosigkeit:** Eine Fristversäumung infolge Abwartens der gerichtlichen Entscheidung über einen **vor Ablauf der Frist** (zB Ko DVBl 1997, 1342) **mit allen nach § 117 Abs 2 ZPO erforderlichen Unterlagen**[49] **eingereichten PKH-Antrag** kann die Wiedereinsetzung ebenfalls begründen.[50] Nicht notwendig (wenngleich hinreichend) ist die – nach Fristablauf – erfolgte Bewilligung der PKH. Entschuldigt ist die Fristversäumung bei Ablehnung des PKH-Antrags, wenn der Betroffene vernünftigerweise nicht mit einer Ablehnung wg fehlender Bedürftigkeit oder wg Mutwilligkeit (vgl § 114 ZPO) rechnen mußte;[51] wg Ablehnung des Antrags aufgrund fehlender 15

---

[45] Vgl NVwZ-RR 1989, 591; ähnlich Buchh 310 § 60 VwGO Nr 157; vgl andererseits § 45 Abs 3 VwVfG.
[46] Vgl auch oben 6; zT **aA** NVwZ 1997, 1211; BGH NJW 1991, 2839, außer wenn der Irrtum für das Gericht u den Prozeßgegner erkennbar – s dazu auch BGH VersR 1977, 574; 1990, 328; NJW 1991, 2839 – war.
[47] GewA 1965, 48; Borgmann EWiR 1996, 427; s aber zur Arbeitsüberlastung eines Anwalts unten 20.
[48] Vgl BGH NJW 1987, 440; weitergehend Niemeyer NJW 1976, 742 mwN, auch zur abw A: Fristen laufen nicht.
[49] Bln NVwZ-RR 1994, 475; Gr NVwZ-RR 2006, 77; Hbg NVwZ-RR 2000, 548; vgl. auch BGH NJW-RR 1993, 451.
[50] Lü NVwZ 1998, 534; Ma VBlBW 1997, 381; NVwZ 1999, 205; Strnischa, NVwZ 2005, 269; auch Büttner 74 f.
[51] NJW 1992, 2307; 1995, 2121; BVerfG 22, 83 = NJW 1967, 1267; BGH NJW-RR 1987, 1150; FamRZ 1993, 689; NJW 1994, 2098; Meyer NJW 1995, 2140; Sch-Bier 35.

Erfolgsaussicht kann die Wiedereinsetzung nicht verweigert werden (BGH NJW 1993, 733). Nicht erforderlich ist, daß die PKH so früh beantragt wurde, daß mit einer Entscheidung vor Ablauf der Frist gerechnet werden konnte.[52]
Aus diesen Grundsätzen folgt zugleich, daß in gerichtskostenfreien Vf (s § 188), jedenfalls dann, wenn die Beiordnung eines Anwalts (s 13 zu § 166) nicht beantragt ist oder mit der Beiordnung vernünftigerweise nicht gerechnet werden konnte, die Fristversäumung wg Mittellosigkeit nicht unverschuldet ist.[53] In diesen Fällen kann vernünftigerweise gerade nicht mit der Bewilligung der PKH gerechnet werden (s NVwZ-RR 1989, 666). Von einem Verschulden wird nach der Rspr sogar dann ausgegangen, wenn ein ASt bereits anwaltlich vertreten ist und/oder mit dem Antrag auf PKH die Beiordnung eines Anwalts beantragt wird.[54] Etwas anderes dürfte aber dann zu gelten haben, wenn das einschlägige RMittel nur unter Inanspruchnahme eines RA formgerecht eingelegt werden konnte.[55] Das dürfte auch dann gelten, wenn sich die Erforderlichkeit der Beiordnung eines Anwalts aus § 122 ZPO ergibt.[56]
Das Hindernis **entfällt** – von den Fällen der Gerichtskostenfreiheit des Vf abgesehen – **erst mit Zustellung des Beschlusses** des Gerichtes über die Bewilligung oder Versagung der PKH;[57] in Ausnahmefällen uU auch erst mit der Zustellung der **Entscheidung über die Beschwerde** gegen die Ablehnung der PKH, wenn der Bf vernünftigerweise nicht mit der Ablehnung seiner Beschwerde rechnen mußte. Dementsprechend ist die versäumte Rechtshandlung gem § 60 Abs 2 S 3 innerhalb der Antragsfrist nachzuholen, dh grds innerhalb von 2 Wochen, im Fall einer Versäumung der Rechtsmittelbegründungsfrist aufgrund des neu eingefügten § 60 Abs 2 S 1 2 HS iVm § 60 Abs 2 S 3 innerhalb eines Monats; dies gilt auch dann, wenn für die versäumte Rechtshandlung eine längere Frist vorgesehen ist.[58]
Nicht zu den nach § 117 Abs 2 ZPO **erforderlichen** Unterlagen gehört die Benennung eines RA gem **§ 121 ZPO.**[59] Findet der Betroffene trotz Bewilligung der PKH keinen zur Vertretung bereiten RA, so ist die Fristversäumung wg dieses – zusätzlichen – Hindernisses unverschuldet, wenn der Betroffene alles ihm Zumutbare getan hat, einen Anwalt zu finden u zugleich bis zum Ablauf der Wiedereinsetzungsfrist einen Antrag auf Beiordnung eines RA gem § 121 Abs 5 ZPO gestellt hat (NVwZ 2004, 889; s zur Parallele hins § 78 b ZPO im folgenden 15 a).

15 a – **Fehlende Postulationsfähigkeit:** Ist der Kl gem § 67 Abs 1 **nicht postulationsfähig** u findet er keinen zur Vertretung bereiten Anwalt, so ist das Hindernis grds nur unverschuldet, wenn er innerhalb der Frist einen Antrag auf Beiordnung eines **Notanwalts** gem § 173 S 1 iVm § 78 b ZPO gestellt hat (NVwZ-RR 2000, 59 f; zu diesem Vf s Buchh 303 § 78 b ZPO Nr 2; s auch

---

[52] 15, 306; NJW 1956, 1731; BGH NJW 1978, 939; 1987, 441; BSG MDR 1983, 847; **aA** Ule 69 I.
[53] NVwZ-RR 1989, 666; Ks NVwZ-RR 2005, 860; Ma NVwZ-RR 2001, 802; Strnischa NVwZ 2005, 269.
[54] Bln DVBl 1994, 805; Br NJW 1988, 842; Ks NVwZ-RR 2005, 860; Ma NVwZ-RR 2001, 802; **aA** Ms NJW 1983, 2046.
[55] 15, 308; Buchh 310 § 60 Nr 147; Ey-J. Schmidt 5; Strnischa NVwZ 2005, 270.
[56] Tendenziell wohl auch Gr NVwZ-RR 2006, 78.
[57] BGH NJW-RR 1993, 451; Meyer NJW 1995, 2140; anders Buchh 310 § 60 VwGO Nr 211: mit Zugang des Beschlusses über Beiordnung eines RA, auch wenn nicht förmlich zugestellt.
[58] Die frühere Rspr (NVwZ 2002, 992), nach der dann, wenn für die versäumte Rechtsmittelbegründung eine längere Frist vorgesehen ist, diese Frist gilt, ist durch § 60 Abs 2 S 1 überholt (übersehen wird dies von Strnischa NVwZ 2005, 270).
[59] NVwZ 2004, 888 f; Ma NVwZ-RR 2002, 788; **aA** Ms NVwZ-RR 2001, 612.

Bader NJW 1998, 410) u sich hinreichend um eine anwaltliche Vertretung bemüht hat. Das setzt auch bei einem Asylbewerber als Rechtsmittelführer voraus, daß er sich innerhalb der Rechtsmittelfrist bei mehr als nur einem Anwalt vergeblich um eine Prozeßvertretung bemüht hat (NVwZ-RR 2000, 59). Mit der Zurückweisung des Antrags entfällt der Hinderungsgrund, selbst wenn der Betroffene weiterhin keinen zur Vertretung bereiten Anwalt findet (BGH MDR 1996, 1061).

- **Antrag auf Fristverlängerung:** Kein Verschulden, wenn der Betroffene bei einem rechtzeitig u ordnungsgemäß gestellten ersten Antrag auf Verlängerung einer Rechtsmittelbegründungsfrist darauf vertraut, daß dem Antrag entsprochen wird, u nicht vor Ablauf der Frist nochmals rückfragt.[60] 16
- **Absende- oder Ablieferungsfehler** (Fehler, bei denen das Dokument nicht oder nicht rechtzeitig bei dem Gericht eingeht, bei dem es nach dem – im Dokument selbst zum Ausdruck kommenden – Willen des Urhebers hätte eingehen sollen): Derartige Fehler können darin bestehen, daß das Dokument trotz richtiger Adressierung bei einer anderen Stelle eingereicht wird, daß das Dokument unzureichend, fehlerhaft oder falsch adressiert ist oder daß Verzögerungen bei der Beförderung auftreten (zum Telefax s unten 22). Insofern sind diese Fehler grds von den Fällen abzugrenzen, in denen eine Klage, ein RMittel oder ein sonstiger Antrag bei einem Gericht gestellt wird, das für diesen Antrag nicht zuständig ist (s dazu weiter unten: Antrag beim unzuständigen Gericht). 17

  Wird der Antrag usw bei einer Stelle eingereicht, bei der der Betroffene den Antrag nach dessen Inhalt nicht stellen wollte u wird dadurch die Frist versäumt (s dazu näher 8 zu § 74), so ist diese Fristversäumung idR auch verschuldet.[61] Es gilt der Grundsatz, daß das Verschulden nicht dadurch entfällt, daß **ein Dritter** die Fristversäumung noch hätte verhindern können, zB durch **(noch möglichen) rechtzeitigen Hinweis** auf noch fehlende notwendige Förmlichkeiten.[62] Anderes gilt jedoch dann, wenn bei einer Weiterleitung des Schriftsatzes an das Gericht, für das das Schreiben bestimmt ist, im ordentlichen Geschäftsgang die Frist eingehalten worden wäre. Der Rechtssuchende darf nämlich darauf grds vertrauen, daß der Schriftsatz im regulären Geschäftsgang weitergeleitet wird.[63] Anderes gilt allerdings dann, wenn die Unzuständigkeit des Gerichts **nicht offensichtlich** ist (Lü NJW 2007, 455). Zu außerordentlichen Maßnahmen ist das angegangene Gericht nicht verpflichtet (BGH NJW 1987, 440 LS 4). So besteht zB keine Verpflichtung des für den Empfang unzuständigen Gerichts, den rechtskundigen Prozeßbevollmächtigten des Kl zur Wahrung einer Frist telefonisch darüber zu unterrichten, daß das RMittel bei einem anderen Gericht einzulegen ist (Ks DVBl 1996, 1278; Ms DVBl 1997, 1340). Eine gesteigerte prozessuale Fürsorgepflicht besteht aber dann, wenn durch einen Fehler der Geschäftsstelle des VG bei einem Bf der Eindruck erweckt wird, die Beschwerdebegründung gem § 146 Abs 4 S 2 sei bei ihm einzureichen. Diese gesteigerte Fürsorgepflicht kann gebieten, die Beschwerdebegründung vorab per Fax an das OVG weiterzuleiten (Ms NVwZ-RR 2003, 688).

---

[60] Vgl BGH NJW 1991, 2080; NJW-RR 1996, 245; BAG NJW 1986, 603; Verschulden bejahend allerdings bei drittem Antrag auf Verlängerung BGH VersR 1998, 737.

[61] Ma NJW 1991, 1845; **aA** Ms NJW 1996, 335 – wo Wiedereinsetzung zumindest in Betracht gezogen wird.

[62] 55, 66; Buchh 310 § 60 Nr 132; JR 1973, 76; BGH NJW 1972, 684; BFH 90, 395.

[63] Für den Zivilprozeß BVerfG 93, 115 = NJW 1995, 3175; BGH NJW 1987, 441; NJW-RR 1996, 443; im Verwaltungsprozeß nur entschieden für die (bewußte) Anrufung des falschen Gerichts, s im Text unter „Antrag beim unzuständigen Gericht".

Verzögerungen wg **unzulänglicher** oder fehlerhafter **Adressierung** in einem wichtigen Punkt, zB wg fehlender Angabe der Straße, Angabe eines falschen Ortes (vgl BAG NJW 1991, 1078) oder einer falschen Straße, eines nicht bestehenden (vgl LAG Frankfurt NJW 1991, 1078) oder falschen Postfachs uä sind verschuldet.[64] Bei Verzögerungen infolge **fehlender oder unzutr Angabe der Postleitzahl** oder der **Hausnummer** gilt folgendes: Wird das Schreiben so rechtzeitig abgesandt, daß es trotz Unvollständigkeit der Anschrift u der dann notwendigen postinternen Sonderbehandlung üblicherweise rechtzeitig zugehen mußte, so ist Verschulden zu verneinen.[65] An einem Verschulden fehlt es bei einer am letzten Tag der Frist eingeholten fehlerhaften Auskunft eines Telefonansagedienstes über eine Faxnummer, wenn keine besonderen Anhaltspunkte für eine Verwechslungsgefahr bestanden (Ks NVwZ 2002, 108).

Antrag beim unzuständigen Gericht: In den Fällen, in denen der Antrag dort eingeht, wo er nach dem Willen des ASt auch eingehen sollte, stellt sich regelmäßig nicht das Problem der Fristversäumnis u damit auch nicht das der Wiedereinsetzung. So wird etwa die Klagefrist auch durch eine Klage vor einem unzuständigen Gericht gewahrt (§ 17b Abs 1 S 2 GVG).[66] Diese Fristwahrung tritt aber grds **nicht im Rechtsmittelrecht** ein. Abgesehen von Sonderregelungen (§§ 139 Abs 1 S 2, 147 Abs 2) wird hier durch den Antrag vor dem unzuständigen Gericht die Rechtsmittelfrist nicht gewahrt (s auch 25 u 44 zu § 124a; 11 zu § 133). Da die Fristversäumung auch verschuldet ist, scheidet eine Wiedereinsetzung grds aus. Da das fälschlicherweise angerufene Gericht auch in diesem Fall zur Weiterleitung des Antrags im regulären Geschäftsgang verpflichtet ist (s 25 u 44 zu § 124a), ist eine Wiedereinsetzung gem § 60 jedoch dann zu gewähren, wenn die Frist bei ordnungsgemäßer Weiterleitung[67] noch gewahrt worden wäre (NVwZ-RR 2003, 901; Ms DVBl 1997, 1340; NVwZ-RR 2000, 841; vgl auch BVerfG NJW 1995, 3173; 2005, 2137; **aA** Gr NVwZ 1999, 201; offen Hbg DVBl 1997, 1334). Es gelten also dieselben Grundsätze wie für die Weiterleitung bei einem Absende- oder Ablieferungsfehler. Aus der im Verwaltungsprozeß vorhandenen Rechtsmittelbelehrung läßt sich nur etwas für das nicht zu bestreitende Verschulden des Säumigen ableiten, nichts hingegen über die davon unabhängige Rechtspflicht des Gerichts zur ordnungsgemäßen Weiterleitung (**aA** Gr NVwZ 1999, 201). Dieselben Grundsätze gelten auch bei **gemeinsamen Posteingangsstellen** für mehrere Gerichte (dazu BGH NJW-RR 1997, 892; BAG NJW 2002, 846 mwN).

Postlaufzeiten: Ohne Verschulden handelt der Absender, wenn Schriftstücke ordnungsgemäß zu einem Zeitpunkt abgesandt werden, in dem bei der üblichen normalen Beförderungsdauer mit dem rechtzeitigen Eingang gerechnet werden konnte,[68] insb dann, wenn der Betroffene sich bei einem einfachen, dh

---

[64] Vgl NJW 1990, 2639; Hbg NJW 1995, 3139; jedenfalls bei Absendung am vorletzten Tag auch BAG NJW 1987, 3278; ähnlich BFH 21. 12. 1983 – VIII R 111/83; **aA** BGH NJW 1969, 468; VersR 1984, 871 unter Hinweis auf die Bedeutung u Bekanntheit der Gerichte.

[65] NJW 1990, 2639; Buchh 310 § 86 VwGO Nr 281; NVwZ 1998, 1076; NKVwGO-Czybulka 64; vgl Ey-J. Schmidt 9.

[66] DVBl 1993, 563; BGH NJW 1986, 2255; B-v Albedyll 33 zu § 41; Kissel NJW 1991, 950; Sch-Ehlers 6 zu § 17b GVG; s auch 26 zu § 41; 8 zu § 74; 19f zu § 83; **aA** wohl nur Sch-Ortloff/Riese 21 zu § 83.

[67] Zu beachten ist jedoch, daß sich aus der verfassungsrechtlichen Fürsorgepflicht der staatlichen Gerichte keine generelle Pflicht zur sofortigen Prüfung der Zuständigkeit bei Eingang der Rechtsmittelschrift ableiten läßt (BVerfG NJW 2006, 1579). Wiedereinsetzung aber dann, wenn versäumt wurde, innerhalb eines Zeitraums von 5 Arbeitstagen Schriftsatz an zuständiges Gericht weiterzuleiten (BGH NJW 2006, 3499).

[68] BVerfG 40, 42; NJW 1992, 38 mwN – außer, wenn der Betroffene selbst eine Ursache für die Verzögerung gesetzt hat; NVwZ 2001, 426; BGH NJW 1990, 188; 1993, 1332,

nicht eingeschriebenen, richtig u ordnungsgemäß adressierten (BVerfG 41, 359) Brief auf **die bei der Post angeschlagenen Brieflaufzeiten** oder auf **eine Auskunft der Post** verlassen hat.[69] Dies gilt selbst bei an sich **vorhersehbaren,** gleichwohl aber konkret nicht näher bestimmbaren oder meßbaren **Verzögerungen,** zB bei besonderen **Witterungsverhältnissen, „Stoßzeiten** vor oder nach Feiertagen" usw;[70] **anders** dagegen **bei** in etwa **vorhersehbaren** u meßbaren **Behinderungen,** zB bei einem angekündigten **Poststreik** von einem oder mehreren Tagen Dauer.[71] Bei **eingeschriebenen Briefen** muß der Absender **mit einer Verzögerung rechnen,** insb auch damit, daß der Brief nur während der Dienststunden zugestellt werden kann, u deshalb den Brief entspr früher aufgeben (BayVBl 1974, 681; ähnlich Ms NJW 1987, 1353). Für andere Botendienste besteht ein gleichwertiger Vertrauensschutz nur dann, wenn anhand deren Organisationsstruktur nachvollzogen werden kann, daß Fristsachen mit einer dem Postdienst vergleichbaren Gewähr weitergeleitet werden (Ms NJW 1994, 402).

Bei **Absendung eines Rechtsbehelfs kurz vor Ablauf** der zu wahrenden Frist trifft den Kl uU eine erhöhte Sorgfaltspflicht,[72] dh aber nur, daß der Beteiligte in tatsächlicher Hinsicht die Möglichkeit einer Fristversäumung nun um so mehr in Betracht zu ziehen hat. **Verschulden** liegt **zB** vor, wenn, obwohl nur noch eine sehr kurze Frist zur Verfügung stand, eine bestehende **Möglichkeit** zur Benutzung **eines Telefax** nicht genutzt wird (LSG RhPf NJW-RR 1993, 1216) oder wenn 12% der Sendungen nach erhaltener Auskunft der Post den Adressaten nicht am nächsten Tag zugehen (Ms NJW 1996, 2809, zweifelhaft). Bei Ausfall der eigenen Telekommunikationsanlage ist es einer Behörde idR möglich u zumutbar, für die Absendung fristwahrender Telefaxe fremde Geräte zu nutzen (Schl NVwZ-RR 2003, 536). Läßt zB ein RA dem Gericht die Klageschrift am letzten Tag der Frist übermitteln, dann unterliegt er einer erhöhten Sorgfaltspflicht u muß von daher bei Erhalt der Eingangsbestätigung des Gerichts selbst überprüfen, ob die Klagefrist gewahrt worden ist (Mü NVwZ 2000, 577).

– **Empfangsfehler des Gerichts:** Kein Verschulden, wenn – sofern nicht ausnahmsweise Rechtzeitigkeit anzunehmen ist (s oben 9) – für die Einreichung kein **Nachtbriefkasten** (3, 355) oder **sonstiger** Briefkasten[73] zur Verfügung 18

1333; BAG NJW 1978, 1495; allg auch BVerwG Buchh 310 § 60 Nr 66; DVBl 1966, 692; 15. 10. 1997 – 6 B 51/97; Ma 47, 109; VBlBW 1997, 297.

[69] BVerfG 41, 27, 344, 359; 42, 260; 50, 1; 51, 146, 352; 53, 25, 148; 62, 221 = NJW 1983, 560; 62, 334 = NJW 1983, 1479; NJW 1995, 2546; BFH BayVBl 1991, 668; Ma DÖV 1966, 432; zu einem Telegramm auch BFH NJW 1976, 1960.

[70] BVerfG 41, 27; 44, 307; 53, 28; 54, 84; 62, 336 = NJW 1983, 1479; NJW 1980, 769; 1992, 1952; 1994, 244, 1854 – Gleichheitsgebot verbietet es, entsprechend zu differenzieren; BGH NJW 1991, 1704 – auch wenn die Laufzeit bei früheren Sendungen in Einzelfällen überschritten wurde; NJW 1993, 1332, 1333; BAG NJW 1978, 1495; BayObLG NJW 1978, 1489; Ma VBlBW 1996, 338 – zur Umstellung der Postleitzahlen; **aA** BGH VersR 1980, 928 – der Absender muß mögliche Verzögerungen in der Karnevalszeit in Rechnung stellen –; BezG Potsdam DtZ 1993, 87 – Anwalt muß derzeit noch längere Postlaufzeiten in den neuen Bundesländern berücksichtigen.

[71] BVerfG NJW 1995, 1210; BVerwG 20. 2. 1997 – 9 B 776/96; BGH NJW 1993, 1333; Ks NJW 1993, 750 – schuldhaft, wenn ein Anwalt bei einem Poststreik nicht ein Telefax benützt –; BAG NJW 1975, 1144; LAG Düsseldorf NZA 1993, 142; zT **aA** BAG NJW 1995, 548; s auch BVerfG 50, 4; 51, 150 u 355; NJW 1994, 244, zu den Anforderungen nach Streikende.

[72] DÖV 1981, 180; Buchh 310 § 60 VwGO Nr 66; BayVBl 1973, 473; RPfl 1982, 385; BGH NJW 1982, 2670 mwN; 1985, 1178 mwN; 1995, 1431; Ba SächsVBl 1996, 94; Ks MDR 1996, 427; Mü BayVBl 1974, 682; NVwZ 2000, 577.

[73] 18, 51; NJW 1962, 1268; Ms 9, 272; RÖ-M. Redeker 9; BGH 2, 31; 23, 307; BAG NJW 1968, 1635.

stand u die Verspätung dadurch bedingt ist (18, 51; NJW 1962, 1268) – dies gilt selbst dann, wenn der Betroffene wußte, daß kein Briefkasten vorhanden ist, da er jedenfalls das Recht hat, die Frist (24 Uhr!) voll auszunutzen.[74]

– **Gerichtsfach bei einem anderen Gericht:** Unterhält ein Gericht bei einem anderen Gericht ein Gerichtsfach (Postaustauschfach), so kommt es für den fristwahrenden Eingang darauf an, ob das Gericht, an das das Schriftstück gerichtet war, bereits mit dem Einwurf in das Austauschfach die tatsächliche Verfügungsgewalt über das Schriftstück erlangt hat. Das ist dann der Fall, wenn das Schriftstück unter Ausschluß einer fortbestehenden Zugriffsmöglichkeit des Absenders oder eines Beförderers in den Gewahrsam des Gerichts gelangt (BAG NJW 1986, 2728; Lü NVwZ 2004, 116). Trifft das nicht zu, kommt eine Wiedereinsetzung nur in Betracht, wenn der Bevollmächtigte darauf vertrauen durfte, daß das Postfach noch bis zum Ende der Dienstzeit des Gerichts geleert wurde, worauf aber idR nicht vertraut werden kann (Lü NVwZ 2004, 117).

19 **cc) Zurechnung bei Rechtsvorgängern.** Wenn bzw soweit ein Beteiligter hins des Gegenstandes des Vf Rechtsnachfolger eines anderen ist, muß er sich diesem ggü bereits verstrichene Fristen anrechnen lassen, ebenso auch etwaiges Verschulden des Rechtsvorgängers. ZB kann der nunmehrige Rechtsinhaber, der von bestimmten Umständen keine Kenntnis hat, zB hins des Ergehens einer Baugenehmigung für ein Nachbargrundstück, nach Ablauf der Klagefrist, die dem Rechtsvorgänger, dem die Baugenehmigung bekanntgegeben worden war, für eine Nachbarklage zur Verfügung gestanden hätte, auch nach § 74 iVm § 60 nicht mehr Klage erheben. Ist der Rechtsvorgänger verstorben, finden §§ 239 ff ZPO iVm § 173 S 1 Anwendung. Vgl auch 6 zu § 74; 14 ff zu § 63.

20 **dd) Verschulden von Bevollmächtigten und gesetzlichen Vertretern.** Das Verschulden eines (prozeßfähigen, vgl BGH 30, 112; BAG 17, 275; BVerfG BayVBl 1976, 507) **Bevollmächtigten** (dh eines Anwalts oder auch eines sonstigen Bevollmächtigten, vgl BGH VersR 1983, 1083; hins Behördenvertreter vgl unten 23) – Entsprechendes gilt für gesetzliche Vertreter u die Organe juristischer Personen – wird von der Rspr gem **§ 173 S 1 iVm § 85 Abs 2 ZPO** immer dem durch diesen vertretenen Beteiligten **wie eigenes Verschulden zugerechnet.**[75] Dies gilt selbst dann, **wenn** es im Prozeß um **höchstpersönliche** und/oder verfassungsrechtlich geschützte Rechte geht, zB in **Kriegsdienstverweigerungssachen**[76] oder in **Asylsachen.**[77]

Die Zurechnung des Verschuldens des Prozeßbevollmächtigten setzt eine **gültige Bevollmächtigung** voraus.[78] Sie **endet** mit dem Zeitpunkt des Wirksamwerdens einer **Niederlegung** des Mandats u sei es auch nur im Innenverhältnis (NVwZ 2000, 65; BGH 43, 138; BFH NVwZ 2002, 1401); war zu diesem Zeitpunkt eine Frist jedoch bereits in Lauf gesetzt, so hätte der Prozeßbevoll-

---

[74] BVerfG 51, 355; 62, 337; BVerwG Buchh 310 § 60 Nr 28; Mü BayVBl 1970, 223; **aA** BGH 23, 307.

[75] 6, 161; 1991, 2097; 1992, 852; NVwZ 2003, 869; Ks NVwZ-RR 2004, 386; Ma NVwZ-RR 2000, 261 (Asylprozeß); BGH NJW 2002, 1141; BVerfG 60, 253, NVwZ 2000, 907; Mü NJW 1993, 1732.

[76] 49, 258; 53, 141; 74, 243 mwN; NVwZ 1982, 35; DÖV 1987, 371 mwN; 1988, 577; BVerfG 35, 46 = NJW 1972, 93 – zugleich unter Bejahung der Verfassungsmäßigkeit –; sehr zweifelhaft; **aA** Grunsky NJW 1977, 1694; LG Tübingen NJW 1977, 1693 zur Anfechtung von Entmündigungsbeschlüssen; allg auch im Strafprozeß, vgl BVerfG 35, 41; BGHSt 14, 308, 332; 25, 89; OLG Frankfurt NJW 1980, 2144; NStZ 1981, 408; VG Stuttgart NJW 1982, 543; Stier JA 1982, 103.

[77] BVerfG 60, 253; BVerwG DVBl 1984, 782; NVwZ 2003, 869.

[78] BGH FamRZ 1995, 1136; NJW 1987, 440 – vorläufige Zulassung nach § 121 ZPO ist kein Ersatz dafür.

mächtigte den Mandanten darüber unterrichten müssen. Hat er dies unterlassen, so ist dieses Verschulden dem Mandanten zuzurechnen u schließt die Wiedereinsetzung aus (Mü BayVBl 1977, 221). Wurde **an einen nicht** – oder nicht mehr – **mandatierten** Anwalt zugestellt u hat dieser den Betroffenen nicht verständigt, so muß sich dieser ein etwaiges Verschulden des Anwalts nicht zurechnen lassen (BGH NJW 1980, 999). Wird das Mandat einer Sozietät erteilt, ist jeder Sozius als Prozeßbevollmächtigter anzusehen, mit der Folge, daß § 85 Abs 2 ZPO für die gesamte Sozietät gilt (BGH NJW 1995, 1841; 1994, 1878 – einschränkend bei überörtlichen Sozietäten aufgrund Lokalitätsprinzip; Müller NJW 1993, 684). Für angestellte RA findet eine Zurechnung nach § 85 Abs 2 ZPO nur dann statt, wenn sie den Rechtsstreit selbständig bearbeiten (NJW 1985, 1178; BayVBl 1991, 94; NVwZ 2004, 1007; vgl auch Müller NJW 1993, 684); anders hingegen dann, wenn der RA nur zuarbeitet u bloßer Hilfsarbeiter ist (NVwZ 2004, 1008). Welcher Typus von RA vorliegt, beantwortet sich anhand der gesamten Umstände des Einzelfalls (NVwZ 2004, 1008; BGH NJW-RR 1992, 1019). Eine Partei muß sich das Verschulden eines Urlaubsvertreters ihres Prozeßbevollmächtigten – anders als dasjenige von Hilfspersonen – mit Blick auf § 53 Abs 7 BRAO in gleicher Weise uneingeschränkt zurechnen lassen wie eigenes Verschulden des Prozeßbevollmächtigten (Ms NVwZ-RR 2001, 484).

Verschulden des Bevollmächtigten (Rechtsanwalts) ist gegeben, wenn dieser die **übliche Sorgfalt** eines **ordentlichen Anwalts** nicht angewandt hat;[79] dabei dürfen jedoch die Anforderungen **nicht überspannt** werden (BVerfG NZA 1996, 111). Den Sorgfaltspflichten wird genügt, wenn sich der Anwalt in einem gängigen Kommentar zu den Anforderungen an die Revisionsbegründung vergewissert (NJW 2006, 3081). Die Beachtung der Sorgfaltspflichten muß nach der konkreten Sachlage zumutbar sein.[80] Bei **Ausschöpfung einer Rechtsmittelfrist bis zum letzten Tag** hat ein Anwalt wg des damit verbundenen Risikos **erhöhte Sorgfalt** aufzuwenden, um die Einhaltung der Frist sicherzustellen (BGH NJW 2006, 2637).

Verschulden ist zB anzunehmen, wenn die Fristversäumung dadurch entstanden ist, daß ein RA

- Rechtsmittelfristsachen **nicht** (BAG NJW 1993, 1350) oder **nicht gesondert von normalen Wiedervorlagesachen** notieren ließ (Buchh 310 § 60 Nr 202; BayVBl 1985, 124; vgl auch NVwZ 2003, 868);
- bei Übergabe eines Bescheids ohne Briefumschlag durch den Mandanten **nicht** selbst nach der **Form der Bekanntgabe fragte** oder sein Büropersonal zu einer entspr Nachfrage veranlaßte, um sicher zu gehen, daß die Widerspruchsfrist gewahrt wird (FfO NVwZ 2004, 507);
- bei einem Rechtsmittelauftrag an einen anderen Anwalt die **Angaben über das Zustellungsdatum nicht überprüft** hat;[81]
- das **Zustellungsdatum nicht notiert** u selbst die Frist berechnet, sondern telefonisch bei der Geschäftsstelle des Gerichts anfragen läßt, wann die Frist ablaufe (NJW 1997, 2614; s auch Buchh 310 § 60 VwGO Nr 214);
- sich **ohne Rückfrage** bei Gericht auf die Gewährung der **dritten Verlängerung** einer Berufungsbegründungsfrist verläßt (BGH VersR 1998, 737);
- sich ohne weitere Nachprüfung auf die handschriftliche **Änderung eines Eingangsstempels** verlassen hat (BGH NJW 1985, 1710);

---

[79] BGH NJW 1985, 1710; Mü NJW 1993, 1732; allg zur Sorgfaltspflicht eines Anwalts hins der Wahrung von Fristen s auch 74, 295; NJW 1984, 2542; BGH NJW 1992, 574; 1996, 2513, 2514.

[80] BGH NJW 1985, 1711; NJW-RR 1993, 892; Mü NJW 1993, 1732.

[81] BayVBl 1996, 59; BGH NJW 1985, 1709; 1996, 853; NJW-RR 1996, 378; MDR 1995, 99: Rückfrage bei diesem notwendig; zur generellen Pflicht der Ermittlung des Zustelldatums NJW 1996, 1968; NJW-RR 1995, 1025.

– in einer Asylsache eine **Klage,** zu der er nach der ihm erteilten Vollmacht ermächtigt war, **nicht wenigstens vorsorglich** erhoben hat, sondern eine Weisung abwarten wollte (NVwZ 1984, 521);
– bei absehbarer **krankheitsbedingter Verhinderung** keinen Vertreter bestellt hat (31. 7. 1997 – 8 B 156/97); ein Anwalt, der allein tätig ist oder in einer Sozietät als Einziger über eine spezielle Zulassung verfügt, hat durch Absprache mit einem vertretungsbereiten Kollegen oder andere ihm zumutbare Maßnahmen **generell sicherzustellen,** daß im Fall einer Erkrankung, eines Unfalls oder eines anderen plötzlichen u unerwarteten Hinderungsgrunds während der üblichen Bürozeiten **unaufschiebbare Prozeßhandlungen vorgenommen werden können** (OLG Dresden NJW 2006, 1359 im Anschluß an BGH VersR 1994, 1207);
– nicht ausreichend sichergestellt hat, daß eine **Mitteilung den Mandanten zuverlässig** u rechtzeitig erreicht;[82]
– zumutbare Anstrengungen unterlassen hat, um die neue **Anschrift** seines Mandanten **festzustellen;**[83]
– einen Schriftsatz **unkontrolliert unterzeichnet** hat (55, 65; Mgd NVwZ-RR 2004, 385);
– bei einer zur Unterzeichnung vorgelegten Rechtsmittelschrift nicht geprüft hat, ob sie an das **richtige Gericht** adressiert ist;[84]
– nicht überprüft hat, ob eine Rechtsmittelschrift auch von ihm **unterzeichnet** wurde (Buchh 310 § 60 VwGO Nr 175);
– nicht für eine **Ausgangskontrolle,** dh dafür, daß Schriftsätze auch ordnungsgemäß u rechtzeitig abgesandt werden, gesorgt hat (BVerfG NJW 1992, 38);
– beim Einsatz eines **Telefaxgeräts** nicht seinen dafür zuständigen Mitarbeitern die Weisung erteilt, sich nach der Übermittlung eines Schriftsatzes einen **Einzelnachweis ausdrucken** zu lassen, auf dessen Grundlage überprüft werden kann, ob der Schriftsatz wirklich übermittelt worden ist;[85]
– sich nicht nach dem **Verbleib des Rückscheins** beim Einschreiben erkundigt hat (25. 4. 1997 – 7 B 79/97);
– mit einem **ausländischen Mandanten** nicht in einer Sprache verkehrt hat, die dieser versteht (Ms NJW 1981, 1855);
– eine durch ihn fehlerhaft angefertigte u unterzeichnete Berufungsschrift in den Geschäftsgang seiner Kanzlei gibt, ohne sie zu zerreißen oder sonst kenntlich zu machen, daß sie nicht abgesandt werden soll (Ks NVwZ-RR 2004, 386);
– eine Berufungsbegründung wg eines **kurz vor Ablauf der Rechtsmittelfrist eingetretenen Defekts des Druckers** seines Laptops nicht ausdruckte, obschon in der Kanzlei ein **weiterer Computer mit Drucker vorhanden** war (BGH NJW 2006, 2637).

Nicht erforderlich ist dagegen, daß der Anwalt bei einem ordnungsgemäß abgesandten Schriftsatz auch kontrolliert, ob er bei Gericht eingegangen ist.[86] Versehen, die in der Sphäre des Gerichts liegen, hat der Bevollmächtigte auch dann nicht zu vertreten, wenn sich die Unrichtigkeit geradezu aufdrängt (BVerfG NJW 1995, 711). Aus dem Recht auf ein faires Vf in Verbindung mit dem Justizgewährungs-

---

[82] DVBl 1982, 645; NVwZ 1984, 571; Ks NJW 1991, 2099; vgl auch BVerwG 66, 250 = NJW 1983, 1280: bei Asylbewerbern grds Verpflichtung auch zur Wiederholung eines Benachrichtigungsversuchs; ebenso We DÖV 1996, 615 – Ausweisungsverfügung; ähnlich Ma VBlBW 1982, 16; **aA** Ko NJW 1983, 1509: einmalige briefliche Rückfrage genügt.

[83] Mü BayVBl 1979, 637; 1980, 541; Hbg DVBl 1997, 1333.

[84] Hbg NJW 1998, 697; Ks NJW 2006, 3450; Mgd NVwZ-RR 2004, 385; s auch BGH NJW 1995, 2106; Müller NJW 1995, 3232.

[85] NVwZ 2004, 1007; BGH NJW 2004, 3490; NJW 2004, 3491; s auch unten 21 u 22.

[86] Sog Eingangskontrolle, vgl BVerfG NJW 1992, 38; Ma NVwZ-RR 1995, 377; BAG NJW 1995, 2575 – zur Nachfragepflicht bei Zweifeln über den Eingang.

anspr aus Art 19 Abs 4 GG kann sich ausnahmsweise trotz einer Einreichung einer Rechtsmittelbegründung beim unzuständigen Gericht (statt beim VG beim OVG) ein Anspr des Bevollmächtigten ergeben, wenn diese Vorgehensweise auf Fehlern des Gerichts beruht (BVerfG NJW 2004, 2887 mit abw Minderheitsvotum).

Der Anwalt muß auch die **veröffentlichte** (Ma NJW 1986, 2271) **Rspr kennen** bzw berücksichtigen, insb wenn sie in einschlägigen Kommentaren nachgewiesen ist (Ks MDR 1994, 1147; Ma VBlBW 1996, 340; **aA** bei „entlegener Fundstelle" Ma JurBüro 1991, 43).

Arbeitsüberlastung des Prozeßbevollmächtigten ist nur dann ein Grund, der dessen Verschulden ausschließen kann, wenn sie unvorhersehbar war, nach den Umständen des Falles Abhilfe nicht möglich war u der Prozeßbevollmächtigte **alles seinerseits Mögliche getan** hat, um dadurch bedingte Fristversäumungen zu vermeiden. Ist die Wahrung einer prozessualen Frist aufgrund des Umfangs des Prozeßstoffes und/oder wg anderweitiger Arbeitsüberlastung nicht möglich, so muß er ggf die **Übernahme des Mandates ablehnen** oder es an einen **vertretungsbereiten RA weiterleiten** (Mü NJW 1998, 1508; s allg auch oben 13). Zum Ausschluß eines Verschuldens wg Arbeitsüberlastung bedarf es folglich stets eines Hinzutretens besonderer Umstände (Mü NJW 1998, 1508 betr Frist nach § 146 Abs 5 S 1). Eine Wiedereinsetzung in den vorigen Stand darf nicht verweigert werden, wenn ein mit beruflicher Überlastung infolge urlaubsbedingter Rückstände u Vertretung eines erkrankten Kollegen begründeter erstmaliger Antrag auf Verlängerung der Berufungsbegründungsfrist ohne „Vorwarnung" vom Berufungsgericht abgelehnt wurde (BVerfG NJW 1998, 3703). Keine Entschuldigung ist gegeben, wenn ein RA – das gilt auch für Berufsanfänger – „in allgemeiner Hektik" eine Rechtsmittelbelehrung nicht beachtet.[87] **Nicht Voraussetzung** für die Zurechnung des Verschuldens ist, daß der RA die betroffene Sache selbst **bearbeitet;** der Bevollmächtigte muß sich grds auch das **Verschulden von Mitarbeitern** (anders von bloßen Hilfspersonen, s unten 21) zurechnen lassen;[88] die Zurechnung tritt auch dann ein, wenn ein Bevollmächtigter – zB bei Bevollmächtigung einer Sozietät, der andere (ebenfalls bevollmächtigte) Sozius – **nur die Übermittlung eines Schriftstücks übernommen** hat (BFH NJW 1984, 1992).

Bei einem mit der Prozeßführung betrauten **Beamten oder Angestellten einer Behörde** mit **Befähigung zum Richteramt** sind an die Sorgfaltspflichten bei der Einhaltung einer Rechtsmittelfrist **keine geringeren Anforderungen** zu stellen als bei einem **RA** (Ms NWVBl 1998, 408).

ee) Verschulden von Hilfspersonen. Das Verschulden von Hilfspersonen eines Bevollmächtigten, Vertreters oder Organs, insb von Büropersonal, ist diesem (und damit dem Beteiligten) **nicht zuzurechnen.** Soweit er seinem Personal Weisungen erteilt hat, darf er grds darauf vertrauen, daß sein sonst zuverlässiges Personal seine Weisungen befolgt.[89] Ist offenkundig oder hinreichend glaubhaft gemacht, daß eine Fristversäumnis auf dem Verstoß einer sonst zuverlässigen Kanzleiangestellten gegen eine allg erteilte Büroanweisung beruht, bedarf es keiner weiteren Darlegung oder Glaubhaftmachung des der Partei nicht zuzurechnenden Verschuldens des Angestellten (BGH NJW 2006, 1205). Zurechenbar ist nur das Verschulden des Bevollmächtigten etc, das darin bestehen kann, daß dieser die Hilfsperson **nicht mit der erforderlichen Sorgfalt ausgewählt u angelei-** 21

[87] Buchh 310 § 60 VwGO Nr 208; offen BayVBl 1985, 187; BGH VersR 1975, 40; s auch BGH VersR 1975, 40; NJW 1985, 1178; Sa 20. 6. 1997 – 8 V 9/97; Mü NJW 1998, 1507.

[88] BayVBl 1991, 93; Mü NJW 2002, 1141; vgl auch Buchh 310 § 60 VwGO Nr 201; LG Hannover JurBüro 1987, 1546: Zurechnung des Verschuldens auch dann, wenn der bevollmächtigte Anwalt die Bearbeitung der Sache, die Wahrnehmung von Terminen usw einem selbständig arbeitenden Mitarbeiter überläßt.

[89] Lü NVwZ-RR 2005, 365; BGH NJW 2004, 3492.

tet hat,[90] bei einem Anwalt auch, daß er nicht durch eine **zweckmäßige Büroorganisation,** insb auch hins der Fristen- u Terminüberwachung u der Ausgangskontrolle,[91] **das Erforderliche** zur Verhinderung von Fristversäumnissen **getan hat.**[92] Zu einer wirksamen Ausgangskontrolle gehört eine Anordnung, durch die gewährleistet wird, daß die Erledigung der fristgebundenen Sachen am Abend eines jeden Arbeitstages anhand des Fristenkalenders von einer dazu beauftragten Bürokraft überprüft wird (stRspr, s BGH NJW 2006, 2638 mwN). Wenn die Ausgangskontrolle versagt hat u nicht unterzeichnete Schriftsätze auf den Weg gebracht wurden, ist Wiedereinsetzung zu gewähren (BGH NJW 2006, 2414). Fristen müssen in geeigneter Form notiert werden (vgl BGH NJW 1992, 574; 1995, 1682 u 2562; dazu Hagen AnwBl 1994, 463) u sind sofort nach Eingang einer das Fristerfordernis begründenden Entscheidung im Fristenbuch festzuhalten (NJW 2005, 1001); bei mündlicher Anweisung zur Fristeneintragung hat der Anwalt diese durch geeignete organisatorische Vorkehrungen sicherzustellen (NJW 1997, 3390). Dazu gehört, daß das Empfangsbekenntnis über die Zustellung eines Urteils vom Anwalt erst dann unterzeichnet u zurückgesandt werden darf, wenn in den Handakten die Rechtsmittelfrist festgehalten u vermerkt ist, daß die Frist im Fristenkalender notiert worden ist.[93] Je nach Umfang der vorzunehmenden Prozeßhandlung ist auch eine Vorfrist einzutragen (BGH NJW 1994, 2551 u 2831), eine generelle Pflicht dazu besteht aber nicht (Ms NJW 1995, 1445). Bei Krankheit des RA kann dieser die Fristüberwachung auf einen Referendar übertragen (BGH NJW 2006, 1070). Bei durch Telefax übermittelten Schriftsätzen hat der Anwalt durch organisatorische Anweisungen sicherzustellen, daß die für das angeschriebene Gericht zutr Telefaxnummer verwendet u anhand des Sendeberichts eine entspr Kontrolle vorgenommen wird (NVwZ 2004, 1007; vgl auch BGH NJW 2004, 3490; 2004, 3491; 2006, 2412 sowie oben 20 u unten 22). Anwaltsverschulden liegt idS **nur bei „Organisationsmangel"** vor.[94] **Entsprechendes gilt** für das Verschulden **sonstiger dritter Personen,** die in der Sache **nicht bevollmächtigt sind,**[95] sowie für das Verschulden **eigener,** nicht zur Vertretung in dem in Frage stehenden Vf berechtigter **Hilfspersonen des Beteiligten** selbst[96] u

[90] NJW 1998, 398; Buchh 310 § 60 VwGO Nr 235; Mü NJW 2002, 1141; NVwZ-RR 2005, 5; Ms NJW 1995, 2508.

[91] 74, 292; NJW 1991, 64, 2096; 1992, 64 mwN; NVwZ 2004, 1007; BGH VersR 1980, 871, 973; 1985, 1185; 1986, 365; 1987, 410 – Versehen eines Büroboten –; 1987, 769 – Betrauung eines Azubi mit Fristsachen –; 1988, 157; 1988, 185; NJW 1983, 834, 885; 1976, 627; 1988, 211; 1988, 2065; 1991, 2294; 1992, 574; 1994, 458; NJW-RR 1991, 827 u 828; 1993, 892 – uU Zurechnung des Verschuldens angestellter oder freier Mitarbeiter, wenn diese nicht nur als Hilfsarbeiter tätig sind; JR 1997, 294.

[92] 13, 146; 55, 62; 77, 38 = BayVBl 1987, 406; BayVBl 1989, 60; BayVBl 1972, 560; DÖV 1981, 180; Buchh 310 § 60 VwGO Nr 46, 80, 107; 310 § 58 VwGO Nr 23; BFH BStBl II 1982, 131 – in der Sache jedoch mit überzogenen Anforderungen –; BSG 6, 1; BGH NJW 1976, 627; 1979, 876; VersR 1983, 753, 838, 988; 1984, 166 – auf eine fachlich ausgebildete u generell auf ihre Zuverlässigkeit überprüfte Fachkraft darf sich ein Anwalt verlassen –; 1984, 286; BAG NJW 1982, 72; 1993, 1350; OLG Frankfurt NJW 1987, 334; LAG Düsseldorf JurBüro 1987, 1703; SG Freiburg NJW 1987, 242; Ey-J. Schmidt 20.

[93] NVwZ 2003, 868; BGH NJW 1996, 1900.

[94] BayVBl 1989, 60; NJW 1997, 3390; BVerfG NJW 1992, 38; BGH FamRZ 1987, 1017; NJW 1991, 1178 u 2082; NJW 1992, 574; BAG NJW 1993, 1350; Ms 5. 8. 1997 – 7 A 2739/96.

[95] Vgl BayVBl 1985, 187; Ms NJW 1997, 1325 – zu einem Sprachmittler; BGH VersR 1973, 38; 1979, 232; NJW 1974, 1511; 1991, 2294 – zur Beauftragung eines Sozius mit Teilaufgaben –; BFH NJW 1984, 1992; BSG DÖV 1987, 786 – auch eines angestellten, in der Sache nicht bevollmächtigten RA, dem die Sache nicht zur selbständigen Erledigung übertragen war, BGH NJW 1985, 1178.

[96] 44, 109 = DÖV 1974, 378; DÖV 1972, 790; 1974, 348; BFH NJW 1983, 1872 – wenn die Hinzuziehung sachgerecht war u die Hilfsperson in zumutbarer Weise unterwiesen u beaufsichtigt worden war.

für **Hilfspersonal eines Bevollmächtigten** oder Vertreters, der nicht nur zuarbeitender Anwalt ist (str; bejahend für Verbandsvertreter BSG 6, 1).

Unter den genannten Voraussetzungen kann insb ein RA zB auch die **Fristen- u Terminüberwachung u Ausgangskontrolle,**[97] die Berechnung von im Bürobetrieb häufig vorkommenden Fristen (NJW 1982, 224, 2458; Buchh 310 § 60 VwGO Nr 49 S 15; **nicht** aber von Fristen zur Begründung eines Berufungszulassungsantrags[98] u einer Berufungsbegründung,[99] einer Revisions- u Beschwerdebegründungsfrist,[100] die **Unterschriftenüberwachung** (BGH NJW 1975, 56; VersR 1979, 823) uä, etwa die Sicherstellung, daß nochmals geschriebene Seiten ordnungsgemäß in Schriftsätze eingefügt werden (Ostler NJW 1980, 460; **aA** insoweit OLG München NJW 1980, 480), **an qualifiziertes Büropersonal** – grds auch einen zuverlässigen Azubi (vgl BGH VersR 1987, 769; NJW 1994, 2958) – **delegieren**[101] u dazu **erforderlichenfalls** für die Erledigung geeignete **allg Anweisungen** geben (BGH VersR 1985, 502; BSG NJW 1993, 1350). Die **Anfertigung einer Rechtsmittelschrift** darf der RA allerdings wg der besonderen Bedeutung dieser Tätigkeit nicht seinem Büropersonal überlassen, ohne das Arbeitsergebnis selbst auf **Richtigkeit** u **Vollständigkeit** – auch bzgl der Bezeichnung des Rechtsmittelgerichts (Mgd NVwZ-RR 2004, 385) – zu überprüfen (Buchh 310 § 60 VwGO Nr 175; Hbg NJW 1998, 697 mwN; Ey-J. Schmidt 19); von dieser Verpflichtung entbindet auch die Verwendung eines **Computer-Programms** nicht (Hbg NJW 1998, 697; BGH NJW 1995, 1499). **Kein Anwaltsverschulden** ist zB anzunehmen, wenn ein Anwalt eine von ihm angeordnete, im Rahmen üblicher Büroerledigungen liegende wichtige **Korrektur in einem Schriftsatz** nach Unterschriftsleistung nicht mehr selbst nachprüft, sondern die Erledigung einer zuverlässigen Angestellten überläßt (BGH NJW 1982, 2670 u 2671; Ostler NJW 1982, 2671). **Wird** eine Akte **dem Anwalt vorgelegt,** so muß dieser den Fristablauf **selbst** nachprüfen, auch wenn dies sonst Sache des Hilfspersonals ist.[102] Trifft ein Anwalt zur Sicherung der Fristwahrung **Vorkehrungen,** zu denen er nach den dargelegten Grundsätzen **nicht verpflichtet** wäre, so können Fehler, die ihm hierbei unterlaufen, die Versagung der Wiedereinsetzung nicht rechtfertigen (BVerfG NZA 1996, 111; BGH NJW 1996, 998; NJW 1990, 188).

Telefax: Die Übermittlung fristwahrender Schriftsätze per Telefax ist in allen Gerichtszweigen **uneingeschränkt zulässig** (BVerfG NJW 1996, 2857). Mit der Übermittlung muß aber **so rechtzeitig begonnen** werden, daß unter normalen Umständen mit dem erfolgreichen Abschluß vor Fristende zu rechnen ist. Für die Beurteilung der Rechtzeitigkeit des Eingangs eines per Telefax übersandten Schriftsatzes (bei der sich eine Wiedereinsetzung erübrigt) kommt es aber allein darauf an, ob die gesendeten Signale noch vor Ablauf des letzten Tages der Frist vom **Telefaxgerät des Gerichts vollständig empfangen (gespeichert)** worden sind (BGH NJW 2006, 2263, s auch 11 zu § 74). Wird eine per Telefax übertragene Berufungsbegründungsschrift vor Fristablauf nur unvollständig 22

---

[97] 74, 292; NJW 1995, 3002; BGH NJW 1991, 1178, 2082; 1992, 574; 1993, 3333; JR 1997, 294; Heiß BayVBl 1984, 646; Ostler NJW 1980, 460.

[98] Ko NVwZ-RR 2003, 73 – anders nur dann, wenn es sich wg der Häufigkeit derartiger Fristsetzungen um eine Routineangelegenheit in der betr Anwaltskanzlei handelt; Lü NVwZ-RR 2004, 227; vgl auch BVerwG NJW 1995, 2122.

[99] Mgd NVwZ-RR 2004, 385; Ma NVwZ-RR 2007, 138; Ms NVwZ-RR 2004, 221; NKVwGO-Seibert 70 zu § 124a; vgl auch für Prozeßvertreter einer Behörde gem § 67 Abs 1 S 3 Ko NVwZ-RR 2004, 700; Ma NVwZ-RR 2004, 222; 2007, 138.

[100] NJW 1995, 2122; BayVBl 1995, 123; NJW 1997, 2614; Buchh 310 § 60 VwGO Nr 214 u 231; Ma NVwZ-RR 2007, 138; Sch-Bier 45.

[101] BSG NJW 1993, 1350 mwN; BGH 43, 148; BAG 26, 384; Sch-Bier 45 f.

[102] NJW 1995, 2122; vgl zur Verpflichtung des Anwalts, in zweifelhaften Fällen selbst die Fristberechnung zu kontrollieren auch BGH VersR 1987, 769.

übermittelt, hat das Berufungsgericht zu überprüfen, ob der vom Telefaxgerät des Gerichts empfangene Teil den Anforderungen an eine ordnungsgemäße Berufungsbegründung genügt (BGH NJW 2006, 3500). Ein RA, der sich zur Übermittlung fristwahrender Schriftsätze eines Telefaxgerätes bedient, genügt seiner **Verpflichtung,** für eine wirksame Ausgangskontrolle zu sorgen, **nicht,** wenn er es **unterläßt** anzuordnen, daß im Anschluß an den Sendevorgang ein **Sendebericht** des Gerätes **erstellt** u auf **Übermittlungsstörungen überprüft** wird (s auch oben 20 u 21).[103] Eine Überprüfung hat auch dann zu erfolgen, wenn der Anwalt das Sendegerät selbst bedient (Mü NJW 2006, 169). Die Überprüfung des Sendeprotokolls kann er grds seinem Personal überlassen; dies gilt bei einer Auszubildenden aber nur, wenn diese mit einem solchen Vorgang vertraut ist u eine regelmäßige Kontrolle ihrer Tätigkeit keine Beanstandungen ergeben hat (BGH NJW 2006, 1519). Insb muß der Sendebericht daraufhin überprüft werden, ob die Zahl der übermittelten Seiten mit der Seitenzahl des Originalschriftsatzes übereinstimmt (BGH NJW 1996, 2513; NJW 1994, 1879; zur Beweiskraft des **OK-Vermerks** für den Zugang vgl BGH NJW 1995, 665). **Technische Mängel** des Empfangsgerätes begründen dagegen kein Verschulden.[104] Kurz vor **Fristablauf** sind jedoch alle **zumutbaren Maßnahmen** zu ergreifen, wenn eine Verbindung mit dem Empfangsgerät nicht zustande kommt.[105] Für das **Verwechseln der Telefaxnummer** durch einen ansonsten zuverlässigen u hinreichend überwachten Mitarbeiter muß der RA nicht einstehen (NJW 1998, 398; vgl auch Buchh 310 § 60 VwGO Nr 235, BFH NJW 2003, 2559); ebenso darf er sich auf ein seit Jahren bewährtes **EDV-Programm** verlassen u ist eine Anweisung an eine Bürokraft, eine Abgleichung der Faxnummer mit den Angaben im Anschreiben des Gerichts oder im Telefonbuch vorzunehmen, grds nicht erforderlich (BGH NJW 2004, 2830). Wiedereinsetzung kann wg Art 19 Abs 4 GG u Art 103 Abs 1 GG auch dann geboten sein, wenn ein fristgerecht eingegangenes Telefax im Gegensatz zu dem 2 Tage nach Ablauf der Berufungsbegründungsfrist eingegangenen Originalschriftsatz infolge eines Versehens des Büropersonals **keine Unterschrift des Anwalts** enthält, dieser aber Vorsorge dafür getroffen hatte, daß bei normalem Verlauf der Dinge Fristversäumisse wg fehlender Unterschrift vermieden werden (BVerfG NJW 2004, 2583). Vgl iü ausf Pape/Notthoff NJW 1996, 417 ff.

23 **ff) Verschulden bei Behördenfehlern.** Auch **für Behörden** gilt insoweit nichts anderes. An den Mitarbeiter des Rechtsamts einer Stadt, der ständig Rechtssachen betreut u die Stadt in Vf vor den Gerichten vertritt, sind bei der Prüfung, ob eine Fristversäumung verschuldet ist, **keine geringeren Anforderungen** zu stellen **als an einen RA** (dazu oben 20 ff).[106] Für das Verschulden eines gem § 67 Abs 1 S 3 Vertretungsberechtigten muß die Behörde entspr § 85 Abs 2 ZPO einstehen (Buchh 310 § 67 VwGO Nr 89). Dagegen ist Verschulden von nicht zur Vertretung der Behörde vor Gericht hins der in Frage stehenden Streitsache berechtigten u im konkreten Fall dafür zuständigen[107] Bediensteten der Behörde bzw dem Rechtsträger, für den diese handelt, nach denselben

---

[103] NVwZ 2004, 1007; BGH NJW 1993, 1655; 2004, 3490; 2004, 3491; Mü NJW 2006, 169; Ms NWVBl 1991, 197; Ko NJW 1994, 1815; BAG NJW 1995, 2742.

[104] BVerfG NJW 1996, 2857; BGH NJW-RR 1997, 250 m Anm K. Schmidt JuS 1997, 470; Ba NJW 1996, 2251; zur Pflicht der telefonischen Nachfrage Ma NJW 1994, 538.

[105] BGH NJW 1995, 1431; BAG NJW 1994, 743; vgl auch Buchh 310 § 60 VwGO Nr 206; BGH AnwBl 1995, 375 m Anm Waschk; einschränkend BVerfG NJW 1996, 2857: keine weitergehenden Pflichten, wenn Verbindung nicht zustande kommt.

[106] NVwZ-RR 1996, 60; NVwZ 2001, 431; Ko NVwZ-RR 2004, 700; Ma NVwZ-RR 2004, 222; NVwZ-RR 2005, 761; Ms NJW 1991, 2854; NWVBl 1998, 409; Sa NVwZ-RR 2005, 448.

[107] Vgl Mü BayVBl 1973, 239; Ms DÖV 1974, 825 mwN; NVwZ 1991, 490.

Grundsätzen zuzurechnen, wie sie für das Anwaltsverschulden hins des Verhaltens Dritter, insb des Büropersonals, gelten,[108] dh nur bei mangelhafter Auswahl, Anleitung oder Überwachung[109] sowie bei Fehlen ausreichender organisatorischer Maßnahmen zur Sicherstellung der Einhaltung von Fristen usw.[110] Wenn u soweit diese Voraussetzungen nicht erfüllt sind, ist das Verschulden von Behördenbediensteten, auch solcher, die, ohne vertretungsberechtigt zu sein, mit der Überwachung u Beachtung von Fristen befaßt sind, der Behörde nicht zuzurechnen.[111] Der zuständige Beamte darf sich in einer Behörde mit einer geordneten Versendungsorganisation darauf verlassen, daß zum Versand bestimmte Schriftsätze zum unverzüglichen Versand gelangen; er braucht nicht – ebensowenig wie ein Anwalt in einer geordneten Anwaltskanzlei – persönlich kontrollieren, ob tatsächlich versandt wurde.[112]

4. Verfahren: a) Antragstellung, Wiedereinsetzung von Amts wegen (Abs 2). Anders als nach der ZPO ist ein **Antrag** nicht erforderlich, wenn auch idR zweckmäßig. Das Gericht kann (kein Ermessen!, s im folgenden) die Wiedereinsetzung auch **vAw** gewähren, wenn jedenfalls die versäumte Rechtshandlung innerhalb der für einen Antrag geltenden Frist nachgeholt wird (Abs 2 S 4). Dadurch ist eine Wiedereinsetzung uU auch dann möglich, wenn der betroffene Beteiligte von der Versäumung der Frist keine Kenntnis hatte. Der Betroffene braucht in diesem Fall **auch dann keinen Antrag** zu stellen, wenn er **nachträglich** von der Verspätung **Kenntnis** erlangt (vgl aber zur Geltendmachung u Glaubhaftmachung der Wiedereinsetzungsgründe unten 22); aus demselben Grund ist in diesem Fall auch ein verspäteter Wiedereinsetzungsantrag unschädlich (Ks 5. 2. 1976 – VII OE 26/75). Das **Gericht muß** die **Frage der Wiedereinsetzung** vAw **immer prüfen,** wenn nach Lage der Dinge mit der Möglichkeit zu rechnen ist, daß die Frist unverschuldet versäumt wurde (15. 10. 1997 – 6 B 51/97; BSG DVBl 1991, 166). Wenn die Voraussetzungen für die Wiedereinsetzung gegeben sind u die sie begründenden Tatsachen vorgetragen u glaubhaft gemacht sind (NVwZ 1988, 63) oder offensichtlich sind (s unten 20), **muß** das Gericht die **Wiedereinsetzung** gewähren, auch wenn diese nicht beantragt wurde; es hat insoweit **keinen Ermessensspielraum.**[113] Anders aber, wenn der Wiedereinsetzungsgrund nicht offenkundig oder sonst glaubhaft ist.[114] 24

---

[108] VRspr 11, 749; Ms DÖV 1974, 825; NVwZ 1991, 490; Lü NJW 1994, 1299; Heiß BayVBl 1984, 646.

[109] 44, 109 = DÖV 1974, 348; NVwZ 2001, 431 – genügt nicht, wenn die einzige Vorkehrung zur Wahrung einer Rechtsmittelfrist in einer Wiedervorlageverfügung des Prozeßvertreters besteht; BFH BStBl II 1982, 131; 1983, 335; NVwZ 1983, 763 – es muß eindeutig geregelt sein, wer für die Einhaltung von Fristen verantwortlich ist –; Heiß BayVBl 1984, 646; BL 142, 144 ff zu § 233 ZPO; vgl auch BGH LM 30 zu § 233 ZPO.

[110] Vgl NVwZ-RR 1996, 60; BSG 61, 213; DÖV 1987, 786; NVwZ 1988, 767; Mü BayVBl 1973, 240.

[111] NJW 1982, 2458; Buchh 310 § 60 VwGO Nr 49 S 15; BGH NJW 1965, 1021; Heiß BayVBl 1984, 646; **aA** scheinbar Mü BayVBl 1973, 240.

[112] **AA** ZLA 1962, 268; Mü BayVBl 1973, 240: Anordnung der Wiedervorlage nach Auslauf zur Kontrolle erforderlich; vgl allg auch BGH VersR 1980, 871; 1980, 973; NJW 1983, 885; BFH BB 1974, 1378.

[113] Vgl ML 10 zu § 67 SGG; Sch-Bier 66; Hennig/Darkworts/König SGG 4.1 zu § 67; BL 19 zu § 236 ZPO; M 8 zu § 236 ZPO; Z 5 zu § 236 ZPO; StJ 4 zu § 236 ZPO; AK-ZPO 7 zu § 236 ZPO; HHSp 67 zu § 56 FGG; KR 50 zu § 32 VwVfG unter Hinw darauf, daß „kann" hier nur die Befugnis zum Ausdruck bringt, nicht aber eine Ermächtigung zu einer Ermessensentscheidung enthält; NKVwGO-Czybulka 131; **aA** BGH 29. 9. 1986 BRAK-Mitteilungen 1987, 91; BAG NJW 1989, 2708; RÖ-M. Redeker 18; ThP 9 zu § 236 ZPO; zu § 32 VwVfG auch UL 5 zu § 30; tendenziell BayVBl 2001, 29; vgl auch BVerfG 42, 257 = NJW 1976, 1839.

[114] Ms NJW 1996, 2809; s auch BVerwG BayVBl 2001, 30, wonach eine Verpflichtung zur Wiedereinsetzung vAw allenfalls dann in Betracht kommt, wenn innerhalb der An-

Der Antrag kann auch dann noch gestellt bzw die Wiedereinsetzung auch dann noch gewährt werden, **wenn** über den in Frage stehenden **Rechtsbehelf bereits entschieden** wurde.[115] **Das Urteil** bzw der Beschluß, das (der) die Prozeßhandlung bereits abgewiesen oder verworfen hat, **verliert** bei Wiedereinsetzung ohne weiteres **seine Geltung** u Wirksamkeit (s unten 34), kann vom Gericht im Interesse der Rechtsklarheit jedoch auch ausdr aufgehoben (RG 127, 287; ThP 12 zu § 238 ZPO) oder für gegenstandslos erklärt werden. Entsprechendes gilt, wenn Wiedereinsetzung für die Fristversäumung bzgl der unteren Instanz erst durch die Rechtsbehelfsinstanz gewährt wird (vgl unten 35 f), für vorangegangene Entscheidungen der Vorinstanz.

25 **Für den Antrag** auf Wiedereinsetzung gelten dieselben **Formvorschriften** wie für die versäumte Handlung (Ey-J. Schmidt 22), dh die **Form des § 81** oder, wenn der Antrag in der mV gestellt wird, Erklärung zu Protokoll des Gerichts; vor dem OVG u dem BVerwG besteht **Vertretungszwang** (§ 67 Abs 1). Die Frage eines Vertretungszwangs für einen Wiedereinsetzungsantrag ist jeweils danach zu beantworten, ob für die versäumte Handlung selbst Vertretungszwang besteht (s zur unklaren Rechtslage für die RMittel der Berufung u der Beschwerde 18 f zu § 67).

26 **b) Antragsfrist und Ausschlußfrist (Abs 2 und 3).** Die Frist zur Antragstellung und/oder zur Nachholung der versäumten Rechtshandlung beginnt mit dem **Wegfall des Hindernisses** (zum Begriff des Hindernisses s oben 8), dh mit dem Zeitpunkt, in dem die Ursache der Verhinderung oder aber ihr Fortbestand nicht mehr unverschuldet ist, so etwa auch dann, wenn ein Irrtum über die Frist nicht mehr als unverschuldet angesehen werden kann. Maßgeblich ist dann der Zeitpunkt, in dem dem Kl die Fristversäumung bekannt ist oder bei Anwendung der erforderlichen Sorgfalt bekannt sein mußte.[116] Der Tag, an dem das Hindernis weggefallen ist, ist dabei nicht mitzurechnen, § 222 ZPO iVm § 57 Abs 2 u § 187 Abs 1 BGB. Ist ein RMittel bei Gericht erst **nach Ablauf der Rechtsmittelfrist eingegangen,** wird die Frist des § 60 Abs 2 S 1 für die Darlegung u Glaubhaftmachung von Wiedereinsetzungsgründen mit dem Zugang einer das Eingangsdatum des RMittel enthaltenden Eingangsmitteilung des Gerichts bei dem Rechtsmittelführer auch dann in Lauf gesetzt, wenn nicht auf die Fristversäumnis hingewiesen wird. Das gilt unabhängig davon, ob das Gericht in der Lage war, bei Absendung der Eingangsmitteilung die Verspätung des RMittel zu erkennen (Ms NWVBl 1998, 408). Zum Fristbeginn, **wenn das Hindernis** noch **während der gesetzlichen Frist** (Abs 1) **weggefallen** ist, dem Betroffenen aber weniger als 2 Wochen bzw 1 Monat für die Vornahme der Prozeßhandlung bleiben würden, s oben 7. Die Zwei-Wochen- bzw Ein-Monats-Frist gilt unabhängig davon, welche Frist für die versäumte Rechtshandlung vorgesehen ist, also sowohl dann, wenn diese ihrerseits weniger als 2 Wochen bzw 1 Monat beträgt (Sch-Bier 54; **aA** VG Sigmaringen VBlBW 1993, 312 zu § 36 Abs 3 S 1 AsylVfG) als auch dann, wenn diese länger ist (s dazu oben 15 u unten 33). Eine **zusätzliche Überlegungsfrist** vor Beginn der Antragsfrist kommt dem ASt nicht zu (vgl BVerfG 71, 346 = NJW 1986, 1485; NJW 1988, 249); dies gilt auch für den Fall der (Teil-)Bewilligung der PKH (BGH NJW-RR 1993, 452; nunmehr auch Ey-J. Schmidt 4). Der Lauf der Frist ist von einer **Belehrung** darüber (§ 58 Abs 1) nicht abhängig (Ey-J. Schmidt 26; Sch-Bier 53). Die Antragsfrist ist auf **Fälle,** in denen die **Anfechtbarkeit** eines VA **durch Gesetz**

---

tragsfrist die eine Wiedereinsetzung rechtfertigenden Tatsachen erkennbar gemacht worden sind.

[115] 11, 322; Ms NVwZ-RR 2006, 852.

[116] NJW 1997, 2970 mwN; Ms NWVBl 1998, 407; BGH NJW 1993, 1332; 1994, 2832 mwN; Müller NJW 1995, 3225; zur Verfassungskonformität dieser Auffassung auch BVerfG NJW 1992, 38.

ausgeschlossen war, dieses Gesetz aber vom BVerfG für nichtig erklärt wird, nicht analog anwendbar (59, 170: neue Klagefrist von 1 Monat); **anders** in Fällen, in denen einem Rechtsbehelf oä eine rechtskräftige Zurückweisung, die dann auf VB hin aufgehoben wurde, entgegenstand (BVerfG 74, 220 zur Berufungsbegründung nach Aufhebung der Zurückweisung der Berufung; s dazu auch oben 8). Zur **Zulässigkeit** des Antrags auf Wiedereinsetzung auch, **nachdem die Prozeßhandlung,** für die die Wiedereinsetzung beantragt wird, bereits durch Urteil oder Beschluß abgewiesen oder verworfen wurde, s oben 24; zur Zulässigkeit des Antrags bzw der Wiedereinsetzung, nachdem der **Rechtsbehelf** bereits einmal fristgerecht eingereicht wurde, dann aber **irrtümlich wieder** zurückgenommen worden war, oben 6, 12.

Die Antragsfrist gilt **auch für** die **Geltendmachung** – nicht jedoch für die Glaubhaftmachung, s unten 29 ff – der **Wiedereinsetzungsgründe**[117] u für den **Vortrag der Tatsachen,** aus denen sich ergibt, **daß** der ASt nach Behebung des Hindernisses die Wiedereinsetzung **rechtzeitig** (Abs 2 S 1) **beantragt** hat.[118] Eine **Ausnahme** von der Darlegungspflicht besteht nur hins solcher **Gründe,** die für das Gericht **offenkundig** sind u daher keiner Darlegung bedürfen.[119] Zulässig sind **ohne zeitliche Beschränkung** nur spätere bloße **Ergänzungen** zum Sachvortrag, soweit dieser die wesentlichen Punkte bereits anspricht – der ASt ist gem § 86 Abs 3 erforderlichenfalls auf die Notwendigkeit einer Ergänzung seines Vortrags hinzuweisen (vgl auch unten 31).[120] Weitere Wiedereinsetzungsgründe können nach Ablauf der Frist nicht mehr vorgetragen werden (49, 254; NVwZ-RR 1999, 472; Buchh 310 § 60 VwGO Nr 236; Borgmann BRAK-Mitt 1999, 258). 27

Ausschlußfrist gem Abs 3: Der Antrag auf Wiedereinsetzung kann nach Abs 3 grds **nur innerhalb eines Jahres** gestellt werden. Entsprechendes gilt auch für die Wiedereinsetzung vAw. Die Jahresfrist ist eine **Ausschlußfrist** (58, 103; SDC 2a; zum Begriff s 1 u 3 zu § 57), deren Lauf eine Belehrung darüber nicht voraussetzt. Im einzelnen gilt Entsprechendes wie bei § 58 Abs 2 (s 16 ff zu § 58). **Wiedereinsetzung gegen die Versäumung der Jahresfrist** ist **nicht möglich.** In Fällen **höherer Gewalt**[121] wird nicht Wiedereinsetzung gegen die Versäumung der Frist des Abs 3 gewährt, vielmehr bleibt der Wiedereinsetzungsantrag gegen die versäumte Handlung nach Abs 1 weiterhin zulässig (58, 103 f). Die Frist beginnt dann mit Wegfall der höheren Gewalt (RÖ-M. Redeker 19). S aber zur Möglichkeit einer **Nachsichtgewährung,** insb auch, wenn die Ursache in der Sphäre des Gerichts liegt.[122] Zur **Verfassungsmäßigkeit** der Ausschlußfrist vgl bejahend BVerfG 55, 158 u BVerwG 72, 368 (kein Verstoß gegen das Rechtsstaatsprinzip); allg auch Mü NVwZ 1993, 92. 28

c) Geltendmachung und Glaubhaftmachung der Wiedereinsetzungsgründe. Die Wiedereinsetzungsgründe müssen, sofern sie nicht offenkundig sind (88, 70; s auch oben 27), **vorgetragen u glaubhaft** (§ 294 ZPO) **gemacht** werden (Abs 2 S 2); dies gilt auch bei Wiedereinsetzung vAw nach Abs 2 29

---

[117] 46, 264; 49, 254 mwN; NJW 1963, 2042; DÖV 1981, 636; Buchh 310 § 60 VwGO Nr 236; Ms NJW 1996, 334; BFH 124, 141; RÖ-M. Redeker 13.

[118] 88, 70; BayVBl 1985, 286; Ms NWVBl 1998, 407; BGH VersR 1974, 249; BAG NJW 1973, 214.

[119] 88, 70; BayVBl 1985, 286; Buchh 310 § 60 VwGO Nr 86; Ms NWVBl 1998, 407; s auch unten 29.

[120] Vgl NVwZ-RR 1999, 472; BGH 2, 342; VersR 1976, 732, 966; NJW 1979, 876.

[121] Zum Begriff der höheren Gewalt s 20 zu § 58; BVerfG 71, 348: bei Unzumutbarkeit immer höhere Gewalt; BVerwG NJW 1997, 2970: bei unrichtiger behördlicher Belehrung bzw Auskunft.

[122] Buchh 310 § 60 VwGO Nr 177; BayVerfGH NJW 1987, 315; BGH NJW 1973, 1373; 1982, 1664; MDR 1976, 569; BAG NJW 1982, 1664; allg auch 15 zu § 57.

S 4. Dazu gehören **auch** die für die Entscheidung des Gerichts notwendigen **Angaben über die Frist,** den Hinderungsgrund, darüber, wann der Hinderungsgrund weggefallen ist (OLG Düsseldorf NJW 1984, 2901 zu § 45 StPO), die unternommenen Bemühungen[123] – auch zur Beseitigung des Hindernisses (NJW 1992, 38) – u die Tatsachen, aus denen sich ergibt, daß der ASt die Wiedereinsetzung nach Wegfall des Hindernisses rechtzeitig beantragt hat (88, 70; s auch oben 27). **Bei Fristversäumung durch einen Anwalt** oder durch eine Behörde muß vorgetragen u glaubhaft gemacht werden, daß organisatorische Maßnahmen zur Sicherstellung der Einhaltung von Fristen getroffen waren, insb auch die damit befaßten Bediensteten **sorgfältig ausgewählt, angeleitet** u überwacht waren u kein Anlaß bestand (evtl frühere Vorkommnisse), an ihrer Zuverlässigkeit zu zweifeln.[124] Ein anwaltliches Organisationsverschulden liegt vor, wenn nicht nur eine bestimmte qualifizierte Fachkraft der Anwaltskanzlei für die Fristennotierung im Kalender u die Fristenüberwachung verantwortlich ist, sondern es vielmehr möglich ist, daß mehrere Büroangestellte hierfür zuständig sind. Dasselbe gilt, wenn Fristennotierung u -überwachung einer noch in der Ausbildung befindlichen Kraft übertragen werden (BGH NJW 2006, 1520). **Kein besonderer Vortrag** u keine weitere Glaubhaftmachung sind erforderlich, **wenn** bzw soweit sich der Wiedereinsetzungsgrund u die Tatsache, daß die Antragsfrist von zwei Wochen gewahrt ist (s oben 27), **offensichtlich** sind, insb zB sich **schon aus der in Frage stehenden Rechtshandlung** u den Umständen ihrer Vornahme ergeben,[125] oder für das Gericht sonst, etwa aus dem Poststempel auf dem Briefumschlag (BayVBl 1973, 474), ersichtlich,[126] allg bekannt oder **jedenfalls gerichtsbekannt**[127] **oder sonst** innerhalb der 2-Wochen-Frist für das Gericht glaubhaft **erkennbar** sind.[128] Nach **Ablauf** der Frist können weitere Gründe nicht mehr vorgetragen werden (außer wenn insoweit Wiedereinsetzungsgründe vorliegen), wohl aber **unvollständige Angaben erläutert** u **ergänzt** werden (BFH NJW 1988, 279; Hbg NJW 1995, 3139; vgl auch Ms NJW 1994, 403). Zur Darlegungspflicht bei Wiedereinsetzungsanträgen nach dem BundesentschädigungsG s auch BGH RzW 1971, 510; Schwarz NJW 1984, 2138.

Die **„Beweislast"** für die Umstände, die dafür sprechen, daß die Fristversäumung unverschuldet war, liegt **bei dem Betroffenen,** der Wiedereinsetzung begehrt. Die **Wiedereinsetzung** ist **abzulehnen, wenn** trotz Glaubhaftmachung **offen bleibt,** ob die Fristversäumung verschuldet war (BGH NJW 1992, 574; 1996, 319).

30 An die Glaubhaftmachung (§ 294 ZPO – erforderlich ist überwiegende Wahrscheinlichkeit, vgl BVerfG 38, 35) – sind **keine strengen Anforderungen** zu stellen.[129] Sie kann zB auch durch **eidesstattliche Versicherung** hins des Hinderungsgrundes, der Umstände u des Zeitpunkts der Aufgabe zur Post usw,[130]

---

[123] Vgl BGH VersR 1986, 463 zu den Anforderungen an die Glaubhaftmachung der rechtzeitigen Absendung einer Rechtsmittelschrift; NJW 1992, 575; BGH NJW 1996, 2038.

[124] Vgl Mü BayVBl 1961, 922; 1973, 240 zum Behördenverschulden; s auch oben 23; zu weitgehend BGH VersR 1982, 144: keine Wiedereinsetzung, wenn die Möglichkeit, daß die Fristversäumung verschuldet ist, offen bleibt; zum Umfang der Darlegungspflicht in diesen Fällen vgl BGH NJW 1994, 2552.

[125] Ko NJW 1972, 2326; vgl auch BGH NJW 1979, 110; 1986, 2646: Glaubhaftmachung entbehrlich, wenn der Wiedereinsetzungsgrund sich ohne weiteres aus den Akten ergibt.

[126] BVerfG NJW 1995, 2544; BVerwG DÖV 1976, 168; ähnlich BGH NJW 1979, 109, 1989.

[127] Mü BayVBl 1978, 246; BFH 121, 15; BayObLG MDR 1977, 68; RÖ-M. Redeker 18; Goerlich NJW 1976, 1537; vgl auch BVerfG 40, 92; 41, 337, 340.

[128] DVBl 1983, 996 – zu einem Fall einer Wiedereinsetzung vAw –; DÖV 1973, 647 mwN.

[129] BVerfG 26, 320; 37, 98; 37, 103; 38, 38; 40, 91; 41, 344.

[130] NJW 1996, 409; vgl BVerfG 41, 28, 340; s auch Schmidt EWiR 1996, 227.

durch die Vorlage einer **amtlichen Auskunft** der Post über die normalen Brieflaufzeiten (BVerfG 41, 27, 244, 358; 42, 259; 54, 86) oder in anderer geeigneter Weise erfolgen. **UU genügt,** wenn andere Mittel zur Glaubhaftmachung nicht zur Verfügung stehen, auch eine substantiierte, „plausible" **„schlichte" Erklärung des Betroffenen** (vgl DVBl 1993, 41), insb wenn es sich – zB bei Urlaub in der allg Ferienzeit – um einen ausgesprochen naheliegenden, der Lebenserfahrung entsprechenden Versäumungsgrund handelt u kein Anlaß besteht, an der Richtigkeit des vorgebrachten Sachverhalts zu zweifeln; ebenso beim Versagen gerichtsinterner Vorkehrungen.[131] Dies gilt selbst für eine nicht persönlich abgegebene, sondern **in einem Schriftsatz des Prozeßbevollmächtigten** enthaltene entsprechende Erklärung (BVerfG 41, 337). Vgl allg auch Goerlich NJW 1976, 1526. Hat das Gericht den Briefumschlag mit dem Poststempel nicht aufbewahrt, so darf dies nicht zu Lasten des Betroffenen gehen (BVerfG NJW 1997, 1770).

Die Verpflichtung zur Glaubhaftmachung der zur Begründung des Antrags dienenden Tatsachen enthebt das Gericht nicht seiner Pflicht, gem § 86 Abs 3 ggf **auf die Unvollständigkeit** bzw Ergänzungsbedürftigkeit des Vortrags des Betroffenen zur Wiedereinsetzung **hinzuweisen** (vgl BGH VersR 1977, 1100; P. Hartmann NJW 1978, 1458), ebenso nicht von der Verpflichtung, den **Sachverhalt** gem § 86 Abs 1 **vAw zu erforschen** (13, 209). Das Gericht bzw der Vorsitzende ist insoweit aber, soweit nicht die Ausnahme nach Abs 2 S 4 Platz greift (s dazu oben 29), an die innerhalb der Frist des Abs 2 S 1 geltend gemachten **Wiedereinsetzungsgründe** gebunden (s auch oben 27). 31

Im Gegensatz zur Geltendmachung der Wiedereinsetzungsgründe gilt **für die Glaubhaftmachung** dieser Gründe **nicht die Frist** des Abs 2 S 1 („... oder im Verfahren über den Antrag ...").[132] Die **Glaubhaftmachung** kann **auch noch in der Rechtsbehelfsinstanz** erfolgen.[133] 32

Der Vorsitzende kann entspr § 82 Abs 2 zur Glaubhaftmachung auffordern u ggf dafür **eine Frist setzen** (vgl BVerfG 41, 339; BGH NJW 1986, 3193), nach deren Ablauf das Gericht entscheiden kann. Zur Glaubhaftmachung nach Ablauf der Frist, jedoch bevor das Gericht entscheidet, vgl 15 zu § 57, zur **Zurückweisung** einer trotz Fristsetzung in der unteren Instanz erst in der Rechtsmittelinstanz erfolgten **Glaubhaftmachung** auch § 173 S 1, § 531 ZPO nF (§ 528 ZPO aF); sehr str; s zur Anwendbarkeit 3 zu § 173.

d) Nachholung der versäumten Rechtshandlung (Abs 2 S 3). Mit dem Antrag ist die **nachzuholende Verfahrenshandlung** zu verbinden, jedenfalls aber innerhalb der Antragsfrist nachzuholen, sonst ist auch der Antrag unzulässig (DÖV 1980, 767; Ey-J. Schmidt 25; BSG NJW 1967, 1007); im Antrag auf Wiedereinsetzung kann jedoch in den meisten Fällen (Auslegung) auch die Nachholung der versäumten Handlung selbst gesehen werden (BVerfG NJW 1993, 1635; Ey-J. Schmidt 25); **anders, wenn** für die nachzuholende Handlung **besondere Erfordernisse gelten** (NJW 1996, 2808; NKVwGO-Czybulka 124). Ein RMittel ist dementsprechend im Falle der Versäumung der Rechtsmittelbegründungsfrist innerhalb der durch das 1. JuMoG gesetzlich neu eingeführten besonderen Antragsfrist von einem Monat (§ 60 Abs 2 S 1 HS 2) zu be- 33

---

[131] BVerfG NJW 1995, 2545; NJW-RR 1994, 316; Hbg NVwZ-RR 1995, 122; OLG Köln NJW-RR 1996, 122; Sch-Bier 63.

[132] 49, 254; DÖV 1981, 636; Buchh 310 § 60 VwGO Nr 236; BFH 124, 141; Müller NJW 1993, 682; Sch-Bier 62; vgl auch BVerfG 41, 338; mißverständlich für den Fall der Wiedereinsetzung vAw, BVerwG BayVBl 1973, 474: die Wiedereinsetzungsgründe müssen dem Gericht innerhalb der Zweiwochenfrist glaubhaft erkennbar sein.

[133] Vgl BVerfG 41, 338; **aA** OLG Stuttgart MDR 1976, 509: nur bis zur Entscheidung über die Wiedereinsetzung, nicht mehr im Beschwerdeverfahren; ebenso Ey-J. Schmidt 24; SDC 3; PSW 4 c zu § 67 SGG: nicht mehr im Rechtsmittelverfahren.

gründen. **Ist die versäumte Handlung bereits vorgenommen,** so bedarf es keiner erneuten Vornahme.[134]

34 **5. Zuständigkeit, gerichtliches Verfahren und Entscheidung (Abs 4 und 5): a) Zuständiges Gericht.** Der Wiedereinsetzungsantrag bzw die nachzuholende Prozeßhandlung sind grds an das Gericht zu richten, **bei dem** auch die nachzuholende **Prozeßhandlung vorzunehmen ist,** zB bei Versäumung der Klagefrist, der Frist für den Berufungszulassungsantrag (§ 124a Abs 4 S 1, 2) oder der Beschwerdefrist (§ 147 Abs 1) an das VG.[135] Ausreichend dürfte aber auch eine Stellung des Wiedereinsetzungantrags bei dem Gericht sein, das über die versäumte Prozeßhandlung zu entscheiden hat (NKVwGO-Czybulka 108 unter Berufung auf 11, 323; s auch 42 zu § 124a), sofern das Gericht, bei dem die versäumte Rechtshandlung vorzunehmen war, wie im Fall des Antrags auf Zulassung der Berufung gem § 124a Abs 4 keine Abhilfemöglichkeit besitzt. Anderes gilt hingegen bei einer gegen die Nichtzulassung der Revision gerichteten Beschwerde gem § 133, bei der eine Abhilfemöglichkeit des OVG besteht; die Einreichung beim BVerwG genügt aber auch hier, wenn das OVG die Akten bereits dem BVerwG vorgelegt hat (6 zu § 133). Über die Wiedereinsetzung in die Widerspruchsfrist entscheidet die Widerspruchsbehörde, nicht das Gericht (§§ 70 Abs 2 iVm 60 Abs 4). Die Wiedereinsetzung ist dann für das Gericht nicht bindend, da § 60 Abs 5 gem § 70 Abs 2 keine Anwendung findet (Sch-Bier 69). Nach der Rspr **genügt** jedoch, wenn die Sache bereits bei dem Gericht anhängig ist, das über die versäumte Prozeßhandlung zu entscheiden hat (Abs 4), **Antragstellung bei diesem** (vgl 11, 323; zu weitgehend NJW 1962, 1692: Wiedereinsetzungsantrag nur bei diesem; s auch unten 35); ebenso, wenn der Rechtsbehelf bereits als verspätet abgewiesen bzw verworfen worden ist (11, 323). Auch wenn **schon eine rechtskräftige Entscheidung** vorliegt, kann das Vf nach Wiedereinsetzung einfach in derselben Instanz fortgeführt werden, **ohne daß** es einer **erneuten Klageerhebung** oder Einlegung des Rechtsbehelfs bedürfte (BGH NJW 1982, 2671; **aA** BVerwG 11, 323). **Das rechtskräftige Urteil** bzw der rechtskräftige Beschluß werden mit der Gewährung der Wiedereinsetzung **gegenstandslos** u unwirksam;[136] das Vf wird dann einfach weitergeführt (vgl 11, 323).

35 Nach der Rspr (NJW 1962, 1692; str) kann die Wiedereinsetzung jedoch **auch im Rahmen eines zulässigen Rechtsbehelfs gegen die bereits ergangene Entscheidung** beantragt werden. S oben 24. In diesem Fall ist das Berufungs- bzw Revisionsgericht – u nur dieses, weil bei ihm das Vf durch die eingelegte Berufung bzw Revision anhängig geworden ist – kraft Sachzusammenhangs **auch zur Entscheidung über die** in der Vorinstanz **versäumte Rechtshandlung** zuständig;[137] soweit allerdings der Wiedereinsetzungsgrund der einzige Grund des RMittel ist, fehlt für die Anrufung der höheren Instanz idR das **RSI,** da in diesem Fall einfach Fortsetzung des Vf in der unteren Instanz beantragt werden kann (str; vgl auch 6f vor § 124). **Keine Wiedereinsetzung** kann gewährt werden, wenn der Rechtsbehelf in der Hauptsache **auch schon**

---

[134] 1, 35; BGH NJW 1986, 2646 – wäre bloßer Formalismus –; VersR 1978, 449; Ks DÖV 1963, 518; RÖ-M. Redeker 15; **aA** 11, 323.

[135] Ebenso NKVwGO-Czybulka 108; **aA** Sch-Bier 67; B-v Albedyll 42 – letzterer allerdings unter fälschlicher Berufung auf Ma 46, 317.

[136] 11, 323 = NJW 1962, 573; NJW 1990, 1866; BGH NJW 1982, 887 mwN; 1982, 2671; 1987, 328 mwN; RS § 69, 8.

[137] NJW 1962, 1692; BGH NJW 1982, 1873; BFH NJW 1983, 1872; BAG NZA 1993, 861 – das Revisionsgericht ist befugt, im Rahmen des RevisionsVf auch die Wiedereinsetzung in den vorigen Stand gegen die Versäumung der Berufungsbegründungsfrist zu gewähren, wenn die Voraussetzungen für die Wiedereinsetzung nach Aktenlage ohne weiteres zu bejahen sind –; Mü 2, 28; Ms VRspr 6, 781; BayObLG NJW 1988, 714; RÖ-M. Redeker 21.

aus einem anderen Grund unzulässig ist.[138] Zur Wiedereinsetzung gegen die Versäumung der Widerspruchsfrist s 11 ff zu § 70.

b) Verfahren und Entscheidung über die Wiedereinsetzung. Für das **Verfahren,** die **Zuständigkeiten u** die **Form** der Entscheidung sind die Vorschriften maßgeblich, die für die nachgeholte Handlung gelten (§ 173 S 1, § 238 Abs 1 S 1 u Abs 2 S 1 ZPO).[139] **Die (übrigen) Beteiligten** sind im Vf zur Frage der Wiedereinsetzung zu **hören.**[140] Zu den Rechtsfolgen der Wiedereinsetzung s oben 34. 36

Das **Rechtsmittelgericht** kann über einen in der Vorinstanz gestellten u dort übergangenen Wiedereinsetzungsantrag grds nicht entscheiden u insb nicht Wiedereinsetzung gewähren, sondern muß die Sache zurückverweisen;[141] **anders,** wenn keine Möglichkeit einer positiven Entscheidung besteht, zB weil die Antrags- bzw Begründungsfrist versäumt ist u Wiedereinsetzungsgründe insoweit nicht bestehen (NVwZ 1985, 485), oder wenn umgekehrt nach dem Akteninhalt **ohne weiteres über die Wiedereinsetzung entschieden** werden kann (BGH NJW 1982, 1873; 1985, 2650; 1987, 2590 zu § 237 ZPO). S auch oben 24 u 35. **Keine Wiedereinsetzung** ist zu gewähren, wenn der Rechtsbehelf auch **schon aus einem anderen Grund** unzulässig ist (s oben 35).

Bei Versäumung der Klagefrist ist entweder **zusammen mit der Hauptsache durch Urteil** oder durch **Gerichtsbescheid** gem § 84[142] zu entscheiden, ggf (bei Gewährung der Wiedereinsetzung) auch durch **Zwischenurteil** nach § 109,[143] bei Beschränkung der Verhandlung auf die Frage der Wiedereinsetzung ggf auch durch (stattgebendes) Zwischenurteil gem §§ 238 Abs 1 S 2, 303 ZPO (Ma DÖV 1981, 229). **Gesonderte Entscheidung** über die Frage der Wiedereinsetzung **durch Beschluß** ist, soweit diese Möglichkeit nicht wie in §§ 125 Abs 2, 144 Abs 1 bei Ablehnung der Wiedereinsetzung u daraus folgender Unzulässigkeit der Berufung bzw Revision ausdr vorgesehen ist, **nicht zulässig.**[144] 37

Über die Wiedereinsetzung muß immer ausdr entschieden werden. **Stillschweigende Wiedereinsetzung** ist – jedenfalls im gerichtlichen Vf – **nicht möglich.**[145] Jedoch ist ein Ausspruch über die Wiedereinsetzung im Tenor nicht erforderlich u weithin unüblich (Ma DÖV 1981, 229); es **genügt,** wenn **in den** 38

---

[138] NJW 1990, 1806 – keine Wiedereinsetzung in den vorigen Stand, wenn die Beschwerde gegen die Nichtzulassung der Revision bereits sowohl wg der Versäumung der Beschwerdefrist als auch aus einem weiteren Grund verworfen worden ist.

[139] Vgl 1, 84; DVBl 1986, 1202; NJW 1991, 2097; BayVBl 1989, 221; Ma NJW 1977, 917; Hbg DVBl 1976, 947; **aA** Ma NJW 1970, 347.

[140] BVerfG 53, 114; 54, 85 = NJW 1980, 1096; 61, 17 = NJW 1982, 2234; 62, 322; Sch-Bier 72.

[141] NVwZ 1985, 484; BayVBl 1986, 93; BGH FamRZ 1982, 163; NJW 1987, 2590; **aA** Buchh 310 § 60 VwGO Nr 132; Schmidt BayVBl 1986, 95; StJ 1 zu § 237 ZPO; Sch-Bier 71 unter Hinweis auf die gerade nicht eingetretene Bindungswirkung nach Abs 5.

[142] 74, 291 = NVwZ 1987, 1349; NJW 1991, 2097; BayVBl 1989, 221; Bln NVwZ 1990, 388 – ist das Wiedereinsetzungsgesuch unzulässig oder unbegründet, muß durch Endurteil zugleich über die Klage u die Wiedereinsetzung entschieden werden –; Ule Anh zu § 37 II 2; Ey-J. Schmidt 30; **aA** RÖ-M. Redeker 20; SDC 4 b: nach Ermessen des Gerichts auch durch Beschluß.

[143] 74, 289 = DVBl 1986, 1202; Mü 14, 1; BayVBl 1982, 637; Bln NVwZ-RR 1990, 389; BGH VersR 1979, 965; BL 7 zu § 238 ZPO.

[144] NJW 1991, 2098; 74, 291; instruktiv Bln NVwZ-RR 1990, 388; Ma RsprD-LS 246/1996; Sch-Bier 71; **aA** 17, 207 = NJW 1964, 564 mit zust Anm Jecht NJW 1964, 533: Wahlrecht zwischen Urteil u Beschluß; RÖ-M. Redeker 20.

[145] NVwZ-RR 1995, 232; 59, 309 = NJW 1981, 698; NVwZ 1985, 484; BayVBl 1986, 93; Ma RsprD-LS 246/1996; Ey-J. Schmidt 30; Schmidt DÖV 1981, 230; BL 6 zu § 238 ZPO; StJ II 1 zu § 238 ZPO; **aA** ThP 5 zu § 238 ZPO; auch OLG Stuttgart NJW 1976, 1905.

Entscheidungsgründen ausgeführt wird, daß Wiedereinsetzung gewährt (bzw nicht gewährt) wurde u ggf warum (vgl Sch-Bier 74).

39 **6. Rechtsmittel:** Wird die Wiedereinsetzung gewährt, so ist die Entscheidung insoweit **unanfechtbar** u auch für die höhere Instanz bindend,[146] selbst dann, wenn der Gegenseite rechtliches Gehör versagt wurde (Büttner 178). Abs 5 gilt auch für die **Wiedereinsetzung hins** der Versäumung der Frist gem **Abs 2 S 1** für den Antrag auf Wiedereinsetzung (**aA** NJW 1977, 542; Buchh 310 § 60 VwGO Nr 85). Nicht bindend ist wg § 84 Abs 3 eine **Wiedereinsetzung beim Gerichtsbescheid,** wenn mV beantragt ist.

40 **Lehnt** das Gericht die Wiedereinsetzung **ab,** so kann sie **nur mit den RMittel** weiter verfolgt werden, die hins **der Hauptsache** gegeben sind, dh hins der Entscheidung über die in Frage stehende Prozeßhandlung (Ey-J. Schmidt 32; BGH 21, 147); etwas anderes gilt, wenn die Entscheidung durch besonderen Beschluß (s oben 36) erfolgt ist (BGH NJW 1982, 887: gesonderte Anfechtung notwendig). Eine **zu Unrecht versagte** Wiedereinsetzung stellt einen **Verfahrensmangel** iSd §§ 132 Abs 2 Nr 3, 137 dar (13, 145; MDR 1977, 431; Ks NVwZ-RR 1996, 179) u verletzt idR auch den Anspr gem Art 103 Abs 1 GG auf **rechtliches Gehör** (s oben 1) sowie ggf **Art 19 Abs 4** GG (NJW 1992, 39 mwN); s auch oben 1. Auch ist **die** zu Unrecht **erfolgte** (aber gem Abs 5 unanfechtbare) Gewährung der Wiedereinsetzung **nie ein Verfahrensmangel** (NVwZ 1988, 531; Sch-Bier 77; s auch oben 38).

§ 61 [Beteiligungsfähigkeit]

Fähig, am Verfahren beteiligt zu sein,[1 ff] **sind**

1. natürliche und juristische Personen,[5 f]
2. Vereinigungen, soweit ihnen ein Recht zustehen kann,[8 ff]
3. Behörden, sofern das Landesrecht dies bestimmt.[13]

Vgl § 50 ZPO; § 70 SGG

Schrifttum: *Bauer/Krause,* Innerorganisatorische Streitigkeiten im Verwaltungsprozeß, JuS 1996, 411, 512; *Bork,* Die als vermögenslos gelöschte GmbH im Prozeß, JZ 1991, 841; *Dolde,* Die Beteiligungsfähigkeit im Verwaltungsprozeß (§ 61 VwGO), Menger-FS 1985, 423; *Erichsen,* Der Innenrechtsstreit, Menger-FS 1985, 211; *Erichsen/Biermann,* Der Kommunalverfassungsstreit, Jura 1997, 157; *Franz,* Der Kommunalverfassungsstreit, Jura 2005, 156; *Hagmann,* Politische Wahlwerbung im öffentlichen Straßenraum, DÖV 2006, 323; *Herbert,* Die Klagebefugnis von Gremien, DÖV 1994, 108; *Martensen,* Grundfälle zum Kommunalverfassungsstreit, JuS 1995, 989; *Maurer,* Die Rechtsstellung des Fachbereichs, WissR 1984, 192; *v Mutius,* Die Beteiligten im Verwaltungsprozeß, Jura 1988, 470; *Rausch,* Beteiligtenfähigkeit und Passivlegitimation bei der Kommunalverfassungsstreitigkeit, JZ 1994, 696; *W. Roth,* Verwaltungsrechtliche Organstreitigkeiten. Das subjektive Recht im innerorganisatorischen Verwaltungsrechtskreis und seine verwaltungsgerichtliche Geltendmachung, 2001; *Schoch,* Der Kommunalverfassungsstreit im System des verwaltungsgerichtlichen Rechtsschutzes, JuS 1987, 783; *Wißmann,* Funktionsfreiheiten in der öffentlichen Verwaltung, ZBR 2003, 293.

1 **1. Allgemeines:** Die **wirksame Vornahme** von **Prozeßhandlungen** (zB Erhebung der Klage, Antrag auf Klageabweisung, Beweisanträge u andere Anträ-

---

[146] Vgl NVwZ 1988, 531: die Wiedereinsetzung kann als unanfechtbare Vorentscheidung vom Revisionsgericht nicht inhaltlich überprüft werden; die rechtswidrige Gewährung von Wiedereinsetzung ist auch kein Verfahrensmangel iSd § 132 Abs 2 Nr 3 VwGO; Buchh 310 § 60 Nr 238; BGH DVBl 1981, 396; NJW 1995, 2497; Ey-J. Schmidt 32; zT **aA** EF 32: Bindung nur, wenn das zuständige Gericht im richtigen Verfahren in der rechten Form entschieden hat. Dieser Auffassung steht jedoch der Wortlaut entgegen. Dagegen ist das Gericht selbst vor Ergehen eines Urteils an seine Entscheidung nicht gebunden (BGH NJW 1995, 2497).

ge zum Verfahren, s 13 vor § 40) hat im Verwaltungsprozeß nicht anders als nach der ZPO zur **Voraussetzung,** daß die Personen, die sie vornehmen bzw – bei Prozeßvertretung (§ 67) – in deren Namen sie vorgenommen werden, u die Personen, denen ggü sie vorgenommen werden, **beteiligungsfähig** (§ 61), **prozeßfähig** (§ 62), **prozeßführungsbefugt** (s 23 ff vor § 40) u **postulationsfähig** (§ 67), bzw bei fehlender Postulationsfähigkeit nach § 67 **ordnungsgemäß vertreten** sind (vgl ThP 10 zu Einl III); bei Vertretung eines Beteiligten durch einen Prozeßbevollmächtigten ist außerdem erforderlich, daß dieser im Besitz einer **Vollmacht** (§ 67) ist u diese dem Gericht vorlegt. Die genannten Voraussetzungen gelten auch für **AntragsVf** (zB nach § 47, § 80 Abs 5, § 123). Zur Frage der Rechtsfolgen eines **Wegfalls** der Beteiligungsfähigkeit oder Prozeßfähigkeit, **wenn** ein **Prozeßbevollmächtigter** bestellt ist, § 86 ZPO; dazu auch BGH NJW 1993, 1654.

Das Vorhandensein dieser Voraussetzungen ist **vAw** in jedem Stadium des Verfahrens, auch noch in der Revisionsinstanz (vgl BGH JuS 1987, 567; NJW 1987, 383), **zu prüfen** (Mü BayVBl 1984, 757). **Fehlt** auch nur eine dieser Voraussetzungen **beim Kl,** so ist die Klage als unzulässig abzuweisen; dasselbe gilt, wenn der Bekl nicht beteiligungsfähig ist (vgl BGH DÖV 1973, 283; s zu dieser Prozeßvoraussetzung auch 10 ff, 17 vor § 40 sowie unten 12), zB ein rechtsfähiger Verein, der liquidiert worden u erloschen ist (NJW 1979, 1592; BFH 125, 107). Beim **Beigeladenen** hat das Fehlen einer der genannten Voraussetzungen zur Folge, daß die RKraft des Urteils sich nicht auf ihn erstrecken kann (§ 121); bei notwendiger Beiladung außerdem, daß die Entscheidung fehlerhaft ist u nicht in materielle RKraft erwächst. **Maßgeblich** für die Prüfung der Prozeßhandlungsvoraussetzungen ist grdsh der **Zeitpunkt der letzten mV.** Bis zum Abschluß der letzten mV, ggf auch noch in der Rechtsmittelinstanz, kann ein etwaiger Mangel – anders nur der Mangel fehlender Postulationsfähigkeit (s dazu 5 u 31 zu § 67) – mit Rückwirkung **geheilt** werden.[1] 2

Im Rechtsstreit um die Beteiligungsfähigkeit, Prozeßfähigkeit usw sowie für RMittel gegen Prozeßurteile, die wg Fehlens einer der genannten Voraussetzungen ergangen sind, u für die Zurücknahme solcher RMittel ist der betroffene Beteiligte immer **als beteiligungsfähig, prozeßfähig** usw **zu behandeln;**[2] Entsprechendes gilt für **Klagen einer Vereinigung gegen ihre Auflösung** u für Klagen aus Rechten im Zusammenhang mit der Auflösung.[3] 3

Im Streit um die Beteiligungsfähigkeit eines „Beteiligten" (BayVerfGH BayVBl 1985, 363) oder um die Auflösung einer juristischen Person oder einer Vereinigung ist **auch ein Beteiligungsunfähiger** bis zur rechtskräftigen Feststellung des Gegenteils[4] immer (auch noch für diesbezügliche Rechtsbehelfe, vgl BGH NJW 1982, 2070) als beteiligungsfähig zu behandeln.

Aufgelöste (aufgehobene) Körperschaften – Entsprechendes gilt für Gesellschaften uä, die aufgrund besonderer Rechtsvorschriften oder von Gewohn-

---

[1] Vgl BGH DÖV 1973, 283: Heilung fehlender Beteiligungsfähigkeit des Bekl durch nachträgliche Genehmigung durch die Partei; BVerwG 72, 168: Heilung fehlender Vertretungsbefugnis durch Billigung des Vertretungsbefugten; Ks VRspr 11, 1034.

[2] 30, 26; NJW 1964, 1819; BGH NJW 1993, 2944 mwN; BL 34 zu § 50 ZPO zur streitigen Parteifähigkeit; NKVwGO-Czybulka 8; Würt 214.

[3] Vgl Ma DÖV 1979, 605: Beteiligungsfähigkeit einer aufgelösten Gemeinde für die Geltendmachung von Rechten aus dem Eingemeindungsvertrag; BrandVerfG SächsVBl 1995, 204; allg auch BVerfG 3, 267; 38, 237; 42, 345. Zur Beteiligungsfähigkeit einer aufgelösten Gesellschaft usw bis zum Abschluß der Abwicklung s auch BVerwG 1, 266: Beteiligungsfähigkeit einer aufgelösten Vereinigung im Rechtsstreit um die Auflösung; Mü BayVBl 1977, 434: Antragsrecht gem § 47 einer aufgelösten Gemeinde hins der Rechtsvorschriften, durch die sie aufgelöst u ihr Gebiet usw anderen Gemeinden zugeteilt wurde; Ba SächsVBl 1997, 210: auch möglich gewillkürte Prozeßstandschaft durch Streitvertreter; allg auch Bork JZ 1991, 841.

[4] Vgl BGH 24, 94 = NJW 1957, 989; NJW 1982, 2070; StJ 42 zu § 50 ZPO.

heitsrecht unter eigenem Namen klagen u verklagt werden können (s unten 6) oder nach Nr 2 beteiligungsfähig sind – bleiben jedenfalls **bis zum Abschluß der Abwicklung** (Liquidation) beteiligungsfähig.[5]

Vieles spricht dafür, die vorstehenden Grundsätze **analog** auch auf Fälle anzuwenden, **in denen eine Personenmehrheit,** die nicht unter Nr 2 fällt, **durch einen VA in Anspr genommen wird** u dagegen klagt.

4 **2. Begriff der Beteiligungsfähigkeit (Beteiligtenfähigkeit):** Beteiligungsfähigkeit bedeutet die **Fähigkeit,** als Subjekt eines Prozeßrechtsverhältnisses, dh als **Kl, Bekl, Beigeladener oder als sonstiger Beteiligter** (§ 63), an einem Vf vor einem Gericht der allg Vwgbk **teilnehmen zu können,** insb auch ein solches Prozeßrechtsverhältnis durch Klage oder, bei Antragsverfahren, durch einen Antrag begründen zu können. Sie entspricht im wesentlichen der Parteifähigkeit der ZPO (§ 50), ist jedoch an weniger enge Voraussetzungen als diese geknüpft. **Durch Bundesgesetz** kann die Beteiligungsfähigkeit **auch weiteren Einrichtungen** usw verliehen werden, nicht dagegen durch Landesgesetz (vgl Stettner JA 1982, 394). Da § 61 insoweit nicht als abschließend angesehen werden kann, erübrigt sich eine Subsumtion unter § 61 in den Fällen, in denen die Beteiligungsfähigkeit durch eine Sonderregelung begründet wird (s unten 6).

Die Regelungen des § 61 haben zur Folge, daß **praktisch jedermann** u jede Personenmehrheit, **soweit sie Träger von Rechten** und/oder Pflichten sein kann, für das Verwaltungsprozeßrecht auch beteiligungsfähig ist (vgl auch § 62 EVwPO; Schmidt NJW 1978, 1776). Zum Vf **bei fehlender Beteiligungsfähigkeit** bzw bei **verhinderten** oder **unbekannten Beteiligten** oder Beteiligten mit unbekanntem Aufenthalt s unten 17.

5 **3. Beteiligungsfähige Personen, Vereinigungen, Behörden: a) Natürliche Personen.** (Nr 1), auch die **Leibesfrucht** (dh ein empfangenes, aber noch nicht geborenes Kind, nasciturus), soweit sie in entspr Anwendung der Grundsätze des bürgerlichen Rechts als rechtsfähig behandelt werden kann oder ihr nach öffentlichem Recht eigene Rechte zustehen können.[6] Keine natürlichen Personen u deshalb nicht beteiligungsfähig sind Tiere (VG Hamburg NVwZ 1988, 1058: „Seehunde in der Nordsee").

Nr 1 erfaßt dagegen **nicht** die Fälle, bei denen eine natürliche Person als **Organwalter** die Rechte eines monokratisch organisierten Organs bzw mit innerorganisatorischen Rechten ausgestatteten Organteils (zB eines Gemeinderatsmitglieds) wahrnimmt. In diesen Fällen liegt jedoch eine Beteiligungsfähigkeit nach

---

[5] BGH 32, 307; 50, 307; 74, 212 = NJW 1979, 1592; BFH 125, 107 = BStBl II 1978, 447 – zugleich unter Hinweis darauf, daß bis zum Abschluß eines anhängigen Rechtsstreits auch die Abwicklung begriffsnotwendig nicht abgeschlossen sein kann –; BFH BStBl II 1969, 656; 1971, 540; 1980, 587 – mit dem Hinweis, daß eine GmbH mit der Löschung keinen Geschäftsführer mehr hat u deshalb ein Nachtragsliquidator oder analog § 58 ZPO ein Prozeßpfleger bestellt werden muß; Ms DVBl 1992, 445; vgl auch OLG Koblenz NJW-RR 1991, 808; SaarlVerfGH DÖV 1993, 910; **weitergehend** BAG NJW 1982, 1831: beteiligungsfähig im Kündigungsstreit auch noch nach der Liquidation; BGH NJW 1982, 238: auch eine bereits erloschene Gesellschaft kann noch die Hauptsache für erledigt erklären u dann auch zur Kostentragung verurteilt werden; Ms NVwZ 1995, 1228: auch eine nach Abschluß der Liquidation im Handelsregister gelöschte Gesellschaft (KG) kann im verwaltungsgerichtlichen Verfahren wg gegen sie gerichteter steuerlicher Anspr weiterhin beteiligtenfähig sein, wenn ihr möglicherweise wg der Steuerschuld Regressanspr gegen ihren früheren Geschäftsführer oder Steuerberater zustehen; dem widerspricht nicht, daß nach Eintreten der Vermögenslosigkeit eine GmbH im Streit um eine Gewerbeerlaubnis nicht mehr beteiligungsfähig ist, Ms NJW 1981, 2373; die Kosten des Vf sind dem Vertreter aufzuerlegen; BGHZ 74, 212 = NJW 1979, 1592: nach Abschluß der Liquidation für die Geltendmachung eines Zahlungsanspr nicht mehr parteifähig; kritisch dazu BAG NJW 1982, 1831.

[6] **AA** DVBl 1992, 1241 – für die Klage gegen die Genehmigung eines Endlagers für radioaktive Abfälle, auch nicht aus Art 2 Abs 1 GG; Bertrams DVBl 1993, 696.

Nr. 2 analog vor.[7] Dementsprechend findet Nr 1 keine Anwendung in den Fällen der Organstreitigkeiten. Der Verfahrensbeteiligte handelt hier nicht als Person in seiner natürlichen, sondern als Organ in seiner organschaftlichen Rechtsstellung. So sind der Bürgermeister der Gemeinde u einzelne Gemeinderatsmitglieder oder Ausschußmitglieder im Kommunalverfassungsstreit lediglich nach Nr 2 (analog) beteiligungsfähig.[8] Ein Fall der Nr 1 liegt allerdings in den Streitigkeiten vor, in denen es nicht um „Organrechte" geht, sondern der Organwalter Individualrechte als natürliche Person geltend macht. So ist ein Gemeinderatsmitglied bei der Klage auf Erlaß eines Rauchverbots während der Ratssitzung entgegen Ms NVwZ 1983, 486 schon nach Nr 1 beteiligungsfähig (Schenke 457 f).

b) Juristische Personen und solchen gleichgestellte Personen. aa) Juristische Personen iSv Nr 1 sind alle juristischen Personen des öffentlichen oder privaten Rechts, zB der **Bund,** die einzelnen **Länder, Gemeinden,** rechtsfähige ör Anstalten u Stiftungen usw, Aktiengesellschaften, Genossenschaften usw,[9] die **Bistümer u Kirchengemeinden** der katholischen Kirche,[10] andere gem Art 140 GG, Art 137 Abs 5 WRV oder nach entspr Bestimmungen des Landesrechts als Körperschaften des öffentlichen Rechts anerkannten oder als eingetragene Vereine konstituierten **Kirchen** u sonstige **Religionsgemeinschaften,** kraft Herkommens auch die meisten älteren **religiösen Orden.**[11] 6

Ob eine juristische Person als ausländische oder inländische juristische Person anzusehen ist, hing nach der früher hM davon ab, wo sie ihren tatsächlichen Verwaltungssitz hatte **(Sitztheorie),**[12] wobei eine widerlegbare Vermutung dafür sprechen sollte, daß dieser sich in dem Staat befand, nach dessen Recht die Gesellschaft erkennbar organisiert war (OLG Hamburg NJW 1986, 2199). Die Sitztheorie wird aber nunmehr wg der Niederlassungsfreiheit im EG-Bereich als europarechtswidrig angesehen, da sie die Niederlassungsfreiheit in unzulässiger Weise begrenzt (EuGH EuZW 2002, 754 ff; Koch/Köngeter Jura 2003, 692). Insoweit ist damit der **Gründungstheorie** zu folgen.[13] Dagegen findet für juristische Personen außerhalb der EG nach wie vor die Sitztheorie Anwendung (ebenso Kindler NJW 2003, 1079; Z 9 a zu § 50 ZPO; **aA** Eidenmüller ZIP 2002, 2244), soweit völkerrechtlich keine abweichenden Bestimmungen getroffen sind (BGH NJW 2003, 1607). Eine nach deutschem Recht mit Sitz in Deutschland gegründete Tochter einer ausländischen Gesellschaft ist auf jeden Fall eine inländische juristische Person.

---

[7] Str; wie hier zB VG Kassel NVwZ 1983, 372; Bethge DVBl 1980, 828; Martensen JuS 1995, 992; Schenke 457; Schoch JuS 1987, 787; für eine direkte Anwendung der Nr 2 Ma DÖV 1983, 862; Ms NVwZ 1983, 486; Stettner JA 1982; Ms, zit bei Fromm JA 1979, 217; Steiner-Seewald I 243; ähnlich Erichsen, Menger-FS 1985, 223, der die Beteiligungsfähigkeit in Rechtsfortbildung von § 61 Nr 2 bejaht; nach **aA** – Ma DÖV 1980, 573; Ko 9, 343; Dolde, Menger-FS 1985, 427; Rausch JZ 1994, 696, der allein auf den Wortlaut abstellt – handelt es sich hier um eine Beteiligungsfähigkeit nach Nr 1; für analoge Anwendung von Nr 1 Franz Jura 2005, 160.

[8] Ms NVwZ 1983, 486; VG Kassel NVwZ 1983, 372; Stettner JA 1982, 396; Schoch JuS 1987, 787; Wißmann ZBR 2003, 302; **aA** Ko 9, 343; Ms 17, 267; Backhaus VBlBW 1985, 236.

[9] Vgl StBS-Bonk/Schmitz 14 zu § 11 VwVfG; Kn-Clausen 6 zu § 11 VwVfG; UL § 15, 24 betr § 11 VwVfG; MB 5 zu § 11 VwVfG.

[10] Ms NJW 1983, 2592; Ma DÖV 1967, 309; BGH NJW 1994, 245; Müller DÖV 1968, 627.

[11] Mikat, in: die Grundrechte, Bd 4, 1. Halbb. S. 141; Renck BayVBl 1984, 713.

[12] BGHZ 53, 181 = NJW 1970, 998; NJW 1986, 2194; OLG Hamburg NJW 1986, 2199; OLG Hamm RIW 1995, 153 mwN; OLG München NJW 1986, 2197; Sandrock, Beitzke-FS 1979, 681; hins Art 19 Abs 3 GG zB MD-Dürig 31 zu Art 19 Abs 3 GG; Stern StaatsR III/2, 1139 ff; Sachs-Krüger/Sachs 54 zu Art 19 GG; aA OLG Oldenburg NJW 1990, 1422; Ebenroth/Bippus JZ 1988, 677 (Gründungstheorie).

[13] BGH NJW 2003, 1461; Koch/Köngeter Jura 2003, 692; Z 9 zu § 50 ZPO; tlw anders noch BGH NJW 2002, 3539.

bb) In einer Reihe von **Spezialvorschriften** wird Vereinigungen bzw Rechtssubjekten, auch soweit sie keine Vollrechtsfähigkeit besitzen, die Beteiligungsfähigkeit eingeräumt. Außer für die **Personenhandelsgesellschaften** (OHG u KG gem §§ 124, 161 Abs 2 HGB; **aA** betr § 35 GewO Ks DVBl 1991, 959) gilt dies nach § 3 PartG auch für die meist als nichtrechtsfähige Vereine organisierten **politischen Parteien** und, sofern die Satzung nichts anderes bestimmt, ihre Gebietsverbände der höchsten Stufe (§ 3 S 2 PartG),[14] ebenso für die **Börse** (§ 13 Abs 6 BörsG; früher § 4 Abs 5 BörsG; Ks NJW-RR 1997, 110) u für das **Bundeseisenbahnvermögen** (Art 1 § 4 Abs 1 ENeuOG). Die mittlerweile bestehenden AGen von Bahn u Post sind ohnehin juristische Personen. Den juristischen Personen iSv Nr 1 sind Einrichtungen u **Vereinigungen usw gleichgestellt,** die nicht juristische Personen sind, denen aber gewohnheitsrechtlich die Fähigkeit zuerkannt ist, **im eigenen Namen zu klagen oder verklagt** zu werden. Dies gilt etwa für die **Gewerkschaften** u sonstige Tarifvertragsparteien, nicht aber für deren Bezirksverwaltungen (ZZP 1973, 212).[15] Zur Frage der Parteifähigkeit **eines nichtrechtsfähigen Vereins** vgl K. Schmidt NJW 1984, 2249.

7 **Beschränkungen des Aufgabenbereichs** („Zwecks") durch Gesetz oder Satzung bei juristischen Personen berühren, anders als zT in anderen Rechtsordnungen, die Rechtsfähigkeit u Beteiligungsfähigkeit nicht, können aber **uU wg fehlender Vertretungsmacht** der handelnden Organe oder Bevollmächtigten die Rechtswidrigkeit oder Unwirksamkeit der davon betroffenen Verfahrenshandlungen zur Folge haben.[16] Anderes gilt **bei ausländischen juristischen Personen,** denen nach ihrem Heimatrecht nur beschränkte Rechtsfähigkeit zukommt; insoweit kommt jedoch uU eine Beteiligungsfähigkeit nach Nr 2 in Betracht. Ob eine juristische Person als inländische oder ausländische zu beurteilen ist, richtet sich nach dem **tatsächlichen Verwaltungssitz** (s oben 6).

8 **c) Vereinigungen, soweit ihnen ein Recht zustehen kann (Nr 2). Vereinigungen iSv § 61 Nr 2** sind alle **Vereinigungen,** dh Personenmehrheiten, die nicht selbst rechtsfähig sind oder sonst juristischen Personen gleichgestellt sind, denen aber nach materiellem Recht ein **Recht zustehen kann.** Nicht erforderlich ist, daß sich das Recht gerade aus der Norm ergibt, die die Grundlage für den fraglichen Rechtsstreit bildet.[17] Die Frage, ob aus der konkret geltend gemachten Regelung ein Recht zustehen bzw eine Verpflichtung bestehen kann, betrifft die Klagebefugnis bzw die passive Prozeßführungsbefugnis. Auch wenn es nicht ausreicht, daß irgendein Recht zustehen kann, kommt es für die Beteiligungsfähigkeit nur darauf an, ob die betr Vereinigung in bezug auf den relevanten Normenkomplex **allg Zuordnungssubjekt eines Rechtssatzes** ist.[18] Das ist etwa der Fall, wenn der „Rechtskreis" der Vereinigung berührt wird, innerhalb dessen der Vereinigung Rechte zustehen. Dies gilt auch für Organe sowie –

---

[14] Dazu Hagmann DÖV 2006, 325.

[15] Vgl UL § 15, 25 betr § 11 VwVfG; ferner BGHZ 42, 216; 50, 329; Schulz NJW 1990, 1893; **aA** vgl Kn-Clausen 8 zu § 11 VwVfG; MB 5 zu § 11 VwVfG: nur nach Nr 2.

[16] MK 32 II mwN; str; vgl allg zu Handlungen außerhalb des gesetzlichen Aufgabenbereichs – **ultra vires** – 34, 69; Ma DÖV 1973, 65; BGHZ 20, 119; 21, 59 = NJW 1956, 1355; 1973, 1494; LG Stuttgart NVwZ 1982, 57; WBS I § 32, 9; Fuß DÖV 1956, 566; Klotz DÖV 1964, 181; zur Grundrechtsfähigkeit auch BVerwG 59, 240; v Mutius BK 123 zu Art 19 Abs 3 GG; s auch Kopp 11 ff zu § 12 VwVfG; 9 ff zu § 14 VwVfG.

[17] 90, 305 = NVwZ 1993, 174; Hoffmann-Becking DVBl 1972, 300 f; Bethge DV 1975, 474; Roth, Verwaltungsrechtliche Organstreitigkeiten 919 ff; Schenke 462 a; NKVwGO-Czybulka 29; **aA** Ma VRspr 21, 251; Mü BayVBl 1979, 20; 1980, 245; VG Hannover NJW 1990, 3228; B-v Albedyll 9; Bosch/Schmidt § 12 I 2; v Mutius Jura 1988, 472; Ehlers NVwZ 1990, 110; RÖ-M. Redeker 4; Sch-Bier 6 – der BVerwG 90, 305 für die eigene Ansicht in Anspr nimmt; Würt 671; Ziekow NWVBl 1998, 301.

[18] So im Ergebnis auch 90, 305 = NVwZ 1993, 174; NKVwGO-Czybulka 29; möglicherweise enger Banken SächsVBl 1997, 121; Sch-Bier 6.

als deren Unterfall – für Behörden unabhängig von einer evtl Beteiligungsfähigkeit nach Nr 3.

Die Beteiligungsfähigkeit hat (wie bei Vereinigungen nach Nr 1) auch bei Vereinigungen nach Nr 2 zur Folge, daß die Vereinigung **im Vf unter ihrem Namen** (Vereinsname, Firma) oder einer Sammelbezeichnung (zB Erbengemeinschaft X) auftreten kann u ihre Mitglieder, da sie nicht Beteiligte sind, Zeugen sein können (Kn-Clausen 12 zu § 11 VwVfG).

Einzelfälle zu Nr 2: Beteiligungsfähig gem Nr 2 sind zB, je nach dem be- 9
troffenen Rechts- oder Normenkomplex, eine **BGB-Gesellschaft,**[19] ein **nichtrechtsfähiger Verein** (DÖV 1984, 940 – Vereinsverbot; Ms NJW 1975, 463; Mü NJW 1984, 2116), eine **Vorgesellschaft** (VG Neustadt GewA 1986, 201), eine als **nicht rechtsfähige Genossenschaft** organisierte Wassergemeinschaft (NVwZ-RR 1998, 90), als **Unterorganisation einer Partei** ein nicht-rechtsfähiger Orts- oder Kreisverband,[20] die Fraktion einer politischen Partei (We DVBl 2000, 935); **Organe der Hochschulen,** auch außerhalb von Organstreitigkeiten, sofern die Organe selbst Zuordnungssubjekte von Rechtssätzen sind: zB die Fakultät oder der Fachbereich,[21] die Abteilung einer Pädagogischen Hochschule (VG Hannover DVBl 1974, 53 – Festsetzung der Semesterferien), das Kuratorium (45, 43), der Senat (Hbg NVwZ-RR 1994, 587) oder eine nicht als rechtsfähige Körperschaft organisierte Hochschule selbst,[22] die „Europäische Schule" als eine zwischenstaatliche Einrichtung (Ma NVwZ-RR 2000, 657), ein **Betriebs- oder Personalrat** (5, 302; 90, 305), der **Börsenvorstand** (Bln JR 1967, 396), der **Naturschutzbeirat** (Ks NVwZ 1992, 904), der **Frachtenausschuß** für den Rhein hins der Genehmigung der von ihm beschlossenen Frachtraten (31, 364). Eine nach keiner staatlichen Rechtsordnung verfaßte ausländische Gruppierung ist im Rechtsstreit um ein vereinsrechtliches Betätigungsverbot beteiligungsfähig, wenn sie ein Mindestmaß an Organisation aufweist u ihr ein Recht auf Betätigung als Verein zustehen kann (NVwZ 2004, 887; Hufen JuS 2004, 1023). Geht man davon aus, daß das Recht auf Zulassung eines **Bürgerbegehrens** den **Initiatoren** (Unterzeichnern) in ihrer **Gesamtheit zusteht,**[23] so sind auch sie beteiligungsfähig. Anderes gilt dann, wenn nach gesetzlichen Regelungen wie § 41 Abs 2 BWKWG das Recht auf Zulassung eines Bürgerentscheids jedem einzelnen Unterzeichner eingeräumt ist (dazu Fischer DÖV 1996, 184); soweit es an entspr Regelungen mangelt, wird zT auch hier ein Recht des einzelnen Mitunterzeichners bejaht (Ks NVwZ 1997, 310; Heimlich DÖV 1999, 1034; Schliesky DVBl 1998, 173).

---

[19] Ba NJW 2002, 1361; Ks NJW-RR 1992, 1501; NJW 1997, 1938; Ma NVwZ 1993, 334, Justiz 1995, 101; Ortloff NVwZ 1999, 958; Stettner JA 1982, 395; im Zivilprozeßrecht BGHZ 146, 341; s auch BVerfG NJW 2002, 3533.

[20] BayVBl 1970, 25; 56, 57 (Kreisverband außerhalb des Wahlkampfs); Sa NVwZ-RR 1999, 218 (jedenfalls bei Klage auf straßenrechtliche Sondernutzungserlaubnis bei Bürgermeisterwahl); s allg auch 40, 334 – kein argumentum e contrario aus § 3 PartG; KG NJW 1988, 3159 f; **aA** Ma DÖV 1987, 874 (Ortsverein innerhalb des Bundestagswahlkampfs); s auch OLG Frankfurt DÖV 1985, 78; ferner BL 15 zu § 50 ZPO mwN.

[21] NVwZ 1985, 654 – Aufsichtsmaßnahme bei Prüfung; 45, 43 – Umwandlung der Fakultät in Fachbereich; anders hins der Besetzung einer Professorenstelle, DVBl 1989, 114; Hamann DVBl 1991, 131; beteiligungsfähig hins Promotion oder Habilitation Hbg VRspr 16, 829; Mü VRspr 20, 508; Ma VRspr 21, 251; zu Sektion KreisG Halle LKV 1991, 273; nicht hins Aufhebung von Studiengängen VG Göttingen WissR 1995, 250.

[22] Hbg NVwZ 1995, 1135; Weise WissR 1995, 276; beim Streit mit der Studentenschaft über Abstimmung betr Vorlesungsstreik, Ma DVBl 1978, 274.

[23] S dazu 6 vor § 40; außerdem – allerdings hierbei entgegen der hier in 6 vor § 40 vertretenen Ansicht meist von einer kommunalen Verfassungsstreitigkeit ausgehend – Ko NVwZ-RR 1997, 241; Mü BayVBl 1996, 597; Fischer DÖV 1996, 184; Jaroschek BayVBl 1997, 41 f; Wefelmeier NdsVBl 1997, 35; **aA** Ks NVwZ 1997, 310; Ms NVwZ-RR 1999, 136.

10 **Nicht beteiligungsfähig** ist dagegen etwa eine **Bruchteilsgemeinschaft** (§§ 741 ff BGB), wie zB die Wohnungseigentümergemeinschaft,[24] eine **Erbengemeinschaft,**[25] der **Elternbeirat** einer Schule im Streit um die Auflösung oder Verlegung einer Schule, die Bildung von Klassen an der Schule usw;[26] ein **Aufsichtsorgan einer privatrechtlichen Stiftung** in bezug auf eine Maßnahme der staatlichen Stiftungsaufsicht (Bln NVwZ-RR 2003, 323; Suerbaum NVwZ 2005, 161; s auch 116 zu § 42). An der fehlenden Beteiligungsfähigkeit der Wohnungseigentümergemeinschaft hat sich auch durch die Änderung der Rspr zur BGB-Gesellschaft nichts verändert[27] (vgl zur Vertretung einzelner Mitglieder durch den Verwalter, 14 a zu § 62). Anderes kann jedoch dann gelten, wenn die an sich nicht beteiligungsfähige „Gemeinschaft" Adressat eines VA ist, die Behörde also fälschlicherweise ua von der Beteiligungsfähigkeit der Gemeinschaft ausgeht u an sie einen VA richtet. Ist in diesem Fall der VA auch nicht dahingehend auslegbar (oder ggf umzudeuten), daß die hinter der Gemeinschaft stehenden einzelnen Personen als wirkliche Adressaten gemeint sind (zu einer solchen Prüfung bei etwas anderem Zusammenhang Sa NVwZ 1993, 902), so ist in Analogie zu den Ausführungen betr den Rechtsstreit um die Beteiligungsfähigkeit (s oben 3) die Gemeinschaft in dem gegen den VA gerichteten Vf selbst beteiligungsfähig.

11 Beim **Organstreit** sind auch die einzelnen Kollegialorgane nach Nr 2 beteiligungsfähig.[28] Dies gilt etwa im **Kommunalverfassungsorganstreit** für die Kollegialorgane der Gemeinde:[29] Gemeinderat insgesamt (vgl VG Chemnitz LKV 1998, 412), eine Gemeinderatsfraktion (Ks NVwZ 1986, 328; DVBl 1995, 931 f; Ziekow NWVBl 1998, 301), der Ortsbeirat (Ks NVwZ 1987, 919). Dagegen ist ein monokratisches Gemeindeorgan wie der Bürgermeister **analog** § 61 Nr 2 beteiligungsfähig (s oben 5). Entsprechendes gilt für ein **einzelnes Gemeinderatsmitglied** (Ziekow NWVBl 1998, 300; für unmittelbare Anwendung des § 61 Nr 2 hingegen Ms NVwZ 1983, 486).

Beteiligungsfähig nach Nr 2 bzw in Analogie hierzu ist daher zB im Streit mit dem Bürgermeister um den Ausschuß der Öffentlichkeit von einer Sitzung auch der betroffene **Gemeinderat bzw Ausschuß** (Ms, zit bei Fromm JA 1979, 217; Stettner JA 1982, 396), **nicht dagegen** im Streit um die Beanstandung eines Gemeinderatsbeschlusses durch die Aufsichtsbehörde.[30] Dasselbe gilt im Bereich der **Hochschule** (s auch oben 9) für den **Wahlvorstand,**[31] die **Stu-**

---

[24] ZB Ms NVwZ 1983, 492; Ks NJW 1984, 1645; Mü BayVBl 1979, 20; 1984, 186; 1994, 150; s auch BVerwG NJW 1993, 79; DVBl 1994, 810; Sch-Bier 6; **aA** aber BGH NJW 2005, 2061 u KG NJW 2006, 1983 hins der das Verwaltungsvermögen betr Forderungen u Verbindlichkeiten.

[25] Mü BayVBl 1979, 20; NKVwGO-Czybulka 31; **aA** Mü NJW 1984, 626; Ey-J. Schmidt 9; RÖ-M. Redeker 4.

[26] Mü BayVBl 1981, 719; Ma NVwZ-RR 1996, 89; anders jedoch hins der Wahl des Elternbeirats VG Darmstadt NVwZ-RR 1995, 445.

[27] BayObLG NJW 2002, 1507; so auch Ott ZMR 2002, 97; **aA** Raiser ZWE 2001, 173.

[28] Neben der Rspr etwa Bosch/Schmidt § 30 I; Schenke 462; für analoge Anwendung Erichsen, Menger-FS 221 ff; Franz Jura 2005, 160; Roth, Verwaltungsrechtliche Organstreitigkeiten 916; Schoch JuS 1989, 786; Sch-Bier 7. Soweit Organrechte durch ein Handeln der Aufsichtsbehörde aufgehoben u verletzt werden können, ist auch der Inhaber des Organrechts beteiligungsfähig (s auch Ms NVwZ-RR 2004, 674 u 80 zu § 42).

[29] Vgl etwa Ma VRspr 25, 222; Ms 17, 261; 18, 105; 27, 258; DVBl 1992, 445; Blumenwitz BayVBl 1980, 230; Erdmann DÖV 1988, 910; v Mutius JuS 1979, 185; Schenke 462; Steiner-Seewald I 243. ZT wird § 61 Nr 2 auf Kollegialorgane auch nur analog angewandt, so Würt 670 mwN.

[30] Ms DVBl 1981, 227: Beteiligter u beteiligungsfähig sind die Körperschaft, nicht das Organ; **aA** die mit der genannten Entscheidung ausdr aufgegebene frühere Rspr, vgl Ms 19, 62; 28, 185.

[31] Ks WissR 1990, 183; DVBl 1991, 777 – Gültigkeit u Modalitäten der Wahl eines Universitätspräsidenten.

dentenschaft – nicht der AStA[32] u nicht die Fachschaften (Ms 19. 6. 1996 – 25 B 1140/96) u den **Konvent** uä der Studentenschaft.[33] Auch eine Beteiligung von **Schulmitwirkungsorganen** wie zB einer **Schulkonferenz** kommt in Betracht,[34] so zB in bezug auf die Sicherung der Anhörungsrechte der Schulkonferenz bei beabsichtigter Umbenennung einer Schule (VG Frankfurt NVwZ-RR 1999, 379). Gleichfalls beteiligungsfähig sind im Bereich der **Gerichte** etwa das **Präsidium**[35] oder der Wahlvorstand (Ks NJW 1987, 1219); beteiligungsfähig sind auch die **Regionale Planungsversammlung** (Ks 44, 291) – nicht jedoch im Vf um die Abweichung vom regionalen Raumordnungsplan (Ks DÖV 1995, 35) –, der **Kreistag** bei einer Klage gegen die Gültigkeit der Landratswahl (FfO LKV 1998, 362) sowie der **Landschaftsbeirat** ggü der unteren Landschaftsbehörde im Vf hins seines Beteiligungsrechts (Ms NWVBl 1998, 149).

Entsprechendes gilt für mit Organrechten vergleichbaren, durch Gesetz begründeten oder anerkannten **„wehrfähigen"** Rechtspositionen **ausgestattete Gremien,** zB den Jugendwohlfahrtsausschuß, Einrichtungen oder Organe (vgl Herbert DÖV 1994, 108; 80 zu § 42). Soweit bei einem **Bürgerbegehren** das Recht auf Zulassung der Gesamtheit der Unterzeichner zusteht, sind diese, unabhängig davon, ob man hier von einer kommunalen Verfassungsorganstreitigkeit ausgeht (ablehnend dazu 6 vor § 40 mwN), als gem § 61 Nr 2 beteiligungsfähig anzusehen (s oben 9 mwN).

Im Fall des **In-sich-Prozesses** (s 7 zu § 63, Schenke 528) geht es nicht um Organrechte u folglich auch nicht um eine Beteiligungsfähigkeit nach Nr 2. Hier ergibt sich die Beteiligungsfähigkeit der allein beteiligten juristischen Person aus Nr 1, sofern nicht einzelne Behörden gem Nr 3 nach Landesrecht eine eigene Beteiligungsfähigkeit besitzen.

Beim Streit um die Frage, ob die Vereinigung eine feste u auf eine gewisse **12** Dauer gerichtete Organisation aufweisen muß,[36] ist zunächst zu beachten, daß die Beteiligungsfähigkeit voraussetzt, daß die Vereinigung Zuordnungssubjekt eines Rechtssatzes ist (s oben 8). Folglich bestimmt das materielle Recht über die Beteiligungsfähigkeit. Für den Bereich der Grundrechte ist deshalb in der Tat über Art 19 Abs 3 GG für die Grundrechtsfähigkeit von Vereinigungen eine gewisse feste u dauerhafte Organisationsstruktur erforderlich.[37]

Das innerhalb des betroffenen Rechtskreises in Frage kommende Recht muß **der Vereinigung als solcher zustehen** können; daß es sämtlichen Mitgliedern zustehen kann, genügt nicht; daher sind zB bei der Enteignung eines Grundstücks, dessen Eigentümer in ungeteilter Erbengemeinschaft stehen, nicht die Erbengemeinschaft, sondern nur die einzelnen Miteigentümer beteiligungsfähig (Mü BayVBl 1979, 20).

d) Behörden iSv § 61 Nr 3. Behörden sind, soweit ihnen hins des betroffe- **13** nen Rechtskreises nur Kompetenzen, nicht aber eigene Rechte zustehen, **grds**

---

[32] Lü DVBl 1978, 272 – hins Untersagung der Dienstgeschäfte von AStA-Mitgliedern.

[33] Hbg NJW 1978, 1395; NVwZ 1982, 448; Bln WissR 1969, 82.

[34] Ms NWVBl 1991, 27; VG Bremen NVwZ-RR 89, 78; VG Frankfurt NVwZ-RR 1999, 379; Sch-Bier 7; **aA** RÖ-M. Redeker 4.

[35] S 3 zu § 4; 44, 175; Ks DRiZ 1984, 62 – hins Wahl seiner Mitglieder.

[36] Für ein solches Erfordernis zB Ms DÖV 1974, 821; Ma VBlBW 1981, 297; Mü NJW 1984, 2116; Blumenwitz BayVBl 1980, 230; RÖ-M. Redeker 4; dagegen 10. Aufl; NKVwGO-Czybulka 26; Sch-Bier 5.

[37] Die Frage nach dem Maß der organisatorischen Struktur ist eine Frage der Auslegung des Art 19 Abs 3 GG. Der Hinweis in NKVwGO-Czybulka 26 (Fn 54) auf BVerwG 90, 116 („Minimum an organisatorischer Struktur") spricht nicht dagegen. Hins Art 8 GG kommt nicht der „Versammlung" selbst, sondern allenfalls einer Vereinigung, die die Versammlung durchführt, Grundrechtsfähigkeit zu; s auch Gusy JuS 1986, 610; Sch-Bier 5. Der wechselnde Bestand an Mitgliedern kann entgegen VG Dessau LKV 1996, 75 nicht gegen die Beteiligungsfähigkeit einer Bürgerinitiative vorgebracht werden.

nicht beteiligungsfähig (14, 331; 20, 22; 72, 167 mwN); deshalb ist zB auch die Beiladung einer Behörde unzulässig u unwirksam (72, 167). Nach Nr 3 sind die **Länder jedoch ermächtigt,** durch Gesetz oder VO alle oder bestimmte Behörden neben dem Rechtsträger, dem sie angehören, oder anstelle dieses Rechtsträgers **für beteiligungsfähig zu erklären.** Eine Beschränkung der Beteiligungsfähigkeit auf den hoheitlichen Tätigkeitsbereich ist dabei nicht erforderlich. Die Ermächtigung bezieht sich **nur auf Landesbehörden.**[38] Von dieser Möglichkeit haben in ihren AGVwGOen **Brandenburg** (§ 8 BrandVwGG), **Mecklenburg-Vorpommern** (§ 14 MVAGGStrukG), **Nordrhein-Westfalen** (§ 5 NWAGVwGO) u das **Saarland** (§ 19 SaarlAGVwGO) für alle Behörden Gebrauch gemacht, **Niedersachsen** (§ 8 NdsAGVwGO), **Sachsen-Anhalt** (§ 8 SachsAnhAGVwGO) u **Schleswig-Holstein** (§ 6 SchlHAGVwGO) nur für landesunmittelbare Behörden, **Rheinland-Pfalz** nur hins der besonderen Aufsichtsklage der Aufsichts- u Dienstleistungsdirektion (§ 17 Abs 2 RhPfAGVwGO). Die Behörden handeln in den genannten Fällen **in Prozeßstandschaft für die Körperschaft,** der sie angehören;[39] ihre Prozeßhandlungen wirken ausschließlich **für u gegen den Rechtsträger,** für den sie am Prozeß beteiligt sind (vgl Kopp 11 zu § 11 VwVfG mwN). Die Beteiligungsfähigkeit kann **sowohl Behörden im organisationsrechtlichen** Sinn **als auch** Behörden im nur **verwaltungsverfahrensrechtlichen** Sinn verliehen werden.[40] Nicht beteiligungsfähig ist als Bundesbehörde das Umweltbundesamt (Lü NVwZ 2000, 209), dessen Beteiligungsfähigkeit durch das Land nicht geregelt werden kann (s oben) und, selbst wenn man dies anders sieht, in Niedersachsen jedenfalls nicht vorgesehen ist (Lü NVwZ 2000, 209).

Behörden iSv Nr 3 sind deshalb **alle Verwaltungsstellen** die durch organisationsrechtliche Rechtssätze gebildet, vom Wechsel ihrer Amtsinhaber unabhängig u nach der einschlägigen Zuständigkeitsregelung berufen sind, unter eigenem Namen für den Staat oder für einen sonstigen Verwaltungsträger, dem sie zuzurechnen sind, durch VA zu entscheiden, daher **zB** auch die **für die Durchführung studienbegleitender Leistungskontrollen** in den rechtswissenschaftlichen Fachbereichen bzw Fakultäten geschaffenen **Stellen** (Ms NJW 1991, 3586: beteiligungsfähig iSv §§ 61 Nr 3 u 78 Abs 1 Nr 2); die **Werksleitung** des als kommunaler Eigenbetrieb geführten städtischen Wasserwerks (DÖV 1989, 594); **nicht jedoch die Stadtkasse, sondern die Stadt** bzw in manchen Ländern der Stadtdirektor (Ms NVwZ 1986, 761; **aA** Ms DÖV 1958, 314).

Im NKVf gem § 47 Abs 2 S 1, der eine lex specialis zu § 61 Nr 3 darstellt, sind Behörden kraft Bundesrechts beteiligungsfähig[41] (s auch 38 zu § 47).

14 **e) Weitere Beteiligte** können **durch Bundesgesetz,** nicht dagegen auch durch Landesgesetz,[42] vorgesehen werden. **Für den Bund** ergibt sich eine der Nr 3 **entsprechende Befugnis,** durch Gesetz Behörden die Beteiligungsfähigkeit zu verleihen, aus der allg Kompetenz **nach Art 74 Abs 1 Nr 1 GG.** Nicht vorgesehen ist durch Bundesgesetz die Beteiligungsfähigkeit des Umweltbundesamts (Lü NVwZ 2000, 209).

---

[38] 20, 21; 72, 165 = NVwZ 1986, 555; Ks DÖV 1984, 124; Ey-J. Schmidt 12f; RÖ-M. Redeker 6; Sch-Bier 8; s aber unten 19; **aA** Lü NVwZ 2000, 209; v Oertzen NJW 1961, 767; Ule 18 II 2; Stern 8 II; Dolde, Menger-FS 1985, 434.

[39] 45, 209; Löwer VerwA 1977, 331; Schenke 463; Stettner JA 1982, 395; v Oertzen DVBl 1961, 650; Ey-J. Schmidt 12; Sch-Bier 8; Koch AllgVR § 2, 13; **aA** Dolde, Menger-FS 1985, 434: Beteiligungsfähigkeit u Prozeßführungsbefugnis müssen unterschieden werden.

[40] ZT **aA** ML 4 zu § 70: nur Behörden im verfahrensrechtlichen Sinn; vgl auch Schnapp ZSR 1984, 150; RdA 1976, 138; ders, Wertenbruch-FS 1984, 140; Koch AllgVR § 2, 14.

[41] NKVwGO-Ziekow 264 zu § 47; Sch-Gerhardt/Bier 82 zu § 47; Staudacher JZ 1985, 970; **aA** Ks DÖV 2000, 475; Schl NordÖR 2000, 304.

[42] Vgl BVerfG 20, 238 = NJW 1967, 435 m Anm Bettermann; Stettner JA 1982, 394.

4. Entscheidung bei fehlender Beteiligungsfähigkeit, Wegfall oder Fehlen eines Beteiligten: Fehlt die Beteiligungsfähigkeit des Kl, Bekl oder eines notwendigen Beteiligten im Zeitpunkt der letzten mV, so darf eine Sachentscheidung nicht ergehen u muß die **Klage** als **unzulässig** abgewiesen werden (s oben 2). Die **Kosten** sind bei Unzulässigkeit der Klage wg fehlender Beteiligungsfähigkeit des Kl **den** einzelnen **Mitgliedern der nicht-beteiligungsfähigen Vereinigung** uä nach den für Streitgenossen geltenden Grundsätzen aufzuerlegen, nicht etwa dem Prozeßbevollmächtigten (und zwar auch dann nicht, wenn die Vollmacht wg fehlender Rechtsfähigkeit des Beteiligten formell unwirksam war). Gegen eine gleichwohl ergehende Sachentscheidung haben die Beteiligten, auch der Nichtbeteiligungsfähige (vgl oben 3), **die in der Sache gegebenen RMittel,** einschließlich der Revision (§§ 133 Nr 3, 138 Nr 4, absoluter Revisionsgrund) sowie die **Wiederaufnahmeklage** (§ 153, § 579 Abs 1 Nr 4). Über die Beteiligungsfähigkeit kann das Gericht, wenn es sie bejaht, durch **Zwischenurteil** nach § 109 entscheiden (14, 237). **Zur Heilung** des Mangels der Beteiligungsfähigkeit **durch nachträgliche Genehmigung** der Prozeßhandlungen s oben 2. 15

Vom Fehlen oder Wegfall der Beteiligungsfähigkeit ist der **Wegfall eines Beteiligten** durch Tod, Vereinigung mit anderen juristischen Körperschaften usw zu unterscheiden. Insoweit gelten die Bestimmungen der ZPO über die **Fortführung** von Vf **durch** den **Prozeßbevollmächtigten** bzw durch den **Rechtsnachfolger** entsprechend.[43] **Bei höchstpersönlichen Rechten oder Pflichten** hat der Wegfall des Berechtigten bzw Verpflichteten die Erledigung der Hauptsache zur Folge (vgl 103 zu § 113). Bei **Veräußerung der streitbefangenen** Sache ist der Erwerber nicht notwendig beizuladen (NJW 1985, 281; s auch 19 zu § 65; 21 a zu 90). 16

Für unbekannte Beteiligte (einschließlich solcher, die erst durch Beiladung zu beteiligen sind) u für **Beteiligte, deren Aufenthalt nicht bekannt ist,** muß das Gericht erforderlichenfalls in entspr Anwendung von §§ 57, 58 ZPO einen Prozeßpfleger bestellen (str, vgl auch § 16 VwVfG sowie 6 zu § 62); ebenso für **Beteiligte, die aus anderen Gründen** an der Wahrnehmung ihrer Rechte als Beteiligte **gehindert** sind.[44] Entsprechendes gilt gem § 62 Abs 3, § 58 ZPO für Verfahren, die **herrenlose Grundstücke** usw betreffen. 17

§ 62 [Prozeßfähigkeit]

(1) **Fähig**[1 ff] **zur Vornahme von Verfahrenshandlungen sind**

1. **die nach bürgerlichem Recht Geschäftsfähigen,**[4]
2. **die nach bürgerlichem Recht in der Geschäftsfähigkeit Beschränkten, soweit sie durch Vorschriften des bürgerlichen oder öffentlichen Rechts für den Gegenstand des Verfahrens als geschäftsfähig anerkannt sind.**[5]

(2) **Betrifft ein Einwilligungsvorbehalt nach § 1903 des Bürgerlichen Gesetzbuchs den Gegenstand des Verfahrens, so ist ein geschäftsfähiger Betreuter nur insoweit zur Vornahme von Verfahrenshandlungen fähig, als er nach den Vorschriften des bürgerlichen Rechts ohne Einwilligung des Betreuers handeln kann oder durch Vorschriften des öffentlichen Rechts als handlungsfähig anerkannt ist.**[3, 19]

---

[43] S §§ 239 ff ZPO; dazu Mü BayVBl 1983, 756; Ma NJW 1984, 195; Bln DÖV 1988, 384; FG Saarland NVwZ 1987, 88; Sojka MDR 1982, 13; Sch-Bier 10; s auch 21 a zu § 90; 3 zu § 173; s allg auch Jarosch, Tod des Kl im Verwaltungsprozeß, DÖV 1963, 133.

[44] Vgl BVerfG 46, 160, wo ohne nähere Begründung die Vertretung des von Terroristen entführten Dr Schleyer durch seinen Sohn anerkannt wurde.

(3) **Für Vereinigungen sowie für Behörden handeln ihre gesetzlichen Vertreter, Vorstände oder besonders Beauftragte.**[14 ff]

(4) **§§ 53 bis 58 der Zivilprozeßordnung gelten entsprechend.**[19]

Vgl §§ 51–58 ZPO; § 71f SGG; § 58 FGO

Schrifttum: *Käck,* Der Prozeßpfleger, Diss. München 1991; *Klüsener/Rausch,* Praktische Probleme bei der Umsetzung des neuen Betreuungsrechts, NJW 1993, 617; *Laubinger,* Prozeßfähigkeit und Handlungsfähigkeit, Ule-FS 1987, 161; *Laubinger/Repkewitz,* Der Betreute im Verwaltungsverfahren und Verwaltungsprozeß, VerwA 1994, 86; *v Mutius,* Grundrechtsmündigkeit, Jura 1987, 272; *Rausch/Rausch,* Betreuung Geschäftsfähiger gegen ihren Willen?, NJW 1992, 274; *Robbers,* Partielle Handlungsfähigkeit Minderjähriger im öffentlichen Recht, DVBl 1987, 709; *W. Roth,* Die Grundrechte Minderjähriger im Spannungsfeld selbständiger Grundrechtsausübung, elterlichen Erziehungsrechts und staatlicher Grundrechtsbindung, 2003; *Schwerdtner,* Kindeswohl oder Elternrecht?, AcP 1973, 227; *Würtenberger,* Religionsmündigkeit, Obermayer-FS 1986, 113.

1 **1. Allgemeines:** Die Prozeßfähigkeit ist eine vAw zu berücksichtigende **Voraussetzung für wirksame Prozeßhandlungen** (zum Begriff s 13ff vor § 40) der Beteiligten (§ 63) bzw dafür, daß einem Beteiligten ggü Prozeßhandlungen – auch zB Zustellungen – wirksam vorgenommen werden können.[1] S dazu sowie zur **Möglichkeit einer Heilung** des Mangels u zur Frage der Prozeßfähigkeit **im Rechtsstreit um die Prozeßfähigkeit** 1–3 zu § 61, ferner unten 11. **Prozeßfähigkeit** ist die **Fähigkeit, einen Prozeß selbst oder durch einen Bevollmächtigten zu führen** (Ey-J. Schmidt 1; vgl auch BVerwG BayVBl 1984, 57 zur Ausstellung einer Vollmacht) bzw selbst oder durch einen Bevollmächtigten an einem Prozeß als Bekl oder Beigeladener teilzunehmen (vgl Mü DÖV 1984, 433). Sie entspricht im wesentlichen der Prozeßfähigkeit gem § 51 ZPO. Ein nicht prozeßfähiger Beteiligter kann eine Klage auch nicht wirksam zurücknehmen.[2]

Die Prozeßfähigkeit ist grds **vAw** zu prüfen.[3] Da die Geschäfts- u Prozeßfähigkeit beeinträchtigende **Störungen der Geistestätigkeit** nach der allg Lebenserfahrung Ausnahmeerscheinungen sind, besteht insoweit eine besondere Prüfungspflicht des Gerichts jedoch nur, wenn sich aus irgendeinem Grund **vernünftige Zweifel an der Prozeßfähigkeit** einer Partei ergeben.[4] Bei Zweifeln an der Prozeßfähigkeit einer Partei kann es zulässig sein, das Vf bis zur Entscheidung über ein anhängiges BetreuungsVf auszusetzen (Mü BayVBl 1998, 185). Jeder Beteiligte ist im Zweifel für seine Prozeßfähigkeit **beweispflichtig.**[5] **Vor einer Entscheidung** zur Frage der Prozeßfähigkeit ist der betroffene Beteiligte jedenfalls vom Gericht dazu **zu hören** (DVBl 1963, 269; 10. 6. 1994 – 5 B 111/93). **Auch Nicht-Prozeßfähige** sind im Verfahren, in denen es um ihre höchstpersönlichen Rechte geht, jedenfalls gem Art 103 Abs 1 GG zu hören (vgl BVerfG 75, 215); dies gilt insb auch, **wenn die Prozeßfähigkeit nur angezweifelt wurde,** aber auch dann, wenn das Gericht sie dem Beteiligten abge-

---

[1] Vgl Mü NVwZ 1984, 2845; Ma NVwZ-RR 1991, 494 – auch für passive Handlungen wie die Entgegennahme von Zustellungen; Ks NJW 1990, 403 – zur Klage eines Prozeßunfähigen.

[2] ZT **aA** BSG NJW 1979, 1224: Klagerücknahme wirksam, gem §§ 579 Abs 1 Nr 4, 586 ZPO aber innerhalb eines Monats widerrufbar.

[3] Vgl 2 zu § 61; BGH NJW-RR 1985, 157; Ks DVBl 1996, 113.

[4] Buchh 310 § 133 VwGO Nr 47; 310 § 138 Ziff 4 VwGO Nr 3; 310 § 86 Abs 1 VwGO Nr 284; DVBl 1986, 146.

[5] Mü BayVBl 1984, 757; vgl allg auch Reinicke, Lukes-FS 1989, 757; einschränkend BGH JuS 1986, 567: wer sich auf seine Prozeßunfähigkeit beruft, muß dafür Tatsachen vortragen, aufgrund derer die Möglichkeit einer Prozeßunfähigkeit nicht von der Hand zu weisen ist.

sprochen hat (BSG NJW 1994, 215). S auch unten 6. Zum Wegfall der Prozeßfähigkeit während des Prozesses vgl auch Weber/Grellet NJW 1986, 1559. Zur **Entscheidung des Gerichts** bei fehlender Prozeßfähigkeit s auch unten 15; ferner 1 zu § 157.

Die **Prozeßunfähigkeit** kann uU auch eine nur **partielle** sein, dh nur für den vom Rechtsstreit betroffenen Bereich vorliegen (Buchh 310 § 62 VwGO Nr 3; Mü BayVBl 1984, 757), zB bei **Querulanz** oder in Fällen, in denen aus anderen Gründen eine – vom Gericht ggf mit Hilfe eines Sachverständigen, nur in besonders gelagerten Fällen allein aufgrund eigener Beobachtungen festzustellende – wesentliche **Einschränkung** oder Beseitigung der freien Willensbestimmung **hins bestimmter,** im Prozeß relevanter **Fragen** besteht.[6] Die Frage, ob nicht zumindest partielle Prozeßunfähigkeit vorliegt, ist **insb zu prüfen, wenn** ein Beteiligter sich auf Fragen des Gerichts nicht sachlich äußert, offenbar nicht in der Lage ist, rechtliche oder tatsächliche Schlüsse zu ziehen, u bereits vorgetragene Gedankengänge ständig wiederholt (vgl Mü BayVBl 1974, 503). 2

Für **prozeßunfähige** natürliche **Personen** (s unten 4) handelt der **gesetzliche Vertreter**[7] oder ein besonderer Vertreter (s auch unten 5 f), für **juristische Personen** der gesetzliche Vertreter, Vorstand[8] oder besonders Beauftragte (Abs 2, s auch unten 7 ff), für **nicht-rechtsfähige Vereinigungen,** soweit sie gem § 61 Nr 2 oder aufgrund von gesetzliche Sonderregelungen beteiligungsfähig sind, die mit der Vertretung betrauten Personen, zB bei einer BGB-Gesellschaft, die eine Gaststätte betreibt, der Geschäftsführer. **Soweit** die **Vertreter** in einer Sache **auch in eigenen Rechten** betroffen sind, können sie in einem Vf **zugleich Beteiligte u Vertreter** Beteiligter sein. ZB können die Eltern gegen eine Maßnahme der Schule gegen ihr Kind sowohl aus ihrem Erziehungsrecht aus Art 6 Abs 2 GG als auch als gesetzliche Vertreter des Kindes aus Art 2 Abs 1 GG sowie ggf aus einem anderen in der Sache betroffenen Recht des Kindes klagen (Lü DVBl 1991, 773; VG Regensburg BayVBl 1991, 345). 3

Prozeßunfähige **beschränkt handlungsfähige** Personen gem Abs 1 Nr 2 können **auch nicht mit Zustimmung des gesetzlichen Vertreters** prozessieren (§ 51 ZPO);[9] **anders, wenn eine generelle Zustimmung gem §§ 112 f BGB** zum selbständigen Betrieb eines Erwerbsgeschäfts bzw zur Arbeitsaufnahme vorliegt u der Prozeß sich auf das Erwerbsgeschäft bzw das Arbeitsverhältnis bezieht (vgl DÖV 1972, 797; s dazu unten 5).

2. Prozeßfähig sind (Abs 1): a) die **nach bürgerlichem Recht voll Geschäftsfähigen** (s §§ 2, 104 ff BGB) uneingeschränkt (Nr 1), sofern sie nicht unter Pflegschaft (§§ 1911, 1913 BGB) stehen oder im Prozeß gem § 53 ZPO durch einen Prozeßpfleger vertreten werden (Nr 1). Nicht prozeßfähig nach Nr 1 ist der Schuldner des Insolvenzverfahrens, soweit ihm hins des in Frage stehenden Rechtsverhältnisses die materiellrechtliche Handlungsfähigkeit fehlt (vgl BVerfG 51, 409); die Vertretung erfolgt insoweit durch den Insolvenzverwalter. Ist das **Geburtsdatum** einer Person nicht sicher feststellbar, so ist der spätestmögliche Zeitpunkt dafür anzunehmen (DVBl 1985, 244). 4

b) die nach **bürgerlichem Recht beschränkt Geschäftsfähigen,** soweit sie nach bürgerlichem oder öffentlichem Recht für den Gegenstand des Vf als be- 5

---

[6] 30, 24; Mü BayVBl 1974, 503; 1984, 557.

[7] Für Minderjährige gem § 1629 Abs 1 S 2 BGB grds beide Eltern gemeinsam, vgl Lü DVBl 1991, 773; VG Regensburg BayVBl 1991, 345; ThP 5 zu § 51 ZPO; gem § 1629 Abs 1 S 3 BGB ein Elternteil allein, wenn dieser allein sorgeberechtigt ist oder ihm gem § 1628 BGB die Entscheidung übertragen wurde; Bln FamRZ 1981, 87.

[8] BGH NJW 1986, 1023: nicht notwendig sämtliche Vorstandsmitglieder, es sei denn, daß die Satzung es vorschreibt.

[9] Vgl andererseits Buchh 402.24 § 10 AuslG Nr 27; Lü DVBl 1982, 218; BayObLG DÖV 1979, 62.

schränkt geschäftsfähig anerkannt sind (Nr 2). Zur beschränkten Geschäftsfähigkeit nach bürgerlichem Recht s insb § 112 u § 113 BGB. **Nach öffentlichem Recht** für den Gegenstand des Vf als beschränkt geschäftsfähig anerkannt ist zB in Vf hins der **Teilnahme am Religionsunterricht** uä gem Art 4 Abs 1 GG, § 5 RelKEG der Minderjährige über 14 Jahre;[10] im Vf zur Erteilung der **Fahrerlaubnis** gem § 7 Abs 1 Nr 4 u 5, § 5 StVZO aF (heute § 5 Abs 1, § 10 Abs 1 Nr 4, Abs 3 FeV) ab 15 oder 16 Jahren (FamRZ 1966, 143; Buchh 442.16 § 7 StVZO Nr 1; Mü VRspr 9, 359); in sie betr **Asylangelegenheiten** gem § 12 AsylVfG u in **Ausländerangelegenheiten** gem § 80 AufenthG (s auch unten 7) Minderjährige ab vollendeten 16 Jahren; im **Melderecht** gem § 15 Abs 3 S 2 BWMeldeG (Ma NJW 1985, 2965).

6 **Entsprechendes gilt** aufgrund besonderer Vorschriften bzw, soweit solche fehlen, unmittelbar **als Folgerung aus Art 1, Art 2 Abs 1 bzw 2 GG,** in Vf zur Abwehr oder Beseitigung einer **Freiheitsentziehung**[11] oder sonstiger schwerer **Eingriffe in die Persönlichkeitssphäre,**[12] insb auch von Eingriffen in die freie Selbstbestimmung in Angelegenheiten, die eine **höchstpersönliche Wertentscheidung** berühren oder erfordern (Lü DVBl 1982, 218; vgl auch BayObLG BayVBl 1985, 249; BSG NJW 1994, 215).

Die Prozeßfähigkeit ist darüber hinaus, wenn **höchstpersönliche Rechte,** insb Grundrechte, betroffen sind, bei hinreichender Einsichtsfähigkeit auch **in allen sonstigen Fällen** zu bejahen, in denen im Verfassungsrecht die **Grundrechtsmündigkeit**[13] u als Folge davon die Legitimation zur Erhebung einer VB durch den Minderjährigen gegen die behördliche Maßnahme, um die es im Vf geht, anerkannt wird,[14] zB für einen Antrag auf Anerkennung **als Kriegsdienstverweigerer** (74, 332; VG Köln NVwZ 1985, 218). Als **prozeßfähig** ist danach

---

[10] DVBl 1984, 268; Ko DÖV 1981, 586; KG NJW 1978, 2439; str für Bayern wegen Art 137 Abs 1 BayVerf, Art 125 GG: über 18 Jahre; s v Campenhausen BayVBl 1989, 300; Münch BayVBl 1989, 745; Gallwas BayVBl 1989, 363; Blankenagel BayVBl 1989, 298; KR 8 zu § 12 VwVfG mwN; **aA** zu Art 137 Abs 1 BayVerf Renck BayVBl 1988, 683: nach § 2 des G über den Abschluß der Sammlung des Bundesrechts v 28. 12. 1968 (BGBl I S 1451) am 31. 12. 1968 außer Kraft getreten; für Rheinland-Pfalz s Art 35 Abs 1 RhPfLVerf, BVerwG 68, 17 = NJW 1983, 2585.

[11] 1, 230; 25, 38; Bln NJW 1973, 368; vgl auch Lü DVBl 1982, 218; Kunz NJW 1982, 2707.

[12] Lü DVBl 1982, 218; vgl auch BGHZ 35, 12; JZ 1978, 312: Beschwerderecht des prozeßunfähigen Pflegebefohlenen gegen die Anordnung der Pflegschaft bzw gegen die Ablehnung ihrer Aufhebung; BayObLG 24. 5. 1989 – BReg 3 Z 45/89: Beschwerderecht hins der Auswahl u Entlassung des Pflegers; zu Verfahren, die Maßnahmen betreffen, die wg des Geisteszustandes eines Geistesgestörten angeordnet werden, auch BGHZ NJW 1982, 2451; BayVerfGH 28, 125.

[13] 74, 332; Bln DVBl 1976, 262; VG Köln NVwZ 1985, 218; v Mutius Jura 1987, 275; Schwerdtner AcP 1973, 247 f; **aA** Robbers DVBl 1987, 713; UL 16, 13 u neuerdings auch mit sehr beachtlichen Argumenten Roth Grundrechte Minderjähriger 166 ff. Allerdings sprechen die Argumente, die gegen eine mit der allg Grundrechtsmündigkeit gekoppelte Prozeßfähigkeit angeführt werden, auch gegen eine ganz überwiegend anerkannte partielle Prozeßfähigkeit Minderjähriger, wie sie sich aus speziellen Regelungen (wie zB § 5 RelKEG) iVm § 62 Nr 2 ergibt (das konzediert auch Roth Grundrechte Minderjähriger 169).

[14] Vgl zur Grundrechtsmündigkeit u entspr zur Prozeßfähigkeit im verfassungsgerichtlichen Verfahren BVerfG 10, 306; 19, 100; 72, 122 = NJW 1986, 3129; zur Vertretung Minderjähriger im VBVerfahren, wenn die sorgeberechtigten Eltern an der Wahrnehmung der Interessen ihres Kindes verhindert sind, NJW 1984, 1025; 1986, 3129; MD-Dürig 9 ff zu Art 19 Abs 3 GG; MS 35 zu § 90 BVerfGG; Pieroth/Schlink 123 ff; Zuck, Die Verfassungsbeschwerde, 1973, 76; Fehnemann, Die Innehabung und Wahrnehmung von Grundrechten im Kindesalter, 1983; Martens NVwZ 1987, 2561; Schütz NJW 1987, 2563; v Mutius Jura 1987, 272: maßgeblich vor allem die Einsichtsfähigkeit; wenig klar BVerfG 72, 122 = NJW 1986, 3129; 75, 215; Hohm NJW 1986, 310. **Krit** ggü der generellen Bejahung der Prozeßfähigkeit im VBVerfahren aber Roth Grundrechte Minderjähriger 173 ff.

zB im Hinblick auf Art 5 Abs 1 u 2 GG analog zu § 5 RelKEG ein **Schüler** ab dem 14. Lebensjahr hins der Redaktion u Mitarbeit an einer **Schülerzeitung** – nicht hins der mit der Herausgabe verbundenen geschäftlichen Tätigkeit – anzusehen (Jarass DÖV 1983, 610).

Nach öffentlichem Recht sind heute **für Vf in Ausländersachen** geschäftsfähig u damit auch prozeßfähig gem § 80 AufenthG **Ausländer über 16 Jahre; ebenso in Asylangelegenheiten** gem § 12 AsylVfG (s oben 5). 7

Ob das öffentliche Recht einem beschränkt Geschäftsfähigen für einen bestimmten Bereich Handlungsfähigkeit u damit gem Abs 1 Nr 2 **Prozeßfähigkeit** auch für das Vf zuerkennt, ist im Zweifel **durch Auslegung der in Frage stehenden Vorschriften** unter Berücksichtigung vor allem des Zwecks der Regelungen, der in den betr Angelegenheiten zu erwartenden Einsichtsfähigkeit Minderjähriger usw, des Schutzzwecks einer Beschränkung der Handlungsfähigkeit im Interesse u zugunsten des beschränkt Geschäftsfähigen u der Rechtssicherheit zu beurteilen.[15] **Der Wille des Gesetzgebers,** abweichend vom allg Recht die Verfahrenshandlungsfähigkeit beschränkt Geschäftsfähiger zu begründen, **muß** jedenfalls **im Gesetz hinreichenden Ausdruck** finden. Daß ein Gesetz für die Betroffenen Pflichten oder Rechte begründet u dafür bestimmte Altersgrenzen festsetzt, genügt hierzu nicht (vgl NJW 1982, 539; zT **aA** Kunz NJW 1982, 2707). 8

Der beschränkt Geschäftsfähige ist in den Fällen des Abs 1 Nr 2 **selbst** für das (konkrete) Vf **prozeßfähig.** Statt seiner oder neben ihm bleibt jedoch, wenn durch Gesetz nichts anderes bestimmt ist, **auch der gesetzliche Vertreter** zum Handeln für ihn befugt.[16] Zur Frage der **Prozeßführung mit Zustimmung des gesetzlichen Vertreters** s Abs 2 sowie oben 3. 9

c) Für **Ausländer** gelten die zu 4 ff dargelegten Grundsätze entsprechend (vgl Abs 4 iVm § 55 ZPO); Ausländer sind jedoch darüber hinaus gem Abs 4 iVm § 55 ZPO **auch dann,** wenn sie nach deutschem Recht an sich nicht prozeßfähig wären, nach **Maßgabe des Art 7 EGBGB** als prozeßfähig anzusehen, wenn sie nach dem Recht ihres Heimatstaates prozeßfähig sind.[17] Zur Prozeßfähigkeit minderjähriger Ausländer **im Ausländerrecht** usw s oben 7 f. 10

d) Im Streit um die Frage der Prozeßfähigkeit – u für ein anschließendes KostenfestsetzungsVf (OLG Hamm JurBüro 1982, 606) – ist auch ein Prozeßunfähiger immer **als prozeßfähig zu behandeln.**[18] Ähnliches gilt, **wenn die Klage eines Prozeßunfähigen zu Unrecht** nicht als unzulässig, sondern **als unbegründet abgewiesen** wurde. Der Kl ist in diesem Fall für RMittel als prozeßfähig zu behandeln u die Klage dann auf sein RMittel hin als unzulässig abzuweisen.[19] **Als prozeßfähig** ist für das BerufungsVf auch ein nicht-prozeßfähiger Beteiligter anzusehen, der sich mit der Berufung dagegen wehrt, **daß er** in der 1. Instanz als **prozeßfähig** angesehen wurde (BGH NJW 1986, 3211; NJW-RR 1986, 1119). Zur „Vertretung" **unbekannter,** verhinderter uä **Beteiligter** s 17 zu § 61. 11

---

[15] Vgl NJW 1982, 539; Bln DÖV 1978, 770; Kunz NJW 1982, 2707 zur Frage der Prozeßfähigkeit bzw Handlungsfähigkeit minderjähriger Ausländer im Verfahren nach dem Ausländerrecht.

[16] 68, 17 = NJW 1983, 2585; UL 16 II 2; vgl auch BVerwG 35, 247; BGHZ 35, 12; NJW 1978, 992.

[17] NJW 1982, 539; Lü DVBl 1982, 218; VG Darmstadt m Anm v Mangoldt StAZ 1984, 45 – zugleich zum Erwerb der deutschen Staatsangehörigkeit durch einen von einem Deutschen angenommenen minderjährigen Ausländer –; UL 16 II 2.

[18] 30, 26; BGHZ 86, 184 = NJW 1983, 996; NJW 1990, 1734 m Anm Bork ZZP 1990, 468; BSG NJW 1994, 215; Bln DÖV 1974, 320; Ms NVwZ-RR 1998, 406; OLG Hamm JurBüro 1982, 606; Hager ZZP 1984, 174; vgl auch 3 zu § 61.

[19] Vgl BGHZ 86, 184; NJW 1990, 1734; OLG Düsseldorf MDR 1977, 759; Hager ZZP 1984, 174; zweifelhaft; vgl auch BSG NJW 1994, 215.

12 **3. Vertretung nicht prozeßfähiger natürlicher Personen:** Zur Vertretung nicht prozeßfähiger natürlicher Personen ist der **gesetzliche Vertreter** (Vater u Mutter, Vormund, Betreuer, Pfleger usw) berufen. S auch oben 3. Ist ein solcher nicht bestellt, so muß das Gericht bei einer Klage gegen einen prozeßunfähigen Bekl nach § 62 Abs 4, § 57 ZPO auf Antrag einen **Prozeßpfleger** bestellen (Mü BayVBl 1989, 52; allg auch BGH 41, 106; s auch unten 19); ebenso – uU vAw – in entspr Anwendung von § 57 ZPO **bei der Klage des Prozeßunfähigen** selbst gegen eine Maßnahme der Eingriffsverwaltung (23, 15). In besonders gelagerten Fällen – insb in Eilfällen –, in denen ein gesetzlicher Vertreter fehlt oder wg eines Interessenkonflikts an der Vertretung gehindert ist, kann das Gericht auch Personen als sog. **Verfahrensbevollmächtigte** anerkennen, die tatsächlich die Angelegenheiten des Nicht-Prozeßfähigen wahrnehmen (vgl zum Verfassungsprozeßrecht BVerfG 72, 132); **Entsprechendes** gilt für Personen, die die Interessen von Beteiligten wahrnehmen, die selbst infolge **besonderer Umstände** nicht dazu in der Lage sind.[20] **Auch soweit** Prozeßunfähige im Prozeß durch gerichtliche Vertreter, Betreuer oder Prozeßpfleger vertreten werden, sind sie jedenfalls **auch persönlich** zu hören (vgl BSG NJW 1994, 215; s auch oben 6).

Ob die Bestellung eines Prozeßpflegers – uU auch durch das Verwaltungsgericht selbst u mit Beschränkung auf den anhängigen Prozeß – auch in anderen Fällen zulässig u geboten ist, ist str (vgl Buchh 310 § 62 Nr 1; 310 § 86 Nr 13), muß im Hinblick auf Art 103 GG (vgl Geiger, in BVerfG 42, 85) u Art 19 Abs 4 GG aber jedenfalls **für alle Klagen im Über-Unterordnungsverhältnis** bejaht werden,[21] **zB** wenn ein **hilfsbedürftiger Geisteskranker** auf Leistungen klagt, die gerade im Hinblick auf seinen Zustand in Betracht kommen, der auch die Prozeßunfähigkeit bedingt.[22]

13 **4. Prozeßfähigkeit und Vertretung Betreuter** (Abs 2): Der Betreute ist – anders als dies bis zum 1. 1. 1992 für Entmündigte galt – **grds** im Verwaltungsprozeß **prozeßfähig.** So kann der Betreute, wenn kein Einwilligungsvorbehalt nach § 1903 BGB angeordnet wurde, wirksam RMittel einlegen, ohne daß der Betreuer Prozeßerklärungen abgeben muß (vgl Buchh 303 § 53 ZPO Nr 1). Fällt die Angelegenheit, um die es im Verwaltungsprozeß geht, in den Aufgabenkreis des **Betreuers,** so **kann** dieser jedoch jederzeit **das Verfahren an sich ziehen** mit der Folge, daß der Betreute von diesem Zeitpunkt an einer prozeßunfähigen Person gleichgestellt ist. Hat das Vormundschaftsgericht gem § 1903 Abs 1 BGB einen **Einwilligungsvorbehalt** angeordnet u fällt auch der Gegenstand des Prozesses unter diesen, so kann der Betreute grds nur insoweit Prozeßhandlungen vornehmen, als er nach den Vorschriften des bürgerlichen Rechts, zB §§ 112f BGB, ohne Einwilligung des Betreuers handeln kann oder er durch Vorschriften des öffentlichen Rechts als handlungsfähig anerkannt ist (s auch Buchh 310 § 62 VwGO Nr 4 = JuS 1997, 279). Immer ohne Einwilligung seines Betreuers kann der Betreute gem § 1903 Abs 3 S 1 BGB alle Verfahrenshandlungen vornehmen, die ihm **lediglich einen rechtlichen Vorteil** bringen, zB Akteneinsicht gem § 100 nehmen (vgl Laubinger/Repkewitz VerwA 1994, 97), au-

---

[20] Vgl BVerfG 72, 132 zur „Vertretung" des von Terroristen entführten Arbeitgeberpräsidenten Dr Schleyer durch seinen Sohn im Verfahren vor dem BVerfG zum Erlaß einer eA, mit der die Bundesregierung zur Erfüllung der Bedingungen, die die Terroristen für die Freilassung Dr Schleyers gestellt hatten, verpflichtet werden sollte, 22 zu § 61.

[21] Vgl DÖV 1973, 95; vgl auch BSG NJW 1994, 215; **aA** 23, 36; 30, 25: keine allg Verpflichtung, nur ausnahmsweise entspr Anwendung des § 57 ZPO; ebenso wohl Sch-Bier 16; ähnlich BSG NJW 1994, 215; **offen** Mü BayVBl 84, 757; Ko NVwZ-RR 1998, 693.

[22] Vgl für den Bereich der Leistungsverwaltung Buchh 310 § 62 VwGO Nr 21; Buchh 303 § 57 ZPO Nr 2; Ms NVwZ-RR 1998, 406; zur Bestellung eines Prozeßpflegers im Fall eines Interessenkonfliktes im Verfahren zwischen einem Betreuten u seinem Pfleger auch BayObLG NJW 1990, 774.

ßerdem kann er gem § 1903 Abs 3 S 2 BGB auch Prozeßhandlungen vornehmen, die lediglich **geringfügige Angelegenheiten** des täglichen Lebens betreffen, was für die Prozeßfähigkeit jedoch kaum praktisch Bedeutung haben dürfte (Laubinger/Repkewitz VerwA 1994, 97; Bork MDR 1991, 98). Aufgrund des Kostenrisikos fällt etwa die Beschwerde gegen die Nichtzulassung der Revision nicht unter § 1903 Abs 3 S 1 BGB (Buchh 310 § 62 VwGO Nr 4 = JuS 1997, 279). Als **ör Vorschriften,** nach denen Betreute ohne Einwilligung ihres Betreuers handlungsfähig u damit auch prozeßfähig sind, sind außer Vorschriften, die dies ausdr vorsehen, **auch alle** Vorschriften anzusehen, die **beschränkt geschäftsfähige** Minderjährige **als partiell geschäftsfähig** anerkennen (vgl B-v Albedyll 11; Laubinger/Repkewitz VerwA 1994, 98); dafür spricht insb, daß § 1903 Abs 1 S 2 BGB auch sonst die Betreuten weitgehend den beschränkt geschäftsfähigen Minderjährigen gleichstellt (Laubinger/Repkewitz VerwA 1994, 98). Allg zur Stellung Betreuter im Prozeß s Laubinger/Repkewitz VerwA 1994, 94.

5. Vereinigungen und Behörden (Abs 3): Der Begriff der Vereinigung iSv Abs 3 ist **weiter als der Begriff der Vereinigung** in § 61 Nr 2 (s dazu 12ff zu § 61); er erfaßt anders als dort **auch juristische Personen** des Privatrechts u des öffentlichen Rechts, insb auch den Staat, die Gemeinden u die den juristischen Personen gleichgestellten Vereinigungen u Einrichtungen (vgl 6 zu § 61), außerdem **auch nicht-rechtsfähige Vereinigungen** iSv § 61 Nr 2 (Weides JuS 1992, 53 Fn 2). 14

Juristische Personen (zB AG, rechtsfähige Vereine, der Bund, die Länder, Gemeinden u andere Körperschaften des öffentlichen Rechts) u nichtrechtsfähige **Personenvereinigungen** (nichtrechtsfähige Vereine usw) sind als solche nicht prozeßfähig, sondern handeln durch ihre **gesetzlichen** Vertreter. **Wer gesetzlicher Vertreter** ist, ergibt sich aus dem materiellen Recht (GG, Landesverfassung, Geschäftsordnung der Regierung, AktG, BGB, HGB, GO, Verwaltungsvorschriften usw). Vgl zur **Beschränkung der Vertretungsbefugnis** im Gemeinderecht durch besondere Erfordernisse u Formvorschriften LG Stuttgart NVwZ 1982, 57; zur Duldungsvollmacht KR 24f zu § 12 VwVfG. Zur Prozeßfähigkeit bei einem **Bürgerbegehren** vgl Fischer DÖV 1996, 184f; Jaroschek BayVBl 1997, 41f; Wefelmeier NdsVBl 1997, 35 mwN; vgl auch 11 zu § 61.

Abs 3 gilt entspr auch für **vertretungsbefugte Personen kraft Amtes,** zB für den Verwalter einer Wohnungseigentümergemeinschaft gem § 27 WohnungseigentumsG (WEG).[23] 14 a

Die **Bundesrepublik wird idR vertreten** durch den zuständigen **Bundesminister,**[24] in **Beamtensachen** als Bekl nach §§ 3 Abs 1, 174 Abs 1 BBG durch den für den Dienstbereich des klagenden Beamten zuständigen Bundesminister (72, 168), in **Angelegenheiten,** die den **Bundestag oder den Bundesrat** betreffen, durch den Bundestagspräsidenten bzw den Bundesratspräsidenten.[25] **Die Länder** werden idR durch den **zuständigen Landesminister,** in Angelegenheiten des Parlaments durch den Parlamentspräsidenten vertreten,[26] die **Gemeinden** je nach der GO durch den **Bürgermeister** oder den Stadtdirektor oä. Soweit in den Ländern **dem VöI** durch Landesrecht **die Vertretung des Staa-**

---

[23] Vgl Lü BauR 1986, 684; zur Zustellung an mehrere Betroffene bzw den Bevollmächtigten s 13f zu § 56.

[24] 52, 228; 72, 168 = NVwZ 1986, 555; NJW 1963, 315, 1285; VG Darmstadt NJW 1961, 2276; vgl auch BGHZ 8, 197 = NJW 1953, 380; NJW 1964, 203; 1967, 1756 mwN; Müller NJW 1983, 598; vgl andrerseits BVerwG DÖV 1984, 395: Vertretung der Bundesrepublik im Streit um die Einberufung eines anerkannten Kriegsdienstverweigerers durch das Bundesamt für den Zivildienst.

[25] Vgl Lü NVwZ 1987, 626 u 846 zu Angelegenheiten eines Untersuchungsausschusses; Mü BayVBl 1981, 211 zu einer Petitionssache.

[26] Vgl Lü NVwZ 1987, 626 u 846; Mü BayVBl 1981, 211.

tes (Landes) im Prozeß übertragen ist (§ 36 Abs 1 S 2), handelt er **als gesetzlicher Vertreter des Staates** (nicht dagegen auch anderer juristischer Personen, wie etwa der Gemeinden).

15 **Behörden** werden, soweit ihre Beteiligung am Vf überhaupt in Betracht kommt (s 13 zu § 61), idR **durch den Behördenvorstand** vertreten. **Besonders Beauftragte** sind generell oder ad hoc für den einzelnen Rechtsstreit beauftragte Angehörige der Behörde oder auch Dritte. Erteilt eine Behörde einer Aufsichtsbehörde eine Generalvollmacht zur Prozeßvertretung, so ist diese dahingehend auszulegen, daß die jeweils zuständigen Bediensteten der Aufsichtsbehörde gem § 62 Abs 3 beauftragt sind (NJW 1999, 513 = DVBl 1999, 99; s auch 11 zu § 67). Die **Beauftragung** bedarf der **Schriftform** analog § 67 Abs 3 S 1 (Ks NVwZ 1986, 311; We ThürVBl 1998, 258).

16 **6. Entscheidung bei fehlender Prozeßfähigkeit:** Bei fehlender Prozeßfähigkeit des (nicht durch einen gesetzlichen Vertreter vertretenen) Kl oder des Bekl oder eines notwendigen Beigeladenen muß das Gericht die **Klage** als **unzulässig** abweisen. S aber oben 12f zur Bestellung eines **Prozeßpflegers** durch das Gericht, oben 11 zu **RMittel eines Prozeßunfähigen** gegen Entscheidungen, in denen er zu Unrecht als prozeßfähig behandelt worden ist. Die **Kosten** des Vf sind in jedem Fall **dem Kl** aufzuerlegen – die fehlende Prozeßfähigkeit steht dem nicht entgegen –, nicht dem Bevollmächtigten (vgl 15 zu § 61). Für die **Revision bzw die Wiederaufnahmeklage** sowie die Möglichkeit einer Entscheidung über die Prozeßfähigkeit durch **Zwischenurteil** (§ 109) gilt dasselbe wie bei der Beteiligungsfähigkeit (s 15 zu § 61).

17 **Der Mangel der Prozeßfähigkeit** kann – ähnlich wie der Mangel einer gewillkürten Bevollmächtigung (vgl 57 zu § 67) – dadurch **geheilt werden,** daß der gesetzliche Vertreter die von oder ggü dem Prozeßunfähigen vorgenommenen Prozeßhandlungen genehmigt.[27] Entsprechendes gilt für die **Genehmigung durch den** vorher **Prozeßunfähigen selbst,** nachdem er prozeßfähig geworden ist.[28]

Die Genehmigung muß **nicht notwendig ausdr** erfolgen. Als Genehmigung ist es im Zweifel auch zu werten, wenn der gesetzliche Vertreter oder der prozeßfähig Gewordene selbst das **Vf rügelos fortsetzt.**[29] Die Genehmigung kann auch **auf einzelne Prozeßhandlungen beschränkt** werden.[30]

Eine Genehmigung kann, wenn der Rechtsstreit bereits **in der Rechtsmittelinstanz** ist, auch noch in der Revisionsinstanz, erfolgen (Laubinger, Ule-FS 1987, 181), **nicht mehr** jedoch **nach RKraft** des Urteils (**aA** Laubinger, Ule-FS 1987, 181). Sie **wirkt zurück** auf den Zeitpunkt, zu dem die einzelnen Prozeßhandlungen vorgenommen worden waren (Buchh 237.2 § 79 LBG Berlin Nr 2 S. 6).

Nicht möglich ist eine **(vorausgehende)** „vorsorgliche" **Ermächtigung** des Prozeßunfähigen analog § 107 BGB zu Prozeßhandlungen insgesamt oder zu bestimmten einzelnen Prozeßhandlungen.[31]

18 Ein prozeßunfähiger Beteiligter ist, wenn im Prozeß nicht sein Vertreter bzw Betreuer für ihn auftritt, iSd § 138 Nr 4 **nicht nach den Vorschriften des Gesetzes vertreten** (30, 27; 48, 201).

---

[27] 72, 168; Buchh 237.2 § 79 LBG Berlin Nr 2 S. 7; 402.24 § 10 AuslG Nr 27; Lü DVBl 1982, 218; BayObLG DÖV 1979, 62; Laubinger, Ule-FS 1987, 181; s auch 2 zu § 61.

[28] Ks VRspr 11, 1034: Heilung auch durch rügelose Fortsetzung des Verfahrens; Laubinger, Ule-FS 1987, 181.

[29] Buchh 237.2 § 79 LBG Berlin Nr 2 S. 7; Ks VRspr 11, 1034; Laubinger, Ule-FS 1987, 181 mwN.

[30] **AA** Laubinger, Ule-FS 1987, 181: nur hins der Gesamtheit der bis zur Genehmigung vorgenommenen Prozeßhandlungen.

[31] RS § 44, 11; Jauernig § 20 II 2; StJ 3 zu § 51 ZPO; Laubinger, Ule-FS 1987, 184 mwN; **aA** Grunsky § 27 II 2.

7. Bestellung eines Prozeßpflegers (Abs 4): Gem Abs 4 gelten die §§ 53–58 ZPO auch für den Verwaltungsprozeß entspr. S dazu auch oben 12. Danach gilt ua, daß eine an sich prozeßfähige Person, die im Rechtsstreit durch einen Betreuer oder Pfleger vertreten wird, insoweit **einem Prozeßunfähigen gleichsteht** (§ 53 ZPO). Unter besonderen Voraussetzungen (ua bei Fehlen eines gesetzlichen Vertreters bei fehlender Prozeßfähigkeit u bei herrenlosen Grundstücken u Schiffen) muß der Vorsitzende einen Prozeßpfleger bestellen (§§ 57f ZPO).[32] Wenn ein Betreuer oder Pfleger bestellt ist, ist der **Beteiligte** selbst, für den er bestellt wurde, für den Prozeß auch dann **als prozeßunfähig zu behandeln,** wenn der Pfleger die Prozeßführung ablehnt (Mü BayVBl 1989, 52; NW LSG MDR 1985, 701). 19

8. Bei Eröffnung des Insolvenzverfahrens über das Vermögen eines Beteiligten, bei Eintritt der **Prozeßunfähigkeit** oder einer **Nacherbfolge,** bei **Wegfall des Anwalts** im Anwaltsprozeß (zB bei Tod des Anwalts) u bei Stillstand der Rechtspflege tritt grds eine **Unterbrechung des Vf** gem §§ 240ff ZPO, § 173 S 1 ein, bis der eingetretene Mangel beseitigt ist. Vgl im einzelnen §§ 240ff ZPO. **Ist Prozeßvollmacht erteilt,** so führt der Prozeßbevollmächtigte gem § 86 ZPO das Vf fort. Vgl dazu sowie zur analogen Anwendbarkeit von § 86 ZPO auch auf prozeßfähig gewordene juristische Personen 12 u 14 zu § 63; ferner BGH NJW 1993, 1654. 20

§ 63 [Beteiligte]

Beteiligte am Verfahren[1 ff] sind

1. **der Kläger,**[3]
2. **der Beklagte,**[3]
3. **der Beigeladene (§ 65),**[4]
4. **der Vertreter des Bundesinteresses beim Bundesverwaltungsgericht oder der Vertreter des öffentlichen Interesses, falls er von seiner Beteiligungsbefugnis Gebrauch macht.**[5]

Vgl § 69 SGG; § 57 FGO

Schrifttum: *Ehlers,* Der Beklagte im Verwaltungsprozeß, Menger-FS 1985, 379; *Herbert,* Die Klagebefugnis von Gremien, DÖV 1994, 108; *Jestaedt,* Der „richtige" Beklagte?, NWVBl 1989, 46; *v Mutius,* Die Beteiligten im Verwaltungsprozeß, Jura 1988, 469; *Schmidt,* Parteien im Verwaltungsprozeß, VBlBW 1983, 96, 131; *Schreiber,* Parteibegriff und Folgen falscher Zustellungen in Zivilprozeß, Jura 1990, 162; *Stettner,* Die Beteiligten im Verwaltungsprozeß, JA 1982, 394.

1. Allgemeines: Die durch G v 9. 7. 2001 (BGBl 1510) in Nr 4 geänderte Vorschrift regelt den Begriff des Beteiligten. 1

Die VwGO verwendet den Begriff des **Beteiligten** als gemeinsame Bezeichnung für **alle Personen,** die am Prozeß **mit eigenen Verfahrensrechten,** insb dem Recht, Anträge zum Vf u zur Sache zu stellen, **beteiligt** sind.

Zwischen den Beteiligten besteht das **Prozeßrechtsverhältnis,** entfaltet sich die RKraft der Entscheidung (§ 121) u wird die Kostenfolge (§§ 154ff) ausgetragen. Die **Bezeichnung der Beteiligten** bleibt erhalten, solange das Vf nicht formell rechtskräftig abgeschlossen ist. **Wird** nach formell rechtskräftigem Abschluß eines verwaltungsgerichtlichen Vf **ein weiteres Vf eingeleitet,** so handelt es sich um ein neues Verfahren, für das die Beteiligtenbezeichnungen sich gleichfalls nach § 63 bestimmen (Ms DVBl 1988, 114).

---

[32] Zur Zulässigkeit vgl BGHZ 41, 106; s auch Ms NVwZ-RR 1998, 406; zu Neuerungen aufgrund des G v 12. 9. 1990 (BGBl I S. 2002) mWv 1. 1. 1992 Bork MDR 1991, 97; Laubinger/Repkewitz VerwA 1994, 86; NKVwGO-Czybulka 55ff.

Der Begriff des Beteiligten entspricht funktionell dem der **Partei** im Zivilprozeßrecht, ist jedoch umfassender als dieser. Gleichwohl ist es weithin üblich, auch im Verwaltungsprozeß in Anlehnung an die ZPO insb den Kl u den Bekl als „Parteien" zu bezeichnen. Die VwGO verwendet den Begriff „Partei" nur in § 162 Abs 3 u meint dort Kl u Bekl. Bis zur Streichung des § 86 a durch das JKomG fand sich der Begriff auch in § 86 a Abs 1 S 1. „Parteien" iS dieser Vorschrift waren jedoch alle Beteiligten (13. Aufl 5 zu § 86 a). Die **Aufzählung** möglicher Beteiligter in § 63 ist **abschließend,** andere als die in dieser Vorschrift genannten Personen können am Vf nicht als Beteiligte teilnehmen,[1] wenn nicht ein Bundesgesetz außerhalb der VwGO ihre Teilnahme vorsieht (s unten 3). Die Stellung als Beteiligter schließt die Eigenschaft **als Zeuge** aus. Zur Frage der Bestellung eines **Prozeßpflegers für unbekannte oder abwesende Beteiligte** s 4 zu § 61, zur **Fortführung** eines Vf durch den Rechtsnachfolger auch 21 zu § 61; 2 zu § 90; 7 zu § 91.

2 **2. Die Beteiligten (Parteien): a) Beteiligte** sind im Verwaltungsprozeß die in § 63 genannten, sofern sie durch die entsprechenden Prozeßhandlungen (zB die Klageerhebung durch den Kl, die Beiladung durch das Gericht) in den Prozeß einbezogen wurden. Deshalb ist genau zwischen der Beteiligteneigenschaft (§ 63) u der Beteiligungsfähigkeit zu unterscheiden. Beteiligte, wenngleich nicht beteiligungsfähig gem § 61, sind auch die „Seehunde in der Nordsee" (VG Hamburg NVwZ 1988, 1058; NKVwGO-Czybulka 7).

Bloße Betroffenheit in eigenen Rechten oder Kompetenzen allein – dh ohne formelle Einbeziehung in den Prozeß – begründet noch keine Beteiligtenstellung (sog „übergangene Beteiligte", vgl KR 8 zu § 13 VwVfG). Vgl aber zum Schutz potentiell betroffener, nicht beigeladener Dritter BVerfG 60, 9 = NJW 1982, 1635; Marotzke ZZP 1987, 165.

3 **b) Beteiligte** sind: **aa) Der Kläger und der Beklagte** (Nr 1 u 2). Die Stellung als Kl bzw Bekl ist die Folge der Klageerhebung u wird durch die **Klage** bestimmt. Ob es sich um den „richtigen", dh klage- bzw prozeßführungsbefugten (s 23 vor § 40) u zudem aktivlegitimierten (s dazu 28 vor § 40) Kl u den „richtigen", dh prozeßführungsbefugten u auch passivlegitimierten Bekl handelt, ist für die prozessuale Stellung als Kl oder Bekl unerheblich. S auch 1 zu § 78.

Bekl ist die Person, Körperschaft oä, **gegen die die Klage** gerichtet ist. Von der allein formal durch die Klage bestimmten Eigenschaft als Bekl ist die Frage zu unterscheiden, ob a) der so bestimmte Bekl zulässigerweise zum Bekl gemacht wurde (was zB dann nicht der Fall ist, wenn er nicht beteiligungsfähig ist, s 4 zu § 61), b), ob der Bekl prozeßführungsbefugt ist (s 1 ff zu § 78) u c), ob der Bekl in der Sache passivlegitimiert ist (s dazu 18 u 28 vor § 40).

4 **bb) Beigeladene** (Nr 3). Der Beigeladene ist **Teilnehmer** an einem **zwischen anderen Personen** (nämlich den Hauptbeteiligten des Prozesses) **anhängigen Prozeß** (s 2 zu § 65). Er erhält seine Stellung mit Zustellung des **Beiladungsbeschlusses** (§ 65) bzw, wenn er in der mV anwesend ist (zB weil das Gericht ihn vorsorglich geladen hat), mit dessen Verkündung (nicht schon mit einer etwa vorausgegangenen vorsorglichen Ladung zur mV). Zum BeiladungsVf s 23 ff zu § 65.

Daß ein Rechtsträger Anspr auf (notwendige) Beiladung gem § 65 Abs 2 hätte bzw **zu Unrecht nicht beigeladen** wurde, hat **nicht** zur Folge, daß er gleichwohl als **Beteiligter** anzusehen oder jedenfalls wie ein solcher am Vf zu beteiligen ist.[2] Er kann deshalb auch grds RMittel nur einlegen, wenn er vorher in der

---

[1] Ms DVBl 1988 114; RÖ-M. Redeker 6; **aA** Ko DÖV 1961, 513.
[2] NVwZ 1991, 872; Buchh 310 § 65 VwGO Nr 56; Nr 117.

Vorinstanz beigeladen wurde (36, 296; NVwZ 1991, 872). Das gilt auch für das vorläufige RechtsschutzVf (34 zu § 146; **aA** 10. Aufl).

cc) Der Vertreter des Bundesinteresses (VdB) bzw der VöI (Nr 4). Auch der VdB u der VöI sind nicht automatisch Beteiligte jedes Vf vor dem Gericht, dem sie zugeordnet sind, sondern erlangen diese Stellung erst mit der **Erklärung, daß** sie sich **beteiligen** (75, 337 = NJW 1987, 2247). S dazu 1 ff zu § 35 bzw § 36. Gleichwohl sind ihnen Klagen oder RMittel, die übrigen Schriftsätze der Beteiligten u die Entscheidungen des Gerichts zu übersenden, auch wenn sie diese Erklärung nicht abgegeben haben, da sie nur dadurch in die Lage versetzt werden, zu beurteilen, ob sie von ihrem Beteiligungsrecht Gebrauch machen wollen. Die **Beteiligung** kann in jedem Stadium des Verfahrens, uU auch nur **zum Zweck der Einlegung eines RMittel,** erklärt werden, auch wenn vorher die Erklärung abgegeben wurde, daß eine Beteiligung nicht erfolgt. Nach Ablauf der Rechtsmittelfristen kann eine Beteiligungserklärung nicht mehr wirksam abgegeben werden.[3] 5

c) Weitere Beteiligte als die in § 63 genannten sind in der VwGO nicht vorgesehen, können aber **durch Bundesgesetz** – nicht auch durch Landesgesetz, weil die VwGO keine entsprechende Ermächtigung für den Landesgesetzgeber enthält – vorgesehen werden (so früher der Bundesbeauftragte für Asylangelegenheiten nach dem inzwischen aufgehobenen § 6 AsylVfG aF). **Der VöI** bzw der VdB u **solche Vertreter** besonderer öffentlicher Interessen können im Vf **auch nebeneinander** u mit unterschiedlichen Anträgen auftreten (75, 337 = NJW 1987, 2247; s auch 2 zu § 35). 6

3. Das Problem des sog In-sich-Prozesses: Die Beteiligten (§ 63) eines Vf sind idR **verschiedene „Personen"** bzw gehören, wenn ausnahmsweise Behörden nach Landesrecht beteiligungsfähig sind (§ 61 Nr 3) oder verklagt werden können (§ 78 Abs 1 Nr 2), verschiedenen Rechtsträgern an.[4] Nach der VwGO ist dies jedoch **nicht ein zwingendes Erfordernis. Maßgeblich** dafür, ob ein sog „In-sich-Prozeß" von Organen, Behörden usw **innerhalb desselben Rechtsträgers** (Staat, Gemeinde usw) zulässig ist, ist ausschließlich, ob die streitenden **Organe,** Organteile, Behörden ua **Träger eigener Rechte** und/oder Pflichten – auch organschaftlicher oder ähnlicher Rechte bzw Pflichten (vgl 80 zu § 42) – sind, die (auch) im Verhältnis zueinander gelten,[5] u ob sie einer **gemeinsamen Spitze** unterstellt sind, die im Streitfall für alle Beteiligten verbindlich entscheiden kann. Beides bestimmt sich nicht nach § 63, sondern nach den insoweit maßgeblichen gesetzlichen Vorschriften, nach **§ 42 Abs 2** – soweit anwendbar – (45, 207; NJW 1992, 927; Obermayer 209; Stern 238) u nach dem **RSI** – das idR entfällt, wenn eine gemeinsame Spitze besteht, die Streitigkeiten entscheiden kann –.[6] Zum In-sich-Prozeß s ferner 80 zu § 42; 10 zu § 43. 7

4. Wegfall Beteiligter und Rechtsnachfolge im Prozeß (§§ 239 ff ZPO): Mit dem Tod eines Beteiligten, der Auflösung einer juristischen Person oder einer beteiligungsfähigen Vereinigung iSv § 61 Nr 2, der ein im Prozeß betroffenes Recht zustand, **während der Anhängigkeit** (Rechtshängigkeit) **eines Prozesses** bzw AntragsVf entfällt diese Person als Beteiligter. In Konsequenz dessen stellt sich die Frage, ob u ggf wie der Prozeß bzw das Vf festgesetzt wird. 8

---

[3] NVwZ 1993, 182; NJW 1994, 3025; NVwZ-RR 1997, 519; 4. 5. 1999 – 4 C 1/99.

[4] 2, 149; 19, 270; 23, 65, 31, 267; Dolde, Menger-FS 1985, 435; Erichsen, Menger-FS 1985, 423; Ule 33 V 2; Obermayer 209; Stern 238; weniger eng BVerwG 45, 207; Naumann DÖV 1974, 819; Herbert DÖV 1994, 108; Schenke 531; Hufen § 1, 35; § 21, 1 ff.

[5] Vgl 45, 209; Sa DÖV 1990, 157; Kisker JuS 1975, 604; Schnapp BayVBl 1984, 450.

[6] So auch für den Streit zwischen zwei Ämtern einer Stadt LKV 1996, 455.

9 **Stirbt ein Beteiligter** – auch ein **notwendig Beigeladener** gem § 65 Abs 2[7] **oder ein einfacher Beigeladener** –,[8] so wird, **wenn er nicht** gem §§ 86, 246 ZPO, § 173 S 1 **durch einen Prozeßbevollmächtigten** (§ 67) **vertreten ist,** damit nach § 239 ZPO, § 173 S 1 das Vf **bis zu seiner Wiederaufnahme durch den bzw die Rechtsnachfolger unterbrochen.**[9] Rechtsnachfolger idS sind die Erben, uU aber auch ein Sonderrechtsnachfolger von Todes wegen,[10] nicht dagegen zB **Vermächtnisnehmer,** Erbschaftskäufer u Pfändungsgläubiger (Zimmermann 11 zu § 239 ZPO). **Verzögert der Rechtsnachfolger** die Aufnahme, so kann diese ggf auf Antrag des Prozeßgegners (Ag) vom Gericht durch Ladung zur mV u Fortführung der Verhandlung zur Hauptsache **ersetzt** werden (BGH BStBl II 1987, 147; zT **aA** FG Saarland FG 1980, 193). **War der Verstorbene durch einen Anwalt vertreten,** so bleibt die Vollmacht nach § 86 ZPO, § 173 S 1 im Zweifel über den Tod des Vollmachtgegners hinaus wirksam u tritt nach § 246 ZPO, § 173 S 1 auch keine Unterbrechung des Vf ein. Der **Rechtsnachfolger** tritt in diesem Fall **kraft Gesetzes** als Nachfolger auch als Beteiligter in die prozessuale Stellung des verstorbenen Beteiligten (Parteiwechsel kraft Gesetzes, vgl ThP 1 zu § 239 ZPO) u in das Vertretungsverhältnis aus der Vollmacht (vgl ThP 1 zu § 246 ZPO) ein. Er kann deshalb dem Bevollmächtigten **auch** neue **Weisungen** erteilen.

10 **Nimmt der Rechtsnachfolger** nach § 239 Abs 1 ZPO, § 173 S 1 **das Vf** auf oder gilt er nach § 239 Abs 2 bis 3 ZPO, § 173 S 1 als Nachfolger auch in die **Stellung als Beteiligter,** so übernimmt er aufgrund dieses gesetzlichen Parteiwechsels (BGH NJW 1993, 2073; ThP 1 zu § 239 ZPO) das Vf mit allen verfahrensrechtlichen Rechten u Pflichten – auch ggf mit den Folgen einer Verwirkung, eines Verzichts, der Versäumung von Fristen usw, die unter dem Vorgänger erfolgt waren (Lü NVwZ 1994, 84 mwN; s auch 6 zu § 74) –, ohne daß die Voraussetzungen nach § 91 erfüllt sein müßten. Zur Fortführung des Prozesses bei **Beendigung einer Prozeßstandschaft kraft Amtes,** vgl BGHZ 1, 70; 71, 216; NJW 1993, 2070.

11 **Bei juristischen Personen,** Personengesellschaften u Vereinigungen iSv § 61 Nr 2 entspricht dem Tod eines Beteiligten iSv § 239 ZPO (vgl oben 9) die abschließende **Beendigung** (s unten 12) **der Rechts- bzw Beteiligungsfähigkeit** (§ 61) der juristischen Person, Personengesellschaft oder Vereinigung. Nach hM ist **§ 239 ZPO** hier jedoch **nur** anzuwenden, **wenn Gesamtrechtsnachfolge** eintritt,[11] zB durch Anfall des Vermögens eines erloschenen Vereins eV nach § 46 BGB, durch Verschmelzung einer AG gem § 2 UmwG (früher § 339 AktG; vgl auch BL 4 f zu § 239 ZPO: nicht aber bei bloßer Umwandlung nach dem UmwG) oder durch Übernahme einer OHG (str; wie hier Zimmermann 3 u 6 zu § 239 ZPO; **aA** ThP 3 zu § 239 ZPO), **nicht auch bei Einzelrechtsnachfolge** (str; ein sinnvoller Grund für diese Einschränkung ist jedoch nicht ersichtlich; vgl zur Einzelrechtsnachfolge natürlicher Personen auch oben 9). **Ist ein Anwalt bestellt,** so tritt auch bei Wegfall einer juristischen Person usw als

---

[7] MDR 1982, 80; 23. 10. 1998 – 7 B 248/98; **aA** BSG SGb 1981, 354; enger BL 23 zu § 239 ZPO: jedenfalls, wenn er notwendiger Streitgenosse iSv § 62 ist.

[8] Sojka MDR 1982, 13; s auch 10 a zu § 66; **aA** BSG MDR 1975, 434; Bln JR 1969, 114; BL 23 zu § 239 ZPO: nicht auch beim Tod eines einfachen Beigeladenen; NK-VwGO-Czybulka 62 zu § 65.

[9] Vgl im einzelnen zur analogen Anwendbarkeit von §§ 239 ff ZPO auch im Verwaltungsprozeßrecht – bejahend – 55, 218; Buchh 310 § 133 VwGO Nr 79; BSG SGb 1981, 354; BFH BStBl II 1987, 147; Ms NJW 1986, 1707; Mü VerwRspr 28 N 118; Ma VBlBW 1982, 131 mwN; Gerhard/Jacob DÖV 1992, 346; Spannowsky NVwZ 1992, 472 mwN; BL 23 zu § 239 ZPO.

[10] Vgl BGH 69, 396; BL 8 zu § 239 ZPO; M 6 zu § 239 ZPO; Zimmermann 11 zu § 239 ZPO.

[11] Vgl BGH LM § 74 GmbHG Nr 1; ThP 3 zu § 239 ZPO; BL 4 zu § 239 ZPO.

Beteiligter wie beim Tod eines Beteiligten (s oben 9) **keine Unterbrechung** des Prozesses ein.[12]

Bei juristischen Personen des öffentlichen Rechts hat der Wechsel der Zuständigkeit idR auch einen **Parteiwechsel kraft Gesetzes,** nicht gem § 239 ZPO, zur Folge (13 zu § 91).

12 Findet ein **LiquidationsVf** statt, zB gem §§ 264 ff AktG, §§ 66 ff GmbHG; §§ 47 ff, 730 BGB; §§ 161 Abs 2, 145 HGB, so endet die Beteiligtenstellung **erst mit dessen Abschluß,** nicht schon mit der Auflösung oder der Löschung im Handelsregister (Spannowsky NVwZ 1992, 427; s auch oben 11). Zur Frage, wann eine **Liquidation** als abgeschlossen anzusehen ist, s Spannowsky NVwZ 1992, 427 mwN.

13 Vom Eintritt des Rechtsnachfolgers nach §§ 239 f ZPO, § 173 S 1 als Beteiligter in das anhängige Vf ist die **Rechtsnachfolge hins des Streitggst** zu unterscheiden. Betrifft ein Prozeß **höchstpersönliche Rechte,** so erledigt sich die Hauptsache idR mit dem Tod des Inhabers dieser Rechte. Auch für die Fortsetzung des Prozesses besteht damit idR ein **RSI** nur noch hins der Kostenentscheidung.[13] Vgl aber zur Rechtsnachfolge hins der streitbefangenen Sache usw im folgenden; ferner eingehend Spannowsky NVwZ 1992, 426; zT **aA** Sojka MDR 1982, 13.

14 **5. Rechtsnachfolge im Prozeß bei Veräußerung der streitbefangenen Sache** usw (§§ 265 f ZPO): Ähnlich wie der Wegfall eines Beteiligten hat gem §§ 265 f ZPO, § 173 S 1 auch die Veräußerung der „in Streit befangenen Sache" oder die Abtretung des geltend gemachten Anspr (vgl zB 91, 339 – der Zedent einer Forderung bleibt klagebefugt) nach Rechtshängigkeit prozessual **nicht zur Folge, daß** der bisherige Kl bzw, im Antragsverfahren, ASt in diesem Vf **nicht mehr zur Geltendmachung** eines Klageanspr bzgl der betroffenen Sache bzw des betroffenen Anspr **befugt wäre** (s auch 174 zu § 42; NVwZ-RR 2001, 406), dh seine Klage bzw sein Anspr in jedem Fall als unbegründet abgewiesen werden müßten. **§ 265 ZPO** gibt dem Kl (ASt) in solchen Fällen – entspr dem Grundgedanken von § 17 Abs 1 GVG, § 173 S 1, daß nach Rechtshängigkeit einer Sache eintretende Umstände die Zulässigkeit u Begründetheit einer Klage grds unberührt lassen, u vor allem auch aus Gründen der Prozeßökonomie – das Recht, das Vf zur Sache in Prozeßstandschaft für den Erwerber u mit Wirkung für u gegen diesen **zur Sache** (dh ua, nicht etwa nur durch Rücknahme der Klage oder durch Erklärung der Hauptsacheerledigung) **weiter u zu Ende zu führen.**[14] Die §§ 265 f ZPO gelten **auch für Anfechtungs- u Verpflichtungsklagen**[15] u haben hier zusätzlich zur Folge, daß **auch die Klagebefugnis** des Kl gem § 42 Abs 2 als fortbestehend gilt (s dazu 174 zu § 42; **aA** Spannowsky NVwZ 1992, 429). Die Notwendigkeit zu diesem erweiterten Verständnis von §§ 265 ff ZPO ergibt sich ua schon daraus, daß andernfalls der gesetzgeberische Zweck des § 265 ZPO bei diesen Klagen nicht erreicht werden könnte u auch die besonderen Prozeßvoraussetzungen der Anfechtungs- u Verpflichtungsklage (wie zB Klagefrist u Widerspruchsverfahren) vom Erwerber für eine

---

[12] BFH NJW 1986, 2593; BGH JZ 1991, 631; **aA** Spannowsky NVwZ 1992, 427; Weber/Grellert NJW 1986, 2559: auch dann nur in Fällen der Gesamtrechtsnachfolge, da § 246 ZPO § 239 ZPO voraussetzt.

[13] BVerwG MDR 1982, 80; Pietzner VerwA 1984, 88; BL 23 zu § 239 ZPO.

[14] 91, 339; NJW 1985, 281; 1993, 79; BayVBl 1987, 305; DVBl 1988, 738; Ms NJW 1981, 598; DVBl 1991, 826; NVwZ-RR 2001, 406; Ko NVwZ 1987, 72; Mü NVwZ-RR 1990, 171; Ule 36 III 2; zT **aA** Spannowsky NVwZ 1992, 429: nur § 239 ZPO analog; § 265 ZPO nicht anwendbar, da im Verwaltungsprozeß die Prozeßbeteiligungsbefugnis nicht genügt, sondern Klagebefugnis gem § 42 Abs 2 erforderlich ist, diese aber mit der Veräußerung des Gegenstandes, auf den sie sich stützt, entfällt.

[15] S dazu 174 zu § 42; 2 zu § 90; **aA** Spannowsky NVwZ 1992, 429.

neue Klage hins des Gegenstandes, auf den sich der VA bezieht – zB für eine Klage gegen die für ein Nachbargrundstück erteilte Bauerlaubnis, die für das Grundstück des Kl als „dingliche Belastung" fortwirkt – sonst kaum gewahrt werden könnten, da auch Wiedereinsetzung gem § 60 bzw § 70 iVm § 60 nicht möglich wäre (vgl 6 zu § 74).

15 Die **Fortführung** des Prozesses durch den bisher Berechtigten gem § 265 ZPO steht **unter dem Vorbehalt, daß der Rechtsnachfolger nicht** anstelle des bisher Berechtigten als (Haupt-)Beteiligter **in das Vf eintritt.** Der Rechtsnachfolger hins der streitbefangenen Sache bzw des betroffenen Anspr (s oben 14) kann nach § 266 Abs 1 ZPO nicht jederzeit ohne weiteres den Prozeß übernehmen, sondern nur, **wenn der Prozeßgegner** gem § 265 Abs 2 S 2 ZPO **zustimmt.** Der Eintritt in das Vf u das Ausscheiden des bisherigen Beteiligten erfolgt als **Parteiwechsel kraft Gesetzes,** der nicht an die Voraussetzungen des § 91 gebunden ist. Vgl aber zur Fristwahrung, zum Erfordernis des VorVf usw oben 14. Die Erklärung des Eintritts erfolgt in der mV zu Protokoll oder schriftsätzlich (ThP 17 zu § 265 ZPO); Entsprechendes gilt auch für die Zustimmung des Prozeßgegners, die jedoch auch § 267 ZPO durch Einlassung zur Sache ersetzt werden kann. **Das Gericht kann die Zustimmung nicht** dadurch **ersetzen,** daß es die Übernahme des Prozesses für sachdienlich erklärt.[16] Eine **Zustimmung des Veräußerers** ist nach § 265 ZPO nicht ausdr als notwendig vorgesehen, sie ist aber aus sachlichen Gründen in jedem Fall erforderlich (vgl ThP 17 zu § 265 ZPO). **Übernimmt der Rechtsnachfolger** den Rechtsstreit **nicht,** so kann dies ggf auch zur Folge haben, daß sich die Hauptsache erledigt (vgl NJW 1988, 52; Spannowsky NVwZ 1992, 430 FN 26).

16 Bei **juristischen Personen des öffentlichen Rechts** tritt bei Rechtsnachfolge idR ein Parteiwechsel kraft Gesetzes ein; die §§ 265 f ZPO sind hier idR nicht anwendbar (vgl 13 zu 91; s auch oben 11).

17 **Auch wenn der Rechtsnachfolger** in der Sache **nicht** als Partei **in das Vf eintritt,** sondern der frühere Berechtigte das Vf nach § 265 ZPO fortführt, wirkt die **RKraft** des Urteils in jedem Fall nach § 121 Nr 1 **auch gegen den Rechtsnachfolger.** Entsprechendes gilt auch schon für die Wirkungen der **Rechtshängigkeit.**

§ 64 [Streitgenossenschaft]

Die Vorschriften der §§ 59 bis 63 der Zivilprozeßordnung über die Streitgenossenschaft sind entsprechend anzuwenden.[1 ff]

Vgl §§ 59–63 ZPO; § 74 SGG; § 59 FGO.

Schrifttum: *Bettermann,* Streitgenossenschaft, Beiladung, Nebenintervention und Streitverkündung, ZZP 1977, 123; *Deckenbrock/Dötsch,* Die Streitgenossenschaft im Verwaltungsprozess, JA 2003, 882; *Stettner,* Das Verhältnis der notwendigen Beiladung zur notwendigen Streitgenossenschaft im Verwaltungsprozeß, 1979.

1 **1. Allgemeines:** Die Vorschrift läßt aus verfahrensökonomischen Gründen, zT aber auch im Hinblick auf die Natur des Streitggst, die **Streitgenossenschaft** im Verwaltungsprozeß im selben Umfang u **unter denselben Voraussetzungen wie die ZPO** zu, um den Beteiligten bzw dem Gericht eine gemeinsame Verhandlung u Entscheidung von Klagen mit mehreren Beteiligten zu ermöglichen. **Streitgenossenschaft** (auch als subjektive Klagenhäufung, im Gegensatz zur objektiven Klagenhäufung nach § 44 bezeichnet) liegt vor, wenn in einem Vf

---

[16] Vgl BGH NJW 1988, 3209; BGH NJW 1996, 2799; BL 23 zu § 265 ZPO; ThP 17 zu § 265 ZPO; **aA** OLG Frankfurt NJW-RR 1991, 318 für einen Fall, in dem der Rechtsvorgänger erloschen war.

mehrere Personen (als Streitgenossen) als Kl oder Bekl auftreten. Es handelt sich um mehrere Klagen, mehrere Prozesse u mehrere Prozeßrechtsverhältnisse, die in einem Vf zu gemeinsamer Verhandlung, Beweisaufnahme u Entscheidung verbunden sind (Mü NVwZ 1987, 901). Deshalb müssen zB auch die Prozeßvoraussetzungen für jede einzelne Klage gegeben sein. Die Streitgenossenschaft ist eine **einfache** (auch als freiwillige bezeichnet, s unten 8), wenn sich auf der einen oder anderen Seite mehrere Personen beteiligen, ohne daß dies für die Entscheidung der Sache erforderlich wäre; sie ist eine **notwendige** (s unten 5 ff), wenn die Sachentscheidung aus Gründen des materiellen Rechts die Beteiligung dieser mehreren Personen in der in § 62 ZPO näher bestimmten Weise voraussetzt (RÖ-M. Redeker 1; vgl auch 17, 297). Zur Frage, ob ein Streitgenosse **Zeuge** im Prozeß des anderen sein kann, s 8 zu § 98; ferner unten 10.

Die Streitgenossenschaft **unterscheidet sich von der Beiladung** (§ 65) dadurch, daß die **Streitgenossen** als Kl oder Bekl **Hauptbeteiligte im Prozeß** sind, während Beigeladene nicht Partei, sondern Teilnehmer an einem fremden Rechtsstreit sind (Ks DVBl 1965, 540). Daher **kann** das **Fehlen** eines Streitgenossen **nicht durch Beiladung ersetzt werden.**[1] Haupt- u Nebenintervention, Streitverkündung u Urheberbenennung (§§ 64 ff ZPO) sind im Verwaltungsprozeß nicht vorgesehen;[2] ihre Funktion wird zT durch die Beiladung (§ 65) erfüllt (vgl 2 zu § 65). 2

Die Regelungen der ZPO über die Streitgenossenschaft, auf die § 64 verweist, sind vor allem hins der Folgerungen, die sich aus einer Streitgenossenschaft ergeben, nicht erschöpfend. **Ergänzend** ist daher auf **allg Grundsätze zurückzugreifen.** 3

2. Zulässigkeit der Streitgenossenschaft: Eine Streitgenossenschaft ist zulässig, wenn **(1.)** mehrere Kl oder Bekl hins des Streitggst in **Rechtsgemeinschaft** stehen, zB die Erben in Miterbengemeinschaft (vgl 3, 208; KreisG Suhl ThürVBl 1993, 91; Rupp DÖV 1957, 144); die Ehepartner bei der Gütergemeinschaft, die Mitglieder einer Gemeinschaft nach § 740 BGB, Miteigentümer gem § 1008 BGB, die Mitglieder einer **Gesellschaft,** sofern diese nicht wie die OHG oder die KG selbst beteiligungsfähig ist (vgl Stettner JA 1982, 297), Gesamtschuldner gem § 421 BGB, Gesamtgläubiger gem § 432 BGB, **oder aus demselben tatsächlichen oder rechtlichen Grund** (zB gemeinschaftlicher Vertrag, dieselbe unerlaubte Handlung) berechtigt oder verpflichtet sind (§ 59 ZPO), **oder** wenn **(2.) gleichartige** oder auf einem im wesentlichen gleichartigen tatsächlichen oder rechtlichen Grund beruhende **Anspr oder Verpflichtungen,** zB Klage mehrerer Personen auf Erteilung einer Baugenehmigung (DVBl 1980, 230), Klage mehrerer durch eine Allgemeinverfügung oder eine Planfeststellung nach § 17 FStrG Betroffener,[3] den Gegenstand des Rechtsstreits bilden (§ 60 ZPO). Der Begriff der Gleichartigkeit ist **weit auszulegen** (vgl BGH NJW 1975, 1228; 1986, 3209; RS § 49). **Außerdem** müssen, da die Streitgenossenschaft als subjektive Klagenhäufung immer zugleich auch eine objektive Klagenhäufung darstellt, **zusätzlich** auch die **Voraussetzungen des § 44** gegeben sein.[4] 4

Die **Zulässigkeit** der Streitgenossenschaft ist immer **vAw zu prüfen.** Ist gem §§ 59 f ZPO eine (nicht notwendige, s oben 1, unten 5 ff) Streitgenossenschaft nicht zulässig oder zweckmäßig, so muß das Gericht die Prozesse nach § 93 trennen; eine Teilabweisung ist nicht zulässig (Gottwald JA 1982, 65; Schumann JuS 1974, 308; NKVwGO-Czybulka 45).

---

[1] 3, 210; BayVBl 1983, 219; BVerfG 39, 191; RÖ-M. Redeker 11; Martens VerwA 1969, 197 ff, 356 ff.

[2] Ms DÖV 1994, 78; NKVwGO-Czybulka 2; **aA** EF 8 zu § 65 unter Hinweis auf § 173.

[3] Mü DVBl 1982, 214; BayVBl 1982, 283; 1984, 212.

[4] Deckenbrock/Dötsch JA 2003, 882; RS § 49, 13 ff; Jauernig 81 I 3; Gottwald JA 1982, 65.

5 **3. Die notwendige Streitgenossenschaft (§ 62 ZPO): a)** Eine notwendige Streitgenossenschaft liegt vor: 1. bei **notwendig einheitlicher Sachentscheidung,** dh wenn das streitige Rechtsverhältnis allen Streitgenossen, nämlich allen Kl u Bekl ggü nur einheitlich festgestellt werden kann, dh das Urteil aus prozessualen Gründen allen Beteiligten ggü gleich lauten muß (sog uneigentliche notwendige bzw unechte oder prozessuale Streitgenossenschaft, s unten 6), oder 2., wenn „die Streitgenossenschaft aus einem sonstigen Grund eine notwendige ist", nämlich aus Gründen des materiellen Rechts (sog. eigentliche notwendige Streitgenossenschaft, s unten 7).

6 **b) Die uneigentliche notwendige (bzw unechte oder prozessuale) Streitgenossenschaft.** Um eine uneigentliche Streitgenossenschaft wg notwendig einheitlicher Sachentscheidung handelt es sich in allen Fällen, in denen mehrere Kl oder Bekl durch Rechtsbeziehungen des materiellen Rechts (17, 297) dergestalt miteinander verbunden sind, daß zwar eine gesonderte Klage einzelner bzw gegen einzelne möglich u sinnvoll ist,[5] daß aber, **wenn sie zusammen klagen oder verklagt werden,** die Entscheidung wg der Einheit des Streitggst, wenn auch uU nur im Falle eines Obsiegens oder Unterliegens, notwendig einheitlich, dh für alle Betroffenen gleich sein muß, weil die **RKraft eines Urteils allen Streitgenossen ggü wirken muß** (Gottwald JA 1982, 67), oder weil wg der **Identität des Streitggst** bzw wg der Unteilbarkeit des streitigen Rechts eine einheitliche, gleichzeitige Entscheidung erforderlich ist, damit nicht ein Urteil das andere Urteil in seiner Wirkung wieder aufhebt.[6]

Dies ist **zB** der Fall, wenn ein von der Gemeinde beförderter **Gemeindebeamter u die Gemeinde** gegen den von der Rechtsaufsichtsbehörde im Weg der Ersatzvornahme verfügten Widerruf der Beförderung klagen (Mü BayVBl 1961, 24; **aA** Knemeyer BayVBl 1977, 131); wenn **Käufer u Verkäufer oder Miteigentümer** auf Erteilung einer Bodenverkehrsgenehmigung (vgl BayVBl 1970, 135 bzw BGHZ 36, 187) oder mehrere Miteigentümer eines Grundstückes auf Erteilung einer Baugenehmigung klagen;[7] wenn der Staat gegen eine **OHG u ihre Gesellschafter** auf Rückzahlung einer zu Unrecht aufgrund eines öffentlich-rechtlichen Vertrags gewährten Subvention klagt (in der ZPO str wg der persönlichen Einwendungen des Gesellschafters); wenn **Miteigentümer** gegen eine das Miteigentum belastende Maßnahme klagen (vgl BGH NJW-RR 1991, 333); wenn **zwei Gemeinden** gegen die Zerlegung eines einheitlichen Grundsteuermeßbescheids klagen, jede mit dem Ziel eines höheren Anteils (vgl BFH NVwZ 1982, 400); **nicht dagegen** bei Klagen **mehrerer Nachbarn** gegen eine Baugenehmigung, Planfeststellung usw (s unten 8); bei Klagen des **Erben u** des **Nachlaßverwalters** gegen einen ggü dem Erblasser ergangenen Steuerbescheid[8] oder bei Klagen des zur Verwaltung berechtigten **Miterben** bei ungeteilter Erbengemeinschaft (s unten 7) oder eines **Miteigentümers.**[9] Eine uneigentliche notwendige Streitgenossenschaft liegt auch in allen Fällen vor, in

---

[5] Vgl zB 54, 55: Zulässigkeit der Klage nur eines Miteigentümers auf Aufhebung der Ablehnung der Genehmigung des Abbruchs eines Hauses bzw auf Erteilung einer Baugenehmigung.

[6] Deckenbrock/Dötsch JA 2003, 883; ThP 7 zu § 62 ZPO; Stettner JA 1982, 398.

[7] 54, 55 = DVBl 1980, 230; Stettner JA 1982, 398; vgl aber BVerwG 54, 55: ein Miteigentümer kann allein eine Baugenehmigung beantragen, wenn die übrigen Miteigentümer zustimmen.

[8] BFH NJW 1977, 1472: keine notwendige Streitgenossenschaft; Stettner JA 1982, 398; zweifelhaft.

[9] 51, 292: keine notwendige Streitgenossenschaft; zweifelhaft, soweit hier Entsprechendes auch für den der Behörde ggü als Verwalter auftretenden Miteigentümer angenommen wird, sofern der angefochtene VA nicht in das Eigentumsrecht als solches eingreift, vgl 13 zu § 56.

denen bei Streitgenossen eine **Rechtskrafterstreckung,** zB nach §§ 326ff, 728 ZPO, in Betracht kommt.

Bei **Klagen gegen eine Allgemeinverfügung** (§ 35 S 2 VwVfG) oder auf Verpflichtung der Behörde zum **Erlaß** einer **Allgemeinverfügung** kommt es auf die in Frage stehenden Auswirkungen des VA an: **nur soweit** mehrere Personen durch **dieselben Auswirkungen** betroffen sind, liegt eine uneigentliche notwendige Streitgenossenschaft vor. Werden bei einem „dinglichen" VA (vgl KR 106ff zu § 35 VwVfG) **mehrere nur durch unterschiedliche Auswirkungen** zB desselben Vorhabens, auf das sich der VA bezieht, betroffen, zB der eine Nachbar im Hinblick auf den Grenzabstand, der andere wg zu erwartender Immissionen, oder verschiedene Straßenanlieger wg der jeweils von den von Straßenabschnitten vor ihren Grundstücken zu erwartenden Lärmbeeinträchtigung, so ist idR zwar eine Verbindung der Vf zweckmäßig (§ 93), es handelt sich aber **nicht** um **eine notwendige Streitgenossenschaft** im dargelegten Sinn (**aA** allg bei dinglichen VAen Stettner JA 1982, 398), auch wenn im Ergebnis das Unterbleiben des Vorhabens usw tatsächlich allen zugute käme. Bei Allgemeinverfügungen in der Form sog **SammelVAe** handelt es sich **idR** um **keine notwendige Streitgenossenschaft;** die Frage hängt aber auch hier letztlich von den Rechtsbeziehungen zwischen den Betroffenen ab, nicht von der Klassifizierung des VA als Allgemeinverfügung.

c) Die eigentliche (bzw echte oder materiellrechtliche) Streitgenossenschaft. Sie liegt vor, wenn „**die Streitgenossenschaft aus einem sonstigen Grund eine notwendige** ist", dh bei notwendig gemeinschaftlicher Klage, wenn nämlich jeweils **nur alle** Kl oder alle Bekl **gemeinsam prozeßführungsbefugt** (s zum Begriff 23ff, 28ff vor § 40) bzw klagebefugt (60 zu § 42) sind, **zB** bei **Klagen der Mitglieder einer BGB-Gesellschaft** oder eines nicht-rechtsfähigen Vereins gegen einen gegen die Gesellschaft bzw den Verein gerichteten VA oder auf Erteilung einer auf ihre Tätigkeit bezogenen Genehmigung (vgl RG JW 1938, 1523); bei der Klage der Ehegatten auf Änderung des Familiennamens oder **gegen eine Namensänderung** (66, 266 = BayVBl 1983, 219 unter Hinweis auf § 1355 Abs 1 BGB); bei der Klage **beider Eltern** aus dem Elternrecht gegen die Entlassung ihres Kindes aus der Schule;[10] bei Klagen der **Miterben in ungeteilter Erbengemeinschaft** gegen eine einem Nachbarn erteilte Baugenehmigung (Ma VBlBW 1992, 14) oder gegen eine an die Erbengemeinschaft gerichtete Wohnungszuweisungsverfügung, welche die Miterben zum Abschluß eines Mietvertrages mit dem Zugewiesenen verpflichtet.[11] **Keine eigentliche Streitgenossenschaft** liegt vor, **soweit** nach §§ 2038f BGB, die auch im öffentlichen Recht Anwendung finden, auch **einzelne Miterben** im eigenen Namen für den Nachlaß allein handeln können (vgl dazu auch 61 zu § 42), zB bei einer Anfechtungsklage gegen eine Enteignung;[12] einer Klage auf Rückübereignung eines Grundstücks;[13] bei einer Klage auf Erteilung einer wertgleichen Abfindung nach § 44 FlurbG (BayVBl 1998, 761); bei einer Klage gegen die vermögensrechtliche Restitution eines Nachlaßgegenstandes an einen Dritten (NJW 1998, 552 – keine notwendige Beiladung der übrigen Miterben); bei einer Klage auf Erlaß eines Restitutionsbescheids (BayVBl 1996, 252); bei Klagen von **Miteigentümern** oder sonstigen Mitberechtigten auf Er- 7

---

[10] Vgl Lü NVwZ 1982, 321; Ms DVBl 1975, 443; Maetzel DVBl 1975, 734; Stettner JA 1982, 390.

[11] 3, 208; vgl allg auch Ma NJW 1992, 388; kritisch dazu Rupp DÖV 1957, 144.

[12] 21, 91; NJW 1982, 1113; NJW 1985, 1546; Ma 1992, 388; Ks NJW 1958, 1203; Stettner JA 1981, 398.

[13] Mü BayVBl 1984, 147 – die übrigen Miterben sind auch nicht notwendig beizuladen –; BL 10 zu § 62 ZPO: Nachlaßanspr nach § 2039 BGB gegen Dritten; s auch Z 14 zu § 62 ZPO.

teilung einer Baugenehmigung uä;[14] bei einer Klage von Grundstückseigentümern gegen die Begründung einer **Zwangsmitgliedschaft in einem Wasserverband** durch VA (NJW 1982, 1113: § 2038 Abs 1 S 2 HS 2 BGB analog). In den als Beispiele für eine eigentliche notwendige Streitgenossenschaft genannten Fällen handelt es sich um eine solche jedoch **nur** dann, **wenn nicht die Gesellschaft,** Erbengemeinschaft uä **selbst** aufgrund ihrer Beteiligungsfähigkeit nach § 61 Nr 1 als solche klagt oder verklagt wird (Stettner JA 1982, 397). Die **fehlende Mitwirkung** notwendiger Streitgenossen kann **nicht durch** deren **Beiladung** ersetzt oder geheilt werden (s auch oben 2), wohl aber durch ihre nachträgliche Zustimmung zur Prozeßführung (vgl zur nachträglichen Zustimmung Lü NVwZ 1982, 321).

8 **4. Einfache Streitgenossenschaft:** In **allen anderen Fällen,** in denen die Voraussetzungen einer notwendigen Streitgenossenschaft nicht vorliegen, handelt es sich um eine einfache Streitgenossenschaft, so ua (wegen §§ 425 Abs 2, 429 Abs 3, 431, § 432 Abs 2 BGB) **bei Gesamtschuldverhältnissen** (BGH NJW 1963, 1611; Ms NVwZ-RR 1995, 479); bei Klagen mehrerer öffentlicher Rechtsträger aus einem von ihnen mit dem Bürger abgeschlossenen Vertrag; bei Anfechtungsklagen **von Miterben** in ungeteilter Erbengemeinschaft gegen einen **Erschließungsbeitragsbescheid** nach §§ 127 ff BauGB, weil § 134 Abs 1 BauGB hins der Beitragspflicht eine Gesamtschuldnerschaft vorsieht;[15] bei Klagen von Miterben in ungeteilter Erbengemeinschaft gegen einen **Beitragsbescheid der Ersatzkasse,** da die Miterben gem § 2058 BGB als Gesamtschuldner in Anspr genommen werden (BSG NZS 1999, 157); bei Klagen der **Eltern aus dem Elternrecht** u des Kindes aus Art 2 Abs 1 GG gegen die Entlassung aus der Schule; bei Klagen mehrerer gegen eine **Allgemeinverfügung** in Form eines SammelVAs,[16] zB mehrerer Grundstückseigentümer gegen eine Planfeststellung nach § 17 FStrG (Kopp DVBl 1980, 324); bei Klagen **des Eigentümers u des Mieters** gegen eine Verfügung, die dem Eigentümer den Abbruch des Hauses, dem Mieter die Duldung des Abbruchs aufgibt (Stettner JA 1982, 397); bei Klagen des **Grundstückseigentümers u des Nießbrauchers** gegen eine straßenrechtliche Planfeststellung (DÖV 1993, 442) sowie bei Klagen **mehrerer Personalräte** einer Hochschule auf **Erstattung** der durch den Druck einer Informationsschrift entstandenen **Kosten** (Ms NWVBl 1999, 57).

9 Keine notwendige Streitgenossenschaft, sondern ein Fall der notwendigen Beiladung liegt idR **bei sog mehrstufigen VAen** (s dazu KR 76 zu § 35 VwVfG) vor, bei denen eine Behörde nur im Einvernehmen mit einer anderen entscheiden kann, **da** hier nach außen hin nur **ein einziger, einheitlicher VA ergeht** u auch nur ein Bekl in Betracht kommt.[17] Um **keine notwendige Streitgenossenschaft** handelt es sich auch, wenn ein Beteiligter oder Dritter nur an einem **präjudiziellen Rechtsverhältnis** (vgl 42 ff zu § 40) beteiligt bzw nur hins einer präjudiziellen Frage betroffen ist (DÖV 1993, 1095).

10 **5. Wirkung der Streitgenossenschaft:** Bei der **einfachen Streitgenossenschaft** bleiben die einzelnen **Streitgenossen** hins ihrer Prozesse **selbständig**

---

[14] Vgl 54, 55; s auch oben 6; vgl auch BGH BayVBl 1985, 315: Miteigentümer, die auf Unterlassung der Benützung ihres Grundstücks klagen, sind keine notwendigen Streitgenossen.

[15] Stettner JA 1982, 397 (noch zum BBauG); vgl auch KreisG Suhl ThürVBl 1993, 91; **aA** MuLö BayVBl 1972, 310: notwendige Streitgenossenschaft.

[16] RÖ-M. Redeker 3; Stettner JA 1982, 397; nicht auch immer bei Allgemeinverfügungen in Form dinglicher VAe, s oben 6.

[17] 16, 125; 34, 68; 42, 11; RÖ-M. Redeker 4; Stettner JA 1982, 397; NKVwGO-Czybulka 22; s ausf 18 d zu § 65; **aA** Mü VkBl 1957, 60, wo – entgegen BVerwG 16, 116 – das Einvernehmen als Teil des VA angesehen wird; vgl auch Hbg DÖV 1959, 546; Ms 17, 254; Ule 32 Anh I 7; Obermayer 2. Aufl 102, 108; Kopp GewA 1970, 121.

u sind an Erklärungen u sonstige Prozeßhandlungen der übrigen nicht gebunden. Auch die **Entscheidungen** des Gerichts können für u gegen jeden **unterschiedlich** ausfallen (Stettner JA 1982, 397; ThP 1f zu § 61 ZPO). Da die Vf nur miteinander verbunden sind, aber letztlich selbständig bleiben u nur zur Verhandlung u Entscheidung gebündelt sind, kann **jeder Streitgenosse im Vf** des anderen auch zB **Zeuge** sein.[18] Soweit eine Beteiligung der übrigen Streitgenossen am Prozeß nicht ohnehin erforderlich ist, sind sie jedenfalls zur **Wahrung des rechtlichen Gehörs** von der Anhängigkeit des Prozesses zu verständigen u muß ihnen rechtliches Gehör gewährt werden (vgl BVerfG 60, 15).

Bei der notwendigen Streitgenossenschaft bleibt ebenfalls jeder Streitgenosse selbständig, seine Prozeßhandlungen – einschließlich der von ihm eingelegten RMittel – wirken grds nur für u gegen ihn. Hins der **Wahrung von Fristen u Terminen** gelten nach § 62 Abs 1 ZPO aber säumige Streitgenossen als durch die Nichtsäumigen vertreten.[19] Dabei ist jedoch zu beachten, daß im Verwaltungsprozeß wg des Untersuchungsgrundsatzes (§ 86 Abs 1) ohnehin ein Versäumnisurteil nicht möglich ist. Die rechtzeitige Klageerhebung eines Streitgenossen wirkt auch zugunsten aller übrigen (Mü BayVBl 1961, 25). Dies gilt auch, wenn für den Säumigen die Anfechtungsfrist[20] oder die Frist zur Begründung einer Berufung (Ma NVwZ-RR 2002, 39) bereits verstrichen war. Andrerseits wirken **Anerkenntnis, Verzicht, Klageänderung, Klagerücknahme, Erklärung der Erledigung der Hauptsache u Vergleiche** einzelner Streitgenossen für u gegen die übrigen **nur,** wenn auch diese sich anschließen oder jedenfalls zustimmen; sonst sind sie bei der eigentlichen notwendigen Streitgenossenschaft schlechthin unwirksam, bei der uneigentlichen notwendigen Streitgenossenschaft **nur bzgl des Streitgenossen,** der sie vorgenommen hat, u nur dann u insoweit wirksam, **als sie** die notwendig einheitliche Sachentscheidung des Gerichts **nicht berühren** (was im wesentlichen nur für Klagerücknahme u Hauptsacheerledigungserklärung der Fall ist). 11

Bei der uneigentlichen notwendigen Streitgenossenschaft ist die Mitwirkung aller, die als Streitgenossen in Betracht kommen, **weder Voraussetzung der Zulässigkeit noch der Begründetheit der Klage;** die nicht als Kl oder Bekl mitwirkenden Betroffenen sind jedoch **notwendig beizuladen.**[21] **Die Klage einzelner** oder gegen einzelne Streitgenossen kann hier – anders als bei der eigentlichen notwendigen Streitgenossenschaft – ggf als unzulässig abgewiesen werden, während sie für oder gegen andere Streitgenossen Erfolg hat. Nur die **Sachentscheidung** muß in jedem Fall **einheitlich** sein. 12

Bei der eigentlichen notwendigen Streitgenossenschaft müssen die **Klage u RMittel gegen alle Streitgenossen** gerichtet werden. Auch Entscheidungen können nur einheitlich für u gegen alle ergehen. **Sind** bei der eigentlichen notwendigen Streitgenossenschaft **nicht alle Streitgenossen am Vf beteiligt,** so ist die Klage, wenn es an der Prozeßführungsbefugnis fehlt, als unzulässig, 13

---

[18] OLG Düsseldorf MDR 1971, 56; KG OLGZ 1977, 244; RÖ-M. Redeker 9; NKVwGO-Czybulka 39; RS § 119, 9; Gottwald JA 1982; Grunsky 29 I 2; Jauernig 81 III; enger Schneider MDR 1982, 373: nur, wenn er auch vom weiteren Verfahren, auch von der Kostenentscheidung, nicht mehr betroffen werden kann; **aA** RGZ 91, 37; RS § 48, 17; StJ 11 zu § 61 ZPO; BL 9 zu § 61 ZPO: nur, soweit Tatsachen nur für den Prozeß des anderen Streitgenossen von Bedeutung sind; in die gleiche Richtung argumentiered Th 6 vor § 373 ZPO; M 5 zu § 61 ZPO.

[19] Ey-J. Schmidt 7; s auch zur Klagefrist 10 zu § 74; **aA** Deckenbrock/Dötsch JA 2003, 885.

[20] Schumann ZZP 76, 389; **aA** RGZ 157, 33; Sch-Bier 23.

[21] § 65 Abs 2; NKVwGO-Czybulka 81; vgl zu Klage des durch einen im Weg der Ersatzvornahme von der Gemeindeaufsichtsbehörde erlassenen VA auch Knemeyer BayVBl 1977, 131: Beiladung der Gemeinde bei Klage des betroffenen Bürgers; Beiladung des Bürgers bei Klage der Gemeinde.

sonst als unbegründet abzuweisen.[22] Die fehlende Beteiligung eines Streitgenossen kann hier nicht durch seine Beiladung ersetzt werden (s oben 2).

Wurde die **Klage** von allen notwendigen Streitgenossen wirksam erhoben, so **bleibt sie insgesamt zulässig,** auch wenn ein Streitgenosse die Sache nicht mehr weiter verfolgen will bzw nur ein Streitgenosse RMittel einlegt (Maetzel DVBl 1975, 734). Das **Urteil** ergeht **in jedem Fall für u gegen alle Streitgenossen.**[23]

§ 65 [Beiladung]

(1) **Das Gericht kann, solange das Verfahren noch nicht rechtskräftig abgeschlossen**[24] **oder in höherer Instanz anhängig ist,**[24] **von Amts wegen oder auf Antrag**[23] **andere, deren rechtliche Interessen**[9 ff] **durch die Entscheidung berührt werden, beiladen.**[1 ff, 7]

(2) **Sind an dem streitigen Rechtsverhältnis Dritte derart beteiligt, daß die Entscheidung auch ihnen gegenüber nur einheitlich ergehen kann,**[14 ff] **so sind sie beizuladen (notwendige Beiladung).**[14 ff]

(3) **Kommt nach Absatz 2 die Beiladung von mehr als fünfzig Personen in Betracht,**[28 ff] **kann das Gericht durch Beschluß anordnen, daß nur solche Personen beigeladen werden, die dies innerhalb einer bestimmten Frist beantragen.**[26 ff, 31] **Der Beschluß ist unanfechtbar.**[32] **Er ist im elektronischen Bundesanzeiger bekanntzumachen. Er muß außerdem in Tageszeitungen veröffentlicht werden, die in dem Bereich verbreitet sind, in dem sich die Entscheidung voraussichtlich auswirken wird. Die Bekanntmachung kann zusätzlich in einem von dem Gericht für Bekanntmachungen bestimmten Informations- und Kommunikationssystem erfolgen. Die Frist muß mindestens drei Monate seit Veröffentlichung im elektronischen Bundesanzeiger betragen. In der Veröffentlichung in Tageszeitungen ist mitzuteilen, an welchem Tage die Frist abläuft. Für die Wiedereinsetzung in den vorigen Stand bei Versäumung der Frist gilt § 60 entsprechend. Das Gericht soll Personen, die von der Entscheidung erkennbar in besonderem Maße betroffen werden, auch ohne Antrag beiladen.**[36]

(4) **Der Beiladungsbeschluß ist allen Beteiligten zuzustellen.**[35 ff] **Dabei sollen der Stand der Sache und der Grund der Beiladung angegeben werden.**[36 ff] **Die Beiladung ist unanfechtbar.**[37 ff]

Vgl §§ 64–77 ZPO; § 75 SGG; § 60 FGO

Schrifttum: *Ahrens,* Die Klagebefugnis von Verbänden im Europäischen Gemeinschaftsrecht, Diss Rostock 2001, 38; *Bamberger,* Die Beiladung im verwaltungsgerichtlichen Normenkontrollverfahren, NVwZ 2002, 556; *Benkel,* Die Verfahrensbeteiligung Dritter, 1996; *ders,* Gedanken zu den rechtsdogmatischen Grundlagen der Beiladung, NZS 1997, 254; *Bracher,* Die Beiladung im Normenkontrollverfahren gegen Bebauungspläne – Anmerkungen zu § 47 Abs 2 S 4 VwGO, DVBl 2002, 309; *Hildebrandt/Hecker,* Beiladung in der baurechtlichen Normenkontrolle, NVwZ 2001, 1007; *Hässy,* Beschwer einer beigeladenen Gemeinde im Rahmen einer Berufung gegen ein Urteil über eine Beseitigungsanordnung, BauR 2001, 1533; *Konrad,* Die Notwendigkeit der Beiladung im Verwaltungsprozeß, BayVBl 1982, 481, 517; *Lotz,* Das Gesetz zur Bereinigung des Rechtsmittelrechts im Verwaltungsprozeß – praktische Verbesserungen und einige neue Probleme – BayVBl 2002, 353; *Lüke,* Die Beteiligung

[22] **AA** 3, 208: stets als unzulässig; Rupp DÖV 1957, 144; Maetzel DVBl 1975, 734: Klage mangels Aktivlegitimation abzuweisen; RÖ-M. Redeker 10; vgl auch Ma VBlBW 1992, 14.

[23] Ma NVwZ-RR 2002, 39; Maetzel DVBl 1975, 734; zT **aA** Ms DVBl 1975, 443: keine Sachentscheidung mehr, wenn der Klageanspr nicht mehr von allen Streitgenossen verfolgt wird.

Dritter im Zivilprozeß, 1993; *May,* Die rechtswidrige Beiladung im Revisionsverfahren, NVwZ 1997, 251; *Mußgnug,* Die Beiladung zum Rechtsstreit um janusköpfige und privatrechtsrelevante Verwaltungsakte, NVwZ 1988, 33; *Nottbusch,* Die Beiladung im Verwaltungsprozeß, 1995; *W. Roth,* Keine einfache Beiladung „potenzieller Kläger" gemäß § 65 Abs 1 VwGO, NVwZ 2003, 691; *J. Schmidt,* Der Einfluß des Bundesverfassungsgerichts auf das Verwaltungsprozeßrecht, VerwA 2001, 443, 457; *K. Schmidt,* Die BGB-Außengesellschaft: rechts- und parteifähig, NJW 2001, 993; *Stettner,* Das Verhältnis der notwendigen Beiladung zur notwendigen Streitgnossenschaft im Verwaltungsprozeß, 1974; *Stober,* Beiladung im Verwaltungsprozeß, Menger-FS 1985, 401; *Winkler,* Bundesauftragsverwaltung und notwendige Beiladung des Bundes, JA 1999, 840.

Übersicht

1. Allgemeines: Die Vorschrift, die durch das JKomG leicht geändert wurde, 1
regelt die **Einbeziehung dritter Personen,** die weder Kl noch Bekl sind, **in einen anhängigen Prozeß,** um ihnen die Möglichkeit zu geben, ihre **rechtlichen Interessen** (einschließlich betroffener subjektiver Rechte) in bezug auf den Streitggst **zu wahren,**[1] zugleich aber auch, um im Interesse der **Wirksamkeit** der Entscheidung,[2] der **Verfahrensökonomie** u der **Rechtssicherheit** (31, 234; 37, 44; DVBl 1982, 953) durch **Erstreckung der Rechtskraftbindung** (§ 121) auch auf sie („Drittwirkung" des Urteils, vgl 18, 124; 74, 22; 77, 106; Bettermann DVBl 1982, 956), durch eine Gesamtregelung weitere Prozesse zu vermeiden u möglicherweise einander widersprechende Entscheidungen über denselben Gegenstand zu verhindern.[3] Die Beiladung ist, soweit sie iSv Abs 2 eine notwendige ist, eine zwingende **Folge aus Art 2 Abs 1 GG** (Müller NJW 1976, 460) bzw aus sonst in der Sache betroffenen **spezielleren Grundrechten** sowie aus **Art 103 Abs 1 GG**[4] u aus dem **Rechtsstaatsprinzip** (Kopp VerfR 22ff, 217; 5 zu § 13 VwVfG).

Durch den **Beiladungsbeschluß** wird der Dritte Beteiligter (§ 63 Nr 3), je- 2
doch nicht als Partei, sondern als **Dritter in einem fremden Rechtsstreit** (16, 275; 40, 101; Bettermann DVBl 1951, 40, 72); er ist jedoch **nicht auf die Unterstützung des Kl** oder Bekl beschränkt; uU kann er auch nur einen anderen Beigeladenen unterstützen.[5] **Wer bereits Beteiligter** in einem Vf (zB als beklagter Ho-

[1] 24, 364; 31, 234; 37, 44; DVBl 1982, 953; BayVBl 1984, 156; Ma NJW 1977, 1308; Ks DVBl 1965, 540; Bettermann DVBl 1951, 72; 1982, 956.

[2] 57, 35; 74, 22: soll auch verhindern, daß der Bekl zu einer Leistung verurteilt wird, die er nicht ohne Mitwirkung oder Duldung eines Dritten erbringen kann.

[3] Vgl 18, 124; 51, 276; 74, 23f; 77, 106; DVBl 1974, 236; Ks DVBl 1965, 540; Ey-J. Schmidt 1; Ule 22 I 1; Dienes DVBl 1980, 675.

[4] Bln DVBl 1982, 363; RÖ-M. Redeker 1; Müller NJW 1976, 460; Bettermann DVBl 1982, 956; ZZP 1977, 124; Dienes DVBl 1980, 673; Kopp 2 zu § 13 VwVfG; 7 zu § 28 VwVfG; vgl auch BVerfG 60, 9; 65, 233 = NJW 1984, 719 mwN: Anspr auf rechtliches Gehör hat jeder, der als Partei oder ähnlich an einem Verfahren beteiligt ist oder unmittelbar vom Verfahren betroffen ist; s auch Nottbusch 17ff, 170f.

[5] Ey-J. Schmidt 1, 1 zu § 66; Mußgnug NVwZ 1988, 36; s auch 1 zu § 66; **aA** Ks NJW 1987, 1036.

heitsträger) ist, kann nicht beigeladen werden (72, 167 = DVBl 1986, 153; wenig überzeugend), auch nicht in anderer Eigenschaft (zB als Fiskus). Die Beiladung erfüllt zugleich zT auch die Aufgaben der (im Verwaltungsprozeß nicht zulässigen) **Haupt- u Nebenintervention** (§§ 64, 70 ZPO), der **Streitverkündung** (§ 72 ZPO), des **Prätendentenstreits** (§ 75 ZPO) u der **Urheberbenennung** (§ 76 ZPO) u schließt diese Institutionen des Zivilprozeßrechts für den Verwaltungsprozeß aus.[6]

Daß der Beizuladende in der Sache **auch selbst klagebefugt** (§ 42 Abs 2) wäre (oder, zB weil die Klagefrist bereits abgelaufen ist, war), **steht einer Beiladung,** wenn u solange er nicht selbst Klage erhebt, **nicht entgegen;**[7] eine **Beteiligung als notwendiger Streitgenosse** (§ 64) kann durch eine Beiladung jedoch nicht ersetzt werden (s 2 u 7 zu § 64). Der Beizuladende kann **nicht** wirksam **auf die Beiladung verzichten** (Konrad BayVBl 1982, 481); die Beiladung verpflichtet ihn jedoch andererseits auch nicht zu einer aktiven Teilnahme am Verfahren.

3 § 65 ist **grds in allen Verfahrensarten,** mit durch die Eilbedürftigkeit einer Entscheidung bedingten Ausnahmen auch in Vf nach § 80 Abs 5 u § 123 (s 140 zu § 80; 1 zu § 123) anwendbar (Gr NVwZ 2000, 946: aber grds keine Beiladung nach § 65 Abs 3 S 1, s unter 26),[8] gem § 47 Abs 2 S 4 auch **im NK-Vf** nach § 47 (42 zu § 47). Im VerwaltungsVf richtet sich die Beteiligung Dritter nach § 13 Abs 2 VwVfG; einer analogen Anwendung des § 65 bedarf es daher nicht. In den Fällen einer notwendigen Beiladung im gerichtlichen Vf müssen Dritte nach § 13 Abs 2 VwVfG hinzugezogen werden, s KR 33 zu § 13 VwVfG.

Zum Verfahren, wenn ein (notwendig) **Beizuladender unbekannt oder unbekannten Aufenthalts** ist oder, zB bei herrenlosen Grundstücken (§ 58 ZPO), noch nicht feststeht, s 22 zu § 61.

4 Die Beiladung ist **auch** noch in **der höheren** Instanz möglich (vgl Ks DÖV 1987, 978; Ms NVwZ-RR 1991, 486), sobald das Vf dort anhängig ist (bis dahin bzw bis zur RKraft des Urteils der unteren Instanz kann nur die untere Instanz beiladen), die einfache Beiladung **nicht mehr in der Revisionsinstanz** (§ 142; dazu unten 24; ferner 7 zu § 142) sowie generell die Beiladung nicht mehr in einem unzulässigen RevisionsVf (Buchholz 310 § 65 Nr 138). Nicht zulässig ist eine Beiladung auch während des Vf über die Zulassung der Berufung (vgl auch Ma NVwZ-RR 2000, 814 zum Ausschluß der Beiladung im Vf über die Zulassung der Beschwerde nach § 146 Abs 4 aF) sowie der Beschwerde wg Nichtzulassung der Revision (NVwZ 2001, 202). Die Frage, ob eine Beiladung notwendig (s unten 14 ff) oder zweckmäßig ist, ist dabei immer auch **vAw zu prüfen** (s auch unten 23), die Erforderlichkeit einer notwendigen Beiladung auch in

---

[6] DÖV 1994, 78 = NVwZ-RR 1994, 203; RÖ-M. Redeker 1 zu § 64; Mußgnug NVwZ 1988, 35; zT auch Ks DVBl 1965, 540; Ule 22 I 1; ebenso zur Nebenintervention Stettner JA 1982, 398; EF 8: Hauptintervention, Prätendentenstreit u Urheberbenennung sind über § 173 auch im Verwaltungsprozeß möglich; zT **aA** BVerwG NJW 1983, 1133; VG Regensburg 27. 1. 1981 – RN 289 VI 79: „Beitritt" Dritter als Partei nach den Grundsätzen der Klageänderung.

[7] Vgl Konrad BayVBl 1982, 484; Sch-Bier 10; Stettner 115, 123; Ule § 22 I 4; **aA** W. Roth NVwZ 2003, 692, der sich für teleologische Reduktion des § 65 Abs 1 ausspricht, dabei aber nicht ausreichend würdigt, daß durch Beiladung bei Aufhebung des VA häufig ein zweiter Prozeß vermieden werden kann, wenn der angefochtene VA aufgehoben wird; für den Fall, daß der Betroffene die Klage nicht rechtzeitig erhoben hat, auch NJW 1975, 71. Eine Umgehung der Anfechtungsfristen liegt hier aber entgegen NJW 1975, 71; DVBl 2005, 1059 u W. Roth NVwZ 2003, 692 deshalb nicht vor, weil die Rechtssache, zu der beigeladen wird, einen anderen Streitggst hat als eine durch den Beigeladenen selbst angestrengte Klage u auch iü wesentliche Unterschiede zwischen der Rechtsstellung eines Kl u der schwächeren Stellung eines (einfach) Beigeladenen bestehen.

[8] Auch im Vollstreckungsverfahren gem § 172, Ms 6. 12. 1996 – 10 E 1155/96.

der Revisionsinstanz (16, 23; 18, 124; 60, 35). Zu den **Folgen des Unterbleibens** einer notwendigen Beiladung s allg unten 42ff; wenn der Mangel im RevisionsVf festgestellt wird, 39 zu § 137; 6f zu § 142.

5 **2. Beigeladene und Arten der Beiladung:** Beigeladen werden können **nur Dritte,** die nach § 61 Beteiligte sein können, aber nicht Partei, dh Kl oder Bekl sind. Ist eine **ör Körperschaft** auf Kl- oder Beklagtenseite bereits beteiligt, so scheidet eine Beiladung ihrer Behörden idR aus, da die Verfahrensbeteiligung grds für alle ihre Behörden wirkt (72, 167 = NVwZ 1986, 555; Lü DÖV 1999, 922). Anderes gilt jedoch dann, wenn keine oder nur eine eingeschränkte Weisungsbefugnis ggü der bisher nicht selbst beteiligten Behörde durch eine andere Behörde der Körperschaft besteht (Bsp: in Vermögenszuordnungssachen nach dem VZOG).[9] Soweit **Behörden nicht** nach § 61 Nr 3 für **beteiligungsfähig** erklärt sind, ist eine gleichwohl verfügte Beiladung unwirksam u muß daher vAw aufgehoben werden (72, 167; s auch Lü DÖV 1999, 922). Da auch die Beiladung die Beteiligungsfähigkeit (§ 61) voraussetzt, ist eine **Beiladung von Behörden u** sonstigen nicht beteiligungsfähigen Verwaltungsorganen grds nicht möglich (72, 167), auch nicht von Behörden u Organen, die einen selbständigen Aufgabenbereich unter Freistellung von Weisungen besorgen (zB unabhängige Landespersonalausschüsse, vgl 36, 191; kritisch ME VerwA 1968, 172); **beizuladen** ist auch in diesen Fällen nur **der Rechtsträger,** dem die Behörde oder das Verwaltungsorgan, dessen ausschließliche Kompetenzen die Entscheidung des Gerichts möglicherweise berühren kann, zugehört oder zuzurechnen ist (36, 191; vgl auch oben 3a u 3b). **Soweit** jedoch **Behörden** oder Verwaltungsorgane nach § 61 Nr 3 **beteiligungsfähig** sind, sind sie auch selbst beizuladen,[10] es sei denn, die Beiladungsfähigkeit wird durch die Regelung, die die Beteiligungsfähigkeit begründet, ausdr oder doch nach ihrem Zweck ausgeschlossen. Entsprechendes gilt für **Behörden, die** nach besonderer Bestimmung gem § 42 Abs 2 unabhängig von eigener Betroffenheit **klagebefugt** sind, soweit es sich um eine Beiladung zur Wahrung eben der dem selbständigen Klagerecht zugrundeliegenden Kompetenz handelt, sowie für **Behörden, die** nach § 78 Abs 1 Nr 2 selbst als solche **Bekl sein können** (vgl 36, 191). Eine Beiladung von einer in der Sache auch betroffenen Behörde neben der nach § 78 Abs 1 Nr 2 beklagten Behörde desselben Rechtsträgers ist nicht zulässig, da das ggü der beklagten Behörde ergehende Urteil ggü deren Rechtsträger in RKraft erwächst u damit alle Behörden dieses Rechtsträgers nach § 121 rechtlich gebunden sind (NVwZ 2003, 217; s auch oben 5).

6 Die **Beiladung ist entweder** nach Abs 1 **eine einfache** (s unten 7ff) oder nach Abs 2 eine **notwendige** (s unten 14ff). Die **einfache Beiladung** (Abs 1) steht, auch wenn die rechtlichen Voraussetzungen dafür gegeben sind, weil rechtliche Interessen Dritter berührt werden, ausschließlich **im Ermessen des Gerichts** (37, 116); ihr Unterbleiben stellt nie einen Verfahrensmangel dar (37, 116; 39, 137). Die **notwendige Beiladung** (Abs 2) ist dagegen für das Gericht zwingend. Unterbleibt sie, so leidet das Vf an einem wesentlichen Mangel, der in der Revisionsinstanz grds zur Zurückweisung der Sache führt (37, 117; s auch 40 zu § 137); das Urteil kann nicht in materielle RKraft (§ 121) erwachsen u ist grds unwirksam (18, 124). S im einzelnen unten 42ff.

7 **3. Einfache Beiladung (Abs 1):** Die einfache Beiladung hat primär den Zweck, **Dritte,** für die die Voraussetzungen der notwendigen Beiladung nach

[9] NJW 1995, 674; s auch Buchh 112 § 26 VerwG Nr 2 = VIZ 1995, 586 für den umgekehrten Fall, daß es nicht um die Beiladung der weisungsfreien Behörde geht. Zur Beiladung von Behörden u sonstigen Verwaltungsorganen Nottbusch 52ff; zur Beiladung von mit einer Klagebefugnis kraft „Amtes" ausgestatteten Naturschutzverbänden – verneinend – Ma DÖV 1985, 580.

[10] Ms DVBl 1959, 221; Ey-J. Schmidt 10; RÖ-M. Redeker 3; **aA** EF 18 zu § 65.

Abs 2 nicht erfüllt sind, **die** aber **ein schutzwürdiges Interesse in bezug auf die Entscheidung des Gerichts haben** (können) (51, 276) oder denen ggü die Beteiligten des Vf ein solches Interesse haben (können), am Vf zu beteiligen, um ihnen die Möglichkeit zu geben, ihre Interessen zu wahren, gleichzeitig aber auch, um auch **ihnen ggü die Rechtskraftwirkung** (§ 121) der zu erwartenden Entscheidung herbeizuführen u auf diese Weise möglichen weiteren Rechtsstreitigkeiten vorzubeugen (77, 206; s auch oben 1) oder jedenfalls dafür wesentliche Vorfragen auch schon für den Beigeladenen zu klären (NVwZ 1987, 971). Das rechtliche Interesse muß in **bezug auf den Kl oder den Bekl** bestehen; ein rechtliches Interesse in bezug auf einen anderen Beigeladenen genügt nicht (Ks NJW 1987, 1036).

8 **Voraussetzung der einfachen Beiladung** ist, daß durch die zu erwartende Entscheidung des Gerichts (dh durch den der RKraft fähigen Entscheidungssatz, nicht auch durch bloße Feststellungen im Tatbestand oder durch die – nicht von der RKraft erfaßte – Entscheidung über Vorfragen) **die rechtlichen Interessen** (s auch unten 9) des Beizuladenden **berührt** werden **können.**[11] **Nicht erforderlich ist, daß** die **Klage zulässig** ist (zur Gegenansicht neigend 80, 228 = NVwZ 1989, 109f; s unten 21) u der Dritte durch die Entscheidung **tatsächlich in seinen Rechten** berührt wird; es genügt, daß im Zeitpunkt der Beiladung die Möglichkeit besteht, daß die Entscheidung auf seine rechtlichen Interessen einwirken **kann** (18, 127; 64, 67 = NJW 1982, 951; Bettermann DVBl 1982, 956). Die Beiladung kann **nicht am voraussichtlichen Ergebnis** der Entscheidung **orientiert** werden.[12] Sie ist sowohl bei **negativer Betroffenheit** des Beizuladenden als auch dann, wenn sie dessen Rechtsposition verbessern kann, zulässig u im Fall einer notwendigen Beiladung geboten.[13] Die irrtümliche Beiladung eines Verstorbenen ist unwirksam u führt deshalb auch nicht dazu, daß dessen Erben die Stellung von Beigeladenen erhalten (Gr NVwZ-RR 2006, 851).

9 Ein **rechtliches Interesse** ist gegeben, wenn der Beizuladende zum Kl oder zum Bekl oder zu beiden oder ggf auch nur zu dem Streitggst in einer solchen Beziehung steht, daß das Unterliegen des Kl oder des Bekl **seine Rechtslage** („Rechtsposition") **verbessern**[14] **oder verschlechtern könnte** (NVwZ-RR 1999, 276; Ms NVwZ-RR 1991, 486); dh, wenn ein in der Sache ergehendes Urteil zwar für den Dritten, dessen Beiladung in Frage steht, wenn er nicht beigeladen würde, keine Rechtswirkung (§ 121) hätte, gleichwohl seine Rechtsstellung aber uU bereits in tatsächlicher Hinsicht oder wg der (faktischen) Präjudizialität des Urteils **jedenfalls bereits faktisch beeinträchtigen** würde (51, 276; Ms DÖV 1981, 385).

Nicht erforderlich ist, daß der Beizuladende iSv § 42 Abs 2 **auch selbst** in der Sache **klagebefugt** wäre oder daß er tatsächlich oder möglicherweise in seinen Rechten verletzt wird (Ms DÖV 1981, 385; Ey-J. Schmidt 11; RÖ-M. Redeker 4). Es genügt vielmehr, daß der Beizuladende in seiner von der Rechtsordnung **anerkannten u geschützten Rechts- u Interessensphäre** durch die

---

[11] 47, 19 = NJW 1975, 551; 64, 67 = NJW 1982, 195; NVwZ-RR 1999, 277; str; soweit man mit der unten 12ff zu § 66 abgelehnten abw Auffassung eine erweiterte Rechtskraftwirkung des Urteils ggü Beigeladenen annimmt, muß auch die Beiladung im selben Umfang als zulässig angesehen werden.

[12] 18, 127; 74, 21; DÖV 1986, 699; Buchh 310 § 65 VwGO Nr 3 u 10; Ma DÖV 1985, 588; Konrad BayVBl 1982, 483; **aA** BSG NJW 1991, 1254: keine Beiladung, wenn Klage unbegründet ist.

[13] Vgl DVBl 1982, 590; s auch unten 21; **aA** Konrad BayVBl 1982, 483: als Folge aus Art 19 Abs 4 GG nur bei negativer Betroffenheit; ebenso wohl Stettner 17, 60ff, 70ff, 119f.

[14] 64, 67 = NJW 1982, 195; DÖV 1981, 385; 1993, 921; Buchh 310 § 65 VwGO Nr 119; NVwZ-RR 1999, 276; Ms NVwZ-RR 1991, 486; Ks NVwZ 1984, 451.

Entscheidung **tangiert** werden kann (Stuttgart VRspr 7, 618; Ms, Der Personenverkehr 1965, 222; DÖV 1981, 385).

Unerheblich ist, **ob** die (möglicherweise) betroffene Rechtsposition **auf öffentlichem oder privatem Recht** beruht.[15] Ausreichend ist daher auch zB eine mögliche Auswirkung auf zivilrechtliche Anspr, zB eine Ausgleichspflicht, die jedenfalls bei Obsiegen des Kl nicht in Betracht kommt (64, 67 = DVBl 1982, 74 = NJW 1982, 192), oder daß das zu erwartende Urteil sonst **bei der Verfolgung zivilrechtlicher** Anspr hilfreich oder hinderlich sein kann.[16] Das rechtliche Interesse kann zB auch durch einen privatrechtlichen Vertrag, zB durch eine **Risikoklausel** für den Fall, daß die zu errichtende Anlage nicht genehmigt wird, begründet sein (Mußgnug NVwZ 1988, 33; **aA** Ks NJW 1987, 1036 = NVwZ 1987, 426).

Um ein rechtliches Interesse handelt es sich zB 10

- beim Interesse der Gemeinde hins der **Gültigkeit eines** von ihr erlassenen **Bebauungsplans** im Rechtsstreit eines Bauherrn auf Erteilung einer Baugenehmigung, wenn in diesem Rechtsstreit ua auch die Gültigkeit des Bebauungsplans zweifelhaft ist (NVwZ 1994, 265; allerdings wohl nicht im Vf des vorläufigen Rechtsschutzes, Ma NVwZ-RR 1998, 612);
- beim Interesse einer Gemeinde an der Entscheidung über eine auf Genehmigung eines Flächennutzungsplans einer Nachbargemeinde gerichteten Verpflichtungsklage der Nachbargemeinde, wenn um das **Abstimmungsgebot des § 2 Abs 2 BauGB** gestritten wird (Lü NVwZ 2003, 232);
- beim Interesse der einer Rechtsaufsicht unterstellten Körperschaft im Rechtsstreit zwischen einem Dritten u dem für die Aufsicht zuständigen Rechtsträger um die Vornahme einer Aufsichtsmaßnahme gegen sie (vgl – ohne ausdrück Erörterung der Frage der Beiladung – 54, 29);
- beim Interesse des von einer Erhöhung der **Krankenhauspflegesätze** betroffenen, selbstzahlungspflichtigen Patienten im Streit des Trägers des Krankenhauses um die Genehmigung der Pflegegebühren;[17]
- beim Interesse eines **Rechtsvorgängers,** der ein Grundstück verkauft u dabei zugesichert hat, daß der Erschließungsbeitrag bezahlt ist, im Streit um einen Erschließungsbeitragsbescheid gegen den Käufer (64, 67);
- beim Interesse eines Dritten, der **als Gesamtschuldner** oder aus anderen Gründen **ausgleichspflichtig** ist[18] oder der je nach dem Ausgang des Vf mit **Schadensersatzforderungen** des Kl oder Bekl rechnen muß bzw selbst solche Forderungen gegen den Kl oder Bekl geltend machen kann (77, 106; BVerfG BayVBl 1995, 592); auch zB der Prozeßbevollmächtigte, dem eine Schadensersatzforderung wg nachlässiger Prozeßführung droht (Stuttgart VRspr 8, 768).

Zu bejahen ist auch das rechtliche Interesse der betroffenen Dritten bei **Verpflichtungsklagen auf Erlaß von VAen mit Doppelwirkung,** zB des **Nachbarn** bei der Klage des Bauherrn auf Erteilung einer Baugenehmigung.[19] 11

Dagegen genügt nicht, daß (lediglich) **ideelle, soziale oder wirtschaftliche Interessen** berührt werden.[20] 12

---

[15] 64, 67 = NJW 1982, 951; 77, 105 = NVwZ 1987, 970; Ms NVwZ-RR 1991, 486 mwN; Mußgnug NVwZ 1987, 33.

[16] 64, 70 = NJW 1982, 951; 77, 105 = NVwZ 1987, 970.

[17] Vgl 30, 136; ferner 31, 364.

[18] 17, 296; 349; für den Bund als dem für die Herstellung von Bundesstraßen finanziell Verpflichteten durch das Land in Auftragsverwaltung für den Bund auch 52, 23; **anders** 51, 276 für einen Sonderfall.

[19] DÖV 1975, 99; Ey-J. Schmidt 15; s zur Frage, wann bei Verpflichtungsklagen eine notwendige Beiladung vorliegt unten 16ff.

[20] Stuttgart VRspr 8, 768; VG Freiburg NJW 1976, 1765; Ey-J. Schmidt 11; RÖ-M. Redeker 4; Ule 22 I 4.

Daher genügt **zB nicht:**

– das **Interesse** des mit der Betreuung des Baus beauftragten **Architekten** oder der **Lieferanten des Baumaterials** u der Baufirma **im Bauprozeß** – trotz etwaiger Auswirkungen auf die Durchführung der geschlossenen Verträge, auf Regreßanspr usw der Drittbetroffenen –;[21]

– das Interesse des **Generalunternehmers,** der mit der Durchführung des **Bauvorhabens** beauftragt ist;

– das **Interesse der Gemeinde** im AnfechtungsVf eines Dritten gegen eine im **Einvernehmen** mit der Gemeinde erteilte **Baugenehmigung;**[22]

– das **Interesse von Behördenangehörigen,** im FortsetzungsfeststellungsVf gegen behördliche Maßnahmen, an denen sie intern mitgewirkt haben, die **Rechtmäßigkeit** ihres Verhaltens zu **verteidigen** (Mü NVwZ-RR 1999, 148);

– das **Interesse der Aufsichtsbehörde,** selbst dann, wenn im Prozeß über das Erfordernis aufsichtsbehördlicher Genehmigung für eine Satzung als Vorfrage für die Beurteilung der Rechtmäßigkeit eines VA zu entscheiden ist (DVBl 1974, 236; sehr zweifelhaft; vgl auch BSG 64, 85 = NJW 1989, 2771);

– das **Interesse des VO-Gebers,** wenn die Gültigkeit der VO Vorfrage für die vom Gericht zu treffende Entscheidung ist (NJW 1972, 222; Br DÖV 1981, 641);

– das **Interesse der Ausgangsbehörde** im Streit eines Bürgers mit der einem anderen Rechtsträger zugehörigen Widerspruchsbehörde sowie umgekehrt der Widerspruchsbehörde im Streit des Bürgers mit der Ausgangsbehörde (RÖ-M. Redeker 7; Stettner JA 1982, 399);

– das **Interesse des Instituts für medizinische und pharmazeutische Prüfungsfragen** in Mainz, das die Prüfungsbogen u Antworten verbindlich festlegt, im Streit eines Prüflings über die richtige Bewertung seiner Prüfung (**aA** Mü BayVBl 1991, 761; s dazu auch unten 17 a);

– das **Interesse** der Beteiligten oder betroffener Dritter **an der Einbeziehung eines Dritten,** der vom Ausgang des Vf nicht berührt werden kann, in das Vf im Hinblick auf den Abschluß eines gerichtlichen **Vergleichs;**[23]

– das **Interesse** eines Dritten an einer **Beschleunigung des Verfahrens,** weil die Vollziehung eines von diesem geschlossenen Vergleichs bis zur Entscheidung über die Klage ausgesetzt ist (NVwZ-RR 1999, 277).

Nicht ausreichend ist auch die zu erwartende „präjudizielle" Wirkung der Entscheidung des Gerichts auf andere, **lediglich gleichgelagerte, parallele Fälle,** auch nicht bei sog SammelVAen, zB einer Planfeststellung, selbst wenn mit der Aufhebung des VA ggü einem Betroffenen auch ggü den übrigen das in Frage stehende Vorhaben (zB Bau eines Flughafens, einer Straße) undurchführbar wird.[24] Die rechtlichen Interessen des Dritten müssen **unmittelbar durch die Entscheidung** des Gerichts berührt werden (können); es genügt jedoch für die einfache Beiladung, daß sie erst durch den VA, dessen Erlaß der Kl erstrebt, berührt werden könnten (**aA** Ks NJW 1979, 181).

12 a Die betroffenen Interessen müssen eigene sein; daher **keine Beiladung eines Verbandes,** wenn nur die Interessen seiner Mitglieder berührt werden, auch wenn der Verband nach seiner Satzung die Interessen der Mitglieder zu wahren hat. Vgl 171 u 133 zu § 42; 26 vor § 40.

---

[21] VG Freiburg NJW 1976, 1765; Ule 22 I 4; Stettner JA 1982, 399; sehr zweifelhaft; **aA** wohl Ms DÖV 1981, 385 = NJW 1981, 1469: Beiladung des Bauunternehmers, der das KKW errichten soll, im Streit um die atomrechtliche Genehmigung.

[22] Mü NVwZ-RR 1998, 389; vgl allerdings zur notwendigen Beiladung der Gemeinde im Fall der Verpflichtungsklage des BauASt unten 18 d.

[23] Mü BayVBl 1974, 311; str; **aA** Ms NJW 1985, 2492.

[24] DVBl 1982, 836 = BayVBl 182, 283; Mü DVBl 1982, 214; BayVBl 1984, 212; Ks NJW 1979, 181; s auch unten 17 a.

Keine rechtlichen Interessen der **Gemeinde** werden durch die gerichtliche Entscheidung über **die Anfechtung der Wahl** ihres **Gemeinderats** (Mü BayVBl 1999, 115) sowie allg durch **kommunalverfassungsrechtliche Organstreitigkeiten** betroffen.

Auch wenn die Voraussetzungen für die Beiladung vorliegen, ist die Entscheidung darüber **in den Fällen der einfachen Beiladung** – anders als bei der notwendigen Beiladung – ins **Ermessen des Gerichts** gestellt (37, 116 f; NJW 1982, 299; 29. 10. 1997 – 11 A 17/97; Ma NJW 1977, 1308; Lü 10, 439; Ms DÖV 1981, 386); ein Anspr auf Beiladung besteht bei der einfachen Beiladung nicht. Zu den Ermessenserwägungen bei der Beiladung im NKVf nach § 47 Abs 2 S 4 s näher 42 zu § 47. **Daß die Klage** zwischen den Hauptbeteiligten **zulässig** ist, ist nicht Voraussetzung der Beiladung (Ey-J. Schmidt 7; Grunsky 30 I 1; **aA** Müller ZMR 1953, 35). Vgl auch unten 21. 13

4. Notwendige Beiladung (Abs 2): a) Die Beiladung ist **notwendig,** wenn der beizuladende Dritte an dem streitigen Rechtsverhältnis derart beteiligt ist, daß die Entscheidung auch ihm ggü **nur einheitlich** – nicht jedoch notwendig auch im gleichen Sinn (Ms NVwZ-RR 1991, 486) – ergehen kann, wenn also die vom Kl begehrte Sachentscheidung des Gerichts nicht wirksam getroffen werden kann, ohne daß dadurch gleichzeitig **unmittelbar** u zwangsläufig **Rechte des Beizuladenden betroffen, dh gestaltet, bestätigt oder festgestellt, verändert oder aufgehoben werden,**[25] so daß **aus Rechtsgründen** die Entscheidung den Hauptbeteiligten u dem Beigeladenen ggü nur einheitlich ergehen kann.[26] 14

Die (vom Ausgang des Vf abhängige) **Möglichkeit** solcher Wirkungen **genügt** (18, 124; 67, 174; s auch unten 15). Wann dies der Fall ist, ergibt sich **aus dem materiellen Recht** (17, 297; 18, 124; 51, 270; Ule 22 II 1). – Notwendig ist die Beiladung in diesen Fällen auch dann, **wenn der Dritte nur in seinem** formellen subjektiven **Recht auf fehlerfreie Ermessensausübung** betroffen ist (**aA** RÖ-M. Redeker 8). Vgl zur Frage der Betroffenheit idS allg u zu Grenzfällen 59 ff zu § 42, zur Beiladung, wenn die Klage unzulässig ist, unten 21. Um Betroffenheit in eigenen Rechten handelt es sich auch bei **Betroffenheit in zwingenden Mitwirkungsbefugnissen,** die durch Gesetz zugunsten selbständiger (vgl 6 zu § 61; 7 ff zu § 63) Rechtsträger im Interesse der diesen zur selbständigen Erfüllung übertragenen Aufgaben vorgesehen sind, insb bei sog „mehrstufigen VAen". S unten 18 c f.

Die Entscheidung muß **aus Rechtsgründen** nur als notwendig einheitliche Entscheidung möglich sein (51, 275; 55, 11; Ey-J. Schmidt 17), wie zB, wenn Gegenstand der Klage ein VA ist, den eine Behörde nur mit Zustimmung einer bestimmten anderen Behörde erlassen darf (s unten 18 c f). **Nicht ausreichend** ist es dagegen, wenn eine einheitliche Entscheidung nur angesichts der tatsächlichen Verhältnisse des Falles oder **logisch notwendig** erscheint,[27] zB bei der Klage eines Miterben entsprechend § 2039 S 1 BGB auf Rückübereignung des 15

---

[25] 18, 124; 51, 275; 55, 11 = NJW 1978, 1762; 57, 35; NVwZ 1988, 730; NVwZ 1999, 296; BFH NVwZ 1983, 64; Ma NJW 1970, 2228; Mü NVwZ-RR 1999, 148; Mü BayVBl 1997, 410; Ms NVwZ-RR 1991, 486; Ks NVwZ-RR 2004, 704; Ey-J. Schmidt 16; RÖ-M. Redeker 8.

[26] 51, 275; 55, 11; 74, 23; vgl auch DVBl 1981, 1150; Buchh 310 § 65 VwGO Nr 44: notwendige Beiladung, wenn die Entscheidung unmittelbar Rechte oder Rechtsbeziehungen Dritter gestalten soll, sie aber wg § 121 ohne deren Beteiligung nicht wirksam gestalten kann; 57, 35; 74, 22 = DÖV 1986, 699: um zu verhindern, daß der Bekl zu einer ihm potentiell möglichen Leistung verurteilt wird, wenn die ihm auferlegte Verpflichtung nicht zugleich auch im Verhältnis zu den am Rechtsverhältnis Beteiligten wirksam würde.

[27] 55, 11 = BayVBl 1978, 152; DVBl 1981, 1156; Ey-J. Schmidt 17; zu weitgehend Bln NJW 1988, 1163: es muß Identität des Streitggst im Verhältnis zwischen Kl u Bekl u im Verhältnis beider Prozeßparteien zu dem Dritten vorliegen.

Grundstücks an die Miterbengemeinschaft,[28] oder wenn der Bekl die Leistung, zu der er verurteilt werden soll, **nur mit Zustimmung eines Dritten,** die noch nicht gegeben wurde,[29] bzw nachdem der Dritte rechtskräftig zur Duldung verurteilt wurde, **erbringen kann** (**aA** 57, 35); ebenso nicht, wenn ein Dritter nur geltend machen könnte, **daß er ebenfalls** durch den angefochtenen VA in seinen Rechten **betroffen** wird (55, 11 = NJW 1978, 1762; NVwZ 1988, 730; s unten 17 a) oder daß der begehrte VA ihn in seinen Rechten betreffen würde.[30] Es muß sich außerdem immer um tatsächliche, vom Gericht festzustellende Betroffenheit in eigenen Rechten handeln, die bloße **Behauptung einer RVerletzung genügt nicht** (55, 11 = BayVBl 1978, 152; NJW 1975, 70).

Andererseits ist es **ausreichend, daß** eine Rechtsbetroffenheit **nur bei einem bestimmten Ausgang** des Vf – insb bei Klagestattgabe – eintreten kann.[31] Auf eine Beiladung kann auch dann nicht verzichtet werden. **Das gleiche gilt,** wenn – bzw weil – eine entscheidungserhebliche **Frage** zwischen Kl, Bekl u dem Beizuladenden an sich **nicht streitig ist.**

16 **Nicht abhängig** ist die Notwendigkeit einer Beiladung dagegen von der Zulässigkeit der Klage (Ma NVwZ 1986, 142; zur Gegenansicht neigend BVerwG 80, 228 = NVwZ 1989, 109 f; s unten 21). Zwar kommt eine notwendige Beiladung letztlich bei allen Klagearten u Rechtsschutzformen in Betracht, jedoch bestehen aufgrund der unterschiedlichen prozessualen Ausgestaltung der Klagearten erhebliche Unterschiede, s unten 17 ff.

17 **b) Klagearten. aa) Anfechtungsklagen.** Um **Fälle notwendiger Beiladung** handelt es sich insb **bei Anfechtungsklagen gegen VAe mit Doppelwirkung** (s zum Begriff 2 zu § 80 a).[32] Notwendig beizuladen ist im AnfechtungsVf immer derjenige, den die begehrte gerichtliche **Kassationsentscheidung** in einer unmittelbar gestaltenden Weise betrifft, was typischerweise auf den **Adressaten** des angefochtenen VA zutrifft (Sch-Bier 19; Konrad BayVBl 1982, 487). Aufgrund der diesem ggü eintretenden **rechtsgestaltenden Wirkung** des **Aufhebungsurteils** ist es im Hinblick auf einen **effektiven Rechtsschutz** geradezu zwingend, ihm im Prozeß die Möglichkeit der Interessenwahrung einzuräumen.

Notwendige Beiladung liegt demnach zB vor:

– bei der Anfechtungsklage des **Nachbarn** gegen die dem BauASt erteilte **Bauerlaubnis** (Beiladung des **BauASt,** nicht notwendig jedoch auch anderer Nachbarn, die ebenfalls durch die Bauerlaubnis in ihren Rechten verletzt sein können);[33]

– bei der Anfechtungsklage des **Nachbarn** gegen eine gewerbe-, gaststätten-, immissionsschutz- oder atomrechtliche Genehmigung (Beiladung des **Anlagenbetreibers,** vgl Sch-Bier 19);

– bei der Anfechtungsklage eines **Bauherrn** gegen die aufgrund eines Widerspruchs des Nachbarn erfolgte **Aufhebung seiner Baugenehmigung durch**

---

[28] Mü BayVBl 1984, 147: keine notwendige Beiladung der übrigen Miterben; s auch BVerwG NJW 1998, 552.

[29] 42, 10; 67, 174 = NJW 1984, 72 = DVBl 1983, 1002; NJW 1974, 70; Buchh 310 § 65 VwGO Nr 55; BSG NVwZ 1984, 472; Hbg DÖV 1961, 111; Ks 26, 181: keine notwendige Beiladung, anders im Fall des § 64 Abs 2 AuslG aF (heute § 72 Abs 3 AufenthG) Ks DVBl 1997, 914.

[30] DÖV 1975, 99; Ma NJW 1977, 1308; Kopp DVBl 1980, 325; Ks NJW 1979, 181; s auch unten 18 b, auch zu abw A.

[31] 18, 127; 42, 10; 54, 331; 67, 174; Buchh 406.11 § 36 BBauG Nr 3; Ma NVwZ 1986, 142; zT **aA** BVerwG 18, 125; NVwZ 1984, 507: Unterbleiben der Beiladung unschädlich, wenn die Klage ohnehin in jedem Fall abgewiesen werden müßte.

[32] 18, 126; DÖV 1966, 766; BayVBl 1984, 155; DVBl 1988, 738; Mü NVwZ 1983, 414; Ule 22 II 1; Wilde NJW 1972, 1262; RÖ-M. Redeker 8; Mußgnug NVwZ 1988, 33.

[33] DVBl 1974, 768; NJW 1978, 65; Ma NVwZ 1986, 142; Hager BayVBl 1980, 194; RÖ-M. Redeker 9 a.

einen Widerspruchsbescheid (Beiladung des Nachbarn, Ma NVwZ-RR 2001, 543 u 7 zu § 79);

- bei der Klage des **BauASt** bzw **Anlagenbetreibers** gegen **nachbarschützende Auflagen** (Beiladung der Nachbarn);[34]
- bei der Anfechtungsklage des **Straßenanliegers** gegen einen **straßenrechtlichen Planfeststellungsbeschluß** (Beiladung des Trägers der Straßenbaulast, vgl NJW 1978, 119); ebenso bei einer Klage gegen die Entscheidung (VA) gem **§ 17 b Abs 1 Nr 4 FStrG iVm § 74 Abs 7 VwVfG,** daß eine Planfeststellung nicht erforderlich ist (Beiladung des Straßenbaulastträgers, vgl NJW 1982, 1546);
- bei der Anfechtungsklage eines Bewerbers gegen die **Erteilung einer Güterverkehrsgenehmigung** an einen Mitbewerber (Beiladung des Genehmigungsempfängers, NVwZ 1984; vgl allg zur statthaften Klageart bei Konkurrentenklagen 45 ff zu § 42);
- bei der Klage eines vorhandenen **Linienunternehmers** gegen die Erteilung einer **Parallelgenehmigung** (Beiladung des Genehmigungsempfängers, RÖ-M. Redeker 9 a; Konrad BayVBl 1982, 486);
- bei der Klage eines **Unternehmers** gegen die seinem Konkurrenten gewährte **Subvention** (Beiladung des Subventionsempfängers; Sch-Bier 19; Konrad BayVBl 1982, 486);
- bei der Klage des **Schwerbehinderten** gegen die **Zustimmung** der zuständigen Behörde zu seiner Kündigung (Beiladung des **Arbeitgebers,** Ks MDR 1966, 266);
- bei der Klage des **Kreiswehrersatzamtes** im Namen der Bundesrepublik gegen die **Anerkennung eines Kriegsdienstverweigerers** (Beiladung des Kriegsdienstverweigerers);
- bei der Klage des **Wohnungsinhabers** gegen die **Zuweisung eines Mieters** aufgrund der Wohnraumbewirtschaftung (Beiladung des eingewiesenen Mieters, Ms 4, 42; Bettermann DVBl 1951, 74);
- bei Klage eines betroffenen **Bürgers gegen** einen **von der Aufsichtsbehörde** im Weg der Ersatzvornahme **im Aufsichtsweg** anstelle der Gemeinde **erlassenen VA** (Beiladung der Gemeinde).[35]

Eine notwendige Beiladung des Dritten ist hingegen nicht erforderlich, wenn das Anfechtungsurteil diesem ggü gerade **keine rechtsgestaltende Wirkung** entfaltet. Ein solcher Fall ist zB dann gegeben, wenn der Dritte lediglich, ohne selbst Adressat des angefochtenen VAs zu sein, ein **Interesse** am Ausgang des Vf hat (vgl Sch-Bier 20 f). **Keine notwendige Beiladung** kommt daher in Betracht: **17 a**

- bei der Klage des **Nachbarn** gegen eine **Baugenehmigung,** eine immissionsschutzrechtliche Genehmigung, einen Planfeststellungsbeschluß uä in bezug auf **andere,** durch dieselbe Baugenehmigung, Planfeststellung usw betroffene **Nachbarn;**[36]
- bei der Klage des **Nachbarn** gegen eine **Baugenehmigung** in bezug auf die im Vf entgegen § 36 BauGB nicht beteiligte **Gemeinde;**[37]

---

[34] Beiladung der Nachbarn zumindest dann, wenn auch sie als Adressaten der Auflagen anzusehen sind, was durch Auslegung zu ermitteln ist, vgl Sch-Bier 20; Konrad BayVBl 1982, 487.

[35] Vgl Knemeyer BayVBl 1977, 131; Mü BayVBl 1961, 24; anders, wenn man die Ersatzvornahme als „Aufsichtsvertretung" ansieht u den VA der Gemeinde zurechnet – so Mü BayVBl 1976, 49 ua, vgl 9 zu § 78 –; dann wäre die Klage gegen die Gemeinde zu richten u der Staat auch nicht beizuladen.

[36] 56, 11; NJW 1975, 70; Buchh 310 § 65 VwGO Nr 5, 9, 19, 32, 36, 39, 46, 49, 51, 52; Ks NVwZ-RR 2004, 704; **aA** BVerwG 45, 309; s auch oben 15.

[37] Konrad BayVBl 1982, 489 Anm 70 unter Hinw darauf, daß die gerichtliche Kassationsentscheidung die Gemeinde nicht in einer ihr Mitwirkungsrecht unmittelbar gestaltenden Weise betrifft.

– bei der Klage eines **Bauherrn** gegen eine **Beseitigungsanordnung** in bezug auf den **Nachbarn,** selbst wenn dieser die Anordnung initiiert hat (Ms 9. 8. 2001 – 7 E 265/01; vgl auch Ks DÖV 2004, 624);
– bei der Klage eines Nachbarn gegen die Erteilung einer **Genehmigung für ein Kernkraftwerk** bzw auf dessen **Stillegung in bezug auf die Bundesrepublik** (NVwZ 1999, 296);
– bei der Klage eines Handwerkers gegen eine Gewerbeuntersagungsverfügung der Kreisverwaltungsbehörde hins der **Handwerkskammer;**[38]
– bei der Klage eines Gewerbetreibenden, mit der er die **Löschung aus der Handwerksrolle** begehrt, in bezug auf die **Industrie- und Handelskammer** (Ma RsprD-LS 197/2001);
– bei der Klage der Eltern gegen die zwangsweise **Zuführung ihres Kindes zur Schule** in bezug auf das Kind;[39]
– bei der Klage des **Prüflings** gegen die Entscheidung über das Ergebnis seiner medizinischen Prüfung wg Mängeln der gestellten Prüfungsfragen oder der Bewertungsvorgaben in bezug auf das **Institut für medizinische und pharmazeutische Prüfungsfragen (IMPP);**[40]
– bei der Klage des **Miteigentümers** gegen eine ihm ggü ergangene **Beseitigungsverfügung** hins der übrigen Miteigentümer, da zu deren Vollziehung erst an die übrigen Miteigentümer gerichtete Duldungsverfügungen ergehen müßten, die wiederum selbständig anfechtbar sind;[41]
– bei der Klage des **Miteigentümers** gegen die **Enteignung** (Konrad BayVBl 1982, 483: anders, wenn die Enteignung vom Miteigentümer beantragt worden war);
– bei der Klage des **Hauseigentümers** gegen eine **Beseitigungsanordnung** oder Benutzungsuntersagung hins des **Mieters,** da diesem ggü erst eine an ihn gerichtete, selbständig anfechtbare Duldungsverfügung eine unmittelbare rechtliche Betroffenheit auslöst (**aA** Konrad BayVBl 1982, 484);
– bei der Klage des **Untermieters** gegen eine **Benutzungsuntersagung** hins des **Hauseigentümers** u des **Hauptmieters** (NVwZ 1988, 730);
– bei der Klage des **Mitinhabers** einer Fabrik gegen einen diese betr, an ihn gerichteten VA hins der **anderen Mitinhaber** (40, 401 = BayVBl 1977, 161; DÖV 1971, 505; Konrad BayVBl 1982, 483);
– bei der Klage des **Mitgesellschafters** gegen den **Widerruf der Gewerbeerlaubnis** hins der **übrigen Mitgesellschafter;**[42]
– bei der Klage einer **kirchlichen Stiftung** gegen Maßnahmen der staatlichen Stiftungsaufsicht hins der **Kirchenmitglieder** oder möglichen späteren Nutznießern der Stiftung (vgl BayVBl 1990, 728);
– bei der Klage der **Gemeinde** gegen eine Weisung der Aufsichtsbehörde, auf Zinsen für von ihr gewährte Darlehen zu verzichten, hins des **Darlehensnehmers** (DVBl 1977, 499).

---

[38] NVwZ-RR 1990, 242: angefochtene Verfügung sei nicht zugleich ggü der Handwerkskammer als begünstigende Regelung ergangen; VG Darmstadt NVwZ-RR 2000, 782.

[39] Buchh 421 Kultur- und Schulwesen Nr 42; Konrad BayVBl 1982, 484.

[40] **AA** Mü BayVBl 1985, 277; 1991, 761 = NVwZ-RR 1991, 363: wg der von diesem Bescheid hins der Auswirkungen auf die vom IMPP ausgearbeiteten u gestellten Prüfungsfragen, da die Frage der Rechtmäßigkeit u richtigen Beantwortung der Prüfungsfragen nur einheitlich beantwortet werden könne; Kritik: Streitggst sind nicht die Bewertungsgrundlagen u Bewertungsmaßstäbe, sondern die konkrete Anwendung im Fall des Kl; offen gelassen 98, 213 = NVwZ-RR 1996, 31; Ms DVBl 1994, 651; 1994, 1371.

[41] 40, 104; Buchh 301 § 65 Nr 9; Bettermann DVBl 1966, 793; **aA** BVerwG DVBl 1966, 790 – jedoch in 40, 104 ausdrückl aufgegeben –; Schmitt BayVBl 1971, 563: notwendige Beiladung.

[42] Buchh 310 § 65 VwGO Nr 5 = GewA 1968, 34; Buchh 310 § 65 VwGO Nr 117; ähnlich zur Klage gegen eine Gewerbeuntersagung Konrad BayVBl 1982, 484.

Entgegen der bis zur 11. Aufl vertretenen Ansicht genügt es für eine **notwendige Beiladung** nicht, daß **die betroffenen** Rechte aufgrund des materiellen Rechts **unmittelbar zusammenhängen,** insb ein Recht vom anderen abhängt oder sich daraus ableitet, zB bei der Klage des Ehemanns u Vaters gegen eine **Namensfeststellung,** mit der ein vom bisherigen Familiennamen abweichender Name festgestellt wurde (**Beiladung der Ehefrau u der Kinder,** die ihren Namen vom Namen des Kl herleiten).[43] **Keine notwendige Beiladung** kommt deshalb bei der Klage des Ausländers **gegen seine Ausweisung** hins des Ehegatten u der Kinder in Betracht.[44] 17 b

Nicht notwendig ist eine Beiladung Drittbetroffener auch bei Klagen gegen **dingliche VAe** u sonstige „intransitive" oder „adressatlose" Allgemeinverfügungen iSv § 35 S 2 VwVfG,[45] zB bei Klagen gegen Verkehrszeichen; **anders hins unmittelbar** u nicht erst durch Vermittlung von Rechtssätzen **Betroffener,** zB des Straßenbaulastträgers, des Schulträgers usw bei Klagen gegen **Verkehrszeichen,** gegen die Errichtung einer Schule usw. 17 c

bb) Verpflichtungsklagen. Die **Verpflichtungsklage** unterscheidet sich hins der Urteilswirkung von der **Anfechtungsklage** erheblich, was sich auch auf die Frage der notwendigen Beiladung auswirkt: Während das stattgebende **Anfechtungsurteil** den angefochtenen VA **kassiert** u somit unmittelbare **rechtsgestaltende** Wirkung hat, spricht das **Verpflichtungsurteil** lediglich die **Verpflichtung** der beklagten Körperschaft aus, den begehrten VA **zu erlassen.** Eine **Rechtskrafterstreckung** auf durch diesen VA potentiell rechtlich Betroffene findet anders als bei der Anfechtungsklage gerade **nicht** statt; diese haben vielmehr grds die Möglichkeit, den VA nach dessen Erlaß anzufechten, ohne daß eine Bindung an das vorgehende Verpflichtungsurteil gegeben ist. Diese unterschiedliche prozessuale Ausgestaltung führt jedoch **nicht** dazu, daß eine **notwendige Beiladung** bei **Verpflichtungsklagen** grds **nicht** in Betracht kommt (so aber Grunsky 292). Im Fall der potentiellen **rechtlichen Betroffenheit** durch den mit der Klage begehrten VA sprechen sowohl Rechtsschutzerwägungen als auch der **Anspr auf rechtliches Gehör für** eine Beteiligung bereits am Verpflichtungsprozeß.[46] Zum anderen sprechen auch **Gesichtspunkte der Prozeßökonomie** grds für eine Beiladung, um aufgrund der eintretenden Rechtskrafterstreckung einen weiteren Prozeß zu vermeiden. Letztere zeigen jedoch gleichzeitig auch die **Grenzen** einer notwendigen Beiladung auf: ist der **Kreis rechtlich potentiell Betroffener** – wie zB häufig im Fall der Klage auf Erteilung einer bau- oder immissionsschutzrechtlichen Genehmigung – nur **schwer zu bestimmen,** so würde es die **Gerichte überfordern,** alle Personen zu ermitteln u zum Vf beizuladen (s auch Mußgnug NVwZ 1988, 34 Fn 11). Auch die in § 65 Abs 3 18

---

[43] NJW 1982, 299; keine notwendige Beiladung, da die Namensfeststellung nach BGB nicht unmittelbar auch für die Ehefrau u die Kinder wirke, vielmehr dazu gesonderte VAe erforderlich seien; Konrad BayVBl 1982, 488; vgl auch BGH NJW 1982, 1652: keine notwendige Beiladung des außerehelichen Erzeugers im Ehelichkeitsanfechtungsprozeß.

[44] 55, 10 = NJW 1978, 1762; NJW 1977, 1603; MDR 1978, 698 = BayVBl 1978, 152; DÖV 1981, 716; NVwZ-RR 1993, 666; Buchh 402.24 § 10 AuslG Nr 44; NVwZ 1997, 1117; Ey-J. Schmidt 22; Konrad BayVBl 1981, 484; SDC 2 g bb; Müller NJW 1976, 460; Zuleeg NJW 1980, 1190; Henke NVwZ 1983, 397; Stettner JA 1982, 399: die Entscheidung greife nicht schon zwangsläufig in Rechte des Ehegatten ein, über dessen Rechte werde nicht zugleich miterkannt; ähnlich BVerwG NJW 1982, 539 zur Aufenthaltserlaubnis; NVwZ 1983, 38 zur Asylgewährung; **aA** Ehlers NJW 1975, 2125 u 11. Aufl 20 a.

[45] DÖV 1975, 99; BayVBl 1977, 473; Ma NJW 1977, 303; Kopp DVBl 1980, 325; MuLö BayVBl 1985, 378.

[46] Vgl auch Stettner, 99 f; ders JA 1982, 399; im Ergebnis wie hier, jedoch auf eine mittelbare Gestaltungswirkung der Verpflichtungsklage abstellend Sch-Bier 22.

angeordneten Vereinfachungen hins der Beiladung in **MassenVf** (s unten 26 ff) schaffen insoweit keine Abhilfe, da diese Regelung erst bei einer potentiellen Beiladung von mehr als **50 Personen** eingreift. Angesichts der Tatsache, daß das Unterbleiben der Beiladung in bezug auf nur **einen Betroffenen** aber einen schweren **Verfahrensfehler** darstellen würde (vgl dazu unten 42 ff), kann hier im Hinblick auf die **Verfahrensökonomie** schwerlich das Erfordernis einer notwendigen Beiladung angenommen werden (vgl auch BSG 59, 88). Anders liegt es jedoch dann, wenn sich dem Gericht ohne weitere Nachforschungen die durch den mit der Verpflichtungsklage begehrten VA **rechtlich Betroffenen aufdrängen.** Dies ist zB bei einer Klage auf Erlaß eines an einen Dritten adressierten belastenden VA hins des **Adressaten** der Fall, kann aber auch bei einer Klage auf Erteilung einer **Genehmigung** gegeben sein (zB bei einer Klage auf Erteilung einer Baugenehmigung unter Befreiung des gesetzlich vorgeschriebenen Grenzabstandes hins eines Nachbarn). Hier ist eine **notwendige Beiladung** des bzw der Betroffenen aus den oben genannten Erwägungen **zwingend.**[47] Zur Konstellation der Klage auf Erlaß eines **mehrstufigen VA** vgl unten 18 c f.

18 a Fälle **notwendiger Beiladung** bei **Verpflichtungsklagen** sind nach diesen Grundsätzen zB gegeben bei:

– der Klage eines **Nachbarn** auf Erlaß einer **bauordnungsrechtlichen Verfügung** gegen den Bauherrn (Beiladung des Bauherrn, hins der Mieter des Grundstückes aber nur einfache Beiladung, NJW 1993, 79);
– der Klage des **Bauherrn** auf Erteilung einer **Baugenehmigung** unter **Befreiung** des gesetzlich vorgeschriebenen **Grenzabstandes** (Beiladung des Nachbarn, soweit sich dessen rechliche Betroffenheit dem Gericht aufdrängt, vgl Mußgnug NVwZ 1988, 34 Fn 11; s oben 18);
– der Klage auf Erlaß eines **Restitutionsbescheides** (Beiladung des gem § 2 Abs 3 S 1 VermG Verfügungsberechtigten, ZOV 1998, 69);
– bei der Klage eines Nachbarn auf Verpflichtung der **Planfeststellungsbehörde** zur Aufnahme weiterer **Schutzauflagen** gem § 17 Abs 4 FStrG aF zu seinen Gunsten in den Planfeststellungsbeschluß (Beiladung des Trägers der Straßenbaulast, u zwar selbst dann, wenn dieser derselbe Rechtsträger ist, dem auch die Planfeststellungsbehörde angehört);[48]
– bei der Verpflichtungsklage auf **Ungültigerklärung einer Wahl (Beiladung** der **Gewählten,** soweit diese bei Erfolg der Klage ihr Mandat verlieren),[49] allerdings **keine Beiladung** der Gewählten, deren Mandat **nicht** automatisch entfällt (etwa im Fall der (Teil-)Anfechtung einer Wahl in einem einzelnen Bezirk, Ms NVwZ 1992, 282; **aA** VG Dessau LKV 1996, 79), wohl aber von Listennachfolgern (Mü NVwZ-RR 1997, 647).

18 b Eine **notwendige Beiladung** kommt außer in den bereits angesprochenen Fällen der praktischen Unmöglichkeit der Ermittlung der rechtlich Betroffenen (s oben 18) auch dann **nicht** in Betracht, wenn lediglich ein **gleichgerichtetes Interesse** am Erfolg der Verpflichtungsklage vorliegt, ohne daß der Dritte selbst Klage erheben will oder kann.

---

[47] Vgl zu diesem Problem auch Sch-Bier 22; Konrad BayVBl 1982, 518, die allerdings nur im Fall der Klage auf Erteilung eines an einen Dritten adressierten VA eine notwendige Beiladung annehmen; generell für notwendige Beiladung Würt 227.

[48] 51, 6 = NJW 1976, 1765; 55, 230, 237; Buchh 407.4 § 17 FStrG Nr 28; BayVBl 1982, 345; Konrad BayVBl 1982, 517 mwN; sehr zweifelhaft, da die Auflagen wiederum selbständig anfechtbar sind; vgl auch 7 ff zu § 63; zT **aA** BVerwG 52, 226 u 237; Mü DÖV 1983, 602; Ks NVwZ 1984, 451: weder notwendige noch einfache Beiladung des Landes als Straßenbaulastträger, wenn auch für die Entscheidung über die Planfeststellung eine Landesbehörde zuständig ist; diese kann dann auch die Interessen des Landes als Baulastträger wahren, selbst wenn das Land insoweit für den Bund tätig wird; anders wenn die Behörde selbst gem § 78 Abs 1 Nr 2 Bekl ist bzw wenn eine Gemeinde Baulastträger ist.

[49] 80, 228 = NVwZ-RR 1989, 109; NVwZ 1982, 243; Ms NVwZ-RR 1991, 420.

Kein Fall der **notwendigen Beiladung** liegt vor bei

- der Klage eines **BauASt,** Unternehmers usw **auf Erteilung einer Baugenehmigung** oder immissionsschutzrechtlichen Genehmigung hins der **Nachbarn,** wenn deren Kreis unüberschaubar ist;[50] nach der hier vertretenen Auffassung **notwendige Beiladung** aber dann, wenn die durch die Genehmigung rechtlich betroffenen Nachbarn für das Gericht **offenkundig** sind, s oben 18;
- der Klage eines Nachbarn auf Verpflichtung der Behörde zur **Beseitigung,** Stillegung usw **eines Bauvorhabens,** einer Anlage usw in bezug auf andere Nachbarn;[51]
- der Klage des **Nachbarn** auf Erteilung einer **bauordnungsrechtlichen Verfügung** ggü dem Miteigentümer einer baulichen Anlage hins eines **weiteren Miteigentümers,** da zu deren Vollziehung diesem ggü erst eine – selbständig anfechtbare – Duldungsverfügung ergehen muß (NVwZ-RR 1999, 148);
- der Klage des **Nachbarn** auf **zusätzliche Auflagen** im Planfeststellungsbeschluß in bezug auf andere **Nachbarn** (Konrad BayVBl 1982, 485) u auf den **zur Finanzierung verpflichteten Bund;**[52]
- der Klage eines **Nachbarn** gegen das im Rahmen der Bundesauftragsverwaltung zuständige Land auf **Stillegung** eines **Kernkraftwerkes** hins des weisungsbefugten **Bundes** (NVwZ 1999, 296);
- der Klage eines **Wählers oder erfolglosen Wahlbewerbers** auf Ungültigerklärung uä einer Wahl hins anderer Wähler oder anderer erfolgloser Wahlbewerber;[53]
- der Klage eines erfolglosen **Bewerbers um einen Studienplatz** in einem numerus-clausus-Fach hins anderer ebenfalls erfolgloser Bewerber;[54]
- der Klage des Wohnungseigentümers auf Erteilung einer **Zweckentfremdungsgenehmigung** hins des **Mieters** (NJW 1995, 546);
- der Klage des **Wohnungseigentümers** auf Erteilung einer preisrechtlichen Genehmigung der Miete hins des **Mieters** (39, 137: im Verhältnis zum Mieter hat das Urteil nur eine das Privatrechtsverhältnis zum Vermieter betr Tatbestandswirkung);
- der Klage eines **Zessionars** auf Zuerkennung einer Leistung hins des Zedenten, selbst wenn der Zedent dieselbe Forderung für sich beansprucht (24, 343);
- der Klage des **Arbeitnehmers** auf Erteilung der **Ermächtigung zum Umgang mit Verschlußsachen** in der Rüstungsindustrie hins des Arbeitgebers (Ms NJW 1985, 281);
- der Klage auf **Erstattung von Fahrtkosten** für den Schulbesuch gegen die als Schuldträger zuständige Gemeinde hins des Landes, das nach dem Finanz-

---

[50] Vgl auch Mußgnug NVwZ 1988, 34, Fn 11; teilw **aA** DÖV 1975, 99; Ma NJW 1977, 1308; Konrad BayVBl 1982, 520, 522; Kopp DVBl 1980, 324, nach denen im Verfahren auf Erteilung einer Baugenehmigung grds keine notwendige Beiladung der Nachbarn in Betracht kommt; dies kann aber aus Rechtsschutzerwägungen nicht überzeugen, wenn der Kreis der rechtlich Betroffenen dem Gericht hinlänglich bekannt ist, vgl oben 18.

[51] DÖV 1975, 99; Buchh 310 § 65 VwGO Nr 35; Ma NJW 1977, 1308; Ks DÖV 1987, 978; Grunsky 30 II 1; Kopp DVBl 1980, 325; Gutachten 121; MuLö BayVBl 1985, 318; **aA** Konrad BayVBl 1982, 517.

[52] 52, 227, 240; Mü DÖV 1983, 602: keine notwendige, sondern nur einfache Beiladung des Bundes, den nur die interne finanzielle „Baulast" trifft, während das Land im Rahmen der Auftragsverwaltung insoweit aufgrund einer eigenen, selbständigen Verwaltungskompetenz handelt; anders nach hM im Verhältnis zum echten Baulastträger, s 55, 230, 237; Buchh 407.4 § 17 FStrG Nr 28; BayVBl 1982, 345: notwendige Beiladung; vgl auch oben 18 a.

[53] NVwZ 1982, 243; Buchh 310 § 65 VwGO Nr 44 u 60.

[54] 60, 30; NJW 1977, 1603; Ma NVwZ 1984, 255; Lü NJW 1978, 1279; zur Beiladung des unecht notwendigen Streitgenossen auch Stettner JA 1982, 400; **aA** wohl insoweit Bettermann ZZP 1977, 122 unter Hinweis auf die wörtliche Übereinstimmung von § 65 Abs 2 mit § 62 Abs 1 Alt 1 ZPO.

ausgleichsrecht die Kosten zu tragen hat (**aA** Ma VBlBW 1981, 394; vgl zu einer vergleichbaren Situation auch BVerwG 52, 227, 240);
– der Klage des **Käufers** eines Grundstückes auf Erteilung einer **Baugenehmigung** für eine auf dem Grundstück zu errichtende Anlage hins **des Verkäufers, wenn** der Käufer sich in der Kaufurkunde für den Fall der rechtskräftigen Ablehnung der Baugenehmigung den **Rücktritt vorbehalten** hat (Mußgnug NVwZ 1988, 33; **aA** Ks NJW 1987, 1036).

18 c Um **Fälle notwendiger Beiladung** handelt es sich immer bei **Verpflichtungsklagen auf Erlaß sog „mehrstufiger" VAe** (vgl zum Begriff KR 76f zu § 35 VwVfG), dh von VAen, die die zuständige Behörde aufgrund besonderer gesetzlicher Vorschriften nur mit Zustimmung uä einer anderen Behörde erlassen darf, wenn u soweit es sich bei der anderen Behörde um die Behörde eines anderen, insoweit selbständigen Rechtsträgers (vgl oben 14) handelt,[55] denn eine Verurteilung des Bekl ersetzt in derartigen Fällen die Zustimmung u berührt damit unmittelbar die Kompetenzen des anderen Rechtsträgers.[56] S dazu unten 18d u oben 14.

Keine Beiladung ist dagegen notwendig – u idR auch nicht möglich –, **wenn** die Mitwirkungshandlung **ausschließlich verwaltungsinterne** Bedeutung hat u ihr Fehlen die Rechtmäßigkeit des VA nicht berührt (51, 10), oder aber, wenn die Mitwirkungshandlung keine solche ieS ist, sondern – wenn auch uU rechtswidrig! – als ein **selbständiger anfechtbarer VA ggü** dem Bürger ergeht.[57]

18 d **Notwendig** ist die Beiladung **bei mehrstufigen VAen** (s oben 18c) zB
– bei der Klage eines **BauASt** auf Erteilung einer **Baugenehmigung** für Vorhaben, die gem § 36 BauGB nicht ohne **Zustimmung der Gemeinde** genehmigt werden dürfen (Beiladung der Gemeinde),[58] was auch für § 36 BauGB nF (trotz § 36 Abs 2 S 3 BauGB) gilt;
– bei der Klage eines Unternehmers auf Erteilung einer **immissionsschutzrechtlichen Genehmigung** für eine Anlage im Außenbereich (Beiladung der Gemeinde, da gem § 36 Abs 1 S 2 BauGB deren Einvernehmen auch dann erforderlich ist, wenn in einem anderen Vf über die Zulässigkeit nach § 35 BauGB zu entscheiden ist);[59]
– bei der Klage eines **BauASt** auf Erteilung einer Baugenehmigung, die gem §§ 35 Abs 2 u 4, 36 Abs 1 S 4 BauGB nur mit **Zustimmung der höheren**

---

[55] Vgl 51, 311; 52, 240 – keine Beiladung, wenn die zuständigen Behörden beide demselben Rechtsträger angehören –; 72, 165; 80, 127: keine Beiladung einer zur Mitwirkung beim Erlaß eines VA berufenen Landesbehörde, auch wenn die Klage nach § 78 Abs 1 Nr 2 VwGO nach Landesrecht gegen die Behörde selbst gerichtet ist, die der VA erlassen hat –; s ferner 42, 11; NVwZ 1991, 1076; Mü BayVBl 1985, 277; 1991, 762.

[56] 18, 335; 42, 11 mwN; 54, 331; 67, 174 = NJW 1984, 70; 77, 180; DVBl 1975, 506; BSG NVwZ 1984, 472; Mü BayVBl 1985, 277; 1991, 762; VG Hamburg NVwZ 1985, 679.

[57] Mü BayVBl 1978, 211; Ma Rd L 1972, 182: die Zustimmungserklärung gem § 34 FlurbG ist dem Bürger ggü ein selbständiger VA; Kopp GewA 1970, 121; s im einzelnen auch KR 73ff zu § 35 VwVfG.

[58] Vgl 42, 11; 67, 174; NJW 1966, 1530; 1978, 64; NVwZ 1991, 1076; Buchh 406, 11 § 36 BBauG Nr 1 u 5; Lü NJW 1978, 2260; Budroweit 344ff; Hager BayVBl 1980, 131 – zugleich unter Hinweis, daß die Gemeinde bei ihrer Entscheidung keinen Ermessensspielraum hat; allg auch Hoppe NJW 1978, 1229; Römermann NJW 1978, 2280; BSG NVwZ 1984, 472; **aA** zur entsprechenden Feststellungsklage, daß das Vorhaben als genehmigt zu behandeln ist, BVerwG DVBl 1972, 224 = Buchh 310 § 65 VwGO Nr 24; abzulehnen; zur Anfechtungsklage des Nachbarn gegen die Baugenehmigung s oben 17.

[59] Ks NVwZ-RR 1995, 60; Mü GewA 1991, 238 = NVwZ-RR 1991, 523; Uechtritz DVBl 1991, 4 – unter Hinweis darauf, daß BVerwG DVBl 1977, 770 zur früheren abweichenden Fassung des § 36 Abs 1 BBauG ergangen war –; **aA** NJW 1978, 64; Ks NVwZ-RR 1990, 346: keine analoge Anwendung von § 36 Abs 1 S 1 BBauG – nunmehr: § 36 Abs 1 S 1 BauGB – zugunsten der Gemeinde; Schrödter DVBl 1977, 772.

Verwaltungsbehörde erteilt werden kann (Beiladung der höheren Verwaltungsbehörde, sofern diese selbst gem § 61 Nr 3 beteiligungsfähig ist);[60]
- bei der Verpflichtungsklage des **Straßenanliegers** auf Erteilung einer gem § 9 Abs 2 oder 3 FStrG an die **Zustimmung des Trägers der Baulast** gebundenen **Baugenehmigung** (Beiladung des Trägers der Straßenbaulast, 16, 116; 42, 10; 54, 331);
- bei der Klage eines **Beamten** gegen eine Gemeinde, wenn der begehrte VA der **Zustimmung des Landespersonalausschusses bedarf** (Beiladung des Landes, dem der – selbst nicht beteiligungsfähige – Landespersonalausschuß angehört, vgl 18, 188);
- bei der Klage gegen das Land auf **Einbürgerung,** die der **Zustimmung der Bundesrepublik** bedarf (Beiladung der Bundesrepublik);[61]
- bei der Klage gegen das Land auf Erteilung der an die **Zustimmung des Bundes** gebundenen **Aufenthaltserlaubnis** (Beiladung des Bundes, vgl 70, 130 = NJW 1985, 2725); bei einer Klage auf **Befristung einer Ausweisungsverfügung** gem § 72 Abs 3 AufenthG (früher § 64 Abs 2 AuslG) Beiladung des Rechtsträgers der Ausländerbehörde, Ks DVBl 1997, 914 zu § 64 Abs 2 AuslG aF.

Die (fehlende) **Zustimmung** wird in derartigen Fällen **durch die Bindungswirkung des Urteils ggü** dem beigeladenen Dritten **ersetzt** (72, 167; NJW 1986, 2205).

cc) Sonstige Klage- und Antragsarten. Bei einer **allg Leistungsklage** 19
gegen die Gemeinde auf Beseitigung eines auf einem öffentlichen Platz aufgestellten Kunstwerks, das den Kl in seinem Persönlichkeitsrecht verletzt, ist der Künstler notwendig beizuladen (VG Sigmaringen NJW 2000, 92). Bei **Unterlassungklagen** ist grds der Adressat der behördlichen Leistung, deren Unterlassung begehrt wird, notwendig beizuladen, so zB bei der Klage auf Unterlassung der Auszahlung einer Entschädigung an einen Dritten (Beiladung des Dritten, Buchh 310 § 65 VwGO Nr 1); bei der vorbeugenden Klage eines **Straßenanliegers** gegen den Staat auf **Unterlassung der Erteilung einer Ausnahmegenehmigung** für die Durchführung eines Autorennens auf der Straße (Beiladung des Veranstalters des Rennens);[62] bei einer vorbeugenden Unterlassungsklage eines **Bewerbers** um einen **Beamtenposten** auf **Unterlassung der Ernennung eines Konkurrenten** (Beiladung des Konkurrenten).[63]

Vgl zur Frage, ob die **Bundesrepublik** bei einer Leistungsklage auf Abänderung der vom **Bundesausschuß der Ärzte u Krankenkassen** erlassenen **Richtlinien** notwendig beizuladen ist, BSG 64, 85 = NJW 1989, 2771; BSG NJW 1991, 1254 (bejahend, allerdings sehr zweifelhaft).

Bei der **Feststellungsklage** ist ein **Dritter** dann **notwendig beizuladen,** wenn er an dem Rechtsverhältnis, dessen Feststellung begehrt wird, unmittelbar beteiligt ist.[64]

Zum Erfordernis einer notwendigen **Beiladung in Vf nach § 80 Abs 5 u 6 oder § 123** s 140 zu § 80, 1 zu § 123.

---

[60] Vgl 42, 8 mwN; NJW 1986, 2775; DÖV 1975, 720; NJW 1976, 2226; VG Ansbach BayVBl 1978, 28.

[61] 67, 174 = NJW 1984, 72; 1984, 70; 1987, 2178; s zu weiteren ähnlichen Beispielen auch Konrad BayVBl 1982, 518; zur Klage auf Genehmigung des Verzichts auf die deutsche Staatsangehörigkeit, für den eine Unbedenklichkeitsbescheinigung des Verteidigungsministers erforderlich ist, die verweigert wurde, auch BVerwG NJW 1986, 2205; **aA** Buchh 310 § 65 VwGO Nr 55 zur Klage auf Feststellung der Staatsangehörigkeit; sehr zweifelhaft.

[62] **AA** Buchh 310 § 65 VwGO Nr 44; Konrad BayVBl 1982, 520.

[63] Vgl Sch-Bier 26; s allg zur statthaften Klageart bei beamtenrechtlichen Konkurrentenklagen 49 f zu § 42.

[64] Vgl DÖV 1964, 715; BayVBl 1988, 501; Dritte sind allerdings nicht Behördenangehörige, die an der angegriffenen Maßnahme mitgewirkt haben, vgl Mü NVwZ-RR 1999, 148.

20 **Nicht notwendig** ist die Beiladung allg **bei Klagen** gegen den Rechtsvorgänger in den Fällen der **Rechtskrafterstreckung** nach §§ 325–327 ZPO auf den Rechtsnachfolger;[65] bei Klagen in Fällen, in denen eine **Urteilsdrittwirkung kraft Abhängigkeit** eintreten kann (s dazu Blomeyer, Zivilprozeßrecht, § 33, S. 499 ff); ferner bei Klagen **auf Versagung oder Aufhebung des VA,** zu dem die Zustimmung erforderlich wäre bzw erfolgt ist.[66]

21 **c) Str** ist, **ob eine Beiladung dann unterbleiben kann,** wenn die Entscheidung nicht zu einer rechtlichen Belastung des an sich Beizuladenden führen, sondern allenfalls seine **Rechtsstellung verbessern** kann, zB wenn eine **Klage offensichtlich unzulässig** ist u auch mit einer Heilung nicht zu rechnen ist.[67] Die Frage ist **zu verneinen,**[68] da die Beiladung auch in diesem Fall dem betroffenen Dritten die Möglichkeit gibt, seine Rechte im Vf zu wahren, u es nicht Sache des Gerichts sein kann, die Entscheidung über die Beiladung am voraussichtlichen Ergebnis der Entscheidung in der Hauptsache zu orientieren (s oben 8 u 13). **Der Mangel** ist in diesen Fällen **aber idR nicht kausal** für die Entscheidung (s 33 zu § 137) im Sinne des Revisionsrechts (vgl 16, 25 f; s auch 40 zu § 137). Die Notwendigkeit einer Beiladung entfällt **auch dann nicht, wenn** derjenige, dessen Beiladung in Betracht kommt, den **VA,** der Gegenstand der Klage ist u der auch ihm ggü ergangen ist, für seine Person **unanfechtbar** werden ließ (**aA** BayVBl 1974, 705) oder aus anderen Gründen (zB wg nicht rechtzeitiger Geltendmachung von Einwendungen im Verfahren) nicht mehr selbst mit Erfolg angreifen könnte (str; vgl RÖ-M. Redeker 16; **aA** Ma VRspr 12, 769).

22 **e)** Wenn die Voraussetzungen der notwendigen Beiladung vorliegen, haben die Betroffenen einen **Rechtsanspr auf Beiladung** (37, 116 f; Ey-J. Schmidt 5, 18; Ule 22 II 1). Zu den Folgen einer zu Unrecht unterbliebenen notwendigen Beiladung s unten 42 ff.

23 **5. Beiladungsverfahren:** Die Beiladung erfolgt **vom Amts wg oder auf Antrag** der Beteiligten (§ 63) oder des Beizuladenden durch **Beschluß** des Gerichts (Kammer bzw Senat, nicht dagegen eines beauftragten Richters, vgl EF 51), der keine mV erfordert; ebenso auch die Aufhebung eines Beiladungsbeschlusses (s unten 26). Im vorbereitenden Vf entscheidet nach dem im Rahmen des 1. JuMoG neu geschaffenen § 87 a Abs 1 Nr 6 der Vorsitzende bzw der Berichterstatter (dazu 1 ff zu § 87 a).

24 Die Beiladung (Entsprechendes gilt für die Aufhebung) setzt ein **anhängiges Vf** (§ 90 Abs 1) voraus u ist nur bis zur RKraft eines in der Sache ergangenen Urteils bzw bis zur Beendigung des Vf durch Klagerücknahme, Vergleich oder Hauptsacheerledigungserklärungen oder bis die Sache in der höheren Instanz anhängig wird, zulässig. Entscheidend ist der Zeitpunkt der Verkündung des Beiladungsbeschlusses (wenn die Beizuladenden zu diesem Zweck zur Verhandlung geladen wurden), sonst der Zeitpunkt der Zustellung (s auch unten 25). Ergeht

---

[65] NJW 1985, 281: im Hinblick auf § 265 Abs 2 ZPO, 121 keine notwendige Beiladung des Rechtsnachfolgers; **aA** Ms DVBl 1973, 226; Martens VerwA 1969, 232; Müller NJW 1976, 460; 1985, 281; 1985, 2244.

[66] DVBl 1970, 60; VRspr 25, 1002: keine Beiladung erforderlich, weil in diesen Fällen eine Ersetzung der Zustimmung nicht in Betracht kommt.

[67] Offen gelassen in MDR 1964, 619 u in 80, 228 = NVwZ 1989, 109 – bei Unzulässigkeit der Klage eine „kaum sinnvolle Förmelei"; jedenfalls aber keine Aufhebung des Urteils in der Revisionsinstanz, wenn das Urteil sich nicht auf die Rechtsstellung des Beizuladenden auswirken könnte, weil die Klage zu Recht als unzulässig abgewiesen wurde; vgl auch BVerwG 74, 22; DVBl 1984, 92 = BayVBl 1984, 155.

[68] S oben 8; zur notwendigen Beiladung auch Ma DÖV 1985, 588 = NVwZ 1986, 142: nicht davon abhängig, ob der Rechtsbehelf in der Sache zulässig; Ey-J. Schmidt 7; wohl auch Mü BayVBl 1990, 720; str.

der Beiladungsbeschluß erst nach Erlaß eines Urteils, so läuft **für den Beigeladenen die (volle) Rechtsmittelfrist** erst ab Zustellung des Urteils an ihn (1, 27). Ein **nach Anhängigkeit der Sache in den höheren Instanzen oder nach RKraft** vom Gericht, das die Entscheidung in der Hauptsache getroffen hat, erlassener Beiladungsbeschluß ist nach hM unwirksam (38, 296; Ms 4, 28; Ey-J. Schmidt 9), auch wenn der Beiladungsantrag rechtzeitig gestellt war.[69] **Wiedereinsetzung zum Zweck der Nachholung** der Beiladung ist nicht zulässig;[70] **ebenso nicht Wiederaufnahme** nach § 153 (RÖ-M. Redeker 16; **aA** Hufnagel DV 1949, 60; Grunsky 30 II 2). In der **Revisionsinstanz** kommt gem § 142 Abs 1 S 2 nur noch die notwendige Beiladung in Betracht. Der notwendig Beigeladene erhält somit die Möglichkeit, das Unterbleiben der Beiladung in der Tatsacheninstanz zu rügen u bei berechtigtem Interesse gem § 144 Abs 3 S 2 die Aufhebung des Urteils u die Zurückweisung der Sache zu erreichen oder aber auch eine entspr Rüge zu unterlassen u daher eine Rechtskrafterstreckung auf ihn gem § 121 herbeizuführen.[71] Im Vf über die Beschwerde wg Nichtzulassung der Revision kommt eine notwendige Beiladung in entspr Anwendung des § 142 Abs 1 S 2 nicht in Betracht (NVwZ 2001, 202).

Die Beiladung muß immer **ausdr durch Beschluß** (s oben 23) ausgesprochen werden. Bloße Ladung eines bisher nicht am Vf Beteiligten oder förmliche Zustellung des Urteils an ihn genügen nicht (EF 50), wohl aber die **Verkündung des Beiladungsbeschlusses in der** mV, zu der der Beizuladende geladen worden war.[72] Die Beiladung wird mit der **Verkündung bzw Zustellung** des Beiladungsbeschlusses **an den Beizuladenden** (RÖ-M. Redeker 11; **aA** Ey-J. Schmidt 28: an sämtliche Beteiligte) wirksam; Verkündung oder Zustellung auch an die übrigen Beteiligten ist zwar geboten, aber nicht Voraussetzung für die Wirksamkeit der Beiladung. 25

6. Beiladung in Massenverfahren (Abs 3); Voraussetzungen: Der durch das **4. VwGOÄndG** eingefügte Abs 3 soll den besonderen Bedingungen sog **MassenVf** Rechnung tragen (s dazu auch § 56a u 1 zu § 56a). Er gibt dem Gericht die **Möglichkeit** – keine Verpflichtung! –, in Verfahren, in denen die **Beiladung von mehr als 50 Personen** (vgl zu diesem Erfordernis 2 zu § 56a) als notwendige oder fakultative Beiladung in Betracht kommt u Zahl u Identität der Beizuladenden sonst nur schwer zweifelsfrei u vollständig erfaßt werden können, über die Beiladungen **in einem vereinfachten Vf** zu entscheiden[73] u die Urteilswirkungen auch auf Dritte, die sich in diesem „Vf einer Beiladung minderen Rechts" durch Verzicht auf aktive Teilnahme **„verschweigen"**, zu erstrecken. Eine Beiladung nach § 65 Abs 3 S 1 ist jedoch idR mit dem Charakter des EilVf nicht vereinbar. Deutlich wird dies an der Vorschrift des § 65 Abs 3 S 4, wonach allein die Meldefrist nach Veröffentlichung im elektronischen Bundesanzeiger 3 Monate betragen muß, was bei einer Übertragung auf das EilVf mit dem Erfordernis effektiven Rechtsschutzes nicht mehr im Einklang stünde (Gr NVwZ 2000, 946). 26

---

[69] Vgl Br DÖV 1981, 641: keine Beschwerde in der Sache, auch wenn gleichzeitig Antrag auf Beiladung an das untere Gericht; zT **aA** mit überzeugender Begründung Maunz VRspr 6, 121: der Beizuladende kann den Beiladungsantrag mit dem RMittel in der Sache verbinden; die Beiladung wirkt auf den Zeitpunkt der Antragstellung zurück; vgl allg auch BVerfG 60, 13.

[70] Lü 5, 286; **aA** Mü 1, 86.

[71] S näher 7 zu § 142; Ey-P. Schmidt 4 zu § 142; Sch-Bier 39; vgl zur Rechtslage vor dem 4. VwGOÄndG 8. Aufl 24.

[72] Enger BFH NVwZ 1988, 767: Beiladung jedenfalls dann wirksam, wenn der Beizuladende u alle Beteiligten anwesend oder vertreten sind.

[73] Vgl ähnlich auch schon ohne gesetzliche Grundlage BSG 59, 87: auch notwendige Beiladungen dürfen unterbleiben, wenn die Zahl der Beizuladenden zu hoch ist.

Beizuladen sind danach nicht alle Personen, die von der Entscheidung betroffen sind, auch nicht, soweit an sich Voraussetzungen nach Abs 2 für eine notwendige Beiladung erfüllt sind, sondern grds **nur die Personen,** die auf entsprechende öffentliche Aufforderung nach Abs 3 **ihre Beiladung** nach Abs 3 S 1 **beantragen** oder die iSv S 8 individuell, dh nicht nur nach generellen Kriterien, für das Gericht erkennbar von der Entscheidung des Gerichts in besonderem Maße betroffen werden. Wesentlich ist, daß gem § 121 Nr 2 die materielle **RKraft** der im Prozeß ergehenden Entscheidung nicht wie im Regelfall nur für die Personen gilt, die zum Vf beigeladen u dadurch Beteiligte (§ 61 Nr 3) geworden sind, sondern auch für die Personen, die nach Aufforderung nach § 65 Abs 3 einen **Beiladungsantrag nicht oder nicht fristgerecht gestellt haben.**

Die **praktische Bedeutung** von Abs 3 **dürfte gering sein,** da jedenfalls eine notwendige Beiladung von mehr als 50 Personen auch in MassenVf kaum vorkommen kann (vgl Kopp DVBl 1980, 325). In **verfassungsrechtlicher Hinsicht** erscheint die Regelung nicht unbedenklich (Kopp DVBl 1980, 325; s auch Schmieszek NVwZ 1991, 524).

27 Im einzelnen **entspricht** die Regelung **weitgehend § 13 Abs 2 S 2 VwVfG** (vgl dazu KR 39f zu § 13 VwVfG) u hins des Vf § 56a (vgl dazu 6ff zu § 56a). Insoweit kann auf die Rspr u das Schrifttum bzw die Ausführungen zu diesen Vorschriften verwiesen werden.

28 **Voraussetzung einer Entscheidung** nach Abs 3 zur Beiladung in MassenVf ist, daß „die Beiladung von **mehr als fünfzig Personen** in Betracht kommt" (Abs 3 S 1), das Gericht nach Abs 3 S 1 einen entsprechenden Beschluß faßt (s auch unten 31) u eine öffentliche **Aufforderung nach Abs 3** an alle Personen, deren Beiladung in Betracht kommt, die Beiladung innerhalb einer bestimmten Frist zu beantragen, erläßt, **bzw** Personen, deren besondere Betroffenheit für das Gericht erkennbar ist, nach Abs 3 S 9 **vAw beilädt** (s oben 26).

29 Anders als bei § 56a kommt es **für die Anwendbarkeit** von Abs 3 ausschließlich auf die **Zahl der Personen** an, deren Beiladung in Betracht kommt, dh deren Betroffenheit iSv § 65 Abs 1 oder 2 bzw Abs 3 S 9 nach der räumlichen u sachlichen Auswirkung des Vorhabens u insb auch aufgrund der Beteiligung an einem vorausgegangenen VerwaltungsVf mit einiger Wahrscheinlichkeit zu erwarten ist (vgl auch RÖ-M. Redeker 28). Darauf, **ob eine Vertretung** Betroffener durch gemeinsame Bevollmächtigte nach § 67a Abs 1 besteht, kommt es insoweit – anders als für die Anwendbarkeit von § 56a – **nicht an.**

30 Da die Frage, ob eine **Betroffenheit** idS anzunehmen ist, meist erst nach Ergehen der Entscheidung beantwortet werden kann, ist der **Betroffenheit** iSv Abs 3 S 9 die – nicht allzu fern liegende – **Möglichkeit der Betroffenheit** idS **gleichzuachten** (vgl KR 41 zu § 13 VwVfG).

31 **7. Das Ausschlußverfahren (Abs 3 S 1):** Das Gericht entscheidet **nach Ermessen,** ob es von der Möglichkeit des Abs 3, insb der Möglichkeit der Erstreckung der Rechtskraftwirkung auch auf Personen, die nicht beigeladen wurden, sondern nur ihre Beiladung beantragen hätten können, dies jedoch nicht getan haben, Gebrauch macht, durch **Beschluß.** Eine **Entscheidung des Vorsitzenden** oder des Berichterstatters ist aufgrund des durch das 1. JuMoG neu geschaffenen § 87a Abs 1 Nr 6 – anders als nach dem früheren Recht (dazu 13. Aufl) – im Rahmen des vorbereitenden Vf nunmehr zulässig. Sinn u Zweck des § 87a Abs 1 Nr 6, der im Interesse einer Verfahrensstraffung u der Spruchkörperentlastung alle mit der Beiladung verbundenen Fragen beim Vorsitzenden bzw Berichterstatter konzentrieren möchte (vgl BT-Dr 15/1508, 28), gebieten nämlich eine weite Auslegung dieser Vorschrift, so daß auch die Entscheidung gem § 65 Abs 3 S 1 eine Entscheidung „über die Beiladung" iSd § 87a Abs 1 Nr 6 darstellt. Vor der Entscheidung des Gerichts sind die Beteiligten nach Art 103 Abs 1 GG **zu hören.**

Der **Beschluß** ist **unanfechtbar** (Abs 3 S 2) u bindet auch die höheren Instanzen (s unten 34). Er ist auch im RechtsmittelVf nur beschränkt nachprüfbar (vgl 62 vor § 124), was hier jedoch insofern ohne wesentliche Bedeutung ist, weil die Betroffenen, da sie nicht Beteiligte geworden sind, ohnehin RMittel in der Hauptsache nicht einlegen können (s unten 43). 32

Soweit allerdings **das Vf** nach Abs 3 **nicht eingehalten** wurde, kann auch die Erstreckung der RKraft nach § 121 Nr 2 nicht eintreten (**aA** NKVwGO-Czybulka 193: Differenzierung nach Schwere des Verstoßes).

8. Prüfung der Beiladungsanträge: Das Gericht hat über alle fristgerecht eingehenden Beiladungsanträge bzw über solche, für die nach § 65 Abs 3 S 7 iVm § 60 Wiedereinsetzung zu gewähren ist, nach den **allg** für Beiladungen geltenden Grundsätzen zu entscheiden; s oben 1 ff. Es kann nach Ermessen – Entsprechendes gilt auch für das Rechtsmittelgericht (s unten 38 u 40) – **auch verspätet eingegangene Anträge** noch berücksichtigen. Wenn das Vf noch nicht so weit fortgeschritten ist, daß eine Berücksichtigung nicht mehr ohne erhebliche Verzögerungen für das Vf möglich ist, wäre eine Nichtberücksichtigung idR ermessensfehlerhaft. 33

Der Beschluß des Gerichts nach Abs 3 S 1 gilt **auch für das weitere Verfahren.** Er **bindet** auch **die höheren Instanzen** u gilt auch für sie, dh, in der Berufungs- bzw Revisionsinstanz muß **nicht** erneut ein entsprechender Beschluß gefaßt u **ein neues Vf** nach Abs 3 durchgeführt werden, damit über von der Sache her denkbare Beiladungen entschieden werden kann. Auch das Rechtsmittelgericht kann jedoch wie das Gericht erster Instanz (vgl oben 33) von sich aus **verspäteten Beiladungsanträgen** stattgeben (RÖ-M. Redeker 33) oder auch vAw nach Abs 3 S 4 erkennbar Betroffene beiladen. 34

9. Zustellung des Beiladungsbeschlusses (Abs 4 S 1 u 2): Nach Abs 4 S 1 ist der Beiladungsbeschluß **allen Beteiligten,** dh nicht nur den Beizuladenden, sondern auch dem Kl, dem Bekl, dem VöI u bereits beigeladenen Dritten, **zuzustellen,** in MassenVf ggf auch gem § 56 a bekanntzugeben. Ein Verstoß gegen diese Vorschrift hat jedoch keine Folgen für die Wirksamkeit des Beiladungsbeschlusses, sofern dieser jedenfalls dem Beizuladenden ordnungsgemäß durch Zustellung oder durch Verkündung in der mV, zu der er vorsorglich geladen u in der er anwesend bzw durch einen Prozeßvertreter ordnungsgemäß vertreten war, bekanntgegeben wurde. 35

Grds ohne Rechtsfolgen ist auch ein **Verstoß gegen die Informationspflicht** des Gerichts gem Abs 4 S 2, wenn das Gericht das **rechtliche Gehör** der Betroffenen, vor allem auch des dann nach Abs 4 Beigeladenen, in anderer Weise wahrt. Die Beteiligten haben aber im Rahmen ihres Rechts auf rechtliches Gehör jedenfalls Anspr darauf, daß ihnen das Gericht entsprechende Information vor Abschluß der mV gibt. 36

10. Rechtsmittel, Aufhebung von Amts wegen (Abs 4 S 3): Die Beiladung, dh der die Beiladung aussprechende Beschluß, ist gem Abs 4 S 3 (anders als nach der FGO, vgl BFH NVwZ 1988, 767) unanfechtbar. Dies gilt **jedenfalls für die Beteiligten** (§ 63); Abs 4 S 3 geht hier davon aus, daß durch die Beiladung Rechte der Beteiligten nicht beeinträchtigt, sondern ihre Rechtsstellung durch die Erstreckung der Rechtskraftwirkung nach § 121 auch auf die Beigeladenen allenfalls verbessert wird. **Für den Beigeladenen** trifft diese ratio legis jedoch nicht ohne weiteres zu. Entgegen dem Wortlaut des Abs 4 S 2 muß deshalb dem Dritten, der beigeladen wird, dann **das Beschwerderecht zuerkannt werden,** wenn er durch die Beiladung einen **Rechtsnachteil** erleidet, zB dem Beigeladenen, dem in der Sache **ein eigenes Klagerecht** zusteht u dem durch die Beiladung die Möglichkeit einer eigenen Klage abgeschnitten wird (Baden NVwZ 1984, 146; NKVwGO-Czybulka 166). 37

38 **Gegen die Ablehnung** einer von ihnen beantragten Beiladung oder die Aufhebung eines Beiladungsbeschlusses haben die Beteiligten die **Beschwerde** nach § 146,[74] ebenso der iSv Abs 1 in seinem rechtlichen Interesse betroffene Dritte, der seine Beiladung beantragt hatte bzw für den ein Beteiligter dies getan hat.[75] Das Beschwerdegericht ist, wenn es sich um einen Fall der einfachen Beiladung handelt, bei seiner Entscheidung über die Beschwerde gegen die Versagung der Beiladung **nicht auf die Nachprüfung des Ermessens** des unteren Gerichts **beschränkt,** sondern kann sein Ermessen in vollem Umfang an die Stelle des Ermessens des unteren Gerichts setzen.[76] **Auch das Gericht selbst,** das eine Beiladung abgelehnt hat (uU auch der Vorsitzende bzw Berichterstatter, s § 87 a Abs 1 Nr 6), kann, solange die Hauptsache bei ihm anhängig ist, jederzeit auf Antrag oder auch vAw seine Entscheidung ändern u ohne Bindung an den vorangegangenen Beschluß die Beiladung aussprechen (str). Ebenso ist auch das **in der höheren Instanz** zur Entscheidung in der Hauptsache berufene Gericht verpflichtet, die Frage, ob eine Beiladung notwendig oder zweckmäßig ist, in jedem Stadium des Vf selbständig zu prüfen (NJW 1978, 64 zur Nachholung einer zu Unrecht unterbliebenen notwendigen Beiladung). In **der Revisionsinstanz** ist eine Beiladung jedoch ausgeschlossen. S oben 24, ferner unten 42.

39 Aus den oben zu 37 genannten Gründen muß das **Beschwerderecht** in MassenVf auch **Dritten** zuerkannt werden, die in einem Verfahren, in dem das Gericht nach Abs 3 vorgegangen ist u ihnen die Beiladung verweigert hat, die **RKraft** des Urteils jedoch gleichwohl nach § 121 Nr 2 auch **auf sie erstreckt wird,** in der Sache nicht als Beteiligte gehört wurden u auch zur Wahrung ihrer Rechte im Vf keine Gelegenheit hatten. Die **Beschwerde** ist hier gegen die „fiktive" Beiladung „minderen Rechts", die im Vorgehen nach Abs 3 zu sehen ist, zu richten.

40 **Beiladung oder Aufhebung einer Beiladung von Amts wegen:** Unabhängig von der Zulässigkeit und/oder der Anhängigkeit einer Beschwerde bzgl der Beiladung kann – u **muß** grds – das mit der Hauptsache befaßte **Gericht** (uU auch der Vorsitzende oder der Berichterstatter, s § 87 a Abs 1 Nr 6), auch das Rechtsmittelgericht, auf Antrag oder auch **vAw** eine Beiladung jederzeit bis zum Erlaß des Urteils[77] **wieder aufheben,** wenn die rechtlichen Voraussetzungen nicht oder nicht mehr vorliegen,[78] nicht dagegen auch, wenn das Gericht die Beiladung nur für unzweckmäßig hält (RÖ-M. Redeker 17; **aA** Ey-J. Schmidt 30), bzw **eine Beiladung verfügen,** wenn es feststellt, daß die Voraussetzungen gegeben sind u es sich um eine notwendige Beiladung handelt, bzw wenn es die Beiladung für zweckmäßig hält. Die Aufhebung der Beiladung **kann auch noch in der Revisionsinstanz** erfolgen,[79] eine Beiladung wg des in der Revision grds nicht mehr möglichen Tatsachenvortrags nur noch nach § 142. Die Aufhebung kann auch aufgrund einer Gegenvorstellung erfolgen. Das Gericht, an das ein Rechtsstreit zuständigkeitshalber verwiesen wurde, hat selbst über Gegenvor-

---

[74] Ma NJW 1977, 1308; NVwZ 1986, 142; RÖ-M. Redeker 18; Sch-Meyer-Ladewig/Rudisile 7 zu § 146; s auch 12 zu § 146.

[75] Vgl auch Br DÖV 1981, 641: kein Beschwerderecht des Dritten in der Hauptsache, auch wenn der Dritte gleichzeitig beim unteren Gericht die Beiladung beantragt.

[76] Ma NJW 1977, 1308; Ks DÖV 1987, 978; str.

[77] Ey-J. Schmidt 32 unter Hinweis darauf, daß eine spätere Aufhebung eine unzulässige Abänderung des Urteils bedeuten würde; **aA** Bauer DÖV 1969, 226: bis zur RKraft des Urteils bzw – das untere Gericht – bis zur Abhängigkeit der Sache in der höheren Instanz.

[78] 72, 165 = NVwZ 1986, 555; Ks NVwZ-RR 2005, 751. Die zu Unrecht erfolgte Beiladung führt idR zur Unzulässigkeit der Beiladung eines von dem Beigeladenen dennoch eingelegten RMittel (Buchh 310 § 65 VwGO Nr 135; BayVBl 2001, 634).

[79] **AA** zum finanzgerichtlichen Verfahren im Hinblick auf die hier – anders als nach der VwGO – mögliche Beschwerde gegen die Beiladung BFH NVwZ 1982, 336.

stellungen gegen einen Beiladungsbeschluß des ursprünglich angerufenen Gerichts zu entscheiden u den Beschluß beim Fehlen der rechtlichen Voraussetzungen für eine Beiladung aufzuheben (Ks NVwZ-RR 2005, 751)

Die Grundsätze über **nachträgliche Beiladung** vAw oder auch auf Antrag (s oben 33) durch das Gericht der Hauptsache (auch das Rechtsmittelgericht) gelten auch in den Fällen des Abs 3, **in denen der Antrag** auf Beiladung **verspätet gestellt** wurde u das Gericht noch nicht darüber entschieden hat, ob der Antrag noch zugelassen wird (s oben 33), oder in denen der Antrag abgelehnt wurde. 41

11. Folgen bei unterbliebener Beiladung: Das Unterbleiben einer **notwendigen Beiladung** stellt grds einen schweren **Verfahrensmangel** dar, der in der Berufungsinstanz idR (vgl § 130 Abs 1 Nr 2) – denn dem betroffenen beizuladenden Dritten wird sonst eine Instanz genommen, wenn seine Beiladung erst im BerufungsVf nachgeholt würde –, in der Revisionsinstanz bei entspr Rüge durch den im RevisionsVf erstmals Beigeladenen u Vorliegen eines berechtigten Interesses gem § 144 Abs 3 S 2 zur **Aufhebung** des betroffenen Urteils u zur **Zurückverweisung** der Sache führt (s auch oben 24, 7 zu § 142). Das Unterbleiben einer an sich notwendigen Beiladung stellt jedoch **dann keinen erheblichen Verfahrensmangel** dar, **wenn** der Beizuladende durch die ergangene Entscheidung **nicht in seinen Rechten berührt wird.**[80] Ein Unterlassen der Beiladung anderer, gleichfalls notwendig beizuladender Personen ist für die Rechtsstellung desjenigen, der ordnungsgemäß am Vf beteiligt worden ist, ohne Bedeutung (VIZ 2000, 661). Das Unterbleiben einer **einfachen Beiladung** ist nie ein Verfahrensfehler, auf dem die Entscheidung beruhen kann (NJW 1984, 1905; Buchh 310 § 65 VwGO Nr 117; einschränkend Sch-Bier 38). 42

Der übergangene Beizuladende hat **keine Rechtsbehelfe** in der Sache,[81] auch nicht die Zulassungsbeschwerde gem § 133 wg nicht ordnungsgemäßer Vertretung (vgl DÖV 1990, 180) oder die Nichtigkeitsklage gem § 153 iVm § 579 Abs 1 Nr 4 ZPO (BayVBl 1998, 122). Er ist dadurch **geschützt,** daß in den Fällen einfacher Beiladung **das Urteil ihm ggü keine Wirkung** erlangt,[82] daß es **in den Fällen notwendiger Beiladung** außerdem auch den übrigen Beteiligten ggü zwar in formelle RKraft,[83] **nicht** aber in **materielle RKraft** erwächst, bzw, soweit es sich um ein Gestaltungsurteil handelt (zB Aufhebungsurteil), grds schlechthin **unwirksam** ist.[84] Vgl allg zu den Folgen einer unterbliebenen notwendigen Beiladung auch Wilde NJW 1972, 1262 u 1653; Schmidt JuS 1986, 41; Müller DV 1976, 396). 43

Genehmigt der beizuladende, aber nicht beigeladene Drittbetroffene **nachträglich** die Prozeßführung, so wird der Verfahrensmangel **geheilt** (vgl BGH BayVBl 1981, 697). Ein wg unterbliebener Beiladung **fehlerhaftes,** ggf unwirksames **Urteil** wird jedoch auch in diesem Fall **nicht automatisch** rechtmäßig u vollgültig. Eine **Heilung** kann hier nur im RechtsmittelVf erfolgen. Die Tatbestandsvoraussetzungen einer Anhörungsrüge liegen nicht vor. Für eine Gegenvorstellung ist neben der Anhörungsrüge kein Raum (s 9 vor § 124). 44

---

[80] 74, 22; 80, 230; NVwZ 1991, 470; BayVBl 1993, 634; vgl auch 46 vor § 124.

[81] Ma NVwZ 1986, 142 – auch nicht gegen den Einstellungsbeschluß oder die Kostenentscheidung; Ma NVwZ-RR 1998, 612.

[82] 18, 127; DVBl 1974, 236; Ma DÖV 1975, 648; NVwZ 1986, 141; Schmidt JuS 1986, 41.

[83] 16, 25; 18, 124; 38, 296; Ma DÖV 1975, 646; Konrad BayVBl 1982, 482; Lerche ZZP 1975, 23; RÖ-M. Redeker 25; Renck BayVBl 1984, 218; Schmidt JuS 1986, 41; Stettner 93f, 50; offen BGH NJW 1982, 1652; **aA** Bettermann MDR 1967, 951; für bestimmte Fälle auch RÖ-M. Redeker 22 unter Hinw auf § 44 Abs 3 Nr 4 VwVfG.

[84] 16, 23; 18, 124; RÖ-M. Redeker 22; Ey-J. Schmidt 19; NKVwGO-Czybulka 186; **aA** Bettermann MDR 1967, 951; diff Schmitt BayVBl 1972, 563: es kommt auf den Grund der gebotenen Beiladung an.

§ 66 [Rechtsstellung des Beigeladenen]

Der Beigeladene kann innerhalb der Anträge eines Beteiligten selbständig Angriffs- und Verteidigungsmittel geltend machen und alle Verfahrenshandlungen wirksam vornehmen.[1 ff] **Abweichende Sachanträge kann er nur stellen, wenn eine notwendige Beiladung vorliegt.**[6 f]

Vgl §§ 67, 74, 76f ZPO; § 75 SGG; § 60 FGO

Schrifttum: S zu § 65.

1 **1. Allgemeines:** Durch die Beiladung erlangt der Beigeladene die prozessuale Stellung eines **Beteiligten** (§ 63 Nr 3). Anders als der Nebenintervenient (§§ 66, 69 ZPO) nach der ZPO sind der einfache u der notwendige Beigeladene **nicht auf die Unterstützung des Kl oder des Bekl beschränkt;** sie sind bei der Vertretung ihrer Interessen selbständig u können sie mit oder gegen Kl u Bekl, auch gegen beide – auch wechselnd oder unterschiedlich je nach den einzelnen Streitpunkten – geltend machen (1, 27; Ey-J. Schmidt 1; RÖ-M. Redeker 12; **aA** zum notwendigen Beigeladenen EF 22: Stellung wie ein Streitgenosse). Zu **Rechtsbehelfen** des Beigeladenen s 46 ff vor § 124.

2 Die Regelung der Wirkungen der Beiladung in § 66, insb auch der Rechte des Beigeladenen im Verfahren, ist unvollständig. **Ergänzend** dazu sind **allg Grundsätze,** bei der notwendigen Beiladung auch die Grundsätze über die notwendige Streitgenossenschaft (s 1 ff zu § 64) heranzuziehen, soweit sich aus dem Umstand, daß auch der notwendige Beigeladene nicht Partei, sondern Dritter in einem fremden Rechtsstreit ist, nicht etwas anderes ergibt.

3 **2. Allgemeine Rechte des Beigeladenen:** Der Beigeladene hat im Vf **grds alle Rechte eines Beteiligten,** soweit sie nicht – wie Klageänderung (§ 91), Klagerücknahme (§ 92), Zurücknahme von RMittel eines Hauptbeteiligten (§§ 126, 140), Widerklage (§ 89) oder Zwischenfeststellungsklage (§ 256 Abs 2 ZPO, vgl Ko DVBl 1952, 542), Beendigung des Vf durch Vergleich (§ 106) oder übereinstimmende Erledigungserklärung (§ 161 Abs 2) – ausdr oder ihrer Natur nach den Hauptbeteiligten (Kl und/oder Bekl) vorbehalten sind (s auch unten 9 ff). Er ist **zu allen Terminen zu laden;** alle Schriftsätze u alle ergehenden Entscheidungen sind auch ihm zuzustellen. Er hat das Recht auf Teilnahme an allen Verhandlungen u Beweisterminen, auf Akteneinsicht, auf Geltendmachung grds (s aber unten 5 ff) **aller Angriffs-** u **Verteidigungsmittel** usw. Das Gericht darf durch Gerichtsbescheid erst entscheiden, wenn dem Beigeladenen im vorausgegangenen schriftlichen Vf rechtliches Gehör gewährt worden ist (BFH NVwZ-RR 2000, 336). Einen Verstoß gegen den Grundsatz des rechtlichen Gehörs beinhaltet es auch, wenn der Beiladungsbeschluß erst mit der das gerichtliche Vf abschließenden Sachentscheidung zugestellt wird u wenn die Sachentscheidung den Beigeladenen beschwert. Etwas anderes gilt nur, soweit der Schutz gewichtiger Interessen eine sofortige gerichtliche Entscheidung ohne Gewährung rechtlichen Gehörs erfordert (Ma NVwZ-RR 2000, 728).

4 **Der Beigeladene kann,** muß aber nicht – vielfach wg des Kostenrisikos auch nicht empfehlenswert (s § 154 Abs 3, dazu 8 zu § 154; ferner § 162 Abs 3, dazu 21 zu § 162)! – im Rahmen des S 2 **auch Sachanträge,** zB Anträge auf Aufhebung eines VA usw oder auf Klageabweisung, stellen u selbständig, dh auch gegen den Willen der Hauptbeteiligten, **RMittel** einlegen (die allerdings zu einer Nachprüfung der angegriffenen Entscheidung nur dann u nur insoweit führen können, als der Beigeladene beschwert ist, s dazu DVBl 1997, 1324; 47 vor § 124; ferner unten 7), selbst wenn die Hauptbeteiligten keine RMittel einlegen (Ey-J. Schmidt 6; RÖ-M. Redeker 5; vgl auch Mü NVwZ-RR 1990, 159). Er kann auch das von ihm eingelegte **RMittel** wieder **zurücknehmen** oder sich dem RMittel eines Hauptbeteiligten anschließen (zB nach § 127) sowie die

Wiederaufnahme des Vf (§ 153, vgl NJW 1963, 1325; Ey-J. Schmidt 6) beantragen. Er kann jedoch in **keinem Fall mehr** erreichen als ein Hauptbeteiligter (64, 69); das gilt insb auch für RMittel, die ein Beigeladener einlegt (64, 69). Ein **RMittel** des einfach Beigeladenen hat analog § 113 Abs 1 S 1 u Abs 5 S 1 nur dann Erfolg, wenn das angefochtene Urteil eigene subjektive Rechte des Beigeladenen verletzt.[1] Ausreichend ist insoweit, daß in einem Rechtsverhältnis des Beigeladenen zu einem der Hauptbeteiligten eine Präjudizwirkung durch die mit dem RMittel angegriffene Entscheidung eintritt (NVwZ 1987, 971; NVwZ 1998, 842; Ms NVwZ-RR 1999, 136).

3. Besonderheiten der einfachen und der notwendigen Beiladung: Der **einfache Beigeladene** kann gem S 2 (wirksam) Sachanträge, dh Anträge, die eine Disposition über den Streit selbst oder über den Streitggst enthalten, nur **im Rahmen der Sachanträge der Hauptbeteiligten** (Kl bzw Bekl) stellen, also zB nicht die Klage ganz oder teilweise zurücknehmen oder einen Vergleich abschließen, wohl aber RMittel einlegen u auch die Wiederaufnahme des Vf (§ 153) beantragen (s oben 4). **Nicht beschränkt** sind auch abweichendes tatsächliches oder rechtliches Vorbringen u abweichende Verfahrensanträge, wie Beweisanträge, die Ablehnung eines Richters, Sachverständigen usw. 5

Der **notwendig Beigeladene** ist in seiner Rechtsstellung noch weitergehend den Hauptbeteiligten (Kl u Bekl) gleichgestellt. Er kann auch von den Parteianträgen des Kl bzw des Bekl **abweichende Sachanträge** stellen, zB der beigeladene Nachbar in einem Streit um Auflagen zu einer Baugenehmigung auch die gänzliche Aufhebung der Baugenehmigung beantragen (ebenso Stettner JA 1982, 399). Die Anträge des notwendig Beigeladenen sind insoweit nicht auf den Rahmen des durch die Klage bestimmten Streitggst (s zum Begriff 7ff, 14ff zu § 90) beschränkt. **Andererseits** aber **wirken** die **Anträge** des Beigeladenen **nur für ihn selbst;** auch der notwendig Beigeladene kann die Klage nicht ändern (§ 91) u auch nicht das Vf über den Kopf eines Hauptbeteiligten hinweg u mit Wirkung auch für diesen durch Klagerücknahme, Hauptsacheerledigungserklärung oder Abschluß eines Vergleichs beenden. Auch hins der **Wahrung von Fristen** „vertritt" ein Beigeladener, auch der notwendig Beigeladene, nur sich selbst, nicht wie der notwendige Streitgenosse nach § 64, § 62 ZPO auch säumige sonstige Beteiligte (s unten 9). 6

Für abweichende Streitanträge des notwendig Beigeladenen gelten grds **dieselben Voraussetzungen wie für die entspr Anträge des Kl** bzw des Bekl. **Soweit** eine entsprechende Klage **fristgebunden** ist, kann auch der Beigeladene den Antrag nicht mehr in zulässiger Weise stellen, wenn er selbst klagen hätte können, dies aber nicht rechtzeitig getan hat (anders, wenn die Klage mangels Beschwer nicht möglich war, nunmehr aber die Entscheidung des Gerichts eine solche Beschwer ergeben kann, die der Beigeladene durch seinen Antrag verhindern will, vgl auch RÖ-M. Redeker 16 zu § 65); ebenso ist **ein abweichender Sachantrag** des notwendig Beigeladenen bei Anfechtungs- u Verpflichtungsklagen unzulässig, wenn u soweit dieser nicht geltend machen kann, daß er durch den in Frage stehenden VA bzw dessen Aufhebung oder Abänderung **in seinen Rechten** iSd § 42 Abs 2 **betroffen** ist oder sein würde. Allein aus der – irrtümlicherweise – auf § 65 Abs 2 gestützten Beiladung kann die Beschwer nicht abgeleitet werden (Mü 21. 8. 1997 – 4 ZB 97.1894). 7

Auch soweit abweichende Anträge zulässig sind, sind sie – zB bei allen Leistungsklagen – jedenfalls nur insoweit begründet u vom Gericht zu berück-

---

[1] NVwZ 1987, 971; NVwZ 1998, 842 mwN: verneinend hins des RMittel des beigeladenen Grundstückseigentümers gegen das die Klage eines Dritten auf Erteilung einer Baugenehmigung abweisende Urteil; Ms NVwZ-RR 1999, 136; Mü NVwZ 1998, 530; Sch-Bier 4; vgl auch 33, 47f zu vor § 124.

sichtigen, als der Beigeladene aufgrund eigener Rechte **auch in materiellrechtlicher Hinsicht am Streit beteiligt** ist u daher durch die Entscheidung des Gerichts uU in eigenen Rechten betroffen wird. Dagegen **genügt** es für die Zulässigkeit u Begründetheit von **Sachanträgen,** die sich **im Rahmen der entspr Anträge des Kl bzw des Bekl** halten, sowohl beim notwendigen als auch beim einfachen Beigeladenen, daß die insoweit unterstützten Anträge des Kl bzw Bekl zulässig u begründet sind; dies ergibt sich schon daraus, daß die Beiladung nur voraussetzt, daß rechtliche Interessen berührt werden.

8 **4. Stellung des VdB und VöI:** Die dargelegten Grundsätze über die Rechte des notwendig Beigeladenen im Prozeß gelten, mit Ausnahme des Erfordernisses einer Betroffenheit in eigenen Rechten, entsprechend auch für den **VöI** u den **VdB** (vgl 3 ff, 5 ff u § 35; 3 ff, 6 ff zu § 36).

9 **5. Auswirkung der Beiladung auf das Verfahren im Verhältnis zu den Hauptbeteiligten:** Der Beigeladene, auch der notwendig Beigeladene, **„vertritt"** im Prozeß **nur sich selbst** u kann daher, anders als der notwendige Streitgenosse, nicht einen säumigen Hauptbeteiligten „vertreten" u auch nicht Parteihandlungen mit Wirkung für oder gegen andere Beteiligte vornehmen.[2] S auch oben 6.

10 Andererseits ergibt sich aus dem Umstand, daß eine Beiladung erfolgt ist – wie aus der Beteiligung des VöI –, **für den Kl u den Bekl** grds **keine Beschränkung ihrer Dispositionsfreiheit** über den Prozeß u den Streitggst, insb auch über die Klage, soweit in der VwGO nicht ausdr etwas anderes bestimmt ist (vgl zB § 91 Abs 1). Der einfache, aber auch der notwendige (vgl Ey-J. Schmidt 11) Beigeladene muß **den Prozeß,** zu dem er beigeladen wird, **in dem Stadium hinnehmen, in dem sich dieser** infolge endgültiger Prozeßhandlungen, mit denen der Kl bzw der Kl u der Bekl über den Prozeß oder über den Streitggst verfügt haben (anders hins sonstiger Prozeßhandlungen, s im folgenden u unten 11), **befindet** (1, 28; Ey-J. Schmidt 11). Er kann als Dritter in einem Vf zwischen anderen Hauptbeteiligten, zumal seine Rechte ja nur durch ein rechtskräftiges Urteil berührt würden (§ 121), insb auch die **Rücknahme der Klage** (1, 28) oder eines RMittel eines Hauptbeteiligten oder die Beendigung des Rechtsstreits durch übereinstimmende **Erledigungserklärung** der Hauptbeteiligten[3] usw **nicht verhindern** (RÖ-M. Redeker 10; Stettner JA 1982, 311); zur Wirksamkeit derartiger Verfügungen der Hauptbeteiligten über den Streitggst ist insb auch seine **Zustimmung** zur Klagerücknahme oder zu übereinstimmenden Hauptsacheerledigungserklärungen **nicht erforderlich** (s 12 ff zu § 92; 10 zu § 161 Fn 9), ebenso auch **nicht zur Einlegung** eines **RMittel,** auch nicht zur Sprungrevision gem § 134 (s 15 zu § 134). **Anders** jedoch **uU** zu einem Vergleich (s 10 zu § 106). Da verwaltungsrechtliche Verträge, die in Rechte Dritter eingreifen, gem § 58 Abs 1 VwVfG bzw nach den entspr Bestimmungen der Verwaltungsverfahrensgesetze der Länder oder nach allg Grundsätzen des Verwaltungsrechts (vgl KR 3 c zu § 58 VwVfG) nur mit gültiger Zustimmung der betroffenen Dritten wirksam werden, ist auch ein gerichtlicher **Vergleich, der diese Wirkung** hätte (was nicht immer der Fall ist, vgl 14 zu § 106), nur gültig u kann den Prozeß nur beenden, **wenn auch der betroffene Dritte zustimmt** (str ebenso Sch-Bier 7; s im einzelnen 10 u 14 zu § 106; **aA** bis zur 9. Aufl).

10 a Entsprechendes gilt im Verhältnis eines **einfach Beigeladenen** zum Kl u zum Bekl, auch hins der Beendigung des Rechtsstreits durch Abschluß eines den Prozeß beendenden gerichtlichen **Vergleichs,** dh der Zustimmung des einfachen

---

[2] Ey-J. Schmidt 3; RÖ-M. Redeker 12; NKVwGO-Czybulka 10.

[3] 30, 27; BayVBl 1998, 761; Stuttgart VRspr 4, 888; Br DVBl 1986, 1212; VG Schleswig NJW 1966, 2425; Ey-J. Schmidt 4; RÖ-M. Redeker 10.

Beigeladenen bedarf es nur, wenn sie nach materiellem Recht (§ 58 VwVfG) für die Wirksamkeit erforderlich ist (s oben 10). Einfach Beigeladene können ebensowenig wie notwendig Beigeladene eine Beendigung des Rechtsstreits durch **Klagerücknahme** bzw **übereinstimmende Hauptsacheerledigungserklärungen** von Kl u Bekl verhindern, u auch ihre Zustimmung ist in diesem Fall aus denselben Gründen wie bei notwendig Beigeladenen nicht erforderlich.

S dazu, daß eine **Beiladung des Dritten** nicht Voraussetzung für die Wirksamkeit der Zustimmung – wohl aber für die Mitwirkung, da es sich um einen gerichtlichen Vergleich handelt – ist, 10 zu 106. **10 b**

Durch den **Tod eines Beigeladenen** – auch eines nicht notwendig Beigeladenen, es sei denn, das Gericht hebt seine Beiladung auf – wird der Rechtsstreit **unterbrochen** (str; s 9 zu § 63). **10 c**

Der **einfach Beigeladene** hat **keinen Anspr** darauf, daß **Prozeßhandlungen,** wie Beweisaufnahmen, die vor der Beiladung vorgenommen wurden, **wiederholt** werden; anders dagegen der notwendig Beigeladene (RÖ-M. Redeker 4). Da der **notwendig Beigeladene** Anspr auf Beteiligung hat u ohne seine Mitwirkung im Prozeß ein Sachurteil nicht ergehen darf (s 42 ff zu § 65), hat er **Anspr** darauf, daß das Gericht, soweit dies zur Wahrung seiner Rechte im Vf (zB gem § 86 Abs 1 u 2), insb auch zur Wahrung des rechtlichen Gehörs (§ 108 Abs 2), erforderlich ist, auch zB eine bereits früher durchgeführte **Beweisaufnahme wiederholt,** einen bereits gehörten Zeugen nochmals vernimmt usw. **11**

6. Wirkungen eines Urteils hins der Beigeladenen: Da der (einfache wie der notwendige) Beigeladene Dritter in einem fremden Prozeß ist, kann ihm ggü (außer über ein von ihm eingelegtes RMittel) auch kein Urteil ergehen, sondern allenfalls nach § 154 Abs 3, § 162 Abs 3 eine Kostenentscheidung. Er wird aber gem § 121 **durch das Urteil, das zwischen den Hauptbeteiligten,** dh dem Kl u dem Bekl, ergeht, **gebunden.**[4] Die **Bindungswirkung** tritt mit der RKraft (§ 121) des Urteils ein u erstreckt sich wie im Verhältnis zwischen den Hauptbeteiligten nur auf die im Tenor des Urteils **getroffene Entscheidung, nicht** auch auf **sonstige Feststellungen** im Urteil, Beweisergebnisse, die Beurteilung präjudizieller Rechtsverhältnisse, die auch sonst von der RKraft nicht erfaßt werden.[5] Die **Wirkungen** der Beiladung, insb die Rechtskrafterstreckung nach § 121, treten **unabhängig davon** ein, **ob der Beigeladene** tatsächlich am Prozeß **teilgenommen** hat. **12**

Für sowohl den einfachen wie den notwendigen Beigeladenen ist die **Rechtskraftwirkung** dieselbe wie für den Kl u den Bekl (s 1 ff zu § 121). Bei Rechtsträgern (zB Gemeinden) u Behörden, deren **Zustimmung** nach dem anzuwendenden materiellen Recht **für den Erlaß eines VA** erforderlich ist, wird die Zustimmung **durch** eine auch den Beigeladenen gem § 121 bindende **Verurteilung** des Bekl **zum Erlaß des VA ersetzt** bzw entbehrlich (18, 335; 42, 11 mwN; DVBl 1971, 588). Ggü dem **einfach Beigeladenen** hat die Bindung, da er an dem entschiedenen Rechtsverhältnis ja materiellrechtlich nicht beteiligt ist, nur die Folge, daß er in einem späteren Vf die **Richtigkeit** der ergangenen Entscheidung insoweit **nicht mehr bestreiten** kann, als ihm nach der Prozeßlage im Zeitpunkt der Beiladung das entsprechende Vorbringen (noch) möglich gewesen wäre.[6] Die Beiladung eines Dritten **kann** insb auch **nicht** eine gegen die- **13**

---

[4] Ey-J. Schmidt 40 zu § 121; s auch 77, 106 – kann sich nicht mehr darauf berufen, daß die Anordnung rechtswidrig war –; BGH DVBl 1981, 88.

[5] Ebenso Stettner JA 1982, 400 mwN; Schroeder-Printzen NVwZ 1990, 617; **aA** Ey-J. Schmidt 8 unter Hinweis auf § 68 ZPO; Martens VerwA 1969, 359; vgl allg zur Interventionswirkung im Zivilprozeß auch hins tatsächlicher Feststellungen BGH NJW 1983, 820 u 2033; Schroeder-Printzen NVwZ 1990, 616.

[6] 40, 101; Ey-J. Schmidt 8; Stettner JA 1982, 400; **aA** Schroeder-Printzen NVwZ 1990, 617.

sen nach materiellem Recht **erforderliche Anordnung** oder Duldungsverfügung **ersetzen** (40, 101). Zu den **Folgen** einer unterbliebenen Beiladung s 42 ff zu § 65.

14 **7. Wirkungen** eines **Vergleichs** oder der **Hauptsacheerledigung ggü** dem Beigeladenen: Ein gerichtlicher oder außergerichtlicher **Vergleich der Hauptbeteiligten** (Kl u Bekl) bindet Beigeladene nur, wenn u soweit sie sich am Vergleich beteiligt oder ihm zugestimmt haben (Ey-J. Schmidt 12). Vergleiche, deren Wirksamkeit ihre Mitwirkung oder jedenfalls Zustimmung erfordern (s oben 10 u 10 a; ferner 10 u 14 zu § 106), sind außerdem **insgesamt,** dh auch zwischen den Hauptbeteiligten, **unwirksam** u können daher auch den Prozeß nicht wirksam beenden (s oben 10 und 10 a).

§ 67 [Prozeßbevollmächtigte und Beistände]

(1) **Vor dem Bundesverwaltungsgericht und dem Oberverwaltungsgericht[4] muß sich jeder Beteiligte,[9] soweit er einen Antrag stellt, durch einen Rechtsanwalt[7] oder Rechtslehrer[8] an einer deutschen Hochschule im Sinne des Hochschulrahmengesetzes mit Befähigung zum Richteramt als Bevollmächtigten vertreten lassen.[4 ff] Das gilt auch für die Einlegung der Revision sowie der Beschwerde gegen deren Nichtzulassung und der Beschwerde in Fällen des § 99 Abs. 2 dieses Gesetzes sowie des § 17 a Abs. 4 Satz 4 des Gerichtsverfassungsgesetzes und für den Antrag auf Zulassung der Berufung[18] sowie für Beschwerden[19 ff] und sonstige Nebenverfahren,[24 ff] bei denen in der Hauptsache Vertretungszwang besteht, mit Ausnahme der Beschwerden gegen Beschlüsse im Verfahren der Prozesskostenhilfe.[15 ff] Juristische Personen des öffentlichen Rechts und Behörden können sich auch durch Beamte oder Angestellte mit Befähigung zum Richteramt sowie Diplomjuristen im höheren Dienst, Gebietskörperschaften auch durch Beamte oder Angestellte mit Befähigung zum Richteramt der zuständigen Aufsichtsbehörde oder des jeweiligen kommunalen Spitzenverbandes des Landes, dem sie als Mitglied zugehören, vertreten lassen.[11 ff] In Angelegenheiten der Kriegsopferfürsorge und des Schwerbehindertenrechts sowie der damit in Zusammenhang stehenden Angelegenheiten des Sozialhilferechts sind vor dem Oberverwaltungsgericht als Prozessbevollmächtigte auch Mitglieder und Angestellte von Verbänden im Sinne des § 14 Abs. 3 Satz 2 des Sozialgerichtsgesetzes und von Gewerkschaften zugelassen, sofern sie kraft Satzung oder Vollmacht zur Prozessvertretung befugt sind.[13] In Abgabenangelegenheiten sind vor dem Oberverwaltungsgericht als Prozeßbevollmächtigte auch Steuerberater und Wirtschaftsprüfer zugelassen.[13] In Angelegenheiten, die Rechtsverhältnisse im Sinne des § 52 Nr. 4 betreffen, in Personalvertretungsangelegenheiten und in Angelegenheiten, die in einem Zusammenhang mit einem gegenwärtigen oder früheren Arbeitsverhältnis von Arbeitnehmern im Sinne des § 5 des Arbeitsgerichtsgesetzes stehen einschließlich Prüfungsangelegenheiten, sind vor dem Oberverwaltungsgericht als Prozessbevollmächtigte auch Mitglieder und Angestellte von Gewerkschaften zugelassen, sofern sie kraft Satzung oder Vollmacht zur Prozessvertretung befugt sind.[13] Die Sätze 4 und 6 gelten entsprechend für Bevollmächtigte, die als Angestellte juristischer Personen, deren Anteile sämtlich im wirtschaftlichen Eigentum einer der in den Sätzen 4 und 6 genannten Organisationen stehen, handeln, wenn die juristische Person ausschließlich die Rechtsberatung und Prozeßvertretung der Mitglieder der Organisation entsprechend deren Satzung durchführt und wenn die Organisation für die Tätigkeit der Bevollmächtigten haftet.[14]**

(2) **Vor dem Verwaltungsgericht kann sich ein Beteiligter in jeder Lage des Verfahrens durch einen Bevollmächtigten vertreten lassen und sich in der mündlichen Verhandlung eines Beistands bedienen.**[32 ff] **Durch Beschluß kann angeordnet werden, daß ein Bevollmächtigter bestellt oder ein Beistand hinzugezogen werden muß.**[48 ff] **Vor dem Verwaltungsgericht kann jede Person als Bevollmächtigter und Beistand auftreten, die zum sachgemäßen Vortrag fähig ist.**[36 ff, 46]

(3) **Die Vollmacht ist schriftlich zu erteilen.**[51 ff] **Sie kann nachgereicht werden; hierfür kann das Gericht eine Frist bestimmen.**[56 ff] **Ist ein Bevollmächtigter bestellt, so sind die Zustellungen oder Mitteilungen des Gerichts an ihn zu richten.**[61 ff]

Vgl §§ 157f, 78f, 80f, 84–86, 90 ZPO; §§ 72f, 166 SGG; § 62 FGO

Schrifttum: *Allgaier,* Zur prozeßrechtlichen Diskriminierung der Rechtslehrer in der Verwaltungsgerichtsbarkeit, DÖD 1989, 49; *Bader,* Praktische Erfahrungen mit dem Sechsten VwGO-Änderungsgesetz, VBlBW 1997, 401; *ders,* Die Neuregelung des Rechtsmittelrechts und sonstige Änderungen der VwGO durch das Rechtsmittelbereinigungsgesetz, VBlBW 2002, 471; *Chemnitz,* Zur geschäftsmäßigen Besorgung fremder Rechtsangelegenheiten durch Rechtslehrer an deutschen Hochschulen, NJW 1987, 2421; *Deumeland,* Zur Anerkennung von Lehrbeauftragten als Rechtslehrer durch den Verfassungsgerichtshof von Berlin, VR 1995, 91; *Eyermann,* Rechtslehrer auch Rechtsvertreter?, BayVBl 1988, 555; *Günther,* Zum Anwaltszwang im Revisionsverfahren, DVBl 1988, 1039; *Johlen,* Der Anwalt im Verwaltungsprozeß, DÖV 2001, 582; *Kienemund,* Das Gesetz zur Bereinigung des Rechtsmittelrechts im Verwaltungsprozess, NJW 2002, 1231, 1236f; *Kopp,* Die Prozeßvertretung durch Rechtslehrer an deutschen wissenschaftlichen Hochschulen vor den allg Verwaltungsgerichten und das Rechtsberatungsgesetz, Ule-FS 1987, 743; *Kuchler,* Keine Vertretung der öffentlichen Hand durch andere als eigene Bedienstete in Verfahren vor dem BVerwG, NVwZ 1996, 244; *Mußgnug,* Das Recht der Hochschullehrer zur Liquidation nach der BRAGO, NJW 1989, 2037; *Pfeifer,* Das kommunale Vertretungsverbot – Sauberkeit der Verwaltung und anwaltliche Berufsausübung, BayVBl 1994, 577; *Quambusch,* Die Postulationsfähigkeit der Rechtsprofessoren an Fachhochschulen nach der Novellierung der VwGO, RiA 1998, 175; *Schenke,* Die Vertretungsbefugnis von Rechtslehrern an einer deutschen Hochschule im verwaltungsgerichtlichen Verfahren, DVBl 1990, 1151; *Schoch,* Das kommunale Vertretungsverbot, 1981; *Seibert,* Änderungen der VwGO durch das Gesetz zur Bereinigung der Rechtsmittel im Verwaltungsprozess, NVwZ 2002, 265, 269; *Sendler,* Rechtsanwalt und Verwaltungsgerichtsbarkeit, Redeker-FS 1993, 71; *Stühler,* Rechtsanwalt zwischen Amt und Mandat – Das kommunale Vertretungsverbot gem. § 17 Abs. 3 S 1 GemO (BW), VBlBW 1993, 1; *Weber,* Anwaltliche Vertretung in Kirchensachen nach kirchlichem und staatlichem Recht, Redeker-FS 1993, 621; *Willms,* Die Besorgung fremder Rechtsangelegenheiten durch Rechtslehrer an Deutschen Hochschulen, NJW 1987, 1302; *Zieglmeier,* Vertretungszwang bei der Berufungseinlegung im verwaltungsgerichtlichen Verfahren, NJW 2005, 3466; *Zimmerling,* Rechtsprobleme der Rechtsprofessoren, RiA 2001, 82; *Zuck,* Postulationsfähigkeit und Anwaltszwang, JZ 1993, 500.

Übersicht

1. Allgemeines: a) Wie die ZPO läßt auch die VwGO die Vertretung der 1
Beteiligten durch **Prozeßbevollmächtigte,** dh durch mit einer dem Umfang nach gesetzlich bestimmten (§ 81 ZPO; vgl Ms VRspr 24, 637) Prozeßvollmacht

ausgestattete Vertreter für alle im Zusammenhang mit dem Prozeß stehenden Prozeßhandlungen, Erklärungen usw u die Zuziehung von **Beiständen** zu, die Beteiligte nicht im Prozeß vertreten, sondern nur neben einem Beteiligten u zu seiner Unterstützung tätig werden. § 67 Abs 2 S 1 gilt hins der Zuziehung eines Beistandes **auch** für **Zeugen,** die sich eines Beistandes bedienen wollen.[1] Zur Vertretung, **wenn der Vertretene verhindert ist,** selbst einen Vertreter zu bestellen, vgl BVerfG 46, 160 (Fall Schleyer; Vertretung einer von Terroristen verschleppten Person hins eines damit im Zusammenhang stehenden Vf durch seinen Sohn); 22 zu § 61.

2 Das **Recht des Bürgers,** sich im Prozeß der Hilfe eines Anwalts oder sonst eines geeigneten Bevollmächtigten oder Beistands (s zu den Begriffen unten 33) zu bedienen, ist eine wesentliche Folgerung aus dem **Rechtsstaatsprinzip** u grds auch durch **Art 2 Abs 1 GG**[2] bzw durch in der Sache betroffene speziellere Grundrechte sowie durch **Art 103 Abs 1**[3] u **Art 19 Abs 4 GG** gewährleistet.[4]

Ist ein Bevollmächtigter bestellt, so ist auch **das rechtliche Gehör primär diesem zu gewähren;** eine Anhörung des Beteiligten ist dann insoweit grds weder erforderlich noch genügend.[5] S auch unten 61 ff; ferner 5 zu § 102; 23 ff zu § 133. **Einem Beteiligten** muß jedoch auch im Anwaltsprozeß – auch zur Wahrung des rechtlichen Gehörs (s 19 ff zu § 106; 10 ff zu § 138) – jedenfalls auf Antrag gem § 137 Abs 4 ZPO, § 173 **das Wort gestattet werden.** S dazu unten 30; ferner 9 zu § 103; 3 zu § 104.

3 **b) Rechtsänderungen.** § 67 hat seit dem 4. VwGOÄndG größere Änderungen sowohl durch das 6. VwGOÄndG als auch durch das RmBereinVpG erfahren. Seit dem 6. VwGOÄndG besteht ein **Vertretungszwang** (Anwaltszwang), dh die Notwendigkeit der Vertretung durch einen RA oder Rechtslehrer an einer deutschen Hochschule, nicht mehr nur vor dem **BVerwG,** sondern auch vor dem **OVG;** vor den Verwaltungsgerichten kann sich jeder Beteiligte vertreten lassen, muß dies jedoch nicht, sondern kann auch selbst auftreten (Ausnahmen s Abs 2 S 2). Zur Zulässigkeit des Anwaltszwangs s unten 4; zur Unzulässigkeit **geschäftsmäßiger Rechtsberatung u Prozeßvertretung** unten 38 ff sowie das RBerG; zur Bestellung eines sog **Zustellungsbevollmächtigten** 11 zu § 56; zur **Genehmigung** einer wg fehlender Postulationsfähigkeit unwirksamen Prozeßhandlung unten 4.

4 **2. Vertretungszwang vor dem BVerwG und dem OVG (Abs 1): a) Zweck und Zulässigkeit.** Die VwGO schreibt im Interesse einer geordneten Rechtspflege, insb eines geordneten Ganges des Verfahrens, u im Interesse der rechtsunkundigen Beteiligten[6] sowie insb auch der Vereinfachung u Beschleunigung (BFH NJW 1979, 888), der Sachlichkeit des Vf u der sachkundigen Erörterung des Streitfalles, insb der entscheidungserheblichen Rechtsfragen (68, 242; 1. 3. 1996 – 1 B 34/96), sowie eines konzentrierten, rechtskundigen

---

[1] BVerfG 38, 111; vgl auch NStZ 1983, 374 m Anm v Hauffe StV 1983, 489: nicht verfassungsrechtlich geboten, einem mittellosen Zeugen für eine Vernehmung einen Rechtsbeistand beizuordnen.

[2] BVerfG 38, 111 = NJW 1975, 103; BVerwG NVwZ 1988, 63; allg zur Postulationsfähigkeit auch BAG NJW 1991, 1253; Urbanczyk ZZP 95, 356.

[3] BayVBl 1993, 413; Buchh 310 § 108 VwGO Nr 141; 310 § 67 VwGO Nr 48; vgl auch BVerfG 5, 57; BayVerfGH BayVBl 1991, 377; MD-Schmidt-Aßmann 9 zu Art 103 Abs 1 GG; **aA** BVerfG NJW 1984, 863.

[4] BVerfG 14, 53; 111; 9, 132 = NJW 1959, 715; 31, 301; 31, 308; 38, 118; 39, 168; DVBl 1977, 207; NJW 1984, 863.

[5] NJW 1984, 625; BayVBl 1985, 508; BVerfG 49, 215; 54, 116; BayObLG BayVBl 1983, 733.

[6] NJW 1980, 1706; 1984, 625; Günther DVBl 1988, 1041; vgl auch BAG NJW 1991, 1253; Urbanczyk ZZP 95, 356.

Prozessierens vor dem OVG (Begr BT-Dr 13/3993, 11) grds die Vertretung der Beteiligten (§ 63) durch einen RA oder Rechtslehrer vor.[7] Zudem soll der durch das 6. VwGOÄndG erweiterte Vertretungszwang eine wirksame u die OVGe entlastende Ausformung der allg Zulassungsberufung (§ 124) bewirken, weil iV damit die Begründungspflicht nicht nur für die Berufung, sondern auch für den Antrag auf Zulassung der Berufung eingeführt wird (Begr BT-Dr 13/3993, 11). Diese Überlegungen gelten – mit den sich daraus ergebenden Problemen – auch nach den Änderungen des ZulassungsVf bei der Berufung u der Beschwerde durch das RmBereinVpG.

Der Vertretungszwang u die damit verbundene Beschränkung des aus dem Rechtsstaatsprinzip u in der Sache etwa berührten Grundrechten abzuleitenden **Rechts des Bürgers, seine Rechte selbständig** wahrzunehmen u staatliche Eingriffe abzuwehren,[8] **verstößt nicht gegen das GG,** insb auch nicht gegen Art 103 Abs 1 GG.[9] **Der Mangel fehlender Postulationsfähigkeit** kann durch die nachträgliche anwaltliche Genehmigung (zB bei Revisionseinlegung durch einen nicht gem Abs 1 vertretenen Beteiligten) nicht geheilt werden.[10] 5

Aus dem Zweck des Vertretungszwangs folgt zugleich, daß der Bevollmächtigte sich die von ihm vorgetragenen Ausführungen zu eigen gemacht hat sowie erkennen läßt, daß er selbst eine eigene Prüfung, Sichtung u rechtliche Durchdringung des Streitstoffs vorgenommen hat (22, 38; Mü BayVBl 1999, 543). Als eine **unzulässige Umgehung** des § 67 Abs 1 ist es anzusehen, wenn seitens eines postulationsfähigen Prozeßvertreters **pauschal** auf **Schriftsätze Bezug genommen wird,** die der von ihm vertretene Beteiligte oder ein Dritter verfaßt hat (Ma NVwZ 1999, 429; NJW 2003, 3503). Eine Inbezugnahme ist aber ausnahmsweise dann als gerechtfertigt anzusehen, wenn unzweifelhaft ist, daß sie auf einer eigenständigen Prüfung, Sichtung, rechtlichen Durchdringung u Würdigung des postulationsfähigen Prozeßvertreters beruht.[11] 6

Der Anwaltszwang erfordert **nicht, daß ein einzelner Anwalt** den Fall bearbeitet u alle Prozeßhandlungen vornimmt. Der Bürger kann sich auch durch **mehrere Anwälte** vertreten lassen, die sich die Arbeit teilen.[12]

b) Postulationsfähige Vertreter. Prozeßbevollmächtigter vor dem BVerwG u vor dem OVG kann nach dem Grundsatz in Abs 1 S 1 nur ein gem §§ 18 ff BRAO bei einem deutschen Gericht (NJW 1998, 2991) zugelassener **RA**[13] oder ein Rechtslehrer an einer deutschen Hochschule sein. RA, die sich in einem **anderen EU-Mitgliedsland** niedergelassen haben, können bei einer grenzüberschreitenden Dienstleistung (EuGH NJW 1996, 580) in Deutschland die Tätigkeit eines RA ausüben (§ 25 Abs 1 EuRAG). In Vf mit Vertretungszwang dürfen sie gem § 28 Abs 1 EuRAG nur im Einvernehmen mit einem RA 7

---

[7] Vgl 22, 38; NJW 1984, 1474: Sinn des Vertretungszwangs ist eine Sichtung u rechtliche Durchdringung des Streitstoffes durch einen RA oder Rechtslehrer an der deutschen Hochschule; Stürner JZ 1986, 1089; zu einer Ausnahme s 7 zu § 165.

[8] Vgl BVerfG 38, 111; VG Bremen NJW 1976, 769; Schoch NJW 1982, 549.

[9] BVerfG NJW 1975, 2340; 1987, 2569; AnwBl 1993, 535 m Anm Zuck; BVerwG BayVBl 1994, 31.

[10] BFH NJW 1979, 832; 1990, 3085; NJW 1977, 864; Lü NVwZ-RR 2003, 691; s auch unten 31.

[11] Ma NVwZ 1999, 430 unter Bezugnahme auf Buchh 310 § 67 Nr 81; Ma VBlBW 1997, 382; NVwZ 1999, 207.

[12] Vgl auch 68, 242 = NJW 1984, 1474: zulässig, daß eine Rechtsmittelschrift durch ein anderes Mitglied der bevollmächtigten Anwaltssozietät für den „nach Diktat abwesenden sachbearbeitenden Rechtsanwalt" unterzeichnet wird, jedenfalls wenn kein Anhaltspunkt besteht, daß der unterzeichnende Anwalt den Schriftsatz nicht in der gebotenen Weise anwaltlich durchgearbeitet u geprüft hat.

[13] Zu den Zulassungsvoraussetzungen zur Rechtsanwaltschaft für europäische RA s §§ 11, 13 u 16 EuRAG.

handeln,[14] der zur Vertretung oder Verteidigung bei dem Gericht oder der Behörde befugt ist (§ 28 Abs 2 S 1 EuRAG). Solange das Einvernehmen vorliegt, ist der EU-ausländische Anwalt selbst Prozeßvertreter u darf nicht etwa nur in Begleitung eines deutschen RA auftreten (so noch die frühere „Gouvernantenklausel"; s auch Sch-Meissner 23; zum Widerruf des Einvernehmens s § 29 Abs 2 EuRAG). Nicht vertretungsbefugt ist ein Rechtsbeistand, selbst wenn er Mitglied der Rechtsanwaltskammer ist (Ma NJW 1998, 1330).

8 Neben dem RA ist auch der **Rechtslehrer an einer deutschen Hochschule** vertretungsbefugt. Seit dem RmBereinVpG muß es sich um einen Rechtslehrer an einer deutschen Hochschule iSd HRG mit Befähigung zum Richteramt handeln. Wie bislang zählen dazu Rechtslehrer an Universitäten, also auch ein emeritierter (52, 161) oder pensionierter (RÖ-M. Redeker 2 a) Professor, ein Assistenzprofessor (Deumeland ZBR 1987, 126) oder Honorarprofessor (52, 163), ferner ein **Privatdozent** (B-Bader 10; NKVwGO-Czybulka 86; Sch-Meissner 26), **nicht** jedoch auch ein **Lehrbeauftragter,**[15] ein wissenschaftlicher Oberrat (Hbg NVwZ-RR 2000, 647) oder ein wissenschaftlicher Assistent (NJW 1970, 2314; vgl zur **Verfassungsmäßigkeit** auch BVerfG NJW 1975, 2340). Dieser Kreis ist seit dem 1. 1. 2002 erweitert um Rechtslehrer an anderen staatlichen Hochschulen, insb an Fachhochschulen (Abs 1 S 2 iVm § 1 HRG). Nicht dazu zählen entspr der Systematik des HRG in § 1 private Hochschulen, auch soweit sie staatlich anerkannt sind (s § 1 S 2 HRG). Soweit die an privaten Hochschulen beschäftigten Rechtslehrer ihre Lehrbefugnis aber an einer staatlichen Hochschule erworben haben, sind sie wie jeder (andere) Privatdozent vertretungsbefugt. Der neu eingefügten zusätzlichen Voraussetzung, nach der der Rechtslehrer auch die **Befähigung zum Richteramt** besitzen muß, dürfte keine große praktische Relevanz zukommen. Nicht postulationsfähig sind damit nur diejenigen Rechtslehrer, die weder nach § 5 DRiG (zwei juristische Staatsprüfungen) noch nach § 7 DRiG (ordentlicher Professor der Rechte) die Befähigung zum Richteramt besitzen. Zur Vertretung durch Hochschullehrer vor dem VG s unten 41. Zum Erfordernis einer schriftlichen Vollmacht mit zwingendem Inhalt gem §§ 81, 83 ZPO s unten 51 ff.

9 Der **Anwaltszwang** gilt **grds für alle Beteiligten** (zu Ausnahmen für juristische Personen des öffentlichen Rechts u Behörden s unten 11, für Personen, die selbst Anwälte sind, im folgenden); **nicht jedoch für** den **VdB** (§ 35) u den **VöI** (§ 36), soweit dieser **als solcher** u nicht als Parteivertreter auftritt,[16] den VIA in Angelegenheiten des Lastenausgleichs (12, 119) u den Vertreter nach den Allgemeinen Kriegsfolgegesetzen (15, 316), **außerdem** aufgrund des 4. VwGOÄndG seit dem 1. 1. 1991 entspr dem Wortlaut u dem Sinn u Zweck des Abs 1 S 3 (s dazu unten 11) auch **nicht mehr für den VöI** (§ 36) **als Vertreter des Landes** oder sonstiger öffentlicher Rechtsträger. Kein Beteiligter ist auch der ehrenamtliche Richter oder der Zeuge, der gegen ein Ordnungsgeld Beschwerde einreicht;[17] ein extensives Verständnis des Begriffs des Beteiligten u seine Erstreckung auf „sonst von der Entscheidung Betroffene" iSd § 146 Abs 1, welches sich zum Nachteil sonst von der Entscheidung Betroffener auswirkte, verbietet sich. Für die Einlegung der Beschwerde gilt nach der hier vertretenen Ansicht (s unten 21) ohnehin kein Vertretungszwang.

---

[14] Zur Vorgängervorschrift – § 4 Abs 1 RechtsanwaltsdienstleistungsG v 16. 8. 1980 (BGBl I 1453) – s NJW 1998, 2991.

[15] NJW 1970, 2315; Sch-Meissner 26; RÖ-M. Redeker 2; **aA** Deumeland ZBR 1987, 126; VR 1995, 91 mwN; GUG 1997, 125.

[16] 13, 245; 31, 5 – GrS = NJW 1969, 249; NVwZ 1983, 413.

[17] Ba 20. 4. 2004 – 2 F 1/04; Gr NVwZ-RR 2003, 70; **aA** Ma NVwZ-RR 2003, 691; Ms NVwZ-RR 2005, 292; entspr im finanzgerichtlichen Verfahren BFH 140, 408 u BFH/NV 2002, 1307.

Ein **RA kann sich** nach § 78 Abs 6 ZPO **selbst vertreten** (BFH NJW 1976, 1992); dies gilt gem § 173, § 78 Abs 6 ZPO iVm § 67 Abs 1 S 1 VwGO auch für den Rechtslehrer an einer deutschen Hochschule sowie nach der Einführung von Abs 1 S 5 etwa auch für Steuerberater u Wirtschaftsprüfer in Abgabenangelegenheiten. Zur **Beiordnung** eines RA gem § 173 S 1 iVm § 78b ZPO s DVBl 1999, 1662; Ma NVwZ-RR 1999, 280; Kuhla/Hüttenbrink DVBl 1999, 900. Sie setzt im Anwaltsprozeß auch bei einem Asylbewerber als Rechtsmittelführer regelmäßig voraus, daß er sich innerhalb der Rechtsmittelfrist bei mehr als nur einem RA vergeblich um eine Prozeßvertretung bemüht hat (DVBl 1999, 1662). Die Beiordnung eines Anwalts im PKH-Vf richtet sich nach § 173 iVm § 121 Abs 2 ZPO, da hier gem § 67 Abs 1 S 2 eine Vertretung nicht vorgeschrieben ist, s dazu Hbg NVwZ-RR 2001, 68f. 10

Vertretung von juristischen Personen des öffentlichen Rechts und von Behörden (Abs 1 S 3): Praktisch weitgehend ausgenommen vom Vertretungszwang (vgl Begr BT-Dr 11/7030, 24) sind aufgrund des durch das 4. VwGOÄndG eingefügten Abs 1 S 3 alle juristischen Personen des öffentlichen Rechts (der Bund, die Länder, Gemeinden usw) – soweit sie über Volljuristen verfügen, krit Bader VBlBW 1997, 401 – und, soweit sie nach § 61 Nr 3 beteiligungsfähig sind, auch alle Behörden, außerdem auch der VöI als Vertreter des Landes. Sie können sich nach dieser Vorschrift **durch Beamte oder Angestellte** mit Befähigung zum Richteramt (s dazu § 5 DRiG) sowie (seit dem 6. VwGOÄndG) auch durch **Diplomjuristen im höheren Dienst** vertreten lassen, nicht hingegen durch einen Diplomjuristen im gehobenen Dienst (NVwZ 2002, 82; NVwZ-RR 2002, 90), auch nicht durch einen „Dr. jur." im höheren Dienst, der aber nicht den Titel Diplomjurist erworben hat (DVBl 2004, 389). Da allein auf die formalrechtliche Qualifizierung abzustellen ist, kann diese Voraussetzung auch von solchen Diplomjuristen erfüllt werden, denen der Titel nach neuerer Rechtslage aufgrund des bestandenen 1. Staatsexamens von der Universität verliehen wurde. Mit der Ergänzung von Abs 1 S 3 durch das RmBereinVpG („Gebietskörperschaften auch durch Beamte oder Angestellte mit Befähigung zum Richteramt der zuständigen **Aufsichtsbehörde** oder des jeweiligen **kommunalen Spitzenverbandes** des Landes, dem sie als Mitglied zugehören") haben sich insoweit beachtliche Änderungen ergeben. Zunächst ist durch die Einfügung die Rspr anerkannt worden, nach der nach dem Zweck der Regelung die mit der Vertretung betrauten Beamten oder Angestellten **der** jeweiligen **Körperschaft** oder Behörde **angehören** müssen.[18] Der Gesetzgeber (BT-Dr 14/6854, 2) ging davon aus, daß diese Ergänzung geboten sei. Ob die Rspr insoweit zutr analysiert worden ist, erscheint fraglich, da gerade auch der jetzt geregelte Fall bereits als Ausnahme vom Grundsatz der Vertretung durch eigene Bedienstete anerkannt war (DVBl 1999, 99). Durch die ausdr Nennung eines Sonderfalls ist jetzt aber der weiteren Rspr der Boden entzogen,[19] nach der Abs 1 S 3 es ausnahmsweise rechtfertigen sollte, daß eine Fachbehörde im Rahmen der Auftragsverwaltung einen Bediensteten einer anderen Fachbehörde mit demselben sachlichen Aufgabenkreis bittet, für sie die Prozeßvertretung wahrzunehmen, wenn dieser Bedienstete nach Lage des Falles die gleiche Sachnähe zu den Fragen hat, die den Gegenstand des anhängigen Vf bilden;[20] ausgeschlossen ist es deshalb zB, wenn sich die Gemeinde durch einen Bediensteten des Landkreises, der nicht Aufsichtsbehörde ist, vertreten läßt (so schon vor der Novellierung des § 67 Mgd 11

---

[18] NVwZ-RR 1995, 548; Gr 12. 7. 2004 – 2 L 319/02; Kuchler NVwZ 1996, 244; Sch-Meissner 37.

[19] So auch Gr NVwZ-RR 2005, 596.

[20] NVwZ-RR 1996, 121: bejaht für Revisionsverfahren auf dem Gebiet des Ausbildungsförderungsrechts im Verhältnis zwischen den zur Durchführung des BAföG berufenen Ämtern für Ausbildungsförderung.

NVwZ-RR 2001, 547). Ebenso ausgeschlossen ist es, daß sich eine nach § 61 Abs 3 beteiligungsfähige Behörde (hier das Landesbesoldungsamt) nach § 67 Abs 1 S 3 durch einen Bediensteten der Aufsichtsbehörde vertreten läßt. Das gilt auch dann, wenn es sich bei dem Träger der beteiligungsfähigen Behörde um eine Gebietskörperschaft handelt (Gr NVwZ-RR 2005, 595). Zur Postulationsfähigkeit von Beamten u Angestellten der Bundesrepublik in bezug auf **Nachfolgeunternehmen der Deutschen Bundespost** s Mü NJW 1999, 442; zur Postulationsfähigkeit von Bediensteten der Bundesverbände der Ersatzkassen NJW 1999, 882.

12 Machen juristische Personen des öffentlichen Rechts oder Behörden von der Vertretungsmöglichkeit nach Abs 1 S 3 Gebrauch, so ist es für die Wirksamkeit der Prozeßhandlungen unerheblich, ob diese **„in Vertretung"** oder **„im Auftrag"** vorgenommen werden u ob die handelnden Amtsträger auch im materiellen Sinn gem § 62 Abs 3, § 51 ZPO als gesetzliche Vertreter der juristischen Person oder Behörde für diese vertretungsbefugt sind; ebenso ist unerheblich, ob eine entspr Erklärung, daß in Vertretung oder im Auftrag gehandelt wird, bei der Unterschrift hinzugefügt wird oder nicht (DVBl 1999, 100). Es **bedarf** auch **weder einer besonderen Vollmacht** noch der Vorlage einer Vollmacht; auch die Hinterlegung von Generalvollmachten beim OVG oder BVerwG ist nicht geboten (BayVBl 1993, 601; NVwZ 1994, 266f; DVBl 1996, 381). An einer ordnungsgemäßen Vertretung **fehlt** es, wenn ein vertretungsgebundener Schriftsatz zwar von einem Bediensteten oder Angestellten mit Befähigung zum Richteramt oder einem Diplom-Juristen im höheren Dienst **gefertigt,** aber von einem diese Voraussetzungen **nicht erfüllenden Behördenleiter unterzeichnet** ist.[21] Die fehlende Vertretungsbefugnis des Unterzeichners ist auch nicht deshalb unbeachtlich, weil der Schriftsatz auf einer behördeninternen Weisung oder Billigung durch einen vertretungsberechtigten Bediensteten beruht (NVwZ 2005, 827).

13 **Vertretung auf Spezialgebieten (Abs 1 S 4–7):** Durch das 6. VwGOÄndG sind zugleich mit der Einführung des Vertretungszwangs **vor dem OVG** auch **Erweiterungen der Postulationsfähigkeit** für einige Sonderfälle geschaffen worden (allg krit Millgramm SächsVBl 1997, 108; Bader VBlBW 1997, 402). So sind gem Abs 1 S 4 – in Anlehnung an § 166 Abs 2 S 1 SGG nF – in Angelegenheiten der Kriegsopferfürsorge u des Schwerbehindertenrechts *sowie der damit in Zusammenhang stehenden Angelegenheiten des Sozialhilferechts*[22] **vor dem OVG auch Mitglieder u Angestellte von Verbänden iSd § 14 Abs 3 S 2 SGG u Gewerkschaften** als Prozeßbevollmächtigte **zugelassen** (dazu Hbg FEVS 48, 47). Die Änderung des Abs 1 S 4 durch das RmBereinVpG folgt der Neufassung des § 166 Abs 2 S 1 SGG (dazu Kummer SGb 2002, 717). Eine Vertretungsbefugnis besteht jedoch im Verwaltungsprozeß **nur vor dem OVG** (und dem **VG,** s unten 13 u 41), nicht vor dem BVerwG. Die Vertretungsbefugnis erstreckt sich nur auf solche Rechtsstreitigkeiten über sozialrechtliche Anspr, die mit der Eigenschaft eines Verfahrensbeteiligten als Kriegsopfer oder Behinderter im Zusammenhang stehen (Ma NVwZ-RR 1999, 150). Als postulationsfähig wurden auch Angestellte des Sozialverbands Deutschland angesehen (Lü NVwZ-RR 2004, 703). Ferner statuiert Abs 1 S 5 in Abgabenangelegenheiten vor dem OVG die Postulationsfähigkeit für **Steuerberater u Wirtschaftsprüfer.** Steuerberater dürfen allerdings nur in Rechtsstreitigkeiten auftreten, die Steuer- u Monopolsachen betreffen, nicht bei Streitigkeiten um sonstige Abgaben (Gebühren u Beiträge), weil sich darauf die berufsrechtliche Zulassung der Steuerberater zur

---

[21] BayVBl 1999, 219; NVwZ 2005, 827.

[22] Aufgrund der Zuständigkeitsänderungen durch das 7. SGGÄndG (s 49d zu § 40) hat die Erweiterung der Postulationsfähigkeit in Angelegenheiten der Sozialhilfe ab dem 1. 1. 2005 keinen Anwendungsbereich mehr.

Rechtsberatung nach §§ 32 Abs 1, 33 StBerG nicht bezieht.[23] Nach dem durch das RmBereinVpG neugefaßten u in seinem Anwendungsbereich erweiterten Abs 1 S 6 sind **vor dem OVG** in **beamtenrechtlichen** u den übrigen in § 52 Nr 4 genannten **Streitigkeiten** in Personalvertretungsangelegenheiten u in Angelegenheiten betr ein Arbeitsverhältnis eines Arbeitnehmers iSv § 5 ArbGG auch Mitglieder u Angestellte von Gewerkschaften postulationsfähig. Erfaßt werden sollen damit ausweislich der Gesetzesbegründung (BT-Dr 14/6393, 9f) insb auch Angelegenheiten betr den Arbeitsschutz für Arbeitnehmer im Erziehungsurlaub u für werdende u stillende Mütter, betr das Anpassungsgeld im Steinkohlebergbau, betr Prüfungen von Auszubildenden u anderen Arbeitnehmern sowie betr aufenthaltsrechtliche Streitigkeiten nach dem AufenthG, soweit diese im Zusammenhang mit einem Arbeitsverhältnis stehen. Soweit sich aus § 67 Abs 1 S 4–6 eine Postulationsfähigkeit vor dem OVG ergibt, folgt hieraus auch, daß die hierdurch erfaßten Personen auch vor dem VG auftreten können, ohne daß dem das RBerG entgegensteht (Lü NVwZ-RR 2004, 704; s auch unten 41).

Durch G v 31. 8. 1998 (BGBl I 2600) wurde **Abs 1 S 7** eingefügt. Dieser 14
ordnet die entspr Anwendung der Sätze 4 u 6 für juristische Personen an, die von einer der in S 4 oder 6 genannten Organisationen gegründet wurden. Abs 1 S 7 ermöglicht es den Vereinigungen, diese Aufgabe organisatorisch auszulagern u durch eine (eigenständige) juristische Person wahrnehmen zu lassen. Die Regelung soll sicherstellen, daß sich die Vereinigungen auch moderner Organisationsformen bedienen u die Prozeßvertretung auf juristische Personen übertragen können. Die juristische Person muß wirtschaftlich ein 100%iges Tochterunternehmen der Vereinigung sein; die Vereinigung soll sich nicht dritter Unternehmungen bedienen können, die wirtschaftlich gesehen der Vereinigung nicht zuzurechnen sind. Aus dem Begriff „wirtschaftliches Eigentum" folgt, daß die Vereinigung die Anteile auch – rechtlich gesehen mittelbar – über einen Treuhänder halten kann (vgl § 39 AO). Die juristische Person muß zum Zwecke der Rechtsberatung u Prozeßvertretung gegründet worden sein u darf ausschließlich diese Aufgaben wahrnehmen. Die Haftungsregelung bezweckt, daß die Vereinigung selbst u nicht nur die – nach Gesellschaftsrecht zT nur sehr beschränkt haftende – juristische Person für schadensersatzrechtliche Konsequenzen fehlerhafter Rechtsberatung u Prozeßvertretung einzustehen hat (Begr BT-Dr 13/11 035).

c) Reichweite des Vertretungszwangs (Abs 1 S 1 u 2). aa) Im einzelnen 15
wirft die Regelung des Abs 1 S 1 u 2 eine Vielzahl von Fragen auf. Durch das 6. VwGOÄndG ist als zusätzliche Tatbestandsvoraussetzung für den Vertretungszwang vor dem OVG u dem BVerwG das Erfordernis **„soweit er einen Antrag stellt"** eingeführt worden. Dieser Zusatz kann zu Mißverständnissen führen. Richtigerweise unterliegt nach Abs 1 S 1 jeder ASt in dem gesamten Vf vor dem OVG oder BVerwG grds (zu den zT str Ausnahmen s unten 28f) für **alle Prozeßhandlungen,** dh nicht nur die jeweiligen Anträge, dem Vertretungszwang (NVwZ-RR 2000, 325; Bader VBlBW 1997, 402; B-Bader 12). Wer keinen Antrag stellt, muß nicht vertreten sein. Ausweislich der Gesetzesbegründung (BT-Dr 13/3993, 11) ist hier vor allem an den Beigeladenen zu denken, der auf eigene Anträge verzichtet (NVwZ-RR 2000, 326). Keinem Vertretungszwang unterliegt aber auch der Rechtsmittelgegner, der von einer Antragstellung absieht (ausf Bader VBlBW 1997, 402). Ist jemand ASt, so unterliegen alle seine Prozeßhandlungen vor dem OVG oder dem BVerwG dem Vertretungszwang. Das gilt auch für die verfahrenseinleitenden Schriftsätze, also etwa für die Klageerhebung. Aus Abs 1 S 1 ergibt sich auch, daß eine Gegenvorstellung (s 9ff vor § 124) dann dem Vertretungszwang unterliegt, wenn sie sich auf ein früheres vertretungspflichtiges Vf vor dem OVG

[23] Mü 8. 4. 1998 – 7 B 97/3556; Ms NVwZ-RR 2006, 151; B-Bader 24; Ey-J. Schmidt 9; **aA** NKVwGO-Czybulka 93; RÖ-M. Redeker 9g.

(Ma NVwZ-RR 2003, 692) oder vor dem BVerwG bezieht (Ma NVwZ-RR 2003, 692 u 11 vor § 124). Der **Vertretungszwang** für das nunmehr in weitem Umfang an die Stelle der Gegenvorstellung tretende **AnhörungsrügeVf** vor dem **OVG u dem BVerwG** ergibt sich aus § 152 a Abs 2 S 5 (s 10 zu § 152 a). Entsprechendes gilt etwa auch für den Antrag nach § 99 Abs 2 S 1, der gem **§ 99 Abs 2 S 4** beim Hauptsachegericht einzulegen ist. Ist dies das VG, scheidet ein Vertretungszwang für den Antrag aus, da auch § 67 Abs 1 S 2 nichts anderes normiert.[24] Keine Prozeßhandlungen vor dem OVG, sondern vor dem VG, sind zB der Antrag auf Zulassung der Berufung (§ 124 a Abs 4 S 1) oder die Einlegung der Berufung (§ 124 a Abs 2 S 1). Sie sind jeweils beim VG zu stellen (§ 124 a Abs 4 S 2 u Abs 2 S 1), erfolgen also vor dem VG[25] u fallen damit nicht unter Abs 1 S 1.

16 Dies ist der Grund für die Regelung des **Abs 1 S 2.** Da die Einlegung von RMittel bzw die Antragstellung im Rechtsmittelrecht grds im Gegensatz zum Zivilprozeß zumeist vor dem Gericht erfolgt, das die angegriffene Entscheidung erlassen hat, wäre die Rechtsmitteleinlegung nicht vom Anwaltszwang erfaßt, wenn im AusgangsVf kein Anwaltszwang galt. Für die in Abs 1 S 2 genannten Fälle der Einlegung der **Revision** (§ 139 Abs 1 S 1), der Einlegung **der Beschwerde gegen ihre Nichtzulassung** (§ 133 Abs 2 S 1) sowie der Einlegung **der Beschwerden nach § 99 Abs 2 sowie § 17 a Abs 4 S 4 GVG** besitzt Abs 1 S 2 deshalb nur insofern eine konstitutive Bedeutung, soweit Gegenstand des RMittel (ausnahmsweise) eine Entscheidung des VG ist.

17 Im Fall der **Beschwerdeeinlegung** nach **§ 99 Abs 2 S 13** läßt sich der Erwähnung der Einlegung der Beschwerde in § 67 Abs 1 S 2 folgende Bedeutung entnehmen: Diese Beschwerde richtet sich gegen eine Entscheidung des OVG (§ 99 Abs 2 S 1), so daß dort gem § 147 Abs 1 S 1 auch die Einlegung erfolgen muß. Obwohl § 147 Abs 1 S 1 auch die Möglichkeit der Einlegung zur Niederschrift des Urkundsbeamten der Geschäftsstelle vorsieht, scheidet eine Anwendung der §§ 173 S 1, 78 Abs 5 ZPO aufgrund §§ 147 Abs 1 S 2, 67 Abs 1 S 2 aus, so daß hier die Einlegung der Beschwerde dem Vertretungszwang unterliegt.

18 Neben den genannten Prozeßhandlungen gilt der Vertretungszwang weiterhin für den **Antrag auf Zulassung der Berufung.** Iü wirft gerade die Neuregelung durch das RmBereinVpG eine Vielzahl schwieriger Fragen auf. So wird – im Gegensatz zum Antrag auf Zulassung der Berufung – die **Einlegung der Berufung** in Abs 1 S 2 nicht erwähnt. Sofern die Berufung aber nach dem neuen Recht bereits durch das VG im Urteil zugelassen wird, entfällt das ZulassungsVf u es ist Berufung beim VG einzulegen (§ 124 a Abs 2 S 1). Daher besteht für diese Prozeßhandlung jedenfalls kein Vertretungszwang nach Abs 1 S 1.[26] Da auch der Wortlaut des Abs 1 S 2 keinen Anhaltspunkt dafür bietet, daß für die Einlegung der Berufung Vertretungszwang vorgeschrieben wird, liegt es auch insoweit nahe, diesen zu verneinen. Dem läßt sich nur auf der Basis eines Zirkelschlusses entgegenhalten, daß die Regelung des § 67 Abs 1 S 2 insoweit lückenhaft sei (so aber Zieglmeier NJW 2005, 3467). Auch der Hinweis, es handele sich bei der fehlenden Erwähnung der Berufungseinlegung um ein offensichtliches Redaktionsversehen, überzeugt nicht, da die Vorschrift Gegenstand ausführ-

---

[24] Ko NVwZ 2004, 756; Lü NVwZ-RR 2005, 819; Ey-Geiger 16 zu § 99; Redeker/Kothe NVwZ 2002, 314.

[25] Diese strenge Auslegung nach dem Wortlaut von Abs 1 S 1 entspricht auch der nahezu allg Meinung zum Parallelproblem im Zivilprozeß vor dem ZPO-RG, BGH VersR 1983, 247; NJW 2000, 3357; OLG Köln OLGR 94, 167; Z 22. Aufl 13 zu § 569 ZPO aF; M 2. Aufl 3, 5 zu § 569 ZPO aF; BL 59. Aufl 25 zu § 78 ZPO aF; MKZPO 31, 69 zu § 78 ZPO aF, 5 zu § 569 ZPO aF. Heute ist das Problem in der ZPO durch § 571 Abs 4 S 1 ZPO erledigt.

[26] Ebenso NKVwGO-Czybulka 74; RÖ-M. Redeker 9 e; **aA** Ma NJW 2006, 250; Mü 9. 9. 2002 – 1 BV O2.1100; B-Bader 26 zu § 124 a; Sch-Meyer-Ladewig/Rudisile 15 zu § 124 a; Zieglmeier NJW 2005, 3466.

licher Erörterungen war u anders als hinsichtlich der Einlegung der Beschwerde die Erstreckung des Vertretungszwangs auf die Einlegung der Berufung nie zur Diskussion stand. Zudem lassen sich für die Nichterstreckung der Vertretungspflicht auf die Einlegung der Berufung durchaus sachliche Gründe anführen. Nicht überzeugend ist insb der Schluß, daß, wenn schon für den Antrag auf Zulassung der Berufung Vertretungszwang bestehe, dies erst recht für die Einlegung der Berufung gelten müsse. Dies überzeugt umso weniger, als für die Berufungsbegründung ohnehin Vertretungszwang besteht. Dies ist eindeutig, wenn die nach § 124 a Abs 3 erforderliche **Berufungsbegründung** gem § 124 a Abs 3 S 2 der Einlegung der Berufung vor dem VG beigefügt wird. Wird die Berufungsbegründung beim OVG eingereicht, so handelt es sich um eine Prozeßhandlung vor dem OVG, für die der Vertretungszwang nach § 67 Abs 1 S 1 gilt. Wie § 124 a Abs 2 u 3 zeigen, werden die Einlegung der Berufung u ihre Begründung als selbständige Prozeßhandlungen begriffen. Es gelten unterschiedliche Fristen u vor allem unterschiedliche inhaltliche Anforderungen. Anders als vor Einführung des ZulassungsVf gilt ein Begründungserfordernis mit inhaltlichen Erfordernissen. Es bedarf eines bestimmten Antrags u einer substantiierten Auseinandersetzung mit dem angefochtenen Urteil (27 ff zu § 124 a). Aufgrund dieser Systematik geht das Gesetz vom Regelfall der getrennten Einreichung des Berufungsschriftsatzes u der Begründung aus. Dies legt es nahe, beide Fälle – Einreichung der Begründung beim OVG oder zusammen mit der Berufung beim VG – im Hinblick auf den Vertretungszwang gleich zu behandeln. Die **Begründung** ist deshalb **stets** als **Prozeßhandlung vor dem OVG iSd § 67 Abs 1 S 1** zu verstehen, auch wenn sie beim VG eingereicht wird. Dafür spricht neben der Praktikabilität des Ergebnisses angesichts der hohen inhaltlichen Anforderungen an die Begründung vor allem auch der Gesichtspunkt, daß bei einer anderen Auslegung der Berufungskl in der Lage wäre, über den Vertretungszwang zu disponieren, indem er die Begründung gleich dem Berufungsschriftsatz an das VG beifügt. In der Praxis dürfte es sich wg der umstrittenen Rechtslage ohnehin empfehlen, die Berufung durch einen postulationsfähigen Vertreter einlegen zu lassen.

bb) Vertretungszwang bei Beschwerden. Nach der Neuregelung gilt der 19 Vertretungszwang auch „für Beschwerden u sonstige Nebenverfahren, bei denen in der Hauptsache Vertretungszwang besteht“. Auch insoweit ist die Regelung alles andere als klar u führt wg ihrer fehlenden Abstimmung mit anderen Regelungen (vor allem §§ 146 Abs 4, 147 Abs 1) zu erheblichen Auslegungsproblemen. Wesentliche Ursachen dafür sind die mangelnde Berücksichtigung der Funktion des Abs 1 S 2 sowie die Vermengung unterschiedlichster Gesetzesbeschlüsse u -anträge von Bundestag u Bundesrat im Vermittlungsausschuß. Anders als für die übrigen in Abs 1 S 2 genannten Fälle wird im Hinblick auf „Beschwerden u sonstige Nebenverfahren“ nicht die das Vf einleitende Prozeßhandlung dem Vertretungszwang unterworfen, sondern das Vf selbst. Dadurch wird der Anwendungsbereich des Abs 1 S 1 in anderer Weise als in den übrigen Fällen erweitert. Nach dem bisherigen Recht war zwischen zulassungsbedürftigen u zulassungsfreien Beschwerden auch im Hinblick auf den Vertretungszwang zu differenzieren. Für den Antrag auf Zulassung der Beschwerde bestand gem Abs 1 S 2 Vertretungszwang, obwohl er nach § 146 Abs 5 S 1 aF beim VG zu stellen war. Das Vf der zulassungsbedürftigen Beschwerde fand allein vor dem OVG statt (§ 146 Abs 6 aF), so daß sich der Vertretungszwang aus Abs 1 S 1 ergab. Für die Einlegung der zulassungsfreien Beschwerde, die ebenfalls grds beim VG zu erfolgen hatte (§ 147 Abs 1 S 1), bestand nach § 67 Abs 1 S 1 u 2, § 147 Abs 1 iVm § 78 Abs 3 ZPO kein Vertretungszwang. Gleiches galt nach einhelliger Ansicht für das Beschwerdeverfahren, solange es – im Rahmen des AbhilfeVf – vor dem VG stattfand. Umstr war hingegen die Geltung des Vertretungszwangs im Beschwerdeverfahren, nachdem das VG die Beschwerde dem OVG vorgelegt hatte

(§ 148 Abs 1).[27] Die Neuregelung des Abs 1 S 2 unterstellt jetzt das **BeschwerdeVf** dem **Vertretungszwang.** Das gilt **auch** schon für ein nach § 148 durchgeführtes AbhilfeVf **vor dem VG,** da dieses ein Teil des BeschwerdeVf ist (ebenso NKVwGO-Czybulka 75; soweit ein solches durchgeführt wird.

20 Der in Abs 1 S 2 nachfolgende Relativsatz („bei denen in der Hauptsache Vertretungszwang besteht") bezieht sich nicht auf die „Beschwerden", sondern nur auf die „sonstigen Nebenverfahren" (so auch Seibert NVwZ 2002, 269). Auch wenn der Wortlaut unklar ist, ergäbe eine solche Einschränkung des Vertretungszwangs für Beschwerden keinen rechten Sinn, da dann angesichts der fehlenden Beschwerdemöglichkeit gegen Entscheidungen des OVG (§ 152 Abs 1) wieder sämtliche BeschwerdeVf vom Vertretungszwang ausgenommen wären. Auch ausweislich der Gesetzesmaterialien sollte sich der Relativsatz nur auf die „sonstigen Nebenverfahren" beziehen (BT-Dr 14/7744, 1). Deshalb werden durch Abs 1 S 2 jetzt **alle BeschwerdeVf** Beteiligter vom Vertretungszwang erfaßt (ebenso Ko NVwZ-RR 2004, 703; Seibert NVwZ 2002, 269), damit zB auch für die Beschwerde gegen die Zurückweisung einer Kostenerinnerung (Mü NVwZ-RR 2003, 690). Das gilt jetzt auch für das **BeschwerdeVf gem § 17 a Abs 4 S 3 GVG,**[28] da dort auf das jeweils anzuwendende Verfahrensrecht verwiesen wird. Kein Vertretungszwang gilt aber für das BeschwerdeVf Nichtbeteiligter (s auch oben 9).

21 Erhebliche Schwierigkeiten bereitet die Frage, ob **die Einlegung der Beschwerde** vorbehaltlich abweichender Sonderregelungen gleichfalls einem Vertretungszwang unterfällt. Die Praxis nimmt mittlerweile ganz überwiegend auch für die Einlegung der Beschwerde Vertretungszwang an.[29] Allerdings erscheint diese Ansicht sehr zweifelhaft. § 67 Abs 1 S 2 unterscheidet nämlich zwischen der Einlegung der Beschwerde u der Beschwerde. Das spricht dafür, die Einlegung der Beschwerde (soweit es sich nicht um die in § 67 Abs 1 S 2 ausdr angesprochenen Fälle der Einlegung einer Beschwerde gegen deren Nichtzulassung oder die Beschwerde in den Fällen des § 99 Abs 2 u des § 17a Abs 4 S 4 GVG handelt) anders als die Durchführung des BeschwerdeVf vor dem OVG nicht dem Vertretungszwang zu unterwerfen. Wäre man anderer Ansicht u ginge davon aus, daß allg für die Einlegung einer Beschwerde Vertretungszwang bestünde, so wäre nicht einzusehen, weshalb § 67 Abs 1 S 2 nur für bestimmte Sonderfälle der Einlegung der Beschwerde einen Vertretungszwang ausdr vorschreibt; die gesetzliche Erwähnung dieser Fälle wäre jedenfalls sinnlos u überflüssig. Da die Beschwerde gem § 147 Abs 1 S 1 bei dem erstinstanzlichen VG, dessen Entscheidung angefochten wird, schriftlich oder zur Niederschrift des Urkundsbeamten der Geschäftsstelle einzulegen ist, folgt auch aus § 67 Abs 1 S 1 kein Vertretungszwang. Bestätigt wird die grundsätzliche Nichterstreckung des Vertretungszwangs auf die Einlegung der Beschwerde durch den über § 173 S 1 anwendbaren § 78 Abs 5 ZPO, wonach kein Vertretungszwang hinsichtlich solcher Prozeßhandlungen besteht, die – wie dies für die Beschwerde nach § 147 Abs 1 S 1 zutrifft – vor dem Urkundsbeamten der Geschäftsstelle vorgenommen werden können. Der Grund, der für das Fehlen eines Vertretungszwangs bei vor den Urkundsbeamten der Geschäftsstelle vorzunehmenden Prozeßhandlungen spricht, trifft gleichermaßen für eine verwaltungsprozessuale Beschwerde zu. Für die Nichterstreckung des Vertretungszwangs auf die Einlegung der Beschwerde spricht unter

---

[27] Auch vor dem OVG kein Vertretungszwang Ma VBlBW 1997, 458; Ks NVwZ-RR 1998, 77; **aA** Ms NVwZ 1998, 204; bej hins weiterer Anträge 12. Aufl 7.

[28] Br NordÖR 2003, 491; Ko NVwZ-RR 2004, 543; Ma VBlBW 2004, 31.

[29] Ko NVwZ-RR 2004, 543 (für Beschwerde nach § 17 a Abs 4 S 3 GVG); Lü NVwZ-RR 2003, 691; Ma NVwZ 2003, 886; Mü NVwZ 2002, 1391; NVwZ-RR 2002, 794; 2003, 314; Ms NWVBl 2004, 469; NVwZ 2002, 885 (für Beschwerde nach § 17 a Abs 4 S 3 GVG); Seibert NVwZ 2002, 269; Bader VBlBW 2002, 473, 476; nicht eindeutig Kienemund NJW 2002, 1236; **aA** Lotz BayVBl 2002, 355.

systematischen u teleologischen Gesichtspunkten zusätzlich, daß für die Einlegung der Berufung kein Vertretungszwang besteht (s oben 18) u es deshalb nicht einzusehen ist, weshalb für die Einlegung der Beschwerde etwas anderes gelten soll. Auch wenn man die Einlegung der Beschwerde aus den vorher genannten Gründen nicht dem § 67 Abs 1 S 2 unterfallen läßt, wird die gesonderte Erwähnung des BeschwerdeVf in § 67 Abs 1 S 2 neben § 67 Abs 1 S 1 nicht sinnlos u überflüssig, da sich nur auf diese Weise erklären läßt, daß auch für die Durchführung eines vor dem VG durchzuführenden AbhilfeVf (§ 148 Abs 1) Vertretungszwang besteht (s oben 19). Die hier vertretene Interpretation des § 67 Abs 1 S 2 läßt sich auch nicht mit dem Argument in Frage stellen (so aber NKVwGO-Czybulka 75), § 147 Abs 1 S 2 regele in Verbindung mit der Einlegung der Beschwerde, daß § 67 Abs 1 S 2 unberührt bleibe. Da es im vorliegenden Fall gerade um die Interpretation des § 67 Abs 1 S 2 geht, läuft diese Argumentation auf einen Zirkelschluß hinaus. Etwas anderes würde lediglich dann gelten, wenn die Verweisung des § 147 Abs 1 S 2 auf § 67 Abs 1 S 2 unter Zugrundelegung der Ansicht, für die Einlegung der Beschwerde bestehe grds kein Vertretungszwang, leerliefe. Eben dies trifft aber nicht zu, denn § 147 Abs 1 S 2 stellt klar, daß auch für die in § 67 Abs 1 S 2 ausdr genannten Fälle der Einlegung der Beschwerde eine Vertretungsbefugnis besteht u dies, obschon die Einlegung auch hier zur Niederschrift des Urkundsbeamten der Geschäftsstelle erfolgen kann u in solchen Fällen sonst kein Vetretungszwang besteht. Auch aus dem Umstand, daß die nach § 146 Abs 4 S 1 erforderliche Beschwerdebegründung dem Vertretungszwang unterliegt (dazu unten 22), läßt sich nicht folgern, dasselbe müsse auch für die Einlegung der Beschwerde gelten (Lotz BayVBl 2002, 355; zu undifferenziert hier Seibert NVwZ 2002, 269). Angesichts der eindeutig durch Wortlaut, Systematik u Teleologie des § 67 Abs 1 S 2 bestätigten Interpretation dieser Vorschrift spielt es keine Rolle, daß der Bundesrat, auf dessen Anregung hin der § 67 Abs 1 S 2 seine heutige Gestalt erhielt, auch die Einlegung der Beschwerde dem Vertretungszwang unterwerfen wollte (BT-Dr 14/7744, 1), denn ein entsprechender Wille hat in der Regelung des § 67 Abs 1 S 2 keinen Niederschlag gefunden, u der subjektiven Auslegungstheorie kommt nur dann Bedeutung zu, wenn unter Zugrundelegung anderer Auslegungstopoi noch Zweifel hinsichtlich des Inhalts einer Norm bestehen (so schon BVerfG 1, 312). Trotz der Vielzahl von Gründen welche gegen einen Vertretungszwang bei der Beschwerdeeinlegung sprechen, ist es wg der hiervon abw Rspr in praxi ratsam, zur Vermeidung von Rechtsnachteilen die Beschwerde durch einen Vertreter einlegen zu lassen; iü sollte der Gesetzgeber aber bei § 67 „nachbessern".

Im Hinblick auf die Beschwerde stellt sich aber noch das zusätzliche Problem, 22
daß für die Fälle der **Beschwerde im vorläufigen Rechtsschutzverfahren,** bei der nach früherer Rechtslage Zulassungsbedürftigkeit bestand, jetzt ein besonderes Begründungserfordernis gilt (§ 146 Abs 4), das Parallelen zur Berufungsbegründung im Fall der Zulassung durch das VG (§ 124a Abs 3) aufweist. Soweit die jetzt notwendige Begründung getrennt von der Beschwerde eingereicht wird, erfolgt sie beim OVG (§ 146 Abs 4 S 2). Für sie gilt der Vertretungszwang gem § 67 Abs 1 S 1. Entsprechend den vorausgehenden Überlegungen zur Berufungsbegründung gilt der **Vertretungszwang** aber **auch für die Begründung, die zusammen mit der Beschwerde beim VG eingereicht wird.** Dafür läßt sich zusätzlich auf die Entstehungsgeschichte rekurrieren. Die Begründung ersetzt heute im Fall des § 146 Abs 4 den früheren Antrag auf Zulassung der Beschwerde. Insoweit sollte es beim Vertretungszwang bleiben. Somit ist die Beschwerdebegründung gem § 146 Abs 4 stets als Prozeßhandlung vor dem OVG iSd § 67 Abs 1 S 1 anzusehen. Zur **Streitwertbeschwerde** u weiteren Rechtsbehelfen s unten 28.

cc) PKH-Verfahren und Beschwerde. Unverändert keinem Vertretungs- 23
zwang unterliegt der **PKH-Antrag** nach § 166 iVm §§ 117 Abs 1 S 1, 78 Abs 5

ZPO.[30] Dies regelt jetzt Abs 1 S 2 ausdr. Mit der Neuregelung des BeschwerdeVf u des Abs 1 S 2 war als wichtige Neuerung der **Wegfall des Vertretungszwangs bei Beschwerden im PKH-Vf** verbunden. Damit sind eine Reihe von Problemen u Ungereimtheiten, die mit der früheren Rechtslage verbunden waren (s 12. Aufl 7), entfallen. Eine Beschwerde gegen einen Beschluß, der die Gewährung einer Reiseentschädigung als Voraussetzung für die Teilnahme eines Beteiligten an einer mV abgelehnt hat, kann in analoger Anwendung von § 67 Abs 1 S 2 ohne Vertretungszwang eingelegt werden (Gr NVwZ-RR 2004, 160), da die Vorschriften über die PKH auf einen solchen Antrag entspr anwendbar sind (Buchh 310 § 166 Nr 37).

24 **dd) Nebenverfahren.** Neue Fragen wirft der durch Abs 1 S 2 für „sonstige Nebenverfahren" eingeführte Vertretungszwang auf. Um welche Vf es sich dabei handeln soll, ist den Gesetzesmaterialien nicht zu entnehmen. In Betracht kommen die **Erinnerung gem § 151** gegen Entscheidungen des beauftragten oder ersuchten Richters oder des Urkundsbeamten **sowie** die Erinnerung **gem §§ 165, 151** gegen die Kostenfestsetzung des Urkundsbeamten. In diesen Fällen sollte nach früherer Rechtslage gleiches wie bei der zulassungsfreien Beschwerde gelten. Jetzt gilt in diesen Vf der Vertretungszwang, sofern im HauptsacheVf Vertretungszwang besteht, also vor dem OVG u dem BVerwG. Problematisch ist insofern noch, ob sich der Vertretungszwang auch auf die verfahrenseinleitende Prozeßhandlung erstreckt. Aufgrund der analogen Anwendbarkeit des § 147 Abs 1 scheidet gem § 173 S 1 iVm § 78 Abs 3 ZPO der Vertretungszwang aus, sofern sich aus § 67 Abs 1 S 2 nichts Abweichendes ergibt (§ 147 Abs 1 S 2). Da aber § 67 Abs 1 S 2 – im Gegensatz zu anderen Fällen – gerade nicht die Einlegung des Rechtsbehelfs nennt, gilt auch der **Vertretungszwang nur für das weitere Verfahren, nicht für den verfahrenseinleitenden Antrag.**

25 Soweit von der hM (Buchh 310 § 53 Nr 6; Ey-P. Schmidt 12 zu § 53; Sch-Meissner 57) der **Antrag auf Bestimmung des zuständigen Gerichts nach § 53** unter Hinweis auf die Parallelmeinung im Zivilrecht zu §§ 36 f ZPO keinem Vertretungszwang unterfallen soll, ist das zumindest nach dem RmBereinVpG für den Fall nicht mehr überzeugend, in dem vor dem Prozeßgericht selbst Vertretungszwang besteht. Der Fall des § 53 fällt heute unter die „sonstigen Nebenverfahren" nach Abs 1 S 2, bei denen Vertretungszwang gilt, wenn in der „Hauptsache" Vertretungszwang besteht. Das gilt dann auch für die Antragstellung selbst gem Abs 1 S 1, da der Antrag vor einem Gericht gestellt wird, vor dem grds Vertretungszwang gilt.

26 Nach der Neuregelung des Abs 1 S 2 kann gleichfalls das **Ablehnungsgesuch** gem § 54 Abs 1 iVm §§ 44 ff ZPO als ein solches **NebenVf** angesehen werden. Nach § 54 Abs 1 iVm §§ 44 Abs 1, 46 Abs 1 ZPO handelt es sich um ein sog nichtstreitiges Zwischenverfahren. Aufgrund der Einbeziehung sämtlicher NebenVf in den Vertretungszwang, sofern in der Hauptsache Vertretungszwang besteht, kommt eine entspr Anwendung des § 173 S 1 iVm § 78 Abs 5 ZPO nicht mehr in Betracht, obwohl das Ablehnungsgesuch gem § 54 Abs 1 iVm § 44 Abs 1 ZPO auch zu Protokoll der Geschäftsstelle erklärt werden kann.

27 Ebenfalls als **NebenVf** angesehen werden können der **Antrag auf Verlängerung der Revisionsbegründungsfrist** (§ 139 Abs 2 S 3)[31] u der **Antrag auf Terminanberaumung oder Terminverlegung.**[32]

28 **ee) Gesetzliche Ausnahmen vom Vertretungszwang.** Vorbehaltlich abweichender Regelung in Abs 1 S 2 unterliegen keinem Vertretungszwang solche

---

[30] DVBl 1960, 935; RPfl 1991, 63; Lü NVwZ-RR 1997, 761; Ks DVBl 1997, 1334; Sch-Meissner 57.

[31] So auch bisher schon Buchh 310 § 139 VwGO Nr 9; BGH NJW 1985, 1558; 1988, 211; B-Bader 25 zu § 139.

[32] Schon früher für Vertretungszwang RÖ-M. Redeker 4; Günther DVBl 1988, 1047.

Prozeßhandlungen, die vor dem Urkundsbeamten der Geschäftsstelle vorgenommen werden können (§ 173 S 1 iVm § 78 Abs 5 ZPO). Diese Ausnahme gilt allerdings nur für die jeweilige konkrete einzelne Prozeßhandlung, nicht für das übrige Verfahren. Zu diesen Fällen zählt auch die **Erledigungserklärung.** Obwohl dieser Fall in der Literatur häufig den (nur) von der Rspr entwickelten Ausnahmefällen (unten 29) zugeordnet (Günther DVBl 1988, 1044; Sch-Meissner 58) u insoweit auch kritisiert wird, liegt ein gesetzlicher Ausnahmefall vor, der aus § 173 S 1 iVm §§ 91a Abs 1 S 1, 78 Abs 5 ZPO folgt. Auch wenn rechtspolitisch einiges für die Erstreckung des Vertretungszwangs auf diese Erklärung spricht u es sich auch nicht, wie das BVerwG meint, um eine „Verfahrenshandlung ohne sachlich-rechtliche Bedeutung" handelt (so aber 13, 176), besteht kein Unterschied zum Zivilprozeß, der eine Nichtanwendung der zivilprozessualen Regelungen rechtfertigt. Im Ergebnis ist daher der Rspr[33] zu folgen. Entsprechend unterliegen auch Prozeßhandlungen im Vf vor dem **ersuchten oder beauftragten Richter** keinem Vertretungszwang (§§ 96 Abs 3, 87 Abs 3, 173 S 1 iVm § 78 Abs 5 ZPO). Weiterhin keinem Vertretungszwang unterliegen sämtliche Beschwerden, für die außerhalb der VwGO Ausnahmen vom Vertretungszwang spezialgesetzlich normiert sind. Das gilt für die **Streitwertbeschwerde** gem § 68 Abs 1 GKG nF (§ 25 Abs 3 GKG aF).[34] § 68 Abs 1 S 4 iVm § 66 Abs 5 S 1 GKG nF (§ 25 Abs 3 S 1, § 5 Abs 3 S 1 GKG aF) stellen Sonderregelungen ggü § 67 Abs 1 S 2 dar. Für die **Beschwerden im KostenerinnerungsVf** (§§ 165 S 2, 151 S 3, 147 Abs 1 S 2) gilt mangels Sonderregelung der Vertretungszwang (Ma NVwZ-RR 2003, 690). Anderes ist dagegen für **Beschwerden gegen Beschlüsse über Erinnerungen gegen Vergütungsfestsetzungen** gem § 11 RVG (früher § 19 BRAGO) anzunehmen. Hier enthält § 11 Abs 6 RVG (§ 19 Abs 6 BRAGO) eine Sonderregelung (Ma NVwZ-RR 2003, 689).

ff) Ausnahmen vom Vertretungszwang nach der Rspr. Iü hat die Rspr 29
Ausnahmen entwickelt, die sich nicht auf eine gesetzliche Regelung zurückführen lassen. So ist nach der Rspr die **Rücknahme eines Rechtsbehelfs** tlw vom Vertretungszwang ausgenommen. Es sei danach zu differenzieren, ob die Einlegung des Rechtsbehelfs durch einen Vertretungsbefugten erfolgt ist oder nicht. Der ohne – notwendige – Vertretung eingelegte Rechtsbehelf soll auch wieder ohne Anwalt beseitigt werden können.[35] Das soll allerdings nicht gelten, wenn der Rechtsbehelf vom Anwalt eingelegt wurde. Die damit iE als teleologische Reduktion des § 67 Abs 1 S 1 anzusehende Ausnahme vom Vertretungszwang erscheint überzeugend. Nicht überzeugend ist demgegenüber, auch die Prozeßhandlung des **Verzichts auf eine mV** gem § 101 Abs 2 vom Vertretungszwang auszunehmen (**aA** DÖV 1966, 429). Ein Grund für diese Erleichterung existiert nicht; sie wird auch im Zivilprozeß abgelehnt (MKZPO 24 zu § 128 ZPO).

gg) Recht zu eigenem Vortrag. Auch soweit Anwaltszwang besteht, hat 30
der Beteiligte selbst in der mV nach § 173 S 1, § 137 Abs 4 ZPO **Anspr** darauf, daß ihm auf Antrag auch selbst **das Wort gestattet** wird; dies hat jedoch zur Voraussetzung, daß auch der Prozeßbevollmächtigte in der Verhandlung anwesend ist.[36] Lehnt der Vorsitzende einen Antrag auf Wortgestattung ab, so kann der betroffene Beteiligte oder sein Bevollmächtigter dagegen gem § 140 ZPO, § 173 S 1 das Gericht anrufen.[37] Eine Verletzung des Rechts aus § 137 Abs 4 ZPO stellt keine Verletzung des Art 103 Abs 1 GG dar, es sei denn, auch dem

---

[33] 36, 133; 82, 243 = NVwZ 1990, 69; B-Bader 18.
[34] Ma NVwZ-RR 2002, 898; 2003, 689; NJW 2006, 251; Mü NVwZ-RR 2003, 604; 2004, 158; Bader VBlBW 2002, 476.
[35] 14, 20f; NJW 1970, 1205; RÖ-M. Redeker 4; Günther DVBl 1988, 1045.
[36] NJW 1984, 625; BayVBl 1972, 589; BayVerfGH NJW 1984, 1026; RÖ-M. Redeker 8.
[37] BVerfG 5, 10; BayVerfGH NJW 1961, 1523; 1984, 1026; BL 46ff zu § 137 ZPO.

Prozeßbevollmächtigten wurde das rechtliche Gehör nicht im gebotenen Ausmaß gewährt (NJW 1984, 625).

In Vf ohne Anwaltszwang hat auch ein durch einen Bevollmächtigten vertretener Beteiligter **immer Anspr auf persönliche Anhörung,** auch wenn sein Bevollmächtigter anwesend ist, dh auf rechtliches Gehör nach denselben Vorschriften wie sein Anwalt (s unten 33); ebenso, u um so mehr, wenn sein Bevollmächtigter nicht anwesend ist. Zu sich widersprechendem Vortrag bzw zu sich widersprechenden Anträgen von Bevollmächtigtem u Beteiligtem s unten 33.

31 **d) Folgen fehlender Vertretung bzw fehlender Postulationsfähigkeit.** Prozeßhandlungen (mit Ausnahme der oben genannten) vor dem OVG/BVerwG, die nicht vom bevollmächtigten RA, Hochschulrechtslehrer oder Vertreter nach Abs 1 S 3–7 vorgenommen werden, sind mangels Postulationsfähigkeit (s auch 17 vor § 40; 1 ff zu § 61) unwirksam (MDR 1976, 781; Ma VBlBW 1997, 381); sie können auch keine Fristen wahren. Die von einem Beteiligten selbst eingelegte Revision, Zulassungsbeschwerde usw ist jedoch nicht ein „nullum"; das Gericht hat sie vielmehr auf Kosten des Beteiligten (vgl § 154 Abs 2) als unzulässig zu verwerfen bzw abzuweisen. Unbeachtlich sind auch **schriftliche Ausführungen** der Beteiligten, auch soweit sie in einem Schriftsatz des Bevollmächtigten enthalten sind, wenn der Bevollmächtigte sie sich nicht zu eigen macht (22, 38); ebenso Ausführungen in der mV (DÖV 1964, 569), soweit nicht die Ausnahme gem § 173 S 1, § 137 Abs 4 ZPO eingreift (s oben 30). **Heilung** durch Genehmigung des Bevollmächtigten ist nicht möglich (DÖV 1976, 606; NVwZ 2000, 82; Lü NVwZ-RR 2003, 691; s auch oben 5).

Soweit das Gericht das Fehlen eines nach Abs 1 für das Vf notwendigen Prozeßvertreters zu vertreten hat, auch zB bei unberechtigter Verweigerung der Beiordnung eines Anwalts im Rahmen der PKH, verletzt es damit das Recht des betroffenen Beteiligten auf rechtliches Gehör gem Art 103 Abs 1 GG (BayVerfGH BayVBl 1991, 377) u § 138 Nr 3 (s 10 zu § 138), außerdem wohl auch das Recht auf Vertretung im Prozeß nach Vorschrift des Gesetzes iS von § 138 Nr 4 (s 21 zu § 138) u das Recht gem Art 19 Abs 4 GG auf effektiven gerichtlichen Rechtsschutz. Zur – sonst grds zu verneinenden – Frage der Anwendbarkeit von § 138 Nr 4 bei Fehlen eines Prozeßbevollmächtigten vgl 21 zu § 138.

32 **3. Bevollmächtigte und Beistände (Abs 2):** Die Vertretung durch einen Bevollmächtigten bzw die Hinzuziehung eines Beistandes vor dem VG ist fakultativ, dh der Entscheidung des Beteiligten überlassen, es sei denn, das Gericht ordnet die Hinzuziehung eines Bevollmächtigten oder Beistandes an (Abs 2 S 2; s unten 48 ff).

33 Der **Bevollmächtigte vertritt** den Vollmachtgeber. Seine **Erklärungen** wirken analog § 164 Abs 1 BGB **unmittelbar für** u gegen **den Vertretenen.**[38] Zum Umfang der Vertretungsmacht vgl §§ 81 ff ZPO, dazu unten 54; zur Zurechnung des Verschuldens des Vertreters auch § 85 Abs 2 ZPO, dazu auch 15 ff zu § 60; zur Verfassungsmäßigkeit dieser Regelung auch BVerfG 35, 46; 60, 266 = DVBl 1982, 890. Der Vertretene trägt grds auch das Risiko eines Mißbrauchs der Vertretungsmacht, außer wenn der Mißbrauch offensichtlich ist oder wenn von der Vertretungsmacht in ersichtlich verdächtiger Weise Gebrauch gemacht wird (BGH JurBüro 1986, 1716).

Eine dem Gericht vorgelegte (s auch unten 51) Vollmacht bleibt für das Gericht maßgeblich, solange der Beteiligte nicht ihr Erlöschen dem Gericht anzeigt. S im einzelnen unten 53. Handlungen des Gerichts sind grds nur dem Bevollmächtigten ggü zulässig u wirksam. S oben 2.

34 Durch die Bestellung eines Bevollmächtigten wird die **Befugnis des Beteiligten zu eigenem Sachvortrag u eigener Antragstellung** im Vf vor dem

---

[38] Vgl Ks NVwZ 1990, 114; Hbg KStZ 1981, 175 mwN; KR 15 zu § 14 VwVfG.

VG – zur Rechtslage vor dem OVG u BVerwG s oben 15 u 29, bei Anordnung der Bestellung eines Bevollmächtigten oder Beistandes unten 49 – jedoch nicht beschränkt; **Zustellungen** u Mitteilungen des Gerichts sind aber nur wirksam, wenn sie an den Bevollmächtigten gerichtet werden (Abs 3 S 3; § 56 u § 172 ZPO; s dazu unten 61 ff). Bei sich **widersprechendem Vortrag** des Beteiligten u seines Vertreters kommt nicht § 85 ZPO zur Anwendung, vielmehr muß das Gericht das Vorbringen nach § 86 Abs 1, § 108 Abs 1 nach seinem inneren Überzeugungsgehalt werten. **Sich widersprechende Anträge** sind wie sich widersprechende Anträge derselben Person zu behandeln, idR also der spätere Antrag als Abänderung (sofern eine solche prozessual noch möglich ist, s 15 vor § 40) oder Klarstellung des früheren.

Die Bestellung eines Beistandes dient nur der Unterstützung des Beteilig- 35
ten, beinhaltet jedoch **keine Vertretungsbefugnis.** Der Beteiligte kann aber dem Beistand Ausführungen zu Tatsachen u Rechtsfragen zur Vorbereitung der mV (**aA** Mü 1, 47) u in der mV überlassen (vgl § 90 ZPO); bei **widersprechendem Vortrag** gilt dasselbe wie bei einem Widerspruch des Vortrags des Beteiligten u seines Vertreters.[39]

**4. Persönliche Voraussetzungen bei Bevollmächtigten und Beistän- 36
den; Zurückweisung (Abs 2 S 3): a)** Bevollmächtigter (außer vor dem OVG/BVerwG, s oben 4 ff) u Beistand kann jede prozeßfähige natürliche Person sein, die zu sachgemäßem Vortrag fähig ist, dh in der Lage ist, sich klar, sachlich u ohne Weitschweifigkeit auszudrücken (VRspr 19, 120; Mü VRspr 16, 374), u die auch dazu bereit ist.

Juristische Personen u Personenmehrheiten (nichtrechtsfähige Vereine, Ge- 37
sellschaften des BGB, Gewerkschaften, Verbände) können **als solche** – soweit nicht durch Gesetze außerhalb der VwGO etwas anderes vorgesehen oder zugelassen ist (zB § 7 Abs 4 S 1 PartGG) – **nicht Bevollmächtigte** oder Beistände sein,[40] wohl aber deren näher bezeichnete u persönlich vom Beteiligten bevollmächtigte Organe, Vertreter oder Bedienstete.[41] Im Zweifel ist die einer juristischen Person erteilte Vollmacht als ihrem gesetzlichen Vertreter erteilt anzusehen,[42] die einer Anwaltssozietät erteilte Vollmacht – außer wenn sich aus besonderen Umständen ergibt, daß nur ein Einzelmandat gewollt ist – jedem der der Sozietät angehörenden Anwälte (BGHZ 56, 361; NJW 1991, 2294).

b) Nicht zulässig u vom Gericht in analoger Anwendung von Abs 2 S 3 u 38
§ 157 Abs 2 ZPO (19, 344) zurückzuweisen ist eine Vertretung durch Personen (bzw die Zuziehung von Personen als Beistand), die **geschäftsmäßig,** dh nicht nur in einem besonderen Fall, sondern „in selbständiger, sich wiederholender u über den aus besonderen Gründen ausgeübten Gelegenheitsfall hinausgehender Tätigkeit"[43] als Vertreter oder Beistände tätig sind, ohne daß sie nach Art 1 § 1

---

[39] Vgl oben 10; **aA** EF 22: § 90 ZPO in vollem Umfang anwendbar; § 90 ZPO beruht aber auf den durch §§ 86 Abs 1, 108 Abs 1 ausgeschlossenen Beibringungsgrundsatz der ZPO.

[40] HM; vgl BFH 95, 371; 101, 18; Ey-J. Schmidt 11; Offerhaus FinRdsch 1975, 409; RÖ-M. Redeker 14; Sch-Meissner 41; **aA** Ks VRspr 21, 886; Noack DVBl 1962, 850).

[41] Ks VRspr 21, 884; Ule 33 III; einschränkend RÖ-M. Redeker 13, 13 a unter Hinweis auf das RBerG.

[42] Ma NVwZ 1983, 294; Gräber DStR 1978, 500; BL 1 zu § 79 ZPO; zurückhaltend Sch-Meissner 41; zT **aA** BFH NJW 1979, 832: keine Umdeutung einer von einem Verband eingelegten Revision in eine solche der Organe oder Bevollmächtigten des Verbandes.

[43] Vgl 19, 343; NJW 1988, 220; BGH NJW 1986, 1050; BayObLG NStZ 1981, 29; BayVBl 1984, 762 – auch wenn ohnehin ein gleichartiges, paralleles Verfahren in eigener Sache anhängig ist –; Mü BayVBl 1988, 307; Bln NJW 1978, 1173; Ma GewA 1996, 482; OLG Koblenz 28. 5. 1986 – 6 U 343/86 – auch wenn im Einzelfall u nur für einen Freund, wenn aber anzunehmen ist, daß Wiederholung in einer ähnlichen Situation –; RÖ-M. Redeker 12.

RBerG dafür zugelassen sind.[44] Auf ein Entgelt oder die Absicht, ein Entgelt zu erzielen, kommt es dabei nicht an;[45] Honorar ist aber jedenfalls ein Indiz für die Geschäftsmäßigkeit (BGH NJW 1986, 1050). Unerheblich ist auch, ob die Tätigkeit hauptberuflich ausgeübt wird (NJW 1988, 220).

39 Für **Beamte** u Angestellte von Behörden, die im Rahmen ihrer allg Aufgaben öffentliche Rechtsträger vertreten, auch zB Beamte der Kreisverwaltungsbehörde, die Gemeinden vertreten, **gilt die Beschränkung nicht** (VG Hannover DVBl 1975, 52; Bittner DVBl 1975, 24; RÖ-M. Redeker 14), auch nicht, wenn sie regelmäßig als Prozeßvertreter tätig werden (zT **aA** RÖ-M. Redeker 14: Bedenken, da an sich eine Umgehung von § 78). Nicht erforderlich ist auch, daß die Beamten oder Angestellten dem Rechtsträger angehören, den sie vertreten (**aA** RÖ-M. Redeker 9 c: vor dem VG oder OVG nur eigene Bedienstete des öffentlichen Rechtsträgers). S zur Zulässigkeit der Vertretung öffentlicher Rechtsträger vor dem OVG/BVerwG auch oben 9. **Ebenso** gilt die Beschränkung **nicht für Rechtslehrer** an einer deutschen Hochschule iS von Abs 1 S 1 sowie zT für die übrigen in S 4–7 genannten Personen (s unten 41).

40 **Unzulässig** ist danach, sofern die oben zu 37 f bzw im folgenden genannten Voraussetzungen gegeben sind, **zB** das Tätigwerden eines **Architekten** als Vertreter oder Beistand des Bauherrn bei einer Klage auf Erteilung der Bauerlaubnis für den von ihm verfaßten Plan;[46] eines **Steuerberaters** für den Bereich des BVFG (Ms VRspr 17, 426) u für IHK-Mitgliedsbeiträge (Ma GewA 1996, 482), da keine Steuersachen iSd § 1 StBerG wie auch keine Abgabenangelegenheiten iSd Abs 1 S 5; eines **Unternehmensberaters** (OLG Frankfurt OLGZ 1983, 367); eines Bediensteten des unter Aufsicht der spanischen Botschaft stehenden **Büros für Arbeits- u Sozialfragen** (BayObLG BayVBl 1985, 443). Vgl auch BVerwG 19, 343 zum Auftreten eines **Diplomingenieurs** in mindestens acht verschiedenen Verwaltungsstreitsachen für mindestens fünf verschiedene Kl.

41 **Nicht** unter Art 1 § 1 RBerG fällt **die Prozeßvertretung** vor Verwaltungsgerichten **durch Rechtslehrer an einer deutschen Hochschule** (s zum Begriff oben 8) u die Zuziehung solcher Rechtslehrer als Beistand. § 67 Abs 1 S 1 stellt für Vf vor dem OVG/BVerwG eine prozeßrechtliche Sonderregelung dar.[47] Wäre man anderer Ansicht, liefe die Regelung leer, da bereits das erstmalige Auftreten als Prozeßvertreter dann den Tatbestand des Art 1 § 1 RBerG erfüllt, wenn eine Wiederholungsabsicht nicht ausgeschlossen werden kann. Iü müßte dann entgegen der eindeutigen Absicht des Gesetzgebers Gleiches auch für die in Abs 1 S 4–7 genannten Personen gelten, da diese notwendigerweise Wiederholungsabsicht besitzen. Auch für sie kann das Verbot des RBerG keine Anwendung finden (ebenso Lü NVwZ-RR 2004, 704). Auch bzgl der Regelung des § 138 StPO, derzufolge auch Rechtslehrer an einer deutschen Hochschule als Verteidiger gewählt werden können, wird bezeichnenderweise nicht vom Erfordernis einer Rechtsberatungserlaubnis ausgegangen (OLG Düsseldorf NStZ 1996, 99 m Anm Deumeland).

Weiter umstritten sein kann allenfalls die Anwendbarkeit des RBerG vor dem VG. Im Wege eines argumentum a maiore ad minus läßt sich aus der Vertre-

---

[44] 19, 339; 42, 318; 44, 126; BVerfG 41, 390; Bln NJW 1978, 1173; Ms 27, 92; ZMR 1974, 172; Ks AnwBl 1975, 31; Ma DVBl 1962, 185; Mü VRspr 14, 619; VG Hannover DVBl 1975, 52; Sch-Meissner 43.

[45] Bln NJW 1978, 1174; Mü BayVBl 1988, 307 u 606; OLG Koblenz 28. 5. 1986 – 6 U 343/86; str.

[46] Lü NJW 1972, 80; Ms NJW 1979, 2165; vgl auch BGH NJW 1978, 322; **aA** Ms 22, 188.

[47] BVerfG NJW 1988, 2535; Mußgnug NJW 1989, 2037; NKVwGO-Czybulka 87; Schenke DVBl 1990, 1153; Sch-Meissner 30; Hufen § 12, 37; Zimmerling RiA 2001, 83 mwN; **aA** Ey-J. Schmidt 6; RÖ-M. Redeker 2 a.

tungsbefugnis vor dem OVG ableiten, daß diese erst recht für Vf vor dem VG gelten muß.[48] Das gilt für alle gem Abs 1 vor dem OVG postulationsfähigen Personen, weshalb es inkonsequent ist, wenn einerseits Rechtslehrern unter Hinweis auf das RBerG die Vertretungsbefugnis nicht zugebilligt wird, andererseits sie aber den nach § 67 Abs 1 S 4–7 genannten Personen zukommen soll (nicht überzeugend daher die bei NKVwGO-Czybulka 107f u Sch-Meissner 32f u 38 getroffene diesbezügliche Differenzierung). Gegen die Vertretungsbefugnis von Rechtslehrern kann – jedenfalls nach der Erweiterung des Vertretungszwangs u des vertretungsbefugten Personenkreises für Vf vor dem OVG – auch nicht eingewendet werden, in Vf vor dem BVerwG gehe es nicht um Tatsachen –, sondern um Rechtsfragen.

Nicht unter Art 1 § 1 RBerG fällt auch eine entspr **Tätigkeit aufgrund eines öffentlichen Amtes,** zB eine Vertretung durch einen Assistenten eines Bundestagsabgeordneten, soweit sie unmittelbar mit den Aufgaben eines Abgeordneten zusammenhängt (vgl OLG Nürnberg OLGZ 1983, 483), eine **Vertretung durch Auslandsbeamte** (**Konsuln** usw) u eine Vertretung von Gemeinden **durch Beamte der Aufsichtsbehörde.** S. auch unten 43. 42

Als zulässig – u nicht als Verstoß gegen das RBerG – angesehen wird auch zB das nur gelegentliche Auftreten eines **Amtsträgers einer diplomatischen oder konsularischen Vertretung** im Rahmen der Aufgaben gem Art 5 lit i des Wiener Übereinkommens über konsularische Beziehungen v 24. 4. 1963 (BGBl 1969 II 1585) – nicht jedoch auch in anderen Fällen – (Ms NJW 1981, 1173); eines **Hochschullehrers,** der nicht Rechtslehrer iS von § 67 Abs 1 S 1 ist – anders Rechtslehrer, s oben 41 – **für Berufskollegen** in Verwaltungsstreitsachen in Hochschulangelegenheiten (Ms NJW 1978, 1173); eines **Notars** bei Klagen auf Erteilung einer Bodenverkehrsgenehmigung für einen von ihm beurkundeten Kaufvertrag (Mü BayVBl 1972, 53; 1976, 689); eines sog **„Baubetreuers",** der ein Bauwerk im Namen u in Vollmacht für den Bauherrn betreut.[49] Zulässig ist auch die Tätigkeit von **Verbandsvertretern** als Bevollmächtigte von Mitgliedern bestimmter Verbände, insb berufständischer u vergleichbarer (s oben 37) Vereinigungen,[50] **zB der Gewerkschaften,**[51] eines **Verbands der Postbeamten** (Ks AnwBl 1975, 31); des **VdK;**[52] **nicht** jedoch auch zB eines **Vereins von Wohnungssuchenden** (OLG Frankfurt NJW 1982, 1003). Zulässig ist auch die **Vertretung einer ör Körperschaft,** Behörde usw durch **Beamte** anderer ör Rechtsträger oder Behörden, zu deren allg Aufgabenbereich die Wahrnehmung der Interessen der vertretenen Körperschaft, Behörde usw gehört.[53] 43

Nicht anwendbar, da § 67 Abs 2 insoweit eine abschließende Regelung enthält (vgl 51, 348), ist im Verwaltungsprozeß **§ 157 Abs 1 ZPO,** der eine geschäftsmäßige Vertretung von Personen, die nicht Anwälte sind, grds ausschließt.[54] 44

---

[48] Hufen § 12, 37; Mußgnug NJW 1989, 2037; Schenke NJW 1997, 85; DVBl 1990, 1156; Willms NJW 1987, 1307; **aA** NKVwGO-Czybulka 107; RÖ-M. Redeker 2; Sch-Meissner 28, 32f; Zimmerling RiA 2001, 83.

[49] BGH NJW 1976, 1635, jedoch unter Hinweis darauf, daß der Baubetreuer uU wg Verstoßes gegen § 34c Abs 1 Nr 2 lit b GewO wettbewerbswidrig handelt.

[50] Art 1 § 7 RBerG; vgl DÖV 1974, 675; BGH GRUR 1986, 79; Ks VRspr 21, 884; Ms ZfF 1987, 38; Ko NJW 1988, 581; Brangsch NJW 1983, 732; Ey-J. Schmidt 11; Ule 33 III; **krit** Berger NJW 1990, 2355; **aA** RÖ-M. Redeker 13.

[51] Vgl BGH NJW 1981, 1553; BGH 83, 213; Ms NJW 1967, 1341; Ks AnwBl 1975, 31 – sofern jetzt nicht ohnehin die Neuregelung des § 67 Abs 1 S 6 eingreift.

[52] Ko NJW 1988, 581 unter Aufgabe der früheren abw Rspr, zB Ko 7, 394.

[53] VG Hannover DVBl 1975, 52 zur Vertretung kreisangehöriger Gemeinden durch Beamte des Landkreises, unter Bezugnahme auf Lü 6. 8. 1969 – III OVG B 49/69; vgl auch Bittner DVBl 1973, 24; 1975, 24; **aA** Ks AnwBl 4969, 408: unzulässig.

[54] Ms 22, 191; 27, 89; NJW 1967, 1340; 1975, 208; Ma DVBl 1962, 185; Ks VRspr 21, 286; RÖ-M. Redeker 11 mwN; offen, aber zur selben Auffassung neigend BVerwG 19,

45 **c) Zurückzuweisen** sind in analoger Anwendung von Abs 2 S 3 u § 157 Abs 2 ZPO auch Vertreter u Beistände, die **aus anderen Gründen** aufgrund ausdr Rechtsvorschriften an einer Vertretung gehindert sind, zB durch ein **Vertretungsverbot des Gemeinderechts** oder Landkreisrechts.[55] **Gemeinderechtliche Vertretungsverbote** gelten jedoch nicht auch für Anwälte, die mit einem Gemeinderatsmitglied **nur eine Bürogemeinschaft oder Sozietät** haben, wenn nur ihnen Vollmacht erteilt ist[56] oder jedenfalls **nur der** insoweit **nicht mit der Gemeinde verbundene Anwalt** als Bevollmächtigter tätig wird.[57]

46 **d)** Außerdem kann das Gericht nach Abs 2 S 3, § 157 Abs 2 ZPO bzw in analoger Anwendung davon Bevollmächtigte, die nicht RA sind, wg **mangelnder Fähigkeit (oder Bereitschaft) zu sachgemäßem Vortrag** zurückweisen (vgl 19, 344), insb auch wg mangelnder Fähigkeit, den für den Rechtsstreit maßgeblichen Sachverhalt sowie die rechtliche Bedeutung sachdienlicher Prozeßerklärungen zu erfassen (Mü BayVBl 1974, 503); ebenso einen RA, der sich weigert, vor Gericht **in einer der Würde des Gerichts Rechnung tragenden Weise aufzutreten.**[58] Zum Ausschluß eines Bevollmächtigten, der **die Sitzung stört,** s 7 f zu § 55.

47 **e)** Soweit nach den dargelegten Grundsätzen Personen nicht als Bevollmächtigte oder Beistände auftreten können (bzw zurückgewiesen werden können), gilt dies nicht eo ipso, sondern **erst nach Zurückweisung durch Beschluß** des Gerichts; dies dürfte auch für nicht prozeßfähige Vertreter gelten. **Gegen einen Zurückweisungsbeschluß** haben sowohl der betroffene Beteiligte (Mü BayVBl 1981, 346; str, s 12 zu § 146) als auch der Vertreter oder Beistand selbst[59] die Beschwerde gem § 146. **Vor der Zurückweisung vorgenommene Prozeßhandlungen** bleiben wirksam.[60] Bei Zurückweisung erst in der mV oder kurz vorher bzw in oder vor einem Beweistermin ist idR die Verhandlung bzw Beweisaufnahme zur Wahrung des **rechtlichen Gehörs** zu vertagen, wenn der betroffene Beteiligte dies beantragt (BayVBl 1971, 198; RÖ-M. Redeker 23; vgl allg 4 ff zu § 102).

48 **5. Anordnung der Bestellung eines Bevollmächtigten (Abs 2 S 2):** Als Eingriff in das Recht jedes Beteiligten, seine Sache vor Gericht grds selbst zu

---

340 u 44, 126; vgl auch 51, 238; BVerfG 41, 291; **aA** Tietgen DVBl 1961, 296; Bittner DVBl 1973, 24.

[55] Mü NJW 1980, 1870; Ms 27, 75; NJW 1975, 2086; NJW 1981, 2210; NJW 1982, 67; Ey-J. Schmidt 15; SDC 1 b; VG Weimar ThürVBl 1997, 140; vgl auch BVerwG 19, 344; sehr str; offen Ks NJW 1981, 140; **aA** NJW 1956, 563; Lü 23, 510; Ma VRspr 25, 225; v Mutius VerwA 1977, 73; 1978, 218; 1980, 191; Witte-Wegmann NJW 1976, 956; Olschewski NJW 1976, 933; Jäkel JuS 1979, 177; Baltes NJW 1975, 912; Rottmann/Hirsch, abwM in BVerfG 52, 60; RÖ-M. Redeker 20 a: Vertretungsverbote betreffen nur das Innenverhältnis ggü der Gemeinde; Sch-Meissner 67: eindeutige gesetzliche Ermächtigung für Zurückweisungsbefugnis durch das Gericht fehlt – im Hinblick auf Ansicht zu Verstößen gegen RBerG (Sch-Meissner 48) mit dieser Begründung nicht konsequent.

[56] Mü BayVBl 1980, 222; Lü DVBl 1955, 164; Ms NJW 1981, 2210; Ks NVwZ 1987, 919; VG Sigmaringen MDR 1974, 260; Bauer NJW 1981, 2170; Schoch DVBl 1981, 678; dazu, daß diese Folgerung auch verfassungsrechtlich geboten ist, hins der Bürogemeinschaft BVerfG 56, 107; hins der Sozietät BVerfG 61, 68 = NJW 1982, 2177; **aA** Ms MDR 1971, 1041; AnwBl 1976, 366.

[57] Vgl Ms NJW 1981, 2210; BVerfG 56, 99 = NJW 1981, 1599; Menger NJW 1980, 1828; wohl auch Mü BayVBl 1980, 223; Ms NJW 1975, 2086; Knemeyer, BayKommunalR, 6. Aufl 1988, 133.

[58] BVerfG 28, 28; NJW 1970, 851; BayVBl 1973, 108; 1972, 338; OLG Karlsruhe NJW 1977, 309; jedoch zu weitgehend, wenn hier auch die Weigerung, in Robe aufzutreten, als Zurückweisungsgrund angesehen wird!, vgl Müller NJW 1979, 22.

[59] 42, 318; 44, 126; Ks VRspr 21, 884; ferner BVerfG 52, 51; s auch 13 zu § 146.

[60] Ba SächsVBl 2007, 44; Mü BayVBl 1983, 444; 1984, 444; 1987, 247; Ey-J. Schmidt 16; BayObLG NJW 1976, 1106; vgl auch § 14 Abs 7 S 2 VwVfG; zT **aA** BGHSt NJW 1976, 1106; KG NJW 1977, 912.

vertreten, u in das Recht auf Gehör (§ 108 Abs 2; Art 103 Abs 1 GG) ist die Anordnung der Bestellung eines Vertreters grds in entspr Anwendung des Abs 2 S 3 (Mü BayVBl 1974, 503; Sa NVwZ-RR 2000, 841) jedenfalls (sofern man die Regelung nicht **wg** fehlender tatbestandlicher Bestimmtheit der rechtlichen Voraussetzungen überhaupt als verfassungswidrig ansieht, s unten) **nur** dann **zulässig, wenn der Beteiligte zu sachgemäßem Vortrag nicht fähig ist** (wobei unter Fähigkeit auch die Bereitschaft dazu zu verstehen ist, s oben 36), oder wenn die Voraussetzungen für eine Entfernung des Beteiligten aus dem Sitzungssaal gem § 55 iVm § 177 GVG gegeben sind.

Geboten ist die Anordnung der Bestellung eines Vertreters oder Beistandes in besonders gelagerten Fällen **auch uU im Interesse des Beteiligten** als **Folge aus dem Grundsatz eines fairen Vf** (12 zu § 1), wenn eine solche Anordnung notwendig erscheint, um zu verhindern, daß der betroffene Beteiligte zu einem Objekt des Vf wird (vgl BVerfG 46, 209; BSG NJW 1984, 888).

Bei Unfähigkeit zum sachgemäßen Vortrag ist idR auch **zu prüfen, ob** der Beteiligte nicht darüber hinaus schlechthin **partiell prozeßunfähig** ist (s dazu 2 zu § 62); ist dies der Fall, so wäre die Anordnung der Bestellung eines Vertreters oder Beistandes unzulässig (Mü BayVBl 1974, 503), das Gericht müßte vielmehr nach den unter 10 zu § 62 dargelegten Grundsätzen verfahren. Die Anordnung der **Bestellung eines Beistandes** kommt als weniger einschneidende Maßnahme schon dann in Betracht, wenn dies im Interesse eines sachgemäßen Vortrags geboten erscheint. Vgl im einzelnen oben 36. Die **Verfassungsmäßigkeit** von Abs 2 S 2 ist wg des Fehlens jeglicher näherer tatbestandsmäßiger Abgrenzungen der Voraussetzungen der entspr Anordnungen äußerst **zweifelhaft** (vgl Pfeifer JuS 1993, 752; s auch Sch-Meissner 60: Konkretisierung durch den Zusammenhang mit S 3).

Ist die Hinzuziehung eines Bevollmächtigten angeordnet, so **verliert** 49 der betroffene Beteiligte die **Postulationsfähigkeit,** kann also **ab sofort** (dh nicht erst ab Unanfechtbarkeit der Anordnung) selbst keine Prozeßhandlungen mehr wirksam vornehmen oder Erklärungen abgeben (Sch-Meissner 63), u zwar auch dann nicht, wenn er der Anordnung nicht nachkommt (RÖ-M. Redeker 19). Die **Ausnahmen** vom Vertretungszwang, die für das Vf vor dem OVG/BVerwG gelten (oben 15 ff), sind jedoch auch hier anzuerkennen (ebenso Sch-Meissner 63; **aA** Mü BayVBl 1974, 503: Unzulässigkeit auch der Klagerücknahme u der Hauptsacheerledigungserklärung). Außerdem **wirkt** die **Anordnung nur für die jeweilige Instanz;** sie betrifft daher nicht die Einlegung von RMittel gegen die vom anordnenden Gericht getroffenen Entscheidungen (**aA** BFH BStBl II 1975, 672), insb auch nicht gegen die Anordnung selbst. **Ist nur die Hinzuziehung eines Beistandes verlangt,** so kann der betroffene Beteiligte selbst zwar weiterhin alle Verfahrenshandlungen vornehmen, Anträge stellen usw, das Gericht kann ihn aber allg oder zu einzelnen Fragen – ohne gegen die Erfordernisse rechtlichen Gehörs zu verstoßen – hindern, Ausführungen zu machen (RÖ-M. Redeker 19; **aA** Mü VRspr 18, 381 u Ey-J. Schmidt 13: Ausführungen des Beteiligten selbst sind schlechthin ausgeschlossen). Die **Auswahl des Bevollmächtigten oder Beistandes** ist, auch wenn die Zuziehung angeordnet ist, Sache des Betroffenen.

Gegen den Beschluß nach Abs 2 S 2 ist (auch im Hinblick auf die dem Be- 50 troffenen dadurch uU entstehenden finanziellen Belastungen, RÖ-M. Redeker 18) die **Beschwerde** (§ 146) gegeben (Mü BayVBl 1974, 503; Sa NVwZ-RR 2000, 841; vgl 12 zu § 146).

6. Erfordernis einer schriftlichen Vollmacht (Abs 3): a) Die Vorlage ei- 51 ner schriftlichen Vollmacht ist im Verwaltungsprozeß nicht nur, wie im Zivilprozeß (§ 80 ZPO), Beweismittel für das Bestehen der Vertretungsbefugnis, sondern **wesentliches Formerfordernis,** ohne das die Vollmacht als Prozeßvollmacht nicht zur Entstehung gelangt u damit auch Prozeßhandlungen grds nicht wirksam vorgenommen werden können.[61] Die prozeßrechtliche Bevollmächtigung kann nur durch eine schriftliche Vollmacht nachgewiesen werden, die zu den Gerichtsakten abzugeben ist (§ 80 Abs 1 ZPO). **Bis zur Vorlage der Vollmacht** bzw bis zum Erlaß eines Prozeßurteils wg unterbliebener Vollmachtsvorlage ist die Klage bzw das RMittel **schwebend unwirksam.**[62]

Maßgebend dafür, ab wann die Bevollmächtigung für das Gericht wirksam u damit maßgeblich ist, ist der Zeitpunkt des Eingangs der Vollmacht beim Gericht.[63] Zu der davon zu trennenden Frage, ob durch die nachträgliche Vorlage der Vollmacht eine Heilung für die Vergangenheit eintritt, s unten 56.

Das Erfordernis der Vollmacht u ihrer Vorlage gilt grds **auch bei Vertretung durch einen RA;** § 88 Abs 2 ZPO ist im Verwaltungsprozeß jedoch insoweit grds sinngemäß anwendbar (s unten 52; BL 18 zu § 88 ZPO). Zur **Ausnahme** vom Erfordernis der Vollmacht bei Verhinderung des Vertretenen s oben 1; ferner 14 zu § 61. Einer Vollmacht bedarf **nur der Vertreter, nicht auch der Beistand** (es sei denn, dieser wird vom Beteiligten bezüglich einzelner Ausführungen zur Vertretung ermächtigt u tritt insoweit nicht mehr als Beistand, sondern als Vertreter auf).

52 **Das Vorliegen einer den gesetzlichen Erfordernissen** (§§ 81 ff ZPO) **entspr Vollmacht** ist vom Gericht grds – zT anders bei Vertretung durch einen RA, s im folgenden – in jedem Stadium des Verfahrens, insb auch in jeder Instanz, **vAw zu prüfen,**[64] in Anwaltsprozessen analog § 88 Abs 2 ZPO jedoch nur, wenn zu Zweifeln Anlaß besteht.[65] **Fehlt die Vollmacht** bzw hält das Gericht bei einem Anwalt die Vorlage der Vollmacht ausnahmsweise für erforderlich, so kann (**aA** GSOGB BVerwG 69, 381: muß!) das Gericht – dh auch der Vorsitzende oder der Berichterstatter allein (DÖV 1985, 484; **aA** Mü 21, 103; Ks DÖV 1966, 428) – gem Abs 3 S 2 **eine Frist** für die Vorlage setzen oder auch formlos die Vorlage anfordern (DÖV 1985, 484). Die **Fristsetzung** ist **nicht zwingende Voraussetzung** für eine Abweisung der Klage bzw eine Zurückweisung eines RMittel als unzulässig (71, 20 = DÖV 1985, 484; BFH 92, 173; **aA** GSOGB BVerwG 69, 381); zur Wahrung des **rechtlichen Gehörs** des betroffenen Beteiligten bzw angegebenen Bevollmächtigten ist jedoch jedenfalls erforderlich, daß der Betroffene eine Aufforderung zur Vorlage der Vollmacht erhalten hat u ihr nicht **innerhalb der gesetzten Frist** – die angemessen gewesen sein muß – bzw, wenn keine Frist gesetzt worden war, nicht innerhalb einer angemessenen, den Umständen des Falles entspr Frist nachgekommen ist (DÖV 1985, 484). Hat ein Kl eine umfassende Vollmacht erteilt, darf das Gericht aus dessen Schweigen auf eine gerichtliche Aufforderung, sein Einverständnis mit der

---

[61] GSOGB BVerwG 69, 381 = NJW 1984, 2149; BVerwG NJW 1960, 593; 1985, 2963; BSG NJW 1990, 600; BFH BayVBl 1988, 670 – Vorlage einer Fotokopie genügt nicht –; Hbg DÖV 1988, 523; Ms NJW 1993, 3155 f; Ma VBlBW 1982, 45; VG Freiburg NJW 1988, 2689; RÖ-M. Redeker 24; Ey-J. Schmidt 17; Sch-Meissner 70.

[62] Vgl GSOGB BVerwGE 69, 380 = NJW 1984, 2149; BSG NJW 1990, 600; BFH 90, 281. Vgl ferner BGH VersR 1986, 371: Ein Rechtsanwalt kann sich durch Einreichen von Schriftsätzen in einer anhängigen Sache selbst formfrei zum Prozeßbevollmächtigten bestellen.

[63] Vgl zum Zugang beim Gericht 11 f zu § 74; zT **aA** Bln NVwZ-RR 1989, 511 – zur Vollmacht ggü der Behörde –: analog § 331 Abs 3 ZPO der uU später liegende Zeitpunkt, in dem die Vollmacht den für die Entscheidung zuständigen Personen in der Behörde zugänglich ist oder sein müßte.

[64] BFH 133, 344; NJW 1981, 2432; 1987, 2704; BSG SGb 1985, 460; BVerfG 1, 436; 62, 200 – in Verfahren mit Offizialmaxime immer vAw –; Ma VBlBW 1982, 44; RÖ-M. Redeker 24; Fischer NJW 1981, 486; vgl auch Mü BayVBl 1973, 193; ferner BVerwG BayVBl 1984, 57; Lü DÖV 1979, 839: Prüfung jedenfalls, wenn Zweifel.

[65] GSOGB BVerwG 69, 381 = NJW 1984, 2149; NJW 1985, 1178; BVerwG 71, 20; Ms NJW 1993, 3155 – ein Anlaß, die Bevollmächtigung in Zweifel zu ziehen, kann sich aus der Art der Prozeßführung ergeben –; vgl Sch-Meissner 72.

Klageerhebung zu erklären, nicht folgern, dem Bevollmächtigten sei keine Vollmacht erteilt worden (BFH NVwZ-RR 1999, 280).

Zur Zulässigkeit der **nachträglichen Vorlage** („Nachreichen") der Vollmacht s unten 56. Wird die Vollmacht dem Gericht nicht sogleich vorgelegt oder zu Protokoll erklärt, so kann das Gericht den vollmachtslosen Vertreter gem Abs 3 S 2, § 89 ZPO **einstweilen zulassen.**[66]

Eine dem Gericht vorgelegte (bzw zu Protokoll erklärte) **Vollmacht** bleibt für das Gericht maßgeblich, **solange** der Beteiligte **nicht** dem Gericht anzeigt, daß er sie widerrufen hat.[67] Die **Bestellung eines neuen Bevollmächtigten** ist im Zweifel nicht als Widerruf der Vollmacht anzusehen (Ms DÖV 1976, 608; vgl auch OLG Frankfurt NJW-RR 1986, 1500: der Widerruf muß eindeutig sein). Die **Anzeige der Niederlegung** des Mandats ist für das Gericht unbeachtlich, wenn der Vollmachtsvertrag u damit die Prozeßvollmacht in Wahrheit fortbestehen.[68] Soweit Anwaltszwang besteht, wird der Widerruf der Vollmacht bzw die Niederlegung des Mandats gem § 173, § 87 Abs 1 ZPO erst mit Mitteilung des Widerrufs u Anzeige der Bestellung eines anderen Bevollmächtigten wirksam;[69] bis zur Bestellung eines neuen Bevollmächtigten können alle Prozeßhandlungen, Zustellungen usw dem bisherigen Bevollmächtigten ggü vorgenommen werden (55, 193 mwN; DVBl 1984, 569; BGHZ 7, 280; 93, 137; NJW 1975, 120; BFH 121, 20). **Mängel** des der Vollmacht zugrunde liegenden Mandatsvertrags oder sonstigen Rechtsverhältnissen zwischen Vollmachtgeber u Bevollmächtigtem (Innenverhältnis) – auch zB die Nichtigkeit des Mandatsvertrags – berühren die Wirksamkeit der Vollmacht nicht (OLG Köln MDR 1974, 310; OLG Hamm NJW 1978, 2254; BL 5 zu § 80 ZPO). Die Vollmacht **erlischt** grds auch nicht mit dem **Tod** oder dem Verlust der Prozeßfähigkeit **des Vollmachtgebers** (§ 86 ZPO),[70] sehr wohl aber mit dem **Tod des Bevollmächtigten** (§§ 675 Abs 1, 673 S 1, 168 S 1 BGB).[71] Für die Wirksamkeit von Prozeßhandlungen des Bevollmächtigten kommt es **nicht** auf den **Zeitpunkt der Absendung** der Vollmacht bzw der Mitteilung über den Widerruf bzw über die Niederlegung des Mandats, sondern auf den Zeitpunkt des Zugangs beim Gericht an.[72] 53

Liegt dem Gericht **eine Vollmacht vor,** so ist es unschädlich, wenn der Bevollmächtigte versehentlich ein **Dokument** nicht unmittelbar **mit** seinem Namen, sondern **„iA" unterzeichnet** (vgl BGH NJW 1993, 2056).

---

[66] BSG SozR Nr 1 zu § 14 OUAD; DVBl 1987, 244; vgl auch BGHSt 36, 260: Ladung des Anwalts, auch wenn die Vollmacht noch nicht vorgelegt, sondern nur das Mandat mitgeteilt wurde; BL 15 zu § 89 ZPO; zT **aA** Fischer NJW 1977, 2301 u Sch-Meissner 73: § 67 Abs 3 S 2 regelt die einstweilige Zulassung abschließend; § 89 ZPO ist daneben nicht mehr anwendbar.

[67] NJW 1983, 2155 – § 87 ZPO anwendbar; eine Ladung wird nicht unwirksam, wenn, nachdem sie erfolgt ist, das Erlöschen der Vollmacht angezeigt wird –; BayVBl 1978, 124; Ms NJW 1976, 1117 m Anm Redeker; NJW 1972, 1910; Ks NVwZ 1998, 1314; Ma NJW 2004, 2916; BSG DÖV 1976, 321; BGH NJW 1975, 120; 1980, 999; 1980, 2310; BAG NJW 1982, 2519; BayVerfGH BayVBl 1988, 528; BL 4 zu § 87 ZPO; Ey-J. Schmidt 23; M 4 zu § 87 ZPO.

[68] DVBl 1984, 90; NVwZ 1985, 337; BGH VersR 1977, 334; Z 1 zu § 87 ZPO; **aA** Hbg NVwZ 1985, 350.

[69] 55, 193; BFH 121, 20; Z 2 zu § 87 ZPO; BL 4 zu § 87 ZPO; M 5 zu § 87 ZPO; s allg auch BAG NJW 1982, 2519; BGHZ 43, 137; NJW 1980, 999; zT **aA** OLG Hamm JMBlNRW 1978, 88: gilt nur für die passive Vertretung.

[70] Dazu BGH NJW 1993, 1654; Ma NJW 1984, 196; Ms NJW 1986, 1707; Ey-J. Schmidt 24; RÖ-M. Redeker 5; Sch-Meissner 76.

[71] Vgl 55, 194; Buchh 310 § 67 Nr 42; BL 5 zu § 86 ZPO; M 6 zu § 86 ZPO; in Ausnahmefällen kann allerdings die Vollmacht nach den Grundsätzen der Anscheinsvollmacht über den Tod des Bevollmächtigten hinaus fortbestehen, s dazu Mü BayVBl 1979, 733.

[72] S auch oben 24; zT **aA** OLG Frankfurt NJW 1984, 2896; Münzberg NJW 1984, 2871: grds Zeitpunkt der Absendung.

54 **b) Form und Inhalt der Vollmacht.** Die Vollmacht muß – anders als im Zivilprozeß, wo nur der Nachweis schriftlich erfolgen muß (§ 80 Abs 1 ZPO) – grds **schriftlich,** dh in der materiell-rechtlichen Schriftform des § 126 BGB, oder **elektronisch** (§ 126 a BGB) erteilt werden; sie kann allerdings – zur Vermeidung unnötiger Förmelei – auch noch von einem anwesenden Kl **zu Protokoll** des Gerichts erklärt werden (Ey-J. Schmidt 17; Sch-Meissner 70). Die Vollmachtsurkunde muß insb vom Vollmachtgeber **handschriftlich unterzeichnet** sein; ausreichend ist dabei eine Blankounterschrift unter eine später vom Prozeßbevollmächtigten vervollständigte Vollmachtsurkunde (DÖV 1984, 775; BFH NVwZ-RR 2001, 347; Sch-Meissner 70). Die Vollmacht muß dem Gericht **im Original** (!) vorgelegt werden; die Vorlage zB einer Fotokopie oder eines Telefaxes genügt nicht.[73] Die Benennung des Verfahrens, auf das sich die Vollmacht bezieht, braucht sich nicht unmittelbar aus der Vollmachturkunde, sondern kann sich auch aus einem Begleitschreiben ergeben (BFH NVwZ 2002, 640). Die Bezugnahme auf eine dem Gericht vorliegende allg Vollmacht kann auch dann als Nachweis der Bevollmächtigung genügen, wenn die Vollmacht Bestandteil der Akten eines anderen Spruchkörpers des Gerichts ist (BFH NVwZ-RR 1998, 528). Die fehlende zeitliche Befristung der Geltungsdauer einer Vollmacht begründet keine Zweifel an der Legitimation des Bevollmächtigten, weil auch General- u Dauervollmachten wirksam sind (BFH NVwZ-RR 2001, 347).

55 Für den **Inhalt** u Umfang der Vollmacht gelten die **§§ 81 ff ZPO.** Ein Verstoß des RA gegen § 45 Abs 1 Nr 4 BRAO berührt nicht die Wirksamkeit der ihm erteilten Prozeßvollmacht u der von ihm namens der Partei vorgenommenen Rechtshandlungen (BGH NJW 1993, 1926). Bei Vereinigungen uä genügt als Vollmacht uU auch die Niederschrift über den Beschluß, eine bestimmte Person mit der Vertretung zu betrauen. Die Vollmacht muß erkennen lassen, auf welches Vf sie sich bezieht (FG Hamburg EFG 1984, 559). Der Umfang der Vollmacht kann über die in §§ 81 ff ZPO vorgesehenen Möglichkeiten hinaus im Verhältnis zum Gericht u den übrigen Beteiligten (Außenverhältnis) grds – zu Ausnahmen in besonderen Fällen vgl BGH NJW 1991, 1170 – **nicht beschränkt** werden (vgl BGHZ 92, 142 = NJW 1987, 130; NJW 1991, 1177). Die Vertretungsmacht schließt auch das Recht zur **Unterbevollmächtigung** u zur Bestellung eines **Terminvertreters** (vgl VRspr 21, 369; BL 5 zu § 81) ein. **Im Zweifel,** dh soweit die Vollmachtsurkunde keine Einschränkungen (zB, daß sie nur für ein bestimmtes Vf oder nur für eine bestimmte Instanz gelten soll), enthält, gilt eine Vollmacht für das KlageVf **auch für das VollstreckungsVf** (Mü NVwZ 1985, 332) u **für RMittel** nach Abschluß der Instanz,[74] eine Vollmacht für die **Widerklage** auch für die Klage (BGH NJW 1991, 1177, zugleich zu Ausnahmen bei Interessenkollisionen), eine Vollmacht für das HauptVf **auch für Vf** in der Sache **gem § 80 oder § 123** (Mü BayVBl 1978, 190), eine Vollmacht **für das VerwaltungsVf** auch für den Verwaltungsprozeß in allen Instanzen;[75] eine im VorVf erteilte Vollmacht muß aber jedenfalls auch dem Gericht vorliegen (wobei es jedoch genügt, daß sie mit den VA an dieses gelangt, vgl RÖ-M. Redeker 16).

56 **c) Nachträgliche Vorlage der Vollmacht (Abs 3 S 2).** Wird die Vollmacht **jedenfalls bis zum Ergehen des Urteils** – wenn auch erst nach Ablauf der Klagefrist uä (BVerfG 62, 200) – vorgelegt (nachgereicht), so wird dadurch grds auch der Mangel etwaigen ursprünglichen Fehlens der Vollmacht für die

---

[73] BGH 126, 268 = NJW 1994, 2298; BFH NJW 1996, 872; BL 11 zu § 80 ZPO; Z 8 zu § 80 ZPO; Sch-Meissner 70; M 15 zu § 80 ZPO.

[74] BGH NJW 1994, 320; Z 3 zu § 81; Sch-Meissner 71; Ms NJW 1986, 1707; zT **aA** BFH 138, 529: nicht auch für die Beschwerde wg Nichtzulassung der Revision.

[75] Ms NJW 1972, 1910; Ey-J. Schmidt 19; ebenso für das Widerspruchsverfahren Sch-Meissner 71; **aA** RÖ-M. Redeker 16.

Vergangenheit **geheilt;**[76] anders, wenn nicht nur die Vollmacht fehlt, sondern die Postulationsfähigkeit (s insoweit oben 4). Der **Vorsitzende** oder der Berichterstatter[77] kann (**aA** GSOGB BVerwG 69, 380 = NJW 1984, 2149: muß) nach § 87 Abs 1 mit schriftlicher Verfügung[78] für die Vorlage der Vollmacht **eine Frist setzen.** Auch eine **verspätete Vorlage** der Vollmacht nach Ablauf dieser Frist ist jedoch ohne Folgen, wenn die Entscheidung des Gerichts über die Streitsache selbst erst später ergeht; die Fristsetzung bewirkt nur, daß das Gericht nach Ablauf der Frist ohne weiteres Zuwarten durch Urteil entscheiden kann.[79] Wurde die **Frist zu kurz** bemessen u weigert sich das Gericht, sie angemessen zu verlängern, so stellt dies eine Verletzung des rechtlichen Gehörs gem Art 103 Abs 1 GG dar (BFH NJW 1980, 2328).

Die Vollmacht kann gem § 173 S 1 iVm § 89 Abs 2 ZPO grds **auch noch im Rechtsmittelverfahren,** auch noch in der Revisionsinstanz, **nachgebracht werden** u heilt dann rückwirkend den Mangel, selbst wenn vorher überhaupt keine Bevollmächtigung vorgelegen hatte.[80] **Dies gilt** jedoch **dann nicht,** wenn die **Klage** bzw ein RMittel bereits wg fehlender Vollmacht, weil die Vollmacht trotz Aufforderung zur Vorlage u Fristsetzung nicht vorgelegt wurde, durch Prozeßurteil **abgewiesen** bzw zurückgewiesen worden ist, **bevor die Vollmacht vorgelegt wurde.**[81] **Voraussetzung einer Heilung** ist grds immer, daß die Vollmacht jedenfalls bereits vor Erlaß des Prozeßurteils ausgestellt worden ist.[82] Auch eine (sonst im Zweifel auch schon in der Vorlage einer Vollmacht oder in der Einlegung eines RMittel zu sehende, vgl BVerwG NJW 1984, 318) **Genehmigung** der Prozeßführung durch den Beteiligten **hilft hier nicht** mehr, da keine genehmigungsfähige Rechtslage mehr gegeben ist (GSOGB BVerwGE 69, 380 = NJW 1984, 2149). Zulässig ist jedoch die **Wiedereinsetzung** (§ 60) nach allg Grundsätzen (GSOGB BVerwG 69, 383 = NJW 1984, 2149). 57

Wird die **Vollmacht rechtzeitig vorgelegt,** solange noch kein Prozeßurteil ergangen ist, so muß das Revisionsgericht grds die Sache nach § 144 Abs 3 Nr 2 zurückverweisen.[83]

Keine (rückwirkende) **Heilung** tritt auch dann ein, wenn ein dem Anwaltszwang unterliegender Rechtsbehelf **durch** den **nicht postulationsfähigen Beteiligten** selbst eingelegt wurde u später dann ein Anwalt ihn genehmigt.[84]

d) Wird die **Vollmacht** für den Vertreter des **Kl** (bzw Rechtsmittelführers) **nicht nachgereicht,** so hat das Gericht, jedenfalls nach fruchtlosem Verstreichen einer gem § 82 Abs 2 gesetzten angemessenen Frist für die Nachreichung der Vollmacht (s oben 56) den vollmachtlosen Vertreter **zurückzuweisen** 58

---

[76] Vgl § 173 S 1, § 89 Abs 2 ZPO; GSOGB BVerwG 69, 380 = NJW 1984, 2149; BVerwG 71, 24; BGHZ 10, 147; NJW 1967, 2304; BSG DVBl 1987, 244; Ks NJW 1967, 2130; BVerfG 62, 200; NJW 1979, 1543.

[77] DÖV 1985, 484; Ma DÖV 1985, 415; BFH 129, 305 = BStBl II 1280, 229; RÖ-M. Redeker 24; Ule VwGO 246; **aA** Ks DÖV 1966, 428; Mü 21, 102.

[78] Vgl BGHZ 76, 241; BFH 135, 352.

[79] Ks NJW 1967, 2130 mwN; Ms DÖV 1973, 469; Fischer NJW 1977, 2201; RÖ-M. Redeker 24; Sch-Meissner 73; vgl auch 5 zu § 82; 5 zu § 57; **aA** BFH NJW 1987, 2704; NVwZ-RR 2000, 263: Fristsetzung mit ausschließender Wirkung; ähnlich BSG DVBl 1987, 244.

[80] GSOGB BVerwG 69, 380 = NJW 1984, 2149; BVerwG 14, 212; 71, 27; NVwZ 2004, 887; BSG DVBl 1987, 244; Lü NJW 1977, 774; Hbg DÖV 1990, 36; Hufen JuS 2004, 1024; RÖ-M. Redeker 24; Ey-J. Schmidt 18.

[81] GSOGB BVerwG 69, 380 = NJW 1984, 2149; BSG DVBl 1987, 244; Hbg DÖV 1988, 523; BL 12 zu § 89 ZPO; Sch-Meissner 73; M 17 zu § 89 ZPO.

[82] GSOGB BVerwG 69, 380 = NJW 1984, 2149; Ks 45, 158.

[83] GSOGB BVerwG 69, 380 = NJW 1984, 2149; BFH 90, 280; 102, 442; 106, 257; BSG 32, 253.

[84] BGH NJW 1979, 832; BFH NJW 1977, 864; 1979, 832.

(GSOGB 69, 380 = NJW 1984, 2149). Die Zurückweisung erfolgt entweder durch besonderen Beschluß oder im Rahmen der Entscheidung in der Hauptsache, dh „in den Gründen der Hauptsacheentscheidung" (GSOGB BVerwG 69, 380 = NJW 1984, 2149).

Die von einem vollmachtlosen Vertreter erhobene Klage bzw das eingelegte RMittel ist **durch Prozeßurteil** als unzulässig **abzuweisen** bzw zurückzuweisen, wenn nicht mehr zu erwarten ist, daß die Vollmacht alsbald vorgelegt werden wird (Mü BayVBl 1973, 193 u 649; hM; vgl auch BVerfG 62, 200). Die Entscheidung des Gerichts ergeht in diesem Fall zwar **formell gegen den angeblich Vertretenen** (diesem, nicht dem „Vertreter" ist sie auch zuzustellen, vgl OLG Zweibrücken MDR 1982, 586), dieser wird jedoch dadurch nicht gehindert, erneut selbst oder durch einen Bevollmächtigten Klage oder RMittel einzulegen, da die RKraft der Entscheidung sich auf die Frage der Unzulässigkeit der Klage bzw des RMittel wg fehlender Vollmacht beschränkt. Zur Frage der Kostentragung des vollmachtlosen Vertreters s 3 zu § 154.

Wird die Vollmacht in der Rechtsmittelinstanz nicht vorgelegt u **stellt** das **Rechtsmittelgericht fest, daß auch in den vorangegangenen Instanzen keine Vollmacht vorgelegt worden war,** trotzdem aber zur Sache entschieden worden ist, so hat es nicht nur das RMittel zu verwerfen, sondern **zugleich** auch die ergangenen Sachurteile aufzuheben u die **Klage als unzulässig abzuweisen** (LSG Stuttgart NVwZ 1983, 704).

Hat der Beteiligte selbst die **Klage erhoben** bzw das RMittel selbst eingelegt u ist erst dann ein vollmachtloser Vertreter für ihn aufgetreten, so gelten die allg Grundsätze. In diesem Fall ist **die Klage für den Kl wirksam erhoben** bzw das RMittel wirksam eingelegt (sofern die sonstigen Voraussetzungen erfüllt sind), mit der Folge, daß das Gericht darüber zur Sache zu entscheiden hat, wobei jedoch der Vortrag u die Anträge des vollmachtlosen Vertreters unberücksichtigt bleiben müssen (sehr zweifelhaft!).

Die vorstehend dargelegten Grundsätze gelten entspr für die **Klagerücknahme** (vgl BFH 128, 24).

59 **e)** Wird die **Vollmacht für den Vertreter des Bekl nicht vorgelegt,** so ergeht, vorausgesetzt, daß die Klage dem Beklagten ordnungsgemäß zugestellt worden war u ihm auch sonst alle Schriftsätze, Ladungen usw zugestellt wurden – ggf ist dies nachzuholen u noch ein weiterer Termin zur Wahrung des rechtlichen Gehörs anzusetzen – **eine Sachentscheidung** (bei der Anträge u Vorbringen des vollmachtlosen Vertreters allerdings nicht zu berücksichtigen sind), nicht anders als sie auch sonst ergehen würde, wenn der Bekl trotz ordnungsgemäßer Ladung zum Termin nicht erscheint u auch keinen Vertreter entsendet.

60 **f) Fehlen eines Beteiligten.** Von den Fällen der genannten Art sind die Fälle zu unterscheiden, in denen **ein Beteiligter rechtlich nicht in der Lage** ist, **am Vf** selbst oder durch einen von ihm wirksam bestellten Vertreter **teilzunehmen u** deshalb im Vf nicht im Sinne des Gesetzes ordnungsgemäß vertreten ist (§ 133 Nr 3, § 138 Nr 4). In einem solchen Fall darf das Gericht zur Sache erst entscheiden, nachdem der Mangel behoben ist. Vgl 13 f zu § 61.

61 **7. Zustellungen und Mitteilungen an den Bevollmächtigten (Abs 3 S 3): a)** Abs 3 S 3 bestimmt, daß nach Bestellung eines Bevollmächtigten das Gericht Zustellungen uä ausschließlich an diesen zu richten hat; es bedarf auch keiner zusätzlichen Zustellung an den Beteiligten (Buchh 310 § 102 VwGO Nr 11, 18). Die Regelung ist ua eine Folge davon, daß das rechtliche Gehör, wenn ein Bevollmächtigter bestellt ist, primär durch diesen vermittelt wird (s oben 2). **Zustellungen,** die entgegen dieser Vorschrift **an den Beteiligten** selbst erfolgen, **obwohl** dem Gericht die Bestellung des Bevollmächtigten unter

Vorlage der Vollmacht mitgeteilt wurde oder jedenfalls **bekannt ist,**[85] sind **unwirksam**[86] u verletzen uU das **Recht auf Gehör** gem Art 103 Abs 1 GG.[87] Das gilt grds auch dann, wenn ein RA ohne gleichzeitige Vorlage einer Vollmacht anzeigt, einen Beteiligten zu vertreten. Das Gericht kann in diesem Fall lediglich eine Frist zur Vorlage der Vollmacht setzen, wenn sie auf die Vorlage nicht verzichten will. Eine Zustellung unmittelbar an den Beteiligten ohne derartige Fristsetzung setzt (zB) eine Rechtsmittelfrist nicht in Lauf (Ma VBlBW 1995, 317; BFH NVwZ-RR 1998, 528). Entsprechendes gilt, wenn für das VerwaltungsVf ein Bevollmächtigter bestellt wird (s 5 zu § 74; **aA** NVwZ 1998, 1292). Legt ein Prozeßbevollmächtigter im EilVf eine Vollmacht vor, ohne sich im HauptsacheVf zu melden, ist nur bei Vorliegen bes Umstände davon auszugehen, daß er auch für das HauptsacheVf bestellt ist (Ms NVwZ-RR 2002, 234). Wird eine Entscheidung an mehrere Prozeßbevollmächtigte eines Beteiligten zugestellt, beginnt die Rechtsmittelfrist mit der ersten Zustellung (NJW 1998, 3582); s auch 8 zu § 56.

Der Mangel wird auch **nicht** durch die nachträgliche Bestellung des Empfängers zum Prozeßbevollmächtigten **geheilt.** Heilung ist jedoch möglich nach § 56 Abs 2 iVm § 189 ZPO durch tatsächlichen Zugang beim Bevollmächtigten. Der **Mangel** wird auch nicht gem § 173, § 295 ZPO unbeachtlich, **wenn er nicht** oder nicht rechtzeitig **gerügt** wurde (**aA** BSG SozR § 73 Nr 5). Eine Heilung setzt außer dem tatsächlichen Zugehen voraus, daß die **Zustellung mit Wissen und Willen des Gerichts** bzw der Behörde erfolgte (NJW 1988, 1613); auch in diesem Fall genügt es aber für eine Heilung des Fehlens des Zustellungswillens als solchen nicht, wenn der Bevollmächtigte das ihm zuzustellende Dokument vom Gericht bzw der Behörde nur „zur Kenntnis" erhält (**aA** NJW 1988, 1614). S auch 16 zu § 56. 62

b) Ausnahmen. Unmittelbar **dem Beteiligten selbst zuzustellen** sind abweichend von Abs 3 S 3 **die Ladung** (des Beteiligten) **zum persönlichen Erscheinen** gem § 95, § 141 Abs 2 ZPO, die Ladung zur **Beteiligtenvernehmung** gem §§ 96, 98 iVm § 450 Abs 1 ZPO u die Ladung zur **Aufnahme des Vf** nach Unterbrechung gem § 173 S 1 iVm § 239 Abs 3 ZPO (SDC 4e zu § 67). 63

§ 67a [Gemeinsamer Bevollmächtigter]

(1) **Sind an einem Rechtsstreit mehr als zwanzig Personen im gleichen Interesse beteiligt,**[2f] **ohne durch einen Prozeßbevollmächtigten vertreten zu sein, kann das Gericht ihnen durch Beschluß**[9] **aufgeben,**[1, 5] **innerhalb einer angemessenen Frist einen gemeinsamen Bevollmächtigten zu bestellen, wenn sonst die ordnungsgemäße Durchführung des Rechtsstreits**[4] **beeinträchtigt wäre. Bestellen die Beteiligten einen gemeinsamen Bevollmächtigten nicht innerhalb der ihnen gesetzten Frist, kann**

---

[85] Für die Anwendung des § 67 Abs 3 S 3 reicht es nicht aus, daß tatsächlich ein Vertretungsverhältnis besteht. Vielmehr muß hinzukommen, daß das Gericht auch Kenntnis davon erhält, daß ein Bevollmächtigter für das Verfahren bestellt ist (BayVBl 1993, 31; Ms NVwZ-RR 2002, 235).

[86] BayVBl 1993, 30; BGHZ 61, 308; NJW 1981, 1673; Hbg NVwZ-RR 1999, 633; Mü NVwZ-RR 1998, 207; Ks NVwZ-RR 1993, 434; RÖ-M. Redeker 7; SDC 4e; Ey-J. Schmidt 21; BL 35f zu § 172 ZPO; ML 16a zu § 73 SGG; ebenso BVerwG NJW 1988, 1612 zu § 8 Abs 1 S 2 VwZG aF; s auch 9 zu § 56.

[87] Vgl BayObLG BayVBl 1983, 733: Verletzung des rechtlichen Gehörs, wenn das Gericht entscheidet, ohne den Bevollmächtigten zu hören, auch wenn das RMittel vom Beteiligten persönlich eingelegt worden war; Sch-Meissner 77; **aA** BVerfG NJW 1978, 1575 zu § 51 Abs 3 OWiG u § 145a Abs 4 StPO aF: eine reine Ordnungsvorschrift, deren Nichtbeachtung die Zustellung nicht unwirksam macht u nicht gegen Art 103 Abs 1 GG verstößt.

das Gericht einen Rechtsanwalt als gemeinsamen Vertreter durch Beschluß bestellen.[5] **Die Beteiligten können Verfahrenshandlungen nur durch den gemeinsamen Bevollmächtigten oder Vertreter vornehmen.**[6, 8] **Beschlüsse nach den Sätzen 1 und 2 sind unanfechtbar.**[10]

(2) **Die Vertretungsmacht erlischt, sobald der Vertreter oder der Vertretene dies dem Gericht schriftlich oder zur Niederschrift des Urkundsbeamten der Geschäftsstelle erklärt;**[11 f] **der Vertreter kann die Erklärung nur hinsichtlich aller Vertretenen abgeben. Gibt der Vertretene eine solche Erklärung ab, so erlischt die Vertretungsmacht nur, wenn zugleich die Bestellung eines anderen Bevollmächtigten angezeigt wird.**[12]

Schrifttum: *Kopp,* Gesetzliche Regelungen zur Bewältigung von Massenverfahren, DVBl 1980, 320, 326; *Laubinger,* Gutachten über die künftige gesetzliche Regelung für Massenverfahren im Verwaltungsverfahrensrecht und im Verfahrensrecht für die Verwaltungsgerichte, 1975; *Schmidt,* Die Bewältigung von verwaltungsgerichtlichen Massenverfahren, DVBl 1992, 148. – S auch zu § 56 a.

1 **1. Allgemeines:** Die durch das **4. VwGOÄndG** neu in die VwGO eingefügte u hins der Personenzahl durch das 6. VwGOÄndG geänderte Vorschrift lehnt sich an §§ 18 f VwVfG an. Sie soll zusammen mit § 56 a, § 65 Abs 3 u § 93 a die Durchführung gerichtlicher **Massenverfahren,** dh Vf mit einer Vielzahl von Beteiligten, erleichtern. Zu diesem Zweck kann das Gericht gem § 67 a den Beteiligten in solchen Vf unter bestimmten Voraussetzungen vor Gericht die Bestellung eines gemeinsamen Bevollmächtigten aufgeben u uU ihnen selbst einen Anwalt als Bevollmächtigten bestellen. Die **Verfassungsmäßigkeit der Regelung** erscheint **zweifelhaft** (vgl Kopp DVBl 1980, 326), dürfte jedoch zu bejahen sein.

Die **praktische Bedeutung** der Regelung erscheint insb nach dem 6. VwGOÄndG mehr als **zweifelhaft,** nicht nur, weil sich ihr die Beteiligten unschwer dadurch entziehen können, daß sie individuell Prozeßbevollmächtigte bestellen (s unten 2), sondern auch, weil in MassenVf meist eine erstinstanzliche Zuständigkeit des OVG gegeben ist,, vor dem nunmehr Anwaltszwang besteht.

2 **2. Beteiligung von mehr als 20 Personen „im gleichen Interesse" (Abs 1 S 1):** Voraussetzung der Anwendung von § 67 a ist, daß an einem Rechtsstreit **mehr als 20 Personen,** die **nicht durch einen Bevollmächtigten** vertreten sind (s zu diesem Erfordernis im folgenden), im gleichen Interesse beteiligt, dh Beteiligte iSv § 61, sind (ebenso RÖ-M. Redeker 3). Wie bei § 56 a kann das Gericht auch diese Voraussetzung – u damit ein „Massenverfahren"! – erst schaffen, indem es nach § 93 mehrere anhängige Vf verbindet. Anders als bei § 56 a, wo es nur auf die Zahl insgesamt ankommt, müssen die mindestens 20 Personen nach Abs 1 S 1 im **gleichen Interesse,** dh als Kl, Bekl oder Beigeladene, beteiligt sein. Beigeladene sind insoweit, je nach dem Interesse, das sie am Ausgang des Prozesses haben, der Zahl der Kl oder der Bekl zuzuzählen (**aA** Sch-Meissner 9). Der **VöI** ist, soweit er als neutraler Dritter sich als solcher u nicht als Vertreter des Staates am Vf beteiligt, weder den Kl noch den Bekl zuzurechnen, auch wenn er sich für die eine oder andere Seite verwendet.

3 Bei der **Berechnung** der Zahl von 20 Personen zählen, wie Abs 1 S 1 klarstellt, nur solche Beteiligten, **die nicht** bereits **durch einen Prozeßbevollmächtigten** (§ 67), der kein Anwalt sein muß, vertreten sind, wohl aber solche, die im Prozeß durch einen gesetzlichen Vertreter (vgl 12 ff zu § 62) vertreten werden (ebenso RÖ-M. Redeker 5).

4 **3. Erforderlichkeit für die ordnungsgemäße Durchführung des Verfahrens (Abs 1 S 1):** Weitere Voraussetzung ist, daß sonst die **ordnungsgemäße Durchführung des Rechtsstreits beeinträchtigt** wäre. Obwohl Abs 1 S 1 insoweit nicht ausdr auf die Auffassung des Gerichts abstellt, ist davon auszugehen, daß dem Gericht insoweit ein gewisser **Beurteilungsspielraum** (gegen

diesen Begriff Sch-Meissner 11; **aA** auch NKVwGO-Czybulka 22 Fn 13) zukommt, der in einem RechtsmittelVf bzgl der Hauptsache – die Beschlüsse nach Abs 1 S 1 u 2 selbst sind nach S 4 nicht anfechtbar – nur beschränkt, insb nur auf Ermessensfehler bzw vergleichbare schwere Beurteilungsfehler, überprüfbar ist (ebenso RÖ-M. Redeker 12; vgl allg auch 63 vor § 124). Nach dem Zweck der Regelung kann es sich nur um **Erfordernisse** handeln, **die mit der großen Zahl** der Beteiligten **zusammenhängen.** Fehlender Fähigkeit usw einzelner Beteiligter zum sachgemäßen Vortrag muß das Gericht mit Anordnungen nach § 67 Abs 2 S 2 begegnen. Befürchtet das Gericht **Schwierigkeiten mit** der großen Zahl von **Zustellungen** u insb damit, daß die Zustellungen uU nicht immer die Adressaten erreichen könnten, so schließt die Möglichkeit einer Anordnung nach § 56 a die Zulässigkeit eines Vorgehens nach § 67 a jedenfalls dann nicht aus, wenn das Gericht zugleich auch andere Schwierigkeiten des Vf mit mehr als 20 Beteiligten vor allem für die geordnete Durchführung der mV und/oder von Beweisterminen befürchtet u damit eine Anordnung nach Abs 1 S 1 oder 2 rechtfertigt (**aA** RÖ-M. Redeker 6).

4. Anordnung der Bestellung eines gemeinsamen Prozeßbevollmächtigten (Abs 1 S 1): Sind die zu 1 bis 4 genannten Voraussetzungen gegeben, so kann das Gericht nach Abs 1 S 1 den Beteiligten durch **Beschluß** (s dazu unten 6) aufgeben, innerhalb einer vom Gericht zu bestimmenden **Frist,** die angemessen sein muß (S 1), einen gemeinsamen Bevollmächtigten (der kein RA sein muß) zu bestellen; es kann uU **auch,** vor allem, wenn innerhalb des gleichen Grundinteresses einzelne Gruppen zugleich gemeinsame Interessen haben, oder weil selbst ein erfahrener Anwalt die Vertretung von mehr als 20 Beteiligten uU kaum bewältigen kann, die Bestellung **mehrerer Bevollmächtigter** aufgeben (Begr BT-Dr 11/7030, 24; **aA** Sch-Meissner 13) oder nach Wahl der Betroffenen anstelle eines einzigen Bevollmächtigten zulassen. Allerdings können die Beteiligten ohnehin, indem sie selbst Bevollmächtigte bestellen, der Anordnung des Gerichts zuvorkommen oder ihr nachträglich die Grundlage entziehen u sie damit gegenstandslos machen (s unten 8). 5

Mit der Bestellung eines gemeinsamen **Bevollmächtigten** gemäß dem Beschluß des Gerichts **verlieren** die Beteiligten nach Abs 1 S 4 die **Postulationsfähigkeit** für das Verfahren, dh das Recht u die Möglichkeit (dh eigene Verfahrenshandlungen sind für das Gericht unbeachtlich), Verfahrenshandlungen selbst noch wirksam vorzunehmen (vgl insoweit 49 zu § 67). **Anders,** wenn die Beteiligten selbst von sich aus, wie oben zu 5 erwähnt, Bevollmächtigte bestellen, was das Gericht nicht verhindern kann, so daß Abs 1 S 4 insofern leerläuft! 6

5. Bestellung eines gemeinsamen Vertreters durch das Gericht (Abs 1 S 2): Kommen die Beteiligten der Aufforderung des Gerichts, nach Abs 1 S 1 einen gemeinsamen Vertreter zu bestellen, nicht nach u bestellen sie auch von sich aus keinen Vertreter oder Bevollmächtigten (s oben 5), so kann das Gericht – muß jedoch nicht! – ihnen nach Abs 1 S 2 **vAw** durch Beschluß einen RA (oder analog zu dem oben zu 5 Gesagten) auch mehrere RA als Vertreter bestellen. Die Regelung entspricht grds § 18 Abs 1 S 2 VwVfG; unterscheidet sich aber insofern wesentlich davon, als der Vertreter nach § 18 Abs 1 S 2 VWVfG durch § 19 Abs 1 S 3 VwVfG – daher auch die von § 67 a abweichende Bezeichnung als Vertreter – von Weisungen der Beteiligten freigestellt ist – eine Regelung, die der Gesetzgeber wohl wg verfassungsrechtlicher Bedenken nicht auch in die VwGO übernahm. **Bei sich widersprechenden Weisungen** der Beteiligten bleibt nach § 67 a Abs 1 S 2 dem zum Vertreter bestellten Anwalt wohl nur der Ausweg, nach Abs 2 S 1 das Mandat niederzulegen, was freilich nach Abs 2 S 2 nur möglich ist, wenn die Beteiligten einen anderen Bevollmächtigten bestellen, eine uU ausweglose u dem betroffenen Anwalt kaum zumutbare u wohl auch mit Art 12 Abs 1 GG nicht vereinbare Situation, zumal (vgl zutr RÖ-M. Rede- 7 ker 10) das Gericht nach Abs 1 S 1 keinen RA zur Übernahme einer Vertretung nach dieser Vorschrift zwingen kann.

8 Mit der Bestellung eines **Vertreters** nach Abs 1 S 2 **verlieren** die Beteiligten wie bei der Bestellung eines Bevollmächtigten nach Abs 1 S 1 (s oben 4) nach Abs 1 S 3 **die Postulationsfähigkeit** für das Verfahren, können also weitere Verfahrenshandlungen nicht mehr wirksam vornehmen. Vgl im übrigen oben 4.

9 **6. Verfahren (Abs 1 S 1 und S 4):** Ob das Gericht von der Befugnis zu **Anordnungen** nach Abs 1 S 1 (Anordnung der Bestellung eines Bevollmächtigten) oder nach Abs 1 S 2 (Bestellung eines Vertreters vAw) Gebrauch macht, steht in seinem Ermessen. Das Gericht entscheidet durch **Beschluß.** Eine **Entscheidung nach § 87 oder § 87 a Abs 1 u 3** ist nicht möglich, nach § 87 a Abs 2 im Einvernehmen mit den Beteiligten denkbar, aber praktisch kaum realisierbar. Vor der Entscheidung muß das Gericht den Beteiligten nach Art 103 Abs 1 GG zu der beabsichtigten Maßnahme **rechtliches Gehör** gewähren.

10 Beschlüsse nach Abs 1 S 1 u 2 sind gem Abs 1 S 4 **unanfechtbar.** Auch im Rahmen von RMittel in der Hauptsache können Mängel des Beschlusses nach §§ 512, 557 Abs 2 ZPO iVm § 173 S 1 nur beschränkt auf Ermessensfehler bzw Unvertretbarkeit der Beurteilung der rechtlichen Voraussetzungen (s oben 4) oder Verletzung des rechtlichen Gehörs geltend gemacht werden (RÖ-M. Redeker 12; vgl auch oben 4 sowie allg auch 62 vor § 124).

11 **7. Beendigung der Vollmacht bzw der Vertretungsbefugnis (Abs 2):** Abs 2 gibt sowohl dem vom Gericht bestellten Vertreter als auch jedem durch ihn vertretenen Beteiligten das **Recht,** die Vertretung jederzeit durch Erklärung ggü dem Gericht **zu beenden.** Der Vertreter kann nach Abs 2 S 1 HS 2 die Vertretung jedoch nicht hins einzelner Beteiligter, sondern nur hins aller niederlegen (Begr BT-Dr 11/7030, 29). Nach S 2 muß er dann allerdings **einen neuen Bevollmächtigten** benennen (**aA** wohl NKVwGO-Czybulka 43).

Dies **schließt** jedoch **nicht aus,** daß ein Vertreter, der die **Vertretung** hins aller Beteiligter niedergelegt hat, in der Folge dann von einzelnen oder mehreren Beteiligten weiterhin wieder **als ihr Bevollmächtigter** im Vf auftritt.

12 Abs 2 S 1 gibt aus rechtsstaatlichen Gründen (vgl BT-Dr 11/7030, 24; allg auch 2 u 4 zu § 67) auch **jedem Vertretenen das Recht,** die **Vertretung** durch einen Vertreter, den das Gericht nach Abs 1 eingesetzt hat, jederzeit **zu beenden;** er muß dann allerdings ggf selbst einen Bevollmächtigten mit seiner Vertretung beauftragen u dem Gericht dies anzeigen (Abs 2 S 2; NKVwGO-Czybulka 42). **Dieselbe Befugnis** besteht für die durch einen gemeinsamen **Bevollmächtigten** vertretenen **Beteiligten** schon nach allg Recht (vgl auch 2 u 4 zu § 67). Im einzelnen entspricht Abs 2 weitgehend § 18 Abs 2 S 1 VwVfG; Rspr u Schrifttum zu § 18 VwVfG können daher auch zur Auslegung von Abs 2 herangezogen werden.

8. Abschnitt. Besondere Vorschriften für Anfechtungs- und Verpflichtungsklagen

Vorbemerkung vor § 68

Schrifttum: *Allesch,* Die Anwendbarkeit der Verwaltungsverfahrensgesetze auf das Widerspruchsverfahren nach der VwGO, 1984; *ders,* Ist der Widerspruch nach Zustellung des Widerspruchsbescheids noch zurücknehmbar?, NVwZ 2000, 1227; *Beckmann,* Der Abhilfebescheid und die neue VwGO, VR 1998, 226; *ders,* Gibt es doch einen mündlichen Widerspruch?, *VR 2003,* 1; *Berg,* Die Rechtsprechung zum Verwaltungsverfahrensrecht seit 1998, JZ 2005, 1039; *Bienert,* Zulässigkeit der Rücknahme des Widerspruchs nach Erlass des Widerspruchsbescheids, SächsVBl 2003, 29; *Brühl,* Sachbericht, Gutachten und Bescheid im Widerspruchsverfahren, JuS 1994, 56, 153, 330, 420; *Determann,* Auswirkungen des 6. VwGOÄndG auf die Fallbearbeitung, Jura 1997, 350; *Engst,* Das Widerspruchsverfahren als ein ein- oder zweistufiges Verwaltungsverfahren, Jura 2006, 166; *Erichsen,* Das Vorverfahren nach §§ 68 ff VwGO, Jura 1992, 645; *Geis/Hinterseh,* Grundfälle zum Widerspruchsverfahren, JuS 2001, 1074 u 1176; *Günther,* Vorverfahren als Prozeßvoraussetzung beamtenrechtlicher Fortsetzungsfeststellungsklagen, DÖD 1991, 78; *Hahn,* Das Widerspruchsverfahren, JA 1996, 152; *Hain,* Zur Frage des Zusammenhangs von Prüfungsumfang, Antragsbefugnis, Begründetheit und Kostenentscheidung im Widerspruchsverfahren, DVBl 1999, 1544; *Hess,* Reformatio in peius. Die Verschlechterung im Widerspruchsverfahren, 1990; *Hofmann,* Das Widerspruchsverfahren als Sachentscheidungsvoraussetzung und als Verwaltungsverfahren, Menger-FS 1985, 605; *Hofmann-Hoeppel,* Statistik als Wille und Vorstellung – Zu den rechtstatsächlichen Grundlagen der Verlängerung des Modellversuchs zur Abschaffung des Widerspruchsverfahrens im Regierungsbezirk Mittelfranken, BayVBl 2007, 73; *Huxholl,* Die Erledigung eines Verwaltungsakts im Widerspruchsverfahren, 1995; *Jäde,* Verwaltungsverfahren, Widerspruchsverfahren, Verwaltungsprozeß, 4. Aufl 2001; *Jaroschek,* Die reformatio in peius im Widerspruchsverfahren, JA 1997, 668; *Juhnke,* Prozessuale Probleme der reformatio in peius im Widerspruchsverfahren, BayVBl 1991, 136; *Kalterhoff,* Das Vorverfahren, LKV 1991, 236; *Kingreen,* Zur Zulässigkeit der reformatio in peius im Prüfungsrecht, DÖV 2003, 1 ff; *Klindt,* Die reformatio in peius im Widerspruchsverfahren, NWVBl 1996, 452; *Klüsener,* Die Bedeutung der Zweckmäßigkeit neben der Rechtmäßigkeit in § 68 I 1 VwGO, NVwZ 2002, 816; *Kobes,* Verfahrensrechtliche Kostenerstattungsansprüche des Bürgers bei Erledigung des verwaltungsgerichtlichen Vorverfahrens, 1994; *Kopp,* Verfassungsrecht und Verwaltungsverfahrensrecht, 1970; *ders,* Die Rechtsschutzfunktion des Widerspruchsverfahrens nach §§ 68 ff VwGO, Redeker-FS 1993, 543; *Lindner,* Abschaffung des Widerspruchsverfahrens durch die Länder. – Zur Verfassungsmäßigkeit des Art. 15 Nr. 21 BayAGVwGO –, BayVBl 2005, 65; *Mager,* Der maßgebliche Zeitpunkt für die Beurteilung der Rechtswidrigkeit von Verwaltungsakten, 1994; *Meier,* Die Entbehrlichkeit des Widerspruchsverfahrens, 1992; zugl Diss. Göttingen; *Muckel,* Zum Gegenvorstellungsrecht des erfolglosen Rechtskandidaten, NVwZ 1992, 348; *Müller-Grune/Grune,* Abschaffung des Widerspruchsverfahrens – ein Bericht zum Modellversuch in Mittelfranken –, BayVBl 2007, 65; *Mußgnug,* Reformatio in peius im Widerspruchsverfahren, VBlBW 1993, 446; *v Mutius,* Das Widerspruchsverfahren der VwGO als Verwaltungsverfahren und Prozeßvoraussetzung, 1969; *Nieuwland,* Abschaffung des Widerspruchsverfahrens in Niedersachen – Bilanz nach knapp zwei Jahren, NdsVBl 2007, 38; *Oberrath/Hahn,* Die Abhilfeentscheidung im Widerspruchsverfahren, JA 1995, 886; *Oerder,* Das Widerspruchsverfahren der VwGO, 1989; *D. Oppermann,* Verfahrensbeschleunigung auf Kosten der Verwaltungsgerichtsbarkeit, DV 1997, 517; *Pietzner,* Zur reformatio in peius im Widerspruchsverfahren, VerwA 1989, 501; 1990, 261; *Postier,* Die reformatio in peius im Widerspruchsverfahren, LKV 1991, 392; *Renz,* Die Kompetenzen der Widerspruchsbehörde und die reformatio in peius, DÖV 1991, 138; *Rozek,* Grundfälle zur verwaltungsgerichtlichen Fortsetzungsfeststellungsklage (Teil IV), JuS 1995, 697; *Rüssel,* Zukunft des Widerspruchsverfahrens, NVwZ 2006, 523; *Scheerbarth,* Die verwaltungsbehördliche Reformatio in peius und ihre prozessuale Problematik, 1996; *Schenke,* Klage gegen erledigte Verwaltungsakte ohne Widerspruchsverfahren, BayVBl 1969, 304; *ders,* Der Anspruch des Widerspruchsführers auf Erlaß eines Widerspruchsbescheids und seine gerichtliche Durchsetzung, DÖV 1996, 529; *ders,* Rechtsprechungsübersicht zum Verwaltungsprozeß, Teil 2 unter III, 7, JZ 1996, 1061; *v Schledorn,* Zulässigkeit einer Klage auf Widerspruchsentscheidung, NVwZ 1995, 250; *Schoch,* Das Widerspruchsverfahren nach §§ 68 ff VwGO, Jura 2003, 752; *M. Schröder,* Reformatio in peius durch Rechtsausschüsse, NVwZ 2005, 1029; *Stegelmann-Nolten,* Das Widerspruchsverfahren vor der Fortsetzungsfeststellungsklage analog § 113 I S 4 VwGO, der allgemeinen Leistungsklage, der Feststellungsklage und dem verwaltungsgerichtlichen Normenkontrollverfahren, 1994; *Trzaskalik,* Das Widerspruchsverfahren der VwGO im Lichte der allgemeinen Prozeßrechtslehre, 1972; *Uhle,* Die Bindungswirkung des Widerspruchsbescheides, NVwZ 2003, 811; *Vahle,* Rechtsprechungsreport zum Widerspruchsverfahren (1978–1998), DVP 1998, 487; *ders,* Zwanzig Fragen und Fälle zum Widerspruchsverfahren, DVP 1999, 319; *Vetter,* Mediation und Vorverfahren, 2004; *Weides,* Verwaltungsverfahren und Widerspruchsverfahren, 3. Aufl 1993; *Wittreck,* Das Sachbescheidungsinteresse im Verwaltungsverfahren, BayVBl 2004, 193.

Übersicht

1 **1. Allgemeines: a) Sinn und Zweck des Vorverfahrens; verfassungsrechtlicher Hintergrund.** § 68 schreibt als **Voraussetzung der Zulässigkeit** (s unten 6) der Anfechtungsklage (Abs 1) u der Verpflichtungsklage (Abs 2) grds die vorherige Durchführung eines **VorVf** nach §§ 68 ff vor, in dem der angefochtene VA bzw die Ablehnung des Erlasses eines beantragten VA von der Verwaltung selbst nochmals unter den Gesichtspunkten der Rechtmäßigkeit u Zweckmäßigkeit nachgeprüft wird (§ 68 Abs 1 S 1, Abs 2). Zu Sondervorschriften über das Vorverfahren, ua im Beamtenrecht, s unten 3; zu Ausnahmen vom Erfordernis eines VorVf 15 ff u 22 ff zu § 68. Das VorVf dient der **Wahrung** der Grundsätze der **Gesetzmäßigkeit u Zweckmäßigkeit** der Verwaltung, dem **Rechtsschutz des Bürgers** durch Eröffnung einer nochmaligen Überprüfung von Entscheidungen der Behörden im Bereich der Verwaltung selbst u der **Entlastung der Gerichte.**[1]

Die Regelung begegnet, insb auch, weil sie dem Rechtsschutz dient, im Hinblick auf **Art 19 Abs 4 GG** keinen verfassungsrechtlichen Bedenken (BVerfG 40, 256); das Recht des Bürgers auf effektiven Rechtsschutz, abzuleiten aus Art 19 Abs 4 GG, dem Rechtsstaatsprinzip sowie den in der Sache ggf betroffenen Grundrechten, erfordert jedoch, daß das WiderspruchsVf zügig durchgeführt wird u der Bürger bei unangemessenen Verzögerungen oder sonstigen Hindernissen auch unmittelbar die Gerichte anrufen kann (BVerfG 40, 256). S auch 1 zu § 75. Andererseits ist das VorVf grds aber auch nicht durch Art 19 Abs 4 GG oder die in der Sache betroffenen Grundrechte verfassungsrechtlich zwingend geboten (BVerfG 60, 291 = NJW 1982, 2427; 69, 48). Allerdings kann sich aus den **materiellen Grundrechten** in den Fällen, in denen ein effektiver gerichtlicher Rechtsschutz nicht sichergestellt werden kann, die Pflicht zu einem Rechtsschutz durch ein VerwaltungsVf ergeben. Dies ist etwa in den Fällen einer eingeschränkten gerichtlichen Kontrolle im **Prüfungsrecht** aus Art 12 GG abzuleiten.[2] Dieser Grundrechtsschutz durch Vf gebietet allerdings nicht die Eröffnung einer zweiten Verwaltungsinstanz mit einer vollständigen Neubewertung umstrittener Prüfungsleistungen (BVerfG 84, 34). Soweit in den einschlägigen landesrechtlichen Regelungen kein verwaltungsinternes KontrollVf vorgesehen u zugleich ein WiderspruchsVf ausgeschlossen ist, wird die entspr Regelung den verfassungsrechtlichen Vorgaben nicht gerecht. Nach Auffassung des BVerwG (NVwZ 1993, 685) ist in diesem Fall für die Übergangszeit bis zur Einführung durch den Gesetzgeber ein eigenständiges verwaltungsinternes KontrollVf nach den Maßgaben der Rspr durchzuführen. Ist bereits ein gerichtlicher Rechtsstreit anhängig, ist das Vf analog § 94 bis zur Durchführung des KontrollVf auszusetzen (NVwZ 1993, 685; Sch-Dolde 13). Denkbar erscheint es aber auch, die Regelung, die die Durchführung eines WiderspruchsVf ausschließt, bei gleichzeitigem Fehlen eines verwaltungsinternen KontrollVf für verfassungswidrig u nichtig zu halten, so daß im Ergebnis dann die §§ 68 ff anwendbar wären.

---

[1] Vgl zum Zweck des VorVf 55, 302; 61, 48 = NJW 1981, 1683; DVBl 1984, 91; NVwZ 1993, 677 ff; P § 24, 3; Schenke 645 f; Ule 23 I; Kopp VerfR 93, 162, 227, 245; ders, Redeker-FS 1993, 543; Meister DÖV 1985, 141; Langohr DÖV 1987, 140; Jäde BayVBl 1989, 203; NKVwGO-Geis 1 ff; Oppermann DV 1997, 521.

[2] BVerfG 84, 46 ff = NJW 1991, 2005; BVerwG NVwZ 1993, 677, 681, 686, 689; Ko NVwZ 1994, 805; Ms DVBl 1994, 648.

b) Anwendungsbereich der §§ 68 ff. Nach dem Wortlaut des § 68 Abs 1 S 1, Abs 2 ist das VorVf nach §§ 68 ff vor Erhebung der **Anfechtungsklage** (Abs 1 S 1) u der **Verpflichtungsklage in Form der Versagungsgegenklage** (Abs 2) durchzuführen. ZT str ist, ob das Erfordernis des VorVf auch für die **FFK** gem oder analog § 113 Abs 1 S 4 gilt. In den Fällen der **Erledigung** des VA nach **Klageerhebung** (also Erhebung einer Anfechtungsklage mit nachfolgender Umstellung auf die FFK) besteht über das Erfordernis des VorVf noch weitgehend Einigkeit. Str ist hingegen das Erfordernis bzw die Statthaftigkeit eines WiderspruchsVf bei **Erledigung** des VA **vor Klageerhebung.** Auch hier ist die Durchführung eines VorVf jedoch nicht entbehrlich.[3] Nach **aA** soll ein Widerspruch bei Erledigung der Hauptsache nicht mehr erforderlich u auch nicht mehr zulässig sein, da die Aufhebung des VA nicht mehr sinnvoll, eine Feststellung der Rechtswidrigkeit analog § 113 Abs 1 S 4 keine originäre Aufgabe der Behörde u zudem auch nicht von gleichem rechtlichem Gewicht wie ein Fortsetzungsfeststellungsurteil sei; der Betroffene könne bei Erledigung ohne weiteres VorVf sofort FFK gem § 113 Abs 1 S 4 innerhalb der Frist gem § 74 nach Bekanntgabe des VA erheben. S dazu allg 2 zu § 74, 126 f zu § 113; folgt man der aA, so beginnt die Frist gem § 74 jedenfalls nur zu laufen, wenn darüber auch für den Fall der Erledigung des VA vor Widerspruchseinlegung belehrt wurde (s 4 zu § 74). 2

Die Einlegung eines **Widerspruchs** ist jedenfalls dann **unverzichtbar, wenn die Erledigung nach Ablauf der Widerspruchsfrist** eingetreten ist; andernfalls wäre der VA mit Ablauf der Widerspruchsfrist unanfechtbar geworden, so daß dann auch eine FFK gem § 113 Abs 1 S 4 bzw analog dazu (s 107 zu § 113) nicht mehr zulässig erhoben werden kann. Ist die **Erledigung vor Ablauf der Widerspruchsfrist** eingetreten, so wäre es nur dann vertretbar, in diesem Fall mit der Gegenmeinung die FFK ohne VorVf unmittelbar gegen den AusgangsVA zuzulassen, wenn ein Widerspruchsbescheid analog § 113 Abs 1 S 4 den Zweck des Widerspruchsverfahrens, dem Bürger Rechtsschutz zu gewähren, die Gerichte zu entlasten u die Verwaltung vor unnötigen Prozessen zu bewahren (s oben 1), nicht mehr erfüllen u insb auch den Rechtsschutz des Bürgers nicht im wesentlichen in gleicher Weise wie ein gerichtliches Urteil gem oder analog § 113 Abs 1 S 4 sicherstellen könnte. Gerade dies aber kann **auch durch einen Widerspruchsbescheid in ähnlicher Weise erreicht werden** wie mit einem gerichtlichen Urteil, da der Widerspruchsbescheid als VA im modernen Rechtssystem im wesentlichen dieselbe Funktion erfüllt wie ein gerichtliches Urteil (vgl BVerfG 60, 267). Damit aber besteht für eine Durchbrechung des Systems des VorVf gem § 68, wonach grds vor Erhebung der Anfechtungs- oder Verpflichtungsklage die Rechtmäßigkeit u Zweckmäßigkeit des VA bzw der Ablehnung eines begehrten VA in einem WiderspruchsVf zu prüfen sind, nicht nur keine Notwendigkeit; sie ist auch sachlich nicht zu rechtfertigen, auch nicht als Alternative zur Einlegung eines Fortsetzungsfeststellungswiderspruchs, bzw, wenn die Hauptsacheerledigung erst, nachdem der Widerspruch bereits eingelegt war, eingetreten ist, zur Umstellung des Antrags auf eine entspr Feststellung.

Analog § 113 Abs 1 S 4 ist der **Fortsetzungsfeststellungswiderspruch,** sofern der Widerspruchsführer ein Feststellungsinteresse (vgl dazu 57 ff bzw 108 zu

---

[3] Sch-Dolde 23; Dreier NVwZ 1993, 476; Frohn BayVBl 1992, 473; Hellerbrand JA 1995, 154; Kopp JZ 1992, 1080; DVBl 1992, 1495; BayVBl 1992, 759; ders, Redeker-FS 1993, 549; P § 31, 30; Schenke 666; BayVBl 1969, 305; ders, Menger-FS 1985, 466; JZ 1996, 1061; R. P. Schenke, NVwZ 2000, 1257; Schoch 250; Jura 2003, 754; Stegelmann-Nolten 36 ff; **aA** BVerwG 26, 165; 35, 336 = NJW 1970, 2075; 56, 26 = NJW 1978, 1935; 81, 229; Br NVwZ 1988, 1188; Ko NJW 1982, 1302; Mü BayVBl 1993, 430; Ey-Rennert 4 zu § 68; NKVwGO-Geis 108 ff; Allesch 154, 237; Funk BayVBl 1993, 585; Hufen § 18, 83 f; Ramsauer 17.08; Rozek JuS 1995, 698; SGH 362.

§ 113) geltend machen kann, darauf zu richten, daß die Widerspruchsbehörde mit Widerspruchsbescheid feststellt, daß der angefochtene VA rechtswidrig war. Denkbar ist in Anlehnung an § 68 Abs 1 auch ein Antrag auf Feststellung, daß der VA bzw seine Ablehnung oder Unterlassung unzweckmäßig war; er dürfte aber häufig am Fehlen eines RS I scheitern. Ob darüber hinaus in Fällen der Untätigkeit der Ausgangsbehörde auch ein Antrag auf **Feststellung der Rechtswidrigkeit** oder Unzweckmäßigkeit der **Unterlassung eines** VA analog zu der von der hM zur FFK anerkannten entspr Klage möglich u ggf geboten ist, erscheint im Hinblick auf die Regelung der Untätigkeitsklage in § 75 zweifelhaft, weil bei Untätigkeit der Ausgangsbehörde auch im Regelfall, wenn keine Hauptsacheerledigung eintritt, auch sonst nach § 68 ein WiderspruchsVf nicht vorgesehen ist. Andererseits sprechen gute Gründe auch insoweit für eine analoge Anwendung der für die VerpflichtungsFFK geltenden Grundsätze (s 107 ff zu § 113) auf den Widerspruch; dies zumal dann, wenn man im Über-/Unterordnungsverhältnis auch sonst die Befugnis der Behörden zum Erlaß feststellender VAe anerkennt (s 14 zu § 42).

Folgt man der hier abgelehnten Auffassung, daß bei Erledigung des VA vor Abschluß des WiderspruchsVf eine FFK unmittelbar, dh ohne ein weiteres Vorverfahren, erhoben werden kann, so ist diese jedenfalls – vorausgesetzt, daß eine entspr Rechtsbehelfsbelehrung gem § 58 erfolgt war – innerhalb der Monatsfrist analog § 74 ab Bekanntgabe des VA zu erheben. S dazu oben im Text; ferner 4 zu § 74.

2a **Erweiterte Anwendung des Widerspruchsverfahrens?** Umstritten ist, ob die §§ 68 ff auch für solche VAe gelten, die eine **Materie** betreffen, **die dem ordentlichen Rechtsweg zugewiesen ist.** Diese Rechtswegzuweisung erfaßt in allen Fällen jedoch nicht die Frage, ob die Behörde einen VA erlassen durfte oder nicht. Insoweit ist der VRW gegeben u sind die §§ 68 ff anwendbar. Problematisch sind damit nur noch die Fälle, in denen der Gesetzgeber den ZRW eröffnet, gleichzeitig aber eine behördliche Festsetzung des Anspr durch VA vorsieht (zB sämtliche Entschädigungsregelungen für enteignungsgleiche Eingriffe wie etwa zT § 48 Abs 3 S 4 VwVfG – soweit ein enteignungsgleicher Eingriff vorliegt, vgl zum Rechtsweg insoweit § 48 Abs 6 VwVfG aF). In diesen Ausnahmefällen scheidet eine Aufhebung im VRW aus, da der entspr VA als Handlungsinstrument zulässig ist u folglich nur aus anderen Gründen rechtswidrig sein kann. Damit kommt nur eine Aufhebung durch die Zivilgerichte in Betracht. Ob diese „Aufhebung" in der fehlenden Bindungswirkung des (auch bestandskräftigen) VA besteht oder ausdr erfolgen muß, ist aber für die Frage des VRW bzw der Anwendbarkeit der §§ 68 ff unbeachtlich. Für den Sonderfall des § 217 BauGB ist die Aufhebung u Änderung von VAen im Tenor der Entscheidung durch die Kammer für Baulandsachen (§ 220 BauGB) ausdr vorgesehen (§ 226 Abs 2 BauGB). Soweit der VRW ausgeschlossen ist, scheidet auch eine Anwendbarkeit der §§ 68 ff aus. § 79 VwVfG kann nichts anderes entnommen werden. Die jeweilige Rechtswegzuweisung zu den ordentlichen Gerichten stellt eine abweichende gesetzliche Regelung iSd § 79 VwVfG dar.[4]

2b **Nicht,** auch nicht analog, **anwendbar,** sind die §§ 68 ff oder einzelne Bestimmungen daraus, soweit durch Gesetz nichts anderes bestimmt ist (s zB Beamtenrecht unten 3), allg auch **auf allg Leistungs- u Feststellungsklagen**[5] sowie

---

[4] IE ebenso NKVwGO-Geis 102; Weides 240 Fn 2; P § 30, 6 Fn 6; **aA** KR 11 zu § 79 VwVfG; StBS-P. Stelkens/Kallerhoff 29 zu § 79 VwVfG; BGH DVBl 1974, 909 – obiter dictum zum EVwVfG.

[5] S im Ergebnis 32b vor § 40; zu Leistungsklagen zB 40, 323; Ma NVwZ-RR 1991, 334; SGH 389; zu Nichtigkeitsfeststellungsklagen auch BSG DVBl 1990, 219; für eine Einführung des VorVf de lege ferenda für bestimmte Leistungsklagen u die Nichtigkeitsfeststellungsklage Stegelmann-Nolten 112, 117, 129 f.

– obwohl sie hier durchaus sinnvoll wären! – auch auf **Organklagen,** die sich nicht auf VAe beziehen (s 7 vor § 40), u auf **NK-Vf** nach § 47 gegen öffentliche Rechtsträger. Auch unter dem Gesichtspunkt des RS I ist vorherige Antragstellung bei diesen Klagen nicht Voraussetzung der Zulässigkeit der Klage (Schenke 363; **aA** zur allg Leistungsklage SGH 388). Allerdings kann es in diesen Fällen wg des Kostenrisikos, wenn der Bekl den Anspr sofort anerkennt, zweckmäßig sein (vgl § 156), vor Klageerhebung den Gegner entspr aufzufordern. Zum Erfordernis der **Antragstellung** auf Erlaß eines VA **bei Verpflichtungsklagen** vor Erhebung der Klage bzw jedenfalls vor der Entscheidung des Gerichts über eine Verpflichtungsklage s unten 5 a.

c) Sonderregelungen im Beamtenrecht, Wehrdienstrecht usw. Für einige Bereiche sind durch Gesetz außerhalb der VwGO bzw aufgrund solcher Gesetze durch VO Sonderregelungen hins des VorVf (zB § 126 BRRG), uU auch nur eines weiteren VerwaltungsVf (s 4 zu § 77), vorgesehen. Hins Anwendungsbereich, Gegenstand, Inhalt u Funktion solcher Regelungen u für die Frage, ob solche Regelungen an die Stelle des VorVf nach §§ 68 ff treten oder ergänzend dazu anzuwenden sind, sowie ob sie wie das VorVf gem §§ 68 ff Voraussetzung der Zulässigkeit der Klage sind, kommt es auf die jeweilige Regelung an. Im Zweifel sind solche Vf nicht als Zulässigkeitsvoraussetzung für die verwaltungsgerichtliche Klage anzusehen.[6] 3

Für den Bereich des **Beamtenrechts** schreibt § 126 Abs 3 BRRG ein VorVf nach § 68 auch für allg Leistungs- u Feststellungsklagen vor, jedoch nur als solches u ohne Anwendbarkeit der §§ 69 bis 73 im einzelnen.[7]

Im **Wehrdienstrecht** wird das VorVf durch das BeschwerdeVf der WBO ersetzt (§ 23 Abs 1 WBO; vgl zum Anwendungsbereich 46, 220); dies gilt – anders als in Beamtensachen gem § 126 BRRG, der im WehrbeschwerdeVf auch nicht analog anwendbar ist (52, 251) – jedoch nicht auch für allg Leistungsklagen u allg Feststellungsklagen in Wehrdienstsachen, die hier ohne VorVf zulässig sind (52, 251; NJW 1963, 1468).

d) Ergänzende Anwendung des VwVfG. Die Regelungen des VorVf in §§ 68 ff, die den Vorrang vor entspr Regelungen in den Verwaltungsverfahrensgesetzen haben (Geis/Hinterseh JuS 2001, 1074 f), sind lückenhaft.[8] Für WiderspruchsVf vor Behörden, die das VwVfG anzuwenden haben (s zum Anwendungsbereich §§ 1 f VwVfG), verweist § 79 VwVfG allg auf die ergänzende Anwendung des VwVfG. Die Verwaltungsverfahrensgesetze der Länder sehen vergleichbare Vorschriften vor. Soweit ausdr Regelungen fehlen u sich auch aus der besonderen Funktion des Vf als VorVf nichts anderes ergibt (s auch unten 17 ff), gelten auch für das VorVf nach §§ 68 ff aufgrund von § 79 VwVfG bzw entspr Vorschriften in den Verwaltungsverfahrensgesetzen der Länder bzw analog dazu, die allg Vorschriften u Grundsätze des Verwaltungsverfahrensrechts. S auch unten 15 ff. Ergänzend dazu sind wg der Sachnähe u der Funktion des WiderspruchsVf als VorVf in gewissem Umfang **auch Vorschriften der VwGO** u allg Grundsätze des Prozeßrechts **analog** anzuwenden, so zB die Vorschriften über die Hauptsacheerledigung (§ 161 Abs 2 u 3) u über die Feststellung, daß der angefallene VA oder die Unterlassung des beantragten VA rechtswidrig war (§ 113 Abs 1 S 4). S dazu unten 14 ff, insb auch 16; ferner 2 a u 34 zu § 68; 8 zu § 69; 2 u 9 zu § 73. 4

---

[6] Vgl zB DÖV 1993, 433 – vorherige Durchführung des Vf gem § 10 Abs 4 EKrG ist nicht Voraussetzung für die Zulässigkeit der Klage, da dies im Gesetz ausdr bestimmt sein müßte; auch nicht unter dem Gesichtspunkt des Rechtsschutzabkommens. S auch 4 zu § 77.

[7] VRspr 27, 955 u MuLö BayVBl 1984, 634: nur §§ 74 f, nicht auch § 70 anwendbar; s auch Günther DÖD 1991, 78; Schnellenbach ZBR 1992, 257; Wind ZBR 1984, 167.

[8] 51, 314; 61, 362; Goerlich DVBl 1982, 593; Allesch DÖV 1990, 271.

5 **e) Gesetzgebungskompetenz des Bundes.** Die Zuständigkeit des Bundesgesetzgebers zur Regelung des Vorverfahrens, soweit es Voraussetzung der verwaltungsgerichtlichen Klage ist, ergibt sich unmittelbar aus **Art 74 Abs 1 Nr 1 GG** bzw als Annexzuständigkeit dazu[9] **bzw** (vgl zB § 77 Abs 1) **aus dem Sachzusammenhang** mit anderen Materien, für die dem Bund die Gesetzgebungszuständigkeit zukommt. Vgl 8, 10 zu § 1. **Im übrigen** ist das WiderspruchsVf auch **VerwaltungsVf** iSv Art 84 Abs 1 GG (NVwZ 1987, 225; Buchh 310 § 72 VwGO Nr 2; 310 § 73 VwGO Nr 7).

5a **2. Erfordernis vorheriger Antragstellung bei der Ausgangsbehörde:** Nicht ausdr geregelt in der VwGO ist das Erfordernis vorheriger Antragstellung bei der zuständigen Behörde vor Erhebung einer Verpflichtungsklage als weitere Voraussetzung der Zulässigkeit der Verpflichtungsklage sowie der Zulässigkeit auch schon eines Widerspruchs, der eine entspr Regelung treffen soll.

Bei antragsbedürftigen VAen ist für die Zulässigkeit der Klage auch erforderlich, daß der Antrag im Vf vor der Ausgangsbehörde ordnungsgemäß gestellt worden war[10] oder jedenfalls bis zur Entscheidung nachgeholt wird.[11] Das Erfordernis vorheriger Antragstellung bei der zuständigen Behörde ergibt sich hier jedoch (soweit durch Gesetz nichts anderes bestimmt ist) mittelbar schon **aus § 75,** wo vorherige Antragstellung vorausgesetzt wird (vgl DVBl 1981, 190; 1983, 845; Mü NVwZ-RR 1990, 553), außerdem nach allerdings umstrittener u abzulehnender Auffassung (vgl oben 2b; 32b vor § 40; 1 zu § 156; ferner 93 zu § 80; 22 zu § 123) idR auch schon aus dem Gesichtspunkt des für jeden Rechtsbehelf erforderlichen RS I,[12] als Zulässigkeitsvoraussetzung für Klagen aus einem Beamtenverhältnis allg auch aus § 126 Abs 3 BRRG.[13] Zur – zu verneinenden – Frage des Erfordernisses vorheriger Antragstellung an die Behörde bei Nichtigkeitsfeststellungsklagen gem § 43 u sonstigen Klagen s oben 2b.

Ausnahmsweise kann das **Fehlen eines Antrags** an die Ausgangsbehörde dann **als unschädlich** angesehen werden bzw auf entspr Antragstellung verzichtet werden, wenn – in analoger Anwendung der für die Entbehrlichkeit eines WiderspruchsVf geltenden Grundsätze (vgl 24 zu § 68) – der VA, auf den sich der spätere Widerspruch bzw die spätere Verpflichtungsklage bezieht, **in** unmittelbarem **Zusammenhang mit einem vorangegangenen ablehnenden VA** bzgl eines im wesentlichen gleichartigen Sachverhalts steht, u vernünftigerweise von einem Antrag keine andere Entscheidung der Ausgangsbehörde zu erwarten ist, zB von einem Antrag auf Wohngeld für einen weiteren Zeitabschnitt, nachdem die Behörde bereits den Antrag für vorausgehende Abschnitte abgelehnt hat u sich seither auch keine neuen Gesichtspunkte ergeben haben.[14]

Im Zweifel ist bei fehlender Antragstellung an die Ausgangsbehörde **in der Einlegung des Widerspruchs** – Entsprechendes dürfte auch für die Klageer-

---

[9] BVerfG 35, 65; BVerwG 82, 338; NVwZ 1987, 225; Sch-Dolde 5 ff; Ule 22 II; kritisch v Mutius VerwA 1974, 321; zweifelhaft, soweit im WiderspruchsVf auch das Ermessen voll nachprüfbar ist; vgl Hess, Reformatio in peius, 1990; andererseits jedoch BVerfG 27, 197; BVerwG 40, 318; BayVBl 1982, 474, wo insoweit keine Bedenken geltend gemacht werden.

[10] DVBl 1981, 190; 1983, 845; Mü NVwZ-RR 1990, 553; ferner 7 zu § 75.

[11] 57, 210; Lü VRspr 32, 374; ferner die Nachweise zu 7 zu § 75 mit zT unterschiedlicher Begründung; zT **aA** BVerwG 69, 198 mwN zum Antrag auf Wohngeld für weitere Bewilligungszeiträume, wenn bereits für frühere Antrag gestellt war. Zur Nachholung des Antrags bzw eines ordnungsgemäßen Antrags vgl auch 3 ff u 11 zu § 68.

[12] Vgl BSG NZA 1991, 696: kein RSB für Klage auf Berichtigung eines VA, wenn bereits ein VerwaltungsVf auf Erlaß eines entspr VA anhängig ist.

[13] Dazu auch Ma NJW 1991, 2723; Schnellenbach ZBR 1992, 257; s auch unten 7a; ferner 7a zu § 75.

[14] So im Ergebnis 69, 198 = DÖV 1984, 776; ähnlich NVwZ 1993, 580 zum Erfordernis gesonderter, rechtzeitiger Klageerhebung bei Teil-VAen aufgrund eines ersten VA, der auf einer vorläufigen Gesamtbeurteilung der Sache beruht; s auch NVwZ 1995, 76; ferner 53 zu § 42.

hebung gelten – auch eine **Nachholung des Antrags** (vgl § 45 Abs 1 Nr 1 VwVfG) zu sehen.[15]

3. Das Vorverfahren als Sachurteilsvoraussetzung: Die (erfolglose) Durchführung des VorVf ist nach hM gem § 68 für Anfechtungs- u Verpflichtungsklagen eine vAw zu beachtende **Prozeßvoraussetzung** (Sachurteilsvoraussetzung; vgl § 77 Abs 2 „Voraussetzung der verwaltungsgerichtlichen Klage") u muß deshalb bereits im Rahmen der Zulässigkeit der Klage geprüft werden.[16] **Entsprechendes** gilt hins der Ordnungsmäßigkeit des VorVf auch **für die Klage gegen den Widerspruchsbescheid** allein gem § 79 Abs 1 Nr 2 oder Abs 2 (26, 167; **aA** RÖ-Kothe 7 zu § 68: Abweisung als unbegründet; offen 61, 360 = DÖV 1981, 718). Zur **Nachholung des VorVf** s 3 zu § 68, hins der Antragstellung vor der Ausgangsbehörde oben 5 a; unten 7 a. 6

Nach überwiegender Auffassung genügt es insoweit für die Zulässigkeit einer Klage nicht, daß überhaupt ein VorVf stattgefunden hat. **Erforderlich** ist auch, **daß** das VorVf **ordnungsgemäß,** dh unter Einhaltung der in §§ 68 ff für die Einlegung des Widerspruchs vorgeschriebenen Erfordernisse (Form, Frist usw) **durchgeführt wurde.**[17] Zur fristgerechten Einlegung des Widerspruchs als Voraussetzung auch für die Zulässigkeit der Klage s 1 zu § 70. 7

Bei antragsbedürftigen VAen ist für die Zulässigkeit der Klage auch erforderlich, daß der Antrag **im Vf vor der Ausgangsbehörde** ordnungsgemäß gestellt worden war[18] **oder** jedenfalls bis zur Entscheidung **nachgeholt wird.**[19] 7 a

Dagegen berühren **Fehler des Vorverfahrens, die nicht dem Widerspruchsführer zuzurechnen sind,** die Zulässigkeit der Klage nicht (vgl v Mutius VerwA 1972, 463; Ehlers Jura 1991, 211), sondern machen ggf den Widerspruchsbescheid rechtswidrig u führen zu dessen Aufhebung (s 7 ff, 11 ff zu § 79), so **zB** wenn eine **unzuständige Behörde** über den Widerspruch entschieden hat;[20] wenn die Widerspruchsbehörde, bei der der Widerspruch eingelegt wurde, entgegen § 72 der **Abhilfebehörde keine Gelegenheit** zur Abhilfe gegeben hat (v Mutius 205); wenn dem erstmals betroffenen Dritten entgegen § 71 **kein rechtliches Gehör** gewährt worden war (v Mutius 203 f); wenn der Widerspruchsbescheid entgegen § 73 Abs 3 nicht mit einer **Begründung** versehen worden ist, usw. 8

Zur Frage des **Zeitpunkts,** in dem die Voraussetzung der Durchführung des VorVf spätestens erfüllt sein muß, u zur Nachholung des VorVf nach Klageerhebung s 3 ff zu § 68. 9

---

[15] Vgl Lü NJW 1978, 1340; ähnlich für die Klage, jedoch ohne abschließende Stellungnahme Mü BayVBl 1980, 134; zT **aA** Ma NJW 1991, 2723 zu § 126 Abs 3 BRRG: nach Klageerhebung nicht mehr nachholbar; ebenso Schnellenbach ZBR 1992, 257.

[16] 61, 360; 66, 343; BayVBl 1983, 476; Buchh 310 § 60 VwGO Nr 54 u 85; 310 § 70 VwGO Nr 5; BFH NVwZ 1986, 2274; BSG NVwZ 1986, 596; Ms NVwZ-RR 1995, 623; Ey-Rennert 20 zu § 68; SGH 176; Schenke 642; Stern 15 II 1; Sch-Dolde 3; **aA** RÖ-Kothe 6 zu § 68: Frage der Begründetheit der Klage.

[17] HM; vgl 26, 167; NVwZ 1988, 63; Ms NVwZ-RR 1995, 623; Ey-Rennert 21 zu § 68; NKVwGO-Geis 37 ff; SDC 1 e zu § 68; s auch zB 1 zu § 70; **aA** BVerwG DVBl 1965, 89; Siegmund-Schultze DVBl 1967, 237: es komme allein auf die Erfolglosigkeit des Widerspruchs an, gleich aus welchem Grund; ähnlich BVerwG NVwZ 1987, 320; diff RÖ-Kothe 7 zu § 68: Mängel des VorVf sind nur auf Rüge eines Betroffenen zu berücksichtigen; gegen diese Auffassung spricht jedoch § 86 Abs 1, § 108 Abs 1.

[18] DVBl 1981, 190; 1983, 845; Mü NVwZ-RR 1990, 553.

[19] 57, 210; Lü VRspr 32, 374; s auch oben 5 a; ferner die Nachweise zu 7 zu § 75 mit zT unterschiedlicher Begründung; zT **aA** BVerwG 69, 198 mwN zum Antrag auf Wohngeld für weitere Bewilligungszeiträume, wenn bereits für frühere Antrag gestellt war. Zur Nachholung des Antrags bzw eines ordnungsgemäßen Antrags vgl auch oben 5 a; ferner 3 ff u 11 zu § 68.

[20] 52, 40; NVwZ 1987, 320; Schenke 651; vgl auch FEVS 17, 282.

10 **4. Die Regelung des Vorverfahrens als zwingendes Recht; keine Ersetzung durch Klage und Einlassung auf die Klage:** Die Bestimmungen über das VorVf stellen zwingendes Recht dar; dies auch deshalb, weil das VorVf nicht nur dem Rechtsschutz des Bürgers oder den Interessen der Verwaltung, sondern auch der Entlastung der Gerichte dient (s oben 1). Die Beteiligten können daher auf die Durchführung eines VorVf **nicht verzichten,**[21] ebenso grds **auch nicht auf** die vorgeschriebenen **Förmlichkeiten** (zB Schriftlichkeit des Widerspruchs oder Erklärung zur Niederschrift).

11 Wegen der objektiven Funktion des VorVf u seiner förmlichen Ausgestaltung in der VwGO kann ein vorgeschriebener **Widerspruch** auch **nicht durch die Klage**[22] u der **Widerspruchsbescheid nicht durch eine sachliche,** auf Abweisung der Klage als unbegründet[23] gerichtete **Einlassung** der für den Widerspruch zuständigen Behörde **ersetzt werden;**[24] denn die Stellung der Verwaltung als Prozeßbeteiligte ist eine andere als die einer in eigener primärer Zuständigkeit u Verantwortung entscheidenden Behörde (vgl 11, 206); außerdem würde bei VAen, die im Ermessen der Behörde stehen, der Bürger, da das Gericht über Ermessensfragen nicht entscheiden kann (§ 114), auch seinen Anspr auf Nachprüfung des Ermessens durch die Widerspruchsbehörde nach § 68 Abs 1 verlieren. Das VorVf ist auch dann nicht entbehrlich, wenn die Widerspruchsbehörde sich in anderem Zusammenhang, zB in einem parallelen Vf oder aufgrund eines Schreibens, das nicht als Widerspruch zu verstehen war u von ihr auch nicht als solches verstanden wurde, mit der Sache befaßt hat (offen DVBl 1981, 192), oder wenn aus anderen Gründen eine andere Entscheidung als die Bestätigung der angegriffenen Entscheidung nicht zu erwarten ist (s 27 ff zu 68).

12 **5. Zulässigkeit und Begründetheit des Widerspruchs: a) Die Voraussetzungen der Zulässigkeit des Widerspruchs.** Vor der Prüfung der Zulässigkeit eines Widerspruchs bedarf es zunächst der Bestimmung des mit dem Widerspruch verfolgten Ziels (Schenke 649), insb der Klärung, ob es sich um einen auf die Aufhebung eines VA gerichteten Anfechtungswiderspruchs oder um einen auf Erlaß eines abgelehnten VA gerichteten Verpflichtungswiderspruch handelt. Für die Zulässigkeit des Widerspruchs müssen, vergleichbar mit den für Klagen geltenden Prozeßvoraussetzungen bzw Sachentscheidungsvoraussetzungen (vgl 17 vor § 40), grds **folgende Voraussetzungen** erfüllt sein:

1. **Deutsche Verwaltungszuständigkeit,** analog zur deutschen Gerichtsbarkeit gem §§ 18 ff GVG (vgl 17 vor § 40; Weides 240 Fn 1); keine Ausschlußgründe;
2. **Zulässigkeit des Verwaltungswegs analog § 40** (vgl dazu 2a zu § 40) oder aufgrund gesetzlicher Zuweisung; keine Zuweisung zu anderen Rechtsbereichen oder zu besonderen Verfahren;
3. **formelle Ordnungsgemäßheit der Widerspruchseinlegung** (§§ 69, 70 – schriftlich oder zur Niederschrift bei der Ausgangsbehörde oder der Widerspruchsbehörde –);
4. **Erfüllung der persönlichen Voraussetzungen** für das Widerspruchsverfahren: aa) **Beteiligungsfähigkeit** (§§ 11, 79 VwVfG); bb) **Verfahrenshand-**

---

[21] 66, 343 = DVBl 1983, 850: das VG bzw die Beteiligten können nicht über das VorVf ‚disponieren'; NKVwGO-Geis 159; Schenke JZ 1996, 1062.

[22] Hbg NVwZ-RR 1996, 398 f; Schoch Jura 2003, 753.

[23] DVBl 1981, 502; 1984, 91; NVwZ 1984, 507: auch wenn der Vortrag des Bekl nur hilfsweise auch auf die fehlende Begründetheit abstellt.

[24] DÖV 1966, 278; 1972, 391; Mü BayVBl 1975, 592; BSG DVBl 1963, 407; DVBl 1985, 630; Schenke 664; JZ 1996, 1061; Schoch Jura 2003, 761; Sch-Dolde/Porsch 29 zu § 68; Ey-Rennert 29 zu § 68; **aA** BVerwG NVwZ 1988, 724; NVwZ-RR 1995, 90; NVwZ 1995, 77, 700; Ma DVBl 1991, 1379; Mü UPR 1999, 276; Schl NVwZ-RR 1995, 670.

lungsfähigkeit (§§ 12, 79 VwVfG); cc) **Legitimation des gesetzlichen Vertreters,** Betreuers oder Pflegers (§§ 12, 79 VwVfG); dd) **Verfahrensführungsbefugnis** (vgl 23 ff vor § 40); ee) **Postulationsfähigkeit** des Widerspruchsführers (ggf nach §§ 18 f VwVfG oder nach Sondervorschriften; eine Anordnung der Bestellung eines Bevollmächtigten analog § 67 Abs 2 S 2 ist in § 14 Abs 6 S 1 VwVfG nicht vorgesehen, wg des Eingriffscharakters Analogie auch nicht möglich); (bei Vertretung durch einen Bevollmächtigten) ggf auf Verlangen Vorlage der Vollmacht (§§ 14 Abs 1 S 2, 79 VwVfG);

5. **Zuständigkeit der Widerspruchsbehörde nach der Verbandskompetenz,** zB als Bundes-, Landes- oder Kommunalbehörde (vgl dazu KR 6 zu § 3 VwVfG, 14 f zu § 44 VwVfG);
6. **sachliche und örtliche Zuständigkeit** der Widerspruchsbehörde, einschließlich der Zuständigkeit im Behördenaufbau u im Instanzenzug (§ 73 Abs 1 u 2 VwGO, §§ 3, 79 VwVfG);
7. **Statthaftigkeit** eines Widerspruchs gem § 68; Erfüllung der Voraussetzungen gem § 68, daß der angegriffene bzw angestrebte Akt ein VA ist; zu beachten außerdem, daß es bei beamtenrechtlichen Streitigkeiten gem § 126 Abs 3 BRRG für alle Klagen, einschließlich der Leistungs- u Feststellungsklagen, eines VorVf bedarf;
8. **Wahrung der Widerspruchsfrist** (§ 70), wobei für die Berechnung der Frist § 57 u nicht § 31 (L)VwVfG gilt (s 8 zu § 70 mwN), ggf Wiedereinsetzung (§ 70 Abs 2 iVm § 60 Abs 1 bis 4); str, ob u ggf in welchen Fällen die Widerspruchsbehörde sich über dieses Erfordernis hinwegsetzen kann (s dazu 9 zu § 70);
9. **kein Ausschluß** des Widerspruchs **durch gültigen Widerspruchsverzicht** (s 11 zu § 69), keine Verwirkung des Widerspruchsrechts (vgl 18 ff zu § 74), keine in der Widerspruchseinlegung zu sehende unzulässige Rechtsausübung (vgl 17 vor § 40; 18 ff zu § 74);
10. **keine anderweitige Anhängigkeit** eines WiderspruchsVf in derselben Sache (ggf Einigung der beteiligten Widerspruchsbehörden oder Entscheidung der gemeinsam übergeordneten Behörde über die Zuständigkeit gem oder analog § 3 Abs 2 oder 3 VwVfG;
11. **noch kein** in derselben Sache bereits **ergangener Widerspruchsbescheid** bzw (alternativ), daß hins des bereits ergangenen Widerspruchsbescheids eine Rücknahme oder ein Widerruf (§§ 48 ff VwVfG) oder ein Wiederaufgreifen des Vf (§ 51 VwVfG) in Betracht kommt;
12. **Behauptung einer Rechtsverletzung oder der Unzweckmäßigkeit** des ergangenen bzw der Ablehnung des angestrebten VA sowie, daß der Widerspruchsführer dadurch in seinen Rechten (bzw rechtlich geschützten Interessen) betroffen ist (analog § 42 Abs 2; Widerspruchsbefugnis, s dazu 6 zu § 69);
13. **kein Ausschluß** des Widerspruchs **gem § 44 a** (s 4 zu § 44 a);
14. **allg Rechtsschutzbedürfnis** (RS I, Sachentscheidungsinteresse) analog zu dem für Klagen erforderlichen RSB (vgl 30 ff vor § 40; allg zum Sachentscheidungsinteresse im Verwaltungsverfahrensrecht auch KR 56 f zu § 22 VwVfG). An ihm fehlt es idR dann, wenn ggü der Ablehnung eines begünstigenden VA mit einem Anfechtungswiderspruch vorgegangen wird (s auch 30 zu § 42).

Nicht Voraussetzung der Zulässigkeit, sondern der Begründetheit des Widerspruchs ist **die Sachlegitimation** (Aktivlegitimation) des Widerspruchsführers, dh daß diesem das geltend gemachte Recht wirklich zusteht. Die Frage der **Passivlegitimation** analog zur Passivlegitimation des Bekl im Prozeß stellt sich im WiderspruchsVf nicht, weil es kein (in einem mit dem KlageVf vergleichbaren Sinn) kontradiktorisches Vf ist: Weder die Widerspruchsbehörde noch der Rechtsträger (Bund, Land usw), für den sie handelt, sind iSv § 13 VwVfG beteiligt u können deshalb auch nicht Widerspruchsgegner iSv § 13 Abs 1 S 1 VwVfG iVm § 79 VwVfG sein. Die Frage, ob der Widerspruch an die richtige Widerspruchsbehörde (§ 73 Abs 1) gerichtet ist, stellt sich jedoch für die Zulässigkeitsprüfung unter dem Gesichtspunkt der Zuständigkeit der Widerspruchsbehörde als Fragen der Verbandskompentenz sowie der sachlichen u örtlichen Zuständigkeit (s oben).

12 a 5 a. **Begründetheit des Widerspruchs:** Der Widerspruch ist im Fall des § 68 Abs 1 begründet, wenn der angefochtene VA rechtswidrig ist u den Widerspruchsführer in seinen Rechten verletzt oder der VA unzweckmäßig ist u ihn insoweit belastend betrifft. Gleiches gilt im Fall des § 68 Abs 2, einem Widerspruch gegen die Versagung eines beantragten VA. S zur mit der Begründetheitsnormierung korrespondierenden **Widerspruchsbefugnis** 6 zu § 69; zur Beschränkung der **Entscheidungsbefugnis der Widerspruchsbehörde** 12 zu 68.

13 6. **Anspruch auf Durchführung des Vorverfahrens:** Der Bürger hat, obwohl § 75 den Klageweg ggf auch ohne VorVf eröffnet, im Hinblick auf den Rechtsschutzzweck des VorVf (s oben 1) u weil im Rechtsstaat den Verpflichtungen der Verwaltung (vgl § 68: „so ergeht") grds subjektive Rechte der Bürger entsprechen, (einen mit der Verpflichtungsklage bzw Bescheidungsklage verfolgbaren) **Anspr** auf **Erlaß eines Widerspruchsbescheids,**[25] soweit § 68 ein VorVf vorschreibt, ein solches also statthaft ist.

Der Anspr auf Erlaß eines Widerspruchsbescheids kann erforderlichenfalls auch mit der **Verpflichtungsklage** (§ 42) durchgesetzt werden.[26] Dies gilt auch dann, **wenn bereits ein Widerspruchsbescheid ergangen war,** der dann jedoch als rechtswidrig aufgehoben worden ist.[27]

---

[25] 29, 243; BGH NJW 1984, 2519; BSG NJW 1984, 1424 – Verpflichtungsausspruch, daß über den Widerspruch erneut zu entscheiden ist –; BFH BStBl II 1976, 116; Hbg VRspr 4, 868; Ks DÖV 1974, 537; VG Frankfurt NVwZ-RR 2000, 262; v Schledorn NVwZ 1995, 250; NKVwGO-Geis 6; Schenke 683; DÖV 1996, 529; JZ 1996, 1104 f; Seibert BayVBl 1983, 175 mwN; Würt 312; Mü BayVBl 1983, 530 – Anspr auf neuen Widerspruchsbescheid, wenn der ergangene wegen eines Verfahrensmangels aufgehoben wurde –; Bettermann NJW 1960, 1088; Stern 15 III; Beyer BayVBl 1980, 142; Kopp VerfR 112, 127, ders, Redeker-FS 1993, 551; ebenso BSG 19, 164 zu § 88 Abs 2 S 1 SGG; vgl auch Ko VRspr 27, 120, wo sogar Verpflichtungsklage auf Wiedereinsetzung gegen die Versäumung der Widerspruchsfrist als zulässig angesehen wird; ähnlich Lü DVBl 1963, 355; Ma NJW 1972, 461; 1973, 727 mwN; s auch 1 a zu § 75; **aA** BVerwG 13, 195; Ma 43, 142; NVwZ 1995, 280; Mü BayVBl 1976, 241; vgl auch BVerwG DÖV 1981, 178: kein RS I für die isolierte Anfechtung eines Widerspruchsbescheids, der den Widerspruch fälschlich wegen Fristversäumung zurückgewiesen hat; diff Ey-Rennert 16 ff zu § 73: grds Anspr auf Bescheidung gegeben, meistens fehle allerdings das RSB.

[26] BGH NJW 1984, 2519; BSG NJW 1984, 1424; 1986, 596; Br NJW 1965, 1619; Hbg VRspr 4, 868; Hödl-Adick 311 ff; Jacobj 314; Lorenz § 19, 24; v Schledorn NVwZ 1995, 251; NKVwGO-Geis 6 f; Schenke DÖV 1996, 529; Stein 145 ff; Stern 15 III; Kopp VerfR 112 ff, 127, 245; wohl auch BVerwG DÖV 1978, 416; Ks DVBl 1967, 858; vgl auch § 17 WBO u dazu BVerwG 63, 192; unter Beschränkung auf Ermessensentscheidungen u auf Fälle einer Änderung der Sach- oder Rechtslage auch Bettermann NJW 1960, 1088; für den Fall einer ausdr Zusicherung der Widerspruchsbehörde auch Ms DÖV 1968, 182; **aA** BVerwG 13, 195; Ms VRspr 7, 199; Mü BayVBl 1976, 241; Ms DÖV 2001, 43 (bei rechtlich gebundenen VAen); Petzke/Kugele BayVBl 1988, 88 – kein Anspr auf einen Widerspruchsbescheid, anders allenfalls bei Ermessensentscheidungen –; SDC 1 c zu § 75; für Unzulässigkeit der Verpflichtungsklage in diesem Fall auch Ey-Rennert 18 zu § 73; Gern DÖV 1985, 559.

[27] BSG NJW 1984, 1324; Br NJW 1985, 1619; s auch 3 zu § 79; zT **aA** Mü BayVBl 1983, 530: nur bei Aufhebung des Widerspruchsbescheids wegen eines wesentlichen Verfahrensmangels; sonst grds keine Klage auf einen neuen Widerspruchsbescheid, da der Widerspruch mit dem ersten Widerspruchsbescheid „verbraucht" sei.

Bei vorheriger **Erledigung der Hauptsache** hat der Betroffene aus den gleichen Gründen Anspr auf Feststellung analog § 113 Abs 1 S 4, daß der Ausgangs-VA bzw die Ablehnung des begehrten VA rechtswidrig war.[28]

14 **7. Vorverfahren und Verwaltungsverfahren; analoge Anwendung von Vorschriften des Prozeßrechts auf das Widerspruchsverfahren:** Die Bestimmungen der VwGO über das VorVf enthalten zT materielles Verwaltungsverfahrensrecht (40, 258; BVerfG 35, 73), sie geben diesem aber nach hM zugleich auch den Charakter von Verwaltungsprozeßrecht insoweit, als sie das VorVf zur Voraussetzung der Zulässigkeit der Klage machen;[29] nur unter dem letzteren Gesichtspunkt u nur insoweit konnte der Bund überhaupt die Gesetzgebungszuständigkeit gem Art 74 Abs 1 Nr 1 GG auch für die Regelung des VorVf in Anspr nehmen (s oben 4).

15 **Soweit die VwGO keine** abschließenden **Vorschriften** über das VorVf enthält (was in erheblichem Ausmaß der Fall ist, s oben 4) u auch spätere Bundesgesetze nichts anderes bestimmen (zB § 80 VwVfG), verbleibt es grds bei den **Regelungen,** die der **Bundes-** bzw **Landesgesetzgeber** dafür aufgrund der jeweiligen Zuständigkeit für die Gesetzgebung hins des VerwaltungsVf trifft. Vgl § 79 VwVfG sowie entspr Vorschriften des Landesrechts, dazu im einzelnen unten 17 ff. Dies gilt jedoch nur, wenn u soweit der Zweck des VorVf (s oben 1) und/oder ein unmittelbarer Funktionszusammenhang zwischen VorVf u Verwaltungsprozeß bzw eine von der Sache her gebotene Parallelität (vgl Martens NJW 1977, 19) mit dem Verwaltungsprozeß nicht die analoge Anwendung von Bestimmungen des gerichtlichen Vf u die Ausfüllung von Lücken mit den dort zum Ausdruck gekommenen Rechtsgedanken als Bundesrecht verlangt oder jedenfalls Vorrang vor einer Anwendung des zT auf andere Zwecke hin orientierten allg Verwaltungsverfahrensrechts fordert.[30] Dies gilt nicht nur im Verhältnis zu den nach § 79 VwVfG bzw nach entspr Bestimmungen sonst grds auch auf das WiderspruchsVf anwendbaren Verwaltungsverfahrensgesetzen des Bundes u der Länder, sondern im Zweifel auch für die Anwendung sonstigen Verwaltungsverfahrensrechts im Widerspruchsverfahren, wenn dafür wg der speziellen Funktion des WiderspruchsVf hier kein Raum ist, zB für Bestimmungen, die die Akteneinsicht, die Zulässigkeit von Abschriften ua aus Akten usw, über das bei Gericht dann nach § 100 ohnehin offen stehende Maß hinaus beschränken, so daß ein Widerspruchsführer sonst, wenn ihm ggü im WiderspruchsVf diese Beschränkungen angewendet werden könnten, uU erst Klage erheben müßte, um sich die Information zu verschaffen, die er für eine effektive, zweckentsprechende Durchführung auch schon des WiderspruchsVf benötigen würde, ein zweifellos mit Sinn u Zweck des WiderspruchsVf u daher auch mit §§ 68 ff nicht vereinbares Ergebnis! (Kopp VerfR 85; ebenso wohl auch Weides JuS 1993, 555 Fn 26).

16 Geboten ist auch im Vorverfahren, soweit die §§ 68 ff keine Regelung enthalten u auch dem VwVfG bzw dem Verwaltungsverfahrensgesetz des Landes keine oder keine angemessene Regelung entnommen werden kann (s oben 15; unten 17), die **analoge Anwendung** der entspr **Vorschriften der VwGO** bzw (über § 173 S 1) der **ZPO,** zB der Vorschriften über die **notwendige Streitgenossenschaft** (§ 64, vgl SDC 3 zu § 73; nicht hingegen die Vorschriften über die Beiladung, s 3 zu § 65); die **Unterbrechung des Vf** beim Tod des im Vf nicht durch einen Bevollmächtigten vertretenen Widerspruchsführers (§ 239 ZPO, 173 S 1 VwGO; vgl Br NVwZ 1985, 917; **aA** Mgd NVwZ 1994, 1227); die **Ände-**

---

[28] Schenke 665 ff; JZ 1996, 1061; vgl 2 vor § 68 mwN; 9 zu § 73; **aA** wohl BVerwG DVBl 1989, 873: Unzulässigkeit eines Widerspruchsbescheids in der Sache.

[29] S oben 1 u 6 f; zT **aA** RÖ-Kothe 1 zu § 68; unklar BVerfG 35, 73: nicht „Teil" des Rechtsweges.

[30] Vgl 51, 349; Renck DÖV 1973, 264, der jedoch zu Unrecht davon ausgeht, daß die VwGO das VorVf abschließend regelt; SDC 3 zu § 73.

rung des Widerspruchs analog zur Klageänderung (§ 91, jedoch ohne das Erfordernis der Zustimmung des Ag),[31] zB durch Einbeziehung eines Abänderungsbescheids in der Sache, sofern die Änderung sachdienlich ist;[32] die **Rücknahme** des Widerspruchs (§ 92; s 8 zu § 69); die **Hauptsacheerledigung** durch Hauptsacheerledigungserklärung;[33] die **Feststellung, daß** der angefochtene VA oder die Unterlassung des beantragten VA **rechtswidrig** war (§ 113 Abs 1 S 4; s 34 zu § 68; 9 zu § 73 mwN); weiter zB auch **§ 113 Abs 1 S 2** u **§ 113 Abs 4.** Auch soweit Regelungen an sich in die **Zuständigkeit des Landesgesetzgebers** fallen, steht, wenn ausdr Bestimmungen fehlen, der Heranziehung von Rechtsgedanken der einschlägigen Bestimmungen der VwGO zur Lückenausfüllung **als Landesrecht** – ggf mit den Modifikationen, die sich aus der Funktion als Verwaltungsverfahrensrecht ergeben – grds nichts entgegen (vgl RÖ-Kothe 25 zu § 73; Kopp VerfR 66), zB hins der Kostenentscheidung im Widerspruchsbescheid.[34]

17 **8. Subsidiäre Anwendung des VwVfG und der Verwaltungsverfahrensgesetze der Länder:** Gem § 79 VwVfG bzw den entspr Vorschriften der LVwVfGe bzw der entspr Landesgesetze finden die Vorschriften des VwVfG auch im WiderspruchsVf Anwendung, soweit nicht durch Gesetz (StBS-P. Stelkens/Kallerhoff 54 zu § 79 VwVfG), dh insb durch die §§ 68 ff, die AGVwGO der Länder oder sonstige Gesetze, etwas anderes bestimmt ist, dh insoweit keine ausdr Regelungen vorgesehen sind. Dies gilt gem §§ 1 f VwVfG jedoch nur für das WiderspruchsVf vor Bundesbehörden, für Landesbehörden dagegen nur nach Maßgabe des § 1 Abs 1 Nr 2, Abs 2 u 3 VwVfG[35] u nur, soweit die Anwendbarkeit des VwVfG nicht gem § 2 VwVfG ausgeschlossen ist (SGH 193). Gleiches gilt für den Bereich der Landesverwaltung für die § 79 VwVfG entspr Vorschriften der LVwVfGe u die danach anwendbaren sonstigen Vorschriften der LVwVfGe; soweit allerdings ausdr Regelungen in den Gesetzen der Länder fehlen, bietet auch § 79 VwVfG keine Grundlage für die subsidiäre Anwendung des LVwVfG, da § 79 VwVfG ausdr nur die Anwendung des VwVfG anordnet (StBS-P. Stelkens/Kallerhoff 34 zu § 79 VwVfG).

18 Soweit das WiderspruchsVf in §§ 68 ff nicht **abschließend geregelt** ist, insb soweit es Klagevoraussetzung ist (61, 360 = DÖV 1981, 718) – auch hins des WiderspruchsVf im übrigen (s 10 zu § 1; **aA** grds RÖ-Kothe 1 zu § 68) –, u soweit auch eine analoge Anwendung von Bestimmungen der VwGO nicht erforderlich ist (s oben 15), sind gem § 79 VwVfG bzw entspr Bestimmungen der LVwVfGe (s oben 17) unter den oben zu 15 ff genannten Voraussetzungen **folgende Vorschriften des VwVfG anwendbar,** sofern keine andere Regelung, etwa im AGVwGO eines Landes, getroffen ist: **§§ 4–8** über die Amtshilfe (UL 46 III; KR 46 zu § 79 VwVfG; Allesch 72); **§ 9** über den Verfahrensbegriff (Allesch 72, 75); **§ 10** über die grundsätzliche Formlosigkeit u über die Einfachheit u Zweckmäßigkeit des Vf (Allesch 87); **§ 11** über die Beteiligungsfähigkeit (Weides 19 II; StBS-Bonk/Schmitz 27 zu § 11 VwVfG; P 32, 1; Allesch 92),

---

[31] Vgl Mü BayVBl 1987, 23: Anwendbarkeit der zur Klageänderung entwickelten Grundsätze; einschränkend NKVwGO-Geis 78; s auch 23 zu § 68.

[32] Mü NVwZ 1983, 616; BayVBl 1987, 22; s dazu auch 23 zu § 68; 8 zu § 73; 12 zu § 91.

[33] § 161 Abs 2; vgl Mü NVwZ 1983, 616; s auch Mü BayVBl 1973, 383; 8 zu § 69; 6 zu § 72; 2 zu § 73.

[34] S 16 ff zu § 73; **aA** BVerwG 22, 281; 40, 313; 62, 204; 70, 61; NKVwGO-Geis 80: Eine Analogie des § 161 Abs 2 scheidet aus, da keine neutrale Instanz zur Verfügung steht, die nach billigem Ermessen über die Kosten entscheiden könnte.

[35] Vgl 61, 360 = DÖV 1981, 718; RÖ-Kothe 25 zu § 73; MB 2 zu § 80 VwVfG; KR 9 f u 45 zu § 79 VwVfG; **aA** wohl StBS-P. Stelkens/Kallerhoff 34 zu § 79 VwVfG u SGH 21, die ohne nähere Begründung von einer allg Anwendbarkeit ausgehen.

einschließlich der Beteiligungsfähigkeit von Behörden (MB 10 zu § 79 VwVfG; zweifelhaft); **§ 12** über die Verfahrenshandlungsfähigkeit (P § 32, 1; StBS-Bonk/Schmitz 28 zu § 12 VwVfG); **§ 13** über die Beteiligten im Vf (Weides 19 II; Skouris DÖV 1982, 135; einschränkend Allesch 93: ohne Abs 1 Nr 2), einschließlich der Hinzuziehung;[36] **§ 14** – ohne Abs 3 (s unten 20) – über Bevollmächtigte u Beistände;[37] **§ 15** über Empfangsbevollmächtigte, außer hins des Widerspruchsbescheids u des Abhilfebescheids (s oben 16); **§ 16** über die Bestellung eines Vertreters vAw (Allesch 109); **§§ 17–19** über „Massenverfahren";[38] **§§ 20 f** über den Ausschluß von befangenen Amtsträgern;[39] **§ 23** über die Amtssprache;[40] **§§ 24–27** über den Untersuchungsgrundsatz, Beratung usw u Beweismittel usw;[41] **§ 29** über die Akteneinsicht (Allesch 131; StBS-Bonk/Kallerhoff 85 zu § 29 VwVfG); **§ 30** über die Geheimhaltung (Allesch 133; StBS-Bonk/Kallerhoff 32 zu § 30 VwVfG); **§ 31** über Fristen, soweit gem § 70 Abs 1 S 1, § 60 Abs 2 S 1 u Abs 3, § 58 Abs 2 S 1 nicht ausschließlich § 57 Abs 1 u Abs 2 iVm § 222 ZPO anwendbar sind (Allesch 60, 62, 133); **§§ 33 f** über Beglaubigungen (Allesch 138); **§ 35** über den – auch für den Widerspruchsbescheid gem § 73 geltenden – Begriff des VA (UL 46 III; zT **aA** Allesch 139: S 2 nur als erstinstanzliche Handlungsform); **§ 36** über Nebenbestimmungen (einschränkend Allesch 143: soweit Verwaltungsorganisationsrecht nicht entgegensteht; s auch 9 ff zu § 68); **§ 37 Abs 1, 3 u 4** über das Erfordernis der Bestimmtheit von VAen, die Schriftform u „automatisierte" VAe (Allesch 151 ff; KR 47 zu § 79 VwVfG); **§ 39 Abs 1** – nicht auch Abs 2 u 3 (s 11 zu § 73 mwN) – über die Begründungspflicht;[42] **§ 40** über den Ermessensgebrauch (Allesch 161); **§ 41** über die Bekanntgabe von VAen, soweit § 73 Abs 3 S 1 keine abschließende Regelung trifft;[43] **§ 42** über offenbare Unrichtigkeiten von VAen;[44] **§§ 43 f** über die Wirksamkeit bzw Nichtigkeit von VAen (Allesch 168, 140); **§ 45** über die Heilung von Verfahrens- u Formfehlern;[45] **§ 47** über die Umdeutung von VAen (Allesch 205; StBS-Sachs 64 zu § 47 VwVfG); **§§ 48 ff** über die Rücknahme u den Widerruf von VAen (s 25 zu § 73; StBS-Sachs 274 zu § 48 VwVfG bzw 142 zu § 49 VwVfG: auch auf den Widerspruchsbescheid anwendbar; zT **aA** Allesch

---

[36] Vgl Skouris DÖV 1982, 135; allg auch WBS II § 59, 48; Kopp VerfR 22 ff mwN: notwendige Beiziehung insb bei VAen mit Doppelwirkung, weil auch der Widerspruchsbescheid dem Dritten ggü wirkt; StBS-Bonk/Schmitz 36 zu § 13 VwVfG; zT **aA** MB 8 zu § 13 VwVfG; 10 zu § 79 VwVfG: § 13 Abs 2 durch die spezielle Regelung des § 71 verdrängt; Gern DÖV 1985, 559: nach § 65 VwGO; RÖ-Kothe 1 zu § 71: keine förmliche Hinzuziehung Dritter im Vorverfahren, wohl aber ggf nach § 13 Abs 2 VwVfG Beiziehung der Erstbehörde.

[37] P § 32, 3 ff; zT **aA** MB 11 zu § 79 VwVfG; Allesch 61, 107; StBS-Bonk/Schmitz 44 zu § 14 VwVfG: voll anwendbar; s aber zur Zustellung auch 22 zu § 73.

[38] KR 46 zu § 79 VwVfG; Weides 19 II; StBS-Bonk/Schmitz 34 zu § 17 VwVfG; 12 zu § 18 VwVfG; 14 zu § 19 VwVfG; SGH 230; MB 10 zu § 14 VwVfG; zT **aA** Allesch 110, 112: ohne § 17 Abs 2 u nicht hins der Form des Widerspruchs.

[39] BT-Dr 7/910 zu § 79 VwVfG; KR 46 zu § 79 VwVfG; Allesch 117; StBS-Bonk/Schmitz 71 zu § 20 VwVfG; 29 zu § 21 VwVfG.

[40] StBS-P. Stelkens/Schmitz 65 zu § 23 VwVfG; zT **aA** Allesch 120: nicht Abs 3 u 4; § 70 insoweit für den Widerspruch abschließend.

[41] Weides 19 IV; RÖ-Kothe 9 zu § 73; Allesch 123 f; zu § 24 auch Peters JuS 1991, 55; zu § 25 auch Ms NVwZ 1987, 335.

[42] Skouris DÖV 1982, 135; RÖ-Kothe 22 zu § 73; zT **aA** Allesch 159: nur für den Abhilfebescheid nach § 72; für den Widerspruchsbescheid § 73 Abs 3 S 1 abschließend.

[43] s oben 16; KR 48 zu § 79 VwVfG; im Prinzip wie hier auch Skouris DÖV 1982, 135; Allesch 60 f, 163; NKVwGO-Geis 62.

[44] Allesch 166; StBS-Sachs 49 zu § 42 VwVfG; insb sind die §§ 118 ff nicht anwendbar, NKVwGO-Geis 62; **aA** 10. Aufl.

[45] S näher 7 zu § 71, 14 zu § 79; zu § 45 Abs 3 VwVfG s auch 11 zu § 70; 2 zu § 60; Weides 19 III u VI; KR 48 zu § 79 VwVfG; DVBl 1977, 29; **aA** zu Abs 3 Allesch 135, 192: für den Bund leerlaufend, für die Landesverfahrensgesetze partiell verfassungswidrig.

206: hins des Widerspruchsbescheids nur zur Abhilfe gegenüber einer anhängigen Klage); **§ 51** Abs 1 Nr 2 u 3, Abs 2–5 über das Wiederaufgreifen von Vf (s 25 zu § 73; **aA** Allesch 226; StBS-Sachs 147 zu § 51 VwVfG); **§ 53** über die Hemmung der Verjährung (Allesch 229; StBS-P. Stelkens/Sachs 44 zu § 53 VwVfG); **§§ 54–62** über verwaltungsrechtliche Verträge, soweit es sich um solche Verträge im Über- u Unterordnungsverhältnis handelt;[46] **§ 79** über die Anwendbarkeit von Vorschriften des VwVfG im Vorverfahren; **§ 80** über die Kostenerstattung im VorVf (s dazu 15 ff zu § 73); **§§ 81 ff** über die ehrenamtliche Tätigkeit u über Ausschüsse.[47]

19 **Nicht über § 79 VwVfG** unmittelbar **anwendbar** sind die **Vorschriften** des VwVfG über förmliche VerwaltungsVf gem **§§ 63 ff** (StBS-P. Stelkens/Kallerhoff 38 zu § 79 VwVfG; KR 49 zu § 79 VwVfG).

20 **Nicht anwendbar** im WiderspruchsVf sind, da §§ 68 ff oder andere Vorschriften der **VwGO** insoweit **abschließende Regelungen** enthalten oder der Zusammenhang mit dem Verwaltungsprozeß u der Zweck des WiderspruchsVf die analoge Anwendung der entspr Regelungen der VwGO erfordern, **zB § 14 Abs 3** VwVfG (durch § 73 Abs 3 S 2 iVm VwZG ausgeschlossen; s oben 18; **aA** Langohr DÖV 1987, 140; StBS-Bonk/Schmitz 44 zu § 14 VwVfG); **§ 28** VwVfG, da in § 71 abschließend geregelt (s 2 zu § 71); **§ 32** VwVfG;[48] **§ 37 Abs 2** VwVfG;[49] **§ 39 Abs 2** VwVfG (s 11 zu § 73; RÖ-Kothe 22 zu § 73; StBS-P. Stelkens/U. Stelkens 77 zu § 39); **§ 46** VwVfG, da § 79 Abs 2 S 2 als lex specialis anzusehen ist (Schenke 244; Allesch 192; Ma 46, 309; **aA** NKVwGO-Geis 63).

§ 68 [Vorverfahren]

(1) **Vor Erhebung[1 ff, 3] der Anfechtungsklage sind Rechtmäßigkeit und Zweckmäßigkeit[9 ff] des Verwaltungsakts in einem Vorverfahren nachzuprüfen.[1 ff] Einer solchen Nachprüfung bedarf es nicht, wenn ein Gesetz dies bestimmt[16 ff] oder wenn**

1. **der Verwaltungsakt von einer obersten Bundesbehörde oder von einer obersten Landesbehörde erlassen worden ist, außer wenn ein Gesetz die Nachprüfung vorschreibt, oder[19]**
2. **der Abhilfebescheid oder der Widerspruchsbescheid erstmalig eine Beschwer enthält.[20 f]**

(2) **Für die Verpflichtungsklage gilt Absatz 1 entsprechend, wenn der Antrag auf Vornahme des Verwaltungsakts abgelehnt worden ist.[1 ff]**

Vgl § 24 EGGVG; § 78 SGG; §§ 44 f FGO

Schrifttum: S vor § 68 sowie zu § 73.

Übersicht

[46] Weides 301; MB 10; StBS-Bonk 180 zu § 54 VwVfG; 37 zu § 55 VwVfG; 46 zu § 56 VwVfG; 30 zu § 58 VwVfG; nur für Vergleichsverträge NKVwGO-Geis 64; Allesch 75, 230.

[47] MB 10 zu § 79 VwVfG; Allesch 251; RÖ-Kothe 8 zu § 73; KR 48 zu § 79 VwVfG; wohl auch Weides 19 I.

[48] Br DÖV 1981, 882; Kopp DVBl 1977, 29; RÖ-Kothe 8 zu § 73; MB 10 zu § 79 VwVfG unter Hinweis auf § 70 Abs 2, § 60 Abs 1 bis 5 VwGO; vgl zu § 45 Abs 3 VwVfG auch 2 zu § 60.

[49] KR 50 zu § 79 VwVfG; NKVwGO-Geis 67; StBS-P. Stelkens/U. Stelkens 85 zu § 37 VwVfG.

1. Allgemeines; Erfordernis eines VA; Erledigung: a) § 68 hat durch das 6. VwGOÄndG kleinere Änderungen erfahren. Sie betreffen die Streichung der Wörter „für besondere Fälle" in Abs 1 S 2 (s dazu unten 17) sowie eine Neuformulierung von Abs 1 S 2 Nr 2 (s dazu unten 20f). 1

Die Durchführung des VorVf (Widerspruchsverfahrens) gem §§ 68ff ist, soweit die VwGO nicht selbst Ausnahmen vorsieht oder zuläßt (s unten 16ff; vgl auch § 75), nach § 68 eine **zwingende Prozeßvoraussetzung der Klage** in Anfechtungs- u Verpflichtungssachen (s 6 vor § 68). Die Beteiligten können darauf nicht verzichten, weder ausdr noch – seitens der Verwaltung – durch rügelose Einlassung auf eine ohne VorVf erhobene Klage (str, s 11 vor § 68); allerdings kommt eine Weigerung der Widerspruchsbehörde, über einen Widerspruch zu entscheiden, oder eine nicht sachlich bedingte Verzögerung der Entscheidung in ihrer praktischen Auswirkung einem Verzicht der Verwaltung auf das VorVf gleich, weil dann die Klage unmittelbar nach § 75 zulässig wird. Auch **bei Klagen nach § 75** ist aber, wenn bereits ein VA ergangen ist, jedenfalls Voraussetzung der Zulässigkeit, daß der Kl vorher ordnungsgemäß, insb rechtzeitig, Widerspruch eingelegt hat.

Zur differenziert zu beantwortenden Frage der **Anwendbarkeit** der §§ 68ff in **Fällen,** in denen für eine nachfolgende Klage der **VRW nicht gegeben** ist, s 2a vor § 68; zur Frage der **Ersetzung des VorVf** durch Klage u Klageerwiderung s 11 vor § 68; zur **Entbehrlichkeit** des VorVf in bestimmten Fällen unten 16ff, 22ff, 27ff; zur **Erzwingbarkeit** einer Entscheidung über den Widerspruch 13 vor § 68; zu den **Zulässigkeitsvoraussetzungen** des Widerspruchs 3f, 5, 6 zu § 69; 1ff zu § 70; zum **Erfordernis eines Antrags an die Erstbehörde** 7a vor § 68; 7 zu § 75; zu Auswirkungen von **Mängeln des WiderspruchsVf** (zB Entscheidung einer unzuständigen Behörde über den Widerspruch) auf die Zulässigkeit der Klage 7 vor § 68.

b) Erfordernis eines VA. Der Widerspruch ist – wenn u soweit durch Gesetz nichts anderes bestimmt ist (s zu § 126 BRRG 3 vor § 68) – nur gegen einen VA oder bei dessen Ablehnung zulässig, nicht auch gegen sonstige Amtshandlungen oder gegen die Untätigkeit der Behörde (Mü BayVBl 1987, 762; s auch 3f zu § 69). Zu beachten ist allerdings, daß dort, wo die Behörde es unterläßt, über einen Antrag auf Erlaß eines begünstigenden VA zu befinden, grds die Möglichkeit besteht, sie mittels einer Bescheidungsklage zur Vornahme eines VA zu zwingen (204 zu § 113) u bei einer danach erfolgten Versagung des beantragten begünstigenden VA ein WiderspruchsVf gem § 68 Abs 2 statthaft ist. 2

Es muß sich objektiv um einen VA handeln; die **bloße Behauptung,** daß eine behördliche Handlung VA sei, genügt nicht. Insoweit gilt dasselbe wie für die Klage.[1] Gegenstand des Widerspruchs kann auch ein iSv § 44 VwVfG **nichtiger VA** sein, da auch ein nichtiger VA jedenfalls einen Rechtsschein erzeugt (Hbg DVBl 1982, 218), **nicht** dagegen **ein „Nicht"-VA.**[2]

Vor Ergehen eines VA, dh vor der Bekanntgabe des VA mit Wissen u Willen der Behörde bzw in der Behörde dazu befugter Amtsträger (vgl KR 7 zu § 41 VwVfG mwN) ist ein Widerspruch (gegen den nur befürchteten VA) grds **nicht zulässig** u nicht als Widerspruch iSv § 68 zu werten;[3] auch dann nicht, wenn er zugleich gegen eine Vielzahl gleichartiger Akte derselben Behörde gerichtet ist (NJW 1978, 1870 unter Hinweis darauf, daß es sich um die unzulässige bedingte Einlegung eines Rechtsbehelfs handeln würde). Er wird auch nicht mit dem Ergehen des VA, den er betrifft, wirksam u verwandelt sich damit auch nicht nachträglich „von selbst" in einen zulässigen Widerspruch.[4] Die Behörde muß aber aufgrund ihrer Fürsorgepflicht uU einen Bürger, der irrtümlich der Auffassung ist, bereits wirksam Widerspruch eingelegt zu haben, etwa weil er glaubt, die Entscheidung sei bereits ergangen, auf die Notwendigkeit eines erneuten Widerspruchs hinweisen (Ms NVwZ 1986, 136).

Bloße **Mängel der Bekanntgabe** stehen dagegen einem Widerspruch nicht entgegen.[5] Nicht erforderlich ist, daß der VA auch schon dem Widerspruchsführer bekanntgegeben wurde (§ 43 Abs 1 VwVfG); es genügt, daß er überhaupt bekanntgegeben u damit **existent** geworden ist.

2 a **c) Widerspruchsverfahren unabhängig von der Erledigung des VA.** Das WiderspruchsVf ist unabhängig davon durchzuführen, ob sich der angegriffene VA erledigt hat oder nicht (s näher 2 vor § 68). Im ersteren Fall handelt es sich dann um einen sog **Fortsetzungsfeststellungswiderspruch.**

3 **2. Möglichkeit der Nachholung des Vorverfahrens:** Trotz der Formulierung des § 68 Abs 1 („vor Erhebung der Anfechtungsklage") sieht es die hM als ausreichend an, wenn das Erfordernis des **VorVf jedenfalls im Zeitpunkt des Schlusses der letzten mV** über die Klage, bei Entscheidung im schriftlichen Verfahren, im Zeitpunkt der Zustellung des Urteils, **erfüllt** ist,[6] **selbst noch in der Rechtsmittelinstanz,**[7] **auch noch, wenn** die Klage in der Vorinstanz wg fehlenden VorVf bereits **abgewiesen** worden war (DVBl 1984, 91).

Die **Widerspruchsfrist** für die Nachholung des Widerspruchs wird in diesem Fall allerdings selbst dann nicht offengehalten, wenn die Klage wirksam u in bezug auf die Widerspruchsfrist rechtzeitig erhoben wurde (NKVwGO-Geis 112 ff mwN; **aA** 10. Aufl). Anderenfalls würden die Fristvorschriften des § 70 leerlaufen.

---

[1] Vgl 54 f zu § 42; ferner 3 f zu § 69; zu weiteren Zulässigkeitsvoraussetzungen auch 5 f zu § 69; 1 ff zu § 70; zum Begriff des VA Anh § 42.

[2] NVwZ 1987, 330; NKVwGO-Geis 83 f; s auch 4 zu § 42; für Ausnahmefälle **aA** 10. Aufl 2 zu § 42.

[3] 25, 21; MDR 1978, 600; BayVBl 1985, 605; Ms NVwZ 1986, 136; s auch 3 zu § 69.

[4] NJW 1978, 1870; Ms DVBl 1996, 115 mwN; Schenke 672; T Schmidt DÖV 2001, 857 ff; sog Zugangsvoraussetzung s 11 vor § 40.

[5] VG Gießen NVwZ-RR 1990, 412; Dehner BayVBl 1986, 665; vgl 4 zu § 42 zur parallelen Problematik bei der Klage.

[6] 4, 204; DVBl 1984, 92; BSG 16, 24; 25, 68; SozR 1500 § 78 Nr 8; Bln NVwZ 1982, 254; Ey-Rennert 22; vgl auch BGH VRspr 27, 818; **aA** v Mutius 174 ff; ebenso zu § 126 Abs 3 BRRG Ma NJW 1991, 2723.

[7] Vgl DVBl 1984, 91: jedenfalls unter besonderen Umständen auch noch während des Berufungsverfahrens; anders uU bei absichtlicher Verzögerung, um die Instanz zu „manipulieren"; BVerwG 15. 10. 1984 – 11 R A 24/84: auch noch in der Revisionsinstanz; das Revisionsgericht muß durch Aufhebung des Urteils u Zurückverweisung der Sache in die Tatsacheninstanz Gelegenheit zur Nachholung des VorVf geben; **aA** zum Beamtenrecht BVerwG NVwZ 1987, 228; Buchh 232 § 79 BGB Nr 66 mwN.

Das Gericht ist berechtigt[8] u grds verpflichtet,[9] ein anhängiges **KlageVf auszusetzen** bzw zu vertagen, um dem Kl **Gelegenheit zur Nachholung des VorVf** zu geben, wenn die Nachholung noch möglich ist.[10] Insoweit gelten die Gründe, die für die Aussetzung des Vf bei einer nach § 75 verfrühten Klage sprechen (vgl 17 zu 75), auch hier entspr; die abweichende Auffassung ist insb mit den **Grundsätzen der Prozeßökonomie** nicht vereinbar, weil der Kl das VorVf idR bis zur Beendigung eines RechtsmittelVf ohnehin durchführen kann. Das Gericht muß den Kl erforderlichenfalls nach **§ 86 Abs 3** auf die Notwendigkeit der Nachholung des VorVf hinweisen (BSG DVBl 1985, 630; Mü BayVBl 1980, 297). 4

Als **Rechtsgrundlage für die Aussetzung** bietet sich die analoge Anwendung des § 75 S 3 an.[11] Neben oder statt einer Aussetzung kommt auch eine **Vertagung** nach § 173 S 1 iVm § 227 ZPO in Betracht (vgl ME VerwA 1967, 81; Kopp VwGO-Rspr 96). Diese ist aber unpraktikabel, da die Dauer des VorVf zumeist nicht absehbar ist (NKVwGO-Geis 119). Die neuere Rspr (vgl zB 66, 345) geht auf die Frage der Rechtsgrundlage der Aussetzung nicht mehr ein, sondern setzt sie als selbstverständlich voraus. 5

Aussetzung u Vertagung haben jedoch zur **Voraussetzung,** daß die **Klage nicht bereits aus anderen Gründen unzulässig** ist (vgl 4, 204; DÖV 1966, 426; Stern 15 II 6 mwN). S auch 19 ff zu § 75. **Fehlt nicht das VorVf** insgesamt, sondern hat der Kl Widerspruch eingelegt u wurde nur über den Widerspruch nicht entschieden, so beurteilt sich die Zulässigkeit der Klage nach **§ 75.** 6

3. Durchführung des Vorverfahrens durch den Kl; Ausnahmen: Das VorVf muß vom (späteren) Kl grds **„in eigener Person"** durchgeführt werden;[12] dies schon deshalb, weil der angegriffene VA sonst dem Kl ggü nach Ablauf der Widerspruchsfrist unanfechtbar würde. 7

Ausnahmen: Etwas anderes gilt nur in den Fällen einer **notwendigen Streitgenossenschaft** (vgl § 64 iVm § 62 ZPO, die auch im WiderspruchsVf entspr anzuwenden sind), wenn ein auf seiten des Kl im VerwaltungsVf stehender notwendiger Streitgenosse – nicht auch ein Streitgenosse des Gegners – das VorVf durchgeführt hat.[13] **Keine Ausnahmen** gelten dagegen bei **Parteiwechsel auf der Klägerseite** (s 32 zu § 91; 7 zu § 74; str), auch wenn dieser prozessual zulässig ist,[14] außer bei **Rechtsnachfolge** im Fall der Anfechtung **dinglicher VAe** (Kopp BayVBl 1970, 234) oder bei **Rechtsnachfolge kraft Gesetzes oder Parteiwechsel kraft Gesetzes.** Auch BVerwG DVBl 2006, 1246 geht nunmehr davon aus, daß der Erwerber eines die Klagebefugnis gegen einen 8

---

[8] 66, 345; BSG NVwZ 1986, 596; Ms NJW 1986, 2207; Mü BayVBl 1975, 591; Ule 23 II; Stern 15 II 6; Bettermann DVBl 1959, 314; SDC 1 f.

[9] 66, 345 = DÖV 1983, 736; DÖV 1984, 91; FEVS 23, 7; BSG NVwZ 1984, 608; SozR 1500 § 78 Nr 8; DVBl 1985, 630; Meier 26; NKVwGO-Geis 118.

[10] So iE Mü BayVBl 1980, 297; Stich DVBl 1960, 379; ZBR 1960, 213 unter Hinweis auf §§ 86 f, die jedoch ein zulässiges Vf voraussetzen; Koehler 526; für den Fall fehlender Rechtsmittelbelehrung auch Mü BayVBl 1964, 265; zT **aA** Ule VwGO 250; SDC 1 f; v Mutius 176 ff mN; Stern 15 II 6: keine Verpflichtung.

[11] Ebenso Meier 26; NKVwGO-Geis 118; **aA** SDC 1 f: § 94 analog; abzulehnen, da ein der Vorgreiflichkeit eines Rechtsverhältnisses vergleichbarer Fall nicht gegeben ist.

[12] Ms VRspr 21, 502; Bachof JZ 1957, 435; SDC 1 d; Ey-Rennert 21; Sch-Dolde/Porsch 30; v Mutius 182 mN; s auch unten 29; **aA** BVerwG 40, 30; DÖV 1970, 248: „Wenn … ein Vorverfahren tatsächlich stattgefunden hat, kann es nicht darauf ankommen, wer von den späteren Kl das Beschwerdeverfahren eingeleitet hat"; ähnlich Ms VRspr 14, 351; zT auch Stern 321; offen gelassen in BVerwG DÖV 1972, 390.

[13] RÖ-Kothe 2 b; Sch-Dolde 30; Kopp, Redeker-FS 1993, 549; vgl auch BVerwG 1, 92; 6 zu § 74: **aA** NKVwGO-Geis 166.

[14] Ms VRspr 21, 502; Franz DVBl 1969, 628; Schweiger DVBl 1967, 860; **aA** Lü DVBl 1967, 425.

VA vermittelnden Gegenstands kein eigenes WiderspruchsVf durchzuführen hat, soweit die auf den Erwerbsgegenstand bezogene Beschwer bereits Gegenstand eines Widerspruchs seines Rechtsvorgängers war, u er insoweit in dessen Verfahrensposition einrückt. Zur Frage der Entbehrlichkeit des Vorverfahrens, wenn zunächst Leistungs- oder Feststellungsklage erhoben wurde, u bei der FFK nach § 113 Abs 1 S 4 s unten 22 ff u 27 ff.

9 **4. Prüfungsumfang im Vorverfahren:** Eine sachliche Prüfungsbefugnis für Ausgangs- u Widerspruchsbehörde kommt im WiderspruchsVf von vornherein nur in dem Rahmen in Betracht, den der zulässige Widerspruch absteckt (s unten 12). Hins des Prüfungsumfangs ist sodann zum einen zu unterscheiden zwischen Widerspruchsverfahren, in denen nach der Grundregel des § 68 Abs 1 S 1, Abs 2 die Rechtmäßigkeit u Zweckmäßigkeit des VA nachzuprüfen ist, u den (Ausnahme-)Fällen, in denen die Nachprüfung trotz bestehender Ermessens- u Beurteilungsspielräume auf die Rechtmäßigkeit des VA beschränkt ist. Im Rahmen des Grundfalls des § 68 Abs 1 S 1, Abs 2 ist wiederum zu trennen zwischen Widersprüchen gegen einseitig belastende VAe u VAe mit Drittwirkung. Wird der **einseitig belastende VA** durch den Betroffenen mit Widerspruch angegriffen, so ist der VA im Rahmen des WiderspruchsVf sowohl durch die Ausgangsbehörde (Abhilfeverfahren) wie auch die Widerspruchsbehörde in Konsequenz der Elfes-Rspr des BVerfG (6, 32 ff) umfassend auf seine Rechtmäßigkeit sowie – bei Ermessensentscheidungen – auf seine Zweckmäßigkeit hin zu überprüfen (zu besonderen Beschränkungen sogleich). Die Entscheidungskompetenz der Widerspruchsbehörde bezieht sich dementsprechend auf alle einschlägigen Fragen rechtlicher oder tatsächlicher Art (DÖV 1979, 792). Die Widerspruchsbehörde tritt in vollem Umfang an die Stelle der Ausgangsbehörde u hat auch deren **volle Entscheidungskompetenz.**[15] **Einschränkungen** ergeben sich im Hinblick auf die Zweckmäßigkeitskontrolle bei Widersprüchen gegen VAe von Selbstverwaltungskörperschaften in weisungsfreien Angelegenheiten, sofern hier gem § 73 Abs 1 S 2 Nr 3 der Landesgesetzgeber eine andere Behörde als die Selbstverwaltungsbehörde zur Widerspruchsbehörde bestimmt hat.

Bei **VAen mit belastender Drittwirkung** eröffnet der Widerspruch des Dritten dagegen keine volle Prüfungskompetenz der Widerspruchsbehörde. Nur bei begründetem Widerspruch, dh im Fall der Verletzung oder der unzweckmäßigen Anwendung von Normen, die dem Schutz des Widerspruchsführers zu dienen bestimmt sind, besteht folglich die Kompetenz der Widerspruchsbehörde zur Aufhebung des VA.[16]

10 **5. Reformatio in peius: a) Problematik; Abgrenzung:** Die unter dem Stichwort „Zulässigkeit der reformatio in peius“ nach wie vor in Rspr u Lit str diskutierte Problematik betrifft die Frage, ob ein mit Widerspruch angegriffener VA im WiderspruchsVf durch die Ausgangs- oder die Widerspruchsbehörde zu Lasten des Widerspruchsführers durch einen noch stärker belastenden VA ersetzt oder in einen solchen VA abgeändert werden darf. **Zu trennen** von der reformatio in peius sind zum einen die Fälle, in denen ein VA mit Drittwirkung durch den belasteten Dritten angefochten u der VA daraufhin ganz oder teilweise im WiderspruchsVf aufgehoben wird. Diese Form der „Verböserung“ ist zwangsläufige Folge des Aufhebungsanspr der Widerspruchsführers, dem nur durch die Aufhebung des VA Rechnung getragen werden kann. **Ebenfalls nicht** in den

---

[15] 48, 84; DVBl 1982, 304; 1985, 1233; 1999, 1424; Buchh 402.24 § 10 AuslG Nr 34; Sa DÖV 1983, 822; Ko NVwZ 1985, 436; Ma NVwZ 1992, 992; Ms NVwZ 1985, 444; WBS II § 63, 50; Pietzner VerwA 1989, 512; s auch § 79 Abs 1 Nr 1.

[16] DÖV 1969, 142 f; NJW 1993, 1611; Br BRS 33 Nr 146; Lü NVwZ 1987, 343 f; Ks NVwZ 1991, 89 u 278; Erichsen Jura 1992, 650; Weides 286 f; P § 27, 3; § 38, 2; Hufen § 7, 18 ff; Sch-Dolde/Porsch 41; Bosch/Schmidt § 26 VI 3 c.

Streit um die reformatio in peius fallen die Änderungen des Ausgangsbescheids im Widerspruchsverfahren, die über den Gegenstand des Widerspruchsverfahrens, den angegriffenen VA, hinausgehen. Nur soweit der Streitggst reicht, kann sich auch die Frage der Zulässigkeit der Verschlechterung der Rechtsposition des Widerspruchsführers im WiderspruchsVf stellen (stellv Schenke 688 ff; Hufen § 9, 15). Wird etwa eine bauordnungsrechtliche Nutzungsuntersagung im WiderspruchsVf in eine Abbruchverfügung geändert, so geht diese Änderung über den Gegenstand des WiderspruchsVf hinaus u läßt sich nicht mit dem Hinweis auf die (mögliche) Zulässigkeit der reformatio in peius rechtfertigen. Die Zulässigkeit richtet sich in diesem Fall – gleich welche Meinung zur reformatio in peius vertreten wird – nach dem einschlägigen Landesorganisationsrecht u dem materiellen Verwaltungsverfahrensrecht (s auch unten 12).

b) Keine Regelung in der VwGO. Ob eine reformatio in peius im WiderspruchsVf zulässig oder unzulässig ist, ist nicht in der VwGO geregelt.[17] Die VwGO überläßt eine diesbezügliche Regelung dem zuständigen Bundes- oder Landesgesetzgeber (51, 314 = NJW 1977, 1894). Die Rechtsschutzfunktion des WiderspruchsVf u ein aus §§ 88, 129, 141 S 1 abgeleiteter allg Rechtsgedanke schließen die Zulässigkeit der reformatio in peius nicht aus. Dies zeigen vor allem Regelungen wie § 337 Abs 2 LAG u § 367 Abs 2 S 2 AO. Umgekehrt ist auch aus § 79 Abs 2 oder § 68 Abs 1 S 2 Nr 2, § 71, § 78 Abs 2 nichts für die Zulässigkeit der reformatio in peius zu entnehmen (**aA** Determann Jura 1997, 353). Diese Regelungen gehen zwar von der Möglichkeit aus, daß der Widerspruchsbescheid eine „zusätzliche selbständige Beschwer enthält", sagen aber nichts darüber aus, ob u inwieweit der Widerspruchsbescheid eine solche zusätzliche Beschwer enthalten *darf* (51, 314 = NJW 1977, 1894). Sie tragen nur dem Umstand Rechnung, daß sich aus anderen Bestimmungen die Zulässigkeit ergeben kann, u ziehen für diesen Fall die Konsequenzen für das VorVf u das gerichtliche Verfahren. Auch aus der Funktion des WiderspruchsVf als Selbstkontrolle der Verwaltung folgt keineswegs zwingend die Zulässigkeit der Änderung des Bescheids zu Ungunsten des Widerspruchsführers (51, 314 = NJW 1977, 1894). Damit ist das **Problem** der Zulässigkeit der reformatio in peius ein solches **des jeweils maßgeblichen Organisationsrechts sowie des materiellen Verwaltungsverfahrensrechts** (65, 319 = NVwZ 1983, 33; DVBl 1996, 1318). 10 a

c) Maßgeblichkeit des einschlägigen Organisationsrechts hins der Zuständigkeit der Widerspruchsbehörde. Die Zuständigkeit der Widerspruchsbehörde für eine reformatio in peius kann nicht aus den §§ 68 ff abgeleitet werden. Sie muß sich aus den in Zusammenhang mit dem anwendbaren materiellen Recht stehenden Zuständigkeitsvorschriften ergeben. Sind Ausgangs- u Widerspruchsbehörde nicht identisch, bedarf es für eine Zuständigkeit der Widerspruchsbehörde eines eigenen Rechts zur Entscheidung. Ein solches ist regelmäßig noch nicht daraus abzuleiten, daß die Widerspruchsbehörde ein Weisungsrecht ggü der Ausgangsbehörde besitzt. Erforderlich ist vielmehr ein **Selbsteintrittsrecht,**[18] das sich nicht ohne weiteres aus einem Weisungsrecht ergibt.[19] 10 b

d) Materiellrechtliche Befugnis. Häufig enthält die Verschlechterung zu Ungunsten des Widerspruchsführers auch eine (Teil-)Aufhebung des ursprüngli- 10 c

---

[17] 51, 313 = NJW 1977, 1894; 65, 319 = NVwZ 1983, 33; 1987, 215; Jäde 149 f; Lorenz § 19, 60; Schenke 691; JZ 1996, 1063.

[18] **AA** Ma NVwZ-RR 2002, 4; das BVerwG DVBl 1996, 1318 hat die Ansicht des VGH insoweit mangels revisionsgerichtlicher Überprüfbarkeit des Landesorganisationsrechts nur als keinen Verstoß gegen Bundesrecht angesehen, ohne selbst eine Entscheidung darüber getroffen zu haben, ob eine Kompetenz der Widerspruchsbehörde besteht; vgl auch Scheerbarth 120 ff.

[19] Schenke VBlBW 1990, 326 ff; umfassend Guttenberg, Weisungsbefugnisse und Selbsteintritt, 1992, 42 ff; für ein Selbsteintrittsrecht insoweit zB Ma BRS 28 Nr 157.

chen VA. Dies ist dann anzunehmen, wenn der belastende AusgangsVA die (konkludente) begünstigende Feststellung enthält, daß keine noch belastendere Regelung erlassen wird (vgl auch zur zT abw Rspr KR 69 zu § 48 VwVfG). Nur dann stellt sich auch das Problem der Zulässigkeit einer reformatio in peius (s oben 10 zur Abgrenzung durch den Gegenstand des Widerspruchsverfahrens). Bei einer abschließenden u damit einer insoweit auch begünstigenden Regelung durch den AusgangsVA kommt es für die Rechtmäßigkeit der Änderung des Ausgangsbescheids immer auch darauf an, ob die materiellen Voraussetzungen für die Aufhebung (Rücknahme oder Widerruf) erfüllt sind. An diesen fehlt es zB in **Rheinland-Pfalz** für den als Widerspruchsbehörde tätigen Kreis- oder Stadtrechtsausschuß gem § 7 Abs 1 RhPfAGVwGO, da diesem, anders als einer höheren Behörde, keine über die Rechtsschutzfunktion hinausgehende u eine reformatio in peius rechtfertigende objektive Kontrollfunktion zukommt.[20] Soweit es an spezialgesetzlichen Regelungen fehlt, sind die §§ 48 ff VwVfG bzw entspr landesgesetzliche Regelungen anwendbar (nur für eine analoge Anwendung Sch-Dolde/Porsch 49). Dies dürfte auch der Rspr des BVerwG entsprechen (65, 319 = NVwZ 1983, 33; DVBl 1996, 1318; vgl aber auch Ma NVwZ-RR 2002, 4 f). Im Rahmen der Vertrauensschutzabwägung kann möglicherweise in die Aufhebungsentscheidung auch einfließen, daß der Widerspruchsführer selbst einen Teil des Vertrauensschutzes durch den Widerspruch preisgibt (67, 134; DVBl 1996, 1318). Einschränkungen der Zulässigkeit der reformatio in peius ergeben sich im Bereich des **Prüfungsrechts** nach Ansicht der Rspr aufgrund des verfassungsrechtlich verankerten Gebots der Chancengleichheit.[21] Dieses verbietet eine Verschlechterung des Prüfungsergebnisses bei einer Neubewertung des Prüfungsergebnisses aber nur, soweit sie auf einer Änderung des Bewertungssystems oder einem Nachschieben beliebiger Gründe beruht. Eine im Rahmen einer Neubewertung unzulässige Änderung des Bewertungssystems ist lediglich bei einer Änderung der prüfungsspezifischen Bewertungskriterien gegeben. Darunter sind diejenigen Kriterien zu verstehen, nach denen der Prüfer die festgestellten fachlichen Vorzüge u Mängel einem vorgegebenen Notensystem zuordnet. Eine Änderung des Bewertungssystems liegt nicht schon ohne weiteres in der erstmaligen Berücksichtigung eines neu erkannten Fehlers oder einer anderweitigen an die Stelle der fehlerhaften Korrektur tretenden nachteiligen Einzelwertung (109, 211).

11 **6. Heilung von Mängeln des Verfahrens der Ausgangsbehörde im Widerspruchsverfahren und durch das Widerspruchsverfahren:** Soweit die Widerspruchsbehörde mit ihrer Entscheidung in vollem Umfang an die Stelle der Ausgangsbehörde tritt, werden **auch Verfahrensfehler der Ausgangsbehörde** (zB unterlassenes rechtliches Gehör, vgl 24, 31; unterlassene Beteiligung anderer Behörden; fehlende Begründung des VA) grds durch fehlerfreie Nachholung der entspr Verfahrenshandlung im WiderspruchsVf **geheilt,** wenn u soweit hins der betroffenen Fragen eine eigenverantwortliche Nachprüfung durch die Widerspruchsbehörde stattfindet;[22] **anders,** wenn durch Gesetz etwas anderes bestimmt ist oder sich aus dem Zweck der verletzten Vorschrift ergibt.[23] Dazu, daß **Entsprechendes** auch **für inhaltliche Mängel** des ursprünglichen VA gilt, s oben 9.

---

[20] Ko 8, 279; DÖV 2004, 889; Sch-Dolde/Porsch 51 Fn 200; **aA** Schröder NVwZ 2005, 1029.

[21] NVwZ 1993, 688; DVBl 1996, 1375; 109, 211; s auch Kingreen DÖV 2003, 1 ff – keine Verschlechterung im Hinblick auf die Rechtsschutzfunktion des WiderspruchsVf allein für prüfungsspezifische Bewertungen.

[22] HM, vgl 2, 62; 10, 82; 21, 250; 24, 29; 54, 280; 66, 111 = NVwZ 1983, 284; BSG DVBl 1985, 631; Ms DVBl 1981, 247; Ma DVBl 1982, 206; Mü BayVBl 1976, 27; Bln NVwZ 1984, 578; Stern 17 I 1; Kopp VerwA 1970, 227 Fn 34 mwN; 41 f zu § 45 VwVfG mwN.

[23] 66, 294; für Ermessensentscheidungen in bestimmten Fällen auch 66, 184 = NJW 1983, 2044.

7. Beschränkung der Entscheidungsbefugnis der Widerspruchsbehörde auf den „Streitgegenstand“: Analog § 113 Abs 1 S 1 kann die Widerspruchsbehörde einem Widerspruch nur dann – u nur insoweit – **stattgeben,** wenn **(1.)** der Widerspruch **zulässig** ist (s zu den Zulässigkeitserfordernissen 12 vor § 68); **(2.)** der in Frage stehende **VA** (bzw die angegriffene Ablehnung eines begünstigenden VA) **rechtswidrig** ist, oder, wenn bzw soweit der VA im **Ermessen** der Behörde steht **oder** sie insoweit einen **Beurteilungsspielraum** hat, er nach Auffassung der Widerspruchsbehörde **unzweckmäßig** – dh unbillig, unangemessen, nicht optimal – ist, u er **(3.)** den Widerspruchsführer **in seinen Rechten verletzt** oder, bei Ermessens- oder BeurteilungsVAen, jedenfalls **belastet,** dh negativ berührt, **oder** diesen zwar **begünstigt,** er von einer ideal gedachten Verwaltung aber eine noch günstigere Entscheidung erwarten hätte dürfen oder müssen. – Entspr begrenzt ist auch die Prüfungskompetenz der Widerspruchsbehörde in ihrer Eigenschaft als Widerspruchsbehörde ggü der Entscheidung der Ausgangsbehörde. Die Kompetenz der Widerspruchsbehörde nach § 68 Abs 1 umfaßt insoweit keineswegs schlechthin die Befugnis, einen unzulässigen, sachlich beschränkten oder unbegründeten Widerspruch ohne Rücksicht auf den Gegenstand (zB bei Teilanfechtung) sowie auf die Zulässigkeit u Begründetheit des Widerspruchs zum Anlaß für eine neue Entscheidung in der Sache im übrigen zu nehmen;[24] ebenso nicht die Befugnis die Entscheidung zu ergänzen, zB eine bisher fehlende Zwangsmittelandrohung beizufügen (Mü NJW 1982, 460; Sa DÖV 1983, 822); der Versagung der Aufenthaltserlaubnis eine Ausweisungsverfügung hinzuzufügen (Bln NJW 1977, 1166); den Entzug der Fahrerlaubnis der Klasse 3 auf Klasse 1 auszudehnen (Sa DÖV 1983, 822; Theuersbacher BayVBl 1978, 16); bei einem Abgabenbescheid den Schuldner auszuwechseln (Ms NJW 1984, 195). Die Widerspruchsbehörde kann allenfalls, wenn sie zugleich vorgesetzte Behörde oder Aufsichtsbehörde ist, in dieser Eigenschaft nach allg Recht **kraft Weisungs- oder Aufsichtsrechts** die untere Behörde anweisen, einen neuen Bescheid zu erlassen, oder, wenn Widerspruchs- u Erstbehörde identisch sind, selbst nach diesen Grundsätzen einen neuen Bescheid (Zweitbescheid) erlassen; insoweit unterliegt sie jedoch hins ihrer Befugnisse den allg **Beschränkungen** des materiellen Rechts u muß vor allem auch die **Grundsätze über die Rücknahme oder den Widerruf von VAen** beachten (BayVBl 1969, 99 m Anm Simon; KR 11 zu § 50 VwVfG). Als zulässig angesehen wurde es demgegenüber, daß eine von einem Nachbarn angefochtene Baugenehmigung von der Widerspruchsbehörde mit einer Befreiung nach § 31 Abs 2 BauGB ergänzt wurde, da Gegenstand des WiderspruchsVf nicht nur ein bestimmter Baugenehmigungsbescheid, sondern auch das vom Bauherrn zur Genehmigung gestellte Vorhaben sei (Mü BayVBl 2004, 149; dazu Schoch JK 9/04 VwGO § 68/8). Zur Zulässigkeit einer **Abänderung oder Ergänzung des Widerspruchsbescheids** nach dessen Ergehen s 24 zu § 73. 12

Die Aufhebung oder Änderung eines VA nach §§ 68 ff kommt damit auch bei einem an sich zulässigen Widerspruch ua immer nur dann in Betracht, wenn der in Frage stehende belastende VA oder die Ablehnung eines beantragten VA nicht nur rechtswidrig oder unzweckmäßig ist, sondern auch sowohl im Gesamtergebnis als auch in den maßgeblichen Voraussetzungen (vgl zur Frage der Zulässigkeit einer „Saldierung“ von Einzelposten im Rahmen des angegriffenen VA auch 14 zu § 90) **Rechte** des Widerspruchsführers **verletzt oder** in unzweckmäßiger Weise **beschränkt** oder **umgekehrt** in rechtswidriger oder unzweckmäßiger Weise **erweitert** oder sonst begünstigt (s auch oben 9).

---

[24] 65, 319 = NVwZ 1982, 624; Buchh 427.3 § 337 LAG Nr 18; Mü NJW 1982, 460; Ma BRS 22 Nr 124; Bln NJW 1977, 1166; Sa DÖV 1983, 822; Lü NVwZ 1987, 382; We DÖV 1999, 170; Simon BayVBl 1969, 100; Theuersbacher BayVBl 1978, 19; s auch oben 9.

13 **8. Einschränkungen der Befugnisse der Widerspruchsbehörde durch Gesetz:** Soweit der Gesetzgeber das WiderspruchsVf ganz ausschließen kann (vgl unten 17f), kann er auch die **Nachprüfungs- u Ersetzungsbefugnis** der **Widerspruchsbehörde einschränken,** zB bei Ermessensentscheidungen auf die Nachprüfung von RVerletzung beschränken (s dazu oben 11; ferner 3 zu § 73), eine Verböserung (reformatio in peius) verbieten (s dazu oben 10), die Heilung von Verfahrensfehlern ausschließen, die Mitwirkung anderer Behörden vorschreiben usw. Zur verfassungsrechtlichen Zulässigkeit eines Ausschlusses des VorVf s 1 vor § 68. **Beschränkt** wird die Prüfungskompetenz der Widerspruchsbehörde zB auch durch Rechtsvorschriften, die sie bei ihrer Entscheidung über den Widerspruch an die Zustimmung oder sonstige Formen einer Mitwirkung anderer Behörden oder Stellen binden, nicht dagegen durch lediglich in Verwaltungsvorschriften vorgesehene Mitwirkungsrechte anderer Behörden oder Stellen (DÖV 1986, 109). S dazu im einzelnen unten 14.

14 **9. Mitwirkung anderer Behörden, von Ausschüssen uä:** Manche Gesetze schreiben die **Anhörung** von anderen Behörden, Ausschüssen uä im WiderspruchsVf vor. Häufig ergibt sich die Verpflichtung zur Beteiligung (iwS) anderer Behörden usw **auch aus dem für den Erlaß des Erstbescheids geltenden Recht.** Wenn bzw soweit dieses die Anhörung einer anderen Behörde, das Benehmen oder Einvernehmen mit ihr usw vorschreibt u die Mitwirkungshandlung noch nicht oder nicht im erforderlichen Sinn u Ausmaß erfolgt ist oder dem Zweck der Beteiligung nicht oder nicht voll genügt, muß die Widerspruchsbehörde grds die **Anhörung** usw **nachholen,** bevor sie über den Widerspruch entscheiden darf (vgl Sa DÖV 1990, 154).

Verweigert eine zur Mitwirkung berufene Behörde ihre nach einer gesetzlichen Regelung erforderliche Zustimmung zu der von der Widerspruchsbehörde beabsichtigten Entscheidung über den Widerspruch, so darf sich die Widerspruchsbehörde **nicht über die Verweigerung** der Zustimmung, des Einvernehmens usw **hinwegsetzen** u gleichwohl allein selbst **abschließend zur Sache entscheiden.**[25] Das gilt grds, **unabhängig davon, ob** es sich um eine **gebundene Entscheidung** der zur Mitwirkung berufenen Behörde handelt **oder** um eine **Ermessensentscheidung.** Geht die Widerspruchsbehörde von der Rechtswidrigkeit der Zustimmungsverweigerung aus, so muß sie analog § 94 das WiderspruchsVf aussetzen u die Entscheidung der der Mitwirkungsbehörde übergeordneten Behörde bzw, bei Selbstverwaltungsträgern, der Aufsichtsbehörde einholen (vgl P § 39, 9; Weides 292; Brühl JuS 1994, 58). Dies muß grds – vorbehaltlich einer abweichenden gesetzlichen Regelung – unabhängig davon gelten, ob die Mitwirkungsbehörde einem anderen Rechtsträger angehört oder nicht.[26]

Wird die Mitwirkungshandlung der Behörde eines anderen Rechtsträgers durch die Widerspruchsbehörde – ausnahmsweise – ersetzt, so kann der Rechtsträger, dem diese Behörde angehört, **gegen den Widerspruchsbescheid Anfechtungsklage** erheben, wenn die Widerspruchsbehörde mit ihrer Entscheidung in eine eigene Rechtsposition – dh, nicht nur in eine Kompetenz – des Rechtsträgers eingreift, und, wenn die Ersetzung gegen seine Rechte verstößt, die Aufhebung durch das Gericht erreichen.

---

[25] NVwZ 1986, 557; Budroweit 335 ff; Engst Jura 2006, 170.

[26] Vgl 22, 345; DVBl 1966, 181; DÖV 1969, 146; NVwZ 1986, 557; NVwZ-RR 1989, 7; Lü 27, 413; Mü BayVBl 1979, 23; Sa NVwZ 1990, 1744: wenn bzw soweit keine Ersetzung der erforderlichen Zustimmung im Wege der Ersatzvornahme durch die vorgesetzte Behörde bzw die Aufsichtsbehörde erfolgt, muß auch bei an sich rechtlich gebundenen Mitwirkungshandlungen die Widerspruchsbehörde die Verweigerung der Zustimmung beachten; die Betroffenen haben dann nur die Möglichkeit der verwaltungsgerichtlichen Klage; **aA** Ko 10, 143; Weides 293.

10. Die für die Entscheidung über den Widerspruch maßgebliche Sach- u Rechtslage: Maßgeblich für die Entscheidung der Widerspruchsbehörde – sowohl für die Recht- u Zweckmäßigkeitskontrolle als auch die ggf zu treffende neue Sachentscheidung (s oben 9) – ist stets die **Sach- u Rechtslage im Zeitpunkt des Ergehens des Widerspruchsbescheids.**[27] Die Ausgangs- wie die Widerspruchsbehörde haben zunächst die Ausgangsentscheidung auf Recht- u Zweckmäßigkeit nachzuprüfen (s oben 9). Das geschieht immer auf der Basis der Rechts- u Sachlage im Zeitpunkt der Nachprüfung. Für die Frage, ob ein rechtmäßig erlassener VA nachträglich durch die Veränderung der Rechts- oder Sachlage rechtswidrig geworden ist, ist aber allein das materielle Recht maßgeblich (s auch 29 ff zu § 113). Wichtig ist, daß idR nicht bereits dann, wenn der VA nicht mehr rechtmäßig neu erlassen werden könnte, von einem Rechtswidrigwerden ausgegangen werden kann (Schenke DVBl 1989, 438; Schenke/Baumeister JuS 1991, 550; s auch 38 zu § 113). Deshalb kann etwa aus dem Umstand, daß sich bei einem rechtmäßigen Entzug der Fahrerlaubnis in der Zeit zwischen dem Entzug u dem Ergehen des Widerspruchsbescheids Umstände ergeben haben, aufgrund derer nunmehr der Entzug nicht mehr zulässig wäre (zwischenzeitlich eingetretene Tilgungsreife des Punktestandes) nicht abgeleitet werden, daß deshalb der Widerspruch nunmehr begründet ist. Aus § 4 Abs 3 Nr 3 StVG ergibt sich vielmehr, daß solche nachträglichen Veränderungen an der Rechtmäßigkeit des Entzugs nichts ändern.[28] Ist der VA rechtswidrig oder unzweckmäßig (erlassen oder geworden), trifft die Widerspruchsbehörde eine neue Sachentscheidung (so auch Mager 152 ff). Die neue Sachentscheidung ist immer auf der Basis der aktuellen Rechts- oder Sachlage vorzunehmen. Deshalb kann zB dann, wenn bei einer Entziehung der Fahrerlaubnis erst im Zeitpunkt der Widerspruchsentscheidung die Voraussetzungen für einen Entzug vorliegen, der Widerspruch insoweit keinen Erfolg haben, als es um den Entzug von dem Zeitpunkt an geht, in dem nunmehr die Voraussetzungen für einen Entzug vorliegen. Ist der VA rechtswidrig erlassen worden, obwohl er mit gleichem Inhalt rechtmäßig hätte ergehen können (zB Ermessensfehler), kann dieser Fehler durch die Widerspruchsbehörde nicht mehr korrigiert werden, wenn zwischenzeitlich eine Veränderung der Rechts- oder Sachlage den Neuerlaß des VA ausschließt. Damit kann auch eine Veränderung, die nicht zu einem Rechtswidrigwerden des Ausgangsbescheids hätte führen können, zu einer abweichenden Neuentscheidung durch die Widerspruchsbehörde zwingen. 15

11. Gesetzlich geregelte Ausnahmen vom Erfordernis des Vorverfahrens (Abs 1): Abs 1 sieht verschiedene **Ausnahmen** vom Erfordernis des VorVf als Voraussetzung der Zulässigkeit der Klage vor bzw ermächtigt den Gesetzgeber dazu, solche Ausnahmen vorzusehen. Str ist, ob u ggf welche weiteren echten oder scheinbaren **Ausnahmen** über die ausdr geregelten Fälle hinaus anzuerkennen sind (s unten 22 ff, 27 ff). Soweit es nach Abs 1 **eines VorVf nicht bedarf,** ist ein solches **auch nicht zulässig;** ein gleichwohl erhobener Widerspruch könnte daher auch den Eintritt der Unanfechtbarkeit des VA u damit der Unzulässigkeit einer Klage nicht hindern (zT **aA** Ma NVwZ-RR 1989, 452). Für die nicht ausdr geregelten Ausnahmen s unten 22. 16

---

[27] In diese Richtung auch die hM, vgl 48, 305, DÖV 1980, 651; NVwZ-RR 1997, 133; NVwZ-RR 2007, 89; Mü BayVBl 1983, 206; Bln DÖV 1976, 567; Lorenz § 19, 57; Scheuing DÖV 1975, 149 mwN; Schmidt, R. 414; **aA** BVerwG NJW 1970, 263; Heise DÖV 1973, 777 u Erichsen Jura 1992, 650 – für den besonders gelagerten Fall des Widerspruchs des Nachbarn gegen eine Bauerlaubnis, wenn nach Erteilung der Bauerlaubnis sich die Rechtslage zuungunsten des Bauherrn geändert hat; abzulehnen, weil hier das Rechtswidrigwerden möglicherweise mit der Frage, ob der VA nochmals neu erlassen werden kann, gleichgesetzt wird. Vgl ferner 29 ff u 217 ff zu § 113.

[28] So auch Ma DÖV 2005, 746; Ms DÖV 2006, 924; **aA** Ba NJW 2007, 394; Ko DÖV 2006, 834 u schon früher BVerwG 99, 250 mwN; s dazu auch 46 zu § 113.

17 **Ausdr vorgesehen** sind folgende Ausnahmen vom Erfordernis des Vorverfahrens: **a) Gesetzlicher Ausschluß des Vorverfahrens (Abs 1 S 2).** Die Vorschrift hat unmittelbare Bedeutung für einen Ausschluß durch Landesgesetz oder durch einen **Staatsvertrag** zwischen mehreren Ländern, der mit Zustimmung der Parlamente abgeschlossen wird (NVwZ 1985, 191). Der **Bundesgesetzgeber** kann, da die VwGO nur den Rang eines einfachen Gesetzes hat, durch spätere Gesetze auch ohne Rücksicht auf Abs 1 S 2 abweichende Regelungen treffen (BVerfG BayVBl 1973, 463; Ey-Rennert 24); vgl zB § 25 Abs 4 S 2 HS 1 JuSchG, ferner §§ 70, 74 Abs 1 S 2, 74 Abs 6 S 3 VwVfG.

17 a Der Ausschluß durch **Landesgesetze** ist **nur für Rechtsgebiete** möglich, für die dem Land nach der Kompetenzverteilung des GG die Gesetzgebungskompetenz zukommt, daher zB nicht für den Bereich der bundeseigenen Verwaltung. Es bedarf immer eines **formellen Gesetzes** (VOen u Satzungen genügen nicht, vgl RÖ-Kothe 8 a; **aA** Schl DÖV 1994, 394; Sch-Dolde/Porsch 10), das zeitlich **nach der VwGO erlassen** wurde.[29] Der **Ausschluß** wird regelmäßig nur **ausdr** erfolgen können, da er aus dem Gesetz hinreichend klar hervorgehen muß (noch enger NKVwGO-Geis 122). Nach dem 6. VwGOÄndG ist es **nicht mehr** erforderlich, daß der Ausschluß **nur für „besondere Fälle"** bestimmt ist. Denkbar ist also auch, daß das WiderspruchsVf für ein ganzes Rechtsgebiet (BT-Dr 13/5098, 23: bereichsspezifisch) ausgeschlossen wird. Von dieser Möglichkeit haben einige Bundesländer sehr weitreichenden Gebrauch gemacht u – zT allerdings befristet – das WiderspruchsVf für eine Vielzahl von Rechtsgebieten völlig ausgeschlossen (s zB Art 15 BayAGVwGO;[30] § 16 a HessAGVwGO; § 8 a NdsAGVwGO (dazu krit Nieuwland NdsVBl 2007, 38 ff; vgl auch Müller-Grune/Grune BayVBl 2007, 66 ff); § 8 a SachsAnhAGVwGO). Andere Bundesländer haben eher punktuelle Regelungen erlassen (s zB § 4 Abs 2 S 1 BerlAGVwGO; § 6 a BWAGVwGO; § 6 Abs 2 HmbAGVwGO; § 13 a MVAGGStrukG; § 6 NWAGVwGO).

Durch **Bundesrecht** ausgeschlossen ist das WiderspruchsVf zB gem **§ 70 VwVfG** für Entscheidungen in förmlichen Verwaltungsverfahren, wenn durch eine Rechtsvorschrift die Anwendung der §§ 63 ff VwVfG angeordnet ist, gem **§ 74 Abs 1 S 2 iVm § 70 VwVfG** für Planfeststellungsbeschlüsse[31] u für Plangenehmigungen, vgl zB § 74 Abs 6 S 3 VwVfG (zT iVm Vorschriften wie § 18 S 3 AEG u § 17 S 3 FStrG). Das gilt aber nicht für nachträgliche Anordnungen von Schutzauflagen nach § 75 Abs 2 S 2 u 3 VwVfG (Mü UPR 1999, 276), da diese nicht in einem PlanfeststellungsVf erlassen werden.

18 Möglich ist nicht nur der gänzliche Ausschluß des WiderspruchsVf als Prozeßvoraussetzung, sondern, soweit dieser zulässig wäre, auch eine **Beschränkung** der Zulässigkeit **des Widerspruchs** oder der Entscheidungskompetenz der Widerspruchsbehörde durch Gesetz, zB auf die Nachprüfung von Rechtsfragen (s oben 9 ff) oder auf die Einhaltung eines Beurteilungsspielraums (57, 147; Buchh 421.0 Prüfungswesen Nr 98); ebenso auch zB die **Anordnung eines besonderen EinspruchsVf** usw anstelle des WiderspruchsVf gem §§ 68 ff (Ks DVBl 1980, 67 zur Zulässigkeit des EinspruchsVf im Kommunalwahlrecht; s auch 5 zu § 79). S auch oben 9. Zur **„Doppelspurigkeit" des WiderspruchsVf** bei

---

[29] RÖ-Kothe 9 unter Hinweis darauf, daß die VwGO eine generelle Neuregelung des VorVf zum Ziel hatte, wie sich auch aus § 77 ergibt; SGH 179; **aA** Mü BayVBl 1969, 434; unter Bezugnahme auf die amtl Begründung zur VwGO auch SDC 2; B-Funke-Kaiser 17; Sch-Dolde/Porsch 13; P § 31, 15.

[30] Zur Verfassungsmäßigkeit dieser Regelung Lindner BayVBl 2005, 65; verfassungsrechtliche u rechtspolitische Bedenken gegen eine generelle Abschaffung des WiderspruchsVf bei Müller-Grune/Grune BayVBl 2007, 66 ff; krit auch Hofmann-Hoeppel BayVBl 2007, 73 ff. Allg zur Zukunft des WiderspruchsVf Rüssel NVwZ 2006, 523 ff.

[31] Vgl Ma DÖV 1984, 948, zugleich unter Hinweis darauf, daß der Widerspruch jedoch dann gegeben ist, wenn der Planfeststellungsantrag ohne weiteres Vf als unzulässig abgewiesen wurde.

VAen von Gemeinden im Selbstverwaltungsbereich in manchen Bundesländern s 3 u 5 zu § 73.

b) VAe oberster Bundes- oder Landesbehörden (Abs 1 S 2 Nr 1). 19
Oberste Behörden iSd Regelung sind zB der Bundespräsident (23, 295), die Bundesregierung, die einzelnen Bundesminister, die Präsidenten von Bundestag u Bundesrat, der Präsident des BVerfG, der Präsident des Bundesrechnungshofes, der Zentralbankrat u das Direktorium der Deutschen Bundesbank (Ule 23 III), **nicht** dagegen **Bundesoberbehörden** nach Art 87 Abs 3 GG (NKVwGO-Geis 141 mwN). Als VAe einer obersten Bundes- bzw Landesbehörde sind auch VAe anzusehen, die von anderen Behörden namens u im Auftrag **(Mandat)** einer obersten Behörde erlassen werden (RÖ-Kothe 12; SGH 180; NKVwGO-Geis 139), sowie VAe, die eine oberste Bundes- oder Landesbehörde **im Weg der Ersatzvornahme** für eine nachgeordnete Behörde oder einen ihrer Aufsicht unterstellten Selbstverwaltungskörper erläßt (str; **aA** NKVwGO-Geis 140). Dagegen verbleibt es bei VAen von Behörden, auf die oberste Bundesbehörden Zuständigkeiten delegiert haben, beim Erfordernis eines Vorverfahrens. Die **Einführung eines VorVf** gegen VAe oberster Bundesbehörden (zB § 126 Abs 3 Nr 1 BRRG für Beamtensachen) erfordert ein förmliches, nach Erlaß der VwGO ergangenes oder durch die Überleitungsbestimmungen zur VwGO aufrechterhaltenes Gesetz (vgl oben 17; **aA** SDC 2f: auch frühere Gesetze).

c) Erstmalige Beschwer durch Abhilfe- oder Widerspruchsbescheid 20
(Abs 1 S 2 Nr 2). Keines VorVf bedarf es nach Abs 1 S 2 Nr 2 idF des 6. VwGOÄndG auch dann, wenn der Abhilfebescheid oder der Widerspruchsbescheid erstmalig eine Beschwer des Widerspruchsführers, eines anderen Verfahrensbeteiligten oder auch eines Dritten enthält. **Beispiele:** Eine auf Einwendungen des Nachbarn hin versagte Baugenehmigung wird von der Widerspruchsbehörde erteilt; der Nachbar ist nunmehr durch den Widerspruchsbescheid erstmalig beschwert. Eine Auflage zum Genehmigungsbescheid wird von der Widerspruchsbehörde aufgehoben; der durch die Auflage begünstigte Dritte kann (sofern die Voraussetzungen des § 42 Abs 2 gegeben sind) dagegen nach Abs 1 S 2 Nr 2 sofort Klage zum VG erheben. Die auf Antrag der Handwerkskammer erfolgte Untersagung der Fortführung eines Handwerksbetriebs wird im WiderspruchsVf wieder aufgehoben; die Handwerkskammer kann dagegen sofort klagen (Ko DÖV 1981, 845). Ebenso wenn in erster Instanz die Behörde einer Selbstverwaltungskörperschaft, zB einer Gemeinde, oder eines sonst mit eigenen Rechten ausgestatteten Verwaltungsträgers entschieden hat u der Widerspruchsbescheid der Behörde eines anderen Rechtsträgers, idR der staatlichen Aufsichtsbehörde, nunmehr in eine geschützte Rechtsposition des Rechtsträgers der Ausgangsbehörde eingreift u nun dieser dagegen klagt (vgl zB BayVBl 1989, 248). Direkt anwendbar ist Abs 1 S 2 Nr 2 auch in den Fällen, in denen ein Beteiligter des VorVf selbst durch den Widerspruchsbescheid erstmals beschwert wird.[32] Als erstmalige Beschwer ist unter Berücksichtigung des § 79 Abs 2 jede zusätzliche selbständige Beschwer zu sehen.

Nr 2 ist nach wie vor **entspr** auf den Fall anzuwenden, daß der Widerspruchsbescheid überhaupt der **erste wirksam erlassene Bescheid** ist, etwa, weil die Behörde irrtümlich der Auffassung war, bereits in der Sache entschieden zu haben, u den Antrag des Betroffenen als Widerspruch aufgefaßt hatte, oder den ersten Bescheid an einen falschen Adressaten u erst den Widerspruchsbescheid an den Kl gerichtet hat (Ms DVBl 1972, 551). Zum **Begriff der Beschwer** s 7ff, 11ff zu § 79.

---

[32] Zur analogen Anwendbarkeit nach alter Rechtslage Ko NVwZ 1992, 386; Hufen § 6, 22; § 9, 23; P § 31, 23; Sch-Dolde/Porsch 18; Mußgnug VBlBW 1993, 447; **aA** NK-VwGO-Geis 150.

21 Eine weitere Änderung hat sich durch das 6. VwGOÄndG insofern ergeben, als jetzt auch die erstmalige Beschwer durch den Abhilfebescheid der Ausgangsbehörde ein neues WiderspruchsVf unstatthaft macht. Auch wenn die Begründung des Gesetzgebers[33] nicht ganz überzeugt, so ist die Regelung jedenfalls für die bei Abhilfebescheiden häufig anzutreffende Konstellation sinnvoll, in der die Widerspruchsbehörde die Ausgangsbehörde zuvor um den Erlaß eines Abhilfebescheids „ersucht" hat. Angesichts der Neuregelung ist ein VorVf aber bei allen erstmalig beschwerenden Abhilfebescheiden unstatthaft.

22 **12. Sonstige, nicht ausdr geregelte Ausnahmen:** Außer in den in § 68 Abs 1 geregelten Fällen ist das **VorVf** nach hM auch in folgenden Fällen **entbehrlich, jedoch nicht unzulässig:**[34]

23 **a) wenn der angefochtene VA** (nur) **einen VA** ganz oder zT (vgl Sa NVwZ 1983, 304) **abändert, ersetzt oder wiederholt,** gegen den bereits das VorVf durchgeführt war oder die Klage gem § 75 zulässig geworden ist,[35] **vorausgesetzt,** daß der neue VA **im wesentlichen dieselben Sach- u Rechtsfragen** zum Gegenstand hat;[36] dies gilt auch für **Bescheide, die** früheren Bescheiden **zT abhelfen,** im übrigen über den belastenden Teil wiederholen (Mü BayVBl 1975, 21). Maßgeblich ist in jedem Fall, ob eine Klageänderung nach § 91 zulässig wäre. – **Entsprechendes gilt in Verpflichtungssachen,** wenn zwar ein neuer VA begehrt wird, dieser neue VA aber auf im wesentlichen denselben tatsächlichen u rechtlichen Voraussetzungen beruht wie der VA, der bereits Gegenstand eines VorVf war.[37]

Wurde ein **VA** durch **einen neuen VA ersetzt** oder abgeändert, bevor über den Widerspruch entschieden worden ist, so hat der Widerspruchsführer **die Wahl,** ob er den ursprünglichen VA für **erledigt** erklärt u gegen den neuen VA einen neuen Widerspruch erhebt **oder** den neuen VA durch eine entspr Änderung des Widerspruchs analog § 91 **in den anhängigen Widerspruch einbezieht** bzw den Widerspruch durch Widerspruchsänderung nur noch gegen den zweiten VA richtet.[38]

23 a **b) in bestimmten Fällen von Klageänderungen.** Dies gilt zum einen in den Fällen, in welchen ein sich der Sache nach als Klageänderung darstellendes neues Klagebegehren durch das Gesetz nicht als Klageänderung bewertet wird, so zB nach **§ 173 S 1 iVm § 264 ZPO** (s dazu 8 zu § 91 mit weiteren Beispielen). Die auf Erleichterung der Klageänderung gerichtete Regelung, die das Nichtvor-

---

[33] BT-Dr 13/3993, 18 f; 13/5098, 23: Es ist davon auszugehen, daß die Behörde eine solche Entscheidung nur nach sorgfältiger Prüfung der Sach- u Rechtslage treffen kann.

[34] Ebenso P § 31, 31; Sch-Dolde/Porsch 28; zur fehlenden Statthaftigkeit bei ausdr Ausnahmen s aber oben 16.

[35] 65, 169; DVBl 1982, 692; Ba NVwZ-RR 1999, 101; Ks NJW 1983, 902; Ko NVwZ 1985, 667; 1992, 386 mwN; Lü DVBl 1979, 85; Mü BayVBl 1987, 22; Ms DVBl 1970, 467; Schenke 661 f; JZ 1996, 1062; SGH 182; Stern 16 III; Ey-Rennert 34; RÖ-Kothe 3 zu § 79; Martens 100; Schoch NVwZ 1988, 13; diff Pietzner VerwA 1990, 266.

[36] NJW 1970, 1564; 1971, 1147; DVBl 1982, 692; Buchh 310 § 91 VwGO Nr 6; Mü BayVBl 1980, 297; RÖ-Kothe 3 zu § 79; Schenke JZ 1996, 1062; **aA** Mü BayVBl 1968, 208: auch in sonstigen Fällen, wenn der Bekl sich auf die Änderung einläßt; ähnlich BVerwG DVBl 1980, 599.

[37] Vgl DÖV 1960, 499 zu einer Klage auf Verpflichtung zum Erlaß eines mit Bedingungen versehenen VA, nachdem das VorVf hins des Antrags auf denselben VA ohne Bedingungen durchgeführt war; ähnlich Mü BayVBl 1980, 297, jedoch ablehnend für den Fall, daß die Behörde über einen neuen Antrag noch nicht entschieden hat.

[38] Mü BayVBl 1973, 383; 1987, 122: die Zulässigkeit des geänderten Widerspruchs ist unabhängig von der Zulässigkeit des ursprünglichen Widerspruchs zu prüfen; NVwZ 1983, 616; Ma NVwZ-RR 1988, 58; Sch-Dolde/Porsch 25; s auch 8 zu § 91; **aA** BFH BStBl II 1976, 551; 1977, 517: „automatisch" einbezogen.

liegen einer Klageänderung fingiert, würde nämlich ausgehöhlt, wenn man in einem solchen Fall für das geänderte Klagebegehren die erneute Durchführung eines VorVf verlangte. Deshalb steht es zB dem Übergang von einer Klage auf Erteilung einer Baugenehmigung auf eine Klage auf Erteilung eines Bauvorbescheids, insb einer Bebauungsgenehmigung, nicht entgegen, daß bzgl des Anspruchs auf Erlaß des Bauvorbescheids ein VorVf nicht durchgeführt wurde.[39] Entbehrlich ist ein VorVf ferner im Falle der erst nach Rechtshängigkeit einer Anfechtungsklage gem § 113 Abs 1 S 2 erfolgenden Geltendmachung eines VollzugsFBA in bezug auf diesen, selbst wenn er auf Erlaß eines VA gerichtet ist (s 93 zu § 113); dasselbe gilt bei einer nach Rechtshängigkeit der Anfechtungsklage erhobenen Stufenklage gem § 113 Abs 4 (s 175 zu § 113). Kein VorVf durchzuführen ist aus entspr Erwägungen in den Fällen einer gesetzlich normierten Klageänderung, wie sie nach **§ 114 S 2** gegeben sein kann (s 70 zu § 113) bzw dort, wo der Gesetzgeber eine **Heilung eines VA** noch während des gerichtlichen Vf zuläßt (s § 45 Abs 2 VwVfG) u damit zum Ausdruck bringt, daß hierdurch die Identität des VA gewahrt bleibt u rechtlich nicht von einem Neuerlaß eines VA auszugehen ist (s 60 zu § 113). Entsprechendes gilt regelmäßig in den Fällen, in denen das Gericht eine **Klageänderung gem § 91** für sachdienlich erklärt. Nur so lassen sich Widersprüche zwischen der Annahme der Sachdienlichkeit u dem Erfordernis eines VorVf vermeiden (NJW 1970, 1564).

c) wenn der angefochtene VA – auch zB ein nachträglich ergangener u nun in eine bereits anhängige Klage einbezogener VA – **in unmittelbarem Zusammenhang mit einem vorangegangenen VA,** gegen den das VorVf bereits durchgeführt ist, u dem durch diesen VA geregelten Sachverhalt steht u in allen wesentlichen Punkten auf **gleichliegenden Gründen** beruht (Weides JuS 1993, 53), zB bei Einbeziehung einer nachträglich erfolgten Dispenserteilung in die Klage gegen eine Baugenehmigung, die sachlich den Dispens schon vorwegnahm (NVwZ 1990, 670; BayVBl 1972, 641); hins der Rückforderung von überzahlten Bezügen nach dem Tod des Berechtigten nunmehr auch **für weitere** Monate (NVwZ 1990, 670). Grds immer erforderlich ist ein neues VorVf dagegen, wenn der neue VA **eine erstmalige oder zusätzliche selbständige Beschwer** iSv § 79 Abs 1 Nr 2 bzw Abs 2 enthält. 24

d) wenn nur Nebenentscheidungen zu einem **Widerspruchsbescheid** angegriffen werden, wie die Kostenentscheidung im Widerspruchsbescheid gem § 73 Abs 3[40] oder der Ansatz einer Gebühr für den Widerspruchsbescheid.[41] Zur gesonderten Anfechtbarkeit der Kostenentscheidung u des Ansatzes einer Gebühr s auch 4 zu § 158. Enthält ein Widerspruchsbescheid **Regelungen, die in keinem unmittelbaren, notwendigen Zusammenhang mit dem Widerspruch stehen** (s oben 10 u 12), so gilt die Ausnahme für Nebenentscheidungen nicht. Der Betroffene kann jedoch gleichwohl nach den für **RMittel gegen „inkorrekte" Entscheidungen** geltenden Grundsätzen (vgl 22 ff vor § 124), statt dagegen zunächst Widerspruch einzulegen, unmittelbar Klage zum VG erheben (**aA** Sch-Dolde/Porsch 26: nur Klage zulässig, da erstmalige Beschwer iSd Abs 1 S 2 Nr 2). Vgl auch 22 ff vor § 124. 25

---

[39] **AA** Ms NVwZ 1993, 494, das aber in diesem Zusammenhang von einer Klageänderung gem § 91 ausgeht u den § 173 S 1 iVm § 264 Nr 2 ZPO nicht erwähnt, obschon die Bebauungsgenehmigung ein vorweggenommener Teil der Baugenehmigung ist; richtig für Anwendung des § 173 S 1 iVm § 264 ZPO Ma UPR 1990, 280.

[40] 17, 249; Ko NVwZ 1992, 585; NKVwGO-Geis 146; SDC 5 c; RÖ-Kothe 33 zu § 73; MB 36 zu § 80 VwVfG; unklar Pietzner BayVBl 1979, 113 f; aA Meier 64 f.

[41] Mü BayVBl 1983, 247; zT **aA** Pietzner BayVBl 1979, 114: nur wenn kraft Gesetzes im Widerspruchsbescheid darüber mitentschieden wurde; andernfalls Widerspruch erforderlich; vgl auch oben 21 sowie 15 zu § 73; allg auch BVerwG 44, 126.

26 **e) Ausnahmen im weiteren Sinn** stellen auch die Fälle dar, in denen das WiderspruchsVf nicht vom Kl persönlich, sondern von einem **notwendigen Streitgenossen** auf seiner Seite durchgeführt worden ist (s oben 8) oder in denen eine **Klage** bereits **nach § 75** als Untätigkeitsklage **zulässig** geworden ist, nachträglich aber noch eine Entscheidung der Verwaltung über den Antrag des Kl ergeht (Ms NVwZ-RR 2004, 395; s 21 zu § 75).

27 **13. Abzulehnende weitere Ausnahmen:** Angesichts der klaren Regelung des § 68 Abs 1 u der Bedeutung des VorVf (s 1 vor § 68) für den Rechtsschutz u für eine sinnvolle Abgrenzung der Aufgaben von Behörden u Gerichten (vgl Kopp VerfR 228, 245; Gutachten 77) sind weitere Ausnahmen abzulehnen. Das **VorVf** nach §§ 68 ff ist deshalb, entgegen der zT **aA** vor allem des BVerwG, insb auch in folgenden Fällen als **notwendig** anzusehen:

28 **a) wenn der Bekl sich** vorbehaltlos (dh nicht nur hilfsweise neben dem primären Einwand, daß das VorVf nicht durchgeführt ist, vgl DVBl 1981, 503) **auf die Klage einläßt** und, ohne das Fehlen des VorVf zu rügen, die Abweisung beantragt;[42]

29 **b) wenn,** ohne daß die Voraussetzungen nach Abs 1 S 2 Nr 2 (s dazu oben 20) oder einer notwendigen Streitgenossenschaft (s oben 8 u 26) gegeben sind, **das VorVf von einer dritten Person durchgeführt** worden war.[43] **Entspr** gilt, wenn die Widerspruchsbehörde in anderem Zusammenhang die Sache geprüft hat, zB aufgrund einer **Dienstaufsichtsbeschwerde** (vgl **aA** DVBl 1981, 503) oder aufgrund eines sonstigen Anlasses (**aA** DVBl 1967, 774; 1981, 191: VorVf entbehrlich);

30 **c) wenn die Klage zunächst als allg Leistungsklage oder Feststellungsklage erhoben** wurde u erst später auf eine Anfechtungs- oder Verpflichtungsklage umgestellt wird.[44] Vgl zur **Wahrung der Widerspruchsfrist** in diesem Fall bei Nachholung des Widerspruchs oben 3;

31 **d) wenn ein neuer Kl** an Stelle des ursprünglichen Kl **durch Parteiwechsel** in das Vf eintritt;[45] **anders bei Parteiwechsel kraft Gesetzes** (Rechtsnachfolge), bei **Rechtsnachfolge** in die von einem dinglichen VA betroffene **dingliche Rechtsstellung** (s oben 8) sowie bei **Parteiwechsel auf seiten des Bekl** (65, 49: neue Antragstellung u neues VorVf erforderlich);

32 **e) wenn das Verhalten der Widerspruchsbehörde** vor oder während des gerichtlichen Vf mit großer Wahrscheinlichkeit **erwarten läßt, daß ein Widerspruch keinen Erfolg hätte.**[46] Die Klage ist in diesen Fällen jedoch idR

---

[42] Schenke 664; JZ 1996, 1061; Sch-Dolde/Porsch 29; s im einzelnen 11 vor § 68; **aA** zB 64, 325 = BayVBl 1982, 346; DVBl 1981, 503; NVwZ-RR 1995, 60, 169; Ma NVwZ-RR 1992, 185; Mü UPR 1999, 276; Schl NVwZ-RR 1995, 670.

[43] S oben 7; **aA** 40, 30; DÖV 1970, 248; 1972, 390; für den Fall, daß Ehegatten aus dem gleichen Rechtsgrund in Anspr genommen werden u kein Grund für eine unterschiedliche Beurteilung ersichtlich ist, auch DÖV 1976, 353; zT auch Stern 15 II 6; Weides 14 I; SGH 182; vgl auch BVerwG VRspr 28, 224II 6; Buchh 310 § 70 VwGO Nr 6; Ms DÖV 1970, 500. Eine Ausnahme kann jedenfalls dann nicht gemacht werden, wenn der von dem Dritten eingelegte Widerspruch wg Verspätung als unzulässig zurückgewiesen wurde (Bln NVwZ-RR 1998, 270).

[44] Mü BayVBl 1980, 181; Schweiger DVBl 1967, 860; NKVwGO-Geis 178 f; s auch 32 zu § 91; **aA** BVerwG 30, 46: die Anfechtungsklage gegen einen erst nach Anhängigkeit einer negativen Feststellungsklage erlassenen VA ist ohne VorVf zulässig.

[45] Ms VRspr 21, 502; Ma DÖV 1982, 751; Sch-Dolde/Porsch 31; RÖ-Kothe 9 zu § 91; s auch 32 zu § 91; **aA** Lü 23, 361.

[46] Ks NVwZ 1988, 266; SDC 1 d; Ule VwGO 251 u DVBl 1959, 539; v Mutius 180; Sch-Dolde/Porsch 32; NKVwGO-Geis 167 f; Schenke JZ 1996, 1062; BSG 8, 10 u DVBl 1963, 407; **aA** BVerwG 27, 185; 64, 330 = BayVBl 1982, 346; 85, 167; NVwZ 1988, 724; DVBl 1984, 91; Buchh 232 § 42 BBG Nr 14; Ks NVwZ 1988, 266; wohl auch Martens 7.2: kein neues VorVf erforderlich.

nach § 75 zulässig; auch § 75 setzt freilich voraus, daß jedenfalls der Widerspruch ordnungsgemäß u rechtzeitig erhoben wurde. S oben 1;

f) wenn die Behörde, die über den Widerspruch zu entscheiden hätte, (irrtümlich) **der Auffassung ist, daß ein Widerspruch nicht erforderlich ist** (Sch-Dolde/Porsch 34; **aA** 37, 88; 38, 703; 39, 265: VorVf nicht erforderlich). In Fällen dieser Art ist die Klage jedoch **idR nach § 75** zulässig; 33

g) wenn sich die Hauptsache bereits vor Einlegung des Widerspruchs erledigt hat (s zum Begriff der Hauptsacheerledigung 96 zu § 113) u der Kl **nun** die **FFK** analog § 113 Abs 1 S 4 erhebt.[47] Das **VorVf** ist **auch in diesem Fall sinnvoll,** da es auf eine verbindliche Feststellung der Widerspruchsbehörde durch VA entspr § 113 Abs 1 S 4 abzielt, der der Bestandskraft fähig ist,[48] auch wenn diese – entspr der Bestandskraft eines Aufhebungsbescheides – nicht der RKraft eines Urteils entspricht. S näher 2 vor § 68; vgl auch 6 zu § 72; 9 zu § 73; 127 u 133 f zu § 113; 34

h) wenn die Beschwer auf einem selbständig anfechtbaren VA beruht, der nur in einem äußeren Zusammenhang mit dem WiderspruchsVf steht, wie die Zurückweisung eines Bevollmächtigten nach § 67 Abs 2 (Sch-Dolde/Porsch 27; Meier 68 f; **aA** 44, 126 unter Hinweis auf den Rechtsgedanken des § 79 Abs 1 Nr 2, Abs 2 S 1 u 2; ebenso NKVwGO-Geis 151); **anders** dagegen unselbständige **Verfahrensanordnungen** uä, die nur im Rahmen von Rechtsbehelfen gegen den Widerspruchsbescheid anfechtbar sind (s 1 ff zu § 44 a), oder die **Kostenentscheidung** im WiderspruchsVf u der Ansatz einer Gebühr für das WiderspruchsVf (s oben 31), die als Teil des Widerspruchsbescheids anzusehen sind u deren Anfechtung deshalb kein weiteres VorVf mehr erfordert. Zu selbständigen **Entscheidungen im Rahmen des Widerspruchsbescheids** s auch oben 25; 35

i) wenn der VA nichtig ist. Ist ein VA nichtig, so kann der Betroffene dagegen unmittelbar die **Nichtigkeitsfeststellungsklage** gem § 43 erheben. Wählt er stattdessen die Anfechtung, so ist auch ein VorVf erforderlich; 36

j) wenn die dem in Frage stehenden VA **beigefügte Rechtsbehelfsbelehrung** unzutr dahin informiert hat, daß unmittelbar, dh ohne vorherige Durchführung des

---

[47] Ma NVwZ 1984, 251; Ko NJW-RR 1982, 1302; Obermayer 218; Schenke 666; JZ 1996, 1061; ders BayVBl 1969, 304; Jura 1980, 140; DÖV 1982, 716; Menger-FS 1985, 466; R Schenke NVwZ 2000, 1257; Weides 209, 237; Linhart 269, 275; Schwabe 11 V; v Mutius JK-VwGO § 113/1; P 31, 30; Funk BayVBl 1992, 471; Frohn BayVBl 1992, 473; Kopp VwGO-Rspr 98; DVBl 1992, 1494; BayVBl 1992, 759; JZ 1992, 1080; ders, Redeker-FS 1993, 549; VerfR 229 Fn 642; wohl auch BVerwG BayVBl 1982, 471 – in BVerwG 65, 169 nicht mit abgedruckt –; vgl auch BFH NJW 1986, 2274; s auch 2 vor § 68; unklar StBS-P. Stelkens/Kallerhoff 52 zu § 79 VwVfG; **aA** BVerwG 12, 90; 26, 165; 35, 336; 56, 26; NJW 1967, 1245; DVBl 1981, 502; 1989, 873 – Widerspruchsbescheid in der Sache wäre unzulässig –; VRspr 25, 539; Ks 21, 208; Ko NJW 1982, 1302; Mü BayVBl 1992, 52; Ey-Rennert 4; Hufen § 8, 33 u § 18, 83 f; Jäde 128; ME VerwA 1968, 181; NKVwGO-Geis 110; Ule 45 II; v Mutius 232 f; BayVBl 1987, 762; SGH 362; Erichsen Jura 1989, 51; Erichsen/Weiß Jura 1993, 105 mwN: VorVf entbehrlich, wenn die Hauptsacheerledigung schon vor Ablauf der Widerspruchsfrist eingetreten ist; für die Klage gilt § 74 Abs 1 S 2, § 58 Abs 2 analog unmittelbar hins der VA.

[48] Vgl Schenke 666; Kopp JuS 1992, 1080 – unter Hinweis auf BVerfG 60, 269 –; **aA** BVerwG 26, 165, wo die abweichende Auffassung gerade auch mit dem Fehlen der Möglichkeit einer verbindlichen Entscheidung über die Rechtswidrigkeit des VA im WiderspruchsVf begründet wird; Ko NJW 1982, 1902: da die Feststellung der Widerspruchsbehörde geringeres Gewicht als ein rechtskräftiges Urteil habe; VG Neustadt NVwZ 1985, 372; VG Frankfurt NVwZ 1988, 361; B-Funke-Kaiser 36: die spezifischen Zwecke des VorVf seien nicht mehr zu realisieren u das Gesetz enthalte keinen Anhaltspunkt für eine Sachentscheidungsbefugnis der Widerspruchsbehörde; Ey-Rennert 4: Das Gesetz kenne nicht die Feststellung der Rechtswidrigkeit eines VA durch eine Behörde; NKVwGO-Geis 110.

Widerspruchsverfahrens, Klage erhoben werden könne (NVwZ-RR 1995, 90; Ma NVwZ-RR 1992, 354 mwN; 1999, 432; s auch 3 zu § 58).

§ 69 [Widerspruch]

Das Vorverfahren beginnt mit der Erhebung des Widerspruchs.

Vgl § 83 SGG

Schrifttum: *Allesch,* Ist der Widerspruch nach Zustellung des Widerspruchsbescheids noch zurücknehmbar?, NVwZ 2000, 1227; *Artzt,* Zur Problematik der Rücknahme des Widerspruchs im Klageverfahren, NVwZ 1995, 666; *Bienert,* Zulässigkeit der Rücknahme des Widerspruchs nach Erlass des Widerspruchsbescheids, SächsVBl 2003, 29; *Engelbrecht,* Die Hauptsacheerledigung im Widerspruchsverfahren, JuS 1997, 550; *Hufen,* Heilung und Unbeachtlichkeit von Verfahrensfehlern, JuS 1999, 313; *Lehmann,* „Begründungsfrist" im verwaltungsrechtlichen Widerspruchsverfahren, NJ 1998, 18; *Linhart,* Schreiben, Bescheide und Vorschriften in der Verwaltung, 1999; *Schildheuer,* Die Rücknahme des Widerspruchs nach Erlaß des Widerspruchsbescheids, NVwZ 1997, 637; *C. Weber,* Erledigung von Rechtsbehelfen gegen Beitragsbescheide bei Heilung durch Erlaß einer neuen Satzung, VBlBW 1998, 415. – S ferner vor § 68.

1 **1. Allgemeines:** Der Widerspruch ist der nach der VwGO vorgesehene **Rechtsbehelf,** der das VorVf in Gang setzt u eine Überprüfung des den Bürger belastenden bzw einen Antrag des Bürgers ablehnenden VA in **tatsächlicher u rechtlicher** Hinsicht sowie ggf hins der Zweckmäßigkeit zum Ziel hat. Der Widerspruch ist gem § 77 an Stelle der im früheren Recht in unterschiedlicher Ausgestaltung möglichen Einsprüche, Beschwerden usw heute als einheitlicher, grds einziger Rechtsbehelf Prozeßvoraussetzung (s 6 vor § 68) der Anfechtungs- bzw Verpflichtungsklage.

2 **Der Widerspruch hat Suspensivwirkung** (Hemmungswirkung, s 1 vor § 124), dh er hemmt den Eintritt der Unanfechtbarkeit u der Rechtsbeständigkeit des angegriffenen VA (vgl aber zur Verwirkung 18 ff zu § 74), u im Regelfall (vgl § 73 Abs 3), jedoch nicht ausnahmslos, auch **Devolutivwirkung** (Anfallwirkung, s 1 vor § 124). Außerdem ist mit seiner Einlegung nach dem Regelfall des § 80 Abs 1 die **aufschiebende Wirkung** (aW) des angegriffenen VA verbunden (s 22 ff zu § 80).

3 **2. Gegenstand des Widerspruchs:** Der Widerspruch ist sowohl gegen belastende VAe als auch gegen die Ablehnung beantragter begünstigender VAe, nicht dagegen (wie nach früherem Recht u in verschiedenen fremden Rechtsordnungen) auch gegen das Schweigen der Behörde auf einen Antrag auf Erlaß eines VA zulässig. Wie bei der Klage (s 3 u 54 ff zu § 42) muß objektiv ein **VA** vorliegen; die **Behauptung,** daß ein bestimmtes Verhalten einen VA darstellt, **genügt nicht.** Zum Begriff des VA s Anh § 42. Handelt es sich bei dem angegriffenen Akt nicht oder noch nicht um einen VA, so ist der Widerspruch unzulässig u daher durch den Widerspruchsbescheid zurückzuweisen (Mü BayVBl 1985, 339; vgl auch BFH NVwZ 1985, 519). Ein **vor Ergehen des VA** eingelegter Widerspruch ist unzulässig u wird auch nachträglich nicht zulässig, wenn der VA tatsächlich ergeht.[1]

Zulässig ist der Widerspruch dagegen auch gegen **nichtige VAe u** gegen **VAe,** die nur **nicht ordnungsgemäß bekanntgegeben** wurden (VG Gießen NVwZ-

---

[1] 25, 21; NJW 1978, 1870; BayVBl 1985, 605; BFH NVwZ 1984, 136; Ms DVBl 1996, 115; T Schmidt DÖV 2001, 857 ff; **aA** BVerwG 63, 188 zu § 17 Abs 4 S 1 WBO; vgl auch FG Köln NVwZ 1985, 223: Einspruch gegen einen Steuerbescheid schon vor dessen förmlicher Bekanntgabe zulässig, wenn der Betroffene vom Inhalt schriftliche Kenntnis hat, zB durch Erhalt einer Ablichtung; abzulehnen. S auch 2 zu § 68.

RR 1990, 412) oder die nur zwar dem Widerspruchsführer ggü nicht bekanntgegeben wurden, aber durch Bekanntgabe an andere Betroffene jedenfalls existent geworden sind (2 zu § 68; vgl ferner 3 zu § 42; 19 vor § 124).

Der Widerspruch kann bei teilbarem Inhalt des VA auch gegen einen **Teil eines VA,**[2] auch gegen einzelne **Nebenbestimmungen** usw, gerichtet werden. Im einzelnen gilt hier Entsprechendes wie für die Teilanfechtung im KlageVf (vgl 21 ff zu 42). IdR ist jedoch eine Beschränkung des Widerspruchs auf einen Teil eines VA nur anzunehmen, wenn der dahingehende Wille des Widerspruchsführers eindeutig ist (vgl DÖV 1970, 138; NVwZ 1988, 147; BFH GrS NVwZ 1990, 598).

3. Sonstige Zulässigkeitsvoraussetzungen; Widerspruchsverzicht: Die 4
VwGO nennt als Voraussetzung für die Zulässigkeit des Widerspruchs nur die Wahrung der **Form u Frist** (§ 70). Die Zulässigkeit eines Widerspruchs, die als Voraussetzung der ordnungsgemäßen Durchführung des Vf (s 6 vor § 68) zugleich Voraussetzung der Zulässigkeit einer evtl späteren Anfechtungs- oder Verpflichtungsklage ist (s 6 ff vor § 68), erfordert nach hM weiter aber, soweit die VwGO nicht ausdr andere Regelungen trifft oder sich Besonderheiten aus dem Wesen des WiderspruchsVf ergeben, grds auch die Erfüllung aller **sonstigen allg Voraussetzungen,** wie sie analog auch für Sachurteile gegeben sein müssen (s 10 ff, 17 ff vor § 40; s im einzelnen 12 vor § 68).

Unzulässig ist ein Widerspruch ua auch dann, wenn der Widerspruchsführer **wirksam** darauf **verzichtet** hat.[3] Zweifelhaft ist, ob die Widerspruchsbehörde trotz Wirksamkeit eines Verzichts über den Verzicht gleichwohl hinwegsehen u trotzdem über den Widerspruch zur Sache entscheiden kann u damit zugleich auch den Klageweg gegen den AusgangsVA wieder eröffnen kann.[4] Voraussetzung dafür ist jedenfalls, daß nicht Dritte aus dem Verzicht Rechte erworben haben.

4. Inhaltliche Anforderungen: Die VwGO enthält keine näheren Bestim- 5
mungen über den Mindestinhalt eines Widerspruchs, insb auch nicht die Forderung, daß der Widerspruch als Widerspruch bezeichnet sein muß, einen bestimmten Antrag enthalten muß, begründet sein muß usw. Es genügt insoweit, daß für die Behörde aus dem Widerspruchsschreiben u den näheren Umständen des Falles hinreichend erkennbar ist, daß der Betroffene mit einem bestimmten VA (insoweit muß aus dem Widerspruch zumindest im Weg der Auslegung erkennbar sein, gegen welchen Akt er sich richtet) nicht einverstanden ist u eine Überprüfung begehrt. S im einzelnen 5 zu § 70. Es darf auch nicht offensichtlich sein, daß nur ein formloser Rechtsbehelf (Dienstaufsichtsbeschwerde, Aufsichtsbeschwerde, Gegenvorstellung) oder eine Petition gewollt ist. Für die Auslegung u Behandlung des Widerspruchs gilt § 88 HS 2 – hins des HS 1 s zur reformatio in peius 10 ff zu § 68 – analog. Möglich ist je nach den Umständen uU zB auch die Umdeutung eines Antrags nach § 51 VwVfG in einen Widerspruch (Ms NVwZ 1984, 655; offen Ms NVwZ 1990, 677). Im Zweifel muß die Behörde, bei der der Widerspruch eingelegt wird, oder die Widerspruchsbehörde (nicht zuletzt auch wg der uU mit dem Widerspruch verbundenen Kosten!) durch Rückfrage klären, ob ein förmlicher Widerspruch gewollt ist u wogegen er gerichtet ist (vgl § 79 VwVfG iVm § 25 VwVfG).

[2] 9, 110; DÖV 1970, 138; NVwZ 1988, 147; Sch-Dolde/Porsch 3.

[3] NVwZ 1982, 196; Ms NJW 1987, 1964; Ma NVwZ 1989, 229; Quaritsch, Martens-GS 1987, 407. S zu den Voraussetzungen eines wirksamen Verzichts ua BVerwG DVBl 1964, 875: Verzicht grds erst nach Ergehen des VA möglich; Erichsen Jura 1992, 649: Verzicht auch konkludent möglich; A. Hartmann DÖV 1990, 8; P § 36, 1 ff; vgl auch 21 f zu § 74.

[4] Bejahend BVerwG NJW 1960, 1781; Ms NVwZ 1983, 681; Ma NVwZ 1983, 681.

6 **5. Widerspruchsbefugnis und Widerspruchsgründe:** Die Befugnis, Widerspruch zu erheben **(Widerspruchsbefugnis),**[5] u die **Gründe, auf die ein Widerspruch gestützt** werden kann, entsprechen dem Umfang der Prüfungsbefugnis der Widerspruchsbehörde nach § 68 Abs 1. Der Widerspruchsführer muß nicht notwendig, wie bei § 42 Abs 2, die Verletzung eigener Rechte geltend machen, sondern kann seinen Widerspruch auch auf bloße Unzweckmäßigkeit, dh belastende Rechtsbetroffenheit durch Unzweckmäßigkeit des VA – u idS freilich auch die Verletzung seines Rechts auf einen zweckmäßigen VA unter Berücksichtigung auch seiner Rechte u Interessen – stützen, zB auch darauf, daß eine andere Lösung für ihn zweckmäßiger, besser, vorteilhafter usw wäre.[6] Soweit die Gegenmeinung sich auf verfassungsrechtliche Gründe stützt – Vorschaltcharakter des Vorverfahrens, Fehlen einer allg Zuständigkeit des Bundesgesetzgebers zur Regelung des VorVf – würden diese Einwände auch schon die Regelung des Prüfungsumfangs gem § 68 Abs 1 S 1 betreffen. Die Zulässigkeit auch der Nachprüfung der Zweckmäßigkeit wird aber in BVerfG BayVBl 1973, 463 ausdr, in BVerfG 69, 48 konkludent anerkannt. Die Gegenansicht läßt sich auch nicht auf die Rechtsschutzfunktion des WiderspruchsVf stützen (so aber Hain DVBl 1999, 1548), denn das WiderspruchsVf beschränkt sich nach seiner gesetzlichen Ausgestaltung eben nicht nur auf eine reine Rechtmäßigkeitskontrolle. Zudem ist es bei einem Schutz subjektiver Rechte vor belastenden unzweckmäßigen Eingriffen durchaus noch möglich, von einer Rechtsschutzfunktion zu sprechen, u die Effizienz der auch durch die Verwaltungsverfahrensgesetzgeber gewollten Zweckmäßigkeitskontrolle im WiderspruchsVf würde entscheidend geschwächt, wenn man die Widerspruchsbefugnis einschränkte bzw bei einem nur unzweckmäßigen VA einen Widerspruch stets als unbegründet ansähe. – **Voraussetzung** für die Zulässigkeit eines Widerspruchs ist **jedoch immer,** daß der Widerspruchsführer durch den VA, dessen Rechtswidrigkeit oder Unzweckmäßigkeit er geltend macht, **jedenfalls in seinen Rechten,** dh in einer durch sog drittschützende Rechtsnormen geschützten Rechtsposition (s dazu im einzelnen 65 ff zu § 42), **betroffen ist;** § 68 Abs 1 eröffnet ebensowenig wie § 42 Abs 2 die Möglichkeit einer Popularbeschwerde.[7] Durch **Sondergesetze** kann jedoch der Kreis der Widerspruchsberechtigten erweitert, insb auch vom Erfordernis, daß eigene Rechte betroffen sein müssen, abgesehen werden.

Nicht erforderlich, wenn auch in seinem eigenen Interesse ratsam, ist – da das Gesetz dies wie in § 42 Abs 2 ausdr vorschreiben müßte, dies jedoch nicht tut – daß der Widerspruchsführer mit dem Widerspruch **substantiiert darlegt,** wieso u inwiefern er sich durch den vor den angegriffenen VA im oben dargelegten Sinn **in seinen Rechten betroffen** fühlt. Insoweit genügt jedenfalls auch schon die bereits in der Widerspruchseinlegung zu sehende konkludente Behauptung u die objektiv bestehende, im Zweifel von der Behörde festzustellende **Möglichkeit der Rechtsbetroffenheit** (s auch Lehmann NJ 1998, 18). Aus den gleichen Gründen sind auch fehlerhafte, insb unbehelfliche, Ausführungen zur Widerspruchsbefugnis, zB eine Bezugnahme auf nicht drittschützende Rechtsnormen, unschädlich, wenn die erforderlichen rechtlichen Voraussetzungen der Widerspruchsbefugnis jedenfalls tatsächlich gegeben sind.

---

[5] Vgl BayVBl 1988, 23; BSG NJW 1991, 2989; Lü NVwZ 1987, 341; BezG Dresden LKV 1992, 304; VG Darmstadt NVwZ 1987, 351; RÖ-Kothe 5; Erichsen Jura 1992, 649 mwN.

[6] v Mutius 214; Jura 1979, 616; Stern 15 I 3; WBS II § 63, 17; Pappermann/Löhr JuS 1980, 353; Linhart APF 1981, 335; Erichsen Jura 1992, 649; NKVwGO-Geis 52, 53; vgl auch BVerfG BayVBl 1979, 463; **aA** SDC 2a zu § 70; ME VerwA 1966, 283 u nunmehr wieder Hain DVBl 1999, 1549.

[7] Vgl DVBl 1982, 959; VG Darmstadt NVwZ 1987, 350; Jarass NJW 1983, 2845: auch Drittwidersprüche sind nur zulässig u begründet, wenn u soweit sie auf drittschützende Normen gestützt sind; **aA** Ma GewA 1980, 200.

Auch eine **Begründung des Widerspruchs** im übrigen ist, soweit nicht durch besondere Rechtsvorschriften etwas anderes bestimmt ist, weder Voraussetzung der Zulässigkeit, noch für den Erfolg des Widerspruchs erforderlich. Die Widerspruchsbehörde muß grds gem §§ 79, 24 VwVfG bzw nach den entspr Bestimmungen der Verwaltungsverfahrensgesetze der Länder oder nach sonstigen Vorschriften oder allg Rechtsgrundsätzen, den maßgeblichen **Sachverhalt vAw ermitteln.** Allerdings trifft den Widerspruchsführer insoweit eine gewisse **Mitwirkungslast.** Die Widerspruchsbehörde braucht nicht von sich aus wie ein Untersuchungsrichter alle denkbaren Tatsachen zu ermitteln suchen, wenn es dem Widerspruchsführer ohne weiteres möglich u zumutbar wäre, der Widerspruchsbehörde entspr Hinweise zu geben u zur Aufklärung offener Fragen beizutragen (26, 30; 74, 272; KR 23 zu § 24 VwVfG mwN). Vgl im einzelnen KR 1 ff, 23 zu § 24 VwVfG; 8 zu § 26.

Zu der Frage, ob **Veränderungen der Sach- und Rechtslage** nach Erlaß 7 des Ausgangsbescheids noch materiellrechtliche Bedeutung haben u vom Widerspruchsführer noch wirksam geltend gemacht werden können bzw eine mögliche Abhilfeentscheidung oder den Widerspruchsbescheid noch beeinflussen können, s 15 zu § 68.

6. Rücknahme, Hauptsacheerledigung, Vergleich und Verzicht: Das 8 WiderspruchsVf kann außer durch Entscheidung über den Widerspruch durch **Zurücknahme** des Widerspruchs,[8] die mangels einer dem § 92 entspr Regelung nicht der Zustimmung der übrigen Beteiligten bedarf (Weides 73 mwN, 239 mwN; s auch 124 zu § 80; **aA** Stelkens NuR 1985, 216), durch Erklärung der **Erledigung der Hauptsache** oder durch **Vergleich** in entspr Anwendung der für diese Handlungen vor dem VG geltenden Grundsätze beendet werden (s dazu auch 16 u 18 vor § 68; 2 u 9 zu § 73; Engelbrecht JuS 1997, 550). Die **Rücknahme** usw kann analog § 70 Abs 1 S 1 schriftlich oder zur Niederschrift der Behörde[9] immer – auch wenn die Ausgangsbehörde die Sache nach § 72 bereits der Widerspruchsbehörde vorgelegt hat (str) – der Ausgangsbehörde ggü erklärt werden, außerdem auch, nachdem die Sache bei der Widerspruchsbehörde anhängig geworden ist, auch dieser ggü. Sie ist jedoch nicht mehr **nach Ergehen des Widerspruchsbescheids** möglich.[10] Außerdem kann die Rücknahme nicht unter einer Bedingung erklärt werden (DVBl 1996, 105). Wird das Vf durch Zurücknahme des Widerspruchs beendet, so hat die Widerspruchsbehörde, bzw, solange der Widerspruch dieser noch nicht vorgelegt ist, die Abhilfebehörde (§ 72), es durch formlosen Bescheid, der den Beteiligten bekanntzugeben ist, einzustellen (vgl Weides 230; **aA** Martens JuS 1978, 763) u nur noch über die Kosten zu entscheiden. Zur Kostenentscheidung bei Zurücknahme des Widerspruchs s 2 zu § 73; ferner Lange DÖV 1974, 269. Auch bei erfolgter Zurücknahme des Widerspruchs kann der Widerspruchsführer, solange die Widerspruchsfrist noch nicht abgelaufen ist, nochmals **erneut Widerspruch** einlegen (Sch-Dolde/Porsch 14). Zur Anfechtung uä der Rücknahme des Widerspruchs vgl 15 vor § 40.

Von der Rücknahme des Widerspruchs ist die – solange der mit dem Wider- 9 spruch angegriffene VA noch nicht unanfechtbar ist, ebenfalls als zulässig anzusehende – **Zurücknahme des Antrags auf Erlaß des dem Widerspruch**

---

[8] 44, 66; NVwZ 1993, 1214; RÖ-Kothe 3; SGH 174; Ey-Rennert 3.

[9] Weides 240; zur Frage der – abzulehnenden – Möglichkeit einer konkludenten Rücknahme Ms 15. 2. 1995 – 3 A 2081/91.

[10] 44, 64; MDR 1975, 253; NVwZ 1999, 1219; StBS-P. Stelkens/Kallerhoff 42 zu § 79 VwVfG; RÖ-Kothe 3; Ey-Rennert 4; SGH 176; v Mutius 231; Artzt NVwZ 1995, 666; Bergmann BayVBl 1967, 195; P § 36, 8; Hufen § 6, 52; Schenke 652 Fn 7; JZ 1996, 1062; NKVwGO-Geis 75; **aA** (zT mit Einschränkungen) BVerwG 41, 67; Lü NVwZ 1993, 1214; Allesch NVwZ 2000, 1227 ff; Bienert SächsVBl 2003, 29 ff; Schildheuer NVwZ 1997, 637 ff; Sch-Dolde/Porsch 13; Weides 239.

zugrundeliegenden VA zu unterscheiden; sie hat im Gegensatz zur Rücknahme des Widerspruchs, die (wenn sie nach Ablauf der Widerspruchsfrist erfolgt, vgl 1 zu § 126) den VA unanfechtbar werden läßt, bei ausschließlich auf Antrag ergehenden VAen zur Folge, daß der in Frage stehende VA selbst rückwirkend wegfällt, soweit gesetzlich nichts anderes bestimmt ist oder sich aus der Natur der Sache (etwa bei Prüfungsentscheidungen) ergibt (vgl 5 zu § 126).

10 Verfassungsrechtlich bedenklich sind, solange eine ausdr Ermächtigung durch Bundesgesetz fehlt, landesrechtliche Vorschriften, die an die **Nichtzahlung eines geforderten Kostenvorschusses** für das WiderspruchsVf binnen einer gesetzten Frist die **Fiktion der Zurücknahme des Widerspruchs** knüpfen (Art 15 BayKG aF, der dies vorsah, ist allerdings inzwischen durch Art 14 Abs 1 BayKG ersetzt; Art 14 Abs 1 S 4 BayKG schließt jetzt ausdr die Anwendbarkeit auf WiderspruchsVf aus). Insoweit fehlt es an einem dem § 189 Abs 2 aF entspr Vorbehalt zugunsten des Landesgesetzgebers;[11] auch aus dem Umstand, daß das WiderspruchsVf vor allem hins der Kosten in der VwGO nicht abschließend geregelt ist (s 15 ff zu § 73), ergibt sich **keine Befugnis des Landesgesetzgebers** zu entspr Regelungen, weil jedenfalls die Einlegung des Widerspruchs in §§ 68 ff abschließend geregelt ist.[12]

11 **Zulässig** ist grds auch der **Verzicht auf den Widerspruch** (vgl 55, 357). Er hat, wenn er der Behörde ggü erklärt wird, zur Folge, daß ein gleichwohl eingelegter **Widerspruch unzulässig** ist u damit auch eine später erhobene Klage unzulässig wird, selbst wenn auf den unzulässigen Widerspruch hin ein Widerspruchsbescheid ergeht;[13] insoweit gilt das gleiche wie für einen verspäteten Widerspruch (vgl dazu 9 zu § 70). **Anders,** wenn der Verzicht unwirksam ist oder der Widerspruchsbescheid eine neue Beschwer enthält, auf die der Verzicht sich nicht bezieht. Ein nicht der Behörde ggü erklärter Verzicht ist nur auf Einrede zu berücksichtigen, hat jedoch im übrigen dieselben Folgen wie der der Behörde ggü erklärte Verzicht. Im einzelnen gelten für den Verzicht auf den Widerspruch die Grundsätze über den Klageverzicht (vgl 21 f zu § 74) entspr. In der **Rücknahme des Widerspruchs** kann grds **nicht** zugleich ein **Verzicht** gesehen werden, es sei denn, daß sich aus den abgegebenen Erklärungen und/oder den Umständen etwas anderes ergibt. **Der vor Erlaß des VA,** gegen den sich der Widerspruch richten könnte, erklärte **einseitige Verzicht** ist idR unwirksam (DVBl 1964, 874; SDC 9; Sch-Dolde/Porsch 8); ebenso der unter Druck seitens der Behörde erklärte Verzicht. Ein mit der Behörde **vereinbarter Verzicht** wird hinfällig, wenn diese dann die dafür zugesicherte Gegenleistung nicht erbringt (19, 159); bei Versäumung der Widerspruchsfrist (§ 70) kommt in diesem Fall Wiedereinsetzung in Betracht. Zur **Anfechtung** u zum Widerruf **eines Verzichts** s 15 vor § 40; ferner Ma NVwZ 1982, 230 (Verzichtserklärung nach Zugang grds unwiderruflich).

§ 70 [Form und Frist des Widerspruchs]

(1) **Der Widerspruch ist innerhalb eines Monats,**[6 ff] **nachdem der Verwaltungsakt dem Beschwerten bekanntgegeben worden ist, schriftlich**[2 ff]

---

[11] 61, 360 = NJW 1982, 1113; Mü BayVBl 1979, 567; Ey-Rennert 5; Lüke NJW 1978, 928; **aA** Buchh 310 § 68 VwGO Nr 10 – in 61, 360 nunmehr ausdr aufgegeben –; Mü BayVBl 1975, 80; 1979, 564, 565; Renck NJW 1971, 1401; Geiger BayVBl 1979, 104; Beyer BayVBl 1980, 142 – mit dem nicht überzeugenden Hinweis, daß es sich insoweit um ein „Vorschaltverfahren" handle –.

[12] 61, 360 = NJW 1982, 1113; **aA** zu Art 15 Abs 1 BayKG aF Mü BayVBl 1975, 81; Czermak BayVBl 1975, 507; offen Mü BayVBl 1979, 116.

[13] B-Funke-Kaiser 12; EF 5 zu § 70; NKVwGO-Geis 103; str; **aA** BVerwG NJW 1960, 1781; jedenfalls für den Fall, daß Rechte Dritter nicht berührt sind, auch Ms NVwZ 1983, 682; Ma NJW 1992, 1582; Ey-Rennert 6; RÖ-Kothe 4; Sch-Dolde/Porsch 10.

oder zur Niederschrift bei der Behörde zu erheben, die den Verwaltungsakt erlassen hat.[16] **Die Frist wird auch durch Einlegung bei der Behörde, die den Widerspruchsbescheid zu erlassen hat, gewahrt.**[16]

(2) **§§ 58 und 60 Abs. 1 bis 4 gelten entsprechend.**[11 ff]

Vgl § 84 SGG

Schrifttum: *Beaucamp,* Überprüfung bestandskräftiger Verwaltungsakte durch Zivilgerichte, DVBl 2004, 352; *Deckenbrock/Patzer,* Grundfälle zu Widerspruchs- und Klagefrist im Verwaltungsprozess, Jura 2003, 476; *Füßer,* Fristablauf der Widerspruchsfrist bei Bekanntgabe der Baugenehmigung an Drittbetroffene, LKV 1996, 314; *Funk,* Nochmals: „Fortsetzungsfeststellungswiderspruch" und Sachentscheidung trotz verfristeten Widerspruchs, BayVBl 1993, 585; *Heilemann,* Probleme des verfristeten Widerspruchs, SGb 2001, 8; *Kintz,* Der elektronische Widerspruch, NVwZ 2004, 1429; *Laubinger,* Elekronisches Verwaltungsverfahren und elektronischer Verwaltungsakt – Zwei (fast) neue Institute des Verwaltungsverfahrens, König-FS 2004, 517; *Rinne,* Die Nachprüfbarkeit von Verwaltungsakten im Amtshaftungsprozeß, Boujong-FS, 1996, 633; *Sachs,* Widersprüchliche Wiedereinsetzungsentscheidungen im Widerspruchsverfahren, NVwZ 1982, 421; *Schenke,* Der Anspruch des Verletzten auf Rücknahme des Verwaltungsakts vor Ablauf der Anfechtungsfristen, Maurer-FS 2001, 723; *Schenkewitz/Fink,* Die außergerichtlichen Rechtsbehelfsfristen im Steuerrecht und allgemeinen Verwaltungsrecht, BB 1996, 2117; *Schmidt,* Probleme des Verwaltungsprozeßrechts. II. Die Versäumung der Widerspruchsfrist, VBlBW 1983, 97; *T. Schmidt,* Vorfristiger Widerspruch und Wiedereinsetzung in den vorigen Stand, DÖV 2001, 857; *Steinweg,* Zur Bedeutung der Bestandskraft von Verwaltungsakten im Amtshaftungsprozeß, NJW 2003, 3037; *Stuttmann,* Zweite Chance beim Zivilrichter: Die Amtshaftungsklage gegen bestandskräftige Verwaltungsakte, NJW 2003, 1432; *de Vivie/Barsuhn,* Die verwaltungsgerichtliche Rechtsprechung zur Verwirkung nachbarlicher Abwehrrechte im Baurecht, BauR 1995, 492. S auch vor § 68.

1. Allgemeines: § 70 regelt **Form** u **Frist** des Widerspruchs, außerdem die **Zuständigkeit** für die Einreichung des Widerspruchs. Zu den übrigen Voraussetzungen der Zulässigkeit eines Widerspruchs s 3 ff zu § 69, zur Widerspruchsbefugnis 6 f zu § 69. Die Wahrung der Form u Frist ist als wesentliche Voraussetzung einer ordnungsgemäßen Durchführung des VorVf zugleich **Sachurteilsvoraussetzung** für eine (spätere) Klage.[1] Daß das Widerspruchsrecht nicht verwirkt ist, ist ebenfalls Voraussetzung der Zulässigkeit des Widerspruchs u der Klage. Vor allem aber ist die Verwirkung in Fällen von Bedeutung, in denen mangels ordnungsgemäßer Bekanntgabe des VA die Widerspruchsfrist nicht in Lauf gesetzt wurde (zur Verwirkung des Widerspruchsrechts s unten 6 h, vgl ferner 18 ff zu § 74). 1

2. Form des Widerspruchs: Der Widerspruch ist **schriftlich** oder **zur Niederschrift** zu erheben, u zwar entweder bei der Behörde, die den VA erlassen hat (Ausgangsbehörde, Abs 1 S 1), oder bei der Behörde, die den Widerspruchsbescheid zu erlassen hat (Widerspruchsbehörde, Abs 1 S 2; zur zuständigen Behörde s näher 16). Gem §§ 79, 3 a Abs 2 VwVfG bzw den entspr Vorschriften der LVwVfGe kann der Widerspruch auch mittels eines **elektronischen** Dokuments, das mit einer qualifizierten elektronischen Signatur nach dem SigG versehen ist (s dazu 20 zu § 55 a), eingereicht werden (s dazu näher Kintz NVwZ 2004, 1430; Kn-Meyer 21 zu § 3 a VwVfG; **aA** Dietlein/Heinemann NWVBl 2005, 58). Mündlich oder telefonisch kann ein Widerspruch dagegen grds nicht eingelegt werden, auch dann nicht, wenn darüber ein Aktenvermerk gefertigt wird;[2] wirksam ist aber natürlich ein mündlich zur Niederschrift bei der Behörde erklärter Widerspruch (s näher 11 ff zu § 81). In bestimmten Fällen sehen Spezialgesetze 2

[1] S oben 6 ff vor § 68; zur Fristwahrung auch BVerwG NJW 1977, 542; BayVBl 1983, 476; Ma DÖV 1973, 283 mN; zur Form auch BVerwG 26, 201; Mü DVBl 1965, 93.

[2] Sa NVwZ 1986, 578; Ks NVwZ-RR 1991, 199; Ma VBlBW 1993, 221; We DÖV 2001, 964; Brühl JuS 1994, 155; vgl auch BVerwG BayVBl 1991, 413 – telefonische Einlegung nicht möglich, tlw **aA** Beckmann VR 2003, 1 ff.

vor, daß ein Widerspruch nur schriftlich eingelegt werden kann (so zB § 36 Abs 1 S 2 VermG für Widersprüche gegen vermögensrechtliche Restitutionsbescheide).

Bezüglich der Anforderungen an die **Schriftform** gilt grds dasselbe wie für die Klage (s 4 ff zu § 81). Insb ist daher **nicht § 126 Abs 1 BGB** anzuwenden. Der Sinn der in § 70 Abs 1 verlangten Schriftform liegt nämlich nach Ansicht der Rspr (vgl 77, 38 f u 81, 32 ff) nur darin, die Identität des Absenders festzustellen u gleichzeitig klarzustellen, daß es sich nicht um einen Entwurf, sondern um eine gewollte prozessuale Erklärung handelt. Daher genügt es, wenn sich aus der Widerspruchsschrift oder aus den ihr beigefügten Anlagen eindeutig u ohne Notwendigkeit einer Rückfrage oder Beweiserhebung ergibt, daß der Widerspruch **vom Widerspruchsführer herrührt** („Urheberschaft") u **mit dessen Willen an die Ausgangs- bzw Widerspruchsbehörde gelangt** ist („Verkehrswille").[3] Eine eigenhändige Unterschrift (Schriftform iSd § 126 BGB) erfüllt diese Voraussetzungen natürlich immer; es genügt jedoch auch zB ein Telefax, ein Computerfax mit eingescannter Unterschrift (GSOGB NJW 2000, 2340) oder dem Hinweis, daß eine Unterzeichnung wg der gewählten Übertragungsform nicht erfolgen könne (OLG Braunschweig NJW 2004, 2025 unter Hinweis auf GS-OGB NJW 2000, 2340), so zB bei einem Funkfax (NJW 2006, 1989; s auch 9 zu § 81), ferner die eigenhändige Angabe der Anschrift auf dem (verschlossenen) Briefumschlag, der den Widerspruch enthält, s zu weiteren Einzelheiten ausf 4 ff zu § 81. Ein Widerspruch, der mit einfacher **E-Mail ohne qualifizierte elektronische Signatur** übermittelt wird, genügt dagegen **nicht** dem Erfordernis der **Schriftlichkeit** (Ks NVwZ-RR 2006, 377; Berg JZ 2005, 1042). Grds wirksam ist auch ein Widerspruch mit unsachlichem, insb **beleidigendem Inhalt,** vgl dazu aber näher 14 zu § 81. Für die **Auslegung einer Widerspruchserklärung** gilt § 88 HS 2 – nicht auch der HS 1; s 10 zu § 68 – sinngemäß. Zur **Umdeutung eines Antrags nach § 51 VwVfG** in einen Widerspruch vgl (bejahend) Ms NVwZ 1984, 655. Eine Nachholung der Schriftform nach Ablauf der Widerspruchsfrist ist grds nicht möglich, es sei denn, daß die Voraussetzungen des § 60 insoweit erfüllt sind (50, 248; Sch-Dolde/Porsch 10; ebenso SDC 5 hins der Unterschrift, vgl auch 5 ff zu § 81). Der Mangel der Form wird auch nicht durch eine gleichwohl ergehende Sachentscheidung der Widerspruchsbehörde geheilt.[4]

3 Die Einlegung des **Widerspruchs wird nicht durch die Erhebung der Klage ersetzt** (s 11 vor § 68); auch die Widerspruchsfrist wird durch die Klageerhebung nicht offengehalten.[5] Gleiches gilt, wenn der **betroffene Bürger irrtümlich glaubt,** er habe bereits einen formgültigen Widerspruch eingelegt, u die Behörde ihn auf etwaige Mängel, zB das Erfordernis der Schriftform, nicht hingewiesen hat, obwohl Anlaß dazu bestanden hätte u sie nach Treu u Glauben auch dazu verpflichtet gewesen wäre (vgl 26, 203), oder wenn **die Behörde irrtümlich annimmt,** ein Widerspruch sei bereits eingelegt u der (spätere) Kl sie in dieser Annahme bestärkt (**aA** DVBl 1972, 423); idR ist jedoch ein Schriftsatz, in dem (irrtümlich) vorausgesetzt wird, daß bereits ein wirksamer Widerspruch eingelegt wurde, im Zweifel selbst als Einlegung des Widerspruchs zu verstehen

---

[3] 30, 274; NJW 1984, 444; 1993, 1874; Ks NVwZ-RR 1993, 434; Mü InfAuslR 1995, 7. Abzulehnen ist die Auffassung Mü BayVBl 1978, 737, daß maschinenschriftliche „Unterzeichnung" genüge, wenn der Widerspruchsführer außerdem auch im Briefkopf genannt sei. Das Erfordernis der Unterschrift wird allg auch sonst nach der Verkehrsauffassung als für die Verbindlichkeit schriftlicher Erklärungen wesentlich angesehen wird u für begründete Fälle ist die Möglichkeit der Wiedereinsetzung gem § 70 Abs 2, § 60 – s dazu auch 4 zu § 60 – vollauf ausreichend.

[4] Mü DVBl 1965, 93; VG Augsburg BayVBl 1980, 315; **aA** Ms DÖV 1972, 798; diff RÖ-Kothe 1 c: das Gericht darf in diesem Fall den Formmangel nicht mehr vAw berücksichtigen, sondern nur noch auf Rüge eines betroffenen Dritten.

[5] DVBl 1960, 107; Ma 9, 174; Geis/Hinterseh JuS 2001, 1176; RÖ-Kothe 9; Sch-Dolde/Porsch 26; NKVwGO-Geis 114 ff zu § 68; Bettermann DVBl 1959, 312.

(vgl DVBl 1972, 423). Ein Widerspruch, der gegen einen **vorläufigen VA** eingelegt wird, erstreckt sich **nicht** auf den an dessen Stelle tretenden **endgültigen VA** (Ma NVwZ-RR 2006, 154). Zur Wahrung der Widerspruchsfrist **bei Nachholung** des VorVf s 3f zu § 68 sowie unten 6. Zur Möglichkeit der **Wiedereinsetzung** s unten 11 ff.

Vor Ergehen des VA kann der Widerspruch nicht eingelegt werden (2 zu § 68; 3 zu § 69). Da das Ergehen eines VA eine Zugangsvoraussetzung (11 vor § 40) ist, wird der Widerspruch auch nicht dadurch zulässig, daß nachträglich ein VA ergeht.[6] Zur Frage, ob der nicht anwaltlich vertretene „voreilige“ Widerspruchsführer einen Anspr auf Wiedereinsetzung in den vorigen Stand besitzt, s (bej) T. Schmidt DÖV 2001, 862. 4

Besondere Anforderungen an den Inhalt des Widerspruchs bestehen **nicht.** Insb ist eine Bezeichnung als Widerspruch nicht vorgeschrieben; auch eine falsche Bezeichnung (zB als „Einspruch“) schadet nicht. Auch ein bestimmter Antrag oder eine bestimmte Begründung sind nicht erforderlich. Aus der abgegebenen Erklärung muß aber jedenfalls hinreichend erkennbar sein, daß der Betroffene sich durch einen bestimmten VA **beschwert** fühlt u eine **Nachprüfung begehrt**[7] bzw eine Änderung anstrebt (Buchh 310 § 70 VwGO Nr 4; Ms NVwZ 1984, 655); außerdem darf nicht offensichtlich nur ein formloser Rechtsbehelf (Petition, Dienstaufsichtsbeschwerde) gewollt sein. Ein **Zweitantrag** ist im Zweifel, solange die Widerspruchsfrist noch nicht abgelaufen ist, nicht als Antrag auf Wiederaufgreifen (§ 51 VwVfG) oder Rücknahme (§ 48 VwVfG) des in Frage stehenden VA zu verstehen, sondern – zweckmäßigerweise nach einer klärenden Rückfrage beim Widerspruchsführer gem §§ 79, 25 VwVfG oder nach entspr Vorschriften – **als Widerspruch auszulegen bzw in einen solchen umzudeuten** (NVwZ 2002, 873; Ms NVwZ 1984, 655). Dies ergibt sich daraus, daß bei der Ermittlung des wirklichen Willens nach den anerkannten Auslegungsregeln zugunsten des Bürgers davon auszugehen ist, daß er denjenigen Rechtsbehelf einlegen will, der nach Lage der Sache seinen Interessen entspricht u eingelegt werden muß, um den erkennbar angestrebten Erfolg zu erreichen (NVwZ 2002, 873). Daß eine **Zahlung „unter Vorbehalt“** geleistet wird, erfüllt die an den Widerspruch zu stellenden Mindestanforderungen daher nicht (NJW 1978, 1871). Soweit nach Sondervorschriften in anderen Gesetzen eine **Begründung vorgeschrieben** ist, handelt es sich im Zweifel um Ordnungsvorschriften, deren Verletzung nicht zur Unzulässigkeit des Widerspruchs führt (4, 233; Sch-Dolde/Porsch 12). Der Widerspruch darf grds **nicht (nur) bedingt** eingelegt werden (NJW 1978, 1870; vgl allg 8 zu § 81, 25 zu § 124). 5

3. Wahrung der Widerspruchsfrist: Der Widerspruch ist innerhalb eines Monats, nachdem der angegriffene VA dem Beschwerten bekannt gemacht worden ist, zu erheben. Die Wahrung der Widerspruchsfrist ist Zulässigkeitsvoraussetzung für den Widerspruch u damit (s 7 vor § 68) auch für die Klage.[8] Die Widerspruchsfrist gilt auch für den Fall, daß eine gemeinschaftsrechtliche Richtlinie bei dem Erlaß des VA noch nicht umgesetzt war. 6

---

[6] Näher 2 zu § 68; NJW 1978, 1870; Ms DVBl 1996, 115 mwN; Schenke 672; T. Schmidt DÖV 2001, 857 ff.

[7] NJW 1978, 1871 mwN; Ms NVwZ 1990, 676 – Auslegung analog § 133 BGB –; Ey-Rennert 3; Schenke 653; Zilkens JuS 2001, 369.

[8] NVwZ 1988, 63; Buchh 310 § 60 VwGO Nr 54 u Nr 85; 310 § 70 VwGO Nr 5; BFH BStBl II 1970, 548; Ms NVwZ-RR 1995, 623; Ey-Rennert 7; Kopp, Redeker-FS 1993, 553; **aA** DVBl 1964, 190; 1965, 69; BSG SozR § 162 SGG Nr 95 u Nr 137; BFH BStBl II 1970, 839; II 1978, 154; Mü BayVBl 1972, 412: Verletzung hat zur Folge, daß die Klage unbegründet ist; diff Buchh 310 § 79 VwGO Nr 4; 310 § 70 Nr 5: Unbegründetheit bzgl des Widerspruchsbescheids, Unzulässigkeit bzgl des Erstbescheids; offen Mü BayVBl 1979, 637.

6a **a) Beginn der Widerspruchsfrist.** Die Widerspruchsfrist beginnt zu laufen, sobald der entspr VA dem Betroffenen (s § 41 Abs 1 S 1 VwVfG) mit Wissen u Willen der Behörde bekannt gegeben wird. Eine Bekanntgabe an Dritte setzt also die Frist nicht in Lauf (44, 294); die Frist läuft für jeden Betroffenen getrennt (Mü BayVBl 1978, 670). Wenn ein Betroffener einen Bevollmächtigten bestellt hat (s § 14 VwVfG), genügt es für den Fristbeginn, daß der VA dem Bevollmächtigten bekannt gegeben wird (s § 41 Abs 2 S 2 VwVfG); da § 41 Abs 1 S 2 VwVfG lex specialis zu § 14 Abs 3 VwVfG ist, setzt aber auch in diesem Falle die Bekanntgabe an den Beteiligten persönlich ebenfalls die Widerspruchsfrist in Lauf.[9] Wenn sich ein VA an mehrere Adressaten richtet, so ist er jedem Adressaten einzeln bekannt zu machen; wenn zB eine Bekanntgabe nicht an sämtliche Miterben, sondern nur ggü einem der Miterben erfolgt, so ist der Bescheid insgesamt unwirksam (VG Potsdam, NVwZ 1999, 214). Vgl auch zu entspr Fragen bei der Zustellung nach der ZPO 13ff zu § 56. Ein Widerspruch ist auch schon zulässig, bevor der VA dem Betroffenen bekannt gegeben worden ist, sofern der VA jedenfalls schon existiert, insb mit Wissen u Willen der Behörde einem Dritten bekanntgegeben worden ist. Vor Erlaß eines VA ist die Einlegung des Widerspruchs dagegen unzulässig, s näher 3 zu § 69.

6b **(1) Insbesondere: Bekanntgabe des VA.** Welche Art der Bekanntgabe den Lauf der Frist des § 70 auslöst, richtet sich nach den Normen, die für die Bekanntgabe des jeweiligen VA maßgeblich sind.[10] Eine Bekanntgabe setzt aber auf jeden Fall voraus, daß sie mit Wissen u Willen der Behörde, dh des zuständigen Amtsträgers erfolgt; zufälliges Bekanntwerden genügt also nicht.[11] Gem § 37 Abs 2 S 1 VwVfG kann ein VA grds schriftlich, elektronisch, mündlich oder in anderer Weise erlassen werden.

Ein Verkehrszeichen wird bekannt gegeben, wenn es der Betroffene zum ersten Mal tatsächlich wahrnehmen kann.[12] Maßgeblich ist die erstmalige Wahrnehmbarkeit; im weiteren handelt es sich nur noch um wiederholende Verfügungen.[13]

6c Eine **elektronische Bekanntgabe** ist gem § 3a VwVfG zulässig, soweit der Empfänger hierfür einen Zugang eröffnet. Dafür genügt aber noch nicht allein, daß objektiv eine geeignete technische Kommunikationseinrichtung vorhanden ist. Vielmehr muß der Empfänger sie auch subjektiv hierfür gewidmet haben, was freilich auch konkludent geschehen kann. Maßgeblich hierfür ist die Verkehrsauffassung. Wenn eine Behörde, eine Firma oder ein RA auf ihrem Briefkopf eine E-Mail-Adresse angeben, erklären sie damit nach der Verkehrsauffassung ihre Bereitschaft mit einem Empfang auf diese Weise. Dies gilt dagegen nicht bei einem Bürger.[14] Ausgeschlossen ist eine elektronische Bekanntgabe ge-

---

[9] Ks NVwZ-RR 1993, 432; Sch-Dolde/Porsch 17; NKVwGO-Geis 28, vgl aber auch 5 zu § 74.

[10] Einschränkend Füßer LKV 1996, 314 für die Fälle, in denen der Landesgesetzgeber Erleichterungen ggü den bundesrechtlichen Vorschriften des allg Verwaltungsverfahrensrechts vorsieht.

[11] 22, 15; SGH 197; zu weitgehend NJW 1993, 1874: ausreichend als Bekanntgabe, wenn sich bei den Gerichtsakten eine Kopie des Widerspruchsbescheids befindet. Vgl aber zur Verwirkung des Rechts, Widerspruch einzulegen, 18ff zu § 74.

[12] Schenke PolR 716 mwN; **aA** 102, 318 u Ks NJW 199, 2057, die von einem besonderen, durch die StVO geregelten Bekanntgabebegriff des Inhalts ausgehen, daß die Bekanntgabe schon durch die Aufstellung eines Verkehrsschildes gem §§ 39 Abs 2 u 2a, 45 Abs 4 StVO erfolgen soll.

[13] **AA** 27, 183; Buchh 442 § 45 StVO Nr 3 (eine fortlaufend sich erneuernde Bekanntmachung); **offen** 59, 221. S ferner zur Frage des Beginns der Widerspruchsfrist beim Widerspruch gegen Verkehrszeichen 59, 226; Ms NJW 1990, 2835; Ma NVwZ-RR 1990, 59; Ks NVwZ 1992, 5; Hbg NJW 1992, 1909; Manssen NZV 1992, 468; offen BVerwG, DVBl 1993, 613.

[14] Roßnagel NJW 2003, 472f; Kintz NVwZ 2004, 1431; Kn-Meyer 33 zu § 3a VwVfG; Schmitz DÖV 2005, 890; Tegethoff NdsVBl 2007, 6 u 7 (zum Parallelproblem bei § 5

nerell, wenn durch einen Sperrvermerk deutlich gemacht wird, daß eine Bekanntgabe auf elektronische Weise nicht erfolgen soll.

Eine durch Rechtsvorschrift angeordnete Schriftform kann, soweit nicht durch Rechtsvorschrift etwas anderes angeordnet wird, durch die elektronische Form ersetzt werden; dies setzt allerdings eine qualifizierte elektronische Signatur nach dem SigG voraus (§ 3a Abs 2 VwVfG; s zum SigG auch 20 zu § 55a). Wenn ein VA aufgrund einer gesetzlichen Regelung zuzustellen ist, scheidet eine elektronische Bekanntgabe aus (Kremer VR 2003, 115 mwN).

Gem § 41 Abs 2 S 1 VwVfG gilt ein **schriftlicher VA** bei der Übermittlung durch die Post im Inland am dritten Tag nach der Aufgabe zur Post, ein **elektronisch übermittelter VA** am dritten Tag nach der Absendung als bekannt gegeben **(Zugangsfiktion).** Dies gilt nicht, wenn der VA nicht oder zu einem späteren Zeitpunkt zugegangen ist; im Zweifel hat die Behörde den Zugang des VA u den Zeitpunkt des Zugangs nachzuweisen (§ 41 Abs 2 S 2 VwVfG). Wenn der VA schon vor dem dritten Tag zugeht, bleibt es damit dennoch bei der gesetzlich angeordneten Fiktion (Umkehrschluß aus § 41 Abs 2 VwVfG; s auch Deckenbrock/Patzer Jura 2003, 479). Auch wenn der dritte Tag ein Samstag, ein Sonntag oder ein gesetzlicher Feiertag ist, ist dieser Tag maßgeblich; § 31 Abs 3 VwVfG ist auf § 41 Abs 2 VwVfG, der sich auf das Fristende bezieht u der außerdem eine gesetzliche Fiktion zum Gegenstand hat, weder direkt noch analog anwendbar.[15] **6d**

Wenn ein VA aufgrund gesetzlicher Bestimmungen (zB § 44 Abs 1 WPflG) **zuzustellen** ist, so liegt nach § 41 Abs 5 VwVfG iVm § 2 Abs 1 VwZG eine Bekanntgabe erst dann vor, wenn eine den §§ 2ff VwZG genügende Zustellung erfolgt ist; eine andere Art der Kundgabe setzt die Widerspruchsfrist also nicht in Lauf.[16] Die Zustellung kann gem § 3 VwZG durch die Post mit Zustellungsurkunde, gem § 4 VwZG durch die Post mittels Einschreiben durch Übergabe oder mittels Einschreiben mit Rückschein oder gem § 5 VwZG durch die Behörde gegen Empfangsbekenntnis erfolgen (s dazu näher 22b zu § 73). Hinzuweisen ist ferner auf die Sonderarten der Zustellung gem §§ 9, 10 VwZG, zu denen insb auch die öffentliche Zustellung gem § 10 VwZG (s dazu näher 22b zu § 73, vgl auch 39 zu § 56) zählt. Bei der Zustellung durch die Post mittels Einschreibens mit Rückschein genügt der Rückschein zum Nachweis der Zustellung, insb des Datums der Zustellung. IÜ, dh bei Einschreiben mittels Übergabe bzw wenn der Rückschein verloren gegangen oder zum Beweis nicht geeignet ist, gilt das zuzustellende Dokument – entspr zur allg Regel des § 41 Abs 2 VwVfG – mit dem dritten Tag nach seiner Aufgabe zur Post als bekannt gegeben, es sei denn, es ist nicht oder zu einem späteren Zeitpunkt zugegangen (s dazu auch 22b zu § 73). Die Zustellung kann gem § 7 Abs 1 S 1 VwZG an einen allg oder für bestimmte Angelegenheiten bestellten Vertreter gerichtet werden; gem § 7 Abs 1 S 2 VwZG muß sie an diesen Vertreter gerichtet werden, wenn er eine schriftliche Vollmacht vorgelegt hat. S zur Zustellung nach dem VwZG näher 22ff zu § 73; vgl zur Zustellung nach der ZPO 4ff zu § 56. **6e**

Zustellungsmängel können **gem § 8 VwZG geheilt** werden. Wenn sich die formgerechte Zustellung eines Dokuments nicht nachweisen läßt oder das Dokument unter Verletzung zwingender Zustellungsvorschriften zugegangen ist, so gilt es gem § 8 VwZG grds als in dem Zeitpunkt zugestellt, in dem es dem Empfangsberechtigten tatsächlich zugegangen ist, dh der Empfangsberechtigte die tatsächliche Möglichkeit erhalten hat, von seinem Inhalt Kenntnis zu nehmen **6f**

Abs 5 VwZG); **aA** Kremer VR 2003, 116u – zu einem zivilrechtlichen Parallelproblem – Mankowski NJW 2004, 1902 mwN.

[15] KR 44 zu § 41 VwVfG; Ms NVwZ 2001, 1171 mwN.

[16] Ma NVwZ 1989, 77; Brühl NVwZ 1989, 77; JuS 1994, 156; RÖ-Kothe 2; SDC 7b. Vgl aber 16 zu § 56 sowie unten 9ff zur Möglichkeit einer Heilung, ferner 18ff zu § 74 sowie unten 6h zur Verwirkung des Widerspruchsrechts.

(s zur gleichgelagerten Regelung des § 189 ZPO 8 zu § 56; s zur Heilung gem § 8 VwZG ausf 23 a zu § 73).

6 g **(2) Insbesondere: Fehlende Bekanntgabe des VA.** Wenn der angegriffene VA dem Betroffenen überhaupt nicht (dh insb auch nicht ohne oder nur mit fehlerhafter Rechtsbehelfsbelehrung, s dazu § 70 Abs 2 iVm 58 Abs 2 u unten 7 a) bekanntgegeben worden ist,[17] so läuft überhaupt **keine Widerspruchsfrist,** dh der Widerspruch kann grds unbefristet u losgelöst von den Fristen der §§ 70, 58 erhoben werden. Das ist bei VAen mit Drittwirkung von Bedeutung, zB bei einer Baugenehmigung, die unter Befreiung von nachbarschützenden Vorschriften erteilt wird. Ein solcher VA wird zwar schon wirksam, wenn er dem Begünstigten mitgeteilt wird (sog „äußere Wirksamkeit"). Dies genügt aber nicht, um ggü Dritten die Rechtsbehelfsfristen gem § 70, 58 in Gang zu setzen. Auch aus § 58 Abs 2 ergibt sich nichts anderes, denn diese Vorschrift betrifft nur den Fall, daß zwar die Rechtsbehelfsbelehrung fehlt oder fehlerhaft ist, daß aber der VA als solcher dem Betroffenen zumindest bekannt gegeben worden ist. Eine analoge Anwendung der §§ 70, 58 Abs 2 im Falle völlig fehlender Bekanntgabe scheidet aus, weil dies zum Ablauf der Rechtsbehelfsfrist führen könnte, ohne daß der Betroffene überhaupt Kenntnis von dem belastenden VA erlangt hätte, u auch eine Wiedereinsetzung gem § 60 hier oft nicht weiterhelfen würde.

6 h Keine Widerspruchsfrist läuft selbst dann, wenn der fragliche VA dem Betroffenen zwar nicht von der Behörde bekannt gegeben, wohl aber von einem Dritten mitgeteilt worden ist, denn die amtliche Bekanntgabe kann aus Gründen der Rechtssicherheit nicht mit der zufälligen, oft nur schwer nachweisbaren Kenntnisnahme über einen Dritten gleichgesetzt werden. Die §§ 70, 58 Abs 2 sind also auch hier weder unmittelbar noch analog anwendbar. Zeitliche Einschränkungen können sich hier allerdings aus dem Rechtsinstitut der **Verwirkung** ergeben, das eine spezielle Ausprägung des auch im Prozeßrecht geltenden Grundsatzes von Treu u Glauben ist.

Eine Verwirkung des Widerspruchsrechts (– die von der Verwirkung des materiellen Anspruchs, der dem Widerspruch zugrunde liegt, zu trennen ist, s Schenke 502 k u 677 –) ist dann anzunehmen, wenn die spätere Einlegung des Widerspruchs **gegen Treu u Glauben** u **gegen das öffentliche Interesse am Rechtsfrieden** verstößt, insb weil der Widerspruchsführer, obwohl er von dem maßgeblichen Sachverhalt bereits längere Zeit Kenntnis hatte oder hätte haben müssen, erst zu einem Zeitpunkt Widerspruch einlegt, in dem der Widerspruchsgegner oder ein betroffener Dritter schon darauf vertrauen durften, daß kein Widerspruch mehr eingelegt wird. Wg § 58 Abs 2 kann schutzwürdiges Vertrauen idR erst nach Ablauf der dort erwähnten Ein-Jahres-Frist entstehen, so daß der Grundsatz von Treu u Glauben idR zu praktisch demselben Ergebnis führt wie eine analoge Anwendung der §§ 70, 58 Abs 2. Im Einzelfall kann aber etwas anderes gelten, so zB, wenn der Betroffene gegen einen vorhabenbezogenen Bebauungsplan, auf dem die für das Vorhaben erteilte Baugenehmigung beruht, bereits innerhalb der Jahresfrist seit (anderweitiger) Kenntnisnahme von der Erteilung der Baugenehmigung gegen den Bebauungsplan Antrag auf NK gem § 47 gestellt hat (vgl auch 78, 89 ff) u es ihm aus von ihm nicht zu verantwortenden Gründen an einer genauen Kenntnis vom Inhalt der Baugenehmigung noch fehlt. S zur Verwirkung auch näher 18 ff zu § 74.

7 **b) Länge der Widerspruchsfrist bei ordnungsgemäßer Rechtsbehelfsbelehrung.** Wenn eine ordnungsgemäße Rechtsbehelfsbelehrung erfolgt ist, so

---

[17] Eine Bekanntgabe fehlt insb – sofern dies nicht schon zur Folge hat, daß ein VA überhaupt nicht existent wird – auch dann, wenn die Bekanntgabe (insb Zustellung) zwar erfolgt, aber schon als solche fehlerhaft ist (zu einem Beispielsfall s 13 zu § 56), sofern dieser Fehler nicht – zB nach § 8 VwZG (s dazu oben 6 f) – geheilt worden ist.

beträgt die Widerspruchsfrist **einen Monat,** § 70 iVm § 58 Abs 1. Ordnungsgemäß ist die Rechtsbehelfsbelehrung nur dann, wenn sie die Anforderungen des § 58 Abs 1 erfüllt, insb schriftlich erfolgt (s dazu näher 6 zu § 58) u die in § 58 Abs 1 bezeichneten Angaben vollständig u richtig enthält (s dazu näher 10ff zu § 58).

c) Länge der Widerspruchsfrist bei fehlender oder fehlerhafter Rechtsbehelfsbelehrung. Wenn eine Rechtsbehelfsbelehrung fehlt oder fehlerhaft ist, so beträgt die Widerspruchsfrist ein Jahr, § 70 Abs 2 iVm § 58 Abs 2. Zur fehlerhaften Rechtsbehelfsbelehrung s näher 10ff zu § 58. Zu dem – völlig anders zu beurteilenden – Fall, daß der VA nicht einmal bekannt gegeben worden ist, s näher oben 6g u 6h. 7a

Beim **Verkehrszeichen** ist eine Rechtsbehelfsbelehrung nicht üblich u auch nicht zweckmäßig, so daß für den Widerspruch gegen Verkehrszeichen idR die Ein-Jahres-Frist des § 58 Abs 2 läuft. Zum Fristbeginn s oben 6b.

d) Berechnung der Widerspruchsfrist: Die Widerspruchsfrist ist gem **§ 57 Abs 2 iVm § 222 ZPO, §§ 187ff BGB** – nicht gem §§ 79, 31 VwVfG – zu berechnen, weil § 57 (auch ohne Verweis in § 70 Abs 2) für alle in der VwGO geregelten Fristen gilt.[18] Zur Fristberechnung s auch 10ff zu § 57. Zur Anrechnung der ggü einem Rechtsvorgänger bereits verstrichenen Frist s 6 zu § 74. Wenn der durch den VA belastete Bürger vor oder während des WiderspruchsVf stirbt, sind die §§ 239, 246 ZPO anzuwenden mit der Folge, daß die Widerspruchsfrist unterbrochen wird (dh endet oder gar nicht erst zu laufen beginnt), wenn kein Verfahrensbevollmächtigter bestellt ist.[19] Zur Frage der Fristhemmung bei nicht ordnungsgemäßer Umsetzung einer EG-Richtlinie in nationales Recht s 4 zu § 74. 8

e) Zeitpunkt der Widerspruchserhebung: Der Widerspruch ist in dem Zeitpunkt erhoben, in dem er der Ausgangsbehörde (Abs 1 S 1) oder der Widerspruchsbehörde (Abs 1 S 2) zugeht.[20] Zum **Begriff des Zugehens** vgl allg 8ff zu § 74, zum Zugehen bei elektronisch eingelegtem Widerspruch s näher Kintz NVwZ 2004, 1432. Zur Möglichkeit einer Wiedereinsetzung gegen eine Fristversäumung s § 70 Abs 2 iVm § 60; dazu unten 11ff. Zur Fristwahrung auch für säumige Streitgenossen durch Widerspruchseinlegung des „fleißigen" Streitgenossen bei der **notwendigen Streitgenossenschaft** s 6 zu § 74. Nicht als Erhebung eines Widerspruchs angesehen werden kann die Einreichung einer Klageschrift bei Gericht (Geis/Hinterseh JuS 2001, 1179). 8a

4. Heilung der Fristversäumung durch eine gleichwohl ergehende Sachentscheidung? Nach **st Rspr** ist für die Frage, ob die Widerspruchsbehörde verpflichtet ist, einen verspäteten Widerspruch als unzulässig zurückzuweisen, zwischen begünstigenden VAen mit belastender Drittwirkung u **einseitig belastenden VAen** zu trennen. Im Fall einseitig belastender VAe soll es im Ermessen der Behörde stehen, durch eine Sachentscheidung den Rechtsweg neu zu eröffnen, da ihr als Herrin des VorVf eine entspr Kompetenz zukomme.[21] Anderes gilt 9

---

[18] Ey-Rennert 4; P § 33, 7; SDC 7b; Schenke 673; Sch-Dolde/Porsch 15; s auch 18 vor § 68; **aA** (für Berechnung nach §§ 79, 31 VwVfG) Geis/Hinterseh JuS 2001, 1178; Linhart 34; RÖ-Kothe 2; Sch-Meissner 3 zu § 57; StBS-P. Stelkens/Kalterhoff 61 zu § 31 VwVfG; Hufen § 6, 33; Schenkewitz/Fink BB 1996, 2121; nicht eindeutig NKVwGO-Czybulka 9 zu § 57. Im praktischen Ergebnis ergibt sich zwischen beiden Ansichten kein Unterschied, da auch § 31 VwVfG auf die §§ 187ff BGB Bezug nimmt.

[19] Br NVwZ 1985, 917; **aA** Mgd NVwZ 1994, 1227; offen BVerwG NVwZ 2001, 319; s auch 5 zu § 74).

[20] Abwegig NJW 1981, 835: im Hinblick auf die ‚Einheit der Verwaltung' genüge uU auch der Eingang bei einer anderen Behörde.

[21] 15, 310; 21, 145; 28, 308; 57, 344 = NJW 1980, 135; DVBl 1965, 89; 1972, 423; NVwZ 1983, 285; 1983, 608; NVwZ-RR 1989, 86; Ma NVwZ-RR 1999, 432; 2002, 6;

für **VAe mit Drittwirkung,** wenn durch eine Sachentscheidung die Rechtsposition eines durch den unanfechtbaren VA Begünstigten wieder entzogen würde, da in diesem Fall die Widerspruchsfrist nicht lediglich dem Schutz der Widerspruchsbehörde diene[22] u eine Ermächtigungsgrundlage zur Aufhebung im WiderspruchsVf nicht bestehe. In diesen Fällen komme nur eine Aufhebung außerhalb des VorVf gem §§ 48, 49 VwVfG in Betracht. Anderes gelte dann, wenn der Dritte nicht schutzwürdig ist, weil er selbst Widerspruch gegen einen anderen (belastenden) Teil des VA eingelegt hat, über den noch nicht unanfechtbar entschieden wurde, da er dann mit einer Verböserung rechnen müsse (DÖV 1972, 789). Gleichfalls keine Beschränkungen sollen in kommunalen **Selbstverwaltungsangelegenheiten** gelten Hier soll eine Sachentscheidungskompetenz der Widerspruchsbehörde trotz Fristversäumung generell bestehen.[23]

Die oben dargestellte **Rspr** ist angesichts des klaren Wortlauts (vgl auch § 358 AO) u dem Sinn der Regelungen in § 70 Abs 1 u Abs 2 iVm § 60 Abs 1–4 u des daraus folgenden Gegenschlusses für verspätete Widersprüche **abzulehnen,** so daß der Widerspruchsbehörde – unabhängig von einer Drittbetroffenheit – jede Sachentscheidungsbefugnis ohne ausdr gesetzliche Rechtsgrundlage versagt sein muß, es sei denn, es liegen Wiedereinsetzungsgründe (s dazu unten 11 ff) vor. Dies folgt bereits daraus, daß die Sachentscheidungsbefugnis der Widerspruchsbehörde einen Devolutiveffekt voraussetzt, der aber anerkanntermaßen nur bei Zulässigkeit des Rechtsbehelfs eintritt. Iü unterliegt die formelle Bestandskraft von VAen nicht der Dispositionsbefugnis der Behörde, zumal zugleich auch der Rechtsweg neu eröffnet würde.[24]

Bejaht man entgegen der hier u im folgenden vertretenen Meinung **die Zulässigkeit einer Heilung** des Mangels der Fristversäumung durch Entscheidung der Widerspruchsbehörde zur Sache, so muß dem Widerspruchsführer in diesem Fall wenigstens ein **Anspr auf ermessensfehlerfreie** Entscheidung hins der Entscheidung der Widerspruchsbehörde, ob sie von dieser Befugnis Gebrauch macht, zuerkannt werden.[25] Zur Möglichkeit einer Auslegung bzw Umdeutung eines bei der Ausgangsbehörde verspätet eingelegten Widerspruchs in einen Antrag auf Rücknahme des VA Geis/Hinterseh JuS 2001, 1179 (wo allerdings fälschlich von der Anwendbarkeit des § 47 VwVfG ausgegangen wird) u eingeh Heilemann SGb 2001, 11 f.

Entscheidet die Widerspruchsbehörde entgegen der oben dargelegten Auffassung u entgegen dem klaren Wortlaut, Sinn u Zweck der maßgeblichen gesetzlichen Regelungen **dennoch über einen verspätet eingelegten** u idS verfristeten **Widerspruch zur Sache,** obwohl die Voraussetzungen für eine Wiedereinset-

---

Sa NVwZ 1986, 579; Mü DVBl 1992, 1492; Gr LKV 1995, 255; Ey-Rennert 8; Schmidt VBlBW 1983, 97; Ule 24 III 1.

[22] DÖV 1969, 142; NJW 1981, 359; DVBl 1982, 1097; NVwZ 1983, 285; NVwZ-RR 1989, 86; BayVBl 1999, 58; Sa NVwZ 1986, 579; Ma VBlBW 1992, 97.

[23] NJW 1971, 1195; tlw **aA** (nur wenn die Widerspruchsbehörde zugleich Fachaufsichtsbehörde ist) Ma DÖV 1980, 383; Sa NVwZ 1986, 578; Ko NVwZ-RR 1994, 47.

[24] Zu alledem Schenke 680 ff; JZ 1996, 1063; im Ergebnis ebenso BFH 141, 470 = BStBl II 1984, 791; Ks DVBl 1964, 599; Mü DVBl 1965, 93; VG Augsburg BayVBl 1982, 315; B-Funke-Kaiser 23; Buri DÖV 1962 483, 929; Ehlers Jura 2004, 34; Engst Jura 2006, 170; Erichsen Jura 1992, 649; Ey-Rennert 11; Funk BayVBl 1992, 473; Judick NVwZ 1984, 356; Kopp VwGO-Rspr 104; DVBl 1992, 1493; v Mutius 196 ff; P § 42, 8 ff; Redeker-FS 1993, 553; Sch-Dolde/Porsch 40; Schoch Jura 2003, 755; Schütz NJW 1981, 2785; StK-Decker 15; Wallerath DÖV 1970, 653; s ferner Heilemann SGb 2001, 10 f; vgl auch BVerwG 58, 105: keine Kompetenz der Widerspruchsbehörde, einen bereits bestandskräftigen VA durch nochmalige Zustellung wieder anfechtbar zu machen; **aA** etwa Bosch/Schmidt § 26 VI 4; Jäde 142.

[25] Ma NJW 1980, 2270; NVwZ 1982, 316; Niethammer NJW 1981, 1546; Schenke 682; s auch Schulze-Osterloh JuS 1980, 765.

zung (§ 60 Abs 1) fehlen, so stellt sich die Frage, welche Auswirkungen dies für die Zulässigkeit u Begründetheit der Klage gegen Ausgangs- u Widerspruchsbescheid hat. Auf der Basis der vorausgehenden Überlegungen hins der Unzulässigkeit eines Widerspruchsbescheids in der Sache muß im Ergebnis eine Aufhebung des Ausgangsbescheids durch das Gericht ausscheiden. Die in der 10. Aufl vertretene Ansicht, aufgrund des § 79 Abs 1 Nr 1 werde der Ausgangsbescheid durch den Widerspruchsbescheid neu konstituiert u folglich der Ausgangsbescheid auch nicht mehr selbständiger Gegenstand der Klage, ist jedenfalls keine überzeugende Begründung für die These, in diesem Fall sei der Widerspruchsbescheid zusammen mit dem Ausgangsbescheid aufzuheben. Auf diese Weise würde die Bestandskraft des Ausgangsbescheids u der Sinn des § 70 weitgehend konterkariert.[26] Für die VAe mit Drittwirkung entspricht die Lösung im Ergebnis auch der Ansicht der Rspr. Da es sich bei der Zulässigkeit des Widerspruchs um eine Zulässigkeitsvoraussetzung der Klage handelt, erscheint es richtig, die Klage wg fehlender Durchführung eines ordungsgemäßen WiderspruchsVf (Versäumung der Widerspruchsfrist) insoweit für unzulässig zu halten, als mit ihr die Aufhebung des Ausgangsbescheids begehrt wird. Hins des Widerspruchsbescheids ist die Klage dagegen zulässig u bei fehlendem Selbsteintrittsrecht der Widerspruchsbehörde oder bei Verstoß gegen materielles Recht (s bzgl der reformatio in peius 10b, c zu § 68) auch begründet.

Von der Frage einer (nur formellen, hins der Zulässigkeit einer Klage wirksamen, oder auch notariellen) Heilung der Fristversäumung durch eine Sachentscheidung über einen verspäteten Widerspruch ist die Frage einer **erneuten Eröffnung des Vf durch einen Zweitbescheid** der Ausgangsbehörde (zum Begriff s KR 55 zu § 35 VwVfG) zu unterscheiden (s 8f zu § 72; KR 55 zu § 35 VwVfG). Soweit die Verwaltung diese Befugnis hat – sie steht grds nur der Erstbehörde, nicht aber der Widerspruchsbehörde zu –,[27] kann sie sich mit einer neuen Sachentscheidung (auch einer inhaltlich gleichen), gegen die freilich zunächst erst Widerspruch eingelegt werden müßte, auch wieder erneut einer Klage stellen (Erichsen Jura 1992, 649). Der durch den ursprünglichen VA Begünstigte wird hier durch die Vorschriften (zB § 48 Abs 2 u § 49 Abs 2 VwVfG) u Grundsätze über die **nur ausnahmsweise Zulässigkeit der Rücknahme** bzw des Widerrufs begünstigender VAe geschützt.[28] 10

5. Wiedereinsetzung gegen die Versäumung der Widerspruchsfrist (Abs 2): Bei unverschuldeter Versäumnis der Widerspruchsfrist ist gem Abs 2 iVm § 60 Abs 1–4 u § 45 Abs 3 VwVfG bzw der entspr Bestimmung des Verwaltungsverfahrensgesetzes des Landes (s 18 vor § 68; zu § 45 Abs 3 auch 2 zu § 60) Wiedereinsetzung in entspr Anwendung des § 60 auf Antrag oder auch vAw möglich (Erichsen Jura 1992, 649). Zur Wiedereinsetzung **bei fehlender Begründung** des angegriffenen VA bzw **wenn** der Widerspruchsführer im Vf zum Erlaß des VA **nicht gehört** worden war, s § 45 Abs 3 VwVfG bzw die entspr Vorschriften der Verwaltungsverfahrensgesetze der Länder; dazu 2 zu § 60. Die Widerspruchsbehörde kann über die Wiedereinsetzung **nur ausdr** im Rahmen der Entscheidung zur Sache oder durch gesonderten Bescheid (VA) befinden (Schenke 678); im letzteren Fall genügt eine bloße Entscheidung über den 11

---

[26] So wohl auch Kopp DVBl 1992, 1496; BayVBl 1992, 758; JuS 1994, 742.

[27] Vgl 8f zu § 72; 24ff zu § 73; Scholler DÖV 1966, 232; Niethammer NJW 1981, 1546; str; **aA** BVerwG DVBl 1982, 1097; Ko VRspr 27, 120; RÖ-Kothe 8; Schmidt VBlBW 1983, 97.

[28] DVBl 1982, 1097; Niethammer NJW 1981, 1545; s auch 8 zu § 72; 24ff zu § 73; **aA** RÖ-Kothe 8: die Widerspruchsbehörde hat allg die Befugnis zu einer neuen Sachentscheidung; deshalb ist die Tatsache, daß der Widerspruch verspätet eingelegt wurde, grds unerheblich, wenn die Behörde gleichwohl noch zur Sache entschieden hat. S auch §§ 79, 48f VwVfG.

Widerspruch nicht; es muß vielmehr erkennbar sein, daß die Behörde Wiedereinsetzung gewähren wollte u nicht etwa nur deshalb zur Sache entschieden hat, weil sie die Fristversäumung nicht gesehen hat.[29] Die Wiedereinsetzung **darf nur** gewährt werden, **wenn die gesetzlichen Voraussetzungen** gem § 60 Abs 1–4, insb auch die Entschuldbarkeit der Fristversäumung, oder gem § 45 Abs 3 VwVfG bzw nach entspr Vorschriften gegeben sind; der Widerspruchsbehörde (gleiches gilt im AbhilfeVf für die Abhilfebehörde) steht insoweit **kein Beurteilungs- oder Ermessensspielraum** zu.[30]

12 Die Entscheidung über die Wiedereinsetzung ist **für das Gericht,** das später mit einer Klage befaßt wird, **nicht bindend,** da die Wahrung der Widerspruchsfrist für die Klage eine vAw zu prüfende Prozeßvoraussetzung darstellt (s 7 vor § 68, auch zur abweichenden Meinung) u da auch § 70 Abs 2 nur § 60 Abs 1 bis 4, nicht auch Abs 5 für entspr anwendbar erklärt (NJW 1977, 542; BGH DVBl 1981, 396; B-Funke-Kaiser 28; str; s unten 13). Das Gericht muß die Frage, **ob zu Recht Wiedereinsetzung** gewährt wurde, in einem nachfolgenden Prozeß immer **vAw** nachprüfen;[31] dies gilt aufgrund des § 44 a selbst dann, wenn über die Wiedereinsetzung durch gesonderten VA entschieden wurde u dieser VA nicht angefochten wurde.[32]

13 **Wurde die Wiedereinsetzung** (nach Überzeugung des Gerichts) **zu Unrecht gewährt,** so muß das Gericht die Klage des ursprünglichen Widerspruchsführers, dessen Widerspruch im Widerspruchsbescheid in der Sache zurückgewiesen wurde, ohne Rücksicht darauf wg fehlenden ordnungsgemäßen VorVf u **Unanfechtbarkeit** (bzw bereits eingetretener Bestandskraft) **des VA** als unzulässig abweisen.[33] Wird der Ausgangsbescheid nach zu Unrecht erfolgter Wiedereinsetzung dagegen durch den Widerspruchsbescheid modifiziert, ist bei Vorliegen einer Beschwer die isolierte Anfechtung des Widerspruchsbescheids zulässig u – ohne Prüfung des Widerspruchsbescheids in der Sache – auch begründet; s dazu oben 9.

Hat die Widerspruchsbehörde die **Wiedereinsetzung zu Unrecht abgelehnt u** den Widerspruch deshalb als unzulässig, weil verspätet erhoben, zurückgewiesen, so ist das daraufhin angerufene Gericht zur Entscheidung über die Wiedereinsetzung aufgrund des Rechtsgedankens des § 44 a selbst befugt.[34] Dies folgt auch daraus, daß das Gericht, um eine Sachentscheidung überhaupt zu ermöglichen, die Zulässigkeit der Klage, somit auch die Frage der fristgemäßen Einlegung des Widerspruchs, vAw prüft u die Entscheidung über die Wiedereinsetzung eine inzidente, also grds unselbständige Entscheidung darstellt, die nicht Gegenstand eines gesonderten gerichtlichen Vf sein kann (Ma DÖV 1981, 229 m Anm Schmidt).

---

[29] 36, 66; vgl auch 21, 47; NJW 1960, 1781; Ma DÖV 1981, 229; RÖ-Kothe 5; NKVwGO-Geis 52; **aA** Schmidt DÖV 1981, 231: nur ausdr.

[30] Ma NVwZ-RR 2002, 6; Sachs NVwZ 1982, 421; NKVwGO-Geis 53; **aA** Br DÖV 1981, 882; Ma NJW 1980, 2270.

[31] 48, 48; NJW 1977, 542; 1983, 1923; BGH DVBl 1981, 396; B-Funke-Kaiser 28; Sch-Dolde/Porsch 35; **aA** (nur bei Anfechtung) Ma NVwZ-RR 2002, 6; Ey-Rennert 13; RÖ-Kothe 6.

[32] Schenke 682 a; s 5 zu § 44 a; **aA** Br DÖV 1981, 883 zur Wiedereinsetzung durch die Abhilfebehörde.

[33] 48, 48 mwN; NJW 1977, 542; SDC 7 d; Sch-Dolde/Porsch 35; Bettermann JZ 1965, 268; für VA mit Doppelwirkung, bei denen durch die Bestandskraft für einen Beteiligten bereits eine gesicherte Rechtsposition entstanden ist, auch DÖV 1981, 394 mwN; Buchh 310 § 79 VwGO Nr 4; Ma DVBl 1982, 206; NVwZ 1982, 317; **aA** Ey-Rennert 13; RÖ-Kothe 6; NKVwGO-Czybulka 13 zu § 60; Wallerath DÖV 1970, 657; Jäde 141.

[34] DÖV 1981, 636; NJW 1977, 542; BayVBl 1983, 476; Ma DÖV 1981, 229; VG Dresden NVwZ-RR 1994, 368; Jäde 140; Schenke 682 a; Ey-Rennert 14; Sch-Dolde/Porsch 33; v Mutius 196; **aA** RÖ-Kothe 5 a; Schmidt DÖV 1981, 229 f; VBlBW 1983, 97; diff Ks NVwZ-RR 1993, 434; vgl auch Schenke JZ 1996, 1062.

Daneben ist dem Widerspruchsführer die Möglichkeit eröffnet, den Widerspruchsbescheid wg des in der Versagung der Wiedereinsetzung liegenden Verfahrensmangels isoliert nach § 79 Abs 2 S 2 anzufechten, um so eine Sachentscheidung der Widerspruchsbehörde herbeizuführen, woran gerade – aber nicht nur – bei ErmessensVA ein erhebliches Interesse bestehen kann (Ma DÖV 1981, 229; Sch-Dolde/Porsch 33; s näher 13 ff zu § 79). **14**

Dagegen würde für eine isolierte Verpflichtungsklage auf Wiedereinsetzung das RSI fehlen u auch § 44 a entgegenstehen.[35] Ist von der Widerspruchsbehörde keinerlei Entscheidung ergangen, so kann mit der Verpflichtungsklage ein Widerspruchsbescheid begehrt werden (Schenke DÖV 1996, 536 ff; sehr str; s auch 13 vor § 68). Im übrigen kann in diesem Fall eine Untätigkeitsklage nach § 75 statthaft sein. **15**

6. Zuständigkeit (Abs 1 S 1 und 2): Der Widerspruch ist nach Abs 1 S 1 – ohne Rücksicht darauf, welche Behörde über den Widerspruch zu entscheiden hat (s dazu § 73) – grds **bei der Behörde einzulegen,** die **den VA erlassen** hat **(Ausgangsbehörde).** Aus Abs 1 S 2 – der an sich nur die Frage der Fristwahrung regelt, damit aber auch allg die Zulässigkeit voraussetzt –, ergibt sich aber, daß der Widerspruch auch bei der Behörde eingelegt werden kann, die über den Widerspruch zu entscheiden hat **(Widerspruchsbehörde).** Wurde der Widerspruch **bei einer unzuständigen** Behörde (also weder bei der Ausgangsbehörde noch bei der Widerspruchsbehörde) eingelegt, so hat diese grds den Widerspruch an die zuständige Behörde weiterzuleiten (Ey-Rennert 16; allg KR 13 f zu § 3 VwVfG). Erfolgt die Weiterleitung jedoch nicht innerhalb der **Widerspruchsfrist,** ist die Frist nicht gewahrt (Ey-Rennert 16; Sch-Dolde/Porsch 24); der Widerspruchsführer hat – entspr den Grundsätzen bei der Weiterleitung durch ein Gericht, s 17 zu § 60 – auch nur dann einen Anspr auf **Wiedereinsetzung** aus § 70 S 2, § 60, wenn die Widerspruchsfrist bei pflichtgemäßer Weiterleitung im regulären Geschäftsgang noch gewahrt worden wäre. Diese Grundsätze gelten auch bzw erst recht, wenn die Behörde, bei der der Widerspruch eingegangen ist, gar nicht Adressat des Widerspruchs ist. Wird in diesen Fällen eine Weiterleitung an die Behörde, für die der Widerspruch nach dessen Adressierung u Inhalt bestimmt ist, pflichtwidrig verzögert u ist diese Verzögerung kausal für die Nichteinhaltung der Frist, ist eine Wiedereinsetzung in den vorigen Stand zu gewähren. Zur Weiterleitung des bei der Widerspruchsbehörde eingerichteten Widerspruchs an die Abhilfebehörde s 1 zu § 72. **16**

7. Eintritt der Bestandskraft von VAen und ihre Folgen: Erfolgt die Einlegung des Widerspruchs nicht innerhalb der Frist des § 70 u wird auch keine Wiedereinsetzung in den vorigen Stand gewährt, so wird der VA bestandskräftig. Zu unterscheiden ist dabei die **formelle Bestandskraft** eines VA u seine **materielle Bestandskraft.** Der Eintritt der **formellen Bestandskraft** bedeutet dabei, daß der VA grds **nicht mehr mit ordentlichen Rechtsbehelfen** angreifbar ist (KR 29 zu § 43 VwVfG), während mit der mit der **materiellen Bestandskraft** eines VA zum Ausdruck gebracht wird, daß die mit ihm **getroffene Regelung grds für die Behörde u die durch die Regelung Betroffenen verbindlich** ist.[36] **17**

Aufgrund der formellen Bestandskraft eines VA kann dieser nicht mehr mit einem Anfechtungswiderspruch oder mit einer Anfechtungsklage angefochten werden. Allerdings ist hierdurch nicht ausgeschlossen, daß der Betroffene bei be-

---

[35] Ma DÖV 1981, 229; s auch Schenke 682 a; **aA** Ma NJW 1972, 461; 1973, 727; NVwZ 1982, 317; Buri DÖV 1962, 498.

[36] Zur Bestandskraft von VAen s zB Erichsen/Knoke NVwZ 1983, 185 ff; Kn-Meyer 1 ff vor 43 VwVfG, Kopp DVBl 1983, 392 ff; KR 29 ff zu § 43 VwVfG; Erichsen-Ehlers § 38, 45; Maurer § 11, 4 ff; Schenke, DÖV 1983, 320.

hördlicher Ablehnung einer beantragten Aufhebung oder Änderung eines bestandskräftigen VA eine Verpflichtungsklage erhebt, mit welcher er einen trotz des Eintritts der formellen Bestandskraft bestehenden Anspr auf ermessensfehlerfreie Entscheidung über die Aufhebung des VA nach Maßgabe der § 48 Abs 1 S 1 VwVfG u § 49 Abs 1 S 1 VwVfG bzw diesen vorgehenden Spezialvorschriften geltend macht.[37] Bei einer nachträglichen Veränderung der Sach- oder Rechtslage, aufgrund deren der VA rechtswidrig geworden ist, besteht sogar ein mit der Verpflichtungsklage geltend zu machender Anspr auf Rücknahme des VA (39 zu § 42). Ein solcher Anspr auf Rücknahme kann sich auch aus dem Gemeinschaftsrecht ergeben, wenn der VA auf einer unrichtigen Auslegung des Gemeinschaftsrechts beruht (vgl auch EuGH BayVBl 2004, 589 ff m Anm Lindner).

Die materielle Bestandskraft von VAen ist vorbehaltlich von Spezialregelungen in den §§ 48 ff VwVfG bzw §§ 48 ff LVwVfG geregelt. Sie reicht grds nicht so weit wie die Bindungswirkung einer rechtskräftigen Entscheidung nach § 121. Anders als bei einem auf eine Anfechtungsklage hin ergangenen Sachurteil, mit welchem bei Abweisung der Anfechtungsklage festgestellt wird, daß der Kl keinen Anspr auf Aufhebung des VA besitzt u idR auch keine subjektive RVerletzung vorliegt (s näher 21 zu § 121), wird durch einen bestandskräftigen VA nicht festgestellt, daß dieser den hierdurch Betroffenen nicht in seinen Rechten verletzt. Deshalb kann etwa ein Zivilgericht bei einer Amtshaftungsklage gem § 839 BGB iVm Art 34 GG, mit welcher ein Schadensersatzanspr wg eines durch einen bestandskräftigen VA verursachten Schadens geltend gemacht wird, eine durch die Verwaltung herbeigeführte subjektive RVerletzung bejahen,[38] während ihm dies bei einer die Anfechtungsklage idR als unbegründet abweisenden verwaltungsgerichtlichen Entscheidung wg deren RKraft untersagt wäre. Entsprechendes gilt iVm einem vor den Zivilgerichten geltend gemachten Entschädigungsanspr aus enteigungsgleichem Eingriff, der durch einen bestandskräftigen VA herbeigeführt wurde. Mit dieser Feststellung steht es nicht in Widerspruch, daß dann, wenn der vor den Zivilgerichten Klagende es in zurechenbarer Weise versäumt hat, sich gegen den nunmehr bestandskräftigen VA verwaltungsgerichtlich zur Wehr zu setzen u dadurch einen ihm entstandenen Schaden zu mindern oder auszuschließen, ein Amtshaftungsanspr gem § 839 Abs 3 BGB gemindert oder ausgeschlossen sein kann u dasselbe für einen Anspr aus enteignungsgleichem Eingriff analog § 254 BGB zutreffen kann. Sind insoweit Unterschiede zwischen der Bestandskraft eines VA u der RKraft einer gerichtlichen Entscheidung festzustellen, so bestehen andererseits zwischen ihnen aber insoweit Gemeinsamkeiten, als den Entscheidungsgründen sowohl eines VA wie auch einer gerichtlichen Entscheidung vorbehaltlich abweichender gesetzlicher Regelungen keine Bindungswirkung zukommt (18 zu § 121). Zur Bindungswirkung von Widerspruchsbescheiden s 24 ff zu § 73).

Zur **Bindung von Rechtsnachfolgern** durch einen bestandskräftigen VA s 27 zu § 121.

§ 71 Anhörung

Ist die Aufhebung oder Änderung eines Verwaltungsakts im Widerspruchsverfahren erstmalig mit einer Beschwer[2] verbunden, soll[3 f] der Betroffene[2] vor Erlaß des Abhilfebescheids oder des Widerspruchsbescheids gehört werden.[1 ff]

---

[37] Dazu, daß ein solcher Anspr wg Art 19 Abs 4 GG noch prozessual geltend gemacht werden kann, BVerfG 27, 307 ff; Schenke 278; ders, Maurer-FS 731.

[38] BGHZ 122, 5; 127, 225; DVBl 2003, 461; Beaucamp DVBl 2004, 352 mwN; Ossenbühl 122; Rinne Boujong-FS 634 ff; Steinweg NJW 2003, 3037 ff; **aA** KR 22 zu § 43 VwVfG; Stuttmann NJW 2003, 1433.

Schrifttum: *Horn,* Das Anhörungsrecht des mit Drittwirkung Betroffenen nach § 28 VwVfG, DÖV 1987, 20; *Laubinger,* Zur Erforderlichkeit der Anhörung des Antragstellers vor Ablehnung seines Antrags durch die Verwaltungsbehörde, VerwA 1984, 55; s ferner vor § 68.

1. Allgemeines: Die durch das 6. VwGOÄndG neugefaßte (und als einzige Bestimmung der VwGO mit einer amtlichen Überschrift versehene) Vorschrift ist Ausdruck des aus dem verfassungsrechtlichen **Rechtsstaatsprinzips** (Art 20, 28 GG) – soweit Grundrechte betroffen sind, auch aus diesen (vgl BVerfG 53, 30 = NJW 1980, 763; allg auch KR 1 ff zu § 28 VwVfG mwN) – abzuleitenden ungeschriebenen **allg Rechtsgrundsatzes,** daß Personen, die von einem VA beschwert werden (können), **vor dem Erlaß dieses VA gehört werden müssen,**[1] **u** erfüllt damit ein **Erfordernis eines jeden rechtsstaatlich geordneten Verwaltungsverfahrens.** 1

2. Anwendungsbereich: Nach der Neufassung regelt § 71 umfassend die Anhörung. Erfaßt wird nicht nur der (erstmalig beschwerte) Dritte, sondern **jeder Betroffene,** also zB auch der Widerspruchsführer selbst. Der Streit, ob in den von § 71 aF nicht unmittelbar erfaßten Fällen die Regelung extensiv auszulegen bzw analog anzuwenden ist oder sich die Anhörungspflicht in diesen Fällen nach § 28 VwVfG bzw entspr Länderrecht richte, ist damit beigelegt. Gleichfalls in den direkten Anwendungsbereich des § 71 fällt jetzt eine Beschwer durch das **Abhilfeverfahren.** Die Vorschrift wird nicht durch § 36 Abs 2 VermG verdrängt (NVwZ 1999, 1219). 2

Wie bisher setzt § 71 voraus, daß durch die Änderung oder Aufhebung des Ausgangsbescheids die Möglichkeit einer **Beschwer** besteht. Die Möglichkeit einer günstigen Entscheidung kann die Anhörungspflicht dagegen nicht auslösen (Sch-Dolde/Porsch 4; **aA** 10. Aufl).

3. Das Recht auf Anhörung bzw die Pflicht zur Anhörung bedeutet, daß den Betroffenen **Gelegenheit zur Äußerung,** ggf innerhalb einer gesetzten Frist (die angemessen sein muß), gegeben werden muß.[2] Die Anhörung bezieht sich auf **Tatsachen,** insb auch auf Ermittlungsergebnisse einschließlich der Ergebnisse von Beweisaufnahmen, die sich zu seinen Lasten auswirken können (hM), nach richtiger Auffassung aber **auch auf Rechtsfragen.**[3] Ergeben sich im Vf **neue Tatsachen oder Anhaltspunkte,** so muß die Behörde die Beteiligten zur Wahrung des Rechts auf Gehör darauf hinweisen (vgl Mü BayVBl 1985, 401). 3

Ausnahmen: Die Fassung als **Sollvorschrift** ermöglicht es der Widerspruchsbehörde, **in besonders gelagerten Fällen,** in denen eine Anhörung nicht ohne Gefahr für das öffentliche Interesse oder die Betroffenen möglich wäre (vgl § 28 Abs 2 VwVfG; BayObLG MDR 1967, 494) oder andere überwiegende Gründe (vgl § 28 Abs 3 VwVfG) entgegenstehen, davon abzusehen (RÖ-Kothe 2; Sch-Dolde/Porsch 8; NKVwGO-Geis 6); **für den Normalfall** aber ist die Anhörung **zwingend** geboten, ihre Unterlassung macht den Widerspruchsbescheid fehlerhaft.[4] 4

---

[1] 43, 40; Lü DVBl 1973, 506; RÖ-Kothe 2; F 188, 235; WBS II § 48, 20; Kopp VerwA 1970, 242; 1 zu § 28 VwVfG u VerfR 75, 116.

[2] Vgl auch Ma NVwZ 1987, 1087: jedenfalls genügt es, wenn die Widerspruchsbehörde auf eine angekündigte weitere Begründung des Widerspruchs 1 Monat vergeblich wartet u dann entscheidet; Fristsetzung ist nur bei früherer Entscheidung erforderlich.

[3] NVwZ 1999, 1219; Br NJW 1983, 1869; RÖ-Kothe 3; 9a zu § 73; Kopp VerfR 78, 119; KR 30 zu § 28 VwVfG mwN; vgl auch 21 zu § 108. Vgl im einzelnen KR 1 ff zu § 28 VwVfG.

[4] NVwZ 1999, 1218; Mü BayVBl 1975, 142; Br NJW 1983, 1869; s auch unten 6 ff; zT **aA** offensichtlich BVerwG DVBl 1965, 28: die Fassung der Vorschrift als Soll-Vorschrift soll

5 Eine bestimmte **Form der Anhörung** ist nicht vorgeschrieben; die Anhörung kann insb **auch schriftlich** erfolgen (Ks NJW 1956, 1940 m Anm Hamann; Sch-Dolde/Porsch 7).

6 **4. Die Verletzung der Anhörungspflicht** stellt einen wesentlichen **Verfahrensmangel** des WiderspruchsVf dar, auf den eine isolierte Klage des zu Unrecht nicht Angehörten auf Aufhebung des Widerspruchsbescheids (§ 79 Abs 1 Nr 2, Abs 2 S 2) gestützt werden kann (s 13 zu § 79). Der Bestand, die Wirksamkeit u die Rechtmäßigkeit **des ursprünglichen VA,** gegen den sich der Widerspruch richtet, werden davon jedoch nicht berührt.

7 Eine **Heilung** des Verfahrensverstoßes durch Nachholung der Anhörung **nach Abschluß des WiderspruchsVf** durch die Widerspruchsbehörde setzt zumindest eine insoweit fortbestehende Zuständigkeit der Widerspruchsbehörde voraus. Wird diese befürwortet (s 11 ff zu § 79), kommt es bei Anwendung des § 45 Abs 2 VwVfG (idF des GenBeschlG) oder entspr bundesrechtlicher Bestimmungen zu einer Heilung mit Wirkung ex nunc.[5] In diesem Fall scheidet eine Aufhebung des Widerspruchsbescheids aus; für den Zeitraum bis zur Heilung des Verfahrensverstoßes gilt dies (auch nach einer Heilung) nicht; damit unterliegt der Widerspruchsbescheid – eine fortbestehende Beschwer vorausgesetzt – für den Zeitraum zwischen seinem Erlaß u der Heilung des Verfahrensfehlers weiterhin der Aufhebung durch das Gericht. S auch 11 ff zu § 79.

8 § 46 VwVfG findet dagegen auf den Widerspruchsbescheid keine Anwendung, da § 79 Abs 2 S 2 insoweit vorgeht (s näher 14 zu § 79).

9 **Nicht berührt** wird durch § 71 die – unabhängig daneben bestehende – Befugnis bzw Verpflichtung der Widerspruchsbehörde (bzw Abhilfebehörde) **zur Beiladung** (Hinzuziehung) **Dritter** gem § 79 VwVfG iVm **§ 13 Abs 1 Nr 4, Abs 2 VwVfG** bzw aufgrund der entspr Vorschriften des Verwaltungsverfahrensrechts der Länder.[6] **Nicht beigeladen** werden kann **die Ausgangsbehörde;** sie – anders ggf jedoch der Rechtsträger, dem sie angehört, soweit im Vf eigene Rechte dieses Rechtsträgers betroffen sind (vgl 137 ff zu § 42) – ist auch nicht kraft Gesetzes am Vf beteiligt. Eine im AusgangsVf erfolgte **Beiladung gilt auch für das WiderspruchsVf u** wirkt hier fort (KR 24 a zu § 13 VwVfG; **aA** Jäde BayVBl 1989, 202).

§ 72 [Abhilfeentscheidung]

Hält die Behörde[1 f] den Widerspruch für begründet,[3] so hilft sie ihm ab[1 ff] und entscheidet über die Kosten.[6]

Vgl § 85 SGG

Schrifttum: *Haurand/Vahle,* Die Kostenerstattung im Vorverfahren, VR 1997, 12; *Kraft,* Änderungsbescheid im Widerspruchsverfahren und Verwaltungsprozeß, BayVBl 1995; 519; *Oberrath/Hahn,* Die Abhilfeentscheidung im Widerspruchsverfahren, JA 1995, 886; *Pietzner,* Kostenfragen im außergerichtlichen Rechtsbehelfsverfahren, VerwA 1982, 231; s auch vor § 68.

---

verhindern, daß das Gericht die Entscheidung auch dann aufheben müßte, wenn sie im Ergebnis nicht zu beanstanden ist.

[5] Schenke 804 a; KR 14 zu § 45 VwVfG; Hill, Das fehlerhafte Verwaltungsverfahren, 98; Ule § 58, 16; NKVwGO-Geis 15; **aA** für Heilung ex tunc Kn-Meyer 15 zu § 45 VwVfG; StBS-Sachs 18 f zu § 45 VwVfG; Horn DV 1992, 206.

[6] Sch-Dolde/Porsch 2; NKVwGO-Geis 9; **aA** MB 8 zu § 13 VwVfG: Beiladung gem § 13 Abs 2 VwVfG durch die spezielle Regelung des § 71 verdrängt; Jäde BayVBl 1989, 203: jedenfalls keine Beiladung im WiderspruchsVf vAw; das WiderspruchsVf ist RechtschutzVf nur im Verhältnis zum Widerspruchsführer; Kritik: §§ 69 ff geben für eine solche Beschränkung keinen Anhaltspunkt, § 79 VwVfG iVm § 13 Abs 2 VwVfG spricht klar dagegen.

1. Allgemeines: § 72 geht vom Regelfall aus, daß die Ausgangsbehörde nicht mit der Widerspruchsbehörde identisch ist, u stellt auch für diesen Fall sicher, daß auch die **Ausgangsbehörde nochmals mit der Sache befaßt** wird u ihre Entscheidung überprüfen muß. Dies ist insb in Selbstverwaltungsangelegenheiten von Bedeutung, wenn der Aufsichtsbehörde als Widerspruchsbehörde eine Nachprüfung der Zweckmäßigkeit verwehrt ist. **Wurde der Widerspruch unmittelbar bei der Widerspruchsbehörde eingelegt,** so hat diese der Abhilfebehörde Gelegenheit zur Abhilfe zu geben. Eine nur telefonische Anfrage bei der Ausgangsbehörde, ob dem Widerspruch abgeholfen wird, ist nicht ausreichend (SGH 207; Sch-Dolde/Porsch 5; **aA** 10. Aufl 1). Eine **Verletzung** dieser Pflicht ist ein **wesentlicher Mangel des WiderspruchsVf** iSd § 79 Abs 2 S 2; ebenso auch eine Verletzung der Verpflichtung der Ausgangsbehörde, im AbhilfeVf den angegriffenen VA nochmals ernsthaft zu überprüfen (Schenke 668). Das AbhilfeVf findet aber dann nicht statt, **wenn Abhilfebehörde u Widerspruchsbehörde identisch** sind,[1] da der Devolutiveffekt entfällt. Zur Abhilfe gegen einen Abhilfebescheid vgl BGH MDR 1987, 580; zur – nach allg Recht zulässigen – Rücknahme (§ 48 VwVfG) bzw einem Widerruf (§ 49 VwVfG) der Abhilfeentscheidung oder eines Wiederaufgreifens des Vf (§ 51 VwVfG) unten 3. Zur Unterscheidung von Abhilfeentscheidung u Zweitbescheid s unten 8. 1

Die Befugnis zur Abhilfe besteht für das gesamte Vorverfahren, also auch nachdem der Widerspruch der Widerspruchsbehörde zugeleitet wurde u der Devolutiveffekt eingetreten ist bis zum Ergehen des Widerspruchsbescheids.[2] Dies folgt aus dem engen Zusammenhang der §§ 72, 73 u daraus, daß zwar konkurrierende Gerichtszuständigkeiten nach Eintritt des Devolutiveffekts, nicht jedoch konkurrierende Verwaltungszuständigkeiten ausgeschlossen sind; die Verwaltung bildet vielmehr eine Einheit (Mü BayVBl 1965, 67; Sch-Dolde/Porsch 7). Auch aus § 50 VwVfG läßt sich nichts anderes herleiten (P § 25, 6 u 10; Sch-Dolde/Porsch 7; **aA** 10. Aufl mwN). Hins der konkurrierenden Zuständigkeit von Ausgangs- u Widerspruchsbehörde gilt daher das Prioritätsprinzip, wonach die zuerst ergehende Entscheidung das WiderspruchsVf beendet (Sch-Dolde/Porsch 7). 2

2. Die Abhilfeentscheidung: a) Die Abhilfebehörde kann im Rahmen des AbhilfeVf – anders uU in ihrer Eigenschaft als Erstbehörde (s unten 8 f) – **nur** entweder **dem Widerspruch abhelfen**[3] oder es bei der ursprünglichen Entscheidung belassen (und den Widerspruch an die Widerspruchsbehörde weiterleiten), **nicht** dagegen ggf auch den ursprünglichen VA verbösern.[4] Nach dem Zweck des AbhilfeVf sind auch **Entscheidungen durch Zwischenbescheid** analog § 109, Bescheide über den Grund analog § 110, usw unzulässig.[5] Um **keine Abhilfe,** sondern um einen Zweitbescheid (s unten 8) handelt es sich, wenn die Abhilfebehörde den angegriffenen VA **verbösert** (P § 27, 7) oder ihn nur zu dem Zweck aufhebt, um ihn **durch einen anderen, belastenderen VA zu ersetzen.**[6] Ein 3

[1] 70, 12 = NVwZ 1985, 577; Sch-Dolde/Porsch 6; Skouris DÖV 1982, 133; Renz DÖV 1991, 138; SGH 207; **aA** RÖ-Kothe 2; Weides 229.

[2] 82, 338; NVwZ 1987, 225; Buchh 310 § 72 VwGO Nr 9; Ko NVwZ 1987, 1098; Ma VBlBW 1989, 53; Mü BayVBl 1965, 67; 1988, 629; Engst Jura 2006, 171; RÖ-Kothe 16 zu § 73; Schoch NVwZ 1983, 255; Schenke 668; Sch-Dolde/Porsch 7 mwN; **aA** 10. Aufl 2: Devolutiveffekt verhindert Entscheidungsbefugnis der Ausgangsbehörde, nur Zweitbescheid möglich; Mü BayVBl 1976, 691; Schmidt BayVBl 1982, 89; Pache/Knauff DÖV 2004, 657 f.

[3] Ganz oder tlw, s BFH NVwZ 1984, 824; Mü BayVBl 1976, 699; 1988, 629; Ule 24 III 1; Weides 14 III 1; Meister DÖV 1985, 149; P § 27, 7.

[4] Br BauR 1989, 193; Sch-Dolde/Porsch 13; Skouris DÖV 1982, 133; Meister DÖV 1985, 149; P § 27, 7.

[5] Vgl Sachs NVwZ 1982, 422: Gewährung der Wiedereinsetzung gem § 70 Abs 2, 60 nur, wenn dann Abhilfe auch in der Sache gewährt wird; **aA** Br NVwZ 1982, 455.

[6] Mü BayVBl 1988, 629; NVwZ 1983, 615 zur Ersetzung durch einen verschärften Zweitbescheid; **aA** ohne überzeugende Begründung 88, 41 = NVwZ 1992, 669.

förmlicher Abhilfebescheid ist nur dann erforderlich, wenn dem Widerspruch ganz oder teilweise abgeholfen wird; **bei Nichtabhilfe** bedarf es weder einer ausdr Entscheidung noch auch einer Mitteilung an die Betroffenen, daß der Widerspruch der Widerspruchsbehörde vorgelegt wurde (vgl Brühl JuS 1994, 58; Sch-Dolde/Porsch 19 mwN).

Trotz der Formulierung des § 72 („Hält ... für begründet ...") **setzt** auch die Abhilfeentscheidung die **Zulässigkeit des Widerspruchs** (s 3 ff zu § 69) **voraus;**[7] vgl aber zur Befugnis zur Abänderung durch Zweitbescheid unten 8; zur Bindungswirkung einer im AbhilfeVf gewährten Wiedereinsetzung für das weitere Vf 12 zu § 70.

Die **Abhilfeentscheidung** ist wie auch der Widerspruchsbescheid ein **VA,** für den auch die allg Vorschriften u Grundsätze über VAe gelten u der gem § 79 uU auch gesonderter Gegenstand einer Klage sein kann (zum Wegfall eines VorVf nach dem 6. VwGOÄndG unten 7 u 21 zu § 68). Vgl zur – grds nach §§ 48 ff VwVfG bzw entspr Vorschriften oder Grundsätzen als zulässig anzusehenden – **Rücknahme** u Widerruf **einer Abhilfeentscheidung** bzw zum Wiederaufgreifen des Vf bejahend Lü NVwZ 1990, 675.

4 Die Abhilfebehörde hat bei ihrer Entscheidung grds **dieselbe Entscheidungsfreiheit** wie als Erstbehörde. Sie kann als Voraussetzung für eine Abhilfe in der Sache auch **Wiedereinsetzung** gegen die Versäumung der Widerspruchsfrist gewähren.[8] § 72 schließt jedoch eine nach dem allg Recht (Weisungsbefugnisse der übergeordneten Behörde, Rechts- oder Fachaufsicht) bestehende **Befugnis höherer Behörden** bzw Aufsichtsbehörden, durch **Weisungen** auf den Inhalt der Abhilfeentscheidung **Einfluß zu nehmen,** nicht aus.[9] Zur Frage, ob die Widerspruchsbehörde, statt selbst zu entscheiden, die Abhilfebehörde zu einer entspr Entscheidung anweisen kann, s 7 zu § 73.

5 **Ein** dem Widerspruch (ganz oder teilweise) **stattgebender Abhilfebescheid** muß nach ausdr Bestimmung des § 72 auch über die **Kosten** entscheiden, da er den Widerspruch insoweit verbraucht, als er ihm abhilft;[10] eine Ausnahme kommt insofern allenfalls in Betracht, **wenn Gebühren** u erstattungsfähige Auslagen **nicht entstanden sind.** Zum Inhalt der Kostenentscheidung vgl 16 ff zu § 73; dazu gehört auch die Entscheidung über die Notwendigkeit der Zuziehung eines Bevollmächtigten im VorVf (vgl 88, 46 = NVwZ 1992, 669; Mü BayVBl 1989, 758 mwN).

6 **b)** Nach allg Grundsätzen ist die Abhilfebehörde bei **Erledigung der Hauptsache vor Vorlage des Widerspruchs** bei der Widerspruchsbehörde ebenso wie diese (vgl 8 zu § 73) auf Antrag des Widerspruchsführers auch zu einer **Feststellung** in Bescheidform **entspr § 113 Abs 1 S 4,** daß der VA bzw seine Unterlassung oder Ablehnung rechtswidrig war, berechtigt u verpflichtet,[11] ebenso zur **Einstellung des WiderspruchsVf u** (soweit noch erforder-

---

[7] 101, 67; DVBl 1996, 1316; Br NVwZ 1982, 455; Stern 317; P § 27, 6; UL § 46, 4; Brühl JuS 1994, 57; **aA** SGH 210.

[8] Br DÖV 1981, 882; Ey-Rennert 12 zu § 70; RÖ-Kothe 5 zu § 70; SDC 7 zu § 69 f; Buri DÖV 1963, 499; 1964, 693; s aber oben 3.

[9] DÖV 1971, 355; BayVBl 1981, 93; Ma VBlBW 1993, 338 f; Mü BayVBl 1965, 67; 1988, 86; P § 42, 30; Renck-Laufke BayVBl 1978, 248; vgl auch BVerwG DÖV 1971, 355; Weides 14 III 1 Fn 22; **aA** Wand SKV 1975, 274.

[10] 62, 298; NJW 1982, 1827; Ma NJW 1981, 1524; Mü BayVBl 1988, 629; 1989, 757; Ms DÖV 1992, 123; Schmidt BayVBl 1982, 90; **aA** zur Teilabhilfe BVerwG 88, 41 = NVwZ 1992, 669 u Buchh 424.01 § 147 FlurbG Nr 3 S 2: bei Teilabhilfe Kostenentscheidung für das gesamte VorVf ausschließlich Sache der Widerspruchsbehörde; Sch-Dolde/Porsch 17; Weides 14 III 1; Pietzner VerwA 1982, 232; Dreier NVwZ 1987, 475 Fn 7; Oberrath/Hahn JA 1995, 887 Fn 17; NKVwGO-Geis 26.

[11] S 2 a, 34 zu § 68; 9 zu § 73; **aA** BVerwG 81, 226 = DVBl 1989, 873: kein RS I mehr nach Erledigung der Hauptsache.

lich) zur Entscheidung nur **noch über die Kosten** vAw, wenn sich noch vor oder während des AbhilfeVf die Hauptsache durch entspr **Erklärungen** (str, s dazu 2 zu § 73), der Betroffenen (zu denen idS auch die Behörde selbst gehört), durch **Rücknahme** des Widerspruchs (44, 66; s auch unten 8) oder durch **Vergleich** erledigt.[12]

3. Rechtsbehelfe: Nach § 68 Abs 1 S 2 Nr 2 ist ein WiderspruchsVf gegen die Abhilfeentscheidung unstatthaft (s 21 zu § 68). Es ist vielmehr in der Frist des § 74 Klage zu erheben. Zur Kostenentscheidung s 19 zu § 73. 7

4. Zweitbescheid: § 72 berührt die Befugnis der Abhilfebehörde nicht, in ihrer Eigenschaft als Erstbehörde unter den erleichterten Voraussetzungen der **§§ 48 ff VwVfG** bzw entspr Vorschriften den von ihr erlassenen VA nachträglich jederzeit aufzuheben.[13] Ein solcher **Zweitbescheid** (zum Begriff s KR 55 zu § 35 VwVfG) kann grds auch dann ergehen, wenn die Widerspruchsbehörde bereits mit dem Fall befaßt ist (Schoch Jura 2003, 756). Dann ist aber stets zu prüfen, ob es sich um einen gleichfalls zulässigen (dazu oben 2) Abhilfebescheid handelt oder ob die Erstbehörde nach §§ 48 ff VwVfG vorgegangen ist (Ms DÖV 1992, 123: im Zweifel Abhilfebescheid). Zur Frage der gerichtlichen Umdeutung eines rechtswidrigen Abhilfebescheids in einen Rücknahmebescheid NVwZ 2000, 195 u Ehlers JK 2000, VwGO, § 72/2. Sie scheidet jedenfalls dann aus, wenn die Ausgangsbehörde der Ansicht war, zur Abhilfe verpflichtet gewesen zu sein, die Rücknahme aber in das Ermessen der Behörde gestellt ist. Verlangt man für die Umdeutung einen konstitutiven VA (79 zu § 113), so verbietet sich eine gerichtliche Umdeutung auch aus diesem Grund (Schenke 667 Fn 22). 8

Ein Zweitbescheid kommt idR in Betracht, wenn ein (Dritt-)Widerspruch unzulässig oder unbegründet, der angefochtene VA aber rechtswidrig ist (P § 25, 9). Nicht ausgeschlossen ist ein Zweitbescheid auch in den Fällen, in denen der Widerspruch zulässig u begründet ist u ein Abhilfebescheid gleichfalls erfolgen könnte. Nach Ansicht des BVerwG darf die Ausgangsbehörde den Ausgangsbescheid allerdings nicht allein aus dem Grund gem §§ 48 ff VwVfG zurücknehmen, um dem Widerspruchsführer keine **Kosten** erstatten zu müssen, die ihr bei einem Abhilfebescheid gem § 80 VwVfG obliegen würden (NVwZ 1997, 272; Hbg NVwZ-RR 1999, 707; s 17 zu § 73). Ein **Zweitbescheid,** der den Widerspruchsführer belastet, wird **nicht automatisch** an Stelle des dadurch ersetzten ursprünglichen Bescheids **Gegenstand des Widerspruchsverfahrens;** es bedarf dazu vielmehr einer entspr Änderung des Widerspruchs.[14]

Bei Vorliegen von Gründen für ein Wiederaufgreifen iSv § 51 VwVfG ist die Behörde grds verpflichtet, ohne Rücksicht auf ein anhängiges oder abgeschlossenes Widerspruchs- oder KlageVf ihren ursprünglichen VA zu ändern oder aufzuheben.[15] **Im übrigen** gelten für die Änderungs- bzw Aufhebungsbefugnis der Erstbehörde durch Zweitbescheid **die allg Grundsätze;** sie unterliegt insb auch der **Weisungsbefugnis** der höheren Behörden bzw Aufsichtsbehörden (die aber ebenfalls eine eingetretene Unanfechtbarkeit nach den Grundsätzen 9

---

[12] Mü NVwZ 1983, 615; Renck DÖV 1973, 266; vgl auch 18 vor § 68; ebenso für den vergleichbaren Fall einer Hauptsacheerledigung im BeschwerdeVf vor Entscheidung des Gerichts über die Abhilfe in bezug auf gerichtliche Beschlüsse Mü BayVBl 1978, 141. Zur Kostenentscheidung bei Erledigung des Widerspruchs s auch Ma NJW 1981, 1524; Mü BayVBl 1988, 629; Schmidt BayVBl 1982, 90; KR 18 zu § 80 VwVfG; s auch oben 5.

[13] DVBl 1996, 1316; NVwZ 1985, 265; Ms NVwZ 1992, 122; Kopp NVwZ 1994, 1; P § 25, 10; Kraft BayVBl 1995, 521; NKVwGO-Geis 31; Schoch Jura 2003, 757; s auch 13 zu § 121.

[14] Mü NVwZ 1983, 615; vgl auch entspr für die Klage Mü BayVBl 1973, 383; allg auch 3 zu § 91; ein nochmaliges AbhilfeVf ist dagegen entbehrlich, vgl 23 zu § 68.

[15] 17, 256; 19, 155; 28, 122; BVerfG 27, 297; Baumeister VerwA 1992, 376, 390; Bettermann Wolff-FS 430 ff.

über Widerruf u Rücknahme von VAen berücksichtigen müssen, vgl Simon BayVBl 1969, 99).

§ 73 [Widerspruchsbescheid]

(1) **Hilft die Behörde dem Widerspruch nicht ab, so ergeht ein Widerspruchsbescheid.**[1 ff] **Diesen erläßt**

1. **die nächsthöhere Behörde,**[3] **soweit nicht durch Gesetz eine andere höhere Behörde bestimmt wird,**
2. **wenn die nächsthöhere Behörde eine oberste Bundes- oder oberste Landesbehörde**[4] **ist, die Behörde, die den Verwaltungsakt erlassen hat,**
3. **in Selbstverwaltungsangelegenheiten die Selbstverwaltungsbehörde, soweit nicht durch Gesetz anderes bestimmt wird.**

Abweichend von Satz 2 Nr. 1 kann durch Gesetz bestimmt werden, dass die Behörde, die den Verwaltungsakt erlassen hat, auch für die Entscheidung über den Widerspruch zuständig ist.[3]

(2) **Vorschriften, nach denen im Vorverfahren des Absatzes 1 Ausschüsse oder Beiräte an die Stelle einer Behörde treten,**[5] **bleiben unberührt. Die Ausschüsse oder Beiräte können abweichend von Absatz 1 Nr. 1 auch bei der Behörde gebildet werden, die den Verwaltungsakt erlassen hat.**[3]

(3) **Der Widerspruchsbescheid ist zu begründen,**[11 ff] **mit einer Rechtsmittelbelehrung zu versehen**[20 f] **und zuzustellen.**[22] **Zugestellt wird von Amts wegen nach den Vorschriften des Verwaltungszustellungsgesetzes.**[22ff] **Der Widerspruchsbescheid bestimmt auch, wer die Kosten trägt.**[15 ff]

Vgl § 85 SGG

Schrifttum: *Abracht/Naujoks,* Die zuständige Widerspruchsbehörde nach § 73 I 2 Nr 1 VwGO, NVwZ 1990, 640; *Allesch,* Zustellungsmängel und Wirksamkeit von Verwaltungsakten, NVwZ 1993, 544; *Bitter,* Heilung von Zustellungsmängeln gemäß § 9 Abs. 1 VwZG durch Erhalt einer Bescheidskopie?, NVwZ 1999, 144; *Brühl,* Sachbericht, Gutachten und Bescheid im Widerspruchsverfahren, JuS 1994, 330; *Dreier,* Fortsetzungsfeststellungswiderspruch und Kostenentscheidung bei Erledigung des Verwaltungsakts im Vorverfahren, NVwZ 1987, 474; *Düblers,* Von Postzustellungsurkunden und dem problematischen Zugang von Einschreibesendungen, JA 1998, 911; *Engelhardt/App,* VwVG/VwZG, 7. Aufl 2006; *Eyinck,* Zustellungsrecht und Postreform – Gemeinschaftsbriefkästen bei Ersatzzustellung durch Niederlegung, NJW 1998, 206; *Gotzen,* Das Verhältnis von Ausgangsbescheid und Widerspruchsbescheid, VR 1995, 253; *Gregarek/Stollmann,* Die neuere Rechtsprechung zur Zustellung im Verwaltungsrecht, BayVBl 1997, 486; *Haurand/Vahle,* Die Kostenentscheidung im Vorverfahren, VR 1997, 12; *Huxholl,* Die Erledigung eines Verwaltungsakts im Widerspruchsverfahren, 1995; *Kobes,* Verfahrensrechtliche Kostenerstattungsansprüche des Bürgers bei Erledigung des isolierten verwaltungsgerichtlichen Vorverfahrens, 1994; *Kremer,* Neuerliche Reform des Verwaltungszustellungsrechts des Bundes, NJW 2006, 332; *Linhart,* Schreiben, Bescheide und Vorschriften in der Verwaltung, § 20 Bescheide im Widerspruchsverfahren, Losebl Stand 1993; *Loytved,* Kann die Zustellung eines Widerspruchsbescheides mittels eingeschriebenen Briefes auf einen Sonnabend, Sonntag oder gesetzlichen Feiertag fallen?, SGb 1997, 253; *Meister,* Anmerkung zu BVerwG, DVBl 2002, 1045, § 48 I VwVfG: Keine isolierte Rücknahme des Widerspruchsbescheids, JA 2002, 851; *Riotte/Waldecker,* Zur Einordnung der Pflichtaufgaben zur Erfüllung nach Weisung in den Zuständigkeitskatalog des § 73 Abs 1 VwGO, NWVBl 1995, 401; *Rosenbach,* Das neue Verwaltungszustellungsgesetz (VwZG) des Bundes, DVBl 2005, 816; *ders,* Das neue Verwaltungszustellungsrecht, NWVBl 2006, 121; *Spranger,* Die Auswirkung von Zustellungsmängeln auf die Wirksamkeit von Verwaltungsakten, BayVBl 2000, 359; *Tegethoff,* Die Novellierung des Verwaltungszustellungsrechts, NdsVBl 2007, 1; *Uhle,* Die Bindungswirkung des Widerspruchsbescheides, NVwZ 2003, 811; *Westphal,* Noch einmal – Gemeinschaftsbriefkasten bei Ersatzzustellung durch Niederlegung, NJW 1998, 2413. – S (insb zur Zulässigkeit einer reformatio in peius) auch vor § 68.

1. Allgemeines: Die Vorschrift wurde durch G v 3. 5. 2000 (BGBl I 633) um Abs 1 S 3 sowie durch das ZustRG um Abs 3 S 2 ergänzt. Die Widerspruchsbehörde entscheidet über den Widerspruch durch **Widerspruchsbescheid.** Auch der Widerspruchsbescheid ist ein **VA** (vgl § 79 Abs 1 Nr 2), der nur bzgl seiner Anfechtung insofern einer Sonderregelung unterliegt, als er gem § 79 Abs 1 Nr 2 u Abs 2 nur dann gesondert, dh ohne gleichzeitige Anfechtung des Erstbescheids, angefochten werden kann, wenn er eine selbständige Beschwer enthält. S auch zur üblichen Fassung des Antrags der Anfechtungsklage u des Tenors im Anfechtungsurteil, wobei jeweils der Widerspruchsbescheid neben dem VA genannt wird, 20 zu § 42; 3 zu § 113; Entsprechendes gilt **für die Verpflichtungsklage,** s 29 zu § 42; 179 zu § 113. 1

Zur Entscheidung bei **Erledigung des Vf in anderer Weise** als durch Widerspruchsbescheid s unten 2; zu den **Zulässigkeitsvoraussetzungen** des Widerspruchs u damit auch für Entscheidungen der Widerspruchsbehörde in der Sache s 12 vor § 68; zur – für die Beurteilung der Zulässigkeit u der Begründetheit des Widerspruchs – **maßgeblichen Sach- u Rechtslage** 15 zu § 68; zum **Umfang** u zu Beschränkungen der **Entscheidungsbefugnis** der Widerspruchsbehörde unten 7, außerdem 9, 12f zu § 68; zur Zulässigkeit einer **reformatio in peius** (Verböserung) durch den Widerspruchsbescheid ggü dem angegriffenen AusgangsVA s näher 10 ff zu § 68; zur **Mitwirkung** (Anhörung, Zustimmung) **anderer Behörden** usw unten 5, außerdem 14 zu § 68.

Bei **Erledigung des WiderspruchsVf in anderer Weise** als durch Widerspruchsbescheid gelten die Grundsätze über **Klagerücknahme** (§ 92, s auch 16 vor § 68; 8 zu § 69), **Vergleich** (§ 106, s auch 18 vor § 68) u übereinstimmende Erklärung der Beteiligten über die **Erledigung der Hauptsache** (§ 161 Abs 2) entspr.[1] Die Widerspruchsbehörde, bei der die Sache anhängig geworden ist, hat auch in diesem Fall das WiderspruchsVf durch einen Widerspruchsbescheid mit einer Kostenentscheidung (Abs 3 S 3) abzuschließen.[2] Die **Hauptsacheerledigung** muß **grds** vom Widerspruchsführer u von der Behörde übereinstimmend **ausdr erklärt** werden.[3] **Erklärt sich der** Widerspruchsführer nicht, so kann die Widerspruchsbehörde **auch vAw** das Vf durch einen Widerspruchsbescheid in Form einer Einstellungsverfügung einstellen (Linhart 274; P § 42, 33). 2

Zur **Feststellung der Rechtswidrigkeit** eines VA nach Erledigung der Hauptsache analog § 113 Abs 1 S 4 durch Widerspruchsbescheid s unten 9. Um einen normalen Widerspruchsbescheid handelt es sich dagegen in den Fällen, in denen ein Widerspruch **aufgrund besonderer gesetzlicher Vorschriften als unzulässig** gilt, zB gem § 16 Abs 5 BerlGebG (Pietzner BayVBl 1979, 110).

---

[1] Geiger BayVBl 1979, 104; Weides 279; Kopp DVBl 1992, 1495; BayVBl 1992, 759; s auch unten 9; ferner 8 zu § 69; 6 zu § 72; zT **aA** Mü VRspr 10, 889; Ey-Rennert 10; zur Hauptsacheerledigung auch BVerwG 81, 228 = DVBl 1989, 874 unter Hinweis ua auf § 43 Abs 2 VwVfG: keine übereinstimmenden Erledigungserklärungen erforderlich wie bei § 161 Abs 2; nach Erledigung eines VA ist ein gegen den VA eingeleitetes WiderspruchsVf einzustellen; eine Widerspruchsentscheidung in der Sache ist unzulässig u muß, wenn sie nach § 79 Abs 2 angefochten wird, jedenfalls als rechtswidrig aufgehoben werden; Schl NJW 1993, 2005: kein Widerspruchsbescheid mehr, nur noch Einstellung des Verfahrens; ähnlich P § 42, 33 u MuLö BayVBl 1987, 762, ua unter Hinweis darauf, daß die Behörde nicht Partei im Vf ist: nur einfache Einstellung vAw; eine förmliche Einstellungsentscheidung ist nicht erforderlich, aus Gründen der Rechtssicherheit aber empfehlenswert; Redeker DVBl 1981, 56: kein Widerspruchsbescheid mehr, wenn der angegriffene VA von der Ausgangsbehörde aufgehoben wurde; vgl auch Funk BayVBl 1992, 472 sowie Kopp DVBl 1992, 1495 u BayVBl 1992, 759 zu Art 80 Abs 1 S 5 BayVwVfG.

[2] S unten 17 sowie 8 zu § 69; 6 zu § 72; zT **aA** Buchh 424.01 § 197 FlurbG Nr 2; Mü BayVBl 1981, 470; 1985, 350.

[3] ZT **aA** BFH 128, 324 = BStBl II 1979, 705; NVwZ 1982, 584: konkludentes Schweigen genügt, auch zB, daß der Widerspruchsführer auf die entspr Anfrage der Widerspruchsbehörde u die Ankündigung eines Abhilfebescheids hin nicht widerspricht.

Zur Zulässigkeit solcher Regelungen vgl 10 zu § 69. **Bei Streit** darüber, **ob** das WiderspruchsVf durch wirksame Rücknahme des Widerspruchs usw **seine Erledigung gefunden hat,** ist darüber durch Widerspruchsbescheid zu entscheiden.[4] Vgl allg auch 6 zu § 72.

3 **2. Die Zuständigkeit der Widerspruchsbehörde** ergibt sich aus Abs 1 iVm den für den Behördenaufbau sonst maßgeblichen organisationsrechtlichen Vorschriften des Bundes- bzw Landesrechts (Ks NVwZ 1990, 678; VG Gießen NVwZ-RR 1989, 367). Die Zuständigkeit der Widerspruchsbehörde ist von dem Moment des Abschlusses des AbhilfeVf angegeben (1 zu § 72) u endet – von dem Fall einer durch den Widerspruchsbescheid begründeten neuen bzw zusätzlichen Beschwer (§ 79 Abs 1 Nr 2 u Abs 2) abgesehen – mit dem Abschluß des Widerspruchsverfahrens, dh mit der Zustellung des Widerspruchsbescheids (s näher unten 25). Widerspruchsbehörde ist im Zweifel die im Behördenaufbau übergeordnete Behörde (Abs 1 S 2 Nr 1). Von diesem Grundsatz sind in Abs 1 S 2 Nr 2, 3 Ausnahmen vorgesehen. Der durch G v 3. 5. 2000 (s oben 1) eingefügte Abs 1 S 3 eröffnet zudem die Möglichkeit der gesetzlichen Schaffung weiterer Ausnahmen vom Devolutiveffekt des Widerspruchs. Im Verhältnis zu Behörden selbständiger Rechtsträger ist Widerspruchsbehörde im eigenen Wirkungskreis die Ausgangsbehörde (Abs 1 S 2 Nr 3), soweit nicht durch Gesetz etwas anderes bestimmt ist, u im übertragenen Wirkungskreis die Fachaufsichtsbehörde.[5]

War die Behörde, die den mit dem Widerspruch angegriffenen VA erlassen hat, **dafür nicht zuständig,** so ist nach den Grundsätzen der Rechtsbehelfe gegen sog **„inkorrekte" Entscheidungen** (vgl 22f vor § 124) für die Entscheidung über den Widerspruch außer der formell übergeordneten Behörde bzw Aufsichtsbehörde usw **auch die Behörde zuständig, die zuständig wäre,** wenn die richtige Ausgangsbehörde entschieden hätte (**aA** Sch-Dolde 6 Fn 4). Während die nur „formell" zuständige Widerspruchsbehörde nur den fehlerhaften VA aufheben kann, weil ihr eine weitergehende Zuständigkeit in der Sache fehlt, kann letztere **auch zur Sache entscheiden,** zB den angegriffenen VA abändern usw. War der Widerspruch jedoch nur an erstere Behörde gerichtet, so kann diese die Sache an letztere weiterleiten, muß dies jedoch nicht, sondern kann sich mit der Aufhebung des fehlerhaften VA begnügen. Eine Prüfung, ob nicht nach **§ 46 VwVfG** oder entspr Grundsätzen oder Vorschriften die untere Behörde in der Sache ohnehin nicht anders entscheiden hätte können bzw auch die der Sache nach zuständige Behörde als Widerspruchsbehörde nicht anders entscheiden könnte, ist ihr in jedem Fall, auch bei Fehlerhaftigkeit des Ausgangs-VA „wegen Unzuständigkeit", **verwehrt** (vgl KR 23 zu § 46 VwVfG).

Hat den ursprünglichen VA ein **Kollegium** erlassen (zB Gemeinderat, Lehrerrat), so muß dieses, wenn für den Widerspruchsbescheid dieselbe Behörde zuständig ist u sich aus dem Gesetz nichts anderes ergibt (Mü 39, 46; vgl auch BVerwG 70, 4 = NVwZ 1985, 577), grds auch über den Widerspruch entscheiden, nicht etwa der Bürgermeister oder der Vorstand der Schule, es sei denn, das Kollegium war für den urspr VA nicht zuständig.[6]

---

[4] MB 11 zu § 79 VwVfG; Altenmüller DVBl 1978, 286; Geiger BayVBl 1979, 104; Pietzner BayVBl 1979, 111.

[5] Vgl VG Gießen NVwZ-RR 1989, 367. S allg auch Albracht/Naujoks NVwZ 1990, 640; zur Frage der zuständigen Behörde als Widerspruchsbehörde auch Ks NVwZ 1990, 677; zur Frage der Zuständigkeit gem § 126 Abs 3 Nr 2 S 1 BRRG, § 36 Abs 1 BBG BVerwG 52, 40; 71, 254; RiA 1982, 170; VG Köln ZBR 1978, 402; zur Beteiligung anderer Behörden an der Entscheidung auch unten 5; ferner 14f zu § 68.

[6] Vgl auch Mü 4. 6. 1986 – 7 B 84 A. 123 u VG Regensburg 19. 10. 1983 – RO 1 K 82 A. 1553: Zuständigkeit der Fakultät für die Entscheidung über den Widerspruch gegen die Nichtannahme einer Habilitationsschrift; Mü 39, 46: in Prüfungsangelegenheiten muß hins

Hat den VA ein **beliehener Unternehmer** erlassen, so ist, wenn durch Gesetz nichts anderes bestimmt ist, für die Entscheidung über den Widerspruch die beleihende Behörde bzw Aufsichtsbehörde zuständig.[7] Handelt es sich bei dieser um eine oberste Landes- oder Bundesbehörde, entscheidet der Beliehene gem § 73 Abs 1 S 2 Nr 2 selbst.

Der Begriff der **obersten Bundes- oder Landesbehörde** ist derselbe wie in § 68 Abs 1 S 2 Nr 1 (s 19 zu § 68). **Selbstverwaltungsangelegenheiten** iSd Abs 1 S 2 Nr 3 sind nur die Angelegenheiten des eigenen Wirkungskreises, nicht auch Aufgaben des übertragenen Wirkungskreises oder Aufgaben nach Weisung.[8] Zu Abweichungen von § 73 Abs 1 S 2 in Ländern ohne Mittelbehörden s § 185 Abs 2 u § 195 Abs 2. 4

Ausschüsse oder Beiräte nach Abs 2 können durch Gesetz oder VO – im Bereich der Landesverwaltung auch durch künftiges Landesrecht (Gesetz oder VO; vgl dazu Sch-Dolde 20 ff mN) – **als Widerspruchsbehörden** vorgesehen werden (RÖ-Kothe 4; BVerfG 20, 238). Von großer praktischer Bedeutung sind insoweit die in einigen Bundesländern eingerichteten Widerspruchsausschüsse (s zB § 7 HmbAGVwGO; § 7 HessAGVwGO; § 6 RhPfAGVwGO; § 7 SaarlAGVwGO). Für einzelne Sachgebiete existieren ferner auch bundesrechtliche Regelungen, so zB für Wehrpflichtsachen die Musterungsausschüsse in bezug auf die diesen Ausschüssen zugewiesenen Aufgaben – nicht zB jedoch auch hins von Kostenerstattungsansprn (68, 8); nicht dagegen auch für PrüfungsVf nach dem Berufsbildungsgesetz hins der Prüfungsausschüsse der IHK (70, 4 = NVwZ 1985, 577). 5

3. Form und Inhalt des Widerspruchsbescheids: a) Form. Der Widerspruchsbescheid muß grds in **schriftlicher Form** erlassen werden. Dies ergibt sich zwar nicht ausdr aus dem Wortlaut des § 73 Abs 3, wohl aber aus dessen Sinn u Zweck, da sowohl die Begründung als auch die Rechtsbehelfsbelehrung insb im Hinblick auf ein evtl gerichtliches Vorgehen gegen den Widerspruchsbescheid für den Widerspruchsführer nur dann sinnvoll sind, wenn sie ihm in schriftlicher Form zur Verfügung stehen. Dieses Ergebnis entspricht § 85 Abs 3 S 1 SGG, der für den Widerspruchsbescheid in sozialrechtlichen Angelegenheiten ausdr die Schriftform anordnet.[9] Die Schriftform kann gem § 79 iVm § 3a Abs 2 VwVfG ersetzt werden durch die **elektronische Form;** der elektronische Widerspruchsbescheid ist gem § 79 iVm § 3a Abs 2 S 2 SigG mit einer qualifizierten elektronischen Signatur nach dem SigG zu versehen. Die Verletzung der schriftlichen oder (qualifiziert) elektronischen Form (zB nur mündlicher Widerspruchsbescheid) hat die Nichtigkeit des Widerspruchsbescheids zur Folge (NKVwGO-Geis 25; **aA** 55, 299). S auch unten 22 ff. 6

---

der Leistungsbewertung wg des hier bestehenden Beurteilungsspielraums grds, soweit hier ein Widerspruch gegeben ist, wiederum der Prüfungsausschuß entscheiden, auch wenn kraft Gesetzes der Erlaß des Widerspruchsbescheids dem Präsidenten obliegt.

[7] Sch-Dolde 7; Weides 258; P § 37, 4; Steiner JuS 1969, 74; **aA** 10. Aufl: der Beliehene selbst. Zum Widerspruch gegen die Versagung der Prüfplakette nach § 29 StVZO durch den Sachverständigen vgl auch Mü DÖV 1975, 211; Lü DÖV 1979, 604: Zuständigkeit des Leiters der technischen Prüfstelle, der der Sachverständige angehört, für die Entscheidung über den Widerspruch; **aA** Steiner JuS 1969, 74; P § 37, 4; Menger VerwA 1976, 205: der Sachverständige selbst.

[8] Ma DÖV 1963, 767; RÖ-Kothe 2; Sch-Dolde 14; **aA** Riotte/Waldecker NWVBl 1995, 410.

[9] Nicht mehr begründet werden kann das Schriftformerfordernis dagegen mit dem Zustellungserfordernis, da seit der Novellierung des VwZG durch G v 12. 8. 2005 (BGBl I 2354) nunmehr auch ein elektronisches Dokument – u zwar im Falle des § 5 Abs 4 VwZG auch ein einfaches elektronisches Dokument ohne qualifizierte elektronische Signatur – zugestellt werden kann. Mit dieser Novellierung beabsichtigte der Gesetzgeber jedoch keine Änderung des Schrifterfordernisses.

Im übrigen ist jedoch eine bestimmte Form nicht erforderlich, insb auch nicht die Bezeichnung als Widerspruchsbescheid; es muß aber für die Betroffenen bei verständiger Würdigung nach Treu u Glauben jedenfalls erkennbar sein, daß es sich um eine Entscheidung über den Widerspruch handelt. Kein Widerspruchsbescheid kann idR in einer ablehnenden schriftlichen Einlassung zur Sache auf eine Klage gesehen werden (s 11 vor § 68), es sei denn, daß eine Klageerwiderung ausnahmsweise den entspr Willen der Behörde erkennen läßt (Kopp VwGO-Rspr 99; ebenso NJW 1965, 1731). Ebensowenig stellt die **bloße Erwähnung** einer Entscheidung oder die Bezugnahme auf einen angeblich ergangenen Widerspruchsbescheid **im Rahmen sonstiger Schreiben** eine Widerspruchsentscheidung dar. Notwendige Voraussetzung ist auch im Widerspruchsverfahren, daß der Widerspruchsbescheid **mit Wissen u Willen** der Behörde bekanntgegeben wurde (vgl 4 zu § 56); vor der Bekanntgabe handelt es sich um **ein Verwaltungsinternum** u nicht um einen Widerspruchsbescheid (s 2 zu § 68; ferner 1 zu § 116; 19 vor § 124).

7 **b) Inhalt.** Die Widerspruchsbehörde nimmt im Rahmen ihrer sachlichen Entscheidungsbefugnis (s 9, 12 zu § 68) bei **einseitig belastenden VAen** zunächst eine umfassende Überprüfung der Recht- u (bei Ermessensentscheidungen) Zweckmäßigkeit des Ausgangsbescheids vor. Im Fall der Rechtswidrigkeit oder Unweckmäßigkeit trifft die Widerspruchsbehörde dann grds – zu Ausnahmen s 9 zu § 68 – eine eigene Sachentscheidung. Bei **VAen mit Drittwirkung** ist die Nachprüfung auf die Verletzung oder die unzweckmäßige Anwendung von Normen beschränkt, die dem Schutz des Widerspruchsführers dienen. Bei mehrstufigen VAen, bei denen die Erteilung des begehrten VA an die Zustimmung einer anderen Behörde oder eines anderen Rechtsträgers gebunden ist (insb bei einem nach § 36 BauGB erforderlichen gemeindlichen Einvernehmen, s dazu 82 zu Anh § 42), ist jedoch zu beachten, daß hier die Widerspruchsbehörde ebenso wie die Ausgangsbehörde bei Fehlen des erforderlichen Zustimmungsakts am Erlaß des VA grds gehindert ist, obwohl der Widerspruchsführer darauf einen Rechtsanspr hat.[10] Der Rechtsschutz ist hier erst durch eine Verpflichtungsklage möglich, in deren Rahmen das VG die fehlende Zustimmung zu ersetzen vermag. Soweit die für die Erteilung einer Baugenehmigung zuständige Behörde die Gemeinde ist, findet aber § 36 BauGB selbst dann keine Anwendung, wenn für die Erteilung der Baugenehmigung u die Erteilung des Einvernehmens unterschiedliche Organe der Gemeinde zuständig wären. Deshalb bedarf hier die Widerspruchsbehörde ebensowenig wie die Baugenehmigungsbehörde zur Erteilung einer Baugenehmigung des Einvernehmens eines gemeindlichen Organs nach § 36 BauGB.[11] Zur Frage des maßgeblichen Zeitpunkts s 15 zu § 68.

Ob die Widerspruchsbehörde daneben auch die Kompetenz besitzt, dem Widerspruch auch in anderen Fällen stattzugeben, wenn in der Sache zugleich die Voraussetzungen einer Rücknahme oder eines Widerrufs (§§ 48ff VwVfG) erfüllt sind u (hins der danach zu treffenden Entscheidung) der Fall einer **Ermessensreduktion** oder Reduktion des Beurteilungsspielraums auf Null (vgl 6 zu 114) gegeben ist oder die Widerspruchsbehörde sich dazu entscheidet, von ihrem Ermessen in diesem Sinn Gebrauch zu machen, ist eine Frage des jeweils maßgeblichen Organisationsrechts. Aus dem Umstand, daß die Widerspruchsbehörde anläßlich des Widerspruchs mit dem AusgangsVA befaßt ist, folgt eine solche Kompetenz nicht (näher 10b, 12 zu § 68). Die Widerspruchsbehörde bedarf vielmehr eines **Selbsteintrittsrechts.**

Bei ihrer Entscheidung über den Widerspruch ist die Widerspruchsbehörde (wie auch die Ausgangsbehörde) allerdings **nicht an** die **Begründung des Wi-**

---

[10] NVwZ 1986, 556; Fehling Jura 2006, 371; Schenke 685.
[11] 121, 343f; Budroweit NVwZ 2005, 1013; Fehling Jura 2006, 372ff.

derspruchs u an die für den angefochtenen VA maßgeblichen Gründe **gebunden.** Sie kann im Rahmen ihrer durch den Widerspruch eröffneten Kompetenz den angegriffenen VA **auch mit anderen Gründen,** als sie die Ausgangsbehörde angenommen hatte (auch mit Ermessensgründen) oder mit anderer Beurteilung von Fragen, hins derer der Behörde ein Beurteilungsspielraum eingeräumt ist (59, 113; s auch 28 zu § 113; 9 zu § 68), **bestätigen,** dh den Widerspruch zurückweisen, bzw den belastenden VA **aufheben,** durch einen anderen **ersetzen** oder den beantragten **VA** selbst **erlassen** bzw, wenn sie selbst ausnahmsweise für die erforderlichen Maßnahmen nicht zuständig oder aus praktischen Gründen dazu nicht in der Lage ist oder es aus anderen Gründen nicht für zweckmäßig hält, den angegriffenen VA aufheben u **die zuständige Behörde** aufsichtsrechtlich zum Erlaß eines neuen, ihrer (dh der Widerspruchsbehörde) Rechtsauffassung entspr VA **anweisen,**[12] zB ihr die Eintragung in ein bestimmtes, nur bei der Ausgangsbehörde geführtes Register auftragen (DÖV 1982, 283). **Unzulässig** ist es dagegen, Regelungen, **die nicht** durch die durch den Widerspruch eröffnete Kompetenz der Widerspruchsbehörde **gedeckt sind** (s 10b u 12 zu § 68), in den Widerspruchsbescheid hineinzunehmen. Dies gilt auch für Regelungen, für die die Widerspruchsbehörde selbst an sich sonst **als Ausgangsbehörde** zuständig wäre. Derartige Regelungen sind allein schon deshalb, weil sie nicht Teil eines Widerspruchsbescheids sein können, rechtswidrig. Zur **Zulässigkeit einer reformatio in peius** 10ff zu § 68.

Kommt ein **FBA entspr § 113 Abs 1 S 2** in Betracht, so hat die Wider- 8
spruchsbehörde auch darüber zu entscheiden.[13] Str, aber wohl zu bejahen ist, ob die **Folgenbeseitigung analog § 113 Abs 1 S 2** auch schon vor Unanfechtbarkeit des Widerspruchsbescheids, der den Erstbescheid aufhebt, angeordnet werden kann; eine **Risikohaftung** analog § 717 Abs 2 S 1 ZPO dürfte jedoch in jedem Fall ausgeschlossen sein.

Hat sich der AusgangsVA **erledigt,** so hat die Widerspruchsbehörde, sofern 9
der Widerspruchsführer dies beantragt u ein Feststellungsinteresse daran hat, auch eine feststellende Entscheidung in entspr Anwendung des **§ 113 Abs 1 S 4** zu treffen;[14] andernfalls ist **das Vf** nach Maßgabe bestehender Vorschriften, bei Fehlen solcher Vorschriften analog §§ 92, 161, **einzustellen** u nur noch über die Kosten zu entscheiden (VG Bremen DVBl 1979, 824). Zur Beendigung des WiderspruchsVf durch Rücknahme des Widerspruchs oder durch Vergleich s oben 2. Zur **Feststellung** durch Widerspruchsbescheid im Streitfall, **ob eine Sache erledigt ist, u** zur Feststellung, daß der Widerspruch wg **Nichtzahlung eines Kostenvorschusses** als zurückgenommen gilt oder unzulässig ist, s oben 2.

c) Bindungswirkung. Der Widerspruchsbescheid bindet, vorbehaltlich sei- 10
ner Aufhebung im Klagewege, grds **die Erstbehörde,** außerdem auch die Widerspruchsbehörde selbst. S im einzelnen unten 24ff.

4. Begründungspflicht (Abs 3 S 1): Abs 3 S 1 konkretisiert die auch 11
schon aus dem Rechtsstaatsprinzip[15] u **aus ggf in der Sache betroffenen Grundrechten** (s KR 1f zu § 39 VwVfG mwN) **folgende Verpflichtung** zur

---

[12] Für grds unbegrenzte aufsichtsrechtliche Weisungsbefugnis 37, 50; DÖV 1982, 283; Ms NVwZ-RR 1993, 289; Engst Jura 2006, 171; s auch 4 zu § 72; **aA** Altenmüller DVBl 1978, 287; Bull DVBl 1970, 243; Hufen § 8, 30; Schoch Jura 2003, 758.

[13] Vgl 46, 286; Schenke 686a; Sch-Dolde 36; Kopp ÖJZ 1973, 292; vgl auch Schenke/Baumeister NVwZ 1993, 3.

[14] Schenke BayVBl 1969, 304; Pietzner BayVBl 1979, 105; Dreier NVwZ 1987, 474; Weides 280; Kopp BayVBl 1992, 758; JZ 1992, 1080; DVBl 1992, 1492; ders, Redeker-FS 1993, 550; s auch 2a zu § 68; **aA** BVerwG 26, 167; wohl auch BVerwG 81, 229 = DVBl 1989, 874; s auch 34 zu § 68; NKVwGO-Geis 39.

[15] Vgl zB BVerfG 6, 44; BVerwG 1, 12; 1, 311; 10, 43; WBS II § 48, 35; Ule/Becker 54; Kopp VerwA 1970, 244; VerfR 47, 90, 122; VwVfG 1ff zu § 39.

Begründung von VAen für das WiderspruchsVf u schreibt eine **Begründung** für alle Widerspruchsbescheide vor; dies gilt nach der Fassung der Bestimmung **auch für begünstigende** Widerspruchsbescheide (zT **aA** SGH 223), wie sich aus Wortlaut, Systematik u Teleologie des § 73 Abs 3 S 1 ergibt (s auch §§ 79, 41 Abs 5 VwVfG), ebenso für den einen Dritten erstmals beschwerenden, diesem gem §§ 79, 41 Abs 1 S 1 VwVfG bekannt zu machenden Widerspruchsbescheid.[16] **Zum Inhalt** der Begründung vgl § 39 Abs 1 VwVfG – nicht auch Abs 2, der auf den Widerspruchsbescheid nicht anwendbar ist[17] –, der gem § 79 VwVfG ergänzend anwendbar ist.

12 Die Begründung muß erkennen lassen, **von welchen tatsächlichen u rechtlichen Voraussetzungen u Überlegungen die Behörde** bei ihrer Entscheidung ausgegangen ist, u darf sich nicht in formelhaften allg Darlegungen erschöpfen. Die Betroffenen müssen **die für ihren konkreten** Fall für die Behörde **maßgeblich gewesenen Gründe** erfahren, damit sie ggf in der Lage sind, sich über eine Klage schlüssig zu werden u sie sachgemäß zu begründen (BVerfG 6, 44; P § 43, 3). Außerdem soll die Begründung **das Gericht in die Lage versetzen,** den VA anhand der Feststellungen u Überlegungen der Widerspruchsbehörde bzw der Erstbehörde in der gem § 79 Abs 1 Nr 1 maßgeblichen Formulierung, die sie durch den Widerspruchsbescheid erhalten haben, **zu überprüfen** (39, 204; NVwZ 1986, 919; Ma NVwZ 1992, 899). Was den Beteiligten bekannt ist u zu keinen Zweifeln Anlaß geben kann, braucht nicht wiederholt zu werden. Eine **Bezugnahme auf die Gründe des Erstbescheids** genügt, wenn aus der Begründung erkennbar wird, daß die Widerspruchsbehörde aufgrund eigener Prüfung die Auffassung der Erstbehörde teilt. Vgl auch 12 ff u 14 ff zu § 117.

13 **Verstöße gegen die Begründungspflicht** (fehlende oder unzureichende Begründung) stellen einen **Verfahrensverstoß** dar, der auf Klage des Betroffenen zur Aufhebung des Widerspruchsbescheids führt (§ 79 Abs 1 Nr 2, Abs 2); zur Frage der Heilungsmöglichkeit nach § 45 Abs 2 VwVfG u der Anwendbarkeit des § 46 VwVfG s 11 ff zu § 79. **Nicht berührt** wird durch das Fehlen oder die Unzulänglichkeit der Begründung des Widerspruchsbescheids **der Bestand u ggf die Rechtmäßigkeit des AusgangsVA;** denn der Kl kann im Prozeß um den **AusgangsVA** nicht besser gestellt sein, als wenn ein Widerspruchsbescheid überhaupt nicht ergangen wäre. Auch für den **Lauf der Klagefrist** (§ 74) ist das Fehlen einer Begründung ohne Bedeutung (hM, vgl v Mutius 209; RÖ-Kothe 23; Ule VwGO 257). Wird die **Begründung erst** im **Prozeß nachgeschoben u** nimmt der Kl daraufhin die Klage zurück oder erklärt er die Hauptsache für erledigt, so sind die **Kosten** grds der Verwaltung aufzuerlegen (vgl 23 zu § 155; RÖ-Kothe 23; Obermayer 214; SGH 225).

14 Im Gegensatz zu einer Verletzung der Begründungspflicht stellt eine **inhaltlich unrichtige Begründung,** dh eine Begründung, die sich im gerichtlichen Vf als nicht zutr erweist, **keinen Verfahrensverstoß** dar, kann aber uU aus sachlichen Gründen zur Aufhebung des betroffenen Widerspruchsbescheids sowie ggf auch des Erstbescheids führen (s 63 ff zu § 113).

15 **5. Kostenentscheidung (Abs 3 S 3): a)** Die nach S 3 (ebenso wie im Fall des § 72) erforderliche Kostenentscheidung regelt dem Grunde nach, wer die Kosten trägt **(Kostengrundentscheidung).** Auf ihrer Grundlage ergeht dann die nachfolgende **Kostenfestsetzung.** Die Kosten, über die zu entscheiden ist, sind die Kosten des Widerspruchsverfahrens, also die Verwaltungskosten der Wi-

---

[16] Für Anwendung des § 73 Abs 3 S 1 Winkler BayVBl 2000, 236; **aA** 22, 15 unter Berufung auf den hins des Formerfordernisses thematisch gar nicht einschlägigen § 74 Abs 1 S 2. Zur Bedeutung des Anwendungsbereichs des § 73 Abs 1 S 1 für die Zustellung s unten 22.

[17] Mü BayVBl 1987, 372; KR 31 zu § 39 VwVfG mwN; Sch-Dolde 52; Skouris DÖV 1982, 135; RÖ-Kothe 22; zweifelnd SGH 223; **aA** Brühl JuS 1994, 422.

derspruchsbehörde u die Aufwendungen der Beteiligten im Widerspruchsverfahren. Die (vAw) ausdr[18] zu treffende Kostenentscheidung hat also nicht nur zu regeln, wer die Kosten zu tragen hat, sondern auch, in welchem Umfang Kosten zu erstatten sind. Nicht unter Abs 3 fällt die Festsetzung der zu erstattenden Kosten u die Entscheidung, ob u in welchem Umfang eine Verwaltungsgebühr für den Widerspruchsbescheid anzusetzen ist; insoweit gelten besondere Vorschriften des Verwaltungsverfahrensrechts bzw Verwaltungskostenrechts des Bundes bzw Landes. **Nur** die Frage, **ob u ggf von wem** auch die Gebühr **zu erstatten ist,** ist auch Gegenstand der Kostenentscheidung nach Abs 3 (RÖ-Kothe 24; Renck DÖV 1973, 269). War dem angefochtenen VA schon gem § 72 **zT abgeholfen** worden, so beschränkt sich die Kostenentscheidung auf den noch anhängigen Teil (Ma VBlBW 1982, 13; Mü BayVBl 1988, 629). Kommt es nach Abschluß des WiderspruchsVf noch zu einem gerichtlichen Verfahren, so zählen die Kosten des WiderspruchsVf zu den erstattungsfähigen Kosten im gerichtlichen Verfahren, s § 162 Abs 2 S 2, dazu 16ff zu § 162.

Die Kostenentscheidung ist **Teil des Widerspruchsbescheids** (Mü BayVBl 1989, 757), zugleich aber **selbst VA,** der **gesondert,** dh getrennt von der Entscheidung in der Hauptsache, **angegriffen** bzw mit der Verpflichtungsklage, zB hins der Erstattung der Anwaltskosten, erstritten werden kann (77, 270; Mü BayVBl 1989, 757). Ergeht **kein Widerspruchsbescheid,** so ist auch kein Raum für eine Kostenentscheidung (62, 301; Ms DÖV 1992, 122). S aber auch unten 16a.

b) Der Inhalt der Kostenentscheidung. § 73 Abs 3 S 3 selbst wie auch 16
andere Bestimmungen der VwGO enthalten keine inhaltlichen Regeln über die Verteilung der Kostenlast im WiderspruchsVf (22, 281; 40, 313). Diese finden sich im materiellen Recht (zu den Kosten des VorVf s auch Clausing JuS 2000, 62). **Maßgeblich** sind insoweit, je nachdem, ob der Widerspruchsbescheid von einer Bundes- oder Landesbehörde erlassen wird u ob besondere bundesrechtliche Regelungen nach Art 84, 85 GG bestehen, sondergesetzliche Bestimmungen des Bundes bzw der Länder, insb auch **das materielle Verwaltungs(kosten)-recht** des Bundes bzw des Landes. **Durch Gesetz** kann die Erstattungspflicht zugunsten des obsiegenden Widerspruchsführers uU **auch gänzlich ausgeschlossen werden,**[19] **nicht jedoch für den Regelfall.**[20]

Soweit das **VwVfG** Anwendung findet – **für Bundesbehörden** sowie nach 16a
Maßgabe von § 1 Abs 1 Nr 2, Abs 2 u 3 VwVfG uU auch für Landesbehörden (RÖ-Kothe 25; MB 2 zu § 80 VwVfG; KR 13 zu § 80 VwVfG) –, gilt für die Kostenentscheidung **§ 80 VwVfG.**[21] Die **Verwaltungsverfahrensgesetze der Länder** sehen zT entspr Regelungen vor (KR 13, 22 zu § 80 VwVfG). Diese

---

[18] Bedenklich 68, 3, wo angesichts des Ausspruchs über die Erforderlichkeit der Zuziehung eines Bevollmächtigten eine ausdr Entscheidung über die Kosten für entbehrlich angesehen wird, weil sie konkludent auch schon in der Entscheidung über die Zuziehung des Bevollmächtigten enthalten sei; anders DÖV 1991, 555: Ausspruch über die Notwendigkeit der Zuziehung eines Bevollmächtigten im VorVf entfaltet keine rechtlichen Wirkungen, wenn es an der von ihm vorausgesetzten Kosten(grund)entscheidung fehlt.

[19] BVerfG NJW 1970, 133; in dieser Allgemeinheit im Hinblick auf Art 19 Abs 4 GG sowie auf die in der Sache uU betroffenen Grundrechte – s auch unten 18 – schwerlich überzeugend!

[20] BVerfG 74, 78 = NJW 1987, 2569: kein allg Grundsatz, daß bei Obsiegen Anspr auf Kostenersatz; ein Ausschluß des Kostenersatzes für den Normalfall verstößt aber gegen Art 3 Abs 1 GG. Vgl allg zu den Kosten auch Limpens, Die Kosten des Vorverfahrens, JAÜbBe-Ref 1993, 174.

[21] S dazu im einzelnen Böhm NJW 1977, 1720; Altenmüller DVBl 1978, 285; Flohr KStZ 1978, 21; Hilg APF 1980, 37; Pietzner BayVBl 1979, 108; Pietzner/Renck DÖV 1979, 779, 782; KR 1ff zu § 80 VwVfG, zu Aufwendungen Drittbeteiligter Jäde BayVBl 1989, 201.

Regelungen werden nach hM als **abschließend** angesehen, so daß ein Rückgriff auf die §§ 154 ff für ausgeschlossen gehalten wird. Zu **Kostenanspr** unter dem Gesichtspunkt der **Enteignungsentschädigung,** Amtshaftung usw, über die jedoch nicht im Rahmen der Entscheidung über den Widerspruch zu entscheiden ist, s unten 18.

17 **Soweit gesetzliche Regelungen fehlen,** insb § 80 VwVfG u entspr Vorschriften des Landesrechts nicht zur Anwendung kommen,[22] sind **§ 80 VwVfG** bzw die entspr Vorschrift des Landesrechts u **§§ 154 ff** nicht – auch nicht entspr – anwendbar, zumal eine planwidrige Regelungslücke, zumindest seit Inkrafttreten der Verwaltungsverfahrensgesetze, nicht vorliegt.[23]

Nach **§ 80 Abs 1 S 1 VwVfG** bzw entspr landesrechtlicher Bestimmungen führt ein erfolgreicher Widerspruch zu einer Kostenlast für den Rechtsträger der Ausgangsbehörde hins der „zur zweckentsprechenden Rechtsverfolgung oder Rechtsverteidigung notwendigen Aufwendungen". Als erfolgreicher Widerspruch ist es nicht nur anzusehen, wenn der VA wg einer subjektiven RVerletzung des Widerspruchsführers aufgehoben wird, sondern auch dann, wenn die Aufhebung mit der den Widerspruchsführer in seinen Belangen betr Unzweckmäßigkeit des VA begründet wird. Bei erfolglosem Widerspruch hat der Widerspruchsführer nach **§ 80 Abs 1 S 3 VwVfG** bzw LVwVfG umgekehrt die entspr Aufwendungen der Behörde zu erstatten. **Probleme** bereitet die Kostenentscheidung in den Fällen der **Erledigung des Widerspruchsverfahrens,** soweit dazu in den LVwVfGen keine Regelung getroffen ist. § 80 VwVfG u die überwiegende Anzahl der LVwVfGe enthalten für den Erledigungsfall keine ausdr Regelung (anders zB Art 80 Abs 1 S 5 BayVwVfG, § 80 Abs 1 S 5 BW-VwVfG). Ist in diesen Fällen die Regelung im VwVfG mit der hM als abschließend anzusehen, scheidet eine Kostengrundentscheidung analog § 161 Abs 2 S 1 aus. Da der Widerspruch weder als erfolgreich (§ 80 Abs 1 S 1 VwVfG) noch als erfolglos (§ 80 Abs 1 S 3 VwVfG) angesehen werden kann, scheidet auch eine Kostenerstattung durch die Gegenseite unabhängig von den bis zur Erledigung bestehenden Erfolgsaussichten aus. Dies kann zu unbefriedigenden Ergebnissen führen, etwa wenn die Ausgangs- oder Widerspruchsbehörde den angegriffenen VA nicht im Wege der Abhilfe oder des Widerspruchsbescheides, sondern nur anläßlich des Widerspruchs gem §§ 48 ff VwVfG oder entspr Regelungen des materiellen Verwaltungsverfahrensrechts aufhebt. Zwar muß das WiderspruchsVf – wie § 73 Abs 1, Abs 3 S 3 zu entnehmen ist – auch in diesem Fall durch eine ausdr Entscheidung abgeschlossen werden, die eine Kostenentscheidung enthält (ebenso zB Kobes 107). Soweit es jedoch an einer Regelung über die Kostenverteilung im Fall der Erledigung im anwendbaren Verwaltungsrecht fehlt (so zB in § 80 VwVfG), kann die Kostenentscheidung im Widerspruchsbescheid die notwendigen Aufwendungen des Widerspruchsführers mangels Rechtsgrundlage nicht dem Rechtsträger der Ausgangsbehörde auferlegen. Von der Rspr wird deshalb die Zulässigkeit der Aufhebung des Ausgangsbescheides im Hinblick auf die dadurch vereitelte Kostenlastverteilung eingeschränkt (NVwZ 1997, 272; Hbg NVwZ-RR 1999, 707). Das Fehlen einer gesetzlichen Regelung über die Kostenerstattung steht einer **Regelung** darüber **durch Vergleich** nicht entgegen (Ks AgrarR 1984, 48).

18 Die Zuerkennung eines Kostenerstattungsanspr unter dem Gesichtspunkt der **Folgenbeseitigung** ist nicht möglich (40, 322). **In EnteignungsVf** sind jedoch die Kosten des VerwaltungsVf einschließlich des VorVf als **Teil der Enteig-**

---

[22] So zT etwa in Abgabensachen einschließlich der Erschließungsbeitragssachen, vgl Ma NVwZ-RR 1994, 301; Ks StGZ 1978, 405; Ms KStZ 1979, 151, 153; Meier KStZ 1995, 203; Erichsen VerwA 1979, 349; KR 13, 22 zu § 80 VwVfG.

[23] 62, 204; 70, 61 = NVwZ 1985, 335; 1988, 89; 1990, 651; Allesch 231; Sch-Dolde 58; Pietzner BayVBl 1979, 108; P § 44, 19; **aA** 10. Aufl; KR 16 zu § 80 VwVfG.

nungsentschädigung zu behandeln[24] u im Streitfall vor den Zivilgerichten geltend zu machen (s 57 zu § 40); Entsprechendes gilt für die Kosten der Rechtsverfolgung wg Entschädigung wg eines enteignenden oder eines enteignungsgleichen Eingriffs (BGH NJW 1984, 1172). Außer aus einer Regelung iSv § 73 Abs 3 S 1 u unabhängig von einem solchen Anspr kommt uU auch eine **Erstattung unter dem Gesichtspunkt der Amtshaftung** gem Art 34 GG, § 839 BGB in Betracht;[25] die Widerspruchsbehörde kann darüber jedoch nicht durch VA entscheiden (BGH VRspr 27, 806; str). In **Beamten- u Soldatensachen** kann sich ein ähnlicher Anspr aus dem Gesichtspunkt der **Fürsorgepflicht des Dienstherrn** ergeben (44, 52); der Anspr ist im VRW geltend zu machen (44, 55). **Allg zur Erstattung außerprozessualer Kosten,** einschließlich solcher im Zusammenhang mit dem VerwaltungsVf vor der Ausgangsbehörde, s auch 3 zu § 162.[26]

c) Rechtsbehelfe gegen die Kostenentscheidung. Ein Rechtsbehelf in der Hauptsache erfaßt immer auch die Kostenentscheidung (vgl auch § 80 Abs 2 VwVfG, § 162 Abs 2 S 2 hins der Kosten der Zuziehung eines Bevollmächtigten im Vorverfahren; dazu 68, 3). Legt der Betroffene keinen Rechtsbehelf in der Hauptsache ein, so kann er die Kostenentscheidung auch **allein anfechten,** da sie einen selbständig anfechtbaren VA darstellt u § 158 auf die Kostenentscheidung im VorVf keine Anwendung findet (17, 249; 32, 347; 44, 126; P § 47, 9; RÖ-Kothe 33; Sch-Dolde 65 mwN; Kobes 217). **Ist die Kostenentscheidung unterblieben,** so können die Betroffenen (Ms DVBl 1965, 884) **Ergänzung** des Widerspruchsbescheids entspr § 120 Abs 1 (durch einen ergänzenden VA – die Kostenentscheidung ist VA –) **beantragen.**[27] Der Antrag auf Ergänzung ist **nicht fristgebunden;**[28] das **Antragsrecht kann** jedoch **verwirkt werden** (vgl 18ff zu § 74). **Bei Ablehnung** können die Betroffenen **Verpflichtungsklage** erheben.[29] Entsprechendes gilt für die ebenfalls als VA zu treffende Entscheidung gem § 80 Abs 3 S 2 VwVfG, daß die Zuziehung eines RA oder eines sonstigen Bevollmächtigten notwendig war (77, 268 = NJW 1988, 87; Mü BayVBl 1988, 630; 1989, 757). **Da** es sich bei der Kostenentscheidung um **eine Nebenentscheidung** handelt, ist nochmalige **Widerspruchseinlegung** bzgl der Kostenentscheidung vor Klageerhebung **nicht erforderlich** oder möglich.[30] 19

6. Rechtsbehelfsbelehrung (Abs 3 S 1): Während für den Erstbescheid nach der VwGO eine Rechtsbehelfsbelehrung nur für belastende schriftliche VAe von Bundesbehörden vorgeschrieben ist (§ 59), verpflichtet § 73 Abs 3 S 1 die Widerspruchsbehörde in **allen Fällen,** also **auch bei stattgebenden Widerspruchsbescheiden** (RÖ-Kothe 37; **aA** Ey-Rennert 21), zur Bei- 20

---

[24] 40, 255; BGH DVBl 1969, 204f, 208; 1974, 130; NJW 1984, 1172; 1993, 1258.

[25] 40, 322; BGHZ 21, 369; NJW 1975, 273; Mü BayVBl 1990, 435; VRspr 27, 806; Hein BB 1981, 228; Pietzner VerwA 1982, 241 mwN; Hidien NJW 1987, 2211; Kopp 1 zu § 80 VwVfG mwN.

[26] S ferner auch BGH NJW 1977, 35; 1986, 2243; Dittmar NJW 1986, 2288; Ulrich MDR 1973, 559; Nolden KStZ 1976, 90; Haurand/Vahle VR 1997, 12ff.

[27] 62, 298; 77, 268; Ms DÖV 1992, 122; Mü BayVBl 1988, 630; 1989, 757; VG Schl NVwZ-RR 2007, 152; RÖ-Kothe 33; Altenmüller DVBl 1978, 289; Renck DÖV 1973, 267; Pietzner BayVBl 1979, 114; Meister DÖV 1985, 150; offen BVerwG 68, 2.

[28] 77, 268; Mü BayVBl 1981, 635; Pietzner BayVBl 1979, 144; RÖ-Kothe 33; offen BVerwG 68; 2; **aA** VG Bremen NJW 1966, 564; Renck DÖV 1973, 267: analog § 120 binnen 2 Wochen; VG Düsseldorf NJW 1969, 859: innerhalb der Frist gem § 74.

[29] 77, 268; Mü BayVBl 1981, 635; 1988, 630; 1989, 757; Ms DÖV 1992, 123; VG Schleswig NVwZ-RR 2007, 152; Pietzner BayVBl 1979, 114 mwN; RÖ-Kothe 33; Sch-Dolde 64.

[30] Vgl NVwZ-RR 2002, 447; Mü BayVBl 1989, 757; Pietzner BayVBl 1979, 114; vgl auch 25 zu § 68; Sch-Dolde 64; **aA** v Mutius 313; UL 47 IV; MB 35 zu § 80 VwVfG: WiderspruchsVf noch erforderlich.

fügung einer **schriftlichen Rechtsbehelfsbelehrung.** Zur Form u zum Inhalt der Rechtsbehelfsbelehrung sowie zur Möglichkeit der Nachholung s 1 ff zu § 58.

21 Eine **Verletzung** der Verpflichtung zur Erteilung einer Rechtsbehelfsbelehrung **berührt** jedoch die **Gültigkeit,** Wirksamkeit u Rechtmäßigkeit des Widerspruchsbescheids **nicht,** sondern hat nur zur Folge, daß nach § 58 Abs 1 die Klagefrist nicht in Lauf gesetzt wird. Für diese Fälle gelten §§ 70 Abs 2, 58 Abs 2.

22 **7. Zustellung (Abs 3 S 1–2): a) Zustellungserfordernisse.** Abs 3 S 1 schreibt ausdr die Zustellung des Widerspruchsbescheids vor. Dies gilt auch, wenn der Widerspruchsbescheid verkündet oder mündlich eröffnet wird (vgl auch 55, 304; Weides 309; RÖ-Kothe 38). Zum Begriff der Zustellung s § 2 Abs 1 VwZG u dazu Engelhardt/App 1 ff zu § 2 VwZG; vgl ferner 4 zu § 56. Der Widerspruchsbescheid wird – wie jeder VA nach §§ 41, 43 VwVfG – allerdings mit jeder Form der Bekanntgabe rechtlich existent, also insoweit wirksam (äußere Wirksamkeit). Einem Betroffenen ggü wird der Widerspruchsbescheid dagegen **erst mit der Zustellung wirksam** (innere Wirksamkeit ggü dieser Person) u löst zB erst die Folge des § 74 Abs 1 aus.[31] Eine etwa vorausgehende mündliche Eröffnung führt damit als einfache Bekanntgabe zwar zur Existenz des Bescheids, nicht jedoch zur Wirksamkeit ggü demjenigen, der in dieser Form über den Inhalt der Regelung in Kenntnis gesetzt wurde. Eine wirksame Zustellung liegt nur dann vor, wenn sie mit **Zustellungswillen** der Behörde erfolgt (Engelhardt/App 1 zu § 2 VwZG; vgl auch 4 zu § 56). Zuzustellen ist der VA **allen rechtlich davon Betroffenen,** auch den Beteiligten, die dadurch begünstigt werden (**aA** Mü NVwZ 1983, 161: nur denen, die gegen den Widerspruchsbescheid bzw den VA klagebefugt sind). § 73 Abs 3 S 1 gilt auch für einen Widerspruchsbescheid, der einen Dritten erstmals beschwert (Schenke 686 a; Winkler BayVBl 2000, 236 f; **aA** 22, 15; s auch oben 11).

22 a **Für VAe,** für die in § 70 nur die Bekanntgabe vorausgesetzt wird u sich ein Zustellungserfordernis auch nicht aus § 70 Abs 2 ergibt,[32] kann sich eine **Pflicht zur Zustellung** nicht aus der VwGO, sondern **nur aus dem materiellem Recht** ergeben. Dementsprechend erfolgt auch eine Zustellung **je nach der Eigenschaft der Behörde als Bundes- oder Landesbehörde** grds nach dem **(Bundes-) VwZG** oder nach den Zustellungsgesetzen der Länder. Ob die Behörde Bundes- oder Landesrecht ausführt, ist dabei unerheblich (39, 259). Beim Widerspruchsbescheid hat dagegen – wie § 73 Abs 3 S 2 klarstellt – die Zustellung **immer nach dem (Bundes-) VwZG, nicht nach Landesrecht,** zu erfolgen; dies gilt insb auch dann, wenn die Widerspruchsbehörde eine Landesbehörde ist. Grund dafür ist, daß die Zustellung des Widerspruchsbescheides die Klagefrist in Gang setzt u deswegen bereits Teil des gerichtlichen Vf ist.[33]

22 b **b) Arten der Zustellung (Abs 3 S 2 iVm VwZG):** Das VwZG kennt **verschiedene Formen der Zustellung,** die seit der Novellierung des VwZG durch G v 12. 8. 2005 (BGBl I 2354) den Formen der Zustellung durch die Gerichte (§ 56 iVm §§ 166 ff ZPO) weitgehend entsprechen.[34]

---

[31] 55, 301; Ma NVwZ 1989, 76; Ey-Rennert 22; Sch-Dolde 74; NKVwGO-Geis 56; unklar Ms NVwZ 1995, 396.

[32] Dieser verweist weder auf § 56 noch auf § 73, s schon früher 22, 15.

[33] Engelhardt/App 9 zu Einf VwZG; ebenso schon vor Novellierung des § 73 Abs 3 S 2 BVerwG 39, 259; NJW 1980, 1482; 1983, 2345, **aA** Rosenbach DVBl 2005, 816 u NWVBl 2006, 121.

[34] Die – praktisch ohnehin bedeutungslose – Zustellung durch Vorlage der Urschrift (§ 6 VwZG aF) wurde durch G v 12. 8. 2005 (BGBl I 2354) ersatzlos gestrichen; gleiches gilt für die besondere beamtenrechtliche Zustellung nach § 16 VwZG aF (vgl Engelhardt/App 15 zu § 2 VwZG; Kremer, NJW 2006, 334; Tegethoff NdsVBl 2006, 1).

Grds sind dabei **sowohl für schriftliche als auch für elektronische Dokumente alle Formen der Zustellung zulässig** (Engelhardt/App 3 zu § 2 VwZG); so darf zB auch eine Datei auf einem Datenträger durch die Post mittels Einschreiben (§ 4 VwZG) zugestellt werden. Eine Ausnahme gilt nur für die Zustellung nach § 5 Abs 5 VwZG (dazu näher unten); für diese Art der Zustellung sind nur elektronische Dokumente zugelassen.

Wenn der Widerspruchsbescheid **als elektronisches Dokument** (zB als E-Mail oder als Datei auf einem Datenträger; zum Begriff näher 5 zu § 55a; vgl auch Tegethoff NdsVBl 2007, 2) übermittelt wird, ist gem § 3a VwVfG (vgl oben 6) stets eine qualifizierte elektronische Signatur erforderlich.

Wenn der Widerspruchsbescheid **als schriftliches Dokument** übermittelt wird, ist er grds in Urschrift, Ausfertigung oder beglaubigter Abschrift (dazu Engelhardt/App 5 zu § 2 VwZG) zuzustellen, obwohl § 2 Abs 1 VwZG idF des G v 12. 8. 2005 (BGBl I 2354) dies nicht mehr ausdr anordnet; die Übermittlung einer Fotokopie genügt daher nicht (BT-Dr 15/5216, 11; Engelhardt/App 1 u 6 zu § 2 VwZG). Grds nicht ausreichend ist aus diesem Grund auch die Übermittlung eines Telefax oder eines Computerfax. Eine Ausnahme gilt insoweit allerdings für die elektronische Zustellung im Falle des § 5 Abs 4 VwZG (dazu näher unten), da hier ein schriftliches Dokument ausdr auch elektronisch übermittelt werden darf; (nur) in diesem Falle können daher zB auch ein Telefax oder ein Computerfax mit eingescannter Unterschrift wirksam zugestellt werden (BT-Dr 15/5216, 13; Engelhardt/App 2 u 7 zu § 2 VwZG).

Die **Auswahl** der Zustellungsart liegt im **Ermessen der Behörde** (näher Engelhardt/App 12 zu § 2 VwZG).

Im einzelnen kann die Zustellung erfolgen:

- durch die Post[35] **mit Zustellungsurkunde (§ 3 VwZG):** Bei dieser praktisch häufigsten Form der Zustellung übergibt die Behörde der Post den Zustellungsauftrag, das zuzustellende Dokument in einem verschlossenen Umschlag sowie einen vorbereiteten Vordruck einer Zustellungsurkunde. Für die Durchführung verweist § 3 Abs 2 S 1 VwZG auf die §§ 177–182 ZPO, so daß sich im Verhältnis zur entspr Zustellung auf Veranlassung des Gerichtes (dazu näher 23ff zu § 56; vgl ferner Engelhardt/App 3ff zu § 3 VwZG) keine wesentlichen Unterschiede ergeben; lediglich für die Ersatzzustellung durch Niederlegung enthält § 3 Abs 2 S 2 VwZG eine von § 181 Abs 1 S 2 ZPO abweichende Regelung. Zum Nachweis der Zustellung, insb zur Beweiskraft der Zustellungsurkunde (§ 182 Abs 1 S 2 ZPO iVm § 418 ZPO), vgl 24 zu § 56; Engelhardt/App 47ff zu § 3 VwZG.
- durch die Post **mittels Einschreiben (§ 4 VwZG):** Die Zustellung mittels Einschreiben gem § 4 VwZG ist durch G v 12. 8. 2005 (BGBl I 2354) neu geregelt worden. Zwischen der Zustellung nach § 56 u der Zustellung nach § 73 bestehen aber insoweit nach wie vor wesentliche Unterschiede. Während bei § 56 iVm § 175 ZPO nur das Einschreiben mit Rückschein zulässig ist, kann eine Zustellung nach § 73 iVm § 4 VwZG auch mittels Einschreiben durch Übergabe bewirkt werden. Lediglich das sog **Einwurf-Einschreiben** scheidet als Zustellungsform aus, wie § 4 VwZG idF des G v 12. 8. 2005 (BGBl I 2354) nunmehr klarstellt. Die Übergabe an einen Ersatzempfänger (zB an einen Familienangehörigen) richtet sich bei der Zustellung mittels Einschreiben nicht nach gesetzlichen Vorschriften (insb nicht nach den §§ 178ff

---

[35] Dh durch einen Erbringer von Postdienstleistungen gem § 5 PostG (§ 2 Abs 2 S 1 VwZG; dazu BT-Dr 15/5216, 11; Tegethoff NdsVBl 2007, 4). Bei der Zustellung mit Zustellungsurkunde (§ 3 VwZG) wird der Postdienstleister als beliehener Unternehmer iSd § 33 Abs 1 PostG hoheitlich tätig, bei der Zustellung mittels Einschreiben (§ 4 VwZG) privatrechtlich (Engelhardt/App 11 zu § 2 VwZG sowie 1 zu § 3 VwZG; Tegethoff, NdsVBl 2007, 4 mwN).

ZPO), sondern nach den allgemeinen Geschäftsbedingungen des Postdienstleisters (vgl zB Ziff 4 Abs 4 AGB Brief National der Deutschen Post AG; dazu Engelhardt/App 13 zu § 4 VwZG), da dieser insoweit privatrechtlich handelt (BT-Dr 15/5216, 12; Rosenbach DVBl 2005, 817–818; Tegethoff NdsVBl 2007, 4 mwN). Dies ist nicht unproblematisch (vgl zum Parallelproblem bei der gerichtlichen Zustellung 21 zu § 56).

Beim **Einschreiben durch Übergabe** wird das Dokument dem Zustellungsadressaten bzw – sofern nicht die Option „eigenhändig" gewählt wurde – dem Ersatzempfänger entweder ausgehändigt, oder er wird mittels Benachrichtigungszettel aufgefordert, es abzuholen. Im letztgenannten Fall gilt die Sendung nicht schon mit dem Zugang des Benachrichtigungszettels als zugestellt, sondern grds erst mit der **Abholung der Sendung.**[36] Iü gilt die **Zugangsvermutung** des § 4 Abs 2 S 2 VwZG,[37] die jedoch durch substantiiertes Bestreiten beseitigt wird mit der Folge, daß dann das Gericht bzw die Behörde den Zugang u den Zeitpunkt des Zugangs zu beweisen hat (vgl § 4 Abs 2 S 3 VwZG). Auch wenn der nach § 4 Abs 2 S 2 VwZG unwiderleglich als frühester Zustellungstag vermutete Tag ein **Samstag, Sonn- oder Feiertag** ist, gilt **dieser Tag als Tag der Zustellung,** nicht erst der nächstfolgende Werktag.[38]

Beim **Einschreiben mit Rückschein** genügt nunmehr – ebenso wie im Falle des § 56 iVm § 175 S 2 ZPO (dazu 22 zu § 56) – der Rückschein zum Nachweis der Zustellung (§ 4 Abs 2 S 1 VwZG). Die Zugangsvermutung des § 4 Abs 2 S 2 VwZG findet auf das Einschreiben mit Rückschein deswegen nur noch dann Anwendung, wenn der Rückschein verloren gegangen oder unbrauchbar ist (vgl BT-Dr 15/5216, 12). Zur **zustellungsfähigen Anschrift** beim Einschreiben mit Rückschein macht § 4 VwZG keine Angaben. Damit ist auch eine Zustellung an ein vom Empfänger unterhaltenes **Postfach** möglich (VBlBW 1999, 421 zu § 4 VwZG), selbst bei einem **Adressaten mit ausländischem Wohnsitz,** der im Inland ein Postfach unterhält (ebenso Engelhardt/App 2 zu § 4 VwZG; vgl auch 20 zu § 56).

– durch die Behörde gegen **Empfangsbekenntnis (§ 5 VwZG):** Die Vorschrift des § 5 VwZG faßt drei recht verschiedene Arten der Zustellung gegen Empfangsbekenntnis zusammen.

Im Falle des **§ 5 Abs 1–3 VwZG** wird das zuzustellende (elektronische oder schriftliche) Dokument **in einem grds verschlossenen**[39] **Umschlag dem Empfänger durch einen zustellenden Bediensteten ausgehändigt;** der Empfänger unterschreibt ein mit dem Datum der Aushändigung versehenes Empfangsbekenntnis (§ 5 Abs 1 VwZG). Für die Durchführung verweist § 5 Abs 2 S 1 VwZG idF des G v 12. 8. 2005 (BGBl I 2354) nunmehr – mit eini-

---

[36] DÖV 1983, 1011; Sch-Meissner 43 zu § 56.

[37] Dazu ausf Engelhardt/App 5ff zu § 4 VwZG; zur Zugangsfiktion nach § 10 Abs 2 AsylVfG s auch Ma RsprD-LS 7/1996: kein Zugang, wenn Zugang infolge eines Umstandes unterbleibe, der in Sphäre der Post liege.

[38] BSG 5, 53; Mü – GrS – NJW 1991, 1250; Ma NJW 1992, 2009; Ms NVwZ 2001, 1171; Sch-Meissner 44 zu § 56; Linhart 38; Rail BayVBl 1986, 391; wohl auch Harbich BayVBl 1985, 96; offen BVerwG NJW 1983, 2345; **aA** BFH NJW 2004, 94; Engelhardt/App 6 zu § 4 VwZG, Obermayer 38 zu § 41 VwVfG; Kn-Hennecke 19 zu § 41 VwVfG; MB 14 zu § 41 VwVfG; ebenso 9. Aufl. 5 zu § 56.

[39] Diese Regelung, die durch G v 12. 8. 2005 (BGBl I 2354) neu geschaffen wurde, dient dem Datenschutz. Deswegen darf das Dokument offen ausgehändigt werden, wenn keine schutzwürdigen Interessen des Empfängers entgegenstehen (§ 5 Abs 1 S 2 VwZG). Dies ist zB dann der Fall, wenn der fachlich zuständige Bedienstete das Dokument übergibt, denn dieser kennt dessen Inhalt ohnehin schon (BT-Dr 15/5216, 12). Bei einer Ersatzzustellung fehlen dagegen idR die Voraussetzungen des § 5 Abs 1 S 2 VwZG (Tegethoff NdsVBl 2007, 2).

gen in § 5 Abs 2 S 2 u 3 VwZG geregelten Besonderheiten – auf die §§ 177–181 ZPO (dazu näher 25 ff zu § 56; vgl auch Tegethoff NdsVBl 2007, 5). Zur Zustellung zur Nachtzeit s § 5 Abs 3 VwZG; zum Nachweis der Zustellung vgl § 5 Abs 2 S 1 Nrn 1–3 VwZG sowie Engelhardt/App 18 u 19 zu § 5 VwZG; zum Empfangsbekenntnis vgl 19 zu § 56 sowie Engelhardt/App 3 u 17 zu § 5 VwZG.

Im Falle des **§ 5 Abs 4 VwZG** darf an bestimmte, in dieser Vorschrift im einzelnen aufgezählte Empfänger das zuzustellende (elektronische oder schriftliche) Dokument auch **auf andere Weise übermittelt** werden. Möglich ist danach zB die Übersendung eines einfachen Briefes, das Einlegen in ein Anwaltsfach bei Gericht, der Posttausch zwischen Behörden, ein Telefax, ein Computerfax oder eine sonstige elektronische Übermittlung (vgl Tegethoff NdsVBl 2007, 3 u 6). Der Empfänger hat ein mit Datum u Unterschrift versehenes Empfangsbekenntnis zurückzusenden. Diese Regelung ähnelt grds § 56 iVm § 174 ZPO. Der in § 5 Abs 4 VwZG genannte Personenkreis, dem der Gesetzgeber aufgrund seiner besonderen beruflichen Stellung besonderes Vertrauen entgegenbringt, weicht jedoch auch nach der Novellierung des VwZG durch G v 12. 8. 2005 (BGBl I 2354) von dem in § 174 ZPO genannten Personenkreis ab; insb ist die Aufzählung in § 5 Abs 4 VwZG – anders als die Aufzählung in § 174 ZPO – aus Gründen der Rechtsklarheit abschließend (BT-Dr 15/5216, 13; Tegethoff NdsVBl 2007, 2). Auch im Falle des § 5 Abs 4 VwZG ist eine elektronische Übermittlung nur dann zulässig, wenn der Empfänger hierfür einen Zugang eröffnet hat (dazu näher 6c zu § 70), da auch insoweit § 3a VwVfG anzuwenden ist (Rosenbach NWVBl 2006, 124). Bei elektronischer Zustellung ist der Widerspruchsbescheid mit einer qualifizierten elektronischen Signatur nach dem SigG zu versehen; dies ergibt sich zwar nicht aus § 5 Abs 4 VwZG (vgl BT-Dr 15/5216, 12), wohl aber aus § 79 iVm § 3a Abs 2 S 2 VwVfG, da der Widerspruchsbescheid grds schriftlich zu erlassen ist (oben 6). Zum **Nachweis der Zustellung** genügt im Falle des § 5 Abs 4 VwZG das mit Datum u Unterschrift versehene Empfangsbekenntnis (§ 5 Abs 4 S 2 VwZG; vgl § 174 Abs 4 S 1 ZPO u dazu 19 zu § 56). Das Empfangsbekenntnis kann analog § 174 Abs 4 S 2 ZPO schriftlich, durch Telefax oder als elektronisches Dokument erteilt werden (vgl BT-Dr 15/5216, 13); wenn es als elektronischer Dokument erteilt wird, muß es analog § 174 Abs 4 S 3 ZPO (**aA** Rosenbach DVBl 2005, 819: gem § 3a VwVfG, da § 5 Abs 4 S 2 VwZG ein gesetzliches Schriftformerfordernis enthalte) qualifiziert elektronisch signiert werden (vgl BT-Dr 15/5216, 13; Tegethoff NdsVBl 2007, 6).

Im Falle des **§ 5 Abs 5 VwZG,** der durch G v 12. 8. 2005 (BGBl I 2354) neu geschaffen wurde, darf an **alle Empfänger,** die hierfür[40] einen **Zugang eröffnet haben,** ein **elektronisches Dokument** (nicht dagegen ein schriftliches Dokument!) **auf elektronischem Wege** gegen Empfangsbekenntnis zugestellt werden. Unter welchen Voraussetzungen der Adressat einen Zugang eröffnet hat, richtet sich nach denselben Kriterien wie im Falle des § 3a VwVfG (Rosenbach DVBl 2005, 819). Insb genügt es daher noch nicht, wenn der Adressat objektiv über eine für die elektronische Kommunikation geeignete Einrichtung verfügt. Er muß diese vielmehr auch subjektiv dafür gewidmet haben; maßgeblich hierfür ist die Verkehrsauffassung (näher 6c zu § 70 sowie BT-Dr 15/5216, 13; Engelhardt/App 21 u 22 zu § 5 VwZG; Tegethoff NdsVBl 2007, 6). Die elektronische Zustellung gem § 5 Abs 5 VwZG unterscheidet sich von der elektronischen Bekanntgabe gem § 41 VwVfG insb

[40] Dh für den Empfang elektronischer Dokumente im allgemeinen; eine ausdr Zugangseröffnung gerade für die elektronische Zustellung ist nicht erforderlich (Rosenbach NWVBl 2006, 126).

durch das erforderliche Empfangsbekenntnis sowie dadurch, daß sie ausdr als Zustellung gekennzeichnet sein muss (Engelhardt/App 23 zu § 5 VwZG; Tegethoff NdsVBl 2007, 6). Das übermittelte Dokument ist, wie § 5 Abs 5 S 2 VwZG ausdr anordnet, mit einer qualifizierten elektronischen Signatur zu versehen; für den Widerspruchsbescheid ergibt sich dies freilich auch schon aus § 79 iVm § 3 a Abs 2 S 2 VwVfG (s oben). Zum **Nachweis der Zustellung** genügt auch im Falle des § 5 Abs 5 VwZG das mit Datum u Unterschrift versehene Empfangsbekenntnis (§ 5 Abs 5 S 3 VwZG; zu den Details s oben zu § 5 Abs 4 VwZG).

– durch **öffentliche Zustellung (§ 10 VwZG):** Diese Form der Zustellung ist als ultima ratio nur unter besonderen Voraussetzungen zulässig, die in § 10 Abs 1 iVm § 9 Abs 1 VwZG konkretisiert werden u die nach der Novellierung des VwZG durch G v 12. 8. 2005 (BGBl I 2354) den Voraussetzungen für eine öffentliche Zustellung auf Veranlassung des Gerichts gem § 56 iVm § 185 ZPO (dazu näher 39 u 40 zu § 56) weitgehend entsprechen. Insb erfolgt auch die öffentliche Zustellung nach dem VwZG nunmehr durch Bekanntmachung einer Benachrichtigung an einer Stelle, die von der Behörde hierfür allg bestimmt ist (zB Amtsblatt, Zeitung, Internetseite; vgl BT-Dr 15/5216, 14), oder durch Benachrichtigung im Bundesanzeiger oder im elektronischen Bundesanzeiger (§ 10 Abs 2 VwZG). Zum Zeitpunkt der Zustellung s § 10 Abs 2 S 6 VwZG, zu den Folgen bei Nichtvorliegen der Voraussetzungen für eine öffentliche Zustellung u bei Fehlern im ZustellungsVf vgl 40 zu § 56.

Zur **Zustellung im Ausland,** die durch G v 12. 8. 2005 (BGBl I 2354) neu geregelt u an die §§ 183, 184 ZPO weitgehend angeglichen wurde, s § 9 VwZG u dazu Rosenbach DVBl 2005, 820–821; Tegethoff NdsVBl 2007, 3; zum Parallelproblem bei der gerichtlichen Zustellung vgl 36 ff zu § 56.

22 c **c) Adressaten der Zustellung.** Zuzustellen ist grds an den Adressaten des zuzustellenden Dokuments oder an seinen gesetzlichen Vertreter bzw Betreuer, § 6 Abs 1 VwZG; zum Parallelproblem bei der gerichtlichen Zustellung vgl 9 ff zu § 56. Bei Behörden wird an den Behördenleiter (vgl dazu 11 zu § 56), bei juristischen Personen, nicht rechtsfähigen Personenvereinigungen u Zweckvermögen an den gesetzlichen Vertreter zugestellt (§ 6 Abs 2 VwZG). Zur Möglichkeit der **Zustellung an Bevollmächtigte** s § 7 VwZG. Hat der Bevollmächtigte für das VerwaltungsVf eine schriftliche oder elektronische (§ 3 a Abs 2 VwVfG) Vollmacht vorgelegt, muß an ihn zugestellt werden (§ 7 Abs 1 S 2 VwZG; vgl auch 61 zu § 67); die Zustellung an den Widerspruchsführer selbst statt an seinen Bevollmächtigten ist in diesem Fall **unwirksam.**[41] Zur **Zustellung an mehrere Adressaten** vgl 13 zu § 56.

23 **d) Andere Formen der Bekanntgabe und Heilung von Zustellungsmängeln.** Eine Verletzung der Zustellungsform, zB lediglich mündliche Bekanntgabe oder Übermittlung durch Telefax an nicht in § 5 Abs 4 VwZG genannte Zustellungsempfänger (Ms NVwZ 1995, 396), berührt die (äußere) **Wirksamkeit** des Widerspruchsbescheids **nicht** (s oben 22; vgl Matzat JA 1988, 30). Allerdings liegt darin keine wirksame **Zustellung,** so daß die Klagefrist nicht in Lauf gesetzt wird, sofern der Mangel nicht nach § 8 VwZG geheilt wird.

23 a Nach **§ 8 VwZG,** der durch G v 12. 8. 2005 (BGBl I 2354) an § 189 ZPO weitgehend angeglichen wurde, gilt ein Dokument, wenn sich die formgerechte Zustellung nicht nachweisen läßt oder das Dokument unter Verletzung zwingender Formvorschriften zugegangen ist, nunmehr grds **in dem Zeitpunkt** als zugestellt, in dem es dem Empfangsberechtigten **tatsächlich zugegangen ist.**

---

[41] NJW 1988, 1612; Ks NVwZ-RR 1993, 434 – ua unter Hinweis darauf, daß dies insoweit anders ist als nach § 41 Abs 5 VwVfG –; Engelhardt/App 7 zu § 7 VwZG; s auch 61 zu § 67.

Dies gilt ausnahmsweise nicht für die elektronische Zustellung im Falle des § 5 Abs 5 VwZG; insoweit ist – wohl zur Vermeidung sonst auftretender Beweisprobleme – für die Heilung der Zeitpunkt maßgeblich, in dem der Empfänger das Empfangsbekenntnis zurückgesendet hat (dazu Kremer, NJW 2006, 334; Rosenbach DVBl 2005, 820). Tatsächlich zugegangen iSd § 8 VwZG ist ein Dokument dann, wenn der Adressat die tatsächliche Möglichkeit erhalten hat, von seinem Inhalt Kenntnis zu nehmen; dies richtet sich nach denselben Kriterien wie im Falle des § 189 ZPO (dazu näher 8 zu § 56). Empfangsberechtigt ist dabei nur derjenige, an den die Zustellung nach dem Gesetz zu richten war, nicht dagegen auch der Personenkreis, an den die Zustellung nach dem VwZG erfolgen durfte (104, 313). Der Empfangsberechtigte braucht dabei keineswegs derjenige zu sein, an den sich der VA richtet (s § 7 Abs 1 S 2 VwZG). Heilung iSd § 8 VwZG wird über den engeren Wortlaut der Vorschrift hinaus nicht nur bei den Fehlern angenommen, die Mängel des Zustellungsvorgangs betreffen, sondern unter Hinweis auf die Teleologie der Vorschrift bereits dann, wenn die Mängel dem Zustellungsobjekt selbst anhaften, insb wenn nur eine **nicht ausgefertigte** oder **beglaubigte Kopie** eines Dokuments **zugestellt** wird, die das Original nach Inhalt u Fassung vollständig wiedergibt.[42] Anders als bei der Zustellung als solcher, für die es wesentlich ist, daß sie mit Wissen u Willen der Behörde erfolgt (s 6f zu § 70), kommt es **für die Anwendung von § 8 VwZG nicht** darauf an, **daß** auch der nachträgliche Erhalt des Dokuments **mit Wissen u Willen** der Behörde erfolgt (BFH NVwZ-RR 1991, 661).

24 **8. Bindungswirkung des Widerspruchsbescheids:** Der Widerspruchsbescheid schließt nach seiner Bekanntgabe das WiderspruchsVf ab (55, 299; 58, 105) u ist – solange er nicht behördlich oder gerichtlich aufgehoben wird – für die Beteiligten bindend. Bei der Untersuchung, ob die Widerspruchsbehörde oder die Ausgangsbehörde befugt ist, den Widerspruchsbescheid aufzuheben u damit seine Bindungswirkung zu beseitigen, stellt sich die Frage, inwieweit hier diese Behörden unter Zugrundelegung der §§ 48 ff VwVfG befugt sind, den Widerspruchsbescheid aufzuheben. Diese Frage ist für die Widerspruchs- u die Ausgangsbehörde unterschiedlich zu beantworten.

25 Mit Abschluß des WiderspruchsVf verliert eine nicht mit der Ausgangsbehörde identische Widerspruchsbehörde grds ihre Zuständigkeit für Entscheidungen über den angefochtenen VA.[43] Abgeschlossen ist das WiderspruchsVf bereits mit der Zustellung des Widerspruchsbescheids[44] u nicht erst mit dem Eintritt seiner Unanfechtbarkeit (Renz DÖV 1991, 140). Vom Moment der Zustellung an ist daher die Widerspruchsbehörde aus kompetentiellen Gründen grds nicht mehr befugt, den Widerspruchsbescheid zu ändern; insb scheidet eine Aufhebung der Widerspruchsentscheidung gem §§ 48 ff VwVfG aus.[45] Zulässig sein dürfte aber auch nach Abschluß des VorVf eine lediglich klarstellende Berichtigung des VA durch die Widerspruchsbehörde gem 42 VwVfG,[46] die Nachholung einer übergangenen Kostenentscheidung gem § 80 Abs 3 VwVfG (P § 47, 13) oder eine Wiedereinsetzung in den vorigen Stand (P § 27, 17). Entscheidet die Wider-

---

[42] NVwZ 1999, 181; Ms NVwZ-RR 1995, 624; BFH 119, 222 = NJW 1977, 80 u BFH/NV 1992, 85; **aA** BSG NVwZ 1990, 1109; BGH NJW 1987, 2868 f; Bitter NVwZ 1999, 144 ff mwN; Engelhardt/App 1 zu § 8 VwZG mwN; s auch Bln NVwZ 1986, 136; Ko NVwZ 1987, 900; Ma NVwZ-RR 1989, 595.

[43] 58, 105; Ma NVwZ-RR 1995, 476; Engst Jura 2006, 172; Schenke 686 a.

[44] 58, 105; Ma NVwZ-RR 1995, 476; VG Stuttgart VBlBW 1992, 355 mit zust Anm Gardemann; Sch-Dolde 49 mwN; Schoch Jura 2003, 759; Uhle NVwZ 2003, 815.

[45] 58, 105; Ma NVwZ-RR 1995, 476; Mü BayVBl 1983, 216; Allesch 207; P § 27, 14 f; Schenke 686 a; Schoch Jura 2003, 759; Sch-Dolde 48 f; Uhle NVwZ 2003, 813 ff.

[46] Buchh 310 § 73 VwGO Nr 19; Ma NVwZ-RR 1995, 477; P § 27, 17 mwN.

spruchsbehörde trotz fehlender Zuständigkeit über die Aufhebung oder Änderung des Widerspruchsbescheids, ist der rechtswidrige Widerspruchsbescheid dennoch nicht nichtig, wohl aber anfechtbar.[47]

Die Widerspruchsbehörde bleibt zudem auch insoweit für die Entscheidung über eine Aufhebung des VA nach Maßgabe der §§ 48 ff VwVfG zuständig, als der Widerspruchsbescheid eine erstmalige oder zusätzliche selbständige Beschwer enthält (§ 79 Abs 1 Nr 2 u Abs 2) u deshalb isoliert anfechtbar ist. In diesem Fall ist, da sich ein möglicher Anspr auf Aufhebung oder Änderung der durch den Widerspruchsbescheid begründeten zusätzlichen Beschwer gegen die Widerspruchsbehörde bzw ihren Träger richtet, die Widerspruchsbehörde bis zum Eintritt der Unanfechtbarkeit dieser erstmals oder zusätzlich beschwerenden Regelung bzw zum rechtskräftigen Abschluß einer sich gegen sie richtenden Klage zuständig.[48] Mit Eintritt der Bestandskraft bzw dem Vorliegen einer rechtskräftigen Entscheidung hins des zusätzlich beschwerenden Widerspruchsbescheids endet aber auch in den Fällen des § 79 Abs 1 Nr 2 u Abs 2 die Zuständigkeit der Widerspruchsbehörde für Entscheidungen nach §§ 48 ff VwVfG.[49] Die Widerspruchsbehörde verliert ferner auch dann ihre Zuständigkeit zur Abänderung des eine zusätzliche Beschwer begründenden Widerspruchsbescheids, wenn der Betroffene Klage gegen den VA in der Gestalt des Widerspruchsbescheids erhoben hat u nicht von der Möglichkeit einer Anfechtung lediglich der zusätzlichen Beschwer Gebrauch macht (s auch zum parallelen Problem im vorläufigen RechtsschutzVf 81 zu § 80).

Ist die **Widerspruchsbehörde mit der Ausgangsbehörde identisch,** richtet sich die Aufhebung der Widerspruchsentscheidung nach der allg Regelung über die Aufhebung von VAen gem **§§ 48 ff VwVfG.**[50] Dabei ist allerdings zu beachten, daß es dem Charakter von Widerspruchsentscheiden als Entscheidungen im RechtsbehelfsVf entspricht, ein sonst nach den §§ 48 ff VwVfG bestehendes Ermessen hier grds iS einer Aufrechterhaltung des Widerspruchsbescheids auszuüben. Eine **Verschlechterung des VA scheidet** deshalb idR selbst dann **aus,** wenn bei Erlaß des Widerspruchsbescheids eine Verschlechterung für den Widerspruchsführer zulässig gewesen wäre (10 ff zu § 68). Dagegen ist eine Verbesserung der Rechtsstellung des Widerspruchsführers nach Maßgabe der §§ 48 ff VwVfG grds unbedenklich, soweit dem nicht der Vertrauensschutz Dritter bzw überwiegende öffentliche Interessen entgegenstehen. **Verletzt** der Widerspruchsbescheid den **Widerspruchsführer in seinen Rechten, muß** der Träger der Widerspruchs- u Ausgangsbehörde wg des hier bestehenden Anspr des Verletzten auf Rücknahme des VAs in der Gestalt des Widerspruchsbescheids[51] diesen **aufheben.** Ein kompetentielles Problem, wie es sich sonst beim Auseinanderfallen

---

[47] Allesch 210 f; Uhle NVwZ 2003, 818. Allerdings dürfte bei einer zweiten Zustellung des vorher schon bestandskräftigen inhaltsgleichen ersten Widerspruchs die Klagefrist nicht neu zu laufen beginnen (58, 106; Mü BayVBl 1980, 298; s auch 4 zu § 57 mwN; **aA** Uhle NVwZ 2003, 818).

[48] Scholler DÖV 1966, 237; vgl auch Mü BayVBl 1991, 20; Allesch 208 ff; P § 27, 18; Sch-Dolde 48; Uhle NVwZ 2003, 815, die allerdings davon ausgehen, die Zuständigkeit der Widerspruchsbehörde lebe erst dann wieder auf, wenn die sich gegen die neue bzw zusätzliche Beschwer richtende Anfechtungsklage durch den hierdurch Betroffenen bereits erhoben werde, dabei aber nicht ausreichend berücksichtigen, daß der Anspr des Verletzten auf Aufhebung dieser zusätzlichen Beschwer bereits vor Erhebung der Anfechtungsklage besteht u es nicht sinnvoll erscheint, der Widerspruchsbehörde eine Korrektur zur Beseitigung ihrer rechtswidrigen Entscheidung erst nach Erhebung der Klage einzuräumen.

[49] Mü NVwZ 1983, 161; KR 166 zu § 48 VwVfG; StBS-Sachs 275 zu § 48 VwVfG.

[50] Engst Jura 2006, 173; Sch-Dolde 47; Uhle NVwZ 2003, 816; **aA** Schoch Jura 2003, 759.

[51] S zu dem mit der Anfechtungsklage geltend gemachten Anspr auf Rücknahme eines VA, der den Betroffenen in seinen Rechten verletzt, näher 2 zu § 42 u 6 zu § 113.

von Ausgangsbehörde u Widerspruchsbehörde daraus ergibt, daß die Widerspruchsbehörde der Ausgangsbehörde übergeordnet ist (dazu unten 26), stellt sich hier nicht u vermag deshalb die behördliche Verpflichtung zur Rücknahme eines den Kl in seinen Rechten verletzenden VA nicht einzuschränken.

Der **Ausgangsbehörde** ist es im Hinblick auf den verfahrensabschließenden Charakter des Widerspruchsbescheids **nicht möglich, diesen isoliert aufzuheben.** Für die Beendigung des WiderspruchsVf ist vielmehr ausschließlich die Widerspruchsbehörde zuständig.[52] Davon zu trennen ist die Frage, ob es der Ausgangsbehörde gem § 48 VwVfG gestattet ist, die Sachentscheidung zurückzunehmen, die durch den Ausgangsbescheid in der Fassung des hierzu ergangenen Widerspruchsbescheids gebildet wird. Dies ist jedenfalls nicht generell ausgeschlossen. Allerdings ist dabei zu bedenken, daß eine unbesehene Anwendung des § 48 VwVfG dazu führen müßte, daß auf diese Weise der Widerspruchsbescheid (faktisch) zur Disposition der Ausgangsbehörde stünde u damit die das VerwaltungsVf abschließende Rechtsbehelfsentscheidung der Widerspruchsbehörde **über § 48 VwVfG ausgehebelt** werden könnte (s auch Uhle NVwZ 2003, 812). Das spricht dafür, daß eine Rücknahme gem § 48 VwVfG grds nur auf eine **Veränderung der Sach- oder Rechtslage** seit Ergehen der Widerspruchsentscheidung[53] gestützt werden kann.[54] Insoweit gilt dann entsprechendes wie bei einer einen VA betr verwaltungsgerichtlichen Entscheidung, deren Bindungswirkung für die Verwaltung entfällt, wenn der angefochtene VA aufgrund einer nachträglichen Veränderung der Sach- oder Rechtslage rechtswidrig geworden ist (21 zu § 121; zum entspr Problem im Rahmen des vorläufigen Rechtsschutzes gem § 80 Abs 4 s 111 zu § 80). Zu einem ähnlichen Ergebnis kommt auch das **BVerwG,** das eine Rücknahme des VA dann für rechtlich **ausgeschlossen** ansieht, wenn sich **keine neuen tatsächlichen oder rechtlichen Erkenntnisse** für eine solche Rücknahme anführen lassen.[55] Dabei läßt es allerdings offen, ob beim Fehlen dieser Voraussetzungen bereits die tatbestandliche Anwendbarkeit des § 48 VwVfG ausgeschlossen ist (was zu befürworten sein dürfte), da jedenfalls eine Rücknahme ohne neue tatsächliche u rechtliche Erkenntnisse **ermessensfehlerhaft** sei (NVwZ 2002, 354). Die Unzulässigkeit einer Rücknahme des VA ohne das Vorliegen einer veränderten Sach- oder Rechtslage – die allerdings nicht zur Nichtigkeit des Rücknahmebescheids führt (Uhle NVwZ 2003, 817) – läßt sich auch nicht unter Hinweis darauf in Frage stellen, daß hierdurch die Ausgangsbehörde möglicherweise gehindert wird, einen rechtswidrigen VA zu korrigieren u damit uU sehenden Auges bei einer anschließenden verwaltungsgerichtlichen Anfechtungsklage, welche der Durchsetzung eines materiellrechtlichen Beseitigungs- bzw Rücknahmeanspr dient, eine prozessuale Niederlage in Kauf nehmen muß. Der Grund, weshalb sie hier (ohne Einverständnis der Widerspruchsbehörde) dem Beseitigungsanspr nicht Rechnung tragen kann, ergibt sich aus kompetentiellen Gründen u ist im Prozeßrecht auch sonst nicht ohne Parallele.[56] **Nicht ausgeschlossen** ist auch ein auf § 49 VwVfG gestützter **Widerruf der Sachentscheidung,** soweit hierdurch die den **26**

---

[52] NVwZ 2002, 1254; Ehlers JK 7/03 VwVfG § 48 I/1; Schoch Jura 2003, 759; Uhle NVwZ 2003, 812.

[53] Zur Anwendbarkeit des § 48 VwVfG auf einen wg nachträglicher Veränderungen der Sach- oder Rechtslage rechtswidrig werdenden VA s näher 66, 68; 85, 113 f; Schenke DVBl 1989, 431 ff u Schenke/Baumeister JuS 1991, 547 ff.

[54] Engst Jura 2006, 172; RÖ-Kothe 39; Uhle NVwZ 2003, 2003, 812.

[55] NVwZ 2002, 1252; Clausing JuS 2003, 172; Meister JA 2002, 853; Schoch Jura 2003, 759; vgl auch Uhle NVwZ 2003, 812 f.

[56] Etwa bei einer Klage auf Erteilung einer Baugenehmigung, bei der sich die Baurechtsbehörde wg einer rechtswidrigen Verweigerung des nach § 36 BauGB erforderlichen Einvernehmens der Gemeinde gehindert sieht, eine Baugenehmigung zu erteilen, s oben 7 sowie 82 zu Anh § 42.

Widerspruchsbescheid tragenden Rechts- u Ermessenserwägungen der Widerspruchsbehörde nicht in Frage gestellt werden (vgl auch 21 zu § 121).

27 Wird durch die Widerspruchsbehörde (ausnahmsweise) die Sache an die Ausgangsbehörde zurückverwiesen oder ergeht durch die Ausgangsbehörde auch ohne Zurückverweisung eine neue Sachentscheidung (oben 26), so stellt sich die Frage, ob die Widerspruchsbehörde bei einem gegen die neue Sachentscheidung eingelegten Widerspruch an ihre in dem früheren Widerspruchsbescheid vertretene Rechtsansicht gebunden bleibt. Da sich insoweit bei einer neuen Entscheidung der Widerspruchsbehörde (anders als bei einer durch sie verfügten Änderung des Widerspruchsbescheids nach Abschluß des Widerspruchsverfahrens, dazu oben 25) keine kompetentiellen Probleme ergeben u sie ohne diese ohnehin befugt wäre, nach Maßgabe der §§ 48 ff VwVfG ihre Widerspruchsentscheidung zu ändern (s bei Identität von Ausgangs- u Widerspruchsbehörde oben 25), bestehen auch keine grundsätzlichen Bedenken gegen eine im Rahmen der neuen Widerspruchsentscheidung vertretene andere rechtliche Beurteilung. Soweit die Widerspruchsbehörde eine Ermessensentscheidung zu treffen hat, kann bei der Ausübung dieses Ermessens die Existenz der früheren Widerspruchsentscheidung bedeutsam sein u zu einer Einschränkung des Ermessens führen, welche eine Abweichung von der früheren Entscheidung verbietet.

Ob Entsprechendes auch für die Widerspruchsbehörde selbst gilt, **wenn eine Sache,** in der eine Zurückverweisung erfolgt war, aufgrund eines Widerspruchs gegen die neue Entscheidung der Ausgangsbehörde erneut an sie gelangt, ist fraglich, aber im Gegensatz zu der noch in der 13. Aufl vertretenen Ansicht jedenfalls dort zu bejahen, wo der nunmehr wieder zuständigen Widerspruchsbehörde die Befugnis zusteht, ihren Widerspruchsbescheid gem. § 48 VwVfG zurückzunehmen.[57]

28 **Nicht berührt** durch die Bindungswirkung wird, ähnlich wie bei der Bindungswirkung rechtskräftiger Urteile (s 13 zu § 121), die **Befugnis der Erstbehörde** – ebenso auch der Widerspruchsbehörde, wenn sie zugleich Erstbehörde ist, in ihrer Eigenschaft als Erstbehörde –, auch in einer bereits durch Widerspruchsbescheid oder durch Urteil entschiedenen Sache einen **Zweitbescheid** (s zum Begriff KR 55 zu § 35 VwVfG) zu erlassen, selbst mit gleichem Inhalt u mit der Folge, daß dann auch ein neues WiderspruchsVf – gegen den Zweitbescheid! – möglich wird (s auch 13 f zu § 121). Auch insoweit muß die Behörde jedoch die **Grundsätze über die Zulässigkeit einer Rücknahme** bzw eines Widerrufs von VAen beachten (NVwZ 2002, 1252; Mü BayVBl 1999, 151; RÖ-Kothe 39, vgl auch 8 zu § 72). Hat sie keine neuen oder tatsächlichen Erkenntnisse für eine solche Rücknahme anzuführen, ist diese aber jedenfalls ermessensfehlerhaft (NVwZ 2002, 1252). Auch darüber hinaus ist zu beachten, daß nach Ergehen eines unanfechtbaren Widerspruchsbescheids dem AusgangsVA in der Gestalt, die er durch den Widerspruchsbescheid gefunden hat, ein **erhöhter Vertrauensschutz** zukommt (Mü BayVBl 1999, 151; P § 27, 16; StBS-Sachs 276 zu § 48 VwVfG).

Durch einen Widerspruchbescheid wird trotz der Bindungswirkung, die diesem grds für die Ausgangsbehörde zukommt, keine bindende Wirkung für das Gericht in dem Sinn begründet, daß damit für dieses – etwa im Rahmen eines Amtshaftungsprozesses – bindend feststeht, daß die in dem Widerspruchsbescheid getroffene Regelung rechtmäßig ist (s 17 zu § 70). Selbstverständlich entfaltet aber ein Widerspruchsbescheid wie jeder VA auch ggü Gerichten Tatbestandswirkung.

---

[57] **AA** 10, 183; 21, 142; RÖ-Kothe 19: die Widerspruchsbehörde ist an ihre dem zurückverweisenden Bescheide zugrundegelegte Rechtsauffassung bei erneuter Befassung mit der Sache nicht gebunden; vgl auch vdGK 3.2 zu § 119 SchlHLVwG: Abweichung verstößt uU gegen Treu u Glauben u ist in solchen Fällen unzulässig. Vgl 16 zu § 130; 15 f zu § 144.

§ 74 [Klagefrist]

(1) **Die Anfechtungsklage muß innerhalb eines Monats**[1 ff] **nach Zustellung**[4 ff] **des Widerspruchsbescheids erhoben**[8 ff] **werden. Ist nach § 68 ein Widerspruchsbescheid nicht erforderlich, so muß die Klage innerhalb eines Monats nach Bekanntgabe**[4 f] **des Verwaltungsakts erhoben werden.**

(2) **Für die Verpflichtungsklage gilt Absatz 1 entsprechend, wenn der Antrag auf Vornahme des Verwaltungsakts abgelehnt worden ist.**[1 ff]

Vgl § 26 EGGVG; § 87 SGG; § 47 FGO

Schrifttum: *Bauer,* Die Verwirkung von Nachbarrechten im öffentlichen Baurecht, DV 1990, 211; *Deckenbrock/Patzer,* Grundfälle zu Widerspruchs- und Klagefrist im Verwaltungsprozess, Jura 2003, 476; *Lemke,* Die Wahrung der Klagefrist bei verwaltungsgerichtlichen Klagen, JA 1999, 422; *de Vivie/Barsuhn,* Die verwaltungsgerichtliche Rechtsprechung zur Verwirkung nachbarrechtlicher Abwehrrechte im Baurecht, BauR 1995, 492; *Winkler,* Der Beginn der Klagefrist für den durch einen Widerspruchsbescheid erstmalig beschwerten Dritten, BayVBl 2000, 235.

1. Allgemeines: Die Klagefrist des § 74 gilt nur für **Anfechtungs- und Verpflichtungsklagen,** einschließlich der FFK nach § 113 Abs 1 S 4 (s unten 2), **außerdem** in einigen weiteren gesetzlich vorgesehenen Fällen, zB gem § 126 Abs 3 BRRG auch für Leistungs- u Feststellungsklagen aus dem Beamtenverhältnis (VRspr 27, 955; P § 17, 7; NKVwGO-Brenner 13). **Abweichende Regelungen** (auch zB hins der Dauer der Frist) können **nur durch** nach Inkrafttreten der VwGO erlassene **Bundesgesetze** (nicht auch Landesgesetze, vgl BVerfG 21, 106) getroffen werden (zB § 74 AsylVfG: zwei Wochen). Zu den durch das Überleitungsrecht der VwGO aufrechterhaltenen älteren Bestimmungen über die Klagefrist s zB § 190 Abs 1. Zu **Besonderheiten** hins des Laufs der Klagefrist bzw von Rechtsmittelfristen **bei Verstoß gegen EU-Recht** s unten 4. 1

Daß der gerichtliche Rechtsschutz von Fristen abhängig ist, ist **verfassungsrechtlich** auch im Hinblick auf Art 19 Abs 4 GG unbedenklich (BVerfG 9, 199; 10, 267; 27, 310; 60, 270); es besteht im Gegenteil im Rechtsstaat **im Interesse der Rechtssicherheit** u des **Rechtsfriedens** wie auch der Effizienz der Verwaltung ein erhebliches Interesse daran (BVerfG 60, 270; HessStGH NJW 1982, 1382; NKVwGO-Brenner 5).

Die Klagefrist ist auch **bei Anfechtungsklagen gegen nichtige VAe**[1] – nicht dagegen bei Feststellungsklagen gem § 43 in bezug auf nichtige VA – einzuhalten (s unten 4); **ebenso** bei der **FFK** nach § 113 Abs 1 S 4 bzw analog dazu (s 128 zu § 113), **auch wenn** der VA sich **schon vor Klageerhebung** erledigt hat.[2] Das gilt jedenfalls dann, wenn man im Fall einer Erledigung vor Klageerhebung ebenso wie bei der Anfechtungsklage ein WiderspruchsVf für erforderlich hält (s dazu ausf 2 vor § 68). Koppelt man hingegen die Zulässigkeitsvoraussetzungen im Fall einer Erledigung vor Klageerhebung von den Zulässigkeitsvoraussetzungen für die Anfechtungsklage ab u erachtet insb die Durchführung eines WiderspruchVf gegen einen erledigten VA für unstatthaft, so läßt sich die Unanwendbarkeit des § 74 eher vertreten. Die ratio des § 74, welcher 2

---

[1] NJW 1990, 1806; Ko NVwZ 1999, 198; BFH NJW 1987, 359; **aA** BFH NJW 1987, 920; zur Anfechtungsklage gegen nichtige VAe s auch 3 zu § 42, 7 zu § 43.

[2] 26, 165; Ko NJW 1982, 1301; Ma VBlBW 1998, 109; VG Frankfurt NVwZ 1988, 381; VG Mainz NVwZ-RR 1991, 243; Schenke 703; NKVwGO-Brenner 10 f; Funk/Frohn BayVBl 1992, 472; Hamann DVBl 1992, 740; Kopp BayVBl 1992, 759; DVBl 1992, 1494; R. Schenke NVwZ 2000, 1256; **aA** für Erledigung vor Klageerhebung 109, 207; Mü BayVBl 1992, 51; Ehlers Jura 2001, 422; Ey-Rennert 2 (entspr Anwendung); Rozek JuS 2000, 1164.

der **Sicherung der Bestandskraft eines VA** dienen soll, kommt bei dessen Erledigung nicht mehr zum Tragen. Die durch einen VA begangene subjektive RVerletzung kann ohnehin etwa in Verbindung mit einem Amtshaftungsanspr des Verletzten oder einem Anspr aus enteignungsgleichem Eingriff unbeschränkt geltend gemacht werden, so daß auch insoweit kein Grund für eine Befristung der Klage besteht. Einigkeit besteht iü darin, daß, wenn die Erledigung erst nach Ablauf der Widerspruchsfrist eintritt u der Kl es vorher versäumt hatte, fristgerecht Widerspruch einzulegen, die Klage unzulässig ist.[3]

War keine Rechtsbehelfsbelehrung erfolgt, so gilt grds die **Jahresfrist** gem § 58 Abs 2 (s dazu näher 1 ff zu § 58); ebenso für eine **FFK** bei Erledigung des VA vor Klageerhebung, wenn man für diese Fälle die Durchführung des VorVf gem §§ 68 ff mit dem Ziel eines feststellenden Widerspruchsbescheids analog § 113 Abs 1 S 4 nicht für erforderlich hält, sondern die Klage unmittelbar gegen den VA zuläßt, andererseits jedoch darüber nicht in der Rechtsbehelfsbelehrung gem § 58 belehrt worden ist.[4]

Bei Untätigkeit der angegangenen Behörde bzw der Widerspruchsbehörde ist die Zulässigkeit der Klage nach § 75 zu beurteilen. Die Frist gem § 74 ist dabei nicht einschlägig; das Klagerecht kann jedoch uU **verwirkt** werden (s 2 zu § 76 aF; allg auch unten 18 ff).

Zur **Anwendbarkeit** von § 74 auch auf **Rechtsnachfolger** s unten 6, **auf nachträgliche Klageänderungen,** insb auch Klageerweiterungen, unten 7. Zu der selbständig neben die Klagefrist des § 74 tretenden Ausschlußfrist von einem Monat für die Geltendmachung von Mängeln im **PrüfungsVf** s NVwZ 1995, 492.

3 Die Wahrung der Klagefrist ist **Prozeßvoraussetzung** (Sachurteilsvoraussetzung, s 10 ff, 17 vor § 40) der Anfechtungs- bzw Verpflichtungsklagen; sie muß grds in der Person des Kl erfüllt sein (s unten 4 ff). Für die **Berechnung der Frist** gilt § 57 Abs 2 iVm § 222 Abs 1 ZPO, §§ 188 Abs 2, 187 Abs 1 BGB. S dazu 10 zu § 57. Gegen die Versäumung der Klagefrist, die eine gesetzliche Frist ist, ist die **Wiedereinsetzung** nach § 60 möglich. Von der Versäumung der Klagefrist ist die **Verwirkung des Klagerechts,** die auch bei nicht fristgebundenen Klagen in Betracht kommt, u die Verwirkung des materiellrechtlichen Anspr zu unterscheiden (s unten 18 ff). Zur Zulässigkeit der Klage nach § 75 s 1 ff zu § 75.

4 **2. Beginn und Lauf der Klagefrist, Wahrung in eigener Person:** Die Klagefrist beginnt (bei mehreren Kl bzw Klagen für jeden Kl u jede Klage gesondert) gem § 74 Abs 1 S 1 mit der **Zustellung des Widerspruchsbescheids** bzw, soweit ein WiderspruchsVf nicht vorgesehen ist, gem § 74 Abs 1 S 2 mit der **Bekanntgabe** des belastenden VA (vgl dazu 6b ff zu § 70) bzw der Ablehnung des beantragten VA in der nach den einschlägigen Vorschriften des Verwaltungsverfahrensrechts bzw Verwaltungszustellungsrechts vorgeschriebenen Form an den Kl oder dessen Vertreter zu laufen (Hbg NVwZ 1985, 350; RÖ-Kothe 2, 2a zu § 70); **wenn** die Frist **aufgrund der Nichtigerklärung eines entgegenstehenden Gesetzes** durch das BVerfG erst erneut wieder „aktuell" geworden ist, beginnt sie mit dem Tag der Verkündung der Entscheidung des BVerfG (59, 170). **Zustellungsmängel** hindern (sofern nicht ausnahmsweise den Formerfordernissen einer alternativ zulässigen Bekanntgabeform genügt ist), daß die Klagefrist in Lauf gesetzt wird (s unten 5); dies gilt auch dann, wenn das Gesetz für einen VA die Zustellung nicht vorschreibt, die Behörde aber diese Art der Bekanntgabe gewählt hat (NKVwGO-Brenner 15). Zum Begriff der Zustellung

---

[3] S allg 1 zu § 70; für den Fall, daß der angefochtene VA im Zeitpunkt seiner Erledigung wg Versäumung der Widerspruchsfrist nicht mehr sachlich hätte überprüft werden können, auch DVBl 1967, 379; DÖV 1964, 855; Ma DVBl 1975, 512: Unzulässigkeit der Klage.

[4] Vgl 26, 168; Ma NJW 1981, 364; Mü GewA 1981, 233; VG Frankfurt NVwZ 1988, 381; Schenke 703; **aA** RÖ-M. Redeker 35 zu § 113; s dazu 128 zu § 113.

bzw der Bekanntgabe s 4 zu § 56. Bei **wiederholter Bekanntgabe** des Widerspruchsbescheids bzw, wenn die Klage unmittelbar gegen den Ausgangsbescheid gegeben ist, des Ausgangsbescheids, ist für den Lauf der Klagefrist nur die erstmalige Bekanntgabe maßgeblich.[5]

Die vorstehenden Grundsätze für den Lauf der Klagefrist gelten ohne Einschränkung auch für Klagen, mit denen der Kl einen **Verstoß gegen EG-Recht** geltend macht, insb einen Verstoß gegen Rechte aus einer noch nicht ordnungsgemäß in nationales Recht umgesetzten EG-Richtlinie. Die im Fall **„Emmott"** durch den EuGH (1991, I-4269) zunächst allg formulierte gegenteilige Annahme, die Klagefrist laufe erst ab dem Zeitpunkt der Umsetzung der Richtlinie in nationales Recht, wurde mittlerweile durch eine Reihe weiterer Entscheidungen[6] auf einen Sonderfall reduziert.[7] Würde man allg eine solche Fristenhemmung bei fehlender bzw mangelhafter Umsetzung von EG-Recht in nationales Recht befürworten, so stellte dies angesichts der rechtsstaatlichen Bedeutung von Fristen elementare rechtsstaatliche Prinzipien in Frage. Solche Eingriffe des Gemeinschaftsrechts in das nationale Prozeßrecht sind durch den EG-Vertrag jedenfalls nicht gerechtfertigt.[8] Eine derartige Fristenhemmung kommt auch nicht als Sanktion für den Verstoß gegen die Pflicht zum Hinweis auf die „Richtliniengestütztheit" des nationalen Rechts in Betracht (**aA** Müller-Franken DVBl 1998, 764). Auch bei Anwendung des § 74 vermag iü das nationale Recht der verspäteten Umsetzung von Richtlinien dadurch Rechnung zu tragen, daß diese zu einer Veränderung der Rechtslage führt, bei der die Bestandskraft von VAen eine neue Klage nicht ausschließt. So kann hier zB bei einem belastenden bestandskräftigen VA mittels einer Verpflichtungsklage auf Rücknahme geklagt werden (s 39 zu § 42). In Sonderfällen kommt zudem eine Wiedereinsetzung nach § 60 in Betracht.

Eine Klage, die **vor Ergehen des VA** erhoben wird, der angefochten werden (Anfechtungsklage) bzw zu dessen Ersetzung verpflichtet werden soll (Verpflichtungsklage), ist unzulässig u wird auch durch das Ergehen des VA nicht nachträglich zulässig;[9] dagegen ist die Wirksamkeit der Bekanntgabe von VA bzw Widerspruchsbescheid nicht Voraussetzung für die Zulässigkeit der Klage, sofern VA bzw Widerspruchsbescheid nur jedenfalls ergangen (vgl 6a zu § 70) u damit existent geworden sind.[10] Bei VAen, die kraft Gesetzes mit Ablauf einer bestimmten Frist, insb auch einer Frist, während der ein VA öffentlich ausgelegt wird, als bekanntgegeben gelten, ist die Anfechtung auch schon ab dem Beginn der Frist möglich (vgl NVwZ 1993, 566). Zu einer vor Durchführung des VorVf erhobenen Klage s 3ff zu § 68. **4a**

Wurde eine **Leistung durch VA dem Grunde nach abgelehnt,** so gilt die Klagefrist nicht nur dafür, sondern auch hins der Höhe der Leistung (BGH NJW 1984, 1081).

Der Lauf der Frist hat zur Voraussetzung: (1.) daß die **Zustellung** des Widerspruchsbescheids (§ 74 Abs 1 S 1) bzw, wenn kein WiderspruchsVf stattfindet (§ 74 Abs 1 S 2), die Bekanntgabe des VA an den (späteren) Kl bzw dessen **5**

---

[5] 58, 106 = NJW 1980, 1480; 18. 4. 1994 – 5 B 18/94; Ks NVwZ 1998, 1313; Ms 6. 7. 1995 – 23 A 10147/88; s auch 4 zu § 57.

[6] EuGH 1993, I-5475; 1994, I-5483; 1995, I-1883; 1995, I-4101 Tz 28ff; 1997, I-2163; vor allem 1997, I-6783 Tz 77 – Fantask = NVwZ 1998, 833.

[7] Vgl NVwZ 2000, 193; Gr NJ 2000, 105m Anm Hoffmeister; Ko NVwZ 1999, 198; BFH 179, 563 = EuZw 1996, 479; Gundel NVwZ 1999, 910.

[8] Krit deshalb zu Recht auch B-Funke-Kaiser 4; Müller-Franken DVBl 1998, 758ff; Stadie NVwZ 1994, 435ff; Sch-Meissner 4a, s auch NVwZ 2000, 193.

[9] S 2 zu § 68, 19 vor § 124; vgl auch Mü BayVBl 1991, 279; **aA** BVerwG 63, 188 zu § 17 Abs 4 S 1 WBO; NKVwGO-Brenner 19.

[10] Dehner BayVBl 1986, 665; Allesch NVwZ 1993, 545; vgl idS auch BVerwG 25, 20; BAG NJW 1991, 1272; Ma NVwZ 1989, 76; Mü BayVBl 1982, 630.

Bevollmächtigten[11] **ordnungsgemäß** erfolgt war (39, 259; s auch oben 4; ferner 1 ff zu § 56; 4 ff zu § 57; 6b ff zu § 70), sowie **(2.)** daß der Kl gem § 58 Abs 1 ordnungsgemäß **über den Rechtsbehelf belehrt** wurde; andernfalls läuft für die Klageerhebung im ersteren Fall überhaupt keine Frist (allenfalls Verwirkung des Klagerechts, s unten 18 ff), im letzteren Fall die Jahresfrist des § 58 Abs 2. Unerheblich ist dagegen **bei VAen** bzw Widerspruchsbescheiden, die **an mehrere Personen gerichtet** sind oder mehrere Personen betreffen, für den Lauf der Klagefrist, ob sie auch den anderen bekanntgegeben bzw ordnungsgemäß bekanntgegeben wurden (Streinz/Pechstein Jura 1993, 49; KR 34 zu § 43 VwVfG). Auf Widerspruchsbescheide, die einen Dritten erstmalig beschweren, ist § 74 Abs 1 S 1 wg der Spezialregelung des § 74 Abs 1 S 2 nicht anwendbar (Schenke 705; **aA** Winkler BayVBl 2000, 235 ff). Da aber auch hier eine ordnungsgemäße Bekanntgabe des Widerspruchsbescheids dessen Zustellung erforderlich macht (22 zu § 73), gilt jedoch im Ergebnis nichts anderes als nach § 74 Abs 1 S 1. Dazu, daß bei nochmaliger Zustellung eines schon zugestellten Widerspruchsbescheids für den Lauf der Klagefrist die erstmalige Zustellung maßgeblich ist, s 4 zu § 57.

War im vorangegangenen WiderspruchsVf **ein Bevollmächtigter** gem §§ 79, 14 VwVfG bzw nach entspr Vorschriften **bestellt** u wurde die Bestellung der Widerspruchsbehörde mitgeteilt, so ist, wenn eine Vollmacht vorgelegt wird, nach § 7 Abs 1 S 2 VwZG für den Lauf der Frist **nur** die **Zustellung** des Widerspruchsbescheids **an den Bevollmächtigten maßgeblich,** nicht auch eine etwaige Zustellung oder Bekanntgabe ausschließlich allein oder daneben auch an den Beteiligten selbst.[12] Eine Zustellung **an den Beteiligten** selbst setzt in diesem Fall insb auch **keine Frist** in Lauf; allenfalls kommt Verwirkung in Betracht (s unten 18).

Ist die **Klage** unmittelbar **gegen den Ausgangsbescheid** möglich, ein VorVf nach §§ 68 ff also nicht erforderlich, so wird die Klagefrist, auch wenn im VerwaltungsVf ein Bevollmächtigter gem § 14 VwVfG (bzw nach entspr Vorschriften) bestellt war, – ebenso wie die Widerspruchsfrist – gem § 41 Abs 1 S 2 VwVfG (bzw nach entspr Vorschriften) außer durch Bekanntgabe des VA an den Bevollmächtigten jedenfalls **auch durch Bekanntgabe an den Beteiligten selbst** in Lauf gesetzt (Ks NVwZ-RR 1993, 433). Wurde der VA **beiden,** dem Bevollmächtigten u dem Beteiligten, **bekanntgegeben,** so ist für den Lauf der Frist **die zuerst erfolgte Bekanntgabe** maßgebend (vgl KR 30 zu § 14 VwVfG, 38 zu § 41 VwVfG).

Für die prozessuale Frist des § 74 gelten gem § 173 S 1 die Regelungen der §§ 239 Abs 1, 249 Abs 1 ZPO entspr. Damit endet beim **Tod des Widerspruchsführers** die Klagefrist des § 74 bzw beginnt nicht zu laufen, sofern kein Prozeßbevollmächtigter bestellt ist (NVwZ 2001, 319).

6 Der **Rechtsnachfolger** kraft Gesetzes bzw, bei dinglichen VAen (§ 35 S 2 Alt 2), zB Anlagegenehmigungen, auch ein sonstiger Rechtsnachfolger (60, 315; Kopp BayVBl 1970, 234; s auch 97 zu § 42), muß sich grds die **Frist,** die gegen seinen Rechtsvorgänger **bereits verstrichen ist, anrechnen** lassen, da er als Rechtsnachfolger auch insoweit in die Rechte u Pflichten des Rechtsvorgängers eintritt (vgl NVwZ 1989, 967); er kann sich auch für eine **ggf** sonst in Betracht kommende **Wiedereinsetzung** (§ 60), wenn jedenfalls sein Rechtsvorgänger vom Ergehen des VA Kenntnis hatte, nicht darauf berufen, daß er selbst von dem ergangenen VA keine Kenntnis hatte (str; s auch 14 zu § 63; zur Anfechtungsklage Dritter bei dinglichen VAen Kopp BayVBl 1970, 234). Umgekehrt kommt

---

[11] Vgl DVBl 1969, 362; Mü BayVBl 1978, 212: Zustellung an einen anderen Betroffenen genügt nicht.

[12] Ks NVwZ-RR 1993, 433; KR 31 zu § 14 VwVfG; s auch 61 zu § 67; **aA** BVerwG NVwZ 1998, 1292.

die **Wahrung der Klagefrist durch den Rechtsvorgänger** in den genannten Fällen auch dem Rechtsnachfolger, der die Klage fortführt, zugute. Zur Bedeutung des Todes des Widerspruchsführers für das Laufen der Klagefrist s oben 5.

Entsprechendes gilt **bei notwendiger Streitgenossenschaft** auf seiten des Kl bei Fristwahrung durch rechtzeitige Klageerhebung durch einen Streitgenossen (s 11 zu § 64): die Fristwahrung durch einen „fleißigen" Streitgenossen wirkt zugunsten auch der übrigen (vgl VG Freiburg NVwZ 1985, 445); hat der Kl aber selbst keinen Widerspruch eingelegt, so muß er jedoch auch die Versäumung der Klagefrist durch den Streitgenossen, der allein Widerspruch eingelegt hatte, gegen sich gelten lassen (DÖV 1972, 390). Andererseits ist **nicht erforderlich, daß** der nichtsäumige Streitgenosse die Klage in einem Zeitpunkt erhoben hat, zu dem die **Frist auch für den säumigen Streitgenossen** noch **nicht abgelaufen war.**

Bei Klageänderung (§ 91) **sowie** bei einer **Erweiterung der Klage,** die 7
nach § 173 S 1 iVm § 264 ZPO nicht als Klageänderung iSd § 91 anzusehen ist, kommt es hins des neuen bzw erweiterten Klagebegehrens für die Fristwahrung (32 zu § 91; s auch NVwZ 1998, 1292) auf den Zeitpunkt an, in dem die Änderung bzw Erweiterung dem Gericht ggü nach § 81 bzw § 173 S 1, § 261 Abs 2 ZPO erklärt wird.[13] Im Zweifel ist eine spätere Erweiterung des Klageantrags, zB die Einbeziehung zunächst nicht genannter Teile oder Aspekte eines VA, nicht als Klageerweiterung zu werten, es sei denn ein weitergehendes Klageziel wird bei Klageerhebung ausdr u dezidiert ausgeschlossen (vgl BFH GrS NVwZ 1990, 598); dies auch schon deshalb, weil für das Gericht nur der schließlich in der mV (oder, im schriftlichen Verfahren, dem entspr Verfahrensabschnitt) gem § 103 Abs 3 gestellte Klageantrag maßgeblich ist (vgl BFH GrS NVwZ 1990, 598).

Entsprechendes gilt bei Klageänderung durch **Parteiwechsel** auf seiten des Kl (Auswechslung des Kl). Für den neuen Kl kommt es, sofern er nicht auch bezüglich des streitigen Rechts Rechtsnachfolger des ursprünglichen Kl ist (s oben 6), auf den Zeitpunkt seines Eintritts in das Vf an; Fristwahrung durch den ursprünglichen Kl kommt ihm nicht zugute,[14] da die Klagefrist grds in der Person des Kl gewahrt sein muß (vgl zum entspr Problem beim Widerspruch 7 zu § 68) u der ergangene VA ihm ggü unanfechtbar geworden ist (Schmidt VBlBW 1983, 99).

Wird zunächst eine (nicht der Klagefrist des § 74 unterworfene) allg Leistungs- oder Feststellungsklage erhoben u erst später zu einer Anfechtungs- oder Verpflichtungsklage übergegangen, so sind letztere an die Frist des § 74 gebunden (vgl aber zum Fristbeginn oben 4; **aA** B-Funke-Kaiser 15). Geht der Kl nach Ablauf der Klagefrist von der Verpflichtungs- auf eine Feststellungs- u Leistungsklage u dann wieder zur (identischen) Verpflichtungsklage über, so ist diese unzulässig, wenn er den ursprünglichen Verpflichtungsantrag nicht als fristwahrenden Hilfsantrag aufrechterhalten hat (VG Kassel NVwZ-RR 1995, 704). Die **Klage auf Erlaß eines Widerspruchsbescheids** in Fällen, in denen ein WiderspruchsVf nicht vorgesehen ist, wahrt die Klagefrist im Hinblick auf den ursprünglichen VA nicht (**aA** NKVwGO-Brenner 54), kann jedoch – auch nach Ablauf der Klagefrist – mit dieser Folge auf eine Anfechtungsklage gegen den belastenden VA bzw auf eine Verpflichtungsklage auf Erlaß des abgelehnten VA umgestellt werden (str).

---

[13] 40, 32; 39, 25; NJW 1989, 3168; BFH 135, 154 = BStBl 1982 II 358; Mü BayVBl 1976, 495; Lü 23, 391; Dänzer-Vanotti DStZ 1984, 219; s auch 32 zu § 91; **aA** RÖ-Kothe 26 zu § 91; Rößler DStZ 1984, 317; Rudloff BB 1984, 669: Rückwirkung auf den Zeitpunkt der Erhebung der ursprünglichen Klage.

[14] S 32 zu § 91; NVwZ 1998, 1292; Ms VRspr 21, 502; VG Karlsruhe NVwZ-RR 2006, 621; Schmidt VBlBW 1983, 99; NKVwGO-Brenner 53; **aA** Lü DVBl 1967, 425; zur subjektiven Klageänderung hins des Bekl s unten.

Die Klagefrist ist **auch dann gewahrt, wenn zunächst der Bekl nicht** angegeben oder unzulänglich oder falsch **bezeichnet war** u erst nach Ablauf der Klagefrist zutr benannt wurde, oder wenn **der Bekl** der rechtzeitig erhobenen Klage nachträglich, nach Ablauf der Klagefrist, im Weg der subjektiven Klageänderung **ausgewechselt** wurde;[15] s auch 32 zu § 91.

8 **3. Zeitpunkt der Klageerhebung (Abs 1): a)** Erhoben iSd Abs 1 ist die Klage, sobald die den Mindestanforderungen der §§ 81 ff entspr Klageschrift bei dem Gericht eingeht, an das die Klageschrift gerichtet ist. Dies gilt auch, wenn der an ein Verwaltungsgericht gerichtete Schriftsatz als „Widerspruch" bezeichnet ist, die Auslegung aber ergibt, daß gerichtlicher Rechtsschutz begehrt wird (BVerfG NJW 1991, 508).

Geht die Klage bei einem **unzuständigen Gericht** ein, so ist zu unterscheiden: wird die Klage an ein sachlich, örtlich oder instanziell unzuständiges Gericht oder gar an ein Gericht eines anderen Rechtswegs gerichtet, so wird die Klagefrist dennoch gewahrt, wenn der Kl bei diesem Gericht Klage erheben wollte.[16] Insofern kommt es nicht darauf an, ob die Verweisung an das zuständige Gericht gem (§ 83 iVm) § 17 a GVG vor oder nach Fristablauf erfolgt (DVBl 1993, 562; Sch-Ehlers 6 zu § 17 b GVG). Dies gilt selbst dann, wenn die Klage schuldhaft beim unzuständigen Gericht erhoben wurde.[17] Davon zu unterscheiden ist der Fall, bei dem die Klageschrift bei einem Gericht eingeht, an das die Klage nach Auslegung der Klageschrift nicht gerichtet ist. Eine solche Klage ist bei dem Gericht, bei dem die Klageschrift eingegangen ist, nicht erhoben worden. Das nicht angerufene Gericht tritt auch nicht als Zustellungsempfänger für das tatsächlich angerufene Gericht auf (NKVwGO-Brenner 33). Diese Grundsätze gelten selbst dann, wenn das nicht angerufene Gericht rechtlich zuständig wäre (BGH NJW 1994, 1354; Ma NJW 1991, 1845). Für die Fristwahrung ist in diesen Fällen maßgebend, ob die Klage noch innerhalb der Frist bei dem Gericht eingeht, welches der Kl tatsächlich anrufen wollte (53, 141; zur Verpflichtung der Gerichte u Behörden zur unverzüglichen Weiterleitung der Klageschrift s 17 zu § 60).

Die Klagefrist wird auch nicht durch Einreichung der Klage bei der **Verwaltungsbehörde** oder beim Finanzamt gewahrt (55, 61; NJW 1976, 1419; BFH BStBl 1975 II, 337), dagegen reicht es zur Klageerhebung aus, wenn die Klageschrift bei den „unzuständigen" **Außenkammern** des zuständigen Gerichts eingeht.[18]

9 **Sofern** eine Klage nach den dargelegten Grundsätzen **nicht wirksam erhoben** wurde, ist **der Zeitpunkt** maßgeblich, in dem sie **beim angerufenen Gericht eingeht;**[19] bei fehlendem Verschulden ist aber grds **Wiedereinsetzung** gem § 60 zu gewähren (vgl 53, 141). Die **Klagefrist** gilt **auch dann** nicht als gewahrt, wenn das angegangene unzuständige Gericht die Frist **durch unverzügliche Weiterleitung** der Klage an das zuständige Gericht **noch wahren hätte können** (s 17 zu § 60, auch zur Frage der Wiedereinsetzung in einem solchen Fall).

10 Erforderlich ist für die Fristwahrung in jedem Fall, daß die Klage **wirksam erhoben** wird. S dazu im einzelnen 1 ff zu § 81; 1 ff zu § 82. Auf den **Zeitpunkt der Zustellung der Klage an den Bekl** kommt es – anders als nach § 253 Abs 1 ZPO – nicht an (vgl 18, 52); dies muß auch für eine irrtümlich bei

---

[15] DVBl 1993, 563; Ma NVwZ 1982, 636; Schmidt VBlBW 1983, 98; **aA** Ms ZBR 1982, 254: maßgeblich der Zeitpunkt der Klageänderung.

[16] DVBl 1993, 562; NJW 2002, 768; Mü DÖV 2000, 740; Schenke 713.

[17] Vgl 20 zu § 83; Ko NVwZ-RR 1996, 181; **aA** VG Augsburg BayVBl 1994, 606 zu § 74 Abs 1 AsylVfG: mit Beschleunigungsgrundsatz nicht zu vereinbaren.

[18] BAG NJW 1982, 119; BFH BB 1981, 1759; OLG Karlsruhe NJW 1984, 744; NKVwGO-Brenner 30; vgl auch BGH NJW 1990, 2822.

[19] Vgl 53, 141; BGH NJW 1978, 1165 mwN.

einem Gericht eines anderen Gerichtszweiges eingereichte Klage gelten, selbst wenn sonst nach der für dieses Gericht maßgeblichen Prozeßordnung die Klage erst mit Zustellung an den Bekl als erhoben anzusehen ist (Sch-Ehlers 6 zu § 17b GVG). Vgl auch 3 zu § 90; 3 zu § 81.

b) Die Klage muß spätestens **am letzten Tag der Klagefrist** (zur Berechnung s oben 3 sowie ausf 10 zu § 57) **um 24.00 Uhr**[20] **bei Gericht eingehen.** 11
Der Kl darf die Klagefrist **bis zur letztmöglichen Sekunde** ausnützen.[21] Grds ist die ihm obliegende Sorgfaltspflicht jedoch besonders hoch, wenn er bis zum letztmöglichen Augenblick zuwartet (BGH VersR 1985, 551).

Maßgeblich für den Zeitpunkt, in dem die Klage als im Rechtssinn erhoben anzusehen ist, ist bei **schriftlicher Klageerhebung,** daß die Klage in die **Verfügungsgewalt des Gerichts gelangt ist.**[22] Daher kommt es nicht darauf an, ob – wie bei § 130 BGB – Geschäftsstelle, Richter oä **Kenntnis** von der Klage erlangen oder erlangen könnten. Vielmehr ist es ausreichend, wenn die Klage innerhalb der Frist zu einer sachlichen oder personellen Empfangsvorrichtung des Gerichts gelangt (BVerfG NJW 1991, 2076). Als solche kommen in Betracht:

- **Briefkasten;**[23]
- **Postfach,** selbst wenn dieses erst am nächsten Tag geleert wird;[24]
- **Postschließ- oder Postsammelfach** des Gerichts;[25]
- **Nachtbriefkasten,** auch bei Einwurf zur regulären Dienstzeit, wenn dessen Benutzung zur Tageszeit nicht ausgeschlossen ist (Ms NWVBl 1990, 168; NKVwGO-Brenner 41);
- **Gerichtsfach,** auch wenn dieses in einem anderen Gerichtsgebäude unterhalten wird (BAG MDR 1986, 876);
- **Postverteilungsstelle** des Gerichts, auch dann, wenn dort ein Hinweis angebracht ist, daß Fristsachen bei einer bestimmten Geschäfts- oder Briefannahmestelle abzugeben sind (BVerfG 57, 117).

Nicht ausreichend ist hingegen der Einwurf in ein **bei einer Behörde für ein Gericht eingerichtetes Fach,** wenn die Sendung dort von einem Boten abgeholt wird (Ms DÖV 2007, 35).

Bei **Übermittlung durch die Post** geht die Klageschrift dem Gericht durch den Postboten zu u gilt mit dem Einwurf bzw der Übergabe als erhoben (NKVwGO-Brenner 41). Die bloße Mitteilung der Post, daß eine Einschreibesendung zur Abholung bereit liegt, wahrt die Frist auch dann nicht, wenn das Gericht die nicht rechtzeitige Abholung zu vertreten hat (BVerfG 41, 27; BAG NJW 1986, 1377; **aA** BFH BStBl II 1976, 76); in derartigen Fällen ist jedoch idR Wiedereinsetzung zu gewähren.

Nach früher hM fand eine Klageerhebung durch **Telefax** erst dann statt, wenn sie vom Empfangsgerät ausgedruckt wurde (BGH NJW 1994, 2097 zugleich zur Frage der Klageerhebung bei nur teilweisem Ausdruck vor Fristablauf; Pape/

---

[20] BVerfG 40, 44; 41, 327; 42, 128; 51, 355; 52, 207 – unter Hinweis auf § 222 Abs 1 ZPO, § 188 BGB –; 62, 337; BVerwG 18, 52; NJW 1974, 73; BFH NJW 1975, 1384; BGH NJW 1982, 185; 1986, 2646; Mü BayVBl 1983, 439.

[21] BVerfG 40, 44; 41, 328 = NJW 1976, 747; 69, 385 = NJW 1986, 244; NJW 1991, 2076; BFH NJW 1991, 1704; BGH VersR 1985, 551.

[22] BVerfG 52, 209; 57, 120; 60, 246; 69, 385; BGH NJW 1980, 580; 1981, 1216; 1984, 1237; 1986, 2646; 1987, 2875.

[23] BVerfG 42, 128; BVerwG 18, 52; NJW 1962, 1268; BGH NJW 1981, 1216; 1984, 1237; BFH NJW 1975, 1384; vgl auch Grundmann JR 1981, 331.

[24] DVBl 1961, 827; NJW 1964, 788; BSG MDR 1978, 83; BGH NJW 1986, 2646; vgl auch Mü BayVBl 1983, 439; zT **aA** noch BVerwG 10, 193; BSG 42, 140.

[25] 10, 293; DVBl 1961, 827; NJW 1964, 788; BSG 48, 12; MDR 1978, 83; Mü BayVBl 1983, 83; NKVwGO-Brenner 41; vgl auch BVerfG 62, 221 = NJW 1983, 560.

Notthoff NJW 1996, 418 mwN). Gleiches galt für die Übermittlung mittels **Telex** (BGH NJW 1987, 2586). Nicht ausreichend war es daher, wenn der Schriftsatz zwar vor Fristablauf elektronisch gespeichert, aber erst nach Fristablauf ausgedruckt wurde (Ma NJW 1994, 538). Diese Ansicht wird aber heute den technischen Gegebenheiten der Telekommunikation nicht mehr gerecht. Deshalb hat BGH NJW 2006, 2263 (ebenso schon vorher BVerfG NJW 1996, 2857; BAG NZA 1999, 925) es nunmehr zu Recht bereits für ausreichend angesehen, daß die **gesendeten Signale vom Telefaxgerät des Gerichts vollständig empfangen** wurden. Auf den **Zeitpunkt des Ausdrucks kommt es nicht mehr an.** Zur Klageerhebung durch Telefax auch 9 zu § 81.

12 Wird die Klage **bei Gericht abgegeben,** muß gewährleistet sein, daß sie in den ordnungsgemäßen Geschäftsgang des Gerichts gelangt. Ein bloßes Hinterlassen des Schriftsatzes in den Räumlichkeiten des Gerichts reicht daher idR nicht aus. Bei der Übergabe an Personen ist zu berücksichtigen, daß diese **empfangszuständig** sein müssen (vgl dazu 46, 261; Ms DÖV 1974, 105; NKVwGO-Brenner 43).

Da die Klage bei der Institution Gericht erhoben werden muß (46, 261), ist es grds **nicht** ausreichend, sie **außerhalb** des Gerichtsgebäudes, auch an den an sich zuständigen Beamten, zu übergeben. Dies muß auch dann gelten, wenn es sich um ein besonders dringendes Gesuch um vorläufigen Rechtsschutz handelt (NKVwGO-Brenner 43).

Ein Bedürfnis danach, hier ausnahmsweise die Übergabe in einer Privatwohnung oä zuzulassen, besteht nicht. Wird der rechtzeitige Zugang durch das Gericht, etwa durch Absprachen mit den Postbeförderungsdiensten verhindert, so gilt die Frist nach dem Grundsatz von Treu u Glauben als gewahrt (Ks NJW 1987, 2765). Vgl auch 10 zu § 60.

13 Bei **Klageerhebung durch Telegramm** ist die Klage schon dann erhoben, wenn das Telegramm telefonisch vom Empfangspostamt dem Gericht zugesprochen wird u der Urkundsbeamte den Text **wörtlich aufnimmt,** auch wenn das Telegramm selbst erst nach Fristablauf an das Gericht gelangt (1, 104; 3, 56); wird das Telegramm nicht wörtlich aufgenommen, so besteht jedenfalls Anspr auf Wiedereinsetzung. Zur Klageerhebung mit **Telebrief** (Telekopie) vgl 9 zu § 81.

14 **Bei Klageerhebung zu Protokoll** (vgl 12 zu § 81) ist maßgeblich der **Zeitpunkt** der **Errichtung des Protokolls** durch den Urkundsbeamten der Geschäftsstelle bzw durch einen Richter des Gerichts. Soweit die Klageerhebung zu Protokoll **bei anderen Gerichten** in zulässiger Weise erfolgt (12 zu § 81), ist die Klage gem § 173 S 1, § 129a Abs 2 S 2 ZPO erst mit dem Zugang des Protokolls bei dem angerufenen – in der Niederschrift bezeichneten – VG erhoben (Sch-Ortloff/Riese 11 zu § 81).

15 **Die Einreichung eines PKH-Antrags** allein wahrt die Klagefrist **nicht;** s jedoch zur Wiedereinsetzung in diesem Fall 8 zu § 60, 3 zu § 166.

16 **c) Verhältnis zur Wiedereinsetzung.** Sofern der Kl geltend macht, sein Schriftsatz sei dem Gericht noch innerhalb der Klagefrist zugegangen, hat das Gericht über diese Behauptung durch Beweisaufnahme (Freibeweisverfahren) zu befinden (Sch-Bier 13 zu § 60). Andernfalls – wenn nach den oben dargestellten Grundsätzen die Klage unstrittig nicht innerhalb der Frist bei Gericht eingegangen ist – kommt nur die Wiedereinsetzung in den vorigen Stand in Betracht (zu den Voraussetzungen vgl 6 ff zu § 60). Dies gilt insb auch in den Fällen, in denen die Fristversäumung ausschließlich oder überwiegend auf Gründen beruht, die im Bereich des Gerichts liegen, zB weil weder Nachtbriefkasten noch sonstige Vorrichtungen für die Aufnahme von Sendungen nach Dienstschluß vorhanden sind (Ey-J. Schmidt 11 zu § 60), weil ein Gerichtsbediensteter pflichtwidrig gehandelt hat (Kopp BayVBl 1977, 34; VwVfG 29 ff zu § 31; str) oder weil das Te-

lefaxgerät des Gerichts defekt ist.[26] Dem Kl entstehen durch die Annahme der Fristversäumung auch keine Nachteile, da gem § 60 Wiedereinsetzung in den vorigen Stand zu gewähren ist. Auch die Kosten fallen ihm hier gem § 155 Abs 4 (abweichend von § 155 Abs 3) nicht zur Last (s 19 zu § 155).

d) Der Zeitpunkt der Klageerhebung wird idR **durch den Einlaufvermerk** 17
(Eingangsstempel) **des Gerichts bewiesen** (vgl Buchh 310 § 70 VwGO Nr 5); der Gegenbeweis ist jedoch zulässig (BGH FamRZ 1993, 318), etwa daß der Eingangsstempel verfälscht wurde (zum Gegenbeweis gegen den Eingangsstempel allg BGH VersR 1982, 652) oder nach den Umständen des Falles nicht den wirklichen Einlaufzeitpunkt wiedergeben kann, zB bei Zustellung nach Dienstschluß, wenn kein Nachtbriefkasten vorhanden ist; wenn der **Mechanismus** des Nachtbriefkastens **nicht sicher funktioniert;** wenn der Briefkasten nachweislich nicht regelmäßig geleert wird bzw im konkreten Fall nicht geleert wurde; wenn Zustellung in das Postfach erfolgte u die Möglichkeit besteht, daß die Klage auch schon vorher eingelegt wurde (s aber oben 11). Nicht maßgeblich ist der Einlaufvermerk außerdem, wenn ein anderer Zeitpunkt glaubhaft (§ 294 ZPO) **gemacht wird.**[27] Auch sonst ist **im Zweifel** zugunsten des Kl **Rechtzeitigkeit anzunehmen,** wenn die entspr Umstände glaubhaft gemacht sind,[28] wobei überwiegende Wahrscheinlichkeit genügt (vgl BVerfG 26, 320; 38, 39). **Dies gilt insb auch, wenn Beweismittel,** wie Briefumschläge mit dem Poststempel, sich nicht bei den Akten befinden[29] oder die Unaufklärbarkeit sich aus anderen Gründen allein auf gerichtsinterne Vorgänge bezieht (BGH NJW 1981, 1674; VersR 1977, 968; 1980, 91 mwN). Vgl allg auch 6 zu § 60.

e) Wurde die **Klagefrist versäumt,** so führt ein später ergangener **Ände-** 17 a
rungsbescheid nur dann zur erneuten Zulässigkeit der Klage, wenn u soweit er eine neue Regelung in der Sache darstellt u er innerhalb der durch ihn ausgelösten Rechtsbehelfsfrist vom Kl ausdr oder sinngemäß ins Vf einbezogen wird (Ms DVBl 1993, 904).

4. Klageverwirkung: Auch wenn eine Klagefrist nicht zu wahren ist (s oben 1) 18
– uU auch, wenn die Klagefrist noch nicht abgelaufen ist (s unten 19) –, sowie bei Klagearten, die nicht fristgebunden sind, ist eine Klage dann nicht mehr zulässig, wenn der Kl durch **unredliche,** gegen Treu u Glauben verstoßende **Verzögerung der Klageerhebung** – zum entspr Problem iVm der Verwirkung des Widerspruchsrechts 6g–h zu § 70 – sein Klagerecht verwirkt hat;[30] **ebenso,**

---

[26] S dazu oben 11; Ma NJW 1994, 538; OLG Karlsruhe NStZ 1994, 200; NKVwGO-Brenner 44f; **aA** BGH VersR 1991, 895; NJW 1988, 2788; 1994, 1881 mwN: Fiktion der rechtzeitigen Klageerhebung.

[27] NJW 1969, 1731; BGH NJW 1996, 2038: durch eidesstattliche Versicherungen des Bevollmächtigten; Mü BayVBl 1983, 439.

[28] NJW 1969, 1731; DVBl 1982, 645; NVwZ 1994, 1206; BGH NJW 1960, 2202; OLG Stuttgart NJW 1981, 471; Mü BayVBl 1975, 561; BSG NJW 1973, 535; BGH VersR 1983, 401: es genügt, daß Verschulden mit überwiegender Wahrscheinlichkeit ausgeschlossen werden kann; zT **aA** NJW 1962, 1268: die Frist muß nachweislich gewahrt sein; ähnlich BGH VersR 1980, 90: Beweislast des Rechtsmittelkl für die Rechtzeitigkeit der Einlegung; Lü NJW 1991, 1196: der Absender ist beweispflichtig für die rechtzeitige Absendung; ohne Vorlage eines postalischen Belegs – Einlieferungsschein – über die rechtzeitige Absendung kann Wiedereinsetzung nicht gewährt werden; Kritik: jedenfalls letzteres zu weitgehend!; vgl zu den Anforderungen an den Nachweis rechtzeitiger Klageerhebung auch BGH VersR 1984, 442: zum Einwurf in den Nachtbriefkasten; NJW 1996, 2038; OLG Köln NJW-RR 1996, 122.

[29] BVerfG 41, 360; Hbg DVBl 1994, 821; Mü BayVBl 1975, 562.

[30] 44, 294 = BayVBl 1974, 473; DVBl 1987, 1276; NJW 1987, 1228; BVerfG 32, 308; BGH JZ 1986, 99; BFH NVwZ 1994, 99; BSG NJW 1972, 2103; Ba SächsVBl 2001, 33; Ma VRspr 26, 985; Ms NJW 1980, 1413; 1981, 598; Ks NJW 1981, 2315; Bln NVwZ 1983, 165; Mü BayVBl 1984, 47 mwN; NVwZ 1994, 85; Hbg NVwZ-RR 1993, 110; Ey-

wenn die Klage sich aus anderen Gründen als **unzulässige Rechtsausübung** darstellt (Mü NVwZ 1994, 85). Die Verwirkung des Klagerechts ist von der **Verwirkung des der Klage zugrunde liegenden materiellrechtlichen Anspr**[31] (zur Verwirkung materieller Rechte 97 zu § 42) oder des Rechts zur Geltendmachung einzelner formeller oder materieller Rügen (s KR 41 ff zu § 53 VwVfG mwN) zu **unterscheiden.** Vgl allg auch Menzel, Grundfragen der Verwirkung, 1987.

19 Die Klageverwirkung hat zur **Voraussetzung,** daß die späte Klageerhebung **gegen Treu u Glauben** u gegen das öffentliche Interesse am Rechtsfrieden (BVerfG 72, 309) verstößt, insb, weil der Kl, obwohl er von dem Klagegrund bereits **längere Zeit** Kenntnis hatte oder hätte haben müssen,[32] erst zu einem Zeitpunkt Klage erhebt, in dem der Bekl u sonstige Beteiligte nach den besonderen Umständen des Falles **nicht mehr mit einer Klage rechnen mußten,** dh darauf vertrauen durften, daß keine Klage erhoben wird.[33] Insofern kann auch von entscheidender Bedeutung sein, ob es sich um einen **VA mit Drittwirkung** handelt oder nicht.

Eine Verwirkung kann nicht allein darin gesehen werden, daß der Kl einen VA befolgt hat (VG Schleswig NVwZ 1987, 163) oder wenn der Kl lediglich wiederum einen VA angreift, **nachdem seine** Klage bereits mehrfach gegen gleichliegende VAe **erfolglos war** (**aA** FG BW NVwZ 1986, 248); allenfalls fehlt es in solchen Fällen am RS I.

In besonders gelagerten Fällen kann die Anwendung der Grundsätze der Verwirkung im Ergebnis dazu führen, daß dem Kl nach Treu u Glauben die Berufung darauf versagt ist, **daß** ihm **der VA** bzw Widerspruchsbescheid **nicht bekannt gegeben** wurde u ihm ggü deshalb keine Fristen in Lauf gesetzt worden sind.[34] Bei Vorliegen besonderer, außergewöhnlicher Umstände kann ein Recht **uU** auch **schon verwirkt werden, bevor es entsteht** (DÖV 1975, 715; BayVBl 1979, 436). So ist bei der Verwirkung eines materiellrechtlichen Abwehrrechts im Hinblick auf einen Schwarzbau davon auszugehen, daß bei dessen nachträglicher Legalisierung durch eine Baugenehmigung in bezug auf diese Abwehrrechte von vornherein verwirkt sind (Ms BauR 2000, 381). Zur – unter den oben zu 6 genannten Voraussetzungen grds zu bejahenden – **Zurechnung des Verhaltens von Rechtsvorgängern** vgl Ma VBlBW 1992, 103.

20 Im Hinblick auf § 58 Abs 2 ist bei Fehlen einer ordnungsgemäßen Rechtsbehelfsbelehrung Verwirkung **idR vor Ablauf der Jahresfrist nicht** anzunehmen. Auch in anderen Fällen, insb bei Nichtbekanntgabe eines VA mit Drittwirkung an den Dritten (s 17 zu § 57 u zur Verwirkung des Widerspruchsrechts 6 g–h zu § 70), kann Verwirkung wohl kaum je vor der in der VwGO mehrfach erwähnten **Frist von einem Jahr** (§ 58 Abs 2, § 60 Abs 3, § 76 aF), die inso-

---

Rennert 7; zT **aA** BVerwG DVBl 1960, 678: Verwirkung des Klagerechts macht die Klage nicht unzulässig, sondern unbegründet.

[31] BVerfG 32, 305 = NJW 1972, 675; BVerwG 44, 294 = NJW 1974, 1260; NJW 1975, 222; 1981, 364; NVwZ 1988, 730 mwN; NVwZ 1991, 1182: der Zeitraum ist grds länger zu bemessen als die idR für die verfahrensrechtlichen Fristen geltenden Zeiten; BFH NJW 1992, 1527 mwN; Ko NJW 1984, 445; Lü NJW 1981, 598.

[32] 44, 294; Ma VRspr 26, 985; Mü BayVBl 1978, 670; BayVBl 1983, 120 mwN; Ks NJW 1981, 2315; Dürr NVwZ 1982, 297.

[33] Vgl 44, 294; NJW 1992, 1123; VRspr 27, 955; Mü BayVBl 1982, 721; 1983, 120 mwN; Würt 259.

[34] Vgl 44, 298; 78, 88 f; im Hinblick auf das besondere nachbarliche Gemeinschaftsverhältnis im Baurecht zum Widerspruch des Nachbarn: Frist läuft nach § 58 Abs 2 so, als sei diesem die Baugenehmigung zu dem Zeitpunkt amtlich bekanntgegeben worden, in dem er von ihr sichere Kenntnis erlangt hat oder sich verschaffen hätte können u müssen; ähnlich NJW 1987, 1228; Ms NJW 1980, 1413; Lü NVwZ 1985, 507; NdsVBl 1997, 234; Ma DVBl 1975, 552; krit Menger VerwA 1975, 91. S allg auch KR 21 zu § 41 VwVfG.

weit als Ausdruck eines allg Rechtsgedankens angesehen werden muß, eintreten.[35] Andererseits kann sich aus dem Grundsatz von Treu u Glauben eine Verwirkung dann ergeben, wenn das frühere Verhalten des Kls so gedeutet werden kann, daß er gegen den Widerspruchsbescheid nicht mehr vorgehen wollte (für den Widerspruch 44, 299 f; 78, 89 ff). Maßgebend sind die Umstände des konkreten Einzelfalls. Selbst eine längere Untätigkeit des Nachbarn, dem der Erlaß einer ihn in seiner Rechtsstellung betr Baugenehmigung nicht bekanntgegeben wurde, führt dann nicht zur Verwirkung, wenn der Bauherr seine Baugenehmigung schon zuvor in **wesentlichem Umfang sofort ausgenützt hatte, ohne** dazu durch das Verhalten des **Nachbarn veranlaßt** worden zu sein (Ms NVwZ-RR 1999, 541). Entsprechendes gilt – im Hinblick auf die fehlende Kausalität der Untätigkeit – dann, wenn der Bauherr dem Nachbarn ggü unmißverständlich deutlich gemacht hat, daß er das Bauvorhaben in jedem Fall so wie geplant durchführen will (Ms NVwZ-RR 1999, 541). In jedem Fall steht dem Betroffenen der **„Gegenbeweis"** offen, daß trotz Zeitablaufs usw die späte Erhebung der Klage aus besonderen Gründen nicht gegen Treu u Glauben verstößt, mithin das Klagerecht nicht verwirkt ist (44, 301).

5. Klageverzicht: Auch eine fristgerecht erhobene (§ 74) oder nicht fristgebundene Klage ist **unzulässig,** wenn der Kl wirksam auf sein Klagerecht verzichtet hat.[36] Der Klageverzicht ist von dem **Verzicht auf den materiellrechtlichen Anspr zu unterscheiden,** der nicht die Unzulässigkeit, sondern die Unbegründetheit der Klage zur Folge hat. Der Klageverzicht gilt grds auch für einen **Rechtsnachfolger** (vgl Ks DÖV 1984, 861). 21

Ein Klageverzicht muß, um wirksam zu sein, zwar nicht notwendig ausdr erklärt werden, jedenfalls aber eindeutig, **unzweifelhaft** u unmißverständlich zum Ausdruck kommen.[37] Der **einseitige Verzicht** kann – anders als der rechtsgeschäftlich vereinbarte Verzicht, der auch vorher möglich ist (vgl BGH NJW 1982, 2073: wirksam, wenn kein Verstoß gegen ein gesetzliches Verbot oder gegen die guten Sitten) **– erst nach Ergehen der Entscheidung,** gegen die die Klage sonst zulässig wäre, wirksam erklärt werden,[38] vorher nur unter der auflösenden Bedingung, daß die Entscheidung in einem bestimmten Sinn ergehen wird.[39] Der Verzicht ist unwirksam, wenn er durch eine **unzutr Belehrung** durch das Gericht (OLG Hamm NJW 1976, 1952) oder durch **Täuschung** (Hbg DVBl 1955, 265), **Drohung** oder sonstige unzulässige Beeinflussung[40] seitens des Klagegegners herbeigeführt wurde, oder wenn aus anderen Gründen der 22

---

[35] Vgl NJW 1974, 1260; BFH 106, 137; BayVBl 1986, 221; Ms NJW 1980, 1413; Kopp NJW 1976, 1966; DÖV 1977, 199; s auch 2 zu § 76 aF.

[36] 19, 159; BVerfG DÖV 1972, 312; BGH NJW-RR 1991, 1232 – Verzicht kann uU auch schon in der Erklärung zu sehen sein, daß ein Rechtsbehelf nicht eingelegt werden wird –; Mü BayVBl 1965, 101; 1977, 404; Ey-Rennert 24 vor § 40; vgl zur Berufung RÖ-M. Redeker 11 zu § 126. Vgl zu den Voraussetzungen u Wirkungen eines Rechtsmittelverzichts auch Rimmelspacher JuS 1988, 953; ferner BGH NStZ 1986, 277. Zu den Voraussetzungen eines wirksamen Rechtsmittelverzichts u zu der Bedeutung von Einverständnis- u Verzichtserklärungen im Rahmen von Treu u Glauben s auch Ms NWVBl 1992, 205; zur Unbeachtlichkeit eines Verzichts auf das Recht zur Einlegung eines Widerspruchs, wenn die Widerspruchsbehörde gleichwohl mit Widerspruchsbescheid zur Sache entscheidet, BVerwG NJW 1960, 1781; Ms NVwZ 1983, 681; dazu auch 4 zu § 69.

[37] 55, 357; BGHZ 2, 117; NJW 1985, 2335; NStZ 1986, 277; Sa NVwZ 1984, 657; Ey-Rennert 24 vor § 40.

[38] DVBl 1964, 874; Ms NVwZ 1983, 682; A. Hartmann DÖV 1990, 11; Ey-Rennert 24 vor § 40; vgl auch § 50 FGO.

[39] 19, 159; 26, 50; **aA** NKVwGO-Brenner 48 Fn 54; vgl auch allg zur Bindungswirkung eines Verzichts usw Lü DÖV 1978, 220.

[40] 19, 159; Mü BayVBl 1977, 404 zur Einflußnahme durch Versprechen eines Vorteils, den der Bekl ohnehin nach dem Gesetz zu gewähren verpflichtet wäre.

Prozeßgegner, der sich darauf beruft, damit arglistig oder rechtsmißbräuchlich handeln würde (BGH NJW 1968, 794). Daß der Verzicht **durch finanzielle Leistungen** eines daran interessierten Verfahrensbeteiligten **„erkauft"** wurde, berührt seine Wirksamkeit nicht.[41]

23 Der **dem Gericht ggü erklärte Verzicht** ist als Erklärung des Verfahrensrechts grds **unanfechtbar u unwiderruflich,**[42] sofern nicht ein Wiederaufnahmegrund (§ 153, §§ 579, 580 ZPO) vorliegt;[43] dagegen kann der (nur) **außergerichtlich vereinbarte Verzicht** bis zum Eintritt der RKraft – bei VAen bis zum Eintritt der Unanfechtbarkeit – der Entscheidung, gegen die der Rechtsbehelf gegeben ist, vertraglich wieder aufgehoben sowie nach den allg Vorschriften des BGB angefochten werden (vgl BGH NJW 1985, 2334 f; str).

24 Das Gericht muß den ihm ggü erklärten Verzicht **vAw** beachten (BGHZ 27, 60; NJW 1985, 2334). Der Verzicht hat hier unmittelbar die Unzulässigkeit der Klage zur Folge. **Der außergerichtlich** dem Prozeßgegner ggü erklärte oder mit ihm außergerichtlich vereinbarte Verzicht ist vom Gericht nur auf entspr **Einrede** des Prozeßgegners hin zu berücksichtigen, macht dann aber ebenfalls die Klage unzulässig.[44]

25 **Der wirksam erklärte Rechtsbehelfsverzicht** aller Beteiligten (§ 63) bzw aller, die für den Prozeß als Beteiligte in Betracht kommen, führt unmittelbar **die Unanfechtbarkeit** u damit Bestandskraft des VA, ein Verzicht auf RMittel die **RKraft** der betroffenen gerichtlichen Entscheidung herbei (OLG Düsseldorf NJW 1965, 403).

§ 75 [Klage bei Untätigkeit der Verwaltung]

Ist über einen Widerspruch oder über einen Antrag auf Vornahme eines Verwaltungsakts ohne zureichenden Grund[13 ff] in angemessener Frist[8 ff] sachlich nicht entschieden[6 ff] worden, so ist die Klage abweichend von § 68 zulässig. Die Klage kann nicht vor Ablauf von drei Monaten[8 ff] seit der Einlegung des Widerspruchs oder seit dem Antrag auf Vornahme des Verwaltungsakts erhoben werden, außer wenn wegen besonderer Umstände[12] des Falles eine kürzere Frist geboten ist. Liegt ein zureichender Grund[13 ff] dafür vor, daß über den Widerspruch noch nicht entschieden oder der beantragte Verwaltungsakt noch nicht erlassen ist, so setzt das Gericht das Verfahren bis zum Ablauf einer von ihm bestimmten Frist,[16 ff] die verlängert werden kann, aus. Wird dem Widerspruch innerhalb der vom Gericht gesetzten Frist stattgegeben oder der Verwaltungsakt innerhalb dieser Frist erlassen, so ist die Hauptsache für erledigt zu erklären.[19 ff]

Vgl § 27 EGGVG; § 88 SGG; § 46 FGO

Schrifttum: *A. Leisner,* Die untätige Behörde, VerwA 2000, 227; *Odenthal,* Die Heilung von Verfahrensfehlern gem § 45 VwVfG nach erhobener Untätigkeitsklage, NVwZ 1995, 668; *Postier,* Die Untätigkeitsklage, LKV 1992, 232; *Schenke,* Der Anspruch des Widerspruchsführers auf Erlaß eines Widerspruchsbescheids und seine gerichtliche Durchsetzung, DÖV 1996, 529.

---

[41] Vgl auch zur „erkauften" Klagerücknahme BGH NJW 1981, 811; dazu auch Knothe JuS 1983, 18.

[42] RGZ 105, 355; BGH NJW 1985, 2334; ThP 1 zu § 515 ZPO; RS § 131, 73.

[43] Ey-Rennert 24 vor § 40; BGHZ 12, 284; NJW 1980, 394 mwN; 1985, 2335.

[44] Vgl BGH NJW 1985, 2334, 2335; Sa NVwZ 1984, 650 – Verstoß gegen Treu u Glauben –; EF 17 zu § 124; NKVwGO-Brenner 49; Ule VwGO 429; ähnlich zu einer vereinbarten Rechtsmittelrücknahme BGH NJW 1984, 805: Verwerfung des RMittel als unzulässig, wenn der Rechtsstreit gleichwohl weiter betrieben wird; **aA** zu dem nicht rechtsgeschäftlich vereinbarten Verzicht RÖ-M. Redeker 13 zu § 126.

1. Allgemeines: Die Vorschrift **eröffnet** für Anfechtungs- u Verpflichtungsklagen u sonstige Klagen, für die ein VorVf vorgeschrieben ist (zB nach § 126 Abs 3 BRRG; s auch unten 3), den **Klageweg abweichend** von §§ 68 ff, § 74 unmittelbar, dh ohne daß der Kl das Ergebnis eines Widerspruchsbescheids bzw Bescheids der Ausgangsbehörde über seinen Antrag abwarten muß, in den Fällen, in denen der Kl sonst, ohne daß er dies zu vertreten hätte, wg des Fehlens eines abgeschlossenen VorVf (§ 68) nicht nach § 74 Klage erheben könnte (sog **„Untätigkeitsklage" iwS**). Dadurch wird erreicht, daß die Verwaltung nicht durch Untätigbleiben dem Kl die ihm durch Art 19 Abs 4 GG gewährleistete Klagemöglichkeit nehmen oder doch unangemessen verzögern kann.[1] In der Sache handelt es sich bei § 75 um eine **zusätzliche Prozeßvoraussetzung** (BGH NVwZ 1993, 299). 1

Allg zum **Anspr** des Bürgers auf **Durchführung** eines gerichtlichen Vf **in angemessener Frist** s auch BVerfG 40, 275; NJW 1980, 1511; BGH NVwZ 1993, 299; BayObLG BayVBl 1991, 284; Kloepfer JZ 1979, 212; Kopp BayVBl 1980, 267; ferner die Nachweise zu 1 zu § 102; zu **Schadensersatzanspr** uä des Bürgers wg verzögerter Sachbehandlung durch die zuständigen Behörden s unten 3. S aber auch **Sondervorschriften** wie zB **§ 14 a BImSchG,** dazu Hansmann NVwZ 1997, 110.

Die ausdr Regelung in **§ 75 schließt** es (sofern durch Gesetz nichts anderes bestimmt ist; s zu sog fiktiven VAen 58 zu § 42 u 24 zu Anh § 42), entspr dem früheren Recht u dem Recht vieler anderer moderner Staaten **aus,** die **bloße Untätigkeit** der Behörde **als** stillschweigenden **negativen Widerspruchsbescheid** bzw Bescheid auszulegen (ebenso Zuck/Quaas NJW 1987, 692). 1 a

Andererseits soll § 75 in Fällen, in denen die Widerspruchsbehörde untätig bleibt, dem Bürger **nur die Möglichkeit** geben, seinen Fall gleichwohl alsbald vor das Verwaltungsgericht zu bringen, u schließt es deshalb nicht aus, daß der betroffene Bürger **statt dessen** zunächst **Klage auf Erlaß eines Widerspruchsbescheids** erhebt.[2] Diese Möglichkeit ist **vor allem bei Ermessens- u Beurteilungsspielräumen der Verwaltung** von erheblicher praktischer Bedeutung für den rechtsuchenden Bürger.[3] **Entsprechendes** gilt für **besondere Nachverfahren,** die das Gesetz zusätzlich zu einem WiderspruchsVf oder an dessen Stelle zur nochmaligen Überprüfung der Entscheidung einer Beschwerde im Rahmen der Verwaltung selbst vorsieht oder die kraft ungeschriebenen Rechts wg der Natur der betroffenen Entscheidungen als zulässig anzusehen sind (s dazu 1 vor § 68). **Auch insoweit** kann der betroffene Bürger erforderlichenfalls, statt Anfechtungs- oder Verpflichtungsklage in der Sache zu erheben, zunächst **Verpflichtungsklage auf nochmalige Entscheidung der Ausgangsbehörde,** oder, wenn das Recht dies vorsieht, uU auch einer anderen Behörde, unter Berücksichtigung der geltend gemachten Einwendungen erheben. S 1 vor § 68.

§ 75 regelt nur den Fall, daß die Klage erhoben wird, **solange die Verwaltung untätig ist.** Wenn der zunächst noch ausstehende VA bzw Widerspruchsbescheid (s unten 6 f) jedenfalls im Zeitpunkt der Klageerhebung vorliegt, gelten für die Klage die allg Vorschriften (§§ 68 ff, § 74); dagegen berührt das Ergehen 2

---

[1] Ule DVBl 1959, 539; Bettermann DVBl 1959, 309; Weides/Bertrams NVwZ 1988, 673; BVerfG 6. 2. 1995 – 1 BvR 54/94; Gr NJ 1997, 274.

[2] Seibert BayVBl 1983, 175; Kopp JuS 1994, 746; ders, Redeker-FS 1993, 551; Schenke DÖV 1996, 535; zT **aA** v Schledorn NVwZ 1995, 251; NKVwGO-Brenner 22; Sch-Dolde 2: nur bei Ermessensentscheidungen; s allg auch 13 vor § 68.

[3] S 13 vor § 68; zum Prüfungsrecht hins des Rechts des Kandidaten auf effektive Geltendmachung seiner Einwände gegen die Prüfungsbewertung u auf nochmalige Überprüfung durch die Prüfer auch BVerfG 84, 45 = NJW 1991, 2005; BVerwG 91, 274; 92, 136; s auch 1 vor § 68.

der noch ausstehenden **Entscheidung, nachdem die Klage** nach § 75 bereits („voll") zulässig **erhoben worden ist,** die Zulässigkeit der Klage nach § 75 nicht mehr (s unten 19 ff). Die **übrigen Voraussetzungen** nach § 75 (Fehlen eines zureichenden Grundes für die Verzögerung, s unten 13 ff; Ablauf einer angemessenen Frist, grds von 3 Monaten, s unten 8 ff) müssen nach hM nicht schon bei Klageerhebung erfüllt sein, sondern erst **zum Schluß der mV** bzw, bei schriftlichem Verfahren, im Zeitpunkt der Zustellung des Urteils.[4] Zur Verpflichtung des Gerichts, bei verfrühter Klage das Vf zunächst auszusetzen, s unten 16 ff.

§ 75 gilt **sinngemäß** auch für Anfechtungs- u Verpflichtungsklagen **außerhalb der VwGO,** wenn die maßgeblichen Verfahrensgesetze insoweit keine andere Regelung treffen (vgl BGH NJW 1966, 1267; 1977, 716; 1983, 1794: sinngemäße Anwendung auch in Baulandsachen).

Die Untätigkeitsklage wird durch § 37 Abs 1 VermG nicht ausgeschlossen (ZIP 1994, 657); vgl zur Reihenfolge der Bearbeitung von Anträgen nach dem VermG auch VG Weimar ThürVBl 1996, 22.

Im Fall eines eingelegten Widerspruchs kann die Untätigkeitsklage auch einem Dritten zustehen, der nicht Widerspruchsführer ist. Bsp: Wird über den Widerspruch des Nachbarn gegen die Baugenehmigung nicht entschieden, steht die Klage nach § 75 auch dem Bauherrn offen,[5] weil anderenfalls die Baugenehmigung nicht bestandskräftig würde u die Rechtsstellung des Bauherrn in der Schwebe bliebe.

3 § 75 läßt andere Anspr Betroffener wg verzögerter Sachbehandlung durch die Behörden unberührt, insb **Anspr aus Amtshaftung** (vgl BGHZ 90, 29; NVwZ 1993, 299; BayObLG BayVBl 1991, 282 – bei verzögerter Baugenehmigungserteilung grds nur Anspr aus Amtshaftung –) u **aus enteignungsgleichem Eingriff.**[6] Nach dem im Staatshaftungsrecht geltenden **Grundsatz der Subsidiarität** haben Anspr aus Amtshaftung gem Art 34 GG, § 839 BGB u Anspr aus enteignungsgleichem Eingriff oder Aufopferung jedoch grds zur Voraussetzung, daß die Betroffenen die **Möglichkeiten einer Unrechtsabwehr ausgeschöpft,**[7] im Bereich von Anfechtungs- u Verpflichtungsklagen somit auch von der Untätigkeitsklage gem § 75 Gebrauch gemacht haben u der Schaden gleichwohl nicht zu verhindern war. Andererseits setzt § 75 auch allg **Maßstäbe dafür, wann** der Bürger mit einer Entscheidung der Behörde idR **spätestens** rechnen kann u ab wann weitere Verzögerungen **rechtswidrig** sind.[8]

4 **2. Umfang der Eröffnung der Klagemöglichkeit:** § 75 eröffnet die Klagemöglichkeit grds **im selben Umfang wie** § 74. Wenn § 75 die Klage als zulässig erklärt, so ist damit jedoch nicht gesagt, daß deshalb auch bereits eine abschließende Sachentscheidung ergehen muß. Dies hängt vielmehr von den allg Grundsätzen, bei der Verpflichtungsklage insb auch von der **„Spruchreife"**, ab. Vgl im einzelnen 193 ff zu § 113. Deshalb ist der Kl bei Ermessensentscheidungen auch bei Zulässigkeit einer Verpflichtungsklage nach § 75 nicht gezwungen, in jedem Fall auf Verpflichtung der Behörde zum Erlaß eines bestimmten VA zu

---

[4] NVwZ 1987, 970; 1995, 80; Mü NJW 1993, 3090; Bettermann NJW 1960, 1083; Sch-Dolde 6; Schenke 717; SDC 2 zu 3 b; **aA** Ule VwGO 263; v Mutius 185; vgl auch Ms NVwZ-RR 1995, 178: Untätigkeitsklage nur insoweit zulässig, als die Behörde tatsächlich untätig geblieben ist.

[5] Ma 43, 142; NVwZ 1995, 280; VG Arnsberg NWVBl 1999, 111; Schenke DÖV 1996, 529.

[6] BGHZ 65, 189; WM 1992, 1861: wenn das Recht, zu dessen Nutzung der VA erforderlich ist, zB eine Baugenehmigung, Eigentum iSv Art 14 Abs 1 GG ist; **aA** BayObLG BayVBl 1991, 282: grds keine Anspr aus enteignungsgleichem Eingriff.

[7] Vgl zB BVerfG 58, 324; BGHZ 84, 236; MK 52 mwN.

[8] Vgl auch BGHZ 90, 29; NVwZ 1993, 299: aus § 75 ist nicht zu folgern, daß eine pflichtwidrige Verzögerung nicht vor Ablauf von 3 Monaten angenommen werden kann; BayObLGZ 1976, 309; 1989, 60; BayVBl 1991, 282; s auch unten 8.

klagen, sondern kann den Klageantrag auch auf **Verpflichtung der Behörde zur Bescheidung seines Antrags** beschränken (s im einzelnen, auch abw A, 8 zu § 42 u 201 ff zu § 113; ferner Kopp VerfR 113, 126, 158, 224, 230).

5 **Da** der von einem VA Betroffene gem § 68 auch einen **Anspr auf einen Widerspruchsbescheid** hat (s 13 vor § 68; oben 1 a) u erst dieser das VerwaltungsVf abschließt (s auch 5 zu § 79), u da auch der Gleichheitssatz es gebietet, daß über einen Widerspruch in allen Fällen in gleicher Weise entschieden wird u der Widerspruchsführer nicht eine Instanz verliert, kann die **Klage** gem § 75 statt dessen auch (nur) auf **Verpflichtung** der Behörde zum **Erlaß eines Widerspruchsbescheids** gerichtet werden.[9]

6 **3. Fehlen einer Sachentscheidung der Widerspruchsbehörde bzw Erstbehörde: Voraussetzung** der Zulässigkeit der Untätigkeitsklage (iwS) ist, **daß** die Widerspruchsbehörde bzw Erstbehörde im Zeitpunkt der Klageerhebung **sachlich noch nicht entschieden** hat, dh keine Entscheidung zur Hauptsache getroffen hat. **Keine Sachentscheidungen** idS sind Sachstandsmitteilungen, Zwischenbescheide oder die Weigerung, sich mit der Sache überhaupt zu befassen, **wohl aber ein Bescheid,** der den Antrag oder Widerspruch wg **Unzulässigkeit** ablehnt oder zurückweist,[10] oder der aufgrund eines **Mißverständnisses erging,** zB weil die Behörde den Widerspruch als Neuantrag oder als Antrag auf Rücknahme oder Widerruf des früheren VA verstand (BSG DVBl 1990, 212; Ma NVwZ-RR 2004, 387). Hier ist der Betroffene darauf verwiesen, gem §§ 68, 69 Widerspruch gegen den Ablehnungsbescheid einzulegen (Ma NVwZ-RR 2004, 387).

7 Hatte der Kl vor Klageerhebung überhaupt **noch keinen Antrag an die Behörde** gestellt, von der er einen VA begehrt, so ist die Klage schon aus diesem Grund unzulässig.[11] Dies gilt auch bei antragsunabhängigen Leistungen (NJW 1996, 1977). Bei der Antragstellung handelt es sich nach hM[12] um eine grds nicht nachholbare Klagevoraussetzung (sog Zugangsvoraussetzung, s 11 vor § 40); an der Unzulässigkeit der Klage ändert sich daher nichts, wenn der Kl vor der letzten mV vor dem VG noch bei der Behörde den Antrag stellt. Eine Verpflichtungsklage ist ferner dann nach § 75 unzulässig, **wenn** der Kl einen in der Sache nach §§ 68 ff erforderlichen **Widerspruch nicht bzw noch nicht eingelegt** hat. S zur Aussetzung des KlageVf zur Nachholung des VorVf in diesem Fall 3 ff zu § 68; zu Fällen, in denen die Hauptsache sich erledigt hat, 34 zu § 68.

8 **4. Angemessene Frist: a)** Die Verwaltung ist grds verpflichtet, über Anträge u Rechtsbehelfe in allen Fällen so **rasch zu entscheiden,** wie es ihr ohne Nachteil für die gebotene Gründlichkeit möglich ist.[13] § 75 präzisiert diesen allg Grundsatz hins der Zulässigkeit der Klage dahin näher, daß die **Klage jedenfalls**

---

[9] S 12 ff vor § 68; Schenke DÖV 1996, 529; Bettermann NJW 1960, 1088; Stern 15 II 4; Kopp VerfR 112 ff; 230 mwN; für die Fälle eines Nachbarwiderspruchs mit aufschiebender Wirkung den Anspr des Bauherrn aus Art 14 GG bejahend auch Ma 43, 142; NVwZ 1995, 280; **aA** die wohl hM; vgl BVerwG VRspr 15, 367; Sch-Dolde 2: nur bei Ermessensentscheidungen; *zweifelnd* RÖ-Kothe 2.

[10] Mü BayVBl 1972, 412; Ey-Rennert 6; Bettermann NJW 1960, 1084.

[11] 57, 210 = DVBl 1981, 191; 1983, 845; DVBl 1996, 309; Ma NVwZ 2001, 101; Mü NVwZ-RR 1990, 553; Hager BayVBl 1980, 134; Kopp VwGO-Rspr 107. S auch 7 a vor § 68; zur Erforderlichkeit weiterer Anträge auf Wohngeld während der Dauer eines anhängigen Prozesses 69, 198 = DÖV 1984, 776: keine weiteren Anträge für weitere Zeitabschnitte erforderlich; abzulehnen.

[12] 57, 210; Buchh 232 § 79 BBG Nr 110; Ma NVwZ 2001, 102; Ey-Rennert 22 zu § 68; Sch-Ehlers 20 zu Vorb § 40.

[13] BGHZ 15, 305; 30, 19; MDR 1964, 300 zugleich zur Frage evtl Schadensersatzanspr wg Amtspflichtverletzung; BVerfG 60, 41; NJW 1985, 2020: Anspr auf rechtzeitige Entscheidung.

zulässig ist, **wenn die Behörde ohne zureichenden** Grund (s unten 13ff) nicht **binnen angemessener Frist** entscheidet. S 2 bestimmt außerdem ergänzend dazu, daß eine Klage vor Abschluß eines VorVf nach §§ 68ff im Regelfall erst nach Ablauf einer **Sperrfrist von 3 Monaten** zulässig ist, es sei denn, daß wg besonderer Umstände des Falles eine kürzere Frist geboten ist (42, 110). Als solche „besonderen Umstände" sind auch **gesetzliche Fristen für die Behördenentscheidung** anzusehen (s unten 12).

Die Einhaltung der Frist gem S 2 ist **eine besondere Prozeßvoraussetzung** (Sachurteilsvoraussetzung) der Untätigkeitsklage gem § 75 (23, 137; 42, 110). Auch die nach Ablauf von 3 Monaten erhobene Klage ist aber noch nicht allein deshalb schon nach § 75 (als Untätigkeitsklage) schlechthin zulässig;[14] das Gericht muß vielmehr auch in diesem Fall **als weitere** (besondere) **Prozeßvoraussetzung** (vgl 42, 111: eine „andere" Prozeßvoraussetzung) prüfen, **ob nicht ein zureichender Grund** für die Verzögerung der Entscheidung vorliegt, u ggf der Behörde **eine Frist setzen** (S 3).

Das Gericht hat hins der Frage, **ob** die **Frist angemessen** ist bzw ob ein zureichender Grund für die Verzögerung der Entscheidung vorliegt, einen gewissen, im RevisionsVf nur beschränkt nachprüfbaren (vgl 63 vor § 124) **Beurteilungsspielraum.**

9 **Die Frist von 3 Monaten** gem S 2 hat nur die Bedeutung, daß das Gericht eine nach Ablauf von 3 Monaten erhobene Klage **jedenfalls nicht als unzulässig,** weil verfrüht, abweisen kann,[15] dies selbst dann, wenn dem Kl der (zureichende) Grund der Verzögerung der Entscheidung der Behörde bekannt ist. Stellt das Gericht aber fest, **daß ein zureichender Grund** für die Verzögerung besteht (s unten 13ff), so darf es auch nach Ablauf der Frist des S 2 nur dann zur Sache entscheiden, **wenn** die Behörde **auch innerhalb der von ihm gesetzten Frist nicht entscheidet** (NVwZ 1987, 970); erst dann ist die Klage nach § 75 „voll" zulässig, wenn man den Begriff der Zulässigkeit einer Klage im herkömmlichen Sinn des Vorliegens aller Sachentscheidungsvoraussetzungen versteht (s oben 8). Gleiches gilt, wenn das Gericht keine Frist gesetzt hatte, gleichwohl oder inzwischen ein zureichender Grund nicht mehr besteht (NVwZ 1987, 969).

10 Die Frage, ob u für welchen Zeitraum ein zureichender Grund anzuerkennen ist, ist eine Frage des Einzelfalls. Die Betroffenen sind insoweit geschützt, daß sie unabhängig vom Grund der Verzögerung jedenfalls nach 3 Monaten Klage erheben können. In zeitlicher Hinsicht wird die Möglichkeit der Untätigkeitsklage nur durch die Verwirkung begrenzt (vgl 18ff zu § 74, 1f zu § 76 aF).

11 Für die **Beurteilung** des Gerichts, **ob die Klage schon zulässig ist** oder ob wg Vorliegens eines zureichenden Grundes für die Verzögerung nach S 3 vorzugehen ist, kommt es auf den **Zeitpunkt der gerichtlichen Entscheidung** an; es genügt für die Zulässigkeit der Klage, daß in diesem Zeitpunkt die Voraussetzungen gegeben sind, auch wenn sie vielleicht im Zeitpunkt der Klageerhebung noch gefehlt haben (NVwZ 1987, 969; NVwZ 1995, 80). S auch unten 16f.

12 **b) Besondere Umstände,** die **eine kürzere Frist** als drei Monate **gebieten** können, sind vor allem solche, die im Bereich des Kl liegen (zB Dringlichkeit einer Entscheidung über eine Prüfungsanfechtung, wenn sonst ein Schuljahr für die Ausbildung verlorenzugehen droht, Genehmigung einer termingebundenen

---

[14] Vgl Ey-Rennert 9; unklar BVerwG 42, 111; NVwZ 1987, 969; DVBl 1986, 1159; Ma NJW 1986, 149; Bettermann NJW 1960, 1085; RÖ-Kothe 6; Weides/Bertrams NVwZ 1988, 674, die Zulässigkeit annehmen u nur auf die Möglichkeit einer Fristsetzung durch das Gericht nach § 75 S 3 verweisen; dagegen spricht aber, daß bei Zulässigkeit eine Sachentscheidung möglich sein müßte.

[15] 42, 112; NVwZ 1987, 970; Ma VBlBW 1997, 59; Ey-Rennert 8.

Veranstaltung usw). **Maßgeblich ist für die Beurteilung** insoweit ausschließlich das (nach objektiven Gesichtspunkten zu beurteilende) RS I des Kl an einer rascheren (ggf sofortigen) Entscheidung (ebenso A. Leisner VerwA 2000, 251). Zureichende **Gründe für eine Verzögerung** der Entscheidung seitens der Behörde können ggf eine Fristsetzung nach S 3 erfordern, berühren jedoch die Befugnis, Klage zu erheben, nicht u berechtigen insb auch das Gericht nicht dazu, die Klage als (noch) verfrüht u daher unzulässig abzuweisen. **Weigert sich die Behörde,** in der Sache zu entscheiden, so ist die Klage **sofort** zulässig (s unten 15); ebenso, wenn der Kl aus besonderen Gründen **nicht** mehr mit einer Entscheidung über den Antrag bzw Widerspruch **rechnen konnte** (Ks NVwZ 1988, 266).

Soweit **spezialgesetzliche Fristen** für die Behördenentscheidung existieren (zB im Baugenehmigungsverfahren, s etwa § 54 Abs 4 BWLBO), sind diese als „besondere Umstände" iSd S 2 HS 2 anzusehen. In diesen Fällen ist die Klageerhebung auch schon vor Ablauf der Regelfrist von drei Monaten – vorbehaltlich S 3 – zulässig.

Dabei kommt es nicht darauf an, ob der Kl **Kenntnis von etwaigen Hinderungsgründen hat,** auch nicht – da S 2 nur auf die Gebotenheit einer rascheren Entscheidung abstellt – im Hinblick auf die Kostenentscheidung nach § 161 Abs 3 (str; **aA** RÖ-Kothe 5). Nur **soweit eine Entscheidung schlechthin,** auch unter Zurückstellung aller sonstigen Aufgaben der Behörde, objektiv gesehen, **offensichtlich nicht möglich** wäre, kann eine (kürzere) Frist auch nicht als geboten iSv S 3 HS 2 angesehen werden.

5. Fehlen eines zureichenden Grundes für die Verzögerung: Ob ein zureichender Grund[16] besteht, ist nach objektiven Gesichtspunkten zu beurteilen (vgl oben 12); erforderlich ist außerdem immer, daß der in Frage stehende Grund **mit der Rechtsordnung in Einklang steht** (NVwZ 1991, 1180; krit ggü dieser Formulierung A. Leisner VerwA 2000, 245) u insb auch im Licht der Wertentscheidungen des GG, vor allem auch der Grundrechte, als zureichend angesehen werden kann. Je allg u typischer für alle WiderspruchsVf die Ursachen für ein länger als 3 Monate andauerndes Vf sind, um so weniger handelt es sich dabei um zureichende Gründe iSd § 75 (VG Aachen InfAuslR 1995, 71). Als **zureichende** Gründe kommen **zB** in Betracht: **besonderer Umfang** u besondere **Schwierigkeit der Sachaufklärung** (BFH JZ 1959, 570, einschränkend A. Leisner VerwA 2000, 248), auch zB die Erforderlichkeit eines Beobachtungszeitraums zur Beurteilung der Entwicklung der Situation im Taxigewerbe als Folge weiterer Zulassungen;[17] vorübergehende[18] **Überlastung** der Behörde infolge einer Gesetzesänderung (Lü MDR 1964, 625); vorübergehende besondere Geschäftsbelastung der Behörde aus anderen Gründen (zB Behördenaufbau in den neuen Bundesländern, KreisG Leipzig VIZ 1992, 201; vgl auch BVerfG 6. 2. 1995 – 1 BvR 54/94); Notwendigkeit der **Einholung von Stellungnahmen** anderer Behörden; die Anhängigkeit eines **Musterprozesses,** dessen baldige 13

---

[16] Eingeh zur Frage, wann ohne zureichenden Grund nicht in angemessener Frist entschieden wurde A. Leisner VerwA 2000, 240 ff, wobei allerdings nicht ausreichend beachtet wird (VerwA 2000, 242 u 244), daß jedenfalls die Frage der angemessenen Zeit für die Bearbeitung eines Antrags auf Vornahme eines VA keine Frage des Prozeßrechts, sondern des materiellen Rechts darstellt. Deshalb lassen sich aus § 75 hier schon aus kompetenzrechtlichen Gründen keine Schlüsse hins der Angemessenheit der Bearbeitungsdauer ziehen (**aA** A. Leisner VerwA 2000, 244 ff).

[17] Vgl Mü BayVBl 1982, 368; zT **aA** BVerwG 64, 238 = DVBl 1982, 301: Abweisung der Klage, solange der Beobachtungszeitraum noch nicht abgelaufen ist; s auch unten 16.

[18] Anders bei länger andauernder Überlastung; hier muß die Verwaltung für Ausgleich sorgen, vgl Hbg NJW 1990, 1379; VG Düsseldorf NVwZ 1994, 811; A. Leisner VerwA 2000, 256 f.

Entscheidung zu erwarten ist;[19] das **Fehlen einer Vollmacht** oder von notwendigen Unterlagen, die der ASt trotz Aufforderung der Behörde noch nicht vorgelegt hat (Mü BayVBl 1976, 632); **schwebende Verhandlungen** über eine gütliche Einigung; **nicht dagegen Urlaub, Krankheit** oder Arbeitsüberlastung einzelner Sachbearbeiter, da die Verwaltung in derartigen Fällen für ausreichende Vertretung sorgen muß (A. Leisner VerwA 2000, 258; RÖ-Kothe 4; Sch-Dolde 8); wohl auch nicht bei einem Antrag auf **Anerkennung als Kriegsdienstverweigerer,** wenn noch keine Musterung erfolgt ist (vgl VG Köln NVwZ 1985, 219; **aA** VG Kassel NVwZ 1985, 217); **anders,** wenn der ASt noch nicht ein Alter erreicht hat, in dem er mit der Musterung rechnen könnte (**aA** VG Köln NVwZ 1985, 219).

14 Bei der Beurteilung der Frage des zureichenden Grundes ist auch die etwaige **besondere Dringlichkeit** (s oben 12) einer Angelegenheit **zu berücksichtigen** (A. Leisner, VerwA 2000, 251), die ggf eine bevorzugte Bearbeitung vor anderen weniger dringlichen Aufgaben erfordert (Ey-Rennert 9; Weides/Bertrams NVwZ 1988, 674), insb, wenn eine Verzögerung für den Kl mit unverhältnismäßigen **Nachteilen** verbunden ist oder für ihn eine **besondere** Härte darstellen würde; umgekehrt stellt das (jederzeit widerrufliche) **Einverständnis** oder der Wunsch der Beteiligten, die Sache bis zum Eintritt eines bestimmten Ereignisses, zB bis zum Abschluß eines Musterprozesses oder von Vergleichsverhandlungen zurückzustellen, idR einen ausreichenden Grund für die Verzögerung der Entscheidung dar. Ebenso muß die Behörde nicht entscheiden, solange der Bürger nicht seinerseits alles getan hat, um die Entscheidung zu ermöglichen (A. Leisner VerwA 2000, 252). Unterläßt es der Bürger, insb bei einer Sachaufklärung mitzuwirken, u kann ohne diese nicht entschieden werden, so muß die Behörde ihm mitteilen, welche Klärungen sie noch benötigt u ihn zu diesen auffordern (A. Leisner VerwA 2000, 252).

15 **Kein zureichender Grund** ist gegeben, wenn die Behörde irrtümlich ein als **Antrag** oder Widerspruch erkennbares Schreiben **nicht** als solchen **erkannt u** behandelt hat, oder wenn die Widerspruchsbehörde deshalb noch nicht entschieden hat, weil die Ausgangsbehörde den **Widerspruch noch nicht vorgelegt** hat. Auch die **Anhängigkeit eines Vf im vorläufigen Rechtsschutz** stellt grds keinen zureichenden Grund dar (Mü NVwZ-RR 1995, 237), des weiteren auch nicht die **Unzuständigkeit** der angegangenen Behörde; denn in diesem Fall muß die Behörde den ASt bzw Widerspruchsführer auf diese Bedenken hinweisen u ggf den Antrag (Widerspruch) an die zuständige Behörde weiterleiten (s KR 13 ff zu § 3 VwVfG) oder als unzulässig ablehnen bzw zurückweisen u darf ihn nicht einfach liegenlassen. Auch die **Auffassung** der Behörde, **daß ein** eingelegter **Widerspruch nicht zulässig** sei, stellt keinen zureichenden Grund iSv § 75 S 1 dar, nicht über den Widerspruch zu entscheiden (Ks NVwZ-RR 1993, 433; Sch-Dolde 8). Gleiches gilt, wenn die Akten bei der Behörde nicht mehr vorhanden sind u Kopien nicht angefertigt wurden (Ms NVwZ-RR 1992, 453). **Weigert sich die Behörde,** aus welchen Gründen auch immer, sich mit der Sache zu befassen, so kommt es nicht darauf an, ob auch sachliche Schwierigkeiten einer Entscheidung entgegenstehen würden, sondern es **fehlt schon deshalb allein an einem zureichenden Grund.** Die Klage ist dann sofort zulässig (51, 351; DÖV 1968, 497; Ks NVwZ 1985, 217); dies gilt selbst dann, wenn das Gericht nach S 2 der Behörde eine Frist gesetzt hat. Ein zureichender Grund für eine Verzögerung der Entscheidung verliert seine Bedeutung als solcher nicht dadurch, daß er **über längere Zeit,** zB über ein Jahr hinaus, andauert; auch in diesem Fall kann der Kl zwar schon nach Ablauf der Frist von 3 Monaten Klage

---

[19] Ule 37 III; **aA** A. Leisner VerwA 2000, 253 f; Ey-Rennert 9; RÖ-Kothe 4; NK-VwGO-Brenner 56; Sch-Dolde 8: nur wenn die Beteiligten sich mit der Verzögerung einverstanden erklären.

nach S 2 erheben; das Gericht muß dann aber nach S 3 das Vf aussetzen, vgl oben 8.

6. Aussetzung des Verfahrens und Fristsetzung (S 3): Ist eine **angemessene** Frist (s oben 8 ff) **verstrichen,** besteht nach Überzeugung des Gerichts aber ein zureichender Grund dafür, daß die Verwaltung noch nicht entschieden hat, so muß das Gericht **das Vf durch Beschluß aussetzen** u der Behörde eine **Frist** für ihre Entscheidung setzen.[20] **Nicht als Aussetzung des Vf u** Fristsetzung gem S 3 anzusehen oder einer solchen gleichzuachten ist es, **wenn** das Gericht die Behörde (nur) wiederholt **zur Entscheidung** über den Antrag des Kl **aufgefordert** hat (88, 254 = NVwZ 1992, 180). 16

Wurde die Klage **vor Ablauf der angemessenen Frist,** insb auch der Frist von 3 Monaten, erhoben, weil der Kl angesichts der besonderen Umstände des Falles eine kürzere Frist für angemessen hielt, hält aber das Gericht die Voraussetzungen der vorzeitigen Zulässigkeit nach S 2 Alt 2 nicht für gegeben, so ist § 75 S 3 grds **entspr** anzuwenden u die Klage nicht als unzulässig abzuweisen, sofern der Kl aus seiner Sicht eine kürzere Frist für angemessen halten durfte. Ob wg besonderer Umstände des Falles eine kürzere Frist geboten ist (S 2 Alt 2) als die regelmäßige Frist von drei Monaten, ist nämlich im Einzelfall oft schwer zu entscheiden. Dieses Prozeßrisiko ist nicht einseitig dem Kl aufzuerlegen, was auch durch den Grundsatz der Waffengleichheit gerechtfertigt wird.[21] Dies gilt auch nach Einführung der Zulassungsberufung; dadurch wurde lediglich das frühere Hilfsargument, daß die Klage ohnehin spätestens im möglichen BerufungsVf zulässig würde, entwertet. Keine Aussetzung kommt allerdings in Betracht, wenn die **Klage** bereits **aus einem anderen Grund unzulässig** ist u die Streitsache deshalb zur Entscheidung reif ist (NJW 1966, 1043). 17

Gegen die Aussetzung und Fristbestimmung sowie gegen eine nachträgliche Fristverlängerung haben die Beteiligten, soweit sie dadurch beschwert sind, die **Beschwerde** nach § 146;[22] **ebenso** (zB die Behörde bzw der Rechtsträger, dem sie angehört, oder ein Beigeladener) **gegen die Ablehnung der Aussetzung oder einer Verlängerung** der Frist, sofern das Gericht darüber durch gesonderten Beschluß u nicht – was grds zulässig ist (RÖ-Kothe 9) – erst zusammen mit der Entscheidung über die Hauptsache im Urteil entscheidet (Ey-Rennert 10; RÖ-Kothe 9; Bettermann NJW 1960, 1086; **aA** zur Entscheidung über die Fristverlängerung EF 8). 18

7. Fortsetzung des Verfahrens nach Ergehen der zunächst ausstehenden Ausgangsentscheidung: a) Entscheidung im Sinne des Klagebegehrens. Ergeht nach Erhebung der Klage gem § 75 der noch ausstehende VA **mit dem vom Kl gewünschten Inhalt,** so fehlt für eine Fortführung der Klage das RSI. Dies gilt unabhängig davon, ob der VA ohne oder mit gerichtlicher Fristsetzung, innerhalb oder nach Ablauf der Frist erlassen wird. Erklären Kl u Bekl die **Hauptsache** daraufhin **für erledigt,** so ist nach § 161 Abs 2 S 1 bzw, wenn der Kl mit Bescheidung rechnen durfte, nach § 161 Abs 3, nur noch über die Kosten 19

---

[20] NVwZ 1987, 969: eine Abweisung der Klage wg fehlender Entscheidung über den alsbald nach Ergehen des ablehnenden VA nach Klageerhebung eingelegten Widerspruch wäre unzulässig; vgl auch Ma VBlBW 1997, 59.

[21] 23, 138; BFH BStBl II 1978, 154; Zilkens JuS 2001, 370; ebenso im Ergebnis, aber unter Verneinung der Zulässigkeit einer förmlichen Aussetzung, auch ME VerwA 1967, 182 u RÖ-Kothe 11, der jedoch zu Unrecht davon ausgeht, daß die Aussetzung die Zulässigkeit der Klage voraussetzt, was aber angesichts der Regelung des § 75 S 3 wie auch der §§ 239, 241, 242 mit 246 ZPO nicht angenommen werden kann; vgl auch Ule 37 III.

[22] Hbg AuAS 1999, 93; Ey-Rennert 10; RÖ-Kothe 9; Ehlers DVBl 1976, 71; Weides/Bertrams NVwZ 1988, 674 mwN; zT **aA** EF 8 hins der Fristbestimmung, unter Hinweis auf § 146 Abs 2; die Fristsetzung ist hier aber Teil der Aussetzung u nicht nur Fristbestimmung iSv § 146 Abs 2, vgl Bettermann NJW 1960, 1086.

zu entscheiden (S 4). Eine Feststellung der Erledigung vAw scheidet allerdings aus (Ey-Rennert 13; Pietzner VerwA 1984, 90; **aA** Weides/Bertrams NVwZ 1988, 675; RÖ-Kothe 7).

20 Der Kl kann in diesen Fällen aber auch, statt die Hauptsache für erledigt zu erklären, die **Klage nach § 92 zurücknehmen;** auch in diesem Fall ist für die Kostenentscheidung, wenn der Kl mit Entscheidung der Verwaltung rechnen durfte, § 161 Abs 3, der lex specialis zu § 155 Abs 2 ist (s 34 zu § 161), maßgeblich (NVwZ 1991, 1181; Weides/Bertrams NVwZ 1988, 675; NKVwGO-Brenner 68; **aA** Ks NVwZ 1990, 1088). Bei Vorliegen der Voraussetzungen des § 113 Abs 1 S 4 kann der Kl **auch das Vf in der Hauptsache** mit dem Antrag **fortführen,** daß das Gericht **durch Urteil feststellt,** daß die **Nichtentscheidung** über den Antrag in dem vom Kl beantragten Sinn **rechtswidrig waren** (**aA** B-Funke-Kaiser 17; wohl auch Ey-Rennert 13). S im einzelnen auch Weides/Bertrams NVwZ 1988, 676; ferner 34 ff zu § 161.

21 **b) Fortsetzung bei ablehnender Entscheidung.** Ist der nach Klageerhebung ergangene VA **für den Kl negativ,** dh entspricht er nicht dem, was der Kl mit seiner Klage nach § 75 in der Sache begehrt, so kann der Kl seine Klage unter **Einbeziehung des ergangenen VA**[23] als Anfechtungs- bzw Verpflichtungsklage aufrechterhalten u fortführen (Weides/Bertrams NVwZ 1988, 676). Zur Fortsetzung des gerichtlichen Vf empfiehlt sich ein entsprechender Hinweis des Kl. Notwendig bzw konstitutiv ist ein solcher allerdings nicht; wie auch im Umkehrschluß aus § 75 S 4 zu entnehmen ist, geht das Gesetz in diesem Fall von der Fortführung des Vf aus. Der Streitggst der Untätigkeitsklage umfaßt auch den im Zeitpunkt der Klageerhebung noch nicht ergangenen VA (**aA** B-Funke-Kaiser 14 ff; Ey-Rennert 14).

Der Prozeß kann jedoch **auch** bei einer für den Kl negativen Entscheidung durch **beiderseitige Erledigungserklärung bzw** durch **Klagerücknahme** beendet werden. Auch hier gilt die Kostenfolge des § 161 Abs 2 S 1 bzw Abs 3.[24]

22 **Verfahren bei Fortsetzung des Prozesses:** Wird der Prozeß fortgesetzt, treten in den unterschiedlichsten Konstellationen Verfahrensfragen auf, in deren Mittelpunkt die **Frage der Notwendigkeit eines VorVf** steht. Soweit es sich nicht ohnehin um einen VA handelt, bei dem ein VorVf nach § 68 ausscheidet (s dann auch 26), ist die Lösung an folgenden **Grundüberlegungen** auszurichten: Die Untätigkeitsklage ermöglicht abweichend von §§ 68 ff eine Klage ohne Durchführung eines Vorverfahrens. Auf ein VorVf verzichtet das Gesetz aber nur, wenn die Untätigkeitsklage zulässig ist, dh die Frist der S 1 u 2 auch insofern eingehalten wird, also kein „zureichender Grund“ iSd S 1 vorliegt (s oben 8 ff u 13 ff). Weiterhin gilt, daß eine Untätigkeitsklage nicht wg vorzeitiger Klageerhebung abgewiesen werden darf, sondern statt dessen stets das Vf analog S 3 auszusetzen ist (s oben 17).

23 **c) Erfordernis eines nach Klageerhebung durchzuführenden Vorverfahrens? aa) Klageerhebung nach Ablauf der Frist** (dh entweder erst nach Ablauf der Wartefrist von drei Monaten oder wg besonderer Umstände nach S 2 HS 2 schon entspr früher; ob ein solcher Fall vorlag, entscheidet das Gericht im Rahmen der Fortsetzung des Verfahrens):
- **VA nach gerichtlicher Aussetzung und Fristbestimmung gem S 3:** Bei dieser **Konstellation** sind zwei Fälle zu unterscheiden:
- **(1) VA nach Ablauf der Frist:** Hier war die Klage im Zeitpunkt des Erlasses des VA bereits „voll“ zulässig (oben 22). Daran ändert der nachfolgende VA

---

[23] Vgl Mü BayVBl 1962, 387; Ma DÖV 1985, 208; VBlBW 1996, 97; 1997, 59; Ks NVwZ-RR 1993, 435; Ms NVwZ-RR 2004, 395.
[24] NVwZ 1991, 1180; Ms 35, 27; Weides/Bertrams NVwZ 1988, 679; **aA** Buchh 310 § 161 VwGO Nr 46; s auch oben 19.

nichts, so daß **auch kein VorVf mehr durchzuführen** ist (42, 111; 66, 344). Zur Fortsetzung des Vf s oben 21.

- **(2) Bescheid innerhalb der Frist:** Erläßt die Behörde den Bescheid innerhalb der vom Gericht festgesetzten Frist, so muß ein VorVf durchgeführt werden.[25] Der **Widerspruch muß ausdr u innerhalb der Widerspruchsfrist eingelegt** werden; die anhängige Klage ersetzt ihn nicht.[26] Zur Durchführung des VorVf setzt das Gericht das gerichtliche Vf analog § 75 S 3 aus (NVwZ 1987, 969).
- **Behördenentscheidung ohne vorausgehende gerichtliche Aussetzung gem S 3:** Auch hier bedarf es – wie im Fall der Entscheidung nach Ablauf der gerichtlichen Frist – dann keines VorVf mehr, wenn die Klage spätestens im Zeitpunkt des Erlasses des VA bereits zulässig war (Ms NVwZ-RR 2004, 395). Das läßt sich mitunter nur schwer von außen feststellen. **Lag etwa ein zureichender Grund für eine verspätete Entscheidung iSd S 1 vor,** muß das Gericht, da die Klage noch nicht zulässig war, das **Vf** nach Erlaß des VA **analog S 3** zur Durchführung des VorVf **aussetzen** (s oben 17, 21; zur Beschwerde gegen die Aussetzung oben 18). In diesem Fall ist vor der Fortsetzung des gerichtlichen Vf ein WiderspruchsVf durchzuführen, bei dem auch die Widerspruchsfrist einzuhalten ist. Problematisch kann für den Kl allerdings die Einhaltung der **Widerspruchsfrist** sein, da sie bereits mit der Bekanntgabe des Ausgangsbescheids in Gang gesetzt wird, ohne daß der Betroffene zu diesem Zeitpunkt weiß, ob der VA noch als rechtzeitig erlassen anzusehen ist. Daher ist die Frist für den Kl im Zeitpunkt der gerichtlichen Aussetzung möglicherweise schon abgelaufen, zumindest hat sich die idR gegebene Monatsfrist verkürzt. In diesen Fällen kann der Kl deshalb **Wiedereinsetzung** in den vorigen Stand gem § 60 begehren, wenn er ohne Verschulden die Frist versäumt hat. Gleiches gilt, wenn sich die Frist auf weniger als zwei Wochen verkürzt hat (s 8 zu § 60). Als Kriterium für das **Verschulden** ist **§ 161 Abs 3** heranzuziehen. Danach kommt es für die Wiedereinsetzung entscheidend darauf an, ob der Kl mit seiner Bescheidung vor Klageerhebung rechnen durfte. In den weitaus meisten Fällen unterscheidet sich diese Lösung nicht von der der hM, die zumindest der Sache nach mit der Annahme arbeitet, aus dem Umstand einer fehlenden gerichtlichen Aussetzung vor einer Behördenentscheidung sei abzuleiten, das Gericht habe die Regelfrist des S 1 u 2 für ausreichend gehalten.[27] In Fällen, in denen die Behördenentscheidung relativ kurz nach der Klageerhebung erging, so daß das Gericht keine oder kaum die Möglichkeit zu einer zwischenzeitlichen Aussetzung hatte, ist ein Schluß aus der „Untätigkeit" nur schwer oder gar nicht zu ziehen. Die Lösung über die Wiedereinsetzung vermeidet dies u schützt die Interessen des Kl, ohne die rechtliche Notwendigkeit der Durchführung eines VorVf in Fällen vorzeitiger Klagen auch nur tlw zu negieren.[28] Solange das Gericht dann im Anschluß an den Erlaß der (verspäteten) Ausgangsentscheidung keine Aussetzung analog § 75 S 3 zur Durchführung des VorVf vornimmt, bedarf es keines VorVf mehr.

---

[25] 42, 108; 66, 342; DVBl 1983, 849; 1992, 292; NVwZ 1987, 969; Weides/Bertrams NVwZ 1988, 677; **aA** RÖ-Kothe 10; P § 31, 28; Bettermann NJW 1960, 1087; Ehlers DVBl 1976, 72.

[26] S 11 vor § 68; DVBl 1983, 849; **aA** 42, 108: Weides/Betrams NVwZ 1988, 677: die Klage nach § 75 schließt den Widerspruch schon gewissermaßen ein; der ablehnende Bescheid ist „gleichsam schon bei seinem Erlaß mit dem in der Untätigkeitsklage antizipierten Widerspruch behaftet".

[27] 66, 344; 88, 254; 100, 224; Buchh 310 § 75 VwGO Nr 9; Ma NJW 1986, 149; VBlBW 1997, 59; Weides/Bertrams NVwZ 1988, 678.

[28] **AA** dagegen sowohl Sch-Dolde 28 (aus Rechtssicherheitsgründen generell kein Vorverfahren) als auch die Gegenansicht: DVBl 1986, 1159; Weides/Bertrams NVwZ 1988, 678; B-Funke-Kaiser 21, 17; tendenziell auch Ey-Rennert 20.

24 **bb) Klage vor Ablauf der Frist** (dh vor Ablauf der Drei-Monats-Frist bei gleichzeitigem Fehlen „besonderer Umstände" oder vor Ablauf auch einer kürzeren Bearbeitungsfrist): In allen diesen Fällen ist die Klage vorzeitig erhoben worden. Das Gericht muß hier das Vf analog S 3 aussetzen (s oben 17). Erfolgte die Aussetzung vor dem Erlaß des VA, gelten die obigen Ausführungen (oben 23, 1. Spiegelstrich). Erging der VA ohne vorherige Aussetzung, so ist nur im Fall der rechtzeitigen Behördenentscheidung noch ein VorVf durchzuführen.[29] Dies macht das Gericht durch die Aussetzung analog S 3 deutlich (oben 23, 2. Spiegelstrich). Im Fall eines verspäteten VA-Erlasses verschafft sich der Kl durch die vorzeitige Klage auch keinen Vorteil. Die Klage ist in diesem Fall vor Erlaß des VA zulässig geworden.

25 **Widerspruch ohne Erfordernis eines Vorverfahrens:** Ist die Durchführung eines VorVf angesichts der Zulässigkeit der Klage vor Erlaß des VA nicht erforderlich, so kann der Kl dennoch zulässigerweise Widerspruch einlegen. Das VorVf ist in diesem Fall **nur entbehrlich, nicht** auch **unstatthaft** (Ms NVwZ-RR 2004, 395; s 26 zu § 68). Entscheidet sich der Betroffene für die Durchführung eines VorVf durch **Einlegung eines Widerspruchs** gegen den (zu spät ergangenen) Ausgangsbescheid, so darf das Gericht ihm diese Möglichkeit nicht durch eine vorzeitige Entscheidung wieder nehmen.[30] Der Kl kann also – wie schon bei der Erhebung der Untätigkeitsklage – disponieren, ob er dem Zeitfaktor oder dem Gesichtspunkt einer zusätzlichen Rechtsschutzmöglichkeit Vorrang einräumt. Legt der Kl mit dem Willen der Durchführung eines WiderspruchsVf Widerspruch ein, hat das Gericht das Vf auszusetzen (NVwZ 1987, 969 – wohl auch für diesen Fall), da der Kl mit dem Widerspruch idR zu erkennen gegeben hat, daß er vor der Fortführung des Prozesses erst den Ausgang des WiderspruchsVf abwarten will. Die Dauer der Aussetzung richtet sich nach dem für die Entscheidung im Einzelfall angemessenen Zeitraum u den Interessen des Kl. Eine Orientierung bietet insoweit die Frist des § 75 S 2.

26 **8. Fortsetzung des Verfahrens nach Erlaß des Widerspruchsbescheids:** Ergeht nach Klageerhebung der noch ausstehende Widerspruchsbescheid, so gelten für die Fortsetzung des Vf die für den verspäteten Erlaß des Ausgangsbescheids genannten Möglichkeiten (oben 19–21). Wird die Klage (unter kraft Gesetzes erfolgender Einbeziehung des Widerspruchsbescheides) fortgesetzt (s oben 21), wäre eine weitere Klage gegen den nachträglich ergangenen Widerspruchsbescheid wg der Rechtshängigkeit des Rechtsstreits unzulässig. Erhebt der Kl – etwa veranlaßt durch die unzutr Rechtsbehelfsbelehrung in dem nachträglichen Bescheid – dennoch eine weitere Klage, so hat das Gericht auf die doppelte Rechtshängigkeit hinzuweisen. Nimmt der Kl die zweite Klage daraufhin zurück, so ist auf diese Rücknahme nicht die Kostenfolge des § 155 Abs 2, sondern wg Veranlassung der unzulässigen Klage durch die Behörde infolge der unzutr Rechtsbehelfsbelehrung § 155 Abs 4 anzuwenden (s auch 11 zu § 155). Dieselben Kostenfolgen gelten auch dann, wenn das Gericht einen Hinweis auf die doppelte Rechtshängigkeit unterläßt u die (zweite) Klage wg Rechtshängigkeit abweist.

§ 76 [Ausschluß der Untätigkeitsklage]

(weggefallen)

Schrifttum: *Kopp,* Die Verwirkung des Klagerechts bei der Untätigkeitsklage, DÖV 1977, 199; *Menzel,* Grundfragen der Verwirkung, 1987. S auch zu § 75.

---

[29] Das entspricht ohnehin der hM: 42, 108; 66, 342 = DVBl 1983, 849; 1992, 292; NVwZ 1987, 969; Bettermann NJW 1960, 1083; Ey-Rennert 14; SDC 4; Weides/Betrams NVwZ 1988, 677; **aA** Ko 7, 48; Ehlers DVBl 1976, 73: kein weiteres Vorverfahren; das Gericht kann sofort zur Sache entscheiden.

[30] **AA** Ma VBlBW 1996, 98 – mit dem Hinweis, sonst würde der Kl einen Rechtsnachteil allein deshalb erleiden, weil er zulässigerweise ein zusätzliches RMittel eingelegt hat – nicht überzeugend aus vorgenanntem Grund.

1. a) Keine Klagefrist für die Untätigkeitsklage. Die durch **G v 24. 8. 1976** (BGBl I 2437) **aufgehobene** Vorschrift sah für die sog Untätigkeitsklage gem § 75 eine **Ausschlußfrist von 1 Jahr** vor, mit der Folge, daß diese Klage nach Ablauf dieser Frist nur noch zulässig war, wenn der Kl an der Klageerhebung infolge höherer Gewalt gehindert war oder sonstige besondere Verhältnisse des Einzelfalles die späte Klageerhebung als gerechtfertigt erscheinen ließen (vgl 26, 58; 48, 229). Seit dem Wegfall des § 76 sind Klagen gem § 75 **ohne feste zeitliche Grenze** zulässig. 1

b) Verwirkung. Auch wenn nach Aufhebung des § 76 aF keine Klagefrist für die Untätigkeitsklage mehr besteht, kann das prozessuale Recht zur Klage nach den allg Grundsätzen verwirkt werden.[1] Da es der gesetzgeberischen Absicht bei Aufhebung des § 76 aF zuwiderlaufen würde, kann nicht davon ausgegangen werden, daß eine Verwirkung regelmäßig nach Ablauf eines Jahres eintritt (Sch-Dolde 15 zu § 75; Schenke 721; NKVwGO-Brenner 82 zu § 75). § 76 aF kann aber umgekehrt entnommen werden, daß von einer Verwirkung regelmäßig (vorbehaltlich besonderer Umstände) nicht vor Ablauf eines Jahres ausgegangen werden kann, sondern die Zeitspanne eher länger zu bemessen ist. 2

2. Wiedereröffnung des Klagewegs trotz Verwirkung des Klagerechts: Die Verwirkung des Klagerechts gem § 75 durch verspätete, gegen Treu u Glauben verstoßende Klageerhebung (s oben 2) läßt grds das Recht der Betroffenen unberührt, bei der zuständigen Behörde **erneut Antrag auf Erlaß eines VA** zu stellen u damit ein neues VerwaltungsVf anhängig zu machen, aus dem heraus dann auch wieder Klage erhoben werden kann (vgl Ma DVBl 1974, 817; RÖ-Kothe 15 zu § 75; allg auch 11 zu § 121). 3

Sofern bereits ein **Ausgangsbescheid** existiert u dieser durch die Verwirkung des Klagerechts unanfechtbar **(bestandskräftig)** geworden ist,[2] bestimmt sich die Möglichkeit eines Wiederaufgreifens des Vf u einer Neuentscheidung nach den §§ 48 ff VwVfG bzw entspr landesrechtlicher Bestimmungen. Zuständig ist insofern – vorbehaltlich abweichender Regelungen des Landesorganisationsrechts (vgl auch 10 b zu § 68) – nur die Ausgangs-, nicht die Widerspruchsbehörde (**aA** Sch-Dolde 16 f zu § 75). 4

Bei Anträgen auf nochmalige, erneute Sachentscheidung (Zweitbescheid) ist für die **Wahrung materieller Antragsfristen,** da es sich um neue Vf u nicht um die Fortführung des früheren Vf handelt, ausschließlich der Zeitpunkt der neuen Antragstellung maßgeblich; daß der frühere Antrag rechtzeitig gestellt worden war, genügt nicht (Bettermann NJW 1950, 1084). Auch soweit materiellrechtliche Fristen nicht zu wahren sind, kann uU **der Begründetheit** eines Antrags bzw dem Handeln der Behörde die **Verwirkung** des zugrunde liegenden **materiellen Rechts** bzw der entspr Befugnis entgegenstehen (s Kopp 26 ff u 29 zu § 22 VwVfG; 30 ff zu § 53 VwVfG). 5

§ 77 [Ausschließlichkeit des Widerspruchsverfahrens]

(1) **Alle bundesrechtlichen Vorschriften in anderen Gesetzen über Einspruchs- oder Beschwerdeverfahren sind durch die Vorschriften dieses Abschnitts ersetzt.**[1 ff]

(2) **Das gleiche gilt für landesrechtliche Vorschriften über Einspruchs- oder Beschwerdeverfahren als Voraussetzung der verwaltungsgerichtlichen Klage.**[2]

---

[1] Ey-Rennert 21 zu § 75; Kopp NJW 1976, 1966; DÖV 1977, 99; NKVwGO-Brenner 81 zu § 75; Sch-Dolde 4; 12 zu § 75; Stern 333; allg zur Verwirkung 18 ff zu § 74.

[2] Gegen eine Bestandskraft bei Verwirkung zB Sch-Dolde 16 zu § 75.

1 **1. Allgemeines:** Die Vorschrift hebt im Interesse der Einheitlichkeit der Regelung des VorVf grds alle vor Inkrafttreten der VwGO bestehenden, zT sehr unterschiedlichen Vorschriften über Einspruchs- u BeschwerdeVf **als Voraussetzung** der **verwaltungsgerichtlichen Klage**[1] auf u **ersetzt** sie **durch** das **WiderspruchsVf** (Vorverfahren) nach §§ 68 ff, soweit nicht in den Übergangsbestimmungen (§§ 190 ff) abweichende Regelungen (zB §§ 336, 337 LAG) aufrechterhalten werden oder spätere Bundesgesetze solche vorsehen.

§ 77 schließt **auch für den Bereich des Landesrechts** künftige abweichende Regelungen über das VorVf aus, etwa in Kommunalabgabesachen eine Ersetzung durch das VorVf nach der AO (Allesch DÖV 1990, 271; vgl auch RÖ-Kothe 4).

2 **Für das Bundesrecht** sieht Abs 1 darüber hinaus die **Ausschließlichkeit** des WiderspruchsVf **auch insoweit** vor, **als es nicht Voraussetzung** einer verwaltungsgerichtlichen Klage ist. **Für das Landesrecht fehlt** in Abs 2 eine insoweit **entspr Bestimmung,** da dem Bundesgesetzgeber für diesen Bereich die Gesetzgebungskompetenz nur insoweit zukommt, als ein unmittelbarer Zusammenhang mit dem Verwaltungsprozeßrecht besteht (s 10 zu § 1; 5 vor § 68; NK-VwGO-Brenner 2). Es ist jedoch den **Landesgesetzgebern unbenommen,** aufgrund ihrer Kompetenz zur Regelung des VerwaltungsVf in ihrem Bereich ganz oder teilweise entspr Bestimmungen zu erlassen. Von dieser Möglichkeit hat ein Teil der Länder Gebrauch gemacht (vgl zB Art 14 Abs 1 BayAGVwGO; § 7 Abs 2 BerlAGVwGO). Soweit dies nicht geschehen ist, sind Beschwerden usw nach Landesrecht weiterhin zulässig, **wahren** jedoch **die Widerspruchsfrist nicht** u können auch das Eintreten der Unanfechtbarkeit des betroffenen VA nicht verhindern. **Im Zweifel** können freilich solche landesrechtlichen „Beschwerden" uä in einen Widerspruch nach der VwGO **umgedeutet** werden, wenn sich aus dem Vorbringen des Betroffenen nicht ein gegenteiliger Wille ergibt (vgl EF 1 zu § 70).

3 **Nicht berührt** von § 77 wird das **Petitionsrecht** nach Art 17 GG u entspr Bestimmungen des Landesrechts sowie das Recht zu formlosen **Gegenvorstellungen, Aufsichtsbeschwerden, Dienstaufsichtsbeschwerden** usw (auch im Bereich des Bundesrechts). S dazu 5 zu § 69.

4 **2. Vorschaltverfahren zum Widerspruchsverfahren:** § 77 betrifft nur Verfahren, die eine **Nachprüfung** von **VAen iSd § 42 Abs 1** zum Gegenstand haben, nicht dagegen auch Verfahren, die erst dem Erlaß solcher VAe dienen, zB Vf nach dem **Kommunalwahlrecht,** die für Wahlanfechtungen eine besondere Entscheidung der Rechtsaufsichtsbehörde vorsehen u erst gegen diese dann Rechtsbehelfe nach der VwGO zulassen (s unten). Dies gilt auch dann, wenn nach der maßgeblichen Regelung vorgesehen ist, daß zunächst nur eine **vorläufige Entscheidung** ergeht, die erst dann endgültig u zum VA wird, wenn kein „Einspruch" usw dagegen erhoben wird, bzw daß überhaupt erst auf einen „Einspruch" usw hin die maßgebliche, als VA anzusehende Entscheidung ergeht, wie dies zB idR für **Gemeindewahlen** vorgeschrieben ist, bei denen kraft Gesetzes **erst die Entscheidung der Aufsichtsbehörde** über die Gültigkeit der Wahl ein nach den Vorschriften der VwGO anfechtbarer VA ist,[2] oder für Streitigkeiten über Pflegesätze nach § 8 Abs 5 S 1 KHG aF, bei denen erst die **Genehmigung des Schiedspruchs,** nicht schon der Schiedspruch, VA ist (Ma DVBl 1991, 997).

---

[1] Nicht dagegen auch für Klagen, für die der VRW nicht gegeben ist, vgl BGH NJW 1983, 2390; NKVwGO-Brenner 5; Sch-Dolde 3, wie zB nach §§ 63 ff GWB.

[2] Vgl VRspr 24, 74 u 859; Mü BayVBl 1975, 335; 1984, 723; DVBl 1985, 72; Sa DVBl 1977, 1001; NVwZ 1987, 914; Ko 11, 22 = VRspr 21, 462; Ms 35, 144 = DVBl 1981, 874 unter Aufgabe seiner früher abweichenden Rspr, vgl Ms 17, 207; 22, 75; 27, 209, in der Klage sui generis angenommen wurde; Fehrmann DÖV 1983, 312.

Da es sich in derartigen Fällen um **Regelungen** des **VerwaltungsVf zum Erlaß eines VA** handelt u nicht um Bestimmungen des Vorverfahrens, ist die Befugnis auch des Landesgesetzgebers insoweit weder durch § 77 noch durch § 42 beschränkt; **auch der Begriff des VA** in § 42 setzt die nach dem materiellen Verfahrensrecht zu beurteilende u daher von der Gestaltung dieses Rechts abhängige Verbindlichkeit der getroffenen Regelung voraus u knüpft erst an sie an (vgl DVBl 1981, 283; BayVBl 1978, 375 mwN; 1984, 761; Ks DVBl 1980, 67 mwN), läßt somit **Spielraum für Regelungen der genannten Art.**[3] 5

§ 78 [Beklagter]

(1) **Die Klage ist zu richten**[1 ff]

1. **gegen den Bund, das Land oder die Körperschaft, deren Behörde den angefochtenen Verwaltungsakt erlassen oder den beantragten Verwaltungsakt unterlassen hat;**[3 ff] **zur Bezeichnung des Beklagten genügt die Angabe der Behörde,**[9]
2. **sofern das Landesrecht dies bestimmt, gegen die Behörde selbst, die den angefochtenen Verwaltungsakt erlassen oder den beantragten Verwaltungsakt unterlassen hat.**[10 ff]

(2) **Wenn ein Widerspruchsbescheid erlassen ist, der erstmalig eine Beschwer enthält (§ 68 Abs. 1 Satz 2 Nr. 2), ist Behörde im Sinne des Absatzes 1 die Widerspruchsbehörde.**[12 ff]

Vgl § 63 FGO

Schrifttum: *Beckmann,* Zur Wahl des Beklagten beim Folgenbeseitigungsanspruch im Sinne von § 113 Abs. 1 Satz 2 VwGO, DVBl 1994, 1342; *Diewald,* Passivlegitimation bei der Anfechtung von im Wege der Ersatzvornahme erlassenen Verwaltungsakten durch Drittbetroffene, BayVBl 2006, 40; *Ehlers,* Der Beklagte im Verwaltungsprozeß, Menger-FS 1985, 379; *Jestaedt,* Der „richtige" Beklagte? Ein Beitrag zum juristischen Zweck und zur dogmatischen Einordnung des § 78 VwGO, NWVBl 1989, 45; *Juhnke,* Die Passivlegitimation bei Anfechtungs- und Verpflichtungsklage, Diss. Trier 1985; *ders,* Prozessuale Probleme der reformatio in peius im Widerspruchsverfahren. VI. Passivlegitimation, BayVBl 1991, 136; *Kopp,* Die „isolierte" verwaltungsgerichtliche Klage gegen Widerspruchsbescheide – VGH Mannheim NVwZ 1990, 1085 –, JuS 1994, 742.

1. Allgemeines: Die Vorschrift regelt, gegen wen eine Anfechtungs- bzw Verpflichtungsklage u auch eine FFK[1] zu richten ist. Die Norm betrifft damit die **passive Prozeßführungsbefugnis** (s 23 ff vor § 40), also die Zulässigkeit der Klage, **nicht** die mit der **Passivlegitimation** angesprochene Begründetheit (s dazu 28 f vor § 40).[2] Für die Qualifizierung als Regelung der passiven Prozeßführungsbefugnis spricht bereits der **Wortlaut des § 78** („die Klage ist zu richten"), aber auch die **systematische Stellung** in dem die besonderen Zulässigkeitsvoraussetzungen der Anfechtungs- bzw Verpflichtungsklage regelnden 8. Abschnitt der VwGO. Daß eine generelle Normierung der dem materiellen Recht zugehö- 1

---

[3] Vgl 28, 191; DVBl 1973, 313; VRspr 24, 74, 859; Mü BayVBl 1972, 101; 1975, 335; 1984, 723; Hbg VRspr 27, 1007; Ms DVBl 1981, 874; vgl auch BVerwG 41, 306; NJW 1978, 1820 mwN; aA Machens DVBl 1970, 296; vgl auch Zuck BB 1963, 671 u DVBl 1973, 646.

[1] Zur Anwendbarkeit des § 78 auf eine FFK s Ehlers Jura 2001, 422; Schenke 543.

[2] Ms NVwZ-RR 1989, 576; NVwZ 1990, 188; NJW 1991, 2586; Czybulka/Biermann JuS 2000, 357; Ehlers, Menger-FS 381; Jura 2004, 30; Ipsen 1083; Jestaedt NWVBl 1989, 47; Lorenz § 21, 5; RÖ-Kothe 1; Schenke 543 ff; Sch-Meissner 4 ff; Stern 247; Zilkens JuS 2001, 370; **aA** 31, 236; 45, 43; 80, 128 = NVwZ 1989, 157; NVwZ-RR 1990, 44; Mü BayVBl 1988, 630; Beckmann DVBl 1994, 1345; Geiger VBlBW 2004, 336; NKVwGO-Brenner 4. ZT wird auch differenziert u nur § 78 Abs 1 Nr 1 als Regelung der Passivlegitimation, hingegen § 78 Abs 1 Nr 2 als Normierung der passiven Prozeßführungsbefugnis qualifiziert; Ey-Happ 1 f; Hk-Kastner 4; StK-Decker 3; Würt 599 f.

rigen Frage der Passivlegitimation nicht gewollt ist, wird aber insb am **Inhalt des § 78** deutlich. Wenn beispielsweise im § 78 Abs 1 Nr 2 vorgesehen ist, daß, sofern das Landesrecht dies bestimmt, die Klage gegen die Behörde selbst zu richten ist, die den angefochtenen VA erlassen oder den beantragten VA unterlassen hat, so kann es sich hier schon deshalb um keine Regelung der Passivlegitimation handeln, da Behörden im Verhältnis zum außenstehenden Bürger grds keine Zurechnungssubjekte von Pflichten sein können (das konzediert auch Würt 600). § 78 erweist sich soweit als Normierung der passiven Prozeßführungsbefugnis u stellt damit eine Entsprechung zur Regelung der aktiven Prozeßführungsbefugnis in § 42 Abs 2 dar.

2 **2. Anwendungsbereich:** Auf andere Klagen als **Anfechtungs- u Verpflichtungsklagen** sowie die **FFK** findet § 78 prinzipiell (eine Ausnahme ist nur für § 78 Abs 1 Nr 1 HS 2 zu machen) keine Anwendung. In diesen Fällen ist regelmäßig auf die allg Grundsätze für die Prozeßführungsbefugnis zurückzugreifen. Bei **allg Leistungsklagen** ist die Klage damit gegen diejenige Person zu richten, ggü der der Kl das von ihm geltend gemachte Recht behauptet.[3] Bei der **allg Feststellungsklage** gem § 43 ergibt sich bereits aus der Zulässigkeitsvoraussetzung des Rechtsverhältnisses, daß der Bekl entweder selbst Beteiligter des streitigen Rechtsverhältnisses sein oder das Rechtsverhältnis zumindest präjudizielle Bedeutung für ein Rechtsverhältnis besitzen muß, an dem Kl u Bekl beteiligt sind. Entsprechendes gilt auch für die Nichtigkeitsfeststellungsklage gem § 43 Abs 1 Alt 2 (**aA** insoweit Sch-Meissner 21, 49; SGH 351). Der VA muß die Rechtsstellung des Bekl betreffen oder zumindest für ein Rechtsverhältnis, an dem der Bekl beteiligt ist, präjudizielle Bedeutung haben. Für vorläufige RechtsschutzVf gem § 80, 123 bestimmt sich der Ag in analoger Anwendung des § 78 (Hk-Kastner 4; Sch-Meissner 20)

Bei **Organstreitigkeiten** (s auch unten 3) ist die Klage gegen das andere, insoweit beteiligungsfähige (s 5, 11 zu § 61) Organ zu richten; die juristische Person ist hier nicht passiv prozeßführungsbefugt.[4] Bei **beamtenrechtlichen Klagen** jeder Art wird § 78 durch § 126 Abs 3 BRRG für anwendbar erklärt (Ms NVwZ-RR 1991, 332).

3 **3. Die Klage gegen den Rechtsträger (Abs 1 Nr 1):** Im Rahmen des Anwendungsbereichs des § 78 (s oben 2) ist die Klage grds gegen den Rechtsträger, nicht gegen die Behörde zu richten (sog **Rechtsträgerprinzip**). Dieser Grundsatz entspricht § 61 Nr 1, wonach grds nur der Rechtsträger selbst beteiligungsfähig ist (s 13 zu § 61). Entsprechendes gilt bei unselbständigen Verwaltungshelfern (s unten 7). Bei **beliehenen Unternehmern** ist die Klage gegen diese zu richten, nicht gegen den Verwaltungsträger, dessen Aufgaben wahrgenommen werden. Im Bereich der **Bundesauftragsverwaltung** gem Art 85 GG ist richtiger Bekl das Land, nicht der Bund (**aA** Czybulka DÖV 1991, 414 – zu § 31 Abs 1 S 1 LuftVG). Für Aufgaben, die ein Rechtsträger in **Organleihe** oder aufgrund eines Auftrags (Mandats; vgl auch 19 zu § 68) für einen anderen erfüllt, ist nur der andere Rechtsträger richtiger Bekl. Im Prozeß auftretende **Organe** u sonstige Vertreter von juristischen Personen oder beteiligungsfähigen anderen Rechtsträgern sind im Zweifel nicht als Kl oder Bekl anzusehen. Sie handeln im Zweifel – sofern nicht ein OrganstreitVf vorliegt – **nicht in ihrer**

---

[3] Ehlers Jura 2006, 356; Jestaedt NWVBl 1989, 49; NKVwGO-Brenner 11; Sch-Meissner 21, 48; **aA** SGH 393.

[4] DVBl 1988, 792; FfO LKV 1998, 361; Ma 25, 203; DVBl 1978, 274; DÖV 1982, 84; 1983, 862; NVwZ-RR 1990, 369; Ks NVwZ 1988, 81, 82, 88; DVBl 1991, 777; Ko NVwZ 1988, 87; DVBl 1992, 449; Ms DVBl 1981, 874; 1991, 449; 1992, 445; NVwZ-RR 1990, 101; NVwZ 1993, 263; Ehlers, Menger-FS, 394; Jura 2006, 356; Erdmann DÖV 1988, 909; Hufen § 21, 10; Roth, Verwaltungsrechtliche Organstreitigkeiten 937; **aA** Mü BayVBl 1987, 239; NVwZ-RR 1990, 99; Sa 10, 85 f; Stumpf BayVBl 2000, 108.

Eigenschaft als solche, dh nicht als Privatpersonen oder als selbständige Rechtsträger (iSv § 61), sondern als Organe oder Vertreter gem § 62 Abs 3 der juristischen Person oder sonstigen Vereinigung, des Staates, der Gemeinde usw, die sie vertreten (s auch 14f zu § 62). „Richtiger" **Bekl** ist deshalb im Verwaltungsprozeß idR nicht die handelnde Person, sondern **die Körperschaft** uä, deren Organ oder Vertreter sie ist (zur Ausnahme des Abs 1 Nr 2s unten 10f). Daher ist zB die Klage eines Bürgers wg einer „amtlichen" **Äußerung eines Bürgermeisters** nicht gegen diesen, sondern **gegen die Gemeinde** zu richten;[5] die Klage eines Journalisten gegen die Weigerung des Vorsitzenden des Rates einer Stadt, ihm zu erlauben, eine öffentliche Sitzung des Rates auf Tonband aufzunehmen, nicht gegen den Bürgermeister, sondern gegen die Stadt (DÖV 1991, 72).

Unter **Körperschaft** iSd Vorschrift sind auch Anstalten u Stiftungen zu verstehen, soweit sie als juristische Person konstituiert sind. Den Körperschaften iSd Abs 1 Nr 1 sind **Einrichtungen** gleichzustellen, **die** nicht juristische Personen sind, aber hins der Beteiligungsfähigkeit **juristischen Personen gleichgestellt** sind bzw denen ein Recht zustehen kann (s 6 zu § 61), **zB** die **Fakultät** einer Universität für Anfechtungs- u Verpflichtungsklagen im Zusammenhang mit VAen von Organen dieser Einrichtungen; die **ZVS** für Klagen auf Zulassung zum Auswahltest für das Studium in einem numerus-clausus-Fach.[6] 4

Behörden iSv Abs 1 Nr 1 sind auch zB **weisungsfreie Ausschüsse** mit Behördencharakter (14, 330; 22, 82; s auch unten 15), **beliehene Unternehmer** (EF 1) oder sonstige selbständige Verwaltungsmittler, **zB** der **TÜV** bei der Zuteilung einer **Kfz-Prüfplakette.**[7] **Nicht Behörden** iSd Vorschrift sind dagegen Personen u Stellen, die bezüglich des in Frage stehenden VA nur als Erfüllungsgehilfen (unselbständige „Verwaltungsmittler") von Behörden tätig werden, zB der **Landesjustizprüfungsausschuß** als Organ des Justizprüfungsamtes (Ms DÖV 1975, 361 mwN); der **Prüfungsausschuß der Industrie- und Handelskammer** nach dem Berufsbildungsgesetz als Organ der Industrie- und Handelskammer (70, 10); der **Bauunternehmer** bei der Aufstellung von Verkehrszeichen als Erfüllungsgehilfe der Kreisverwaltungsbehörde (35, 335); der **TÜV-Prüfer** als sachverständiger Gehilfe u Bote der Behörde bei der **Erteilung von Fahrerlaubnissen,**[8] usw; **ebenso nicht Behörden,** die im Rahmen eines **Mandatsverhältnisses** für andere Behörden in deren Namen tätig werden (Lü 16, 425). **In den genannten Fällen** ist nur die Behörde, deren Aufgaben erfüllt werden, **Behörde** iSd Nr 1 (NJW 1976, 1468 zur Tätigkeit einer Bundesbehörde in Erfüllung von Landesaufgaben aufgrund sog „Organleihe"). **Maßgeblich dafür, ob** ein Rechtsträger **als beliehener Unternehmer,** gegen den die Klage unmittelbar zu richten ist (s oben 1), oder als unselbständiger Verwaltungsmittler, der für eine Behörde iSv Abs 1 Nr 1 handelt, oder selbst als Behörde anzusehen ist, **ist die jeweilige gesetzliche Regelung. Bei Privaten** ist im Zweifel unselbständiges Handeln lediglich als unselbständiger Verwaltungsmittler anzunehmen (Lü DÖV 1979, 604). 5

---

[5] Vgl Mü BayVBl 1985, 499; 1990, 112; Ks NJW 1988, 1683; Ko NJW 1991, 2569; s auch BVerfG DÖV 1968, 429; BGHZ 34, 107.

[6] Ms DVBl 1981, 588: unter Hinweis darauf, daß der ZVS nach dem Staatsvertrag die Zulassung zu den Tests zu eigener Erledigung übertragen wurde; ebenso Bln DVBl 1981, 589; vgl auch Sch-Meissner 31; Rottmann/Breinersdorfer NVwZ 1988, 885.

[7] Mü DÖV 1975, 210; Lü DÖV 1979, 604; Bouska BayVBl 1984, 42: Klage gegen den TÜV; unklar Sch-Meissner 25, 32; vgl auch Menger VerwA 1976, 210 mwN: Klage nach Wahl des Kl gegen den TÜV oder den Staat; abzulehnen; **aA** VG Ms NJW 1967, 171; VG München BayVBl 1984, 42; Götz DÖV 1975, 212; Borchert JuS 1974, 726; Steiner NJW 1975, 1798; F 492 FN 2. Vgl im einzelnen auch 13 zu § 61; ferner KR 27 zu § 35 VwVfG.

[8] Ko 9, 300; Lü DÖV 1968, 135; EF 42 zu § 42; **krit** Sauer DÖV 1970, 486.

6 Wird eine **Behörde als Organ mehrerer Rechtsträger** tätig, so ist maßgeblich, wessen Aufgaben sie erfüllt, **zB der Landrat** als Vertreter des Staates oder als Organ des Selbstverwaltungskörpers Landkreis;[9] die **Universität** bei der Zulassung zum Studium (Mü BayVBl 1971, 233) u der Entscheidung über Begabtenstipendien nach dem bayBegabtenförderungsG bzw über die Ausbildungsförderung nach dem BAföG als Organ des Staates (Mü BayVBl 1974, 280); die **Fakultät** in Prüfungsangelegenheiten als Organ der Universität (Mü BayVBl 1972, 211).

7 **Bei VAen** im Rahmen der Erfüllung von Aufgaben, welche von Körperschaften **im übertragenen Wirkungskreis,** insb von Gemeinden, wahrgenommen werden, ist immer die Körperschaft u nicht der Staat richtiger Bekl.[10] Dagegen handelt es sich bei der Aufhebung bzw Ersetzung oder Vornahme eines in die Zuständigkeit der Gemeinde im eigenen Wirkungskreis fallenden VA durch Ersatzvornahme im **Wege der Kommunalaufsicht** um einen VA der Aufsichtsbehörde; deshalb ist nicht nur die Klage der betroffenen Gemeinde, sondern auch die Klage des Bürgers gegen den Staat zu richten.[11]

Bei **Rechtsbehelfen gem § 80 Abs 5,** wenn die VzA erst von der Widerspruchsbehörde getroffen worden ist, ist der Antrag grds gegen den Träger der Ausgangsbehörde bzw die Ausgangsbehörde zu richten (s näher 140 zu § 80).

8 Bei **mehrstufigen VAen,** dh VAen, deren Erlaß verwaltungsintern aufgrund gesetzlicher Vorschriften von der Zustimmung usw anderer Behörden abhängig ist (s KR 76f zu § 35 VwVfG), ist für die Bestimmung des richtigen Bekl allein auf **die Behörde** abzustellen, **die dem Bürger ggü den VA erläßt;**[12] der **fehlende** oder fehlerhafte **Mitwirkungsakt** der zu beteiligenden Behörde wird hier, wenn diese demselben Rechtsträger angehört, durch dessen Verurteilung, wenn sie einem anderen Rechtsträger angehört, durch Erstreckung der Bindungswirkung durch Beiladung auch auf diesen „ersetzt".

9 Um dem Kl die Schwierigkeit der Feststellung, gegen welchen Rechtsträger die Klage zu richten ist, zu ersparen, läßt Nr 1 HS 2 auch bei einer Klage gegen den Rechtsträger die **Angabe der Behörde als Bezeichnung des Bekl** im Hinblick auf § 82 genügen. In den Ländern, in welchen die Klage gem Nr 2 gegen die Behörde zu richten ist, wird es in Anlehnung an Nr 1 HS 2 ausreichen, wenn die juristische Person, welcher die Behörde angehört, bezeichnet wird. Die getroffene Regelung bzw jedenfalls ihr Rechtsgedanke ist **auch auf andere Klagen** gegen öffentliche Rechtsträger entspr anwendbar (Schenke 554; Sch-Meissner 57; **aA** RÖ-Kothe 6 zu § 82), ebenso auf Anträge gem §§ 80 bzw 123 (Mü BayVBl 1979, 437).

10 **4. Die Klage gegen die Behörde (Abs 1 Nr 2):** Ausnahmsweise können die Länder **durch** (nach Inkrafttreten der VwGO erlassenes, s 1 zu § 195 Abs 2; EF 4) **Landesrecht** (nicht erforderlich ist ein formelles Gesetz, VO genügt) nach Abs 1 Nr 2 bestimmen, daß die **Klage gegen die zuständige Behörde**[13] selbst zu rich-

---

[9] DVBl 1966, 933; Ks DÖV 1948, 122; Ey-Happ 14; Sch-Meissner 33.

[10] DÖV 1993, 1053; Schenke 549; Wahl VBlBW 1984, 125f.

[11] Mü BayVBl 1961, 24; Ms Eildienst Städtetag NRW 1989, 271; NVwZ-RR 1990, 23; We DÖV 2004, 256; Schenke 549; Stumpp BayVBl 1967, 54; Knemeyer BayVBl 1977, 131 mwN; Theuersbacher BayVBl 1978, 19; Würt 603; **aA** zur Klage des Bürgers Mü BayVBl 1976, 49: die Aufsichtsbehörde handelt in „Aufsichtsvertretung" für die Gemeinde; diese ist daher richtiger Bekl; ebenso Diewald BayVBl 2006, 42; Helmreich/Widtmann, BayGO, 4 zu Art 113 GO; Scholler/Broß, Grundzüge des Kommunalrechts in der BRD, 1976, 189; Gönnenwein, Kommunalrecht, 1963, 189; ähnlich Schnapp, Die Ersatzvornahme in der Kommunalaufsicht, 1969, 141; vgl auch Mü BayVBl 1965, 65; Kratzer BayVBl 1965, 68.

[12] 31, 235f; 37, 45f; VRspr 25, 1003; VG Ansbach BayVBl 1978, 27; str; s auch zur Beiladung des Rechtsträgers, dem die zustimmungsberechtigte Behörde angehört, 18c zu § 65.

[13] In Prozeßstandschaft für den Rechtsträger, dem diese angehört oder zuzurechnen ist; vgl Ms NJW 1979, 1057; RÖ-M. Redeker 6 zu § 61; NKVwGO-Brenner 28.

ten ist. Soweit dies geschehen ist, ist idR davon auszugehen, daß auch im vorläufigen RechtsschutzVf die zuständige Behörde der richtige Ag ist (Lü NdsVBl 2007, 47; Sch-Meissner 53). Vgl auch § 61 Nr 3, dazu 13 zu § 61. Eine entspr Befugnis zur Normierung einer passiven Prozeßführungsbefugnis von Behörden ergibt sich für den **Bundesgesetzgeber** aus seiner allg Gesetzgebungszuständigkeit (Art 74 Abs 1 Nr 1 GG); er kann durch nach Erlaß der VwGO erlassene Gesetze (erforderlich ist ein formelles Gesetz, da die VwGO insoweit keine Abs 1 Nr 2 entspr Ausnahme enthält) ebenfalls die **Klage gegen Bundesbehörden** anstelle des Bundes vorschreiben oder sonstige von § 78 abweichende Regelungen treffen.

Der Landesgesetzgeber kann eine Regelung nach Nr 2 nur für Anfech- 11
tungs- u Verpflichtungsklagen (Ma DÖV 1980, 579; Ehlers Jura 2006, 356: nicht für allg Leistungsklage) u nur für **Landesbehörden,** nicht auch für Bundesbehörden oder Behörden anderer Bundesländer treffen.[14] Der Begriff der Behörde ist derselbe wie bei Nr 1 (s oben 3). Für die **Beteiligungsfähigkeit einer Behörde** gilt **§ 61 Nr 3,** wenn nach Bundes- oder Landesrecht die Klage gegen sie zu richten ist (s oben 10).

**5. Klage gegen den Rechtsträger, dem die Widerspruchsbehörde an- 12
gehört (Abs 2):** Der durch das 6. VwGOÄndG neugefaßte Abs 2 ergänzt Abs 1 hins der Fälle, in denen der **Widerspruchsbescheid allein Gegenstand der Klage** ist, u stellt insoweit eine Folgerung aus § 79 Abs 1 Nr 2 u Abs 2 dar. Trotz des (insoweit zu engen) Hinweises auf § 68 Abs 1 S 2 Nr 2 ist die Vorschrift **entspr** auch **auf** die Fälle einer gesonderten **Anfechtung des Widerspruchsbescheids** nach § 79 Abs 2 S 3 wg **zusätzlicher Beschwer** (Verböserung) anzuwenden (DVBl 1987, 238; VG Leipzig SächsVBl 1995, 20; Juhnke BayVBl 1991, 136); **anders,** wenn die Klage erst in der höheren Instanz auf den Widerspruchsbescheid beschränkt wird.[15]

Abs 2 ist **nicht analog** auf eine **VzA gem § 80** Abs 2 Nr 4, § 80a Abs 2 anwendbar, die die Widerspruchsbehörde getroffen hat (Lü NVwZ 1989, 885).

Die Regelung findet – auch nach der Neufassung durch das 6. VwGOÄndG – 13
keine Anwendung auf die Fälle, in denen der **Widerspruchsbescheid zusammen mit dem Erstbescheid angegriffen** wird; insoweit verbleibt es bei der Regel des Abs 1, daß für die Bestimmung des Bekl die Behörde maßgeblich ist, die den ursprünglichen VA erlassen hat, **auch wenn** dieser durch die Widerspruchsbehörde **verbösert** (reformatio in peius), ihm eine **weitere Beschwer** hinzugefügt oder er sogar ins Gegenteil verkehrt wurde;[16] dies gilt **auch dann, wenn** die Klage in der Berufungsinstanz auf den „verböserten" Teil **beschränkt** wird (NVwZ 1987, 215; Buchh 310 § 79 VwGO Nr 30; Schenke JZ 1996, 1060); **anders,** weil für jede Instanz nur der in der letzten mV gestellte Antrag maßgeblich ist, wenn nur in der ursprünglichen Klageschrift der Erstbescheid u der Widerspruchbescheid angegriffen wurden, bevor das Gericht aber entscheidet, die Klage auf den Widerspruchbescheid beschränkt wird. Dagegen ist der **Rechtsträger der Widerspruchsbehörde** zu verklagen, wenn die Klage von vornherein bzw jedenfalls im Zeitpunkt der letzten mV **nur** gegen die **„Verböserung"** gerichtet ist oder wenn die zusätzliche bzw neue Beschwer **offensichtlich außerhalb des Rahmens der** durch den Widerspruch begründeten

[14] 14, 330; 20, 22; DVBl 1993, 889; Buchh 310 § 78 VwGO Nr 11; Ey-Happ 18; RÖ-Kothe 8; **aA** Ule VwGO 268: auch für Bundesbehörden.

[15] DVBl 1987, 238; s auch unten 15; Buchh 424.8 § 147 FlurbG Nr 3; Mü BayVBl 1981, 470; 1983, 530; Ey-Happ 24; NKVwGO-Brenner 32; Theuersbacher BayVBl 1978, 19; **aA** Mü NJW 1978, 443. Vgl im einzelnen auch 7 ff u 11 ff zu § 79.

[16] Buchh 448.11 § 19 ZDG Nr 4; Ma DÖV 1974, 607; Mü BayVBl 1965, 65; NJW 1984, 681; Sa DÖV 1983, 822; Kratzer BayVBl 1965, 68; zT **aA** Mü BayVBl 1973, 555; Juhnke BayVBl 1991, 136; vgl auch DVBl 1989, 874; ferner 4 zu § 79.

Sachherrschaft der Widerspruchsbehörde liegt, dh von der Widerspruchsbehörde nur „bei Gelegenheit" des Widerspruchs, gewissermaßen als erstinstanzliche Maßnahme, verfügt wurde (vgl Sa DÖV 1983, 822; allg auch 12 zu § 68). Zur **isolierten Anfechtung der Kostenentscheidung im Widerspruchsbescheid** s 25 zu § 68, 19 zu § 73; 10 f u 15 zu § 79; ferner Theuersbacher BayVBl 1978, 19.

14 **6. Vertretung des Bekl:** § 78 regelt nur die passive Prozeßführungsbefugnis bei Anfechtungs- u Verpflichtungsklagen, **nicht** dagegen auch **die Frage, wer den beklagten Rechtsträger** bzw die beklagte Behörde im VerwaltungsstreitVf **vertritt.** Insofern sind § 62 Abs 3 u die Vorschriften des staatlichen bzw sonstigen öffentlichen Organisationsrechts, zB bei Gemeinden die Vorschriften der Gemeindeordnungen, beim Bund ua die Geschäftsordnung der Bundesregierung, maßgeblich (s 8 f zu § 62).

15 **Behörden** werden grds durch den Behördenleiter vertreten. S § 62 Abs 2. Soweit **weisungsfreie Ausschüsse u** ähnliche Einrichtungen nicht selbst nach Abs 1 Nr 2 Bekl sein können, kann der Vertreter des Rechtsträgers, dem sie angehören oder nach staatlichem Organisationsrecht zugerechnet werden, wenn gesetzlich nichts anderes vorgesehen ist, über den Streitggst **nur im Einvernehmen mit dem Ausschuß** usw verfügen, zB einen Vergleich abschließen usw.[17]

16 **7. Falsche Beklagtenbezeichnung:** Ist der **Bekl (nur) falsch bezeichnet,** ist aber erkennbar, gegen wen die Klage sich in Wahrheit richtet, so ist **der Klageantrag entspr auszulegen**[18] **u** ggf das Rubrum (formlos) zu berichtigen;[19] dies selbst dann, wenn die fälschlich als Bekl bezeichnete Körperschaft vom Gericht in der Vorinstanz als Bekl behandelt wurde (26, 31; **aA** RÖ-Kothe 11), denn eine **unzutr Auslegung des Klageantrags kann keine Beklagtenstellung begründen,** es sei denn – was freilich in derartigen Fällen idR anzunehmen ist –, der Kl macht sie sich im Wege einer stillschweigenden Klageänderung (§ 91) zu eigen. Ist die **Klage** dagegen **gegen den falschen Bekl** gerichtet (und eine Umdeutung nach dem erkennbaren Ziel der Klage im dargelegten Sinn nicht möglich), so kann eine Umstellung der Klage auf den richtigen Bekl nur durch **Klageänderung** erfolgen (§ 91; Sch-Meissner 59). Dies gilt unabhängig davon, ob § 78 die passive Prozeßführungsbefugnis oder die Passivlegitimation regelt (**aA** wohl Beckmann DVBl 1994, 1345). Dazu, daß die **Angabe der Behörde** nach Abs 1 Nr 1 HS 2 auch im Hinblick auf das Erfordernis der **Bezeichnung des Bekl** nach § 82 genügt, s oben 9.

§ 79 [Gegenstand der Anfechtungsklage]

(1) **Gegenstand der Anfechtungsklage**[2 ff] **ist**

1. **der ursprüngliche Verwaltungsakt in der Gestalt,**[1 ff] **die er durch den Widerspruchsbescheid gefunden hat,**
2. **der Abhilfebescheid oder Widerspruchsbescheid, wenn dieser erstmalig eine Beschwer enthält.**[7 ff]

(2) **Der Widerspruchsbescheid kann auch dann alleiniger Gegenstand der Anfechtungsklage sein, wenn und soweit er gegenüber dem ursprünglichen Verwaltungsakt eine zusätzliche selbständige Beschwer enthält.**[11 ff] **Als eine zusätzliche Beschwer gilt auch die Verletzung einer**

---

[17] 14, 330; VG Schleswig NVwZ-RR 1992, 112; **aA** RÖ-Kothe 6.
[18] 14, 330; 20, 21; BGH NJW 1983, 2448; s auch 1 ff zu § 83; 3 zu § 91.
[19] NVwZ-RR 90, 44; BGH NJW 1983, 2448; Mü BayVBl 1984, 407: auch nach Ablauf der Klagefrist.

wesentlichen Verfahrensvorschrift, sofern der Widerspruchsbescheid auf dieser Verletzung beruht. § 78 Abs. 2 gilt entsprechend.[13f]

Vgl § 95 SGG; § 44 FGO

Schrifttum: *Dawin,* Der Gegenstand der Anfechtungsklage nach § 79 Abs 1 Nr 1 VwGO, NVwZ 1987, 872; *Detterbeck,* Streitgegenstand und Entscheidungswirkungen im Öffentlichen Recht, 1995, 170ff; *Gotzen,* Das Verhältnis von Ausgangs- und Widerspruchsbescheid (insbesondere § 79 VwGO), VR 1995, 253; *Jäde,* Der Widerspruchsbescheid als alleiniger Gegenstand der Anfechtungsklage – Anm zu BayVGH BayVBl 1990, 370 –, BayVBl 1990, 696; *Juhnke,* Probleme der reformatio in peius im Widerspruchsverfahren, BayVBl 1991, 136; *Kopp,* Die „isolierte" verwaltungsgerichtliche Klage gegen Widerspruchsbescheide – VGH Mannheim NVwZ 1990, 1085 –, JuS 1994, 742; *Scheerbarth,* Die verwaltungsbehördliche Reformatio in peius und ihre prozessuale Problematik, 1996; *Schenke,* Der Anspruch des Widerspruchsführers auf Erlaß eines Widerspruchsbescheids und seine gerichtliche Durchsetzung, DÖV 1996, 529; *ders,* Rechtsprechungsübersicht zum Verwaltungsprozeß, JZ 1996, 1010; *v Schledorn,* Zulässigkeit einer Klage auf Widerspruchsentscheidung, NVwZ 1995, 250. S auch vor § 68 u zu § 42.

1. Allgemeines: Die VwGO behandelt das Vf vor der Ausgangsbehörde, die den VA erlassen hat, u vor der Widerspruchsbehörde grds (vgl Abs 1 Nr 1) als Einheit (BayVBl 1976, 27; s auch 9ff zu § 68). § 79 Abs 1 läßt daher die Anfechtung eines belastenden VA nur insoweit zu, als dieser auch im WiderspruchsVf durch den Widerspruchsbescheid – oder analog Abs 1 Nr 1 durch einen Abänderungsbescheid der Erstbehörde[1] – nicht abgeändert wurde, mithin der Bürger auch nach Ergehen des Widerspruchsbescheids noch beschwert ist (13, 197). Der Anfechtungsklage ist zwar der ursprüngliche VA zugrunde zu legen, jedoch in der „Gestalt", dh **mit dem Inhalt u der Begründung** – nicht jedoch auch mit etwaigen Verfahrensfehlern –, die er **durch den Widerspruchsbescheid** – ggf auch bereits durch einen Abhilfebescheid gem § 72 oder durch einen sonstigen, formell gültigen, wenn auch vielleicht inhaltlich rechtswidrigen Ergänzungs- oder Änderungsbescheid der Ausgangsbehörde,[2] zB gem §§ 48ff VwVfG – erhalten hat.[3] Dazu gehört auch die Kostenentscheidung der Widerspruchsbehörde (VG Kassel NVwZ-RR 1999, 5). **Erst der Widerspruchsbescheid,** der selbst ein VA ist u schon deshalb auch nach allg Rechtsgrundsätzen (sofern er nicht nichtig ist), diese Wirkung hat,[4] gibt dem VA die für die gerichtliche Kontrolle **maßgebliche Gestalt** u auch Begründung, zB hins etwaiger Ermessenserwägungen.[5] Dies gilt nach freilich sehr umstrittener Auffassung selbst dann, wenn der ursprüngliche Akt kein VA war, sondern eine schlichte Willenserklärung, u erst nachträglich durch den Widerspruchsbescheid zu einem VA gemacht wurde.[6] Es gilt außerdem zB auch, wenn ein bereits unanfechtbarer VA durch einen 1

[1] Vgl DVBl 1983, 998 zu einer Abänderung, die durch einen Schriftsatz an das VG erklärt wurde.

[2] We NVwZ-RR 2003, 91 unter Berufung auf 62, 81f: Auch ein nach Erlaß des ursprünglichen VA u vor Erlaß des Widerspruchsbescheids ergangener Änderungsbescheid bestimmt den Gegenstand der Anfechtungsklage.

[3] 62, 81; 67, 180; Müller NJW 1982, 1370; Dawin NVwZ 1987, 873; s auch 9 u 11 zu § 68; 59u 63 zu § 113. Nach NVwZ-RR 1997, 132u Clausing JuS 1998, 923 verschmilzt § 79 Abs 1 Nr 1 Ausgangsbescheid u Widerspruchsbescheid zu einer prozessualen Einheit.

[4] DVBl 1967, 237; RÖ-Kothe 1; Sch-Pietzcker 1; Detterbeck Streitgegenstand 171; **aA** Müller NJW 1982, 1371; Dawin NVwZ 1987, 872: kein VA.

[5] 19, 330; NVwZ 1989, 768; NVwZ 1989, 279; DVBl 1990, 372 u 375; Buchh 310 § 68 VwGO Nr 29; Ma NVwZ 1990, 1085; Müller NJW 1982, 1371.

[6] 78, 3 = BayVBl 1988, 57 unter Hinweis auf die Maßgeblichkeit der „Gestalt", die ein Akt gem § 79 Abs 1 Nr 1 durch den Widerspruchsbescheid erhält; vgl auch 41, 307; 57, 161; 61, 186; Buchh 454.4 § 69 2. WoBauG Nr 3 S. 3; KR 18 zu § 35 VwVfG; krit Renck BayVBl 1988, 409; Gotzen Vr 1995, 254.

gleichwohl noch ergehenden Widerspruchsbescheid wieder anfechtbar wird (vgl 9 zu § 70; str).

Daß die **Ausgangsbehörde** in diesen Fällen gewissermaßen **auch** etwaige **Fehler** der Widerspruchsbehörde **mit zu vertreten** habe,[7] kann jedoch nicht behauptet werden. AusgangsVA u Widerspruchsbescheid sind auch bei einer gemeinsamen Anfechtung nach Abs 1 Nr 1 **keineswegs notwendigerweise** gem § 113 Abs 1 S 1 nur **gemeinsam aufzuheben** bzw die Klage nur insgesamt abzuweisen. Ausgangs- u Widerspruchsbescheid können insofern ein unterschiedliches rechtliches Schicksal erfahren, als auch im Fall der gemeinsamen Anfechtung eine isolierte Aufhebung des Widerspruchsbescheides vorzunehmen ist, wenn nur dieser rechtswidrig u rechtsverletzend ist (s näher 15 zu § 113).[8]

1 a Umstritten ist, ob § 79 eine Regelung der **Zulässigkeit** der Klage oder der Begründetheit darstellt; die Formulierung der Vorschrift spricht dafür, daß es sich um eine Regelung der Statthaftigkeit der Klage u damit der Zulässigkeit handelt.

§ 79 (außer Abs 2 S 3) ist **analog** auch auf Rechtsbehelfe gegen **behördliche Entscheidungen** hins der Vollziehbarkeit eines VA gem **§ 80 u § 80 a** anwendbar (s 140 zu § 80), außerdem auch auf Rechtsbehelfe gegen die **Einstellung des Vf** durch die Widerspruchsbehörde sowie gegen die **Kostenentscheidung** bzw **Kostenfestsetzung** im WiderspruchsVf (s unten 11).

2 Da Ausgangsbescheid u Widerspruchsbescheid grds als Einheit anzusehen sind, ist die **Klage gegen den Widerspruchsbescheid allein** nach § 79 nur dann zulässig, wenn er den Kl erstmalig beschwert (Abs 1 Nr 2) oder (über die Bestätigung des ursprünglichen belastenden VA hinaus) zusätzlich beschwert (Abs 2). Erstmalig beschwert ist zB ein BauASt, wenn eine **Baugenehmigung** auf den Widerspruch des Nachbarn hin durch die Widerspruchsbehörde **aufgehoben** wurde; ebenso die **Gemeinde,** wenn eine von der Ausgangsbehörde zunächst versagte Baugenehmigung auf den Widerspruch des BauASt hin durch die Widerspruchsbehörde erteilt u sie hierdurch in ihrer Planungshoheit beeinträchtigt wird. Dies gilt auch dann, wenn die Widerspruchsbehörde, statt selbst die Baugenehmigung zu erteilen, unter Aufhebung des Ablehnungsbescheids die **Ausgangsbehörde anweist,** die Baugenehmigung auszusprechen; der Ausführung der Weisung durch die Ausgangsbehörde kommt hier im Verhältnis zum Ausgangsbescheid **keine selbständige Bedeutung** zu (Lü NVwZ-RR 1999, 367). **Als Beschwer** idS ist es **zB,** da bei der Auslegung eines VA auch die Gründe heranzuziehen sind, mit denen der Widerspruch eines Dritten als unbegründet zurückgewiesen worden ist, auch anzusehen, wenn der Adressat des ursprünglichen VA – anders als die Widerspruchsbehörde – darin anstelle einer Bestätigung **eine ihn belastende Änderung** des ursprünglichen VA **sieht u** nach den für die Auslegung eines VA maßgebenden Grundsätzen (s dazu KR 18 f zu § 35 VwVfG) auch sehen kann; er kann dann die Bindung nur durch erfolgreiche Anfechtung des **Widerspruchsbescheids** vermeiden (DVBl 1990, 372).

Da der Erstbescheid in allen Fällen, in denen ein Widerspruchsbescheid ergangen ist, immer (nur) in der „Gestalt" fortgilt, die er durch diesen erhalten hat (Abs 1 Nr 1), hat der Kl (vorausgesetzt, daß auch die Voraussetzungen gem Abs 1 Nr 2, Abs 2 gegeben sind) immer **nur** die **Wahl zwischen der Anfechtung des Ausgangsbescheids in der Gestalt des Widerspruchsbescheids** gem Abs 1 Nr 1 („Einheitsklage") **oder** der Anfechtung **nur des Widerspruchsbe-**

---

[7] So 62, 81; 78, 3 = BayVBl 1988, 57 unter Hinweis auf § 78 Abs 2 Nr 1, § 79 Abs 1 Nr 1; Ma NVwZ 1990, 1085; Dawin NVwZ 1987, 872.

[8] Detterbeck Streitgegenstand 183; Kopp JuS 1994, 742 ff; NKVwGO-Wolff 141 zu 113; Scheerbarth 69 ff; Schenke 237; JZ 1996, 1010 f; **aA** Buchh 310 § 79 VwGO Nr 7, 13, 18; Ma NVwZ 1990, 1085; Mü BayVBl 1990, 312; Jäde 157 f, 163; BayVBl 1990, 696; Dawin NVwZ 1987, 852.

scheids gem Abs 1 Nr 2, Abs 2.[9] Der Kl kann in allen genannten Fällen nur zwischen den möglichen Klagen wählen. Eine Antragstellung im Verhältnis von Haupt- u Hilfsantrag scheitert an der Rechtshängigkeit des Streitggst „Widerspruchsbescheid" bei der sog Einheitsklage (**aA** Jäde BayVBl 1990, 696). Eine Einheitsklage ist allerdings nur anzuraten, wenn auch die Aufhebung des Ausgangsbescheides angestrebt u auch von dessen Rechtswidrigkeit ausgegangen wird (s 15 zu § 113). Da mit der Einheitsklage auch der Widerspruchsbescheid angegriffen ist, enthält der Klageantrag als minus automatisch auch das Begehren auf isolierte Aufhebung des Widerspruchsbescheides im Fall der Rechtmäßigkeit des „ursprünglichen" Ausgangsbescheides. Dies muß der Kl **nicht notwendig** ausdr im Klageantrag oder der Klagebegründung oder in der mV zur Niederschrift besonders zum Ausdruck bringen;[10] die übliche Fassung des Klageantrags, daß der Ausgangsbescheid u der Widerspruchsbescheid aufgehoben werden sollen, aber auch, daß der Ausgangsbescheid in der Gestalt des Widerspruchsbescheides aufgehoben werden soll, genügen hierfür. Vgl zur Entscheidung des Gerichts s unten 5.

2. Anwendbarkeit von § 79 auch auf Verpflichtungsklagen: § 79 regelt unmittelbar nur die Anfechtungsklage, gilt entspr aber auch für die Verpflichtungsklage insofern, als auch hier die Klage auf Erlaß eines VA nur dann u nur insoweit zulässig ist, als auch der Widerspruchsbescheid dem Antrag des Kl nicht stattgegeben hat (Ma NVwZ 1984, 328; vgl auch Mü BayVBl 1989, 758). Die Vorschrift ist außerdem entspr auch auf die **Klage auf Erlaß eines Widerspruchsbescheids** anzuwenden (zur Zulässigkeit dieser Klage s 12ff vor § 68); auch diese ist jedenfalls nur zulässig, wenn die Unterlassung der Entscheidung über den Widerspruch bzw, wenn bereits entschieden wurde, der Kl den Widerspruchsbescheid aber für fehlerhaft hält, die Unterlassung einer fehlerfreien Entscheidung über den eingelegten Widerspruch für den Kl eine erstmalige oder zusätzliche Beschwer bedeutet. Dies ist bei überhaupt noch fehlendem Widerspruchsbescheid immer der Fall, weil immer die Möglichkeit besteht, daß der Widerspruchsbescheid eine für den Kl günstigere Regelung bringt; bei lediglich fehlerhafter Entscheidung über den Widerspruch dagegen nur dann, wenn der Widerspruchsbescheid den Kl über die Bestätigung des ursprünglichen VA hinaus beschwert. S unten 7ff u 11ff. 3

3. Gemeinsame Anfechtung von Erstbescheid und Widerspruchsbescheid (Abs 1 Nr 1): Die Vorschrift betrifft den Regelfall der gemeinsamen Anfechtung von ursprünglichem VA u Widerspruchsbescheid (vgl dazu, daß auch der Widerspruchsbescheid VA ist, oben 2; ferner Dawin NVwZ 1987, 872). Konsequenzen für den maßgeblichen Zeitpunkt für die Beurteilung der Rechtmäßigkeit eines VA (s dazu 15 zu § 68; 29ff zu § 113) sind daraus jedoch nicht abzuleiten. Trotz der Formulierung des Abs 1 Nr 1 („in der Gestalt, die") ist es zulässig u weithin üblich, in allen Fällen, in denen nicht allein der Widerspruchsbescheid angefochten wird, die Anfechtungsklage gegen den **Erstbescheid u den Widerspruchsbescheid** zu richten (s 20 zu § 42). Entsprechendes gilt für die Tenorierung des Urteils (s 3 u 15f zu § 113). Abs 1 Nr 1 gilt **entspr** für Fälle, in denen der ursprüngliche VA **durch einen späteren Abhilfebescheid** oder **Änderungsbescheid geändert** wurde (Buchh 448.11 § 19 ZDG Nr 4; Mü NJW 1984, 681; Detterbeck Streitgegenstand 171 Fn 83). Ist der ursprüngliche **VA** durch einen Änderungsbescheid **ersetzt worden,** so wird 4

---

[9] Mü BayVBl 1990, 370 mwN; vgl auch Ma NVwZ 1990, 1085; **aA** Jäde BayVBl 1990, 696; ders, Verwaltungsverfahren 157f.

[10] Kopp JuS 1994, 743; **aA** BVerwG Buchh 310 § 79 VwGO Nr 13 u 18; Ma VBlBW 1987, 336; NVwZ 1990, 1085; NVwZ-RR 1997, 447.

dieser **nicht automatisch** in die Klage einbezogen; vielmehr bedarf es dazu einer (idR als zulässig anzusehenden) Klageänderung.[11]

5 **§ 79 Abs 1 Nr 1 schließt** – ebenso wie eine isolierte Aufhebung des Widerspruchsbescheids in einem Endurteil – auch **nicht aus,** daß **das Gericht** durch **Teilurteil nur den Widerspruchsbescheid aufhebt** (s 15 zu § 113) u das Vf hins der vorläufig bis zu einer erneuten Entscheidung über den Widerspruch wg insoweit noch fehlender Spruchreife aussetzt (70, 196; DÖV 1979, 791 mwN; Ba SächsVBl 2002, 94; Ks NVwZ 1988, 743; vgl auch 3 ff zu § 68), **wenn jedenfalls** hins des Widerspruchsbescheids die Voraussetzungen nach Abs 2 erfüllt sind u **der Widerspruchsbescheid fehlerhaft ist**[12] **bzw jedenfalls die Voraussetzungen** nach § 113 **für eine Aufhebung des ursprünglichen VA nicht gegeben** sind,[13] **sowie außerdem,** daß in der Sache auch eine andere Entscheidung ergehen hätte können (Mü BayVBl 1989, 758; s auch unten 14 a). Diese Voraussetzung ist vor allem **bei Ermessensentscheidungen** u Entscheidungen in Fragen, bei denen die Widerspruchsbehörde einen Beurteilungsspielraum (vgl 23 ff zu § 114) hat, idR erfüllt,[14] weil der Kl nur auf diese Weise erreicht, daß die Widerspruchsbehörde erneut durch einen fehlerfreien Widerspruchsbescheid über den Widerspruch zu befinden hat,[15] u dabei uU zu einem für ihn günstigeren Ergebnis kommt. **Dasselbe** muß – entgegen der noch hM – grds aber **auch** sonst allg, auch bei **rechtlich gebundenen Entscheidungen, u** ohne Rücksicht auf die Rechtmäßigkeit des ursprünglichen VA gelten,[16] weil aus der Regelung des VorVf in der VwGO, insb auch aus dem Zweck des VorVf (s 1 vor § 68), u aus der allg Stellung der Gerichte im gewaltenteiligen Staat folgt, daß ein **Gericht eine Sachentscheidung erst treffen soll, wenn die Verwaltung,** dh soweit ein VorVf vorgeschrieben ist, die Widerspruchsbehörde, in einem einwandfreien Vf u ohne zusätzliche Rechtsfehler **das letzte Wort in der Sache gesprochen hat.**[17] Die **„isolierte“ Aufhebung** des Widerspruchsbescheids hat in diesen Fällen zur Folge, **daß die Widerspruchsbehörde** unter Beachtung des für sie maßgeblichen Rechts erneut über den Bestand u den näheren Inhalt des ursprünglichen VA entscheiden muß (13, 198 = BayVBl 1962, 215; DÖV 1979, 791; 1985, 281; Seibert BayVBl 1983, 175).

6 **Entsprechendes** muß auch für **Verpflichtungsklagen** gelten (vgl oben 3; ferner Mü BayVBl 1989, 758), **wenn ein Widerspruchsbescheid noch** gar nicht **ergangen** ist **oder** der ergangene Widerspruchsbescheid an **Fehlern leidet, wg** denen eine gesonderte Anfechtung nach Abs 2 zulässig wäre; dies auch

---

[11] Vgl Mü BayVBl 1973, 383; NVwZ 1983, 616; s dazu 8 zu § 90; **aA** BFH BStBl II 1976, 551; II 1977, 517: „automatisch“ einbezogen.

[12] ZB wg eines Verfahrensverstoßes iSd Abs 2 S 2, vgl 13, 195; 70, 197; NJW 1983, 1413; Ks DÖV 1976, 607.

[13] 70, 197: wenn Widerspruchsbescheid fehlerhaft, Ausgangsbescheid dagegen rechtmäßig ist, so ist Widerspruchsbescheid aufzuheben u Anfechtungsklage iü abzuweisen; DVBl 1979, 242; DÖV 1979, 791; Ba SächsVBl 2002, 94; s auch 15 zu § 113; **aA** 62, 81; 78, 5; Dawin NVwZ 1987, 873.

[14] 13, 198; 61, 47 = NJW 1981, 1683; DÖV 1985, 281; DVBl 1990, 372; Ms 28, 253; Ks NVwZ 1988, 743; Bettermann NJW 1958, 81; RÖ-Kothe 2 b; Sch-Pietzcker 6; Seibert BayVBl 1983, 174; zT **aA** 19, 330; Ba NVwZ-RR 2002, 410; Müller NJW 1982, 1371.

[15] 13, 1951; Ks DVBl 1967, 358; Mü BayVBl 1987, 622; Reigl NJW 1966, 2202; vgl allg auch BVerwG 49, 308 mwN.

[16] **AA** 61, 49 = NJW 1981, 1683; NVwZ 1999, 641; Ma NVwZ 1990, 1085 mwN; Mü BayVBl 1987, 622; P § 9, 26; Sch-Pietzcker 2, 17; Seibert BayVBl 1983, 175.

[17] Kopp VerfR 245; BayVBl 1977, 522 ff; Gutachten 78; Schenke 262; DÖV 1996, 529 ff; JZ 1996, 1010 f für besonders gelagerte Fälle auch BVerwG 21, 208; 39, 265 u Ks MDR 1967, 245; anders die wohl hM, vgl BVerwG 61, 46 = NJW 1981, 1683, ua unter Hinweis darauf, daß sich auch aus § 46 VwVfG nichts anderes ergebe; s auch 28 ff; 83 ff, insb 91; 102 ff zu § 113. Zur Zulässigkeit schon der Beschränkung der Klage in diesem Fall auf die Aufhebung des Widerspruchsbescheids s unten 7 ff, 11 ff.

schon deshalb, weil die Verpflichtungsklage nach hM immer zugleich auch die Anfechtung vorausgegangener abweichender VAe einschließt.[18] Wenn der Kl **seine Klage auf den Widerspruchsbescheid beschränkt,** ist **nur dieser** aufzuheben, sofern u soweit dieser eine selbständige oder zusätzliche Beschwer enthält u fehlerhaft ist, um damit – das WiderspruchsVf wird wieder anhängig (vgl 13, 198; Mü BayVBl 1985, 468) – den **Weg frei** zu machen **für einen neuen,** für den Kl günstigeren **Widerspruchsbescheid.**[19] Grds ist die **Klage** dabei auch schon **auf Verpflichtung der Widerspruchsbehörde** zur erneuten Entscheidung über den Widerspruch zu richten (s 12 f vor § 68; 2 zu § 115; str). Der auf den Widerspruchsbescheid beschränkten Klage kommt vor allem bei Ermessensentscheidungen erhebliche praktische Bedeutung zu, weil dem Gericht hier jede Prüfung versagt ist (§ 114).

Auch **wenn Verpflichtungsklage** in der Sache (zugleich mit dem unselbständigen Antrag auf Aufhebung des ablehnenden VA u des Widerspruchsbescheids; s 29 zu § 42) erhoben ist, muß das Gericht grds seine Entscheidung **jedenfalls in Ermessenssachen** (bzw wenn in der Sache der Behörde ein Beurteilungsspielraum eingeräumt ist) **auf die Aufhebung des** Widerspruchsbescheids beschränken, wenn dieser eine selbständige oder zusätzliche Beschwer enthält u fehlerhaft ist.[20]

4. Anfechtung des Abhilfebescheids oder des Widerspruchsbescheids bei erstmaliger Beschwer (Abs 1 Nr 2): Erstmalige Beschwer durch einen Widerspruchsbescheid liegt **bei allen VAen mit Drittwirkung** vor, wenn ein ursprünglich den Dritten begünstigender VA durch den Widerspruchsbescheid zu dessen Nachteil abgeändert wurde. Die Neufassung des Abs 1 Nr 2 durch das 6. VwGOÄndG hat keine inhaltliche Änderung herbeigeführt. Nicht mehr verwendet wird allerdings der Begriff des „Dritten"; damit entfällt das früher bestehende Erfordernis, den Adressaten eines begünstigenden VA bei Aufhebung aufgrund eines Drittwiderspruchs als Dritten zu bezeichnen (zum Begriff des Dritten s NVwZ-RR 1995, 614). Nach der Änderung nennt Abs 1 Nr 2 auch den **Abhilfebescheid,** der erstmalig eine Beschwer enthält, ohne damit eine inhaltliche Änderung ggü der früheren Rechtslage herbeizuführen. Eine Anfechtungsmöglichkeit besteht im Bereich der Selbstverwaltungsangelegenheiten für die Gemeinde bei allen sie belastenden Widerspruchsbescheiden (s auch unten 9 sowie 140 zu § 42). 7

Abs 1 Nr 2 zeigt zugleich, daß der durch den – im WiderspruchsVf aufgehobenen – AusgangsVA Begünstigte mittels einer **Anfechtungsklage** u **nicht** im Wege einer **Verpflichtungsklage** sein Rechtsschutzziel (Wiedererlangung der Begünstigung) erreichen kann u muß.[21] Deshalb besteht etwa der Rechtsschutz eines Bauherrn, dessen Baugenehmigung auf einen Widerspruch des Nachbarn hin aufgehoben wurde, in einer Anfechtungsklage gegen den Widerspruchsbescheid, wobei der Nachbar gem § 65 Abs 2 notwendig beizuladen ist (Ma NVwZ-RR 2001, 543). Die Anfechtungsklage schließt hier als speziellere u rechtsschutzintensivere Klageart die Verpflichtungsklage aus.[22]

Die **Beschwer** kann auch in der (möglichen; vgl unten 12 u 24) **Verletzung einer Verfahrensvorschrift** iSd Abs 2 S 2 (s unten 13 f) liegen, auch **zB** darin, 8

---

[18] 41, 180; DÖV 1976, 783; s auch – zugleich zu abw A – 29 zu § 42.

[19] **AA** 69, 92; 77, 244: kein RS I für eine nur gegen den Widerspruchsbescheid in einer Kriegsdienstverweigerungssache gerichtete Klage, mit der die örtliche Unzuständigkeit der Widerspruchsbehörde geltend gemacht wird; die Klage ist auf die Anerkennung als Kriegsdienstverweigerer zu richten.

[20] **AA** NVwZ 1987, 320: nur abschließende Entscheidung in der Sache, auch wenn über den Widerspruch eine sachlich nicht zuständige Behörde entschieden hat.

[21] Ma NVwZ-RR 2001, 543; We LKV 1999, 194; B-Funke-Kaiser 13; Ey-Happ 14; Schenke 281 a; Sch-Pietzner 9.

[22] Hufen § 14, 18; Schenke 281 a; **aA** im Namensänderungsrecht Ms NWVBl 1997, 20.

daß die Widerspruchsbehörde **auf einen unzulässigen** oder einen sachlich beschränkten **Widerspruch hin** eine den Dritten belastende Regelung trifft, die nur nach den Grundsätzen über den Widerruf oder die Rücknahme begünstigender VAe zulässig wäre.[23] Zur Zulässigkeit der **Anfechtungsklage von Selbstverwaltungskörperschaften,** insb Gemeinden, gegen Widerspruchsbescheide in Angelegenheiten, in denen sie als erste Instanz entschieden hatten, s 140 zu § 42.

9 **Abs 1 Nr 2 ist entspr anwendbar** auf die **Verfügung der Einstellung des Vf** durch die Widerspruchsbehörde (vgl Ks NJW 1971, 1717; Petermann BayVBl 1973, 349 zu § 79 Abs 2 S 1) u auf die **Kostenentscheidung** im Widerspruchsbescheid bzw Einstellungsbescheid sowie auf die **Kostenfestsetzung** für das Widerspruchsverfahren.[24] Hieraus kann sich auch bei Angelegenheiten im übertragenen Wirkungskreis der Gemeinden eine Klagebefugnis der Gemeinde wg Beeinträchtigung ihrer Finanzhoheit (138 zu § 42) dann ergeben, wenn in einem Widerspruchsbescheid der Betrag der von ihr gem § 80 Abs 3 S 1 zu erstattenden Aufwendungen festgesetzt wird (NVwZ-RR 2001, 326). **Keine entspr Anwendung** findet Abs 1 Nr 2 (und damit auch § 78 Abs 2) im Vf nach § 80 Abs 5, wenn die VzA erst von der Widerspruchsbehörde getroffen worden ist (s näher 93 zu § 80; Mü BayVBl 1988, 86).

10 Die Klage ist in den Fällen des Abs 1 Nr 2, Abs 2 immer **gegen den Rechtsträger** zu richten, **dem die Widerspruchsbehörde angehört** (§ 78 Abs 2);[25] dies gilt auch, sofern nur die Kostenentscheidung im Widerspruchsbescheid angegriffen wird (str; s unten 15; ferner 15 zu § 78).

11 **5. Anfechtung des Widerspruchsbescheids wegen zusätzlicher Beschwer (Abs 2): a)** Nach Abs 2 kann – muß jedoch nicht! – die Klage auch allein, dh ohne gleichzeitige Anfechtung auch des AusgangsVA, gegen den Widerspruchsbescheid gerichtet werden, wenn dieser eine zusätzliche selbständige Beschwer enthält, dh den Kl zusätzlich in formellen oder materiellen Rechten beeinträchtigt. Das ist immer dann sinnvoll, wenn der Kl nicht ohnehin auch gegen den Erstbescheid vorgehen will, etwa, weil er ihn – anders als den Widerspruchsbescheid – nicht als rechtsfehlerhaft, sondern nur als unzweckmäßig ansieht, oder weil er sich von einer neuen Entscheidung über den Widerspruch, auf die er dann Anspr hat (s 12 f vor § 68), eine für ihn günstigere neue Entscheidung in der Sache durch Aufhebung oder Änderung des Ausgangsbescheids durch den Widerspruchsbescheid, etwa aufgrund einer anderen Beurteilung der Zweckmäßigkeit durch die Widerspruchsbehörde, erhofft. Wenn u soweit allerdings der Kl auch den AusgangsVA als rechtsfehlerhaft ansieht u eine Aufhebung begehrt, bleibt es bei der Regel des Abs 1 Nr 1 u ist nicht etwa im Weg der Klagenhäufung gem § 44 der Ausgangsbescheid gem Abs 1 Nr 1, der Widerspruchsbescheid nach Abs 2, anzugreifen (mißverständlich insoweit Weides JuS 1992, 53 Fn 2).

Zusätzliche selbständige Beschwer iSv Abs 2 S 1: **Jede Änderung des ursprünglichen VA zuungunsten des durch diesen VA Belasteten.**[26] Eine zusätzliche selbständige Beschwer ist damit zum einen gegeben, wenn die im Widerspruchsbescheid ausgesprochene **Regelung selbst** (ihr Tenor) eine ggü dem

---

[23] 65, 318 f; BayVBl 1969, 99; Simon BayVBl 1969, 100; s auch 9 ff zu § 68; zur Widerspruchsentscheidung zur Sache, obwohl die Widerspruchsfrist versäumt war, auch RÖ-Kothe 7 zu § 70; **aA** BVerwG 45, 357; 61, 50 unter Hinw darauf, daß, wenn kein Ermessen u kein Beurteilungsspielraum der Behörde, die Anhörung auch noch vor Gericht nachgeholt werden könne. S auch unten 13.

[24] Schmidt BayVBl 1977, 19; vgl auch 20 zu § 68; **aA** Mü BayVBl 1976, 495; 1988, 630; vgl auch Mü BayVBl 1965, 65 mit Anm Kratzer.

[25] Vgl auch Mü NJW 1978, 443; BayVBl 1988, 629; ferner oben 14 zu § 78.

[26] 17, 150; Ko DÖV 1992, 315; Mü BayVBl 1973, 554; Juhnke BayVBl 1991, 138; ME VerwA 1966, 284; Sch-Pietzcker 12; **aA** Weides JuS 1992, 53 Fn 2; RÖ-Kothe 9: bei reformatio in peius nur, wenn VA in seinem Wesen geändert wird; Scheerbarth 98: bei reformatio in peius nicht § 79 Abs 2 S 1, sondern nur § 79 Abs 1 Nr 1 anwendbar.

AusgangsVA **zusätzliche Belastung** enthält. In diesen Fällen der reformatio in peius durch den Widerspruchsbescheid ist die isolierte Anfechtung zulässig.[27] Eine zusätzliche selbständige Beschwer kann aber auch dann vorliegen, wenn keine Änderung im Entscheidungstenor vorliegt, sondern durch den Kl ein **zusätzlicher materiellrechtlicher Fehler** des Widerspruchsbescheids **behauptet** wird. Das trifft auch dort zu, wo der Kl davon ausgeht, nur der Widerspruchsbescheid weise – obwohl im Ergebnis nicht vom AusgangsVA abweichend – einen **Ermessensfehler** auf[28] (s auch 15 zu § 113). Die gegenteilige Ansicht (ausf Ma NVwZ 1990, 1085 f) überzeugt nicht. Es bereitet bei einem nur der Widerspruchsentscheidung anhaftenden Ermessensfehler keinerlei Schwierigkeiten, hierin eine **selbständige Beschwer** iSd § 79 Abs 2 S 1 zu sehen. Da bei Ermessensentscheidungen die Begründung einen wesentlichen Teil des VA beinhaltet u regelmäßig erst auf ihrer Grundlage ein endgültiges Urteil über dessen Rechtmäßigkeit zu fällen ist, läßt sich eine selbständige Beschwer nicht wg der fehlenden Änderung des Tenors der Entscheidung verneinen. Dies ist zudem damit nicht vereinbar, daß trotz unveränderten Tenors eine selbständige Beschwer jedenfalls dann anerkannt wird (so auch Ma NVwZ 1990, 1086), wenn die Widerspruchsbehörde **überhaupt keine Ermessenserwägungen angestellt** u es bei dem ursprünglichen VA belassen hat. Zusätzlich verdeutlicht die Regelung des § 79 Abs 2 S 2, daß das Vorliegen einer selbständigen Beschwer nicht von der Veränderung des Entscheidungstenors abhängt. Weshalb bei materiellrechtlichen Fehlern etwas anderes als bei Verfahrensfehlern gelten soll, ist nicht einsichtig (s näher auch Schenke JZ 1996, 1010).

Weitere Beispiele für die isolierte Anfechtbarkeit des Widerspruchsbescheids bilden: Widerspruchsbescheid ohne Sachentscheidung, da Widerspruchsbehörde von der Unzulässigkeit des Widerspruchs ausgeht (zT **aA** DÖV 1981, 178: kein RS I); umgekehrt: Entscheidung zur Sache, obwohl Widerspruch unzulässig (DVBl 1989, 874); fehlende Berücksichtigung einer Veränderung der Rechts- oder Sachlage (Schenke 242; Sch-Pietzcker 13); Behauptung einer inhaltlich fehlerhaften Begründung des Widerspruchsbescheids (bei gebundener Entscheidung bedarf es aber zusätzlich eines besonders zu begründenden RSB); die Nichtausübung der Befugnis der Widerspruchsbehörde zur umfassenden Nachprüfung des Erstbescheids;[29] die Behandlung eines Nicht-VA als VA u Entscheidung über den Widerspruch dagegen zur Sache (Martens NVwZ 1988, 689; **aA** 78, 3 = NVwZ 1988, 51).

Abs 2 ist außerdem **entspr anwendbar** auch auf **die Einstellung des Vf** durch die Widerspruchsbehörde (Ks NJW 1971, 1717; iE auch Petermann BayVBl 1973, 349, der jedoch unmittelbare Anwendbarkeit annimmt) u auf die **bescheidmäßige Feststellung** (s auch 2 u 9 zu § 72), **daß der Widerspruch wg** Nichtzahlung eines aufgrund besonderer gesetzlicher Vorschriften geforderten Kostenzuschusses als **zurückgenommen** behandelt wird oder unzulässig geworden ist (**aA** Mü BayVBl 1976, 495; Petermann BayVBl 1973, 349; Geiger BayVBl 1979, 106), sowie auf **ähnliche bescheidmäßige Feststellungen** bei Erledigung des Widerspruchs ohne Sachentscheidung (vgl 9 zu § 73) u auf die **Kostenentscheidung bzw Kostenfestsetzung** im Widerspruchsverfahren.[30]

---

[27] Sch-Pietzcker 13; zur Frage der Zulässigkeit der reformatio in peius s 10 zu § 68.

[28] Näher Kopp JuS 1994, 742 ff; Schenke JZ 1996, 1010 f: schon deshalb zwingend, weil hier kein Aufhebungsanspr hins des AusgangsVA besteht; Sch-Pietzcker 6; **aA** Ma NVwZ 1990, 1086; B-Funke-Kaiser 18; so wohl auch Ey-Happ 20.

[29] Ko DÖV 1982, 828; Mü BayVBl 1982, 406; Ms NVwZ 1986, 135 – unzulängliche, zu allg Erwägungen; Dawin NVwZ 1987, 873; iE auch BVerwG 13, 198; 57, 148; DÖV 1979, 793, wo dies jedoch als Verfahrensmangel gem Abs 2 S 2 angesehen wird.

[30] Schmidt BayVBl 1977, 19; zur Feststellung, daß die Zuziehung eines Bevollmächtigten im VorVf notwendig war, auch BVerwG 55, 300; Mü BayVBl 1989, 758; vgl auch Mü BayVBl 1988, 630; **aA** Mü BayVBl 1965, 65; 1973, 554; 1976, 495. S auch oben 9.

Analoge Anwendung des § 78 Abs 2: Nach Abs 2 S 3 findet auf die isolierte Anfechtung des Widerspruchsbescheids § 78 Abs 2 analoge Anwendung. Dies gilt jedoch nicht, wenn der ursprüngliche VA zunächst zusammen mit dem Widerspruchsbescheid angefochten wurde u die Klage erst im BerufungsVf auf die zusätzliche Beschwer durch den Widerspruchsbescheid beschränkt wurde (s oben 5 u 6; 15 zu § 78; DVBl 1987, 238).

12 **b) Für die Zulässigkeit der Klage** ist nicht Voraussetzung, daß eine Beschwer, dh die Verletzung einer Rechtsvorschrift, die zumindest auch dem Schutz des Kl dient, tatsächlich vorliegt. In entspr Anwendung des § 42 Abs 2 muß die nicht gänzlich entfernt liegende **Möglichkeit einer RVerletzung genügen.** Die Frage, ob tatsächlich nachteilige Rechtswirkungen für den Kl vorliegen, ist ebenso wie die Frage der Rechtswidrigkeit eine Frage der Begründetheit der Klage. Vgl im einzelnen 59 u 65 ff u 78 ff zu § 42. Die isolierte Klage gegen den Widerspruchsbescheid ist nicht nur bei Ermessensentscheidungen, sondern **auch bei gebundenen VAen zulässig.**[31]

13 **c) Wesentliche Verfahrensvorschriften** iSd Abs 2 S 2 sind nicht nur die **Vorschriften der VwGO,** sondern auch solche des **Landesrechts,** insb auch die auch im WiderspruchsVf anwendbaren Vorschriften des VwVfG bzw der entspr Landesgesetze (vgl § 79 VwVfG) u die **allg Grundsätze des Verwaltungsverfahrensrechts** (s die Zusammenstellung bei Kopp VerfR mwN; zur Anwendung auch im WiderspruchsVf 14 ff, 17 ff vor § 68), zB Entscheidung **ohne** die **gebotene hinreichende Sachaufklärung;**[32] **ohne** durch Gesetz ausdr vorgeschriebene oder nach allg Grundsätzen gebotene (s 1 f zu § 71) **Anhörung** des Betroffenen (§ 71);[33] ohne **Beteiligung einer Behörde,** deren Mitwirkung im Interesse des Kl durch Gesetz vorgeschrieben ist (9, 69; 11, 195; 12, 195; 17, 195); durch eine **unzuständige Widerspruchsbehörde;** durch einen **befangenen Amtsträger;** unter **irrtümlicher Beschränkung der Überprüfung** einer Ermessensentscheidung nur auf die Rechtmäßigkeit (Ey-Happ 25; s auch oben 11); ohne infolge einer Gesetzesänderung gebotene **erneute Ermessenserwägungen** (Ks NVwZ 1988, 743); **ohne** die nach § 73 vorgeschriebene **Begründung;**[34] **Abweisung** eines rechtzeitig erhobenen Widerspruchs **als verspätet**[35] **usw.**[36] – Nicht unter Abs 2 S 2 fällt eine **Verletzung** lediglich **verwaltungsinterner Vorschriften** wie Richtlinien usw (DÖV 1986, 109).

14 **Abs 2 S 2 schließt** als **Sonderregelung** sowohl die Anwendung von **§ 44 a** (RÖ-Kothe 10) als auch von **§ 46 VwVfG** u von vergleichbaren Bestimmungen

---

[31] Ms VRspr 1976, 761; RÖ-Kothe 8; Groschupf DVBl 1962, 634; Juhnke BayVBl 1991, 141; **aA** BVerwG 13, 34; 44, 17; 45, 351; 49, 307; 61, 49 = NJW 1981, 1683; NVwZ 1999, 641; Sahlmüller BayVBl 1973, 545: bei gebundenen VAen fehle das RS I; vgl auch oben 5; ferner 35 vor § 40; s auch BVerwG 61, 67; BayVBl 1985, 123: keine isolierte Aufhebung des Widerspruchsbescheids, wenn der VA jedenfalls im Ergebnis rechtmäßig ist; mit Einschränkungen bei Verstoß gegen § 71 NVwZ 1999, 1218.

[32] Vgl Schnapp SGb 1988, 314; Martens DÖV 1988, 956 Fn 71 mwN zur Rspr der Finanzgerichte; allg zum Problem unten 164 zu § 113; sehr str.

[33] Vgl NVwZ 1999, 1219; BSG Breith 1999, 1086; Br NJW 1983, 1869: Klage zulässig u begründet jedenfalls dann, wenn eine andere Entscheidung in der Sache getroffen werden hätte können; v Mutius 204; Stelkens NVwZ 1982, 83; RÖ-Kothe 10, 9 a zu § 73; ferner OLG Köln NJW 1980, 1531; **aA** wohl zu gebundenen Entscheidungen BVerwG 45, 351; 61, 50; BayVBl 1980, 725; DÖV 1981, 178; einschränkend NVwZ 1999, 1218.

[34] Ma NVwZ 1990, 1085 = JA 1991, 374; Ey-Happ 25; RÖ-Kothe 10; Kopp VerwA 1970, 246.

[35] Ko VRspr 27, 120; Ma DÖV 1981, 299; Ms VRspr 27, 761; v Mutius 196.

[36] ZT **aA** 61, 47 = NJW 1981, 1683; DVBl 1981, 683 – in 61, 365 nicht mit abgedruckt –: nur bei Ermessensentscheidungen; bei gebundenen Entscheidungen kein RSB für eine isolierte Anfechtung.

(Ma 46, 309; RÖ-Kothe 10; Schenke JZ 1996, 1011; Sch-Pietzcker 15; Würt 312) **aus.** In Betracht kommen **nur Vorschriften u** Grundsätze, die **zumindest auch dem Schutz des Kl,** dh nicht nur der Wahrung öffentlicher Interessen, dienen (vgl 83ff zu § 42; **aA** wohl allg Schnapp SGb 1988, 315). Die Verletzung der Verfahrensvorschrift muß außerdem für die im VA zum Ausdruck gekommene (materielle) Beschwer **kausal** sein („beruht"), dh es muß die (wenn auch uU nur entfernte) Möglichkeit bestehen, daß der Verfahrensmangel sich auf das Ergebnis ausgewirkt hat (Br NJW 1983, 1869; Sch-Pietzcker 15; Schenke 243f). Wie sich aus der Teleologie des Abs 2 S 2 (Sicherung der Rechtsschutzfunktion des Widerspruchsverfahrens, Entlastung der Verwaltungsgerichte) u seiner Anlehnung an die Vorschriften des Revisionsrechts (vgl §§ 132 Abs 2 Nr 3, 137 Abs 1 sowie § 545 Abs 1 ZPO) ergibt, ist die Möglichkeit, daß sich der Verfahrensverstoß ausgewirkt hat, nur ausgeschlossen, wenn er offensichtlich ohne Einfluß auf den Inhalt der Entscheidung geblieben ist. Dies ist selbst bei gebundenen VAen nicht allg anzunehmen,[37] wie sich schon daraus ergibt, daß die ordnungsgemäße Durchführung des WiderspruchVf (insb die Anhörung) jedenfalls insoweit entscheidungserheblich sein kann, als sie den Widerspruchsführer zur Rücknahme seines Widerspruchs hätte veranlassen können (s auch NVwZ 1999, 1218). Dementsprechend kann eine isolierte Anfechtung auch nicht mangels RSBses als unzulässig angesehen werden.[38]

d) Klagegegner. Die Klage ist – anders als wenn Ausgangs-VA u Widerspruchsbescheid zusammen angefochten werden (s 15 zu § 78) – in entspr Anwendung von § 78 Abs 2 iVm Abs 1 Nr 1 **gegen die Körperschaft** zu richten, **der die Widerspruchsbehörde angehört,** bzw, sofern die Widerspruchsbehörde selbst gem § 78 Abs 2 iVm Abs 1 Nr 2 Bekl sein kann, gegen diese selbst;[39] dies gilt auch für die **Klage gegen die Kostenentscheidung** im Widerspruchsbescheid u die Kostenfestsetzung durch die Widerspruchsbehörde[40] sowie **für isolierte Kostenentscheidungen** der Widerspruchsbehörde nach Erledigung der Hauptsache (Mü BayVBl 1985, 350 mwN; 1988, 628). 15

6. Klagegegenstand bei Änderung oder Ersetzung des ursprünglichen VA: Änderungen des ursprünglichen VA oder seine Ersetzung durch einen neuen VA außerhalb des WiderspruchsVf werden von § 79 nicht erfaßt. Soweit eine Änderung vor Klageerhebung erfolgte, kann der VA nur in der geänderten Form, dh nur insoweit Gegenstand der Klage sein, als die ursprünglich damit verbundene Beschwer noch fortbesteht (sonst kommt allenfalls eine FFK nach § 113 Abs 1 S 4 in Betracht). Soweit der neue VA, der die Änderung bewirkte, eine zusätzliche Beschwer enthält, unterliegt er der **selbständigen Anfechtung.** Zur Notwendigkeit eines neuen VorVf s 23 zu § 68. 16

Ist die **Änderung** oder Ersetzung erst **nach Klageerhebung** erfolgt, so bleibt zwar der geänderte VA, soweit die Änderung die Beschwer nicht beseitigt, weiterhin Gegenstand der Klage. Eine im Änderungsbescheid liegende zusätzliche Beschwer bzw der VA, der den angefochtenen VA ersetzt, werden jedoch **nicht** 17

---

[37] Ms 27, 761; RÖ-Kothe 9; Schenke 244; **aA** DVBl 1987, 238; NVwZ 1999, 641; Mü BayVBl 1989, 758; 1990, 370; Ms NVwZ-RR 2003, 615; Bosch/Schmidt § 20 III 2c; P § 9, 26; Sch-Pietzcker 15; iVm § 71 wird auch durch BVerwG NVwZ 1999, 1219 bei rechtlich gebundenen VAen eine Kausalität für grds möglich gehalten, da bei Durchführung einer Anhörung der Widerspruchsführer uU seinen Widerspruch zurückgenommen hätte.

[38] RÖ-Kothe 8; Jacobj, 303; Schenke JZ 1996, 1010f; Stein 153; **aA** NVwZ 1988, 347; NVwZ-RR 1999, 1218; Ms NVwZ-RR 2003, 615; Sch-Pietzcker 15.

[39] Mü BayVBl 1983, 530; 1988, 629; Theuersbacher BayVBl 1978, 18; RÖ-Kothe 3 zu § 78; Ey-Happ 27; **aA** Mü NJW 1978, 443 = BayVBl 1978, 16: gegen die Ausgangsbehörde.

[40] Buchh 424.01 § 147 FlurbG Nr 3; Mü BayVBl 1988, 628; Pietzner BayVBl 1979, 114; Schmidt BayVBl 1977, 19; **aA** für die Kostenentscheidung Mü BayVBl 1965, 65; 1975, 56; 1976, 495.

automatisch Gegenstand der anhängigen Klage, sondern können nur im Wege einer Klageänderung (§ 91) in diese einbezogen werden (s 8 zu § 90; 5 zu § 91; Ms DÖV 1966, 726).

§ 80 [Aufschiebende Wirkung]

(1) **Widerspruch und Anfechtungsklage**[12 ff] **haben aufschiebende Wirkung.**[1 ff] **Das gilt auch bei rechtsgestaltenden und feststellenden Verwaltungsakten sowie bei Verwaltungsakten mit Doppelwirkung (§ 80 a).**[15, 43]

(2) **Die aufschiebende Wirkung**[22 ff] **entfällt nur**

1. **bei der Anforderung von öffentlichen Abgaben und Kosten,**[56 ff]
2. **bei unaufschiebbaren Anordnungen und Maßnahmen von Polizeivollzugsbeamten,**[64]
3. **in anderen durch Bundesgesetz**[65 ff] **oder für Landesrecht durch Landesgesetz**[68 ff] **vorgeschriebenen Fällen, insbesondere für Widersprüche und Klagen Dritter gegen Verwaltungsakte, die Investitionen oder die Schaffung von Arbeitsplätzen betreffen,**
4. **in den Fällen, in denen die sofortige Vollziehung im öffentlichen Interesse oder im überwiegenden Interesse eines Beteiligten von der Behörde, die den Verwaltungsakt erlassen oder über den Widerspruch zu entscheiden hat, besonders angeordnet wird.**[71, 78 ff]

Die Länder können auch bestimmen, daß Rechtsbehelfe keine aufschiebende Wirkung haben, soweit sie sich gegen Maßnahmen richten, die in der Verwaltungsvollstreckung durch die Länder nach Bundesrecht getroffen werden.[68 ff]

(3) **In den Fällen des Absatzes 2 Nr. 4 ist das besondere Interesse**[90ff] **an der sofortigen Vollziehung des Verwaltungsakts schriftlich zu begründen.**[84 ff] **Einer besonderen Begründung bedarf es nicht, wenn die Behörde bei Gefahr im Verzug, insbesondere bei drohenden Nachteilen für Leben, Gesundheit oder Eigentum vorsorglich eine als solche bezeichnete Notstandsmaßnahme im öffentlichen Interesse trifft.**

(4) **Die Behörde, die den Verwaltungsakt erlassen oder über den Widerspruch zu entscheiden hat,**[110 ff] **kann in den Fällen des Absatzes 2 die Vollziehung aussetzen, soweit nicht bundesgesetzlich etwas anderes bestimmt ist.**[107 ff] **Bei der Anforderung von öffentlichen Abgaben und Kosten kann sie die Vollziehung auch gegen Sicherheit aussetzen.**[117] **Die Aussetzung soll bei öffentlichen Abgaben und Kosten erfolgen, wenn ernstliche Zweifel an der Rechtmäßigkeit des angegriffenen Verwaltungsakts bestehen oder wenn die Vollziehung für den Abgaben- oder Kostenpflichtigen eine unbillige, nicht durch überwiegende öffentliche Interessen gebotene Härte zur Folge hätte.**[115 f]

(5) **Auf Antrag kann das Gericht der Hauptsache**[142 ff] **die aufschiebende Wirkung in den Fällen des Absatzes 2 Nr. 1 bis 3 ganz oder teilweise anordnen, im Falle des Absatzes 2 Nr. 4 ganz oder teilweise wiederherstellen.**[120 ff] **Der Antrag ist schon vor Erhebung der Anfechtungsklage zulässig.**[139] **Ist der Verwaltungsakt im Zeitpunkt der Entscheidung schon vollzogen, so kann das Gericht die Aufhebung der Vollziehung anordnen.**[176 ff] **Die Wiederherstellung der aufschiebenden Wirkung kann von der Leistung einer Sicherheit oder von anderen Auflagen abhängig gemacht werden.**[169 f] **Sie kann auch befristet werden.**[169]

(6) **In den Fällen des Absatzes 2 Nr. 1 ist der Antrag nach Absatz 5 nur zulässig, wenn die Behörde einen Antrag auf Aussetzung der Vollziehung ganz oder zum Teil abgelehnt hat.**[182 ff] **Das gilt nicht, wenn**

1. die Behörde über den Antrag ohne Mitteilung eines zureichenden Grundes in angemessener Frist sachlich nicht entschieden hat oder
2. eine Vollstreckung droht.[186]

(7) **Das Gericht der Hauptsache kann Beschlüsse über Anträge nach Absatz 5 jederzeit ändern oder aufheben.**[190 ff] **Jeder Beteiligte kann die Änderung oder Aufhebung wegen veränderter oder im ursprünglichen Verfahren ohne Verschulden nicht geltend gemachter Umstände beantragen.**[196 ff]

(8) **In dringenden Fällen kann der Vorsitzende entscheiden.**[145, 187, 190]

Vgl §§ 86 a, 86 b SGG; § 69 FGO

Schrifttum: *Bamberger,* Die verwaltungsgerichtliche vorläufige Einstellung genehmigungsfreier Bauvorhaben, NVwZ 2000, 983; *Bausch,* Reichweite des Rechtsschutzes nach § 80 V VwGO zur Vermeidung der Kostenbelastung nach Ersatzvornahme, NVwZ 2006, 158; *Beckmann,* Sind die in der Literatur und Judikatur vertretenen diversen Theorien zur Zuständigkeitskonkurrenz zwischen Erlass- und Widerspruchsbehörde gem § 80 Abs 2 S 1 Nr 4 VwGO nachvollziehbar und schlüssig?, NVwZ 2004, 184; *ders,* Die Kostenforderung im Focus des § 80 Abs 2 S 1 Ziff 1 VwGO, VR 2003, 181; *Bornemann,* „Privatrundfunk" in öffentlicher Verantwortung und öffentlich-rechtlicher Trägerschaft, ZUM 1992, 483; *Bracher,* Vorläufiger Rechtsschutz im Streit um Beförderungsplanstellen und Beförderungsdienstposten, ZBR 1989, 139; *Breunig,* Konkurrenzverhältnisse im Rundfunkrecht, VBlBW 1993, 45; *Brühl,* Vorläufiger Rechtsschutz im Verwaltungsstreitverfahren, JuS 1995, 818; *Budroweit/Wuttke,* Der vorläufige Rechtsschutz bei Verwaltungsakten mit Drittwirkung (§§ 80, 80 a VwGO), JuS 2006, 876; *Burkholz,* Der Untersuchungsgrundsatz im verwaltungsgerichtlichen Eilverfahren, 1988; *Burmeister,* Der einstweilige Rechtsschutz des Nachbarn gegen Baugenehmigungen im Lichte verwaltungsprozeß- und baurechtlicher Novellierungen, NordÖR 1999, 330; *Debus,* Überwiegendes Vollzugsinteresse wegen gesetzlichen Ausschlusses der aufschiebenden Wirkung, NVwZ 2006, 49; *Dressel,* Gedanken zur Reform des vorläufigen Rechtsschutzes der VwGO, Perspektiven jenseits der 4. VwGO-Novelle, BayVBl 1995, 388; *Dunkl/Möller/Baur/Feldmeier/Wetekamp,* Handbuch des vorläufigen Rechtsschutzes, 3. Aufl 1999; *Ebert,* Darlegungslasten der Versammlungsbehörde mit Blick auf das verwaltungsgerichtliche Eilverfahren, ThürVBl 2007, 25, 49; *Ehle,* Anm zu München BayVBl 1996, 633, BayVBl 1997, 344; *Ekardt/Beckmann,* Vorläufiger Rechtsschutz zwischen Beschleunigungs- und Internationalisierungstendenzen im Verwaltungsrecht, DÖV 2006, 672; *Finger,* Der Zugang zur deutschen Verwaltungsgerichtsbarkeit unter gemeinschaftsrechtlichem Einfluss, JA 2005, 228; *Finkelnburg/Jank,* Vorläufiger Rechtsschutz im Verwaltungsstreitverfahren 4. Aufl 1998; *Grigoleit,* Die Anordnung der sofortigen Vollziehbarkeit gem § 80 Abs 2 Nr 4 VwGO als Verwaltungshandlung, 1997; *ders,* Zu den Anforderungen an die Begründung des öffentlichen Interesses an der sofortigen Vollziehung eines Verwaltungsaktes, NJ 1998, 272; *Große,* Roma locuta, causa finita?, Der Beschluss des BVerwG zum Flughafen Berlin-Schönefeld, NVwZ 2005, 773; *Grosse Hündfeld,* Zum vorläufigen Rechtsschutz im Baurecht nach §§ 80, 80 a VwGO, Gelzer-FS 1991, 303; *Günther,* Einstweiliger Rechtsschutz im Vorfeld der Beförderung, NVwZ 1986, 697; *ders,* Konkurrentenstreit und kein Ende? – Bestandsaufnahme zur Personalmaßnahme Beförderung, ZBR 1990, 284; *ders,* Gerichtlicher Vollziehbarkeitsaufschub vor Erhebung von Widerspruch, DÖD 1999, 121; *Guckelberger,* Zulässigkeit und Anfechtbarkeit verwaltungsgerichtlicher Hängebeschlüsse, NVwZ 2001, 275; *Haibach,* Vorläufiger Rechtsschutz im Spannungsfeld von Gemeinschaftsrecht und Grundgesetz, DÖV 1996, 60; *ders,* Überlegungen zu einer Reform des vorläufigen Rechtsschutzes, ZRP 1996, 173; *Happ,* Verfassungsrechtliches zu einer Interessenabwägung im Verfahren nach § 80 V VwGO?, NVwZ 2005, 282; *Haurand/Vahle,* Das Eilverfahren in der VwGO, VR 1992, 117; *Heberlein,* Der Verwaltungsakt mit Doppelwirkung im Sofortverfahren, BayVBl 1991, 396; *ders,* Die Verweisung auf § 80 Abs 6 VwGO – ein Redaktionsversehen?, BayVBl 1993, 743; *Heckmann,* Der Sofortvollzug staatlicher Geldforderungen 1992; *Heydemann,* Der Vorrang einer behördlichen Entscheidung vor dem einstweiligen Rechtsschutz durch das VG, NVwZ 1993, 419; *Hörtnagl/Stratz,* Die Neuordnung des vorläufigen Rechtsschutzes durch das 4. VwGOÄndG, VBlBW 1991, 326; *Huba,* Grundfälle zum vorläufigen Rechtsschutz nach der VwGO, JuS 1990, 382, 805, 983; *Huber N,* § 212 a Abs 1 BauGB und die Auswirkungen auf den einstweiligen Rechtsschutz nach § 80 Abs 5 VwGO, NVwZ 2004, 915; *Jäde,* Sofortvollzug bei aussichtslosem Nachbarwiderspruch NVwZ 1986, 87; *ders,* Vorrang der Behördenentscheidung bei einstweiligem Nachbarrechtsschutz, UPR 1991, 295; *Jahn,* Anordnung sofortiger Vollziehung von Verwaltungsakten bereits vor Rechtsbehelfseinlegung, BayVBl 1988, 552; *Jakobs,* Der vorläufige Rechtsschutz im Prüfungsrecht, VBlBW 1984, 129; *ders,* Eine Magna Jurisprudentia des vorläufigen Rechtsschutzes, VBlBW 1990, 446; *Jarass,* Konflikte zwischen EG-Recht und nationalem Recht vor den Gerichten der Mitgliedstaaten, DVBl 1995, 954; *Kaller,* Vorläufiger Rechtsschutz im Verwaltungsstreitverfahren, LKV 1991, 226; *Kallerhoff,* Aufschiebende Wirkung, LKV 1991, 237; *Kaltenborn,* Die formellen Anforderungen an eine Anordnung der sofortigen Vollziehbarkeit gem § 80 Abs 2 S 1 Nr 4, Abs 3 VwGO, DVBl 1999, 828; *Kamp,* Das gerichtliche Abänderungsverfahren im einstweiligen Rechtsschutz – insbesondere sein Verhältnis zum Beschwerdeverfahren, NWVBl 2005, 248; *Kaplonek/Mittag,* Nachbarschutz im öffentlichen Baurecht, JA 2006, 664; *Kirste,* Rechtsschutz bei faktischer Vollziehung, DÖV 2001, 397; *Kopp,* Vereinheitlichung und Vereinfachung des vorläufigen Rechtsschutzes gem §§ 80, 80 a, 113 III 2 und 123 VwGO, ZRP 1993, 457; *ders,* Nochmals: Die Verweisung auf § 80 Abs 6 VwGO – ein Redaktionsversehen? Erwiderung auf Heberlein BayVBl 1993, 743 und 1991, 396, BayVBl 1994, 524; *Kotulla,* Der Suspensiveffekt des § 80 Abs 1 VwGO, ein Rechtsschutzinstrument auf Abruf?, DV 2000, 521; *Krämer,* Vorläufiger Rechtsschutz in VwGO-Verfahren, 1998; *Kraus,* Die „ernstlichen Zweifel" im verwaltungsgerichtlichen und finanzgerichtlichen Aussetzungsverfahren, ThürVBl 2005, 176; *Kuhla,* Der vorläufige Rechtsschutz in Planfeststellungsrecht, NVwZ 2002, 542; *Leiner,* Rechtsschutz binnen Wochenfrist: Die Eilentscheidung nach § 36 AsylVfG, NVwZ 1994, 239; *Leipold,* Grundlagen des einstweiligen Rechtsschutzes, 1971; *Limberger,* Probleme des vorläufigen Rechtsschutzes bei Großprojekten, 1985; *Loos,* Vorläufiger Rechtsschutz im Verwaltungsrecht: Das Verfahren nach § 80 Abs 5, JA 2001, 698; *Lücke,* Vorläufige Staatsakte, 1991; *MacLean,* Die gerichtliche Zwischenverfügung („Hängebeschluß") im Verfahren des einstweiligen Rechtsschutzes, LKV 2001, 107; *Mainczyk/Bonnmann,* Ausschluß der aufschiebenden Wirkung im Städtebaurecht, ZfBR 1997, 281; *Mampel,* Baurechtlicher Drittschutz nach der Deregulierung, UPR 1997, 267; *ders,* Vorläufiger Rechtsschutz gegen Verwaltungsakte mit Doppelwirkung nach dem 6. VwGOÄndG, DVBl 1997, 1155; *ders,* Teilweise Aussetzung der Vollziehung einer Baugenehmigung?, BauR 2000, 1817; *Odenthal,* Strafbewehrter VA und verwaltungsgerichtliches Eilverfahren, NStZ 1991, 418; *Pache/Knauff,* Zum Verhältnis von Ausgangs- und Widerspruchsbehörde nach den Regelungen der VwGO, DÖV 2004, 656; *Pagenkopf,* Die VwGO-Novelle – Augenmaß und Schlichtheit, DVBl 1991, 285; *Papier,* Ungelöste Fragen beim vorläufigen Rechtsschutz im öffentlich-rechtlichen Nachbarrecht, VerwA 1973, 283, 399; *Pechstein,* Der einstweilige Rechtsschutz des Nachbarn im Baurechtsstreit, JuS 1989, 194; *Peter,* Konkurrentenrechtsschutz im Beamtenrecht, JuS 1992, 1042; *Pietzcker,* Richtervorlage im Eilverfahren?, in: J. Ipsen ua (Hg), Verfassungsrecht im Wandel, 1995, S. 623; *Pitschas,* Vorläufiger Rechtsschutz, in: Stober (Hg), Rechtsschutz im Wirtschaftsverwaltungs- und Umweltrecht, 1993, 118; *Postier,* Vollziehungsanordnung, LKV 1992, 232; *ders,* Kapitel K: Rechtsschutz, in: Hoppenberg (Hg), Handbuch des öffentlichen Baurechts (Loseblattausgabe, Stand: September 1995); *Proppe,* Einstweiliger Rechtsschutz nach §§ 80 Abs 5 und 80 a Abs 3 VwGO, JAÜbBlRef 1991, 102; *ders,* Einstweiliger Rechtsschutz nach §§ 80 Abs 5 und 80 a Abs 3 VwGO, JA 1992, 62; *ders,* Die Methodik der gerichtlichen Entscheidung nach § 80 Abs 5 VwGO, JA 2004, 324; *Redeker,* Die Neugestaltung des vorläufigen Rechtsschutzes in der VwGO-Novelle, NVwZ 1991, 526; *ders,* Bauvorbescheid und aufschiebende Wirkung von Rechtsmitteln, NVwZ 1998, 589; *Reimer,* Gesetzgebungsbefugnis und sofortige Vollziehbarkeit, BayVBl 1991, 743; *ders,* Ernstliche Zweifel an der Rechtmäßigkeit des angefochtenen VA, NVwZ 1992, 338; *Renck,* Verwaltungsaktwirkungen, Rechtsmittelwirkungen und vorläufiger Rechtsschutz, BayVBl 1994, 161; *ders,* Zum Schadensersatz bei Vollstreckung eines zu Unrecht sofort vollziehbaren Verwaltungsakts, NVwZ 1994, 1177; *Roeser/Hänlein,* Das Abänderungsverfahren nach § 80 VII VwGO und der Grundsatz der Subsidiarität der Verfassungsbeschwerde, NVwZ 1995, 1082; *Ronellenfitsch,* Der vorläufige Rechtsschutz im beamtenrechtlichen Konkurrentenstreit, VerwA 1991, 121; *Rudolph/Rasehorn,* Die Vermutung der Verfassungsmäßigkeit verfassungswidriger Gesetze – unwiderlegbar? (Zum effektiven vorläufigen Rechtsschutz bei vermutlich verfassungswidrigen Gesetzen), JA 1991, 156; *Ruffert,* Suspensiveffekt und Wirtschaftsstandort Deutschland – Vorläufiger Rechtsschutz nach dem 6. VwGOÄndG, NVwZ 1997, 654; *Sauthoff,* Sofortvollzug und vorläufiger Rechtsschutz, NVwZ 1988, 697; *Schenke,* Probleme des vorläufigen Rechtsschutzes gemäß § 80 Abs 5 VwGO, DVBl 1986, 9; *ders,* Rechtsprechungsübersicht zum Verwaltungsprozeß, Teil IV, JZ 1996, 1155; *ders,* Der vorläufige Rechtsschutz zwischen Rechtsbewahrung und Flexibilitätsanforderungen, VBlBW 2000, 56; *ders,* Probleme der Vollziehungsanordnung gemäß § 80 Abs 2 S 1 Nr 4, § 80 Abs 1 Nr 1 und Abs 2 VwGO, VerwA 2000, 587;

Schmaltz, Probleme des vorläufigen Rechtsschutzes im Baunachbarrecht, DVBl 1992, 220; *J. Schmidt,* Zum richtigen Ag im Anwendungsverfahren auch § 80 Abs 5 VwGO, VBlBW 1985, 319; *Th. Schmitt,* Richtervorlagen in Eilverfahren?, 1997; *Schnellenbach,* Zum vorläufigen Rechtsschutz bei der Einstellungs- und Beförderungsamts-Konkurrenz, NVwZ 1990, 637; *ders,* Konkurrentenschutz bei Stellenbesetzung im öffentlichen Dienst, DÖD 1990, 153; *Schoch,* Vorläufiger Rechtsschutz und Risikoverteilung im Verwaltungsrecht, 1988; *ders,* Grundfragen des verwaltungsgerichtlichen vorläufigen Rechtsschutzes, VerwA 1991, 145; *ders,* Der vorläufige Rechtsschutz im 4. VwGOÄndG, NVwZ 1991, 1121; *ders,* Der verwaltungsprozessuale vorläufige Rechtsschutz (Teil I): Aufschiebende Wirkung und Anordnung der sofortigen Vollziehung, Jura 2001, 671; Teil II: Das gerichtliche Aussetzungsverfahren, Jura 2002, 37; Teil III: Die einstweilige Anordnung, Jura 2002, 318; *Scholz,* Die aufschiebende Wirkung von Widerspruch und Anfechtungsklage gem § 80 VwGO, Menger-FS 1985, 641; *Schuster,* Anmerkung zum Beitrag „Gerichtliche Eilentscheidung bei Großvorhaben – Das Beispiel Schönefeld", DVBl 2005, 1488; *Schütze,* Vorläufiger Rechtsschutz im Folgeantragsverfahren, insbesondere, wenn keine neue Abschiebungsandrohung erlassen wird (§ 71 Abs 5 AsylVfG), VBlBW 1995, 346; *Sellner,* Die Anordnung der sofortigen Vollziehung durch das Gericht nach § 80 a Abs 3 VwGO, Lerche-FS 1993; *Spranger,* Der widerrufene Einberufungsbescheid – Zur Suspensivwirkung des unzulässigen Widerspruchs, NVwZ 1999, 147; *Stollmann,* Vorläufiger Rechtsschutz von Konkurrenten im Krankenhausrecht, NVwZ 2006, 425; *Stüer/Hönig,* Gerichtliche Eilentscheidung bei Großvorhaben, DVBl 2005, 953; *Terwiesche,* Der Verstoß gegen die Begründungspflicht in § 80 Abs 3 S 1 VwGO und seine Rechtsfolgen, NWVBl 1996, 461; *Tietje,* Die Heilung von Begründungsmängeln im verwaltungsgerichtlichen Verfahren, DVBl 1998, 124; *Timmler,* Maßstab und Rechtsnatur der Aussetzungsentscheidung nach § 80 Abs 5 Satz 1 VwGO, 1993, zugl Diss. Köln 1992; *Triantafyllou,* Zur Europäisierung des vorläufigen Rechtsschutzes, NVwZ 1992, 129; *Warendorf,* Änderungen der VwGO für das Verfahren erster Instanz, NWVBl 1991, 109; *Weßling,* Die sog „Drittbeteiligungsfälle" im Bereich des vorläufigen Rechtsschutzes, JAÜbBlStud 1993, 231; *Wilhelmi,* Vorläufiger Rechtsschutz eines nicht berücksichtigten Programmanbieters gegen die Entscheidung der Bayerischen Landeszentrale für neue Medien, ZUM 1992, 229; *de Witt,* Gerichtliche Eilentscheidung bei Großvorhaben, DVBl 2006, 292; *Wittkowski,* Die Konkurrentenklage im Beamtenrecht (unter besonderer Berücksichtigung des vorläufigen Rechtsschutzes), NJW 1993, 817; *Wolfers,* Vollziehung eines Investitionsvorrangbescheides vor Entscheidung gemäß § 80 V VwGO, VIZ 1994, 585; *Wüterich,* Aussetzung der Vollziehung und Säumniszuschläge, NVwZ 1987, 959; *Zacharias,* Ausgewählte Grundfragen des vorläufigen Rechtsschutzes im Verwaltungsprozeß, JA 2002, 345. – **Zum nationalen vorläufigen Rechtsschutz und Gemeinschaftsrecht:** *Brinker,* Vorläufiger Rechtsschutz im nationalen Gerichtsverfahren und Europarecht, NJW 1996, 2851; *Burgi,* Deutsche Verwaltungsgerichte als Gemeinschaftsgerichte, DVBl 1995, 772; *ders,* Verwaltungsprozeß und Europarecht, 1996; *Classen,* Die Europäisierung der Verwaltungsgerichtsbarkeit – Eine vergleichende Untersuchung zum deutschen, französischen und europäischen Verwaltungsprozeßrecht, 1996; *Dänzer-Vanotti,* Der Gerichtshof der Europäischen Gemeinschaften beschränkt vorläufigen Rechtsschutz, BB 1991, 1015; *v Danwitz,* Die Eigenverantwortung der Mitgliedstaaten für die Durchführung von Gemeinschaftsrecht, DVBl 1998, 421; *v Fragstein,* Die Einwirkungen des EG-Rechts auf den vorläufigen Rechtsschutz nach deutschem Verwaltungsrecht, 1997; *Gornig,* Zum vorläufigen Rechtsschutz bei auf EG-Verordnungen beruhenden Verwaltungsakten, JZ 1992, 36; *Haibach,* Gemeinschaftsrecht und vorläufiger Rechtsschutz durch nationale Gerichte, 1995; *ders,* Gemeinschaftsrecht und vorläufiger Rechtsschutz durch mitgliedstaatliche Gerichte, 1994; *ders,* Vorläufiger Rechtsschutz im Spannungsfeld von Gemeinschaftsrecht und Grundgesetz, DÖV 1996, 60; *Hauser,* Europa im deutschen Verwaltungsprozeß (3): Vorläufiger Rechtsschutz und Gemeinschaftsrecht, VBlBW 2000, 377; *Jannasch,* Vorläufiger Rechtsschutz und Europarecht, VBlBW 1997, 361; *ders,* Einwirkungen des Gemeinschaftsrechts auf den vorläufigen Rechtsschutz, NVwZ 1999, 495; *Jarass,* Konflikte zwischen EG-Recht und nationalem Recht vor den Gerichten der Mitgliedstaaten, DVBl 1995, 954; *Koch,* Zur Vorlagepflicht nationaler Gerichte an den EuGH im Verfahren des vorläufigen Rechtsschutzes, NJW 1995, 2331; *Lecheler,* Infrastrukturplanung zwischen Beschleunigung, Öffentlichkeitsbeteiligung und Rechtsschutzerfordernissen, DVBl 2005, 1533; *Lehr,* Einstweiliger Rechtsschutz und europäische Union, 1997; *Leupold,* Keine Letztentscheidungskompetenz des EuGH im Verfahren des einstweiligen Rechtsschutzes, NVwZ 1995, 553; *Mankowski,* Einstweiliger Rechtsschutz und Vorlagepflicht nach Art. 177 EWG-Vertrag, JR 1993, 402; *Ohler/Weiß,* Einstweiliger Rechtsschutz vor nationalen Gerichten und Gemeinschaftsrecht, NJW 1997, 2221; *Rohde,* Vorläufiger Rechtsschutz unter dem Einfluß des Gemeinschaftsrechts, 1998; *Sandner,* Probleme des vorläufigen Rechtsschutzes gegen Gemeinschaftsrecht vor nationalen Gerichten, DVBl 1998, 262; *Schenke,* Der vorläufige Rechtsschutz zwischen Rechtsbewahrung und Flexibilitätsanforderungen, VBlBW 2000, 56; *Schlemmer-Schulte,* Gemeinschaftsrechtlicher vorläufiger Rechtsschutz und Vorlagepflicht, EuZW 1991, 307; *Schoch,* Vorläufiger Rechtsschutz zwischen Vorrang des EG-Rechts, Letztentscheidungsbefugnis des EuGH und Rechtsschutzeffektivität, SGb 1992, 118; *ders,* Grundfragen des verwaltungsgerichtlichen vorläufigen Rechtsschutzes, VerwA 1991, 145 ff; *ders,* Die Europäisierung des vorläufigen Rechtsschutzes, DVBl 1997, 289; *Schwarze,* Vorläufiger Rechtsschutz im Widerstreit von Gemeinschaftsrecht und nationalem Verwaltungsverfahrens- und Prozeßrecht, Börner-FS 1992, 389; *ders,* Europäische Rahmenbedingungen für die Verwaltungsgerichtsbarkeit, NVwZ 2000, 241; *Sommermann,* Der vorläufige Rechtsschutz zwischen europäischer Anpassung und staatlicher Verschlankung – Zur Zukunft des Grundsatzes der aufschiebenden Wirkung, Blümel-FS 1999, 523; *Stern,* Die Einwirkung des europäischen Gemeinschaftsrechts auf die Verwaltungsgerichtsbarkeit, JuS 1998, 769; *v Stülpnagel,* Der einstweilige Rechtsschutz nach § 80 VwGO und die Durchführung von gemeinschaftsrechtlichen Verordnungen, DÖV 2001, 932; *Triantafyllou,* Zur Europäisierung des vorläufigen Rechtsschutzes, NVwZ 1992, 129; *Ukrow,* Richterliche Rechtsfortbildung durch den EuGH – Dargestellt am Beispiel der Erweiterung des Rechtsschutzes des Marktbürgers im Bereich des vorläufigen Rechtsschutzes und der Staatshaftung, 1995; *Voß,* Einstweiliger Rechtsschutz bei Zweifeln an der Gültigkeit von europäischem Gemeinschaftsrecht, RLW 1996, 417; *Wägenbaur,* Die jüngere Rechtsprechung der Gemeinschaftsgerichte im Bereich des vorläufigen Rechtsschutzes, EuZW 1996, 327.

– **Zu Rechtsmitteln im vorläufigen Rechtsschutzverfahren** s die Nachw bei § 146.

Übersicht

1. Allgemeines: a) Funktion, Ausgestaltung und Anwendungsbereich des vorläufigen Rechtsschutzes. Die zuletzt durch das 6. VwGOÄndG geänderte u durch § 80b ergänzte Vorschrift regelt zusammen mit § 80a, § 123 u § 47 Abs 6 den **vorläufigen** (einstweiligen) **Rechtsschutz** durch die Verwaltungsgerichte sowie in Abs 1–4 u 6 sowie § 80a Abs 1 u 2 zT auch das entspr **Verwaltungsverfahren.** 1

§ 80 soll ebenso wie die anderen genannten Bestimmungen in Ausfüllung der Rechtsweg- u Rechtsschutzgarantie des Art 19 Abs 4 GG, die auch den Schutz gegen vorläufige Rechtsnachteile mit umfaßt,[1] als Folge aus dem Rechtsstaatsprinzip u ggf auch aus den in einer Sache betroffenen Grundrechten[2] sicherstellen, daß vor Unanfechtbarkeit eines belastenden VA nicht vollendete Tatsachen geschaffen u Rechte beeinträchtigt werden können, ohne daß die Betroffenen die Möglichkeit wirksamen Rechtsschutzes haben.[3] Zugleich erfüllen die §§ 80, 80a u 123 – auch insoweit –, zusammen mit der allg, den Behörden im Rahmen ihrer Ermächtigungen zu endgültigen Regelungen durch VA grds zukommenden Befugnis zu vorläufigen Regelungen,[4] eine interimistische Befriedungsfunktion (Schoch VerwA 1991, 145). Die Koppelung der aW mit der Anfechtung von VAen beinhaltet zwar einen besonders wirksamen vorläufigen Rechtsschutz; sie ist aber verfassungsrechtlich nicht – auch nicht als Grundsatz – zwingend geboten.[5]

Im Licht des Verfassungsrechts sind bei der Auslegung u Anwendung der dem vorläufigen Rechtsschutz dienenden Bestimmungen u Grundsätze nicht nur Art 19 Abs 4 GG u die in einer Sache uU betroffenen Grundrechte zu berücksichtigen, sondern auch die betroffenen, ebenfalls letztlich aus dem Verfassungsrecht, ua auch aus dem Erfordernis effektiven Handelns der Behörden zur Erfüllung der öffentlichen Aufgaben u zur Wahrung des Gemeinwohls, begründeten öffentlichen Interessen.

---

[1] BVerfG 11, 233; 35, 274, 402; BVerwG 33, 42; 43, 340; Schl NVwZ 1992, 687 mwN u 689 mwN; BK-Schenke 412 ff zu Art 19 Abs 4 GG.

[2] BVerfG 35, 274; 44, 118; s allg auch 11 ff zu § 1.

[3] BVerfG 11, 233; 35, 274, 402; 67, 58; 69, 372; NVwZ 1982, 241; DVBl 1985, 1015; BVerwG 1, 11; 16, 292; 53, 51; DVBl 1974, 566.

[4] Vgl dazu KR 18 zu § 9 VwVfG mwN; BayVBl 1968, 236; zT krit Lücke 57.

[5] BVerfG 51, 285; NVwZ-RR 1991, 365; BK-Schenke 413 zu Art 19 Abs 4 GG; Ekardt/Beckmann DÖV 2006, 676.

2 Erfordernisse effektiven vorläufigen Rechtsschutzes gem Art 19 Abs 4 GG können in extensiver Auslegung von § 80 Abs 5 bzw § 80 a Abs 3 ausnahmsweise auch **vorbeugende Anordnungen** des Gerichts des Inhalts notwendig machen, daß das Gericht feststellt, daß die Behörde einen bestimmten VA nicht nach Abs 2 S 1 Nr 4 für sofort vollziehbar erklären darf (BezG Erfurt DVBl 1992, 778; Schenke JZ 1996, 1159). Umgekehrt können überwiegende öffentliche Interessen, selbst wenn durch die Vollziehbarkeit eines VA Grundrechte in schwerwiegender Weise betroffen werden, es ausnahmsweise rechtfertigen, den Rechtsschutzanspr auch eines Grundrechtsträgers einstweilen zurückzustellen, um unaufschiebbare Maßnahmen im Interesse des allg Wohls rechtzeitig in die Wege zu leiten (BVerfG NJW 1991, 1531; vgl auch BVerfG 44, 120 f = NJW 1977, 892). Entsprechendes gilt bei überwiegenden Interessen Dritter an der Vollziehbarkeit eines sie begünstigenden VA, insb wenn auch auf ihrer Seite die Wahrung u Verwirklichung von Grundrechten auf dem Spiel steht.

3 Weder aus den in der Sache betroffenen Grundrechten noch aus Art 19 Abs 4 GG ergibt sich eine generelle „Präjudizwirkung" zu Gunsten bzw zu Ungunsten der aufschiebenden Wirkung (aW) bzw der Vollziehbarkeit eines VA.[6]

4 Der vorläufige (einstweilige) Rechtsschutz in §§ 80, 80 a, 80 b, § 123 u § 47 Abs 6 ist insgesamt **wenig systematisch** geregelt. Insb fehlt eine einheitliche, übergreifende Konzeption des vorläufigen Rechtsschutzes.[7] Vor allem aber ist die **Regelung** auch **lückenhaft**[8] u bedarf der Ergänzung durch allg Grundsätze, die von der Rspr u Rechtslehre zT in Anlehnung an § 940 ZPO u aufgrund von Art 19 Abs 4 GG (vgl zB auch unten 9) erst entwickelt werden mußten, etwa zum **Begriff der aufschiebenden Wirkung** (s unten 22 ff) u zu **inhaltlichen Maßstäben** (s dazu unten 90 ff, 113 ff, 152 ff) für die von den Behörden bzw den Gerichten zu treffenden Entscheidungen.[9] Zur sog **„faktischen" Vollziehung** unten 20 u 181.

5 Als **Ausdruck eines allg Rechtsgedankens** u als Folgerung aus Verfassungsgrundsätzen (vgl oben 1) sind die §§ 80 ff u 123, soweit ausdr Vorschriften fehlen, zT **sinngemäß auch in anderen Rechtsgebieten** anwendbar, in denen ein vergleichbares Bedürfnis für vorläufigen Rechtsschutz ggü hoheitlichen Maßnahmen[10] besteht, zB auf VAe nach dem BauGB, für die der VRW nicht gegeben ist (OLG Koblenz NVwZ 1984, 678 – zum BBauG). Die §§ 80, 80 a, 80 b sind auch **auf nichtige VAe** (s auch unten 50) anwendbar (**aA** Ms NVwZ-RR 1993, 234), nicht hingegen auf **Nicht-VAe.**[11] Deshalb unterfallen den §§ 80, 80 a u 80 b selbst solche Verwaltungsmaßnahmen nicht, die zwar eine Regelung beinhalten, diese aber nicht auf Außenwirkung gerichtet ist. Das gilt auch für nicht auf Außenwirkung gerichtete Regelungen im Beamtenverhältnis (**aA** Kotulla DV 2000, 523 Fn 13; Sch-Schoch 310) wie zB eine Umsetzung oder eine sonstige den Beamten nicht in seiner Rechtsstellung betr dienstinterne Weisung. § 126

---

[6] BVerfG NVwZ-RR 1991, 356; BK-Schenke 413 zu Art 19 Abs 4 GG; Kotulla DV 2000, 555; s aber zur Bedeutung der gesetzgeberischen Grundentscheidungen gem Abs 1 u 2 näher 114; zT **aA** BVerfG 35, 274; 51, 284; NVwZ 1982, 241: verfassungsrechtlich geboten, daß die aW die Regel, die Vollziehung die Ausnahme sein muß.

[7] Vgl zu einer Reform u insb Vereinfachung die Forderung des 54. DJT 1982, Beschlüsse; ferner RÖ-M. Redeker 2; Schoch 1771, ders NVwZ 1991, 1121; Huba JuS 1990, 990; Kopp ZRP 1993, 457.

[8] Vgl Schenke DVBl 1986, 9; Golitschek BayVBl 1989, 319; Schoch NVwZ 1991, 1126.

[9] Vgl die Kritik von Schoch 1573 ff; VerwA 1991, 145 u NVwZ 1991, 1124, insb auch Fn 50: „In Wahrheit handelt es sich um einen Skandal, den unter Entscheidungszwang stehenden Gerichten den Entscheidungsmaßstab vorzuenthalten".

[10] LSG Berlin NVwZ 1986, 424: Folgerung aus Art 19 Abs 4 GG; Sa RiA 1985, 259; Br NVwZ 1988, 651.

[11] Bln DVBl 1976, 950; Ma VBlBW 1988, 146; Ms NJW 1975, 794; Sa RiA 1985, 259; Brühl JuS 1995, 628; Schenke 957; Sch-Schoch 67; **aA** Mgd JMBl ST 1998, 332.

Abs 3 BRRG, nach dem für alle Klagen des Beamten aus dem Beamtenverhältnis die Vorschriften des 8. Abschnitts der VwGO entsprechend gelten, läßt sich nichts anderes entnehmen. Zu einer entspr Anwendung des § 80 käme es nur dann, wenn der Rechtsschutz gegen solche Maßnahmen mittels einer Anfechtungsklage zu bewerkstelligen wäre, was aber nach allgM nicht zutrifft. Zudem wäre es bei einer Erstreckung des § 80 auf verwaltungsinterne Regelungen im Beamtenverhältnis unverständlich, weshalb zwar Widerspruch u Anfechtungsklage, die sich gegen eine Abordnung oder Versetzung richten, nach § 126 Abs 3 Nr 3 BRRG keine aufschiebende Wirkung besitzen, dies aber nicht für förmliche Rechtsbehelfe gelten soll, die sich gegen Regelungen im Betriebsverhältnis richten. Wenn es nicht um den vorläufigen Schutz gegen Eingriffsakte geht, sondern um vorläufige sonstige Maßnahmen, hat entspr der auch für die Abgrenzung der Anwendungsbereiche von § 80 u § 123 geltenden Grundsätze (s unten 12) § 123 Vorrang (BVerfG 40, 166 = NJW 1978, 693; LSG Hessen NVwZ 1986, 423).

Zu **Besonderheiten** des **vorläufigen Rechtsschutzes gegen Rechtsvorschriften** s 148 ff zu § 47; im Asylrecht BVerfG 94, 166: Verfassungsmäßigkeit von Einschränkungen des vorläufigen Rechtsschutzes; NVwZ-Beil 1995, 2; EuGRZ 1997, 502: zum Anspr auf rechtliches Gehör; Ma VBlBW 1997, 111; Bln NVwZ-Beil 1995, 85; zur Tatsachenermittlung im Asylrecht Groß/Kainer DVBl 1997, 1315. Zum vorläufigen Rechtsschutz gegen Regelungen des Geschäftsverteilungsplans eines Gerichts VG Hannover NJW 1990, 3227. 6

Zu Ausnahmen von der Anwendbarkeit der §§ 80, 80 a, 80 b – Entsprechendes gilt auch für § 123 – auf **behördliche Verfahrenshandlungen** gem § 44 a (s hierzu 4 zu § 44 a) s unten 50. Zu Ausnahmen aufgrund besonderer gesetzlicher Bestimmungen in Wahlstreitigkeiten s auch VG München NVwZ 1990, 400 (zum Kommunalwahlrecht). 7

Zum vorläufigen Rechtsschutz gegen Maßnahmen der **Verwaltungsvollstreckung** s auch 20 zu § 167.

Mit dem Suspensiveffekt bei RMittel (s 1 vor § 124), der den Eintritt der RKraft aufschiebt, hat § 80 nichts zu tun (Papier VerwA 1973, 284). Die VGe sind durch die aW oder durch ein anhängiges Vf nach § 80 Abs 5 oder 7 auch nicht gehindert, die Hauptsacheklage rechtskräftig abzuweisen. 8

§ 80 wird **ergänzt** durch: **a)** das aus Art 19 Abs 4 GG abzuleitende allg verfassungsrechtliche Gebot, daß hoheitliche Eingriffe, insb auch die Vollziehung von VAen u die Verfolgung etwa gegebener Ordnungswidrigkeiten,[12] grds nicht so kurzfristig angeordnet u durchgeführt werden dürfen, daß die Betroffenen gerichtlichen Rechtsschutz nicht oder nicht mehr rechtzeitig in Anspr nehmen können;[13] **b)** Vorschriften in den VwVGen, die Vollstreckungshandlungen erst nach Eintritt der Unanfechtbarkeit oder sofortigen Vollziehbarkeit (§ 80 Abs 2) des zu vollstreckenden VA zulassen (zB § 6 VwVG; s dazu auch unten 27 f); **c)** Rechtsvorschriften, die bestimmte sonstige Vollziehungshandlungen, das Gebrauchmachen von Erlaubnissen, die Verhängung von Geldbußen usw von der Erfüllung besonderer Voraussetzungen, insb der Unanfechtbarkeit des zugrundeliegenden VA oder dessen sofortiger Vollziehbarkeit, abhängig machen (vgl Renck DÖV 1972, 343; Kopp DÖV 1973, 86; ferner unten 77); **d)** Rechtsvorschriften, die sonstige Folgerungen an die Vollziehbarkeit oder aW knüpfen, zB § 361 Abs 3 AO, wonach nach Aussetzung eines Grundlagenbescheides auch der Folgebescheid auszusetzen ist. 9

---

[12] Vgl BVerfG NJW 1987, 2219: keine Vollziehung des VA oder Verfolgung einer Ordnungswidrigkeit, solange über einen Antrag nach § 80 Abs 5 noch nicht entschieden ist.

[13] BVerfG NJW 1987, 2219; BVerwG 16, 289; 17, 83; BGH DVBl 1981, 188; Hbg NJW 1981, 1750; Mü BayVBl 1988, 370; ME VerwA 1964, 282; Sauthoff NVwZ 1988, 697; BK-Schenke 425 zu Art 19 Abs 4 GG; OLG Celle NJW 1977, 444: Zuwiderhandlungen in derartigen Fällen nicht strafbar.

10 **Bedenken gegen die Verfassungsmäßigkeit** von § 80 Abs 1 bis 4 sind **nicht veranlaßt,** da die aufschiebende Wirkung (aW) in unmittelbarem Zusammenhang mit der Gewährleistung effektiven gerichtlichen Rechtsschutzes steht (s oben 1) u auch die Regelungen bzgl der sofortigen Vollziehbarkeit von VAen nur das Gegenstück dazu darstellen, insb die VzA einem VA nur die ihm seinem Wesen nach grds zukommende sofortige Vollziehbarkeit erhält.[14]

11 **b) Vorläufiger Rechtsschutz und Gemeinschaftsrecht.** Soweit VAe zur Durchsetzung von Gemeinschaftsrecht ergehen oder dieses im Interesse von Adressaten, Dritten oder der Allgemeinheit den Befugnissen der Verwaltung Grenzen setzt, dienen §§ 80, 80a, 80b u 123 auch seiner verfahrensrechtlichen Ausfüllung u Konkretisierung. Dabei genießt das Gemeinschaftsrecht grds Vorrang vor dem nationalen Recht einschließlich der Grundrechte (vgl 20 zu § 1, 44 zu § 40), was bei Auslegung u Anwendung der Vorschriften der VwGO zum einstweiligen Rechtsschutz zu beachten ist.[15] Im Falle eines VA, der der Durchsetzung von Gemeinschaftsrecht dient oder für dessen Vollzug es aus anderen Gründen einschlägig ist, bedeutet dies für §§ 80ff, daß die nationalen Gerichte zum einen den Grundsatz der effektiven Durchsetzung des Gemeinschaftsrechts zu berücksichtigen haben, zum anderen die gemeinschaftsrechtliche Verpflichtung zur Gewährung effektiven – auch vorläufigen – Rechtsschutzes.[16] Näheres zu den Auswirkungen des Gemeinschaftsrechts s unten 95 (zur VzA), 154, 163, 164 (zu Art 234 EGV).

12 **2. Anwendungsbereich: a)** § 80 dient dem vorläufigen Rechtsschutz des Bürgers in allen Fällen, in denen in den entspr HauptsacheVf für den Rechtsschutz die **Anfechtungsklage** gegeben ist u dem RS I die vollständige oder teilweise vorläufige Aussetzung der Vollziehung eines belastenden VA bzw die Rückgängigmachung einer bereits stattgefundenen Vollziehung genügt (vgl § 123 Abs 5). Wg der engen Verwandtschaft mit der Anfechtungsklage (s 5 zu § 42) kommt er **analog** auch iVm einer **Klage gegen Planfeststellungsbeschlüsse** in Betracht, die in Fällen wie § 75 Abs 1a S 2 VwVfG u § 17e Abs 6 S 2 FStrG nach der Rspr (vgl 100, 370; DVBl 1997, 714; ebenso Kuhla NVwZ 2002, 545) auf die **Feststellung der Rechtswidrigkeit eines Planfeststellungsbeschlusses u seiner Nichtvollziehbarkeit** bis zur Behebung des Mangels gerichtet ist[17] u der Sache nach meist auf eine auflösend bedingte gerichtliche Aufhebung hinausläuft. Anderes gilt bzgl Einwendungen, die selbst dann, wenn sie sich im HauptsacheVf als begründet erwiesen, nur zu einem **Anspr auf Planergänzung** durch Schutzauflagen führten (dazu 32 zu § 42); hier ist § 123 anwendbar (NVwZ 1998, 1070; Hbg NuR 1998, 213; Kuhla NVwZ 2002, 543). Gleiches gilt, wenn sich ein Betroffener gegen Maßnahmen wendet, die nicht mehr durch einen Planfeststellungsbeschluß gedeckt sind u bei denen es um die Sicherung eines Anspr auf ein ordnungsbehördliches Einschreiten geht.[18] IVm einer FFK gem § 113 Abs 1 S 4 stellt sich das Problem des vorläufigen Rechtsschutzes

---

[14] Kopp DÖV 1973, 80; **aA** Renck DÖV 1972, 344; BayVBl 1991, 744; Vonficht BayVBl 1972, 662: für den Bereich des Landesrechts könne die Vollziehbarkeit nur durch Landesrecht begründet werden; vgl auch Papier VerwA 1973, 290ff.

[15] Vgl EuGH NJW 1991, 2271; NVwZ 1991, 460; NKVwGO-Puttler 14ff; krit dazu Sch-Schoch 27ff vor § 80.

[16] Vgl EuGH NJW 1991, 2271; NVwZ 1991, 460; Jannasch VBlBW 1997, 361; NVwZ 1999, 496; Jarass DVBl 1995, 955; Mögele BayVBl 1993, 140; NKVwGO-Puttler 13ff; Schlemmer-Schulte EuZW 1991, 307; Schoch DVBl 1997, 290f; Stern JuS 1998, 775; Triantafyllou NVwZ 1992, 133.

[17] NVwZ-RR 1997, 210; NVwZ 1998, 1070; Ma NVwZ 1999, 550; s unten 130 u 160 sowie 108 zu § 113.

[18] NVwZ 1995, 586; Mgd NVwZ-RR 1999, 168; Ma NVwZ-RR 2000, 470; Kuhla NVwZ 2002, 549.

nicht. In allen übrigen Fällen, insb in Verpflichtungs-, allg Leistungs-, Unterlassungs- u Feststellungssachen, ist der vorläufige Rechtsschutz durch die Gerichte grds gem § 123 zu gewähren.[19] Insofern bestimmt die Art der in der Hauptsache in Betracht kommenden Klage auch die Art des vorläufigen Rechtsschutzes.[20] Macht der ASt geltend, der in einem VA titulierte Anspr sei durch Erfüllung erloschen, so ist vorläufiger Rechtsschutz über die eA zu gewähren (Ms NVwZ-RR 2001, 56; vgl auch VG Freiburg VBlBW 2001, 115); dasselbe gilt, wenn ein Anspr auf Rücknahme eines bestandskräftigen VA wg einer nachträglichen Veränderung der Sach- oder Rechtslage geltend gemacht wird (zum Rechtsschutz in der Hauptsache s 19a zu § 167).

Besonderheiten gelten in bezug auf eine Versagungsgegenklage nur dort, wo die Ablehnung eines beantragten VA eine über sie **hinausreichende Belastungswirkung** entfaltet, wie dies gem **§ 81 Abs 3 u 4 AufenthG** (früher § 69 Abs 2 u 3 AuslG) zutrifft (dazu unten 120 sowie 5 zu § 80b), wonach die Ablehnung eines Antrags auf Erteilung (Abs 3 u 4) oder Verlängerung (Abs 4) eines Aufenthaltstitels die vorher bestehende Fiktion der Erlaubnis des Aufenthalts (Abs 3) bzw des Fortbestehens des bisherigen Aufenthaltstitels (Abs 4) beendet. Während sonst der in einer Versagungsgegenklage mitenthaltene Antrag auf Aufhebung der Versagung dem Widerspruchsführer oder Kl im Falle der Suspendierung der Versagung keinen Vorteil bringen würde (zB bei der Ablehnung einer beantragten Baugenehmigung), gilt hier etwas anderes, da die Suspendierung der Ablehnung die Fiktion gem § 81 Abs 3 bzw Abs 4 AufenthG wiederaufleben läßt. Allerdings wird bei dieser Fallkonstellation der Suspensiveffekt einer Verpflichtungsklage, die auf Erteilung oder Verlängerung des Aufenthaltstitels gerichtet ist, durch § 84 Abs 1 AufenthG ausgeschlossen. Die Regelung beinhaltet damit hins der Ablehnung bzw Verlängerung einer solchen Aufenthaltserlaubnis eine Regelung der sofortigen Vollziehbarkeit gem § 80 Abs 2 S 1 Nr 3. Um eine aW herbeizuführen ist hier aber die Rechtsschutzmöglichkeit des § 80 Abs 5 gegeben, die den § 123 insoweit verdrängt.[21] Anderes gilt jedoch in den Fällen, in denen der Antrag des Ausländers keine Fiktion gem § 81 Abs 3 bzw Abs 4 AufenthG auslöst. Hier ist der vorläufige Rechtsschutz ebenso wie in sonstigen Fällen der Ablehnung eines begünstigenden VA über § 123 zu bewerkstelligen.[22]

Der vorläufige Rechtsschutz des Nachbarn ist nicht über § 80, sondern über § 123 zu gewähren, wo bei der Durchführung eines Bauvorhabens in **wesentlicher Beziehung von der Baugenehmigung abgewichen** wird u sich dieses im Verhältnis zu dem genehmigten als ein **aliud** darstellt (Ms BRS 63 Nr 205). Zur Problematik einer in Sonderfällen bestehenden Zweispurigkeit des vorläufigen Rechtsschutzes, insb bei **tlw Freistellung eines Bauvorhabens** von einer Genehmigungspflicht, s 4 zu § 123.

Maßgebend für die Abgrenzung ist damit **auch** die **Gestaltung des materiellen Rechts:** Vorläufiger Rechtsschutz gegen die Versagung des Vorrückens in die nächsthöhere Klasse einer Schule ist daher, da das Recht grds zu „ungestörtem" Vorrücken in die jeweils nächsthöhere Klasse nicht schon mit der Zulassung zum Gymnasium erworben wird, sondern jede Klasse erst „verdient" 13

---

[19] BVerfG 51, 279; allg zur Abgrenzung des § 80 von § 123 s 4 zu § 123.

[20] BVerfG 51, 279; BVerwG DÖV 1982, 159; BFH NJW 1979, 336, 2120; Ms DVBl 1982, 847; Mü NVwZ 1986, 399; BayVBl 1997, 312; 1997, 313; Bln LKV 1991, 343; Erichsen VerwR 44; RÖ-M. Redeker 2a zu § 123; Lüke NJW 1978, 82; Finkelnburg DVBl 1977, 678; Krebs VerwA 1978, 233.

[21] Vgl zu § 69 Abs 2 u 3 AuslG aF Hbg NVwZ-RR 2001, 270; Ks DÖV 1995, 477; Ma NVwZ-RR 1995, 294; Ms NVwZ 1991, 911; Schl NVwZ-RR 1993, 439; Sch-Schoch 46.

[22] S zu § 69 Abs 2 u 3 AuslG aF Ks NVwZ-RR 1993, 213 f; Ma NVwZ-RR 1995, 295; Sch-Schoch 46.

werden muß, nur nach § 123 zu erreichen;[23] anders, wenn zunächst schon die Versetzung ausgesprochen worden war (vgl auch Ma MDR 1986, 106 zur Mitteilung über das Ausscheiden aus der Schule wg mehrmaliger Nichtversetzung).

14 § 80 ist, soweit durch Gesetz nichts anderes bestimmt ist, **auch** anwendbar zB **bei Verbandswidersprüchen** u **Verbandsklagen** in Fällen, in denen der in der Hauptsache eingelegte Rechtsbehelf nicht dem Schutz von Rechten des Kl dient, sondern von einem durch Gesetz mit Widerspruchsbefugnis u Klagebefugnis ausgestatteten Organ oder Verband erhoben wird (Br DÖV 1985, 184); ebenso bei gesetzlich vorgesehenen (vgl 180ff zu § 42) Widersprüchen u Klagen kraft Amtes.

15 **b) § 80 gilt für alle belastenden VAe,**[24] auch für **gestaltende** (§ 80 Abs 1 S 1) und, wie Abs 1 S 2 seit dem 4. VwGOÄndG ausdr klarstellt (Schoch NVwZ 1991, 1122), auch für **feststellende VAe**[25] u **VAe mit Doppelwirkung** (s unten 43ff sowie 2 zu § 80a), ebenso **auch für Allgemeinverfügungen** einschließlich sog „intransitiver Zustandsregelungen" oder „dinglicher", dh sachbezogener, VAe (s zum Begriff KR 106ff zu § 35 VwVfG) u **organisatorische Regelungen** durch VA (s zum Begriff KR 94ff zu § 35 VwVfG) mit mittelbaren Auswirkungen für einen unbestimmten Kreis von Personen, zB für die Schließung einer Schule. S dazu auch im folgenden 17ff. § 80 Abs 1 ist weiter anwendbar auf den als VA zu bewertenden (vgl 86 zu Anh § 42) **Ausschluß** eines Gemeinderatsmitglieds **von der Gemeinderatssitzung** (**aA** OLG Karlsruhe DVBl 1980, 77), die **Untersagung rechtswidrigen Verhaltens,** zB unzulässiger Gewerbeausübung, u den **Entzug angemaßter Rechtspositionen,** durch die der Betroffene sich im Vergleich zum gesetzestreuen Bürger einen Vorteil verschafft hat,[26] den **Widerruf vorläufiger Erlaubnisse** im Zusammenhang mit der Versagung der endgültigen Erlaubnis; vielfach sind vorläufige Erlaubnisse jedoch ohnehin als stillschweigend durch die Entscheidung über die endgültige Regelung bedingt anzusehen, so daß einem Widerruf insoweit nur deklaratorische Bedeutung zukommt u deshalb auch die aW nur diese Wirkung betreffen kann.

16 Die Vorschrift ist auch auf **nichtige VAe** anwendbar (offen Ma NVwZ 1991, 1195), sie hat hier praktische Bedeutung jedoch nur für Zweifels- u Grenzfälle, da die Nichtigkeit ipso iure jede Form von Vollziehbarkeit ausschließt;[27] nicht hingegen auf **Nicht-VAe,** selbst wenn sie eine Regelung beinhalten (s oben 5).[28] Deshalb findet § 80 keine Anwendung auf Regelungen, denen keine Außenwirkung zukommt. Zur Anwendbarkeit auf **Bescheide, die einen Antrag ablehnen,** s unten 40.

17 **c) Allgemeinverfügungen uä.** Auch bei Allgemeinverfügungen, einschließlich der durch VA erfolgenden Zustandsregelungen (sog „dingliche VAe"), wie

---

[23] Mü NVwZ 1986, 398; Ma NVwZ-RR 1993, 359; Ks NVwZ-RR 1993, 387; VG Frankfurt NVwZ 1990, 248; s auch 5 zu § 123.

[24] BFH NVwZ 1988, 871: für alle eine rechtliche Position des Bürgers verschlechternden VAe; VG Hannover NJW 1984, 1644; Finkelnburg 642.

[25] Vgl ebenso auch schon zum bish Recht Ms DVBl 1964, 834; Mü BayVBl 1972, 296; Ma DVBl 1976, 549; BGH NJW 1977, 128; Ey-J. Schmidt 7; RÖ-M. Redeker 6; Quaritsch VerwA 1960, 228: die ausdr Erwähnung der gestaltenden VAe dient nur der Klarstellung u rechtfertigt nicht einen Schluß e contrario; Ks NVwZ 1991, 592; 1993, 491.

[26] Ey-J. Schmidt 10; Sch-Schoch 48; Scholz DVBl 1966, 259; Schenke 946; vgl auch Mü BayVBl 1978, 247; Platz BayVBl 1983, 624; **aA** Obermayer 241: Rechtsschutz nur nach § 80 Abs 5. Zum bei angemaßten Rechtspositionen häufig in Betracht kommenden Erlaß einer VzA s unten 91.

[27] Vgl Lü NVwZ 1987, 343; ferner BFH NVwZ 1982, 216: keine Anwendbarkeit auf die Nichtigkeitsfeststellungsklage; vorläufiger Rechtsschutz hier nur durch eA.

[28] Ma NVwZ 1991, 1195; Ms NVwZ 1993, 234: vorläufiger Rechtsschutz nicht nach § 80, sondern gem § 123; **aA** 10. Aufl 1 b u 6.

zB der Widmung einer Straße, ist Rechtsschutz gem § 80, nicht gem § 123 zu gewähren (DVBl 1978, 640 = NJW 1978, 2211; Lüke NJW 1978, 86; Krebs VerwA 1978, 231). Dies gilt auch für **Organisationsakte,** die in der Form von VAen erfolgen, wie die Schließung einer Schule, die Umwandlung einer Gesamtschule in eine Gemeinschaftsschule, uä.[29]

Soweit Allgemeinverfügungen sich inhaltlich **lediglich als Bündelung von VAen** darstellen, von denen jeder für sich Bestand haben kann u es zur Sicherung des Rechtsschutzes nicht erforderlich ist, daß die Allgemeinverfügung insgesamt aufgehoben wird (s 21 zu § 42), ist die Frage der aW grds **für jeden Betroffenen gesondert zu beurteilen;** die aW kann insb auch ein unterschiedliches Schicksal haben u in bezug auf einen Betroffenen gegeben sein, in bezug auf andere nicht, zu verschiedenen Zeitpunkten eintreten usw (DÖV 1982, 325; Gr DVBl 2000, 1074; De Clerk NJW 1961, 2233; Ule VwGO 272; SDC 2 e). Das gilt zB für die auf Auflösung einer sog Wagenburg gerichtete Allgemeinverfügung, da hier jeder Adressat für sich seinen Wagen beseitigen kann (s auch Ma NVwZ-RR 2006, 653). 18

Deshalb führt der Widerspruch bzw die Klage einer Verkaufsangestellten eines Geschäfts, die sich gegen eine auf § 23 LadSchlG gestützte Allgemeinverfügung wendet, welche für bestimmte Arten von Geschäften eine Verlängerung der Geschäftszeit gestattet, nur dazu, daß die Allgemeinverfügung insoweit in ihrer Wirksamkeit suspendiert wird, als sie das Geschäft betrifft, in welchem die Verkaufsangestellte beschäftigt ist.[30] 19

Das ergibt sich schon daraus, daß die aW nicht weiter reichen kann als die Anfechtung einer Allgemeinverfügung durch einen hierdurch rechtlich Betroffenen. Bzgl solcher Regelungen, die dieser nicht in zulässiger Weise anfechten kann, da es ihm insoweit an einer Klagebefugnis (bzw Widerspruchsbefugnis) fehlt (dazu 21 u 170 zu § 42), scheidet folglich eine aW aus. Kann die Allgemeinverfügung insgesamt angefochten werden, was insb bei dinglichen VAen wie bei einem Planfeststellungsbeschluß (dazu 64, 353), aber auch bei organisatorischen VAen wie der Schließung einer Schule (DVBl 1978, 640 f; Gr GewA 2000, 111; Schenke 943) zutrifft u wird von dieser Möglichkeit Gebrauch gemacht, so umfaßt die aW die gesamte Allgemeinverfügung.[31] Die Frage nach dem Umfang der aW ist iü scharf von der Frage zu trennen, inwieweit die durch eine Allgemeinverfügung Betroffenen in der Lage sind, eine aW gem § 80 Abs 5 herbeizuführen (dazu 64, 353; Mü DVBl 1982, 210; Lüke NJW 1978, 82). Bei der gerichtlichen Entscheidung über einen Aussetzungsantrag kann es in der Tat je nach dem Ausmaß des rechtlichen Betroffenseins zu unterschiedlichen Ergebnissen kommen, die Aussetzung wirkt aber auch hier bei einer (ausnahmsweise) unteilbaren Allgemeinverfügung wie einem Planfeststellungsbeschluß für einen Großflughafen ggü allen Personen.[32]

d) § 80 kommt auch in den Fällen einer sog **„faktischen" Vollziehung,** dh einer Vollziehung, die unter Mißachtung der aW eines Rechtsbehelfs erfolgt, zur Anwendung.[33] Die Behörde könnte sonst § 80 dadurch umgehen, daß sie ohne 20

---

[29] Gr DVBl 2000, 1074; Ks NJW 1995, 1170; BVerfG 51, 279; Sch-Schoch 41; zT **aA** Mgd JMBl ST 1998, 332; Mü BayVBl 1977, 635: nach § 123.

[30] So richtig Gr GewA 2000, 111 = DVBl 2000, 1074; **aA** VG Dresden GewA 1999, 492; VG Leipzig GewA 1999, 492.

[31] Vgl auch 64, 353 = DÖV 1982, 325; zT **aA** Mü DVBl 1982, 210; Lüke NJW 1978, 82.

[32] 64, 353: „Die Ausführung selbst ist in der Tat nur zulässig, soweit die Vollziehbarkeit des Verwaltungsaktes im Verhältnis zu keinem Kläger mehr gehemmt ist".

[33] Buchh 232 § 44 BBG Nr 8; Mü NVwZ 1987, 64; Br NVwZ 1987, 61; Hbg NVwZ-RR 1999, 145; Ks NVwZ-RR 1988, 124; Ko NVwZ-RR 1999, 27; Ms NVwZ-RR 1993, 269; Erichsen JK 1999, VwGO § 80 II/3; NKVwGO-Puttler 164; Schenke 1015; Sch-Schoch 238; **aA** Mü 26, 21; BayVBl 1992, 179; 1995, 308; Renck NJW 1970, 2315; Tiedemann MDR 1979, 712.

vorherige VzA vollzieht u den Bürger damit der im Vergleich zum Rechtsschutz nach § 123 günstigeren Rechtsschutzmöglichkeiten nach § 80 beraubt. S auch unten 181.

21 **e)** Nach dem allg Grundsatz, daß **Anträge nach ihrem erkennbaren Zweck auszulegen bzw umzudeuten sind** (s 1 ff zu § 88), sind Anträge auf vorläufigen Rechtsschutz im Zweifel ohne Rücksicht auf die gewählte Bezeichnung so zu interpretieren, wie es der in der Sache in Betracht kommenden Rechtsschutzmöglichkeit am besten entspricht, uU daher ein Antrag nach § 123 als Antrag nach § 80 Abs 5 bzw § 80 a Abs 3 u umgekehrt.[34] S auch 4 zu § 123. Zur Umdeutung eines Antrags auf Anordnung der aW in einen Antrag auf deren Feststellung s unten 181. Ggf hat das Gericht auch auf die Stellung **sachdienlicher Anträge hinzuwirken** (BVerfG DVBl 1999, 1206). Zur Anwendbarkeit des § 80 außerhalb des VRW s oben 5.

22 **3. Die aufschiebende Wirkung (aW) nach Abs. 1: a)** Die Bedeutung der aW eines Rechtsbehelfs nach § 80 Abs 1 sind zT umstritten. Im wesentlichen existieren drei Grundtypen von Auffassungen, die allerdings zT nur mit zusätzlichen Modifikationen vertreten werden. Nach der **strengen Wirksamkeitstheorie** ist die aW als Hemmung der Wirksamkeit des VA bis zum Wegfall der aW zu verstehen. Der VA soll erst in diesem Zeitpunkt (ex nunc) wirksam werden. Nach der **Vollziehbarkeitstheorie** wird durch die aW lediglich die Vollziehung des VA gehemmt.[35] Nach der hier vertretenen vermittelnden Ansicht der **eingeschränkten Wirksamkeitstheorie** (oder dem „Grundsatz von der suspendierten Verbindlichkeit)“[36] wird die Wirksamkeit nur vorläufig gehemmt, dh nach Wegfall der aW wird der VA ex tunc (rückwirkend auf den Erlaßzeitpunkt) wirksam. Soweit die Vollziehbarkeitstheorie in einem derart weiten Sinn verstanden wird, daß nicht nur behördliche Vollziehungsmaßnahmen im weitesten Sinn gemeint sind, sondern zugleich auch private Folge- u Ausnutzungsmaßnahmen (so etwa P § 53, 12), besteht allerdings kein sachlicher Unterschied mehr zur eingeschränkten Wirksamkeitstheorie.

Nach der vermittelnden „verfahrensrechtlichen“ Auffassung entfällt die aW wieder rückwirkend[37] u alle Beteiligten sind grds so zu behandeln bzw müssen so handeln, wie es der von Anfang an gegebenen vollen Wirksamkeit bzw Unwirksamkeit des VA entsprochen hätte; deshalb ist zB die aufgrund der aW, aber nach

---

[34] NVwZ-RR 2000, 442; Mgd NVwZ-RR 2002, 908; Mü BayVBl 1999, 50; RÖ-M. Redeker 2 zu § 123; v Mutius VerwA 1975, 408; Ramsauer JuS 1991, 412.

[35] Vgl zB 13, 5 ff unter Hinweis darauf, daß auch die Vollziehbarkeit als Gegenstück der aW gem Abs 4 u Abs 3 (nur) behördliche Vollziehungsmaßnahmen betrifft; 24, 98; 66, 221 = NJW 1983, 774; Ms NVwZ 1997, 1007; Finkelnburg 640; Brühl JuS 1995, 628; RÖ-M. Redeker 4; Ipsen 1204; Kotulla DV 2000, 524; Hufen § 32, 3 f.

[36] Ks NVwZ 1987, 622; Ma NuR 1999, 457; Kopp DVBl 1972, 649; Sch-Schoch 85; Schoch Jura 2001, 676; Schubert NVwZ 1990, 639; Schenke 951; StK-Decker 11; Würt 510; s auch BVerwG DVBl 1990, 247: zur Bestrafung, wenn trotz Entlassung ein Berufstitel weitergeführt wurde. ZT wird die eingeschränkte Wirksamkeitstheorie auch als Vollziehbarkeitstheorie bezeichnet (P § 53, 2 ff), indem die Hemmung der Vollziehung so weit verstanden wird, daß sie auf eine vorläufige Wirksamkeitshemmung hinausläuft. Eine solche Terminologie erscheint jedoch wenig glücklich u irreführend, weil sich diese „Vollziehbarkeitstheorie“ von dem in der Rspr des BVerwG vertretenen gängigen Verständnis der Vollziehbarkeitstheorie erheblich unterscheidet u damit durch ein einheitliches Etikett wesentliche Unterschiede zwischen diesen Theorien verschleiert werden.

[37] 24, 98; 38, 336; 55, 287; 66, 77; DVBl 1968, 431; NJW 1983, 2042, Buchh 233 § 87 BBG Nr 48 S. 47; 237.1 Art 43 BayBG Nr 4 S. 3; BGH DVBl 1984, 622; Mü BayVBl 1984, 112; NVwZ 1985, 663; Ma NJW 1979, 1566; BauR 1979, 232; LSG Stuttgart NVwZ 1982, 464; Kopp BayVBl 1972, 652; Schenke 952; Sch-Schoch 88; Schubert NVwZ 1990, 639; **aA** Erichsen/Klenke DÖV 1976, 833 ff.

der wirklichen Rechtslage zu Unrecht nicht „vollzogene" Entlassung aus dem Beamtenverhältnis als zum Entlassungszeitpunkt erfolgt anzusehen (DÖV 1983, 899) u müssen aufgrund der aW empfangene Leistungen, Gehaltszahlungen usw nach Bereicherungsgrundsätzen zurückgewährt werden.[38]

Umgekehrt bedeutet **Vollziehbarkeit** iSd § 80 die (vorläufige) Berechtigung **23** oder Verpflichtung zu allen Folgerungen tatsächlicher oder rechtlicher Art, die Behörden, Gerichte oder Bürger aus dem Bestand eines VA ziehen können;[39] so bestehen vorläufig: das Recht zum Gebrauchmachen;[40] die Verpflichtung eines Beamten, Dienst zu leisten usw (55, 101); die Befugnis, die Kündigung eines Schwerbehinderten gem §§ 85, 88 Abs 3, 4 SGB IX auszusprechen;[41] die Befugnis zur Bestrafung wg Weiterführens eines Berufstitels trotz Vollziehbarkeit der Entlassung (BGH DVBl 1990, 247) usw. Der durch Art 19 Abs 4 GG gewährleistete Rechtsschutzzweck des § 80 erfordert, daß auch Handlungen u Unterlassungen von Behörden, Gerichten u Bürgern, deren Rechtmäßigkeit den in Frage stehenden VA zur Voraussetzung hat, von der aW erfaßt werden. Dagegen besteht für die Annahme einer darüber hinausgehenden Wirksamkeitshemmung kein Grund oder Anlaß.

Eine Ausnahme von dem dargelegten Grundsatz kann auch nicht für Fälle an- **24** erkannt werden, in denen die Vollziehbarkeit zu schwerwiegenden Folgen für das Gemeinwohl oder die Verwaltung führen würde, etwa wenn die Aufhebung oder Ungültigerklärung einer Gemeinderatswahl für sofort vollziehbar erklärt wird u als Folge davon die Gemeinde bis zur Wiederholung der Wahl ohne Gemeinderat bliebe. In solchen Fällen ist eine Lösung ohne weiteres dadurch möglich, daß die Vollziehbarkeit auf Folgen beschränkt wird, mit denen keine derartigen Nachteile verbunden sind.[42]

Durch Gesetz kann der Umfang der aW auch erweitert oder eingeschränkt **25** werden; s auch unten 136.

Grds bezieht sich die aW jeweils auf den **VA als ganzen,** wenn u soweit **26** durch Gesetz oder durch Entscheidungen der Behörde oder des Gerichts (gem § 80 Abs 4 bzw 5 oder § 80 a) nichts anderes bestimmt ist, u er belastenden Charakter iSv § 68 Abs 1 bzw §§ 42 Abs 2, 113 Abs 1 S 1, 114 hat, einschließlich aller unselbständigen Nebenbestimmungen (Auflagen, Bedingungen usw) u der Kostenentscheidung, zB gem § 73 Abs 3 S 2.[43] Zu **VAen mit teils belastendem, teils begünstigendem Inhalt** s unten 47 f. Wird ein VA nachträglich, dh nach Eintritt der aW, geändert oder ergänzt, ergibt sich aus einer analogen Anwendung des § 44 Abs 4 VwVfG idR auch die Erstreckung der aW auf die Ergänzung bzw Änderung.[44] Bei Neuerlaß eines VA (selbst wenn es sich um einen

---

[38] So iE auch 24, 98 u 66, 77; NJW 1983, 774, wo dies freilich, zu Unrecht, als Argument für die Vollziehbarkeitstheorie dient; ebenso DVBl 1998, 647; Ma NVwZ-RR 1995, 212; Mü BayVBl 1984, 122.

[39] BVerfG 51, 279; Ma 27, 148; NJW 1979, 2530; VG Saarlouis NJW 1980, 722.

[40] NJW 1979, 1059; BVerfG 35, 276 = NJW 1973, 1491; 51, 281 = NJW 1980, 35; Ms NJW 1979, 381; Mü DÖV 1983, 38 = NJW 1983, 838; Kopp BayVBl 1972, 652.

[41] **AA** zu §§ 15, 18 Abs 3, 4 SchwbG aF VG Saarlouis NJW 1980, 722: die aW hindere die Kündigung nicht; s auch unten 31.

[42] **AA** Ms NVwZ-RR 1991, 100: die sofortige Vollziehung des Beschlusses über die Ungültigerklärung einer Kommunalwahl u über die Anordnung einer Wiederholungswahl führt *nicht* zur sofortigen Beendigung der in der ursprünglichen Wahl erreichten Mandate.

[43] Vgl Lü NVwZ-RR 1993, 279 – so im Regelfall; anders jedoch, wenn die Hauptsacheentscheidung bereits unanfechtbar ist – VG Kassel NVwZ-RR 1999, 5.

[44] Tlw **aA** Ms NVwZ 1993, 383: die Identität eines Bauvorhabens mit einem durch Umplanungen u Nachtragsbaugenehmigungen veränderten Bauvorhaben beurteilt sich auch im Rahmen des vorläufigen Rechtsschutzes allein danach, ob das veränderte Bauvorhaben die Genehmigungsfrage in bauplanungs- und/oder bauordnungsrechtlicher Hinsicht erneut aufwirft. Zum Problem auch 23 zu § 68.

inhaltsgleichen Zweitbescheid handelt) erstreckt sich die aW aber nicht automatisch auf diesen (unten 173). Macht der Widerspruchsführer deutlich, daß ein vorher eingelegter Widerspruch sich auch auf den neu erlassenen VA erstrecken soll, kann hierin allerdings eine konkludente Einlegung eines Widerspruchs liegen, welche die aW auch bzgl des neuen VA nach sich zieht. Entsprechendes gilt bei einer nach § 91 zulässigen Klageänderung.

Ist der VA vor seiner Anfechtung, die einen Suspensiveffekt auslöst, bereits vollzogen worden, so kann der Betroffene, falls die Behörde nicht von sich aus bereit ist, die Vollziehung (vorläufig) rückgängig zu machen, in **Analogie zu § 80 Abs 5 S 3 bei Gericht einen Antrag auf Anordnung der Rückgängigmachung der (unmittelbaren) Vollzugsfolgen** stellen (s unten 176).

27 **b) Fallgruppen. aa) Vollstreckungsmaßnahmen ieS.** Die aW hat jedenfalls zur Folge, daß vom Zeitpunkt ihres Eintritts an (s unten 53f, auch zur Frage einer etwaigen Rückwirkung) alle weiteren Maßnahmen zur Vollstreckung (iSd VwVGe des Bundes und der Länder) des VA, dessen Vollziehbarkeit aufgeschoben ist, unzulässig werden (12, 1; Ba SächsVBl 2001, 40f; Hbg DVBl 1981, 52), soweit solche Maßnahmen nicht ohnehin die Unanfechtbarkeit oder den Ausschluß der aW (§ 80 Abs 2 S 1 Nr 1 bis 4) voraussetzen (zB nach § 6 VwVG; s auch oben 9). Bereits getätigte Vollstreckungsmaßnahmen werden mit Eintritt der aW wg Fehlens einer Vollstreckungsvoraussetzung rechtswidrig u sind aufzuheben (vgl Ba SächsVBl 2001, 40f). VAe erlangen sonst grds, soweit gesetzlich nichts anderes vorgesehen ist u sie selbst keine andere Bestimmung (zB durch Fristsetzung, aufschiebende Bedingung usw) treffen, mit ihrem Erlaß innere Wirksamkeit (s zum Begriff 13, 1) u sind damit auch vollziehbar.[45] Vollziehbarkeit bedeutet allerdings nicht, daß die Behörde ohne weiteres auch Zwangsmittel einsetzen könnte, wenn der durch einen vollziehbaren VA verpflichtete Bürger dem damit ausgesprochenen Handlungsgebot usw nicht nachkommt; insoweit müssen ggf immer auch die zusätzlichen Erfordernisse des Verwaltungsvollstreckungsrechts erfüllt sein (NJW 1982, 348; s auch oben 9).

Ergehen trotz der bestehenden aW bzgl des AusgangsVA entsprechende Vollstreckungsmaßnahmen, so erstreckt sich die aW trotz der Rechtswidrigkeit der Vollstreckung nicht auch auf die Vollstreckungsmaßnahmen. Um auch ihnen ggü die aW herbeizuführen, bietet sich die Möglichkeit eines Rechtsschutzes gegen die Vollstreckungsakte an. Sind sie VAe, können sie angefochten werden, so daß die Möglichkeit eines vorläufigen Rechtsschutzes gem § 80 besteht. Stellen sie sich als Realakte dar, ist § 123 einschlägig. In Betracht kommt aber auch unabhängig von dem gerichtlichen Vorgehen gegen Vollstreckungsakte u dem hiermit eingeräumten vorläufigen Rechtsschutz über §§ 80, 123 ein vorläufiger Rechtsschutz in Analogie zu § 80 Abs 5 S 3 (s unten 176 u 178 sowie 181). In analoger Anwendung des § 80 Abs 5 S 3 kann danach die Verwaltung dort, wo sie nicht von sich aus bereit ist, bereits getätigte Vollstreckungsmaßnahmen wieder rückgängig zu machen, zu deren (vorläufiger) Rückgängigmachung gerichtlich angehalten werden. Zum Rechtsschutz gegen Vollstreckungsakte s auch 14 ff zu § 167.

28 **bb) Behördliche Vollziehungshandlungen iwS.** Die aW verbietet außerdem auch alle **sonstigen Folgerungen** tatsächlicher oder rechtlicher Art, welche die Behörden u Gerichte sonst aus dem Inhalt des betroffenen VA ziehen könnten oder müßten, zB die Abschiebung oder Ausweisung eines Ausländers nach Erlaß eines Aufenthaltsverbots;[46] die Behandlung einer Person als Nicht-

---

[45] BGH 39, 77 = NJW 1963, 852; NJW 1982, 2815; LSG Stuttgart NVwZ 1982, 464; Ms VRspr 21, 247; 25, 280; Kalkbrenner BayVBl 1976, 86; Wächter BayVBl 1972, 258; F 200; 251; Ey-J. Schmidt 5; Lorenz DVBl 1971, 165; Vonficht BayVBl 1972, 653; Kopp BayVBl 1972, 652 u DÖV 1973, 86; **aA** Mü BayVBl 1976, 86; Renck DÖV 1972, 343; s auch oben 9.

[46] Br NVwZ-RR 1993, 216: aW bedeutet, daß die Ausreisepflicht nicht vollzogen, dh behördlich nicht durchgesetzt werden kann.

Beamter, nachdem die Entlassung aus dem Beamtenverhältnis ausgesprochen wurde; die Aushändigung der Genehmigungsurkunde usw.[47] Gleiches gilt für die Kündigung eines aufgrund eines Bewilligungsbescheids geschlossenen Darlehensvertrages, wenn der Widerrufsbescheid angefochten wurde (FfO NVwZ 2000, 577), oder für die fristlose Kündigung eines für Investitionszwecke begründeten Mietverhältnisses bei Anfechtung des Widerrufs des Investitionsbescheids (BGH VIZ 1999, 602). Die aW ist in diesem Sinn ein **umfassendes Verwirklichungs- u Ausnutzungsverbot.**[48] Zur Unzulässigkeit der behördlichen Aufrechnung mit einer durch einen angefochtenen VA konstituierten Forderung s unten 30.

Ausgeschlossen werden damit **grds auch Bestrafungen u die Verhängung von Bußgeld** usw sowie sonstige Strafverfolgungs- u Ordnungswidrigkeitsverfolgungsmaßnahmen – auch zB Durchsuchungen u Beschlagnahmen –, die die Bestandskraft oder Vollziehbarkeit eines VA, dessen Vollziehbarkeit aufgeschoben ist, voraussetzen u insofern die aW unterlaufen würden (Ms NVwZ-RR 1993, 386; NKVwGO-Puttler 49), insb auch alle Maßnahmen ggü dem Betroffenen wg Nichtbeachtung des VA, dessen Vollziehbarkeit aufgeschoben ist. S dazu u zur Frage, ob dadurch auch die Strafbarkeit usw als solche u damit auch die Zulässigkeit einer Bestrafung nach Wegfall der aW entfällt, unten 32. Soweit Vollzugsakte selbständig anfechtbare VAe sind (vgl KR 15b zu § 35 VwVfG; s auch 16 zu § 167), erfaßt die aW von Rechtsbehelfen gegen die zugrunde liegenden VAe jedoch diese nicht unmittelbar.[49] Entsprechendes gilt für alle Maßnahmen, die **nicht** unmittelbar den in Frage stehenden VA voraussetzen u insofern nicht denkgesetzlich unmittelbar davon abhängen, sondern einen eigenständigen Grund haben, wie zB Durchsuchungs- u Beschlagnahmebeschlüsse eines Amtsgerichts aufgrund von Erkenntnissen, die zwar anläßlich einer von der aW erfaßten Betriebsprüfung gewonnen wurden, auf die sich jedoch deren Zweck nicht bezog u deren Auffindung deshalb die aW auch nicht vorläufig verhindern soll u kann (Ms NVwZ-RR 1993, 386). 29

Auch sonst erfaßt die aW nur die Folgen für denjenigen, zu dessen Gunsten sie eingetreten ist; daher erfaßt zB die aW hins der Erklärung des Verfalls von Sicherheiten zugunsten des Hauptschuldners nur dessen Rechte, schützt dagegen nicht auch den Bürgen vor Inanspruchnahme (NVwZ 1992, 798).

cc) Verpflichtungen, Gebrauchmachen von Erlaubnissen, Aufrechnung uä. Von der aW erfaßt werden (außer wenn das Gesetz insoweit Ausnahmen macht; vgl zB § 84 Abs 2 S 1 AufenthG, s zur Vorgängervorschrift des § 72 Abs 2 S 1 AuslG Br NVwZ-RR 1993, 216) auch sonstige Folgerungen (dh die aW läßt sie unzulässig werden), die nicht mehr unter den Begriff der Vollziehung iwS behördlicher oder gerichtlicher Vollziehungsmaßnahmen ieS (oben 28) fallen, gleichwohl aber unmittelbare Rechtsfolgen der VA sind, wie das Gebrauchmachen von einer behördlichen Erlaubnis, zB einer Bauerlaubnis, einer gewerberechtlichen Erlaubnis usw;[50] das Recht eines entlassenen Beamten zur Führung 30

---

[47] 1, 11 = NJW 1953, 1607; 13, 8 = NJW 1962, 602; 24, 98; DÖV 1973, 286; NJW 1983, 87; BFH NJW 1977, 128; Ma NVwZ 1985, 593; NVwZ-RR 1995, 212; Mü NVwZ 1985, 663; BayVBl 1993, 690; Br NVwZ-RR 1993, 216; LSG Stuttgart NVwZ 1982, 464; Finkelnburg 796 ff; NKVwGO-Puttler 36 f; Schenke 952 f; Sch-Schoch 85 ff.

[48] Ko 14, 270; DVBl 1989, 891; Mü DÖV 1983, 38; s auch NKVwGO-Puttler 39; Schenke 953; Sch-Schoch 85 ff.

[49] Vgl oben 9 u 27 f; offen Mü BayVBl 1984, 371; **aA** Finkelnburg 641: der gesetzliche Ausschluß der aW bezieht sich auch auf die zur Vollstreckung dienenden Maßnahmen.

[50] Vgl bejahend BVerfG 35, 276 = NJW 1973, 1491; 51, 279 = NJW 1980, 35; BVerwG 49, 250; Mü NJW 1983, 838; NVwZ-RR 1990, 594; Br NVwZ 1986, 59; BRS 20 Nr 181; Ko DVBl 1989, 890; Ks NVwZ 1991, 592; Sa NVwZ-RR 1993, 391; Br NVwZ-RR 1993, 217; VG Augsburg NVwZ-RR 1995, 382 f; Klein BayVBl 1992, 199; Schenke 954; Sch-Schoch 92.

seines Titels;[51] das Recht des Bürgers, sich auf die durch VA festgestellte Rechtslage zu berufen; die Verpflichtung eines Beamten, Dienst zu leisten (bejahend 55, 101); die Verpflichtung, eine durch VA begründete Zahlungspflicht zu erfüllen;[52] die Befugnis der Behörde, mit der durch den betroffenen VA begründeten Forderung **aufzurechnen** (s hierzu auch 46 zu § 40).[53] **Anderes** dürfte hingegen gelten, wenn der VA die Forderung **nur deklaratorisch feststellt.**[54] Hier würde es schwerlich überzeugen, wenn die Verwaltung nach der deklaratorischen Feststellung des Bestehens einer Forderung schlechter stehen würde als vor dieser. Von der aW erfaßt werden auch durch einen VA begründete Ge- oder Verbote (bejahend Mü BayVBl 1979, 21), durch VA festgesetzte Fristen für bestimmte Handlungen (s unten 36) bzw Verzugsfolgen usw (s unten 32f u 37ff).

31 Schwierige Probleme ergeben sich iVm dem Suspensiveffekt dann, wenn die **Rechtmäßigkeit eines FolgeVA von der Wirksamkeit eines vorangegangenen anderen VA abhängt.** Man denke etwa an den beabsichtigten Erlaß einer Beseitigungsanordnung hins einer baulichen Anlage, für die eine erteilte Baugenehmigung zurückgenommen wurde u deren Rücknahme durch den Betroffenen angefochten wurde. Hier ist jedenfalls die uneingeschränkt erlassene Beseitigungsanordnung als rechtswidrig anzusehen (s auch allg Mü NVwZ 1985, 663; Sch-Schoch 97). Zulässig dürfte es allerdings sein – u der Teleologie des § 80 entsprechen –, wenn die Behörde die Beseitigungsanordnung unter der aufschiebenden Bedingung der Wirksamkeit des Rücknahmebescheides erläßt. Erfolgt die Beseitigungsanordnung ohne eine entspr Einschränkung, ist sie rechtswidrig. Die Rechtswidrigkeit führt jedoch nicht zu einer Suspendierung der Beseitigungsanordnung. Vielmehr kann diese nur durch eine Anfechtung der Beseitigungsanordnung herbeigeführt werden. Anders zu beurteilen ist der Fall, in dem bzgl eines durch den Nachbarn angefochtenen **Bauvorbescheids** Suspensiveffekt eintrat u es nunmehr darum geht, ob die zuständige Behörde trotzdem die Baugenehmigung erteilen darf.[55] Hier stehen sich zwei Ansichten ggü. Nach der einen Auffassung soll der bzgl des Bauvorbescheids eingetretene Suspensiveffekt die Behörde nicht am Erlaß einer wirksamen Baugenehmigung hindern;[56] nach anderer Ansicht steht hier der Suspensiveffekt dem Erlaß einer Baugenehmigung entgegen.[57] Keiner dieser beiden Ansichten vermag voll zu überzeugen. Die erste Ansicht degradiert den Suspensiveffekt zur völligen Bedeutungslosigkeit u wird damit Art 19 Abs 4 GG nicht gerecht; die zweite Ansicht schießt über das Ziel hinaus, indem nach ihr die Stufung des VerwaltungsVf mit einer erheblichen Einschränkung der Effektivität des Verwaltungshandelns sowie mit einer Minderung der Rechte des Begünstigten verbunden ist. Vermei-

---

[51] Vgl BGH DVBl 1990, 247: wenn die Vollziehung der Entlassung angeordnet ist, ist die weitere Titelführung unzulässig u strafbar.

[52] Finkelnburg 642; zT **aA** BVerwG 66, 221 = NJW 1983, 776: die Zahlungspflicht aufgrund des angefochtenen Leistungsbescheids bleibt auflösend bedingt wirksam; die aW berührt weder die Fälligkeit der Forderung noch die Möglichkeit u Wirksamkeit einer Aufrechnungserklärung.

[53] BFH 178, 310; 193, 254; Felix NVwZ 1996, 734ff; Schenke 955; Schoch Jura 2001, 676; dahin tendierend wohl auch FfO NVwZ 2000, 578; **aA** insoweit BVerwG 66, 221 = NJW 1983, 776; Br NVwZ-RR 2000, 524: Aufrechnung bleibt zulässig.

[54] S auch Felix NVwZ 1996, 736; K. Hartmann, Aufrechnung im Verwaltungsrecht, 1996, 223f; Schenke 955; **aA** Mü NVwZ-RR 1994, 399; Detterbeck DÖV 1996, 892; Ehlers JuS 1990, 779; Sch-Schoch 94.

[55] Durch § 212a BauGB hat dieses Problem allerdings an praktischer Bedeutung eingebüßt, s unten 65; von Bedeutung ist es heute bei einer Aussetzung gem § 80a Abs 3 S 2 iVm § 80 Abs 5 S 1.

[56] So Ms BRS 46 Nr 40; NVwZ 1997, 1007; Finkelnburg/Ortloff II 166.

[57] Fluck VerwA 1989, 229; NVwZ 1990, 535; Grosse-Suchsdorf/Schmaltz/Wichert NdsLBO, 6. Aufl, 16 zu § 74 NdsLBO; Sch-Schoch 97.

den läßt sich dies, wenn man der Verwaltung – insoweit übereinstimmend zB mit Ms NVwZ 1997, 1007 – zwar die Befugnis zum Erlaß der Baugenehmigung einräumt, diese aber im Einklang mit den **Grundsätzen gestufter VerwaltungsVf** (vgl hierzu Schenke DÖV 1990, 489 ff; **aA** Sch-Schoch 97) durch den hins des Bauvorbescheids eingetretenen Suspensiveffekt gleichfalls als **suspendiert ansieht,** womit dasselbe Ergebnis herbeigeführt wird wie bei einheitlichem Erlaß der angefochtenen Baugenehmigung.

Keine Bedeutung kommt dem **Suspensiveffekt** u konsequenterweise auch der Frage nach seiner Bedeutung iVm den **Stufenklagen des § 113 Abs 1 S 2** (dazu 80 ff zu § 113) u des **§ 113 Abs 4** (dazu 172 ff zu § 113) zu. Im Wesen der dort normierten Stufenklagen liegt es nämlich, daß sie aus Gründen der **Rechtsschutzeffektivität** u der **Prozeßökonomie** den Zusammenhang von Prozeßrecht u materiellem Recht lockern u dementsprechend die Zuerkennung eines FBA (zB des VollzugsFBA gem § 113 Abs 1 S 2) allein an die Aufhebung eines VA knüpfen, unabhängig davon, ob die erhobene Anfechtungsklage mit einer aW verbunden ist u ob eine aW die Wirksamkeit oder die Vollziehbarkeit des VA suspendiert (damit stellen sich hier nicht die von Pauly/Pudelka DVBl 1999, 1609 ff behandelten Probleme bei FolgeVAen).

dd) Verhängung von Strafen, Geldbußen und anderen Sanktionen. 32
Die aW schließt während ihrer Dauer auch Strafmaßnahmen usw wg Nichtbeachtung eines VA u die entspr Verfolgungsmaßnahmen grds aus.[58] Nicht berührt wird dadurch jedoch die Zulässigkeit solcher Maßnahmen – soweit sie Handlungen des Bürgers betreffen, die vor Eintritt der aW begangen wurden – nach Klärung der Rechtslage u rechtskräftiger Bestätigung des VA. Die aW läßt in diesen Fällen – sofern die in Frage stehende Strafvorschrift, Bußgeldvorschrift oder sonstige Vorschrift nicht weitere Ausnahmen vorsieht[59] oder sich Ausnahmen aus allg Grundsätzen des Strafrechts ergeben – die Strafbarkeit usw u damit auch die Zulässigkeit späterer Bestrafung oder sonstiger Sanktionen unberührt, wenn ein HauptsacheVf nicht zur Aufhebung des in Frage stehenden VA führt; das StrafVf ist solange auszusetzen (OLG Frankfurt NJW 1967, 262; Schenke JR 1970, 262). Führt dagegen das HauptsacheVf zur **Aufhebung des VA,** so ist jedenfalls auch jede **nachträgliche Bestrafung usw ausgeschlossen.**[60] Begeht der Bürger eine Straftat oder Ordnungswidrigkeit nach Eintritt der aW, so kann er, da er wg der aW nicht gehalten war, das Gebot zu beachten, auch nachträglich nicht wg seiner Übertretung bestraft werden.[61] Ohnehin knüpft die Strafbewehrung von VAen regelmäßig an deren sofortige Vollziehbarkeit an. Wird die aW erst nach der Tat angeordnet oder wiederhergestellt, so bleibt die Tat – vorbehaltlich der endgültigen Klärung der Rechtslage – grds strafbar (OLG Frankfurt NVwZ 1988, 287 mwN; Sch-Schoch 105 – anders aber 104); es kommt jedoch ein

---

[58] Im einzelnen str, vgl BGHSt 23, 86 = NJW 1969, 1023; 1982, 188; BayObLG BayVBl 1969, 329; Lorenz DVBl 1971, 165; Schenke JR 1970, 449; Arnold JZ 1977, 790; Gerhards NJW 1978, 86; Brühl JuS 1994, 57; Kopp BayVBl 1972, 651 Fn 24; Odenthal NStZ 1991, 418.

[59] BayObLG BayVBl 1969, 329 u BayObLGSt 1962, 30; Möhl JR 1973, 28.

[60] OLG Frankfurt NJW 1967, 262; Schenke JR 1970, 449; Arnold JZ 1977, 790; Gerhards NJW 1978, 86 mit der Begründung, daß rechtmäßiges Handeln nicht bestraft werden dürfe; Berg WuV 1982, 169; **aA** BGHSt 23, 86 = NJW 1969, 2023; 1982, 189; BayObLG NJW 1968, 1848; OLG Karlsruhe NJW 1978, 116; OLG Hamburg NJW 1980, 1007. Das hier angesprochene Problem stellt sich nicht, wenn man eine Strafbewehrung rechtswidriger VAe ablehnt, so iVm § 29 Abs 1 Nr 2 VersG BVerfG DVBl 1993, 150; s auch Lorenz DVBl 1971, 165.

[61] Kopp BayVBl 1972, 651 FN 24; Berg WuV 1982, 169; Sch-Schoch 104; unklar OLG Hamm NJW 1979, 728: keine Strafbarkeit, wenn der Täter im Zeitpunkt des Verstoßes gegen das durch den VA bestimmte Verbot die aW noch jederzeit durch Einlegen eines Widerspruchs herbeiführen kann; vgl auch OLG Karlsruhe NJW 1978, 116.

Strafaufhebungsgrund in Betracht (OLG Frankfurt NVwZ 1988, 287). S ferner auch 11 zu § 113.

33 **ee) Säumnisfolgen, Schadensersatzansprüche uä. Ausgeschlossen** werden, soweit durch Gesetz nichts anders bestimmt ist (wozu der Gesetzgeber grds befugt ist, s im folgenden), durch die aW auch etwaige Säumnisfolgen wg verspäteter Zahlung, zB einer durch VA festgesetzten Gebühren- oder Beitragsschuld, weil der betroffene Bürger während der Dauer der aW ja nicht zur Zahlung verpflichtet war (Mü BayVBl 1990, 471), zB **Säumniszuschläge,**[62] **Prozeßzinsen,**[63] **„Aussetzungszinsen"** gem § 237 Abs 1 AO.[64] Entsprechendes gilt, da die aW bzw die VzA die Rechtswidrigkeit ausschließen, für **Schadensersatzanspr** nach allg Recht (vgl jedoch unten 208) gegen denjenigen, der bei Ausnutzung der Vorteile der aW bzw VzA Schaden verursacht hat (Kopp BayVBl 1972, 651).

34 Dagegen läßt die aW die **Fälligkeit** einer Schuld **unberührt,** dh schiebt die Fälligkeit nicht hinaus[65] u beseitigt nicht die bereits eingetretene Fälligkeit einer Forderung (66, 121 = NJW 1983, 776). Die Leistung muß aber, solange die aW andauert, nicht erbracht werden.[66]

Vor der Aussetzung der Vollziehbarkeit eines Abgabenbescheids usw bereits verwirkte Säumniszuschläge, Mahngebühren (vgl Mü BayVBl 1990, 758), Verzugszinsen usw (vgl Mü BayVBl 1990, 471) werden mit der aW nicht hinfällig, sondern **sind zu zahlen;**[67] mit der Rückwirkung der aW bzw der Anordnung oder Wiederherstellung der aW (s unten 54) kann jedoch gem § 80 Abs 5 S 3 eine Rückzahlung des Geleisteten[68] gerichtlich angeordnet werden. Wird die Aussetzung der Vollziehbarkeit nachträglich im BeschwerdeVf aufgehoben, so **leben** auch die **Säumniszuschläge wieder auf** (vgl BFH BStBl 1975 II 452; TK 10 zu § 20 AO).

35 Der Gesetzgeber (je nach der Zuständigkeit der Bundesgesetzgeber oder der Landesgesetzgeber) kann grds durch Gesetz die Wirkungen der aW einschränken, zB Verzugszinsen auch für die Dauer der aW anordnen.[69] Vgl zB § 237 Abs 2 S 2 AO u zahlreiche Abgabengesetze, die § 237 Abs 2 S 2 AO für anwendbar erklären. Verzugszinsen sind in diesem Fall – je nach der konkreten gesetzlichen Regelung – idR auch dann von Anfang an zu zahlen, wenn die Vollziehbarkeit durch das Gericht für einige Zeit ausgesetzt war, die Entscheidung in der Hauptsache dann jedoch in letzter Instanz zu Ungunsten des Schuldners erging.[70]

---

[62] Vgl BFH NJW 1979, 832: idR kein Säumniszuschlag; BFH BStBl II 1977, 647; II 1979, 60; Lü NVwZ 1990, 270; Birkholz DStZ/A 1979, 45; TK 10 zu § 240 AO; HHSp 12a zu § 240 AO; Sch-Schoch 95; Schuster DStZ/A 1979, 198; Wüterich NVwZ 1987, 959 mwN.

[63] BFH NJW 1980, 312; jedoch zweifelhaft, soweit der BFH nach Abweisung der Anfechtungsklage die Prozeßzinsen rückwirkend zuerkennt.

[64] Verzinsungspflicht erst bei Erfolglosigkeit des Rechtsbehelfs, dann freilich rückwirkend; s dazu BFH BStBl 1987 II 320 u auch v Schörnig BayVBl 1982, 298.

[65] Vgl BGH NJW 1993, 2233; FG Hessen EFG 82, 446; Birkholz DStZ/A 1979, 45; **aA** FG Hamburg EFG 1979, 68; Mennacher BB 1979, 884; Koch § 240 Rn 11; Sch-Schoch 95; offen Mü NVwZ-RR 1994, 543.

[66] Vgl BFH BStBl 1979 II 59; nach **aA** – vgl BFH aaO – wäre die Erhebung von Säumniszuschlägen nur unbillig.

[67] Vgl BFH BStBl II 1979, 58; Lü NVwZ 1987, 65; Mü BayVBl 1990, 185 u 758; **aA** BFH BStBl II 1979, 645; Lü KStZ 1990, 36; FG Hamburg EFG 1979, 67; TK 10 zu § 240; Wüterich NVwZ 1987, 959.

[68] Vgl BFH 149, 6 = BStBl II 1987, 389: auf Antrag sind die Vollzugsfolgen ab dem Zeitpunkt, ab dem ernste Zweifel erkennbar vorlagen, rückwirkend aufzuheben; **aA** wohl Herden NJW 1987, 1590.

[69] NVwZ 1984, 436; Lü NVwZ 1984, 246; 1987, 65.

[70] ZT **aA** Lü NVwZ 1984, 246: keine Verzugszinsen für die Zeit ab Aufhebung des VA u Anordnung der aW bis zur Änderung des Urteils durch die höhere Instanz; im Zweifel außerdem auch jedenfalls für die Zeit vor Eintreten der aW. Vgl auch BVerwG BayVBl

ff) Hemmungen von Fristen und ähnliche Wirkungen. Aus Sinn u Zweck des vorläufigen Rechtsschutzes nach § 80 (vgl oben 1) folgt weiter, daß, solange Maßnahmen nach den oben zu 22ff dargelegten Grundsätzen unzulässig bzw bestimmte Handlungen nicht geboten sind, auch der Lauf von Ausschlußfristen, Verjährungsfristen usw gehemmt ist.[71] Ebenso müssen durch VA gesetzte Handlungsfristen, die während der Dauer der aW verstrichen sind, unbeschadet etwaiger sonstiger Folgen (oben 33ff) nach Beendigung der aW ggf durch neuen VA (vgl Mü BayVBl 1979, 541) neu festgesetzt werden,[72] andererseits braucht aber die in Frage stehende Frist während der Dauer der aW auch nicht beachtet werden.[73] Nicht automatisch von der aW erfaßt werden dagegen nachträglich verhängte Zwangsmittel, Fristsetzungen durch neue VAe usw (s oben 31; **aA** zu einem ähnlich liegenden Fall Mü BayVBl 1979, 541). 36

gg) Folgen für Maßnahmen zur Sicherung und Durchsetzung der aW. Ein VA, der eine Genehmigung oder Erlaubnis erteilt, hat nur Auswirkungen auf die formelle, nicht auf die materielle Legalität des genehmigten Verhaltens. Entsprechend scheidet eine Bedeutung der aW für die materielle Legalität des Verhaltens von vornherein aus. Anders verhält es sich hins der formellen Legalität. Der suspendierte VA vermag aufgrund der aW die formelle Legalität (vorläufig) nicht herzustellen (ebenso Sch-Schoch 97). Daraus folgt, daß die Verwaltung auch Maßnahmen zur Sicherung der aW ergreifen kann. Dabei kann sie sich – wie zB im Fall der Baugenehmigung – nicht nur auf die Regelungen der jeweiligen LBO stützen,[74] sondern auch auf § 80 Abs 5 S 3 analog.[75] 37

Parallel dazu anzuerkennen ist in Fällen der genannten Art idR auch das **Recht** Betroffener **nach Privatrecht,** insb **nach dem allg Nachbarrecht** oder aufgrund besonderer privatrechtlicher Rechtstitel (wie zB Dienstbarkeiten usw) oder aufgrund privatrechtsgestaltender VAe (vgl BGH NJW 1993, 1580; 11 zu § 40) **zu zivilrechtlichen Klagen** auf Unterlassung von Einwirkungen bzw zu entspr Anträgen auf vorläufigen Rechtsschutz, soweit diese Einwirkungen auf VAe, zB Anlagegenehmigungen, gestützt u damit zwar formell u ggf auch mate- 38

1984, 410: Aussetzungszinsen gem § 237 AO iVm einschlägigem Landesabgabenrecht können auch dann vom Zeitpunkt der Aussetzung der Vollziehung an verlangt werden, wenn der Beitragsbescheid ursprünglich fehlerhaft war, die Rechtswidrigkeit aber durch Erlaß einer fehlerfreien Satzung rückwirkend geheilt wurde; einschränkend insoweit Ms NVwZ 1984, 321: wird die rechtswidrige Heranziehung zum Erschließungsbeitrag durch „Nachschieben" einer rückwirkenden Satzung geheilt, so gebietet die Billigkeit idR einen Verzicht auf die Aussetzungszinsen, die auf die Zeit bis zum Erlaß der neuen Beitragssatzung entfallen.

[71] NJW 1977, 823; 1980, 652; NVwZ 1983, 478; Buchh 402.24 zu § 10 AuslG Nr 66; Ms DVBl 1981, 194; GewA 1982, 134; Lü 29, 456; Mü BayVBl 1980, 51; NVwZ 1986, 763; zur Verfolgungsverjährung auch Thierfelder DVBl 1968, 138; **aA** Ks BRS 22 Nr 211; Mü Rd L 1976, 288; BRS 29 Nr 177; Sa BRS 20 Nr 184: die Frist wird gegenstandslos; zu dieser Auffassung neigend auch Ms NVwZ 1986, 763.

[72] 29, 322; NJW 1980, 2033; Mü BayVBl 1979, 541; Lü 29, 456; Ma NVwZ 1987, 625: anders jedoch nach § 37 Abs 2 AsylVfG, wo eine Sonderregelung für den Fall geschaffen ist, daß ein Asylantrag zu Unrecht als offensichtlich unbegründet abgelehnt wurde (vgl hierzu GK-AsylVfG 11ff zu § 37 AsylVfG); Kalkbrenner BayVBl 1976, 87.

[73] Mü BayVBl 1976, 86; Erichsen/Klenke DÖV 1976, 840; vgl ferner Mü BayVBl 1972, 109 zu einem freilich besonders gelagerten Fall; **aA** BVerwG 60, 109: wenn der für die Gestellung festgesetzte Zeitpunkt schon verstrichen ist, eben sofort.

[74] Insoweit ist aber für die Nutzungsuntersagung umstr, ob hier allein die formelle Illegalität des Vorhabens ausreicht, abl Schenke BauO 623.

[75] Zu den im vorliegenden Zusammenhang interessierenden Auswirkungen auch zB NVwZ 1992, 570: mangelnde Vollziehbarkeit einer erteilten immissionsschutzrechtlichen Genehmigung rechtfertigt keine Stillegungsverfügung nach § 20 Abs 2 S 1 BImSchG; ähnlich NVwZ 1989, 48; vgl auch Ks NVwZ 1992, 791; Mü NVwZ-RR 1990, 594; BayVBl 1993, 566; 1995, 763; abw VG Augsburg NVwZ-RR 1995, 383f.

riell legal sind, jedoch infolge der aW einstweilen „suspendiert" sind. Es wäre nicht einzusehen, warum der Rechtsschutz insoweit prinzipiell – u nicht nur graduell – anders sein sollte als gegen erlaubnis- oder genehmigungsbedürftiges, aber nicht erlaubtes bzw genehmigtes Tun (s zu privatrechtlichen Unterlassungsklagen gegen ungenehmigtes Handeln Dritter BGH NJW 1993, 1580; dazu 11 zu § 40).

39 **hh) Folgen hins der Tatbestandswirkung von VAen. Soweit** gesetzliche Vorschriften **Wirkungen** nicht an den Inhalt eines **VA,** sondern allein an die Tatsache, daß ein VA ergangen ist, unabhängig davon, ob er den Betroffenen belastet oder begünstigt, knüpfen (sog erweiterte Tatbestandswirkung, s KR 24f zu § 43 VwVfG; ferner 5 zu § 121), zB das Ausscheiden aus dem juristischen Vorbereitungsdienst mit Beendigung der Prüfung, werden diese Folgen von der aW **nicht erfaßt** (Mü BayVBl 1969, 248; 1972, 618; Hacker BayVBl 1979, 453; zweifelhaft).

40 **ii) Wirkungen bei Ablehnung von Anträgen.** Da die aW nur Eingriffe in bestehende rechtlich geschützte Positionen vorläufig ausschließt (BFH NVwZ 1988, 871), **nicht aber die Rechtsstellung** des durch sie Begünstigten **erweitern** kann,[76] kommt sie grds bei VAen, die einen Antrag ablehnen, nicht in Betracht, bzw ist sie hier ohne rechtliche Bedeutung (anders, wenn mit der Ablehnung eine belastende Kostenentscheidung bzw Gebührenfestsetzung verbunden ist, hins dieser, Ms DÖV 1976, 737). Eine positive vorläufige Regelung kann hier nur gem § 123 erreicht werden. **Etwas anderes gilt** dann, wenn das **materielle Recht** an die ablehnende Entscheidung **weitergehende Wirkungen knüpft,** etwa den Verlust einer bis zur Entscheidung kraft Gesetzes anerkannten Rechtsstellung; in diesen Fällen hat die aW **mittelbar** zur Folge, daß der Betroffene vorläufig weiterhin so zu behandeln ist, als wäre er im Besitz dieser Rechtsstellung geblieben. Das trifft zB für die Anfechtung der Versagung eines beantragten Aufenthaltstitels gem § 58 Abs 2 AufenthG (früher § 42 Abs 2 AuslG) zu, wenn sie nicht vollziehbar ist.[77]

41 **jj) Wirkung auf Verträge ua.** Die aW erfaßt privatrechtliche u ör Verträge, die aufgrund oder zum Vollzug (iwS) eines VA geschlossen wurden, u sonstige selbständige Rechtsakte aufgrund eines VA **nicht unmittelbar.**[78] Nach den Grundsätzen über die **Geschäftsgrundlage** (vgl auch § 60 VwVfG) ist es in diesen Fällen aber idR ebenfalls möglich, **eine vorläufige** Regelung zu verlangen bzw durch gerichtliche Entscheidung (eA bzw einstweilige Verfügung) zu erzwingen. Von der aW nicht unmittelbar erfaßt, aber vorläufig untersagt, sind auch privatrechtliche Willenserklärungen (zB Kündigungen), die sich als Vollziehung eines angefochtenen VA wie etwa des Widerrufs einer Darlehensbewilligung darstellen (s oben 28).

42 **kk) Wirkung auf Widerspruchsbescheide.** Die aW einer Klage gegen einen Widerspruchsbescheid gem § 73 hat zur Folge, daß etwaige mit dem Widerspruchsbescheid getroffene Regelungen vorläufig suspendiert werden. Damit bleibt zB ein kommunaler Abgabenbescheid gem § 80 Abs 2 S 1 Nr 1 auch dann noch vollziehbar, wenn er im WiderspruchsVf aufgehoben wurde, die Gemeinde aber den Widerspruchsbescheid angefochten hat (Sa NVwZ 1986, 578).

---

[76] 47, 175; 55, 99; BFH 123, 412; NJW 1980, 1544; Ks DVBl 1993, 1016; NVwZ-RR 1991, 426; Mü BayVBl 1962, 324; Ey-J. Schmidt 8; Schubert NVwZ 1990, 638.

[77] S zu § 42 Abs 2 AuslG aF Ma NVwZ-RR 1995, 295; We DÖV 1996, 1059; s auch Schenke 286.

[78] Vgl Ma NVwZ 1984, 255: offen, ob die aufgrund einer durch VA erfolgte Standzuweisung geschlossenen Standmietverträge bei aW schwebend unwirksam wären bzw würden.

c) AW bei VAen mit Doppelwirkung. aa) Rechtsschutz des „Belasteten“. Der vorläufige Rechtsschutz richtet sich – wie Abs 1 S 2 ausdr klarstellt[79] – auch bei VAen mit Doppelwirkung, dh VAen, die einen Bürger begünstigen, damit zugleich aber auch einen anderen (in seinen Rechten) belasten, nach §§ 80, 80a, nicht nach § 123. Für den praktisch sehr wichtigen Bereich des Baurechts hat der Bundesgesetzgeber in § 212a BauGB mittlerweile allerdings generell die aW ausgeschlossen. Der vorläufige Rechtsschutz des Nachbarn ist hier über § 80a Abs 1 Nr 2, Abs 3 sicherzustellen. 43

Die aW hindert unmittelbar den Begünstigten (vorläufig) daran, von der Begünstigung (zB Bauerlaubnis) rechtmäßig Gebrauch zu machen, da mit der Einlegung des Rechtsbehelfs auch die ihn begünstigenden Wirkungen des vom Dritten angegriffenen VA suspendiert werden (**aA** die Vollziehbarkeitstheorie, s oben 22, weil nach ihr ein Gebrauchmachen von einer Erlaubnis usw keine Vollziehung darstellt).

Rechtsschutz des durch die Vollziehbarkeit eines mit Doppelwirkung betroffenen „Dritten“: Die aW macht das Gebrauchmachen von einer erteilten Erlaubnis vorläufig unzulässig u rechtswidrig (s oben 30). **§ 80a Abs 3, Abs 1 Nr 2 HS 2** statuiert eine **Rechtsgrundlage für einstweilige Maßnahmen zur Sicherung der Rechte des belasteten Dritten.** Sie bietet zumindest in analoger Anwendung eine Basis für einen **vorläufigen Rechtsschutz im Falle einer faktischen Vollziehung** des VA durch den Begünstigten, der den Suspensiveffekt nicht beachtet. Relevant wird dieser Rechtsschutz etwa für den Nachbarn, wenn der Bauherr trotz einer hins der Baugenehmigung eingetretenen aW baut.[80] Dem Wesen des vorläufigen Rechtsschutzes als einem (nicht durch materielle Sicherungsanspr „unterfütterten“) rein prozessualen Institut entspricht es dabei, daß zB bei einer den Nachbarn in seiner Rechtsstellung betr suspendierten Baugenehmigung, deren (vorläufige) Vollziehung durch den Bauherrn verhindert werden soll, die **gerichtliche Verpflichtung der Baugenehmigungsbehörde analog § 80a Abs 3, Abs 1 Nr 2 HS 2 auf eine Nichtvollziehung der Baugenehmigung hinzuwirken, nicht das Vorliegen der materiellrechtlichen Voraussetzungen für eine Baueinstellungsverfügung verlangt.**[81] Die Analogie zu § 80a Abs 3, Abs 1 Nr 2 HS 2, die als Grundlage für die Bejahung eines vorläufigen Rechtsschutzes bei faktischer Vollziehung dient, läßt sich **zusätzlich durch eine Analogie zu § 80 Abs 5 S 3 abstützen** (s Schenke JZ 1996, 1164f), der in den Fällen einseitig belastender VAe eine Handhabe für einen **Schutz gegen die faktische Vollziehung** eines VA **durch einen Hoheitsträger** zur Verfügung stellt (Schenke 1016u DVBl 1986, 12ff mwN). 44

Die zT (so von Mü DVBl 1992, 452) vertretene Ansicht, der vorläufige Rechtsschutz ggü dem unzulässigerweise von einer Erlaubnis Gebrauch machenden Bürger sei über **§ 123** zu bewerkstelligen, ist **abzulehnen** (s oben 44 mwN). Dessen Anwendung steht nicht nur § 123 Abs 5 entgegen, sondern auch eine Reihe systematischer Gründe (s näher Schenke DVBl 1986, 12ff). Die Auffassung, nur über die Anwendung des § 123 könne sich der durch einen VA mit Doppelwirkung belastete Dritte einen Titel verschaffen, der ihn vor der faktischen Vollziehung des VA durch den Begünstigten schütze, ist nicht überzeugend, da auch eine in Analogie zu 45

---

[79] S oben 15 sowie im folgenden; ferner Ks NVwZ-RR 1991, 537; NVwZ 1991, 592; DVBl 1982, 45; Lü BauR 1991, 443.

[80] So auch zT mit zusätzlicher Stützung auf entspr Anwendung des § 80 Abs 5 Bln NVwZ-RR 1993, 458ff; Br BRS 55, 456; Ko DVBl 1994, 809; Ma 46, 32; Mü BayVBl 1993, 565; We LKV 1994, 110ff; Schenke 1015, 1017 u JZ 1996, 1164f; Schoch NVwZ 1991, 1125; **aA** Hörtnagl/Stratz VBlBW 1991, 332, wo Rechtsschutz über eine eA bejaht wird; für die Möglichkeit eines Rechtsschutzes sowohl nach § 80a Abs 3, Abs 1 Nr 2 wie auch nach § 123 Sa BauR 1992, 609.

[81] Mü BayVBl 1993, 566; We LKV 1994, 111; Schenke JZ 1996, 1165.

§ 80 a Abs 3, Abs 1 Nr 2 Alt 2 durch das Gericht ausgesprochene Verpflichtung der Behörde, einem Privaten das Gebrauchmachen von der Begünstigung zu untersagen, gem **§ 168 Abs 1 Nr 1 vollstreckbar** ist.[82] Lehnte man dies ab, ergäbe sich die Vollstreckbarkeit jedenfalls in verfassungskonformer Auslegung des § 168 Abs 1 Nr 2 (Schenke 1016).

46 **bb) Rechtsschutz des Begünstigten.** Der vorläufige behördliche Rechtsschutz **des durch die aW** des Rechtsbehelfs eines Dritten **Betroffenen,** zB des Bauherrn im oben zu 44f erwähnten Fall, richtet sich nach § 80 a Abs 1 Nr 1 iVm § 80 Abs 2 S 1 Nr 4 Alt 2 („im überwiegenden Interesse eines Beteiligten") bzw – für den Fall des Drittbegünstigten – nach § 80 a Abs 2. Der gerichtliche Rechtsschutz bestimmt sich nach § 80 a Abs 3; s näher 17 f zu § 80 a).

47 **d) AW bei VAen mit teils belastendem, teils begünstigendem Inhalt.** Bei VAen dieser Art tritt die aW nach hM grds **nur hins** des **belastenden Teils** ein, es sei denn, dieser steht mit dem begünstigenden Teil in einem **untrennbaren inneren Zusammenhang.**[83] Entscheidend soll sein, ob bei objektiver Betrachtung aus dem Bescheid oder den Umständen seines Erlasses für den Betroffenen **erkennbar** ist, **daß der belastende Teil so wesentlich ist,** daß die Begünstigung allein dem Zweck des VA offensichtlich widerspräche, wenn nicht auch die Belastung sofort wirksam würde. Bei einer **Auflage** wird dies idR nicht angenommen (LSG Stuttgart NVwZ 1982, 464; Ms DVBl 1982, 847; **aA** Weyreuther DVBl 1969, 232, 295), wohl aber meist bei **sonstigen Nebenbestimmungen** eines VA (RÖ-M. Redeker 8) u bei sog **„modifizierenden",** dh, nicht zum VA hinzutretenden, sondern dessen Inhalt selbst bestimmenden bzw ändernden (s 23 zu § 42) **„Auflagen"** (LSG Stuttgart NVwZ 1982, 464; RÖ-M. Redeker 8; Hoffmann DVBl 1977, 518).

48 Bei der Beantwortung der Frage der Trennbarkeit von belastendem u begünstigendem Teil eines VA vermag mE eine **analoge Anwendung des § 44 Abs 4 VwVfG** weiterzuhelfen. Durfte die Behörde die Begünstigung ohne die angefochtene Belastung nicht vornehmen oder ist davon auszugehen, daß sie die Begünstigung – obwohl sie sie rechtmäßig hätte erlassen können – nicht ausgesprochen hätte, führt die schwebende Unwirksamkeit des angefochtenen Teils eines VA (sofern man dessen isolierte Anfechtung überhaupt bejaht, vgl tlw ablehnend NKVwGO-Puttler 24) analog § 44 Abs 4 VwVfG dazu, daß sich die aW auch auf die Begünstigung erstreckt (Schenke 298; **aA** die hM vgl zB Pietzcker NVwZ 1995, 19; Stadie DVBl 1991, 615). Das muß mE selbst bei rechtswidrigen Auflagen gelten, wenn bei diesen eine nur auf deren isolierte Aufhebung gerichtete Anfechtungsklage trotz der Rechtswidrigkeit der Auflage ausnahmsweise nicht zu deren Aufhebung führt (s 24 zu § 42). Letzteres gilt nach hM jedenfalls dann, wenn der nach Aufhebung der Auflage verbleibende RestVA rechtswidrig ist (dazu näher Schenke, Roellecke-FS, 281 ff).

49 **e) Die Voraussetzungen der aW.** Die aW tritt gem Abs 1 grds **als automatische Folge eines Widerspruchs** bzw, wenn die Klage ohne VorVf zulässig ist, **der Klage** (VG Gelsenkirchen DÖV 1967, 318; Kopp DÖV 1967, 843) ein. Gleiches gilt bei einer ausschließlich gegen einen Widerspruchsbescheid gerichteten Klage (§ 79 Abs 1 Nr 2, Abs 2) in bezug auf den Widerspruchsbescheid (Mü BayVBl 1976, 176). Abs 1 gilt grds auch für Widersprüche u Klagen kraft besonderer gesetzlicher Zulassung, zB von Naturschutzvereinen, wenn u soweit diesen durch Gesetz das Recht zu Rechtsbehelfen eingeräumt ist (Br DÖV 1985, 164; s auch oben 14). Zur Frage des vorläufigen Rechtsschutzes, **wenn**

---

[82] S dazu Ms NVwZ 1993, 383; Haurand/Vahle VR 1992, 122; Schenke DVBl 1986, 13.
[83] Mü DÖV 1972, 318; Lü NVwZ 1992, 387; Fehn DÖV 1988, 205; Johlen DVBl 1989, 290 mwN; NKVwGO-Puttler 24 mwN.

noch kein Rechtsbehelf in der Hauptsache eingelegt worden ist, s unten 110 u 139.

Auch soweit die aW „automatisch" an sich als Folge der Einlegung eines Rechtsbehelfs eintritt, kann unter besonderen Umständen ein Berufen auf die aW rechtsmißbräuchlich u deshalb unbeachtlich sein, insb wenn derjenige, der sich darauf beruft, die in Frage stehende Rechtsstellung treuwidrig erlangt hat oder von ihr treuwidrig Gebrauch macht (43, 276; BDH 7, 86 f).

Nach der in 10. Aufl 29 vertretenen Ansicht tritt die aW grds (Ausnahmen s **50**
im folgenden weiter unten) ohne Rücksicht auf die Zulässigkeit[84] u die Begründetheit ein.[85] ZT wird der Eintritt der aW dort verneint, wo der eingelegte Widerspruch offensichtlich unzulässig ist.[86] Richtigerweise sind zwar **grds Zulässigkeit** u (erst recht) Begründetheit eines Widerspruchs bzw einer Anfechtungsklage **nicht Voraussetzung für den Eintritt der aW;** in Anbetracht des funktionellen Zusammenhangs zwischen dem vorläufigen Rechtsschutz u dem Rechtsbehelf in der Hauptsache ist der Eintritt der aW jedoch bei **offensichtlicher Unzulässigkeit des Rechtsbehelfs** ausgeschlossen. **Dasselbe gilt (unabhängig von bestehender Offensichtlichkeit),** wenn **bestimmte Zulässigkeitsvoraussetzungen fehlen.** Da § 80 aufgrund seiner systematischen Stellung nur im Rahmen des Bestehens der **dt Gerichtsbarkeit** sowie **Eröffnung des VRW** gem § 40 anwendbar ist, **hindert** das Fehlen einer dieser beiden Zulässigkeitsvoraussetzungen **den Eintritt der aW** (Brühl JuS 1995, 628; NK-VwGO-Puttler 32; Schenke 957; Sch-Schoch 66). § 80 Abs 1 **verlangt** für den Eintritt der aW ferner das **Vorliegen eines VA**[87] u unterscheidet sich damit von § 123, der den vorläufigen Rechtsschutz gegen sonstiges hoheitliches Verwaltungshandeln zum Gegenstand hat. Die Frage, ob die **Erledigung eines VA** die aW ausschließt, stellt sich nicht, da bei Erledigung eines VA **kein Raum für eine aW** besteht (anderes ist nur dann denkbar, wenn man von einem engeren Erledigungsbegriff ausgeht, s dazu 102 zu § 113). **Ausgeschlossen** ist diese aber ferner, wenn die Statthaftigkeit eines förmlichen Rechtsbehelfs an **§ 44 a scheitert,** da die ratio dieser Regelung (Konzentration des Rechtsschutzes auf den das Vf abschließenden Akt) der Bejahung eines vorläufigen Rechtsschutzes entgegensteht (NVwZ-RR 1997, 663; Kuhla NVwZ 2002, 549 f; Stüer/Hermanns DVBl 1999, 515; s unten 65). Aus der Teleologie des § 80 Abs 1 als einem Mittel des vorläufigen Rechtsschutzes ergibt sich, daß hins des eingelegten RMittel eine **Widerspruchs- bzw Klagebefugnis bestehen muß.**[88] Zudem setzt der Suspensiveffekt voraus, daß der VA **noch nicht bestandskräftig** ist,[89] da nach Eintritt der Bestandskraft eines VA Rechtsschutz grds nur noch über die **Verpflichtungsklage** in Betracht kommt u dieser ein vorläufiger Rechtsschutz gem **§ 123 korrespondiert.** Am Nichteintritt der aW ändert auch eine in concreto

---

[84] 13, 8; Bln DVBl 1972, 43 Hbg NVwZ 1987, 1002; Lü NVwZ 1986, 322 f; Ma NVwZ 1993, 73; Brühl JuS 1995, 628; Dürr DÖV 1994, 852; Schäfer DÖV 1967, 478; Wilhelm BayVBl 1965, 199; diff Lorenz § 28, 7; **aA** Ms NJW 1975, 795 mwN; Mü BayVBl 1976, 239; Finkelnburg 657 ff; Klenke NWVBl 2005, 127; Schenke DÖV 1982, 724; Schmaltz DVBl 1992, 231.

[85] 13, 8; Lü NVwZ 1987, 1000; Lorenz § 28, 7; Wilhelm BayVBl 1965, 199; hM.

[86] FfO NVwZ-RR 2004, 315; Hbg NVwZ 1987, 1002; Ma UPR 1997, 110; Mü BayVBl 1994, 408; Lü VRspr 16, 123; Ey-J. Schmidt 13; Kotulla DV 2000, 526; vgl auch Kollmer NuR 1994, 16.

[87] Bln DVBl 1976, 950; Mü BayVBl 1997, 23; NKVwGO-Puttler 32; Schenke 957; Sch-Schoch 67; **aA** Mgd JMBl ST 1998, 332.

[88] NJW 1993, 1611; Bln LKV 1994, 298; Gr DVBl 2000, 1074; Ma VBlBW 1988, 147; Schenke 959; Sch-Schoch 68 mwN; Spranger NVwZ 1999, 147; mit Einschränkungen auch NKVwGO-Puttler 32; **aA** Sa 14, 185.

[89] Ks 21, 99; Ma DÖV 2004, 844; We LKV 1994, 110; NKVwGO-Puttler 32; Schenke 959 u JZ 1996, 1156; Sch-Schoch 69.

in Betracht kommende Möglichkeit zur Wiedereinsetzung in den vorigen Stand nichts,[90] weil, solange diese nicht gewährt ist, der VA bestandskräftig bleibt. Da aber nach Wiedereinsetzung in den vorigen Stand der Hauptsacherechtsschutz wieder über die Anfechtungsklage zu bewerkstelligen ist, erscheint es erwägbar, hier bereits **vor einer Entscheidung über einen bereits gestellten Wiedereinsetzungsantrag** den vorläufigen Rechtsschutz mittels einer Anordnung der aW gem **§ 80 Abs 4 u 5** zu realisieren (s dazu Ms NVwZ-RR 1990, 379; Schenke 992b u JZ 1996, 1159).

51 **Andere** der Zulässigkeit des in der Hauptsache eingelegten Rechtsbehelfs entgegenstehende **Gründe,** zB bloße, wenn auch gewichtige, Zweifel hins der Prozeßfähigkeit, der Zuständigkeit der Widerspruchsbehörde bzw des Gerichts, des RSB oder heilbare Mängel, wie fehlende Angaben des Bekl (VG Freiburg NVwZ 1985, 445), noch fehlendes, aber möglicherweise nachholbares Vorverfahren, verfrühte Klageerhebung gem § 75, Klage gegen einen falschen Bekl, die erst später im Wege der Klageänderung gegen den richtigen Bekl gerichtet wird (VG Freiburg NVwZ 1985, 445), **stehen der aW nur bei ihrer Offensichtlichkeit entgegen.**[91] Wenn die Unzulässigkeit des Rechtsbehelfs nicht offensichtlich ist, kann dies aber uU die Behörde zu einer VzA gem § 80 Abs 2 S 1 Nr 4 veranlassen.

52 Zur **Bedeutung** der Zulässigkeit bzw Begründetheit des Rechtsbehelfs in der Hauptsache **für die Interessenabwägung** bei Entscheidungen nach Abs 4 u 5 s unten 116 u 158 ff; zu den **Zulässigkeitsvoraussetzungen bei Anträgen** nach Abs 4 unten 108 ff, nach Abs 5 unten 128 ff.

53 **f) Beginn der aW.** Die aW tritt **erst mit Einlegung des Rechtsbehelfs** bzw der Aussetzung der Vollziehung (Abs 4) oder der Anordnung oder Wiederherstellung der aW (Abs 5) ein.[92] Vorher hat ein VA alle ihm nach dem Gesetz u seinem Inhalt zukommenden Wirkungen grds vom Zeitpunkt seines Erlasses an, soweit solche Wirkungen nicht ausnahmsweise an besondere, außerhalb § 80 liegende Voraussetzungen geknüpft sind.[93] Zum (rückwirkenden) Wegfall der aW s im folgenden. Zur zeitlichen Dauer einer VzA s nunmehr § 80 b.

54 **Zeitliche Rückwirkung der aW:** Die aW **wirkt** im Fall des Abs 1 **immer zurück** auf den Zeitpunkt des Erlasses des VA,[94] **bei Aussetzung** der Vollziehung bzw Anordnung oder Wiederherstellung der aW **durch die Widerspruchsbehörde bzw Erstbehörde** (s auch unten 110 ff) **oder durch das Gericht idR,** dh, sofern in der Entscheidung, was möglich ist (zB teilweise Wiederherstellung der aW), die Rückwirkung nicht beschränkt wurde.[95] Der rückwirkende Eintritt der aW entzieht der aufgrund des VA ergangenen **Vollziehungshandlung** grds ihre Basis. Das spricht für eine prinzipielle Verpflich-

---

[90] So auch NKVwGO-Puttler 32; Schenke 959; Sch-Schoch 69; **aA,** falls bereits ein nicht offensichtlich aussichtsloser Wiedereinsetzungsantrag gestellt wurde, Ko 14, 72; Ma NJW 1978, 720.

[91] Ma NVwZ 1984, 255; UPR 1997, 110; Mü BayVBl 1994, 408; Hbg NVwZ 1987, 1002; Ey-J. Schmidt 13; Loos JA 2001, 700; Schenke 960; **aA** Schoch Jura 2001, 675.

[92] Ms VRspr 21, 249; RÖ-M. Redeker 7; zur Frage einer Anordnung vor Einlegung eines Rechtsbehelfs gegen den VA s unten 139.

[93] Vgl oben 12; BGH 39, 77 = NJW 1963, 853; NJW 1982, 2815; Ms VRspr 21, 249; LSG Stuttgart NVwZ 1982, 464; Kalkbrenner BayVBl 1976, 87; Vonficht BayVBl 1972, 661; **aA** Renck DÖV 1972, 343.

[94] DÖV 1973, 787; Ba SächsVBl 2001, 41; Ma VBlBW 1983, 22; Ms DÖV 1983, 1025; VG Chemnitz NVwZ 1999, 1375; Finkelnburg 669; Schenke 962; Sch-Schoch 100.

[95] Buchh 402.24 § 2 Nr 32; Ms DÖV 1978, 417; 1981, 430; DÖV 1983, 1025; Mü NVwZ 1987, 63. Nach Ansicht von Gr DÖV 2004, 213 soll, sofern nichts anderes angeordnet wurde, die aW in den Fällen des § 80 Abs 2 Nr 1 in Hinblick auf die Entstehung von Säumniszuschlägen erst mit dem Zeitpunkt der Stellung des einstweiligen Rechtsschutzantrags bei Gericht eintreten.

tung zur Rückgängigmachung.[96] Allerdings können sich hierbei im Einzelfall **Einschränkungen aus dem Übermaßverbot,** insb dem Grundsatz der Verhältnismäßigkeit ergeben, in dessen Rahmen auch zu berücksichtigen ist, daß es hier nur um vorläufige Maßnahmen geht. UU kann sich insb bei **VAen mit Drittwirkung** die vorläufige Rückgängigmachung einer Vollziehungsmaßnahme verbieten, die bei einem möglichen Erfolg des Begünstigten in der Hauptsache wiederum vorgenommen würde. Zumindest muß hier für die Behörde die Möglichkeit bestehen, die gem Abs 1 eingetretene **Rückwirkung der aW zu beschränken.** Dies erreicht sie bei einer Anordnung der Wiederherstellung der aW gem § 80 Abs 4 u 5 durch die Beschränkung der aW mit Wirkung für die Zukunft. IVm einem nach Abs 1 eintretenden Suspensiveffekt müßte dann (falls man von einer Verpflichtung zur Rückgängigmachung der Vollziehung ausgehen würde) der Behörde die Möglichkeit eingeräumt werden, gem Abs 2 S 1 Nr 4 die VzA jedenfalls für die Vergangenheit auszusprechen u damit einer vorläufigen Beseitigung der Vollziehung den Boden zu entziehen. Eine solche rückwirkende Anordnung der sofortigen Vollziehung wird allerdings durch die hM zu Unrecht für unzulässig angesehen (s Sch-Schoch 187 u unten 105). Vollstreckungsmaßnahmen, die der Durchsetzung der Vollziehung eines VA dienen, sind beim Eintritt der aW immer aufzuheben (Ba SächsVBl 2001, 40).

g) Ausschluß der aW (Abs 2, 3). Abs 2 sieht – zT iVm Abs 3 – **für bestimmte Fallgruppen,** für die eine besondere Situation oder Interessenlage kennzeichnend ist, generell den **Ausschluß der aW** als einer automatischen Folge der Einlegung eines Rechtsbehelfs vor u verweist die Betroffenen auf die Möglichkeit eines Antrags gem Abs 4 oder 5 in begründeten Fällen. 55

Die Regelung dient der **Sicherung** der Erfüllung öffentlicher Aufgaben durch Sicherstellung der Vollziehbarkeit der dafür erforderlichen VAe; auch soll sich der Adressat seinen Verpflichtungen nicht einfach durch Einlegen eines RMittel entziehen können (vgl zu Abs 2 Nr 1 Mü NVwZ 1987, 64; Wüterich NVwZ 1987, 959). Die gesetzliche Möglichkeit zum Ausschluß der aW hat nicht nur, wie vor dem 6. VwGOÄndG, der **Bundesgesetzgeber,** sondern gem § 80 Abs 2 S 1 Nr 3 **auch der Landesgesetzgeber.**

Zur **verfassungsrechtlichen Zulässigkeit** einer gesetzlich angeordneten Vollziehbarkeit von VAen s – bejahend – BVerfG DÖV 1982, 450 u BK-Schenke 413 zu Art 19 Abs 4 GG; ferner unten 66.

Zur Möglichkeit eines durch einen VA mit Drittwirkung Begünstigten dort, wo die anderen Beteiligten fälschlich vom Bestehen einer aW ausgehen, die **Vollziehbarkeit bzw Wirksamkeit** des VA mit Drittwirkung in Analogie zu § 80 a Abs 3 S 1, § 80 a Abs 1 Nr 1, Abs 2 **feststellen** zu lassen, s 17 a zu § 80 a.

Die aW **entfällt** nach Abs 2: **aa)** bei **öffentlichen Abgaben und Kosten** (S 1 Nr 1): Die Regelung soll vor allem sicherstellen, daß die Finanzierung notwendiger öffentlicher Aufgaben nicht gefährdet wird.[97] Von dieser Zweckbestimmung her sind auch Grenzfälle einzuordnen. Als Ausnahmevorschrift ist Nr 1 **eng auszulegen** (Ks NJW 2007, 241; Mü NJW 1993, 954; Sch-Schoch 113). Deshalb fallen hierunter grds nicht die Kosten iVm Vollstreckungsmaßnahmen (s unten 63). S allg dazu Heckmann, Der Sofortvollzug staatlicher Geldforderungen, 1992. Nicht unter Nr 1 fallen auch Festsetzungsbescheide, selbst wenn sie 56

---

[96] Ba SächsVBl 2001, 41; Finkelnburg 670; NKVwGO-Puttler 48; Sch-Schoch 100; **aA** Ma DÖV 1970, 684; Ms VRspr 21, 250; 10. Aufl 33: nur Ermessen.

[97] Bln DVBl 1983, 956; Mü BayVBl 1984, 279; 1985, 409; NVwZ 1987, 64; Ma DVBl 1984, 345; KStZ 1965, 59; 1972, 59; Lü DVBl 1983, 248; NVwZ-RR 1993, 279; Ks NVwZ-RR 1992, 378; Mü NJW 1993, 954; Finkelnburg 678; Wüterich NVwZ 1987, 959.

sich auf Abgaben u Kosten iSd § 80 Abs 2 S 1 Nr 1 beziehen, da bei ihnen – anders als bei Leistungs- oder Heranziehungsbescheiden – keine Anforderung erfolgt.[98]

57 **Öffentliche Abgaben** iSv Abs 2 S 1 Nr 1 sind nicht alle einem öffentlichen Gemeinwesen geschuldeten Leistungen, sondern nur die „hoheitlich geltend gemachten öffentlich-rechtlichen Geldforderungen, die von allen erhoben werden, die einen normativ bestimmten Tatbestand erfüllen, u zur Deckung des Finanzbedarfs des Hoheitsträgers für die Erfüllung seiner öffentlichen Aufgaben dienen;"[99] dabei „genügt (es), wenn die Abgabe diese Funktion neben einer anderen, zB einer Lenkungs-, Antriebs-, Zwangs- oder Straffunktion hat u möglicherweise zweckgebunden zu verwenden ist".[100]

Die Regelung gilt insoweit **nicht nur** für alle **Steuern** (soweit für sie der **VRW** nach § 40 gegeben ist), **Gebühren** u ör **Beiträge,**[101] sondern **auch** für **sonstige Sonderabgaben,** die dazu bestimmt sind, bereits entstandene oder bevorstehende Aufwendungen des Abgabengläubigers ganz oder teilweise zu dekken.[102] Abgaben idS sind damit zB die **Kreisumlage;**[103] eine **Abgabe,** mit der eine Körperschaft des öffentlichen Rechts einen **Abwassereinleiter** im Wege der Abwälzung oder Umlage zu einer von ihr anstelle des Einleiters gezahlten Abwasserabgabe heranzieht (Ko NVwZ 1987, 983); **Beiträge** zum **Abwrackfond** (Ms NVwZ-RR 1998, 515); die **Stellplatzablösung** als Mittel zur Dekkung des Aufwands für die Schaffung öffentlichen Stellraums für Kfz, zB für öffentliche Parkgaragen, falls dafür nicht ohnehin die Benutzer mit Gebühren zu zahlen haben (vgl Lü NJW 1984, 1916; Ms NVwZ 1987, 62); ebenso auch **Ausgleichsabgaben,** soweit sie – anders, soweit dies nicht der Fall ist, s im folgenden weiter unten – die Merkmale aufweisen, wie sie für Beiträge charakteristisch sind, zB Ausgleichszahlungen nach § 154 BauGB.[104]

58 **Gebühren,** die unter Nr 1 fallen, sind ör Geldleistungen, die aus Anlaß individuell zurechenbarer öffentlicher Leistungen dem Gebührenschuldner auferlegt werden u dazu bestimmt sind, in Anknüpfung an diese Leistungen deren Kosten ganz oder teilweise zu decken.[105]

59 **Beiträge,** die unter Nr 1 fallen, sind „Geldleistungen, die zur vollen oder teilweisen Deckung des Aufwandes einer öffentlichen Einrichtung von denjenigen erhoben werden, denen die Herstellung oder der Bestand der Einrichtung besondere Vorteile gewährt;[106] es genügt, daß der Pflichtige die Möglichkeit hat, diese Vorteile in Anspr zu nehmen" (Lü NJW 1984, 1916).

Beiträge idS sind zB die Erschließungsbeiträge nach §§ 127 ff BauGB (s noch zum BBauG NVwZ 1983, 472); die Beiträge, die eine Steuerberaterkammer von ihren Mitgliedern oder ein Zweckverband von den Mitgliedsgemeinden erhebt (vgl Mü VRspr 20, 127); die Beiträge zu ör berufsständigen Versor-

---

[98] VG Gera NVwZ-RR 2005, 5; B-Funke-Kaiser 30.

[99] NVwZ 1987, 64; DVBl 1993, 441 – Abgaben, die eine Finanzierungsfunktion erfüllen –; Ms DVBl 1993, 564; Mü BayVBl 1990, 471.

[100] NVwZ 1987, 64; Mü BayVBl 1985, 409; Ms NVwZ 1984, 45; DVBl 1993, 564; vgl auch BVerwG 72, 85.

[101] Lü NJW 1984, 1916; Ks DVBl 1983, 949; NJW 1980, 1284; Mü NJW 1980, 720; Bln NJW 1984, 59; SDC 3.

[102] NVwZ 1987, 64; Ms NVwZ 1987, 62; Mü BayVBl 1985, 409; Ks NVwZ-RR 1992, 378; **aA** Mü 24, 31; Ks NVwZ 1984, 45: nur Steuern, Gebühren u Beiträge; Sch-Schoch 113.

[103] Ks DVBl 1991, 1325 = DÖV 1991, 1029; NVwZ-RR 1992, 378; Sa KStZ 1994, 112; NKVwGO-Puttler 59; Sch-Schoch 115.

[104] NVwZ 1993, 1112; **aA** Ms NVwZ 1988, 751; Ey-J. Schmidt 22; Sch-Schoch 116.

[105] 12, 165; 13, 219; NJW 1986, 600, 1702; DÖV 1985, 585; BVerfG 50, 266 mwN = DVBl 1979, 774; NJW 1984, 1871; BGH DVBl 1986, 1055.

[106] Vgl 42, 210; 39, 107; 72, 219; NJW 1988, 600; WBS I § 42, 19.

gungswerken (Ks NJW 1994, 145); Beiträge für die Tagesbetreuung von Kindern, zB gem § 1 BerlTagesbetreuungskostenbeteiligungsG (zu einem vergleichbaren älteren G in Berl VG Berlin NVwZ 1984, 396).

Nr 1 gilt auch für den Widerruf der Stundung einer Abgabe, die unter Abs 2 S 1 Nr 1 fällt (Mü BayVBl 1974, 194; NVwZ 1988, 745, **aA** BayVBl 1974, 194) u für Stundungszinsen.[107] 60

Keine Abgaben iSv Nr 1 sind alle **Geldforderungen, die nicht** – zumindest in nennenswertem Umfang auch (s oben 57) – **der Deckung des Finanzierungsbedarfs** eines Gemeinwesens, sondern primär anderen Zielen, zB der Wirtschaftslenkung (Ms NVwZ 1984, 394; vgl auch Ms DVBl 1993, 564), dienen, zB die **Abwasserabgabe;**[108] die Ausgleichszahlung **(Fehlbelegungsabgabe)** nach dem G über den **Abbau der Fehlsubventionierung** im Wohnungswesen – AFWoG –;[109] die **Ausgleichsabgabe nach** § 77 SGB IX;[110] die **Milchausgleichsabgabe** u ähnliche **Ausgleichsabgaben.**[111] Wg fehlender Finanzierungsfunktion stellen auch Beiträge gem § 4 Abs 2 Nr 3 WHG keine Abgaben iSd Nr 1 dar (Ks DVBl 1997, 509). 61

Kosten iSv Abs 2 S 1 Nr 1 sind grds alle Gebühren u Auslagen, die den Beteiligten wg der Durchführung eines VerwaltungsVf auferlegt werden.[112] Darunter fallen zB die Kosten für die auf der Grundlage des § 16a S 2 Nr 2 TierSchG angeordnete pflegliche Unterbringung von Tieren (Mü BayVBl 2006, 734). Nicht darunter fällt jedoch die mit einem VA oder Widerspruchsbescheid verbundene Kostenentscheidung, denn sie teilt hins ihrer Vollziehbarkeit das Schicksal der Hauptsacheentscheidung.[113] 62

Da die aufgrund der (ausdr, vgl § 73 Abs 3 S 2, oder auch nur konkludent erfolgenden) Kostenentscheidung erfolgende Kostenfestsetzung durch die Kostenentscheidung bedingt ist u die aW eines Rechtsbehelfs gegen den VA bzw Widerspruchsbescheid automatisch auch die Kostenentscheidung erfaßt (Hbg DÖV 1985, 206), findet Abs 2 S 1 Nr 1 jedenfalls im Ergebnis auch auf die Kostenfestsetzung in den Fällen keine Anwendung, in denen die Anfechtung gegen den VA oder Widerspruchsbescheid aW hat[114] u der VA bzw Widerspruchsbescheid noch nicht unanfechtbar ist (vgl Lü NVwZ-RR 1993, 279).

---

[107] Mü NVwZ 1987, 63: Stundungszinsens sind streng akzessorisch zur Abgabe u daher wie eine solche zu behandeln; s aber auch einschränkend Sch-Schoch 117.

[108] Ks NVwZ 1984, 45; Lü DVBl 1983, 949; Kloepfer JZ 1983, 184; **aA** Mü BayVBl 1984, 279; Ms NVwZ 1984, 394; Ma DVBl 1984, 345; Br NVwZ 1987, 65.

[109] Ms DVBl 1984, 353 – in DVBl 1993, 564 jedoch aufgegeben; NVwZ 1987, 334; DVBl 1991, 1325; Hbg NVwZ-RR 1992, 318; Mü NVwZ-RR 1992, 320; Ey-J. Schmidt 22; **aA** Mü DÖV 1987, 34; ZMR 1991, 497; Ms DVBl 1993, 564: mit der kaum überzeugenden Begründung, daß mit dem Geld Wohnungen für sozial Schwächere gebaut würden; Bln NVwZ 1987, 61; Ko NVwZ 1993, 286; VG Berlin NVwZ 1984, 59.

[110] Zu § 11 SchwbG aF Lü DVBl 1983, 948; VG Berlin NJW 1980, 77; **aA** Mü NJW 1980, 720.

[111] 6, 134; DVBl 1961, 42; Ms VRspr 18, 367; Mü 23, 32; VG Berlin NJW 1980, 77; RÖ-M. Redeker 16; Finkelnburg 685 f; **aA** Ma KStZ 1965, 59.

[112] Mü 13, 119; BayVBl 1985, 409; Ms KStZ 1976, 233; NJW 1977, 214; Ks NJW 1980, 1248; Lü 30, 283; vgl allg auch Ms 22, 307; Mü 13, 118; Ks NJW 1980, 1248: der Begriff ist eng auszulegen.

[113] Hbg NVwZ 1986, 141; Ma NVwZ 1987, 1087; Finkelnburg 691; Erdmann NVwZ 1988, 509; Sch-Schoch 119; vgl auch Lü NVwZ-RR 1993, 279 mwN – unter Hinweis, daß dies nicht gilt, wenn die Sachentscheidung in der Hauptsache bereits unanfechtbar geworden ist u die Kostenpflicht mit einem selbständigen VA geltend gemacht wird; **aA** für Erstreckung des § 80 Abs 2 Nr 1 auch auf mit der Sachentscheidung verbundene unselbständige Kostenentscheidungen, unabhängig davon, ob einem Rechtsbehelf gegen die Sachentscheidung aW zukommt, Ks NVwZ-RR 1998, 463; Ko NVwZ-RR 2004, 157; Ma VBlBW 2004, 352; We NVwZ-RR 2004, 393, Beckmann VR 2003, 182.

[114] So iE Hbg DÖV 1985, 206; Finkelnburg 373; **aA** Ko NVwZ-RR 1990, 668.

63 **Keine Kosten** iSv Abs 2 S 1 Nr 1 sind auch zB **Zwangsgelder** (Ba SächsVBl 1996, 258; NKVwGO-Puttler 60), die **Kosten der Fürsorgeerziehung** (VG Braunschweig DVBl 1962, 229), die Kostenbeiträge nach §§ 91 ff SGB VIII (Ks NJW 2007, 241), **Beerdigungskosten** (Ma NVwZ-RR 2000, 189), die Kosten der **Sonderprüfung** einer Bank durch das Bundesaufsichtsamt für das Kreditwesen – heute Bundesanstalt für Finanzdienstleistungsaufsicht, s § 1 FinDAG – (VG Berlin NJW 1975, 1854; zweifelhaft), die Kosten einer **Ersatzvornahme;**[115] die Kosten für die **Anwendung unmittelbaren Zwanges;**[116] die Kosten für eine **unmittelbare Ausführung** (FfO LKV 2000, 313); **Säumniszuschläge;**[117] die Kosten der **Abschiebung** (Hbg DÖV 2000, 780; Mü BayVBl 2001, 55; VG Chemnitz AuAS 2001, 100); **Aufwendungen** – bzw Aufwendungsersatz – **für die Abschiebung** eines Ausländers gem § 67 AufenthG;[118] die **Aufwendungen für die Herstellung,** Erhaltung u Erneuerung **von Hausanschlußleitungen** uä, die nach dem Kommunalabgabenrecht bzw einer Wasserabgabesatzung von den Anschlußnehmern zu ersetzen sind;[119] die Kosten der Bestattung (Ma DVBl 1999, 1733); **Nutzungsentgelte** (Ms DVBl 1986, 475); die Anforderung eines **Kostenvorschusses** gem Art 14 BayKG oder nach ähnlichen Vorschriften durch VA mit der Folge, daß bei nicht rechtzeitiger Zahlung der Antrag als zurückgenommen oder unzulässig anzusehen ist oder behandelt werden kann (**aA** Geiger BayVBl 1979, 105), da es sich dabei nur sekundär um eine Kostenregelung handelt, primär dagegen um eine Sachregelung.

64 **bb)** bei **unaufschiebbaren polizeilichen Anordnungen und Maßnahmen** (S 1 Nr 2): Die Bestimmung betrifft nur VAe der polizeilichen **Vollzugsbeamten,** nicht der („polizeilichen“) Ordnungsbehörden; auch nicht zB Maßnahmen der Sitzungspolizei (**aA** OLG Karlsruhe DVBl 1980, 77 zum Ausschluß von der Gemeinderatssitzung). Wg Funktionsgleichheit ist Nr 2 **analog auch** auf **Verkehrsregelungen durch Verkehrsampeln** (Brühl JuS 1994, 57 mwN) oder **Verkehrszeichen**[120] u auf **die Entfernung von Verkehrszeichen** (Ma NJW 1978, 1279) anzuwenden; **nicht dagegen** auch auf die Aufstellung von

---

[115] Ba SächsVBl 1996, 70; Bln NVwZ-RR 1999, 156 (aber als Maßnahme der Verwaltungsvollstreckung gem § 80 Abs 1 Nr 3 u S 2 sofort vollziehbar; letzteres abzulehnen, s dazu unten 70); Berlin-Brandenburg NVwZ-RR 2006, 377 (s auch unten 70); Ko NVwZ-RR 1999, 27; Ma NVwZ 1986, 933; NVwZ-RR 1991, 512; NVwZ-RR 1997, 75; NVwZ-RR 2000, 190; Lü DÖV 1974, 321; Ms NJW 1984, 2844; Götz DVBl 1984, 14; NVwZ 1987, 864; Finkelnburg 689; Erdmann NVwZ 1988, 509 mwN; Ey-J. Schmidt 24; NKVwGO-Puttler 62, 67; Sch-Schoch 120; **aA** Bln NVwZ-RR 1995, 575; Ma NVwZ-RR 1997, 74; dazu Anm von Vahle DVP 1996, 486; Mü NVwZ-RR 1994, 472 u 619; BayVBl 1995, 694.

[116] Ma NVwZ 1986, 933; Erdmann NVwZ 1988, 509; Götz DVBl 1984, 14; Sch-Schoch 120; **aA** Ma NVwZ 1985, 202.

[117] Ba SächsVBl 1996, 138; Ks NJW 1994, 146; NVwZ 1987, 64; Lü DÖV 1974, 321; Ma KStZ 1972, 59; Mü NVwZ 1987, 63; Ko NVwZ 1987, 64 = DÖV 1987, 64; Gern NVwZ 1987, 1048 mwN; **aA** Br NVwZ 1987, 65; Ks NVwZ-RR 1995, 158.

[118] S zur vergleichbaren Problematik bei den Vorgängervorschriften des § 83 AuslG 1990 u des § 18 Abs 5 S 3 AuslG 1965 Hbg DÖV 2000, 782; Ms NVwZ 1989, 84; Lü NVwZ 1989, 1095; Sch-Schoch 120.

[119] Mü BayVBl 1985, 409; Ks NVwZ-RR 1989, 329; Sch-Schoch 120; **aA** bzgl Hausanschlußkosten iS des § 33 SächsKAG VG Chemnitz NVwZ-RR 1999, 681; VG Dresden NVwZ-RR 1997, 189.

[120] NJW 1978, 656; DÖV 1988, 694; BGH DÖV 1969, 718; Ma VBlBW 1995, 238; Mü BayVBl 1987, 372; Ms NJW 1982, 2277 u NWVBl 1996, 8; Ma DVBl 1974, 636; NJW 1978, 1279; Br DÖV 1991, 473; Ks NVwZ-RR 1993, 389; NKVwGO-Puttler 65; Würt 516; einschränkend Sch-Schoch 123; **aA** Mü BayVBl 1978, 505; Schmaltz NJW 1969, 1318; Schmidt DÖV 1970, 663. Die verkehrsrechtlichen Regelungen durch Verkehrszeichen werden erst durch deren tatsächliche Aufstellung bekanntgegeben u damit wirksam; vgl Ma NJW 1978, 1279; insoweit unklar BVerwG BayVBl 1976, 692.

Parkuhren gem §§ 13 Abs 1, 45 Abs 1 StVO bzw die damit angeordneten (bedingten) **Halteverbote,** da die ratio legis der Nr 2 (Unaufschiebbarkeit) hier keineswegs zutrifft[121] u auf eine **Vorwegbekanntgabe** (mit Regelungswillen) **einer** erst später durch Setzen eines Verkehrszeichens auszuführenden **Verkehrsregelung** (Br DÖV 1991, 473). Nicht unter § 80 Abs 2 S 1 Nr 3 fällt auch ein **Kostenerstattungsanspr bei unmittelbarer Ausführung einer polizeilichen Maßnahme** (FfO LKV 2000, 313). **Zu weiteren** (abzulehnenden) **Fällen** eines Entfallens der aW, ohne daß die aW ausdr durch Gesetz oder VzA ausgeschlossen ist, s auch unten 72.

cc) in anderen durch Bundesgesetz vorgesehenen Fällen (S 1 Nr 3 65 Alt 1): Nr 3 hat hins ihrer Alt 1 nur deklaratorische Bedeutung, da der Bundesgesetzgeber ohnehin befugt ist, durch spätere Gesetze von der VwGO abweichende Regelungen zu treffen. Der Ausschluß der aW gem Nr 3 dürfte aber nicht nur für nach dem Inkrafttreten der VwGO erlassene Gesetze, sondern auch schon für vorher erlassene gelten.[122] Erforderlich sind dabei formelle Gesetze (Ms DVBl 1999, 1671; NKVwGO-Puttler 69; Sch-Schoch 126); im Hinblick auf den in § 80 Abs 1 aufgestellten Grundsatz u auf die Bedeutung der aW für die Rechtsschutzgarantie gem Art 19 Abs 4 GG (s oben 1) bedarf es zudem immer einer **ausdr, eindeutigen Regelung** (Mü NJW 1977, 166; Jarass NVwZ 1987, 98). Einige wichtige solcher Regelungen sind zB § 212 a BauGB, § 75 AsylVfG, § 84 Abs 1 AufenthG, § 12 Abs 1 InvVorG, § 6 a Abs 2 VermG, § 126 Abs 3 Nr 3 BRRG, § 29 Abs 6 S 2 PBefG; § 18 e Abs 2 S 1 AEG; § 43 e Abs 1 S 1 EnWG; § 17 e Abs 2 S 1 FStrG; § 10 Abs 6 S 1 LuftVG; § 14 e Abs 2 S 1 WaStrG; § 88 Abs 4 SGB IX; § 33 Abs 4 S 2 WPflG. Sie stellen mittlerweile keineswegs nur Ausnahmenormen dar, sondern sind „fast zur Regel geworden".[123] Ausgeschlossen ist die aW auch bei einem Widerspruch u einer Anfechtungsklage gegen die Abordnung oder die Versetzung (§ 126 Abs 3 Nr 3 BRRG). Der Ausschluß der aW umfaßt richtigerweise auch TeilVAe, selbst wenn diese im engeren Sinn nicht vollziehbar sind, wie zB ein die bauplanungsrechtliche Zulässigkeit eines Bauvorhabens feststellender Bauvorbescheid, sog Bebauungsgenehmigung.[124] Anderenfalls ergäbe sich im Hinblick auf die rechtliche Wirksamkeit der Verknüpfung von **Bauvorbescheid u Baugenehmigung** eine Vereitelung der Zielsetzung des § 212 a BauGB (vgl oben 31 u dort auch dazu, daß selbst bei unterstelltem Eintritt der aW hins eines Bauvorbescheids der Erlaß einer Baugenehmigung nicht ausgeschlossen wäre). § 212 a BauGB schließt nicht nur die aW der Anfechtung einer Baugenehmigung durch den Nachbarn, sondern auch durch die **Gemeinde** (s 138 a zu § 42) aus.[125] Nach Lü NVwZ 1999, 1004 soll die gemeindliche Anfechtung der **Ersetzung ihres Einvernehmens** gem § 36 Abs 2 S 3 BauGB hingegen aW haben. Richtigerweise dürfte eine aW hier aber daran scheitern (s auch oben 50), daß wg **§ 44 a** keine isolierte Anfechtung der Erset-

---

[121] S auch Sch-Schoch 123; **aA** DVBl 1978, 539; NKVwGO-Puttler 65: Nr 2 entspr anwendbar.

[122] Mü BayVBl 1988, 372; Finkelnburg 701; NKVwGO-Puttler 66; P § 54, 16; Sch-Schoch 126; **aA** 10. Aufl 39 u früher Schenke GewA 1968, 223.

[123] RÖ-M. Redeker 18; s zu diesen Regelungen näher Kotulla DV 2000, 532 ff, zu weiteren Ausnahmen s Sch-Schoch 131. Solche Regelungen grds begrüßend Lecheler DVBl 2005, 1539 f.

[124] Wie hier (zT zu § 10 Abs 2 S 1 BauGBMaßnG, der inzwischen durch § 212 a BauGB ersetzt wurde) FfO NVwZ-RR 1998, 486; Ks UPR 1993, 70; Lü BauR 1999, 1163; NdsVBl 2004, 339; Neufter, Das neue BauR, 2 zu § 10 BauGBMaßnG; Schoch JK 3/05, VwGO § 80 a/5; Schrödter-Schmaltz BauGB 3 zu § 212 a; **aA** Ks 8. 1. 1993 – 3 TH 1944/93; Ma NVwZ 1997, 1008; Mü NVwZ 1999, 1363; VG Dessau BauR 2000, 1733; Ey-J. Schmidt 29; Redeker NVwZ 1998, 589.

[125] Lü NVwZ 1999, 1005; Ma NVwZ 1999, 443; Ms BauR 1998, 93; Dippel NVwZ 1999, 925; Ortloff NVwZ 1999, 958.

zung des Einvernehmens möglich ist (s 6 zu § 44a; wie hier auch Budroweit 284ff, insb 298f).

Zu beachten ist, daß aus der gesetzlich angeordneten Vollziehbarkeit eines VA (zB einer Baugenehmigung gem § 212a BauGB) nicht geschlossen werden kann, daß auch hins der verwaltungsbehördlichen Aufhebung (Rücknahme oder Widerruf) eines solchen VA als actus contrarius eine entspr Vollziehbarkeit anzunehmen ist. Deren Bejahung liefe hier sogar der ratio der gesetzlich angeordneten Vollziehbarkeit strikt zuwider.

66 Vorschriften, die für bestimmte VAe die aW ausschließen, erfassen im Zweifel nicht auch insoweit nachfolgende selbständige Vollzugsakte (s oben 9, 27f; **aA** Finkelnburg 728; wohl auch Ms NJW 1970, 1094; offen Mü BayVBl 1984, 371). **Insoweit** bedarf es für den Ausschluß der aW **besonderer Vorschriften** oder eines VA nach Abs 2 S 1 Nr 4. Für den **gerichtlichen Rechtsschutz** gelten, soweit durch Bundesgesetz nichts anderes bestimmt ist, die allg Vorschriften gem §§ 80 Abs 5ff, 80a Abs 3 u § 80b.

Der Ausschluß der aW durch Gesetz **verstößt nicht gegen Art 19 Abs 4 GG,** sofern dem Betroffenen jedenfalls die Möglichkeit der Anrufung des Gerichts gem §§ 80ff oder gem § 123 oder nach ähnlich wirksamen Vorschriften offen bleibt.[126]

67 **Nicht unter Nr 3** fallen auch die in zahlreichen Gesetzen enthaltenen **Ermächtigungen** der Verwaltung **zu vorläufigen Regelungen,** zB gem § 20 PBefG (Lü 18, 164), §§ 38, 39 Abs 1 Nr 5, 40 Abs 1 LBeschG,[127] § 9a WHG (Ks NVwZ 1982, 453), **§ 58 LBG** (BGH DVBl 1984, 622; Lü DVBl 1983, 356) usw. Bei ihnen handelt es sich nicht um Regelungen der Vollziehbarkeit von VAen, sondern um Vorschriften, die den Erlaß **vorläufiger VAe** ermöglichen, die ihrerseits aber in vollem Umfang dem § 80 unterliegen.[128]

68 **dd) in anderen durch Landesgesetz vorgesehenen Fällen** (S 1 Nr 3 Alt 2, S 2): Seit dem 6. VwGOÄndG kann der Landesgesetzgeber die aW **bzgl des Landesrechts allg** ausschließen. Früher stand ihm diese Befugnis gem § 187 Abs 3 aF nur im Rahmen der Verwaltungsvollstreckung zu. Die aufgrund § 187 Abs 3 aF erlassenen Regelungen[129] bleiben wirksam (Baumeister Rechtswidrigwerden 296 mwN), zumal § 80 Abs 2 S 1 Nr 3, S 2 eine Ermächtigungsgrundlage zumindest gleichen Umfangs enthält. § 80 Abs 2 S 1 Nr 3, S 2 ermächtigt jedoch nicht zu einer landesrechtlichen Regelung des (vorläufigen) Rechtsschutzes. Entspr landesrechtliche Regelungen aus der Zeit vor Erlaß der VwGO sind durch § 195 Abs 2 aufgehoben worden; spätere Neuregelungen sind mangels Gesetzgebungskompetenz gem Art 70ff GG rechtswidrig u nichtig.[130]

69 Nicht als Einschränkung dieser Kompetenz, sondern lediglich als Hinweis für den Landesgesetzgeber ist die Ergänzung zu verstehen, daß ein gesetzlich gere-

---

[126] Vgl BVerfG 51, 285; BK-Schenke 413 zu Art 19 Abs 4 GG mwN.

[127] Mü NJW 1977, 166; Lü DÖV 1983, 389; RÖ-M. Redeker 13. Aufl 18; vgl auch BVerwG DÖV 1966, 134.

[128] Ks NVwZ 1982, 453; Lü DÖV 1983, 389; Kopp GewA 1966, 22; zT **aA** Lü 19, 374; Ms VRspr 26, 95.

[129] Von dieser Ermächtigung haben folgende Länder in den AGVwGOen Gebrauch gemacht: Berlin (§ 4 BerlAGVwGO), Bremen (Art 11 BremAGVwGO), Hamburg (§ 8 HmbAGVwGO), Hessen (§ 16 HessAGVwGO), Nordrhein-Westfalen (§ 8 NWAGVwGO), Saarland (§ 20 SaarlAGVwGO), Rheinland-Pfalz (§ 20 RhPfAGVwGO), Sachsen-Anhalt (§ 9 SachsAnhAGVwGO), Thüringen (§ 8 ThürAGVwGO). Regelungen im Verwaltungsvollstreckungsrecht kennen Baden-Württemberg (§ 12 VwVG), Bayern (Art 21a BayVwZVG), Brandenburg (§ 39 BrandVwVG), Niedersachsen (§ 66 NdsVwVG), Sachsen (§ 11 SächsVwVG), Schleswig-Holstein (§ 248 Abs 1 SchlHLVwG). Weitere entspr Bestimmungen sind in einigen Polizeigesetzen enthalten.

[130] Pfeifer JA 1992, 317; Pietzner VerwA 1993, 284f; Sch-Schoch (1. Lfg 1996), 34 zu § 187; **aA** Ko DVBl 1989, 891.

gelter Ausschluß der aW insb für Widersprüche u Klagen Dritter gegen VAe in Betracht kommt, die Investitionen oder die Schaffung von Arbeitsplätzen betreffen. Wie der Zusatz „insbesondere" zeigt, ist der Landesgesetzgeber auch aus anderen Gründen ermächtigt, die aW von Widerspruch u Anfechtungsklage auszuschließen.

Andererseits ist Abs 2 S 1 Nr 3 Alt 2 ggü § 187 Abs 3 aF aber auch insoweit enger gefaßt, als ausweislich der Formulierung „für Landesrecht" im Bereich der Verwaltungsvollstreckung nur solche Maßnahmen erfaßt sind, die von den Ländern **unter Anwendung von Landesrecht** getroffen werden. Infolgedessen war die Anfügung des S 2 erforderlich, um entspr der früheren Rechtslage auch die Fälle zu erfassen, in denen die Länder Verwaltungsvollstreckung **nach Bundesrecht** betreiben (BT-Dr 13/3993, 11). Beispiele: Die Abschiebung gem §§ 58ff AufenthG ist ein bundesrechtlich geregelter Fall des unmittelbaren Zwangs (Meyer NVwZ 1984, 23; Albracht/Naujoks NVwZ 1986, 26); nicht hingegen eine aufenthaltsrechtliche Duldung u eine mit ihr verbundene Auflage (noch zum AuslG Bln NVwZ-Beil 1998, 82). Bei der Kostenanforderung für eine Ersatzvornahme handelt es sich nicht um eine Vollstreckungsmaßnahme.[131] 70

ee) bei Ausschluß durch behördliche VzA (S 1 Nr 4, Abs 3): Die Vorschrift ermächtigt die Verwaltung, unter bestimmten Voraussetzungen (s im einzelnen unten 78ff) im konkreten Fall die aW hins des betroffenen VA insgesamt oder hins eines abtrennbaren Teils der VA,[132] für bestimmte Zeit, mit einer Auflage, unter einer Bedingung usw – insoweit gilt Abs 5 (vgl unten 104) analog – durch VzA auszuschließen u damit dem VA die Vollziehbarkeit zu erhalten.[133] Die Zuständigkeit des Bundesgesetzgebers zur Regelung der VzA ergibt sich daraus, daß es sich hierbei nur um den Ausschluß der ebenfalls nach Bundesrecht in zulässiger Weise (Art 74 Abs 1 Nr 1 GG) vorgesehenen aW von Rechtsbehelfen handelt. Der in Nr 4 verwendete Begriff der Vollziehung ist terminologisch verfehlt; gemeint ist Vollziehbarkeit iwS (Renck DVBl 1982, 217; NVwZ 1988, 700 Fn 1; s auch oben 22ff). 71

ff) Keine Ausnahmen kraft ungeschriebenen Rechts. Angesichts der klaren Regelung des § 80 Abs 2 u der Befugnis der Behörden, in allen begründeten Fällen durch VzA für alle Beteiligten Klarheit zu schaffen, sind im Interesse der Rechtssicherheit u mangels eines entspr Bedürfnisses **weitere Fälle** eines Ausschlusses der aW kraft ungeschriebenen Rechts **nicht anzuerkennen.**[134] Zu beachten ist aber noch die Regelung des § 80b Abs 1 S 1 HS 2, die den Katalog des § 80 Abs 2 gewissermaßen ergänzt (s 5 zu § 80b). S aber auch oben 64. 72

gg) Dauer der Vollziehbarkeit. Die Vollziehbarkeit eines VA endet, wenn keine aW gem Abs 1 oder Abs 4–6 herbeigeführt wird, erst mit der Rücknahme oder dem Widerruf des VA bzw der Aufhebung des VA im Widerspruchs- oder KlageVf (NVwZ 1983, 473). Zur Dauer einer VzA s unten 105. 73

h) Keine materiellrechtlichen Wirkungen der Vollziehbarkeit. Als Gegenstück zur aW erhält der Ausschluß der aW gem Abs 2 diesem nur die Voll- 74

---

[131] Ba NVwZ-RR 2003, 475; Ko NVwZ-RR 1999, 27; Erichsen JK 1999 VwGO § 80 II/3; **aA** Bln NVwZ-RR 1999, 156; Berlin-Brandenburg NVwZ-RR 2006, 377.

[132] Ks NVwZ-RR 1991, 177; Lü NVwZ 1992, 387 – keine VzA bei untrennbarem Zusammenhang; vgl zur Trennbarkeit auch KR 62f zu § 44 VwVfG; s auch Mü BayVBl 1990, 695: die sofortige Vollziehung einer Baugenehmigung darf nicht unter Ausklammerung der geplanten Nutzung der baulichen Anlage angeordnet werden.

[133] HM, vgl RO-M. Redeker 19ff, 31; **aA** Renck DÖV 1972, 343: für eine VzA sei eine besondere Ermächtigung außerhalb der VwGO erforderlich; ebenso Vonficht BayVBl 1972, 662, der für Bayern jedoch eine solche Ermächtigung durch Gewohnheitsrecht annimmt; nach richtiger Auffassung enthält Nr 4 selbst die erforderliche Ermächtigung.

[134] 13, 8; Mü NJW 1977, 166; Ms DöD 1973, 211; Scholz DVBl 1966, 259; Schwerdtner NVwZ 1987, 474; **aA** Schoch BayVBl 1983, 360 mwN.

ziehbarkeit, die ihm nach seinem Inhalt bzw nach dem allg Recht zukommt, hat aber keine darüber hinausgehenden Wirkungen u kann insb auch nicht sonstige nach dem anwendbaren Recht für die innere Wirksamkeit, Vollstreckbarkeit usw vorgeschriebenen Erfordernisse u Voraussetzungen ersetzen, überspielen oder entbehrlich machen,[135] es sei denn, das materielle Recht selbst knüpft ausnahmsweise solche Wirkungen an die Vollziehbarkeit iSd VwGO (zB eine Regelung, wonach von einer Baugenehmigung erst nach Unanfechtbarkeit oder wenn die Vollziehbarkeit angeordnet ist, Gebrauch gemacht werden darf). Dies ergibt sich nach den Grundsätzen einer verfassungskonformen Auslegung auch daraus, daß dem Bund für Regelungen im Bereich des materiellen Rechts keine allg Gesetzgebungszuständigkeit zugestanden hätte.

75 **Eine VzA** kann daher **zB** nicht mit dem Ziel getroffen werden, daß eine erteilte **Genehmigung,** von der nach einer verfassungsrechtlich nicht zu beanstandenden, dem materiellem Recht zugehörigen Regelung sonst erst nach Unanfechtbarkeit Gebrauch gemacht werden darf, vom Begünstigten **schon vorher ausgenutzt** werden kann.[136] Soweit ein Bedürfnis im Bereich des Verwaltungsverfahrensrechts zu vorläufigen Regelungen besteht, die die Rechtsposition eines Beteiligten erweitern, kommen dafür nicht VzAen in Betracht, sondern nur Regelungen aufgrund besonderer Ermächtigungen, zB nach § 9 BImSchG, § 20 PBefG usw oder in Rechtsanalogie zu solchen Vorschriften u zu § 123.[137]

76 Aus denselben Gründen führt auch die aW **nicht** dazu, daß durch Gesetz oder durch den in Frage stehenden VA festgesetzte **Fristen hinausgeschoben** werden (s im einzelnen oben 36) oder sonstige Abweichungen von dem an sich anwendbaren materiellen Recht eintreten; lediglich die Verbindlichkeit des VA ist zunächst vorläufig suspendiert. Vgl aber zu Ausnahmen oben 40.

77 Andererseits ist der **Gesetzgeber,** insb auch der Landesgesetzgeber, durch die Regelung der aW in § 80 **nicht gehindert,** im Rahmen seiner Zuständigkeiten ähnliche Zwecke zusätzlich dadurch zu verfolgen, daß er die **Vollziehung eines VA,** einschließlich des Gebrauchmachens von Erlaubnissen, die Strafbarkeit der Übertretung von durch VA festgesetzten Geboten u Verboten usw, **von weiteren Voraussetzungen abhängig macht,** insb zB auch von der Unanfechtbarkeit des VA oder von einer VzA (s oben 9).

78 **4. Die Vollziehungsanordnung (VzA) nach Abs 2 S 1 Nr 4, Abs 3: a) Rechtsnatur und Wirkung.** Abs 2 S 1 Nr 4 ermächtigt die Behörde, die gem Abs 1 eintretende aW durch den Erlaß einer VzA (zur VzA näher Grigoleit passim; Schenke, VerwA 2000, 587 ff) auszuschließen (s auch oben 52). Str ist, ob die VzA ein VA ist.[138] Gegen einen VA u für einen **unselbständigen Annex** spricht, daß anderenfalls gegen die VzA mit Widerspruch u Anfechtungsklage vorgegangen werden könnte u eine materielle Bestandskraft möglich sein müßte (Schenke 973). Große praktische Bedeutung kommt dem Problem allerdings

---

[135] NJW 1982, 348; Ko NVwZ-RR 1991, 502; Renck DÖV 1972, 343; Peine NJW 1990, 2449: VzA ersetzt die Unanfechtbarkeit nicht; vgl auch Schenke BayVBl 1976, 681; **aA** BVerwG BayVBl 1966, 279; NJW 1969, 202; s auch oben 21.

[136] Kopp BayVBl 1968, 236 u 1972, 654; **aA** BVerwG VRspr 18, 365; Ma GewA 1967, 163; 1972, 121; Mü GewA 1964, 4; Ms GewA 1964, 227; DÖV 1974, 681; unklar BVerwG 51, 22, wo anscheinend die Fertigstellung einer Straße als Vollziehung angesehen wird.

[137] Kopp BayVBl 1968, 236; 23 ff zu § 9 VwVfG mwN; dort auch zur allg Befugnis der Verwaltungsbehörden zum Erlaß einstweiliger Regelungen.

[138] Bej Ganter DÖV 1985, 398; Grigoleit 55 ff; Löwer DÖV 1965, 830; Terwiesche NWVBl 1996, 462; **aA** 24, 94; Bln NVwZ 1993, 198; Ko NVwZ 1988, 748; Ma NVwZ-RR 1995, 19; Schl NVwZ-RR 1993, 587; Kaltenborn DVBl 1999, 830; NKVwGO-Puttler 80; Schenke 973 u JZ 1996, 1157; VerwA 2000, 588; Sch-Schoch 140; Schoch Jura 2001, 678; Weides JA 1984, 655; Müller NVwZ 1988, 702; offen NVwZ-RR 1995, 299.

nicht zu, da eine Reihe von Fragen, die sich iVm der VzA ergeben (zB Begründungspflicht, Rechtsschutz), ohnehin spezialgesetzlich geregelt sind.

Die **Bedeutung und rechtliche Wirkung** der VzA besteht darin, daß dadurch die sonst mit Rechtsbehelfen gem Abs 1 verbundene aW nicht eintreten kann bzw nachträglich wieder entfällt u damit, soweit sonstige Hindernisse (s 74 ff) nicht entgegenstehen, der VA sofort die mit ihm intendierten bzw ihm nach der Rechtsordnung zukommenden Wirkungen hat, daß also ein vollstreckbarer VA sofort vollstreckt werden darf (soweit das Vollstreckungsrecht nicht die Vollstreckung von weiteren Bedingungen abhängig macht, etwa von der Unanfechtbarkeit), daß von einer Erlaubnis sofort Gebrauch gemacht werden darf (sofern das materielle Recht oder der VA selbst nicht als Voraussetzung dafür den Eintritt der Unanfechtbarkeit fordert), daß eine durch VA getroffene Feststellung von Rechten u Pflichten sofort als verbindlich angesehen u weiteren Handlungen zugrundegelegt werden kann bzw muß, usw. 79

b) Formelle Rechtmäßigkeitsvoraussetzungen der VzA. aa) Statthaftigkeit. Die VzA kann auf **Antrag** oder auch vAw ergehen. Dies gilt **auch für VAe mit Drittwirkung** (Doppelwirkung); str, s 7 zu § 80 a. 80

Wie sich aus systematischen Gründen ergibt, setzt eine VzA das Vorliegen eines VA voraus, gegen den noch nach den §§ 40, 42 im Wege der Anfechtungsklage vorgegangen werden kann. Der VA darf sich deshalb noch nicht erledigt haben u auch noch nicht formell bestandskräftig sein.

bb) Zuständige Behörde. Eine VzA kann vom Erlaß des VA bis zu seiner Unanfechtbarkeit zum einen von der **Ausgangsbehörde** verfügt werden; die Einlegung des Widerspruchs ändert hieran nichts,[139] allerdings ist die Ausgangsbehörde wg des Hierarchieprinzips an eine von der Widerspruchsbehörde getroffene Entscheidung gebunden.[140] 81

Neben der Ausgangsbehörde kann auch die **Widerspruchsbehörde** zuständig sein. Str ist, über welchen Zeitraum die **Widerspruchsbehörde** zuständig ist. Zutreffenderweise wird man annehmen müssen, daß die höhere Behörde während der Zeit ihrer Sachherrschaft über das HauptsacheVf zum Erlaß kompetent ist, dh vom Eintritt des Devolutiveffektes an bis zur Zustellung des Widerspruchsbescheids.[141] Dies ergibt sich aus systematischen Erwägungen, insb der Parallele zu Abs 4 S 1 (dazu unten 110 ff; ebenso, allerdings mit anderer Schlußfolgerung Sch-Schoch 172) u dem Wortlaut von Abs 2 S 1 Nr 4.

Enthält der Widerspruchsbescheid eine **selbständige Beschwer,** so daß er deshalb mit der Anfechtungsklage isoliert angegriffen werden kann (§ 79 Abs 1 Nr 2, Abs 2), dauert die Kompetenz der Widerspruchsbehörde bis zu seiner Unanfechtbarkeit fort (Mü NVwZ-RR 1990, 594, Schenke VerwA 2000, 592). Wird trotz der selbständigen Beschwer durch den Widerspruchsbescheid Klage gegen ihn u

---

[139] Ma 22, 110; Ey-J. Schmidt 40; NKVwGO-Puttler 75; Finkelnburg 731; Hörtnagl/Stratz VBlBW 1991, 327.

[140] Ba LKV 1993, 97; Würtenberger 436; Hörtnagl/Stratz VBlBW 1991, 328; anderes gilt aber bei einer Veränderung der Sach- oder Rechtslage: Schenke 977.

[141] So auch Mü BayVBl 1988, 85 u 86; Hörtnagel/Stratz VBlBW 1991, 327; RÖ-M. Redeker 25; Schenke 977 u VerwA 2000, 590 ff; Zacharias JA 2002, 346 u prinzipiell auch Beckmann NVwZ 2004, 185 (anders bei VAen mit Doppelwirkung, wo die Zuständigkeit der Widerspruchsbehörde vom Erlaß des VA bis zum Ende des WiderspruchsVf bejaht wird). Demgegenüber für uneingeschränkte konkurrierende Zuständigkeit von Ausgangsbehörde u Widerspruchsbehörde: Ms UPR 1993, 317; Brühl JuS 1995, 630; Ey-J. Schmidt 40; Kaltenborn DVBl 1999, 829 f; Petzke/Kugele BayVBl 1988, 87; Sch-Schoch 172; Würt 518 a. Für eine konkurrierende Zuständigkeit von Ausgangs- u Widerspruchsbehörde bis zum Zeitpunkt der Widerspruchsentscheidung: Ma VBlBW 1991, 180; Finkelnburg 731; Hufen § 32, 15; NKVwGO-Puttler 75. Für eine konkurrierende Zuständigkeit von Ausgangs- u Widerspruchsbehörde ab Einlegung des Widerspruchs: Grigoleit 108 ff. Eingeh Nachw zum Meinungsstand bei Kaltenborn DVBl 1999, 828 ff.

den AusgangsVA gemeinsam erhoben (§ 79 Abs 1 Nr 1), endet die Zuständigkeit der Widerspruchsbehörde mit der Klageerhebung (s auch 25 zu § 73).

82 **cc) Anhörung.** Umstritten ist die Frage, ob es vor Erlaß einer VzA einer vorherigen **Anhörung des Betroffenen** bedarf. Soweit man die VzA entgegen der hier vertretenen Auffassung als einen VA ansieht, wird dies in unmittelbarer Anwendung des § 28 VwVfG bejaht,[142] zT wird aber auch für eine analoge Anwendung plädiert.[143] Überwiegend wird jedoch das Erfordernis einer Anhörung abgelehnt.[144] Gegen eine direkte Anwendung des § 28 VwVfG spricht, daß es sich bei der VzA um keinen VA handelt (s oben 78). Gegen eine analoge Anwendung läßt sich anführen, daß die VzA hins ihrer Eingriffsintensität nicht mit einem VA vergleichbar ist, für ein gerichtliches Vorgehen gegen sie grds keine Fristen bestehen u sie hiermit zusammenhängend keiner Bestandskraft fähig ist, so daß das Bedürfnis nach Vorverlegung eines Rechtsschutzes hier nicht in derselben Weise wie bei VAen besteht. Zudem spielt das Zeitmoment bei einer VzA eine besondere Rolle. Soweit allerdings eine vorherige Anhörung ohne Gefährdung des Vollzugsinteresses möglich ist (das ist ua immer dann der Fall, wenn die VzA direkt mit dem VA verbunden ist u insoweit eine Anhörung gem § 28 VwVfG erfolgt), legen es rechtsstaatliche Gründe nahe, hier eine vorherige Anhörung durchzuführen (Lü NVwZ-RR 1993, 586; Schenke 978 u VerwA 2000, 594; abl Kaltenborn DVBl 1999, 831; Sch-Schoch 182). Ein hieraus abzuleitendes Anhörungserfordernis reicht nicht so weit, wie dies bei einer direkten oder analogen Anwendung des § 28 VwVfG zuträfe. In jedem Fall ist überdies eine nachträgliche Heilung noch während des gerichtlichen Vf möglich (s auch Mü BayVBl 1988, 370; krit hierzu Sch-Schoch 183).

83 **dd) Form.** Eine besondere **Form** ist für die VzA **nicht vorgeschrieben.** Sie wird aber idR wie ihre Begründung – außer in Notstandsfällen gem Abs 3 S 2 – **schriftlich erfolgen** u darf in ihrem Charakter als solche nicht zweifelhaft sein.[145]

Sie ist **idR mit dem VA,** zu dem sie ergeht, **zu verbinden,** kann aber auch nachträglich gesondert, während des WiderspruchsVf auch von der Widerspruchsbehörde getroffen werden (Mü BayVBl 1975, 79). Dies gilt auch für VAe mit Drittwirkung, s 8 zu § 80 a. Soweit ein solcher an den Adressaten gerichteter VA notwendigerweise zugleich einen Dritten belastet (so zB die Ausweisungsverfügung den deutschen Ehegatten des ausgewiesenen Ausländers), bedarf es ggü diesem **keiner besonderen VzA** (so noch zum AuslG Ma InfAuslR 1998, 335; **aA** Ks InfAuslR 1990, 144). Wird der VA u die VzA dem Dritten nicht förmlich zugestellt, laufen diesem ggü aber keine Rechtsmittelfristen (Ma InfAuslR 1998, 335). Die VzA setzt keine vorherige Einlegung von Rechtsbehelfen voraus.[146] **Bloße Fristsetzung** bzw die Festsetzung des Zeitpunkts, zu dem der VA wirksam werden soll, uä sind keine VzA (Ks DÖV 1976, 675 = DVBl 1977, 255; Mü

---

[142] Br DÖV 1980, 181; Ks DÖV 1988, 1023; Mü BayVBl 1990, 211; Ganter DÖV 1984, 971; Grigoleit, Die Anordnung der sofortigen Vollziehbarkeit, 122 ff; offen Lü NVwZ-RR 1993, 586: zumindest analoge Anwendung.

[143] Bln GewA 1982, 372; Lü NVwZ-RR 1993, 586 – zumindest analog; Finkelnburg 774; Hufen § 32, 17; Müller NVwZ 1988, 702 f; RÖ-M. Redeker 27.

[144] Ba LKV 1993, 97; Bln NVwZ 1993, 198; Ma NVwZ-RR 1995, 175 mwN; Ms BauR 1995, 69; Schl NVwZ-RR 1993, 587; Kaltenborn DVBl 1999, 831; NKVwGO-Puttler 81; P § 55, 5; Schmaltz DVBl 1992, 232 f; Sch-Schoch 181; Schröder VBlBW 1995, 384 ff.

[145] Ma DVBl 1995, 302; Kaltenborn DVBl 1999, 831; Sch-Schoch 174; Schenke JZ 1996, 1157.

[146] 24, 92; Ma NVwZ-RR 1992, 349; Finkelnburg 768; NKVwGO-Puttler 76; P § 55, 4; Sch-Schoch 184; **aA** Jahn BayVBl 1988, 552 u Renck BayVBl 1991, 744; NVwZ 1992, 338 Fn 19; Kritik: die von Jahn u Renck für ihre Auffassung geltend gemachten verfassungsrechtlichen Bedenken sind nicht veranlaßt, vgl oben 10.

NJW 1977, 166); sie können auch keine Begründung ersetzen; ebensowenig kann dies die **Aushändigung eines Genehmigungsbescheids.**[147]

84 **ee) Begründung der VzA (Abs 3).** Die VzA muß – außer bei Notstandsmaßnahmen, die ausdr als solche zu bezeichnen sind (Abs 3 S 2) – mit einer auf den konkreten Fall abgestellten u nicht lediglich „formelhaften"[148] **schriftlichen Begründung des besonderen öffentlichen Interesses an der sofortigen Vollziehbarkeit** des VA versehen werden. Die Begründung hat den Zweck, die Betroffenen in die Lage zu versetzen, durch Kenntnis der Gründe, die die Behörde zur VzA veranlaßt haben, seine Rechte wirksam wahrzunehmen u die Erfolgsaussichten eines RMittel abzuschätzen.[149] Insoweit ist Abs 3 S 1 eine spezialgesetzliche (vgl Schl NVwZ 1992, 689; Ko 19, 239 = NVwZ 1985, 919) Ausprägung der aus dem Rechtsstaatsprinzip folgenden Pflicht, behördliche Eingriffsakte zu begründen, um dem Bürger eine sachgerechte Verteidigung seiner Rechte zu ermöglichen (vgl BVerfG 50, 290 = NJW 1979, 1161 mwN; Schl NVwZ 1992, 689). Die Begründungspflicht soll außerdem der Behörde den Ausnahmecharakter der Vollziehungsanordnung vor Augen führen u sie veranlassen, mit besonderer Sorgfalt zu prüfen, ob tatsächlich ein überwiegendes Vollziehungsinteresse den Ausschluß der aW erfordert.[150] Diese vom Gesetzgeber beabsichtigte **„Warnfunktion"** der Begründungspflicht beruht auf dem hohen, auch verfassungsrechtlichen, Stellenwert, der nach § 80 Abs 1 u aufgrund Art 19 Abs 4 GG der aW von Widerspruch u Klage gegen belastende VAe zuzumessen ist (Schl NVwZ 1993, 669). Schließlich dient die Begründung außer der Selbstkontrolle der Behörde auch der Kontrolle der Erwägungen der Behörde hins der VzA durch das Gericht, wenn es nach Abs 5 angerufen wird. S dazu auch im folgenden. Zum Erfordernis einer **analogen Anwendung** des § 80 Abs 3 auf den Fall einer behördlichen **Aussetzung eines VA** mit Drittwirkung s unten 117 u ferner 13 b zu § 80 a.

85 **Erforderlich** ist eine **auf den konkreten Einzelfall abstellende Darlegung** des besonderen öffentlichen Interesses dafür, daß ausnahmsweise die sofortige Vollziehbarkeit notwendig ist u daß hinter dieses erhebliche öffentliche Interesse das Interesse des Betroffenen zurücktreten muß, zunächst von dem von ihm bekämpften VA nicht betroffen zu werden.[151] Nur bei gleichartigen Tatbeständen können den genannten Erfordernissen auch gleiche oder „gruppentypisierte", ggf auch formblattmäßige Begründungen genügen.[152] Es muß aber stets gewährleistet sein, daß auch die Besonderheiten des Einzelfalls berücksichtigt werden (Br NordÖR 1999, 374). Wenn die Behörde mit der VzA einer Baugenehmigung die aW mehrerer Nachbarrechtsbehelfe ausschließen will, muß sie in

---

[147] Ms 22, 252; VG Hannover DVBl 1977, 736; Erichsen VerwA 1971, 89; Finkelnburg 749 mwN u DVBl 1977, 679; Sch-Schoch 174; **aA** Lü NJW 1970, 963: Aushändigung der Baugenehmigung bzw des „Bauscheins" steht VzA gleich.

[148] NJW 1995, 2505; Bln ZUM 1993, 496; Gr NVwZ 1997, 1027; Hbg InfAuslR 1995, 315; Ks NVwZ-RR 1996, 205; NVwZ 1992, 193; Lü NdsVBl 1996, 137; Ma NVwZ 1995, 293; NVwZ 1996, 282; Mü BayVBl 1994, 722 f; We LKV 1995, 298; ausf Schl NVwZ 1992, 689; Finkelnburg 752 ff; Kaltenborn DVBl 1999, 832; Sch-Schoch 178; Schmitt BayVBl 1977, 555; Terwiesche NWVBl 1996, 462.

[149] Schl NVwZ 1992, 689; Br NJW 1968, 1540; Lü DVBl 1976, 82; Finkelnburg 753; Schoch Vorläufiger Rechtsschutz 1275.

[150] Mü BayVBl 1999, 466; Schl NVwZ 1992, 689; Ma NJW 1977, 165; Lü DVBl 1976, 82; Finkelnburg 596; Schoch aaO 1275.

[151] Mü GewA 1987, 296; BayVBl 2000, 692; VG Dessau LKV 2001, 234; vgl auch Ms DVBl 1994, 122, jedoch zu eng, wenn das Gericht hier die Auffassung vertritt, daß es auf die Begründung des VA als solchen nicht ankomme.

[152] Br NordÖR 1999, 374; Mü BayVBl 1987, 560; Ma VBlBW 1988, 22 – zum vorläufigen Rechtsschutz in MassenVf bei überwiegend gleichlautenden oder inhaltsgleichen Antragsbegründungen; Schmitt BayVBl 1977, 554.

bezug auf **jeden dieser Rechtsbehelfe** eine Begründung geben, die den Anforderungen des § 80 Abs 3 S 1 genügt (Mü BayVBl 1997, 410). Dasselbe gilt grds bzgl der Anfechtung von Planfeststellungsbeschlüssen bei Anordnung der Vollziehbarkeit (**aA** wohl Ronellenfitsch NVwZ 1999, 590). An die Begründung der Anordnung sind keine übermäßig hohen Anforderungen zu stellen (Schl NVwZ-RR 2007, 187); **nicht ausreichend** sind aber nicht auf den konkreten Einzelfall abstellende, **formelhafte Begründungen** (We NVwZ 2002, 231); so genügt es zB **nicht,** wenn nur darauf verwiesen wird, daß „die sofortige Vollziehung der **Anordnung im öffentlichen Interesse** liegt" (Ma NJW 1977, 165; Terwiesche NWVBl 1996, 462) oder das Vollziehungsinteresse **nur** unter **Wiedergabe des Wortlauts der Ermächtigungsnorm** für den VA begründet wird, ohne auf die Besonderheit des Einzelfalls einzugehen (Terwiesche NWVBl 1996, 462 mit Bsp aus der Rspr); ebensowenig reicht es zur Begründung der VzA aus, sich **nur auf die Rechtmäßigkeit des VA** (Ks NVwZ 1985, 918; Terwiesche NWVBl 1996, 462) oder generell auf die für diesen **gegebene Begründung zu berufen** (**aA** wohl Ronellenfitsch NVwZ 1999, 590).

86 Die Begründung kann **ausnahmsweise** auf die Begründung des zu vollziehenden VA **Bezug nehmen,** wenn aus dieser bereits die besondere Dringlichkeit auch der Regelung iSd Abs 2 S 1 Nr 4, Abs 3 hervorgeht u die von der Behörde getroffene Interessenabwägung klar (insb auch hins der Frage, was allg Begründung des VA ist u was spezifisch Grund für die VzA war) erkennbar ist;[153] sie ist aber auch in diesem Fall, dh wenn für die VzA dieselben Gründe maßgeblich sind wie für den VA, nicht entbehrlich;[154] ebenso angesichts der klaren Regelung in Abs 3 auch dann nicht, wenn die Gründe für die Betroffenen offensichtlich sind.[155] Sind die Gründe bekannt oder offensichtlich, so genügt idR aber ein Hinweis auf die bekannten oder offensichtlichen Umstände als Begründung (Mü BayVBl 1983, 182; GewA 1987, 296; Schmidt VBlBW 1983, 133).

Bei **Allgemeinverfügungen,** die öffentlich bekanntgegeben werden (§ 41 Abs 3 S 2 VwVfG) muß die Begründung einer VzA nicht öffentlich bekanntgegeben werden; es genügt, daß in sie wie auch in der Begründung des VA selbst Einsicht genommen werden kann (Br NVwZ 1986, 1038).

87 **Fehlt die erforderliche Begründung** oder ist sie unzulänglich, so berührt dies die Wirksamkeit der Vollziehbarkeit nicht,[156] führt aber, da die VzA jedenfalls rechtswidrig ist (Ks DÖV 1968, 255; Kaltenborn DVBl 1999, 832), auf einen Antrag gem Abs 4 oder 5 zur Wiederherstellung der aW.[157] Die Begründung kann angesichts des Zwecks der Begründungspflicht, die Behörde zu zwingen, die gebotenen Überlegungen u Abwägungen vor Erlaß des VzA vorzunehmen (vgl Ma NJW 1977, 165; s auch oben 84), nach hM **nicht nachgeholt** werden,[158] wg der Schutzfunktion für die Betroffenen (s oben 84) **auch nicht**

---

[153] Ks NVwZ 1992, 193; Mü BayVBl 1976, 691; Schl NVwZ 1992, 689; Ko NVwZ-RR 1991, 308; Ma NJW 1991, 2366; Ms NJW 1986, 1449; NWVBl 1994, 425; VG Gießen NVwZ-RR 1993, 250; Schmidt VBlBW 1983, 133; Sch-Schoch 178; s zu den in Betracht kommenden Fällen auch oben 90 ff.

[154] Ks DÖV 1974, 605; Mü BayVBl 1983, 182; Kaltenborn DVBl 1999, 832; **aA** EF 28 a; offen Br DÖV 1980, 180.

[155] Ma DVBl 1976, 948 mwN; Mü BayVBl 1983, 182; **aA** EF 28 a zur vorübergehenden Schließung einer Universität wg Unruhen; zT – hins der Ermessensabwägung – auch Schmitt BayVBl 1977, 556.

[156] Erichsen Jura 1984, 422; Finkelnburg 759; Grigoleit 161; Hufen § 32, 18; Kaltenborn DVBl 1999, 832; RÖ-M. Redeker 27 a; Schenke 982; VerwA 2000, 597; Sch-Schoch 180; Terwiesche NWVBl 1996, 464 f; SGH 268.

[157] S unten 148 ff; **aA** – zu weitgehend – Ma DVBl 1961, 520; Ms DVBl 1961, 924; Ey-J. Schmidt 45; Renck BayVBl 1994, 165: Nichtigkeit der VzA.

[158] Hbg InfAuslR 1984, 72; Lü Rd L 1987, 335; Ma NJW 1977, 165; Mü BayVBl 1999, 466; Hufen § 32, 18; NKVwGO-Puttler 99; Rupp Nachschieben von Gründen im verwal-

nachträglich (aus)gewechselt werden. Wenn die von der Verwaltung zur Begründung angegebenen Gründe die VzA nicht tragen, hat diese nur die Möglichkeit, eine neue VzA mit neuer Begründung zu treffen.[159] In der Nachholung einer dem § 80 Abs 3 genügenden Begründung oder dem Nachschieben einer inhaltlich fehlerfreien Begründung wird allerdings idR der Erlaß einer neuen VzA liegen (s Schenke 982; JZ 1996, 1157f; VerwA 2000, 600u 604; Hk-Bücken-Thielmeyer/Kröninger 44; s auch VG Weimar ThürVGRspr 1998, 176). Zur Begründung dieses Ergebnisses bedarf es keiner analogen Anwendung des § 114 S 2 (so aber Decker JA 1999, 157). Diese Vorschrift hat ohnehin keine materiellrechtliche Bedeutung (vgl 49 zu § 114u 71 zu § 113; **aA** wohl Decker JA 1999, 157); zur Herbeiführung der prozeßrechtlichen Funktion des § 114 S 2, der den Fall einer gesetzlich zugelassenen Klageänderung zum Gegenstand hat (72 zu § 113), ist aber eine Analogie zu § 114 S 2 mangels Bestehens einer Regelungslücke entbehrlich, da bei dem Antrag auf Wiederherstellung der aW – anders als bei einem nicht statthaften Antrag auf Aufhebung der VzA (dazu unten 148) – keineswegs nur über die Rechtmäßigkeit einer vorher ergangenen VzA zu befinden ist (obwohl allein deren Rechtswidrigkeit schon zur Begründetheit des Antrags führt, s unten 148 u 167), sondern das Gericht auch eine eigenständige Entscheidung über die Wiederherstellung der aW trifft (s unten 151 sowie 149), bei der notwendigerweise ein vorheriger Erlaß einer noch bestehenden VzA, ohne daß es einer Antragsergänzung analog § 91 bedarf (s unten 149) mit zu berücksichtigen ist. Aus diesem Grund ist der Neuerlaß der VzA – insoweit über § 114 S 2 u eine hierauf gestützte Analogie noch hinausreichend – nicht nur dann durch das Gericht zu beachten, wenn es nur um ein „Ergänzen" der VzA geht (so von seinem Standpunkt aus konsequent Decker JA 1999, 158), sondern auch dort, wo es vor dem Nachholen bzw Nachschieben einer Begründung überhaupt an dieser fehlte oder sie sich wesentlich von den nunmehr gegebenen unterschied. Die sachliche Rechtfertigung für den insoweit bestehenden Unterschied zu § 114 S 2 ergibt sich daraus, daß der Gesichtspunkt der Prozeßökonomie im Bereich des vorläufigen Rechtsschutzes eine erhöhte Bedeutung verdient u es deshalb sinnvoller erscheint, das Nachholen einer bisher fehlenden Begründung oder deren wesentliche Veränderung nicht erst in einem anderen Vf bzw nur unter den Voraussetzungen einer Antragsänderung analog § 91 zu berücksichtigen. Das liegt nicht zuletzt im Interesse eines effektiven Rechtsschutzes des ASt, der, soweit nunmehr keine Bedenken gegen die VzA mehr bestehen, die Erledigung des Vf des § 80 Abs 5 beantragen kann. Um die Befugnis zum Neuerlaß einer VzA zu begründen, die durch das VG zu berücksichtigen ist, bedarf es aus den oben angesprochenen Gründen **auch keiner Analogie zu § 45 Abs 2 VwVfG** (für sie aber Gr NVwZ-RR 1999, 409; RÖ-M. Redeker 27a u Tietje DVBl 1998, 124). Zu beachten ist freilich, daß das Beheben des Fehlers bei einer fehlenden, unvollständigen oder materiell fehlerhaften Begründung nicht zu einer rückwirkenden Heilung der VzA führt (s auch 70 zu § 113 u dort auch dazu, daß selbst § 45 Abs 2 VwVfG bei seiner Anwendbarkeit zu keiner rückwirkenden

---

tungsgerichtlichen Verfahren 1987, 138; Schenke 982; VerwA 2000, 597; Sch-Schoch 179; Scholz, Menger-FS 649f; **aA** u für eine unbegrenzte Zulässigkeit des Nachholens einer Begründung bis zu einer gerichtlichen Entscheidung aber: Bln LKV 1992, 333 („jedenfalls bis zum Erlaß des Widerspruchsbescheids"); Br NVwZ-RR 1999, 682; Ks DÖV 1985, 75f; Ms NJW 1986, 1895; Ko NVwZ-RR 1995, 572 – bei nachträglicher Bestätigung einer vorher gegebenen mündlichen Begründung. Für eine Heilungsmöglichkeit in analoger Anwendung des § 45 Abs 2 VwVfG: Gr NVwZ-RR 1999, 409; Ko DVBl 1985, 1078; RÖ-M. Redeker 27a. Unter Zugrundelegung der Novellierung des § 45 Abs 2 VwVfG müßte dies auch bedeuten, daß jedenfalls bei von Bundesbehörden erlassenen VAen noch eine Heilung während des gerichtlichen Vf möglich wäre (so ausdr RÖ-M. Redeker 27a; Tietje DVBl 1998, 124).

[159] Lü NJW 1969, 478; Mü DÖV 1971, 517; VG Weimar ThürVGRspr 1998, 176.

„Heilung" führt),[160] so daß sich hierdurch an der Rechtswidrigkeit einer vorher erlassenen, den Erfordernissen des § 80 Abs 3 nicht genügenden (oder aus sonstigen Gründen rechtswidrigen) VzA nichts ändert u daher (bei bestehendem RSI) gem § 80 Abs 5 die aW bis zum Neuerlaß der VzA wiederhergestellt werden kann.

88 **Maßgeblich** ist das, **was die Behörde** in ihrer Begründung zur VzA zur Begründung der VzA **anführt;** es ist nicht Aufgabe des Gerichts, einen Bescheid darauf durchzusehen, ob sich „die behördliche Begründung des VzA durch weitere Elemente anreichern läßt" (Hbg InfAuslR 1986, 203). Das Gericht darf jedenfalls auch nicht eigene Erwägungen anstellen, weitere Tatsachen feststellen usw, die das besondere Vollzugsinteresse rechtfertigen könnten (Schl NVwZ 1992, 689).

89 **ff) Das Fehlen einer der VzA entgegenstehenden gerichtlichen Entscheidung gem Abs 5 S 1.** Soweit eine Entscheidung eines Gerichts gem Abs 5 vorliegt, sind die Behörden selbst bei veränderten Umständen an diese Entscheidung gebunden (s näher unten 172 ff).

90 **c) Öffentliches Interesse und/oder überwiegendes Interesse eines Beteiligten an der sofortigen Vollziehung (materielle Rechtmäßigkeitsvoraussetzungen der VzA).** Wie sich aus dem Zusammenhang mit der Grundsatzregelung des § 80 Abs 1, aber auch aus § 80 Abs 3 ergibt, verlangt die VzA gem Abs 2 S 1 Nr 4 ein besonderes öffentliches oder privates Interesse an der Vollziehung.[161] Das **besondere** öffentliche oder private **Interesse** iSv Abs 2 S 1 Nr 4 u Abs 3 an der Vollziehung stellt sich als **Ergebnis einer Abwägung aller im konkreten Fall betroffenen öffentlichen u privaten Interessen** dar unter Berücksichtigung der Natur, Schwere u Dringlichkeit des Interesses an der Vollziehung bzw an der aW u der Möglichkeit oder Unmöglichkeit einer etwaigen Rückgängigmachung der getroffenen Regelung u ihrer Folgen.[162]

91 Bei der Abgrenzung u Abwägung der zu berücksichtigenden Interessen u deren Gewichtung in der zu treffenden Entscheidung ist vom Zweck des Gesetzes, dessen Vollzug der in Frage stehende VA dient, u den betroffenen Rechten u Interessen auszugehen (Lü NJW 1986, 800); dabei ist insb auch der Grundsatz der Verhältnismäßigkeit zu beachten (BVerfG 67, 59 = DVBl 1984, 674; NJW 1991, 1531). **Soweit besonders geschützte Grundrechte betroffen** sind oder es sich sonst um schwerwiegende Eingriffe handelt, die bzw deren Folgen nicht ohne weiteres wiedergutgemacht werden können, ist grds nicht nur ein strenger Maßstab,[163] sondern idR auch **eine eingehendere Prüfung** auch der materiellen Voraussetzung erforderlich (BVerfG 67, 44 zum Asylrecht; s auch BVerfG DÖV 1985, 782). Demgegenüber wird ein überwiegendes öffentliches Interesse häufig bei VAen gegeben sein, die sich gegen eine **angemaßte Rechtsposition** (oben 15) richten, da sich hier der Betroffene schon vor Erlaß des VA rechtswidrig verhält (s auch Terwiesche NWVBl 1996, 463). Ein besonderes Vollziehungsinteresse kann sich zB bei einem auf § 8 Abs 1 S 3 KHG gestützten Feststellungsbescheid, durch den ein Krankenhaus in den Krankenhausplan aufgenommen wird, aus dem Gesichtspunkt der Versorgungssicherheit ergeben (Stollmann NVwZ 2006, 427). Soweit die rechtlichen Voraussetzungen nur für selbständige Teile eines VA gegeben sind, ist die VzA auf diese zu be-

---

160 Nicht überzeugend Decker JA 1999, 159, der analog § 114 S 2 eine rückwirkende materiellrechtliche Heilung befürwortet.

161 BayVBl 1966, 279; Ko NVwZ-RR 1994, 383; Ks NVwZ 1991, 89; Mü BayVBl 1991, 724.

162 BVerfG BayVBl 1990, 207; Mü BayVBl 1990, 211; Hbg DVBl 1980, 486: aW insb bei Irreparabilität der Folgen einer Vollziehung. Zu den besonderen Anforderungen an eine VzA, wenn diese auf eine Vorwegnahme der Hauptsache hinausläuft, Mü RiA 1999, 96 f.

163 Vgl BVerfG NJW 1991, 1531 zur Vollziehbarkeit eine Berufsuntersagung als schwerer Eingriff in die durch Art 12 Abs 1 GG geschützte Berufsfreiheit.

schränken (Sa DÖV 1980, 576). Entsprechendes gilt bei Allgemeinverfügungen hins der Betroffenen.[164]

92 Das allg, jedem Gesetz innewohnende öffentliche Interesse am Vollzug des Gesetzes allein rechtfertige die VzA nicht. Die VzA erfordert grds ein **besonderes Vollzugsinteresse,** das über jenes hinausgeht, welches den VA rechtfertigt.[165] Andererseits ist **nicht in allen Fällen** ein über den Gesetzeszweck hinausgehendes zusätzliches Vollzugsinteresse erforderlich, weil sonst die Vollziehbarkeit letztlich von der zufällig weiteren oder engeren Fassung der Eingriffsermächtigungen abhängen würde u eine VzA gerade in Fällen ausgeschlossen wäre, in denen der Gesetzgeber aus rechtsstaatlichen Erwägungen besonders enge Eingriffsvoraussetzungen festgelegt hat;[166] das besondere Vollzugsinteresse kann deshalb uU mit dem Vollzugsinteresse einer Vorschrift zusammenfallen (und dann auch in der Begründung der VzA mit einem Hinweis auf die entspr Begründung des VA begründet werden; s dazu auch oben 86) u nur noch die Prüfung erfordern, ob nicht ausnahmsweise in Ansehung der besonderen Umstände des Falles die sofortige Vollziehung weniger dringlich als im Normalfall ist.[167] Ein besonderes Vollzugsinteresse u dessen Angabe mit näherer Begründung in der Begründung der VzA ist auch dann nicht entbehrlich, wenn ein Rechtsbehelf gegen den VA wg der offensichtlichen Rechtmäßigkeit[168] oder aus einem sonstigen Grund offensichtlich aussichtslos ist (dazu, daß dies beim Erlaß einer VzA mitzuberücksichtigen ist, s unten 100f); ebenso nicht, wenn der VA ohnehin nur, wie dies idR bei Planfeststellungsbeschlüssen der Fall ist, nur nach einer umfassenden Abwägung aller für u gegen den Erlaß des VA in der erfolgten Form, mit Auflagen usw sprechenden öffentlichen u privaten Belange u Interessen ergehen kann.[169]

93 Wie sich aus dem Zusammenhang von Abs 2 S 1 Nr 4 u Abs 3 ergibt, sind bei der Beurteilung der Frage, ob ein besonderes Vollzugsinteresse besteht, **nicht allein das spezielle Interesse der anordnenden Behörde** zu berücksichtigen, sondern zugleich **auch** schon die **Interessen des Betroffenen sowie** darüber hinaus auch **sonstige betroffene öffentliche oder private Interessen,** sofern sie in unmittelbarem rechtlichen Zusammenhang mit dem zu vollziehenden VA

---

[164] Vgl 64, 353 zur Frage der Vollziehbarkeit eines Planfeststellungsbeschlusses hins einzelner Betroffener für einen Flughafen; zT **aA** Mü DVBl 1982, 210: durch die angegebene Entscheidung des BVerwG überholt.

[165] BVerfG 35, 402; NVwZ 1996, 59; Br VRspr 27, 848; Hbg InfAuslR 1986, 204; Ks InfAuslR 1996, 56; Mgd LKV 1994, 295; Ma NVwZ-RR 1995, 659; Mü DVBl 1992, 456; Ms NVwZ 1998, 977; Schl NVwZ 1992, 689; Kaltenborn DVBl 1999, 832; NKVwGO-Puttler 84; P § 51, 3; RÖ-M. Redeker 20; Sch-Schoch 144; Terwiesche NWVBl 1996, 462; **aA** Schl NVwZ-RR 1993, 587.

[166] Ks NVwZ 1991, 88; VG München GewA 1969, 91; vgl auch Ks DÖV 1974, 605 u Mü BayVBl 1976, 69; 1978, 19; Schl NVwZ 1992, 690.

[167] BVerfG DVBl 1985, 670: besondere Feststellungen insoweit entbehrlich, wenn das besondere Vollzugsinteresse nach Art und Weise der Gefahr klar ist; dann ist auch eine besondere Begründung nicht erforderlich; Gr NVwZ 1995, 608; Ms NVwZ 1982, 455; NVwZ-RR 1991, 380; NJW 1984, 1449; Ks DÖV 1974, 605; Ko NVwZ-RR 1991, 308; Mü NJW 1977, 166; BayVBl 1983, 182; zu weitgehend Mü BayVBl 1978, 20: es genügt, daß sich das besondere öffentliche Interesse bereits aus der Art der getroffenen Maßnahme – hier: Baueinstellung, um unrechtmäßige Zustände zu unterbinden – ergibt; ähnlich Ma NVwZ 1985, 58; zT **aA** Schl NVwZ 1992, 690; ähnlich iE Lü NJW 1970, 963, wo jedoch auch die „Freigabe" des Baues durch Aushändigung der Baugenehmigung bzw des sog Bauscheins – kaum vertretbar! – als VzA gewertet wird.

[168] BVerfG NVwZ 1996, 59f; Ma VBlBW 1997, 392; Schl NVwZ 1992, 687f; JZ 1996, 1158; Sch-Schoch 147.

[169] Schl NVwZ 1992, 690 – unter Hinweis darauf, daß das besondere Interesse an der VzA ein aliud ggü dem öffentlichen Interesse an dem Erlaß u der Durchsetzung des VA sein könne; NKVwGO-Puttler 87.

stehen, insb nach dem Zweck der Ermächtigung, auf die der VA sich stützt, entscheidungserheblich sind.[170] ZB müssen bei der Frage der Vollziehbarkeit einer Ausweisungsverfügung auch die Interessen des Ehepartners der Ausgewiesenen berücksichtigt werden (BVerfG DVBl 1974, 79); bei einer Genehmigung für ein Kernkraftwerk auch die Erfordernisse der Deckung des Energiebedarfs mit kostengünstiger Energie (Mü NVwZ 1982, 130); bei der Verfügung, mit der ein Betrieb untersagt wird, auch der drohende Verlust von Arbeitsplätzen (Ms NJW 1985, 933; heute zusätzlich durch Abs 2 S 1 Nr 3 unterstützt).

94 Zu berücksichtigen sind alle – aber auch nur die – **mit dem Vollzug des VA unmittelbar verbundenen** bzw dem Vollzug entgegenstehenden **Interessen,** daher zB bei der Genehmigung eines Kernkraftwerks nicht nur die Interessen des Unternehmers u betroffener Nachbarn, sondern auch das öffentliche Interesse an einer kostengünstigen Energieversorgung. Werden bei einer Stufung des VerwaltungsVf Interessen unmittelbar erst durch den Vollzug späterer TeilVAe beeinträchtigt, ist umstritten, inwieweit diese bereits im Rahmen des vorläufigen Rechtsschutzes gegen vorangegangene TeilVAe zu berücksichtigen sind. Bedeutung erlangt dies insb iVm der Erteilung von Errichtungsgenehmigungen für ein Kernkraftwerk oder eine immissionsschutzrechtlich genehmigungspflichtige Anlage. Hier stellt sich die Frage, inwieweit Betriebsgefahren bereits bei der Entscheidung über die Aussetzung der Errichtungsermächtigung rechtlich beachtlich sind. Dies wird häufig abgelehnt.[171] In dieser Generalität kann dieser Auffassung jedoch schon deshalb nicht gefolgt werden, da die Erteilung von Errichtungsgenehmigungen ein vorläufiges positives Gesamturteil auch in bezug auf die Inbetriebnahme der Anlage voraussetzt (s auch 53 u 74 zu § 42). Bestehen insoweit schwerwiegende Bedenken wg späterer Betriebsgefahren, muß dies jedenfalls dann im Rahmen eines AussetzungsVf Beachtung finden, wenn man mit der heute hM den Erfolgsaussichten einer Klage im HauptsacheVf (gegen die Errichtungsgenehmigung) für den vorläufigen Rechtsschutz Bedeutsamkeit beimißt (nicht überzeugend daher zB Sellner, Lerche-FS 830). Allein dies entspricht iü auch dem Umstand, daß unbestrittenermaßen im Rahmen des vorläufigen Rechtsschutzes gegen die Errichtungsgenehmigung auch das öffentliche Interesse am Betrieb der Anlage berücksichtigt wird (s auch Limberger 80). Zudem darf auch die faktische Präjudizwirkung, die sich aus der Errichtung einer Anlage ergibt, bei der Interessenabwägung nicht völlig außer acht gelassen werden, obwohl allein die Errichtung einer Anlage anders als die Betriebsgenehmigung Dritte noch nicht unmittelbar gefährdet. Aus entspr Gründen müssen die Interessen Dritter, die nicht unmittelbar durch den planfestgestellten Abschnitt in einem Planfeststellungsbeschluß betroffen werden, dennoch aber durch dessen einen „Zwangspunkt" setzende Vorwirkung (s DVBl 1997, 78) betroffen sind (s auch 112 zu § 42) u deshalb eine Klagebefugnis Dritter begründen, im Rahmen eines AussetzungsVf gem § 80 Abs 5 berücksichtigt werden.

95 Ein besonderes öffentliches wie auch ein privates Interesse kann sich auch aus dem **Gemeinschaftsrecht** ergeben. Um den durch das Gemeinschaftsrecht geschützten privaten u öffentlichen Interessen im Rahmen des § 80 Rechnung

---

[170] BVerfG 51, 280; NJW 1991, 1531; Ko NVwZ-RR 1994, 383; Mü BayVBl 1990, 211.

[171] BVerfG NVwZ 1984, 429; Ma DVBl 1976, 546; Mü DVBl 1975, 199; Lü ET 1984, 66; Ko 14, 438; Heinrich GewA 1975, 68; Häusler WuV 1977, 192; Fischerhof DVBl 1976, 549; zu dieser Auffassung neigend auch BVerfG NVwZ 1984, 429; ET 1985, 80; Mü BayVBl 1984, 595 mwN; Sellner, Lerche-FS 1993, 830; **aA** BVerfG 53, 30; NVwZ 1982, 32; Mü BayVBl 1975, 275; Sa DÖV 1976, 574; Lü DVBl 1975, 194; 1978, 68; BauR 1981, 267; Ko GewA 1977, 133; Ks DÖV 1984, 900; VG Freiburg DÖV 1975, 611; Blümel DVBl 1975, 695; Breuer NJW 1977, 1128; Limberger, Probleme des vorläufigen Rechtsschutzes bei Großprojekten, 79 f; Winters DÖV 1978, 269; Sondervotum Simon/Heußner BVerfG 53, 92.

zu tragen, bedarf es keiner Änderung durch den Gesetzgeber (dafür aber zB Vedder EWS 1991, 13 ff). Die Voraussetzungen des Abs 2 S 1 Nr 4 ermöglichen eine Rezeption der europarechtlichen Vorgaben durch Vornahme einer VzA.[172]

96 Die **Frage der Dringlichkeit** bzw Unaufschiebbarkeit der Vollziehung bzw der Vollziehbarkeit ist insb auch in Hinblick auf die Art u Bedeutung der betroffenen Rechte, insb auch, wenn es sich um Grundrechte handelt (BVerfG DVBl 1991, 483 = NJW 1991, 1531), u die Schwere u Tragweite des Eingriffs in diese Rechte (BVerfG DVBl 1991, 483 = NJW 1991, 1531) unter Berücksichtigung insb auch des Grundsatzes der Verhältnismäßigkeit zu beurteilen (BVerfG 67, 59 = DVBl 1984, 674; BayVBl 1991, 1531). IdR ist bei VAen, die der Gefahrenabwehr dienen, Dringlichkeit (vorausgesetzt, daß es in der Sache um ein wichtiges Anliegen geht) jedenfalls dann anzunehmen, wenn die begründete Besorgnis besteht, daß sich die mit dem VA bekämpfte Gefahr realisieren wird, bevor es zu einer gerichtlichen Entscheidung über den VA kommt (BVerfG 38, 58; Ms DÖV 1981, 544). Dringlichkeit ist idR auch bei VAen gegeben, die sich gegen **angemaßte Rechtspositionen** richten (s oben 91). Andererseits kann die Aussetzung der Vollziehung geboten sein, weil das mit dem zu vollziehenden VA verfolgte öffentliche Interesse bzw Interesse Dritter auch auf andere Weise, auch zB durch Auflagen usw gem Abs 5 oder aber durch andere Anordnungen der Behörde hinreichend sichergestellt werden kann.[173] Der Umstand, **daß die VzA nicht sofort** zusammen mit dem VA erfolgt, sondern **erst Jahre später,** steht der Annahme eines besonderen Interesses jedenfalls dann nicht entgegen, wenn die Notwendigkeit, die entspr Maßnahmen zu treffen, erst später eintritt oder der Behörde bewußt wird.[174]

97 Ist das Vollzugsinteresse nicht hinreichend gewichtig u dringlich oder überwiegt es das Suspensivinteresse des Betroffenen nicht, so muß es entspr der Grundregel des Abs 1 bei der aW verbleiben bzw ist die aW anzuordnen;[175] eines besonderen Interesses des Betroffenen an der aW bedarf es in diesem Fall nicht (Ks DÖV 1984, 900). S auch unten 114.

98 **Gefahrenabwehrmaßnahmen:** Besondere öffentliche bzw von der Behörde wahrzunehmende private Interessen sind idR vor allem anzunehmen bei **besonderen Gefahrensituationen,** die durch den in Frage stehenden VA behoben werden sollen,[176] zB beim Entzug der **Fahrerlaubnis,** wenn der Betroffene zum Führen eines Kfz ungeeignet ist,[177] bei der **Ausweisung** eines Ausländers wg der Gefahr der erneuten Begehung schwerer Straftaten (Ma VBlBW 1999, 185), einer ansteckenden Krankheit u ungenügenden Wohnverhältnissen (s allg zur Ausweisung von Ausländern näher Sch-Schoch 151), bei der **Entlassung** eines Polizeibeamten auf Probe wg einer Fahrt in betrunkenem Zustand u begangener Fahrerflucht, bei der **Anordnung des Ruhens der ärztlichen Approbation,**

---

[172] EuGH 1990, 2908; Finger JA 2005, 231; Jannasch, VBlBW 1997, 361; NVwZ 1999, 496; Kotulla DV 2000, 559; Schenke VerwA 2000, 602; Schoch DVBl 1997, 291; Jura 2001, 672 f, Schwarze NVwZ 2000, 250; Stern JuS 1998, 775. Zur Problematik näher auch Hauser VBlBW 2000, 377, 381 ff; v Stülpnagel DÖV 2001, 932 ff.

[173] Ms NJW 1985, 933: Aussetzung der Vollziehung, wenn es Zwischenlösungen gibt, die zwar immer noch den Nachbarn der Anlage belasten, im Hinblick auf die schwerwiegenden Folgen einer gänzlichen Untersagung aber für gewisse Zeit hinnehmbar erscheinen.

[174] NVwZ 1983, 687; Ks DÖV 1984, 262: VzA für ein Nutzungsverbot, auch wenn die Nutzung längere Zeit geduldet worden war; DÖV 1986, 79; Mü BayVBl 1977, 249; Petzke BayVBl 1978, 228 zur Vollziehung einer Abbruchverfügung, nachdem zB die Zersiedlung der Landschaft inzwischen ein zu großes Ausmaß angenommen hat.

[175] BVerfG 35, 402; 37, 153; 51, 284; 59, 170; 67, 58; NJW 1984, 428.

[176] BVerfG NVwZ 1982, 241; Lü NJW 1975, 136; DVBl 1976, 83; Ks VRspr 27, 997; Ms NJW 1977, 2038; Sch-Schoch 149.

[177] Ba SächsVBl 1993, 277; Br NJW 1994, 3031; Hbg NVwZ-RR 1995, 475; Ks NJW 1994, 1612; Ma NVwZ-RR 1995, 175; Mü BayVBl 1979, 690.

wenn hinreichend konkrete Anhaltspunkte dafür bestehen, daß der Arzt bei der Ausübung seines Berufs Straftaten gegen das Leben von Patienten begangen hat u nicht auszuschließen ist, daß dies in Zukunft weiter geschieht;[178] bei der **Versetzung** eines Lehrers wg sexueller Beziehungen zu Schülerinnen (s allg zur VzA im öffentlichen Dienstrecht Sch-Schoch 154), bei **Untersagung eines Gewerbebetriebs wg** unerlaubten Glückspiels oder wg offensichtlicher Unzuverlässigkeit (Schmitt BayVBl 1977, 555), aber auch zB bei einem **Versammlungsverbot,** das der drohenden Gefahr der Volksverhetzung iSv § 130 StGB vorbeugen soll,[179] bei Maßnahmen, die getroffen werden, um zu verhindern, **daß ein Mißstand,** der später nicht mehr oder nur mit erheblichen Schwierigkeiten wieder beseitigt werden kann, **sich ausbreitet,** oder die grob mißbräuchliches Verhalten des Betroffenen unterbinden sollen;[180] ebenso bei VAen, die die **Beseitigung einer angemaßten Rechtsposition** zum Ziel haben[181] oder welche die **Schaffung vollendeter Tatsachen verhindern** wollen (Ma NVwZ-RR 2007, 152).

Ein besonderes Interesse kann auch zB gegeben sein, wenn eine Maßnahme erforderlich erscheint, um ein **„Exempel zu statuieren“** u dadurch zu verhindern, daß ein Fall zum „Bezugsfall“ für andere Fälle wird (s Bettermann DVBl 1976, 66f) u von ihm negative Vorbildwirkungen ausgehen (Gr DÖV 2003, 637). Das kann, je nach Art u Schwere der Gründe, die für eine Ausweisungsverfügung sprechen, auch für diese gelten (Mü BayVBl 1980, 87), ebenso, wenn mit der Vollziehung erreicht werden soll, daß **andere von Straftaten** abgehalten werden.[182] Generalprävention u der Schutz des Wettbewerbs können eine VzA bei einer Ordnungsverfügung nach dem Medizinproduktegesetz rechtfertigen (Ms NVwZ 2000, 454). Zur Bedeutung des Nachahmungseffekts iVm VzA bei Beseitigungsanordnungen s unten. Die Erwägung, andere Personen von der Einlegung von RMittel abzuhalten, begründet kein Vollziehungsinteresse (VG Potsdam NVwZ-RR 2001, 402).

Ein hinreichendes öffentliches Interesse für eine VzA wurde auch bejaht zB für einen **Wahlergebnisberichtigungsbescheid** (Mü DVBl 1985, 172); für die Untersagung von Tätigkeiten, die die **Sonntagsruhe** beeinträchtigen (Ms NJW 1985, 449: Vorrang der Sonntagsruhe vor wirtschaftlichen Interessen). Bei der Versetzung eines Landtagsdirektors in den einstweiligen Ruhestand kann im Hinblick darauf, daß dieser bei seiner Amtsausübung in fortdauernder Übereinstimmung mit den grdsen politischen Zielen des Landtagspräsidenten stehen muß, eine VzA gerechtfertigt sein (Ms NVwZ-RR 2000, 804).

Das besondere Interesse an der **Vollziehung einer Ordnungsverfügung,** die die Stillegung einer nicht genehmigten Anlage, eines nicht genehmigten Baues uä oder ein Benutzungsverbot (vgl Ks BRS 33 Nr 192; Lü BauR 1988, 72) (allein) wg des Fehlens der Genehmigung u der Sorge, daß andere dem Beispiel folgen könnten, anordnet, wird nicht schon dadurch ausgeschlossen, daß die Anlage, das Bauwerk, der Betrieb usw genehmigungsfähig ist und, soweit sich schon übersehen läßt, auch die Voraussetzungen für die Erteilung einer Genehmigung erfüllt;[183] uU kann aber die VzA in diesem Fall ermessensfehlerhaft sein, wenn der **Genehmigungsantrag gestellt** ist u mit einem baldigen **positiven**

---

[178] Lü NJW 2004, 1750 = NdsVBl 2004, 216; BVerfG BayVBl 2004, 208: nicht genügt es dagegen, nur darauf abzustellen, ob die Voraussetzungen für den Widerruf der Approbation vorliegen.

[179] Mü BayVBl 1978, 20; s zum Sofortvollzug im Versammlungsrecht aus neuerer Zeit zB Ba NVwZ-RR 1995, 443; Mü BayVBl 1995, 529.

[180] Lü DVBl 1976, 83; Bln NJW 1968, 1492; Ms DÖV 1980, 527.

[181] Mü BayVBl 1978, 247; 1984, 537 – zu einem Verbot der Beschäftigung von Arbeitnehmern an Sonntagen in einem Handelsgewerbe; Platz BayVBl 1983, 624.

[182] Vgl BVerfG NVwZ 1983, 668: mit Art 19 Abs 4 GG vereinbar; **aA** Mü DVBl 1980, 197.

[183] Ks NVwZ-RR 1997, 222; Ms DÖV 1974, 682 – unter Aufgabe der gegenteiligen Auffassung in DÖV 1972, 466 –; DÖV 1980, 527; Lü BauR 1988, 72; Bln DÖV 1988, 841.

Abschluß des GenehmigungsVf zu rechnen ist (Ks NVwZ-RR 1997, 222; Ms DÖV 1974, 682). Ohne eine weitergehende materiellrechtliche Prüfung ist nach Stellung eines Genehmigungsantrags eine VzA hins einer Betriebseinstellungsanordnung ferner bei einer ansonst **drohenden Existenzgefährdung** ausgeschlossen.[184] Die sofortige Vollziehung einer Abbruchverfügung kommt idR nur in Betracht, wenn von der nicht genehmigten Anlage uä Gefahren ausgehen, die anders nicht beseitigt werden können (Ms NVwZ 1998, 977); sie ist jedenfalls dann zulässig, wenn das von dem Adressaten eingelegte RMittel voraussichtlich erfolglos bleiben wird (s auch Bln LKV 1999, 196). Allein der Gesichtspunkt der **Nachahmungsgefahr** genügt jedoch idR noch nicht,[185] anders, wenn die Zersiedlung der Landschaft inzwischen ein zu großes Ausmaß erreicht hat, für die Beseitigung von Einzäunungen (Mü BayVBl 1975, 48), auch wenn die Beseitigungsanordnung wie bei Werbeschildern ohne wesentlichen Substanzverlust möglich ist (Ms NVwZ 1998, 978). Zulässig ist jedenfalls, den Nachahmungsaspekt in die Interessenabwägung miteinzubeziehen (Ms NVwZ 1998, 978). Die VzA bei einer Nutzungsuntersagung wg der negativen Vorbildwirkung einer formell u materiell illegalen Nutzung setzt voraus, daß der baurechtswidrige Zustand für Außenstehende aufgrund objektiver Merkmale erkennbar ist (Bln NVwZ-RR 2001, 229).

Maßnahmen zur Verbesserung der **Sicherheit u Leichtigkeit des Straßenverkehrs** haben nicht allein schon wg dieser Zielsetzung Vorrang vor sonstigen Interessen, insb auch nicht vor Interessen des Umweltschutzes (Br VRspr 27, 848 mwN); ebenso nicht Maßnahmen des **Umweltschutzes,** wenn sie die **Insolvenz** des betroffenen Unternehmens u den **Verlust** von **Arbeitsplätzen** zur Folge haben können (vgl zum Konkurs Ms ZIP 1984, 1224). Zur sofortigen Vollziehbarkeit iVm Maßnahmen im Naturschutzrecht Sch-Schoch 153.

Fiskalische Interessen, insb auch zB das öffentliche Interesse an einer ge- 99
ordneten Haushaltswirtschaft (BFH NJW 1991, 2792 mwN), können, wenn sie hinreichend gewichtig sind, ein besonderes Interesse begründen;[186] auch zB bei sog, durch die Situation des öffentlichen Haushalts bedingten Spargesetzen, wenn die für vollziehbar erklärte Kürzung der Versorgungsbezüge Beamter jedenfalls den angemessenen Unterhalt der betroffenen Beamten u ihrer Familien nicht gefährdet.[187] Nicht ausreichend ist dagegen das regelmäßig bestehende Interesse an der Verhütung von Zinsnachteilen;[188] an der Durchführung von Wohnbauten, für die öffentliche Mittel bereitstehen;[189] an einer rationellen Ausnutzung von Baugeräten usw durch Weiterführung bereits begonnener Baumaßnahmen, uä (vgl Br VRspr 27, 849). Umgekehrt ist auch bei einem Drittbetroffenen zB das Interesse, eine Investitionszulage zu erhalten, nicht als entscheidend zu berücksichtigen (Ks DÖV 1984, 900).

---

[184] Ks NVwZ-RR 1997, 222; Kischel DVBl 1996, 185; s auch Ks NVwZ 1991, 805.

[185] Mü BayVBl 1989, 118; weitergehend wohl Mü BayVBl 1977, 249 u Petzke BayVBl 1978, 228.

[186] BFH BB 1967, 1027; NJW 1991, 2792 mwN auch zur Rspr des BVerfG; Ko DVBl 1967, 239; Ma NVwZ-RR 1993, 392 – jedoch Zinsvorteil allein nicht ausreichend; Ms NJW 1986, 446; NKVwGO-Puttler 88; Sch-Schoch 156; **aA** Ks NVwZ 1989, 329: Interesse der Gemeinde „an einem geordneten Haushaltsvollzug" allein nicht ausreichend.

[187] Hbg NVwZ 1984, 256; enger Ks NVwZ 1983, 747: nur wenn außerdem ein evtl Rückforderungsanspr des Dienstherrn gefährdet ist; zu eng Mü NVwZ 1988, 745: finanzielle Belange der Behörde können nur dann eine VzA rechtfertigen, wenn sonst die Verwirklichung der gestundeten Forderung gefährdet wird.

[188] VG Potsdam NVwZ-RR 2001, 402) sowie an der zügigen Durchführung bereits vergebener Aufträge (Ks DVBl 1991, 1319.

[189] Mü BayVBl 1990, 211 – offen, ob dies auch dann gilt, wenn die Baumaßnahmen zur Beseitigung akuter Wohnungsnot erforderlich sind oder der Unterbringung Obdachloser dienen sollen.

100 **Die Bedeutung der Erfolgsaussichten eines Rechtsbehelfs in der Hauptsache:** Welche Rolle die Frage der Erfolgsaussichten eines Rechtsbehelfs in der Hauptsache für die Entscheidung spielt, ob ein VzA ergehen soll, muß differenziert beantwortet werden. Die behördliche Entscheidungssituation ist nämlich nicht mit der des Gerichts im Vf nach Abs 5 vergleichbar. So hat die Ausgangsbehörde den VA selbst erlassen u muß deshalb konsequenterweise von dessen Rechtmäßigkeit ausgehen. Folglich muß die Annahme der Rechtmäßigkeit des VA für sich gesehen als beachtlicher Gesichtspunkt bei der Interessenabwägung ausscheiden. Für die Vornahme eines VzA bedarf es damit anderer qualifizierender Umstände.[190] Die offensichtliche Erfolglosigkeit eines Rechtsbehelfs, die keineswegs nur auf die Rechtmäßigkeit des VA gestützt werden kann, kann dagegen mit berücksichtigt werden.[191] Hier besteht deshalb ein Erfordernis zur Berücksichtigung, um **einer mißbräuchlichen Ausnutzung des Suspensiveffekts entgegenwirken** zu können. Zu beachten ist allerdings, daß sich aus der offensichtlichen Rechtmäßigkeit eines ErmessensVA nicht auf die offensichtliche Erfolglosigkeit eines Rechtsbehelfs (Widerspruchs) schließen läßt.

101 **Anderes** gilt allerdings, u insofern ist auch bei der Vornahme einer VzA im angesprochenen Sinn zu differenzieren, für die Entscheidung der **Widerspruchsbehörde,** solange sie **noch nicht über den Widerspruch,** also in der Hauptsache, **entschieden** hat. Hier ist die Situation durchaus vergleichbar mit der Situation des Gerichts im Fall des Abs 5. Sprechen etwa gewichtige Gründe für die Rechtswidrigkeit des VA, so stellt dies bereits – nicht nur die offensichtliche Rechtswidrigkeit – einen wichtigen Gesichtspunkt für die Entscheidung dar, ob eine VzA ausgesprochen werden soll. Insoweit kann auf die Ausführungen zur Berücksichtigung der Erfolgsaussichten im Rahmen des Abs 5 verwiesen werden; s dazu unten 158 ff.

102 **d) Die VzA als gebundene Entscheidung und als Ermessensentscheidung.** Der Erlaß einer VzA liegt nach hM, sofern die tatbestandsmäßigen Voraussetzungen (öffentliches Interesse oder überwiegendes Interesse eines Beteiligten – s oben 90 ff –) gegeben sind, im **Ermessen der Behörde,**[192] die hierbei das **Interesse des Betroffenen** an der aW gegen das **öffentliche Interesse** bzw **Interesse sonstiger Beteiligter** an der sofortigen Vollziehung abwägen muß.[193] Diese Ansicht bedarf freilich einer **Einschränkung,** wenn ein **überwiegendes Interesse eines Beteiligten** an der sofortigen Vollziehbarkeit des VA besteht.[194] Hier besteht vor dem Hintergrund des Art 19 Abs 4 GG jedenfalls dann eine Verpflichtung zur Vornahme einer VzA, wenn sie durch den Begünstigten beantragt wird (Schenke JZ 1996, 1159). Dafür spricht auch der Grundsatz der Waffengleichheit. So wie dort, wo das Interesse des durch einen VA mit Drittwirkung Belasteten an der Aussetzung die für die Vollziehung sprechenden Interessen überwiegt, nach heute überwiegender Ansicht eine Verpflichtung zur Aussetzung eines vollziehbaren VA besteht (Schenke 1004 mwN), muß Entsprechendes auch bei überwiegendem Interesse des Begünstigten an der sofortigen

---

[190] BVerfG NVwZ 1982, 241; Ks NVwZ-RR 1994, 324; Mgd NVwZ 1995, 615; Mü BayVBl 1989, 117; Schenke JZ 1996, 1158; Sch-Schoch 147.

[191] Schenke JZ 1996, 1158; Sch-Schoch 147; Leipold Grundlagen 194; L. Schmitt BayVBl 1977, 555; **aA** BVerfG VBlBW 1989, 130; Ma NVwZ-RR 1995, 659; Bosch/Schmidt § 49 II 2 b; Otte ZAR 1994, 74; Sauthoff NVwZ 1988, 698.

[192] Ko NVwZ-RR 1994, 383; NKVwGO-Puttler 89; P § 55, 10; Sch-Schoch 142.

[193] BVerfG 35, 402; BVerwG DVBl 1974, 557; Lü DVBl 1974, 81; 1976, 81; DÖV 1979, 799; Mü BayVBl 1974, 343; Ms DÖV 1970, 247; Ks VRspr 25, 82; Czermak DÖV 1966, 49; Schmitt BayVBl 1977, 554.

[194] Schenke 986; VerwA 2000, 602; ebenso Finkelnburg 780; Hk-Bücken-Thielmeyer/Kröninger 36; Schoch Jura 2001, 679 u in dieser Richtung Sa NJW 1977, 2092; **aA** zB Ko NVwZ-RR 1994, 383; Ma 25, 113.

Vollziehung gelten. Ermessensgründe, die die Ablehnung einer VzA in einem solchen Fall rechtfertigen könnten, sind nicht ersichtlich.[195] Kommt dem öffentlichen Interesse an der Vollziehung des VA ein ganz besonderes Interesse zu, so ist zudem auch in einem solchen Fall eine Ermessensschrumpfung auf Null denkbar u daher die Behörde zum Erlaß einer VzA verpflichtet. Bei Bestehen eines behördlichen Ermessensspielraums hins einer VzA müssen die allg Ermessensgrundsätze beachtet werden. Bei deren Verletzung hat das Gericht auf Antrag gem § 80 Abs 5 die aW wiederherzustellen (s unten 149). Zur Frage des Nachschiebens von ermessensfehlerfreien Erwägungen s Schenke VerwA 2000, 601 ff sowie unten 149 u oben 87.

e) Ansprüche der Beteiligten. Im einzelnen gelten für die VzA, **die im öffentlichen Interesse erfolgte,** die **allg Grundsätze für Ermessensentscheidungen.** S dazu KR 1 ff zu § 40 VwVfG; ferner auch 1 ff zu § 114. Der an der VzA interessierte, weil durch die aW betroffene Beteiligte iSd Nr 4 Alt 2 hat, wenn er ein besonderes Interesse iSv Abs 2 S 1 Nr 4, Abs 3 an der sofortigen Vollziehbarkeit des VA hat u sein Interesse an der Vollziehbarkeit ggü dem Interesse der Verwaltung u sonstiger Betroffener überwiegt, einen **Anspr auf die VzA,** da hier bei Fehlen gleich bedeutsamer gegenteiliger Interessen jede andere Entscheidung der Behörde fehlerhaft wäre.[196] Auf Antrag des Begünstigten hat das Gericht gem § 80 a Abs 3, § 80 a Abs 1 Nr 1, Abs 2 die VzA vorzunehmen (s 17 c zu § 80 a). In sonstigen Fällen, dh, wenn seinem besonderen Interesse an der Vollziehbarkeit nicht unbedeutende gegenteilige Interessen entgegenstehen und/oder die Erfolgsaussichten offen sind u deshalb sein Vollzugsinteresse nicht überwiegt, kommt nur ein **formelles subjektives Recht auf ermessensfehlerfreie Entscheidung** der Behörde hins der VzA (Sa DÖV 1976, 574; NJW 1977, 2092) in Betracht, wobei das Gericht aber in der Lage ist, eine VzA gem § 80 a Abs 3, § 80 a Abs 1 Nr 1, Abs 2 auf Antrag anzuordnen (s 17 c zu § 80 a). Geht die Behörde fälschlich von der aW eines nach § 80 Abs 2 Nrn 1–3 sofort vollziehbaren VA mit Drittwirkung aus, scheidet ein Anspr des Begünstigten auf Erlaß einer VzA aus; er kann aber hier die Vollziehbarkeit dieses VA in **Analogie zu § 80 a Abs 3 S 1, § 80 a Abs 1 Nr 1 Abs 2** gerichtlich feststellen lassen (s 17 a zu § 80 a). 103

f) Möglicher Inhalt der VzA. Die Behörde kann die Vollziehbarkeit, je nach dem Ergebnis ihrer Interessenabwägung, analog Abs 5 S 1 bzw gem § 80 a Abs 1 Nr 1 oder Abs 2 **ganz** oder nur **teilweise,** zB hins einzelner trennbarer Teile des VA (Ks NVwZ-RR 1991, 177; NKVwGO-Puttler 79) oder hins einer Auflage,[197] sowie analog Abs 5 S 4 f auch **unter Auflagen, Bedingungen** usw **anordnen** (vgl unten 169; s auch Sch-Schoch 186: Analogie entbehrlich), auch zB gegen Abgabe einer sog **Risiko- u Verpflichtungserklärung,** mit der der Begünstigte, zB der Bauwerber, ausdr für den Fall eines Erfolgs des Rechtsbehelfs das Risiko einer Beseitigung der aufgrund der für vollziehbar erklärten Genehmigung uä errichteten Anlage übernimmt u sich zur Beseitigung verpflichtet.[198] Soweit das Interesse des Begünstigten (auch ohne Abgabe einer solchen Verpflichtungserklärung) das Interesse an der Suspendierung des VA überwiegt, kann eine solche Verpflichtungserklärung ebenso wie sonstige Einschränkungen nicht 104

---

[195] Von einer meist gegebenen Verdichtung des Ermessens iS eines Rechtsanspr gehen denn hier auch aus NKVwGO-Puttler 93; P § 55, 32; Sch-Schoch 29 zu § 80 a.

[196] Vgl Mü BayVBl 1976, 368; 1977, 565, 566; VG Würzburg NJW 1977, 1980; ferner BVerwG BayVBl 1966, 279; s auch 10 zu § 80 a.

[197] Vgl Mü BayVBl 1982, 53 zur VzA für die Auflage in einer Sperrstundenerlaubnis, Ordnungskräfte einzusetzen, die für Ruhe sorgen sollen.

[198] Mü BayVBl 1980, 117; Traumann NVwZ 1988, 415; **aA** Vietmeier VR 1992, 275: fehlende Ermächtigungsgrundlage; Bedenken bei Sch-Schoch 35 zu § 80 a.

gefordert werden.[199] Der VzA steht in derartigen Fällen auch **nicht entgegen,** daß der durch die VzA begünstigte Bürger, der von einer für vollziehbar erklärten Genehmigung usw Gebrauch macht, **das Risiko hat,** daß er bei negativem Ausgang des HauptsacheVf uU die errichteten Anlagen auf seine Kosten wieder beseitigen muß (Ma GewA 1976, 37; Ule GewA 1978, 81). Der Behörde – Entsprechendes gilt auch für die Gerichte im Vf nach Abs 5 – kommt insoweit **keine „Fürsorgepflicht"** zu (Ma DVBl 1976, 549; zT **aA** Mü BayVBl 1981, 402).

Die VzA muß auch nicht schlechthin für den VA erfolgen, sondern kann auch in bezug **auf bestimmte Beteiligte** beschränkt werden (DVBl 1982, 836; Mü BayVBl 1993, 85).

Ist bei einem VA mit Drittwirkung die (gegebene) Vollziehbarkeit des VA umstritten, so kann die Behörde dies analog § 80a Abs 1 Nr 1, Abs 2 feststellen (s auch 17a zu § 80a).

105 **g) Zeitpunkt und Dauer.** Die VzA gilt nach hM **grds nur für die Zukunft,**[200] dh mit Wirkung ab Bekanntgabe an den Betroffenen (Lehner JA 1982, 319); bei **VAen mit Drittwirkung** wird man jedoch entgegen der hM zur Sicherung der prozessualen Waffengleichheit eine VzA **auch** mit Wirkung **ex tunc** zulassen müssen (Schenke 974; **aA** Sch-Schoch 187). Der Einwand, daß der die aW mißachtende Begünstigte (zB der Bauherr) illegal gehandelt habe u deshalb kein Bedürfnis für eine Rückwirkung bestehe (Sch-Schoch 187), überzeugt nicht. Bei dieser Argumentation wird übersehen, daß die Rückwirkung einer VzA dort Bedeutung erlangt u legitim ist, wo mit der Vollziehung begonnen u erst später ein Widerspruch eingelegt wurde, der nach § 80 Abs 1 ex tunc wirkt. Hier müßten sich ohne eine Rückwirkung der VzA dann inakzeptable Ergebnisse ergeben, wenn man mit Schoch von einer Verpflichtung zur Rückgängigmachung der Vollziehung ausgeht (Sch-Schoch 100). Nicht überzeugend ist auch das der Rückwirkung entgegengehaltene Argument, der nach der Rechtsbehelfseinlegung gesetzlich geschützte Dritte dürfe nicht ex post ins Unrecht gesetzt werden (so aber Schoch Jura 2001, 679), denn ein solches rückwirkendes Ins-Unrecht-Setzen ist wg des rückwirkenden Eintritts des Suspensiveffekts ohnehin immer dann gegeben, wenn ein Privater von einer nicht nach § 80 Abs 2 vollziehbaren Erlaubnis Gebrauch macht u diese durch einen hierdurch betroffenen Dritten später in zulässiger Weise angefochten wird.

106 **h)** Eine **Rechtsbehelfsbelehrung** ist bei VzAen idR **nicht erforderlich,** uU aber nobile officium (Emrich DÖV 1985, 398; im wesentlichen ähnlich auch Stober BayVBl 1976, 170), weil **Anträge** nach Abs 4 u 5 grds **nicht fristgebunden** sind (zu Ausnahmen s unten 141), sondern allenfalls der Verwirkung unterliegen. Anderes gilt dort, wo entspr Anträge fristgebunden sind (s 5 zu § 58).

107 **5. Behördliche Aussetzung der Vollziehung (Abs 4):** Abs 4 regelt die behördliche Aussetzung der Vollziehung durch die Ausgangs- u die Widerspruchsbehörde.

a) Rechtsnatur und Wirkung. Die Aussetzung ist wie die VzA keine VA, sondern ein unselbständiger Annex (s auch oben 78). Durch die Aussetzung der Vollziehung gem Abs 4 wird die Wirksamkeit des VA vorläufig gehemmt (s oben 22).

108 **b) Formelle Voraussetzungen. aa) Statthaftigkeit.** Die Entscheidung der Ausgangsbehörde über die Aussetzung bzw VzA hat (anders als die Entscheidung

---

[199] S auch Sch-Schoch 35 zu § 80a; vgl zum Anspr des durch die VzA Begünstigten nach dem Grundsatz der Verhältnismäßigkeit auf eine derart eingeschränkte VzA, wenn andernfalls die VzA nicht ergehen könnte, auch KR 49 zu § 36 VwVfG.

[200] 55, 287; Br DVBl 1961, 678; Ey-J. Schmidt 47; RÖ-M. Redeker 30; SGH 270; Kotulla DV 2000, 543; Sch-Schoch 187; Schoch Jura 2001, 678; **aA** für besonders gelagerte Fälle BGH VRS 7, 1008 u NJW 1955, 870; für rückwirkende VAe auch Ms ZBR 1969, 29.

der Widerspruchsbehörde, s oben 81) nach richtiger Auffassung **nicht** zur **Voraussetzung,** daß auch in der Hauptsache **das WiderspruchsVf bereits anhängig** ist;[201] ebenso grds nicht, daß ein bereits eingelegter Widerspruch zulässig ist (s oben 50) bzw ein erst noch einzulegender Widerspruch zulässig wäre. **Wenn** u soweit allerdings **auch nach Abs 1** der automatische Eintritt der aW als Folge der Einlegung eines Rechtsbehelfs ausgeschlossen wäre (s oben 50f), zB weil der VRW nicht gegeben ist, ist auch eine Aussetzung der Vollziehung durch die Ausgangsbehörde idR **ausgeschlossen.** Dies gilt auch, **wenn** bzgl des VA keine Klagebefugnis besteht. Hat der durch einen bestandskräftigen VA Belastete einen noch nicht beschiedenen, nicht offensichtlich aussichtslosen **Antrag auf Wiedereinsetzung** in den vorigen Stand gestellt, ist – obwohl hier kein Suspensiveffekt gem Abs 1 eintritt (s oben 50) – der im Hinblick auf Art 19 Abs 4 GG gebotene vorläufige Rechtsschutz (auch angesichts des Rechtsgedankens des § 123 Abs 5) in entspr Anwendung des Abs 5 S 1 zu bewerkstelligen (Ms NVwZ-RR 1990, 378; We LKV 1994, 409; Schenke 992b; für Anwendung des § 123 hingegen die hM, s oben 50).

bb) Verfahren. Die Aussetzung der Vollziehung kann auf **Antrag** oder auch **vAw** ergehen (zum VA mit Drittwirkung s 7 zu § 80a). Der Antrag kann formlos u damit auch mündlich gestellt werden. Zur Frage der **Anhörung** s oben 82 hins der VzA. 109

cc) Zuständige Behörde, Bindungswirkung. Die Aussetzungsentscheidung kann durch die **Ausgangsbehörde** wie auch – bei eingetretenem Devolutiveffekt in der Hauptsache – durch die **Widerspruchsbehörde** getroffen werden. 110

Für die **Zuständigkeit der Widerspruchsbehörde** zur Aussetzung gelten die Ausführungen über ihre Kompetenz für eine VzA (s oben 81): Sie entsteht mit Eintritt des Devolutiveffekts u endet grds mit dem Abschluß des Widerspruchsverfahrens, sofern nicht die Widerspruchsbehörde auch nach Abschluß des WiderspruchsVf wg einer zusätzlichen Beschwer des Widerspruchsbescheids weiter für die Aufhebung oder Änderung ihres Bescheids zuständig bleibt (s 25 zu § 73).[202] Insofern ist die überwiegende Auffassung, die Zuständigkeit der Widerspruchsbehörde zur Aussetzung des VA ende mit dem Abschluß des WiderspruchsVf durch Zustellung des Widerspruchsbescheids,[203] nur im Grundsatz zutr.

Die **Zuständigkeit der Widerspruchsbehörde** setzt damit die **vorherige Einlegung des Widerspruchs voraus.**[204] Der Umstand, daß § 80 Abs 4 seit dem 4. VwGOÄndG die Formulierung „Nach der Einlegung des Widerspruchs" nicht mehr enthält, spricht nicht gegen die hier vertretene Ansicht, sondern erklärt sich zwanglos daraus, daß § 80 Abs 4 heute ausdr auch die Zuständigkeit der Ausgangsbehörde zur Aussetzung zum Gegenstand hat, diese aber (ebenso wie die behördliche Aufhebungsbefugnis hins des VA) auch schon vor der Einlegung des Widerspruchs besteht. Die Begründung einer Zuständigkeit der Widerspruchsbehörde vor Einlegung des Widerspruchs entbehrt auch einer sachlichen

---

[201] NVwZ-RR 2002, 153; Ma NVwZ 1992, 348; Schenke 993; Sch-Schoch 207; Würt 529.

[202] Für eine Zuständigkeit der Widerspruchsbehörde auch hier nach Abschluß des WiderspruchsVf B-Funke-Kaiser 51; Pache/Knauff DÖV 2004, 660.

[203] Mü BayVBl 1988, 86; Ma VBlBW 1991, 180; Hörtnagl/Stratz VBlBW 1991, 327; NKVwGO-Puttler 102; Pache/Knauff DÖV 2004, 660; Postier, Rechtsschutz, in: Hoppenberg, Handbuch des öffentlichen Baurechts, K 487; **aA** Sch-Schoch 208.

[204] So auch Dressel BayVBl 1995, 391; Grigoleit 109; Hörtnagl/Stratz VBlBW 1991, 327; B. Klein BayVBl 1992, 199; Lorenz § 28, 38; Pache/Knauff, DÖV 2004, 659; Schenke 988; VerwA 2000, 590; **aA** Mü BayVBl 1979, 26; 1988, 152; Finkelnburg 786; Kaltenborn DVBl 1999, 829; NKVwGO-Puttler 102; P § 55, 2f; SGH 273; Schoch Jura 2001, 678; Sch-Schoch 208.

Rechtfertigung, da sich die Widerspruchsbehörde zu diesem Zeitpunkt (anders als die Ausgangsbehörde) noch gar nicht mit dem VA befaßt hat (und befassen darf, da sie den Ausgang des AbhilfeVf abzuwarten hat, s 1 zu § 72) u ihr die diesbezüglichen Akten nicht vorliegen; es erscheint – damit zusammenhängend – auch durchaus zweifelhaft, ob der Bund ohne Zusammenhang mit einem WiderspruchsVf überhaupt die Gesetzgebungsbefugnis besitzt, die Zuständigkeit der Widerspruchsbehörde zu begründen.[205] Die Begründung einer Zuständigkeit der Widerspruchsbehörde bereits vor Einlegen des Widerspruchsbescheids harmoniert auch nicht mit der von Anhängern dieser Auffassung gleichzeitig vertretenen Auffassung, die **Zuständigkeit der Widerspruchsbehörde ende** (obwohl sich auch hierfür im Gesetzeswortlaut kein Anhaltspunkt findet) mit **Abschluß des Widerspruchsverfahrens.**[206] Sie ist auch nicht mit der hM vereinbar (richtig sieht den hier bestehenden Zusammenhang Sch-Schoch 172, freilich mit anderen Konsequenzen), derzufolge die Zuständigkeit der Widerspruchsbehörde für eine VzA nur ab Einlegung des Widerspruchs besteht.[207] Soweit die Widerspruchsbehörde der Ausgangsbehörde übergeordnet ist, bleibt es ihr unbenommen, diese bei Bestehen einer Weisungsbefugnis hins eines VA auch zu dessen Aussetzung zu verpflichten. Die Zuständigkeit der Widerspruchsbehörde verdrängt ebenso wie im HauptsacheVf auch während des WiderspruchsVf nicht die Zuständigkeit der Ausgangsbehörde zur Aussetzung eines VA bzw zum Erlaß einer VzA.[208]

111 Aus der jedenfalls partiell kumulativen Zuständigkeit von Ausgangs- u Widerspruchsbehörde resultiert die Frage, inwieweit eine wechselseitige **Bindung** der Behörden an eine vorausgehende VzA bzw Aussetzungsentscheidung besteht. Im Hinblick auf das **Hierarchieprinzip** ist hier die Widerspruchsbehörde an eine Entscheidung der Ausgangsbehörde **nicht gebunden,** während die Ausgangsbehörde grds von einer Entscheidung der Widerspruchsbehörde nicht abweichen darf.[209] Eine Bindung der Ausgangsbehörde durch die Entscheidung der Widerspruchsbehörde besteht aber dann nicht mehr, wenn sich die der Entscheidung **zugrundeliegende Sach- oder Rechtslage geändert hat**[210] (s zum entspr Problem iVm dem WiderspruchsVf auch 26 zu § 73). Eine Entscheidung über die Vollziehbarkeit vermag keine weitergehende Bindungswirkung zu entfalten als die über die Aufhebung eines VA. Bei letzterer ist es aber unumstritten, daß selbst die gerichtliche Aufhebung eines VA die Verwaltung nicht hindert, bei Veränderung der maßgeblichen Sach- u Rechtslage einen VA mit demselben Inhalt zu erlassen wie den aufgehobenen. Einer in der 10. Aufl 66 a zur Begründung dieses Ergebnisses erwogenen Analogie zu § 80 Abs 7 bedarf es daher nicht.

112 Besteht eine kumulative Zuständigkeit von Ausgangs- u Widerspruchsbehörde, kann der Betroffene frei wählen, ob er sich mit dem Aussetzungsantrag an die Ausgangs- oder an die Widerspruchsbehörde wendet. Hat er mit einem Aussetzungsantrag bei der Ausgangsbehörde keinen Erfolg, bleibt es ihm **unbenom-**

---

[205] S auch in parallelem Zusammenhang – freilich dort zu weitgehend – Jahn BayVBl 1988, 553; Renck BayVBl 1991, 744; Vonficht BayVBl 1972, 662.

[206] NKVwGO-Puttler 102; früher Schoch NVwZ 1991, 1122 f; **aA** aber nunmehr Sch-Schoch 208.

[207] S oben 81; Mü NVwZ 1988, 746; Hörtnagl/Stratz VBlBW 1991, 327; RÖ-M. Redeker 25; Schenke 977.

[208] Mü BayVBl 1988, 152; Kaltenborn DVBl 1999, 829; P § 55, 2 f; Sch-Schoch 209; **aA** Pache/Knauff DÖV 2004, 659.

[209] Ba LKV 1993, 97; Mü NVwZ-RR 1990, 594; Brühl JuS 1995, 819; Hörtnagl/Stratz VBlBW 1991, 328; NKVwGO-Puttler 103; Pache/Knauff DÖV 2004, 660; Schenke 977; Würtenberger 436; der Sache nach zur selben Ergebnis kommt hier auch P § 56, 2 auf der Basis des Prioritätsprinzips.

[210] NKVwGO-Puttler 103; P § 56, 4; Pache/Knauf DÖV 2004, 660; Schenke 977; **aA** Sa 14, 199 f; Sch-Schoch 211.

men, noch einen Antrag auf Aussetzung bei der Widerspruchsbehörde zu stellen.

Hat die Ausgangsbehörde oder im Rahmen eines WiderspruchsVf die Widerspruchsbehörde den belastenden VA aufgehoben, ist kein Raum mehr für eine Aussetzung. Anderes muß aber dann gelten, wenn die Widerspruchsentscheidung durch die isolierte Anfechtung eines Dritten in ihrer Wirksamkeit vorläufig gehemmt ist u bzgl des AusgangsVA vorher keine aW eingetreten war.

dd) Form und Begründung. § 80 Abs 4 sagt nichts über die Form der Aussetzungsentscheidung aus. Soweit die Aussetzungsentscheidung sich auf einen **VA mit Drittwirkung** bezieht, ist im Hinblick auf die mit ihr verbundene Belastung des durch einen solchen VA Begünstigten die analoge Anwendung des § 80 Abs 3 geboten (s auch 13b zu § 80a) u deshalb grds Schriftlichkeit hins der Begründung zu fordern (s auch oben 83).

c) Materielle Voraussetzungen. Die Ausgangs- bzw die Widerspruchsbe- 113
hörde **muß die Vollziehbarkeit aussetzen,** wenn **die rechtlichen Voraussetzungen** für die Vollziehbarkeit im Zeitpunkt der Entscheidung nicht oder nicht mehr gegeben sind; umgekehrt kommt eine Aussetzung der Vollziehung dann nicht (mehr) in Betracht, **wenn der VA,** um dessen Vollziehung es geht, bereits durch rechtskräftiges Urteil bestätigt oder sonst **unanfechtbar geworden ist u** ein Antrag auf Wiedereinsetzung nicht gestellt wurde.

Iü kommt es auf die **Abwägung des** im konkreten Fall bestehenden konkreten 114
(s Mü BayVBl 1988, 406) **Interesses an der Vollziehung gegen das** in der Sache bestehende konkrete **Interesse an der Aussetzung** an, dh darauf, ob die Nachteile eines verspäteten Vollzugs des in Frage stehenden VA die Vorteile überwiegen.[211] Insoweit ist zwischen der Aussetzung in den Fällen des Abs 2 S 1 Nr 1–3, S 2 u denen des Abs 2 S 1 Nr 4 zu unterscheiden. So wie in den Fällen des Abs 1 bei der Interessenabwägung die **Grundsatzentscheidung** des Gesetzgebers für die aW bedeutsam wird, ist in den von Abs 2 S 1 Nr 1–3, S 2 erfaßten Konstellationen zu beachten, daß hier der **Gesetzgeber** (anders als nach Abs 1) einen **grdsen Vorrang des Vollziehungsinteresses** angeordnet hat u es deshalb des Vorliegens besonderer Umstände bedarf, um hiervon abweichend eine Aussetzung zu rechtfertigen.[212] Deshalb ist zB die Auffassung abzulehnen, daß trotz des in § 212a Abs 1 BauGB vorgesehenen Ausschlusses des Suspensiveffekts förmlicher Nachbarrechtsbehelfe gegen die baubehördliche Genehmigung eines Bauvorhabens im Falle offener Erfolgsaussichten in der Hauptsache zur Vermeidung vollendeter Tatsachen regelmäßig die aW anzuordnen sein soll.[213] Das schließt nicht aus, daß bei der auf den Einzelfall zu beziehenden Interessenabwägung die Erfolgsaussichten mit zu berücksichtigen sind. Der Rechtsschutzanspr schlägt iü umso stärker zu Buche u darf um so weniger zurückstehen, je schwerer die dem einzelnen auferlegte Belastung ist u je mehr die Maßnahmen der Verwaltung Unabänderliches bewirken.[214] Zur **Abwägung** selbst oben 90ff betr die VzA.

---

[211] Lüke NJW 1978, 85; vgl auch Schl NVwZ-RR 1993, 409; SchlHA 1991, 221.

[212] BVerfG NVwZ 2004, 93; BVerwG Buchh 310 § 80 VwGO Nr 57; NVwZ-RR 1999, 556; NVwZ 2005, 689; FfO NVwZ-RR 1998, 485; Ks NVwZ 1993, 491f; Ko NVwZ 1985, 202; Mü BayVBl 1984, 280; Sa DÖV 1993, 124; Schl NVwZ-RR 1993, 409; Huber NVwZ 2004, 915f; NKVwGO-Puttler 106; Schenke 1003 Fn 60; VBlBW 2000, 57; Uechtritz BauR 1992, 1ff; Zuck/Quaas NJW 1987, 692; s auch oben 97; **aA** Ma NVwZ 1991, 1004; Mü NVwZ 1991, 1002; NVwZ-RR 2003, 11; Debus NVwZ 2006, 49; Happ NVwZ 2005, 283; Schoch Jura 2002, 46; s auch Große NVwZ 2005, 773; SchSchoch 197; BVerfG 69, 229.

[213] So aber Ma NVwZ 1991, 1004; Mü NVwZ 1991, 1002; krit demgegenüber Ks NVwZ 1993, 491f; Sa DÖV 1993, 124; Huber NVwZ 2004, 915f; Schenke JZ 1996, 1163; Uechtritz BauR 1992, 1ff.

[214] NVwZ 2005, 690 unter Bezug auf BVerfG 35, 402; 69, 228.

115 Bei der **Anforderung von öffentlichen Abgaben und Kosten** ist gem Abs 4 S 3 das Gericht bei seiner Entscheidung über die Aussetzung dahin eingeengt, daß die **Aussetzung** bei Vorliegen der dort genannten Voraussetzungen **im Regelfall** erfolgen muß u nur in besonders gelagerten Fällen versagt werden darf (vgl allg zur Bedeutung von Soll-Vorschriften 21 zu § 114). Abs 4 S 3 stellt einen gewissen Ausgleich für den generellen Ausschluß der aW nach Abs 2 S 1 Nr 1 dar u trägt den besonderen Verhältnissen (insb dem im Vergleich zu anderen Fällen idR geringeren Vollzugsinteresse) Rechnung. Eine weitere Legitimation erfährt sie daraus, daß Geldleistungen prinzipiell nachholbar sind u deshalb durch die Aussetzung typischerweise keine vollendeten Tatsachen geschaffen werden.

116 Abs 4 S 3 ist daher **auf andere Fälle nicht,** auch nicht analog, **anzuwenden** u enthält auch **keinen allg,** für alle Entscheidungen nach Abs 4 oder 5 maßgeblichen **Rechtsgedanken.**[215] Deshalb läßt sich aus der Vorschrift nicht der zu verallgemeinernde Schluß ziehen, daß auch sonst bei VAen ernstliche Zweifel idR zur Aussetzung des VA führen.[216] Wohl aber läßt die Regelung den Schluß zu, daß auch den Erfolgsaussichten eines Rechtsbehelfs Bedeutung für die Aussetzungsentscheidung zukommen kann. Bei der Frage, in welchen Fällen die Erfolgsaussichten des Rechtsbehelfs in der Hauptsache zu berücksichtigen sind, ist entspr den Gesichtspunkten zur VzA (s oben 100 f) zu differenzieren. Sind die Erfolgsaussichten zu berücksichtigen, gelten dieselben Grundsätze wie für die gerichtliche Entscheidung nach Abs 5 (s dazu unten 158 ff).

Zum **Begriff der Abgaben und Kosten** vgl Abs 2 S 1 Nr 1, dazu oben 56 ff. **Ernstliche Zweifel** an der Rechtmäßigkeit eines VA liegen dann vor, wenn ein Erfolg des RMittel im HauptsacheVf **mindestens ebenso wahrscheinlich** ist **wie ein Mißerfolg.**[217] – **Bloße Bedenken** sind noch keine ernsthaften Zweifel (Ms DVBl 1961, 413). Die Zweifel können **auch verfassungsrechtlicher** Art sein.[218] Zweifel können sich auch auf die Wirksamkeit der dem VA zugrundeliegenden Satzung gründen, jedenfalls, wenn sich diesbezügliche Mängel aufdrängen (We LKV 1999, 70).

Eine **unbillige Härte** ist anzunehmen, wenn durch die sofortige Vollziehung für den Betroffenen Nachteile entstehen, die über die eigentliche Zahlung hinausgehen u die nicht oder nur schwer wiedergutzumachen sind.[219] Das trifft zB bei drohender Insolvenz oder Existenzgefährdung zu (Mü BayVBl 1988, 727; VG Gera ThürVBl 1999, 93). Eine Aussetzung aus **allg sachlichen Billigkeitsgründen** kann auf § 80 Abs 4 S 3 nicht gestützt werden (Ms NVwZ-RR 1999, 210). Zu weitreichend ist die Ansicht des VG Potsdam (NVwZ 1999, 101), wo-

---

[215] NVwZ-RR 2002, 153; Lü DVBl 1976, 82; wohl auch Mü BayVBl 1984, 280; Debus NVwZ 2006, 50; Schenke 1002; **aA** insb zu Fällen, in denen ernsthafte Zweifel bestehen, Mü BayVBl 1975, 171; 1993, 691; Lü NJW 1978, 672; 1980, 253; Ma NVwZ-RR 1991, 287; SGH 276; Czermak BayVBl 1976, 106; Renck NVwZ 1992, 339. Für eine analoge Anwendung des § 80 Abs 4 S 3 in bezug auf die Fälle des § 80 Abs 2 S 1 Nr 2–3 Sch-Schoch 204; NKVwGO-Puttler 107; Würt 523.

[216] So aber zB Mü DVBl 1992, 456; BayVBl 1993, 691; Ma NVwZ-RR 1991, 287; NKVwGO-Puttler 146; Sch-Schoch 204; **aA** Lü NVwZ-RR 1989, 328; Ma DÖV 1991, 895; Schenke JZ 1996, 1162.

[217] BayVBl 1982, 442; Lü NVwZ-RR 1989, 328; Schl NordÖR 2000, 311; Kaplonek/Mittag JA 2006, 669; Kraus ThürVBl 2005, 177 f; Schenke 1002; JZ 1996, 1162; Sch-Schoch 195; Schoch Jura 2002, 43; Wilke DVBl 1984, 1136 ff; **aA** Hbg NVwZ-RR 1992, 319; Ma DÖV 1991, 895; Ms NVwZ-RR 1994, 617 f; Sa DÖV 1987, 1115, We ThürVBl 1998, 186, wonach der Erfolg eines Rechtsbehelfs wahrscheinlicher sein muß als der Mißerfolg.

[218] BVerfG 12, 186; Hbg NVwZ 1987, 76: Aussetzung bei ernsthaften verfassungsrechtlichen Zweifeln; zT **aA** BFH 125, 423.

[219] BFH NJW 1967, 1440; Br DVBl 1985, 1182; Mü BayVBl 1988, 727 – noch zu Konkurs oder Existenzvernichtung.

nach Eilrechtsschutzanträge gegen Verwaltungsgebührenanforderungen unterhalb eines Betrages von 100 DM grds unzulässig sein sollen. In solchen Fällen wird es zwar meist an einer unbilligen Härte fehlen; eine Aussetzung kommt aber im Hinblick auf ernstliche Zweifel an der Rechtmäßigkeit des VA in Betracht.

d) Möglicher Inhalt der Aussetzungsentscheidung. Die Aussetzung kann **117** ganz oder teilweise (vgl Sa BauR 1997, 312), auch unter Bedingungen, mit Auflagen (s auch unten 169) oder gegen Sicherheitsleistung usw, erfolgen; letzteres, entgegen dem irreführenden Wortlaut des Abs 4 S 2, analog Abs 5 S 4 auch bei VAen, die nicht Abgaben oder Kosten betreffen, da es keinen Grund gibt, der Behörde weniger weitgehende Befugnisse zuzusprechen als dem Gericht nach Abs 5 (NKVwGO-Puttler 104; P § 56, 7; Sch-Schoch 215). Außerdem können in entspr Anwendung des Abs 5 S 3 auch bereits erfolgte **Vollziehungsmaßnahmen rückgängig** gemacht werden (NKVwGO-Puttler 104; Schenke 987). Die Befugnis dazu ergibt sich außer aus Abs 4 auch aus der Sachherrschaft als Ausgangs- oder Widerspruchsbehörde. Daß **gleichzeitig ein Antrag nach Abs 5** beim Gericht anhängig ist, steht der Entscheidung der Ausgangs- oder Widerspruchsbehörde über die aW nicht entgegen (vgl Mü BayVBl 1979, 26).

Analog zur Befugnis der Gerichte sind die Ausgangsbehörde u die Widerspruchsbehörde befugt u ggf verpflichtet, bei insoweit bestehenden Zweifeln verbindlich (durch VA) festzustellen, daß die aW eingetreten ist u besteht, bzw daß der VA vollziehbar ist. Vgl unten 181.

e) Abänderungsmöglichkeit. Eine nicht mit einer Befristung versehene **118** Entscheidung nach § 80 Abs 4 wirkt vorbehaltlich des § 80b **bis zum Eintritt der Bestandskraft** des VA (We NVwZ-RR 1999, 698). **Ausgangs- u Widerspruchsbehörde können ihre Entscheidung** im Rahmen ihrer Zuständigkeit (s oben 81 u 110) jedoch selbst jederzeit auf Antrag der Betroffenen oder vAw **abändern oder aufheben.** Sie haben die Befugnisse nach Abs 2 S 1 Nr 4, Abs 3 u 4 auch dann noch, wenn bereits ein Antrag nach Abs 5 bei Gericht gestellt ist. Zur **Bindung der Behörde an die gerichtliche Entscheidung** gem Abs 5 unten 172.

f) Rechtsbehelfe. Gegen die Entscheidung der **Widerspruchsbehörde** über **119** die Aussetzung der Vollziehung bzw über die VzA ist kein Rechtsbehelf gegeben, sondern nur der **Antrag** nach Abs 5 bzw nach § 80a Abs 3 an das Gericht.[220] Wenn es sich um eine Entscheidung der Erstbehörde handelt, kommt zudem ein Antrag nach Abs 4 an die Widerspruchsbehörde in Betracht (Mü DÖV 1988, 132). Zur Frage, ob ein Antrag gem Abs 5 an das Gericht zur Voraussetzung hat, daß der Betroffene sich zuvor an die Widerspruchsbehörde gewandt hat, s unten 139.

6. Anordnung und Wiederherstellung der aW durch das Gericht (Abs 5): a) Allgemeines. Abs 5 regelt mit dem sog **AussetzungsVf** den vor- **120** läufigen gerichtlichen Rechtsschutz für den der **Anfechtungsklage** unterfallenden Bereich. Er gilt auch dort, wo Rechtsschutz mittels einer auf **Feststellung der Rechtswidrigkeit** eines **Planfeststellungsbeschlusses** u **seiner Nichtvollziehbarkeit** bis zur Behebung des Mangels gerichteten Klage zu bewerkstelligen ist (s unten 130). Neben Abs 5 sind noch Spezialregelungen wie im AufenthG oder AsylVfG zu beachten, die den Anwendungsbereich des Abs 5 (unter Reduzierung des Anwendungsbereichs des § 123) zT erweitern. So ist iVm einer Verpflichtungsklage auf Erteilung oder Verlängerung eines **Aufenthaltstitels** im Hinblick auf die mit dem Antrag auf Erteilung einer solchen Erlaubnis

[220] Ko DÖV 1991, 1029; Mü NVwZ-RR 1997, 136; Finkelnburg 794; s auch Ma VBlBW 1995, 431.

nach näherer Maßgabe des § 81 Abs 3 u 4 AufenthG (früher § 69 Abs 2 u 3 AuslG) verbundene **Fiktionswirkung** die Suspendierung eines Ablehnungsbescheids über § 80 Abs 5 zu bewirken.[221] Das gilt, wie sich in entspr Anwendung des § 81 Abs 4 AufenthG ergibt, selbst dann, wenn der Verlängerungsantrag erst nach Ablauf des zuvor erteilten Aufenthaltstitels gestellt wurde (s zu § 69 Abs 2 AuslG aF Hbg NVwZ-RR 2001, 270; Ma NVwZ-RR 1995, 295; **aA** Ma NVwZ-RR 1999, 610; Ms NVwZ 2000, 347). Bei **VAen mit Drittwirkung** (Doppelwirkung) ist Abs 5 für das gerichtliche AussetzungsVf gem § 80a Abs 3 S 2 anwendbar (s 17 zu § 80a).

121 In den Fällen des Abs 2 S 1 Nr 1–3, S 2 kann das Gericht der Hauptsache gem Abs 5 S 1 die aW ganz oder teilw anordnen, in den Fällen des Abs 2 S 1 Nr 4 ganz oder teilw wiederherstellen. Außerdem kommt analog Abs 5 S 1 die Feststellung der aW wie auch die (vorbeugende) Feststellung in Betracht, daß eine drohende VzA unzulässig wäre. Der Fall der gerichtlichen VzA kommt nur bei VAen mit Drittwirkung in Betracht u ist in § 80a Abs 3 S 1 iVm Abs 1 Nr 1 u Abs 2 geregelt, s 17ff zu § 80a. Aufgrund eines **Gegenschlusses** aus § 80a Abs 3 iVm Abs 1 Nr 1 u Abs 2 ist anzunehmen, daß eine VzA des Gerichts **ausschließlich zur Durchsetzung oder zum Schutz öffentlicher Interessen u** entgegen den Interessen des Widerspruchsführers oder Kl bzw zu Lasten dieser Interessen im Vf nach Abs 5 bzw § 80a Abs 3 **nicht zulässig** ist (str). Dafür besteht auch grds kein Bedürfnis, weil – auch unter dem Gesichtspunkt der Gewaltenteilung – für die Wahrung öffentlicher Interessen primär die Behörden zuständig sind u dafür auch gem § 80 Abs 2 S 1 Nr 4, Abs 3 die Vollziehbarkeit anordnen können. **Nur wo** der Ausgangsbehörde bzw der Widerspruchsbehörde diese **Möglichkeit** durch die Aussetzung der Vollziehung des in Frage stehenden VA durch eine Entscheidung des Gerichts **verschlossen** ist (s unten 172), kann ein Hoheitsträger gem § 80 Abs 7 S 2 darauf hinwirken, daß das Gericht die Anordnung oder Wiederherstellung der aW im öffentlichen Interesse wieder aufhebt.

122 Abs 5 S 1 u S 4 sowie § 80a Abs 3 iVm Abs 1 S 1 Nr 2 HS 2 sind unmittelbar oder analog auch auf **sonstige Anordnungen** anwendbar, dh stehen auch als Ermächtigungsgrundlage für solche **Anordnungen** zur Verfügung, **die der Sicherung** des durch die belastenden VA bedrohten Zustandes oder Rechtes **dienen,** ua **auch auf Anordnungen an den Ag** (die Behörde) – uU überhaupt nur solche, unter Ablehnung des Antrags gem Abs 5 im übrigen[222] –, sofern sie in der Bedeutung u Wirkung einer teilweisen Anordnung oder Wiederherstellung der aW oder einer Aufhebung der Vollziehung gleichkommen, wie **zB das vorläufige Verbot,** einen Dienstposten, von dem der Betroffene wegversetzt wurde, anderweitig zu besetzen (Ma DÖV 1974, 605); die Verpflichtung des Ag, den ASt zu einer Prüfung zuzulassen (Lü DÖV 1978, 332); die Anordnung, bestimmte gegen die aW verstoßende Handlungen künftig zu unterlassen (Mü DVBl 1982, 1014; **aA** Ms NJW 1966, 2181, 2183).

123 Abs 5 unterscheidet zwischen **Anordnung bzw Wiederherstellung der aW,** je nachdem, ob die aW durch Gesetz oder durch eine VzA ausgeschlossen war (S 1), u der **Aufhebung der Vollziehung** (S 3). Die Wiederherstellung der aufschiebenden Wirkung eines RMittel durch das Gericht (Abs 5) hebt immer u notwendig zugleich konkludent auch die behördliche Vollziehbarkeitsanordnung (Abs 2 S 1 Nr 4) auf.[223] **Bei einer späteren Änderung des VA** muß die Be-

---

[221] S zu § 69 Abs 2 u 3 AuslG aF Hbg NVwZ-RR 2001, 270; Ks NVwZ-RR 1991, 427; Ma NVwZ-RR 1995, 297; Ms NWVBl 1992, 182; Schl NVwZ-RR 1993, 439; Sch-Schoch 46.

[222] Lü NJW 1978, 2524; Br DVBl 1984, 1181; **aA** Finkelnburg 662.

[223] **AA** Mü NVwZ 1985, 914 – unter Aufgabe von DVBl 1982, 210 –: hemmt sie in ihrer Wirkung.

hörde, auch wenn ein gerichtliches Vf nach Abs 7 anhängig ist, nach Abs 2 S 1 Nr 4 grds die VzA auf die geänderten Teile des VA durch eine ergänzende VzA ausdehnen, wenn sie die Vollziehbarkeit will (Mü NVwZ 1985, 921).

b) Anwendbares Verfahrensrecht. Das Vf gem Abs 5 ist im Verhältnis zum HauptsacheVf ein **selbständiges Verfahren,**[224] auf das die **allg Vorschriften u Verfahrensgrundsätze,** die für das normale AnfechtungsVf gelten, grds entspr zur Anwendung kommen, soweit sie nicht dem Wesen des vorläufigen, summarischen (Lü VRspr 28, 896) Vf nach Abs 5 widersprechen (Mü BayVBl 1975, 171; 1976, 329). **124**

Für das Vf nach Abs 5 finden daher Anwendung: die Regeln über die Beendigung des Vf durch **Antragsrücknahme,**[225] **Vergleich** (§ 106; vgl Mü BayVBl 1980, 566; VG Berlin NJW 1967, 366) oder **Hauptsacheerledigungserklärung**[226] bzw, wenn der Ag widerspricht, die gerichtliche Feststellung der Erledigung der Hauptsache (vgl zu § 123 Mü BayVBl 1983, 24); die **Entscheidung** des Gerichts im Streitfall darüber, **ob das Vf** durch Klagerücknahme usw **wirksam beendet** wurde (Ma NVwZ 1988, 747 mwN; **aA** zu § 123 Ma VBlBW 1981, 288); die **Kostenentscheidung;**[227] die **Streitwertfestsetzung** (s 6 ff zu Anh § 164), usw.

Die **Anhörung** des Verfahrensgegners u sonstiger durch die Entscheidung Betroffener (vgl BVerfG 65, 233 = NJW 1984, 719; NJW 1988, 125) ist **grds geboten** (BVerfG 65, 233; DVBl 1985, 670). Deshalb darf das Gericht die Entscheidung idR nur auf solche Tatsachen u Beweisergebnisse stützen, zu denen die Beteiligten sich **äußern konnten** (Ma DVBl 1999, 1002). Die Anhörung kann nur unterbleiben, wenn der Zweck des Verfahrens, insb die zum Schutz gewichtiger Interessen zwingend notwendige (BVerfG 65, 233; Ma DVBl 1999, 1002) **Eilbedürftigkeit** oder der Zweck der Entscheidung, dies erfordert;[228] sie ist dann **alsbald nachzuholen** (BVerfG BayVBl 1986, 46; s auch 28 zu § 108). Entsprechendes gilt für die **Beiladung** (§ 65). Die getroffene Regelung muß in diesem Fall aber **auf unaufschiebbare Anordnungen** usw beschränkt u grds zeitlich **begrenzt** werden; **weitere Regelungen** können dann nur nach Beiladung u Anhörung der Betroffenen erfolgen.[229]

Auch im Vf nach Abs 5 gilt der Untersuchungsgrundsatz (§ 86),[230] wobei allerdings den Mitwirkungspflichten des ASt hier eine besondere Bedeutung zukommt (Mü NVwZ-RR 2001, 477). Im Hinblick auf die Aufgabe des vorläufi- **125**

---

[224] BVerfG 35, 382; 53, 525; 59, 87; DVBl 1985, 1006; Ks DÖV 1965, 67; DVBl 1992, 780; Lü DVBl 1976, 82; DÖV 1985, 72; Mü BayVBl 1980, 566; 1985, 52; Redeker NVwZ 1991, 530.

[225] § 92, s Mü DVBl 1982, 1011: Zustimmung anderer Beteiligter zur Antragsrücknahme nicht erforderlich, auch nicht bei Rücknahme in der höheren Instanz; BayVBl 1985, 407.

[226] § 161 Abs 2; vgl BFH NJW 1991, 2791; Mü VRspr 26, 109; BayVBl 1985, 95; Ma NJW 1978, 774; Ms DÖV 1979, 609; Sa NJW 1978, 121 zu § 123; Ks NVwZ-RR 1989, 518; VG Frankfurt NJW 1992, 647; VG Köln NVwZ 1985, 370.

[227] Hbg DÖV 1967, 833; Ms NJW 1970, 169; Ey-J. Schmidt 85; **aA** BVerfG 29, 115: Kostenentscheidung nicht erforderlich, bei Fehlen ist die Kostenentscheidung in der Hauptsache maßgebend.

[228] BVerfG 65, 233 = NJW 1984, 719; NJW 1988, 125; DVBl 1985, 670; vgl auch Ms DVBl 1978, 578; BVerfG 9, 102; 18, 404; 49, 342; 51, 111; 57, 358 = DÖV 1981, 796; DÖV 1970, 53; 1979, 57; NJW 1986, 372; BGH NJW 1978, 1815; Ko NVwZ 1986, 654 – Nachholung analog § 45 Abs 1 Nr 3 VwVfG; ebenso Hill 468 ff; vgl auch zur Subsidiarität der VB ggü Vf nach § 80 Abs 4 BVerfG 70, 180; ähnlich zu § 123, wenn die eA nur Belange des Bürgers betrifft, Krebs VerwA 1978, 240.

[229] Vgl allg zu Ausnahmen von der Beteiligung u Anhörung in EilVf BVerfG 9, 96; 18, 404; 46, 26; 49, 342; 65, 233; NJW 1981, 2111; NJW 1979, 431 ua unter Hinweis darauf, daß die Anhörung unverzüglich nachgeholt werden muß.

[230] Sch-Schoch 280; NKVwGO-Höfling/Rixen 52 zu § 86; Groß/Kainer DVBl 1997, 1317.

gen Rechtsschutzes u die Notwendigkeit einer raschen Entscheidung gebietet der Untersuchungsgrundsatz nach hM **idR** jedoch **nur eine summarische Prüfung** der bei der vom Gericht zu treffenden Entscheidung **zu berücksichtigenden öffentlichen u privaten Interessen** wie auch der Sach- u Rechtslage in der Hauptsache.[231] Unbestreitbar ergeben sich aus der Eilbedürftigkeit Einschränkungen für die Anforderungen an die **Sachverhaltsermittlung** (ebenso Sch-Schoch 278; NKVwGO-Puttler 136; s auch § 920 Abs 2 ZPO). Die Entscheidung ergeht aufgrund der von den Beteiligten vorgelegten oder sonst sofort oder doch innerhalb im Hinblick auf die größere oder geringere Eilbedürftigkeit der Entscheidung in angemessener Zeit **verfügbaren** („präsenten") **Beweismittel**[232] von **glaubhaft gemachten Tatsachen**[233] und/oder auch nur **überwiegenden Wahrscheinlichkeiten.**[234]

126 Berücksichtigt werden können auch die Feststellungen usw aus **ParallelVf u „Musterprozessen"** (Renck DVBl 1982, 216); soweit tunlich sind die Beteiligten jedoch vorher dazu zu **hören** (s oben 124). Bedeutung erlangt der „summarische" Charakter des vorläufigen Rechtsschutzes in erster Linie iVm der **Begründetheitsprüfung** (s unten 146 ff), die endgültig erst im HauptsacheVf erfolgen kann, uU auch bezüglich schwieriger Rechtsfragen, die sich sowieso in der Praxis nicht streng von ihrer Tatsachengrundlage trennen lassen (s auch Sch-Schoch 284). Auch die **Klärung von Rechtsfragen** darf daher nicht die Angemessenheit der Verfahrensdauer gefährden (Brühl JuS 1995, 725). Hins der **Zulässigkeit** dürfte praktisch nur die Antragsbefugnis Drittbetroffener (näher zur Antragsbefugnis unten 134) Probleme aufwerfen, die unter Zeitaspekten eine summarische Prüfung erforderlich machen können. Die Frage, ob auch insoweit eine summarische Prüfung möglich ist,[235] verliert aber angesichts der sowieso relativ geringen Anforderungen an die Möglichkeit der RVerletzung (s 60 zu § 42) u im Hinblick auf die anschließend anzustellende Interessenabwägung, bei der die Schwere der dem ASt drohenden Nachteile zu berücksichtigen ist, erheblich an praktischer Relevanz. Dies gilt um so mehr, wenn man auch Zwischenentscheidungen bis zur Klärung solcher Fragen für möglich hält (dazu unten 170).

127 Eine **eingehendere Prüfung** der Sach- u Rechtslage wie auch der abzuwägenden Interessen, insb auch ihres Gewichts u ihrer Dringlichkeit, ist jedoch grds erforderlich, wenn besonders geschützte **Grundrechte** betroffen sind (vgl BVerfG NJW 1991, 1530; zu § 123 auch BVerfG NJW 1989, 927; ZBR 1996, 335); ebenso, wenn es sich in der Sache um einen **schweren Eingriff** handelt[236] und/oder wenn die **Folgen** nicht oder nur **schwer rückgängig zu machen** sind, wenn in der Hauptsache dann anders entschieden würde (Lü DVBl 1975, 190; **aA** Schl

---

[231] Ma NVwZ 1995, 716; Ba LKV 1995, 121; Mü BayVBl 1985, 659; Ks NVwZ 1993, 204; NKVwGO-Puttler 136; Schmidt, R. 351 ff; Timmler 66; **krit** Sch-Schoch 274.

[232] Ma NVwZ-RR 1993, 19; Ms NVwZ-RR 1999, 696: keine komplizierten Tatsachenfeststellungen; s auch Wolf BayVBl 1989, 192.

[233] Vgl § 921 ZPO iVm § 173 S 1; vgl Bln DVBl 1992, 287; Ks DVBl 1992, 46; Ma NVwZ 1999, 1244; Mü BayVBl 1987, 373; Ule 49 III 2; vgl auch Schl NVwZ 1992, 688: ausreichend substantiiertes Vorbringen genügt, soweit die Unrichtigkeit nicht ohne weiteres erkennbar ist.

[234] Bln DVBl 1992, 287 mwN; Ma DVBl 1976, 546; Mü BayVBl 1987, 372; 1991, 597: summarische Prüfung der Rechtmäßigkeit; BayVBl 1991, 599; enger wohl Bln DVBl 1992, 287: auch überwiegende Wahrscheinlichkeit kann ausreichen; für etwas genauere Prüfung, vor allem bei nicht ohne weiteres rückgängig zu machenden Maßnahmen, auch Lü DVBl 1975, 190.

[235] Ba LKV 1995, 121; Bln DVBl 1992, 287; Finkelnburg 975; zT **aA** Ma DVBl 1976, 539 sowie Mü BayVBl 1976, 239; Sch-Schoch 276.

[236] Vgl BVerfG NJW 1991, 1530; ferner BVerfG 71, 352; NWVerfGH NWVBl 1990, 419; Ms DVBl 1991, 1320.

NVwZ 1992, 688; NKVwGO-Puttler 136 mwN). Vor allem im **Baunachbarstreit** wird von der Rspr häufig eine intensive Prüfung der Erfolgsaussichten des Rechtsbehelfs verlangt (s Mü NVwZ 1991, 1003; NVwZ-RR 1995, 382; s auch Sch-Schoch 286). Entsprechendes gilt im **Versammlungsrecht**[237] u beim Aussetzungsantrag gegen einen **Investitionsvorrangbescheid** nach dem InvVorG.[238] Im **asylrechtlichen EilVf** gelten **Besonderheiten** in umgekehrter Richtung. Nach § 36 Abs 4 S 2 AsylVfG bleiben solche Tatsachen u Beweismittel unberücksichtigt, die von den Beteiligten nicht angegeben werden, es sei denn, sie wären gerichtsbekannt oder offenkundig.[239] Außerdem wird die sofortige Vollziehung aufenthaltsbeendender Maßnahmen nach Art 16a Abs 4 S 1 GG/§ 36 Abs 4 S 1 AsylVfG nur noch bei „ernstlichen Zweifeln" an der Rechtmäßigkeit ausgesetzt.[240]

c) Die Zulässigkeit des Antrags. aa) Antrag. Erste Voraussetzung für eine gerichtliche Entscheidung nach Abs 5 ist ein Antrag, auf den im Grundsatz § 81 (ggf iVm § 55a u der entspr RechtsVO) u § 82 entspr anwendbar sind. Grds muß die Antragstellung also schriftlich (s zur prozessualen Schriftform ausf 4 ff zu § 81) oder elektronisch (s dazu 6 ff zu § 55a) erfolgen. Bei besonderer Eilbedürftigkeit kann der Antrag jedoch auch mündlich, insb telefonisch gestellt werden.[241] Zum grds Erfordernis der Angabe einer ladungsfähigen Anschrift durch den ASt Ma NVwZ-RR 2006, 152 u 4 zu § 82. 128

bb) VRW. Zu fordern ist ferner die Zulässigkeit des VRW gem § 40. Die Vorschrift des § 173 iVm § 17a Abs 2 GVG über die Verweisung dürfte aber keine Anwendung finden, so daß bei **Unzulässigkeit des VRW** ein Antrag gem § 80 Abs 5 als **unzulässig abzuweisen** ist (dazu mit näherer Begründung 2a zu § 41). Zur Unzulässigkeit[242] einer Verweisung bei Unzuständigkeit des Gerichts s unten 144 sowie 4 zu § 83. 129

cc) Statthaftigkeit des Antrags. Ein Antrag gem Abs 5 ist nur dann statthaft, wenn ein (gegenüber dem ASt) noch nicht bestandskräftiger **VA**[243] vorliegt, der entweder kraft Gesetzes (Abs 2 S 1 Nr 1–3, S 2) oder kraft behördlicher VzA (Abs 2 S 1 Nr 4) sofort vollziehbar ist (zur Frage, ob ein Antrag bereits vor Einlegung eines Rechtsbehelfs in der Hauptsache zulässig ist, s unten 139). Besteht in bezug auf einen VA **bereits aW** gem § 80 Abs 1, gehen die Beteiligten aber fälschlich davon aus, der VA sei (wegen Vorliegens der Voraussetzungen des § 80 Abs 2 Nr 1–3) vollziehbar (s hierzu auch unten 136), so ist ein Antrag auf Anordnung der aW grds in einen Antrag auf **Feststellung der aW umzudeuten** (s auch unten 181). Die Ansicht, die Abweisung eines Aussetzungsantrags wg einer bereits vorher eingetretenen aW stelle für die Beteiligten bindend fest, daß aW bestehe (so Ma DVBl 1991, 1317), ist abzulehnen (s unten 172). Der VA darf sich noch **nicht erledigt** haben.[244] Von einer solchen Erledigung ist selbst bei 130

---

[237] BVerfG 69, 363 = NJW 1985, 2400; s auch Sch-Schoch 263; Höllein NVwZ 1994, 639.

[238] BVerfG 88, 81; NJW 1993, 2523; DtZ 1994, 313; s Sch-Schoch 263; Uechtritz DVBl 1995, 14f.

[239] Sch-Schoch 283; Rennert DVBl 1994, 722; näher zu den im Verwaltungsprozeß ungewöhnlichen Mitwirkungspflichten der Beteiligten Leiner NVwZ 1994, 241f.

[240] BVerfG 94, 192f; Groß/Kainer DVBl 1997, 1317 mwN; zur Bedeutung für den Umfang der Sachaufklärung s Roeser EuGRZ 1995, 107.

[241] VG Wiesbaden NVwZ 1988, 90; Clausing JuS 1998, 58f; NKVwGO-Puttler 120.

[242] Ks NJW 1994, 145; RÖ-Kothe 10 zu § 83; Sennekamp NVwZ 1997, 647; **aA** Ma VBlBW 1992, 471; Sch-Ortloff/Riese 25 zu § 83.

[243] Keine analoge Anwendung auf Organakte, soweit diese keine VAe sind s 5 zu § 123, **aA** VG Kassel NVwZ-RR 2001, 466.

[244] Mü DVBl 1999, 624 für den Fall der Ersetzung eines VA durch einen neuen; Bausch NVwZ 2006, 158; s auch unten 181 sowie oben 50; nach Ba EzAR 041 Nr 5 soll es bei Erledigung des VA am RSB fehlen; s auch unten 136.

einem befristeten VA nach Ablauf der Frist dann nicht auszugehen, wenn u solange der VA noch Grundlage für belastende Vollstreckungsakte ist (Ms NVwZ 2001, 231 zu einem befristeten Aufenthaltsverbot, s zu Erledigung näher 102ff zu § 113). Der Umstand, daß der VA, um dessen Vollziehung es geht, bereits durch rechtskräftiges Urteil bestätigt wurde oder sonst **unanfechtbar** geworden ist, ohne daß Wiedereinsetzung in Betracht kommt, macht einen Antrag nach Abs 5 unzulässig.[245] Da Rechtsschutz in der Hauptsache in diesen Fällen nur über eine Verpflichtungsklage in Betracht kommt (s Schenke 278), ist im vorläufigen RechtsschutzVf nur ein Antrag auf **eA gem § 123** statthaft (zur Umdeutung eines Antrags nach § 80 Abs 5 in einen solchen nach § 123 oben 21). Anderes gilt nur, wenn der durch einen bestandskräftigen VA Belastete einen noch nicht beschiedenen, **nicht offensichtlich aussichtslosen Antrag auf Wiedereinsetzung in den vorigen Stand gestellt hat.** Hier findet § 80 Abs 5 S 1 im Hinblick auf Art 19 Abs 4 GG (auch angesichts des Rechtsgedankens des § 123 Abs 5) entspr Anwendung.[246]

Der Antrag ist **analog § 80 Abs 5** auch dann statthaft, wenn eine Klage (zB gegen einen eisenbahnrechtlichen Planfeststellungsbeschluß) nicht auf die Aufhebung eines VA, sondern nur auf die Feststellung seiner Rechtswidrigkeit u **Nichtvollziehbarkeit bis zur Behebung** des Verfahrensmangels oder eines materiellen Fehlers gerichtet ist (NVwZ-RR 1997, 210; NVwZ 1998, 1070; Ma NVwZ 1999, 550; Kuhla NVwZ 2002, 545; s auch oben 12).

131 **Nicht zulässig** ist auch die **Feststellung entspr § 113 Abs 1 S 4** (vgl 47ff zu § 113), daß die **VzA** bzw die Ablehnung des Antrags auf VzA oder die Aussetzung der Vollziehung durch die Verwaltung **rechtswidrig** war.[247] In Betracht kommt hier bei bestehendem RSI nur eine Feststellungsklage (s 6 zu § 43). **Ebenso unzulässig** ist analog zum entspr Recht des Bekl im Hauptsacheprozeß (vgl 30, 328; s auch 50 zu § 113) ein **Antrag des Ag** auf Abweisung des Antrags nach Abs 5 **trotz Erledigung der Hauptsache,** sofern der Ag ein schutzwürdiges Interesse an seiner Entscheidung hat (s zur gleichliegenden Problematik bei § 123 – Ks 30, 27 mwN; DÖV 1990, 160; **aA** Ma NVwZ 1988, 747 u 10. Aufl 90).

132 **Nicht** zulässig ist im Vf nach Abs 5 ferner ein Antrag entspr § 113 Abs 1 S 4 auf Feststellung der **Rechtswidrigkeit des zugrundeliegenden VA** (vgl BFH NVwZ 1986, 512); ebenso, da § 113 Abs 1 S 4 nur Entscheidungen der Verwaltung betrifft u auch ein vergleichbares Bedürfnis in bezug auf gerichtliche Entscheidungen nicht besteht – **nicht analog** § 113 Abs 1 S 4 ein Antrag auf Feststellung, daß eine **Entscheidung des Gerichts** nach § 80 Abs 5 u 7 oder 8 oder § 80a Abs 3 rechtswidrig war (vgl Ks NVwZ-RR 1989, 518; Ma VBlBW 1988, 18; Finkelnburg 981).

133 Weitere Voraussetzungen für die Statthaftigkeit des Antrags ist im Hinblick auf die Akzessorietät des vorläufigen Rechtsschutzes ferner, daß **bzgl des HauptsacheVf** auch **die sonstigen Zulässigkeitsvoraussetzungen** gegeben sind. Insb sind die Beteiligten- u Prozeßfähigkeit, die Klagebefugnis sowie die passive Prozeßführungsbefugnis zu prüfen.

---

[245] Mü BayVBl 1988, 18; NKVwGO-Puttler 129; Renck BayVBl 1994, 165; Schenke JZ 1996, 1159; SGH 279; **aA** Ma DVBl 1975, 597; 10. Aufl 97: nur unbegründet; offen BFH NJW 1976, 1864 u VG Köln NVwZ 1985, 370.

[246] Schenke 992b; s auch Ms NVwZ-RR 1990, 378; We LKV 1994, 409; VG Darmstadt NVwZ 1987, 351.

[247] DVBl 1995, 520; Bln UPR 1989, 400; Ks 30, 26f; Ko NVwZ-RR 1995, 572; Ma VBlBW 1996, 418; Mü BayVBl 1975, 702; Ms JZ 1977, 398; Finkelnburg 981; Kopp VBlBW 1981, 288; Sch-Schoch 246; **aA** 10. Aufl 90; zT Ey-J. Schmidt 113: für die Fälle, in denen über die Gewichtung bestimmter für die VzA maßgeblicher Interessen gestritten wird.

Antragsbefugt ist im Vf des Abs 5 im Hinblick auf die Akzessorietät des vorläufigen Rechtsschutzes nur derjenige, der hins des VA im HauptsacheVf gem § 42 Abs 2 wg der Möglichkeit einer Rechtsverletzung klagebefugt ist.[248] Antragsbefugt ist auch der Ehegatte des ausgewiesenen Ausländers gegen die Wirkungen der Ausweisungsverfügung (102, 12; Ma VBlBW 1999, 342). Antragsberechtigt sind **außerdem** solche Personen, **Organe,** Einrichtungen uä, **denen durch Gesetz ein Klagerecht** unabhängig von einer Betroffenheit in eigenen Rechten **zuerkannt** ist (vgl 44 zu § 42), zB ein **anerkannter Naturschutzverein** gem § 44 BremNatSchG (Br DVBl 1984, 1181 mit zust Anm Ladeur), gem § 39b BerlNatSchG (zu § 39 Abs 2 S 1 Nr 1 BerlNatSchG aF NVwZ 1993, 565) oder gem § 61 Abs 1 BNatSchG. 134

Wenn bzw soweit die **Vollziehbarkeit nur** abtrennbare **Teile eines VA** betrifft bzw nur hins solcher Teile angeordnet ist, ist auch der Antrag nach Abs 5 nur insoweit zulässig. **Entspr** ist der **Antrag** analog § 42 Abs 2 **unzulässig,** wenn die Vollziehbarkeit auf im dargelegten Sinn abtrennbare Teile beschränkt ist, die – zB bei einer Anlagengenehmigung wg ihrer räumlichen Entfernung – keine Auswirkungen auf Rechte des ASt haben können (**aA** Mü DVBl 1990, 169).

Soweit die **Antragsbefugnis fehlt,** weil der VA den ASt nicht in seiner Rechtsstellung betrifft, ist auch keine eA gem § 123 statthaft (**aA** Spranger NVwZ 1999, 149).

Keine besondere Darlegungslast: Der ASt hat anders als gem § 123 Abs 3 iVm § 920 Abs 2 ZPO **keine besondere Darlegungslast bzw Verpflichtung zur Glaubhaftmachung** (Mü DVBl 1982, 1014; Schl NVwZ 1992, 688; s auch oben 125); § 920 Abs 2 ZPO ist insoweit auch nicht analog anwendbar.[249] Zur – entspr dem summarischen Charakter des Vf nur in der Form, daß verbleibende Unsicherheiten zu Lasten eines Beteiligten gehen – bestehenden **Beweislast** des ASt für Nachteile, die ihm durch den VA bzw dessen Vollziehbarkeit entstehen, s Ks NVwZ-RR 1990, 185. Zur Zulässigkeit einer Rücknahme des Antrags s oben 124. 135

dd) Rechtsschutzbedürfnis. Zudem bedarf es eines – für das vorläufige RechtsschutzVf eigenen – RSB,[250] welches aber **grds zu bejahen** ist. Das gilt auch bei **TeilVAen** iVm gestuften Vf wie einem Bauvorbescheid, insb einer **Bebauungsgenehmigung,** obwohl diese noch nicht den Beginn von Bauarbeiten ermöglicht (s auch FfO NVwZ-RR 1998, 486; **aA** Ko NVwZ 1998, 651). Die Suspendierung der Bebauungsgenehmigung führt hier dazu, daß auch die Wirksamkeit einer später erlassenen Baugenehmigung aufgeschoben wird (s oben 31); zudem können Nachbarrechte, welche die bauplanungsrechtliche Zulässigkeit eines Bauvorhabens betreffen, nach richtiger, wenn auch sehr umstrittener Ansicht, nicht in bezug auf eine später erteilte Baugenehmigung geltend gemacht werden (s 53 zu § 42). Geht man davon aus, daß bei **Zurückstellung des Baugesuchs** eine Anfechtungsklage gegen die Zurückstellung zulässig ist (30 zu § 42), fehlt es auch für einen Antrag auf Wiederherstellung der aW nicht am erforderlichen RSB.[251] 136

---

[248] NVwZ 1993, 566; Lü NVwZ-RR 2007, 121; Ma NJW 1990, 61; NuR 1995, 264; InfAuslR 1998, 336 – Antragsbefugnis des Ehegatten eines ausgewiesenen Ausländers; We ThürVBl 1997, 41; Schenke 994f; Sch-Schoch 316.

[249] **AA** Ko NVwZ 1987, 247: muß hinreichend substantiiert dargetan werden; Bln DVBl 1992, 287: Glaubhaftmachung erforderlich; hierfür kann jedoch überwiegende Wahrscheinlichkeit genügen.

[250] Vgl Ba SächsVBl 1994, 161; Ma NVwZ 1992, 703; Schl NVwZ-RR 1993, 438; NKVwGO-Puttler 132; Schenke 997; JZ 1996, 1162; Sch-Schoch 335.

[251] Ms NVwZ-RR 2001, 17; Sa BauR 2005, 827; Schl NordÖR 2004, 439; VG Sigmaringen VBlBW 1999, 432; **aA** von einer anderen Prämisse ausgehend Ma DÖV 2003, 555.

Das RSB ist idR auch dann gegeben, wenn der ASt keinen Antrag auf eine behördliche Eilentscheidung nach Abs 4 gestellt hat, bzw ein EilVf dort noch anhängig ist (Mü BayVBl 1979, 26; s auch 51 vor § 40). Im letzten Fall entfällt die Zulässigkeit auch nicht unter dem Gesichtspunkt der anderweitigen Anhängigkeit der Sache (vgl 1 ff zu § 90). Allerdings ist ein Aussetzungsantrag **unzulässig,** wenn bereits die Behörde die Vollziehung des VA gemäß Abs 4 ausgesetzt hat, dies zusichert oder ohne förmliche Entscheidung von der **Vollziehung absehen** will.[252] Im Fall der Vollziehungsaussetzung durch die Behörde ergibt sich die Unzulässigkeit des Antrags aber nicht erst aus dem Fehlen des RSB (**aA** NKVwGO-Puttler 132), denn die Statthaftigkeit eines gerichtlichen AussetzungsVf setzt die (auch vorläufige) Wirksamkeit des VA voraus. Deshalb scheidet auch ein Antrag auf Anordnung der aW aus, wenn bereits kraft Gesetzes die aW eingetreten ist (s oben 130). Gehen die Beteiligten des Vf fälschlich davon aus, die aW eines Rechtsbehelfs sei wg einer Vollziehbarkeit gem § 80 Abs 2 Nrn 1–3 ausgeschlossen, so wird ein solcher Antrag regelmäßig in einen Antrag auf Feststellung der aW umzudeuten sein (s unten 181); dasselbe gilt, wenn sich die Beteiligten hins des Umfangs der aW im Irrtum befinden u deshalb fälschlich ein Aussetzungsantrag gestellt wurde (s unten 181). Geht die zuständige Behörde (anders als der Belastete) zu Unrecht davon aus, es bestehe aW u sind auch keine Anhaltspunkte dafür vorhanden, daß sie eine VzA erlassen wird, so fehlt es grds am RSB für einen Antrag gem § 80 Abs 5.

Das RSB liegt prinzipiell nicht vor, wenn auch **ohne eine Entscheidung gem Abs 5 eine Vollziehung eines VA ausgeschlossen** ist (vgl zu einem solchen Fall Ma BauR 1995, 676 u dazu Schenke JZ 1996, 1162). Dasselbe gilt für den umgekehrten Fall, bei dem selbst bei Aussetzung des VA der ASt aufgrund eines anderen vollziehbaren VA zu derselben Handlung verpflichtet ist u er diesbezüglich nicht auf aW hinwirkt. Deshalb grds kein Rechsschutzbedürfnis für einen Antrag auf Wiederherstellung der aW bzgl einer Ausweisung, wenn der Ausländer wg der vollziehbaren Versagung eines Aufenthaltstitels ausreisepflichtig ist.[253] Ein RSB fehlt zB auch für den Antrag eines Landes gegen die Beschlagnahme einer Schulturnhalle durch eine Gemeinde, wenn das Land auch durch fachaufsichtliche Weisung der Gemeinde aufgeben kann, die Beschlagnahmeverfügung aufzuheben (Ma NVwZ 1993, 393). Der bereits stattgefundene **Vollzug eines VA schließt das RSB** beim Vf nach Abs 5 S 1 grds **nicht aus,** da eine Anordnung oder Wiederherstellung der aW Voraussetzung für eine Anordnung der Rückgängigmachung der Vollziehung gem Abs 5 S 3 (Schenke JZ 1996, 1162; **aA** Bln DÖV 2001, 1055) bzw für eine Unterbindung der weiteren Vollziehung ist (Ms NWVBl 1996, 113: fortdauernde Nutzung eines Bauvorhabens, bei Anfechtung der sofort vollziehbaren Baugenehmigung). Abzulehnen ist das RSB, wenn eine Rückgängigmachung der Vollziehung offensichtlich ausgeschlossen ist u der Eintritt der aW dem ASt auch sonst keinen Vorteil bringt (Bln NVwZ 2003, 239). Das trifft dort zu, wo eine Abschiebung ggü einem Ausländer bereits stattgefunden hat (Bln NVwZ 2003, 240), aber auch wenn eine Ausweisungsverfügung durch diesen freiwillig befolgt wurde.[254] Selbst wenn hier die aW eintreten würde, hinderte dies nicht die Sperrwirkung des § 11 Abs 1 AufenthG (früher § 8 Abs 2 S 1 AuslG) ggü einer Wiedereinreise, da diese gem § 84 Abs 2 S 1 AufenthG (früher § 72 Abs 2 S 1 AuslG) unabhängig vom Bestehen

---

[252] Ko 8, 167; NVwZ 1987, 247; Ma VBlBW 1991, 470; NKVwGO-Puttler 132; Schenke 997; Sch-Schoch 337.

[253] S zu § 42 Abs 2 AuslG aF (heute § 58 Abs 2 AufenthG) Ba DÖV 1997, 841; Br NVwZ-RR 1999, 204; Ks NVwZ-Beil 1997, 57; 2000, 6; Ma NVwZ 1992, 702; **aA** Hbg EzAR 622 Nr 34, S 2; VG Kassel NVwZ-RR 1995, 541.

[254] Ms 11. 6. 1996 – 18 B 1095/95; Ma AuAS 1995, 50; We ThürVBl 1999, 88; **aA** Hbg EzAR 622 Nr 34 = ZAR 1998, 185.

der aW eintritt (s auch Ks NVwZ-RR 1995, 541 u oben 25). Trotz Zeitablauf eines befristeten Aufenthaltsverbots besteht ein RSB für die rückwirkende Anordnung der aW, wenn u solange das Aufenthaltsverbot Grundlage für Vollstreckungsakte ist (Ms NVwZ 2001, 231).

Nicht am fehlenden RSB (so aber Ba SächsVBl 2001, 178), sondern bereits an der mangelnden Statthaftigkeit eines AussetzungsVf scheitert dessen Zulässigkeit bei Erledigung des VA (s oben 130). Zu beachten ist aber, daß die Vollstreckung des VA im Wege der Ersatzvornahme wg einer hiermit verbundenen Kostenersatzpflicht für den Vollstreckungsschuldner noch nicht zur Erledigung des VA führt (102 zu § 113). In einem solchen Fall ist es jedoch in der Tat zweifelhaft, ob nach der Ersatzvornahme noch ein RSB für einen neben die Anfechtung des GrundVA tretenden Antrag nach § 80 Abs 5 besteht, denn einer Aussetzung bedarf es bei Rechtswidrigkeit des vollstreckten GrundVA nicht, um die Rechtswidrigkeit der Ersatzvornahme u eines Kostenersatzbescheids geltend zu machen (s zu einer solchen Fallgestaltung auch Bausch NVwZ 2006, 158). Das RSB für einen Antrag nach § 80 Abs 5 dürfte deshalb hier grds zu verneinen sein. Probleme ergeben sich allerdings dann, wenn nicht der GrundVA rechtlich zu beanstanden war, sondern nur die VzA gem § 80 Abs 2 Nr 4. In einem solchen Fall kann der Vollstreckungsschuldner nicht auf die Anfechtung des GrundVA verwiesen werden, da diese erfolglos bliebe. Er kann hier aber auch keinen isolierten Antrag nach § 80 Abs 5 stellen, da bei Nichtanfechtung des VA dieser bestandskräftig würde u damit auch der Antrag auf Wiederherstellung der aW erfolglos bliebe. Wie sich im Wege der verfassungskonformen Auslegung der vollstreckungsrechtlichen Vorschriften ergibt, hängt die Rechtmäßigkeit der Vollstreckung aber von der Rechtmäßigkeit der VzA ab. Deren Rechtswidrigkeit kann im Rahmen der Anfechtung des Kostenersatzbescheids geltend gemacht werden, ohne daß es eines Antrags gem § 80 Abs 5 bedarf, so daß es auch hier an einem RSB für den Antrag fehlt.[255]

Das RSI entfällt iü nicht allein deshalb, weil die aW hins einer Allgemeinverfügung schon auf Antrag eines anderen Betroffenen eingetreten ist, denn es besteht die Gefahr, daß bei Wiederherstellung bzw Anordnung der aW in bezug auf diesen, der VA dennoch ggü dem ASt vollzogen wird.[256] Einem Antrag gem Abs 5 kann nicht schon wg offensichtlich fehlender Erfolgsaussichten des Rechtsbehelfs in der Hauptsache das RS I abgesprochen werden (**aA** Bettermann DVBl 1976, 68). Scheidet allerdings die **Möglichkeit** einer RVerletzung durch den VA **offensichtlich** aus, ist der Antrag mangels Statthaftigkeit des HauptsacheVf (s oben 130) bzw wg mangelnder **Antragsbefugnis** (s oben 134) unzulässig.

Unter dem Aspekt des RSB kann auch nicht angenommen werden (so aber Ko NJW 1995, 1043), daß ein Antrag nach Abs 5 nur dann zulässig ist, wenn der ASt zumindest gleichzeitig Widerspruch bzw Anfechtungsklage erhebt (Schenke JZ 1996, 1162). Da die Stellung eines Antrags gem Abs 5 (wie auch nach § 80a Abs 3) **grds nicht eine vorherige Einlegung eines förmlichen Rechtsbehelfs voraussetzt** (vgl unten 139), kann diese gesetzliche Regelung nicht unter Rückgriff auf das allg Institut des RSB konterkariert werden. Ebenso läßt sich dort, wo das Gesetz nicht nach den §§ 80 Abs 6, 80a Abs 3 S 2 vorschreibt, daß 137

---

[255] IE wie hier Bausch NVwZ 2006, 160f; nicht überzeugend allerdings, wenn Bausch NVwZ 2006, 159f annimmt, daß bei der hier befürworteten Bejahung der Nichterledigung des vollstreckten rechtmäßigen VA Bedenken gegen die Rechtmäßigkeit der VzA nur über einen Antrag nach § 80 Abs 5 geltend gemacht werden könnten.

[256] Ko NVwZ 1987, 247; **aA** für MassenVf mit entspr Publizität Mü BayVBl 1984, 212 u NKVwGO-Puttler 132, da hier davon auszugehen sei, daß alle ASt rechtzeitig von der Änderung der Aussetzung erfahren würden u dann immer noch nach Abs 5 vorgehen könnten.

ein Antrag gem § 80 Abs 5 erst nach erfolgloser Durchführung eines AussetzungsVf bei der Verwaltung zulässig ist, ein solches Erfordernis nicht unter dem Aspekt des RSB begründen (Schenke 997; **aA** Lü NVwZ 1993, 592).

138 **ee) „Behördliches Vorverfahren"?** Die gerichtliche Entscheidung nach Abs 5 hat – außer in den Fällen des Abs 6 (s unten 182) – **nicht** zur Voraussetzung, daß der ASt **vorher** erfolglos einen **entspr Antrag** gem Abs 4 an die Ausgangsbehörde (vgl BFH NVwZ 1987, 360 = BStBl II 1986, 236) oder **an die Widerspruchsbehörde** gestellt hat. Die Notwendigkeit vorheriger Antragstellung bei der Behörde ergibt sich weder aus einer analogen Anwendung von Abs 6 – auch nicht iVm § 80 a Abs 3 S 2 (s 21 zu § 80 a) – noch unter dem Gesichtspunkt des (im übrigen auch für Anträge gem Abs 5 erforderlichen) RSI (s auch oben 136 sowie 51 vor § 40).[257] Für einen Umkehrschluß aus § 80 Abs 6 u das Verständnis des § 80 a Abs 3 S 2 als eine **Rechtsgrundverweisung** spricht im Einklang mit der Entstehungsgeschichte (BT-Dr 11/7030, 25), daß es sich bei § 80 Abs 6 um eine **Ausnahmeregelung** handelt, die aus fiskalischen Gründen die Effektivität des gerichtlichen Rechtsschutzes einschränkt. Sachliche Gründe für eine Differenzierung in diesem Punkt zwischen einseitig belastenden u VAen mit Drittwirkung, wie sie sich beim hier abgelehnten Verständnis des § 80 a Abs 3 S 2 als Rechtsfolgeverweisung ergeben würden, sind nicht ersichtlich. Für die grds Entbehrlichkeit eines dem gerichtlichen AussetzungsVf vorgeschalteten Antrags auf behördliche Aussetzung läßt sich auch anführen, daß das gerichtliche AussetzungsVf kein RMittel ggü einer behördlichen Entscheidung über die Aussetzung eines VA darstellt. Verschiedene planungsrechtliche Vorschriften (vgl zB § 18 e Abs 3 S 1 AEG; § 17 e Abs 3 S 1 FStrG; § 14 e Abs 3 S 1 WaStrG), denen zufolge ein Antrag gem § 80 a Abs 3 S 2, § 80 Abs 5 S 1 nur innerhalb eines Monats nach Zustellung des VA zulässig ist, zeigen ebenfalls, daß der Gesetzgeber nicht die vorherige erfolglose Absolvierung eines behördlichen AussetzungsVf verlangt (s auch Schenke JZ 1996, 1161). Diese gesetzgeberische Entscheidung läßt sich auch **nicht** unter Hinweis auf den allg Gesichtspunkt des **RSB aushebeln** (Schenke 997). Nicht überzeugend ist ferner (so aber 10. Aufl 95), wenn man einem erfolgreichen ASt, der, ohne daß dies durch die besondere Eilbedürftigkeit des Falles oder durch besondere andere Gründe geboten gewesen wäre, sich vorher nicht an die zuständigen Behörden mit einem Aussetzungsantrag gewandt hat, die **Kosten** des Vf **nach § 155 Abs 4** bzw § 156 auferlegt. Zum Sonderfall des VorVf nach Abs 6 s unten 182.

139 **ff) Vorherige Rechtsbehelfseinlegung in der Hauptsache?** Obwohl Abs 5 offensichtlich den Regelfall voraussetzt (vgl Abs 1: aW des Widerspruchs bzw der Klage), daß in der Hauptsache bereits ein Rechtsbehelf eingelegt ist, ist für einen Antrag nach Abs 5 an das Gericht in **entspr Anwendung von § 123 Abs 1 u** weil sonst eine mit Art 19 Abs 4 GG u dem Zweck der Rechtsbehelfsfristen (Überlegungs- u Vorbereitungszeit) unvereinbare faktische Verkürzung der für die Hauptsache geltenden Rechtsbehelfsfristen eintreten würde, **nicht erforderlich,** daß **in der Hauptsache ein Rechtsbehelf eingelegt wurde,** dessen aW angeordnet oder wiederhergestellt werden kann. Der Antrag kann damit

---

[257] Br NVwZ 1993, 592; Hbg DÖV 1995, 476 f; Ks NVwZ 1993, 492; Ko DÖV 1997, 259; NVwZ-RR 2004, 224; Ma NVwZ 1995, 293; We DÖV 1997, 471; Dressel BayVBl 1995, 392; Dürr DÖV 1994, 852; Heydemann NVwZ 1993, 419; Hüttenbrink DVBl 1995, 833; Kopp BayVBl 1994, 525; NKVwGO-Puttler 133, 182; Schenke 999; Sch-Schoch 78 zu § 80 a; Schoch Jura 2002, 42; **aA** iVm § 80 a Abs 3 S 2, der als Rechts-folgeverweisung verstanden wird, Lü NVwZ 1993, 591; NVwZ-RR 2005, 69; We ThürVBl 1995, 65; Heberlein BayVBl 1991, 396; unter dem Gesichtspunkt des prinzipiell fehlenden RSB gegen eine unmittelbare Anrufung des Gerichts Stern 276. Vgl auch Sellner, Lerche-FS 1993, 819: RS I fehlt, wenn es an Anhaltspunkten für eine ablehnende Haltung der Behörde mangelt.

sogar **schon vor Einlegung eines Widerspruchs** gestellt werden.[258] Dafür spricht zusätzlich, daß dort, wo ein WiderspruchsVf nicht vorgesehen ist, der Antrag gem § 80 Abs 5 S 2 ebenfalls schon vor Einlegung eines förmlichen Rechtsbehelfs (Anfechtungsklage) zulässig ist. Es ist aber nicht einzusehen, weshalb etwas anderes gelten soll, wenn der Anfechtungsklage noch ein förmlicher Rechtsbehelf in Gestalt des Widerspruchs vorgeschaltet ist. Wenn sich der mit Widerspruch angefochtene VA ohnehin bereits vor der Entscheidung über den Widerspruch erledigt hätte u man mit der Rspr annimmt, damit sei ein WiderspruchsVf nicht mehr zulässig, wäre es, wie Ma DVBl 1995, 303 zutr bemerkt, ohnehin formalistisch, noch eine Widerspruchseinlegung als Voraussetzung für die Zulässigkeit eines Antrags gem § 80 Abs 5 zu fordern. Daß nach dem 4. VwGOÄndG eine Entscheidung nach § 80 Abs 4 nicht an die vorherige Einlegung eines Widerspruchs gebunden ist (das konzediert auch Sch-Schoch 212; s dazu oben 110), spricht ebenfalls für die hier vertretene Ansicht. Vgl auch BVerfG NJW 1993, 3190: das Gebot effektiven gerichtlichen Rechtsschutzes gem Art 19 Abs 4 GG gebietet, daß vorläufiger Rechtsschutz nicht erst dann einsetzt, wenn auch ein Rechtsbehelf in der Sache eingelegt ist. UU **fehlt** jedoch nach allg Grundsätzen das RS I (s 32 vor § 40), wenn der ASt **denselben Zweck** unschwer auch schon gem Abs 1 durch Einlegen eines Rechtsbehelfs in der Hauptsache **erreichen** kann u er keinen vertretbaren Grund hat, diesen Weg nicht zu gehen.

gg) Beteiligte, Antragsgegner. Beteiligte des Vf sind der ASt (s zur Antragsbefugnis oben 134), der **Ag**, der **VöI,** wenn er sich am Vf beteiligt (vgl 3 zu § 36), u etwaige **Beigeladene.** 140

Ist zugleich auch ein HauptsacheVf anhängig, so sind doch die Beteiligten dieses Vf nicht automatisch auch Beteiligte im Vf nach § 80 Abs 5;[259] daher bedarf es insoweit immer erst auch der besonderen Beiladung Drittbetroffener, auch wenn sie bereits zum HauptVf beigeladen worden sind (davon gehen wohl auch NKVwGO-Puttler 126 u Ma VBlBW 1985, 255 aus), jedenfalls aber ihrer Verständigung von der Anhängigkeit auch des Vf gem Abs 5. Zur Wirksamkeit ggü Drittbetroffenen (vgl § 121) ist jedenfalls Bekanntgabe der Entscheidung des Gerichts auch an diese als sie betr (dh nicht lediglich zur Kenntnis) – als eine Art vereinfachter Form der Beiladung (vgl Kopp VerfR 24; VwVfG 5 zu § 13; 2 zu § 41) – erforderlich.[260] § 65 Abs 3 S 1 ist grds nicht anwendbar (Gr NVwZ 2000, 946 u 26 zu § 65).

Der Antrag ist grds gegen die Körperschaft zu richten, deren Behörde den VA erlassen hat. Anderes gilt idR nur dann, wenn die Klage in der Hauptsache nach **§ 78 Abs 1 Nr 2 gegen eine Behörde** zu richten ist (Lü NdsVBl 2007, 47; 10 zu § 78). Der Antrag ist im Hinblick auf den akzessorischen Charakter des vorläufigen RechtsschutzVf zum HauptsacheVf selbst dann gegen den Träger der Ausgangsbehörde bzw entspr § 78 Abs 1 Nr 2 gegen die Ausgangsbehörde selbst zu richten, wenn die VzA durch die Widerspruchsbehörde angeordnet worden ist.[261]

---

[258] Ma DVBl 1995, 303; Mü DVBl 1988, 591; Kaplonek/Mittag JA 2006, 668; Kopp DÖV 1967, 843; NKVwGO-Puttler 129; Schenke 993; JZ 1996, 1160; SGH 279; Streinz/Hammerl JuS 1993, 667; TW § 24, 5; Zacharias JA 2002, 346; **aA** Ko NJW 1995, 1043; Ms NJW 1975, 794; DVBl 1996, 115; We LKV 1994, 408; Finkelnburg 952; N. Gronemeyer BauR 1998, 415; Günther NJ 1997, 633; DÖD 1999, 121 ff; Loos JA 2001, 700; P § 57, 18; Sch-Schoch 314; Schoch Jura 2002, 41; StK-Decker 52; Vonficht NJW 1968, 1079.

[259] **AA** 64, 351 = DÖV 1982, 326; Buchh 310 § 80 VwGO Nr 18; ebenso wohl auch BVerfG 65, 233 = DVBl 1984, 384.

[260] Enger Ma DÖV 1975, 646: ohne formelle Beiladung keine Wirksamkeit ggü Dritten; vgl auch BFH NJW 1976, 1286: das rechtliche Gehör muß jedenfalls gewährt werden.

[261] Ba NVwZ-RR 2002, 74; FfO VIZ 1999, 539; Ks NVwZ 1990, 677; Lü NJW 1989, 2147; Ma NVwZ 1995, 1221; Mü BayVBl 1984, 598; Finkelnburg 969; NKVwGO-Puttler

Klagegegner im HauptsacheVf ist im Regelfall des § 79 Abs 1 Nr 1 der Träger der Ausgangsbehörde (§ 78 Abs 1 Nr 1). Allein im Ausnahmefall der isolierten Anfechtung des Widerspruchsbescheides gem § 79 Abs 1 Nr 2 Alt 2 bzw § 79 Abs 2 gilt anderes; hier muß die Widerspruchsbehörde bzw ihr Träger auch im vorläufigen RechtsschutzVf beteiligt sein (Ma NVwZ 1995, 1221; Schenke VerwA 2000, 608). Anderes ist anzunehmen, wenn die Klage erst nach Klageerhebung auf den Widerspruchsbescheid beschränkt wird (Buchh 310 § 79 VwGO Nr 30; Schenke 996 u JZ 1996, 1161).

Kein tauglicher Einwand gegen diese Lösung ergibt sich daraus, daß es auch nach der hier vertretenen Ansicht zu einem Auseinanderfallen von Ag im vorläufigen RechtsschutzVf u Klagegegner im HauptsacheVf kommen kann. Für den gesetzlichen Regelfall des § 79 Abs 1 Nr 1 gilt das jedenfalls nicht (zu weiteren Argumenten s Schenke JZ 1996, 1161). Wie im HauptsacheVf (dazu eingeh 1 zu § 78) ist die Frage, gegen wen sich der Antrag richtet, nicht eine Frage der (erst für die Begründetheit relevanten) Passivlegitimation, sondern eine solche der **passiven Prozeßführungsbefugnis** u damit der Zulässigkeit des Antrags.[262]

141 **hh) Antragsfrist.** Der Antrag auf Anordnung bzw Wiederherstellung der aW ist **grds unbefristet** zulässig. In neueren Gesetzen sind aber zunehmend auch hier Badfristerfordernisse vorgesehen (dazu Schoch Jura 2002, 42 mwN). So enthält zB **§ 18 a Abs 4 S 1 AsylVfG** iVm der Einreise auf dem Luftwege für die Gewährung vorläufigen Rechtsschutzes eine Frist von drei Tagen nach Zustellung der Entscheidung des Bundesamts u der Grenzbehörde. Anträge gegen die Abschiebungsandrohung nach § 80 Abs 5 sind innerhalb einer Woche nach Bekanntgabe zu stellen (s § 36 Abs 3 S 1 AsylVfG). Weitere wichtige Rechtsgebiete, vor allem das Fachplanungsrecht, statuieren ebenfalls Fristen (vgl zB Einmonatsfrist nach näherer Maßgabe von § 18 e Abs 2 S 2, Abs 3 S 1 AEG; § 43 e Abs 1 S 2 EnWG; § 17 e Abs 2 S 2, Abs 3 S 1 FStrG; § 10 Abs 6 S 2–5 LuftVG; § 2 d Abs 2 S 2 MBPlG; § 29 Abs 6 S 3–5 PBefG; § 14 e Abs 2 S 2, Abs 3 S 1 WaStrG). Außergerichtliche Vergleichsverhandlungen rechtfertigen es nicht, von der Einhaltung dieser Fristen abzusehen (so zum früheren § 5 Abs 2 S 2 VerkPBG tendenziell NVwZ 2000, 554). Zur zu bejahenden Frage einer (unmittelbaren oder analogen) Anwendung des § 58 in den Fällen, in denen der Gesetzgeber diese nicht schon ohnehin ausdr (wie zB in § 18 e Abs 2 S 4 AEG; § 17 e Abs 2 S 4 FStrG geschehen) angeordnet hat, s 5 zu § 58. Zur zT ebenfalls nur befristeten Möglichkeit der Geltendmachung später eingetretener Tatsachen, die die Anordnung oder Wiederherstellung der aW rechtfertigen, s unten 201.

142 **ii) Zuständiges Gericht.** Für die Entscheidung zuständig ist das Gericht der Hauptsache, dh das Gericht (damit je nach konkret maßgeblichen gerichtsinternen Zuständigkeitsregelungen ggf auch der **Einzelrichter** nach § 6 oder § 87 a Abs 2, bzw in Eilfällen der **Vorsitzende** gem § 80 Abs 8), bei dem die Hauptsache bereits anhängig ist – es sei denn, daß dieses offensichtlich unzuständig ist (Mü NJW 1983, 1992) – bzw, wenn noch nicht Klage erhoben ist, das Gericht, bei dem die Klage zu erheben wäre (Mü NJW 1983, 1992). Dies gilt auch dann, wenn hins einer „Sache“ iwS, zB in einem Vf mit einer Vielzahl von Kl, die eine Planfeststellung für ein bestimmtes Vorhaben angegriffen haben, bereits **HauptsacheVf** bzw Vf nach § 80 Abs 5 **in verschiedenen Instanzen** anhängig

127; Schenke 996 u JZ 1996, 1161; VerwA 2000, 608; Bosch § 51 IV; J. Schmidt VBlBW 1985, 369; Sch-Meissner 54 zu § 78; StK-Decker 62; **aA** Ms UPR 1993, 317; NJW 1995, 2242; VG Dessau LKV 1997, 264; Bargou VBlBW 1985, 371; RÖ-M. Redeker 55; Sch-Schoch 321; Schoch Jura 2002, 41. Bei erneuter Anordnung einer schon vorher durch die Erstbehörde ausgesprochenen VzA durch die Widerspruchsbehörde soll nach Ms NVwZ-RR 1994, 62 der Antrag ebenfalls gegen die Ausgangsbehörde zu richten sein.

[262] Ebenso wohl auch Ms NVwZ-RR 1994, 62; Sch-Schoch 320; **aA** Ma NVwZ-RR 1995, 174; NVwZ 1995, 1221; Loos JA 2001, 700.

sind.[263] Ist die **Hauptsache bereits beim Berufungsgericht** anhängig, dh ab Einlegung der Berufung, sofern diese bereits vom VG zugelassen wurde, bzw ab Stellung des Antrags auf Zulassung der Berufung,[264] ist das **Berufungsgericht** selbst dann zuständig, wenn bei dem Gericht erster Instanz bereits ein Antrag gestellt wurde, über den bisher noch nicht entschieden wurde.

Das **BVerwG** ist für Anträge nach § 80 Abs 5 – Entsprechendes gilt für Anträge u Entscheidungen nach Abs 7 u § 80a Abs 3 – **zuständig, wenn** es **auch für die Hauptsache** zuständig ist.[265] Relevant wird dies einmal in den Fällen, in denen das **BVerwG als erstinstanzliches Gericht** entscheidet (§ 50) sowie in den Fällen, in denen es als **Rechtsmittelgericht** fungiert. Die Zuständigkeit des BVerwG als erstinstanzliches Gericht für § 50 Abs 1 Nr 6 unterfallende Streitigkeiten, die **Planfeststellungs- u PlangenehmigungsVf** für besonders wichtige Infrastrukturmaßnahmen betreffen, umfaßt auch solche Akte, die nicht Bestandteil eines Planfeststellungs- oder eines PlangenehmigungsVf sind, jedoch dessen **Vorbereitung** dienen (vgl NVwZ 1994, 369; 1994, 370; 1994, 483). Gericht der Hauptsache im RechtsmittelVf ist das BVerwG bei der **Nichtzulassungsbeschwerde** ab der Entscheidung des unteren Gerichts über die Nichtabhilfe (vgl BVerwG NJW 1962, 169; Ma NJW 1988, 222; NKVwGO-Puttler 117; Sch-Schoch 330). Die gegenteilige Ansicht, nach welcher das Revisionsgericht erst mit Einlegung der Revision Gericht der Hauptsache werde (so Ey-J. Schmidt 63), beachtet zu wenig den engen Zusammenhang zwischen der Nichtzulassungsbeschwerde u dem RevisionsVf u wirft überdies praktische Probleme auf, da sich idR schon nach einer Nichtabhilfeentscheidung die Akten beim BVerwG befinden. BVerwG Buchh 310 § 80 Nrn 28 u 29 liefert keine Anhaltspunkte für die Gegenansicht, da es hier um Fälle ging, bei denen dem RevisionsVf keine Nichtzulassungsbeschwerde vorausgeschaltet war. Das BVerwG ist im Rahmen seiner Zuständigkeit nach § 80 Abs 5 **auch** zur **Tatsachenermittlung u** zu Beweiserhebungen befugt (1, 47; 39, 231). Mit der **Zurückverweisung** der Sache gem § 144 Abs 3 Nr 2 wird das Gericht, an das zurückverwiesen wird, wieder für das Vf nach § 80 Abs 5, 7 oder § 80a Abs 3 zuständig, auch wenn der Antrag gestellt wurde, als das BVerwG noch für die Hauptsache zuständig war (Lü 31, 321; Sellner, Lerche-FS 1993, 820). 143

§ 83 iVm § 17 Abs 1 S 1 GVG (perpetuatio fori) findet auf das vorläufige RechtsschutzVf **keine Anwendung** (Sennekamp, NVwZ 1997, 642; s auch 4 zu § 83). Der Akzessorietät des vorläufigen Rechtsschutzes entspricht es, die **Zuständigkeit im vorläufigen RechtsschutzVf grds an die des Gerichts der Hauptsache** zu koppeln.[266] Der **Zuständigkeitswechsel** vollzieht sich in Konsequenz des Akzessorietätsprinzips **automatisch,** ohne daß es eines gesonderten Rechtshängigmachens des Antrags beim Rechtsmittelgericht oder eines Verweisungsantrags bedarf.[267] 144

Zur **Befugnis des Vorsitzenden** zur Entscheidung in **Eilfällen** s Abs 8; zur Vertretung des Vorsitzenden, wenn dieser nicht sofort erreichbar ist, 17 ff zu § 4; 145

---

[263] 64, 351 = DÖV 1982, 326 = BayVBl 1982, 284; Renck DVBl 1982, 218; **aA** Mü DVBl 1982, 312: „Heraufholung" analog § 53 Abs 1 Nr 1 u Abs 3 auch der in der unteren Instanz bezüglich desselben Vf anhängigen Verfahren; die Entscheidung wurde in BVerwG 64, 347 als wg „extremer" Rechtswidrigkeit unwirksam bezeichnet.

[264] Ma RsprD-LS 167/2000; Mü DVBl 1999, 1665; RÖ-M. Redeker 57; s auch 19 zu § 123 mwN u 1 vor § 124a; **aA** VG Freiburg VBlBW 1999, 316: erst ab Zulassung der Berufung.

[265] 1, 45; 3, 197; 39, 230; NVwZ 1988, 1023; Sellner, Lerche-FS 1993, 819; vgl auch Mü BayVBl 1988, 306.

[266] 39, 239; Ms DVBl 1981, 691; NKVwGO-Puttler 117; RÖ-M. Redeker 57; Sch-Schoch 330; **aA** Mü BayVBl 1970, 187.

[267] 39, 230; NKVwGO-Puttler 117; RÖ-M. Redeker 57; Sch-Schoch 330; **aA** Ms DVBl 1981, 692; Bosch/Schmidt § 51 II.

NVwZ 1988, 91: wenn der Vorsitzende u der stellvertretende Vorsitzende nicht erreichbar sind, ein anderer Richter der Kammer. Der Vorsitzende entscheidet in diesen Fällen **auch über die Kosten** u die Festsetzung des StrW.[268] Die Möglichkeit einer Entscheidung des Vorsitzenden nach Abs 8 **schließt nicht aus,** daß das Gericht als Kollegium statt dessen zunächst nur eine **vorläufige Entscheidung** trifft, bis es die Sache besser überblicken kann (Lü NVwZ 1987, 75; s auch unten 170; allg auch BVerfG BayVBl 1986, 46).

146 **d) Die Begründetheit des Antrags. aa) Grundsätze.** Hins der Begründetheit eines Antrags nach Abs 5 sind vorab zwei Fallgruppen zu unterscheiden: zum einen diejenigen, in denen die sofortige Vollziehbarkeit gem Abs 2 S 1 Nr 1–3, S 2 eingetreten ist, zum anderen die Fälle, bei denen eine behördliche VzA gem Abs 2 S 1 Nr 4 vorausgegangen ist. In den Fällen des Abs 2 S 1 Nr 1–3, S 2 trifft das Gericht nach Abs 5 eine eigene **originäre Entscheidung**[269] über die Anordnung der aW grds nach **denselben Gesichtspunkten wie die Ausgangs- u Widerspruchsbehörde.** Liegt hingegen eine VzA nach § 80 Abs 2 S 1 Nr 4 vor, hat das Gericht **zunächst die formelle u materielle Rechtmäßigkeit der VzA zu überprüfen** u bei einem **entspr Mangel die aW wiederherzustellen** (s unten 148 ff). Sofern die Nachprüfung der VzA keine Fehler aufdeckt, hat das Gericht dann auch in diesem Fall eine eigene originäre Entscheidung über die Wiederherstellung der aW zu treffen.

147 **bb) Maßgeblicher Beurteilungszeitpunkt.** Maßgeblich für die Wiederherstellung der aW wie auch die Anordnung der aW ist die sich im **Zeitpunkt der Entscheidung darbietende Sach- u Rechtslage.**[270] Dies gilt auch hins der Beurteilung der Erfolgsaussichten des Rechtsbehelfs in der Hauptsache.[271] Auch hier kommt es im Hinblick auf die Akzessorietät des vorläufigen Rechtsschutzes ebenso wie im Hauptsacheverfahren darauf an, ob der VA im Zeitpunkt der gerichtlichen Entscheidung den Kl in seinen Rechten verletzt (vgl Schenke 782 ff u 29 ff zu § 113). Gerade die auch von Gegnern der hier vertretenen Ansicht (so Sch-Schoch 288) zu Recht betonte **Akzessorietät des vorläufigen Rechtsschutzes** spricht damit für die hier vertretene Ansicht. Eine ganz andere, sich nach materiellem Recht bemessende Frage, ist die, inwieweit Veränderungen, die sich nach dem Erlaß des VA bzw dem Abschluß des VerwaltungsVf ergeben, noch die Rechtmäßigkeit des VA in dem für die gerichtliche Beurteilung maßgeblichen Zeitpunkt zu beeinflussen vermögen u damit im Hinblick auf die Akzessorietät des vorläufigen Rechtsschutzes auch für die gerichtliche Entscheidung nach den §§ 80 Abs 5, 80 a Abs 3, Abs 1 Nr 2 bedeutsam werden. Nur soweit eine nach Abschluß des VerwaltungsVf eintretende Veränderung der Sach- oder Rechtslage noch für die im HauptsacheVf zu überprüfende Rechtmäßigkeit des VA relevant wird, kann sie für den vorläufigen Rechtsschutz gem § 80 Abs 5 Bedeutung erlangen;[272] an der Feststellung, daß für die gerichtliche Beurteilung der Rechtmäßigkeit des VA immer der Zeitpunkt der gerichtlichen Entscheidung maßgeblich ist, ändert dies freilich nichts. Soweit zwar momentan noch

---

[268] Mü BayVBl 1981, 186 – unter Hinweis darauf, daß es auch insoweit keiner abschließenden Erledigung durch die Kammer bzw den Senat mehr bedarf; vgl auch Bln 8, 81; **aA** Mü 22, 45.

[269] Br NJW 1968, 1540; Lü VRspr 26, 1013; Mü BayVBl 1988, 370; DVBl 1999, 625; Kassel NVwZ 1991, 89; Rupp, Nachschieben von Gründen in verwaltungsgerichtlichen Verfahren 133; Bosch/Schmidt § 50 IV; Dolderer DÖV 1999, 108; P 58, 15; RÖ-M. Redeker 52; Ey-J. Schmidt 83; **aA** Schoch 1379 ff; Renck NVwZ 1992, 339.

[270] Ks NVwZ 1991, 89; NVwZ 1995, 922; Lü DVBl 1976, 82; Ms NVwZ 1995, 400; Ey-J. Schmidt 83; RÖ-M. Redeker 53; Schenke MDR 1969, 813.

[271] **Anders** insoweit NKVwGO-Puttler 162; Sch-Schoch 287 ff; Ey-J. Schmidt 84.

[272] Insoweit richtig Mü BayVBl 1995, 248 f; ebenso wohl Ks InfAuslR 1993, 51; Mgd LKV 1994, 62; Ma GewA 1993, 291; Ms NVwZ-RR 1995, 502 f.

von der Rechtswidrigkeit eines VA auszugehen, aber zu **erwarten** ist, daß im Hinblick auf eine vor der Hauptsacheentscheidung noch eintretende **Veränderung der Sach- oder Rechtslage** es bei dieser **nicht zu einer Aufhebung des VA** (etwa einer Baugenehmigung im Hinblick auf eine bevorstehende Änderung des anwendbaren Bauplanungsrechts) kommen wird, ist dies bei der nach § 80 Abs 5 gebotenen Interessenabwägung zu **berücksichtigen** (s auch Bln DÖV 1999, 169).

cc) Sonderfall behördliche VzA. Weist die VzA formelle oder materielle Fehler auf (s oben 80ff, 90ff), so muß das Gericht **schon aus diesem Grund** ohne weitere Sachprüfung dem Antrag stattgeben. Für den Fall der formellen Rechtswidrigkeit der VzA (insb fehlende Begründung) ist dies weitgehend anerkannt. Str ist insoweit lediglich, ob in diesem Fall die aW wiederherzustellen[273] oder die VzA lediglich aufzuheben ist.[274] Da jedoch die isolierte Aufhebung der VzA in Abs 5 nicht vorgesehen ist u für eine solche Aufhebung auch kein Bedürfnis besteht (die Verwaltung ist nach der gerichtlichen Wiederherstellung der aW wg formeller Rechtswidrigkeit der VzA nicht am Erlaß einer neuen rechtmäßigen VzA gehindert),[275] ist durch das Gericht die **aW wiederherzustellen.** Eine andere Ansicht **kompliziert** zudem den **Rechtsschutz** unnötig u **beeinträchtigt die Prozeßökonomie,** wenn sie den Betroffenen hins eines formellen Begründungsmangels auf das Vf der Aufhebung der VzA, bzgl anderer Einwendungen hingegen auf den Antrag auf Wiederherstellung der aW verweist (so aber zB Ehle BayVBl 1997, 344). Dagegen vermag der Betroffene nach der hier vertretenen Ansicht beide Arten von Mängeln **in einem Vf** geltend zu machen. 148

Dasselbe gilt, wenn die für die VzA gegebene **Begründung** sich als **nicht haltbar** erweist.[276] Es **genügt nicht,** daß ein **VA tatsächlich dringlicher** ist u deshalb ein **besonderes öffentliches Interesse an der sofortigen Vollziehung besteht;** die Behörde muß dieses Interesse auch geltend gemacht u begründet haben. **Nur die von der Behörde selbst** in der schriftlichen Begründung der VzA gem Abs 3 S 1 **geltend gemachten Gründe zählen** hier.[277] Wiegt im Verhältnis zu diesen das **Interesse des ASt** an der **Suspendierung** des VA höher (zu der hier vorzunehmenden Interessenabwägung s unten 152), so ist die aW wiederherzustellen (s zB Ma VBlBW 1997, 392). Dasselbe ist aber entgegen der ganz hM selbst dann anzunehmen, wenn die von der Behörde getroffene Ermessensentscheidung zwar nicht im Ergebnis, wohl aber hins des **„Wie" der Ermessensausübung** zu beanstanden ist, etwa wenn auf wesentli- 149

[273] Ks DÖV 1983, 386; Mgd DÖV 1994, 352; Mü BayVBl 1988, 182; Schl NVwZ 1992, 690; NVwZ-RR 2002, 541; NKVwGO-Puttler 154; Proksch BayVBl 1976, 7; Schenke 1001; JZ 1996, 1159u 1163; VerwA 2000, 605; SGH 281; Sch-Schoch 298; Zacharias JA 2002, 349.

[274] Hbg InfAuslR 1995, 314; Ma VBlBW 1996, 298; Ms NWVBl 1994, 425; Schl NVwZ-RR 1996, 149; 2002, 541; We DÖV 1994, 1014; Ba SächsVBl 1995, 287; Ehle BayVBl 1997, 344; Kuhla/Hüttenbrink J 80f u 89; P § 58, 16; StK-Decker 37.

[275] FfO NJ 1998, 272; Mgd DÖV 1994, 352; Ma VBlBW 1996, 297; Mü BayVBl 1999, 466; Schl NVwZ 1992, 690; Sch-Schoch 298 mwN; Schenke JZ 1996, 1159.

[276] VG Hannover DVBl 1961, 47; Grigoleit 177; Matzloff NJW 1972, 920; Kopp VerfR 251; Schenke 1001u JZ 1996, 1163; VerwA 2000, 602f; Zacharias JA 2002, 347; **aA** die wohl hM, die – sofern nur eine dem formellen Begründungserfordernis des § 80 Abs 3 genügende Begründung vorliegt – auch ein Nachschieben u Auswechseln der Gründe zuläßt bzw das Gericht als verpflichtet ansieht, von sich aus alle Gründe zu ermitteln, die eine Aufrechterhaltung der Vollziehbarkeit rechtfertigen könnten; vgl VRspr 18, 365; Bln NVwZ-RR 2001, 611; Bosch/Schmidt § 49 II 2b; RÖ-M. Redeker 52; Schmidt VBlBW 1983, 133.

[277] Vgl zB Hbg InfAuslR 1986, 203; Schl NVwZ 1992, 690; NVwZ-RR 1993, 439; VG Hannover DVBl 1961, 47; Schenke JZ 1996, 1158; Sch-Schoch 180; **aA** Ms NWVBl 1994, 425.

che ermessensrelevante Gesichtspunkte, die für den ASt sprechen, nicht eingegangen wurde (Ermessensdefizite) oder sonstige ermessensfehlerhafte Erwägungen angestellt wurden. Ein Grund dafür, solche **materiellen Fehler der VzA anders zu behandeln als formelle Mängel,** ist **nicht ersichtlich** (s auch Schenke 1001; JZ 1996, 1163), zumal iü anerkannt wird, daß bei Fehlen der materiellen Voraussetzungen für den Erlaß einer VzA die aW immer wieder herzustellen ist (s zB Ma VBlBW 1997, 392). Allein die Bejahung der Pflicht des Gerichts zur (auf der Basis des § 80 Abs 5 einzig möglichen) Wiederherstellung der aW trägt dem verfassungsrechtlich garantierten **Beseitigungsanspr** Rechnung, der sich nicht nur auf VAe, sondern ebenso auf sonstiges hoheitliches Verwaltungshandeln u auf **belastende behördliche Annexhandlungen** im Zusammenhang mit der Vornahme eines belastenden VA bezieht (Schenke JZ 1996, 1158; Zacharias JA 2002, 347). Bedenkt man, daß die **Sanktionierung materiell fehlerhafter Verwaltungshandlungen** in unserer Rechtsordnung oft sogar noch weiter reicht als die nur verfahrensfehlerhafter Handlungen, so wäre schwerlich einzusehen, warum iVm materiell fehlerhaften VAen etwas anderes gelten soll. Für die Durchsetzung eines Beseitigungsanspr muß wg Art 19 Abs 4 GG eine gerichtliche Rechtsschutzmöglichkeit bestehen, an der es fehlte, wenn das Gericht trotz einer fehlerhaften VzA diese mit einer anderen als der von der Verwaltung gegebenen Begründung rechtfertigen könnte. Eine andere Auffassung **entwertete** zudem das **Begründungserfordernis** des § 80 Abs 3, indem es dem Gericht möglich wäre, eine ganz andere Begründung nachzuschieben; es wäre ferner nicht damit vereinbar, daß das Gericht nicht von sich aus (jedenfalls bei einseitig belastenden VAen) in der Lage ist, eine VzA herbeiführen (s oben 121) u ihm dies selbst bei VAen mit Drittwirkung gem § 80 a Abs 3, Abs 1 Nr 1 nur auf Antrag möglich ist. Es überzeugte zudem auch unter dem Aspekt der **Gewaltenteilung** nicht, wenn der Richter die Verantwortung für eine VzA übernehmen würde, welche die Verwaltung jedenfalls mit diesen Gründen nicht getroffen hat, statt der Verwaltung Gelegenheit zu geben, sich nach Wiederherstellung der aW im Rahmen ihrer Ermessensfreiheit selbst schlüssig zu werden, ob sie die Vollziehung aus anderen Gründen anordnen will.

Zu beachten ist, daß es der Verwaltung möglich ist, während des Vf gem § 80 Abs 5 die (formell oder materiell) rechtswidrige VzA **durch eine fehlerfreie VzA zu ersetzen** (Schenke VerwA 2000, 603 f). Da Gegenstand des Antrags auf Wiederherstellung der aW nicht die Aufhebung einer bestimmten VzA ist (s oben 148), hat das VG bei seiner Entscheidung auch die Rechtmäßigkeit einer **neuen VzA zu berücksichtigen** u bedarf es **keiner Antragsergänzung analog § 91** (Schenke VerwA 2000, 604). Ebenso erübrigt sich hier ein Rückgriff auf § 45 Abs 2 VwVfG (dafür aber RÖ-M. Redeker 27 a u Tietje DVBl 1998, 124; s zur Problematik näher oben 87, dort auch zur Entbehrlichkeit einer analogen Anwendung des § 114 S 2).

150 **Ist eine VzA wg** schwerer u offensichtlicher Mängel analog § 44 VwVfG **nichtig,** so hat das Gericht wg des immerhin erzeugten Rechtsscheins analog zur Situation bei Nichtigkeit eines angefochtenen VA die aW ebenfalls wiederherzustellen **oder** statt dessen analog zur Situation bei der faktischen Vollziehung (s unten 181) **festzustellen,** daß die aW eingetreten ist. **Daneben** ist auch eine **Aufhebung der Vollziehung** nach Abs 5 S 3 möglich (s dazu unten 176 ff).

151 Auch wenn alle in Abs 2 S 1 Nr 4 u Abs 3 genannten formellen u materiellen Voraussetzungen der sofortigen Vollziehbarkeit des in Frage stehenden VA erfüllt sind, bedeutet dies nicht zwingend, daß damit der Antrag auf Wiederherstellung der aW keinen Erfolg hat. Zwar ist ein solcher Antrag dann unbegründet, wenn das **Vollziehungsinteresse** des durch einen VA mit Drittwirkung **Begünstigten** das Aussetzungsinteresse des ASt **überwiegt** oder wenn das öffentliche Interesse an der Vollziehung im Verhältnis zum Aussetzungsinteresse so schwer wiegt, daß der **Ermessensspielraum** der die VzA aussprechenden Behörde auf **Null ge-**

schrumpft ist (s oben 102f). Soweit für die Behörde aber ein Ermessensspielraum hins der Vornahme des VzA besteht, kann das Gericht die **behördliche Ermessensentscheidung durch eine eigene ersetzen.**[278] In einem solchen Fall steht es auch im **Ermessen** des Gerichts, ob es nach einer dem Begehren des ASt Rechnung tragenden Entscheidung nach § 80 Abs 5 S 1 nach S 3 auf Antrag die Rückgängigmachung von Vollzugsmaßnahmen anordnet.[279] Die Befugnisse des Gerichts gem S 3 sind **auch** dann in vollem Umfang gegeben, **wenn der Behörde in der Sache** sonst **ein Ermessens- oder Beurteilungsspielraum** zukommt; das Gericht ist auch in diesem Fall nicht auf eine Verpflichtung der Behörde zu ermessensfehlerfreier Entscheidung hins der (vorläufigen) Folgenbeseitigung beschränkt, sondern **kann immer konkrete Regelungen** treffen (Kopp JuS 1983, 678; vgl auch 12 zu § 123; **aA** Mü NJW 1983, 838: § 113 Abs 1 S 3 analog).

dd) Interessenabwägung. Das Gericht hat bei seiner Entscheidung nach Abs 5 (unter Beachtung der Besonderheiten, die für die Wiederherstellung der aW gelten, s oben 148f) die Interessen des ASt u des Ag sowie betroffene Interessen Dritter – soweit sie iSv § 42 Abs 2 rechtlich geschützt werden[280] – u der Allgemeinheit (s auch im folgenden), soweit es sie im Rahmen der im Vf nach Abs 5 gebotenen summarischen Prüfung feststellen kann (s oben 125; ferner Ko 16, 13; Schl NVwZ 1992, 687), nach denselben Grundsätzen, wenn auch mit Abweichungen im Hinblick auf die bei § 80 Abs 5 notwendige **Berücksichtigung der Erfolgsaussichten** in der Hauptsache (s auch unten 158), gegeneinander abzuwägen wie die Behörde nach Abs 4[281] (s näher oben 113f; s auch zur VzA 90ff). Droht zB durch eine sofort vollziehbare polizeiliche Untersagungsverfügung für einen Unternehmer eine **Existenzgefährdung seines Unternehmens** u sind die Erfolgsaussichten des Rechtsbehelfs in der Hauptsache offen, so ist idR die Wiederherstellung der **aW geboten** (Ma VBlBW 2007, 24f; s auch oben 98). Abzuwägen sind die betroffenen, vom Zweck der Ermächtigung zum Erlaß des letztlich in Frage stehenden VA her relevanten **konkreten Interessen,** dh nicht in ihrer abstrakten Form, wie etwa die öffentlichen Aufgaben im Rahmen der Abfallbeseitigung einerseits u der Eigentumsschutz andererseits; die einander ggüstehenden Interessen müssen in die Abwägung vielmehr mit dem Gewicht eingestellt werden, das sie in dem jeweiligen Einzelfall konkret haben (Mü BayVBl 1988, 406). Zu berücksichtigen ist dabei vor allem auch der Zweck des Gesetzes, ferner eine **gesetzgeberische Grundentscheidung** für den **Aus-** 152

---

[278] FfO NJ 1998, 272; Ko NVwZ 1987, 426; Mü BayVBl 1988, 370; Sa 18, 278; **aA** Grigoleit NJ 1998, 272; Sch-Schoch 66 vor § 80.

[279] Mü NJW 1983, 838; **aA** zu S 3 Ms VRspr 21, 250 u Lü DVBl 1966, 277: Verpflichtung zur Aufhebung, außer – vgl Ms aaO – hins solcher Vollzugshandlungen, die bereits vor Eintritt der aW vorgenommen wurden; ähnlich Sch-Schoch 302 (Gestaltungskompetenz des Gerichts nur hins des „Wie" der Rückgängigmachung). Kritik: es ist wenig sinnvoll, die Grundsätze über den FBA auch auf den vorläufigen Rechtsschutz in voller Strenge anzuwenden, vgl Mü BayVBl 1966, 426: es ist nicht Sinn der Aufhebung der Vollziehung, einen schon beseitigten uU rechtswidrigen Zustand wiederherzustellen.

[280] Ks DVBl 1991, 46: Interessen des Dritten nur soweit sie auch in der Hauptsache nach § 42 Abs 2, § 113 Abs 1 S 1 geltend gemacht werden können.

[281] Vgl allg zu den Entscheidungskriterien idS BVerfG 51, 286; BVerwG NJW 1990, 61; DÖV 1993, 433; Ks NVwZ 1993, 491; Br NVwZ 1991, 1195; Mü VRspr 14, 115; NVwZ 1982, 131; BayVBl 1990, 471; Lü VRspr 26, 1013; Ms NJW 1978, 510; NVwZ 1984, 804; Hbg NVwZ 1987, 79; Sa NJW 1992, 647; DÖV 1993, 124; Br NJW 1993, 3343; LSG Niedersachsen NJW 1991, 2376; Kutscheidt NVwZ 1987, 34; Lüke NJW 1978, 85; zT **aA** BVerfG DVBl 1991, 482 = NJW 1991, 1530, wo ohne nähere Begründung für die Entscheidung des Gerichts über den vorläufigen Rechtsschutz in einem Fall, in dem ein Grundrecht betroffen war, ein strengerer Maßstab verlangt wird als für die Entscheidung der Behörde.

schluß der aW[282] (so zB im Falle des § 212a BauGB)[283] sowie der Grundsatz der Verhältnismäßigkeit, letzterer insb auch hins der Schwere des Eingriffs u der Art des betroffenen Rechts des Bürgers (BVerfG DVBl 1991, 483 = NJW 1991, 1530). Durch Sonderregelungen wie **Art 16a Abs 4 S 1 GG** (BVerfG 94, 189ff; DVBl 1999, 1205) ist zT der durch das VG zu beachtende Prüfungsmaßstab näher konkretisiert. Auch Art 20a GG entfaltet zB bei der Interessenabwägung eine lenkende Wirkung (Ma NVwZ-RR 2003, 103).

153 Das Gericht muß bei der ihm im Vf nach § 80 Abs 5 obliegenden Interessenabwägung grds nicht nur die Interessen des ASt u des Ag berücksichtigen, sondern **auch alle in der Sache sonst betroffenen öffentlichen oder privaten Interessen,** insb auch die Interessen sonstiger Beteiligter (s näher oben 90ff). Eine **Ausnahme von diesem Grundsatz** gilt im Hinblick auf die Begründungspflicht gem Abs 3 jedoch für Gründe zugunsten der Vollziehbarkeit, **sofern die Behörde die Anordnung der Vollziehbarkeit nicht** gem § 80 Abs 3 ausdr **darauf gestützt hat.**[284]

154 Auf der Basis der Ansicht des EuGH (1991, I-415 = NVwZ 1991, 460) gelten **Sonderregeln** für die Aussetzungsentscheidung gem Abs 5 hins eines nationalen **VA, der auf einer Gemeinschaftsverordnung beruht.** Zur Sicherstellung einheitlicher Regeln in allen Mitgliedstaaten sollen die nationalen Gerichte den Vollzug derartiger VAe nur unter den Voraussetzungen aussetzen können, unter denen auch der Gerichtshof selbst dazu berechtigt wäre (EuGH NVwZ 1991, 461 Tz 26f). Danach darf ein nationales Gericht die Vollziehung eines auf einer Gemeinschaftsverordnung beruhenden nationalen VA nur aussetzen, wenn es **erhebliche Zweifel an der Gültigkeit der Gemeinschaftsverordnung** hat u die Frage nach der Gültigkeit, sofern der Gerichtshof mit ihr noch nicht befaßt ist, diesem selbst vorlegt (s dazu auch unten 164), wenn die **Entscheidung dringlich** ist u dem ASt ein **schwerer u nicht wiedergutzumachender Schaden** droht u wenn das Gericht das **Interesse der Gemeinschaft angemessen berücksichtigt.**[285] Im wesentlichen dieselben Voraussetzungen sollen auch für die eA nach § 123 gelten.[286] Diese in Anknüpfung an die Voraussetzungen des einstweiligen Rechtsschutzes nach den Art 242f EGV erfolgte Umformung des vorläufigen nationalen Rechtsschutzes bei Rechtsstreitigkeiten mit Gemeinschaftsrechtsbezug ist unter kompetenzrechtlichen Gesichtspunkten höchst problematisch, da es an einer gemeinschaftsrechtlichen Kompetenz hins des „Wie" des vorläufigen Rechtsschutzes beim Vollzug von Gemeinschaftsrecht durch nationale Gerichte fehlt (s näher Sch-Schoch 27ff vor § 80; Bedenken auch bei Kokott DV 1998, 338ff u v Danwitz DVBl 1998, 427) u sich daher aus diesem Grund eine Analogie zu Art 242, 243 EGV verbietet. Dies gilt um so mehr als diese partielle Umformung des nationalen vorläufigen Rechtsschutzes zwangsläufig zu Friktionen mit den nationalen Regelungen ohne gemeinschaftsrechtlichen Bezug führt (s hierzu Kokott DV 1998, 340; Sch-Schoch 29 vor § 80).

---

[282] S oben 114; BVerfG NVwZ 2004, 93; BVerwG NVwZ-RR 1999, 556; NVwZ 2005, 689; FfO NVwZ-RR 1998, 485; Huber NVwZ 2004, 915f; Schenke VBlBW 2000, 57 mwN; **aA** Mü NVwZ-RR 2003, 11; Debus NVwZ 2006, 49; Schoch Jura 2002, 46.

[283] Eingeh zur Bedeutung des § 212a BauGB Huber NVwZ 2004, 915f.

[284] Vgl Ks DÖV 1968, 255; 1974, 606; VG Hannover DVBl 1961, 37; Kopp VwGO-Rspr 156f; Schenke JZ 1996, 1163; **aA** Bln DÖV 1966, 347; RÖ-M. Redeker 52 aE; iE auch BVerwG DÖV 1969, 111: Aufrechterhaltung der Vollziehbarkeit ggf auch aus anderen Gründen als den dafür geltend gemachten; vgl allg auch oben 149.

[285] EuGH NVwZ 1991, 461 Tz 33; Jannasch NVwZ 1999, 497; Rohdert 217ff; Sandner DVBl 1998, 262ff; s auch v Danwitz DVBl 1998, 427; Stern JuS 1998, 775; krit zB Schenke VBlBW 2000, 64; Schoch DVBl 1997, 293ff.

[286] EuGH 1995, I-3787ff Tz 19ff – Atlanta = DVBl 1996, 247f; JZ 1997, 460 Tz 48 – T. Port m Anm Koenig/Zeiss; s auch 3u 16 zu § 123.

Berücksichtigung von behördlichen Ermessens- und Beurteilungsspielräumen sowie des Verhaltens der Behörde in der Sache: Bei Entscheidungen, die die Vollziehbarkeit von **VAen** betreffen, die ganz oder zT **im Ermessen der Behörde** stehen oder hins deren der Behörde ein gerichtlich nicht weiter überprüfbarer Beurteilungsspielraum zukommt (vgl 6 ff zu § 114), ist die hier vom Gesetzgeber der Behörde hins des VA in der Sache eingeräumte **Entscheidungsprärogative der Behörde** auch hins der Vollziehbarkeit bei der zu treffenden Abwägung zugunsten der Auffassung der Behörde zur Frage der Vollziehbarkeit des VA angemessen **zu berücksichtigen.** Vgl 30 a zu § 123. 155

Zu berücksichtigen ist bei der zu treffenden Abwägung immer **auch das Verhalten der Verwaltung, insb** ob diese sich ihrerseits ausreichend **um die gebotene rasche Klärung** des Falles **bemüht** hat bzw bemüht. Verletzt zB die Widerspruchsbehörde ihre im Hinblick auf die Vollziehbarkeit des VA bestehende **Verpflichtung zu möglichst rascher Entscheidung in der Hauptsache,** so ist idR das öffentliche Interesse an der sofortigen Vollziehung zu verneinen.[287] UU kann aber die **Notwendigkeit einer VzA auch erst später,** uU erst nach Jahren, entstehen, zB bei einer Abbruchverfügung, wenn nachträglich durch weitere Bebauung eines Gebiets unerträgliche Zustände eintreten (Mü BayVBl 1977, 249).

Regelungen, die **nicht oder nur schwer mehr rückgängig gemacht** werden können, wenn die Entscheidung der Hauptsache anders ausfällt, u die idS praktisch die **Hauptsacheentscheidung** mehr oder weniger **vorwegnehmen,** sind im Rahmen des vorläufigen Rechtsschutzes nur dann zulässig, wenn sie zur Gewährung effektiven Rechtsschutzes gem Art 19 Abs 4 GG schlechterdings notwendig sind (vgl Ks NVwZ-RR 1993, 390) u wenn außerdem auch ein **hoher Grad an Wahrscheinlichkeit auch für einen Erfolg im HauptsacheVf** spricht (vgl 13 zu § 123; die dort gemachten Ausführungen gelten auch hier analog). Wie oben in 125 ff dargelegt, sind deshalb in Fällen dieser Art idR auch **weitergehende Ermittlungen** hins der Erfolgsaussichten in der Hauptsache auch schon im Vf nach Abs 5 erforderlich. 156

Von Bedeutung ist auch die **Berücksichtigung der weiteren Folgen,** die sich dann ergeben würden, wenn die **aW nicht angeordnet** wird, zB daß bei einem Studiengebührenbescheid dessen Nichtbegleichung zur Exmatrikulation führt (BVerfG NJW 2006, 3551).

Entspr anwendbar ist auch im gerichtlichen Vf gem Abs 5 die **Sonderregelung für Abgaben u Kosten** gem Abs 4 S 3;[288] sie ist jedoch auch hier auf Abgaben u Kosten beschränkt u **auf sonstige Fälle nicht übertragbar** (vgl Schenke 1002 u näher oben 116 mwN, auch zur Gegenauffassung). 157

Das Gericht hat bei der ihm abverlangten Interessenabwägung auch die **Erfolgsaussichten der Klage** mit zu berücksichtigen, soweit sich diese bereits übersehen lassen.[289] Das ergibt sich nicht nur aus der Akzessorietät des vorläufi- 158

[287] Br NordÖR 2001, 507 – schleppende Behandlung eines GenehmigungsVf bei gewerberechtlicher Untersagungsverfügung; Mü BayVBl 1974, 343; s auch BVerfG 35, 177; DVBl 1974, 80: die Aufrechterhaltung der sofortigen Vollziehbarkeit wird in diesem Fall verfassungswidrig.

[288] Ms VRspr 25, 474; Lü DVBl 1976, 82; Ma NJW 1982, 2624.

[289] BVerfG 53, 54; NVwZ 1984, 429; NJW 2004, 2298 – von Verfassungs wegen nicht zu beanstanden, wenn bei der Interessenabwägung die Erfolgsaussichten in der Hauptsache maßgeblich auf Basis der stRspr des BVerwG geprüft werden; BVerwG DVBl 1974, 566; NJW 1990, 61; DÖV 1993, 433 – denn es ist nicht Sinn des vorläufigen Rechtsschutzes, Positionen einzuräumen, die einer Nachprüfung im KlageVf erkennbar nicht standhalten; NVwZ 1995, 587; NJW 1995, 2507 – summarische Prüfung; ebenso Ba LKV 1995, 119; Bln NVwZ 1995, 1009; Hbg NVwZ 1984, 256; Ma NVwZ 1995, 716; Mü BayVBl 1987, 561; 1988, 306 u 370; Ks HessVGRspr 1972, 18; NVwZ 1983, 247; 1986, 849; Lü DVBl

gen Rechtsschutzverfahrens, sondern auch aus den einfachgesetzlichen Vorschriften des § 80 Abs 4 S 3 (dazu, daß dieser aber keiner Analogie zugänglich ist, s oben 116) u des § 80b Abs 1 (s dazu auch 13 u 15 zu § 80b mwN). Freilich ist dabei zu beachten, daß dem Gericht im Hinblick auf die Eilbedürftigkeit der Entscheidung nur eine **summarische Überprüfung** möglich ist. Die summarische Überprüfung bezieht sich nicht nur auf die Tatsachenfeststellung, sondern auch auf Rechtsfragen (s auch 24 zu § 123).[290] Zu berücksichtigen sind die Erfolgsaussichten jedoch nicht nur bei Offensichtlichkeit.[291] **Umfangreiche Beweisaufnahmen** sind aber selbst bei schweren Eingriffen in Grundrechte idR **nicht geboten** (BVerfG GewA 1985, 17 – Atomrecht; Mü BayVBl 1985, 500 – Planfeststellung betr Straße). Allerdings muß sich das Gericht in derartigen Fällen in weitergehendem Umfang einen Überblick auch über die Prozeßaussichten verschaffen.[292] Kann eine zu **erwartende** spätere **Veränderung der Sach- oder Rechtslage** noch für die Hauptsacheentscheidung relevant werden, ist auch dies abwägungsbeachtlich (s auch Bln DÖV 1999, 169 u oben 147).

Je größer die Erfolgsaussichten der Klage sind, um so geringere Anforderungen sind an das Aussetzungsinteresse des ASt zu stellen. Je geringer umgekehrt die Erfolgsaussichten zu bewerten sind, um so höher müssen die erfolgsunabhängigen Interessen des ASt zu veranschlagen sein, um eine Aussetzung zu rechtfertigen (s auch Ma VBlBW 1997, 391). Insoweit bilden die Erfolgsaussichten mit den anderen hier bei der Interessenabwägung relevanten Gesichtspunkten ein **bewegliches System.**[293] **Kein öffentliches oder** hinreichendes **privates Interesse** am Vollzug eines VA – u damit auch kein besonderes Interesse iSv Abs 2 S 1 Nr 4 u Abs 3 – besteht, wenn der Vollzug des VA, der Gebrauch einer Erlaubnis usw nur unter Verstoß gegen die Rechtsordnung möglich wäre.[294]

1975, 193; 1977, 341; NJW 1980, 253; DÖV 1979, 797; NVwZ 1982, 110; Br NJW 1983, 1390; Ko NVwZ 1986, 393; Schl NVwZ-RR 1995, 252; Ipsen NJW 1978, 2570; Kutscheidt NVwZ 1987, 34; Martens DVBl 1985, 542; Schenke 1002; Weides NVwZ 1980, 202; **enger** Hbg DVBl 1975, 207 mwN: nur bei erheblicher Wahrscheinlichkeit sowie bei Vorhaben, die nicht oder nur schwer wieder rückgängig gemacht werden können; zu eng Mü BayVBl 1972, 166: die Entscheidung ist grds unabhängig von den Aussichten der Hauptsacheklage. Zum maßgeblichen Kriterium für die Entscheidung des Gerichts gem § 80 werden die Erfolgsaussichten der Klage nach Schoch, Vorläufiger Rechtsschutz 1293ff u Sch-Schoch 250ff, der hierbei allerdings die Interessenabwägung (wie schon an § 80 Abs 4 S 3 deutlich wird) zu einseitig an den Erfolgsaussichten orientiert; vorsichtiger wohl nunmehr Schoch Jura 2002, 45, wo auch auf das Dringlichkeitsinteresse abgestellt wird.

[290] BVerfG NJW 2004, 2298; Ms NVwZ-RR 1994, 617; tendenziell auch Kamp NWVBl 2005, 250; s auch zum entspr Problem iVm einer eA 24 zu § 123 mwN; **aA** Sch-Schoch 276 (rechtliche Prüfung des Sachverhalts ist vollständig u abschließend vorzunehmen).

[291] BVerfG NVwZ 1984, 429; Lü DVBl 1978, 20; Hbg DVBl 1975, 207; 1980, 486; Mü BayVBl 1978, 20, 21; Kutscheidt NVwZ 1987, 34; Schenke JZ 1996, 1158; Sch-Schoch 147; **aA** BVerfG VBlBW 1989, 130; Ma NVwZ-RR 1995, 659; NKVwGO-Puttler 86; Sauthoff NVwZ 1988, 698.

[292] BVerfG 69, 364; Lü NJW 1980, 253; DVBl 1961, 521; Hbg DVBl 1975, 207; Sa 12, 421; zu dieser Auffassung neigend auch Kühling, FachplanungsR 1988 Rn 557; zum Prüfungsumfang im asylrechtlichen EilVf s näher BVerfG 94, 192f; Groß/Kainer DVBl 1997, 1317f; Henkel NJW 1993, 2709; Lübbe-Wolff DVBl 1996, 825, 839; Rennert DVBl 1994, 722; Schoch DVBl 1993, 1166; Wollenschläger/Schraml JZ 1994, 68.

[293] Schenke 1002 f; JZ 1996, 1162; dazu der Sache nach tendierend auch FfO NJW 1998, 3513, LKV 2000, 163 u LKV 2001, 173, das sich für eine umfassende Interessenabwägung ausspricht u in diesem Zusammenhang auch der Rechtmäßigkeit oder Rechtswidrigkeit des VA Bedeutung beimißt; dazu, daß bei offensichtlichen Erfolgsaussichten eine Aussetzung geboten ist s BVerwG Buchh 402.45 Nr 19; Schl NVwZ 1992, 687; tlw anders 10. Aufl mwN.

[294] Ko NVwZ 1987, 246; Weides NVwZ 1987, 200; **aA** Kutscheidt NVwZ 1987, 33: nicht zu berücksichtigen.

Eine umfassende rechtliche Prüfung des im Hauptsacheverfahren[295] geltend gemachten Anspr als Bestandteil der Abwägung bereits im EilVf kann von Verfassungs wg ausnahmsweise dann geboten sein, wenn das einstweilige Rechtsschutz-Vf **vollständig die Bedeutung des HauptsacheVf übernimmt** u eine endgültige Verhinderung der Grundrechtsverwirklichung eines Beteiligten droht.[296] Bei der Folgenabwägung im Rahmen einer Entscheidung gem § 80 Abs 5 gegen den Sofortvollzug eines während des Wahlkampfs ausgesprochenen Versammlungsverbots ist zu berücksichtigen, daß die Behinderung einer Partei stets eine schwere Beeinträchtigung darstellt. Dies kann dazu führen, daß im Einzelfall die Gefahr der Begehung von Straftaten gem §§ 85, 86, 86a, 125 u 131 StGB hinzunehmen ist (BVerfG NJW 1998, 3631).

159 Kein öffentliches Interesse am Vollzug eines VA besteht ferner, wenn der **VA offensichtlich rechtswidrig** ist u dies mit einer subjektiven RVerletzung des Belasteten einhergeht.[297] Allerdings wird in einem solchen Fall die Verwaltung regelmäßig den offensichtlich rechtswidrigen VA zurücknehmen (wozu sie verpflichtet ist, s zB Schenke NVwZ 1993, 721), womit sich die Frage des Erlasses einer VzA gar nicht mehr stellt. **Fehlende Erfolgsaussichten** des Rechtsbehelfs in der Hauptsache können ebenso wie das Fehlen wichtiger oder dringlicher Interessen des Betroffenen an der aW allein das erforderliche besondere öffentliche Interesse – bzw Interesse eines betroffenen Dritten – weder begründen noch ersetzen.[298] Das gilt grds auch bei Offensichtlichkeit. Deshalb begründet auch die **offensichtliche Rechtmäßigkeit eines VA** für sich noch kein besonderes Interesse an der sofortigen Vollziehung.[299] Auch bei offensichtlicher Rechtmäßigkeit des VA ist zudem zu berücksichtigen, daß ein Widerspruch bei Ermessensentscheidungen auch aus Gründen der Zweckmäßigkeit Erfolg haben kann (Br NJW 1981, 1172). Gleichfalls allein nicht ausreichend für die Anordnung der sofortigen Vollziehbarkeit ist es, wenn der Rechtsbehelf aus anderen Gründen offensichtlich ohne Erfolgsaussichten ist,[300] obwohl in diesem Fall die Anforderungen an sonstige Vollzugsinteressen erheblich gemindert u eine VzA idR zulässig ist. Bei VAen mit Drittwirkung ist das überwiegende Interesse eines Beteiligten zu bejahen, wenn der von einem belasteten Dritten eingelegte Rechtsbehelf mit erheblicher Wahrscheinlichkeit erfolglos bleiben wird (Schl NordÖR 2000, 380).

160 **Bei der Berücksichtigung der schon überschaubaren Erfolgsaussichten** des Rechtsbehelfs in der Hauptsache bleiben Mängel, die **gem § 46 VwVfG** bzw den entspr Bestimmungen der LVwVfGe unbeachtlich sind, außer Betracht (Hoffmann JA 1979, 620). Dagegen sind **Mängel, die** gem § 45 VwVfG oder entspr Bestimmungen der LVwVfGe (s auch 22 zu § 113) **heilbar sind,** als Gesichtspunkte, die für die aW sprechen, zu berücksichtigen, solange

---

[295] Für eine eingehendere materiellrechtliche Überprüfung der Erfolgsaussichten im HauptsacheVf bei Eilentscheidungen, die Großvorhaben betreffen, Stüer/Hönig DVBl 2005, 953 ff; noch weitergehend u abzulehnen de Witt DVBl 2006, 292: Aussetzung nur, wenn sich ein durchgreifender Erfolg im HauptsacheVf abzeichnet; **aA** Schuster DVBl 2005, 1488.

[296] BVerfG 69, 363 f; NVwZ-RR 1999, 218; zu formal Ba NVwZ-RR 2006, 851, wonach iVm § 80 Abs 5 eine Vorwegnahme der Hauptsache konstruktiv ausgeschlossen sei.

[297] NJW 1995, 2505; Gr NVwZ-RR 1999, 591; Sa DÖV 1984, 861; Renck BayVBl 1991, 745; Sch-Schoch 147; Würt 532; s demgegenüber aber auch Mü NVwZ 1988, 749.

[298] BVerfG NVwZ 1982, 241; Mü NVwZ 1988, 745; Lü DVBl 1976, 81; Br DÖV 1980, 180; Ma NVwZ 1984, 451; **aA** Siegmund-Schultze DÖV 1976, 703.

[299] Ma VBlBW 1997, 391 mwN; Schl NVwZ 1992, 687; Ks NVwZ 1985, 918; Finkelnburg 860; Proppe JA 2004, 325; RÖ-M. Redeker 49; Sch-Schoch 254; **aA** Ba SächsVBl 1998, 35; Ma GewA 1995, 351; VG Chemnitz NVwZ 1999, 1375; Bosch/Schmidt § 50 IV 1.

[300] Ks DVBl 1992, 45; Mü BayVBl 1991, 724; Bln NJW 1970, 2077; Schenke JZ 1996, 1162; 10. Aufl 69; **aA** Ms NWVBl 1997, 108.

die Heilung noch nicht erfolgt ist.[301] Solche Mängel nötigen die Widerspruchsbehörde auch **nicht** zu einer **Befristung der aW** (Ko 1979, 606; Hoffmann JA 1979, 620; **aA** Ms NJW 1978, 1764); eine Befristung kann aber im Interesse der Rechtsklarheit zweckmäßig sein, wenn mit einer alsbaldigen Heilung zu rechnen ist. Im **Planfeststellungsrecht** sind solche **Mängel unbeachtlich,** die nach spezialgesetzlichen Regelungen **nicht erheblich sind** (zB **§ 75 Abs 1a S 1 VwVfG,** § 18e Abs 6 S 1 AEG; § 17e Abs 6 S 1 FStrG, § 10 Abs 8 S 1 LuftVG, § 29 Abs 8 S 1 PBefG, § 14e Abs 6 S 1 WaStrG), weil die Hauptsache hier keine Aussicht auf Erfolg hat (ThürVBl 1997, 66). Das gilt auch für die Wahl des falschen Verfahrens, so wenn eine Plangenehmigung an Stelle eines Planfeststellungsbeschlusses erging (Ma NVwZ 1999, 550; Kuhla NVwZ 2002, 544). **Anderes** gilt jedoch **für** nach diesen Bestimmungen **erhebliche Mängel,** auch wenn diese durch Planergänzung oder durch ein ergänzendes Vf behoben werden können (vgl jeweils S 2 der oben genannten Bestimmungen) u deshalb vorläufiger Rechtsschutz in analoger Anwendung des § 80 Abs 5 statthaft ist (NVwZ-RR 1997, 210; NVwZ 1998, 1070; Ma NVwZ 1999, 550; Kuhla NVwZ 2002, 545). Obwohl hier die Aufhebung des Planfeststellungsbeschlusses nach der Rspr ausgeschlossen ist, wird doch in der Hauptsache die Rechtswidrigkeit des Beschlusses u dessen Nichtvollziehbarkeit festgestellt (100, 372f = DVBl 1996, 908; DVBl 1997, 714; s dazu näher 32 zu § 42u 108 zu § 113), die der Sache nach meist auf eine auflösend bedingte verwaltungsgerichtliche Aufhebung hinausläuft. Die Frage, ob die nach § 47 VwVfG mögliche **Umdeutung** eines rechtswidrigen VA für die Entscheidung über die Aussetzung von Bedeutung ist, hängt von der Beantwortung der umstrittenen Frage ab, ob die Umdeutung **kraft Gesetzes eintritt** oder es hierzu **eines konstitutiven VA bedarf** (s dazu 79 zu § 113). Bejaht man letzteres, ist die Möglichkeit einer Umdeutung, solange diese noch nicht stattgefunden hat, für die Erfolgsaussichten einer Klage irrelevant. Nach erfolgter Umdeutung bedarf es deren Anfechtung (s 79 zu § 113). Ist der ASt mit seinen Einwendungen gegen einen Planfeststellungsbescheid präkludiert, so ist der Antrag nach § 80 Abs 5 jedenfalls unbegründet (Kuhla NVwZ 2002, 547).

Bei der Prüfung der Erfolgsaussichten des HauptsacheVf ist auch eine inzidente NK einer für die Beurteilung der Rechtmäßigkeit des VA relevanten Rechtsvorschrift dann nicht außer Acht zu lassen, wenn eine summarische Überprüfung der Rechtmäßigkeit der Rechtsvorschrift für deren Unwirksamkeit spricht; hier kommt eine Aussetzung des VA in Betracht (Ba SächsVBl 2000, 95; s auch We ThürVBl 2000, 59). Zur Berücksichtigung von Zweifeln hins der Verfassungsmäßigkeit bzw der Vereinbarkeit mit dem Gemeinschaftsrecht der anzuwendenden Rechtsvorschriften s unten 161ff. Das Vollzugsinteresse muß in jedem Fall, für sich genommen, hinreichend gewichtig u dringlich sein.

161 **ee) Vorlagepflichten. wg** der Vorläufigkeit der Entscheidungen nach § 80 Abs 5 u der idR gegebenen Eilbedürftigkeit **entfällt** grds auch die Verpflichtung des Gerichts zur **Vorlage nach Art 100 GG** im Vf nach Abs 5 an das BVerfG (bzw nach entspr Vorschriften des Landesrechts an das Landesverfassungsgericht), wenn das Gericht davon ausgeht, daß das dem angefochtenen VA zugrundeliegende formelle nachkonstitutionelle Gesetz (weitergehend zT noch landesrechtliche Bestimmungen, die auch für untergesetzliche landesrechtliche Vorschriften eine Verwerfungsbefugnis vorsehen, s dazu 106 zu § 47) verfassungswidrig sei.[302]

---

[301] Ko DÖV 1979, 606; Ms NJW 1978, 1764; Hoffmann JA 1979, 620; Schenke VBlBW 2000, 60; **aA** Br DVBl 1984, 1181 zu Mängeln, die voraussichtlich geheilt werden. Zur konstitutiven Wirkung der Umdeutung nach § 47 VwVfG Schenke DVBl 1987, 645f.

[302] Vgl BVerfG NJW 1992, 2750; NVwZ 1992, 360; BVerwG 50, 130; BFH NJW 1984, 1488 – zur Investitionshilfeabgabe; Ms NJW 1979, 333; 1987, 1507; WissR 1981, 273;

In diesem Fall ist das Gericht zwar im **HauptsacheVf verpflichtet, das Vf auszusetzen** u die Entscheidung des BVerfG bzw des Landesverfassungsgerichts einzuholen; dies gilt grds aber nicht in Vf des vorläufigen Rechtsschutzes. Das legt schon das in Art 19 Abs 4 GG enthaltene Prinzip der Effektivität des Rechtsschutzes nahe, das bei einer Anwendung des Art 100 GG auf das vorläufige RechtsschutzVf wg des hiermit verbundenen Zeitverlustes erheblich beeinträchtigt wäre. Da der ASt eines Vf nach § 80 Abs 5 nicht Beteiligter des prinzipalen NK-Vf gem Art 100 GG vor den Verfassungsgerichten ist, vermag er auch keinen wirksamen verfassungsgerichtlichen vorläufigen Rechtsschutz (zB über § 32 BVerfGG) zu erreichen. Gegen eine Anwendung des Art 100 GG auf das Vf nach § 80 Abs 5 spricht vor allem aber, daß bereits **schwerwiegende Zweifel an der Verfassungsmäßigkeit eines Gesetzes** u damit auch hins **des auf ihm basierenden VA die gerichtliche Aussetzung gem § 80 Abs 5 rechtfertigen,** hier aber Art 100 GG schon tatbestandsmäßig nicht anwendbar ist, weil er mehr als nur Zweifel des Gerichts verlangt. Dann kann aber konsequenterweise **(mangels Entscheidungserheblichkeit der Verfassungswidrigkeit)** nichts anderes gelten, wenn sich die Zweifel des Gerichts an der Verfassungsmäßigkeit des Gesetzes zur Überzeugung seiner Verfassungswidrigkeit verdichtet haben.

Fraglich kann allerdings die Behandlung von Fällen sein, in welchen im vor- 162
läufigen RechtsschutzVf im Einzelfall die **Hauptsache vorweggenommen** würde. Hier soll nach Ansicht des BVerfG das Verwaltungsgericht an der Gewährung des vorläufigen Rechtsschutzes gehindert sein, solange nicht das Verfassungsgericht aufgrund einer Vorlage nach Art 100 GG entschieden hat.[303] ZT wird bei einer solchen Konstellation neben der Verpflichtung zur Vorlage der Norm nach Art 100 GG aber auch gleichzeitig – insoweit abweichend vom BVerfG – die Befugnis des Verwaltungsgerichts befürwortet, bereits vor der Entscheidung des BVerfG eine vorläufige Regelung zu treffen (s Frankfurt NVwZ-Beil 1994, 43; Mü DVBl 1994, 63; Th. Schmitt 301 ff). Beide Ansichten vermögen nicht zu überzeugen. Die Ansicht des BVerfG müßte dazu führen, daß ausgerechnet in den Fällen, in denen eine Entscheidung im vorläufigen Rechtsschutz (und damit regelmäßig auch deren Unterlassung) den Hauptsacherechtsschutz vorwegnimmt, **ein vorläufiger u damit faktisch zugleich ein endgültiger Rechtsschutz versagt** würde.[304] Nicht ganz zu folgen ist aber auch der Ansicht, die sich für eine Koppelung einer vorläufigen Rechtsschutz gewährenden Entscheidung mit einer gleichzeitigen Vorlagepflicht ausspricht. Wird durch eine vorläufige Nichtanwendung des Gesetzes im Einzelfall die Hauptsache vorweggenommen, kommt diesem Aspekt nur insofern Bedeutung zu, als sich hieraus eine Verpflichtung des Gerichts ergibt, die Prüfung der Verfassungsmäßigkeit des

---

DVBl 1981, 588; NVwZ 1992, 1227; Mü DÖV 1987, 32; BayVBl 1987, 84; Bln NVwZ 1992, 1227; 1995, 927; Sachs JuS 1993, 419; v Mutius VerwA 1977, 207; Ey-J. Schmidt 82; RÖ-M. Redeker 50; Fuchsloch NVwZ 1991, 443 mwN; Maunz/Schmidt-Bleibtreu BVerfGG 253 zu § 80 BVerfGG; v Pestalozza NJW 1979, 1341; Pietzcker, Heymanns-Verlag-FS 1995, 623 ff; Rudolph/Rasehorn JA 1991, 161; Schenke 1005; eingeh Th. Schmitt; Sch-Schoch 268; Schoch Jura 2000, 45; **aA** – Verpflichtung zur Vorlage: Ma DÖV 1976, 679; v Pestalozza JuS 1978, 312; Heinze DÖV 1969, 267; Klückmann DÖV 1977, 324; Finkelnburg 328.

[303] BVerfG 86, 389 = NJW 1992, 2750: Das Gericht sei nicht gehindert, vor der im HauptsacheVf einzuholenden Entscheidung des BVerfG vorläufigen Rechtsschutz zu gewähren, „wenn dies nach den Umständen des Falles im Interesse eines effektiven Rechtsschutzes geboten erscheint u die Hauptsache dadurch nicht vorweggenommen wird". S teilw schon früher BVerfG 46, 51; 63, 141 f.

[304] Krit zu Recht auch Th. Schmitt 290 ff; s auch Ma RsprD-LS 171/1991, demzufolge gerade in solchen Fällen geboten sei, daß sich das Verwaltungsgericht „ausnahmsweise über das Verwerfungsmonopol des BVerfG hinwegsetzen darf".

Gesetzes so schnell wie möglich **voranzutreiben,** um auf diese Weise **im HauptsacheVf ggf gem Art 100 GG** eine konkrete verfassungsgerichtliche Normenkontrolle zu **initiieren.** Werden allerdings gravierende gesetzgeberische Interessen durch eine Vorwegnahme der Hauptsache betroffen, kann sich zudem im Einzelfall ergeben, daß erst dann, wenn das VG von der Verfassungswidrigkeit eines Gesetzes überzeugt ist, eine auf Vorwegnahme der Hauptsache hinauslaufende Maßnahme des vorläufigen Rechtsschutzes statthaft ist. In diesem Fall liegen in der Tat die tatbestandlichen Voraussetzungen für eine Vorlage gem Art 100 GG **bereits iVm dem vorläufigen RechtsschutzVf** vor. Verfassungsrechtliche Konkordanz zwischen dem Art 100 GG u dem Art 19 Abs 4 GG ist hier in der Weise herzustellen, daß das **Gericht zwar verpflichtet** ist, **gem Art 100 GG auszusetzen,** es aber **gleichzeitig** bereits in der Lage sein muß, **vorläufigen Rechtsschutz gem § 80 Abs 5** zu gewähren (s auch in diese Richtung – allerdings weitergehend – Th. Schmitt 301 ff). Eine solche Lösung liegt auch auf der Linie einer heute schon zu einer ähnlichen Konstellation verschiedentlich vertretenen Ansicht: Setzen Maßnahmen im Bereich des vorläufigen Rechtsschutzes ausnahmsweise die **Überzeugung des Gerichts von der Ungültigkeit eines Gesetzes** voraus u ist über diese **nicht im HauptsacheVf zu befinden** (wie zB bei § 34 a Abs 2 AsylVfG), so kann das Gericht zwar zunächst zur **Gewährung vorläufigen Rechtsschutzes verpflichtet** sein, gleichzeitig hat es aber **nach Art 100 GG auszusetzen.**[305]

163 Im Fall der **Gemeinschaftsrechtswidrigkeit nationalen Rechts** besteht dagegen – auch im HauptsacheVf – für jedes nationale Gericht eine Prüfungs- u Verwerfungskompetenz, so daß auch bei nachkonstitutionellem formellem Gesetzesrecht Art 100 GG keine Anwendung findet (BVerfG 31, 174 f; 82, 191; Mögele BayVBl 1993, 554; Jarass DVBl 1995, 960).

164 **Vorlage nach Art 234 EGV:** Soweit die Entscheidung im AussetzungsVf von der Auslegung von Gemeinschaftsrecht oder von der Gültigkeit von Gemeinschaftsrecht abhängt, ist nach der heutigen Ansicht des EuGH hins der Vorlagepflicht gem Art 234 EGV wie folgt zu differenzieren: bei **Auslegungsfragen** besteht in vorläufigen RechtsschutzVf lediglich eine Vorlageberechtigung, **keine Verpflichtung,** auch wenn die betr gerichtliche Entscheidung nicht mehr mit RMittel angegriffen werden kann. Allerdings muß für jede Partei die Möglichkeit bestehen, ein Hauptsacheverfahren, in dem die im summarischen Vf entscheidenden Fragen erneut geprüft werden u den Gegenstand einer Vorlage nach Art 234 EGV bilden können, entweder selbst einzuleiten oder dessen Einleitung zu verlangen (EuGH NJW 1977, 1585; 1983, 2751; KG EuZW 1994, 544 mwN). **Anderes** gilt in teilweiser Abkehr von den früheren Entscheidungen bei Aussetzungsentscheidungen gem § 80 Abs 5 hins eines auf sekundärem Gemeinschaftsrecht beruhenden nationalen VA, soweit **erhebliche Zweifel an der Gültigkeit** des sekundären Gemeinschaftsrechts bestehen. Hier ist das nationale Gericht generell **zur Vorlage** an den EuGH **verpflichtet.**[306] Zugleich ist es dem nationalen Gericht aber nicht versagt, die Vollziehung des VA auszusetzen, sofern es erhebliche Zweifel an der Gültigkeit des Gemeinschaftsrechts hat, die Entscheidung dringlich ist, dem ASt ein schwerer u nicht wiedergutzumachender Schaden droht u das Interesse der Gemeinschaft angemessen berücksichtigt wird.[307] Dieselben Grundsätze gelten auch bei einer eA nach § 123; s 16 zu § 123.

---

[305] FfO NVwZ-Beil 1994, 43; Pietzcker, Heymanns-Verlag-FS 1995, 631; Schenke 1093 u JZ 1996, 1168; Sch-Schoch 268.

[306] EuGH NVwZ 1991, 460; Jannasch NVwZ 1999, 496; Stern JuS 1998, 772; s auch 21 zu § 94 u 16 zu § 123; krit Schenke VBlBW 2000, 65; Sch-Schoch 269 ff.

[307] EuGH NVwZ 1991, 460 – Zuckerfabrik Süderdithmarschen; Schlemmer-Schulte EuZW 1991, 308 f; Finger JA 2005, 232; Pietzcker, Heymanns-FS 1995, 625, 633 f; Koch

165 **ff) Überwiegendes Aussetzungsinteresse.** Kommt das Gericht bei der ihm nach § 80 Abs 5 verlangten Interessenabwägung zum Ergebnis, daß das **Interesse des ASt an der Anordnung bzw Wiederherstellung der aW das öffentliche Interesse** (sowie evtl auch das Interesse Dritter bei VA mit Drittwirkung) am sofortigen Vollzug **überwiegt,** so folgt aus dem verfassungsrechtlichen Gebot der Effektivität des Rechtsschutzes (dazu BK-Schenke 415 zu Art 19 Abs 4 GG), daß **hins des „Ob" des vorläufigen Rechtsschutzes kein Ermessen** besteht.[308] Ein **Ermessen ist nur bzgl des „Wie"** (insb Art u Höhe der Sicherheitsleistungen bzw anderer Auflagen u Befristungen gem § 80 Abs 5 S 4 u 5)[309] eingeräumt. Ist es mit Hilfe von Sicherheitsleistungen oder anderen Einschränkungen möglich, Hindernisse, die einer positiven Entscheidung nach § 80 Abs 5 bzw § 80a Abs 3 iVm § 80 Abs 5 entgegenstehen, auszuschalten u erklärt sich der ASt bereit, diese Einschränkungen zu akzeptieren, ist eine völlige Ablehnung eines Antrags gem § 80 Abs 5 nicht zu rechtfertigen.

166 **Fehlen eines überwiegenden Aussetzungsinteresses in den Fällen des § 80 Abs 2 Nr 1–3 u § 80b Abs 1:** In diesen Fällen (s näher auch 15 zu § 80b) bleibt es im Hinblick auf die hier getroffene gesetzliche Entscheidung für die grdse Vollziehbarkeit des VA, die **nur bei** überwiegendem Interesse des Belasteten an der Suspendierung des VA keine Geltung beansprucht, beim Entfallen der aW (s auch oben 114).[310]

167 **Fehlen eines überwiegenden Aussetzungsinteresses im Falle des § 80 Abs 2 S 1 Nr 4:** Soweit hier kein überwiegendes Interesse des durch einen VA mit Drittwirkung Begünstigten besteht oder im Hinblick auf das sonstige Gewicht von Vollziehungsinteressen eine Ermessensschrumpfung auf Null vorliegt (s oben 102f), hat das Gericht einen Ermessensspielraum. Ist die VzA allerdings aus formellen oder materiellen Gründen rechtswidrig, ist selbst dann die aW wiederherzustellen, wenn es an einem überwiegenden Interesse des Belasteten an der Suspendierung des VA fehlt (s oben 149).

168 **e) Die Entscheidung des Gerichts.** Anträge auf vorläufigen Rechtsschutz, zB nach § 80 Abs 5, sind auf der Grundlage eines in jeder Weise beschleunigten Vf mit entspr verkürzten Äußerungsfristen u vorgezogener Terminierung grds umgehend zu bescheiden (BVerfG NVwZ-RR 2001, 695, vgl auch LSG Bayern NVwZ-RR 2001, 695f). Die Gerichte haben den besonderen Merkmalen des EilVf nicht nur durch die Terminierung, sondern auch durch die Gerichtsorganisation Rechnung zu tragen. Die Gewährleistung vorläufigen Rechtsschutzes kann nicht nur durch die Überlastung einzelner Richter, sondern auch durch die Änderung der Geschäftsverteilung nach Durchführung der mV in einem EilVf erheblich beeinträchtigt werden (BVerfG NVwZ-RR 2001, 695). **Die Entscheidung des Gerichts** gem Abs 5 ergeht, auch wenn eine mV stattgefunden hat, immer durch **Beschluß** (vgl Abs 7), der grds zu **begründen** (§ 122 Abs 2 S 2) u zuzustellen ist (vgl NVwZ 1990, 376: in Eilfällen auch durch Telefax, Telex oder Teletex, die insoweit als Ausfertigung genügen). Der Beschluß kann,

---

NJW 1995, 2331; Th. Schmitt 366ff; **krit** Sandner DVBl 1998, 262ff; Schenke VBlBW 2000, 65; Sch-Schoch 269ff; Schoch Jura 2002, 45; Nettesheim, Grabitz-GS, 462f; s auch oben 154.

[308] Hufen § 32, 41 – nicht ganz eindeutig; NKVwGO-Puttler 138; Renck BayVBl 1994, 165; Renner MDR 1979, 890; Schenke 1004; Schoch, Vorläufiger Rechtsschutz, 1393ff; Sch-Schoch 66 vor § 80; Sellner, Lerche-FS 822f; Timmler 163ff; **aA** Ks 40, 298; Lü DVBl 1976, 82; Mü NJW 1983, 838; 10. Aufl 75; P § 57, 23; mit Einschränkungen RÖ-M. Redeker 52.

[309] S auch NKVwGO-Puttler 139 sowie Schenke 1004 u Sch-Schoch 66 vor § 80 u 292ff.

[310] Buchh 310 § 80 VwGO Nr 57; Ks DVBl 1992, 45; Ms DVBl 1990, 720; NWVBl 1993, 108; Sa DÖV 1993, 124; Schenke JZ 1996, 1163; s auch Ko NVwZ 1992, 280.

wenn die Eilbedürftigkeit der Sache es erfordert (Art 19 Abs 4 GG), vorweg durch **Bekanntgabe des Tenors** durch die Geschäftsstelle oder durch den Vorsitzenden nach § 173 S 1 mit § 329 Abs 2 S 1 ZPO (analog) **auch formlos,** zB telefonisch, mitgeteilt werden.[311] Die nach § 56 Abs 1 erforderliche **Zustellung** ist dann **alsbald nachzuholen;** erst sie setzt die **Rechtsmittelfristen** in Lauf (Ma NVwZ 1986, 489).

169 Das Gericht kann die Anordnung u Wiederherstellung der aW auch tlw aussprechen (Abs 5 S 1). So ist zB bei der Anfechtung einer Baugenehmigung durch einen Nachbarn, obwohl sich diese idR nicht nur auf Teile der Baugenehmigung bezieht,[312] auch eine **Teilaussetzung** der Baugenehmigung möglich. Die Aussetzung kann sich dabei uU auf die Teile der Baugenehmigung beschränken, die nachbarschützende Bestimmungen verletzen.[313] Das muß jedenfalls sicher in den (allerdings seltenen) Fällen gelten, in denen die Baugenehmigung nur tlw angefochten wurde (We BRS 57 Nr 221), denn bei einer Teilanfechtung kann der Rechtsschutz im vorläufigen RechtsschutzVf nicht weiter reichen als im Hauptsacheverfahren. Eine Teilaussetzung erscheint aber auch in den Fällen nicht generell ausgeschlossen, in denen die Baugenehmigung insgesamt angegriffen wurde. Das ergibt sich schon daraus, daß im Rahmen des vorläufigen Rechtsschutzes auch solche Regelungen zulässig sind, die im HauptsacheVf nicht getroffen werden können,[314] sofern sie nur inhaltlich im Verhältnis zur Vollaussetzung ein Minus darstellen.[315] Zumindest muß eine Teilaussetzung in Anlehnung an den Rechtsgedanken des § 44 Abs 4 VwVfG aber jedenfalls dann als zulässig angesehen werden, wenn der restliche Teil der Baugenehmigung für sich Bestand haben kann, bei summarischer Prüfung nicht gegen die Rechtsordnung verstößt u der Bauherr bei (tlw) Rechtswidrigkeit der ihm erteilten Baugenehmigung noch an der Durchführung des Baus insofern ein Interesse besitzt, als dies rechtlich nicht zu beanstanden ist (vgl auch 16 zu § 113). Verneint der Bauherr ein solches Interesse, so besteht für ihn die Gefahr, daß die Genehmigung in vollem Umfang ausgesetzt wird, während bei seiner Bejahung des Interesses eine völlige Aussetzung der Baugenehmigung gegen das Übermaßverbot verstoßen kann. Ergeht bzgl eines VA, der einen vorher ergangenen VA ergänzt oder modifiziert, eine Entscheidung nach § 80 Abs 5, so liegt hierin nicht automatisch eine Abänderung des Aussetzungsbescheids gem § 80 Abs 7 hins des zunächst ergangenen VA (Ms NVwZ-RR 1999, 478).

Das Gericht kann ferner die Wiederherstellung der aW u – über den Wortlaut von Abs 5 **S 4** hinaus – ebenso die Anordnung der aW von einer Sicherheitsleistung oder einer **Auflage** abhängig machen. Str ist, ob Auflagen nur bei stattge-

---

[311] Ms DÖV 1996, 1009 f; VG Wiesbaden NVwZ 1988, 91; Clausing JuS 2000, 63; Korber NVwZ 1983, 85; RÖ-M. Redeker 61; Sch-Schoch 357; **aA** Ko DVBl 1999, 1001; NKVwGO-Czybulka 19 zu § 56.

[312] S 16 zu § 113; Ma VBlBW 1983, 267; Sa BRS 56 Nr 184, S. 474; **aA** Bln NVwZ 1993, 593.

[313] We BRS 57 Nr 221; noch weiterreichend Bln BRS 55 Nr 121, S. 332, wonach generell nur eine Aussetzung hins der Teile der Baugenehmigung zulässig sein soll, die nachbarschützende Bestimmungen betreffen; **aA u** grds generell gegen eine Teilaussetzung Sa BRS 56 Nr 184, S. 474; Mampel BauR 2000, 1817 ff.

[314] Nicht ausreichend beachtet wird dies von Mampel BauR 2000, 1819, wenn er aus dem Umstand, daß der Bauherr nur den Antrag auf Genehmigung des uneingeschränkten Bauvorhabens gestellt hat, folgert, damit sei eine tlw Aussetzung der Baugenehmigung ausgeschlossen, weil der Bauherr an dem verbleibenden Restbau möglicherweise gar kein Interesse mehr habe.

[315] Deutlich wird diese Unabhängigkeit der Aussetzungsentscheidung von der sich nach materiellem Recht richtenden Hauptsacheentscheidung an § 80 Abs 5 S 4 sowie daran, daß den Anordnungen im Rahmen des vorläufigen Rechtsschutzes grds keine materiellrechtlichen Anspr korrespondieren (s auch 3 zu § 123).

benden oder auch bei ablehnenden Entscheidungen zulässig sind. Die hM bejaht zu Recht die Zulässigkeit von Auflagen nicht nur (in dem in § 80 Abs 5 S 4 unmittelbar geregelten Fall) iVm Aussetzungsentscheidungen, sondern auch bei der Ablehnung einer Aussetzungsentscheidung,[316] wobei hier diese Auflagen freilich nicht dem ASt, sondern dem Ag aufzuerlegen sind. Deren Zulassung in entspr Anwendung des § 80 Abs 5 S 4 stellt den Betroffenen besser als bei einer völligen Ablehnung seines Aussetzungsantrags, liegt ebenso wie die in § 80 Abs 5 S 4 vorgesehene Aussetzung unter Auflagenerteilung zwischen den Polen einer völligen Begründetheit bzw Unbegründetheit des Aussetzungsantrags u erweist sich uU als das einzige Mittel, um einen entspr Ausgleich zwischen den Interessen des ASt an effektivem Rechtsschutz u dem staatlichen Vollziehungsinteresse herzustellen. Eine Verweisung auf die Möglichkeit eines Rechtsschutzes über § 123 zur Erzielung dieses Ergebnisses scheidet aus (nicht überzeugend daher Sch-Schoch 297 u Lü GewA 1998, 336); eine eA kommt lediglich dann in Betracht, wenn nach Bestandskraft des VA ein geltend gemachter Rücknahmeanspr vorläufig gesichert werden soll. Freilich legt gerade letzteres nahe, dem durch einen VA Belasteten vor Bestandskraft des VA einen entspr vorläufigen Rechtsschutz auf dem hier einzig gangbaren Weg des § 80 Abs 5 einzuräumen. Unter **Auflagen** iSv Abs 5 S 4 sind nicht selbständig vollstreckbare Anordnungen wie nach § 36 Abs 2 Nr 4 VwVfG zu verstehen, sondern „spezielle, auf die Zwecke des gerichtlichen AussetzungsVf zugeschnittene Nebenbestimmungen".[317] Sie sind nur als Teil der nach Auffassung des Gerichts gebotenen vorläufigen Regelung, nicht auch zu sonstigen Zwecken, zulässig (Ma NJW 1985, 449); Entsprechendes gilt für sonstige Nebenbestimmungen im Rahmen eines Anordnungsbeschlusses nach Abs 5. Eine nur im Hinblick auf ein mögliches Unterliegen in zweiter Instanz erfolgte Anordnung einer Sicherheitsleistung stellt ggü der erstinstanzlich sowohl im HauptsacheVf wie im vorläufigen RechtsschutzVf obsiegenden Partei eine nicht zu rechtfertigende Übersicherung dar (Bln NVwZ-RR 2005, 761). Zu den Rechtsfolgen bei Nichterfüllung von Auflagen, insb zur dann idR veranlaßten Änderung der vom Gericht nach Abs 5 oder § 80 a Abs 3 getroffenen Regelung gem Abs 7 s unten 205 ff. Entstehen einer Behörde durch Amtshandlungen in Befolgung einer Auflage iSv Abs 5 Auslagen, so handelt es sich dabei um Kosten für ein Vf über die Anordnung der sofortigen Vollziehung bzw über die Aussetzung der Vollziehung nach § 80 (Mü NVwZ-RR 1991, 159). Neben der Auflage kommt gem **Abs 5 S 5** auch eine **Befristung** der Wiederherstellung der aW wie auch – über den Wortlaut hinaus – der Anordnung der aW in Betracht.

Zulässig sind auch **Zwischenregelungen** (**Zwischenverfügungen** bzw sog **Hängebeschlüsse**), insb – jedoch nicht nur –, wenn der Antrag nach Abs 5 nicht offensichtlich aussichtslos ist, weil die für die Vollziehbarkeit sprechenden Gründe eindeutig u nach dem bereits überschaubaren Sachverhalt unzweifelhaft überwiegen, anderseits aber sonst zu befürchten ist, daß bis zur Entscheidung gem § 80 Abs 5 vollendete Tatsachen geschaffen werden.[318] Solche Hängebeschlüsse sollen die Zeitspanne zwischen dem Eingang des Antrags auf vorläufigen **170**

---

[316] Br NVwZ 1985, 55; Lü NJW 1978, 2523; Ma NJW 1987, 1717; BWVPr 1990, 64; Mü NVwZ-RR 1991, 159; Bosch/Schmidt § 52 I 3; **aA** Sch-Schoch 297 u wohl auch Lü GewA 1998, 336.

[317] Ma NJW 1984, 1369; ähnlich Mü BayVBl 1978, 182; NVwZ-RR 1991, 159; Br DVBl 1984, 1181.

[318] NVwZ-RR 1997, 208 (Rechtfertigung einer „Zwischenlösung" durch Plangenehmigung); Bln NVwZ-RR 1999, 212; Hbg NVwZ 1989, 479; Ma NVwZ 1985, 922; VBlBW 1987, 26; Mü NVwZ 1982, 686; Sa NVwZ-RR 1993, 391; Guckelberger NVwZ 2001, 277; MacLean LKV 2001, 107 ff; RÖ-M. Redeker 54 **aA** Sch-Schoch 242, der hierfür im Hinblick auf § 80 Abs 7 kein Bedürfnis sieht.

Rechtsschutz u der Eilentscheidung des Gerichts überbrücken u verhindern, daß bis dahin vollendete Tatsachen geschaffen werden (Guckelberger NVwZ 2001, 276 mwN). Obwohl Hängebeschlüsse in der VwGO nicht ausdr vorgesehen sind, ergibt sich ihre Notwendigkeit unmittelbar aus dem in Art 19 Abs 4 GG enthaltenen Prinzip der Effektivität des Rechtsschutzes,[319] da ohne sie ein wirksamer Rechtsschutz häufig nicht möglich wäre. Sie lassen sich unter Zugrundelegung der gängigen Interpretation des § 80 Abs 5 auf diesen nicht stützen, da dem Gericht keine ausreichende Zeit für die Überprüfung des Vorliegens einer Aussetzungsmöglichkeit nach dieser Vorschrift bleibt. Zudem paßt § 80 Abs 7, welcher die Änderbarkeit von Beschlüssen nach § 80 Abs 5 zum Gegenstand hat, nicht auf Hängebeschlüsse, welche von vorneherein unter der auflösenden Bedingung einer Entscheidung nach § 80 Abs 5 ergehen. Die Möglichkeit der Änderung einer zunächst nach § 80 Abs 5 getroffenen Entscheidung nach Abs 7 läßt das Bedürfnis für eine solche Zwischenentscheidung nicht entfallen,[320] da die Befugnis, auf eine Änderung einer nach Abs 5 S 1 getroffenen, nicht als Zwischenentscheidung erlassenen Entscheidung hinzuwirken, **durch § 80 Abs 7 S 2 beschränkt** ist. Das Gericht hat seine Entscheidung **auf die dringendsten Maßnahmen zu beschränken,** um Zeit zu gewinnen, bis es den Fall besser überblicken kann (s auch Lü NVwZ 1987, 75; Mü NVwZ 1982, 686). Nur wenn sich über den gesetzlich geregelten vorläufigen Rechtsschutz dem Prinzip der Effektivität des Rechtsschutzes nicht ausreichend Rechnung tragen läßt, weil durch die Vollziehung des VA (irreparable) vollendete Tatsachen geschaffen werden, sind zeitlich eng beschränkte Hängebeschlüsse statthaft[321] u müssen, wenn aus der ex-ante-Sicht des Gerichts im Moment der Entscheidung kein überwiegendes Vollziehungsinteresse besteht, sogar ergehen (**aA** 12. Aufl). Geht man davon aus, daß dort, wo die Vollziehung eines VA zu irreparablen Beeinträchtigungen führt, die Behörde uU die Pflicht trifft, solange über einen Antrag gem § 80 Abs 5 noch nicht entschieden worden ist, zunächst von Maßnahmen des **Verwaltungszwangs abzusehen** (BVerfG NJW 1987, 2219; Ms EzAR 622 Nr 24, S 2) u bestehen keine Anhaltspunkte dafür, daß sie sich dieser Pflicht entziehen will, sind Hängebeschlüsse grds unstatthaft. Dasselbe gilt, wenn die Verwaltung zusagt, den VA nicht alsbald zu vollziehen (Ks NVwZ 2000, 1318; Guckelberger NVwZ 2001, 277 mwN; Krämer 173). Zur umstr Frage der Anfechtbarkeit von Hängebeschlüssen s 11 zu § 146. Zum Rechtsschutz des Betroffenen bei Untätigkeit des Gerichts u rechtswidriger Unterlassung einer fristgemäßen Entscheidung über einen Antrag nach § 80 Abs 5 s 32 zu § 146.

171 **f) Geltungsdauer der durch das Gericht angeordneten oder wiederhergestellten aW.** Die aW kann mit Wirkung für die Vergangenheit angeordnet werden u hat dann denselben Effekt wie der Eintritt des Suspensiveffekts, der ebenfalls mit Wirkung für die Vergangenheit erfolgt. Soweit sich aus der gerichtlichen Entscheidung nichts anderes ergibt, ist von einer rückwirkenden Anordnung bzw Wiederherstellung der aW auszugehen.[322] Das wird insb dann bedeutsam, wenn auf der Basis des VA bereits in der Vergangenheit Vollziehungshandlungen oder sonstige belastende Verwaltungsmaßnahmen vorgenommen wurden, zB Säumniszuschläge verhängt wurden (vgl auch Gr NVwZ-RR 2004, 797). Die vom Gericht durch Beschluß angeordnete bzw wiederhergestellte **aW endet,**

---

[319] Bln NVwZ-RR 1999, 212; Hbg DÖV 1988, 887; Ms NVwZ 1999, 785; Sa NVwZ-RR 1993, 391; Guckelberger NVwZ 2001, 277; Krämer 173; Kuhla/Hüttenbrink J 147; MacLean LKV 2001, 108; Würt 528.

[320] So aber Sch-Schoch 242, vgl auch Ms NVwZ-RR 2000, 726, das auch bei einer Zwischenregelung von einer Interessenabwägung nach Maßgabe des § 80 Abs 5 ausgeht.

[321] Hbg NVwZ 1989, 479; Guckelberger NVwZ 2001, 277; NKVwGO-Puttler 167.

[322] Ba NVwZ-RR 2007, 54; Lü NVwZ 1990, 271; Ma NVwZ-RR 1992, 510; Ms DÖV 1983, 1025; Sch-Schoch 362.

soweit im Beschluß insoweit nichts anderes bestimmt ist (was möglich ist, s oben 169), auch ohne ausdr entspr Beschränkung durch das Gericht, mit dem Eintritt der Unanfechtbarkeit oder gem § 80b, wenn die Anfechtungsklage im ersten Rechtszug abgewiesen worden ist, drei Monate nach Ablauf der gesetzlichen Begründungsfrist des gegen die abweichende Entscheidung gegebenen RMittel (§ 80b Abs 1 HS 2). Sofern § 80b Abs 1 S 2 nicht zu einem früheren Ende der aW führt, entfällt die aW damit bei Eintritt der RKraft eines die Klage in der Hauptsache abweisenden Urteils oder mit Klagerücknahme bzw mit Erledigung der Hauptsache gem § 161 Abs 2 (s zur Hauptsacheerledigung auch Mü BayVBl 1992, 245), **außerdem** auch, weil sie dadurch gegenstandslos wird, **mit der rechtskräftigen Aufhebung des VA** durch Urteil **oder** mit **Rücknahme** oder Widerruf des VA **durch die Behörde** selbst (sofern die Vollziehbarkeit der Rücknahme oder des Widerrufs nicht ihrerseits nach § 80 oder § 80a aufgeschoben wird) oder bei einer anderweitigen Erledigung (Ms NVwZ-RR 1999, 477).

g) Bindungswirkung der Entscheidung nach Abs 5. Eine Anordnung oder die Herstellung der aW **bindet** im Umfang der Entscheidung die am Vf **Beteiligten** (Lü NVwZ-RR 1995, 376; Mü DVBl 1999, 625), wobei diese Bindung sich nicht auf die Frage der Rechtmäßigkeit des VA erstrecken kann (BGH NVwZ 2001, 352f; Göpfert ThürVBl 1999, 187; Rozek JuS 1995, 416f). Wird der Antrag abgelehnt, so ist ein erneuter Antrag auf Aussetzung der Vollziehung grds unzulässig; es sei denn, es lägen die Voraussetzungen des § 80 Abs 7 S 2 vor (s näher unten 196ff). Sowohl der Ausgangs- wie auch der Widerspruchsbehörde ist es prinzipiell verwehrt, eine **neue Sachentscheidung** im vorläufigen RechtsschutzVf zu treffen. Dies gilt grds auch bei einer Änderung der Sach- oder Rechtslage, wie sich aus § 80 Abs 7 S 2 ergibt.[323] Die Ausgangs- bzw Widerspruchsbehörde kann selbst bei dieser Konstellation nur gem **§ 80 Abs 7 S 2 auf eine Änderung** der gerichtlichen Entscheidung hinwirken (s Lü NVwZ-RR 2001, 362; Sch-Schoch 359 mwN). Der Grund für diese erschwerte Abänderbarkeit der Entscheidung des Gerichts liegt darin, daß das Gericht hier eine zukunftsgerichtete originäre Entscheidung getroffen hat (s zur entspr Problematik bei einem Unterlassungsurteil Schenke 630). Daraus ergibt sich aber zugleich, daß eine **Bindungswirkung** der Wiederherstellung der aW dann nicht zum Tragen kommt, wenn die gerichtliche Wiederherstellung der aW **ausschließlich mit der Fehlerhaftigkeit der Vollziehungsanordnung** begründet wurde, u das Gericht eine eigene Entscheidung über die Wiederherstellung der aW nicht traf. In Fällen dieser Art vermag die gerichtliche Entscheidung **keine weiterreichende Bindungswirkung** zu entfalten als das aufgrund einer Anfechtungsklage ergehende **Aufhebungsurteil des VG.** Die Verwaltung ist beide Male nicht gehindert, unter Korrektur des durch das Gericht bemängelten Fehlers die Handlung nunmehr in formell u materiell rechtmäßiger Weise vorzunehmen; **verwehrt** ist ihr durch die Bindungswirkung der verwaltungsgerichtlichen Entscheidung nur die **erneute Vornahme der VzA mit demselben Fehler.** So wird denn auch schon jetzt anerkannt, daß die Behörde an der nochmaligen (nunmehr formell fehlerfreien) VzA nicht gehindert ist, wenn die gerichtliche Wiederherstellung einer aW wg eines Verstoßes gegen § 80 Abs 3 S 1 erfolgt war.[324] Entspr wird ferner dann angenommen, wenn das Gericht die aW nur deshalb wiederherstellt, weil der ASt vor Erlaß der angegriffenen VzA 172

---

[323] NVwZ 1988, 255; Bln NVwZ 1990, 681; Hbg DVBl 1995, 930; Lü NVwZ 1999, 445; Ma NVwZ 1992, 293; VG Dessau LKV 1997, 264; RÖ-M. Redeker 65; Sch-Schoch 359.

[324] Lü NVwZ-RR 2001, 362; Schl NVwZ-RR 1992, 590f; 2002, 541; NordÖR 2000, 372; Schenke JZ 1996, 1164; Sch-Schoch 360; der Sache nach auch erkannt von We DÖV 1994, 1014u 10. Aufl 74 iVm der dort bejahten Aufhebung der VzA.

nicht angehört wurde u die Behörde nunmehr nach ordnungsgemäßer Anhörung des Betroffenen die VzA erneut ausspricht (Ma NVwZ-RR 1995, 175; Sch-Schoch 360). Dann ist aber kein Grund ersichtlich, warum etwas anderes gelten soll, wenn die VzA nicht formell, sondern materiell rechtswidrig war u sie nunmehr unter Vermeidung eines entspr Fehlers durch die Verwaltung erneut vorgenommen wurde.[325]

Nicht gefolgt werden kann der Ansicht (so aber Ma DVBl 1991, 1317; **aA** Ma 3. 7. 1991 – 11 S 418/91), die Ablehnung eines Antrags auf Anordnung der aW, die durch das Gericht darauf gestützt wird, daß bereits kraft Gesetzes aW eingetreten sei, stelle das Bestehen der aW bindend fest. Dies liefe darauf hinaus, einem Entscheidungsgrund Bindungswirkung zuzubilligen (s auch oben 130). Dagegen kommt einer die aW feststellenden Entscheidung, die nach Umdeutung des Aussetzungsantrags idR geboten ist, selbstverständlich die entspr Bindungswirkung zu.

Ergeht eine behördliche VzA unter Nichtbeachtung der bindenden Wirkung der aW, ist sie nicht nichtig, sondern nur fehlerhaft u auf neuen Antrag gem Abs 5 hin vom Gericht allein wg Verstoßes gegen die Bindungswirkung die aW wiederherzustellen (Lü NVwZ-RR 2001, 362; Ms 30, 1; Ey-J. Schmidt 93). Einer Aufhebung einer VzA (für sie aber Ma NVwZ-RR 1989, 398), die in § 80 nicht vorgesehen ist, bedarf es auch hier nicht (s auch oben 148). Nicht überzeugend ist auch die Ansicht, in einem solchen Fall sei die aW festzustellen (so aber B-Funke-Kaiser 115; Sch-Schoch 299), da das behördliche Verhalten der Sache nach einer faktischen Vollziehung gleichkomme. Dem ist entgegenzuhalten, daß hier eben gerade (anders als bei einer faktischen Vollziehung) eine (wenn auch rechtswidrige) rechtliche Regelung getroffen wird, der mit einer Feststellungsentscheidung ihre rechtliche Wirkung nicht genommen werden kann.[326] Dies ist nur mittels Wiederherstellung der aW möglich. Beachtet die Verwaltung die (erneut ausgesprochene) Wiederherstellung der aW weiterhin nicht, liegt nunmehr in der Tat ein Fall einer faktischen Vollziehung vor u besteht für den Betroffenen die Möglichkeit, dem Hoheitsträger in analoger Anwendung des § 80 Abs 5 S 3 die weitere Vollziehung zu untersagen (s unten 181). Des Erlasses einer eA (für sie aber Sch-Schoch 245), der mit der Regelung des § 123 Abs 5 und der Systematik des vorläufigen Rechtsschutzes nicht in Einklang zu bringen ist, bedarf es zur Sicherung eines effektiven Rechtsschutzes nicht (s unten 181).

173 Die Bindungswirkung des § 80 Abs 7 kommt nach dem Wortlaut dieser Vorschrift nicht nur einer **gerichtlichen Aussetzungsentscheidung** zu, sondern ebenso Beschlüssen über Anträge gem § 80 Abs 5, damit also **auch der Abweisung eines Aussetzungsantrags.** Deshalb kann entgegen Kopp (10. Aufl 86) die Behörde nach Ablehnung eines Antrags gem § 80 Abs 5 VwGO grds nicht ihrerseits die Aussetzung verfügen.[327] Unbestreitbar muß dies jedenfalls dann gelten, wenn durch die Entscheidung nach Abs 5 **ein Dritter begünstigt** wurde u durch eine spätere behördliche Entscheidung die rechtlich verfestigte Position des Dritten beeinträchtigt würde.

Die Bindungswirkung einer gerichtlichen Aussetzungsentscheidung nach § 80 Abs 5 **hindert die Verwaltung** zwar **nicht, einen VA** (auch ohne Veränderung der Sach- oder Rechtslage) **mit demselben Inhalt** zu erlassen (s auch 62, 85); es ist ihr aber **untersagt, diesen für sofort vollziehbar zu erklären,** da dies

[325] Schenke JZ 1996, 1164; **aA** aber – ohne das sich hier stellende Problem näher zu erörtern – die ganz hM, so zB Sch-Schoch 360, offen Lü NVwZ-RR 2001, 362.

[326] Insoweit läßt sich durchaus eine Parallele zu dem Fall ziehen, bei dem nach einer verwaltungsgerichtlichen Aufhebung eines VA dieser erneut erlassen wird. Auch hier ist Rechtsschutz nur über eine neue Anfechtungsklage möglich.

[327] Ma NVwZ-RR 1989, 398; Mü BauR 2003, 669; **aA** NKVwGO-Puttler 171.

auf eine mißbräuchliche Umgehung des § 80 Abs 7 hinausliefe u deshalb unzulässig ist.[328] Wg Umgehung des § 80 Abs 5 ausgeschlossen ist auch der Erlaß desselben VA, wenn dieser gem § 80 Abs 2 Nrn 1–3 sofort vollziehbar ist (Br NVwZ 1991, 1194) u nicht zugleich die aW angeordnet wird. Zwar muß der Belastete in einem solchen Fall einen neuen Antrag nach § 80 Abs 5 bzw bei VA mit Drittwirkung nach § 80a Abs 3 S 1 iVm § 80a Abs 1 Nr 2 stellen (insoweit zutr Ms NVwZ-RR 2001, 297; **aA** Ms 4. 11. 1999 – 7 B 1339/99), ein derartiger Antrag hat aber (ohne Veränderung der Sach- oder Rechtslage) wg der Bindungswirkung der früheren Aussetzungsentscheidung stets Erfolg. Wird ein VA aufgrund einer veränderten Sach- oder Rechtslage erlassen oder der vorher ergangene VA durch einen VA anderen Inhalts ersetzt, steht § 80 Abs 5 dem diesbezüglichen **Erlaß einer VzA nicht im Wege** (62, 85; Lü NVwZ-RR 2001, 362).

Bei **einer Änderung** des VA oder bei Ersetzung des VA durch einen im wesentlichen gleichen VA **erfaßt die aW nicht** automatisch **auch den geänderten** bzw neuen **VA.**[329] Entsprechend muß die Behörde **auch den geänderten VA** hins der Änderungen bzw den neuen VA mit einer **VzA** versehen, wenn sie die Vollziehbarkeit dafür sicherstellen will.[330] Der Erlaß einer Nachtragsbaugenehmigung, durch die die ursprüngliche, durch das Gericht ausgesetzte Baugenehmigung ergänzt oder verändert wird, verhilft dem Bauherrn noch nicht zu einer nunmehr ohne weiteres ausnutzbaren Baugenehmigung, vielmehr dauert die aW fort, so daß es zunächst einer Abänderungsentscheidung gem § 80 Abs 7 bedarf (Br NVwZ-RR 2000, 582). 174

Hat das Gericht **in den Fällen lediglich faktischer Vollziehung** (s unten 181) sich in seinem Beschluß auf die Feststellung beschränkt, daß der eingelegte Rechtsbehelf aW hat[331] bzw angeordnet, daß die Vollziehung des VA zu unterlassen ist, so kann die Behörde – ebenso wie dort, wo die aW wg Rechtswidrigkeit der VzA ausgesprochen wurde (s oben 148) – eine bzw eine **neue VzA** unter Vermeidung des früheren Mangels treffen. 175

Durch eine Wiederherstellung der aW wird für die Zivilgerichte im Rahmen eines **Amtshaftungsanspr weder die Rechtswidrigkeit des VA noch die Rechtswidrigkeit einer VzA festgestellt** (BGH NVwZ 2001, 352).

7. Anordnung der Aufhebung der Vollziehung (Vollziehungsfolgenbeseitigung) durch das Gericht (Abs 5 S 3): Abs 5 S 3 gibt dem Gericht die **Befugnis** (zum hier bestehenden Ermessen s oben 151), auf Antrag (NVwZ 1995, 595; B-Funke-Kaiser 111; **aA** Ks NVwZ 1987, 80) auch schon im Vf zur Gewährung vorläufigen Rechtsschutzes die **Vollzugsfolgen durch das Gericht gem § 80 Abs 5 S 1 ausgesetzter VAe** vorläufig ganz oder teilweise **zu beseitigen** bzw deren vorläufige Beseitigung anzuordnen (**FBA;** s dazu Ma DÖV 1971, 713; Ms DÖV 1983, 1024). Wie sich aus dem systematischen Zusammenhang der Vorschrift ergibt, bezieht sich § 80 Abs 5 S 3 zwar unmittelbar nur auf gerichtlich ausgesetzte VAe (B-Funke-Kaiser 109; Sch-Schoch 229). Die Vorschrift muß aber (RSB vorausgesetzt) entspr auf die Fälle angewandt werden, bei denen die aW kraft Gesetzes (§ 80 Abs 1) oder aufgrund einer behördlichen 176

[328] Mü DVBl 1999, 625; Schenke JZ 1996, 1164; Sch-Schoch 361; Schoch Jura 2002, 47; s auch 62, 85; **aA** Ma DÖV 1991, 560f.

[329] Ma DÖV 1991, 560; Mü 18. 3. 1991 – 7 E 305/91; 25. 1. 1991 – 7 P 2771/90; zT **aA,** soweit die Änderung die Identität des VA unberührt läßt, Ms NVwZ 1993, 383; ähnlich Mü DÖV 1985, 72; vgl auch Br NVwZ 1991, 1195: die Behörde darf nicht eine Neuregelung identischen Inhalts treffen. S auch oben 26.

[330] Ma DVBl 1990, 1317; ebenso iE im Hinblick auf eine Beschwerde oder einen Antrag nach Abs 7 auch aufgrund der abw A Mü DÖV 1985, 72.

[331] S unten 126; Ko DÖV 1976, 823; Mü NJW 1993, 954; RÖ-M. Redeker 29; **aA** Br NJW 1968, 1539; Ms 30, 1; VG München NJW 1978, 2213.

Anordnung eingetreten ist, da hier in derselben Weise ein Bedürfnis besteht, vor einer Aushöhlung des Suspensiveffekts durch eine vorher stattgefundene Vollziehung zu schützen, sofern die Verwaltung nicht von sich aus die Vollziehungsmaßnahmen (vorläufig) rückgängig macht. Gem **§ 80a Abs 3 S 2** findet § 80 Abs 5 S 3 auch auf **VAe mit Doppelwirkung (Drittwirkung)** Anwendung (Schenke 1012ff). Die Regelung entspricht § 113 Abs 1 S 2 im Hauptverfahren; wie § 113 Abs 1 S 2 hat sie **nur verfahrensrechtliche Bedeutung,**[332] während die materielle Grundlage der allg FBA iVm dem einschlägigen materiellen Recht ist (DÖV 1971, 859; 1983, 1025; Schenke JuS 1990, 370). Entsprechend dem Zweck des einstweiligen Rechtsschutzes kann es sich bei Anordnungen gem § 80 Abs 5 S 3 **grds nur um vorläufige Regelungen** handeln; nur in Ausnahmefällen, **wenn dies zur Gewährung effektiven** Rechtsschutzes gem Art 19 Abs 4 GG **schlechterdings notwendig** ist (Ks NVwZ-RR 1993, 390) u auch ein hoher Grad an Wahrscheinlichkeit für einen Erfolg auch im HauptsacheVf spricht, ist auch **eine** nicht oder nur schwer **mehr rückgängig zu machende Regelung** u Vorwegnahme der Entscheidung in der Hauptsache zulässig (vgl auch oben 156; ferner 3 zu § 123). Soweit es um die **Unterbindung einer faktischen Vollziehung** geht, können dieser Zielrichtung dienende Maßnahmen uU auf die **analoge Anwendung des § 80 Abs 5 S 3** (s unten 181) gestützt werden (Schenke 1016; DVBl 1986, 12ff), bei VAen mit Drittwirkung zusätzlich auf eine analoge **Anwendung des § 80a Abs 3 S 1, Abs 1 Nr 2 Alt 2** (Ko DVBl 1994, 809; Schenke 1016; Schoch NVwZ 1991, 1125).

177 **Aufhebung der Vollziehung** bedeutet Rückgängigmachung der erfolgten Vollziehungshandlungen bzw **der unmittelbaren Folgen** von Vollziehungshandlungen **(Folgenbeseitigung),** zB Rückgabe eines beschlagnahmten Gegenstandes, Rückgabe eines einbehaltenen Führerscheins (NJW 1987, 1964), Rückzahlung eines eingezogenen Geldbetrages (18, 72), sowie Maßnahmen, die auf eine Hinderung einer Vollziehung hinauslaufen, **nicht dagegen auch mittelbarer Folgen.**[333] Wird ein **vollziehbarer Bescheid** (zB ein Geldbewilligungsbescheid) durch einen (gestaltend wirkenden) sofort vollziehbaren VA **aufgehoben,** ist § 80 Abs 5 S 3 zumindest entspr anwendbar (s auch unten 179). Deshalb kann mit der gerichtlichen Aussetzung des Aufhebungsbescheids die Verwaltung zugleich zur (vorläufigen) **Vollziehung des VA** (also zB zur Auszahlung des Geldes) **verpflichtet** werden. Auf diese Weise findet § 113 Abs 4 (dazu 172ff zu § 113) eine unter dem Gesichtspunkt der Verfahrensökonomie u der Rechtsschutzeffektivität gebotene Entsprechung im Bereich des vorläufigen Rechtsschutzes (s auch unten 178).

178 **Nicht unmittelbar durch § 80 Abs 5 S 3 erfaßt** werden auch **nachfolgende Vollstreckungsmaßnahmen,** denen selbst die Qualität von VAen zukommt (Ms 42, 232f = DÖV 1983, 1025; **aA** Ba NVwZ-RR 2007, 68; Sch-Schoch 232). Solche Vollzugs-VAe verlieren durch die aW nur rückwirkend ihre Rechtsgrundlage – bzw genauer: sind vorläufig so zu behandeln, als wären sie ohne Rechtsgrundlage ergangen (s oben 28 u Ms DÖV 1983, 1025) – u müssen deshalb grds durch die Verwaltung aufgehoben werden (Ba SächsVBl 2001, 40; s oben 54). **§ 80 Abs 5 S 3** ist hier **analog** anzuwenden. Auf diese Weise wird im Bereich des vorläufigen Rechtsschutzes in Anlehnung an den Rechtsschutz im Hauptsacheverfahren, bei dem mit einer Anfechtungsklage analog § 113 Abs 4 im Wege der Stufenklage der Antrag auf Aufhebung von Vollstreckungsakten (s 176 zu § 113) verbunden werden kann, eine entspr Lösung ermöglicht. Dafür sprechen Gründe der **Verfahrensökonomie** u der **Rechtsschutzeffektivität,** vor allem aber auch der Aspekt, daß es schwerlich einzusehen ist, warum

[332] Gr GewA 1996, 77; Ks NVwZ 1987, 80; Finkelnburg 885 u 890; Schenke 1007; DVBl 1986, 15; **aA** Sch-Schoch 231.

[333] Kopp JuS 1983, 673 mwN; Schenke 1009; s auch 90 zu § 113; **aA** Sch-Schoch 232.

zwar die Stufenklage des § 113 Abs 1 S 2 im vorläufigen RechtsschutzVf in § 80 Abs 5 S 3 eine Entsprechung findet, dies aber nicht für die Stufenklage des § 113 Abs 4 gelten soll. Es überzeugte jedenfalls schwerlich, wenn zwar mit dem Antrag auf Anordnung oder Wiederherstellung der aW ein Antrag auf Rückgängigmachung der Vollziehung verbunden werden könnte, dies aber nicht für die einer Vollziehung vorgelagerten Vollstreckungsakte gelten würde.[334]

179 Als **Vollziehung** iSv Abs 5 S 3 sind auch Handlungen anzusehen, die der Adressat des VA selbst **freiwillig** unter dem Druck drohender Vollzugsmaßnahmen vorgenommen hat. Diese **werden** insoweit **der Behörde zugerechnet;**[335] dies gilt auch für solche Maßnahmen, die in Gebrauchmachung von einer Erlaubnis vorgenommen werden.[336] Da die aW gem § 80 Abs 1 S 2 auch für gestaltende VAe gilt, diese aber einer Vollziehung im engeren Sinne nicht zugänglich sind, kann der Begriff der Vollziehbarkeit hier nur in dem Sinne verstanden werden, daß er **auch das Gebrauchmachen von dem VA durch Private** umfaßt. Dieses ist dem Hoheitsträger zuzurechnen, der es durch einen gestaltenden VA ausdr gestattete (näher Schenke 1012; DVBl 1986, 14). Bei VAen mit Drittwirkung können gerichtliche Maßnahmen zur Rückgängigmachung der Vollziehung nur ggü der Verwaltung (§ 80 a Abs 3 S 2 iVm § 80 Abs 5 S 3) angeordnet werden, nicht hingegen unmittelbar ggü dem durch einen VA mit Drittwirkung Begünstigten[337] (s auch 17 zu § 80 a). Nicht erfaßt von § 80 Abs 5 S 3 werden hingegen **Maßnahmen, die nicht unter die Rechtswegzuständigkeit der Verwaltungsgerichte fallen,** wie **Strafverfolgungsmaßnahmen** oder zivilrechtliche Folgemaßnahmen, zB die Kündigung eines aufgrund eines Bewilligungsbescheids geschlossenen zivilrechtlichen Darlehensvertrages (FfO NVwZ 2000, 578).

180 Ein Ausspruch über die **Aussetzung der Vollziehung** ist **auch** dann, **wenn nur die Aufhebung von Vollzugsmaßnahmen** nach S 3 **beantragt** ist, grds erforderlich, weil die Aufhebung der Vollziehung notwendig auch die Beseitigung ex tunc der Vollziehbarkeit des VA, die die Grundlage der Vollziehung gebildet hat, zur Voraussetzung hat (oben 176; vgl auch Ms NVwZ-RR 2001, 297), u weil nur auf diese Weise auch künftige Vollziehungsmaßnahmen, insb auch eine Wiederholung der aufgehobenen Maßnahmen, verhindert werden können;[338] die **Aufhebung der Vollziehung** ist jedoch **im Zweifel immer zugleich auch als Anordnung bzw Wiederherstellung der aW** nach S 1 zu verstehen, so daß ein ausdr Antrag bzw Ausspruch insoweit nur der Klarstellung dient u ein Antrag nach § 80 Abs 5 S 3 grds auch einen Antrag nach § 80 Abs 5 S 1 beinhaltet (Ms NWVBl 1989, 61; B-Funke-Kaiser 111).

181 **8. Rechtsschutz bei faktischer Vollziehung:** In den Fällen **sog faktischer Vollziehung** (vgl oben 20 u 17 a zu § 80 a; eingeh zur faktischen Vollziehung Kirste DÖV 2001, 397 ff), dh wenn Behörden oder Dritte bereits Vollzugsmaßnahmen getroffen haben oder treffen, ohne daß die Voraussetzungen

---

[334] **AA** aber Ms DÖV 1983, 1025; NVwZ-RR 1992, 670 sowie noch 11. Aufl, wonach der vorläufige Rechtsschutz gegen Vollstreckungsakte in einem gesonderten Vf geltend zu machen sein soll.

[335] NJW 1961, 90; BFH 122, 112; Ba SächsVBl 2001, 178; Ks NVwZ 1995, 1029; Mü NVwZ-RR 1990, 329; vgl ebenso Sch-Schoch 232.

[336] Lü DVBl 1966, 277; Mü DVBl 1982, 1013; Papier VerwA 1973, 399 f; Schenke DVBl 1986, 14; Sch-Schoch 232; **aA** Ma NVwZ 1984, 452; Mü BayVBl 1977, 340; Kopp JuS 1983, 673.

[337] Ks NVwZ 1991, 593; DVBl 1992, 781; Sa DVBl 1992, 1110; Hörtnagl/Stratz VBlBW 1991, 331; Schenke 1013 u JZ 1996, 1165; **aA** Bln ZfBR 1991, 129; Schl NVwZ-RR 1997, 628; Heberlein BayVBl 1991, 398; Schoch NVwZ 1991, 1125; Stelkens NVwZ 1991, 218.

[338] Ba SächsVBl 2001, 178; Ma NJW 1971, 1764; NJW 1979, 2528; Mü DÖV 1971, 715; Ms VRspr 25, 280; zT **aA** Mü BayVBl 1977, 340.

der sofortigen Vollziehung gem § 80 Abs 2 vorlagen bzw vorliegen, oder wenn solche Maßnahmen drohen (Ks DVBl 1992, 780), verfügt das Gericht nicht die Aussetzung der Vollziehung (die ohnehin schon automatisch nach Abs 1 als Folge der Einlegung eines Rechtsbehelfs gegen den in Frage stehenden VA eingetreten ist). Es kann aber analog Abs 5 **feststellen, daß** der eingelegte Rechtsbehelf **aW hat.**[339] Eine Interessenabwägung findet insoweit nicht statt.[340] Eine solche Feststellung kommt auch dann in Betracht, wenn zwar unzweifelhaft aW eines Rechtsbehelfs gegeben, jedoch der Umfang der aW umstritten ist.[341] Eine Feststellung der Erledigung eines VA ist hingegen nicht analog § 80 Abs 5 möglich (**aA** VG Leipzig NVwZ-RR 1999, 131). Wenn es dem ASt um die Feststellung geht, daß der VA ihm ggü wg Erledigung keine Wirkung mehr hat u deshalb seine Rechtsstellung nicht betrifft, so ist vorläufiger Rechtsschutz im Hinblick auf den hier im HauptsacheVf möglichen Rechtsschutz über § 43 nur über § 123 sicherzustellen; § 123 erlaubt es auch, die Verwaltung dazu zu verpflichten, dort Vollziehungsakte zu unterlassen, wo es diesbezüglich an einem VA fehlt, der die Grundlage für Vollziehungshandlungen bildet. Würde man hier Rechtsschutz in analoger Anwendung des § 80 Abs 5 gewähren, würde man der Konnexität des vorläufigen Rechtsschutzes gem § 80 mit der nur gegen nicht erledigte VAe statthaften Anfechtungsklage nicht ausreichend gerecht (s auch oben 130); insoweit ist die Interessenlage eine andere als in den Fällen, in denen zwar ein VA vorliegt, bzgl dessen Vollziehungshandlungen zwar später denkbar wären, die Vollziehbarkeit aber momentan nicht gegeben ist, dieser aber trotzdem faktisch vollzogen wird.

Gehen die Beteiligten irrtümlich davon aus, hins eines VA bestehe keine aW u wird deshalb durch den Belasteten eine Aussetzung des VA gem § 80 Abs 5 beantragt, so ist ein solcher Antrag idR in einen Antrag auf Feststellung der aW umzudeuten (s oben 136).

Im Hinblick darauf, daß die Feststellung der aW analog § 80 Abs 5 S 1 dem durch einen VA Belasteten im Hinblick auf die Rechtsnatur einer feststellenden Entscheidung keine Möglichkeit einräumt, notfalls zwangsweise eine weitere Vollziehung durch die Behörde zu unterbinden, muß es ihm aber auch möglich sein, zu beantragen, daß das **Gericht in analoger Anwendung des § 80 Abs 5 S 3 dem Hoheitsträger die weitere Vollziehung untersagt.**[342] Wenn es dem VG in analoger Anwendung des § 80 Abs 5 S 3 erlaubt ist, die **Rückgängigmachung einer faktischen Vollziehung anzuordnen,**[343] so muß es ihm erst recht gestattet sein, dort wo die Verwaltung sich anschickt, in rechtswidriger Weise Vollziehungsakte vorzunehmen, dies zu verhindern (eingeh Schenke DVBl 1986, 12 ff). Das wird insb dort relevant, wo eine einmal erfolgte Vollziehung **nicht mehr rückgängig gemacht werden kann.** Nur auf diese Weise läßt sich der von Art 19 Abs 4 GG gebotene effektive Rechtsschutz ggü einer

---

[339] Buchh 232 § 44 BBG Nr 8; NVwZ 1987, 64; Hbg NVwZ-RR 1999, 145; Ks NVwZ-RR 1988, 124; Ko NVwZ-RR 1999, 27; Ma NVwZ-RR 2000, 189; Mü NVwZ-RR 1990, 639; NVwZ 1999, 1363; Ms NVwZ-RR 1993, 269; Debus Jura 2006, 488; Erichsen JK 1999 VwGO § 80 II/3; Lorenz § 28, 60 f; NKVwGO-Puttler 164; Schenke 1015; JZ 1996, 1164; Sch-Schoch 241; Zacharias JA 2002, 345; s auch 13 a zu § 80 a; iE auch Kirste DÖV 2001, 400.

[340] Schenke JZ 1996, 1165; Kirste DÖV 2001, 406; Sch-Schoch 238; **aA** We LKV 1994, 113.

[341] Hbg NVwZ-RR 1999, 145 – Zweifel, ob die aW des Widerspruchs gegen die Ausweisung auch das Einreiseverbot des § 8 Abs 2 S 1 AuslG aF (heute § 11 Abs 1 S 1 AufenthG) suspendiert; Ma NVwZ-RR 1991, 176; s aber auch Br 13. 3. 1997 – 1 B 28/97.

[342] Mü DÖV 1971, 715; NJW 1983, 837; Lamberg NJW 1963, 2155; Schenke 1016; DVBl 1986, 12 ff.

[343] So Ks 30, 211; Ms 34, 96; Finkelnburg 909; Papier VerwA 1973, 402 ff; P § 58, 38; NKVwGO-Puttler 164; SGH 284; Sch-Schoch 241; **aA** Ey-J. Schmidt 110: Erlaß einer eA.

rechtswidrigen Vollziehung sicherstellen, indem dem Betroffenen ein Vollstreckungstitel in die Hand gegeben wird (s zur Vollstreckung unten 205). Die Verweisung lediglich auf die Möglichkeit, eine Rückgängigmachung der Vollziehung anzuordnen, überzeugt nicht, da zur Sicherung des verfassungsrechtlich garantierten Rechtsschutzes bereits ein präventiver Rechtsschutz gegen die (Fortführung der) Vollziehung möglich sein muß. Die verschiedentlich erwogene Realisierung des vorläufigen Rechtsschutzes über § 123[344] steht im Widerspruch zu § 123 Abs 5 u dem verwaltungsprozessualen System des vorläufigen Rechtsschutzes. Sie verträgt sich auch nicht mit der – gerade auch von den Anhängern der Gegenansicht vertretenen – Anwendung des § 80a Abs 3 S 1 iVm Abs 1 Nr 2 für den Fall, daß ein Drittbegünstigter die aW mißachtet.[345]

In **analoger Anwendung** des **§ 80 Abs 5 S 3** muß es auch dort, wo die Verwaltung die gem § 80 Abs 1 eingetretene aW eines gegen die **Aufhebung eines begünstigenden vollziehbaren VA** gerichteten Rechtsbehelfs nicht beachtet hat, möglich sein, die Verwaltung zur (vorläufigen) Vollziehung des begünstigenden VA zu verpflichten (s auch oben 177). Bei VAen mit Drittwirkung (auch wenn sie durch den begünstigten Dritten nicht beachtet werden) besteht zudem die Möglichkeit, die Verwaltung in **analoger Anwendung des § 80a Abs 3 S 1, Abs 1 Nr 2 Alt 2** zur Unterlassung der Vollziehung bzw zum Erlaß einer Anordnung zu verpflichten, mit welcher die Verwaltung einen den Suspensiveffekt nicht beachtenden Dritten zu dessen Beachtung anhält[346] u eine solche Maßnahme ggf nach § 172 (dazu 2 zu § 172; Kirste DÖV 2001, 405) zwangsweise durchzusetzen. So kann etwa dem Bauherrn, der den Eintritt der aW nicht beachtet, durch die hierzu gerichtlich verpflichtete Bauaufsichtsbehörde die Fortführung seines Baus untersagt werden. Hat eine Vollziehung des VA bereits unter Mißachtung der aW stattgefunden, so kann das VG in analoger Anwendung des § 80 Abs 5 S 3[347] die **Rückgängigmachung der Vollziehung anordnen;** bei VAen mit Drittwirkung ergibt sich dies aus einer **entspr Anwendung des § 80a Abs 3 S 1, Abs 1 Nr 2 Alt 2**[348] Eine **Heranziehung des § 123** ist mit § 123 Abs 5 u der Systematik des vorläufigen Rechtsschutzes nicht vereinbar.[349] Ausgeschlossen ist es auch, zusätzlich zu dem hier befürworteten vorläufigen Rechtsschutz einen Rechtsschutz über § 123 zuzulassen (so aber Sa DVBl 1992, 1110; krit Schenke JZ 1996, 1165).

Entsprechend kann das Gericht im umgekehrten Fall bei insoweit bestehenden Zweifeln **auch die Vollziehbarkeit** des in Frage stehenden VA mit Drittwirkung auf Antrag des durch den VA Begünstigten in Analogie zu § 80a Abs 3 S 1, Abs 1 Nr 1, Abs 2 durch Beschluß **feststellen** (Schenke 1023).

9. „Vorverfahren" bei öffentlichen Abgaben und Kosten (Abs 6): Der durch das 4. VwGOÄndG eingefügte Abs 6 schreibt abweichend von dem sonst für Anträge nach Abs 5 an das Gericht geltenden Recht (vgl oben 138) zur Ent- 182

---

344 Buchh 310 § 80 VwGO Nr 36; Ey-J. Schmidt 110; Sch-Schoch 245; **aA** wie hier dagegen München NJW 1983, 835; B-Funke-Kaiser 115; Kirste DÖV 2001, 401; NKVwGO-Puttler 164; Schenke DVBl 1986, 13f.

345 Sch-Schoch 245; s iü näher im folgenden im Text mwN.

346 Bln NVwZ-RR 1993, 458; Br BRS 55, 456; Ks NVwZ-RR 1999, 158; Ko DVBl 1994, 809; We LKV 1994, 110; Loos JA 2001, 703; Schenke 1016u JZ 1996, 1164f; Schoch NVwZ 1991, 1125; iE auch Kirste DÖV 2001, 402f; für unmittelbare Anwendung Ks NVwZ 1991, 593.

347 Ma VBlBW 1986, 344; Mü NJW 1983, 838; Bothe JZ 1975, 402; NKVwGO-Puttler 164; P § 58, 36ff; Schenke 1016 u DVBl 1986, 17; SGH 284; Sch-Schoch 241.

348 Ks DVBl 1992, 781; Ko DVBl 1994, 809f; Sa DVBl 1992, 1110; Hörtnagl/Stratz VBlBW 1991, 331; Schenke 1016 u 1013 sowie JZ 1996, 1165 mwN; SGH 284; Würt 527.

349 **AA** Mü BayVBl 1992, 178 sowie Sch-Schoch 245; eingeh zu den Gründen, die gegen eine Heranziehung des § 123 sprechen, Schenke DVBl 1986, 10ff.

lastung der Gerichte zusätzlich in Anlehnung an § 68 u § 75 ein **„Vorverfahren"** vor der zuständigen Behörde vor. Der Bürger muß sich danach mit seinem Begehren – **außer in** den **Ausnahmefällen** gem S 2 Nr 1 u 2 – **zunächst an die Behörde** wenden. Behörde ist dabei (ebenso wie bei § 80 Abs 4) sowohl die **Ausgangs- wie** (während der Dauer des Widerspruchsverfahrens) die **Widerspruchsbehörde;**[350] anders nur, wenn die Widerspruchsbehörde die VzA erlassen hat.

Erforderlich ist nach Abs 6 S 1 ein (ausdr gestellter oder jedenfalls analog § 157 BGB als konkludent gestellt zu verstehender) **Antrag** auf **Aussetzung der Vollziehung.** Schriftlichkeit ist nicht gefordert (Ms NVwZ 1997, 87; Clausing JuS 1998, 58). Ein mit einem Stundungsbegehren verbundener **Widerspruch** gegen einen Abgabenbescheid schließt **nicht** automatisch auch einen solchen Antrag auf Aussetzung der Vollziehung ein (Sa NVwZ 1993, 490). Die Erklärung der Behörde, bis zur Entscheidung „im Eilverfahren ... von der Vollziehung" des Bescheids abzusehen, ist noch keine (abhelfende) Aussetzung der Vollziehung (Schl NVwZ 2000, 1317).

183 Abs 6 ist als Sonderregelung für Abgaben u Kosten **auf andere Fälle nicht analog anwendbar,** auch nicht auf Fälle, in denen der VA schon kraft Gesetzes u nicht erst aufgrund einer VzA nach Abs 1 Nr 4 sofort vollziehbar ist.[351] Die Notwendigkeit, die zuständige Behörde mit dem Aussetzungsbegehren zu befassen, bevor das Gericht nach Abs 5 bzw § 80a Abs 3 angerufen wird, ergibt sich hier **auch nicht** aus dem **Gesichtspunkt des RSB** (so aber Lü NVwZ 1993, 592; krit zB Schenke JZ 1996, 1161). Dazu, daß § 80a Abs 3 S 2 eine **Rechtsgrund-, nicht aber eine Rechtsfolgeverweisung** darstellt, s näher oben 138 (**aA** Lü NVwZ-RR 2005, 70).

184 Das besondere VorVf nach Abs 6 kann **nicht** analog zu der verschiedentlich zum WiderspruchsVf vertretenen Auffassung (vgl die N zu § 68 bei 11 vor § 68) **durch Klage u Einlassung** der Verwaltung darauf zur Sache **ersetzt werden** (Ko DVBl 1992, 1297; Sch-Schoch 343); ebenso sind auch die für das WiderspruchsVf zT anerkannten **Ausnahmen kraft ungeschriebenen Rechts** (vgl 22ff zu § 68) **hier nicht analog** anwendbar, weil dies ebenfalls dem gesetzgeberischen Zweck widersprechen würde.[352] Das VorVf ist deshalb zB auch dann nicht entbehrlich, wenn die Behörde zu erkennen gibt, daß sie dem Antrag nicht entsprechen wird.[353]

185 § 80 Abs 6 S 1 soll nach hM im Hinblick auf seine Anlehnung an eine entspr finanzgerichtliche Bestimmung (Art 3 § 7 Abs 1 EntlG) so zu verstehen sein, daß er eine **Zugangsvoraussetzung** normiert, die, anders als dies sonst für Zulässigkeitsvoraussetzungen gilt, **nicht nachholbar** ist u deshalb bereits **bei Rechtshängigwerden des gerichtlichen AussetzungsVf vorliegen muß.**[354] Dem mit § 80 Abs 6 verfolgten Zweck einer Entlastung der VGe widerspräche es, wenn

---

[350] NKVwGO-Puttler 179; Redeker NVwZ 1991, 528; RÖ-M. Redeker 39; Sch-Schoch 346; anders 10. Aufl 89: grds nur Ausgangsbehörde.

[351] Begr BT-Dr 11/7030, 25; Schenke JZ 1996, 1160; str; s im einzelnen oben 138; zu § 80a Abs 3 auch 21 zu § 80a.

[352] Vgl ähnlich zur VzA, für die ein entsprechendes VorVf jedoch entgegen der Auffassung des Gesetzes nicht erforderlich ist, auch nicht – s oben 138 – unter dem Gesichtspunkt des RS I, Mü NVwZ 1982, 575.

[353] Ko DVBl 1999, 1001; Sa NVwZ 1993, 401; NKVwGO-Puttler 181; Redeker NVwZ 1991, 526; Heydemann NVwZ 1993, 424 mwN; allerdings kann dies für die Bemessung der Frist des § 80 Abs 6 S 2 Nr 1 bedeutsam werden u zu deren Verkürzung führen (Mgd JMBl ST 1998, 332; s auch unten 186.

[354] BFH NVwZ-RR 1999, 416; Ba SächsVBl 1999, 166; Ks DVBl 1994, 805; Gr NordÖR 2001, 507; Ko NVwZ-RR 1992, 590; 1999, 810; Ma 42, 242; Mü NVwZ 1992, 990; BayVBl 2000, 725; Sa 24, 235ff; Sch-Schoch 344; VG Trier NVwZ-RR 1994, 414; **aA** 10. Aufl 89b; betr § 80 Abs 6 S 2 Nr 2 auch Ma VBlBW 1992, 374.

man annähme, die förmliche Bescheidung eines bei der Behörde gestellten Aussetzungsantrags während des gerichtlichen Vf gem § 80 Abs 5 habe zur Folge, daß der gerichtliche Antrag nunmehr doch noch zulässig würde. Tritt nach Rechtshängigkeit eines gerichtlichen Vf gem § 80 Abs 5 die Situation des **§ 80 Abs 6 S 2** ein, dürfte ein vorher wg fehlender Durchführung eines behördlichen AussetzungsVf unzulässiger Antrag jedoch nachträglich **zulässig werden** (Ma VBlBW 1992, 374). Die Zugangsvoraussetzung des § 80 Abs 6 ist – wie der Wortlaut des § 80 Abs 6 S 1 zeigt – iü auch dann erfüllt, wenn die Behörde den bei ihr gestellten Antrag gem § 80 Abs 4 mangels Begründung durch den ASt **ohne weitere Sachprüfung abgelehnt** hat (s auch BFH NVwZ-RR 1999, 416). Es bedarf insoweit nicht zwingend der Schriftlichkeit der Ablehnung (Ms NVwZ 1997, 87; s auch oben 168; **aA** Ko NVwZ-RR 1999, 810), obwohl sich diese empfiehlt.

Nach **Abs 6 S 2** gelten in den dort näher bezeichneten Fällen **Ausnahmen** 186 **vom Erfordernis** vorheriger Antragstellung bei der Behörde. S 2 Nr 1 entspricht **§ 75 S 1.** Zu den Erfordernissen gem S 2 Nr 1 kann deshalb auf die Erläuterungen 6ff zu § 75 verwiesen werden. Jedoch kann die in § 75 S 2 erwähnte **Frist von 3 Monaten** für die Frage, welche Frist angemessen ist, hier nicht als Anhaltspunkt dienen, da sie als Regel für das Klageverfahren, nicht für EilVf gedacht ist.[355] Das gilt insb, wenn die Behörde eindeutig zu erkennen gibt, daß sie keine Aussetzung verfügen wird (Mgd JMBl ST 1998, 332). Was angemessen ist, richtet sich nach den Umständen des Einzelfalls (Gr NVwZ-RR 2004, 797; VG Trier NVwZ-RR 1999, 415: Faustregel ein Monat nach Antragsbegründung in Anlehnung an §§ 70, 74). Vollstreckung iSd § 80 Abs 6 S 2 Nr 2 ist nur eine Verwaltungsvollstreckung, nicht hingegen eine Vollstreckung auf zivilrechtlicher Grundlage (VG Weimar NVwZ-RR 1999, 480). Einer **drohenden Vollstreckung** iSv S 2 Nr 2 ist um so mehr eine Vollstreckung, die bereits begonnen hat, gleichzuachten (BFH BStBl II 1986, 237; Sa NVwZ 1993, 490; VG Gelsenkirchen NVwZ 1991, 1290); sofern man eine analoge Anwendung auch auf andere VAe für zulässig hält (dagegen oben 138), bei Erlaubnissen uä auch der drohende oder erst recht **auch** der bereits stattfindende **Gebrauch.**[356] Im übrigen **droht eine Vollstreckung** iSv Abs 6 S 2 Nr 2 dann, wenn der Beginn von Vollstreckungsmaßnahmen von der Behörde für einen unmittelbar bevorstehenden Termin **angekündigt** ist oder konkrete Vorbereitungen der Behörde für eine alsbaldige Vollstreckung vorliegen (Sa NVwZ 1993, 490; VG Trier NVwZ-RR 1999, 414); daß die Behörde zu erkennen gibt, daß sie Vollziehung eines Abgabenbescheides nicht von sich aus aussetzen will, genügt grds noch nicht (Sa NVwZ 1993, 490). Ein vorheriges AussetzungsVf ist analog § 80 Abs 6 S 2 Nr 2 auch dann nicht erforderlich, wenn für den Fall der Nichtbegleichung von Abgaben- u Kostenschulden gem § 80 Abs 2 S 1 Nr 1 gravierende Sanktionen zu erwarten sind (Mü BayVBl 2000, 724: Exmatrikulation bei Nichtzahlung einer Zweitstudiengebühr).

10. Rechtsbehelfe gegen Entscheidungen des Gerichts: a) Beschwerde 187 **(§ 146 Abs 4).** Gegen Entscheidungen (Ablehnung bzw Stattgabe, einzelne Anordnungen, auch Auflagen usw) des VG gem Abs 5 u gem § 80a Abs 3 steht den Beteiligten die Beschwerde nach Maßgabe des § 146 Abs 4 zu. Ein dem BeschwerdeVf vorgeschaltetes Zulassungsverfahren, wie es durch das 6. VwGOÄndG eingeführt worden war, ist durch das RmBereinVpG abgeschafft worden (s 27ff zu § 146), da es sich nicht bewährt hatte. Zur umstrittenen Frage, ob bei rechtswidriger Untätigkeit des Gerichts trotz Stellung eines Antrags auf Gewäh-

[355] Gr NVwZ-RR 2004, 797; Mgd JMBl ST 1998, 332; Hörtnagl/Stratz VBlBW 1991, 328; NKVwGO-Puttler 181; Sch-Schoch 348; **aA** Ma VBlBW 1992, 374; RÖ-M. Redeker 42; s auch Heydemann NVwZ 1993, 424.

[356] Ko NVwZ 1994, 1015; Lü NVwZ 1994, 698; Schl DVBl 1993, 124; s auch Schenke JZ 1996, 1161.

rung vorläufigen Rechtsschutzes eine Untätigkeitsbeschwerde analog § 146 Abs 4 gegeben ist, s 32 zu § 146.

188 **b) Weitere Rechtsbehelfe, Verfassungsbeschwerde.** Gegen eine erstinstanzliche Entscheidung des OVG im Rahmen der §§ 80, 80 a ist ebenso wie gegen eine Entscheidung des OVG über eine Beschwerde **kein (weiterer) Rechtsbehelf** gegeben (vgl § 152). Die Beteiligten können aber gem § 80 Abs 7 S 2 auf eine Änderung der Entscheidung hinwirken. Einem solchen Antrag steht es auch nicht im Wege, daß das für die Entscheidung gem § 80 Abs 7 zuständige Gericht der Hauptsache noch das erstinstanzliche VG ist, da im Rahmen einer solchen Abänderungsentscheidung nicht eine rechtsbehelfsmäßige Überprüfung der ursprünglichen Eilentscheidung erfolgt.[357] S zum Vf nach Abs 7 näher unten 190 ff; zum Antrag auf **Wiederaufnahme** unten 204; ausgeschlossen sind **Gegenvorstellungen,** s 9 ff vor § 124 u 1 ff zu § 152 a; zur **Anhörungsrüge** 1 ff zu § 152 a, dort 6 zu § 152 a zum Verhältnis der Anhörungsrüge u dem Vf nach § 80 Abs 7 S 2.

189 Die **VB**[358] ist nach dem **Grundsatz der Subsidiarität** sowie analog § 90 Abs 2 BVerfGG nur zulässig, **wenn die Grundrechtsverletzung speziell auf der Vollziehbarkeit eines VA beruht,** dh sich auf die Vollziehbarkeit als solche bezieht (BVerfG NVwZ 1989, 855), u **die** damit verbundene **Beschwer sich mit der Beschwer in der Hauptsache nicht deckt** (was der Fall ist, wenn ausschließlich die Verletzung von Grundrechten gerügt wird, die auch für die Entscheidung in der Hauptsache maßgeblich sind) oder die in § 90 Abs 2 BVerfGG genannten Voraussetzungen gegeben sind,[359] dh dem Betroffenen durch die Verweisung auf das HauptsacheVf ein schwerer u unzumutbarer Nachteil, der auf andere Weise nicht verhindert werden kann, entstünde u die Rechtsnachteile für den Betroffenen durch die spätere Entscheidung in der Hauptsache auch nicht mehr ausgeräumt werden könnten.[360]

Das BVerfG leitet dabei aus dem von ihm weit verstandenen Grundsatz der Subsidiarität der VB ab, daß es deren Zulässigkeit entgegensteht, wenn dem Betroffenen noch die Möglichkeit eröffnet ist, im Wege eines AbänderungsVf gem § 80 Abs 7 S 2 auf die Änderung der verwaltungsgerichtlichen Entscheidung im gerichtlichen AussetzungsVf hinzuwirken.[361] Soweit ein Abänderungsantrag nicht offensichtlich keinen Erfolg verspricht, wird die Frist des § 93 Abs 1 BVerfGG dergestalt offengehalten, daß mit der den Antrag zurückweisenden Entscheidung zugleich die Ausgangsentscheidung fristgerecht angegriffen werden kann (BVerfG NVwZ-Beil 1998, 81). Als im Regelfall zumutbar angesehen wird es, erst den Rechtsweg in der Hauptsache zu beschreiten.[362] Eine klare Bestimmung der

---

[357] Ma VBlBW 1992, 471; Mü NJW 1978, 1941; Sch-Schoch 379.

[358] Zur VB gegen Eilentscheidungen nach § 80 Abs 5 oder § 123 zum BVerfG s BVerfG 35, 297; 38, 57; 53, 52; 59, 84; 65, 38 = NJW 1984, 419; 65, 233; 66, 173 = NVwZ 1984, 571; 69, 315; 75, 325; NVwZ 1984, 429; 1989, 855; 1990, 961; DVBl 1985, 670; 1985, 1006; DÖV 1987, 131; DVBl 1988, 342; 1989, 409; 1989, 868; NJW 1988, 1577; NJW 1989, 927; NJW 1991, 1531; NJW 1993, 1060; Hofmann BayVBl 1987, 98; Sch-Schoch 400 ff.

[359] Vgl BVerfG 77, 401 = NJW 1988, 427; NJW 1993, 1061 – wenn die Entscheidung des BVerfG von keiner weiteren Sachaufklärung mehr abhängt u die Voraussetzungen analog § 90 Abs 2 BVerfGG gegeben sind.

[360] BVerfG 47, 198; 56, 234 = DVBl 1981, 623; 69, 267; 69, 339 = NJW 1985, 2395 mwN; 75, 325; 77, 381 = DVBl 1988, 342; 77, 401 = DVBl 1988, 342; 78, 301; 80, 45; DVBl 1989, 868; NJW 1991, 1531 – zur für sofort vollziehbar erklärten Rücknahme einer zahnärztlichen Approbation; wg der Schwere des Eingriffs in Art 12 Abs 1 GG steht auch der Grundsatz der Subsidiarität nicht entgegen; NVwZ 1988, 1015; NVwZ 1989, 855; NJW 1993, 1061; BayVerfGH DVBl 1986, 556.

[361] BVerfG NVwZ 2002, 848; Roeser/Hänlein NVwZ 1995, 1082 ff mwN; s dazu auch Sch-Schoch 405.

[362] BVerfG 77, 401 f; NVwZ 1989, 451; 80, 45 = NVwZ 1989, 854; 86, 22 = NJW 1992, 1676; NJW 1993, 1061; DVBl 1999, 164; krit hierzu Sch-Schoch 402 ff mwN.

rechtlichen Grenzen der Subsidiarität vermißt man dabei (BVerfG 69, 267; 76, 40; krit deshalb zu Recht Sch-Schoch 402). Für verzichtbar wird die vorherige Betreibung des HauptsacheVf (s hierzu Sch-Schoch 404) jedoch gehalten, wenn die Ablehnung des vorläufigen Rechtsschutzes eine **selbständige Bedeutung im Verhältnis zu einer späteren Hauptsacheentscheidung** beinhaltet (BVerfG 35, 275 = NJW 1973, 1491; NVwZ 1990, 853), insb eine Verletzung des Art 19 Abs 4 GG gerade durch die Verweigerung vorläufigen Rechtsschutzes geltend gemacht wird (BVerfG 59, 84 = NJW 1982, 513; 65, 233 = NJW 1984, 719; 80, 45). Ferner soll einer VB das Erfordernis einer vorherigen Herbeiführung einer Hauptsacheentscheidung dann nicht entgegenstehen, wenn hierbei ein Erfolg des Bf im Hinblick auf eine entgegenstehende Rspr der Fachgerichte **von vornherein aussichtslos erscheint** (BVerfG 79, 279 = NVwZ 1989, 451), sowie wenn die Entscheidung des BVerfG von keiner **weiteren tatsächlichen Aufklärung** abhängt u die Voraussetzungen des **§ 90 Abs 2 S 2 BVerfGG vorliegen** (BVerfG 53, 53 f; 86, 22 f = NJW 1992, 1676; wN bei Sch-Schoch 404).

11. Abänderungsbefugnis des Gerichts (Abs 7): § 80 Abs 7 unterscheidet eine jederzeit mögliche gerichtliche Änderung oder Aufhebung von Beschlüssen gem § 80 Abs 5 vAw (S 1) u eine an einschränkende Voraussetzungen gebundene Änderung oder Aufhebung auf Antrag eines Beteiligten (S 2). **190**

a) Abänderung und Aufhebung von Amts wegen gem Abs 7 S 1. Unabhängig von einer ggf ebenfalls noch zusätzlich möglichen Beschwerde nach § 146 Abs 4 (s 27 ff zu § 146) u auch wenn gegen eine Entscheidung des Gerichts nach Abs 5 **keine Beschwerde mehr gegeben** ist, kann das Gericht der Hauptsache (s unten 200) nach Abs 7 S 1 **vAw** (Ma NVwZ-RR 1996, 603; NKVwGO-Puttler 184; Sch-Schoch 383) den Beschluß nach Abs 5 „jederzeit" (s dazu im folgenden) **abändern oder aufheben,** um einer nachträglich anderen Beurteilung der Sache Rechnung zu tragen. Diese Befugnis wird durch § 18 e Abs 4 S 1 AEG; § 17 e Abs 4 S 1 FStrG; § 10 Abs 6 S 4 LuftVG; § 14 e Abs 4 S 1 WaStrG u entspr Bestimmungen nicht verdrängt (NVwZ-RR 2003, 618 u unten 201). S dazu, daß die Regelung **auch verfassungsrechtlich geboten** ist, BVerfG DVBl 1985, 670. **Gericht iSv Abs 7** ist je nach der innergerichtlichen Zuständigkeitsregelung ggf auch der Einzelrichter gem § 6, in Eilfällen ggf nach Abs 8 auch der Vorsitzende. Soweit das HauptsacheVf in der Berufungsinstanz anhängig ist, entscheidet das Berufungsgericht, in der Revisionsinstanz das Revisionsgericht.

„Jederzeit" bedeutet zumindest, daß das Gericht insoweit **nicht an zeitliche Grenzen gebunden** ist.[363] S zur Frage, ob die Entscheidung in der Sache u ggf an welche materiellen (sachlichen) Voraussetzungen gebunden ist, im einzelnen unten 192 ff. Der Befugnis des VG gem Abs 7 steht **nicht** entgegen, daß in derselben Sache eine Beschwerde über einen Antrag nach Abs 5 **noch beim OVG anhängig** ist (s unten 194).

Das AbänderungsVf nach § 80 Abs 7 ist ein **neues, selbständiges** Vf (Mü BayVBl 1997, 50; Ms DVBl 1988, 114). Es setzt voraus, daß ein Vf nach § 80 Abs 5 formell, nicht notwendig jedoch auch schon unanfechtbar (Mü BayVBl 1988, 306; str; s auch unten 194 u 198), abgeschlossen worden ist. **Gegenstand des Vf** ist die Prüfung, **ob** eine zuvor gem § 80 Abs 5 getroffene Entscheidung (s 192 ff) ganz oder teilweise rückgängig gemacht oder geändert werden soll. Ein subjektives Recht auf eine Änderung oder Aufhebung gem S 1 besteht nicht, **191**

---

[363] Lü VRspr 28, 895; Ms NJW 1977, 726; Ko NJW 1981, 364; Ma NVwZ 1987, 625; Redeker DÖV 1965, 678; ebenso – ohne ausdr Stellungnahme – BVerwG DVBl 1978, 538; **aA** Ko DÖV 1965, 674; Ks VRspr 24, 882; Br NJW 1973, 341: jederzeit bezieht sich auch auf die Sache u bedeutet, daß keine materiellen Voraussetzungen erfüllt sein müssen.

wie sich aus einem Vergleich mit § 80 Abs 7 S 2 ergibt.[364] Bei anderer Ansicht würde auch die Beschwerdefrist des § 147 Abs 1 S 1 ausgehöhlt.

192 **Besondere formelle oder materielle Voraussetzungen** für die Ausübung der **vAw** bestehenden gerichtlichen Befugnis gem § 80 Abs 7 S 1 **bestehen nicht.**[365] Ob dies bereits aus dem Wort „jederzeit" abzuleiten ist u diesem damit nicht nur eine zeitliche, sondern auch eine materielle Bedeutung zukommt,[366] kann dahingestellt bleiben. Daß es nicht auf eine Änderung der Umstände ankommt, macht jedenfalls nach der Neufassung des Abs 7 (früher Abs 6) durch das 4. VwGOÄndG ein Vergleich mit § 80 Abs 7 S 2 deutlich u wird auch durch die Entstehungsgeschichte der Vorschrift bestätigt.[367] Selbstverständlich ist auch nach der hier vertretenen Ansicht die Ausübung der Änderungsbefugnis nicht in das Belieben des Gerichts gestellt u darf wg Art 3 GG nicht willkürlich erfolgen.

193 Der Sache nach dürfte denn auch zwischen der hier bezogenen Position u der Gegenauffassung kaum ein Unterschied bestehen, wenn auch letztere die Änderungsbefugnis jedenfalls dann bejaht, „wenn bei gleichbleibenden Umständen etwa die Rechtslage jetzt anders beurteilt wird oder die Interessenabwägung korrekturbedürftig erscheint" (so Ks DVBl 1996, 1320 mwN; ebenso We DVBl 1999, 480). Abzulehnen ist es, wenn eine Änderung nur zugelassen wird,[368] wenn bei einem VA mit Drittwirkung gewichtige Gründe dafür sprechen, den Belangen der materiellen Einzelfallgerechtigkeit u inhaltlichen Richtigkeit den Vorrang vor Rechtssicherheit u Vertrauensschutz einzuräumen u ein Meinungswandel hins der Beurteilung des AussetzungsVf insoweit als nicht ausreichend angesehen wird.

194 Ein **gleichzeitig anhängiges Beschwerdeverfahren** (s zur – zu bejahenden Beschwerdemöglichkeit – unten 198) erledigt sich in der Sache, wenn das Gericht die mit der Beschwerde angestrebte Entscheidung im Weg des Abs 7 trifft.

195 Das Gericht kann, auch wenn es vAw entscheidet, **eine** bereits erfolgte **Aussetzung ausweiten;** eines entspr **Antrags** des an dieser Entscheidung interessierten Beteiligten **bedarf es** auch dazu **nicht.**

196 **b) Anspruch der Beteiligten auf Entscheidung gem Abs 7 S 2.** Die Beteiligten haben gem Abs 7 S 2 – ebenfalls grds unabhängig von einer ggf bestehenden Beschwerdemöglichkeit (vgl unten 198) – **nur** bei **veränderten oder im ursprünglichen Vf ohne Verschulden nicht geltend gemachten Umständen Anspr auf eine erneute Entscheidung des Gerichts** gem Abs 7.[369] Aus den neu vorgetragenen Umständen muß sich zumindest die Möglichkeit einer Abänderung der früheren Eilentscheidung ergeben (NVwZ 1999, 650). § 80 Abs 7 S 2 ist insoweit dem Vf auf Aufhebung eines Arrestes gem § 927 ZPO vergleichbar (Ms DVBl 1988, 114; Finkelnburg 1017). **Der Streitggst** ist insoweit, abgesehen von der zusätzlichen Frage, ob die Voraussetzungen gem Abs 7 S 2 für die Änderung gegeben sind u Anlaß zu einer erneuten Sachprüfung besteht, **derselbe wie im AusgangsVf** nach Abs 5, als dessen Fortsetzung iwS das Vf nach

---

[364] Hbg NVwZ 1995, 1005; Ma NVwZ-RR 2002, 910; Ey-J. Schmidt 102; Kamp NWVBl 2005, 250.

[365] Hbg NVwZ 1995, 1005; Ma NVwZ-RR 1996, 603; Hörtnagl/Stratz VBlBW 1991, 329; Kamp NWVBl 2005, 250; NKVwGO-Puttler 184, 186; P § 58, 45; Sch-Schoch 384; tlw **aA** Ks DVBl 1996, 1320; Ms DVBl 1999, 998; RÖ-M. Redeker 66.

[366] So noch auf der Basis der früheren Fassung der Regelung der Abänderungsbefugnis Br NJW 1973, 342; **aA** zB Ms NJW 1977, 726.

[367] BT-Dr 9/1851, 141 u 10/3437, 141: „Die Befugnis des Gerichts ist nicht beschränkt".

[368] So aber Ms DVBl 1999, 998; dahin tendierend auch Gr NVwZ-RR 2006, 367.

[369] Ebenso zum früheren Recht Ma NJW 1970, 165; Mü VRspr 14, 112; DVBl 1982, 212; vgl auch BFH NVwZ-RR 2000, 846; zu eng Ma DÖV 1984, 776: nur bei Änderung der Sach- oder Rechtslage zulässig.

Abs 6 sich darstellt.[370] Das Vf nach Abs 7 entspricht insoweit einem WiederaufnahmeVf nach § 153, setzt jedoch anders als dieses keine Unanfechtbarkeit der Entscheidung voraus. Eines **vorherigen erfolglosen Antrags auf behördliche Aussetzung** der Vollziehung gem § 80 Abs 6 u Abs 4 **bedarf es nicht.** Das gilt selbst dann, wenn die Behörde mit der Aussetzung in eigener Zuständigkeit ursprünglich nicht befaßt war (insoweit **aA** Mü BayVBl 1997, 50). Das Erfordernis einer vorangegangenen Durchführung eines behördlichen AussetzungsVf erscheint schon deshalb nicht sinnvoll, weil die Behörde an die frühere gerichtliche Entscheidung über einen Aussetzungsantrag gebunden ist (s auch Schenke 984 u oben 172). Soweit die Behörde die Möglichkeit besitzt, trotz der vorangegangenen gerichtlichen Wiederherstellung der aW selbst eine VzA auszusprechen (wie dies bei dem früheren Fehlen einer dem § 80 Abs 3 entsprechenden Begründung zutrifft s oben 172), besteht kein RSB für einen behördlichen Antrag gem § 80 Abs 7 S 2 (Schl NVwZ-RR 2002, 541). Zur Zurechnung des **Verschuldens von Bevollmächtigten,** Vertretern oder Hilfspersonen vgl 20ff zu § 60; die dort gemachten Ausführungen gelten auch für S 2 (ebenso Hörtnagl/Stratz VBlBW 1991, 329; Schoch NVwZ 1991, 1123). Das **Fehlen der Voraussetzungen** für einen Antrag nach S 2 schließt **nicht** aus, daß das Gericht bei Vorliegen der Voraussetzungen nach S 1 **vAw** von seiner Änderungsbefugnis Gebrauch macht (Hbg NVwZ 1995, 1005). Ein unzulässiger Antrag nach S 2 ist idR als (auch sonst in jedem Fall unabhängig von S 2) zulässige Anregung dazu zu werten.

Ein Anspr nach S 2 ist **insb** dann zu bejahen, wenn sich nach der gerichtlichen **197**
Entscheidung, dh dem Zeitpunkt des Erlasses des vorangegangenen Beschlusses (Ma NVwZ-RR 2004, 911), eine **Veränderung der für die Entscheidung maßgeblichen Sach- und/oder Rechtslage** ergeben hat. Das trifft zB zu, wenn sich aufgrund tatsächlicher Veränderungen eine Nichtaussetzung des VA für den Betroffenen wesentlich gravierender auswirkt, als dies vorher der Fall war oder sie zu einer anderen Bewertung der Rechtmäßigkeit des angegriffenen VA führen. Ferner fällt hierunter eine **Änderung der Rechtslage** insb durch eine Gesetzesänderung, die für die Entscheidung im vorläufigen RechtsschutzVf relevant ist (NVwZ 1995, 383; Sch-Schoch 388). Dabei ist zu beachten, daß eine Veränderung der Sach- oder Rechtslage unter dem Aspekt einer durch sie bedingten anderen Bewertung der Erfolgsaussichten des HauptsacheVf nur dann gegeben ist, wenn sie in der Lage ist, die im HauptsacheVf zu überprüfende Rechtmäßigkeit des angegriffenen VA noch zu beeinflussen (Mü BayVBl 1995, 248; Schenke 1002 Fn 56). Umstände iSd § 80 Abs 7 S 2 sind aber nicht nur bei einer Veränderung der Sach- oder Rechtslage im engeren Sinn gegeben, vielmehr rechtfertigt auch eine sich **nachträglich ergebende Änderung der höchstrichterlichen Rspr** oder die **Klärung einer umstrittenen Rechtsfrage**[371] einen Antrag auf Abänderung, falls sich dies auf die Beurteilung der Erfolgsaussichten der Hauptsacheentscheidung auswirkt. Dasselbe gilt bei einer **Veränderung der Prozeßlage** etwa aufgrund **neuer Erkenntnisse im Hauptsacheverfahren.**[372] Ebenso ist ein Antrag nach § 80 Abs 7 statthaft, wenn

- seine Begründung erkennen läßt, daß sich das Gericht bei der Entscheidung nach § 80 Abs 5 in einem nicht **unerheblichen Tatsachenirrtum befunden** hat (Ks NVwZ-RR 1989, 590);

---

[370] Mgd JMBl ST 1998, 444; Ma NVwZ-RR 1996, 715; Mü BayVBl 1997, 50; Ms BauR 2004, 492; Kamp NWVBl 2005, 253.

[371] BVerfG NVwZ 2005, 438 (Änderung der Rspr des EuGH); NVwZ-RR 1992, 658; Ma VBlBW 1998, 418; Mü NVwZ-Beil 2000, 117; Kamp NWVBl 2005, 251; Schoch Jura 2002, 48.

[372] NVwZ 1988, 1023; Gr NVwZ-RR 2006, 366 (Veränderung wg unterlassener Mitwirkung eines Beteiligten bei der Aufklärung des Sachverhalts); Ks NVwZ-RR 1993, 466; Ma NVwZ-RR 1990, 188; Kamp NWVBl 2005, 251; Sch-Schoch 388.

– nachträglich festgestellt wird, daß eidesstattliche Versicherungen falsch waren, die im AussetzungsVf vorgelegt wurden u entscheidungserhebliche Bedeutung hatten (s auch Ma VBlBW 1990, 179);
– die Entscheidung nach Abs 5 unter **Verletzung von Art 103 Abs 1 GG** ergangen ist (BVerfG BayVBl 1986, 46 = DVBl 1986, 31; allerdings nach Schaffung des § 152a sehr zweifelhaft, s 6 zu § 152a);
– für die Entscheidung **neue Beweismittel** zur Verfügung stehen, die ergeben, daß die bisherige Entscheidung überholt ist oder jedenfalls neu überdacht werden muß;[373]
– **Wiederaufnahmegründe** (§ 153) vorliegen;
– das Gericht nur **vorbehaltlich** bestimmter Voraussetzungen entschieden hat,[374] insb eine **gerichtliche Auflage nicht erfüllt** wurde (Mü NVwZ-RR 1991, 160; Kamp NWVBl 2005, 251);
– **die Verwaltung** trotz der im Hinblick auf die Vollziehbarkeit eines VA gebotenen Beschleunigung **die Hauptsacheentscheidung hinauszögert u** dadurch für die Betroffenen eine unzumutbare Situation entsteht;[375]
– die aW zunächst nur bis zum **Erlaß des Widerspruchsbescheids beschränkt** wurde, nach dessen Erlaß (Hbg NordÖR 1998, 342).

198 **Daß dem ASt auch die Beschwerde gem § 146 Abs 4 zusteht,** steht einem Antrag auf Entscheidung gem Abs 7 S 2 nicht entgegen, insb wird hierdurch das RSB für einen solchen Antrag nicht ausgeschlossen[376] (vgl auch oben 190). Der Antrag auf Abänderung gem § 80 Abs 7 S 2 schließt aber auch eine sofortige Beschwerdeeinlegung gem § 146 Abs 4 nicht aus (s auch 42 zu § 146). Der Anspr auf Überprüfung nach § 146 Abs 4 richtet sich nach der Darlegung der in der Beschwerde gegen die angegriffene Entscheidung geltend gemachten Gründe (43 zu § 146) u kann insoweit weiter reichen als nach § 80 Abs 7 S 2. Das RSB für eine Beschwerde wird schon aus diesem Grunde grds nicht durch die Möglichkeit eines Abänderungsantrags gem § 80 Abs 7 S 2 ausgeschlossen. Auch eine Verweisung auf die Möglichkeit einer Beschwerde gegen die über § 80 Abs 7 S 2 herbeigeführte Abänderungsentscheidung scheidet aus. Diese Beschwerde ermöglicht nicht denselben Rechtsschutz wie diejenige ggü der nach § 80 Abs 5 ergangenen Entscheidung, da die Anfechtung einer Abänderungsentscheidung nur darauf gestützt werden kann, daß die Voraussetzungen des § 80 Abs 7 S 2 vorlagen bzw nicht vorlagen (s unten 203). Zum **Verhältnis des § 80 Abs 7 S 2 zur Anhörungsrüge** s 6 zu § 152a.

199 **c) Verfahren.** Das Vf nach Abs 7 ist nicht eine Art Rechtsmittelverfahren, sondern ein ggü dem Vf nach Abs 5 **selbständiges neues Verfahren,** dessen Gegenstand nicht die Überprüfung der Entscheidung nach Abs 5, sondern die **Neuregelung der Vollziehbarkeit** des VA für die Zukunft in einem von dem ergangenen Beschluß abweichenden Sinn ist.[377] Daher bleibt auch zB die **Kostenentscheidung** des Beschlusses nach Abs 5 **unberührt** (Ma NJW 1970, 165; Mü DVBl 1982, 212; BayVBl 1985, 407).

---

[373] Ks NVwZ-RR 1993, 466; Mü DVBl 1982, 212; Ms NVwZ-RR 1999, 474; RÖ-M. Redeker 67.

[374] Mü BayVBl 1973, 588 zu einer Aussetzung unter der „Auflage", ein Gutachten zur Fahrtüchtigkeit beizubringen; vgl auch Mü BayVBl 1978, 183.

[375] Vgl Mü BayVBl 1974, 343; BVerfG 35, 177; DVBl 1974, 80: in einem solchen Fall ist aus rechtsstaatlichen Gründen und wg Art 19 Abs 4 GG idR eine neue Entscheidung u die Herstellung bzw Wiederherstellung der aW erforderlich.

[376] Ko NVwZ-RR 2005, 748; Kamp NWVBl 2005, 251; Ortloff NVwZ 2006, 1004; Sch-Schoch 376; **aA** Ey-J. Schmidt 103.

[377] NVwZ 1988, 1023; Mü DVBl 1982, 212; BayVBl 1985, 407; Lü DÖV 1985, 72; s auch oben 216.

Zuständig für die Entscheidung gem Abs 7 ist das **Gericht der Hauptsache, also nicht notwendig das Gericht, das den Beschluß erlassen** hat (Sch-Schoch 379), zB dann, wenn die Entscheidung nach Abs 5 von der Beschwerdeinstanz getroffen worden war u die Hauptsache noch beim VG anhängig ist, das VG[378] oder wenn über die Aussetzung das VG entschied u nunmehr das BerufungsVf beim OVG anhängig ist, das OVG. Sind **mehrere Vf anhängig,** so ist die Zuständigkeit **für jedes einzelne Vf** nach den dargelegten Grundsätzen zu bestimmen, auch wenn sich daraus für iwS einheitliche Lebenssachverhalte (zB den Rechtsschutz mehrerer Nachbarn gegen eine Anlagegenehmigung) unterschiedliche gerichtliche Zuständigkeiten u uU unterschiedliche Entscheidungen auch im Vf nach Abs 7 ergeben (64, 347). Dazu, daß es einer vorherigen Durchführung eines AussetzungsVf gem § 80 Abs 4 vor Stellung eines Antrags gem § 80 Abs 7 nicht bedarf, s oben 196. 200

Beteiligt am Vf sind, da das Vf akzessorisch zum ursprünglichen Vf ist, automatisch u notwendig **dieselben Beteiligten** wie im ursprünglichen Vf nach § 80 Abs 5.[379] Nur wenn das Vf nach Abs 7 auf Antrag eines Beteiligten stattfindet, erscheint dieser**,** ähnlich wie bei einem RMittel, **als ASt** für das Vf nach Abs 7[380] u die obsiegende Partei des Vf nach Abs 5 – beschränkt auf das „Zusatz"-Verfahren nach Abs 7 – **als Ag.**[381] Bisher nicht am Vf Beteiligte können den Antrag nicht stellen bzw müssen zuvor ihre Beiladung erreichen (so auch InfAuslR 1994, 395; Sch-Schoch 386 Fn 1343).

Der Antrag gem § 80 Abs 7 S 2 ist zeitlich **grds unbefristet;** (praktisch kaum bedeutsame) Einschränkungen können sich bei Fehlen einer Befristungsregelung unter dem Aspekt der **Verwirkung** ergeben. Iü finden sich im Bereich des **Planungsrechts** zT Regelungen, die eine **Befristung** hins der Geltendmachung später eingetretener Tatsachen statuieren, welche die Anordnung oder Wiederherstellung der aW rechtfertigen. So sieht etwa § 18e Abs 4 S 1 AEG vor, daß der durch den Planfeststellungsbeschluß oder die Plangenehmigung Beschwerte einen hierauf gestützen Antrag nach § 80 Abs 5 innerhalb einer Frist von einem Monat stellen u begründen muß. Die Frist beginnt mit dem Zeitpunkt, in dem der Beschwerte von den Tatsachen Kenntnis erlangt hat (§ 18e Abs 4 S 2 AEG). § 18e Abs 4 AEG betrifft zwar unmittelbar nur den Fall, in dem erstmals ein Antrag nach § 80 Abs 5 gestellt wird. Er muß aber analog auf den Fall angewandt werden, in welchem ein bereits gestellter Antrag nach § 80 Abs 5 durch das Gericht abschlägig beschieden worden ist u nunmehr aufgrund neuer Tatsachen nach § 80 Abs 7 S 2 ein Antrag auf Änderung dieses gerichtlichen Beschlusses gestellt wird. Dasselbe hat auch für entspr Vorschriften in anderen Planungsgesetzen, wie § 17e Abs 4 S 1 u 2 FStrG, § 10 Abs 6 S 3 u 4 LuftVG oder § 14e Abs 4 S 1 u 2 WaStrG, zu gelten, die ebenfalls **analog auf einen Abänderungsantrag nach § 80 Abs 7 S 2** anwendbar sind.[382] Das BVerfG geht davon aus, daß eine VB gegen einen Beschluß nach § 80 Abs 5 nur zulässig sei, wenn der Antrag gem § 80 Abs 7 S 2 innerhalb der Monatsfrist des § 93 Abs 1 S 1 BVerfGG nach Erlaß der letztinstanzlichen Entscheidung über den Antrag nach § 80 Abs 5 gestellt wurde.[383] 201

---

[378] Vgl Ko NVwZ 1986, 654; Ma VBlBW 1992, 471; Sch-Schoch 379u oben 211.

[379] 64, 355; Ko NVwZ-RR 2005, 748; Sch-Schoch 373.

[380] P § 58, 46; Ms DVBl 1988, 114 unter Aufgabe der früheren abw Rspr zB in Ms 17, 270.

[381] 64, 355; Ms VRspr 23, 87; Ma Rd L 1995, 55; NVwZ-RR 1998, 611; Sa DÖV 1983, 910.

[382] NVwZ 1999, 650; Ko NVwZ-RR 2003, 315; Sch-Schoch 386; offen gelassen von NVwZ-RR 2003, 618, das aber zu Recht betont, daß eine Änderung vAw gem § 80 Abs 7 S 1 durch § 17 Abs 6a S 6 FStrG aF (nunmehr § 17e Abs 6 S 1 FStrG) nicht ausgeschlossen wird, s oben 190.

[383] BVerfG InfAuslR 1995, 55; tlw ähnlich Roeser/Hänlein NVwZ 1995, 1084; s aber auch BVerfG NVwZ 1998, 1174f; **krit** Sch-Schoch 386.

202 Der Antrag ist nach § 80 Abs 7 begründet, wenn die dort genannten Umstände unter Berücksichtigung der auch sonst für das AussetzungsVf geltende Grundsätze zu einer anderen Entscheidung führen als im ursprünglichen AussetzungsVf (Sch-Schoch 387). Das Gericht kann sich dabei **nicht** nur auf eine **bloße Aufhebung oder Änderung des zuvor ergangenen Beschlusses** beschränken, vielmehr ist **zugleich eine Entscheidung über den ursprünglich gestellten Antrag geboten** (Ma VBlBW 1996, 23). Beruht die Änderung einer Aussetzungsentscheidung auf einer nachträglichen Änderung der Sach- oder Rechtslage, kommt sie zwar grds nur von diesem Zeitpunkt an in Betracht; falls es sich um Umstände handelt, die zwar von Anfang an gegeben waren, an deren Geltendmachung im AussetzungsVf der ASt aber ohne Verschulden gehindert war, ist bei einem hierauf gestützten Abänderungsantrag gem § 80 Abs 7 S 2 auch eine **rückwirkende Aufhebung** des Aussetzungsbeschlusses nicht ausgeschlossen.[384]

203 Der Beschluß nach Abs 7 unterliegt der **Beschwerde** unter denselben Voraussetzungen wie ein Beschluß nach Abs 5.[385] Die Beschwerde kann dabei nur darauf gestützt werden, daß die Voraussetzungen des § 80 Abs 7 S 2 vorliegen. Vom OVG ist nur darüber zu befinden, ob im Hinblick auf einen dem § 80 Abs 7 S 2 unterfallenden Umstand eine Abänderung des Aussetzungsbeschlusses angezeigt ist (Hbg NVwZ 1995, 1004). In Rechtsstreitigkeiten nach dem AsylVfG ist die Beschwerde gem § 80 AsylVfG ausgeschlossen.

204 **12. Wiederaufnahme des Verfahrens:** Ein WiederaufnahmeVf ist in bezug auf Entscheidungen sowohl gem § 80 Abs 5 wie auch nach § 80 Abs 7 ausgeschlossen.[386] Hierfür besteht auch gar kein Bedürfnis, da die Funktion eines WiederaufnahmeVf durch § 80 Abs 7 S 2 übernommen wird (vgl oben 196) u ein entspr Antrag, sofern es sich um jeweils neue Umstände handelt, sogar mehrfach gestellt werden kann.

205 **13. Vollstreckung von Entscheidungen nach § 80 Abs 5 u § 80a Abs 3:** Beschlüsse nach § 80 Abs 5 sind – ebenso wie nach § 80a Abs 1 Nr 2, Abs 3 – **Vollstreckungstitel** gem § 168 Abs 1 Nr 1.[387] Nur die **Gleichstellung der Beschlüsse nach Abs 5 mit eA nach § 123,** die in § 168 Abs 1 Nr 2 ausdr als Vollstreckungstitel anerkannt werden, vermeidet, daß der im Vf nach Abs 5 obsiegende Beteiligte zur Durchsetzung der Entscheidung erst noch einen Titel nach §§ 123, 168 Abs 1 Nr 2 erwirken muß.[388] Die Vollstreckung setzt jedoch voraus, daß der Beschluß gem Abs 5 einen **vollstreckbaren Inhalt** hat, dh ein vollziehungsfähiges Gebot oder Verbot enthält,[389] wie dies insb bei An-

---

[384] Für eine Veränderung nur mit Wirkung für die Zukunft hingegen 10. Aufl 116 unter zweifelhafter Bezugnahme auf die vor der Novellierung des § 80 Abs 7 ergangenen Entscheidungen NVwZ 1988, 1023; Ma VBlBW 2007, 35; Mü DVBl 1982, 212; für möglich hält eine Rückwirkung hingegen Sch-Schoch 375.

[385] Vgl zur Beschwerde gegen eine Abänderungsentscheidung vor dem 6. VwGOÄndG Hbg NVwZ 1995, 1004; Ma NJW 1972, 918; Ms GewA 1972, 305; Redeker NVwZ 1991, 528; Schoch NVwZ 1991, 1123.

[386] 5 zu § 153; Mü NJW 1985, 879 zu § 123; RÖ-M. Redeker 72; Sch-Meyer-Ladewig/Rudisile 6 zu § 153; **aA** 10. Aufl 117.

[387] Mü DVBl 1982, 1014; Menger VerwA 1964, 286; NKVwGO-Puttler 173; RÖ-M. Redeker 63; Schenke 1016 u DVBl 1986, 11; Sch-Schoch 366; Sch-Pietzner 14 f zu § 168; für Vollstreckung analog § 172: Ms NVwZ 1993, 383; Günther NVwZ 1986, 700; Lüke NJW 1978, 83; Papier VerwA 1973, 402; **aA** Ko NJW 1965, 881; Lü DÖV 1974, 822; Mü BayVBl 1978, 183; Finkelnburg 881.

[388] So aber Finkelnburg 881; Löwer DVBl 1966, 255; Maaß BayVBl 1983, 139; krit hierzu Schenke DVBl 1986, 11 ff.

[389] Ko NJW 1965, 881; Mü DVBl 1982, 1014; BayVBl 1984, 370; Schenke DVBl 1986, 11; Sch-Schoch 367.

ordnungen gem Abs 5 S 3 zutrifft.[390] Dagegen ist dies bei **Beschlüssen, die lediglich die aW** anordnen oder **wiederherstellen u** damit nur rechtsgestaltend wirken, nicht der Fall; solche Beschlüsse sind daher, anders als konkrete Anordnungen gem Abs 5 S 3 ggü der Behörde, nicht vollstreckbar.[391] Zum Rechtsschutz in diesen Fällen s unten 207.

Da die Anordnungen nur ggü dem den VA erlassenden Hoheitsträger getroffen werden können, nicht hingegen ggü **Dritten,** scheidet diesem ggü **eine Vollstreckung aus.** Dies gilt auch für Anordnungen, die in bezug auf VAe mit Drittwirkung getroffen werden. Sie können ebenfalls nur ggü der Verwaltung, nicht ggü einem durch den VA mit Drittwirkung begünstigten Privaten (zB einem Bauherrn bei einer Baugenehmigung) vorgenommen werden.[392] Nicht vollstreckbar sind auch Auflagen iSd § 80 Abs 5 S 4, da diese – anders als Auflagen gem § 36 Abs 2 Nr 4 VwVfG – keine Verpflichtungen begründen, sondern nur **Obliegenheiten,** deren Nichterfüllung Anlaß für eine Änderung des Beschlusses gem § 80 Abs 7 sein kann.[393] 206

Bei **Nichtbeachtung der** gerichtlich angeordneten bzw wiederhergestellten **aW** durch die Behörde hat der Betroffene bei einseitig belastenden VAen nur die Möglichkeit, in einem neuen Vf die Verwaltung durch das Gericht analog § 80 Abs 5 S 3 zur Unterlassung der Vollziehung verpflichten zu lassen.[394] Bei VAen **mit Drittwirkung** besteht die Möglichkeit, in entspr Anwendung des **§ 80 a Abs 3 S 1, Abs 1 Nr 2 Alt 2** die Verwaltung zur Unterlassung der Vollziehung bzw. zum Erlaß einer Anordnung zu verpflichten, mit welcher die Verwaltung einen den Suspensiveffekt nicht respektierenden Dritten zu dessen Beachtung anhält (s oben 181 näher zum Rechtsschutz gegen **faktische Vollziehung**). 207

14. Schadensersatzansprüche: Ein **Schadensersatzanspr** (entspr § 123 Abs 3, § 945 ZPO) des durch eine Entscheidung des Gerichts nach 80 Abs 5 oder der Verwaltung nach Abs 2 oder 4 Betroffenen bei späterem Obsiegen in der Hauptsache ist in der VwGO nicht ausdr vorgesehen. **§ 945 ZPO** ist wg der im Vergleich zum Zivilrecht unterschiedlichen Interessenlage im Bürger-Staat-Verhältnis auch **nicht analog anwendbar.**[395] Das wird insb deutlich, wenn man sich vor Augen hält, daß in Konsequenz einer Anwendung dieser Vorschrift auch der Bürger, dem vorläufiger Rechtsschutz durch eine gerichtliche Entscheidung gewährt wurde, verschuldensunabhängig schadensersatzpflichtig würde, dies aber im Hinblick auf die mit der Ergreifung entspr Rechtsbehelfe verbundenen Risiken zu einer erheblichen Beeinträchtigung der verfassungsrechtlich garantierten Effektivität des Rechtsschutzes führen müßte (s auch Schenke 1014 a). 208

§ 80 a [Vorläufiger Rechtsschutz bei VAen mit Doppelwirkung]

(1) **Legt ein Dritter einen Rechtsbehelf gegen den an einen anderen gerichteten, diesen begünstigenden Verwaltungsakt**[2] **ein,**[1 ff] **kann die Behörde**

[390] Mü NJW 1983, 837; NKVwGO-Puttler 173; Schenke DVBl 1986, 13 f; Sch-Schoch 367.

[391] Ks NVwZ-RR 1999, 158; Ko NJW 1965, 881; Mü BayVBl 1984, 370; Schenke DVBl 1986, 11; Sch-Schoch 367; **aA** RÖ-M. Redeker 63: Vollstreckung nach den für Unterlassungsurteile geltenden Grundsätzen; vgl auch Menger VerwA 1964, 286; Rupp AöR 85, 334; Niedermeyer NJW 1960, 2322.

[392] Ks NVwZ 1991, 593; DVBl 1992, 781; Sa DVBl 1992, 1110; Hörtnagl/Stratz VBlBW 1991, 331; Schenke 1013 u JZ 1996, 1165; **aA** Bln ZfBR 1991, 129; Schoch NVwZ 1991, 1125.

[393] Ma VBlBW 1983, 322; Mü BayVBl 1978, 183 u NVwZ-RR 1991, 160; Sch-Schoch 296; s auch oben 169.

[394] Mü NJW 1983, 837; Lamberg NJW 1963, 2155; Schenke 1016 u DVBl 1986, 12 ff; s auch Lüke NJW 1978, 83.

[395] NVwZ 1991, 270; Finkelnburg 1054; NKVwGO-Puttler 178; Schenke 1014 a; Schmaltz DVBl 1992, 231; Sch-Schoch 408 ff; **aA** 10. Aufl 121; Renck NVwZ 1994, 1178.

1. **auf Antrag des Begünstigten nach § 80 Abs. 2 Nr. 4 die sofortige Vollziehung anordnen,**[5]
2. **auf Antrag des Dritten nach § 80 Abs. 4 die Vollziehung aussetzen und einstweilige Maßnahmen zur Sicherung der Rechte des Dritten treffen.**[14 f]

(2) **Legt ein Betroffener gegen einen an ihn gerichteten belastenden Verwaltungsakt, der einen Dritten begünstigt, einen Rechtsbehelf ein, kann die Behörde auf Antrag des Dritten nach § 80 Abs. 2 Nr. 4 die sofortige Vollziehung anordnen.**[16]

(3) **Das Gericht kann auf Antrag Maßnahmen nach den Absätzen 1 und 2 ändern oder aufheben oder solche Maßnahmen treffen.**[17 ff] **§ 80 Abs. 5 bis 8 gilt entsprechend.**[21 f]

Schrifttum: *Brühl,* Vorläufiger Rechtsschutz im Verwaltungsstreitverfahren, JuS 1995, 627; *Budroweit/Wuttke,* Der vorläufige Rechtsschutz bei Verwaltungsakten mit Drittwirkung (§§ 80, 80 a VwGO), JuS 2006, 876; *Debus,* Vorläufiger Rechtsschutz des Nachbarn im öffentlichen Baurecht, Jura 2006, 487; *Haibach,* Überlegungen zu einer Reform des vorläufigen Rechtsschutzes, ZRP 1996, 173; *Heberlein,* Der VA mit Doppelwirkung im Sofortverfahren, BayVBl 1991, 396; *Heieck,* Zum Sofortvollzug der Baugenehmigung für gewerbliche Vorhaben – Vorrang behördlicher Sofortvollzugsentscheidungen? –, VBlBW 1996, 134; *Holzheuser,* Die Rechtswegverweisung in den verwaltungsgerichtlichen Eilverfahren, DÖV 1994, 807; *Klein,* Auf dem Weg zum 5. VwGOÄndG, BayVBl 1992, 196; *Kollmer,* Einstweiliger Rechtsschutz nach § 80 a VwGO im Pipeline-Genehmigungsverfahren, NuR 1994, 15; *Kopp,* Die Verweisung auf § 80 Abs 6 VwGO – ein Redaktionsversehen? Erwiderung auf Heberlein, BayVBl 1994, 524; *Mampel,* Vorläufiger Rechtsschutz gegen Verwaltungsakte mit Doppelwirkung nach dem 6. VwGOÄndG, DVBl 1997, 1155; *ders,* Baurechtlicher Drittschutz nach der Deregulierung, UPR 1997, 267; *Meyer-Ladewig,* Einstweiliger Rechtsschutz im Entwurf einer Verwaltungsprozeßordnung, DVBl 1982, 117; *Oberrath/Hahn,* Ende des effektiven Rechtsschutzes? die Änderungen der VwGO und des VwVfG, VBlBW 1997, 241; *Redeker,* Vorläufiger Rechtsschutz nach der VwGO-Novellierung, NVwZ 1991, 526; *ders,* Neuordnung der Verfahrensabläufe bei nachbarlichen Rechtsbehelfen im Baurecht, BauR 1991, 525; *Schenke,* Rechtsprechungsübersicht zum Verwaltungsprozeß – Teil 4, JZ 1996, 1155; *Schoch,* Der vorläufige Rechtsschutz im 4. VwGO-Änderungsgesetz, NVwZ 1991, 1121; *Schmaltz,* Probleme des vorläufigen Rechtsschutzes im Baunachbarrecht, DVBl 1992, 230; *Sellner,* Die Anordnung der sofortigen Vollziehung durch das Gericht nach § 80 a Abs 3 VwGO, Lerche-FS 1993, 815; *Wüstenbecker,* Die Anordnung der sofortigen Vollziehung rechtswidriger Verwaltungsakte – Irrwege bei der Anwendung des § 80 a VwGO, BauR 1995, 313. – S iü auch zu § 80.

1 **1. Allgemeines:** Die durch das 4. VwGOÄndG eingefügte Vorschrift ergänzt die allg Regelung des § 80 über den vorläufigen Rechtsschutz gegen belastende VAe durch einige **spezielle Bestimmungen** für **VAe mit Doppelwirkung** (zum Begriff des VA mit Doppelwirkung unten 2). Daß VAe mit Doppelwirkung grds auch unter § 80 fallen, ergibt sich ua aus der ebenfalls durch das 4. VwGOÄndG in § 80 Abs 1 S 2 eingefügten Klarstellung, daß die aW eines Widerspruchs oder einer Klage auch für sie gilt, außerdem auch aus § 80 Abs 2 S 1 Nr 4 über die VzA „im überwiegenden Interesse eines Beteiligten". § 80 a geht damit in Übereinstimmung mit der schon früher zu VAen mit Doppelwirkung bestehenden hM davon aus, daß auch bei VAen mit Doppelwirkung **Rechtsbehelfe** Drittbetroffener **grds aW** haben u der vorläufige **Rechtsschutz** deshalb auch in diesen Fällen **nach § 80** bzw § 80 a, nicht nach § 123 zu gewähren ist (Begr BT-DR 11/7030, 25; s im einzelnen auch 181 u 232 zu § 80; ferner § 123 Abs 5).

Im einzelnen folgt § 80 a den schon im früheren Recht **entwickelten Grundsätzen, klärt** jedoch insoweit einige **Streitfragen** im Sinn der zuletzt überwiegend vertretenen Auffassungen. Andererseits ist die **Regelung** nicht nur wg des zu wenig aufeinander abgestimmten Nebeneinanders von § 80 u § 80 a u der wg derselben Rechtsfolgen weitgehend überflüssigen, sachlich wenig durchdachten u eher verwirrenden Differenzierung nach dem Adressaten der in Frage stehenden VAe in Abs 1 u 2 **unnötig kompliziert,** sondern wirft auch eine Vielzahl neuer Zweifelsfragen auf (vgl zB unten 6ff). S zur Zulässigkeit besonderer **einstweiliger Maßnahmen** in Ergänzung zur allg Entscheidung über die Vollziehbarkeit bzw die aW auch insb unten 6a, 14 u 18.

2. Begriff des VA mit Doppelwirkung (Abs 1, 2): VAe mit Doppelwirkung iSv § 80a u § 80 Abs 1, der auf § 80a Bezug nimmt, sind nach der Abs 1 u 2 zu entnehmenden **Legaldefinition** VAe, die einen Betroffenen rechtlich begünstigen, zugleich damit aber einen anderen belasten, **zB eine Baugenehmigung,** die den Bauherrn begünstigt, damit zugleich aber den Nachbarn, der nunmehr den Bau dulden muß, belastet. Der Begriff des VA mit Doppelwirkung entspricht in der im Gesetz verwandten Bedeutung inhaltlich dem Begriff des **VA mit Drittwirkung** (s Sch-Schoch 37 zu § 80 Fn 118). 2

Weitere Überlegungen zum Begriff des VA mit Doppelwirkung, insb zu der Frage des Verhältnisses von Begünstigung u Belastung, entbehren der praktischen Relevanz, sofern – wie hier – keine inhaltlichen Unterschiede zwischen der Anwendung des § 80 u der des § 80a angenommen werden. 3

Soll dennoch eine Abgrenzung des Anwendungsbereichs des § 80a von den übrigen Fällen des § 80 vorgenommen werden, so dürfte es für die Anwendbarkeit des § 80a Abs 1 (Rechtsbehelf eines Dritten gegen einen VA, der dessen Adressaten begünstigt) schon nach dem Wortlaut nicht darauf ankommen, ob im konkreten Fall überhaupt ein VA mit Drittwirkung vorliegt bzw ob der Dritte durch den begünstigenden VA belastet wird. Diese Fragen sind lediglich für die Zulässigkeit des Rechtsbehelfs bzw für diejenige des vorläufigen Rechtsschutzbegehrens relevant. Im Fall des Abs 2 ist dagegen ein VA mit Drittwirkung erforderlich. 4

3. Anordnung der Vollziehbarkeit durch die Behörde auf Antrag des durch einen an ihn gerichteten VA Begünstigten (Abs 1 Nr 1): Abs 1 Nr 1 gibt dem durch einen an ihn gerichteten VA (zu sonstigen begünstigenden VAen s im folgenden sowie Abs 2) mit Doppelwirkung Begünstigten u an der Vollziehbarkeit dieses VA Interessierten, zB dem Bauwerber, der die von ihm beantragte Baugenehmigung erhalten hatte, die Möglichkeit, einen **Antrag auf VzA** nach § 80 Abs 2 S 1 Nr 4 zu stellen. Die Regelung stellt ein Gegenstück zur Aussetzung der Vollziehung gem § 80 Abs 4 dar, wo allerdings das Antragsrecht nicht ausdr erwähnt wird, aber ebenfalls selbstverständlich ist. Entspr § 80 Abs 4 ist auch hier unter **Behörde** nicht nur die Ausgangsbehörde, sondern, soweit in der Sache ein Widerspruch gegeben ist, auch die Widerspruchsbehörde zu verstehen (ebenso Heberlein BayVBl 1991, 396; Hörtnagl/Stratz VBlBW 1991, 330). Geht man, wie hier vertreten, davon aus, daß die Widerspruchsbehörde zur Entscheidung nach § 80 Abs 4 grds nur während des WiderspruchsVf zuständig ist,[1] so muß dasselbe auch für § 80a gelten. 5

Grds hat der von einem Dritten gegen einen VA mit Doppelwirkung eingelegte **Rechtsbehelf nach § 80** Abs 1, wie durch die Erwähnung von VAen mit Doppelwirkung nunmehr klargestellt ist, **aW.** Gegen diese kann der betroffene Begünstigte sich nach Abs 1 Nr 1 mit dem **Antrag auf Anordnung der sofortigen Vollziehbarkeit** gem § 80 Abs 2 S 1 Nr 4 wenden, wie § 80a Abs 1 Nr 1 ausdr klarstellt.

Nr 1 erfaßt nach seinem Wortlaut unmittelbar nur VAe, die an den Begünstigten selbst gerichtet, dh an diesen **„adressiert“,** sind; die Fassung der Vorschrift ist insofern allerdings alles andere als klar, weil Abs 1 zugleich einerseits von dem 6

---

[1] S auch zu den Ausnahmen 110f zu § 80; **aA** konsequenterweise im Hinblick auf die andere Interpretation des § 80 Abs 4 Sch-Schoch 13.

„an einen anderen gerichteten VA“, andererseits aber vom „Antragsrecht des Begünstigten“ spricht. Abs 2 trifft jedoch eine entspr Regelung für VAe, die an sich an einen anderen gerichtet sind, aber zugleich den Dritten begünstigen. Ein Beispiel für den an einen anderen gerichteten, diesen begünstigenden VA iSd § 80a Abs 1 bildet die Baugenehmigung, in bezug auf die der Nachbar Dritter ist. Ein Beispiel für den an einen Betroffenen gerichteten belastenden VA iSd § 80a Abs 2 stellt eine an den Störer gerichtete belastende Polizeiverfügung dar, die dem Schutz Dritter (in ihren Rechten gestörter Personen) dient u diese damit begünstigt. **Die insoweit gesonderte Regelung,** die danach unterscheidet, an wen der VA gerichtet ist, hat, da nach § 80 Abs 1 Nr 1 u Abs 2 im Ergebnis heute dasselbe gilt, **keine praktische Bedeutung,** sondern nur formelle Bedeutung für die Frage, ob entspr Anträge u Entscheidungen auf Abs 1 Nr 1 oder auf Abs 2 zu stützen sind. Sie geht auf frühere, dann jedoch nicht Gesetz gewordene Entwürfe zu § 152 EVwPO zurück, die für Rechtsbehelfe von Nicht-Adressaten die aW ausschließen wollten (vgl BMJ-Entwurf Begründung 1987 zu § 152 EVwPO S. 136); § 80a ist diesem Vorschlag jedoch nicht gefolgt.

6 a Im Gegensatz zu Abs 1 Nr 2 erwähnt Nr 1 die Zulässigkeit **ergänzender einstweiliger Maßnahmen** nicht ausdr. Sie ist analog zu Nr 2 sowie ebenso analog § 80 Abs 4 S 2 u Abs 5 S 3 jedoch **auch für Nr 1 zu bejahen.** Vgl zur Zulässigkeit u zu den Voraussetzungen im einzelnen unten 14ff; ferner 43f zu § 80.

7 Obwohl § 80a Abs 1 Nr 1 – entspr gilt auch für Nr 2 u Abs 2 – abweichend von § 80 Abs 3 für den entspr Fall beim vorläufigen Rechtsschutz gegen VAe ohne Doppelwirkung ausdr von einem **Antragsrecht** spricht, kann daraus, wie ein Vergleich mit § 80 Abs 2 S 1 Nr 4, auf den Nr 1 verweist, zeigt, nicht im Wege des Umkehrschlusses gefolgert werden, daß die Behörde (bzw die Widerspruchsbehörde) nicht auch von sich aus **vAw u** nach § 80 Abs 2 S 1 Nr 4 unabhängig bzw auch schon vor einem Antrag nach Nr 1 **die Vollziehbarkeit anordnen** könnte.[2] Die gegenteilige Auffassung verkennt, daß das in § 80a Abs 1 geregelte Antragsrecht nur dem Rechtsschutzcharakter des dort iVm der Anfechtung von VAen geregelten Rechtsbehelfs (wie auch dem der anderen in § 80a geregelten, ebenfalls mit einem Antragsrecht gekoppelten Rechtsbehelfe) entspricht u diesen klarstellt. Das Antragsrecht hat jedoch nicht die behördliche Befugnis zum Ausspruch der VzA vAw zum Gegenstand. Vor Erlaß des § 80a war diese Befugnis gem § 80 Abs 2 S 1 Nr 4 auch völlig unbestritten. Das Argument Schochs, § 80a Abs 1 Nr 1 bezwecke, daß den Begünstigten von der Verwaltung keine Wohltat aufgedrängt werden solle (so Sch-Schoch 31), erscheint demgegenüber wenig beweiskräftig, geht doch auch Schoch davon aus, daß die Behörde im öffentlichen Interesse die VzA aussprechen u insofern dem Begünstigten eine „Wohltat“ aufdrängen kann. Dann liegt es aber aus systematischen Gründen nahe, dasselbe auch bzgl der Alt 2 des § 80 Abs 2 S 1 Nr 4 anzunehmen. Nichts anderes läßt sich aus der Entstehungsgeschichte (BT-Dr 11/7030, 25) entnehmen, denn diese gibt nur mit anderen Worten das wieder, was bereits aus dem Wortlaut des § 80a Abs 1 Nr 1 folgt, ohne zu der entscheidenden Frage Stellung zu nehmen, ob gem § 80a Abs 1 Nr 1 unter partieller Abänderung des § 80 Abs 2 S 1 Nr 4 **nur auf Antrag des Begünstigten** die sofortige Vollziehung angeordnet werden kann. Die Unhaltbarkeit der Gegenauffassung wird mE auch daran deutlich, daß jedenfalls bis zur Einlegung eines Rechtsbehelfs die Vollziehung des VA auch im überwiegenden Interesse eines Beteiligten gem § 80 Abs 2 S 1 Nr 4 vAw zulässig ist (das konzediert im Einklang mit der ganz hM

[2] Ebenso Ms BauR 2000, 80; NKVwGO-Puttler 9; Schmaltz DVBl 1992, 232; **aA** VG Frankfurt NVwZ-RR 2000, 844; Hbg NVwZ 2002, 357 (Fehlen des Antrags kann aber nachträglich analog § 45 Abs 1 Nr 1, Abs 2 VwVfG geheilt werden); Finkelnburg 808; SGH 266; Sch-Schoch 31; offen Ba NuR 1997, 516 – zu Abs 1 Nr 2.

auch Sch-Schoch 184 zu § 80). Dann überzeugte es aber schwerlich, wenn sich hieran etwas ändern würde, wenn die Vollziehung des VA aufgrund einer Anfechtung durch einen Dritten ausgesetzt wird. Ein solches Ergebnis stünde auch nicht damit in Einklang, daß bei den dem § 80 Abs 2 unterfallenden sofort vollziehbaren VAen die Verwaltung eine Aussetzung gem § 80 Abs 4 unbestreitbar vAw vorzunehmen vermag. Geht man schließlich davon aus, daß die Behörde bei überwiegendem Interesse des Begünstigten an der Vollziehung eine Verpflichtung zur Vornahme einer VzA trifft (so grds auch Sch-Schoch 29; s auch unten 9), so wird zusätzlich evident, daß die Erfüllung dieser Verpflichtung nicht von der Stellung eines Antrags gem § 80 a Abs 1 Nr 1 abhängen kann.

Entgegen der mißverständlichen Fassung der Nr 1 ist außerdem anzunehmen, daß die Ausgangsbehörde (anders insoweit die Widerspruchsbehörde, die erst aufgrund eines Widerspruchs mit der Sache befaßt werden kann) die Vollziehbarkeit des begünstigenden VA auch **nicht erst, nachdem** ein Dritter einen **Rechtsbehelf** gegen **den VA eingelegt hat,** anordnen kann,[3] sondern auch schon bei Erlaß des VA (s 83 zu § 80) oder später (aber vor Bestandskraft des VA). Gründe für eine Differenzierung zwischen einseitig belastenden VA u VA mit Drittwirkung sind nicht ersichtlich. Die entspr Befugnis der Behörde wird auch vom Gesetzgeber in Abs 1 Nr 2 als selbstverständlich vorausgesetzt. Entspr kann **auch ein Begünstigter, schon** bevor ein Rechtsbehelf in der Sache eingelegt wird, **Antrag auf VzA** stellen. Er wird dies zweckmäßigerweise schon mit dem Antrag auf Erlaß des begünstigenden VA tun, wenn mit einer Anfechtung dagegen zu rechnen ist. 8

Hins der **Zulässigkeit des** Antrags gelten die gleichen Voraussetzungen wie für die Zulässigkeit eines Antrags auf Aussetzung der Vollziehung gem § 80 Abs 4 (s 107 ff zu § 80) sowie allg auch die Voraussetzungen der aW nach § 80 Abs 1 (s dazu 49 ff zu § 80) analog. Auch für die **Entscheidung der Ausgangsbehörde** bzw der Widerspruchsbehörde sind dieselben Grundsätze wie für Anträge nach § 80 Abs 4 maßgebend (vgl dazu 107 ff zu § 80). 9

Während es bei einer Vollziehung im öffentlichen Interesse im Ermessen der Behörde steht, ob sie eine VzA erläßt (s 102 zu § 80; Sch-Schoch 29), ist sie bei **überwiegendem Interesse des Begünstigten** – nicht zuletzt vor dem Hintergrund des Art 19 Abs 4 GG – **verpflichtet** (s auch 102 zu § 80), eine **VzA auszusprechen.**[4]

Rechtsbehelfe: Gibt die Behörde einem Antrag nach Nr 1 nicht statt oder entscheidet sie nicht in angemessener Zeit, so kann der Betroffene nach § 80 a Abs 3 **das Gericht anrufen,** das dann **eine eigene Entscheidung** hins der Vollziehbarkeit trifft (vgl 146 zu § 80). Der Betroffene kann jedoch auch schon von **vornherein,** statt einen Antrag nach Nr 1 zu stellen, nach Abs 3 **sofort das Gericht anrufen** (s unten 21). 10

Gibt die Behörde dem Antrag statt, so kann der an der aW interessierte Dritte nach § 80 a Abs 1 Nr 2 **bei der Behörde** die Aussetzung der Vollziehung beantragen **oder** sich nach § 80 a Abs 3 **an das Gericht wenden** (Begr BT-Dr 11/7030, 25). S dazu auch unten 16 ff.

4. Vorläufiger Rechtsschutz des durch einen VA belasteten Dritten durch die Behörde (Abs 1 Nr 2): Abs 1 Nr 2 gibt dem Dritten, der durch die Vollziehbarkeit eines **an einen anderen** gerichteten („adressiert") u diesen **begünstigenden VA belastet** wird, den **Antrag** nach § 80 Abs 4 an die Aus- 11

---

[3] **AA** Budroweit/Wuttke JuS 2006, 877; Schoch Jura 2002, 41.

[4] Bender NJW 1966, 1991; Finkelnburg 780, 811; Guthardt DVBl 1972, 571; Schenke 986; Schmaltz DVBl 1972, 588 f; für grundsätzliche Ermessensreduktion auf Null auch NKVwGO-Puttler 93 zu § 80; Sch-Schoch 29; **aA** Ma 25, 113; Papier VerwA 1973, 409 f; L. Schmitt BayVBl 1977, 555; Limberger, Probleme des vorläufigen Rechtsschutzes bei Großprojekten, 1985, S. 60; früher auch Schenke DÖV 1969, 335 f.

gangs- bzw die Widerspruchsbehörde **auf Aussetzung der Vollziehung** sowie ggf gem Nr 2 HS 2 auf **Sicherungsmaßnahmen** zu seinen Gunsten. Die Regelung wiederholt an sich nur, was schon früher nach § 80 Abs 4 für diesen Fall galt, u schafft für einen Teil der betroffenen Fälle (unnötigerweise!) eine besondere, zT auch mißverständliche (s insb unten 12–14), Rechtsgrundlage. Zugleich gibt Nr 2 der Behörde, was nach früherem Recht zweifelhaft sein konnte, ausdr die **Befugnis zu vorläufigen Maßnahmen** zur Sicherung der Rechte des „Dritten". S dazu unten 14.

12 Die Regelung **gilt** nach ihrem Wortlaut unmittelbar **nur** für die Vollziehbarkeit von VAen, die an einen anderen, dh nicht an den belasteten Dritten selbst, gerichtet sind. Für **VAe, die an den Dritten selbst** gerichtet sind, u zwar sowohl für ‚normale' VAe als auch für sonstige VAe mit Doppelwirkung, ergibt sich **dieselbe Folge** jedoch **unmittelbar aus § 80 Abs 4.**

13 Wie bei Abs 1 Nr 1 (s oben 7) ist auch bei Nr 2 anzunehmen, daß dadurch die Befugnis der Ausgangs- bzw Widerspruchsbehörde, aufgrund von § 80 Abs 4 **auch vAw** die Aussetzung der Vollziehung auszusetzen, nicht in Frage gestellt wird.[5] Der **Betroffene** selbst kann einen entspr **Antrag auch schon bevor ein RechtsbehelfsVf** bzgl des VA anhängig ist, bei der Ausgangsbehörde stellen.[6]

13 a Analog zur Befugnis des Gerichts (vgl 181 zu § 80) kann auch die Behörde analog Abs 1 Nr 2 durch entspr feststellende Entscheidung **verbindlich feststellen, daß die aW eingetreten ist** bzw nicht eingetreten ist. S auch unten 17 a. Die besondere Befugnis nach Abs 1 Nr 2 schließt insoweit, insb auch im Hinblick auf die gegebenen Rechtsbehelfe gem § 80 Abs 5, § 80 a Abs 3, die allg Befugnis zu Regelungen durch feststellenden VA aus.

13 b Die Aussetzung der Vollziehung bedarf in **analoger Anwendung des § 80 Abs 3** grds einer **schriftlichen Begründung,** da sie auf eine Belastung des durch den VA mit Drittwirkung Begünstigten hinausläuft (s auch 117 zu § 80). Das Erfordernis einer analogen Anwendung ist nicht zuletzt ein Gebot der **Waffengleichheit.** Genügt die Aussetzungsentscheidung **nicht den formellen Voraussetzungen** in Analogie zu § 80 Abs 3, so ist sie ebenso wie eine **inhaltlich fehlerhafte** (zB einen Ermessensfehler aufweisende) behördliche Aussetzungsentscheidung allein aus diesem Grund (s auch 17 c) durch das Gericht gem **§ 80 a Abs 3, Abs 1 Nr 2, Abs 2 aufzuheben** (s zum entspr Problem iVm mit einer fehlerhaften VzA 148 f zu § 80).

14 Der Erlaß von Sicherungsmaßnahmen gem § 80 a Abs 1 Nr 2 setzt einen **VA u die Anordnung der aW gegen diesen voraus** (Ms NVwZ-RR 2001, 297, s auch 176 zu § 80). Die Sicherungsmaßnahmen sollen die Rechte Dritter schützen, die bei Nichtbeachtung der aW bedroht sind (Ms NVwZ 1993, 383; NVwZ-RR 2001, 297; Sch-Schoch 20). **Als Maßnahmen zur Sicherung der Rechte Dritter** iSv Abs 1 Nr 2 HS 2 kommen, wie das Gesetz durch Anknüpfung an die Terminologie des § 123 klarstellt, grds **alle Regelungen,** die das Gericht auch **nach § 123** treffen könnte, in Betracht (vgl Ms DVBl 1993, 125). Dem Wesen des vorläufigen Rechtsschutzes entspr bedarf es dabei – ebenso wie bei einer gerichtlichen Aussetzung[7] – nicht einer (iü regelmäßig vorhandenen) materiellrechtlichen Ermächtigungsgrundlage für entspr Sicherungsmaßnahmen (Sch-Schoch 40). Bedenken unter dem Gesichtspunkt der Gesetzgebungskompetenz des Bundes bestehen insoweit nicht (**aA** 10. Aufl 14), da eine solche Zuständigkeit zu vorläufigen (behördlichen wie gerichtlichen) Regelungen aus

[5] NKVwGO-Puttler 9; **aA** Finkelnburg 819; Sch-Schoch 36 zu Sicherungsmaßnahmen gem Abs 1 Nr 1 HS 2 auch Ks DVBl 1992, 780.

[6] S zum entspr Problem iVm der gerichtlichen Aussetzung Schenke 993 u JZ 1996, 1160 mwN; **aA** Finkelnburg 808.

[7] S dazu Mü BayVBl 1993, 566; We LKV 1994, 111; Schenke JZ 1996, 1165.

Art 74 Abs 1 Nr 1 GG unter dem Gesichtspunkt des Sachzusammenhangs begründbar ist. **Als** nach Abs 1 Nr 2 HS 2 **zulässig anzusehen** sind solche Maßnahmen, die den Vollzug des in Frage stehenden VA durch den durch diesen VA Begünstigten, einschließlich eines Handelns aufgrund dieses VA, zB aufgrund einer Genehmigung, betreffen, nicht jedoch **auch darüber hinausgehende Maßnahmen** oder Maßnahmen mit anderem, wenn auch mit dem VA, um dessen Vollziehung es letztlich geht, in Zusammenhang stehendem Ziel,[8] daher auch **nicht** zB die Anordnung von **Maßnahmen gegen Dritte.** In Betracht kommen vor allem Maßnahmen der Behörde selbst oder Anordnungen der Behörde ggü den durch den VA, um dessen Vollzug es geht, Begünstigten, insb zB den Inhaber einer erteilten Erlaubnis mit Doppelwirkung, zB einer Bauerlaubnis oder einer vollständigen oder teilweisen immissionsschutzrechtlichen Erlaubnis, **zur Verhinderung weiteren Handelns** – zB der Weiterführung des Bauvorhabens bzw des weiteren Betriebs einer Anlage, oder uU auch einer Weiterführung nur mit bestimmten Beschränkungen, unter Beachtung bestimmter Auflagen usw – **unter Nichtbeachtung der aW u mit der** dem Dritten, dh dem ASt, drohenden **Folge,** daß dadurch die spätere Durchsetzung oder Verwirklichung von Abwehrrechten, die dieser hat, erschwert oder unmöglich gemacht wird.[9] **Beispiele** für solche Maßnahmen sind vor allem die **Stillegung eines Bauvorhabens** („Baustopp"), das, wenn einmal vollendet, dann wg seiner Art oder wg entgegenstehender Rechte Dritter oder entgegenstehender öffentlichen Interessen, nur schwer wieder beseitigt werden kann,[10] oder die Unterbindung des Betriebs einer Anlage, von der gesundheitsschädigende Auswirkungen ausgehen, außerdem aber auch die Anordnung ua auch (nur) **bestimmter Auflagen** für das weitere Verhalten im Hinblick auf die aW oder die Auferlegung einer **Sicherheitsleistung** oder sonstige Garantien, die sicherstellen, daß der betroffene Dritte, wenn er in der Hauptsache obsiegt, nicht deshalb seine Rechte letztlich nicht mehr durchsetzen kann, weil zB der entgegen der aW Handelnde sich der Verpflichtung, das unter Verstoß gegen die aW errichtete Bauvorhaben wieder zu beseitigen, entzieht. Soweit ein **kraft Gesetzes** gem § 80 Abs 1 eingetretener Suspensiveffekt nicht beachtet wird, ist (der sich im Hinblick auf seine systematische Stellung unmittelbar auf eine behördliche Aussetzungsentscheidung beziehende) **§ 80 a Abs 1 Nr 2 Alt 2** zwar nicht unmittelbar, wohl aber **analog anwendbar.**[11] Eine mit § 123 Abs 5 unvereinbare Sicherung des vorläufigen Rechtsschutzes über eine eA (für sie aber Hörtnagl/Stratz VBlBW 1991, 332) scheidet aus.

Nicht aufgrund § 80 a Abs 1 Nr 2 HS 2, wohl aber aufgrund von § 80 Abs 4 S 2 ist auch die Anordnung vorläufiger vollständiger oder teilweiser Rückgängigmachung der Vollziehung des VA auf Antrag des betroffenen Dritten oder auch vAw (vgl dazu auch 117 zu § 80) als unmittelbare Folge der Aussetzung der Vollziehung möglich. Sonstige allenfalls notwendig erscheinende vorläufige Maßnahmen können die Ausgangs- oder ggf auch die Widerspruchsbehörde nur aufgrund ihrer allg Befugnis zu vorläufigen Regelungen (vgl Kopp VerfR 115; VwVfG 22 zu § 9 mwN; 72 zu 35 mwN) iVm mit entspr materiellrechtlichen

---

[8] Vgl 43 f zu § 80; Ms NVwZ 1993, 384: grds nur Maßnahmen zum Schutz der Rechte Dritter, die bei Nichtbeachtung der aW bedroht sind; vgl auch Ba DVBl 1993, 1373; zT **aA** Mü BayVBl 1993, 563: auch eine Anordnung an die Behörde, die vorläufige Einstellung der Bauarbeiten zu verfügen; Schoch NVwZ 1991, 1125; wohl auch Schmaltz DVBl 1992, 231; RÖ-M. Redeker 4.

[9] Ms NVwZ 1993, 384; Ks DVBl 1992, 780; Schoch NVwZ 1991, 1125; Ortloff NVwZ 1993, 331; **aA** Sa BauR 1992, 689; BRS 52 Nr 173.

[10] Ks DVBl 1992, 781; NVwZ 1991, 592; Mü BayVBl 1993, 566; Sch-Schoch 40; s auch BT-Dr 11/7030, 25.

[11] Ko NVwZ-RR 1995, 125; We LKV 1994, 110; Finkelnburg 819 Fn 48; Jacob VBlBW 1995, 75; Schenke JZ 1996, 1165; Sch-Schoch 39.

Rechtsgrundlagen, zB nach allg Polizeirecht, anordnen bzw treffen. Die Ausgangs- bzw Widerspruchsbehörde kann Sicherungsmaßnahmen der in § 80a Abs 1 Nr 2 HS 2 bezeichneten Art ebenso wie die Aussetzung nicht nur auf Antrag, sondern auch vAw treffen.

15 Für die **Zulässigkeit von Anträgen** nach Abs 1 S 1 Nr 2 u für weitere Rechtsbehelfe des ASt bzw auch sonst Betroffenen gelten die Ausführungen zu Nr 1 – s dazu oben 9 – entspr auch für Nr 2.

16 **5. Vorläufiger Rechtsschutz des an der Vollziehbarkeit eines nicht an ihn gerichteten VA interessierten Dritten durch die Behörde (Abs 2):** Abs 2 regelt ergänzend zu Abs 1 Nr 1, der nur die Fälle erfaßt, in denen der **VA,** an dessen Vollziehung ein Betroffener interessiert ist, an ihn gerichtet ist u ihn begünstigt (s oben 6), den Fall, daß der durch einen VA begünstigte Dritte, der an sich nicht Adressat des VA ist, die VzA erstrebt. Antragsbefugt ist danach zB der Nachbar, zu dessen Gunsten eine Abbruchverfügung hins eines Bauwerks, das seine Rechte verletzt, ergangen ist, ferner etwa derjenige, der ein subjektives öffentliches Recht auf ein polizeiliches Einschreiten ggü dem Störer besitzt. Hier ist der Begünstigte „Dritter". In diesem Fall tritt gem § 80 Abs 1 mit der Einlegung des Rechtsbehelfs die aW ein. Der Dritte kann dann nach Abs 2 bei der Behörde die VzA gem § 80 Abs 2 S 1 Nr 4 beantragen, der Betroffene gegen diese nach Abs 3 das Gericht anrufen.

Der **Unterschied** zur Regelung nach Abs 1 Nr 1 liegt ausschließlich bei der Frage, **an wen der VA gerichtet (adressiert)** ist (s auch oben 6). Hins der Belastung durch das Fehlen einer VzA zugunsten des ASt u des dagegen möglichen Rechtsbehelfs liegen beide Fallgruppen gleich. Wie oben zu Nr 1 erwähnt, hat die nur noch formell, nicht aber auch in der Sache unterschiedliche Regelung ihren Grund darin, daß in der früheren Fassung der Vorschrift, die dann jedoch nicht Gesetz geworden ist, auch materiell abweichende Folgen daran geknüpft waren (s oben 6). Auch für die **Zulässigkeit des Antrags** sowie für Rechtsbehelfe gelten die Ausführungen zu Nr 1 entspr. Vgl oben 5 ff. Der durch den an ihn adressierten VA mit Drittwirkung Belastete kann die behördliche Aussetzung gem § 80 Abs 4 beantragen, die aber auch vAw statthaft ist (zur Anwendbarkeit des § 80 Abs 4 s auch Sch-Schoch 15).

17 **6. Vorläufiger Rechtsschutz bei VAen mit Doppelwirkung durch das Gericht (Abs 3):** Abs 3 bestimmt, daß das Gericht auf Antrag nicht nur über Maßnahmen der Behörde nach den Abs 1 u 2 entscheiden, sondern ggf **auch anstelle** der Behörde alle dort genannten Entscheidungen u Anordnungen treffen kann. Das Gericht kann danach bei VAen mit Doppelwirkung in den Fällen des § 80a Abs 1 Nr 1 sowie § 80a Abs 2 (s zur Abgrenzung dieser beiden Fallgestaltungen oben 6) gem § 80 Abs 3 S 1, die VzA **selbst treffen.**[12] Der vor dem 4. VwGOÄndG bestehende Streit, ob das Gericht die VzA selbst vorzunehmen vermag oder die Verwaltung hierzu nur verpflichten kann (eingeh Nachw in 10. Aufl 17), hat sich angesichts der eindeutigen Formulierung des neu geschaffenen § 80a Abs 3 erledigt.

Nach **§ 80a Abs 3, § 80 Abs 5 S 1** kann das Gericht bei VAen mit Doppelwirkung (Drittwirkung) die **aW anordnen oder wiederherstellen.**[13] ZT wird dieses Ergebnis auch aus § 80a Abs 3 S 1, § 80a Abs 1 Nr 2 Alt 1 abgeleitet.[14]

---

[12] BT-Dr 11/7030, 25; BR-Dr 135/90 S. 75; Ba SächsVBl 1995, 103; Bln ZfBR 1991, 129; Ko KStZ 1991, 218; Ma NVwZ 1995, 1004; Mü BayVBl 1991, 438; Schl DVBl 1993, 123; Finkelnburg 833; NKVwGO-Puttler 27; Schenke 1019; Sch-Schoch 28; **aA** Gießen NVwZ-RR 1993, 609; wahlweise für gerichtliche VzA oder gerichtliche Verpflichtung der Behörde zur VzA 10. Aufl 17.

[13] Vgl NVwZ 1995, 903 u 904; Bln NJW 1994, 2717; Ma NVwZ 1991, 1000.

[14] So Sch-Schoch 49 f mwN, dahin tendierend auch Burdroweit/Wuttke JuS 2006, 878.

Dogmatisch überzeugender dürfte allerdings, wie die §§ 18e Abs 3 S 1 AEG, 17e Abs 3 S 1 FStrG bestätigen,[15] die Anwendung des § 80a Abs 3 S 2, § 80 Abs 5 S 1 sein (s dazu eingeh Schenke 990). Soweit bereits eine Vollziehung des VA mit Drittwirkung stattgefunden hat, kann das Gericht gem § 80a Abs 3 S 2, § 80 Abs 5 S 3 die Rückgängigmachung der Vollziehung anordnen (s Schenke 1013f; zu § 80 Abs 5 S 3 näher 176ff zu § 80). Darunter fällt auch die vorläufige Untersagung einer genehmigten Nutzung (Ms NWVBl 1996, 114; Debus Jura 2006, 488). Verpflichtet werden kann durch eine solche Anordnung unmittelbar **nur die Verwaltung, nicht** hingegen **der durch einen VA mit Drittwirkung Begünstigte,** der die gerichtliche Anordnung oder Wiederherstellung der aW nicht beachtet (vgl oben 179).[16] Allein dies trägt dem Umstand Rechnung, daß der mit dem Antrag gem § 80a Abs 3 S 2, § 80 Abs 5 S 3 prozessual vorläufig gesicherte FBA (zu dessen Anwendbarkeit auf VAe mit Drittwirkung s Schenke DVBl 1990, 328ff; 83 zu § 113) sich unmittelbar gegen den Verwaltungsträger, nicht aber gegen den Dritten richtet. Die Verwaltung kann aber verpflichtet werden, eine der Sicherung des FBA dienende **Anordnung ggü den Dritten** zu erlassen.

Geht es um die Unterbindung einer weiteren Vollziehung, kann die Verwaltung gem § 80a Abs 3 S 1, § 80a Abs 1 Nr 2 Alt 2 bei bestehendem RSB zur Unterlassung der Vollziehung bzw bei einer Vollziehung durch den Begünstigten zu einer Anordnung verpflichtet werden, mit welcher diesem eine weitere Vollziehung des VA untersagt wird (s auch Kirste DÖV 2001, 405). § 80a Abs 3 S 1, § 80a Abs 1 Nr 2 Alt 2 machen insoweit einen Rückgriff auf eine Analogie zu § 80 Abs 5 S 3 (dazu Schenke DVBl 1986, 9ff; oben 176 zu § 80) entbehrlich. Zur Unzulässigkeit einer Umgehung der gerichtlichen Aussetzungsentscheidung durch Neuerlaß eines gem § 80 Abs 2 vollziehbaren VA u zum Rechtsschutz in einem solchen Fall 173 zu § 80.

Soweit ein VA mit Drittwirkung (zB gem § 80 Abs 2 Nr 1–3) vollziehbar ist, die **17 a**
Behörde aber fälschlich vom Eintritt der aW ausgeht, kann das Gericht auf Antrag des Begünstigten in Analogie zu § 80a Abs 3 S 1, § 80a Abs 1 Nr 1, Abs 2 – wie sich im Wege eines argumentum a maiore ad minus ergibt – die Vollziehbarkeit bzw Wirksamkeit des VA mit Drittwirkung feststellen (Schenke 1023).

Bei **faktischer Vollziehung eines VA** mit Drittwirkung trotz gesetzlichen Eintritts der aW gem § 80 Abs 1 kann das VG in analoger Anwendung des § 80a Abs 3 S 1, Abs 1 Nr 2 Alt 2 die Verwaltung zur Unterlassung der Vollziehung verpflichten. Wenn der durch einen VA Begünstigte die gerichtliche Anordnung oder Wiederherstellung der aW oder eine kraft Gesetzes eingetretene aW nicht beachtet,[17] ist es allerdings nicht möglich, ggü dem Begünstigten unmittelbar gerichtliche Sicherungsanordnungen zu treffen, vielmehr kann nur die Verwaltung zu solchen Anordnungen verpflichtet werden (s auch oben 17). Bzgl des Ob der Vornahme solcher Sicherungsmaßnahmen bedarf es bei rechtswidriger faktischer Vollziehung **keiner Interessenabwägung** u es besteht auch **kein gerichtlicher Ermessensspielraum;** vielmehr ist das Gericht zu solchen Anordnungen verpflichtet.[18]

---

[15] Vgl auch § 10 Abs 2 des – am 1. 1. 1998 außer Kraft getretenen – BauGBMaßnG: „Antrag auf Anordnung der aufschiebenden Wirkung (§ 80a Abs 3 S 2 iVm § 80 Abs 5 S 1)".

[16] Vgl Ks NVwZ 1991, 593; DVBl 1992, 781; Sa DVBl 1992, 1110; Hörtnagl/Stratz VBlBW 1991, 331; Schenke 1013; JZ 1996, 1165; **aA** Bln ZfBR 1991, 129; Schl NVwZ-RR 1997, 628; Finkelnburg 840; Heberlein BayVBl 1991, 398; Schoch NVwZ 1991, 1125; Stelkens NVwZ 1991, 218.

[17] Sicherungsmaßnahmen sind idR nicht geboten, wenn kein Anlaß für die Annahme besteht, daß die aW nicht respektiert wird, s Ms DVBl 1992, 40.

[18] Vgl Schenke 1018; JZ 1996, 1165; Sch-Schoch 238 zu § 80; **aA** Ks DVBl 1992, 781; We NVwZ 1994, 508.

17 b Für den Entscheidungsspielraum des Gerichts bei seiner Entscheidung gem Abs 3 gelten dieselben **Beschränkungen** auf den **Gegenstand des Vf** als Folge des Antrags nach Abs 3 wie nach § 80 Abs 5. S dazu 146 zu § 80.

17 c **Auch für die VzA** durch das Gericht ist **nicht Voraussetzung,** daß – wie dies bei überwiegendem Interesse zutrifft (s 102 zu § 80) – der ASt einen Rechtsanspr auf Vornahme der VzA besitzt oder sich angesichts der besonderen Umstände des Falles das **Ermessen auf Null** reduziert hat. Das Gericht kann die VzA selbst dann vornehmen, wenn deren Erlaß nur im **Ermessen** der Behörde liegt (s dazu 102 zu § 80), trifft also insofern eine originäre Ermessensentscheidung.[19] § 80 a Abs 3, der auf § 80 a Abs 1 u Abs 2 verweist, bietet (ebenso wie dies bei § 80 Abs 5 zutrifft, auf den § 80 a Abs 3 ebenfalls verweist) keinen Anhaltspunkt dafür, daß das VG nach anderen Kriterien zu entscheiden hätte als die Behörde gem § 80 a Abs 1 Nr 2, Abs 2, die eine Ermessensentscheidung trifft (s oben 9). Ist eine in das Ermessen der Behörde gestellte Aussetzungsentscheidung formell oder materiell rechtswidrig ergangen (s oben 13), so ist jedenfalls bei einem gem § 80 Abs 2 Nrn 1–3 vollziehbaren VA durch das Gericht eine VzA auszusprechen.[20] Soweit in bezug auf den Erlaß einer VzA ein gerichtlicher Ermessensspielraum besteht, kann es das Gericht analog § 113 Abs 5 S 2 **auch der Behörde überlassen,** die Entscheidung unter Beachtung der Rechtsauffassung des Gerichts zu treffen.

18 Die VzA kann (sofern nicht anderes durch ein überwiegendes Interesse des ASt geboten ist, s oben 10) **auch auf** den **Vollzug eines Teils des** in Frage stehenden **VA beschränkt** werden, nur für **bestimmte Abschnitte** zB eines Bauvorhabens, soweit der betroffene VA u damit auch seine Vollziehbarkeit insoweit teilbar sind (Ks DVBl 1992, 781; Sa NJW 1980, 2373), **für bestimmte Zeit,** gegen **Sicherheitsleistung** usw, gegen die Abgabe einer sog **Risiko- u Verpflichtungserklärung** (Mü BayVBl 1980, 118; s auch Traumann NVwZ 1988, 415), ausgesprochen werden.

19 Entscheidet das Gericht nicht selbst über die VzA, sondern **verpflichtet es die Behörde** dazu, ermessensfehlerfrei über die VzA zu entscheiden, so ist **die Behörde** analog § 113 Abs 5 an diese Entscheidung **gebunden.** Lehnt das Gericht eine VzA oder eine entspr Anordnung an die Behörde ab, so ist die **Behörde gehindert,** gleichwohl ihrerseits **die VzA** zu treffen,[21] da eine solche VzA bei VAen mit Drittwirkung immer **zu Lasten eines Dritten** ginge.

20 **7. Zuständigkeit und Verfahren:** Für die Zuständigkeit des Gerichts für Entscheidungen nach Abs 3 gilt gem Abs 3 S 2 dasselbe wie für Vf nach § 80 Abs 5 bis 8 (s dazu 142 zu § 80); ebenso auch für **Rechtsbehelfe** der Betroffenen (s 14 ff zu § 146) u eine evtl **VB** (s 189 zu § 80). Ein Antrag ist, auch wenn es um den Erlaß einer gerichtlichen VzA geht, schon vor dem Einlegen eines Rechtsbehelfs gegen den VA zulässig (Schenke 990; s auch 139 zu § 80 mwN), wobei allerdings hier das RSB einer besonderen Überprüfung bedarf. Zum Erfordernis vorheriger Antragstellung gem Abs 1 oder 2 an die Behörde bzw Widerspruchsbehörde s unten 21.

Im Vf nach Abs 3 sind **die Gegenbetroffenen** grds nach § 65 Abs 2 **notwendig beizuladen** (Ks DÖV 1991, 745; RÖ-M. Redeker 4, Schoch NVwZ 1991, 1125) u vor der Entscheidung **zu hören** (s 124 zu § 80). Vgl jedoch zu **Ausnahmen** vor allem aus Gründen der Eilbedürftigkeit der Entscheidung u zum Erfor-

---

[19] S auch Bln LKV 1999, 197; **aA** Finkelnburg 922; NKVwGO-Puttler 29, wonach dort, wo kein überwiegendes Interesse des Begünstigten besteht, dessen Antrag abzuweisen ist; so iE wohl auch Sch-Schoch 61 ff.

[20] Ähnlich wohl auch Ey-Rennert (11. Aufl) 13 zu § 94; s zum entspr Problem iVm einer fehlerhaften VzA 148 f zu § 80.

[21] Ebenso Ko DÖV 1987, 302; Bln NVwZ 1990, 681: die Behörde kann nur einen Antrag nach § 80 Abs 7 stellen.

dernis einer Nachholung der Gewährung rechtlichen Gehörs in solchen Fällen 124 zu § 80. **Gegenanträge** nach Abs 3 auf VzA, **analog zur Widerklage** gem § 89 Abs 1, sind im Vf über die Aussetzung der Vollziehung oder die Feststellung der Unzulässigkeiten einer faktischen Vollziehung nicht möglich (Ks DVBl 1992, 781).

Die **Zulässigkeit des Antrags** gem Abs 3 an das Gericht hat (außer in den Fällen des § 80 Abs 6; s dazu unten 22) – auch unter dem Gesichtspunkt des RS I (s 136 u 138 zu § 80) – **nicht** zur **Voraussetzung, daß** der ASt sich **vorher** erfolglos mit einem entspr Antrag gem Abs 1 oder 2 **an die Behörde** bzw die Widerspruchsbehörde gewandt hat. Das gilt sowohl für eine nach § 80 a Abs 3 S 2 iVm § 80 Abs 5 S 1 beantragte gerichtliche Anordnung oder Wiederherstellung der aW (vgl auch oben 138 zu § 80)[22] wie auch für eine gerichtliche VzA.[23] Gegenteiliges läßt sich noch nicht aus der Verweisung des § 80 a Abs 3 S 2 auf § 80 Abs 6 entnehmen. § 80 a Abs 3 S 2 stellt eine **Rechtsgrund- u nicht eine Rechtsfolgeverweisung** dar (s eingeh Schenke 999; Würt 512 a Fn 48), wofür auch der Ausnahmecharakter des § 80 Abs 6 sowie die Entstehungsgeschichte (BT-Dr 11/7030, 25) spricht (s näher auch 138 zu § 80). Für gerichtliche Sicherungsmaßnahmen bedarf es ebenfalls nicht eines vorherigen erfolglosen Antrags bei der Behörde (wie hier zB auch Sch-Schoch 78; **aA** Mü BayVBl 1993, 565; RÖ-M. Redeker 5 a). 21

Auch nach der hier abgelehnten aA ist der Antrag an das Gericht ohne vorherige Antragstellung an die Behörde **jedenfalls** dann als **zulässig** anzusehen, wenn die Voraussetzungen analog § 80 Abs 6 S 2 erfüllt sind (Schmaltz DVBl 1992, 234; RÖ-M. Redeker 5 a).

Eine **Ausnahme** von dem zu 21 genannten Grundsatz, daß vorher nicht ein entspr Antrag an die Behörde gestellt werden muß, gilt aufgrund der Verweisung in Abs 3 S 2 auch auf § 80 Abs 6 nur für **Anträge in bezug** auf **VAe über Abgaben oder Kosten iSv § 80 Abs 2** Nr 1 u Nr 4. Wenn u soweit die betroffenen VAe solche mit Doppelwirkung sind, etwa, weil sie den Bürger belasten, den öffentlichen Rechtsträger aber begünstigen (vgl Ko KStZ 1991, 218), ergibt sich auch für Entscheidungen des Gerichts nach § 80 a Abs 3 aus der Verweisung auch auf § 80 Abs 6, daß vor Anrufung bzw jedenfalls vor der Entscheidung des Gerichts (vgl 186 zu § 80) grds nach § 80 Abs 6 ein entspr **Antrag an die zuständige Behörde,** dh grds die Ausgangsbehörde bzw (mit Einschränkungen) an die Widerspruchsbehörde, gestellt werden muß.[24] 22

8. Inhaltliche Maßstäbe für die Entscheidung der Behörde bzw des Gerichts: § 80 a enthält – mit Ausnahme der sich aus der Verweisung in Abs 1 Nr 1 auf § 80 Abs 2 S 1 Nr 4 u in Abs 1 Nr 2 auf § 80 Abs 4 ergebenden Folgerungen – ebenso wie § 80 **keine näheren Bestimmungen** über die Entscheidungen der Behörde und/oder des Gerichts, insb über die dafür maßgeblichen **inhaltlichen Maßstäbe.** Insoweit gelten für die Entscheidung daher **dieselben Grundsätze wie für § 80 Abs 4 u 5** (vgl auch Ms NVwZ 1992, 187; Ks NVwZ 1993, 491; s dazu 113 ff; 146 ff zu § 80). 23

---

[22] Br BauR 1992, 608; Hbg DÖV 1995, 476; Ks DVBl 1992, 45; Ko NVwZ-RR 2004, 224; Ma NVwZ 1995, 293; Mü BayVBl 1991, 526; Budroweit/Wuttke JuS 2006, 877; Debus Jura 2006, 489; Finkelnburg 830; Kaplonek/Mittag JA 2006, 668; Kopp BayVBl 1994, 524 ff; NKVwGO-Puttler 16; RÖ-M. Redeker 5 a; Schenke 999; JZ 1996, 1160 f; Würt 512 a; **aA** Lü BauR 1994, 358; NdsVBl 2004, 339; We ThürVBl 1995, 65; VG Meiningen NVwZ 1997, 926.

[23] Ma VBlBW 1995, 190; Budroweit/Wuttke JuS 2006, 877; Hörtnagl/Stratz VBlBW 1991, 331 f; NKVwGO-Puttler 19; Schenke 1021; **aA** Heydemann NVwZ 1993, 419 ff; RÖ-M. Redeker 5 a; Schmaltz DVBl 1992, 234; Sch-Schoch 78 u Schoch NVwZ 1991, 1126.

[24] VG Gelsenkirchen NVwZ 1991, 1210; Finkelnburg 830 Fn 59 mwN; Jäde UPR 1991, 296; Hörtnagl/Stratz VBlBW 1991, 331; Heberlein BayVBl 1991, 397; Schoch NVwZ 1991, 1125; Sch-Schoch 78.

§ 80 b [Ende der aufschiebenden Wirkung]

(1) **Die aufschiebende Wirkung des Widerspruchs und der Anfechtungsklage endet mit der Unanfechtbarkeit**[4] **oder, wenn die Anfechtungsklage im ersten Rechtszug abgewiesen worden ist,**[5 f] **drei Monate nach Ablauf der gesetzlichen Begründungsfrist**[7 ff] **des gegen die abweisende Entscheidung gegebenen Rechtsmittels. Dies gilt auch, wenn die Vollziehung durch die Behörde ausgesetzt oder die aufschiebende Wirkung durch das Gericht wiederhergestellt oder angeordnet worden ist, es sei denn, die Behörde hat die Vollziehung bis zur Unanfechtbarkeit ausgesetzt.**[12]

(2) **Das Oberverwaltungsgericht kann auf Antrag anordnen, daß die aufschiebende Wirkung fortdauert.**[13]

(3) **§ 80 Abs. 5 bis 8 und § 80 a gelten entsprechend.**[15]

Schrifttum: *Beckmann,* § 80 b VwGO – eine Mogelpackung?, VR 1997, 387; *ders.,* Kritische Gesamtschau des neuen § 80 b VwGO, NVwZ 1998, 373; *Kluth,* Die Auswirkungen der 6. VwGO-Novelle auf das Wirtschaftsrecht, WiB 1997, 512; *Numberger/Schönfeld,* Neuerungen in der VwGO, UPR 1997, 89; *Ruffert,* Suspensiveffekt und Wirtschaftsstandort Deutschland: Vorläufiger Rechtsschutz nach dem 6. VwGOÄndG, NVwZ 1997, 654; *Schenke,* Anmerkung zu VGH München DVBl 1997, 663, DVBl 1997, 1330; s auch zu § 80 u § 80 a.

S zum 6. VwGOÄndG auch die bei § 114 nachgewiesene allg Literatur.

1 **1. Allgemeines:** Die durch das 6. VwGOÄndG eingefügte Vorschrift wird in der Begründung des Regierungsentwurfs **mit praktischen Bedürfnissen der Vwgbk gerechtfertigt** (vgl näher BR-Dr 30/96 S. 24 zu Nr 7). Dort heißt es: „Klagen gegen belastende Verwaltungsakte werden zuweilen anhängig gemacht, um den Suspensiveffekt auszunutzen. In diesen Fällen geht es – entgegen dem Anliegen der Prozeßordnung – dem klagenden Bürger um eine möglichst lange Dauer des Prozesses im HauptsacheVf ... Hat eine Anfechtungsklage im ersten Rechtszug nach eingehender Prüfung des Rechtsschutzbegehrens keinen Erfolg, so ist es idR nicht gerechtfertigt, daß die aufschiebende Wirkung auch noch während eines eventuellen RechtsmittelVf fortdauert. Soweit die Besonderheiten des Einzelfalles etwas anderes gebieten, kann dem durch die Möglichkeit besonderer gerichtlicher Anordnungen Rechnung getragen werden."

2 Da der **Suspensiveffekt von Rechtsbehelfen durch Art 19 Abs 4 GG nicht gefordert** wird (s BK-Schenke 413 zu Art 19 Abs 4 GG), ist § 80 b unter verfassungsrechtlichen Aspekten nicht zu beanstanden. Ob eine „zuweilen" feststellbare rechtsmißbräuchliche Ausübung von Rechtsbehelfen es allerdings als rechtspolitisch sinnvoll erscheinen läßt, den nach wie vor grds mit der Einlegung von Rechtsbehelfen verbundenen Suspensiveffekt sowie auch die behördlicherseits oder gerichtlich herbeigeführte aW in der in § 80 b vorgesehenen Weise zu begrenzen, ist **zweifelhaft** (s auch Meissner VBlBW 1997, 86; RÖ-M. Redeker 1). Liegt im Einzelfall tatsächlich eine solche rechtsmißbräuchliche Ausnutzung nahe, so hätte für die Verwaltung oder ggf (auf Antrag) auch für das Gericht auch ohne § 80 b die Möglichkeit bestanden, eine VzA zu erlassen. Andererseits lastet aber § 80 b dem **Rechtsmittelgericht** (ganz im Gegensatz zu dem vom Gesetzgeber verfolgten Intention seiner Entlastung) **zusätzliche Arbeit** auf, indem dieses regelmäßig nach § 80 b Abs 2 u 3 zu einer Entscheidung über die Fortdauer der Aussetzung gezwungen wird. Wenn der ASt sein Rechtsschutzbegehren auch in der zweiten Instanz verfolgt, wird es ihm nämlich meist auch darum gehen, mittels eines von ihm initiierten gerichtlichen Vf auf **die Fortdauer der aW** hinzuwirken.

3 **2. Inkrafttreten, Übergangsrecht:** Heute nicht mehr relevant; dazu 13. Aufl 3.

3. Deklaratorische Festschreibung der bisherigen Rechtslage: § 80b Abs 1 S 1 HS 1, wonach die aW mit der Unanfechtbarkeit endet, ändert nichts an der früheren Rechtslage. Dasselbe gilt bei erstinstanzlichem Erfolg der Anfechtungsklage, wenn die Vollziehung durch die Behörde ausgesetzt oder die aW durch das Gericht wiederhergestellt oder angeordnet worden ist (§ 80b Abs 1 S 2). **Keine Änderung** ggü der früheren Rechtslage ergibt sich auch dann, wenn eine in der ersten Instanz erfolgreiche Anfechtungsklage in der **Berufungsinstanz abgewiesen** wurde (so auch Sch-Schoch 18). 4

4. Neuregelung für Klageabweisung in erster Instanz: a) Eine Änderung des früheren Rechts folgt jedoch aus § 80b Abs 1 S 1 HS 2, welcher den Wegfall der aW auch für den Fall der Abweisung der Anfechtungsklage im ersten Rechtszug anordnet. Das gilt, wie der insoweit eindeutige Wortlaut des § 80b Abs 1 S 1 zeigt, nicht nur dann, wenn das VG in erster Instanz entschieden hat, sondern **auch** bei einer **erstinstanzlichen Zuständigkeit** (s § 48) des **OVG** (NKVwGO-Puttler 5; RÖ-M. Redeker 3; Schenke VBlBW 2000, 58; Sch-Schoch 43; **aA** B-Funke-Kaiser 2); dazu, daß hieran auch die mißglückte Regelung des § 80b Abs 2 nichts ändert, s unten 14. Soweit ausnahmsweise iVm einer Verpflichtungsklage vorläufiger Rechtsschutz über § 80 Abs 5 zu bewerkstelligen ist (s 120 zu § 80), ist auch hier § 80b einschlägig (Sch-Schoch 30). Der Wegfall der aW läßt die gem § 80 Abs 1 eingetretene Wirksamkeitshemmung (s dazu 22 zu § 80) **kraft Gesetzes entfallen,** ohne daß dafür ein gesonderter feststellender VA oder gar ein gerichtlicher Beschluß erforderlich wäre (Gr NVwZ-RR 1999, 591; RÖ-M. Redeker 5). Fraglich erscheint dagegen, ob mit dem in § 80b Abs 1 S 1 HS 2 angeordneten Ende der aW der nach wie vor nicht bestandskräftige VA nunmehr als sofort vollziehbar anzusehen ist oder es allein beim Wegfall der Wirksamkeitsbestimmung bleibt (für letzteres Beckmann VR 1997, 387 ff). Systematische Auslegung u Entstehungsgeschichte des § 80b legen es nahe, in § 80b Abs 1 S 1 HS 2 eine dem § 80 Abs 2 vergleichbare bzw ergänzende Regelung zu sehen. Auch in den Fällen des § 80 Abs 2 S 1 Nr 1–3 ist nur davon die Rede, daß die aW wegfällt. Gleichwohl wird die Bestimmung allg so verstanden, als ordne sie – wie eine VzA nach § 80 Abs 2 S 1 Nr 4 – die sofortige Vollziehbarkeit der betroffenen VAe an. Der Wortlaut steht einer solchen Auslegung weder bei § 80 Abs 2 noch bei § 80b Abs 1 entgegen. Auch wenn die Gesetzesmaterialien keinen eindeutigen Aufschluß geben, wurde von diesem Verständnis – wie BT-Dr 13/3993, 19 erkennen läßt – aber auch im GesetzgebungsVf ausgegangen. § 80b Abs 1 S 1 HS 2 ist somit wie ein weiterer Fall des § 80 Abs 2 zu behandeln. Dazu ist es nicht erforderlich, § 80b unter § 80 Abs 2 S 1 Nr 3 zu subsumieren (so auch Sch-Schoch 36; **aA** Beckmann VR 1997, 388). 5, 6

Da dieselbe Wirkung auch für die behördliche oder gerichtliche Aussetzungsentscheidung nach § 80b Abs 1 S 2 angeordnet wird, heißt das, mit Ende der Wirkung der Aussetzungsentscheidung ist der betr VA wieder sofort vollziehbar. Dieses Ergebnis gilt auch dann, wenn man zu der Bedeutung des § 80b Abs 1 S 1 HS 2 eine andere Ansicht vertritt. Entfällt die Wirkung der Aussetzung, wird der ursprüngliche Zustand wiederhergestellt, der ohne die bzw vor der Aussetzungsentscheidung bestehen würde oder bestand. Da die Aussetzung der sofortigen Vollziehbarkeit einen Fall des § 80 Abs 2 voraussetzt, kommt es nach Ende der Wirksamkeit der Aussetzung wieder zur Anwendung des § 80 Abs 2 u damit zur sofortigen Vollziehbarkeit des VA.

b) „Rechtsmittel“ und „gesetzliche Begründungsfrist“. Abs 1 S 1 knüpft den Wegfall der aW an das Verstreichen einer Frist von drei Monaten „nach Ablauf der gesetzlichen Begründungsfrist des gegen die abweisende Entscheidung gegebenen Rechtsmittels“. Der bedeutsamste Anwendungsfall ist die Klageabweisung durch Urteil, bei dem die Berufung bzw der Antrag auf Zulassung der Berufung statthaft ist. 7

Läßt – nach der Neuregelung des § 124a durch das RmBereinVpG – das VG die Berufung zu, so kann als „Rechtsmittel" iSd § 80b die Berufung angesehen werden. Diese ist gem § 124a Abs 3 S 1 zwei Monate nach Zustellung des vollständigen Urteils zu begründen. Damit ergibt sich aus § 80b Abs 1 S 1, daß die aufschiebende Wirkung fünf Monate nach Zustellung des Urteils endet.

Enthält das VG-Urteil dagegen keine Berufungszulassung, so kommt als „Rechtsmittel" iSd § 80b Abs 1 S 1 entweder der Antrag auf Zulassung der Berufung oder die Berufung nach deren Zulassung in Betracht. Vor der Novellierung des § 124a war umstritten, ob nach § 124a Abs 1 S 1 auf die Frist abzustellen war, innerhalb derer der (mit einer Darlegung eines Berufungsgrunds verbundene) Antrag auf Zulassung der Berufung zu stellen war[1] oder die Frist, die nach Zulassung der Berufung für die Berufungsbegründung gem § 124a Abs 3 S 1 aF zur Verfügung stand maßgeblich war.[2] Zutr erschien die Ansicht, welche die **Dreimonatsfrist** des § 80b Abs 1 **nach Ablauf der Frist des § 124a Abs 1 S 1 laufen ließ,** also **vier Monate nach Zustellung des Urteils.** Es bestanden keine Bedenken dagegen, den ebenso wie andere RMittel mit Suspensiveffekt (s § 124a Abs 2 S 5) u mit Devolutiveffekt (s § 124a Abs 2 S 1) ausgestatteten Antrag auf Zulassung der Berufung als ein RMittel iSd § 80b Abs 1 anzusehen (so auch Sch-Meyer-Ladewig/Rudisile 66 zu § 124a), zumal er in dem „Rechtsmittel u Wiederaufnahme des Verfahrens" betitelten III. Teil der VwGO normiert ist. Daran änderte auch nichts, daß das sich gegen das erstinstanzliche Urteil wendende BerufungsVf nach §§ 124, 124 aF stets zweistufig war. Die Qualifikation bereits des Antrags auf Zulassung der Berufung als RMittel fiel um so leichter, als nach der Zulassung der Berufung keine gesonderte Einlegung der Berufung mehr erfolgt. Bedenkt man, daß zB dort, wo die Berufung gem § 135 ausgeschlossen ist u die Revision durch das VG nicht zugelassen wurde, sich unbestrittenermaßen die Begründungsfrist nicht auf die Einlegung der Revision, sondern auf die Begründung der Nichtzulassungsbeschwerde gem § 133 Abs 3 S 1 bezieht (das konzedieren auch Numberger/Schönfeld UPR 1997, 90), so legte auch dies unter **systematischen Gründen** nahe, auf den Antrag auf Zulassung der Berufung abzustellen. Allein dies entsprach auch der **Teleologie des § 80b,** einer mißbräuchlichen Ausnutzung des Suspensiveffekts entgegenzuwirken (s hierzu u zu Argumenten aus der Entstehungsgeschichte näher Schenke DVBl 1997, 1331 f).

An die geschilderte, auf der Basis des § 124a aF bestehende Rechtslage u die für sie maßgebenden Gründe kann bei einer antragsabhängigen Zulassung der Berufung nach wie vor angeknüpft werden. Ein Unterschied ergibt sich nur daraus, daß § 124a nunmehr zwischen dem Antrag auf Zulassung der Berufung u der Darlegung der Zulassungsgründe unterscheidet u die Frist für deren Darlegung gem § 124a Abs 4 S 4 (statt bisher einen Monat) zwei Monate nach Zustellung des vollständigen Urteils beträgt. Dies bedeutet, daß die aufschiebende Wirkung nunmehr fünf Monate nach Zustellung des vollständigen Urteils entfällt. Es gilt damit iE dasselbe wie im Fall einer durch das VG zugelassenen Berufung. Damit ergibt sich von hierher ein zusätzliches gewichtiges Argument für die hier vertretene Ansicht, nach der es bei einer antragsabhängigen Zulassung der Berufung auf die Frist für die Begründung des Zulassungsantrags ankommt.

---

[1] So Br NVwZ 2000, 942; Gr NVwZ-RR 1999, 591; Ko NVwZ 1999, 896; Ms NVwZ-RR 2002, 76; Beckmann NVwZ 1998, 374; Fliegauf BWGZ 1997, 23; Fliegauf/Blüm § 53, 29; RÖ-M. Redeker 13. Aufl 5; Ruffert NVwZ 1997, 655; Schenke DVBl 1997, 1331; Sch-Schoch 24; AnwBl 1998, 132; Schoch Jura 2001, 671; Flint NJ 1999, 442; Lotz BayVBl 1997, 262 f; davon geht der Sache nach auch Schmieszek NVwZ 1996, 1154 f aus.

[2] So Mü BayVBl 1997, 343; Bader DÖV 1997, 447 Fn 25; Meissner VBlBW 1997, 83; Numberger/Schönfeld UPR 1997, 91; Vahle DVP 1997, 3.

Würde man demgegenüber auch in diesem Fall auf die Berufungsbegründung abstellen, so ergäbe sich die unhaltbare Konsequenz, daß ausgerechnet in den Fällen, in denen das VG die Berufung nicht zugelassen hat, die aufschiebende Wirkung wesentlich länger gelten würde als bei einer schon durch das VG erfolgten Zulassung der Berufung, obwohl bei dieser die Erfolgsaussichten der Berufung idR größer sein werden als bei einer antragsabhängigen Zulassung.

Läßt das VG gem **§ 134 Abs 1 S 1 Alt 1** die Revision unter Übergehung der Berufungsinstanz (bereits) im Urteil zu (Sprungrevision), so ist die Revision gem § 139 Abs 3 S 1 binnen zwei Monaten nach Zustellung des vollständigen Urteils zu begründen. In diesem Fall endet die aW gem § 139 Abs 3 S 1 iVm § 80b Abs 1 S 1 nach fünf Monaten (Lotz BayVBl 1997, 262). Beantragt der Kl bei nicht schon im Urteil zugelassener Sprungrevision gem § 134 Abs 1 S 1 deren Zulassung durch Beschluß, so ist gem § 134 Abs 1 S 2 der Antrag innerhalb eines Monats nach Zustellung des vollständigen Urteils zu stellen. Dieser Antrag, über den das VG zu entscheiden hat u der mangels Devolutiveffekts kein RMittel iSd § 80b ist, läßt die Dreimonatsfrist des § 80b nicht laufen (Lotz BayVBl 1997, 263; Sch-Schoch 26). Wird die Revision durch Beschluß zugelassen, so endet die aW gem § 80b Abs 1 iVm §§ 139 Abs 3, 134 Abs 3 S 2 **fünf Monate nach Zustellung des die Revision zulassenden Beschlusses.** Wird gleichzeitig sowohl die Sprungrevision als auf auch die Berufung vom VG zugelassen, muß die Frist nach dem konkret eingelegten RMittel berechnet werden. Zu unterschiedlichen Laufzeiten der aW kann es aber angesichts gleicher Begründungsfristen nur kommen, wenn die Sprungrevision erst durch nachträglichen Beschluß auf Antrag zugelassen wird. Wird der nach § 134 Abs 1 gestellte Antrag auf Zulassung der Revision abgelehnt, beginnt nach **§ 134 Abs 3 S 1** mit dieser Entscheidung der Lauf der Frist für den **Antrag auf Zulassung der Berufung,** so daß gem § 80b Abs 1 vier Monate nach Zustellung des Beschlusses die aW entfällt. Soweit in diesem Fall der Ablehnung der Revisionszulassung durch Beschluß die Berufung vom VG im Urteil zugelassen wurde, beginnt analog § 134 Abs 3 S 1 der Lauf der Frist für die Einlegung der Berufung nach § 124a Abs 2 S 1 u damit auch die Berufungsbegründungsfrist gem § 124a Abs 3 S 1 (s 7 zu § 134). Die aW endet in diesem Fall fünf Monate nach Zustellung des Beschlusses über die Ablehnung des Antrags auf Zulassung der Sprungrevision. 8

Ist gegen die Entscheidung des VG die Berufung gesetzlich ausgeschlossen u nur die Revision gem **§ 135** statthaft (s 1 zu § 135), so beträgt die Frist, wenn die Revision vom VG im Urteil zugelassen wurde, gem **§ 139 Abs 3 S 1 iVm § 80b Abs 1 fünf Monate.** Ist die Revision in einem nicht der Berufung unterliegenden Urteil nicht zugelassen worden, ist eine Beschwerde gegen die Nichtzulassung der Revision gem **§ 135 S 3 iVm § 133 Abs 3 S 1** innerhalb von zwei Monaten nach der Zustellung des vollständigen Urteils zu begründen; auch hier beträgt damit die Frist des § 80b Abs 1 im Ergebnis **fünf Monate** (Lotz BayVBl 1997, 262). 9

Bei Entscheidung des VG durch **Gerichtsbescheid,** gegen den Antrag auf mündliche Verhandlung gem § 84 Abs 2 Nr 2 gestellt wird, stellt der Antrag, der keinen Devolutiveffekt aufweist, kein RMittel iSd § 80b dar (so auch Sch-Schoch 27). Erst wenn aufgrund der mündlichen Verhandlung entschieden wird, endet die aW wiederum fünf Monate nach Zustellung des Urteils (s oben 7). Hat der Betroffene gegen einen Gerichtsbescheid unmittelbar Berufung eingelegt, wenn sie zugelassen worden ist (§ 84 Abs 2 Nr 1), bzw Antrag auf Zulassung der Berufung gestellt (§ 84 Abs 2 Nr 2), endet der Suspensiveffekt wie im Fall der Entscheidung durch Urteil fünf Monate nach Zustellung des Gerichtsbescheids (s oben 7). 10

Hat das OVG gem § 48 in erster Instanz entschieden u dabei die Revision zugelassen, entfällt die aW gem § 139 Abs 3 S 1 iVm § 80b innerhalb von fünf Monaten nach Zustellung des vollständigen Urteils. Hat das OVG die Revision 11 nicht zugelassen, endet die aW gem § 80b Abs 1 iVm §§ 135 S 3, 133 Abs 3 S 1 fünf Monate nach Zustellung des vollständigen Urteils.

12 **c) Behördliche Aussetzung bis zur Unanfechtbarkeit (Abs 1 S 2).** Die aW, welche durch die Aussetzung der Vollziehung durch die Behörde herbeigeführt wurde, endet gem § 80b Abs 1 S 2 dann nicht, wenn die Behörde die Vollziehung bis zur Unanfechtbarkeit ausgesetzt hat. Die Aussetzung bis zur Unanfechtbarkeit muß allerdings **ausdr erfolgen** (so auch RÖ-M. Redeker 8). Es genügt nicht, wenn der Aussetzungsbeschluß keine Aussage über die Dauer der Aussetzung enthält. Eine vor der Abweisung der Anfechtungsklage vorgenommene gerichtliche Anordnung oder Wiederherstellung der aW führt hingegen gem § 80b Abs 1 S 2 nicht dazu, daß die aW fortdauert. Das gilt nicht nur für eine Anordnung oder Wiederherstellung der aW durch das VG, sondern auch für eine im BeschwerdeVf durch das OVG bestätigte oder erst herbeigeführte. § 80b Abs 1 S 2 differenziert nicht zwischen dem VG u dem OVG (Mü NVwZ 2003, 766). Der Grundgedanke des § 80b Abs 1, nämlich, daß bei einer erstinstanzlichen Abweisung einer Anfechtungsklage eine neue prozessuale Situation entstanden ist, die eine unbegrenzte Fortdauer der aW nicht mehr sachlich rechtfertigt, trifft auch in bezug auf eine im BeschwerdeVf getroffene Aussetzungsentscheidung zu. Unbenommen bleibt es, dem Betroffenen allerdings, sobald er Berufung eingelegt oder einen Antrag auf Zulassung der Berufung gestellt hat u die Hauptsache beim OVG anhängig ist, gem § 80b Abs 2 zu beantragen, daß das OVG die Fortdauer der aW anordnet. Er muß mit einem solchen Antrag **nicht warten,** bis die **aW gem § 80b Abs 1 entfällt.** Ist nach **Abweisung der Anfechtungsklage** noch eine Beschwerde anhängig, so entfällt hingegen bei einer in deren Rahmen nunmehr bestätigten oder noch erfolgten Aussetzung die aW nicht gem § 80b Abs 1 S 2, da bei der Beschwerdeentscheidung bereits der prozessualen Lage Rechnung getragen wird, die sich aus der erstinstanzlichen Abweisung der Anfechtungsklage ergibt. Deshalb wäre es nicht sinnvoll, den Betroffenen nunmehr zur Erreichung der Fortdauer der aW auf die zusätzliche Stellung eines Antrags gem § 80b Abs 2 zu verweisen. Zu der Frage der Auswirkungen des Wegfalls der Wirkung der Aussetzungsentscheidung s oben 5.

13 **5. Anordnung der Fortdauer der aufschiebenden Wirkung des OVG (Abs 2):** § 80b Abs 2 sieht vor, daß das OVG auf Antrag anordnen kann, daß die aW fortdauert. Der Antrag kann – um keine Lücke im vorläufigen Rechtsschutz entstehen zu lassen – **schon vor Wegfall der aW** zugleich mit der Berufung bzw mit dem Antrag auf Zulassung der Berufung gestellt werden (Gr NVwZ-RR 1999, 591; Beckmann NVwZ 1998, 374; Sch-Schoch 40). Wie sich aus der Formulierung u aus dem systematischen Zusammenhang mit § 80b Abs 1 ergibt, bezieht sich diese Vorschrift **lediglich auf die Fälle des § 80b Abs 1.** Soweit gem § 80 Abs 2 Widerspruch u Anfechtungsklage keine aW haben u der durch den angefochtenen VA Belastete vor Ergehen der erstinstanzlichen gerichtlichen Entscheidung noch keinen Antrag auf Anordnung oder Wiederherstellung der aW gestellt hat, bleibt es für den später gestellten Antrag auf Anordnung oder Wiederherstellung der aW bei der unmittelbaren Anwendung des § 80 Abs 5 (Lotz BayVBl 1997, 263). Bei der im Rahmen der Aussetzungsentscheidung erfolgenden Interessenabwägung ist freilich die gesetzgeberische Wertung des § 80b Abs 1 zu berücksichtigen (s auch unten 15), so daß hier eine Aussetzung – jedenfalls solange dem Antrag auf Zulassung der Berufung nicht stattgegeben wurde – meist ausscheiden dürfte. Ist ein Antrag auf Anordnung der Wiederherstellung der aW in der ersten Instanz abgelehnt sowie die Anfechtungsklage abgewiesen worden u wird hiergegen fristgerecht Antrag auf Zulassung der Berufung gestellt, ist eine Änderung der im vorläufigen RechtsschutzVf ergangenen Entscheidung unter Beachtung der in § 80b Abs 1 zum Ausdruck kommenden Wertung bei Vorliegen der Voraussetzungen des **§ 80 Abs 7 S 2**

durch das Rechtsmittelgericht zulässig, ohne daß es eines Rückgriffs auf § 80 b Abs 3 bedarf.

14 Nach dem Wortlaut des § 80 b Abs 2 ist der Antrag auf Anordnung der fortdauernden Wirkung der aW beim OVG zu stellen. Diese Regelung ist offensichtlich an der **üblichen Fallkonstellation** einer erstinstanzlichen verwaltungsgerichtlichen Entscheidung **orientiert,** gegen welche gem § 124 a Antrag auf Zulassung der Berufung durch das OVG gestellt wird. Sie geht auf einen **Vorschlag des Vermittlungsausschusses** zurück, der von der zunächst vom Bundestag beschlossenen Gesetzesfassung abwich (BR-Dr 497/96, 2), nach dem das Gericht des ersten Rechtszugs anordnen konnte, daß die aW fortdauert. Bei dieser quasi „in letzter Minute" durch den Vermittlungsausschuß initiierten Änderung wurden die Fälle der §§ 134, 135 **nicht bedacht.** Im Fall des § 135 ist das **RMittel der Berufung gar nicht** statthaft; es kommt nur eine Revision zum BVerwG in Betracht. Entsprechendes gilt im Fall der Zulassung der Sprungrevision gem § 134. Bei diesen durch den Gesetzgeber bei der Formulierung des § 80 b Abs 2 nicht berücksichtigten Konstellationen wäre es unsinnig, wenn das OVG, das in der Hauptsache nie mit dem angefochtenen VA befaßt wurde u wird u auf das die ratio des § 80 b Abs 2 im Einklang mit jener des § 80 Abs 5 u 7 (Zuständigkeit des Hauptsachegerichts für den vorläufigen Rechtsschutz) gerade nicht zutrifft, als entscheidungsbefugt angesehen würde. Dies hätte auch eine auf Kosten der Effektivität des Rechtsschutzes gehende Blockade von HauptsacheVf u vorläufigen RechtsschutzVf zur Folge. Deshalb muß hier das für das **RMittel in der Hauptsache zuständige Gericht,** also das **BVerwG** zuständig sein (s auch NKVwGO-Puttler 25; Sch-Schoch 43). Oberverwaltungsgericht ist bei § 80 b Abs 2 also so zu verstehen, daß hier das **Rechtsmittelgericht gemeint** ist. Dies ist zwar meistens das OVG, braucht dies aber keineswegs immer zu sein. Bedeutsam wird dies ferner dort, wo das OVG erstinstanzlich gem § 48 entschieden hat. Hier sind zwar die Gründe, welche für die Zuständigkeit des BVerwG gem § 80 b Abs 2 sprechen, nicht in demselben Maße zwingend, wie in den Fällen, bei denen das OVG nicht in der Hauptsache mit der Anfechtungsklage befaßt wurde. Selbst hier wäre aber eine **Zuständigkeit des OVG systemwidrig, beeinträchtigte die Effektivität des Rechtsschutzes** u liefe schließlich (wenn auch nur auf einem begrenzten Sektor) auf das hinaus, was der Gesetzgeber nach Übernahme des Vorschlags des Vermittlungsausschusses gerade nicht wollte, nämlich – wie ursprünglich vorgesehen – das Gericht des ersten Rechtszugs über die Fortdauer der aW entscheiden zu lassen (im Ergebnis für die generelle Zuständigkeit des Rechtsmittelgerichts auch Beckmann NVwZ 1998, 375; Lotz BayVBl 1997, 263; RÖ-M. Redeker 3).

15 **6. Abs 3:** Für die Entscheidung des OVG über die Fortdauer der aW sieht § 80 b Abs 3 (zu ihrer Gerichtsgebührenfreiheit Ba NVwZ-RR 1999, 616) eine entspr Anwendung von § 80 Abs 5 bis 8 u § 80 a vor. Eines vorherigen erfolglosen Antrags bei der Behörde auf Fortdauer der aW gem §§ 80 Abs 4, 80 a Abs 1 Nr 2 bedarf es nicht (Beckmann NVwZ 1998, 375). Hins des Antrags besteht der Zwang, sich durch eine der in **§ 67 Abs 1 genannten Personen vertreten** zu lassen, da es sich gem § 67 Abs 1 S 1 um eine Prozeßhandlung vor dem OVG handelt (Sch-Schoch 41; RÖ-M. Redeker 9; s 15 zu § 67).

Iü gelten iVm diesem Vf die Regeln des § 80 Abs 5–8 u § 80 a, wobei freilich das Rechtsmittelgericht bei der ihm abverlangten Interessenabwägung das Vorliegen der erstinstanzlichen Entscheidung u die dem **§ 80 b Abs 1 zugrundeliegende gesetzgeberische Wertung** zu berücksichtigen hat (s auch Ko NVwZ 1999, 896; **aA** Mü DVBl 1997, 664; Sch-Schoch 45). In Betracht kommt damit eine Anordnung der Fortdauer der aW im wesentlichen nur dann, wenn sich für den ASt aus der Vollziehung des VA gravierende, insb später irreparable Auswirkungen ergäben. Anderes gilt allerdings dann, wenn die Erfolgsaussichten einer zugelassenen Berufung als günstig beurteilt werden. Hier greift die ratio des § 80 b Abs 1, der einer mißbräuchlichen Ausnutzung des Suspensiveffekts entgegenwirken wird, nicht mehr.[3] Zu weit gehen dürfte es allerdings, wenn das OVG Br davon ausgeht, in einem solchen Fall sei auf einen entspr Antrag hin stets die Fortdauer der aW der Klage anzuordnen, wenn nicht die Voraussetzungen des § 80 Abs 2 vorliegen; eine umfassende Interessenabwägung finde nicht statt.[4] Dies ist zum einen mit der Verweisung des § 80 b Abs 3 auf § 80 Abs 5–8 u § 80 a nicht vereinbar. Sie spricht dafür, auch im Fall des § 80 b Abs 3 die auch sonst für die gerichtliche Aussetzung eines VA geltenden Grundsätze heranzuziehen. Es wäre systemwidrig, wenn man den Erfolgsaussichten des Hauptsacheverfahrens, denen sonst bei der Aussetzungsentscheidung eine wichtige Bedeutung zukommt, hier ausklammerte u dies obschon es hier bereits zu materiellrechtlichen gerichtlichen Vorprüfungen im HauptsacheVf kam. Allein die Zulassung des BerufungsVf läßt – obschon ihr zweifellos eine Bedeutung zukommen kann – schon angesichts der Heterogenität der Zulassungsgründe kein generelles Urteil in der Richtung zu, daß entgegen der Ansicht des erstinstanzlich entscheidenden VG die Klage wahrscheinlich Erfolg haben wird. Das wird sofort deutlich, wenn das VG selbst die Berufung zugelassen hat oder die Zulassung durch das OVG nicht auf § 124 Abs 2 Nr 1 gestützt wird. Davon abgesehen ist nicht einsichtig, weshalb es im Fall des § 80 b Abs 3 nur auf die Erfolgsaussicht der Klage ankommen soll u nicht auch die anderen sonst bei einer Aussetzungsentscheidung nach § 80 Abs 5 relevanten Abwägungsgesichtspunkte mit heranzuziehen sind (154 ff zu § 80).

Gem § 80 b Abs 3 iVm **§ 80 Abs 8** kann in dringenden Fällen statt des Senats auch der **Vorsitzende** entscheiden.

9. Abschnitt. Verfahren im ersten Rechtszug

§ 81 [Erhebung der Klage]

(1) **Die Klage ist bei dem Gericht[1] schriftlich[4 ff] zu erheben.[1 ff] Bei dem Verwaltungsgericht kann sie auch zur Niederschrift des Urkundsbeamten der Geschäftsstelle erhoben werden.[12 ff]**

(2) **Der Klage und allen Schriftsätzen sollen vorbehaltlich des § 55 a Abs. 2 Satz 2 Abschriften für die übrigen Beteiligten beigefügt werden.[15]**

Vgl §§ 253, 496 ZPO; §§ 90 f, 93 SGG; § 64 FGO; § 55 a

Schrifttum: *Bludau,* Kommunikation niedersächischer Verwaltungen in Verwaltungs-, Widerspruchs- und Klageverfahren – Die Entwicklung vom Telegramm zur E-Mail, NdsVBl 2007, 7; *Broß,* Probleme des Schriftformerfordernisses im Prozeßrecht, VerwA 1990, 451; *Gusy,* Die ladungsfähige Anschrift von Obdachlosen, JuS 1992, 28; *Willms,* Die Unterschrift bei Klageschriften im Verwaltungsprozeß, NVwZ 1987, 479; s auch Schrifttum zu § 55 a.

1 **1. Allgemeines:** Die Vorschrift, die durch das JKomG leicht geändert wurde, regelt zusammen mit § 82 die formellen Voraussetzungen einer wirksamen Klageerhebung. Die formelle Ordnungsgemäßheit der Klageerhebung ist eine **vAw zu prüfende Prozeßvoraussetzung** (s 1 f, 10 ff, 17 vor § 40). Die Klage ist mit dem – schriftlichen oder elektronischen (§ 55 a Abs 1 S 1) – Eingang der Klage-

---

[3] S auch Br NVwZ 2000, 943; Ko NVwZ 1999, 896; Ms NVwZ-RR 2002, 77; Sch-Schoch 44.

[4] Br NVwZ 2000, 942; dahin tendierend auch Ms NVwZ-RR 2002, 77; Sa 18. 9. 2000 – 3 Q 211/00.

schrift bei Gericht erhoben (Sch-Ortloff/Riese 4; zum elektronischen Eingang vgl auch 6 zu § 55b). Die Zustellung der Klageschrift an den Bekl gehört, anders als im Zivilprozeß, nicht zur Klageerhebung (LG Lüneburg NJW 1985, 2279). § 81 u § 82 sind zusammen mit anderen Vorschriften, insb mit §§ 42, 43, 47, 80 Abs 5, 91f, 106, 123, 124, 126, 127, 130, 132, 140 u 146, Ausdruck des auch im Verwaltungsprozeß geltenden Verfügungsgrundsatzes.[1] Der Kl entscheidet mit seiner Klage, daß er Klage erhebt bzw erheben will[2] u **bestimmt** mit der Klage **den Streitggst** (s 7ff zu § 90) mit bindender Wirkung für das Gericht u die übrigen Verfahrensbeteiligten (Menger VerwA 1979, 347). Zu in unsachlicher, insb beleidigender Form abgefaßten Klagen u sonstigen Schriftsätzen s unten 14; zu in fremder Sprache abgefaßten u daher unwirksamen Klagen 9 zu § 55; ferner BayVBl 1991, 542 (wird eine in fremder Sprache abgefaßte Klage in Übersetzung vorgelegt, so ist nur die Übersetzung maßgeblich); zur Abfassung von Klagen u anderen Schriftsätzen in Vf mit Vertretungszwang 3 zu § 139; zu bedingten Klagen 8 zu § 82; zu nachträglichen Klageerweiterungen 131f zu § 91.

§ 81 gilt analog auch für **Anträge** in selbständigen Vf, zB **nach § 47; § 80** Abs 5 oder 7; **§ 80a** Abs 3; **§ 123;**[3] **§ 84** Abs 2 S 1 Nr 2 oder 3 usw (s auch 3 zu § 122), sowie grds auch für andere **bestimmende Schriftsätze** (Kunz/Schmidt NJW 1987, 1296; Sch-Ortloff/Riese 15; vgl auch BVerfG NJW 1993, 51), dh Schriftsätze, durch die eine für das Vf wesentliche Prozeßhandlung vollzogen wird (58, 260; BGH NJW 1985, 2650; RGZ 151, 82), insb bestimmende Erklärungen ggü dem Gericht abgegeben werden, zB der **Antrag** auf **Wiedereinsetzung** (§ 60); die **Hauptsacheerledigungserklärung** (DVBl 1992, 778); außerdem auch für eine nachträgliche Klageerweiterung u eine **Klageänderung** (§ 91; dazu auch Ma DÖV 1987, 404), **Klagerücknahme** (§ 92), die **Einwilligungserklärung** des Gegners zur Sprungrevision (vgl BGH NJW 1984, 2890 – auch zum Erfordernis einer eigenhändigen Unterschrift –), soweit sie nicht in der mV zur Sitzungsniederschrift abgegeben werden. Für die Einlegung von **RMittel** bestehen **entspr Regelungen** (vgl §§ 124a Abs 1 u 3, 133 Abs 2, 139 Abs 1, 147); dabei kommen jedoch, soweit nicht ausdr etwas anderes bestimmt ist, dieselben Grundsätze zur Anwendung (§§ 125 Abs 1 S 1, 141 S 1).[4]

Außerdem gilt § 81 analog auch für die **Klageerwiderung** bzw Erwiderung auf einen Antrag in AntragsVf u für bestimmende **Schriftsätze des Bekl** (Ag) u **Beigeladener** (§ 65) sowie für die **Beteiligungserklärung des VöI** gem § 35 Abs 1 S 2 bzw analog dazu u für bestimmende Schriftsätze des VdB u des VöI.

Dagegen kann das **Einverständnis mit einem schriftlichen Vf** gem § 101 Abs 2 auch telefonisch erklärt werden (BAG NZA 1994, 382 – zu § 128 Abs 2 ZPO –; Sch-Ortloff 9 zu § 101); ebenso wohl das **Einverständnis mit der Entscheidung des Vorsitzenden** oder des Berichterstatters gem § 87a Abs 2.

Die **Voraussetzungen** nach § 81 müssen, soweit eine Klagefrist (§ 74) oder Ausschlußfrist (zB § 58 Abs 2) zu wahren ist, grds **innerhalb dieser Frist** – bei drohender Klage- oder Antragsverwirkung (vgl 18 zu § 74) vor deren Eintritt – erfüllt werden (s auch unten 8; ferner 3 zu § 82; BAG NJW 1982, 903). Zur Frage, wann eine Klage als beim Gericht eingegangen anzusehen ist, s 8ff zu § 74; zur Möglichkeit einer Wiedereinsetzung zur Beseitigung von Mängeln der 2

[1] Menger VerwA 1979, 347; SGH 538f; Lüke JuS 1961, 43; s auch 2 zu § 86.

[2] Vgl NJW 1991, 510 mwN: Auslegung eines als „Widerspruch" bezeichneten Rechtsschutzbegehrens aufgrund des auch als Auslegungshilfe zu berücksichtigenden Gebots der Effektivität des Rechtsschutzes u angesichts des Fehlens hinreichender Anhaltspunkte für eine gegenteilige Feststellung als Klage.

[3] Schenke 991; Sch-Ortloff/Riese 15; **aA** Erichsen Jura 1984, 644: § 123 Abs 3 iVm § 920 Abs 1 u 3 ZPO.

[4] Vgl Sch-Ortloff/Riese 16; vgl auch Mü BayVBl 1984, 671 zu den Anforderungen an die Bestimmtheit eines Beschwerdeantrags hins der Festsetzung des StrW.

Klage 4 zu § 60; zur Möglichkeit einer **Fristsetzung** analog § 82 Abs 2 zur Behebung von Mängeln 13 f zu § 82; zur **Rechtshängigkeit** 1 ff zu § 90; zur Frage des Anspr auf **Prozeßzinsen** ab Rechtshängigkeit 22 f zu § 90; zur Beurteilung der Zulässigkeit, insb des RS I, bei **mehrfacher Klageerhebung** BGH NJW 1979, 2244.

3 **2. Erhebung der Klage bei Gericht:** Die Klage ist bei Gericht, u zwar grds **beim zuständigen Gericht** zu erheben; s jedoch zur Verweisung an das zuständige Gericht mit Fristwahrung 15 ff zu § 41 aF bzw 19 zu § 83. Klageerhebung bei einer Behörde ist nicht möglich (s 8 zu § 74) u wahrt auch keine Fristen, ebensowenig die Einreichung einer an das zuständige Gericht adressierten Klage bei einem unzuständigen Gericht (Ms NJW 1996, 334; Mü NJW 2000, 1131) oder einer an ein nicht zuständiges Gericht adressierten Klage beim zuständigen Gericht. S im einzelnen 8 zu § 74. Zur Frage, wann eine Klage im Rechtssinn als erhoben gilt, s 11 ff zu § 74.

4 **3. Schriftform (Abs 1 S 1): a)** Die VwGO schreibt wie die ZPO (§ 253 ZPO) im Interesse der Sicherheit des Rechtsverkehrs, vor allem im Hinblick auf die mit der Klageerhebung verbundenen Folgen (Rechtshängigkeit, s 1 zu § 90; Nichteintreten der Bestandskraft von VAen; ggf aW nach § 80 Abs. 1 usw), die Schriftlichkeit der Klageerhebung bzw Klageerhebung zur Niederschrift des Urkundsbeamten vor. Schriftlichkeit iSd § 81 ist **nicht mit Schriftform iSd § 126 Abs 1 BGB gleichzusetzen;** s dazu ausf unten 5 ff. Das **Fehlen der Schriftform** kann **nicht** durch Nachholung oder Nichtrüge **geheilt werden;**[5] ggf kommt jedoch **Wiedereinsetzung** gem § 60 in Betracht (s unten 8), bei nicht fristgebundenen Klagen u Anträgen auch Neuvornahme mit Wirkung ex nunc. S zu den Erfordernissen der Schriftlichkeit näher unten 5 ff, der Erfüllung auch durch Telegramm, Telefax, Computerfax, elektronisches Dokument usw unten 9 ff.

5 **Schriftlichkeit bedeutet nicht Schriftform iSd § 126 Abs 1 BGB.** Der Sinn der in § 81 Abs 1 S 1 (wie auch in § 70 Abs 1) verlangten Schriftform liegt nämlich nach Ansicht der Rspr (77, 38 f; 81, 32 ff) nur darin, die Identität des Absenders festzustellen u gleichzeitig klarzustellen, daß es sich nicht um einen Entwurf, sondern um eine gewollte prozessuale Erklärung handelt. Daher genügt es, wenn sich aus der Klageschrift oder aus den ihr beigefügten Anlagen eindeutig u ohne Notwendigkeit einer Rückfrage oder Beweiserhebung ergibt, daß die Klage **vom Kl herrührt** („Urheberschaft") u **mit dessen Willen an das Gericht gelangt** ist („Verkehrswille"). Ein mit eigenhändiger Unterschrift versehenes Originalschriftstück (Schriftform iSd § 126 BGB) erfüllt diese Voraussetzungen natürlich immer (s dazu 5 a); weder Unterschrift (s dazu 6 ff) noch Originalschriftstück (s dazu 9 ff) sind jedoch zwingend erforderlich. Die Klage muß aber in deutscher Sprache abgefaßt sein (vgl BGH NStZ 1981, 487; Sch-Ortloff/Riese 6; allg 9 ff zu § 55).

5 a **Grds** ist die Schriftform immer dann gewahrt, wenn die Klageschrift – dh das Schreiben, das die Klage enthält; der Klageschriftsatz; das Aufgabetelegramm; das Aufgabetelefax (vgl zB Ks DVBl 1993, 566) usw, s auch unten 9 – vom Kl oder seinem Prozeßbevollmächtigten **handschriftlich unterschrieben** ist,[6] denn

---

[5] BGH NJW 1987, 2589; Sch-Ortloff/Riese 9.

[6] GSOGB BVerwG 58, 365 = NJW 1980, 172; BVerwG DÖV 1984, 174: maschinenschriftliche Unterzeichnung genügt nicht; DVBl 1987, 634; NVwZ 1985, 34; NJW 1991, 1193 – zur Begründung einer Nichtzulassungsbeschwerde –; 1993, 1874; 1987, 957, 2589; BFH 143, 198 = BStBl II 1985, 317; NJW 1987, 343; BGH NJW 2005, 2086: BSG NJW 1986, 1778; DÖV 1993, 1014; BAG NJW 1987, 3279; Ma DVBl 1989, 883; NJW 1996, 3162: Unterzeichnen unter fremdem Namen genügt nicht; zT **aA** Vollkommer, Formstrenge und prozessuale Billigkeit, 1973, 126, 260; Martens NJW 1976, 1991: Unterschrift nicht zwingend erforderlich; gegen diese Abschwächung des Erfordernisses überzeugend BGH NJW 1980, 291.

dann besteht immer hinreichend **Gewähr, daß sie vom Kl stammt** u daß es sich um eine Klage u nicht nur um einen Entwurf handelt.[7]

Dem Erfordernis einer eigenhändigen Unterschrift genügt auch eine **Blanko-Unterschrift** unter nachträglich gefertigten Schreiben, wenn der Unterschreibende die Verwendung klar geregelt hat u hinreichend kontrolliert (BAG NJW 1983, 1447), **nicht dagegen** ein **Faksimile-Stempel** (BFH Betr 1975, 88; VG Wiesbaden NJW 1994, 537) oder die **Fotokopie** eines handschriftlich unterzeichneten Schreibens (BGH NJW 1962, 1505 zu § 42 Abs 1 S 2 PatG; **aA** LAG Nürnberg NJW 1983, 285). Erforderlich ist grds eine unter der Klage – jedenfalls unter den notwendigen Teilen – stehende Unterschrift; ein Namenszug über dem Text (eine „Überschrift") oder neben dem Text („Nebenschrift") genügt den Anforderungen nicht.[8] Vgl aber unten 6.

Ausnahmsweise ist, wie oben unter 5 ausgeführt, dann keine Originalunterschrift auf der Klageschrift selbst erforderlich, **wenn** sich aus der Klageschrift oder den ihr beigefügten Anlagen **eindeutig** u **ohne Notwendigkeit einer Rückfrage oder Beweiserhebung** ergibt, **daß** die Klage **vom Kl** herrührt („Urheberschaft") u **mit dessen Willen** an das Gericht gelangt („Verkehrswille") ist.[9] 6
Daher wird es zB als ausreichend angesehen, wenn

- die zusammen mit der Urschrift eingereichte Abschrift oder Kopie einen **handschriftlich vollzogenen Beglaubigungsvermerk** trägt (BGH NJW 1957, 990; BAG NJW 1979, 183; Ks NVwZ-RR 1993, 434);
- ein der Klage beigefügtes **Anschreiben** oder Begleitschreiben handschriftlich unterzeichnet ist (BFH 111, 278; BGH 37, 156; vgl auch BVerfG NJW 1963, 755);
- eine der Klage beigefügte **Vollmacht** oder **Abschrift der Klage handschriftlich unterzeichnet** ist (BGH NJW 1987, 2589);
- zwar nur eine **Kopie der Klage** eingereicht wurde, sich aber aus der Kopie allein oder iVm beigefügten Unterlagen die Urheberschaft u der Wille, das Schreiben in den Rechtsverkehr zu bringen, hinreichend sicher ergeben, ohne daß darüber Beweis erhoben werden müßte (vgl NJW 1993, 1874 mwN);
- ein Schriftsatz eine **vervielfältigte, ursprünglich eigenhändige Unterschrift** trägt u nach den Umständen kein Anlaß besteht, an ihrer Verläßlichkeit zu zweifeln (36, 299; ebenso BFH BStBl II 1975, 199);
- der Kl die Klage persönlich **bei Gericht abgegeben** hat u sich eine Bestätigung darüber hat geben lassen (OLG Hamm MDR 1977, 232);
- der Absender auf dem Briefumschlag, der die Klage enthält, vom Kl eigenhändig geschrieben wurde (Mü BayVBl 1988, 245);
- ein **Telefax** maschinenschriftlich unterschrieben u der Hinweis beigefügt wird, „dieses Schreiben wurde maschinell unterschrieben" (BSG NJW 1997, 1254; Mü BayVBl 1999, 182). UU genügt auch eine lesbare Faxnummer, die eine eindeutige Identifizierung des Schreibers ermöglicht (NJW 1995, 2122; BSG NJW 1997, 1255; Mü BayVBl 1999, 182);

---

[7] BVerfG 74, 234; GSOGB BVerwG 58, 365 = NJW 1980, 172; BGH NJW 1985, 329 mwN; 1987, 2589; BAG NJW 1987, 341; BFH NJW 1970, 2232; Ey-Geiger 3; RÖ-Kothe 4.

[8] Vgl BGH NJW 1991, 487 m krit Anm Köhler JZ 1991, 408 – zu einem Banküberweisungsauftrag; BGH NJW 1992, 829 – zu einer neben einem Urkundentext stehenden „Unterschrift".

[9] GSOGB BVerwG 58, 365 = NJW 1980, 174; BVerwG 81, 36 = NJW 1989, 1175; 1993, 1874; 19. 12. 2001 – 3 B 33/01; BFH NJW 1974, 1978; BGH NJW 1987, 2589; 1992, 243; MDR 1997, 1052; Ks VRspr 31, 98; Ma DVBl 1989, 883; NJW 1996, 3163; We ThürVGRspr 2000, 161; Ey-Geiger 3; NKVwGO-Aulehner 73; Sch-Ortloff/Riese 8; vgl auch BVerfG 15, 288 = NJW 1963, 755: handschriftliche Unterzeichnung nicht unbedingt erforderlich; die Urheberschaft muß aber jedenfalls unzweifelhaft sein; ähnlich BVerwG NJW 1993, 1874 zu einem Widerspruchsschreiben.

– sich aus anderen Anhaltspunkten eine der **Unterschrift vergleichbare Gewähr für die Urheberschaft** u den Willen ergibt, das Schreiben in den Rechtsverkehr zu bringen (81, 34 ff; NJW 2003, 1544). Entscheidend ist dabei, ob sich dies aus dem bestimmenden Schriftsatz allein oder iVm anderen ihn begleitenden Umständen hinreichend sicher ergibt, **ohne daß darüber Beweis erhoben** werden müßte. Hierbei ist aber nur auf die dem Gericht bei Eingang des Schriftsatzes erkennbare oder bis zum **Ablauf einer zu beachtenden Frist** – etwa einer Beschwerdebegründungsfrist – bekannt gewordenen Umstände abzustellen (NJW 2003, 1544).

Nicht ausreichend ist **dagegen,** daß der Kl die nicht unterschriebene Klage persönlich in den Gerichtseinlauf gebracht hat (BGH NJW 1980, 291); daß das Schreiben **eingeschrieben** oder auch eingeschrieben mit **Rückschein** gesandt wurde (NJW 1991, 120). Grds ist ein strenger Maßstab geboten, da die Bedeutung der Unterschrift als Erfordernis abschließender Erklärungen im allgemeinen Rechtsverkehr allg bekannt ist u für besonders gelagerte, begründete Fälle die Möglichkeit der Wiedereinsetzung gem § 60 zur Nachholung der Unterschrift (s 4 zu § 60) völlig ausreicht. **Bei Behörden** u ör Einrichtungen, insb Körperschaften, genügt jedoch auch eine **mit** einem handschriftlich unterzeichneten (81, 35; BGH NJW 1982, 1467) **Beglaubigungsvermerk versehene Ausfertigung** mit Namen in Maschinenschrift – auch wenn kein Dienstsiegel beigefügt ist –.[10] Allg sind die Anforderungen bei einem nicht durch einen RA vertretenen Kl geringer als bei einem durch einen RA vertretenen Kl (BGH NJW 1985, 329; offen BVerwG 30, 272 u 81, 37).

7 Die **Unterschrift** muß die **einer natürlichen Person** sein; Unterzeichnung mit **Firmennamen** genügt bei natürlichen Personen nicht, auch nicht zB die Bezeichnung Hausgemeinschaft X (Mü BayVBl 1979, 20); ebenso nicht bei Behörden die Unterzeichnung lediglich mit der Bezeichnung der Behörde.[11] **Lesbarkeit** der Unterschrift oder zumindest einzelner Buchstaben ist nicht erforderlich;[12] die Unterschrift muß jedoch einen **individuellen Bezug zum Namen** erkennen lassen[13] u **darf nicht ohne weiteres nachahmbar** sein;[14] ein Anfangsbuchstabe, eine Paraphe (vgl dazu BGH MDR 1997, 1052: ob nur eine solche anzunehmen ist, ist nach dem äußeren Erscheinungsbild zu beurteilen) oder ein willkürliches **Handzeichen** genügt nicht,[15] ebenso nicht ein bloßes **Diktatzeichen** (**aA** Bay-

---

[10] 10, 1 – GrS –; 81, 35; GSOGB BVerwG 58, 359 = NJW 1980, 172; BFH 113, 416; BStBl II 1975, 715; BGH 75, 348; NJW 1987, 2589.

[11] ZB „Stadtverwaltung X", Rechtsamt; vgl 3, 56; BayVBl 1978, 578, wo iE jedoch „Stadt S." als ausreichend angesehen wurde, weil nach Lage der Dinge Zweifel iSd Ausführungen oben zu 6 nicht veranlaßt waren.

[12] BGH NJW-RR 1991, 511; NJW 2005, 3775; BAG NJW 1982, 1016; BFH 143; 198; NJW 1987, 343 = BayVBl 1987, 252; FG Hannover EFG 1984, 507.

[13] 43, 114; BGH NJW 1988, 713; 1992, 243; NJW-RR 1991, 511; BAG NJW 1982, 1016; BFH 138, 151 = NJW 1983, 1928; 143, 198 = BStBl II 1987, 167: ein die Identität des Unterschreibenden ausreichend kennzeichnender individueller Schriftzug, der charakteristische Merkmale aufweist u sich nach dem gesamten Schriftbild als Unterschrift eines Namens darstellt; vgl auch BVerfG 6. 4. 1984 – 1 BvR 352/84: Beurteilung ist Sache der Fachgerichte, die Auffassung des BFH ist verfassungsrechtlich nicht zu beanstanden; vgl andererseits BVerfG DVBl 1988, 782: die Pflicht zur fairen Verfahrensgestaltung gebietet es, aus einer unleserlichen Unterschrift unter einem bestimmenden Schriftsatz – von den 6 Buchstaben des Namens waren allenfalls 4 als Kürzel zu entziffern – erst nach Vorwarnung nachteilige Folgen abzuleiten, wenn derselbe Spruchkörper diese Form der Unterschrift längere Zeit nicht beanstandet hat.

[14] BGH NJW 1988, 713; BFH 143, 198 = BStBl II 1985 316; BAG NJW 1982, 1016.

[15] 43, 114; Mü 22, 43; BGH NJW 1982, 1467 – zugleich auch zur Abgrenzung von Handzeichen –; 1987, 957; BFH 143, 200 = NJW 1985, 362; NJW 1987, 343; zu Paraphen auch BFH 141, 223 = BStBl II 1984, 669; BGH NJW 1988, 713. Bei Unterzeichnung mit einer Paraphe erfordert es aber der Anspr auf ein faires Vf, den Rechtssuchenden

ObLG 22. 4. 1980 – 2 Ob OWiG 44/80). Zumindest müssen **mehrere einzelne Buchstaben,** wenn auch vielleicht nicht lesbar, so doch als Buchstaben erkennbar sein (BGH NJW 1974, 1090 mwN; 1982, 1467; VersR 1984, 873; BFH NJW 1987, 343). Wenn an der Autorenschaft oder der Absicht, eine volle Unterschrift zu leisten, kein Zweifel besteht, ist ein **großzügiger Maßstab anzulegen;** dies gilt auch für einen Namenszug, der einfach strukturiert ist u einem starken Abschleifungsprozeß unterliegt (BGH NJW 2005, 3775). Zulässig u ausreichend ist eine Unterschrift in einer gebräuchlichen **fremden Schrift** (Mü NJW 1978, 511 zu einer in arabischer Schrift geschriebenen Unterschrift auf einer Vollmacht).

Erweiterte Bedeutung kommt der Unterschrift im Anwaltsprozeß zu, insb bei der Einlegung von RMittel. Die Unterschrift des **Anwalts** bedeutet hier zugleich, daß dieser die Verantwortung für den Inhalt übernimmt, wie es dem Zweck des Vertretungszwangs entspricht, u daß nur eine Unterschrift, die dieser Anforderung genügt, die Formschrift erfüllt.[16]

Die Schriftform bzw die Unterschrift kann nach Ablauf der Klagefrist **nicht** 8
mehr nachgeholt werden, auch nicht, da § 82 Abs 2 sich nicht auf § 81 bezieht, innerhalb einer nach § 82 Abs 2 gesetzten Frist.[17] Das Fehlen der Unterschrift wird auch **nicht** gem § 295 ZPO, § 173 S 1 **durch Nicht-Rüge** seitens des Prozeßgegners geheilt.[18] **Wiedereinsetzung** (§ 60) zur Nachholung ist grds möglich;[19] die Voraussetzungen dafür sind jedoch idR nicht gegeben, wenn die Unterschrift (nur) vergessen wurde (NVwZ 1985, 34; BGH NJW 1987, 957; Ey-J. Schmidt 13 zu § 60). Möglich ist grds auch, selbst noch in der Rechtsmittelinstanz, die **Genehmigung** einer von einem vollmachtlosen Vertreter ordnungsgemäß eingereichten Klage (s 57 zu § 67); für die Fristwahrung kommt es dabei auf den Zeitpunkt der Einreichung der Klage, nicht der Genehmigung an.

b) Im Normalfall wird eine Klage durch Einreichung eines Originalschrift- 9
stücks bei Gericht erhoben. Dem Erfordernis der Schriftform kann aber – soweit im übrigen die oben zu 5 ff genannten Erfordernisse, insb auch hins der Unterschrift u deren Übermittlung an das Gericht,[20] erfüllt sind – auch auf andere Weise genügt werden. Voraussetzung hierfür ist, daß jeweils Urheberschaft u Verkehrswille (s dazu oben 5) klar sind.

---

die Möglichkeit der Wiedereinsetzung in den vorigen Stand zu eröffnen, wenn glaubhaft u unwidersprochen vorgetragen wird, diese Art der Unterzeichnung sei im Geschäftsverkehr, bei Behörden u in GerichtsVf jahrelang unbeanstandet verwendet worden (BFH NJW 1999, 2919).

[16] BGH 37, 156; VersR 1972, 787; BAG 4, 65; 11, 130; NJW 1987, 3279; AP § 518 ZPO Nr 38; BayObLG NJW 1991, 2095; s auch 3 zu § 139.

[17] 13, 141; NJW 2003, 1544 (Beschwerdebegründung); BGH VersR 1980, 331; BFH 141, 233; Ms DÖV 1961, 315; NJW 1991, 1197; Ba SächsVBl 1997, 159; Ey-Geiger 15; NKVwGO-Aulehner 101; RÖ-Kothe 2; Sch-Ortloff/Riese 9; SDC 1 c; **aA** zur Unterschrift BAG NJW 1986, 3224 – unter Aufgabe der Rspr BAG 1, 272 u 28, 1 –: Heilung auch nach § 295 ZPO; Lü 11, 433; NJW 1987, 2589; Koehler 625; Ule II zu § 82: Nachholung auch noch innerhalb einer Frist gem § 82 Abs 2; noch weitergehend Vollkommer, Formstrenge und prozessuale Billigkeit, 419 ff; Martens NJW 1976, 1991: unbeschränkt u mit Rückwirkung.

[18] Oben 4; offen BayVBl 1978, 578, ob Nachholung möglich wäre bzw der Mangel wie im Zivilprozeß durch Nicht-Rüge seitens des Prozeßgegners gem § 295 Abs 1 ZPO geheilt würde; Kritik: einer Heilung würde das öffentliche Interesse – s 2 zu § 173 – entgegenstehen; vgl auch BGH 65, 46 = NJW 1975, 1704: Heilung durch Nicht-Rüge.

[19] NJW 1987, 957; Mü BayVBl 1973, 593: Wiedereinsetzung im Hinblick auf verspätete Beschwerdeschrift, nachdem eine fristgerecht eingereichte frühere Beschwerdeschrift wg fehlender Unterschrift formungültig gewesen war; LSG Koblenz NZA 1992, 524; Sch-Ortloff/Riese 9; s auch 4 zu § 60.

[20] Vgl zB 81, 34 = NJW 1989, 1175; NJW 1991, 1193; BAG 50, 354 = NJW 1986, 1378; NJW 1989, 1822; BSG MDR 1985, 1053; Ms NJW 1991, 1197; Ma VBlBW 1989, 209 = DVBl 1989, 383.

Nach diesen Grundsätzen genügt zB die **telegrafische Klageerhebung,** dh die Klageerhebung mittels Telegramm,[21] u zwar auch dann, wenn das **Aufgabetelegramm nicht handschriftlich** unterschrieben ist, sondern nur telefonisch aufgegeben wird.[22] Für den Zugang genügt es, daß das Telegramm **telefonisch** dem Gericht **zugesprochen** u der **Text wörtlich vom Urkundsbeamten aufgenommen** wird, auch wenn das Telegramm selbst erst nach Fristablauf zugeht.[23] Ein **bloßer Aktenvermerk** über das telefonisch zugesprochene Telegramm ohne wörtliche Wiedergabe zumindest der entscheidenden Teile reicht dagegen nicht aus;[24] wurde der telefonisch zugesprochene Text nicht wörtlich aufgenommen, so hat der Kl aber jedenfalls Anspr auf Wiedereinsetzung gem § 60 (vgl BayObLG MDR 1977, 68).

Der Schriftform genügt auch die **fernschriftliche Klageerhebung,**[25] die Klageerhebung mittels **Telefax** (Telekopie, Fernkopie)[26] sowie die Klageerhebung per Computerfax mit eingescannter Unterschrift des Kl bzw des Prozeßbevollmächtigten[27] oder dem Vermerk, daß eine Unterzeichnung wg der gewählten Übertragungsform nicht erfolgen könne (OLG Braunschweig NJW 2004, 2025). Ausreichend ist deshalb auch die Klageerhebung per Funkfax, wenn deutlich gemacht wird, daß der Kl wg dieser Übertragungsform nicht unterzeichnen konnte (NJW 2006, 1989; Schübel-Pfister JuS 2007, 24 f). Zu beachten ist, daß eine eingescannte Unterschrift nicht dem Formerfordernis der Schriftlichkeit genügt, wenn der Schriftsatz nicht unmittelbar aus dem Computer, sondern mit Hilfe eines normalen Faxgeräts versandt wurde; der zu übermittelnde Schriftsatz kann (und muß) hier unterschrieben werden (BGH NJW 2006, 3784; Bludau NdsVBl 2007, 11). Eine Klage kann ferner – nach Maßgabe des § 55 a Abs 1 u der dazu ergangenen RechtsVOen – durch Übermittlung eines elektronischen Dokuments erhoben werden, das mit einer qualifizierten elektronischen Signatur nach dem SigG versehen sein muß; s dazu ausf 6 ff (insb 10) zu § 55 a.

Nicht **erforderlich** ist, daß der Text **unmittelbar bei Gericht** eingeht; es genügt auch, daß ein Dritter, zB ein privater Fernschreibteilnehmer, den Text

---

[21] 81, 34 mwN = NJW 1989, 1175; NJW 1991, 1193; BVerfG 74, 235 mwN = NJW 1987, 2064; BayVerfGH BayVBl 1965, 97; BAG NJW 1984, 199; BGH 79, 316, 318; 87, 64; NJW 1984, 2890; 1986, 2646; RGZ – GrS – 151, 86; BFH 92, 438; Ms DVBl 1981, 691; Ey-Geiger 5.

[22] 3, 56; 81, 34; NJW 1978, 2110 mwN; BGH NJW 1980, 291; 1987, 2588; BAG NJW 1982, 2520; Ey-Geiger 5.

[23] 1, 104; 3, 56; 81, 34; NJW 1964, 831; BFH 92, 438; NJW 1965, 176; BAG NJW 1982, 2520; 1987, 341; BGH NJW 1960, 1310; BGHSt 14, 233; BSG USK 77217.

[24] BGHSt 14, 233; NJW 1965, 174; 1980, 1291; Sa NVwZ 1986, 578; unklar BayObLG MDR 1977, 68: muß aktenkundig gemacht werden; s auch unten 10.

[25] 81, 35 = NJW 1989, 1175; BVerfG 74, 235 mwN = NJW 1987, 2067; BGH 87, 65 = NJW 1983, 1498; NJW 1992, 244; BFH NJW 1982, 2520; DB 1983, 1520; BSG 39, 77; BayObLG MDR 1967, 689; Mü BayVBl 1971, 251; 1977, 251; Lü 28, 361; VRspr 24, 369; Broß VerwA 1990, 461 mwN; zu eng BGH NJW 1987, 1760 u NJW-RR 1988, 839: nur, wenn das Fernschreiben unmittelbar an das Gericht gerichtet ist u dort empfangen wird, nicht auch, wenn zuerst an einen anderen Fernschreibteilnehmer, der es an das Gericht weiterleitet.

[26] 77, 38 = NJW 1987, 2098; 81, 34; NVwZ 1987, 877; BVerfG 74, 235; BFH 136, 38 = NJW 1982, 2520; BayVBl 1992, 93; BGH 79, 314 = NJW 1981, 1618; 87, 63; NJW 1992, 244; 1993, 1655: erforderlich ist, daß die eigenhändige Unterschrift auch auf der Kopie wiedergegeben wird; Ks DVBl 1993, 566: Telefax muß handschriftlich unterschrieben sein.

[27] GSOGB NJW 2000, 2340; s auch § 173 S 1 iVm § 130 Nr 6 ZPO; BVerwG NJW 1995, 2122; BSG NJW 1997, 1254; Bludau NdsVBl 2007, 12; NKVwGO-Aulehner 77; vgl auch OLG Düsseldorf NJW 1995, 2177; **aA** noch BGH NJW 1998, 3649 (Vorlagebeschluß gem § 2 RsprEinhG); OLG Karlsruhe NJW 1998, 1650. Nicht ausreichend ist hingegen die in Computerschrift erfolgte Wiedergabe des Vor- u Nachnamens (BGH NJW 2005, 2086) unter einem Computerfax.

entgegennimmt u ihn dann durch Boten oder mit der Post in noch offener Frist dem Gericht übersendet.[28]

Bei **Mängeln des Empfangsgeräts,** die zur Folge haben, daß die Klage in den für die Wahrung der Schriftform erforderlichen notwendigen Teilen ganz oder teilweise nicht oder nur in verstümmelter Form oder verspätet aufgenommen wird, ist die Schriftform jedenfalls dann als gewahrt anzusehen, **wenn die Mängel** ausschließlich **im Bereich des Gerichts liegen** u für den Absender nicht erkennbar waren;[29] der Kl hat in diesen Fällen jedenfalls grds Anspr auf **Wiedereinsetzung** nach § 60, wenn ihm der Mangel nicht bekannt war u er auch nicht damit rechnen mußte.[30] Eine Klageerhebung durch Telefax ist nach neuerer Rspr, die den heutigen technischen Gegebenheiten Rechnung trägt, nicht erst dann erfolgt, wenn das Gericht das Fax ausgedruckt hat. **Maßgeblich** ist vielmehr, daß das Telefaxgerät des Gerichts die **Signale vollständig empfangen (gespeichert)** hat (BGH NJW 2006, 2263; näher s 11 zu § 74). Zur **Auslegung** von Texten s auch 1 zu § 82.

Die Schriftform wird auch durch eine **handschriftlich unterzeichnete Niederschrift** gem § 105 iVm §§ 159 bis 165 ZPO erfüllt (Mü BayVBl 1984, 117). S auch zur Klageerhebung zur Niederschrift unten 11 u 12 ff. 9 a

Fernmündliche Erhebung einer Klage ist nach hM **nicht möglich,** jedenfalls, wenn darüber von der Geschäftsstelle des Gerichts nur ein Aktenvermerk gemacht wird (vgl Ks NVwZ-RR 1991, 199 zur vergleichbaren Situation beim Einlegen eines Widerspruchs nach § 68), aber auch nicht als Einlegung zu Protokoll, selbst wenn die Erklärung von Urkundsbeamten wörtlich niedergeschrieben, vorgelesen u vom Anrufer genehmigt wird.[31] 10

Anders die **fernmündliche Stellung eines Antrags nach § 123** (VG Wiesbaden NVwZ 1988, 95 unter Hinweis auf Art 19 Abs 4 GG; str), § 80 Abs 5 u 6, § 80a oder § 47 Abs 8, **wenn** die Sache **besonders eilbedürftig** ist u die Wirksamkeit des Rechtsschutzes (Art 19 Abs 4 GG) es erfordert (vgl VG Wiesbaden aaO).

In anhängigen Vf wird die Schriftform immer auch durch **Erklärung zur Niederschrift in der mV,**[32] gem § 496 ZPO auch **außerhalb der mV** – auch zur **Niederschrift eines** dazu bereiten **Richters** (s unten 12) – gewahrt (39, 315 unter Hinweis auf § 126 Abs 4 BGB). Vgl auch OLG Celle NdsRpfl 1978, 54: auch das Protokoll über die zu Protokoll eines unzuständigen Gerichts eingelegte Beschwerde genügt den Anforderungen an die Schriftform eines RMittel, wenn es beim Rechtsmittelgericht vorgelegt wird. Str für die **Anschlußberufung,** s 6 zu § 126. 11

---

[28] BVerwG 74, 234; NJW 1986, 244; BFH 163, 510 = NJW 1991, 2927; BayVBl 1992, 93; Mü BayVBl 1977, 251 = BB 1977, 568; OLG München NJW 1991, 303; vgl auch BAG NJW 1985, 199: jedenfalls ausreichend, wenn von der Post aufgenommen u von dieser im Postweg an das Gericht weitergeleitet; NJW 1987, 341; BGH NJW 1990, 187; Wolf NJW 1989, 2592; **aA** insoweit zur Telekopie BGH 79, 314 = NJW 1981, 1618: nicht ausreichend, wenn von einem Privaten aufgenommen u von diesem durch Boten weitergeleitet; BGH – BPatG – NJW 1981, 1618.

[29] BGH NJW 1988, 2788: Mängel des Empfangsgeräts gehen nicht zu Lasten des Rechtsmittelführers; OLG München NJW 1991, 303; vgl NKVwGO-Aulehner 33 f.

[30] Vgl auch 22 zu 60; Ma NJW 1994, 538; zT **aA** BGH NJW 1989, 595; 1993, 1656 u OLG München NJW 1991, 303.

[31] 17, 169; JR 1973, 76; Buchh 310 Nr 67 zu § 60; BFH NJW 1965, 174; BSG NJW 1975, 1383; BGHSt NJW 1981, 1627; Mü BayVBl 1971, 238; Ma DÖV 1987, 404 – zu einer fernmündlichen Klageänderung –; Ey-Geiger 10; RÖ-Kothe 13; Sch-Ortloff/Riese 6; vgl auch NKVwGO-Aulehner 80; **aA** bei wörtlicher Niederschrift BGH NJW 1980, 1290 zu § 67 S 1 OWiG; Dahs NJW 1972, 276.

[32] Mü BayVBl 1984, 117; OLG Düsseldorf MDR 1970, 426; OLG Hamm MDR 1976, 763.

12 **4. Klageerhebung zur Niederschrift des Urkundsbeamten** (Abs 1 S 2) ist nur bei einem **VG** (Sch-Ortloff/Riese 17) möglich, **nicht** aber auch in erstinstanzlichen Vf vor dem **OVG** u dem **BVerwG** (DVBl 1995, 1008). Die Klage kann entspr § 173 S 1, § 129a Abs 1 ZPO auch bei einem örtlich unzuständigen VG sowie **bei Gerichten eines anderen Gerichtszweiges** erhoben werden, letzteres allerdings nur, wenn die insoweit maßgebliche Prozeßordnung diese Form der Klageerhebung – so zB bei einem AG – zuläßt (Sch-Ortloff/Riese 11). Wird die Klage wissentlich bei einem unzuständigen Gericht erhoben, tritt deren Wirkung jedoch nach § 173 S 1, § 129a Abs 2 S 2 ZPO erst mit Eingang des Protokolls beim VG ein (B-Kuntze 18; s auch 14 zu § 74). Die die Klage aufnehmende Person muß zum **Urkundsbeamten** bestellt sein (BayObLG MDR 1993, 380). Die Klage ist auch dann wirksam erhoben, wenn statt des Urkundsbeamten ein **Richter** des Gerichts die Niederschrift aufnimmt (vgl 39, 316). Der Kl, der Klage zur Niederschrift des Urkundsbeamten der Geschäftsstelle erheben will, darf grds nicht auf die Möglichkeit schriftlicher Klageerhebung verwiesen werden (OLG Düsseldorf NJW 1988, 1923); anders uU unter dem Gesichtspunkt des Rechtsmißbrauchs hins juristisch unkomplizierter Teile der Klage, zB hins einer sehr langen Liste von Gegenständen, auf deren Herausgabe geklagt wird. Die Protokollierungspflicht des Urkundsbeamten umfaßt nicht die Herstellung von Leseabschriften von handschriftlichen Schreiben, die dem Rechtsschutzgesuch beigefügt werden sollen oder die dem Gericht bereits zuvor eingereicht wurden (Hbg NVwZ-RR 2000, 125).

13 Bei Klageerhebung zur Niederschrift ist die **wörtliche Niederschrift** für die Klageerhebung wesentlich; ein bloßer Aktenvermerk genügt nicht (NVwZ 1986, 578; Ks NVwZ 1991, 199). Die Niederschrift muß nochmals vorgelesen u vom Kl **genehmigt** werden. Für die Wirksamkeit der Klageerhebung zur Niederschrift ist die (nochmalige) Verlesung, die Beurkundung der Verlesung u der Genehmigung u die Unterzeichnung des Protokolls jedoch nicht erforderlich (vgl BGH NJW 1980, 1291; Ey-Geiger 12; RÖ-Kothe 13); ebensowenig die Unterschrift des Urkundsbeamten (**aA** BGH NJW 1980, 1291; Sch-Ortloff/Riese 10). Vgl BGH NJW 1988, 317: an die Unterschrift des Urkundsbeamten der Geschäftsstelle sind prinzipiell dieselben Anforderungen zu stellen wie an die Unterzeichnung bestimmender Schriftsätze durch RA. Keine wirksame Klageerhebung zur Niederschrift stellt die **telefonische Klageerhebung** dar, s oben 10.

14 **5. Wirksam** ist auch **eine in unsachlicher, beleidigender Form** bzw mit beleidigendem uä Inhalt **abgefaßte Klage;**[33] **anders,** wenn ein Schriftsatz sich ausschließlich in Beleidigungen des Prozeßgegners, des Gerichts oder eines Dritten erschöpft, ein sachliches Begehren also nicht enthält;[34] ebenso, **wenn** ein **sachlicher Anspr nur formal** zur Entscheidung gestellt wird, es dem Kl aber in Wahrheit ausschließlich darum geht, Gegner, Gericht oder Dritte unter dem Deckmantel eines Klage- oder RechtsmittelVfs zu beleidigen.[35]

15 **6. Die Beifügung von Abschriften** (Abs 2) ist im Interesse der Vereinfachung u Beschleunigung geboten. Abschriften sind auch für den Völ, wenn ein solcher bestellt ist, beim BVerwG auch für den VdB, beizufügen, auch wenn u solange diese von ihrem Beteiligungsrecht keinen Gebrauch machen (vgl 3 zu

---

[33] Vgl VR 1996, 287; BFH NJW 1993, 1352: eine Klage ist nicht deshalb unzulässig, weil der Schriftsatz neben dem sachlichen Begehren auch ungehörige, unsachliche u beleidigende Äußerungen enthält; OLG Stuttgart NJW 1977, 112; enger Walchshöfer MDR 1975, 22: unwirksam, wenn Beleidigungen im Vordergrund stehen; **aA** KG NJW 1969, 151; OLG Hamm NJW 1976, 978: als nicht wirksame Klage zu behandeln; ähnlich BVerfG 2, 225 zu einer Petition.

[34] BFH NJW 1993, 1352: bedarf als Nichtklage keiner Beachtung.

[35] VR 1996, 287; BFH NJW 1993, 1352: ist dies der Fall, so handelt es sich um einen Mißbrauch des Vf, der zu Unzulässigkeit des Begehrens mangels RSB führt.

§ 36). Eine **Verletzung** der Vorschriften berührt die Wirksamkeit der Klageerhebung nicht u hat **allenfalls Kostenfolgen** (§ 155 Abs 4), wenn die Abschriften durch das Gericht hergestellt werden müssen (Ey-Geiger 16; Sch-Ortloff/Riese 14). **Bei Klageerhebung mit Telefax** muß zur Vermeidung von Kostenfolgen im Telefax darauf hingewiesen werden, daß die Abschriften alsbald nachgesandt werden (Ks NVwZ 1991, 316: ein Hinweis im Telefax, daß es „vorab" erfolgt, genügt insoweit nicht).

Die Regelung des Abs 2 gilt **vorbehaltlich § 55 a Abs 2 S 2.** Bei formwirksamer Einreichung eines elektronischen Schriftsatzes durch einen Beteiligten ist dieser daher nicht gehalten, für die übrigen Verfahrensbeteiligten Abschriften in Papierform nachzureichen. Wenn allerdings ein Ausdruck erforderlich ist, weil andere Verfahrensbeteiligte nicht über einen elektronischen Zugang verfügen u ihnen daher der Schriftsatz nicht als elektronisches Dokument übermittelt werden kann, dann hat die Geschäftsstelle dafür Sorge zu tragen, daß das elektronische Dokument ausgedruckt u an die übrigen Verfahrensbeteiligten in der gesetzlich vorgesehenen Form übermittelt wird (vgl auch BT-Dr 15/4067, 39).

Wenn ein Schriftsatz zur näheren Begründung auf **andere** beiliegende **Schriftstücke** verweist, sind auch diese in der erforderlichen Anzahl von Exemplaren einzureichen (Mü BayVBl 1979, 380). Soweit Abschriften fehlen, kann das Gericht **auf Kosten des Beteiligten** (§ 28 Abs 1 S 2 GKG), der sie einzureichen hätte, Abschriften oder Ablichtungen herstellen lassen (Mü BayVBl 1979, 380). Gegen die „Ankündigung" der Geschäftsstelle, daß Kostenersatz gefordert wird, hat der betroffene Beteiligte keinen Rechtsbehelf (OLG Düsseldorf JurBüro 1980, 1564; zweifelhaft).

§ 82 [Inhalt der Klageschrift]

(1) **Die Klage muß den Kläger,**[3 ff] **den Beklagten**[3 ff] **und den Gegenstand des Klagebegehrens**[7] **bezeichnen. Sie soll einen bestimmten Antrag enthalten. Die zur Begründung dienenden Tatsachen und Beweismittel sollen angegeben,**[11] **die angefochtene Verfügung und der Widerspruchsbescheid sollen in Urschrift oder in Abschrift beigefügt werden.**[12]

(2) **Entspricht die Klage diesen Anforderungen nicht, hat der Vorsitzende oder der nach § 21 g des Gerichtsverfassungsgesetzes zuständige Berufsrichter (Berichterstatter**[13]**) den Kläger zu der erforderlichen Ergänzung innerhalb einer bestimmten Frist aufzufordern.**[13 ff] **Er kann dem Kläger für die Ergänzung eine Frist mit ausschließender Wirkung setzen, wenn es an einem der in Absatz 1 Satz 1 genannten Erfordernisse fehlt.**[14] **Für die Wiedereinsetzung in den vorigen Stand gilt § 60 entsprechend.**[15]

Vgl § 253 ZPO; § 92 SGG; § 65 FGO

Schrifttum: *Decker,* Die Angabe einer „ladungsfähigen Anschrift" als Zulässigkeitsvoraussetzung verwaltungsgerichtlicher Rechtsbehelfe, VerwA 1995, 266; *Gusy,* Die ladungsfähige Anschrift des Obdachlosen, JuS 1992, 28. S im übrigen zu § 81.

1. Allgemeines: Die durch das 4. VwGOÄndG (s unten 7 u 14f) u das 1
JKomG geänderte Vorschrift ergänzt § 81. Sie schreibt in Abs 1 S 1 den **Mindestinhalt einer Klage** vor, damit sie als wirksam erhoben angesehen werden kann. Eine Verletzung der in § 82 genannten Erfordernisse macht die Klage unzulässig (s 1 zu § 81; Sch-Ortloff/Riese 3), soweit es sich nicht nur um Soll-Bestimmungen handelt oder der Mangel jedenfalls bis zum Abschluß der mV bzw, wenn dem Kl dafür nach Abs 2 S 2 eine Ausschlußfrist gesetzt wurde, bis zu deren Ablauf (s unten 14ff) beseitigt wird (Abs 2; s dazu unten 2 u 13f). Zum Erfordernis der Unbedingtheit der Klageerhebung, dessen Verletzung nach Ab-

lauf der Klagefrist nicht mehr heilbar ist, s unten 8. § 82 gilt **analog** für **nachträgliche Klageerweiterungen u Klageänderungen** (§ 91), außerdem analog auch für **NK-Vf** nach § 47 u für selbständige **Beschlußverfahren,** zB für Anträge gem §§ 80 Abs 5, 80a Abs 3 u 123,[1] u für andere **Verfahrensarten** (s auch 2 zu § 82; ferner 4 zu § 122). **Für RMittel** gelten zT Sonderbestimmungen, Abs 2 ist jedoch auch darauf grds anwendbar (NVwZ-RR 1994, 124 – zur Berufungsschrift –).

Wie jede Willenserklärung unterliegt auch die Klageschrift – dies gilt insb auch für den Klageantrag (vgl Mü NVwZ-RR 1990, 99) – der **Auslegung** nach den allg Grundsätzen gem §§ 133, 157 BGB (DVBl 1993, 563; BFH NVwZ 1988, 192; BGH NJW 1988, 128) u nach § 88 (s 1 ff zu § 88); im Zweifel ist nach dem verfassungsrechtlichen Gebot der **Effektivität des Rechtsschutzes**[2] ein Schriftsatz zugunsten des Kl in dem Sinn zu verstehen, der für ihn nach dem erkennbaren Rechtsschutzziel **am ehesten** (in sachlicher Hinsicht, ggf aber auch zeitlich verstanden) **zum Erfolg** führt. S auch unten 3; ferner 1 zu § 81; 3 zu § 88; 14 vor § 124. Hins etwaiger Klarstellungen u Ergänzungen wird Abs 2 durch § 86 Abs 3 ergänzt. Zu (bloßen) **Berichtigungen** s auch 3 zu § 91.

2 Im Gegensatz zu den Voraussetzungen nach § 81, die, soweit eine Klagefrist zu wahren ist, jedenfalls innerhalb dieser Frist erfüllt werden müssen, können, sofern Mindesterfordernisse nach § 82 erfüllt sind, **weitere erforderliche Angaben** noch **bis zum Abschluß der letzten mV** (vgl NVwZ 1994, 75), auch noch in der Rechtsmittelinstanz, **nachgeholt** werden, selbst nach Ablauf einer vom Vorsitzenden nach Abs 2 bestimmten Frist, sofern diese nicht nach Abs 2 S 2 als Ausschlußfrist gesetzt wurde (s unten 14) oder Sonderbestimmungen (s unten 11) gelten. Dagegen ist die **Nachholung der** für die Feststellung der Beteiligten u des Gegenstands der Klage **erforderlichen (Mindest-)Angaben** (s unten 3) nach Ablauf der Klagefrist (sofern eine solche zu wahren ist) nicht möglich,[3] weil die Fragen des Eintritts der Unanfechtbarkeit eines etwa angegriffenen VA, der Wirkungen der Rechtshängigkeit der Sache (s 1 zu § 90) usw nicht offen bleiben können; uU kommt jedoch Wiedereinsetzung gem § 60 in Betracht (str, s 4 zu § 60). Auch bei nicht fristgebundenen Klagen kommt einem Nachholen der erforderlichen Mindestangaben aus Gründen der Rechtssicherheit u Rechtsklarheit **jedenfalls keine Rückwirkung** zu; auch die Rechtshängigkeit (§ 90) tritt in diesem Fall erst mit dem Zeitpunkt der Nachholung der Mindestanforderungen ex nunc ein.

3 **2. Notwendiger Inhalt der Klage: a) Die Bezeichnung des Kl** sowie grds[4] auch **des Bekl** (Name, Vorname, „ladungsfähige" Anschrift des Beteiligten bzw des Prozeßbevollmächtigten) muß so eindeutig sein, daß Verwechslungen u Unklarheiten aller Voraussicht nach nicht auftreten können u das Gericht, die Beteiligten u grds auch Dritte aus den entsprechenden Angaben unschwer die **Identität der Parteien** feststellen können.[5]

---

[1] Ma NVwZ-RR 2006, 152; s aber auch Mü BayVBl 1992, 594: Ladungsfähige Anschrift jedenfalls dann nicht zwingend, wenn ASt glaubhaft über eine solche Anschrift nicht verfügt.

[2] Vgl NJW 1991, 510 mwN: Auslegung eines „Widerspruchs" als Klage; Buchh 310 § 82 VwGO Nr 11 S. 6.

[3] BFH NJW 1977, 696; BAG 1973, 1949; vgl auch NJW 1982, 903; zT **aA** BVerwG NVwZ 1983, 30 mwN: es dürfen nur nicht sämtliche Erfordernisse gem Abs 1 fehlen; einzelne, auch zB die Bezeichnung des Kl oder des Bekl, können jedoch nachgeholt werden; NJW 1993, 2825; DVBl 1993, 563; ebenso Ma NVwZ 1982, 636 zur Bezeichnung des Bekl – auch zur nachträglichen Auswechslung des Bekl –; NKVwGO-Aulehner 69; Sch-Ortloff/Riese 11.

[4] S zu Erleichterungen u Ausnahmen, insb auch hins der Bezeichnung des Bekl im folgenden sowie unten 6.

[5] BGH NJW 1977, 1686; 1985, 2650 u 2651 mwN; BSG NZA 1988, 411: Berufung unwirksam, wenn aus der Berufungsschrift u sonstigen innerhalb der Berufungsfrist eingehenden Unterlagen nicht erkennbar, wer Berufungsführer ist; LG Krefeld NJW 1982, 280;

Dabei sind jedenfalls für die Klageerhebung (zu späteren Ergänzungen s oben 2, unten 13f) jedoch **keine strengen Anforderungen** zu stellen.[6] Wenn auch nach Ablauf der Klagefrist noch mehrere Personen aus einem im übrigen bereits eingegrenzten Kreis als Kl in Betracht kommen, ist mit einer Verfügung nach Abs 2 zu klären, wer Kl ist (Ma VBlBW 1986, 379). Ein Urteil gegen eine **Person,** die unverzüglich klarstellt, daß sie **nicht** Kl ist, ist unwirksam.[7] Vgl zur nachträglichen Berichtigung oder Klarstellung der Beklagtenbezeichnung auch 3 zu § 91; ferner OLG Hamm NJW-RR 1991, 188.

Nicht möglich sind **Klagen** – entsprechendes gilt auch für Anträge in selbständigen AntragsVf u für Beiladungen (§ 65) – **gegen „unbekannt";**[8] **uU genügt** jedoch eine nähere **Umschreibung** des Kreises der Personen, gegen die sich die Klage richtet, wenn die Feststellung der Identität nicht möglich ist. Vgl auch Gusy JuS 1992, 33. Zur Bezeichnung des Bekl **bei Klagen gegen öffentliche Rechtsträger** s § 78 Abs 1 Nr 1, dazu auch unten 5.

Als prozessuale Willenserklärungen sind auch (s allg zur Auslegung einer Klage auch oben 1) die Parteibezeichnungen **nach ihrem erkennbaren objektiven Sinn auszulegen** (BGH NJW 1977, 1686; vgl auch BGH NJW 1983, 2448: Partei ist, wer erkennbar gemeint ist); auf subjektive Vorstellungen der Beteiligten kommt es dabei grds nicht an. Im Zweifel ist zur **ergänzenden Auslegung** einer Klageschrift auch der Widerspruchsbescheid heranzuziehen (BayVBl 1976, 559). Falsche Bezeichnungen sind unschädlich, wenn nach dem Inhalt der Klage jedenfalls erkennbar ist, wer Partei sein soll u in welcher Prozeßrolle.[9] S auch 4 zu § 78; 8 zu § 91.

Außer den **Namen** bzw der Bezeichnung des Kl u des Bekl u der Parteistellung (als Kl oder Bekl) ist gem §§ 253 Abs 4, 130 Nr 1 ZPO, § 173 S 1 grds – zu Ausnahmen s unten 5 – auch deren **ladungsfähige Anschrift u** deren Änderung anzugeben.[10] Ladungsfähige Anschrift ist die Anschrift, unter der die Partei 4

vgl auch Ms DÖV 1984, 894: so, daß die „Urheberschaft" klar ist u Verwechslungen ausgeschlossen sind u die Zustellung durch die Post ohne weitere Ermittlungen möglich ist; BAG NJW 1979, 2000: die Klage ist nicht formgültig, wenn sie die Anschrift des Beteiligten bzw seines Vertreters nicht enthält, außer wenn diese der Geschäftsstelle bekannt ist; Ms DÖV 1984, 894; Ks NVwZ-RR 1996, 180 mwN: Angabe der ladungsfähigen Anschrift erforderlich; FG Hessen NVwZ 86, 968: Abweisung einer Klage als unzulässig, wenn Adresse des Kl fehlt u trotz Aufforderung auch nicht bis zum Schluß der mV bekanntgegeben wird, weil der Kl sie geheimhalten will; vgl auch BVerwG DVBl 1993, 563: die Bezeichnung des Bekl kann nachgebracht werden, ggf nach Fristsetzung gem Abs 2 S 1.

[6] Vgl Mü BayVBl 1979, 20: „Hausgemeinschaft G–L" ist als Bezeichnung des Kl ausreichend, wenn ohne weiteres ersichtlich ist, welche Personen klagen; muß nur auf Aufforderung gem Abs 2 richtiggestellt werden; ähnlich BVerwG BayVBl 1992, 600: Wohnungseigentümergemeinschaft als Kurzbezeichnung ausreichend auch für eine Beiladung, wenn sich eine Liste mit den Namen aller Eigentümer bei den Gerichtsakten befindet; BGH NJW 1977, 1686; 1983, 1901; Br NJW 1985, 2660 u OLG Düsseldorf BauR 1991, 302 zu einer Wohnungseigentümergemeinschaft: dahin auszulegen, daß die der Gemeinschaft angehörenden Wohnungseigentümer gemeint sind; BGH NJW 1977, 1686: „Wohnungseigentümergemeinschaft F-Straße 24" genügt als Bezeichnung für den Bekl, auch wenn die Mitglieder nicht namentlich genannt werden; BGH VersR 1989, 276 zu einer „Fa. Bauherrengemeinschaft"; s zur Bauherrengemeinschaft auch 13 zu § 61.

[7] Ma VBlBW 1986, 379: wenn ein RMittel gegen ein solches Urteil eingelegt wird, ist dieses im Interesse der Rechtsklarheit aufzuheben.

[8] Vgl OLG Köln NJW 1982, 1888; LG Krefeld NJW 1982, 289 zur hinreichenden Bezeichnung von Hausbesetzern; zT **aA** Lisken NJW 1982, 1136.

[9] BGH 21, 173; NJW 1976, 108; 1983, 2448; BAG NJW 1973, 1949, 2318; Schulte VersR 1975, 791; Sch-Ortloff/Riese 5; zu einem Fall, in dem eine Klarstellung nicht möglich war, vgl BGH FamRZ 1986, 1088.

[10] NJW 1999, 2608; NWVBl 1996, 397; Hbg NJW 2006, 3082; Ks NVwZ-RR 1996, 180; Ma Justiz 1995, 101; NVwZ-RR 2006, 152; Decker VerwA 1995, 279; Sch-Ortloff/Riese 4; **aA** Ma VBlBW 1996, 373.

tatsächlich zu erreichen ist (NJW 1999, 2609; BGH 102, 334 ff). Grds nicht ausreichend ist die Angabe lediglich eines Postfachs.[11] Die Anschrift muß dann **nicht vom Kl angegeben** werden, wenn sie sich – wie es im Verwaltungsprozeß häufig der Fall ist – bereits aus den gem § 99 Abs 1 S 1 von der Behörde vorzulegenden **Akten ergibt, sonstwie bekannt ist oder sich auf andere Weise ohne Schwierigkeiten ermitteln** läßt (NJW 1999, 2610). Bei **Obdachlosen oder Personen ohne festen Wohnsitz** genügt ausnahmsweise auch die Angabe eines Zustellungsbevollmächtigten oder einer Anschrift, unter der sie für Zustellungen zu erreichen sind.[12] Dasselbe gilt allg, wenn die Erfüllung der Pflicht zur Angabe der Anschrift ausnahmsweise unmöglich oder unzumutbar ist, was etwa dann zutrifft, wenn der Angabe unüberwindliche oder nur schwer zu beseitigende Schwierigkeiten oder schutzwürdige Geheimhaltungsinteressen entgegenstehen (NJW 1999, 2610 unter Hinw auf BGH 102, 336). Solche werden aber nicht durch die Furcht vor einer Abschiebung begründet (Ma NVwZ-RR 2006, 152). Die Benennung eines (Zustellungs-)Bevollmächtigten generell als Ersatz für die Angabe der ladungsfähigen Anschrift des Kl gelten zu lassen (so Decker VerwA 1995, 283), erscheint problematisch, weil hierdurch die etwaige Vollstreckung wg der Kosten unnötigerweise gefährdet wird (Ks NVwZ-RR 1996, 180). Die Anschriftenangabe ist **nicht allein deshalb entbehrlich,** weil der Kl **anwaltlich vertreten** ist.[13] Fehlt es an der erforderlichen Angabe, führt dies nicht ohne weiteres zur Unzulässigkeit der Klage, vielmehr ist der Kl gem § 82 Abs 2 zur Ergänzung innerhalb einer bestimmten Frist aufzufordern (NJW 1999, 2610; s auch unten 13 ff). Wenn ein „untergetauchter" Asylsuchender mitteilen läßt, er sei über seinen Prozeßbevollmächtigten erreichbar, dürfte seine Klage bzw sein RMittel jedenfalls rechtsmißbräuchlich u damit unzulässig sein (Lü NVwZ-Beil 2003, I 37; vgl auch Ma NVwZ-RR 2006, 152).

5 Bei **Klagen gegen öffentliche Rechtsträger,** insb bei Anfechtungsklagen u Verpflichtungsklagen, genügt zur Bezeichnung des Bekl jedenfalls für die Wirksamkeit der Klageerhebung – die nähere Bezeichnung u Anschrift kann, wenn erforderlich, auch noch nach Ablauf der Klagefrist nachgebracht werden (vgl DVBl 1993, 503) – eine zur Identifikation des Bekl ausreichende allg Bezeichnung, wie zB Bundesrepublik Deutschland, Freistaat Bayern, Stadt Landshut, Gemeinde Salzweg bei Passau, außerdem gem **§ 78 Abs 1 Nr 1** letzter HS bei Anfechtungs- u Verpflichtungsklagen jedenfalls auch die **Bezeichnung der Behörde;** die Angabe, welche Behörde oder welches Organ den Bekl vertritt, ist nicht erforderlich (14, 130; **aA** Ule 36 III 2 a). **Entsprechendes** gilt auch für **andere Klagen** gegen den Staat oder ör Körperschaften (Mü NVwZ-RR 1990, 99; s auch 11 zu § 78; **aA** RÖ-Kothe 6).

6 Wird die Klage **irrtümlich einer anderen** als der in ihr als Bekl genannten **Person zugestellt,** so entsteht weder mit dieser noch mit dem Bekl ein Prozeßrechtsverhältnis (OLG Nürnberg MDR 1977, 320). Zur **Kostenentscheidung** in diesem Fall vgl 24 zu § 155.

7 **b) Gegenstand des Klagebegehrens** iSv Abs 1 S 1 ist nicht der „Streitgegenstand" im juristisch-technischen Sinn des § 121 (s 7 ff, 12 ff zu § 90). Die Klageschrift muß nach hM nicht den Streitggst im prozeßrechtlichen Sinn bezeichnen, sondern lediglich **angeben** bzw erkennen lassen, **was** der Kl mit seiner Klage **begehrt** (BT-Dr 11/7030, 25; Schl NVwZ 1992, 385; Sch-Ortloff/Riese 6). Grds genügt eine auf den konkreten Fall abgestellte **Kennzeichnung der Sache,** um die es dem Kl geht. Strenge Anforderungen sind nicht zu stellen,

---

[11] NJW 1999, 2609; Ma NJW 1997, 2064; Clausing JuS 1998, 922 mwN.

[12] NJW 1999, 2610; Ks NVwZ-RR 1996, 180; Ma VBlBW 1996, 373: Angabe eines Postfaches; Gusy JuS 1992, 33; Decker VerwA 1995, 282; Sch-Ortloff/Riese 4; vgl auch Mü BayVBl 1992, 594; Ms NWVBl 1996, 397.

[13] DVBl 1999, 991; BGH 102, 335; BFH BFH/NV 1997, 585.

zumal die Angabe der zur Begründung dienenden Tatsachen nicht zwingend vorgeschrieben ist. Immerhin aber **muß aus der Tatsache der Klageerhebung,** aus Angaben über den angefochtenen oder begehrten VA oä u dem zur Klage vom Kl vorgetragenen Sachverhalt u etwaigen sonstigen während der Klagefrist abgegebenen Erklärungen es für das Gericht u den Bekl **möglich sein, festzustellen,** in **welcher Angelegenheit die Klage erhoben wird u** auf welchen konkreten Fall sich die Rechtshängigkeit (§ 90) bezieht (vgl 58, 300); sonst liegt eine wirksame Klageerhebung nicht vor. ZB genügt bei einer Anfechtungsklage die Bezeichnung des VA u die Angabe, daß der VA angefochten werde, allein nicht zur Bezeichnung des Streitggst.[14] Vgl aber auch 175 ff zu § 42.

Bei **Rechtsbehelfen** muß immer auch die **angegriffene Entscheidung angegeben** u so bezeichnet werden (Behörde oder Gericht, deren bzw dessen Entscheidung angegriffen wird, grds auch Datum, Aktenzeichen), daß Zweifel insoweit nicht möglich sind (vgl BGH NJW 1983, 903).

3. Unbedingtheit der Klageerhebung: Nicht ausdr vorgeschrieben, aber doch zwingende Folgerung aus dem Gesamtzusammenhang der Bestimmungen über die Klage in der VwGO u den Erfordernissen der Sicherheit des Rechtsverkehrs (vgl auch 5 zu § 81) ist das Erfordernis, daß die Klageerhebung als solche sowie der Streitggst vom Kl **nicht** von **außerprozessualen Bedingungen abhängig** gemacht werden dürfen,[15] auch nicht von der Bedingung, daß für die Klage **Prozeßkostenhilfe** gewährt wird;[16] eine derartige „Bedingung" ist jedoch im Zweifel dahin zu verstehen, daß PKH beantragt wird u die Klageschrift als Anlage zu diesem Antrag zu verstehen ist.[17] Unzulässig ist auch zB eine Klageerhebung, die nur für den Fall gelten soll, daß der Widerspruch abgelehnt werden sollte (offen 53, 63). 8

Zulässig ist dagegen die Stellung von **Hilfsanträgen,** weil hier nicht die Klageerhebung als solche bedingt ist, sondern nur einer von mehreren Anträgen (Ey-Geiger 11), auch zB eines Hilfsantrags für den Fall, daß der Hauptantrag Erfolg hat (Ma NVwZ 1985, 351). Entspr gilt auch für eine **hilfsweise** erhobene, durch die Entscheidung über die Klage bedingte **Widerklage.**[18] 9

4. Bestimmter Antrag (Abs 1 S 2): Die Klage **soll** außer dem vorgeschriebenen Mindestinhalt (s oben 1 ff) den in Abs 1 weiter genannten **Soll-Anforderungen** genügen. Eine **Verletzung** dieser Erfordernisse macht die Klage jedoch nicht unzulässig (Ks NVwZ 1984, 802; Schl NVwZ 1992, 385). Eine Ausnahme gilt nur hins des Erfordernisses eines **bestimmten Antrags,** da sonst dem Gericht eine Sachentscheidung nicht möglich ist (§ 88). Ein bestimmter Antrag muß jedenfalls **spätestens im Zeitpunkt der letzten mV** vorliegen (s auch unten aE); er kann auch noch nach Ablauf der Klagefrist nachgeholt werden (NVwZ 1994, 75). Liegt ein bestimmter Antrag auch bei Schluß der letzten mV nicht vor, so ist die Klage unzulässig.[19] 10

---

[14] BFH – GrS – 129, 117 = NJW 1980, 1416; BFH NVwZ-RR 1997, 322; TK 3 zu § 65 FGO; **aA** Ule 36 III 2 b; zu weitgehend jedoch, wenn der BFH aaO auch substantiierte Angaben verlangt, worin die RVerletzung liegt u inwiefern der VA rechtswidrig sei; s nunmehr großzügiger auch BFH 162, 534.

[15] 53, 62; 59, 304; BVerfG 40, 272 = NJW 1976, 141; 68, 142; BGH NJW 1984, 1241; Ey-Geiger 11; NKVwGO-Aulehner 88 zu § 81; Sch-Ortloff/Riese 4 zu § 81; ThP 14 zu Einl III.

[16] 59, 302; BGH VersR 1972, 490; Ms DÖV 1977, 1895; OLG Celle MDR 1976, 586; Sch-Ortloff/Riese 4 zu § 81; Strnischa NVwZ 2005, 268; **aA** BGH 4, 333; 7, 270; NJW-RR 1987, 76; Z 7 zu § 117 ZPO; Becht NJW 1993, 1056; Schilken ZP Rn 137.

[17] BGH VersR 1978, 181; BayVerfGH NJW 1987, 315; Ms DÖV 1977, 793; RÖ-Kothe 12; Sch-Ortloff/Riese 4 zu § 81: Frage der Auslegung; s dazu auch 3 zu § 166.

[18] BGH 21, 15 = NJW 1956, 1478; 43, 30 = NJW 1965, 440; NJW 1984, 1241; Jessen NJW 1978, 1616.

[19] BGH NJW 1991, 296 u 1114; 1992, 49; Ms NVwZ-RR 1991, 331: Klage unzulässig, wenn trotz eines Hinweises des Gerichts offen bleibt, ob eine Feststellungsklage gem § 43

Dem Erfordernis eines bestimmten Antrags ist jedoch jedenfalls genügt, wenn das **Ziel der Klage** aus der Tatsache der Klageerhebung allein, aus der Klagebegründung (23, 4) und/oder in Verbindung mit den während des Vf (Ey-Geiger 9) abgegebenen Erklärungen **hinreichend erkennbar** ist.[20] Vgl zur hinreichenden Bestimmtheit des Antrags bei einer **Unterlassungsklage** auch BGH NJW 1991, 296 (grds muß die beanstandete Verletzungshandlung genannt werden) u NJW 1991, 1115; zur grundsätzlichen Unzulässigkeit von **Alternativanträgen** NJW-RR 1990, 122; zur – zu bejahenden – Zulässigkeit von **Haupt- u Hilfsantrag** 4 zu § 44.

Maßgeblich sind nicht die vom Kl gewählten Formulierungen, sondern **der erkennbare Zweck** des Rechtsschutzbegehrens, der im Wege der Auslegung zu ermitteln ist. **Falsche Bezeichnungen,** wie die Bezeichnung der Klage als Beschwerde, Berufung usw, sind unschädlich. Für die **Auslegung des Klageantrags** gelten insoweit die allg Grundsätze für die Auslegung von Prozeßerklärungen; danach sind die für die Auslegung von Willenserklärungen geltenden Grundsätze gem §§ 133, 157 BGB analog anwendbar. S dazu oben 1. Zur Auslegung des Klageantrags s auch 1 ff zu § 88, ferner zB 8 zu § 42.

Bei **Leistungsklagen** muß der Antrag grds so sein, daß der entsprechende Urteilsspruch vollstreckungsfähig ist (NJW 1986, 3143). Ausnahmsweise ist bei auf Geldzahlung gerichteten Klagen jedoch ein (zunächst noch) **unbezifferter Klageantrag** dann zulässig, wenn die Unmöglichkeit, den Klageantrag hinreichend genau zu bestimmen, durch außerhalb der Klägersphäre liegende Umstände verursacht ist. Das gilt insb für Fälle der **Stufenklage** nach § 254 ZPO, § 173 S 1 u für Sachen, in denen der **Umfang** der geschuldeten Leistung **erst noch durch Beweisaufnahme geklärt werden muß;** ebenso, wenn der Gesetzgeber die Rechtsgrundlage für die Leistung u für die Bestimmung der Höhe des Anspr erst schaffen muß u das Gericht deshalb das Vf analog § 94 solange aussetzen muß (NVwZ 1990, 162). Vgl zu unbezifferten Klageanträgen auch Röttger NJW 1994, 368.

Als hinreichend bestimmt sind auch sog **Bescheidungsklagen** gem § 113 Abs 5 S 2 auf Bescheidung eines Antrags auf Erlaß eines VA anzusehen (vgl Ma DVBl 1990, 533; allg auch 6 zu § 42; **aA** Czermak BayVBl 1981, 428); ebenso, wenn die Klage jedenfalls den anspruchsbegründenden Sachverhalt hinreichend genau darlegt u Angaben zur „ungefähren Größenordnung des verlangten Betrags" enthält, zB bei sog **unbezifferten Schadensersatzklagen,** die die Höhe des Schadensersatzes in das Ermessen des Gerichts stellen.[21] Es müssen hier aber jedenfalls die **tatsächlichen Feststellungs- u Schätzungsgrundlagen u** in etwa auch der „Größenbereich" des Anspr angegeben werden (BGH JZ 1977, 262; NJW 1982, 340; 1986, 1180).

Maßgeblich für die Entscheidung des Gerichts ist nicht der Antrag in der Klageschrift – der rechtlich nur als Ankündigung eines beabsichtigten Antrags zu werten ist –, sondern der, uU davon abweichende, **im Zeitpunkt der letzten mV** gestellte Antrag, so wie er sich nach seinem erkennbaren Zweck u unter

---

auf Feststellung der Nichtigkeit eines VA oder eine Verpflichtungsklage auf Verpflichtung der Behörde zu einer entsprechenden Feststellung gem § 44 Abs 5 VwVfG durch VA gewollt ist; Schl NVwZ 1992, 385; Ey-Geiger 9; NKVwGO-Aulehner 27; Sangmeister DStR 1977, 117; Schall StB 1976, 74; vgl auch OLG Hamburg NJW 1987, 783: eine Revision, mit der nur Aufhebung u Zurückverweisung beantragt wird, aber kein Sachantrag gestellt wird oder aus dem Zusammenhang erkennbar ist, ist unzulässig; **aA** BFH NJW 1980, 1415; SDC 2 a.

[20] 1, 222; 12, 189; BFH NJW 1980, 1416: „der Kläger muß das Klagebegehren so deutlich zum Ausdruck bringen, daß das Ziel seiner Klage ausreichend erkennbar wird"; BGH NJW 1992, 49; Ey-Geiger 10.

[21] DVBl 1990, 158; BGH NJW 1982, 340; 1986, 1180; OLG Schleswig JurBüro 1980, 604; Schumann NJW 1982, 1259; Gossmann JR 1982, 157; Dunz NJW 1984, 1734.

Berücksichtigung aller Umstände darstellt (vgl auch 8 zu § 103), bzw, bei Entscheidung ohne mV, der im Zeitpunkt der Entscheidung des Gerichts als gestellt anzusehende Antrag; alle vorher formulierten Anträge verlieren damit ihre Bedeutung (74, 3).

5. Angabe der zur Begründung dienenden Tatsachen und Beweismittel (Abs 1 S 3 HS 1): Eine nähere Begründung zur Klage ist nach der VwGO – anders dagegen zB gem § 17e Abs 5 FStrG (vgl dazu Steinberg/Berg NJW 1994, 490), § 18e Abs 5 AEG, § 74 Abs 2 AsylVfG, § 14e Abs 5 WaStrG, § 10 Abs 7 LuftVG, § 29 Abs 7 PBefG: Begründungsfrist innerhalb einer Frist von 6 Wochen, nach Ablauf Zurückweisungsmöglichkeit gem §§ 87b Abs 3 (vgl Sch-Ortloff/Riese 10) – **nur als Soll-Vorschrift** vorgeschrieben, so daß eine Verletzung keine unmittelbaren rechtlichen Folgen hat (vgl allg zu Soll-Vorschriften 21 zu § 114). Im Hinblick auf die Ermittlungspflicht des Gerichts (§ 86 Abs 1) kommt diesem Erfordernis nur untergeordnete Bedeutung zu. Immerhin handelt es sich aber um eine **prozessuale Mitwirkungspflicht,** bei deren Verletzung das Gericht – jedenfalls, wenn die erforderlichen näheren Angaben nicht bis zum Ende der mV nachgebracht werden – nicht von sich aus allen denkbaren Möglichkeiten nachgehen muß, sondern idR, wenn auch der Vortrag des Kl in der mV, die beigezogenen Akten usw keine näheren Anhaltspunkte ergeben, die Klage als unbegründet abweisen kann (s 11 ff zu § 86; Mü BayVBl 1998, 595). Vgl auch Ms DVBl 1992, 1052: eine nicht hinreichend spezifizierte Rüge stellt, wenn eine Spezifizierung auch nicht bis zum Ende der mV erfolgt, einen Verstoß gegen die Mitwirkungspflicht dar, insb, wenn das Gericht einen entsprechenden Hinweis auf die Notwendigkeit näherer Angaben gibt, u ist für das Gericht unbeachtlich. 11

6. Beifügung der angefochtenen Verfügung (VA) und des Widerspruchsbescheids (Abs 1 S 3 HS 2): Eine **Verletzung** der Bestimmung ist unschädlich. Kann das Gericht aber wg mangelhafter Angaben nicht feststellen, um welchen VA bzw Widerspruchsbescheid es sich handelt, u kann dies auch in der mV nicht geklärt werden, so ist die Klage als unzulässig abzuweisen. 12

7. Aufforderung zur Ergänzung der Klage (Abs 2): Abs 2 S 1, der durch das 4. VwGOÄndG eingefügt u durch das JKomG geändert wurde, ermächtigt u **verpflichtet** („hat"; s idS auch zB Ms NVwZ 1982, 564; **aA** Sch-Ortloff/Riese 18: richterliches Ermessen) zur Beschleunigung u Straffung des Vf den Vorsitzenden oder den nach § 21g GVG zuständigen Berufsrichter (den „Berichterstatter"), den Kl, wenn u soweit die Klage nicht den Anforderungen nach Abs 1 entspricht, unter Setzung einer – angemessenen u bestimmten (NKVwGO-Aulehner 58; Sch-Ortloff/Riese 19) – Frist zu der erforderlichen Ergänzung aufzufordern. Dies gilt, wie der Vergleich mit S 2 zeigt – jedoch ohne die Möglichkeit einer Fristsetzung nach S 2 –, **auch** für die Angaben nach Abs 1 S 2, der an sich nur eine Soll-Vorschrift darstellt. Trotz des grds verpflichtenden Charakters der Regelung ist sie mit Bedacht anzuwenden; sie wurde insb nicht geschaffen, um unkundige Parteien mit den Mitteln des Verfahrensrechts zu „überfahren" (Schmieszek NVwZ 1991, 525). 13

Abs 2 S 1 enthält zugleich eine **Legaldefinition** des Begriffs des **Berichterstatters,** die auch für sonstige Bestimmungen des VwGO (zB §§ 87, 87b) gilt, in denen vom Berichterstatter die Rede ist. Die Definition ist jedoch insofern nicht ganz exakt, als auch der Vorsitzende selbst Berichterstatter sein kann (Sch-Ortloff/Riese 12; **aA** Zeihe SGb 1996, 607) u in der Praxis für einen Teil der Fälle oft auch ist. Diese Praxis sollte ganz offensichtlich durch die Legaldefinition in Abs 2 S 1 nicht ausgeschlossen werden; sie ist auch weiterhin zulässig.

Als **nachträgliche Ergänzungen** (dh die Mindestanforderungen müssen jedenfalls bereits erfüllt sein; **aA** NKVwGO-Aulehner 69; Sch-Ortloff/Riese 16: es darf nur nicht an sämtlichen Erfordernissen des Abs 1 fehlen) der Klage kommen insb in Betracht zB eine nähere Bestimmung des **Klageantrags**[22] **u** die nähere **Bezeichnung des Kl und des Bekl,**[23] **nicht dagegen** auch eine Nachholung der für eine wirksame Klageerhebung erforderlichen **Unterschrift** (s 8 zu § 81; Sch-Ortloff/Riese 16; **aA** SDC 1c zu § 81) u der zur Identifizierung der Beteiligten u des Gegenstandes der Klage erforderlichen **Mindestangaben.**[24] Die Aufforderung zur Ergänzung erfolgt durch eine der Beschwerde nicht unterliegende (§ 146 Abs 2) **prozeßleitende Verfügung.** Sie – anders die Fristsetzung nach Abs 2 S 2 – kann sich auch auf die Erfüllung der Sollvorschriften gem Abs 1 S 2 beziehen (s auch oben 1).

Eine allg Pflicht des Gerichts, die Beteiligten unmittelbar nach Eingang eines Schriftsatzes auf rechtliche Bedenken hinzuweisen, insb um dem Kl noch innerhalb der Klagefrist die Nachholung der erforderlichen Mindestangaben zu ermöglichen, besteht nicht (VR 1996, 287; **aA** für den nicht anwaltlich vertretenen Kl Sch-Ortloff/Riese 9 zu § 81).

14 Die Aufforderung u Fristsetzung nach Abs 2 S 1 kann hins der zwingenden Erfordernisse gem Abs 1 S 1 nach Ermessen des Vorsitzenden bzw des Berichterstatters nach Abs 2 S 2 auch mit **„ausschließender Wirkung"** erfolgen, dh mit der Folge, daß eine verspätete Klageergänzung nicht mehr zu berücksichtigen ist u auch nicht mehr berücksichtigt werden dürfte (kein Ermessen des Gerichts), außer wenn die Voraussetzungen einer Wiedereinsetzung nach Abs 2 S 3 gegeben sind. Obwohl S 2 dies nicht ausdr sagt, kann nach allg Grundsätzen eines rechtsstaatlichen Vf diese Folge jedoch nur eintreten, wenn der Kl **vorher darüber belehrt** worden ist (Sch-Ortloff/Riese 19; str).

15 S 3 erklärt **§ 60** über eine **Wiedereinsetzung** bei nicht fristgerechter Klageergänzung für nur **entsprechend anwendbar,** weil es sich nur um eine richterliche Frist (s zum Begriff 3 zu § 57) handelt (vgl NJW 1994, 673; allg auch 13 zu § 57). Bei Vorliegen der Voraussetzungen gem § 60 hat der Betroffene Anspr darauf, daß die Fristversäumung unberücksichtigt bleibt.[25] Entsprechend § 60 Abs 1 kann die Wiedereinsetzung auch vAw erfolgen (vgl 17 zu § 60). Als **richterliche Frist** kann die Frist zur Klageergänzung jedoch außerdem nach § 57 Abs 2 iVm § 224 Abs 2 ZPO auch **verlängert** werden (BT-Dr 11/7030, 26; Ks NVwZ-RR 1996, 180).

16 Wurde die Aufforderung nicht nach Abs 2 S 2 mit ausschließender Wirkung ausgesprochen bzw der Kl darüber nicht belehrt (s oben 14) u kommt der Kl der Aufforderung nicht innerhalb der ihm gesetzten, auch in diesem Fall nach § 224 Abs 2 ZPO verlängerbaren, Frist (s auch 13 zu § 57) nach, so ergeben sich daraus keine unmittelbaren Folgen, da die Ergänzung auch noch **bis zum Schluß der letzten mV** (DVBl 1982, 1000 = DÖV 1982, 827; BFH 104, 309; 108, 6; s auch 14 zu § 57), selbst **noch in der Rechtsmittelinstanz,** möglich bleibt (s unten 16; ferner oben 2). Das Gericht ist **dann** jedoch **nicht gehindert,** über die Klage zu **entscheiden u** sie, soweit die Klage zwingenden Vorschriften (Muß-Vorschriften) nicht genügt, als unzulässig abzuweisen (Ks NVwZ 1984, 802).

17 **Eine Entscheidung** (über die Klage), die ergeht, **ohne daß eine Anordnung nach Abs 2 S 1 erfolgte,** obwohl sie geboten war („hat aufzufordern":

---

[22] 13, 94; Buchh 310 § 82 VwGO Nr 4 u 5; § 124 VwGO Nr 11; DVBl 1982, 1000.

[23] S oben 2; Ks NVwZ-RR 1996, 180: Ergänzung der ladungsfähigen Anschrift; Sch-Ortloff/Riese 16; die zT abw Rspr der Zivilgerichte u Arbeitsgerichte – vgl BGH 65, 114; BAG NJW 1979, 2000: keine Nachholung der fehlenden Anschrift nach Ablauf der Klagefrist – ist insoweit nicht übertragbar, da hier eine § 82 Abs 2 entsprechende Regelung fehlt.

[24] S oben 2; **aA** Sch-Ortloff/Riese 16; BVerwG DVBl 1982, 1000 = DÖV 1982, 827: es dürfen nur nicht sämtliche Erfordernisse nach Abs 1 fehlen, wohl aber zB die Bezeichnung des Kl; im entschiedenen Fall war aus dem der Klage beigefügten Einspruchsbescheid usw jedoch jedenfalls der Kreis der möglichen Kl bestimmt, wie das BVerwG betonte.

[25] NJW 1994, 673 – zugleich auch als Folge aus Art 103 Abs 1 GG –; vgl hierzu auch VBlBW 1994, 189.

kein Ermessen des Gerichts, str, oben 13), oder die vor Ablauf der gesetzten bzw auf Antrag zu verlängernden (vgl Ks NVwZ-RR 1996, 180) Frist ergeht, begründet grds einen **Verfahrensmangel,** auf den die Revision gestützt werden kann (§ 132 Abs 2 Nr 3, § 137 Abs 1), desgleichen auch einen wesentlichen Verfahrensmangel iSd § 130 Abs 1 Nr 2 (Ks NVwZ-RR 1996, 181). Eine **Heilung** des Mangels ist jedoch durch Nachholung der Klageergänzung in der mV (Sch-Ortloff/Riese 18 Fn 74), ggf auch noch in der Rechtsmittelinstanz, möglich (NJW 1956, 1811), wenn das Gericht dafür keine Ausschlußfrist gesetzt hat; daher bleibt ein Unterlassen der Aufforderung regelmäßig sanktionslos (Sch-Ortloff/Riese 18).

§ 83 [Entscheidungszuständigkeit des sachlich und örtlich zuständigen Gerichts; Verweisung]

Für die sachliche und örtliche Zuständigkeit[1] gelten die §§ 17 bis 17 b des Gerichtsverfassungsgesetzes entsprechend.[1 ff] Beschlüsse entsprechend § 17 a Abs. 2 und 3 des Gerichtsverfassungsgesetzes sind unanfechtbar.[6, 13]

Vgl § 281 ZPO; § 98 SGG; § 70 FGO

Hinweis: Die §§ 17 bis 17 b GVG sind bei § 41 abgedruckt.

Schrifttum: *Fischer,* Zur Bindungswirkung rechtswidriger Verweisungsbeschlüsse im Zivilprozeß gem § 281 II 5 ZPO, NJW 1993, 2417; *Holzheuser,* Die Rechtswegverweisung in den verwaltungsgerichtlichen Eilverfahren, DÖV 1994, 807; *Reichl,* Probleme des gesetzlichen Richters in der Verwaltungsgerichtsbarkeit, 1994; *Sennekamp,* Die Verweisung summarischer Verfahren an das zuständige Gericht, NVwZ 1997, 642.

1. Allgemeines: Die Vorschrift enthielt in ihrer ursprünglichen, im **4. VwGO-ÄndG** durch eine Bezugnahme auf die §§ 17 bis 17 b GVG ersetzten Fassung eine eigenständige Regelung über die **Entscheidung** des Gerichts **bei örtlicher oder sachlicher Unzuständigkeit.** § 83 erklärt die §§ 17 ff GVG für **nur entsprechend anwendbar,** weil sie an sich nur die Rechtswegzuständigkeit – insoweit sind sie gem § 173 S 1 auch in der Vwgbk anwendbar (s 1 ff zu § 41) –, nicht die örtliche u sachliche Zuständigkeit betreffen. Abweichend von § 17 a Abs 2 u 3 GVG, insoweit jedoch übereinstimmend mit § 83 Abs 2 S 1 aF, bestimmt § 83 S 2, daß **Beschlüsse** der Verwaltungsgerichte hins der sachlichen u örtlichen Zuständigkeit entspr § 17 a Abs 2 u 3 GVG **unanfechtbar** sind (Mü BayVBl 1993, 310). Gem § 83 iVm § 17 a Abs 5 GVG findet ebenso wie hins der Rechtswegzuständigkeit insoweit auch eine Überprüfung in der Rechtsmittelinstanz nicht mehr statt. S unten 3. 1

Darüber hinaus ergibt sich aus der Bezugnahme auf § 17 Abs 1 GVG in § 83 auch die **Unzulässigkeit neuer Klagen während der Rechtshängigkeit einer Sache** bei einem Gericht der Vwgbk oder einer anderen Gerichtsbarkeit, die ursprünglich in § 90 Abs 3 aF geregelt war (s dazu auch jetzt im einzelnen 15 f zu § 90 Abs 2 aF), sowie die **Unbeachtlichkeit** von nach Rechtshängigkeit einer Sache eintretenden Veränderungen der die sachliche oder örtliche Zuständigkeit des Gerichts begründenden Umstände (**perpetuatio fori,** § 90 Abs 3 aF; s dazu 17 ff zu § 90 aF), außerdem aus der Bezugnahme auf § 17 Abs 2 GVG auch eine **Zuständigkeitserweiterung** bei mehrfacher Klagebegründung auch **auf zuständigkeitsfremde Klagegründe** (s dazu unten 10; ferner 4 zu § 41). Das Antragserfordernis für eine Verweisung ist weggefallen. 2

Wie § 173 iVm §§ 17 bis 17 b GVG dient auch § 83 iVm §§ 17 bis 17 b GVG der Bestimmung u Wahrung des **gesetzlichen Richters** (BVerfG NJW 1982, 2367). **Der Zweck der Regelung** besteht vor allem darin, zu verhindern, daß der Rechtssuchende **durch die Anrufung eines unzuständigen** 3

Gerichts Nachteile erleidet (Ma 23, 134; NVwZ-RR 1989, 513), Fristen versäumt usw u so „zum Opfer eines Zuständigkeitsstreits zwischen den Gerichten" wird (79, 112 = NJW 1988, 2752; Mü DÖV 2000, 740).

4 2. **Anwendungsbereich:** § 83 iVm §§ 17–17b GVG ist (wie § 83 aF) Ausdruck eines allg Rechtsgedankens (76, 301) u daher **entspr anwendbar** auch auf die **instanzielle Zuständigkeit,** dh auf die **Feststellung** der instanziellen Zuständigkeit durch das angerufene Gericht, die bindende **Wirkung** dieser Feststellung analog § 17a Abs 1 GVG sowie die Verweisung wg **instanzieller Unzuständigkeit.**[1]

Nicht anwendbar ist § 83 iVm §§ 17–17b GVG dagegen in Verfahren, die auf eine nur summarische Prüfung angelegt sind, also im **Vf des einstweiligen Rechtsschutzes gem §§ 80, 80a, 123**[2] u dem **PKH-Vf** nach **§ 166** iVm §§ 114ff ZPO (**aA** Sch-Ortloff/Riese 27; RÖ-Kothe 11). Die nur summarische Prüfung der Zuständigkeit in diesen Vf läßt sich mit einer bindenden Verweisung nach § 17a GVG aus systematischer Sicht nicht vereinbaren (Schenke JZ 1996, 1003; Sennekamp NVwZ 1997, 642). Eine unmittelbare Anwendung der §§ 17–17b GVG auf summarische Vf ist mit dem Wortlaut der Vorschriften ohnehin nicht zu vereinbaren (Ks NJW 1994, 145; Holzheuser DÖV 1994, 812; s auch 2a ff zu § 41).

Dagegen findet § 83 iVm §§ 17ff GVG auf NKVf Anwendung mit der Folge, daß ein unzuständiges Gericht das Vf an das OVG verweisen muß.[3]

5 3. **Feststellung der Zuständigkeit (§ 17a Abs 1 u 3 GVG):** Das angerufene Gericht erster Instanz hat wie seine Rechtswegzuständigkeit (s dazu 7 zu § 41) zuerst immer auch seine **sachliche u örtliche** (einschließlich der **instanzlichen**) **Zuständigkeit zu prüfen u** festzustellen. Bzgl der Frage, ob es bei der Zuständigkeitsbestimmung auf das tatsächliche Vorbringen des Kl oder auf den realen Sachverhalt ankommt, gelten die Grundsätze zum Rechtsweg entsprechend (s 6 zu § 40; **aA** Kluth NJW 1999, 342). In **Zweifelsfällen** kann es vorweg, dh vor der Entscheidung in der Sache, analog § 17a Abs 3 GVG über die Zuständigkeit durch **Beschluß** nach Anhörung der Beteiligten, ggf ohne mündliche Verhandlung, entscheiden. Es muß dies nach § 17a Abs 3 S 2 GVG tun, wenn ein Beteiligter die Zuständigkeit rügt, dh geltend macht, daß für die Streitsache ein anderes Gericht zuständig ist. Ein Zwischenurteil darf wg der ausdr Regelung in § 17a Abs 4 S 1 GVG dagegen nicht ergehen (Sch-Ortloff/Riese 18).

6 **Bejaht** das Gericht seine Zuständigkeit konkludent, indem es zur Sache entscheidet,[4] oder durch besonderen Beschluß, so haben die Beteiligten dagegen **kein RMittel** (S 2). **Verneint es seine Zuständigkeit,** so hat es den Rechtsstreit an das nach seiner Meinung zuständige Gericht zu verweisen (s unten 8). **Die Bejahung** der Zuständigkeit ist in jedem Fall analog § 17a Abs 1 GVG **auch für die Rechtsmittelinstanzen bindend u** zwar sowohl dann, wenn das Gericht seine Zuständigkeit im Rahmen der Hauptsacheentscheidung bejaht hat, als auch wenn es sie in einem Vorabbeschluß nach § 17a Abs 3 GVG bejaht hat (NVwZ 1994, 899). Eine Ausnahme gilt insoweit nach allg Rechtsgrundsätzen

---

[1] Ebenso RÖ-Kothe 1; Sch-Ortloff/Riese 9; Bln NVwZ-RR 1997, 33; Mü BayVBl 1993, 534; zum bish Recht auch BVerwG 18, 53; NVwZ-RR 1989, 506 s aber zu bei einem unzuständigen Gericht eingereichten RMitteln usw unten 12, ferner 8 zu § 74.

[2] Ks NJW 1994, 145; RÖ-Kothe 10; Sennekamp NVwZ 1997, 642ff; **aA** Ma NJW 1992, 471; VG Berlin InfAuslR 1994, 379; Ey-Geiger 4; Sch-Ortloff/Riese 25; Bosch/Schmidt § 11 IV 1.

[3] VG Freiburg NJW 1973, 76; Sch-Ehlers 21 zu Vorb § 17 GVG; Schenke 445; Ey-Geiger 4; vgl auch 2c zu § 41.

[4] Auch die Abweisung der Klage als unzulässig mangels Klagebefugnis bejaht konkludent die Zuständigkeit, NVwZ-RR 1995, 301; BGH NJW 1993, 471.

bei **offensichtlicher Willkürlichkeit** der Entscheidung, die stets eine Verletzung des Art 101 Abs 1 S 2 GG impliziert (s auch 19f sowie 22ff zu § 152a). Eine Bindung des Rechtsmittelgerichts besteht auch dann nicht, wenn die Zuständigkeit entgegen § 17a Abs 3 S 2 GVG, also trotz Rüge der Unzuständigkeit, lediglich in der Hauptsacheentscheidung statt mittels anfechtbaren Beschlusses bejaht wird; Mü NVwZ-RR 1993, 668; Ko NVwZ-RR 1993, 669.

4. Verweisung des Rechtsstreits an das sachlich bzw örtlich zuständige Gericht (§ 17a Abs 2 GVG): Verneint das Gericht seine örtliche oder sachliche (einschließlich der instanziellen) Zuständigkeit oder beide, so hat es analog § 17a Abs 2 sich nach Anhörung der Beteiligten **für unzuständig** zu erklären u zugleich die Sache **vAw** (s unten 11) an das nach seiner Meinung zuständige Gericht **zu verweisen.** Eine Beschränkung auf die Feststellung der eigenen Unzuständigkeit ist unzulässig, NVwZ 1995, 372. Die Entscheidung ist sowohl hins der (Un-)Zuständigkeit als auch hins der Verweisung nicht anfechtbar u auch für die Rechtsmittelinstanzen bindend (§ 17a Abs 2 S 3 GVG). Entsprechende **Rügen** können daher auch im Rahmen etwaiger in der Sache gegebener RMittel nicht mehr geltend gemacht werden u entsprechende Mängel dort auch nicht mehr korrigiert werden. Die Bindung gilt jedoch immer nur für die konkret anhängige Streitsache (dazu näher 16). 7

Eine **Verweisung** ist nur **an** ein anderes sachlich oder/und örtlich (nach Auffassung des verweisenden Gerichts) **zuständiges Gericht** möglich. 8

Zwischen einzelnen Kammern oder Senaten desselben Gerichts, deren Zuständigkeitsabgrenzung nicht auf einer gesetzlichen Regelung, sondern nur auf der Geschäftsverteilung (§ 4) beruht, findet keine Verweisung iSd § 83 statt; bei Unzuständigkeit ist nach den Regeln des jeweiligen Geschäftsverteilungsplans die Sache idR **formlos** (und für den Spruchkörper, an den die Sache abgegeben wird, nicht bindend, vgl BGH NJW 1978, 1531) an den zuständigen Spruchkörper **abzugeben** (s auch Sch-Ortloff/Riese 4f). 9

Bei **mehrfacher Klagebegründung** mit Gründen, für die verschiedene Gerichte sachlich oder örtlich zuständig sind, ist eine **Verweisung nicht möglich,** wenn die Zuständigkeit des angerufenen Gerichts jedenfalls für einen dieser Gründe gegeben ist (NVwZ 1993, 358; s 4 zu § 41 zur vergleichbaren Situation bei der Rechtswegverweisung). Aufgrund der Verweisung auf § 17 Abs 2 GVG ist in diesem Fall das VG **auch für die** Entscheidung an sich **zuständigkeitsfremder Klagegründe** örtlich u sachlich zuständig (ebenso RÖ-Kothe 13; vgl auch 4 zu § 41). Eine einheitliche Zuständigkeit gem § 17 Abs 2 S 1 GVG ist aber dann nicht gegeben, wenn es sich um zwei in verschiedenen Vf mit unterschiedlichen Voraussetzungen zu behandelnde Streitgegenstände handelt (NVwZ-RR 2004, 551: Anspr auf Planergänzung u auf nachträgliche Schutzauflage). **Sind mehrere Anträge** gestellt (§ 44), so ist die Frage der Zuständigkeit bzw einer Verweisung für jeden gesondert zu prüfen (18, 181; vgl auch 5 zu § 41). Werden ein Hauptantrag u ein Hilfsantrag gestellt, bestimmt sich die Zuständigkeit, solange der Hauptantrag rechtshängig ist, allein nach diesem (Ms NVwZ 1994, 795; VG Koblenz NVwZ-RR 2005, 661). 10

5. Verweisungsverfahren (S 1 iVm § 17a Abs 2 GVG): Die Verweisung setzt **keinen Antrag** voraus, sondern erfolgt nach Anhörung der Beteiligten (s unten 12) **vAw** durch **Beschluß** (s unten 12). **In der Berufungs-** u in der **Revisionsinstanz ist eine Verweisung nicht mehr zulässig** (anderes zu § 83 aF zB NJW 1979, 1899). 11

Die Entscheidung über die Verweisung ergeht analog § 17a Abs 2 GVG nach **Anhörung** in allen Vf **durch Beschluß.** Es ist nach Wortlaut u Zweck der Vorschrift ausgeschlossen, lediglich die eigene Unzuständigkeit festzustellen (NVwZ 1995, 372). Über die **Kosten** ist erst in der abschließenden Entscheidung, nicht im Verweisungsbeschluß, zu entscheiden (§ 17b Abs 2 GVG, § 173). 12

Dabei sind dem Kl die Mehrkosten immer dann aufzuerlegen, wenn er deren Entstehung verschuldet hat, § 155 Abs 5 geht § 17 a Abs 2 GVG insoweit vor. Zur Kostenentscheidung bei Verweisung s 37 zu § 41. **Auch in Beschlußsachen** ist **immer** durch **Beschluß** zu entscheiden.

13 **Beschlüsse, die** den Rechtsstreit an ein anderes Gericht verweisen, sind nach S 2 **nicht anfechtbar**[5] u werden mit Verkündung bzw Zustellung „rechtskräftig" iSd § 17 a Abs 1 GVG.

14 **6. Bindungswirkung (S 1 iVm § 17 a Abs 2 S 3 GVG):** Der Beschluß, mit dem sich das VG analog § 17 a Abs 2 GVG für örtlich oder sachlich unzuständig erklärt u den Rechtsstreit an das nach seiner Auffassung zuständige Gericht verweist, ist analog § 17 a Abs 2 S 3 GVG für dieses bindend. Das trifft auch dann zu, wenn ein Beteiligter vorab gem § 83 S 1 iVm § 17 a Abs 3 GVG gerügt hat (Ko RiA 2000, 203). Diese Bindung darf auch nicht dadurch umgangen werden, daß das VG, an das verwiesen wurde, sich seinerseits für unzuständig erklärt u nach § 53 zur Bestimmung der Zuständigkeit vorlegt (NVwZ 1995, 372; zu § 36 ZPO auch BAG NJW 1993, 1878). Die Reichweite der Bindungswirkung der Verweisung entspricht derjenigen gem § 281 ZPO. Sie bezieht sich immer **nur** auf **das konkrete Verfahren,** das verwiesen wurde, daher bei Verweisung des Vf zur Gewährung **vorläufigen Rechtsschutzes** gem §§ 80, 80 a oder 123 oder wg **Prozeßkostenhilfe** gem § 166 nicht auch auf das KlageVf in der Hauptsache,[6] **außerdem** auch nur **auf die Zuständigkeit, wg der verwiesen wurde.**[7] **Es kommt insb darauf** an, **welche Zuständigkeitsarten** das verweisende Gericht bei seiner Entscheidung über die Verweisung **ausdr** geprüft u bejaht hat (BAG NJW 1993, 1879; zT **aA** StJ 27 zu § 281 ZPO: Ausdrücklichkeit der Prüfung nicht erforderlich). **Bei Verweisung allein wg sachlicher Unzuständigkeit** bleibt das Gericht, an das verwiesen wurde, zB hins der Beurteilung der örtlichen Zuständigkeit frei u kann ggf an das nach seiner Überzeugung örtlich zuständige andere Gericht weiterverweisen (Hufen § 11, 112; Sch-Ortloff/Riese 16). Keine Bindung besteht auch hins **der übrigen Sachentscheidungsvoraussetzungen,** wie der Frage der Zulässigkeit des VRW (vgl BAG NJW 1993, 1878), der Beurteilung einer Klage als Anfechtungsklage usw, ebenso nicht in bezug auf die **Besetzung des Gerichts** (Bln NVwZ-RR 1991, 448).

15 **Ausnahmen** von der Bindungswirkung sind entspr der Rspr zum früheren Recht nicht schlechthin ausgeschlossen (so auch RÖ-Kothe 15). Anders als bei § 17 a GVG fehlt hier die Möglichkeit der Anfechtung des Verweisungsbeschlusses (s oben 13). Dieser Unterschied rechtfertigt es – in gewissem Sinn als Ersatz für die fehlende Anfechtbarkeit des Verweisungsbeschlusses –, im Rahmen des § 83 Ausnahmen von der Bindungswirkung anders als bei § 17 a GVG (vgl 22 zu § 41) zuzulassen (ebenso Ey-Rennert 27 zu § 41). Sie sind jedoch grds **nur bei schweren** („extremen", vgl 64, 354 mwN; 79, 113 = NJW 1988, 2752; NVwZ 1995, 372 mwN) u **offensichtlichen Verstößen** anzuerkennen (NJW 1993, 3088; NVwZ 1993, 771; Hbg DVBl 2001, 406; NKVwGO-Aulehner 7; str), **insb, wenn nicht ersichtlich** ist, aus **welchem Grund** verwiesen wurde (vgl Fischer NJW 1993, 2417; Ey-Geiger 8), oder wenn durch die grob fehlerhafte

---

[5] Sch-Ortloff/Riese 23; für Zulässigkeit einer außerdordentlichen Beschwerde bei Verletzung des Rechts auf gesetzlichen Richter u auf rechtliches Gehör Mü NVwZ-RR 2004, 698; s zur Problematik außerordentlicher Rechtsbehelfe 8 a ff vor § 124 u auch unten 15.

[6] Vgl 24 zu § 41; zur Prozeßkostenhilfe auch den Vorlagebeschluß des BGH an den GSOGB, NJW-RR 1992, 59.

[7] Vgl BAG NJW 1993, 1879: wieweit die positive Bindungswirkung reicht, hängt von den Umständen ab u ist im einzelnen streitig; für den Umfang der Bindungswirkung gilt allg der Satz, daß der Verweisungsbeschluß regelmäßig nur insoweit bindet, als er seinem objektiven Inhalt nach binden will; BGH 63, 216 = NJW 1975, 450.

Verweisung dem Kl eine **Instanz genommen** würde;[8] wenn die Verweisung unter **Verletzung wesentlicher Verfahrensvorschriften** erfolgt ist,[9] zB **ohne jede gesetzliche Grundlage** (NZWehrR 1999, 119; DVBl 1988, 736; BayObLG MDR 1980, 583; WuM 1999, 232; Ey-Geiger 8) oder **ohne Anhörung** der Betroffenen entschieden wurde;[10] wenn die Verweisung auf nicht vertretbaren rechtlichen Überlegungen beruht u insofern **willkürlich** erscheint;[11] wenn das verweisende Gericht eine gesetzliche Zuständigkeitsregelung offensichtlich übersehen hat (LSG Celle NZS 1999, 56); wenn an ein Gericht verwiesen wurde, das sich **bereits rechtskräftig für unzuständig erklärt** hat (OLG München NJW 1956, 187; BL 11 zu § 17a GVG; Sch-Ehlers 15 zu § 17a GVG). Als **nicht so schwerwiegend** angesehen wird dagegen der Umstand, daß die Verweisung **ohne** an sich erforderliche **mV** erfolgte (BGH NJW 1988, 1794). **Keine Bindungswirkung** haben Beschlüsse über eine **Abgabe** oder Verweisung (s oben 9) **innerhalb desselben** Gerichts (OLG Bamberg FamRZ 1990, 179 m Anm Ewers FamRZ 1990, 1373).

Weiter- und Rückverweisung: Soweit die Bindung nicht besteht (s oben 14) oder entfällt (s oben 15), ist **auch die Weiter-** oder uU auch **Rückverweisung** (RÖ-Kothe 4; Ey-Geiger 8; auch BVerwG 48, 202: Weiterverweisung an das zuständige Gericht) gem § 83 **zulässig u** ggf geboten.[12] 16

Erklären sich alle in Frage kommenden Gerichte für unzuständig und werden diese Entscheidungen rechtskräftig, so muß die **Bestimmung** des zuständigen Gerichts **nach § 53 Abs 1 Nr 5** erfolgen (DÖV 1960, 638; Henckel ZZP 1964, 321; StJ IV 2 Fn 41 zu § 276 ZPO). Dasselbe gilt **bei Streit über die Bindungswirkung.** Jedoch darf sich ein Gericht nicht allein deshalb entgegen einer bindenden Verweisung für unzuständig erklären, um die Vorlage nach § 53 Abs 1 Nr 5 zu ermöglichen (NVwZ 1995, 372). S auch oben 9. 17

Soweit eine Verweisung bindend ist, muß das Gericht, an das verwiesen wurde, auch wenn es in Wahrheit nicht zuständig ist, **zwar sein Verfahrensrecht anwenden, in der Sache jedoch** so u aufgrund der Rechtsnormen entscheiden, **wie das an sich zuständige Gericht hätte entscheiden müssen** (48, 204), zB auch statt des an sich zuständigen Gerichts über eine Nichtigkeitsklage gegen ein Urteil dieses Gerichts entscheiden. 18

7. Fortbestehen der Rechtshängigkeitswirkungen (§ 17b Abs 1 S 2 GVG): Die Verweisung erhält, auch wenn sie erst nach Ablauf der Klage- oder Rechtsmittelfrist erfolgt, die **Rechtshängigkeit der Sache;** damit bleiben insb bereits eingehaltene **Klagefristen** (zB §§ 74, 58 Abs 2; vgl BGH NJW 1986, 19

---

[8] 2, 46; 46, 86; NVwZ 1993, 771: Verweisung vom VG an das BVerwG; enger zu einer Verweisung vom OVG an das BVerwG 79, 110 = NJW 1988, 2753 in Abgrenzung von 2, 46; 46, 86; Hbg DVBl 2001, 406.

[9] 46, 86; 64, 354; BGH FamRZ 1986, 1090; 1988, 155; NJW 1988, 1794; Körting aaO; vgl auch BVerfG 29, 49: keine Bindung, wenn die Verweisung bei verständiger Würdigung der das GG beherrschenden Gedanken nicht mehr verständlich erscheint u offensichtlich unhaltbar ist; enger BVerwG VRspr 26, 120: nur in extrem gelagerten Fällen; **aA** OLG Frankfurt JurBüro 1979, 1369: Bindung auch bei Verletzung ausschließlicher Zuständigkeiten.

[10] BGH 71, 72 = NJW 1978, 1164; NJW 1980, 192; BAG AP § 36 ZPO Nr. 9; OLG Frankfurt NJW 1962, 449; BayObLG MDR 1980, 583; Mü NVwZ-RR 2004, 698: Zulässigkeit einer außerordentlichen Beschwerde; **aA** BVerwG VRspr 26, 120; BGH NJW 1996, 3013. Zur Problematik außerordentlicher Rechtsbehelfe s näher 8a ff vor § 124.

[11] NJW 1993, 3088; NVwZ 1993, 770; DVBl 1988, 736; BGH 28, 349; NJW 1964, 1418 mwN; 1980, 1586; BAG AP § 36 ZPO Nr 9; vgl auch BVerfG 29, 49, s oben.

[12] NVwZ 1993, 771; BAG NJW 1993, 1878; zT **aA** für den Fall einer nicht bindenden Verweisung Mü BayVBl 1966, 139: bei Zuständigkeit des Gerichts, das nicht bindend verwiesen hat, bloße Feststellung, daß die Sache bei dem verweisenden Gericht anhängig geblieben ist.

2255; Mü DÖV 2000, 740) auch für das Vf vor dem zuständigen Gericht gewahrt (DÖV 1964, 64; Ms NJW 1996, 334). Ebenso behalten auch alle **Prozeßhandlungen** vor dem Gericht, das ursprünglich mit der Sache befaßt war, u die von diesem Gericht getroffenen Beschlüsse ihre Wirksamkeit.

20 § 17b Abs 1 S 2 GVG findet allerdings nur dann Anwendung, wenn die Klage auch bei dem – unzuständigen – Gericht tatsächlich erhoben wurde. Dies ist nicht der Fall, wenn die Klageschrift bei einem Gericht eingeht, an das die Klage nach Auslegung der Klageschrift nicht gerichtet ist. Ist die Klage dagegen bei dem – unzuständigen – Gericht erhoben worden, kommt es nicht darauf an, ob die Anrufung des unzuständigen Gerichts schuldhaft erfolgte.[13] Bei formloser Abgabe **von Streitsachen zwischen Kammern** oder Senaten desselben Gerichts (oben 2) bleibt die Rechtshängigkeit immer unberührt.

Zur Kostenentscheidung bei Verweisung s 37 zu § 41.

§ 84 [Gerichtsbescheid]

(1) **Das Gericht kann**[17] **ohne mündliche Verhandlung durch Gerichtsbescheid entscheiden,**[1 ff, 17 ff, 41] **wenn die Sache keine besonderen Schwierigkeiten tatsächlicher oder rechtlicher Art aufweist**[6 ff] **und der Sachverhalt geklärt ist.**[9 f] **Die Beteiligten sind vorher zu hören.**[21 ff] **Die Vorschriften über Urteile gelten entsprechend.**[1, 21 ff, 30 f]

(2) **Die Beteiligten können**[33, 37] **innerhalb eines Monats nach Zustellung des Gerichtsbescheids**

1. **Berufung einlegen, wenn sie zugelassen worden ist (§ 124 a),**
2. **Zulassung der Berufung oder mündliche Verhandlung beantragen;**[34, 38 f] **wird von beiden Rechtsbehelfen Gebrauch gemacht, findet mündliche Verhandlung statt,**[34]
3. **Revision einlegen, wenn sie zugelassen worden ist,**[35]
4. **Nichtzulassungsbeschwerde einlegen oder mündliche Verhandlung beantragen, wenn die Revision nicht zugelassen worden ist;**[35 a] **wird von beiden Rechtsbehelfen Gebrauch gemacht, findet mündliche Verhandlung statt,**
5. **mündliche Verhandlung beantragen, wenn ein Rechtsmittel nicht gegeben ist.**[36]

(3) **Der Gerichtsbescheid wirkt als Urteil; wird rechtzeitig mündliche Verhandlung beantragt, gilt er als nicht ergangen.**[39]

(4) **Wird mündliche Verhandlung beantragt, kann das Gericht in dem Urteil von einer weiteren Darstellung des Tatbestandes und der Entscheidungsgründe absehen, soweit es der Begründung des Gerichtsbescheides folgt und dies in seiner Entscheidung feststellt.**[40]

Vgl § 105 SGG; §§ 79 a, 90 a FGO

Schrifttum: *Klenke,* Vorbefassung von Richterinnen und Richtern mit dem Rechtsstreit als Ansatzpunkt für Befangenheit?, DÖV 1998, 155; *Kopp,* Änderungen der VwGO zum 1. 1. 1991, NJW 1991, 521, 522; *Roth,* Zur Unvereinbarkeit des Gerichtsbescheides (§ 84 VwGO) mit Art 6 I EMRK, NVwZ 1997, 656; *ders,* Richterliche Vorbefassung und das Konzept der objektiven Befangenheit, DÖV 1998, 916; *Stelkens,* Das Gesetz zur Neuregelung des verwaltungsgerichtlichen Vf (4. VwGOÄndG) – das Ende einer Reform?, NVwZ 1991, 209, 216.

1 **1. Allgemeines:** Die durch das 4. VwGOÄndG unter Aufhebung der früheren Regelung über den sog Vorbescheid eingefügte Vorschrift übernahm im we-

[13] S auch 8 zu § 74; Ko NVwZ-RR 1996, 181; **aA** VG Augsburg BayVBl 1994, 606.

sentlichen die in § 1 EntlG enthaltenen Bestimmungen über den sog Gerichtsbescheid mit einigen Änderungen als Dauerrecht in die VwGO. Durch das **6. VwGOÄndG** (und iü auch durch die Einführung von Abs 2 Nr 1 durch das RmBereinVpG) wurde das in Abs 2 normierte Rechtsbehelfssystem geändert. Der Gesetzgeber wollte damit den Anforderungen des Art 6 Abs 1 EMRK Rechnung tragen, der eine mV in mindestens einer Instanz gewährleistet; infolge der Einführung der allg Zulassungsberufung wurde daher vorgesehen, daß **stets mV beantragt werden** kann, wenn das VG durch Gerichtsbescheid entschieden hat (BT-Dr 13/3993, 12; Schenke NJW 1997, 92; Roth NVwZ 1997, 657). Der Gerichtsbescheid dient vor allem der Entlastung der Verwaltungsgerichte (vgl auch BT-Dr 11/7030, 26). Die Verwaltungsgerichte erhalten damit die Möglichkeit, in tatsächlicher u rechtlicher Hinsicht einfach gelagerte Streitfälle **in einem vereinfachten Vf u ohne Mitwirkung von ehrenamtlichen Verwaltungsrichtern** zu entscheiden (vgl zu § 1 EntlG BT-Dr 8/842, 8). Zur Klagerücknahme nach Erlaß eines Gerichtsbescheids vgl Ma NVwZ 1989, 479.

§ 84 ist **rechtspolitisch** nicht unbedenklich, weil er in gewissem Sinn ein Vf „zweiter Klasse" mit geminderten Rechtsschutzgarantien für Streitsachen schafft, die für den rechtssuchenden Bürger nicht selten dieselbe Bedeutung haben wie Streitsachen, die im „normalen" Vf zu entscheiden sind. Die Regelungen entsprechen **kaum** dem Bild, das sich der rechtssuchende Bürger von einem – iSd Rspr des BVerfG – **fairen Vf** macht.[1] **Verfassungsrechtliche Bedenken,** insb im Hinblick auf Art 19 Abs 4 u 103 Abs 1 GG, sind dagegen nicht veranlaßt,[2] nach hM auch nicht insoweit, als Abs 1 S 1 iVm § 5 Abs 3 S 2 dem Gericht mittelbar mit der Entscheidung, nach dieser Vorschrift zu verfahren, auch die Bestimmung darüber, ob mit oder ohne ehrenamtliche Verwaltungsrichter entschieden wird, also hins des gesetzlichen Richters (Art 101 Abs 1 S 2 GG), überläßt (72, 61 = NJW 1986, 1368; Sch-Clausing 5). 2

Zweifelhaft ist jedoch **die Vereinbarkeit** der Regelung – dasselbe gilt auch für § 130 a – **mit Art 6 Abs 1 S 1 EMRK** (einen Verstoß gegen die EMRK bejaht mit beachtlichen Gründen Roth NVwZ 1997, 657), der grds auch für die Vwgbk gilt (vgl 16 zu § 1) u hier dem Bürger **Anspr auf Öffentlichkeit des Vf u** auf öffentliche Verkündung des Urteils gibt.[3] Daß eine zulassungsbedürftige Berufung den Anforderungen des Art 6 Abs 1 EMRK **nicht** genügt, ist auch Ansicht des Gesetzgebers, der gerade deshalb durch das 6. VwGOÄndG die Möglichkeit eingeführt hat, stets mV zu beantragen (oben 1). Allerdings dürfte diese Möglichkeit **nur formal dem Art 6 Abs 1 EMRK genügen,** da eine erst nachträglich durchgeführte mV vor demselben Spruchkörper, der bereits den Gerichtsbescheid erlassen hat, nur in den seltensten Fällen zu einer Änderung der Entscheidung führen wird (Roth NVwZ 1997, 657; Schenke NJW 1997, 92 Fn 92). Daß dieselben Berufsrichter, die zuvor am Erlaß des Gerichtsbescheids ohne mV beteiligt waren, anschließend an der Entscheidung aufgrund der beantragten mV mitwirken, ist unter dem Gesichtspunkt der Besorgnis mangelnder Unbefangenheit iSd Art 6 Abs 1 EMRK nicht unproblematisch (Roth NVwZ 1997, 658; DÖV 1998, 920 mN zur Rspr des EGMR; **aA** Ey-Geiger 3; Klenke DÖV 1998, 155; NKVwGO-Aulehner 40; Sch-Clausing 6). Die Möglichkeit, eine zugelassene Revision einzulegen (Abs 2 Nr 3), genügt jedenfalls dann nicht, wenn 2 a

[1] Vgl Grahe NJW 1978, 1789; kritisch auch Ule DVBl 1979, 566; Martens ZRP 1977, 210; Ipsen Jura 1987, 123; Kopp NJW 1991, 522 f; ders Gutachten B 61; DVBl 1982, 619; **aA** Broß VerwA 1984, 183: ein hervorragendes Gesetz.

[2] Wahrendorf NWVBl 1991, 112; Klein BayVBl 1992, 197; Sch-Clausing 5; zur Vorgänger-Vorschrift § 1 EntlG auch zB 57, 273 = NJW 1979, 1315; 72, 60 = NJW 1986, 1368; BayVBl 1978, 673; Mü BayVBl 1979, 214 f; Geiger BayVBl 1979, 558.

[3] Vgl Naumann SGb 1974, 399; zum Begriff der civil rights iSv Art 6 EMRK auch Morscher ÖJBl 1966, 250; Schäffer ÖJBl 1965, 502 sowie 16 zu § 1.

es in einer Streitsache wesentlich um Tatfragen geht (Kopp NJW 1991, 522). Vgl auch 16 zu § 1; 9 zu § 116.

3 **2. Anwendungsbereich:** Die Regelung gilt nur für **Klagen in 1. Instanz,** dh uU auch vor dem OVG u dem BVerwG, wenn diese als Gerichte 1. Instanz (zB nach § 48 bzw § 50) angerufen werden.[4] § 84 ist **auch anwendbar** auf **EinzelrichterVf** nach § 6 (s 2 u 31 zu § 6; Sch-Clausing 10; **aA** Kävenheim NJW 1993, 1373) u nach § 87 a,[5] **nicht** dagegen auf **AntragsVf** nach §§ 80 Abs 5, 80 a Abs 3 u 123 (RÖ-Kothe 2; Sch-Clausing 7; NKVwGO-Aulehner 13), **NK-Vf** gem § 47 (RÖ-Kothe 2; B-Kuntze 3; Schnellenbach DÖV 1981, 318) u **auf Berufungs- u RevisionsVf** (§ 125 Abs 1 S 2, § 141). Für BerufungsVf trifft jedoch § 130 a eine vergleichbare Regelung (vgl 1 zu § 130 a).

Ein Gerichtsbescheid kann auch in **AsylVf** ergehen, wie sich aus § 78 Abs 7 AsylVfG ergibt, ebenso in **Ausländerrechtsverfahren;** der frühere Streit (s 10. Aufl) hat sich durch das AufenthG u die Neufassung des AsylVfG erledigt.

4 **Durch Gerichtsbescheid** kann grds nur **über die Klage,** dh nur über einen selbständigen prozessualen Anspr, entschieden werden, nicht auch in AntragsVf zB gem §§ 80 Abs 5, 80 a Abs 3 u 123 (s oben 3). Möglich ist auch eine Entscheidung durch Gerichtsbescheid **anstelle eines Zwischenurteils** gem § 109, Teilurteils gem § 110 oder Grundurteils gem § 111 (RÖ-Kothe 2; vgl auch Schnellenbach DÖV 1981, 318 f), sowie anstelle unselbständiger Zwischenurteile gem § 173 S 1, § 303 ZPO uä, die zwar nicht selbständig mit der Berufung angreifbar sind, gleichwohl aber das Gericht binden (Sch-Clausing 8; vgl auch Schnellenbach DÖV 1981, 319).

5 Für den Erlaß des Gerichtsbescheids ist gem § 84 eine zulassungsfreie Berufung oder Revision nicht Voraussetzung (s unten 15–16).

6 **3. Voraussetzungen für den Erlaß eines Gerichtsbescheids (Abs 1 S 1): a)** Die Sache darf nach Überzeugung (vgl 5 zu § 108) des Gerichts **keine besonderen Schwierigkeiten tatsächlicher oder rechtlicher Art** aufweisen. Der Begriff der besonderen Schwierigkeiten ist derselbe wie in § 6 Abs 1 S 1 Nr 1 (Schnellenbach DVBl 1992, 231) u entspricht zugleich auch dem (gleichlautenden) Begriff in § 348 Abs 3 S 1 Nr 1 ZPO sowie § 348 a Abs 1 Nr 1 ZPO.[6] Wie nach § 348 Abs 3 S 1 Nr 1 u § 348 a Abs 1 Nr 1 ZPO kommt es darauf an, **ob diese Voraussetzung tatsächlich gegeben ist; Einstimmigkeit der Auffassung ist nicht erforderlich** (vgl auch BT-Dr 11/7030, 26); allerdings kann **bei erheblichen Meinungsverschiedenheiten** der Richter hins der zu treffenden Entscheidung idR eine **einfache Sache** iSv Abs 1 **nicht mehr** angenommen werden (vgl unten 8). Das Gericht hat hins der Beurteilung jedoch einen gewissen **Beurteilungsspielraum** (s dazu unten 12). Im einzelnen kann angesichts der Übereinstimmung der Vorschriften zur näheren Bestimmung des Begriffs der besonderen Schwierigkeiten auch auf die Rspr u Rechtslehre zu § 348 a Abs 1 Nr 1 ZPO bzw § 348 Abs 1 Nr 1 ZPO aF zurückgegriffen werden (Weigert BayVBl 1978, 393; grds auch Schnellenbach DVBl 1993, 234), außerdem auch zu § 6 (RÖ-Kothe 6). Vgl im einzelnen 5 ff zu § 6. Zur Frage von Rechtsbehelfen gegen die Entscheidung des Gerichts, nach § 84 Abs 1 ohne mV zu entscheiden, s unten 41.

7 Eine Entscheidung durch Gerichtsbescheid kommt nach dem Wortlaut wie auch dem Zweck des § 84, den Gerichten ein vereinfachtes Vf für „einfachere Streitfälle" zur Verfügung zu stellen (vgl zu § 1 EntlG BT-Dr 8/842, 8 u 9;

---

[4] Vgl BT-Dr 11/7030, 27; RÖ-Kothe 1; **aA** zu § 1 EntlG Geiger BayVBl 1979, 556.

[5] RÖ-Kothe 3; Stelkens NVwZ 1991, 216; offen Klein BayVBl 1992, 197; **aA** Wahrendorf NVwZ 1991, 112; Kävenheim NJW 1993, 1373.

[6] RÖ-Kothe 4; Sch-Clausing 13; NKVwGO-Aulehner 18; zu § 1 EntlG auch BT-Dr 8/842, 9; 1; Meyer-Ladewig NJW 1978, 858; Geiger BayVBl 1979, 557.

Meyer-Ladewig NJW 1978, 858), in allen Streitfällen in Betracht, die nach Auffassung des Gerichts in tatsächlicher u rechtlicher Hinsicht keine **besonderen,** dh überdurchschnittlichen, **das normale Maß erheblich übersteigenden Schwierigkeiten** verursachen werden (vgl 5 zu § 6; RÖ-Kothe 4; Sch-Clausing 13f) u für die deshalb nach Überzeugung des Gerichts ohne nennenswerte Nachteile für den Rechtsschutz der Betroffenen u für das Gemeinwohl eine Entscheidung ohne mV u ohne Beweisaufnahme möglich u vertretbar erscheint, weil auch eine mV und/oder eine Beweisaufnahme weder in tatsächlicher noch in rechtlicher Hinsicht neue, für die Entscheidung wesentliche Gesichtspunkte zu erbringen verspricht (ebenso zu § 1 EntlG Schnellenbach DÖV 1981, 320; weiter RÖ-Kothe 4; s dazu im folgenden). Der Gerichtsbescheid ist zwar nicht als die normale Entscheidungsform für den Regelfall, dh den Normalfall, gedacht, sondern für vom Durchschnitt der Fälle abweichende einfachere Fälle;[7] er ist jedoch **nicht auf ganz einfach gelagerte Fälle begrenzt.**[8]

Besondere Schwierigkeiten iSv Abs 1 S 1 sind Schwierigkeiten, die **nicht** 8
ohne weiteres durch einfache Anwendung einer eindeutigen Rechtsvorschrift auf einen klar zutage liegenden Sachverhalt gelöst werden können. Der Umstand, daß der **Sachverhalt schwer überschaubar** ist, schließt eine Entscheidung durch Gerichtsbescheid aus;[9] ebenso auch der Umstand, daß die Entscheidung von **strittigen,** insb höchstrichterlich noch nicht abschließend geklärten **Rechtsfragen** abhängt (Ms NWVBl 1997, 395; Sch-Clausing 15; Schnellenbach DÖV 1981, 320) oder der Umstand, daß neue Gesichtspunkte in Betracht kommen, die möglicherweise ein Abgehen von der bisher hM oder höchstrichterlichen Rspr angezeigt erscheinen lassen (Meyer-Ladewig NJW 1978, 858; ebenso Schnellenbach DÖV 1981, 320). Die **grundsätzliche Bedeutung einer Rechtssache** (iSv § 132 Abs 2 Nr 1) schließt eine Entscheidung durch Gerichtsbescheid nicht zwingend aus, wie sich aus dem Fehlen einer den § 6 Abs 1 S 1 Nr 2 u § 348a Abs 1 Nr 2 ZPO entsprechenden Bestimmung in § 84 ergibt. Allerdings wird eine Frage von grundsätzlicher Bedeutung, die also noch nicht höchstrichterlich geklärt ist (vgl 10 zu § 132), regelmäßig besondere rechtliche Schwierigkeiten aufwerfen (vgl Ms NWVBl 1997, 395: ungeklärte Rechtsfrage von weitreichender Bedeutung). Eine Entscheidung durch Gerichtsbescheid kommt aber in Betracht, wenn die Grundsatzfrage zwar noch nicht höchstrichterlich, wohl aber in der Rspr der erkennenden Kammer geklärt ist (Sch-Clausing 17; ferner RÖ-Kothe 4). Ebenso handelt es sich um keinen einfachen Fall mehr, wenn nicht auszuschließen ist, daß das Gericht mit seiner Entscheidung **von der Rechtssprechung des BVerwG** oder eines OVG **abweichen** wird (Meyer-Ladewig NJW 1978, 858). Nicht mehr als einfach ist eine Sache aber auch dann anzusehen, wenn die zur Entscheidung berufenen **Richter** hins der zu treffenden Entscheidung **nicht einer Meinung sind,** sondern erhebliche Meinungsunterschiede bestehen (s im einzelnen unten 11). Dagegen kommt dem **Umfang der Arbeit,** die ein Fall dem Gericht macht, keine entscheidende Bedeutung zu (zT **aA** Schnellenbach DÖV 1981, 320 bei außergewöhnlichem Umfang einer Sache).

---

[7] BT-Dr 8/842, 8: „der Gerichtsbescheid ... gilt allgemein für einfachere Streitsachen, also auch, wenn die Klage offenbar begründet ist"; ferner S. 9: „Durch Gerichtsbescheid kann nur in einfacheren Streitfällen entschieden werden"; ebenso Meyer-Ladewig NJW 1978, 858.

[8] RÖ-Kothe 4: „Es genügt, daß es sich um eine Sache von normaler oder durchschnittlicher Schwierigkeit handelt"; nur wenn die Schwierigkeiten in tatsächlicher, rechtlicher oder in beiden Arten dieses normale Maß nicht unerheblich übersteigen, können sie als „besondere" angesehen werden; ähnlich Klein BayVBl 1992, 197; SGH 508; zu § 1 EntlG auch Geiger BayVBl 1979, 557: „Die Schwierigkeit des Falles darf nicht erheblich über dem durchschnittlichen Grad liegen"; s allg auch 5 zu § 6 mwN.

[9] Vgl Meyer-Ladewig NJW 1978, 858; Schnellenbach DÖV 1981, 320; im selben Sinn auch ThP 11 zu § 348 ZPO; M 8 zu § 348a ZPO.

9 **b) Der Sachverhalt muß** außerdem, wie Abs 1 S 1 ausdr voraussetzt, **„geklärt" sein.** Als geklärt idS ist ein Sachverhalt anzusehen, wenn aufgrund des eigenen Vortrags des Kl u des Inhalts der beigezogenen Akten (vgl Geiger BayVBl 1979, 557) – in Bausachen auch zB aufgrund von in den Akten befindlichen Lichtbildern, die einen hinreichenden Eindruck von den örtlichen Verhältnissen vermitteln können (Geiger aaO) – **Zweifel hins des Sachverhalts vernünftigerweise ausgeschlossen** erscheinen u insb auch keinerlei Anhaltspunkte dafür sprechen, daß die mV neue Gesichtspunkte ergeben könnte (Sch-Clausing 18). Erforderlich ist insoweit dasselbe Maß an Überzeugung des Gerichts hins der für die Entscheidung erheblichen Tatsachen u ihrer Würdigung in tatsächlicher Hinsicht wie gem §§ 86 Abs 1, 108 Abs 1 im normalen Verfahren. Daß eine Klärung des Sachverhalts **erst noch die Durchführung einer Beweisaufnahme** erfordert, steht einer Entscheidung durch Gerichtsbescheid nicht entgegen; das gleiche gilt, wenn erst eine Beweisaufnahme Klarheit gebracht hat (RÖ-Kothe 7); denn es würde auch in diesem Fall dem Sinn u Zweck der Regelung nicht widersprechen, eine Entscheidung durch Gerichtsbescheid zuzulassen, da es allein auf den Zeitpunkt der Entscheidung des Gerichts ankommt, nach § 84 zu verfahren.[10] S auch unten 13. **Ob** der Sachverhalt iSv Abs 1 S 1 geklärt ist, ist eine **Frage der Beweiswürdigung** nach § 108 Abs 1 S 1, die dem Gericht obliegt.

10 Unschädlich sind insofern, wie schon § 1 Abs 1 EntlG ausdr klargestellt hatte, umso mehr lediglich vorbereitende Anordnungen gem § 87, wie zB die Einholung einer amtlichen Auskunft oder die Durchführung eines Erörterungstermins mit den Beteiligten zur Klarstellung des Ziels der Klage u des Vortrags der Beteiligten.

11 **c) Keine Einstimmigkeit der Auffassung mehr erforderlich.** Einstimmigkeit zu den in Abs 1 S 1 genannten Fragen (keine besonderen Schwierigkeiten, Klarheit des Sachverhalts) ist nach dem klaren Wortlaut der Regelung nicht erforderlich (BT-Dr 11/7030, 26; Kopp NJW 1991, 522). Eine Streitsache kann jedoch idR nicht mehr als solche ohne besondere Schwierigkeiten iSv Abs 1 S 1 angesehen werden, **wenn die Auffassungen** der zur Entscheidung darüber berufenen Richter hins der Beurteilung der Sach- u Rechtsfragen u der daraus zu ziehenden Folgerungen erheblich **auseinandergehen** (vgl BT-Dr 11/7030, 26; Stelkens NVwZ 1991, 216; ferner oben 6). Auch die Klarheit des Sachverhalts kann nicht nur auf die reinen Fakten bezogen sein, sondern muß auch die daraus zu ziehenden Tatsachenschlüsse mit umfassen. Eine andere Auffassung des Gerichts würde insoweit eine offensichtliche Verkennung der Voraussetzung des Gerichtsbescheids darstellen u wäre deshalb unbeachtlich.

12 **Iü** beinhaltet das Erfordernis nach Abs 1 S 1, daß „die Sache keine besonderen Schwierigkeiten aufweist u der Sachverhalt geklärt ist", einen **gewissen Beurteilungsspielraum** für das Gericht.[11] **Im RechtsmittelVf** kann diese Überzeugung nur **daraufhin nachgeprüft** werden, ob sie auf einer Verkennung der Voraussetzungen des Gerichtsbescheids beruht.[12]

13 **Daß mV noch nicht anberaumt** u auch **noch keine Beweiserhebung** angeordnet wurde, ist nach § 84 nicht Voraussetzung; der Gesetzgeber hat auf dieses noch in § 1 EntlG enthaltene Erfordernis verzichtet (BT-Dr 11/7030, 26).

---

[10] Vgl BT-Dr 11/7030, 26: die Entscheidung durch Gerichtsbescheid kann sich auch dann noch als sachgerecht anbieten, wenn bereits eine mV oder eine Beweisaufnahme stattgefunden hat.

[11] Ms NWVBl 1997, 395; RÖ-Kothe 5; Sch-Clausing 20; ebenso zu § 1 EntlG BVerwG NVwZ 1990, 963; wohl auch Schnellenbach DÖV 1981, 319.

[12] Vgl NVwZ 1990, 963: nur wenn der Beurteilung sachfremde Erwägungen oder grobe Fehleinschätzungen zugrunde liegen; Ms NWVBl 1997, 395; Ma NVwZ-RR 1992, 152: im Rahmen einer vertretbaren Gesetzesauslegung; Lü NVwZ-RR 1996, 719; s auch unten 27; ferner Schnellenbach DÖV 1981, 323; Weigert BayVBl 1978, 394; RÖ-Kothe 5.

Zum Verfahren, **wenn die Beteiligten** in ihren Schriftsätzen **Beweisanträge gem § 86 Abs 2 angekündigt** haben, s unten 29. 14

4. Die Entscheidung, ob über die Klage durch Gerichtsbescheid zu entscheiden ist, steht (sofern die rechtlichen Voraussetzungen – s oben 6 ff – gegeben sind) im – im RechtsmittelVf nur noch beschränkt nachprüfbaren (s unten 27) – **Ermessen des Gerichts.**[13] Das Gericht muß bei seiner Entscheidung insb berücksichtigen, ob eine mV nicht der Entscheidung „zuträglicher wäre" (Meyer-Ladewig NJW 1978, 858); das Revisionsgericht kann insoweit nur nachprüfen, ob das Gericht von seinem Ermessen fehlerhaften Gebrauch gemacht hat, dh sachfremde Erwägungen angestellt hat, oder ob grobe Fehleinschätzungen vorliegen.[14] Abs 1 ist kein Grundsatz zu entnehmen, daß das Gericht idR von der Möglichkeit des Gerichtsbescheids Gebrauch machen sollte. **Hat eine Rechtssache grundsätzliche Bedeutung,** so kommt eine Entscheidung durch Gerichtsbescheid nicht in Betracht (s oben 8). 15–17

Die Entscheidung, daß durch Gerichtsbescheid entschieden werden soll, **bedarf keines besonderen Beschlusses** (vgl RÖ-Kothe 11; Sch-Clausing 30; NKVwGO-Aulehner 33); es **genügt,** daß das Gericht im Rahmen des Gerichtsbescheids (s unten 30) dartut, daß u warum es die Voraussetzungen nach § 84 Abs 1 für gegeben angesehen hat (Sch-Clausing 30). Das Gericht entscheidet darüber **nach Anhörung der Beteiligten** gem Abs 1 S 2 (s auch unten 21). Die Beteiligten sollen damit Gelegenheit erhalten, etwaige Bedenken gegen das beabsichtigte Vf vorzubringen (57, 272 = NJW 1979, 1315; NJW 1982, 1011; Buchh 312 § 1 EntlG Nr 12), um das Gericht uU doch noch zu überzeugen, daß die Entscheidung des Falles einer mV bedarf (vgl BVerfG DVBl 1987, 237; BVerwG LKV 1993, 387; s dazu auch unten 22). Einer **Einwilligung der Beteiligten** dazu, daß nach § 84 entschieden wird, **bedarf es nicht.**[15] 18

Das Gericht entscheidet **mit einfacher Mehrheit,** ob nach § 84 verfahren werden soll, dh es bedarf dazu nicht der Einstimmigkeit. Eine besondere **Mitteilung** darüber an die Beteiligten vor Ergehen der Entscheidung in der Sache (des Gerichtsbescheids) ist – anders als die „Anhörungsmitteilung", daß beabsichtigt ist bzw erwogen wird, durch Gerichtsbescheid zu entscheiden (s unten 21) – **nicht erforderlich;** ebenso nicht eine gesonderte **Begründung,** warum das Gericht die Voraussetzung für die Entscheidung nach § 84 für gegeben hält (vgl auch BVerfG NVwZ 1986, 912). Das Gericht muß jedoch jedenfalls spätestens in **den Entscheidungsgründen des Gerichtsbescheids darlegen,** daß u warum es die Voraussetzungen für die Entscheidung in dieser Form als gegeben angesehen hat (RÖ-Kothe 11; Sch-Clausing 30: nähere Begründung nicht erforderlich). 19

Das Gericht kann bis zur Entscheidung in der Hauptsache die Entscheidung, daß es durch Gerichtsbescheid entscheiden will, jederzeit vAw oder auf Anregung der Beteiligten **wieder aufheben** u das Vf als normales UrteilsVf mit mV oder, wenn die Beteiligten auf mV verzichten (§ 101 Abs 2), im normalen schriftlichen Vf fortführen. Es muß dies tun, wenn es nachträglich zur Erkenntnis kommt, daß die ursprüngliche Annahme, daß die Sache keine besonderen Schwierigkeiten bietet bzw daß der Sachverhalt geklärt ist, sich als unzutr erweist. 20

5. Verfahren; Anhörung; Anhörungsmitteilung: Für das Vf gelten die allg Vorschriften für das Urteilsverfahren, sofern sich aus Abs 1 nichts anderes ergibt. Nach Abs 1 S 2 sind die Beteiligten **vorher zu hören.** Das Gericht muß 21

---

[13] „Kann"; vgl DVBl 1983, 1015; Buchh 312 § 1 EntlG Nr 25; Schnellenbach DÖV 1981, 320, Sch-Clausing 21.

[14] S oben 12, ferner insb NVwZ 1990, 963; DVBl 1983, 1015; BayVBl 1993, 26; Buchh 312 § 1 EntlG Nr 25.

[15] DVBl 1983, 1016; Buchh 310 § 54 VwGO Nr 26; Mü BayVBl 1979, 279; Geiger BayVBl 1979, 557.

sie durch eine besondere sog **Anhörungsmitteilung** auf die erwogene Entscheidung durch Gerichtsbescheid hinweisen (vgl NVwZ-RR 1993, 165 – zu § 130 a –). Diese Anhörungspflicht des Gerichts bezieht sich nach der freilich nicht ganz eindeutigen Fassung der Vorschrift sowohl auf die Frage, **ob durch Gerichtsbescheid zu entscheiden ist** (s oben 18 sowie im einzelnen unten 22) – die Beteiligten sind dazu jedenfalls konkret, rechtzeitig u sachbezogen zu hören; die Zulässigkeit einer Entscheidung durch Gerichtsbescheid ist jedoch **nicht von der Zustimmung der Beteiligten** abhängig (s oben 18) – **als auch auf** die zu entscheidende **Sache selbst.**[16] Unter dem letzteren Gesichtspunkt ist es auch zur Wahrung des rechtlichen Gehörs erforderlich, daß das Gericht **den Beteiligten mitteilt,** daß **Akten beigezogen worden sind** (Geiger BayVBl 1979, 557).

22 **Die Anhörung** kann mündlich im Rahmen eines **besonderen Anhörungstermins** gem § 87 **oder** in der Weise erfolgen, daß das Gericht **den Beteiligten** unter Einräumung einer angemessenen Äußerungsfrist **die Absicht des Gerichts,** ggf durch Gerichtsbescheid zu entscheiden, **mitteilt** bzw sie zumindest, unter Fristsetzung für eine Stellungnahme, darauf hinweist, daß es erwägt, in dieser Form zu entscheiden (sog **„Anhörungsmitteilung“**).[17] Die insoweit vorgeschriebene Anhörung ist in gewissem Sinn ein **Ersatz für** die im GerichtsbescheidVf nicht mehr gegebene Möglichkeit zum **unmittelbaren Gespräch** (Klein BayVBl 1992, 197).

Das Anhörungsgebot gem Abs 1 S 2 – Entsprechendes gilt gem § 130 a S 2 iVm § 125 Abs 2 S 3 für das Berufungsverfahren, wenn das Berufungsgericht von der Möglichkeit des vereinfachten Vf ohne mV nach § 130 a Gebrauch macht (vgl BayVBl 1988, 250) – dient vor allem dazu, den Beteiligten vor einer Entscheidung im vereinfachten Vf nach § 84 **Gelegenheit** zu geben, innerhalb der gesetzten Frist etwaige **Bedenken** gegen eine Entscheidung ohne mV durch Gerichtsbescheid **geltend zu machen,** den bisherigen **Sachvortrag** – falls erforderlich – **zu ergänzen,** sowie **Beweisanträge** zu stellen.[18] Die Anhörungsmitteilung muß die Beteiligten dabei nicht lediglich über die (abstrakte) Statthaftigkeit u Möglichkeit einer gerichtlichen Entscheidung im GerichtsbescheidVf unterrichten, sondern sie auf die „konkrete, fallbezogene Möglichkeit“ (BayVBl 1988, 251) hinweisen, **daß** u warum das Gericht in ihrem konkreten Fall **so zu verfahren** beabsichtigt (s im folgenden sowie zB Klein BayVBl 1992, 197). Deshalb genügt nach der Rspr eine einfache, uU auch nur **formularmäßige entsprechende Mitteilung** ohne näheren Bezug auf den konkreten Fall **nicht.**[19] **Nicht erforderlich** – wohl aber nobile officium – ist, **daß** die Beteiligten zusammen mit der Mitteilung **ausdr** zu einer Stellungnahme dazu **aufgefordert** werden (Ma NJW 1981, 2316); **es muß** für die Betroffenen aber jedenfalls aus der Mitteilung **hinreichend** erkennbar sein, daß das Gericht ihnen **Gelegenheit** geben will, zur Frage der Entscheidung im vereinfachten Vf ohne mV durch Gerichtsbescheid Stellung zu nehmen.[20] **Nicht erforderlich** ist, **daß das Gericht** mit

---

[16] RÖ-Kothe 8; Sch-Clausing 22; Weigert BayVBl 1978, 394; Geiger BayVBl 1979, 557; s unten 28.

[17] S dazu oben 21; ferner NJW 1982, 1011; Buchh 312 § 1 EntlG Nr 12; DÖV 1991, 644; Klein BayVBl 1992, 197.

[18] BVerfG DVBl 1987, 237; BVerwG BayVBl 1988, 251; DVBl 1983, 1015; Buchh 312 § 1 EntlG Nr 11 u 12.

[19] RÖ-Kothe 8; Sch-Clausing 22; ebenso zum EntlG BVerwG NJW 1982, 1011; DVBl 1991, 157: die Anhörungsmitteilung muß konkret u fallbezogen sein; BayVBl 1988, 251; Ks 30, 160; Weigert BayVBl 1978, 1394: Angabe auch der Gründe, warum das Gericht erwägt, durch Gerichtsbescheid zu entscheiden, erforderlich; **aA** Ma NJW 1981, 2316; ebenso wohl auch Schnellenbach DÖV 1981, 321.

[20] DVBl 1982, 203 = NJW 1982, 1011: die Beteiligten „müssen hinreichend deutlich auf die konkrete, fallbezogene Möglichkeit hingewiesen werden, daß das Gericht Beschlußfassung

der Mitteilung zugleich **auch seine Rechtsauffassung** zur Sache selbst mitteilt (BVerfG DVBl 1987, 237; Sch-Clausing 22). **Überraschungsentscheidungen** sind jedoch auch durch Gerichtsbescheid **unzulässig.**

Die Mitteilung ist gem § 56 Abs 1 zuzustellen;[21] sie muß – jedenfalls bei nicht durch einen RA vertretenen Beteiligten – mit dem ausdrücklichen **Hinweis** verbunden sein, **daß** bei Entscheidung durch Gerichtsbescheid **eine mV nicht stattfinden wird.**[22] Die Mitteilung mit dem genannten Hinweis muß – zur ordnungsgemäßen Anhörung (Buchh 310 § 130a VwGO Nr 11: andernfalls Verletzung rechtlichen Gehörs) – **durch den Vorsitzenden** oder den Berichterstatter erfolgen (vgl § 87 Abs 1),[23] u von diesem **unterschrieben** sein (Ms NWVBl 1997, 394: Paraphe genügt nicht). Nicht erforderlich ist, daß die Betroffenen im AnhörungsVf auch über die nur beschränkte Möglichkeit von Rechtsbehelfen gegen den Gerichtsbescheid belehrt werden (DVBl 1980, 598). Die den Beteiligten gesetzte **Äußerungsfrist muß** – ebenso wie bei § 125 Abs 2 S 3 u § 130a – **angemessen** sein (vgl NVwZ-RR 1994, 362; Ma NJW 1981, 2316; Sch-Clausing 24). Anhaltspunkte dafür, welche Frist angemessen ist, kann die Rspr zu § 86 Abs 2 (vgl 20 zu § 86), der eine vergleichbare Situation betrifft, bieten (vgl NJW 1965, 2418: 10 Tage genügen jedenfalls). 23

Die **Äußerungsfrist** gem Abs 1 S 2 **kann** als richterliche Frist gem § 57 Abs 2 VwGO, § 224 Abs 2 ZPO (nur) **verlängert werden,** wenn dafür erhebliche Gründe geltend gemacht sind. Die Regelung des § 224 Abs 2 ZPO ist dabei in enger Beziehung zu dem Anspr der Verfahrensbeteiligten auf rechtliches Gehör zu sehen. Sind erhebliche Gründe iSd § 224 Abs 2 ZPO glaubhaft gemacht, so werden Bedeutung u Tragweite dieser Vorschrift regelmäßig zu einer Reduzierung des Ermessens führen mit der Folge, daß dem Verlängerungsgesuch stattgegeben werden muß (BayVBl 1988, 252; Buchh 303 § 277 ZPO Nr 4; BayVBl 1986, 701). Ob ein Grund in diesem Sinne als **erheblich** anzusehen ist, beurteilt sich vorrangig danach, welche Bedeutung dem fraglichen Umstand für die weitere Vorbereitung der gerichtlichen Entscheidung oder für die Gewährleistung des rechtlichen Gehörs zukommt. Deshalb kann zB die Tatsache, daß einem Verfahrensbeteiligten erbetene Abschriften aus den Verwaltungsvorgängen nicht mehr rechtzeitig vor Abgabe einer ihm obliegenden Stellungnahme zugehen können, jedenfalls dann die Verlängerung der Äußerungsfrist gebieten, wenn die Ablichtungen für die Stellungnahme erforderlich sind u der Beteiligte dies auch glaubhaft gemacht hat. 24

Setzt das Gericht den Beteiligten mit der Anhörungsmitteilung eine **Frist** zur Äußerung, so verletzt es grds den Anspr auf rechtliches Gehör, wenn es vor Ablauf der Äußerungsfrist entscheidet (DÖV 1991, 644); ebenso, wenn **ein Beteiligter** eine **Verlängerung der Frist** zur Stellungnahme beantragt u das Gericht gleichwohl zur Hauptsache entscheidet, ohne vorher über den Verlängerungsantrag zu entscheiden (NVwZ 1988, 531; NVwZ-RR 1998, 783).

---

ohne mV in Betracht zieht, so daß sie einen Anlaß erkennen, sich gerade hierzu, also zu dem beabsichtigten Verfahren, zu äußern"; DVBl 1983, 1015; Buchh 312 § 1 EntlG Nr 21 S 6.

[21] Buchh 310 § 130a VwGO Nr 11; Sch-Clausing 25 sofern sie eine Fristsetzung enthalte; offen noch NJW 1980, 1811 = DVBl 1980, 598; nach dieser Entscheidung stellt das Fehlen des Nachweises des Zugangs jedoch jedenfalls einen wesentlichen Verfahrensmangel dar – Verletzung des rechtlichen Gehörs – u führt zur Aufhebung des Gerichtsbescheids im RechtsmittelVf u zur Zurückverweisung der Sache; vgl auch BVerfG DVBl 1987, 237; BVerwG BayVBl 1988, 350; DVBl 1991, 157.

[22] NJW 1980, 1811 = DVBl 1980, 598; Mü BayVBl 1979, 273; Geiger BayVBl 1979, 557: Verletzung des rechtlichen Gehörs u wesentlicher Verfahrensmangel iSv § 130 Abs 1, der zur Zurückverweisung durch das Berufungsgericht führt, wenn dies unterlassen wird.

[23] Buchh 310 § 130a VwGO Nr 11; Meyer-Ladewig NJW 1978, 858; Weigert BayVBl 1978, 393 unter Hinweis auf BT-Dr 276/77, 9; Schnellenbach DÖV 1981, 321; Sch-Clausing 23.

25 Grds **genügt eine einmalige Anhörung.** Hat das Gericht die Beteiligten ordnungsgemäß gehört, so ist eine weitere, zweite – uU auch dritte usw – Anhörung bzw eine weitere Anhörungsmitteilung vor Ergehen der Entscheidung nur erforderlich, wenn sich die **Prozeßsituation seither wesentlich geändert** hat,[24] zB dadurch, daß ein Beteiligter seinen bisherigen **Sachvortrag ergänzt** oder erweitert oder **neue Beweisanträge** stellt (DVBl 1991, 156) bzw deren formelle Stellung für die mV konkret ankündigt (Sch-Clausing 27). Dann erfordern es Sinn u Zweck der Anhörung, daß das Gericht – will es auch angesichts der veränderten Prozeßlage an seiner Absicht, durch Gerichtsbescheid zu entscheiden, festhalten – die Beteiligten durch eine erneute Anhörungsmitteilung über die (unverändert) vorgesehene Verfahrensweise unterrichtet (DVBl 1991, 157; zur vergleichbaren Situation bei § 130 a auch NVwZ-RR 1993, 165). Von einer nochmaligen Anhörung **kann nur abgesehen werden,** wenn das neue Vorbringen nicht den Anforderungen genügt, die erfüllt sein müssen, damit das Tatsachengericht gehalten ist, durch weitere Ermittlungen bzw eine Vorabentscheidung darauf einzugehen. Dies ist **insb** der Fall, **wenn früheres Vorbringen lediglich wiederholt wird** oder der Vortrag bzw die Beweisanträge **nicht hinreichend substantiiert** sind (BayVBl 1988, 252; Buchh 312 EntlG Nr 32 = BayVBl 1983, 763).

26 Ein **Verstoß** gegen die Anhörungspflicht stellt zwar eine **Verletzung des rechtlichen Gehörs** dar, sie begründet aber **keinen Verfahrensfehler iSd § 124 Abs 2 Nr 5** (s unten 34; 13 zu § 124 a) u des § 132 Abs 2 Nr 3 (vgl auch Buchh 310 § 132 Abs 2 Ziff 3 VwGO Nr 24; s auch 21 a zu § 132) u des § 138 Nr 3 (s 10 u 19 zu § 138 mwN).

27 Der Gerichtsbescheid darf **erst nach Eingang** der **Stellungnahmen** aller Beteiligten zu dieser Frage (vgl NJW 1981, 295) oder nach Ablauf der dafür den Beteiligten gesetzten Frist ergehen. Einer zusätzlichen Frist bis zur Entscheidung bedarf es nicht (Sch-Clausing 26). Jedoch sind Schriftsätze, die vor Erlaß des Gerichtsbescheids (dh der Aufgabe des Gerichtsbescheids durch die Geschäftsstelle zur Post zwecks Zustellung, Ma NVwZ-RR 1992, 152) eingehen, zu berücksichtigen (Ma NVwZ-RR 1992, 152). **Nicht erforderlich u** Voraussetzung für die Entscheidung durch Gerichtsbescheid ist, **daß die Beteiligten** (§ 63) **zustimmen** (s oben 18). Zum Rechtsschutz bei einer Entscheidung durch Gerichtsbescheid entgegen § 84 Abs 1 S 1 u 2 s unten 41.

28 Von dem Anspr auf Anhörung zur Frage der Entscheidung durch Gerichtsbescheid ist der (ebenfalls in Abs 1 S 2 angesprochene, s oben 21) **allg Anspr** der Beteiligten auf rechtliches Gehör gem § 108 Abs 2 VwGO u Art 103 Abs 1 GG sowie nach anderen Vorschriften der VwGO, soweit diese dem rechtlichen Gehör dienen (vgl 5 zu § 138), **hins der Hauptsache zu unterscheiden.**[25] Auch insoweit wird dem rechtlichen Gehör jedoch durch eine **entsprechende Mitteilung** mit Fristsetzung (s oben 22) genügt. Die Mitteilung muß gem §§ 86 Abs 2, 108 Abs 2, jedenfalls ggü juristischen Laien, mit dem Hinweis verbunden sein, daß mit einer mV, in der der Vortrag zur Sache noch ergänzt werden kann, nicht gerechnet werden kann u daß schriftliche Äußerungen spätestens bis zu einem in der Mitteilung näher zu bezeichnenden Zeitpunkt bei Gericht eingehen müssen (s oben 22). **Die Setzung einer Äußerungsfrist** zur Sache kann schon **mit der Mitteilung,** daß eine Entscheidung durch Gerichtsbescheid in Betracht kommt, **verbunden werden** (NJW 1982, 1011; Ma DÖV 1981, 766; zweifelnd Schnellenbach DÖV 1981, 324). Zur Dauer dieser Frist s oben 22. Das Gericht muß den Beteiligten zur Wahrung des rechtlichen Gehörs vor einer Entschei-

---

[24] DVBl 1991, 156; BayVBl 1982, 251; NJW 1988, 1280; Buchh 312 EntlG Nr 32; 310 § 100 VwGO Nr 5.

[25] So zutr Schnellenbach DÖV 1981, 322; wohl auch BVerwG DVBl 1982, 203; 1983, 1015.

dung Kenntnis auch von den Stellungnahmen der übrigen Beteiligten zur Frage der Entscheidung durch Gerichtsbescheid geben u ihnen Gelegenheit zur Äußerung dazu geben.[26]

Kündigen die Beteiligten in ihren Schriftsätzen **Beweisanträge gem § 86 Abs 2 an,** so steht dies der Entscheidung durch Gerichtsbescheid nicht entgegen, da es gem Abs 1 S 1 nur auf die Überzeugung des Gerichts hins der Klärungsbedürftigkeit des Sachverhalts ankommt (vgl DVBl 1983, 1014). § 86 Abs 2 findet im Vf nach § 84 keine Anwendung (s auch 7 zu § 130a); schriftsätzliche Beweisanträge müssen nicht durch Beschluß vorab zurückgewiesen werden; es genügt, wenn sich das Gericht in den Gründen des Gerichtsbescheids mit dem Beweisantrag auseinandersetzt u darlegt, warum es ihm nicht stattgegeben hat.[27] Die Beteiligten haben in diesem Fall jedoch entsprechend den auch sonst im schriftlichen Vf geltenden Grundsätzen zur Wahrung des rechtlichen Gehörs (s 19 zu § 86) **Anspr darauf, daß das Gericht** durch eine **erneute Anhörungsmitteilung** darauf hinweist, daß es dem Beweisantrag nicht durch Beweisbeschluß nachgehen wird (DVBl 1983, 1016; NVwZ 1992, 891), u zwar so rechtzeitig, daß sie sich mit ihren weiteren Dispositionen, mit dem Vortrag weiterer Tatsachen, neuen Beweisanträgen usw noch darauf einstellen können. **Gibt das Gericht den Beweisanträgen statt,** so entfällt damit die Zulässigkeit einer Entscheidung durch Gerichtsbescheid, weil das Gericht damit selbst anerkennt, daß es den Sachverhalt nicht mehr als iSv Abs 1 geklärt ansieht; das Vf findet dann als normales Vf mit mV – sofern die Beteiligten nicht gem § 101 Abs 2 darauf verzichten – seinen Fortgang. Nach Erledigung des Beweisbeschlusses kommt, sofern nun der Sachverhalt geklärt ist, ein Gerichtsbescheid in Betracht (oben 9). Wird **nach Zugang der Anhörungsmitteilung** ein **Beweisantrag** gestellt (bzw angekündigt, s oben 25), so ist eine nochmalige, zweite Anhörungsmitteilung erforderlich, die die Beteiligten davon in Kenntnis setzt, daß gleichwohl durch Gerichtsbarkeit entschieden werden soll (DVBl 1983, 1016; NVwZ-RR 1993, 165). Eine weitere, zweite Anhörungsmitteilung ist nur dann nicht erforderlich, wenn der Beweisantrag nur vorsorglich gestellt ist oder es sich nur um einen Beweisermittlungsantrag handelt (DVBl 1983, 1016; BayVBl 1984, 312). 29

6. Form der Entscheidung (Abs 1 S 3): Der Gerichtsbescheid wird formal u inhaltlich **wie ein Urteil** erlassen (RÖ-Kothe 12; Sch-Clausing 32); die §§ 116 ff finden entsprechende Anwendung. Die Entscheidung durch Gerichtsbescheid ergeht **ohne** mV u ohne **Mitwirkung der ehrenamtlichen Richter** (§ 5 Abs 3 S 2). Für **Form u Inhalt** des Gerichtsbescheids gilt § 117 entsprechend. Der Gerichtsbescheid ist gem Abs 1 S 3 iVm § 117 Abs 2 Nr 5 bzw 6 insb auch wie ein Urteil **zu begründen** u mit einer **Rechtsbehelfsbelehrung** zu versehen. Für die Begründung gelten die **Erleichterungsmöglichkeiten** gem § 117 Abs 5. In jedem Fall muß das Gericht aber **in den Entscheidungsgründen** auch darlegen, daß u warum es die Voraussetzungen für eine Entscheidung in Form des Gerichtsbescheids als erfüllt angesehen hat (RÖ-Kothe 11; **aA** Schnellenbach DÖV 1981, 322). – Erforderlich ist auch eine Entscheidung über die **Kosten** u ein Ausspruch darüber im Tenor des Gerichtsbescheids (§§ 154 ff) sowie die Festsetzung des **StrW** (vgl 11 zu § 117; 6 ff zu Anh § 164). Der Gerichtsbescheid ist in gleicher Weise wie ein Urteil **Vollstreckungstitel** gem § 168 Abs 1 Nr 1. 30

---

[26] **AA** DVBl 1980, 598 jedenfalls für den Fall, daß die Stellungnahme keine Tatsachen iSv § 108 Abs 2 enthält; das BVerwG übersieht hier jedoch, daß Art 103 Abs 1 GG den Beteiligten einen umfassenden Anspr auf Gehör gibt; zT **aA** Sch-Clausing 26: Gelegenheit zur Gegenäußerung muß nur gegeben werden, wenn die Stellungnahme wesentlich Neues zur Sache selbst enthält; vgl 20 f zu § 108; 6 zu § 138.

[27] Vgl NJW 1979, 2629; DVBl 1983, 1016; NVwZ 1984, 792; 1992, 891; RÖ-Kothe 9; Schnellenbach DÖV 1981, 322; Sch-Clausing 27; **aA** 10. Aufl.

31 **7. Wirkung des Gerichtsbescheids (Abs 3):** Der Gerichtsbescheid **ersetzt,** wenn nicht mV beantragt wird oder werden kann, **die Entscheidung durch Urteil,** u zwar von Anfang an. Wird kein RMittel eingelegt u auch nicht mV beantragt, wirkt es als rechtskräftiges Urteil.

32 Die Regelung in Abs 3 lehnt sich zT an § 1 Abs 2 S 1 EntlG, zT auch an § 84 Abs 2 idF vor dem 4. VwGOÄndG an. **Wird mV beantragt,** so gilt der Gerichtsbescheid nach Abs 3 HS 2 als nicht ergangen; das Gericht entscheidet dann in der Sache durch Urteil (vgl Abs 4). Auch wenn sich aufgrund der mV der Gerichtsbescheid nachträglich als im Ergebnis zutr erweist, kann das Gericht ihn, da er bereits mit dem Antrag auf mV unwirksam geworden ist, nicht bestätigen, sondern **muß** in der Sache **durch Urteil neu entscheiden** u kann nur nach Abs 4 der Begründung des Urteils auf die Gründe des Gerichtsbescheids Bezug nehmen. Abs 4 gibt dem Gericht im Interesse der Verfahrensbeschleunigung die Möglichkeit, im abschließenden Urteil von der erneuten Darstellung des Tatbestandes u der Entscheidungsgründe abzusehen, soweit es der Begründung des Gerichtsbescheides folgt u dies in der Entscheidung ausdr feststellt. Das Gericht wird damit von unnötiger Schreibarbeit entlastet.

33 **8. Rechtsbehelfe gegen den Gerichtsbescheid (Abs 2):** Der Gerichtsbescheid steht nach Abs 3 HS 1 grds – dh mit Ausnahme der Möglichkeit des Antrags auf mV (Abs 3 HS 2) – einem Urteil gleich. Zur Klarstellung werden in Abs 2 **die verschiedenen denkbaren Rechtsbehelfe** aufgeführt.

So ist nach Abs 2 gegen einen Gerichtsbescheid innerhalb eines Monats nach seiner Zustellung nicht nur die Einlegung der vom VG zugelassenen Berufung, der Antrag auf Zulassung der Berufung oder die Einlegung der zugelassenen Revision bzw der Nichtzulassungsbeschwerde nach den allg dafür geltenden Vorschriften zulässig, sondern auch der **Antrag auf mV** (so ausdr allerdings nur nach Abs 2 Nr 2, 4 u 5; zur analogen Anwendung von Nr 2 s aber unten 33 a u 35). Abs 2 will damit dem Umstand Rechnung tragen, daß die Beteiligten Anspr auf Durchführung einer mV in wenigstens einer Instanz haben.[28] Im einzelnen ist die Regelung in Abs 2, die insb auch „zur Verdeutlichung der einzelnen Rechtsschutzmöglichkeiten" erfolgte (BT-Dr 11/7030, 26), hins der einzelnen Rechtsbehelfe aber eher unklar. Zur Frage einer Anfechtung der Entscheidung des Gerichts, durch Gerichtsbescheid zu entscheiden, s oben 27.

33 a **Nr 1** (eingefügt durch das RmBereinVpG, s oben 1) nennt die Möglichkeit der **Berufung,** wenn sie vom VG im Gerichtsbescheid zugelassen worden ist. Damit wird der Änderung der §§ 124, 124 a Rechnung getragen. Durch die Einfügung der Nr 1 sollte klargestellt werden, daß das VG auch dann die Frage der Zulassung der Berufung prüft, wenn es durch Gerichtsbescheid entscheidet (BT-Dr 14/7474 S. 15). Ohne daß dies in Nr 1 seinen Niederschlag gefunden hat, besteht für die Beteiligten im Fall der Berufungszulassung durch das VG analog Nr 2 auch die Möglichkeit des **Antrags auf mV** (**aA** Ey-Geiger 19). Dies entspricht nicht nur dem erklärten Willen des Gesetzgebers im Rahmen des 6. VwGOÄndG, wonach im dort eingeführten Abs 2 Nr 1 (jetzt Nr 2) vorgesehen werden sollte, daß stets mV beantragt werden kann, wenn das VG durch Gerichtsbescheid entschieden hat (BT-Dr 13/3993 S. 12). Auch wenn dieser Gesichtspunkt bei der Einfügung von Nr 1 durch das RmBereinVpG nicht berücksichtigt wurde, kann daraus nicht umgekehrt der Ausschluß des Antrags auf mV abgeleitet werden. Dafür spricht insb der anderenfalls eintretende Konflikt mit Art 6 EMRK, der gerade Anlaß für die Fassung des heutigen Abs 2 Nr 2 durch das 6. VwGOÄndG war (BT-Dr 13/3993 S. 12). Die analoge An-

[28] BT-Dr 11/7030, 26; 13/3993, 12; RÖ-Kothe 12; Sch-Clausing 6, 33; vgl zum Anspr auf mV nach Art 6 EMRK, der jedoch nicht für alle verwaltungsgerichtlichen Streitsachen gilt – eine andere Anspruchsgrundlage ist insoweit aber nicht ersichtlich –, Kopp NJW 1991, 522; ferner oben 1.

wendung des Abs 2 Nr 2 bezieht sich auch auf den Vorrang des Antrags auf mV, wenn (durch verschiedene Beteiligte, s unten 34) von beiden Rechtsbehelfen Gebrauch gemacht wird. IE besitzen die Beteiligten also auch bei Zulassung der Berufung im Gerichtsbescheid ein **Wahlrecht** zwischen dem Antrag auf mV u der Einlegung der Berufung.

Nr 2 sieht vor, daß die Beteiligten gegen einen Gerichtsbescheid, „Zulassung der Berufung oder mündliche Verhandlung beantragen" können. Die Beteiligten haben ein **Wahlrecht,** ob sie die Zulassung der Berufung oder die Durchführung einer mV beantragen wollen. Zu beachten ist jedoch, daß mit der **Rüge,** das VG habe den durch § 84 Abs 1 S 1 begründeten **Anspr auf rechtliches Gehör verletzt, nicht die Zulassung der Berufung beantragt** werden kann; **insoweit geht der Antrag auf mV vor.**[29] Ebenso läßt sich eine Zulassung der Berufung nicht darauf stützen, daß das Gericht zu Unrecht die Voraussetzungen des § 84 Abs 1 S 1 befürwortet hat (Sa 27, 351; vgl auch Buchh 310 § 132 Abs 2 Ziff 3 VwGO Nr 24 u unten 41 sowie 13 zu § 124). Auch dort, wo ein Wahlrecht besteht, ist zu beachten, daß anders als für den Antrag auf mV für den **Antrag auf Zulassung der Berufung Vertretungszwang** besteht (§ 67 Abs 1 S 2). Ein Beteiligter kann nicht kumulativ von beiden Rechtsbehelfen Gebrauch machen (vgl BFH NVwZ-RR 1995, 128; RÖ-Kothe 14; Sch-Clausing 34); dies ergibt sich auch nicht aus HS 2, der nur den Fall betrifft, daß mehrere Beteiligte unterschiedliche Rechtsbehelfe einlegen. Legt derselbe Beteiligte dennoch beide Rechtsbehelfe ein, muß durch Auslegung u ggf Rückfrage (§ 86 Abs 3) geklärt werden, was gewollt ist; im Zweifel ist dem Antrag auf mV Vorrang zu geben (vgl BFH NVwZ-RR 1995, 128; Sch-Clausing 34). Da mit dem Antrag auf mV der Gerichtsbescheid entfällt (§ 84 Abs 3 HS 2), so daß dann keine berufungsfähige Entscheidung mehr vorliegt, stellt nämlich der Antrag auf mV den weitergehenden Rechtsbehelf dar. Zudem ist die Bedeutung der mV für den Rechtsschutz des Bürgers zu beachten (Kopp NJW 1991, 523), so daß Nr 2 HS 2 auch als gesetzliche Auslegungsregel für den Fall heranzuziehen ist, daß derselbe Beteiligte beide Rechtsbehelfe einlegt (vgl BFH NVwZ-RR 1995, 128). Wird Antrag auf Zulassung der Berufung gestellt u wird dieser abgelehnt, so wird der Gerichtsbescheid rechtskräftig (§ 84 Abs 1 S 3, Abs 3, HS 1 iVm § 124 a Abs 5 S 4); ein Antrag auf mV ist dann nicht mehr möglich. Eine **Umdeutung** des Antrags auf Berufungszulassung in einen Antrag auf mV oder umgekehrt ist ausgeschlossen (Ks NVwZ-RR 2001, 207; Sch-Clausing 34; vgl unten 35), doch ist der gestellte Antrag nach allg Grundsätzen auszulegen (vgl 14 vor § 124). Legen mehrere Beteiligte unterschiedliche Rechtsbehelfe ein, beantragt aber auch nur einer davon rechtzeitig mV, so findet nur diese statt (Nr 2 HS 2). Der von einem anderen gestellte Antrag auf Zulassung der Berufung wird damit gegenstandslos u braucht auch nicht mehr beschieden zu werden (vgl RÖ-Kothe 14; Sch-Clausing 34). 34

Nr 3 sieht vor, daß die Beteiligten **Revision** einlegen können, **wenn** sie **zugelassen** worden ist; dies ist insb von Bedeutung, wenn die Berufung durch Bundesgesetz ausgeschlossen ist (§ 135) u daher die Rechtsbehelfe der Nr 2 nicht gegeben sind. Grds möglich ist auch die **Sprungrevision** gem § 134 gegen den Gerichtsbescheid (Sch-Clausing 35; **aA** B-Bader 5 zu § 134), auch wenn ihre tatbestandlichen Voraussetzungen bei Vorliegen der Voraussetzungen des § 84 Abs 1 S 1 eher selten gegeben sein dürften (s auch Ey-Geiger 24). Wie im Fall des Abs 2 Nr 1 besteht auch bei Zulassung der Revision **analog Abs 2 Nr 2** ein **Wahlrecht** hins der Möglichkeit des **Antrags auf mV. Eine solche durch Art 6 EMRK indizierte Analogie** läßt sich auch nicht durch den Hinweis in Frage 35

[29] Ks NVwZ-RR 2001, 207; Ko DÖV 1999, 36; Ma NVwZ-RR 2001, 409; Mü BayVBl 2007, 31; We NVwZ 1997, Beilage Nr 7 S 44; NKVwGO-Aulehner 36; s auch 13 zu § 124.

stellen, sie sei durch den Wortlaut des Gesetzes in keiner Weise gedeckt (so aber Sch-Clausing 6), liegt es doch gerade im Wesen der Analogie, den Wortlaut einer Vorschrift zu überschreiten. Ohne die Analogie müßte in den Fällen, in welchen auch eine Berufung gegen den Gerichtsbescheid ausgeschlossen ist, von einer Unvereinbarkeit des Erlasses eines Gerichtsbescheids mit Art 6 EMRK u damit von einer Völkerrechtswidrigkeit seines Einsatzes in den Fällen ausgegangen werden, in denen die Berufung gem § 135 ausgeschlossen ist. Wg der nur beschränkten Prüfungskompetenz des Revsionsgerichts läßt sich das Fehlen einer mV auch nicht (unmittelbar) allein im RevisionsVf heilen. Keine überzeugende Lösung kann auch darin gesehen werden, daß in einem solchen Fall auf eine entsprechende Rüge des Revisionskl die Sache durch das Revisionsgericht zurückverwiesen werden muß u dann in der Tatsacheninstanz mündlich zu verhandeln ist (so aber Sch-Clausing 6). Ein solcher Umweg über das Revsionsverfahren, um zu einer mündlichen Verhandlung vor dem VG zu gelangen, erwiese sich als eine sachlich nicht gerechtfertigte unzumutbare Einschränkung des gerichtlichen Rechtsschutzes, die mit Art 19 Abs 4 GG nicht vereinbar wäre. Deshalb spricht alles dafür, dem Betroffenenen unmittelbar das Recht einzuräumen, wahlweise statt der Einlegung der Revision den Antrag auf mV einzuräumen. Es gelten insofern dieselben Überlegungen wie zu Abs 2 Nr 1 (s oben 33 a). Im Fall der Nr 3 kommt hinzu, daß bei einer mV im RevisionsVf grds keine Erörterung von Tatsachenfragen stattfinden kann. Folglich genügt eine solche mV im RevisionsVf nicht den Erfordernissen des Art 6 EMRK.

35 a Ist die Revision **nicht zugelassen** worden, so gibt **Nr 4** den Beteiligten (wie Abs 2 Nr 2 ausdr) die **Möglichkeit, zwischen der Nichtzulassungsbeschwerde u** dem **Antrag auf mV** zu **wählen.** Eine **Umdeutung** einer Nichtzulassungsbeschwerde in einen Antrag auf mV oder umgekehrt ist **ausgeschlossen** (vgl DVBl 1996, 105; Sch-Clausing 35), doch bedarf es einer Auslegung des Rechtsbehelfs nach allg Grundsätzen (vgl 14 vor § 124). Mit der Begründung, das VG habe über die Klage nicht entscheiden dürfen, weil die Voraussetzungen des § 84 Abs 1 S 1 nicht vorgelegen hätten, kann ein Verfahrensmangel iSd § 132 Abs 2 Nr 3 nicht geltend gemacht werden, da der Kl hier eine mündliche Verhandlung gem § 84 Abs 2 Nr 4 (Nr 3 aF) hätte beantragen können (Buchh 310 § 132 Abs 2 Ziff 3 VwGO Nr 24); ebenso kann eine Verletzung rechtlichen Gehörs nicht geltend gemacht werden, wenn keine mündliche Verhandlung beantragt wurde (NVwZ-RR 2003, 902; Sch-Clausing 34). Legen mehrere Rechtsmittelführer unterschiedliche Rechtsbehelfe ein, **beantragt** aber auch **nur einer** davon rechtzeitig **mV,** so findet nur diese statt. Die von einem anderen Rechtsmittelführer eingelegte Nichtzulassungsbeschwerde wird damit gegenstandslos u braucht auch nicht mehr verbeschieden zu werden (oben 34). Der HS 2 bedeutet **nicht,** daß ein Rechtsmittelführer auch von beiden RMittel **kumulativ** Gebrauch machen könnte (RÖ-Kothe 14; Sch-Clausing 34).

36 **Nr 5** gibt dem Beteiligten, wenn in der Sache kein RMittel gegeben ist, als Rechtsbehelf **den Antrag auf mV,** dh das Recht, mV zu beantragen. Dies gilt derzeit vor allem in Fällen, in denen das BVerwG im Rahmen seiner Zuständigkeit als erstinstanzliches Gericht von der Möglichkeit der Entscheidung durch Gerichtsbescheid Gebrauch macht (BT-Dr 11/7030, 27).

37 **Antragsberechtigt** sind außer dem Kl auch die übrigen Beteiligten (§ 63). Der Antrag setzt jedoch eine **Beschwer** voraus (zum Begriff der Beschwer s 39 ff vor § 124). **Wiedereinsetzung** (§ 60) bei unverschuldeter Versäumung der Antragsfrist ist möglich; ebenso ist ggf auch die **Wiederaufnahmeklage** (§ 153) gegen einen Gerichtsbescheid zulässig.

38 Der Antrag auf mV bedeutet nicht notwendig, daß das Gericht nur aufgrund mV (§ 101 Abs 1) entscheiden kann; vielmehr ist auch bei Antrag auf mV – ggf auch schon zusammen mit diesem – der **Verzicht auf tatsächliche Durchführung einer mV** nach § 101 Abs 2 möglich mit der Folge, daß das Gericht

im schriftlichen Vf entscheiden kann.[30] Der **Antrag** auf mV **kann** auch **zurückgenommen** werden,[31] selbst noch in der auf den Antrag hin zunächst angesetzten mV oder durch Schriftsatz, der dem Gericht erst während der mV zugeht.[32]

39 Wird mV beantragt, so ist immer **durch Urteil** zu entscheiden (vgl Mü DÖV 1981, 639; Sch-Clausing 43). Dies gilt **auch dann, wenn der Antrag verspätet** gestellt wurde u Wiedereinsetzung gem § 60 nicht beantragt ist bzw nicht in Betracht kommt.[33] Macht der **Kl geltend,** daß **die Frist nicht versäumt** sei, oder **beantragt** er zugleich **Wiedereinsetzung,** so muß das Gericht zur Frage der Fristversäumung bzw der Wiedereinsetzung mV ansetzen und, wenn es zur Überzeugung kommt, daß die Frist nicht versäumt ist, bzw wenn es Wiedereinsetzung gewährt, das **Vf zur Sache fortsetzen** – der Gerichtsbescheid tritt in diesem Fall nach Abs 3 HS 2 außer Kraft –, andernfalls **durch Urteil feststellen, daß das Vf durch den Gerichtsbescheid beendet wurde** (Sch-Clausing 43).

40 **9. Begründungserleichterungen bei Entscheidung nach Antrag auf mV: Abs 4** sieht in Anlehnung an § 117 Abs 5 u 130b **Erleichterungen für die Abfassung des Urteils** vor, wenn ein Gerichtsbescheid vorangegangen war u dagegen Antrag auf mV gestellt war. Vgl im einzelnen 23ff zu § 117; 1f zu § 130b; die dort gemachten Ausführungen gelten auch für Abs 4 entsprechend.

41 **10.** Die dem Gerichtsbescheid vorausgehende **Entscheidung darüber, daß durch Gerichtsbescheid entschieden werden soll, ist nicht gesondert angreifbar** (§ 173 S 1, § 512 ZPO; § 146 Abs 2). Die Verletzung des § 84 Abs 1 S 1 stellt auch keinen Verfahrensfehler iSd § 124 Abs 2 Nr 5 (Sa 27, 351) u des § 132 Abs 2 Nr 3 (Buchh 310 § 132 Abs 2 Ziff 3 VwGO Nr 24) dar, auf den die Zulassung der Berufung bzw der Revision gegen den Gerichtsbescheid gestützt werden kann, da die Möglichkeit eines Antrags auf mV gem § 84 Abs 2 Nr 2 bzw Nr 4 besteht (s auch 13 zu § 124u 21a zu § 132). Sie bindet grds auch das Rechtsmittelgericht u ist im **RechtsmittelVf bezüglich der Hauptsache** nur **noch beschränkt** (vgl 4 zu § 128; 22 zu § 132; 3 zu § 137) u nur nach den Grundsätzen über die Nachprüfung richterlicher Ermessensentscheidungen (vgl 20 zu § 137) nachprüfbar. Letzteres gilt auch für die **Beurteilung** der in Abs 1 S 1 genannten **Voraussetzungen** (keine besonderen Schwierigkeiten, Klarheit des Sachverhalts), bei denen es nach dem Gesetz ausschließlich auf die mehrheitliche Auffassung der Richter ankommt. Nach allg Grundsätzen ist die Auffassung des Gerichts im RechtsmittelVf jedoch dann nicht bindend für das Rechtsmittelgericht, wenn das Gericht **die gesetzlichen Voraussetzungen verkannt hat** oder die Entscheidung **offensichtlich gesetzwidrig oder willkürlich ist** (vgl 20 zu § 137; vgl ferner die Grundsätze über Ausnahmen von der Bindungswirkung von Verweisungsentscheidungen – 7 zu § 83 – u von Entscheidungen über die Zulassung von RMittel – 36ff zu § 132).

---

[30] Lü 9, 461; Mü DÖV 1981, 639; RÖ-Kothe 14; Sch-Clausing 39.

[31] Vgl BFH 103, 310 = BStB II 1972, 93; NVwZ 1989, 1200 mwN; Sch-Clausing 42; Ey-Geiger 23.

[32] ZT **aA** BFH NVwZ 1989, 1200: das Gericht ist nicht an Entscheidung durch Urteil aufgrund mV gehindert, wenn zwar nicht sicher festgestellt werden kann, ob der die Rücknahmeerklärung enthaltende Schriftsatz bei der Poststelle des Gerichts bereits kurz vor Verhandlungsbeginn eingegangen war, das Schriftstück jedoch ohne Sonderbearbeitung, zB wg Eilboten-, Telegramm-, Telefaxsendung oder nach telefonischer Ankündigung, vom erkennenden Spruchkörper – u dem Prozeßgegner – nicht vor Sitzungsbeginn zur Kenntnis genommen werden konnte; abzulehnen.

[33] Vgl Mü DÖV 1981, 639: §§ 125 Abs 2 S 3, 144 Abs 1 nicht analog; Sch-Clausing 43; **aA** Hbg MDR 1970, 266; DVBl 1998, 487; B-Kuntze 13; Ey-Geiger 21, wonach bei Unzulässigkeit des Antrags immer durch Beschluß zu entscheiden sei.

§ 85 [Zustellung der Klage]

Der Vorsitzende verfügt die Zustellung der Klage an den Beklagten.[1 ff] Zugleich mit der Zustellung ist der Beklagte aufzufordern, sich schriftlich zu äußern;[4 ff] § 81 Abs. 1 Satz 2 gilt entsprechend. Hierfür kann eine Frist gesetzt werden.

Vgl §§ 271, 276 f ZPO; § 104 SGG; § 71 FGO

Schrifttum: S zu § 81.

1 **1. Die Zustellung der Klage an den Bekl** erfolgt gemäß dem im Verwaltungsprozeß geltenden **Grundsatz des Amtsbetriebs** (RÖ 3 zu § 86) aufgrund der Verfügung des Vorsitzenden **vAw** gem § 56 Abs 2 u 3. Sie ist weder Voraussetzung einer wirksamen Klageerhebung (s 1 zu § 81), noch ist der Eintritt der Rechtshängigkeit der Streitsache gem § 90 daran geknüpft (Sch-Ortloff/Riese 2). Für die **Zustellung an andere Beteiligte,** insb an Beigeladene oder den VöI, ist § 85 **entspr** anzuwenden, sobald ein Beiladungsbeschluß (§ 65) ergangen ist bzw der VöI von seinem Beteiligungsrecht Gebrauch gemacht hat. Bereits vorher ist dem VöI aber durch (formlose) Übersendung der Klageschrift oder auf andere Weise Kenntnis von der Klageerhebung zu geben (§§ 35 Abs 2, 36 Abs 2).

2 Eine **Terminbestimmung** muß mit der Verfügung der Klagezustellung grds nicht verbunden werden, § 216 Abs 2 ZPO findet im Verwaltungsprozeß keine Anwendung (Sch-Ortloff/Riese 4; s 1 zu § 102). Zur Terminbestimmung u **Ladung** zur mV s § 102 sowie § 216 Abs 1 u 3 ZPO; zu Schriftsätzen der Beteiligten zur Vorbereitung der mV § 86 Abs 4 u 5.

3 § 85 gilt **entspr** auch für die **Zustellung einer Berufung,** Zulassungsbeschwerde, Revision, Beschwerde, Wiederaufnahmeklage u sonstiger Rechtsbehelfe u für alle **bestimmenden Schriftsätze der Beteiligten,** nicht nur des Kl. Nach Ms NVwZ 2001, 212 soll § 85 S 2 iVm § 125 Abs 1 S 2 dem Berufungsbekl nach Einführung des BerufungszulassungsVf kein formelles Recht auf eine schriftliche Stellungnahme zu der vom Berufungskl nach Zulassung der Berufung eingereichten Berufungsbegründung geben.

4 **2. Aufforderung zur Gegenäußerung (S 2 und S 3):** Nach S 2 ist der Vorsitzende **verpflichtet** (kein Ermessen), den Bekl zur Stellungnahme zur Klage aufzufordern; er **kann,** muß jedoch nicht, nach S 3 dafür eine **Frist setzen,** die angemessen sein muß u die auf Antrag oder auch vAw **verlängert** werden kann. Vgl zur Bestimmung der Klageerwiderungsfrist auch BGH NJW 1991, 2773. Kommt der Bekl der Aufforderung, sich zur Klage schriftlich zu äußern, nicht nach, so ist dies **prozessual ohne Folgen,** selbst wenn eine Frist dafür gesetzt war (NKVwGO-Aulehner 9; Sch-Ortloff/Riese 7). § 296 ZPO ist nach hM wg des im Verwaltungsprozeß geltenden Untersuchungsgrundsatzes (§ 86 Abs 1; s auch 2 zu § 173) nicht anwendbar; dem Bekl können jedoch die **Mehrkosten** auferlegt werden, wenn er neue Gesichtspunkte zur Klage erst in den mV vorbringt u dadurch ein neuer Termin notwendig wird (§ 155 Abs. 5). **Nicht erforderlich** ist auch, **daß der Bekl** mit der Gegenäußerung einen **Antrag zur Sache** stellt; das Unterlassen einer Antragstellung ist für ihn, selbst in der mV, ohne prozessuale Folgen; die VwGO kennt insb auch **kein Versäumnisurteil.**

5 **Auf andere Beteiligte** als den Bekl sind S 2, 1. Halbs u S 3 – anders jedoch S 2, 2. Halbs – **nicht anwendbar;** im Rahmen des rechtlichen Gehörs ist ihnen aber jedenfalls in der mV Gelegenheit zur Stellungnahme zu geben.

6 Eine **Pflicht zur Beifügung von Abschriften** eingereichter Schriftsätze entsprechend der Verpflichtung des Kl nach § 81 Abs 2 ist für den Bekl u sonstige Beteiligte nicht vorgesehen, ergibt sich aber für sie in gleicher Weise aus ihrer **Verpflichtung zur Förderung des Prozesses** (vgl Sch-Ortloff/Riese 6).

§ 86 [Untersuchungsgrundsatz, Aufklärungspflicht, vorbereitende Schriftsätze]

(1) **Das Gericht erforscht den Sachverhalt von Amts wegen;**[1 ff] **die Beteiligten sind dabei heranzuziehen.**[11 ff] **Es ist an das Vorbringen und an die Beweisanträge der Beteiligten nicht gebunden.**[14 ff]

(2) **Ein in der mündlichen Verhandlung gestellter Beweisantrag kann nur durch einen Gerichtsbeschluß, der zu begründen ist, abgelehnt werden.**[18 ff]

(3) **Der Vorsitzende hat darauf hinzuwirken, daß Formfehler beseitigt, unklare Anträge erläutert, sachdienliche Anträge gestellt, ungenügende tatsächliche Angaben ergänzt, ferner alle für die Feststellung und Beurteilung des Sachverhalts wesentlichen Erklärungen abgegeben werden.**[22 ff]

(4) **Die Beteiligten sollen zur Vorbereitung der mündlichen Verhandlung Schriftsätze einreichen. Hierzu kann sie der Vorsitzende unter Fristsetzung auffordern. Die Schriftsätze sind den Beteiligten von Amts wegen zu übermitteln.**[30]

(5) **Den Schriftsätzen sind die Urkunden oder elektronischen Dokumente, auf die Bezug genommen wird, in Urschrift oder in Abschrift ganz oder im Auszug beizufügen. Sind die Urkunden oder elektronischen Dokumente dem Gegner bereits bekannt oder sehr umfangreich, so genügt die genaue Bezeichnung mit dem Anerbieten, Einsicht bei Gericht zu gewähren.**[30]

Vgl §§ 139, 131 ZPO; §§ 93, 103, 106, 108 SGG; §§ 76f FGO

Schrifttum: *Addicks,* Schneller, höher, weiter – bessere Verwaltungsgerichte durch abgesenkte „Standards"?, NWVBl 2005, 293; *Berg,* Die verwaltungsrechtliche Entscheidung bei ungewissem Sachverhalt, 1980; *Broß,* Richter und Sachverständige, dargestellt anhand ausgewählter Probleme des Zivilprozesses, ZZP 1989, 423; *Burkholz,* Der Untersuchungsgrundsatz im verwaltungsgerichtlichen Eilverfahren, 1988; *Chudoba,* Der ausforschende Beweisantrag, 1993; *Geiger,* Amtsermittlung und Beweiserhebung im Verwaltungsprozeß, BayVBl 1999, 321; *Greger,* Richterliche Hinweispflicht im Anwaltsprozeß, NJW 1987, 1182; *Groß/Kaiser,* Die Verteilung der Verantwortung für die Tatsachenermittlung im Asylrecht, DVBl 1997, 1315; *Guttenberg,* Zur Problematik von Anerkenntnis und Verzichtsurteil im Verwaltungsprozeß VBlBW 1992, 244; *Gusy,* „Antizipierte Sachverständigengutachten" im Verwaltungs- und Verwaltungsgerichtsverfahren, NuR 1987, 156; *Hahn,* Der sog Verhandlungsgrundsatz – Zivilprozeßrecht, JA 1991, 319; *Jacob,* Über Beweisanträge, VBlB 1997, 41; *Jauernig,* Verhandlungsmaxime, Inquisitionsmaxime und Streitgegenstand, 1967; *Johlen,* Der Anwalt im Verwaltungsprozeß, DÖV 2001, 582; *M. Kaufmann,* Untersuchungsgrundsatz und Verwaltungsgerichtsbarkeit, 2002; *Keller,* Zur Umkehr der Beweislast im sozialgerichtlichen Verfahren bei Beweisvereitelung, SGb 1995, 474; *Köhler-Rott,* Die Mitwirkungslast der Beteiligten im Verwaltungsprozeß, BayVBl 1999, 711; *Kohler,* Die Sachaufklärung im Verwaltungsprozeß – unter besonderer Berücksichtigung des Asylverfahrensrechts –, Teil I–IV, JA-Ref 1992, 226, 245; 1993, 19, 37; *Kopp,* Die Ablehnung von Beweisanträgen als Verletzung des Rechts auf Gehör gem Art 103 I GG?, NJW 1988, 1708; *Krist,* Die Bedeutung technischer Regelwerke des Immissionsschutzrechts im Verwaltungsprozeß, UPR 1993, 178; *Kropshofer,* Untersuchungsgrundsatz und anwaltschaftliche Vertretung im Verwaltungsprozeß, 1981; *Kutscheidt,* Die Neufassung der TA-Lärm, NVwZ 1999, 577; *Manssen,* Untersuchungsgrundsatz, Aufklärungspflicht und Mitwirkungsobliegenheiten im Verwaltungsprozeß, in: Verwaltungsgerichtsbarkeit und öffentliches Recht – Aufbau und Bewährung in Mecklenburg-Vorpommern, Festgabe für Haak, 1997, 63; *G. Marx,* Das Herbeiführen der Spruchreife im Verwaltungsprozeß, 1996; *Michalski,* „Beweisvereitelung" durch beweisbelastete Partei und Nachholbarkeit in der Berufungsinstanz, NJW 1991, 2069; *Nierhaus,* Beweismaß und Beweislast. Untersuchungsgrundsatz und Beteiligtenmitwirkung im Verwaltungsprozeß, 1989; *Nowak,* Richterliche Aufklärungspflicht und Befangenheit, 1991; *Ortloff,* Rechtspsychologie und Verwaltungsgerichtsbarkeit: Das Rechtsgespräch in der mündlichen Verhandlung, NVwZ 1995, 28; *Raabe,* „Informatorische Anhörung" und förmliche Vernehmung von Zeugen und Beteiligten im Verwaltungsprozess, NVwZ 2003, 1193; *Rothkegel,* Verfassungsrechtliche Anforderungen an die Tatsachenfeststellung im Asylbereich außerhalb des Art. 16 II 2 GG, NVwZ 1992, 313; *Samtleben,* Der unfähige Gutachter und die ausländische Rechtspraxis, NJW 1992, 3057; *Schlosser,* Die lange deutsche Reise in die prozessuale Moderne, JZ 1991, 599; *Schnellenbach,* Die Beweislast bei beamtenrechtlichen Streitigkeiten, ZBR 1995, 321; *Seer,* Der Einsatz von Prüfungsbeamten durch das Finanzgericht. Zulässigkeit und Grenzen der Delegation richterlicher Sachaufklärung auf nichtrichterliche Personen, 1993; *Sendler,* Richter und Sachverständige, NJW 1986, 2907; *Sommerlad/Schrey,* Die Ermittlung ausländischen Rechts im Zivilprozeß und die Folgen der Nichtermittlung, NJW 1991, 1377; *Stürner,* Die richterliche Aufklärung im Zivilprozeß, 1982; *Weth,* Der Grundsatz der Unmittelbarkeit der Beweisaufnahme, JuS 1991, 34; *Wolf,* Das Anerkenntnis im Prozeßrecht, 1969; *Wolff,* Die Pflicht der Beteiligten im Verwaltungsprozeß, BayVBl 1997, 585; Ziekow, Die Pflicht der Behörden zur Gewährung von Informationen an die Verwaltungsgerichte, BayVBl 1992, 132.

Übersicht

1 **1. Allgemeines:** § 86 wurde durch das JKomG leicht geändert. Im Gegensatz zum Zivilprozeß, der vom Verhandlungs- bzw Beibringungsgrundsatz (zum davon zu unterscheidenden, auch im Verwaltungsprozeß grds geltenden Verfügungsgrundsatz unten 2) beherrscht wird, also den Parteien im wesentlichen, wenn auch mit zahlreichen Ausnahmen, die Sammlung u den Vortrag der für die Entscheidung erheblichen Tatsachen überläßt (Schreiber Jura 1991, 617; vgl auch §§ 138, 282, 288, 293 S 2, 335 Abs 1 Nr 1; 616 f ZPO, s auch die Hinweispflichten des Gerichts nach § 139 ZPO), gilt **im Verwaltungsprozeß der Untersuchungsgrundsatz** (§ 86 Abs 1), der (wegen des hier bestehenden öffentlichen Interesses an der sachlichen Richtigkeit der Entscheidung) dem Gericht die Erforschung u **Klärung des Sachverhalts vAw** aufgibt[1] u damit zugleich die Anwendbarkeit aller Vorschriften der ZPO, die auf dem **Verhandlungsgrundsatz** (Beibringungsgrundsatz; dazu eingehend Schreiber Jura 1989, 86) beruhen, ausschließt (s auch 2 zu § 173). Insb setzt auch die **Bildung der richterlichen Überzeugung** nach § 108 Abs 1 Satz 1 eine ausreichende Erforschung des Sachverhalts nach § 86 Abs 1 voraus (unten 5).

Der Untersuchungsgrundsatz ist zugleich auch eine Folge aus dem Grundsatz der **Gesetzmäßigkeit der Verwaltung** u der Gewährleistung effektiven Rechtsschutzes **gem Art 19 Abs 4 GG,**[2] außerdem auch, soweit in der zu entscheidenden Sache Grundrechte betroffen sind, auch **aus diesen Grundrechten,**[3] **außerdem,** vor allem hins des Rechts, **Beweisanträge** zu stellen (vgl BVerfG 69, 143 mwN; NJW 1992, 299), sowie darauf, daß das Gericht diese be-

---

[1] Vgl Ule 26; Nierhaus 270; SGH 540 f; RÖ-Kothe 7 ff; Schenke 20 ff; NKVwGO-Höfling/Breustedt 2 ff.

[2] Addicks NWVBl 2005, 295; Geiger BayVBl 1999, 322; Stelkens NVwZ 1982, 83; Schenke DÖV 1982, 724; Kropshofer 20, 92; Nierhaus 478; zT **aA** Bender NVwZ 1982, 26; Kaufmann 244 ff.

[3] BVerfG 27, 33; 50, 329; DVBl 1980, 193; BGH NJW 1981, 2133; s auch 11 zu § 1; ferner BVerfG 63, 60: keine Verpflichtung des Gerichts aus Art 103 Abs 1 GG zur Ermittlung von Tatsachen; BVerfG 66, 147; 67, 96 mwN: keine allg Frage- u Aufklärungspflicht des Richters aus Art 103 Abs 1 GG.

rücksichtigt, **auch aus Art 103 Abs 1 GG**[4] bzw auch insoweit aus den in der Sache betroffenen Grundrechten (BVerfG NJW 1984, 40). Vgl zu der auch im Verwaltungsprozeß grds geltenden **Prozeßförderungspflicht** der Beteiligten unten 11; ferner auch BGH NJW 1987, 102; 1990, 3151; StJ 22 zu § 138 ZPO.

Der Untersuchungsgrundsatz gem § 86 gilt grds nur für **die Ermittlung** u Bewertung **von Tatsachen** einschließlich der Ergebnisse der vom Gericht erhobenen Beweise in tatsächlicher Hinsicht. Die Verpflichtung des Gerichts zur **Feststellung und Auslegung des anwendbaren Rechts** ergibt sich dagegen aus dem Rechtsstaatsprinzip sowie insb aus der Bindung des Gerichts an Gesetz u Recht gem Art 20 Abs 3 GG sowie entsprechenden Bestimmungen der Landesverfassungen iVm den Aufgaben des Gerichts. Daher ist auch ein Zeugen- oder Sachverständigenbeweis zB zu der letztlich als **rechtliche Beurteilung eines Sachverhalts** zu sehenden Frage, ob ein Restrisiko bei einem Flughafen, einem KKW uä tolerierbar ist, nicht möglich (Ma NVwZ–RR 1991, 137); das Gericht kann sich hier nur zu den tatsächlichen Voraussetzungen einer solchen Beurteilung von einem Sachverständigen beraten lassen (vgl NVwZ–RR 1991, 118). Zu **Ausnahmen** hins der Ermittlung von **Gewohnheitsrecht, ausländischem Recht** usw s unten 1 b. 1 a

§ 86 Abs 1 gilt **analog für die Feststellung fremden** (ausländischen) **Rechts**[5] u von **Gewohnheitsrecht** gem § 293 ZPO, § 173;[6] außerdem auch **für in fremder Sprache abgefaßte Rechtsakte** (vgl BGH NJW 1987, 591), **nicht** jedoch auch von **EU-Recht (EG-Recht);** EU-Recht muß das Gericht, jedenfalls soweit es EU-Vertragsrecht oder sekundäres Verordnungs- oder Richtlinien-Recht ist, wie deutsches Gesetzesrecht immer vAw feststellen (vgl auch 5 zu § 137). In welcher Weise sich das Gericht die für seine Entscheidung erforderliche Kenntnis über das ausländische Recht u dessen Anwendung in der ausländischen Rechtspraxis verschafft, liegt in seinem Ermessen (dazu NKVwGO-Höfling/Rixen 22 ff); es muß sich jedoch die volle Überzeugung verschaffen u darf sich nicht auf eine bloße Plausibilitätsprüfung beschränken (InfAuslR 1996, 21). Zur **Feststellung ausländischen Rechts** genügt idR die Einholung des Gutachtens eines entsprechenden spezialisierten **wissenschaftlichen Instituts.**[7] Ist der Inhalt ausländischen Rechts **nicht feststellbar,** so ist grds deutsches Recht anzuwenden.[8] S zur Feststellung von ausländischem Recht auch Samtleben NJW 1992, 3057. 1 b

Der Untersuchungsgrundsatz soll dem Gericht grds die **volle Überzeugung** von der Gegebenheit oder Nicht-Gegebenheit der entscheidungserheblichen Tatsachen (s dazu 5 zu § 108) vermitteln. Er gilt nicht nur für die Begründetheitsprüfung, sondern **auch für die Zulässigkeitsvoraussetzungen** der Klage oder eines Rechtsbehelfs,[9] u zwar auch, wenn die Zulässigkeit von der Beurteilung zivilrechtlicher Vorfragen abhängt (vgl NVwZ 1994, 482). Die Anwendung von § 86 ist auch **nicht auf** das **UrteilsVf beschränkt,** sondern gilt, soweit 2

---

[4] BVerfG 60, 249, 251 f, 311 f; 65, 307 = NJW 1984, 1026; 69, 148; DVBl 1993, 1003 u 1004; Kopp NJW 1988, 690; s auch unten 14 u 18.

[5] Vgl NJW 1989, 3107 = NVwZ 1989, 1177 – auch zu Verfahrensmängeln bei der Ermittlung ausländischen Rechts –; BGH NJW 1991, 1418 – auch zum Umfang der Ermittlungspflicht –; Sommerlad/Schrey NJW 1991, 1377; zT **aA** Geiger BayVBl 1999, 323; NKVwGO-Höfling/Rixen 20: Amtsermittlung gem § 173 S 1, § 293 ZPO.

[6] Vgl NJW 1989, 3107; BGH 77, 38 = NJW 1980, 2022; NJW 1984, 2764, 1987, 561: Aufklärung vAw.

[7] Vgl BGH NJW-RR 1991, 1212 – auch zu Ausnahmen, wenn es wesentlich auf die Rechtspraxis ankommt, über die das Institut keine ausreichende Kenntnis hat.

[8] BGH NJW 1982, 1215; NJW 1978, 496; Zimmermann 9 zu § 293 ZPO; str; zT **aA** Wengler JR 1983, 221: das Recht, für das die größte Wahrscheinlichkeit spricht.

[9] Insoweit str; vgl zur Frage des Freibeweises hins der Zulässigkeitsvoraussetzungen 16 vor § 40; ferner BGH NJW 1992, 627.

durch Gesetz nichts anderes bestimmt ist, insb zB nur Glaubhaftmachung (§ 294 ZPO, § 173 S 1) vorgeschrieben ist, **auch** für **BeschlußVf** (zT **aA** für BeschwerdeVf allg Ule 49 III 3: Freibeweis genügt).

Bloße Glaubhaftmachung (§ 294 ZPO) mit der Folge entsprechend geringerer Anforderungen auch an die Feststellung des Sachverhalts durch das Gericht ist **erforderlich** u genügend insb gem § 44 Abs 2 u 4 ZPO, § 54 für die **Ablehnung von Gerichtspersonen,** gem § 60 Abs 2 S 2 für die **Wiedereinsetzung,** gem §§ 920f ZPO, § 173 S 1 für **AussetzungsVf** nach § 80 Abs 5 u 6 (s 125ff zu § 80), gem § 99 Abs 2 S 1 bzgl der gesetzlichen Voraussetzungen einer **Weigerung** zur **Vorlage von Urkunden** oder **Akten** oder der **Erteilung von Auskünften,** gem §§ 920f ZPO, § 123 Abs 3 für Vf zum Erlaß einer **einstweiligen Anordnung,** gem § 104 ZPO, §§ 164, 173 S 1 für Vf zur **Kostenfestsetzung,** gem § 118 Abs 2 ZPO, § 166 im **Prozeßkostenhilfeverfahren,** gem §§ 707, 710–714, 719, 765a, 769, 771ff ZPO, § 167 Abs 1 im **ZwangsvollstreckungsVf** (Ule 49 III 2).

Mit dem – auch im Verwaltungsprozeß geltenden – **Verfügungsgrundsatz** (Dispositionsmaxime), der sich nicht auf die Ermittlung der entscheidungserheblichen Tatsachen bezieht, sondern auf die Befugnis der Parteien, über den Streitggst u das Prozeßrechtsverhältnis zu verfügen,[10] insb das Vf durch Klage anhängig zu machen, es durch Klageänderung (§ 91) auf ein anderes Ziel zu richten oder es durch Klagerücknahme, Vergleich usw zu beenden, hat der **Untersuchungsgrundsatz nichts zu tun.**[11] Vgl zur Funktion des Verfügungsgrundsatzes als „Mittel zur Wahrung und Verteidigung subjektiver Rechte vor den Verwaltungsgerichten" 66, 56.

Einschränkungen des **Untersuchungsgrundsatzes** ergeben sich dort, wo das Gericht durch die **RKraft einer Entscheidung,** die **Bestandskraft von VAen** oder aufgrund **spezialgesetzlicher Regelungen** wie § 31 Abs 1 BVerfGG rechtlich gebunden ist (s hierzu näher Geiger BayVBl 1999, 325f).

3 Zu den **Mitteln,** die dem Gericht **zur Sachaufklärung** zur Verfügung stehen, s 4 zu § 96; 1ff zu § 98; 2ff zu § 108. § 86 Abs 1 S 1 nennt als Mittel auch die **Heranziehung der Beteiligten.** S dazu unten 11ff. Zur Berücksichtigung von **allgemeinkundigen bzw gerichtskundigen** Tatsachen s unten 5a; ferner 22 zu § 98; von anerkannten sog **technischen Normen u** entsprechenden Richtlinien als **„antizipierte" Sachverständigengutachten** unten 5a; von **allg Erfahrungssätzen, Denkgesetzen u Auslegungsgrundsätzen** 4 zu § 108; 25f zu § 137. Solche Sätze sind **zT wie Rechtssätze** zu behandeln (VRspr 26, 570; BGH MDR 1973, 74; Gerhard BayVBl 1982, 492) u bedürfen zT keines Beweises; s auch unten 5. Zu den Anforderungen an die vom Gericht anzustellende **Nachforschung nach Zeugen** s BGH StV 1984, 5; zur Zuziehung von Sachverständigen u zur Verwertung von Gutachten einschließlich solcher, die in anderen Vf oder im VerwaltungsVf erstattet wurden, allg unten 9; ferner 16f zu § 98; 9f zu § 108; zum Grundsatz der **freien Beweiswürdigung** 4 zu § 108; zu **Beweisverwertungsverboten** 4 zu § 98; zur (materiellen) **Beweislast** im Verwaltungsprozeß 11 zu § 108; zur Zulässigkeit der **Präklusion** der Beteiligten mit bestimmten Anträgen u bestimmten Vorbringen 9 zu § 87b; 3 zu § 173; zur Ermittlung **ausländischen u supranationalen** (zB **EU**-)Rechts oben 1b; ferner 13 zu § 98.

4 **2. Umfang und Inhalt der Ermittlungspflicht: a)** Der Umfang der Ermittlungspflicht des Gerichts nach Abs 1 wird **im Rahmen der Entscheidungsmöglichkeiten** des Gerichts (vgl zB § 43, § 113) durch den **Klageantrag**

---

[10] Schreiber, Jura 1991, 617; vgl auch BVerwG 92, 146; Ma DVBl 1989, 885; Schenke 19.

[11] HM; vgl Ule 28 I; RÖ-Kothe 2; NKVwGO-Höfling/Rixen 5; Fenn Schiedermair-FS 1976; 120; Prütting NJW 1980, 362; s auch 1 zu § 81; **aA** EF 2.

(§ 88), den **Streitggst** (s § 7 ff zu § 90; allg zu dieser Begrenzung auch 58, 301) u die **Anspruchsvoraussetzungen** nach dem anzuwendenden materiellen Recht bestimmt.[12] Zur Abgrenzung von Tatsachen u Rechtsfragen vgl oben 1 a. Die Untersuchungspflicht greift nur soweit Platz, als eine Aufklärung des Sachverhalts für die Entscheidung des Gerichts **erforderlich** ist,[13] dh, wenn u soweit es **nach der Rechtsauffassung des Gerichts** auf die in Frage stehenden Tatsachen **ankommt.**[14] Sie besagt aber nichts über Inhalt u Umfang der Entscheidungsmöglichkeiten des Gerichts selbst (4, 22; 7, 101; Jessen DVBl 1974, 638) u kann daher auch **nicht die Verpflichtung** oder Berechtigung des Gerichts begründen, eine Sache in jeder Hinsicht für eine alle denkbaren Streitpunkte klärende abschließende Sachentscheidung ohne Rücksicht auf den Streitggst (s 7 ff zu § 90) **„spruchreif" zu machen.**[15] Vgl zum **Problem des Spruchreifmachens** einer Sache u den hierbei zu beachtenden Grenzen 193 ff zu § 113; ferner NKVwGO-Höfling/Rixen 24 ff; bei **Ermessensentscheidungen** 4 ff zu § 114; bei Entscheidungen, bei denen der Behörde ein **Beurteilungsspielraum,** Prognosespielraum uä eingeräumt ist, 23 ff zu § 114. Zu den Anforderungen an die Aufklärungspflicht u an die Begründungspflicht in Kriegsdienstverweigerungssachen bei einem Wehrpflichtigen, der nach Überzeugung des Gerichts auf gefühlsmäßiger Grundlage „glaubt", s NVwZ 1986, 747; NVwZ-RR 1991, 568: wg des Erfordernisses eines persönlichen Eindrucks grds in Kriegsdienstverweigerungssachen Parteivernehmung erforderlich; zur – wg der Grundrechtsrelevanz grds strengeren – **Aufklärungspflicht in Asylsachen** BVerfG 76, 143; 80, 715; 83, 216; DVBl 2000, 1048; BVerwG NJW 1990, 674; DVBl 2002, 284; krit Ossenbühl DVBl 1993, 755; **bei Planungs-** u **Prognoseentscheidungen** 82, 257; 85, 378; DVBl 1988, 845; **zur Aufklärungspflicht** u -befugnis des Gerichts **über Risiken** u die zu ihrer Beherrschung notwendigen Maßnahmen zB bei Klagen bzgl von KKW u anderen **Kernkraftanlagen** zB 72, 347 = NVwZ 1986, 208 – Wyhl –; 78, 180 = NVwZ 1988, 536 – Brokdorf –; 80, 21 = NVwZ 1988, 1024 – Wackersdorf –; 80, 221 = NVwZ 1989, 52 – Mühlheim-Kärlich; 81, 185 = NVwZ 1989, 864; 85, 379 = NVwZ 1989, 1167; NJW 1972, 1292; BVerfG 61, 114 = NJW 1982, 2173: Prüfung der Genehmigung nur daraufhin, ob die Bewertung durch die Genehmigungsbehörde auf **willkürfreien Annahmen** u ausreichenden Ermittlungen beruht; Ks NVwZ 1989, 1183; allg auch Wahl NVwZ 1991, 409 mwN; Di Fabio VerwA 1990, 196; **aA** – ohne überzeugende Begründung – zum **Immissionsschutzrecht** 85, 379 = DVBl 1991, 383: alle Voraussetzungen grds voll u ohne Beschränkung auf eine Nachprüfung der behördlichen Ermittlungen u Erwägungen nachzuprüfen).

b) Die Bildung der **richterlichen Überzeugung** nach § 108 Abs 1 S 2 setzt eine ausreichende Erforschung des Sachverhalts nach § 86 Abs 1 voraus (stRspr, vgl zB 70, 225; DVBl 1989, 893), dh, daß das Gericht **alle vernünftigerweise zu Gebote stehenden Möglichkeiten einer Aufklärung** des für seine Ent- 5

[12] 72, 317; 78, 181 = DVBl 1988, 149; 85, 379: Spruchreife ist ein prozessualer Begriff, der an die materiellrechtlichen Gegebenheiten anknüpft, diese aber nicht ändert; NKVwGO-Höfling/Rixen 24.

[13] 72, 317; 78, 180 = DVBl 1988, 149; 81, 185 = NVwZ 1989, 864; 85, 379.

[14] 70, 221: auch wenn die Rechtsauffassung falsch ist; NJW 1985, 394; NVwZ 1988, 527; NWVBl 1996, 126: § 86 Abs 1 ist verletzt, wenn das Gericht einen unzulässigen Beweis des ersten Anscheins – dazu 18 zu § 108 – heranzieht u deshalb eine erforderliche weitere Sachverhaltsaufklärung unterläßt; Geiger BayVBl 1999, 323.

[15] 7, 101; 44, 283; DVBl 1988, 1175; Mü BayVBl 1987, 306 mwN; Ma NVwZ 1990, 58; Kopp VerfR 101; BayVBl 1977, 514 ff; Schlink/Wieland DÖV 1982, 432; v Mutius, Menger-FS 1985, 601; s auch 193 zu § 113; **aA** 2, 135; 3, 35; 49, 307; 92; 69, 198 = NVwZ 1985, 35; 69, 272; DÖV 1988, 514; Buchh 448.0 § 25 WPflG Nr 123; Ms DÖV 1983, 987; Bettermann NJW 1960, 653; EF 8; Czermak BayVBl 1978, 424; vgl auch Ma DVBl 1981, 1011.

scheidung maßgeblichen Sachverhalts **ausschöpft,** die geeignet sein können, die für die Entscheidung erforderliche **Überzeugung des Gerichts zu begründen.**[16] Das Gericht ist verpflichtet, jede mögliche Aufklärung des Sachverhalts **bis an die Grenze der Zumutbarkeit** zu versuchen, sofern dies für die Entscheidung des Rechtsstreits erforderlich ist.[17] Daß – bezogen auf einen in der Vergangenheit liegenden maßgeblichen Tatsachen- u Rechtszeitpunkt – erst zu einem späteren Zeitpunkt Erkenntnismittel zugänglich werden, ändert nichts an der sich jedenfalls dann realisierenden Pflicht des Gerichts zu deren Heranziehung im Wege der Beweiserhebung (NVwZ-RR 2006, 627). Die **§§ 286 ff ZPO u § 244 StPO** sind insoweit auch im Verwaltungsprozeß **sinngemäß** anzuwenden (MDR 1978, 77; DVBl 1983, 1001). Das Gericht darf von der Aufklärung entscheidungserheblicher Umstände nicht allein mit der Begründung absehen, es fehle an deren „Glaubhaftmachung", weil der Asylbewerber sie erst sehr spät in das Vf eingeführt habe (DVBl 2002, 284). Erst dann, wenn das Gericht alle in Betracht kommenden Aufklärungsmöglichkeiten erschöpft hat u entscheidungserhebliche Tatsachen sich dennoch nicht aufklären ließen, ist eine materielle Beweislastentscheidung zu treffen (NVwZ 2002, 82). Zu beachten ist in Asylsachen, daß es für die politische Verfolgungsgefahr im Heimatstaat in erster Linie auf die Rechtspraxis des Verfolgerstaates ankommt u sich das Gericht deshalb nicht mit der Feststellung der abstrakten Rechtslage zufriedengeben darf (Buchh 402.25 § 1 AsylVfG Nr 233; zu den verfassungsrechtlichen Anforderungen an Asylanträge u Asylfolgeanträge BVerfG 76, 162 u DVBl 2000, 1048 ff mwN)

Die im Zusammenhang mit § 86 gelegentlich gebrauchte „Formel", daß das Gericht (nur) Beweise erheben muß, **wenn die Beteiligten entsprechende Anträge gestellt** haben oder es zumindest angeregt haben, oder wenn die Notwendigkeit weiterer Aufklärung **sich dem Gericht aufdrängen mußte,**[18] gilt unmittelbar nur für die Frage der Zulässigkeit von Revisionsrügen (s unten 7), **nicht** auch **für die insoweit umfassendere originäre Verpflichtung** des Gerichts gem § 86 Abs 1 zur Aufklärung des für seine Entscheidung maßgeblichen Sachverhalts (Kropshofer 20, 92; Kopp DÖV 1981, 557; enger Bender NVwZ 1982, 26; zT **aA** Berg 56). Zur Zuziehung von Sachverständigen s unten 8 ff sowie 13 ff zu § 98; 9 ff zu § 108.

Die Verpflichtung des Gerichts, alle in der Sache naheliegenden bzw von den Beteiligten (§ 63) gem § 86 Abs 2 angebotenen Beweise zu erheben, **findet ihre Grenze** nur in der Bindung an bestimmte **präjudizielle Entscheidungen des Gerichts** selbst oder anderer Gerichte, wenn u soweit diese aufgrund besonderer gesetzlicher Vorschriften – insb der Bestimmungen über die **RKraft** (§ 121), die Bindung an eigene End- u Zwischenurteile (§ 318 ZPO, § 173 S 1; s dazu auch 1 zu § 118; 4 vor § 124) u die Bindungswirkung zurückverweisender Rechtsmittelentscheidungen (§ 130 Abs 3, § 144 Abs 6) – für die zu treffende Entscheidung bindend sind;[19] grds auch an Entscheidungen **von Behörden,** soweit sie nicht Gegenstand des Vf sind oder nichtig sind (11 zu § 121), einschließlich **vorangegangener Teilentscheidungen,** soweit diese auch schon Festle-

---

[16] NVwZ 1988, 1020; NWVBl 1996, 126; Buchh 310 § 86 Abs 1 VwGO Nr 111 S. 8; NVwZ 2002, 82, BGH 53, 259; 61, 168; NJW 1978, 1784; 1982, 2128; Mü BayVBl 1985, 657; RÖ-Kothe 8; Bürck DÖV 1982, 223; s auch 1 ff zu § 108; allg auch BVerfG 60, 289 = NJW 1982, 2425; NVwZ 1983, 406: eine umfassende Kontrollverpflichtung.

[17] NVwZ-RR 2006, 627; vgl Ms DÖV 1981, 384: Vernehmung von mehr als 10 000 Personen nicht zumutbar; Ey-Geiger 11.

[18] Vgl Buchh 310 § 86 VwGO Nr 37, 86, 109 u 147; Buchh 310 § 132 Nr 135; NVwZ 1988, 1020; Redeker DVBl 1981, 86; Czajka DÖV 1982, 101.

[19] Vgl BVerfG NJW 1980, 170; zu Vorabentscheidungen des EuGH auch BVerwG 73, 373 = DVBl 1987, 223; allg auch Geiger BayVBl 1999, 325; Jox, Die Bindung an Gerichtsentscheidungen über präjudizielle Rechtsverhältnisse, 1991; Kopp NVwZ 1994, 1; NK-VwGO-Höfling/Rixen 35 ff.

gungen hins weiterer Teilentscheidungen enthalten,[20] in der Sache einschlägiger **Strafurteile**[21] usw; grds **nicht** jedoch, es sei denn, daß durch Gesetz wie zB in § 3 (§ 4 aF) StVG für die Entziehung der Fahrerlaubnis – s dazu weiter unten im Text – etwas anderes bestimmt ist (73, 32; NJW 1986, 2335; DÖV 1987, 291), auch an **die tatsächlichen Feststellungen in solchen Entscheidungen.**[22] Zur Bindung der Verwaltungsgerichte gem **§ 3 StVG** im Streit um die **Entziehung der Fahrerlaubnis** an die tatsächlichen Feststellungen des Strafrichters s zB 71, 93; 80, 43; DÖV 1993, 429: Ein Kraftfahrer muß in einem Fahrerlaubnis-EntziehungsVf (grds gem § 3 StVG) eine rechtskräftige strafgerichtliche Entscheidung mit dem darin festgestellten Sachverhalt gegen sich gelten lassen, sofern sich nicht gewichtige Anhaltspunkte für die Unrichtigkeit der tatsächlichen Feststellungen im Strafurteil ergeben.

Eine Bindung des Gerichts **an im VerwaltungsVf getroffene Feststellungen** wird durch Art 19 Abs 4 GG grds **ausgeschlossen** (BVerfG 15, 282; 84, 49 = NJW 1991, 2005; NJW 1993, 918; stRspr); **anders, wenn** u soweit es sich **nicht** um **dieselbe** Sache, sondern um Vorfragen handelt, die Gegenstand eines selbständigen, eigenen Verfahrens, für das Art 19 Abs 4 GG ebenfalls auch gerichtlichen Rechtsschutz gewährleistet, waren oder hätten sein können (s oben), oder wenn dies durch Gesetz aus gewichtigen Gründen angeordnet u dafür in anderer Weise ausreichender Rechtsschutz gewährleistet ist; zB hins der **materiellen Präklusion** in bestimmten PlanfeststellungsVf für nicht rechtzeitig vorgebrachte Einwendungen (vgl BVerfG 61, 82 = NJW 1980, 759; s auch 73, 179 zu § 42; 3 zu § 87 b; ferner KR 80 ff zu § 73 VwVfG).

In **tatsächlicher Hinsicht** ergibt sich eine Beschränkung in gewissem Umfang auch aus der **Mitwirkungspflicht der Beteiligten** (s unten 11 ff; ferner zB NVwZ-RR 1991, 587). Soweit eine Beweisaufnahme die Mitwirkung eines Beteiligten erfordert, zB eine körperliche Untersuchung, ist dieser nur dann dazu verpflichtet bzw kann das Gericht seine Weigerung nur dann zu seinem Nachteil werten (s 17 zu § 108; 19 zu § 98), **wenn** das Beweismittel **geeignet** u verhältnismäßig (65, 62 = NJW 1982, 2885; NJW 1986, 1562; 1987, 2455) sowie insb auch **zumutbar** ist (74, 223).

Das Gericht ist gesetzlich nicht auf bestimmte Beweismittel festgelegt bzw beschränkt (s dazu auch unten 14 ff; ferner 4 ff zu § 108). Es bestimmt die im Einzelfall in Betracht kommenden **Beweismittel nach pflichtgemäßem Ermessen** danach, ob u inwieweit sie im konkreten Fall zur Erforschung des Sachverhalts (§§ 86 Abs 1, 96 Abs 1) geeignet erscheinen (s unten 14; zur Eignung auch unten 6). UU ergibt sich jedoch als Folge aus den **Besonderheiten einer Streitsache** die Notwendigkeit bestimmter Beweismittel, zB der **Parteivernehmung in Kriegsdienstverweigerungssachen** (NVwZ-RR 1991, 568; s auch unten 14). **5 a**

Grds **keines Beweises** u deshalb auch keiner besonderen Ermittlungen bedürfen entspr § 291 ZPO, § 244 Abs 3 S 2 StPO offenkundige, dh gerichtskundige **oder allgemeinkundige Tatsachen** (31, 216; DVBl 1985, 577; KG NJW **5 b**

---

[20] 61, 274 = DVBl 1981, 408; 72, 300 – Wyhl = DVBl 1986, 190; Beckmann NVwZ 1991, 430; Kopp DVBl 1983, 397 mwN; zT **aA** 48, 271; BGH 9, 131; NVwZ 1982, 148.

[21] Vgl NJW 1987, 1501; Ko NJW 1990, 1554; zur Einstellung des Strafverfahrens gem § 153 a Abs 2 StPO auch BVerfG DVBl 1991, 486 = NJW 1991, 1530.

[22] Vgl 35, 294; 48, 301; 57, 66; 71, 93; 80, 43; DÖV 1992, 429; Buchh 442.10 § 4 StVG Nr 51 u 60; NJW 1987, 1501: zur Rücknahme der Bestellung zum Zahnarzt; NVwZ-RR 2002, 1381: keine Übernahme der Beurteilung der Glaubwürdigkeit eines Asylbewerbers durch das Bundesamt; BFH 124, 303: keine Bindung auch an die tatsächlichen Feststellungen des Strafrichters, auch wenn diesen für die Beweiswürdigung – s insoweit auch 4 zu § 108 – erhebliche Bedeutung zukommt; s aber zur Bindung des Disziplinargerichts an strafrichterliche Feststellungen 73, 32; DÖV 1987, 291; zur Bindung bei Beiladung in einem vorangegangenen Vf s auch 12 ff zu § 66.

1972, 1909; Geiger BayVBl 1999, 328; s 22ff zu § 98), einschließlich der zu den offenkundigen Tatsachen zu rechnenden **Erfahrungstatsachen** (DVBl 1992, 307; s dazu auch 25 zu § 98), **allg Erfahrungssätze** u die daraus allg abgeleiteten Tatsachen u Wertungen.[23] **Gerichtskundig** sind solche Tatsachen, die den Mitgliedern des Gerichts im Zusammenhang mit ihrer **amtlichen** Tätigkeit zuverlässig bekannt sind (Geiger BayVBl 1999, 328), wobei es irrelevant ist, in welchem Vf diese Kenntnisse gewonnen wurden; erforderlich für das Bekanntsein ist allerdings, daß es nicht erst einer Feststellung aus den Akten bedarf (NVwZ 1990, 572; Ma NVwZ-Beil 1999, 68). Ausreichend ist es bei einem Kollegialgericht, wenn die Kenntnis bei **einem Mitglied** vorhanden ist u es diese an die anderen Mitglieder des Gerichts vermittelt (Geiger BayVBl 1999, 328). Zur Notwendigkeit, **gerichtskundige Tatsachen** den **Verfahrensbeteiligten mitzuteilen** s auch unten 9. Keines Beweises bedürfen grds – anders, wenn u soweit sie, wie zB die DIN 18005 von 1987, zugleich rechtspolitisch orientiert sind (vgl 77, 291 = BayVBl 1987, 663), oder wenn u soweit **Anlaß zu Zweifeln** gegeben ist (dazu NuR 1999, 451) oder substantiierte Einwände vorgetragen werden, die nicht ohne weiteres als untauglich angesehen werden können – auch **anerkannte technische Normen** in ihrer Funktion als **„antizipierte Sachverständigengutachten"**[24] u die damit zu belegenden Tatsachen u Wertungen. Dabei ist allerdings zu beachten, daß normkonkretisierenden Verwaltungsvorschriften im Bereich des Technikrechts heute ohnehin vielfach eine Rechtsverordnungen weitgehend vergleichbare Außenwirkung beigemessen wird (NVwZ 1999, 1114; 2000, 440; s auch 3a zu § 98).

5c Bei Sachverhalten, zu denen in der Wissenschaft, und/oder unter Fachleuten bzw Sachverständigen unterschiedliche Auffassungen vertreten werden, darf das Gericht sich nicht auf die „herrschende Meinung" u deren Feststellung als solcher allg oder in bezug auf die zu beurteilenden Tatsachen beschränken, sondern muß grds **alle** vertretenen oder vertretbaren **Auffassungen in Erwägung ziehen** u berücksichtigen.[25] S zur Zuziehung von Sachverständigen in solchen Fällen auch unten 9.

5d **Einschränkungen** der Ermittlungspflicht des Gerichts können sich auch aus besonderen sonstigen Bestimmungen, zB aus § 287 Abs 1 S 2 ZPO (vgl BGH NJW 1991, 1412), aus **einzelnen** Fachgesetzen sowie allg auch bei **Verletzung von Mitwirkungspflichten Beteiligter** (s unten 11ff) ergeben.

6 Von den zu 5, 5b u 5d genannten Beschränkungen abgesehen darf das Gericht bei der Aufklärung des Sachverhalts auf bestehende **Erkenntnismöglichkeiten,** in **analoger** Anwendung des **§ 244 Abs 3–5 StPO** (zur Ablehnung förmlicher Beweisanträge unten 21) grds **nur dann verzichten,** wenn ein Beweismittel **unzulässig** (s dazu auch 4 zu § 98), **schlechterdings ungeeignet**[26] oder schlechterdings **untauglich** ist,[27] iSv § 244 Abs 3 StPO **uner-**

---

[23] S im einzelnen 22ff zu § 98; vgl auch zB Ma VBlBW 1981, 149 zu Feststellungen zur Zeitgeschichte.

[24] 55, 250 = NJW 1978, 1450; BGH 111, 63 = NJW 1990, 2465; s im einzelnen dazu 3a zu § 98 mwN.

[25] 72, 316; 74, 316 = NJW 1986, 208; 78, 180 = NVwZ 1988, 536; NVwZ 1989, 1168; NVwZ 1993, 581; vgl auch BVerfG NVwZ 1993, 670.

[26] Vgl NVwZ 1990, 65 u 66 zum Sachverständigenbeweis zu Fragen, hins derer Behörde einen Beurteilungsspielraum hat; s jedoch zur Beurteilung von Prüfungsleistungen auch 31 zu § 114.

[27] BVerfG NJW 1993, 254: wenn Beweismittel völlig ungeeignet ist; BVerwG 39, 36; 71, 40; 98, 239 = NVwZ 1996, 379; NVwZ 1982, 244; 1984, 791; 1988, 1020: zu einer Auskunftsperson, wenn Umstände vorliegen, die bei Sachverständigen ein Ablehnungsgrund wären; NJW 1984, 2962; DVBl 1988, 541; Buchh 310 § 86 Abs 1 Nr 111; 402.25 § 1 AsylVfG Nr 2 u 5; BGH 53, 259; NStZ 1984, 564; Ms DÖV 1982, 950; Schmitt DVBl 1964, 465; Ey-Geiger 40.

reichbar[28] – ein Zeuge ist nicht allein deswegen unerreichbar, weil der Beteiligte in der mV die ladungsfähige Anschrift des benannten Zeugen nicht angeben kann, wenn sich der Beteiligte zugleich für imstande erklärt, die Anschrift nachzureichen (NVwZ-Beil 1996, 75; Ey-Geiger 41) – oder für die Entscheidung **unerheblich** ist;[29] **wenn** der **Beweis bereits** von einem Gericht – ggf auch in der unteren Instanz –, bei Beweismitteln, bei denen es auf den persönlichen Eindruck nicht ankommt, uU auch von einer Behörde (vgl unten 8; ferner 15 zu § 98), **erhoben worden ist** u im Vf **keine neuen Gesichtspunkte** ersichtlich sind, die eine Wiederholung der Beweisaufnahme, zB die nochmalige Vernehmung eines Zeugen, erfordern könnten (vgl NVwZ-RR 1990, 221; zur Wiederholung einer Beweisaufnahme in der Rechtsmittelinstanz allg auch 2 zu § 96). Dagegen kommt eine **Wahrunterstellung** entscheidungserheblicher Tatsachen im Verwaltungsprozeß grds **nicht** in Betracht (77, 156; Ma VBlBW 1998, 101; s näher unten 21).

Von einer **Parteivernehmung** kann das Gericht ebenso wie von sonstigen in einer Sache möglichen Beweiserhebungen auch dann absehen, „wenn **nichts an Wahrscheinlichkeit** für die Behauptung der Partei erbracht ist" (DÖV 1980, 660; Buchh 310 § 96 Nr 17); dh, wenn auch schon der eigene Vortrag des Beteiligten, ggf auch auf entsprechende Fragen des Gerichts es **nicht wenigstens als möglich erscheinen** läßt, daß die Dinge sich so verhalten haben (s unten 18 a).

Unzulässig ist es dagegen grds, bei noch nicht hinreichend geklärten Fragen 6 a
tatsächlicher Art eine der Sache nach **mögliche Beweisaufnahme** zugunsten eines Beteiligten – ggf auch bei einem nur indirekten Beweismittel (vgl DÖV 1993, 536) – **zu unterlassen** bzw einen entsprechenden Antrag eines Beteiligten mit der Begründung abzulehnen, das Beweismittel sei nicht erfolgversprechend (InfAuslR 1996, 29; Buchh 310 § 86 Abs 1 VwGO Nr 310) oder das Gericht sei bereits **vom** (für den Beteiligten nachteiligen) **Gegenteil** der unter Beweis gestellten Tatsachen **überzeugt** u das zu erwartende Ergebnis der Beweisaufnahme könne nach Lage der Dinge die Überzeugung des Gerichts nicht ändern: **Verbot der Vorwegnahme einer Beweiswürdigung.**[30]

Etwas anderes gilt insoweit nur dann, wenn aus besonderen Gründen, etwa, weil eine **Beweisaufnahme** mit überzeugenden Ergebnissen **bereits stattgefunden** hat u unter Berücksichtigung des Ergebnisses dieser Beweisaufnahme **jede Möglichkeit ausgeschlossen** ist, daß eine weitere Beweisaufnahme noch Sachdienliches ergeben u die bereits gewonnene gegenteilige Überzeugung des Gerichts erschüttern könnte.[31] In **jedem** Fall setzt die Ablehnung eines Beweisantrags mit einer solchen Begründung jedoch **zwingend voraus, daß**

---

[28] DVBl 1983, 1001; Buchh 310 § 86 Abs 1 Nr 111; BGH JR 1962, 149; NJW 1962, 1872; vgl zum Begriff der Unerreichbarkeit BGH NJW 1979, 1788; 1983, 527, 528; 1985, 984; BGH 124, 305; OLG Schleswig StV 1982, 11; zum Begriff des nicht zu beseitigenden Hindernisses iSv § 251 Abs 1 Nr 2 StPO bei ausländischen Zeugen BGH NStZ 1984, 179.

[29] 39, 36; 61, 304; Buchh 407.4 § 17 Nr 34; VRspr 24, 413; MDR 1978, 77; BGH 53, 259; NJW 1970, 946; BFH 124, 305; Schmitt DVBl 1964, 465.

[30] Vgl NVwZ 1982, 244; 1993, 377; NVwZ-Beil 1998, 57; NVwZ-RR 1999, 336; 9. 8. 1999 – 5 B 34/99: Annahme eines non-liquet trotz fehlender Ausschöpfung aller Beweismittel sei vorweggenommene Beweiswürdigung; Ma VBlBW 1994, 191; Geiger BayVBl 1999, 329; Jacob VBlBW 1997, 46; vgl auch BVerfG NVwZ 1987, 785 – auch zum Erfordernis einer gesonderten Verbescheidung von Beweisanträgen vor der abschließenden Entscheidung –; NJW 1993, 254; str für Beweisaufnahmen im Ausland.

[31] Vgl NVwZ 1982, 244; 1993, 377; BGH NJW 1980, 953; BVerfG NJW 1993, 254 mwN, vgl auch BVerwG NVwZ-RR 1990, 379: Ist die Schilderung, die der Asylkl von seinem persönlichen Verfolgungsschicksal gibt, in wesentlichen Punkten unzutr oder in nicht auflösbarer Weise widersprüchlich, so braucht das Tatsachengericht – auch substantiierten – Beweisanträgen zum Verfolgungsgeschehen nicht nachzugehen, sondern kann die Klage ohne Beweisaufnahme abweisen.

der Erfolg der beantragten Beweisaufnahme **unterstellt** wird, u dies gleichwohl – was das Gericht näher begründen muß – an der Überzeugung des Gerichts nichts ändern könnte (NVwZ 1993, 377).

Unzulässig ist die Ablehnung eines Beweisantrags auch aus dem Grund, „weil der beantragte Beweis **höchst unökonomisch**" sei (BVerfG 50, 35 = NJW 1979, 413 zu einem beantragten Sachverständigengutachten bei einem StrW von DM 425,08), oder weil in der Sache **größeres Aufsehen** vermieden werden soll (Ms DÖV 1981, 384). Wurde die Entscheidungserheblichkeit vorgelegter **fremdsprachlicher Urkunden** in schlüssiger Weise dargetan, so dürfen sie nicht allein deshalb als unbeachtlich unberücksichtigt bleiben, weil sie ohne Übersetzung vorgelegt worden sind; ggf muß das Gericht nach § 173 S 1 iVm § 142 Abs 3 ZPO die Beibringung einer Übersetzung anordnen (NJW 1996, 1553; vgl auch BVerfG NVwZ 1987, 785). Unzulässig ist die Ablehnung einer Beweiserhebung aber auch zB dann, wenn sie ein Beteiligter mit der zutr Begründung beantragt, **ein anderes Obergericht beurteile** auf ihrer Grundlage einen bestimmten Sachverhalt, zB die Existenzmöglichkeit einer Flüchtlingsgruppe in einem Land, **abweichend** von der Auffassung der Behörde, der Vorinstanz oder des Gerichts selbst (vgl NVwZ 1990, 674). Auch die **Feststellungen in einem rechtskräftigen Strafurteil** zu bestimmten Tatsachen entbinden, wenn durch Gesetz nicht etwas anderes bestimmt ist, das Gericht nicht von weiteren Ermittlungen, wenn sich hins ihrer Richtigkeit Zweifel ergeben oder wenn von einem Beteiligten substantiierte Einwände dagegen erhoben werden (vgl NJW 1987, 1501).

Nicht ablehnen darf das Gericht eine beantragte oder in der Sache naheliegende **Zeugenvernehmung** allein deshalb, weil das zuständige Ministerium, gestützt auf **§ 96 StPO,** die Identität der Zeugen nicht preisgeben will, oder weil dem Zeugen von einer Behörde **Vertraulichkeit** zugesagt wurde (vgl BGH NJW 1983, 1214). Auch eine rechtmäßige **Sperrerklärung** führt nicht zu einem Beweisverbot (BGHSt 35, 82 = NJW 1988, 2187); sie bedeutet nur, daß das mit der Sache befaßte Gericht die **Weigerung der Behörde,** die Identität eines Zeugen zu offenbaren, hinnehmen muß, u der Zeuge dadurch unerreichbar wird. Kennt das Gericht aus den Akten oder aus sonstigen Erkenntnisquellen die Identität des Zeugen, steht seiner Ladung u Vernehmung die Sperrerklärung nicht entgegen (vgl BGH NJW 1993, 1214). Ergeben sich aus den Akten oder aus sonstigen Erkenntnisquellen Hinweise auf die Identität des Zeugen, kann es die **Aufklärungspflicht des Gerichts** erfordern, daß das Gericht vAw Bemühungen entfaltet, den Namen festzustellen u die Vernehmung zu ermöglichen (BGH NJW 1993, 1214 zu § 244 Abs 2 StPO). Zu einem – nach den Grundsätzen der Güterabwägung uU gerechtfertigten oder sogar gebotenen – Verzicht des Gerichts auf die Vernehmung bzw ggf auch schon auf die Ermittlung eines Zeugen wg **Gefahren für Leib oder Leben** des Zeugen vgl BGH NJW 1993, 1214; zum **Zeugenschutz** in solchen Fällen auch Steinke ZRP 1993, 252.

6 b **Anhaltspunkte dafür,** wann das Gericht vor der Erhebung eines Beweises absehen darf, kann **§ 244 Abs 3–5 StPO** geben, der insoweit allg Rechtsgedanken zum Ausdruck bringt.[32] Zur Frage der Einholung von **Obergutachten** s 10 zu § 108, zur Berücksichtigung **gerichtskundiger oder offenkundiger Tatsachen** 22 ff zu § 98; zur Erforderlichkeit erneuter Zeugenvernehmungen bei Richterwechsel oder in der Rechtsmittelinstanz 6 zu § 96.

Vgl allg auch Schlosser JZ 1991, 604 unter Bezugnahme auf Lange NJW 1990, 3233 im Zivilprozeß mit Schlußfolgerungen, die umso mehr jedoch auch für den Verwaltungsprozeß Geltung beanspruchen können: „Nicht wenige Be-

[32] MDR 1978, 77; DVBl 1983, 1001; BGH 53, 259; 121, 270 = NJW 1993, 1391; Czajka DÖV 1982, 106; **aA** Schneider ZZP 1975, 180.

weisaufnahmen in unseren Zivilprozessen dienen nicht eigentlich dazu, dem Gericht ‚die Überzeugung' von der Wahrheit oder Unwahrheit einer Tatsachenbehauptung zu verschaffen, sondern eher dazu, die für die sachgerechte Beurteilung notwendigen Einzelheiten eines nur sehr pauschal vorgetragenen Sachverhalts zu ermitteln … (Lange NJW 1990, 3233). Ein realistisches Verständnis des **Anspr der Parteien auf Zugang zu den Informationsquellen** verlangt, daß so verfahren wird. Einen Indizienbeweis nicht aufzunehmen, weil man die indizierende Kraft der unter Beweis gestellten Tatsachen leugnet, ist nicht zu verantworten, solange man die durch Beweisaufnahme erst ans Tageslicht kommenden Einzelheiten nicht kennt! Nach diesen Einzelheiten durch Beweisaufnahme ‚forschen' zu wollen, ist alles andere als illegitim." (Schlosser JZ 1991, 604; vgl ferner BGH NJW 1989, 2947).

Das Gericht darf auch dann, **wenn ein Beteiligter** (oder sonst Betroffener) 6 c **auf seine Rechte verzichtet** (vgl 21 ff zu § 74) oder mit ihnen aufgrund einer besonderen gesetzlichen Vorschrift oder nach den Grundsätzen der Verwirkung (vgl 179 zu § 42; 18 ff zu § 74) **präkludiert** ist (zB weil er im VerwaltungsVf die entsprechenden Einwendungen verspätet vorgebracht hat), nicht Feststellungen unterlassen, die zur Wahrung etwaiger gleichlaufender **Interessen der Allgemeinheit** erforderlich sind (vgl BGH DVBl 1981, 627).

Unterläßt das Gericht eine sachlich mögliche u von der Sache her für die Klä- 7 rung des entscheidungserheblichen Sachverhalts notwendige weitere Aufklärung, so verletzt es seine Aufklärungspflicht; das bedeutet grds (zu Ausnahmen s im folgenden) einen **wesentlichen Verfahrensmangel** iSv § 132 Abs 2 Nr 3 (NWVBl 1996, 125; s auch unten 18). Entsprechendes gilt, wenn das Gericht seine tatsächlichen Annahmen auf **keine ausreichenden Gründe** stützt (70, 221: Verletzung der Aufklärungspflicht bzw des „Überzeugungsgrundsatzes"), dh seine Überzeugung ohne vorherige ausreichende Erforschung des Sachverhalts bildet (70, 225), etwa wenn es unzulässigerweise einen Beweis des ersten Anscheins heranzieht, obwohl für einen typischen Kausalverlauf keine hinreichend sichere Grundlage vorliegt (NWVBl 1996, 126). Der Mangel kann **im RevisionsVf** jedoch nur gerügt werden, wenn die Beteiligten im Vf entsprechende substantiierte **Beweisanträge** gestellt haben oder zumindest auf die Notwendigkeit weiterer Sachaufklärung substantiiert hingewiesen haben, oder sich dem Gericht **die Notwendigkeit** dazu **aufdrängen mußte.**[33] Der Beteiligte darf sein **Beweisantragsrecht jedoch nicht** nach § 295 ZPO, § 173 S 1 **verwirkt** haben (DÖV 1981, 839; vgl auch BGH NVwZ-RR 1990, 335). Berücksichtigt das Gericht sachlich erhebliche Beweisanträge nicht, so **verletzt** es **zugleich** das **Recht** der Beteiligten gem Art 103 Abs 1 GG **auf rechtliches Gehör** (BVerfG 69, 143; NJW 1993, 254; s auch unten 18). Andererseits verbietet der Anspr auf rechtliches Gehör nur die Nichterhebung entscheidungserheblicher Beweise, **verlangt** jedoch **nicht, daß** eine Beweiserhebung, zB eine Zeugenvernehmung, **in der mV** stattfindet (BVerfG NZV 1993, 185).

c) Erfordernis eigener, grds unmittelbarer Feststellungen: Das Vorgehen bei 8 der Erforschung des Sachverhalts liegt im pflichtgemäßen **Ermessen des Gerichts** (28, 317), so zB auch, ob es von der Möglichkeit der Beweisaufnahme durch einen beauftragten oder ersuchten Richter (§ 96 Abs 2) Gebrauch machen will. Unzulässig ist es jedoch, die weitere Aufklärung einer Verwaltungsbehörde zu überlassen oder aufzutragen. Andererseits ist es unbedenklich, wenn das Gericht **die von der Behörde getroffenen Tatsachenfeststellungen** auch für

---

[33] NVwZ 1993, 268; Buchh 232 § 26 BBG Nr 17; 310 § 86 Abs 1 VwGO Nr 79; NJW 1994, 2243: auch ohne erneuten förmlichen Beweisantrag kann sich dem OVG die Notwendigkeit weiterer Sachaufklärung aufdrängen, wenn der in 1. Instanz gestellte Beweisantrag deshalb nicht wiederholt wird, weil die Partei insoweit obsiegte; NJW 1995, 2307; NVwZ-RR 2001, 800; NKVwGO-Höfling/Rixen 74. S dazu auch unten 12.

seine Entscheidung übernimmt, soweit sie überzeugend sind u auch durch den Vortrag der Beteiligten nicht in Zweifel gezogen werden oder sonst „erschüttert" werden (DVBl 1980, 594); § 244 Abs 4 StPO u § 412 ZPO sind auch insoweit analog anwendbar (Czajka DÖV 1982, 106). Entsprechendes gilt auch für **von der Behörde eingeholte Gutachten** (69, 73) u für **Parteigutachten,** die im Auftrag eines Beteiligten im Zusammenhang mit dem Prozeß erstattet wurden, soweit deren Richtigkeit von den Beteiligten nicht substantiiert bestritten wird u auch sonst Zweifel hins der Sachkunde oder der Unabhängigkeit nicht bestehen[34] bzw die Notwendigkeit weiterer Beweiserhebungen sich dem Gericht aufdrängen muß (74, 223 mwN). Zur Feststellung des Sachverhalts durch einen Sachverständigen s auch unten 9, zur Verwertung von im VerwaltungsVf erstatteten **Sachverständigengutachten** auch 15 zu § 98, zur **Zulässigkeit des Urkundenbeweises** über schriftliche Erklärungen eines Zeugen anstelle der Vernehmung des Zeugen VRspr 31, 886; Ks NJW 1984, 823: grds unzulässig mit Ausnahme der Verwertung protokollierter Zeugenvernehmungen der Vorinstanz, vgl dazu Buchh 310 § 86 VwGO Nr 87 sowie 2 zu § 96.

Zur Bedeutung technischer Regeln als **„vorweggenommene Sachverständigengutachten"** s oben 5 a; ferner 18 a zu § 108.

9 **Wenn dem Gericht** (dh allen Mitgliedern des Gerichts; anders, wenn jedenfalls ein Mitglied, auch zB ein ehrenamtlicher Verwaltungsrichter, die erforderliche Sachkenntnis besitzt) selbst die zur Feststellung und/oder Beurteilung (in tatsächlicher Hinsicht) von Sachfragen **erforderliche Sachkunde fehlt,** muß es geeignete **Sachverständige** (s 13 ff zu § 98) zuziehen[35] **bzw sich durch Sachverständige beraten lassen** (BVerfG 88, 59 = NVwZ 1993, 670); **sonst verletzt es seine Aufklärungspflicht.**[36] Das Gericht darf sich nicht eine Sachkunde zutrauen, über die es nicht verfügen kann (NJW 1995, 2307: dies gilt auch im Rahmen einer Schätzungsbefugnis nach § 287 ZPO). Es hat die Entscheidung über die Zuziehung von Sachverständigen nach **pflichtgemäßem (Bewertungs-)Ermessen** zu treffen,[37] das **der Nachprüfung** im Hinblick auf eine Verletzung von **Art 103 Abs 1, Art 3 Abs 1 GG grds** entzogen ist (BVerfG 54, 93). Zu restriktiv will BVerfG BayVBl 1994, 144 (Kammerentscheidung) ein Ermessen hinsichtlich der Einholung von Gutachten unter Berufung auf § 412 ZPO nur bei weiteren Gutachten anerkennen, nicht aber im Falle eines Beweisantrags auf Einholung eines Gutachtens, wenn früher erstattete Gutachten lediglich im Wege des Urkundenbeweises in den Prozeß eingeführt worden sind; diese formalistische Sicht des § 412 ZPO führte dazu, dem Verwaltungsrichter ein Ermessen abzusprechen, das der Strafrichter nach § 244 Abs 4 S 1 StPO unzweifelhaft

---

[34] 74, 223 mwN; BayVBl 1982, 284; NVwZ 1986, 37; anders bei widersprechenden Privatgutachten, vgl BGH NJW 1993, 2382.

[35] BVerfG 17, 342; 41, 359; 68, 182; 69, 73; 88, 59; NJW 1981, 1748; 1987, 2454; NVwZ 1987, 47; BVerwG NVwZ 1993, 687; DÖV 2001, 43; BGH NJW 1982, 1608; Müller 34; Vieweg NJW 1982, 2475.

[36] BVerfG 68, 177; 69, 73 = NJW 1984, 2645; 84, 55 = NJW 1991, 2005 – zur Beurteilung, ob eine in der Prüfung von einem Kandidaten vertretene Auffassung vertretbar ist –; BVerwG NVwZ 1993, 687: hinsichtlich juristischer Fachfragen ist von dem erforderlichen Sachverstand der (Verwaltungs-)Gerichte regelmäßig auszugehen; zu einem Ausnahmefall vgl NVwZ 1999, 187.

[37] BVerfG 54, 93; BVerwG 68, 183; NVwZ 1993, 583: da grds das Gericht selbst darüber befindet, ob es zur Entscheidung des Rechtsstreits die Hilfe eines Sachverständigen benötigt, kann die Nichteinholung eines Sachverständigengutachtens nur dann als verfahrensfehlerhaft beanstandet werden, wenn das Gericht für sich eine ihm unmöglich zur Verfügung stehende Sachkunde in Anspr nimmt oder wenn es sich in einer Frage für sachkundig hält, in der seine Sachkunde ernstlich zweifelhaft ist, ohne daß es für die Beteiligten u für das zur Nachprüfung berufene Gericht überzeugend darlegt, daß ihm das erforderliche Fachwissen in genügendem Maße zur Verfügung steht; NVwZ 1996, 1011; BGH NVwZ 1987, 284; Ma VBlBW 1995, 152.

besitzt, der die Ablehnung auf Vernehmung von Sachverständigen im Falle eigener Sachkunde des Gerichts gestattet, unabhängig davon, ob der Beweisantrag auf Einholung eines weiteren Gutachtens gerichtet ist. Vgl auch BVerwG NJW 1993, 3343: bei juristischen Prüfungen muß das Gericht für die Beurteilung, ob eine Antwort richtig bzw vertretbar ist, keinen Gutachter zuziehen; BGH NJW 1978, 1210; 1983, 404: keine Bedenken, wenn das Gericht keine Sachverständigen zuzieht, weil es sich die erforderliche Sachkunde zu einfachen Fragen ad hoc, zB durch telefonische **Rückfrage** usw bei einem Sachverständigen, verschafft hat; ähnlich zu solchen Rückfragen u zur Zuziehung sog **„technischer Berater"** des Gerichts.[38]

Die Zuziehung eines oder uU auch mehrerer Sachverständiger durch das Gericht setzt nach Prozeßrecht u nach materiellem Recht **nicht notwendig** voraus, daß dieser bzw diese in der Lage ist (sind), eine **„richtige"** Entscheidung **oder** jedenfalls eine **„richtigere" Entscheidung** als diejenige der Fachbehörde zu gewährleisten; dies ist **bei wissenschaftlich noch umstrittenen Fragen** u bei mehr oder weniger unsicheren **Prognosen,** die von einer Vielzahl variabler Faktoren, deren Entwicklung sich exakter Bestimmung entzieht, abhängen, häufig auch objektiv gar nicht möglich.[39] In solchen Fällen genügt es auch, daß von dem bzw den zugezogenen Sachverständigen jedenfalls eine substantielle **Unterstützung des Gerichts bei der Feststellung,** Einschätzung u Abwägung **der voneinander abweichenden fachlichen Standpunkte** oder ggf, wenn es nach dem materiellen Recht nur darauf ankommt, auch nur dazu, **ob** sich der Standpunkt des rechtsuchenden Bürgers oder derjenige der Behörde **innerhalb der Bandbreite** der von der Fachwissenschaft für vertretbar gehaltenen Meinungen **bewegt,** erwartet werden kann (vgl BVerfG 88, 59 = NVwZ 1993, 670). Entsprechend kann **bei schwierigen komplexen Fragen** auch eine „Beratung" des Gerichts durch Sachverständige angezeigt sein, **wenn nicht** von vornherein **zwischen tatsächlichen u bewertenden Gesichtspunkten getrennt werden kann u** die Beurteilung tatsächlicher Umstände spezifische Fachkenntnisse erfordert.[40]

Die **Ermessensfreiheit** des Gerichts hins der Zuziehung von Sachverständigen findet ihre **Grenze** dort, wo das Gericht sich eine ihm **nicht zur Verfügung stehende Sachkunde** zuschreibt[41] oder sich ihm aus anderen Gründen auf der Basis seiner materiellrechtlichen Einschätzung **die Notwendigkeit** einer (weiteren) Beweisaufnahme durch ein Sachverständigengutachten **aufdrängen mußte.**[42] Das Gericht **verletzt Verfahrensrecht,** wenn es die Grenzen der ihm zur Verfügung stehenden Sachkunde überschreitet u **sich nicht mehr in den Lebens- u Erkenntnisbereichen** bewegt, die dem Richter allg zugänglich sind[43] oder die er „durch die häufige Bearbeitung ähnlich liegender Rechtsstreitigkeiten, in denen von verschiedenen Sachverständigen **Gutachten** zu **immer**

---

[38] Schmidt, Maunz-FS 1981, 297; Gerhardt BayVBl 1982, 489; OLG Hamm NJW 1978, 1210; s auch 13 zu § 98; allg auch BVerfG 88, 59.

[39] Vgl BVerfG 88, 59 = NVwZ 1993, 670; zur Risikoermittlung u Risikobeurteilung zB bei Atomanlagen auch BVerwG 72, 316 = NJW 1986, 208; NVwZ 1989, 1168, 1169; 1993, 581.

[40] NVwZ-RR 1991, 121; BVerfG 88, 59 = NVwZ 1993, 670; Schmidt, Maunz-FS 1981, 297; Gerhardt BayVBl 1982, 489; vgl auch OLG Hamm NJW 1978, 1210.

[41] NVwZ 1993, 583: wenn das Gericht für sich eine ihm unmöglich zur Verfügung stehende Sachkunde in Anspr nimmt.

[42] 68, 183 mwN; 69, 73; 74, 223; Buchh 310 § 86 Abs 1 VwGO Nr 120 S 21; NJW 1980, 900; NVwZ 1996, 1011; Ks MDR 1996, 418; Mü BayVBl 2001, 124 – Einholung weiterer Gutachten, wenn die vorhandenen Gutachten u Auskünfte widersprüchlich oder nicht nachvollziehbar sind.

[43] 68, 182; 75, 126; NJW 1992, 588; Buchh 310 § 86 Abs 1 VwGO Nr 123 S 25 mwN; NJW 1987, 2424.

wiederkehrenden Fragen erstattet worden sind" (BGH NJW 1991, 2825; 1993, 2382; vgl auch BVerwG NVwZ 1990, 571), oder in anderer geeigneter Weise (vgl NVwZ 1990, 571) erworben hat, sondern sich eine ihm keinesfalls zur Verfügung stehende Sachkunde anmaßt (NJW 1987, 2424; 1992, 588; NVwZ 1993, 583; s auch 14 sowie 22ff zu § 98).[44] S **zu allgemeinkundigen Tatsachen,** zu denen es wg der Allgemeinkundigkeit auch nicht der Zuziehung von Sachverständigen bedarf, auch oben 5a sowie 22ff zu § 98; zur Verwendung von im vorausgehenden VerwaltungsVf oder in anderen Vf erstatteter Gutachten 13 zu § 98; zur **Notwendigkeit,** in Fällen, in denen das Gericht Erfahrungswissen und/oder Kenntnisse, die außerhalb des allg Erfahrungswissens liegen, das auch von den Beteiligten vorausgesetzt werden kann, oder Gutachten, die in anderen Vf erstattet wurden, den Beteiligten zur Wahrung des rechtlichen Gehörs **Quellen u Inhalt seines Wissens bekannt** zu geben u ihnen Gelegenheit zu geben, **dazu Stellung zu nehmen.** Die Nichteinholung eines Sachverständigengutachtens ist verfahrensfehlerhaft, **wenn das Gericht** sich in einer Sache **für sachkundig hält,** in der seine Sachkunde ernstlich zweifelhaft ist, ohne daß es für die Beteiligten u für das zur Nachprüfung berufene Revisionsgericht überzeugend darlegt, daß ihm das erforderliche Fachwissen in genügendem Maße zur Verfügung steht (NVwZ 1993, 583).

In jedem Fall muß das Gericht, **wenn** es bei schwierigen technischen uä Fragen **keinen Sachverständigen** zuzieht, dies im Urteil in nachprüfbarer Weise (68, 182) näher **begründen** u angeben, daß u wieso es selbst die erforderliche Fachkunde besessen bzw wie es sich diese verschafft hat;[45] zur Wahrung des **rechtlichen Gehörs** muß das Gericht dabei die Beteiligten in der mV über Inhalt u Quellen seiner Fachkenntnis informieren (NJW 1992, 588; s auch 14 zu § 98). Vgl auch BVerwG NJW 1987, 2454: die Aufklärungspflicht ist nur verletzt, wenn das Gericht sich eine Sachkunde zutraut, die ihm unmöglich zur Verfügung stehen kann, „oder wenn die Entscheidungsgründe auf mangelnde Sachkunde schließen lassen."

Auch wenn das Gericht Sachverständige zuzieht, darf es **die Ergebnisse** der Begutachtung **nicht ungeprüft** u ohne die Überlegungen des Sachverständigen selbständig nachzuvollziehen,[46] **übernehmen.**[47] Vgl auch 13ff zu § 98, auch zur **Vernehmung des Gutachters** u zu Fragen der Beteiligten an den Richter, der selbst die erforderliche Sachkunde zu besitzen glaubt, in der mV; zur Verwendung eines im VerwaltungsVf erstellten Gutachtens 15a zu § 98; zur **Einholung weiterer Gutachten** bzw sog. **Obergutachten** 10 zu § 108.

Die für die Erstattung des Gutachtens **maßgeblichen Tatsachen** muß **das Gericht,** auch sofern es für die Feststellung nicht gerade auf die Sachkunde des Sachverständigen ankommt, grds nicht selbst ermitteln, sondern darf die Ermittlung im Zweifel auch **dem Sachverständigen überlassen.**[48] Vgl zur Zuziehung von Sachverständigen bei schwierigen **Fragen, bei denen nicht** von vornherein **zwischen tatsächlichen u bewertenden Gesichtspunkten getrennt** werden kann u die **Beurteilung** tatsächlicher Umstände **spezielle** Fach-

---

[44] DVBl 1999, 1206; NJW 2002, 455; BGH NJW 1991, 2825 mwN; 1993, 2378; Ks NVwZ-Beil 1996, 44.

[45] 68, 181; NVwZ 1987, 47; NVwZ-RR 1990, 375; DVBl 1999, 1206; Gerhardt BayVBl 1981, 489.

[46] BFH NJW 1982, 1608; BGH BB 1976, 430; NJW 1984, 1408: muß das Gutachten kritisch überprüfen u dazu erforderlichenfalls auch Fachliteratur zu Rate ziehen.

[47] S zu den Anforderungen im einzelnen 9ff zu § 108; vgl auch BFH NJW 1982, 1608; die unreflektierte Übernahme eines Sachverständigengutachtens stellt einen Verfahrensverstoß dar; allg auch Broß ZZP 1989, 413.

[48] 23, 314: einfache u unter den Beteiligten nicht str Tatsachenfeststellungen darf das Gericht nach Ermessen dem Sachverständigen überlassen; BGH 23, 214; 37, 394; NJW 1989, 2821; vgl auch BVerfG NJW 1991, 2824.

kenntnisse erfordert, auch oben im Text sowie BVerfG DÖV 1993, 527; BVerwG NVwZ-RR 1991, 121.

Das Gericht muß in jedem Fall u unabhängig davon, ob es auch schon zur Feststellung der Tatsachen einen Sachverständigen zugezogen hat, jedenfalls immer auch **prüfen, ob** der Gutachter seinem Gutachten **zutr Tatsachen zugrundegelegt** hat; damit dies möglich ist, muß der Gutachter immer auch angeben, von welchen Tatsachen das Gutachten ausgeht, warum er diese als erwiesen angesehen hat bzw aufgrund welcher Gesetzmäßigkeiten er aufgrund seiner besonderen Sachkunde auf die entscheidungserheblichen Tatsachen geschlossen hat (BFH NJW 1982, 1608; BGH MDR 1963, 830).

Zur Frage des **sog. Freibeweises** s bei Prozeßvoraussetzungen vgl 16 vor **10** § 40, ferner Lueder NJW 1982, 2763, zur Zulässigkeit einer Schadensschätzung nach § 287 Abs 1 ZPO NJW 1995, 2307 u 16 zu § 108.

3. Mitwirkung der Beteiligten an der Erforschung des Sachverhalts **11** **(Abs 1 S 1 2. Halbs):** Die Mitwirkung der Beteiligten am Vf dient vor allem der **Durchsetzung u Verteidigung ihrer Rechte;** sie ist zugleich aber ein **Mittel der Sachaufklärung** (die Beteiligten sind vielfach sogar die primären Wissensträger). Sie stellt daher sowohl ein Recht als auch eine Pflicht (sog **Prozeßförderungspflicht,** vgl BGHSt MDR 1978, 46; s auch oben 1) der Beteiligten dar.[49] Grds hat „jeder Prozeßbeteiligte **den Prozeßstoff umfassend vorzutragen,** also auch bei der Sachverhaltsaufklärung mitzuwirken" (Buchh 310 § 86 Abs 1 Nr 9; Ba SächsVBl 2002, 91; Lü NVwZ-Beil 1996, 69); das gilt insb für die **„in seine Sphäre fallenden Ereignisse",**[50] zB hins des persönlichen Schicksals eines Asylbewerbers (NVwZ 1985, 36). **ZB** muß ein **Asylbewerber** die Tatsachen, aus denen sich ergeben soll, daß ihm Verfolgung droht, grds unter Angaben von Einzelheiten lückenlos u in sich stimmig schildern.[51] Eine gesteigerte Mitwirkungspflicht trifft den Kl nach § 17e Abs 5 FStrG u entspr Bestimmungen (11 zu § 82), wonach er innerhalb einer Frist von sechs Wochen die zur Begründung seiner Klage dienenden Tatsachen u Beweismittel anzugeben hat u § 87b Abs 3 entsprechend anwendbar ist. Obschon nicht ausdr angeordnet, trifft den ASt auch im vorläufigen RechtsschutzVf eine gesteigerte Mitwirkungspflicht (Mü NVwZ-RR 2001, 477). S zur **Beweisvereitelung** als extreme Form einer Verletzung der Mitwirkungspflichten auch 17 zu § 108; zur **Nachholbarkeit** einer in der unteren Instanz unterbliebenen Mitwirkung auch § 87b, § 128a.

Kommen die Beteiligten dieser Pflicht nicht nach, obwohl ihnen dies **12** ohne weiteres möglich u zumutbar wäre (74, 224; vgl auch BVerfG 89, 69 = NJW 1993, 2366), so hat dies grds in gewissem Umfang eine **Verringerung der Anforderung an die Aufklärungspflicht des Gerichts** u eine Minderung des Beweismaßes (vgl 17 zu § 108) zur Folge.[52] Außerdem verlieren die betroffenen Beteiligten insoweit das Recht, in der Revision eine Verletzung der Aufklärungspflicht des Gerichts zu rügen (s zu möglichen, zumutbaren, gleichwohl aber unterlassenen Beweisanträgen oben 7; allg auch 21 zu § 132). Dies gilt **auch im**

---

[49] 19, 94; 60, 143; NJW 1964, 786; BayVBl 1972, 81; GewA 1995, 154; BVerfG DVBl 1980, 193; Köhler-Rott BayVBl 1999, 715; Wolff BayVBl 1997, 585; Schenke/Roth WuV 1997, 115; **aA** BVerwG NVwZ 1985, 37; NKVwGO-Höfling/Rixen 64: Mitwirkungsobliegenheit; unklar Groß/Kainer DVBl 1997, 1317.

[50] DÖV 1987, 744 mwN; Buchh 310 § 86 Abs 1 VwGO Nr 109; 402.24 § 28 AuslG Nr 44; Johlen DÖV 2001, 585f.

[51] NVwZ 1991, 588; DVBl 1994, 1408; BVerfG DVBl 1994, 1405; s zur Verteilung der Verantwortung für die Tatsachenermittlung im Asylrecht Gross/Kainer DVBl 1997, 1322.

[52] 52, 119; 74, 222; NJW 1980, 1063; DÖV 1982, 207; BayVBl 1984, 87; NVwZ-RR 1991, 587; DVBl 1994, 1408; GewA 1995, 154; BFH NVwZ-RR 2004, 311; Köhler-Rott BayVBl 1999, 716; Redeker NJW 1980, 1598; Bürck DÖV 1982, 224; Bender NVwZ 1982, 26; krit Becker NJW 1980, 1036; NKVwGO-Höfling/Rixen 66.

AsylVf (BVerfG DVBl 1994, 1404; DVBl 2000, 1048; s dazu näher auch Groß/Kainer DVBl 1997, 1317). **Unterläßt** der **Asylbewerber** die **Darlegung von Gründen** für eine drohende politische Verfolgung u der Umstände, welche eine inländische Fluchtalternative ausschließen (zu letzteren NVwZ 1994, 1123) oder sind seine **Angaben** unstimmig u **widersprüchlich,** braucht das VG nicht in weitere Sachverhaltsermittlungen einzusteigen (Buchh 310 § 86 Abs 1 VwGO Nrn 152 u 212; NVwZ-RR 1999, 208; Geiger BayVBl 1999, 324). Behauptet der Asylbewerber, auf dem Luftweg eingereist zu sein, alle schriftlichen Unterlagen aber weggegeben zu haben, so führen zwar weder die damit verbundene Selbstbezichtigung einer Verletzung der asylverfahrensrechtlichen Mitwirkungspflichten noch der fehlende urkundliche Nachweis der Luftwegeinreise zum Verlust des Asylrechts; den Asylbewerber trifft insoweit keine Beweisführungspflicht. Das Gericht kann aber bei der Feststellung des Reisewegs die behauptete Weggabe wichtiger Beweismittel wie bei einer Beweisvereitelung zu Lasten des Asylbewerbers würdigen. Bleibt die Einreise unaufklärbar, trägt der Asylbewerber die materielle Beweislast für seine Behauptung, ohne Berührung eines sicheren Drittstaats nach Art 16a Abs 2 GG, § 26a AsylVfG auf dem Luft- oder Seeweg nach Deutschland eingereist zu sein. Die Erteilung einer Aufenthaltserlaubnis kommt idR nicht in Betracht, wenn sich die Identität eines Ausländers aus von ihm zu vertretenden Umständen nicht feststellen läßt (Ms DVBl 1999, 1222).

Das Gericht ist allg, wenn u soweit ein Beteiligter es unterläßt, zur Klärung der ihn betr, insb der für ihn günstigen, Tatsachen beizutragen, obwohl ihm dies unschwer möglich u zumutbar wäre, **nicht gehalten,** insoweit **von sich aus allen denkbaren Möglichkeiten nachzugehen,** wie die Tatsachen sich verhalten könnten, zumal wenn sich auch aus den Akten keine weiteren Anhaltspunkte ergeben.[53] Dies gilt vor allem dann, wenn sich dem Gericht die **Notwendigkeit weiterer Aufklärung nicht aufdrängen mußte**[54] u **das Gericht die Beteiligten auf die Erheblichkeit bestimmter Umstände hingewiesen** u sie zu Stellungnahmen, zur Vorlage von Unterlagen usw aufgefordert hat u den Beteiligten der entsprechende Vortrag usw ohne weiteres möglich u zumutbar wäre,[55] oder wenn es sich um **Tatsachen** handelt, **die** überhaupt **nur den Beteiligten bekannt sein konnten** (vgl DÖV 1981, 27) u mit denen das Gericht auch nicht rechnen mußte, zB besondere persönliche Umstände.[56] Vgl auch BVerwG DVBl 1980, 231: bei der Überprüfung von Bebauungsplänen, die bereits längere Zeit in Kraft sind, wäre es angesichts der sachgerechten Tendenz,

---

[53] 26, 20; 60, 153; 66, 238; NJW 1986, 1704; NVwZ-RR 1991, 587: auch keine Verpflichtung, uU die mV nochmals zu eröffnen; Mü NVwZ 1983, 305; 1985, 600; BayVBl 1985, 657; Lü DÖV 1983, 560; Ks NJW 1986, 2781; Redeker NJW 1980, 1598; DVBl 1981, 83; Ey-Geiger 10; Reiß NJW 1982, 2540; **zu weitgehend** – s Bender NVwZ 1982, 26 – BVerwG NJW 1964, 786; 1977, 163; 1986, 1704; DÖV 1982, 207; DVBl 1983, 997; BSG SozR 103 SGG Nr 56; Haueisen NJW 1966, 764 mwN; ML 16 zu § 103 SGG: Die Verpflichtung des Gerichts zur Erforschung des Sachverhalts findet auch im Verwaltungsprozeß nach § 173 S 1, § 138 Abs 1 ZPO ihre Grenze dort, wo die Mitwirkungspflicht der Beteiligten einsetzt; krit dazu Kopp DÖV 1981, 557; iE auch Berg 51 f; zu weitgehend auch 53, 139: keine weitere Aufklärungspflicht, sondern Klageabweisung wg nicht dargetanen Feststellungsinteresses, wenn der Kl eine Feststellungsklage nur allg mit dem Hinweis darauf begründet, daß die Behörde es zu Unrecht unterlassen habe, seine berufliche Laufbahn zu fördern.

[54] Vgl 39, 38; 49, 95; DÖV 1962, 555; BayVBl 1982, 81; vgl allg auch 59, 103; BayVBl 1983, 371 sowie insb Nierhaus 339 f, der in BVerwG NVwZ 1987, 404 eine gewisse Abschwächung des Grundsatzes sieht.

[55] Ma BWVPr 1981, 13; Lü DÖV 1983, 560; vgl auch BVerwG NVwZ-RR 1991, 587: keine Wiederaufnahme der mV erforderlich zur weiteren Klärung des Sachverhalts, auch wenn bei der Beratung Widersprüche ersichtlich werden, diese jedoch Fragen betreffen, zu denen der Beteiligte seine Mitwirkungspflicht verletzt hat.

[56] 60, 14; NVwZ 1985, 36; BayVBl 1984, 87; Mü NJW 1982, 787; Ms DÖV 1979, 421; Ma DÖV 1979, 762.

solche Pläne „nach einem gewissen Zeitablauf nicht ohne Not an den Erfordernissen ihres verfahrensfehlerfreien Zustandekommens scheitern zu lassen ..., verfehlt, wenn die Verwaltungsgerichte ihre Sachaufklärungspflicht zum Anlaß nähmen, im VerwaltungsstreitVf **gleichsam ungefragt in eine Suche nach Fehlern** in der Vor- u Entstehungsgeschichte des Bebauungsplans **einzutreten"** (zustimmend Redeker DVBl 1981, 87); aber auch auf bloße, von einem Beteiligten **geäußerte, allg Zweifel** hin ist das Gericht nicht verpflichtet, in eine Fehlersuche in der Entstehungsgeschichte eines vor mehr als hundert Jahren erlassenen Plans einzutreten, der nahezu achtzig Jahre lang angewandt worden ist u sich in der Bebauung niedergeschlagen hat (BauR 1996, 520). Ebensowenig besteht für das Normenkontrollgericht Anlaß, von sich aus in eine Prüfung etwaiger Funktionslosigkeit eines Bebauungsplanes einzutreten, ohne daß der ASt durch einen substantiierten Vortrag die Gesichtspunkte konkretisiert, aus denen sich eine Funktionslosigkeit ergeben könnte (108, 76).

Je nach den Umständen des Falles kann das Gericht aus dem **Verhalten eines Beteiligten, der** es **unterläßt** bzw sich weigert, seinen Teil zur Sachaufklärung beizutragen, obwohl ihm das ohne weiteres möglich u zumutbar wäre (vgl 72, 223; 74, 223; NJW 1987, 2454), in gewissem Umfang **auch negative Schlüsse** für ihn ziehen (s auch 7, 9, 19 zu § 98; 17 zu § 108). Dies gilt vor allem **auch für** einen Beteiligten (tatsächlich oder möglicherweise) **nachteilige Tatsachen** (Reiß NJW 1982, 2540; Stürner NJW 1981, 1762; Wolff BayVBl 1997, 589f). Vgl zB zur Verweigerung einer vom Gericht zu Recht angeordneten (vgl NJW 1986, 1562; 1987, 2455) **Untersuchung** zur Klärung der **Eignung zur Führung eines Kfz** BVerfG 89, 69 = NVwZ 1993, 677 – auch zu den Grenzen –; BVerwG 11, 275; 34, 250 = DÖV 1970, 570; DÖV 1982, 855; BayVBl 1982, 694; 1984, 87: zwar keine Umkehr der Beweislast, aber im Rahmen der freien Beweiswürdigung zu berücksichtigen; DÖV 1993, 440; Buchh 442.10 § 4 StVG Nr 32 u 52; Ms VkBl 1981, 211; NVwZ 1982, 252; ähnlich zur **Wehrdiensttauglichkeit** BVerwG BayVBl 1988, 505; vgl zur Vaterschaftsfeststellung auch BGH NJW 1986, 2371; BGH 121, 277 = NJW 1993, 1393: bei Verweigerung der Blutuntersuchung nach vorherigem entsprechenden Hinweis so zu behandeln, als hätte das Ergebnis der Untersuchung keine schwerwiegenden Zweifel an der Vaterschaft erbracht. Allg zur **Beweisvereitelung** auch 17 zu § 108. **Nicht zu Lasten** des Beteiligten darf das Gericht jedoch eine verweigerte Mitwirkung werten, wenn die Mitwirkung nicht zumutbar war (s auch oben 5) oder der Betroffene sonst **gute Gründe für die Weigerung** geltend machen kann; ebenso auch nicht – außer wenn durch Gesetz etwas anderes bestimmt ist (zB gem § 10 Abs 3 S 5 BImSchG, § 17a Nr 7 FStrG, § 7 Abs 1 S 2 AtVfV) oder sich aus den Grundsätzen über die Verwirkung ergibt (vgl 18ff zu § 74) –, **daß** er bestimmte **Tatsachen nicht bereits im vorangegangenen VerwaltungsVf geltend gemacht hatte** (zT **aA** Ms NJW 1982, 309). S aber zu evtl Kostenfolgen 19f zu § 155. Daher muß das VG zB Tauglichkeitseinwendungen gegen einen Musterungsbescheid auch dann prüfen, wenn sie der Wehrpflichtige nicht in dem dafür bestimmten Musterungstermin, sondern erstmals im verwaltungsgerichtlichen Vf nach einer Beweisaufnahme vorgebracht hat (DÖV 1987, 787).

Die Mitwirkungspflicht der Beteiligten bei der Aufklärung des Sachverhalts durch das Tatsachengericht erstreckt sich nicht auf solche Tatsachen, die **nicht in ihre Sphäre fallen.**[57]

Folgerung aus dem Mitwirkungsrecht bzw der Mitwirkungspflicht sind ua 13
auch **§ 82 Abs 1 S 3, § 85 S 2 u 3, § 86 Abs 2, 4 u 5.**

4. Keine Bindung des Gerichts an Vorbringen und Beweisanträge 14
(Abs 1 S 2): Die VwGO überläßt es im Interesse einer möglichst umfassenden,

[57] DÖV 1987, 72; Buchh 310 § 86 Abs 1 VwGO Nr 109 u Buchh 402.24 § 28 AuslG Nr 44.

den Erfordernissen des konkreten Falles angepaßten Aufklärung des Sachverhalts grds dem **Ermessen** (s oben 8) **des Gerichts** (s aber auch oben 4 ff), **welche Mittel es zur Erforschung des Sachverhalts** anwendet.[58] Das Gericht ist dabei wie auch hins der Würdigung der Ergebnisse der Beweiserhebung u des Gesamtergebnisses der mV frei (§ 108 Abs 1).

S aber zum – auch verfassungsrechtlich gewährleisteten – **Recht der Beteiligten, Beweisanträge** zu stellen, oben 1; ferner unten 18 ff. Auch aus Art 103 Abs 1 GG oder aus sonstigen Vorschriften folgt **kein Recht** des Beteiligten **auf bestimmte Beweismittel** bzw auf die Erhebung bestimmter Beweise (BVerfG 1, 429; 57, 274; Mü NJW 1982, 2685). Je nach den Besonderheiten eines Falles u nach den Umständen können sich jedoch für das Gericht insoweit uU erhebliche **Beschränkungen seiner Ermessensfreiheit** bei der Feststellung des Sachverhalts, der Auswahl der Beweismittel (s oben sowie allg auch oben 8) ergeben. ZB ist in Prozessen, in denen es wesentlich auf persönliche Bekundungen, den persönlichen Gesamteindruck, die Möglichkeit zu Vorhalten usw ankommt, wie in Kriegsdienstverweigerungssachen, idR eine **Parteivernehmung** des betroffenen Beteiligten unentbehrlich (NVwZ 1982, 40; NVwZ-RR 1991, 568; NJW 1968, 1646). Vgl auch zB BVerwG NVwZ 1990, 674: Eine **Beweiserhebung** ist **geboten, wenn** sie mit der Begründung beantragt wurde, daß **andere Obergerichte** aufgrund der beantragten Beweiserhebungen **zu anderen Ergebnissen** gekommen sind.

15 **Abs 1 S 2 befreit** im Interesse objektiver Aufklärung des Sachverhalts das Gericht **von jeder Bindung an das Vorbringen u die Beweisanträge** der Beteiligten, wie sie etwa im Zivilprozeß nach dem dort herrschenden Verhandlungsgrundsatz (Beibringungsgrundsatz, vgl Schreiber Jura 1991, 617; ThP 1 ff zu Einl I) besteht. Das Gericht muß in jedem Fall von sich aus **auch alle Tatsachen** ermitteln u berücksichtigen, **die** von den Beteiligten **nicht vorgetragen werden,** gleichwohl aber entscheidungserheblich sein können, u erforderlichenfalls Beweis erheben. Es wird umgekehrt durch das Vorbringen der Beteiligten, **auch wenn es nicht bestritten** wird (vgl § 138 Abs 3 ZPO), auch nicht der Notwendigkeit enthoben, in eigener Verantwortung, ggf aufgrund eigener Ermittlungen, zu prüfen, ob der Vortrag der Beteiligten den Tatsachen entspricht. S auch oben 5.

16 Selbst ein **Geständnis** (vgl § 288 ZPO; s dazu Schneider MDR 1991, 297; ferner BGH NJW 1991, 1683) bindet das Gericht nicht, sondern ist im Rahmen der „Beweis"-Würdigung nach § 108 Abs 1 frei zu werten (4, 312; JZ 1972, 119; NKVwGO-Höfling/Rixen 79). Dagegen sind die **Anerkennung** des Klageanspr, der **Verzicht** auf den der Klage zugrundeliegenden Anspr, soweit die Beteiligten über den Streitggst verfügen können (vgl 12 ff zu § 106), auch im Verwaltungsprozeß möglich u **für das Gericht bindend,** da sie nicht die Feststellung des Sachverhalts, sondern die den (Haupt-)Beteiligten zustehende Verfügung über den Streitggst (s oben 2) betreffen.[59]

---

[58] Vgl auch BVerfG 1, 429; 9, 95; 62, 397: keine bestimmten Verpflichtungen insoweit als Folgerungen aus Art 103 Abs 1 GG; 63, 60: Art 103 Abs 1 GG gewährleistet nur das Recht auf Gehör zu bekannten Tatsachen, nicht auch darauf, daß Tatsachen erst beschafft werden; vgl auch NVwZ-RR 1992, 227: Beweiserhebung u ggf Art u Umfang einer Beweiserhebung grds im Ermessen des Gerichts, auch zB, ob eine Ortsbesichtigung durchgeführt werden soll; 66, 138: allein das Gericht legt die rechtlichen Maßstäbe fest, auf deren Grundlage es den Rechtsstreit entscheidet u steckt damit auch den Rahmen für die notwendigen tatsächlichen Feststellungen ab; ähnlich Buchh 448.0 § 25 WPflG Nr 55 u Nr 105; NVwZ 1988, 1020 u 1993, 268: das Gericht bestimmt die im Einzelfall in Betracht kommenden Beweismittel nach pflichtgemäßem Ermessen.

[59] WM 1963, 327 – unter ausdr Abkehr von NJW 1957, 19 –; BayVBl 1997, 508; Ma NJW 1991, 861; Hbg NJW 1977, 214; RÖ-M. Redeker 6 zu § 107; Guttenberg VBlBW 1992, 244; NKVwGO-Höfling/Rixen 82; Schenke 19; Ule 28 II; Detterbeck JuS 1993,

Auch **Beweise,** die zur Feststellung des Sachverhalts erforderlich erscheinen, 17
muß das Gericht ohne Rücksicht darauf, ob die Beteiligten entsprechende Beweisanträge stellen, **vAw erheben.** Vgl aber zu den Voraussetzungen einer Rüge ungenügender Sachaufklärung oben 7; ferner 47 zu § 132; 6 zu § 139; 44 zu § 132; 6 ff zu § 139.

5. Die Ablehnung von Beweisanträgen (Abs 2): Die Verpflichtung des 18
Gerichts, Beweisanträge, denen es keine Folge geben will, durch zu **begründenden Beschluß** abzulehnen, soll das Gericht zwingen, besonders sorgfältig zu prüfen, ob die Ablehnung trotz der Pflicht zur umfassenden Aufklärung des Sachverhalts gerechtfertigt ist (vgl DVBl 1983, 1016; BayVBl 1997, 253: soll das Gericht zwingen, sich über die Entscheidungserheblichkeit des Antrags schlüssig zu werden); sie **dient** zugleich der **Sicherung** der Effektivität **des Rechts der Beteiligten, Beweisanträge** zu stellen, und, weil auf diese Weise den ASt die Möglichkeit gegeben wird, sich auf die dadurch geschaffene Prozeßsituation einzustellen u ggf neue Tatsachen vorzutragen u neue Anträge (auch neue Beweisanträge) zu stellen (12, 268; 15, 175; 17, 268), auch der **Wahrung des rechtlichen Gehörs**[60] bzw sonst in der Sache **betroffener Grundrechte** (BVerfG NJW 1984, 40 – zugleich unter Hinweis darauf, daß Grundrechte des Prozeßbevollmächtigten nicht berührt werden).

Abs 2 ergänzt u präzisiert den schon aus Art 103 Abs 1 GG folgenden (s oben 1) **Grundsatz,** daß das Gericht Beweisanträge, die für die Entscheidung erheblich sein können, berücksichtigen muß;[61] mißverständlich insoweit NJW 1988, 722: der Anspr auf rechtliches Gehör schützt nicht gegen eine nach Meinung eines Beteiligten sachlich unrichtige Ablehnung eines Beweisantrages durch das Gericht. Vgl auch BVerfG NJW 1986, 833: Nach der stRspr des BVerfG verpflichtet Art 103 Abs 1 GG das Gericht, die Ausführungen u Anträge der Prozeßbeteiligten zur Kenntnis zu nehmen u in Erwägung zu ziehen (ebenso 98, 238 = NVwZ 1996, 379 mwN). Dabei soll das Gebot des rechtlichen Gehörs als Prozeßgrundrecht sicherstellen, daß die von den Fachgerichten zu treffende Entscheidung frei von Verfahrensfehlern ergeht, welche ihren Grund in unterlassener Kenntnisnahme u Nichtberücksichtigung des Sachvortrags der Parteien haben; in diesem Sinne gebietet Art 103 Abs 1 GG iVm den Grundsätzen der fraglichen Verfahrensordnung die Berücksichtigung erheblicher Beweisanträge (BVerfG 60, 249; 60, 252; 65, 307 = NJW 1984, 1026). Zwar gewährt Art 103 Abs 1 GG keinen Schutz dagegen, daß das Gericht das Vorbringen der Beteiligten aus Gründen des formellen oder materiellen Rechts ganz oder teilweise unberücksichtigt läßt.[62] Die **Nichtberücksichtigung** eines von den Fachgerichten als erheblich angesehenen Beweisangebots **verstößt** aber dann **gegen Art 103 Abs 1 GG, wenn** sie **im Prozeßrecht keine Stütze** findet[63] oder wenn dadurch **einem Beteiligten** die Möglichkeit versagt wird, **entscheidungserheblichen „Prozeßstoff" an das Gericht heranzutragen,** zB, weil das Gericht einem

---

404 – unter Hinweis auch auf § 87 a Abs 1 Nr 2 –; s zu Anerkenntnisurteilen auch 4 zu § 107; **aA** 62, 19 – hins einer Anfechtungsklage –; NJW 1957, 885; Anerkenntnis u Verzicht sind im Verwaltungsprozeß unzulässig, zu weitgehend RÖ-Kothe 5: ohne Beschränkungen zulässig.

[60] Vgl 17, 173; DVBl 1983, 1016; NVwZ 1990, 674; BVerfG 50, 32; NJW 1984, 1026; 1986, 833; NVwZ 1987, 785; BayVBl 1988, 269; Kopp NJW 1988, 1708.

[61] Vgl zu diesem Grundsatz BVerfG 60, 249; 60, 252; 69, 143 = NJW 1986, 833; NJW 1985, 1150; 1993, 254; BayVerfGH BayVBl 1988, 204; Kopp NJW 1988, 1708; s auch oben 7.

[62] BVerfG 60, 5 = NJW 1982, 1453, 60, 310 = NJW 1982, 1636; 62, 254 = NJW 1983, 1307; 70, 100 = NVwZ 1986, 575; NVwZ 1988, 524 mwN; stRspr; BVerwG 98, 238 = NVwZ 1996, 379; NVwZ 1990, 675.

[63] BVerfG 50, 36 = NJW 1979, 413; 60, 252; 65, 307 = NJW 1984, 1026; NJW 1996, 2786.

Beweisangebot nicht nachgeht, obwohl die in Frage stehenden Beweismittel ein anderes Obergericht zu entgegengesetzten tatsächlichen Feststellungen veranlaßt haben (NVwZ 1990, 675; BVerfG 69, 143 = NJW 1986, 833; NJW 1982, 299). Ähnlich BVerfG 69, 148 u DVBl 1993, 1003 mwN, im Ergebnis auch BVerfG DVBl 1993, 1004. Geht der Tatrichter dem wesentlichen Inhalt der Tatsachenbekundungen eines Beteiligten nicht gem § 86 Abs 1 nach, so muß er zumindest nach § 108 Abs 1 S 2 darlegen, welche rechtlichen oder tatsächlichen Überlegungen ihn veranlaßt haben, von einer Auseinandersetzung mit diesem Vorbringen abzusehen, sonst verletzt er den Anspr auf rechtliches Gehör (98, 238 = NVwZ 1996, 379).

Mittelbar folgt aus Abs 2, daß die Beteiligten auch im Verwaltungsprozeß **das Recht** haben, Beweisanträge zu stellen (s auch oben 1 u 14). **Weder aus Abs 2** noch auch aus Art 19 Abs 4, 103 Abs 1 GG oder aus anderen Vorschriften ergibt sich jedoch ein **Anspr auf die Durchführung bestimmter Ermittlungen** oder Beweisaufnahmen (s oben 14).

Eine zu Unrecht (s dazu im einzelnen unten 21) erfolgte **Ablehnung** eines Beweisantrags verletzt idR nicht nur § 86 Abs 2, sondern auch § 86 Abs 1 S 2 (BayVBl 1989, 60). Die **Nichtzulassungsbeschwerde** kann auf einen übergegangenen oder zu Unrecht abgelehnten Beweisantrag jedoch nur gestützt werden, wenn dieser Antrag im Protokoll der letzten mV oder im Tatbestand des angegriffenen Urteils aufgeführt ist (vgl BSG Breithaupt 1990, 264).

18 a **Beweisanträge** iSv Abs 2 sind nur Anträge, die **für bestimmte Tatsachen bestimmte Beweismittel** benennen.[64] Keine Beweisanträge in diesem Sinne sind die (im Verwaltungsprozeß ähnlich wie im Strafprozeß zulässigen) bloßen **Beweisanregungen** u Beweisermittlungsanträge,[65] ferner Beweisanträge **ohne klares Beweisthema** oder solche, die so **unzureichend substantiiert** sind, daß das Gericht – ohne daß insoweit allerdings die Anforderungen überspannt werden dürften – nicht die Erheblichkeit der unter Beweis gestellten Tatsachen ersehen u die Tauglichkeit des Beweismittels in etwa beurteilen kann, u zu denen der ASt nicht darlegt, welche Ergebnisse zu erwarten sind (BayVBl 1989, 160; NVwZ-RR 1991, 118; NVwZ-RR 2002, 311; Geiger BayVBl 1999, 328, s auch unten 18 b), auch **nicht bedingte Beweisanträge** (unten 19). **Keine Beweisanträge** iSv Abs 2 sind auch die sog **„Ausforschungsbeweis"-Anträge** (Geiger BayVBl 1999, 328), dh Beweisanträge, mit denen unter lediglich formalem Beweisantritt Behauptungen aufgestellt werden, für deren Wahrheitsgehalt **nicht wenigstens eine gewisse Wahrscheinlichkeit spricht,**[66] bzw für willkürliche, aus der Luft gegriffene Behauptungen, für die jegliche tatsächlichen Grundlagen gänzlich fehlen.[67] Anträge der genannten Art sind grds – **anders** jedoch **in Fällen** einer gewissen **Beweisnot des ASt,** insb wenn es sich um Tatsachen im Bereich des Prozeßgegners oder um Tatsachen, die erst eine Beweisaufnahme ergeben kann,[68] handelt – **nur Anregungen an das Gericht,** für die Abs 2 nicht gilt (vgl Kropshofer 88); das Gericht muß sie nur im Rahmen seiner Wahrheitsermittlungspflicht berücksichtigen (vgl auch BVerfG 69, 68; BGH

---

[64] DVBl 1964, 193; DÖV 1983, 647; NVwZ-RR 2002, 311; Ms DÖV 1981, 384; Geiger BayVBl 1999, 328; NKVwGO-Höfling/Rixen 86; RÖ-Kothe 27.

[65] Vgl auch BVerfG 69, 68; BGH NJW 1978, 114; BVerwG 75, 6; NJW 1988, 1786; Geiger BayVBl 1999, 327.

[66] Vgl BVerfG DVBl 1993, 1003; BVerwG NVwZ-RR 1991, 123; Buchh 310 § 86 Abs 1 Nr 266.

[67] BVerfG DVBl 1993, 1003; BL 27 Einf § 284 ZPO; ferner BVerfG NVwZ 1988, 524; 1994, 61: es ist nicht Sinn u Zweck der grundsätzlichen Gewährleistung rechtlichen Gehörs vor Gericht, den Beteiligten Zugang zu dem Gericht nicht bekannten Tatsachen zu erzwingen.

[68] Vgl BGH NJW 1989, 2947; Schlosser JZ 1991, 405; vgl auch BGH NJW-RR 1991, 446, auch zum Ausmaß der allenfalls erforderlichen Substantiierung des Beweisantritts.

NJW 1978, 114). **Als Beweisanträge** gem Abs 2 sind jedoch jedenfalls **auch** Beweisanträge zu **Tatsachen,** die **jemand lediglich für möglich hält** oder vermutet, zulässig;[69] erforderlich ist nur, daß die Vermutung nicht völlig haltlos ist u durch keinerlei tatsächliche Anhaltspunkte gestützt wird (DÖV 1991, 472; BGH NJW 1987, 2384); sonst handelt es sich um bloße Beweisermittlungsanträge (s oben; vgl auch 75, 6 = DVBl 1986, 1208). Beweisermittlungs- oder -ausforschungsanträge, **die so unbestimmt sind,** daß im Grunde **erst die Beweiserhebung selbst** die entscheidungserheblichen Tatsachen u Behauptungen aufdecken könnte, brauchen regelmäßig dem Gericht eine Beweisaufnahme nicht nahezulegen u sind deshalb grds unzulässig (NVwZ-RR 1991, 118; NVwZ 1999, 656).

Mit dem Beweisantrag ist insb **auch darzulegen, welches Ergebnis** von der Beweisaufnahme erwartet werden kann, zB was der Zeuge wozu usw nach – zumindest vertretbarer – Auffassung des ASt aussagen kann.[70] 18 b

Abs 2 bezieht sich **nur** auf **die in der mV ausdr** zur Sitzungsniederschrift **gestellten Beweisanträge** (21, 184; BayVBl 1974, 683; 1989, 60) ieS (s oben 18), **nicht** auch auf **Beweisangebote** bzw Beweisanträge **in den vorbereitenden Schriftsätzen,** insb in der Klagebegründung gem § 82, der Klageerwiderung usw (Geiger BayVBl 1999, 327); letztere sind, wenn sie dann nicht in der mV formell gestellt werden, nur als Ankündigung von Beweisanträgen u als Anregungen für Beweiserhebungen des Gerichts vAw zu werten (allenfalls kann der Vorsitzende gem Abs 3 eine formelle Antragstellung anregen; vgl dazu auch OLG Oldenburg NJW-RR 1990, 125). Auch ein Beweisantrag, der in einem nachgelassenen Schriftsatz gestellt ist, unterfällt Abs 2 nicht; deshalb hat das Gericht über einen solchen Antrag nicht vorab zu entscheiden. Er kann vielmehr nur Anlaß geben, die mV wieder zu eröffnen, wenn sich aus ihm die Notwendigkeit zur weiteren Aufklärung des Sachverhalts ergibt (NVwZ 2003, 1116). **Beweisanträge** iSv Abs 2 dürfen außerdem nicht **nur hilfsweise** gestellt sein; nur **unbedingt** gestellte Anträge zwingen das Gericht zu einer Entscheidung nach Abs 2.[71] Durch einen hilfsweise gestellten Beweisantrag, über den nicht gesondert zu entscheiden ist, begibt sich der ASt nicht des Rechts, die Verletzung des rechtlichen Gehörs zu rügen, wenn der Antrag im Urteil aus Gründen abgelehnt wird, die im Prozeßrecht keine Stütze finden.[72] **Wenn bereits eine Beweisaufnahme stattgefunden** hat, ist grds nochmalige ausdr Antragstellung erforderlich (vgl 15, 176). Die Ablehnung u die vom Gericht dafür gegebene Begründung müssen nicht notwendig **schriftlich** (Zustellung!) erfolgen, sondern können auch in der mV **verkündet** werden. 19

Im schriftlichen Verfahren (§ 101 Abs 2) ist ein nach Verzicht auf mV schriftsätzlich gestellter Beweisantrag entsprechend einem in mV gestellten Beweisantrag zu behandeln, dh über ihn ist gem § 86 Abs 2 vorab durch Beschluß zu befinden (15, 176; DVBl 1983, 1016; NVwZ 1989, 1078; RÖ-Kothe 25; Weigert BayVBl 1978, 394). Verzichtet der Beteiligte jedoch nach (Buchh 421.0 Prüfungswesen Nr 106) oder zumindest gleichzeitig mit (NVwZ 1989, 1078; NKVwGO-Höfling/Rixen 89) der Stellung seines Beweisantrags auf mV, so begibt er sich seines Anspr auf Vorabentscheidung gem § 86 Abs 2. In den Vf nach **§ 84** oder **§ 130 a** ist § 86 Abs 2 nicht anwendbar; einer Vorabentscheidung

---

[69] BGH NJW 1987, 2384; Kopp NJW 1988, 1708; zT **aA** BVerwG NJW 1988, 1150; BVerfG NJW 1988, 1773.

[70] DÖV 1983, 647; NVwZ-RR 2002, 311; Ks 51, 138; NKVwGO-Höfling/Rixen 86; ebenso wohl auch BVerfG NVwZ 1987, 786.

[71] 15, 175; MDR 1969, 419; Geiger BayVBl 1999, 327; Jacob VBlBW 1997, 43; **aA** Ba DÖV 2006, 395.

[72] NVwZ-Beil I 2000, 99; Ba NVwZ-RR 2006, 741; Ma VBlBW 1994, 190; Ms NVwZ-RR 2005, 507.

durch Beschluß bedarf es hier nicht (oben 29 zu § 84, unten 7 zu § 130a). Jedoch muß die Ablehnung eines solchen Beweisantrags hier den Beteiligten **vorweg** so rechtzeitig **mitgeteilt** werden, daß diese ggf neue Beweisanträge stellen können, usw (vgl DVBl 1983, 1016; 1992, 1552: in Verfahren ohne mV keine Vorabentscheidung über Beweisanträge erforderlich; es genügt, wenn das Gericht in den Gründen der in der Sache ergehenden Entscheidung auch auf die Gründe, die es zum Verzicht auf die Erhebung des beantragten Beweises veranlaßt haben, eingeht u vorab mitteilt, daß es dem Beweisantrag nicht durch förmlichen Gerichtsbeschluß nachgehen wird; Buchh 310 § 130a VwGO Nr 12 mwN; vgl auch 29 zu § 84).

20 Die Ablehnung eines in der mV förmlich gestellten Beweisantrags ist zu begründen; sie muß jeweils **so rechtzeitig** erfolgen, daß der ASt ausreichend Zeit hat – in der mV genügen idR wenige Minuten, allenfalls eine kurze Bedenkzeit, bei Ablehnung vor der mV genügen nach NJW 1965, 2418 jedenfalls 10 Tage –, sich auf die neue Situation einzustellen u **ggf neue Anträge zu stellen.**[73] Will das Gericht einen auf Antrag – oder vAw – erlassenen **Beweisbeschluß nachträglich nicht ausführen** oder ändern, so muß es dies den Beteiligten ebenfalls rechtzeitig mitteilen (17, 172), damit sie sich darauf einstellen können. **War der Beschluß auf einen Antrag** nach Abs 2 **hin ergangen,** so kann die Aufhebung nur durch begründeten Beschluß (s oben 19) erfolgen, da sie eine Ablehnung des Antrags iSd Abs 2 darstellt; in allen anderen Fällen genügt eine Begründung – nicht jedoch auch die Bekanntgabe! – im Rahmen des Urteils. Das **Unterbleiben einer Entscheidung** nach Abs 2 oder der bei einer Ablehnung erforderlichen Begründung, das Übersehen bzw die nicht hinreichende Würdigung eines Beweisantrags oder **die nicht rechtzeitige Entscheidung** über einen Beweisantrag verletzen Art 103 Abs 1 GG (BVerfG 75, 380; NVwZ 1987, 786; s auch oben 1 u 18; vgl auch Kopp NJW 1988, 1708); anders **bei Vorliegen besonderer Umstände,**[74] insb wenn die Beteiligten praktisch darauf verzichten (vgl BVerfG NVwZ 1987, 785). **Für die Ablehnung eines Beweisantrags** gilt dasselbe nur, wenn alle anderen Bemühungen des Gerichts zur Klärung des Sachverhalts fehlgeschlagen sind u Zweifel nicht auszuschließen sind, die sich bei der Entscheidung zu Lasten des Beteiligten, der den Beweisantrag gestellt hat, auswirken können.[75]

Kann ein Beteiligter nach dem bisherigen Verfahren, insb zB nach den einem Sachverständigen gestellten Fragen, **davon ausgehen,** daß **eine bestimmte Tatsache nicht mehr zweifelhaft ist,** so hat das Gericht bei anderer Würdigung – notfalls nach Wiedereröffnung der mV – darauf hinzuweisen u Gelegenheit zu geben, einen Beweisantrag zu stellen (6. 9. 1989 – 9 BV 64/88).

21 Die Gründe, aus denen **ein Beweisantrag abgelehnt** werden kann, sind dieselben, die auch das Gericht von Beweiserhebungen vAw entbinden (s oben 6). Insb kann ein Beweisantrag **analog § 244 Abs 3 StPO**[76] abgelehnt werden, wenn

---

[73] 15, 176 = NJW 1963, 552; 71, 47; NJW 1986, 2269; DÖV 1978, 338; BVerfG 12, 269 = NJW 1961, 2081; NVwZ 1987, 785; NKVwGO-Höfling/Rixen 85; Ey-Geiger 31; **aA** Noack DVBl 1960, 225.

[74] Das kann dann zutreffen, wenn ein Beteiligter trotz deutlicher Hinweise darauf, daß das Gericht einen von ihm in der mV gestellten Beweisantrag übergehen oder abschließend zur Sache entscheiden wird, es unterläßt, auf den Verfahrensmangel aufmerksam zu machen u auf eine Bescheidung des Beweisantrags noch vor Schluß der mV zu dringen (Ks NVwZ 2000, 1432).

[75] Kopp NJW 1988, 1708; **aA** Buchh 310 § 86 Abs 2 VwGO Nr 31; der Anspr auf rechtliches Gehör schützt nicht gegen eine nach Meinung eines Beteiligten sachlich unrichtige Ablehnung eines Beweisantrages durch das Gericht.

[76] VRspr 24, 413; MDR 1978, 77; Ms DÖV 1981, 384; Grunsky 42 II 2; RÖ-Kothe 29, Czajka DÖV 1982, 106; Geiger BayVBl 1999, 328; NKVwGO-Höfling/Rixen 95; vgl auch BGH 53, 259; 121, 270 = NJW 1993, 1391.

– das Beweismittel **schlechterdings untauglich** oder unerreichbar ist (Geiger BayVBl 1999, 329; Herdegen NStZ 1984, 337);
– es auf die Beweistatsache **nicht ankommt** (NVwZ 1982, 244) oder das Gericht sie **als wahr unterstellt;**[77]
– der Beweisantrag offensichtlich u zweifellos **nur zur Prozeßverschleppung** dient;[78]
– die beantragte Beweiserhebung nach Art oder Umfang für das Gericht **schlechthin unzumutbar** wäre (Ms DÖV 1981, 384: Antrag, 20 000 türkische Asylanten zu vernehmen; vgl auch Ms MDR 1978, 77);
– der Beweisantrag in wesentlichen Punkten unplausibel ist (NVwZ-RR 1999, 208; s auch oben 12).

Kein Ablehnungsgrund ist es, daß die **Beweiserhebung „höchst unökonomisch" wäre,**[79] oder wenn die Beweisaufnahme nur im Weg der **Rechtshilfe** durch ein **ausländisches Gericht** durchgeführt werden könnte (DÖV 1978, 357; NKVwGO-Höfling/Rixen 103); anders, wenn das Beweismittel zugleich auch untauglich wäre (vgl BVerwG NJW 1984, 574 zu Vernehmungen im Verfolgungsstaat in Asylsachen). Vgl zur Frage der Anwendbarkeit des **§ 244 Abs 5 S 2 StPO** bei Antrag auf Vernehmung eines sich im **Ausland** aufhaltenden Zeugen Lü NdsRPfl 1999, 88. Zum **Verbot vorweggenommener Beweiswürdigung** s auch oben 6 a.

Anders als im Strafprozeß kommt im Verwaltungsprozeß eine **Wahrunterstellung entscheidungserheblicher** Tatsachen nicht in Betracht (77, 156; Ma VBlBW 1998, 101). Im StrafVf kann eine zugunsten des Angeklagten wirkende Beweistatsache als wahr unterstellt werden, wenn sie nach der Prognose des Gerichts nicht mit hinreichender Sicherheit widerlegt werden kann. Die Wahrunterstellung ist demnach eine Vorwegnahme des Zweifelssatzes (Herdegen NStZ 1984, 340; Pfeiffer 38 zu § 244 StPO). Da ein vergleichbarer Grundsatz, wonach für den Bürger sprechende Umstände im Zweifel als gegeben angesehen werden müssen, im Verwaltungsprozeßrecht aber grds nicht existiert, darf das Gericht seine Entscheidung dort nicht auf lediglich als wahr unterstellte Tatsachen stützen, sondern muß sich vom Vorliegen dieser Tatsachen überzeugen (Ma VBlBW 1998, 101). Soweit in der Rspr eine Wahrunterstellung **nicht entscheidungserheblicher** Tatsachen zugelassen wird (77, 156; 39, 36; B-Kuntze 35), liegt strenggenommen ein Fall der Unerheblichkeit der Beweistatsache vor.[80]

Einschränkungen des Gebots der grundsätzlichen **Erschöpfung** ordnungsgemäß in der mV **gestellter Beweisanträge** können sich auch aus bestimmten gesetzlichen Bestimmungen (s auch oben 5 b) ergeben, **zB** aus **§ 287 Abs 1 S 2 ZPO** (vgl BGH NJW 1991, 1412), außerdem auch gem § 87 b Abs 2 u 3 wg verspäteter Stellung oder Substantiierung des Beweisantrags (s dazu 5 ff zu § 87 b; ferner weiter unten im Text). Vgl auch zur Beschränkung der Ermittlungspflicht des Gerichts bei **Verletzung** von **Mitwirkungspflichten** Beteiligter zB NVwZ-RR 1991, 587; s im einzelnen auch oben 11 ff. Beweisanträge können außerdem auch dann abgelehnt werden, wenn das Gericht wg Fehlens einer näheren Bezeichnung die **Erheblichkeit** der unter Beweis gestellten Tatsachen **nicht beurteilen** kann (BGH NJW 1991, 472), oder wenn für die behaupteten Tatsachen auch **nicht**

---

[77] 39, 36; Geiger BayVBl 1999, 329; s dazu aber unten im Text; vgl zur Ablehnung des Antrags auf Einholung eines weiteren Sachverständigengutachtens 10 zu § 108.

[78] BGH NJW 1982, 2201; NStZ 1984, 230; Ms DÖV 1981, 384 – unter Hinweis auf § 244 Abs 3 S 2 StPO –; OLG Köln NStZ 1983, 90; Meyer JR 1983, 36; **aA** BGH NJW 1980, 1533.

[79] BVerfG 50, 32: Ablehnung der beantragten Einholung eines Sachverständigengutachtens mit der Begründung, daß dies bei einem StrW von DM 532,35 höchst unökonomisch wäre, verstößt gegen Art 103 Abs 1 GG.

[80] 77, 157; Ma VBlBW 1998, 101; Ey-Geiger 42; Herdegen NStZ 1984, 340.

wenigstens eine gewisse Wahrscheinlichkeit besteht;[81] allerdings muß der Vorsitzende in diesen Fällen in aller Regel zur Wahrung des rechtlichen Gehörs (vgl oben 18) die Beteiligten auf den Mangel aufmerksam machen u Gelegenheit zu einer näheren Substantiierung oder Präzisierung der Beweisanträge geben (s auch unten 22). **Nicht zulässig** ist die Ablehnung der als Beweismittel beantragten **Vernehmung** eines zunächst **ohne ladungsfähige Anschrift,** im übrigen aber konkret u rechtzeitig benannten Zeugen bei erst verspäteter Angabe der Anschrift gem § 87b Abs 2 u 3 (vgl BGH NJW 1993, 1926 zu § 296 Abs 2 ZPO); die Ablehnung der Vernehmung kann in diesem Fall **auch nicht** auf **§ 356 ZPO,** § 173 S 1 gestützt werden, da diese Vorschrift im Verwaltungsprozeß nicht analog anwendbar ist (BL 13 zu § 356 ZPO).

Beweisanträge zu Indiztatsachen können vom Gericht auch dann abgelehnt werden, wenn zwischen den in Frage stehenden Tatsachen u dem Gegenstand der Urteilsfindung kein Zusammenhang besteht, **oder** wenn sie, selbst wenn sie bewiesen würden, **die Entscheidung nicht beeinflussen könnten,** weil sie nur allenfalls mögliche, aber nicht zwingende Schlüsse zuließen, u das Gericht den allenfalls möglichen Schluß nicht ziehen will (vgl BGH NJW 1993, 1391).

21 a Das Gericht muß den **Beschluß,** mit dem er einen Beweisantrag ablehnt, **begründen** (NJW 1989, 1233; RÖ-Kothe 24). Die Bekanntgabe der Gründe erst im Urteil genügt nicht (NJW 1986, 69; s auch oben 20). Lehnt das Gericht den Antrag auf Einholung eines Sachverständigengutachtens ab, weil es selbst über ausreichende Sachkunde verfüge, muß es begründen, woher es diese Sachkunde hat (DVBl 1999, 1206). Das Gericht ist jedoch **nicht verpflichtet,** im Rahmen der Begründung des einen Beweisantrag ablehnenden Beschlusses den Beteiligten umfassenden **Aufschluß über seine Sach- u Rechtsauffassung** zu dem zu entscheidenden Fall zu geben. S aber unten 24. Die Begründung muß aber so sein, **daß der ASt daraus ersehen** kann, **ob** er **neue,** andere **Beweisanträge** stellen müßte, seinen Vortrag ergänzen oder ändern sollte usw (NJW 1989, 1234). – S auch oben 20.

22 **6. Die Hinweispflicht des Vorsitzenden (Abs 3):** Die Bestimmung entspricht weitgehend § 139 Abs 1 S 2 ZPO. Vgl allg auch Schneider MDR 1977, 881, 969. Die Hinweispflicht hat nicht nur den Zweck, die **sachgemäße Durchführung des Vf** zu erleichtern u **zu verhindern,** daß die Verwirklichung der den Beteiligten zustehenden formellen Verfahrensrechte u materiellen Anspr **an deren Unerfahrenheit,** Unbeholfenheit oder mangelnden Rechtskenntnis **scheitert.**[82] Sie soll vor allem auch zu einer richtigen, dem Gesetz entsprechenden, **gerechten Entscheidung des Gerichts beitragen** (BVerfG 42, 73 zu § 139 ZPO) u der Verwirklichung des **Rechts der Beteiligten auf Gehör** gem Art 103 Abs 1 GG dienen;[83] aber nicht jede Verletzung des Abs 3 ist zugleich eine Verletzung des rechtlichen Gehörs.[84] Mittelbar ergibt sich aus Abs 3 sowie aus § 104 Abs 1 u § 173 S 1 iVm § 279 Abs 3 ZPO (vgl Schneider

---

[81] DÖV 1991, 472; BGH NJW 1991, 2707; enger BVerwG 98, 239 = NVwZ 1996, 379: Beweiserhebung kann nur unterbleiben, wenn es an jedem greifbaren Anhaltspunkt für die unter Beweis gestellte Tatsache fehlt, die etwaige Unwahrscheinlichkeit genügt alleine nicht; ähnlich Raabe NVwZ 2003, 1197; s auch oben 20.

[82] NVwZ 1985, 36: nicht in erster Linie im Interesse der Sachaufklärung durch das Gericht, sondern vor allem Schutz u Hilfestellung für die Beteiligten bei der Wahrnehmung ihrer Mitwirkungspflicht; AgrarR 1996, 35; NVwZ-RR 1998, 783.

[83] NJW 1984, 140; Geiger in BVerfG 42, 87; NKVwGO-Höfling/Rixen 112; vgl auch 10 zu § 138; ferner BGH NJW 1976, 474.

[84] 36, 266 mwN; BVerfG 60, 310; 66, 147; 74, 6 = NJW 1987, 1192; NJW 1993, 1699 zu Art 3 Abs 1 u 103 Abs 1 GG: eine allg Frage- u Aufklärungspflicht des Richters läßt sich aus der Verfassung nicht ableiten; § 139 aF ZPO (damit erst recht auch § 139 ZPO nF) geht in seiner Regelungsfolge über das durch Art 103 I GG gewährleistete verfassungsrechtliche Minimum hinaus.

MDR 1977, 881, 969) auch das **Verbot,** eine Entscheidung **auf Gründe zu stützen, die weder** im VerwaltungsVf noch im Prozeß **erörtert wurden** u mit deren Erheblichkeit für die Entscheidung nach dem bisherigen Prozeßverlauf auch ein gewissenhafter u kundiger Prozeßbeteiligter nicht rechnen mußte: **Verbot von Überraschungsentscheidungen.**[85] Zur Frage des **Rechtsgesprächs** s 4 zu § 104. § 86 Abs 3 wird ergänzt durch **§ 104 Abs 1** (s dazu 3ff zu § 104) sowie hins der Förmlichkeiten der Klage – bzw in AntragsVf des Antrags – durch **§ 82 Abs 2** (s dazu 13ff zu § 82).

Der Vorsitzende soll gem Abs 3 grds den Beteiligten **den rechten Weg weisen,** wie sie im Rahmen der ihnen zustehenden rechtlichen Möglichkeiten das erstrebte Ziel am besten u zweckmäßigsten erreichen können (16, 98; AgrarR 1996, 35), u ihnen zB auch, wenn dies erforderlich erscheint, **bei der Formulierung ihrer Anträge helfen** (NJW 1977, 1465), uU auch eine Klageänderung anregen (16, 99; VRspr 27, 873) usw, oder sie auf die **Möglichkeit eines** vorgeschalteten **besonderen Vf** hinweisen.[86] Dies gilt nicht nur **in verfahrensrechtlicher Hinsicht,**[87] sondern auch bezüglich des **tatsächlichen Vortrags** der Beteiligten (36, 267, NVwZ 1985, 36). Hinweise sind vor allem dann geboten, **wenn Beteiligte** für das Gericht erkennbar bei der Verfolgung ihrer Rechte **von falschen Tatsachen** ausgehen u es deshalb unterlassen, das vorzutragen, was für die Rechtsverfolgung notwendig wäre (NVwZ 1985, 36) oder wenn an der Stimmigkeit des Vorbringens des Kl Zweifel bestehen u dies weder offenkundig noch aus dem Prozeßverlauf ersichtlich ist (Buchh 310 § 86 Abs 3 VwGO Nr 51, s auch unten 24). Eine Verletzung der Hinweis- u Aufsichtspflicht liegt auch dann vor, wenn das Gericht den Kl nicht darauf hinweist, daß seine Klageschrift nicht vollständig per Fax bei Gericht eingegangen ist (BFH NVwZ-RR 2004, 80). Auch **Hinweise auf Rechtsfragen** fallen unter die Hinweispflicht;[88] sie sind aber idR nur insoweit veranlaßt, als die Erheblichkeit einer Frage für das Vf bzw die Rechtsfindung nicht offensichtlich ist (NJW 1972, 1935; NVwZ 1991, 575; s auch unten 24) u sie im Hinblick auf eine richtige Antragstellung, eine notwendige Ergänzung des Vorbringens, ggf auch in rechtlicher Hinsicht (36, 267; BGH NJW 1976, 474; Betr 1975, 2274; Röhl NJW 1966, 632; EF 24), oder auf die Abgabe von Erklärungen iSd Abs 3 erforderlich sind. Zur Abgrenzung ggü möglichen **Ablehnungsgründen** im Zusammenhang damit s unten 24 u 27. 23

Zur Hinweispflicht gehört grds auch, daß das Gericht bzw der Vorsitzende, soweit dies zum Verständnis des Hinweises erforderlich erscheint, den Beteiligten bekanntgibt, **welche Folgerungen** das Gericht aus den Antworten zu den angesprochenen Fragen **ziehen will** oder möglicherweise ziehen könnte.[89]

Entsprechendes gilt, wenn der betroffene Beteiligte sich offensichtlich möglicher Fragen nicht bewußt ist, **im Hinblick auf Folgerungen,** die das Gericht

---

[85] Vgl BT-Dr 7/5499 zu § 278 Abs 3 ZPO aF; BVerfG 86, 280; NJW 1991, 2823 mwN; BayVBl 1993, 683; BayVerfGH NJW-RR 1991, 702; NJW 1992, 1094; BVerwG NVwZ-RR 2000, 396; BFH NVwZ-RR 2002, 239; BGH NJW 1992, 2319; NJW-RR 1993, 569; s dazu auch 1 zu § 104; 25 zu § 108.

[86] 92, 134; BayVBl 1995, 88: Verpflichtung, den Kl gem § 86 Abs 3 in einer Prüfungssache auf die Möglichkeit einer Geltendmachung von Rügen zum nochmaligen Überdenken durch den Prüfer hinzuweisen u den Prozeß analog § 94 solange auszusetzen.

[87] Vgl zB Buchh 310 § 86 III VwGO Nr 18; NVwZ-RR 1998, 783: Hinweis auf Vertretungszwang im NKVerfahren; BVerfG NVwZ 1992, 260: Hinweis auf eine zweckmäßige Klageänderung; BGH NJW 1991, 2081: Hinweis auf ein nicht erfülltes verfahrensrechtliches Erfordernis.

[88] 36, 267; NVwZ 1991, 574; vgl auch § 139 Abs 2 ZPO nF (§ 278 Abs 3 ZPO aF; dazu Bischof NJW 1977, 1900).

[89] OLG Schleswig NJW 1982, 2783 zu § 139 Abs 1 ZPO aF; vgl auch BVerfG 67, 95: offen, ob solche Hinweise nach § 139 ZPO aF geboten; die Unterlassung verstößt jedenfalls nicht gegen Art 103 Abs 1 GG.

aus sonstigem Verhalten uU ziehen kann, zB aus der **Weigerung** eines Beteiligten, **einem Aufklärungs- oder Beweisbeschluß nachzukommen** (zu eng insoweit BayVBl 1984, 87 zu einer durch Beweisbeschluß angeordneten Untersuchung: Belehrung nur erforderlich, wenn ein anwaltschaftlich nicht vertretener Kl aufgrund besonderer Umstände nicht mit der Möglichkeit der Klageabweisung rechnen mußte; vgl auch 8, 30 – durch das vorgenannte Urteil jedoch modifiziert).

UU **zweckmäßig** (vgl Sendler DVBl 1982, 930; Hoecht DÖV 1981, 329), **aber nicht rechtlich geboten,** ist auch, daß das Gericht am Schluß der mV nach Beratung **bekanntgibt, wie es** die bisher festgestellten Tatsachen voraussichtlich rechtlich würdigen u **voraussichtlich entscheiden wird,**[90] bzw welche Rechtsauffassung usw es der Entscheidung zugrunde legen wird (DÖV 1977, 370; 1981, 765), u den Betroffenen damit **nochmals Gelegenheit gibt, ihren Vortrag** ggf **zu ergänzen** (Buchh 310 § 104 Nr 12 S 6). S auch unten 24. Auch aus Art 103 Abs 1 GG ergibt sich **keine Frage- u Aufklärungspflicht hins der Rechtsansicht** des Gerichts (BVerfG 74, 5).

24 **Das Gericht** ist jedenfalls **nicht verpflichtet,** die Beteiligten **auf jeden denkbaren Gesichtspunkt hinzuweisen,** auf den es für die Entscheidung ankommen kann, sondern grds nur auf Gesichtspunkte, die nicht schon früher im Verwaltungs- oder GerichtsVf erörtert wurden oder auf der Hand liegen oder **mit deren Erheblichkeit die Beteiligten** aus welchen Gründen auch immer, insb auch nach dem bisherigen Verlauf des Verfahrens, **nicht rechnen konnten** u mußten.[91] Dies gilt insb zB auch, wenn das Gericht **Widersprüche,** Lücken oder Unklarheiten **im Vortrag des Beteiligten** zu sehen glaubt (68, 341; Buchh 310 § 86 Abs 3 VwGO Nr 51), nicht dagegen zB hins des **Unterschriftserfordernisses bei der Klage** (BayVBl 1984, 252; vgl auch Buchh 310 § 60 VwGO Nr 67 S. 48). S aber § 82 Abs 2.

Rechtsberatung ist grds **nicht Aufgabe des Gerichts;**[92] ggf ist aber die **Bestellung eines Bevollmächtigten** oder Beistandes anzuregen bzw uU nach § 67 Abs 2 S 2 anzuordnen.

§ 86 Abs 3 – Entspr gilt für § 104 Abs 1 – verpflichtet den Vorsitzenden **nur zu einzelnen konkreten Hinweisen,** zu denen die Anträge oder der Vortrag der Beteiligten Anlaß geben, zB auf einschlägige Rechtsvorschriften, auf in der Rspr u im Schrifttum vertretene Auffassungen usw. In diesem Zusammenhang ist es uU auch zulässig – keinesfalls jedoch geboten (vgl oben 23) u oft auch nicht zweckmäßig, wenn keineswegs sicher ist, daß das Gericht tatsächlich diese Auffassung seiner Entscheidung zugrunde legen wird –, daß der Vorsitzende seine **eigene Rechtsauffassung** oder auch die (vorläufige) Auffassung des Gerichts **bekundet** (NJW 1979, 1315; NVwZ 1991, 575; Buchh 104 VwGO Nr 12 S 5; str); jedenfalls kann eine Ablehnung des Vorsitzenden darauf nicht gestützt werden (s unten 27). **Bei unklarer Rechtslage** genügt ein Hinweis auf die bestehende Unklarheit. Abs 3 begründet keine Pflicht des Gerichtsvorsitzenden, einer Partei Beurteilungsrisiken abzunehmen, die sich aus einer nicht ohne weiteres klaren Rechtslage ergeben (Buchh 310 § 88 VwGO Nr 17; BVerfG NVwZ 1992, 260).

---

[90] 57, 272 = NJW 1979, 1315; NVwZ 2004, 1510; s ferner 21 zu § 108; vgl auch BVerfG 66, 147; 67, 95: nicht durch Art 103 Abs 1 GG geboten.

[91] 36, 264; NVwZ 1984, 646; 1991, 575; Buchh 406.11 § 35 Nr 161; 310 § 108 VwGO Nr 124 mwN; DVBl 1980, 52; 1984, 1007; GewA 1995, 114; vgl auch BVerfG 86, 144; BayVBl 1993, 683; BVerwG VRspr 28, 1019 u BGH Betr 1975, 2274: kein Anspr auf Angabe aller rechtlichen Gesichtspunkte, unter denen der Sachverhalt gewürdigt werden kann. Vgl auch oben 23; ferner 4 zu § 104.

[92] OLG Bremen NJW 1979, 2215; RS § 77, 20; Franzki NJW 1979, 12; NKVwGO-Höfling/Breustedt 210; zT **aA** unter Hinweis auf das Sozialstaatsprinzip LG Braunschweig NdsRpfl 1979, 146; Schneider NJW 1977, 885, 914.

Abs 3 schließt die Verpflichtung des Gerichts mit ein, die Beteiligten bei Fragen, bei denen nicht ohne weiteres erwartet werden kann, daß die Betroffenen die erforderlichen Erklärungen „mehr oder weniger flüssig in der mV abgeben können" (DVBl 1980, 599), insb, wenn eine sofortige Äußerung nicht möglich ist oder mit unzumutbaren Schwierigkeiten verbunden wäre, (zur Wahrung des rechtlichen Gehörs) **schon angemessene Zeit vor der mV** die erforderlichen Hinweise gem Abs 3 zu geben (DVBl 1980, 599), bzw ihnen, wenn die Fragen sich erst in der mV ergeben, Zeit – erforderlichenfalls auch durch Vertagung der mV – u **Gelegenheit** zu geben, sich die entsprechenden Hinweise **zu überlegen** u Folgerungen daraus zu ziehen (36, 267; BayVBl 1971, 188). Eine Verletzung des Art 103 Abs 1 GG ist aber nur anzunehmen, wenn das Gericht entgegen einem **Vertagungsantrag** des überraschten Beteiligten die mV nicht vertagt (Ma NVwZ 1994, 701). 25

Soweit Zweifel hins des richtigen Vorgehens (zB, ob statt einer Anfechtungsklage, Verpflichtungsklage erhoben werden soll, usw) bestehen **oder Fragen** in der Rspr oder im Schrifttum **umstritten** sind, beschränkt sich die Hinweispflicht darauf, auf mögliche Alternativen u die bestehenden Zweifel hinzuweisen (NVwZ 1982, 561), es im übrigen aber den Beteiligten zu überlassen, in eigener Verantwortung sich für den einen oder anderen Weg zu entscheiden; dies auch deshalb, weil der Vorsitzende mit seiner Auffassung die übrigen Mitglieder des Gerichts nicht präjudizieren kann u die Möglichkeit einer abweichenden Beurteilung in der Rechtsmittelinstanz nie auszuschließen ist. Das Gericht muß u kann einem Beteiligten **nicht das Beurteilungsrisiko abnehmen,** das sich aus einer nicht ohne weiteres klaren Rechtslage ergibt (Buchh 310 § 88 VwGO Nr 17). 26

Zu **besonderer Fürsorge** ist das Gericht ggü **nicht rechtskundigen** oder nicht durch einen Anwalt vertretenen **Beteiligten** verpflichtet (BVerfG DÖV 1987, 1060; NJW 1987, 2003; NVwZ-RR 1998, 783; NVwZ 2001, 922). Einem Anwalt – bzw einem durch einen Anwalt vertretenen Beteiligten – ggü sind weniger strenge Anforderungen an die Hinweispflicht zu stellen als ggü einem unerfahrenen, rechtsunkundigen oder aus anderen Gründen hins der wirksamen Wahrnehmung seiner Rechte behinderten Beteiligten.[93]

Bei sachgemäßer Wahrnehmung der Hinweispflicht kommt eine **Ablehnung wg Befangenheit** gem § 54 wg gegebener Hinweise usw nicht in Betracht,[94] wohl aber uU **bei einseitiger Wahrnehmung** der Hinweispflicht (vgl BayObLG DRiZ 1977, 245 mwN). Zur Bekundung von **Rechtsauffassungen** s auch oben 24, ferner 4 zu § 104; zur Frage einer etwaigen Richterablehnung wg einer anderswo geäußerten Rechtsauffassung auch 11 zu § 54. Vgl auch Schneider NJW 1986, 1316. 27

Die Hinweispflicht entfällt grds ggü ordnungsgemäß geladenen, aber zur **Verhandlung nicht erschienenen Beteiligten** (NKVwGO-Höfling/Rixen 114). Das Gericht darf jedoch auch in diesem Fall seine Entscheidung nicht auf **Gründe** stützen, **die zuvor** weder im VerwaltungsVf noch im Rechtsstreit erörtert wurden u deren Entscheidungserheblichkeit für die Beteiligten auch nicht offensichtlich ist, sondern **muß,** wenn es für seine Entscheidung auf solche Gründe ankommt, die Verhandlung **vertagen.**[95] 28

---

[93] 21, 217; 29, 268; 49, 255; 74, 3; NVwZ 2001, 922; BGH NJW 1984, 311; BVerfG NVwZ 1992, 260; **aA** BGH 69, 52; Rpfl 1977, 360; WM 1977, 1203; OLG Frankfurt OLGZ 1977, 426; OLG Schleswig JuS 1987, 498; P. Hartmann NJW 1978, 1458; Schneider MDR 1977, 882, 971; NJW 1984, 1616; NJW 1986, 1316; Deubner NJW 1984, 311; Peters JZ 1984, 192: Beteiligte dürfen nicht für die Unerfahrenheit oder Unfähigkeit ihres Bevollmächtigten „bestraft" werden; auch einem Anwalt muß der Vorsitzende Hinweise geben, wenn dies notwendig ist.

[94] BVerfG 4, 144; BVerwG 73, 348; OLG Köln NJW-RR 1993, 1279; OLG Düsseldorf NJW 1993, 2542; NKVwGO-Höfling/Rixen 119; Deubner JuS 1993, 755.

[95] 36, 267; sehr zweifelhaft, da die mV immer auch dazu dient, uU neue Gesichtspunkte zu klären.

29 Die **Verletzung der Hinweispflicht** ist ein wesentlicher Verfahrensmangel (§ 132 Abs 2 Nr 3, ggf auch § 138 Nr 3; vgl RGZ 130, 267; Schreiber JK 93 § 139/I), außerdem uU auch ein Verstoß gegen **Art 103 Abs 1 GG** (s oben 22; ferner BVerfG BayVBl 1993, 683: das Unterlassen rechtlicher Hinweise verstößt allenfalls dann gegen Art 103 Abs 1 GG, wenn das Gericht auf einen rechtlichen Gesichtspunkt abstellt, mit dem auch ein gewissenhafter u kundiger Prozeßbeteiligter selbst unter Berücksichtigung der Vielzahl vertretbarer Rechtsauffassungen nicht zu rechnen brauchte); in besonders gelagerten Fällen kann die Unterlassung von im Interesse eines Beteiligten gebotenen Hinweisen, wenn sie im Hinblick auf die Funktion der Hinweispflicht (s oben 22) schlechthin unverständlich erscheint, auch die **VB wg Verletzung von Art 3 Abs 1 GG** (Willkürverbot) begründen (BVerfGE 42, 65; NJW 1980, 145; Deubner NJW 1980, 1945). Zur Anordnung einer Ergänzung der Klage s 13 ff zu § 82. Das Rügerecht hins einer Verletzung des Abs 3 unterliegt der **Verwirkung** gem § 173 S 1, § 295 ZPO, wenn es nicht rechtzeitig geltend gemacht wird. Die Verwirkung hat jedoch zur Voraussetzung, daß es für die Betroffenen erkennbar war, daß Fragen offen waren, zu denen Hinweise erforderlich gewesen wären (DVBl 1980, 599).

30 **7. Schriftsätze und Vorlage von Urkunden oder elektronischen Dokumenten zur Vorbereitung der mV (Abs 4 und 5):** Abs 4 u 5 haben wie § 85 S 2, § 87 u teilweise auch § 82 Abs 1 S 2 den Zweck, dazu beizutragen, daß das Gericht die Entscheidung des Rechtsstreits möglichst aufgrund einer einzigen mV fällen kann (**Konzentrationsmaxime,** § 87 Abs 1 S 1; vgl Ule 27 II). Vorbereitende Schriftsätze können nach Maßgabe der zu § 55 a Abs 1 ergangenen Rechtsverordnungen auch als elektronische Dokumente eingereicht werden (s dazu ausf 6 ff zu § 55 a). Kommen die Beteiligten einer Aufforderung nach Abs 4 nicht nach, so hat dies **keine prozessualen Folgen,** ggf aber können dem „Schuldigen" dadurch entstehende **Mehrkosten** auferlegt werden (§ 155 Abs 4). Die ursprünglich in Abs 4 S 3 vorgesehene Verpflichtung des Gerichts, eingereichte Schriftsätze den übrigen Beteiligten zuzustellen, wurde durch das 4. VwGOÄndG sowie redaktionell durch das JKomG dahin modifiziert, daß Schriftsätze ihnen zu übermitteln sind. Danach genügt **auch formlose Übermittlung** (BT-Dr 11/7030, 27). Der Behörde ggü abzugebende Erklärungen können wirksam auch in an das VG gerichteten Schriftsätzen enthalten sein, die nach Abs 4 S 3 von vornherein zur Weiterleitung bestimmt sind u den Prozeßgegner daher nicht lediglich zufällig erreichen (NVwZ 1995, 76 für den Antrag gem § 15 Abs 1 BAföG); dies gilt auch für in Klagebegründungen enthaltene Erklärungen (NVwZ 1995, 77).

§ 86 a [Elektronische Dokumente]

(aufgehoben durch JKomG mWv 1. 4. 2005; s nunmehr §§ 55 a, 55 b)

§ 87 [Vorbereitung der mündlichen Verhandlung]

(1) **Der Vorsitzende oder der Berichterstatter hat schon vor der mündlichen Verhandlung alle Anordnungen zu treffen, die notwendig sind, um den Rechtsstreit möglichst in einer mündlichen Verhandlung zu erledigen.**[1 ff] **Er kann insbesondere**

1. **die Beteiligten zur Erörterung des Sach- und Streitstandes und zur gütlichen Beilegung des Rechtsstreits laden und einen Vergleich entgegennehmen;**[5]
2. **den Beteiligten die Ergänzung oder Erläuterung ihrer vorbereitenden Schriftsätze, die Vorlegung von Urkunden, die Übermittlung von elektronischen Dokumenten und die Vorlegung von anderen zur Nie-**

derlegung bei Gericht geeigneten Gegenständen aufgeben, insbesondere eine Frist zur Erklärung über bestimmte klärungsbedürftige Punkte setzen;[5, 6, 9]
3. Auskünfte einholen;[5, 6]
4. die Vorlage von Urkunden oder die Übermittlung von elektronischen Dokumenten anordnen;[5, 6]
5. das persönliche Erscheinen der Beteiligten anordnen; § 95 gilt entsprechend;[5]
6. Zeugen und Sachverständige zur mündlichen Verhandlung laden.[5]

(2) **Die Beteiligten sind von jeder Anordnung zu benachrichtigen.**[8]

(3) **Der Vorsitzende oder der Berichterstatter kann einzelne Beweise erheben.**[5a] **Dies darf nur insoweit geschehen, als es zur Vereinfachung der Verhandlung vor dem Gericht sachdienlich und von vornherein anzunehmen ist, daß das Gericht das Beweisergebnis auch ohne unmittelbaren Eindruck von dem Verlauf der Beweisaufnahme sachgemäß zu würdigen vermag.**[5a]

Vgl §§ 273, 277; 527 Abs 2 ZPO; § 106 SGG; § 79 FGO

Schrifttum: *Pantle,* Revisionsrechtliche Risiken der Einzelrichterbeweisaufnahme gem § 524 Abs 2 S 2 ZPO, NJW 1991, 1279; *Vonderau,* Anordnung des persönlichen Erscheinens von juristischen Personen, NZA 1991, 336; *Weth,* Der Grundsatz der Unmittelbarkeit der Beweisaufnahme, JuS 1991, 34.

1. Allgemeines: Die durch das 4. VwGOÄndG neu gefaßte u erweiterte Vorschrift, die durch das 6. VwGOÄndG, das RmBereinVpG u das JKomG geändert wurde, dient zT zusammen mit § 87a (vgl Stelkens NVwZ 1991, 214) sowie vor allem mit § 82 Abs 2, § 87b, § 95 u § 96 Abs 2 der **Beschleunigung u Konzentration** des Prozesses durch geeignete vorbereitende Maßnahmen (Konzentrationsmaxime, vgl 30 zu § 86), ggf auch einer eventuellen **gütlichen Beilegung** des Rechtsstreits schon vor einer mV. Die danach vorgesehenen bzw ermöglichten Maßnahmen des Vorsitzenden oder des von diesem bestimmten Berichterstatters (s dazu 13 zu § 82) zur Vorbereitung der mV sollen, wie S 1 sagt, sicherstellen, daß jeder **Rechtsstreit möglichst in einer mV erledigt** werden kann. § 87 verbindet dabei – ähnliches gilt für die anderen oben genannten Bestimmungen – die **Vorteile einer selbständigen Arbeitsweise** einzelner Mitglieder der Kammer mit den Vorteilen einer gemeinsamen Entscheidung nach dem sog Kammerprinzip (Stelkens NVwZ 1991, 214). 1

Die durch das 6. VwGOÄndG zunächst in § 87 Abs 1 S 2 eingefügte **Nr 7,** nach der das Gericht der Verwaltungsbehörde die Gelegenheit zur Heilung von Verfahrens- u Formfehlern binnen einer Frist von höchstens drei Monaten geben konnte, ist durch das RmBereinVpG zu Recht ersatzlos gestrichen worden. Sie war im Hinblick auf die verfassungsrechtlich garantierte Neutralität des Gerichts schweren verfassungsrechtlichen Bedenken ausgesetzt[1] u hatte sich auch in der verwaltungsgerichtlichen Praxis nicht bewährt, (vgl BT-Dr 14/7474, 15; zur Entstehungsgeschichte näher Kienemund NJW 2002, 1237). Es ist dem Gericht damit untersagt, von sich aus der Verwaltungsbehörde die Gelegenheit zur Heilung von Form u Verfahrensfehlern binnen einer von ihm bestimmten Frist einzuräumen.

§ 87 gilt sinngemäß **auch** für **Vf ohne mV,** insb auch für **GerichtsbescheidsVf** nach § 84, für Verfahren, in denen die Beteiligten nach § 101 Abs 2 auf mV verzichtet haben, u mit Einschränkungen (dazu alsbald) für **selbständige**

[1] Dazu näher 12. Aufl; Berkemann DVBl 1998, 448; Redeker NVwZ 1996, 523; Schenke NJW 1997, 86; Sodan DVBl 1999, 738; **aA** Schmieszek NVwZ 1996, 1155.

AntragsVf nach § 80 Abs 5, 7 u 8, § 80a Abs 3, § 123 oder § 47 (s auch unten 3), **außerdem** gem § 125 Abs 1 S 1 **auch** für die **Berufungsinstanz** (Stelkens NVwZ 1991, 214), nicht jedoch für die Revisionsinstanz (§ 141 S 2; vgl Sch-Ortloff 21 zu § 87a; NKVwGO-Schmid 4). Die Vorschrift gilt auch für § 47 (Ey-J. Schmidt 84 zu § 47).

2 **2. Zulässige Maßnahmen zur Vorbereitung der mV:** Die Aufzählung der in Betracht kommenden Anordnungen in Abs 1 S 2 Nr 1–6 u Abs 3 ist **nicht abschließend.**[2] Entgegen der engen Fassung von S 1 („hat alle Anordnungen zu treffen") ist die Entscheidung darüber, ob u welche Anordnungen getroffen werden, grds dem **Ermessen** des Vorsitzenden oder des Berichterstatters (§ 82 Abs 2; s zum Begriff des Berichterstatters auch 13 zu § 82) überlassen; dafür spricht insb auch die Verwendung des Wortes „kann" im Abs 1 S 2 u Abs 3 S 1, die nach dem Zusammenhang nicht nur als Ermächtigung, die die Verpflichtung in der Sache unberührt läßt, verstanden werden kann (ebenso Sch-Ortloff 4; wohl auch NKVwGO-Schmid 11; vgl allg 21a zu § 114). Soweit der Berichterstatter selbständig entscheidet, bedarf er dazu sowie zu den einzelnen Anordnungen nicht der Zustimmung des Vorsitzenden; eine Abstimmung mit diesem sollte aber selbstverständlich sein. Zur Verpflichtung des Gerichts bzw des Vorsitzenden oder des Berichterstatters zur Unterrichtung der Beteiligten über die einzelnen Maßnahmen u über ihr Ergebnis s unten 8.

3 Auch der **Begriff der Vorbereitung** der mV („schon vor der mV") in § 87 ist entsprechend dem Zweck der Regelung nicht eng zu verstehen. Anordnungen sind danach **bis zum Beginn** der mV **zulässig.**[3] Die Anordnungen müssen nur so rechtzeitig ergehen, daß noch damit zu rechnen ist, daß das Ergebnis in der mV berücksichtigt werden kann. Hat eine mV stattgefunden, so ist eine Zuständigkeit des Berichterstatters/Vorsitzenden auch dann nicht gegeben, wenn die Verfahrensbeendigung nicht durch Sachentscheidung, sondern durch Abschluß eines Vergleichs erfolgt (NVwZ 2005, 467). **Findet keine mV** statt – zB bei Verzicht der Beteiligten gem § 101 Abs 2, in Vf zum Erlaß eines Gerichtsbescheids gem § 84 oder in selbständigen AntragsVf gem §§ 80 Abs 5, 80a Abs 3, 123 (vgl auch oben 1) –, bzw ergeht die Entscheidung nicht aufgrund einer mV, so genügt es, daß das Ergebnis bei der Entscheidung verwertet werden kann (Kopp NJW 1991, 1266), was allerdings nach § 108 Abs 2, Art 103 Abs 1 GG grds voraussetzt, daß die Beteiligten vor der Entscheidung jedenfalls noch Gelegenheit erhalten, dazu **Stellung** zu nehmen.

4 S zu **sonstigen Befugnissen** des Vorsitzenden bzw des Berichterstatters oder Gerichts zu Anordnungen mit zT vergleichbarer Zielsetzung ua auch §§ 67 Abs 3, 85 S 2, 86 Abs 4, zur Anordnung des persönlichen Erscheinens durch das Gericht (als Spruchkörper) auch § 95. ZT schließen die genannten Befugnisse weder die Anwendung von § 87, noch umgekehrt die Befugnisse nach § 87 die Anwendung dieser Regelungen aus (vgl Mü DÖV 1982, 869; Würzburg BayVBl 1977, 28). ZB kann die Aufforderung, den Vortrag zu einer bestimmten Frage zu ergänzen, sowohl auf § 86 Abs 3 als auch auf § 87 gestützt werden.

5 In Betracht kommen gem Abs 1 S 2 u Abs 3 insb – jedoch nicht nur (s oben 2) – die in diesen Vorschriften genannten Maßnahmen. Ein **Erörterungstermin** gem Abs 1 S 2 **Nr 1** (diese vorbereitende Verhandlung ist nicht öffentlich, Buchh

---

[2] Vgl BT-Dr 11/7030, 27: die Aufzählung in den Nummern 1 bis 6 nennt die wichtigsten in Betracht kommenden Anordnungen; sie ist jedoch nicht abschließend („insbesondere"), um den gerichtlichen Handlungsspielraum nicht einzuengen; RÖ-Kothe 4.

[3] NVwZ 2005, 466; Kopp NJW 1991, 1266; Sch-Ortloff 3; NKVwGO-Schmid 6; **aA** Stelkens NVwZ 1991, 214: wohl nicht mehr nach Bestimmung des Termins zur mV gem § 216 ZPO, § 173 S 1 VwGO; Kritik: für eine solche Einengung ist kein sinnvoller Grund ersichtlich.

310 § 87 VwGO Nr 8; Sch-Ortloff 8) kann als Maßnahme **zur Klärung noch offener Fragen,** zur **Vorbereitung** der mV oder zum Zweck einer **gütlichen Beilegung** des Rechtsstreits angeordnet werden. Eine **Befugnis zur Streitentscheidung** ist **damit nicht verbunden,** kann aber gegeben sein, wenn zugleich die Voraussetzungen gem § 87a Abs 2 erfüllt sind (vgl 8 zu § 87a), sofern nicht ohnehin der Einzelrichter (§ 6) entscheidet. **Zulässig** ist aber, wie **Nr 1** in Übereinstimmung mit der schon bisher hM zu § 87 aF klarstellt, auch der **Abschluß eines gerichtlichen Vergleiches** (in dem auch die Auflassung eines Grundstücks erklärt werden kann, NJW 1995, 2179) – auch in Form der Annahme eines Vergleichsvorschlags des Gerichts, des Vorsitzenden oder des Berichterstatters gem § 106 S 2 – im Erörterungstermin (s auch 11 zu § 106); der Begriff der Entgegennahme in Nr 1 ist in diesem Sinne zu verstehen. Außerdem kann im Erörterungstermin auch die **Klage** zu Protokoll **zurückgenommen** werden oder ein **Anerkenntnis** abgegeben werden. Die in der vorbereitenden Verhandlung abgegebenen Erklärungen dürfen in den Entscheidungsgründen gewürdigt werden, auch wenn keine Anträge gestellt wurden (Buchh 310 § 87 VwGO Nr 8; NKVwGO-Schmid 15). Die Einstellung des Vf und, soweit erforderlich, die **Entscheidung über die Kosten** sind jedoch auch in diesen Fällen, sofern nicht zugleich die Voraussetzungen nach § 87a gegeben sind, Sache des Gerichts (in der außerhalb der mV vorgeschriebenen Besetzung, vgl § 5 Abs 3, § 9 Abs 3). Der Erörterungstermin ist vom **Vorsitzenden oder dem von ihm bestimmten Berichterstatter** durchzuführen (vgl auch 4 zu § 96; RÖ-Kothe 3); an ihm können aber auch die übrigen Richter (zumindest informatorisch) teilnehmen, die in der Hauptsache zu entscheiden haben (**aA** Sch-Ortloff 10).

Nr 2 entsprach § 273 Abs 2 Nr 1 ZPO aF. Nach dem ZPO-RG finden sich die entspr Regelungen nun in § 273 Abs 2 Nr 1 ZPO u in § 273 Abs 2 Nr 5 ZPO iVm §§ 142, 144 ZPO. Insoweit kann auch hier auf die Rspr u das Schrifttum zu dieser Vorschrift zurückgegriffen werden. Die **Nrn 3 u 4** entsprechen § 106 Abs 3 Nr 1 u 3 SGG. Über § 273 Abs 2 Nr 1, 2 u 5 ZPO hinaus erfassen die Nrn 3 bzw 4 nicht nur die Erteilung amtlicher **Auskünfte** (vgl dazu auch BayVBl 1985, 377; Buchh 310 § 133 VwGO Nr 6) u die **Vorlage von Urkunden oder die Übermittlung von elektronischen Dokumenten** durch die Beteiligten oder Behörden, sondern auch Auskünfte jeglicher Art sowie die Vorlage von Urkunden auch durch sonstige natürliche oder juristische Personen u tragen damit dem im verwaltungsrechtlichen Vf geltenden Untersuchungsgrundsatz besser Rechnung (BT-Dr 11/7030, 27). Solche vorbereitenden Maßnahmen dienen, wenn nicht eine Beweisaufnahme nach Abs 3 S 1 erfolgt, lediglich der Sammlung von Prozeßstoff u zum besseren Verständnis des Parteivorbringens; sie lösen keine Beweisgebühr aus (Mü NVwZ-RR 1993, 515). Sollen die vorgelegten Urkunden, elektronischen Dokumente oder eingeholten Auskünfte später als Beweismittel verwendet werden, ist das entsprechende BeweisVf einzuhalten.

Nr 5 entspricht § 273 Abs 2 Nr 3 ZPO. Vgl zur **Anordnung des persönlichen Erscheinens** eines Beteiligten auch Ms DÖV 1972, 799. Die Verweisung auf § 95 stellt ua klar, daß der vorbereitende Richter, der das persönliche Erscheinen eines Beteiligten angeordnet hat, auch **Ordnungsgeld** für den Fall des Ausbleibens anordnen oder festsetzen darf. Zur Anordnung des persönlichen **Erscheinens bei juristischen Personen** vgl Vonderau NZA 1991, 336.

Nr 6 entspricht § 273 Abs 2 Nr 4 ZPO.

Abs 3 gibt dem Gericht die Möglichkeit, durch **Vorwegerhebung einzelner Beweise** die mV u die Entscheidung sachgerecht vorzubereiten u das Vf zu beschleunigen. Die Regelung entspricht der für den Einzelrichter in zivilgerichtlichen BerufungsVf geltenden Vorschrift des § 527 Abs 2 Satz 2 ZPO. Sie tritt **neben § 96 Abs 2,** der auch eine Beweisaufnahme aufgrund eines Beweisbeschlusses durch den beauftragten Richter zuläßt. Eines besonderen Beschlusses des Gerichts als Kollegium wie nach § 96 Abs 2 bedarf es für Beweiserhebungen nach Abs 3 5a nicht (vgl auch Kopp NJW 1991, 524). Zulässig ist nur die Erhebung **einzelner** – nicht aller! – **Beweise** (vgl dazu Pantle NJW 1991, 1280, auch zur Frage eines Verlustes des Rügerechts gem § 295 Abs 1 ZPO). Nach S 2 kommt eine Beweiserhebung durch den Berichterstatter jedoch nur bei Sachdienlichkeit in Betracht u wenn anzunehmen ist, daß das Gericht das Beweisergebnis auch ohne **unmittelbaren Eindruck** vom Verlauf der Beweisaufnahme sachgemäß zu würdigen vermag. Der BGH folgert hieraus, daß das Berufungsgericht die Glaubwürdigkeit eines Zeugen nur anders beurteilen darf als die Vorinstanz, wenn es sich insoweit durch die Wahrnehmung aller an der Entscheidung beteiligten Richter selbst einen Eindruck verschafft hat (NJW 1986, 2885; 1987, 3205; 1991, 1302; Pantle NJW 1991, 1280). Nach Auffassung des BVerwG läßt sich dieser Grundsatz indes nicht auf eine Inaugenscheinnahme im Wege der **Ortsbesichtigung** übertragen, da es insoweit nicht entscheidend auf die persönliche Würdigung ankomme (NVwZ-RR 1998, 524).

6 **Als sonstige nach Abs 1 S 1 zulässige vorbereitende Maßnahmen** kommen in Betracht zB die **Aufforderung, die Klage zu begründen,**[4] eine **Vollmacht vorzulegen** (Mü BayVBl 1977, 636; **aA** Mü DÖV 1982, 869: nur gem § 67 Abs 3), die **Anforderung von Akten,** deren Inhalt voraussichtlich für das Vf von Bedeutung ist, von am Vf Beteiligten, Behörden, Amtsträgern usw (Mü BayVBl 1976, 732), bei entsprechenden Unklarheiten die **Anfrage,** welche Klage weiterverfolgt wird (**aA** Mü DÖV 1982, 869), die Aufforderung, sich über die **Rechtsnachfolge** u die **Aufnahme des Prozesses** zu erklären (Ms DÖV 1996, 130), uU auch die **schriftliche Anhörung von Zeugen** gem § 377 Abs 3 ZPO, wenn das Gericht schriftliche Aussagen für ausreichend hält u die Prozeßbeteiligten zustimmen (34, 74).

7 **3. Form der Anordnungen:** Die Anordnungen gem § 87 bedürfen **keiner bestimmten Form,** wenn auch idR Schriftlichkeit zweckmäßig ist. Sie können ggf **auch mündlich, telefonisch** (VG Würzburg BayVBl 1977, 28), uU auch durch konkludentes, insoweit unmißverständliches Verhalten erfolgen. Es muß sich jedoch immer um ein erkennbar als verbindlich gewolltes Verlangen handeln; **bloße Anregungen,** Vorschläge usw sind keine Anordnungen iSd § 87 (Gr DÖV 2003, 338; VG Würzburg BayVBl 1977, 28; **aA** Mü BayVBl 1977, 637 zu Hinweisen gem § 86 Abs 3; abzulehnen). Soweit von einer Behörde gem § 99 die **Geheimhaltungsbedürftigkeit von Akten** geltend gemacht wird, bedarf es allerdings grds eines **Beweisbeschlusses** oder einer **sonstigen förmlichen Äußerung des Gerichts** (NVwZ 2006, 700; 2006, 1423; s näher 5 zu § 99).

8 **4. Benachrichtigung der Beteiligten (Abs 2):** Von den Anordnungen sind gem Abs 2 alle Beteiligten zu benachrichtigen (DVBl 1980, 593: eine Ausnahme für Fälle „völliger Unwesentlichkeit" kann infolge der Neuregelung des § 273 ZPO nicht mehr anerkannt werden, zumal es zweifelhaft ist, ob Fälle denkbar sind, in denen auf eine Benachrichtigung „verzichtet werden kann, weil die Kenntnis von der Anordnung unter keinem irgendwie in Betracht kommenden Gesichtspunkt für die Rechtsverfolgung oder die Rechtsverteidigung der Parteien von Bedeutung sein kann"). Abs 2 **entspricht § 273 Abs 4 S 1 ZPO. Das Unterlassen der** vorherigen (rechtzeitigen) **Benachrichtigung** über alle getroffenen Anordnungen stellt einen wesentlichen **Verfahrensfehler** dar (DVBl 1980, 598) u verletzt zugleich das **Recht auf rechtliches Gehör** (vgl auch 25, 88; 34, 77), sofern die betroffenen Beteiligten nicht gem § 173 S 1, § 295 ZPO darauf verzichten bzw den Mangel nicht rechtzeitig rügen (DVBl 1980, 594).

Nicht ausdr vorgeschrieben – die Benachrichtigungspflicht nach Abs 3 bezieht sich nach Sinn u Zweck nur auf die (beabsichtigten) Maßnahmen als solche – ist eine Benachrichtigung auch **über das jeweilige Ergebnis** der angeord-

[4] Mü BayVBl 1977, 676; **aA** Mü NVwZ 1983, 42: nur gem §§ 82 Abs 2, 86 Abs 3, 4.

neten Maßnahme (vgl NVwZ 1988, 1018). Eine **Unterrichtung** der Beteiligten darüber ist aber jedenfalls dann, wenn das Ergebnis **für die Wahrung des rechtlichen Gehörs** der Beteiligten von Bedeutung ist oder sein kann, geboten, je nach Art des Ergebnisses **uU auch** schon **vor der mV.**

5. Die Nichtbefolgung von Anordnungen nach § 87 durch die Beteiligten hat keine prozessualen Folgen, wohl aber uU praktische Nachteile im Hinblick auf die **Sachaufklärung** zugunsten des „säumigen" Beteiligten (vgl 12f zu § 86, 7 zu § 98) oder **Kostenfolgen** nach § 155 Abs 4 (EF 1). Eine Ausnahme gilt insoweit, wie Nr 5, 2. Halbs nunmehr klarstellt (s auch oben 5), für die Anordnung des persönlichen Erscheinens, die auch mit Androhung von Ordnungsgeld erzwungen werden kann (ebenso schon zum bish Recht Hbg NJW 1968, 1348; Ms DÖV 1972, 799). 9

6. Rechtsbehelfe: Gegen Anordnungen u Maßnahmen nach § 87 Abs 1 S 2 ist **kein** (gesondertes) **RMittel** gegeben (§ 146 Abs 2). Soweit sich daraus Folgen für die Entscheidung in der Hauptsache ergeben bzw ergeben können, können Mängel jedoch **im Rahmen der in der Hauptsache gegebenen RMittel** geltend gemacht werden (s 20 zu § 137), wenn die Beteiligten das Rügerecht nicht entspr § 295 ZPO verloren haben (NJW 1980, 900; s allg auch 3 zu § 173). Zur – zu bejahenden – Zulässigkeit von **Gegenvorstellungen** s 9ff vor § 124. Gegen die Festsetzung eines **Ordnungsgeldes** gem Abs 1 Nr 5 iVm § 95 kann entspr § 151 das Gericht angerufen werden (RÖ-Kothe 14). 10

§ 87a [Entscheidung durch den Vorsitzenden oder den Berichterstatter]

(1) **Der Vorsitzende entscheidet,**[1ff] **wenn die Entscheidung im vorbereitenden Verfahren**[2, 4f] **ergeht,**

1. **über die Aussetzung und das Ruhen des Verfahrens;**[6]
2. **bei Zurücknahme der Klage, Verzicht auf den geltend gemachten Anspruch oder Anerkenntnis des Anspruchs, auch über einen Antrag auf Prozesskostenhilfe;**[6]
3. **bei Erledigung des Rechtsstreits in der Hauptsache, auch über einen Antrag auf Prozesskostenhilfe;**[7]
4. **über den Streitwert;**[6]
5. **über Kosten;**[7]
6. **über die Beiladung.**[6]

(2) **Im Einverständnis der Beteiligten**[8f] **kann der Vorsitzende auch sonst anstelle der Kammer oder des Senats entscheiden.**[8f]

(3) **Ist ein Berichterstatter bestellt, so entscheidet dieser anstelle des Vorsitzenden.**[10ff]

Vgl §§ 349, 527 ZPO; § 155 SGG; § 79a FGO

Schrifttum: *Goerlich,* Konsentierte Einzelrichter auch im Eilverfahren?, NVwZ 1991, 541; *Haas,* Verkleinerung der Spruchkörper bei den Verwaltungsgerichten, (verstärkter) Einsatz des Einzelrichters, VBlBW 1991, 232; *Hamann,* Das Kollegialprinzip und der „Einzelrichter" nach der 4. Novelle zur VwGO, VerwA 1992, 201; *Klein,* Auf dem Weg zum 5. VwGO-ÄndG, BayVBl 1992, 996; *Kopp,* Zur Entscheidung des Vorsitzenden oder des Berichterstatters nach § 87a VwGO idF des 4. VwGOÄndG, NJW 1991, 1264; *Kretzschmar,* Finanzgerichtsurteile durch einen einzelnen Richter, BB 1993, 550; *Lotz/Dillmann,* Vereinfachung des verwaltungsgerichtlichen Verfahrens und Entlastung der Verwaltungsgerichte, BayVBl 1992, 737, 741; *Pagenkopf,* Die VwGO-Novelle – Augenmaß und Schlichtheit, DVBl 1991, 285, 288; *Rzepka,* Gegen den verstärkten Einsatz von Einzelrichtern im Verwaltungsprozeß, BayVBl 1991, 460; *Schmieszek,* Die Novelle zur VwGO, NVwZ 1991, 525; *Stelkens,* Das Gesetz zur Neuregelung des verwaltungsgerichtlichen Verfahrens (4. VwGOÄndG) – das Ende einer Reform?, NVwZ 1991, 209; *Wahrendorf,* Änderungen der VwGO für die Verfahren erster Instanz, NWVBl 1991, 109.

1 **1. Allgemeines:** Die durch das 4. VwGOÄndG neu eingeführte u durch das 1. JuMoG erweiterte Vorschrift **ergänzt § 87 u** gibt in Anlehnung an § 89 EVwPO sowie zT auch an § 527 Abs 2 u 3 ZPO[1] dem Vorsitzenden bzw dem Berichterstatter die Befugnis, in bestimmten Fällen allein **als** gesetzlicher oder – nach Abs 2 – „konsentierter" **„Einzelrichter"** zu entscheiden. Sie soll zur **Straffung des Vf u zur Entlastung der Gerichte** beitragen (BT-Dr 11/7030, 27) u stellt in gewissem Sinn einen Kompromiß mit weitergehenden, vom Gesetzgeber jedoch 1991 zunächst noch – s aber nunmehr § 6 zum sog. „fakultativen" Einzelrichter – abgelehnten Forderungen nach der Einführung des Einzelrichters auch in der Vwgbk dar.[2] – Zu **Rechtsbehelfen** gegen Entscheidungen des Vorsitzenden oder des Berichterstatters nach § 87 a u zur Möglichkeit einer Heilung von Verstößen s unten 12.

2 § 87 a gilt trotz der zT irreführenden Beschränkung auf „vorbereitende Verfahren" (s dazu unten 4f) **auch für Vf ohne mV** (RÖ-Kothe 2; Sch-Ortloff 13), insb für Vf nach § 101 Abs 2, für Vf zum Erlaß eines Gerichtsbescheids nach § 84 (Stelkens NVwZ 1991, 216) u für **selbständige AntragsVf nach §§ 47** (Kopp NJW 1991, 1267), **80** Abs 5 u 7, **80 a** Abs 3 u **123;**[3] – lediglich in dringenden Fällen ergibt sich hier die Entscheidungsbefugnis des Vorsitzenden (nicht des Berichterstatters) schon aus §§ 80 Abs 8, 123 Abs 2 S 3 (vgl Goerlich NVwZ 1991, 541) –, **außerdem** gem **§ 125** Abs 1 auch im **BerufungsVf** (Berlin-Brandenburg NVwZ-RR 2006, 361; Ks NVwZ 1991, 594) sowie allg im **BeschwerdeVf** (Mü NVwZ 1991, 896 – zu § 123 –), **nach § 141 S 2** jedoch **nicht im RevisionsVf** (BT-Dr 11/7030, 27). § 87 a gilt auch dann, wenn das in der Sache ergangene Urteil im RechtsmittelVf aufgehoben, die Sache zur anderweitigen Verhandlung u Entscheidung zurückverwiesen wurde u noch keine erneute mV begonnen hat (Ma NVwZ-RR 2000, 329; s auch unten 5).

3 § 87 a ist auch **im Asylprozeß** anwendbar.[4] § 76 AsylVfG ist dem § 6 nachgebildet u schließt ebensowenig wie dieser die Anwendung des § 87 a für den Fall aus, daß die Kammer entgegen der Regelanordnung die Sache nicht dem Einzelrichter überträgt.

Soweit die Voraussetzungen des **§ 6** für die Bestellung eines **Einzelrichters** gegeben sind, hat das Gericht nach seinem Ermessen die **Wahl,** ob es von dieser Möglichkeit Gebrauch macht oder es bei der kraft Gesetzes eintretenden Regelung nach § 87 a Abs 1 u 3 oder nach Abs 2, wenn die Beteiligten einverstanden sind, belassen will.

4 **2. Vorbereitende Verfahren:** Das Erfordernis nach Abs 1 S 1, daß die Regelung nur für Entscheidungen „im vorbereitenden Verfahren" gilt, ist **nicht eng zu verstehen** (BezG Dresden NVwZ 1992, 203; ebenso Schmieszek NVwZ 1991, 525; Hamann VerwA 1992, 203). Trotz des scheinbar naheliegenden Bezugs zu § 87 („schon vor der mV") ergibt sich aus dem Zusammenhang der Regelungen, insb mit Nr 2, 3 u 5, bei denen ein weiteres Vf nicht mehr in Betracht kommt, u mit Abs 2 sowie aus dem Sinn u Zweck der Regelung, das Gericht als Spruchkörper (Kollegium) von Nebenentscheidungen zu entlasten, daß **nur Entscheidungen ausgeschlossen** sein sollen, die zu treffen sind, **nachdem** das

---

[1] BT-Dr 11/7030, 27 f u BezG Dresden NVwZ 1992, 990, jeweils zu §§ 349 Abs 2 u 3 u 524 Abs 2 u 3 ZPO aF.

[2] Stelkens NVwZ 1991, 215 unter Hinweis auch auf zT weitergehende ehemalige Bestimmungen der neuen Bundesländer, die dadurch ersetzt werden: „ein Schritt in Richtung Einzelrichter".

[3] Ma NVwZ 1991, 274; NVwZ 1991, 593; NJW 1991, 2660; Mü NVwZ 1991, 896; Haas VBlBW 1991, 232; Hamann VerwA 1992, 205; Kävenheim NJW 1993, 1374; Kopp NJW 1991, 1264; Sch-Ortloff 17; NKVwGO-Schmid 2; **aA** für Verfahren nach § 80 Ma NVwZ 1991, 275 unter Hinweis darauf, daß Verfahren dieser Art keine Trennung zwischen vorbereitenden Verfahren u EntscheidungsVf ieS kennen; dagegen Kopp NJW 1991, 1266.

[4] Kopp NJW 1991, 1266; Schmieszek NVwZ 1991, 525; Sch-Ortloff 8; zT **aA** Stelkens NVwZ 1991, 216.

Gericht als **Kollegium bereits** mit der Sache **befaßt war u darüber** beim normalen Fortgang des Vf unmittelbar abschließend durch End-Urteil oder Gerichtsbescheid bzw in AntragsVf zB nach §§ 80 Abs 5, 80a Abs 3 u 123 u in sonstigen Fällen, in denen die Endentscheidung durch Beschluß ergehen kann oder muß, durch Beschluß **entscheiden würde,** wenn nicht ein Ereignis eingetreten wäre, das vorläufig bzw auch abschließend nur noch eine Entscheidung der in Abs 1 Nr 1 bis 5 genannten Art erfordert.[5] Eine Entscheidung im vereinfachten BerufungsVf durch Beschluß ohne mV nach § 130a darf nur der Senat als Kollegialorgan treffen (NVwZ 2000, 1040).

Wenn eine **mV** stattfindet (bzw, wenn im schriftlichen Vf statt aufgrund mV entschieden wird, im entsprechenden Stadium des Verfahrens, s oben 4) u in dieser auch entschieden wird, **entscheidet** ausschließlich **das Gericht als ganzes.** Ergeht jedoch in der mV (oder im entspr schriftlichen Verfahren) **keine Schlußentscheidung,** so sind für die nächsten Schritte wieder die §§ 87 u 87a anzuwenden (Kopp NJW 1991, 1266; RÖ-Kothe 2; Sch-Ortloff 11); **zB, wenn** die Sache nach der mV **vertagt wird,**[6] oder wenn die Beteiligten nach der mV, aber vor Ergehen des Urteils die Hauptsache **für erledigt erklären** (Mü NVwZ-RR 2001, 543; BezG Dresden NVwZ 1992, 203). Dasselbe gilt im Hinblick auf den über § 125 anwendbaren § 87a dann, wenn das in der Sache ergangene Urteil im RevisionsVf aufgehoben wird, die Sache an das OVG zur anderweitigen Verhandlung u Entscheidung zurückverwiesen wird u nach Erledigung des Rechtsstreits das Vf durch das OVG eingestellt u das Urteil des VG für unwirksam erklärt wird (Ma NVwZ-RR 2000, 329). **In Vf ohne mV** kommt es allein darauf an, **ob das Gericht** als Kollegium bereits in der oben zu 4 dargestellten Weise mit der Sache im Hinblick auf die abschließende Entscheidung darüber **befaßt ist** (**aA** Hamann VerwA 1992, 205; Haas VBlBW 1991, 232). 5

3. Die Zuständigkeit für Nebenentscheidungen (Abs 1): Der Vorsitzende bzw der Berichterstatter (s dazu unten 10) ist statt des Gerichts als Spruchkörper **nur für die** in Abs 1 **aufgezählten Entscheidungen** zuständig. Die Aufzählung, die durch das 1. JuMoG im Interesse von Verfahrensstraffung u Spruchkörperentlastung um Fälle der PKH u der Beiladung erweitert worden ist, ist grds abschließend. **Nr 2** erfaßt aber auch die **Feststellung einer fingierten Klagerücknahme nach § 92 Abs 2 S 4.**[7] Da die Klagerücknahme gem § 92 Abs 2 S 1 unabhängig von der gerichtlichen Entscheidung eintritt u dem Beschluß nach § 92 Abs 2 S 4 nur deklaratorische Wirkung zukommt (25 zu § 92), läßt sich der Feststellungsbeschluß mühelos unter § 87a Abs 1 Nr 2 subsumieren. Die gegenteilige Ansicht beruht auf der nicht haltbaren Ansicht, dem Feststellungsbeschluß komme konstitutive Bedeutung zu (so Mü BayVBl 2001, 21, wonach es sich um die Ersetzung der Rücknahme handelt). Angesichts der nur feststellenden Wirkung der Entscheidung, bei deren Bestreiten durch einen Beteiligten das Vf fortzusetzen ist (28 zu § 92) u eine unbestreitbar nicht dem § 87b unterfallende streitige Entscheidung ergeht, sprechen auch teleologische Gründe für die Zu- 6

---

[5] Kopp NJW 1991, 1266; vgl idS auch Mü NVwZ 1991, 896, unter Hinweis auf BT-Dr 11/7030, 27f: ausgeschlossen nur Entscheidungen aufgrund mV oder die im Zusammenhang mit einer von der Kammer oder dem Senat erlassenen Sachentscheidung ergehen; Stelkens NVwZ 1991, 215: nicht auch die Sachentscheidung oder Entscheidungen in oder nach mV; Schmieszek NVwZ 1991, 525; zT **aA** Hamann VerwA 1992, 203: Entscheidung durch die Kammer nur, wenn in oder aufgrund mV oder im Zusammenhang mit der Sachentscheidung; alles vor Aufruf der Sache in mV ist vorbereitendes Verfahren; Sch-Ortloff 9, 13; Ma RsprD-Ls 8/1999; NKVwGO-Schmid 3: vorbereitendes Verfahren endet mit Beginn der mV, in Verfahren ohne mV mit Beratungsbeginn.

[6] Schmieszek DVBl 1991, 525; **aA** insoweit Pagenkopf DVBl 1991, 188.

[7] VG Stuttgart NVwZ-RR 1997, 766; B-Kuntze 10; Ey-Geiger 8; NKVwGO-Schmid 32, 39 zu § 92; RÖ-Kothe 4; Sch-Clausing 70 zu § 92; **aA** Mü BayVBl 2001, 21; Decker BayVBl 1997, 678.

ständigkeit des Vorsitzenden bzw Berichterstatters, zumal hierdurch eine sachlich nicht zu rechtfertigende Aufspaltung der Zuständigkeiten im vorbereitenden Vf verhindert wird. Nicht ausdr genannt ist die Entscheidung bei Zurücknahme der **Berufung** (vgl anders insoweit § 527 Abs 3 Nr 2 ZPO). Da § 125 allg auf die für das Vf 1. Instanz geltenden Vorschriften verweist, ist Nr 2 insoweit jedoch **analog** anwendbar (Ey-Happ 8 zu § 126; Sch-Meyer-Ladewig/Rudisile 30 zu § 126; **aA** Mü BayVBl 2001, 21; Decker BayVBl 1997, 678), ebenso bei Rücknahme des Antrags bzw der Beschwerde in Antrags- bzw Beschwerdeverfahren,[8] nach § 141 S 2 nicht aber bei der Rücknahme der Revision (Sch-Ortloff 30).

7 **Nr 3** betrifft nur die **Feststellung der Hauptsacheerledigung** analog § 92 Abs 3 (**aA** Sch-Ortloff 32: nach übereinstimmenden Hauptsacheerledigungserklärungen bedarf es keiner Verfahrenseinstellung, nur Kostenentscheidung) sowie in RechtsmittelVf die Feststellung, daß eine vorangegangene Entscheidung unwirksam geworden ist,[9] sowie die Kostenentscheidung gem § 161 Abs 2;[10] **nicht** darunter fällt dagegen die **Entscheidung über die Hauptsacheerledigung,** wenn der Bekl einer entsprechenden Erklärung des Kl – u sei es auch nur teilweise (Ma NVwZ-RR 1992, 442) – nicht zustimmt (Stelkens NVwZ 1991, 215; RÖ-Kothe 4; Sch-Ortloff 32); insoweit handelt es sich auch nicht um eine Kostenentscheidung iSv **Nr 5** (Ma NVwZ-RR 1992, 442). Die weit auszulegende (NJW 1995, 2179) Nr 5 erfaßt auch die Kostenentscheidung gem § 160 **bei Vergleichen** (Hamann VerwA 1992, 206) sowie die Entscheidung über eine Kostenerinnerung.[11] Nicht als Kostenentscheidung iSv Nr 5 ist die Entscheidung über die Gewährung von **Prozeßkostenhilfe** gem § 166 anzusehen.[12] Insoweit ergibt sich aber nunmehr bei Zurücknahme der Klage, Verzicht auf den geltend gemachten Anspr oder Anerkenntnis des Anspr die Entscheidungsbefugnis des Vorsitzenden bzw des Berichterstatters hins der PKH aus Nr 2, bei Erledigung des Rechtsstreits in der Hauptsache aus Nr 3. Der Vorsitzende bzw der Berichterstatter entscheidet in entspr Anwendung von § 87 a Abs 1 Nr 3, Abs 3, § 125 Abs 1 anstelle des Senats auch über die Beschwerde gegen die Versagung von PKH für die erste Instanz, wenn sich der das HauptVf bildende Rechtsstreit in der Berufungsinstanz bzw Beschwerdeinstanz in der Hauptsache erledigt hat (Hbg NVwZ-RR 2007, 211; **aA** Ma NVwZ-RR 2007, 210).

Für Entscheidungen nach § 87 a Abs 1 ist ausschließlich der Vorsitzende bzw der Berichterstatter (gem Abs 3) zuständig. Entscheidet hier dennoch der gesamte Spruchkörper anstelle des Vorsitzenden bzw Berichterstatters, so verstößt dies gegen das Gebot des gesetzlichen Richters (Ma RsprD-LS 418/1994; NKVwGO-Schmid 13).

8 **4. Die Zuständigkeit für sonstige Entscheidungen im Einverständnis der Beteiligten:** Nach Abs 2 ist eine Entscheidung durch den Vorsitzenden bzw den Berichterstatter statt durch das Gericht (dh anstelle der Kammer bzw des Senats) in anderen als in Abs 1 genannten Fällen, insb auch in der Hauptsache, nur zulässig, sofern das Gesetz die Entscheidung nicht ausdr dem gesamten Spruchkörper vorbehält[13] u wenn alle Beteiligten sich damit einverstanden erklären.

---

[8] Stelkens NVwZ 1991, 205; Sch-Ortloff 30; s auch oben 1.

[9] Insoweit **aA** VG Frankfurt NJW 1992, 647; Stelkens NVwZ 1991, 215; Pagenkopf DVBl 1991, 288.

[10] Hbg NVwZ-RR 1998, 462; Ma NVwZ-RR 1992, 442; s dazu 7 ff zu § 161.

[11] NJW 1995, 2179; NVwZ 1996, 786; Hbg NVwZ-RR 1998, 463; **aA** FG Bremen NVwZ-RR 1996, 366.

[12] Ks NVwZ 1991, 594; Ma Justiz 1992, 70; VG Frankfurt NJW 1992, 643; Stelkens NVwZ 1991, 216; Kopp NJW 1991, 1266.

[13] Vgl Ma VBlBW 1996, 97: Entscheidung über die Ablehnung des Einzelrichters obliegt nicht dem zu dessen Vertretung berufenen Einzelrichter, sondern nach § 54 Abs 1 iVm § 45 Abs 1 ZPO dem Gericht u damit dem Senat, dem er angehört.

Auch dann steht es jedoch im **Ermessen** des Vorsitzenden (oder des Berichterstatters), ob er von der Möglichkeit nach Abs 2 Gebrauch macht („kann"; ebenso Stelkens NVwZ 1991, 215). Zu **verfassungsrechtlichen Bedenken** gegen die Freiheit der Beteiligten, mit ihrer Zustimmung nach Abs 2 mittelbar zT auch über die Zusammensetzung des Gerichts u damit auch über den gesetzlichen Richter gem Art 101 GG zu entscheiden, vgl BSG 40, 169; Reichel, Probleme des gesetzlichen Richters vor den Verwaltungsgerichten, Diss Passau 1992, 57 Fn 71; Sch-Ortloff 39.

Gegen **„formularmäßige Anfragen"** an die Beteiligten, ob sie mit einer Einzelrichterentscheidung gem Abs 2 einverstanden wären, bestehen **keine rechtlichen Bedenken** (Schmieszek NVwZ 1991, 525; Klein BayVBl 1992, 197; **aA** Stelkens NVwZ 1991, 115), wohl aber rechtspolitische, weil solche Anfragen kaum mit der Würde des Gerichts vereinbar sind u zudem heute angesichts der Befugnisse des Gerichts zur Bestellung eines Einzelrichters gem § 6 auch für die allenfalls dafür geeigneten Fälle kein Bedürfnis mehr besteht.

Hins der **Wirksamkeit der Einverständniserklärung,** der Notwendigkeit 9
einer erneuten Einverständniserklärung bei wesentlichen Änderungen der Prozeßlage (s dazu auch BGH NJW 1989, 229) bzw der grundsätzlichen Unzulässigkeit eines Widerrufs (NVwZ-RR 1997, 259) gelten dieselben Grundsätze wie für das Einverständnis mit einer Entscheidung ohne mV gem **§ 101 Abs 2.**[14] Vgl im einzelnen 4 ff zu § 101, zur Möglichkeit, das **Einverständnis auch telefonisch** zu erklären, 1 zu § 81.

Das Einverständnis mit der Einzelrichterentscheidung muß bei **Schluß der mV** bzw, bei Entscheidung ohne mV, bei Ergehen der Entscheidung (vgl 9 zu § 112: Zeitpunkt der Hinausgabe durch die Geschäftsstelle) wirksam erklärt sein. In Asylsachen kann das Bundesamt sein Einverständnis auch wirksam in Form einer **generellen Prozeßerklärung** hins bestimmter Gruppen von Streitigkeiten erklären (vgl NVwZ-Beil 1996, 33). Es kann entspr § 128 ZPO, § 173 S 1 **bei einer wesentlichen Änderung der Prozeßlage widerrufen** werden.[15] Eine solche Änderung liegt nicht vor, wenn aufgrund einer Änderung des Geschäftsverteilungsplanes ein anderer Spruchkörper bzw Berichterstatter zuständig wird; das Einverständnis der Beteiligten wirkt fort u gilt dann für den nunmehr Zuständigen (vgl NVwZ-Beilage 1996, 33). Die Voraussetzungen für einen Widerruf sind gegeben, wenn der Sach- u Streitstand sich bei objektiver Betrachtung, dh: nicht nur aus der subjektiven Sicht der Parteien, geändert hat (BGHZ 105, 270 = NJW 1989, 229; Schmieszek NVwZ 1991, 525); **nicht** dagegen, wenn der Vorsitzende eine von der bisherigen Auffassung der Kammer oder des Senats abweichende Meinung vertritt.[16]

5. Entscheidung des Berichterstatters anstelle des Vorsitzenden (Abs 3): 10
Nach Abs 3 entscheidet **statt des Vorsitzenden** der Berichterstatter, wenn ein solcher bestellt ist (und nicht der Vorsitzende selbst zugleich Berichterstatter ist, was ebenfalls möglich ist, s 13 zu § 82; ebenso Hamann VerwA 1992, 203; RÖ-Kothe 7). Abs 3 weicht damit bewußt von den Regelungen in §§ 82 Abs 2, 87 u 87 b ab (die eine Befugnis des Berichterstatters alternativ neben die entsprechende Befugnis des Vorsitzenden stellen), um den Erfordernissen des gesetzlichen Richters gem Art 101 Abs 1 S 2 GG zu genügen (Sch-Ortloff 25). Trotzdem **ist**

---

[14] Stelkens NVwZ 1991, 215; Sch-Ortloff 43; iE auch Schmieszek NVwZ 1991, 526.

[15] Schmieszek NVwZ 1991, 526; NKVwGO-Schmid 14; vgl auch BGH 105, 270 = NJW 1989, 229: für den Widerruf des Einverständnisses mit der Einzelrichterentscheidung gilt § 128 Abs 2 S 1 ZPO entspr; vgl dazu im einzelnen 7 vor § 101.

[16] Schmieszek NVwZ 1991, 525 unter Hinweis darauf, daß die Beteiligten auch sonst keinen Anspr darauf haben, daß der Richter eine bestimmte Rechtsauffassung vertritt, u sich im übrigen auch nicht dagegen wehren können, wenn die Kammer bzw der Senat seine Rspr ändert; **aA** Stelkens NVwZ 1991, 215.

es nicht ausreichend, wenn die Kammer oder der Senat **ad hoc** für einen Fall einen Berichterstatter bestimmt; der Berichterstatter muß gem **§ 21 g GVG** iVm § 4 (s 20 ff zu § 4) jeweils vorweg für das Jahr für nach abstrakten Kriterien zu bestimmende Fälle bestellt werden.[17] Der Umstand, daß andernfalls der gesetzliche Richter für die in Frage stehenden Entscheidungen vom Spruchkörper „manipuliert" werden könnte, spricht für die Erforderlichkeit einer **Vorwegbestellung des Berichterstatters** durch eine allg Regelung gem § 21 g Abs 2 GVG u nicht erst ad hoc jedenfalls für Entscheidungen nach § 87 a Abs 1.[18] **Entsprechendes** muß aber auch für **Entscheidungen nach Abs 2** gelten, da auch das Einverständnis der Beteiligten nicht eine fehlerhafte Bestellung des zuständigen Richters heilen oder unbeachtlich machen kann (Kopp NJW 1991, 1265). Anders als nach § 6 Abs 1 S 2 (dazu 13 zu § 6) kann auch ein Richter auf Probe, der zum Berichterstatter bestellt wurde, ohne zeitliche Beschränkung gem § 87 a Abs 1 u 2 entscheiden (Sch-Ortloff 37; Ey-Geiger 14).

11 **6. Form und Wirkung der Entscheidungen:** Die Entscheidungen des Vorsitzenden bzw des Berichterstatters nach § 87 a treten **an die Stelle** der vom Gericht als Spruchkörper zu treffenden entsprechenden **Entscheidungen u stehen** diesen, was die **Voraussetzungen,** die **Form** (auch zB das Erfordernis einer Rechtsmittelbelehrung) u die **Wirkungen,** auch zB hins der RKraft, soweit diese nach Art der Entscheidung in Betracht kommt, angeht, **gleich** (RÖ-Kothe 3; NKVwGO-Schmid 16). Das Gericht **kann** als Spruchkörper **nicht darüber verfügen,** sondern sie nur ändern, wenn u soweit es nach allg Recht auch seine eigenen Entscheidungen ändern könnte (RÖ-Kothe 3).

12 **7. Rechtsbehelfe; Heilung:** Gegen die Entscheidungen des Vorsitzenden oder des Berichterstatters gem § 87 a sind, da sie an die Stelle der entsprechenden Entscheidungen des Gerichts als Ganzes treten, **dieselben Rechtsbehelfe** gegeben wie gegen die entsprechenden Entscheidungen des Gerichts als Kollegium (s auch oben 11). **Soweit** die Entscheidung des Vorsitzenden oder des Berichterstatters **durch Beschluß** ergangen ist, wird ein etwaiger Mangel der Zuständigkeit, der darin besteht, daß an sich nur das Gericht als Kollegium zuständig gewesen wäre, durch eine Abhilfe- oder Nichtabhilfeentscheidung, die das Gericht als Kollegium in voller Besetzung trifft, **geheilt** (Mü NVwZ 1991, 1199; unten 2 zu § 148).

§ 87 b [Ausschluß verspäteten Vorbringens]

(1) **Der Vorsitzende oder der Berichterstatter**[3] **kann dem Kläger eine Frist setzen zur Angabe der Tatsachen, durch deren Berücksichtigung oder Nichtberücksichtigung im Verwaltungsverfahren er sich beschwert fühlt.**[1, 3] **Die Fristsetzung nach Satz 1 kann mit der Fristsetzung nach § 82 Abs. 2 Satz 2 verbunden werden.**

(2) **Der Vorsitzende oder der Berichterstatter**[3] **kann einem Beteiligten unter Fristsetzung**[7] **aufgeben,**[6 ff] **zu bestimmten Vorgängen**

1. **Tatsachen anzugeben oder Beweismittel zu bezeichnen,**
2. **Urkunden oder andere bewegliche Sachen vorzulegen sowie elektronische Dokumente zu übermitteln, soweit der Beteiligte dazu verpflichtet ist.**[5 ff]

---

[17] BSG SGb 1996, 605; Kopp NJW 1991, 1264; Klein BayVBl 1992, 197 Fn 19; Sch-Ortloff/Riese 13 zu § 82; Zeihe SGb 1996, 608; s auch Reichel, Probleme des gesetzlichen Richters an den Verwaltungsgerichten, Diss. Passau 1992, 203; Stelkens DtZ 1991, 98; vgl zur Bestellung des Einzelrichters auch 11 zu § 6.

[18] Kopp NJW 1991, 1264; iE wohl **aA** Mü NVwZ 1991, 897 unter Hinw auf BVerfG 9, 226; 19, 59 u 20, 342 = NVwZ 1967, 99.

(3) **Das Gericht kann**[9 f] **Erklärungen und Beweismittel, die erst nach Ablauf einer nach den Absätzen 1 und 2 gesetzten Frist vorgebracht werden, zurückweisen und ohne weitere Ermittlungen entscheiden, wenn**[11]

1. ihre Zulassung nach der freien Überzeugung des Gerichts die Erledigung des Rechtsstreits verzögern würde[11] **und**
2. der Beteiligte die Verspätung nicht genügend entschuldigt[12] **und**
3. der Beteiligte über die Folgen einer Fristversäumung belehrt worden ist.[8]

Der Entschuldigungsgrund ist auf Verlangen des Gerichts glaubhaft zu machen.[12] **Satz 1 gilt nicht, wenn es mit geringem Aufwand möglich ist, den Sachverhalt auch ohne Mitwirkung des Beteiligten zu ermitteln.**[11]

Vgl § 273 Abs 2 Nr 1, 5; § 275 Abs 1 S 1, Abs 3, 4; § 276 Abs 1, Abs 3, § 277 ZPO; § 79 b FGO

Schrifttum: *Bilsdorfer,* Das FGO-Änderungsgesetz, BB 1993, 109, 111; *Degenhart,* Präklusion im Verwaltungsprozeß, Menger-FS 1985, 621; *Kley,* Der prozeßrechtliche Ausschluß von Tatsachenvorbringen bei der Anfechtung eines Planfeststellungsbeschlusses, in: Planung und Plankontrolle, 1995, 637; *Kopp,* Gutachten 18 f, 92; *ders,* Änderungen der VwGO zum 1. 1. 1991, NJW 1991, 521, 524; *Krömker,* Das FGO-Änderungsgesetz 1992, StVj 1993, 63, 65; *Michalski,* „Beweisvereitelung" durch beweisbelastete Partei und Nachholbarkeit in der Berufungsinstanz, NJW 1991, 2070; *Stelkens,* Das Gesetz zur Neuregelung des verwaltungsgerichtlichen Verfahrens (4. VwGOÄndG) – das Ende einer Reform?, NVwZ 1991, 209, 213; *Würfel,* Verspätete Beweisantritte in der Berufungsinstanz, NJW 1992, 543.

1. Allgemeines: Die durch das 4. VwGOÄndG eingefügte u durch das JKomG leicht geänderte Vorschrift sieht im Interesse der **Entlastung** der Gerichte u einer **Beschleunigung der Verfahren**[1] in Abs 1 u 2 einerseits ergänzende Regelungen zu § 87 zur **Klärung des Sachverhalts u zur Vorbereitung der Entscheidung** (s auch 1 zu § 87), andererseits in Abs 3 die Befugnis des Gerichts **zur Zurückweisung verspäteten** Vorbringens vor. 1

Im Gegensatz zur ZPO kannte die VwGO früher keine Regelung, die dem Gericht die Zurückweisung verspäteten Vorbringens erlaubte. S jedoch zu den allg **Mitwirkungspflichten** (Mitwirkungslasten) der Beteiligten insb bei der Ermittlung des Sachverhalts u den Folgen einer Verletzung dieser Pflichten 11 ff zu § 86, 17 zu § 108; zur ebenfalls der Sachaufklärung u Beschleunigung des Vf dienenden Möglichkeit der Anordnung des **persönlichen Erscheinens** eines Beteiligten auch § 87 Abs 1 S 2 Nr 5 u § 95. Die verschiedentlich vorgeschlagene analoge Anwendung der entsprechenden Vorschriften der ZPO über § 173 S 1 wurde von der Rspr nicht aufgegriffen. Der durch das 4. VwGOÄndG in die VwGO eingefügte Abs 3 sieht nunmehr ausdr die Befugnis des Gerichts vor, unter bestimmten Voraussetzungen **Erklärungen u Beweismittel,** die erst nach Ablauf einer vom Berichterstatter oder vom Vorsitzenden gesetzten Frist vorgebracht werden, **zurückzuweisen** u ohne weitere Ermittlungen zu entscheiden.

Die Regelung ist zweifellos ein Mittel zur Beschleunigung von Vf u zur Entlastung der Gerichte. Sie ist andererseits aber aus eben den Gründen, derentwegen die Rspr früher die analoge Anwendung der Vorschriften der ZPO über die Zurückweisung verspäteten Vorbringens abgelehnt hatte, zwar nicht in verfassungsrechtlicher Hinsicht,[2] wohl aber rechtspolitisch nicht unproblematisch, weil sie zu Lasten des im Verwaltungsprozeß im Vergleich zum Zivilprozeß bestehenden stärkeren öffentlichen Interesses an der sachlichen Richtigkeit der Entscheidung im Einklang mit dem geltenden Recht geht. Die Verwaltungsgerichte müs-

[1] Vgl BT-Dr 11/7030, 28; BVerwG NVwZ 1994, 372; Kopp NJW 1991, 524; allg zu entspr Regelungen auch BVerfG NJW 1993, 1635.
[2] Vgl zur verfassungsrechtlichen Zulässigkeit zu den genannten Zwecken zB BVerfG NJW 1993, 1635; DVBl 1993, 1001 mwN; BVerwG UPR 1996, 386.

sen nicht nur dem Bürger Rechtsschutz ggü der Verwaltung gewähren, sondern **grds unabhängig vom Vortrag der Beteiligten** (vgl § 86 Abs 1) sicherstellen, daß im konkreten Fall die schließlich ergehende Entscheidung auch dem Gesetz u dem **Grundsatz der Gesetzmäßigkeit** der Verwaltung genügt (Kopp NJW 1991, 524).

2 § 87b **gilt** sinngemäß auch für **selbständige Antragsverfahren,** zB nach **§ 47, § 80** Abs 5, **§ 80a** Abs 3 u **§ 123** (NKVwGO-Schmid 2; **aA** Sch-Ortloff 18); außerdem gem § 125 Abs 1, jedoch durch § 128a ergänzt, grds auch für **das BerufungsVf** einschließlich des sog vereinfachten Berufungsverfahrens (NVwZ 2000, 1042) **u** gem § 141 S 1 mit der Ergänzung durch § 128a auch für das **RevisionsVf** sowie auch für **BeschwerdeVf** (Stelkens NVwZ 1991, 214; vgl allg auch 4 zu § 122).

3 **2. Anordnungen mit Fristsetzung hins ergänzenden Klagevorbringens (Abs 1):** Abs 1 gibt dem Vorsitzenden u dem Berichterstatter (s zu den Begriffen 10 zu § 87a) ergänzend zu den Befugnissen gem § 82 Abs 2 die Befugnis, dem Kl (bzw in AntragsVf dem ASt) **für die Angabe der Tatsachen,** durch deren Berücksichtigung oder Nichtberücksichtigung im VerwaltungsVf er sich beschwert fühlt u zu deren Angabe er an sich auch schon nach § 82 Abs 1 u aufgrund der allg Prozeßförderungspflicht (vgl 11ff zu § 86) verpflichtet ist (vgl auch Stelkens NVwZ 1991, 213), im Interesse der Beschleunigung des Vf **eine Frist zu setzen,** die nach S 2 ggf auch mit der Fristsetzung nach § 82 Abs 2 S 2 verbunden werden kann. Einer solchen richterlichen Anordnung mit Fristsetzung bedarf es in den Fällen nicht, in denen **unmittelbar durch Gesetz** eine prozessuale Obliegenheit begründet wird (vgl NVwZ 1994, 372; NVwZ-RR 1998, 592), die zur Begründung der Klage dienenden Tatsachen, durch die sich der Kl beschwert fühlt, innerhalb der **gesetzlich bestimmten Frist** anzugeben.[3] Die etwaige Präklusion verspätet vorgebrachter Tatsachen richtet sich aber auch in diesen Fällen nach §§ 87b Abs 3, 128a, insb hinsichtlich der Präklusionsvoraussetzungen der Verzögerung, der fehlenden Entschuldigung u der Notwendigkeit vorheriger Belehrung.[4] § 87b **ergänzt** u präzisiert insoweit die allg **Mitwirkungspflicht des Kl** gem § 86 Abs 1 S 2 (s dazu 11ff zu § 86; 17 zu § 108). Die Regelung gilt vor allem auch für **Tatsachen,** die **aus der Sphäre des Kl** stammen u zu denen nähere Angaben zu machen idR auch schon in dessen eigenem Interesse liegt. Zu den Tatsachen, zu deren umfassenden Darlegung der Kl aufgefordert werden kann, gehören auch **Tatsachen,** die erst **nach Abschluß des Verwaltungsverfahrens** entstanden oder bekannt geworden sind (Ks DVBl 1997, 668).

Von diesen sich auf die Klagebegründung beziehenden prozessualen Präklusionsvorschriften sind **materielle Verwirkungspräklusionen** (UPR 1996, 386; NVwZ 1997, 489) wie zB §§ 18a Nr 7 AEG, 17a Nr 7 FStrG, 2 Nr 7 MBPlG; 29 Abs 4 PBefG, 14a Nr 7 WaStrG zu unterscheiden, nach denen der Kl materiellrechtlich auch im verwaltungsgerichtlichen Vf mit allen Einwendungen ausgeschlossen ist, die er nicht innerhalb der Einwendungsfrist im PlanfeststellungsVf erhoben hat (UPR 1996, 386).

4 Das Gericht ist insoweit **nicht** zu einer **näheren Bezeichnung** der aufklärungsbedürftigen Tatsachen verpflichtet u meist dazu auch gar nicht in der Lage, solange der Kl noch nicht dargelegt hat, wodurch er sich beschwert fühlt (BT-Dr 11/7030, 28; Sch-Ortloff 21). Soweit allerdings eine nähere Bezeichnung möglich ist, muß das Gericht seine **Fragen** entsprechend **spezifisch stellen.** Inso-

---

[3] ZB §§ 18e Abs 5 AEG, 17e Abs 5 FStrG, 10 Abs 7 LuftVG, 2d Abs 3 MBPlG; 29 Abs 7 PBefG, 14e Abs 5 WaStrG: jeweils 6-Wochen-Frist, die mit Klageerhebung beginnt, NVwZ 1994, 372.

[4] Vgl NVwZ 1994, 373: Belehrung über Folgen der Säumnis in der Rechtsmittelbelehrung des Planfeststellungsbeschlusses.

weit sieht Abs 2 eine entsprechende besondere Befugnis („zu bestimmten Vorgängen") vor. Mit der Fristsetzung ist grds eine **Belehrung** nach Abs 3 Nr 3 zu verbinden. S unten 8.

3. Anordnungen mit Fristsetzung gegenüber Beteiligten (Abs 2): Im Gegensatz zu Abs 1, der sich auf allg Anordnungen ggü dem Kl (ASt) bezieht, gibt Abs 2 dem Gericht ggü jedem Beteiligten (vgl zum Begriff § 63) einschließlich des Kl die Befugnis, diesem aufzugeben, zu **bestimmten** Vorgängen **nähere Erklärungen** abzugeben, Beweismittel zu bezeichnen – nicht vorzulegen! – u **Urkunden** u bewegliche Sachen **vorzulegen** sowie **elektronische Dokumente** zu **übermitteln,** soweit eine Verpflichtung dazu besteht (Abs 2 selbst begründet keine solche Verpflichtung, vgl Stelkens NVwZ 1991, 213; Sch-Ortloff 29). 5

4. Formelle Erfordernisse: Die Fristsetzung muß vom Vorsitzenden oder Berichterstatter verfügt u **unterzeichnet** werden[5] u dies auch zweifelsfrei erkennen lassen (RÖ-Kothe 5; s allg auch 1 zu § 102); sie muß dem Beteiligten, an den sie gerichtet ist, **zugestellt** (§ 56) werden. 6

Die gesetzte **Frist** muß **angemessen** sein. Bei der Frage, welche Frist angemessen ist, ist vor allem auch auf den erforderlichen Aufwand an Zeit u Mühe, nach notwendigen Erkundigungen usw abzustellen. Zu **berücksichtigen** ist auch die **Zumutbarkeit für die Betroffenen.** Das Gericht kann auch zB nicht eine Sache längere Zeit unbearbeitet liegen lassen u dann eine sehr kurze Frist setzen (RÖ-Kothe 6). Eine Frist von 6 Wochen ist nach der gesetzlichen Wertung für den Kl aber auch in umfangreichen Fällen ausreichend (vgl die oben 3 genannten Sonderregelungen). Das Gericht kann aufgrund besonderer Umstände zur Einräumung einer weiteren Äußerungsfrist allein wg Zeitablaufs verpflichtet sein, etwa weil es diese einem Beteiligten aufgrund von dessen Antrag zugesagt hat (Buchh 310 § 130a VwGO Nr 34). Ist bei einer telefonischen Mitteilung einer Fristverlängerung nicht das nunmehr maßgebliche Ende der Frist mitgeteilt worden, sondern ein gesondertes gerichtliches Schreiben angekündigt worden, darf der Bevollmächtigte des Kl, geht ihm das Schreiben nicht alsbald zu, nicht länger als 6 Wochen untätig bleiben u darauf vertrauen, daß das Gericht mit der Sachentscheidung wartet (Buchh 310 § 133 [nF] VwGO Nr 37). 7

Die betroffenen Beteiligten müssen **über** die **Folgen einer Fristversäumung belehrt** werden (Abs 3 Nr 3). Die Belehrung muß so erfolgen, daß sie für die Betroffenen hinreichend verständlich ist u sie insb erkennen müssen, daß sie uU mit ihrem Vorbringen nicht mehr gehört werden, wenn sie die Angaben usw innerhalb der gesetzten Frist nicht oder nicht vollständig machen (vgl auch RÖ-Kothe 7). **Bei einem RA** genügt grds die **Wiederholung des Wortlauts** des Abs 3 S 1 Nr 1 bis 3 u S 2 (vgl BGH NJW 1991, 493 zu §§ 277 Abs 2, 296 Abs 1 ZPO), wohl nicht dagegen eine bloße Verweisung auf Abs 3 ohne weitere Hinweise (NKVwGO-Schmid 10; str). 8

5. Folgen einer Verletzung der Verpflichtungen gem Abs 1 und 2; Präklusion (Abs 3): Die Verletzung der Verpflichtungen nach Abs 1 u 2 hat keine unmittelbaren Folgen, **berechtigt (Ermessen)**[6] aber das Gericht, unter den in Abs 3 näher bezeichneten Voraussetzungen **verspätetes Vorbringen zurückzuweisen u** ohne weitere Ermittlungen zu entscheiden. Eine Verpflichtung des Gerichts dazu ist (anders als im Zivilprozeß gem § 296 Abs 1 ZPO) nicht vorgesehen.[7] Insb hindert Abs 3 das Gericht nicht, **auch verspätetes Vorbrin-** 9

---

[5] Vgl NJW 1994, 746; Ks NVwZ-RR 1998, 208; BGH 76, 241; BFH NVwZ 1983, 269; BStBl II 1983, 421; RÖ-Kothe 5.

[6] Ms NWVBl 1996, 349; NKVwGO-Schmid 17; zT **aA** Sch-Ortloff 44: „intendiertes Ermessen" iS einer Sollvorschrift.

[7] Paetow DVBl 1994, 97; Stelkens NVwZ 1991, 214; zur vergleichbaren Regelung in § 296 Abs 2 ZPO auch BGH JZ 1981, 352; VersR 1982, 345.

gen gleichwohl **noch zu berücksichtigen** u unabhängig davon, ob noch Beweiserhebungen beantragt oder angeregt wurden, alle Beweise, die es für erforderlich hält, zu erheben (Kopp NJW 1991, 525; Stelkens NVwZ 1991, 214). Das Gericht muß insoweit seine Entscheidung nach pflichtgemäßem **Ermessen** unter Abwägung seiner Verpflichtung zur Amtsermittlung u der Erfordernisse einer Beschleunigung treffen (vgl Stelkens NVwZ 1991, 214). Auch wenn die Voraussetzungen für eine Zurückweisung vorliegen (s dazu unten 11), wird das Gericht idR schon **aus prozeßökonomischen Gründen davon absehen,** wenn die Prüfung der Präklusionsvoraussetzungen einen erheblichen Ermittlungsaufwand verursachen würde (BT-Dr 11/7030, 28). Weist das Gericht neues Vorbringen als verspätet zurück, muß die Entscheidung erkennen lassen, welche Gründe für die Ausübung des ihm in dieser Vorschrift eingeräumten Ermessens maßgeblich waren. Entsprechend dem auf Verfahrensbeschleunigung u Verfahrenskonzentration gerichteten Zweck der gesetzlichen Ermessensermächtigung kann sich die Begründung für die Zurückweisung schon aus der Darlegung ergeben, daß die tatbestandlichen Voraussetzungen des § 87b vorlagen (NVwZ 2000, 1042). **Unterläßt** es das VG, schon vor der mV **geeignete vorbereitende Maßnahmen** gem § 87 Abs 1 zu treffen, obwohl ihm dies möglich gewesen wäre u obwohl hierzu Anlaß bestand, ist es regelmäßig **ermessensfehlerhaft,** vom Kl erst im Klageverfahren, aber angemessene Zeit vor der mV nachgereichte Erklärungen und Beweismittel wg Verzögerungen des Rechtsstreits in der mV **zurückzuweisen** (s auch BFH NVwZ 1999, 332). Abs 3 gilt für verspätetes **Vorbringen** sowohl **des Kl** als auch **anderer Beteiligter** (Geiger BayVBl 2006, 424). Nicht verspätet u präkludierbar ist ein späterer **vertiefender Tatsachenvortrag,** der stets möglich bleibt; § 87b verlangt vom Kl nur, daß er die ihn beschwerenden Tatsachen so konkret angibt, daß der Lebenssachverhalt, aus dem er seinen prozessualen Anspr herleitet, unverwechselbar feststeht (NVwZ 1994, 372; NuR 1996, 248).

10 Die Entscheidung, Vorbringen nicht mehr zuzulassen bzw nicht mehr zu berücksichtigen, **bedarf keines besonderen Beschlusses,** sondern kann im Rahmen der Endentscheidung erfolgen (RÖ-Kothe 8). Sie muß in jedem Fall **begründet** werden (vgl Fischer NJW 1994, 1320).

11 **Voraussetzung** einer Zurückweisung verspäteten Vorbringens durch das Gericht gem Abs 3 ist das (kumulative) Vorliegen aller drei in Abs 3 S 1 Nr 1–3 u S 3 genannten Voraussetzungen. Die Zurückverweisung verspäteten Begründens nach § 87b ist nur dann ordnungsgemäß begründet, wenn sämtliche gesetzlichen Voraussetzungen für eine Präklusion ohne weiteres erkennbar oder nachvollziehbar dargelegt sind (NVwZ 2000, 1042; DÖV 2001, 43). Die Entscheidung muß erkennen lassen, welche Gründe für die Ausübung des gerichtlichen Ermessens maßgeblich waren (NVwZ 2000, 1042). Die Frage, **ob** die Zulassung des verspäteten Vorbringens die **Erledigung des Rechtsstreits verzögern** würde, ist nach objektiven Gesichtspunkten zu beurteilen. Maßgeblich ist danach, ob der Prozeß bei Zulassung des verspäteten Vorbringens **länger dauern würde** als bei dessen Zurückweisung.[8] Ob der Rechtsstreit bei rechtzeitigem Vorbringen ebenso lange gedauert hätte, ist unerheblich, es sei denn, dies wäre offenkundig (NVwZ-RR 1998, 592). Wg des Ausnahmecharakters der Regelung des § 87b Abs 3 ist dabei, wenn das Gericht davon zu Lasten eines Beteiligten Gebrauch machen will, **ein strenger Maßstab** anzuwenden.[9] **Im übrigen** hat das Gericht

[8] NVwZ-RR 1998, 592; Ks NVwZ-RR 1996, 364; Ma NVwZ-RR 2000, 471; Ey-Geiger 11; NKVwGO-Schmid 14; Sch-Ortloff 38.

[9] Vgl BVerfG DVBl 1993, 1001 mwN; BayVerfGH NJW 1990, 502 zu § 296 ZPO: der Ausnahmecharakter der Präklusionsvorschriften der ZPO rechtfertigt es, deren Auslegung u Anwendung einer strengeren verfassungsrechtlichen Kontrolle zu unterziehen, als dies üblicherweise bei der Nachprüfung einfachen Rechts geschieht; die Kontrolle geht daher über eine bloße Willkürkontrolle hinaus.

insoweit jedoch einen weiten, in der Revision nur noch begrenzt nachprüfbaren[10] **Beurteilungsspielraum** („nach der freien Überzeugung des Gerichts").

Abs 3 verlangt ua eine plausible Prognose des Gerichts darüber, ob der Prozeß bei Zulassung verspäteten Vorbringens länger dauern würde als bei dessen Zurückweisung:[11] **absoluter Verzögerungsbegriff** (vgl Sch-Ortloff 38; NKVwGO-Schmid 14; **aA** RÖ-Kothe 10). Die **Verzögerung** darf nicht **unerheblich** sein **u vom Gericht** nach der Terminlage am Verhandlungstag auch nicht durch geeignete prozeßleitende Verfügungen unschwer u insb auch in für die Beteiligten der nachfolgenden Termine zumutbarer Weise **ausgeglichen werden können.**[12] Grds muß das Gericht **schon beim Ansetzen der Termine** insoweit einen gewissen zeitlichen **Spielraum** mit **einplanen.**[13] **Keine** Verzögerung liegt vor, wenn der Prozeß schon **aus anderen Gründen** nicht **entscheidungsreif** ist (vgl BGH NJW 1991, 1214), etwa, weil ohnehin erst noch ein Gutachten einzuholen ist (Deubner JuS 1991, 1037), oder wenn die noch offenen Fragen unschwer u ohne unangemessenen Zeitaufwand **auch in der mV geklärt werden** können.[14] **Ermessensfehlerhaft** ist es zB, wenn die Unmöglichkeit der Hinnahme der Verzögerung des Verfahrensabschlusses damit begründet wird, daß der Termin bereits durch eine Parteivernehmung zum selben Beweisthema ausgelastet ist (vgl BGH NJW 1991, 1182). Hat das Gericht eine zur Streitentscheidung geeignete **Verfahrensvorbereitung** erkennbar nicht getroffen, so stellt die Zurückweisung von Vorbringen nicht nur einen Mißbrauch einer Präklusionsvorschrift dar, sondern verletzt zugleich das Recht der betroffenen Beteiligten auf rechtliches Gehör.[15] Vgl zur Unzulässigkeit der Zurückweisung von verspätetem Vorbringen **bei** erkennbar **unzulänglicher Terminvorbereitung** allg auch BVerfG 81, 273 = NJW 1990, 2373; NJW 1992, 678, 679 u 680; Würfel NJW 1992, 543 mwN; ferner BGH NJW 1991, 2759.

Hins des **Verschuldens** iSv Abs 3 S 1 Nr 2 gelten dieselben Maßstäbe wie für 12
§ 60 (NVwZ 2000, 1043; RÖ-Kothe 11; NKVwGO-Schmid 15 f; Kävenheim NJW 1993, 1376 mwN); die zweiwöchige Wiedereinsetzungsfrist des Abs 2 findet jedoch keine entspr Anwendung (NVwZ 2000, 1043). Vgl dazu 4 u 9 zu § 60; ferner BVerfG NJW 1994, 674: über die Fristversäumung ist hinwegzusehen, wenn die Voraussetzungen analog § 60 gegeben sind, auch als Folgerung aus Art 103 Abs 2 GG. Das Gericht kann Glaubhaftmachung verlangen (Abs 3 S 2). Eine **genügende Entschuldigung** iSv Nr 2 ist immer auch dann anzunehmen, wenn die Aufforderung des Gerichts nach Abs 1 oder 2 unklar oder mißverständlich war.[16]

Eine vom Gericht angeordnete **Präklusion** gilt gem § 128a Abs 2 **auch für** 13
das BerufungsVf u über § 141 auch für das **Revisionsverfahren.**[17] Soweit die Voraussetzungen gegeben sind, kann **auch noch das Berufungsgericht** die Zurückweisung aussprechen (vgl zu § 82 Abs 2 S 2 Stelkens NVwZ 1991, 214).

---

[10] Vgl 63 vor § 124; s auch unten 14; vgl andererseits BayVerfGH NJW 1990, 502.

[11] Paetow DVBl 1994, 97; NVwZ-RR 1998, 592; Ma RsprD-LS 90/1999; vgl auch BVerwG NVwZ 1994, 373.

[12] Vgl BVerfG NJW 1989, 706; Ms NWVBl 1996, 349; Würfel NJW 1992, 543.

[13] Vgl BVerfG 81, 273 = NJW 1990, 2373; 1992, 690 mwN; BGH NJW 1991, 1181; Würfel NJW 1992, 543.

[14] Vgl NVwZ 1994, 373; BGH NJW 1984, 1964; 1987, 260; 1991, 1182; BVerfG 81, 273 = NJW 1990, 2373; 1989, 706; Würfel NJW 1992, 543.

[15] BayVerfGH NJW 1990, 502; s allg auch BVerfG 81, 273 = NJW 1990, 2373; NJW 1992, 299.

[16] Vgl BVerfG NJW 1991, 2276: Beteiligte sind nicht verpflichtet, sich „vorsorglich" gegen Sachverhalte zu verteidigen, die nicht Gegenstand des Rechtsstreits bildeten.

[17] Vgl jedoch BGH NJW 1991, 1896: fehlerhafte Zulassung von Angriffs- u Verteidigungsmitteln durch das Berufungsgericht, die im ersten Rechtszug zu Recht zurückgewiesen worden waren, kann nicht mit Revision angegriffen werden, s unten 6 zu § 128a.

14 **6. Rechtsbehelfe:** Anordnungen gem § 87b können nach § 146 Abs 2 **nicht gesondert** mit der **Beschwerde** angegriffen werden. Die betroffenen Beteiligten können eine etwaige Fehlerhaftigkeit mit den gegen die Entscheidung **in der Hauptsache gegebenen RMittel** geltend machen, soweit sie sich auf die Hauptsacheentscheidung ausgewirkt haben (s auch 63 vor § 124; ferner Fischer NJW 1994, 1320), in BerufungsVf außerdem nach § 128a die **Zulassung** der nach ihrer Auffassung in der ersten Instanz zu Unrecht zurückgewiesenen Erklärungen oder Beweismittel **beantragen** (RÖ-Kothe 13; NKVwGO-Schmid 19). Voll nachprüfbar ist auch in RevisionsVf die Frage, ob der Beteiligte die **Verspätung** nach Abs 3 Nr 2 nicht genügend entschuldigt u ob er gem Nr 2 über die Folgen einer Fristversäumung belehrt worden ist. Die Frage, ob die Zulassung des Vorbringens die Erledigung des Rechtsstreits iSv Nr 1 **verzögert hätte,** unterliegt der Beurteilung des Revisionsgerichts nur daraufhin, ob diese Auffassung des Gerichts im Zeitpunkt der Zurückweisung des Vorbringens als verspätet vertretbar war u nicht durch **sachfremde Erwägungen** bestimmt war (vgl auch RÖ-Kothe 13: jedenfalls Grenze des Willkürverbots). S allg auch 20 zu § 137; zur – zu bejahenden – Zulässigkeit von Gegenvorstellungen 9ff vor § 124.

15 Zur **VB wg** Verletzung des Rechts auf Gehör gem Art 103 Abs 1 GG durch **fehlerhafte Anwendung** der Präklusionsregelung vgl BVerfG 81, 273 = NJW 1990, 2373; NJW 1992, 299 (Verletzung des rechtlichen Gehörs nicht schon bei jeder fehlerhaften Anwendung von Präklusionsvorschriften, sondern nur, wenn eine unter Heranziehung rechtsstaatlicher Verfahrensgestaltung erforderliche Anhörung unterbleibt), 1992, 678, 679 u 680; 1993, 1319 sowie BayVerfGH NJW 1990, 502 (Verletzung bei mißbräuchlicher Anwendung; s auch oben 11).

§ 88 [Bindung an das Klagebegehren]

Das Gericht darf über das Klagebegehren[3ff] nicht hinausgehen,[1] ist aber an die Fassung der Anträge nicht gebunden.[1ff, 8]

Vgl § 308 ZPO; § 123 SGG; § 96 FGO

Schrifttum: *Brehm,* Aktuelles zum juristischen Prüfungsrecht, NVwZ 2002, 1334; *Schlette,* Prüfungsrechtliche Verbesserungsklage und reformatio in peius, DÖV 2002, 816; *Ziegler,* Auslegung und Umdeutung von Anträgen in der öffentlichrechtlichen Assessorklausur, JuS 1999, 481; s auch zu § 86.

1 **1. Allgemeines:** Das Gericht ist – als Folge des Verfügungsrechts der Beteiligten **über den Streitggst** (Dispositionsgrundsatz, s 2 zu § 86) – an das **Klagebegehren,** dh an den ggf aus dem Gesamtvorbringen im Wege der Auslegung zu ermittelnden Klageantrag iSd § 82 Abs 1 S 1 (s 10 zu § 82), der den Streitggst (s 7ff, 12ff zu § 90) bestimmt, gebunden. Es darf dem Kl – Entsprechendes gilt für **Rechtsmittelführer** (s unten 2) – **weder mehr** (quantitativ), zB Verpflichtung der Behörde zum Erlaß eines bestimmten VA statt, wie beantragt, nur zur Verbescheidung des Antrags (69, 201), Aberkennung eines prozessualen Anspr, der nicht mehr zur Entscheidung gestellt war (BGH NJW 1991, 1683), **noch** der Art nach **etwas anderes** (aliud) (DÖV 1970, 498), auch zB nicht Verurteilung des Bekl unter Übernahme eines Kostenanteils durch den Kl, statt nur Verurteilung des Bekl (Ma NVwZ-RR 1991, 336; zweifelhaft), zusprechen, wohl aber, wenn die Klage nur zu einem (rechtlich selbständigen) Teil zulässig oder begründet ist, **weniger,** zB Verurteilung des Bekl zur Zahlung nur eines Teils der begehrten Summe; nur zur Bescheidung des gestellten Antrags nach § 113 Abs 5 S 2 statt zu einer bestimmten Entscheidung gem § 113 Abs 5 S 1; Aufhebung des ablehnenden Bescheids oder auch nur des fehlerhaften Widerspruchsbescheids statt Verpflichtung der Behörde zum Erlaß eines bestimmten VA (41, 78; DÖV 1976, 783; vgl auch 39, 139); Aufhebung des angefochtenen VA nur für die Zu-

kunft, statt, wie beantragt, ex tunc; Verpflichtung zur Erteilung der beantragten Genehmigung unter Auflagen, Bedingungen usw statt der Verpflichtung zur Erteilung einer unbeschränkten Genehmigung (**aA** DÖV 1970, 498: kein minus, sondern ein aliud). § 88 wird auch dann verletzt, wenn dem Kl ein Anspr aberkannt wird, den er **nicht zur Entscheidung gestellt** hat (vgl BGH NJW 1991, 1684 mwN). Zur Zulässigkeit eines **unbezifferten Klageantrags** s 10 zu § 82. Beschränkt der Kl den Streitggst in einer das Gericht bindenden Weise derart, daß das Begehren aus materiellrechtlichen Gründen nicht bescheidungsfähig ist, so ist die Klage unzulässig.[1]

§ 88 gilt iVm §§ 125 Abs 1, 141 u 122 entspr **auch für die Berufung,**[2] die 2
Revision u die **Beschwerde** (DÖV 1982, 448; Buchh 310 § 141 VwGO Nr 2), außerdem **entspr** auch für **Anträge des Bekl** u sonstiger Beteiligter im Verfahren, sowie nach § 122 Abs 1 **allg auch für Anträge in** selbständigen **Beschlußverfahren,** zB nach § 47 (Lemmel DVBl 1985, 132; zT **aA** Ma DVBl 1985, 132), u mit Einschränkungen auch im Vf nach § 80 Abs 5, § 80a Abs 3 oder § 123 (Br NVwZ 1986, 834; Ks NVwZ-RR 2004, 389; s insb 21 zu § 80; 4 zu § 123). Zur Bindung des Gerichts an die gestellten Anträge im Berufungs-, Revisions- u Beschwerdeverfahren, für die im wesentlichen dieselben Grundsätze gelten, s § 129, § 141 iVm § 129 u § 150 iVm § 122 Abs 1 (s auch 4 zu § 122). Zu **Ausnahmen** bei der Kostenentscheidung u der Festsetzung des StrW usw s unten 8.

2. Bindung an das Klageziel, nicht an die Klagegründe: Das Gericht 3
hat das im Klageantrag u im gesamten Parteivorbringen zum Ausdruck kommende Rechtsschutzziel zu ermitteln u seiner Entscheidung zugrunde zu legen (60, 149 = NJW 1981, 67; NVwZ 1993, 781). § 88 ist verletzt, wenn das Klagebegehren nur unvollständig geprüft wird (DVBl 1995, 925) u ein Teil des Begehrens unbeabsichtigt unbeschieden bleibt (95, 273 = NVwZ 1994, 1118; 1994, 1117; Hbg MDR 1996, 526). Gebunden ist das Gericht nur an das **erkennbare Klageziel** (Rechtsschutzziel), so wie sich dieses **ihm im Zeitpunkt der letzten mV** aufgrund des gesamten Parteivorbringens darstellt (60, 149; NVwZ 1993, 781; Buchh 310 § 88 VwGO Nr 5; NKVwGO-Schmid 4), **nicht** an die (vielleicht irrtümlich gewählte) **Fassung der Anträge.**[3] Nach dem **verfassungsrechtlichen Gebot der Effektivität des Rechtsschutzes als Auslegungshilfe** ist im Zweifel zugunsten des Kl anzunehmen, daß er den in der Sache in Betracht kommenden Rechtsbehelf einlegen wollte (NJW 1991, 510; Mü NVwZ-RR 1990, 99; Ziegler JuS 1999, 482). Es müssen aber irgendwelche Anknüpfungspunkte bestehen, daß ein Rechtsbehelf eingelegt werden soll u gegen welche Maßnahmen er sich richtet; einzig u allein aus dem Umstand, daß ein Schriftsatz nach Bekanntgabe einer Entscheidung bei Gericht eingeht, kann nicht geschlossen werden, daß hiermit zwangsläufig der gegebene Rechtsbehelf eingelegt werden soll (Hbg NJW 1996, 1226). S auch 1 zu § 81 mwN; 1 zu § 82; ferner 14 vor § 124. **Andererseits** legitimiert § 88 den Richter nicht, „den Wesensgehalt der Auslegung zu überschreiten u an die Stelle dessen, was eine Partei erklärtermaßen will, das zu setzen, was sie – nach Meinung des Richters – zur

---

[1] Ms BauR 1995, 830 zu einer Klage auf Erteilung eines Bauvorbescheides unter ausdr Ausklammerung der bauplanungsrechtlichen Beurteilung als unerwünscht, obwohl nach materiellem Recht die planungsrechtliche Zulässigkeit notwendige Vorfrage für die Erteilung des Vorbescheides war.

[2] Vgl DVBl 1992, 1165; 1995, 925; Buchh 402.240 § 53 AuslG Nr 29; BGH NJW 1991, 1684.

[3] Vgl auch BVerfG 40, 275; BVerwG 60, 149; NVwZ 1982, 103; NJW 1991, 510; Buchh 310 § 88 VwGO Nr 8; Buchh 402.240 § 53 AuslG Nr 29; allg auch BGH NJW 1983, 2201: Umdeutung zulässig, wenn ein entsprechender Wille genügend deutlich erkennbar ist u keine schutzwürdigen Interessen des Gegners entgegenstehen; Mü NVwZ-RR 1990, 99.

Verwirklichung ihres Bestrebens wollen sollte" (Buchh 310 § 88 VwGO Nr 17; zu den Grenzen von Auslegung u Umdeutung s näher Ziegler JuS 1999, 482f). Ermittelt das Gericht den Umfang des Klagebegehrens unrichtig u entscheidet es danach vollumfänglich über das unzulässig eingeschränkte Klagebegehren, so liegt weder ein Übergehen eines gestellten Antrags iSd § 120 noch ein Teilurteil vor, sondern ein Vollendurteil unter Verstoß gegen § 88.[4]

Zulässig – u geboten – ist unter den oben genannten Voraussetzungen, u wenn Anhaltspunkte für eine bewußte u gewollte andere Zielrichtung des Rechtsschutzbegehrens fehlen (NJW 1991, 510), **zB**
- die Behandlung eines als **„Widerspruch"** bezeichneten Schriftsatzes eines rechtsunkundigen Kl als Klage (NJW 1991, 510);
- die Behandlung der **Anfechtungsklage** gegen eine Baugenehmigung zugleich als Klage auch gegen den noch anfechtbaren Bauvorbescheid (68, 241 = NJW 1984, 1474).

Zulässig ist des weiteren unter den genannten Voraussetzungen die **Umdeutung**
- einer **Anfechtungsklage** in eine Klage auf Verpflichtung der Behörde zum Erlaß eines bestimmten VA (52, 169; DVBl 1974, 293; Mü BayVBl 1988, 659), in eine Leistungsklage (60, 149), in eine allg Feststellungsklage (Czermak BayVBl 1978, 310) oder in eine Nichtigkeitsfeststellungsklage hins eines VA gem § 43 Abs 2 S 2;[5]
- uU einer **Anfechtungsklage** gegen einen Teil-VA (zB eine Nebenbestimmung, eine einzelne Zeugnisnote) in eine Verpflichtungsklage auf Erlaß eines neuen VA oder eines Teil-VA (s 21 u zu den Grenzen 25 zu § 42);
- einer **Verpflichtungsklage** in eine Feststellungsklage[6] oder in eine Anfechtungsklage mit dem Begehren auf Folgenbeseitigung;
- einer **Klage auf Verpflichtung** zum Erlaß eines Widerspruchsbescheids uä in eine Anfechtungsklage (BFH BStBl II 1975, 38);
- einer **Versagungsgegenklage** in eine Verbescheidungsklage (Musterlösung BayVBl 1992, 123);
- einer **allg Leistungsklage** in eine Feststellungsklage,[7] in eine Anfechtungsklage, in eine Anfechtungsklage u eine Leistungsklage (BSG 45, 297) oder in eine Verpflichtungsklage auf Erlaß eines VA;[8]
- einer allg **Feststellungsklage** in eine Anfechtungsklage (BFH NVwZ 1986, 157);
- einer **Nichtigkeitsfeststellungsklage** in eine Anfechtungsklage (19, 20; **aA** DVBl 1985, 625 für den Fall, daß die Klage von einem Anwalt erhoben worden war; s unten c) oder in eine Klage auf Feststellung der Rechtswidrigkeit des VA gem § 113 Abs 1 S 4;
- einer **FFK** nach § 113 Abs 1 S 4 in eine allg Feststellungsklage (NJW 1984, 2542 – auch noch in der Revisionsinstanz –) u umgekehrt;

---

[4] 95, 270ff = NVwZ 1994, 1117; NVwZ 1993, 62; Ma NVwZ-RR 1994, 474 – fehlerhafte Interpretation eines Antrags als bloßen Hilfsantrag –.

[5] Vgl Mü BayVBl 1984, 186, wo die Nichtigkeitsfeststellungsklage jedoch als Minus ggü der Leistungsklage bezeichnet wird.

[6] DVBl 1977, 770 zu einer Verpflichtungsklage, die der Kl erhoben hatte, weil er der Auffassung war, daß er für eine bestimmte Tätigkeit einer Genehmigung bedürfe, während nach Auffassung des Gerichts eine Genehmigung nicht erforderlich war.

[7] BGH NVwZ 1988, 760; enger auch BGH NJW 1984, 2295: Auslegung auch als Feststellungsantrag, der in der Leistungsklage mit enthalten ist, mit Abweisung der Klage im übrigen.

[8] Ko NVwZ 1986, 2779 zu Klage auf Verlegung eines Telefonhäuschens entweder als Anfechtungsklage mit Folgenbeseitigungsantrag oder als Verpflichtungsklage auf Widerruf der Entscheidung über die Errichtung des Telefonhäuschens; s auch 14 u 18 zu § 42 zur Umdeutung einer Leistungsklage auf Gewährung einer tatsächlichen Leistung in eine Verpflichtungsklage auf Erlaß eines Zuerkennungsbescheides.

– eines **Antrags nach § 80 Abs 5** in einen Antrag nach § 123 oder umgekehrt (s 21 zu § 80; 4 zu § 123);
– eines **Antrags auf Aussetzung eines VA** in einen Antrag auf Feststellung der aW (181 zu § 80);
– einer gegen ein **Organ** einer ör Körperschaft **gerichteten Klage** in eine Klage gegen die **Körperschaft** als solche (vgl Mü NVwZ-RR 1990, 99 zu einem Antrag auf vorläufigen Rechtsschutz);
– eines **Antrags auf Zulassung der Beschwerde,** soweit dem Begründungserfordernis des § 146 Abs 4 S 3 genügt wird (näher 36 zu § 146).

Zulässig ist auch die **Außerachtlassung** übereinstimmender **Hauptsacheerledigungserklärungen,** die ersichtlich nicht den prozessuellen Absichten entsprechen, wie sich insb auch daraus ergibt, daß sie in Widerspruch zu dem sonstigen Vorbringen der Parteien stehen (DVBl 1992, 1165).

Voraussetzung einer **Umdeutung** ist immer, **daß dies dem erkennbaren Rechtsschutzziel** des Klagebegehrens entspricht u die entsprechende Auslegung **nicht** vom Kl **bewußt ausgeschlossen wurde.**[9] Grds sollte das Gericht in Zweifelsfällen jedoch eine Klarstellung des Klagebegehrens anregen (§ 86 Abs 3).

Bei einem von einem **RA gestellten Antrag** ist idR ein strengerer Maßstab anzuwenden (s Ziegler JuS 1999, 482); die Umdeutung von Anträgen ist hier nur **ausnahmsweise** möglich (BayVBl 1974, 708).

Nicht umgedeutet werden können **zB**
– eine von einem RA erhobene **Nichtigkeitsfeststellungsklage** in eine Anfechtungsklage (DVBl 1985, 625);
– **Rechtsmittelerklärungen** von RA; daher grds keine Umdeutung einer **Nichtzulassungsbeschwerde** in eine Revision u umgekehrt (BayVBl 1974, 708; NJW 1962, 883), einer **Nichtzulassungsbeschwerde** in eine Berufung (Mü BayVBl 1982, 251);
– eine **Berufung** in einen Antrag auf Zulassung der Berufung (NVwZ 1999, 641; s auch 5 zu § 124);
– eine von einem RA eingelegte **Berufung** in eine Normenkontrollklage nach § 47 (Mü NJW 1982, 1474);
– ein **Antrag auf mV** in eine Berufung (DVBl 1996, 105).

§ 88 schreibt nur die **Bindung an das Klagebegehren,** dh an das erkennbare Ziel der Klage (Mü BayVBl 1976, 496; vgl auch BVerfG 40, 275), nicht an die geltend gemachten Klagegründe tatsächlicher oder rechtlicher Art vor; der Kl hat es (auch bei einer Bescheidungsklage) nicht in der Hand, die Entscheidungsfindung auf bestimmte rechtliche Erwägungen festzulegen (NVwZ 2007, 106). Das **Klageziel** ist jedoch andererseits **nicht allein dem Antrag zu entnehmen,** sondern dem gesamten Parteivorbringen (60, 149; Buchh 310 § 88 VwGO Nr 5), insb auch der Klagebegründung.[10] In dem Schweigen zu einem gerichtlichen Hinweis auf eine ausdr Erweiterung der Klage liegt keine Einschränkung des ursprünglichen Klagebegehrens (Buchh 310 § 88 VwGO Nr 27). 4

Das Gericht kann grds einer Klage **auch aus anderen Gründen** stattgeben, als sie vom Kl geltend gemacht wurden (s auch 14ff zu § 86); das Berufungsgericht kann zB ein nur mit materieller Begründung angegriffenes Urteil grds auch aus prozessualen Gründen aufheben usw (s auch § 144 Abs 4). Dies gilt jedoch **dann nicht, wenn** durch die Berücksichtigung anderer Tatsachen oder Rechtsgrundlagen ausnahmsweise **auch der Streitggst verändert** würde (vgl 52, 249). S im einzelnen dazu 7ff, 14ff zu § 90. Zur Frage, ob das Gericht eine Anfechtungsklage auch aus Gründen abweisen kann, auf die die Verwaltung den an- 5

---

[9] NJW 1991, 510; Ma NJW 1982, 2460; Mü NJW 1982, 1474; wohl auch BVerwG 60, 149; BGH NJW 1983, 2201.

[10] Vgl 52, 249: Klagegegenstand wird durch Klageantrag bestimmt u regelmäßig, wie sich aus §§ 82, 86 Abs 3 u 4, 88 ergibt, durch Klagebegründung präzisiert.

gegriffenen VA nicht gestützt hatte, bzw die der Kl bewußt nicht geltend gemacht hatte s 12 ff zu § 90 sowie 63 ff, 231 ff zu § 113.

6 **3. Verbot der reformatio in peius (Verböserung):** Durch das Verbot, über die gestellten Anträge hinauszugehen oder dem Kl etwas anderes zuzusprechen, als er beantragt hat, wird grds **ausgeschlossen,** daß das Gericht auf eine Klage (Entsprechendes gilt gem §§ 122, 129, 141 auch für Anträge in selbständigen BeschlußVf u für die Berufung, Revision usw) hin zum **Nachteil des Kl** (bzw ASt) eine von diesem nicht beantragte (ungünstigere) Entscheidung trifft, zB den VA, auf den sich die Klage bezieht, zum Nachteil des Kl (ASt) auch insoweit aufhebt, als er eine für den Kl günstige, eines selbständigen Bestands fähige Teilregelung enthält, die der Kl (ASt) gerade wg dieser Wirkung nicht in seinem Aufhebungsantrag einbezogen hatte. Zur Frage, inwieweit dies auch hins selbständiger Elemente eines angegriffenen VA gilt, s 15 ff zu § 113 sowie oben 3. Zur Bedeutung des Verbots der reformatio in peius im Prüfungsrecht s Brehm NVwZ 2002, 1334 u Schlette DÖV 2002, 816.

7 **Zulässig ist eine reformatio in peius** bei der **Widerklage** (§ 89), bei abweichender Antragstellung eines notwendigen **Streitgenossen** (vgl 11 ff zu § 64) oder notwendigen **Beigeladenen** (§ 66 S 2, dazu 6 f zu § 66) u bei **AnschlußRMittel** (§ 127, § 141; vgl dazu 1 zu § 127; 2 zu § 141). Zur reformatio in peius **bei Rechtsmittelentscheidungen,** wenn Prozeßvoraussetzungen für die angegriffene Entscheidung gefehlt haben, s 32 vor § 124. Hingegen ist (unklar 11. Aufl) eine reformatio in peius auch bei **nicht teilbaren VAen** (s § 44 Abs 4 VwVfG) **unzulässig.** Nur um eine **scheinbare Ausnahme** hiervon handelt es sich in den Fällen, in denen ein Antrag so **auszulegen** ist, daß er auch auf Aufhebung des mit dem belastenden Teil untrennbar verbundenen begünstigenden Teils gerichtet ist, was aber im Regelfall meist zutrifft (s zu diesem Problem iVm dem Rechtsschutz gegen Nebenbestimmungen 24 f zu § 42).

8 **4. Besondere Ausnahmen:** Für die **Kostenentscheidung** (§§ 154 ff; s 9 zu § 158), die Entscheidung über die **vorläufige Vollstreckbarkeit** eines Urteils (§ 167 Abs 1), soweit nicht nach §§ 710 S 2, 712 usw ZPO hins einzelner Anordnungen ein Antrag erforderlich ist, u für die Festsetzung des **StrW** (Mü BayVBl 1978, 472; s auch 6 zu Anh § 164) u andere vAw zu treffende Entscheidungen gilt § 88 einschließlich des Verbots einer reformatio in peius nicht.

§ 89 [Widerklage]

(1) **Bei dem Gericht der Klage**[4] **kann eine Widerklage**[1] **erhoben**[8] **werden, wenn der Gegenanspruch mit dem in der Klage geltend gemachten Anspruch oder mit den gegen ihn vorgebrachten Verteidigungsmitteln zusammenhängt.**[5] **Dies gilt nicht, wenn in den Fällen des § 52 Nr. 1 für die Klage wegen des Gegenanspruchs ein anderes Gericht zuständig ist.**[1 ff]

(2) **Bei Anfechtungs- und Verpflichtungsklagen ist die Widerklage ausgeschlossen.**[2]

Vgl § 33 ZPO; § 100 SGG

Schrifttum: *Mayer,* Sachliche Zuständigkeit bei Widerklagen, JuS 1991, 678; *Oehlers,* Zur Beschwer bei Klage und Widerklage, NJW 1992, 1667; *R. P. Schenke,* Der Erledigungsrechtsstreit im Verwaltungsprozeß, 1995; *Schneider,* Widerklage und materielle Beschwer, NJW 1992, 2680.

1 **1. Allgemeines:** Die Vorschrift dient dem Zweck, dem Bekl (nicht auch dem Beigeladenen oder einem sonstigen Beteiligten)[1] aus Gründen der **Verfahrens-**

---

[1] Vgl Ks DVBl 1992, 782 zur Widerklage eines Beigeladenen; NKVwGO-Schmid 4.

ökonomie u dafür ggf auch unter **Durchbrechung der Vorschriften über die örtliche Zuständigkeit** der Gerichte (s unten 6a; Ks DVBl 1992, 782; RÖ-Kothe 1) die **Geltendmachung eines selbständigen** (prozessualen) **Gegenanspr** im selben Verfahren, in dem er Bekl ist, gegen den Kl zu ermöglichen. § 89 stellt dafür eine **besondere Zulässigkeitsvoraussetzung (Sachentscheidungsvoraussetzung)** auf.[2] Zur – nicht schlechthin zu verneinenden – Frage der Zulässigkeit einer Widerklage gegen **am Vf nicht beteiligte Dritte** vgl BGH 40, 185 u NJW 1975, 1288; 1993, 2120 mwN. **Grds** muß jedoch – zumindest idR – die Widerklage **auch gegen den Kl** der Hauptklage erhoben worden sein oder gleichzeitig gegen diesen erhoben werden (BGH 40, 185; 69, 43; NJW 1993, 2120 mwN). § 89 ist **analog** in **selbständigen** Antragsverfahren, insb gem §§ 80 Abs 5, 80a Abs 3 u 123,[3] wohl nicht dagegen in Vf nach § 47 anwendbar.

Die Widerklage ist **eine echte Klage** mit einem eigenen Klagebegehren. Bei bloßer Verneinung („Leugnung") des Klageanspr der Hauptklage liegt keine Widerklage vor, da diese begrifflich einen im Vergleich zur Hauptklage **selbständigen Streitggst** voraussetzt (Schenke 78; NKVwGO-Schmid 6; Ey-Rennert 7; zT **aA** RÖ-Kothe 4: für die nur verneinende Widerklage fehlt das RSB). **Zulässig** ist dagegen (vorausgesetzt, daß die allg Erfordernisse der Feststellungsklage, insb auch das Feststellungsinteresse des Widerkl, insoweit gegeben sind), eine **Feststellungswiderklage** auf Feststellung, daß der mit der Hauptklage geltend gemachte Anspr nicht besteht (BSG MDR 1973, 884; BL 6 zu Anh § 253 ZPO: ausnahmsweise zulässig), oder **eine Widerklage,** mit der der Widerkl eine im Vergleich zur Hauptklage umfassendere Entscheidung, insoweit also ein **Mehr,** begehrt, zB wenn mit der Hauptklage nur ein Teil einer Forderung eingeklagt ist, der Widerkl nunmehr jedoch die Feststellung begehrt, daß er überhaupt nichts schuldet. Möglich ist auch eine **Widerklage gegen eine Widerklage** (RGZ 185, 17; RÖ-Kothe 10) sowie **eine eventualiter** für den Fall **erhobene Widerklage,** daß der Klage stattgegeben wird.[4] 1a

Da mit einer Widerklage ein weiteres Klagebegehren in den Prozeß einbezogen wird, stellt ihre Erhebung **immer zugleich** auch **eine Klageänderung dar,** für die zusätzlich zu den Voraussetzungen des § 89 auch die Voraussetzungen des § 91 erfüllt sein müssen (NJW 1984, 2653; **aA** NKVwGO-Schmid 1).

Bei **Anfechtungs- und Verpflichtungsklagen** (iSv § 42, nicht auch bei sonstigen auf Verurteilung des Bekl gerichteten Klagen, vgl NJW 1977, 67) schließt § 89 Abs 2 die Widerklage aus. Die Rspr legt die Vorschrift **restriktiv** aus u läßt die Widerklage in Vf nach § 50 Abs 1 Nr 1[5] sowie dann zu, wenn zwischen Kl u Widerkl hins des Gegenstandes der Widerklage kein Subordinationsverhältnis besteht (Lü NJW 1984, 2653; NKVwGO-Schmid 2; Ey-Rennert 15; wohl auch 82, 56). Dieser Ansicht ist zuzustimmen. Der historische Gesetzgeber ging bei § 89 Abs 2 von der **unzutr Vorstellung** aus, die Widerklage sei dem Subordinationsverhältnis generell wesensfremd (BT-Dr III/55 S. 41), weil die Behörde eine Regelung stets auch selbst durch VA treffen könne (Lü NJW 1984, 2653). Diese Einschätzung erweist sich gleich in mehrfacher Hinsicht als problematisch 2

[2] Vgl BGH 40, 185; NJW 1975, 1228; RS § 95 22d; str; **aA** für das Zivilprozeßrecht zu § 33 ZPO ThP 1 zu § 33 ZPO: nur besonderer Gerichtsstand; ebenso StJ 3 zu § 33 ZPO; M 3 zu § 33 ZPO.

[3] Offen insoweit Ks DVBl 1992, 782: jedenfalls kein entsprechendes Antragsrecht des Beigeladenen, zweifelhaft.

[4] BGH 21, 13; NJW 1961, 1862; Ey-Rennert 12; RÖ-Kothe 10; s auch 9 zu § 82; BL 11 zu Anh § 253.

[5] NJW 1977, 67: Im Länderstreit des § 50 Abs 1 Nr 1 handele es sich nicht um eine Verpflichtungsklage im technischen Sinn, weil zwischen den Beteiligten kein Subordinationsverhältnis bestehe.

(R. P. Schenke 211 ff). Sie widerspricht dem Umstand, daß die Rspr im Subordinationsverhältnis seit jeher Klagen des Staates gegen den Bürger zugelassen hat, sofern bei Erlaß eines VA mit dessen Anfechtung zu rechnen ist (s 50 vor § 40). Vollends fragwürdig geworden aber ist die These von der „Wesensfremdheit“ staatlicher Klagen im Subordinationsverhältnis nach der zunehmend vertretenen Ausdehnung des Gesetzesvorbehalts auf die Handlungsform des VA (s 14 zu § 42). Fehlt es an einer Ermächtigungsgrundlage, was insb bei feststellenden VAen relevant wird, müßte ein Ausschluß der hoheitlichen (Wider-)Klage zu dem schwerlich befriedigenden Ergebnis führen, daß das strittige Rechtsverhältnis keiner Klärung durch die Verwaltung zugänglich wäre. Über die in der Rspr anerkannten Durchbrechungen hinaus wird man Widerklagen deshalb generell dort für zulässig halten müssen, wo **auch eine selbständige Klage** gegen den Anfechtungs- bzw Verpflichtungskl **zulässig ist.**[6]

Auf gar keinen Fall kann § 89 Abs 2 der Erhebung einer **Widerklage** entgegenstehen, nachdem der Kl eine Anfechtungs- oder Verpflichtungsklage einseitig für erledigt erklärt hat, sofern der Bekl auf diesem Wege die frühere Begründetheit der Klage vor Eintritt des erledigenden Ereignisses klären lassen will (vgl 25 zu § 161). Dies ergibt sich auf Grundlage der Rspr schon daraus, daß dem beklagten Hoheitsträger – ohne ausdr Ermächtigungsgrundlage – nicht das Recht zusteht, die strittige Rechtsfrage mittels eines feststellenden VA zu regeln, so daß insoweit zwischen Kl u Widerkl kein Subordinationsverhältnis besteht (R. P. Schenke aaO 216).

Eine Widerklage ist – sofern die Voraussetzungen einer Klageänderung vorliegen (oben 1 a) – gem § 125 iVm § 89 auch im BerufungsVf zulässig (vgl auch § 533 Nr 1 ZPO); die Vorschrift des § 533 Nr 2 ZPO findet keine Anwendung (57 vor § 124). Unzulässig ist die Widerklage, soweit sie neuen Streitstoff in den Prozeß einführen würde, allg im **RevisionsVf** (44, 361; BGH 33, 398; enger Ey-Rennert 11: schlechthin unzulässig). Unzulässig ist die Widerklage ferner im Vf nach § 47 (Ey-Rennert 3).

3 **2. Voraussetzungen der Widerklage:** Die Widerklage setzt voraus:

a) daß **alle** für eine normale Klage der Art, der sie zuzurechnen ist, erforderlichen **Prozeßvoraussetzungen** (zB VRW, sachliche Zuständigkeit, Wahrung einer etwa vorgeschriebenen Klagefrist usw) gegeben sind. § 33 ZPO, § 173 S 1 begründen nur eine Ausnahme vom Erfordernis der örtlichen Zuständigkeit, **soweit** die Widerklage **ausschließlich gegen den Kl** u nicht zugleich auch gegen einen Dritten gerichtet ist[7] u es sich nicht um die Zuständigkeit nach § 52 Nr 1 handelt. Ist die Widerklage zugleich gegen einen Dritten gerichtet, für den an sich ein anderer Gerichtsstand gegeben wäre, so bedarf es einer **Zuständigkeitsbestimmung** gem § 53 Abs 1 Nr 3.[8]

4 **b)** daß die **Hauptklage** bereits bzw noch in der Tatsacheninstanz – uU auch schon in der Berufungsinstanz, nicht mehr dagegen in der Revisionsinstanz (Ey-Rennert 11) – **anhängig** ist (RS § 95, 10 ff; Schmidt JuS 1993, 166) u daß die **mV** in der Instanz, in der die Hauptklage anhängig ist, noch **nicht geschlossen** ist[9] bzw die mV für die Widerklage wieder aufgenommen wird.[10] **Nicht erforderlich** ist, daß auch die Widerklage innerhalb der Klagefrist erhoben wird (Bay-

---

[6] R. P. Schenke 261 f; Manssen NVwZ 1990, 1021 f; **aA** Kremer NVwZ 2003, 802.

[7] Vgl BGH NJW 1991, 2838; 1993, 2120; Mayer JuS 1991, 678 Fn 5; ThP 13 zu § 33 ZPO.

[8] Vgl BGH NJW 1991, 2838; 1993, 2120; Mayer JuS 1991, 678; RÖ-Kothe 6; zT **aA** Ks DVBl 1992, 782.

[9] BGH NJW-RR 1992, 1085; ThP 24 zu § 33 ZPO; M 5 f zu § 33 ZPO; NKVwGO-Schmid 5; Schmidt JuS 1993, 166 mwN.

[10] Offen, ob das Gericht hier zur Wiederaufnahme der mV befugt ist, BGH NJW-RR 1992, 1085; vgl dazu auch StJ 15 zu § 296 a ZPO.

ObLG DVBl 1982, 360). **Nach Beendigung des Vf** in der Hauptsache durch rechtskräftiges Urteil, Klagerücknahme, gerichtlichen Vergleich oder übereinstimmende Hauptsacheerledigungserklärung, auch wenn noch nicht gem § 161 Abs 1 über die Kosten entschieden ist,[11] kann eine Widerklage **nicht mehr** erhoben werden; eine vorher erhobene Widerklage bleibt jedoch zulässig, auch wenn für die Widerklage, wenn sie als normale Klage erhoben worden wäre, die Zuständigkeit des Gerichts fehlen würde (LG München NJW 1978, 953).

c) daß ein **Zusammenhang mit dem Anspruch der Hauptklage** oder mit gegen ihn vorgebrachten (zulässigen) Verteidigungsmitteln (Einwendungen, Einrede, Repliken; nicht genügt dagegen ein Zusammenhang mit bloßen Beweismitteln) besteht. Der Zusammenhang kann rechtlicher Art sein, wenn Anspr u Gegenanspr **aus ein u demselben Rechtsverhältnis** (zum Begriff s 11 zu § 43) entspringen (Ey-Rennert 8), zB aus demselben Kaufvertrag. Es genügt aber auch ein **unmittelbarer wirtschaftlicher** Zusammenhang oder – wie es zu § 273 BGB anerkannt ist (vgl BGH 115, 103) – ein sonstiger innerer natürlicher Zusammenhang aufgrund eines einheitlichen Lebensverhältnisses.[12] **Besteht der erforderliche Zusammenhang nicht,** so ist die Widerklage als einfache Klage zu behandeln. 5

d) daß die Widerklage **in derselben Prozeßart** (Verfahrensart) zulässig ist. Unzulässig wäre danach zB eine Widerklage im Rahmen eines Vf nach § 80 Abs 5 (RÖ-Kothe 12) oder nach § 123 (NKVwGO-Schmid 2; vgl ThP 27 zu § 33 ZPO; BL 8 zu Anh § 253 ZPO). 6

e) daß das Gericht auch für die Widerklage **sachlich, u** wenn es sich um einen Fall ausschließlicher örtlicher Zuständigkeit gem § 52 Nr 1 handelt, **auch insoweit örtlich zuständig** ist. § 89 befreit die Widerklage nur vom Erfordernis der einfachen, nicht ausschließlichen, örtlichen Zuständigkeit. 6a

f) bei einer erst **in der Berufungsinstanz** erhobenen Widerklage, daß der **Gegner zustimmt oder** das Gericht sie für **sachdienlich** hält (§ 173 S 1, § 533 Nr 1 ZPO; vgl Ey-Rennert 10; RÖ-Kothe 11, wo als Begründung auch auf § 91 verwiesen wird). Zur Zulässigkeit der Widerklage im RevisionsVf s oben 2, zum **Begriff der Sachdienlichkeit** 19ff zu § 91. Nicht sachdienlich ist eine erst in der Berufungsinstanz erhobene Widerklage jedenfalls, wenn durch ihre Zulassung die Entscheidung des aufgrund des bisherigen Vf entscheidungsreifen Prozesses verhindert würde (BGH NJW 1977, 49; 1982, 2074). 7

3. Erhebung der Widerklage: Außer nach **§ 81** kann die Widerklage nach § 173, § 261 Abs 2 ZPO auch in der mV **zu Protokoll** erhoben werden. Auch wenn die Voraussetzungen der Widerklage nicht gegeben sind u sie als normale Klage weiter verfolgt wird (s oben 5), muß in diesem Fall die (nur) mündlich erhobene Klage nicht nachträglich nochmals schriftlich erhoben oder zu Protokoll des Urkundsbeamten erklärt werden (RÖ-Kothe 13: die Protokollierung der Widerklage in der Verhandlung genügt auch den Anforderungen des § 81; ebenso allg BVerwG 39, 315; Ey-Rennert 12). **Klagefristen** für die Klage gelten im Zweifel nicht auch für eine Widerklage (BGH 35, 227; NJW 1979, 924); andererseits bedeutet der Umstand, daß eine Klage als Widerklage erhoben wird, **keine Freistellung von Fristen,** die sonst für die in Frage stehende Klage gelten. 8

---

[11] Ey-Rennert 6; NKVwGO-Schmid 5 Fn 9; BL 10 zu Anh § 253 ZPO; ThP 23 zu § 33 ZPO; **aA** OLG München OLGZ 65, 4; RÖ-Kothe 8; Borl JA 1981, 367: noch bis zur Kostenentscheidung nach § 161 Abs 1; gegen diese A spricht jedoch, daß übereinstimmende Erklärungen die Rechtshängigkeit beenden, s Ey-J. Schmidt 6 zu § 161.

[12] Vgl Schenke 78; RÖ-Kothe 4; Ey-Rennert 8; ThP 4 zu § 33 ZPO; MKZPO 21 zu § 33 ZPO; RS § 95, 18; StJ 28 zu § 33 ZPO; wohl auch NKVwGO-Schmid 10f; **aA** 10. Aufl: rechtlicher Zusammenhang erforderlich.

§ 90 **[Rechtshängigkeit, perpetuatio fori]**

(1) **Durch Erhebung der Klage wird die Streitsache**[7 ff] **rechtshängig.**[1 ff]

(2)–(3) *aufgehoben; s nunmehr § 17 GVG*

Vgl § 261 ZPO; § 94 SGG; § 66 FGO

Anhang zu § 90

§ 17 GVG **[Zulässigkeit des Rechtswegs]**

(1) **Die Zulässigkeit des beschrittenen Rechtsweges wird durch eine nach Rechtshängigkeit eintretende Veränderung der sie begründenden Umstände nicht berührt.**[17 ff] **Während der Rechtshängigkeit kann die Sache von keiner Partei anderweitig anhängig gemacht werden.**[15 ff]

(2) **Das Gericht des zulässigen Rechtsweges entscheidet den Rechtsstreit unter allen in Betracht kommenden rechtlichen Gesichtspunkten. Artikel 14 Abs. 3 Satz 4 und Artikel 34 Satz 3 des Grundgesetzes bleiben unberührt.**

Schrifttum: *Barbey,* Bemerkungen zum Streitgegenstand im Verwaltungsprozeß, Menger-FS 1985, 1770; *Detterbeck,* Streitgegenstand, Justizgewährsanspruch und Rechtsschutzanspruch, AcP 1992, 321; *ders,* Streitgegenstand und Entscheidungswirkungen im öffentlichen Recht, 1994; *Hößlein,* Der Streitgegenstand der verwaltungsgerichtlichen Anfechtungsklage gem. § 113 Abs. 1 S. 1 VwGO, VerwA 2007; *Jacobj,* Spruchreife und Streitgegenstand im Verwaltungsprozeß, 2001, *Kissel,* Neues zur Gerichtsverfassung, NJW 1991, 945 (948); *Kralik,* Der Streitgegenstand im Rechtsmittelverfahren, Baumgärtel-FS 1990, 261; *Leipold,* Internationale Rechtshängigkeit, Streitgegenstand und Rechtsschutzinteresse – Europäisches und Deutsches Zivilprozeßrecht im Vergleich, Arens-GS 1993, 227; *Rennert,* Der Streitgegenstand im Asylprozeß, DVBl 2001, 161; *Schenke,* Die Unwirksamkeit eines Verwaltungsakts als Folge der Feststellung seiner Rechtswidrigkeit, JZ 2003, 31; *ders,* Die Feststellung der Rechtswidrigkeit einer Norm als Streitgegegenstand der oberverwaltungsgerichtlichen Normenkontrolle gem. § 47 VwGO, Kopp-GS 2007; *Schön,* Verzugszinsen der öffentlichen Hand, NJW 1993, 961; *Schütze,* Die Wirkungen ausländischer Rechtshängigkeit in inländischen Verfahren, ZZP 1991, 136; *Spannowsky,* Probleme der Rechtsnachfolge im Verwaltungsverfahren und im Verwaltungsprozeß, NVwZ 1992, 426.

1 **1. Allgemeines:** Die durch das 4. VwGOÄndG zT geänderte Vorschrift regelt die **Rechtshängigkeit** von Streitsachen als Folge der Erhebung einer Klage. Die wichtigsten Folgen der Rechtshängigkeit einer Sache, nämlich die **Unzulässigkeit neuer** (weiterer) **Klagen** in derselben Sache, dh bezüglich desselben Streitggst (s zum Begriff unten 7), die bisher in § 90 Abs 2 aF geregelt war, u den **Fortbestand der** bei Klageerhebung gegebenen **Rechtswegzuständigkeit u der sachlichen u örtlichen Zuständigkeit** des Gerichts, bei dem die Sache durch die Klageerhebung rechtshängig geworden ist, die sog **perpetuatio fori,** die bisher in § 90 Abs 3 aF geregelt war, sind seit 1. 1. 1991 nicht mehr in der VwGO selbst geregelt, sondern ergeben sich ohne wesentliche Änderungen in der Sache aus der **Verweisung** in § 173 bzw in § 83 S 1 **auf § 17 Abs 1 S 2 GVG** bzw § 17 Abs 1 S 1 GVG. S unten 15 f bzw 17 ff.

Die Rechtswirkungen gerichtlicher Entscheidungen sind grds an die RKraft oder vorläufige Vollstreckbarkeit des ergangenen Urteils, Beschlusses oä gebunden. **Bereits die Anhängigkeit** einer Sache – bei Klagen als **Rechtshängigkeit** bezeichnet – hat aber verschiedene verfahrensrechtliche oder materiellrechtliche **Rechtsfolgen für die Beteiligten,** zB nach § 17 Abs 1 S 2 GVG, § 173 die **Unzulässigkeit neuer Klagen** bezüglich desselben Streitggst u nach § 17 Abs 1 S 1 GVG, § 173 die sog **perpetuatio fori** (s dazu unten 17), außerdem zB nach § 291 BGB oder in entsprechender Anwendung davon den Anspr auf **Prozeßzinsen** bei Leistungsklagen (zu Feststellungsklagen s 23) ab Klageerhebung, dh ab Eingang der Klage bei Gericht (s unten 22f; Zimmerling/Jung DÖV 1987, 96), nach § 204 Abs 1 Nr 1 BGB die **Hemmung der Verjährung** (nach dem früheren § 209 BGB die Unterbrechung der Verjährung, vgl dazu BGH 95, 238; Schenke JuS 1986, 694ff). S zu den Rechtsfolgen auch unten 15ff; zu den Folgen der Veräußerung einer „streitbefangenen" Sache unten 2.

§ 90 ist auf **selbständige AntragsVf** (zB gem § 47, § 80 Abs 5, § 80a Abs 3 oder § 123) grds analog anzuwenden (so auch Sch-Ortloff 23, 29), **nicht jedoch auch** im Verhältnis von gerichtlichen Vf gem § 80 Abs 5 u behördlichen Vf gem § 80 Abs 4 (vgl Mü BayVBl 1979, 26) u im Verhältnis gerichtlicher Vf gem § 123 u entsprechender Vf vor Verwaltungsbehörden oder im Verhältnis von Vf gem § 80 Abs 7 u BeschwerdeVf gem § 146, § 80 Abs 5 (s 198 zu § 80).

Nicht entgegen steht die Rechtshängigkeit auch einem Rechtsbehelf gegen eine Entscheidung in einer **Sache,** in der infolge eines Versehens **ein zweites Mal** entschieden wurde, **nachdem bereits einmal entschieden worden war;** die zweite Entscheidung ist in diesem Falle auf den Rechtsbehelf hin aufzuheben (Ks 24. 6. 1980 – IX OE 33/80).

Streitbefangene Sache: Nicht berührt wird von der Rechtshängigkeit das 2
Verfügungsrecht der Beteiligten **über die im Streit befangenen Sachen oder Rechte** (§§ 265f ZPO, § 173 S 1). Zur Übernahme eines Rechtsstreits durch den Rechtsnachfolger im BerufungsVf s auch BGH MDR 1988, 956. Auch die **Behörde,** deren VA angefochten ist, bleibt **zur Änderung** oder Aufhebung **des VA** – auch eines VA bzgl einer bestimmten Sache, eines bestimmten Grundstücks usw – **befugt,** ebenso die Behörde, die zum Erlaß eines VA verpflichtet werden soll, zum Erlaß dieses VA. Andererseits wirkt die Rechtshängigkeit, wenn sich der Rechtsstreit auf eine Sache (zB ein Grundstück) bezieht, die (das) die Sachbefugnis des Kl oder des Bekl begründet, nach Maßgabe des § 265 ZPO **auch ggü dem Rechtsnachfolger** (60, 315; NJW 1993, 79). Der Rechtsnachfolger ist auch **nicht notwendig** gem § 65 Abs 2 zum Vf beizuladen (s 20 zu § 65); eine Beiladung käme nur als einfache Beiladung in Betracht (NJW 1993, 79).

Die **Veräußerung einer „streitbefangenen Sache"** – zB des Grundstücks, auf die sich die Rechte beziehen, die die Sachbefugnis im Prozeß begründen – **berührt** den anhängigen Prozeß **nicht.**[1] Das Vf ist **mit den bisherigen Beteiligten** fortzuführen, wenn bzw solange der Rechtsnachfolger nicht auf Antrag oder mit Zustimmung des Prozeßgegners den Rechtsstreit als Hauptbeteiligter übernimmt.[2] Zwar fällt die Sachbefugnis weg, der Veräußerer darf den Prozeß aber im eigenen Namen in gesetzlicher Prozeßstandschaft weiterführen.[3] **Übernimmt** der Rechtsnachfolger das Vf **nicht,** so ist es auch nicht etwa einzustellen (**aA** FG Saarland NVwZ 1987, 88). Allg zur Veräußerung der streitbefangenen Sache Henckel ZZP 1969, 333. Auch die **Abtretung einer Forderung** nach Rechtshängigkeit eines Streits über die Forderung läßt die Prozeßführungsbefugnis des Zedenten unberührt; dieser kann jedoch die Leistung nur noch an den Forderungsübernehmer verlangen (BGH NJW-RR 1986, 1182).

Um keine Verfügung über eine streitbefangene Sache iSv § 265 ZPO handelt es sich jedoch zB, wenn der Eigentümer einer Wohnung, der auf Feststel-

---

[1] NJW 1993, 79; Ms NJW 1981, 598 zum Nachbarprozeß im Baurecht; DVBl 1991, 826; Ko NVwZ 1987, 72; Mü NVwZ-RR 1990, 172 zur Klagebefugnis des Erwerbers bei Veräußerung eines streitbefangenen Grundstücks.

[2] NJW 1985, 281; DVBl 1992, 792; Ma NVwZ 1998, 975; Ms NJW 1981, 598; Mü DVBl 1990, 166; RÖ-Kothe 6; zT **aA** Spannowsky NVwZ 1992, 426: §§ 265f ZPO bei Anfechtungs- u Verpflichtungsklagen nicht anwendbar; könnte insb auch die Klagebefugnis gem § 42 Abs 2 nicht ersetzen oder begründen; ähnlich BVerwG DVBl 1992, 792: § 266 ZPO im Anfechtungsprozeß gegen eine Planfeststellung nicht anwendbar.

[3] BL 16 zu § 265 ZPO; Sch-Ortloff 11; **aA** Spannowsky NVwZ 1992, 430: Keine Klagebefugnis, dafür Unterbrechung gem § 173 S 1 iVm § 239 ZPO analog.

lung klagt, daß er für eine Änderung der Nutzung der Wohnung keine Zweckentfremdungsgenehmigung benötige, die **Wohnung veräußert** (DÖV 1987, 832: mit der Veräußerung erledigt sich die Hauptsache); ebenso nicht, wenn in einem Rechtsstreit um die Änderung einer Planfeststellung u die Entschädigung für Nachteile, die nicht durch Schutzvorkehrungen ausgeglichen werden können, der **Verkäufer** des betroffenen Anliegergrundstücks **sich diese Rechte vorbehalten u** der Erwerber auf entsprechende Abwehrrechte verzichtet hat (DVBl 1987, 609).

3 **2. Beginn und Ende der Rechtshängigkeit:** Die Rechtshängigkeit bedeutet in jedem Stadium des Verfahrens, auch noch in der Revisionsinstanz, ein **Verfahrenshindernis** für jede neue Klage, bzw im Antragsverfahren, jeden neuen Antrag, mit gleichem Streitggst (BGH NJW 1986, 2095). Sie tritt mit der (wirksamen) **Erhebung der Klage** ein (§ 81). Zustellung an den Gegner ist im Verwaltungsprozeß, anders als im Zivilprozeß gem §§ 253, 261 ZPO, nicht Voraussetzung (vgl 1 zu § 81; LG Lüneburg NJW 1985, 2279; VG Freiburg NVwZ 1985, 444). Die Rechtshängigkeit tritt auch bei einer unzulässigen Klage ein (Ey-Rennert 5); ebenso einer **bei einem Gericht eines anderen Gerichtszweiges erhobenen Klage** (in diesem Fall tritt die Rechtshängigkeit zwar nur nach Maßgabe der für dieses Gericht maßgeblichen Verfahrensordnung, nicht jedoch nach § 90, ein, wirkt aber dann, wenn der Rechtsstreit später an das VG verwiesen wird, als Rechtshängigkeit nach § 90 fort), uU auch bei einer **Klage vor** dem EuGH oder **einem ausländischen Gericht.**[4] Die Rechtshängigkeit tritt auch dann ein, wenn die Klage den **Bekl noch nicht benennt.**[5]

4 **Die Rechtshängigkeit endet** mit dem rechtskräftigen Abschluß des Vf (Ks NVwZ-RR 2006, 740; vgl BGH NJW 1995, 1096) bzw seiner Beendigung durch Klagerücknahme (§ 92), gerichtlichen Vergleich (§ 106) oder übereinstimmende Erledigungserklärungen (§ 161); auf den Zeitpunkt, in dem das Gericht das etwa wg **der Kosten** noch anhängige Vf abschließt, kommt es hierbei nicht an.[6] Bei der Klagerücknahme entfällt die Rechtshängigkeit rückwirkend, daher auch der Suspensiveffekt (NKVwGO-Schmid 6; vgl 3 zu § 92). Auch nach **einseitig gebliebener Erledigungserklärung** u **erfolglosem Erledigungsfeststellungsantrag** ist die **Rechtshängigkeit** des **ursprünglichen Sachbegehrens entfallen** (s 20 zu § 161; Ziekow JZ 1999, 91 ff; **aA** BVerwG NVwZ 1999, 404; NKVwGO-Schmid 6; s auch 13 a zu § 91).

5 Die Rechtshängigkeit erfaßt **bei eventueller Klagehäufung** (s 1 zu § 44) auch den **Hilfsantrag** sofort; sie ist bezüglich des Hilfsantrags jedoch durch die rechtskräftige Zuerkennung des Hauptanspr auflösend bedingt, dh entfällt mit Eintritt der RKraft der Zuerkennung des Hauptanspr rückwirkend (Ey-Rennert 5 zu § 44).

6 **Bei** einer **Klageänderung** (§ 91) wird ein neuer Antrag nach § 173 S 1, § 261 Abs 2 ZPO **erst mit seiner Stellung** in der mündlichen Verhandlung (oder gem § 81) rechtshängig;[7] die Klageänderung hat **nicht zur Folge, daß die Klage** in der geänderten Form als **von Anfang an rechtshängig** anzusehen ist (s auch 32 zu § 91; **aA** RÖ-Kothe 26 zu § 91). Mit Wirksamwerden der

---

[4] Vgl Sch-Ehlers 16 zu § 17 GVG; BGH NJW-RR 1992, 642: wenn mit Anerkennung der Entscheidung in der Bundesrepublik zu rechnen ist; OLG Düsseldorf NJW 1986, 2202; OLG Hamm NJW-RR 1995, 511; Geimer NJW 1988, 3104 mwN; s auch unten 15.

[5] Ma DÖV 1982, 751; VG Freiburg NVwZ 1985, 444: sehr zweifelhaft, insb auch zB hins etwaiger Prozeßzinsen usw.

[6] Ey-Rennert 7; Schenke 1112; vgl auch 15 zu § 161; **aA** Sch-Ehlers 2 zu § 17 GVG; StJ 99 zu § 261 ZPO; RÖ-Kothe 3.

[7] MDR 1972, 719; Lü 23, 391; RÖ-Kothe 2; NKVwGO-Schmid 5; ThP 14 zu § 263 ZPO; **aA** RÖ-Kothe 26 zu § 91: Rückwirkung auf den Zeitpunkt der Erhebung der ursprünglichen Klage.

Klageänderung entfällt die Rechtshängigkeit des bisherigen Klagebegehrens, sofern die Klageänderung nicht nur in der Stellung eines zusätzlichen Antrags besteht oder das bisherige Klagebegehren nicht wenigstens hilfsweise beibehalten wird (was idR jedenfalls dann zweckmäßig ist, wenn die übrigen Beteiligten der Klageänderung nicht zustimmen u offen ist, ob das Gericht sie zulassen wird).

3. Rechtshängigkeit und Streitgegenstand: a) Der Umfang der Rechtshängigkeit wird durch den Streitggst bestimmt, der durch die Klage anhängig gemacht wurde (vgl BGH NJW 1981, 2306; 1985, 374; 1986, 2095). **Streitggst** im Verwaltungsprozeß ist entspr der auch im Zivilprozeßrecht herrschenden Auffassung (vgl ThP Einl II; Lüke 162) der **prozessuale Anspr,** dh das vom Kl **aufgrund eines bestimmten Sachverhalts** an das Gericht gerichtete **Begehren um Rechtsschutz** durch Erlaß eines Urteils mit einem bestimmten Inhalt (sog zweigliedriger Streitgegenstandsbegriff).[8] Trotz seiner verbalen Aufrechterhaltung (zB 96, 24) wird dieser zweigliedrige Streitgegenstandsbegriff allerdings im Asylrecht der Sache nach wg hier bestehender bereichsspezifischer, im materiellen Recht angelegter Besonderheiten durch einen eingliedrigen Streitgegenstandsbegriff ersetzt (näher dazu Rennert DVBl 2001, 161 ff). Der Begriff des Begehrens ist auch iü offen u zwingt nicht zu einer einheitlichen Bestimmung des Inhalts des Streitggst (Detterbeck Streitgegenstand 63). Der durch das prozessuale Begehren bestimmte Streitggst unterscheidet sich daher naturgemäß je nach der Klageart (s dazu 8 ff). 7

Daß das Begehren auf verschiedene Anspruchsgrundlagen gestützt wird, läßt den Streitggst nicht in trennbare Teile zerfallen; ein einheitlicher Streitggst liegt auch dann vor, wenn die Anspruchsgrundlagen unterschiedlich weit gehen (DVBl 1995, 925). **Wesentlich** für den Begriff u die Abgrenzung des Streitggst ist immer auch die **Rechtsschutzform;** daher besteht zB keine Identität des Streitggst zwischen einer **positiven Leistungsklage** u einer bei einem anderen Gericht bereits anhängigen negativen **Feststellungsklage;**[9] umgekehrt schließt jedoch eine bereits erhobene Leistungsklage eine spätere negative Feststellungsklage aus (BGH NJW 1989, 2064; Ma NJW 1996, 1298). S **allg zum Begriff des Streitggst** auch Stein JA 1982, 42.

Bei der **Anfechtungsklage** werden dabei verschiedene Standpunkte vertreten. 8
Nach einer Auffassung soll Streitggst der (prozessuale) **Anspr auf Aufhebung des Verwaltungsakts** sein,[10] nach einer zweiten Ansicht die **Rechtswidrigkeit des angefochtenen Verwaltungsakts**[11] u nach einer dritten Meinung die Rechtsbehauptung des Kl, der VA sei rechtswidrig u verletze ihn in seinen Rechten.[12] Richtigerweise sind diese Auffassungen, die alle einen richtigen Kern enthalten, aber eben jeweils nur Teilaspekte erfassen, miteinander zu kombinieren. Streitggst ist nach dieser „Kombinationstheorie" also **der Anspr des Kl auf Aufhebung des angefochtenen VA u die (die objektive Rechtswidrigkeit implizierende) Feststellung der Verletzung eines subjektiven Rechts** des

---

[8] 52, 249; 70, 112; 96, 25; NJW 1996, 737; BGH 85, 374; 117, 5; Barbey, Menger-FS 1987, 181 ff; Detterbeck Streitgegenstand 46; Ey-Rennert 23 zu § 121; Schenke 604. Ausf Meinungsüberblick bei Detterbeck Streitgegenstand 50 ff.

[9] BGH NJW 1989, 2064; OLG Düsseldorf NJW 1984, 2955; vgl auch BGH WM 1987, 637; Schreiber JK 87, ZPO § 256/2.

[10] So insb Detterbeck Streitgegenstand 156 ff, der ihn aber ebenfalls nicht (nur) auf den konkreten VA, sondern auf „Verwaltungsakte dieser Art" erstreckt, s dort 159; ähnl Hk-Wahrendorf 26 zu § 121.

[11] So insb Niese JZ 1952, 353 ff; Bettermann DVBl 1953, 163 ff; Kopp/Kopp NVwZ 1994, 1; VwGO-Rspr 75 f; FG Hannover NVwZ 1984, 400; dahin tendierend wohl auch BGH NJW 1987, 773.

[12] So zB 29, 211 f; 40, 104; 91, 256 = NVwZ 1993, 672; NVwZ 1984, 168; Fechner NVwZ 2000, 125; Schenke JuS 1983, 186; Redeker DVBl 1992, 1225; Sch-Clausing 61 zu § 121; Würt 246; Barbey, Menger-FS 1987, 188 (Fn 47); ML 6 zu § 95 SGG.

Kl (Schenke 610; ebenso Ey-Rennert 25 zu § 121; Jacobj 214 ff). Die Aufhebung des VA als primäres Klageziel kann bei der Bestimmung des Streitggst nicht einfach ausgeblendet werden. Nachdem aber auch ein Anspr auf Aufhebung geltend gemacht wird, muß dieser (ebenso wie es bei der Verpflichtungsklage heute allg anerkannt ist) jedenfalls auch Streitggst sein, zumal er gerade den Unterschied zum Streitggst der FFK als „amputierter" Anfechtungsklage ausmacht. § 113 Abs 1 S 4, demzufolge unbestreitbar (auch) die Feststellung der Rechtswidrigkeit Streitggst ist (31. 1. 2002 – 2 C 7. 01), zeigt aber zugleich, daß es nicht richtig sein kann, bei der Anfechtungsklage allein auf den Aufhebungsanspr abzustellen, würde doch dann der Rechtsschutz bei einer erfolgreichen Anfechtungsklage in systemwidriger Weise hinter demjenigen der erfolgreichen FFK zurückbleiben, obwohl über diese „amputierte" Anfechtungsklage anhand desselben Prüfungsmaßstabes zu befinden ist u für den Kl bei Erfolg der Anfechtungsklage keine Möglichkeit besteht, neben dieser mittels einer FFK eine Entscheidung über (auch) die Rechtswidrigkeit des VA herbeizuführen. Die §§ 42 Abs 2 u 113 Abs 1 S 1 schließlich machen deutlich, daß über die Geltendmachung der objektiven Rechtswidrigkeit hinaus auch die Verletzung eines subjektiven Rechts Streitggst sein muß (zu den Konsequenzen des Streitgegenstandsbegriffs für die RKraft s 9 ff, 21 zu § 121).

Anderes hat nur dort zu gelten, wo eine Klagebefugnis unabhängig von der Verletzung eigener Rechte eingeräumt wird, wie dies bei **objektiven BeanstandungsVf** zutrifft (dazu 180 f zu § 42). Hier kann sich die RKraft einer erfolgreichen Anfechtungsklage naturgemäß **nicht auf die Feststellung einer subjektiven RVerletzung** des Kl erstrecken. Soweit im Rahmen einer Anfechtungsklage eine umfassende Überprüfung der Rechtmäßigkeit des Verwaltungsakts zu erfolgen hat, wie zB bei den sog „Aufsichtsklagen" (dazu 181 zu § 42; 25 zu § 113), erwächst die Entscheidung über die Rechtmäßigkeit des VA allerdings ebenso wie die Entscheidung über das Bestehen eines prozessualen Aufhebungsanspr in RKraft. Anderes gilt jedoch dann, wenn das Gericht bei der Überprüfung der Rechtmäßigkeit des VA gesetzlich beschränkt ist, wie zB bei einer Anfechtungsklage einer Umweltschutzvereinigung gem § 2 UmwRG im Hinblick auf § 2 Abs 5 Nr 1 UmwRG. In einem solchen Fall steht bei Abweisung der Klage einer Umweltschutzvereinigung nur fest, daß jedenfalls kein Verstoß gegen die Normen vorliegt, die dem Gericht als Prüfungsmaßstab zur Verfügung standen (25 zu § 113).

Auch wenn bei einer dem Individualrechtsschutz dienenden Anfechtungsklage **bei deren Erfolg** grds sowohl das **Bestehen eines Aufhebungsanspr wie auch die Verletzung subjektiver Rechte des Kl festgestellt** wird, läßt sich hieraus noch **nicht ableiten, daß bei der Unbegründetheit der Anfechtungsklage** neben dem Nichtbestehen des Aufhebungsanspr **immer auch das Fehlen einer subjektiven RVerletzung** rechtkräftig festgestellt wird (s dazu Hößlein VerwA 2007). Letzteres würde nur dann zutreffen, wenn dort, wo die Aufhebung des VA wg § 113 Abs 1 S 4 ausscheidet oder trotz einer durch den VA begründeten subjektiven RVerletzung des Kl kein Aufhebungsanspr besteht, das VG über das Vorliegen einer subjektiven RVerletzung zu befinden hätte. Das trifft aber jedenfalls im Falle eines **erledigten VA** nicht zu, da hier nur dann noch über die Rechtswidrigkeit des VA u eine durch diesen begründete subjektive RVerletzung des Kl zu befinden ist, wenn der Kl erstens einen Antrag nach § 113 Abs 1 S 4 gestellt hat u zweitens an der Feststellung ein berechtigtes Interesse besteht. Da andernfalls das VG über die Rechtswidrigkeit des erledigten VA nicht zu befinden hat, kann beim Fehlen auch nur einer der Voraussetzungen aus der Abweisung des Aufhebungsantrags noch nicht abgeleitet werden, daß damit der Kl durch den angefochtenen VA nicht in einem subjektiven Recht verletzt sei. Ihm bleibt vielmehr, wenn er die Abweisung seiner Anfechtungsklage als unzulässig vermeiden will, nur die Möglichkeit, gem § 113 Abs 1 S 4 die Feststellung der Rechtswidrigkeit des VA zu beantragen, wobei bei Erfolg einer solchen FFK (s dazu unten 8) zugleich seine subjektive RVerletzung festgestellt wird. § 113 Abs 1 S 4 ist nun aber auch **analog** auf die Fälle zu übertragen, bei welchen die **Aufhebung des VA** trotz einer durch diesen begründeten subjektiven RVerletzung nicht wg dessen Erledigung, sondern aus **anderen rechtlichen Gründen** ausscheidet (Schenke 326 ff sowie 108 zu § 113). Das trifft etwa zu, wenn auf einen verfahrensfehlerhaften VA **§ 46 VwVfG anwendbar** ist oder der einem Planfeststellungsbeschluß anhaftende Abwägungsmangel gem § 17 e Abs 6 FStrG unerheblich ist; ebenso dort, wo nur die mit einem VA verbundene **rechtswidrige Nebenbestimmung angefochten** wird, deren Aufhebung aber deshalb ausscheidet, weil der nach der Aufhebung verbleibende **RestVA rechtswidrig** wäre (24 zu § 42). Stellt der durch den VA Verletzte hier keinen Antrag auf Feststellung der RVerletzung, so ist über diese nicht zu befinden u wird deshalb bei Abweisung der Anfechtungsklage wg Fehlens eines materiellrechtlichen Aufhebungsanspr nur das **Nichtbestehen eines Aufhebungsanspr** festgestellt. Bzgl sämtlicher verfahrensrechtlicher u materiellrechtlicher Fehler, welche bei ihrem Vorliegen dazu führen würden, daß der VA aufzuheben wäre, bleibt es hingegen bei dem Grundsatz, daß mit der Abweisung der Anfechtungsklage zugleich feststeht, daß dem angefochtenen VA kein solcher Fehler anhaftet u der Kl jedenfalls insoweit auch nicht in seinen Rechten verletzt wird. Die Rechtmäßigkeit eines solchen VA steht aber auch hier nicht fest, da das Gericht über die Frage der Rechtswidrigkeit eines VA nur insoweit zu befinden hat, als der Rechtswidrigkeitsverstoß zugleich mit einer Verletzung subjektiver Rechte einhergeht, was keineswegs immer der Fall zu sein braucht.

Streitggst der **FFK** ist die Feststellung der durch den VA begründeten subjektiven RVerletzung des Kl, welche die Feststellung der objektiven Rechtswidrigkeit einschließt (Schenke 611). Die Auffassung, Streitggst der FFK sei nur die objektive Rechtswidrigkeit des VA,[13] ist nicht damit vereinbar, daß die FFK nach hM eine „amputierte" Anfechtungsklage darstellt[14] und wie diese nur dann Erfolg hat, wenn der Kl durch den VA in einem subjektiven Recht verletzt wurde. Würde man nur die objektive Rechtswidrigkeit des VA als Streitggst ansehen, so müßte dort, wo der VA zwar rechtswidrig ist, er aber (trotz der für die Klagebefugnis erforderlichen Möglichkeit einer RVerletzung) tatsächlich keine RVerletzung des Kl beinhaltet, eine Klage in direkter oder analoger Anwendung des § 113 Abs 1 S 4 als begründet anzusehen sein, was aber – soweit ersichtlich – von niemandem vertreten wird. Ein solches Ergebnis würde nicht nur dem systematischen Zusammenhang des § 113 Abs 1 S 4 mit der Anfechtungsklage nicht gerecht. Eine Feststellung der nur objektivrechtlichen Rechtswidrigkeit des VA wäre auch mit der **Systematik des verwaltungsprozessualen Individualrechtsschutzsystems nicht vereinbar** u entwertete eine gerichtliche Feststellung in direkter oder analoger Anwendung des § 113 Abs 1 S 4. Bei einer sich gegen einen erledigten VA richtenden FFK wird neben der subjektiven RVerletzung (**aA** Fechner NVwZ 2000, 125) auch die vom Moment der Erledigung an bestehende Unwirksamkeit des VA festgestellt.[15] Für eine solche Einbeziehung der Unwirksamkeit des VA in den Streitggst sprechen funktionale Gründe, da anderenfalls der Kl nicht davor geschützt wäre, daß die Verwaltung nach wie vor

---

[13] So Detterbeck Streitgegenstand 290; Ey-Rennert 35 zu § 121; Fechner NVwZ 2000, 125; Sch-Clausing 67 zu § 121.

[14] S auch NVwZ 2002, 853; den hier bestehenden Zusammenhang konzediert auch Detterbeck Streitgegenstand 290.

[15] NVwZ 1998, 734 u NVwZ 2002, 853; Schenke JZ 2003, 35 (mit abw Begründung); krit Wehr DVBl 2001, 791 Fn 67 unter Hinweis darauf, daß in dem entschiedenen Fall NVwZ 1998, 734 gar keine Erledigung vorlag. Gerade dieser Umstand zeigt aber, wie wichtig es ist, die Rechtskraft auch auf die Unwirksamkeit des VA zu erstrecken.

von der Rechtswirksamkeit des ihm ggü erlassenen VA ausgeht u hieraus für ihn nachteilige Konsequenzen ziehen könnte; sein Schutz würde damit im Vergleich zur Anfechtungsklage in einer unter dem Aspekt der Rechtsschutzeffektivität nicht vertretbaren Weise verkürzt. Die Wirksamkeit des VA vor Eintritt des erledigenden Ereignisses wird durch die gerichtliche Feststellung nicht in Frage gestellt (Ms NWVBl 2001, 191). Hat sich der VA nicht erledigt, ist aber der Anspruch auf behördliche Aufhebung ausnahmsweise nicht gegeben u deshalb nur eine auf Feststellung der Rechtswidrigkeit des VA analog § 113 Abs 1 S 4 gerichtete Feststellungsklage erfolgreich, wird nur die **subjektive RVerletzung des Kl** festgestellt. Entsprechendes gilt für eine Klage, die auf Feststellung der Rechtswidrigkeit der Ablehnung oder Unterlassung eines VA gerichtet ist u bei deren Erfolg zugleich eine subjektive RVerletzung des Kl festgestellt würde.

Wird anstelle des angefochtenen VA ein neuer, wenn auch inhaltlich gleicher **VA** angefochten, so liegt **nicht derselbe Streitggst** vor (sonst wäre eine neue Klage dagegen nach § 17 Abs 1 S 2 GVG bzw § 121 unzulässig), sondern ein anderer, neuer (Mü NVwZ-RR 1991, 277); der neue VA wird auch nicht automatisch von der bereits erhobenen Klage erfaßt, sondern könnte nur im Wege einer Klageänderung einbezogen werden (vgl BVerwG 23. 12. 1994, 4 B 262/94; Mü BayVBl 1987, 23; NVwZ-RR 1991, 277). Zur ähnlichen Situation im Gesellschaftsrecht vgl Schmidt, Zum Streitgegenstand von Anfechtungs- u Nichtigkeitsklagen im Gesellschaftsrecht, JZ 1977, 769; im Steuerrecht Mösbauer, Der Streitgegenstand im Steuerprozeß, 1975, u Jessen DVBl 1977, 227; ferner Gorski, Der Streitgegenstand der Anfechtungsklage gegen Steuerbescheide, 1974. **Zur Bindungswirkung** eines Aufhebungsurteils s 1 zu § 121.

9 **b)** Bei der **Verpflichtungsklage** ist Streitggst das Bestehen eines Anspruchs auf Erlaß des begehrten VA bzw die ermessensfehlerfreie Entscheidung über dessen Vornahme sowie die subjektive RVerletzung des Kl durch die Ablehnung oder Unterlassung des VA bzw einer ermessensfehlerfreien Entscheidung im Zeitpunkt der letzten mündlichen Verhandlung.[16] Wird der **Klage stattgegeben**, so steht damit fest, daß ein **Anspruch auf Erlaß des VA bestand** u die **Ablehnung oder Unterlassung des VA im Zeitpunkt der letzten mündlichen Verhandlung** den Kl in **seinen Rechten verletzte.** Auch hier kann aber aus entspr Erwägungen, wie sie oben iVm der Anfechtungsklage angestellt wurden (s oben 8), **nicht davon ausgegangen** werden, daß mit der **Abweisung der Verpflichtungsklage** wg Fehlens eines Anspruchs auf Erlaß des begehrten VA stets zugleich feststeht, daß im Zeitpunkt der letzten mündlichen Verhandlung auch die **behördliche Ablehnung oder Unterlassung des VA rechtmäßig war** u den Kl nicht in seinen Rechten verletzte. Der Bescheid, mit dem der beantragte VA abgelehnt wurde wie auch das Unterlassen einer Entscheidung über den begehrten VA können nämlich trotz Fehlens eines Anspruchs auf Vornahme des beantragten VA bzw einer ermessensfehlerfreien Entscheidung sehr wohl rechtswidrig sein. Soweit die Ablehnung des VA rechtswidrig war (zB nicht eine nach § 39 VwVfG erforderliche Begründung enthielt) oder rechtswidrig unterlassen wurde, über den Antrag auf Erlaß des VA zu entscheiden, sind zwar dessen Ablehnung wie auch das Unterlassen einer Entscheidung über seine Vornahme rechtswidrig u verletzen den Kl in seinen Rechten, diese RVerletzung ist aber für das Bestehen eines Anspruchs auf Erlaß des begehren VA nicht beachtlich u deshalb hat das Gericht hierüber bei Ablehnung des Anspruchs auf Vornahme des VA bzw eine ermessenfehlerfreie Entscheidung nicht zu befinden. *Eine Entscheidung* darüber, ob die Ablehnung oder Unterlassung des VA den Kl

[16] Vgl B-Kuntze 19; Ey-Rennert 28; Jacobj 237 ff; **aA** NVwZ 2007, 106; Detterbeck 220; Fendt JA 2000, 883; RÖ-Nicolai 11: nur Anspr auf VA bzw bei Bescheidungsklage auf Bescheidung; Bickenbach 64: Anspruch auf VA sowie auf Aufhebung der Ablehnung.

in seinen Rechten verletzte, ist aus diesem Grund bei Fehlen eines Anspr auf Erlaß des begehrten VA analog § 113 Abs 1 S 4 **nur auf einen entspr Antrag des Kl** hin u bei bestehendem **berechtigtem Interesse** an seiner solchen Feststellung möglich. Ein solcher Antrag ist auch dann erforderlich, wenn die Feststellung einer durch die Ablehnung oder Unterlassung des VA begründeten subjektiven RVerletzung für einen früheren Zeitpunkt als den der letzten mündlichen Verhandlung begehrt wird. Die **Ersetzung des Ablehnungsbescheids** durch einen anderen Ablehnungsbescheid ist bei der Verpflichtungsklage, bei welcher über das Bestehen eines Verpflichtungsanspr im Zeitpunkt der letzten mündlichen Verhandlung befunden wird, ohne **Bedeutung für** die **Bestimmung des Streitggst.** Die Einbeziehung des neuen Ablehnungsbescheids in die Klage ist daher auch keine Klageänderung (DVBl 1987, 1004).

c) Bei der **allg Leistungsklage** (bzw Unterlassungsklage) ist Streitggst der **Anspr des Kl auf Vornahme der begehrten Leistung (bzw eines Unterlassens).** 10

d) Bei der allg Feststellungsklage (§ 43) ist Streitggst die **Feststellung des Bestehens bzw Nichtbestehens des Rechtsverhältnisses** bzw bei der Klage auf Feststellung der Nichtigkeit eines VA dessen Nichtigkeit. Ergibt sich das RS I für die Feststellung einer RVerletzung aus der Wiederholungsgefahr als richtungweisend für die Zukunft, so geht der Antrag auf Feststellung der Rechtswidrigkeit der Nichtbeachtung eines Rechtes vollständig in dem Antrag auf Feststellung des Bestehens dieses Rechtes auf (vgl NZWehrR 1994, 119). 11

e) Bei der NK (§ 47) ist Streitggst **die Unwirksamkeit** der angegriffenen Rechtsvorschrift sowie deren **objektive Rechtswidrigkeit.**[17] Zwar sieht § 47 Abs 5 S 2 unmittelbar nur die Feststellung der Unwirksamkeit der Norm vor. Dies hindert aber nicht, von einer gleichzeitigen Feststellung der Rechtswidrigkeit der Norm auszugehen. Es gilt insoweit dasselbe wie bei der Anfechtungsklage, bei welcher § 113 Abs 1 S 1 zwar ausdr nur die Aufhebung des VA anspricht, dennoch aber ganz überwiegend angenommen wird, mit der Aufhebung des VA werde zugleich dessen Rechtswidrigkeit festgestellt (s oben 8). Ein Unterschied zur Anfechtungsklage besteht allerdings insoweit, als bei einer begründeten NK **nur die objektive Rechtswidrigkeit der angegriffenen Norm festgestellt** werden kann, nicht hingegen eine dadurch begründete RVerletzung des ASt. Das ergibt sich daraus, daß es für die Begründetheit der NK nur auf die objektive Rechtswidrigkeit der Norm ankommt (112 zu § 47), nicht aber auf eine Verletzung subjektiver Rechte. Die Erstreckung der RKraft auch auf die Rechtswidrigkeit der Norm **korrespondiert auch mit der Rspr des BVerfG,** derzufolge nicht nur bei einer VB (bei der § 95 Abs 1 S 1 BVerfGG ausdr die Feststellung der Unvereinbarkeit einer nichtigen Norm mit dem GG vorsieht), sondern auch bei einem abstrakten wie auch bei einem konkreten NKVf die Unvereinbarkeit der Norm mit höherrangigem Recht festgestellt wird.[18] Auch diejenigen, die davon ausgehen, daß das OVG bei einer korrekturbedürftigen rechtswidrigen, aber dennoch zunächst rechtswirksamen Norm wenigstens die Rechtswidrigkeit der Norm festzustellen habe,[19] gehen der Sache nach davon aus, daß in dem Antrag auf Feststellung der Unwirksamkeit der Norm als Minus auch der Antrag auf Feststellung ihrer Rechtswidrigkeit enthalten ist. Wenn in der Literatur häufig ausdr nur von einer bei Begründetheit der NK erfolgenden rechtskräftigen Fest- 11 a

---

[17] Eingeh Schenke Kopp-GS, ferner Ma DÖV 1979, 572; Schenke 611; der Sache nach auch NKVwGO-Ziekow 357 zu § 47 sowie Würtenberger 470; zur Frage, ob es dem Normgeber gestattet ist, eine Norm mit demselben Inhalt wieder zu erlassen (was bei Verfahrensfehlern zu bejahen ist), s 22 a zu § 121.

[18] S Maunz/Sigloch, in: Maunz/Schmidt-Bleibtreu/Klein, BVerfGG II, § 78, 29.

[19] So NKVwGO-Ziekow 357 zu 47; Würtenberger 470.

stellung der Unwirksamkeit der Norm gesprochen wird, so erklärt sich dies nicht nur daraus, daß der Feststellung der Unwirksamkeit einer Norm für den ASt eine weit größere Bedeutung zukommt als der Feststellung der Rechtswidrigkeit. Es hängt häufig auch damit zusammen, daß hier (fälschlich) die Unwirksamkeit der Norm mit deren Rechtswidrigkeit gleichgesetzt wird (so zB bei Ey-J. Schmidt 92 a zu § 47; krit dazu 129 zu § 47) u damit logischerweise die Feststellung der Unwirksamkeit zugleich die Feststellung der Rechtswidrigkeit implizieren muß. Während bei einer rechtswidrigen, aber dennoch rechtswirksamen Norm, bei der (etwa wg einer Verletzung des Art 3 GG) eine Pflicht zur Behebung der Rechtswidrigkeit besteht, das OVG zwar nicht die Unwirksamkeit, wohl aber die Rechtswidrigkeit festzustellen hat (126 zu § 47), ist dort, wo die rechtswidrige, aber rechtswirksame Norm nicht korrekturbedürftig ist (wie zB bei einer nach § 214 Abs 3 S 2 BauGB unbeachtlichen rechtswidrigen Abwägung, dazu 129 zu § 47), die NK in vollem Umfang als unbegründet abgewiesen, wobei hier nur die Wirksamkeit der Norm festgestellt wird. Über die Rechtswidrigkeit der Norm wird hier in Anlehnung an den Rechtsgedanken des § 113 Abs 1 S 4 nicht befunden, da idR kein Interesse an einer solchen Entscheidung besteht. Auf **Antrag des Betroffenen** u bei **Bestehen eines berechtigten Interesses** (etwa wg Wiederholungsgefahr) ist aber auch hier die **Rechtswidrigkeit festzustellen.**

12 **4. Die für die Bestimmung des Streitgegenstandes wesentlichen Elemente:** Der Streitggst wird in allen Fällen in sachlicher Hinsicht durch den **Klageantrag** (§ 88; vgl zur Klageerweiterung auch BFH NJW 1992, 2446) u durch den zu seiner Begründung dienenden, vom Kl vorgetragenen und/oder vom Gericht vAw (§ 86 Abs 1) zu ermittelnden, bzw – nach Eintritt der RKraft – ermittelten u der Entscheidung zugrunde gelegten **Sachverhalt** bestimmt,[20] in persönlicher Hinsicht durch die **Hauptbeteiligten** (Kl u Bekl) bzw deren Rechtsnachfolger (s 23 ff zu § 12).[21] Identität des Streitggst liegt **auch** dann vor, wenn Kl u Bekl **in umgekehrter Parteirolle** auftreten, nicht aber, wenn eine Partei in dem einen Prozeß für sich selbst, in dem anderen als gesetzlicher Vertreter auftritt (Sch-Ehlers 11 zu § 17 GVG). Die Bindungswirkung der Rechtshängigkeit – Entsprechendes gilt für die RKraft – erstreckt sich **auf Beigeladene;** sie wirkt hier als **Klagesperre,** dh der Beigeladene kann bzgl der Sache, die Gegenstand des Vf ist, zu dem er beigeladen worden ist, nicht mehr selbst Klage erheben, solange die Sache anhängig ist (bzw wenn darüber rechtskräftig entschieden ist; Baden NVwZ 1984, 145; zweifelhaft).

13 **Ist der** VRW an sich nur **für bestimmte Klagegründe** gegeben, ist das Gericht aber gem **§ 17 Abs 2 S 1 GVG iVm § 173** gleichwohl zur Verhandlung u Entscheidung **auch über die rechtswegfremden Klagegründe** zuständig, so wird die Streitsache **auch insoweit** bereits anhängig. **Anders** in den Fällen gem § 17 Abs 2 S 2 GVG (vgl DVBl 1993, 885; Schenke 606 f). Ist der VRW nach § 40 iVm § 17 Abs 2 S 2 GVG zB bei der Klage eines geschädigten Beamten nur für einen Anspr aus Verletzung der Fürsorgepflicht, **nicht auch aus Amtshaftung** gegeben, so wird der Streitggst, über den das VG zu entscheiden hat, **durch den erstgenannten Anspr bestimmt,** während die übrigen Anspr, zB im erwähnten Fall der Anspr aus Amtshaftung, der nur vor den Zivilgerichten eingeklagt werden kann, einen anderen Streitggst begründen.[22] Dennoch wird

---

[20] Mü BayVBl 1989, 759: Abrechnung für eine andere Leistung betrifft einen anderen Streitggst.

[21] ZT **aA** Baden NVwZ 1984, 144: auch durch den Beigeladenen; Kritik: sowohl die Rechtshängigkeit als auch die Rechtskraftbindung gelten auch für Beigeladene; für den Kl u für den Bekl bleibt jedoch der Streitggst derselbe, unabhängig davon, ob das Gericht Dritte beigeladen hat oder nicht.

[22] So iE wohl auch 18, 181; 22, 45; DVBl 1968, 646, wo eine Verweisung bezüglich des Amtshaftungsanspr an die Zivilgerichte abgelehnt wird.

die Verjährung des Amtshaftungsanspr analog § 204 BGB gehemmt, wenn bzgl der Amtshandlung eine Anfechtungsklage rechtshängig gemacht wird (zu § 209 BGB aF BGH 95, 238; Schenke JuS 1986, 694 ff: Unterbrechung der Verjährung). S auch 6 zu § 41.

Bei Anfechtungs- und Verpflichtungsklagen wird der Streitggst außer durch den ergangenen bzw begehrten VA insb auch durch die für die Entscheidung der Verwaltung konkret **maßgeblichen Gründe** näher bestimmt.[23] Dagegen sieht die **hM** – entgegen der hier vertretenen Auffassung – überwiegend grds **nur den Entscheidungssatz** des VA **sowie** auch **alle denkbaren Gründe,** die ihn rechtfertigen können, als Bestimmungselemente des Streitggst an, ohne Rücksicht darauf, ob sie für die Entscheidung der Verwaltung eine Rolle gespielt haben oder vom Kl geltend gemacht werden.[24] 14

5. Unzulässigkeit neuer Klagen (§ 17 Abs 1 S 2 GVG): Nach § 17 Abs 1 S 2 GVG hat die Rechtshängigkeit einer Streitsache **bei einem anderen Gericht** der Vwgbk oder einer anderen Gerichtsbarkeit, auch bei einem Wehrdienstgericht (43, 259; 67, 223), uU auch einem **ausländischen Gericht**[25] **oder dem EuGH,**[26] **nicht dagegen** auch bei einem **Verfassungsgericht,**[27] zur Folge, daß eine neue Klage bezügl desselben Streitggst (s oben 7 ff, 12 ff) **unzulässig ist;** das gilt auch dann, wenn das zuletzt angerufene Gericht zuständig, das zuerst angerufene Gericht aber unzuständig ist, vgl NZWehrR 1994, 119; es handelt sich insoweit um eine **vAw** zu prüfende **Prozeßvoraussetzung** (43, 258; 46, 265). Die Rechtshängigkeit u die daraus folgende Klagesperre wirkt **auch für u gegen Beigeladene** (Baden NVwZ 1984, 146; **aA** Sch-Ehlers 12 zu § 17 GVG, da Überdehnung der RKraft; s auch oben 12). 15

Nicht wg Identität des Streitggst **ausgeschlossen** (wenn auch idR wg fehlender Klagebefugnis gem § 42 Abs 2 unzulässig) ist dagegen **zB,** da es sich nicht um denselben Streitggst handelt, eine **Klage gegen die Aufsichtsbehörde** auf Einschreiten im Aufsichtsweg gegen eine Gemeinde, damit diese eine Forderung erfüllt, die der Kl bereits in einem anderen noch anhängigen Prozeß eingeklagt hat (**aA** DÖV 1977, 365); ebenso nicht die Klage gegen einen **VA,** den die Behörde **als „Ersatz" für einen angefochtenen VA** für den Fall erläßt, daß dieser vom Gericht aufgehoben werden sollte.[28] Keine Identität des Streitggst liegt vor, wenn in zwei verschiedenen Instanzen die Aufhebung eines Planfeststellungsbeschlusses in bezug auf zwei verschiedene Grundstücke begehrt wird 16

---

[23] Müller NJW 1978, 1356 unter Hinweis auf § 45 Abs 1 Nr 2 u Abs 2 VwVfG; Mösbauer, Der Streitgegenstand im Steuerprozeß, 1975; Jessen DVBl 1977, 227; Kopp VerfR 98 ff u VerwA 1970, 255; für den Fall, daß der VA bei Berücksichtigung anderer Gründe in seinem Wesen geändert würde, auch BVerwG 11, 170; 19, 252; Mü BayVBl 1972, 154; Ey-J. Schmidt 22 zu § 113; für Ermessensentscheidungen auch Ey-J. Schmidt 25 zu § 113; für Entscheidungen, für die eine Begründung vorgeschrieben ist, auch Ey-J. Schmidt 22 f zu § 113; enger RÖ-Kothe 32 zu § 108: nur soweit die Angabe der Rechtsgrundlage vorgeschrieben ist.

[24] 64, 356; NVwZ 1982, 620; Bettermann Wacke-FS 251; Wolff-FS 487; Renck BayVBl 1976, 480; Fischer-Hüftle BayVBl 1984, 395; RÖ-Kothe 30 zu 108; einschränkend Mü BayVBl 1976, 15: Saldierung nur innerhalb einzelner abgerechneter Ansätze für Teilmaßnahmen, nicht auch zwischen Ansätzen für verschiedene Teilmaßnahmen; gegen jede Saldierung, soweit sie nicht bloße Rechnungsposten betrifft, sondern selbständige Bestimmungsfaktoren des VA; vgl im einzelnen auch 63 ff u 231 ff zu § 113.

[25] Vgl BGH NJW 1983, 1269; Geimer NJW 1984, 527: sofern u solange der Justizgewährungsanspruch dadurch nicht tangiert wird; s auch oben 3.

[26] RÖ-Kothe 4; s auch oben 3.

[27] 50, 129 = DÖV 1976, 606; RÖ-Kothe 4; **aA** Dittmann DVBl 1978, 247.

[28] Vgl Martens NVwZ 1984, 558; Krause JbSozR 1982, 54; **aA** BSG 49, 229; SozR 1200 § 34 Nr 15: Unzulässigkeit des neuen VA, solange die Klage gegen den ursprünglichen anhängig ist u dieser nicht vom Gericht rechtskräftig aufgehoben ist; gegen diese Sperrwirkung Martens aaO; Krause aaO.

(Mü NVwZ 1996, 490). Ebenso liegt keine Identität des Streitggst zwischen einer **Feststellungsklage u** einer **prinzipalen Normenkontrolle** gem § 47 oder einer RechtssatzVB vor. Auch wenn es für die Begründetheit der Feststellungsklage auf die Nichtigkeit bzw Unwirksamkeit einer Rechtsnorm ankommt, deckt sich deren Gegenstand nicht mit der prinzipalen NK (so in der Sache auch DVBl 2000, 636, wonach es aber am Feststellungsinteresse für das später anhängig gemachte Vf fehlen kann).

17 **6. Perpetuatio fori (§ 17 Abs 1 S 1 GVG):** § 90 Abs 3 aF wurde durch das 4. VwGOÄndG aufgehoben u hins der Bedeutung nachträglicher Veränderungen der Umstände durch den insoweit im wesentlichen inhaltlich übereinstimmenden § 17 Abs 1 S 1 GVG ersetzt, der gem § 173 künftig auch für die Verwaltungsgerichte gilt.

Nach § 17 Abs 1 S 1 GVG bzw in analoger Anwendung gem § 83 gilt im Interesse der Beteiligten u aus Gründen der Verfahrensökonomie, daß die einmal begründete **Zulässigkeit** des zu einem Gericht beschrittenen Rechtswegs u die **Zuständigkeit** des Gerichts, nachdem eine Sache bei diesem durch Erhebung der Klage usw anhängig geworden ist (BGH NJW 1978, 889 mwN, 1164: nicht auch, bevor das zuständige Gericht tatsächlich mit einer Sache befaßt wurde), – vorbehaltlich abweichender gesetzlicher Regelungen (vgl 46, 84; NJW 1955, 1246) – bis zur abschließenden Entscheidung **bestehen bleiben** sollen, auch wenn die dafür ursprünglich maßgeblichen Gründe nachträglich wegfallen (sog **perpetuatio fori**). Die Regelung hat den **Zweck, eine unrationelle Tätigkeit der Gerichte** u die Verzögerung u Verteuerung von Vf **zu vermeiden,** die eintreten würden, wenn bei jeder Änderung der Umstände, die für die Zuständigkeit u den Rechtsweg maßgeblich sind, auch ein anderes Gericht zuständig würde (NVwZ-RR 1990, 150). § 261 Abs 3 ZPO ist insoweit Ausdruck eines allg Rechtsgrundsatzes, der auch für Vf gilt, die keine **entspr** ausdr Regelung kennen, wie zB das Wehrbeschwerdeverfahren. Unter die Regelung fällt **zB die Verlegung des Betriebssitzes** während des anhängigen Vf über die Gewerbeuntersagung (Ms BB 1979, 1262: keine Auswirkung auf das Verfahren); ebenso der Wechsel des Bekl, wenn Streitggst weiterhin die Rechtmäßigkeit des ursprünglich streitbefangenen VA ist (BFH NVwZ 2006, 120). Voraussetzung für die Anwendbarkeit des § 17 Abs 1 S 1 GVG bzw die analoge Anwendung davon ist allerdings, **daß noch keine Entscheidung** über die Unzulässigkeit des VRW oder die Unzuständigkeit des Gerichts nach § 17 a Abs 2 GVG bzw § 83 iVm § 17 a Abs 2 GVG ergangen ist (Kissel NJW 1991, 948). Die perpetuatio fori wirkt nur **rechtswegerhaltend.** Treten deshalb erst nachträglich Umstände ein, welche den Rechtsweg begründen, sind diese Umstände zu berücksichtigen.[29] Anderes gilt nur dann, wenn bereits eine Verweisung stattgefunden hat (124, 321; Kissel NJW 1991, 948) u kein Rechtsstreit über die Zulässigkeit des VRW oder über die Zuständigkeit des Gerichts in der Rechtsmittelinstanz anhängig ist (s unten 19).

18 § 17 Abs 1 S 1 GVG ist, wenn durch Gesetz nichts anderes bestimmt ist, außer bei Änderung der tatsächlichen Umstände, **auch bei Rechtsänderungen** anwendbar;[30] ebenso **auch bei einer Änderung der höchstrichterlichen Rspr** (BGH NJW 1978, 949; enger Sch-Ehlers 6 zu § 17 GVG). Die Regelung begründet insofern **eine Ausnahme** von dem allg Grundsatz des intertemporalen Rechts, von dem auch § 195 ausgeht, daß neues Verfahrensrecht im Zweifel auch in bereits anhängigen Vf anzuwenden ist (s 1 zu § 195).

---

[29] BGH NJW 1992, 1757; 1995, 2295.

[30] 46, 84; NVwZ-RR 1990, 150; BGH NJW 1978, 949; Ey-Rennert 9 zu § 41; RS § 97, 31; Jauernig NJW 1978, 1272 mwN; Kissel NJW 1991, 948 mwN; **aA** BGH NJW 1978, 427.

Die Wirkung der perpetuatio fori ist nicht **auf die Instanz beschränkt;** sie erfaßt **auch** einen sich daran ggf später anschließenden **weiteren Instanzenzug;**[31] **uU** ergibt sich für die nachfolgende Instanz **die gleiche Rechtsfolge** aber auch schon **aus dem Grundsatz der Rechtsmittelsicherheit,** wenn den Beteiligten sonst eine Rechtsmittelinstanz entzogen würde.[32] Ist ein Rechtsstreit über die Zulässigkeit des VRW oder über die Zuständigkeit des Gerichts in der Rechtsmittelinstanz anhängig (vgl § 17 a Abs 4 GVG), so sind nach den Grundgedanken der perpetuatio fori umgekehrt alle Umstände zu berücksichtigen, die nachträglich die Zuständigkeit des VRW oder die Zuständigkeit des Gerichts begründen (Kissel NJW 1991, 948; Sch-Ehlers 5 zu § 17 GVG); Voraussetzung ist insofern allerdings, daß entsprechendes nachträgliches Vorbringen bzw eine nachträgliche Rechtsänderung nach allg Prozeßrecht zulässig ist (Kissel aaO). 19

Voraussetzung der Anwendung des § 17 Abs 1 S 1 GVG bzw der analogen Anwendung davon ist, daß der **Streitggst** (s oben 7 ff u 14 ff) **derselbe** bleibt, dh, daß nachträgliche Änderungen der die Zulässigkeit des Rechtswegs u die Zuständigkeit des Gerichts begründenden Umstände den Streitggst unberührt lassen. Bewirken sie eine **Änderung des Streitggst,** so ist grds auch die Frage der Zuständigkeit u des Rechtswegs erneut zu prüfen.[33] Daher entfällt **zB bei einer Verpflichtungsklage auf Einbürgerung, auf Erteilung einer Fahrerlaubnis** usw durch eine Behörde des Landes Bayern die bisherige Zuständigkeit des Gerichts, wenn der Kl in das Land Hessen verzieht u nunmehr seine Klage auf Verpflichtung einer Behörde dieses Landes richtet.[34] S allg auch zum **Wechsel der örtlichen Zuständigkeit** einer Behörde während des Widerspruchs- oder des KlageVf Louis/Abry, DVBl 1986, 331. 20

Ebenso werden **andere Sachurteilsvoraussetzungen** als die in § 17 Abs 1 S 1 GVG genannten, sowie alle **materiellrechtlichen Voraussetzungen** des geltend gemachten Anspr nicht von § 17 Abs 1 S 1 GVG erfaßt; sie sind **immer vAw** zu prüfen u müssen jedenfalls im Zeitpunkt der letzten mV gegeben sein. Das Gericht kann daher zB in dem oben zu 20 erwähnten Fall auch einer Klage gegen das ursprünglich beklagte Land nicht mehr stattgeben, wenn aufgrund des neuen Wohnsitzes die Behörde eines anderen Landes zuständig geworden ist. 21

7. Prozeßzinsen: Bei Leistungsklagen, die **auf Zahlung** einer fälligen Geldschuld gerichtet sind, hat der Kl ab dem Zeitpunkt der Rechtshängigkeit der Klage **in entspr Anw von § 291 BGB** Anspr auf Prozeßzinsen.[35] **Zu (uU höheren) Verzugszinsen analog § 288 BGB** bei Zimmerling/Jung DÖV 1987, 94; grds abl 80, 334; 81, 317; NVwZ 1995, 59; BSG DÖV 1993, 395 mwN. 22

Entsprechendes gilt wg der Gleichheit der Interessenlage grds auch für **Anfechtungs- und Verpflichtungsklagen, die,** wenn auch über die „Zwischenschaltung" eines VA, **eine Geldleistung zum Ziel haben,** zB eine Zahlungspflicht (auch zB als Folgenbeseitigungspflicht iSv § 113 Abs 2 bei der Anfechtungsklage), die durch den in Frage stehenden VA (oder dessen Aufhebung) 23

---

[31] Sch-Ehlers 5 zu § 17 GVG; Jauernig DRiZ 1977, 206; wohl auch Kissel NJW 1991, 948; **aA** BGH NJW 1978, 889, 1260.

[32] Vgl BGH NJW 1978, 1260 für den Fall einer Rechtsänderung, sofern der Gesetzgeber nicht ausdr die Anwendung des neuen Verfahrensrechts auch insoweit vorschreibt; zur Frage, ob dies verfassungsrechtlich zulässig wäre, vgl RS § 6, 1 sowie die N in BGH aaO.

[33] Vgl Ma NJW 1974, 823; Schmidt DÖV 1977, 777.

[34] Vgl NJW 1987, 2179; OLG Celle NStZ 1981, 494; allg auch 7 zu § 91; **aA** BVerwG 52, 167 = VRspr 26, 119 zu einer Klage auf Ausstellung eines Vertriebenenausweises; ähnlich Ms 33, 298; DÖV 1983, 86: keine Änderung infolge des Wohnsitzwechsels; auch aus § 3 Abs 3 VwVfG ergibt sich nichts anderes.

[35] 71, 55; NVwZ 1988, 440; 1995, 68; Ma RsprD-LS 470/1994; NJW 1991, 2723; Sa DVBl 1981, 386; Ko DÖV 1983, 905; Ey-Rennert 14; RÖ-v Nicolai 157 zu § 42; **aA** BSG DÖV 1993, 395.

unmittelbar ausgelöst wird oder werden soll,[36] es sei denn, daß die anzuwendenden Rechtsvorschriften etwas anderes vorsehen oder wesensgemäße Unterschiede der Materie einen Anspr auf Prozeßzinsen ausschließen;[37] **anders** nach der angegebenen Rspr grds, wenn der begehrte VA erst zur Konkretisierung der Zahlungspflicht führen soll u insofern erst Voraussetzung dafür ist, daß der Zahlungsanspr entsteht u fällig wird (51, 288; NJW 1998, 3368).

Soweit ein VorVf (§§ 68 ff) vorgeschrieben ist, gilt Entsprechendes ab dem Zeitpunkt der Einlegung des Widerspruchs.[38] **Keinen Anspr** auf Prozeßzinsen hat ein Beamter bei erfolgreicher **Anfechtung seiner Versetzung in** den Ruhestand hins der ihm nachzuzahlenden Besoldung (NVwZ 1988, 441) u der Dienstherr bei erfolgloser Anfechtung eines Leistungsbescheids durch den betroffenen Beamten (NVwZ 1988, 446). **Bei Verpflichtungsklagen** tritt an die Stelle des Zeitpunktes, in dem die Fälligkeit eingetreten ist, der Zeitpunkt, in dem der Berechtigte **Anspr auf Erlaß eines** die öffentliche Hand sofort zur Zahlung verpflichtenden VA hatte (25, 82; NJW 1973, 1854; 1995, 3135; Mü BayVBl 1980, 374). Steht die **Leistung im Ermessen** der Behörde, so entsteht der Anspr erst mit Unanfechtbarkeit des VA, der die Leistung zuerkennt (Mü BayVBl 1980, 374).

Durch eine **Feststellungsklage,** die auf die Feststellung eines der Höhe nach bestimmten ör Anspr gerichtet ist, können nach Ansicht des BVerwG jedenfalls in den Fällen, in denen die Feststellungsklage durch die Rspr als eine der Leistungsklage gleichwertige Rechtsschutzform anerkannt ist, Prozeßzinsen ausgelöst werden (NVwZ 2001, 1057).

§ 91 [Klageänderung]

(1) **Eine Änderung**[1 ff] **der Klage ist zulässig, wenn die übrigen Beteiligten einwilligen**[16ff] **oder das Gericht die Änderung für sachdienlich hält.**[18 ff]

(2) **Die Einwilligung des Beklagten in die Änderung der Klage ist anzunehmen, wenn er sich, ohne ihr zu widersprechen, in einem Schriftsatz oder in einer mündlichen Verhandlung auf die geänderte Klage eingelassen hat.**[17]

(3) **Die Entscheidung, daß eine Änderung der Klage nicht vorliegt oder zuzulassen sei, ist nicht selbständig anfechtbar.**[27 ff]

Vgl §§ 263 ff ZPO; § 99 SGG; §§ 67 f FGO

Schrifttum: *Bernreuther,* Die Klageänderung, JuS 1999, 478; *Heinrich,* Der gewillkürte Parteiwechsel. Zur Rechtsnachfolge im Zivilprozeß, 1990; *Kohler,* Die gewillkürte Parteiänderung, JuS 1993, 315; *Redeker,* Behördlicher Zuständigkeitswechsel während anhängigen Verwaltungsprozesses, NVwZ 2000, 1223; *Schlinker,* Das Recht des Beklagten auf ein Sachurteil im Zivilprozess – Zur Problematik der Klageänderung, Jura 2007, 1; *Vollkommer,* Unzulässige „Berichtigung" des Rubrums, MDR 1992, 642; *Walther,* Klageänderung und Klagerücknahme, 1969; *ders,* Klageänderung und Klagerücknahme, NJW 1994, 423.

1 **1. Allgemeines:** Die Vorschrift läßt wie § 263 ZPO **im Interesse der Verfahrensökonomie** in bestimmtem Umfang **nachträgliche Änderungen** einer ordnungsgemäß erhobenen Klage zu, um den Beteiligten die Führung eines

---

[36] 51, 288; NVwZ 1988, 441; NJW 1998, 3369; **aA** 37, 239; 48, 138; DÖV 1983, 904; NVwZ 1988, 441.

[37] 51, 288; vgl auch DVBl 1988, 348: keine analoge Anwendung auf Leistungsbescheide ggü einem Beamten auf Zahlung von Schadensersatz, da systemwidrig.

[38] Götz DVBl 1961, 439; Fischer NJW 1969, 1885; 1977, 96; aA 14, 14; NKVwGO-Schmid 15.

weiteren Prozesses u dem Gericht die Wiederholung von bereits durchgeführten Beweisaufnahmen usw zu ersparen; zugleich dient sie – ähnlich wie § 92 Abs 1 S 2 – aber auch dem **Schutz der übrigen Prozeßbeteiligten** vor einer willkürlichen Veränderung des Streitggst (Müller NJW 1978, 1356). Die Regelung gilt **entsprechend** auch für die **Berufung** (Ey-Rennert 7) u die **Beschwerde** (BezG Erfurt DVBl 1992, 779; RÖ-Kothe 16) mit Ausnahme einer Beschwerde nach § 146 Abs 4 (s 33 zu § 146); außerdem auch für selbständige Antragsverfahren, zB gem § 47 (Ms NVwZ-RR 1996, 623), erstinstanzliche AntragsVf nach § 80 u § 123,[1] u im Grundsatz – jedoch ohne das Erfordernis der Zustimmung anderer Beteiligter – auch für den **Widerspruch** nach § 68 (Mü NVwZ 1983, 616). Zur **Revision** s die Sonderregelung des § 142.

2 **Begriff der Klageänderung:** Eine **Klageänderung** liegt vor (Ausnahmen s unten 8 ff), wenn der **Streitggst** (s 7 ff, 14 ff zu § 90) eines anhängigen (§ 90; s dazu unten 21) Vf nachträglich durch eine (ggf auch schon in einem geänderten Sachvortrag zu sehende, s unten 22) Erklärung des Kl ggü dem Gericht **geändert,** auch zB durch einen weiteren Antrag ergänzt oder durch ein neues Begehren ersetzt wird (BezG Erfurt DVBl 1992, 778; Ey-Rennert 8 f; RÖ-Kothe 2) oder wenn nachträglich **ein weiterer Klagegrund** (nachträgliche Klagehäufung) in den Prozeß eingeführt wird (BGH NJW 1970, 44; 1985, 184: wie eine Klageänderung zu behandeln); das gilt auch, wenn nachträglich ein Hilfsantrag gestellt wird (Mü NVwZ-RR 2004, 226). Die Klageänderung kann in einer **Änderung** des **Klageantrags** oder des **Klagegrundes,** dh des Sachverhalts, auf den die Klage gestützt wird (vgl § 82 Abs 1 S 1) bzw (da das Gericht nach § 86 Abs 1 den Sachverhalt vAw zu ermitteln hat) der zur Begründung des Klagebegehrens in Betracht kommt, bestehen (objektive Klageänderung).

Nach herrschender, aber bestr Auffassung ist außerdem auch ein **Wechsel des Kl oder des Bekl** oder die Einbeziehung eines weiteren Kl oder Bekl (subjektive Klageänderung, Parteiwechsel) als Klageänderung anzusehen, soweit es sich dabei nicht nur um einen Parteiwechsel kraft Gesetzes (zB bei Gesamtrechtsnachfolge) handelt.[2] Zum Verhältnis von Klageänderung u Klagerücknahme s 5 zu § 92; zur Frage der **Wahrung der Klagefrist** bei Klageänderung 7 zu § 74. Zu **stillschweigenden Klageänderungen** s unten 22. **Keiner Klageänderung** bedarf es bei **Veräußerung der streitbefangenen Sache** u in sonstigen Fällen einer **Rechtsnachfolge** während der Anhängigkeit des Prozesses. S dazu unten 13 u 2 zu § 90 sowie 17 ff zu § 63.

3 **2. Auslegung des Klageantrags und Klageänderung:** § 91 kommt nur zur Anwendung, wenn das „neue Klagebegehren" sich bei der nach § 88 gebotenen Auslegung (s 1 ff zu § 88; ferner auch 4 zu 78) des ursprünglichen Vorbringens im Hinblick auf das erkennbare Klageziel **nicht** als **bloße Klarstellung** oder auch **Beschränkung** des Streitggst (dann liegt uU Teilrücknahme der Klage nach § 92 vor) oder als bloße **Berichtigung** der Anträge (bzw des Rubrums) darstellt,[3] bzw, weil dem bisherigen Vorbringen noch nicht eindeutig zu entneh-

---

[1] Ks DVBl 1992, 780; Sa 3 W 1/94 – 22. 6. 1994 – zu § 80 Abs 5 –; Ma NJW 1984, 251; BezG Erfurt DVBl 1992, 778; NKVwGO-Schmid 4.

[2] DVBl 1993, 563 mwN; BGH 16, 321; 65, 267; NJW 1993, 3073; Ma DÖV 1982, 750; Mü NVwZ-RR 1999, 695; Sa NVwZ-RR 1995, 319; VG Freiburg NVwZ 1985, 445; Ey-Rennert 20; Mutius VerwA 1973, 317; RÖ-Kothe 9; NKVwGO-Schmid 6, 23; Würt 583; offen BGH NJW 1981, 147; **aA** BL 5 ff zu § 263 ZPO; ThP 15 u 19 ff vor § 50 ZPO; Franz NJW 1972, 1744 mwN; 1982, 15: Parteiwechsel ist keine Klageänderung, sondern ein eigenes Institut des Prozeßrechts.

[3] 72, 167; Mü BayVBl 1972, 249; 1984, 407: wenn der Staat statt einer Gemeinde als Bekl bezeichnet wird; NJW 1989, 3168: Klage auf Zahlung einer Testamentsvollstreckervergütung als Klage gegen die Verweigerung der devisenrechtlichen Genehmigung, nachdem die Ablehnungsbescheide vorgelegt worden waren; NJW 1991, 510: als „Wider-

men war, worum es dem Kl geht, wer Kl ist oder gegen wen die Klage gerichtet ist usw, als erstmalige Präzisierung des Klagebegehrens überhaupt zu verstehen ist. Dies gilt **auch** zB **hins der Bezeichnung des Bekl,** zB, wenn die Klage **versehentlich gegen den Vertreter** statt gegen die Partei gerichtet wurde, aber nach den Umständen die Stellung als Vertreter klar erkennbar war u der Vertreter prozeßführungsbefugt ist (OLG Frankfurt MDR 1977, 410); wenn die Klage **versehentlich gegen das Organ** statt gegen die Körperschaft gerichtet wurde (Mü NVwZ-RR 1990, 99); wenn die Klage gegen die ARAG Rechtsschutz AG als Bekl gerichtet ist, sich aus der Begründung aber eindeutig ergibt, daß die ARAG-Sachversicherung AG gemeint ist (OLG Hamm NJW-RR 1991, 188: einfache Berichtigung des Rubrums). Vgl **allg** zur **Auslegung u** Berichtigung der Parteibezeichnung auch NJW 1993, 79; BGH 4, 334; NJW 1977, 1680; 1983, 1901; 1987, 1947; BFH 148, 212 = BStBl II 1988, 178; Ms NVwZ-RR 1991, 508. Auch bei scheinbar anderslautender Bezeichnung ist grds die Person als Partei anzusehen, die erkennbar durch die Parteibezeichnung betroffen werden soll.

4 Nicht als Klageänderung anzusehen sind kraft gesetzlicher Regelung die Fälle des § 173 S 1, § 264 ZPO, auch soweit dadurch der Streitggst verändert wird (s unten 8 ff). Keine Klageänderung bedeutet auch das bloße **Nachschieben von Tatsachen,** sofern es sich nur um Ergänzungen oder Berichtigungen handelt, ebenso, bei gleichem Antrag u gleichem Sachverhalt, der Vortrag **anderer rechtlicher Begründung** (s auch § 264 Nr 1 ZPO). An einer Klageänderung iSd § 91 fehlt es ferner bei der nach § 45 Abs 2 VwVfG möglichen **Heilung eines verfahrensfehlerhaften VA** während des gerichtlichen Vf (60 zu § 113) oder bei einem Nachholen bzw **Nachschieben von Ermessenserwägungen** in dem durch **§ 114 S 2** zugelassenen Rahmen (72 zu § 113). Führt das Nachschieben von Gründen durch die Behörde zu einer **Wesensänderung** des VA (65 ff zu § 113) oder werden bei fehlerhaften Ermessensentscheidungen Gründe nachgeschoben, die nicht lediglich die **Ermessenserwägungen** iSd § 114 S 2 **ergänzen** (72 zu § 113), liegt, soweit der Kl Rechtsschutz gegen den VA in seiner nunmehrigen Gestalt begehrt, ebenso eine Klageänderung vor wie in den Fällen, in welchen ein VA während des gerichtlichen Vf gem **§ 47 VwVfG umgedeutet** u die Klage auf den umgedeuteten VA erstreckt wird.[4] Zur Frage der Klageänderung bei Neuerlaß eines ersetzenden oder abändernden VA unten 5, 9, 12.

5 **3. Die Fälle der Klageänderung:** Eine Klageänderung liegt, soweit es sich nicht um bloße Berichtigungen oder ein Nachschieben von Tatsachen (oben 3 f) oder um ausdr zugelassene Änderungen (unten 8 ff) handelt, vor:

a) bei Änderung des Klageantrags, dh, wenn das bisherige Klagebegehren durch ein inhaltlich anderes (aliud) ersetzt wird oder ein weiteres, zusätzliches Klagebegehren (Klagenhäufung, s § 44) in die Klage einbezogen wird, zB wenn statt Aufhebung des belastenden Gebührenbescheids die Verpflichtung der Behörde zum Erlaß der Gebühr oder zur Stundung der Forderung begehrt wird (69, 238), oder wenn im Rahmen einer Anfechtungsklage die Aufhebung **eines anderen** als des ursprünglich angefochtenen **VA** begehrt wird,[5] oder wenn die

---

spruch" bezeichneter Schriftsatz an das Gericht als Klage; Vollkommer MDR 1992, 642; s auch 4 f zu § 78.

[4] S 79 zu § 113; Mü BayVBl 1984, 402; KR 38 ff zu § 47; Müller NJW 1978, 1357; Obermayer 67 zu § 47 VwVfG; Schenke DVBl 1987, 649; Wirth, Umdeutung fehlerhafter Verwaltungsakte, 1991, 231; **aA** Mü BayVBl 1983, 85; Laubinger VerwA 1987, 352.

[5] 32, 247; 65, 169; DVBl 1993, 734 – Einbeziehung der Änderung eines VA in das Vf –; Ms DÖV 1966, 726; Ks NJW 1983, 902; Mü NVwZ-RR 1991, 277 = BayVBl 1991, 211; Brischke DVBl 2002, 432; Ey-Rennert 9; **aA** RÖ-Kothe 7, der die Einbeziehung eines ande-

Aufhebung eines weiteren, bisher noch nicht angefochtenen **VA** begehrt wird (DVBl 1980, 599), oder wenn bei einer Verpflichtungsklage auf Sozialhilfe spätere Zeiträume einbezogen werden sollen (Ma VBlBW 1996, 151). Gegenstand einer Klageänderung kann jeder Klageantrag sein, soweit die für die Klageänderung erforderlichen besonderen prozessualen Voraussetzungen gegeben sind (NVwZ 1999, 1106 für die Klageerweiterung bei einer FFK). Immer eine Änderung des Klageantrags bedeutet auch die **Einbeziehung eines anderen** oder von weiteren **Beteiligten** in den Rechtsstreit als Kl oder als Beklr (Parteiwechsel, s oben 2; unten 7).

b) bei **Änderung des Klagegrundes,** dh, wenn an Stelle des bisher dem Klagebegehren zugrundeliegenden historischen Vorgangs **ein anderer Sachverhalt** zur Grundlage der Klage gemacht wird,[6] zB wenn die Klage eines Beamten auf Schadensersatz wg Verletzung der Fürsorgepflicht eines Vorgesetzten nicht mehr auf eine Pflichtverletzung anläßlich des Sachverhalts A, sondern anläßlich des damit nicht im Zusammenhang stehenden Sachverhalts B gestützt wird; wenn die Klage eines Ausländers auf Erteilung einer weiteren Aufenthaltserlaubnis von längerer Dauer u zu einem anderen Zweck gerichtet wird (DÖV 1984, 299); wenn eine Klage auf Aufhebung eines VA nicht mehr auf die ursprüngliche Rechtswidrigkeit, etwa wg eines wesentlichen Verfahrensmangels, sondern darauf gestützt wird, daß **nach Klageerhebung ein Ereignis** eingetreten ist, das die weitere Aufrechterhaltung nicht mehr rechtfertigt; **bei gleichbleibendem Sachverhalt** würde es sich dagegen nach § 264 Nr 2 ZPO nicht um eine Klageänderung handeln. Um eine Klageänderung wg Änderung des Klagegrundes handelt es sich auch zB, wenn **von einer Anfechtungsklage** (oder AnfechtungsFFK gem § 113 Abs 1 S 4) auf **eine Verpflichtungsklage** (oder VerpflichtungsFFK analog § 113 Abs 5, Abs 1 S 4) übergegangen wird (59, 163). 6

c) bei **Parteiwechsel,** dh wenn **ein anderer**[7] **oder weiterer**[8] **Kl oder Bekl,** der nicht lediglich Nachfolger kraft Gesetzes (dazu unten 13) des Kl oder Bekl (bei dinglichen VAen uU auch Nachfolger aufgrund rechtsgeschäftlicher Übertragung der „Sache") **ist** (s oben 2; unten 13), in den Prozeß einbezogen wird.[9] **Unerheblich** ist dagegen der **Wechsel eines Beigeladenen,** auch eines notwendigen Beigeladenen. Die Klageänderung **kann** hins der Sache – anders hins der Beteiligten (s unten 22) – **auch hilfsweise erklärt** werden (vgl VG Münster NVwZ 1982, 145; NKVwGO-Schmid 30). 7

4. Nicht als Klageänderung anzusehen sind **gem § 264 ZPO** bzw **§ 265 Abs 2 S 2 u § 266 ZPO** iVm § 173 S 1 die unten unter a–g (8a ff) genannten Fälle (vgl 57, 34; 62, 14; Ks NVwZ 1998, 1317). 8

a) Ergänzung oder Berichtigungen der tatsächlichen oder rechtlichen Ausführungen, soweit dadurch die Identität der Parteien, des Klageantrags oder des Klagegrundes (vgl DÖV 1984, 300) nicht berührt wird, zB nähere Angaben zum Sachverhalt, Berichtigung der Parteibezeichnung, zB auch Benennung des Rechtsträgers statt der Behörde, deren VA angegriffen wird oder gegen die eine Leistungsklage gerichtet wird, oder Benennung der Partei statt des gerichtlichen 8a

---

ren, den ursprünglich angefochtenen VA ersetzenden VA nur als Änderung des Klagegrundes ansieht; hier ändert sich aber auch der Klageantrag.

[6] 59, 163; DÖV 1984, 299 mwN: Aufenthaltserlaubnis für eine Erwerbstätigkeit u zur Führung der Ehe statt Aufenthaltserlaubnis zum Studium; RÖ-Kothe 7. S auch BGH NJW 2007, 83: Klageänderung liegt erst dann vor, wenn durch Vortrag neuer Tatsachen der Kern des in der Klage angeführten Lebenssachverhalts verändert wird.

[7] 65, 49; NVwZ 1987, 215; NJW 1988, 1228; DVBl 1993, 563; Buchh 310 § 91 Nr 4; BGH 16, 318; NJW 1976, 239; Mü NVwZ-RR 1999, 695; Sa NVwZ-RR 1995, 319.

[8] 66, 267; sog Parteibeitritt, vgl auch BGH 40, 189; 56, 75; 91, 13 = NJW 1984, 2104; NJW 1991, 2838 – auch bei Widerklage gegen einen Dritten –.

[9] 65, 49; Ks NVwZ 1988, 89; Ko NVwZ 1988, 87; NKVwGO-Schmid 22f.

Vertreters (Lü DÖV 1979, 604). S zur Berichtigung des Antrags, der Angaben über den Kl oder den Bekl usw auch oben 3 f.

9 **b) Erweiterungen oder Beschränkungen** des Klageantrages in der Hauptsache[10] oder in bezug auf Nebenforderungen (zB Zinsen, vgl Mü BayVBl 1976, 566), **zB** Übergang **von einer allg Leistungs-,** Verpflichtungs- oder Gestaltungsklage (insb der Anfechtungsklage) **zur allg** Feststellungsklage gem § 43 Abs 1, 1. Alt,[11] Nichtigkeitsfeststellungsklage (§ 43 Abs 1, 2. Alt) oder FFK (§ 113 Abs 1 S 4)[12] oder umgekehrt;[13] von einer **FFK** gem § 113 Abs 1 S 4 zu einer allg Feststellungsklage (59, 163) oder zu einer Anfechtungsklage (66, 78) oder Verpflichtungsklage (Ma VBlBW 2001, 185); von einer **Feststellungsklage** zur allg Leistungsklage, Verpflichtungsklage oder Anfechtungsklage;[14] von einer **Verpflichtungsklage** zu einer Verbescheidungsklage (NVwZ 2007, 106; s auch 3 zu § 88; 10 zu § 82) oder zur Anfechtungsklage oder umgekehrt (DÖV 1962, 754), soweit es sich nicht um eine bloße Umdeutung der Anträge handelt (s oben 3 f; ferner 39, 139); von einer **Verpflichtungsklage** auf Erteilung einer unbedingten Genehmigung zur Verpflichtungsklage auf Erteilung der Genehmigung unter Beifügung von Bedingungen (**aA** DÖV 1970, 498: Klageänderung); von einer Verpflichtungsklage auf Erteilung einer **Baugenehmigung auf** eine solche auf Erteilung einer **Bebauungsgenehmigung** oder eines positiven Vorbescheides;[15] von einer **Anfechtungsklage** gegen einen **VA** zu einer Anfechtungsklage gegen einen anderen VA, **durch den die Behörde** den ursprünglich angefochtenen VA ohne wesentliche Änderung hins des Inhalts u der rechtlichen und/oder tatsächlichen Voraussetzungen **ersetzt hat** (DVBl 1993, 734; s auch unten 12); von einer **Bescheidungsklage** zu einer Verpflichtungsklage; von einer **Untätigkeitsklage** (§ 75) zu einer Anfechtungs- oder Verpflichtungsklage nach Ergehen eines ablehnenden VA; von einer FFK nach §§ 42 Abs 1, 113 Abs 1 S 4 zu einer allg Feststellungsklage (59, 148) oder zu einer Anfechtungsklage (NJW 1983, 775; Buchh 448.5 § 15 a MustVO Nr 1 S 2; 237.1 Art 43 BayBG Nr 4 S 3), wenn der Klagegrund derselbe bleibt; von einer **Klage auf Auskunft** im Hinblick auf einen Zahlungsanspr zu einer Klage auf Zahlung (BGH 52, 169; NJW 1979, 926).

10 **Keine Klageänderung,** sondern nur eine ohne weiteres zulässige Beschränkung des Klageantrags, verbunden mit einer teilweisen Klagerücknahme, ist auch die **Ersetzung des bisherigen Hauptantrags durch** den bisherigen **Hilfsantrag.**[16] Als bloße Erweiterung des Klageantrags ist auch die **Einbeziehung** des erst nach

---

[10] 62, 14; BGH NJW-RR 1991, 1136: Einschränkung des Klagebegehrens auch noch in der Revisionsinstanz zulässig, wenn eine Änderung der tatsächlichen Klagegrundlage damit nicht verbunden ist.

[11] Vgl NJW 1983, 1990; BGH NJW 1985, 1784; Mü BayVBl 1985, 146 zur Änderung von einer Leistungs- zu einer Feststellungsklage.

[12] Vgl zB zum Übergang von einer Anfechtungs- oder Verpflichtungsklage zu einer FFK DVBl 1992, 1165; NVwZ 1999, 405 u 121 zu § 113; **aA** (§ 91 unterfallende Klageänderung) sowie für die Umstellung einer Verpflichtungsklage auf eine FFK, mit der festgestellt werden soll, daß dem Kl während eines bestimmten Zeitraums ein Anspr auf Erlaß des VA zustand, NVwZ 1999, 1105; zu dieser Entscheidung krit 110 zu § 121.

[13] 30, 46; 34, 353; 49, 264; 59, 148; 66, 78; VRspr 24, 534; DVBl 1980, 641; BGH NJW 1985, 1784; Mü BayVBl 1976, 51; Lü NVwZ 1983, 49; EF 6; **aA** zum Übergang von einer Anfechtungsklage zu einer FFK Schl NJW 1993, 2004: Klageänderung (s dazu 121 zu § 113); zum Übergang von einer Unterlassungsklage zu einer Feststellungsklage auch Mü BayVBl 1979, 281; zum Übergang von der Anfechtungsklage zu einer VerpflichtungsFFK BVerwG 59, 162; s auch oben 6.

[14] DVBl 1980, 641; 1981, 1064; DÖV 1988, 224; zT **aA** Mü BayVBl 1980, 181: keine Umdeutung, wenn das besondere Erfordernis des VorVf für die Verpflichtungsklage nicht erfüllt ist.

[15] Ma UPR 1990, 280; s auch 23 a zu § 68 zT **aA** Ms NVwZ 1993, 493: keine – teilweise – Klagerücknahme, sondern eine Klageänderung.

[16] Mü BayVBl 1979, 187; Ks VRspr 27, 239; NKVwGO-Schmid 15.

Klageerhebung ergangenen **Widerspruchsbescheids** in die Klage anzusehen;[17] ebenso die Erweiterung der Anfechtungsklage um einen **Antrag auf Folgenbeseitigung** nach § 113 Abs 1 S 2 u 3 (vgl 22, 314; Mü BayVBl 1976, 566); **anders** die Einbeziehung der in der Sache ergangenen Entscheidung in die zunächst nur gegen die Kostenentscheidung des VA gerichtete Klage (Mü BayVBl 1976, 496: Klageänderung).

c) Forderung eines anderen Gegenstandes (Surrogats) oder des **Interesses infolge** einer **nachträglich eingetretenen Veränderung,** zB Klage auf Verpflichtung auf Aufnahme in den neu aufgestellten Krankenhausplan statt in den inzwischen überholten Krankenhausbedarfsplan (72, 42); Klage auf Feststellung der Hauptsacheerledigung anstelle der ursprünglich erhobenen Klage auf Widerruf einer Behauptung, nachdem die Sache inzwischen nicht mehr aktuell ist (Mü BayVBl 1988, 48); FFK analog § 113 Abs 1 S 4 anstelle der ursprünglichen Verpflichtungsklage (72, 42; NJW 1986, 796; s dazu näher 109f zu § 113) oder einer Anfechtungsklage, (95ff zu § 113); Anfechtungsklage anstelle der ursprünglich abgegebenen einseitigen Erledigungserklärung (DÖV 1988, 224); Klage eines Beamten **statt auf Herausgabe** einer Sache oder auf Folgenbeseitigung (§ 113 Abs 1 S 2 u 4, Abs 3) nunmehr **auf Schadensersatz wg** Verletzung der Fürsorgepflicht des Dienstherrn; Klage eines Kriegsdienstverweigerers nach Bestandskraft des Einberufungsbescheids statt auf Zivildienstausnahme nunmehr auf **Entlassung aus dem Zivildienst** (NVwZ 1985, 194); Klage auf **Leistung an den Zessionar** statt an den Kl (BGH NJW 1978, 378); Klage auf **Erfüllung** eines außergerichtlichen **Vergleichs,** durch den der ursprüngliche Streit beendet wurde.[18] 11

Nicht hierher gehört der Fall, daß statt Aufhebung eines ursprünglich angefochtenen VA **die Aufhebung eines anderen VA,** der diesen inzwischen ersetzt hat, verlangt wird;[19] ein Fall der Klageänderung liegt auch bei der durch einen VA vorzunehmenden Umdeutung eines VA gem § 47 VwVfG vor (sehr str s näher 79 zu § 113), da es sich insoweit nicht nur um bloße Folgen einer Veränderung handelt; ebenso nicht die – unter oben 9 fallende – Umstellung einer Anfechtungs- oder Verpflichtungsklage auf eine FFK (§ 113 Abs 1 S 4), da die Feststellung der Rechtswidrigkeit nicht ein aliud, sondern ein minus ist (30, 50; **aA** EF 7). 12

d) Eintritt eines Rechtsnachfolgers kraft Gesetzes auf seiten des Kl oder des Bekl in den Prozeß **insb nach §§ 239ff ZPO,** 173 S 1,[20] **zB des Erben** anstelle des Erblassers; des **Nachlaßverwalters** statt des Erben für ein Verfahren, das der Prozeßbevollmächtigte aufgrund einer Vollmacht des Erblassers führte (BGH NJW 1977, 1472). Um Rechtsnachfolge idS handelt es sich auch beim Eintritt des **Insolvenzverwalters** anstelle des Gemeinschuldners in den Prozeß; der **Nachfolgegemeinde,** der die ursprünglich klagende Gemeinde einverleibt wurde; des **volljährig gewordenen Schülers** statt der vorher aufgrund ihres (mit Eintritt der Volljährigkeit entfallenden) Erziehungsrechts klagenden Eltern in die Klage auf Auskunft über eine Prüfung (19, 128); des **neuen Trägers der Straßenbaulast,** auf den die Straßenbaulast als Folge einer Aufstufung der Straße übergegangen ist (44, 150; 59, 224); bei gegen eine Behörde gerichteten Kla- 13

---

[17] 42, 108; Mü BayVBl 1962, 387; VG Gelsenkirchen NJW 1970, 485.

[18] Ule 44 III; Voraussetzung ist allerdings, daß der Rechtsstreit noch nicht durch übereinstimmende Erledigungserklärung oder Klagerücknahme beendet wurde, s unten 21; 19 zu § 106.

[19] DVBl 1987, 1004; DVBl 1993, 734; Ms DÖV 1966, 726; Ey-Rennert 14; s auch oben 5 u unten 32.

[20] 44, 150 mwN; DVBl 1974, 292; BayVBl 1980, 214; Ma 20, 146; BFH 124, 299 = BStBl II 1978, 310; Groschupf DVBl 1963, 661; Löwer VerwA 1977, 358; Redeker NVwZ 2000, 1224.

gen (§ 61 Nr 3) die **nunmehr zuständige** Behörde anstelle der ursprünglich zuständigen (VRspr 27, 859; Sa DÖV 1975, 644).

e) Bei **rechtsgeschäftlicher Einzelnachfolge** in die durch einen dinglichen VA oder durch ein sonstiges Recht betroffene Rechtsstellung gelten gem § 173 S 1 die §§ 265 f ZPO (s 174 zu § 42), zB für den Eintritt des **Erwerbers eines Grundstücks** in den Rechtsstreit um die Bauerlaubnis oder in eine vom Rechtsvorgänger angestrengten Nachbarklage. Geht etwa das Eigentum **während der Anhängigkeit einer Nachbarklage** über, so besteht für den bisherigen Eigentümer, der die Nachbarklage angestrengt hatte, gem **§ 173 S 1 iVm § 265 Abs 2 S 1 ZPO** die Befugnis, den Prozeß weiterzuführen. Der neue Eigentümer ist aber nach **§ 173 S 1 iVm § 266 Abs 1 S 1 ZPO** berechtigt u auf Antrag des Gegners verpflichtet, den Rechtsstreit in der Lage, in der er sich befindet, als **Partei zu übernehmen** (vgl auch Ms DVBl 1991, 826). Wird eine ör Forderung des Bürgers während eines Prozesses an einen anderen abgetreten, so ist der neue **Forderungsinhaber gem § 173 S 1 iVm § 265 Abs 2 S 2 ZPO** nur bei Zustimmung des Klagegegners befugt, den Prozeß an Stelle des Rechtsvorgängers zu übernehmen (NVwZ-RR 2001, 406).

13 a **f)** Antrag auf **Feststellung der Hauptsacheerledigung** (vgl 20 zu § 161) statt Fortführung der Klage in der Sache, zB der Anfechtungs-, Verpflichtungs-, Leistungsklage usw.[21] Die **Rückkehr** vom Erledigungsfeststellungsantrag zum **Sachantrag** ist jedoch an die Voraussetzungen des § 91 gebunden (**aA** NVwZ 1999, 405).

14 **g) Nicht als Klageänderung,** sondern als **Teilrücknahme** (§ 92) ist es anzusehen, wenn bei mehreren Bekl der Kl seine **Klage gegen einen Bekl fallen läßt.**

15 **5. Zulässigkeit der Klageänderung (Abs 1, 2): a)** Eine Klageänderung ist **nur zulässig,** dh das Gericht darf nur dann über die geänderte Klage zur Sache entscheiden (vorausgesetzt, daß auch die übrigen Prozeßvoraussetzungen für die geänderte Klage erfüllt sind, s auch unten 31 f), **wenn** die übrigen Beteiligten **einwilligen oder** das Gericht die Klageänderung für **sachdienlich** hält. Willigen die Beteiligten ein, so kann das Gericht die Frage der Sachdienlichkeit **dahingestellt lassen,** ebenso umgekehrt die Frage der Einwilligung, wenn es jedenfalls Sachdienlichkeit bejaht (s unten 25). Str ist, ob das Gericht die Frage der Zulässigkeit der Klageänderung auch dann **dahingestellt sein lassen** kann, wenn die Klage jedenfalls sowohl hins des ursprünglichen Antrags als auch hins der geänderten Antrags unzulässig oder unbegründet ist (bej für den Fall, daß die Klage jedenfalls unbegründet ist, 49, 149); es dürfte insoweit auf den Einzelfall ankommen, insb auf die Rechtskraftwirkung. Zur Zulässigkeit von Klageänderungen im BerufungsVf s unten 21 sowie 57 vor § 124; zur Zulässigkeit einer Antragsänderung im BeschwerdeVf gem § 146 Abs 4 s 57 vor § 124 u 33 zu § 146.

16 **b) Einwilligung.** Erforderlich ist die Einwilligung – oder die rügelose Einlassung zur Hauptsache (s unten 17) – **aller Beteiligten** (§ 63), auch des VöI u der (notwendigen oder einfachen) Beigeladenen. **Bei Parteiwechsel** (oben 7) im ersten Rechtszug ist die Einwilligung der erst in das Vf einzubeziehenden **neuen Partei nicht erforderlich** (RÖ-Kothe 11; BGH NJW 1962, 347). Ohne ihre Einwilligung braucht die neue Partei jedoch das bisherige Ergebnis des Prozesses nicht gegen sich gelten zu lassen, sondern kann Wiederholung verlangen (vgl ThP 22 vor § 50 ZPO; M 18 zu § 263 ZPO). IdR ist ist die Einwilligung bei Parteiwechsel **in der Rechtsmittelinstanz erforderlich,** da die Einbeziehung

[21] DÖV 1989, 1088: eine Klageänderung eigener Art, für die die Beschränkung nach §§ 91 u 161 Abs 2 u 3 nicht gelten; NVwZ 1999, 405; NKVwGO-Schmid 16.

für die neue Partei den Verlust einer Instanz bedeutet (**aA** Sch-Meyer-Ladewig/Rudisile 8 zu § 129); anderes kommt jedoch dann in Betracht, wenn der Bekl bereits in der ersten Instanz als Beigeladener beteiligt war (s auch unten 20). Die **Zustimmung** zur Klageänderung ist ausnahmsweise **entbehrlich,** wenn sie **rechtsmißbräuchlich verweigert** wird,[22] **insb,** weil dem Beteiligten, der die Zustimmung verweigert, durch die Klageänderung offensichtlich **keinerlei prozessuale Nachteile** entstehen können (BGH NJW-RR 1986, 356).

Die Einwilligung kann **auch schon vorher** erklärt werden. Sie kann auch stillschweigend erfolgen, insb auch in der **rügelosen Einlassung** zur geänderten Klage (bzw, in Antragsverfahren, zum geänderten Antrag, vgl BezG Erfurt DVBl 1992, 778) zu sehen sein; erforderlich sind insoweit jedoch über einen bloßen Klageabweisungsantrag hinausgehende „äußere Indizien" (3. 3. 1995 – 4 B 26/95). Vgl zum Begriff der Einlassung im schriftlichen Vf auch Bischof NJW 1985, 1143. Abs 2 gilt insoweit über den Wortlaut hinaus auch für die übrigen Beteiligten (RÖ-Kothe 11; **aA** NKVwGO-Schmid 31). Einlassung iSd Abs 2 ist auch das Vorbringen von **prozeßhindernden Einreden,** soweit sie nach den Umständen des Falles den Schluß rechtfertigen, daß andere Gründe gegen die Zulässigkeit der geänderten Klage nicht geltend gemacht werden, zB Einreden, die die Zulässigkeit der Klageänderung logisch voraussetzen, insb sich nur gegen die geänderte Klage richten, ohne die Zulässigkeit der Klageänderung in Frage zu stellen (**aA** Ey-Rennert 28: prozeßhindernde Einreden sind keine Einlassung). Die Einwilligung ist als Prozeßhandlung **unwiderruflich** (NKVwGO-Schmid 34; nach **aA** bis zur Erklärung der Einwilligung der übrigen Beteiligten Widerruf möglich; vgl 6 zu § 101) u auch **nicht wg** Irrtums **anfechtbar.** Vgl allg 15 vor § 40. 17

c) Zulassung als sachdienlich. Eine ausdr Entscheidung des Gerichts (s unten 23 ff), welche die Zulassung ausspricht, ist nicht erforderlich (Ey-Rennert 34; RGZ 155, 227; **aA** NKVwGO-Schmid 42: Zwischenurteil). Die Zulassung kann **auch stillschweigend** durch Verhandlung u Entscheidung zur Sache bezüglich des geänderten Streitggst erfolgen (s unten 22). Der Begriff der **Sachdienlichkeit** ist ein Rechtsbegriff (BGH 16, 322), der jedoch dem Gericht einen gewissen Beurteilungsspielraum läßt.[23] **Maßgeblich ist** die **Beurteilung des Gerichts** („für sachdienlich hält"), die im RevisionsVf nur noch daraufhin nachgeprüft werden kann, ob sie vertretbar ist u nicht auf einer Verkennung des Begriffs der Sachdienlichkeit u einer Überschreitung der dadurch gezogenen Grenzen beruht.[24] Hält das Gericht die Klageänderung für sachdienlich, so **muß es sie zulassen** u hat insoweit keinen Ermessensspielraum (NKVwGO-Schmid 39). Erscheint ein Beteiligter trotz ordnungsgemäßer Ladung nicht zur mV u wird nunmehr im Wege der Klageänderung ein neuer Streitggst in das Vf eingefügt u sofort über diesen entschieden, so liegt hierin eine **Verletzung des rechtlichen Gehörs** (61, 146 f; DVBl 2001, 918). 18

Sachdienlichkeit ist anzunehmen, wenn auch für die geänderte Klage der **Streitstoff im wesentlichen derselbe bleibt**[25] u die Klageänderung die **end-** 19

---

[22] BGH 21, 285 = NJW 1956, 1588; 90, 19 = NJW 1984, 1169; NJW 1987, 1947 mwN.

[23] *DVBl 1980*, 599; DÖV 1984, 300 mwN; Buchh 310 § 91 VwGO Nr 5; BGH 16, 397 mwN; NJW 1982, 2074; 1993, 3073; s auch 20 zu § 137; zu weitgehend BGH NJW 1985, 1841: ob Zulassung der Klageänderung als sachdienlich erfolgt, steht im Ermessen des Gerichts; **aA** 57, 34: volle Nachprüfung durch das Revisionsgericht.

[24] DVBl 1980, 599; NJW 1983, 638; DÖV 1984, 300; Buchh 310 § 91 VwGO Nr 5; ZBR 2000, 41; BGH 5, 378; 16, 317; NJW 1977, 49; 1985, 1841; 1993, 3073: Prüfung nur, ob der Begriff der Sachdienlichkeit u damit die Grenzen des Ermessens überschritten; **aA** 57, 34.

[25] 91, 275: Einbeziehung eines nachträglich ergangenen Ergänzungsbescheids; DVBl 1980, 590: Einbeziehung einer weiteren, während der Anhängigkeit des Prozesses gestellten u abgelehnten Bauvoranfrage hins desselben Bauvorhabens; DÖV 1984, 300; Buchh 310 § 91 VwGO Nr 6; Ms NVwZ 1993, 591; Ma NVwZ 1993, 72.

gültige Beilegung des Streites fördert (NJW 1988, 1228; Buchh 406.11 § 35 Nr 61; NVwZ-RR 2000, 173) u dazu beiträgt, daß ein weiterer sonst zu erwartender Prozeß vermieden wird.[26] **Daß** durch die Klageänderung **sich der Abschluß des Vf verzögert** (BGH NJW 1976, 1229; 1977, 49; 1985, 1842; WM 1983, 1961), daß noch weitere Beweise erhoben werden müssen (BGH NJW 1976, 1229) oder sich für die Beteiligten gewisse Erschwerungen daraus ergeben; – auch zB, daß die Behörde, gegen die sich nunmehr die Klage richtet, bisher mit der Sache noch nicht befaßt war u auch noch keine Gelegenheit hatte, ihr Ermessen auszuüben (14, 356) – stehen der Anerkennung der Änderung als sachdienlich nicht notwendig entgegen; ebenso nicht der Umstand, daß einem Beteiligten infolge der Klageänderung eine **Instanz verloren** geht.[27] **Keine Rolle** für die Beurteilung der Klageänderung als sachdienlich spielt grds auch die Frage, **ob die Klage** in der geänderten Form **zulässig** ist[28] u **Aussichten auf Erfolg** hat (57, 34); deshalb ist auch zB nicht von Bedeutung, ob der VRW auch für die geänderte Klage gegeben ist, ob das Gericht zur Entscheidung darüber sachlich u örtlich zuständig ist (str; **aA** zur örtlichen Zuständigkeit, Ms NVwZ 1993, 591), ob ein etwa erforderliches VorVf durchgeführt wurde (NVwZ-RR 2000, 173 – wenn sich der Bekl nicht auf das Fehlen des VorVf berufen hat; vgl aber auch DÖV 1970, 499 u Mü BayVBl 1980, 297), ob die geänderte Klage jedenfalls als unbegründet abgewiesen werden müßte (57, 34; DVBl 1980, 599), usw. Grds immer als sachdienlich anzusehen ist eine Klageänderung, die der **Änderung** oder Auswechslung **eines angefochtenen VA** bei im wesentlichen gleichem Sachverhalt Rechnung trägt (32, 246; 91, 295; DVBl 1983, 998). Bejaht wurde die Sachdienlichkeit bei einer beamtenrechtlichen Konkurrentenklage, welche das durch eine zweite Stellenausschreibung hins derselben Planstelle eingeleitete Auswahl- u BesetzungsVf betraf (ZBR 2000, 41). Der Annahme der Sachdienlichkeit steht es nicht entgegen, daß hins des neuen Klageantrags kein VorVf durchgeführt wurde (ZBR 2000, 41).

20 **Sachdienlichkeit ist idR zu verneinen,** wenn durch die Klageänderung ein **gänzlich neuer Prozeßstoff,** der die bisherigen Grundlagen des Rechtsstreits ändert u vor allem auch das Ergebnis des bisherigen Vf unverwertbar macht, in den Prozeß eingeführt wird,[29] oder wenn der Rechtsstreit ohne Berücksichtigung der Klageänderung bereits entscheidungsreif wäre (BGH NJW 1977, 49 mwN; Ma VBlBW 1994, 148). Als **sachdienlich** angesehen werden kann es dagegen, wenn der Kl einen neuen Klagegrund einführt u sich dabei hilfsweise das Verteidigungsvorbringen des Bekl zueigen macht (BGH NJW 1985, 1841). Ein **Parteiwechsel im BerufungsVf** ist, trotz des im Verwaltungsprozeß geltenden Ermittlungsgrundsatzes, idR nicht sachdienlich;[30] anderes gilt jedoch dann, wenn der neue Bekl in der ersten Instanz bereits als Beigelade-

---

[26] 57, 34; 91, 275; Buchh 310 § 91 VwGO Nr 5; DVBl 1980, 599; BayVBl 1984, 407: sachdienlich, wenn eine bisher im Prozeß als Vertreter eines nicht beteiligungsfähigen „Beteiligten" aufgetretene Person den Prozeß im eigenen Namen weiterführt; BGH 1, 71; 53, 29; NJW 1985, 1841; Lü NVwZ 1983, 50; Ma NVwZ 1993, 72; VBlBW 1981, 156; Bernreuther JuS 1999, 479; Ey-Rennert 31; Würt 585.

[27] BGH 1, 72 = NJW 1951, 311; NJW 1977, 49; 1985, 1842; Ks NJW 1988, 89; Ma NVwZ 1993, 72, RÖ-Kothe 14; s auch unten 20; **aA** jedoch für den Beklagtenwechsel in der Berufungsinstanz BGH NJW 1981, 989; s auch unten 20.

[28] 57, 34; Mü BayVBl 1980, 297; 1987, 23; **aA** 61, 51 = NJW 1981, 1683; offen zur Frage, ob das Fehlen einer Sachentscheidungsvoraussetzung immer der Sachdienlichkeit entgegensteht, Ms NVwZ 1993, 591.

[29] NJW 1970, 1564; 1984, 300 mwN; BGH 5, 358; LM § 523 Nr 1; NJW 1985, 1842.

[30] Ko 5, 382; vgl auch BGH NJW 1974, 750; OLG Frankfurt NJW 1977, 908: Beklagtenwechsel grds nur, wenn der neue Bekl zustimmt oder die Verweigerung der Zustimmung rechtsmißbräuchlich wäre; ebenso BGH 65, 268; 71, 219; 90, 19; NJW 1977, 49; 1981, 989; 1982, 2074; Schlinker Jura 2007, 2f; Schmidt JuS 1986, 655; zT **aA** DVBl 1959, 61.

ner am Vf beteiligt war (s oben 16). Vgl auch Ks NJW 1988, 89: der Beklagtenwechsel ist in der Berufungsinstanz zumindest dann zulässig, wenn der Sachverhalt im wesentlichen feststeht u der neue Bekl bereits durch seine Prozeßstellung in der ersten Instanz Gelegenheit hatte, zur Sache vorzutragen u Einfluß auf den Prozeßverlauf zu nehmen (vgl DVBl 1959, 61; RÖ-Kothe 14).

6. Verfahren und Entscheidung: a) Die Klageänderung ist nur **während eines anhängigen** (§ 90) Verfahrens, auch noch in der Rechtsmittelinstanz – nach § 142 jedoch **nicht in der Revisionsinstanz** –, möglich, nicht mehr nach Abschluß des Vf durch rechtskräftiges Urteil oder durch Klagerücknahme (§ 92), Hauptsacheerledigungserklärung (§ 161 Abs 2) oder Vergleich (§ 106), auch wenn das Gericht noch nicht über die Kosten entschieden hat; uU ist aber eine nachträglich erklärte Klageänderung **als neue Klage zu behandeln.** 21

Erforderlich ist eine entsprechende **Erklärung ggü dem Gericht.** Die Klageänderung kann ausdr durch Einreichen eines Schriftsatzes oder zur Niederschrift des Urkundsbeamten der Geschäftsstelle (§ 81) oder auch mündlich zu Protokoll in der mV erklärt werden (§ 261 ZPO), **nicht jedoch fernmündlich,** auch nicht fernmündlich zur Niederschrift (Ma DÖV 1987, 404); sie kann aber **auch stillschweigend** durch Änderung des Sachvortrags in einem Schriftsatz bzw der Anträge in einem Schriftsatz oder zu Protokoll erfolgen (44, 150; BayVBl 1980, 214), auch zB dadurch, daß bei einer Klageänderung durch Parteiwechsel der neue Kl das RMittel einlegt (44, 150; BayVBl 1980, 214). **Im Zweifel** muß das Gericht gem § 86 Abs 3 auf eine **Klarstellung** hinwirken. Entsprechendes gilt für die Einwilligung der übrigen Beteiligten (vgl oben 16). Darauf, daß die Beteiligten sich bewußt sind, daß es sich um eine Klageänderung handelt, kommt es nicht an. Die Klageänderung **kann nicht von einer Bedingung abhängig gemacht werden** (NJW 1980, 1911: bedingte Klageänderung unzulässig); sie kann aber in der Sache – anders hins der Beteiligten (vgl Ms NVwZ 1982, 145) – **auch hilfsweise** erklärt werden (s auch oben 7; allg auch 1 zu § 44; 9 zu § 82). 22

b) Das Gericht muß über die Frage, ob eine Klageänderung vorliegt, bzw ob die Klageänderung infolge der Zustimmung aller Beteiligten oder als sachdienlich zulässig ist, **nicht gesondert entscheiden** (kann dies jedoch tun, s unten 25). Liegt (nach Überzeugung des Gerichts) eine Klageänderung vor u hält das Gericht sie für zulässig, sei es, weil die Beteiligten zugestimmt haben oder weil es sie für sachdienlich hält, so kann es über die geänderte Klage **sofort zur Sache entscheiden.** Zur Frage der Zulässigkeit der Klageänderung wird in diesem Fall vom Gericht erst in den Urteilsgründen Stellung genommen. Das Gericht muß jedoch vorher den Beteiligten Gelegenheit zur Äußerung – **rechtliches Gehör** – bzgl der Frage der Klageänderung geben. 23

Hält das Gericht die Klageänderung nicht für **zulässig,** so weist es die geänderte Klage als unzulässig durch **Prozeßurteil,** das mit der Unzulässigkeit der Klageänderung begründet ist, ab; **über den ursprünglichen Antrag** ist wg § 88 in diesem Fall nur dann noch zu entscheiden, wenn er von der Klageänderung nicht betroffen wurde (etwa, weil mit der Klageänderung nur ein zusätzlicher Anspr geltend gemacht wurde), oder wenn der Kl ihn, was allerdings im Zweifel immer anzunehmen ist (61, 51; NVwZ-RR 1994, 423; BGH NJW 1988, 128; krit Bernreuther JuS 1999, 480), hilfsweise aufrechterhalten hat.[31] 24

c) Das Gericht kann nach seinem Ermessen, **wenn zweifelhaft ist, ob eine Klageänderung vorliegt,** ob alle Beteiligten wirksam eingewilligt haben, bzw, ob die Klageänderung als sachdienlich zuzulassen ist, statt durch Endurteil auch 25

---

[31] 61, 51; ThP 17 zu § 263 ZPO; **aA** RÖ-Kothe 24: das bisherige Vf bleibt anhängig, es sei denn, in der Klageänderung liegt zugleich auch eine Klagerücknahme; s auch M 11 zu § 263 ZPO.

durch **Zwischenurteil** nach § 173 S 1, § 303 ZPO – nicht nach § 109! – entscheiden.[32] Das Gericht kann, wenn es jedenfalls die Zulässigkeit der Klageänderung als sachdienlich bejaht, auch die **Frage, ob eine Klageänderung vorliegt,** sowie, ob die Beteiligten wirksam zugestimmt haben, **dahingestellt sein lassen** (NVwZ 1987, 254; Ma NVwZ 1987, 254; ThP 15 zu § 263 ZPO).

26 **d) Wenn** infolge einer Klageänderung der **Klageanspr sich vermindert** (vgl Mü BayVBl 1991, 212 = NVwZ-RR 1991, 277) oder ein bisheriger **Beteiligter** aus dem weiteren Vf **ausscheidet,** sind **allein die Bestimmungen über die Klageänderung** anzuwenden, nicht auch bzgl des verminderten Anspr (Mü BayVBl 1991, 212; Ms DÖV 1966, 727) oder bzgl des ausscheidenden Beteiligten die Bestimmungen über die (Teil-)Klagerücknahme oder (Teil-)Hauptsacheerledigung (Mü NVwZ-RR 1999, 695). Das Gericht hat jedoch ggf gesondert durch **Beschluß über die ausscheidbaren Kosten** zu entscheiden, die allein durch Besonderheiten des nicht weitergeführten Anspr verursacht werden (Mü BayVBl 1991, 272); diese Kosten sind dabei in entspr Anwendung von § 155 Abs 2 dem Kl aufzuerlegen. Entsprechendes gilt nach Maßgabe des § 162 Abs 3 auch für die **Kosten des Beigeladenen,** dessen Beiladung das Gericht als Folge der Klageänderung aufhebt.

27 **7. Rechtsmittel (Abs 3):** Abs 3 schließt **gesonderte Rechtsbehelfe** gegen die Entscheidung des Gerichts, daß eine Klageänderung vorliegt bzw sie zugelassen wird, aus. Dies gilt auch für den Fall eines Parteiwechsels (**aA** RGZ 108, 350; ThP 1 zu § 268 ZPO; M 1 zu § 268 ZPO). Hat das Gericht durch **Zwischenurteil** nach § 173 S 1, § 303 ZPO (s oben 25) entschieden, so ist dagegen schon nach § 124, § 132 kein gesondertes RMittel gegeben, da es sich insoweit nicht um ein Endurteil handelt.[33]

28 Die Unzulässigkeit der durch das Gericht befürworteten Klageänderung kann auch nicht durch die Anfechtung der abschließenden Hauptsacheentscheidung geltend gemacht werden. Aus der Vorschrift des § 91 Abs 3 hat das BVerwG zutr abgeleitet, daß die Entscheidung, welche die Sachdienlichkeit einer Klageänderung befürwortet, auch keinen selbständigen Beschwerdegrund iSd § 132 Abs 2 Nr 3 bilden kann (NVwZ-RR 2000, 260; ebenso Ey-Rennert 34; **aA** noch die 12. Aufl).

29 **8. Wirkungen der Klageänderung: a)** Die (ordnungsgemäß erklärte, s oben 21 f), Klageänderung bewirkt allein durch die Tatsache ihrer Erklärung – unabhängig von ihrer Zulässigkeit nach Abs 2 –,[34] daß das **ursprüngliche Klagebegehren,** sofern es nicht zusätzlich (kumulativ) oder hilfsweise aufrechterhalten wird (was im Zweifel anzunehmen ist, vgl Ms NVwZ-RR 1994, 423), für das weitere Vf durch das neue Klagebegehren **ersetzt** ist u damit auch die Rechtshängigkeit des bisherigen Klagebegehrens endet (Bernreuther JuS 1999, 480; Sch-Ortloff 88 f); im Fall der Einwilligung der Beteiligten endet dabei die Rechtshängigkeit des alten Antrags mit Eintritt der Rechtshängigkeit des neuen u der Einwilligung (BGH NJW 1992, 2236), bei Sachdienlichkeit erst mit rechtskräftiger Bejahung der Zulässigkeit der Klageänderung (BGH NJW 1990, 2682; **aA** Sch-Ortloff 88). Ist die Klageänderung unzulässig, so kann das Gericht nicht über die geänderte Klage zur Sache entscheiden, sondern muß es die geän-

---

[32] Lü DVBl 1967, 425; RÖ-Kothe 19; B-Kuntze 21; NKVwGO-Schmid 41; Franz NJW 1982, 15 mwN; zT **aA** Ey-Rennert 34: Zwischenurteil nach § 109 entsprechend, vgl auch BGH JZ 1986, 107.

[33] NVwZ-RR 2000, 260 – für den Fall der Zulassung der Klageänderung; B-Kuntze 23, der eine Vorabentscheidung über die Zulässigkeit jedoch als nicht anfechtbare Zwischenentscheidung ansieht; **aA** Ey-Rennert 34 u NKVwGO-Schmid 44 für den Fall der Nichtzulassung der Klageänderung; s auch 16 vor § 124.

[34] Ey-Rennert 35, 39; **aA** BGH NJW 1988, 128; RS § 98, 29; RÖ-Kothe 24: nur die zulässige bzw vor Gericht zugelassene Klageänderung hat diese Wirkung.

derte Klage als unzulässig abweisen, wenn sie nicht zurückgenommen wird.[35] Zur Behandlung des ursprünglichen Klageantrags s oben 24. Ist die Klageänderung zulässig, so hat dies zur Folge, daß das Gericht nunmehr über das neue Klagebegehren zu entscheiden hat. Die **Zulässigkeit der Klageänderung** ist insoweit **Prozeßvoraussetzung** der Klage in der nunmehr maßgeblichen Form.

Hins der **nicht weitergeführten Anspr** stellt die Klageänderung keine Kla- 30
gerücknahme u auch keine Erledigung der Hauptsache dar; denn es wird nur das Klagebegehren ausgewechselt (s oben 24). Gleichwohl gilt für die **Kostenentscheidung** bezüglich der nicht weitergeführten Anspr **§ 155 Abs 2** entsprechend, soweit ausscheidbare Kosten entstanden sind, die allein durch die Besonderheiten des nicht weitergeführten Anspr verursacht sind (Mü BayVBl 1991, 212). Hins eines durch Parteiwechsel **ausscheidenden Beteiligten** ist eine gesonderte Kostenentscheidung erforderlich (s oben 26). Soweit nicht bereits analog § 269 Abs 4 ZPO (§ 269 Abs 3 S 3 ZPO aF) durch Beschluß eine isolierte Kostenentscheidung zum Zeitpunkt des Ausscheidens des Bekl ergangen ist (für eine solche Entscheidung StJ 124 zu § 264 ZPO; **aA** MKZPO 104 zu § 263 ZPO), ist über die Kosten im Endurteil zu entscheiden (Mü NVwZ-RR 1999, 695 mwN). Findet der Parteiwechsel in der Rechtsmittelinstanz statt, so wird das **Urteil der Vorinstanz** hins des ausgeschiedenen Beteiligten ähnlich wie bei einer Klagerücknahme **gegenstandslos** (65, 52); dies ist durch Beschluß festzustellen (vgl 2 zu § 92).

b) Sonstige Wirkungen. Die Zulässigkeit der Klageänderung bedeutet nicht, 31
daß allein deshalb die in zulässiger Weise geänderte Klage auch im übrigen, unabhängig von **sonstigen Zulässigkeitsvoraussetzungen,** zulässig wird (65, 49 mwN; MDR 1972, 719). Letzteres hängt vielmehr davon ab, ob alle Sachurteilsvoraussetzungen (s 10 ff, 17 ff vor § 40) für die geänderte Klage erfüllt sind (65, 49; MDR 1972, 719; FEVS 23, 7; NKVwGO-Schmid 27; vgl auch BFH 108, 8). Dies ist für die geänderte Klage **gesondert** u ohne Rücksicht auf die Zulässigkeit der ursprünglich erhobenen Klage **zu prüfen** u zu beurteilen (65, 49; MDR 1972, 719; Mü BayVBl 1987, 23).

Insb muß auch für die geänderte Klage die **Zuständigkeit des Gerichts** ge- 32
geben sein (§ 17 Abs 1 S 1 GVG – früher: § 90 Abs 3 VwGO aF – gilt hierfür nicht). Bei Anfechtungs- u Verpflichtungsklagen muß die **Klagefrist** für den neuen Antrag bzw die Erweiterung eines bereits vorher gestellten Antrags gewahrt sein;[36] bei einer Untätigkeitsklage auch die Voraussetzungen des § 75 in bezug auf die im Wege der Klageerweiterung einzubeziehenden Gegenstände (vgl Ma VBlBW 1996, 151); ist ein VA teilweise bestandskräftig geworden, so ist die Antragserweiterung insofern unzulässig (BFH 159, 9 = NVwZ 1990, 598). Eine zur Teilbestandskraft führende Teilanfechtung muß jedoch eindeutig erkennbar sein. Die Antragserweiterung ist daher nicht wg Verfristung unzulässig, wenn sie sich im **Rahmen der ursprünglichen Klagegründe** hält u die ursprünglich engere Klage nicht ausdr u dezidiert beschränkt erhoben worden war (vgl 18 vor § 124; ferner BFH 159, 11 = NVwZ 1990, 599). Auch ein hiernach zulässig erweiterter Antrag wird bzgl der Erweiterung gem §§ 173 S 1, 261 Abs 2 ZPO erst mit dem Zeitpunkt der Klageänderung rechtshängig; die Rechtshängigkeit wirkt nicht zurück auf den Zeitpunkt der ursprünglichen Klage.[37] Außer

---

[35] RS § 98, 31; **aA** OLG MDR 1980, 238; LG Nürnberg-Fürth ZZP 91, 490; Schwab ZZP 91, 493: keine Abweisung als unzulässig.

[36] NVwZ 1998, 1292: jedenfalls für den Fall, in welchem sich das Klagebegehren tatsächlich u rechtlich grundlegend von dem ursprünglich geltend gemachten unterscheidet; VG Karlsruhe NVwZ-RR 2006, 621; s auch 32 zu § 91.

[37] 40, 32; NJW 1989, 3168; ebenso 39, 25; BFH 134, 154 = BStBl II 1982, 358 unter Aufgabe der bish abw Rspr; BFH 145, 125; 147, 323; Mü BayVBl 1976, 495; Lü 23, 391; RÖ-Kothe 26; vgl auch DVBl 1987, 1023: eine Klageänderung wirkt jedenfalls dann nicht

bei objektiver Klageänderung gilt dies auch **bei subjektiver Klageänderung** (Parteiwechsel) **auf seiten des Kl,** nicht aber für die Klageänderung auf der Seite des **Bekl,** wo die Klageänderung fristwahrend zurückwirkt (DVBl 1993, 563: ausreichend, daß die Anfechtungsklage gegen den ursprünglichen Bekl rechtzeitig erhoben worden war, auch wenn die Klageänderung bzgl des neuen Bekl erst nach Ablauf der Klagefrist erfolgte.[38] **Auch das VorVf** muß bei einer subjektiven Klageänderung in der Person des Kl ggü dem Bekl (65, 49) durchgeführt sein,[39] es sei denn, die Klageänderung wurde für sachdienlich erklärt (s 23 a zu § 68). Bei Klageänderungen, mit denen die **Klage** nunmehr **gegen einen neuen VA** gerichtet wird, der den ursprünglich angegriffenen VA ersetzt hat (vgl DVBl 1993, 734; oben 9 u 12), oder mit denen die Klage nunmehr auf Erlaß eines anderen als den ursprünglich begehrten VA gerichtet wird, ist ein neues VorVf entbehrlich, **wenn** der „neue" VA **im wesentlichen auf den gleichen** Gründen beruht wie der VA, hins dessen die Klage ursprünglich erhoben worden war (s 24 zu § 68; Ms NVwZ 1993, 493; Preusche DVBl 1992, 801). Die Entbehrlichkeit eines VorVf ergibt sich hier regelmäßig schon daraus, daß das Gericht eine Klageänderung für sachdienlich angesehen hat (s 23 a zu § 68). Keiner Durchführung eines VorVf bedarf es in den Fällen, in welchen durch den Gesetzgeber **fingiert** wird, eine Änderung des Klagebegehrens sei **nicht als eine Klageänderung** zu bewerten (so zB § 173 iVm § 264 ZPO), ferner bei einer **gesetzlich statuierten Klageänderung** sowie dort, wo die **Heilung eines angegriffenen VA** noch während des gerichtlichen VorVf gesetzlich erlaubt wird (s hierzu 23 a zu § 68).

§ 92 [Klagerücknahme]

(1) **Der Kläger kann bis zur Rechtskraft des Urteils seine Klage zurücknehmen.**[1 ff] **Die Zurücknahme nach Stellung der Anträge in der mündlichen Verhandlung setzt die Einwilligung des Beklagten**[12 ff] **und, wenn ein Vertreter des öffentlichen Interesses an der mündlichen Verhandlung teilgenommen hat, auch seine Einwilligung voraus. Die Einwilligung gilt als erteilt, wenn der Klagerücknahme nicht innerhalb von zwei Wochen seit Zustellung des die Rücknahme enthaltenden Schriftsatzes widersprochen wird; das Gericht hat auf diese Folge hinzuweisen.**[12 ff]

(2) **Die Klage gilt als zurückgenommen,**[17 ff, 23] **wenn der Kläger das Verfahren trotz Aufforderung des Gerichts**[19 ff] **länger als zwei Monate nicht betreibt.**[22] **Absatz 1 Satz 2 und 3 gilt entsprechend.**[24] **Der Kläger ist in der Aufforderung auf die sich aus Satz 1 und § 155 Abs. 2 ergebenden Rechtsfolgen hinzuweisen.**[20] **Das Gericht stellt durch Beschluß fest, daß die Klage als zurückgenommen gilt.**[25]

(3) **Ist die Klage zurückgenommen oder gilt sie als zurückgenommen, so stellt das Gericht das Verfahren durch Beschluß ein und spricht**

---

auf den Zeitpunkt der Klageerhebung zurück, wenn ein Dritter durch den angefochtenen Verwaltungsakt mit Ablauf der Klagefrist eine bestandskräftige Rechtsposition erworben hat; **aA** FG München EFG 1984, 242: Fristwahrung wie bei Verweisung des Rechtsstreits gem § 17 b Abs 1 GVG, auch für die geänderte Klage.

[38] Ähnlich Ma DÖV 1982, 750; Lü DVBl 1967, 425 = DÖV 1967, 687; VG Münster MDR 1962, 1019; VG Freiburg NVwZ 1985, 444; Ule DVBl 1964, 156; RÖ-Kothe 26; vgl auch Buchh 310 § 91 Nr 4; BGH LM 1973 § 199 BEG 1956 Nr 8 u 1966 § 209 BEG 1956 Nr 87; **aA** BFH 130, 14; nsFG EFG 1976, 241; 1977, 7; Sieveking MDR 1955, 765; Jackel DÖV 1985, 484.

[39] S 7, 30 f zu § 68; DÖV 1970, 499; Ms VRspr 21, 502; RÖ 12. Aufl 17; vgl auch Mü BayVBl 1980, 181; s jedoch zur Wahrung der Widerspruchsfrist in diesem Fall auch 3 zu § 68; **aA** zum Erfordernis des VorVf BVerwG BayVBl 1980, 503.

die sich nach diesem Gesetz ergebenden Rechtsfolgen der Zurücknahme aus.[27 ff] **Der Beschluß ist unanfechtbar.**[26, 28 f]

Vgl § 269 ZPO; § 102 SGG; § 72 FGO

Schrifttum: *App,* Die Rücknahme der Klage im Verwaltungsprozeß, VR 1992, 431; *Decker,* Die Fiktion der Klagerücknahme nach § 92 Abs 2 VWGO nF, BayVBl 1997, 673; *Kuhla/Hüttenbrink,* Entwicklung des Verwaltungsprozeßrechts in den Jahren 1997, 1998, DVBl 1999, 900; *Schifferdecker,* Einwilligungsfiktion zur Klagerücknahme im Verwaltungsprozess, NVwZ 2003, 925; *Walther,* Klageänderung und Klagerücknahme, NJW 1994, 423.

1. Allgemeines: Außer durch Urteil kann ein Prozeß auch durch **Klagerücknahme** (§ 92), **Rücknahme eines RMittel,** wenn dadurch die RKraft einer vorher ergangenen Entscheidung eintritt (vgl 1 zu § 126), durch **übereinstimmende Erklärung der Erledigung der Hauptsache** (s 10 ff zu § 161) oder einen gerichtlichen **Vergleich** (§ 106) beendet werden. § 92 ist wie die genannten anderen Möglichkeiten einer Beendigung des Vf durch die Beteiligten Ausfluß des **Verfügungsrechts** der Beteiligten über den Prozeß u den Streitggst (Dispositionsmaxime, vgl 1 zu § 81; 2 zu § 86). **Abs 1 S 2** dient dem **Schutz der übrigen Verfahrensbeteiligten** vor einer willkürlichen Disposition des Kl über den Streitggst, wenn das Vf schon weiter fortgeschritten ist. 1

§ 92 gilt **entspr** – jedoch ohne das Erfordernis der Einwilligung auch anderer Beteiligter gem Abs 1 S 2 (vgl zum Antrag des Beigeladenen Mü BayVBl 1985, 407) – auch für die Rücknahme des **Antrags auf mV** gem § 84 Abs 2 Nr 1, 3 u 4 **im GerichtsbescheidVf** (BFH DVBl 1989, 883) oder eines Antrags **eines Beigeladenen** (§ 65) u des VöI, **außerdem** auch, ebenfalls ohne Abs 1 S 2[1] auch **für** selbständige **Beschlußverfahren,** insb für **Anträge nach § 80** Abs 5 bzw 7, 80 a Abs 3 u § 123 (Bln NVwZ-RR 1998, 597; Mü BayVBl 1985, 407; Sch-Clausing 83) u nach **§ 47.**[2] Zur **Zurücknahme von RMittel,** für die ähnliche Grundsätze gelten, s §§ 126, 140, zur Beschwerde auch 1 zu § 146, zur Entscheidung bei **Streit** darüber, **ob die Klage** wirksam **zurückgenommen** worden ist, unten 18 f; ferner 5 ff vor § 124. 2

Die **Rücknahme einer Klagerücknahme** ist nach allg Grundsätzen unzulässig (s unten 11; allg auch 15 vor § 40). Zulässig ist nur eine neue Klage, sofern die Klagefrist gem § 74 noch nicht verstrichen ist.

Die Rücknahme der Klage hat ggü dem Prozeßgericht zu erfolgen, dh ggü dem Gericht, bei dem das Vf zum Zeitpunkt der Klagerücknahme anhängig ist (NVwZ 1991, 60; Mü NVwZ-RR 2006, 735). Die Rücknahme **beendet das Vf unmittelbar** u grds mit Rückwirkung auf den Zeitpunkt der Klageerhebung mit der Folge, daß der Rechtsstreit gem § 173 S 1, § 269 Abs 3 S 1 ZPO **als nicht anhängig geworden** anzusehen ist[3] u die Wirkungen der Rechtshängigkeit (§ 90) rückwirkend wieder entfallen (BGH DVBl 1984, 392; Ma NVwZ 1986, 141; RÖ-Kothe 10; Ey-Rennert 20). Im Prozeß – einschließlich einer evtl Vorinstanz – bereits **ergangene Entscheidungen** einschließlich eines noch nicht rechtskräftigen Urteils werden **wirkungslos;**[4] ebenso ist ein nach Klage- 3

---

[1] Mü DVBl 1982, 1012; vgl auch BGH NJW 1982, 2775; OLG Düsseldorf NJW 1982, 2452; StJ II 4 zu § 920 ZPO; BL 18 zu § 920 ZPO; zT **aA** Fürst BB 1975, 236; Pastor, Der Wettbewerbsprozeß 3. Aufl, 291: keine Antragsrücknahme mehr nach Erlaß einer eA; Ey-Rennert 3: nicht § 92 Abs 1 S 2.

[2] NVwZ 1991, 60: Rücknahme des Normenkontrollantrags auch noch während des NichtvorlagebeschwerdeVf möglich; Ma NVwZ-RR 1989, 44; Mü BayVBl 1992, 245; zT **aA** zu Vf nach § 47 Abs 8 Mü BayVBl 1992, 245: kein besonderer Beschluß analog § 92 Abs 2 erforderlich; Ey-Rennert 3: § 92 ohne Einschränkung anwendbar.

[3] NJW 1987, 602; Mü NVwZ-RR 2006, 735; Ms NVwZ-RR 1994, 702.

[4] 26, 300; BGH NJW 1982, 2775; Ms NJW 1970, 1700; NVwZ-RR 1994, 702; Mü NJW 1984, 681; We DÖV 2001, 791.

rücknahme ergehendes Urteil unwirksam (We NVwZ-RR 2001, 411). Ein angefochtener VA wird, wenn inzwischen die Klagefrist verstrichen ist, unanfechtbar. Dem **Einstellungsbeschluß** des Gerichts (Abs 3) kommt insoweit **nur noch deklaratorische Bedeutung** zu (Ma NVwZ 1986, 141), ebenso bei Klagerücknahme **in der Rechtsmittelinstanz** der ebenfalls gem Abs 3, § 173 S 1, § 269 Abs 3 S 1, HS 2 ZPO durch Beschluß zu treffenden Feststellung, **daß** ein bereits ergangenes **Urteil wirkungslos geworden** ist (Mü NJW 1984, 681).

4 **2. Abgrenzung zur Erklärung der Hauptsacheerledigung, Klageverzicht, Klageänderung usw:** Die Klagerücknahme ist dadurch gekennzeichnet, daß der Kl damit sein bei Gericht eingebrachtes Rechtsschutzgesuch zurückzieht.

5 Die Klagerücknahme ist **zu unterscheiden:**

a) von der einseitigen **Erklärung der Erledigung der Hauptsache** (s 20 zu § 161), mit der der Kl nicht seine Klage zurückzieht, sondern sie für gegenstandslos geworden erklärt.[5] In dieser Erklärung kann je nach den Umständen auch – was jedoch eine Frage der Auslegung der abgegebenen Erklärung ist (DVBl 1989, 875) – in besonders gelagerten Ausnahmefällen eine **Klagerücknahme** zu sehen sein, die dann auch als solche zu behandeln ist;[6] **anders,** wenn eindeutig eine Erledigung vorliegt (Mü BayVBl 1975, 476; 1986, 87; Schmidt DÖV 1984, 625). Ggf ist der Sinn der abgegebenen Erklärung durch Befragung (§ 86 Abs 3) zu klären.

b) von einem **Klageverzicht,** der einen unwiderruflichen, unanfechtbaren (vgl Zeiss NJW 1966, 166) Verzicht auf das Klagerecht darstellt u anders als die Klagerücknahme auch für die Zukunft **eine erneute Klage in der Sache unzulässig** macht (s im einzelnen 21 ff zu § 74; 6 zu § 126).

c) von einem **Anspruchsverzicht,** dh dem Verzicht auf den materiellen Anspr mit der Folge, daß, wenn gleichwohl **Klage** erhoben wird, sie ohne Sachprüfung als **unbegründet** abzuweisen ist (s 21 zu § 74; zum Verzichtsurteil 5 zu § 107).

d) von einer **Klageänderung** (§ 91), bei der der Kl, auch soweit er einen Anspr nicht oder nicht mehr gegen alle bisherigen Bekl weiter geltend macht, nicht den Rechtsstreit beendet, sondern nur den Gegenstand der Klage bzw den Bekl auswechselt; **anders** – jedenfalls **im Hinblick auf die zu treffende Kostenentscheidung** (s 8 zu § 155) – bei Beschränkung des Klageantrags gem § 173 S 1, § 264 ZPO (Ks VRspr 27, 240; Sch-Clausing 11; vgl allg 9 zu § 91) oder bei Klageänderungen, die das **Ausscheiden eines von mehreren Kl** oder Bekl (OLG Köln MDR 1976, 496) oder die Nichtweiterverfolgung einzelner Anspr zur Folge haben (vgl Ey-Rennert 37 zu § 91); zur Kostenentscheidung in den letztgenannten Fällen auch unten 17.

e) von der in einem gerichtlichen Vergleich (§ 106) **vereinbarten** bzw aufgrund eines außergerichtlichen Vergleichs erklärten **Klagerücknahme,** auf die § 92 (nur) mit der Maßgabe Anwendung findet, daß die Kostenregelung grds aus § 160 zu entnehmen ist (str; s 9 zu § 155; 7 zu § 160; Ey-Geiger 10 zu § 160). Kommt der Kl einer außergerichtlich übernommenen Verpflichtung zur Klage-

---

[5] 12, 256; 73, 313; DVBl 1989, 875; Mü BayVBl 1986, 87 – auch zu den Abgrenzungskriterien –; Ks NVwZ-RR 1994, 125: Klagerücknahme idR nur anzunehmen, wenn Kl sein Begehren ohne entscheidungserhebliche Änderung der Sach- oder Rechtslage fallenläßt, reagiert er nur auf eine solche Änderung, so ist von einer Erledigungserklärung auszugehen; Sch-Clausing 7; NKVwGO-Schmid 6.

[6] Vgl 12, 256; 20, 151; 46, 82; 73, 313; Ma NJW 1974, 964; Günther DVBl 1988, 618 mwN – auch zur Abgrenzung –; zT **aA** BGH NJW 1982, 2506; 1988, 589; Mü BayVBl 1986, 26; Ma NVwZ-RR 1989, 444: schon wg der unterschiedlichen Kostenfolgen keine Umdeutung in eine Rücknahme; vgl auch BGH 28, 120 = NJW 1958, 1493: Rücknahme u Erledigungserklärung sind strikt zu trennen.

rücknahme oder zum Klageverzicht nicht nach, so ist die Klage auf Einrede wg Arglist hin als unzulässig abzuweisen. S unten 6; ferner 21 zu § 106.

f) von der – auch noch nach Stellung der Anträge in der mV zulässigen (DVBl 1989, 874) – **Rücknahme des** dem Vf zugrundeliegenden **Antrags auf Erlaß eines VA,** die die Erledigung der Hauptsache zur Folge hat (DVBl 1989, 874; vgl auch Mü BayVBl 1992, 24).

3. Die Erklärung der Klagerücknahme: Klagerücknahme ist die **schriftlich** oder **zu Protokoll** des Urkundsbeamten (nur beim VG, vgl § 81 Abs 1 S 1), ggf auch eines Richters (s 11 ff zu § 81), oder in der **mV ggü** dem Gericht (bzw in einem Termin gem § 87 oder § 96 Abs 2 ggü dem beauftragten oder ersuchten Richter) – in der Rechtsmittelinstanz auch ggü dem Rechtsmittelgericht (NVwZ 1991, 60; BSG NVwZ 1984, 472) – abgegebene **Erklärung** des Kl, daß er den mit seiner Klage geltend gemachten **prozessualen Anspr nicht** mehr **weiterverfolgt** (Mü BayVBl 1979, 187). Eine (tlw) Klagerücknahme liegt auch dann vor, wenn sie nicht ausdr erfolgt ist, sondern sich der auf die Rücknahme der Klage gerichtete Wille den betr Schriftsätzen durch Auslegung entnehmen läßt (BFH NVwZ-RR 2000, 334). Hat sich der Kl ggü dem Bekl aussergerichtlich zur Rücknahme der Klage verpflichtet u beruft sich der Bekl auf diese Verpflichtung, so ist die Klage daraufhin als unzulässig abzuweisen.[7] 6

Bloßes **Schweigen** auf eine entsprechende Anfrage des Gerichts ist keine Klagerücknahme u ersetzt eine solche auch nicht (Lü 7, 257; Mü BayVBl 1975, 22; BSG NJW 1963, 1125; Sch-Clausing 21); ebensowenig genügt **konkludentes Verhalten,** das nicht völlig eindeutig ist (vgl NVwZ-RR 1994, 423) – ggf muß das Gericht gem § 86 Abs 3 klären, ob eine Klagerücknahme anzunehmen ist –, zB der Umstand, daß der Kl keinen Antrag stellt (BSG SozR § 102 Nr 10; ML 7b zu § 102 SGG; sehr str). S auch 14 vor § 40. Zweifelhaft 38, 104; Ey-Rennert 8 zu § 155: **Nicht-Einlegung der Revision** nach erfolgreicher Nichtzulassungsbeschwerde ist als Zurücknahme der Beschwerde zu werten. S aber zur Rücknahmefiktion unten 17 ff. 7

Bei teilbarem Streitggst kann die Rücknahme der Klage auch **auf einen Teil beschränkt** werden, bei mehreren Beteiligten auch von nur einem der Kl bzw nur hins **eines von mehreren Bekl** erklärt werden (OLG Köln MDR 1976, 496; Schneider NJW 1965, 765). 8

Die Klagerücknahme ist **auch noch in der Rechtsmittelinstanz** zulässig – hier von der Rücknahme des RMittel zu unterscheiden (vgl 1 zu § 126) –;[8] **nicht mehr** jedoch **nach RKraft** eines Urteils (Mü BayVBl 1985, 407) oder nach Beendigung der Anhängigkeit der Sache durch Klagerücknahme, Vergleich oder übereinstimmende Hauptsacheerledigungserklärungen.[9] Werden **Klagerücknahme u Rechtsmittelrücknahme** (§§ 126, 140) **gleichzeitig** erklärt, so geht die Klagerücknahme als die weiterreichende Erklärung vor (Ks NVwZ-RR 2000, 334); auf den Zeitpunkt des Eingangs der Einwilligungserklärungen kommt es in diesem Fall nicht an (vgl 26, 299; BFH 87, 50). Erfolgt die **Klagerücknahme, nachdem bereits ein Urteil ergangen war,** insb erst in der Rechtsmittelinstanz, so wird dieses **gegenstandslos** (26, 300; BGH NJW 1982, 2775); dies ist ggf im Einstellungsbeschluß des Gerichts festzustellen (BGH aaO). 9

Die Klagerücknahme hat die oben zu 3 genannten **Wirkungen** grds **mit ihrer Erklärung ggü dem Gericht; soweit** sie aber der **Einwilligung** des Bekl oder des VöI bedarf (Abs. 1 S 2), erst **mit deren Eingang** bei Gericht (DÖV 10

---

[7] Vgl BGH NJW 1984, 805; VersR 1993, 714: nur auf Einrede hin zu berücksichtigen; Sch-Clausing 9; NKVwGO-Schmid 11; vgl auch 18 ff zu § 74.

[8] NVwZ 1991, 60; BGH NJW 1982, 2772; BSG NVwZ 1984, 472; Ey-Rennert 6, 9.

[9] Vgl zur Hauptsacheerledigungserklärung Bln NVwZ-RR 1998, 597; Mü BayVBl 1980, 343; zT **aA** FG München BayVBl 1983, 315; RÖ-M. Redeker 19 zu § 107: solange noch nicht über die Kosten entschieden ist, ist die Sache noch anhängig.

1967, 508), jedoch rückwirkend (26, 299; NVwZ 1991, 60; NKVwGO-Schmid 20; Sch-Clausing 30). Willigen der Bekl oder VöI nicht ein, so hat das Gericht weiter über die Klage zu entscheiden. S unten 13.

11 Als Prozeßhandlung (vgl 15 vor § 40) ist die Klagerücknahme grds **bedingungsfeindlich u** grds **unwiderruflich u unanfechtbar.**[10] Sie darf aber von innerprozessualen Bedingungen abhängig gemacht werden, was dann zutrifft, wenn sie mit Vorgängen verknüpft wird, die das Gericht in Ausübung seiner prozessualen Befugnisse selbst herbeigeführt hat oder herbeizuführen in der Lage ist (NVwZ 2002, 990f). Die Klagerücknahme wird mit dem Eingang beim Prozeßgericht wirksam (OLG Rostock MDR 1995, 212), bindet also den Kl bereits, bevor die Einwilligung des Bekl vorliegt (ThP 8 zu § 269 ZPO) u kann **auch durch Vereinbarung** der Beteiligten hins ihrer Wirkungen nicht wieder aufgehoben werden (Sch-Clausing 23; NKVwGO-Schmid 26, 46; **aA** ThP 8 zu § 269 ZPO). Die Klagerücknahme ist aber unwirksam, wenn sie durch den **nicht zutr Hinweis des Gerichts veranlaßt** wird, die Klage sei unzulässig. Das gilt auch dann, wenn die Klagerücknahme von einem rechtskundigen Prozeßbevollmächtigten erklärt worden ist (BFH NJW 2006, 255). S zur Zulässigkeit einer **Vereinbarung der Rücknahme** eines Rechtsbehelfs BGH NJW-RR 1987, 307; Z 3 zu § 269 ZPO mwN.

12 **4. Einwilligung des Bekl und des VöI (Abs 1 S 2 u 3):** Das Erfordernis der Einwilligung bei Klagerücknahme (erst) nach Stellung der Anträge in der mV soll verhindern, daß der Kl sich in einem bereits fortgeschrittenen Stadium des Vf gegen den Willen des Bekl u des VöI einer Entscheidung durch Urteil entzieht.[11] Die Regelung erscheint **rechtspolitisch** vor allem im Hinblick auf den Grundsatz der Verfahrensökonomie **verfehlt,** wenngleich das Einwilligungserfordernis durch die Einwilligungsfiktion des Abs 1 S 3 (s dazu unten 16), der durch das 1. JuMoG eingefügt wurde, deutlich eingeschränkt worden ist. Dennoch erscheint die Regelung rechtspolitisch allenfalls für Fälle vertretbar, in denen der Bekl ein schutzwürdiges Interesse an einer Klageabweisung hat. **Bis zur Stellung der Anträge** in der mV (s unten 14; ferner 10 zu § 82 aE) ist der Kl hins der Klagerücknahme frei. **Nach** Stellung der Anträge ist die Rücknahme der Klage nur noch mit Einwilligung des Bekl u des VöI möglich; dies auch dann, wenn die Klage deshalb zurückgenommen wird, weil die Hauptsache sich durch Rücknahme des Antrags auf den mit der Klage erstrebten VA erledigt hat.[12] Die Frage, ob der im Rahmen des ZPO-RG neu geschaffene § 269 Abs 2 S 4 ZPO, nach dem bei Vorliegen der dort genannten Voraussetzungen die Einwilligung des Bekl zur Klagerücknahme nach Ablauf einer Notfrist von 2 Wochen als erteilt gilt (näher Schifferdecker NVwZ 2003, 925ff), über § 173 S 1 auch auf die VwGO anwendbar ist, hat sich durch § 92 Abs 1 S 3 erledigt. Der **Einwilligung** des **Beigeladenen** bedarf es nicht, auch nicht des notwendig Beigeladenen.

13 **Die Einwilligung** des Bekl u des VöI ist (anders als die Einwilligung zu einer Klageänderung nach § 91) nicht nur **Voraussetzung** der Zulässigkeit (s 29 zu § 91), sondern schon der **Wirksamkeit der Klagerücknahme** (DÖV 1969, 508); fehlt sie, so ist die Rücknahme unwirksam u für das Gericht unbeachtlich;

---

[10] NJW 1987, 602; 1997, 2898; Ks NVwZ-RR 1992, 56; Ms DVBl 1973, 696; Ey-Rennert 10; RÖ-Kothe 4; Sch-Clausing 22f; BL 24 zu § 269 ZPO; s auch 15 vor § 40, auch zu Ausnahmen bei Täuschung, Drohung oder unzutr Belehrung durch das Gericht. Ansonsten läßt ein Widerruf nur dann die Wirkung der Rücknahmeerklärung nicht eintreten, wenn er spätestens gleichzeitig mit der Rücknahmeerklärung bei Gericht eingeht, vgl Ks 24, 124.

[11] BT-Dr 3/55 S. 41; Mü DVBl 1982, 1012; OLG Düsseldorf NJW 1980, 349.

[12] DVBl 1989, 875; Lü NVwZ 1985, 431; Stelkens NuR 1985, 216; krit Martens NVwZ 1986, 536.

das Gericht muß dann ohne Rücksicht auf die Rücknahmeerklärung weiterhin über die Klage entscheiden (es sei denn, der Kl verzichtet gleichzeitig auf seinen Anspr; in diesem Fall wäre nach § 173 S 1, § 306 ZPO durch Verzichtsurteil, s 5 zu § 107, ohne weitere Sachprüfung zu entscheiden). **Unbeachtlich** ist die **Verweigerung** der Einwilligung, wenn sie **rechtsmißbräuchlich** ist (vgl BGH 21, 285; NJW 1981, 989 zur Verweigerung der Zustimmung zu einem gewillkürten Parteiwechsel).

Maßgeblich für das Erfordernis der Einwilligung ist der **Zeitpunkt der Stellung der Anträge** zur Sache (s 8f zu § 103), nicht nur des Klageantrags, sondern auch des Antrags des Bekl, nicht jedoch auch des VöI (auf dessen Antragstellung es insoweit nicht ankommt, vgl Ey-Rennert 11). **Anträge in vorbereitenden Schriftsätzen** begründen das Erfordernis der Einwilligung noch nicht, da es sich insoweit nur um die Ankündigung von Anträgen handelt. Erscheint der Kl oder der Bekl in der mV nicht, so ist maßgeblich der Zeitpunkt, in dem derjenige, der von beiden anwesend ist, seine Anträge stellt. **Wurde auf mV verzichtet** (§ 101 Abs 2), so ist die Rücknahme ohne Einwilligung bis zum Ergehen des Urteils möglich, weil das Gericht trotz des Verzichts bis dahin immer noch mV anordnen könnte.[13] 14

Wird die **Klage** erst **im Berufungs- oder RevisionsVf zurückgenommen,** so ist die **Einwilligung** des Bekl u des VöI **stets erforderlich,** unabhängig davon, ob in der Vorinstanz nach Antragstellung in mV oder ohne mV gem § 101 Abs 2 oder § 84 entschieden worden ist.[14] Auf die **Stellung der Rechtsmittelanträge** in der mV bzw zu dem entsprechenden Zeitpunkt (s oben 14) kommt es nur hins der Erforderlichkeit einer Einwilligung zur Zurücknahme des **RMittel** an (§§ 126 Abs 1 S 2, 140 Abs 1 S 2). Denn nach dem Schutzzweck des Einwilligungserfordernisses, den Bekl nicht in einem fortgeschrittenen Verfahrensstadium um die (absehbaren) Früchte seines Prozessierens zu bringen, ist seine Einwilligung **erst recht** vorauszusetzen, wenn bereits eine Entscheidung zu seinen Gunsten vorliegt. 15

Die Einwilligung kann auch in **konkludentem Verhalten** zu sehen sein, etwa im Antrag auf Kostenentscheidung nach Abs 2 (Sch-Clausing 30). Nach der Einwilligungsfiktion des Abs 1 S 3, der nach dem Vorbild des inhaltsgleichen § 269 Abs 2 S 4 ZPO durch das 1. JuMoG neu eingefügt wurde, gilt eine Einwilligung ferner dann als erteilt, wenn der Bekl bzw der VöI nicht innerhalb von zwei Wochen seit Zustellung des die Rücknahme enthaltenden Schriftsatzes widersprochen hat, sofern das Gericht ihn auf diese Folge (Eintritt der Einwilligungsfiktion) hingewiesen hatte. Über die Einwilligungsfiktion des Abs 1 S 3 hinaus kann bloßes Schweigen auf eine entsprechende Anfrage des Gerichts jedoch nicht als Einwilligung gewertet werden. Die Einwilligung ist als Prozeßhandlung grds **unwiderruflich u unanfechtbar** (s 13a u 15 vor § 40), ebenso die Verweigerung der Einwilligung (wohl aber ist bei einer späteren, erneuten Klagerücknahmeerklärung die Einwilligung von neuem möglich, auch wenn sie früher abgelehnt worden war). 16

5. Gesetzliche Fiktion der Klagerücknahme (Abs 2): Diese Vorschrift wurde *in Anlehnung an* **§ 81 AsylVfG** durch das 6. VwGOÄndG als allg Regelung in die VwGO eingefügt. Da damit die Regelung des § 81 AsylVfG in die VwGO übernommen werden sollte (BT-Dr 13/3993, S. 12), ist zur Auslegung 17

[13] Mü 11, 47 u VRspr 13, 121; RÖ-Kothe 7; Sch-Clausing 27; **aA** BVerwG 26, 144: nur bis zum Eingang der letzten Erklärung nach § 101 Abs 2, jedenfalls wenn der Bekl bereits Antrag gestellt hat; Ey-Rennert 11: nur bis zum Verzicht aller Beteiligten auf mV, es sei denn, das Gericht ordnet später mV an; dann kann der Kl wieder auch ohne Einwilligung die Klage zurücknehmen.

[14] 26, 143; NVwZ 1989, 861; Ma NJW 1974, 964; NVwZ 1989, 479; Sch-Clausing 29; **aA** RÖ-Kothe 7.

des § 92 Abs 2 (und des § 126 Abs 2, s 8 zu § 126) auf die zu § 81 AsylVfG u dessen Normvorgänger ergangene Rspr zurückzugreifen. In seinem Anwendungsbereich geht § 81 AsylVfG dem § 92 Abs 2 als lex specialis vor (We NVwZ 2000, 1434). Durch das 1. JuMoG ist die ursprüngliche Drei-Monats-Frist im Interesse der Verfahrensstraffung auf zwei Monate verkürzt worden (BT-Dr 15/1508, 28).

18 **a) Grundgedanke der Regelung; verfassungsrechtliche Schranken.** Die gesetzliche Fiktion der Klagerücknahme wg Nichtbetreibens des Vf beruht auf dem **unterstellten Wegfall des RSI.** [15] Als abschließende Sonderregelung schließt sie eine Abweisung der Klage als unzulässig damit in allen Fällen aus, in denen der Kl ein mangelndes Interesse an der weiteren Rechtsverfolgung zu erkennen gibt (s oben 54 vor § 40), insb auch dann, wenn er „untergetaucht" ist, ohne eine ladungsfähige Anschrift zu hinterlassen (**aA** DVBl 1997, 181; Sa 30. 12. 1997 – 9 V 9/97; Ma NVwZ-Beil 1998, 72). Als solches unterliegt die Vorschrift keinen verfassungsrechtlichen Bedenken (vgl BVerfG NVwZ 1994, 63). Da die fingierte Klagerücknahme aber sehr weitreichende Konsequenzen haben kann, bei abgelaufener Klagefrist sogar einen endgültigen Verlust des gerichtlichen Rechtsschutzes bedeutet, sind der Auslegung u Anwendung des § 92 Abs 2 **verfassungsrechtliche Grenzen** gesetzt; insb ist sein **strenger Ausnahmecharakter** zu beachten (vgl BVerfG NVwZ 1994, 63; BVerwG NVwZ 2001, 918; Sch-Clausing 39). Deshalb müssen zum Zeitpunkt des Erlasses der Betreibensaufforderung **sachlich begründete Anhaltspunkte für einen Wegfall des RSI** des Kl bestehen, die den späteren Eintritt der Rücknahmefiktion als gerechtfertigt erscheinen lassen (NVwZ 2000, 1297; 2001, 918; BVerfG NVwZ 1994, 63; Mü BayVBl 2001, 22). Solche Anhaltspunkte sind insb dann gegeben, wenn der Kl seine prozessualen Mitwirkungspflichten (§ 86 Abs 1) verletzt hat (BVerfG NVwZ 1994, 63; BVerwG 71, 219 = NVwZ 1986, 48). Da den Kl keine Pflicht zur Klagebegründung trifft, reicht allein der Umstand, daß eine pauschale gerichtliche Aufforderung zu einer Klagebegründung erfolglos geblieben ist, regelmäßig noch nicht aus, den Wegfall des RS I zu vermuten. Etwas anderes ist nur dann anzunehmen, wenn das Gericht konkrete Auflagen verfügt hatte, etwa zu bestimmten Tatsachen Stellung zu nehmen oder näher bezeichnete Unterlagen vorzulegen (NVwZ 2001, 918). Des weiteren kann ein Nichtbetreiben des Vf nur angenommen werden, wenn der Kl nicht innerhalb der Zwei-Monats-Frist substantiiert dartut, daß u warum sein RSB trotz des Zweifels an seinem Fortbestehen, welcher zu der Betreibensaufforderung geführt hat, nicht entfallen ist (BVerfG NVwZ 1994, 63; BVerwG NVwZ 1987, 606).

19 **b) Betreibensaufforderung.** Zuständig für die Betreibensaufforderung ist das Gericht der Hauptsache. Das ist aufgrund des Devolutiveffekts (1 vor § 124), der mit der Stellung des Antrags auf Zulassung der Berufung verbunden ist, nach Stellung des Zulassungsantrags das OVG (Ks DÖV 2004, 624). Eine verwaltungsgerichtliche Betreibensaufforderung wird aber trotzdem als wirksam angesehen, da dieser Zuständigkeitsmangel nicht offensichtlich sei (Ks DÖV 2004, 624). Für den Erlaß einer Aufforderung, das Vf zu betreiben, muß das Verhalten des Kl einen **bestimmten Anlaß** geben, der **Zweifel in das Bestehen des RSI** zu wecken geeignet ist.[16] Als ein solcher **Ausdruck von Desinteresse** an der Weiterverfolgung des Rechtsschutzbegehrens (vgl Molitor GK-AsylVfG 46 zu § 81 AsylVfG; Ks InfAuslR 1995, 79; NVwZ-Beil 1996, 75) ist insb die **Verletzung**

[15] BVerfG DVBl 1984, 1005; NVwZ 1985, 33; BVerwG 71, 218; NVwZ 1985, 280; 1994, 63; Sch-Clausing 39.

[16] 71, 218 = NVwZ 1986, 48; 1987, 605; Ks InfAuslR 1995, 79; NVwZ-RR 1998, 688; Mü NVwZ 1998, 529; BayVBl 2001, 22; Kuhla/Hüttenbrink DVBl 1999, 901; Sch-Clausing 46; RÖ-Kothe 9 d.

prozessualer Mitwirkungspflichten (§ 86 Abs 1) anzusehen.[17] Hat ein anwaltlich vertretener Kl bei Klageerhebung eine Klagebegründung angekündigt u legt er diese trotz alsbaldiger gerichtlicher Bitte, die Klage binnen sechs Wochen zu begründen, innerhalb weiterer acht Monate nicht vor, dann rechtfertigt dies eine Betreibensaufforderung (Ma DÖV 2000, 210).

Dabei ist zu beachten, daß nach der VwGO zahlreiche prozessuale Mitwirkungspflichten überhaupt erst mit einer gerichtlichen Aufforderung entstehen (zB §§ 82 Abs 2 S 1, 86 Abs 3, 4, 87 Abs 1 Nr 2, 87b Abs 1, 2). Der Kl verletzt daher seine Mitwirkungspflichten nicht schon dadurch, daß er diese Handlungen nicht von sich aus vornimmt; infolgedessen kommt in dieser Lage keine Betreibensaufforderung nach § 92 Abs 2 S 1 in Betracht, sondern eben nur die – evtl mit einer richterlichen Fristsetzung verbundene – Aufforderung zur Vornahme dieser Handlungen. Erst wenn eine solche prozeßleitende Verfügung unbeachtet bleibt, kann – über etwaige Präklusionswirkungen (vgl §§ 82 Abs 2 S 2, 87b Abs 3) hinaus – Anlaß zur Annahme entstehen, der Kl werde seinen Mitwirkungspflichten nicht nachkommen (vgl 71, 219 = NVwZ 1986, 48); deshalb kommt eine Betreibensaufforderung gem § 92 Abs 2 allenfalls nach dem fruchtlosen Verstreichen einer angemessenen Frist für die Mitwirkungsaufforderung in Betracht. Die VwGO unterscheidet sich hierdurch in einem wesentlichen Punkt vom AsylVfG, das eine Reihe gewichtiger Mitwirkungspflichten schon kraft Gesetzes kennt (vgl §§ 15, 25 Abs 1 u 2, 74 Abs 2 AsylVfG), so daß es diesbezüglich keiner vorherigen Aufforderung des Gerichts bedarf u dieses daher gleich zu einer Betreibensaufforderung schreiten kann, wenn der AsylASt die gesetzlich geforderten Angaben nicht macht. Die Betreibensaufforderung nach § 92 Abs 2 wird angesichts dieser strukturellen Unterschiede für die Praxis wohl kaum nennenswerte Bedeutung erlangen (Schenke NJW 1997, 93). In Betracht kommt sie zB, wenn der Kl der Aufforderung des Gerichts, zur gegnerischen Klageerwiderung Stellung zu nehmen, nicht nachkommt oder wenn er **unentschuldigt** in einem vom Gericht anberaumten **Erörterungs- oder Verhandlungstermin** fehlt (Ey-Rennert 16; Kuhla/Hüttenbrink DVBl 1999, 901). Zulässig ist auch eine Betreibensaufforderung, wenn einem Asylbewerber oder einem um Abschiebungsschutz nachsuchenden Ausländer das RS I fehlt, weil er während des Vf entweder ausreist oder in Deutschland untertaucht u nicht erreichbar ist (Ks DÖV 2004, 624). Eine Betreibensaufforderung darf dagegen nicht ergehen, wenn der Kl das ihm Obliegende getan hat; daß das Gericht das Vf nicht betreibt, berechtigt es nicht dazu, anzunehmen, der Kl habe sein RS I verloren, u ihn mit einer Betreibensaufforderung zu überziehen. Die Betreibensaufforderung als **prozessuales Reaktionsmittel** darf auch **nicht als Mittel der** eigentlich dem Gericht obliegenden **Sachaufklärung** mißbraucht werden (Molitor GK-AsylVfG 47 zu § 81 AsylVfG).

Die **Betreibensaufforderung** muß **bestimmt** sein u sich auf konkrete ver- 20
fahrensfördernde Handlungen beziehen; das bloße Verlangen, das Vf zu betreiben, genügt ebensowenig wie die bloße Wiedergabe des Gesetzeswortlautes.[18] Nicht ausreichend ist auch die nicht näher konkretisierte Aufforderung, die Klage unter Auseinandersetzung mit einer ablehnenden Entscheidung des Gerichts im EilVf ergänzend zu begründen (BayVBl 2003, 310). Angesichts der uU einschneidenden Folgen der Rücknahmefiktion muß die Aufforderung eine **Belehrung** über die Fiktionswirkung u über die Kostentragungsfolge des § 155 Abs 2 enthalten (Abs 2 S 3). Ein Hinweis auf den Zeitpunkt des Beginns der Zwei-Monats-Frist ist jedoch nicht erforderlich, da sich dieser bereits aus der Regelung des § 57 Abs 1 ergibt (Mü NVwZ 1998, 529).

---

[17] 71, 219 = NVwZ 1986, 48; NVwZ-RR 1991, 444; Ks NVwZ-RR 1998, 688; Mü NVwZ 1998, 529; Sch-Clausing 46.

[18] Vgl Ks InfAuslR 1984, 27; Molitor GK-AsylVfG 72 zu § 81 AsylVfG; Sch-Clausing 51; Decker BayVBl 1997, 676.

21 Die Aufforderung braucht nicht in Form eines Beschlusses des Gerichts zu ergehen; eine **Verfügung** des Vorsitzenden oder Berichterstatters genügt, da es sich bei der Aufforderung um eine **prozeßleitende Maßnahme** handelt;[19] eine Unterzeichnung „auf Anordnung" durch Justizangestellte reicht nicht aus (Kuhla/Hüttenbrink DVBl 1999, 901 mwN). Die Aufforderung bedarf aber, da sie die gesetzliche Zwei-Monats-Frist in Gang setzt, gem § 56 Abs 1 der **förmlichen** – ggf auch öffentlichen – **Zustellung** (71, 216 = NVwZ 1986, 47; Mü NVwZ 1998, 529; Sch-Clausing 54); eine formlose Übersendung genügt nicht (Kuhla/Hüttenbrink DVBl 1999, 901).

22 **c) Nichtbetreiben.** Die gesetzliche Rücknahmefiktion tritt nur ein, wenn der Kl nach erhaltener Aufforderung das Vf **länger als zwei Monate nicht betreibt.** Bei der Frist handelt es sich um eine Ausschlußfrist, hins derer eine unmittelbare u grds auch eine analoge Anwendung des § 60 Abs 1 ausscheidet (NVwZ-RR 1991, 445; We NVwZ 1996, 1140; Sch-Clausing 57; s auch 5 zu § 60). Bei Versäumung der Frist wg **höherer Gewalt** wird man allerdings in analoger Anwendung der §§ 58 Abs 2, 60 Abs 3 eine Wiedereinsetzung in den vorigen Stand zu bejahen haben (Mü NVwZ 1998, 529; VG Bayreuth BayVBl 1998, 286; Sch-Clausing 57; s auch 15 zu § 57). Ein Nichtbetreiben durch den Kl liegt vor, wenn dieser sich innerhalb von zwei Monaten nicht oder nur so unzureichend äußert, daß nicht substantiiert dargetan ist, daß u warum das RSB trotz des Zweifels an seinem Fortbestehen, aus dem sich die Betreibensaufforderung ergeben hat, nicht entfallen ist (NVwZ 1987, 606; BVerfG NVwZ 1994, 63; Sch-Clausing 58). Als gesetzliche Frist ist die Betreibensfrist nach Abs 2 nicht verlängerbar (25. 3. 1999 – 3 B 147/98). Ein Betreiben in diesem Sinne besteht im Regelfall in der Vornahme der konkret geforderten Handlung; die bloße Erklärung, das Vf (weiter)betreiben zu wollen, reicht nicht aus,[20] ebensowenig die verbale Beteuerung, ein RS I zu haben.

Ein Nichtbetreiben liegt jedoch nur vor, wenn der Kl das Vf **überhaupt nicht betreibt.** War er vom Gericht zur Vornahme einer Mehrzahl von Handlungen aufgefordert worden, so kann ihm kein Nichtbetreiben vorgeworfen werden, wenn er dieser Aufforderung (nur) **teilweise** nachkommt.[21] Kann der Kl substantiiert u glaubhaft darlegen, warum er die geforderte Handlung nicht vornehmen kann, so genügt er auch mit dieser **Mitteilung seiner Hinderungsgründe** dem Betreibenserfordernis.[22]

23 **d) Rücknahmefiktion nur bei berechtigter und vollständiger Betreibensaufforderung.** Unzulässige, dh ohne konkreten Anlaß ergangene Aufforderungen lösen die Rücknahmefiktion auch bei weiterer Untätigkeit des Kl nicht aus; der Lauf der Zwei-Monats-Frist beginnt nur, wenn die sachlichen Voraussetzungen für die Aufforderung vorgelegen haben.[23]

Das gleiche gilt für inhaltlich unbestimmte Aufforderungen, die für den Kl nicht hinreichend bestimmt erkennen lassen, in welcher Weise er das Vf weiter betreiben soll. In gleicher Weise führt das Fehlen der durch Abs 2 S 3 vorge-

---

[19] 71, 215 = NVwZ 1986, 47; NVwZ-RR 1991, 444; Ma DÖV 1985, 414; Mü NVwZ 1998, 528 f; Lü NVwZ 1998, 529; Sch-Clausing 50; RÖ-Kothe 9 e; Decker BayVBl 1997, 676; **aA** Molitor GK-AsylVfG 80 zu § 81 AsylVfG; Ks InfAuslR 1984, 27.

[20] NVwZ 1987, 606; Gr NVwZ-RR 2005, 597; Ks InfAuslR 1984, 27; Sch-Clausing 60; Molitor GK-AsylVfG 104 zu § 81 AsylVfG.

[21] Vgl Renner 17 zu § 81 AsylVfG; Molitor GK-AsylVfG 106 zu § 81 AsylVfG; zT **aA** Sch-Clausing 58.

[22] Vgl BVerfG NVwZ 1985, 33; 1994, 63; Molitor GK-AsylVfG 110 zu § 81 AsylVfG; Sch-Clausing 59.

[23] 71, 218 = NVwZ 1986, 48; Ks Inf-AuslR 1995, 79; Molitor GK-AsylVfG 52 zu § 81 AsylVfG, Sch-Clausing 40.

schriebenen Hinweise zur Unbeachtlichkeit der Aufforderung (vgl NVwZ 1984, 450; BVerfG NVwZ 1985, 33).

e) Einwilligung des Bekl und des VöI. Da der Kl seine Klage nach Stellung der Anträge in mV nicht mehr ohne Einwilligung des Bekl u ggf des VöI zurücknehmen kann (oben 12), soll er dieses Ergebnis auch nicht im Wege der Rücknahmefiktion durch Untätigbleiben erreichen können. Abs 2 S 2 erklärt daher Abs 1 S 2 u 3 für entsprechend anwendbar. Das bedeutet, daß nach Stellung der Anträge in der mV die gesetzliche Rücknahmefiktion auch bei Vorliegen der übrigen Voraussetzungen (Betreibensaufforderung, Verstreichen der Zwei-Monats-Frist) grds nur dann eintritt, wenn der Bekl einwilligt (s auch Kuhla/Hüttenbrink DVBl 1999, 902); zur Einwilligung s auch oben 16). Eingeschränkt wird dieser Grundsatz allerdings dadurch, daß Abs 2 S 2 seit dem 1. JuMoG auch auf die neu geschaffene Einwilligungsfiktion des Abs 1 S 3 verweist. Diese Verweisung ist problematisch, weil es im Falle der Rücknahmefiktion gem Abs 2 S 1 ja gerade keinen die Rücknahme enthaltenden Schriftsatz gibt, ab dessen Zustellung die Frist für den Eintritt der Einwilligungsfiktion gem Abs 1 S 3 laufen könnte (übersehen in BT-Dr 15/3482, 23). Richtigerweise dürfte die Verweisung daher so zu verstehen sein, daß im Falle des Abs 2 S 1 das Gericht dem Bekl förmlich (durch Zustellung, § 56 Abs 1) mitteilen muß, daß der Kl trotz Betreibensaufforderung zwei Monate lang untätig geblieben u deswegen die Rücknahmefiktion eingetreten ist. Die Zwei-Wochen-Frist des Abs 1 S 3 läuft dann – sofern auch ein Hinweis gem Abs 1 S 3 erfolgt ist – ab dem Zeitpunkt der Zustellung dieser Mitteilung. Wenn dagegen der Eintritt der Rücknahmefiktion nicht förmlich mitgeteilt wird, kann die Einwilligungsfiktion nicht eintreten, so daß eine Klagerücknahme in diesem Falle nur mit ausdr Einwilligung des Bekl möglich ist. 24

f) Beschluß (Abs 2 S 4). Der Beschluß, durch den das Gericht feststellt, daß die Klage als zurückgenommen gilt, ist **deklaratorischer Natur.**[24] Dafür spricht sowohl der **Wortlaut** des § 92 Abs 2 S 1, der die gesetzliche Fiktion nicht von einem Beschluß abhängig macht, wie auch der Wortlaut des § 92 Abs 2 S 4, nach welchem nur **festgestellt** wird, daß die Klage als zurückgenommen gilt. Ginge man von einer konstitutiven Wirkung des Beschlusses aus, so ergäbe sich das **prozeßökonomisch mißliche Ergebnis,** daß ein Antrag auf Fortsetzung des Vf (s dazu unten 28) nur dann Erfolg haben könnte, wenn zuvor der Beschluß nach § 92 Abs 2 S 4 aufgehoben würde. Dies wäre jedoch wiederum nur dann möglich, wenn man gegen ihn das RMittel der Beschwerde einräumte. Das aber wäre schwerlich damit in Einklang zu bringen, daß der dem Beschluß nach § 92 Abs 2 S 4 verwandte Einstellungsbeschluß des § 92 Abs 3 S 2 unanfechtbar ist. Eine Anknüpfung an den Rechtsschutz ggü einem fehlerhaften Einstellungsbeschluß, der durch einen Antrag auf Fortsetzung des Vf realisiert wird, verböte sich jedenfalls, da diese Möglichkeit des Schutzes auf der deklaratorischen Rechtsnatur des Einstellungsbeschlusses beruht; insoweit fehlte es aber gerade an einer Vergleichbarkeit, wenn man dem Beschluß nach § 92 Abs 2 S 4 konstitutive Bedeutung u damit Tatbestandswirkung beimäße. Die Entstehungsgeschichte des § 92 ist für die Lösung der Streitfrage wenig ergiebig. Zwar wird in der Begründung des Entwurfs des Bundesrats zur 6. VwGOÄndG ein Beschluß mit konstitutiver Wirkung gefordert (BT-Dr 13/1433 S. 12), diese Begründung wurde aber gerade nicht in den Regierungsentwurf übernommen, sondern hier lediglich die Übernahme der „bewährten“ Regelung des § 81 AsylVfG betont (BT-Dr 13/3993 S. 12). Nach dieser Regelung hatte aber ein (im Gesetz nicht ausdr vorgesehener) Beschluß, der den Eintritt der gesetzlichen 25

[24] Mü DVBl 1999, 994; Sch-Clausing 69; **aA** Mü BayVBl 2001, 21 („ersetzt die Rücknahme“).

Fiktion feststellte, nur deklaratorische Wirkung. Dazu wurde durch das BVerwG betont, daß die bindende Wirkung eines solchen Beschlusses nur anzunehmen sei, wenn dies im Gesetz in unmißverständlicher Weise seinen Ausdruck gefunden habe (NVwZ 1985, 280); eine solche unmißverständliche Regelung kann aber in § 92 Abs 2 S 4 nicht gesehen werden. Da der nach § 92 Abs 2 S 4 getroffene Beschluß, auch wenn man ihn nicht als konstitutiv ansieht, ebenso wie ein (von ihm trotz einer Verwandtschaft inhaltlich zu trennender) Einstellungsbeschluß der Rechtsklarheit dient u insoweit auch unter Zugrundelegung der hier vertretenen Ansicht nicht sinnlos ist, bestehen auch von daher keine durchschlagenden Bedenken gegen die hier vertretene Deutung des § 92 Abs 2 S 4.

26 **g) Rechtsbehelfe.** Die gerichtliche Betreibensaufforderung ist **nicht** selbständig anfechtbar (Sch-Clausing 55). Auch der Beschluß, mit dem der Eintritt der Rücknahmefiktion festgestellt wird (Abs 2 S 4), ist nicht anfechtbar. Zwar bezieht sich die in Abs 3 S 2 angeordnete Unanfechtbarkeit an sich nur auf den Einstellungsbeschluß gem Abs 3 S 1. Aus dem Zusammenhang u weil sonst der mit der Rücknahmefiktion verfolgte Beschleunigungs- u Entlastungszweck nicht zu erreichen wäre, ergibt sich jedoch, daß die Unanfechtbarkeit auch für den Feststellungsbeschluß gelten muß.[25] Als Rechtsbehelf steht daher nur der Antrag auf Fortsetzung des Vf (unten 28) zur Verfügung (Mü NVwZ 1999, 896; Sa NVwZ 1999, 897).

27 **6. Entscheidung des Gerichts (Abs. 3):** Die (wirksame, s oben 12f) Klagerücknahme **beendet das Vf unmittelbar** (s oben 2), ohne Rücksicht darauf, ob die Klage vorher zulässig oder begründet war. Der **Beschluß** des Gerichts nach Abs 3 hat insoweit **nur deklaratorische Bedeutung,** auch soweit er gem § 173 S 1, § 269 Abs 4 ZPO (§ 269 Abs 3 S 3 ZPO aF) die Unwirksamkeit bereits erlassener Urteile feststellt;[26] er ist konstitutiv nur bezüglich der **Kostenfolge** (§ 155 Abs 2, ggf § 155 Abs 4). Gericht iSd Abs 3 S 1 ist das Gericht, bei dem das Vf zum Zeitpunkt der Klagerücknahme anhängig ist (NVwZ 1991, 60; Mü NVwZ-RR 2006, 735). Zuständig ist gem § 87a Abs 1 Nr 2 der Berichterstatter bzw der Vorsitzende,[27] nicht die Kammer (dazu näher 6 zu § 87). Der Beschluß ist gem S 2 – im Unterschied zur Rechtslage nach § 269 Abs 5 ZPO: sofortige Beschwerde – **unanfechtbar.** Bei nur **teilweiser Klagerücknahme** kann die Kostenentscheidung auch dem Urteil über den anhängig gebliebenen Teil vorbehalten bleiben (s 5 zu § 161); **bei Ausscheiden eines von mehreren Kl** muß jedoch immer gesondert über die Kosten entschieden werden, die von diesem zu tragen sind (vgl 26 zu § 91). Vor der Entscheidung über die Kosten sind die **Beteiligten zu hören** (vgl OLG Karlsruhe Justiz 1983, 453).

28 Entsteht **Streit über die Wirksamkeit der Klagerücknahme** – bzw darüber, ob ein Antrag oder eine Erklärung überhaupt als Klagerücknahme zu werten ist (vgl DVBl 1992, 1165) –, oder über das Vorliegen der **Voraussetzungen der gesetzlichen Rücknahmefiktion,** so hat das Gericht das **Vf fortzusetzen u** über die Frage der Beendigung des Vf aufgrund mV **durch Urteil** (bzw in BeschlußVf durch Beschluß) **zu entscheiden,** wenn ein Beteiligter dies bean-

---

[25] Ma RsprD-LS 125/1998; Mü NVwZ 1999, 897; Br 28. 5. 1998 – 2 BB 48/98; Sch-Clausing 71; Bader VBlBW 1997, 454; **aA** VG Stuttgart, BayVBl 1997, 700; Decker BayVBl 1997, 679: Beschwerde; offen Mgd NVwZ-RR 1999, 349, wonach der Feststellungsbeschluß jedenfalls dann nicht mehr mit einer Beschwerde angefochten werden könne, wenn inzwischen der nach Abs 3 S 2 unanfechtbare Einstellungsbeschluß gem Abs 3 S 1 ergangen ist.

[26] 26, 300; NVwZ 1991, 60; NVwZ-RR 1999, 407f; Lü NVwZ-RR 2006, 23; RÖ-Kothe 14; SDC 4c; Ey-Rennert 23; Sch-Clausing 74; NKVwGO-Schmid 46; vgl auch oben 2.

[27] VG Stuttgart NVwZ-RR 1997, 766; B-Kuntze 10 zu § 87a; Ey-Geiger 8 zu § 87a; RÖ-Kothe 4 zu § 87a; **aA** Mü BayVBl 2001, 21; Decker BayVBl 1997, 678.

tragt.[28] S zum Inhalt der Entscheidung u den möglichen RMittel unten 29. Ein vorher ergangener Einstellungsbeschluß steht dem nicht entgegen.[29]

Eine gegen den erstinstanzlichen Einstellungsbeschluß gerichtete Rechtsmittelschrift mit dem Antrag auf eine Sachentscheidung u der Begründung, die Klagerücknahme sei nicht erklärt worden bzw werde angefochten, ist als ein an das VG gerichteter Antrag auf Fortsetzung des Vf anzusehen (tlw **aA** Ms NVwZ-RR 1998, 271: auch Beschwerde gegen den Einstellungsbeschluß). Schon aufgrund des § 92 Abs 2 S 3 kommt eine Beschwerde gegen den Einstellungsbeschluß nicht in Betracht. Geht das VG gleichwohl fälschlicherweise von einer Auslegung des Antrags als Beschwerde aus u leitet es diesen Antrag an das OVG weiter, so hat dieses den Antrag entspr zurückzugeben.

Kommt das Gericht nach einem Antrag auf Fortsetzung des Vf zu 29
dem Ergebnis, daß die Rücknahme wirksam erklärt wurde bzw die Voraussetzungen der Rücknahmefiktion vorliegen, so stellt es dies (sowie ggf die Unwirksamkeit vorausgegangener Urteile) **durch Urteil** – nur in BeschlußVf durch Beschluß (Ms DÖV 1982, 373) – fest (Tenor: „Die Klage ist zurückgenommen"; vgl Mü BayVBl 1981, 659). Diese Entscheidung, durch die die Beendigung des Vf festgestellt wird, ist als eine die Sachentscheidungsvoraussetzungen verneinende Prozeßentscheidung mit denselben **RMittel** angreifbar, die gegen eine Entscheidung in der Sache selbst gegeben wären.[30] **Verneint es die Wirksamkeit der Klagerücknahme** bzw das Vorliegen der Voraussetzungen der Rücknahmefiktion, so entscheidet es durch Zwischenurteil über die Zulässigkeit der Klage gem § 109 (s auch 2 zu § 109) oder nach Verhandlung zur Sache im Rahmen des Endurteils auch über die Wirksamkeit der Rücknahme (BGH 4, 177). Als zulässig angesehen wird auch eine Entscheidung **durch** unselbständiges **Zwischenurteil** nach § 173 S 1, § 303 ZPO über die Unwirksamkeit der Klagerücknahme (NJW 1997, 2898; s auch Ey-Rennert 26).

§ 93 [Verbindung und Trennung]

Das Gericht kann durch Beschluß[6] mehrere bei ihm anhängige Verfahren über den gleichen Gegenstand zu gemeinsamer Verhandlung und Entscheidung verbinden und wieder trennen.[1 ff] Es kann anordnen, daß mehrere in einem Verfahren erhobene Ansprüche in getrennten Verfahren verhandelt und entschieden werden.

Vgl §§ 145, 147 ZPO; § 113 SGG; § 73 FGO

1. Allgemeines: Die Vorschrift gibt dem Gericht im Interesse einer **zweck-** 1
mäßigen Gestaltung des Vf u um widersprechende Entscheidungen zu verhindern (Mü BayVBl 1976, 18), die Möglichkeit, **nach seinem Ermessen** durch eine prozeßleitende Anordnung, die nicht anfechtbar ist (§ 146 Abs. 2), anhängige **Vf zu verbinden oder zu trennen** u auf diese Weise die nach §§ 44, 64 u 89 möglichen Entscheidungen des Kl (bzw der Kl) über die Verbindung von *Klagebegehren erforderlichenfalls* zu ergänzen oder zu korrigieren. S auch zur Zulässigkeit einer Trennung von Hauptklage u Widerklage (§ 89) bejahend RÖ-Kothe 3; NKVwGO-Schmid 17; verneinend SDC 3b: Trennung nach § 173 S 1, § 145 Abs 2, 3 ZPO nur bei fehlendem rechtlichem Zusammenhang.

---

[28] MDR 1965, 1014; Gr NVwZ 2001, 212; Mgd NVwZ-RR 1999, 348; Mü NVwZ 1999, 896; Ms NJW 1970, 1700; Sa NVwZ 1999, 898; BVerfG NVwZ 1998, 1173; Bader VBlBW 1997, 454; Ey-Rennert 26; Kuhla/Hüttenbrink DVBl 1999, 902; RÖ-Kothe 14; Sch-Clausing 77; NKVwGO-Schmid 47; s auch 5 vor § 124.

[29] NVwZ-RR 1999, 407 f; Lü NVwZ-RR 2006, 23; s auch 6 vor § 124.

[30] NVwZ 1985, 280; OLG Hamm MDR 1995, 844; Sch-Clausing 81.

2 **Eine Beschränkung der Verhandlung** auf einzelne Fragen, insb auf solche, hins derer das Gericht ein Zwischenurteil (§§ 109, 111) oder ein Teilurteil (§ 110) zu erlassen beabsichtigt, ist nicht nach § 93, sondern **nur** durch jederzeit abänderbaren unanfechtbaren Beschluß **nach § 173 S 1, § 146 ZPO** möglich (vgl auch Mü BayVBl 1973, 668).

3 **2. Die Entscheidung über eine Verbindung oder Trennung** steht **im Ermessen** des Gerichts (BSG DÖV 1974, 319). Auch unter dem Gesichtspunkt eines mit der Trennung verbundenen erhöhten Kostenrisikos verstößt sie grds nicht gegen das Fairneßgebot (BrandVerfG NVwZ-RR 2003, 469; zu den kostenrechtlichen Konsequenzen einer Verbindung nach § 93 Ma DÖV 2006, 967). Nur bei mit dem Hauptantrag verbundenen Hilfsanträgen u bei notwendiger Streitgenossenschaft verbietet sich eine Trennung aus der Natur der Sache.[1] **Bei beantragter Verweisung** einzelner Klagebegehren (§ 41, § 83) **muß** das Gericht vorher trennen. Zulässig ist, wie § 93 a nunmehr klarstellt, auch die Abtrennung einzelner Vf zum Zweck der Durchführung eines **Musterverfahrens,** insb auch zur verfahrensmäßigen Bewältigung von Massenverfahren;[2] das Herausgreifen einzelner Klagen zu diesem Zweck verstößt insb **auch nicht gegen Art 3 GG,** wenn die Auswahl nach sachgerechten Gesichtspunkten erfolgt (BVerfG 54, 39 = NJW 1980, 1511).

4 Anders als bei einer Verbindung nach § 44 durch den Kl gelten die **Beschränkungen** des § 44 für eine Verbindung durch das Gericht **nicht** (**aA** zum Erfordernis der gleichen Prozeßart RÖ-Kothe 1). Zul ist zB auch die **Verbindung von HauptsacheVf u Vf gem § 80 oder § 123,** von BerufungsVf u erstinstanzlichen Vf (vgl BGHSt NJW 1976, 720) usw. Eine Verbindung hat aber immer zur Voraussetzung, daß die zu verbindenden Vf den **gleichen Gegenstand** betreffen, dh, daß die Vf im wesentlichen auf denselben oder gleichartigen tatsächlichen oder rechtlichen Gründen (RÖ-Kothe 2; NKVwGO-Schmid 9) beruhen; daß an den einzelnen Vf jeweils **verschiedene Personen** beteiligt sind, steht dabei nicht entgegen.

5 Verbindung u Trennung sind **in jedem Stadium des Verfahrens,** auch in der Rechtsmittelinstanz, zulässig. Die Verbindung kann auch auf die **(gemeinsame) Verhandlung** beschränkt werden; in diesem Fall ist über die einzelnen Klagebegehren durch getrennte Urteile, nicht durch Teilurteile, zu entscheiden. Zulässig ist auch eine Verbindung ausschließlich **zur gemeinsamen Entscheidung** (48, 2). Sind mehrere Kl, deren Klagen gem § 93 S 1 zur gemeinsamen Verhandlung verbunden werden, allesamt durch verschiedene Anwälte vertreten, so verhandelt jeder der Anwälte (unverändert) nach dem seinen Mandanten betr StrW, so daß dieser (und nicht die Summe der StrW mit anschließender Quotelung) für die Berechnung der einzelnen Verfahrensgebühren auch nach Verbindung des Vf zur gemeinsamen Verhandlung maßgeblich bleibt (We NVwZ-RR 1999, 151). Die bloße Terminierung rechtlich getrennt bleibender Prozesse auf dieselbe Zeit u ihre nur tatsächlich gemeinsame Verhandlung läßt die Rechtsfolgen einer Verbindung gem § 93 nicht eintreten, auch nicht hins der Streitwertaddition gem § 5 ZPO.[3]

Von einer Verbindung zu gemeinsamer Verhandlung u Entscheidung zu unterscheiden ist ein sog **Sammelbeschluß** (zB Gr NVwZ-RR 1994, 334), bei dem die Vf getrennt bleiben u auch nicht zur Entscheidung verbunden werden, son-

---

[1] Vgl zur notwendigen Klagenverbindung bei notwendiger Streitgenossenschaft auch BFH NVwZ 1982, 400; zu Grenzen der Verbindung mehrerer selbständiger Vf unter dem Gesichtspunkt des Steuergeheimnisses BFH NVwZ-RR 1998, 142.

[2] Ebenso schon zum früheren Recht BVerfG 54, 39 = NJW 1980, 1511; BVerwG DÖV 1982, 324.

[3] Ma BWVPr 1995, 284; vgl ferner BGH NJW 1957, 183; OLG München RPfl 1990, 184; BL 11 zu § 147 ZPO; StJ 22 zu § 147 ZPO.

dern im Rahmen einer einzigen Entscheidung einheitlich begründet werden (NKVwGO-Schmid 5).

6 **3. Verfahren:** Verbindung u Trennung erfolgen durch **Beschluß** des Gerichts, der ohne Anhörung der Beteiligten u ohne mV ergehen kann. Ein ausdr Beschluß ist nicht erforderlich; auch eine **stillschweigende Verbindung oder Trennung** ist möglich,[4] sollte aber, um Unklarkeiten für die Beteiligten zu vermeiden, eine Ausnahme sein. **Beschwerde** gegen den Beschluß ist nicht zulässig (§ 146 Abs 2; vgl BFH 136, 355; Mü BayVBl 1973, 668), auch nicht eine Beschwerde mit dem Ziel, zu erreichen, daß ein Beteiligter im abgetrennten Vf als Zeuge auftreten kann (Ms DÖV 1993, 81).

7 **Der Beschluß bindet** nach § 173 S 1, § 512 bzw § 557 Abs 2 ZPO auch die Rechtsmittelinstanz. Er ist unanfechtbar (Ms DÖV 1993, 81), schließt jedoch **die Rüge gegen Folgerungen,** die das Gericht aus der Verbindung oder Trennung von Vf gezogen hat, **im Rahmen** eines zulässigerweise **in der Hauptsache** eingelegten RMittel nicht aus (39, 323: Verletzung des § 93 führt zur Aufhebung des davon betroffenen Teilurteils; s auch 4 zu § 128). Das **Gericht selbst,** bei dem die Sache anhängig ist, nach Einlegung eines RMittel auch das Rechtsmittelgericht, kann jedoch den Beschluß nach § 173 S 1, § 150 ZPO jederzeit **vAw,** ggf auch auf Anregung der Beteiligten, wieder **aufheben oder ändern.**

§ 93a [Musterverfahren]

(1) **Ist die Rechtmäßigkeit einer behördlichen Maßnahme[3f] Gegenstand von mehr als zwanzig Verfahren,[4] kann das Gericht eines oder mehrere geeignete Verfahren vorab durchführen (Musterverfahren)[1, 5ff] und die übrigen Verfahren aussetzen.[5] Die Beteiligten sind vorher zu hören.[5] Der Beschluß ist unanfechtbar.[7]**

(2) **Ist über die durchgeführten Verfahren rechtskräftig[9] entschieden worden, kann[8, 10] das Gericht nach Anhörung der Beteiligten über die ausgesetzten Verfahren durch Beschluß entscheiden,[1, 8, 13] wenn es einstimmig der Auffassung ist, daß die Sachen gegenüber rechtskräftig entschiedenen Musterverfahren keine wesentlichen Besonderheiten tatsächlicher oder rechtlicher Art aufweisen und der Sachverhalt geklärt ist.[9] Das Gericht kann in einem Musterverfahren erhobene Beweise einführen;[11] es kann nach seinem Ermessen die wiederholte Vernehmung eines Zeugen oder eine neue Begutachtung durch denselben oder andere Sachverständige anordnen.[11] Beweisanträge zu Tatsachen, über die bereits im Musterverfahren Beweis erhoben wurde, kann das Gericht ablehnen, wenn ihre Zulassung nach seiner freien Überzeugung nicht zum Nachweis neuer entscheidungserheblicher Tatsachen beitragen und die Erledigung des Rechtsstreits verzögern würde.[12] Die Ablehnung kann in der Entscheidung nach Satz 1 erfolgen.[12] Den Beteiligten steht gegen den Beschluß nach Satz 1 das Rechtsmittel zu, das zulässig wäre, wenn das Gericht durch Urteil entschieden hätte.[13] Die Beteiligten sind über dieses Rechtsmittel zu belehren.**

Schrifttum: *Kopp,* Gerichtliche Grundlagen zur Bewältigung im Massenverfahren, DVBl 1980, 320; *Stelkens,* Das Gesetz zur Neuregelung des verwaltungsgerichtlichen Verfahrens (4. VwGOÄndG) – das Ende einer Reform?, NVwZ 1991, 209, 213.

1 **1. Allgemeines:** Die durch das 4. VwGOÄndG in die VwGO eingefügte u durch das 6. VwGOÄndG geänderte (die bisher für ein MusterVf erforderliche

---

[4] Mü BayVBl 1976, 18; 1977, 29; EF 7; SDC 2b; **aA** Ey-Rennert 4; RÖ-Kothe 4; NKVwGO-Schmid 20.

Zahl von 50 Vf wurde auf 20 herabgesetzt) Vorschrift sieht für sog MassenVf ergänzend zu § 56a, § 65 Abs 3 u § 67a die **Befugnis** des Gerichts **zur Auswahl** eines oder mehrerer Vf als sog **Musterverfahren** u zur Entscheidung der übrigen Vf nach Abschluß des MusterVf unter Berücksichtigung der dabei gewonnenen Erkenntnisse unter vereinfachten Bedingungen vor. Der **Beschleunigung u Vereinfachung** dient es dabei vor allem, daß das Gericht, wenn über die MusterVf rechtskräftig entschieden ist, in den übrigen zunächst ausgesetzten Vf nach Abs 2 **Beweisaufnahmen,** die in den MusterVf durchgeführt wurden, grds nicht wiederholen muß, unter bestimmten Voraussetzungen sogar von der Durchführung neuer Beweisaufnahmen absehen kann (diese Möglichkeit wurde durch das 6. VwGOÄndG geschaffen, unten 12), u in der Sache unter bestimmten Voraussetzungen **durch Beschluß entscheiden** kann. § 93a verbindet damit die schon nach allg Recht nach § 93 gegebene Möglichkeit (s 3 zu § 93, vgl Kopp NJW 1991, 524; Stelkens NVwZ 1991, 213) der Abtrennung u Vorweg-Entscheidung einzelner Vf mit Elementen des GerichtsbescheidVf gem § 84, das ebenfalls auch in MassenVf alternativ zu der Sonderregelung gem Abs 2 anwendbar ist.

2 Die Vorweg-Durchführung von MusterVf ist **verfassungsrechtlich unbedenklich** (BVerfG NJW 1980, 1511); erhebliche **Bedenken** bestehen dagegen unter dem Gesichtspunkt der Gewährleistung des rechtlichen Gehörs (Art 103 Abs 1 GG) u der Unmittelbarkeit der Beweisaufnahme gem § 96 Abs 1 **gegen die Beweiserleichterungen** gem Abs 2 S 2 u 3 (vgl Stelkens NVwZ 1991, 213; Schenke NJW 1997, 93).

3 **2. Anwendungsbereich (Abs 1):** Voraussetzung der Anwendbarkeit von Abs 1 ist, daß sämtliche Vf **ein u dieselbe behördliche Maßnahme** betreffen (zB Allgemeinverfügung iSv § 35 S 2 VwVfG, Planfeststellungsbeschluß nach § 75 VwVfG, eine Rechtsvorschrift im Vf nach § 47, die Frage der Vollziehbarkeit eines VA, vgl RÖ-Kothe 2). Daß es sich nur um **im wesentlichen gleichartige VAe** oder Vf handelt (sog „unechte Massenverfahren“, vgl Stelkens NVwZ 1991, 213), wie sie häufig in Abgabensachen, numerus-clausus-Vf oder AsylVf vorkommen, **genügt nicht** (Stelkens NVwZ 1991, 213 mwN; NK-VwGO-Schmid 8).

4 Sind zugleich **Vf hins verschiedener Maßnahmen,** auch zB Anfechtungsklagen u Vf nach § 80 Abs 5, zusammen anhängig, dann muß das Gericht zwar **nicht** notwendig vor Anwendung des § 93a die anderen Vf **abtrennen (aA** RÖ-Kothe 2); § 93a ist aber jedenfalls nur anwendbar, wenn ungeachtet der Gesamtzahl der Vf jedenfalls 20 gleichartige Vf bzgl einer behördlichen Maßnahme anhängig sind; daß die **Zahl 20** überschritten wird, wenn man Klage u Vf nach § 80 Abs 5 bzgl desselben VA bzw dessen Vollziehbarkeit zusammenzählt, genügt nicht.

5 **3. Anordnung und Vorab-Durchführung von Musterverfahren (Abs 1):** Abs 1 ermächtigt das Gericht in Massenverfahren, bei denen „die Rechtmäßigkeit einer behördlichen Maßnahme Gegenstand von mehr als 20 Verfahren“ ist, **eines** oder **mehrere Vf** als MusterVf **auszuwählen** u vorweg durchzuführen. Das Gericht (dh nicht der Vorsitzende oder der Berichterstatter, s im folgenden) **entscheidet** darüber, ob nach § 93a vorgegangen werden soll, über die Auswahl der Vf als MusterVf u die Aussetzung der übrigen Vf **nach pflichtgemäßem Ermessen** durch Beschluß (vgl Abs 1 S 3; ebenso zum bish Recht Mü BayVBl 1990, 762) nach Anhörung der Beteiligten (Abs 1 S 2). Die **§§ 87 u 87a** Abs 1 u 3 – anders Abs 2 – sind auf die Entscheidung **nicht anwendbar.**

6 Die **Auswahl der Vf** als MusterVf muß nach **sachgemäßen Kriterien** erfolgen; das Gericht hat dabei, insb auch bei der Bestimmung der dafür maßgeblichen Kriterien, einen gewissen, auch in RechtsmittelVf hins der abschließenden Entscheidung in der Sache nach §§ 512, 557 Abs 2 ZPO iVm § 173 S 1 nur

noch beschränkt im Hinblick auf Ermessensfehler (NKVwGO-Schmid 9) oder unter dem Gesichtspunkt einer Verletzung des **rechtlichen Gehörs** überprüfbaren **Beurteilungsspielraum** (vgl 63 vor § 124; zur Verletzung des rechtlichen Gehörs auch RÖ-Kothe 5).

Der **Beschluß** des Gerichts über die Durchführung eines MusterVf u die Auswahl des MusterVf (bzw mehrerer Musterverfahren, s oben 5) ist gem Abs 1 S 3 **unanfechtbar** (anders zum bish Recht Mü BayVBl 1990, 762: Beschwerde analog wie bei Entscheidung nach § 94). 7

4. Entscheidung im ausgesetzten Verfahren nach rechtskräftiger Entscheidung über die Musterverfahren (Abs 2): Abs 2 gibt dem Gericht die Möglichkeit – nicht Verpflichtung! (s unten 10) – zur **Entscheidung der übrigen,** zunächst nach Abs 1 ausgesetzten Vf im vereinfachten BeschlußVf nach Abs 2 **ohne mV durch Beschluß** zu entscheiden. Die Beteiligten sind dazu nach S 1 vorher zu hören. Insoweit gelten die zum Gerichtsbescheid zur sog Anhörungsmitteilung (s dazu 22ff zu § 84) entwickelten Grundsätze auch für Abs 2 entsprechend. 8

Voraussetzung für das vereinfachte Vf ist, außer, daß die Voraussetzungen nach Abs 1 erfüllt sind, nach Abs 2 S 1, daß über das bzw die MusterVf eine **rechtskräftige Entscheidung** vorliegt, dh daß die Entscheidung des Gerichts in den ausgewählten Fällen – oder jedenfalls in einem der Fälle, den das Gericht als repräsentativ für die noch zu entscheidenden Fälle ansieht – in RKraft erwachsen ist u das Gericht **einstimmig** der Auffassung (Überzeugung) ist, daß noch zu entscheidende Fälle ggü dem MusterVf keine wesentlichen Besonderheiten in tatsächlicher oder rechtlicher Hinsicht aufweisen u der Sachverhalt geklärt ist. Der Zweck der **Anhörung** der Beteiligten besteht dabei gerade auch darin, daß diese damit die Möglichkeit erhalten, das Gericht **auf etwaige Besonderheiten ihres Falles** hinzuweisen sowie ggf Bedenken gegen die in dem MusterVf ergangene(n) Entscheidung(en) geltend zu machen (BT-Dr 11/7030, 29). **Besteht keine Einstimmigkeit** der Auffassungen der Richter, so kann nur im normalen Vf mit **mV** entschieden werden. 9

5. Besonderheiten des „Nachverfahrens“: Das Gericht ist bei seiner Entscheidung über die zunächst ausgesetzten Vf – die Aussetzung endet grds mit der RKraft der Entscheidung im MusterVf (RÖ-Kothe 6) – **nicht an** die Entscheidung, die im MusterVf ergangen ist, **gebunden.**[1] Es **kann** nach seinem Ermessen, auch wenn an sich die Voraussetzungen nach Abs 2 gegeben sind, **trotzdem das Vf als normales Vf** nach den allg Verfahrensvorschriften fortführen (NKVwGO-Schmid 11) u insb – wie auch sonst – **auch in der Sache anders entscheiden** als es den vorliegenden rechtskräftigen Entscheidungen (die ja rechtlich gesehen in anderen Streitsachen ergangen sind u deren RKraft die noch zu entscheidenden Fälle nicht erfaßt) entsprechen würde (**aA** RÖ-Kothe 7). Für die Übertragung der Ergebnisse des MusterVf auch auf die restlichen Vf sprechen freilich meist praktische Gründe. 10

6. Erleichterungen für Beweisaufnahmen im Nachverfahren (Abs 2 S 2): Das Gericht kann nach Abs 2 S 2 – muß dies jedoch nicht (s S 2, Halbs 2 sowie allg oben 5) – im Vf über die restlichen Streitsachen die im MusterVf erhobenen **Beweise einführen,** dh die Ergebnisse anhand der Protokolle über die im MusterVf erfolgten Zeugen- u Sachverständigenvernehmung, der dort eingeholten Gutachten usw zum Gegenstand auch der noch anhängigen Vf machen. Diese **Erleichterungen** (vgl zu den insoweit bestehenden verfassungsrechtlichen Bedenken oben 1) gelten wg des Zusammenhangs von S 2 mit S 1 u aus Gründen einer verfassungskonformen Auslegung jedoch **nur,** wenn das Gericht **im** 11

[1] NKVwGO-Schmid 12; **aA** RÖ-Kothe 7: Bindung – als Selbstbindung – zu unterstellen, wenn auch keine förmliche Bindung wie nach § 130 Abs 2, § 144 Abs 6.

BeschlußVf nach S 1 entscheidet, dh, wenn alle Richter das Vorliegen der dort genannten Voraussetzungen bejahen, nicht auch, wenn wg fehlender Einstimmigkeit das weitere Vf als normales UrteilsVf durchgeführt werden muß (Stelkens NVwZ 1991, 213; NKVwGO-Schmid 13). In jedem Fall sind die Ergebnisse der **Beweisaufnahme** im MusterVf in den Vf nach Abs 2 **nur verwertbar,** wenn sie vom Gericht in den Prozeß „eingeführt" wurden. Das bedeutet ua, daß die Ergebnisse der Beweisaufnahmen u der Beweiswürdigung durch das Gericht den Beteiligten **bekanntgegeben** wurden u ihnen dazu **rechtliches Gehör** gewährt wurde (vgl Stelkens NVwZ 1991, 213).

12 **7. Ablehnung von Beweisanträgen (Abs 2 S 3):** Während nach Abs 2 S 2 lediglich die Einführung der im MusterVf erhobenen Beweise in das NachVf zulässig ist – unbeschadet der Möglichkeit einer wiederholten Zeugenvernehmung oder der Einholung eines neuen Sachverständigengutachtens –, als solches aber keine Handhabe für die Ablehnung von Beweisanträgen bietet, diese sich vielmehr nach den allg Grundsätzen (18 ff zu § 86) richtet, führt der durch das 6. VwGOÄndG neu eingefügte Abs 2 S 3 eine zusätzliche Möglichkeit zur Ablehnung von Beweisanträgen ein. Damit wird dem Gericht unter teilweiser **Durchbrechung des Verbots vorweggenommener Beweiswürdigung** (6 a zu § 86) die Möglichkeit gegeben **(Ermessen),** im FolgeVf Beweisanträge zu bereits im MusterVf **erschöpften Beweisthemen** abzulehnen; durch diese „gesetzliche Präklusion" (BT-Dr 13/3993, 12) soll vermieden werden, daß mittels solcher Beweisanträge eine mV erzwungen werden kann (BT-Dr 13/1433, 13; 13/3993, 12).

Voraussetzung für eine Ablehnung des Beweisantrags ist, daß keinerlei Anhaltspunkte dafür bestehen, daß die beantragte Beweiserhebung neue Erkenntnisse über entscheidungserhebliche Tatsachen erbringen könnte; außerdem müßte die Erhebung des Beweises die Erledigung des Rechtsstreits verzögern (der **Verzögerungsbegriff** ist wie in **§ 87 b** Abs 3 Nr 1 zu verstehen, s 11 zu § 87 b). Hins der Ablehnungsvoraussetzungen kommt dem Gericht ein **Beurteilungsspielraum** zu, der vom Rechtsmittelgericht nur eingeschränkt, nämlich auf sachfremde Erwägungen oder grobe Fehleinschätzungen überprüfbar ist (vgl 64 vor § 124). Die Ablehnung des Beweisantrags kann in dem Beschluß erfolgen, durch den über das FolgeVf entschieden wird (Abs 2 S 4); sie muß dem Beteiligten also **nicht vorweg** (vgl hierzu 19 zu § 86) so rechtzeitig mitgeteilt werden, daß dieser durch die Stellung eines neuen Beweisantrags reagieren kann.

13 **8. Entscheidung im Nachverfahren (Abs 2 S 1 u S 5):** Das Gericht entscheidet, wenn es von der Möglichkeit des vereinfachten Vf nach Abs 2 Gebrauch macht, **durch Beschluß,** gegen den jedoch nach Abs 2 S 5, wenn der Beschluß an die Stelle eines Urteils tritt, die sonst gegen Urteile möglichen **RMittel** (idR Berufung, Revision) gegeben sind. In Vf nach §§ 80, 80 a, 123 kommt nur die Beschwerde nach § 146 in Betracht.

§ 94 [Aussetzung des Verfahrens]

Das Gericht kann, wenn die Entscheidung des Rechtsstreits ganz oder zum Teil von dem Bestehen oder Nichtbestehen eines Rechtsverhältnisses[4] abhängt,[4] das den Gegenstand eines anderen anhängigen[5] Rechtsstreits bildet oder von einer Verwaltungsbehörde festzustellen ist,[5] anordnen, daß die Verhandlung bis zur Erledigung des anderen Rechtsstreits oder bis zur Entscheidung der Verwaltungsbehörde auszusetzen sei.[1 ff]

Vgl §§ 148, 239–251 ZPO; § 114 SGG; § 74 FGO

Schrifttum: *Baumeister,* Effektiver Individualrechtsschutz im Gemeinschaftsrecht, EuR 2005, 1; *Beaucamp/Seifert,* Verwaltungsprozess und Insolvenz, NVwZ 2006, 258; *Bettermann,* Die konkrete Normenkontrolle und sonstige Gerichtsvorlagen, BVerfG-FS 1978, Bd I, 324; *Burgi,* Deutsche Verwaltungsgerichte als Gemeinschaftsrechtsgerichte, DVBl 1995, 772; *ders,* Verwaltungsprozeß und Europarecht, 1996; *W. Cremer,* Gemeinschaftsrecht und deutsches Verwaltungsprozessrecht – Zum dezentralen Rechtsschutz gegenüber EG-Sekundärrecht, DV 2004, 165; *Dauses,* Das Vorabentscheidungsverfahren nach Art 177 EWG-Vertrag, 1986; *O. Dörr,* Der europäisierte Rechtsschutzauftrag deutscher Gerichte, 2003; *Erbguth,* Zum Gehalt und zur verfassungs- wie europarechtlichen Vereinbarkeit der verwaltungsprozessual ausgerichteten Beschleunigungsgesetzgebung, UPR 2000, 81; *Gärditz,* Die Bestandskraft gemeinschaftsrechtswidriger Verwaltungsakte zwischen Kasuistik und Systembildung, NWVBl 2006, 441; *Gundlach/Frenzel/Schmidt,* Die Verfahrensunterbrechung durch Insolvenzeröffnung, NJW 2004, 3222; *Heuermann,* Die Vorabentscheidung nach Art 177 EGV und das Verhältnis von europäischem und nationalem Recht, ThürVBl 1998, 1; *Kähler,* Verfahrensaussetzung bei zu erwartender Leitentscheidung?, NJW 2004, 1132; *Kokott/Henze/Sobotta,* Die Pflicht zur Vorlage an den Europäischen Gerichtshof und die Folgen ihrer Verletzung, JZ 2006, 633; *Kreutz/Franz/Maske,* Die Ruhensanordnung im Verwaltungsprozess, DVBl 2006, 221; *Nowak,* Nichterfüllung der Vorlagepflicht aus Art 234 III EG als Verstoß gegen Art. 101 I 2 GG – Das Grundrecht auf den gesetztlichen Richter in Luxemburg, NVwZ 2002, 688; *Pache/Bielitz,* Verwaltungsprozessuale Wiederaufnahmepflicht kraft Völker- oder Gemeinschaftsrechts?, DVBl 2006, 325; *Pache/Knauff,* Wider die Beschränkung der Vorlagebefugnis unterinstanzlicher Gerichte im Vorabentscheidungsverfahren – zugleich ein Beitrag zu Art 68 EG, NVwZ 2004, 16; *Pestalozza,* Verfassungsprozeßrecht, 3. Aufl 1991, § 13; *ders,* Verfassungsprozessuale Probleme in der öffentlichen Arbeit, 3. Aufl 1982, 17; *Rabe,* Vorlagepflicht und gesetzlicher Richter (insb zur Vorlage gem Art 177 EGVertrag), Redeker-FS 1993, 201; *Ress,* Die Entscheidungserheblichkeit im Vorlageverfahren nach Art 177 EWG-V im Vergleich zu Vorlageverfahren nach Art 100 Abs 1 GG, Jahr-FS 1993, 339; *Sandner,* Probleme des vorläufigen Rechtsschutzes gegen Gemeinschaftsrecht vor nationalen Gerichten, DVBl 1998, 262; *Schenke,* Der vorläufige Rechtsschutz zwischen Rechtsbewahrung und Flexibilitätsanforderungen, VBlBW 2000, 56; *ders,* Rechtsschutz gegen normatives Unrecht, JZ 2006, 1004; *Schoch,* Die Europäisierung des vorläufigen Rechtsschutzes, DVBl 1997, 289; *Skouris,* Die schwebende Rechtssatzprüfung als Aussetzungsgrund gerichtlichen Verfahrens, NJW 1975, 713; *Sparwasser,* Das Genehmigungsverfahrensbeschleunigungsgesetz, AnwBl 2000, 658.

1. Allgemeines: Die Vorschriften der ZPO über **Aussetzung, Unterbrechung** u **Ruhen des Vf** in besonderen Fällen **(§§ 239 bis 251 ZPO)** gelten gem § 173 S 1 auch für den Verwaltungsprozeß, soweit sie nicht, wie zB § 239 Abs 4 ZPO, dem Wesen des Vf vor den Verwaltungsgerichten, insb dem Untersuchungsgrundsatz, widersprechen[1] oder Spezialregelungen, wie sie in § 94 für die Aussetzung oder in §§ 80a Abs 1, 32a Abs 1 AsylVfG für das Ruhen des Vf getroffen sind, zur Anwendung kommen. 1

Sowohl die Aussetzung wie auch die Unterbrechung u das Ruhen des Vf führen zu dessen Stillstand. Die **Unterbrechung des Vf** (§ 173 S 1 iVm §§ 239–245 ZPO) betrifft einen **Stillstand des Vf kraft Gesetzes** u bedarf damit – anders als das Ruhen des Vf u die Aussetzung – keines gerichtlichen Beschlusses (näher hierzu die ZPO-Kommentare, etwa BL 1 zu Übers § 239 ZPO). Sie tritt unabhängig von der Aussetzung u der Kenntnis der Beteiligten ein (BGH NJW 2002, 2107). Der Tod eines Hauptbeteiligten oder des notwendig Beigeladenen (nicht hingegen des einfachen Beigeladenen) unterbricht das Vf bis zur Aufnahme durch den Rechtsnachfolger. Ebenso führt die **Insolvenz eines Hauptbeteiligten** gem § 173 S 1 iVm § 240 ZPO zur **Unterbrechung des Verfahrens,**[2]

---

[1] RÖ-Kothe 6ff; zur Aussetzung des Verfahrens beim Tod des Kl auch Ma NJW 1984; Jarosch DÖV 1963, 133; zum Ruhen des Verfahrens auch BVerwG 65, 61; 70, 197: zulässig, wenn übereinstimmend beantragt; Lü NVwZ-RR 2002, 788; Sendler DVBl 1982, 930; Ey-Rennert 1; RÖ-Kothe 14; Gerhardt/Jacob DÖV 1982, 346.

[2] S zur Anwendbarkeit des § 240 ZPO Bln NVwZ-RR 2004, 388; RÖ-Kothe 8; Sch-Rudisile 109.

wenn das Vf die **Insolvenzmasse betrifft** u nicht höchstpersönliche Pflichten oder Rechte des Schuldners **Streitggst** sind.[3] Höchstpersönliche Pflichten sind zB betroffen, wenn eine Fahrtenbuchauflage angefochten wird, weshalb der Insolvenzverwalter nicht berechtigt ist, das Vf aufzunehmen oder seine Unterbrechung gesondert durch RMittel geltend zu machen; das Anfallen von Verfahrenskosten des Rechtsstreits rechtfertigt keine andere Beurteilung (Bln NVwZ-RR 2004, 388; vgl auch BVerwG MDR 1980, 963).

Die **Ruhensanordnung** stellt einen besonders ausgestalteten Fall der Aussetzung dar, für den § 173 S 1 iVm § 251 ZPO gilt; Spezialfälle des Ruhens regeln die §§ 80a Abs 1, 32a Abs 1 AsylVfG. Die Ruhensanordnung bedarf eines gerichtlichen Beschlusses, der anfechtbar ist. Nach § 251 ZPO hat das Gericht das Ruhen der Vf anzuordnen, wenn beide Parteien dies beantragen u anzunehmen ist, daß wg des Schwebens von Vergleichsverhandlungen oder aus sonstigen Gründen seine Anordnung zweckmäßig ist. Im Vf vor den VG bedarf es zur Ruhensanordnung auch der Zustimmung des notwendig Beigeladenen (Lü NVwZ-RR 2002, 788). Das Ruhen des Vf unterbricht gem § 173 S 1 iVm §§ 251 S 2, 233 ZPO – anders als die Unterbrechung u Aussetzung des Vf – **nicht die Rechtsbehelfs-, Rechtsmittel- u Rechtsmittelbegründungsfristen** (RÖ-Kothe 14). Auch bei Vorliegen der Voraussetzungen des § 251 ZPO steht der Erlaß einer Ruhensanordnung im **Ermessen des Gerichts.**[4] Eine Ruhensanordnung kommt insb beim Schweben von Vergleichsverhandlungen, in den Fällen der **gerichtsnahen Mediation** (40 zu § 1), im Hinblick auf die Anhängigkeit eines Musterprozesses, in ähnlich gelagerten Fällen, die wg einer Beweiserhebung in einem Vf nicht entscheidungsreif sind, sowie wg Nichtentscheidbarkeit von Asylklagen wg unklarer allgemeiner politischer Verhältnisse im Herkunftsland in Betracht (Kreutz/Franz/Maske DVBl 2006, 223). Das Ruhen endet bei zeitlicher Begrenzung der Ruhensanordnung ferner dann, wenn das Gericht die Ruhensanordnung vAw aufhebt, weil ihm das weitere Ruhen nicht mehr zweckmäßig erscheint. Wenn die Hauptbeteiligten bzw der notwendig Beigeladene das Ende des Ruhens beantragen, ist die Ruhensanordnung ebenfalls aufzuheben (ausf zur Ruhensanordnung Kreutz/Franz/Maske DVBl 2006, 221 ff).

Die VwGO regelt in § 94 selbst nur die **Aussetzung wg Vorgreiflichkeit,** auch diese aber wörtlich übereinstimmend mit § 148 ZPO. Zweck der Vorschrift ist es, dem Gericht die Möglichkeit zu geben, durch Abwarten des Ergebnisses der Entscheidung des in einer Angelegenheit primär zuständigen Gerichts bzw der Behörde die Gefahr widersprechender Entscheidungen u ggf einer Wiederaufnahmeklage nach § 153, § 580 Nr 6 zu vermeiden. Der durch das 6. VwGO-ÄndG neu eingefügte u im Zusammenhang mit § 87 Abs 1 S 2 Nr 7 aF stehende (1 zu § 87) **§ 94 S 2,** der der Verfahrenskonzentration dienen u verhindern sollte, daß zB ein VA allein wg eines Verfahrens- oder Formfehlers aufgehoben, sodann neu erlassen u erst in einem zweiten Vf auf seine materielle Rechtmäßigkeit überprüft wird (BT-Dr 13/3993, 12; 13/5098, 24), wurde im Rahmen des RmBereinVpG ebenso wie § 87 Abs 1 S 2 Nr 7 auf Anregung des Rechtsausschusses ersatzlos gestrichen, da er sich in der verwaltungsgerichtlichen Praxis nicht bewährt hatte (BT-Dr 14/7474, 15; zur Entstehungsgeschichte Kienemund NJW 2002, 1237; s auch 1 zu § 87). Er war zudem – wenn auch nicht im selben Maße wie § 87 Abs 1 S 2 Nr 7 (dazu 1 zu § 87) – verfassungsrechtlichen Bedenken ausgesetzt (Redeker NVwZ 1996, 523; Schenke NJW 1997, 87). Eine förmliche Aussetzung zum Zwecke der Heilung von Verfahrens- u Formfehlern ist damit künftig nicht mehr möglich (Kienemund NJW 2002, 1237). Unberührt hiervon bleibt der durch das 6. VwGOÄndG neu eingefügte § 114 S 2, der das

---

[3] Zur Verfahrensunterbrechung durch Insolvenzeröffnung s näher Gundlach/Frenzel/Schmidt NJW 2004, 3222 ff; Beaucamp/Seifert NVwZ 2006, 258 ff.

[4] Kreutz/Franz/Maske DVBl 2006, 222; Sch-Rudisile 124.

Ergänzen von Ermessenserwägungen noch während des gerichtlichen Vf zuläßt (49 ff zu § 114).

Zur **analogen Anwendung** von § 94 auf die Aussetzung des Vf im Hinblick auf die **Aufrechnung** mit einer Gegenforderung, für deren Geltendmachung ein anderer Rechtsweg gegeben ist, s unten 8; ferner 45 f zu § 40; im Hinblick auf anhängige **MusterVf** ua unten 4a sowie § 93a; auf ein noch **nachzuholendes VorVf** 3 zu § 68; auf die **Vorlage einer Rechtsfrage an das BVerfG,** den **EuGH** oder an andere Gerichte unten 2 u 9 ff.

§ 94 ist nicht unmittelbar, wohl aber **analog anwendbar** auf die Aussetzung des Vf **zum Zweck der Vorlage** der Sache bzw einer für die Entscheidung des Gerichts wesentlichen Rechtsfrage **an ein Verfassungsgericht,** an den **EuGH** usw (HessStGH NVwZ 1990, 1552); ebenso auf die Aussetzung zur Vorlage einer Rechtsfrage an **den Großen Senat** des Gerichts oder an den GSOGB. – S zur **Aussetzung zwecks Vorlage an das BVerfG** gem Art 100, 126 GG bzw an ein Landesverfassungsgericht nach entsprechenden Vorschriften des Landesrechts unten 9 ff; zur Vorlage an den EuGH gem Art 234 EGV u Art 150 EAGV unten 20 ff; zur Vorlage nach Art 100 Abs 2 GG BVerfG 75, 11; zur Aussetzung des NK-**Vf gem § 47** im Hinblick auf ein anhängiges verfassungsgerichtliches Vf § 47 Abs 4, dazu 108 ff zu § 47; zur Aussetzung **zur Vorlage an den Großen Senat** gem § 11 Abs 3 u 4, § 12, dazu 4 ff zu § 11; 1 zu § 12; zur **Vorlage an den GSOGB** 2 zu § 11. Die Frage der Gültigkeit einer Rechtsnorm betrifft kein vorgreifliches Rechtsverhältnis (Buchh 310 § 94 VwGO Nr 13). § 94 S 1 ist jedoch analog anzuwenden, wenn das Ergebnis des KlageVf von der Gültigkeit einer Norm abhängt, die in einem NKVf (zB nach § 47) Prüfungsgegenstand ist.[5] Die Aussetzung liegt hier jedoch im richterlichen Ermessen (NVwZ-RR 2001, 483); das gilt selbst dann, wenn eine NKEntscheidung zwar bereits ergangen, aber noch nicht rechtskräftig ist (NVwZ-RR 2001, 483). 2

2. Voraussetzungen der Aussetzung wegen Vorgreiflichkeit (§ 94): Die Aussetzung liegt (sofern die dafür erforderlichen rechtlichen Voraussetzungen erfüllt sind, s unten 4 ff), grds im **Ermessen** des Gerichts; dh das Gericht hat grds die **Wahl,** ob es über die vorgreifliche Frage **inzident** selbst entscheidet;[6] **anders, wenn** das Gericht für das vorgreifliche Vf ausnahmsweise **nur eine eingeschränkte** Entscheidungskompetenz hat, wie zB für die Nachprüfung von pädagogischen Prüfungsbewertungen in prüfungsrechtlichen Nachverfahren.[7] 3

Die **Aussetzung** nach § 94 ist – insoweit handelt es sich um im RechtsmittelVf voll nachprüfbare rechtliche Erfordernisse der Entscheidung – **nur unter folgenden Voraussetzungen** zulässig:

a) Vorgreiflichkeit des in einem anderen Vf zur Entscheidung anstehenden **Rechtsverhältnisses;** dh, für die Entscheidung muß es auf die Beurteilung einer **Vorfrage** ankommen, die Gegenstand eines anderen Rechtsstreits vor einem anderen Gericht, auch einem Verfassungsgericht, Zivilgericht usw, oder der Entscheidung einer Verwaltungsbehörde ist. Rechtskraftwirkung der anderen Entscheidung ist nicht erforderlich; es **genügt jeder rechtslogische tatsächliche Einfluß,** zB auch im Hinblick auf die Beweiswürdigung (**aA** Sch-Rudisile 19). Die Beteiligten an beiden Rechtsverhältnissen brauchen nicht dieselben zu sein. 4

Um **keine Vorgreiflichkeit** iSv § 94 handelt es sich dagegen, **wenn** in dem anderen Vf **nur über dieselbe oder eine vergleichbare Rechtsfrage,** zB in 4a

---

[5] NVwZ-RR 2001, 483; Br NJW 1986, 2335; Ma NVwZ-RR 1993, 276.

[6] S 42 ff zu § 40; zu „zuständigkeitsfremden" Fragen auch § 17 Abs 2 GVG, § 173, dazu auch 4 ff zu § 41 aF) oder das Vf nach § 94 aussetzt (s zB Ms NVwZ 1990, 795 mwN; NKVwGO-Schmid 11; allg auch 42 zu § 40.

[7] 92, 133: das Gericht muß nach § 86 Abs 3 den Kl auf die Möglichkeit eines solchen Verfahrens hinweisen u ggf, bis dieses durchgeführt ist, das Vf aussetzen.

einem **Musterprozeß,** oder über eine abstrakte Rechtsfrage, zB der **Wirksamkeit** oder Auslegung **einer Rechtsnorm,** zu entscheiden ist.[8] **Rspr u** Rechtslehre **wenden jedoch** heute auch in diesen Fällen **§ 94 analog** an, wenn ein sog Musterprozeß oder ein sonstiges Vf hins einer entscheidungsrechtlichen Rechtsfrage wie insb die Frage der Wirksamkeit einer Rechtsnorm oder Auslegung u Anwendung nach § 47 Abs 1 **vor dem OVG** bzw nach §§ 132 Abs 1, 47 Abs 5 vor dem **BVerwG** (Br NJW 1986, 2335 = DÖV 1986, 980; Ma NVwZ-RR 1993, 276 mwN) oder vor einem **Verfassungsgericht** (BFH NJW 1991, 1120 = BStBl II 1991, 641; NVwZ 1993, 1024; grds auch BVerwG Buchh 310 § 94 VwGO Nr 7) oder dem **EuGH** über die anzuwendende Rechtsnorm in einer anderen Sache **anhängig oder demnächst zu erwarten ist.**[9] **Für die Zulässigkeit** einer Aussetzung des Vf analog § 94 sprechen nicht zuletzt auch Gründe der **Verfahrensökonomie. Für NK-Vf** nach § 47 enthält § 47 Abs 4 **eine Sonderregelung** (s 108 ff zu § 47).

Grds auszusetzen ist nach den oben dargelegten Grundsätzen im Hinblick auf ein vor dem BVerfG anhängiges **„Musterverfahren", wenn** es in dem Vf vor dem BVerfG unmittelbar um die Verfassungsmäßigkeit **derselben gesetzlichen Regelung** geht u das Vf vor dem VG insoweit ein echtes ParallelVf ist, das Vf vor dem BVerfG **nicht** als **offensichtlich aussichtslos** erscheint u der Aussetzung des Vf **kein berechtigtes** Interesse eines der Verfahrensbeteiligten **entgegensteht** (vgl BFH NJW 1992, 2446).

Immer **geboten** ist eine Aussetzung analog § 94 außerdem auch bis zu einer für die Entscheidung des Gerichts über eine anhängige Klage erforderlichen **gesetzlichen Neuregelung,** wenn das BVerfG in einer aus verfassungsrechtlichen Gründen durch formelles Gesetz oder durch Rechtsverordnung oder Satzung regelungsbedürftigen Frage, die das Gericht nicht selbst im Wege der Lückenausfüllung rechtsschöpferisch lösen kann, **die Ungültigkeit der einschlägigen Bestimmung festgestellt** hat (s auch unten 19), bzw wenn es nur die Verfassungswidrigkeit einer Rechtsvorschrift, auf die es für die Entscheidung ankommt, festgestellt hat, ohne die Nichtigkeit der Vorschrift festzustellen (BVerfG 37, 163, 265; BGH NJW 1980, 2085; s auch unten 19). Dasselbe gilt bei einer entsprechenden **Entscheidung des OVG gem § 47** (vgl 125 ff zu § 47) oder des EuGH gem Art 234 EGV oder Art 150 EAGV (vgl unten 21), uU auch bei einem Feststellungsurteil (§ 43) des BVerwG, **das eine Regelungslücke** als Folge eines Verstoßes gegen höherrangiges oder vorrangig anzuwendendes Recht **feststellt,** die zuerst geschlossen werden muß, bevor über die an sich primär anhängige Klage entschieden werden kann (DVBl 1990, 158 = BayVBl 1990, 117 m Anm Allesch).

Ist eine Neuregelung durch Gesetz oder Verordnung wg eines Verstoßes gegen Art 3 GG erforderlich, so muß der Gesetzgeber bzw Verordnungsgeber grds **auch für die Vergangenheit** eine Regelung treffen, die Art 3 GG entspricht (BVerfG 37, 260; 39, 332; 51, 361; 55, 100 = JZ 1981, 60; 66, 17, 105; 72, 18; Sch-Rudisile 34). S auch unten 19. Von diesen Fällen abgesehen reicht es dagegen für eine Aussetzung des Vf analog § 94 grds **nicht** aus, daß demnächst mit einer **Rechtsänderung** zu rechnen ist (NJW 1962, 1170; Mü BayVBl 1984, 341; RÖ-Kothe 1; NKVwGO-Schmid 52).

---

[8] Buchh 310 § 138 Ziff 6 Nr 30; Ms DÖV 1988, 797; Mü NVwZ-RR 1992, 334; Ey-Rennert 5; vgl auch 108 zu § 47.

[9] Vgl BVerfG 3, 74; 54, 41 – zu Musterprozessen –; BayVBl 1980, 336; BFH NVwZ 1991, 1120; Ma DVBl 1993, 566 = NVwZ-RR 1993, 276; Ms DÖV 1988, 523: jedenfalls dann zulässig u geboten, wenn das VorabentscheidungsVf nach Art 234 EGV auf einem Vorlagebeschluß desselben Gerichts beruht; NKVwGO-Schmid 25 ff; Würt 590; zur Vereinbarkeit mit der EMRK bejahend auch EKMR EuGRZ 1982, 158; **aA** – keine Aussetzung, wenn lediglich diesselbe Rechtsfrage: Mü NVwZ-RR 1992, 334; Ma DÖV 1986, 251 mwN; RÖ-Kothe 1; Ey-Rennert 5; Kähler NJW 2004, 1132 ff.

Zum Umfang der Bindungswirkung von Entscheidungen der BVerfG s unten 19, ferner 162 zu § 42; zu **vorläufigen Regelungen für die Zwischenzeit** bis zum Ergehen der erwarteten Entscheidung des BVerfG oder eines anderen Gerichts, das mit einer präjudiziellen Frage befaßt ist, oder bis zu einer erforderlichen gerichtlichen Regelung vgl auch BFH NJW 1992, 2446.

b) „Anhängigkeit" des anderen Rechtsstreits. Nach dem Wortlaut muß 5
bei der ersten Alternative (Vorgreiflichkeit der Entscheidung eines anderen Gerichts) das Vf bei einem anderen Gericht – ggf **auch dem Gericht eines anderen Gerichtszweiges,** zB einem Zivilgericht (vgl zB DÖV 1987, 822; zur Aufrechnung auch 45f zu § 40) – bereits anhängig sein. Aus prozeßökonomischen Gründen ist es jedoch als **ausreichend** anzusehen, **daß** ein Beteiligter, ggf auf Aufforderung des Gerichts mit Fristsetzung hin, das Vf innerhalb einer gesetzten Frist **anhängig macht.**[10] Für die Beurteilung strafbarer Handlungen ergibt sich dies auch aus § 173 S 1 iVm § 149 Abs 1 ZPO; allerdings hat das Gericht gem § 173 S 1 iVm § 149 Abs 2 ZPO auf Antrag einer Partei das Vf fortzusetzen, wenn seit der Aussetzung ein Jahr vergangen ist, sofern nicht gewichtige Gründe für die Aufrechterhaltung der Aussetzung sprechen. Auch das **Vf vor einer Verwaltungsbehörde** braucht noch nicht anhängig zu sein. Besteht, wie im Fall berufsbezogener **Prüfungsentscheidungen,** ein verfassungsrechtlicher Anspr auf ein **verwaltungsinternes KontrollVf** (BVerfG 84, 34), so hat das Gericht (auf Antrag) auszusetzen, damit das Vf nachgeholt werden kann, wenn es bislang mangels gesetzlicher Regelung unterblieb (92, 132; BayVBl 1995, 88; vgl auch DVBl 1994, 1362; Buchh 421 Nr 337); dasselbe gilt bei **beamtenrechtlichen Laufbahnprüfungen** (DÖV 1995, 1048). Das Gericht kann jedoch die Aussetzung unter Fristsetzung davon abhängig machen, daß ein Beteiligter die vorgreifliche Verwaltungsentscheidung herbeiführt.

3. Verfahren und Entscheidung: Das Gericht entscheidet, wenn die Vor- 6
aussetzungen einer Aussetzung nach § 94 gegeben sind (oben 3ff), **vAw** – die Beteiligten können jedoch eine Entscheidung anregen – nach seinem **Ermessen,** ob es die Aussetzung anordnen will.[11] **Die Anordnung** der Aussetzung erfolgt durch **Beschluß;** die Ablehnung kann ebenfalls durch Beschluß, aber auch im Rahmen der Entscheidung zur Hauptsache erfolgen (BGH LM Nr 1 zu § 252 ZPO). MV über die Frage der Aussetzung ist nicht erforderlich, wohl aber vorherige **Anhörung der Beteiligten.** Die Beteiligten haben auch bei Vorliegen der Voraussetzungen des § 94 **keinen Anspr auf Aussetzung** – es sei denn, es besteht ausnahmsweise ein Anspr auf vorherige Durchführung eines anderen Vf (s zB oben 5) –, können aber idR denselben Zweck auch durch übereinstimmenden Ruhensantrag nach § 173 S 1, § 251 ZPO erreichen (Mü BayVBl 1964, 125; Ey-Rennert 1).

Soweit durch Beschluß entschieden wird, ist dagegen die **Beschwerde** gege- 7
ben (§ 146 Abs 1), da es sich nicht um eine prozeßleitende Verfügung handelt,[12] u zwar sowohl gegen die Anordnung als auch gegen die Ablehnung, ebenso gegen eine **Vertagung** oder das **Nichtansetzen eines Termins,** wenn das Gericht damit offensichtlich den Zweck verfolgt, eine Entscheidung iSd § 94 abzuwarten.[13] Die Beschwerde ist allerdings nicht gegeben, wenn gegen die Sachentscheidung die Berufung oder Beschwerde ausgeschlossen ist (Ks NVwZ-RR

[10] 77, 27 = DÖV 1987, 822; BFH NJW 1987, 264; BGH 16, 140; BSG 19, 207; NJW 1963, 1844; **krit** unter Hinweis auf den Wortlaut RÖ-Kothe 2.

[11] Buchh 436.36 § 17 BAföG Nr 15; Mü BayVBl 1985, 90; Ey-Rennert 7.

[12] Ba NVwZ-RR 1998, 339; Ks NVwZ-RR 2004, 390; Ma DVBl 1997, 1330; Mü BayVBl 1985, 90; Ms DÖV 1973, 279; Ey-Rennert 8; RÖ-Kothe 4; NKVwGO-Schmid 54; vgl auch unten 9b.

[13] RÖ-Kothe 4; NKVwGO-Schmid 58; vgl auch OLG Celle NJW 1975, 1231; OLG Frankfurt NJW 1974, 1715; Walchshöfer NJW 1974, 2291.

2004, 390; Ey-Rennert 8; Sch-Rudisile 39), sowie wenn die Aussetzung iVm einer Vorlage vor das BVerfG, das LVerfG oder den EuGH gem Art 100 GG bzw gem Art 234 EGV erfolgt (s unten 9b). Das **Beschwerdegericht** prüft nach, ob die **tatbestandlichen Voraussetzungen** des § 94 gegeben sind (Mü NVwZ-RR 1992, 334), iü aber nur, ob das Gericht die **Grenzen seines Ermessens** eingehalten u von seinem Ermessen im Sinne des Gesetzes Gebrauch gemacht hat.[14]

Das **Gericht selbst,** das den Aussetzungsbeschluß erlassen hat, kann ihn nach § 173 S 1, § 150 ZPO **jederzeit** vAw oder auf Antrag eines Beteiligten **wieder aufheben.** Es ist grds gem Art 19 Abs 4 GG **dazu verpflichtet,** das Vf zumindest dann fortzusetzen, wenn ein Stillstand für einen Beteiligten mit der Gefahr der Rechtsvereitelung verbunden wäre (Ms DÖV 1988, 797; Ma NVwZ-RR 1993, 277).

8 Nachdem die vorgreifliche Entscheidung des dafür zuständigen anderen Gerichts bzw der dafür zuständigen Behörde ergangen ist, ist das Vf vor dem Gericht, das im Hinblick darauf ausgesetzt worden war, fortzuführen. Soweit die Entscheidung nach den Grundsätzen über die RKraft von gerichtlichen Entscheidungen bzw über die Bestandskraft von VAen bindend ist, muß das Gericht sie seinem Urteil (Beschluß) zugrunde legen. Entsprechendes gilt für **Entscheidungen in Normprüfungsverfahren,** soweit sie Allgemeinverbindlichkeit haben oder sonst für die Beteiligten und/oder das Gericht bindend sind (vgl § 47 Abs 5 S 2 VwGO; § 31 BVerfGG; Art 234 EGV). **Entscheidungen in Muster-Vf** gem § 93a binden das Gericht nicht; auch das Gericht selbst, das einen Musterprozeß entschieden hat, ist nur im entschiedenen Fall gebunden u kann in gleichliegenden Fällen abweichend entscheiden. S dazu 10 zu § 93a.

Ergeht in dem anderen Vf **keine Sachentscheidung** oder wird das in Betracht kommende Vf nicht innerhalb der gesetzten bzw einer angemessenen Frist anhängig gemacht, **so muß das Gericht,** das das Vf ausgesetzt hatte, über die offenen Vorfragen selbst **inzident u** mit Wirkung nur für sein Vf **entscheiden.** S im einzelnen 42 zu § 40. War die Aussetzung **im Hinblick auf** eine zur Aufrechnung gestellte **Gegenforderung** erfolgt, für die der VRW nicht gegeben ist u für die auch die erweiterte Zuständigkeit gem § 17 Abs 2 S 1 GVG nicht eingreift (s dazu 4f zu § 41), so muß das Gericht diese grds als nicht erwiesen behandeln u sie bei seiner Entscheidung unberücksichtigt lassen bzw insoweit **unter Vorbehalt** entscheiden (s 45 zu § 40); die Beteiligten sind dann nicht gehindert, die in Frage stehende Forderung später im dafür zuständigen Rechtsweg geltend zu machen (BGH 16, 140 = NJW 1955, 497; BSG NJW 1963, 1844; BFH NJW 1987, 264).

9 **4. Aussetzung und Vorlage zur Prüfung der Verfassungsmäßigkeit gem Art 100 GG: a) Allgemeines.** Gem Art 100 Abs 1 GG hat ein Gericht, wenn es für seine Entscheidung auf die Gültigkeit eines **Gesetzes** ankommt, das es **für verfassungswidrig hält** (s dazu unten 17), das Vf analog § 94 (s oben 2; diff Sch-Rudisile 46ff) auszusetzen und, sofern es sich um eine Verletzung des GG handelt, die Entscheidung des BVerfG, wenn es sich um eine Verletzung der Landesverfassung handelt, des Verfassungsgerichts des Landes einzuholen; **Entsprechendes** gilt, wenn das Gericht ein **Landesgesetz für unvereinbar mit einem Bundesgesetz** (s Art 31 GG) ansieht (Art 100 Abs 1 S 2 GG). Soweit bei einem Rechtsstreit neben den Voraussetzungen des Art 100 GG auch die des Art 234 EGV vorliegen, gibt es keine feste Reihenfolge unter den vom Gericht

---

[14] Mü BayVBl 1984, 341; Ms DÖV 1988, 797: ermessensfehlerhaft idS jedenfalls, wenn das Zuwarten für einen Beteiligten eine Rechtsvereitelung bedeuten kann; Ma NVwZ-RR 1993, 277; OLG Hamm MDR 1977, 761; OLG Celle NJW 1976, 2208; NKVwGO-Schmid 55; **aA** OLG Bamberg FamRZ 1955, 217; OLG Nürnberg MDR 1961, 509: volle Nachprüfung.

einzuleitenden ZwischenVf (BVerfG DÖV 2007, 248). Das Verwerfungsmonopol des BVerfG bzw Landesverfassungsgerichts soll die Einheit der Verfassungsrspr wahren, außerdem auch die **Autorität des Gesetzgebers** schützen (BVerfG 1, 197; 2, 128; 10, 127; 38, 357; 43, 49; v Pestalozza 17.3a). Zu weiteren Vorlagepflichten s Art 100 Abs 2 GG (Zweifel in bezug auf eine Regel des Völkerrechts) u Art 126 GG (Meinungsverschiedenheiten über das Fortgelten von Recht als Bundesrecht). **Unzulässig** ist **eine Vorlage,** die (nur) zum Ziel hat, eine als zulässig erachtete **verfassungskonforme Auslegung** durch das BVerfG verbindlich feststellen zu lassen (BVerfG 22, 277; 16, 88; Sachs NJW 1982, 466; s auch unten 15). Keine Vorlage ist möglich auch in bezug auf Vorschriften, wg **deren** die Sache nach § 130 oder § 144 Abs 1 **zurückverwiesen** worden war.[15]

Vorlagefähig sind **nur Gesetze,** die zeitlich **nach der höherrangigen Norm,** mit der sie das Gericht für unvereinbar hält, **erlassen** wurden; über die (Fort-)Geltung früherer Gesetze muß dagegen das jeweilige Gericht selbst abschließend entscheiden (Maunz/Schmidt-Bleibtreu/Klein/Ulsamer, BVerfGG, 70 zu § 80).

Die Aussetzung u Vorlage nach Art 100 GG ist auch **in NK-Vf nach § 47** zulässig u nach den allg Vorschriften geboten (vgl 85, 337 = NVwZ 1991, 472; auf den in Art 100 Abs 1 S 2 GG statuierten Vorrang der verfassungsgerichtlichen Normenkontrolle kommt es im Rahmen des § 47 seit der Streichung des Vf der Vorlage an das BVerwG gem § 47 Abs 5 aF durch das 6. VwGOÄndG nicht mehr an).

In **Verfahren nach § 80, § 123** oder **§ 47 Abs 6** ist eine Vorlage grds **nicht erforderlich;**[16] **anders, wenn** in der Sache praktisch **die Hauptsache schon vorweggenommen wird** (zu weitgehend BVerfG 63, 140 zum medienrechtlichen Gegendarstellungsanspr: selbst dann, wenn die Vorlage dazu führt, daß die Entscheidung im AusgangsVf möglicherweise zu spät kommt), oder wenn die Vorlage Vorschriften betrifft, die allein im Vf des vorläufigen Rechtsschutzes von Bedeutung sind (vgl FfO LKV 1995, 199). Zur Vorlage an den EuGH in EilVf unten 21. Keine Vorlage ist auch im Vf **gem § 166** zur Gewährung von **PKH** erforderlich (vgl OLG Frankfurt NJW 1990, 458 mwN). Zur Vorlage in **ZwischenVf** s BVerfG 12. 1. 1982 – 2 BvR 23/81.

Ein Gericht, das **willkürlich,** dh nicht lediglich nur infolge eines Rechtsirr- **9a**
tums, eine gebotene **Vorlage** an das BVerfG bzw das Verfassungsgericht des Landes **unterläßt, verletzt** damit das **Recht** der Beteiligten **auf den gesetzlichen Richter** gem Art 101 Abs 1 S 2 GG[17] sowie idR auch das **Recht auf Gehör** gem Art 103 Abs 1 GG (vgl BVerfG 3, 359; 9, 215; 13, 143; 18, 447; 19, 43; Bettermann AöR 1969, 274). S allg – auch zur Frage, ob nicht bereits ein objektiver, nicht willkürlicher Verstoß genügt – auch 6 zu § 138.

Gegen die **Entscheidung,** mit der das Gericht das Vf aussetzt u eine Vorlage **9b**
an das BVerfG bzw ein LVerfG gem **Art 100 GG** beschließt, ist ebenso wie gegen eine auf **Art 234 EGV** gestützte Vorlage an den EuGH **keine Beschwerde** gem § 146 gegeben;[18] **ebenso nicht gegen die Entscheidung,** mit der das Gericht eine Aussetzung u Vorlage ablehnt.[19]

---

[15] BVerfG 2, 411; 6, 242; 12, 72; 22, 373; 29, 38; 34, 36; 42, 94; 65, 140; **aA** zur Vorlage nach EG-Recht EuGH NJW 1982, 696; s unten 21.

[16] S 161ff zu § 80; 16 zu § 123; Ms JZ 1991, 779; NVwZ 1992, 1226 – zu § 123 –; Schenke JZ 1996, 1168; NKVwGO-Schmid 4; Sch-Ehlers 47 zu § 40 Anh Art 100 Abs 1 GG.

[17] Vgl BVerfG 3, 363; 9, 215; 13, 143; 18, 447; 23, 319; 64, 21; 79, 292; NJW 1993, 381 mwN; vgl zum Begriff der Willkür auch Rodi DÖV 1989, 751; ferner 3 zu § 11.

[18] OLG Düsseldorf NJW 1993, 411 mwN; OLG Karlsruhe FamRZ 1979, 845; OLG Köln MDR 1970, 852; Sch-Ehlers 56 zu § 40 Anh Art 100 Abs 1 GG.

[19] Sch-Ehlers 57 zu § 40 Anh Art 100 Abs 1 GG: nur die allg RMittel gegen die auf eine verfassungswidrige Norm gestützte Entscheidung.

10 **Die Landesverfassungen** u zT auch Landesgesetze sehen **zT weitergehende** Aussetzungs- u **Vorlagepflichten** zugunsten des Verfassungsgerichts des Landes (vgl HessStGH NVwZ 1990, 552), gem Art 99 GG uU auch zugunsten des BVerfG, vor. Dies gilt zB für Bayern gem Art 65, 92 BayVerf, wonach auch vorkonstitutionelle Gesetze (BayVerfGH 12, 4; 20, 117; 27, 8) u untergesetzliche Rechtsvorschriften (Verordnungen u Satzungen, vgl BayVerfGH 4, 63; 9, 135; 11, 207) dem BayVerfGH vorzulegen sind, für Hessen gem Art 133 HessVerf, für Rheinland-Pfalz gem Art 130 Abs 3 RhPfLVerf, für Hbg gem Art 64 Abs 2 HmbVerf, für Bremen gem Art 142 BremVerf. Praktisch erübrigt sich eine Vorlage nach Landesrecht in diesen Fällen jedoch häufig dadurch, daß die in Frage stehende Rechtsvorschrift **zugleich auch gegen Bundesrecht,** insb gegen ein Grundrecht des GG, gegen das Rechtsstaatsprinzip oder gegen eine sich aus diesem Prinzip ergebende Folgerung, zB hins der verfassungsrechtlichen Grenzen rückwirkender Vorschriften, verstößt; das Gericht kann dann die Ungültigkeit **nach Bundesrecht** selbst feststellen, so daß es auf einen Verstoß gegen Landesrecht nicht mehr ankommt. Zur Verfassungsmäßigkeit weitergehender Vorlagepflichten nach Landesrecht s (bejahend) BVerfG 1, 201; 4, 188.

11 **Wenn bzw soweit** nach Bundes- oder Landesrecht **kein Entscheidungsmonopol** des BVerfG bzw des Verfassungsgerichts des Landes besteht, kann u muß das Gericht über die Gültigkeit von Rechtsvorschriften **inzident,** dh mit Wirkung nur für den anhängigen Fall u ohne Allgemeinverbindlichkeit, **selbst entscheiden.** S aber zur Befugnis zur Aussetzung des Vf analog § 94 oben 4 a.

12 **b) Gegenstand der Vorlagepflicht. Die Aussetzungs- und Vorlagepflicht für Bundesgesetze** – genauer: die entscheidungserheblichen Vorschriften bzw Teile solcher Gesetze[20] – gilt nach Art 100 Abs 1 S 1 GG **nur für förmliche,** dh vom Bundestag unter Mitwirkung des Bundesrates beschlossene (BVerfG 1, 189, 206; 2, 346; 38, 357; 48, 44) **nachkonstitutionelle,** dh nach dem Inkrafttreten des GG am 24. 5. 1949 erlassene **Gesetze** (BVerfG 1, 189; 2, 124 unter Hinweis auf den Zweck des Entscheidungsmonopols des BVerfG, die Autorität des demokratisch legitimierten Gesetzgebers nach dem GG zu wahren; 10, 127; 18, 219; 38, 357), einschließlich sog. **Vertragsgesetze** (Zustimmungsgesetze zu internationalen Verträgen) gem Art 59 Abs 2 GG.[21] Vorlagefähig sind auch im GesetzgebungsVf vorgenommene Änderungen einer Rechtsverordnung, auch wenn der Gesetzgeber diesen nur den Rang von Verordnungsrecht beimessen will.[22] **Vorkonstitutionelle Gesetze** unterliegen nur dann der Vorlagepflicht, wenn u soweit der nachkonstitutionelle Gesetzgeber sie **„in seinen Willen aufgenommen“** hat, dh sie sich „zueigen gemacht u als auch von ihm gewollt bestätigt hat“.[23] Das ist nach der Rspr des BVerfG nur dann der Fall, wenn ein konkreter Bestätigungswille im Gesetz selbst zu erkennen ist oder sich aus dem engen sachlichen Zusammenhang der unveränderten Vorschrift mit geänderten Vorschriften objektiv ergibt;[24] wenn ein Gesetz nach dem Inkrafttreten des GG **neu verkündet** wurde (DVBl 1983, 797; bloße Neubekanntma-

---

[20] BVerfG 18, 58; 66, 92; 66, 254; 69, 377; NJW 1986, 307.

[21] BVerfG 12, 220, 288; 37, 197; 72, 238 = NJW 1987, 577 – hins des EG-Rechts Vorlage jedoch grds nicht mehr wg Grundrechtsverletzungen! –; Erichsen Jura 1982, 90.

[22] Minderheitsvotum BVerfG NVwZ 2006, 201; **aA** BVerfG NVwZ 2006, 191; NVwZ 2006, 322; s auch 25 zu § 47.

[23] BVerfG 6, 65; 7, 29; 11, 131; 18, 219; 32, 299; 52, 17; 60, 149; 63, 187 = NJW 1983, 1968; 64, 220.

[24] BVerfG 11, 229; 18, 219; 26, 324, 32, 299; 60, 149; 63, 188 = NJW 1983, 1968: wenn ein begrenztes u überschaubares Rechtsgebiet vom nachkonstitutionellen Gesetzgeber durchgreifend geändert wird u ein enger sachlicher Zusammenhang zwischen veränderten u unveränderten Normen besteht.

chung durch die Exekutive genügt dagegen nicht); wenn u soweit ein nachkonstitutionelles Gesetz auf die in Frage stehenden Vorschriften **oder notwendig damit inhaltlich zusammenhängenden Vorschriften verweist** u sie insoweit als Bundesrecht für anwendbar erklärt u rezipiert (BVerfG 13, 294; 32, 303; 60, 149; 63, 188); wenn u soweit ein nachkonstiutionelles Gesetz die in Frage stehenden Vorschriften oder notwendig damit inhaltlich zusammenhängende Vorschriften **geändert** hat (BVerfG 6, 65; 16, 72, 347; 35, 45; 36, 227; 37, 237). **Verweisungen auf Vorschriften** u Änderungen von Vorschriften, die nicht in notwendigem inneren Zusammenhang mit den Vorschriften, die das Gericht für nichtig hält, stehen, sind insoweit unerheblich; ebenso **lediglich redaktionelle oder grammatikalische Änderungen** des Wortlauts (BVerfG 16, 347; 25, 27) oder der Umstand, daß eine Vorschrift formell aufgehoben u inhaltlich in ein neues Gesetz übernommen wurde (BVerfG 16, 346; 31, 368), oder wenn der Gesetzgeber eine vorkonstitutionelle Norm nur als solche hinnimmt u ihre Aufhebung oder sachliche Änderung vorläufig unterläßt, ohne sie in ihrer Geltung bestätigen zu wollen (BVerfG 32, 299; 63, 188; 64, 220).

Rechtsvorschriften der Europäischen Union, (sonstige) **internationale Verträge** u daraus abgeleitetes Recht unterliegen nicht unmittelbar der Vorlagepflicht gem Art 100 GG (vgl BVerfG 52, 187; vgl auch Riegel BayVBl 1976, 353, 395), wohl aber (als Vertragsgesetze s oben) **die Zustimmungsgesetze zu den EG-** bzw **EU-Verträgen** u zu anderen völkerrechtlichen Verträgen u über diese auch die **Vertragsbestimmungen**[25] sowie analog Art 100 GG[26] sekundäres Gemeinschaftsrecht. Allerdings kann bei EG-Recht nur eine Verletzung der Grenze des nach Art 23 Abs 1 S 1 u 3 GG Übertragbaren gerügt werden, wenn vorher erfolglos ein VorabentscheidungsVf gem Art 234 EGV durchgeführt wurde und in der Begründung der Vorlage in direkter oder analoger Anwendung des Art 100 GG dargelegt wird, daß das EG-Recht unter den erforderlichen Grundrechtsstandard abgesunken ist (s 29 zu § 1 mwN). Zur grds Unzulässigkeit einer Vorlage an das BVerfG, wenn in Wirklichkeit eine **Verletzung höherrangigen Gemeinschaftsrechts** oder eine Verletzung des GG durch eine **Auslegungsentscheidung** des EuGH gerügt wird, BVerwG NJW 1983, 2781; allg zur gerichtlichen Verwerfungskompetenz bei verfassungswidrigem „fremden" Recht v Olshausen, Mühl-FS 1981, 34.

Auch **die Aussetzungs- und Vorlagepflicht für Landesgesetze** gem Art 100 Abs 1 S 2 GG gilt **nur für förmliche,** dh vom Parlament eines Landes (Landtag) beschlossene Gesetze.[27] Analog zu S 1 fallen unter die Regelung nur Landesgesetze, die **zeitlich nach dem Erlaß des Bundesgesetzes,** das Prüfungsmaßstab ist, erlassen wurden (nur insoweit steht die Autorität des Landesgesetzgebers, die zumindest teilweise Grund der ratio legis ist – vgl oben 9 –, auf dem Spiel!). Über die **Vereinbarkeit mit später entstandenem Bundesrecht** entscheidet dagegen jedes Gericht selbst unter Anwendung der „lex-posterior"-Regel.[28] 13

Die vorstehend dargelegten Grundsätze gelten entsprechend auch für die Aussetzung des Vf u die **Vorlage von Landesgesetzen** gem Art 100 Abs 1 wg 14

[25] BVerfG 3, 163; 22, 146; 29, 358; 52, 187; 68, 343; 72, 238; 73, 340 = NJW 1987, 578; 75, 245; Sachs NJW 1982, 466 mwN, auch zu abw A; Schweitzer JA 1982, 174; vgl auch BVerfG 63, 140: Gegenstand der verfassungsgerichtlichen Prüfung ist nicht der Staatsvertrag, sondern das Vertragsgesetz, wobei sich allerdings dessen materiell-rechtlicher Inhalt aus dem in Bezug genommenen Staatsvertrag ergibt.

[26] BVerfG 37, 277.

[27] **AA** zu sog „satzungsvertretenden" Gesetzen – s 21 zu § 47 – BVerfG NJW 1985, 2317: Art 100 GG gilt nicht für solche Gesetze; krit Schenke DVBl 1985, 1367.

[28] BVerfG 2, 129; 10, 128; 60, 153; 65, 373; BayVBl 1982, 433; Erichsen Jura 1982, 91 mwN; Pestalozza 13 II 3 Rn 12.

Verstoßes gegen die Landesverfassung. Soweit das Landesrecht keine weitergehenden Vorlagepflichten vorsieht (was nach dem GG zulässig ist), gilt die Vorlagepflicht ebenfalls nur für **förmliche, nach dem 24. 5. 1949 erlassene Landesgesetze.** Auf den Zeitpunkt des Inkrafttretens der Landesverfassung kommt es insoweit nur an, wenn dieser nach dem 24. 5. 1949 liegt (str; gegen die Annahme der Maßgeblichkeit eines vor dem 24. 5. 1949 liegenden Zeitpunkts des Inkrafttretens der Landesverfassung spricht, daß Art 100 Abs 1 GG eine Rückwirkung insoweit nicht zu entnehmen ist).

15 **Nicht vorgesehen,** aber analog Art 100 GG ebenfalls als zulässig anzusehen, ist auch eine Aussetzung des Vf u die Vorlage wg **Unterlassens einer** durch das GG gebotenen **Rechtssetzung** (BVerfG 81, 375, 383; 99, 314; Schenke JZ 2006, 1011). **Zulässig** ist jedenfalls auch eine Vorlage mit der Begründung, daß ein Gesetz **eine** durch höherrangiges Recht gebotene **Teilregelung,** Ausnahmevorschriften uä **nicht** enthält (BayVerfGH 28, 52; vgl auch 13f zu § 47). S dazu auch unten 19.

Eine Vorlage ist auch mit der Begründung zulässig, daß ein Gesetz verfassungswidrig ist, **weil** es **Rechte Dritter** verletzt.[29] Nicht möglich ist dagegen eine Vorlage mit der Begründung, **daß** eine **bestimmte Auslegung** eines Gesetzes GG-widrig ist.[30]

16 **c) Prüfungsmaßstab** gem Art 100 Abs 1 GG ist das **GG** bzw die **Landesverfassung,** außerdem gem Art 100 Abs 1 S 2 GG jedes (früher erlassene, s oben 13) **Bundesgesetz.** Bundesgesetze idS sind nicht nur die förmlichen Bundesgesetze, sondern auch nach Art 124f GG als Bundesrecht **fortgeltendes Reichsrecht** (BVerfG 2, 139) u **Verordnungsrecht** des Bundes (BVerfG 1, 207, 292), **nicht** dagegen, da es sich insoweit nicht um „Gesetze" handelt, die gem Art 25 S 1 GG als Bundesrecht geltenden allg Regeln des **Völkerrechts** (**aA** LR 16 zu § 80 BVerfGG), **Bundesgewohnheitsrecht** u wohl auch nicht das **Recht der Europäischen Gemeinschaften.** Auch wenn dieses in anderer Hinsicht – vgl 5 zu § 137 – dem Bundesrecht gleichgestellt ist, sprechen vor allem die Sonderbestimmungen über die Vorlage an den EuGH – s dazu unten 20ff – gegen die Verwendung als Maßstabnorm nach Art 100 Abs 1 GG (vgl BVerfG NJW 1986, 1449).

17 **Sonstige formelle Voraussetzungen und Erfordernisse der Vorlage:** Die Aussetzung des Vf u die Vorlage an das BVerfG bzw das Verfassungsgericht des Landes gem Art 100 Abs 1 GG hat zur Voraussetzung, daß das BVerfG bzw das Verfassungsgericht **über die Gültigkeit** – Entsprechendes gilt für Entscheidungen über die gebotene verfassungskonforme Auslegung eines Gesetzes (BVerfG 65, 140) – **der in Frage stehenden Norm nicht bereits,** wenn auch in einem anderen Verfahren, mit gem § 31 Abs 1 BVerfGG bzw nach entsprechenden Vorschriften des Landesrechts bindender Wirkung **entschieden** hat. Hat das BVerfG über die gleiche Vorlagefrage bereits einmal (mit Gesetzeskraft) entschieden, so ist eine nochmalige Vorlage nur bei wesentlicher Änderung der Umstände bzw grundlegendem Wandel der Rechtsauffassungen zulässig.[31] Außerdem muß **die Frage** der Gültigkeit des Gesetzes für die zu treffende Ent-

---

[29] Geiger EuGRZ 1984, 407; Krause NJW 1985, 87; Aretz NJW 1985, 472; **aA** BVerfG 66, 106 = NJW 1984, 1675; 67, 244 = NVwZ 1985, 481.

[30] BVerfG 22, 377 = NJW 1968, 99; 70, 137 = JZ 1985, 852; NJW 1988, 1902; das Nk-Vf nach Art 100 Abs 1 GG dient nicht dazu, über die von dem vorlegenden Gericht für verfassungswidrig gehaltene Auslegung einer Norm durch die ihm im Instanzenzug übergeordneten Gerichte zu entscheiden; s auch oben 9; **aA** Brohm JZ 1985, 503; krit ggü einer Überdehnung der verfassungskonformen Auslegung Schenke JZ 1986, 36.

[31] Vgl BVerfG 33, 203; 39, 181; 41, 369; 65, 181; 78, 48; NJW 1984, 970 mwN; 1986, 422; DVBl 1993, 252; Ma VBlBW 1986, 421; zum Umfang der Bindungswirkung der Entscheidungen des BVerfG Sachs NJW 1979, 348.

scheidung (vgl dazu BVerfG 7, 186; Pestalozza 13 II 6) **entscheidungserheblich** (s dazu im folgenden) u das Gericht von der Ungültigkeit des Gesetzes **überzeugt** sein (s dazu unten 18). **Entscheidungserheblichkeit** ist nach der Rspr des BVerfG nur gegeben, wenn nach der (im Vorlagebeschluß eingehend darzulegenden u zu begründenden, s unten 18) Rechtsauffassung u Tatsachenwürdigung des vorlegenden Gerichts (die insoweit auch das BVerfG bindet, sofern sie nicht offensichtlich unhaltbar ist, s unten) jede Möglichkeit ausgeschlossen ist, daß das Gericht uU auch schon aus einem anderen Grund in einem bestimmten Sinn entscheiden muß,[32] zB weil die **Möglichkeit einer verfassungskonformen Auslegung** besteht;[33] weil die Klage **schon aus anderen Gründen,** auch zB wg eines Verstoßes gegen EG-Recht (BVerfG BayVBl 1992, 625), **unzulässig** oder **unbegründet** ist (BVerfG 67, 35 = NJW 1984, 1805); weil das Gericht **an die Rechtsauffassung** des gem §§ 130, 144 zurückverweisenden Gerichts ohnehin **gebunden** ist (vgl BVerfG 2, 411; 6, 242; 42, 94; 49, 38; DVBl 1983, 1239) oder weil die für eine positive Entscheidung über eine Klage maßgeblichen **Tatsachen nicht erwiesen sind.**

Das bedeutet, daß das Gericht für die Feststellung, wie es bei Gültigkeit der Norm entscheiden würde, **grds** auch schon **alle insoweit notwendigen Beweiserhebungen** vornehmen u das Revisionsgericht deshalb zB wg nicht ausreichender Sachverhaltsaufklärung die Sache in die Tatsacheninstanz zurückverweisen muß (BVerfG 24, 133; 41, 278; 42, 52; 62, 229; NJW 1982, 747) – ein höchst unrationelles Vorgehen, wenn in einem Rechtsstreit dafür umfangreiche Beweiserhebungen erforderlich sind! (vgl Gerontas DVBl 1981, 1092; Bettermann NJW 1978, 613). Keiner vollständigen Sachverhaltsermittlung bedarf es aber, wenn nur ein Bescheidungsurteil in Betracht kommt, weil der Erfolg der Klage von fachlichen Voraussetzungen u Beurteilungen abhängt, die die zuständigen Behörden zuerst noch in eigener Verantwortung zu prüfen haben (BVerfG 73, 312; 75, 261). Nach BVerfG 47, 146 = NJW 1978, 1151 (zum Kernkraftwerk Kalkar) gilt ferner **eine Ausnahme** analog § 90 Abs 2 S 2 BVerfGG, wenn die Vorlagefrage von allg u grundsätzlicher Bedeutung für das Gemeinwohl ist u deshalb ihre Entscheidung dringlich ist.

Das Gericht muß (außer in Fällen, in denen es durch Gesetz gebunden ist), von der Verfassungswidrigkeit der in Frage stehenden Vorschrift **überzeugt sein;** bloße **Zweifel genügen nicht.**[34]

Das Gesetz, auf das sich die Vorlage bezieht, muß grds unmittelbar **entscheidungserheblich** sein (BVerfG 75, 173 = NJW 1987, 2929). Nach der Rspr des BVerfG **genügt** ausnahmsweise jedoch auch die sog. **mittelbare Entscheidungserheblichkeit** eines Gesetzes, dh daß ein Gesetz zwar nicht selbst unmittelbar Rechtsgrundlage für die Entscheidung des AusgangsVf ist, daß dessen verfassungsrechtliche Bewertung aber zugleich über die Verfassungsmäßigkeit der unmittelbar maßgeblichen Rechtsgrundlage, zB einer VO, entscheidet. Das gilt zB dann, wenn das unmittelbar entscheidungserhebliche Verordnungsrecht auf einer zur Nachprüfung gestellten gesetzlichen **Ermächtigung** beruht (BVerfG 20, 303; 32, 358; 48, 35; 75, 175 = NJW 1987, 2919) oder wenn das unmittelbar entscheidungserhebliche Verordnungsrecht nur den **wesentlichen Inhalt** der zur Nachprüfung gestellten Gesetzesnorm **wiederholt** (BVerfG 30, 240; 32, 266) u in einigen anderen besonders gelagerten Fällen (vgl BVerfG 2, 345; 20, 316), insb, wenn ein **enger innerer Zusammenhang** zwischen einem Gesetz u dem unmittelbar entscheidungserheblichen Recht besteht u das Gesetz überhaupt nur aus diesem Zusammenhang heraus verständlich ist, der Gesetzgeber

---

[32] BVerfG 11, 334; 59, 93; Scholler/Broß AöR 1978, 148; Bettermann DVBl 1982, 954.
[33] BVerfG 48, 45; NJW 1992, 1951; Aretz JZ 1984, 919.
[34] BVerfG 1, 189; 4, 218; 16, 189; 22, 379; 48, 45; 51, 323; 68, 344, 359; NJW 1991, 2412. S allg zur Entscheidungserheblichkeit auch Scholler/Broß AöR 1978, 148.

also gewissermaßen das unmittelbar erhebliche Recht in seinen Willen mit aufgenommen hat (BVerfG 75, 177).

Bei der Frage der Entscheidungserheblichkeit kommt es grds auf den **Rechtsstandpunkt des vorlegenden Gerichts** an, es sei denn die Rechtsauffassung ist **offensichtlich unhaltbar**[35] **oder** die **Entscheidungserheblichkeit** hängt von **der Beantwortung verfassungsrechtlicher Vorfragen** ab.[36] Dasselbe gilt auch für die **Tatsachenwürdigung** durch das vorlegende Gericht (BVerfG 13, 35 = NJW 1961, 374; NJW 1988, 1294) u die Beurteilung der **Zulässigkeit der Klage.**[37]

18 Im **Vorlagebeschluß muß das vorlegende Gericht näher** („erschöpfend", vgl BVerfG 68, 316; 72, 60 u 74, 242: „mit hinreichender Deutlichkeit"; 76, 104) **darlegen u begründen, inwiefern** seine Entscheidung von der Gültigkeit der zur Prüfung gestellten Norm **abhängt** u mit welcher übergeordneten Norm sie unvereinbar ist;[38] **daß u warum** es bei Gültigkeit der in Frage stehenden Vorschrift **anders entscheiden müßte** als bei Ungültigkeit (BVerfG 11, 334; 64, 201; 65, 168, 315 mwN; 66, 105; 68, 316; 72, 74, 102); **wie es dieses Ergebnis begründen würde**[39] u **warum es überzeugt** ist, daß die Vorschrift **nichtig** ist (BVerfG 68, 316 = NJW 1985, 1691; 76, 104; 77, 261; 81, 276; NJW 1991, 2412: im Vorlagebeschluß muß der verfassungsrechtliche Prüfungsmaßstab angegeben u die Überzeugung des vorlegenden Gerichts von der Verfassungswidrigkeit der Norm dargelegt werden), **außerdem** auch, warum eine etwaige Übergangszeit, während der die an sich verfassungswidrige Norm noch anwendbar bliebe, nicht hingenommen werden könnte (BVerfG DVBl 1989, 247 = JuS 1990, 140; eine zu weitgehende Anforderung!). Es muß dazu im Vorlagebeschluß auch mindestens den für die verfassungsrechtliche Beurteilung **wesentlichen Sachverhalt mitteilen** (BVerfG 37, 333; 47, 114; 64, 200; 68, 316 = NJW 1985, 1691; 76, 104). Räumt eine Norm dem Gericht **Ermessen** ein, so ist **darzulegen,** zu welchem Ergebnis das Gericht bei der Auslegung der Ermessensvorschrift kommt u auf welchen Erwägungen dieses Ergebnis beruht (BVerfG 36, 263 f; 57, 315). Der Vorlagebeschluß muß in jedem Fall **aus sich heraus** – dh insb auch, ohne daß dafür die Akten beizuziehen sind (BVerfG 62, 229) – **verständlich sein.**[40] In rechtlicher Hinsicht muß das Gericht sich gem § 80 BVerfGG im Vorlagebeschluß **eingehend mit der Rechtslage** u den in der Rspr u im Schrifttum dazu entwickelten Auffassungen **auseinandersetzen** (BVerfG 47, 114; 65, 316; 66, 269; 74, 242; 76, 104; 77, 261); bloße Hinweise auf Fundstellen genügen nicht (BVerfG 65, 315 f). **Ausnahmsweise** genügt als Begründung die **Bezugnahme auf einen anderen** in Abschrift beigelegten **Vorlagebeschluß** desselben oder eines anderen Gerichts, wenn dieser seinerseits allen vorstehend genannten Anforderungen entspricht (BVerfG NJW 1994, 1577).

18 a Unabhängig von der Begründungspflicht hins der Vorlage beansprucht **das BVerfG das Recht,** seinerseits die **Vorlagefrage zu „präzisieren"** u auf die

---

[35] BVerfG 7, 175; 71, 265; 72, 60; 72, 74; 75, 260; 75, 340.

[36] BVerfG 46, 284 = NJW 1978, 1367; 48, 37; NVwZ 1982, 637: umfassende Nachprüfung hins verfassungsrechtlicher Fragen, auf die das vorlegende Gericht sich stützt; NJW 1988, 1294.

[37] BVerfG 67, 26 = NJW 1984, 1805: das BVerfG hat die Zulässigkeit der Klage im AusgangsVf zu prüfen, soweit diese von der Auslegung von Verfassungsprozeßrecht abhängt; **aA** Geiger EuGRZ 1984, 433.

[38] BVerfG 37, 333; 68, 316 = NJW 1985, 1691: dadurch soll das BVerfG entlastet werden; 77, 261, 367; NJW 1992, 1951; 1994, 1577; DVBl 1993, 252.

[39] BVerfG 35, 306; 36, 263; 37, 334; 57, 315; 66, 105; 68, 316 = NJW 1985, 1691; 72, 102; 77, 261.

[40] BVerfG 65, 277 u 314 – unter Hinweis auf den Begründungszwang gem § 80 Abs 2 S 1 BVerfGG –; NJW 1994, 1577; vgl auch BVerfG 66, 269: kann nicht durch weitgehende Bezugnahme auf die Klageschrift ersetzt werden.

Probleme, die allein entscheidungserheblich sind, zu begrenzen (BVerfG 56, 11; 62, 209; 66, 254, 302; 72, 18; 77, 260). Soweit die Vorlage zulässig ist, ist das BVerfG **nicht auf die Prüfung der Vorlagefrage ieS beschränkt,** sondern kann die in Frage stehende Norm ohne Bindung an die Begründung der Vorlage in jeder Hinsicht auf ihre Verfassungsmäßigkeit nachprüfen (BVerfG 3, 243; 66, 222 mwN; NJW 1994, 1577).

Einen Aussetzungs- u Vorlagebeschluß kann das Gericht nur in der Besetzung treffen, in der es die Entscheidung hätte treffen müssen, welche für die Vorlagepflicht erheblich ist.[41] Zu einem **Muster für den Aussetzungs- u Vorlagebeschluß** s LR BVerfGG, Anh. – Die Beteiligten haben gem Art 101 Abs 1 S 2 GG **Anspr auf Vorlage,** sofern die Voraussetzungen dafür gegeben sind u das Gericht deshalb dazu verpflichtet ist; sie haben jedoch **kein förmliches Antragsrecht u** können die Vorlage nur anregen (vgl BVerfG 73, 369 = DVBl 1987, 232 zur vergleichbaren Situation bei Art 234 EGV). Aussetzung des Vf u Vorlage sind auch dann nicht entbehrlich, **wenn bereits ein anderes Gericht vorgelegt hat** u insoweit das Vf schon beim BVerfG anhängig ist (**aA** BayObLG FamRZ 1991, 227).

Der Vorlagebeschluß ist **nicht anfechtbar** (vgl BFH 132, 218; Ma DÖV 1986, 707); ebenso auch nicht die Ablehnung einer Vorlage. Er ist vom vorlegenden Gericht **aufzuheben,** wenn die Rechtsfrage **nicht mehr entscheidungserheblich** ist (NJW 1988, 1927), zB weil die Klage zurückgenommen wurde oder die Rechtsfrage inzwischen vom BVerfG in einem anderen Vf entschieden wurde (s auch oben 17) oder durch eine Gesetzesänderung gegenstandslos wurde. Vgl auch 7 zu § 11.

Die **Beteiligten des AusgangsVf** sind **nicht Beteiligte des NKVerfahrens** 19
vor dem BVerfG. Ihnen ist nach § 82 Abs 3 BVerfGG nur **Gelegenheit zur Äußerung** zu geben. Soweit das verwaltungsgerichtliche Verfahren, in dessen Rahmen die Aussetzung u die Vorlage erfolgen, dem inzidenten Rechtsschutz des Kl gegen ein formelles nachkonstitutionelles Gesetz dient, sprechen aber gute Gründe dafür, dem Kl schon im Hinblick auf den Grundsatz der Waffengleichheit wie auch zur Effektuierung des Rechtsschutzes – ebenso wie dem Bundes- oder Landesgesetzgeber, der nach § 82 Abs 2 BVerfGG betrittsberechtigt ist – analog § 82 Abs 2 BVerfGG ein Beteiligungsrecht einzuräumen (zu dieser bisher nicht gesehenen Analogie näher Schenke JZ 2006, 1009 ff). **Die Entscheidung des BVerfG** über die Frage der Gültigkeit der Rechtsnorm ist nach § 31 Abs 1 BVerfGG für das vorlegende Gericht **bindend** u hat außerdem gem § 31 Abs 2 BVerfGG **Gesetzeskraft.** S zum **Umfang der Bindungswirkung,** die sich nach Ansicht des BVerfG auch auf die wesentlichen Entscheidungsgründe erstreckt, s 162 zu § 42 mwN; zur **Zulässigkeit einer erneuten Vorlage** der Rechtsfrage in anderen Vf oben 17. **Hat das BVerfG** die Rechtsvorschrift nicht für ungültig erklärt, sondern **nur** ihre **Verfassungswidrigkeit** bzw Unvereinbarkeit mit Bundesrecht **festgestellt,** so muß das Gericht, das die Sache vorgelegt hatte, das Vf aussetzen, bis der Gesetzgeber eine verfassungskonforme Regelung getroffen hat.[42] **Kommt** der Gesetzgeber **seiner Verpflichtung,** eine neue Regelung zu treffen, **nicht in angemessener Frist** bzw in der von BVerfG dafür gesetzten Frist nach, so müssen ggf die Gerichte im Wege der Lückenausfüllung eine Lösung finden (BVerfG 80, 34 = NVwZ 1989, 857).

5. Aussetzung und Vorlage an den EuGH: Gem **Art 234 EGV** muß das 20
Gericht das Vf aussetzen u eine **Vorabentscheidung des EuGH** über die Aus-

---

[41] BVerfG 63, 292; DVBl 1985, 445; NVwZ 2005, 801; s auch 6 zu § 5.

[42] BVerfG 28, 362; 81, 383; 82, 155; DVBl 1992, 34, 761: das BVerfG kann dafür eine Frist setzen; JZ 1992, 310; BayVerfGH 17, 113; 28, 53; BGH NJW 1980, 2085; NJW 1981, 1547; BAG NJW 1982, 2573; Heußner NJW 1982, 257; Jachmann JuS 1993, L 39; s auch oben 4 a.

legung des entscheidungserheblichen EU-Rechts (s dazu auch unten 22) einholen (zur Konkurrenz mit einem Vf nach Art 100 GG s oben 9 u BVerfG DÖV 2007, 248), wenn sich in einer für die Entscheidung wesentlichen Frage (s dazu unten 22) **Zweifel hins der Auslegung** des EGV, des EU-Vertrags (EUV) oder sonstigen primären EU-Rechts oder **hins der Gültigkeit** oder Auslegung von Handlungen (Verordnungen, Richtlinien usw) eines Organs der Europäischen Gemeinschaften oder, soweit dies in der entsprechenden Satzung vorgesehen ist, hins der Satzung einer vom Rat der Europäischen Gemeinschaften geschaffenen Einrichtung ergeben (zum Rechtsschutz ggü sekundärem Gemeinschaftsrecht durch deutsche Gerichte s 8e zu § 43). Mit Rücksicht auf ein beim EuGH anhängiges (Vertragsverletzungs-)Vf kann ein Revisionsverfahren, das gleichzeitig Fragen des Gemeinschaftsrechts aufwirft, auch ohne gleichzeitige Vorlage nach Art 234 EGV entspr § 94 ausgesetzt werden (NVwZ 2001, 319); ebenso jedes andere Vf vor einem VG, wenn bereits beim EuGH ein VorabentscheidungsVf anhängig ist (Ma DÖV 2002, 35). Zur Vereinbarkeit von Art 234 EGV mit Art 19 Abs 4 GG s – bej – BVerfG 65, 137; 73, 339 = DVBl 1987, 233; 75, 233; 76, 93; NJW 1987, 205.

21 **Zur Vorlage** nach Art 234 EGV ist grds **nur das** in einer Sache **in letzter Instanz entscheidende Gericht verpflichtet;**[43] **berechtigt** zur Vorlage ist jedes Gericht.[44] Die **speziellere Vorschrift des Art 68 EGV**, die für Regelungen, die den Titel IV EGV betreffen, eine Vorlagebefugnis der Instanzgerichte ausschließt, ist bedenklich. Sie dürfte mit elementaren **rechtsstaatlichen Grundprinzipien des EGV unvereinbar** sein und vermag deshalb eine solche Vorlagebefugnis nicht auszuschließen (Pache/Knauff NVwZ 2004, 16ff). Nicht zu befriedigen vermag deshalb auch die in der Literatur tlw vertretene Lösung, die die Verfahrensbeteiligten darauf verweisen will, eine letztinstanzliche Entscheidung herbeizuführen u auf diese Weise eine Vorlage an den EuGH zu ermöglichen (Dörr/Mager AöR 2000, 386, 391f; Geiger 1 zu Art. 68 EG), da auf diese Weise kein effektiver Rechtsschutz möglich ist u die Gerichte zur Anwendung gegen primäres Gemeinschaftsrecht verstoßender Normen des sekundären Gemeinschaftsrechts gezwungen würden. Die noch in Betracht zu ziehende Lösung, den Instanzgerichten eine Verwerfungsbefugnis zuzubilligen (Baumeister EuR 2005, 27ff), begegnet ebenfalls Bedenken, da sie das nach der Rspr des EuGH bestehende Verwerfungsmonopol des EuGH nicht beachtet u es überdies zweifelhaft erscheint, wenn den Instanzgerichten weiterreichende Befugnisse zugebilligt würden als dem letztinstanzlich entscheidenden Gericht.

Maßgeblich für die Frage, ob eine Entscheidung eines Gerichts iSd Art 234 Abs 3 EGV nicht mehr mit RMittel des innerstaatlichen Rechts angefochten werden kann, ist nicht, ob gegen eine gerichtliche Entscheidung überhaupt noch allg RMittel vorgesehen sind (sog abstrakte Betrachtungsweise – für sie zB OLG Celle NJW 1987, 597; Pescatore BayVBl 1987, 38), sondern ob in bezug auf die **konkrete Entscheidung** noch die Möglichkeit besteht, sie mit RMittel anzugreifen (sog **konkrete Betrachtungsweise**),[45] da nur so die Einheitlichkeit der Anwendung von Gemeinschaftsrecht gesichert werden kann. Eine Entscheidung ist auch dann iSd Art 234 Abs 2 EGV mit RMittel des innerstaatlichen Rechts anfechtbar, wenn die Einlegung von RMittel an eine Zulassung gebun-

---

[43] NJW 1987, 601: OVG nicht verpflichtet, jedenfalls, wenn revisibles Recht betroffen; NVwZ 1993, 770; NVwZ 2001, 320; Ms NVwZ-RR 2003, 616; BFH 148, 489 = NJW 1987, 3096 = BStBl II 1987, 305.

[44] NJW 1987, 601: pflichtgemäßes Ermessen, ob Vorlage; NVwZ 1993, 770; Ey-Geiger 16 zu § 1; Ehle NJW 1963, 935; EuGH NJW 1981, 1890: Ermessen des Gerichts, ob es die Vorabentscheidung einholen will.

[45] Mü NJW 1985, 2895; Burgi DVBl 1995, 777; Kokott/Henze/Sobotta JZ 2006, 634; Sch-Ehlers 36 zu Anh § 40 Art 177 EGV.

den ist u über diese Zulassung ein höherinstanzliches Gericht entscheidet. Dies trifft zB bei einem noch möglichen Antrag auf Zulassung der Berufung gem § 124a Abs 3 oder einer Nichtzulassungsbeschwerde gem § 133 zu, in deren Rahmen eine unzulässige Nichtvorlage als ein Verfahrensfehler iSd § 124 Abs 2 Nr 5 bzw § 132 Abs 2 Nr 3 gerügt werden kann (NKVwGO-Dörr 147 zu Europäischer Verwaltungsrechtsschutz). **Verneint ein nicht letztinstanzliches Gericht** die Gültigkeit **gemeinschaftsrechtlicher Handlungen** wg Verstoßes gegen höherrangiges Gemeinschaftsrecht, reduziert sich das sonst nach Art 234 Abs 2 EGV bestehende Vorlageermessen auf Null u ist das Gericht (auch dann, wenn seine Entscheidungen noch mit RMittel des innerstaatlichen Rechts angefochten werden können) zur Vorlage verpflichtet,[46] da nur so die Einheit der Gemeinschaftrechtsordnung gewahrt u dem Erfordernis der Rechtssicherheit Rechnung getragen werden kann (zur Vorlagepflicht iVm vorläufigen RechtsschutzVf 164 zu § 80 u 16 zu § 123). Zu weitgehend dürfte es aber sein, aus dem Prinzip der Gemeinschaftstreue (Art 10 EGV) abzuleiten, daß auch Untergerichte zur Vorlage verpflichtet seien, wenn die Rspr eines höheren nationalen Gerichts mit der Rspr eines Gemeinschaftsgerichts in Konflikt gerät (dazu Kokott/Henze/Sobotta JZ 2006, 634). Soweit ein Gericht zur Vorlage an den EuGH verpflichtet ist, ist es **auch dann nicht freigestellt,** wenn eine **Vorlage** oder ein Rechtsbehelf an das **BVerfG** in Betracht kommt (EuGH NVwZ 1993, 461). Sowohl die VB wie auch ein WiederaufnahmeVf stellen als außerordentliche Rechtsbehelfe keine RMittel iSd Art 234 Abs 3 EGV dar.

Eine **Vorlage kann unterbleiben,** wenn die zu beantwortende Frage **bereits** in einem anderen Fall vom EuGH **entschieden** worden ist u sich keine neuen Gesichtspunkte ergeben;[47] ebenso, wenn bereits beim EuGH ein Vf anhängig ist (NVwZ 2001, 319; Ma DÖV 2002, 35; s auch oben 20) **oder wenn** die Auslegung u richtige Anwendung der in Frage stehenden EG-Vorschrift **offensichtlich** ist, dh wenn „die richtige Anwendung des Gemeinschaftsrechts derart offenkundig ist, daß keinerlei Raum für einen vernünftigen Zweifel ... bleibt" **(acte-claire-Doktrin).**[48] Die Beurteilung, ob die richtige Anwendung des Gemeinschaftsrechts derart offensichtlich ist, daß für einen vernünftigen Zweifel kein Raum bleibt, überläßt der EuGH dabei primär dem nationalen Gericht (EuGH 2005, I–8151 Tz 38; Kokott/Henze/Sobotta JZ 2006, 635). Die Vorlage ist uU **auch mehrmals** möglich, wenn das vorlegende Gericht bisher **noch nicht berücksichtigte Gesichtspunkte** oder sonstige Gründe für eine notwendige Änderung der bish Rspr des EuGH geltend macht.[49] Eine Vorlagepflicht besteht immer, wenn das letztinstanzliche Gericht von der Rspr des EuGH abweichen würde. **Zur Vorlagepflicht in vorläufigen RechtsschutzVf** nach § 80 Abs 5, § 80 Abs 3, § 123, insb wenn ein Verstoß sekundären ge-

---

[46] EuGH 2005, I-10513 Tz 21; 2006, I-403 Tz 27; NJW 1988, 1451; Ey-Geiger 16 zu § 1; Kokott/Henze/Sobotta JZ 2006, 634; Sch-Ehlers 35 zu Anh § 40 Art 177 EGV; Stern JuS 1998, 772.

[47] BVerfG NJW 1988, 1456, 2173; BayVerfGH BayVBl 1985, 1811; DÖV 1988, 970 mwN; BGH NJW 1985, 2904: auch dann, wenn ein anderes oberes Gericht die Vorschrift anders ausgelegt hat; NJW 1990, 108; EuGH 1982, 3415 = NJW 1983, 1257; Kokott/Henze/Sobotta JZ 2006, 634; Stern JuS 1998, 772.

[48] Zur acte-claire-Doktrin s EuGH NJW 1983, 1257; BGH NJW 1983, 520: keine Vorlage, wenn eine Vorschrift des EG-Rechts nicht „auslegungsbedürftig" ist; BFH RiW 1985, 312; Kokott/Henze/Sobotta JZ 2006, 634; Stern JuS 1998, 772; Vedder NJW 1987, 537.

[49] EuGH 1969, 178; NJW 1982, 696; BVerfG 73, 368 = DVBl 1988, 41; NJW 1988, 1462; 4. 11. 1987 – 2 BvR 876/85 – Verstoß gegen Art 101 Abs 1 S 2 GG, wenn ein Gericht in einer entscheidungserheblichen Frage bewußt von der in einer anderen Sache ergangenen Entscheidung des EuGH abweicht u gleichwohl nicht oder nicht neuerlich vorlegt – Riegel BayVBl 1982, 620; Hienz DÖV 1987, 858; Rodi DÖV 1989, 751.

gen primäres Gemeinschaftsrecht angenommen wird, s 164 zu § 80 u 16 zu § 123.[50]

21 a Soweit die Vorlage obligatorisch ist, verletzt das Gericht, wenn es sie gleichwohl unterläßt, **Verfahrensrecht** iSv § 132 Abs 2 Nr 3,[51] außerdem, wenn es die Vorlage willkürlich (vgl oben 9 a) unterläßt, das **Recht** der Beteiligten **auf den gesetzlichen Richter** gem Art 101 Abs 1 GG.[52] Wenn Art 234 Abs 3 EGV in einer **offensichtlich unhaltbaren Weise gehandhabt** wird, hat eine auf die Verletzung des Art 101 Abs 1 S 2 GG gestützte VB Erfolg (BVerfG NVwZ 2005, 574). Eine offensichtlich unhaltbare Handhabung der Vorlagepflicht liegt nach BVerfG NVwZ 2005, 574 f vor allem vor, wenn das Gericht eine Vorlage überhaupt nicht in Erwägung gezogen hat, obwohl es selbst Zweifel hinsichtlich der Beantwortung der europarechtlichen Frage hegt **(grds Verkennung der Vorlagepflicht),** oder wenn das Gericht bewußt von der Rspr des EuGH abweicht (BVerfG NJW 1988, 1459; NVwZ 1991, 53) u gleichwohl nicht vorlegt **(bewußtes Abweichen ohne Vorlagebereitschaft).** Liegt zu einer entscheidungserheblichen Frage einschlägige Rspr des EuGH noch nicht vor oder hat eine vorliegende Rspr die entscheidungserhebliche Frage möglicherweise noch nicht erschöpfend behandelt oder erscheint eine Fortentwicklung der Rspr nicht nur eine entfernte Möglichkeit, so wird Art 101 Abs 1 S 2 GG nur dann verletzt, wenn das Gericht den ihm in solchen Fällen notwendig zukommenden Beurteilungsspielraum in unvertretbarer Weise überschritten hat **(Unvollständigkeit der Rspr).** Dies kann insb der Fall sein, wenn mögliche Gegenauffassungen zu der entscheidungserheblichen Frage des Gemeinschaftsrechts ggü der vom Gericht vertretenen Meinung eindeutig vorzuziehen sind (BVerfG NVwZ 1991, 53).

In bezug auf eine letztinstanzliche gerichtliche Entscheidung, die gegen Gemeinschaftsrecht verstößt u unter Verletzung der Vorlagepflicht des Art 234 EGV zustande kam, gebietet auch das Gemeinschaftsrecht **nicht die Einführung eines WiederaufnahmeVf** (**aA** Pache/Bielitz DVBl 2006, 331 f). Bei einer Verwaltungsentscheidung, die auf einer fehlerhaften Anwendung des Gemeinschaftsrechts beruht u die unter Verletzung des Art 234 EGV durch das letztinstanzliche gerichtliche Urteil bestätigt worden ist, kann die Behörde gem Art 10 EGV jedoch zu ihrer Aufhebung verpflichtet sein, wenn das nationale Recht der Behörde die Aufhebung der Entscheidung gestattet.[53] Iü besteht auch dort, wo eine Aufhebung nach nationalem Recht nicht mehr möglich ist, in Konsequenz der „Köbler-Entscheidung" des EuGH[54] für den Verletzten die Möglichkeit eines Schadensersatzanspr wg Gemeinschaftsrechtsverletzung.

22 **Voraussetzung der Vorlage sind** – anders als bei der Vorlage nach Art 100 GG, der Überzeugung von der Verfassungswidrigkeit erfordert (s oben 17)! – **Zweifel** hins der Gültigkeit bzw Auslegung (s oben 20) des in Frage stehenden Gemeinschaftsrechts; außerdem, **daß es für die Entscheidung** des Gerichts auf die **Gültigkeit bzw Auslegung ankommt** (EuGH 1965, 8; NJW 1980, 2640; 1983, 1257; Dauses JZ 1979, 125; Ey-Geiger 16 zu § 1). Letzteres trifft dann nicht mehr zu, wenn der Grund der Vorlagepflicht entfallen ist u sie damit sinn-

---

[50] Dazu auch Sandner DVBl 1998, 262 ff; Schenke VBlBW 2000, 64 f; Schoch DVBl 1997, 289 ff.

[51] S allg – auch zur Frage, ob bereits ein objektiver Verstoß gegen die Vorlagepflicht genügt – 6 zu § 138.

[52] Zur Frage, ob die Weigerung eines letztinstanzlichen Gerichts, ein VorabentscheidungsVf vor dem EuGH durchzuführen, den durch die EMRK begründeten Anspr auf ein faires Vf verletzen kann, s näher Kokott/Henze/Sobotta JZ 2006, 637 mwN.

[53] EuGH BayVBl 2004, 589 ff m Anm Lindner; Gärditz NWVBl 2006, 443 f; s dazu näher 21 zu § 121; 8 a zu § 153.

[54] EuGH, 2003 I-10 239; dazu Gundel EWS 2004, 8 ff; v Danwitz JZ 2004, 301 ff.

los wäre (Kokott/Henze/Sobotta JZ 2006, 634). Daß das Gericht selbst die Zweifel hins der Gültigkeit bzw der Auslegung hat oder teilt, ist nicht erforderlich; es **genügt,** daß solche **Zweifel von einem Beteiligten** des Vf geltend gemacht werden.[55] Dabei genügt es nicht, daß das EU-Recht dem Vorlagebeschluß zufolge für das nationale Recht in Bezug genommen worden ist, zB also nur aufgrund des nationalen Gesetzgebungsbefehls Geltung beansprucht (91, 82; EuGH 1990, I-3763 u I-4003); der EuGH prüft den Vorlagebeschluß jedoch insoweit grds nicht nach.

Hins der Erheblichkeit der Frage, über die Zweifel bestehen, für die Entscheidung des Gerichts, sind **keine strengen Anforderungen** zu stellen, zumal der EuGH auch grds nicht nachprüfen kann, ob eine Frage nach nationalem Recht entscheidungserheblich ist (EuGH 1974, 424; NJW 1979, 2663; 1986, 2132), es **sei denn, daß** die erbetene Auslegung oder Beurteilung der Gültigkeit einer Gemeinschaftsvorschrift offensichtlich in keinem Zusammenhang mit dem Gegenstand des AusgangsVf steht oder daß das Problem hypothetischer Natur ist, was in erster Linie freilich wieder das vorlegende Gericht selbst einschätzen muß.[56] Der EuGH prüft auch **nicht, ob** die Vorlageentscheidung **den Vorschriften über die Gerichtsorganisation** u über das Vf des vorlegenden Gerichts entspricht (EuGH DVBl 1982, 254; NVwZ 1993, 461).

Grds **nicht erforderlich** ist, **daß der Sachverhalt** bereits abschließend **geklärt ist** (EuGH 1981, 735; Rengeling/Jacobs DÖV 1983, 374). Auch im übrigen ist das Gericht bei der Entscheidung, in **welchem Verfahrensabschnitt** es die Frage vorlegen will, grds frei (EuGH NVwZ 1993, 461).

Das VorlageVf entspricht im wesentlichen dem Vf zu Art 100 GG. Die Vorlage ist vom Gericht **in der für die Hauptsacheentscheidung maßgebenden Besetzung** durch Beschluß zu beschließen (72, 124; s auch 6 zu § 5). Die **Beteiligten** haben **Anspruch** auf Vorlage, soweit die Vorlage obligatorisch ist, sonst nur Anspr auf ermessensfehlerfreie Entscheidung über die Vorlage; sie haben jedoch **kein förmliches Antragsrecht,** sondern können die Vorlage nur anregen (BVerfG 73, 369). Der Beschluß über die Vorlage u die Aussetzung als ein Annex dieser Vorlage[57] sind **nicht anfechtbar,**[58] ebenso auch nicht die Ablehnung einer Vorlage (vgl auch oben 18a). Dagegen dürfte eine unter dem Aspekt des Art 234 EGV erfolgte Aussetzung, die jedoch nicht mit einer Vorlage verbunden wird, mit einer Beschwerde anfechtbar sein (Ma DVBl 2002, 355).

Die Entscheidung des EuGH ist **(nur) für das vorlegende Gericht** u die weiteren Gerichte des Instanzenzugs (EuGH 1988, 371; Sch-Ehlers 53 zu Anh § 40 Art 177 EGV) u (nur) für den **Ausgangsfall** bindend, nicht auch für weitere gleichgelagerte Fälle.[59] **Faktisch** ergibt sich jedoch eine erga-omnes-**Bin-**

---

[55] S aber EuGH DVBl 1983, 267: keine Vorlagepflicht, wenn die Frage nach Auffassung des Gerichts nicht entscheidungserheblich ist; EuGH NJW 1986, 2182 unter Hinweis auf EuGH 1980, 273: Aufgabe des nationalen Gerichts, in voller Sachkenntnis die Erheblichkeit der in den vor ihm anhängigen Rechtsstreit aufgeworfenen Rechtsfragen u die Notwendigkeit einer Vorabentscheidung für den Erlaß seines Urteils zu beurteilen.

[56] EuGH 2001, I-2099 Tz 93; 2005, I-4983 Tz 34; Kokott/Henze/Sobotta JZ 2006, 635.

[57] Nicht ausreichend beachtet wird dieser Annexcharakter durch Schmidt-Aßmann VBlBW 2006, 130f.

[58] BFH 132, 217; Ma DÖV 1986, 707m Anm Hilf EuGRZ 1986, 572; Dauses VorabentscheidungsVf 83f; NKVwGO-Schmid 55; RÖ-M. Redeker 6 zu § 146; Sch-Ehlers 59 zu Anh § 40 Art 177 EGV; Sch-Meyer-Ladewig/Rudisile 9 zu § 146; **aA** Ma InfAuslR 2000, 168; Kenntner, in: Bergmann/Kenntner, Deutsches Verwaltungsrecht unter europäischem Einfluss, 2002, 85ff; NKVwGO-Dörr 145 zu Europäischer Verwaltungsrechtsschutz; Schmidt-Aßmann VBlBW 2006, 131.

[59] Sachs NJW 1982, 467 mwN; wohl auch BVerfG 75, 233 = NJW 1988, 1459; **aA** Stöcker NJW 1981, 1907; zT **aA** auch EuGH 1981, 1191: allg zu beachten; erneute Vorlage jedoch zulässig; s auch oben 21.

dungswirkung (Sch-Ehlers 55 zu Anh § 40 Art 177 EGV; Bleckmann 276) dadurch, daß **eine bewußte Abweichung** von einer Entscheidung des EuGH, ohne daß das Gericht vorher an den EuGH vorlegt, als Verletzung von EG-Recht sowie des **Rechts auf den gesetzlichen Richter** anzusehen ist (BVerfG NJW 1988, 2173; NVwZ 1991, 53). Zur **Bindung des BVerfG** an eine Vorabentscheidung des EuGH vgl – verneinend – Schilling, Staat 1990, 161.

23 **6. Eine Aussetzung zur Fehlerheilung** (§ 94 S 2 aF) ist nach der ersatzlosen Streichung dieser Vorschrift nicht mehr möglich (oben 1; zur früheren Regelung eingeh die 12. Aufl). Deshalb kann auch dann, wenn wg inhaltlicher Mängel eines Planfeststellungsbeschlusses ein ergänzendes Vf nach § 17 Abs 6c S 2 FStrG aF (nunmehr § 17e Abs 6 S 2 FStrG) durchgeführt wird, das Gericht nicht entspr § 94 S 2 aF aussetzen (anders vor Novellierung des § 94 Mü UPR 2000, 237).

§ 95 [Anordnung des persönlichen Erscheinens]

(1) **Das Gericht kann das persönliche Erscheinen eines Beteiligten**[2] **anordnen.**[1 ff] **Für den Fall des Ausbleibens**[3 ff] **kann es Ordnungsgeld wie gegen einen im Vernehmungstermin nicht erschienenen Zeugen androhen. Bei schuldhaftem Ausbleiben setzt das Gericht durch Beschluß das angedrohte Ordnungsgeld fest. Androhung und Festsetzung des Ordnungsgelds können wiederholt werden.**[1 ff]

(2) **Ist Beteiligter**[2] **eine juristische Person oder eine Vereinigung, so ist das Ordnungsgeld dem nach Gesetz oder Satzung Vertretungsberechtigten anzudrohen und gegen ihn festzusetzen.**

(3) **Das Gericht kann einer beteiligten öffentlich-rechtlichen Körperschaft oder Behörde aufgeben, zur mündlichen Verhandlung einen Beamten oder Angestellten zu entsenden, der mit einem schriftlichen Nachweis über die Vertretungsbefugnis versehen und über die Sach- und Rechtslage ausreichend unterrichtet ist.**[5]

Vgl § 141 ZPO; § 111 SGG; § 80 FGO

Schrifttum: *Heckel,* Die Videokonferenz im Verwaltungsprozeß, VBlBW 2001, 1; *Vonderau,* Anordnung des persönlichen Erscheinens von juristischen Personen, NZA 1991, 336.

1 **1. Allgemeines:** Die Vorschrift gibt dem Gericht – dh dem Kollegium bzw dem Einzelrichter (RÖ-Kothe 4) – die Möglichkeit, durch (nach § 146 Abs 2 nicht selbständig anfechtbaren) Beschluß im Interesse der Beschleunigung des Vf **(Konzentrationsmaxime) u** der **Klärung des Sachverhalts,** insb auch der Klarstellung des schriftlich Vorgetragenen, oder auch im Interesse der **gütlichen Beilegung** des Rechtsstreits (14, 146; Mü VRspr 25, 253; Ms NJW 1968, 2160), das **persönliche Erscheinen** von Beteiligten zur mV oder zu einem andern Termin anzuordnen. Angeordnet u ggf nach S 2 u 3 erzwungen werden kann nur die Anwesenheit, nicht auch, daß der Betroffene sich zur Sache oder zu einzelnen Fragen erklärt (RÖ-Kothe 8; vgl auch OLG Karlsruhe NJW 1978, 2247). § 95 bietet auch **keine Grundlage für eine Beweisaufnahme** durch Vernehmung eines Beteiligten (17, 127; vgl auch Mü VRspr 25, 253; Ey-Geiger 3); hierzu bedarf es einer besonderen Anordnung u der Durchführung des formellen BeweisVf nach § 96 Abs. 1, § 450 ZPO (RÖ-Kothe 1). Gem **§ 87 Abs 1 S 2 Nr 5** haben der **Vorsitzende bzw der Berichterstatter** schon vor der mV die dem § 95 entsprechende Befugnis, einschließlich der Sanktionsmöglichkeiten (s 5 zu § 87).

2 **2. Die Entscheidung über die Anordnung** des persönlichen Erscheinens eines Beteiligten steht im (durch das Revisionsgericht nur sehr beschränkt nach-

prüfbaren, vgl 20 zu § 137) **Ermessen des Gerichts** (dh: nicht des Vorsitzenden allein!); dies gilt auch ggü inhaftierten Beteiligten (s unten 4). **Beteiligte** iSd § 95 sind, wie sich aus Abs 2 ergibt, nicht nur die Beteiligten iSd § 63, soweit sie natürliche Personen sind, sondern auch die gesetzlichen oder satzungsmäßigen Vertreter juristischer Personen u Vereinigungen u die gesetzlichen Vertreter nicht prozeßfähiger Personen (Kochler 715; RÖ-Kothe 2). Wenn der Beteiligte der Anordnung seines persönlichen Erscheinens nicht rechtzeitig nachkommen kann, muß er grds einen **begründeten Antrag** auf Verlegung des Termins stellen (Ks NVwZ-RR 1998, 404; s auch 6 zu § 102).

Auch gegen die letztgenannten Personen sind nicht nur Ordnungsgeldandrohungen u -festsetzungen, sondern auch bereits die Anordnungen nach Abs 1 möglich. Angesichts der allg Fassung des Abs 2 gilt dies – unbeschadet der nach Abs 3 zulässigen Anordnung – auch ggü den nach dem Organisationsrecht zur Vertretung zuständigen **Organen juristischer Personen des öffentlichen Rechts,** dh des Bundes, der Länder, Gemeinden u sonstiger juristischer Personen des öffentlichen Rechts, **auch** zB ggü **Ministern, Bürgermeistern** usw (so wohl RÖ-Kothe 2; **aA** Ule VwGO 325). Vgl allg auch Vonderau NZA 1991, 336.

3. Sanktionen bei schuldhaftem Ausbleiben: Angedroht u festgesetzt werden kann nur Ordnungsgeld, keine Haftstrafe. Erforderlich ist die **Androhung eines Ordnungsgeldes in bestimmter Höhe,** dh unter Angabe eines festen Betrags (so auch NKVwGO-Lang 26). Gegen die Androhung wie auch gegen die Festsetzung ist die **Beschwerde** (§ 146 Abs 1) gegeben (**aA** Ey-Geiger 7: nur gegen die Festsetzung; ebenso B-Kuntze 6; NKVwGO-Lang 43; Sch-Rudisile 33). Eine **Vorführung** ist **nicht zulässig.** Die durch das Ausbleiben **verursachten Kosten** können einem Beteiligten **nach § 155 Abs 4** auferlegt werden. 3

4. Das **Ausbleiben** (auch das unverschuldete) eines Beteiligten bzw Vertreters, dessen persönliches Erscheinen angeordnet war, **hindert** das Gericht **nicht** – auch nicht unter dem Gesichtspunkt des rechtlichen Gehörs –, **in der Sache zu entscheiden** (JR 1969, 194; **aA** NJW 1961, 892; RÖ-Kothe 5: nur bei verschuldetem Ausbleiben), da die Anordnung nur der Sachaufklärung, nicht der Wahrung des rechtlichen Gehörs dient u bei dem betroffenen Beteiligten daher auch nicht die Erwartung rechtfertigt, daß unter keinen Umständen ohne seine persönliche Anhörung entschieden werden wird (str; vgl. auch 26 zu § 108). Ebensowenig ist Abs 1 S 1 – auch nicht iVm Art 103 Abs 1 GG – eine Verpflichtung des Gerichts, bei **Beteiligten, die sich in Haft befinden,** das persönliche Erscheinen anzuordnen, zu entnehmen.[1] Wenn das persönliche Erscheinen angeordnet wurde u der Beteiligte schuldhaft nicht erscheint, kann die Tatsache des Nichterscheinens zu seinen Lasten gewertet werden, zB hins der Frage, ob weitere Sachaufklärung geboten ist; das Erscheinen eines Prozeßbevollmächtigten stünde dem nicht entgegen (vgl BVerfG DVBl 1994, 1404, oben 12 zu § 86). 4

5. Entsendung eines „Behörden"vertreters: Abs 3 ermächtigt das Gericht bei Körperschaften des öffentlichen Rechts, worunter nach dem Zweck der Vorschrift **auch Bund, Länder u Gemeinden** zu verstehen sind (Ule VwGO 325; Koehler 714; Ey-Geiger 11; Sch-Rudisile 36), u **bei Behörden** – ggf neben oder anstelle einer Anordnung nach Abs 1 – auch die Entsendung eines (nicht eines bestimmten, EF 9; offen BVerwG InfAuslR 1984, 153) Beamten oder Angestellten **anzuordnen.** Bestimmte Personen können nur nach § 98 als Zeugen geladen werden. Die Anordnung ist auch zulässig, wenn die Vertretung allg dem VöI übertragen ist. Sie ist immer an die Körperschaft oder Behörde, 5

---

[1] So DÖV 1974, 825 für den Fall, daß der Betroffene durch einen RA vertreten ist; offengelassen für nicht nach § 67 vertretene Beteiligte.

nicht wie Anordnungen nach Abs 1 oder 2 an eine bestimmte Person, zu richten. Die **Sanktionsmöglichkeit** nach Abs 1 u 2 ist bei Anordnungen nach Abs 3 nicht gegeben. Vgl aber 12f zu § 86.

§ 96 [Unmittelbarkeit der Beweisaufnahme]

(1) **Das Gericht erhebt Beweis in der mündlichen Verhandlung.**[1] **Es kann insbesondere Augenschein einnehmen, Zeugen, Sachverständige und Beteiligte vernehmen und Urkunden heranziehen.**[1]

(2) **Das Gericht kann in geeigneten Fällen schon vor der mündlichen Verhandlung durch eines seiner Mitglieder als beauftragten Richter Beweis erheben lassen oder durch Bezeichnung der einzelnen Beweisfragen ein anderes Gericht um die Beweisaufnahme ersuchen.**[2 ff]

Vgl §§ 355, 361 ff, 358a ZPO; § 117 SGG; § 81 FGO

Schrifttum: *Böhm,* Die Verwertung mittelbarer Beweismittel im Verwaltungsgerichtsprozeß, NVwZ 1996, 427; *Weth,* Der Grundsatz der Unmittelbarkeit der Beweisaufnahme, JuS 1991, 34.

1 **1. Allgemeines:** § 96 schreibt die **Unmittelbarkeit** u – zusammen mit § 101 – auch die **Mündlichkeit von Beweisaufnahmen** vor. Vgl zu den Grundsätzen der Unmittelbarkeit u Mündlichkeit allg Ule 29 I; SGH 547f. Zu diesem Zweck ordnet Abs 1 an, daß Beweise grds **in der mV erhoben** werden müssen, damit die Beteiligten (§ 63) dabei anwesend sein u sich dazu äußern können (vgl § 97; § 108 Abs 2) u damit auch alle Mitglieder des Gerichts (§§ 5 Abs 3, 9 Abs 3) **aufgrund ihres unmittelbaren eigenen persönlichen Eindrucks** von der Beweisaufnahme entscheiden können. Die Grundsätze der **freien Beweiswürdigung u** der **Unmittelbarkeit der Beweisaufnahme** gebieten es, daß das Gericht bei seiner Entscheidung nur das berücksichtigen darf, **was auf der persönlichen Wahrnehmung aller** an der Entscheidung beteiligten **Richter** beruht **oder aktenkundig** ist, insb auch, was aus der Niederschrift (§ 105) hervorgeht, u wozu die Parteien sich zu erklären Gelegenheit hatten (vgl BGH 53, 257 = NJW 1970, 946; NJW 1991, 1302; NVwZ 1992, 916). Die Unmittelbarkeit der Beweisaufnahme erfordert allerdings nicht, daß ein einmal in der mündlichen Verhandlung mit der Sache befaßter ehrenamtlicher Richter bis zur Entscheidung mit der Sache befaßt bleiben muß; bei einem Richterwechsel ist es daher ausreichend, wenn der Vorsitzende oder Berichterstatter den bisherigen Prozeßverlauf nach § 103 Abs 2 vorträgt (NVwZ 1999, 657). Zum Begriff der Mündlichkeit s auch 1 ff zu § 101, zu den **einzelnen Beweismitteln** u zum **Vf** bei der Beweiserhebung 1 ff zu § 98, zu Beweisaufnahmen usw im Rahmen der **Rechtshilfe für Verwaltungsbehörden** § 180, zur Verwertung von **Gutachten, die** von der Behörde **im vorausgegangenen VerwaltungsVf** oder im VorVf eingeholt worden sind, unten 10; ferner 15a zu § 98.

2 Der Grundsatz der Unmittelbarkeit der Beweisaufnahme wird **zB dadurch verletzt,** daß das Gericht „ohne Not" (zB weil ein Beweismittel nicht mehr zur Verfügung steht; s unten) **nicht selbst eine Stellungnahme** einer bestimmten Auskunftstelle **einholt** oder jedenfalls die von der Behörde eingeholte Stellungnahme zum Gegenstand der mV macht, sondern sich insoweit mit der Wiedergabe der Stellungnahme in der Entscheidung der Behörde begnügt (NJW 1983, 695); daß es bei der Urteilsfindung maßgeblich auf die **Glaubwürdigkeit eines *Zeugen*** *abstellt,* obwohl keiner der mitwirkenden Richter an der Beweisaufnahme teilgenommen hat[1] oder daß es einen **Zeugen nicht persönlich hört,**

[1] BVerwG Buchh 402.25 § 1 AsylVfG Nr 235; OLG Düsseldorf MDR 1989, 924 = NStZ 1989, 485; NJW 1991, 2781.

sondern die Aussage durch Verwertung einer schriftlichen Erklärung im Wege des Urkundenbeweises ersetzt (NVwZ 1984, 791; VRspr 31, 885; Ks NJW 1984, 823). Vgl zu **„Zeugen vom Hörensagen“** auch unten 5; ferner 8 zu § 98.

Der Grundsatz der Unmittelbarkeit u Mündlichkeit von Beweisaufnahmen 3
verbietet es andererseits nur, daß das Gericht seine entscheidende Überzeugung vom Vorhandensein oder Nicht-Vorhandensein wesentlicher Tatsachen aus **mittelbaren Erkenntnismöglichkeiten** (Erkenntnisquellen) gewinnt, obwohl unmittelbare zur Verfügung stünden, die eindeutige, gesicherte Erkenntnisse bieten[2] u deren Erhebung dem Gericht **zumutbar** ist (BSG NJW 1990, 1558; OLG Düsseldorf NJW 1991, 2781; s dazu unten 4). Er steht daher auch **nicht entgegen, daß** das Gericht die nach § 99 **beigezogenen Akten,** sonstige Aktenvermerke, Auskünfte usw ebenfalls zum Gegenstand der mV macht (s § 108 Abs 1) u zu Beweiszwecken verwertet, zB **im Weg des Urkundenbeweises** auch in den Akten enthaltene Niederschriften über Zeugenaussagen, über das Ergebnis eines gerichtlichen Augenscheins (vgl BGH NVwZ 1992, 916) usw, nachdem die Beteiligten nach § 108 Abs 2 Gelegenheit hatten, sich dazu zu äußern.[3] Das Gericht darf sein Urteil **nur nicht allein u ausschließlich darauf** stützen, wenn andere Beweismittel, zB Zeugen, von einem Beteiligten benannt werden oder sich dem Gericht aufdrängen (DÖV 1993, 536; Buchh 310 § 96 VwGO Nr 42; s auch unten 10).

Als zulässig hat es der BGH daher zB auch angesehen, daß das Gericht einen (zusätzlich) gestellten Beweisantrag auf **Augenscheinnahme** einer Örtlichkeit **ablehnt, wenn** eine von derselben Partei vorgelegte **Fotografie die Örtlichkeit** in ihren für die rechtliche Beurteilung maßgeblichen Merkmalen hinreichend ausweist u die Partei keine von der Fotografie abweichenden Merkmale behauptet,[4] oder daß das Gericht die **Ablichtung einer Urkunde,** die nicht im Original zur Verfügung steht, zum Gegenstand der Beweisaufnahme u der Verhandlung macht, wenn insoweit Zweifel an der Originaltreue nicht geltend gemacht werden u auch sonst kein Anlaß zu Zweifeln besteht (vgl BGH NStZ 1986, 519).

Als zulässig anzusehen ist im Zweifel auch ausnahmsweise ein Verzicht auf an u 4
für sich bestehende unmittelbare Aufklärungsmöglichkeiten dann, wenn direkte Feststellungen mit **unverhältnismäßigen Schwierigkeiten** verbunden wären, zB die Vernehmung von über 3300 Personen u die unmittelbare Überprüfung der sie betr Urkunden, u andererseits die Ergebnisse entsprechender Untersuchungen von Behörden oder von dritter Seite verfügbar sind, deren Richtigkeit u Zuverlässigkeit von den Beteiligten nicht ernsthaft u substantiiert in Frage gestellt werden u die auch sonst zu keinen Zweifeln Anlaß geben (vgl BSG NJW 1990, 1558), oder wenn das Gericht, zB bei einer in jeder Hinsicht fehlerfrei u hinreichend umfassend durchgeführten Vernehmung eines Zeugen im Ausland im Weg der Rechtshilfe, **selbst auch keine wesentlich andere, bessere Möglichkeit** hätte (vgl OLG Karlsruhe NJW-RR 1990, 191); uU auch, wenn ein **Zeuge zu weit entfernt** wohnt (vgl OLG Düsseldorf NJW 1991, 2781 zu § 251 Abs 1 Nr 3 StPO).

Nicht schlechthin ausgeschlossen wird durch den Grundsatz der Unmittelbar- 5
keit gem Abs 1 auch der **Beweis vom Hörensagen,** bei dem nicht originär berichtet, sondern ein fremder Wahrnehmungsbericht reproduzierend wiedergegeben wird (vgl BVerfG BayVBl 1992, 111; Geppert Jura 1991, 538; s auch 8 zu § 98). **Verboten** ist **analog §§ 250, 252 StPO** grds nur eine Ersetzung unmit-

---

[2] NVwZ-RR 1990, 221; BFH NJW 1991, 3055; BSG 62, 19; NJW 1990, 1558; Weth JuS 1991, 34.

[3] NJW 1986, 3221; DÖV 1993, 538; BGH NVwZ 1992, 916; Ks NJW 1984, 823; OLG München NJW 1986, 263; Vollkommer NJW 1986, 264.

[4] BGH NJW-RR 1987, 1237; BVerwG 13. 10. 1994 – 8 B 162/94.

telbarer Zeugenaussagen durch Vernehmungsprotokolle von Behörden – nicht auch von Gerichten! –, **wenn** eine **direkte Vernehmung unschwer möglich wäre,** bzw, wenn Zeugen von ihrem Zeugnisverweigerungsrecht Gebrauch machen. **Bei Zeugnisverweigerung** darf das Gericht nicht nur nicht anstelle der nicht mehr zulässigen Vernehmung auf gerichtliche oder behördliche Vernehmungsniederschriften zurückgreifen, sondern **auch Zeugen darüber nicht vernehmen** (vgl BGHSt 21, 218; Geppert Jura 1988, 306 mwN).

6 Insb erfordert auch der Grundsatz der Unmittelbarkeit **keine Wiederholung einer Beweisaufnahme,** wenn eine bestimmte Beweisaufnahme bereits einmal stattgefunden hat u die Sache sich nunmehr aufgrund eines RMittel in der höheren Instanz befindet oder aus anderen Gründen, etwa wg eines Richterwechsels (s 4 ff zu § 112), neu verhandelt werden muß.[5] Sind über die frühere Beweisaufnahme ausreichende Niederschriften vorhanden u kommt es nicht entscheidend auf den unmittelbaren Eindruck, den zB ein Zeuge macht, an, so **genügt idR die Verlesung** u Verwertung **der Niederschrift** über die Beweisaufnahme in der Vorinstanz bzw in der früheren Verhandlung[6] oder der **Bericht eines Mitglieds** des Gerichts, das bei der Beweisaufnahme mitgewirkt hat (NJW 1986, 3154; s auch 4 zu § 112), **es sei denn, daß** ein Beteiligter **begründete Bedenken** dagegen vorbringt, denen sich das Gericht nicht ohne weiteres verschließen kann, oder das Gericht selbst Bedenken hat, ohne Wiederholung der Beweisaufnahme sich den bisher daraus gezogenen Schlüssen, zB hins der persönlichen Glaubwürdigkeit eines Zeugen[7] anzuschließen, **bzw andere Schlüsse** daraus ziehen will als die Vorinstanz[8] oder einer Aussage eine andere, vom Wortsinn abweichende Bedeutung beimessen will (BayVerfGH BayVBl 1988, 204). **Entsprechendes gilt** auch für eine nochmalige **Anhörung** eines schon in der Vorinstanz gehörten **Sachverständigen** (BGH NJW 1993, 2380). S insoweit auch 16 zu § 98.

7 Hat das erstinstanzliche Gericht von zwei sich **widersprechenden Zeugenaussagen** keiner Glauben geschenkt, so kann das Berufungsgericht nicht ohne erneute Vernehmung dem einen Zeugen deshalb glauben, weil es den anderen Zeugen wg Widersprüchen u Unvollständigkeiten in seiner Bekundung, die es aus dem Prozeßstoff herleiten will, für unglaubwürdig hält (BGH NJW 1991, 3285). Entsprechendes gilt, wenn das untere Gericht aufgrund seiner anderen rechtlichen Beurteilung eine **Aussage nicht gewürdigt** hat oder jedenfalls im Urteil nicht dazu Stellung genommen hat, es nach der Rechtsauffassung des Berufungsgerichts aber darauf ankommt oder ankommen kann u das Berufungsgericht die Glaubwürdigkeit des Zeugen bezweifelt.[9]

8 **Ohne weiteres zulässig** ist die maßgebliche **Verwertung von Niederschriften** über frühere Beweisaufnahmen im Wege des Urkundsbeweises, wenn alle Beteiligten **zustimmen** oder wenn der **Zeuge,** um dessen Aussage es geht, nicht oder **nicht mehr zur Verfügung steht.**[10] Beantragt ein Beteiligter aller-

---

[5] Vgl BGH NJW 1968, 1138; 1977, 384; 1986, 284, 2885; 1987, 3205; BayVerfGH BayVBl 1988, 204; Pantle NJW 1987, 3160; NKVwGO-Lang 30.

[6] Vgl Buchh 310 VwGO § 86 Abs 1 Nr 87; NJW 1986, 3154; BSG MDR 1989, 1131; BGH NJW 1991, 1302; 3284u 3285; NVwZ 1992, 916; BAG DB 1990, 332; Ks NJW 1984, 823.

[7] Buchh 402.25 § 1 AsylVfG Nr 235; BayVerfGH BayVBl 1988, 204; BGH NJW 1984, 2629; 1985, 3078; 1986, 2885; 1991, 1183 u 1302; NJW-RR 1995, 1021; BAG DB 1990, 332; BSG MDR 1989, 1131; enger OLG Düsseldorf 4. 7. 1991 – 28 u 96/91: Verstoß, wenn es auf die Glaubwürdigkeit eines Zeugen ankommt u keiner der Richter an der Beweisaufnahme teilgenommen hat.

[8] Vgl BGH NJW 1987, 3205; 1988, 484; 1991, 3284 u 3285; NJW-RR 1995, 1021 mwN; BayVerfGH BayVBl 1988, 204.

[9] 14. 9. 1999 – 5 B 44/99; BGH NJW-RR 1991, 1102; 1993, 893: erneute Vernehmung erforderlich.

[10] NVwZ 1984, 791; BGH MDR 1970, 135; NJW 1985, 986 m Anm Fezer JZ 1985, 496 – zu einem Zeugen, dessen Leben gefährdet wäre, wenn er persönlich aussagen würde.

dings förmlich eine erneute Zeugenvernehmung, so ist eine Berücksichtigung der Niederschrift über die Beweisaufnahme in einem anderen Vf im Wege des Urkundsbeweises nicht möglich (Buchh 310 § 96 VwGO Nr 42; s auch unten 10).

Die Zulässigkeit eines **Absehens von einer erneuten** persönlichen **Vernehmung** eines Zeugen oder Sachverständigen ist nach Ermessen des Gerichts – s zu den Grenzen des Ermessens auch BGH NJW 1990, 3088; 1991, 1183; BAG NZA 1990, 74; Nassall ZZP 1985, 313 – darüber hinaus aber auch sonst **analog Abs 2** zu bejahen, **wenn** jedenfalls ein **Mitglied des Gerichts an der Beweisaufnahme teilgenommen hat** u sein Bericht darüber zum Gegenstand der mV gemacht wird. Es kann insoweit keinen Unterschied bedeuten, ob das Gericht auf den Bericht eines beauftragten oder ersuchten Richters zurückgreift oder auf den Bericht eines eigenen Mitglieds, das an der früheren Beweisaufnahme teilgenommen hat. Vgl auch BGH NJW 1991, 3284: bei der Beurteilung einer Zeugenaussage ist zwischen der auf die Sachdarstellung bezogenen Glaubhaftigkeit u der sich auf die Persönlichkeit des Zeugen beziehenden Glaubwürdigkeit zu unterscheiden; das Kollegium kann die Glaubwürdigkeit eines von dem Einzelrichter vernommenen Zeugen, die von einer Partei substantiiert in Zweifel gezogen worden ist, nur dann beurteilen, wenn der Einzelrichter seinen Eindruck von dem Zeugen u von dessen Glaubwürdigkeit im Protokoll niedergelegt hat. Ähnlich BGH NJW 1991, 1180 u 3285 u NJW 1992, 1966.

Andererseits kann sich in einem Vf selbst vor ein u demselben Gericht in derselben Besetzung u um so mehr bei Richterwechsel oder in der Rechtsmittelinstanz immer die **Notwendigkeit einer erneuten** oder ergänzenden **Vernehmung** ergeben, wenn sich nachträglich Zweifel, Unklarheiten oder Widersprüche allg oder zu einzelnen Fragen ergeben (vgl BGH NJW 1986, 2887). Auch die Beteiligten haben in solchen Fällen grds ein Recht auf **nochmalige Anhörung** (vgl BGH NJW 1986, 2887), bei Sachverständigen uU auch auf Bestellung eines **weiteren Gutachters** (vgl 10 zu § 108, 15a zu § 98). Vgl auch BVerwG BayVBl 1985, 375: die nochmalige Vernehmung eines Zeugen nach § 398 Abs 1 ZPO steht im Ermessen des Gerichts; zum Recht Beteiligter auf **Befragung des Sachverständigen** nach Erstattung eines schriftlichen Gutachtens auch Schur SGb 1985, 529. 9

Bei **Beweismitteln, bei denen dem persönlichen Eindruck keine** wesentliche **Bedeutung** zukommt, wie zB bei Sachverständigengutachten, entsteht das Problem der Unmittelbarkeit von vornherein nicht. Das Gericht kann daher unbeschränkt auch **die in früheren Verfahren,** insb in der Vorinstanz (vgl zB BSG SozR 109 S 99 Nr 18) oder in anderen Fällen, auch zwischen anderen Beteiligten (vgl BGH NJW 1991, 2825) oder **in der Verwaltungsinstanz** (s 15a zu § 98 mwN), **erstatteten Gutachten,** Auskünfte, Vernehmungsprotokolle usw im Wege des Urkundenbeweises (NJW 1986, 3221; DÖV 1993, 536; BGH LM § 286 – E – ZPO Nr 7) heranziehen u verwerten, soweit andere Beteiligte dadurch keine Rechte verlieren (s 10 u 15f zu § 98). Es muß jedoch **Zeugen** jedenfalls dann nochmals **selbst** vernehmen, wenn dies von einem Beteiligten beantragt wird oder die Notwendigkeit dazu sich ihm aufdrängen muß (DÖV 1993, 536; Buchh 310 § 96 VwGO Nr 42; s insb auch oben 6). Auch Gutachter, Auskunftgebende usw des vorangegangenen Vf sind jedoch, wenn ein Beteiligter dies beantragt, zur Wahrung des **rechtlichen Gehörs** der Beteiligten (NVwZ 1993, 578) und/oder zur Aufklärung vermeintlicher oder wirklicher Widersprüche im Gutachten oder mit anderen Gutachten, in Auskünften usw u zur Klärung offener Fragen (NVwZ 1993, 578) ergänzend zur **Erläuterung ihres Gutachtens,** ihrer Auskunft usw zur mV zu laden, soweit die Voraussetzungen gem § 411 Abs 3 ZPO gegeben sind. Außerdem muß das Gericht **zur Wahrung des rechtlichen Gehörs** die Beteiligten auf das Vorliegen der entsprechenden Beweismittel, die es zu berücksichtigen gedenkt, hinweisen, wenn deren Vorliegen 10 diesen nicht bekannt ist, u ihnen **Gelegenheit zur Stellungnahme** sowohl hins der Verwertung als auch zum Inhalt geben (BGH NJW 1991, 2825).

11 **2. Beweiserhebung durch beauftragte oder ersuchte Richter (Abs 2):** Abs 2 ergänzt § 87 Abs 3 (s dazu auch 5 a zu § 87). Die Befugnisse nach Abs 2 u nach § 87 Abs 3 stehen grds alternativ nebeneinander, allerdings mit der Maßgabe, daß eine Entscheidung des Gerichts gem Abs 2 grds der Befugnis nach § 87 Abs 3 vorgeht u entspr Beweiserhebungen durch den Vorsitzenden oder den Berichterstatter aus „eigenem Recht" nach § 87 Abs 3 ausschließt. Das Gericht kann **nach seinem Ermessen** in geeigneten Fällen mit der Beweisaufnahme auch einen **beauftragten Richter** (berufsrichterliches Mitglied des Gerichts) oder einen **ersuchten Richter** (fremdes Gericht oder ein einzelner Richter eines fremden Gerichts, der von diesem Gericht beauftragt wird) betrauen. § 96 bietet aber keine Grundlage für die Übertragung **weitergehender Aufgaben.** Vgl insoweit jedoch nunmehr § 87 a Abs 2. Wird gem Abs 2 ein **anderes Gericht** um eine Beweisaufnahme ersucht, so kann dieses analog Abs 2 HS 1 **auch eines seiner Mitglieder** mit der Beweiserhebung beauftragen (Ganter NVwZ 1985, 173).

12 Für die **Verwertung** der durch den beauftragten oder ersuchten Richter erhobenen Beweise **bei der Entscheidung** des Gerichts gelten die oben zu 2 dargelegten Grundsätze (vgl BGH NJW 1991, 1302 mwN; 1991, 3284).

Eine Augenscheinseinnahme durch den beauftragten Richter bleibt auch dann verwertbar, wenn der Richter an der späteren Entscheidung nicht mitwirkt (GewA 1995, 35).

13 Die **Entscheidung,** ob das Gericht von der Möglichkeit des Abs 2 Gebrauch machen will u zu welchem Beweisthema, im Fall der Beauftragung eines ersuchten Richters auch über die einzelnen Beweisfragen, ist **Sache des Gerichts,** nicht des Vorsitzenden oder des Berichterstatters; § 87 a Abs 1 u 3 ist insoweit nicht anwendbar (s aber oben 11). Beauftragt werden kann nur **ein (einziger) Richter,** zB der Vorsitzende oder der Berichterstatter.[11] Wird ein anderes Gericht um eine Beweisaufnahme ersucht, so kann dieses – nicht auch das ersuchende Gericht – analog Abs 2 eines seiner Mitglieder mit der Durchführung betrauen (s oben 1).

14 **Die Entscheidung,** ob von der Möglichkeit des Abs 2 Gebrauch gemacht werden soll, steht im (vom Revisionsgericht nur beschränkt nachprüfbaren, s 20 zu § 137) **Ermessen** des Gerichts. Einzige rechtliche Voraussetzung ist, daß es sich um einen **„geeigneten Fall"** handelt, daß also das Gericht sich seine aus dem Gesamtergebnis des Vf gewonnene Überzeugung auch ohne unmittelbaren persönlichen Eindruck von einzelnen festzustellenden Tatsachen, die Gegenstand der Beweisaufnahme durch den beauftragten Richter sind, verschaffen kann.[12] § 375 ZPO ist insoweit nicht anwendbar. Für die Beurteilung, ob ein Fall im Sinn von Abs 2 geeignet ist, gelten die in § 87 Abs 3 S 2 genannten Gesichtspunkte entsprechend (NJW 1994, 1975; s dazu 5 a zu § 87). Wg des im Verwaltungsprozeß geltenden Untersuchungsgrundsatzes ist bei Beauftragung eines Richters **§ 359 Nr 1 ZPO** nur in dem Sinn anzuwenden, daß der Beweisbeschluß **nur die Richtung erkennen lassen** muß, in der das Gericht eine

---

[11] 25, 251; 41, 174; DÖV 1968, 183; Ey-Geiger 11; BGH NJW 1960, 1252 unter Hinweis darauf, daß, wenn mehrere Richter beauftragt würden, diesen bei der Abstimmung ein unzulässiges Übergewicht ggü den anderen zukommen würde; **aA** RÖ-Kothe 2 a: „eines seiner Mitglieder" bezieht sich nicht auf die Zahl, sondern drückt die Unbestimmtheit, welches Mitglied, aus; auch BVerwG 40, 179; 41, 174 u Ey-Geiger 11 betonen jedoch, daß ein Verstoß jedenfalls nur eine verzichtbare Verfahrensrüge begründet u die ordnungsgemäße Besetzung des Gerichts nicht berührt; ähnlich BGH NJW 1979, 2518.

[12] NJW 1994, 1975; vgl auch NVwZ 1984, 799: auch in Kriegsdienstverweigerungssachen nicht allgemein ausgeschlossen.

weitere Beweisaufnahme für erforderlich hält; eine Bezeichnung konkreter Tatsachen ist nicht erforderlich (DÖV 1988, 611).

Rechtsbehelfe: Die Entscheidung gem Abs 2 kann nicht gesondert (BGH 40, 179), sondern **nur im Rahmen eines RMittel gegen das Endurteil** angegriffen werden. 15

§ 97 [Parteiöffentlichkeit der Beweiserhebung]

Die Beteiligten werden von allen Beweisterminen benachrichtigt[1, 2] **und können der Beweisaufnahme beiwohnen. Sie können an Zeugen und Sachverständige sachdienliche Fragen richten.**[3 f] **Wird eine Frage beanstandet, so entscheidet das Gericht.**[3]

Vgl § 357 ZPO; § 116 SGG; § 83 FGO

Schrifttum: *Druschke,* Das Anwesenheitsrecht der Verfahrensbeteiligten bei den tatsächlichen Ermittlungen des Sachverständigen im gerichtlichen Verfahren, 1988; *Höffmann,* Die Grenzen der Parteiöffentlichkeit, insbesondere beim Sachverständigenbeweis, 1989; *Kürschner,* Parteiöffentlichkeit vor Geheimnisschutz im Zivilprozeß, NJW 1992, 1804; *Prütting/Weth,* Geheimnisschutz im Prozeßrecht, NJW 1993, 576; *Schlosser,* Das BVerfG und der Zugang zu den Informationsquellen im Zivilprozeß, NJW 1992, 3275; *Schnapp,* Parteiöffentlichkeit bei Tatsachenfeststellungen durch den Sachverständigen, Menger-FS, 1985, 557; – S auch zu § 96, § 99 und § 100.

1. Allgemeines: Die Bestimmung schreibt – insb im Interesse der **Wahrung** 1
des rechtlichen Gehörs (§ 108 Abs 2; Art 103 Abs 1 GG) der Beteiligten (§ 63), zugleich aber auch der besseren Klärung des Sachverhalts (so auch NKVwGO-Lang 3) – die sog **Parteiöffentlichkeit der Beweiserhebung** u die Mündlichkeit der Beweisaufnahme, letztere allerdings nur in bezug auf das Fragerecht der Beteiligten, vor (im übrigen ergibt sich das Erfordernis der Mündlichkeit aus § 96 Abs 1 S 1). Unzulässig wäre deshalb, außerhalb eines förmlichen BeweiserhebungsVf gezielt Sachverhaltserforschung unter Ausschaltung der Prozeßbeteiligten zu betreiben (Hbg NJW 1994, 2780). Das Recht auf Benachrichtigung u Teilnahme an Beweisterminen gilt auch für **Beweisaufnahmen im Ausland** (25, 88). § 97 gilt unmittelbar nur für die Beweisaufnahmen im juristisch-technischen Sinn durch das Gericht bzw einen beauftragten oder ersuchten Richter, nicht jedoch für die Vorbereitung einer Beweisaufnahme durch einen Sachverständigen, etwa die Durchführung einer Ortsbesichtigung.[1] Jedoch ist § 97 in diesen Fällen entspr anwendbar.[2] Zu den Folgen eines Verstoßes s unten 4. Mit **Zustimmung der Beteiligten** können Zeugen auch schriftlich gehört werden (34, 77).

Zum **Schutz von Zeugen** vor Nachteilen u Gefahren, die ihnen als Folge 1a
ihrer Aussage als solcher oder bei Bekanntwerden ihrer Identität von betroffenen Beteiligten oder Dritten drohen, s Prütting/Weth NJW 1993, 376 zu § 86; ferner BGH NJW 1992, 1817: keine „Geheimverfahren" der Gerichte; zT **aA** insoweit u für weitergehende Wahrung der Geheimhaltung der Identität eines Zeugen bei diesem drohenden Gefahren BAG 1993, 612.

2. Benachrichtigung von Beweisterminen erfolgt durch **Verkündung** in 2
der mV oder durch **Zustellung** (§ 56). Sie darf nur unterbleiben, wenn die Betroffenen darauf verzichten. Unzulässig ist zB eine Augenscheinsaufnahme, ohne daß der in der mV Ausgebliebene zuvor über diese beabsichtigte Beweisauf-

---

[1] MDR 1954, 653; 9. 9. 1999 – 1 B 56/99; vgl auch OLG Köln NJW 1962, 2161; Sch-Rudisile 11.

[2] NJW 2006, 2058; Ms NVwZ-RR 1995, 248; B-Kuntze 2; Sch-Rudisile 11; M 2 zu § 357 ZPO; BL 6 zu § 357 ZPO; tlw **aA** RÖ-Kothe 1; Ey-Geiger 2: § 97 direkt anwendbar; ebenso NKVwGO-Lang 5; vgl auch 13 zu § 98.

nahme informiert wurde (Buchh 310 § 97 VwGO Nr 4). Die Benachrichtigung muß so **rechtzeitig** erfolgen, daß die Beteiligten sich darauf einrichten können, ein Prozeßbevollmächtigter auch seinen Mandanten noch darüber unterrichten kann (RGZ 100, 174). Ob die ordnungsgemäß benachrichtigten Beteiligten tatsächlich von ihrem Recht u Teilnahme Gebrauch machen, ist unerheblich.

3 **3. Das Fragerecht** bezieht sich außer auf die ausdr genannten Zeugen u Sachverständigen auch auf Beteiligte (§ 63) bzw deren Organe, Vertreter usw (vgl § 62 Abs 2), wenn diese als Partei (§ 98, §§ 450 ff ZPO) vernommen werden (Ey-Geiger 7). **Sachdienlich sind** alle **Fragen,** die sich im Rahmen des Beweisthemas halten u geeignet sind, das Ergebnis des Vf zu fördern. Dem Antrag auf Anordnung des Erscheinens des Sachverständigen muß entnommen werden können, in **welcher Richtung eine weitere Aufklärung herbeigeführt** werden soll u es darf nicht ausgeschlossen sein, daß eine Befragung des Sachverständigen zu **weiteren Ermittlungen** oder zu einer **anderen Beurteilung** führen kann (Buchh 310 § 98 VwGO Nr 57). Das Recht eines Beteiligten, an Sachverständige sachdienliche Fragen zu richten, darf nicht dadurch vereitelt werden, daß das Gericht Sachverständigengutachten ausschließlich in Gestalt von Urkunden heranzieht u die Ernennung eines Sachverständigen im anhängigen Vf ablehnt (Ks NVwZ 2000,1428; Ks InfAuslR 1997, 133). Bei **Beanstandung einer Frage** durch einen Beteiligten entscheidet das Gericht als Spruchkörper (NKVwGO-Lang 15; **aA** RÖ-Kothe 4: zunächst der Vorsitzende, nur wenn seine Entscheidung beanstandet wird, das Gericht). Bei Beweisaufnahme durch den beauftragten oder ersuchten Richter entscheidet dieser vorläufig (§ 98, § 400 ZPO), vorbehaltlich der endgültigen Entscheidung des Gerichts. **Rechtsbehelfe:** Die Entscheidung des Gerichts ist nicht selbständig anfechtbar (§ 146 Abs 2); auf eine zu Unrecht abgelehnte Zulassung einer Frage kann jedoch die Revision gestützt werden (§ 132 Abs 2 Nr 3; § 138 Nr 3).

4 **4. Ein Verstoß** gegen § 97 macht die **Beweisaufnahme unwirksam;** soweit die Beteiligten nicht nachträglich auf die Teilnahme verzichten – ggf auch stillschweigend durch rügelose Einlassung (§§ 173 S 1, 295 ZPO) –, kann das **Urteil nicht darauf gestützt werden** (EF 5; **aA** BGH 33, 63 für Beweisaufnahmen im Ausland), dh darf das Gericht das Ergebnis der Beweisaufnahme bei der Urteilsfindung nicht berücksichtigen.

§ 98 [Beweisaufnahme]

Soweit dieses Gesetz nicht abweichende Vorschriften enthält, sind auf die Beweisaufnahme §§ 358 bis 444 und 450 bis 494 der Zivilprozeßordnung entsprechend anzuwenden.[1 ff]

Vgl §§ 358–444, 450–494 ZPO; § 118 SGG; § 82 FGO

Schrifttum: *Amelung,* Informationsbeherrschungsrechte im Strafprozeß, 1990; Grundfragen der Verwertungsverbote bei beweissichernden Haussuchungen im Strafverfahren, NJW 1991, 2533; *Eberle,* Zum Verwertungsverbot für rechtswidrig erlangte Informationen im Verwaltungsverfahren, Gedächtnisschrift Martens, 1987, 351; *Erfmeyer,* Die Wirksamkeit eines auf rechtswidriger Sachverhaltsermittlung beruhenden Verwaltungsakts – zulässige Verwertung fehlerhaft erlangter Erkenntnisse durch rechtmäßige Nachermittlungen?, VR 2000, 325; *Geppert,* Zeugenbeweis, Jura 1991, 136; *ders,* Der Zeuge vom Hörensagen, Jura 1991, 538; *Gusy,* Lauschangriff und Grundgesetz, JuS 2004, 457; *Haas,* Der „Große Lauschangriff" – klein geschrieben, NJW 2004, 3082; *Hüsch,* Verwertungsverbote im Verwaltungsverfahren, 1991, zugl Diss. Hamburg 1991; *Jessnitzer/Frieling/Ulrich,* Der gerichtliche Sachverständige, 11. Aufl 2001; *Lipp,* Das private Wissen des Richters, 1995; *Macht,* Verwertungsverbote im Verwaltungsverfahren, 1999; *Müller,* Der Sachverständige im gerichtlichen Verfahren, 3. Aufl 1988; *ders,* Parteien als Zeugen, 1992, zugl Diss. Frankfurt 1991; *Nagel,* Vernehmung eines im Ausland wohnenden Zeugen: Ladung vor das deutsche Prozeßgericht oder Beweisaufnahme im Wege der internationalen Rechtshilfe? (zu BGH NJW 1992, 1768 =

IPRax 1992, 319), IPRax 1992, 301; *Plagemann,* Sachverständigenanhörung im Sozialgerichtsverfahren, NJW 1992, 400; *Raabe,* „Informatorische Anhörung" und förmliche Vernehmung von Zeugen und Beteiligten im Verwaltungsprozess, NVwZ 2003, 1193; *Roßnagel/Fischer-Dieskau,* Elektronische Dokumente als Beweismittel, NJW 2006, 806; *Roßnagel/Wilke,* Die rechtliche Bedeutung gescannter Dokumente, NJW 2006, 2145; *Ruthig,* Verfassungsrechtliche Grenzen der heimlichen Datenerhebung aus Wohnungen, GA 2004, 587; *Schenke,* Probleme der Übermittlung und Verwendung strafprozessual erhobener Daten für präventivpolizeiliche Zwecke, Hilger-FG, 2003, 225 ff; *Schmidt,* Technische Berater für die Gerichte der Verwaltungsgerichtsbarkeit?, Maunz-FS 1981, 297; *Schnapp,* Parteiöffentlichkeit bei Tatsachenfeststellungen durch den Sachverständigen?, Menger-FS 1985, 557; *Schreiber,* Das selbständige Beweisverfahren, NJW 1991, 2600; *Schumacher,* Verwertbarkeit rechtswidrig erhobener Daten im Polizeirecht, 2001; *Schulz,* Die Verwendung von Sachverständigengutachten als Urkunde und das Fragerecht der Beteiligten im Verwaltungsprozess, NVwZ 2000, 1367; *Steinke,* Wirksamer Zeugenschutz de lege ferenda (Verbesserungsvorschläge), ZRP 1993, 252; *Stumpe,* Behandlung des Antrags auf Einholung von weiteren Sachverständigengutachten und amtlichen Auskünften, wenn bereits Erkenntnisquellen zum Beweisthema beigezogen sind, VBlBW 1995, 172, *Wolter,* Beweisverbote und Umgehungsverbote zwischen Wahrheitserforschung und Ausforschung, FG BGH IV 963. – S auch zu §§ 86, 87 und 99.

1. Allgemeines: Hins der einzelnen **Beweismittel** sowie für die **Durchführung der Beweisaufnahme** gelten grds die in § 98 näher bezeichneten Vorschriften der **ZPO,** außerdem über § 173 S 1 zT auch §§ 286 ff ZPO (Ms DÖV 1981, 384). **Abweichungen** vom Beweisrecht der ZPO ergeben sich insb durch den im Verwaltungsprozeß (abweichend vom Zivilprozeß) geltenden Untersuchungsgrundsatz (§ 86 Abs 1; vgl NJW 1987, 1159). **Nicht anwendbar** sind ua §§ 356 (BayVBl 1984, 88: wg § 86), 360 (NKVwGO-Lang 15), 364, 375 (durch § 96 Abs 2 ersetzt), 379, 397 Abs 1 (durch § 97 ersetzt), 399, 404 Abs 4, 420, 436 ZPO; zT unanwendbar u durch § 86 Abs 5 sowie § 99 modifiziert, §§ 359 Nr 1,[1] 418 hins behördlicher Schreiben innerhalb vorprozessualer Auseinandersetzungen (NJW 1984, 2962), 421 bis 432 ZPO; nur dem Grundgedanken nach anwendbar § 444 ZPO (10, 270). Andererseits ist außer den in § 98 genannten Vorschriften voll **anwendbar auch** § 448 ZPO (Ma NVwZ 1993, 72) sowie dem Grundgedanken nach auch § 445 Abs 2 ZPO (Justiz 1988, 497; NVwZ 1993, 72). **Allgemeinkundige Tatsachen** u **gerichtskundige Tatsachen** bedürfen keines Beweises (s unten 22 ff). S zum **BeweisVf** auch unten 5 f; ferner 4 ff zu § 86; 2 u 7 f zu § 87; 1 ff zu § 96; 1 ff zu § 97. 1

Zur Frage des sog. **Freibeweises** bei Prozeßvoraussetzungen s 16 vor § 40; allg 2 zu 86; zur Frage der Erforderlichkeit von Beweiserhebungen 4 ff zu § 86; zur Behandlung von **Beweisanträgen** 18 zu § 86; zum Erfordernis der Zuziehung von **Sachverständigen** 9 zu § 86, 9 f zu § 108; zum Recht der Beteiligten auf **Anwesenheit** bei Beweisaufnahmen außerhalb der mV § 97; zu **Zeugenvernehmungen im Ausland** s auch NJW 1984, 574 (nur Vernehmung Deutscher durch die deutsche Botschaft bzw ein deutsches Konsulat u nur ohne Zwang; sonst nur aufgrund staatsvertraglicher Vereinbarungen oder nach Courtoisie) u BGH NJW 1984, 2039; ferner Nagel IPRax 1992, 301; zum Schutz von Zeugen, die durch ihre Aussage oder die Bekanntgabe ihrer Identität gefährdet werden könnten, 1 a zu § 97. 2

2. Beweismittel: Die Beweismittel nach der VwGO sind dieselben wie nach der ZPO, auf die § 98 verweist. Die Aufzählung in § 96 Abs 1 S 2 ist nicht abschließend („insbesondere"). **Als Beweismittel** kommen **alle Erkenntnismittel** in Betracht, die nach den Grundsätzen der Logik, nach allg Erfahrung oder wissenschaftlicher Erkenntnis geeignet sind oder sein können, die Überzeugung 3

---

[1] DÖV 1988, 611: Angabe konkreter, zu klärender Tatsachen im Beweisbeschluß nicht erforderlich, nur die Richtung muß erkennbar sein, in der das Gericht eine weitere Beweisaufnahme für erforderlich hält.

des Gerichts vom Vorhandensein entscheidungserheblicher Tatsachen u der Richtigkeit einer Beurteilung oder Wertung von Tatsachen zu begründen, zB auch **psychologische Gutachten u Tests;**[2] **amtliche Auskünfte,**[3] einschließlich sog **gutachterlicher Auskünfte** (DÖV 1974, 321; NJW 1988, 2491, auch zur zu bejahenden Anwendung der für Sachverständige geltenden Ablehnungsgründe) u **einen Zeugenbeweis ersetzende Auskünfte** (NJW 1988, 2491; s auch 2 zu § 96) – auch solche, die bereits im VerwaltungsVf eingeholt worden sind (s auch unten 16 f); **Zeugenaussagen vom „Hörensagen"** (vgl BVerfG 57, 250; Ks 50, 75; s auch unten 6; ferner 1 zu § 96), insb über Wahrnehmungen uä von Personen, die selbst nicht als Zeugen in Betracht kommen (s auch 1 zu § 96); Zeugenaussagen über **Mitteilungen sog V-Männer;**[4] die **schriftliche Befragung** des von der Behörde geheimgehaltenen V-Mannes;[5] **schriftliche Erklärungen,** einschließlich solcher, die bereits im VerwaltungsVf eingeholt worden waren (NJW 1983, 685); **Presseberichte** (DÖV 1981, 385), usw.

3 a Als Beweismittel kommen grds auch **technische Vorschriften** (technische Regelwerke) wie etwa VDI-Richtlinien über Immissionsrichtwerte (Mü BayVBl 1982, 500 mwN) u ähnliche **„Regelwerke",** die von Gremien von Sachverständigen erarbeitet wurden, in Betracht, sofern man ihnen den Charakter **„antizipierter" Sachverständigengutachten** beimißt.[6] Allerdings werden solche technischen Vorschriften heute vielfach als Außenrechtsnormen behandelt (NVwZ 1999, 1114; 2000, 440) u besitzen damit eine (Rechtsverordnungen zumindest ähnliche) unmittelbare normative Wirkung. Sie werfen damit im Hinblick auf ihr Verhältnis zu Art 80 GG u entspr landesverfassungsrechtlichen Bestimmungen schwierige verfassungsrechtliche Probleme auf, die hier nicht weiter vertieft werden können.[7]

4 **Ungeeignete oder unzulässige Beweismittel:** Nicht zulässig sind ihrer Art nach **ungeeignete,** zB wissenschaftlich nicht gesicherte (BGH NJW 1978, 1207 u Wimmer NJW 1979, 587 zu parapsychologischen Gutachten) Beweismittel sowie rechtlich **unzulässige Beweismittel,**[8] die **als solche oder nach der**

---

[2] 17, 346; 34, 284; Ma DVBl 1963, 743; BAG AP Art 1 GG Nr 1; Krieger DVBl 1964, 411; **aA** zu Charakter-Tests Br DVBl 1963, 71, 759; Höstel DVBl 1964, 1009; Schmid NJW 1971, 1867; Betr 1974, 911; offen BVerfG 20, 373; vgl auch BVerfG 27, 8.

[3] 31, 212; DVBl 1983, 997: Auskünfte einer Behörde des Bekl sind keine Parteierklärungen, sondern Beweismittel, vgl § 99 Abs 1 S 1, ferner § 87 Abs 2 iV mit § 273 Abs 2 Nr 2 ZPO, § 358 a Nr 2 ZPO; NJW 1986, 3221 – auch zur Frage, wann das Gericht ausnahmsweise die Quellen nachprüfen muß; auch Auskünfte, die in einem anderen Rechtsstreit eingeholt wurden, selbst ohne Zustimmung der Beteiligten, im Wege des Urkundenbeweises –; BayVBl 1985, 377; NJW 1986, 3220: zulässig als selbständiges Beweismittel; Buchh 310 § 133 VwGO Nr 6; NJW 1988, 2491: uU anstelle eines Sachverständigengutachtens; dann auch Ablehnungsgründe nach § 406 ZPO iVm § 54; Mü BayVBl 1980, 572; Ms DÖV 1981, 384; NJW 1995, 3336; NWVBl 1995, 389 mwN; RÖ-Kothe 19; Berg 49.

[4] Vgl BVerfG 1, 429; 57, 250 = NJW 1981, 1719; BGH NJW 1962, 1876; 1981, 770; NJW 1984, 247: kommissarische Vernehmung nicht gegen den Willen des Verteidigers in dessen Abwesenheit; dazu Tiedemann/Sieber NJW 1984, 753; NJW 1986, 1766; NStZ 1984, 178; BVerwG NJW 1984, 2430: der Beweiswert der Aussage eines mittelbaren Zeugen über die Beurkundungen eines V-Mannes ist besonders kritisch zu würdigen; s auch 24 zu § 108.

[5] S zu den Voraussetzungen einer Vernehmung in Abwesenheit der Beteiligten BGHSt NStZ 1982, 42; Geppert Jura 1991, 538; allg auch unten 9.

[6] Vgl früher etwa 55, 250 = NJW 1978, 1540; Breuer DVBl 1978, 34. Näher zu dieser früheren Deutung technischer Vorschriften mit eingeh Nachw 13. Aufl.

[7] Zu diesen Problemen s aus neuerer Zeit eingeh Guckelberger, DV 2002, 61 ff; A. Leisner JZ 2002, 219 ff; Remmert Jura 2004, 728 ff; Seibert BVerwG-FS 2003, 539 ff; Wahl BVerwG-FS 571 ff. Zu den besonderen Problemen, die sich bei solchen normgleich wirkenden Verwaltungsvorschriften im Hinblick auf Art 80 GG stellen, s schon Schenke DÖV 1977, 27 ff u DÖV 1986, 190 ff.

[8] DÖV 1976, 682; allg auch Hassemer JuS 1973, 321; ferner BGH NJW 1977, 1199; 1982, 455; Zeiss ZZP 1976, 377; Gießler NJW 1977, 1185; Gusy DÖV 1980, 473.

Art ihrer Erstellung oder Beschaffung gegen bestehende Rechtsätze oder allg Rechtsgrundsätze, insb **gegen die Menschenwürde**[9] oder **andere Grundrechte**[10] oder wesentliche verfassungsrechtliche Ordnungsnormen (vgl LG Kiel NJW 1978, 2520) verstoßen.

Zu beachten ist, daß sich aus der **Unzulässigkeit der Erhebung von Beweismitteln nicht zwingend** schließen läßt, daß damit auch deren **Verwertung rechtlich ausgeschlossen** ist (s dazu auch Schenke PolR 215 ff). Zwar ergibt sich aus Vorschriften, welche die Erhebung bestimmter Beweise verbieten, häufig schon im Wege der Auslegung, daß hiermit zugleich deren Verwertung ausgeschlossen wird. Das läßt sich, soweit es um die bestimmungsgemäße Verwertung, der zu einem bestimmten Zweck rechtswidrig erhobenen personenbezogenen Daten geht, zusätzlich unter Rückgriff auf das Rechtsinstitut des **FBA** legitimieren, der (mit sich aus der Natur der Sache ergebenden Einschränkungen) auf alles staatliche Handeln anwendbar ist (s dazu Amelung, Informationsbeherrschungsrechte im Strafprozeß 1990, S 30 ff; Schenke PolR 215 ff; Hilger-FS 2003, 239 ff). Zum **Schutz höherwertiger Rechtsgüter** kann aber – vorbehaltlich abweichender gesetzlicher Regelungen – aufgrund einer Güterabwägung[11] ausnahmsweise auch die Verwertung rechtswidrig erhobener Beweise zulässig sein, wobei in diesem Zusammenhang vor allem bei polizeirechtlichen Streitigkeiten den **grundrechtlichen Schutzpflichten** eine besondere Bedeutung zukommen kann (Schenke Hilger-FS 239 ff). Beweismittel, die nach ihrem Inhalt oder nach der Art ihrer Beschaffung die **Persönlichkeitssphäre** (Art 1 GG) oder **Betriebs- u Geschäftsgeheimnisse** verletzen können (vgl auch § 30 VwVfG), sind ohne Zustimmung der Betroffenen **grds** nur verwertbar, wenn ihre Heranziehung **aus überwiegenden Gründen des Allgemeinwohls** (vgl BGH NJW 1991, 305) oder zum Schutz höherwertiger Rechtsgüter eines Betroffenen geboten ist.

Vgl allg zu **Beweisverboten,** insb auch der Verwertung **unzulässig erlangter Beweismittel,** BVerfG NJW 1999, 274; BGH NJW 1991, 1180; BayObLG NJW 1992, 2370; Amelung, Informationsbeherrschungsrechte im Strafprozeß 30 ff; NJW 1991, 2533; Schlüchter-GS 2002, 417 ff; Blau Jura 1993, 513; Einmahl NJW 2001, 1393; Habscheid, Arens-GS 1993, 187; Hofmann JuS 1992, 587; Küpper JZ 1990, 416, Wolter FG 50 Jahre BGH IV 963 ff; **im Verwaltungsrecht** Erfmeyer VR 2000, 325; Eberle 351 ff; Hufen, Fehler im Verwaltungsverfahren, 4 Aufl 2002, 146 ff; Hüsch, Verwertungsverbote im Verwaltungsverfahren, 1991; Kn-Clausen 16 zu § 26 VwVfG; KR 29 zu § 24 VwVfG; Macht passim; Schenke Hilger-FS 2003, 239 ff; Schumacher passim; StBS-Kallerhoff 32 zu § 24 VwVfG.

Unzulässig als Beweismittel sind **zB** Aussagen über die **Stimmabgabe in einer geheimen** Wahl (49, 75, 77 mwN), soweit nicht höherwertige Rechtsgüter eine Offenbarung erfordern (vgl BVerfG 34, 238, 248; BGH MDR 1978, 588); über Fragen, die dem **Beratungsgeheimnis** (§§ 43, 45 Abs 1 S 2 DRiG) unterliegen (49, 77 mwN); Aussagen unter Verwendung von **Lügendetektoren** uä;[12] die Verwendung von **Tagebuchaufzeichnungen** gegen den Willen des

---

[9] DVBl 1982, 648; BGH 27, 284; 73, 120; NJW 1981, 277; BayObLG NJW 1992, 2370.

[10] BVerfG 6, 41; 33, 367; BGH NJW 1964, 1139; BayObLG BayVBl 1979, 344; MD-Herdegen 37 zu Art 1 Abs 1 GG; zT **aA** Krause/Steinbach DÖV 1985, 556: grds alle Erkenntnismittel verwertbar.

[11] Vgl BGHSt 14, 358; 19, 325; 24, 125, 130; NJW 1982, 277; 1991, 305; BVerfG 34, 238; 38, 105; 44, 353.

[12] 17, 346; BVerfG NJW 1982, 375; BGH NJW 1999, 657 mwN: der Einsatz eines Lügendetektors verletzt bei freiwilliger Mitwirkung des Betroffenen zwar nicht dessen Menschenwürde, es handelt sich jedoch um ein völlig ungeeignetes Beweismittel; NJW 2003, 2527; Klimke NStZ 1981, 446; Krauth NJW 1978, 741; zT **aA** für den Fall, daß ein Beweispflichtiger sich freiwillig der Anwendung stellt, Schwabe NJW 1979, 581; 1982, 367; Amelung NStZ 1982, 38.

Autors (zT **aA** BVerfG 80, 367; s allg auch Küpper JZ 1990, 416); **auf rechtswidrige Weise erlangte Beweismittel,** soweit bei einer Güterabwägung der Verwertung nicht Vorrang gebührt,[13] zB unter **Verstoß gegen Art 10 GG** gewonnene Erkenntnisse (BVerfG NJW 1992, 1875; Schatzschneider NJW 1993, 2029); **rechtswidrige heimliche Tonbandaufnahmen**[14] sowie **rechtswidrig heimlich mitgehörte Telefongespräche**[15] u **sonstige heimlich belauschte Gespräche** (BGH NJW 1970, 1848; 1991, 1180; BAG NJW 1983, 1691). Zu den Voraussetzungen eines **Großen Lauschangriffs** BVerfG NJW 2004, 999 ff u dazu Gusy JuS 2004, 457 ff; Haas NJW 2004, 3082 ff; Ruthig GA 2004, 587; zur Abgeordnetenimmunität als Beweisverwertungsverbot vgl BGH NJW 1992, 701. Soweit ein **Beweiserhebungsverbot** eingreift, darf es auch **nicht** durch eine **mittelbare Beweiserhebung umgangen** werden. Unzulässig ist deshalb zB eine Vernehmung eines Zeugen, der eine unerlaubte Tonaufnahme abgehört hat (BayObLG NJW 1990, 197). Eine rechtswidrige Beweiserhebung steht aber der Verwertung von auf diese Weise gewonnenen **Spurenansätzen grds nicht im Wege,** jedenfalls ergeben sich gegen eine solche Verwertung keine verfassungsrechtlichen Bedenken unter dem Gesichtspunkt der Folgenbeseitigung (Schenke PolR 215; Hilger-FG 242 f).

Zur Verwertung **zulässigerweise gem § 100 a StPO abgehörter Gespräche** usw in anderen Vf vgl BVerfG NJW 1988, 1075; HmbVerfG NJW 1989, 1081; BGHSt 26, 298 = NJW 1976, 1462 mwN; Wolter NStZ 1984, 275; Schlüchter JR 1984, 517; Schlink NJW 1989, 11; Globig ZRP 1991, 81; Hassemer JRP 1991, 121; zur Berücksichtigung von in anderem Zusammenhang gesammelten **Erkenntnissen des Verfassungsschutzes** bei der Beurteilung der „Verfassungstreue" von Bewerbern für den öffentlichen Dienst BVerfG 39, 357; BVerwG NJW 1984, 1636; Bln NJW 1978, 1648; Schneider NJW 1978, 1602. Zu Zeugen vom Hörensagen s auch oben 3.

Unzulässig ist auch die Verwertung von Zeugenaussagen von **Zeugen,** die **nicht** über ihr **Zeugnisverweigerungsrecht** belehrt worden waren (BGH NJW 1985, 1159; FG RhPf NJW 1986, 866); das Rügerecht kann jedoch gem § 173 S 1, § 295 ZPO verlorengehen. Zur Zulässigkeit der **Verlesung des Protokolls** über gemachte Aussagen, wenn der Zeuge nunmehr die **Aussage verweigert,** s Mitsch JZ 1992, 174 mwN. Die in § 51 BZRG für getilgte u tilgungsreife Eintragungen in das Zentralregister oder in § 153 Abs 5 u 6 GewO für entspr Eintragungen in das Gewerbezentralregister oder im Datenschutzrecht vorgesehenen Verwertungsverbote sind auch im Verwaltungsprozeßrecht beachtlich (vgl auch KR 29 zu § 24 VwVfG).

Ein **Verwertungsverbot** zu Lasten eines Beteiligten besteht auch hinsichtlich solcher Urkunden, Akten u Auskünften, die diesem **nicht zugänglich** gemacht bzw mitgeteilt werden konnten, zB bzgl Akten, die das Gericht wg ihrer Geheimhaltungsbedürfigkeit zurückgeben mußte (s 3 zu § 100 u 7 zu § 108).

---

[13] BGH NJW 1982, 278; 1987, 2525; 1988, 1016; 1991, 1180; Amelung NJW 1991, 2533 – zu bei einer unzulässigen Haussuchung erlangten Beweismitteln –; Zeiss ZZP 1976, 372; Kaissis, Die Verwertbarkeit materiell rechtswidrig erlangter Beweismittel im Zivilprozeß, 1978; Schneider NJW 1978, 1602; Werner NJW 1988, 993; offen BGH JZ 1991, 928: Verwertbarkeit noch nicht völlig geklärt; zT **aA** BFH 139, 221 = BStBl 1984 II 285: nur wenn mit Erfolg gegen die rechtswidrigen Maßnahmen vorgegangen wurde oder wenn kein Rechtsbehelf dagegen gegeben ist oder möglich war.

[14] BGH NJW 1981, 277; 1988, 1016; OLG Köln NJW 1979, 1216; 1987, 262; zT **aA** BGH MDR 1978, 588; NJW 1982, 277; 1988, 1224; Gießler NJW 1977, 1180; Werner NJW 1988, 193: daß ein Beweismittel in unzulässiger Weise erlangt wurde, begründet nicht notwendig seine Unverwertbarkeit.

[15] BGHSt 34, 39; LG Kassel NJW-RR 1990, 62; LG Frankfurt NJW 1982, 1056; zT **aA** BGH NJW 1982, 1398: nicht unter allen Umständen unzulässig, da heute grds jeder mit einem Mithören rechnen muß.

3. Beweisverfahren und Beweisbeschluß: Die Entscheidung darüber, welche Beweise erhoben werden sollen, ist grds – zu Ausnahmen s § 87 Abs 1 Nr 3 u 4 u Abs 3 sowie § 87a Abs 2 – **Sache des Gerichts,** nicht des Vorsitzenden, des Berichterstatters oder des beauftragten oder ersuchten Richters. S auch oben 1; ferner 5 zu § 96. Das Gericht – bzw in den erwähnten Ausnahmefällen der Vorsitzende oder der Berichterstatter – entscheidet darüber nach **pflichtgemäßem Ermessen** (DVBl 1988, 541; s auch 5 u 9 zu § 86). Die Beteiligten können jedoch dazu **Beweisanträge** stellen (s 11 ff, 18 ff zu § 86). Die Entscheidung ist, wie grds alle dem Urteil vorangehenden Entscheidungen des Gerichts, die mit dem Urteil in innerem Zusammenhang stehen u über die Verfahrensführung nicht hinausgehen, gem § 146 Abs 2 **nicht selbständig** mit Rechtsbehelfen **angreifbar** (85, 177). S zur – zu verneinenden – **Zulässigkeit von Gegenvorstellungen** 9 ff vor § 124. 5

Ein ausdr **förmlicher Beweisbeschluß** ist nur erforderlich, wenn die Beweisaufnahme ein besonderes Vf oder die Vertagung der Verhandlung erfordert (§ 98 iVm §§ 358, 358a ZPO),[16] sowie gem § 450 ZPO bei der Parteivernehmung. In allen anderen Fällen genügt es, **wenn das Gericht** hinreichend **klarstellt,** daß eine Anhörung, Augenscheinnahme usw nicht nur informatorisch, sondern als Beweisaufnahme usw erfolgt.[17] Im Zweifel ist nach den gesamten Umständen, insb nach dem **erkennbaren Willen des Gerichts,** zu beurteilen, ob ein Vorgang als Beweisaufnahme zu werten ist oder nicht.[18] Zu den **Gründen, die ein Absehen von der Erhebung** weiterer **Beweise** (insb auch nach § 86 Abs 2 beantragter Beweiserhebungen) rechtfertigen, s 6 u 21 zu § 86. 6

Das Gericht kann einen erlassenen **Beweisbeschluß** nachträglich jederzeit wieder aufheben, **ändern** oder auf die Durchführung verzichten; es muß dies jedoch den Beteiligten rechtzeitig mitteilen u ihnen Gelegenheit zur Stellungnahme geben, bevor es ein Urteil erläßt (17, 173; 69, 80).

4. Einzelne Beweismittel: a) Augenschein (§§ 371 ff ZPO): Objekte eines „Augenscheins" können **auch Gerüche, Geräusche,** Tonaufnahmen (ThP 1 u 6 vor § 371 ZPO) u andere mit den Sinnen wahrnehmbare Tatsachen u Vorgänge sowie elektronische Dokumente (s dazu unten 7a) sein. Sowohl die Beteiligten als auch Dritte sind nach näherer Maßgabe der §§ 371 Abs 2, 144, 422–432 ZPO (s dazu unten 19) zur Vorlage von Augenscheinsobjekten u zur Duldung des Augenscheins verpflichtet. Wenn sich ein **Dritter** unberechtigt weigert, seinen Pflichten nachzukommen, können gegen ihn gem §§ 371 Abs 2, 144 Abs 2 S 2, 390 Abs 1 S 2 ZPO Ordnungsgeld u Ordnungshaft festgesetzt werden; ferner sind ihm gem § 390 Abs 1 S 1 ZPO die durch seine Weigerung verursachten Kosten aufzuerlegen (ThP 6 zu § 371 ZPO). Wenn sich ein **Beteiligter** unberechtigt weigert, kann seine Verpflichtung zwar nicht zwangsweise durchgesetzt werden; es können jedoch auch in diesem Falle – in freier Beweiswürdigung nach pflichtgemäßem Ermessen des Gerichts – die Behauptungen, die der Gegner des (materiell) beweispflichtigen Beteiligten (s zur Beweislast im Verwaltungsprozeß 11 ff zu § 108) zur Beschaffenheit des Augenscheinsobjektes aufge- 7

[16] Vgl 19, 238; DÖV 1982, 162; NVwZ 1984, 791; Mü BayVBl 1971, 315; 1986, 638.

[17] NJW 1981, 1748: Verfahrensfehler, wenn das Gericht nicht klar unterscheidet; Mü BayVBl 1986, 638.

[18] NJW 1981, 1748; Ms VRspr 25, 119: ob beigezogene Akten als Beweismittel verwendet wurden, ist vor allem nach dem Parteivorbringen u nach den Entscheidungsgründen zu beurteilen; Mü BayVBl 1975, 175: bloße Vorlage von Lichtbildern durch einen Beteiligten in der mV stellt keine Beweisaufnahme dar; anders, wenn das Gericht die Lichtbilder benutzt, um sich damit „durch eigene Wahrnehmung ein Urteil über die Richtigkeit streitiger Tatsachen zu bilden", vgl Mü BayVBl 1986, 638; OLG Schleswig JurBüro 1979, 1518: die Vorlage einer Urkunde durch einen Beteiligten ist keine Beweisaufnahme, wenn das Gericht nicht in irgendeiner Weise davon Kenntnis nimmt.

stellt hat, als bewiesen angesehen werden (§ 371 Abs 3 ZPO).[19] Wird dem nach § 97 zur Teilnahme am Augenschein Berechtigten die Teilnahme verweigert, so ist das Ergebnis bei der Urteilsfindung nicht verwertbar, wenn die Beteiligten nicht auf ihre Einwände dagegen verzichten. Das Gericht kann sich bei der Einnahme des Augenscheins der **Unterstützung eines Sachverständigen** bedienen.

7 a **Elektronische Dokumente** (zB E-Mails), die von Privatpersonen stammen u nicht mit einer qualifizierten elektronischen Signatur versehen sind, sind in ihrer elektronischen Form (zu Ausdrucken s unten), wie sich aus §§ 371 Abs 1 S 2, 371 a Abs 1 ZPO ergibt (s auch BT-Dr 14/4987, 23 u 25), nicht nach den Regeln des Urkundsbeweises, sondern **nach den Regeln des Augenscheinsbeweises** zu behandeln. Für private elektronische Dokumente, die mit einer qualifizierten elektronischen Signatur versehen sind, gelten hingegen gem § 371 a Abs 1 ZPO die Vorschriften über die Beweiskraft privater Urkunden (insb § 416 ZPO) entsprechend. Die Echtheit der Signatur hat dabei der Beweisführer zu beweisen. Hierbei hilft ihm nach § 371 a Abs 1 S 2 ZPO ein Anscheinsbeweis (dazu näher Roßnagel/Fischer-Dieskau NJW 2006, 806 f). Dies gilt jedoch nicht für elektronische Dokumente, die von einem papiernen Originaldokument eingescannt u erst während des Scanvorgangs elektronisch signiert wurden, da die qualifizierte elektronische Signatur hier nicht die Authentizität u Integrität der in dem papiernen Originaldokument enthaltenen Erklärungen bestätigt (dazu ausf Roßnagel/Wilke NJW 2006, 2148 f).

Für öffentliche elektronische Dokumente, also elektronische Dokumente, die von einer öffentlichen Behörde innerhalb der Grenzen ihrer Amtsbefugnisse oder von einer mit öffentlichem Glauben versehenen Person innerhalb des ihr zugewiesenen Geschäftskreises in der vorgeschriebenen Form erstellt worden sind, finden gem § 371 a Abs 2 ZPO die Vorschriften über die Beweiskraft öffentlicher Urkunden entspr Anwendung (dazu näher Roßnagel/Fischer-Dieskau NJW 2006, 807 f). Hierdurch ist es nunmehr einer verfahrensbeteiligten Behörde möglich, in ihren Dateien gespeicherte Dokumente, insb VAe, ohne die Gefahr eines Rechtsverlustes in elektronischer Form an das Gericht zu übermitteln (BT-Dr 15/4067, 35). Wird das öffentliche elektronische Dokument mit einer qualifizierten elektronischen Signatur versehen, hat es gem § 371 a Abs 2 S 3 iVm § 437 ZPO die Vermutung der Echtheit für sich.

Der **Beweisantritt** bei elektronischen Dokumenten erfolgt gem § 371 Abs 1 S 2 ZPO durch Vorlegung oder Übermittlung der Datei. Wenn sich diese in den Händen eines Dritten oder eines anderen Beteiligten befindet, ist nach § 371 Abs 2 u 3 ZPO zu verfahren, s dazu oben 7. Für **Ausdrucke eines elektronischen Dokumentes** gelten die **Regeln des Urkundsbeweises** (§§ 415 ff ZPO; s BL 6 zu § 371 ZPO).

8 **b) Zeugen (§§ 373 ff ZPO).** Zeugen können nur am Prozeß nicht beteiligte Dritte sein. Für sie gelten die Vorschriften über den Zeugenbeweis (§§ 373, 401 ZPO); daneben ist eine nur informatorische Befragung von Zeugen nicht möglich (Raabe NVwZ 2003, 1194). Auch im Verwaltungsprozeß kann eine Partei, dh ein **Beteiligter** (§ 63), **nicht Zeuge sein,** daher auch nicht die Mitglieder der Vertretungsorgane eines Beteiligten, zB Minister, Behördenleiter usw (vgl § 62 Abs 2), wohl aber **sonstige Beamte** (NJW 1967, 167) und, ohne daß dafür eine Mandatsniederlegung erforderlich wäre, **die Prozeßbevollmächtigten** der Beteiligten (OLG München JurBüro 1967, 254; Bürck NJW 1969, 906). Zur **Vernehmung von Streitgenossen** als Zeugen s 10 zu § 64; Zeuge kann insb auch ein inzwischen aus dem Prozeß ausgeschiedener Streitgenosse

---

[19] § 371 Abs 3 ZPO ist eine spezielle gesetzliche Regelung des Grundsatzes der Beweisvereitelung; s allg dazu 17 zu § 108.

sein.[20] Nicht von vornherein ausgeschlossen sind auch **Zeugen vom Hörensagen,** dh Zeugen, die nicht über eigene Wahrnehmungen, sondern nur über das, was sie von Dritten gehört haben, aussagen sollen; der oft geringere Beweiswert solcher Aussagen ist jedoch im Rahmen der Beweiswürdigung zu berücksichtigen (BVerfG 57, 250; BayVBl 1992, 111; BGH NJW 1985, 1789; Ks 50, 75; Geppert Jura 1991, 538; s auch 5 zu § 96). Ein Antrag auf Vernehmung eines Zeugen vom Hörensagen darf nicht mit der Begründung abgelehnt werden, der Wahrheitsgehalt derartiger Bekundungen sei nicht überprüfbar (Ks 50, 75). Zum **sachverständigen Zeugen,** für den die Vorschriften über Zeugen, nicht über Sachverständige gelten, s 71, 40 = NJW 1986, 2268; BGH MDR 1974, 382; NJW 1986, 2268; Ko DVBl 1991, 1318; zur Ladung eines **ausländischen Ministers** – grds verneinend unter Hinweis auf die **Staatenimmunität** im Hoheitsbereich – NJW 1989, 678; zur Frage einer Unterlassungs- oder Widerrufsklage Betroffener **gegen ehrverletzende Zeugenaussagen** – verneinend – BGH NJW 1977, 1682; 1981, 2118; 1987, 3138: keine Klage gegen einen Zeugen auf Widerruf seiner Aussage; krit Helle NJW 1987, 233; Walter JZ 1986, 614. S allg zum Zeugenbeweis auch Geppert Jura 1991, 538; zur Vernehmung Minderjähriger BVerwG NJW 1986, 1188.

Die **Verweigerung der Aussagegenehmigung** für einen Beamten oder andere Personen des öffentlichen Dienstes (§ 376 ZPO) ist ein VA (VG Frankfurt NJW 1991, 122), den die dadurch möglicherweise benachteiligten Verfahrensbeteiligten im VRW (s auch 5 zu § 179) – bei Beamten gem § 126 BRRG (NJW 1983, 638) – erzwingen bzw anfechten können.[21] Die Behörde **muß,** soweit die rechtlichen Voraussetzungen gem §§ 61 f BBG, § 39 BRRG u analog § 99 gegeben sind, **die Aussagegenehmigung erteilen** u hat insoweit keinen gerichtlich unüberprüfbaren (NJW 1983, 638) Beurteilungs- oder Ermessensspielraum.[22] **Zur Vernehmung von sog „V-Leuten"** u zum Anspr der Beteiligten auf Bekanntgabe der Identität u auf Befragung des Zeugen vgl BGH NJW 1984, 247; OLG Hamburg NJW 1982, 297; OLG Stuttgart NJW 1985, 77; Rebmann NJW 1985, 1; Geppert Jura 1991, 538; s auch oben 3; ferner 1 ff u 9 zu § 99; 24 zu § 108. Die Aussagegenehmigung kann, soweit die Behörde gesetzlich dazu befugt ist, **uU** auch nur **beschränkt auf bestimmte Fragenkomplexe** erteilt werden. Unabhängig davon kann das Gericht **die Weigerung** ggf nach allg Grundsätzen (vgl § 444 ZPO u oben 7; ferner 17 zu § 108) je nach den besonderen Umständen des Falles zuungunsten des für die Verweigerung verantwortlichen Rechtsträgers bzw zugunsten des dadurch in Beweisnot kommenden Beteiligten bei der Beweiswürdigung berücksichtigen. **Aussagen** von Beamten, **die nicht durch die erforderliche Aussagegenehmigung gedeckt sind,** sind nicht allein deshalb unverwertbar, sondern nur, wenn der Inhalt der Aussage gegen Geheimhaltungspflichten verstößt, die gem § 99 zur Verweigerung der Auskunft berechtigen würden (vgl KR 26 zu § 26 VwVfG; sehr str). Umgekehrt wird eine nach allg Grundsätzen als Beweismittel **unzulässige Aussage** (s oben 4) nicht dadurch zulässig, daß dafür eine Aussagegenehmigung erteilt wurde. 9

Zeugen sind **grds mündlich zu hören** (vgl § 96 Abs 1 S 1, § 97). **Schriftliche Aussagen von Zeugen,** die ggü dem Gericht abgegeben werden, sind, wenn 10

[20] KG MDR 1981, 765; s aber andererseits BGH NJW 1983, 2508: nicht, wenn bei einem Teilurteil nur ein beklagter Streitgenosse in der Rechtsmittelinstanz aussagen soll.

[21] 18, 59; 34, 252; 46, 305; 66, 41 = DVBl 1982, 1195; NJW 1983, 638 m Anm v Hantel in JuS 1984, 516; Ms NJW 1960, 2116; DÖV 1963, 391; Mü NJW 1980, 198 mwN; BayVBl 1979, 721; OLG Stuttgart NJW 1985, 79; OLG Hamm NJW 1968, 1440; VG Mainz DVBl 1982, 659; VG Frankfurt NJW 1991, 122; s auch 11 zu § 99; zweifelnd Hilger NStZ 1984, 145.

[22] 34, 252; 46, 307; Mü BayVBl 1979, 721. Vgl allg zum Rechtsschutz bei Verweigerung einer Aussage auch Hantel JuS 1984, 516.

die Beteiligten nicht auf persönliche Anhörung verzichten, nur nach Maßgabe von § 377 Abs 3 ZPO verwertbar (s auch 1 ff zu § 96).[23] Entsprechendes gilt für **Zeugenaussagen,** die **im VerwaltungsVf** vor einer Verwaltungsbehörde gemacht wurden, u sonstige schriftliche Ausführungen von Zeugen (RÖ-Kothe 6). Zur Verwertung von **Aussagen von V-Männern** s oben 3.

11 Zum **Zeugnisverweigerungsrecht** vgl §§ 383 ff ZPO, § 98; dazu auch Schweiger/Schweiger, Zeugnisverweigerungsrecht, 1991; allg zu Auskunftsverweigerungsrechten bei Gefahr einer Strafverfolgung Reiß NJW 1982, 2540. Bei einem **Streit über die Zeugnisverweigerung** ist durch Zwischenurteil entspr §§ 387 ff ZPO zu entscheiden (s 9 zu § 109; so auch NKVwGO-Lang 115; **aA** RÖ-Kothe 7: durch Beschluß, der mit der Beschwerde anfechtbar ist).

12 Die **Vereidigung** von Zeugen ist auch aufgrund des Untersuchungsgrundsatzes vorbehaltlich der sich aus § 393 ZPO ergebenden Ausnahmen in das revisionsgerichtlich nur beschränkt nachprüfbare (vgl 20 zu § 137) **Ermessen** des Gerichts gestellt; dies gilt selbst dann, wenn die Verfahrensbeteiligten ausdr auf eine Vereidigung verzichten oder entspr Anträge nicht stellen (52, 16 mwN; NJW 1998, 3369; BGH NJW 1952, 384; Ey-Geiger 10). In jedem Fall ist das Unterlassen einer vermeintlich gebotenen Vereidigung gem § 173 S 1 iVm § 295 Abs 1 ZPO zu rügen, um eine Heilung zu verhindern (NJW 1998, 3369; Ey-Geiger 10).

13 **c) Sachverständige (§§ 402 ff ZPO).** Die Zuziehung von Sachverständigen kommt sowohl zur Feststellung allg **Erfahrungssätze** uä,[24] von **Gewohnheitsrecht** u **ausländischen Rechtssätzen** (§ 293 ZPO; s dazu auch 1 b zu § 86) als auch zur Klärung von tatsächlichen (anders zu rechtlichen, s 1 b zu § 86) **Schlußfolgerungen,** die aus allg Erfahrungssätzen für einen konkreten Sachverhalt zu ziehen sind (vgl 71, 42; BGH MDR 1974, 382), in Betracht. Die **Feststellung der** für die Erstattung des Gutachtens erforderlichen **Tatsachen** kann das Gericht nach seinem Ermessen dem Sachverständigen überlassen, soweit es sich um einfache, insb auch unter den Beteiligten nicht umstrittene Tatsachen handelt – andernfalls muß das Gericht selbst durch eine Beweisaufnahme die für das Gutachten erforderlichen Tatsachenfeststellungen treffen (23, 314; BVerfG NJW 1991, 2824 mwN; s auch 9 zu § 86) –, **nicht dagegen** auch etwaige zur Feststellung der Tatsachen erforderliche **Anordnungen.**[25] Wenn die Erstattung des Gutachtens die **Besichtigung** eines Grundstücks uä erfordert, haben die Beteiligten analog § 97 **Anspr auf Teilnahme** u rechtzeitige Benachrichtigung.[26] **Rechtsgutachten** sind, soweit sie nicht der **Feststellung von Gewohnheitsrecht oder von fremdem Recht** dienen (vgl dazu DÖV 1984, 776; s auch 1 b zu § 86), keine Sachverständigengutachten iSd § 402 ZPO. **Übersetzer** sind Sachverständige (OLG Köln NJW 1987, 1091). Auch auf **Dolmetscher** sind gem § 191 GVG, § 406 ZPO iVm § 98 die Vorschriften über Sachverständige anwendbar; nicht dagegen auch § 54 Abs 2 (VG Köln NJW 1986, 2207). Allg zur Zuziehung von Sachverständigen s Jessnitzer passim; Olzen ZZP 1980, 66; Broß ZHR 1989, 413; Plagemann NJW 1992, 400; Geppert Jura 1993, 249 (zum Strafrecht); zur Zuzie-

---

[23] Vgl auch Ma NVwZ-RR 1991, 55: von den Beteiligten im Prozeß vorgelegte schriftliche Einlassungen von ‚Zeugen' sind keine schriftlichen Zeugenaussagen iSv § 377 Abs 3 ZPO.

[24] ZB auch allg Bewertungsmaßstäbe für Prüfungsleistungen, vgl BVerfG DÖV 1993, 527; s auch 9 zu § 86.

[25] **AA** Mü BayVBl 1982, 694: der Sachverständige kann auch ohne besondere gesetzliche Grundlage alle Anordnungen treffen, die er zur Erfüllung seines Auftrags für notwendig hält, vorausgesetzt, daß die Anordnungen sachgerecht sind u nicht gegen die Grundsätze der Verhältnismäßigkeit u der Menschenwürde verstoßen.

[26] Vgl Ms NVwZ-RR 1995, 248; OLG München NJW 1984, 804 zu § 357 Abs 1 ZPO: in Bausachen idR; s auch 1 zu § 97.

hung in der Berufungsinstanz Kahlke ZZP 1981, 50; zu sog. **„technischen Beratern“** des Gerichts Schmidt, Maunz-FS 1981, 297; Gerhardt BayVBl 1982, 490; ferner 9 zu § 86; zur **Abgrenzung** eines **Sachverständigen** von einem **sachverständigen Zeugen,** auf den die Vorschriften über den Zeugenbeweis anwendbar sind, Ks NVwZ-Beil 1996, 43.

Das Gericht muß Sachverständige zuziehen, wenn die Beurteilung eines konkreten Sachverhalts eine **besondere Sachkunde erfordert,** die kein Mitglied des Gerichts besitzt (17, 342; 68, 182; 69, 73 = NJW 1984, 2645; NJW 1992, 588; DÖV 2001, 43; s auch 8 f zu § 86). Entsprechendes gilt für Gewohnheitsrecht, fremdes Recht – nicht auch EU-Recht (EG-Recht), s 1 b zu § 86 – u in fremder Sprache abgefaßte Vertragsklauseln usw (BGH NJW 1987, 591). Eine **Verletzung** der Pflicht des Gerichts, einen Sachverständigen zuzuziehen, stellt einen **Aufklärungsmangel** gem § 86 Abs 1 dar (NVwZ-RR 1990, 447). **Glaubt** das Gericht, selbst die erforderliche besondere Sachkunde zu besitzen – was es nach seinem richterlichen Ermessen zu beurteilen hat (18, 218; 68, 182; 69, 73; s auch 9 zu § 86) –, so muß es dies **im Urteil näher begründen** (68, 183 mwN; 69, 73; MDR 1969, 1040; NVwZ 2007, 38); außerdem zur **Wahrung des rechtlichen Gehörs** in der mV die Beteiligten grds über Inhalt u Quellen seiner Sachkenntnisse informieren (NJW 1969, 2219; 1992, 589; Ma VBlBW 1995, 187), insb wenn es im Hinblick auf seine eigene Sachkunde ein von einem Beteiligten gefordertes Gutachten nicht einholt (NJW 1992, 589). Zu informellen **Rückfragen** des Gerichts **bei „technischen“ Beratern** s 9 zu § 86; zur **Beurteilung des Gutachtens** eines Sachverständigen u zur Frage sog **Obergutachten** 9 ff zu § 108; zu sog **Privatgutachten** unten 15 u 15 a. **14**

Als Sachverständige kommen nur natürliche Personen, nicht auch Behörden, Kliniken, Institute usw in Betracht;[27] das Gericht kann aber die nähere Auswahl eines Sachverständigen auch zB einer Klinik überlassen.[28] Der Sachverständige darf bei der Vorbereitung u Abfassung des Gutachtens wissenschaftliche Mitarbeiter u sonstige geeignete Hilfskräfte nur insoweit heranziehen, als seine persönliche Verantwortung für das Gutachten insgesamt uneingeschränkt gewahrt bleibt.[29] **Str** ist, ob der Sachverständige ermächtigt werden kann, **Zusatzgutachten** einzuholen (offen 69, 82; vgl auch BGH 76, 291). **15**

Das Gericht kann gem § 98 iVm § 411 a ZPO auch Gutachten verwerten, die von einer **Staatsanwaltschaft** in einem **ErmittlungsVf** oder von einem **Gericht** in einem **anderen GerichtsVf** eingeholt worden sind. Dies umfaßt insb auch Vf einer anderen Gerichtsbarkeit (Z 2 zu § 411 a ZPO), selbständige BeweisVf (BL 3 zu § 411 a ZPO) sowie Vf zwischen ganz oder zT anderen Beteiligten (vgl Ms NWVBl 1994, 393; BGH NJW 1991, 2824; Schulz NVwZ 2000, 1367 ff). Da eine Verwertung gem § 411 a ZPO die schriftliche Begutachtung ersetzt, handelt es sich seit der Einfügung dieser Vorschrift durch das 1. JuMoG insoweit nicht mehr um einen Urkunden-, sondern um einen **Sachverständigenbeweis.**[30] Die Anordnung nach § 411 a ZPO ist mithin so zu verstehen, daß der Sachverständige, dessen Gutachten verwertet wird, auch für das laufende Vf zum Sachverständigen ernannt wird, allerdings mit der Maßgabe, daß er kein neues schriftliches Gutach- **15 a**

---

[27] 69, 75; LSG Essen NJW 1983, 360; OLG Düsseldorf FamRZ 1989, 1101; **aA** Mü BayVBl 1971, 81; NVwZ-RR 1996, 328; Fliegauf DVBl 1962, 264; Goessel DRiZ 1980, 363; Skouris AöR 1982, 219; Müller 84; StJ 10 zu § 404 ZPO: auch eine Klinik u Fachbehörden.

[28] NJW 1969, 1591; Mü NVwZ-RR 1996, 328: Bestimmbarkeit des Sachverständigen genügt; Ey-Geiger 14; vgl auch Friederichs NJW 1970, 1961; RzW 1981, 39; offen, aber eher zur gegenteiligen Auffassung neigend 69, 73.

[29] 69, 70 = NJW 1984, 2645; NVwZ 1987, 48; 1993, 971; OLG Frankfurt MDR 1983, 849 m Anm Müller ZfSW 1983, 241; Bleutge NJW 1985, 1185; s hierzu § 407 a Abs 2 ZPO.

[30] Zur Rechtslage vor Inkrafttreten des § 411 a ZPO s 13. Aufl sowie BT-Dr 15/1508, 19 u 20 mwN.

ten zu erstatten hat (Z 1 zu § 411 a ZPO). Dies führt zB dazu, daß auch im Falle des § 411 a ZPO die Parteien den Sachverständigen gem § 406 ZPO ablehnen oder seine Ladung zur mündlichen Verhandlung gem § 411 Abs 3 ZPO veranlassen können (BT-Dr 15/1508, 20; Z 1 zu § 411 a ZPO); ferner zB dazu, daß der Sachverständige gem § 839 a BGB haftet sowie für neu erbrachte Leistungen (zB Erläuterung des Gutachtens gem § 411 Abs 3 ZPO im laufenden Verfahren) eine Vergütung gem §§ 8 ff JVEG verlangen kann (Z 1 zu § 411 a ZPO).

Das Gericht kann ferner auch Gutachten verwerten, die von einer Behörde während eines **anderen Gerichtsverfahrens** (ggf auch während des laufenden Prozesses, NVwZ 1993, 268) oder **im vorangegangenen VerwaltungsVf** (vgl § 26 Abs 1 S 2 Nr 2 VwVfG) **eingeholt** worden sind.[31] Zulässig ist grds auch die Verwertung von sog **„Privatgutachten"**, dh Parteigutachten, die von den **Beteiligten** zur Stützung ihres Vorbringens vorgelegt werden (s auch unten 15 b).[32] Da eine dem § 411 a ZPO entspr Vorschrift insoweit fehlt, sind alle Gutachten, die nicht gerichtlich oder staatsanwaltschaftlich eingeholt worden sind, jedoch grds im Wege des **Urkundenbeweises** in den Prozeß einzuführen (zu Privatgutachten s aber unten 15 b).

Das Gericht kann auch die **Gutachter, die bereits im VerwaltungsVf** tätig waren, nicht nur gem § 411 Abs 3 ZPO zu ihren Gutachten hören, sondern sie auch selbst als Gutachter für das gerichtliche Vf bestellen;[33] **§ 54 Abs 2** ist insoweit **nicht analog** auf Sachverständige anwendbar. Wird allerdings im Prozeß die Richtigkeit eines im VerwaltungsVf erstellten Gutachtens substantiiert **bestritten,** so verletzt das Gericht seine Aufklärungspflicht, wenn es das Gutachten gleichwohl, ohne ein weiteres Gutachten einzuholen, als Beweismittel verwendet. Zur Verwendung von in **der unteren Instanz erstellten Gutachten** auch im RechtsmittelVf s auch 2 zu § 96.

Voraussetzung einer Verwertung von Gutachten aus einem anderen Vf ist, daß diese den Beteiligten zugänglich sind bzw zugänglich gemacht werden u sie im Rahmen des **rechtlichen Gehörs** dazu Stellung nehmen können.[34] Zur **Wiederholung von Beweisaufnahmen** der Vorinstanz s 6 f zu § 96; ferner NVwZ 1993, 578.

15 b **Privatgutachten,** dh nicht von einem Gericht oder einer Behörde eingeholte Gutachten sind, soweit ein Beteiligter sich darauf stützt u sie sich zu eigen macht, primär **als Parteivorbringen** zu werten (vgl Buchh 310 § 98 VwGO Nr 46; Z 2 zu § 402 ZPO). Das Gericht hat sie im Rahmen des rechtlichen Gehörs zur Kenntnis zu nehmen (s auch 19 zu § 108) u sich damit wie auch mit sonstigen Parteivorbringen auseinanderzusetzen (Z 3 zu § 402 ZPO). Privatgutachten können darüber hinaus aber dem Gericht auch die notwendige Sachkunde vermitteln u insofern **auch als Beweismittel** dienen (Krüger WRP 1991, 68). Gewicht, Bedeutung u Glaubwürdigkeit hat das Gericht **im Rahmen der Beweiswürdigung** nach Anhörung der Beteiligten dazu zu beurteilen.

15 c Die **Verwertung eines Sachverständigengutachtens**, das in **demselben Vf** von der Vorinstanz eingeholt worden ist, **ist unzulässig,** wenn – erstens – das

---

[31] BVerfG BayVBl 1988, 270; BVerwG 18, 217; 56, 127 = NJW 1981, 1033; 76, 137 = NVwZ 87, 585; NJW 1986, 3229; DÖV 1986, 1063; NVwZ 1993, 268; Buchh 310 § 86 Abs 1 VwGO Nr 79 u 137; 442.10 § 4 StVG Nr 42; DVBl 1972, 681; 1980, 594; BayVBl 1982, 284; BSG SozR § 128 SGG Nr 66; Plagemann NJW 1992, 401 mwN.

[32] S unten 15 b; Krüger WRP 1991, 68; zT **aA** RÖ-Kothe 10; vgl auch zur gerichtlichen Vernehmung von Parteigutachtern Proksch BayVBl 1976, 649.

[33] 74, 223 = NVwZ 1987, 585; Buchh 310 § 86 Abs 1 VwGO Nr 120; BGH NJW 1980, 2885; unklar BVerwG NJW 1988, 2491 zu Auskunftspersonen, die anstelle von Sachverständigen im VerwaltungsVf mitgewirkt haben; **aA** Mü 9. 6. 1980 – 11 C 80 D.18 u D.22 – durch die vorgenannte Entscheidung des BVerwG „von Amts wegen" aufgehoben –; Proksch BayVBl 1974, 649.

[34] BGH NJW 1991, 2824; vgl auch Z 4 zu § 411 a ZPO.

Gutachten **unvollständig, widersprüchlich** oder aus anderen Gründen nicht überzeugend ist, wenn – zweitens – das Gutachten von **unzutr tatsächlichen Voraussetzungen** ausgeht, wenn – drittens – der Sachverständige erkennbar **nicht über die notwendige Sachkunde** verfügt, oder **Zweifel** an seiner **Unparteilichkeit** bestehen, wenn – viertens – sich durch neuen entscheidungserheblichen Sachvortrag der Beteiligten oder durch eigene Ermittlungstätigkeit des Gerichts die **Bedeutung** der vom Sachverständigen zu **klärenden Fragen verändert,** wenn – fünftens – ein anderer Sachverständiger über **neue oder überlegenere Forschungsmittel** oder über größere Erfahrung verfügt, oder wenn – sechstens – das Beweisergebnis durch substantiierten Vortrag einer der Beteiligten oder durch eigene Überlegungen des Gerichts **ernsthaft erschüttert** wird (NVwZ 1993, 578; krit RÖ-Kothe 12). Diese Grundsätze dürften entspr anzuwenden sein auf Gutachten, die in einem **anderen Vf** gerichtlich oder staatsanwaltschaftlich eingeholt wurden u nunmehr gem § 98 iVm § 411 a ZPO verwertet werden. S auch 10 zu § 108.

Sachverständige sind zur Erstattung eines Gutachtens nur nach näherer Bestimmung der §§ **407 ff ZPO,** soweit zumutbar (LG Bochum NJW 1986, 2890), **verpflichtet,** Behördenbedienstete nur, wenn sie bzw die Behörde, der sie angehören, durch Gesetz dazu verpflichtet sind oder die Erstattung des Gutachtens in den Aufgabenkreis der Behörde fällt.[35] Das Recht des Gerichts zur Auswahl u Ladung eines Sachverständigen findet seine Grenzen an der Zumutbarkeit für diesen u an § 407 ZPO (LG Bochum NJW 1986, 2890). Der Sachverständige kann ein Fernbleiben von dem Termin, zu dem er zur Erstattung seines Gutachtens geladen wurde, auch damit nachträglich entschuldigen, daß seine Auswahl für ihn unzumutbar war (LG Bochum aaO). **16**

Wenn schriftliche Begutachtung angeordnet worden ist, soll das **Gericht** dem Sachverständigen eine **Frist setzen,** innerhalb derer er das von ihm unterschriebene Gutachten zu übermitteln hat (§ 411 Abs 1 ZPO idF des 2. JuMoG).

Für die **Vernehmung eines Gutachters** in der mV zur Erläuterung des Gutachtens gilt § 411 Abs 3 ZPO. Die Vorschrift ist analog auch auf Personen bzw Vertreter von Institutionen anwendbar, von denen das Gericht eine **amtliche Auskunft** (vgl oben 3) eingeholt hat, bzw die die Auskunft gegeben oder verfaßt haben (offen BayVBl 1985, 377; verneinend DVBl 1975, 377; BGH 62, 95); jedenfalls aber kann das Gericht weitere Auskünfte darüber verlangen, worauf sich die Auskunft stützt (DVBl 1975, 377; NJW 1986, 3221). – **Das Gericht muß** nach § 411 Abs 3 ZPO **den Sachverständigen laden,** wenn seine Vernehmung zur Erläuterung des Gutachtens, zur Klärung von Zweifeln – auch uU hins der Frage, ob u inwieweit ein Gutachter aus eigener Sachkunde die Verantwortung für den Inhalt eines unter seinem Namen erstellten Gutachtens übernehmen konnte (1. 12. 1981 – 8 C 44/89) – oder zur Beseitigung von Unklarheiten unumgänglich ist (BGH DVBl 1981, 2010; VersR 1977, 734); ebenso, **wenn ein Beteiligter** einen entspr **Antrag** nach § 86 Abs 2, § 397 ZPO u § 402 ZPO stellt, weil er dem Sachverständigen Fragen stellen will.[36] Das Recht der Beteiligten, die **Ladung** eines **Sachverständigen** zur **mündlichen Erläuterung** seines Gutachtens zu beantragen, gilt auch, wenn das Gutachten in einem **anderen Vf** erstattet u zu dem anhängigen Vf beigezogen worden ist.[37] Der **Antrag auf Ladung des Sachverständigen** muß rechtzeitig vor dem Termin gestellt werden (BayVBl 1982, 158); er muß erkennen lassen, in welcher Richtung

---

[35] Mü NVwZ-RR 1996, 329: zB Gesundheitsämter für humanmedizinische Fachfragen; Jessnitzer 51 ff; Müller 309, 337; Leineweber MDR 1980, 7.

[36] NVwZ-RR 1990, 466; Buchh 310 § 98 Nr 46; Ks InfAuslR 1997, 133; DVBl 1999, 995; Ma VBlBW 1998, 148; Stumpe VBlBW 1995, 172.

[37] NJW 1986, 3221; Ks InfAuslR 1997, 133; DVBl 1999, 995; **aA** Ma VBlBW 1998, 148; Ks NVwZ-Beil 1999, 26.

weitere Aufklärung herbeigeführt werden soll[38] u in etwa schlüssig begründet sein (NVwZ-RR 1990, 446). Mit der Ladung des Sachverständigen nach §§ 402, 397, 411 Abs 3 ZPO wird nicht die **Vernehmung** des Sachverständigen durch den **Richter,** sondern die **Befragung** durch den **Beteiligten** angestrebt (NJW 1984, 2646; Ks DVBl 1999, 995; Ma VBlBW 1998, 148). Unerheblich ist, ob das **Gericht** das Sachverständigengutachten für erläuterungsbedürftig hält (Ma VBlBW 1998, 148; Ks DVBl 1999, 995). **Ergänzungsfragen** (§ 411 Abs 4 ZPO) müssen zwar nicht abschließend formuliert werden, aber hinreichend klar erkennen lassen, inwiefern das beanstandete Sachverständigengutachten für erläuterungsbedürftig erachtet wird; mangelt es an der notwendigen Substantiierung der Einwendungen, besteht keine Verpflichtung des Gerichts zur Ladung des Sachverständigen (NJW 1996, 2318). Entsprechendes gilt, **wenn ein Mitglied des Gerichts selbst die erforderliche Sachkunde** zu besitzen glaubt. Der **Antrag** auf Ladung des Sachverständigen **kann** nur **abgelehnt werden,** wenn nach Lage der Dinge ausgeschlossen ist, daß die Befragung des Sachverständigen etwas Sachdienliches erbringen könnte (DVBl 1960, 288; NJW 1986, 3221; Buchh 310 § 98 Nr 25 u 46). Für sog **Privatgutachter** gelten die genannten Regelungen nicht (71, 45; BayVBl 1982, 158: kein Anspr Beteiligter gem §§ 397, 402 ZPO).

17 **Ablehnung von Sachverständigen; Haftung:** Da der Sachverständige „Richtergehilfe" ist, kann er gem § 54 iVm §§ 42, 406 ZPO abgelehnt werden.[39] Ein **befangener Sachverständiger** ist zudem grds auch als Beweismittel ungeeignet (vgl NVwZ 1988, 1020 zu als Auskunftspersonen an Stelle von Sachverständigen gehörten Personen; allg zu ungeeigneten Beweismitteln auch 6 zu § 86); anders **uU als Zeuge** hins seiner tatsächlichen Wahrnehmungen (Fezer JR 1990, 397). Gründe für ein Mißtrauen gegen die Unparteilichkeit eines Sachverständigen sind dann gegeben, wenn ein besonnener Beteiligter von seinem Standpunkt aus bei vernünftiger, objektiver Betrachtung davon ausgehen darf, der Sachverständige werde sein Gutachten nicht unvoreingenommen erstatten (Mü NVwZ-RR 2001, 207). Das trifft etwa zu, wenn ein Sachverständiger bei einem Beteiligten Ermittlungen oder Überprüfungen anstellt oder einzelne Gesichtspunkte des zu erstellenden Gutachtens erörtert, ohne andere Beteiligte zu informieren oder ihnen die Möglichkeit zur Stellungnahme einzuräumen (Ma RsprD-LS 155/2000).

Ablehnungsgrund ist zB, daß der Sachverständige vom Gegner **wirtschaftlich abhängig** ist oder in anderer Weise mit ihm ständig verbunden ist oder daß er in derselben Sache für ihn **als Privatgutachter tätig** war (OLG Nürnberg JurBüro 1981, 776). Anhaltspunkte für Ablehnungsgründe geben auch §§ 20f VwVfG. Der Umstand, daß der **Gutachter Beamter** ist, stellt für sich allein keinen Ablehnungsgrund dar (RÖ-Kothe 10). Als befangen anzusehen ist allerdings regelmäßig der **Sachverständige,** der der **bescheiderteilenden Behörde** angehört (NVwZ 1999, 184; Mü NVwZ-RR 2001, 207); ebenso der Sachverständige, der als Bediensteter einer mit Überwachungsaufgaben betrauten Sonderbehörde der bescheiderteilenden Behörde bei der Abfassung der angefochtenen Verfügung die Feder geführt hat (Ma NVwZ-RR 1998, 689). Daß der Sachverständige dem gleichen Rechtsträger wie die beklagte Behörde angehört, soll allerdings zur Begründung eines Ablehnungsgesuches noch nicht ausreichen (NVwZ 1998,

---

[38] 69, 77: Angabe der beabsichtigten Fragen jedoch nicht erforderlich; MDR 1973, 339; BayVBl 1982, 158; NVwZ-RR 1990, 447; NJW 1986, 3221; Ks InfAuslR 1997, 133; DVBl 1999, 995; Ma VBlBW 1998, 148.

[39] Vgl NVwZ 1998, 634; Mü NVwZ-RR 1996, 329: aber keine Selbstablehnung des Sachverständigen; zT **aA** Mü BayVBl 1972, 81 für den Fall, daß eine Behörde als Sachverständiger bestellt wurde, denn eine Behörde könne nicht befangen sein. Kritik: Auch wenn die nähere Bestimmung des Gutachters einer Behörde überlassen ist, ist bezüglich einer Ablehnung auf die natürlichen Personen abzustellen, die letztlich das Gutachten erstellen.

634); ebenso nicht, daß er bereits im vorangegangenen VerwaltungsVf eine Stellungnahme abgegeben hat (NVwZ 1998, 634). Unabhängig vom Bestehen von Ablehnungsgründen sowie davon, ob solche Gründe im Vf geltend gemacht wurden, muß das Gericht bestehende **Zweifel an der Unvoreingenommenheit** eines Sachverständigen **jedenfalls auch bei der Beweiswürdigung berücksichtigen** (BGH NJW 1981, 2009). Der **Ablehnungsantrag** ist **unverzüglich** nach Zugang des Gutachtens bei dem Beteiligten zu stellen; wird daher vom Gericht eine angemessene Frist zur Stellungnahme zu dem Gutachten eingeräumt, ist der Antrag nicht mehr unverzüglich, wenn der Beteiligte die Ablehnung trotz Kenntnis der Gründe nicht innerhalb der Frist geltend macht (Ks AuAS 1999, 56).

Für **Verschulden des vom Gericht zugezogenen Sachverständigen haftet der Staat** gem Art 34 GG, § 839a BGB.[40] Allg zur Sachverständigenhaftung vgl Damm JZ 1991, 373.

d) Urkunden (§§ 415 ff ZPO). Urkunden iSd Regelung sind (nur) **durch** 18
Schriftzeichen verkörperte Gedankenäußerungen. Kfz-Kennzeichen, Siegelabdrücke, Fotografien, Tonbandaufnahmen usw sind keine Urkunden idS, sondern „Augenscheinsobjekte" (hM, vgl BGH NJW 1976, 294); gleiches gilt, wie sich aus § 371 Abs 1 S 2 ZPO ergibt, grds auch für elektronische Dokumente, wobei aber auf private elektronische Dokumente, die mit einer qualifizierten elektronischen Signatur versehen sind, u öffentliche elektronische Dokumente iSd § 371a Abs 2 ZPO gem § 371a ZPO die Vorschriften über die Beweiskraft von Urkunden entspr Anwendung finden (s dazu oben 7a). Die Bestimmungen der ZPO über die **Beweiskraft von Urkunden** (§§ 415 bis 419 ZPO) sind auch im Verwaltungsprozeß anwendbar (**aA** RÖ-Kothe 13: dem Rechtsgedanken nach anwendbar, jedoch keine starre Bindung). Der behördlicherseits gefertigte Eingangsvermerk auf dem Antrag auf Verlängerung des Aufenthaltstitels ist eine öffentliche Urkunde iSv § 98 iVm § 418 Abs 1 ZPO (Ms NVwZ 2000, 346). Beruht ein Untersuchungsbericht einer Behörde nicht auf eigenen, sondern auf den Feststellungen eines beauftragten Sachverständigen, erstreckt sich die Beweiskraft des Untersuchungsberichts als öffentliche Urkunde – ausgenommen bei speziellen landesgesetzlichen Regelungen – nicht auf die Feststellungen des Sachverständigen (Ks NVwZ-RR 2003, 806). Vgl zum Beweiswert amtsärztlicher Gutachten auch Ko NVwZ 1990, 388. Auch **Kopien** sind Urkunden (NJW 1986, 3221; vgl zu Fotokopien auch Wömper MDR 1980, 889). Urkunden sind ferner auch **Ausdrucke elektronischer Dokumente** (das elektronische Original ist dagegen ein Augenscheinsobjekt, für das aber gem § 371a ZPO unter bestimmten Voraussetzungen die Vorschriften über die Beweiskraft von Urkunden entspr anwendbar sind; s dazu ausf oben 7a). Der mit einem Beglaubigungsvermerk versehene Ausdruck eines öffentlichen elektronischen Dokuments gem § 371a Abs 2 ZPO sowie der Ausdruck eines gerichtlichen elektronischen Dokuments, der einen Vermerk des zuständigen Gerichts gem § 298 Abs 2 ZPO enthält, stehen gem § 416a ZPO einer öffentlichen Urkunde in beglaubigter Abschrift gleich. Zum **Beweiswert eingescannter Dokumente** Roßnagel/Wilke NJW 2006, 2147 ff. **Ausländische öffentliche Urkunden** haben grds dieselbe Beweiskraft wie deutsche.[41] Nach § 438 ZPO hat das Gericht die Frage der Echtheit einer ausländischen öffentlichen Urkunde nach den Umständen des Falles zu ermessen (Buchh 310 § 98 VwGO Nr 61). **Beglaubigte Abschriften** von öffentlichen Urkunden stehen hins ihres

---

[40] Vgl BVerfG 49, 319 = NJW 1979, 306 ohne abschließende Stellungnahme; vgl auch BGH 62, 59 = NJW 1974, 312; **aA** OLG Düsseldorf NJW 1986, 2891 mwN: allenfalls nach §§ 823, 826 BGB.

[41] NJW 1987, 1159: §§ 415 ff ZPO – mit den Besonderheiten gem §§ 437 ff ZPO – gelten auch für ausländische Urkunden; DVBl 1994, 1194; zu Echtheitszweifeln bei unbeglaubigten Fotokopien in AsylVf Ma RspD-LS 279/1995.

Beweiswerts (§§ 418, 435 ZPO) den Originalen nicht gleich, sondern unterliegen der freien richterlichen Beweiswürdigung (BayVBl 1987, 123; BGH 31, 7; 36, 204; NJW 1980, 1047). Für die **Herbeischaffung von Urkunden** enthalten § 86 Abs 5 u § 99 Sonderregelungen.

Um einen **Urkundenbeweis** handelt es sich auch, wenn eine **Niederschrift über eine Zeugenaussage** oder eine Auskunft usw oder ein Sachverständigengutachten in einem nachfolgenden Vf verwendet werden (OLG München NJW 1986, 263 mwN u NJW 1986, 3229 m Anm v Vollkommer über die Zulässigkeit); s auch 2 zu § 96.

19 Hins einer Vorlagepflicht von **Dritten,** die nicht Beteiligte des Vf sind, wurde die Rechtslage durch die Neufassung des **§ 142 ZPO** durch das ZPO-RG grundlegend verändert. Während nach alter Rechtslage das Gericht nur ggü den Parteien (bzw analog im Verwaltungsprozeß ggü den Beteiligten) die Vorlage von Urkunden anordnen konnte, erstreckt § 142 Abs 1 ZPO heute diese Möglichkeit auch auf Dritte. Ausnahmen von einer Vorlagepflicht für Dritte bestehen nur bei Unzumutbarkeit oder im Rahmen der Zeugnisverweigerungsrechte (§ 142 Abs 2 S 1 ZPO). Diese wg ihrer Offenheit mitunter kritisierte Regelung (Schellhammer MDR 2001, 1084; M 8 zu § 142 ZPO) ist im Verwaltungsprozeß gem § 173 S 1 analog anwendbar. Durchgesetzt werden kann die gerichtliche Anordnung durch die Zwangsmittel gem § 173 S 1 iVm §§ 142 Abs 2 S 2, 390 ZPO.

Gegenüber den **Beteiligten** scheidet eine zwangsweise Durchsetzung aus (ThP 5 zu § 142 ZPO; M 7 zu § 142 ZPO). Kommen sie ihrer Vorlagepflicht nicht nach, so kann das Gericht dies bei der Beweiswürdigung zu ihrem Nachteil berücksichtigen, wenn keine hinreichenden Gründe für die Weigerung geltend gemacht werden bzw der Beteiligte die Unmöglichkeit der Klärung der Beweisfrage zu vertreten hat. Der **Beweisregel des § 444 ZPO** kommt insoweit grds allg Bedeutung, auch über den Urkundenbeweis hinaus, zu (10, 270).

20 **e) Vernehmung von Beteiligten (§§ 445 ff ZPO).** Die Vernehmung des Kl, des Bekl, des VöI oder eines Beigeladenen, bzw bei juristischen Personen deren gesetzlicher oder satzungsgemäßer Vertreter usw (auch Minister, Behördenvorsteher, s oben 8), ist als Beweismittel (nur) unter **denselben einschränkenden Voraussetzungen** wie im Zivilprozeß zulässig.[42] Sie ist von einer informatorischen Anhörung (s auch 2 zu § 87; 1 zu § 95; 1, 2f zu § 108 sowie Raabe NVwZ 2003, 1196) u einer Anhörung im Rahmen der Gewährung des rechtlichen Gehörs gem Art 103 Abs 1 GG, § 108 Abs 2 zu unterscheiden (17, 129; DÖV 1980, 650; NJW 1981, 1748: ein Verfahrensfehler, wenn nicht unterschieden wurde; s auch oben 6). **Behördliche Auskünfte** stellen weder Parteivorbringen noch eine Parteivernehmung dar (s oben 3). Zur **Vernehmung minderjähriger Beteiligter** s NJW 1986, 1188 mwN: nach § 455 Abs 2 S 1 ZPO nicht vor Vollendung des 16. Lebensjahres.

21 Die Vernehmung eines Beteiligten ist **als Beweismittel nur dann zulässig,** wenn die gebotene Klärung des Sachverhalts mit Hilfe der übrigen zur Verfügung stehenden Beweismittel sich als unmöglich erweist.[43] Sie kann unterbleiben, „wenn nichts an Wahrscheinlichkeit für die Behauptung der Partei erbracht" ist.[44] **Je nach Art des Beweisthemas** kann die Beteiligtenvernehmung **unent-**

---

[42] DÖV 1963, 517; 1980, 650; Buchh 310 § 96 Nr 17; Buchh 402.24 § 28 AuslG Nr 91; VIZ 2000, 93; Ms DÖV 1981, 384; RÖ-Kothe 16.

[43] 3, 346; DÖV 1963, 517; 1980, 650; Buchh 402.24 § 28 AuslG Nr. 91: nur als letztes Hilfsmittel zur Aufklärung des Sachverhalts, wenn trotz Ausschöpfung aller anderen Beweismittel noch Zweifel bestehen; VIZ 2000, 93; ebenso Ma NVwZ 1993, 72; Ey-Geiger 33; RÖ-Kothe 16; BL 1 zu § 448 ZPO; Raabe NVwZ 2003, 1196; **aA** Kretschmer NJW 1965, 383: Parteivernehmung ist im Verwaltungsprozeß ein Hauptbeweismittel.

[44] DÖV 1980, 650; vgl auch Ma NVwZ 1993, 72: die förmliche Vernehmung eines Beteiligten kommt entsprechend dem Rechtsgedanken des § 445 Abs 2 ZPO nur dann in

behrlich sein, zB in **Kriegsdienstverweigerungssachen** (NVwZ 1982, 40; NVwZ-RR 1991, 568: wg des hier wesentlichen persönlichen Eindrucks; s auch 14 zu § 86); das Unterbleiben wäre dann ein Verfahrensfehler (Aufklärungsmangel). Eine **Parteivernehmung** kann – im Anwendungsbereich des Art 6 Abs 1 EMRK (dazu 2 zu § 55) – ferner **Pflicht** werden, wenn anders der Grundsatz des **fair trial,** namentlich in seiner Ausprägung als **Waffengleichheit,** nicht zu verwirklichen ist; wird zB über ein entscheidendes Gespräch unter vier Augen der eine Gesprächspartner als bloßer Vertreter des Prozeßbeteiligten zeugenschaftlich vernommen, so ist der andere (auf seinen Antrag jedenfalls) auch dann als Zeuge zu vernehmen, wenn er der gegnerische Prozeßbeteiligte ist.[45] Für die **Aussageverweigerung** gilt § 446 ZPO (Parteivernehmung ist nicht erzwingbar), nicht § 383 ZPO (NVwZ-RR 1991, 488). Für die Würdigung verweigerter Aussagen s §§ 446, 453 Abs 2 ZPO. Zum Problem der **„Selbstbelastung" eines Beteiligten** vgl Stürner NJW 1981, 1757. Zum **Ehrenschutz ggü Parteivorbringen** vgl 18 zu § 1; ferner oben 8.

5. Offenkundige (dh allgemeinkundige oder gerichtskundige) Tatsachen (§ 291 ZPO) sowie **allg Erfahrungssätze u Denkgesetze** bedürfen grds (Ausnahmen im folgenden) **keines Beweises.**[46] Auch **allgemeinkundige Tatsachen** (s unten 23) müssen jedoch, jedenfalls wenn u soweit zweifelhaft sein kann, ob sie in Wahrheit allgemeinkundig sind (BVerfG 12, 112; 48, 209), bzw, wenn u soweit ihre Erheblichkeit für die Entscheidung nicht offensichtlich ist, um als Grundlage der Entscheidung des Gerichts dienen zu können, **Gegenstand** des rechtlichen Gehörs u grds auch **der mV** gewesen sein.[47] Entspr gilt für **allg Erfahrungssätze** des täglichen Lebens, dh Sätze, die jedermann bekannt sind u die durch keine Ausnahmen durchbrochen werden (s unten 25), u für **Denkgesetze.** Auch (lediglich) **gerichtskundige Tatsachen** (s unten 24) müssen, damit das Gericht sie bei seiner Entscheidung berücksichtigen kann, immer vorher Gegenstand der mV (bzw, wenn keine mV stattfindet, jedenfalls des rechtlichen Gehörs der Beteiligten in anderer Weise) gewesen sein (10, 183; InfAuslR 1983, 60; BSG 22, 20; NJW 1979, 1063; BGH NJW 1991, 2825 mwN); sie müssen insb den Beteiligten auch zugänglich gemacht worden sein (NVwZ 1981, 41; BGH NJW 1991, 2825 mwN), u es muß ihnen Gehör dazu gewährt worden sein (InfAuslR 1983, 60; BGH NJW 1991, 2825 mwN). S auch 9 zu § 86. **Ob Tatsachen allgemeinkundig** oder gerichtskundig sind u ob bestimmte Sätze allg Erfahrungssätze oder Denkgesetze sind, ist auch in der **Revision voll nachprüfbar** (NVwZ 1991, 123; BSG NJW 1979, 1063; RS § 110, 12, § 111, 32; s im einzelnen 25 zu § 137). 22

Wenn u soweit die **Entscheidungserheblichkeit** allgemeinkundiger oder gerichtskundiger Tatsachen oder allg Erfahrungssätze nicht offensichtlich bzw den Beteiligten bekannt ist (zB aus einem parallelen Verfahren, vgl BSG NZA 1988, 261), muß das Gericht **die Beteiligten darauf hinweisen** (BGH 31, 55 = NJW 1959, 2213; NJW 1991, 2825). Entsprechendes gilt, wenn die **Tatsachen** oder Erfahrungssätze selbst den Beteiligten **nicht bekannt** oder ihnen in ihrem Bezug

---

Betracht, wenn für die Richtigkeit seiner Behauptung nach Überzeugung des Gerichts bereits eine gewisse Wahrscheinlichkeit besteht.

[45] EGMR NJW 1995, 1413 – Dombo Beheer B. V. m Anm Schlosser NJW 1995, 1404 = ZEuP 1996, 484 m Anm M. Roth.

[46] Vgl zu offenkundigen Tatsachen NJW 1982, 2620; 1987, 1431; NVwZ 1990, 571; NVwZ-RR 1991, 123 mwN; Buchh 310 § 108 VwGO Nr 127; BSG 9, 219; NJW 1979, 1063; NVwZ 1983, 486; Ma NVwZ 1995 Beil 4, 27; Martens NJW 1976, 384; Ey-Geiger 37 zu § 86; ML 7 a zu § 118 SGG; zu gerichtskundigen Tatsachen 58, 152; zu allg Erfahrungssätzen u Denkgesetzen BSG MDR 1976, 83.

[47] BVerfG 12, 113; 48, 209; BAG NJW 1979, 1063; BSG NJW 1979, 1063; BGH 31, 45 = NJW 1959, 2213; Schneider MDR 1969, 435; unklar NVwZ 1990, 571; M 4 zu § 292 ZPO.

zum Gegenstand des Vf nicht bewußt sind. S allg zur Wahrung des rechtlichen Gehörs in solchen Fällen auch 24 zu § 86; 25 zu § 108.

23 **Allgemeinkundig** sind Tatsachen, die in der Öffentlichkeit als feststehend angesehen werden, zB allg anerkannte wissenschaftliche Erkenntnisse sowie Tatsachen, von denen verständige Menschen idR Kenntnis haben oder über die sich jedermann ohne besondere Fachkunde **aus allg zugänglichen,** zuverlässigen **Quellen** unterrichten kann.[48] Veröffentlichungen in einer Illustrierten begründen keine Offenkundigkeit (KG NJW 1972, 1909). Allgemeinkundig ist zB, **daß Rauchen** bei anderen Personen, die sich im selben Raum aufhalten, je nach Intensität zu gesundheitlichen Beeinträchtigungen führt (Ms NVwZ 1983, 486).

24 **Gerichtskundig** sind Tatsachen, die dem Richter nicht nur privat oder „anläßlich" seiner richterlichen Tätigkeit, sondern **aus seiner Amtstätigkeit** als Richter bekannt sind u die nicht erst einer Feststellung aus den Gerichtsakten bedürfen, dh, die nicht nur „aktenkundig" sind (NVwZ 1990, 571; Ma NVwZ-Beil 1999, 68; BGH NJW 1973, 392; Ey-Geiger 37 zu § 86). Ob diese Voraussetzungen vorliegen, läßt sich nicht abstrakt für die Tatsachenfeststellung in einer bestimmten Art von Verfahren, sondern immer nur konkret für eine bestimmte Tatsache beantworten (Ma NVwZ-Beil 1999, 68). Vgl zur Verwertung von Auskünften, Gutachten, Presseberichten aus einer **vom Gericht geführten Sammlung** als bei dem Gericht offenkundige Tatsachen iSv § 291 ZPO auch Ko NVwZ-RR 1991, 221. § 291 ZPO erlaubt nicht, daß das Gericht ein bestimmtes Verständnis vom Inhalt einer Aussage wie zB einer Werbeaussage seiner Entscheidung als gerichtskundig zugrunde legt, wenn ein davon abweichendes Verständnis der angesprochenen Verkehrskreise unter Beweisantritt vorgetragen ist (BGH NJW-RR 1990, 1376 mit Anm Wulf ZLR 1990, 640; NVwZ 1990, 571). Zufällig im Privatleben erlangte Kenntnis des Richters kann nur als offenkundige Tatsache in den Prozeß eingeführt werden, wenn es sich um allgemeinkundige Tatsachen handelt; ansonsten ist der Richter als Zeuge (oben 8) zu vernehmen, was allerdings zu seinem Ausschluß führt (§ 54 Abs 1 iVm § 41 Nr 5 ZPO); zweifelhaft daher Hbg NJW 1994, 2779 f, das private Kenntnis des Richters (nach Anhörung der Parteien) als in den Prozeß eingeführt betrachtet (abl allg auch Lipp, Das private Wissen des Richters, S. 77).

25 **Allg Erfahrungssätze** sind „jedermann zugängliche Sätze, die nach der allgemeinen Erfahrung unzweifelhaft gelten u durch keine Ausnahmen durchbrochen werden" (67, 84; ähnlich Buchh 406.11 § 128 BBauG Nr 15), dh „solche empirisch aus der Beobachtung u Verallgemeinerung von Einzelfällen gewonnenen Einsichten, die, auf ihren Anwendungsbereich bezogen, **schlechthin zwingende Folgerungen** enthalten, denen auch der Richter folgen muß" (BGH NJW 1982, 2456; ähnlich Viehweg NJW 1982, 2476 mwN). Sie können **allg Art** sein **oder sich auf besondere** wissenschaftliche, gewerbliche, künstlerische usw **Fragen beziehen** u insoweit auf besonderen Einsichten u besonderer Sachkunde beruhen (Viehweg NJW 1982, 2476). Die Anwendung allg Erfahrungssätze bei der Feststellung von Tatsachen hat grds zur Voraussetzung, daß diese Sätze den Beteiligten zur Wahrung des rechtlichen Gehörs vorher mitgeteilt wurden; eine solche Mitteilung ist nur bei Erfahrungssätzen, die aus allgemeinkundigen, allen Beteiligten gegenwärtigen u als entscheidungserheblich bewußten Tatsachen abgeleitet werden, entbehrlich (oben 22).

Besondere Erfahrungssätze (medizinische, technische, politische usw) sind immer beweisbedürftige Tatsachen. Das Gericht muß die Beteiligten darüber unterrichten, daß u welche Erfahrungssätze mit welchem Inhalt es als feststehend annimmt oder anzunehmen in Erwägung zieht (oder ziehen könnte) u sie dazu hören u schließlich ua auch in einer der Nachprüfung zugänglichen Weise im

---

[48] DVBl 1983, 35; DVBl 1985, 577; BVerfG 10, 183 = NJW 1960, 31; BAG NJW 1979, 1063; Ms DVBl 1983, 54; DÖV 1981, 384; KG NJW 1972, 1909; RS § 111, 26; Ey-Geiger 37 zu § 86.

Urteil **darlegen, wie es zu seiner Erkenntnis gekommen ist** (MDR 1974, 957; NVwZ 1983, 683; Buchh 421 Kultus- u Schulverwaltung Nr 51). Vgl allg auch 9 zu § 86 sowie insb BGH NJW 1991, 2825.

6. Selbständiges Beweisverfahren gem §§ 485 bis 494a ZPO: Die durch das RPflVereinfG zT geänderten Vorschriften der ZPO über das sog selbständige BeweisVf (vgl Hansens NJW 1991, 957; Schreiber NJW 1991, 2600) sind auch im Verwaltungsprozeß anwendbar. Sie ermöglichen die **Sicherstellung von Beweisen** bereits vor Beginn eines möglichen Prozesses oder nach der Neuregelung uU auch unabhängig davon oder in einem Prozeßstadium, in dem Beweiserhebungen noch nicht angeordnet sind. **Voraussetzung** ist nach § 485 Abs 1 ZPO, daß der **Prozeßgegner zustimmt** oder die Beweisaufnahme **notwendig** ist, weil das in Frage stehende **Beweismittel** sonst seinen Beweiswert ganz oder teilweise zu **verlieren** droht (zB schwere Krankheit eines Zeugen, Verderb eines Augenscheinsobjekts). Der Antrag auf Durchführung eines selbständigen BeweisVf muß hinreichend bestimmt sein, u für ihn muß ein RSB bestehen (Ko NVwZ-RR 2006, 853). Eine schriftliche Begutachtung durch einen Sachverständigen vor Anhängigkeit des Rechtsstreits setzt nach § 485 Abs 2 ZPO ein rechtliches Interesse voraus; dieses fehlt jedoch nur, wenn die betr Feststellung für den späteren Rechtsstreit offenkundig u nach jeder Betrachtungsweise unerheblich ist.[49] Der ASt muß gem § 98 iVm § 487 Nr 4 ZPO vortragen u im Bestreitensfall auch glaubhaft machen, daß ihm Anspr gegen den Ag zustehen könnten, falls die unter Beweis gestellten Tatsachen vorliegen (Ma VBlBW 2004, 228). 26

§ 99 [Aktenvorlage und Auskünfte durch Behörden]

(1) **Behörden sind zur Vorlage von Urkunden oder Akten, zur Übermittlung elektronischer Dokumente und zu Auskünften verpflichtet.**[1 ff] **Wenn das Bekanntwerden des Inhalts dieser Urkunden, Akten, elektronischen Dokumente oder dieser Auskünfte dem Wohl des Bundes oder eines Landes Nachteile bereiten würde**[9 f] **oder wenn die Vorgänge nach einem Gesetz oder ihrem Wesen nach geheim gehalten**[11 f] **werden müssen, kann**[17] **die zuständige oberste Aufsichtsbehörde**[15] **die Vorlage von Urkunden oder Akten, die Übermittlung der elektronischen Dokumente und die Erteilung der Auskünfte verweigern.**

(2) **Auf Antrag eines Beteiligten stellt das Oberverwaltungsgericht ohne mündliche Verhandlung durch Beschluss fest, ob die Verweigerung der Vorlage der Urkunden oder Akten, der Übermittlung der elektronischen Dokumente oder der Erteilung von Auskünften rechtmäßig ist.**[18 ff] **Verweigert eine oberste Bundesbehörde die Vorlage, Übermittlung oder Auskunft mit der Begründung, das Bekanntwerden des Inhalts der Urkunden, der Akten, der elektronischen Dokumente oder der Auskünfte würde dem Wohl des Bundes Nachteile bereiten, entscheidet das Bundesverwaltungsgericht; Gleiches gilt, wenn das Bundesverwaltungsgericht nach § 50 für die Hauptsache zuständig ist.**[19] **Der Antrag ist bei dem für die Hauptsache zuständigen Gericht zu stellen. Dieses gibt den Antrag und die Hauptsacheakten an den nach § 189 zuständigen Spruchkörper ab. Die oberste Aufsichtsbehörde hat die nach Absatz 1 Satz 2 verweigerten Urkunden oder Akten auf Aufforderung dieses Spruchkörpers vorzulegen, die elektronischen Dokumente zu übermitteln oder die verweigerten Auskünfte zu erteilen.**[20] **Sie ist zu**

[49] Ma NVwZ-RR 1996, 126; VBlBW 2004, 228; vgl auch Lü NVwZ-RR 2006, 368 – rechtliches Interesse fehlt, wenn Feststellung für die rechtliche Beziehung nicht von Bedeutung.

diesem Verfahren beizuladen. Das Verfahren unterliegt den Vorschriften des materiellen Geheimschutzes. Können diese nicht eingehalten werden oder macht die zuständige Aufsichtsbehörde geltend, dass besondere Gründe der Geheimhaltung oder des Geheimschutzes der Übergabe der Urkunden oder Akten oder der Übermittlung der elektronischen Dokumente an das Gericht entgegenstehen, wird die Vorlage oder Übermittlung nach Satz 5 dadurch bewirkt, dass die Urkunden, Akten oder elektronischen Dokumente dem Gericht in von der obersten Aufsichtsbehörde bestimmten Räumlichkeiten zur Verfügung gestellt werden. Für die nach Satz 5 vorgelegten Akten, elektronischen Dokumente und für die gemäß Satz 8 geltend gemachten besonderen Gründe gilt § 100 nicht. Die Mitglieder des Gerichts sind zur Geheimhaltung verpflichtet; die Entscheidungsgründe dürfen Art und Inhalt der geheim gehaltenen Urkunden, Akten, elektronischen Dokumente und Auskünfte nicht erkennen lassen. Für das nichtrichterliche Personal gelten die Regelungen des personellen Geheimschutzes.[20] Soweit nicht das Bundesverwaltungsgericht entschieden hat, kann der Beschluss selbständig mit der Beschwerde angefochten werden.[22] Über die Beschwerde gegen den Beschluss eines Oberverwaltungsgerichts entscheidet das Bundesverwaltungsgericht. Für das Beschwerdeverfahren gelten die Sätze 4 bis 11 sinngemäß.

Vgl § 138 TKG; §§ 142 f, 420–435 ZPO; § 168 GVG; § 119 SGG; § 86 FGO; § 96 StPO

Schrifttum: *C. Arndt,* Die Herausgabe von Stasi-Unterlagen Prominenter, NJW 2004, 3157; *Bader,* Aktuelles Verwaltungsprozessrecht – Aktenvorlage/Akteneinsicht, JuS 2005, 126, 127; *Beutling,* Neue Wege im Verwaltungsprozeß – das „in camera"-Verfahren, DVBl 2001, 1252; *Bickenbach,* Das „in camera"-Verfahren – § 99 VwGO idF des Gesetzes zur Bereinigung des Rechtsmittelrechts im Verwaltungsprozess (RmBereinVpG), BayVBl 2003, 295; *Cosack/Tomerius,* Betrieblicher Geheimnisschutz und Interesse des Bürgers an Umweltinformationen bei der Aktenvorlage im Verwaltungsprozeß, NVwZ 1993, 841; *Drohla,* Der „Fall Kohl" und die Verfasssungskonformität des neu gefaßten Stasi-Unterlagengesetzes, NJW 2004, 418; *Gurlit,* in: Säcker (Hg), Berliner Kommentar zum Telekommunikationsrecht, 2005, § 138; *Gusy,* in: Bundesamt für Verfassungsschutz (Hg), Verfassungsschutz in der Demokratie, 1990, 100; *Kienemund,* Das Gesetz zur Bereinigung des Rechtsmittelrechts im Verwaltungsprozess, NJW 2002, 1231, 1234; *Kuhla/Hüttenbrink,* Neuregelungen in der VwGO durch das Gesetz zur Bereinigung des Rechtsmittelrechts im Verwaltungsprozess (RmBereinVpG), DVBl 2002, 85; *Lotz,* Das Gesetz zur Bereinigung des Rechtsmittelrechts im Verwaltungsprozeß – praktischen Verbesserungen und einige neue Probleme, BayVBl 2002, 353; *Margedant,* Das „in camera"-Verfahren, NVwZ 2001, 759; *Mayen,* Verwertbarkeit von geheim gehaltenen Verwaltungsvorgängen im gerichtlichen Verfahren, NVwZ 2003, 537; *Ohlenburg,* Geheimnisschutz im Verwaltungsprozess – Die Modifikation des § 99 II VwGO in § 138 TKG, NVwZ 2005, 15; *Oster,* Die Verwertbarkeit „in camera" gewonnener Informationen, DÖV 2004, 916; *M. Redeker/Kothe,* Aktenvorlage- und Auskunftsverweigerung contra effektiver Rechtsschutz, VBlBW 2001, 337; *dies,* Die Neuregelung zur Überprüfung verweigerter Aktenvorlage im Verwaltungsprozess, NVwZ 2002, 313; *Roth,* Die Rückforderung vorgelegter Akten bei nachträglicher Vorlageverweigerung im Verwaltungsprozess, NVwZ 2003, 544; *Sachs,* Besprechung von BVerfGE 101, 106, JuS 2000, 702; *Schüly,* Das „in-camera"-Verfahren der Verwaltungsgerichtsordnung, 2006; *Seibert,* Änderungen der VwGO durch das Gesetz zur Bereinigung des Rechtsmittelrechts im Verwaltungsprozess, NVwZ 2002, 265, 269 f; *Spiegels,* Das Geheimverfahren (in camera) nach § 99 Abs 2 VwGO und der Geheimnisschutz – So viel Information wie möglich, so viel Geheinmisschutz wie nötig, VBlBW 2004, 208; *Wohlgemuth,* Datenschutz im Arbeitsgerichtsverfahren, in: FS – 100 J Deutscher Arbeitsgerichtsverband, 1993, 393; *Ziekow,* Die Pflicht der Behörden zur Gewährung von Informationen an die Verwaltungsgerichte, BayVBl 1992, 132. – S auch zu §§ 86 und 98.

1 **1. Allgemeines: a)** Die durch das RmBereinVpG u das JKomG geänderte Vorschrift sieht im **Interesse der umfassenden Klärung des Sachverhalts** u

um – im Zusammenhang mit § 100 – den Prozeßbeteiligten (§ 63) Gelegenheit zu geben, von allen Vorgängen Kenntnis zu nehmen u ihr Vorbringen im Prozeß darauf abzustellen (15, 132), die **Verpflichtung der Behörden** zur Vorlage von Urkunden u Akten, zur Übermittlung von elektronischen Dokumenten u zur Erteilung von Auskünften vor u regelt zugleich in Anlehnung an § 96 StPO[1] die **Ausnahmen** dazu, die zum Schutz höherwertiger Gemeinschaftsgüter oder Rechte, insb auch von Grundrechten (vgl Schulze-Fielitz DVBl 1982, 338) Dritter erforderlich sind. Sie konkretisiert die Verpflichtung der Behörden zur **Amtshilfe ggü** den Gerichten gem Art 35 GG u § 14 (30, 147; Ks NJW 1985, 216). § 99 ist eine **Folge des Rechtsstaatsprinzips,** insb auch des Untersuchungsgrundsatzes (s dazu 1 zu § 86), u aus Art 103 Abs 1 GG sowie des **verfassungsrechtlichen Grundsatzes,** daß die rechtsprechende Gewalt bei der Erfüllung ihrer Aufgaben **frei von Einwirkungen anderer Staatsorgane** darüber befinden (können) soll, welche Beweismittel zur Aufklärung eines Sachverhalts notwendig sind (VG Frankfurt NJW 1991, 122 unter Bezugnahme auf BVerfG 57, 287 = NJW 1981, 1719). Zur Beiziehung von Akten anderer Gerichte s unten 5, von Urkunden usw, die sich im Besitz privater Dritter befinden 19 zu § 98. § 99 ist **analog auch auf die Aussageverpflichtung** von Amtsträgern u die dafür erforderlichen Aussagegenehmigungen anzuwenden (s 9 zu § 98; Mgd NVwZ 2002, 1396). Iü geht § 99 Abs 1 S 2 über die Ermächtigung der obersten Aufsichtsbehörde zur Entscheidung nach Ermessen, in einem anhängigen Verwaltungsrechtsstreit auch geheimhaltungsbedürftige Behördenakte dem VG vorzulegen, als prozeßrechtliche Spezialbestimmung allg Geheimhaltungsvorschriften vor, nach denen die Behörde dem Betroffenen keinen Einblick in geheimhaltungsbedürftige Akten mit ihn betr Daten gewähren darf (DVBl 2004, 1493).

Der Verpflichtung der Behörden gem § 99 **entspricht die Verpflichtung** des Gerichts, die vorgelegten Urkunden, elektronischen Dokumente u Akten sowie die gegebenen Auskünfte **zum Gegenstand des Vf** zu machen (vgl § 108) u **bei seiner Entscheidung zu verwerten** (DÖV 1993, 536). S auch § 100 zum Recht der Beteiligten auf **Einsicht in die vorgelegten Akten** usw u § 103 Abs 2 zum Vortrag des wesentlichen Inhalts der Akten in der mV. Auf die **Zustimmung** der Beteiligten zur Beiziehung der Akten usw **kommt** es grds **nicht an;** diese können grds auch die Beiziehung u Verwertung nicht verhindern (DÖV 1993, 536).

Spezielle, dem § 99 vorgehende Vorschriften, welche die **Vorlage- und Auskunftspflicht der Regulierungsbehörde** in einem gerichtlichen Vf betreffen, finden sich in **§ 138 TKG** (dazu näher Gurlit, TKG, § 138; Ohlenburg NVwZ 2005, 15 ff sowie unten 9). Den § 99 in ihrem Anwendungsbereich verdrängende spezielle verfahrensrechtliche Vorschriften, welche die Durchsetzung von Anspr auf Mitteilung, Einsichtnahme oder Herausgabe iVm Stasiunterlagen[2] zum Gegenstand haben, beinhaltet ferner **§ 31 StUG,** wonach das **OVG über die Rechtmäßigkeit einer Ablehnung** auf Antrag der betroffenen Behörde durch unanfechtbaren Beschluß **entscheidet** (Abs 1). Abweichend von § 100 Abs 1 kann der Vorsitzende nach § 31 Abs 2 StUG aus besonderen Gründen die Einsicht in die Akten oder Aktenteile sowie die Fertigung oder Erteilung von Auszügen u Abschriften versagen oder beschränken. Die Vorschrift des § 99 Abs 1 S 2 über die Ermächtigung der obersten Aufsichtsbehörde zur Entscheidung, nach Ermessen in einem anhängigen Verwaltungsrechtsstreit auch geheimhal-

---

[1] Dazu, daß nach Eröffnung der Hauptverhandlung nur das Strafgericht befugt ist, die Vorlage von Behördenakten zu StrafVf zu verlangen, u deshalb eine Sperrerklärung gem § 96 StPO nur dann rechtswidrig sein kann, wenn durch die Sperrerklärung ein konkretes Ersuchen des Strafgerichts um Aktenvorlage verweigert wird, s NJW 2004, 963.

[2] Zu den zahlreichen Problemen, die durch das StUG aufgeworfen werden, s NJW 2004, 2462; C. Arndt NJW 2004, 3157 ff; Drohla NJW 2004, 418 ff.

tungsbedürftige Behördenakten dem VG vorzulegen, geht als spezialgesetzliche Bestimmung iü allg Geheimhaltungsvorschriften vor, nach denen die Behörde dem Betroffenen keinen Einblick in geheimhaltungsbedürftige Akten mit ihn betr Daten gewähren darf (NVwZ 2005, 334: Akten des Landesamts für Verfassungsschutz; DVBl 2006, 1245: Spezialität ggü §§ 9 ff BerlIFG).

2 **b)** Abs 2 wurde durch das RmBereinVpG völlig neu gefaßt. Dadurch erfüllt der Gesetzgeber die ihm durch eine Entscheidung des BVerfG v 27. 10. 1999[3] auferlegte Verpflichtung, bis zum 31. 12. 2001 anstelle der für unvereinbar mit Art 19 Abs 4 GG erklärten aF des § 99 eine verfassungskonforme Regelung zu schaffen. Es genügte bereits die Glaubhaftmachung der tatsächlichen Voraussetzungen von Abs 1 S 2 durch diese Behörde. Das BVerfG hat im Rahmen der Prüfung der Frage, ob die damit verbundene Einschränkung von Art 19 Abs 4 GG verhältnismäßig ist, festgestellt, daß zur Erreichung der von Abs 2 aF, Abs 1 S 2 intendierten Gemeinwohlbelange eine so weitgehende Einschränkung von Art 19 Abs 4 GG **nicht erforderlich** ist. Denn milderes Mittel im Hinblick auf Art 19 Abs 4 ggü einem völligen Verzicht des Gerichts auf eine eigene Überprüfung ist eine Überprüfung durch das Gericht in einer Art u Weise, bei der die Beteiligten u die Öffentlichkeit keine Kenntnis vom Inhalt der Akten erhalten, wenn das Gericht die Voraussetzungen des Abs 1 S 2 als gegeben ansieht (sog **„in camera"-Verfahren**).

3 Auch ggü der Neuregelung des § 99 könnten freilich noch insoweit Bedenken bestehen, als in den Fällen, in denen die Geheimhaltungsnotwendigkeit im ZwischenVf nach Abs 2 bejaht worden ist, sich insoweit **Rechtsschutzdefizite** ergeben könnten, als dem Gericht bei seiner im HauptsacheVf ergehenden Entscheidung die **Verwertung geheimhaltungsbedürftiger Urkunden, elektronischer Dokumente u Akten bzw Auskünfte untersagt** ist.[4] Darin wird tlw eine unter dem Aspekt des Art 19 Abs 4 GG bedenkliche Einschränkung des gerichtlichen Rechtsschutzes gesehen u eine „in camera"-Verwertung der relevanten geheimhaltungsbedürftigen Informationen gefordert.[5] Diese Bedenken dürften aber letztlich nicht durchschlagen. Bei selbständigen Auskunftsanspr ist Art 19 Abs 4 GG idR schon thematisch nicht einschlägig, wenn – wie dies regelmäßig zutrifft – solche Anspr bei geheimhaltungsbedürftigen Unterlagen eingeschränkt werden (s zB §§ 29 Abs 2, 30 VwVfG). Die Frage des Bestehens oder Nichtbestehens von materiellrechtlichen subjektiven öffentlichen Rechten liegt regelmäßig außerhalb des Schutzbereichs des Art 19 Abs 4 GG. Dieser regelt die Durchsetzung solcher anderweitig begründeter subjektiver öffentlicher Rechte des Bürgers, begründet diese aber nicht, sondern setzt sie voraus. Die prozeßrechtliche Norm des § 99 Abs 1 S 1, die die Verpflichtung der Behörden zur Vorlage von Urkunden, elektronischen Dokumenten oder Akten bzw Auskünften regelt, scheidet aus systematischen wie auch aus kompetenzrechtlichen Gründen als Basis für Vorlage- u Auskunftsanspr grds aus. Die Verneinung von **unselbständigen Vorlage-, Übermittlungs- bzw Auskunftsanspr** wg Geheimhaltungsbedürftigkeit beinhaltet zwar in der Tat eine **Beschränkung des durch Art 19 Abs 4 GG garantierten gerichtlichen Rechtsschutzes.** Sie ist aber bei einem verfassungsrechtlich fundierten Geheimnisschutz wie etwa dort, wo Vorlage-, Übermittlungs- bzw Auskunftsanspr dem Wohl des Bundes oder

---

[3] BVerfG 101, 106 = NJW 2000, 1175 u dazu Beutling DVBl 2001, 1252; Margedant NVwZ 2001, 759; M. Redeker/Kothe VBlBW 2001, 337; Sachs JuS 2000, 702; Winkler JA 2000, 552.

[4] Bedenken ggü § 99 insoweit im Minderheitsvotum Gaier NVwZ 2006, 1047.

[5] Ms NVwZ 2001, 821 zu § 99 aF; für eine verfassungsrechtlich notwendige „in camera"-Verwertung auch Margedant NVwZ 2001, 759 ff; Mayen NVwZ 2003, 540; wohl auch Seibert NVwZ 2002, 269 f. Zur verfassungsrechtlichen Zulässigkeit des § 99 eingeh Schüly 76 ff.

eines Landes Nachteile bereiten würden, unter dem Gesichtspunkt der praktischen Konkordanz vertretbar, falls diese Gesichtspunkte so **gewichtig sind, daß sie eine Einschränkung des gerichtlichen Rechtsschutzes rechtfertigen.** Eine verfassungskonforme Auslegung spricht dabei allerdings dafür, je schwerwiegender die sich aus der Verweigerung einer Vorlage, Übermittlung bzw einer Auskunft ergebenden Beschränkungen sind, um so höhere Anforderungen an die durch § 99 Abs 1 S 2 geschützten Belange zu stellen. Von **Relevanz** ist in diesem Zusammenhang nicht nur, ob der Bürger **zur Durchsetzung des** von ihm im HauptsacheVf **geltend gemachten Rechts zwingend** auf eine ihm unter Berufung auf § 99 Abs 1 S 2 vorenthaltene **Information angewiesen ist;** von Relevanz sind auch **Bedeutung u Stellenwert des** von ihm **geltend gemachten Rechts.** In diesem Zusammenhang ist auch zu berücksichtigen, daß bei einer Beweiswürdigung dem Gesichtspunkt Bedeutsamkeit zukommen kann, daß der Bürger sich für ihn möglicherweise günstig auswirkende Informationen aufgrund von Umständen, die **außerhalb seiner Verantwortungssphäre liegen,** nicht in den Prozeß einbringen kann (Schüly 96). Eine Anknüpfung an die Grundsätze, die bei einer **Beweisvereitelung** durch einen Prozeßbeteiligten gelten, dürfte jedoch **ausscheiden, wenn die Information** behördlicherseits zu Recht verweigert wird. Die rechtmäßige Verweigerung führt auch nicht zu einer Umkehrung der materiellen Beweislast.[6] Eine Anwendung des „in camera"-Vf auf die Verwertung geheimhaltungsbedürftiger Informationen bietet keinen Ausweg aus dem sich hier stellenden Dilemma, da es bei dieser Ausdehnung seines Anwendungsbereichs in praxi idR auf die Preisgabe des Geheimnisschutzes hinausliefe bzw bei dessen Beibehaltung nicht nur unter dem Gesichtpunkt des rechtlichen Gehörs, sondern auch im Hinblick auf die rechtsstaatlich gebotene Begründungspflicht sowie (hiermit zusammenhängend) den Grundsatz der Rechtsmitteleffektivität Bedenken provozierte (dazu Beutling DVBl 2001, 1256 ff, s aber auch Ms NWVBl 2001, 196). Auf der Basis des novellierten § 99 ließe es sich ohnehin nicht bewerkstelligen, da hier das Hauptsachegericht nicht mit der Frage des Bestehens eines Geheimnisschutzes befaßt ist, sondern diese Aufgabe einem anderen Gericht vorbehalten wird. Ein **„in-camera"-Vf im HauptsacheVf** wird durch § 99 Abs 2 **ausgeschlossen** (NVwZ 2004, 106; MMR 2003, 730; Oster DÖV 2004, 918), ohne daß hiergegen grundsätzliche verfassungsrechtliche Bedenken bestehen (s aber demgegenüber Mayen NVwZ 2003, 541 ff). Auch eine Beweisführung durch einen neutralen, zur Verschwiegenheit verpflichteten Sachverständigen als Beweismittler scheidet aus, wenn sie auf Unterlagen beruht, die eine der Parteien nur dem Sachverständigen, nicht dem Gericht u der Gegenpartei zur Verfügung gestellt hat u die deshalb in dem Vf auch nicht offen gelegt werden (NVwZ 2004, 106; NVwZ 2004, 746 unter Hinweis auf BGH 116, 47, 58; Oster DÖV 2004, 919).

c) Die Vorlagepflicht nach Abs 1 S 1 bezieht sich grds (Ausnahmen s unten 3 4
u 6 ff) auf **alle Urkunden u sonstigen Unterlagen** – auch auf von Behörden eingeholte Gutachten (VG Koblenz GewA 1976, 294) – deren Inhalt der umfassenden Sachaufklärung durch das Gericht u der Gewinnung von Grundlagen für die Führung des anhängigen Prozesses der Beteiligten dienlich sein kann,[7] ohne Rücksicht darauf, bei welcher Behörde sie sich befinden (s auch im folgenden) oder von welchen Behörden sie von der primär mit der Sache befaßten Behörde zugezogen wurden.

Nicht dazu gehören die **Behördenakten,** die **im anhängigen Prozeß** selbst anfallen, einschließlich der Korrespondenz mit den Prozeßbevollmächtigten,

---

[6] NJW 1994, 746; NVwZ-RR 1997, 133; NJW 2007, 792; Mayen NVwZ 2003, 542; Schüly 98; **aA** Lü NJW 1995, 2054; Gusy Verfassungsschutz 100 f.

[7] Ks NJW 1985, 216; Ko DVBl 1977, 426 unter Hinweis auf BVerwG 15, 132 = NJW 1963, 553.

Vermerke zur Prozeßtaktik usw; anders die in abgeschlossenen anderen Prozessen in der Sache früher angefallenen Akten.

Nicht erfaßt werden **durch § 99 Abs 1 S 1** auch die Fälle, in welchen der **Anspr auf Vorlage von Urkunden** oder Akten, auf die Übermittlung elektronischer Dokumente bzw auf Erteilung von Auskünften **Gegenstand des HauptsacheVf** ist, wie dies zB bei einem auf § 4 Abs 1 UIG gestützten Informationsanspr zutrifft. Hier würde bei einer Anwendung des § 99 Abs 1 S 1 im Hinblick auf § 100 Abs 1 S 1 nicht nur das **HauptsacheVf vorweggenommen** (darauf stellt RÖ-Kothe 10 ab), sondern die besonderen **Tatbestandsvoraussetzungen** dieser durch den Gesetzgeber gewährten selbständigen Anspr würden auf diese Weise **umgangen.** Anwendbar ist jedoch § 99 Abs 1 S 2, so daß dann, wenn der Träger der beklagten Behörde im Prozeß unter Berufung auf das Vorliegen eines Geheimhaltungsgrundes des § 99 Abs 1 S 2 nicht bereit ist, den geltend gemachten Anspr zu erfüllen u auch die Aufsichtsbehörde eine Vorlage nach § 99 Abs 1 S 2 verweigert, auf Antrag eines Beteiligten eine **Entscheidung des Fachsenats** nach § 99 Abs 2 herbeizuführen ist.

Verpflichtet sind nach § 99 Abs 1 S 1 nicht nur die Behörden, die einem der Beteiligten angehören oder selbst beteiligt sind (zB gem § 78 Abs 1 Nr 2), sondern **alle Behörden** des Bundes, der Länder, Gemeinden u sonstigen Rechtsträger des öffentlichen Rechts ohne Rücksicht auf ihre Stellung zu den Beteiligten (Ks NJW 1985, 216; Mü NVwZ 1985, 688; RÖ-Kothe 2; Ey-Geiger 2). Dem Zweck der Regelung entsprechend gilt die Vorlagepflicht **auch für „beliehene Unternehmer" u** für die Organe **privatrechtlich** (zB als AG, GmbH) **organisierter Rechtsträger,** deren Anteile oder sonstigen Urheberrechte sich überwiegend in öffentlicher Hand befinden oder die von der öffentlichen Hand kontrolliert (Kontrolleinheit) werden.[8]

5 **d)** Die Verpflichtung zur Vorlage von Urkunden usw setzt ein entsprechendes **Verlangen des Gerichts** voraus; jedoch muß das Gericht die vorzulegenden Akten nicht im einzelnen spezifizieren; es genügt zB die Anforderung der sich auf einen bestimmten Fall beziehenden Akten. Das Verlangen des Gerichts unterliegt keiner besonderen Form, muß aber eindeutig als verbindlich gewollt erkennbar sein; bloße Anregungen, Empfehlungen, Vorschläge oder dergleichen reichen nicht aus.[9] Wenn von der Behörde die Geheimhaltungsbedürftigkeit der Akten geltend gemacht wird, bedarf es eines Beweisbeschlusses oder einer sonstigen förmlichen Äußerung des Gerichts, die für das weitere Vf Klarheit über seine Auffassung zur Erheblichkeit des Akteninhalts schafft.[10] Eine solche Äußerung ist jedoch ausnahmsweise entbehrlich, wenn die zurückgehaltenen Unterlagen zweifelsfrei rechtserheblich sind.[11] Das ist immer der Fall, wenn die Pflicht zur Vorlage bereits Streitggst des HauptsacheVf ist u die Entscheidung der Hauptsache offensichtlich allein von der anhand des Inhalts der umstrittenen Akte zu beantwortenden Frage abhängt, ob die Akten, wie von der Behörde geltend gemacht wird, geheimhaltungsbedürftig sind (NVwZ 2006, 1423; Sch-Rudisile 11 a). **Die Entscheidung darüber, welche Urkunden, Akten, elektronischen Dokumente oder Auskünfte vorzulegen** bzw zu übermitteln sind, steht vorbehaltlich des Abs 1 S 2 im Rahmen des § 86 Abs 1 **im Ermessen des Gerichts;** ihm allein u nicht der Behörde kommt nach § 86 Abs 1 auch die Beurteilung zu, welche Urkunden, Akten, elektronischen Dokumente oder Auskünfte für seine Entscheidung erheblich sein können (15, 132). Die Entscheidung des Gerichts, Akten nicht anzufordern, ist gem § 146 Abs 2 nicht isoliert gerichtlich überprüfbar; auch eine

---

[8] **AA** Sch-Rudisile 8; diff NKVwGO-Lang 11.
[9] NVwZ 2004, 485; Gr DÖV 2003, 338; Ms NVwZ-RR 2005, 749; s auch 7 zu § 87.
[10] NVwZ 2004, 485; 2006, 700; 2006, 1423; Bader JuS 2005, 128.
[11] NVwZ 2004, 485; 2006, 700; 2006, 1423.

Entscheidung des Fachsenats des OVG bzw des BVerwG gem § 99 Abs 2 kommt nicht in Betracht (Sa NVwZ 2003, 367). Bei der Frage, **ob Akten usw zu einem Vf gehören,** kommt es nicht auf den formellen äußeren Zusammenhang, sondern auf den Inhalt an, dh darauf, ob der Inhalt konkreten Bezug auf die anhängige Sache hat. Die Zusammenfassung von Vorgängen in einem Akt ist aber idR zugleich Indiz auch für den inhaltlichen Zusammenhang.

Ausgenommen von der Vorlage-, Übermittlungs- bzw Auskunftspflicht sind nur Vorgänge, **die keinerlei,** auch noch so entfernten konkreten Bezug auf die anhängige Streitsache haben.[12] Zur **Vorlagepflicht** bei **geheimen Vorgängen** iSv Abs 1 S 2 unten 15. Zur Verwertung geheimer Vorgänge bei der Entscheidung s 24 zu § 108. 6

Erzwungen werden kann die Erfüllung der Verpflichtungen aus § 99 durch das um Information nachsuchende Gericht nicht. Das Gericht kann – u muß – grds die **unberechtigte Weigerung** der Behörde aber bei der Beweiswürdigung berücksichtigen (s 17 zu § 108). Ein Problem der **Beweiswürdigung** stellt sich aber auch im Falle einer berechtigten Verweigerung der Aktenvorlage (unten 9 ff; s auch oben 1; Margedant NVwZ 2001, 759 ff). Das Gericht darf dann die von der Behörde behaupteten, aber geheimgehaltenen Vorgänge nur unter strengen Voraussetzungen zu Lasten des Bürgers verwerten (49; 50; DVBl 1996, 816). 7

Für die Vorlage von **bei anderen Gerichten** geführten **Gerichtsakten** gilt § 99 nicht; hier ergibt sich aber grds eine entspr Verpflichtung unmittelbar aus dem Grundsatz der Amtshilfe gem Art 35 Abs 1 GG, § 14 (vgl 30, 154). 8

2. Ausnahmen von der Vorlage-, Übermittlungs- und Auskunftspflicht: a) Abs 1 S 2 macht das Recht – eine entspr Verpflichtung ergibt sich daraus nicht, wohl aber uU aus anderen Vorschriften – der **Verweigerung** der Vorlage von Urkunden u Akten, der Übermittlung von elektronischen Dokumenten sowie der Erteilung von Auskünften von **besonderen Voraussetzungen** abhängig u knüpft es zugleich an das Erfordernis einer **Entscheidung der obersten Aufsichtsbehörde** (s unten 14 f). Zur Verfassungsmäßigkeit einer Weigerung vgl BVerfG 57, 283 = NJW 1981, 1723; 63, 65; BVerfG 101, 125 ff = NJW 2000, 1177 f; BGH NJW 1981, 1052; 1982, 298. Die in Abs 1 S 2 verwendeten **unbestimmten** Rechtsbegriffe (Wohl der Bundesrepublik usw) unterliegen der **vollen Nachprüfung** in tatsächlicher u rechtlicher Hinsicht durch das Gericht (Mü 30, 117 = BayVBl 1978, 86; NVwZ 1990, 779; Schüly 112). Einschränkungen des **Vorlage-, Übermittlungs- u Auskunftspflicht der Regulierungsbehörde** normiert **§ 138 Abs 2 TKG.** Er sieht vor, daß auf Antrag eines Beteiligten das Gericht der Hauptsache durch Beschluß darüber entscheidet, ob die Unterlagen vorzulegen sind oder nicht vorgelegt werden dürfen (S 1). Werden durch die Vorlage von Unterlagen nach Abs 1 Betriebs- oder Geschäftsgeheimnisse betroffen, verpflichtet das Gericht die Reglulierungsbehörde zur Vorlage, soweit es für die Entscheidung darauf ankommt, andere Möglichkeiten der Sachaufklärung nicht bestehen u nach Abwägung aller Umstände des Einzelfallss das Interesse an der der Vorlage der Unterlagen das Interesse des Betroffenen an der Geheimhaltung überwiegt (S 2). Das Vf ist **abweichend von § 99 Abs 2 in § 138 Abs 3 u 4 TKG** geregelt.[13] 9

b) Nachteile für das Wohl des Bundes oder eines Landes. Die Begriffe der Nachteile für das Wohl des Bundes bzw eines Landes entsprechen den **in § 96 StPO** verwendeten Begriffen. Vgl dazu auch BVerfG 57, 282; ferner BVerfG 67, 136 = NJW 1984, 2271 u BVerwG 75, 13 = NJW 1987, 204. Solche Nachteile sind idR nur bei Beeinträchtigungen oder Gefährdung des **Be-** 10

---

[12] Buchh 310 § 99 VwGO Nr 18; Mgd NVwZ 2002, 1395.

[13] Zu den Unterschieden im einzelnen näher Ohlenburg NVwZ 2005, 15; Gurlit, TKG, § 138; s. auch BVerfG NVwZ 2006, 1041 ff.

standes u der Funktionsfähigkeit des Staates u seiner wesentlichen Einrichtungen, insb zB bei einer Beeinträchtigung der **äußeren oder inneren Sicherheit** des Bundes oder eines Landes oder bei einer erheblichen Störung der öffentlichen Ordnung (VG Koblenz GewA 1975, 294) oder des freundschaftlichen Verhältnisses zu anderen Staaten oder zu internationalen Organisationen anzunehmen (s auch BT-Dr 14/4393, 10; Kienemund NJW 2002, 1235). Als Nachteil für das Wohl der Bundesrepublik ist es auch anzusehen, wenn durch die Vorlage von Verfassungsschutzakten die Aufgaben des **Verfassungsschutzes** oder von Sicherheits- u Polizeibehörden erschwert wird, zB deren Zusammenarbeit mit anderen Behörden oder Informanten (Lü NVwZ-RR 2005, 819), ebenso bei Gefährdung von **Leben, Gesundheit oder Freiheit** von Menschen.[14] **Fiskalische Nachteile** reichen nur dann aus, wenn dadurch die Funktionsfähigkeit das Staatsapparates oder wichtige Leistungen des Staates in Frage gestellt werden (vgl auch BVerfG 67, 137 unter Hinweis auch auf die Bedeutung der Wahrung des Steuergeheimnisses in diesem Zusammenhang). Die (bloße) Möglichkeit eines Nachteils genügt nicht; anders die **hinreichende Wahrscheinlichkeit** eines Nachteils.[15]

11 **c) Geheimzuhaltende Vorgänge** sind Vorgänge, deren Geheimhaltung durch besondere gesetzliche Bestimmungen vorgeschrieben ist oder die ihrem Wesen nach geheim sind. **Nicht** als **gesetzliche Vorschriften** idS sind die Regelungen über die **Amtsverschwiegenheit** in den Beamtengesetzen anzusehen (Ks NJW 1985, 216; RÖ-Kothe 5; Ey-Geiger 9; Sch-Rudisile 17); das gilt selbst dann, wenn die Voraussetzungen für eine Verweigerung der Aussagegenehmigung gegeben sind (RÖ-Kothe 5; Ey-Geiger 9; Sch-Rudisile 17); auch **nicht die Vorschriften über den Datenschutz** (Sch-Rudisile 17; Ziekow BayVBl 1992, 135). **Erfaßt** werden aber zB die Vorschriften über das **Post- u Fernmeldegeheimnis** (Art 10 GG), das **Steuergeheimnis** nach § 30 AO (NKVwGO-Lang 26), das **Sozialgeheimnis** nach § 35 SGB I iVm §§ 67–78 SGB X (Sch-Rudisile 17) u das **Beratungsgeheimnis** gem § 43 DRiG (B-Kuntze 11).

Ihrem Wesen nach geheim zu halten sind vor allem Vorgänge, die unter den Schutz der **Persönlichkeits- u Intimsphäre** fallen,[16] schutzwürdige **Betriebs- u Geschäftsgeheimnisse** (s näher unten 12),[17] **nachrichtendienstliche u ähnliche Feststellungen** (Erkenntnisse) u Ermittlungsergebnisse der Ämter für Verfassungsschutz, sofern ihr Inhalt Rückschlüsse auf die Organisation, Arbeitsweise usw des Verfassungsschutzes zuläßt oder ihre Kenntnis sonst die Funktionsfähigkeit des Verfassungsschutzes einschließlich deren Zusammenarbeit mit anderen Behörden oder Gesundheit, Leben oder Freiheit von Menschen gefährden könnte,[18] unter bestimmten Voraussetzungen auch **vertrauliche Aus-**

---

[14] 75, 10; DVBl 1996, 815; NVwZ 1995, 1134; Lü NVwZ-RR 2005, 819; vgl auch BVerfG 57, 284 = NJW 1981, 1719; so iE auch Sch-Rudisile 15.

[15] Spiegels VBlBW 2004, 209; strenger Sch-Rudisile 16: „hohe Wahrscheinlichkeit".

[16] Mü BayVBl 1978, 870; Harthum SGb 1977, 181; vgl auch 50, 264 = DÖV 1976, 174: „Gebot der Achtung des dem Bürger vom GG gewährten unantastbaren Bereichs privater Lebensgestaltung".

[17] Mü BayVBl 1978, 870; Lü NVwZ 2003, 629: Darunter können zB Unterlagen über Kreditwürdigkeit, Kalkulationen, Erträge, Kundenbeziehungen, Bezugsquellen u Marktstrategien fallen, wenn sie nur einem beschränkten Personenkreis bekannt u für Außenstehende wissenwert sind u wenn dem Unternehmen durch deren Bekanntwerden erhebliche Nachteile drohen; s zum Begriff auf BAG NJW 1983, 134 m Anm Gumpert BB 1982, 1795.

[18] BVerfG 101, 127 = NJW 2000, 178; BVerwG 49, 89; 50, 264; 75, 13 = NJW 1987, 202; NVwZ 1994, 72; DVBl 1996, 815; Lü NVwZ-RR 2005, 819; Mü NVwZ 1990, 780; Ms NVwZ-RR 1998, 398; vgl auch BVerwG 74, 116; kritisch Scherer NJW 1978, 238 zu Ks aaO; ähnlich Schneider NJW 1978, 1605; einschränkend auch BVerwG NJW 1987, 205 u VG Frankfurt NJW 1991, 122: Verfassungsschutzakten sind nicht schon ihrem Wesen nach geheim.

künfte.[19] Die Geheimhaltung kann auch geboten sein, um sonst **drohenden Gefahren** für Leben, Gesundheit oder Freiheit zu begegnen (57, 244; DVBl 1984, 1209). Werden geheimhaltungsbedürftige Erkenntnisse der Sicherheitsbehörde in die Akten anderer Behörden aufgenommen, so können auch diese geheimhaltungsbedürftig werden (DVBl 1996, 815).

Auch an **sich geheime Vorgänge** sind gleichwohl dann nicht geheimzuhalten, wenn im konkreten Fall **überwiegende Gründe** eine Offenbarung fordern oder rechtfertigen (vgl Hbg MDR 1981, 697; BVerfG 67, 101 = DVBl 1984, 827).

Im einzelnen ist ein **strenger Maßstab geboten.**[20] Ein Weigerungsrecht ist nur dann anzunehmen, wenn es zum **Schutz wichtiger** (vor allem auch durch die Verfassung geschützter) **Gemeinschaftsgüter** oder **Rechtsgüter einzelner** (vgl 19, 186), insb von **Geheimnissen,** deren Schutzwürdigkeit bereits durch vergleichbare gesetzliche Regelungen (zB Steuergeheimnis) anerkannt wurde (Mü BayVBl 1978, 86), erforderlich ist u die Vorlage bzw Bekanntgabe **nicht zum Schutz höherwertiger Rechtsgüter** geboten ist. Für **Prüfungsakten** (einschließlich der Voraufzeichnungen, Notizen, Bewertungshinweisen, Voten usw der Prüfer) ist dies heute nicht mehr anzuerkennen;[21] ebenso nicht für die **Testaufgaben,** die im FeststellungsVf nach Art 14 des Staatsvertrags über die Vergabe von Studienplätzen verwendet werden.[22] Nicht geheimhaltungsbedürftig sind grds auch zB die Akten über die **Verträge der Krankenhausträger** mit den leitenden Ärzten der Krankenanstalten (Mü BayVBl 1978, 86). 12

Geheimhaltungsbedürftig sind dagegen – im Verhältnis zu Dritten[23]

- grds **Personalakten** (iSd Beamtenrechts), sofern nicht ein überwiegendes öffentliches Interesse oder Interesse Dritter ihre Zuziehung zum Vf erfordert (19, 185; 35, 227; 49, 93; Mü BayVBl 1978, 87),
- **Steuerakten** (Mü BayVBl 1978, 87 unter Hinweis auf § 30 Abs 4, 5 AO; vgl auch BVerfG 67, 101 = DVBl 1984, 827; Spanner DVBl 1984, 1002),
- **Krankengeschichten,**[24]
- **Namen und Identität** von **Polizeiinformanten,** V-Leuten uä, denen Vertraulichkeit zugesichert worden war[25] – anders, wenn Anhaltspunkte dafür vorliegen, daß der Informant wider besseres Wissen oder leichtfertig gehandelt hat (DÖV 2003, 769; NJW 2004, 1543; Mü NVwZ 1990, 779 mwN) –,
- Gutachten über die **Sabotagesicherheit eines Kernkraftwerks** (VG Koblenz GewA 1975, 294) –,

---

[19] BVerfG 101, 127 = NJW 2000, 178: Vertraulichkeitszusagen an Informanten des Verfassungsschutzes; Ko NJW 1977, 266 zur vertraulichen Auskunft der Handelskammer über einen Bewerber um das Amt eines öffentlich bestellten Sachverständigen; s auch unten 9, ferner auch Schneider NJW 1978, 1605.

[20] Lü NVwZ 2003, 629; Ms NVwZ-RR 2005, 750; Sch-Rudisile 18; Spiegels VBlBW 2004, 209.

[21] 91, 267 (unter Aufgabe der früheren abw Rspr, die Prüfungsakten im Interesse der Unabhängigkeit der Prüfer als ihrem Wesen nach geheim ansah); 92, 137 = NVwZ 1993, 689.

[22] **AA** Mü DVBl 1985, 1072 unter Berufung auf die Möglichkeit u Notwendigkeit einer Wiederverwendung von Prüfungsaufgaben; diff Sch-Rudisile 22.

[23] Weiter: NKVwGO-Lang 30.

[24] Vgl Ms DVBl 1974, 382: uU sogar ggü dem Patienten selbst geheimzuhalten, wenn die Kenntnis für ihn schwerwiegende gesundheitliche Folgen haben könnte, zB bei Selbstmordgefahr wg Wahnvorstellungen usw; **aA** insoweit NJW 1989, 2960: mit Art 2 Abs 1 iVm Art 1 Abs 1 GG unvereinbar, einem ehemaligen Untergebrachten die Einsicht in die ihn betr Akten eines psychiatrischen Landeskrankenhauses ausschließlich mit der Begründung zu verweigern, es bestehe die Gefahr, daß er sich durch die Einsichtnahme gesundheitlich schädige; so auch Sch-Rudisile 19.

[25] DÖV 1965, 488; Buchh 310 § 99 VwGO Nr 11, 14; DÖV 2003, 769; Ma NJW 1994, 1363; Mü BayVBl 1979, 721; NVwZ 1990, 779.

– **Betriebs- und Geschäftsgeheimnisse.** Diese sind alle auf ein Unternehmen bezogenen Tatsachen, Umstände u Vorgänge, die nicht offenkundig, sondern nur einem begrenzten Personenkreis zugänglich sind u an deren Nichtverbreitung der Rechtsträger ein besonderes Interesse hat (BVerfG NVwZ 2006, 1042). Betriebsgeheimnisse umfassen im wesentlichen technisches Wissen im weitesten Sinn; Geschäftsgeheimnisse betreffen vornehmlich kaufmännisches Wissen. Zu derartigen Geheimnissen werden etwa Umsätze, Ertragslagen, Geschäftsbücher, Kundenlisten, Bezugsquellen, Konditionen, Marktstrategien, Unterlagen zur Kreditwürdigkeit, Kalkulationsgrundlagen, Patentanmeldungen u sonstige Entwicklungs- u Forschungsprojekte gezählt, durch welche die wirtschaftlichen Verhältnisse eines Betriebs maßgeblich bestimmt werden können.[26]

13 **d) Weitere Weigerungsgründe** als die in Abs 1 S 2 genannten sind **nicht anzuerkennen. Ist das Recht** auf Akteneinsicht **Gegenstand der Klage,** so müssen diese Akten freilich nicht schon im Rahmen der Vorlagepflicht vorgelegt u damit nach § 100 auch zur Akteneinsicht offengelegt werden.[27] Dies ist aber nicht die Folge einer in § 99 nicht enthaltenen Beschränkung, sondern ergibt sich daraus, daß entscheidungserheblich (und daher vorzulegen) hier nur die Akten sind, die sich auf die Frage beziehen, ob eine Offenlegungspflicht dem Kl ggü besteht, nicht auch auf solche, die sich auf den Inhalt beziehen, der ggf offenzulegen wäre (Flümann NJW 1985, 1452; vgl auch BVerwG NJW 1983, 2954).

14 Auch der Umstand, **daß** (nach Überzeugung der Behörde) **Urkunden usw nicht für die Entscheidung des Gerichts erheblich sein können, begründet keinen Weigerungsgrund.**[28]

Zur Frage, wie sich das Gericht zu verhalten hat, wenn die Behörde Akten vorlegt, bei denen das Gericht nach Einsichtsnahme feststellt, daß sie einen dem § 99 Abs 1 S 2 unterfallenden Inhalt aufweisen u deshalb der Aufsichtsbehörde vorgelegt werden müßten, s unten 15 sowie 3a zu § 100.

15 **3. Entscheidung der obersten Aufsichtsbehörde:** Die Vorlage von Urkunden oder Akten, die Übermittlung von elektronischen Dokumenten u die Erteilung von Auskünften kann nur von der zuständigen obersten Aufsichtsbehörde, dh grds – auch in Selbstverwaltungsangelegenheiten – nur durch Entscheidung des zuständigen Ministers (als Behörde, nicht notwendig des Ministers persönlich oder dessen politischen oder beamteten Vertreters, vgl 19, 184; 49, 50; DVBl 1996, 814), nicht der Bundes- bzw Landesregierung, da diese kein Aufsichtsrecht über die Ministerien besitzen (19, 184), verweigert werden.[29] Nach **§ 138 Abs 1 TKG** tritt, soweit es um die Vorlage der dort genannten Unterlagen durch die Regulierungsbehörde geht, diese an die Stelle der obersten Aufsichtsbehörde. Enthalten die Behördenakten, über deren Vorlage im Prozeß die Aufsichtsbehörde zu entscheiden hat, Betriebs- oder Geschäftsgeheimnisse, muß im Zeitpunkt einer behördlichen Freigabeentscheidung außer Zweifel stehen, daß der Inhalt der Akten nach der Auffassung des Hauptsachegerichts für die Entscheidung des Rechtsstreits erheblich ist. Hierzu bedarf es idR eines Beweisbeschlusses über die Aktenbeiziehung oder einer sonstigen förmlichen Äußerung des Hauptsachegerichts (NVwZ 2006, 700).

Die Weigerung ist auch noch zulässig, **wenn Akten bereits vorgelegt worden sind;** die Akten sind dann auszusondern u zurückzugeben.[30] Deshalb ist das

---

[26] BVerfG NVwZ 2006, 1042; s auch Lü NVwZ 2003, 629.

[27] Mü NVwZ 1990, 778; RÖ-Kothe 10; vgl auch 15, 133.

[28] Mü BayVBl 1978, 86; die Entscheidung läßt offen, ob etwas anderes gelten könnte, wenn das Vorlageverlangen sich als Schikane oder sonst rechtsmißbräuchlich erweisen würde.

[29] Eingeh dazu Sch-Rudisile 28 f.

[30] FfO NVwZ 2003, 885; Roth NVwZ 2003, 544; **aA** RÖ-Kothe 16; Ey-Geiger 15; Sch-Rudisile 30; NKVwGO-Lang 21.

Hauptsachegericht dann, wenn eine Behörde ihm versehentlich oder rechtsirrtümlich trotz der auch von ihr nach wie vor bejahten Geheimhaltungsbedürftigkeit Akten vorgelegt hat, verpflichtet, diese an die Behörde zurückzugeben, damit diese dann eine Entscheidung der Aufsichtsbehörde über die Verweigerung der Akten trifft (FfO NVwZ 2003, 885; s auch BFH NJW 1995, 352). Dasselbe muß dann gelten, wenn die vorlegende Behörde erst später die Geheimhaltungsbedüftigkeit einer Akte erkennt u diese nunmehr vom Hauptsachegericht zurückverlangt (Roth NVwZ 2003, 544; **aA** B-Kuntze 9). Die Behörde muß bei der rechtswidrigen Offenbarung verfassungsrechtlich geschützter Geheimnisse Privater schon im Hinblick auf den grundrechtlich garantierten Beseitigungsanspr verpflichtet sein, die in rechtswidriger Weise vorgelegten Akten zurückzufordern (ausf Roth NVwZ 2003, 545 ff). Zur Frage, inwieweit das Gericht von sich aus Akten zurückzugeben hat u an ihrer Verwertung zunächst gehindert ist, wenn diese unter Verletzung des Geheimnisschutzes behördlicherseits vorgelegt wurden s 3 a zu § 100.

16 Die oberste Aufsichtsbehörde muß durch ihren Leiter oder dessen Vertreter (**aA** Sch-Rudisile 30, nach dem ein Bediensteter genügt) **aufgrund dessen persönlich gewonnener Erkenntnis** zur Überzeugung kommen, daß der Inhalt der in Frage stehenden Vorgänge usw aus übergeordneten, den Interessen der Wahrheitsfindung vorgehenden Gründen des Abs 1 S 2 nicht offenbarungsfähig ist.

17 **Auch soweit Weigerungsgründe gegeben sind,** ist die oberste Aufsichtsbehörde nicht nach § 99 (wohl aber uU nach sonstigen Rechtsvorschriften) verpflichtet, die Vorlage usw zu verweigern, sondern hat eine **Ermessensentscheidung** zu treffen, ob nicht trotzdem die Akten vorzulegen, die elektronischen Dokumente zu übermitteln oder die Auskünfte zu erteilen sind.[31] Sie hat dabei die Interessen der Wahrheitsfindung u das Interesse des Rechtssuchenden an der Vorlage, Übermittlung bzw Auskunft, insb auch die Schwere der in Frage stehenden Rechtsgutverletzung, gegen das Interesse an der Geheimhaltung **abzuwägen.**[32] Zu berücksichtigen ist dabei insb auch die Gewährleistung effektiven gerichtlichen Rechtsschutzes gem Art 19 Abs 4 GG u der Anspr der Beteiligten auf rechtliches Gehör vor Gericht gem Art 103 Abs 1 GG (Schneider NJW 1978, 1605). Die Ermessensentscheidung ist – anders nur, wenn sich aus der Begründung Rückschlüsse auf geheimhaltungsbedürftige Tatsachen ziehen lassen – zu begründen.[33] Die Gründe müssen hinreichend **konkret bezeichnet u dargetan** werden.[34] Entscheidet sich die oberste Aufsichtsbehörde bei einer Akte, deren einzelne Teile sie aus unterschiedlichen Gründen für geheimhaltungsbedürftig erachtet, gegen eine Vorlage an das VG, müssen ihre Ermessenserwägungen erkennen lassen, warum hinsichtlich jedes dieser Aktenbestandteile dem Geheimhaltungsinteresse Vorrang vor dem Interesse an umfassender Sachverhaltsermittlung durch das VG u an effektivem Rechtsschutz eingeräumt wird (NVwZ 2005, 334). Eine Abwägungsregel, die das Geheimhaltungsinteresse grds hinter dem RS I zurücktreten läßt, läßt sich nicht allein mit dem Hinweis auf eine besondere Sozialpflichtigkeit des Eigentums rechtfertigen (BVerfG NVwZ 2006, 1045). Nicht haltbar ist deshalb die Ansicht, daß Betriebs- u Geschäftsgeheimnisse nur geschützt sind, wenn deren Offenlegung nachhaltige oder gar existenzbedrohende Nachteile für den Betriebsinhaber hat (BVerfG NVwZ 2006, 1045). Für den Umfang der Begründung kommt auch der Frage Bedeutung zu, wer die materielle Beweislast für den Inhalt der geheimgehaltenen Unterlagen trägt (NVwZ 2004, 107; Oster DÖV 2004, 920). Auch eine **teilweise Vorlage**

---

[31] DVBl 1996, 816; NVwZ 2002, 1250; 2003, 348; 2003, 349; 2004, 105; 2005, 334; Ms NVwZ-RR 2005, 750.

[32] BVerfG NVwZ 2006, 1045; BVerwG 19, 186; DVBl 1996, 816; Ko NJW 1977, 266.

[33] NVwZ 2005, 334; Sch-Rudisile 30.

[34] BVerfG NVwZ 2006, 1046; BVerwG 66, 233; NVwZ 2005, 334; Mü NVwZ 1985, 599.

ist in Betracht zu ziehen (NVwZ 1995, 1135; DVBl 1996, 816). Sie scheidet jedoch aus, wenn schon eine Teilvorlage Rückschlüsse auf dem Geheimnisschutz unterliegende Vorgänge zuließe, etwa auf die Arbeitsweise u Erkenntnisquellen des Bundesamts für Verfassungsschutz,[35] und die Aufsichtsbehörde diesem Geheimhaltungsinteresse in ermessensfehlerfreier Weise den Vorrang vor den Interessen des um Rechtsschutz Nachsuchenden einräumt. Die Ermessensentscheidung hat der Fachsenat nur auf das Vorliegen von Rechtsfehlern zu überprüfen (NVwZ 1994, 72; 2003, 348; 2003, 349 u unten 21). Das **Geheimhaltungsinteresse eines Behördeninformanten überwiegt** dann das Informationsinteresse eines Empfängers staatlicher Leistungen, wenn **keine Anhaltspunkte** dafür vorliegen, daß der Informant über das Fehlen von Leistungsvoraussetzungen **wider besseren Wissens oder leichtfertig falsche Behauptungen aufgestellt** hat (NJW 2004,1543); umgekehrt muß dann, wenn ein Beamter bei seinem Dienstherrn leichtfertig oder wider besseren Wissens der Korruption bezichtigt wurde, der Dienstherr ihm den **Denunzianten auch dann nennen,** wenn diesem **Vertraulichkeit zugesagt** worden war (DÖV 2003, 769).

Hins der Frage, ob die Akten für die Entscheidung von Bedeutung sind oder sein können, steht der Aufsichtsbehörde keinerlei Entscheidungsermessen zu; dies hat allein das Gericht im Rahmen seiner Beweisaufnahme zu entscheiden (vgl unten 18).

18 **4. Entscheidung des Gerichts (Abs 2):** Das Gericht der Hauptsache hat – trotz seiner Verpflichtung zur Ermittlung des Sachverhalts nach § 86 Abs 1 – selbst keine Möglichkeit, die Berechtigung einer Weigerung nach Abs 1 S 2 nachzuprüfen (NVwZ 2004, 746). Statt dessen ist durch Abs 2 S 1 allen Beteiligten – auch den beteiligten Behörden u juristischen Personen des öffentlichen Rechts – die Möglichkeit eingeräumt, durch einen entsprechenden Antrag die Durchführung eines ZwischenVf herbeizuführen. Der Antrag ist bei dem Gericht der Hauptsache zu stellen. Ist dies ein VG, so besteht – anders als dort, wo das Gericht der Hauptsache ein OVG ist – kein Vertretungszwang, obwohl über den Antrag das OVG zu entscheiden hat.[36] Der Antrag kann auch zur Niederschrift des Urkundsbeamten der Geschäftsstelle gestellt werden; beim Stellen in der mV wird er nach § 105 iVm § 160 Abs 2 ZPO zu Protokoll genommen. VAw kann ein ZwischenVf nicht eingeleitet werden (Redeker/Kothe VBlBW 2001, 339; Spiegels VBlBW 2004, 209).

Ein Antrag nach § 99 Abs 2 ist erst zulässig, wenn die verlangte Vorlage, Übermittlung bzw Auskunftserteilung nach § 99 Abs 1 S 2 verweigert wird, was ein eindeutig als verbindlich gewolltes Verlangen des Gerichts voraussetzt (Gr DÖV 2003, 338; s oben 5). Der Verweigerung steht es gleich, wenn die Aufsichtsbehörde nicht innerhalb angemessener Zeit über das Vorlage- bzw Auskunftsverlangen entschieden hat (vgl auch Ms NVwZ-RR 2005, 750). Zu einem ZwischenVf nach § 99 Abs 2 führt nur eine Verweigerung aus den Gründen des § 99 Abs 1 S 2 (Gr NVwZ-RR 2004, 168). Sinn des Vf ist es nicht, allg Bekanntes u Zugängliches zu erstreiten (Gr NVwZ-RR 2004, 169). Das Vf kann **unabhängig davon beantragt** werden, ob Streitggst des Vf die Frage des Bestehens des Anspr auf Aktenvorlage als solche ist oder **ob diese Frage nur inzident im Rahmen eines anderen Streitggst von Bedeutung** ist.[37] Das BVerwG spricht sich im Wege einer verfassungskonformen Interpretation für eine „erweiternde Auslegung" des § 99 Abs 2 aus, nach der nicht nur über die Rechtmäßigkeit der Verweigerung einer Vorlage von Akten u Urkunden bzw die Übermittlung von elektronischen Dokumenten durch den Fachsenat zu entscheiden ist, sondern

[35] NVwZ 2003, 348, vgl auch BVerfG NVwZ 2006, 1046.

[36] Lü NVwZ-RR 2005, 819; Ey-Geiger 16; Redeker/Kothe NVwZ 2002, 314.

[37] Kienemund NJW 2002, 1235; Lotz BayVBl 2002, 356; anders noch der Regierungsentwurf, BT-Dr 14/6393.

auch über die **Anordnung, diese offenzulegen** (NVwZ 2004, 105). Für diese Ansicht spricht der mit der Einführung eines „incamera"-Vf verfolgte Zweck, legitimen Geheimhaltungsinteressen dadurch Rechnung zu tragen, daß die Kenntnisnahme des Inhalts der Akten oder Urkunden usw im Zwischenstreit um ihre Vorlage auf die Fachsenate beschränkt bleibt. Dementsprechend kann auch ein am Vf Beigeladener, der die Offenbarung ihn betr Betriebs- u Geschäftsgeheimnisse befürchtet, **entspr § 99 Abs 2 Rechtsschutz gegen eine die Vorlage bzw Übermittlung befürwortende Entscheidung der Aufsichtsbehörde beantragen,** so daß durch diese Spezialregelung die sonst noch in Betracht kommende Möglichkeit, sich im Wege einer Unterlassungsklage bzw einer einstweiligen Anordnung gegen die Vorlage von Akten u Urkunden usw zu wehren (für einen solchen Rechtsschutz aber Ms NVwZ 2000, 449; B-Kuntze 12; Sch-Rudisile 34 Fn 156), ausgeschlossen wird. Im Interesse eines wirksamen Rechtsschutzes muß aber sichergestellt werden, daß nach einer für den beigeladenen Geheimnisträger nachteiligen Entscheidung der Ausgangsbehörde die Akten bzw Urkunden dem VG nicht sofort vorgelegt werden, sondern die aktenführende Behörde dem Beigeladenen eine angemessene Frist zur Stellung eines Antrags entsprechend § 99 Abs 2 setzt u ankündigt, daß es nach Ablauf dieser Frist die Akten dem VG vorlegen wird (Ms NVwZ 2000, 450).

a) Zuständig für das ZwischenVf ist gem Abs 2 S 1 **grds das OVG.** Hiervon **19** sieht Abs 2 S 2 zwei Ausnahmen vor, bei denen die Zuständigkeit des BVerwG gegeben ist: gem HS 1 in denjenigen Fällen, in denen die Weigerung mit Gefahren für das Wohl des Bundes begründet wird, wobei dies idR dann der Fall sein wird, wenn die Vorlage von Akten des BND, des Bundesamts für Verfassungsschutz oder des Militärischen Abschirmdienstes verweigert wird; gem HS 2 in Fällen, in denen gem § 50 die erstinstanzliche Zuständigkeit des BVerwG gegeben ist, wobei hier insb die durch das RmBereinVpG wesentlich erweiterte § 50 Abs 1 Nr 4 in Betracht kommt. Die **Antragstellung** hat gem Abs 2 S 3 **bei dem für die Hauptsache zuständigen Gericht** zu erfolgen. Innerhalb des für das ZwischenVf zuständigen Gerichts ist der aufgrund § 189 für Entscheidungen nach § 99 Abs 2 zu bildende Fachsenat zuständig (s auch §§ 4 S 2, 3; 9 Abs 3 S 3).

b) Die oberste Aufsichtsbehörde hat gem Abs 2 S 5 dem für das ZwischenVf **20** zuständigen Spruchkörper die nach Abs 1 S 2 verweigerten Urkunden oder Akten vorzulegen, die verweigerten elektronischen Dokumente zu übermitteln bzw die verweigerten Auskünfte zu erteilen. Bei in besonderem Maße geheimhaltungsbedürftigen Vorgängen kann gem Abs 2 S 8 die Vorlage dadurch bewirkt werden, daß die Urkunden, Akten oder elektronischen Dokumente dem Gericht in von der obersten Aufsichtsbehörde bestimmten Räumlichkeiten zur Verfügung gestellt wird.[38] Die oberste Aufsichtsbehörde ist gem Abs 2 S 6 zu dem ZwischenVf beizuladen. Beiladung ist hier jedoch nicht im technischen Sinn (vgl § 65) zu verstehen, vielmehr ist die oberste Aufsichtsbehörde – ähnlich wie ein Zeuge im Zwischenstreit über das Zeugnisverweigerungsrecht (vgl § 387 ZPO, § 98) – zu beteiligen (BVerfG NVwZ 2006, 1046). Das gilt auch dann, wenn sie Behörde der beklagten Körperschaft ist (117, 42 = NVwZ 2002, 1504; Hufen/Bickenbach DV 2006, 532).

Das ZwischenVf findet gem Abs 2 S 9–11 **„in camera"** statt: Zwar dürfen die Beteiligten des AusgangsVf sich gem Art 103 Abs 1 GG auch im ZwischenVf äußern; sie werden aber nicht zu einer Stellungsnahme aufgefordert (BVerfG NVwZ 2006, 1046 f), da dies eine Kenntnis vom Akteninhalt voraussetzte. Das Akteneinsichtsrecht der Beteiligten nach § 100 ist aber durch Abs 2 S 9 eingeschränkt. Gem Abs 2 S 10 HS 1 sind die Mitglieder des Gerichts zur Geheimhaltung verpflichtet. Auch die Entscheidungsgründe dürfen gem Abs 2 S 10 HS 2

---

[38] Eingeh dazu Sch-Rudisile 40 ff.

Art u Inhalt der geheimgehaltenen Akten nicht erkennen lassen;[39] iü bleibt allerdings die Begründungspflicht des § 122 Abs 2 unberührt. Dazu gehört auch die Mitteilung, daß das Gericht die Urkunden, die elektronischen Dokumente bzw Akten eingesehen oder die geheim gehaltenen Auskünfte erhalten hat (Kienemund NJW 2002, 1236). Für das nichtrichterliche Personal gelten gem Abs 2 S 11 die Regelungen des personellen Geheimschutzes, also die Sicherheitsüberprüfungsgesetze (SÜG) des Bundes (v 20. 4. 1994, BGBl I 867) u der Länder. § 4 SÜG unterscheidet hierbei die Stufen „streng geheim", „geheim", „VS-vertraulich" u „VS-nur für den Dienstgebrauch" u definiert dabei die jeweiligen Voraussetzungen. Nicht der **Geheimhaltung** im ZwischenVf unterliegen die **Schriftsätze des Prozeßgegners.** Vielmehr müssen diese auch im Rahmen des ZwischenVf den anderen Prozeßbeteiligten vollständig u ohne Schwärzungen zugänglich gemacht werden (NVwZ 2004, 486; Bader JuS 2005, 129).

21 Das Vf nach Abs 2 bezieht sich nur auf die Frage, ob die auf die Gründe des Abs 1 S 2 gestützte Weigerung der Behörde, Urkunden oder Akten vorzulegen, elektronische Dokumente zu übermitteln oder Auskünfte zu erteilen, berechtigt ist (NVwZ 2002, 1250); es ist dagegen nicht auch **nicht analog,** auf eine **Entscheidung** des Gerichts darüber anwendbar, **ob** Akten usw für das anhängige Vf **erheblich** sind u deshalb der Vorlagepflicht nach Abs 1 S 1 unterliegen;[40] ebenso nicht auf die Ablehnung eines Beweisantrags auf Beiziehung von Akten gem Abs 1 S 1 (Mü BayVBl 1972, 54; 1978, 86). Die letztgenannten Beurteilungen bzw Entscheidungen des Gerichts **sind nur im Rahmen eines RMittel** gegen die in der Hauptsache ergehende Entscheidung angreifbar (es sei denn, die Entscheidung wäre „inkorrekt" auf Abs 2 gestützt, s 15, 133); dies ua auch deshalb, weil eine Rechtsmittelentscheidung darüber uU dem HauptsacheVf vorgreifen würde (Mü BayVBl 1978, 86). Der Fachsenat hat nach § 99 Abs 2 nur darüber zu befinden, ob die nach § 99 Abs 1 S 2 getroffene Entscheidung rechtsfehlerhaft erfolgte, weil die dort genannten **Tatbestandsvoraussetzungen für eine Verweigerung der Aktenvorlage nicht gegeben** (s oben 9 ff) waren oder diese zwar vorlagen, aber die Entscheidung der Aufsichtsbehörde **Ermessensfehler aufweist.**[41] Wg des verfassungsrechtlichen Gebots des effektiven Rechtsschutzes sind bei der Entscheidung, ob aus Geheimhaltungsgründen die Verweigerung einer Vorlage gerechtfertigt war, strenge Maßstäbe anzulegen (s oben 12 sowie Ms NVwZ-RR 2005, 751).

Zu den nach § 99 Abs 2 durch den Fachsenat zu überprüfenden **Tatbestandsvoraussetzungen** für eine Verweigerung einer Vorlage nach § 99 Abs 1 S 2 gehört **nicht die Frage,** ob der Inhalt der zurückgehaltenen Akten usw für den beim Hauptsachegericht anhängigen Rechtsstreit **rechtserheblich** ist.[42] Hierüber hat vielmehr nur das Hauptsachegericht zu entscheiden. Wohl aber hat der Fachsenat die verfahrensrechtliche Frage zu prüfen, ob der entscheidungserhebliche Sachverhalt durch Erhebung anderer zugänglicher u geeigneter Beweismittel gerichtlich aufgeklärt werden kann (NVwZ 2004, 745). Steht dabei nach Überzeugung des Fachsenats fest, daß ein anderer Weg zur Aufklärung des Sachverhalts zur Verfügung steht, der den **Geheimnisschutz** nicht oder in **geringerem Maße beeinträchtigt,** so ist dem Geheimhaltungsinteresse der Vorrang einzuräumen. Denkbar ist auch, daß dem Aufklärungsinteresse bereits durch eine Teilvorlage des Inhalts der Akten genügt wird. Ist eine Aussonderung ein-

---

[39] BVerfG NVwZ 2006, 1046; s auch BVerwG NVwZ 2003, 348; Kienemund NJW 2002, 1236.

[40] 15, 133; Ks NJW 1985, 216; Ko NVwZ 2004, 756; Mü BayVBl 1975, 675; 1978, 86; NVwZ 1985, 599.

[41] NVwZ 1994, 72; 2003, 348; 2003, 349; Gr NVwZ-RR 2004, 169; Bickenbach BayVBl 2003, 297.

[42] NVwZ 2004, 105; 2004, 485; 2004, 745; Bader JuS 2005, 128; Schüly 121.

zelner Aktenbestandteile nicht möglich, so kommt auch in Betracht, daß auf den Akten tlw Schwärzungen vorgenommen werden (Spiegels VBlBW 2004, 212). Entsprechendes gilt auch für elektronische Dokumente.

Bei Vorliegen der Tatbestandsvoraussetzungen des § 99 Abs 1 S 2 (dazu auch oben 9 ff) kann der Fachsenat die **Ermessensentscheidung der Aufsichtsbehörde** nur darauf überprüfen, ob die oberste Aufsichtsbehörde die tatsächlichen Grundlagen vollständig gewürdigt u richtig eingeschätzt hat, zutr Bewertungen u Prognosen im Rahmen der Tatbestandsmerkmale der Vorschrift vorgenommen u die widerstreitenden Interessen an der Aktenvorlage einerseits u an der Geheimhaltung andererseits angemessen abgewogen hat (BVerfG 101, 125 = NJW 2000, 1175; BVerwG NVwZ 2003, 348). Entscheidet sich die oberste Aufsichtsbehörde bei einer Akte, deren einzelne Teile sie aus unterschiedlichen Gründen für geheimhaltungsbedürftig erachtet, gegen eine Vorlage an das VG, müssen ihre **Ermessenserwägungen erkennen lassen,** warum hins jeder dieser Aktenbestandteile dem Geheimhaltungsinteresse **Vorrang vor** dem Interesse an einer umfassenden gerichtlichen Sachverhaltsermittlung u an **effektivem Rechtsschutz eingeräumt** wird.

Auch bei Vorliegen der Tatbestandsvoraussetzungen des § 99 Abs 1 S 2 kann das Interesse an der Vorlage der Akten so gewichtig sein, daß die Interessen an der vollständigen Aufklärung des Sachverhalts in dem vom Untersuchungsgrundsatz beherrschten VerwaltungsstreitVf die Vorlage der Akten trotz der in ihnen enthaltenen Geschäftsgeheimnisse beigeladener Dritter gebieten (NVwZ 2004, 746), weil sonst die verfassungsrechtlich gebotene Effektivät des Rechtsschutzes eingeschränkt wird. Eine solche **Ermessensschrumpfung** kommt insb dann in Betracht, wenn mangels Verwertbarkeit von geheimhaltungsbedürftigen Tatsachen über die Hauptsache nach Beweislastgrundsätzen zum Nachteil des Rechtsschutzsuchenden entschieden werden müßte (NVwZ 2004, 746, s schon NVwZ 2004, 107; Oster DÖV 2004, 920). Selbst bei einer umgekehrten Beweislastverteilung ist aber zu berücksichtigen, daß die Nichtoffenlegung entscheidungserheblicher Betriebs- u Geschäftsgeheimnisse das eigentliche Rechtsschutzziel einer Klärung der Rechtsbeziehungen verfehlt (NVwZ 2004, 746: Bejahung einer Vorlagepflicht der Regulierungsbehörde hins Betriebs- u Geschäftsgeheimnissen der Telekom).

5. Rechtsmittel: Der Beschluß über die Berechtigung der Weigerung ist, 22
wenn er vom OVG erlassen worden ist, gem Abs 2 S 12, § 152 mit der Beschwerde anfechtbar; über diese entscheidet gem Abs 2 S 13 das BVerwG. Gem Abs 2 S 14 ist Abs 2 S 4–11 sinngemäß anzuwenden. Auch das BeschwerdeVf findet also **„in camera"** statt.

Beschwerdeberechtigt sind bei Stattgabe die **Körperschaft,** der die Aufsichtsbehörde angehört, bei Ablehnung **die betroffenen Beteiligten,** auch zB die beklagte Gemeinde, wenn der Hauptsachestreit eine Selbstverwaltungsangelegenheit betrifft (Ko NJW 1977, 266), außerdem auch **jeder, der Anspr auf Geheimhaltung** der in den Akten enthaltenen Vorgänge hat (str), zB der Mitbewerber in einem beamtenrechtlichen Konkurrentenstreit, soweit es um die Offenbarung von personenbezogenen Daten geht, mit deren Bekanntgabe der Bewerber sich nicht einverstanden erklärt hat (vgl § 90 d BBG; Ks DÖV 1994, 127; s auch 50 zu § 42). Zur Anfechtung der Beurteilung des Gerichts hins der Erheblichkeit von Akten usw für das Vf u der Ablehnung von Beweisanträgen auf Beiziehung usw s oben 18.

§ 100 [Akteneinsicht]

(1) **Die Beteiligten können die Gerichtsakten und die dem Gericht vorgelegten Akten einsehen.**[1 ff]

(2) **Beteiligte können sich auf ihre Kosten durch die Geschäftsstelle Ausfertigungen, Auszüge, Ausdrucke und Abschriften erteilen lassen.**[5 ff]

Nach dem Ermessen des Vorsitzenden kann der nach § 67 Abs. 1 und 3 bevollmächtigten Person die Mitnahme der Akte in die Wohnung oder Geschäftsräume, der elektronische Zugriff auf den Inhalt der Akten gestattet oder der Inhalt der Akten elektronisch übermittelt werden.[5,7] **§ 87 a Abs. 3 gilt entsprechend. Bei einem elektronischen Zugriff auf den Inhalt der Akten ist sicherzustellen, dass der Zugriff nur durch die nach § 67 Abs. 1 und 3 bevollmächtigte Person erfolgt.**[5] **Für die Übermittlung von elektronischen Dokumenten ist die Gesamtheit der Dokumente mit einer qualifizierten elektronischen Signatur nach § 2 Nr. 3 des Signaturgesetzes zu versehen und gegen unbefugte Kenntnisnahme zu schützen.**

(3) **In die Entwürfe zu Urteilen, Beschlüssen und Verfügungen, die Arbeiten zu ihrer Vorbereitung und die Dokumente, die Abstimmungen betreffen, wird Akteneinsicht nach Absatz 1 und 2 nicht gewährt.**[11]

Vgl §§ 299, 299 a ZPO; § 120 SGG; § 78 FGO

Schrifttum: *Bohl,* Der „ewige Kampf" des Rechtsanwalts um die Akteneinsicht, NVwZ 2005, 133; *Cosack/Tomerius,* Betrieblicher Geheimnisschutz und Interesse des Bürgers an Umweltinformationen bei der Aktenvorlage im Verwaltungsprozeß, NVwZ 1993, 841; *Nolte,* Die Herausforderung für das deutsche Recht der Akteneinsicht durch europäisches Verwaltungsrecht, DÖV 1999, 363; *Peglau,* Die Einsicht in Prozeßakten zu Forschungszwecken, NJ 1993, 440; *Schoenemann,* Akteneinsicht und Persönlichkeitsschutz, DVBl 1988, 520; *Stürner,* Die gewerbliche Geheimsphäre im Zivilprozeß, JZ 1985, 453; *Wohlgemuth,* Datenschutz im Arbeitsgerichtsverfahren, FS-100 J Deutscher Arbeitsgerichtsverband, 1993, 393. – S auch zu § 99.

1 **1. Allgemeines:** § 100 wurde durch Art 8 des Gesetzes zur Anpassung der Formvorschriften des Privatrechts u anderer Vorschriften an den modernen Rechtsgeschäftsverkehr v 13. 7. 2001 (BGBl I 1542) in Abs 2 S 2 geändert. Ferner wurde die Vorschrift durch das JKomG um Regelungen für die Akteneinsicht in den Fällen, in denen Akten elektronisch geführt werden, ergänzt.

Das Recht auf Akteneinsicht ist ein wesentlicher Teil der **Parteiöffentlichkeit** des Vf nach der VwGO u dient insb der Verwirklichung des **rechtlichen Gehörs**[1] u der **„Waffengleichheit"** der Beteiligten (BayVBl 1988, 252; vgl auch BVerfG 63, 61); es soll zugleich den Beteiligten auch die **effektive Mitwirkung bei der Wahrheitsfindung** des Gerichts (§ 86 Abs 1 S 2) ermöglichen (vgl 15, 132 = BayVBl 1963, 119; BayVBl 1988, 252). § 100 betrifft nur die Akteneinsicht in die gerichtseigenen Akten u in die vom Gericht beigezogenen (§ 99) Akten; ein **Anspr auf Beiziehung** von Akten ergibt sich daraus **nicht,** auch nicht mittelbar (vgl BVerfG 63, 66; BayVBl 1993, 48), wohl aber uU aus § 86 Abs 1, soweit die Kenntnis des Akteninhalts für die Entscheidung des Gerichts von Bedeutung ist, oder aus § 108 Abs 2 und Art 103 Abs 1 GG, soweit sonst das rechtliche Gehör verletzt wird (s 19 ff zu § 108). Zum Akteneinsichtsrecht eines RA nach § 29 VwVfG Bohl NVwZ 2005, 133.

2 **2. Berechtigte:** Berechtigt zur Akteneinsicht nach § 100 sind **die Beteiligten** (§ 63). Beteiligte, die im Prozeß durch einen Bevollmächtigten gem § 67 vertreten werden, verlieren dadurch nicht das Recht darauf, **auch selbst persönlich** die Akten einzusehen; sie haben dieses Recht auch, da sie auch in der mV Anspr auf Anhörung haben (s 8 zu § 103; 19 a zu § 108) u das Recht auf Akteneinsicht wesentlich auch dem rechtlichen Gehör dient (s oben 1), auch **in Vf mit Vertretungszwang,** zB im Revisionsverfahren.

---

[1] BVerfG 63, 59 = NJW 1983, 1043; BVerwG 30, 157; NJW 1990, 1313; BayVBl 1988, 252; BSG NJW 1987, 919; BGH NJW 1990, 1614.

Ein **Recht dritter,** am Vf **nicht beteiligter Personen** auf Akteneinsicht kann aus § 100 nicht hergeleitet werden, ist aber aus allg rechtsstaatlichen Gründen dann anzuerkennen, wenn die Kenntnis des Akteninhalts Voraussetzung für eine wirksame Rechtsverfolgung ist (**aA** Bosch/Schmidt 34 I 2). Iü gelten auch im Verwaltungsprozeß für die **Einsicht** in Akten des Gerichts **durch Dritte §§ 299 Abs 2 ZPO,** 173 S 1 (Ule 49 III 2; **aA** RÖ-Kothe 2: § 100 enthält erschöpfende Regelung). Das in § 299 Abs 2 ZPO geforderte **rechtliche Interesse** kann auch das Interesse der Presse oder eines Fachverbands (BL 26 zu § 299 ZPO) oder ein wissenschaftliches Interesse[2] sein. Für die **Akteneinsicht durch Behörden u andere Gerichte** im Wege der Amts- oder Rechtshilfe gilt **Art 35 Abs 1 GG** (Holch ZZP Bd 87, 17; ThP 5 zu § 299 ZPO).

3. Umfang der Akteneinsicht ua: Die Akteneinsicht (Abs 1) u das Recht auf Erteilung von Ausfertigungen, Auszügen usw (Abs 2 S 1 u 2) erstrecken sich auf die **gesamten,** dem Gericht im Zusammenhang mit dem Rechtsstreit **vorgelegten** oder **vom Gericht selbst geführten Akten,** einschließlich aller beigezogenen Unterlagen (vgl BVerfG 62, 343 zu § 147 Abs 1 StPO), Beiakten (Ks NVwZ 1994, 398: auch die Personalakten des Mitbewerbers bei der beamtenrechtlichen Konkurrentenklage; zur Konkurrentenklage im Wirtschaftsverwaltungsrecht Schenke NVwZ 1993, 718), Urkunden, Zustellungsnachweise, Tonbänder, Filme, Augenscheinsobjekte usw, auch solcher Akten, die das Gericht als für den Fall unerheblich ansieht (13, 287), oder bezüglich derer die vorlegende Behörde – ohne sie förmlich nach § 99 zurückzuziehen (s 14 zu § 99) – die Einsichtsgewährung an die Beteiligten untersagt hat (Ms VRspr 16, 249; NJW 1963, 1797; Ey-Geiger 4). Sie betrifft nur die **Akten, die Gegenstand des Vf** sind, daher **bei einer Klage auf Akteneinsicht** nur Akten, die für die Frage, ob Akteneinsicht zu gewähren ist, ob allenfalls bereits ausreichend Einsicht gewährt wurde usw (vgl § 99), von Bedeutung sind oder sein können, nicht auch schon die Akten, **um deren Kenntnisgabe gestritten** wird (NJW 1983, 2954; s auch 10 zu § 99). Das Akteneinsichtsrecht gem § 100 endet mit rechtskräftigem Abschluß des Vf (RÖ-Kothe 8; vgl auch 67, 304 zu § 29 Abs 1 VwVfG). 3

Nicht ausdr vorgesehene Ausnahmen: § 100 sieht keine Ausnahme von der Akteneinsicht in geheime, höchstpersönliche Urkunden, Berichte usw vor, da der Gesetzgeber davon ausging, daß solche Unterlagen schon nach § 99 nicht zu den Akten gelangen. Bei **den von der Behörde vorgelegten Unterlagen** ist aber nicht auszuschließen, daß diese Tatsachen enthalten, deren Offenbarung nach den in § 99 Abs 1 S 2 u in anderen Rechtsvorschriften zum Ausdruck gekommenen allg Rechtsgedanken ohne Einschaltung der Aufsichtsbehörde unzulässig ist. Die hM[3] geht hier dennoch davon aus, daß eine Pflicht zur Gewährung von Akteneinsicht auch in diesem Fall bestehe. Als Begründung für die Vorlagepflicht dient ihr der Hinweis darauf, daß die Frage, ob ein Grund für eine Verweigerung der Aktenvorlage in den Fällen des § 99 Abs 1 S 1 gegeben sei, gerichtlicherseits ausschließlich im Vf nach § 99 Abs 2 zu prüfen sei u deshalb das Hauptsachegericht nicht befugt sei, die erbetene Akteneinsicht unter Hinweis auf deren Geheimhaltungsbedürftigkeit zu verweigern. Richtig hieran ist selbstverständlich, daß dann, wenn der Fachsenat gem § 99 Abs 2 entschieden hat, daß die Akten vorzulegen sind, das Hauptsachegericht an diese Entscheidung gebunden ist. Wird aber durch die nach § 99 Abs 1 S 1 um Aktenvorlage, Auskunftserteilung usw ersuchte Behörde eine Akte vorgelegt, die wg ihres Inhalts nach § 99 Abs 1 S 2 nicht ohne Einschaltung der Aufsichtsbehörde vorgelegt werden durfte, so ergeben sich, insb wenn es um Geschäfts- u Betriebsgeheimnisse Privater geht, 3 a

---

[2] Vgl Kopp NVwZ 1994, 1; unklar BL 25 zu § 299 ZPO; ferner BVerwG NJW 1986, 1277: kein verfassungsunmittelbarer Anspr.

[3] Mü NVwZ-RR 2001, 544; Ms NJW 1993, 1797; B-Kuntze 5; Ey-Geiger 7; NKVwGO-Lang 39; Schoenemann DVBl 1988, 524.

ggü der Bejahung einer uneingeschränkten Pflicht des Gerichts zur Gestattung der Einsichtnahme in bezug auf solche Akten erhebliche Bedenken, da hier die Fachsenate zu einer Entscheidung nach § 99 Abs 2 jedenfalls nicht unmittelbar zuständig sind. Der Grundrechtsverstoß, der in der Vorlage solcher geheimer Akten an das Verwaltungsgericht liegt, würde durch die Gestattung einer Akteneinsicht an andere Prozeßbeteiligte noch erheblich verstärkt. Deshalb **verbietet sich** hier die **gerichtliche Gestattung der Akteneinsicht gem § 100 Abs 1 grds unter dem Gesichtspunkt des verfassungsrechtlich garantierten FBA.** Vielmehr ist das VG zur Rückgabe der Akten an die vorlegende Behörde verpflichtet, die ihrerseits das Vf gem § 99 Abs 1 S 2 zu initiieren hat. Die Verpflichtung zur Rückgabe der Akten, um Raum für eine Entscheidung nach § 99 Abs 1 S 2 zu machen, steht auch im Einklang damit, daß eine Behörde, die irrtümlich eine Akte vorgelegt hat, die einen gem § 99 Abs 1 S 2 geheimhaltungsbedürftigen Inhalt beinhaltet, diese zurückverlangen kann (s 15 zu § 99: FfO NVwZ 2003, 884; Roth NVwZ 2003, 544), um eine Entscheidung der Aufsichtsbehörde über die Aktenvorlage herbeizuführen. Da die zunächst vorlegende Behörde idR ohnehin nicht befugt ist, über eine solche Akte zu disponieren, kann es für die Rückgabepflicht des Gerichts bei einer zunächst unter Verletzung des § 99 Abs 1 S 2 vorgelegten Akte nicht von entscheidender Bedeutung sein, ob ein solches Rückgabeverlangen durch die Behörde gestellt wird. Die hier vertretene Lösung trägt einerseits dem **grundrechtlichen Geheimnisschutz** u einem diesen flankierenden Anspr auf Folgenbeseitigung **ausreichend Rechnung.** Sie wahrt aber zugleich die Zuständigkeit der Aufsichtsbehörde für die dieser nach § 99 Abs 1 S 2 obliegenden Ermessensentscheidung über die Vorlage geheimhaltungsbedürftiger Akten sowie die Zuständigkeit der nach § 99 Abs 2 letztverbindlich über die Vorlage entscheidenden Fachsenate. Im Hinblick auf das Prinzip der Gesetzmäßigkeit der Verwaltung dürfte im übrigen das VG auch dann zur Rückgabe von unter Verstoß gegen § 99 Abs 1 S 2 vorgelegten Akten mit geheimhaltungsbedürftigem Inhalt verpflichtet sein, wenn nur objektivrechtlich geschützte Geheimnisse durch die Aktenvorlage gefährdet werden. Bedenken unter dem Gesichtspunkt des rechtlichen Gehörs schlagen ggü der hier vertretenen Auffassung nicht durch, da rechtliches Gehör nur in bezug auf entscheidungsrelevante Akten einzuräumen ist, bezüglich der durch das Hauptsachegericht zurückzugebenden Akten aber ein Verwertungsverbot besteht u deshalb ein Akteneinsichtsrecht gem § 100 Abs 1 – wie sich zumindest im Wege einer teleologischen Reduktion dieser Vorschrift ergibt – nicht besteht. Auch Praktikabilitätserwägungen vermögen den anderweitig nicht sicherzustellenden Geheimnisschutz nicht einzuschränken, zumal sich die Frage eines Geheimnisschutzes in bezug auf vorgelegte Akten nur selten stellen wird. Soweit es um den Schutz der Geheimnisse Dritter geht, lassen sich entsprechende Bedenken zudem dadurch erheblich entschärfen, daß das VG diese Dritten, deren Rechte durch die Aktenvorlage betroffen sind, beilädt u sich bei ihnen vergewissert, ob sie mit der Preisgabe der Akten einverstanden sind. UU kann sogar bereits aus dem Umstand, daß der beigeladene Dritte der Anforderung von geheimnisgeschützten Akten nicht widerspricht, auf einen konkludenten Verzicht auf den Geheimnisschutz geschlossen werden. Jedenfalls ist aber dem Dritten die Möglichkeit eingeräumt, eine Entscheidung der Aufsichtsbehörde über die Nichtvorlage der Akte bzw deren Zurückforderung zu beantragen und, wenn diese die Vorlage befürwortet, hiergegen den Fachsenat analog § 99 Abs 2 anzurufen. Die Ermessensentscheidung der Aufsichtsbehörde hat das VG grds hinzunehmen. Soweit Dritte durch eine fehlerhafte Abwägung verletzt werden, können diese entsprechend § 99 Abs 2 gegen eine die Vorlage der Akten bejahende Entscheidung der Aufsichtsbehörde vorgehen. Das VG ist vor Ergehen dieser Entscheidung nicht befugt, den Beteiligten Akteneinsicht zu gewähren. Zur **str** Frage, ob Akteneinsicht auch in **Unterlagen,** die einen Beteiligten selbst betreffen, zB **psychiatrische Gutach-**

ten, zu gewähren ist, wenn damit Gefahren für den Betroffenen, zB Selbstmordgefahr, vorhanden sein können, vgl – verneinend unter Hinweis auf Art 2 Abs 1 u Art 1 Abs 1 GG – 82, 45 = NVwZ 1989, 1171; Lutterotti VBlBW 1989, 411.

Eine **Belehrungspflicht des Gerichts über das Recht auf Akteneinsicht** 4
besteht nicht. Die Verwertung des Inhalts der Akten bei der Entscheidung des Gerichts hat jedoch zur Wahrung des rechtlichen Gehörs zur Voraussetzung, daß das **Gericht** grds schon vor der mV die **Beteiligten darüber unterrichtet, daß Akten beigezogen wurden.**[4]

4. Erteilung von Ausfertigungen, Übermittlung von elektronischen 5
Dokumenten usw: Nach Abs 2 S 1 haben die Beteiligten das **Recht auf Erteilung u ggf Übersendung von Abschriften oder Ablichtungen** auf ihre Kosten. Durch das JKomG wurde § 100 Abs 2 um Regelungen für die Akteneinsicht in den Fällen ergänzt, in denen die Akten elektronisch geführt werden. Gem Abs 2 S 2 kann nach dem Ermessen des Vorsitzenden den nach § 67 Abs 1 u 3 bevollmächtigten Personen die **Mitnahme der Akten in die Wohnung** sowie nunmehr auch der **elektronische Zugriff**[5] auf den Inhalt der Akten gestattet werden. Daneben kann der **Inhalt der Akten elektronisch übermittelt** werden per E-Mail oder auf einem elektronischen Datenträger. Zur Sicherstellung der vollständigen Wiedergabe ist bei elektronischer Übermittlung von Akten gem S 5 das elektronische Dokument mit einer qualifizierten elektronischen Signatur zu versehen. Ferner ist durch geeignete technische Maßnahmen der Schutz vor unbefugter Kenntnisnahme sicherzustellen. Bei elektronischem Zugriff auf die Akten über allg zugängliche Netze ist gem S 3 sicherzustellen, daß der Zugriff nicht durch Unbefugte erfolgt, zB durch Verschlüsselung der Daten.

Das Recht auf Erteilung von Ausfertigungen usw besteht unabhängig davon, ob für die Erteilung solcher Unterlagen ein besonderes rechtliches Interesse dargetan ist (NJW 1988, 1280; Hbg NVwZ-RR 1996, 304). Es soll den Beteiligten die – jedenfalls nach ihrer Auffassung – **für ihre Rechtsverfolgung** erforderlichen Unterlagen sichern (BayVBl 1988, 252) u ihnen die Akteneinsicht sowie die Durchdringung u Aufbereitung des Prozeßstoffes erleichtern, u findet seine **Grenze** nur dort, wo es **rechtsmißbräuchlich** ausgeübt wird (NJW 1988, 1280; Hbg NVwZ-RR 1996, 304). Rechtsmißbrauch kann insb vorliegen, wenn ohne jede Konkretisierung u vorherige Prüfung auf Erheblichkeit gleichsam „ins Blaue“ oder „auf Verdacht“ die Kopie einer umfangreichen Beiakte verlangt wird (Hbg NVwZ-RR 1996, 304). Aus Gründen des Persönlichkeitsschutzes des Konkurrenten sind keine Ablichtungen aus dessen Personalakten zu erteilen (Ks NVwZ 1994, 398).

Sind die **Akten** nicht in der Urschrift vorhanden, sondern auf einen **Bild- oder anderen Datenträger** übertragen worden (Abs 2 S 2 iVm § 299a ZPO), so haben die Beteiligten Anspr darauf, daß ihnen das Gericht ohne besondere Hilfsmittel lesbare Ausfertigungen, Auszüge usw erteilt, und, falls die Akten in Form einer verkleinerten Wiedergabe (zB auf Mikrofilm) vorhanden sind, auch darauf, daß ihnen das Gericht die Benutzung geeigneter Vergrößerungseinrichtungen gestattet.

5. Ort der Akteneinsicht: Die Akten sind grds in der **Geschäftsstelle des** 6
Gerichts einzusehen. Wenn die Akteneinsicht in der Geschäftsstelle wg besonderer Umstände einem Beteiligten oder seinem Vertreter nicht zumutbar ist, hat dieser Anspr auf **Übersendung der Akten** an die Geschäftsstelle des seinem

---

[4] VRspr 26,117; Schultz MDR 1972, 663; RÖ-Kothe 3; **aA** BFH JZ 1971, 101: Hinweis auf beigezogene Akten auch in der mV nicht erforderlich, da die Beteiligten immer mit der Beiziehung der Akten rechnen müssen.

[5] Nach Degen VBlBW 2005, 333 soll sich bei elektronischen Akteneinsichtsersuchen idR das richterliche Ermessen auf Null reduzieren.

Wohnsitz nächstgelegenen Gerichts,[6] auch des Gerichts **eines anderen Gerichtszweigs,** zB des Amtsgerichts, zur Einsicht (vgl BFH NJW 1994, 752; RÖ-Kothe 4; **aA** BGH NJW 61, 559), ebenso ggf auch **an eine Behörde** (BFH NJW 1994, 752). Nach dem durch das JKomG neu gefaßten S 2 kann nunmehr nach dem Ermessen des Vorsitzenden den nach § 67 Abs 1 u 3 bevollmächtigten Personen der elektronische Zugriff auf den Inhalt der Akten gestattet oder der Inhalt der Akten elektronisch übermittelt werden (s oben 5).

7 Die **Mitnahme oder die Übersendung in die Kanzlei** oder **Wohnung** kann nach dem Ermessen des Vorsitzenden den nach § 67 Abs 1 u 3 bevollmächtigten Personen gestattet werden. Ein Anspr darauf besteht grds nicht,[7] auch nicht unter dem Gesichtspunkt des rechtlichen Gehörs.[8] Doch kann die Verweigerung **uU ermessensfehlerhaft** sein – u **ist dies idR auch,** wenn der Anwalt zuverlässig ist u die Akten unschwer kurzfristig entbehrt werden können – u stellt dann einen Verfahrensfehler dar.[9] Beispiele zur Ermessensentscheidung vgl BFH NJW 1994, 752.

Abs 2 S 2 erweitert den Kreis der Personen, an die Akten mitgegeben werden können, auf alle nach § 67 Abs 1 u 3 bevollmächtigten Personen. **Nur ausnahmsweise** kann dagegen die Anwendbarkeit auch auf **sonstige,** dem § 67 Abs 1 nicht unterfallende **Bevollmächtigte** oder die Beteiligten selbst (enger Ms NJW 1978, 69) erwogen werden. Die Beschränkung des Personenkreises hat den Zweck, sicherzustellen, daß Akten nicht vernichtet, beschädigt oder verfälscht werden (Ms NJW 1978, 69) u daß ihre sorgfältige Aufbewahrung gewährleistet ist, so daß **keine Gefahr** besteht, **daß** sie **verloren gehen** könnten (ebenso BFH NJW 1994, 752).

8 **6. Entscheidung im Zusammenhang mit der Akteneinsicht:** Die Gewährung der Akteneinsicht u die Erteilung von Ausfertigungen usw erfolgt, soweit nicht nach Abs 2 S 2 die Entscheidung dem Vorsitzenden vorbehalten ist (s oben 7), aufgrund formloser Entscheidung des Urkundsbeamten der Geschäftsstelle.

Die Übersendung bzw Überlassung der Akten **außerhalb** des **Gerichtsgebäudes** bedarf nach Abs 2 S 2 der **Zustimmung des Vorsitzenden,** nicht jedoch der Beteiligten, auch nicht der Behörde, welche die Akten vorgelegt hat (Ey-Geiger 13).

9 **Gegen die Entscheidung des Urkundsbeamten** kann das Gericht gem § 151 angerufen werden (sog Erinnerung; Hbg NVwZ-RR 1996, 304). **Gegen die Versagung** der Aktenüberlassung bzw -übersendung **durch den Vorsitzenden** haben die Beteiligten – anders ggf Dritte – nach § 146 Abs 2 kein Beschwerderecht, da es sich insoweit nur um eine prozeßleitende Verfügung handelt;[10] ebenso **nicht gegen die Entscheidung** des Gerichts **über die Erinnerung** gegen die Entscheidung des Urkundsbeamten.[11] Wie selbst von der

[6] RÖ-Kothe 4; enger Ms NJW 1988, 221: auch aus Art 103 Abs 1 GG kein Recht auf Akteneinsicht auf die gewünschte Art; vgl auch Oswald AnwBl 1983, 353.

[7] BFH NVwZ-RR 1998, 472; Hbg NVwZ-RR 2001, 408; Mü BayVBl 1966, 427; 1980, 94; DÖV 1982, 604: relativ weiter Ermessensspielraum; Sch-Rudisile 15.

[8] BVerfG 26. 8. 1981 – 2 BvR 637/81; BayVerfGH 33, 140; Geiger JA 1982, 316.

[9] BSG MDR 1977, 1051; BFH NJW 1976, 1288; BGH NJW 1961, 560; OLG Hamm NJW 1990, 844; FamRZ 1991, 93 – zu § 299 ZPO –; Geiger JA 1982, 316: ermessensfehlerhaft, wenn Ermessen überhaupt nicht ausgeübt oder sonstige Ermessensfehler, nicht dagegen zB, wenn die Akteneinsicht im Gericht wg des geringen Umfangs der Akten ohne weiteres zumutbar.

[10] Ko NVwZ-RR 2002, 612; Mü NVwZ-RR 2001, 544; Ms 28,176 (anders aber bei Verweigerung der Akteneinsicht); NJW 1988, 221; Ey-Geiger 17; **aA** BFH NJW 1994, 752; Ks NVwZ 1994, 398; Sch-Meyer-Ladewig/Rudisile 7 zu § 146.

[11] Mü NVwZ-RR 2001, 544; B-Kuntze 8; Ey-Geiger 17; s auch Ko NVwZ-RR 2002, 612 u Ma NVwZ-RR 1998, 687; **aA** Mü NVwZ-RR 1998, 687; NKVwGO-Lang 45; NKVwGO-Guckelberger 23 zu § 146; Rö-Kothe 7; Sch-Rudisile 32; offen gelassen von FfO NVwZ 2003, 885.

Gegenansicht konzediert wird (s etwa Sch-Rudisile 32), ist es vom Wortlaut des § 146 Abs 2 her sehr wohl möglich, auch eine Entscheidung nach § 151 als prozeßleitende Verfügung anzusehen. Dem steht es auch nicht entgegen, daß auf die Akteneinsicht ein Rechtsanspr besteht, denn das Vorliegen einer prozeßleitenden Verfügung kann nicht davon abhängen (so aber NKVwGO-Lang 46; Sch-Rudisile 32), ob auf diese ein Rechtsanspr besteht oder sie in das Ermessen des Gerichts gestellt ist. Das gilt um so mehr, als das Ermessen im Einzelfall auf Null reduziert sein kann, hiervon aber schwerlich die Statthaftigkeit einer Beschwerde abhängig gemacht werden kann. Auch der Umstand, daß durch die Verweigerung der Akteneinsicht die Rechtsstellung Beteiligter erheblich betroffen sein kann, rechtfertigt nicht die Statthaftigkeit der Beschwerde (**aA** NKVwGO-Guckelberger 23 zu § 146), denn dem Rechtsschutz des zur Akteneinsicht Berechtigten wird hier schon dadurch Rechnung getragen, daß er die abschließende Hauptsacheentscheidung gem § 124 Abs 2 Nr 5 mit einer Berufung angreifen kann (s unten 10). Für eine Konzentration des Rechtsschutzes auf das HauptsacheVf spricht auch der dem § 44a zugrunde liegende Rechtsgedanke, demzufolge auch gegen die Verweigerung der Akteneinsicht im VerwaltungsVf kein isolierter Rechtsschutz durch die Verfahrensbeteiligten möglich ist (s 5 zu § 44a). Die Fälle, in denen ZwischenVf statthaft sind, sind ausdr gesetzlich geregelt (so § 99 Abs 2 u iVm Entscheidungen über die Zulässigkeit einer Zeugnis- oder Gutachtensverweigerung § 98 iVm §§ 387 ff, 402 ZPO; s 9 zu § 109).

7. Eine zu Unrecht erfolgte Versagung der Einsicht in Akten, die bei 10
der Entscheidung des Gerichts verwertet wurden oder dafür hätten von Bedeutung sein können, u deren Inhalt den Beteiligten auch vom Gericht nicht bekanntgegeben worden war, stellt idR (BVerfG 20, 349; BVerwG 13, 190) eine **Verletzung des rechtlichen Gehörs** dar – anders, wenn der Beteiligte sich auch auf andere Weise hinreichend informieren konnte oder in zumutbarer Weise hätte informieren können (BayVBl 1988, 221; Ks NVwZ-RR 2002, 784; BSG MDR 1977, 1057) – u kann, wenn auch die dagegen möglichen Rechtsbehelfe erfolglos geblieben sind, mit RMittel in der Hauptsache, insb auch mit der **Revision** (§ 132 Abs 2 Nr 3, § 138 Nr 3) gegen das in der Hauptsache ergangene Urteil gerügt werden.[12] Entspr gilt für die Versagung der Aktenüberlassung gem Abs 2 S 3 (BayVBl 1988, 252; BSG MDR 1977, 1057; BFH NJW 1976, 1288; s auch oben 6). Vgl zur Frage, ob u unter welchen Voraussetzungen ein erfolgloser Antrag auf Akteneinsicht zur Begründung einer **Nichtzulassungsbeschwerde** wg Verstoßes gegen den Grundsatz des rechtlichen Gehörs dienen kann, NJW 1990, 1313.

8. Einsicht in Urteilsentwürfe usw (Abs. 3): Abs 3 schließt die Einsicht in 11
Urteilsentwürfe usw aus, ua, um das **Beratungsgeheimnis** zu schützen (Ms NJW 1963, 1797). Die Regelung gilt für die vorbereiteten **Arbeiten der Richter,** insb Entwürfe, u etwaige Arbeiten auch von Referendaren u wissenschaftlichen Hilfsarbeitern des Gerichts (Ms aaO). Weder Abs 3 noch die der Wahrung des Beratungs- u Abstimmungsgeheimnisses dienenden Vorschriften, noch auch die allg Pflicht zur Amtsverschwiegenheit stehen jedoch einer **Überlassung** des zur Vorbereitung der richterlichen Beratung gefertigten Votums **an den Urkundsbeamten** der eigenen Geschäftsstelle entgegen (NVwZ 1987, 727).

§ 101 [Grundsatz der mündlichen Verhandlung]

(1) **Das Gericht entscheidet, soweit nichts anderes bestimmt ist,**[3 f] **auf Grund mündlicher Verhandlung.**[1 ff]

---

[12] Ks NVwZ-RR 2002, 784; Ko NVwZ-RR 2002, 612; Ma NVwZ-RR 1998, 687; RÖ-Kothe 7.

(2) **Mit Einverständnis der Beteiligten kann das Gericht ohne mündliche Verhandlung entscheiden.**[4 ff]

(3) **Entscheidungen des Gerichts, die nicht Urteile sind, können ohne mündliche Verhandlung ergehen, soweit nichts anderes bestimmt ist.**[3]

Vgl § 128 ZPO; § 124 SGG; § 90 FGO

Schrifttum: *Arens,* Mündlichkeitsprinzip und Prozeßbeschleunigung im Zivilprozeß, 1971; *Dolderer,* Das schriftliche Verfahren im Verwaltungsprozeß, DVBl 1999, 1019; *Ewer,* Lästige Formalie, Schaugefecht oder rationaler Diskurs? Die mündliche Verhandlung im verwaltungsgerichtlichen Verfahren aus anwaltlicher Sicht, Driehaus-FS 2005, 250; *Geiger,* Die mündliche Verhandlung im Verwaltungsprozess – rechtliche und praktische Hinweise, BayVBl 2006, 421; *Kreitl,* Der Widerruf des Verzichts auf mündliche Verhandlung – Anwendbarkeit des § 128 II S 1 ZPO im Verwaltungsprozeß?, BayVBl 1982, 679.

1 **1. Allgemeines:** Die VwGO geht vom Grundsatz der **Mündlichkeit** u dem damit verbundenen Grundsatz der **Unmittelbarkeit** (s 1 zu § 96) aus u schreibt deshalb vor, daß Entscheidungen **grds nur aufgrund mV** (s dazu §§ 103 ff) ergehen dürfen. Der Grundsatz der Mündlichkeit bzw der mV steht in Zusammenhang auch mit dem Grundsatz der **Öffentlichkeit des Vf** gem § 55 iVm §§ 169 ff GVG u Art 6 Abs 1 EMRK (s 2 zu § 55). Er ist **kein Verfassungsgrundsatz** (57, 273 = BayVBl 1979, 248; BVerfG 15, 307) u wird insb auch nicht durch Art 19 Abs 4 GG (57, 273; BVerfG 11, 234) oder 103 Abs 1 GG unmittelbar gewährleistet,[1] sondern gilt **nur nach Maßgabe des einfachen Prozeßrechts** (s unten 2; ferner 10, 24 zu § 138 mwN) – somit auch nach näherer Maßgabe des § 101 u bestehender Sonderbestimmungen wie § 84 (vgl 57, 273; Mü BayVBl 1979, 684). Gleichwohl verletzt eine Entscheidung, die unter Verstoß gegen § 101 ohne gebotene mV (oder aufgrund mV, zu der jedoch ein Beteiligter nicht geladen war, oder die aus anderen Gründen unzulässigerweise ohne ihn durchgeführt wurde, vgl BayVBl 1993, 413; ferner 3 ff zu § 103; 11 zu § 104) ergeht, das Recht der Beteiligten auf rechtliches Gehör gem Art 103 Abs 1 GG (s unten 2). Allg zur Bedeutung der mV für den Rechtsschutz s auch Ewer Driehaus-FS 250; Martens ZRP 1977, 210; Grahe NJW 1978, 1789. Zum Vf u zur Entscheidung bei Verzicht auf mV s 6 ff zu § 112; zum Anspr auf baldige Terminbestimmung u rasche Entscheidung s 1 zu § 102. § 101 gilt **auch für das BerufungsVf** (DÖV 1993, 720) u das **RevisionsVf.**

2 **Soweit nicht gesetzlich** vorgesehene oder zugelassene **Ausnahmen** Platz greifen, verletzt eine Entscheidung ohne gebotene vorangegangene mV auch den Anspr der Beteiligten auf **rechtliches Gehör**[2] u stellt einen wesentlichen **Verfahrensmangel** iSd § 132 Abs 2 Nr 3 (vgl NJW 1995, 2308; NVwZ 2003, 1130; BFH NVwZ 1983, 376; NJW 1993, 1880 = BStBl II 1993, 194; Dolderer DVBl 1999, 1025; RÖ-Kothe 2) u grds auch des § 138 Nr 3 dar (s unten 4). Ermittlungen, welche nach Schluß der mV zu einem nach Rechtsauffassung des urteilenden Richters entscheidungserheblichen Umfang angestellt werden, haben, wenn es nicht zu einer Wiedereröffnung der mV kommt, stets einen Gehörsverstoß zur Folge. Das gilt unabhängig davon, ob die Beteiligten vor Absetzung der Urteilsgründe Gelegenheit zur Äußerung im Blick auf die nachträglichen Ermittlungen hatten oder nicht (Buchh 310 § 101 VwGO Nr 27). **Aus Art 103 Abs 1 GG allein** ergibt sich jedoch kein Anspr auf mV (BVerfG NJW 1987, 2220; st Rspr; BayVerfGH 23, 148; 42, 33; NJW 1991, 2079).

---

[1] 57, 273; DVBl 1986, 286; BVerfG 5, 11; 6, 20; 60, 211; NJW 1982, 1582; Mü BayVBl 1979, 684; vgl auch BVerfG 11, 234: dem rechtlichen Gehör genügt auch das schriftliche Verfahren.

[2] 22, 272; BayVBl 1993, 413; NVwZ-RR 1998, 525; BVerfG 5, 11; NJW 1977, 1443; 1983, 189; s auch 10, 24 zu § 138; mißverständlich BVerwG 57, 273: kein verfassungsrechtlicher Anspr auf mV.

3 **2. Ausnahmen vom Grundsatz der mV gelten: a)** für alle **Entscheidungen, die nicht Urteile sind** (Abs 3), insb für **Beschlüsse** (mit Ausnahme der Entscheidungen des GrS nach § 11 Abs 5, § 12) u **Gerichtsbescheide** (§ 84 Abs 1 S 1). Auch **Beschlüsse können** jedoch **aufgrund mV** ergehen (sie sind dann vom Gericht auch in der für die mV vorgeschriebenen Besetzung, s §§ 5 Abs 3, 10 Abs 3 zu beschließen; zT anders gem § 5 Abs 3 S 2 für Gerichtsbescheide: keine Mitwirkung ehrenamtlicher Richter). Ob das Gericht von dieser Möglichkeit Gebrauch macht oder ohne mV entscheidet, ist seinem Ermessen überlassen (sog **fakultative mV**); auch wenn das Gericht **in einer „Beschlußsache"** aufgrund mV entscheidet, hat es durch Beschluß u **nicht durch Urteil** zu entscheiden (Br DÖV 1983, 298; RÖ-Kothe 8 u 9). Das Erfordernis der mV gilt auch dann, wenn das Gericht in zulässiger Weise gem § 87a Abs 2 oder Abs 3 durch den Vorsitzenden oder den bestellten Berichterstatter entscheidet (NVwZ-RR 1998, 525).

4 **b) bei Einverständnis der Beteiligten** (Abs 2). Erforderlich ist das Einverständnis sämtlicher Beteiligter (§ 63), auch des VöI bzw des VdB, sofern diese ihre Teilnahme am Vf erklärt haben, u der Beigeladenen. Ein Einverständnis gem § 101 Abs 2 ist nicht deshalb entbehrlich, weil der Beteiligte sich mit einer Entscheidung durch den Vorsitzenden oder den Berichterstatter gem § 87a Abs 2 u 3 einverstanden erklärt hat (NVwZ-RR 1998, 525). Das Einverständnis kann auch noch, **nachdem bereits eine mV stattgefunden hat,** für eine allenfalls erforderliche weitere mV erklärt werden, nicht dagegen nachträglich für eine bereits ohne vorgeschriebene mV erlassene Entscheidung; **nachträgliches Einverständnis** oder Unterlassen einer rechtzeitigen (dh bei einer etwaigen noch stattfindenden mV oder im nächsten Schriftsatz, vgl ThP 5f zu § 295) Rüge (§ 295 ZPO) heilt aber den Mangel.[3] Die **Regelung** gem Abs 2 ist nicht **abschließend;** § 128 ZPO ist daneben ergänzend anwendbar.[4] Deshalb kann bei einer wesentlichen Änderung der Prozeßlage entspr § 128 Abs 2 S 1 ZPO das Einverständnis durch einen Beteiligten widerrufen werden. Ein für einen Beteiligten ungünstiger Ausgang einer Beweiserhebung (Sachverständigengutachten) rechtfertigt aber noch nicht den Widerruf des Einverständnisses. Nicht entspr anwendbar ist aber nach Ansicht des BVerwG die Frist des § 128 Abs 2 S 3 ZPO (NVwZ-RR 2003, 461). **Unzulässig** ist **auch** ohne ausdr Einverständnis der Beteiligten ein **faktisches schriftliches Vf** dergestalt, daß das Gericht gem § 283 ZPO, § 173 S 1 einem Beteiligten erlaubt, sein Vorbringen in der mV durch weitere Ausführungen mit einem Schriftsatz zu ergänzen, u anschließend entspr dazu auch die anderen Beteiligten ihrerseits mit Schriftsätzen Stellung nehmen können (OLG Schleswig SchlHA 1983, 182). Entscheidet das Gericht trotz fehlenden Einverständnisses eines Beteiligten ohne mV, so liegt eine Verletzung des rechtlichen Gehörs vor, welche nach § 132 Abs 2 Nr 3 zur Zulassung der Revision (NVwZ 2003, 1130) u nach § 138 Nr 3 grds zur Begründetheit der Revison führt. Sie braucht allerdings nicht notwendigerweise zum Erfolg der Revision zu führen, wenn die unter Verstoß gegen das rechtliche Gehör getroffene Feststellung zu einer einzelnen Tatsache nach der materiellrechtlichen Beurteilung des BVerwG unter keinem denkbaren Gesichtspunkt erheblich war oder wenn lediglich nicht hinreichend Gelegenheit bestand, zu Rechtsfragen Stellung zu nehmen (NVwZ 2003, 1130), denn dieser Mangel kann noch im RevisionsVf geheilt werden (18 zu § 138). S zum Vf bei Entscheidung ohne mV auch 6ff zu 112. Das ordnungsgemäße Einverständnis der Beteiligten gibt dem Gericht die

---

[3] MDR 1978, 600; BSG NJW 1962, 656: aber nicht mehr nach Erlaß des Urteils; Ey-Geiger 5; RÖ-Kothe 7.

[4] Kreitl BayVBl 1982, 679 mwN; **aA** BVerwG NJW 1980, 1482; Buchh 310 § 101 Nr 3 u 5; § 62 VwGO Nr 3.

Möglichkeit, nach seinem **Ermessen** („kann") von der mV abzusehen, verpflichtet es dazu aber nicht (vgl Buchh 310 § 101 VwGO Nr 20; NVwZ-RR 2004, 77). Es hat in diesem Zusammenhang dafür einzustehen, daß das rechtliche Gehör der Beteiligten nicht verletzt wird (NVwZ-RR 2004, 78).

5 **3. Voraussetzungen eines Verzichts auf mV: a)** Das Einverständnis mit Entscheidung ohne mV ist nur wirksam, wenn es **schriftlich** oder **zur Niederschrift** des Urkundsbeamten der Geschäftsstelle (§ 81) **oder in der mV** zu Protokoll erklärt wird. Auch eine (nur) **fernmündlich abgegebene Erklärung** genügt, wenn die Identität des Anrufers einwandfrei feststeht, der Urkundsbeamte darüber eine Niederschrift aufnimmt, sie verliest, u der Anrufer sie genehmigt.[5] Die **Erklärung muß** als prozeßgestaltende Handlung **eindeutig** sein (6, 18; NJW 1983, 189). **Stillschweigen** auf eine entspr Anfrage des Gerichts stellt keinen Verzicht dar (Dolderer DVBl 1999, 1021). Der Verzicht **muß vorbehaltlos** sein (6, 18; Dolderer DVBl 1999, 1022; s auch unten 6). Zulässig ist jedoch der Verzicht **für den Fall, daß** ein geschlossener **Vergleich widerrufen wird,** sowie unter unechten, dh sich schon aus dem Gesetz ergebenden „Bedingungen", etwa der Bedingung, daß eine weitere Beweisaufnahme nicht mehr erforderlich ist oder keine zusätzlichen Kosten entstehen dürfen (Ba NVwZ-RR 2007, 54).

6 **b)** Das Einverständnis ist als Prozeßhandlung grds (zu Ausnahmen s unten 7 f) **unwiderruflich u unanfechtbar,**[6] auch solange die übrigen Beteiligten noch keine entspr Erklärungen abgegeben haben.[7] **Verweigert** jedoch **ein Beteiligter seine Zustimmung,** so sind auch die übrigen Beteiligten, die Verzichtserklärungen abgegeben haben, für das weitere Vf nicht mehr daran gebunden (Ey-Geiger 7). **Stirbt** während des RevisionsVf der **Prozeßbevollmächtigte** nach dem Verzicht auf mV, so kann das Urteil trotz der Unterbrechung des Vf erlassen u bekanntgemacht werden (BFH BayVBl 1991, 444). Zum Tod des Beteiligten s unten 9.

7 **4. Grenzen der Verzichtswirkung:** Der **Verzicht auf mV bezieht** sich im Zweifel nicht auf den gesamten Prozeß, sondern **nur auf die nächste anstehende Entscheidung** des Gerichts.[8] Ist diese noch keine Endentscheidung, sondern eine die Endentscheidung weiter vorbereitende Entscheidung, die uU neue Gesichtspunkte für diese bringt (VRspr 28, 124), **zB ein Beweisbeschluß** (Ms DVBl 1999, 480), die Ablehnung eines Beweisantrags (NJW 1995, 2308), die Durchführung einer **Erörterungsverhandlung** unter Einführung **neuer Beweismittel** (NVwZ-Beil 1996, 26; Ms DVBl 1999, 480), ein Zwischenurteil usw, so ist der **Verzicht verbraucht;** das Gericht muß dann für die Fortführung des Prozesses mV anordnen, wenn die Beteiligten nicht sich erneut mit einer Entscheidung ohne mV einverstanden erklären (14, 17; 22, 272; NJW 1984, 646; BGH 31, 215). Dies gilt im Zweifel jedoch **nicht bei ausschließlich den äußeren Fortgang des Vf betr Entscheidungen,** zB, wenn das Gericht eine Anregung, das Ruhen des Vf anzuordnen, ablehnt (DÖV 1976, 606), oder wenn es die Beteiligten nur zu einer Stellungnahme zur Frage, ob nicht das Ruhen des Vf angeordnet werden sollte, auffordert (VRspr 28, 124); **anders bei einem Beweisbeschluß** (Ms DVBl 1999, 480) **oder einem Aufklärungsbeschluß**

---

[5] BAG NZA 1994, 382; Dolderer DVBl 1999, 1022; Sch-Ortloff 9; NKVwGO-Dolderer 22; dazu neigend auch BVerwG NVwZ 1984, 646; Buchh 310 § 101 Nr 12 S 4; **aA** Ey-Geiger 6.

[6] NVwZ-RR 1997, 259; BFH NVwZ-RR 1997, 260; BGH 11, 32; NJW 1970, 1458; Ey-Geiger 7; RÖ-Kothe 3; **aA** BAG NJW 1962, 509: jederzeit widerruflich.

[7] Ey-Geiger 7; RÖ-Kothe 3; vgl auch § 128 Abs 2 S 1 ZPO, der gem § 173 S 1 auch im Verwaltungsprozeß anwendbar sein dürfte; **aA** die hM, vgl BVerwG DÖV 1956, 411; VRspr 16, 1008; BGH 28, 278: erst ab Eingang der letzten Verzichtserklärung; Dolderer DVBl 1999, 1023.

[8] NVwZ 1984, 646 mwN; BGH 31, 215; Kramer NJW 1978, 1412.

(NVwZ 1984, 646 mwN), zB, wenn das Gericht einen Beteiligten auffordert, zu einer (möglicherweise) für die Entscheidung in der Sache erheblichen Frage Stellung zu nehmen (NJW 1969, 259; VRspr 23, 125), oder bei einer **Übertragung** des Rechtsstreits **auf den Einzelrichter.**[9]

Bei einer **wesentlichen Änderung der Prozeßlage,** die nicht unmittelbare Folge einer Entscheidung des Gerichts ist, zB bei erheblichem neuen Vorbringen eines Beteiligten oder bei einer Änderung der Rechtslage **entfällt die Verzichtswirkung nicht automatisch;** die Beteiligten können aber gem § 173 S 1, § 128 Abs 2 S 1 ZPO ihren vorher erklärten Verzicht **widerrufen.**[10] Das Gericht muß den Beteiligten in diesem Fall für einen evtl Widerruf ausreichend Zeit lassen u sie erforderlichenfalls gem § 86 Abs 3 zu einer Stellungnahme auffordern. **Nicht anwendbar** im Verwaltungsprozeß ist, da § 101 insoweit eine abschließende Regelung trifft, die **Frist von 3 Monaten** gem § 128 Abs 2 S 3 ZPO (BayVBl 1980, 346; Sch-Ortloff 12). 8

Der Verzicht auf mV wird **unwirksam,** wenn der **Beteiligte stirbt,** bevor das Gericht entschieden hat; das Gericht kann dann ohne mV nur entscheiden, wenn der **Rechtsnachfolger** das Vf aufgenommen hat u seinerseits auf mV verzichtet (BSG DVBl 1991, 1317). Würde das Gericht vorher entscheiden, so wäre der Beteiligte iSv § 138 Nr 4 im Vf nicht nach Vorschrift des Gesetzes vertreten (BSG DVBl 1991, 1317). Zum Tod des Prozeßbevollmächtigten s oben 6. 9

§ 102 [Ladungen, Sitzungen außerhalb des Gerichtssitzes]

(1) **Sobald der Termin zur mündlichen Verhandlung bestimmt**[1] **ist, sind die Beteiligten mit einer Ladungsfrist von mindestens zwei Wochen, bei dem Bundesverwaltungsgericht von mindestens vier Wochen, zu laden.**[1 ff] **In dringenden Fällen kann der Vorsitzende die Frist abkürzen.**[11]

(2) **Bei der Ladung ist darauf hinzuweisen, daß beim Ausbleiben eines Beteiligten auch ohne ihn verhandelt und entschieden werden kann.**[14]

(3) **Die Gerichte der Verwaltungsgerichtsbarkeit können Sitzungen auch außerhalb des Gerichtssitzes abhalten, wenn dies zur sachdienlichen Erledigung notwendig ist.**[15 f]

(4) **§ 227 Abs. 3 Satz 1 der Zivilprozeßordnung ist nicht anzuwenden.**[4]

Vgl §§ 274, 216 ff, 226 f ZPO; § 110 SGG; § 91 FGO

Schrifttum: *Britz/Pfeifer,* Rechtsbehelf gegen unangemessene Verfahrensdauer im Verwaltungsprozeß, DÖV 2004, 245; *Kirchhof,* Verfassungsrechtliche Maßstäbe für die Verfahrensdauer und für die Rechtsmittel, Doehring-FS 1989, S. 439; *Koepsell/Fischer-Tobies,* Verfahrensverstoß wegen überlanger Verfahrensdauer vor Steuergerichten, DB 1992, 370; *Schenke,* Außerordentliche Rechtsbehelfe im Verwaltungsprozessrecht nach Erlaß des Anhörungsrügengesetzes, NVwZ 2005, 729; *Schlette,* Der Anspruch auf gerichtliche Entscheidung in angemessener Frist, 1999; *Ziekow,* Die Beschleunigungsbeschwerde im Verwaltungsprozeß, DÖV 1998, 941; *ders,* Rechtsschutzmöglichkeiten bei Untätigkeit des Verwaltungsgerichts, 1998.

1. Allgemeines: Die Vorschrift schreibt im Hinblick auf die Erfordernisse eines ordnungsgemäßen Vf, insb auch zur **Wahrung des rechtlichen Gehörs** 1

---

[9] BFH NVwZ-RR 1997, 260: das vor der Übertragung des Rechtsstreits auf den Einzelrichter erklärte Einverständnis mit einer Entscheidung ohne mV bezieht sich, wenn nicht ausdrückl ein anderes gesagt ist, nur auf eine Entscheidung durch Kammer oder Senat, eine Entscheidung des Einzelrichters ohne mV ist hiervon nicht gedeckt.

[10] BGH 28, 278; RÖ-Kothe 4; ähnlich BVerwG NJW 1969, 252; Dolderer DVBl 1999, 1023; NKVwGO-Dolderer 28; Ey-Geiger 7; aA Sch-Ortloff 12.

(BVerfG NJW 1977, 1443), gewisse Mindestanforderungen für die **Ladung** der Beteiligten u die **Bestimmung des Ortes** der Verhandlung vor. Vgl zu den Erfordernissen einer ordnungsgemäßen Ladung insb NJW 1983, 2155 u Rpfl 1983, 116. Im übrigen sind für die **Bestimmung des Termins** für die mV § 216 ZPO, jedoch ohne die Verpflichtung zu unverzüglicher Terminbestimmung nach Abs 2 (s 2 zu § 85; Mü BayVBl 1978, 212; Ma NJW 1984, 993), für die **Aufhebung, Verlegung u Vertagung von Terminen** § 227 ZPO maßgeblich (50, 276; 81, 232 = NVwZ 1989, 858; Buchh 310 § 108 Nr 107), die dem Gericht bzw dem Vorsitzenden weitgehende Ermessensfreiheit einräumen (vgl auch BVerfG 55, 369). S dazu im einzelnen unten 4. Die **Terminbestimmung** ist Sache des Vorsitzenden (vgl dazu unten 4).

Zur **Unterbrechung des Vf** s § 244 ZPO (dazu auch BSG NJW 1991, 1909), zur Aussetzung des Vf bei Tod des Prozeßbevollmächtigten u zur Anordnung des **Ruhens des Vf** auch 1 zu § 94.

2 **2. Anspruch auf baldige Terminansetzung und Entscheidung:** Die Beteiligten haben aus **Art 2 Abs 1 GG** bzw sonst in der Sache betroffenen Grundrechten, **Art 19 Abs 4 GG,**[1] **Art 101 Abs 1 S 2 GG,**[2] **Art 103 Abs 1 GG** u aufgrund des **Rechtsstaatsprinzips** (BayVerfGH BayVBl 1991, 239) u des **Willkürverbots** gem Art 3 Abs 1 GG[3] sowie gem **Art 6 Abs 1 EMRK**[4] grds **Anspr** darauf, **daß das Vf sachlich u zügig durchgeführt** u in angemessener Frist abgeschlossen wird, insb auch, daß der Termin zur mV nicht so weit hinausgeschoben wird, daß es praktisch einer Rechtsverweigerung gleichkommt.[5] Läßt die Arbeitsbelastung des Gerichts eine alsbaldige Terminfestsetzung nicht zu, so muß das Gericht für die anhängigen Fälle jedenfalls eine **zeitliche Reihenfolge** festlegen u beachten (BVerfG 18. 6. 1984 – 1 BvR 770/84; dazu Herden NJW 1985, 1443). Zum Rechtsschutz bei rechtswidriger Verzögerung des Vf s unten 5 sowie 22 zu § 146 u 26 zu § 152 a; zur **VB wg** überlanger Verfahrensdauer BVerfG NJW 1992, 1497 u 1498; allg zum verfassungsrechtlichen **Anspr auf alsbaldige Entscheidung** auch 12 zu § 1.

3 Andererseits haben die Beteiligten jedoch auch **Anspr** darauf, daß Termine so festgesetzt werden, daß ihr **Recht auf Gehör** (einschließlich des Rechts auf sachgemäße Vorbereitung) **nicht verletzt wird.**[6] Grds verstößt es jedoch nicht gegen Verfahrensrecht, insb nicht gegen den Anspr auf rechtliches Gehör, wenn das Gericht – vor allem bei einfach gelagerten Sachverhalten – **alsbald** nach Eingang der Klage, uU auch noch vor Eingang einer schriftlichen Klagebegründung **Termin** zur mV bestimmt (NJW 1990, 1616 zu einer Berufung).

Bei **komplizierterem Sachverhalt und schwierigen Rechtsfragen** muß das Gericht dagegen den Beteiligten, **außer dem Kl** insb auch dem **Bekl,** dem VöI u etwaigen Beigeladenen zur Vorbereitung u vor allem zur Wahrung des rechtlichen Gehörs **uU auch eine längere** Frist einräumen u darf deshalb Termine zur mV nicht zu früh ansetzen; dies nicht zuletzt auch deshalb, weil nach der VwGO der Termin zur mV den Zweck hat, eine abschließende Entschei-

---

[1] BVerfG 55, 369 = NJW 1980, 1511; 60, 269; NJW 1992, 1498; BFH NJW 1992, 1527; Bender NVwZ 1982, 26; vgl auch BayVerfGH BayVBl 1991, 239.

[2] 3, 364; Kissel 37, 50 ff, 85, 90 zu § 16 GVG; offen BayVerfG BayVBl 1991, 239; **aA** insoweit Klein JZ 1963, 592; Bettermann, Die Grundrechte, III 2, 1959, 559.

[3] Vgl BayVerfGH BayVBl 1991, 239 – zu Art 118 Abs 1 BayVerf, der Art 3 Abs 1 GG entspricht.

[4] Vgl EGMR EuGRZ 1978, 406; NJW 1989, 650: angemessene Verfahrensdauer; vgl auch BFH NJW 1992, 1527.

[5] Vgl BVerfG 54, 42; 55, 369; EuGRZ 1982, 75; BayVerfGH BayVBl 1991, 239 mwN; Britz/Pfeifer DÖV 2004, 245; Lerche ZZP 1965, 17; Kirchhof, Doehring-FS 1989, 448.

[6] 44, 309; VG Hamburg NJW 1987, 1586: eine so kurzfristige Festsetzung eines Termins, daß kein Anwalt mehr bestellt werden kann, verletzt das Recht auf ein faires Verfahren.

dung durch Urteil in der Sache zu ermöglichen (vgl § 87 Abs 1 S 1). S zur **Vorbereitung der mV** auch § 87 u § 87b. Die Festsetzung eines Termins zur mV u die Ladung der Beteiligten zum Termin gem § 102 sind zur Wahrung des rechtlichen Gehörs der Beteiligten wie auch im Hinblick auf den Zweck der mV u der ihrer Vorbereitung dienenden Maßnahmen des Gerichts **erst zulässig,** wenn damit zu rechnen ist, daß der Rechtsstreit **im Termin erledigt werden kann,** ohne daß das Recht der Beteiligten auf Gehör verletzt wird.

Dies gilt insb auch dann, wenn die Beteiligten sich bei Erhebung der Klage bzw bei der Klageerwiderung oder einer Stellungnahme zur Streitsache zunächst die **nähere Begründung** noch **vorbehalten.** Das Gericht muß in diesem Fall grds vor der Festsetzung des Termins zur mV **angemessene Zeit** abwarten bzw eine angemessene Frist für die Begründung bzw Stellungnahme setzen (vgl BVerfG 8, 91; 18, 406 = NJW 1965, 1171; NJW 1991, 2758). Vgl zur Frage, welche Frist als angemessen anzusehen ist, auch 7 zu § 87b. Zu berücksichtigen ist bei der Festsetzung des Termins auch die ggf erforderliche **Zeit für eine Erwiderung** auf Schriftsätze, für dafür erforderliche **Überlegungen, Recherchen,** die Einholung sachverständigen Rates usw (s 10 zu § 104), zur Vorbereitung der mV, vor allem, wenn Schriftsätze neue Fragen ansprechen, zu denen die übrigen Beteiligten nicht sofort in der mV Stellung nehmen können (vgl auch 78, 30 = NVwZ 1987, 1071; NVwZ 1990, 69).

3. Terminbestimmung, Aufhebung und Verlegung von Terminen usw 4
erfolgen **vAw** durch Verfügung des Vorsitzenden (NJW 1986, 2894 zur Terminverlegung gem § 227 Abs 4 ZPO, § 173 S 1; ebenso BGH NJW 1993, 1029 = NZA 1993, 237), dagegen die **Aussetzung u** die **Anordnung des Ruhens** des Vf durch Beschluß des Gerichts, nach § 87a Abs 1 Nr 1 uU auch des Vorsitzenden oder des Berichterstatters. Vgl zum Erfordernis der Unterschrift bei einer Terminsbestimmung auch BSG NJW 1990, 3294: Unterzeichnung mit Paraphe genügt (zugleich Abgrenzung ggü BSG NJW 1990, 2083) ebenso, wenn den Umständen nach eindeutig ist, daß die Terminbestimmung durch den Vorsitzenden erfolgt ist; Ms NJW 1991, 1628; LAG Hamm MDR 1982, 612. Für die **Aufhebung u Verlegung** von Terminen sowie die **Vertagung** von Verhandlungen gelten § 173 S 1, **§ 227 ZPO** (81, 232; Martens 12.2; Sch-Ortloff 15); **„erhebliche" Gründe** iSd § 227 ZPO sind nur solche Umstände, die zur Gewährleistung des rechtlichen Gehörs eine Zurückstellung des Beschleunigungs- u Konzentrationsgebotes erfordern, weil der Beteiligte sich trotz aller zumutbaren eigenen Bemühungen nicht in hinreichender Weise rechtliches Gehör verschaffen könnte (NJW 1995, 1231). Weist das Gericht erstmals in der mV auf neue, aus seiner Sicht entscheidungserhebliche Gesichtspunkte rechtlicher oder tatsächlicher Natur hin, mit denen ein Beteiligter nach dem bisherigen Verlauf der Verhandlung nicht zu rechnen brauchte, so kann von ihm regelmäßig keine sofortige u umfassende Stellungnahme verlangt werden (Buchh 303 § 227 ZPO Nr 29). Die Teilnahme des Prozeßbevollmächtigten an einer für den gleichen Zeitpunkt wie die mV des Gerichts anberaumten **Sitzung des Gemeinderats,** dessen Mitglied er ist, stellt regelmäßig einen erheblichen Grund für die Terminsverlegung dar (Ma DVBl 1999, 1670). Ein erheblicher Grund liegt idR weiter vor, wenn ein anwaltlich nicht vertretener Kl am Tag der mV in einer Sache handlungsunfähig ist u dies durch entspr Bescheinigungen nachgewiesen hat (NVwZ-RR 1999, 408). Ein erheblicher Grund ist nicht schon dann anzunehmen, wenn ein anwaltlich nicht vertretener Kl unverschuldet – etwa wg Krankheit, die ihn reiseunfähig macht – an dem Termin nicht teilnehmen kann. Hier ist vielmehr glaubhaft zu machen, daß die Partei gehindert ist, sich im Termin – etwa durch einen Anwalt – vertreten zu lassen. Dies wäre dann anzunehmen, wenn ihr im Falle einer Vertretung nach Lage der Dinge die Möglichkeit genommen würde, sich erschöpfend u sachgemäß zu erklären (DÖV 2006, 1051). An einem erheb-

lichen Grund fehlt es idR auch dann, wenn der anwaltlich vertretene Asylbewerber durch seinen Anwalt erst verspätet Kenntnis vom Verhandlungstermin erhalten hat (Ma DÖV 2006, 1053). **Kein erheblicher Grund** liegt vor, wenn der sachbearbeitende RA an der Terminswahrnehmung verhindert ist, da im allg ein Beteiligter darauf verwiesen werden kann, sich im Termin durch einen anderen der Sozietät angehörenden Anwalt vertreten zu lassen (Ma NVwZ-Beil 1998, 44; Mü BayVBl 1999, 670; We ThürVBl 1999, 287; s auch BVerwG NJW 1995, 1231) Ein erheblicher Grund fehlt ferner, wenn ein Beteiligter erst unmittelbar vor einem seit langem anberaumten Termin zur mV seinen Anwalt gewechselt hat u der neue Anwalt schon bei der Mandatsübernahme an der Wahrnehmung des Termins gehindert war, weil der Beteiligte nicht alles in seiner Kraft stehende getan hat, um sich zur Wahrnehmung des Termins anwaltlich vertreten zu lassen (Ma NVwZ-Beil 1998, 44). Wird ein Vertagungsantrag gestellt, weil die mV erst 75 Minuten später beginnt, so kann dies nur Erfolg haben, wenn „erhebliche" Gründe zur Begründung des Vertagungsantrags vorgetragen werden (NJW 1999, 2131). Liegt ein erheblicher Grund vor, so ist das Gericht zur Terminsverlegung **verpflichtet** (NJW 1995, 1441; Ma NVwZ-Beil 1998, 44; BSG MDR 1996, 633). Der mit Rücksicht auf die Abschaffung der Gerichtsferien in zivilgerichtlichen Vf geschaffene § 227 Abs 3 S 1 ZPO (Pflicht zur Verlegung eines für die Zeit vom 1. Juli bis 31. August anberaumten Temins auf Antrag) ist gem **§ 102 Abs 4** in verwaltungsgerichtlichen Vf nicht anzuwenden, da es in solchen Vf bislang keine Gerichtsferien gab u ein Recht auf Verlegung allein aufgrund einer Terminierung in den Sommermonaten daher nicht einzuführen war; auch für diesen Zeitraum ist daher ein Antrag auf Terminsverlegung nur nach allg Bestimmungen aus erheblichen Gründen zulässig. Allg zur Abänderung von Gerichtsterminen s Lützeler NJW 1973, 1447. Zum Verbot einer Terminbestimmung im Hinblick auf die Mitwirkung einzelner Richter s Sangmeister DStZ 1993, 396; JZ 1993, 943; Goth JZ 1993, 942.

Das Gericht entscheidet über die **Reihenfolge der Bearbeitung** der Streitsachen u der Festlegung der Termine für die mV – u ggf auch darüber, ob eine Sache vorgezogen wird – nach **Ermessen** (BGH NJW 1987, 1197: Einflußnahme aufgrund der Dienstaufsicht unzulässig; ebenso Weber-Grellet NJW 1990, 1778). Nicht ordnungsgemäß ausgeübt ist das Ermessen, wenn ein Verlegungsantrag ausschließlich mit der Begründung abgelehnt wird, in einer Anwaltssozietät müsse die Verhinderung aller Sozien dargelegt oder gar glaubhaft gemacht werden. In die Entscheidung sind vielmehr verschiedene Faktoren einzustellen wie etwa die Schwierigkeit der Sache in tatsächlicher und/oder rechtlicher Hinsicht, die Dauer der Urlaubsvertretung, zeitliche Nähe des Verlegungsantrags zur Ladung, Terminslage des Gerichts (Schl NVwZ-RR 2002, 154).

Der Vorsitzende bzw das Gericht ist an Anträge bzw Anregungen der Beteiligten hins der Terminbestimmung, der Aufhebung oder Verlegung eines Termins usw nicht gebunden (vgl Sch-Ortloff 10 zum Problem der Terminabsprache).

5 **Die Entscheidungen** des Gerichts bzw des Vorsitzenden (s oben 4) hins des Termins zur mV, des Ortes, an dem die mV stattfinden soll, usw sind grds **nicht anfechtbar;**[7] **anders** jedoch, **wenn das Verhalten des VG praktisch eine Rechtsverweigerung** darstellen[8] **oder einer Anordnung der Aussetzung**

---

[7] § 146 Abs 2; vgl Ma NJW 1984, 993: keine Beschwerde gegen das Schreiben des Vorsitzenden oder des Berichterstatters, das unter Hinweis auf die Geschäftsbelastung des Gerichts eine kurz nach Klageerhebung beantragte alsbaldige Terminanberaumung ablehnt; Br NJW 1984, 992; Sch-Ortloff 26; Ey-Happ 6, 9 zu § 146; vgl auch BVerwG 86, 177; **aA** RÖ-Kothe 3 zur Ablehnung einer Terminsanberaumung bzw zur Unterlassung einer Entscheidung darüber.

[8] Mü BayVBl 1978, 213 zur willkürlichen Unterlassung oder Verweigerung einer Terminbestimmung; RÖ-Kothe 3; Schenke NVwZ 2005, 731 f.; OLG Frankfurt NJW 1974,

des Vf gem § 94 oder des Ruhens des Vf gem § 173 S 1, § 251 S 1 ZPO (s dazu 1 zu § 96) **gleichkommen würde;**[9] ebenso, wenn angesichts bestimmter Umstände die Ansetzung eines Termins dringend geboten gewesen wäre (Mü BayVBl 1978, 213) bzw wenn über einen Antrag auf Terminbestimmung nicht innerhalb angemessener Zeit entschieden wird (s 7 u 22 sowie 32 zu § 146; vgl auch Ziekow DÖV 1998, 948 ff u Ziekow Rechtsschutzmöglichkeiten bei Untätigkeit des Verwaltungsgerichts 31 ff). Bei solchen Vf, bei denen dem Zeitfaktor schon vom Verfahrenstypus her eine spezifische Bedeutung zukommt, was bei einem vorläufigen RechtsschutzVf u einem sich hierauf beziehenden PKH-Vf zutrifft, ist eine unangemessene zeitliche Verzögerung sogar bereits einer Ablehnung der begehrten Entscheidung gleichzustellen, so daß schon aus diesem Grund gegen ein solches Verhalten eines VG eine Beschwerdemöglichkeit in Gestalt einer Untätigkeitsbeschwerdeeröffnet sein muß (s 7 u 22 sowie 32 zu § 146). **Anfechtbar** ist eine Terminbestimmung außerdem auch dann, wenn sie **greifbar gesetzwidrig** ist, insb, wenn sie in erheblichem Maße in Belange einer Partei eingreift u dafür jede verständige Rechtsgrundlage fehlt (OLG Köln NJW 1981, 2263 mwN). S auch unten 6. Die Aufhebung einer Terminsaufhebung u Ablehnung eines rechtzeitig gestellten Antrags auf Terminsverlegung einen Tag vor dem Verhandlungstermin verletzt den ASt in mehrfacher Hinsicht in seinem Grundrecht auf rechtliches Gehör (Ba NVwZ-RR 2004, 4).

Die **Terminbestimmung** kann im RechtsmittelVf jedenfalls **nur darauf überprüft** werden, ob sie **aus sachlichen Gründen** erfolgt u nicht willkürlich ist[10] oder ob sie das Recht der Beteiligten auf **rechtliches Gehör** gem Art 103 Abs 1 GG verletzt (s auch unten 6).

4. Die Ablehnung der **Aufhebung oder Verlegung** eines Termins – ebenso 6 das Unterbleiben einer Entscheidung, weil die Geschäftsstelle dem Gericht den Antrag nicht oder nicht unverzüglich vorgelegt hat (BSG NJW 1987, 919; OLG Frankfurt JurBüro 1986, 1893; vgl auch 19 u 22 zu § 108) – bzw, nach Beginn der Verhandlung, **einer Vertagung** kann jedoch eine **Verletzung des rechtlichen Gehörs** darstellen, wenn einem Beteiligten bzw seinem Prozeßbevollmächtigten dadurch die erforderliche Vorbereitung oder die Teilnahme an der mV unmöglich gemacht wird.[11] **Voraussetzung ist jedoch,** daß der betroffene Beteiligte die **Aufhebung,** Verlegung oder Vertagung **rechtzeitig** unter Darlegung hinreichend gewichtiger u schutzwürdiger Gründe (vgl zB DVBl 1991, 641 = NJW 1991, 2097) **beantragt** (telefonischer Antrag genügt, vgl NJW 1986, 1057; Ks NVwZ-RR 1998, 404) hat[12] und, soweit die in Frage stehenden Gründe nicht offensichtlich sind, sie dem Gericht **glaubhaft gemacht** hat[13] u **keine** Hinweise auf eine **Prozeßverschleppungsabsicht** vorliegen (81, 234;

1715; OLG Celle NJW 1975, 1231; OLG Schleswig NJW 1981, 691; 1982, 246; OLG Karlsruhe NJW 1984, 985; Walchshöfer NJW 1974, 2291; ThP 11 zu § 216 ZPO; vgl auch 7 zu § 94; ferner Stürner JZ 1978, 501; Gerhardt/Jacob DÖV 1982, 346; **aA** BayVerfGH BayVBl 1991, 238 mwN: kein ordentliches RMittel bei willkürlicher Verzögerung der Anordnung eines Termins; nur VB.

[9] Mü BayVBl 1978, 213; Martens JuS 1973, 898 Fn 15; RÖ-Kothe 4 zu § 94; Schenke NVwZ 2005, 731 f; Ziekow DÖV 1998, 950; 9 zu § 146; vgl auch Britz/Pfeifer DÖV 2004, 250.

[10] LAG BW NZA 1986, 338; vgl auch OLG Köln OLGZ 1985, 122: Beschwerde allenfalls bei greifbarer Gesetzwidrigkeit; angespannte Geschäftslage rechtfertigt späten Termin.

[11] 44, 309; 50, 276; 81, 229; NJW 1991, 2097; NVwZ 1995, 374; NJW 1986, 2897: bei Verhandlungsunfähigkeit; BFH NJW 1977, 1080; BayVerfGH NJW 1982, 2660; BSG MDR 1996, 633.

[12] NJW 1981, 2097; 1995, 1231: keine Verletzung des rechtlichen Gehörs, wenn keine erheblichen Gründe iSv § 227 Abs 1 ZPO dargelegt worden waren, vgl dazu oben 4.

[13] 44, 309, 50, 276; DVBl 1963, 672; JR 1972, 78; BayVBl 1978, 705; NJW 1986, 1057; Mü BayVBl 1980, 94.

NVwZ 1995, 374). Bei Verhinderungsgründen, die ein RA geltend macht, besteht regelmäßig kein Anlaß, von diesem eine Glaubhaftmachung zu verlangen (Schl NVwZ-RR 2002, 154). Grds **genügt** für einen Aufhebungsantrag, daß er am **Tag** der **mV** bei Gericht eingeht (BSG NJW 1987, 919); **anders,** wenn der Antrag auch bei größtmöglicher Sorgfalt, insb bei umgehender Öffnung der Post, genauer Beachtung des Inhalts u unverzüglicher Weiterleitung den Richter nicht mehr erreicht hat (BSG NJW 1987, 919; s auch 27 zu § 108). Eine Verletzung des rechtlichen Gehörs ist idR **auch dann** anzunehmen, wenn ein rechtzeitig gestellter Antrag auf Vertagung, um die Entscheidung über die Gewährung von **PKH** abzuwarten, abgelehnt wird (vgl OLG Schleswig NJW 1988, 67).

Der **Verlegungsantrag** muß den **Grund der Verhinderung** angeben (s oben, insb BVerwG NJW 1991, 2097) u hinreichend **substantiieren,**[14] nicht dagegen notwendig auch darlegen, warum die Anwesenheit erforderlich ist (BayVBl 1986, 701; BFH 117, 19; BB 1980, 566); **letzteres** ist **nur dann erforderlich,** wenn nicht der Prozeßbevollmächtigte, sondern der durch einen Prozeßbevollmächtigten vertretene Beteiligte persönlich verhindert ist.[15]

7 Das Gericht muß Termine außerdem ggf auch **vAw** aufheben, verlegen oder vertagen, wenn das **persönliche Erscheinen** eines Beteiligten angeordnet war u seine Anwesenheit für die Klärung des Sachverhalts erforderlich ist, der Beteiligte aber zum Termin nicht erscheint (50, 276), oder wenn dem Gericht die **Verhinderung des Prozeßbevollmächtigten** oder eines Hauptbeteiligten bekannt ist (vgl auch NJW 1984, 340 = BayVBl 1985, 94, wo ua darauf abgestellt ist, daß dem Gericht der Grund der Verspätung nicht bekannt sein konnte) u **gewichtige Gründe** für die Aufhebung des Termins usw sprechen, zB weil aus im Bereich des Gerichts liegenden Gründen der **Termin nur mit wesentlicher Verspätung** beginnen hätte können u der Prozeßbevollmächtigte sich mit der Notwendigkeit, einen anderen wichtigen Termin wahrzunehmen, entschuldigt hat (BFH NJW 1977, 919). Die Ablehnung eines Vertagungsantrags allein mit der Begründung, die Sache sei entscheidungsreif, reicht nicht aus, um einen erheblichen Grund zu verneinen (Buchh 303 § 227 ZPO Nr 28).

8 Die **Verhinderung des Prozeßbevollmächtigten** ist jedenfalls dann ein hinreichender Grund für die Aufhebung, Verlegung oder Vertagung eines Termins, **wenn nicht mehr** rechtzeitig **für eine Vertretung gesorgt werden kann** (BVerfG NVwZ 1993, 166). Dies ist insb bei unvorhergesehener plötzlicher Erkrankung des Prozeßbevollmächtigten der Fall;[16] nicht jedoch bei einer längeren Erkrankung (Hbg NVwZ-RR 2001, 408), da der Anwalt nach § 53 Abs 1 Nr 1 BRAO für seine Vertretung sorgen muß, wenn er länger als eine Woche gehindert ist, seinen Beruf auszuüben. Ein hinreichender Grund ist auch **bei Zusammentreffen mehrerer Termine** gegeben, wenn die Ladung so kurzfristig erfolgt, daß für eine Vertretung nicht mehr gesorgt werden kann;[17] ebenso wohl auch, wenn ein **Fall so kompliziert** ist, daß eine Vertretung nicht sinnvoll erscheint u dem RS I des Bürgers nicht genügen würde.[18] **Entspre-**

---

[14] NJW 1995, 800: bloße Behauptung der Verhandlungsunfähigkeit unter Beifügung einer unleserlichen ärztlichen Arbeitsunfähigkeitsbescheinigung genügt nicht; NVwZ-RR 1995, 534.

[15] DÖV 1983, 247; BayVBl 1986, 702; BFH NJW 1991, 2104; Z 6 zu § 227 ZPO.

[16] Vgl NJW 1984, 882 – uU Verletzung des rechtlichen Gehörs bei Erkrankung des sachbearbeitenden Anwalts zwei Tage vor dem Termin, auch wenn die Vollmacht einer Anwaltssozietät erteilt war; NVwZ-RR 1999, 408; Hbg NVwZ-RR 2001, 408.

[17] 14, 196; 43, 290; vgl auch Ma VBlBW 1984, 175: Terminkollision kein erheblicher Grund iSv § 227 Abs 1 ZPO für eine Terminänderung, wenn einer Anwaltskanzlei Vollmacht erteilt ist u nach Art u Schwierigkeit des Falles einem anderen Anwalt der Kanzlei zugemutet werden kann, sich in der zur Verfügung stehenden Zeit in den Fall einzuarbeiten.

[18] Die großzügigere Praxis der Terminvollmachten im Zivilprozeß ist im Verwaltungsprozeß, wo grds nur ein Termin zur mV stattfindet, nicht angebracht. Der Gerechtigkeit ist

chendes gilt für einen **nicht** durch einen Prozeßbevollmächtigten **vertretenen Beteiligten** vor dem VG; er kann, da er das Recht hat, vor dem VG seine Rechte selbst wahrzunehmen, bei plötzlicher Erkrankung nicht auf die Möglichkeit, einen Anwalt oder eine andere Person als Vertreter zu bestellen, verwiesen werden.[19]

Urlaubspläne des Prozeßbevollmächtigten (BVerfG 14, 195) oder des nicht 8 a
durch einen Bevollmächtigten vertretenen Beteiligten stellen nach der Rspr idR keinen im dargelegten Sinn erheblichen Hinderungsgrund dar; dies ist jedoch nur dann anzuerkennen, wenn sachliche Gründe gegen die Aufhebung oder Verlegung des Termins sprechen u die Ablehnung des entspr Aufhebungs- oder Verlegungsantrags nicht ermessensfehlerhaft ist.[20] ZT **aA** BVerfG 66, 568: Ablehnung einer Terminverlegung wg eines schon lange geplanten Urlaubs verletzt Art 103 Abs 1 GG nicht, wenn schon vorher einmal ein Termin „geplatzt" war u der neue Termin lange vorher bekanntgegeben worden war; der Beteiligte hätte jedenfalls auch einen Anwalt mit der Wahrnehmung betrauen können.

Die **Verhinderung eines** durch einen Prozeßbevollmächtigten **vertretenen Beteiligten** selbst ist idR kein Grund für eine Terminverlegung, wenn nicht substantiiert gewichtige Gründe vorgetragen werden, die die persönliche Anwesenheit erforderlich erscheinen lassen;[21] dies gilt um so mehr **im RevisionsVf** (NJW 1984, 625). Ist die Anwesenheit eines Beteiligten, dessen persönliches Erscheinen zur Klärung des Sachverhalts nötig ist, angeordnet, ist die Sache zu vertagen, wenn der Beteiligte dem Termin fernbleibt u nicht davon auszugehen ist, er wolle das Vf nicht ernsthaft betreiben bzw verschleppen. Eine Vertagung ist insb dann unumgänglich, wenn Anhaltspunkte dafür bestehen, daß das Fernbleiben unverschuldet ist (20. 6. 2000 – 5 B 27/00). Es ist dann auch unerheblich, daß der Beteiligte eine Terminaufhebung nicht förmlich beantragt hat.

Der **Wechsel der Prozeßbevollmächtigten** ist idR jedenfalls dann ein 8 b
wichtiger Grund iSv § 227 Abs 1 ZPO für die Aufhebung usw eines Termins, **wenn** der Wechsel **aus schutzwürdigen Gründen** u nicht zur Prozeßverschleppung erfolgt, insb auch, wenn er vom betroffenen Beteiligten nicht zu vertreten ist[22] u wenn für den neuen Prozeßbevollmächtigten die Zeit für eine Einarbeitung zu kurz wäre.[23] Beauftragt ein Prozeßbeteiligter, der ein verwaltungsgerichtliches Vf zunächst selbst betrieben hat, einen RA mit seiner Vertretung, so ist ein bereits bestimmter Termin zur mV zu vertagen, wenn dem neuen Prozeßbevollmächtigten die Terminswahrnehmung nicht möglich ist (Ma DVBl 2001, 938).

Wird ein **Termin** durchgeführt, **obwohl** er **vorher aufgehoben worden** 9
war, so stellt dies nicht nur eine **Verletzung des rechtlichen Gehörs** der Be-

---

nicht gedient, wenn ein Anwalt nur pro forma anwesend ist, ohne mit der Sache vertraut zu sein.

[19] Vgl BFH BStBl II 1976, 48; ferner BVerwG JR 1972, 78; VRspr 24, 356; allg zu dem durch Art 1 Abs 1 GG gewährleisteten Recht des Bürgers auf aktive Teilnahme an dem ihm zukommenden Rechtsschutz auch BVerfG 38, 111.

[20] 81, 233; Schleswig NVwZ-RR 2002, 154; Ey-Geiger 7; NKVwGO-Dolderer 43. Vgl auch 81, 233: bereits gebuchter u bezahlter Auslandsurlaub; BVerfG 25, 166; 26, 319: der Bürger kann grds die Berücksichtigung eines fest geplanten, insb bereits gebuchten Urlaubs erwarten.

[21] 81, 232; BFH NJW 1991, 2104; Br NordÖR 2000, 291; Hbg NVwZ-RR 2001, 408.

[22] BayVBl 1985, 508; NJW 1986, 339; Verletzung des rechtlichen Gehörs, wenn die mV durchgeführt wird, obwohl dem Bevollmächtigten wg Erschütterung des Vertrauensverhältnisses das Mandat entzogen wurde.

[23] BFH NJW 1977, 1080; zT **aA** für den Fall, daß der bisherige Bevollmächtigte das Mandat niedergelegt hat, weil das Gericht eine beantragte Terminverlegung abgelehnt hat, u daß ein anderer Anwalt trotz aller Bemühungen nicht rechtzeitig gefunden werden konnte; wohl zu weitgehend.

teiligten dar, die, weil sie vom Termin keine Kenntnis haben, daran nicht teilnehmen können, sondern hat zugleich zur Folge, daß die Beteiligten im Termin iSv § 138 Nr 4 „**nicht nach Vorschrift des Gesetzes vertreten** sind" (BayVBl 1991, 543).

10 **5. Ladungen** sind den Beteiligten grds nach § 56 zuzustellen. Zu laden ist grds auch ein **Anwalt,** der seine Bevollmächtigung dem Gericht nur angezeigt hat, die Vollmacht aber noch nicht vorgelegt hat (vgl BGHSt 36, 259). Eine **förmliche Ladung** ist nicht erforderlich, wenn die Beteiligten darauf **verzichten** oder wenn die Anberaumung des Termins **in der mV verkündet** wird, zu der die Beteiligten ordnungsgemäß geladen waren (§ 218 ZPO). Die Ladung wird durch die erst nach ihrer Absendung dem Gericht angezeigte **Mandatsniederlegung des Prozeßbevollmächtigten** nicht gegenstandslos (NJW 1983, 2155; BSG 7, 60; NJW 1975, 1384); uU muß dann der Termin jedoch zur Wahrung des rechtlichen Gehörs verlegt bzw vertagt werden (NJW 1983, 2155; s auch oben 4). Die **Anordnung des persönlichen Erscheinens** muß immer zugestellt werden, es sei denn, der Betroffene verzichtet darauf (§ 95; § 218 ZPO). – Die **Ladungsfrist** läuft erst ab Zustellung der Ladung (44, 311).

11 **Abkürzung der Ladungsfrist** (Abs 1 S 2): die Dringlichkeit eines Falles, die eine Abkürzung der Ladungsfrist nach Abs 1 S 2 rechtfertigt, muß in der Natur des Rechtsstreits selbst oder in besonderen schutzwürdigen Interessen eines Beteiligten begründet sein (s auch NJW 1998, 2377). Die Auffüllung der Terminliste des Gerichts oder sonstige Umstände seitens des Gerichts begründen keine Dringlichkeit (Sch-Ortloff 20; NKVwGO-Dolderer 57). Eine durch S 2 nicht gedeckte Abkürzung der Ladungsfrist stellt als solche keinen die Revision rechtfertigenden Verfahrensfehler dar,[24] **uU** aber eine **Verletzung des rechtlichen Gehörs.**[25] Eine Verfügung des Vorsitzenden, daß die Ladungsfrist abgekürzt wird, ist **unwirksam,** wenn sie **keine genaue Bestimmung des Zeitraums** enthält, der an die Stelle der gesetzlich vorgesehenen Frist treten soll (NJW 1998, 2377).

12 Wurde ein Beteiligter bzw sein Bevollmächtigter, wenn auch nur versehentlich, **nicht zum Termin geladen** u erscheint er deshalb auch nicht, so stellt eine Verhandlung in seiner Abwesenheit nicht nur einen mit der Revision rügbaren Verfahrensverstoß, sondern zugleich einen absoluten Revisionsgrund gem §§ 132 Abs 2 Nr 3, 138 Nr 4 u einen Wiederaufnahmegrund gem § 153, § 579 Abs 1 Nr 4 ZPO – **mangelnde Vertretung nach Vorschrift des Gesetzes** – dar;[26] ebenso, wenn zwar der Beteiligte, nicht aber sein Bevollmächtigter geladen wurde (Offerhaus NJW 1955, 2314; str).

13 Ein **Verstoß** gegen die Vorschriften über die Ladung, insb auch die Nichteinhaltung der Ladungsfrist, verletzt außerdem das **Recht auf Gehör** der Beteiligten, die deswegen den Termin versäumen oder sonst dadurch in der Wahrnehmung ihrer Rechte beeinträchtigt werden.[27] Dies gilt, soweit die Möglichkeit eines Antrags auf Terminverlegung oder Vertagung gegeben war, jedoch nur, **wenn ein** solcher **Antrag (erfolglos) gestellt worden war** (NJW 1987, 2694; vgl auch oben 4). Verhandelt ein Gericht in Abwesenheit eines Beteiligten in Unkenntnis, daß dieser ohne ausreichende Frist geladen war, so kann sich der Beteiligte nicht auf eine Verletzung des rechtlichen Gehörs berufen, wenn er auf die **verspätet eingegangene Ladung** hin nichts unternimmt u der mündlichen

---

[24] BFH NVwZ-RR 2002, 615; **aA** BSG DÖV 1993, 537: ein vAw zu berücksichtigender Verfahrensmangel.

[25] NJW 1985, 340; NJW 1998, 2378; BFH NVwZ-RR 2002, 615; s zur Verletzung des rechtlichen Gehörs auch unten 12.

[26] 66, 311 = NJW 1983, 1868; NJW 1983, 2155; NVwZ 1984, 337; Buchh 310 § 133 VwGO Nr 39.

[27] 44, 309; JR 1969, 33; NJW 1985, 340; Buchh 310 § 102 VwGO Nr 1 S 1; NJW 1998, 2378; BFH 132, 394; Geiger, in BVerfG 42, 87.

Verhandlung in der Erwartung fernbleibt, das Gericht werde die verspätete Ladung bemerken u nicht ohne ihn verhandeln (NJW 1987, 2694). Keine Verletzung des rechtlichen Gehörs liegt bei **Verzicht** – auch nachträglichem – auf die Förmlichkeiten der Ladung vor. Außerdem wird eine Verletzung von Abs 1 u 2 durch **rügelose Einlassung** zur Sache ohne unverzügliche Geltendmachung des Verstoßes (§ 173 S 1, § 295 ZPO) geheilt.

Zur **unverschuldeten Versäumung** eines Termins, zu dem ordnungsgemäß geladen war, s auch 3 ff zu § 103; 2 zu § 104 u 26 f zu § 108. Der betroffene Beteiligte hat, wenn die **Ladung** zum Termin ihn, ohne daß ihm dies zuzurechnen wäre, **nicht erreicht hatte** u er deshalb den Termin versäumt hat, einen **Anspr auf Wiederaufnahme** der Verhandlung, sofern das Urteil nicht schon ergangen ist (s 5 zu § 60). S auch 3 u 5 zu § 103.

6. Der Hinweis gem Abs 2 in der Ladung bzw zusammen mit der Ladung, 14
daß beim Ausbleiben auch ohne den Beteiligten verhandelt u entschieden werden kann, dient dem rechtlichen Gehör (vgl NJW 1983, 2155); ein Hinweis ggü dem Prozeßbevollmächtigten schließt den Beteiligten mit ein (Buchh 310 § 102 Nr 18). **Das Fehlen** des Hinweises stellt eine Verletzung des rechtlichen Gehörs dar (NVwZ-RR 1995, 549) u hat zur Folge, daß der Betroffene **nicht nach den Vorschriften des Gesetzes** vertreten ist (§ 138 Nr 4), es sei denn, er bzw sein Bevollmächtigter nehmen an der mV teil (NJW 1983, 2155; NVwZ 1984, 337 mwN). Der Hinweis gem Abs 2 ersetzt nicht eine etwa auszusprechende Anordnung des persönlichen Erscheinens gem § 95, weil ein Beteiligter nicht iSd Abs 2 ausbleibt, wenn sein Prozeßbevollmächtigter erscheint (BVerfG DVBl 1994, 1404). **Verläßt ein Beteiligter** nach Stellung eines Ablehnungsantrages **die mV** ohne Angabe, wo er nach der Entscheidung über den Antrag zu erreichen sei, so verstößt es nicht gegen § 102 Abs 2, wenn das Gericht nach Zurückweisung des Ablehnungsantrages in Abwesenheit des Beteiligten weiterverhandelt u in der Hauptsache **entscheidet** (NJW 1990, 1616). Entsprechendes gilt für **sonstige Fälle vorzeitigen Verlassens** der mV; auch insoweit bedarf es keiner (weiteren) Belehrung nach Abs 2. Zum Vf bei Ausbleiben oder vorzeitigem Verlassen s unten 3 zu § 103.

7. Sitzungen außerhalb des Gerichtssitzes (Abs 3, § 166 GVG): Zur 15
sachdienlichen Erledigung **notwendig** iSd Abs 3 ist eine auswärtige Sitzung schon dann, wenn sie voraussichtlich zu einer wesentlichen **Vereinfachung u Beschleunigung des Vf** beiträgt (Ey-Geiger 21; NKVwGO-Dolderer 66), insb, wenn dadurch im Anschluß an einen auswärtigen Augenscheinstermin verhandelt werden kann oder wenn für die Mehrzahl der Beteiligten oder der zu hörenden Zeugen der gewählte Verhandlungsort günstiger liegt. Die Entscheidung, eine Sitzung außerhalb des Gerichtssitzes (sog auswärtiger Termin) abzuhalten, u die Bestimmung des Termins dafür steht, wenn die rechtlichen Voraussetzungen gegeben sind, gem § 219 Abs 1 ZPO im **Ermessen** des Vorsitzenden bzw des Einzelrichters gem § 6 oder § 87 a.[28]

Eine **Verletzung des Abs 3** kann eine Verletzung des **rechtlichen Gehörs** 16
darstellen, wenn einem Beteiligten dadurch Nachteile für die Wahrung seiner Rechte entstehen u er den Verstoß rechtzeitig (§ 173 S 1, § 295 ZPO) rügt (BAG NJW 1993, 1135; BSG SGb 1996, 606).

§ 103 [Durchführung der mündlichen Verhandlung]

(1) **Der Vorsitzende eröffnet und leitet die mündliche Verhandlung.**[1 ff]

(2) **Nach Aufruf der Sache trägt der Vorsitzende oder der Berichterstatter den wesentlichen Inhalt der Akten vor.**[6 f]

---

[28] Vgl BAG NJW 1993, 1029; BL 5, 8 zu § 219 ZPO.

(3) **Hierauf erhalten die Beteiligten das Wort, um ihre Anträge zu stellen und zu begründen.**[8 ff]

Vgl §§ 136 ff, 279 ZPO; § 112 SGG; § 92 FGO

Schrifttum: *Däubler,* Die Vorbereitung der mündlichen Verhandlung im Kollegialgericht – ein Rechtsproblem?, JZ 1984, 355; *Doehring,* Die Praxis der Vorbereitung mündlicher Verhandlungen durch Kollegialgerichte in verfassungsrechtlicher Sicht, NJW 1983, 851; *Dolde,* Zusammenarbeit zwischen Richter und Rechtsanwalt im verwaltungsgerichtlichen Verfahren, VBlBW 1985, 248; *Dolderer,* Die Wiedereröffnung der mündlichen Verhandlung vor dem Verwaltungsgericht, DÖV 2000, 491. S auch zu § 101 und zu § 104.

1 **1. Allgemeines:** Wie nach der ZPO obliegt auch nach der VwGO die Verantwortung für den Ablauf der mV, insb auch die Sorge für die **Ordnung, Zweckmäßigkeit** u **Beschleunigung des Vf** (Prozeßleitung), grds dem Gericht. Vor allem der Vorsitzende ist für **den Ablauf** der mV u insb für die zweckmäßige u zügige Durchführung **verantwortlich** (Ms NJW 1990, 1749). S auch § 173 S 1, § 136 ZPO sowie zur „Sitzungspolizei" § 55, §§ 176 ff GVG. Auch **die Beteiligten** (§ 63) haben jedoch bestimmte Rechte u Pflichten hins der Gestaltung des Vf (s zB § 86 Abs 2, § 103 Abs 3) sowie in gewissem Umfang auch **Förderungs- u Mitwirkungspflichten,** die dem Gericht seine Aufgabe erleichtern sollen (s 11 zu § 86). Zur Verpflichtung des Gerichts, ggf auf **verspätet erscheinende Beteiligte** oder deren Prozeßbevollmächtigte zu warten, s unten 4, zu **Vf ohne mV** auch 10 zu § 82; 6 ff zu § 112.

Im einzelnen ist der **Ablauf der mV** vor allem in §§ 103–105, § 108 Abs 2 sowie ergänzend dazu in § 173 S 1, § 136 Abs 2–4 ZPO geregelt. **Soweit** in diesen Vorschriften **nichts anderes vorgesehen** ist, **entscheidet der Vorsitzende** aufgrund seiner Befugnis zur Leitung der Verhandlung gem Abs 1; der Vorsitzende kann insb auch die Reihenfolge der zu erörternden Fragen festlegen u von den Beteiligten die **Zurückstellung von Ausführungen, Beweisanträgen** ua verlangen, die nach seiner Auffassung sachlich zu erst später zu erörternden Fragenkomplexen gehören (Ms NJW 1990, 1749). Entscheidungen des Gerichts bzw des Vorsitzenden sind, soweit es sich um **prozeßleitende Verfügungen** handelt, unanfechtbar (§ 146 Abs 2).

2 **2. Aufruf der Sache und Eröffnung der mV (Abs 1 und 2):** Der Aufruf der Sache dient nicht nur der ordnungsgemäßen Durchführung der mV, sondern vor allem **auch dem rechtlichen Gehör** der Beteiligten im Rahmen der mV.[1] Die Beteiligten haben **Anspr** darauf, daß sie nicht nur **zum Termin geladen,** sondern auch in geeigneter Weise unmittelbar vor der mV **vom konkreten Beginn** der mV durch Aufruf der Sache **verständigt** werden (72, 30; BVerfG 42, 369). Die Art u Weise des Aufrufs der Sache hängt von den konkreten Umständen ab. Bestehen Warteräume oder Sitzgelegenheiten außerhalb des Verhandlungsraums, so muß der Aufruf auch dort entweder **über Lautsprecher** oder durch einen Gerichtsbediensteten deutlich hörbar u verständlich erfolgen (72, 31; BVerfG 42, 369). **UU** muß die Sache **auch mehrmals aufgerufen** werden, zunächst nach einigen Minuten, dann grds jedenfalls nochmals vor Verkündung eines Urteils (72, 35 u 37: Erfordernis des rechtlichen Gehörs), oder zunächst zurückgestellt u später nochmals aufgerufen werden, wenn nicht alle Beteiligten erscheinen, aber nicht ausgeschlossen ist, daß die fehlenden Beteiligten doch noch erscheinen (72, 31). Auch **die Beteiligten müssen** sich jedoch darum **kümmern,** daß sie vom Aufruf der Sache erfahren. Sie dürfen sich, auch wenn die mV nicht pünktlich beginnt, nur noch aus triftigen Gründen entfernen u müssen dann jedenfalls **das Gericht** oder eine Gerichtsperson davon **verständigen** (72, 31) u sich nach ihrer Rückkehr über den Stand der Dinge vergewis-

[1] 72, 30 = DVBl 1985, 1319; BVerfG 42, 369; Sch-Ortloff 37.

sern. Die **Anforderungen** an die Beteiligten **dürfen** insoweit freilich auch **nicht überspannt** werden (72, 34).

Verfahren bei Ausbleiben von Beteiligten oder vorzeitigem Verlassen des Termins: Die Durchführung der mV hat nicht zur Voraussetzung, daß alle Beteiligten (§ 63) daran teilnehmen (BFH NVwZ 1989, 120). Die mV kann (vorausgesetzt, daß alle Beteiligten ordnungsgemäß geladen waren, s 7ff zu § 102) selbst dann, ohne daß dadurch das Recht der Beteiligten auf rechtliches Gehör verletzt würde (vgl BFH NVwZ 1989, 120), durchgeführt werden, **wenn kein Beteiligter erschienen ist.**[2] Auch in diesem Fall findet das normale Vf statt, da die VwGO kein VersäumnisVf kennt; insb ist auch in einem solchen Fall der wesentliche Inhalt der Akten gem Abs 2 vorzutragen (NJW 1984, 251). **Entsprechendes** gilt, wenn ein Beteiligter (bzw ein Bevollmächtigter) einen **Termin vorzeitig verläßt.** Vgl dazu auch 14 zu § 102. 3

Die Entscheidung, trotz des Ausbleibens eines oder aller Beteiligter die mV durchzuführen u in der Sache zu entscheiden u nicht den Termin zu vertagen, liegt grds **im Ermessen** des Gerichts (44, 309; NJW 1983, 2155; BayVBl 1985, 635; NVwZ 1989, 858). S aber zur **Wartepflicht** des Gerichts unten 4. **Ist dem Gericht jedoch bekannt** oder bestehen jedenfalls gewichtige Anhaltspunkte dafür, daß ein nicht erschienener Beteiligter **ohne Verschulden an der Teilnahme verhindert ist,** so muß das Gericht den Termin vertagen;[3] dies gilt insb, wenn Anhaltspunkte dafür sprechen (zB der Umstand, daß die Ladung durch Niederlegung zugestellt wurde), **daß** der Beteiligte von der Ladung **keine Kenntnis erlangt hat** (77, 161: das Gericht muß in solchen Fällen ggf rückfragen). Das rechtliche Gehör wird zB verletzt, wenn das Gericht über die Klage eines **Kriegsdienstverweigerers** auf Anerkennung in dessen Abwesenheit verhandelt u die Klage abweist, **obwohl** er zum Termin ein privatärztliches **Attest eingereicht** hatte, daß er den Termin „aufgrund einer zur Zeit bestehenden Erkrankung" nicht wahrnehmen könne,[4] oder wenn das Gericht in Abwesenheit eines nicht durch einen Anwalt vertretenen Wehrpflichtigen über die Anerkennung als Kriegsdienstverweigerer verhandelt u entscheidet, nachdem die etwa zwei Jahre nach Klageerhebung u ohne Vorankündigung mit einer Frist von drei Wochen verfügte Ladung zur mV während einer vierwöchigen Auslandsreise des Wehrpflichtigen durch Niederlegung zugestellt worden war (77, 161 = DÖV 1987, 744; vgl auch NVwZ-RR 1995, 534). **Grds nicht zulässig** ist die Durchführung des Vf idR auch dann, **wenn** die Entscheidung nur aufgrund tatsächlicher oder rechtlicher Gesichtspunkte erfolgen könnte, zu denen dem betroffenen Beteiligten **bisher kein rechtliches Gehör** gewährt worden war u mit deren Erheblichkeit für die Entscheidung auch ein gewissenhaft u sorgfältig Prozeßführender nach dem Verlauf des Vf einschließlich des vorangegangen VerwaltungsVf nicht rechnen mußte oder konnte (s unten 5). S auch 26 zu § 108.

Soweit dies im Hinblick auf weitere angesetzte Vf vertretbar ist, muß (**aA** NJW 1995, 3402: Ermessen) der Vorsitzende zur Wahrung des rechtlichen Gehörs (s 19ff zu § 108) idR **noch etwas zuwarten,** bevor er die Verhandlung eröffnet bzw bereits schließt, wenn noch damit zu rechnen ist, daß fehlende Beteiligte noch kommen;[5] dies gilt insb dann, **wenn ein Beteiligter zur festge-** 4

---

[2] NJW 1984, 251; 1986, 206; BayVBl 1985, 635; RÖ-Kothe 8 zu § 102; Sch-Ortloff 22 zu § 102.

[3] Vgl 77, 161; BayVBl 1993, 413; NVwZ-RR 1995, 534.

[4] NVwZ-RR 1990, 257; zweifelhaft; vgl aber auch NJW 1995, 800 u NVwZ-RR 1995, 533: Arbeitsunfähigkeitsbescheinigung reicht nicht, da sich hieraus nicht auch Verhandlungsunfähigkeit ergibt.

[5] Vgl NJW 1985, 340: das Gericht ist auch zur Wahrung des rechtlichen Gehörs nicht verpflichtet, mit der Eröffnung u Schließung länger zu warten, auch nicht, wenn eine vom Gericht lange vor der mV erbetene u mit der Ladung nochmals angemahnte Stellungnahme

setzten Zeit anwesend war u sich, weil das Gericht vorausgehende andere Vf noch nicht abgeschlossen hatte, nochmals wg dringlicher anderer Termine uä entfernt hatte,[6] oder wenn er seine voraussichtliche **Verspätung mitgeteilt** hatte u das Gericht ohne Beeinträchtigung anderer Termine bis zum Eintreffen hätte warten können.[7] **UU** muß das Gericht einen **Termin** auch **vertagen,** wenn schon **vor Beginn des Termins bekannt** wird, daß ein Beteiligter nicht rechtzeitig erscheinen kann (Buchh 310 § 108 VwGO Nr 107; BayVBl 1993, 413; Sch-Ortloff 31). S zur **Absetzung des Termins** in derartigen Fällen auch 4 zu 102. War der Termin bereits nach kurzer Dauer geschlossen worden u **erscheint ein Beteiligter** oder ein Vertreter dann **doch noch,** so muß das Gericht uU die mV nochmals eröffnen.[8] Vgl allg auch NJW 1983, 2155: uU ermessensfehlerhaft und insoweit ein Verfahrensfehler, wenn das Gericht von der Möglichkeit, ohne einen geladenen Beteiligten zu verhandeln, Gebrauch macht. **Nach Ergehen des Urteils** ist eine Wiedereröffnung der mV oder eine Wiederholung des Termins nicht mehr möglich (NVwZ 1991, 587). Vgl zur (zu verneinenden) Frage der Zulässigkeit einer Wiedereinsetzung gegen die Terminversäumung 13 zu § 102; 5 zu § 60.

5 Außerdem kann die Durchführung des Termins ohne Teilnahme aller Beteiligter insb auch dann eine Verletzung des rechtlichen Gehörs darstellen u eine Wiederholung der mV notwendig machen, **wenn ein Beteiligter,** der ohne Verschulden **an der Teilnahme an der mV gehindert war,** dies beantragt (s 5 zu § 60). Vgl auch 2 u 13 zu § 104; 26 f zu § 108. Eine **Verlegung** oder Vertagung der mV ist zur Wahrung des rechtlichen Gehörs ua auch dann notwendig, wenn erst in der mV oder kurz vorher von der Gegenseite **neue tatsächliche oder rechtliche Gesichtspunkte** vorgetragen werden oder sich solche Gesichtspunkte erst in der mV, insb aufgrund der Beweisaufnahme, ergeben, u der betroffene Beteiligte **sich nicht sofort äußern** kann u deshalb Vertagung beantragt (44, 309; NJW 1983, 2155; Buchh 11 Art 103 Abs 1 GG Nr 5).

6 **3. Vortrag des Inhalts der Akten (Abs 2):** Der Aktenvortrag dient der **Unterrichtung** nicht nur der Beteiligten u damit auch dem rechtlichen Gehör (NJW 1984, 251), sondern auch der Unterrichtung der Mitglieder des Gerichts, beim VG auch der ehrenamtlichen Richter (NJW 1984, 251; BayVBl 1986, 375). Er soll – vorbehaltlich der Ergänzungen u Berichtigungen, die sich dazu in der mV ergeben – **klarstellen, von welchem Sachverhalt das Gericht ausgeht, u** zugleich den wesentlichen Inhalt der Akten zum Gegenstand der mV machen (Mü 1, 74; Hbg NJW 1969, 445). Die Beteiligten können, wie auf die mV überhaupt (§ 101 Abs 2), so auch **auf den Vortrag verzichten** (DÖV 1969, 401; DVBl 1970, 284; NJW 1984, 251), jedoch nur für ihre Person u nicht auch, soweit der Vortrag zur Information der Richter notwendig ist (NJW 1984, 251), u ohne daß dadurch der Verfahrensverstoß als solcher entfällt (s unten). Der Verzicht schließt nur eine spätere Rüge wg Verletzung des rechtlichen Gehörs

---

noch nicht eingereicht wurde; NJW 1979, 1619: Verletzung des rechtlichen Gehörs, wenn das Gericht nicht 10 Minuten wartet, obwohl dies mit dem Interesse an der Einhaltung der Tagesordnung vereinbar wäre; NVwZ 1989, 858: das Gericht muß uU einige wenige Minuten warten; OLG Frankfurt NJW 1978, 285: das Gericht muß mindestens 30 Minuten warten; OLG Hamm MDR 1978, 165: uU auch mehr als 15 Minuten, wenn mit dem Erscheinen des Beteiligten noch zu rechnen ist; Sch-Ortloff 30; Ms NVwZ-RR 2002, 785: mV ohne den um 25 Minuten verspäteten Prozeßbevollmächtigten zulässig.

[6] Vgl BFH 121, 132; NJW 1977, 919: Verletzung des rechtlichen Gehörs, wenn in einem solchen Fall das Gericht trotz um mehrere Stunden verspäteten Verhandlungsbeginns gleichwohl entscheidet.

[7] NJW 1986, 1057; BayVBl 1979, 443; 1985, 635; Kaiser NJW 1977, 1955.

[8] NVwZ 1989, 858: Verletzung des Anspr auf rechtliches Gehör durch die Ablehnung des Wiedereröffnungsantrags eines RA, der geringfügig verspätet zu einer nach kurzer Dauer geschlossenen mündlichen Verhandlung erscheint.

aus; in diesem Fall wird der Inhalt der Akten aber nur dann zum Gegenstand der mV, wenn das Gericht die Beteiligten ausdr darauf hinweist (s 3 zu § 108). Der Vortrag kann, auch wenn die Beteiligten darauf verzichten, nicht durch **vorab** erfolgte schriftliche **Übermittlung seines Inhalts** ersetzt werden. Der **Berichterstatter** (Abs 2) ist ein vom Vorsitzenden bestimmtes Mitglied des Gerichts (ggf auch der Vorsitzende selbst). Er muß nicht notwendig das Mitglied sein, das mit der Vorbereitung der Sache befaßt war.

Das **Unterbleiben des Vortrags** – ebenso ein Vortrag, der auf wesentliche Teile des Inhalts der Akten nicht eingeht – stellt **stets** einen **Verfahrensmangel** dar, auf dem das Urteil jedoch nur dann beruht, wenn dadurch entweder den Beteiligten das **rechtliche Gehör** versagt oder **den mitwirkenden Richtern** eine **ausreichende Unterrichtung** über den Sach- u Streitstoff vorenthalten wird (NJW 1984, 251; BayVBl 1986, 375; Buchh 310 § 103 VwGO Nr 4); letzteres kann idR nur dann angenommen werden, **wenn** sich aus der Entscheidung selbst **Zweifel** daran herleiten lassen, daß eine ausreichende Unterrichtung der mitwirkenden Richter auch nicht während der Beratung stattgefunden hat (NJW 1984, 251; BayVBl 1986, 375).

Allg zur Frage der notwendigen **Unterrichtung der Richter** über den Inhalt der Akten nur durch den Berichterstatter, den Vorsitzenden oder ein anderes Mitglied des Gerichts vgl Doehring NJW 1983, 852 u Däubler JZ 1984, 355, die entgegen der wohl hM u zu weitgehend (vgl Herr NJW 1983, 2131) zur Wahrung des rechtlichen Gehörs der Beteiligten gem Art 103 Abs 1 GG, des **gesetzlichen Richters** gem Art 101 Abs 1 S 2 GG u der **richterlichen Unabhängigkeit** gem Art 97 Abs 1 GG unmittelbares Aktenstudium durch alle Richter fordern.

Der Vortrag des wesentlichen Inhalts der Akten entbindet das Gericht nicht 7
von der **Verpflichtung,** die Beteiligten (grds schon vor der mV) darauf **hinzuweisen, daß** – u ggf welche – **Akten beigezogen** wurden. S dazu im einzelnen 3 zu § 108.

4. Antragstellung und Vortrag der Beteiligten (Abs 3): Abs 3 begründet 8
keine Verpflichtung des Gerichts, **auf den Aktenvortrag** immer die **Antragstellung** u die Begründung der Anträge **folgen zu lassen** (DÖV 1972, 24; Geiger BayVBl 2006, 427). Anders als nach § 137 Abs 1 ZPO kann der Vorsitzende zB auch anordnen, daß die Beteiligten ihre Anträge erst nach ihrem Vortrag u der Erörterung der Sach- u Rechtslage (§ 104 Abs 1) oder nach einer Beweisaufnahme (DÖV 1972, 24) stellen bzw (ggf auf entspr Hinweis des Vorsitzenden nach § 86 Abs 3 hin) präzisieren. **Maßgeblich** sind in jedem Fall erst die **Anträge,** so wie sie **in der letzten mV gestellt** werden (bzw als gestellt anzusehen sind, s im folgenden), nicht die Anträge in der Klageschrift und/oder in sonstigen vorbereiteten Schriftsätzen (die insoweit bis zur förmlichen Antragstellung in der mV nur als angekündigte Anträge zu werten sind). Zum **Ehrenschutz ggü** Parteivorbringen vgl 18 zu § 1; ferner 8 u 21 zu § 98.

Die **Anträge** müssen nicht ausdr gestellt werden. Sofern das Klagebegehren (§ 88) oder jedenfalls das Ziel der Klage **aus der Bezeichnung des „Gegenstands"** des Klagebegehrens (s 7 zu § 82) in der Klage u aus sonstigen Erklärungen des Kl (BFH NJW 1980, 1415) sowie aus dem Akteninhalt, so wie diesen der Berichterstatter vorgetragen hat, **hinreichend klar** hervorgeht, ist eine ausdr **Antragstellung** in der mV überhaupt entbehrlich.[9] Abs 3 soll (nur) **sicherstellen,** daß die Beteiligten im Vf Gelegenheit erhalten, ihre Anträge zu stellen u zu begründen, u hat insoweit u weil **maßgeblich nur der Antrag** ist, so **wie er in der letzten mV als gestellt anzusehen** ist (vgl 10 zu § 82), nur verfahrensrechtliche Bedeutung (vgl BFH NJW 1980, 1416). Jedenfalls genügt auch eine

[9] 45, 262; BFH NJW 1980, 1416; Ms VRspr 11, 121; Ey-Geiger 13; Sch-Ortloff 48.

bloße **Bezugnahme** auf die in vorbereitenden Schriftsätzen gestellten Anträge. Verlesung dieser Anträge ist nicht erforderlich.

Ist ein **Beteiligter nicht erschienen,** so **gilt sein Antrag aus den Schriftsätzen** (bzw das, was im Weg der Auslegung des gesamten bisherigen Vorbringens als Klagebegehren anzusehen ist) auch **für die mV als gestellt** (s auch 10 zu § 82). Entsprechendes gilt für den Vortrag. **Weigert sich** ein erschienener **Kl, einen Antrag zu stellen,** so ist die Klage als unzulässig abzuweisen (§ 82 Abs 1 S 1; Bln NJW 1968, 1004; NKVwGO-Dolderer 47; Sch-Ortloff 48: mangels RS I; **aA** RÖ-Kothe 6: als Klagerücknahme zu behandeln).

9 Die **Erteilung des Wortes** an die Beteiligten gem Abs 3 dient zugleich u vor allem auch der Wahrung des **Rechts** der Beteiligten **auf Gehör** gem § 108 Abs 2, Art 103 Abs 1 GG. Den Beteiligten ist dabei insb nicht nur Gelegenheit zu geben, ihre bisherige schriftsätzliche Begründung der Klage bzw des Antrags auf Klageabweisung oder den sonstigen Vortrag zu präzisieren u ggf zu ergänzen, sondern vor allem **auch zu neuem Vorbringen** der Gegenseite, des VöI oder Beigeladener u zu den Ergebnissen der Beweisaufnahme oder der Erörterung der Streitsache nach § 104 Stellung zu nehmen. S auch 19 ff zu § 108; 10 ff zu § 138. Gelegenheit zur Stellungnahme zu neuem Vorbringen muß **auch dann** gewährt werden, wenn der betroffene Beteiligte zu einzelnen Punkten **als Partei vernommen** (vgl 20 f zu § 98) worden ist (78, 30 = NVwZ 1987, 1071).

Ist ein **Beteiligter** im Prozeß **durch einen Bevollmächtigten nach § 67 vertreten,** so ist ihm **gleichwohl** neben diesem auf Antrag gem § 173 S 1, § 137 Abs 4 ZPO sogar in Prozessen mit Vertretungszwang u um so mehr in Vf ohne Vortragszwang jedenfalls dann, wenn er dies beantragt, **auch persönlich das Wort zu erteilen.** S dazu auch 30 zu § 67; 19 a zu § 108; 10 zu § 138.

10 Ergeben sich **in der mV,** insb aus neuem Vortrag in der mV oder aus Schriftsätzen, die erst in der mV oder kurz vorher übergeben wurden, oder aufgrund des Ergebnisses einer Beweisaufnahme usw, wesentliche **neue Gesichtspunkte,** zu denen ein Beteiligter sich nicht sofort äußern kann, zB weil er sich erst noch näher informieren oder einen Sachverständigen konsultieren muß, so muß ihm das Gericht dazu zur Wahrung des rechtlichen Gehörs eine **angemessene Frist für seine Stellungnahme** u für evtl neue **Beweisanträge** einräumen (Buchh 310 § 104 VwGO Nr 29; BSG NJW 1991, 2310; zur Unzulässigkeit sog Überraschungsentscheidungen auch 21 ff zu § 108) u dazu entweder die **mV unterbrechen** oder vertagen (Buchh 310 § 104 VwGO Nr 29; s 1 u 4 zu § 102) oder einen **neuen Termin** für die mV ansetzen (Buchh 310 § 104 VwGO Nr 29) oder gem § 283 ZPO eine Schriftsatzfrist gewähren (Buchh 310 § 104 VwGO Nr 29; s unten 11; ferner BVerfG NJW 1992, 2144). Entsprechendes gilt **im schriftlichen Vf.** Welche **Frist angemessen** ist, ist nach den Umständen zu beurteilen (vgl BVerfG 4, 190 = NJW 1955, 1145; BSG 11, 166 = NJW 1960, 501). Das Gericht verletzt das rechtliche Gehör, wenn es keine bzw keine angemessene Frist einräumt oder vor Ablauf einer gesetzten Frist entscheidet, obwohl nach den Umständen des Falles noch mit einer Stellungnahme zu rechnen war (DVBl 1991, 953); s auch 3 zu § 102; 27 a zu § 108; vgl ferner BVerfG 8, 91; 18, 406; NJW 1991, 2758.

11 Für das **Nachreichen von Schriftsätzen** gilt § 283 ZPO entsprechend (Buchh 310 § 104 VwGO Nr 29; Ey-Geiger 18). S auch 9 ff zu § 104; allg zum Nachreichen von Schriftsätzen u zur Berücksichtigung verspätet nachgereichter Schriftsätze auch Fischer NJW 1994, 1315; Bischof MDR 1993, 615; Stein MDR 1994, 437. Die für das Nachreichen gesetzte **Frist muß angemessen** *sein* (BAG MDR 1982, 611: bei nicht angemessener Frist Verletzung des rechtlichen Gehörs; ebenso OLG München BauR 1993, 346). **Nichtberücksichtigung** eines nach § 283 ZPO rechtzeitig nachgereichten Schriftsatzes stellt eine Verletzung des rechtlichen Gehörs dar (BVerfG 11, 218; 61, 37, 78; NJW 1988, 1774; s auch 27 a zu § 108), ebenso, wenn das Gericht, wenn auch nur verse-

hentlich, vor Ablauf einer einem Beteiligten eingeräumten Schriftsatzfrist entscheidet (BVerfG 53, 222; 60, 123; MDR 1977, 202; s auch 27a zu § 108). § 283 S 2 ZPO gestattet auch die Berücksichtigung **nicht fristgerecht eingereichter nachgelassener** (dh vom Gericht nach seinem Ermessen noch zugelassener) **Schriftsätze** (BayVerfGH NJW 1990, 1653; **aA** Ey-Geiger 18: Pflicht zur Berücksichtigung bei nachgelassenen Schriftsätzen, da § 283 S 2 ZPO wg des Amtsermittlungsgrundsatzes nicht gilt). S zu § 283 ZPO auch allg BayVerfGH NJW 1990, 1653m Anm Deubner; zur Gewährung einer Nachfrist auch BVerfG NJW 1992, 2144.

Soweit das Nachreichen von Schriftsätzen einem Beteiligten **nicht vorbehalten wurde,** kann nachträgliches Vorbringen grds nur noch berücksichtigt werden, wenn die mV vorher nochmals eröffnet wurde; eine Verpflichtung des Gerichts zur Berücksichtigung besteht in diesem Fall grds nicht (Ey-Geiger 19). Zur **Wiedereröffnung der mV** s auch 10ff zu § 104.

§ 104 [Erörterung der Streitsache mit den Beteiligten]

(1) **Der Vorsitzende hat die Streitsache mit den Beteiligten tatsächlich und rechtlich zu erörtern.**[1 ff]

(2) **Der Vorsitzende hat jedem Mitglied des Gerichts auf Verlangen zu gestatten, Fragen zu stellen. Wird eine Frage beanstandet, so entscheidet das Gericht.**[6 f]

(3) **Nach Erörterung der Streitsache erklärt der Vorsitzende die mündliche Verhandlung für geschlossen. Das Gericht kann die Wiedereröffnung beschließen.**[10 ff]

Vgl §§ 136, 139f, 156, 279 ZPO; §§ 112, 121 SGG; § 93 FGO

Schrifttum: *Däubler,* Die Vorbereitung der mündlichen Verhandlung im Kollegialgericht ein Rechtsproblem?, JZ 1984, 355; *Doehring,* Die Praxis der Vorbereitung mündlicher Verhandlungen durch Kollegialgerichte in verfassungsrechtlicher Sicht, NJW 1983, 851; *Dolderer,* Die Wiedereröffnung der mündlichen Verhandlung vor dem Verwaltungsgericht, DÖV 2000, 491; *Fischer,* Die Berücksichtigung „nachgereichter Schriftsätze" im Zivilprozeß, NJW 1994, 1315; *Ortloff,* Rechtspsychologie und Verwaltungsgerichtsbarkeit: Das Rechtsgespräch in der mündlichen Verhandlung, NVwZ 1995, 28; *Sangmeister,* Anspruch auf rechtliches Gehör auch nach Schluß der mündlichen Verhandlung?, BB 1992, 1535; *Weimar,* Das Rechtsgespräch, in: Hoppe, Rechtsprechungslehre, 1992. – S auch zu §§ 86, 103, 108.

1 **1. Allgemeines:** Die Vorschrift regelt das Vf zur Feststellung u Klärung des für die Entscheidung maßgeblichen Sachverhalts u zur Wahrung des **rechtlichen Gehörs** der Beteiligten in der mV (24, 267; NVwZ-RR 1995, 534) u schreibt dem Gericht zu diesem Zweck insb die Erörterung offener Fragen des Sachverhalts u des anzuwendenden Rechts mit den Beteiligten vor. Sie soll **sicherstellen, daß keine wesentlichen tatsächlichen oder rechtlichen Gesichtspunkte übersehen** werden u die Beteiligten Gelegenheit erhalten, sich auf die für die Beurteilung wesentlichen Fragen einzustellen u ggf ihren **Vortrag darauf abzustellen** (51, 113: § 104 dient dazu, die Beteiligten vor Überraschungsentscheidungen des Gerichts zu schützen; s dazu auch unten 3). Für die tatsächliche u rechtliche Erörterung der Streitsache ist grds die mV der richtige Ort (Buchh 310 § 104 VwGO Nr 29). § 104 ergänzt insoweit auch § 86 Abs 3 (36, 266). Sie ist zugleich Ausdruck der den Gerichten im sozialen Rechtsstaat dem rechtsuchenden Bürger ggü obliegenden **Fürsorgepflicht** (BVerfG 42, 78). Zur Bedeutung u Funktion des **Rechtsgesprächs** eingeh Sch-Ortloff 3ff.

2 Die Erörterungspflicht des Gerichts nach § 104 schließt nicht aus, daß die **mV auch dann durchgeführt** wird, wenn einzelne oder alle **Beteiligten** trotz ordnungsgemäßer Ladung **nicht zur mV erschienen** sind u damit auch jede

Möglichkeit, die Streitsache mit ihnen zu erörtern, für das Gericht entfällt (s 3 zu § 103). Da das Gericht aber weder durch Versäumnisurteil noch nach Aktenlage entspr § 251 a ZPO entscheiden kann, darf ein **Urteil nur** ergehen, wenn eine weitere Aufklärung des maßgeblichen Sachverhalts nach § 86 Abs 1, § 108 Abs 1 **nicht** mehr erforderlich ist u auch Gründe des rechtlichen Gehörs der sofortigen Entscheidung nicht entgegenstehen (s 26 f zu § 108); zur Frage der Wiedereinsetzung 5 zu § 60.

3 **2. Erörterungspflicht des Gerichts (Abs 1):** Die Erörterungspflicht bezieht sich insb – jedoch nicht nur! – auf **alle** bisher nicht oder nicht ausreichend erörterten (DVBl 1982, 836) **Fragen, die zwischen den Beteiligten strittig sind, bzw die das Gericht als für seine Entscheidung erheblich ansieht,** u die es deshalb **klären muß** u auf die es deshalb, soweit sie nicht den Beteiligten bereits als erheblich bekannt sind oder ihre Erheblichkeit offensichtlich ist (DÖV 1972, 390), **zur Wahrung des rechtlichen Gehörs** auch die Aufmerksamkeit der Beteiligten lenken muß, um ihnen Gelegenheit zu geben, ihren **Vortrag** u ihre **Anträge** erforderlichenfalls **zu ergänzen**[1] bzw **neue Anträge** zur Sache oder zum Vf **zu stellen** (36, 267). Abs 1 soll insb auch die Beteiligten sowohl in tatsächlicher als auch in rechtlicher Hinsicht **vor** sog **Überraschungsentscheidungen schützen.**[2] Das aus §§ 86, 104, 108 sowie aus Art 103 Abs 1 GG abzuleitende Verbot von Überraschungsentscheidungen **verbietet** es, **einen bis dahin nicht erörterten rechtlichen oder tatsächlichen Gesichtspunkt** zur Grundlage einer Entscheidung zu machen u damit **dem Rechtsstreit eine Wendung zu geben,** mit der die Beteiligten (bzw jedenfalls ein Beteiligter) **nicht** gerechnet haben u nicht zu **rechnen brauchten.**[3] Vgl auch 23 ff zu § 86; 21 u 25 zu § 108; 9 zu § 138. Kann zB ein Beteiligter nach dem bisherigen Vf, insb nach den einem Sachverständigen gestellten Fragen, davon ausgehen, daß eine bestimmte Tatsache nicht mehr zweifelhaft ist, so hat das Gericht bei anderer Würdigung – notfalls nach Wiedereröffnung der mV – darauf hinzuweisen u Gelegenheit zu geben, einen Beweisantrag zu stellen (6. 9. 1989 – 9 BV 64/88).

Die Erörterungspflicht besteht ggü den Beteiligten, dh wenn ein **Bevollmächtigter** (§ 67) bestellt ist, primär in bezug auf diesen, außerdem in jedem Fall, auch im Anwaltsprozeß, **auch ggü** einem vertretenen **Beteiligten persönlich,** wenn dieser in der mV anwesend ist u das Wort wünscht. In jedem Fall ist das Gericht, auch wenn ein Beteiligter mit einem Bevollmächtigten erscheint, **berechtigt,** die Streitsache oder einzelne Aspekte daraus, auch vAw außer mit dem Bevollmächtigten **auch mit dem Beteiligten selbst** zu erörtern. S auch 9 zu § 103; 30 zu § 67.

Wenn Akten zum Vf beigezogen wurden, muß das Gericht (insb auch zur Wahrung des rechtlichen Gehörs) die Beteiligten darauf hinweisen (s 1 zu § 108) u grds die konkrete Bedeutung der **beigezogenen Akten** u ihres Inhalts für das Vf mit den Beteiligten erörtern (vgl NJW 1983, 690 zu umfangreichen beigezogenen Akten); ebenso, wenn das Gericht beabsichtigt, bei seiner Entscheidung uU **tatsächliche Feststellungen** zu berücksichtigen, die in **anderen** Vf getroffen wurden.[4] Es ist jedoch im übrigen **nicht verpflichtet,** nach Abschluß der

---

[1] 36, 267; DÖV 1972, 390; 1981, 839; vgl auch BVerfG NJW 1991, 2823: Verpflichtung des Gerichts, einen Beteiligten darauf hinzuweisen, wenn es eine hinreichende Substantiierung des Vertrages insgesamt oder zu einer bestimmten Frage vermißt.

[2] BVerfG 86, 144; NJW 1991, 2823; BVerwG 36, 267; 51, 113; DÖV 1981, 839; BayVerfGH NJW 1974, 2295; BGH NJW 1980, 1798; Sch-Ortloff 60.

[3] BVerfG 86, 144; NVwZ 1991, 574; NJW 1991, 2823; BVerwG 61, 164 = NVwZ 1982, 560; NVwZ 1983, 607; NJW 1995, 2308; **aA** BVerfG DVBl 1987, 238.

[4] NJW 1986, 3156 zu tatsächlichen Feststellungen in anderen Urteilen; anders, wenn andere Urteile nur als Beleg dafür genannt werden sollen, daß auch andere Gerichte die Frage ähnlich sehen.

Beweisaufnahme **die Ergebnisse der Beweisaufnahme** u seine Würdigung der Beweisergebnisse mit den Beteiligten zu erörtern u ihnen nochmals ausdr Gelegenheit zu Beweisanträgen zu geben (DÖV 1981, 840; NJW 1986, 3156; Buchh 237 § 35 HambBG Nr 1); es genügt insoweit, wenn die Beteiligten **nach der Beweisaufnahme** wie auch sonst **Gelegenheit zur Ergänzung** ihres Vortrags, zu neuen Beweisanträgen (s auch 18 zu § 86) usw u zur Begründung ihrer Anträge zur Sache haben (vgl DÖV 1981, 840).

Zur – grds zu bejahenden – **Zulässigkeit einer „straffen" Verhandlungsführung** s Ms NJW 1990, 1749; ferner 6 zu § 138; zur Verpflichtung des Gerichts, auch **allgemeinkundige** u **gerichtskundige** Tatsachen zum Gegenstand der Erörterung zu machen, 22 zu § 98; zur Verpflichtung, den Beteiligten erforderlichenfalls auch **Zeit** – uU auch durch Vertagung der mV – **zu weiteren Überlegungen,** Recherchen usw **zu geben,** 25 zu § 86; zur Einräumung einer sog **Schriftsatzfrist** unten 9; zur **Richterablehnung wg Befangenheit** aufgrund von Äußerungen im Rahmen der Wahrnehmung der Erörterungspflicht 27 zu § 86. Zur **weitergehenden Erörterungspflicht des Gerichts in Flurbereinigungssachen** im Hinblick auf das dort dem Gericht eingeräumte Ermessen s auch Mü BayVBl 1976, 52.

Nach ausdr Bestimmung des Abs 1 bezieht sich die Erörterungspflicht **auch** 4
auf Rechtsfragen, soweit sie für die Entscheidung erheblich sein können.[5] Das Gericht muß die Beteiligten insb dann **auf Rechtsfragen besonders hinweisen,** wenn es von seiner bisherigen Rspr abweichen will (BVerfG NJW 1961, 891, 1549; ML 8b zu § 62 SGG). S auch **§ 139 Abs 2 ZPO),**[6] der gem § 173 S 1 auch im Verwaltungsprozeß anzuwenden ist. Zu einem **umfassenden Rechtsgespräch** ist das Gericht jedoch auch nach § 104 bzw § 173 S 1, **§ 139 Abs 2 ZPO** u nach Art 103 Abs 1 GG **nicht verpflichtet;**[7] **ebenso nicht dazu,** daß es den Beteiligten vor der Entscheidung **mitteilt, von welcher Rechtsauffassung es ausgeht,**[8] geschweige denn, „wie es entscheiden will u aus welchen Gründen".[9] Aus denselben Gründen ergibt sich aus § 173 S 1, **§ 139 Abs 2 ZPO** auch für das Gericht **keine Verpflichtung,** sich **schon vor der Urteilsberatung hins seiner Rechtsauffassung** festzulegen u diese in der mV **zur Diskussion zu stellen** (Bischof NJW 1977, 1901; P. Hartmann NJW 1978, 1460; s auch 23 zu § 86). Entspr Hinweise des Gerichts sind jedoch zulässig (NJW 1979, 1315) u uU **nobile officium;** sie sind vielfach auch zur Konzentration des Vf zweckmäßig. Vgl auch 21 zu § 108.

Die Erörterungspflicht besteht **nur ggü** den zur mV **erschienenen Beteilig-** 5
ten. Vgl aber zum Erfordernis der Gewährung rechtlichen Gehörs gegenüber Beteiligten, die ohne ihr Verschulden (§ 60) an der Teilnahme verhindert waren, oben 2; ferner 5 zu § 60; 28 zu § 86; 3ff zu § 103; 26f zu § 108. Mittelbar folgt aus der Erörterungspflicht auch die Verpflichtung des Gerichts zur **Feststellung**

---

[5] 51, 113; s auch 21 zu § 108; ebenso zu Art 103 Abs 1 GG BVerfG 6, 210; 54, 291 = NJW 1981, 39; 74, 228 = NJW 1987, 2067; Kopp AöR 1981, 622 mwN; vgl auch NJW 1986, 3156: offen, ob das rechtliche Gehör verletzt, wenn eine Erörterung der Rechtsfragen völlig unterbleibt.

[6] Zu § 278 Abs 3 ZPO aF BGH NJW 1980, 1975; Hinz NJW 1976, 1187; Bischof NJW 1977, 1900.

[7] DÖV 1980, 650; NJW 1984, 625; Mü NVwZ-RR 2006, 739; BVerfG 31, 370; 42, 85 = NJW 1976, 1391; NKVwGO-Dolderer 16; Sch-Ortloff 25; RÖ-Kothe 7 zu § 108:

[8] Buchh 310 § 104 Nr 12 S. 6; NVwZ 2004, 1510; Mü NVwZ-RR 2006, 739; ebenso zu Art 103 Abs 1 GG BVerfG 66, 147; 67, 96; 75, 5; 86, 145; NJW 1991, 2823.

[9] Buchh 310 § 104 Nr 12 S. 6; vgl aber auch ThP 26 zu 139 ZPO, wonach das Gericht verlautbaren lassen sollte, wie es die Aussichten der Klage beurteilt u aufgenommene Beweise würdigen wird; ferner 23 zu § 86; **aA** Schneider MDR 1977, 881 zu § 278 ZPO aF; zu den Grenzen, bei denen jedoch eine Hinweispflicht als geboten erachtet wird, s ThP 23 zu § 139 ZPO.

der Verhandlungsfähigkeit der Beteiligten, wenn insoweit Anlaß zu Zweifeln besteht. Grds kann das Gericht die Verhandlungsfähigkeit selbst feststellen u muß dazu keine Gutachter heranziehen (NJW 1986, 2899; Buchh 448.0 § 25 WPflG Nr 60). Liegen jedoch ärztliche Gutachten zur Verhandlungsfähigkeit vor oder werden solche vorgelegt, so darf das Gericht nicht aufgrund eigener Sachkunde das Gegenteil annehmen (NJW 1986, 2899).

6 **3. Fragerecht (Abs 2):** Im Gegensatz zur Prozeßleitung (ieS, s 1 f zu § 103) u zur allg Erörterungspflicht des Vorsitzenden (Abs 1), der auch ein allg Erörterungs- u Fragerecht entspricht, haben **die übrigen Mitglieder des Gerichts,** einschließlich der ehrenamtlichen Richter u der an der mV teilnehmenden Ergänzungsrichter (str), nur das **Fragerecht.** Dieses ist zugleich Ausfluß der dem Gericht als ganzem, nicht nur den Vorsitzenden, obliegenden Ermittlungspflicht nach § 86 Abs 1. Es bezieht sich nur auf **sachdienliche,** dh der Sachaufklärung nach § 86 Abs 1 oder der Klarstellung des Vorbringens u der Anträge der Beteiligten dienende Fragen.

7 **Fragen können** (trotz der allg Fassung der Vorschrift) **nur von den Beteiligten** (§ 63) sowie von Zeugen u Sachverständigen, nicht auch von einem anderen Mitglied des Gerichts, auch nicht vom Vorsitzenden, **beanstandet** werden (ThP 4 zu § 140 ZPO; M 3 zu § 140 ZPO; **aA** Ey-Geiger 10; B-Kuntze 9; NKVwGO-Dolderer 40; RÖ-Kothe 2; Sch-Ortloff 67: auch von Mitgliedern des Gerichts). Vgl auch 22 ff zu § 86.

8 **4. Schluß der mündlichen Verhandlung (Abs 3):** Eine ausdr Erklärung, daß die mV geschlossen ist, ist nicht erforderlich. Die Schließung kann **auch durch konkludentes Handeln** erfolgen, zB durch Aufruf der nächsten Sache, Verkündung eines Beschlusses gem § 116 Abs 2 über die Zustellung der Entscheidung, Zurückziehen des Gerichts zur Beratung uä (DÖV 1969, 401; Ey-Geiger 12).

9 Die **Schließung** der mV ist **erst zulässig,** wenn die Streitsache hinreichend erörtert ist (Abs 1), die Mitglieder des Gerichts keine weiteren Fragen mehr haben (Abs 2) u die Beteiligten zu allen möglicherweise entscheidungserheblichen Punkten gehört wurden (§ 108 Abs 2) u weder weitere Anträge stellen noch weiter etwas zur Sache vortragen wollen. Dies ist grds durch entspr Fragen des Vorsitzenden vor Schließung der Verhandlung zu klären. Wird die **Verhandlung zu früh geschlossen,** so kann darin eine Verletzung des rechtlichen Gehörs (§ 108 Abs 2) und/oder der Aufklärungs- u Erörterungspflicht des Gerichts (§ 86 Abs 1 u 2, § 104 Abs 1) liegen, auf die die Revision gestützt werden kann (NJW 1995, 2308). Zum Anspr unverschuldet zu spät zu einem Termin erschienener Beteiligter auf Wiedereröffnung der mV s unten 11 a; ferner 4 f zu § 103.

Erscheint die Sache dem Gericht bereits hinreichend geklärt, kann sich ein Beteiligter in der mV aber noch nicht auf neues Vorbringen des Gegners oder eines anderen Beteiligten erklären, so kann ihm das Gericht zur Wahrung des rechtlichen Gehörs gem **§ 283 ZPO,** § 173 S 1 dazu – ggf auch beschränkt auf bestimmte Fragen – eine angemessene **Schriftsatzfrist** einräumen. S auch 11 zu 103. Entsprechendes gilt für andere Erklärungen u Stellungnahmen, zB zu Beweisergebnissen. Welche Frist angemessen ist, ist nach den Umständen zu beurteilen (vgl BAG MDR 1982, 611: bei erst in der mV vorgelegten komplizierten u umfangreichen Geschäftsunterlagen sind 3 Tage zu kurz).

10 **5. Wiedereröffnung der mündlichen Verhandlung (Abs 3 S 2):** Ist die Verhandlung geschlossen, so sind **weitere Ermittlungen** des Gerichts (BayVBl 1972, 136) u **weiteres Vorbringen** der Beteiligten (es sei denn, diesen war nach § 173 S 1, § 283 ZPO Schriftsatzfrist eingeräumt worden, NJW 1995, 2308; s dazu im folgenden) nur zulässig u für das Gericht beachtlich, wenn vorher die **mV** durch das Gericht nach § 173 S 1, § 156 ZPO **wieder eröffnet** wird (BVerfG NJW 1992, 2217; BayVerfGH BayVBl 1993, 699). Andererseits kann ein Beteiligter

nicht später eine **Verletzung** des **rechtlichen Gehörs** geltend machen, wenn er bei nochmaliger Eröffnung der mV Gehör erlangen hätte können, die Wiederaufnahme der mV jedoch nicht beantragt hat (SGb 1994, 179). S allg zur Wiederaufnahme der mV auch BVerfG NJW 1989, 858; Fischer NJW 1994, 1317.

Das Gericht (nicht der Vorsitzende) **kann** (Ermessen, vgl BayVBl 1993, 413) 11
auf Anregung eines Beteiligten oder auch **vAw** bis zum Erlaß des Urteils (s 1 zu § 116) die mV **jederzeit** wieder eröffnen. Es **muß** dies tun, **wenn ein Beteiligter unverschuldet zu spät,** aber noch vor Ergehen des Urteils, zum Termin erscheint;[10] wenn das **persönliche Erscheinen eines Beteiligten angeordnet** war u dieser **ohne Verschulden** an der Terminswahrnehmung gehindert war (Ks NVwZ-RR 1999, 540); **wenn sich bei der Beratung** des Urteils ergibt, daß für die Entscheidung erhebliche **Fragen noch weiterer Klärung bedürfen,**[11] **oder wenn sonstige Gründe** vorliegen oder eintreten, die jede andere Entscheidung insoweit als **ermessensfehlerhaft** erscheinen lassen (BayVBl 1993, 413; Buchh 310 § 104 VwGO Nr 3 u 23). Das trifft auch zu bei Verletzung des rechtlichen Gehörs Beteiligter (Dolderer DÖV 2000, 493) oder wenn Wiederaufnahmegründe iSd § 153 vorliegen (Dolderer DÖV 2000, 493). Die mV ist danach insb auch dann wieder zu eröffnen, wenn ein nach § 283 ZPO in zulässiger Weise **nachgereichter Schriftsatz** in tatsächlicher oder rechtlicher Hinsicht wesentlich **neues Vorbringen** enthält, das eine Erörterung nach § 104 Abs 1 erforderlich macht (BVerfG 72, 88; NJW 1992, 2217; vgl auch BayVerfGH BayVBl 1987, 157); **anders** idR – zu Ausnahmen s Fischer NJW 1994, 1317 –, wenn **keine Schriftsatzfrist eingeräumt** war,[12] oder wenn ein nachgelassener Schriftsatz **Vorbringen** enthält, **das über die gestattete bloße Erwiderung** zu bestimmten Fragen **hinausgeht;** in diesem Fall liegt es im Ermessen des Gerichts, ob es die Verhandlung nochmals wiederaufnimmt oder das in Frage stehende Vorbringen einfach unberücksichtigt läßt,[13] **es sei denn,** daß der Schriftsatz **zeigt,** daß der **Sachverhalt noch nicht hinreichend geklärt** ist.[14] Eine Verpflichtung zur Wiedereröffnung besteht auch dann, wenn der Kl in der mV mit einem Hinweis überrascht worden ist, zu dem er nicht sofort Stellung nehmen konnte u ihm das Gericht keine Möglichkeit zur Stellungnahme mehr eingeräumt hat (BFH NVwZ 2002, 1152).

Auch wenn diese Voraussetzungen nicht gegeben sind, muß das Gericht bei nachträglichem Vorbringen die Tatsache, daß noch etwas vorgetragen wurde, jedenfalls zur Kenntnis nehmen u eine Wiedereröffnung erwägen u darüber **ermessensfehlerfrei** entscheiden.[15] Dasselbe gilt, wenn sonst vor Verkündung oder Zustellung des Urteils, dh der Hinausgabe zur Post[16] **ein Beteiligter** aus

---

[10] S 4f zu § 103; dazu DVBl 1989, 893; BayVBl 1993, 413: Ermessen des Gerichts hins einer Wiedereröffnung der mV ist in diesem Fall auf Null reduziert.

[11] Vgl 81, 143: wenn zusätzliche Ermittlungen oder neuer Sachvortrag erforderlich sind; BayVerfGH NJW 1984, 1027; BayVBl 1987, 157; BGH 53, 262 = NJW 1970, 946; WM 1979, 588; BSG MDR 1974, 612; Walchshöfer NJW 1972, 1030; Deubner NJW 1980, 264; zu eng BVerwG NVwZ-RR 1991, 587: wenn die unzulängliche Sachaufklärung die Folge einer Verletzung der Mitwirkungspflicht eines Beteiligten ist, auch keine Verpflichtung zur Wiedereröffnung der mV zwecks Vornahme unterbliebener Aufklärungsmaßnahmen.

[12] BVerfG NJW 1992, 2217; BVerwG NJW 1995, 2308; BayVerfGH NJW 1984, 1026; **aA** BVerfG 72, 88.

[13] Vgl auch BGH NJW 1966, 1657; Mü BayVBl 1984, 21; ferner OLG Köln NJW-RR 1991, 1536: ein nicht nach § 283 ZPO nachgelassener Schriftsatz braucht nicht berücksichtigt zu werden u muß im Urteil auch nicht erwähnt werden; ähnlich BVerfG NJW 1992, 2217.

[14] BayVerfGH BayVBl 1993, 699; BVerwG NJW 1995, 2308: sog „verfrühter Verhandlungsschluß".

[15] NVwZ 1989, 858 mwN; Fischer NJW 1994, 1317; Sch-Ortloff 72 Fn 129.

[16] Offen insoweit DVBl 1989, 875, ob der Zeitpunkt der Absendung des Urteils oder der Übergabe des Urteilstenors an die Geschäftsstelle maßgeblich ist.

welchen Gründen auch immer, **um eine Wiedereröffnung** der mV **bittet** u zB zu diesem Zweck an die Türe des Beratungszimmers klopft (vgl Fischer NJW 1994, 1320 mwN). Zu RMittel gegen eine Verweigerung der Wiederaufnahme der mV s unten 12.

11 a Die Wiedereröffnung der mV ist immer erforderlich, **wenn ein Richter** nach Abschluß der mV, bevor das Urteil beschlossen werden konnte, **ausfällt** (s 3 zu § 112; BVerwG 81, 143; BSG NJW 1966, 1479), oder die **Beschlußfassung** über das Urteil bzw die schriftliche Abfassung **nicht rechtzeitig** erfolgt (vgl NJW 1984, 192; s auch 12 zu § 116), außerdem auch, wenn die mV schon geschlossen worden war, nachträglich aber ein **Beteiligter,** der sich nur **geringfügig verspätet** hatte, doch noch erscheint (DVBl 1989, 893; s auch 4 u 5 zu § 103).

12 Die Beteiligten haben außer in den genannten Fällen (s oben 11 a) grds **keinen Anspr** auf **Wiedereröffnung** der mV;[17] **anders, wenn nachträglich Umstände** bekannt werden oder von einem Beteiligten nachgetragen werden, welche eine Wiederaufnahmeklage nach **§ 153** rechtfertigen (10, 354; RÖ-Kothe 4). Ein Anspr auf Wiedereröffnung besteht bei versäumten Klageanträgen grds nicht (NVwZ-RR 2002, 220). Soweit die Wiedereröffnung im Ermessen des Gerichts steht, kann die Entscheidung darüber im RevisionsVf **nur auf Ermessensfehlerhaftigkeit** (vgl 63 vor § 124 u 20f zu § 137) **nachgeprüft** werden.[18] Allerdings kann – vor allem wenn den betroffenen Beteiligten an der für ihn entstandenen nachteiligen Situation, insb im Hinblick auf sein Recht auf Gehör, **kein Verschulden** trifft[19] – der **Ermessensspielraum** auch in anderen Fällen angesichts besonderer Umstände des Falles **„auf Null" reduziert** sein (vgl allg 6 zu § 114) mit der Folge, daß das Gericht dann verpflichtet ist, das Vf wieder zu eröffnen.[20]

13 **Wird** die **Wiedereröffnung** der mV **beantragt,** so muß das Gericht darüber durch (nach § 146 Abs 2 nicht anfechtbaren) Beschluß entscheiden.[21] Bei Ablehnung der Wiedereröffnung bedarf es jedoch keiner gesonderten Bekanntgabe des Beschlusses, vielmehr **genügt** es, wenn das Gericht **im Urteil** in der Sache darauf eingeht u seine Entscheidung insoweit dort begründet (str; vgl BGH JR 1958, 345; BayVerfGH BayVBl 1993, 699).

Die Wiedereröffnung erfolgt immer durch **unanfechtbaren Beschluß** (§ 146 Abs 2).[22] Im wiedereröffneten Vf können die Beteiligten **auch neue Tatsachen oder Beweismittel** vorbringen, die mit dem Grund der Wiedereröffnung der Verhandlung in keinem Zusammenhang stehen. Wurde die mV wiederaufgenommen, nachdem das Gericht das Urteil bereits beraten hatte, so muß das Gericht in jedem Fall auch **nochmals in die Beratung eintreten** (BGH NStZ 1988, 470; NJW 1992, 3182); diese kann in einfachen Fällen jedoch ggf **auch in Form einer kurzen Verständigung** im Gerichtssaal erfolgen (BGH NJW 1992, 3181).

14 **6. Bei Entscheidung ohne mV** (§ 101 Abs 2) entspricht dem Schluß der mV der **Zeitpunkt der Hinausgabe** (zB Aufgabe zur Post) **der Entscheidung**

---

[17] BayVerfGH BayVBl 1993, 699; BGH 30, 60; 53, 262 = NJW 1976, 946; Ey-Geiger 16.

[18] NVwZ-RR 1991, 588; 2002, 217; Fischer NJW 1994, 1317, 1320.

[19] Vgl NVwZ-RR 1991, 588: keine Wiederaufnahme der Verhandlung zur Nachholung eines vorher unter Verletzung der prozessualen Mitwirkungspflicht unterbliebenen Vortrages.

[20] NVwZ-RR 1991, 588; Buchh 310 § 104 VwGO Nr 23; NJW 1995, 2308; BGH 53, 262; Fischer NJW 1994, 1317.

[21] Sch-Ortloff 75; **aA** BGH JR 1958, 345; BayVerfGH BayVBl 1993, 699: weder ein gesonderter Beschluß noch Erwähnung in den Entscheidungsgründen erforderlich; Dolderer DÖV 2000, 493.

[22] BVerwG NJW 1984, 192: Verstoß, wenn Gericht ohne förmlichen Beschluß erneut in Verhandlung eintritt; Urteil kann jedoch nicht iSv § 132 Abs 2 auf diesem Verstoß beruhen.

durch die Geschäftsstelle an die Beteiligten.[23] **Bis dahin** bei Gericht **eingehende Schriftsätze** muß das Gericht **noch berücksichtigen** (BVerfG 60, 317 = NJW 1982, 1691) u zur Wahrung des rechtlichen Gehörs vorher grds den übrigen Beteiligten auch zur Stellungnahme übermitteln, auch wenn das Urteil bereits abgesetzt ist;[24] es kann auch – u muß ggf (s 6f zu § 101) – zur Fortsetzung des Vf mV ansetzen. Gleiches gilt, wenn die **Entscheidung durch Zustellung** erlassen werden soll u bis zur Zustellung noch Schriftsätze eingehen (BFH 100, 351 = NJW 1971, 1200; Herden/Gmach NJW 1986, 2027).

Wurde den Beteiligten in der mV oder im schriftlichen Vf eine **Äußerungsfrist** (Schriftsatzfrist; vgl § 283 ZPO; ferner oben 9) eingeräumt, so ist eine gleichwohl vor deren Ablauf ergehende Entscheidung fehlerhaft u verletzt – auch wenn das Gericht den Umstand der Fristsetzung nur übersehen hat oder sonst darüber im Irrtum war (BVerfG 11, 220; 60, 122: auf Verschulden des Gerichts kommt es nicht an) – die Beteiligten in ihrem **Recht auf Gehör** gem Art 103 Abs 1 GG.[25] Vgl auch 27a zu § 108. 15

§ 105 [Niederschrift über die mündliche Verhandlung]

Für die Niederschrift gelten die §§ 159 bis 165 der Zivilprozeßordnung entsprechend.[1 ff]

Vgl §§ 159–165 ZPO; § 122 SGG; § 94 FGO

Schrifttum: *Hansens,* Die wichtigsten Änderungen im Bereich der Zivilgerichtsbarkeit aufgrund des Rechtspflege-VereinfachungsG. VIII. Vereinfachte Protokollierung (§ 160a ZPO), NJW 1991, 955.

1. Allgemeines: Die Vorschrift (idF des G vom 20. 12. 1974 BGBl I 3651) schreibt iVm den §§ 159 bis 165 ZPO die Aufnahme einer **Niederschrift** (Protokoll) über alle wesentlichen Vorgänge der **mV** sowie über Beweisaufnahmen (§ 96), letztere auch, wenn sie außerhalb der mV stattfinden, u für Verhandlungen **außerhalb von Sitzungen** vor, u regelt den Inhalt u sonstige Einzelheiten. Die Protokollierung dient – insb auch wg der **Beweiskraft des Protokolls** gem § 165 ZPO (s dazu unten 2) – vor allem der Sicherung des „tatsächlichen Entscheidungsstoffes" (48, 369; NJW 1988, 579) u der **Nachprüfbarkeit des Vf u** wesentlicher Ergebnisse des Vf **durch das Revisionsgericht**[1] – die **Zulassungsbeschwerde** (§ 133) u die Revision (§ 132) kann auf einen Verfahrensmangel grds **nur** gestützt werden, wenn die entspr Vorgänge sich **aus der Niederschrift** der letzten mV oder dem Tatbestand des angegriffenen Urteils ergeben (6. 9. 1989 – 9 BV 64/88) –; außerdem, ähnlich wie die Möglichkeit der Akteneinsicht gem § 100 (vgl 1 zu § 100), mittelbar auch dem **rechtlichen Gehör** der Beteiligten (offen insoweit NJW 1976, 1705). Außer in der mV u bei Beweisaufnahmen (§ 105 iVm § 159 ZPO) ist eine Protokollierung auch in **Erörterungsterminen** nach § 87 erforderlich. 1

Durch G v 20. 12. 1974 (BGBl I 3651) wurde die ursprünglich eigenständige Regelung durch die dynamische **Verweisung auf** die entspr Vorschriften der

[23] BVerfG 62, 353; BGH 17, 120; NJW 1976, 1454; MDR 1968; 33; VG Frankfurt NVwZ-RR 1991, 241; Walchshöfer NJW 1972, 1032; aA BayObLG NJW 1970, 623; OLG Köln NJW 1954, 1737: wenn in den Geschäftsgang zur Absendung gegeben; vgl auch BVerwG DVBl 1989, 875: offen, ob nicht schon mit „einer dokumentierten Übergabe des Urteilstenors" an die Geschäftsstelle.

[24] BayVerfGH MDR 1963, 376; BGH NJW 1968, 50; OLG Düsseldorf NJW-RR 1988, 319; VG Frankfurt NVwZ-RR 1991, 241; Schultz MDR 1972, 663.

[25] BVerfG 34, 347; 42, 243; 49, 215; 53, 222; 61, 42, 81, 122; 67, 202; BVerwG DÖV 1991, 644; Kopp AöR 1981, 625 mwN.

[1] 48, 369; 50, 344 = NJW 1976, 1705; NJW 1988, 579; BGH 40, 84; BAG NJW 1970, 1812.

ZPO ersetzt. Seitdem sind insb vorläufige Aufzeichnungen mit Hilfe eines Tonaufnahmegeräts uä zulässig (§ 160a ZPO). Die Neufassung des § 160a ZPO durch das RPflVereinfG läßt auch die **Aufzeichnung auf einen Ton- oder Datenträger** ausdr zu u sichert damit die entspr Praxis mancher Gerichte gesetzlich ab (Hansens NJW 1991, 955). Seit dem JKomG darf auch die endgültige Fassung des Protokolls als elektronisches Dokument erstellt werden (§ 160a Abs 4 ZPO; § 55a Abs 3, dazu 15 zu § 55a). Da § 105 nur die **entspr Anwendung** der einschlägigen Vorschriften der ZPO anordnet, ist bei den einzelnen Vorschriften zu prüfen, ob sich nicht durch Besonderheiten des Verwaltungsprozesses Abweichungen ergeben (45, 261; vgl allg auch 2 zu § 173). Zur Rüge mangelhafter Protokollierung s unten 10 u 11 sowie 7 zu § 139.

2 **Die für die mV vorgeschriebenen Förmlichkeiten** können gem § 165 S 1 ZPO grds **nur durch das Protokoll bewiesen** werden (vgl dazu BGH NJW 1984, 1466; 1985, 1782). **Nicht** als solche Förmlichkeiten der mV anzusehen sind ein in der mV erklärter **Klage- oder Rechtsmittelverzicht** (BGH NJW 1984, 1466), die **Mündlichkeit,** dh, daß eine mV stattgefunden hat (DÖV 1985, 580), u die **Öffentlichkeit** des Vf (s unten 3), die Gewährung des **rechtlichen Gehörs** (NVwZ 1985, 337: es genügt, daß diese sich aus dem Tatbestand oder den Entscheidungsgründen des Urteils ergibt) u die Einbeziehung bestimmter **Beiakten** oder sonstiger Erkenntnismittel in die mV,[2] die **Art der Verkündung** des **Urteils** (BGH NJW 1985, 1782; anders die Tatsache der Urteilsverkündung als solche, s BGH aaO); ebenso nicht bloße **Sachverhaltsmitteilungen** im Rahmen einer formlosen Anhörung (DÖV 1983, 949; Ms NVwZ-Beil 8/1995, 59).

Voraussetzung der Beweiskraft des Protokolls ist in jedem Fall die Beachtung der für die Errichtung des Protokolls wesentlichen Bestimmungen. S unten 11. **Zu den Folgen, wenn die Niederschrift verloren gegangen** ist, vgl BVerwG 20. 4. 1983 – 6 C 203.81.

Entscheidungen hins der Form (auch zB darüber, ob ein Aufzeichnungsgerät benutzt werden soll, vgl BGH NJW 1978, 2509) u des Inhalts **des Protokolls** sind **richterliche Tätigkeit** u unterliegen daher nicht der Dienstaufsicht (BGH 67, 188; NJW 1978, 2509). Das Protokoll kann **auch von einem Mitglied des Gerichts** geführt werden. Zur Betrauung eines Referendars mit der Protokollführung vgl OLG Hamburg StV 1984, 111: die Betrauung muß vorher ausgesprochen worden sein.

3 **2. Der vorgeschriebene Inhalt des Protokolls** ergibt sich aus §§ 159 bis 161 ZPO. Nach § **160 Abs 3 Nr 4** ZPO müssen **Aussagen von Zeugen,** Sachverständigen oder eines als „Partei" nach § 98, § 450 ZPO vernommenen Beteiligten (§ 63) protokolliert werden (vgl auch NJW 1988, 579: die Angabe in der Niederschrift, daß einige Zusatzfragen gestellt worden sind, genügt nicht). Das gilt auch für in der mV erteilte Auskünfte, die einen Zeugenbeweis ersetzen sollen (NVwZ 1988, 1019). Eine Protokollierung solcher Aussagen usw ist nach § 161 Abs 1 Nr 1 ZPO entbehrlich, wenn die Vernehmung vor dem Prozeßgericht erfolgt u das Urteil der Berufung oder Revision nicht (wenn auch uU nur aufgrund besonderer Zulassung) unterliegt, bzw, wenn die Voraussetzungen nach § 161 Abs 1 Nr 2 ZPO gegeben sind (vgl auch NVwZ 1985, 182: Verzicht der Beteiligten auf Protokollierung des Ergebnisses einer Parteivernehmung nicht zulässig; uU aber das Rügerecht verwirkt). Dasselbe gilt für die Niederschrift über einen **Augenschein** (§ 160 Abs 3 Nr 5 ZPO). – Für das **Vf vor den Verwaltungsgerichten** 1. Instanz ist damit die **Protokollierung insoweit immer geboten,** insb auch, wenn das Urteil, wie in Wehrpflichtsachen, lediglich der

[2] DÖV 1983, 947; Buchh 310 § 117 VwGO Nr 1; 310 § 108 VwGO Nr 134; 448.0 § 25 WPflG Nr 60; Lü NVwZ-Beil 1996, 68.

Revision unterliegt (50, 344, zugleich auch zum Verlust des Rügerechts gem § 295 ZPO bei nicht rechtzeitiger Rüge; 51, 67).

Aussagen können gem §§ 160 Abs 3 Nr 4, 160a ZPO **unmittelbar auf einen Tonträger aufgezeichnet** werden; es bedarf in diesem Fall keines Diktats durch den Richter u gem § 162 Abs 2 S 1 ZPO, wenn die Aufzeichnung unmittelbar „live" – dh nicht in Form einer Zusammenfassung durch den Vorsitzenden – in Gegenwart der Beteiligten erfolgt, grds auch keines nochmaligen Abspielens (DÖV 1976, 606, 746; NJW 1976, 1282, 1283; DVBl 1977, 201), es sei denn, ein Beteiligter verlangt das nochmalige Abspielen (§ 162 Abs 2 S 1 ZPO; 67, 44). Unterbleibt mangels eines solchen Verlangens das Abspielen der unmittelbar aufgezeichneten Aussage, so kann der Beteiligte nicht später die Unvollständigkeit oder Unrichtigkeit der Tonbandaufnahme rügen (ZBR 1983, 194). Anders verhält es sich, wenn nur die vom Vorsitzenden **diktierte** Zusammenfassung der Aussage aufgezeichnet wird (67, 44). Hier kann Abspielen der Aufzeichnung nur unterbleiben, wenn die Beteiligten darauf verzichten (§ 162 Abs 2 S 2 ZPO, s DÖV 1981, 840). **Zeichnet ein Richter zusätzlich** zur Aufzeichnung der Aussagen durch den Tonträger das wesentliche Ergebnis der Aussagen auf, so müssen diese Aufzeichnungen jedenfalls verlesen (§ 162 Abs 1 S 1 ZPO) u mit einem Vermerk, daß sie genehmigt, bzw welche Einwendungen dagegen erhoben wurden, nach § 160a Abs 3 S 1 ZPO zu den Prozeßakten genommen werden (67, 44 = DÖV 1983, 550); dies gilt jedoch für **rein persönliche,** nur als Gedächtnisstütze dienende **Notizen** nicht.

Bei Zeugenaussagen genügt auch eine **zusammenfassende Darstellung des wesentlichen Inhalts durch den Vorsitzenden** (DÖV 1981, 537). Verweigert ein Zeuge nach seiner Vernehmung die Genehmigung der darüber gefertigten Niederschrift oder zieht er seine ursprünglich erteilte Genehmigung später wieder zurück, so steht dies der Verwertung der protokollierten Aussage in der Beweiswürdigung nicht entgegen (NJW 1986, 3154 = BayVBl 1986, 376 unter Hinweis auf § 162 ZPO).

Ein **Antrag** gem § 160 Abs 4 S 1 ZPO, **bestimmte Vorgänge** oder Äußerungen in das Protokoll **aufzunehmen,** kann nur bis zum Schluß der mV gestellt werden, ein später gestellter Antrag ist unzulässig (OLG Frankfurt NJW-RR 1990, 123).

Nicht zulässig ist es, **Aussagen von** Zeugen usw u sonstige Ergebnisse von Beweisaufnahmen **nicht** in **die Niederschrift aufzunehmen** bzw in anderer nach § 160a ZPO zulässiger Form (zur – nur beschränkt bestehenden – Verpflichtung des Gerichts zur Übertragung in Schriftform vgl DÖV 1976, 746) festzuhalten, sondern unmittelbar ihrem Inhalt nach **im Urteil,** getrennt von ihrer Würdigung, oder aber **in anderer geeigneter Form** (13, 338; BGH 40, 84; BAG NJW 1970, 1812) festzuhalten.[3]

Nicht erforderlich, jedoch weitgehend üblich, ist ein **Hinweis** in der Niederschrift **auf die Verhinderung eines Richters,** die eine von der Regelbesetzung des Gerichts abweichende Besetzung zur Folge hat (NJW 1986, 3154); daß **Strafakten beigezogen** u zum Gegenstand der mV gemacht worden waren (NJW 1986, 1187); daß die **Öffentlichkeit der Verhandlung** gewahrt war;[4] daß der Vorsitzende die **mV geschlossen** hat u das Gericht sich **zur Beratung zurückgezogen** hat usw. Wird die mV, nachdem sie bereits geschlossen war,

---

[3] 48, 369 = DÖV 1976, 167; 51, 66; 61, 367; 67, 44 = DÖV 1983, 550: Wiedergabe im Tatbestand des Urteils genügt nicht; § 105 nF läßt diese Möglichkeit nicht mehr zu; NJW 1988, 579; Ba DVBl 2001, 1547.

[4] NJW 1960, 2210: Öffentlichkeit der mV ist anzunehmen, wenn nicht der Ausschluß der Öffentlichkeit vermerkt ist: vgl auch BGH 26, 340; **aA** NJW 1983, 2155 unter Hinweis auf §§ 160 Abs 1 Nr 5, 165 ZPO: Beweis, daß die Öffentlichkeit gewahrt, nur durch die Niederschrift.

nochmals eröffnet u die Entscheidung daraufhin aufgrund einer nochmaligen kurzen Verständigung der Richter im Sitzungssaal anstelle einer nochmaligen förmlichen Beratung verkündet, so sollte immer auch ein **Hinweis auf die erfolgte formlose Verständigung in der Niederschrift** aufgenommen werden (vgl zum Strafprozeßrecht BGH NJW 1987, 3210).

4 **Anträge der Beteiligten** müssen nur dann in die Niederschrift aufgenommen werden, wenn sie in der mV ausdr gestellt oder präzisiert werden (was grds nicht erforderlich ist, wenn sich die Anträge schon aus dem vom Berichterstatter vorgetragenen Akteninhalt hinreichend klar ergeben, vgl 45, 264); eine **Verlesung u Genehmigung** der Anträge ist gem § 162 Abs 1 S 1 ZPO nur erforderlich, wenn diese zu Protokoll erklärt wurden (vgl auch zu § 165 aF BVerwG 45, 262). Ein Verzicht auf die Verlesung protokollierter Anträge gem § 162 Abs 2 S 2 ZPO ist nicht möglich, jedoch tritt Heilung gem § 173 S 1, § 295 ZPO ein, wenn dieser Verfahrensverstoß nicht zu Beginn der nächsten mV gerügt wird (DÖV 1981, 840). Die **Verlesung des Protokolls** ist nicht Voraussetzung für die Wirksamkeit von zu Protokoll gegebenen Prozeßerklärungen, zB einer Klagerücknahme (Br NJW 1983, 703).

5 **Anerkenntnisse und Anspruchsverzichte** (vgl 4 zu § 86) **müssen** gem § 160 Abs 3 Nr 1 ZPO **immer protokolliert** u gem § 162 ZPO außerdem (unverzichtbar, Verstoß jedoch grds nur bei rechtzeitiger Rüge erheblich)[5] **verlesen,** zur Durchsicht vorgelegt oder vom Tonträger vorgespielt werden (vgl Ule VwGO 357; BSG NJW 1969, 77; BAG JZ 1960, 321; Schmidt NJW 1969, 814; ferner auch 45, 263).

6 **Prozeßvergleiche** (§ 106) können gem § 105 iVm §§ 160 Abs 3 Nr 1, 162 ZPO **zur Niederschrift** auch in der Weise abgeschlossen werden, daß die Aufzeichnung auf Tonträger erfolgt. S dazu auch 11 zu § 106.

Zusicherungen zur Niederschrift des Gerichts genügen der Schriftform des § 38 Abs 1 S 1 VwVfG (97, 327; NVwZ 2003, 997).

7 Die Beteiligten können nach § 160 Abs 4 ZPO grds verlangen, daß **bestimmte Vorgänge oder Äußerungen** in das Protokoll **aufgenommen** werden, auch zB, daß in das Protokoll aufgenommen wird, daß der Zeuge seine Antwort erst sehr spät gegeben hat (DÖV 1981, 971).

Anträge nach § 160 Abs 4 S 1 ZPO können nur bis zum Schluß der mV gestellt werden (NJW 1963, 730).

8 **3. Berichtigungen** (einschließlich Ergänzungen) **des Protokolls:** Der Vorsitzende u der Schriftführer (§ 159 Abs 1 S 2 ZPO), sofern ein solcher zugezogen ist, können das Protokoll gem § 164 ZPO **jederzeit auf Antrag** (DÖV 1980, 180; Buchh 448.0 § 25 WPflG Nr 55) **oder auch vAw** (NJW 1976, 1709) gemeinsam (dh beide müssen zustimmen u von der Richtigkeit überzeugt sein), bei Verhinderung eines Genannten der andere allein unter Angabe des Verhinderungsgrundes (§ 164 Abs 3 ZPO; Sch-Ortloff 30; RGZ 164, 360; BAG NJW 1965, 931), berichtigen, **selbst noch, nachdem** Verfahrensfehler, die durch das Protokoll bewiesen werden sollen, bereits mit **RMittel** gerügt wurden.[6] Die Berichtigung erfolgt durch einen **Nachtrag zum Protokoll** (§ 164 Abs 3 ZPO). Vor Durchführung der Berichtigung sind **die Beteiligten** sowie, wenn die Berichtigung Aussagen von **Zeugen** usw betrifft, auch diese, **dazu zu hören** (§ 164 Abs 2 ZPO). Vgl allg zur Protokollberichtigung auch MDR 1961, 166.

9 Die Entscheidung über einen Berichtigungsantrag erfolgt **durch Beschluß** (DÖV 1981, 180). **Gegen die Berichtigung** bzw die Ablehnung einer Berichti-

---

[5] Vgl DÖV 1976, 746; 1981, 840; allg auch BGH NJW 1984, 1465: der Umstand, daß ein tatsächlicher Rechtsmittelverzicht nicht verlesen u genehmigt wurde, hat nicht die Unwirksamkeit zur Folge, NJW 1989, 1934: dasselbe gilt für das Anerkenntnis.

[6] DÖV 1981, 180; BGH 26, 340 = NJW 1959, 711; Ey-Geiger 28; RÖ-Kothe 12; soweit jedenfalls der Zweck des Protokolls nicht entgegensteht, auch DVBl 1977, 201.

gung können die Beteiligten in entspr Anwendung von § 151 die Entscheidung des Gerichts beantragen,[7] gegen die Entscheidung des Gerichts **Beschwerde** (§ 146) einlegen;[8] die unter Berücksichtigung des Rechtsgedankens des § 119 Abs 2 jedoch nur darauf gestützt werden kann, daß die Berichtigung bzw die Versagung der Berichtigung oder das Unterlassen einer Entscheidung darüber unzulässig ist bzw nicht von den dazu berufenen Personen vorgenommen wurde oder an sonstigen Verfahrensfehlern leidet.[9] Die Beschwerde kann hingegen nicht darauf gestützt werden, daß das Protokoll inhaltlich unrichtig ist (Ma NVwZ-RR 2003, 318).

Das **Recht** der Betroffenen, **Berichtigung** des Protokolls gem § 164 ZPO **zu verlangen bzw einen Mangel** (Unvollständigkeit, Unverständlichkeit, inhaltliche Unrichtigkeit) **zu rügen, geht gem § 173 S 1, § 295 ZPO verloren,** wenn es nicht rechtzeitig geltend gemacht wird,[10] bei durch einen RA vertretenen Beteiligten grds schon, wenn die Rüge nicht in der nächsten mV erhoben wird;[11] **anders** idR bei nicht anwaltschaftlich vertretenen Beteiligten (51, 66 = DÖV 1976, 749). Durch den Verlust des Rügerechts wird jedoch das Recht, gem § 119 eine **Berichtigung des Tatbestands** des Urteils usw zu verlangen, nicht berührt.[12] 10

4. Folgen fehlerhafter Protokollierung: Fehlt die Niederschrift oder ist sie in wesentlichen Punkten unvollständig, widersprüchlich oder sonst mangelhaft wg eines Verstoßes gegen § 105, §§ 159–165 ZPO, u wurde der Verstoß rechtzeitig gem § 173 S 1, § 295 ZPO gerügt (s oben 10), so **entfällt** insoweit **die Beweiskraft** des Protokolls gem § 164 ZPO bezüglich der Förmlichkeiten des Vf (s oben 2). **Keine Beweiskraft** hat das Protokoll auch hins **Erklärungen, die nicht der Protokollierungspflicht unterliegen** (s oben 2). Auch wenn die Protokollierung nicht ordnungsgemäß erfolgte oder die vorläufigen Protokollaufzeichnungen unter Verstoß gegen § 162 Abs 1 ZPO den Beteiligten nicht vorgelesen u von ihnen nicht genehmigt wurden, fehlt dem Protokoll insoweit die Beweiskraft einer öffentlichen Urkunde. Ein Rechtsmittelverzicht kann in diesem Fall aber auch **auf andere Weise bewiesen** werden; die Wirksamkeit des Verzichts wird – anders als die Wirksamkeit eines gerichtlichen Vergleichs – durch die fehlerhafte Protokollierung nicht berührt. 11

Mit der Revision kann ein Protokollmangel nur dann mit Erfolg geltend gemacht werden, wenn er rechtzeitig gerügt wurde u dargetan wird, daß die Entscheidung darauf beruhen kann (NJW 1976, 1705), zB daß bei ordnungsgemäßer Protokollierung Umstände hervorgetreten wären, die das Gericht hätte berücksichtigen müssen u die zu einer für den Rechtsmittelführer günstigeren Entscheidung hätten führen können;[13] **anders, wenn der Verstoß** so erheblich

---

[7] Mü BayVBl 1999, 86; NVwZ-RR 2000, 843; **aA** DÖV 1981, 180, 840; RÖ-Kothe 12; Sch-Ortloff 32.

[8] Mü BayVBl 1989, 566; 1999, 86; NVwZ-RR 2000, 843; **aA** BVerwG DÖV 1981, 180; Ks NVwZ-RR 2006, 849; Ma NVwZ-RR 1997, 672; 2003, 318; Ey-Geiger 29; NKVwGO-Dolderer 83.

[9] Ebenso zB Ey-Happ 10 zu § 146; grds auch Mü BayVBl 1999, 86: eingeschränkte Begründetheitsprüfung; eingeh Nachw zum Streitstand 11. Aufl Fn 1.

[10] 48, 369; 50, 344 = DÖV 1976, 745; 67, 44 = DÖV 1983, 550; NVwZ 1985, 182; DÖV 1976, 757; 1981, 537, 840.

[11] 50, 344; DÖV 1976, 757; zweifelhaft, vgl auch NJW 1988, 579: keine Rüge mehr möglich nach Verkündung des Urteils.

[12] DÖV 1976, 745, 757; vgl aber NJW 1988, 579: die Aufnahme des wesentlichen Inhalts der Aussage einer vernommenen Partei in den Tatbestand des Urteils genügt dem Zweck der Sicherung des Entscheidungsstoffes u der Ermöglichung einer Überprüfung des Urteils durch das Rechtsmittelgericht nicht in gleicher Weise wie die Sitzungsniederschrift; s auch oben 3.

[13] 13, 340; 48, 371; NJW 1976, 1705; NVwZ 1985, 182: die Verletzung von § 160 Abs 3 Nr 4, 161 Abs 1 Nr 1 ist kein absoluter Revisionsgrund; NVwZ 1988, 1019.

ist, daß mangels eines ausreichenden Protokolls eine **Nachprüfung** der Entscheidung **überhaupt unmöglich ist** (NJW 1976, 1705; BGH 40, 84; BAG NJW 1970, 1812). Vgl auch oben 2; ferner 7 zu § 139.

§ 106 [Gerichtlicher Vergleich]

Um den Rechtsstreit vollständig oder zum Teil zu erledigen,[3f] können die Beteiligten zur Niederschrift des Gerichts oder des beauftragten oder ersuchten Richters einen Vergleich[5] schließen, soweit sie über den Gegenstand des Vergleichs verfügen können.[12] Ein gerichtlicher Vergleich kann auch dadurch geschlossen werden, daß die Beteiligten einen in der Form eines Beschlusses ergangenen Vorschlag des Gerichts, des Vorsitzenden oder des Berichterstatters schriftlich gegenüber dem Gericht annehmen.[11]

Vgl § 794 Abs 1 Nr 1 ZPO; § 101 SGG

Schrifttum: *Dawin,* Verfahren beim Widerruf eines Prozeßvergleichs, NVwZ 1983, 143; *Dolderer,* „Bedingtes Urteil" bei Widerrufsvergleich?, VBlBW 2001, 404; *ders,* Der Vergleich vor dem Verwaltungsgericht, in: Staat/Kirche/Verwaltung, Maurer-FS 2001, 609; *Franke,* Der gerichtliche Vergleich im Verwaltungsprozeß, 1996; *Gottwald* ua (Hg), Der Prozeßvergleich, 1983; *Keller,* Erklärungsadressat für Widerruf eines Prozessvergleichs, Jura 2006, 925; *Kluth,* Der Vergleich im Baunachbarrechtsstreit, BauR 1990, 678; *Kniffka,* Die Wirkungen eines Prozeßvergleichs auf ein nicht rechtskräftiges Urteil – OLG Hamm, NJW 1988, 1988 –, JuS 1990, 969; *Lüke,* Neues zum Prozeßvergleich?, NJW 1994, 233; *Renck,* Vollstreckungsabwehrklage bei Vollstreckung aus Vergleich, NJW 1992, 2209; *Salje,* Der mißbrauchte Prozeßvergleich – ein Beispiel für kapazitätsgesteuerte Gerechtigkeit?, DRiZ 1994, 285; *Stelkens,* Das Gesetz zur Neuregelung des verwaltungsgerichtlichen Verfahrens (4. VwGO-ÄndG) – das Ende einer Reform? I 7. Ein neuer Vergleich, NVwZ 1991, 216; *Tiedemann,* Der Vergleichsvertrag im kommunalen Abgabenrecht, DÖV 1996, 594; *Treffer,* Der Prozeßvergleich, MDR 1999, 520; s auch zur **Mediation** Schrifttum zu § 1.

1 **1. Allgemeines:** Die durch das 4. VwGOÄndG neu gefaßte Vorschrift regelt den gerichtlichen, dh vor dem Gericht oder einem beauftragten oder ersuchten Richter (§ 96 Abs 2; s auch unten 9) abgeschlossenen Vergleich (sog **Prozeßvergleich**). Außer durch Urteil, Klagerücknahme u Erklärung der Erledigung der Hauptsache kann das Vf auch durch Abschluß eines gerichtlichen Vergleichs beendet werden (vgl 1 zu § 92). § 106 ist insoweit **Ausdruck des Verfügungsgrundsatzes** (s dazu 1 zu § 81; 2 zu § 86). Allg zur Unzulässigkeit eines Vergleichs in Vf, für die wie im Verwaltungsprozeß das Amtsermittlungsprinzip (s 2 zu § 86) gilt, vgl zum Strafprozeß BVerfG NJW 1987, 2663 u Schmidt-Hieber, Verständigung in StrafVf 1986; Dahs NJW 1987, 1318; zum Vf in Abgabensachen Knepper BB 1986, 168. Zu der von einem Vergleich zu unterscheidenden richterlichen **Mediation,** die allerdings zu einem Prozeßvergleich führen kann, s 33 ff zu § 1.

Die Änderungen des § 106 durch das 4. VwGOÄndG sollen vor allem sicherstellen, daß **auch Anspr** in den Vergleich einbezogen werden können, **die nicht Prozeßgegenstand** gewesen sind, u zum anderen klarstellen, daß es für die Dispositionsbefugnis der Beteiligten entscheidend auf den **Inhalt des Vergleichs** u nicht auf den Gegenstand der Klage ankommt (S 1; BT-Dr 11/7030, 29). Außerdem sollte damit klargestellt werden, daß ein gerichtlicher Vergleich auch durch **Annahme eines schriftlichen Vergleichsvorschlags** des Gerichts u damit ohne Protokollierung zustande kommen kann (BT-Dr 11/7030, 29).

Die Beendigung des Vf durch Abschluß eines gerichtlichen Vergleichs ist auch *noch* **in der Rechtsmittelinstanz** möglich; sie führt hier wie eine Klagerücknahme (vgl 2 zu § 92) dazu, daß **bereits ergangene Urteile unwirksam** werden, soweit der Vergleich insoweit keine andere Regelung trifft.

2 § 106 gilt **entspr** auch für selbständige **Beschlußvf,** zB nach § 80 Abs 5, § 80a Abs 3, § 123 oder § 47 (Sch-Ortloff 28).

2. Wesen und Funktion des gerichtlichen Vergleichs: Der **Prozeßvergleich** ist analog § 779 Abs 1 BGB ein Vertrag, durch den die Beteiligten **durch gegenseitiges** (vgl HansOLG MDR 1977, 502) **Nachgeben** (Verzicht oder Übernahme neuer Verpflichtungen; s unten 5) den zwischen ihnen bestehenden **Rechtsstreit beenden** (BSG NJW 1989, 2565). S im einzelnen unten 5 ff. Ein Vergleich kann auch auf **einen selbständigen Teil des Streitggst** (sog Teilvergleich, s unten 15) beschränkt werden; dann bleibt die Klage bezüglich des Restes anhängig u erfordert insoweit noch eine Entscheidung durch Urteil. 3

Im Gegensatz zum außergerichtlichen Vergleich (s dazu unten 20 ff), bei dem es noch einer verfahrensbeendenden Erklärung der Beteiligten bedarf, **beendet der gerichtliche Vergleich das Vf unmittelbar,**[1] der mit einem Widerrufsvorbehalt geschlossene Prozeßvergleich allerdings **aufschiebend** durch die Nicht-Ausübung des Widerrufsrechts (bzw die nicht rechtzeitige Ausübung) **bedingt** (s unten 16). Zu einer allenfalls noch erforderlichen Entscheidung über die **Kosten** s 1 ff zu § 160. Zur Abgrenzung von gerichtlichem u außergerichtlichem Vergleich s auch unten 20 u 23. 4

Mit dem Vergleich werden zugleich, soweit der Vergleich nichts anderes bestimmt, analog § 269 Abs 3 S 1 ZPO in der Sache **vorangegangene,** (noch) nicht rechtskräftige Urteile der Vorinstanzen unwirksam.[2] Vgl zum **Schutz gegen eine Vollstreckung,** die aus einem solchen Urteil noch betrieben würde, Kniffka JuS 1990, 969.

3. Rechtsnatur des Vergleichs und Voraussetzungen seiner Wirksamkeit: Der Prozeßvergleich hat nach hM **Doppelnatur:** er ist einerseits Prozeßhandlung, andererseits ör Vertrag.[3] Das für das Vorliegen eines Vergleichs iSv § 106 wesentliche **Nachgeben** (s oben 1) der Prozeßbeteiligten – erforderlich ist nur die Teilnahme des Kl u des Bekl am Vergleich (s unten 10); anders uU hins der Zustimmung Drittbetroffener (s unten 10) – **kann in rechtlich zulässigen Leistungen jeglicher Art** bestehen, zB Verzicht oder Übernahme neuer, ggf auch nur Umwandlung oder Verstärkung bestehender Verpflichtungen; Verpflichtung, in einer Sache je nach dem Ausgang eines ParallelVf oder Musterprozesses erneut zu entscheiden (84, 159; BSG DVBl 1990, 214 = NJW 1989, 2565, RÖ-Kothe 4); Verzicht auch zB nur auf Prozeßzinsen, auf die Rechtskraftwirkung eines im Klageweg erstreitbaren Urteils (vgl RÖ-Kothe 2; OLG München NJW 1965, 1026), auf die Durchsetzbarkeit eines Vergleichs (BSG NJW 1989, 2565), auf bestimmte materiellrechtliche oder prozessuale Einwendungen bzw Einreden (BSG NJW 1989, 2565); die Chance, durch den Vergleich den Rechtsfrieden dauerhaft zu sichern (vgl NJW 1986, 1368) uä. Das Nachgeben kann sich auch auf **Anspr, die nicht Gegenstand des Rechtsstreits** sind (Mü BayVBl 1974, 311; 1980, 566; 1982, 563) oder für die der VRW oder die Zuständigkeit des Gerichts nicht gegeben wäre, auch zB auf **privatrechtliche,** sozialrechtliche oder sonstige Anspr,[4] auf Anspr **gegen** im Vf nicht beteiligte **Dritte** (Mü BayVBl 1974, 311) usw, **beziehen. Nicht** vereinbaren können die Beteiligten in 5

---

[1] DVBl 1994, 212; BGH NJW 1986, 1348; Mü BayVBl 1979, 751; 1988, 93; Ma NVwZ-RR 1990, 497; Ey-Geiger 2, 28; Dawin NVwZ 1983, 143.

[2] Vgl Kniffka JuS 1990, 973; Z 13 zu § 794 ZPO; iE wohl auch OLG Hamm NJW 1988, 1988.

[3] 10, 110; NJW 1988, 663; DVBl 1994, 212; BSG 19, 115; NJW 1989, 2565; BGH 16, 390 = NJW 1955, 705; 79, 74 = NJW 1981, 823; BAG NJW 1978, 1877; 1982, 788; Mü BayVBl 1974, 104; Ms DÖV 1978, 333; NVwZ 1988, 370; VG Leipzig NVwZ-RR 1999, 756; Ey-Geiger 6; Keller Jura 2006, 927; NKVwGO-Dolderer 8; RÖ-Kothe 2; Sch-Ortloff 27; M 3 zu § 794 ZPO; Atzler DVBl 1986, 1284; Würt 632; **aA** Ule VwGO 360; BL 3 zu Anh § 307 ZPO.

[4] DÖV 1976, 606; Mü 23, 524; VRspr 21, 1023; BayVBl 1982, 563; Ms NJW 1969, 524; VG Freiburg NJW 1965, 2073; ME VerwA 1970, 92; Renck-Laufke BayVBl 1976, 621; Thomas BayVBl 1967, 336; RS § 129, 16; **aA** Renck JuS 1999, 366.

einem Vergleich **gerichtliche Handlungen,** etwa, daß bei Nichterfüllung das Gericht Zwangsgeld verhängen soll (vgl LG Itzehoe NJW-RR 1987, 1343).

6 **Als Prozeßhandlung** erfordert der Prozeßvergleich, um wirksam zu sein, den **Abschluß vor** dem mit der Sache befaßten **Gericht** (s unten 9) sowie die Beteiligungsfähigkeit (§ 61), Prozeßfähigkeit (§ 62) u ggf wirksame Vertretung gem § 67 der den Vergleich schließenden Beteiligten (s unten 10). Er kann grds **nicht unter einer Bedingung** abgeschlossen werden (53, 62; BSG NJW 1989, 2562; LM 11 zu § 60); **ausgenommen** ist insoweit jedoch eine Bedingung hins des weiteren Vf (BSG NJW 1989, 2562). **Als ör Vertrag** unterliegt er den §§ **54 ff VwVfG** bzw den entspr Vorschriften der LVwVfGe[5] sowie, soweit besondere Vorschriften fehlen, allg Rechtsgrundsätzen u § 779 BGB (analog, vgl BayVBl 1974, 197; BAG NJW 1978, 1877). Er setzt zu seiner Wirksamkeit die **Verfügungsbefugnis der Vertragspartner** über den Gegenstand (§ 106 letzter HS; s unten 12 ff) u ggf die Zustimmung iSv § 58 Abs 2 VwVfG betroffener Dritter (§ 58 Abs 1 VwVfG; vgl NJW 1988, 663; Ms NVwZ 1988, 370) – s zur Frage der Beiladung der betroffenen Dritten unten 10 u 10 a) – voraus u **kann auch unter einer Bedingung,** insb auch unter dem Vorbehalt des Widerrufs, abgeschlossen werden (s unten 16 f).

7 Der gemäß der Doppelnatur (oben 5) in jedem Prozeßvergleich enthaltene materiellrechtliche Vertrag kann gem § 62 VwVfG iVm §§ 119 ff BGB angefochten werden; aufgrund ihrer inneren Abhängigkeit (vgl NJW 1993, 1941) führt die Nichtigkeit des ör Vertrages zur Nichtigkeit des Prozeßvergleiches, obwohl dieser als Prozeßhandlung nicht als solcher anfechtbar ist.[6] Der Prozeßvergleich kann nachträglich hins der prozessualen Wirkungen (Beendigung des Vf, Vollstreckbarkeit gem § 168 Abs 1 Nr 3) – anders hins der materiellrechtlichen Wirkungen (BGH NJW 1982, 2073) – **nicht mehr** durch Abschluß einer neuen Vereinbarung **wieder aufgehoben** oder ersetzt werden;[7] dies ua auch deshalb, weil nach Beendigung des Vf auch die Möglichkeit einer Abgabe der entspr Erklärungen gem § 106 (s unten 11) nicht mehr besteht. **Nicht berührt** wird davon jedoch die Möglichkeit nachträglicher abweichender Vereinbarungen durch **Abschluß eines neuen außergerichtlichen ör Vertrags** nach allg Grundsätzen[8] u das Recht der Beteiligten, solche Vereinbarungen gegen die Vollstreckung aus dem Prozeßvergleich einzuwenden oder zur Grundlage eines neuen selbständigen KlageVf zu machen; denn die Bindungswirkung eines Vergleichs gem § 106 kann jedenfalls nicht weiter reichen als die rechtskräftiger Urteile (dazu 13 zu § 121). Vgl insoweit auch unten 20 ff zum außergerichtlichen Vergleich u dessen Geltendmachung.

8 Bei Aufhebung eines Vergleichs durch **Ausübung eines vereinbarten Widerrufsrechts** (s unten 16) steht, da das Vf in diesem Fall durch den Vergleich noch nicht beendet wurde (vgl unten 18), dem Abschluß eines neuen Vergleichs mit anderem Inhalt nichts entgegen.

9 **4. Abschluß vor Gericht: a)** Ein Prozeßvergleich (anders der außergerichtliche Vergleich, s unten 20 ff) kann wirksam **nur vor dem mit der Sache befaßten Gericht** abgeschlossen werden, auch vor einem beauftragten oder ersuchten Richter (§ 96 Abs 2), oder im PKH-Vf gem § 166 iVm § 118 Abs 1 S 3

---

[5] NJW 1988, 663; BSG NJW 1989, 2566: §§ 54 ff entspr anwendbar; Ms NVwZ 1988, 370; Mü BayVBl 1979, 751.

[6] Vgl DVBl 1994, 213, BGH 16, 390; BSG NJW 1989, 2566; Hbg NVwZ-RR 1994, 239; NJW 2004, 2111; RÖ-Kothe 14; Schenke 1102 ff; Sch-Ortloff 53, 57; **aA** Ma VBlBW 1983, 369; Ule 44 II; offen 14, 107; 28, 335.

[7] DÖV 1962, 423; BSG 19, 112 = NJW 1963, 2292; BGH 41, 310 = NJW 1964, 1524; NJW 1982, 2073.

[8] Enger BGH 41, 313; NJW 1982, 2073: Änderung durch außergerichtlichen Vergleich nur nach §§ 795, 767 ZPO.

ZPO (Ule 44 II). **Der Vorsitzende u der Berichterstatter** sind in einem Erörterungstermin zur Entgegennahme eines gerichtlichen Vergleichs berechtigt, § 87 Abs 1 S 2 Nr 1 (BT-Dr 11/7030, 29).

Nicht Voraussetzung eines gerichtlichen Vergleichs bzw dafür erforderlich ist, daß die Klage **zulässig** ist (Ey-Geiger 20), auch nicht, daß der VRW gegeben, das Gericht zuständig (Sch-Ortloff 32) u ordnungsgemäß besetzt ist,[9] **ebenso nicht** – wie die Neufassung des § 106 durch das 4. VwGOÄndG klarstellt (BT-Dr 11/7030; s auch oben 1) –, daß alle Anspr, die in den Vergleich einbezogen werden, bereits Gegenstand des Prozesses waren, u daß für alle Regelungen, die in den Vergleich aufgenommen werden, der VRW in Betracht käme (vgl oben 5).

Das Vf muß hins der **Klage anhängig** sein (s 1 zu § 90); Anhängigkeit im PKH-Vf vor einem beabsichtigten Vf genügt jedoch (§ 166, § 118 Abs 1 S 3 ZPO). **Nach RKraft des Urteils** ist ein gerichtlicher Vergleich nicht mehr möglich; ebenso nicht nach wirksamer Rücknahme der Klage. Ein **fehlerhafter** u daher unwirksamer **Prozeßvergleich** ist aber vielfach als außergerichtlicher Vergleich (s unten 20) wirksam (BGH NJW 1985, 2040; Lü DVBl 1985, 1325; Ms DÖV 1977, 791; s auch unten 10). Dasselbe gilt auch für einen **Vergleich, der erst nach Abschluß des Vf** geschlossen wird; er ist idR als außergerichtlicher Vergleich zu behandeln.

b) Prozessual, dh für die Beendigung des Rechtsstreits durch einen Prozeßvergleich gem § 106, notwendig ist an sich nur die **Beteiligung des Kl u des Bekl** am Vergleich, nicht dagegen auch des VöI oder der Beigeladenen.[10] **Wenn** bzw **soweit** der VöI bzw ein Beigeladener sich am Vergleich **nicht beteiligt,** hat der Vergleich ihm ggü jedoch auch **keinerlei Wirkungen,** außer daß, wenn der Vergleich wirksam ist (s im folgenden), der Prozeß dadurch auch ihm ggü beendet wird. Zur Beteiligung am Prozeß nicht beteiligter Dritter s unten 10a. **10**

Da der Vergleich **zugleich ein materiellrechtlicher Vertrag** ist, ist zur Wirksamkeit – auch hins der Beendigung des Prozesses (Ms NVwZ 1988, 370; unklar, aber wohl im selben Sinn zu verstehen, NJW 1988, 663) – **zusätzlich erforderlich,** daß der Vergleich zugleich **auch alle Anforderungen** erfüllt, die nach materiellem Recht für die Wirksamkeit eines ör Vertrags notwendig sind (s oben 6). § 925 Abs 1 S 3 BGB steht der Erklärung der **Auflassung** in einem Vergleich vor den Verwaltungsgerichten nicht entgegen (NJW 1995, 2179). **Soweit** nach materiellem Recht für die Wirksamkeit **die Zustimmung Dritter** erforderlich ist, gilt dies auch für die Wirksamkeit des Vergleichs als Prozeßhandlung (Ms NVwZ 1988, 370; Lü NVwZ 1987, 234; wohl auch NJW 1988, 663). Häufig sind diese Dritten ohnehin zum Prozeß beigeladen. Ihre Zustimmung ist aber dann auch in diesem Fall nicht erforderlich, weil sie notwendige oder einfache Beigeladene sind, sondern **als Folge des materiellen Rechts u unabhängig von einer erfolgten oder möglichen Beiladung** (so wohl auch NJW 1988, 663); daher ist es auch umgekehrt nicht erforderlich, daß betroffene Dritte zum Zweck der Erklärung ihrer Zustimmung zum Prozeß beigeladen werden (s unten aE; NJW 1988, 663). Während ein gültiger u wirksamer Prozeßvergleich nicht denkbar ist, ohne daß der Vergleich auch als materiellrechtlicher

[9] BGH 35, 309 = NJW 1961, 1817; NJW 1986, 1349; Mü BayVBl 1978, 53; Lü NJW 1978, 1543; Ms DÖV 1977, 791; NJW 1978, 1178; ME VerwA 1970, 92.

[10] Ey-Geiger 21; MDR 1960, 373; Ms NJW 1985, 2491; Ule 44 II; Atzler DVBl 1986, 1214; unklar NJW 1988, 663: die Parteien eines Verwaltungsprozesses sind nicht allein deswegen an einer vergleichsweisen Beendigung des Rechtsstreits gehindert, weil an dem Vergleich ein Dritter nicht mitwirkt, der notwendig beizuladen war, aber nicht beigeladen worden ist; **aA** zum notwendigen Beigeladenen Ms 9, 177; Lü DVBl 1985, 1325; 1986, 1213 u 1214; RÖ-Kothe 6: kein wirksamer Vergleich ohne Beteiligung notwendiger Beigeladener.

Vertrag wirksam ist, kann uU ein aus prozessualen Gründen fehlerhafter u daher unwirksamer Prozeßvergleich als **materiellrechtlicher Vergleichsvertrag** gültig sein[11] mit der Folge, daß er **als außergerichtlicher Vergleich** zu behandeln ist. Es handelt sich um eine Frage der Auslegung, ob der materiellrechtliche Vergleich nur unter der Voraussetzung der gleichzeitigen Prozeßbeendigung geschlossen wurde, oder ob die Parteien auf jeden Fall ihre Rechtsbeziehungen regeln wollten; letzterenfalls ist der Vergleich auch bei prozessualer Unwirksamkeit materiell wirksam u gewährt im Wege der Einrede unzulässiger Rechtsausübung ein prozessuales Abwehrrecht ggü dem durch die Vereinbarung erledigten Anspr (DVBl 1994, 212; Schenke 1103), s unten 21.

Materiellrechtlich bedarf es zur Wirksamkeit des Vergleichs – auch im Verhältnis zwischen Kl u Bekl u sonstiger Beteiligter (NJW 1988, 663; Ms NVwZ 1988, 370) – **uU aufgrund von §§ 54 ff** VwVfG bzw den entspr Bestimmungen der VwVfGe der Länder oder entspr allg Rechtsgrundsätze, aufgrund sonstiger besonderer gesetzlicher Regelungen oder nach allg Grundsätzen der **Erfüllung weiterer Voraussetzungen.** Die Beteiligten müssen nach § 106 HS 2 insb über „den Gegenstand der Klage verfügen können" (s dazu im einzelnen unten 12). Dazu bedarf der Vergleich außerdem zB **nach § 58 Abs 1 VwVfG** (KR 3f zu § 58 VwVfG), wenn er „in Rechte eines Dritten eingreift", **der Zustimmung dieses Dritten,**[12] außerdem ggf nach **§ 58 Abs 2 VwVfG,** wenn dadurch ein VA „ersetzt" werden soll, bei dessen Erlaß nach einer Rechtsvorschrift die Genehmigung, die Zustimmung oder das Einvernehmen einer anderen Behörde erforderlich ist, der entspr **Mitwirkung dieser Behörde** (NJW 1988, 663). Entsprechendes gilt gem § 38 VwVfG bzw den entspr Bestimmungen der LVwVfGe oder nach allg Grundsätzen, **wenn eine Behörde sich zum Erlaß eines VA** – oder analog dazu auch zu einem sonstigen Hoheitsakt – oder zum Verzicht darauf verpflichtet u dafür der Zustimmung oder maßgeblichen Mitwirkung oä eines Beteiligten oder einer Behörde bedarf (NJW 1988, 663).

Soweit es sich bei solchen Vorschriften u Grundsätzen um **Erfordernisse der Gültigkeit** eines Vertrags handelt (vgl auch § 59 VwVfG), ist auch ein **Prozeßvergleich,** der dagegen verstößt, **unwirksam** u kann weder den Prozeß beenden noch Rechte oder Pflichten der Beteiligten oder auch Dritter, die sich am Vergleich beteiligen, ohne am Prozeß beteiligt zu sein, begründen. Dies gilt jedenfalls für die genannten Verstöße gegen § 58 Abs 1 u § 36 VwVfG bzw die entspr Bestimmungen der LVwVfGe (vgl NJW 1988, 663), da die genannten Bestimmungen insoweit keinen Unterschied zwischen der prozessualen Wirksamkeit u der materiellen Gültigkeit zulassen. Deshalb kann ein dagegen verstoßender Prozeßvergleich **auch nicht** als **außergerichtlicher Vergleich** Bestand haben. S aber zur Möglichkeit inhaltlich beschränkter Vergleiche, die keiner Zustimmung oder Mitwirkung Dritter bedürfen, unten 14.

10 a Beteiligen an einem Vergleich können sich andererseits aber **auch Dritte,** die nicht zu den bisherigen Verfahrensbeteiligten (§ 63) gehören (RÖ-Kothe 6; Ule 44 II); einer Beiladung des Dritten zum Zweck der Beteiligung bedarf es dazu nicht (NJW 1988, 663; Sch-Ortloff 39; **aA** RÖ-Kothe 6); sie wäre, sofern die rechtlichen Interessen des Betroffenen nicht auch schon im ursprünglichen Vf betroffen waren, auch nicht zulässig (str; s 9 zu § 65)! Die erforderliche **Zustimmung muß nicht als Prozeßhandlung** erfolgen; es genügt insoweit eine

---

[11] Vgl DVBl 1994, 212; BAG 8, 228; s auch unten 11; im Prinzip auch Lü NVwZ 1987, 234, wo jedoch zu Unrecht von der Erforderlichkeit der Zustimmung des notwendigen Beigeladenen ausgegangen wird, s dazu oben 9.

[12] Ms NVwZ 1988, 370; Lü BauR 1994, 616; s dazu auch unten 14; weitergehend RÖ-M. Redeker 10 zu § 66: als gerichtlicher Vergleich immer unwirksam, wenn der notwendige Beigeladene nicht zustimmt; ob als außergerichtlicher Vergleich gültig, hängt von § 58 Abs 1 VwVfG ab; Sch-Ortloff 52: Auslegungsfrage; **aA** Ms 8, 121, 233; 9, 177.

wirksame ör Willenserklärung gem § 58 Abs 1 oder 2 VwVfG oder nach entspr Bestimmungen oder allg Rechtsgrundsätzen. Zur **Vollstreckung** eines Vergleichs, wenn durch die Erfüllung Rechte Dritter betroffen würden, s 5 zu § 168 sowie Ms NVwZ 1988, 370.

c) Form. Der gerichtliche Vergleich kann sowohl in der Form geschlossen 11
werden, daß der Vergleich **zur Niederschrift** des Gerichts oder des beauftragten oder ersuchten Richters erklärt u gem § 105 iVm § 160 Abs 3 Nr 1 ZPO **protokolliert** wird,[13] als auch ohne Protokollierung des Inhalts in der Form, **daß die Beteiligten einen** in Form eines Beschlusses ergangenen schriftlichen oder zu Protokoll gemachten **Vergleichsvorschlag des Gerichts** bzw des Vorsitzenden oder des Berichterstatters durch schriftliche Erklärung ggü dem Gericht oder zur Niederschrift des Gerichts **annehmen.**

Bei einem von den Beteiligten **zur Niederschrift** des Gerichts erklärten Vergleich muß in der Niederschrift vermerkt werden, daß der Vergleich vorgelesen oder den Parteien des Vergleichs zur Durchsicht vorgelegt wurde, sonst ist der Vergleich **jedenfalls als Prozeßvergleich unwirksam;**[14] **anders** uU als außergerichtlicher Vergleich.[15] **Daß der Vergleich zu Protokoll diktiert** u das Diktat anschließend von den Beteiligten genehmigt wird, **genügt nicht** (Ms VRspr 27, 1015; NKVwGO-Dolderer 47); ebenso nicht, wenn die Beteiligten einen Vergleichsvorschlag des Gerichts annehmen, ohne daß dessen gesamter Inhalt sowie die Annahme protokolliert werden (Lü NJW 1978, 1543; NK-VwGO-Dolderer 47). Die Niederschrift kann auch in der Form erfolgen, daß im Protokoll **auf** einen von den Beteiligten **vorbereiteten Text Bezug genommen** u dieser als Anlage beigefügt wird. Auch **bei Verzicht auf mV** (§ 101 Abs 2) kann der Vergleich nur vor Gericht abgeschlossen werden (RÖ-Kothe 9), auch zB **im Rahmen eines Erörterungstermins** nach § 87, der zu diesem Zweck angesetzt wird.

Soll der gerichtliche Vergleich gem S 2 durch **Annahme eines Vergleichsvorschlags** des Gerichts geschlossen werden, so ist er nur dann wirksam, wenn die Beteiligten (s dazu auch oben 10 u 10a) den Vorschlag vollinhaltlich durch Erklärung zu Protokoll oder mit Schriftsätzen, die sich inhaltlich voll mit dem gerichtlichen Vergleichsvorschlag decken, annehmen (Stelkens NVwZ 1991, 216). Der Beschlußvorschlag ersetzt nur die Protokollierung; eine weitergehende Regelungswirkung als diese Erleichterung bezweckt § 106 S 2 nicht, so daß nach wie vor die Vertragsparteien den Vergleich abschließen. **Ein inhaltlich veränderter Schriftsatz** ist als neuer Antrag zu werten (Stelkens NVwZ 1991, 216; Lüke NJW 1994, 235 unter Hinweis auf § 150 Abs 2 BGB). Nach Sinn u Zweck der Regelung ist anzunehmen, daß dem § 106 S 2 auch in den Fällen genügt wird u der Vergleich als gerichtlicher Vergleich wirksam zustande kommt, in denen die **Initiative von den Beteiligten** ausgeht u diese zunächst gleichlautende Schriftsätze an das Gericht senden, die das Gericht dann durch einen entspr Beschluß zum Gegenstand seines Vorschlags macht (vgl Stelkens NVwZ 1991, 216).

5. Verfügungsbefugnis der Beteiligten über den Gegenstand der Klage: 12
Ein Vergleich kann nach ausdr Bestimmung des § 106 letzter HS wirksam nur geschlossen werden, wenn die Beteiligten über den Gegenstand der Klage, dh über den Streitggst (s zum Begriff 7ff, 14ff zu § 90), verfügen können. **Verfü-**

[13] HM, vgl BGH 16, 390; NJW 1984, 1466; BAG 8, 228; Ms DÖV 1977, 79; Lü NJW 1978, 1543; Ey-Geiger 23.

[14] BGH NJW 1984, 1466; 1993, 1941; Ms VRspr 27, 1015, wo die Frage, ob der Vergleich unwirksam oder nur nicht vollstreckbar ist, jedoch offen gelassen wird; RÖ-Kothe 8; Ule VwGO 360; vgl auch unten 20.

[15] Vgl Ms DÖV 1977, 79; Lü NJW 1978, 1543; Ey-Geiger 23; s auch oben 9.

gungsbefugnis idS ist – in Übereinstimmung mit den allg Grundsätzen über die Zulässigkeit ör Verträge,[16] insb mit § 55 VwVfG bzw den entspr Vorschriften des Landesrechts oder allg Rechtsgrundsätzen (Mü BayVBl 1979, 751) – ua (zu weiteren Erfordernissen s unten 13) nur gegeben, wenn dem Vergleich **nicht zwingende gesetzliche Regelungen** oder allg Grundsätze des öffentlichen Rechts entgegenstehen (8, 329; 19, 110; 14, 103; 17, 87; Mü BayVBl 1979, 751). **Unzulässig** sind danach zB Vergleiche über Rechtsfragen in Gemeindewahlprüfungsstreitigkeiten (Mü BayVBl 1979, 751), **nicht dagegen** jedoch schlechthin Vergleiche **in Abgabenangelegenheiten.**[17] **Abzulehnen** ist die Auffassung, daß ein Vergleich immer schon dann zulässig ist, wenn ein VA mit entspr Inhalt nicht nichtig wäre (**aA** BSG NJW 1968, 176; vgl auch Ms DVBl 1973, 696 mwN). Vgl auch §§ 55, 59 Abs 1 u 2 VwVfG, insb auch Abs 2 Nr 3; KR 1 ff zu § 55; 41 ff zu § 54 VwVfG. Auch ein **unzulässiger Vergleich** ist jedoch **nur unter den Voraussetzungen des § 59 Abs 1 oder Abs 2 Nr 3 VwVfG** bzw der entspr Vorschriften des Landesrechts oder nach allg Rechtsgrundsätzen **unwirksam** u nichtig (Mü BayVBl 1979, 751).

13 Bei Abschluß eines Vergleichs mit Rechtsträgern des öffentlichen Rechts bzw mit **Behörden** ist erforderlich, daß der Gegenstand des Vergleichs in die allg **Kompetenz** der betroffenen Körperschaft oder Behörde, über deren Befugnisse verfügt wird, fällt (Sch-Ortloff 42), u diese grds auch **sachlich u örtlich zuständig** ist (14, 103; RÖ-Kothe 4; sehr zweifelhaft im Hinblick auf § 46 VwVfG hins der örtlichen Zuständigkeit). Entsprechendes gilt auch hins etwaiger sonstiger Regelungen, die in den Vergleich einbezogen werden sollen, ohne daß sie vorher Gegenstand der Klage waren. Die Verfügungsbefugnis ist nach der Rspr ua auch zu bejahen, wenn eine Behörde bezüglich ihrer Entscheidung einen **Ermessensspielraum** hat (Ms DÖV 1953, 94) oder wenn über das Vorliegen oder Nichtvorliegen der tatsächlichen oder rechtlichen Voraussetzungen eines VA erhebliche, auf andere Weise nicht ohne weiteres behebbare Zweifel bestehen (14, 103; 17, 87 ff; NJW 1962, 71; vgl auch § 55 VwVfG).

Zur Verfügungsbefugnis gehört auch zB, daß ein **VA,** zu dessen Erlaß sich die Behörde in einem Vergleich verpflichtet, nach geltendem Recht **nach Art u Inhalt zulässig** ist; zB kann, wenn das Gesetz die Gültigkeit einer nicht in Anspr genommenen Baugenehmigung auf 3 Jahre begrenzt, auch ein Vergleich nicht eine längere Gültigkeit vorsehen (Mü BayVBl 1978, 735). Entsprechendes gilt für einen sonst nicht zulässigen Inhalt (vgl auch § 59 VwVfG).

14 Soweit der Vergleich **Bestimmungen** enthält, die in **Rechte Dritter eingreifen,** ist er nur wirksam, wenn die betroffenen Dritten sich am Vergleich als Partner beteiligen oder **zumindest** den sie belastenden Regelungen **zustimmen** (vgl § 58 Abs 1 VwVfG; s oben 10 u 10a). Keiner Zustimmung des Dritten bedarf es, wenn der Vergleich nur die Verpflichtung vorsieht, daß ein Vergleichspartner sich für die Erfüllung durch den Dritten verwendet, bzw, wenn der Vergleich unter dem **Vorbehalt** der Mitwirkung des Dritten bei der Erfüllung geschlossen wird.[18] Die Zustimmung muß **nicht als Prozeßhandlung** erfolgen u setzt daher nicht die Beiladung voraus (s oben 10 aE). Entsprechendes gilt für **Vergleiche, die VAe ersetzen,** denen sonst eine Behörde oder ein betroffener Bürger zustimmen bzw an denen sie bestimmend mitwirken müßten (§§ 58 Abs 2; 38 VwVfG; s oben 10 u 10a).

---

[16] S auch oben 6; ferner Mü BayVBl 1979, 751; KR 41 ff zu § 54 VwVfG; vgl auch BSG 26, 210 = NJW 1967, 1822; NJW 1988, 176; 1989, 2562: Verfügenkönnen u Verfügendürfen sind insoweit zu unterscheiden.

[17] **AA** Erichsen VerwA 1979, 356 mwN; zum Vergleichsvertrag im Kommunalabgabenrecht s auch Tiedemann DÖV 1996, 594 ff mwN.

[18] Vgl NJW 1988, 663; Atzler DVBl 1986, 1214; **aA** Lü DVBl 1986, 1213 u 1214 m krit Anm v Atzler aaO; Ms DÖV 1978, 333.

Str ist bei **§ 58 Abs 1 VwVfG** u den entspr Bestimmungen der LVwVfGe, ob ein Eingriff in Rechte, der das Zustimmungserfordernis begründet, **nur bei Regelungen** in einem Vergleich in Betracht kommt, die unmittelbar schon die Rechtsbeeinträchtigung zur Folge haben **(Verfügungsverträge),** oder auch bei Vergleichen, die einen Beteiligten nur zu entspr Handlungen verpflichten **(Verpflichtungsverträge).** Nach dem Zweck der Regelung ist davon auszugehen, daß auch Verträge u damit auch Vergleiche der letzteren Art darunter fallen.[19] **Ähnlich** ist auch **§ 58 Abs 2 VwVfG** – Gleiches gilt auch hier für die entspr Bestimmungen der LVwVfGe – nicht nur auf Vergleiche anzuwenden, die einen VA „ersetzen", sondern nach dem Zweck der Regelung **auch auf Vergleiche, in denen eine Behörde sich zum Erlaß eines** solchen **VA verpflichtet.**[20]

Zulässig sind auch Vergleiche **(Teilvergleiche),** die nicht den Rechtsstreit als 15
ganzen, sondern nur **hins einzelner, einer selbständigen Erledigung fähiger Teile** beenden (Mü BayVBl 1987, 309). Ob ein Teilvergleich vorliegt, ist uU Auslegungsfrage (Mü BayVBl 1987, 309). **Nicht als Teilvergleich** anzusehen ist idR ein Vergleich, der einen **VA** nur teilweise **ändert.** Ein solcher Vergleich stellt im Zweifel den ganzen VA auf eine neue Grundlage (vgl Mü BayVBl 1987, 309: Neuordnung der rechtlichen Beziehungen zwischen den Beteiligten). Daher ist auch **Grundlage der Vollstreckung** einer durch einen solchen Vergleich teilweise abgeänderten Beseitigungsverfügung diese weder ganz noch teilweise, sondern ausschließlich der Prozeßvergleich (Mü BayVBl 1987, 308). **Nicht zulässig** sind Vergleiche, die **nur unselbständige Elemente oder Vorfragen des Rechtsstreits** betreffen, wie etwa die Frage, ob ein Werbeschild verunstaltend ist oder ob eine bestimmte Vorschrift auf den Fall anwendbar ist (Mü VRspr 4, 886; Ule 44 II u VwGO 359 mwN; RÖ-Kothe 4); sie würden auch gegen § 86 Abs 1 S 2 (s 14 zu § 86) u § 108 Abs 1 verstoßen, über deren Anwendung die Verfahrensbeteiligten nicht – auch nicht mittelbar – verfügen können. Entspr Vereinbarungen der Beteiligten sind daher für das Gericht auch nicht bindend (RÖ-Kothe 4).

6. Vergleiche unter Vorbehalt des Widerrufs: Den Beteiligten eines Pro- 15 a
zeßvergleichs stehen, wenn sie die Wirkungen des Vergleichs nicht sofort u unauflöslich eintreten lassen wollen, je nach der Interessenlage mehrere Gestaltungsmöglichkeiten zur Verfügung. Sie können im Rahmen ihrer Verfügungsbefugnis eine **auflösende oder eine aufschiebende Bedingung** oder auch einen **Rücktrittsvorbehalt** vereinbaren (vgl NJW 1993, 2193). Die auflösende Bedingung u der Rücktrittsvorbehalt berühren nicht das sofortige Wirksamwerden des Vergleichs, sondern betreffen das Wirksambleiben. Sie erfordern uU eine Rückabwicklung (vgl NJW 1993, 2193; GewA 1962, 69). Deshalb entspricht es im allg der Interessenlage der Vertragspartner, in dem Vorbehalt des Widerrufs **eine aufschiebende Bedingung** zu sehen; daher ist **im Zweifel** immer anzunehmen, daß eine solche vereinbart wurde.[21] **Beteiligt** sich ein (einfach) **Beigeladener** am Vergleich, so kann auch ihm ein **Widerrufsrecht** eingeräumt werden (Lü DVBl 1986, 1213 m zust Anm Atzler DVBl 1986, 1214; Sch-Ortloff 45

---

[19] StBS-Bonk 15 zu § 58 VwVfG; MB 16 zu § 58 VwVfG; KR 7 zu § 58 VwVfG; jedenfalls für den Fall, daß ein schlichtes Unterlassen Gegenstand der Verpflichtung der Behörde ist – dies zumal dann, wenn die Duldungsverpflichtung im praktischen Ergebnis eine im Vergleich selbst nicht enthaltene Duldungsverfügung ersetzt – auch Ms NVwZ 1988, 370; **aA** UL 69 V: nur Verfügungsverträge; Bullinger DÖV 1977, 816; Redeker DÖV 1966, 545; Maurer § 14, 30 bei Eingriffen in Rechte Dritter.

[20] StBS-Bonk 25 zu § 58 VwVfG; MB 16 zu § 58 VwVfG; KR 15 zu § 58 VwVfG mwN; zu dieser Auffassung neigend auch NJW 1988, 663; **aA** UL 69 VI.

[21] 92, 29 = NJW 1993, 2193; BGH 46, 281; 88, 367; Böckelmann Weber-FS 1975, 104; **aA** RÖ-Kothe 7: im Zweifel nur Rücktritt.

Fn 94). Das gleiche gilt, wenn sich ein nicht beigeladener Dritter (s oben 10a) am Vergleich beteiligt; auch ihm muß ein Widerrufsrecht eingeräumt werden können.

16 **7. Widerruf eines Vergleichs:** Die (rechtzeitige u wirksame, s unten 17) Ausübung eines im Vergleich vorbehaltenen Widerrufsrechts **macht den Vergleich unwirksam** u führt zur Fortsetzung des Vf (vgl StJ 80ff zu § 794 ZPO). **Bis zum Eingang** eines Widerrufs bzw bis zum Ablauf der Widerrufsfrist ist der Prozeß, wenn nichts anderes vereinbart wurde (s oben 15a), **aufschiebend bedingt** beendet.[22]

17 **Der Widerruf muß,** da er wie der Abschluß des Vergleichs zugleich Prozeßhandlung ist, grds, dh **jedenfalls, wenn** im Vergleich **nicht** insoweit ausdr oder stillschweigend etwas **anderes vereinbart wurde, dem Gericht ggü** erklärt werden.[23] Er bedarf der **Form** des **§ 81.**[24] Für den **Lauf der Widerrufsfrist** gilt ua § 222 ZPO (Ks NVwZ-RR 2000, 545; BGH NJW 1978, 2091). **Wiedereinsetzung** (§ 60) gegen die Versäumnis der Widerrufsfrist ist nicht möglich (s 4 zu § 60; NVwZ-RR 2000, 255; Lü DÖV 1999, 923). Ein Bestehen des Vergleichspartners auf der Wirksamkeit des Vergleichs kann aber, wenn die Widerrufsfrist schuldlos versäumt wurde, **uU gegen Treu u Glauben** verstoßen u dann unbeachtlich sein (vgl auch BAG NJW 1978, 1877). Zur Anfechtung bzw einvernehmlichen Aufhebung eines unwiderruflich geschlossenen Vergleichs s oben 7.

Ist im Vergleich **vereinbart, daß** der **Widerruf nur unter bestimmten Voraussetzungen zulässig** sein soll (zB Nicht-Zustimmung eines gemeindlichen Organs), so ist ein unter Verstoß dagegen erklärter Widerruf unwirksam u unbeachtlich (14, 103; Ms DÖV 1972, 324; BGH 16, 390).

Wird der Vergleich wirksam **widerrufen,** so ist das ursprüngliche Vf fortzusetzen. Es muß dann grds **erneut mV** angesetzt u aufgrund dieser dann entschieden werden.[25] Das Gericht kann jedoch auch schon aufgrund der mV, in der der widerrufliche Vergleich geschlossen wurde, **„vorsorglich" das Urteil** für den Fall eines Widerrufs **beraten u beschließen;** es darf das Urteil nur nicht „erlassen", bevor nicht ein (rechtzeitiger) Widerruf eingeht (Dawin NVwZ 1983, 143; Dolderer VBlBW 2001, 405; **aA** Ms NVwZ 1982, 378; NKVwGO-Dolderer 66). Zur Frage des Gebots rechtlichen Gehörs nach Widerruf des Vergleichs bei einem vorher beschlossenen Urteil Dolderer VBlBW 2001, 405f. Der Widerruf kann **nicht zurückgenommen** werden, auch nicht mit Zustimmung des Prozeßgegners (BGH NJW 1982, 2073; LM § 1542 RVO Nr 5; vgl allg auch 15 Prozeßvergleich schließen (oben 7); die „Zustimmung" zum Widerruf kann uU zum Abschluß eines außergerichtlichen Vergleichs führen.

18 **8. Entscheidung des Gerichts bei Streit über die Wirksamkeit eines gerichtlichen Vergleichs:** Bei Streit über den Bestand des Vergleichs bzw über die Wirksamkeit eines Widerrufs muß das Gericht das **Vf** zunächst unter Be-

---

[22] NJW 1993, 2193; BGH 46, 281 = NJW 1967, 440; 88, 367 = NJW 1984, 312: idR aufschiebend bedingte Wirksamkeit, kein Rücktrittsrecht gem §§ 346ff BGB.

[23] 92, 29 = NJW 1993, 2193; BSG 24, 6; BGH ZZP 71, 454; BAG AP Nr 1 § 796 ZPO; Lü OVGE 43, 392f.; NJW 1992, 3254; Ey-Geiger 32; Ule 44 II; NKVwGO-Dolderer 63; Sch-Ortloff 46; vgl auch BAG NJW 1992, 1127; Ms NJW 1978, 181, wo dies als selbstverständlich vorausgesetzt wird; zT **aA** 10, 110; Ms NJW 1971, 553; RÖ-Kothe 7: soweit nicht ausdr etwas anderes vereinbart ist, dem Partner des Vergleichs ggü; Lüke NJW 1994, 235; nach BGH NJW 2005, 3576 kann der Vergleich (vorbehaltlich abweichender Vereinbarungen) sowohl dem Gericht als auch der anderen Vergleichspartei ggü erklärt werden; ebenso Keller Jura 2006, 928f.

[24] BGH NJW 1980, 1752, 1753; Ms VRspr 8, 122; Ey-Geiger 32; **aA** BAG NJW 1960, 1364; telefonischer Anruf genügt.

[25] Ms NVwZ 1982, 378; s auch unten 18; zT **aA** Dawin NVwZ 1983, 143.

schränkung auf die Klärung dieser Frage **fortsetzen,**[26] jedoch nicht notwendig in gleicher Besetzung (BSG 7, 291). Das trifft auch dann zu, wenn ein Vergleich wg Anfechtung rückwirkend vernichtet wird (Mü NVwZ 2000, 1310; RÖ-Kothe 14f; s auch oben 7; **aA** Ey-Geiger 34), Werden in einem Prozeßvergleich **mehrere anhängige Vf miterledigt** (sog Gesamtvergleich), so kann der Streit über dessen Wirksamkeit **in jedem dieser Vf,** außerdem aber auch in einem neuen Vf geklärt werden, in dem Rechte aus dem Vergleich geltend gemacht werden (BAG ZZP 1984, 21). Ergibt sich im darüber fortgeführten Prozeß, daß der Vergleich unwirksam ist bzw durch Widerruf unwirksam geworden ist, so ist (wenn die Prozeßvoraussetzungen im übrigen gegeben sind) das Vf durch Entscheidung zur Sache abzuschließen; ist der Vergleich wirksam, so **stellt** das Gericht **durch Urteil** die **Beendigung des Vf fest;**[27] die Beteiligten können dann auch in einem neuen Vf grds nicht mehr die materiellrechtliche Unwirksamkeit des Vergleichs geltend machen (BGH JZ 1981, 199). Lehnt der Kl die Fortsetzung ab, so hat das Gericht die Klage, da ein Antrag nicht mehr gestellt ist, als unzulässig abzuweisen (s 8 zu § 103). Vgl auch 5 vor § 124.

Fällt ein wirksam abgeschlossener Vergleich **nachträglich** nicht durch Ausübung eines im Vergleich vorbehaltenen Widerrufsrechts (s oben 16f) oder durch Anfechtung weg (oben 7), sondern wird von ihm zurückgetreten oder entfällt nachträglich die Geschäftsgrundlage oder treffen die Beteiligten später abweichende Vereinbarungen (s oben 7), so **bleibt das** alte **Vf** gleichwohl **beendet;**[28] der Streit ist dann in einem neuen Vf auszutragen. Das gilt auch dann, wenn eine der Parteien des Vergleichs ihre Verpflichtungen nicht erfüllt hat (Lü NVwZ 2000, 1309). **Unzulässig** ist immer auch eine **Klage,** ein Widerspruch oder ein sonstiger Rechtsbehelf, **der entgegen einem entspr Verzicht,** der in einem wirksamen Vergleich vereinbart wurde, erhoben wird. S unten 21.

Nicht im selben Prozeß, sondern nur in einem neuen Prozeß **entschieden** 19
werden kann auch, wenn ein Vergleich mit der Begründung, **daß die Geschäftsgrundlage** weggefallen sei, in Frage gestellt wird.[29]

Dasselbe gilt für einen **Streit über die Auslegung** – soweit diese nicht die Frage betrifft, ob u in welchem Umfang der Rechtsstreit durch den Vergleich beendet wurde – u über die **Anwendung u Erfüllung** des Vergleichs (MDR 1977, 260; BGH MDR 1977, 308 = JZ 1977, 136). Die entspr Einwendungen können jedoch auch im Weg der Vollstreckungsabwehrklage gem § 167 Abs 1, § 767 ZPO geltend gemacht werden (Mü BayVBl 1978, 53; BGH JZ 1977, 136). Wird aufgrund eines Vergleichs ein VA erlassen, so können Einwendungen gegen dessen Übereinstimmung mit dem Vergleich sowie die Berufung auf einen Wegfall der Geschäftsgrundlage des Vergleichs in einem neuen KlageVf geltend gemacht werden (Ma VBlBW 1997, 301).

Ebenfalls nur als Gegenstand eines neuen Prozesses zulässig ist die gem § 323 Abs 4 ZPO auch gegen Vergleiche grds mögliche **Abänderungsklage** nach § 323 ZPO.[30]

---

[26] DVBl 1994, 213; BGH 28, 171; 79, 71 = NJW 1981, 823; JZ 1977, 136; BAG AP Nr 10 zu § 794 ZPO; Hbg NVwZ-RR 1994, 239; Keller Jura 2006, 928; Pecher ZZP 1984, 139; Sch-Ortloff 65.

[27] 14, 103; 20, 146; 28, 334; 57, 312; Mü BayVBl 1974, 105; BGH 46, 278; JZ 1981, 199.

[28] DVBl 1994, 213; DÖV 1962, 423; BGH 16, 391; 41, 310; Ey-Geiger 34f; Sch-Ortloff 67; **aA** für den Fall, daß ein Beteiligter den Eintritt einer auflösenden Bedingung geltend macht, BGH Betrieb 1971, 533; zu einem nachträglichen Rücktritt auch BAG NJW 1957, 1127.

[29] DVBl 1994, 213; BGH NJW 1986, 1348; BGH 41, 310; Mü BayVBl 1978, 53; Ma VBlBW 1997, 302.

[30] Vgl zB BGH NJW 1986, 2054; Mü BayVBl 1978, 54; SDC 4a; Sch-Ortloff 67; vgl auch 5 zu § 107; 30 zu § 121.

20 **9. Behandlung des außergerichtlichen Vergleichs:** Der außergerichtliche Vergleich, dh der nicht vor Gericht (s oben 9) abgeschlossene Vergleich, unterliegt, abgesehen von der Form, im wesentlichen **denselben Grundsätzen** wie der gerichtliche Vergleich. S auch §§ 54, 55 VwVfG. Zur Beendigung eines bei Gericht anhängigen Vf bedarf es beim außergerichtlichen Vergleich, anders als beim gerichtlichen Vergleich (s oben 4), jedoch in jedem Fall erst noch einer **verfahrensbeendenden Erklärung ggü** dem Gericht, zB der Klagerücknahme durch den Kl oder der Hauptsacheerledigungserklärung (eine solche ist ggf auch in der Anzeige der Beteiligten vom Abschluß des Vergleichs an das Gericht zu sehen, Mü BayVBl 1973, 81; RÖ 18) durch den Kl bzw den Kl u den Bekl (Ule 44 II). Ein im Vergleich vorbehaltener **Widerruf** ist den Vergleichspartnern ggü zu erklären.

Um einen außergerichtlichen, nicht um einen gerichtlichen Vergleich handelt es sich auch, **wenn in einem vor Gericht geschlossenen Vergleich der Kl sich zur Rücknahme der Klage verpflichtet** (str; vgl Ma NVwZ 1990, 497). Ein solcher Vergleich beendet das Vf nicht unmittelbar; es bedarf dazu erst einer Klagerücknahmeerklärung.

21 Kommt ein Kl der von ihm in einem **außergerichtlichen** Vergleich übernommenen **Verpflichtung zur Klagerücknahme** oder Hauptsacheerledigungserklärung nicht nach, so ist die **Klage,** wenn sich der Gegner auf den Vergleich beruft, wg unzulässiger Rechtsausübung als **unzulässig** abzuweisen, wenn das Gericht die Wirksamkeit des Vergleichs feststellt.[31]

Unzulässig ist aus denselben Gründen auch eine **Klage,** ein Widerspruch oder ein sonstiger Rechtsbehelf, **die entgegen einem entspr Verzicht** in einem wirksamen Vergleich erhoben werden (vgl Ma VBlBW 1988, 20; s auch unten 26).

22 Enthält der außergerichtliche Vergleich keine Verpflichtung zur Klagerücknahme, so muß das Gericht die Auswirkungen des Vergleichs auf den geltend gemachten Anspr im Rahmen der Prüfung der Zulässigkeit bzw. Begründetheit der Klage berücksichtigen. In der Berufung des Kl auf den Vergleich liegt in diesem Fall keine unzulässige **Klageänderung** (Ule 44 III unter Hinweis auf § 264 Nr 3 ZPO).

23 **10. Vollstreckung aus einem gerichtlichen Vergleich und sonstige Vergleichswirkungen:** Der gerichtliche Vergleich ist gem § 168 Abs 1 Nr 3 gerichtlicher **Vollstreckungstitel** (s im einzelnen dazu 5 zu § 167, zur Vollstreckung auch 2 zu § 172). Vollstreckungstitel idS ist auch der nach § 106 S 2 zustande gekommene Vergleich. Für die Vollstreckung reicht es hier aus, wenn der Urkundsbeamte der Geschäftsstelle von dem Beschluß eine Ausfertigung erteilt mit dem Zusatz, daß der förmliche Vergleichsvorschlag des Gerichts durch schriftliche Erklärungen der Beteiligten angenommen worden ist u die vorstehende Ausfertigung einem Beteiligten für die Zwangsvollstreckung erteilt wird (BT-Dr 11/7030, 29).

24 Solange **§ 127 a BGB** nicht an § 106 S 2 angepaßt worden ist u dort ausdr ein nach den Vorschriften der ZPO errichtetes Protokoll (§ 160 Abs 3 Nr 1 ZPO) verlangt wird, dürfte **ein nach § 106 S 2** geschlossener **Vergleich**[32] **nicht genügen,** um eine **nach anderen Vorschriften erforderliche** notarielle Beurkundung zu ersetzen (Stelkens NVwZ 1991, 216; str). Der durch die Neufassung des § 106 bezweckte Beschleunigungseffekt erscheint nicht ohne weiteres geeignet, die Warn- u Sicherungsfunktionen einer notariellen Beurkundung (vgl §§ 13, 17 BeurkundungsG – BeurkG) in gleicher Weise wie ein vollinhaltlich

---

[31] Vgl DVBl 1994, 213; BGH NJW 1984, 805; NJW-RR 1987, 307; BAG NJW 1973, 918; RGZ 142, 1; Ms DÖV 1974, 825; Ks BauR 1986, 181; RÖ-Kothe 18; Sch-Ortloff 81: mangels RS I; offen BAG NJW 1982, 789 mwN.

[32] Anders als ein nach § 106 S 1 abgeschlossener Vergleich, vgl NJW 1995, 2179: Auflassungserklärung gem § 925 Abs 1 S 3 BGB in einem protokollierten Vergleich.

gemäß den Erklärungen der Beteiligten gerichtlich protokollierter Vergleich zu erfüllen (Stelkens NVwZ 1991, 216).

Der außergerichtliche Vergleich ist **kein** gerichtlicher **Vollstreckungstitel,** uU aber, wenn u soweit sich die Vertragschließenden gem § 61 VwVfG der sofortigen Vollstreckung unterworfen haben, Vollstreckungstitel für die Verwaltungsvollstreckung. 25

Eine **Klage,** die **entgegen der** in einem gerichtlichen Vergleich übernommenen **Verpflichtung** zur Klagerücknahme nicht zurückgenommen wird, wird **unzulässig** (vgl oben 21; Ma NVwZ 1990, 447). Aus den gleichen Gründen ist zB eine **Klage** (RMittel, Widerspruch) gegen eine Baugenehmigung, die einem wirksamen gerichtlichen Vergleich entspricht, in dem der Kl (Rechtsmittelführer, Widerspruchsführer) auf Einwendungen gegen das Vorhaben verzichtet hat, **unzulässig** (Ma VBlBW 1988, 20). Wird in einem Prozeßvergleich nur die teilweise Änderung einer verwaltungsbehördlichen Beseitigungsanordnung vereinbart, so ist idR allein der Prozeßvergleich Grundlage der Vollstreckung der gesamten Beseitigungsanordnung (Mü BayVBl 1987, 308; s auch oben 15). 26

10. Abschnitt. Urteile und andere Entscheidungen

§ 107 [Urteile]

Über die Klage wird, soweit nichts anderes bestimmt ist,[2 ff] **durch Urteil**[5] **entschieden.**[1 ff]

Vgl § 300 ZPO; § 125 SGG; § 95 FGO

Schrifttum: *Christonakis,* Streitiges Urteil trotz Anerkenntnisses durch den Bekl im Verwaltungsprozeß?, JA 2000, 498; *Guttenberg,* Zur Problematik von Anerkenntnis- und Verzichtsurteilen im Verwaltungsprozeß, VBlBW 1992, 244; *Schloer,* Die Entscheidungen der Verwaltungsgerichte JA 1988, 62.

1. Allgemeines: Das Gericht ist nach § 107 verpflichtet, über einen anhängigen Rechtsstreit grds **durch Urteil** zu entscheiden, soweit gesetzlich nichts anderes bestimmt oder zugelassen ist (s unten 2 ff). Die Beteiligten haben darauf Anspr (RÖ-M. Redeker 1). Eine Verpflichtung zur alsbaldigen Entscheidung des Rechtsstreits oder zur Entscheidung, sobald der Rechtsstreit entscheidungsreif ist, enthält die Vorschrift – anders als § 300 Abs 1 ZPO – jedoch nicht; sie **regelt nur die Form der Entscheidung (krit** NKVwGO-Wolff 14). Ein **Anspr auf alsbaldige Entscheidung** ergibt sich aber aus dem Rechtsstaatsprinzip, bei Klagen wg RVerletzung durch die öffentliche Gewalt auch aus Art 19 Abs 4 GG. S insoweit auch 1 zu § 102. 1

2. Ausnahmen vom Grundsatz der Entscheidung durch Urteil: Entscheidung **durch Beschluß,** nicht durch Urteil, ist vorgesehen insb in § 84 (Gerichtsbescheid), §§ 125 Abs 2, 130a (Verwerfung der Berufung durch Beschluß), § 144 (Verwerfung der Revision durch Beschluß), § 152a (Verwerfung oder Zurückweisung der Anhörungsrüge durch Beschluß), § 132 Abs 5 (Zurückweisung der Zulassungsbeschwerde durch Beschluß), ferner in § 93a Abs 2 (Entscheidung der restlichen Fälle bei MusterVf). 2

In AntragsVf ist idR durch Beschluß zu entscheiden (zB § 80 Abs 5, § 123, mit Ausnahme der Entscheidung gem § 123 Abs 4 über die Aufrechterhaltung einer eA; s dazu aber derzeit 34 zu § 123). 3

Durch Beschluß, nicht durch Urteil, ist außerdem, soweit eine Entscheidung des Gerichts noch erforderlich ist, zu entscheiden, wenn die Beteiligten im Rahmen ihrer Verfügungsberechtigung über den Streitggst das Vf durch **Klagerücknahme** (§ 92), **Erklärung der Erledigung der Hauptsache** (s § 161 4

Abs 2) oder durch **gerichtlichen Vergleich** (§ 106) beenden; in dem entspr Beschluß ist ggf außer der Entscheidung über die Einstellung des Vf u die Kosten ggf festzustellen, daß bereits in der Sache ergangene **Urteile unwirksam geworden** sind (vgl 2 zu § 92). Auch bei Klagerücknahme usw ergeht die Entscheidung jedoch **durch Urteil,** wenn die **Wirksamkeit** der das Vf beendenden Erklärungen **streitig** ist (s 18 ff zu § 92; 18 ff zu § 106; 30 f zu § 161; NK-VwGO-Wolff 7; 5 vor § 124).

5 **3. Arten der Urteile:** die VwGO kennt grds dieselben Arten von Urteilen wie die ZPO (vgl Ule 54; Ey-J. Schmidt 2; Bosch/Schmidt § 36), nämlich:

a) Prozeßurteile, die RKraft gem § 121 nur bzgl der Zulässigkeit der Klage, nicht aber hins der Sache selbst schaffen, u **Sachurteile;**

b) Endurteile (meist schlechthin als „Urteile" bezeichnet), welche einen anhängigen Rechtsstreit für die Instanz abschließen; **Zwischenurteile** (§ 109 bzw § 173 S 1, § 303 ZPO), welche nur über einzelne Streitpunkte befinden; **Urteile mit Haftungsvorbehalt** (§ 173 S 1, § 305 ZPO) u **Abänderungsurteile** (§ 173 S 1, § 323 ZPO), vgl Mü BayVBl 1978, 54; ferner 19 zu § 106; 30 zu § 121;

c) (Voll-)Urteile, die über den ganzen Streitggst abschließend entscheiden, u **Teilurteile,** die nur über einen abtrennbaren Teil des Streitggst entscheiden (§ 110). Beides sind Endurteile;

d) Vorbehaltsurteile (§ 302 ZPO, § 173 S 1), dh Urteile, die unter dem Vorbehalt einer noch ausstehenden anderen Entscheidung, zB über eine erklärte Aufrechnung, stehen (66, 225; s dazu 45 zu § 40 mwN);

e) Verzichtsurteile (§ 306 ZPO, § 173 S 1) u **Anerkenntnisurteile** (§ 307 ZPO, § 173 S 1), soweit die Beteiligten über den Streitggst verfügen können.[1]

6 **f) Leistungs-, Gestaltungs- und Feststellungsurteile. Nicht zulässig** im Verwaltungsprozeß sind **Versäumnisurteile,** wie schon aus § 102 Abs 2 folgt (vgl Ey-J. Schmidt 7; RÖ-Kothe 8 zu § 102; Ule 54 II), u **Urteile nach Aktenlage** entspr §§ 330, 331, 331 a ZPO.

§ 108 [Urteilsgrundlagen, freie Beweiswürdigung, rechtliches Gehör]

(1) **Das Gericht entscheidet nach seiner freien,**[4 ff] **aus dem Gesamtergebnis des Verfahrens**[2] **gewonnenen Überzeugung.**[4 ff] **In dem Urteil sind die Gründe anzugeben,**[3 ff] **die für die richterliche Überzeugung leitend gewesen sind.**

(2) **Das Urteil darf nur auf Tatsachen und Beweisergebnisse**[20 f] **gestützt werden, zu denen die Beteiligten sich äußern konnten.**[19 ff]

Vgl §§ 286 f ZPO; § 128 SGG; § 96 FGO

Schrifttum: Zu Beweismaß, Beweiswürdigung und Beweislast: *Baur,* Einige Bemerkungen zur Beweislastverteilung im Verwaltungsprozeß, Bachof-FS 1984, 285; *Berg,* Die verwaltungsrechtliche Entscheidung bei ungewissem Sachverhalt, 1980, 71 ff; *ders,* Grund-

---

[1] Vgl DÖV 1997, 376; Ma NVwZ 1991, 583; Christonakis JA 2000, 498; Ey-J. Schmidt 6; Guttenberg VBlBW 1992, 249; NKVwGO-Wolff 22; zu Anerkenntnisurteilen auch Detterbeck JuS 1993, 404 – unter Hinw auf § 87 a Abs 1 Nr 2 u § 156 –; MuLö BayVBl 1993, 319; s auch 16 zu § 86 u 1 f zu § 156; **aA** für Anfechtungsklage BVerwG 62, 19; NJW 1957, 886; Ms 11, 93: Verzichts- u Anerkenntnisurteile seien im Verwaltungsprozeß ausgeschlossen. Dagegen spricht, daß Möglichkeit eines Anerkenntnisses in § 87 a Abs 1 Nr 2 u § 156 vorausgesetzt wird. § 307 ZPO als Ausdruck der Dispositionsmaxime ist auch im Verwaltungsprozeß anwendbar, § 86 Abs 1 S 1 steht nicht entgegen (DÖV 1997, 376). Nach § 307 Abs 1 ZPO idF des ZPO-RG setzt ein Anerkenntnisurteil keinen entspr Antrag des Kls voraus.

sätze des verwaltungsgerichtlichen Verfahrens, Menger-FS 1985, 537; *ders,* Neues zur Beweislast im Verwaltungsprozess, DV 2000, 139; *Bettermann,* Die Beweislast im Verwaltungsprozeß, Verhandlungen des 46. DJT, Bd 2 (Sitzungsberichte) Teil E 26, 1967; *Blomeyer,* Beweislast und Beweiswürdigung im Zivil- und Verwaltungsprozeß, 46. DJT 1966 Bd I (Gutachten) 2 B, 1986; *Callies,* Vorsorgeprinzip und Beweislastverteilung im Verwaltungsrecht, DVBl 2001, 1725; *Dawin,* Anforderungen an die richterliche Überzeugungsbildung im Asylprozeß, NVwZ 1995, 729; *Dürig J.,* Beweismaß und Beweislast im Asylrecht, 1990; *Ewer/Rapp,* Zur Beweis- und Feststellungslast bei Ansprüchen auf Gewährung von Ermessensleistungen, NVwZ 1991, 549; *Geiger,* Amtsermittlung und Beweiserhebung im Verwaltungsprozeß, BayVBl 1999, 321; *Kokott,* Beweislastverteilung und Prognoseentscheidungen bei der Inanspruchnahme von Grund- und Menschenrechten, 1993; *Kopp,* Stichwort ‚Beweislast', in: Hdb des Umweltschutzrechts, 1993; *Michalski,* Beweisvereitelung durch beweisbelastete Partei und Nachholbarkeit in der Berufungsinstanz, NJW 1991, 2069; *Nierhaus,* Beweismaß und Beweislast, Untersuchungsgrundsatz und Beteiligtenmitwirkung im Verwaltungsprozeß, 1989; *Peschau,* Die Beweislast im Verwaltungsprozeß – Zur Verteilung des Aufklärungsrisikos im Verwaltungsprozeß, 1983; zugleich Diss. Köln 1983; *Prütting,* Gegenwartsprobleme der Beweislast, 1983; *Redeker,* Beweislast und Beweiswürdigung im Zivil- und Verwaltungsprozeß, NJW 1966, 1777; *ders,* Untersuchungsgrundsatz und Mitwirkung der Beteiligten im Verwaltungsprozeß, DVBl 1981, 83; *Reinhardt,* Die Umkehr der Beweislast aus verfassungsrechtlicher Sicht, NJW 1994, 93.; *Rosenberg,* Die Beweislast auf der Grundlage des BGB und der ZPO 5. Aufl 1965; *Schneider,* Beweis und Beweiswürdigung; 5. Aufl 1994; *Schwab,* Zur Abkehr moderner Beweislastlehren von der Normentheorie, Bruns-FS 1978, 505; *Sonntag,* Beweislast bei Drittbetroffenenklagen, 1986. – **Zur Begründungspflicht:** *Brüggemann,* Die richterliche Begründungspflicht, 1971; *Buchwald,* Der Begriff der rationalen juristischen Begründung: zur Theorie der juristsichen Vernunft, 1990, zugl Diss Göttingen 1987/88; *Lücke,* Begründungszwang und Verfassung, 1987; *Müller-Ibold,* Die Begründungspflicht im europäischen Gemeinschaftsrecht und im deutschen Recht, 1990. – S auch zu §§ 117, 138. – **Zum rechtlichen Gehör:** *Clausing,* Aktuelles Verwaltungsprozessrecht – II. Verfahrenspflichten des Verwaltungsgerichts, JuS 2004, 300; *Fritz,* Das Grundrecht auf rechtliches Gehör, ZAR 1984, 189; *Frohn,* Rechtliches Gehör und richterliche Entscheidung, 1989; *Kopp,* Das rechtliche Gehör in der Rechtsprechung des BVerfG, AöR 1983, 604; *Lerche,* Zum Anspruch auf rechtliches Gehör, ZZP 1965, 1; *Mauder,* Der Anspruch auf rechtliches Gehör, seine Stellung im System der Grundrechte und seine Auswirkung auf die Abgrenzungsproblematik zwischen Verfassungs- und Fachgerichtsbarkeit, 1986; *Rüping,* Anspruch auf rechtliches Gehör, BK, 1 ff zu Art 103 Abs 1 GG; *ders,* Verfassungs- und Verfahrensrecht im Grundsatz des rechtlichen Gehörs, NVwZ 1985, 304; *Schmidt-Aßmann,* Verfahrensfehler als Verletzung des Art 103 Abs 1 GG, DÖV 1987, 1029; *Sendler,* Anspruch auf Gehör und Effizienz richterlicher Tätigkeit, Lerche-FS 1993, 833.; *Spiecker genannt Döhmann,* Verletzung rechtlichen Gehörs in der Rechtsmittelinstanz, NVwZ 2003, 1464; *Waldner,* Der Anspruch auf rechtliches Gehör, 1989; *Wimmer,* Die Wahrung des Grundsatzes des rechtlichen Gehörs, DVBl 1985, 773. – S auch zu § 85, § 86, § 104 und § 138.

Übersicht

1. Allgemeines: Die Vorschrift legt die **Grundlagen der Entscheidung** des Gerichts fest u **begrenzt** zusammen mit § 101 zugleich den für diese Entscheidung maßgeblichen – u allein berücksichtigungsfähigen – Prozeßstoff auf die Tatsachen u Beweisergebnisse, die **Gegenstand der mV** bzw des entspr schriftlichen Vf (§ 101 Abs 2) waren u zu denen den Beteiligten **rechtliches Gehör** gewährt worden ist (Abs 2); außerdem enthält sie in Abs 1 den **Grundsatz der freien Beweiswürdigung** (s unten 4 ff). Zur Frage der für die Beurteilung des 1

Gerichts maßgeblichen Sach- u Rechtslage s 41 ff vor § 40; 29 ff u 217 ff zu § 113; zur Frage der Beweislast unten 11 ff. Mittelbar folgt aus § 108 u § 112 auch, daß **alle Richter,** die bei der Entscheidung mitwirken, ausreichende Kenntnis des Inhalts der beigezogenen Akten haben müssen (vgl 7 zu § 112) u **auch physisch u geistig in der Lage** gewesen sein müssen, der Verhandlung in all ihren Teilen zu folgen.[1] Zum sog **Freibeweis** s 16 vor § 40; 2 zu § 86.

§ 108 – u zwar nicht nur Abs 2, wo dies offensichtlich ist, sondern auch Abs 1 S 1 (BVerfG NVwZ 1993, 769; s auch unten 2) – dient zugleich u vor allem der **Wahrung des rechtlichen Gehörs** der Beteiligten gem **Art 103 Abs 1 GG** (vgl BVerfG NVwZ 1993, 769) sowie, wenn u soweit in der Sache Grundrechte betroffen sind, **auch der Wahrung dieser Grundrechte** (vgl 11 ff zu § 1).

2 **2. Gesamtergebnis des Verfahrens (Abs 1):** Nach Abs 1 entscheidet das Gericht nach dem Gesamtergebnis des Vf, so wie es sich aufgrund der mV darstellt (81, 143 unter Bezugnahme auch auf §§ 101 Abs 1, 103 u 104). Insb gebieten auch Art 103 Abs 1 GG und, soweit in der Sache auch andere Grundrechte betroffen sind, auch diese (s oben 1) den Gerichten, bei ihrer Entscheidung **nur solche Tatsachen u Beweisergebnisse** (einschließlich von Behördenauskünften usw) zu verwerten, **die** das Gericht auch **den Beteiligten offengelegt** hat u die von einem Verfahrensbeteiligten oder vom Gericht – im einzelnen bezeichnet – zum **Gegenstand des Vf** gemacht worden sind, u zu denen sich die Beteiligten äußern konnten (BVerfG NVwZ 1993, 769).

Gesamtergebnis des Vf iSv Abs 1 ist **alles,** aber auch nur, **was Gegenstand der mV** (§ 101 Abs 1) bzw, bei Verzicht auf mV, des dieser entspr schriftlichen Vf (§ 101 Abs 2) war (Ey-J. Schmidt 1): insb **der Vortrag** u die **Anträge** der Beteiligten,[2] der Vortrag des Inhalts der Akten durch den Berichterstatter (§ 103 Abs 2), beigezogene Akten u Urkunden, eingeholte **Auskünfte,** die vom Vorsitzenden zum Gegenstand der Verhandlung erklärt worden sind,[3] offenkundige, dh allgemeinkundige oder gerichtskundige Tatsachen (s 22 zu § 98), das **Ergebnis der Beweisaufnahme** u der Erörterung der Sach- u Rechtslage sowie von Fragen von Mitgliedern des Gerichts (§ 104 Abs 2), usw (68, 339).

Geht das Gericht bei seiner Entscheidung von einem **unrichtigen oder unvollständigen Sachverhalt** aus, zB weil es den Schriftsatz (BFH 141, 221 = BStBl II 1984, 668) oder wesentliche Bekundungen eines Beteiligten nicht berücksichtigt oder einem Beteiligten Erklärungen unterstellt, die dieser nicht abgegeben hat, so **verletzt** es **§ 108 Abs 1 S 1,** auch wenn die Beweiswürdigung (Sachverhaltswürdigung) als solche an sich nicht zu beanstanden ist.[4] Wenn das Gericht seine Überzeugung **ohne ausreichende Erforschung** des für die Entscheidung maßgeblichen Sachverhalts bildet, verletzt es außerdem **§ 86 Abs 1** (70, 225; DVBl 1989, 893; s auch 21 zu §§ 132; 25 a zu § 137).

In **jedem Fall rechtswidrig** ist ein **Urteil,** das bei verständiger Würdigung der das GG beherrschenden Gedanken nicht mehr verständlich u nachvollziehbar ist u idS **objektiv willkürlich** erscheint (BVerfG 58, 168; BayVBl 1986, 188); dies gilt vor allem auch für Urteile, die vom **Gesamtergebnis des Vf her un-**

---

[1] NJW 1986, 2721; 1981, 413; BFH BB 1986, 2402; DVBl 1960, 935 mwN; Buchh 310 § 138 VwGO 1 u 8.

[2] Vgl auch NJW 1986, 1125; BFH 141, 221: auch bei Gericht eingegangene Schriftstücke, von denen das Gericht aus welchen Gründen auch immer keine Kenntnis erlangt hat; s dazu auch unten 23.

[3] Schultz MDR 1972, 6663; NKVwGO-Höfling/Rixen 22; **aA** BFH JZ 1971, 101: nicht erforderlich, daß beigezogene Akten in der mV ausdr zum Gegenstand der mV erklärt wurden.

[4] DVBl 1983, 1106; BFH 141, 221: das Urteil beruht nicht mehr auf dem Ergebnis der mV; außerdem verletzt das Gericht den Anspr der Beteiligten auf rechtliches Gehör vgl BVerwG 21. 6. 95 – 8 B 67/95; BVerfG NJW-RR 1995, 441 mwN; s auch unten 8.

verständlich sind u deshalb die Annahme nahelegen, daß sie **auf prozessualer Willkür** – die nicht auch subjektive Willkür sein muß – **beruhen.**

Voraussetzung der Berücksichtigung von Tatsachen u Beweisergebnissen einschließlich beigezogener Akten, eingeholter Auskünfte usw ist in allen Fällen, daß die **Beteiligten** – wenn diese durch Bevollmächtigte (§ 67) vertreten sind, grds diese (vgl BayObLG BayVBl 1983, 733: daß der Beteiligte persönlich gehört wurde, genügt nicht) – in der mV **Gelegenheit hatten, sich dazu zu äußern** (Abs 2), was bei beigezogenen Akten usw u allen sonstigen Erkenntnismöglichkeiten (zB amtliche Auskünfte, Gutachten), von deren Existenz oder Kenntnis des Gerichts die Beteiligten nicht wissen, zugleich zur Wahrung des rechtlichen Gehörs voraussetzt, daß **das Gericht die Beteiligten** im einzelnen konkret – nicht nur allg u pauschal! – (s auch unten 25) **darauf hingewiesen** hat (DÖV 1974, 321; BVerfG NVwZ 1993, 769), jedenfalls aber sie im einzelnen bezeichnet (BVerfG NVwZ 1993, 769) u **zum Gegenstand der mV gemacht** hat (67, 83; Buchh 310 § 108 VwGO Nr 134). Eine **Unterrichtung** der Beteiligten **vor der mV** ist nur bei **neuen Beweismitteln** uä geboten, die wesentliche neue Aspekte enthalten,[5] wenn u in der mV zumindest allg die **Bedeutung der beigezogenen Akten** für das Vf mit den Beteiligten **erörtert wurde** (vgl NJW 1983, 695), wenn insoweit Zweifel bestehen konnten. Die **Feststellung,** daß bestimmte **Behördenakten** Gegenstand der mV gewesen sind, muß in den Tatbestand des Urteils aufgenommen werden; Aufnahme lediglich in Sitzungsniederschrift genügt nicht (DÖV 1974, 321). 3

3. Freie „Beweiswürdigung"; Überzeugungsgrundsatz (Abs 1 S 1): Das Gericht ist **bei der Würdigung u Abwägung** aller für die Feststellung des für seine Entscheidung maßgeblichen Sachverhalts erheblichen Tatsachen u Tatsachenbeschlüsse – nicht nur der Ergebnisse einer etwaigen förmlichen Beweisaufnahme gem § 98, sondern auch des Inhalts der Akten, des Vortrags der Beteiligten, eingeholter Auskünfte, gerichtskundiger Tatsachen usw – **frei,** dh **nur** an die **innere Überzeugungskraft** der in Betracht kommenden Gesichtspunkte u Argumente im Zusammenhang des Ergebnisses des Vf u an die **Denkgesetze,** anerkannte **Erfahrungssätze u Auslegungsgrundsätze** (47, 381; 61, 188) gebunden, nicht dagegen grds an starre Beweisregeln (**Grundsatz der freien Beweiswürdigung,** vgl 68, 339; Ule 30 II 1; s aber unten 6). Der **Grundsatz der freien Beweiswürdigung** ergänzt den Untersuchungsgrundsatz gem § 86 Abs 3. Eine **Verletzung** stellt einen **Verfahrensfehler** dar (NJW 1990, 1681; VIZ 2000, 600). 4

Das Gericht kann nach dem Grundsatz der freien Beweiswürdigung zB, je nach den Umständen des Falles, seine Überzeugung auch **aus dem bloßen Parteivorbringen** gewinnen,[6] auch einem bloßen Parteivorbringen stärkeres Gewicht beimessen als einer beeideten Zeugenaussage (OLG Karlsruhe NJW-RR 1998, 789; BL 5 zu § 286 ZPO; ThP 2a zu § 286 ZPO). Insb kann das Gericht bei Fehlen anderer Beweismittel seine Entscheidung dann auf den **Tatsachenvortrag der Beteiligten** allein stützen, wenn u soweit dieser „überzeugend erscheint u nicht durch anderweitiges Parteivorbringen schlüssig in Frage gestellt wird".[7] S auch unten 6. Entspr gilt ua auch für **Unterlagen, die** die Behörde **im VerwaltungsVf erarbeitet hat,** u für im VerwaltungsVf eingehol-

---

[5] 67, 83; Buchh 310 § 108 VwGO Nr 134; VRspr 26, 117: zugleich zur Heilung, wenn der Mangel nicht gerügt wird; RÖ-Kothe 42 zu § 86; vgl auch BVerwG VRspr 26, 117: es ist im Hinblick auf den Konzentrationsgrundsatz u das Akteneinsichtsrecht regelmäßig geboten, den Kl schon vor der mV von der Beiziehung der Akten zu benachrichtigen; **aA** BFH JZ 1971, 101; s oben 2.

[6] VG Gelsenkirchen NVwZ 1987, 167; vgl auch OLG Hamm NJW-RR 1993, 1441: auch ein Privatgutachten kann ein ausreichendes Beweismittel sein.

[7] 71, 185; DVBl 1980, 594; BayVBl 1985, 568; NVwZ-RR 1990, 165; BGH LM § 286 ZPO Nr 64.

te **Sachverständigengutachten,** soweit diese im Prozeß nicht „substantiiert in Zweifel gezogen" wurden oder sich dem Gericht die Notwendigkeit weiterer Ermittlungen, der Einholung weiterer Gutachten uä „aufdrängen mußte" (DVBl 1980, 594; Buchh 310 § 86 Abs 1 VwGO Nr 79). S auch unten 9 f; ferner 13 ff zu § 98. Eine **formelle** Bindung des Gerichts an tatsächliche Feststellungen von Behörden, wie sie früher in vereinzelten Gesetzen vorgesehen war, wäre dagegen **verfassungswidrig** (BVerfG NJW 1963, 803).

Auch die **tatsächlichen Feststellungen in strafgerichtlichen Urteilen** – anders wg des im Zivilprozeß geltenden Beibringungsgrundsatzes Feststellungen in Zivilurteilen – kann das Gericht grds ohne weitere Nachprüfung seiner Entscheidung zugrunde legen,[8] insb, wenn die Beteiligten insoweit keine wesentlich neuen Gesichtspunkte vortragen; eine **formelle Bindung** an strafrichterliche Feststellungen besteht jedoch **nicht,** sofern durch förmliches Gesetz (was verfassungsrechtlich unbedenklich wäre) nichts anderes bestimmt ist.

Der Grundsatz der freien Beweiswürdigung gilt auch für **Indizien.** Das Gericht ist grds darin frei, **welche Beweiskraft** es **Indizien** im einzelnen u in einer Gesamtschau für seine Überzeugungsbildung beimißt. Er hat jedoch die wesentlichen Gesichtspunkte für seine Überzeugungsbildung nachvollziehbar darzulegen; ein revisionsrechtlich beachtlicher **Verstoß gegen Denkgesetze** liegt jedoch ua dann vor, wenn das Gericht die Ambivalenz der Indiztatsachen nicht erkennt oder ihnen Indizwirkungen zuerkennt, die sie nicht haben können (BGH NJW 1991, 1895; BL 6 zu § 286 ZPO). Ein Rückgriff auf **tatsächliche Vermutungen** u auf aus der allg Lebenserfahrung gewonnene, widerlegbare **Erfahrungssätze** ist grds nur zulässig, wenn die konkrete Sachaufklärung gem § 86 Abs 1 u insb auch eine Beweisaufnahme zu keinem gesicherten Ergebnis geführt haben oder führen (vgl BFH NV – R 1990, 120).

Erforderlich u Voraussetzung für die richterliche Überzeugungsbildung ist in jedem Fall eine **ausreichende Klärung** des **Sachverhalts** (vgl VBlBW 1995, 136). Die Bildung der richterlichen Überzeugung nach § 108 Abs 1 S 1 u damit auch die freie Beweiswürdigung setzt insoweit immer eine **ausreichende Erforschung** des **Sachverhalts** nach § 86 Abs 1 voraus (70, 225; DVBl 1989, 893; NVwZ 2003, 225). Ein Verstoß gegen § 108 Abs 1 S 1 liegt vor, wenn bei der Entscheidung ein wesentlicher Akteninhalt unberücksichtigt blieb (VIZ 2000, 600).

4 a Die Beweiswürdigung hat zur Voraussetzung, daß den Beteiligten vorher gem Abs 2 **rechtliches Gehör** gewährt wurde, dh, daß sie vorher Gelegenheit hatten, sich zu allen für die Entscheidung maßgeblichen Tatsachen u Beweisergebnissen einschließlich der möglichen Schlußfolgerungen, die daraus gezogen werden können, zu äußern (vgl BSG NJW 1990, 407). Das Gericht ist jedoch **nicht verpflichtet,** den Beteiligten im Rahmen der Gewährung des rechtlichen Gehörs auch bereits **seine Beurteilung u** Bewertung der Beweisergebnisse **mitzuteilen** oder auch nur die sich nach dem Ergebnis der mV dafür bietenden alternativen Möglichkeiten aufzuzeigen (s unten 25); **anders** jedoch, wenn das Gericht **Schlußfolgerungen** zu ziehen beabsichtigt, mit denen die Beteiligten **nicht** ohne weiteres **rechnen konnten.**[9]

5 **Maßgebend** ist – soweit nicht durch Gesetz etwas anderes bestimmt ist (vgl NVwZ-RR 1990, 165), zB durch § 287 ZPO[10] – letztlich allein **die unter Be-**

---

[8] 48, 301; NJW 1975, 294; 1977, 2037; 1978, 2464; Buchh 442.10 § 4 StVG Nr 59 u 60; Ko NJW 1990, 1553.

[9] Buchh 310 § 108 VwGO Nr 260; BSG NVwZ 1991, 920; BGH VersR 1967, 1095: die Beteiligten dürfen nicht mit Tatsachenwürdigungen überrascht werden, die von keiner Seite als möglich vorausgesehen werden konnten; s zum Verbot sog Überraschungsentscheidungen auch unten 25.

[10] Vgl BGH NJW 1991, 1412 – Einschränkung auch für die erforderlichen Ermittlungen u die Notwendigkeit, Beweisanträgen stattzugeben –; Hbg NVwZ 1983, 565.

rücksichtigung aller Umstände gewonnene richterliche Überzeugung (Buchh 412.3 § 1 BVFG Nr 26; NVwZ-RR 1990, 165; NVwZ 2003, 225). Absolute Gewißheit ist nicht erforderlich.[11] Genügend, aber auch erforderlich ist – soweit nicht durch Gesetz (vgl zB § 61 IfSG, § 47 Abs 7 ZDG, § 5 KDVG, § 15 Abs 1 BEG, §§ 1 Abs 3, 25a Abs 2 BVG, § 3 Abs 2 12. BImSchV) geringere Anforderungen vorgesehen sind (BVerfG 69, 44; Nierhaus DÖV 1985, 635) – ein **so hoher Grad an Wahrscheinlichkeit, daß kein vernünftiger, die Lebensverhältnisse klar überschauender Mensch noch zweifelt.**[12] Vgl allg zu den Anforderungen auch BVerwG NVwZ 1987, 217. Dies gilt **auch dann,** wenn ein **Gesetz scheinbar höhere** Anforderungen an das Beweismaß stellt, wie zB § 6 Nr 1 BImSchG („sichergestellt"), § 61 S 4 IfSG („unzweifelhaft feststeht"), § 21 Abs 2 Nr 1 AMG („nachweislich"), § 4 Abs 1 Nr 2 BRRG („Gewähr ... bietet"); **aA** insoweit Nierhaus DÖV 1985, 635. Zur Frage des **Freibeweises** zu Prozeßvoraussetzungen s 2 zu § 86; 16 vor § 40.

Auch in Fällen besonderer, durch die Natur der Sache oder durch besondere Umstände bedingter **Beweisnot** genügt **nicht** ausnahmsweise auch „ein aufgrund aller in Betracht kommender Umstände ermittelter **hoher Grad** von **Wahrscheinlichkeit**".[13]

Besondere Gründe, insb zB ein unverschuldeter **Beweisnotstand** oder Gründe der **Zumutbarkeit,** wie sie zB im Vertriebenenrecht, Kriegsdienstverweigerungsrecht, Asylrecht usw (vgl 71, 80 = NVwZ 1985, 658) häufig bestehen, aber auch in anderen Bereichen vorkommen, muß u darf das Gericht, wenn das Gesetz nichts anderes bestimmt, nicht abstrakt-schematisch durch eine Verringerung des Beweismaßes, dh dadurch, daß statt voller Überzeugung des Gerichts nur ein hohes oder auch nur ein gewisses Maß an Wahrscheinlichkeit verlangt wird, oder durch Umkehr der Beweislast Rechnung tragen, sondern **bei der Beweiswürdigung** (s oben 4) angesichts der konkreten Umstände des Einzelfalles **berücksichtigen.**[14] Für die Überzeugung des Gerichts kann hier uU auch **schon der schlüssige u glaubwürdige Vortrag** eines Beteiligten allein **genügen** (vgl zB 71, 80 = NVwZ 1985, 658; NVwZ-RR 1990, 165; s auch oben 4). Vgl allg auch Nierhaus 480; Musielak/Stadler Rn 146, 149; Prütting, Gegenwartsprobleme, 59ff; TK § 96 FGO Tz 1, 9ff. **Entspr** gilt umgekehrt in Fällen, in denen Beteiligte durch ihr Verhalten die **Sachaufklärung** vereiteln oder unter Verletzung ihrer Mitwirkungspflicht (Mitwirkungslast, vgl 11ff zu § 86) die Sachaufklärung **erschweren** bzw, obwohl es ihnen möglich u zumut-

---

[11] Buchh 427.3 § 339 LAG Nr 92; Vieweg NJW 1982, 2475; Nierhaus DÖV 1985, 635.

[12] RS § 112, 11ff; ähnlich Buchh 427.3 § 339 LAG Nr 92: ein Grad an Wahrscheinlichkeit, der nach der Lebenserfahrung der Gewißheit gleichkommt; BayVBl 1985, 568; ebenso BGH NJW-RR 1994, 568 mwN; Schneider 17.

[13] Nierhaus 480: unter Hinw darauf, daß, wenn besondere Gründe, insb Gründe der Zumutbarkeit es erfordern, „Abhilfe" durch entspr Berücksichtigung bei der Beweiswürdigung zu schaffen sei; ähnlich iE Bertrams DVBl 1987, 1185: unter Hinw darauf, daß hier oft allg Erfahrungssätze weiterhelfen; s auch 41, 54; 55, 86; 55, 218 mwN = NJW 1978, 1277; 70, 221; BFH BStBl II 1989, 462: Abhilfe durch Verringerung des Beweismaßes; BGH NJW 1990, 1721; **aA** – oder mißverständlich – BVerwG 71, 180: volle Überzeugung von der Wahrheit, nicht nur Wahrscheinlichkeit; in tatsächlich zweifelhaften Fällen genügt bei Beweisnot aber ein für das praktische Leben brauchbarer Grad von Gewißheit, der Zweifeln Schweigen gebietet, auch wenn sie nicht völlig auszuschließen sind.

[14] Nierhaus 480; NKVwGO-Höfling/Rixen 133; vgl auch BVerfG DVBl 1991, 155: Beweisschwierigkeiten muß das Gericht im Rahmen der Beweiswürdigung Rechnung tragen; auf Belege u sonstige Nachweise, die weniger hohe Wahrscheinlichkeiten ergeben, kann dabei jedoch nicht verzichtet werden; BGH NJW 1990, 1721: Beweisnot einer Partei, führt nicht dazu, daß an ihre Behauptung ein geringerer Wahrscheinlichkeitsmaßstab anzulegen ist. Wohl aber ist an die Begründung, mit der der Tatrichter die Wahrscheinlichkeit verneint, eine erhöhte Anforderung zu stellen; die Gründe müssen erkennen lassen, daß er die Beweisnot der Partei in Erwägung gezogen hat; zT **aA** BFH BStBl II 1989, 462.

bar war, nicht soviel dazu beitragen, wie das Gericht von ihnen erwarten hätte können u dürfen.[15] Allg auch im Verwaltungsprozeß anwendbar ist auch die **Beweiserleichterung gem § 287 ZPO** (Hbg NVwZ 1983, 565; **aA** BVerwG BauR 1985, 682 zur Feststellung von Erschließungsbeiträgen). S auch zu Beweiserleichterungen beim sog Beweis des ersten Anscheins (prima-facie-Beweis) unten 18.

Die **Verletzung der dargelegten Grundsätze** zur erforderlichen richterlichen Überzeugung, dh zum „Beweismaß", stellt einen **Revisionsgrund** dar (vgl NWVBl 1996, 126; Vieweg NJW 1982, 2475). Dies gilt auch dann, wenn die vom Gericht getroffenen Tatsachenfeststellungen, insb auch nach der Begründung des Gerichts für seine Überzeugung, nach dem **Überzeugungsgrundsatz** (vgl NVwZ 1991, 362) offensichtlich nach den Grundsätzen der Logik u sonstigen allg Denk- oder Erfahrungssätzen **nicht ausreichen,** um die Überzeugung zu rechtfertigen. Vgl auch NVwZ 1991, 362: Enthält ein Urteil zu einer entscheidungserheblichen Frage zwei einander widersprechende Tatsachenfeststellungen u stützen sich die Entscheidungsgründe auf eine der beiden Sachverhaltsdarstellungen, liegt darin ein Verstoß gegen § 108 Abs 1 S 1. S auch unten 8. Zum sog **Freibeweis** bei Prozeßvoraussetzungen s 16 vor § 40; allg zum Freibeweis auch 2 zu § 86.

Soweit die **Entscheidung** des Gerichts aufgrund besonderer gesetzlicher Regelungen außerhalb der VwGO ausnahmsweise **von der offensichtlichen Unbegründetheit der Klage abhängig ist,** wie zB gem § 78 AsylVfG, ist diese dann anzunehmen, wenn nach vollständiger Erforschung des Sachverhalts gem § 86 an der Richtigkeit der tatsächlichen Feststellungen des Gerichts **vernünftigerweise kein Zweifel** bestehen kann u bei einem solchen Sachverhalt nach allg anerkannter Rechtsauffassung sich die **Abweisung** der Klage **geradezu aufdrängt.**[16]

Der Grundsatz der freien richterlichen Beweiswürdigung bezieht sich nur auf die zu würdigenden Tatsachen; er schließt **nicht die Befugnis** ein, frei darüber zu entscheiden, **welche** Anforderungen an **die Gewißheit oder Wahrscheinlichkeit zu stellen** sind, damit eine Tatsache als erwiesen angesehen werden kann. S auch oben 4. Die insoweit maßgeblichen Erfordernisse sind dem Richter vorgegeben; ihre **Einhaltung** ist, anders als die Beweiswürdigung ieS, **revisionsgerichtlich nachprüfbar** (s auch NKVwGO-Höfling/Rixen 79).

6 **Feste Beweisregeln** gelten nur hins des Beweiswertes von **Urkunden** (§ 98, §§ 415–419 ZPO),[17] der **Niederschrift** (§ 105; s dazu 2 zu § 105) u des **Tatbestandes** eines Urteils (§§ 164, 314 ZPO; dazu NVwZ 1985, 337 mwN). Vgl auch BVerfG 1, 429; 9, 95; 62, 397: keine bestimmten Beweisregeln u auch keine Verpflichtung zur Erhebung bestimmter Beweise aus Art 103 Abs 1 GG. Ausserdem ist das Gericht an **rechtskräftige** oder jedenfalls seiner Disposition entzogene eigene **Entscheidungen** bzw Entscheidungen anderer Gerichte oder der Vorinstanzen u an unanfechtbare bzw nicht angefochtene bindende Entscheidungen von Verwaltungsbehörden, insb auch zu Vorfragen (vgl 11 zu § 121) – **nicht** auch idR (anders, wenn durch Gesetz etwas anderes bestimmt ist, vgl 11 zu 121) **an die tatsächlichen Feststellungen,** auf denen diese Entscheidungen beru-

---

[15] Vgl 12 zu § 86; im wesentlichen, wenn auch mit anderer Begründung, iE auch BFH BStBl II 1989, 462 = JuS 1990, 151 m Anm Osterloh: kann Sachverhalt im finanzgerichtlichen Vf deshalb nicht vollständig aufgeklärt werden, weil Kl seine Mitwirkungspflicht verletzt hat, so führt das nicht zu einer Entscheidung nach den Regeln der objektiven Beweislast (Feststellungslast), sondern zu einer Begrenzung der Sachaufklärungspflicht u zu einer Minderung des Beweismaßes.

[16] BVerfG NVwZ-Beil 1997, 26; NVwZ-Beil 1995, 18; NVwZ 1993, 769; ähnlich zu § 32 Abs 6 AsylVfG aF BVerfG 65, 95 f = NJW 1983, 2930; 71, 293 = NVwZ 1986, 459.

[17] Dazu BVerwG NVwZ 1985, 337; allg auch 18 zu § 98; **aA** RÖ-Kothe 13 zu § 98.

hen, u an die **rechtliche Begründung** – gebunden. Auch die tatsächlichen **Feststellungen in strafgerichtlichen Urteilen** haben zwar wg der besonderen Verfahrensgarantie des Strafprozesses einen hohen tatsächlichen Überzeugungsgehalt, aber keinerlei rechtliche Bindungswirkungen (s auch oben 4). Vgl auch OLG Bremen NJW 1991, 509: Die Aussage eines Zeugen ist wg der Wahrheitspflicht u der Strafbarkeit falscher Aussagen nicht a priori glaubwürdiger als der Vortrag eines Beteiligten.

Verdachtsmomente und geheime Tatsachen: Zur Berücksichtigung bloßer Verdachtsmomente vgl BVerwG NJW 1984, 73; Buchh 130 § 8 RuStAG Nr. 9; BayObLG BayVBl 1976, 88 sowie KR 18 zu § 24 VwVfG. Vor allem **bei Ermessensentscheidungen,** in anderen Fällen grds nur (sofern dies mit dem Zweck der anzuwendenden Rechtsvorschriften vereinbar ist) **zugunsten des Bürgers** (dh des Kl, Beigeladener usw), oder wenn u soweit dies vom Gesetz vorgesehen oder zugelassen ist, ist auch die **Berücksichtigung von** hinreichend begründeten **Verdachtsmomenten** zulässig, wenn eine weitere Aufklärung nicht ohne weiteres möglich ist.[18] **Ähnliches** gilt **für geheime Tatsachen,** die den Beteiligten nicht oder nur in sehr allg Form ohne nähere Details, ohne Angabe der Quelle usw bekannt sind. Auch solche Tatsachen **können grds nur zugunsten des Bürgers** verwertet werden, zu Lasten des Bürgers dagegen nur, soweit dies durch Gesetz in verfassungskonformer Weise zugelassen ist, u grds nur unter **Abwägung der Erfordernisse des Einzelfalls** (49, 50; Gusy DÖV 1980, 436). Für die vom Gericht hier zu treffende Abwägung gelten dieselben Grundsätze wie zu § 99. **Zum rechtlichen Gehör** bei Verdachtsmomenten u geheimen Tatsachen s unten 24. Zu **Beweisverwertungsverboten** s 4 zu § 98. 7

Die **Beweiswürdigung** kann **in der Revision** mit Erfolg grds **nur** noch mit der (näher zu begründenden) Behauptung angegriffen werden, sie beruhe auf der **Verletzung von gesetzlichen Beweisregeln, von Denkgesetzen oder allg Erfahrungssätzen** u verbindlichen Auslegungsregeln (65, 61; NJW 1985, 395; BGH NJW 1991, 1895) oder auf einem **„aktenwidrig" angenommenen Sachverhalt** (NJW 1985, 395; s auch 21 zu § 132), oder sie sei **offensichtlich sachwidrig u** damit objektiv iSv Art 3 Abs 1 GG willkürlich (vgl BVerfG 57, 42). S oben 4, ferner im einzelnen insb 19 u 25f zu § 137; zu Denkgesetzen u allg Erfahrungssätzen auch 8, 19 u 25f zu 137; 22ff zu § 98. **Eine Verletzung von Denkgesetzen** ist idS nicht schon bei jeder unrichtigen Schlußfolgerung erheblich, sondern nur dann, **wenn** aus dem festgestellten Sachverhalt denkmöglich **nur eine einzige Folgerung gezogen** werden kann, das Gericht diese jedoch nicht gezogen hat.[19] 8

Als fehlerhaft kann die Beweiswürdigung mit der Revision **außerdem** dann gerügt werden, **wenn in der Begründung des Urteils** eine Auseinandersetzung mit bedeutsamen Umständen des Falles u eine Erörterung der sich aufdrängenden Fragen fehlt.[20]

Nicht gerügt werden kann, **daß andere Tatsachengerichte** dieselbe Situation **anders beurteilt haben** u dies vom BVerwG nicht beanstandet worden ist (NVwZ 1985, 37; NKVwGO-Höfling/Rixen 78); wohl aber, daß das Tatsa-

---

[18] Vgl DVBl 1983, 1013; NJW 1987, 859 Mü BayVBl 1977, 181: die Ausländerbehörde muß nicht vollen Beweis für die Gründe für die Versagung der Aufenthaltsgenehmigung führen.

[19] DVBl 1973, 373; Buchh 310 § 108 Abs 1 VwGO Nr 11 – Folgerung muß schlechthin unmöglich sein; vgl auch NJW 1985, 395: ob u mit welcher Gewichtung bestimmte Tatsachen für die Überzeugungsbildung des Gerichts maßgeblich waren u sein konnten, unterliegt nicht der Nachprüfung durch das Revisionsgericht; s auch 25 zu § 137.

[20] NVwZ 2003, 225; NKVwGO-Höfling/Rixen 174; zT **aA** BVerwG NJW 1985, 395: Angabe aller für die Überzeugungsbildung maßgeblichen Tatsachen u ihrer Gewichtigkeit im Urteil nicht erforderlich.

chengericht **bei der Beweiswürdigung** von einem unrichtigen Sachverhalt ausgegangen ist.[21] S auch 25 u 25 a zu § 137.

9 **4. Richterliche Überzeugungsbildung bei Beiziehung von Sachverständigen:** Auch die **Beiziehung von Sachverständigen** oder sog „technischen Beratern" (s dazu 9 zu § 86) bzw die Einholung von Sachverständigengutachten (s dazu 9 zu § 86; 14 zu § 98) – bzw die Verwertung der **in der Vorinstanz** (Mü BayVBl 1978, 673; Ule WuV 1983, 38; Kopp Gutachten 48) **oder im VerwaltungsVf** (18, 218; NJW 1982, 310; NVwZ 1982, 390; 1986, 37; s auch 15 zu § 98) **eingeholten Gutachten** – enthebt das Gericht nicht der Verpflichtung u Notwendigkeit, sich auch hins des der Begutachtung unterworfenen Sachverhalts u des Ergebnisses des Gutachtens seine **eigene Überzeugung** zu bilden. Es darf die Begutachtung nicht einfach für seine Entscheidung übernehmen, sondern muß die Feststellungen u Schlußfolgerungen des Gutachters im Rahmen seiner tatrichterlichen Würdigung unter Berücksichtigung aller Umstände, der eigenen Sachkunde u der allg Lebenserfahrung **selbstverantwortlich überprüfen u nachvollziehen.**[22] Zu sog **technischen Normen** uä als **vorweggenommene Sachverständigengutachten** s 5 a zu § 86; zur Frage, inwiefern sich die Eigengesetzlichkeiten wissenschaftlicher Erkenntnisprozesse auf die Entscheidung des Richters auswirken dürfen, Czajka DÖV 1982, 102.

Das Gericht **darf** aus denselben Gründen von **Gutachten nicht ohne weiteres abweichen.** Vielmehr hat es grds weitere Gutachten einzuholen. Anderes gilt nur dann, wenn es selbst die nötige Fachkenntnis besitzt oder aufgrund der Erörterung mit dem Gutachten erworben hat. Seine Erkenntnisse muß das Gericht dann aber ordnungsgemäß in den Rechtsstreit einführen u den Beteiligten Gelegenheit geben, hierzu Stellung zu nehmen (BGH NJW 1993, 2383). Offene Fragen sind mit dem Gutachter u den Beteiligten in der mV zu erörtern u zu klären.[23] S auch 8 ff zu § 86.

Bei wissenschaftlich umstrittenen Fragen, zB hins der Risikoermittlung u Risikobewertung bei Atomanlagen, darf sich das Gericht **nicht mit** der Feststellung der **„herrschenden Meinung"** u der für den im konkreten Fall daraus zu ziehenden Folgerungen sowie einem entspr Gutachten dazu begnügen, sondern muß **grds alle ernsthaft vertretenen** oder vertretbaren **Auffassungen ermitteln** u in Erwägung ziehen.[24]

10 **Die Einholung weiterer Gutachten** (sog **Obergutachten**) steht analog § 404 Abs 1 ZPO, § 244 Abs 4 S 2 StPO, § 412 ZPO, § 98 (Czajka DÖV 1982, 106) grds im **Ermessen** des Gerichts (82, 90; NKVwGO-Höfling/Rixen 29). Sie ist **nur** dann geboten, **wenn** das Gutachten **Mängel** aufweist, die es zur Sachverhaltsfeststellung als ungeeignet, zumindest aber **als nicht ausreichend tragfähig erscheinen läßt.**[25] **Das ist insb der Fall, wenn**

---

[21] 68, 339, wo dies als Verletzung des Grundsatzes der freien Beweiswürdigung angesehen wird; vgl auch DVBl 1983, 1105; s auch oben 2; zweifelhaft, richtiger erscheint es, hier allenfalls eine Verletzung der Ermittlungspflicht in Betracht zu ziehen, die nur unter sehr viel engeren Voraussetzungen gerügt werden kann.

[22] 17, 343; NJW 1979, 2581; Br NJW 1979, 74; BGH NJW 1975, 1463; NJW 1994, 1597 mwN; s auch 9 zu § 86.

[23] Vgl NVwZ 1993, 578; BGH NJW 1995, 780 mwN: zumindest kann eine Amtspflicht bestehen, den Gutachter zur Klarstellung zu veranlassen; BGH NJW 1989, 2948: Abweichung nur, wenn das Gericht seine Überzeugung hinreichend begründet u dabei überzeugend erkennen läßt, daß die abweichende Beurteilung nicht auf einem Mangel an Sachkenntnis beruht.

[24] 72, 316 = NJW 1986, 208; 78, 18 = NVwZ 1988, 536; NVwZ 1989, 1168 u 1169; 1993, 581; BVerfG 88, 59 = NVwZ 1993, 670; s auch 9 zu § 86.

[25] 31, 156; 56, 127; 71, 45 mwN; NVwZ 1987, 48 mwN; NVwZ 1993, 578; Czajka DÖV 1982, 106; vgl auch zu Gutachten, die bereits in VerwaltungsVf von der Behörde eingeholt worden waren, BVerwG 18, 218; NJW 1982, 310: weitere Beweiserhebung nur dann geboten, wenn sich dem Gericht die Notwendigkeit dazu aufdrängen mußte.

- das Gutachten **unvollständig, widersprüchlich** oder aus anderen Gründen **nicht überzeugend** ist (NVwZ 1993, 578);
- es von **unzutr** oder unvollständigen **tatsächlichen Voraussetzungen** ausgeht (71, 45; NVwZ 1993, 578) oder die Verhältnisse seit der ersten Begutachtung sich geändert haben;
- sich erhebliche **Zweifel an der Sachkunde oder Unparteilichkeit** des (vom Gericht selbst oder bereits im vorangegangenen VerwaltungsVf von der Behörde, s auch oben 9, ferner 15 zu § 98) zugezogenen Gutachters ergeben (71, 45; NVwZ 1987, 48);
- ein anderer Gutachter über **bessere Forschungsmittel** oder größere Erfahrung verfügt (71, 45; NVwZ 1993, 578) oder es sich um besonders schwierige u umstrittene Fragen handelt (71, 45); **wenn durch den „substantiierten"**, schlüssigen **Vortrag** der Beteiligten – uU auch durch ein von einem Beteiligten vorgelegtes Gegengutachten – oder durch eigene Überlegungen des Gerichts die Ergebnisse des Gutachtens oder die Voraussetzungen, von denen der Gutachter ausging, **ernsthaft erschüttert** werden;[26]
- einander **widersprechende Gutachten** vorliegen;[27]
- **das Gutachten aus anderen Gründen** die Überzeugung des Gerichts nicht zu begründen vermag (31, 156; 71, 45; DVBl 1980, 591; BFH 121, 152).

Ist das Gericht dagegen **von der Richtigkeit** der dem Gutachten zugrunde gelegten Tatsachen u der gezogenen Schlußfolgerungen aufgrund einer Nachprüfung im obigen Sinn (s auch oben 9) **überzeugt** (vgl aber BGH NJW 1994, 2899), so kann es auch Anträge auf Einholung weiterer Gutachten ablehnen (31, 156; 82, 90; BGH VersR 1995, 967). Das Verbot vorweggenommener Beweiswürdigungen (s 6a zu § 86) gilt hins weiterer Gutachten nicht.[28] Zu **technischen Normen,** Erfahrungssätzen usw als **„vorweggenommene Sachverständigengutachten"** s 5b zu § 86.

11 **5. Beweislast:** Der Verwaltungsprozeß kennt im Gegensatz zum Zivilprozeß grds – Ausnahmen vgl Nierhaus 64ff, 158ff u 299ff – **keine Behauptungslast u keine Beweisführungspflicht** (formelle Beweislast), da diese mit dem Untersuchungsgrundsatz des § 86 Abs 1 nicht vereinbar wären,[29] sondern nur die **materielle Beweislast** des „non liquet", dh die Notwendigkeit, die trotz aller Bemühungen des Gerichts ggf verbleibende Unerweislichkeit von Tatsachen zu Lasten des Kl oder des Bekl gehen zu lassen.[30]

12 Die Frage, **wer die materielle Beweislast** idS trägt, ist **unabhängig von der Parteirolle** als Kläger oder Bekl im Prozeß (NVwZ-RR 1991, 488; s auch unten 13) nach der Rspr eine **Frage des materiellen Rechts,** nicht des Prozeßrechts.[31] Die Frage, ob die Beweislastregeln dem Prozeßrecht oder dem mate-

---

[26] 69, 73; NVwZ 1986, 37: Verletzung der Aufklärungspflicht, wenn gleichwohl kein weiterer Gutachter bestellt wird; NVwZ 1993, 578.

[27] 71, 45; BGH NJW 1994, 2420; NJW-RR 1993, 1022; vgl dazu jedoch auch BGH NJW 1987, 442: kommen mehrere Sachverständige bei der Beantwortung der Beweisfrage zu entgegengesetzten Ergebnissen, so muß das Gericht zunächst aufzuklären versuchen, ob die Gutachten nicht von verschiedenen tatsächlichen Grundlagen u von verschiedenen Wertungen ausgehen; erst wenn sich die danach bestehenden Widersprüche nicht ausräumen lassen, ist Raum für eine abschließende Beweiswürdigung widerstreitender Gutachten.

[28] 71, 45; BayVBl 1971, 199; Buchh 310 § 132 VwGO Nr 97; § 86 Abs 1 VwGO Nr 12 S. 4.

[29] 3, 115, 245; 52, 260; 61, 189; 68, 184; NVwZ-RR 1990, 165; Ule 50 II 2; Ey-Geiger 2a zu § 86; RÖ-Kothe 11; Obermayer 194; SGH 544.

[30] 52, 260; 55, 297; 68, 184; 74, 226; Ms NVwZ 1987, 1012; Ks NJW 1984, 74; Stern 382ff.

[31] HM, vgl zB 19, 94; 44, 265; 45, 132; BGH NJW 1985, 1775 mwN; Ko NVwZ 1987, 620; RS § 114 , 34; RÖ-Kothe 11; Berg JuS 1977, 25; Nierhaus 141ff'; **aA** Ule 50 II 2.

riellen Recht angehören, ist vor allem **im Hinblick auf die Revision** von Bedeutung, da Verletzungen des materiellen Rechts grds keiner besonderen Rüge bedürfen, wohl aber Verletzungen des Verfahrensrechts (§ 137 Abs 2).

Maßgeblich für die materielle Beweislast sind primär die einschlägigen **gesetzlichen Bestimmungen** und, soweit solche fehlen, die **allg Grundsätze** über die Verteilung der Beweislast (s unten 13 ff). Wie im Privatrecht ergeben sich gesetzliche Beweislastregeln häufig **aus der vom Gesetzgeber gewählten Formulierung** der Rechtsvorschriften. So bedeutet zB die Formulierung „es sei denn" idR, daß von dem vor dieser Klausel stehenden Grundsatz auszugehen ist, wenn nicht das Gegenteil bewiesen wird. Zu den gesetzlichen Regelungen gehören auch die sog **gesetzlichen Vermutungen.** Sieht eine Rechtsvorschrift eine gesetzliche Vermutung für das Bestehen oder Nicht-Bestehen einer bestimmten Tatsache vor, so muß das Gericht zugunsten des Beteiligten, für den die Vermutung spricht, davon ausgehen, **es sei denn, daß das Gegenteil im Vf bewiesen** wird (Umkehr der Beweislast, vgl BVerwG NJW 1988, 1227). Sowohl gesetzliche Bestimmungen über die Beweislastverteilung als auch die Grundsätze darüber (s 13 ff) sind immer auch **im Lichte des Verfassungsrechts,** insb auch der Grundrechte u allg Prinzipien, wie der **Sachnähe,** der Zumutbarkeit usw (s unten 13 a) zu sehen u anzuwenden. Vgl auch Kokott, Beweislastverteilung u Prognoseentscheidungen bei Inanspruchnahme von Grund- u Menschenrechten, 1993; ferner Reinhart NJW 1994, 93; Karpen DVBl 1994, 71 mwN.

13 Die Unerweislichkeit einer Tatsache geht grds – Ausnahmen s unten 13 a – zu **Lasten des Beteiligten,** der aus ihr **eine ihm günstige Rechtsfolge herleitet;**[32] dies gilt auch für **Tatsachen, die ihrer Natur nach schwer beweisbar** sind, zB auch hins der inneren Überzeugung bei der Kriegsdienstverweigerung.[33] **Wer ein Recht oder eine Befugnis in Anspr nimmt, trägt** im Zweifel, sofern durch Gesetz nichts anderes bestimmt ist, die **Beweislast für die rechtsbegründenden Tatsachen,** wer ein Recht oder eine Befugnis leugnet oder sich auf ein Gegenrecht beruft, die Beweislast für die rechtshindernden, rechtsvernichtenden oder rechtshemmenden Tatsachen.[34] Auf die **prozessuale Stellung** als Kläger oder Bekl kommt es dabei nicht an.[35]

13 a **Die Frage, welche Tatsachen rechtsbegründend** u welche rechtshindernd usw sind u ob nicht eine Ausnahme von dem oben zu 13 dargelegten allg Grundsatz Platz greift, ist **nicht** isoliert **allein nach der Fassung der anzuwendenden Vorschriften** des materiellen Rechts zu beurteilen, sondern vor allem auch nach dem Zweck der Regelungen (44, 265; Berg JuS 1977, 26; BL 11 zu Anh § 286 ZPO) u nach den aus der Gesamtheit der Rechtsvorschriften des geltenden Rechts, insb auch des Verfassungsrechts, hier erkennbaren **grundlegenden Rechtsgedanken u Gerechtigkeitsvorstellungen.**[36] **Maßgeblich** ist letztlich, **„welche Prozeßpartei nach dem Plan des Gesetzgebers,** hilfsweise nach allg Rechtsgrundsätzen, **mit dem potentiellen Unrecht**

---

[32] 3, 115; 18, 171; 61, 189; NJW 1982, 1893; NVwZ-RR 1991, 489; BGH 113, 225 = NJW 1991, 1052; NJW 1993, 1717; NJW-RR 1993, 1262; Ey-Geiger 2 a zu § 86; Geiger BayVBl 1999, 330; RÖ-Kothe 12; Ule 50 II 2; kritisch, mit beachtlichen Argumenten, Berg JuS 1977, 25; DV 2000, 142 ff; ähnlich Nierhaus 407 ff, s auch Callies DVBl 2001, 1732 ff zum Vorsorgeprinzip als Frage der Beweislastverteilung.

[33] 49, 258; BVerfG DÖV 1975, 66: keine Umkehr der Beweislast, auch nicht im Hinblick auf Art 4 Abs 3 GG; vgl aber unten 18.

[34] 20, 214; 44, 265; NVwZ 1990, 1378; BGH NJW 1991, 1051; RÖ-Kothe 12 zu § 108.

[35] 7, 250; BGH NJW 1986, 2509; 1993, 1717; NJW 1995, 50 mwN; Ms NVwZ 1987, 1012; Ule 50 II 3.

[36] Vgl BVerfG 52, 143 = NJW 1979, 1925; NVwZ 1985, 187; Berg JuS 1977, 26 f; Stern 386; Peschau 140; Schulte DVBl 1985, 186.

belastet werden kann“,[37] insb auch deshalb, weil es sich um Tatsachen oder Vorgänge in ihrem Bereich handelt u ihr deshalb ein wesentlicher Beitrag zur Klärung leichter möglich u zumutbar ist.[38] **Im Verhältnis des Bürgers zur Verwaltung** sind hierbei vor allem auch die Grundrechte sowie **verfassungsrechtlich geschützte Positionen** u Gewährleistungen zu berücksichtigen.[39] **Anhaltspunkte** bieten für die Abgrenzung der rechtsbegründenden Tatsachen von den rechtsvernichtenden usw idR auch die Frage danach, **was „Regel“ u was „Ausnahme“** ist (vgl Berg JuS 1977, 27 Fn 30; BL 13 zu Anh § 286 ZPO); ferner, je nach Art u Zielsetzung der in Frage stehenden Regelungen u der betroffenen Rechtsgüter, vor allem die **Erfordernisse wirksamen Rechtsschutzes;**[40] ggf auch Gesichtspunkte des **Schutzes schutzwürdigen Vertrauens,** eines schutzwürdigen **Besitzstandes,** der **Abwehr** von **Gefährdungsmomenten** usw (Berg JuS 1977, 27 Fn 39) u vor allem auch der **Zumutbarkeit u Billigkeit** der Belastung mit einem Beweisnachteil (BVerfG 52, 147) u der **Zurechenbarkeit** der Ungewißheit bzw Unaufklärbarkeit **zur Verantwortungs- u Verfügungssphäre** des Kl oder des Bekl (49, 265; 55, 279; Berg JuS 1977, 27; vgl auch BVerfG 52, 145).

Bei Leistungsklagen, einschl der Verpflichtungsklagen, u bei Feststellungsklagen geht es, soweit solche Klagen nicht zur Abwehr hoheitlicher Eingriffe dienen (s unten 15), im **Zweifel zu Lasten des Kl,** wenn die Voraussetzungen für das Bestehen des Anspr nicht zur Überzeugung des Gerichts festgestellt werden können (21, 212; 20, 211; BGH NJW 1993, 1717; Ule 50 II 3; Stern 402). **Hat der Kl** grds einen **Anspr** auf die begehrte Leistung bzw den beantragten VA, so muß das Gericht der Klage stattgeben, wenn nicht die Voraussetzungen einer – **rechtshindernden – Ausnahme** nachgewiesen werden, zB bei der Klage auf Verpflichtung der Behörde zur Erteilung einer Gewerbeerlaubnis die fehlende Zuverlässigkeit (12, 247; 20, 211), bei der Klage auf Erteilung einer Fahrerlaubnis die mangelnde Eignung des Kl. Umgekehrt muß **der Kl** die für das Gewerbe erforderliche Vorbildung bzw Ausbildung, seine Fähigkeit zum Führen eines Kraftfahrzeugs, usw nachweisen. Bei der Klage auf **Ernennung zum Beamten** muß der Kl im Zweifel das Vorliegen der rechtlichen Voraussetzungen (Eignung, Befähigung), der Dienstherr des Bestehen etwaiger Zweifel hins der Verfassungstreue beweisen.[41] Bei einem **Verbot mit Befreiungsvorbehalt** trägt (**anders** als idR bei einem **Verbot mit Erlaubnisvorbehalt**) grds der ASt die materielle Beweislast (Geiger BayVBl 1999, 330). Darauf, **ob der Kl** nach dem anzuwendenden Recht bei Vorliegen aller Voraussetzungen **Anspr auf den begehrten VA hat oder der VA im Ermessen** der Behörde steht, 14

[37] Berg JuS 1977, 26 f; ähnlich BVerfG 52, 147, 154; BGH NJW 1971, 241; 1978, 2337: auch die Billigkeit u Zumutbarkeit des Beweisnachteils ist zu berücksichtigen; BVerwG 70, 154; BGH 92, 149 = NJW 1985, 47: das Prinzip der „Nähe zum Beweis“ kann eine Umkehr der Beweislast erfordern.

[38] Sog „Sphärentheorie“; vgl dazu auch 44, 270; BGH NJW 1962, 2149; 1984, 658; 1985, 47; Ko NVwZ 1987; Peschau 30 f; Ewer/Rapp NVwZ 1991, 550.

[39] BVerfG 52, 143 = NJW 1979, 1925; 52, 406; BVerwG 67, 198; 70, 154 = NVwZ 1985, 187; OLG Frankfurt NJW 1980, 597; **aA** BVerwG 68, 184 zur Frage der Richtigkeit einer von der Behörde beanstandeten Werbeaussage.

[40] BVerfG 53, 127; BVerwG 70, 148 = NVwZ 1985, 187 – bei der Frage der Beweislast ist auch das Rechtsstaatsprinzip u Art 19 Abs 4 GG zu berücksichtigen; damit wäre nicht vereinbar, dem Prüfling die Beweispflicht dafür aufzuerlegen, daß ein Bewertungsfehler sich auf das Prüfungsergebnis ausgewirkt hat –; ähnlich 78, 370 = DVBl 1988, 404; DVBl 1988, 405; Nierhaus DÖV 1985, 635; Ewer/Rapp NVwZ 1991, 550 mwN; vgl auch BVerwG 67, 198.

[41] 47, 339 = NJW 1975, 1138; 61, 189 = NJW 1981, 1389; Becker NVwZ 1982, 366; vgl auch BAG NJW 1981, 703; 1983, 782; **aA** Stern 403: der Kl muß auch seine Verfassungstreue nachweisen, da Art 33 Abs 2 GG u das Beamtenrecht keinen Anspr auf Ernennung zum Beamten kennen.

kommt es nicht immer an, da diese Unterscheidung häufig primär rechtstechnisch bedingt ist u über die betroffenen Rechtspositionen nichts aussagt (**aA** Stern 386, 402; Ule 50 II 4). **Soweit jedoch** nach dem Gesetz **Anspr** auf eine bestimmte Leistung uä besteht oder bei Ermessenshandlungen **Richtlinien** oder eine ständige Praxis eine bestimmte Ermessensübung vorsehen bzw indizieren u ein Beteiligter die entspr Voraussetzungen erfüllt (vgl auch 22a zu § 114), ist grds die Behörde dafür beweispflichtig, wenn sie die Leistung uä gleichwohl nicht erbringen zu müssen glaubt (vgl Ewer/Rapp NVwZ 1991, 549; NKVwGO-Höfling/Rixen 118; 11 zu § 114). Ebenso muß bei **„Soll-Bestimmungen"** (vgl dazu 21 zu § 114) die Behörde, die von der Regel abweichen will, im Zweifel die Tatsachen bzw Gründe nachweisen, aus denen sie ihre Befugnis zur Abweichung herleitet (56, 233; NJW 190, 252; 1986, 2126; Busse/Linke 37). Vgl zur Beweislast bei Anspr auf **Ermessensleistungen** auch Ewer/Rapp NVwZ 1991, 549.

15 **Bei Klagen, die der Abwehr hoheitlicher Eingriffe** ieS oder iwS dienen, insb bei **Anfechtungsklagen** u Unterlassungsklagen sowie entspr Feststellungsklagen (vgl BVerfG DVBl 1980, 193), geht die Nichterweislichkeit der Voraussetzungen des Eingriffs im Zweifel **zu Lasten der Behörde.**[42] Bei der Klage auf Aufhebung einer baurechtlichen **Ordnungsverfügung** muß deshalb zB die Behörde, die eine Befugnis zu einem belastenden VA geltend macht, die entspr Voraussetzungen, der Kl, der sich auf Bestandsschutz beruft, den Zeitpunkt der Errichtung des Bauwerks bzw der Aufnahme der Nutzung uä nachweisen (DÖV 1979, 602; Geiger BayVBl 1999, 331). Dasselbe gilt grds auch für Klagen gegen **VAe, deren Erlaß im Ermessen der Behörde** steht (**aA** Ule 50 II 4; s auch Stern 387 u oben 14), u für Klagen gegen den **Widerruf eines VA;**[43] ebenso grds hins der die Rechtswidrigkeit eines **zurückgenommenen begünstigenden VA** begründenden Tatsachen bei der Anfechtungsklage gegen den Rücknahmebescheid;[44] auch dafür, daß der Rücknahmegrund vom Kl zu vertreten ist, insb der Kl ihn zB durch unrichtige oder unvollständige Angaben herbeigeführt hat;[45] **anders,** wenn die Unerweislichkeit auf einem **gegen Treu u Glauben** verstoßenden unlauteren, zumindest fahrlässigen Verhalten des Begünstigten beruht (NVwZ 1985, 489), oder wenn dieser **die Aufklärung verhindert** hat, obwohl ihm eine Mitwirkung dabei möglich u zumutbar gewesen wäre (NVwZ 1985, 489; vgl auch 78, 168; 20, 295; 24, 294; 34, 298; 57, 13; s auch unten 17). Bei **Mängeln des VerwaltungsVf** trägt grds die Behörde die Beweislast dafür, daß sie sich **nicht auf das Ergebnis ausgewirkt** haben bzw ausgewirkt (vgl § 46 VwVfG) haben können (Seebass NVwZ 1985, 525; Becker NVwZ 1993, 1132).

16 Sinngemäß anwendbar sind auch im Verwaltungsprozeß die **Beweislastregelungen gem §§ 280 Abs 1 S 2, 311a Abs 2 S 2, 286 Abs 4 BGB.**[46] Danach muß zB **der Verwahrer** auch bei der ör Verwahrung (s 64ff zu § 40) bei Unmöglichkeit der Rückgabe der verwahrten Sache den Entlastungsbeweis führen, daß er die Sache mit gleicher Sorgfalt aufbewahrt hatte wie in eigenen Angelegenheiten (52, 262). Umgekehrt hat bei **schadens- oder gefahrengeneigten**

---

[42] 18, 168; 49, 169; 66, 170; DVBl 1983, 1000; Ks NJW 1984, 74; Geiger BayVBl 1999, 330; Ule 50 II 3; RÖ-Kothe 13.

[43] 49, 169; DVBl 1988, 540; BSG NJW 1985, 698; Mü BayVBl 1988, 182; vgl auch BVerfG 52, 286 = BayVBl 1979, 719; Geiger BayVBl 1999, 330.

[44] 18, 171; 20, 295; 24, 294; 66, 170; NVwZ 1985, 489.

[45] 66, 170; **aA** insoweit 34, 225; vgl auch BayVBl 1992, 281: grds Umkehr der Beweislast hins der tatsächlichen Voraussetzungen der Rechtswidrigkeit des VA bei unlauterem Verhalten des durch den VA Begünstigten, wenn dieser durch sein Verhalten die Beweisführung der an sich beweispflichtigen Behörde erschwert oder vereitelt; ferner 18, 168; 20, 295; 24, 294; BayVBl 1985, 373: Unerweislichkeit geht zu Lasten des Bürgers, dessen Verhalten gegen Treu u Glauben verstößt.

[46] Noch zu §§ 282, 285 BGB aF: 13, 25; 37, 199; 52, 259; 1541; 85, 321; BayVBl 1987, 220; Buchh 232 § 18 BBG Nr 16; Buchh 232 § 78 BBG Nr 16.

Arbeiten – insb, wenn der Betroffene, zB der Kassenbeamte, der auf Erstattung eines Fehlbetrags in Anspr genommen wird, oder der Soldat, der ihm anvertraute Ausrüstungsgegenstände verloren hat, den Gefahrenbereich nicht ausschließlich beherrscht – grds der Dienstherr die Beweislast.[47] Ähnlich tritt auch **bei Benutzungsverhältnissen** in Anlehnung an §§ 280 Abs 1 S 2, 311 a Abs 2 S 2, 286 Abs 4 BGB eine Verkürzung der Beweislast des Kl bei Klagen gegen den Träger der Einrichtung ein; der Bekl ist hier grds für die ordnungsgemäße Unterhaltung der Anlage beweispflichtig u muß nachweisen, daß er alles Erforderliche getan hat (noch zu §§ 282, 285 BGB aF BGH DVBl 1978, 110). Anwendbar ist auch **§ 287 ZPO** über die **Schadensschätzung** durch den Richter,[48] nicht aber, wenn der Behörde eine Schätzungsbefugnis zusteht, vgl NJW 1986, 1124: Erschließungsbeiträge.

Schuldhafte Sachaufklärungs- oder Beweisvereitelung u die **Verletzung sonstiger Mitwirkungspflichten** bei der Aufklärung des Sachverhalts, obwohl dem betroffenen Beteiligten die Mitwirkung möglich u zumutbar gewesen wäre (vgl NVwZ 1987, 324 sowie 12 f zu § 86; 7, 9 u 19 zu § 98), sind idR analog § 444 ZPO iVm § 98 **bei der Beweiswürdigung zu seinem Nachteil zu berücksichtigen,** haben aber nicht eine Umkehrung der Beweislastverteilung zur Folge.[49] **Dies gilt jedoch nur,** wenn **die Weigerung „einschlägig"** ist[50] u der Beteiligte **mit der Möglichkeit** einer Berücksichtigung zu seinen Ungunsten **rechnen muß.**[51] **Außerdem muß** die zur Sachaufklärung erforderliche **Mitwirkung zumutbar** sein (60, 143; DÖV 1986, 1064; Buchh 448.0 § 17 WPflG Nr 5 S 3), was **zB** bei **körperlichen Untersuchungen nicht ohne weiteres** angenommen werden kann.[52] Grds müssen auch alle anderen Maßnahmen der Sachaufklärung sonst erschöpft sein.[53] Zur **„Heilung"** durch **Nachholung des Versäumten in der Berufungsinstanz** s Michalski NJW 1991, 2069. 17

Bei Behörden ist es idR zu ihrem Nachteil zu berücksichtigen, wenn der Nachweis zu Vorgängen, die bei einer geordneten Verwaltung durch **Akten-**

---

[47] BayVBl 1987, 220 mwN; BAG 19, 66 = NJW 1967, 269; 1968, 1799; BGH NJW 1973, 2020; zT **aA** BVerwG 37, 199; Buchh 232 § 78 BBG Nr 16; NJW 1978, 1541 mwN; DÖV 1971, 505 zur Erstattungspflicht von Beamten für Kassenfehlbestände, unter Hinweis auf die ohnehin nur beschränkt gegebene Rückgriffsmöglichkeit des Dienstherrn, jedoch mit weitgehend gleichem Ergebnis, wenn der Beamte als ausreichend wahrscheinlich dartun kann, daß er die Unmöglichkeit nicht zu vertreten hat.

[48] 40, 310; NJW 1995, 2306; BayVBl 1988, 26; Buchh 310 § 86 Abs 3 VwGO Nr 32.

[49] 10, 270; 11, 275; 60, 143; 71, 93 – auch wenn dafür Kostengründe eine Rolle gespielt haben –; NJW 1988, 1042; NVwZ-RR 1990, 282; NVwZ 2000, 81; s auch Gr NVwZ 2002, 105, 107; BGH NJW 1967, 2012; JZ 1987, 42; BSG NJW 1973, 535 – auch bei lediglich fahrlässiger Beweisvereitelung –; Ms DVBl 1987, 1225; Ko NJW 1991, 653; Hbg NVwZ 1983, 565; OLG München NJW-RR 1989, 1371; Ule 50 IV; Nierhaus DÖV 1985, 634 u Beweismaß 277 ff, 314; Prütting, Gegenwartsprobleme 59; Martens StuW 1981, 322; Dawin NVwZ 1995, 733; Michalski NJW 1991, 2070 – auch zur Heilung durch Nachholung in der Berufungsinstanz –; zT weitergehend BVerwG 38, 314; NVwZ 2001, 431; offen Ma VBlBW 1997, 72.

[50] Ms NJW 1983, 643: die Weigerung, an der theoretischen Fahrprüfung teilzunehmen, kann bei der Beurteilung der Zuverlässigkeit eines Kraftfahrers nicht berücksichtigt werden, da nicht einschlägig; Ko DÖV 1991, 473: der Schluß auf die fehlende Eignung wg der Nichtvorlage eines positiven Eignungsgutachtens kann nur gezogen werden, wenn von dem Kraftfahrer die Vorlage eines solchen Gutachtens gerade zur Vorbereitung der Entscheidung über die Aberkennung – nicht lediglich in einem vorangegangenen Vf auf Wiedererteilung – gefordert worden ist.

[51] Vgl BayVBl 1984, 87: vorherige Belehrung ist nur erforderlich, wenn ein anwaltschaftlich nicht vertretener Beteiligter aufgrund besonderer Umstände nicht mit der Möglichkeit der Klageabweisung rechnen mußte.

[52] 60, 143; Buchh 498.0 § 17 WPflG Nr 5 S 3.

[53] 38, 370; DÖV 86, 1064; Buchh 310 § 86 Abs 1 VwGO Nr 147 S 11.

vermerke, Sitzungsniederschriften, die Beiheftung von Zustellungsurkunden, Briefumschlägen mit Poststempel usw festgehalten werden, wg des Fehlens von Aktenvermerken usw oder weil solche nicht angefertigt bzw aufbewahrt wurden, nicht geführt werden kann.[54] Vgl zur vorprozessualen Beweisvereitelung auch Matthies JZ 1986, 961 mwN; allg auch 7 u 9 zu § 98. **Nicht zum** Nachteil des Bürgers kann es dagegen an sich gewertet werden, wenn er **Erklärungen ggü** einer Behörde innerhalb der Bundesrepublik **mit gewöhnlicher Post schickt;** der Bürger muß im Hinblick auf einen späteren Nachweis weder den Weg eines eingeschriebenen Briefes noch eines Einschreibens gegen Rückschein wählen; **kommt die Erklärung nicht an** oder ist ihr Zugang nicht nachweisbar, so bleibt der Bürger nach den Grundsätzen über die Beweislast jedoch beweispflichtig.[55]

18 **Prima-facie-Beweis, allg Erfahrungssätze, tatsächliche Vermutungen uä:** Keine Umkehrung der Beweislast, wohl aber eine **Erleichterung der Anforderungen** an einen Beweis, wenn die Verhandlung keine Anhaltspunkte für mögliche abweichende Ursachen oder Geschehensabläufe ergibt, können sich im Einzelfall auch aus den Grundsätzen des **Beweises des ersten Anscheins** (Prima-facie-Beweis) ergeben, die auch im Verwaltungsprozeß anwendbar sind.[56] Nach diesen Grundsätzen kann bei **typischen Geschehensabläufen,** wenn ein bestimmter Tatbestand feststeht, der nach der Lebenserfahrung **auf eine bestimmte Ursache** als maßgeblich für den Eintritt eines bestimmten Erfolges **hinweist** (BGH NJW 1995, 667 mwN), insb auf Kausalität oder Fahrlässigkeit (Hbg NVwZ 1983, 565), grds davon ausgegangen werden, daß dies auch tatsächlich die Ursache war (vgl BGH NJW 1978, 2197; 1982, 2448; 1985, 1775). Diese Grundsätze gelten jedoch nur für **typische Geschehensabläufe,** die vom menschlichen Willen „unabhängig sind, dh gleichsam mechanisch abrollen".[57] Daß etwas **statistisch nachweisbar die Regel** darstellt, **genügt** insoweit **nicht** (NJW 1980, 252). S aber unten 18 a. Allg zum Anscheinsbeweis vgl Walter ZZP 1977, 270. **Zur Entkräftung** des Anscheinsbeweises ist es erforderlich u zugleich ausreichend, **daß eine andere Ursache ernsthaft in Betracht kommt;**[58] eine **lediglich entfernte Möglichkeit** genügt jedoch nicht (BGH NJW 1978, 2034; Hbg NVwZ 1983, 565). Ebenso wie das VG vAw erforschen muß, ob ein – zur Anwendung des Anscheinsbeweises führender – typischer Geschehensablauf vorliegt, hat es von Amts wegen zu ermitteln, ob Tatsachen vorliegen, welche die ernstliche u naheliegende Möglichkeit eines atypischen Verlaufs begründen u damit den Anscheinsbeweis erschüttern (NVwZ-RR 2000, 256).

Nicht als Prima-facie-Beweis für den Zugang eines Schreibens an eine Behörde anzusehen ist nach der Rspr die Tatsache, **daß** das Schreiben **mit der Post** abgesandt wurde, auch nicht bei Absendung mit Einschreiben.[59]

---

[54] Gr NVwZ 2002, 104, 105 („im Einzelfall Umkehr der Beweislast").

[55] ZT Ks DÖV 1986, 661; VG Regensburg 28. 5. 1980 – R/N 116 I 79; s aber zur Frage des Prima-facie-Beweises in diesem Fall unten 18.

[56] 14, 181; 20, 231; 69, 268; NJW 1982, 1893; 1986, 3093; NVwZ 1985, 191; NVwZ-RR 2000, 256; BGH NJW 1991, 1948; Ks NJW 1984, 75; Hbg NVwZ 1983, 565; Walter ZZP 90, 279; Ule 51 III.

[57] NJW 1980, 252; ähnlich 69, 268; Buchh 310 § 86 VwGO Anh Nr 40 S. 1; Ks NJW 1984, 75; vgl andererseits BVerwG BayVBl 1984, 503: Täuschungsversuch bei Prüfung ist durch Beweis des ersten Anscheins erwiesen, wenn eine Prüfungsarbeit mit der allein für die Prüfer bestimmten Musterlösung teilweise wörtlich, iü in Gliederung u Gedankenführung übereinstimmt. Zur Anwendbarkeit des Anscheinsbeweises zur Darlegung eines Zusammenhangs zwischen einem erlittenen Gewaltakt u der dienstlichen Stellung eines Beamten s Ko NVwZ 2001, 1431.

[58] BVerfG NJW 1992, 226; BGH VersR 1995, 724 mwN; BGH NJW 1978, 2033; NJW-RR 1986, 315.

[59] BGH 24, 308; NJW 1964, 1176 f; BAG NJW 1961, 2132; Ks DÖV 1986, 661.

Für den **Zugang** eines **Telefax**schreibens ist der „OK"-Vermerk auf dem Sendebericht ebenfalls kein Anscheinsbeweis. Der Sendebericht ist nur dafür tauglicher Hinweis, daß überhaupt eine Verbindung zwischen Sende- u Empfangsgerät bestanden hat, nicht aber daß die Datenübermittlung geglückt ist. Denn bei Papierstaus, Leitungsstörungen u -verzerrungen wird die Unterbrechung im Sendebericht nicht ausgewiesen.[60]

Ähnliche Bedeutung wie der Prima-facie-"Beweis" hatten für die Überzeu- **18 a**
gungsbildung des Gerichts **technische Normen,** die früher als **„antizipierte" Sachverständigengutachten** (Rittstieg NJW 1983, 1098: „angehobener" Beweiswert, ähnlich wie beim Anscheinsbeweis) angesehen wurden, denen heute aber normative Wirkung im Außenverhältnis zugeschrieben wird (NVwZ 1999, 1114; 2000, 440; s dazu auch 18 zu § 137 u 5b zu § 86).

Gewisse Bedeutung für die Tatsachenfeststellung kommt auch den sog **tatsächlichen Vermutungen** (Schl NVwZ-RR 1992, 380) zu, dh auf allg Lebenserfahrung beruhenden Wahrscheinlichkeiten, sofern sie nicht widerlegt werden,[61] zB der tatsächlichen Vermutung, daß in einem Haushalt, der nur über ein Rundfunkgerät verfügt, dieses durch die Eltern u nicht durch die behinderte Tochter zum Empfang bereitgehalten wird (Mü BayVBl 1982, 53), oder daß in einer eheähnlichen Gemeinschaft der Partner, der über höhere Einkünfte verfügt, den anderen daran beteiligt (ZfSH 1980, 375).[62] Vgl zu **Beweiserleichterungen** im Arzthaftungsprozeß uä, die auch auf ähnliche Fälle übertragen werden können, auch BGH NJW 1982, 2448; 1988, 2303; 1993, 2376 mwN; bei Klagen wg immissionsbedingten Störungen des nachbarlichen Gemeinschaftsverhältnisses analog § 906 BGB BGH NJW 1985, 48 (der Betreiber der Anlage hat zu beweisen, daß er alle zumutbaren Vorkehrungen getroffen hat, um Störungen auszuschließen).

Tatsächliche Vermutungen (s zum Begriff oben im Text) entbinden das Gericht nicht von der Verpflichtung gem § 86 zu sorgfältiger Ermittlung des Sachverhalts u haben auch **keine Umkehr der** Beweislast zur Folge; als allg Erfahrungssätze sind sie **nur im Rahmen der Beweiswürdigung** bei dieser zu berücksichtigen (Schl NVwZ-RR 1992, 380; Lü 25. 5. 1989 – 13 A 159/87; Nierhaus 115).

Abzulehnen sind – zT entgegen der allerdings nicht ganz eindeutigen Rspr des BVerwG – **praktische Erleichterungen** in den Fällen eines sog **Beweisnotstandes,** zB weil Beweismittel nicht mehr vorhanden sind oder unerreichbar sind,[63] zB für den **Nachweis des Bekenntnisses zum deutschen Volkstum** gem § 6 BVFG (**aA** 66, 168 = NJW 1983, 695). Für den Nachweis der **Gewissensentscheidung bei der Kriegsdienstverweigerung** s dagegen nunmehr die ausdr geregelten Beweiserleichterungen in § 5 KDVG (zur alten Rechtslage 14. Aufl mwN). S allg auch oben 5.

---

[60] BGH NJW 1995, 665; OLG München NJW 1993, 2447; Wiebe CR 1995, 146; Tschentscher CR 1991, 141; Fritzsche JZ 1995, 630; Ingerl WiB 1994, 449; **aA** OLG Mü NJW 1994, 527; LG Frankfurt RiW 1994, 778; LG Osnabrück NJW-RR 1994, 1487; Jaeger CR 1994, 155; Burgard BB 1995, 222 mit dem Hinweis, daß es Sache des Empfängers sei, den Anscheinsbeweis durch Vorlage der Empfangsaufzeichnungen zu entkräften.

[61] BFH NVwZ-RR 1990, 120 – s dazu auch oben 4 –; Mü BayVBl 1982, 53; vgl auch BVerwG 66, 171.

[62] Ähnlich iE, jedoch unter Ablehnung einer Vermutung, DVBl 1980, 231: „nach einem gewissen Zeitablauf wäre es verfehlt, wenn die Verwaltungsgerichte bei Bebauungsplänen ihre Sachaufklärungspflicht zum Anlaß nähmen, in Verwaltungsstreitverfahren gleichsam ungefragt in eine Suche nach Fehlern in der Vor- und Entstehungsgeschichte eines Bebauungsplans einzutreten".

[63] S oben 5 mwN; **aA** – jedoch heute als überholt zu betrachten – 3, 319; 6, 116; MDR 1960, 77: überwiegende Wahrscheinlichkeit, statt an Sicherheit grenzende Wahrscheinlichkeit.

19 **6. Grundsatz des rechtlichen Gehörs (Abs 2):** Abs 2 dient zusammen insb mit § 86 Abs 2 (vgl BayVBl 1979, 544) u 3, § 101 Abs 1 u 2 u § 104 Abs 1 der Verwirklichung des rechtlichen Gehörs im Verwaltungsprozeß u trägt damit zugleich auch der Gewährleistung des rechtlichen Gehörs gem **Art 103 Abs 1 GG** (DÖV 1984, 467) sowie in **der Sache ggf betroffener Grundrechte**[64] Rechnung. Art 103 Abs 1 GG ist eine Folgerung aus dem Rechtsstaatsprinzip; der einzelne soll nicht bloßes Objekt des Vf sein (BVerfG DVBl 1992, 1217), sondern zur Wahrung seiner Rechte Gelegenheit zur Stellungnahme haben (BVerfG 84, 190 mwN; Kopp AöR 1981, 609). Das Gericht wird verpflichtet, die Ausführungen der Prozeßbeteiligten zur Kenntnis zu nehmen u in Erwägung zu ziehen (BVerfG NJW-RR 1994, 700). Das Gebot des rechtlichen Gehörs soll als Prozeßgrundrecht sicherstellen, daß die von den Fachgerichten zu treffende Entscheidung **frei von Verfahrensfehlern** ergeht, welche ihren **Grund in unterlassener Kenntnisnahme** u Nichtberücksichtigung **des Sachvortrags der Parteien** haben. Jeder, der an gerichtlichen Vf beteiligt ist oder unmittelbar rechtlich von dem Vf betroffen wird, hat Anspr auf rechtliches Gehör (BVerfG 65, 233 = NJW 1984, 717). Andererseits ist **nicht jede Regelung, die der Anhörung** dient, **auch durch Art 103 Abs 1 GG gewährleistet.**[65, 66]

19 a Das Recht auf Gehör schließt grds auch das Recht mit ein, sich **durch einen RA vertreten** zu lassen (NJW 1984, 882; NVwZ 1989, 858; zur Vertagung bei Urlaubsabwesenheit Buchh 310 § 108 Nr 259; s auch 2 zu § 67). Ist **ein Bevollmächtigter** (§ 67) **bestellt,** so ist primär dieser zu hören, daneben aber uU **auch der Beteiligte** selbst, wenn u soweit er dies wünscht (s 30 zu § 67; 9 zu § 103; 10 zu § 138). Die Anhörung des Mandanten allein **macht andererseits die Anhörung des Bevollmächtigten** auch im Vf ohne Vertretungszwang **nie überflüssig,** solange das Mandat besteht (51, 123; Buchh § 10 VwGO § 108 Nr 48). Es verletzt den Grundsatz des rechtlichen Gehörs, wenn das Gericht die Anhörung nach § 130a S 2, § 125 Abs 2 S 3, unter Verstoß gegen § 67 Abs 3 S 3 an den Kl persönlich gerichtet hat (Buchh 310 § 130a VwGO Nr 53). Zur Anhörung des Beteiligten im Anwaltsprozeß s § 137 Abs 4 ZPO, § 173 S 1; dazu 30 zu 67. Wird **im Anwaltsprozeß** den Beteiligten rechtsfehlerhaft nicht gem **§ 173 S 1, § 137 Abs 4 ZPO** persönlich das Wort erteilt, so stellt dies eine Verletzung des rechtlichen Gehörs des Beteiligten dar (vgl auch NJW 1984, 625; BayVerfGH NJW 1984, 1026). Zum rechtlichen Gehör, wenn die Bestellung eines Bevollmächtigten vom Gericht angeordnet wurde, s 49 zu § 67; zum rechtlichen Gehör bei Verhinderung des Bevollmächtigten 5 zu § 102; ferner allg BVerfG NJW 1984, 862. Im Rahmen der **PKH** besteht für Vf ohne Vertretungszwang ein Anspr auf Beiordnung eines RA nur bei in sachlicher u rechtlicher Hinsicht schwierigen Fällen, insb wenn „ein sachdienlicher Vortrag nicht ohne Erkenntnisse in rechtlicher Hinsicht gesichert" ist (51, 113). S auch 13 zu § 166.

---

[64] Vgl BVerfG NVwZ 1993, 769 – zu Art 16 Abs 2 GG –; BayVerfGH BayVBl 1984, 110; s auch 22 ff zu § 86; 3 ff zu § 109 5 ff zu § 138.

[65] S BVerfG 60, 310; 75, 313 = NJW 1987, 2733; NJW 1992, 299; 1993, 2229; Kopp AöR 1981, 604; ferner BVerfG 74, 233 = NJW 1987, 2067: nur dann verletzt, wenn bei der Auslegung u Anwendung des einfachgesetzlichen Rechts die Bedeutung u Tragweite des Rechts auf Gehör verkannt werden; ähnlich BVerfG 60, 310 = NJW 1982, 1636; allg Kopp AöR 1981, 604.

[66] Zur zT parallelen Gewährleistung des Rechts auf rechtliches Gehör durch Art 3 GG, wenn die Nichtberücksichtigung im Vorbringen willkürlich erscheint, dh im Prozeßrecht keine Stütze mehr findet u unter Berücksichtigung der das GG beherrschenden Gedanken nicht mehr verständlich ist BVerfG 54, 124; 57, 42; 58, 167; NJW 1993, 383; Kopp AöR 1981, 619; Seetzen NJW 1982, 2337: auch Art 3 Abs 1 GG ist verletzt, wenn ein Parteivortrag versehentlich nicht berücksichtigt wird oder die Gegenseite keine Gelegenheit hatte, Stellung zu nehmen.

19 b Der Anspr auf rechtliches Gehör schließt grds auch mit ein, daß das Gehör **in der Form** u in der Weise gewährt wird, **wie** dies das **Prozeßrecht** vorsieht, zB grds (s auch unten 19d u 27), soweit nicht die Ausnahmen nach § 101 Abs 2, § 84 u ähnlichen Bestimmungen Platz greifen, durch u **im Rahmen einer mV.** S im einzelnen auch 5 zu § 138. Andererseits unterliegen Beschränkungen des rechtlichen Gehörs durch das Prozeßrecht u hier vorgesehene Ausnahmen vom rechtlichen Gehör auch **ihrerseits** den **„Schranken-Schranken"**, die sich aus dem Grundsatz des rechtlichen Gehörs ergeben (Wechselwirkungstheorie) u dürfen insb auch nicht gegen den **unverzichtbaren Wesensgehalt** (Art 19 Abs 2 GG) **des Grundrechts** verstoßen (vgl im einzelnen Kopp AöR 1981, 614, 629 mwN). Insb darf das Gericht auch tatsächliches Vorbringen eines Beteiligten oder einen darauf gerichteten Antrag **nicht aus willkürlichen Erwägungen zurückweisen** (BVerfG NJW 1990, 3192). Zu Beschränkungen durch das Prozeßrecht s dazu unten 19d u 28; ferner 10 zu § 138; zu sonstigen Erfordernissen des rechtlichen Gehörs auch unten 27ff.

19c **Rechtliches Gehör bedeutet,** daß das Gericht dem Beteiligten (bzw dem Bevollmächtigten s oben) **Gelegenheit** geben muß, sich zum Gegenstand des Vf sowie zum Vf selbst – insb zu allen entscheidungserheblichen **Tatsachen** (auch zu offenkundigen Tatsachen, vgl BVerfG 47, 209), zum Vortrag der übrigen Beteiligten, zu allen wesentlichen, für die Rechtsverfolgung oder Rechtsverteidigung möglicherweise relevanten Beweisergebnissen, entscheidungserheblichen **Rechtsfragen** (s unten 21) usw – **sachgemäß, zweckentsprechend u erschöpfend zu erklären**[67] u **Anträge zu stellen** (6, 20; 15, 307; 36, 87; 60, 210 = NJW 1982, 1579). Das Gericht muß außerdem ihre **Anträge u ihr Vorbringen** – auch zB zur Sache gehörige Beweisanträge,[68] **eidesstattliche Versicherungen** (BVerfG NJW 1988, 250), Bezugnahmen auf andere Schriftsätze usw (BVerfG 60, 305 zu „globalen" Bezugnahmen) – **zur Kenntnis nehmen.** Ferner ist das Gericht, **sofern nicht Gründe des formellen oder materiellen Rechts entgegenstehen** (s unten 19d) **oder** es den Sachvortrag aus Gründen des formellen oder materiellen Rechts **zu Recht unberücksichtigt** läßt, **zB** bei gänzlich **unsubstantiiertem Vorbringen** (vgl BVerfG WuM 1993, 235) verpflichtet, den Sachvortrag bei der Entscheidung ernsthaft **in Erwägung** zu ziehen.[69] Letzteres muß insb auch grds (s im einzelnen auch unten 30ff; 14 zu § 117; 7 zu § 138) **in der Urteilsbegründung seinen Niederschlag finden.**[70] S zum rechtlichen Gehör auch 22ff zu § 86; 3ff zu § 104; 5ff zu § 138. Auf etwaiges **Verschulden des Gerichts** kommt es insoweit nicht an (BVerfG 67, 202; BGH NJW 1982, 2451; s auch unten 22 u 27a). Das rechtliche Gehör ist schon dann verletzt, wenn das Gericht, objektiv gesehen, gegen die dargelegten Grundsätze verstößt, auch wenn ihm subjektiv daraus kein Vorwurf gemacht werden kann.

19 d Soweit den Mindestanforderungen des rechtlichen Gehörs jedenfalls genügt ist,[71] sind andererseits auch **Beschränkungen** des rechtlichen Gehörs **durch**

---

[67] 60, 210; 61, 119, 199; 62, 322, 352; 64, 143; 67, 99; NJW 1993, 382 mwN.

[68] BVerfG 60, 252; 69, 148; 79, 62; NJW 1987, 485; 1992, 299; OLG Koblenz NJW 1985, 856; Kopp NJW 1988, 1708.

[69] BVerfG 11, 220; 13, 149; 69, 148 = NJW 1985, 1150; 70, 293 = NJW 1987, 485; 83, 35 = NJW 1991, 1283; 86, 145; NJW 1990, 3191; 1993, 51 u 383; BVerwG 70, 288 = NJW 1987, 485; 75, 381; NJW 1992, 299; NVwZ 1990, 675; Buchh 310 § 54 VwGO Nr 26; s auch unten 30ff.

[70] BVerfG 9, 95; 65, 295; NJW 1990, 3199; DVBl 1992, 1215; Deubler NJW 1980, 267; Kopp AöR 1981, 626 mwN; NKVwGO-Höfling/Rixen 170.

[71] Vgl BVerfG 21, 130; 60, 19; NVwZ 1985, 1151: Art 103 Abs 1 GG ist verletzt, wenn die Anwendung von Präklusionsvorschriften wie §§ 296, 528 Abs 3 ZPO aF (§§ 296, 531 Abs 1 ZPO nF) offensichtlich unrichtig war u dadurch eine verfassungsrechtlich erforderliche Anhörung nicht stattgefunden hat (vgl BVerfG 75, 314; 81, 105); NJW 1993, 2229: ein

sachgemäße Regelungen des formellen oder materiellen Rechts zulässig.[72] Dies gilt insb für Beschränkungen, zB durch **Präklusionsregelungen** wie § 87b Abs 2 u 3, § 128a oder § 173 S 1 iVm § 295 ZPO.[73]

19e Die Wahrung des rechtlichen Gehörs erfordert auch, daß das Gericht die Beteiligten **zur Sache hört u nicht** ihre **Anträge u** ihren Vortrag rechtsfehlerhaft **als unzulässig behandelt**[74] **oder aus willkürlichen Erwägungen ablehnt** (BVerfG NJW 1990, 3192). Sie erfordert ggf auch die **Beiladung** oder zumindest **Anhörung auch Drittbetroffener.**[75] Wesentlicher Teil des rechtlichen Gehörs ist auch, daß **alle Richter mit dem Inhalt beigezogener Akten,** die Gegenstand der mV waren, **hinreichend vertraut** sind (vgl 7 zu § 112; Däubler JZ 1984, 357 mwN).

19f Die Verpflichtung des Gerichts zur Gewährung rechtlichen Gehörs gilt **unabhängig von der Zahl der Beteiligten,** insb **auch in „Massenverfahren“.**[76]

20 **Abs 2** begründet, isoliert betrachtet, unmittelbar **kein Recht auf Gehör zu allen Fragen,** die ein Beteiligter für entscheidungserheblich hält, sondern **verbietet nur die Verwertung von Tatsachen u Beweisergebnissen** im Urteil, die nicht Gegenstand der mV waren.[77] Ein **Anspr auf Vortrag aller Gesichtspunkte, die** bei vernünftiger Betrachtung für die Entscheidung **erheblich sein können,** dh von Tatsachenbehauptungen u Rechtsausführungen, sowie auf das Stellen von Beweisanträgen (vgl oben 19; ferner Ko NJW 1987, 856) u auf Berücksichtigung des Vorgetragenen bei der Entscheidung (sog positive Seite des rechtlichen Gehörs), folgt jedoch **unmittelbar aus Art 103 Abs 1 GG**[78] u wird auch durch § 138 Nr 4 geschützt (s im einzelnen 6 zu § 138).

Das rechtliche Gehör wird **verletzt zB,** wenn das Gericht **eigene,** in anderen Vf erworbene **Tatsachenkenntnisse,** in anderen Vf erstattete **Gutachten** ua, die den Beteiligten oder einzelnen Beteiligten nicht bekannt sind, bei seiner Entscheidung verwendet, ohne die Beteiligten von seiner entspr Absicht u vom Inhalt seiner Erkenntnisquellen zu informieren u ihnen Gelegenheit zur Stellungnahme zu geben (Ks MDR 1995, 524; NVwZ 1990, 571; BGH NJW 1991, 2825), oder wenn es als „Beleg“ für tatsächliche Feststellungen lediglich **eigene Urteile in anderen Vf** angibt, ohne diese Urteile oder die ihnen zugrundeliegenden Erkenntnisquellen zum Gegenstand der mV gemacht oder sonst in das Vf eingeführt zu haben;[79] wenn das Gericht das Urteil auf **Erfahrungssätze** stützt,

---

Mindestmaß an Verfahrensbeteiligung, das keinesfalls verkürzt werden darf; auch der Gesetzgeber darf den Beteiligten nicht jede Gelegenheit nehmen, sich zu den entscheidungserheblichen Tatsachen u Rechtsfragen zu äußern; Kopp AöR 1982, 628 mwN.

[72] BVerfG 21, 130; 70, 218 = NJW 1987, 485; 75, 381; NJW 1988, 250; DVBl 1989, 875; NVwZ 1990, 675; WuM 1993, 235: Nichtberücksichtigung unsubstantiierten Vorbringens.

[73] BVerfG 69, 137; 75, 191; 81, 273 = NJW 1990, 2373; NJW 1992, 299; Kopp AöR 1981, 611, 628; dazu auch unten 28; ferner 2 zu § 173.

[74] S zur Fristwahrung u zum Anspr auf Wiedereinsetzung als Folge des Anspr auf rechtliches Gehör bei unverschuldeter Fristversäumnis auch 1 ff zu § 60.

[75] Vgl BVerfG 60, 7 = NJW 1982, 1635; BVerwG 65, 131; Mü BayVBl 1980, 116.

[76] Kopp DVBl 1980, 320; offen insoweit BVerfG 60, 15 für den Fall, daß „für das Gericht der Kreis der in Betracht kommenden Streitgenossen nicht ersichtlich oder überschaubar ist, oder wenn so viele Beteiligte angehört werden müßten, daß die Rechtspflege nicht mehr funktionieren könnte“.

[77] 24, 267; InfAuslR 1983, 184; vgl auch BVerfG 1, 429; 67, 99; NKVwGO-Höfling/Rixen 181; sog negative Seite des rechtlichen Gehörs; s auch oben 19.

[78] 42, 332; DÖV 1984, 889: das rechtliche Gehör verpflichtet jedenfalls für Beschlüsse nach § 33 AsylVfG aF das Gericht, alles nicht offensichtlich neben der Sache liegende Vorbringen des Beteiligten zur Kenntnis zu nehmen u zu würdigen; Ms NWVBl 1995, 232; BVerfG 7, 98; 54, 97; 61, 17, 41; Geiger, in BVerfG 42, 85.

[79] InfAuslR 1983, 184; 1984, 22; Buchh 310 § 108 VwGO Nr 132; NVwZ 1983, 739; 1985, 411: anders, wenn nur auf Rechtsausführungen in anderen Urteilen Bezug genommen wird.

die den Beteiligten nicht mitgeteilt worden waren u bei denen es sich auch nicht nur um Sätze handelt, die sich aus allgemeinkundigen, allen Beteiligten als entscheidungserheblich bewußten Tatsachen ableiten (67, 83 = DÖV 1983, 949 mwN; s auch 22ff zu § 98). Ermittlungen, welche nach Schluß der mV zu einem nach Rechtsauffassung des urteilenden Richters entscheidungserheblichen Umfang angestellt werden, haben, wenn es nicht zu einer Wiedereröffnung der mV kommt, stets einen Gehörsverstoß zur Folge. Das gilt unabhängig davon, ob die Beteiligten vor Absetzung der Urteilsgründe Gelegenheit zur Äußerung im Blick auf die nachträglichen Ermittlungen hatten oder nicht (Buchh 310 § 101 VwGO Nr 27). Eine Verletzung des rechtlichen Gehörs liegt auch dann vor, wenn das Gericht, da es eine Beweiserhebung als nicht mehr nötig ansieht, von der Ausführung eines Beweisbeschlusses absieht, ohne diesen förmlich aufzuheben u die Verfahrensbeteiligten von seinem Sinneswandel zu unterrichten, so daß sich diese auf die geänderte Prozeßsituation einrichten können (5. 11. 2001 – 7 B 56/01).

Keine Frage des rechtlichen Gehörs, sondern der revisionsrechtlich nur beschränkt nachprüfbaren Tatsachenwürdigung u Beweiswürdigung sowie ggf eines Verstoßes gegen das prozessuale Willkürverbot gem Art 3 Abs 1 GG (vgl BVerfG 58, 39; s auch 9 u 29 zu § 86; 25a zu § 137) ist es, **ob** das Gericht dem tatsächlichen Vorbringen **die richtige Bedeutung zugemessen** u **die richtigen Folgerungen** daraus gezogen hat[80] oder ob **noch weitere Beweise** hätten erhoben werden müssen (BVerfG 63, 60; BayVerfGH BayVBl 1981, 529); **anders** aU bei ausdr beantragter Beweiserhebung (vgl Kopp NJW 1988, 1708).

Nicht ausdr unter Abs 2 fällt auch das rechtliche **Gehör zu Rechtsfragen,** 21
das jedoch **ebenfalls** unmittelbar schon **durch Art 103 Abs 1 GG**[81] sowie **durch § 104 Abs 1 u § 173 S 1, §§ 139 Abs 1 S 1, 279 Abs 3 ZPO gewährleistet wird u** dem Gericht als Voraussetzung seiner Entscheidung aufgegeben ist u dessen Verletzung die Revision nach § 132 Abs 2 Nr 3, § 138 Nr 4 begründet (s 8 zu § 138). Das Gericht muß danach rechtliches Gehör **auch zum Verfahrensrecht** (BayObLG BayVBl 1985, 27) sowie zu **Rechtsausführungen anderer Beteiligter** (Waldner 29 mwN; **aA** BayVerfGH 15, 41) gewähren.

Ein Anspr auf ein **„Rechtsgespräch"** besteht jedoch nicht (s im einzelnen 4 zu § 104); ebenso **nicht darauf,** daß das Gericht die Beteiligten **über seine Rechtsauffassung aufklärt,** selbst wenn die Beteiligten sich zu den entspr Fragen bisher nicht geäußert haben u dazu auch nach dem bisherigen Verlauf des Vf keinen Anlaß hatten;[82] **anders,** wenn es sich um überraschend neue Überlegungen handelt, die von der bisher hM abweichen.[83] Dem Anspr auf Gehör zu Rechtsfragen wird, auch wenn eine mV stattfindet, auch dadurch genügt, daß den Verfahrensbeteiligten **die Möglichkeit gegeben** wird, sich zu den für die Entscheidung maßgeblichen Rechtsfragen **schriftlich zu äußern** (DÖV 1980, 650).

Rechtliches Gehör ist den Beteiligten auch zu den gem § 173 S 1, § 293 S 2 ZPO verwerteten Erkenntnisquellen zum Inhalt u Zweck **ausländischer Rechtsnormen** zu gewähren (NVwZ 1985, 411; s auch 1b zu § 86); ebenso auch zu den rechtlichen Schlußfolgerungen, die generell daraus zu ziehen sind; **anders** hins der konkreten Folgerungen, die sich für die Entscheidung des Gerichts ergeben (unklar DÖV 1984, 776: nicht zu den daraus gewonnenen Schlußfolgerungen).

---

[80] BVerfG 27, 251; BayVerfGH BayVBl 1981, 529; BVerwG DVBl 1996, 109.

[81] NJW 1985, 740; NVwZ 1989, 858 mwN; BVerfG 1, 429; NJW 1993, 2229; 1994, 1274; 1994, 2279; NJW-RR 1994, 700; Waldner 29; zT **aA** BVerwG 36, 266; BVerfG 31, 370; BFH 118, 361; Ey-J. Schmidt 10; Schäfer BayVBl 1978, 455: nur soweit erforderlich, um „Überraschungsentscheidungen" zu verhindern.

[82] BVerfG 66, 147; 86, 145; BVerwG NVwZ 2004, 1510; s auch 23 zu § 86; 4 zu § 104.

[83] Vgl auch BVerfG 86, 144f; 108, 345f; BVerwG NVwZ 2004, 1510.

22 **Zu den Erfordernissen** der Wahrung des rechtlichen Gehörs im einzelnen s auch unten 27; ferner 22 zu § 86; 3 ff zu § 104; 5 ff zu § 138; zu **Ausnahmen** unten 28; zur Möglichkeit der **Heilung** uä eines Verstoßes durch Nachholung usw 12 zu § 138. Das rechtliche Gehör wird nicht nur durch schuldhaftes Verhalten des Gerichts verletzt, sondern zB **auch** dann, **wenn das Gericht** eine ordnungsgemäß vorgetragene Tatsache usw **lediglich übersehen hat** (BVerfG 11, 220; 36, 301; NJW 1978, 413, 989; s auch oben 19; unten 26) oder wenn ihm **ein Schriftsatz** von der Geschäftsstelle nicht **mehr rechtzeitig vorgelegt** worden war (s unten 27 a).

23 **Schriftliches Vorbringen** eines Beteiligten darf das Gericht seiner Entscheidung nur zugrunde legen, wenn es auch den übrigen Beteiligten **rechtzeitig vor der mV** zur Kenntnis gebracht worden ist (NVwZ 1987, 1071) oder wenn es ihnen spätestens in der mV zur Kenntnis gebracht wird u die übrigen Beteiligten bereit sind, sich darauf einzulassen bzw ihnen eine Einlassung noch in der mV zumutbar ist. Sonst verletzt das Gericht das rechtliche Gehör der übrigen Beteiligten, wenn es sofort aufgrund der mV entscheidet. S aber zur Möglichkeit der **Einräumung** einer **Schriftsatzfrist** zur Ergänzung des bisherigen Vorbringens oder zur Erwiderung auf neues Vorbringen eines anderen Beteiligten in einem solchen Fall 15 zu § 104.

Bei lediglich **globalen Bezugnahmen** der Beteiligten **auf Ausführungen in Vorakten** ohne nähere Angaben hins Seite, Datum usw ist das Gericht grds nicht verpflichtet, alles frühere Vorbringen auf seine Relevanz auch für die zu treffende Entscheidung zu prüfen (BVerfG 36, 99; 60, 305; NJW 1978, 413; 1987, 485); etwas anderes gilt nur, wenn insoweit besondere Umstände vorliegen (BVerfG 60, 305; NJW 1978, 413; 1987, 485).

24 **Verdachtsmomente und geheime Tatsachen** (vgl 6 ff zu § 99), die den Beteiligten nicht bekannt sind bzw nicht bekanntgegeben wurden u zu denen diese daher auch nicht Stellung nehmen konnten, dürfen auch bei der Entscheidung des Gerichts grds **nicht zu Ungunsten Beteiligter** berücksichtigt werden (46, 303; Mü BayVBl 1975, 675; Gusy DÖV 1980, 436; s auch oben 7). Auch wenn solche Tatsachen im Vf wenigstens in allg Form angesprochen wurden, sind sie nur verwertbar, wenn u soweit die Beteiligten nach den konkreten Umständen des Falles (Art der in Frage stehenden Tatsachen u der den Beteiligten gegebenen Information usw) **ihre Rechte** insoweit **ausreichend wahren konnten** oder hätten können.[84] Zum – nur in Ausnahmefällen zu bejahenden – Anspr auf Bekanntgabe der **Namen von sog „V-Leuten"** s 3 zu § 98; 8 ff zu § 99; zum **Beweiswert der schriftlichen Aussagen** von V-Leuten, die selbst nicht unmittelbar als Zeugen vernommen werden können, auch BVerwG NJW 1984, 2430 (Verwertung zulässig; Beweiswert aber besonders kritisch zu würdigen). S auch 3 u 4 zu § 98.

25 Der Anspr auf rechtliches Gehör umfaßt auch den **Anspr** der Beteiligten darauf, daß sie **nicht rechtlich oder tatsächlich,** zB durch zu kurzfristige Ladung zur mV (s auch 3 zu § 102), daran **gehindert werden,** im Vf das vorzutragen, was sie ohne diese Behinderung sonst möglicherweise vorgetragen hätten (Geiger, in BVerfG 42, 85). Dazu gehört ua auch, daß das Gericht, soweit die Beteiligten nicht ohnehin Kenntnis haben, **alle Erkenntnisgrundlagen,** die für die Entscheidung von Bedeutung sein können, spätestens in der mV im einzelnen **benennt,** insb auch die ihm vorliegenden Behördenakten, Auskünfte, Gutachten usw bezeichnet u **offenlegt,** sie zum Gegenstand des Vf macht u den Beteiligten Gelegenheit gibt, dazu **Stellung zu nehmen** (BVerfG NVwZ 1993, 769; s dazu auch oben 3). Eine § 108 Abs 2 u Art 103 Abs 1 GG genügende Gewährung

[84] Vgl Kopp 23 u 42 zu § 28 VwVfG; ferner Peters/Rupp/Sarstedt/Klug, Verh 46. DJT 1966, Bd I u II.

rechtlichen Gehörs setzt ua auch voraus, daß die Verfahrensbeteiligten **zu erkennen vermögen, auf welchen Tatsachenvortrag** es für die Entscheidung ankommen kann.[85] Die Beteiligten müssen sich bei Anwendung der gebotenen Sorgfalt über den gesamten **Verfahrensstoff informieren können** (BVerfG NJW 1993, 2229 mwN).

Die Beteiligten haben zur Wahrung ihres Rechts auf Gehör insb auch Anspr **auf Hinweise des Gerichts nach § 86 Abs 3,** die sie benötigen, um Schwierigkeiten, die sie im Vf infolge Unkenntnis, Unerfahrenheit usw haben, zu überwinden u um ihre Rechte sachgemäß wahrnehmen zu können (Geiger, in BVerfG 42, 86; ebenso iE, jedoch mit auf Art 3 GG abgestellter Begründung, BVerfG 42, 64). Dies gilt insb auch für **Hinweise auf** möglicherweise **entscheidungserhebliche Tatsachen u Rechtsfragen,** deren Erheblichkeit nicht offensichtlich ist u auch aus dem bisherigen Vf nicht ohne weiteres ersichtlich ist u mit deren Entscheidungserheblichkeit die Beteiligten oder einzelne davon nicht zu rechnen brauchten,[86] gem § 173 S 1, § 139 Abs 2 ZPO auch für Hinweise auf **rechtliche Überlegungen,**[87] **jedenfalls, wenn** sich daraus die **Notwendigkeit zu neuen tatsächlichen Ausführungen** ergeben kann, zB, weil Ausführungen bisher deshalb nicht vorgebracht wurden, weil die Beteiligten – für das Gericht erkennbar – von einer anderen Rechtsauffassung ausgehen u nicht damit rechnen mußten, daß diese nicht auch vom Gericht geteilt wird **(„Verbot von Überraschungsentscheidungen");**[88] auch zB für den **Fall, daß das Gericht von seiner bisherigen Rspr abweichen** will (NJW 1961, 1549), oder bei Heranziehung **ausländischen Rechts,** mit der die Beteiligten nicht gerechnet haben (BGH NJW 1976, 475; RÖ-Kothe 7; **aA** BFH NJW 1976, 773). Keine Überraschungsentscheidung liegt allein deshalb vor, weil der Streitstoff im KlageVf anders bewertet wird als im vorläufigen RechtsschutzVf (Ks NVwZ-RR 2006, 364).

Dagegen ergibt sich auch aus Art 103 Abs 1 GG grds **keine allg Hinweis- u Aufklärungspflicht** des Gerichts (BVerfG 67, 95 mwN; 74, 5 = DVBl 1987, 238; 86, 144 = DVBl 1992, 1512), insb auch nicht auf eine beabsichtigte Beweiswürdigung oder Entscheidung in der Sache bzw auf Rechtsauffassungen des Gerichts (BVerfG 74, 5 = DVBl 1987, 238; s auch oben 21; ferner 23 zu § 86; 4 zu § 104); ebenso keine Pflicht zu einem **Rechtsgespräch** (s 4 zu § 104). **Eine unzulässige,** Art 103 Abs 1 GG u §§ 104 Abs 1 u 108 Abs 2 verletzende **Überraschungsentscheidung** liegt dagegen, auch in der Berufungsinstanz (vgl BGH NJW 1994, 1880), vor, **wenn** das Gericht, ohne die Beteiligten vorher darauf hinzuweisen u ihnen rechtliches Gehör im Hinblick auf die neue Situation zu geben, einen bis dahin nicht erörterten rechtlichen oder tatsächlichen Gesichtspunkt zur Grundlage seiner Entscheidung macht u damit dem Rechtsstreit eine Wendung gibt, mit der alle oder einzelne Beteiligte auch bei gewissenhafter Prozeßführung nach dem bisherigen Verlauf des Vf **nicht zu rechnen brauchten.**[89] Zur Zuläs-

---

[85] So zu Art 103 Abs 1 GG; BVerfG 89, 28 = NJW 1993, 2229.

[86] DVBl 1982, 635; BayVBl 1984, 252; NVwZ 1991, 574; BVerfG 84, 188; 86, 144 = DVBl 1992, 1512; s auch 3 ff zu § 104.

[87] NJW 1982, 2506; BAG NZA 1986, 751; OLG Köln NJW 1980, 1531; enger BVerfG 74, 5 = DVBl 1987, 238: das Gericht ist nicht verpflichtet, die Beteiligten auf rechtliche Überlegungen des Gerichts, die für sie überraschend sein mußten, hinzuweisen.

[88] Vgl BVerfG NJW 1991, 2823; 1996, 46; BVerwG 61, 164; NJW 1986, 445; NVwZ 1989, 151; NJW 1984, 140 – hins Tatsachen aus Akten, die mit den Beteiligten bisher nicht erörtert worden sind –; NJW 1988, 275 – wenn das Berufungsgericht aufgrund eines Sachverhalts urteilt, der zu den beigezogenen Akten im Widerspruch steht –; BSG NVwZ 1991, 226 mwN – die Beteiligten dürfen nicht mit einer Tatsachenwürdigung überrascht werden, die von keiner Seite als möglich vorausgesehen werden konnte –; BFH 123, 404.

[89] BVerfG NJW 1991, 2823; BVerwG BayVBl 1984, 252 mwN; NVwZ-RR 2000, 396; BayVerfGH NJW-RR 1991, 782; BGH NJW 1987, 781; 1989, 2756.

sigkeit einer **straffen Verhandlungsführung u** zum Entzug des Wortes s auch 3 zu § 104; 6 zu § 138; ferner auch BVerwG NJW 1980, 1972 u Ms NJW 1990, 1749.

26 Die **Verpflichtung** gem Abs 2 besteht grds **nur ggü den in der mV erschienenen Beteiligten** (61, 146; BFH 126, 368 = BStBl II 1979, 191; s auch 3 zu § 103). Das Gericht muß einen Termin nicht vertagen, um auch einem nicht zur mV erschienenen Beteiligten eine Stellungnahme zu ermöglichen (vgl NJW 1995, 1231 mwN); denn die Beteiligten müssen grds damit rechnen, daß in der mV sich ggf auch neue Fragen tatsächlicher oder rechtlicher Art ergeben (61, 146; BGH 126, 368); **nicht** rechnen müssen sie allerdings mit einer **Klageänderung, über die sofort entschieden wird** (61, 146f; DVBl 2001, 918). Nur **wenn ein Beteiligter schuldlos** an der Teilnahme **verhindert war** (vgl zum Begriff des Verschuldens 9 zu § 60) u seinerseits „alles in seinen Kräften Stehende u nach Lage der Dinge Erforderliche getan hat, sich durch Wahrnehmung des Verhandlungstermins rechtliches Gehör zu verschaffen", hat er Anspr darauf, daß nicht entschieden wird, bevor er gehört worden ist[90] (zur Frage einer Wiedereinsetzung s 5 zu § 60). ZB muß der Betroffene auch eine unerwartet eingetretene Verspätung auf dem Weg zum Termin dem Gericht mitteilen u das Gericht ggf bitten, den Termin erst später zu beginnen, zu vertagen oder zu verlegen (vgl Buchh 310 § 108 Nr 209; NJW 1988, 577). **Verschulden seines Bevollmächtigten muß** sich ein Beteiligter auch insoweit zurechnen lassen (NJW 1988, 577).

Auch aus der Tatsache, **daß das persönliche Erscheinen eines Beteiligten angeordnet war,** kann dieser nicht das Recht ableiten, daß das Gericht nicht entscheiden darf, ohne ihn gehört zu haben.[91] Eine Verpflichtung, einem **inhaftierten Beteiligten** durch Anordnung des persönlichen Erscheinens nach § 95 Abs 1 S 1 die Teilnahme an der mV zu ermöglichen, ist aus Abs 2 auch iVm Art 103 Abs 1 GG nicht herzuleiten (DÖV 1974, 825). Zur **Verpflichtung** des Gerichts, ggf **mit dem Beginn der Sitzung etwas zu warten,** solange noch mit dem Erscheinen von Beteiligten zu rechnen ist, s 4 zu § 103. Das Gericht verletzt den Anspr eines **Prozeßunfähigen** auf rechtliches Gehör auch dadurch, daß es ihn irrtümlich **für prozeßfähig hält** (BGH NJW 1982, 2451).

27 **Zur Wahrung des rechtlichen Gehörs gehört auch,** daß das Gericht den Beteiligten ausreichend **Gelegenheit** u angemessene Zeit (vgl BVerfG 49, 216; 64, 206) **zur Vorbereitung, Überlegung u Stellungnahme** gibt,[92] uU auch zur **Rücksprache** des Prozeßbevollmächtigten **mit seinem Mandanten** (DVBl 1982, 635) und/oder zur Beratung mit einem Sachverständigen (BGH NJW 1984, 1823). Das Gericht muß – ohne daß es insoweit eines Rückgriffs auf die §§ 139 Abs 2, 279 Abs 3 ZPO bedürfte (NVwZ 2003, 1132f) – insb auch nach einer Beweisaufnahme den Beteiligten die Möglichkeit einräumen, sich zum Ergebnis der Beweisaufnahme zu äußern, braucht aber von sich aus nicht in eine solche Erörterung einzutreten, wenn die Beteiligten ihrerseits keine Erörterung

---

[90] Vgl NJW 1995, 1441 – Ablehnung des Vertagungsantrags –; 1986, 1057; 1988, 577; DVBl 1989, 893 – Verletzung des Rechts auf Gehör durch Ablehnung der Wiedereröffnung der nach kurzer Dauer geschlossenen mV bei nur geringfügiger Verspätung.

[91] NVwZ-RR 2001, 168; 1 RÖ-Kothe 8 zu § 102; 5 zu § 95: Vertagung nur bei unverschuldeter Verhinderung. Eine Entscheidung darf nur dann nicht ergehen u stellte eine Verletzung des Anspr auf rechtliches Gehör dar, wenn das Erscheinen zur Klärung des Sachverhalts notwendig ist, weil es für die Entscheidung auf die Gewinnung eines persönlichen Eindrucks ankommt (50, 277; NVwZ-RR 2001, 168). Dieser Eindruck kann aber durchaus auch auf andere Weise, zB aufgrund des Verhaltens im VerwaltungsVf und/oder im Verwaltungsgerichtsstreit gewonnen werden (NVwZ-RR 2001, 168).

[92] 18, 315; 44, 312; NJW 1979, 829; NVwZ 1989, 1154; BayVerfGH NJW 1982, 2660; RÖ-Kothe 4; BGH MDR 1978, 46; NJW 1982, 137; BVerfG 60, 313.

beginnen oder wünschen (NVwZ 2003, 1133; Clausing JuS 2004, 300). Das Gericht muß ggf, zB wenn ein Beteiligter dies im Hinblick auf neues Vorbringen anderer Beteiligter oder auf vom Gericht neu aufgeworfene Fragen, die nicht ohne größere Schwierigkeiten sofort beantwortet werden können, beantragt, die mV vertagen (s 3 zu § 104; 25 zu § 86), dem betroffenen Beteiligten eine Schriftsatzfrist gem § 173 S 1, § 283 ZPO (vgl InfAuslR 1996, 29; s dazu unten 27 a; allg auch 11 zu § 103) einräumen usw. Das gilt insb auch dann, **wenn der Prozeßgegner neue Tatsachen vorträgt**[93] oder dem Gericht neues Material vorlegt oder wenn das Gericht **gem § 86 Abs 3 oder § 104 Abs 1 Hinweise gibt,** die neue Überlegungen, Recherchen usw erforderlich machen (44, 307; Buchh 310 § 108 Nr 64; DVBl 1982, 635; NJW 1979, 829). S auch 4 zu § 102; 3 zu § 104.

§ 108 Abs 2 begründet jedoch **ebensowenig** wie sonstige Vorschriften der VwGO zum rechtlichen Gehör oder Art 103 Abs 1 GG **einen Anspr** darauf, **daß** das Gehör **in mV** gewährt werden muß;[94] insb **genügt** insoweit idR auch die Einräumung einer **Schriftsatzfrist** (s dazu 11 zu § 103).

Der Grundsatz des rechtlichen Gehörs, der im Rahmen des **vereinfachten** Vf nach § 130 a in dem **Anhörungsgebot** (§ 130 a S 2 iVm § 125 Abs 2 S 3) seinen besonderen Ausdruck gefunden hat, ist idR nur dann hinreichend gewahrt, wenn der Beteiligte, der nach der (ersten) Anhörungsmitteilung **Beweisanträge gestellt hat,** durch **eine erneute Anhörungsmitteilung** auf die (unverändert) beabsichtigte Verfahrensweise u damit darauf hingewiesen wird, daß das Gericht seinem Beweisantrag nicht stattgeben werde (NVwZ-RR 1999, 537; s auch 5 zu § 130 a).

Das rechtliche Gehör erfordert grds – dh soweit gesetzliche Vorschriften nicht 27 a
entgegenstehen oder der betroffene Beteiligte mit dem Vorbringen präkludiert ist (zB gem § 87 b oder § 128 a, s auch oben 19 d, oder durch Verwirkung, s 18 ff zu § 74) –, daß das Gericht **alle Schriftsätze u** sonstigen Äußerungen der Beteiligten zur Sache bei seiner Entscheidung berücksichtigt (BL 16 zu § 283 ZPO; s aber auch M 12 zu § 283 ZPO). Alle rechtzeitig bei Gericht eingehenden Schriftsätze usw müssen dem Gericht, dh dem zuständigen Spruchkörper, auch **rechtzeitig** zur mV, im schriftlichen Vf rechtzeitig vor der Hinausgabe der Entscheidung,[95] **vorgelegt** u von diesem bei seiner Entscheidung **berücksichtigt** werden. Dies gilt selbst für **erst am Tag der mV eingehende Schriftsätze,** die dem Gericht trotz eines Hinweises auf die Dringlichkeit für die mV nicht mehr vorgelegt wurden, obwohl eine Vorlage an sich noch möglich gewesen wäre.[96] Geht ein **Schriftsatz** bei Gericht **erst kurz vor der mV** ein, so genügt das Gericht seiner Pflicht zur Gewährung rechtlichen Gehörs, wenn es ihn zumindest dadurch auch zum Gegenstand des mündlichen Vortrags u damit auch der mV macht, daß es ihn in der mV, zu der die Beteiligten rechtzeitig u ordnungsgemäß geladen worden sind, vollständig verlesen läßt (NVwZ 1989, 1154; vgl auch 78, 30 = NVwZ 1987, 1071; NVwZ 1989, 263).

---

[93] Vgl DVBl 1982, 549 zur Anhörung, wenn die Behörde bei einem angefochtenen VA *„Gründe nachschiebt"*.

[94] BVerfG 5, 11; 11, 234; 25, 357; 31, 310; 36, 82; DÖV 1980, 650; NJW 1982, 1582, 1982; 2368; s auch 1 zu § 101; zT **aA** DÖV 1982, 162: Verletzung des rechtlichen Gehörs, wenn im Vf nach Art 2 § 5 EntlG – nunmehr: § 130 a – aus beigezogenen Akten Schlüsse gezogen u ohne mV entschieden wurde.

[95] Vgl BVerfG 60, 317 = NJW 1982, 1691; NJW 1993, 51 – auf etwaiges Verschulden des Gerichts kommt es dabei nicht an –; OLG Düsseldorf NJW-RR 1988, 319.

[96] NJW 1986, 1125: unter Hinweis darauf, daß ein Verfahrensmangel darin ausnahmsweise nur dann nicht gesehen werden kann, wenn die unberücksichtigt gebliebene Äußerung „neben der Sache" liegt u es auf sie daher unter keinem rechtlichen Gesichtspunkt ankommen konnte; ähnlich BSG NJW 1987, 919; vgl auch – wohl enger – BVerfG NJW 1993, 51.

Wenn eine **Entscheidung nicht sofort verkündet** wird, muß ein vor der Zustellung des Urteils eingehender Schriftsatz grds noch berücksichtigt werden.[97] S auch im folgenden u ferner 10 ff u 14 zu § 104.

Zu berücksichtigen sind insb auch Schriftsätze, die **innerhalb einer gesetzlichen oder vom Gericht selbst gesetzten Frist,** bei Fehlen einer ausdrücklichen Fristsetzung innerhalb angemessener Frist (BVerfG 60, 317 mwN = NJW 1982, 1691), beim Gericht eingehen;[98] **bei richterlichen Fristen** außerdem auch darüber hinaus bis zur Verkündung der Entscheidung bzw bis zur Herausgabe der Entscheidung durch die Geschäftsstelle (BVerfG 60, 317 = NJW 1982, 1691; NJW 1988, 1963; 1993, 51). Räumt das Gericht einem Beteiligten eine Frist zur Äußerung ein, dann verletzt es grds den Anspr auf rechtliches Gehör, **wenn** es **vor Ablauf der Äußerungsfrist entscheidet** (NJW 1991, 2038 = NVwZ 1991, 873; NJW 1992, 327); **anders** jedoch, wenn mit Sicherheit auszuschließen ist, daß der Schriftsatz noch Entscheidungsrelevantes bringen könnte (NJW 1992, 327).

Auf **Verschulden des Gerichts** kommt es insoweit nicht an, sofern ein Schriftsatz dem Gericht jedenfalls zugegangen ist.[99] Für die Annahme einer Verletzung des Anspr auf rechtliches Gehör ist auch unerheblich, wen innerhalb des Gerichts ein Verschulden trifft, ob den oder die zur Entscheidung berufenen Richter oder einen sonstigen Bediensteten; das **Gericht** ist **insgesamt** dafür **verantwortlich,** daß dem Gebot des rechtlichen Gehörs Rechnung getragen wird.[100]

Beantragt ein Beteiligter die **Verlängerung** einer vom Gericht für eine Stellungnahme oä gesetzten **Frist,** so verletzt das Gericht das Recht auf Gehör, wenn es zur Hauptsache entscheidet, ohne vorher über den Antrag entschieden zu haben (BayVBl 1988, 252); dies selbst dann, wenn das Gericht vorher dem Beteiligten mitgeteilt hat, daß eine Verlängerung voraussichtlich nicht gewährt werden kann. **Entspr** gilt, **wenn** ein Beteiligter nach Aufforderung durch das Gericht oder auch ohne eine solche, eine **Stellungnahme ankündigt** u das Gericht trotzdem alsbald zur Hauptsache entscheidet, ohne die Stellungnahme abzuwarten oder den Beteiligten ggf unter Fristsetzung daran zu erinnern (vgl BVerfG NJW 1991, 2758; s auch 2a zu § 102). **Nach Ablauf einer angemessenen Zeit** kann das Gericht aber jedenfalls entscheiden, auch wenn noch ein Schriftsatz angekündigt war oder zunächst nach allg Erfahrung erwartet werden konnte (BVerfG 60, 317 mwN = NJW 1982, 1691; NJW 1991, 2758). Was angemessen ist, hängt auch von den Besonderheiten des Falles ab.[101] **Wurde** einem Beteiligten **vom Gericht eine Frist** gesetzt, so muß das Gericht jedenfalls den Ablauf dieser Frist abwarten (s oben).

Das rechtliche Gehör wird auch durch ein **Verhalten des Gerichts verletzt, das einen Beteiligten so erregt oder verwirrt,** daß seine weitere Mitwir-

---

[97] Vgl BVerfG 62, 353 = NJW 1983, 2187: Vorbringen der Beteiligten ist auch dann zu beachten, wenn es nach Ablauf einer gesetzten Erklärungsfrist oder nach Fertigung, aber vor Hinausgabe der Entscheidung einläuft; NJW 1993, 51: im schriftlichen Vf sind eingehende Schriftsätze bis zum Erlaß der Entscheidung, dh bis zur Hinausgabe einer Ausfertigung der Entscheidung durch den Urkundsbeamten zur Zustellung, zu berücksichtigen; BFH 100, 351 = NJW 1971, 1200; ebenso Ma DVBl 1991, 1006.

[98] BVerfG 11, 220; 61, 122; NJW 1988, 1774: der Bürger darf darauf vertrauen; BVerwG NJW 1992, 37: bis zur Hinausgabe einer Ausfertigung des Urteils durch den Urkundsbeamten zur Zustellung; s auch 14 zu § 104.

[99] BVerfG 72, 88 u 121; NJW 1986, 2305; BSG NJW 1987, 919 mwN; s auch 15 zu § 104.

[100] Vgl BVerfG 1, 8, 220; 17, 268; 46, 185, 188; 53, 222; 60, 100 = NJW 1982, 1454; 60, 123 = NJW 1982, 1453; 62, 352; BSG SozR § 62 SGG Nr 16.

[101] Vgl BayObLG NJW-RR 1986, 1446; Ma NVwZ 1987, 1078 zum Widerspruchsverfahren: 1 Monat ausreichend, auch wenn eine Begründung angekündigt war u keine Frist gesetzt wurde.

kung im Vf beeinträchtigt ist (17, 170: ehrenrühriger Vorwurf); ebenso zB, **wenn** das Gericht die mV **trotz hochgradiger Nervosität,** Schwerhörigkeit oder Erschöpfung eines Beteiligten, der dadurch an der angemessenen Wahrnehmung seiner Belange gehindert wird, durchführt u eine Vertagung ablehnt (44, 312 mwN). Es kann **auch** durch ein **Verhalten** des Gerichts verletzt werden, das zur Folge hat oder dazu beiträgt, daß ein Beteiligter **Rügerechte** uä, die ihm zur Wahrung des rechtlichen Gehörs zur Verfügung stehen, **nicht rechtzeitig** wahrnimmt u diese dadurch verliert (vgl BVerfG 51, 192; 60, 6; NJW 1987, 2003 u 2734 zu Präklusionsregelungen nach der ZPO).

Das rechtliche Gehör wird grds auch verletzt, wenn das Gericht entscheidungsrelevante **Beweisanträge** eines Beteiligten **nicht berücksichtigt** (BVerfG 60, 249, 252; NJW 1991, 286) oder zu Unrecht ablehnt. S auch 18 zu § 86; allg zur Unzulässigkeit einer willkürlichen Zurückweisung eines Antrags, der sich auf den Vortrag von Tatsachen bezieht, auch BVerfG NJW 1990, 3192.

Ausnahmen vom Erfordernis des rechtlichen Gehörs gelten für **Fragen, die** 28
aufgrund einer[102] gesetzlichen Vorschrift bei der Entscheidung des Gerichts **nicht berücksichtigt werden müssen,** können oder dürfen;[103] außerdem in Vf, die nicht auf Erlaß eines Urteils gerichtet sind, vor allem bei **Eilbedürftigkeit** (vgl BVerfG 9, 96; 18, 404; 49, 343; Ma DVBl 1999, 1002 u 1 zu § 123), insb in Vf nach § 80 Abs 5, § 80a Abs 3 oder § 123 (vgl 124 zu § 80), oder wenn anders **der Zweck des Vf vereitelt zu werden** droht;[104] in diesen Fällen muß jedoch das rechtliche Gehör im Rahmen eines zulässigen Vf zur Abänderung der getroffenen Entscheidung vAw oder wenn ein betroffener Beteiligter dies beantragt (vgl 197 zu § 80) alsbald nachgeholt werden (BVerfG 9, 96; 18, 409; 49, 342; DÖV 1970, 53; BayVBl 1986, 46), u zwar grds **in derselben Instanz;** daß dem Betroffenen ein RMittel offensteht, genügt nicht (BVerfG 49, 343). Zum rechtlichen Gehör **bei geheimzuhaltenden Vorgängen** s oben 24.

Zur Frage einer **Heilung durch Nachholung** des rechtlichen Gehörs in der 29
höheren Instanz u zum **Verlust** des Rügerechts durch verspätete Geltendmachung bzw dadurch, daß der Beteiligte nicht alles **Zumutbare unternommen** hat, um sich Gehör zu verschaffen, s 12 zu § 138. Zur zulässigen Bedeutung eines Verzichts auf rechtliches Gehör insgesamt oder in bestimmter Hinsicht s auch 12 zu § 138. Zum Rechtsschutz bei Verletzung des rechtlichen Gehörs durch das letztinstanzlich entscheidende Gericht s BVerfG NJW 2003, 1924 (Notwendigkeit der Schaffung einer gesetzlichen Regelung für Rechtsschutz) u dazu Spiecker genannt Döhmann NVwZ 2003, 1464 sowie 9 vor § 124.

7. Begründungspflicht (Abs 1 S 2, Abs 2): Die dem Gericht auferlegte 30
Verpflichtung, im Urteil **die Gründe anzugeben,** die für seine Überzeugung leitend gewesen sind, ist ein **unverzichtbares Erfordernis des Rechtsstaats** u eine notwendige Folge der Bindung der Gerichte **an Gesetz u Recht** gem Art 20 Abs 3 GG, somit das Korrelat zu der weitgehend freien Einschätzungsprärogative des Tatrichters;[105] sie ist zugleich eine Folge des **Willkürverbots** des Art 3 GG (BVerfG 58, 289) u des Rechts des Bürgers auf **Wahrung u** Verteidigung **seiner** in der Sache **betroffenen Rechte** (BVerfG 49, 67), einschließlich

---

[102] Mit Art 103 Abs 1 GG zu vereinbarenden, vgl BVerfG 59, 334; 61, 6; 62, 254 zur Zulässigkeit einer Präklusion verspäteten Vorbringens.

[103] BVerfG 70, 100 = NVwZ 1986, 575; NVwZ 1990, 675; DÖV 1984, 467; NJW 1985, 1150; Kopp AöR 1981, 606, 629; vgl dazu u zur Verfassungsmäßigkeit solcher Regelungen auch oben 19d; ferner 10 zu § 138.

[104] Vgl zum Problem der Prozeßverschleppung NVwZ 1995, 374; 81, 229; NJW 1995, 799f: Kriegsdienstverweigerungsverfahren, dazu auch NVwZ-RR 1995, 534.

[105] DVBl 1994, 1412; BVerfG BayVBl 1986, 188; Sachs ZRP 1982, 230 mwN; vgl auch BVerfG 49, 67; 55, 206; zT **aA,** soweit Urteile unanfechtbar sind u daher Kenntnis der Gründe nicht für weitere Rechtsverteidigung erforderlich ist, BVerfG 49, 67.

der Grundrechte. Es hat vor allem den Zweck **sicherzustellen,** daß das Gericht **alle wesentlichen Gesichtspunkte,** insb auch das Vorbringen der Beteiligten im Rahmen des rechtlichen Gehörs nach Abs 2, auch **wirklich berücksichtigt,** sich ernsthaft damit auseinandersetzt u sich ausschließlich von objektiven Erwägungen leiten läßt, die auch einer Nachprüfung zugänglich sind [106] Das setzt voraus, daß die wesentlichen, der Rechtsverfolgung u Rechtsverteidigung dienenden **Tatsachenbehauptungen** jedenfalls in den **Entscheidungsgründen verarbeitet** werden u daß die tatsächlichen Umstände u rechtlichen Erwägungen wiedergegeben werden, die das **Gericht bestimmt haben,** die Voraussetzungen für seine Entscheidung als erfüllt anzusehen (NVwZ-RR 1998, 515). Aus der rechtsstaatlichen Bedeutung des § 108 Abs 1 S 2 ergibt sich zwingend auch das Erfordernis, daß die **Begründung nicht** erst so **spät abgefaßt** werden darf, daß nicht mehr gewährleistet ist, daß sie die **Gründe zuverlässig wiedergeben,** die bei der Beratung des Urteils nach Abschluß der mV für die richterliche Überzeugung leitend gewesen sind (DVBl 1989, 63; 1991, 152; s allg auch 21f zu § 117; 27 zu § 138). Die Begründung stellt zugleich einen **Teil der Parteiöffentlichkeit** des Vf dar (vgl Kopp VerfR 194) u ist nicht zuletzt wesentliche Voraussetzung auch für die **Akzeptanz** gerichtlicher Entscheidungen (Becker NVwZ 1993, 1130, 1132) sowie für die **Rechtswahrung u Rechtsverteidigung** durch Einlegung von RMittel[107] u die Nachprüfung des Urteils im Rechtsmittelweg durch die höhere Instanz (70, 222) bzw durch Verfassungsgerichte (68, 181). S auch oben 19; ferner insb 14ff zu § 117; 14ff zu § 139.

Das Urteil muß in überprüfbarer, „nachvollziehbarer" (70, 222; NVwZ 1989, 1155), wenn nicht ausdr, so zumindest „aus dem Gesamtzusammenhang des Urteils hinreichend deutlich erkennbarer Weise" (NVwZ 1989, 1155), erkennen lassen, daß das Gericht das anzuwendende **Recht nach anerkannten Grundsätzen** u unter Berücksichtigung der bisherigen Rspr u Rechtslehre dazu **festgestellt u ausgelegt** hat,[108] den ermittelten **Tatsachenstoff wertend gesichtet u** in **konkreten Bezug** zu den angewandten Rechtsnormen gesetzt hat (61, 368; 70, 222; NVwZ 1989, 1155; Kopp AöR 1981, 626 mwN). Dies gilt in besonderem Maße, dh mit erhöhten Anforderungen, **wenn** in der Sache oder durch das Vf **Grundrechte berührt** werden oder wenn das Gericht in einer wichtigen Frage, zB auch einer verfassungsrechtlich relevanten Frage, **von der** bisherigen **höchstrichterlichen Rspr** abweicht (BVerfG 71, 135 = NJW 1987, 1619; NJW 1990, 567). S zu den Anforderungen im einzelnen auch 14ff zu § 117. Vor allem muß aus der Urteilsbegründung auch erkennbar sein, **daß** in der Sache oder durch das Vf betroffene Grundrechte, insb (soweit kein spezielleres Grundrecht betroffen ist) **Art 2 Abs 1, Art 3 GG** (s BVerfG 55, 206) u **Art 103 Abs 1 GG, beachtet wurden.**[109] Maßgebend für die Begründungspflicht, dh dafür, auf welche Tatsachen, Beweisergebnisse, rechtliche Überlegungen dabei näher einzugehen ist, ist die **Rechtsauffassung des Gerichts,** auch wenn sie unzutr ist (70, 221).

31 **„Formelhafte" Wendungen** genügen als Begründung nicht (61, 369). Vgl zum Erfordernis einer **hinreichenden Begründung,** die die Ergebnisse der

---

[106] BVerwG 6. 12. 1995 – 9 B 525/95; 61, 368; BVerfG NJW 1983, 2930; s auch oben 19.

[107] BVerfG 49, 67; Ule DVBl 1981, 367; 1982, 824; Sachs ZRP 1982, 230.

[108] Vgl BVerfG 58, 289: Willkürverbot als Folgerung auch aus der Gebundenheit an Gesetz u Recht; BVerfG BayVBl 1986, 188: Begründungspflicht jedenfalls, wenn vom eindeutigen Wortlaut einer Vorschrift abgewichen wird.

[109] BVerfG 86, 146 = DVBl 1992, 1215; NJW 1978, 989 mwN; P. Hartmann NJW 1978, 1462; **aA** BVerfG NJW 1979, 1160: GG schreibt für gerichtliche Entscheidungen keine Begründungspflicht vor; Kritik: Begründungspflicht ist elementares Erfordernis des Rechtsstaats.

Beweiswürdigung u die für das Urteil schließlich maßgeblichen Überlegungen des Gerichts „in nachprüfbarer und nachvollziehbarer Weise" offenlegt, zB eingehend zum Asylrecht DVBl 1994, 1411. **Nicht erforderlich ist** jedoch, daß die Urteilsbegründung auf **alle** im Vf aufgeworfenen **Fragen** eingeht (82, 90; NVwZ-RR 1999, 746; BVerfG 65, 295 mwN; 69, 246; 86, 146 = DVBl 1992, 1215; NKVwGO-Höfling/Rixen 173) u alles Für u Wider u die Frage, welches Gewicht einzelnen Gesichtspunkten zukommt, im einzelnen erörtert; es müssen aber **alle für die Entscheidung wesentlichen Fragen,** insb auch, soweit sie Gegenstand des Vortrags oder von Angriffs- u Verteidigungsmitteln der Beteiligten waren, behandelt werden. Auch **soweit** das Urteil sich mit einzelnem Parteivorbringen **nicht ausdr auseinandersetzt,** bedeutet dies nicht in jedem Fall, daß das Gericht das Vorbringen nicht berücksichtigt hat.[110] Etwas anderes gilt jedoch dann, wenn in einer für die Entscheidung wesentlichen Frage aus dem Urteil nicht erkennbar ist, **warum** sie das Gericht **so u nicht anders entschieden hat** (BVerfG 47, 189; DVBl 1992, 1215), oder wenn sich aus den besonderen Umständen des Einzelfalles – zB daraus, daß auch im Tatbestand des Urteils u in der Sitzungsniederschrift jeder Hinweis fehlt (vgl NVwZ 1985, 337; s auch 1 zu § 105) – klar u deutlich **ergibt** oder jedenfalls konkrete Umstände die Schlußfolgerung nahelegen (vgl BayVerfGH NJW-RR 1991, 895), **daß** das Gericht bestimmtes wesentliches Parteivorbringen **nicht in Erwägung gezogen** hat;[111] wenn **in einer wesentlichen Frage** aus dem Urteil **nicht erkennbar** wird, **warum** das Gericht sie abweichend vom Vortrag eines Beteiligten beantwortet hat, oder wenn das Urteil weder im Sachverhalt noch in den Entscheidungsgründen einen zur Sache gestellten **Antrag** erwähnt (BVerfG 63, 85). Zur – grds zu bejahenden – Zulässigkeit von **Bezugnahmen** auf die **Begründung von Vorentscheidungen** auch unter dem Gesichtspunkt des rechtlichen Gehörs vgl BayVerfGH NJW-RR 1991, 895 sowie allg 16 zu § 117.

Besonders begründen muß das Gericht deshalb **zB, warum** es scheinbar widersprüchliches Vorbringen eines Beteiligten in bestimmten Sinn bzw nicht in bestimmten Sinn gewertet hat (BVerfG NJW 1983, 2930); warum es der **Aussage eines Zeugen,** den es geladen u vernommen hat, keine weitere Bedeutung zumißt (NVwZ 1985, 197); warum es in einer schwierigen Fachfrage **keinen Sachverständigen** zugezogen hat (BVerwG 68, 181). S allg auch 9 zu § 86.

Zur Urteilsbegründung im einzelnen s auch 14 zu § 117; **zur Frist,** innerhalb derer die Begründung abgesetzt u den Beteiligten bekanntgegeben werden muß, 12 zu § 116, 19ff zu § 117. 32

§ 109 [Zwischenurteil]

Über die Zulässigkeit der Klage kann durch Zwischenurteil[5] vorab entschieden werden.[1ff]

Vgl § 280 ZPO; § 97 FGO

Schrifttum: *Tiedtke,* Das unzulässige Zwischenurteil, ZZP 1976, 64.

1. Allgemeines: Die Vorschrift gibt dem Gericht die Möglichkeit, in Fällen, 1 in denen die **Zulässigkeit der Klage strittig** ist oder zu Zweifeln Anlaß geben könnte, zunächst durch nach §§ 124, 132 selbständig mit RMittel angreifbares Zwischenurteil über diese Frage vorweg zu entscheiden. Allerdings bleibt zu beachten, daß der **Anwendungsbereich** seit der Schaffung des § 17a GVG sich

[110] NVwZ 1995, 177; Buchh 310 § 108 VwGO Nr 183; BVerfG 51, 129; 65, 295; 69, 246; BFH NJW 1991, 3031.

[111] BVerfG 25, 140; 65, 295; NJW 1990, 3192; BVerwG 96, 209; DVBl 1996, 40; BayVerfGH NJW-RR 1991, 895; Calibe NJW 1991, 1771; Kopp AöR 1981, 627.

nicht mehr auf die Zulässigkeit des VRW sowie die örtliche u sächliche Zuständigkeit erstreckt (dazu näher 3). Der Zweck solcher Zwischenurteile liegt vor allem darin, daß dadurch **eine rechtskräftige Klärung der Frage der Zulässigkeit** der Klage herbeigeführt werden kann, bevor das Gericht sich mit uU schwierigen u umfangreichen Feststellungen, Beweisaufnahmen usw zur Begründetheit der Klage befassen muß, die ggf gegenstandslos werden, wenn in einem nachfolgenden RechtsmittelVf das Rechtsmittelgericht schon die Zulässigkeit der Klage anders beurteilt (vgl NVwZ 1982, 372). Zur Abgrenzung des Zwischenurteils von einem Teilurteil vgl BVerwG BayVBl 1980, 444.

2 Außer über die Zulässigkeit der Klage sind Zwischenurteile auch über die **Zulässigkeit der Berufung bzw Revision**[1] – s aber zu Sonderregelungen für den Fall der Unzulässigkeit eines RMittel §§ 125 Abs 2, 144 Abs 1 – möglich, außerdem entspr Beschlüsse über die **Zulässigkeit von Anträgen u Beschwerden** in selbständigen BeschlußVf (zB nach § 80 Abs 5, 6; s § 122; vgl zu § 80 Abs 6 Mü BayVBl 1985, 52 = DÖV 1985, 72; NKVwGO-Wolff 13). **Analog** anwendbar ist § 109 auch auf die Entscheidung über die Wirksamkeit einer Klagerücknahme.[2] Die Zwischenurteile nach § 109 sind von den **sog unselbständigen Zwischenurteilen nach § 173 S 1, § 303 ZPO** u sonstigen Zwischenentscheidungen (s dazu unten 9) sowie von **Zwischenurteilen über den Grund des Anspr** (§ 111, s dort) u von **Vorbehaltsurteilen** nach § 173 S 1, § 302 ZPO **zu unterscheiden.**

3 **2. Zulässigkeit von Zwischenurteilen:** Ein Zwischenurteil **über die Zulässigkeit der Klage,** dh über alle Sachurteilsvoraussetzungen, ist nach dem Wortlaut des § 109 **hins sämtlicher Prozeßvoraussetzungen** (s unten 4 u 17f vor § 40) zulässig (14, 274; BFH NJW 1985, 943). Seit Inkrafttreten des 4. VwGO-ÄndG **geht jedoch das Vf nach § 17a GVG dem § 109 vor** (dazu näher die Kommentierungen zu §§ 41, 83). Für ein Zwischenurteil über die **Zulässigkeit des VRW** oder die **sachliche u örtliche Zuständigkeit** ist daher kein Raum mehr. Allerdings darf in einem Zwischenurteil aus Anlaß eines Streits über andere Zulässigkeitsvoraussetzungen auch die örtliche oder sachliche Zuständigkeit bejaht werden, da der Beschluß nach § 83 S 2 unanfechtbar wäre u die Beteiligten durch die Entscheidungsform folglich nicht beschwert werden (Sch-Clausing 3). Nicht statthaft ist die Bejahung des VRW im Zwischenurteil, da hierdurch die Ausgestaltung des RechtsmittelVf in § 17a Abs 4 GVG umgangen würde. Erfolgt sie dennoch, muß den Beteiligten außer der Berufung auch die Beschwerde nach § 17a Abs 4 GVG zur Verfügung stehen.[3] Über alle anderen Prozeßvoraussetzungen kann durch Zwischenurteil entschieden werden, zB über die **Formgerechtigkeit der Klage,** die Wahrung der **Klagefrist** (vgl BFH 120, 7 zur Revision); die **Anhängigkeit** einer Sache (BFH NVwZ 1985, 943), die **Beteiligungsfähigkeit** (14, 273 = NJW 1982, 2079), die **Prozeßfähigkeit,** die **Klagebefugnis** gem § 42 Abs 2 (14, 273; Mü BayVBl 1979, 726), die Zulässigkeit einer Berufung oder Revision (DVBl 1982, 839), die Zulässigkeit einer **Wiederaufnahme** nach § 153 (vgl BGH NJW 1982, 2449) usw. Ein Zwischenurteil kann auch zB **im BerufungsVf über die Zulässigkeit der Klage** ergehen (Lü GewA 1980, 203). **Nicht unter § 109,** sondern unter § 173 S 1 iVm § 303 ZPO (27 zu § 91) fällt aber die Entscheidung über die **Zulässigkeit einer Klageänderung** (s 27 zu § 91; B-Kuntze 23 zu § 91; NKVwGO-Schmid 41 zu

[1] 14, 273; 54, 27 BayVBl 1982, 82; BAG NJW 1960, 2211; Baumann BayVBl 1979, 727.

[2] BFH 104, 291 = BStBl II 1972, 352; **aA** NKVwGO-Wolff 6, der eine direkte Anwendung befürwortet; offengelassen wird die Frage einer Anwendbarkeit des § 109 neben § 173 S 1 iVm § 303 ZPO durch NJW 1997, 2898; für eine Wahlmöglichkeit des Gerichts Sch-Clausing 82 zu § 92.

[3] Sch-Clausing 3; vgl zur fehlerhaften Rechtswegentscheidung im Endurteil Ma NVwZ-RR 1993, 516; Münster NVwZ-RR 1993, 670; Ko NVwZ-RR 1993, 668.

§ 91; NKVwGO-Wolff 7; **aA** Ey-Rennert 34 zu § 91), die im Gegensatz zu den dem § 109 unterfallenden Entscheidungen nicht selbständig anfechtbar ist.

Durch Zwischenurteil kann sowohl **die Zulässigkeit der Klage insgesamt** als auch nur isoliert hins einzelner oder mehrerer Prozeßvoraussetzungen bejaht werden.[4] Deshalb müssen vor Erlaß eines Zwischenurteils nicht notwendig schon alle Prozeßvoraussetzungen geprüft werden. **Verneint** das Gericht jedoch das Vorliegen einer Prozeßvoraussetzung, so ist nicht durch Zwischenurteil zu entscheiden, sondern die Klage durch Endurteil (Prozeßurteil) **abzuweisen.**[5] Hält das Gericht die Klagebefugnis aus einem der vorgetragenen Gründe für gegeben, hat es sie im Zwischenurteil zu bejahen u darf nicht – im Vorgriff auf die Begründetheitsprüfung – andere Anspruchsgrundlagen ausscheiden (60, 123). 4

3. Verfahren: Ob das Gericht ein Zwischenurteil erlassen will, steht in seinem **Ermessen** (14, 273; BayVBl 1982, 282 = DVBl 1982, 839). Ein Antrag eines Beteiligten ist nicht erforderlich u würde das Gericht nicht binden; § 17a Abs 3 S 2 GVG ist auch nicht entsprechend anwendbar (Sch-Clausing 6). **Abgesonderte Verhandlung** über die Zulässigkeit der Klage ist zulässig, aber **nicht Voraussetzung** für eine Entscheidung durch Zwischenurteil; § 280 Abs 1 ZPO findet insoweit keine Anwendung (14, 273; RÖ-M. Redeker 4). Die Entscheidung kann nach der Rspr auch durch **(Zwischen-)Gerichtsbescheid** (BFHE 104, 493) oder selbständigen Zwischenbeschluß (Mü BayVBl 1985, 52) ergehen. Wenn aber abgesonderte Verhandlung stattgefunden hat, muß durch Zwischenurteil entschieden werden, wenn das Gericht die Zulässigkeit bejaht (14, 275; Ma VRspr 7, 263; zweifelhaft). Das Zwischenurteil nach § 109 enthält **keine Kostenentscheidung;** s 2 zu § 161. 5

Der Erlaß eines Zwischenurteils hindert das Gericht nicht, auch schon vor RKraft des Zwischenurteils **zur Hauptsache weiter zu verhandeln** u zu entscheiden (§ 280 Abs 2 S 2 ZPO; s auch unten 8), was freilich im Regelfall dem Zweck des VorabentscheidungsVf widerspricht. Zur Zulässigkeit der **VB** gegen eine Zwischenentscheidung vgl BayVerfGH NJW 1991, 2953. 6

4. Bindungswirkung des Zwischenurteils: Das Zwischenurteil nach § 109 ist selbständig mit der Berufung anfechtbar; es **bindet,** wenn es nicht angefochten wird, gem § 173 S 1, §§ 318, 557 Abs 2 ZPO **die Beteiligten** u **alle Gerichte,** einschließlich der Rechtsmittelgerichte im HauptsacheVf.[6] 7

Wenn das Gericht, das das Zwischenurteil erlassen hat, vor RKraft zur Hauptsache weiter verhandelt u entschieden hat (s oben 6), **im RechtsmittelVf** aber **das Zwischenurteil aufgehoben** wird, so wird auch das Urteil in der Hauptsache – das insoweit immer als auflösend bedingt anzusehen ist (Ey-J. Schmidt 4) – hinfällig u wirkungslos (Ey-J. Schmidt 4; RÖ-M. Redeker 5; Sch-Clausing 8); es bedarf keiner Aufhebung; eine Berufung dagegen wäre mangels Beschwer unzulässig. **Bis zur Aufhebung des Zwischenurteils** ist das Gericht aber an sein (wenn auch noch nicht rechtskräftiges) Zwischenurteil jedenfalls **gebunden.** 8

5. Sog unselbständige Zwischenurteile und andere Zwischenentscheidungen: Von den selbständig mit der Berufung u Revision anfechtbaren Zwischenurteilen nach § 109 sind zu unterscheiden: 9

---

[4] 60, 125 = NJW 1980, 2268; NVwZ 1988, 913; Mü BayVBl 1988, 270; Ule 54 III 2.

[5] 60, 125 = BayVBl 1980, 444, zugleich zur Frage der Rechtsmittelentscheidung, wenn die Vorinstanz unzulässigerweise durch Teil- oder Zwischenurteil über einzelne Prozeßvoraussetzungen entschieden u sie verneint hat; s dazu auch unten 7.

[6] Einschränkend RG JW 1931, 3548: keine Bindungswirkung, wenn das Zwischenurteil unzulässig war; ebenso RÖ-M. Redeker 7; NKVwGO-Wolff 24; ggf Umdeutung in Zwischenfeststellungsurteil, vgl 60, 125 = BayVBl 1980, 444: keine Bindungswirkung, soweit der Inhalt des Zwischenurteils unzulässig war, zB hins einer unzulässigen Verneinung u Ausscheidung einzelner Prozeßvoraussetzungen oder Klagegründe; s auch oben 4.

a) die **unselbständigen Zwischenurteile** nach § 173 S 1, § 303 ZPO, die auch im Verwaltungsprozeß über Zwischenstreitigkeiten zulässig sind, die nicht die Zulässigkeit der Klage (§ 109) oder den Grund des Klageanspr (§ 110), sondern andere Fragen betreffen, zB die Zulässigkeit einer Wiedereinsetzung (§ 60) oder die Zulässigkeit einer Klageänderung (§ 91). Zur umstrittenen Frage, ob hierunter auch ein Streit über die Zulässigkeit einer Klagerücknahme gehört, s oben 2. Die Zwischenurteile nach § 173 S 1 iVm § 303 ZPO sind **nicht selbständig anfechtbar,** sondern nur im Rahmen eines RMittel gegen die Endentscheidung. Sie **binden nur das Gericht, das sie erlassen hat,** nicht die höhere Instanz (§ 318 ZPO). Das Berufungsgericht hat die entschiedenen Fragen vAw neu zu prüfen, das Revisionsgericht nur auf eine entspr Revisionsrüge hin (§ 139).

b) Entscheidungen im Zwischenstreit mit Dritten über eine **Zeugnis- oder Gutachtenverweigerung** (§ 98 iVm §§ 387 ff, 402 ZPO). Die Entscheidung ergeht durch Zwischenurteil nach § 173 S 1, § 387 Abs 1 ZPO, gegen das jedoch die Beschwerde nach § 387 Abs 3 ZPO, § 146, unter Ausschluß des Abhilferechts, gegeben ist.[7]

c) Entscheidungen über die Zulässigkeit der **Verweigerung der Urkunden- oder Aktenvorlage** bzw einer Auskunft gem § 99 Abs 2. Die Entscheidung ergeht durch Beschluß, der selbständig mit der Beschwerde anfechtbar ist (§ 99 Abs 2 S 12).

§ 110 [Teilurteil]

Ist nur ein Teil des Streitgegenstandes[2 ff] zur Entscheidung reif, so kann das Gericht ein Teilurteil erlassen.[1 ff]

Vgl § 301 ZPO; § 98 FGO

Schrifttum: *Musielak,* Zum Teilurteil im Zivilprozeß, Lüke-FS 1997, 561; *Uerpmann,* Teilurteil, ergänzungsbedürftiges Urteil und fehlerhaftes Urteil im Asylrechtsstreit, NVwZ 1993, 743.

1 **1. Allgemeines:** Die Vorschrift gibt dem Gericht die Möglichkeit, bei einem teilbaren Streitggst **vorweg über einen entscheidungsreifen Teil** zu entscheiden, um den Rechtsstreit insoweit zu entlasten u den Beteiligten bzw (bei einfacher Streitgenossenschaft) einzelnen Beteiligten hins dieses Teils rascher zu ihrem Recht zu verhelfen (RÖ-M. Redeker 3; NKVwGO-Wolff 1). **Nicht zulässig** ist ein Teilurteil lediglich über **bloße einzelne Elemente** (vgl 13 zu § 43) des Klageanspr (BGH 10. 1. 1989 – VI ZR 43/88). Zur **Abgrenzung von Teilurteil u** Zwischenurteil vgl BayVBl 1980, 444, von Teilurteil u unvollständigem Vollendurteil vgl NVwZ 1994, 1117 – auch zum Problem der Rechtshängigkeit des unbeschiedenen Teils; Melullis MDR 1995, 234.

§ 110 findet auch auf Berufungs- u RevisionsVf Anwendung, ebenso analog auf BeschlußVf (§ 122).

2 **2. Zulässigkeit von Teilurteilen:** Ein Teilurteil ist nur bei **Teilbarkeit des Streitggst** zulässig,[1] dh wenn die getroffene Entscheidung nicht davon abhängt, wie die Entscheidung über den Rest ausgehen wird.[2] Teilbarkeit idS ist in allen Fällen anzunehmen, in denen auch eine Trennung nach § 93 zulässig wäre (s 1 ff

---

[7] Lü 12, 448; NJW 1978, 1493; VG Bremen NJW 1968, 1946; Ule 54 e III 3; **aA** Ey-Geiger 9 zu § 98; RÖ-M. Redeker 2; NKVwGO-Wolff 27 f; NKVwGO-Lang 6 zu § 98.

[1] DVBl 1986, 286; Buchh 310 § 40 VwGO Nr 195; BGH 30, 215; 107, 243; 108, 260 = NJW 1989, 2745; NJW 1992, 511 u 2081; 1993, 2173.

[2] BGH 107, 242; NJW 1991, 571 mwN; 1992, 511 u 2081; Mü BayVBl 1986, 241; NKVwGO-Wolff 7.

zu § 93), insb bei **objektiver Klagenhäufung** (§ 44)[3] u bei einfacher (nicht auch bei notwendiger, vgl BGH NJW 1988, 2113; RÖ-M. Redeker 1) **Streitgenossenschaft** (§ 64); bei **Klage u Widerklage** (BGH NJW 1991, 2699; BL 31 zu § 301 ZPO; M 17 zu § 301 ZPO, vgl dort auch jeweils zu Einschränkungen); bei Klagen auf **teilbare Leistungen** (zB Zahlung einer bestimmten Geldsumme) oder auf Aufhebung teilbarer VAe (zB Beitragsbescheide, Bescheide über die Zuerkennung von Subventionen für verschiedene Vorhaben oder sonst hinreichend abgrenzbare Maßnahmen).

Teilbarkeit ist **zu verneinen** bei bloßer Anspruchskonkurrenz (BGH VRspr 1964, 165), außerdem, wenn die geltend gemachten Anspr **derart zusammenhängen** oder voneinander abhängig sind, insb sich gegenseitig bedingen, **daß das Schlußurteil** über den Rest auch den durch das Teilurteil bereits entschiedenen Anspr (DVBl 1986, 286; BGH 107, 242, 244 = NJW 1989, 2821) oder umgekehrt eine Aufhebung des Teilurteils im RechtsmittelVf den durch das Schlußurteil entschiedenen Anspr **berühren kann.**[4] 3

Unzulässig sind **daher zB** stattgebende Teilurteile, **wenn** damit bei Anträgen, die im Verhältnis von **Haupt- u Hilfsantrag** zueinander stehen, über den Hilfsantrag vor dem Hauptantrag entschieden wird;[5] **wenn** damit **nur über die Anspruchsgrundlage** (BGH 72, 34; NJW 1992, 2081 mwN), **bloße Elemente** eines Anspr (BGH MDR 1989, 535), unselbständige Rechnungsposten (BGH NJW-RR 1991, 1468) entschieden wird; **wenn der ursprüngliche VA u der Widerspruchsbescheid** angegriffen werden;[6] **wenn** ein **VA mit Nebenbestimmungen** angefochten wird;[7] über einen **FBA,** der nach § 113 Abs 1 S 2 u 3 mit einer Anfechtungsklage verbunden wird; wenn außer einem RMittel ein unselbständiges **AnschlußRMittel,** zB Anschlußberufung, eingelegt ist, über dieses (BAG NJW 1975, 1248; NKVwGO-Wolff 9; zT **aA** OLG Celle NJW 1962, 815); **wenn** in einem Vf zugleich **Zwischenfeststellungsklage** nach § 173 S 1, § 256 Abs 2 ZPO erhoben wird.[8] Auch **über den in der Verpflichtungsklage** immer mit **enthaltenen Antrag auf Aufhebung eines vorhergegangenen Ablehnungsbescheids** bzw Widerspruchsbescheids (s 29 zu § 42; 179 zu § 113) kann nie gesondert durch Teilurteil entschieden werden (vgl 29, 192). 4

3. Verfahren: Abweichend von § 301 ZPO stellt es § 110 in das **Ermessen** des Gerichts, ob es ein Teilurteil erlassen oder auch über den bereits entscheidungsfreien Teil erst gemeinsam mit dem Rest im Endurteil entscheiden will. Das Gericht ist insoweit an **Anträge** der Beteiligten **nicht gebunden,** sondern entscheidet vAw. 5

---

[3] Vgl BayVBl 1987, 564 – in BVerwG 75, 215 nicht abgedruckt – zu sog unechten Hilfsanträgen, die auf Planergänzung gerichtet waren, während mit dem Hauptantrag die Aufhebung des Planfeststellungsbeschlusses begehrt worden war; im entschiedenen Fall höchst zweifelhaft.

[4] BGH NJW 1991, 2699 u 3036: unzulässig, wenn Gefahr widersprechender Entscheidungen im Teilurteil u im Schlußurteil; BGH NJW 1992, 1769.

[5] DVBl 1995, 1012; BSG DÖV 1960, 763 zur Klage auf Feststellung der Nichtigkeit eines VA, hilfsweise Aufhebung; BGH 56, 79; Ma DVBl 1989, 885; **aA** RÖ-M. Redeker 1 unter Hinweis auf RGZ 102, 176: soweit es sich um einen einheitlichen Anspr handelt.

[6] Ks DÖV 1976, 607; vgl auch Lü NJW 1967, 2147: der Erstbescheid kann nicht aufgehoben werden, ohne daß auch der zugleich angefochtene Widerspruchsbescheid aufgehoben wird.

[7] NKVwGO-Wolff 9; **aA** RÖ-M. Redeker 2 zu einem VA mit Auflagen; Kritik: eine Auflage ist aber nicht nur fehlerhaft, wenn sie an sich fehlerhaft ist, sondern auch, wenn der VA fehlerhaft ist, dem sie beigefügt ist; s auch 24 zu § 42.

[8] NKVwGO-Wolff 9; **aA** Ey-J. Schmidt 1; Kritik: auch eine Entscheidung über eine Zwischenfeststellung kann uU keinen vom Urteil in der Hauptsache getrennten Bestand haben.

6 **4. Bindungswirkung des Teilurteils:** Das Teilurteil ist ein Endurteil bzgl des entschiedenen Teils u insoweit selbständig mit RMittel anfechtbar u selbständig der RKraft fähig (vgl auch BSG FamRZ 1985, 282). Es **bindet,** wenn es nicht angefochten wird, **die Beteiligten u alle Gerichte** einschließlich des Rechtsmittelgerichts, auch soweit es nach § 110 nicht hätte ergehen dürfen u dem Schlußurteil über den noch nicht entschiedenen Teil des Rechtsstreits in unzulässiger Weise vorgreift; nicht dagegen auch hins von der RKraft nicht erfaßter bloßer **Vorfragen** (s 11 zu § 121).

Hat das Gericht ein **unzulässiges Teilurteil** erlassen, so ist dies vom Revisionsgericht **nur** noch **auf** entsprechende **Rüge** hin zu **berücksichtigen** (BGH NJW 1991, 2082). Ein erstinstanzliches, auf Zahlung lautendes Urteil wird nicht dadurch aufgehoben oder abgeändert, daß das Berufungsgericht ein Zwischenurteil über den Grund erläßt u die Berufung des Bekl insoweit zurückweist (BGH WM 1990, 485).

Ist gegen eine Partei ein rechtskräftiges Teilurteil ergangen u **ergeben sich während des BerufungsVf** über das **Schlußurteil** Umstände, die eine Abänderung des rechtskräftigen Teilurteils rechtfertigen würden, so hat sie die Wahl, diese Umstände **entweder** mittels einer **Abänderungswiderklage** gem § 323 ZPO, § 89 im Rahmen des BerufungsVf geltend zu machen **oder** eine **selbständige Abänderungsklage** gem § 323 ZPO in einem neuen Vf zu erheben; § 323 Abs 2 ZPO steht insoweit nicht entgegen (vgl BGH NJW 1993, 1795; zugleich in Abgrenzung zu BGH 96, 205 = NJW 1986, 383).

7 **Bei RMittel gegen das Teilurteil** kann das Rechtsmittelgericht nicht – auch nicht mit Zustimmung aller Beteiligten – den noch nicht entschiedenen Teil an sich ziehen, sog **„Heraufholung“;**[9] dies gilt **auch** dann, **wenn das Teilurteil unzulässig war,** weil die rechtlichen Voraussetzungen dafür nicht gegeben waren u daher nicht durch Teilurteil hätte entschieden werden dürfen.[10] Dagegen kann das Berufungsgericht eine in der unteren Instanz, zB bei teilweiser Klagerücknahme, **unterbliebene Einstellung des Vf u** Kostenentscheidung hins des erledigten Teils nachholen (Ks VRspr 27, 240). In keinem Fall ist eine Heraufholung von **Streitsachen, die nur in tatsächlichen oder rechtlichem Zusammenhang** (zB weil sie dieselbe Anlage betreffen) mit einer im RechtsmittelVf anhängigen Streitsache stehen, zulässig (vgl 65, 347 zu AntragsVf nach § 80 Abs 5).

8 **Bei Aufhebung des Teilurteils bedarf es,** wenn die Sache im übrigen noch in der unteren Instanz anhängig ist, **keiner Zurückverweisung** der Sache durch das Rechtsmittelgericht (§§ 130 Abs 1, 144 Abs 3 Nr 2), wenn dieses nicht in der Sache selbst entscheidet.

9 Der **Verfahrensmangel,** der im Erlaß eines Teilurteils liegt, das nach den oben zu 3 genannten Grundsätzen unzulässig ist, **wird geheilt,** wenn gegen das Teilurteil u das Schlußurteil RMittel eingelegt werden u das Rechtsmittelgericht beide RMittel zu gemeinsamer Verhandlung u Entscheidung verbindet (BGH NJW 1991, 3036). IdR bleibt die **Kosten**entscheidung dem Schlußurteil vorbehalten; bei subjektiver Klagehäufung kann aber Teilurteil mit Kostenausspruch gegen einzelne Beteiligte ergehen (vgl BGH NJW 1993, 1066 mwN; RÖ-M. Redeker 3; B-Kuntze 1; NKVwGO-Wolff 18; Z 11 zu § 301 ZPO).

---

[9] BGH NJW 1983, 1312; Ma NJW 1971, 109; Ks VRspr 27, 240; Ey-J. Schmidt 7; s auch 1 zu § 128; **aA** Ma DVBl 1989, 884 mwN; Münster ZBR 1967, 367 – sofern alle Beteiligten damit einverstanden sind –; Schmitt VBlBW 1983, 131; BL 35 zu § 301 ZPO mwN; M 23 zu § 301 ZPO; für eng begrenzte Fälle auch BVerwG NVwZ 1983, 221; BGH 30, 213.

[10] ZT **aA** Ma NJW 1977, 1255; DVBl 1989, 885 – zu einem unzulässigen Teilurteil, mit dem allein über den Hilfsantrag entschieden worden war –; s auch 1 zu § 128.

§ 111 [Grundurteil]

Ist bei einer Leistungsklage ein Anspruch nach Grund und Betrag[3 ff] streitig, so kann das Gericht durch Zwischenurteil über den Grund vorab entscheiden.[1 ff] Das Gericht kann, wenn der Anspruch für begründet erklärt ist, anordnen, daß über den Betrag zu verhandeln ist.[1]

Vgl § 304 ZPO; § 130 SGG; § 99 FGO

Schrifttum: *Bötticher,* Das Grundurteil gemäß § 304 ZPO mit Höchstgrenze, JZ 1960, 240; *Schilken,* Die Abgrenzung zwischen Grund- und Betragsverfahren, ZZP 1982, 45; *Türpe,* Probleme des Grundurteils, insbesondere seiner Tenorierung MDR 1968, 453, 627.

1. **Allgemeines:** Die Vorschrift gibt dem Gericht die Möglichkeit, bei Leistungsklagen (s zum Begriff unten 3) in Fällen, in denen **Grund u Betrag streitig sind, zunächst** aus Gründen „prozeßwirtschaftlicher Zweckmäßigkeit"[1] durch ein nach §§ 124, 132 selbständig mit RMittel angreifbares Urteil **über den Grund allein** zu entscheiden, dh darüber, ob der geltend gemachte prozessuale Anspr überhaupt, vorbehaltlich einer näheren Prüfung seiner Höhe im sog **„Betragsverfahren"**, als solcher gegeben ist. Der Zweck solcher Grundurteile, die eine besondere Form eines Zwischenurteils (vgl 2 zu § 109) darstellen, liegt vor allem darin, daß dadurch **diese Frage rechtskräftig geklärt werden kann** (insb auch, indem die Beteiligten die Möglichkeit erhalten, schon gegen das Grundurteil RMittel einzulegen), bevor das Gericht sich mit uU schwierigen u umfangreichen Feststellungen, Beweisaufnahmen usw zur Höhe des Anspr befassen muß, die ggf gegenstandslos werden, wenn in einem nachfolgenden RechtsmittelVf das Rechtsmittelgericht schon den Grund des Anspr verneint. Zweckmäßig ist ein Grundurteil dann, wenn die Aussicht besteht, im BetragsVf zu einer vergleichsweisen Regelung zu finden (RÖ-M. Redeker 5). Allerdings ist § 111 wg der engen Auslegung des BVerwG bei Verpflichtungsklagen (dazu 3) praktisch bedeutungslos. 1

§ 111 findet **auch im Berufungs- u RevisionsVf** Anwendung. Nicht anwendbar ist § 111 im Vf nach § 80 Abs 5, weil dieses in engem Zusammenhang mit der Anfechtungsklage (zu dieser unten 3) steht (Sch-Clausing 4; NKVwGO-Wolff 16).

Ein Grundurteil ist **auch bei einer Teilklage** möglich, weil auch bei einer solchen der Streitggst quantitativ umgrenzt ist (BGH NJW 1993, 1782; Z 13 zu § 304 ZPO). Setzt sich der Gesamtanspr aus **mehreren selbständigen Forderungen** zusammen, die in einer bestimmten Reihenfolge der Teilklage zugrunde gelegt werden, u sind einzelne Forderungen schlechthin – auch dem Grunde nach – unbegründet, so kann – anders als im Falle der Klagehäufung (vgl BGH 89, 388 = NJW 1984, 1226; NKVwGO-Wolff 29) – gleichwohl ein Grundurteil ergehen, sofern zu erwarten ist, daß dem Kl jedenfalls auf die anderen Forderungen im NachVf ein Betrag zuzusprechen sein wird (vgl BGH, NJW 1993, 1782). **Bei mehreren selbständigen** Klagegründen (iS materieller Anspruchsgrundlagen) kann das Grundurteil auch **auf einen** oder einzelne davon **beschränkt werden** mit der Folge, daß die übrigen ausgeschlossen werden (vgl BayVBl 1980, 444; NKVwGO-Wolff 24). **Nicht zulässig** ist das Grundurteil über **lediglich einzelne Elemente** (vgl 13 zu § 43) des Klagegrundes oder der Höhe der Klageforderung (BGH MDR 1989, 535). 2

2. **Zulässigkeit von Grundurteilen: a)** Grundurteile sind nach ausdr Bestimmung des § 111 grds **nur bei Leistungsklagen** zulässig, **nicht** auch bei 3

[1] BGH NJW-RR 1987, 756: auch der Betrag muß streitig sein; kein Grundurteil bei unbeziffertem Antrag; zweifelhaft.

anderen Klagearten, insb nicht bei Feststellungsklagen u Anfechtungsklagen.[2] Die Regelung ist ihrem Sinn u Zweck nach – zumindest analog – aber **auch bei der Verpflichtungsklage** (als einem Unterfall der Leistungsklage) anwendbar, wenn diese auf Erlaß eines VA gerichtet ist, der eine Geldleistung oder die Leistung anderer vertretbarer Sachen zum Gegenstand hat.[3] Auch der **Anspr auf Aufhebung eines VA u** der gleichzeitig damit geltend gemachte Anspr **auf Folgenbeseitigung** nach § 113 Abs 1 S 2 u 3 durch Rückzahlung von Geld oder Rückgewährung vertretbarer Sachen fallen **nicht** unter § 111, da beide Anspr nicht im Verhältnis von Grund u Höhe zueinander stehen (NKVwGO-Wolff 10; **aA** Ule 54 III 2), wohl aber ggf Grund u Höhe des FBA selbst im Rahmen einer solchen Klage, wenn die Folgenbeseitigung nicht den Erlaß eines VA erfordert. **Nicht anwendbar** ist § 111 auch auf **Klagen auf anderweitige Festsetzung** oder Feststellung bei VAen, die eine Leistung in Geld oder anderen vertretbaren Sachen betreffen (**aA** Ey-J. Schmidt 1). Soweit § 111 nicht anwendbar ist, kommt als Ersatz dafür auch nicht der Erlaß eines **Teilurteils** nach § 110 **über** eine mit der Klage in der Hauptsache verbundene **Zwischenfeststellungsklage** nach § 173 S 1, § 256 Abs 2 ZPO in Betracht (s 4 zu § 110; **aA** Ey-J. Schmidt 1 zu § 110). Eine **ähnliche Funktion** wie ein Grundurteil erfüllt bei Verpflichtungsklagen aber uU bei fehlender Spruchreife hins Inhalt oder Höhe der durch VA festzusetzenden Leistung ein **Bescheidungsurteil** nach § 113 Abs 5 S 2 (29, 193), das jedoch prozeßrechtlich gesehen ein Endurteil ist. Zum FBA s auch oben.

4 **b)** Es muß sich außerdem immer um einen Anspr auf **Geld oder andere vertretbare Sachen** (§ 91 BGB) handeln (BGH NJW-RR 1994, 319).

5 **c) Grund und Höhe** der begehrten Leistung müssen streitig sein. Daß das Gericht auch bei Nichtbestreiten nicht an den Vortrag der Beteiligten gebunden ist (§ 86 Abs 1 S 2), begründet angesichts des ausdr Wortlauts der Vorschrift keine Ausnahme vom Erfordernis des Streitigseins (str). Ist **nur** der Grund **oder nur** die Höhe streitig, so ist ein Grundurteil nicht zulässig.[4] Zum **Grund** gehört das Vorliegen der anspruchsbegründenden Tatsachen (dazu Z 7 a zu § 304 ZPO; ThP 6 zu § 304 ZPO; M 16 zu § 304 ZPO; NKVwGO-Wolff 33), **nicht dagegen** die nur für die Bestimmung der Höhe der Forderung maßgeblichen Tatsachen, wie die Laufzeit einer Rente usw (**aA** RÖ-M. Redeker 3). Zu **Einwendungen** s unten 6.

6 **d)** Der Streit über den Grund muß **zur Entscheidung reif** sein, dh weitere Feststellungen, Beweiserhebungen usw dürfen nicht mehr erforderlich sein (ein an sich selbstverständliches Erfordernis jeder Entscheidung). Die **Entscheidung über Einwendungen gegen** den mit der Klage geltend gemachten **Anspr** kann das Gericht dem BetragsVf (s auch unten 7 f) überlassen,[5] muß dies jedoch nicht (BGH MDR 1978, 384). **Nicht mehr um ein bloßes Grundurteil handelt** es sich jedoch, wenn das Gericht nicht nur über den Grund, sondern auch über das Bestehen des Anspr als solchen entscheidet; in einem solchen Fall kann auch die Entscheidung über die Einwendungen nicht mehr dem BetragsVf überlassen werden (BGH MDR 1978, 384; NKVwGO-Wolff 26).

---

[2] 29, 192; eingehend Hbg NVwZ 1990, 682; Ey-J. Schmidt 1; RÖ-M. Redeker 1; Sch-Clausing 4; **aA** Ule § 54 III 2.

[3] Mü BayVBl 1976, 691; Bln NVwZ 1993, 499; RÖ-M. Redeker 1; Sch-Clausing 3; Ule 54 III 2; offen BVerfG 29, 192; **aA** 24, 257; NVwZ 1996, 176; Ey-J. Schmidt 1; B-Kuntze 2.

[4] RÖ-M. Redeker 2; Sch-Clausing 6; vgl auch BGH NJW-RR 1989, 1149: kein Grundurteil, wenn insoweit kein Streit besteht.

[5] **AA** M 16 zu § 304 ZPO; jedenfalls hins solcher Einwendungen u Einreden, die Existenz oder Durchsetzbarkeit des gesamten Anspr in Frage stellen, auch Z 8 zu § 304 ZPO; BL 13, 15, 18 zu § 304 ZPO; ThP 7 ff zu § 304 ZPO.

3. Bindungswirkung des Grundurteils: Das Grundurteil ist **selbständig** wie ein Endurteil mit RMittel **anfechtbar,** jedoch nur der formellen, nicht auch der materiellen RKraft (s zu den Begriffen 1 zu § 121) fähig (RGZ 117, 425; BGH VersR 1987, 939; RÖ-M. Redeker 7; Sch-Clausing 10; NKVwGO-Wolff 41). Es **bindet das Gericht u die Beteiligten** (§ 318 ZPO), nach Eintritt der formellen RKraft auch die Rechtsmittelinstanzen u alle übrigen Gerichte, **hindert** jedoch nicht die **Fortsetzung des Vf u** die Entscheidung über die Höhe (sog BetragsVf) auch schon vor Eintritt der formellen RKraft. Auch das **Berufungsgericht,** das ein Grundurteil erlassen hat, darf sich mit diesem in einem zweiten BerufungsVf in der gleichen Sache nicht in Widerspruch setzen (BGH NJW-RR 1987, 1196). Ein **stattgebendes Grundurteil** schließt nicht aus, daß das Gericht im BeschlußVf feststellt, daß **kein auszuzahlender Betrag** besteht (BSG NJW 1991, 380; NKVwGO-Wolff 35). 7

Ausnahmen von der Bindungswirkung: Die Bindungswirkung erstreckt sich nicht auf die Prozeßvoraussetzungen (RÖ-M. Redeker 7; MKZPO 12 zu § 304 ZPO mwN) u auf Anspruchsgrundlagen, die im Grundurteil **nicht erörtert wurden;** ebenso nicht auf Streitpunkte, die im Grundurteil zu Recht oder zu Unrecht (60, 126; BGH NJW 1961, 1465) **vorbehalten** wurden oder bezüglich deren **Wiederaufnahmegründe** (§ 153) geltend gemacht werden u durchgreifen (BGH NJW 1963, 587), auf Gründe, die nachträglich **neue Einwendungen** zur Entstehung bringen (RÖ-M. Redeker 7; NKVwGO-Wolff 37; RGZ 138, 213), sowie auf – im NachVf unbegrenzt zulässige – spätere **Erweiterungen der Klage** (RGZ 124, 132). Nicht bindend sind auch etwaige **Ausführungen** im Grundurteil **zur Höhe** des Anspr (BGH 10, 361; Schilken ZZP 1982, 45; NKVwGO-Wolff 38). Soweit der Urteilsspruch **auf einzelne Klagegründe beschränkt** ist – was zulässig ist (vgl BGH LM Nr 12 zu § 304 ZPO) –, unterliegt auch die mit dem Urteil verbundene endgültige Ausscheidung weiterer Klagegründe (iS materiellrechtlicher Anspruchsgrundlagen) der Bindungswirkung (60, 126). 8

§ 112 [Besetzung des Gerichts]

Das Urteil kann nur von den Richtern und ehrenamtlichen Richtern gefällt werden, die an der dem Urteil zugrunde liegenden Verhandlung[1] teilgenommen haben.[1 ff]

Vgl § 309 ZPO; § 129 SGG; § 103 FGO

Schrifttum: *Hürte,* „Richterwechsel“ nach Urteilsverkündung, JR 1985, 138; *Jauernig,* Nichturteil bei Mitwirkung von Nicht(mehr)richtern? (Anm zu BezG Leipzig, DtZ 1993, 327), DtZ 1993, 137; *Krause,* Gesetzlicher Richter und schriftliches Verfahren, MDR 1982, 184.

1. Allgemeines: Die Bestimmung ist Ausfluß der Grundsätze der **Mündlichkeit und Unmittelbarkeit** des Vf (s 1 zu § 101). Der Rechtsstreit soll **aufgrund des unmittelbaren Eindrucks** der Beweisaufnahme verhandelt u entschieden werden.[1] 1

Die Vorschrift soll vor allem die **sachliche Richtigkeit,** Gerechtigkeit u Ausgewogenheit des Urteils sicherstellen; sie dient zugleich aber auch dem **rechtlichen Gehör** der Beteiligten, da dieses Entscheidung durch Richter voraussetzt, welche die Beteiligten „gehört“ haben (DÖV 1976, 606; BGH 61, 370; NKVwGO-Wolff 1), u der **Wahrung des gesetzlichen Richters** gem Art 101 Abs 1 S 2 GG (ThP 3 zu § 309 ZPO).

---

[1] BGH MDR 1978, 46; StJ I 1 a zu § 370 ZPO; vgl auch BVerwG NJW 1981, 413: erforderlich ist auch, daß die Richter der Verhandlung aufmerksam gefolgt sind u nicht „geschlafen“ haben.

§ 112 gilt unmittelbar nur für die **Beschlußfassung** gem § 55, §§ 192 ff GVG **über Urteile** aufgrund mV (vgl auch § 108 Abs 1) sowie entspr, obwohl in § 122 Abs 1 nicht ausdr auf § 112 verwiesen wird, auch für die Beschlußfassung über **Beschlüsse,** die aufgrund mV gefaßt werden (Ey-J. Schmidt 4; RÖ-M. Redeker 2), § 173 S 1 iVm § 329 Abs 1 S 2 ZPO. Nicht anwendbar ist dagegen nach st Rspr § 112, wenn nach mV aufgrund übereinstimmender Einverständniserklärung der Beteiligten gem § 101 Abs 2 im schriftlichen Vf entschieden wird (NVwZ 1990, 58). Ebenso gilt auch für **die Verkündung** des Urteils **§ 112 nicht;** sie kann vom Gericht auch in anderer Zusammensetzung vorgenommen werden (50, 79 = DÖV 1976, 606; BGH 61, 370; Sch-Clausing 5). Zur **Entscheidung ohne mV** s unten 7 ff.

Ein Verstoß gegen § 112 stellt einen **Revisionsgrund** (§§ 133 Nr 1, ggf Nr 3; § 138 Nr 1 bzw 3) u **Wiederaufnahmegrund** (§ 153, § 579 Abs 1 ZPO; vgl BGH NJW 1986, 2115; ZIP 1993, 515; NKVwGO-Wolff 14) dar u begründet die VB wg Verletzung von **Art 101 Abs 1 S 2 GG** (ThP 3 zu § 309 ZPO; **aA** NKVwGO-Wolff 14 unter Hinweis auf BVerfG 27. 7. 1989 – 1 BvR 830/89) sowie ggf (bei nicht lediglich irrtümlicher Verletzung) nach **Art 103 Abs 1 GG,** sofern keine Heilung durch eine fehlerfreie Entscheidung der Rechtsmittelinstanz erfolgt (DÖV 1976, 606; BGH 61, 370; Gusy JuS 1990, 712; NKVwGO-Wolff 14).

2 **2. Dem Urteil zugrundeliegende mündliche Verhandlung: Verhandlung** iSd Vorschrift ist die **letzte mV,** auf die hin das Urteil ergeht.[2] Die rechtliche Verknüpfung verschiedener Verhandlungstermine durch den Grundsatz der Einheitlichkeit der mV ist für § 112 dagegen nicht relevant; erforderlich ist also nicht die Teilnahme derselben Richter an allen Terminen. Um einen neuen Termin handelt es sich nicht nur bei der Wiedereröffnung des Vf, sondern auch bei der Vertagung (Sch-Clausing 3; NKVwGO-Wolff 6; **aA** Ma JZ 1985, 852), da hier ein begonnener Termin beendet wird (vgl MKZPO 4 zu § 227 ZPO).

3 **3. Besonderheiten bei Richterwechsel:** Bei **Verhinderung** (zB wg Versetzung an ein anderes Gericht, längerdauernder Krankheit usw) oder Wegfall (zB durch Tod) **eines Richters** nach Abschluß der mV u **vor Beschlußfassung über das Urteil** (Richterwechsel) kann das Urteil nur ergehen, wenn die mV – ggf auch eine vorher erfolgte Beweisaufnahme (s 3 zu § 96) – unter Beteiligung des Nachfolgers bzw Vertreters des verhinderten oder weggefallenen Richters vorher nochmals wieder aufgenommen u die **Verhandlung wiederholt wurde,**[3] oder aber, wenn die Beteiligten sich mit schriftlichen Vf nach § 101 Abs 2 einverstanden erklären, im schriftlichen Vf in der dafür maßgeblichen Besetzung des Gerichts entschieden wird (NVwZ 1990, 58). **Ist die Verhinderung nicht endgültig,** zB bei Erkrankung eines Richters, so ist eine Wiederaufnahme des Vf unter Mitwirkung des Vertreters des betroffenen Richters jedoch nur zulässig, wenn die Verhinderung sich voraussichtlich über so lange Zeit erstrecken wird, daß nicht mehr gewährleistet ist, daß die Entscheidung noch unter dem vollen Eindruck der mV getroffen werden kann (vgl auch 12 zu § 116); andernfalls wäre die Entscheidung durch das Gericht in anderer Zusammensetzung fehlerhaft (vgl Volmer NJW 1970, 1300) u würde das Recht der Beteiligten auf den gesetzlichen Richter verletzen (vgl oben 1). Einen prozeßrechtlichen Grundsatz, daß die einmal in der mV mit einer Sache befaßten **ehrenamtlichen Richter** bis zur Entscheidung mit dieser Sache befaßt bleiben müssen, gibt es nicht (NVwZ 1999, 657). Nehmen **Ersatzrichter** an der Verhandlung teil, so müssen auch diese, wenn sie anstelle eines ausgefallenen Richters bei der Entscheidung mitwirken sollen, an der **gesamten** Verhandlung teilgenommen haben (DVBl 1981, 493; NJW 1986, 3154).

---

[2] NJW 1986, 3155; NVwZ 1999, 657.
[3] 10 ff zu § 104; BVerwG 81, 143; DVBl 1987, 1110.

Bei Wiederholung der mV genügt es idR, daß der Vorsitzende oder der Berichterstatter kurz über das Ergebnis der bisherigen Verhandlung **berichtet,** die Niederschrift über Beweisaufnahmen usw verlesen wird[4] u die Beteiligten erneut Gelegenheit erhalten, nach § 108 Abs 2 **Stellung zu nehmen** u ihre Anträge – ggf durch Bezugnahme auf die bereits vorher gestellten Anträge – zu wiederholen.[5] Eine Wiederholung der Beweisaufnahme ist idR nicht erforderlich (NVwZ-RR 1990, 166; BGH NVwZ 1992, 915; ebenso Sch-Clausing 4), **außer** wenn es, zB bei Zeugen, wesentlich auf den **persönlichen Eindruck** ankommt.[6] S auch 2 zu § 96. 4

Die dargelegten Grundsätze gelten auch bei **Richterwechsel zwischen** zwei **Verhandlungsterminen** (BVerwG 81, 143). Dagegen ist die Verhinderung oder der Wegfall eines Richters bzw ein **Richterwechsel nach Beschlußfassung** über das Urteil **bedeutungslos.** Zur Verkündung in diesem Fall s oben 1, zur Unterschrift unter dem Urteil § 117 Abs 1 S 2. Vgl zum **Richterwechsel** auch Vollkommer NJW 1968, 1309). 5

4. Entscheidung bei Verzicht auf mV: § 112 ist **nicht anwendbar,** wenn das Urteil nach § 101 Abs 2 **nicht aufgrund mV** ergeht;[7] ebenso nicht in **BeschlußVf,** wenn nach § 101 Abs 3 nicht aufgrund mV entschieden wird (für den Fall, daß der Beschluß aufgrund einer mV ergeht, gilt dagegen § 112 entspr, s oben 1). **Auch in diesen Fällen** kann das Urteil – Entsprechendes gilt für Beschlüsse – aber nicht in einem beliebigen Vf, etwa im „Umlaufweg", beschlossen (s unten 7; str) oder „formlos vereinbart" (Renck NVwZ 1987, 26) werden. S auch **zum gesetzlichen Richter im schriftlichen Vf** MDR 1982, 186. **Hatte bereits eine mV stattgefunden,** bevor im schriftlichen Vf entschieden wird, so kann die Entscheidung bei Richterwechsel jedenfalls nur auf Tatsachen u Beweisergebnisse gestützt werden, die aus den Akten (einschließlich der Niederschrift über die mV) ersichtlich sind (NVwZ 1985, 562; NKVwGO-Wolff 16) oder über die ein Richter, der an der mV oder Beweisaufnahme teilgenommen hat, berichtet hat (NJW 1990, 465; NKVwGO-Wolff 16; s auch unten 7 u 8). **Ergeben** sich bei der Beratung des Urteils **neue Gesichtspunkte,** auf die es für die Entscheidung ankommen kann u die aus den Akten einschließlich der Sitzungsniederschrift und/oder nach der sicheren Erinnerung von Richtern, die an der vorausgegangenen mV und/oder Beweisaufnahme teilgenommen hatten, nicht geklärt werden können, so muß gem §§ 108 Abs 1, 86 Abs 1 grds die **mV** bzw **die Beweisaufnahme wiederholt** werden (NVwZ 1990, 58); das Gericht hat darüber nach pflichtgemäßem Ermessen zu entscheiden. **Ist** zur Klärung noch offengebliebener Fragen **keine neue mV erforderlich,** so muß den Beteiligten jedenfalls Gelegenheit zu schriftlicher Äußerung unter Einräumung einer Schriftsatzfrist (vgl 9f zu § 104) gewährt werden. Vgl aber zur ohnehin **begrenzten Wirkung eines Verzichts auf mV** 4f zu § 101; ggf muß schon deshalb erneut mV angesetzt werden, wenn die Beteiligten nicht erneut auf mV verzichten (vgl 6f zu § 101). 6

Erforderlich ist auch bei Entscheidungen, die nicht aufgrund mV ergehen, nach § 55, §§ 192–197 GVG u nach dem Grundgedanken des § 112 **in jedem Fall,** daß die Entscheidung **aufgrund** einer **gemeinsamen Besprechung u Beratung** der im Zeitpunkt der Entscheidung (s unten 8) nach der Zustän- 7

---

[4] Vgl NJW 1986, 3155: Verlesung nicht erforderlich, wenn der Berichterstatter den wesentlichen Inhalt vorträgt; NVwZ-RR 1990, 167; NJW 1994, 1975; NVwZ 1999, 657.

[5] NJW 1986, 3155; Buchh 310 § 112 VwGO Nr 5; BGH 53, 357 = NJW 1970, 946; NKVwGO-Wolff 9.

[6] Vgl NJW 1986, 3155, wo jedoch auch für diesen Fall nur angenommen wird, daß das Gericht eine Wiederholung der Zeugenvernehmung in Erwägung ziehen muß; BGH NVwZ 1992, 916.

[7] NVwZ 1985, 562 mwN; BGH 11, 27; Ey-J. Schmidt 3; RÖ-M. Redeker 1.

digkeitsverteilung im Geschäftsverteilungsplan dazu berufenen Richter unter Ausschluß sonstiger Personen (s auch oben 6; ferner 12f zu § 55) gefällt wird,[8] nachdem die an der Entscheidung **beteiligten Richter** sich vorher in geeigneter Weise – durch eigenes Studium der Akten usw oder aufgrund eines Vortrags des Vorsitzenden oder des Berichterstatters entspr § 103 Abs 2 – mit der Streitsache, dh dem Vortrag der Beteiligten, dem Inhalt beigezogener Akten, den Ergebnissen von Beweisaufnahmen usw **hinreichend vertraut gemacht haben** bzw vertraut gemacht wurden.[9] Eine Information der Richter über den Streitfall lediglich durch **Vortrag** der Sache **durch eine dritte Person,** etwa durch eine dem Gericht zugeteilte wissenschaftliche Hilfskraft oder durch einen in der Beratung nach § 193 GVG anwesenden Referendar, **genügt nicht.** Wesentlich ist in jedem Fall, daß **alle bedeutsamen Fragen** im Spruchkörper **erörtert** werden (BVerfG NJW 1987, 2220; Schneider DRiZ 1984, 362 mwN, auch zur Gegenauffassung). Im übrigen gelten die Ausführungen oben zu 6 a E entsprechend.

8 Zur Beratung u Entscheidung berufen sind auch bei Entscheidungen ohne mV jeweils **die Richter, die** zu dem Zeitpunkt, in dem Beratung u Entscheidung stattfinden, **nach dem Geschäftsverteilungsplan zur Mitwirkung berufen sind** (MDR 1960, 168; VRspr 14, 366; BFH NJW 1966, 1480; BGH MDR 1968, 185).

9 Für **nachträgliche Änderungen** des ohne mV beschlossenen Urteils bzw eine **erneute Beschlußfassung** darüber vor **Zustellung** des Urteils gelten die allg Grundsätze (s 9 u 10 ff zu § 104; 1 ff zu § 116, zur erneuten Beschlußfassung in anderer Zusammensetzung des Gerichts auch oben 3 sowie BGH MDR 1968, 314; BFH NJW 1964, 1591; Volmer NJW 1970, 1300). **Vorbringen** der Beteiligten, das **nach Beschlußfassung,** aber noch vor der Absendung des Urteils (vgl BVerfG 62, 353 u Ma DVBl 1991, 1006: bis die Entscheidung von der Geschäftsstelle hinausgegeben wird) bei Gericht eingeht, **muß** vom Gericht **noch berücksichtigt** werden (58, 148; VRspr 28, 236; BGH NJW 1968, 50; Ma DVBl 1991, 1006; OLG Hamburg MDR 1976, 672); dies gilt auch dann, wenn für das Vorbringen eine **Frist gesetzt war,** die der Beteiligte nicht eingehalten hat (s auch 11 u 15 zu § 104).

§ 113 [Urteile bei Anfechtungs- und Verpflichtungsklagen]

(1) **Soweit**[15 ff] **der Verwaltungsakt rechtswidrig**[24 ff] **und der Kläger dadurch in seinen Rechten verletzt ist,**[5, 24] **hebt das Gericht den Verwaltungsakt und den etwaigen Widerspruchsbescheid auf.**[1 ff] **Ist der Verwaltungsakt schon vollzogen, so kann das Gericht auf Antrag auch aussprechen, daß und wie die Verwaltungsbehörde die Vollziehung rückgängig zu machen hat.**[80 ff] **Dieser Ausspruch ist nur zulässig, wenn die Behörde dazu in der Lage und diese Frage spruchreif**[87] **ist. Hat sich der Verwaltungsakt vorher durch Zurücknahme oder anders erledigt,**[101 ff] **so spricht das Gericht auf Antrag durch Urteil aus, daß der Verwaltungsakt rechtswidrig gewesen ist, wenn der Kläger ein berechtigtes Interesse an dieser Feststellung hat.**[95 ff]

(2) **Begehrt der Kläger die Änderung eines Verwaltungsakts, der einen Geldbetrag festsetzt oder eine darauf bezogene Feststellung trifft,**[155 ff]

---

[8] BGH MDR 1968, 314; Krause MDR 1982, 185; zT **aA** BVerwG NJW 1992, 257: Beschlüsse auch im Umlaufverfahren, wenn alle Richter einverstanden sind; so auch NKVwGO-Wolff 16; ferner 4 zu § 4.

[9] VRspr 14, 367 unter Hinweis auf § 108 Abs 1; vgl auch Herr NJW 1983, 2131; Wimmer DVBl 1985, 779; zu eng Doehring NJW 1983, 852 u Däubler JZ 1984, 355: alle Richter müssen die Akten selbst studiert haben, sonst erfüllen sie nicht die Voraussetzungen des gesetzlichen Richters; dagegen zutr BVerfG NJW 1987, 2220: auch mit Art 103 Abs 1 GG vereinbar.

kann[157] das Gericht den Betrag in anderer Höhe festsetzen oder die Feststellung durch eine andere ersetzen. Erfordert die Ermittlung des festzusetzenden oder festzustellenden Betrags einen nicht unerheblichen Aufwand,[157] kann[157] das Gericht die Änderung des Verwaltungsakts durch Angabe der zu Unrecht berücksichtigten oder nicht berücksichtigten tatsächlichen oder rechtlichen Verhältnisse so bestimmen,[158] daß die Behörde den Betrag auf Grund der Entscheidung errechnen kann.[160] Die Behörde teilt den Beteiligten das Ergebnis der Neuberechnung unverzüglich formlos mit; nach Rechtskraft der Entscheidung ist der Verwaltungsakt mit dem geänderten Inhalt neu bekanntzugeben.[162]

(3) **Hält das Gericht eine weitere Sachaufklärung für erforderlich,[163] kann es, ohne in der Sache selbst zu entscheiden, den Verwaltungsakt und den Widerspruchsbescheid aufheben,[163] soweit nach Art oder Umfang die noch erforderlichen Ermittlungen erheblich sind[164] und die Aufhebung auch unter Berücksichtigung der Belange der Beteiligten sachdienlich ist.[164 ff] Auf Antrag kann das Gericht bis zum Erlaß des neuen Verwaltungsakts eine einstweilige Regelung[170] treffen, insbesondere bestimmen, daß Sicherheiten geleistet werden oder ganz oder zum Teil bestehen bleiben und Leistungen zunächst nicht zurückgewährt werden müssen.[170] Der Beschluß kann jederzeit geändert oder aufgehoben werden.[171] Eine Entscheidung nach Satz 1 kann nur binnen sechs Monaten seit Eingang der Akten der Behörde[168] bei Gericht ergehen.**

(4) **Kann neben der Aufhebung eines Verwaltungsakts eine Leistung[172] verlangt werden, so ist im gleichen Verfahren auch die Verurteilung zur Leistung zulässig.[172 ff]**

(5) **Soweit die Ablehnung oder Unterlassung des Verwaltungsakts rechtswidrig und der Kläger dadurch in seinen Rechten verletzt ist, spricht das Gericht die Verpflichtung der Verwaltungsbehörde aus, die beantragte Amtshandlung[178] vorzunehmen, wenn die Sache spruchreif[193] ist.[178 ff] Andernfalls spricht es die Verpflichtung aus, den Kläger unter Beachtung der Rechtsauffassung des Gerichts[212 ff] zu bescheiden.**

Vgl § 28 EGGVG; § 131 SGG; §§ 100 f FGO

Schrifttum: Allgemeines: *Bachof,* Die verwaltungsgerichtliche Klage auf Vornahme einer Amtshandlung, 2. Aufl 1968; *Bader,* Das sechste Gesetz zur Änderung der Verwaltungsgerichtsordnung, DÖV 1997, 442; *ders,* Praktische Erfahrungen mit dem Sechsten VwGO-Änderungsgesetz, VBlBW 1997, 401 u 449; *Baumeister,* Der Beseitigungsanspruch als Fehlerfolge des rechtswidrigen Verwaltungsakts, 2006; *Bertrams,* Verwaltungsverantwortung und Verwaltungsgerichtsbarkeit – Notwendigkeit des Abbaus richterlicher Kontrolldichte?, NWVBl 1997, 3; *Bettermann,* Anfechtbare und nichtanfechtbare Verfahrensmängel. Eine prozeßrechtsvergleichende Studie zu § 46 VwVfG, § 127 AO und § 42 SGB X, Menger-FS 1985, 709; *Bickenbach,* Das Bescheidungsurteil als Ergebnis einer Verpflichtungsklage, 2006; *Bonk,* Strukturelle Änderungen des Verwaltungsverfahrens durch das Genehmigungsverfahrensbeschleunigungsgesetz, NVwZ 1997, 320; *Bracher,* Nachholung der Anhörung bis zum Abschluß des verwaltungsgerichtlichen Verfahrens? – Zur Verfassungsmäßigkeit von § 45 Abs 2 VwVfG, DVBl 1997, 534; *Budroweit,* Die Mitwirkung der Gemeinde bei baurechtlichen Entscheidungen, 2004; *Cöster,* Kassation, Teilkassation und Reformation von Verwaltungsakten durch die Verwaltungs- und Finanzgerichte, 1979; *Dawin,* Der Gegenstand der Anfechtungsklage nach § 79 I Nr. 1 VwGO, NVwZ 1987, 872; *Degenhart,* Zum Aufhebungsanspruch des Drittbetroffenen beim verfahrensfehlerhaften Verwaltungsakt, DVBl 1981, 201; *Detterbeck,* Streitgegenstand und Entscheidungswirkung im Öffentlichen Recht, 1995; *Durner,* Die behördliche Befugnis zur Nachbesserung fehlerhafter Verwaltungsakte, VerwA 2006, 345; *Eckert,* Beschleunigung von Planungs- und Genehmigungsverfahren, 1997; *Erichsen,* Die Zulässigkeit einer Klage vor dem Verwaltungsgericht, Jura 1994, 476; *Fengler,* Rechtsprobleme zum Genehmigungsverfahrensbeschleunigungsgesetz – GenBeschlG, RiA 1997, 279; *Fliegauf,* Nochmals zum 6. VwGO-Änderungsgesetz: Reform oder Anpassung?, NJW 1997, 1968; *Geist-Schell,* Verfahrensfehler und Schutznormtheorie, 1988; *Gromitsaris,* Fehlerfolgenregelung im Genehmigungsverfahrensbeschleunigungsgesetz, SächsVBl 1997, 101; *Grupp,* Aufhebung von Planfeststellungsbeschlüssen durch die Verwaltung, DVBl 1990, 81; *Häußler,* Heilung von Anhörungsfehlern im gerichtlichen Verfahren, BayVBl 1999, 616; *Hatje,* Die Heilung formell rechtswidriger Verwaltungsakte im Prozeß als Mittel der Verfahrensbeschleunigung, DÖV 1997, 477; *Hansmann,* Beschleunigung und Vereinfachung immissionsschutzrechtlicher Genehmigungsverfahren, NVwZ 1997, 105; *Hien,* Keine allgemeine Fehlersuche – Gerichtliche Kontrolle auf Verletzung von Rechten des Bürgers begrenzen, DVBl 2003, 443; *Hill,* Das fehlerhafte Verfahren und seine Folgen im Verwaltungsrecht, 1986; *Hoppe,* Planung und Pläne in der verwaltungsgerichtlichen Kontrolle, Menger-FS 1985, 747; *Hödl-Adick,* Die Bescheidungsklage als Erfordernis eines interessengerechten Rechtsschutzes, 2001; *Hößlein,* Der Streitgegenstand der verwaltungsgerichtlichen Anfechtungsklage gem. § 113 Abs. 1 S. 1 VwGO, VerwA 2007; *Hufen,* Heilung und Unbeachtlichkeit von Verfahrensfehlern, JuS 1999, 313; *Jacobj,* Spruchreife und Streitgegenstand im Verwaltungsprozeß, 2001; *Jäde,* Beschleunigung von Genehmigungsverfahren nach dem Genehmigungsverfahrensbeschleunigungsgesetz, UPR 1996, 361; *ders,* Gemeindliches Einvernehmen im Bauordnungsrecht – VGH München, NVwZ 1998, 205, JuS 1998, 503; *Jahn,* Beschleunigung von Verwaltungsverfahren und Straffung des verwaltungsgerichtlichen Rechtsschutzes, GewA 1997, 129; *Kluth,* Die Auswirkungen der 6. VwGO-Novelle auf das Wirtschaftsrecht WiB 1997, 512; *Knopp,* Novellierung der Verwaltungsgerichtsordnung: Verfahrensbeschleunigung durch Rechtsschutzverkürzung, BB 1997, 1001; *Krämer,* Sechstes Gesetz zur Änderung der Verwaltungsgerichtsordnung, LKV 1997, 114; *D. Lorenz,* Die verfassungsrechtlichen Vorgaben des Art. 19 Abs. 4 GG für das Verwaltungsprozeßrecht, Menger-FS 1985, 143; *Lotz,* Sechstes Gesetz zur Änderung der Verwaltungsgerichtsordnung, BayVBl 1997, 257; *Meissner,* Die Novellierung des Verwaltungsprozeßrechts durch das 6. Gesetz zur Änderung der Verwaltungsgerichtsordnung, VBlBW 1997, 81; *Menger,* System des verwaltungsgerichtlichen Rechtsschutzes, 1954; *Millgramm,* Das 6. VwGO-ÄndG, SächsVBl 1997, 107; *v Mutius,* Gerichtsverfahren und Verwaltungsverfahren, Menger-FS 1985, 575; *Numberger/Schönfeld,* Neuerungen in der VwGO, UPR 1997, 89; *Ossenbühl,* Die richterliche Kontrolle von Prognoseentscheidungen der Verwaltung, Menger-FS 1985, 731; *Oberrath/Hahn,* Ende des effektiven Rechtsschutzes? – Die Änderungen der VwGO und des VwVfG, VBlBW 1997, 241; *Palme,* Fehlerheilung im Planfeststellungsverfahren auch bei Verstoß gegen zwingendes Recht?, NVwZ 2006, 909; *Papier,* Verwaltungsverantwortung und gerichtliche Kontrolle, Ule-FS 1987, 235; *Pietzcker,* Drittschutz im Verwaltungsverfahrensrecht – Reichweite von Genehmigungen – Sachverhaltsermittlung bei atomrechtlichen Anfechtungsklagen, JZ 1991, 670; *Pietzner,* Rechtsschutz in der Verwaltungsvollstreckung, VerwA 1993, 261; *Poscher,* Verwaltungsakt und Verwaltungsrecht in der Vollstreckung – Zur Geschichte, Theorie und Dogmatik des Verwaltungsvollstreckungsrechts, VerwA 1998, 111; *Preusche,* Zum Ändern und Ersetzen angefochtener Verwaltungsakte, DVBl 1992, 797; *Püttner/Kopp/Kaufmann,* Handlungsspielräume der Verwaltung und Kontrolldichte gerichtlichen Rechtsschutzes, in: Die öffentliche Verwaltung zwischen Gesetzgebung und richterlicher Kontrolle, Göttinger Symposium, 1985; *Redeker,* Neue Experimente mit der VwGO?, NVwZ 1996, 521; *ders,* Die „Heilungsvorschriften" der 6. VwGO-Novelle, NVwZ 1997, 625; *Reinel,* Die Rolle der Verwaltungsgerichtsbarkeit bei der Heilung von Verfahrensmängeln, BayVBl 2004, 454; *Riotte,* Verwaltungsverantwortung und Verwaltungsgerichtsbarkeit – Notwendigkeit des Abbaus richterlicher Kontrolldichte?, NWVBl 1997, 1; *Ronellenfitsch,* Rechtsfolgen fehlerhafter Planung, NVwZ 1999, 583; *Sachs,* Zur formellen Rechtswidrigkeit von Verwaltungsakten, VerwA 2006, 573; *Schenke,* Das Verwaltungsverfahren zwischen Verwaltungseffizienz und Rechtsschutzauftrag, VBlBW 1982, 313; *ders,* Verwaltung und Verwaltungsgerichtsbarkeit – Gedanken zu einem der Grundthemen des Wirtschaftsverwaltungsrechts, WuV 1988, 145; *ders,* Der verfahrensfehlerhafte Verwaltungsakt gem. § 46 VwVfG, DÖV 1986, 305; *ders,* Rechtsprechungsübersicht zum Verwaltungsprozeß, JZ 1996, 998, 1055, 1103, 1155; *ders,* „Reform" ohne Ende – Das 6. VwGO-ÄndG, NJW 1997, 81; *ders,* Rechtsprobleme des Konkurrentenrechtsschutzes im Wirtschaftsverwaltungsrecht, NVwZ 1993, 718; *ders,* Der Anspruch des Verletzten auf Rücknahme des Verwaltungsakts vor Ablauf der Anfechtungsfristen, Maurer-FS 2001, 723; *ders,* Die Heilung von Verfahrensfehlern gem. § 45 VwVfG, VerwA 2006, 592; *Schenke/Baumeister,* Probleme des Rechtsschutzes bei der Vollstreckung von Verwaltungsakten, NVwZ 1993, 1; *Schloer,* Die Entscheidungen der Verwaltungsgerichte, JA 1988, 62; *Schmidt-Aßmann,* Funktionen der Verwaltungsgerichtsbarkeit, Menger-FS 1985, 107; *T. Schmidt,* Die Tenorierung verwaltungsgerichtlicher Entscheidungen im Hauptsacheverfahren, JA 2002, 804; *ders,* Die Tenorierung verwaltungsgerichtlicher Entscheidungen in Sonderfällen, JA 2002, 972; *Schmieszek,*

Sechstes Gesetz zur Änderung der Verwaltungsgerichtsordnung und anderer Gesetze (6. VwGO-ÄndG), NVwZ 1996, 1151; *Schmitz/Wessendorf,* Das Genehmigungsverfahrensbeschleunigungsgesetz – Neue Regelungen im Verwaltungsverfahrensgesetz und der Wirtschaftsstandort Deutschland, NVwZ 1996, 955; *Schoch,* Die Heilung von Anhörungsmängeln im Verwaltungsverfahren (§ 45 I Nr. 3, II VwVfG), Jura 2007, 28; *Schöbener,* Der Ausschluß des Aufhebungsanspruchs wegen Verfahrensfehlern bei materiell-rechtlich und tatsächlich alternativlosen Verwaltungsakten, DV 2000, 447; *Schwarze,* Der funktionale Zusammenhang von Verwaltungsverfahrensrecht und verwaltungsgerichtlichem Rechtsschutz, 1974; *Selmer,* Rechtsprechungsübersicht – Teilaufhebung einer Baugenehmigung, JuS 1993, 875; *Selmer/Gersdorf,* Verwaltungsvollstreckungsverfahren, 1996; *Skouris,* Verletztenklagen und Interessentenklagen im Verwaltungsprozeß, 1979; *Storost,* Fachplanung und Wirtschaftsstandort Deutschland – Rechtsfolgen fehlerhafter Planung, NVwZ 1998, 797; *Stüer,* Die Beschleunigungsnovelle 1996, DVBl 1997, 326; *ders,* Fachplanung und Wirtschaftsstandort Deutschland, NWVBl 1998, 169; *Ule,* Verwaltungsverfahren und Verwaltungsprozeß, VerwA 1971, 114; *Wahl,* Das Verhältnis von Verwaltungsverfahren und Verwaltungsprozessrecht in europäischer Sicht, DVBl 2003, 1285; *Waskow,* Mitwirkung von Naturschutzverbänden im Verwaltungsverfahren, 1990; *Weyreuther,* Die Rechtswidrigkeit eines Verwaltungsaktes und die „dadurch" bewirkte Verletzung „in ... Rechten" (§ 113 Abs. 1 Satz 1 und Abs. 4 Satz 1 VwGO), Menger-FS 1985, 681; *Wilke/Teschner,* Der Verwaltungsprozeß im „Standort Deutschland", SchlHA 1997, 25; *Zeidler,* Gedanken zur Rolle der dritten Gewalt im Verfassungssystem, FS der Juristischen Fakultät zur 600-Jahr-Feier der Ruprecht-Karls-Universität Heidelberg 1986, 645. Zur Verletzung subjektiver Rechte s Literaturübersicht zu § 42 unter Klagebefugnis. – **Zu Abs 2 u 3 sowie Abs 5:** *Bettermann,* Teilanfechtung, Teilkassation und Reformation von Abgabenbescheiden, Wacke-FS 1972, 233; *Brehm,* Aktuelles zum juristischen Prüfungsrecht, NVwZ 2002, 1334; *Clausing,* Aktuelles Verwaltungsprozeßrecht, JuS 1999, 474, 476; *Demmel,* Das Verfahren nach § 113 Abs. 3 VwGO, 1997; *Goerlich,* Ermessen und unbestimmter Rechtsbegriff – oder: Verwaltungskultur und Rechtskontrolle in den neuen Bundesländern, ThürVBl 1993, 1; *Kingreen,* Zur Zulässigkeit der reformatio in peius im Prüfungsrecht, DÖV 2003, 1; *Kopp,* Änderungen der VwGO zu 1. 1. 1991, NJW 1991, 522; *Hödl-Adick,* Die Bescheidungsklage als Erfordernis eines interessengerechten Rechtsschutzes, 2001; *Jacobj,* Spruchreife und Entscheidungsgegenstand im Verwaltungsprozeß, 2001; *Marx,* Das Herbeiführen der Spruchreife im Verwaltungsprozeß, 1996; *Redeker,* § 113 Abs. 2 VwGO, DVBl 1991, 972; *Schenke,* Der Anspruch des Widerspruchsführers auf Erlaß eines Widerspruchsbescheids und seine gerichtliche Durchsetzung, DÖV 1996, 529; *Schlette,* Prüfungsrechtliche Verbesserungsklage und reformatio in peius, DÖV 2002, 816; *Schröder,* Bescheidungsantrag und Bescheidungsurteil, Menger-FS 1985, 487; *Seibert,* Die Beachtlichkeit von Fehlern im Verwaltungsverfahren gemäß § 46 VwVfG und die Konsequenzen für das verwaltungsgerichtliche Verfahren, Zeidler-FS Bd I, 1987, 469; *Sodan,* Unbeachtlichkeit und Heilung von Verfahrens- und Formfehlern, DVBl 1999, 729; *Stüer,* Zurückverweisung und Bescheidungsverpflichtung im Verwaltungsprozeß, Menger-FS 1985, 779; *Wehr,* Versagungsgegenklage und ablehnender Verwaltungsakt, Jura 1998, 575. – **Zum Nachschieben von Gründen und Umdeutung von Verwaltungsakten:** *Axmann,* Das Nachschieben von Gründen im Verwaltungsrechtsstreit, 2001, *Bader,* Die Ergänzung von Ermessenserwägungen im verwaltungsgerichtlichen Verfahren, NVwZ 1999, 120; *ders,* Ermessensergänzung im Verwaltungsprozess – BVerwGE 121, 297, JuS 2006, 199; *Baumeister,* Der Beseitigungsanspruch als Fehlerfolge des rechtswidrigen Verwaltungsakts, 2006, 155; *Brischke,* Heilung fehlerhafter Verwaltungsakte im verwaltungsgerichtlichen Verfahren, DVBl 2002, 429; *Decker,* Die Nachbesserung von Ermessensentscheidungen im Verwaltungsprozeßrecht und ihre verfahrensrechtliche Behandlung gem. § 114 S. 2 VwGO, JA 1999, 154; *Dolderer,* Die neu eingeführte „Ergänzung" von Ermessenserwägungen im Verwaltungsprozeß, DÖV 1999, 104; *Durner,* Die behördliche Befugnis zur Nachbesserung fehlerhafter Verwaltungsakte, VerwA 2006, 345; *Fendt,* Verpflichtungsklage und Nachschieben von Ermessenserwägungen, JA 2000, 883; *Horn,* Das Nachschieben von Gründen und die Rechtmäßigkeit von Verwaltungsakten, DV 1992, 203; *Kischel,* Folgen von Begründungsfehlern, 2004; *Kraus,* Die Ergänzung der Ermessenserwägungen im verwaltungsgerichtlichen und finanzgerichtlichen Verfahren; ThürVBl 2004, 205; *Laubinger,* Die Umdeutung von Verwaltungsakten, VerwA 1987, 207, 345; *ders,* Die gewerberechtliche Unzuverlässigkeit und ihre Folgen, VerwA 1998, 145; *Leopold,* Die Umdeutung fehlerhafter Verwaltungsakte, Jura 2006, 895; *Lüdemann/Windthorst,* Die Umdeutung von Verwaltungsakten, BayVBl 1995, 357; *Marx,* Das Herbeiführen der Spruchreife im Verwaltungsprozeß, 1995; *Pöcker/Barthelmann,* Der mißglückte § 114 S 2 VwGO, DVBl 2002, 668; *Rupp,* Das Nachschieben von Gründen im verwaltungsgerichtlichen Verfahren, 1987; *R. P. Schenke,* Das Nachschieben von Gründen nach dem 6. VwGO-ÄndG, VerwA 1999, 232; *ders,* Das Nachschieben von Ermessenserwägungen, JuS 2000, 230; *Schenke,* Die Umdeutung von Verwaltungsakten, DVBl 1987, 641; *ders,* Das Nachschieben von Gründen im Rahmen der Anfechtungsklage, NVwZ 1988, 1; *Scherzberg,* Nachschieben einer kommunalen Abgabensatzung im Anfechtungsprozeß, BayVBl 1992, 426; *Schoch,* Nachholen der Begründung und Nachschieben von Gründen, DÖV 1984, 401; *Schwab,* Abgrenzung des Nachschiebens von Gründen von anderen Rechtsinstituten, DÖV 1994, 173; *Weyreuther,* Zur richterlichen Umdeutung von Verwaltungsakten, DÖV 1985, 126; *Wirth,* Umdeutung fehlerhafter Verwaltungsakte, 1991; *Wittmann,* Das Nachschieben von Gründen im Verwaltungsprozeß, 1970. – **Zum maßgeblichen Zeitpunkt für die Beurteilung:** *Bachof,* Der maßgebliche Zeitpunkt für die gerichtliche Beurteilung von Verwaltungsakten, JZ 1954, 416; *Bähr,* Die maßgebliche Rechts- und Sachlage für die gerichtliche Beurteilung von Verwaltungsakten, 1967; *Baumeister,* Der maßgebliche Zeitpunkt im Verwaltungsrecht und Verwaltungsprozessrecht, Jura 2005, 655; *Brede,* Der Verwaltungsakt mit Dauerwirkung, 1997; *Czermak,* Beurteilung der verwaltungsgerichtlichen Anfechtungsklage nach der gegenwärtigen Sach- und Rechtslage, NJW 1964, 1662; *ders,* Der maßgebliche Beurteilungszeitpunkt bei der Entscheidung über angefochtene Verwaltungsakte, insbesondere im Fahrerlaubnisrecht, NVwZ 1987, 116; *Hödl-Adick,* Die Bescheidungsklage als Erfordernis eines interessengerechten Rechtsschutzes, 2001; *Hufen/Bickenbach,* Der Verwaltungsprozess zwischen Konsolidierung und permanenter Reform, DV 2006, 525; *Klein,* Zum maßgebenden Zeitpunkt für die Sach- und Rechtslage im Verwaltungsprozeß, NVwZ 1990, 633; *Kleinlein,* Der maßgebliche Zeitpunkt für die Beurteilung von Rechtmäßigkeit von Verwaltungsakten, VerwA 1990, 149; *Kopp,* Der für die Beurteilung der Sach- und Rechtslage maßgebliche Zeitpunkt bei verwaltungsgerichtlichen Anfechtungs- und Verpflichtungsklagen, Menger-FS, 1985, 693; *Lemke,* Zum entscheidungserheblichen Zeitpunkt der Beurteilung der Sach- und Rechtslage bei Anfechtungsklagen, JA 1999, 240; *Mager,* Der maßgebliche Zeitpunkt für die Beurteilung der Rechtswidrigkeit von Verwaltungsakten, 1994; *Piendl,* Eine Studie zur maßgebenden Sach- und Rechtslage beim Rechtsschutz gegen Verwaltungsakte, 1992; *Polzin,* Der maßgebliche Zeitpunkt im Verwaltungsprozess, JuS 2004, 211; *Preusche,* Zum Begriff des Verwaltungsakts in § 113 Abs 1 VwGO, JuS 1997, 639; *Sauthoff,* Der für die Sach- und Rechtslage maßgebliche Zeitpunkt als Schlüsselbegriff richterlicher Gestaltungsmöglichkeit in Anfechtungssachen, in: Festgabe 50 Jahre BVerwG (FG-BVerwG), 2003, 599; *Schenke,* Die Bedeutung einer nach Abschluß des Verwaltungsverfahrens eintretenden Veränderung der Rechts- oder Sachlage für die Bedeutung eines Verwaltungsaktes, NVwZ 1986, 522; *ders,* Die verwaltungsbehördliche Aufhebung nachträglich rechtswidrig gewordener Verwaltungsakte, DVBl 1989, 433; *ders,* Widerruf oder Rücknahme rechtswidrig gewordener Verwaltungsakte?, BayVBl 1990, 107; *ders,* Der maßgebliche Zeitpunkt für die gerichtliche Beurteilung von Verwaltungsakten im Rahmen der Anfechtungsklage, JA 1999, 580; *Schenke/Baumeister,* Der rechtswidrig gewordene Verwaltungsakt, JuS 1991, 547; *Sieger,* Die maßgebende Sach- und Rechtslage für die Beurteilung der Rechtswidrigkeit des Verwaltungsaktes im verwaltungsgerichtlichen Anfechtungsprozeß, 1995. – **Zu FBA und Erstattungsanspruch:** *Bachof,* Die verwaltungsgerichtliche Klage auf Vornahme einer Amtshandlung, 2. Aufl 1968; *Beckmann,* Zur Wahl des Beklagten beim Folgenbeseitigungsanspruch im Sinne von § 113 Abs. 1 Satz 2 VwGO, DVBl 1994, 1342; *Blanke/Peilert,* Die Folgenbeseitigungslast im System des Staatshaftungsrechts, DV 1998, 29; *Brugger,* Gestalt und Begründung des Folgenbeseitigungsanspruchs, JuS 1999, 625; *Broß,* Zum Anwendungsbereich des Anspruchs auf Folgenbeseitigung, VerwA 1985, 217; *Bumke,* Der Folgenbeseitigungsanspruch, JuS 2005, 22; *Enders,* Die Exmittierung von Obdachlosen als Problem der Folgenbeseitigung?, DV 1997, 29; *Hain,* Folgenbeseitigung und Folgenentschädigung, VerwA 2004, 498; *Horn,* Folgenbeseitigung bei aufgehobenem Verwaltungsakt mit Drittwirkung, DÖV 1989, 976; *Hößlein,* Die Schuldner der Grundrechte, JZ 2007, 271; *Ivo,* Die Folgenbeseitigungslast, 1996; *Kraft,* Folgenbeseitigung in dreipoligen Rechtsverhältnissen, BayVBl 1992, 456; *Laubinger,* Höchstrichterliche Rechtsprechung zum Verwaltungsrecht. Der öffentlich-rechtliche Unterlassungsanspruch, VerwA 1989, 261; *Morlok,* Erstattung als Rechtmäßigkeitsrestitution – Der Erstattungsanspruch im Zusammenhang der Sekundäransprüche des öffentlichen Rechts, DV 1992, 371; *Ossenbühl,* Der öffentlichrechtliche Erstattungsanspruch, NVwZ 1991, 513; *Patt,* Der öffentlich-rechtliche Abwehranspruch, SächsVBl 1996, 107; *Pauly/Pudelka,* Verwaltungsprozessuale Folgeprobleme des § 49 a VwVfG, DVBl 1999, 1609; *Pietzner/Müller,* Herstellungsanspruch und Verwaltungsgerichtsbarkeit, VerwA 1994, 603; *Pietzko,* Der materiell-rechtliche Folgenbeseitigungsanspruch, 1994; *Roth,* Kein Folgenbeseitigungsanspruch bei Wiedereinweisung des Räumungsschuldners, DVBl 1996, 1401;

Rüfner, Folgenbeseitigungsanspruch bei Wiedereinweisung eines Mieters in seine bisherige Wohnung, JuS 1997, 309; *H. H. Rupp,* Ungeschriebene Grundrechte unter dem Grundgesetz, JZ 2005, 157; *Schenke,* Der Folgenbeseitigungsanspruch bei Verwaltungsakten mit Drittwirkung, DVBl 1990, 328; *ders,* Folgenbeseitigungsanspruch und mitwirkendes Verschulden, JuS 1990, 370; *ders,* Staatshaftung und Aufopferung – Der Anwendungsbereich des Aufopferungsanspruchs, NJW 1991, 1777; *Schlick/Rinne,* Die Rechtsprechung des BGH zum Staatshaftungsrecht (Teil 2), NVwZ 1997, 1065; *Schloer,* Der Folgenbeseitigungsanspruch, JA 1992, 39; *T. Schneider,* Folgenbeseitigung im Verwaltungsrecht, 1994; *Schoch,* Folgenbeseitigung und Wiedergutmachung im öffentlichen Recht, VerwA 1988, 1; *ders,* Der Folgenbeseitigungsanspruch, Jura 1993, 478; *ders,* Der öffentlichrechtliche Erstattungsanspruch, Jura 1994, 82; *Sproll,* Staatshaftungsrecht – 4. Teil. Der Folgenbeseitigungsanspruch, JuS 1996, 219; *H. Weber,* Der öffentlichrechtliche Erstattungsanspruch, JuS 1986, 29; *Weyreuther,* Empfiehlt es sich, die Folgen rechtswidrigen hoheitlichen Handelns gesetzlich zu regeln?, Gutachten B 47. DJT 1968; *Zöller,* Die Tatbestandsstruktur des Folgenbeseitigungsanspruchs, SächsVBl 1997, 197. – **Zur Fortsetzungsfeststellungsklage:** *Aulehner,* Fortsetzungsfeststellungsinteresse im versammlungsrechtlichen Hauptsacheverfahren, JA 2005, 98; *Bader,* Aktuelles Verwaltungsprozessrecht, JuS 2005, 126; *Burgi,* Die Erledigung des Rechtsstreits in der Hauptsache als Problem der verwaltungsprozessualen Dogmatik, DVBl 1991, 193; *ders,* Fortsetzungsfeststellungsinteresse bei Vorbereitung eines Haftungsprozesses; VBlBW 1994, 317; *Christonakis,* Feststellungsinteresse (§ 113 Abs 1 S 4) und Prozessökonomie bei der sog. „vorbereitendenden" Fortsetzungsfeststellungsklage, BayVBl 2002, 390; *Deckenbrock/Patzer,* Grundfälle zu Widerspruchs- und Klagefrist im Verwaltungsprozess, *Jura 2003, 476; Diering,* Instanzenverlust durch Selbstbindung. Am Beispiel des berechtigten Feststellungsinteresses bei der Fortsetzungsfeststellungsklage, 1995; *Ehlers,* Die Fortsetzungsfeststellungsklage, Jura 2001, 415; *Enders,* Der vollzogene Grundverwaltungsakt als Gegenstand der Vollstreckungsabwehr neben dem Leistungsbescheid, NVwZ 2000, 1232; *Erfmeyer,* Die Erledigung eines VA „auf andere Weise" im Sinne des § 43 Abs 2 VwVfG – Regelungsverlust durch nachträgliche Änderung der Sach- oder Rechtslage, VR 2002, 329; *Fechner,* Die Rechtswidrigkeitsfeststellungsklage, NVwZ 2000, 121; *Finger,* Existenzberechtigung der sog. erweiterten Fortsetzungsfeststellungsklage gemäß § 113 Abs 1 S 4 VwGO, VR 2004, 145; *Funk,* Urteilsanmerkung zu BayVGH NVwZ-RR 1992, 218, BayVBl 1992, 471 und 1993, 585; *Göpfert,* Die Fortsetzungsfeststellungsklage – Versuch einer Neuorientierung, 1998; *ders,* Die Fruchterhaltung im Verwaltungsprozeß: Gedanken zur Fortsetzungsfeststellungsklage, NVwZ 1997, 143; *ders,* Über die Notwendigkeit einer analogen Anwendung des § 113 Abs. 1 S. 4 VwGO, ThürVBl 1999, 182; *ders,* Die Rechtswidrigkeitsfeststellungsklage – eine eigenständige Klageart?, BayVBl 2000, 300; *Kopp,* Urteilsanmerkung zu BayVGH NVwZ-RR 1992, 218, DVBl 1992, 1493; *Kraft,* Änderungsbescheide im Widerspruchsverfahren und Verwaltungsprozeß, BayVBl 1995, 519; *Kühling,* Der unzuverlässige Waffensammler, Jura 2005, 198; *Kunig,* Die Zulässigkeit verwaltungsgerichtlicher Feststellungsklagen, Jura 1997, 326; *Lange,* Die sogenannte Fortsetzungsfeststellungsklage in entsprechender Anwendung des § 113 Abs 1 S 4 – eine unzulässige Analogie?, SächsVBl 2002, 53; *Lewer,* Das Merkmal des berechtigten Interesses bei der Fortsetzungsfeststellungsklage, 1985; *Messmer,* Die Beendigung des Verwaltungsprozesses durch Parteierklärung, JA 2005, 300; *Ogorek,* Die Fortsetzungsfeststellungsklage, JA 2002, 222; *Pfeiffer/Buchinger,* Verwaltungsprozessrecht: „Schwabinger Krawalle", Fortsetzungsfeststellungsklage und Vorverfahren, JA 2006, 102; *Rozek,* Grundfälle zur Fortsetzungsfeststellungsklage, JuS 1995, 414, 598, 697; *ders,* Neues zur Fortsetzungsfeststellungsklage: Fortsetzung folgt? – BVerwGE 109, 203, JuS 2000, 1162; *Ruffert,* Die Erledigung von Verwaltungsakten „auf andere Weise", BayVBl 2003, 33; *Schenke,* Klage gegen erledigten Verwaltungsakt ohne Widerspruchsverfahren, BayVBl 1969, 304; *ders,* Rechtsschutz gegen erledigtes Verwaltungshandeln, Jura 1980, 133; *ders,* Die Fortsetzungsfeststellungsklage, Menger-FS 1985, 461; *ders,* Der verfahrensfehlerhafte Verwaltungsakt gem. § 46 VwVfG, DÖV 1986, 305; *ders,* Die Unwirksamkeit eines Verwaltungsakts als Folge der Feststellung seiner Rechtswidrigkeit, JZ 2003, 31; *R. P. Schenke,* Der Erledigungsrechtsstreit im Verwaltungsprozeß, 1996; *ders,* Neue Wege im Rechtsschutz gegen vorprozessual erledigte Verwaltungsakte?, NVwZ 2000, 1255; *ders.,* Neujustierung der Fortsetzungsfeststellungsklage, JuS 2007, 697; *Sodan/Kluckert,* Die verwaltungsprozessuale Feststellungsfähigkeit von vergangenen und zukünftigen Rechtsverhältnissen, VerwA 2003, 3; *Stein,* Die Fortsetzungsfeststellungsklage im System der Klagearten, DVP 2005, 232; *Treffer,* Zur Bestandskraft eines erledigten Verwaltungsakts, VR 1994, 300; *Vahle,* Erledigung eines Verwaltungsakts in anderer Weise, DVP 2000, 127; *F. Weber,* Die erweiterte Fortsetzungsfeststellungsklage, BayVBl 2003, 488; *Wehr,* Abschied von der Fortsetzungsfeststellungsklage analog § 113 Abs 1 S 4 VwGO, DVBl 2001, 785.

Übersicht

1. Allgemeines: Die durch das 4. VwGOÄndG zT wesentlich geänderte Vorschrift regelt zusammen mit §§ 114, 115 den (möglichen) **Inhalt von Entscheidungen** (Urteilen) der Verwaltungsgerichte **über Anfechtungs-** u **Verpflichtungsklagen** (s 1 ff zu § 42), soweit das Gericht dem Klageantrag ganz oder teilweise stattgibt. Die getroffenen Regelungen dienen zugleich der **Ausfüllung der Rechtsschutzgarantie gem Art 19 Abs 4 GG,** der grds bei VAen die vollständige Nachprüfung durch das Gericht in tatsächlicher u rechtlicher Hinsicht gewährleistet.[1] Ihr Gegenstand ist die prozessuale Durchsetzung von materiellrechtlichen Ansprüchen auf Erlaß eines VA (dazu, daß dies auch für die Anfechtungsklage als einer prozessualen Gestaltungsklage gilt, s 2 zu § 42). 1

Für **klageabweisende** Urteile in Vf gleich welcher Art u für stattgebende **Urteile** über **allg Leistungsklagen** (einschließlich der Unterlassungsklagen), **Feststellungsklagen** u besondere **Gestaltungsklagen** fehlen in der VwGO 2

[1] BVerfG 15, 282; 18, 212; 27, 33; 31, 117; 32, 197; 38, 38; NJW 1980, 36, 170; 1982, 746; BGH NJW 1981, 2133.

nähere Bestimmungen; insoweit kommen ergänzend zu den Vorschriften, in denen diese Klagen bzw entspr Urteile zugelassen oder erwähnt werden (vgl zB § 113 Abs 4, § 43 Abs 2 usw), gem § 173 S 1 **die Vorschriften** u allg Grundsätze **der ZPO** über den möglichen Inhalt gerichtlicher Entscheidungen zur Anwendung, ggf auch eine **analoge Anwendung des** § 113, zB **bei Leistungsklagen** gegen öffentliche Rechtsträger in bezug auf Leistungen, die im Ermessen einer Behörde stehen, des Abs 5 S 2 (Ma BWVPr 1977, 155 = JuS 1977, 711; s auch 9 zu § 42), wohl **nicht** dagegen auch, da insoweit die allg Feststellungsklage demselben Zweck dienen kann, des **Abs 1 S 4** (str; s unten 116). Vgl zu den Urteilsarten in der Vwgbk auch Schloer, JA 1988, 62. Analog anwendbar ist § 113 Abs 1 S 4 grds auch zB in gerichtlichen **Vf** gegen Akte von Behörden **nach der WBO** (NJW 1978, 1597), nach den **UnterbringungsGen** der Länder (zum BayUnterbringungsG BayObLG NJW 1983, 2645), nach dem **FreiheitsentziehungsG**[2] u in **Vf gegen** erledigte richterliche Durchsuchungsanordnungen **in StrafVf** (vgl hierzu auch BVerfG NJW 1997, 2163: Aufgabe von BVerfG 49, 329 = NJW 1979, 154). S auch unten 117.

3 **2. Aufhebung des angefochtenen VA und des Widerspruchsbescheids (Abs 1 S 1): a) Mögliche Gegenstände der gerichtlichen Aufhebung.** Bei Zulässigkeit u Begründetheit (s 1 ff vor § 40) einer Anfechtungsklage **hebt** das Gericht **durch Urteil** den angefochtenen **VA sowie,** wenn u soweit auch ein in der Sache ergangener Widerspruchsbescheid Gegenstand der Klage war – was außer in den Fällen gesonderter Anfechtung des Widerspruchsbescheids (§ 115) im Zweifel, auch wenn ein entspr Antrag nicht ausdr gestellt ist, bei Anfechtung des ursprünglichen VA immer anzunehmen ist (s 20 zu § 42) – auch den **Widerspruchsbescheid**[3] **auf** (sog „kassatorische" Entscheidung). Ausnahmen s unten 149. Zu Teilaufhebungen s unten 15 ff. Hat der Widerspruchsbescheid den angefochtenen VA nur bestätigt, ohne ihm eine weitere Beschwer hinzuführen, so ist an sich eine ausdr Aufhebung des Widerspruchsbescheids nicht erforderlich (RÖ-M. Redeker 5), im Interesse der Rechtsklarheit aber zweckmäßig u weitgehend üblich. **Entscheidungsformel** zB: „Der Bescheid des Landratsamts X vom 11. 2. 2005 AZ ... und der Widerspruchsbescheid der Regierung vom 11. 5. 2005 AZ ... werden aufgehoben". In den Fällen, in denen **der Widerspruchsbescheid allein Gegenstand der Klage** ist (§ 79 Abs 1 Nr 2 u Abs 2, § 115) oder in denen nur der Widerspruchsbescheid rechtswidrig ist u den Kl in seinen Rechten verletzt, der ursprüngliche (ebenfalls angefochtene) VA dagegen, vorbehaltlich einer Abänderung durch einen Widerspruchsbescheid, rechtmäßig (s 5 zu § 79), hebt das Gericht **nur den Widerspruchsbescheid** auf (s 5 zu § 79) u weist die Klage iü ab[4] **oder setzt das Vf** iü **bis zu einer neuen Entscheidung der Widerspruchsbehörde** aus.[5]

4 Eine Aufhebung kommt **auch** dann in Betracht, **wenn der angefochtene VA** oder Widerspruchsbescheid **nichtig** ist, da auch hier ein Bedürfnis für die **Beseitigung** des auch mit einem nichtigen VA verbundenen **Rechtsscheins**

---

[2] BayObLG BayVBl 1988, 541; 1989, 699; 1990, 349 u 1991, 221 mwN – jedoch kein Feststellungsinteresse mehr, wenn der ordentliche Richter bereits entschieden hat –; Münster NJW 1990, 3224.

[3] Vgl Münster NVwZ 1983, 414; NKVwGO-Wolff 138; Schenke 237; zT **aA** Dawin NVwZ 1987, 874: nur bei Klagenhäufung, wenn die Klagen gegen den Ausgangsbescheid u den Widerspruchsbescheid gegen denselben Bekl gerichtet sind.

[4] Mü BayVBl 1990, 371; Kopp JuS 1994, 742 ff; NKVwGO-Wolff 136 f; Schenke 242 u JZ 1996, 1010; Sch-Pietzcker 6 zu § 79; vgl auch BVerwG 13, 198; DVBl 1979, 429; Seibert BayVBl 1983, 174; **aA** Ma NVwZ 1990, 1085; Dawin NVwZ 1987, 872; Müller NJW 1982, 1370.

[5] 62, 80; Ma NVwZ 1990, 1085; Seibert BayVBl 1983, 174; **aA** Dawin NVwZ 1987, 872; Müller NJW 1982, 1370.

besteht[6] u zudem Gründe der Prozeßökonomie dagegen sprechen, dem Gericht im Rahmen der Anfechtungsklage die Prüfung aufzubürden, ob die angegriffene Entscheidung nur aufhebbar oder nichtig ist (vgl zu dieser umstrittenen Frage ausf 3 zu § 42); **das Gericht kann** dabei – anders als bei einer Klage auf Feststellung der Nichtigkeit eines VA nach § 43 Abs 1 – bei Anfechtungsklagen **die Frage der Nichtigkeit** überhaupt **dahingestellt sein** lassen, wenn jedenfalls die Voraussetzungen einer Aufhebung gegeben sind.

b) Die Rechtsverletzung des Kl. Voraussetzung für die gerichtlichen Aufhebung des VA ist nach § 113 Abs 1 S 1 die **Rechtswidrigkeit des VA** u eine dadurch herbeigeführte **RVerletzung des Kl** (anders nur bzgl einer RVerletzung bei objektiven Beanstandungsklagen gem § 42 Abs 2 Alt 1, s unten 27). Von diesen kumulativ aufgeführten Voraussetzungen ist freilich die Erwähnung der ersten **überflüssig,** da eine **subjektive RVerletzung** rechtslogisch immer die **objektive Rechtswidrigkeit** des VA **voraussetzt.**[7] Mit der Anknüpfung an eine subjektive RVerletzung trägt § 113 Abs 1 S 1 dem Umstand Rechnung, daß bei einer solchen **grds ein** (verfassungsrechtlich garantierter) **Beseitigungsanspr** entsteht (dazu eingehend Schenke Maurer-FS 723 ff; NVwZ 1993, 721 ff; Baumeister 1 ff), dessen prozessualer Durchsetzung die Anfechtungsklage dient. 5

c) Das Bestehen eines Beseitigungsanspruchs. Auch wenn die in § 113 Abs 1 S 1 genannten rechtlichen Voraussetzungen der Aufhebung des angefochtenen VA (Rechtswidrigkeit u Verletzung subjektiver Rechte des Kl) an sich gegeben wären, ist die **Aufhebung des VA** dann **ausgeschlossen u** kommt nur eine Feststellung der Rechtswidrigkeit des VA analog Abs 1 S 4 in Betracht (s unten 95), falls der Kl **(ausnahmsweise) keinen Rechtsanspr auf Beseitigung des VA** besitzt. Das trifft etwa bei **verfahrensfehlerhaften** VAen gem § 46 VwVfG zu,[8] ferner zT auch in anderen Fällen, in denen der VA bei seiner Aufhebung zB aufgrund einer Veränderung der Sach- oder Rechtslage alsbald **mit demselben Inhalt wieder erlassen** werden müßte (vgl Schenke 327 f mit weiteren Beispielen u unten 48 ff) sowie bei fehlerhaften Nebenbestimmungen, wenn deren Aufhebung ausscheidet, weil der RestVA rechtswidrig ist oder die Teilaufhebung des VA den Ermessensspielraum beschnitte (s 24 zu § 42). Denkbar ist zudem, daß das Recht trotz der prinzipiellen verfassungsrechtlichen Verankerung des Beseitigungsanspr (s Schenke NVwZ 1993, 721 f) aus besonderen, verfassungsrechtlich nicht zu beanstandenden Gründen **den Anspr ausschließt** (s unten 108), wie dies etwa von der Rspr iVm der beamtenrechtlichen Konkurrentenklage angenommen wird,[9] oder ihn **einschränkt** bzw modifiziert. **Ausge-** 6

---

[6] BFH NVwZ 1986, 792; NJW 1987, 920; Mü BayVBl 1976, 239; NVwZ 1990, 394; VG Potsdam NVwZ 1999, 214; Ehlers NVwZ 1990, 108: unter Hinweis darauf, daß die Zulässigkeit auch von Anfechtungsklagen in § 43 Abs 2 S 2 vorausgesetzt werde; Würt 272.

[7] S Schenke 730; dazu, daß sich die Erwähnung der Rechtswidrigkeit auch nicht dadurch rechtfertigen läßt, daß es für die Beurteilung der Rechtswidrigkeit u der subjektiven RVerletzung auf unterschiedliche Zeitpunkte ankomme, s unten 30.

[8] Vgl unten 55; Lü DVBl 1999, 256; NKVwGO-Wolff 18, 50; Schenke 326 ff u 809 f; DÖV 1986, 305 ff; Sch-Gerhardt 4 vor § 113; 26 f zu § 113; Schöbener DV 2000, 481; Wernsmann DVBl 2005, 282.

[9] S 49 zu § 42; anders unter Berufung auf Art 19 Abs 4 GG Wernsmann DVBl 2005, 282 f für den Fall, daß der (befähigste) Mitbewerber nicht über die bevorstehende Ernennung informiert wurde. Folgt man dieser Ansicht, so setzt die Ablehnung einer teleologischen Reduktion des § 113 Abs 1 S 1 allerdings voraus, daß in diesem Fall ein Anspr des verletzten Mitbewerbers auf Beseitigung (Rücknahme) der Ernennung besteht. Ohne die Bejahung eines solchen Anspr würde eine nur aus Art 19 Abs 4 GG abgeleitete Bejahung der Aufhebungsbefugnis zu der auch von Wernsmann (DVBl 2005, 282) abgelehnten Diskrepanz von materiellem Recht u Prozeßrecht führen. Der dogmatische Ansatzpunkt für die Lösung Wernsmanns dürfte denn auch weniger in Art 19 Abs 4 GG als (zumindest auch) in Art 33 Abs 2 GG zu sehen sein, denn dieses verfassungsmäßig garantierte materielle Recht

schlossen hat der Gesetzgeber den Anspr auf Beseitigung eines den Kl in seinen Rechten verletzenden VA iVm Planfestsstellungsbeschlüssen gem Vorschriften wie **§ 75 Abs 1a S 1 VwVfG** u **§ 17e Abs 6 S 1 FStrG** sowie ähnlichen planungsrechtlichen Bestimmungen (s näher 32 zu § 42 u unten 108), in denen in Anlehnung an § 214 Abs 3 S 2 BauGB aF (BT-Dr 12/5284, 35; heute § 214 Abs 1 Nr 1 u Abs 3 S 2 BauGB) bestimmt ist, daß **Mängel** bei der Abwägung der von dem Vorhaben berührten öffentlichen u privaten Belange nur erheblich sind, wenn sie **offensichtlich u auf das Abwägungsergebnis von Einfluß gewesen sind.**[10] Auf das Abwägungsergebnis sind sie bereits dann von Einfluß, wenn die **konkrete Möglichkeit** besteht, daß ohne den Mangel die Planung anders ausgefallen wäre (100, 379; NuR 1998, 306; Storost NVwZ 1998, 802). Folgt aus der RVerletzung des Kl kein Beseitigungsanspr, sondern hat dieser nur, ohne daß hierdurch die Rechtmäßigkeit des Planfeststellungsbeschlusses iü berührt wird, einen **Anspr auf eine Schutzauflage gem § 74 Abs 2 S 2 VwVfG,** kann er diesen (ggf nach Anregung des Gerichts gem § 86 Abs 3) im Wege einer Verpflichtungsklage geltend machen.[11] Bei anderen iSd § 75 Abs 1a S 2 VwVfG bzw § 17e Abs 6 S 2 FStrG erheblichen **Mängeln,** die durch eine **Planergänzung oder durch ein ergänzendes Vf behoben werden können,** kommt nach Ansicht des BVerwG an der Stelle einer gerichtlichen Aufhebung nur die **Feststellung der Rechtswidrigkeit des Planfeststellungsbeschlusses sowie die Feststellung seiner Nichtvollziehbarkeit** bis zur Behebung des Mangels in Frage,[12] die allerdings der Sache nach häufig auf eine auflösend bedingte verwaltungsgerichtliche Aufhebung hinausläuft u ein Minus im Verhältnis zur Aufhebung darstellt. Ein ergänzendes Vf nach § 17e Abs 6 S 2 FStrG kommt bei Form- oder Verfahrensfehlern wg **§ 46 VwVfG** nicht in Betracht, wenn der Fehler die Entscheidung in der Sache **offensichtlich nicht beeinflußt** hat (Lü DVBl 1999, 256). Soweit ein Anspr auf Beseitigung eines den Kl in seinen Rechten verletzenden VA verneint bzw modifiziert wird, ergibt sich das Verbot **einer gerichtlichen Aufhebung** aus einer **teleologischen Reduktion des § 113 Abs 1 S 1,** da es am materiellrechtlichen Anspr fehlt, der mit der Anfechtungsklage als einer prozessualen Gestaltungsklage verfolgt wird (vgl Schenke 809). Dem **instrumentalen Charakter des Prozeßrechts** entsprechend, darf die Entscheidung des Verwaltungsgerichts **nicht zu einem Ergebnis führen, das mit dem materiellen Recht im Widerspruch steht** (zur Frage, welche Konsequenzen es für die **Zulässigkeit einer Klage** hat, wenn die **Aufhebung trotz subjektiver RVerletzung** ausgeschlossen ist, iVm § 46 VwVfG 95 zu § 42, iVm Planfeststellungsbeschlüssen 32 zu § 42; s zur Umdeutung von Klageanträgen 32 zu § 42).

7 **Keine Ausnahme** vom Grundsatz der Aufhebung rechtswidriger VA ist dagegen für Fälle anzuerkennen, in denen die **Rückabwicklung** der durch den VA geschaffenen Verhältnisse nur uU mit **erheblichen Schwierigkeiten verbunden** ist oder aus tatsächlichen Gründen nur beschränkt oder überhaupt

---

wäre nur ganz unvollkommen geschützt, wenn der Beseitigungsanspruch selbst dort ausgeschlossen wäre, wo für den Betroffenen tatsächlich gar keine Möglichkeit bestand, sich gegen die Verletzung des Art 33 Abs 2 GG zu wehren. Allerdings ist fraglich, ob es zur Durchsetzung eines aus Art 33 Abs 2 GG (ausnahmsweise abzuleitenden) Anspr auf Ernennung überhaupt einer Aufhebung der rechtswidrigen Ernennung des Konkurrenten bedarf (s 50 zu § 42; OVG Münster NVwZ-RR 2006, 348).

[10] Zum Versuch des BVerwG, verfassungsrechtlichen Einwänden gegen diese Vorschriften durch eine verfassungskonforme Auslegung zu begegnen s 100, 379; NVwZ-RR 1996, 68 u 32 zu § 42; Storost NVwZ 1998, 801; diese Regelung begrüßend Ronellenfitsch NVwZ 1999, 583ff.

[11] S hierzu 85, 62f = NVwZ 1990, 967; DVBl 1997, 832f; Br NVwZ-RR 1994, 189, Lü DVBl 1999, 256; Sch-Gerhardt 26; 32 zu § 42.

[12] Vgl 100, 370; DVBl 1997, 714; NuR 1998, 259; s auch unten 108.

nicht mehr möglich ist (anders bei Erledigung, s unten 101 sowie 58 zu § 42), wie dies zB bei der Anfechtung der **Errichtung einer juristischen Person** durch VA unmittelbar oder als Folge einer konstitutiven Genehmigung der Errichtung durch VA der Fall ist (vgl Kopp SGb 1994, 236; **aA** BSG SGb 1994, 233).

d) Wirkungen der Aufhebung. Die Aufhebung **wirkt** grds **auf den Zeitpunkt des Erlasses des** VA zurück;[13] **wenn die Rechtswidrigkeit** des VA **erst später eingetreten** ist (zB als Folge einer gesetzlichen Neuregelung, die auch bereits erlassene VAe erfaßt, jedoch ohne Rückwirkung), auf diesen Zeitpunkt (vgl 22, 16; 28, 202; 59, 160; Ms DÖV 2001, 480; Schenke 790). Sie hat zur Folge, daß der **VA als nicht ergangen zu behandeln ist** u die Behörde u die Beteiligten auch in bezug auf Dritte den Zustand herstellen müssen, der bestehen würde, wenn der VA nicht ergangen wäre, zB die Behörde dem Bürger den beschlagnahmten Gegenstand zurückgeben muß (sog **FBA,** s unten 80 ff), gezahlte Säumniszuschläge erstatten muß,[14] der durch den VA begünstigte Bürger der Behörde die empfangene Leistung zurückgeben bzw erstatten muß (sog Erstattungsanspr), das ihm verliehene Amt wieder verliert usw. Auch wenn der für die Beurteilung maßgebliche Zeitpunkt derjenige der gerichtlichen Entscheidung ist (s unten 35 ff), erfolgt die Aufhebung auch hins der in die Zukunft wirkenden Regelungen nicht nur mit Wirkung ex nunc (so aber Sch-Gerhardt 34). Die Frage, welcher Zeitpunkt für die Entscheidung über das Bestehen des mit der Anfechtungsklage verfolgten Beseitigungsanspr **maßgeblich ist, hat nichts damit zu tun, ab wann dieser Beseitigungsanspr besteht.** Denkbar ist allerdings, daß eine Aufhebung eines VA mit Wirkung ex tunc wg **fehlenden RSB** ausgeschlossen ist. Zu weit geht es jedoch (so aber Ma NVwZ-RR 1991, 482), bei VAen mit Dauerwirkung, wie zB einer Sonderschuleinweisung, idR eine Erledigung des VA hins seiner Wirkung für die Vergangenheit zu bejahen. Eine derartige Aufspaltung eines VA mit Dauerwirkung erscheint zumindest dann nicht angebracht, wenn der Kl den für ihn wirksamen VA in der Vergangenheit nicht befolgte, denn hier müßte er sich ohne rückwirkende Aufhebung des VA den Vorwurf gefallen lassen, sich rechtswidrig verhalten zu haben; anderes ist allerdings dort erwägbar, wo der Betroffene den VA deshalb nicht zu befolgen brauchte, weil die Wirksamkeit infolge Anfechtung suspendiert wurde (s GewA 1973, 139; Ma GewA 1972, 137). 8

Wird vom Gericht ein **VA, der einen (anderen) vorangegangenen früheren VA aufhebt** oder abändert, **aufgehoben,** so **lebt** grds der ursprüngliche VA wieder auf bzw erhält seinen ursprünglichen Inhalt wieder (Ma VBlBW 1992, 425), **es sei denn,** dem nunmehr aufgehobenen neueren VA ist bei objektiver Betrachtung (vgl KR 18 ff zu § 35 VwVfG mwN) der Wille zu entnehmen, **daß** der ältere VA **jedenfalls aufgehoben** werden solle (was im Zweifel nicht anzunehmen ist, wenn der ältere VA auch eine in sich sinnvolle Regelung enthält, die den in der Behörde in der Sache verfolgten Zielsetzungen jedenfalls näher kommt als die Beseitigung jeglicher Regelung) **u das Gericht nimmt** diesen Teil des neueren VA von der Aufhebung **aus.**[15] **Voraussetzung** ist jedoch, daß die Anfechtungsklage nicht ebenfalls mit der Anfechtung des späteren VA zugleich auch die ursprüngliche Regelung mit erfaßte, weil diese ganz oder teilweise auch Inhalt des späteren VA geworden war. 9

---

[13] NVwZ 1983, 608; Ma NVwZ 1985, 204; NKVwGO-Wolff 145; Preusche JuS 1997, 642; RÖ-M. Redeker 5; Schenke 805.

[14] **AA** insoweit Mü NVwZ-RR 1990, 107; s auch FG Kassel NVwZ 1983, 576.

[15] Vgl NVwZ 1993, 366: ein im Laufe des verwaltungsgerichtlichen Streitverfahrens geänderter VA darf nicht allein wg eines der Änderung anhaftenden Rechtsfehlers insgesamt aufgehoben werden, wenn nach dem Willen der Behörde für diesen Fall der VA in seiner ursprünglichen Fassung fortgelten soll.

Wird **nur der Widerspruchsbescheid aufgehoben** (s hierzu auch unten 15), so **lebt** der durch den Widerspruchsbescheid aufgehobene oder abgeänderte VA in seiner ursprünglichen Form u mit dem ursprünglichen Inhalt **wieder auf** (FG Münster NJW 1986, 220; Schenke 237). Gehören Ausgangs- u Widerspruchsbehörde verschiedenen Rechtsträgern an, so ist im Zweifel immer davon auszugehen, daß der AusgangsVA vorbehaltlich einer neuen Regelung der Angelegenheit durch die Ausgangsbehörde jedenfalls vorläufig wieder in Kraft treten soll.

Durch die verwaltungsgerichtliche Aufhebung des VA wird zugleich in **RKraft festgestellt,** daß der Kl durch den VA **in seinen Rechten verletzt** wurde u ihm ein **Anspr auf dessen Aufhebung** zustand (8 zu § 90). Das Urteil **hindert** in diesen Fällen, wie auch sonst bei Aufhebung eines VA, grds sowohl die Behörde als auch die Widerspruchsbehörde bei gleichbleibender Sach- oder Rechtslage erneut wieder einen, mit dem aufgehobenen VA bzw Widerspruchsbescheid **inhaltsgleichen VA bzw Widerspruchsbescheid zu erlassen,** der denselben Fehler aufweist, aufgrund dessen die Aufhebung des VA erfolgte (s dazu, sowie zu Ausnahmen davon 21 zu § 121; NVwZ 1993, 673; Kopp NVwZ 1994, 1; Schnapp/Cordewener JuS 1999, 44).

10 **Grenzen** ergeben sich für die Rückabwicklung der Folgen eines rechtswidrigen, vom Gericht aufgehobenen VA, soweit besondere Rechtsvorschriften fehlen, aus den auch im öffentlichen Recht anzuwendenden **Grundsätzen des Vertrauensschutzes** u des **Bereicherungsrechts** sowie des Grundsatzes von **Treu u Glauben.** S auch unten 80 ff. **Soweit eine Naturalrestitution** oder sonstige Form der Folgenbeseitigung **nicht möglich ist** oder den Betroffenen ein darüber hinausgehender Schaden entstanden ist, haben die Betroffenen **Anspr auf Entschädigung** bzw Schadensersatz unter dem Gesichtspunkt des enteignungsgleichen Eingriffs u der Aufopferung bzw spezialgesetzlicher Bestimmungen, bei schuldhaftem Handeln eines Amtsträgers auch aus Amtshaftung.

11 Mit der Aufhebung des VA **entfällt** grds auch **die Strafbarkeit** eines Verstoßes gegen den VA, sofern nicht ausnahmsweise eine Strafvorschrift die Strafbarkeit allein an die Zuwiderhandlung ohne Rücksicht auf die Rechtmäßigkeit des VA knüpft, was im Regelfall nicht anzunehmen ist.[16] Vgl zur Bedeutung der aW für die Strafbarkeit auch 29 zu § 80. Andererseits ist der Strafrichter **auch schon vor der Aufhebung** des VA nicht gehalten, diesen als bindend anzusehen, sondern kann u muß (vgl BVerfG DVBl 1993, 151 zu einem OrdnungswidrigkeitenVf) die Frage der Rechtswidrigkeit selbst beurteilen, wenn die Strafbarkeit an die Rechtmäßigkeit des VA geknüpft ist.[17] Allg zur **Strafbarkeit** eines **Verstoßes** gegen straf- oder bußgeldbewehrte VAe oder wg nicht genehmigter Tätigkeiten vgl Wüterich NStZ 1987, 106; s auch Schenke/Roth WuV 1997, 84 ff; eingeh Frisch, Verwaltungsakzessorität und Tatbestandsverständnis im Umweltstrafrecht, 1993; Spannowsky UPR 1994, 401 ff; Winkelbauer, Zur Verwaltungsakzessorität des Umweltstrafrechts, 1985. **Umgekehrt** wird mit der Aufhebung eines, ein sonst strafbares Verhaltens legitimierenden, VA das entspr **Verhalten nicht** mit Rückwirkung **wieder strafbar.**

12 Die Aufhebung des VA bzw die Feststellung der Rechtswidrigkeit gem § 113 Abs 1 S 4 **bindet** mit RKraft des Urteils auch den Zivilrichter **im Amtshaftungsprozeß** u im Prozeß wg Entschädigung aus Enteignung enteignungsglei-

---

[16] OLG Frankfurt NJW 1967, 262; Berg WuV 1982, 169; Lorenz DVBl 1971, 165; NKVwGO-Wolff 149 f; s auch Janicki JZ 1968, 94; Schenke JR 1970, 449; **aA** – sofern der VA nicht infolge der aW eines Rechtsbehelfs im Zeitpunkt der Handlung unbeachtlich war – BGHSt 23, 86 = NJW 1969, 2025; 1982, 189; OLG Karlsruhe NJW 1978, 116.

[17] Vgl BFH NJW 1984, 1255; Bachof SJZ 1952, 213; vgl auch BayObLG NJW 1992, 1120: bei Aufhebung des Urteils, mit dem die Fahrerlaubnis entzogen worden ist, im Wiederaufnahmeverfahren auch keine Bestrafung wg Fahrens ohne Führerschein in der Zwischenzeit.

chen oder enteignenden Eingriffs oder Aufopferung, u zwar nach der Rspr des BGH nicht nur hins der Frage, ob der VA Bestand hat, sondern **auch** hins der **Beurteilung der Rechtswidrigkeit** des VA, die für die Aufhebung durch das VG maßgeblich war;[18] **anderes** gilt **hins der Begründung,** warum der VA rechtswidrig ist, u hins der Beurteilung der Amtspflichtwidrigkeit (Schenke 585) u des Verschuldens (BGH 20, 383; NVwZ 1985, 265; 1987, 229).

Ähnlich wie der Strafrichter (s oben 11) ist nach der Rspr der Zivilgerichte auch **der Zivilrichter im Amtshaftungsprozeß** u **im Prozeß wg Enteignung,** enteignungsgleichen Eingriff usw auch **schon vor Aufhebung des VA** frei, die Frage der Rechtmäßigkeit des VA in eigener Verantwortung **inzident zu prüfen** u die Ergebnisse dieser Prüfung seiner Entscheidung zugrunde zu legen.[19] Offen BGH NJW 1991, 1168, ob etwas anderes für VAe gilt, denen aufgrund eines besonderen Vf eine **erhöhte Bestandskraft** zukommt (ausf zur Problematik mit teilw abw Ansicht Sch-Gerhardt 15 ff vor § 113).

e) Bindung der Behörde bei Aufhebung eines VA. Die Aufhebung eines 13
VA gem § 113 Abs 1 hat gem § 121 (21 zu § 113) zur Folge, daß die Behörde **auch einen neuen VA mit gleichem Inhalt** wie der aufgehobene VA den Beteiligten ggü **nicht,** dh jedenfalls nicht mehr aus den Gründen, die für die Entscheidung des Gerichts maßgeblich waren (vgl unten 22), **erlassen darf.**[20] **Ein Verstoß gegen diese Bindungswirkung** macht den neuen VA rechtswidrig. Die Rechtswidrigkeit kann jedoch nur nach erneutem VorVf mit einer neuen Klage geltend gemacht werden. **Soweit die Bindungswirkung** des Urteils einem neuen VA **nicht entgegensteht,** etwa weil das Gericht den VA nur wg eines Form- oder Verfahrensfehlers aufgehoben hat, laufen auch von der Behörde für ihre Entscheidung **zu wahrende Fristen** erst wieder ab RKraft des Urteils (vgl Hbg VRspr 27, 175; str). Im ursprünglichen Vf **bereits gewahrte Fristen** bleiben auch für das neue Vf gewahrt.

Betrifft die Aufhebung die Ablehnung eines begünstigenden VA, an 14
dessen Ergehen der Kl nach wie vor interessiert ist (Fälle der sog isolierten Anfechtungsklage, s dazu 30 zu § 42), so muß die Behörde nach Maßgabe des materiellen Rechts nunmehr erneut – unter Beachtung der Bindungswirkung (§ 121) des aufhebenden Urteils entscheiden. Auch hier bleiben **Fristen, insb Antragsfristen,** die der Kl schon im ursprünglichen Vf gewahrt hat, auch für das neue Vf gewahrt. **Gegen einen neuen ablehnenden Bescheid** kann der Betroffene aber nur nach erneutem VorVf bzw gem § 75 Klage erheben. Für die **Anwendung von § 75** ist dabei grds nur der Zeitraum nach Eintritt der RKraft des Aufhebungsurteils maßgeblich (vgl Hbg VRspr 27, 175), doch sind bei der Beurteilung, ob die Voraussetzungen des § 75 erfüllt sind, ggf auch die verwertbaren Ermittlungsergebnisse des ursprünglichen Vf zu berücksichtigen.

3. Aufhebung nur des Widerspruchsbescheids, Teilaufhebung (Abs 1 15
S 1): Auch bei Urteilen in Anfechtungssachen ist das Gericht nach § 88 **an das Klagebegehren gebunden;** darüber hinaus stellt § 113 Abs 1 S 1 klar, daß, auch wenn ein VA ganz angefochten wurde, das Gericht ihn jedenfalls **nur dann u nur insoweit** (ganz oder teilweise) **aufheben** kann, wenn bzw soweit er **rechtswidrig** ist u der **Kl** dadurch **in seinen Rechten verletzt** ist, also nicht allein wg objektiver Rechtswidrigkeit (s auch unten 24 ff). Wird der VA, wie dies

---

[18] Vgl zur Amtshaftung NJW 1979, 2098; DVBl 1983, 628; BGH 9, 329; 90, 23 mwN = NJW 1984, 1169; NJW 1993, 531; OLG Düsseldorf NVwZ-RR 1993, 453; s auch 12 zu § 121.

[19] Vgl BGH 9, 131; 113, 17 = NJW 1987, 831; NJW 1991, 1168 = DVBl 1991, 379 m krit Anm Schröder DVBl 1991, 751; krit Papier JZ 1986, 183; Schröder DVBl 1991, 751; Broß VerwA 1991, 595; Berkemann DVBl 1986, 183; JR 1992, 18; Lege NJW 1990, 871; Jeromin NVwZ 1991, 543; zT **aA** KR 22 zu § 43 VwVfG.

[20] BVerwG 14, 361; BVerfG 47, 165; NJW 1978, 1155; BayVBl 1985, 238; Schenke 624.

idR zutrifft, in der Gestalt angefochten, die er durch den Widerspruchsbescheid gefunden hat (s § 79 Abs 1 Nr 1), weist aber **nur der Widerspruchsbescheid einen Fehler** auf, so ist nach § 113 Abs 1 S 1 **nur dieser aufzuheben** (s auch 1 zu § 79).[21] Das trifft selbst dann zu, wenn die Entscheidung der Widerspruchsbehörde zwar den Inhalt des VA nicht verändert hat, aber einen Ermessensfehler beinhaltet, den der Ausgangsbescheid nicht enthielt (s 5 u 11 zu § 79 ausf Schenke JZ 1996, 1010). Die gegenteilige Ansicht (so zB Ma NVwZ 1990, 1086) führt dazu, daß das Gericht den rechtmäßig erlassenen AusgangsVA aufheben müßte, obwohl dieser **mit demselben Inhalt u derselben Begründung wieder erlassen werden könnte.** Als Konsequenz einer dennoch erfolgten Aufhebung ergäbe sich häufig nur eine **zeitliche Verzögerung** des (verwaltungsbehördlichen u verwaltungsgerichtlichen) **Rechtsschutzes.** Mit den Grundsätzen der **Rechtsschutzeffektivität** u der **Prozeßökonomie** läßt sich ein solches Ergebnis schwerlich in Einklang bringen. Es wäre auch damit nicht vereinbar, daß die Anfechtungsklage ein Instrument zur Durchsetzung eines bei einer subjektiven RVerletzung entstehenden **Beseitigungsanspr** darstellt (s oben 5), es an einem solchen aber im Hinblick auf die Rechtmäßigkeit des Ausgangsbescheids fehlt. Die Vorstellung, die Rechtswidrigkeit des Widerspruchsbescheides führe zugleich zur Rechtswidrigkeit des rechtmäßig erlassenen Ausgangsbescheids, **entbehrt einer ausreichenden sachlichen Legitimation** (insb wenn Ausgangs- u Widerspruchsbehörde anderen Rechtsträgern angehören) u überzeugt jedenfalls aus **systematischen** u **kompetenzrechtlichen Gründen** nicht. Sie stünde zudem im Widerspruch dazu, daß die in **§ 79 Abs 2 S 1** ausdr vorgesehene Möglichkeit der isolierten Anfechtung des Widerspruchsbescheids nur dann sinnvoll ist, wenn man davon ausgeht, daß ein nur dem Widerspruchsbescheid anhaftender Fehler lediglich zu dessen Aufhebung führt u damit dem Kl zur Vermeidung einer tlw prozessualen Niederlage die Möglichkeit eingeräumt sein muß, seinen Antrag von vornherein nur auf die Aufhebung des Widerspruchsbescheids zu beschränken.[22] Bestünde bei Ermessensfehlerhaftigkeit des Widerspruchsbescheids wahlweise für den Betroffenen die Möglichkeit, sowohl die Aufhebung nur des Widerspruchsbescheids wie auch die zusätzliche des Ausgangsbescheids herbeizuführen, **entfiele** für diesen in aller Regel ein vernünftiger **Grund für die Beschränkung seiner Anfechtung** lediglich auf den Widerspruchsbescheid u würde damit der mit **§ 79 Abs 2 S 1 (auch) verfolgte prozeßökonomische Zweck in Frage gestellt.** Geht man, wie hier vertreten, davon aus, daß bei einem nur dem Widerspruchsbescheid anhaftenden Fehler ausschließlich dieser aufzuheben ist, so steht der Ausgangsbescheid unter dem **Vorbehalt seiner Aufhebung durch einen neu zu erlassenden Widerspruchsbescheid** u wird insoweit nicht bestandskräftig (Schenke JZ 1996, 1010).

16 **Bei VAen** bzw Widerspruchsbescheiden mit **teilbarem Inhalt** muß sich die Aufhebung deshalb **auf die Teile beschränken,** welche **die RVerletzung** für den Kl beinhalten („soweit"). **Voraussetzung** für eine **nur teilweise Aufhebung** eines VA bzw Widerspruchsbescheids ist analog § 44 Abs 4 VwVfG (s auch 24 zu § 42), daß der in Frage stehende Teil nicht mit den übrigen Teilen des VA (Widerspruchsbescheids) in einem untrennbaren inneren Zusammenhang steht, vielmehr die übrigen Teile auch selbständig bestehen können u durch die

[21] Detterbeck Streitgegenstand 183; Kopp JuS 1994, 742; NKVwGO-Wolff 141; Scheerbarth, Die verwaltungsbehördliche Reformatio in peius und ihre prozessuale Problematik, 1996, 63 ff; Schenke 237; JZ 1996, 1010 f; **aA** Buchh 310 § 79 VwVfG Nr 7, 13, 18; Ma NVwZ 1990, 1085.

[22] Zu Bedenken gegen die ua von Ma NVwZ 1990, 1085 f vertretene Ansicht, derzufolge bei einer fehlerhaften Ermessensentscheidung, die den Tenor des AusgangsVA nicht verändert, grds eine isolierte Anfechtbarkeit ausgeschlossen sein soll, s ausf Schenke JZ 1996, 1010 sowie 11 zu § 79.

Teilaufhebung nicht eine andere Bedeutung erlangen würden, als ihnen im Zusammenhang des ursprünglichen (ganzen) VA zukam.[23] So ist bei einer Klage, die sich gegen eine Baugenehmigung richtet, die unter Verletzung nachbarschützender Bestimmungen zustande kam, **grds die gesamte Baugenehmigung** aufzuheben u nicht nur der Teil, der die Verletzung von Nachbarrechten impliziert.[24] Das liegt auf der Hand, wenn die nach der Teilaufhebung verbleibende Genehmigung sich auf einen vom BauASt nicht gewollten u auch nicht genehmigungsfähigen Anlagentorso beziehen würde; es gilt aber auch dann, falls die Anlage, auf welche sich eine „Restgenehmigung" bezöge, für sich gesehen zwar genehmigungsfähig wäre, aber durch den BauASt nicht gewollt wäre u es deshalb an einem diesbezüglichen Bauantrag fehlte. Sofern das Bauvorhaben in dem Umfang, in dem durch seine Verwirklichung keine nachbarschützenden Vorschriften verletzt werden, genehmigungsfähig u auch durch den BauASt gewollt ist, scheidet eine völlige Aufhebung der Baugenehmigung aus u ist nur der **Teil der Baugenehmigung aufzuheben, der Nachbarrechte verletzt** (s auch Ma VBlBW 1981, 400). Für die **Fassung des Entscheidungssatzes des Urteils** bei nur teilweiser Aufhebung gelten die Ausführungen über die Fassung des Klageantrags bei Teilanfechtungen (s dazu 21 zu § 42) entspr. Möglich ist zB auch die Teilaufhebung eines VA dahin, daß der Kl die geforderte Leistung nicht schlechthin zu erbringen hat, sondern ihm die Beschränkung seiner Haftung auf den Nachlaß vorbehalten bleibt (36 zu § 42). Zur **Aufhebung eines VA, weil eine** nach Lage der Dinge erforderliche **Teilregelung,** zB eine Auflage, fehlt, s 33 zu § 42.

Die isolierte Aufhebung von Nebenbestimmungen (Auflage, Bedingung, 17 Befristung, Widerrufsvorbehalt) **zu einem begünstigenden** VA, zB zu einer Baugenehmigung, ist analog § 44 Abs 4 VwVfG **nur** möglich (und geboten), **wenn der Kl Anspr** auf Erlaß des VA ohne die belastende Nebenbestimmung hat oder wenn bei einem **ErmessensVA** feststeht, daß die Verwaltung bei Kenntnis der Rechtswidrigkeit der Nebenbestimmung den VA **ohne einschränkende Nebenbestimmung** erlassen hätte (s 24 zu § 42 mwN). **Auf die Art der Nebenbestimmung,** insb ob es sich um eine Auflage oder eine Bedingung handelt, **kommt** es dagegen **nicht an** (s 22 zu § 42). Die Grundsätze für die Anfechtung u isolierte Aufhebung von Nebenbestimmungen gelten auch für **modifizierende Auflagen u Gewährungen** (s 23 zu § 42), auch wenn bei diesen in praxi idR eine Teilaufhebung ausscheiden dürfte. **Dasselbe gilt** auch für **sonstige Bestimmungen zu einem belastenden VA,** zB die einer Abbruchsverfügung beigefügte Fristsetzung, wenn nur diese angefochten ist u das Gericht zu der Überzeugung kommt, daß die Frist zu kurz ist.

Ist nach den dargelegten **Grundsätzen die isolierte Aufhebung** eines Teils 18 des VA wg des inneren Zusammenhangs mit den übrigen Teilen **nicht möglich,** beharrt der Kl auch nach einem richterlichen Hinweis gem § 86 Abs 3 auf der Aufhebung nur eines Teils eines VA u scheidet auch eine Umdeutung aus (dazu 25 zu § 42), so ist die auf **Teilaufhebung gerichtete Anfechtungsklage unbegründet** (22 u 24 zu § 42); in Betracht kommt nur eine Feststellung der Rechtswidrigkeit der Nebenbestimmung in analoger Anwendung des § 113 Abs 1 S 4 (24 zu § 42). Nicht überzeugend ist demgegenüber die Ansicht, in einem solchen Fall sei der gesamte VA aufzuheben (so aber zB 10. Aufl 17), was bedeutete, daß der Kl auch die mit der ihn belastenden Teilregelung verbundene Begünstigung verlieren würde.

---

[23] 90, 50; DVBl 1989, 520; NVwZ-RR 1993, 225; Ey-J. Schmidt 9; Erichsen § 15, 29; Laubinger VerwA 1982, 365; Schenke 806 – § 44 Abs 4 VwVfG analog; **aA** Bln NVwZ 1993, 593; s dazu auch unten 17 ff). Vgl zum Begriff der Teilbarkeit 21 ff zu § 42.

[24] S auch Ma VBlBW 1983, 266; Sa BRS 56 Nr 184, S. 478; **aA** Bln NVwZ 1993, 593.

19 Außer in sachlicher Hinsicht kann die **Aufhebung** auch in **persönlicher Hinsicht,** zB insoweit, als der angefochtene VA von mehreren Kl den Kl zu 1) betrifft, oder **in zeitlicher Hinsicht beschränkt sein** u sich insoweit als Teilaufhebung darstellen, zB wenn ein VA erst ab einem bestimmten Zeitpunkt rechtswidrig geworden ist.[25] Zur Frage des Umfangs der Aufhebung einer Allgemeinverfügung s 21 zu § 42.

Möglich ist bei Vorliegen besonderer Umstände nach umstrittener Ansicht sogar eine **Aufhebung** des angefochtenen VA **mit Wirkung erst ab einem** bestimmten **zukünftigen Zeitpunkt** (s auch NKVwGO-Wolff 146; Sch-Gerhardt 34), insb **wenn** die rückwirkende Aufhebung oder eine Aufhebung ex nunc erhebliche, anders nicht zu vermeidende Störungen oder sonst **nicht** oder nur schwer **wiedergutzumachende Schäden** für das Gemeinwohl zur Folge hätte oder zwingende Erfordernisse wirksamen Rechtsschutzes (einschließlich des Schutzes des Vertrauens der Drittbetroffenen auf den Bestand des VA) widersprechen würde (s auch Sch-Gerhardt 30 zu Übergangsregelungen). **Rechtsgrundlage dafür** ist beim Fehlen einfachgesetzlicher Regelungen der dem Verfassungsrecht zuzurechnende besondere **Gemeinwohlvorbehalt,** der als ungeschriebenes Recht das sonst anwendbare materielle Recht in diesen Fällen ergänzt.

20 **4. Spruchreife der Sache bei Anfechtungsklagen:** Bei der Anfechtungsklage stellt sich, anders als bei der Verpflichtungsklage (s Abs 5 S 2; dazu unten 178 ff), idR die Frage der **Spruchreife** der Sache nicht. Ist der angefochtene VA rechtswidrig u **verletzt er den Kl in seinen Rechten,** so hat dieser grds einen **Anspr auf Beseitigung des VA** u ist dieser deshalb aufzuheben. Es bleibt dann der Behörde überlassen, ob sie, wenn der Fehler behebbar ist, einen neuen VA mit gleichem oder ähnlichem Inhalt erlassen will. Dies gilt jedenfalls **bei Ermessensentscheidungen** (s auch 4 ff zu § 114, teilw anders bei gebundenen Entscheidungen, s unten 21 sowie 55 ff), u zwar grds auch dann, wenn nicht auszuschließen ist, daß die Behörde möglicherweise **aufgrund anderer Feststellungen oder Überlegungen,** anderer Rechtsgrundlagen usw zum gleichen Ergebnis gekommen wäre oder hätte kommen können. Es wäre mit der Funktion der Gerichtsbarkeit im gewaltenteiligen Rechtsstaat des GG nicht vereinbar – auch nicht unter den Gesichtspunkten vermeintlicher Prozeßökonomie –, daß die Gerichte VAe bestätigen müßten, die jedenfalls so, aufgrund des Verfahrens, in dem sie ergangen sind, u aufgrund der Feststellungen u Überlegungen der Behörde, die dafür maßgeblich waren, keinen Bestand haben können.[26] **Die Gerichte dürfen grds keine Vollzugsverantwortung** übernehmen, die im gewaltenteiligen Staat primär der Exekutive zukommt u die mit ihrer reinen Kontrollaufgabe[27] nicht vereinbar wäre.[28] **Sie dürfen** andererseits aber **auch** nicht bestehenden Zweifeln dadurch begegnen, daß sie einem angefochtenen VA **Vorbehalte beifügen.**[29]

21 Eine Sache ist bei Anfechtungsklagen deshalb **iSd Klageantrags** außer bei Ermessensentscheidungen (s oben 20) auch bei gebundenen VAen **grds** schon dann **spruchreif** u damit entscheidungsreif, wenn das Gericht feststellt, daß der

---

[25] 28, 202; 59, 160; NKVwGO-Wolff 146, 183 f; RÖ-M. Redeker 6; s auch 34 f zu § 42.

[26] Kopp VerfR 251; BayVBl 1977, 523; ähnlich nunmehr BVerwG 78, 180; 72, 316; Lü DVBl 1985, 1322 – Buschhaus –; Sellner NVwZ 1986, 616; Schnapp SGb 1988, 313 f; zu Ermessensentscheidungen auch BSG MDR 1987, 700; s allg auch unten 54 ff.

[27] Vgl zum sog Funktionsvorbehalt zugunsten der Exekutive 72, 317; 78, 180 = DVBl 1983, 149; BVerfG 61, 115 = NJW 1982, 2176; ferner BVerfG 49, 136; 60, 290; BVerwG 72, 316; DVBl 1979, 594; 1987, 149; VG Schleswig NJW 1980, 1296.

[28] Vgl BVerfG 61, 157 = NJW 1982, 2176 mwN; BVerwG DVBl 1982, 842; Kind NJW 1982, 1781; Kopp VerfR 230 ff., 248; BayVBl 1977, 515; 1983, 673; WuW 1983, 11.

[29] NVwZ 1982, 624; NVwZ 1985, 343: das Gericht muß bestehende Zweifel klären u iü entspr der Beweislast entscheiden; s auch im folgenden.

VA jedenfalls so, wie er ergangen ist u von der Behörde gemeint war, aufgrund des konkret angewandten Verfahrens, der konkret vorgenommenen Feststellungen u Überlegungen usw rechtswidrig ist u den Kl in seinen Rechten verletzt[30] u der Kl einen **Anspr auf Beseitigung des VA** hat. Letzterer bedarf allerdings idR keiner näheren Überprüfung, da die RVerletzung des Kl grds einen verfassungsrechtlich garantierten Beseitigungsanspr nach sich zieht (Schenke NVwZ 1993, 721 ff; s auch oben 5 f). Anderes gilt, wenn wie zB nach § 46 VwVfG (unten 55 ff) ein Beseitigungsanspr **ausgeschlossen ist.** Selbst in einem solchen Fall kann sich jedoch bei noch erforderlicher weiterer Sachverhaltsaufklärung aus § 113 Abs 3 die Befugnis des Gerichts ergeben, den **VA aufzuheben** u der Behörde die Möglichkeit zu einer Neuentscheidung einzuräumen, bei der möglicherweise ein VA mit demselben Inhalt (freilich in verfahrensfehlerfreier Weise) erlassen wird (s unten 165). Bei bestimmten fehlerhaften VAen ist es den Gerichten – losgelöst vom § 113 Abs 3 – sogar verwehrt, zu überprüfen, ob ein rechtswidrig erlassener VA möglicherweise aus anderen Gründen durch die Verwaltung mit demselben Inhalt erlassen werden müßte. Der Anwendung des Grundsatzes „dolo agit, qui petit, quod statim redditurus est", sind hier im Interesse einer **sinnvollen Aufgabenverteilung** zwischen Verwaltungsgerichten u Verwaltung aus **funktionellrechtlichen Gründen** Grenzen gesetzt (s auch unten 197 f). So geht das BVerwG im **Atomrecht** davon aus, daß bei einem behördlichen Ermittlungsdefizit die angefochtene Genehmigung allein schon deshalb aufzuheben sei.[31] Entsprechendes wurde für **Planungsentscheidungen** angenommen, wenn das Abwägungsmaterial unvollständig war,[32] wobei aber zB **§ 75 Abs 1 a VwVfG** nunmehr die Aufhebungsbefugnis selbst hins erheblicher Abwägungsmängel dahingehend einschränkt, daß sie nur dann zur Aufhebung eines Planfeststellungsbeschlusses oder der Plangenehmigung führen, wenn sie nicht durch Planergänzung oder durch ein ergänzendes Vf behoben werden können (zur Feststellung der Rechtswidrigkeit des Planfeststellungsbeschlusses u seiner Nichtvollziehbarkeit in den Fällen des § 75 Abs 1 a S 2 VwVfG s oben 6 u unten 108). Für den Bereich des **Immissionsschutzrechts** hat es das BVerwG bisher bei Ermittlungsdefiziten abgelehnt, die gerichtliche Pflicht zur Herbeiführung der Spruchreife entspr den in Atom- u Planungsrecht geltenden Grundsätzen einzuschränken (85, 379). Das erscheint jedenfalls dann problematisch, wenn **wesentliche Ermittlungsdefizite** hins des Bestehens von Risiken, die von der nach § 4 BImSchG genehmigungspflichtigen Anlage ausgehend festzustellen sind, zumal es hier an einer Norm wie § 75 Abs 1 a S 2 VwVfG fehlt. Der sich in diesem Zusammenhang anbietende Versuch, in verfassungskonformer Auslegung des § 113 Abs 3 von einer Pflicht der Gerichte zur Aufhebung auszugehen, führt im Hinblick auf die **rechtspolitisch verfehlte zeitliche Begrenzung** der gerichtlichen Aufhebungsbefugnis durch § 113 Abs 3 S 4 (unten 168) in praxi meist nicht weiter. Anders als bei einer Verpflichtungsklage läßt sich iVm einer Anfechtungsklage den hier bestehenden Schwierigkeiten auch **nicht mittels einer Bescheidungsklage** ausweichen (s unten 201). Die gerichtlichen Heranziehung der Verwaltung zur Sachverhaltsaufklärung im Rahmen des Prozesses wirft gleichfalls Probleme auf (s unten 198).

Der Aufhebung eines den Kl in seinen subjektiven Rechten verletzenden VA 22
steht **nicht entgegen,** daß es im **Ermessen der Verwaltung liegt, den VA mit demselben Inhalt wieder zu erlassen.** Hier scheidet eine Anwendung des Grundsatzes „dolo agit, qui petit, quod statim redditurus est" schon aus materiellrechtlichen Gründen aus (nicht überzeugend daher Lü NVwZ 1995, 186;

---

[30] 78, 180 = DVBl 1988, 148; anders zT die frühere, heute zweifelhaft gewordene Rspr, s unten 54 ff.

[31] 78, 180 f; 80, 221 f; 85, 379 = DÖV 1991, 252; Pietzcker JZ 1991, 670.

[32] DVBl 1988, 845; 85, 379; Wahl NVwZ 1991, 415.

s dazu auch unten 52). Zudem würde das VG in unzulässiger Weise das Ermessen der Verwaltung beschneiden, wenn es unterstellte, die Verwaltung würde nach Aufhebung des angefochtenen VA diesen wieder mit demselben Inhalt erlassen.

23 Weitgehende Einigkeit besteht darüber, daß das Gericht seine Entscheidung nicht von Bedingungen, Vorbehalten usw abhängig machen darf, zB dem **Vorbehalt,** daß die gem Abs 2 S 2ff erforderliche **Neuberechnung** des Erschließungsbeitrags, der mit dem angefochtenen VA festgesetzt wurde, zum gleichen bzw zu einem bestimmten anderen Ergebnis führen wird, oder dem **Vorbehalt,** daß eine noch durchzuführende **technische Prüfung** oä zu keinem anderen Ergebnis führte.[33]

24 **5. Rechtswidrigkeit und Rechtsverletzung (Abs 1 S 1):** Das Gericht kann (Ausnahmen s unten aE) einen VA nur wg **Verletzung subjektiver Rechte,** einschließlich des formellen subjektiven Rechts auf fehlerfreien Ermessensgebrauch bzw auf vertretbare Beurteilung bei sog unbestimmten Rechtsbegriffen (§ 114, s 91ff zu § 42; 1ff zu § 114), **nicht dagegen wg bloßer Unzweckmäßigkeit** aufheben. Rechtswidrigkeit idS ist die **Rechtswidrigkeit des VA;** rechtswidrige, unzutr, auch zB ehrverletzende **Feststellungen in der Begründung** des VA sind insoweit unerheblich (76, 258) u könnten auch nicht mit der Anfechtungsklage geltend gemacht werden (s aber zum Nachschieben von Gründen unten 63ff).

25 **Der Begriff der Rechtswidrigkeit** umfaßt sowohl die bloße Anfechtbarkeit als **auch die Nichtigkeit;** im Rahmen einer Anfechtungsklage braucht das Gericht deshalb nicht zu prüfen, welche der beiden Formen der Rechtswidrigkeit vorliegt (s auch 3 zu § 42). Zur Rechtswidrigkeit bei Verstößen gegen Vorschriften, die der Behörde einen **Ermessens- oder Beurteilungsspielraum** einräumen, 1ff zu § 114; zur Rechtswidrigkeit gem Art 3 Abs 1 GG bei **Verletzung** von **Verwaltungsvorschriften** (Richtlinien usw) bzw bei Abweichung von der ständigen Praxis 41ff zu § 114; bei Verstößen gegen **Sollvorschriften** 21 zu § 114; bei Verstößen gegen aus dem Verfassungsrecht, insb aus einzelnen Grundrechten abzuleitenden **Schutz-, Förderungs-** oder sonstigen Handlungs- oder Unterlassungspflichten 120 u 123 zu § 42; zur Frage der für die Beurteilung der Rechtswidrigkeit **maßgeblichen Sach- u Rechtslage** unten 29ff.

Die Rechtswidrigkeit kann in der **Verletzung materiellen oder formellen Rechts** bestehen (falsche Auslegung oder Anwendung, unzutr tatsächliche Feststellungen usw, auch zB, weil das Vf, aufgrund dessen der VA ergangen ist, nicht den Erfordernissen eines effektiven Schutzes eines betroffenen Grundrechts genügt oder der angefochtene VA nochmals von der Behörde selbst zu überprüfen gewesen wäre – vgl insoweit Ms DVBl 1993, 63, modifiziert durch BVerwG 92, 132). Sie kann auch die Folge eines **Verstoßes gegen die Bindungswirkung von Urteilen,** bestandskräftigen VAen usw sein (s oben 13ff; allg auch 166ff zu § 42; 22 zu 114; s aber zur **Heilung** bzw Unbeachtlichkeit von Verstößen gegen Rechtsnormen, insb auch des Verwaltungsverfahrensrechts, unten 54ff; zur Heilung durch eine **fehlerfreie Widerspruchsentscheidung** unten 28 u 61, durch **nachträgliche Schaffung der erforderlichen** rechtlichen oder tatsächlichen **Voraussetzungen** unten 29ff u 47ff).

Eine **Überprüfung der Rechtswidrigkeit** durch das Gericht findet grds nur in bezug auf solche Normen statt, durch welche **subjektive Rechte des Kl** begründet werden u bei deren Verletzung der Kläge idR einen Beseitigungsanspr hat. Bei **objektivrechtlichen BeanstandungsVf,** wie sie der Gesetzgeber nach **§ 42 Abs 2 Alt 1** schaffen kann, scheidet eine solche Begrenzung der Rechtmäßigkeitsüberprüfung unter dem Aspekt ihrer individualrechtlichen Relevanz

[33] Vgl Breuer NJW 1980, 1832; allg auch BVerwG NVwZ 1982, 624; NVwZ 1985, 343 u oben 20.

naturgemäß aus. Allerdings kann hieraus noch nicht zwingend geschlossen werden, daß bei einer zulässigerweise erhobenen objektivrechtlichen Beanstandungsklage stets eine umfassende gerichtliche Überprüfung der Rechtmäßigkeit des VA stattzufinden hat, wie dies bei einem zulässigen NKVerfahren der Fall ist (112 zu § 47). Eine solche umfassende Kontrolle findet zwar bei sog „Aufsichtsklagen", wie sie etwa in § 17 Abs 1 RhPfAGVwGO u § 17 Abs 1 SaarlAGVwGO vorgesehen sind (181 zu § 42), statt. Bei objektivrechtlich ausgestalteten **Verbands- bzw Vereinsklagen,** bei denen es um durch den Verband satzungsmäßig wahrgenommene spezifische Rechtmäßigkeitsinteressen geht, kann hiervon aber grds nicht ausgegangen werden. **Ausdr regelt** dementsprechend nunmehr § 2 Abs 5 Nr 1 UmwRG, daß die **Begründetheit von Rechtsbehelfen** gegen Entscheidungen nach § 1 Abs 1 UmwRG (oder deren Unterlassen) ua voraussetzt, daß dem Umweltschutz dienende Vorschriften, die Rechte Einzelner begründen u für die Entscheidung von Bedeutung sind, verletzt worden sind. Hins der naturschutzrechtlichen Vereinsklage gem § 61 BNatSchG fehlt es zwar an einer solchen ausdr gesetzlichen Regelung der Begründetheit. § 61 Abs 2 BNatSchG regelt vielmehr unmittelbar nur die Zulässigkeit einer solchen Klage. Aus Sinn u Zweck dieser Regelung u dem Institut einer Verbandsklage ist aber abzuleiten, daß bei einer durch einen anerkannten Naturschutzverein zulässigerweise erhobenen Anfechtungsklage ein in § 61 Abs 1 S 1 BNatSchG genannter VA nur darauf überprüft werden kann, ob die in **§ 61 Abs 2 Nr 1 BNatSchG genannten naturschutzrechtlichen Rechtsvorschriften** verletzt worden sind.

Soweit **nicht ein objektivrechtliches BeanstandungsVf** iSd § 42 Abs 2 Alt 1 vorliegt, ist es für die Aufhebung des VA **erforderlich,** daß der angefochtene VA bzw Widerspruchsbescheid **nicht nur objektiv rechtswidrig** ist, sondern auch gerade **den Kl selbst in seinen Rechten** einschließlich sog rechtlich geschützter Interessen **verletzt,** dh Vorschriften oder allg Rechtsgrundsätze verletzt, die zumindest auch den Schutz der Interessen des Kl zum Ziel haben (s hierzu eingeh 78 ff zu § 42 mwN). Zur RVerletzung wg **Verstoßes gegen** ausschließlich **dem** Schutz **öffentlicher Interessen,** zB des Naturschutzes, dienender Vorschriften, wenn jedenfalls im Ergebnis subjektive Rechte betroffen sind, s 124 ff zu § 42; zur RVerletzung bei **Verstößen gegen Rechte Dritter** s 126 zu § 42 u unten 27. 26

Wird der Kl **nur durch (einzelne) Teilregelungen** im Rahmen eines VA in seinen Rechten **verletzt,** so sind (**vorausgesetzt,** daß der VA insoweit auch im Rechtssinn **teilbar** ist, s oben 16) auch nur diese aufzuheben, nicht auch der VA iü.[34] Vgl im einzelnen 21 ff zu § 42.

Daß der Kl durch den Rechtsverstoß tatsächlich **spürbar beeinträchtigt** ist, ist **nicht erforderlich** (NVwZ 1985, 39 u näher 97 zu § 42) u wäre andererseits allein, wenn nicht Rechte des Kl verletzt werden, auch nicht ausreichend. Nicht erforderlich ist auch, daß der Kl in der Begründung seiner Klage (und/oder im WiderspruchsVf nach §§ 69 ff) gerade den **Rechtsverstoß** ausdr **gerügt** hat, den das Gericht dann als gegeben ansieht. Das Gericht muß **grds** (vorausgesetzt, daß die Klage zulässig ist u insoweit auch die Klagebefugnis gem § 42 Abs 2 gegeben ist) **jede RVerletzung** durch den in Frage stehenden VA bzw dessen Ablehnung oder Unterlassung prüfen u im Hinblick darauf entscheiden, ohne Rücksicht darauf, ob sie gerügt wurde oder nicht (s unten 54 ff).

Daß bei einem Eingriff in ein Freiheitsgrundrecht des Kl **Rechte anderer Beteiligter** oder sonstiger Dritter verletzt werden, stellt dem Kl ggü nach der 27

---

[34] S oben 16; Ma NVwZ 1990, 1186: ordnet die Widerspruchsbehörde anstelle eines von der Ausgangsbehörde angeordneten Gesamtabbruchs die Beseitigung nur eines Gebäudeteils unter Duldung des Bauwerks iü an, so ist die Abbruchsanordnung rechtswidrig, wenn dem abzubrechenden Anlagenteil nicht die von der Behörde angenommene RVerletzung zugrunde liegt; Weyreuther, Menger-FS 1985, 681.

zweifelhaften Auffassung der Rspr allein noch keine RVerletzung des Kl dar, auch wenn nicht auszuschließen ist, daß ohne die Verletzung der Rechte der betroffenen Dritten die Entscheidung auch für den Kl günstiger ausgefallen wäre;[35] auch nach dieser Auffassung kann jedoch **uU** die Verletzung eines Rechts eines anderen Verfahrensbeteiligten, zB des Rechts auf Anhörung, zugleich auch das Recht des Kl **auf umfassende Sachaufklärung** u auf **sorgfältige Abwägung** des Für u Wider, insb bei Ermessensentscheidungen, verletzen.[36] Ebenso wird ein VA auch nicht dadurch fehlerhaft, daß nach Privatrecht oder öffentlichem Recht seine **Befolgung** oder Vollziehung **nicht ohne die Zustimmung Dritter,** zB von Miteigentümern oder sonstigen Mitberechtigten, zulässig ist (s 113 zu § 42).

Andererseits ist **die Aufhebung** des VA, auch wenn dieser subjektive Rechte des Kl verletzt, dann **ausgeschlossen, wenn der Kl das Recht,** diese RVerletzung geltend zu machen, aufgrund besonderer gesetzlicher Regelungen oder nach den allg Rechtsgrundsätzen über die **Verwirkung** verloren hat, zB durch verspätete Geltendmachung seiner Einwendungen gem § 10 Abs 3 S 5 BImSchG im VerwaltungsVf (s 179 zu § 42) oder durch **illoyales, rechtsmißbräuchliches Hinauszögern** der Geltendmachung über längere Zeit hinweg, so daß andere Betroffene nach Treu u Glauben darauf vertrauen durften, daß er das Recht nicht mehr geltend macht (vgl 179 zu § 42; 18 zu § 74). Allg zum Ausschluß der gerichtlichen Aufhebung beim Fehlen von Beseitigungsanspr oben 6.

Ausnahmen vom Erfordernis einer Verletzung eigener Rechte des Kl gelten nur für die **Fälle,** in denen auch die Klagebefugnis **nicht** an die Möglichkeit einer **Verletzung eigener Rechte geknüpft** ist (dazu oben 25 sowie 180 f zu § 42).[37]

28 Die **Rechtswidrigkeit** eines VA wird grds **durch eine fehlerfreie Entscheidung der Widerspruchsbehörde zur Sache geheilt,** soweit diese auf einer selbständigen Feststellung u Wertung der von dem Mangel betroffenen tatsächlichen Feststellungen u rechtlichen Wertungen beruht, mit der Folge, daß dann auch die Anfechtungsklage abzuweisen ist.[38] S auch zur Zulässigkeit einer **Nachholung** von Verfahrenshandlungen u eines **Nachschiebens von Gründen** unten 59 ff u 63 ff.

29 **6. Maßgeblicher Zeitpunkt bei der Anfechtungsklage: a) Allgemeines.** Zu den umstrittensten Problemen im Bereich des Prozeßrechts gehört die Frage des maßgeblichen Zeitpunkts bei der Beurteilung von VAen. Die Vielfalt der hierzu ergangenen Stellungnahmen läßt sich kaum übersehen. Besondere Schwierigkeiten ergeben sich dabei daraus, daß diese Frage im **Schnittpunkt von Prozeßrecht u materiellem Recht** angesiedelt ist, hierbei aber ihre prozeßrechtliche u materiellrechtliche Komponente häufig nicht ausreichend getrennt, sondern im Gegenteil miteinander vermengt werden. Das führt nicht nur zu terminologischen Schwierigkeiten u Mißverständnissen, sondern zT auch zu in der Sache unzutr Weichenstellungen, zumal über für die Diskussion zentrale Begriffe wie den der Rechtswidrigkeit nicht einmal Klarheit besteht.

30 **b) Einheitlicher Beurteilungszeitpunkt für Rechtswidrigkeit und subjektive Rechtsverletzung.** Die Frage nach dem maßgeblichen Zeitpunkt für die gerichtliche Beurteilung ist hins der Tatbestandsmerkmale **Rechtswid-**

---

[35] 24, 29; 41, 64; NJW 1983, 2453; krit hierzu 126 zu § 42 mwN.

[36] Vgl 48, 6; NVwZ 1982, 116; s auch 126 zu § 42; 10 zu § 114.

[37] S Kokott DV 1998, 350; Sch-Wahl/Schütz 39 zu § 42 Abs 2; s auch 61 u 180 f zu § 42.

[38] S Schenke 235; unten 59, ferner 9 ff zu § 68; Durner VerwA 2006, 352 f; zur Heilung bzw Unbeachtlichkeit von Verfahrensmängeln auch 11 zu § 68; KR 12 ff zu § 45 u 1 ff zu § 46 VwVfG.

rigkeit u subjektive RVerletzung iSd § 113 Abs 1 S 1 einheitlich zu beurteilen.

c) Meinungsüberblick. Die zum maßgeblichen Zeitpunkt bezogenen Stellungnahmen lassen sich vereinfachend im wesentlichen auf drei Grundpositionen zurückführen: 31

Eine **erste Auffassung** (so etwa Ule § 57 II 2; Kleinlein VerwA 1990, 163; Lorenz § 34, 52 ff; Würt 613) will auf den Zeitpunkt der Vornahme des VA bzw des Ergehens des Widerspruchsbescheids (s. § 79 Abs. 1 Nr 1), also den **Abschluß des VerwaltungsVf,** abstellen. Spätere Veränderungen der Sach- oder Rechtslage wären danach, selbst wenn sie materiellrechtlich für den angefochtenen Bescheid bedeutsam werden, bei der gerichtlichen Entscheidung über die Anfechtungsklage nicht zu berücksichtigen u allenfalls mittels einer anderen Klage (zB einer auf die verwaltungsbehördliche Aufhebung gerichteten Verpflichtungsklage) prozessual geltend zu machen. Bei vielen Vertretern dieser Ansicht (vgl zB Bosch/Schmidt § 39 II; Hufen § 24, 8 ff; Lorenz § 34, 54 ff; P § 20, 22; Schwabe 90 f), die früher auch durch die Rspr geteilt wurde, wird dieser Grundsatz aber von **zahlreichen Ausnahmen** (zB für VAe mit Dauerwirkung u noch nicht vollzogene VAe) durchbrochen, wobei nicht immer klar wird, ob sich diese Ausnahmen aus prozeßrechtlichen oder aus materiellrechtlichen Gründen ergeben sollen.

Nach einer **zweiten Auffassung** (so zB SGH 525 ff) kommt es stets auf die Sach- u Rechtslage in dem **Zeitpunkt an, auf welchen sich der Aufhebungsantrag bezieht.** Dieser Zeitpunkt bildet nach ihr insoweit eine Zäsur, als eine spätere Veränderung der Sach- oder Rechtslage im Rahmen der Anfechtungsklage stets unbeachtlich sein soll.[39] 32

Nach einer **dritten Auffassung**[40] ist die Entscheidung über das Vorliegen einer subjektiven RVerletzung u über den durch den Klageantrag bezeichneten Aufhebungsanspr **ausschließlich anhand der Sach- u Rechtslage im Zeitpunkt der letzten mV** vor dem Verwaltungsgericht bzw (bei Fehlen einer mV) der gerichtlichen Entscheidung zu treffen. Von dieser Auffassung geht auch das BVerwG aus, wenn es in 97, 81 f = NJW 1995, 3068 ausführt: „Maßgeblich für die Entscheidung eines Gerichts sind die Rechtsvorschriften, die sich im Zeitpunkt der Entscheidung für die Beurteilung des Klagebegehrens Geltung beimessen, u zwar gleichgültig, ob 33

---

[39] Zu der nicht überzeugenden Ansicht von Polzin JuS 2004, 211 f, wonach es für den Entscheidungszeitpunkt maßgeblich sein soll, ob bei einer Klageart der subjektive Rechtsschutz oder die objektive Kontrolle im Vordergrund stehe, s Baumeister Jura 2005, 658.

[40] So Schenke NVwZ 1986, 522 ff; JA 1999, 581; ebenso Brede 123; Czermak NVwZ 1987, 116 f; Mager 61 ff; Ey-J. Schmidt 46; dem Grundsatz nach auch Sauthoff FG BVerwG 617 f; Scherzberg BayVBl 1992, 426 ff; s ferner Piendl, Eine Studie zur maßgebenden Sach- und Rechtslage beim Rechtsschutz gegen Verwaltungsakte, 1992, 77 ff; Schmidt, R. 270 ff; Sieger, passim; der Sache nach auch (trotz seiner krit Stellungnahme) Lemke JA 1999, 240 f. Ähnlich wie hier auch Baumeister Jura 2005, 659, wonach jedes erstinstanzliche VG bei seiner Entscheidung die Rechts- u Sachlage zugrundezulegen hat, die im Zeitpunkt seiner Entscheidung gilt, was in den seltenen Fällen zu abweichenden Ergebnissen führen kann, in denen sich zwischen dem Ende der mV u der Entscheidung eine Veränderung ergibt. Diese Ansicht, nach welcher es auf den Entscheidungszeitpunkt ankommen soll, dürfte aber mit dem gängigen Verständnis der §§ 108, 101 nicht im Einklang stehen, wonach dort, wo eine mV stattfindet, diese eine Begrenzung des entscheidungsrelevanten Streitstoffs bildet. Die Pflicht zur Berücksichtigung nachträglich eintretender Sachverhaltsveränderungen würde das Gericht überfordern u iü auch Rechtskraftprobleme mit sich bringen. Allerdings kann das Gericht dort, wo nach Ende der mV eine entscheidungsrelevante Veränderung der Sach- oder Rechtslage eintritt, die mV wiedereröffnen (10 ff zu § 104) und uU sogar wg einer Ermessensredukion zu einer solchen Wiedereröffnung verpflichtet sein. Auch Baumeister Jura 2005, 659 geht iü davon aus, daß bei einer Veränderung der Sachlage eine Verpflichtung zur Wiedereröffnung der mV besteht, womit letztlich insoweit auch nach seiner Ansicht der Zeitpunkt der letzten mV maßgeblich ist.

es sich um eine Feststellungsklage, eine Leistungsklage, eine Anfechtungsklage oder Verpflichtungsklage handelt".[41] Allerdings wird dies zT dadurch verdeckt u führt zu Mißverständnissen (so zB bei Lemke JA 1999, 240f, aber auch bei Hufen § 24, 8; s dazu näher Schenke JA 1999, 580), daß das BVerwG auch noch in seiner neueren Rspr gelegentlich (mißverständlich) ausführt: „Der maßgebliche Beurteilungszeitpunkt bei Anfechtungsklagen bestimmt sich in erster Linie nach dem materiellen Recht und, wenn diesem keine Anhaltspunkte für den maßgeblichen Beurteilungszeitraum zu entnehmen sind, grds nach dem Zeitpunkt der letzten behördlichen Entscheidung" (InfAuslR 1997, 25). Der Sache nach begründet dies aber **keinerlei Unterschied** zu der Ansicht, maßgeblich sei die Sach- u Rechtslage im Zeitpunkt der letzten mV bzw. Entscheidung. Das BVerwG will mit der von ihm gewählten Formulierung nur zum Ausdruck bringen, daß die Frage der Rechtmäßigkeit eines VA grds durch eine spätere Veränderung der Sach- u Rechtslage nicht berührt wird. Bei dieser (Normal-)Konstellation muß sich dann voraussetzungsgemäß das Urteil über die Rechtmäßigkeit eines VA im Zeitpunkt seines Erlasses immer mit dem **im Zeitpunkt der letzten mV vor dem VG decken** (s näher Schenke JA 1999, 581f). Entscheidend für die gerichtliche Aufhebung eines angefochtenen VA ist nach der dritten, durch das BVerwG geteilten Auffassung nur die durch das **materielle Recht** beantwortete Frage, ob u inwieweit eine nach Abschluß des VerwaltungsVf **eingetretene Veränderung** der Sach- oder Rechtslage das **Urteil über die Rechtswidrigkeit des VA** im prozeßrechtlich allein maßgeblichen Zeitpunkt der letzten mV bzw gerichtlichen Entscheidung **noch beeinflußt.**

34 Die verschiedenen Ansichten sind sich dabei – bei aller Unterschiedlichkeit in ihren Ansätzen – doch ganz überwiegend darin einig, daß das Urteil über das Vorliegen einer Rechtswidrigkeit, je **nach dem Zeitpunkt, welcher der Beurteilung zugrundegelegt wird, unterschiedlich ausfallen** kann. Nur unter dieser Voraussetzung wird der Streit über den maßgeblichen Zeitpunkt für die gerichtliche Beurteilung verständlich. Sie tragen damit der sich zunehmend durchsetzenden Auffassung Rechnung, daß sich das Urteil über die Rechtmäßigkeit der in einem VA getroffenen Regelung **nicht ausschließlich** danach richtet, ob der VA in **formell u materiell rechtmäßiger Weise erlassen** wurde, sondern auch noch durch eine nachträgliche Veränderung der Sach- oder Rechtslage **beeinflußt** werden kann. Letzteres trifft jedenfalls dann zu, wenn der durch einen rechtmäßig erlassenen VA in seiner Rechtsstellung Betroffene wg einer nachträglich eingetretenen Veränderung einen Rechtsanspr auf Beseitigung des VA besitzt, dem rechtslogisch eine Verpflichtung der Verwaltung korrespondieren muß (vgl Schenke DVBl 1989, 433ff). **Gravierende Unterschiede** bestehen zwischen der 1. u der 3. Auffassung jedoch hins der Beantwortung der Frage, **wie** ein nachträglich entstandener Anspr auf Beseitigung des VA **prozeßrechtlich geltend zu machen** ist. Während die 1. Auffassung (oben 31), die unter Rechtswidrigkeit eines VA iSd § 113 Abs 1 S 1 nur die von Anfang an gegebene Rechtswidrigkeit verstehen will, den Betroffenen bei nachträglich eingetretener Rechtswidrigkeit auf eine **Verpflichtungsklage** verweist, geht die 3. Auffassung (oben 32) davon aus, die nachträgliche Rechtswidrigkeit sei noch **im Rahmen der Anfechtungsklage** zu berücksichtigen u führe hier (sofern der Kl seinen Aufhebungsantrag nicht zeitlich noch weiter einschränkt) zu einer **Aufhebung des VA** von dem **Moment an, in dem er rechtswidrig wird.**

---

[41] Ebenso der Sache nach auch NJW 1993, 1730 u NVwZ 1990, 653; 1991, 360; NVwZ-RR 1992, 52; GewA 1995, 247, freilich mit einer zT mißverständlichen Formulierung (dazu Schenke JZ 1996, 1068), die den Eindruck erweckt, es gäbe nach materiellem Recht verschiedene maßgebliche Zeitpunkte für die Beurteilung der Rechtmäßigkeit eines angefochtenen VA; Ey-J. Schmidt 46.

d) Die Maßgeblichkeit des Zeitpunkts der Entscheidung bzw der letzten mV. Zu folgen ist der Ansicht, nach der es **prozeßrechtlich**[42] stets auf die Rechtswidrigkeit bzw subjektive RVerletzung im **Zeitpunkt der gerichtlichen Entscheidung** bzw der **letzten mV vor dem Gericht** ankommt; bzgl Veränderungen der Sachlage kann es im Hinblick auf die Regelung des § 137 Abs 2 aber grds nur auf die Sachlage bis zum Schluß der mV in der Tatsacheninstanz ankommen.[43] Schon der **Wortlaut** des § 113 Abs 1 S 1 spricht gegen die Ansicht, nur der Zeitpunkt des Abschlusses des VerwaltungsVf könne maßgeblich sein. In bewußter Abweichung von § 113 Abs 1 S 4 („rechtswidrig gewesen ist") heißt es in § 113 Abs 1 S 1: „Soweit der Verwaltungsakt rechtswidrig ist". Der früher häufig erhobene Einwand, rechtmäßig erlassene VAe könnten nicht rechtswidrig werden, überzeugt demgegenüber nicht. Er beruht auf einer **Verwechslung** der (ohnehin nicht mehr aufhebbaren) **tatsächlichen Vornahme** des VA mit dessen **andauerndem Regelungsgehalt** u müßte, wenn man ihn konsequent durchhält, bei allen VAen (auch bei solchen mit Dauerwirkung) entgegen der heute ganz hM zur Ablehnung eines nachträglichen Rechtswidrigwerdens führen. Erkennt man aber im materiellen Recht an, daß ein zunächst rechtmäßig erlassener VA wg einer nachträglichen Veränderung der Sach- oder Rechtslage rechtswidrig werden kann, so spricht auch die **Vermutung für den konsequenten Sprachgebrauch des Gesetzgebers** dafür, den Terminus „rechtswidrig" in der an das **materielle Recht anknüpfenden Regelung** des § 113 Abs 1 S 1 im selben Sinn zu verstehen. 35

Die Notwendigkeit der Beachtung auch nach Abschluß des VerwaltungsVf eintretender Veränderungen der Sach- oder Rechtslage wird vor allem durch die Teleologie der Anfechtungsklage bestätigt, welche der **Durchsetzung eines materiellrechtlichen Beseitigungsanspr** dient. Für dessen Existenz ist es aber (abgesehen von den zeitlichen Dimensionen eines solchen Anspr) ohne Bedeutung, ob der Anspr auf Aufhebung des VA wg dessen rechtswidriger Vornahme schon von Anfang an bestand oder erst im Hinblick auf eine spätere Veränderung der Sach- oder Rechtslage begründet wurde, deren Eintritt zur **Rechtswidrigkeit (der Aufrechterhaltung)** des VA führte. Dem erst nachträglichen Rechtswidrigwerden des VA kommt lediglich insoweit Bedeutung zu, als der VA **erst von diesem Moment an u nicht schon von seinem Erlaß an verwaltungsgerichtlich aufgehoben** werden kann (s zB Ms DÖV 2001, 480 u oben 8 mwN). Das muß zu einer (auch kostenrechtlich relevanten) teilweisen Abweisung einer Anfechtungsklage führen, die auf Aufhebung des VA von Anbeginn an ge- 36

---

[42] Damit ist – was immer wieder übersehen wird (s unten 39) – keinerlei Aussage darüber verbunden, ob eine nach Abschluß des Verwaltungsverfahrens eintretende Veränderung der Sach- oder Rechtslage materiellrechtlich noch zu einer anderen Beurteilung des VA führen kann, insb ein rechtmäßig erlassener VA nachträglich rechtswidrig werden kann. Ungenau u auf einer ungenügenden Trennung von Prozeßrecht u materiellem Recht beruhend daher insoweit auch NKVwGO-Wolff 91 (verfehlt deshalb die Kritik an der von mir vertretenen Ansicht; der Sache nach kommt Wolff bezeichnenderweise zum selben Ergebnis wie hier; s auch Schenke JA 1999, 580), wonach sich dem Prozeßrecht nichts über den maßgeblichen Zeitpunkt entnehmen lasse. Richtig ist zwar, daß die prozeßrechtliche Vorschrift des § 113 Abs 1 die Frage, wann ein VA rechtswidrig ist u damit auch die Frage, ob eine nachträgliche Veränderung der Sach- oder Rechtslage nach Ergehen des VA noch seine Rechtmäßigkeit beeinflussen kann, nicht zu regeln vermag (s unten 39). Beachtung kann aber eine solche materiellrechtliche Veränderung im Prozeß nur dann finden, wenn prozeßrechtlich stets darauf abgestellt wird, ob der VA im Zeitpunkt der letzten mündlichen Verhandlung (ganz oder teilweise) materiell rechtswidrig ist. Eingeh dargelegt wird die Notwendigkeit, zwischen der prozeßrechtlichen u der materiellrechtlichen Problematik zu trennen, bei Schenke 782 ff.

[43] Zur ausnahmsweisen Berücksichtigung neuer Tatsachen in der Revisionsinstanz s 2 u 26 ff zu § 137; zur Relevanz einer Veränderung der Sach- oder Rechtslage im Vf der Berufungszulassung 7 c zu § 124; s auch unten 37.

richtet war. **Entfällt** jedoch der **Anspr auf Beseitigung** eines rechtswidrigen VA aufgrund späterer Veränderungen, **verbietet** sich für das Gericht (selbst, wenn sich an der Rechtswidrigkeit des VA nichts ändert, dazu unten 50 ff) die **Aufhebung des VA.** Andernfalls ergäbe sich ein mit dem materiellen Recht unvereinbares Ergebnis u damit (jedenfalls zunächst) **eine Verletzung des Art 20 Abs 3 GG.**

37 Für die prozessuale Geltendmachung später eingetretener Veränderungen im Wege der Anfechtungsklage sprechen auch **Gesichtspunkte der Prozeßökonomie u der Rechtsschutzeffektivität.** Könnte nämlich der Kl nachträglich entstandene Einwendungen gegen die Rechtmäßigkeit eines VA nicht mehr im Wege der Anfechtungsklage vorbringen, wäre er **genötigt, neben der Anfechtungsklage,** mit welcher er die ursprüngliche Rechtswidrigkeit des VA geltend macht, im Hinblick auf die spätere Veränderung der Sach- oder Rechtslage vorsichtshalber noch **zusätzlich eine Verpflichtungsklage** zu erheben. Würde ein zunächst **rechtswidrig erlassener VA** trotz einer während des gerichtlichen Vf eingetretenen „Heilung" seiner Rechtswidrigkeit (bzw des Ausschlusses eines Beseitigungsanspr) gerichtlich aufgehoben, so käme es vielfach zu seiner **Neuvornahme,** an die sich wiederum **Rechtsstreitigkeiten anschließen** könnten. All diese Schwierigkeiten vermeidet man, wenn man im Einklang mit einem im **Prozeßrecht sonst allg anerkannten Grundsatz** ebenso wie bei allen anderen auf eine Leistung gerichteten Klagen auch bei der Anfechtungsklage darauf abstellt, ob der geltend gemachte Anspr im Zeitpunkt der letzten mV noch besteht (s 97, 81 f). Nur so läßt sich ein **Bruch** innerhalb des **Prozeßrechtssystems vermeiden.** Dies korrespondiert auch mit der vom BVerwG geteilten Ansicht, daß für die Beurteilung, ob sich der Rechtsstreit im BerufungsVf erledigt hat, der Zeitpunkt der letzten mV maßgeblich ist (BayVBl 1999, 569).

38 Der hier vertretenen Ansicht kann nicht entgegengehalten werden,[44] bei Berücksichtigung einer nach Abschluß des VerwaltungsVf eintretenden Veränderung der Sach- oder Rechtslage werde nicht über die RVerletzung des Kl durch den angefochtenen VA befunden, sondern über die gar nicht streitbefangene Befugnis der Verwaltung, einen VA mit dem gleichen Inhalt nochmals erlassen zu dürfen. Demgegenüber ist mit Nachdruck zu betonen, daß auch nach der hier vertretenen Auffassung die **Frage der Rechtmäßigkeit (der Aufrechterhaltung)** eines VA im Hinblick auf eine spätere Veränderung der Sach- oder Rechtslage **keineswegs** mit der Frage **gleichgesetzt** werden kann, ob die **Verwaltung den VA** auch noch nach der Veränderung der Sach- oder Rechtslage **hätte rechtmäßig erlassen können.**[45] Der insoweit bestehende Unterschied wird gerade an dem von Ule behandelten Fall deutlich, in dem ein trunksüchtiger Beamter rechtmäßig entlassen wurde. Hier ist die Aufrechterhaltung der Entlassung selbst dann rechtmäßig, wenn der Beamte im Zeitpunkt der letzten mV vor dem Verwaltungsgericht geheilt ist u es deswegen nunmehr nicht mehr möglich wäre, ihn zu entlassen.[46]

39 Aus dem vorher Gesagten ergibt sich nicht nur, daß die Auffassung, die bei der Beurteilung der Rechtswidrigkeit eines VA iSd § 113 Abs 1 S 1 **generell auf den Zeitpunkt des Abschlusses des VerwaltungsVf abstellen will, abzulehnen ist. Nicht überzeugend** sind aber auch all die Ansichten, die (unabhängig vom Klageantrag) prozeßrechtlich jedenfalls **teilw auf den Zeitpunkt des Abschlusses des VerwaltungsVf abheben** wollen.[47] Ihnen ist entgegen-

---

[44] So aber Ule § 57 II 2; Lü NVwZ 1995, 185.

[45] 22, 21; Erichsen § 15, 4; Preusche JuS 1997, 642; Schenke NVwZ 1986, 530.

[46] Vgl hierzu näher Schenke NVwZ 1986, 525 u DVBl 1989, 433 ff; s auch Preusche JuS 1997, 642; BVerwG 29. 3. 1996 – 2 B 35/96; Münster, 21. 2. 1997 – 12 A 3259/95 u unten 46.

[47] So zB auch Ehlers Jura 2004, 180, der zwar richtig erkennt, daß sich die Beurteilung der Rechtmäßigkeit des VA ausschließlich nach materiellem Recht richtet, fälschlich aber

zuhalten, daß § 113 Abs 1 S 1 keinerlei Anhaltspunkte für eine unterschiedliche Bestimmung des Begriffs der Rechtswidrigkeit u der RVerletzung iSd § 113 Abs 1 S 1 in der Richtung bietet, daß zwar grds der Zeitpunkt des Erlasses des VA maßgeblich sein soll, mitunter aber auch jener der gerichtlichen Entscheidung. Eine solche **prozeßrechtliche Differenzierung** läßt sich aus **systematischen Gründen** auch **nicht aus dem materiellen Recht** ableiten. Ohnehin fehlte es angesichts der **unterschiedlichen Gesetzgebungskompetenzen** im Bereich des Prozeßrechts (Art 74 Abs 1 Nr 1 GG) u des materiellen Rechts nicht selten bereits an der Zuständigkeit des für die materiellrechtlichen Regelungen zuständigen Gesetzgebers, entspr prozeßrechtliche Normierungen zu treffen. Die VwGO selbst enthält keinerlei Anhaltspunkte für eine Ermächtigung des Landesgesetzgebers, entspr Modifikationen vorzunehmen.[48] Geht man dagegen, wie hier vertreten, davon aus, daß der Begriff der Rechtswidrigkeit in § 113 Abs 1 S 1 im selben Sinn zu verstehen ist wie im materiellen Recht, so läßt sich mühelos erklären, daß eine materiellrechtlich beachtliche Veränderung der Sach- oder Rechtslage konsequenterweise auch auf das Prozeßrecht durchschlagen muß. Das ändert aber selbstverständlich nichts daran, daß die Frage, ob ein VA rechtswidrig iSd § 113 Abs 1 S 1 ist u den Kl in seinen Rechten verletzt, stets u **immer nur nach dem Zeitpunkt der letzten mV bzw der gerichtlichen Entscheidung zu beurteilen** ist.[49] Für dessen Maßgeblichkeit ist es auch **ohne Relevanz,** ob dem verwaltungsgerichtlichen Vf **ein WiderspruchsVf mit dem Erlaß eines Widerspruchsbescheids voranging.**[50]

Der 2. Auffassung (s oben 32), die den maßgeblichen Zeitpunkt für die ge- 40
richtliche Beurteilung durch den Klageantrag bestimmt sieht, ist insofern beizupflichten, als es dem Kl in Konsequenz des **Dispositionsgrundsatzes freigestellt** bleiben muß, die Aufhebung eines ihn in seinen Rechten verletzenden VA erst **von einem späteren Zeitpunkt an zu begehren** als jenem, zu dem der VA rechtswidrig wurde. Zu beachten ist jedoch, daß bei Rechtmäßigkeit des VA zu dem im Klageantrag bezeichneten Zeitpunkt u erst späterem nachträglichem Rechtswidrigwerden die Anfechtungsklage nicht in vollem Umfang abzuweisen ist. Da in dem Antrag auf Aufhebung des VA von einem früheren Zeitpunkt an als **minus auch der Antrag auf Aufhebung von einem späteren Zeitpunkt** an enthalten ist, ist die Anfechtungsklage vielmehr **tlw begründet.** Umgekehrt ist dort, wo ein VA, der in dem im Klagebegehren bezeichneten Zeit-

---

annimmt, daß in den Fällen, in denen sich die Rechtmäßigkeit eines VA nach dessen Erlaß nicht mehr ändere, der Zeitpunkt seines Erlasses für die Beurteilung der Rechtmäßigkeit maßgeblich sei u damit die Rechtmäßigkeit nach der prozeßrechtlichen Vorschrift des § 113 Abs 1 S 1 nach unterschiedlichen Zeitpunkten bemißt.

[48] Nicht überzeugend daher, wenn Hufen § 24, 7 ausführt: „Enthält das materielle Recht selbst eine Aussage über den maßgeblichen Zeitpunkt, dann ist es selbstverständlich, daß sich die Entscheidung danach richtet." An dieser Argumentation wird deutlich, wie wichtig die von Hufen (§ 24, 7) abgelehnte Unterscheidung zwischen der prozeßrechtlichen u der materiellrechtlichen Problematik ist (dazu näher Schenke 782 ff).

[49] Bei einzelnen Anhängern der Auffassung, welche den maßgeblichen Zeitpunkt für die gerichtliche Beurteilung hins einzelner VAe unterschiedlich bestimmen wollen, dürfte denn auch nur eine sprachliche Ungenauigkeit vorliegen, welche sich freilich bei der rechtsdogmatischen u rechtstheoretischen Bewältigung der Problematik als hinderlich erweist. Sie drücken den Umstand, daß die Rechtswidrigkeit eines VA in unterschiedlichem Umfang durch nach Abschluß des Verwaltungsverfahrens eintretende Umstände beeinflußt wird, in einer die Problematik verkürzenden (und verwirrenden) Weise so aus, daß unterschiedliche Zeitpunkte für die Beurteilung des VA maßgeblich seien, so zB NJW 1989, 3233; 2005, 3796: „... für die Anfechtungsklage im Allgemeinen (ist) ... die Sach- und Rechtslage im Zeitpunkt der letzten Behördenentscheidung maßgeblich ..., es sei denn, das materielle Recht regelt etwas Abweichendes"; NKVwGO-Wolff 91; Lemke JA 1999, 240, dazu **krit** Schenke JA 1999, 581 f; Schenke 788 u 797.

[50] Nicht überzeugend deshalb Hbg NJW 1997, 3111 u Ks NVwZ-RR 1993, 435.

punkt rechtswidrig war, wg einer nachträglichen Veränderung der Sach- oder Rechtslage rechtmäßig wird oder jedenfalls der Anspr auf dessen Beseitigung nachträglich ausgeschlossen wird, eine Aufhebung eines VA grds ausgeschlossen. Wenn die 2. Auffassung hier Veränderungen der Sach- oder Rechtslage, die nach dem im Klageantrag bezeichneten Zeitpunkt auftreten, ausblendet, muß die gerichtliche Entscheidung folglich zu einem mit dem **materiellen Recht nicht zu vereinbarenden Ergebnis** führen. Berücksichtigten die Vertreter der 2. Auffassung aber die nachträglich entstandenen Einwendungen, so unterschieden sie sich in nichts von der hier bezogenen Position.

41 **e) Die materiellrechtliche Problematik.** Nach der hier vertretenen Ansicht verlagert sich das eigentliche Problem in das **materielle Recht.**[51] Dieses entscheidet darüber, ob ein durch die Verwaltung rechtmäßig erlassener VA durch eine spätere Veränderung der Sach- oder Rechtslage rechtswidrig wird, indem aus einfachgesetzlichen, mitunter auch aus verfassungsrechtlichen Gründen (insb wg des Übermaßverbots), eine **behördliche Verpflichtung zu seiner Aufhebung** besteht (zB bei einer polizeilichen Beschlagnahme, wenn die sie rechtfertigende polizeiliche Gefahr wegfällt). Dabei ist zu beachten, daß der Gesetzgeber – auch wenn solche Regelungen selten sein dürften – in der Lage ist, aus **funktionellrechtlichen Gründen** die Verpflichtung zur behördlichen Aufhebung eines rechtmäßigen VA zwingend **an die vorherige Durchführung eines VerwaltungsVf** zu binden. Solange dieses VerwaltungsVf nicht durchgeführt wurde, ist der VA nicht iSd § 113 Abs 1 S 1 rechtswidrig (geworden) u kann folglich durch das VG nicht aufgehoben werden.[52] Das materielle Recht hat auch darüber zu befinden, ob ein zunächst **rechtswidrig vorgenommener VA wg** veränderter Umstände **nachträglich als rechtmäßig** zu gelten hat u ab wann dessen andere rechtliche Bewertung gilt. Da ein rechtswidrig erlassener VA rechtswidrig bleibt,[53] sind die Fälle eines nachträglichen Rechtmäßigwerdens eines VA allenfalls als gesetzliche Fiktionen denkbar (vgl näher unten 48 ff). Von Relevanz kann eine nachträgliche **Veränderung der Sach- oder Rechtslage** bei einem rechtswidrig erlassenen VA schließlich auch insofern werden, als sie zwar nicht dazu führt, daß dieser nachträglich rechtmäßig wird, wohl aber ein **Anspr auf seine Rücknahme** verneint wird u sich damit die gerichtliche Aufhebung des rechtswidrigen VA verbietet (s oben 6 u unten 50 ff sowie Schenke 804). Im folgenden ist zunächst auf die Frage des Rechtswidrigwerdens eines rechtmäßig erlassenen VA wg veränderter Umstände einzugehen (s unten 42 ff), ehe das nachträgliche Rechtmäßigwerden eines rechtswidrig erlassenen VA (s unten 47 ff) bzw der Ausschluß eines vorher begründeten Rücknahmeanspr behandelt wird (s unten 50 ff).

42 **f) Rechtswidrigwerden eines rechtmäßig erlassenen VA.** Als **Grundsatz** ist festzuhalten, daß eine nachträgliche Veränderung der einem rechtmäßigen VA zugrundeliegenden Sach- oder Rechtslage **nicht zu dessen Rechtswidrigkeit führt.** Eine rechtliche Verpflichtung der Verwaltung zur Aufhebung des recht-

---

[51] So auch NVwZ 1990, 653; 1991, 360; NVwZ-RR 1992, 52; NJW 1993, 1730; 1995, 3067; Ma 2007, 115; Czermak NVwZ 1987, 116 f; Hk-Kröninger/Wahrendorf 30; Mager 61 ff; grds auch Piendl 77 ff; Sieger, 50 ff; Scherzberg BayVBl 1992, 426 ff; eingeh zur materiellrechtlichen Problematik Mager 61 ff; Schenke DVBl 1989, 433 ff; UL § 61, 20 ff. Zu der zuweilen auch heute noch anzutreffenden mißverständlichen Formulierung der Rspr (NJW 2005, 3796), nach der es bei der Anfechtungsklage im allgemeinen auf die Sach- u Rechtslage im Zeitpunkt der letzten behördlichen Entscheidung ankommen soll, es sei denn das materielle Recht regele etwas Abweichendes, s oben 39. Der Sache nach unterscheidet sich diese Auffassung nicht von der hier vertretenen Ansicht u kommt auch zu denselben Ergebnissen.

[52] Nur unter dieser Voraussetzung läßt sich die Rspr des BVerwG zu § 35 GewO – vgl GewA 1996, 24 – rechtfertigen, dazu unten 44.

[53] S Baumeister Rechtswidrigwerden 175 ff; Mager 76 f; Schenke 803 ff.

mäßig erlassenen VA besteht vorbehaltlich abweichender rechtlicher Regelungen nicht. Insoweit enthalten § 49 Abs 2 Nr 3 u 4 VwVfG einen über ihren unmittelbaren Anwendungsbereich hinaus zu verallgemeinernden Rechtsgedanken. **Gründe der Rechtssicherheit** sprechen dafür, daß an einer einmal getroffenen rechtmäßigen Entscheidung auch bei einer nachträglichen Veränderung der Sach- und/oder Rechtslage prinzipiell nicht mehr gerüttelt werden muß. Auch in diesen (Normal-)Fällen ist aber, um dies nochmals zu betonen (s schon oben 33), nicht etwa – wie vielfach angenommen wird (so zB von DVBl 2000, 1614; NJW 1993, 1730; Hufen, § 24, 8) – der für die gerichtliche Beurteilung maßgebliche Zeitpunkt der Zeitpunkt des Ergehens des VA bzw der des Abschlusses des VerwaltungsVf. **Vielmehr kommt es auch hier ausschließlich auf den Zeitpunkt der letzten mV vor dem Verwaltungsgericht an.** Nur deckt sich hier die rechtliche Beurteilung in dem prozeßrechtlich maßgeblichen Zeitpunkt (oben 35 ff) mit der im Moment des Ergehens des VA bzw des Abschlusses des VerwaltungsVf, da das materielle Recht späteren Veränderungen der Sach- oder Rechtslage keine Relevanz beimißt. Die in diesem Punkt vielfach feststellbare mangelnde gedankliche Klarheit, die zur fälschlichen u mit § 113 Abs 1 S 1 unvereinbaren Annahme (s oben 39) führt, die gerichtliche Beurteilung von VAen bestimme sich nach unterschiedlichen Zeitpunkten (exemplarisch Hufen § 24, 8 ff), erschwert die Diskussion wesentlich u bildet eine Quelle permanenter Mißverständnisse. Deutlich wird dies selbst noch in der neueren Rspr des BVerwG, das der Sache nach zwar hier auf die Beurteilung der Rechtmäßigkeit des VA im Zeitpunkt der letzten mV abstellt (oben 33), diesen Befund aber mitunter dadurch verdunkelt, daß in jenen Fällen, in denen nach Rechtshängigkeit einer Klage eintretende Veränderungen die Rechtmäßigkeit des VA im Zeitpunkt der letzten mV nicht mehr verändern, formuliert, hier sei der Zeitpunkt des Abschlusses des VerwaltungsVf maßgeblich (NJW 1993, 1730; DVBl 2000, 1614).

In bestimmten Fällen führt eine nachträgliche **Veränderung der Sach- oder Rechtslage** jedoch dazu, daß ein rechtmäßig erlassener VA **nachträglich rechtswidrig** wird u dementsprechend von **diesem Moment an auf Antrag hin gerichtlich aufzuheben ist.**[54] Das wird häufig, wenn auch keineswegs immer, bei **VAen mit Dauerwirkung** zutreffen (s unten 44). Hierunter sind VAe zu verstehen, die auf **Dauer angelegte Rechtsverhältnisse zur Entstehung bringen u sie ständig aktualisieren.** Man kann sie als eine Summierung einzelner VAe verstehen, die aus verwaltungsökonomischen Gründen in einem VA zusammengefaßt sind.[55] Sie erschöpfen sich nicht in einem einmaligen Ge- oder Verbot oder in einer einmaligen Gestaltung der Sach- u Rechtslage.[56] Beispiele für DauerVAe bilden etwa 43

– **polizeiliche Gebote oder Verbote,** die eine sich ständig von **neuem aktualisierende Verpflichtung** zum Gegenstand haben. Hierzu gehört auch die zu einer permanenten Verstrickung eines Gegenstands führende polizeiliche Beschlagnahme (s Schenke 799), ferner etwa eine der Gefahrenabwehr dienende erkennungsdienstliche **Aufbewahrung von Unterlagen** (DÖV 1983, 380);

---

[54] 28, 205 f; 59, 160 f; Preusche JuS 1997, 642; RÖ-M. Redeker 6; Schenke 790 u NVwZ 1986, 525; s auch Baumeister Jura 2005, 655 ff.

[55] Erichsen § 15, 2; Schenke 798; zu abweichenden Definitionen unten 44; zur Definition des VA mit Dauerwirkung näher Brede 71 ff; nach Baumeister Jura 2005 hängt das Rechtswidrigwerden davon ab, ob eine Veränderung in Bezug auf ein ‚zukunftsgerichtetes' Tatbestandsmerkmal für den VA-Erlaß eingetreten ist.

[56] Vgl BT-Dr 8/2034 S. 34: „Ein VA mit Dauerwirkung liegt vor, wenn sich der VA nicht in einem einmaligen Ge- oder Verbot oder in einer einmaligen Gestaltung der Rechtslage erschöpft, sondern ein auf Dauer berechnetes oder in seinem Bestand von dem VA abhängiges Rechtsverhältnis begründet oder inhaltlich verändert (zB ein VA, der den dauernden regelmäßigen Bezug von Sozialleistungen zum Gegenstand oder zur Folge hat)".

– das ein Verbot oder Gebot enthaltende **Verkehrszeichen** (59, 225 f; 92, 34 = NJW 1993, 1729);
– die Verpflichtung zur **Führung eines Fahrtenbuches** (NJW 1979, 1055; Ms DÖV 1995, 874);
– die **Verkürzung der Sperrzeit** (s auch Ms GewA 1992, 312);
– die bauordnungsrechtliche **Nutzungsuntersagung** (Ms UPR 1996, 458 L);
– das **Verbot von Transporten im Notfallrettungsdienst** (97, 90 = NJW 1995, 3070);
– die **Untersagung eines handwerklichen Nebenbetriebs** gem § 3 Abs 2 HandwO (59, 5 = DVBl 1980, 639);
– das **Waffenbesitzverbot** (Mü BayVBl 1994, 404; anders aber der Widerruf einer Erlaubnis nach §§ 2 Abs 1, 10 Abs 1 S 1 WaffG);
– die **Anordnung eines Anschluß- und Benutzungszwangs** in bezug auf die öffentliche Abfallentsorgung (Lü NVwZ 1993, 1017);
– **Leistungsbescheide,** die auf die Entrichtung **periodisch zu erbringender Geldleistungen,** zB monatlicher oder vierteljährlicher Zahlungen gerichtet sind (DVBl 1993, 782);
– die **Sonderschuleinweisung** (Ma NVwZ-RR 1991, 479).

44 Bei VAen mit Dauerwirkung ergibt sich die prinzipielle Bedeutsamkeit einer nachträglichen Veränderung der ihr zugrundeliegenden Sach- oder Rechtslage daraus, daß eine Vermutung dafür besteht, daß dem Betroffenen durch die **Bündelung von Bescheiden** in einem einzigen VA keine Nachteile im Vergleich zu jenen Fällen entstehen soll, bei denen eine Vielzahl zeitlich begrenzter VAe ergehen, für die jeweils gesondert geprüft werden müßte, ob die ihren Erlaß rechtfertigende Sach- oder Rechtslage noch besteht. In gewissem Umfang folgt sogar aus **verfassungsrechtlichen Gründen** (insb aus dem Übermaßverbot), daß der Wegfall einer einen DauerVA rechtfertigenden Tatbestandsvoraussetzung die Behörde **zur Aufhebung des VA verpflichtet.** Dies trifft zB grds zu, wenn die einen **polizeilichen DauerVA rechtfertigende Gefahr** entfallen ist. Allerdings ist zu beachten, daß der Gesetzgeber selbst bei solchen VAen die behördliche Verpflichtung zu seiner Rücknahme trotz Wegfalls der Gefahr in gewissem Umfang beschränken kann. Ein Beispiel hierfür liefert die **Gewerbeuntersagung wg Unzuverlässigkeit gem § 35 GewO.** Obwohl es sich bei dieser im oben definierten Sinne um einen VA mit Dauerwirkung handelt,[57] macht der Gesetzgeber hier aus Gründen der Rechtssicherheit die Verpflichtung zur Wiedergestattung der Ausübung des Gewerbes von einem **Antrag abhängig;** außerdem wird (ua aus Gründen der Sanktionierung einer früheren Unzuverlässigkeit des Gewerbetreibenden) durch § 35 Abs 6 S 2 GewO eine **Pflicht zur Wiedergestattung vor Ablauf eines Jahres** nach Durchführung der Untersa-

[57] Etwas anderes gilt nur, wenn man den in der VwGO u im VwVfG nicht verwandten u definierten Begriff des VA mit Dauerwirkung abweichend von dem üblichen u den §§ 45 Abs 3, 48 SGB X zugrundeliegenden Verständnis (BT-Dr 8/2034 S. 34) so verwendet, daß ein solcher nur dann gegeben ist, wenn „von dessen Regelungsgehalt andauernd Wirkungen ausgehen u dessen Ermächtigungsgrundlage gleichzeitig das andauernde Vorliegen der Erlaßvoraussetzungen fordert" (so Mager 82 u NVwZ 1996, 135; ebenso Frohn Jura 1993, 395; Manssen ZfSH/SGB 1991, 234 u 238). Mit dieser Verlagerung der Frage des „Rechtswidrigwerdens" eines rechtmäßig erlassenen VA ins Begriffliche scheint mir aber nichts gewonnen, da sie keinen zusätzlichen Erkenntniswert besitzt, zu unnötigen Umwegen führt u die Gefahr von Zirkelschlüssen in sich birgt (die Aufhebungsverpflichtung bei VAen mit Dauerwirkung im Fall des § 48 SGB X ergibt sich nicht aus dem Begriff des VA mit Dauerwirkung, sondern aufgrund der in § 48 SGB X angeordneten Rechtsfolge). Dagegen kommt dem Begriff des VA mit Dauerwirkung in dem hier verwandten gebräuchlichen Sinn eine wichtige Indizfunktion (freilich nicht mehr, vgl 92, 35 mwN; ebenso Baumeister Jura 2005, 659 f; Brede 74 ff) bei der Beantwortung der Frage zu, ob eine nachträgliche Veränderung der dem VA zugrundeliegenden Sach- u Rechtslage das Urteil über seine Rechtmäßigkeit noch zu beeinflussen vermag.

gungsverfügung **grds ausgeschlossen.** Deshalb ist selbst dann, wenn ein durch die Untersagungsverfügung Betroffener vor Abschluß der letzten mV vor dem VG zuverlässig wird, dies im Rahmen der Anfechtungsklage unbestreitbar nicht zu berücksichtigen, sofern er **nach § 35 Abs 6 GewO noch keinen Rechtsanspr auf Wiedergestattung** besitzt (vgl Schenke 801 u WuV 1988, 166ff). Nach Ansicht des BVerwG[58] soll sich sogar bei Vorliegen des Tatbestands von § 35 Abs 6 GewO eine Berücksichtigung der inzwischen eingetretenen Zuverlässigkeit des ASt durch das Gericht verbieten. Rechtsdogmatisch haltbar ist die Ansicht des BVerwG nur unter der Voraussetzung, daß man aus der Antragsabhängigkeit des Anspr gem § 35 Abs 6 GewO sowie aus der vom Gesetzgeber verwandten Terminologie („Wiedergestattung") folgert, dieser verlange vor einer Wiedergestattung **zwingend** die Durchführung eines VerwaltungsVf. Der Betroffene hätte damit erst nach dessen Absolvierung einen Rechtsanspr auf Wiedergestattung, womit es bzgl der früheren Untersagungsverfügung an einer „Rechtswidrigkeit" iSd § 113 Abs 1 S 1 fehlte (s oben 41).

Kein VA mit Dauerwirkung ist dann gegeben, wenn ein VA ein sich mit seiner Erfüllung erschöpfendes **einmaliges Gebot oder Verbot** enthält. Beispiele hierfür bilden etwa **45**
- eine **Ausweisungsverfügung** oder **Abschiebungsanordnung;**[59]
- die Verpflichtung zur **Entfernung** einer die Sichtverhältnisse an einer Straßenkreuzung behindernden **Hecke** (vgl zu einem solchen Fall Lü 17, 447ff; Schenke PolR 268);
- das eine einmalige Abgabenschuld betr Leistungsgebot;
- die **Rückforderung überzahlter Versorgungsbezüge,** bei der die Erkenntnislage der Behörde zum Zeitpunkt der letzten Verwaltungsentscheidung maßgeblich ist (NVwZ-RR 1999, 387).

Zwar dauern solche Befehle bis zum Zeitpunkt ihrer Erfüllung an, sie sind aber **strukturell mit VAen mit Dauerwirkung** dennoch nicht voll vergleichbar. Das schließt aber nicht aus, daß das Recht einer nachträglichen Veränderung der Sach- und/oder Rechtslage auch hier die Bedeutung beimessen kann, daß bei ihr die Verpflichtung zur Rücknahme des VA u damit dessen Rechtswidrigkeit begründet wird (s auch Ma VBlBW 1999, 427; Ms DÖV 2001, 480). Ebenso kann das Recht bei ErmessensVAen eine behördliche Pflicht statuieren,[60] bei nachträglichen Veränderungen der Sach- oder Rechtslage neue Ermessenserwägungen anzustellen, mit der Folge, daß bei deren Unterbleiben der VA rechtswidrig wird.[61] Dabei kann vorgeschrieben werden, daß die Berücksichtigung einer späteren Veränderung der Sach- oder Rechtslage davon abhängt, daß ein **VA noch nicht**

---

[58] NVwZ 1982, 503; 1991, 373; Buchh 451.20 § 35 GewO Nr 47; GewA 1996, 24; NVwZ-RR 1997, 621; krit hierzu Schenke WuV 1988, 166ff u JZ 1996, 1068.

[59] 60, 136; 78, 244; DVBl 1997, 899; 27. 6. 1997 – 1 B 132/97; Ma VBlBW 1999, 427; VBlBW 2007, 116 (nachträgliche Änderung des Verfahrensrechts unbeachtlich); Kemper NVwZ 1990, 1129; Mager 88. Zu beachten ist hier aber, daß sich bei Ausweisungsverfügungen, die ggü Gemeinschaftsangehörigen ergehen, aus EG-Recht die Pflicht ergibt, auch nachträglich eingetretene Veränderungen der Sachlage noch bei der Ausübung des behördlichen Ermessens zu berücksichtigen (EuGH NVwZ 2004, 1099; BVerwG 121, 297, vgl auch Mü NVwZ-RR 2007, 63), so daß in diesem Fall das Nichtanstellen diesbezüglicher Ermessenserwägungen zur späteren Ermessensfehlerhaftigkeit der Ausweisungsverfügung führt (121, 297 u dazu Bader JuS 2006, 199ff).

[60] S zu einem solchen Fall, bei dem aus gemeinschaftsrechtlichen Gründen eine Pflicht besteht, wg nachträglicher Veränderungen der Sachlage in bezug auf eine Ausweisungsverfügung neue Ermessenserwägungen anzustellen, 121, 297 u dazu Bader JuS 2006, 200 sowie Hufen/Bickenbach DV 2006, 550.

[61] Zur Berücksichtigung solcher nachträglich angestellter Ermessenserwägungen im Rahmen einer bereits angestrengten Anfechtungsklage gegen den zunächst erlassenen VA s unten 69ff.

vollzogen ist. So hat etwa Ms NVwZ-RR 1994, 410f (s schon früher NVwZ 1987, 727) entschieden, daß es für die rechtliche Beurteilung des eine Verpflichtung zum Anschluß an die gemeindliche Abwasserkanalisation begründenden VA zwar grds darauf ankommt, ob dieser zum Zeitpunkt des Erlasses des Widerspruchsbescheids rechtmäßig war. Sofern das Anschlußverlangen jedoch noch nicht vollzogen wurde, begründet der spätere Wegfall der ihm zugrundeliegenden Sachlage eine behördliche Verpflichtung zur Aufhebung des rechtmäßig erlassenen VA. Entfällt nachträglich der mit dem VA verfolgte Zweck, kann bei bisher noch ausstehendem Vollzug des VA sogar das **Übermaßverbot** die behördliche Pflicht zur Rücknahme eines VA gebieten. Deshalb besteht zB eine **Verpflichtung zur Aufhebung** einer auf die formelle u materielle Illegalität eines Bauvorhabens gestützten, noch nicht vollzogenen **Abbruchverfügung,** wenn durch eine während des gerichtlichen Vf herbeigeführte Änderung des Bebauungsplans die **materielle Legalität des Bauvorhabens** herbeigeführt wird. Ergäbe sich dies nicht bereits aus der Auslegung der einschlägigen bauordnungsrechtlichen Bestimmungen, folgte es jedenfalls aus dem verfassungsrechtlichen Übermaßverbot, speziell aus dem Grundsatz der Geeignetheit des Eingriffs iVm Art 14 GG.[62] Ähnliches gilt in dem oben genannten Beispiel eines polizeilichen Gebots zur Beseitigung der Hecke, falls nunmehr die Kreuzung verlegt wurde u deshalb von der Hecke **keine Gefahr mehr ausgeht.** In beiden Beispielsfällen kommt dem noch nicht erfolgten Vollzug entscheidende Bedeutung für das Rechtswidrigwerden des VA zu (s zu einer entspr Problematik auch Lü NdsVBl 1997, 113). **Unrichtig** wäre allerdings die **Annahme, bei noch ausstehendem Vollzug eines VA** sei eine Veränderung nach Abschluß des VerwaltungsVf **stets beachtlich.** Ihre Verfehltheit wird etwa an dem sich auf eine einmalige Abgabenschuld beziehenden Leistungsbescheid deutlich (s aber auch unten 50 zum Erschließungsbeitrag), dessen Zwecksetzung (anders als bei der einer polizeilichen Verfügung) selbst durch später veränderte Umstände regelmäßig nicht berührt wird.

46 Grds **ohne Bedeutung ist eine nachträgliche Veränderung der Sach- und/oder Rechtslage** für die Beurteilung der Rechtmäßigkeit eines rechtmäßig erlassenen VA bei auf **Statusveränderungen gerichteten gestaltenden VAen.** Zwar kann mit der Gestaltungswirkung eines solchen VA eine Vielzahl von Folgewirkungen (Rechte u Pflichten) verbunden sein, die in einem weiteren Sinn als dem oben dargelegten (oben 43) eine Dauerwirkung zu erzeugen vermögen. Dies ändert aber nichts daran (zutr DVBl 1982, 962; nicht überzeugend Lü DVBl 1979, 686ff), daß sich aus Gründen der Rechtssicherheit die Rechtmäßigkeit eines solchen gestaltenden VA durch spätere Änderungen grds nicht berührt wird. Unbeachtlich ist/sind deshalb:

- bei der **Entlassung oder Zurruhesetzung eines Beamten,** wenn die **maßgeblichen Gesichtspunkte** (zB mangelnde Eignung, Dienstuntauglichkeit) für die rechtmäßig getroffene Entscheidung **nachträglich entfallen** sind;[63]
- bei der Erteilung einer **Baugenehmigung,** wenn sich nachträglich die ihr **zugrundeliegende Sach- oder Rechtslage geändert hat,** da dies – wie § 49 Abs 2 Nrn 3 u 4 VwVfG belegt – keine Verpflichtung zur Rücknahme der Baugenehmigung begründet (st Rspr, zB DÖV 1999, 168; We LKV 1999, 194); zum Fall einer **rechtswidrig erlassenen** Baugenehmigung, die aufgrund einer späteren Veränderung der Sach- oder Rechtslage wiederum mit demselben Inhalt **erteilt werden müßte** (s unten 51);
- bei der Erteilung einer **immissionsschutzrechtlichen Genehmigung** spätere Veränderungen der für die Entscheidung maßgeblichen Gesichtspunkte

[62] S hierzu auch NVwZ 1993, 476; Lünebug BRS 17 Nr 150; vgl auch BVerwG 3, 353f u Schenke BauO 612.

[63] 29. 3. 1996 – 2 B 35/96; DVBl 1998, 202; BGH 100, 299; DRiZ 1996, 454; Münster 21. 2. 1997 12 A 3259/95; Schenke NVwZ 1986, 525.

(s § 21 Abs 1 Nrn 3 u 4 BImSchG). Deshalb ist eine Nachbarklage gegen eine immissionsschutzrechtliche Genehmigung zB dann nicht erfolgreich, wenn die Genehmigung zwar im Zeitpunkt der letzten behördlichen Entscheidung dem **wissenschaftlichen Kenntnisstand** entsprach, heute aber nicht mehr (Ms DVBl 1984, 896; Mager 165); zur umstrittenen Bedeutung der **Übergangsregelung des § 67 Abs 4 BImSchG** s 65, 315f; Ma GewA 1980, 199 sowie Mager 165;

- bei der **Genehmigung eines Kernkraftwerks** (unabhängig davon, ob von der Genehmigung schon Gebrauch gemacht wurde, vgl 72, 312 = DVBl 1986, 190), wenn sich der für die Beurteilung nach § 7 Abs 2 Nr 3 AtG **maßgebliche Stand von Wissenschaft u Technik** später veränderte[64] u die Anlage nunmehr diesem Standard nicht mehr genügt. Hier bleibt nur die Möglichkeit einer nachträglichen Verhängung von Auflagen oder ggf eines Widerrufs. Dazu, daß neue Erkenntnisse, die sich aus einem zwischenzeitlich fortgeschrittenen Stand von Wissenschaft u Technik ergeben u ein vorher für möglich gehaltenes Risiko nachträglich entfallen lassen, zugunsten des Genehmigungsempfängers, hingegen noch bis zur letzten mV Berücksichtigung finden, s unten 53; Kloepfer UmweltR § 8, 84;
- bei einer **personenbeförderungsrechtlichen Genehmigung** der spätere Wegfall ihr zugrundeliegender Voraussetzungen (17. 12. 1994 – 11 B 152/94);
- bei einem **Widerruf einer Berufs- oder Betriebserlaubnis** nach dem Zeitpunkt der letzten Behördenentscheidung eingetretene Umstände (GewA 2006, 77; Ma VBlBW 2006, 438), so zB bei einer **Löschung aus der Architektenliste** (Ma VBlBW 2006, 437) oder bei einem **Widerruf der Fahrlehrererlaubnis** (Ms NWVBl 1997, 144);
- bei einem Widerruf der Bestellung als Wirtschaftsprüfer NJW 2005, 3796; dazu Hufen/Bickenbach DV 2006, 550f.;
- beim **Widerruf der rechtmäßig entzogenen Fahrerlaubnis** (anders bei rechtswidrigem Widerruf, s 15 zu § 68) nach Bekanntgabe der Entziehungsverfügung eingetretene Umstände;[65]
- bei der einen privatrechtsgestaltenden VA darstellenden **Zustimmung zur Kündigung eines Schwerbehinderten** gem § 88 SGB IX (zu §§ 15, 18 SchwbG aF Buchh 436.61 § 12 SchwbG Nr 3; § 15 SchwbG Nr 7; Ma 46, 313) nachträgliche Veränderungen. Hier ergibt sich bereits aus der Natur der Sache, daß der maßgebliche Zeitpunkt, auf den bei der Prüfung der Rechtmäßigkeit der Voraussetzungen abzustellen ist, jener der **Kündigungserklärung** ist u spätere Änderungen an der Rechtmäßigkeit der Zustimmungserklärung nichts mehr ändern.
- bei der (im Wege einer isolierten Anfechtungsklage) angegriffenen Ablehnung der Erteilung einer **Aufenthaltserlaubnis** das Eintreten neuer Umstände nach Erlaß des Widerspruchsbescheids in bezug auf die Frage, ob eine besondere Härte iSv § 20 Abs 4 AuslG aF (heute § 32 Abs 4 AufenthG) vorliegt (DVBl 1997, 193 L; offen, auf welchen Zeitpunkt es für das Vorliegen der Minderjährigkeit ankommt).

Zu beachten ist, daß auch bei VAen, bei denen eine Veränderung der Sach- oder Rechtslage grds nichts an deren Rechtmäßigkeit ändert, etwas anderes gilt, falls das Recht einer Änderung **fiktive Rückwirkung** beimißt. Das trifft zB zu,

---

[64] 72, 311f; vgl auch DVBl 1993, 1151; Mager 164; **aA** früher Lü DVBl 1979, 686ff.

[65] Ma DÖV 2005, 746; Münster DÖV 2006, 924; Schenke NVwZ 1986, 529; generell auf den Zeitpunkt des Ergehens des Widerspruchsbescheids abstellend: 51, 362; NJW 1993, 1540; NVwZ 1990, 654; 99, 250 mwN; Ko DÖV 2006, 834; **aA** Czermak NVwZ 1987, 116 (Zeitpunkt der letzten mV); zum maßgeblichen Zeitpunkt bei einer gegen den Entzug der Fahrerlaubnis gerichteten Untätigkeitsklage s Hbg NJW 1997, 3112.

– wenn die in einem Leistungsbescheid festgestellte gesetzliche Forderung durch eine vor dem Zeitpunkt des Erlasses des Bescheides **rückwirkende Aufrechnung** (§ 389 BGB analog) mit einer Gegenforderung zum Erlöschen gebracht wird (vgl 46 zu § 40 u Schenke 428f);
– wenn ein **befehlender VA gem § 113 Abs 1 S 1 rückwirkend** aufgehoben wurde, auf dessen Basis ein zunächst rechtmäßiger Zwangsgeldbescheid erging. Mit der rückwirkenden Aufhebung des VA wird der **Zwangsgeldbescheid** rechtswidrig (vgl Schenke/Baumeister NVwZ 1993, 6f); entspr gilt für **Vollstreckungskostenbescheide** (s unten 102 u 104; Schenke PolR 542);
– wenn ein auf eine Begünstigung gerichteter VA durch die Behörde zurückgenommen u zugleich gem § 49a Abs 1 VwVfG ein Erstattungsbescheid erlassen wurde. Wird hier der **Rücknahmebescheid** auf eine Anfechtung hin oder aber behördlicherseits **aufgehoben,** so gilt zugleich von dem Moment an, von dem an dem Rücknahmebescheid seine rechtliche Wirkung genommen wurde, der **Erstattungsbescheid** als von Anfang an **rechtswidrig.** Entsprechendes gilt allg in Fällen, in welchen ein VA rückwirkend gerichtlich oder behördlich aufgehoben wird, für einen FolgeVA, dessen Rechtmäßigkeit an das Bestehen des vorangegangenen VA geknüpft ist.

47 **g) Rechtmäßigwerden eines rechtswidrig erlassenen VA.** Ein **rechtswidrig erlassener VA** wird durch eine spätere **Veränderung der Sach- oder Rechtslage regelmäßig nicht rechtmäßig,** u zwar selbst dann nicht, wenn es sich bei ihm um einen VA mit Dauerwirkung handelt. Der Grund hierfür liegt darin, daß es für dessen **Rechtswidrigkeit konstituierend** ist, daß er entweder **rechtswidrig erlassen wurde** oder jedenfalls eine **Verpflichtung zu seiner Rücknahme** besteht (s hierzu näher allg Baumeister Rechtswidrigwerden 175; Mager 76; s auch Schenke 804). Damit kann selbst der spätere **Wegfall der behördlichen Verpflichtung zur Beseitigung** (Rücknahme) des VA **nichts an der Rechtswidrigkeit des VA ändern.** Insb geht es nicht an, aus dem Umstand, daß ein rechtmäßig erlassener VA bei Bestehen einer Verpflichtung zu seiner Rücknahme (definitionsgemäß) rechtswidrig wird, zu folgern, dann müsse auch der durch eine spätere Veränderung der Sach- oder Rechtslage bedingte Wegfall des Beseitigungsanspr aus einem rechtswidrigen einen rechtmäßigen VA machen (**aA** NVwZ 1991, 360). Die **Unzulässigkeit** einer solchen generellen **Gleichsetzung der Frage der Rechtmäßigkeit eines VA mit jener, ob eine behördliche Verpflichtung zu seiner Beseitigung** besteht, wird an der Regelung des **§ 46 VwVfG evident.** Hier besteht sogar vom Zeitpunkt des Erlasses des VA an keine Verpflichtung zu seiner Rücknahme; trotzdem geht die ganz hM – ua im Einklang mit § 59 Abs 2 Nr 2 VwVfG – davon aus, daß ein unter Verletzung von Verfahrensvorschriften ergangener VA rechtswidrig ist u den Kl in seinen subjektiven Rechten verletzt (s hierzu eingeh Schenke DÖV 1986, 307ff; Baumeister 137ff u unten 55). Dann kann aber der spätere Wegfall der Beseitigungspflicht ebenfalls nicht die Metamorphose eines rechtswidrigen VA in einen rechtmäßigen bewirken. **Bestätigt** wird dies durch **§ 48 Abs 1 S 1 VwVfG.** Wenn hiernach keine Verpflichtung zur Rücknahme eines bestandskräftigen belastenden rechtswidrigen VA besteht (sondern nur ein Recht des Betroffenen auf eine fehlerfreie Ermessensentscheidung, vgl BVerfG 27, 307 u Schenke 79), so ändert dies selbstverständlich nichts daran, daß in einem solhen Fall nach wie vor ein rechtswidriger VA vorliegt. Der hier vertretenen Ansicht, daß ein rechtswidrig erlassener VA nicht allein wg nachträglichen Entfallens eines Beseitigungsanspr rechtmäßig wird, steht nicht entgegen, daß die gerichtiche Aufhebung des VA wg Fehlens eines Beseitigungsanspr ausgeschlossen ist (s oben 6).

48 Auch wenn ein rechtswidrig erlassener VA aufgrund einer späteren Veränderung der Sach- und/oder Rechtslage in aller Regel nicht rechtmäßig wird, kann

der **Gesetzgeber** aber (unter Beachtung verfassungsrechtlicher Grundsätze) späteren Veränderungen der Sach- oder Rechtslage eine **fiktive Rückwirkung beimessen** u auf diese Weise die **Rechtmäßigkeit eines rechtswidrig erlassenen VA fingieren.** Das trifft zB zu,

- wenn eine vorher nicht vorhandene **Rechtsgrundlage** für einen belastenden VA in einer unter dem Aspekt des verfassungsrechtlichen Vertrauensschutzes nicht zu beanstandenden Weise **rückwirkend geschaffen** wird (vgl hierzu zB BVerfG 13, 271 f; 14, 299; 22, 252; Schenke AgrarR 1990, 33 ff). Praktisch bedeutsam wird dies vor allem, wenn eine nur aus formellen Gründen nichtige Norm durch eine mit Rückwirkung ausgestattete formell rechtmäßige Norm ersetzt wird (13, 272);
- wenn die Verwaltung den Bürger zur **Erstattung** einer aufgrund eines begünstigenden VA gewährten Leistung in einem Erstattungsbescheid gem § 49 a Abs 1 VwVfG verpflichtet, ohne zuvor oder zugleich den begünstigenden VA (zumindest konkludent) **zurückzunehmen.** Hier ist der Erstattungsbescheid rechtswidrig; er wird aber rückwirkend rechtmäßig, wenn später der begünstigende VA mit Wirkung ex tunc aufgehoben wird.

Ein Fall **gesetzlich fingierter Rechtmäßigkeit** liegt auch in den Fällen einer **Heilung eines verfahrensfehlerhaften VA gem § 45 Abs 1 Nr 1–5 VwVfG.**[66] Ursprünglich war sie nur bis zum Abschluß eines VorVf oder, falls ein VorVf nicht stattfand, bis zur Erhebung der verwaltungsgerichtlichen Klage möglich. Da gem § 79 Abs 1 Nr 1 Gegenstand der Anfechtungsklage aber grds nur der VA in der Gestalt ist, die er durch den Widerspruchsbescheid gefunden hat, spielte sie verwaltungsprozessual keine Rolle. Nachdem § 45 Abs 2 VwVfG u die ihm inhaltlich folgenden LVwVfGe[67] eine **Heilung noch bis zum Abschluß der letzten Tatsacheninstanz zulassen** (so § 45 Abs 2 VwVfG idF des 3. VwVfG-ÄndG v 21. 8. 2002 [BGBl I 3322]; § 45 Abs 2 VwVfG idF des GenBeschlG hatte eine Heilung noch bis zum Abschluß des verwaltungsgerichtlichen Vf zugelassen),[68] stellt sich die Frage, inwieweit ein verfahrensfehlerhafter VA während des verwaltungsgerichtlichen Vf noch nachträglich rechtmäßig werden kann u damit seine verwaltungsgerichtliche Aufhebung ausgeschlossen oder zumindest eingeschränkt ist. Sie wird in ihrer Bedeutung allerdings dadurch relativiert, daß im Anwendungsbereich des (durch das GenBeschlG ebenfalls erweiterten) § 46 VwVfG eine Aufhebung von verfahrensfehlerhaften VAen ausgeschlossen ist. Einer Klärung bedarf es damit hier nur noch in bezug auf **ErmessensVAe,** bei denen **nicht offensichtlich** ist, daß die Verletzung eines der in § 46 VwVfG benannten Fehler die **Entscheidung in der Sache nicht beeinflußt** hat. In diesem Fall ist es für das Bestehen der verwaltungsgerichtlichen Aufhebungsbefugnis entscheidend, ob die Heilung durch Nachholung einer Handlung mit Wirkung ex tunc oder nur ex nunc eintritt. Im ersteren Fall schiede eine verwaltungsgerichtliche Aufhebungsbefugnis gem § 113 Abs 1 S 1 aus, weil der VA als von Anfang an (mit Wirkung ex tunc) rechtmäßig fingiert würde.[69] Richtigerweise dürfte § 45 Abs 2 VwVfG jedoch so zu verstehen sein, daß die **Heilung nur mit Wirkung ex nunc** eintritt.[70] Nur auf diese Weise lassen 49

---

[66] Zum abschließenden Charakter der hier geregelten Heilungsfälle s Bader NVwZ 1998, 675; Hufen JuS 1999, 316.

[67] Inzwischen haben alle Länder die Heilungsmöglichkeit entspr ausgedehnt. Zu Besonderheiten in SchlH s unten 61.

[68] Zur rechtlichen Problematik dieser zeitlichen Ausdehnung der Heilung s Schenke NJW 1997, 87; zur Berücksichtigung in der Revisionsinstanz s 27 zu § 137.

[69] Für ex-tunc-Wirkung Decker JA 1999, 156; zB Kn-Meyer 15 zu § 45; Obermayer 30 zu § 45; StBS-Sachs 18 zu § 45 VwVfG.

[70] Schenke 804 a; VerwA 2006, 604 ff; Baumeister 375 ff; Hufen JuS 1999, 318; so schon zur bisherigen Fassung des § 45 VwVfG Hill, Das fehlerhafte Verfahren und seine Folgen im Verwaltungsrecht, 1986, 89; Kopp VwVfG 6 zu § 45; MB 12 zu § 45 VwVfG; UL § 58, 16.

sich die gravierenden Bedenken abmildern, die ggü der zeitlichen Ausdehnung der Heilungsmöglichkeit durch den novellierten § 45 Abs 2 VwVfG unter dem Aspekt eines verfassungsrechtlich garantierten Beseitigungsanspr (zu diesem Schenke NVwZ 1993, 721 ff) bestehen. Zudem wird hierdurch bei VAen mit **gemeinschaftsrechtlichem Bezug** den **gemeinschaftsrechtlichen Bedenken,** die gegen die Bejahung einer rückwirkenden Heilung von Verfahrensmängeln bestehen[71] Rechnung getragen, ohne daß es hierzu einer – auf eine weitreichende Umgestaltung des nationalen Verwaltungsverfahrensrechts hinauslaufenden – generellen Unanwendbarkeit des § 45 Abs 2 VwVfG auf dem Gemeinschaftsrecht unterfallende Sachverhalte bedarf.[72] Auch bei Bejahung einer Heilung nur mit Wirkung ex nunc behält § 45 VwVfG insoweit seinen Sinn, als von dem **Moment der Heilung an der VA als rechtmäßig** anzusehen u seine Aufhebung ausgeschlossen ist. Zudem bedarf es – anders als bei einem Neuerlaß eines VA – nicht der erneuten (zeitaufwendigen) Durchführung eines VerwaltungsVf u der geheilte VA bleibt (auch ohne Klageänderung) Gegenstand des Vf. Für den Zeitraum bis zur Heilung ist bei (allerdings nur selten) bestehendem RSB eine (partielle) Aufhebung des VA mit **Wirkung für die Vergangenheit möglich.**[73] Das kann zB von Bedeutung sein, wenn etwa bereits **vor Eintritt der Heilung** ein polizeiliches Gebot vollstreckt u auf seiner Basis zB ein **Zwangsgeldbescheid** oder ein **Kostenersatzbescheid** erlassen wurde (s dazu unten 50 sowie 102). Zu beachten ist außerdem, daß durch § 45 VwVfG nur eine Heilung der dort genannten Verfahrensfehler bewirkt wird, nicht hingegen von Ermessensfehlern, die häufig mit Verfahrensfehlern, insb bei einer Verletzung von Anhörungsrechten, einhergehen (Schenke VerwA 2006, 609 u unten 59). Zur „Heilung" von Ermessensfehlern s unten 69 ff.

Die Problematik einer **Heilung** stellt sich über § 45 VwVfG hinausreichend auch im **Fachplanungsrecht** (dazu Palme NVwZ 2006, 909 ff). Hier sieht § 75 Abs 1 a S 2 VwVfG auch hins erheblicher Abwägungsfehler vor, daß diese nur dann zur Aufhebung des Planfeststellungsbeschlusses oder einer Plangenehmigung führen, wenn sie nicht durch Planergänzung oder durch ein ergänzendes Vf behoben werden können. Ähnliche Regelungen finden sich auch in fachplanungsrechtlichen Spezialvorschriften wie § 18 e Abs 6 S 2 AEG, § 17 e Abs 6 S 2 FStrG, § 10 Abs 8 S 2 LuftVG, § 14 e Abs 6 S 2 WaStrG. Unmittelbar regeln diese Vorschriften zwar nur, daß bei derartigen Fehlern eine Aufhebung des VA ausgeschlossen ist, was zur Folge hat, daß hier die Gerichte neben der Rechtswidrigkeit des Planfeststellungsbeschlusses nur dessen Nichtvollziehbarkeit bis zur Behebung des Mangels feststellen können (s unten 108). Ihnen läßt sich aber entnehmen, daß nach einer Planergänzung oder einem ergänzenden Vf der Planfeststellungsbeschluß geheilt ist (Baumeister 412), wobei diese Heilung aus ähnlichen Gründen wie bei einer Heilung nach § 45 VwVfG (s oben 49) **erst vom Moment der Behebung des Mangels** an eintreten kann. Aus dieser Vorschrift läßt sich aber ableiten, daß dann, wenn selbst nach rechtskräftigem Abschluß eines verwaltungsgerichtlichen Vf noch eine Heilung möglich ist, diese Heilungsmöglichkeit erst recht noch während des gerichtlichen Vf bestehen muß (Palme

---

[71] S zu diesen Bedenken Classen DV 1998, 323 f; Kokott DV 1998, 367; zu den Systemdivergenzen im Verfahrensverständnis zwischen Gemeinschaftsverwaltungsrecht u nationalem Recht s auch Wahl DVBl 2003, 1290 ff; für die Vereinbarkeit der Heilungsregelungen mit Gemeinschaftsrecht Baumeister 358 ff.

[72] Für Unanwendbarkeit des § 45 Abs 2 VwVfG in bezug auf § 45 Abs 1 Nr 2 VwVfG hingegen Kokott DV 1998, 367 u Classen DV 1998, 323 ff, die hierbei wohl von einer rückwirkenden Heilung ausgehen dürften.

[73] Nicht zutr daher, wenn zB Sodan DVBl 1999, 732 annimmt, auf der Basis des § 45 Abs 2 VwVfG sei nach einer Heilung die gerichtliche Aufhebung des VA wg des geheilten VA generell ausgeschlossen.

NVwZ 2006, 910; zu einem während des gerichtlichen Vf durchgeführten PlanergänzungsVf s Lü NuR 2005, 119). Der geheilte VA wird dann – ebenso wie bei einer Heilung gem § 45 Abs 2 VwVfG während des gerichtlichen Vf –, ohne daß es einer Klageänderung gem § 91 bedarf, Gegenstand des gerichtlichen Vf. Allerdings dürfte eine solche Heilung nur bis zum Abschluß der Tatsacheninstanz möglich sein (100, 238; Palme NVwZ 2006, 910). Handelt es sich nicht um Abwägungsfehler, die dem § 75 Abs 1 a VwVfG unterfallen, und liegt auch kein Fall der Heilung gem § 45 VwVfG vor, so scheidet jedoch bei einem unter Verstoß gegen zwingendes Recht ergangenen Planfeststellungsbeschluß eine Heilung etwa durch den während des gerichtlichen Vf erfolgenden Erlaß einer Rechtsnorm, die den vorher bestehenden Mangel behebt, mangels einer hierfür bestehenden Rechtsgrundlage für die Heilungs, aus (so richtig Palme NVwZ 2006, 911 unter Kritik von 112, 165 = NVwZ 2001, 673; 116, 268 = NVwZ 2002, 1243; 120, 276 = NVwZ 2004, 1114; Lü NdsVBl 2006, 10). Keine Heilung bewirkt demgemäß der durch Rechtsänderung begründete nachträgliche Eintritt der Zuständigkeit der bei Erlaß des Planfeststellungsbeschlusses noch unzuständigen Behörde; anders nur, wenn die Zuständigkeit rückwirkend begründet würde (Lü NdsVBl 2006, 200). Auch wenn eine Heilung ausgeschlossen ist, ist aber noch zu erwägen, ob eine Aufhebung deshalb ausgeschlossen ist, weil der Beseitigungsanspr nachträglich entfiel (s unten 50; nicht eingegangen wird hierauf durch Palme NVwZ 2006, 911).

h) Nachträglicher Wegfall des Beseitigungsanspruchs. Von den bisher 50
behandelten Fällen einer (mit Wirkung ex tunc oder ex nunc) gesetzlich **fingierten Rechtmäßigkeit** eines rechtswidrig erlassenen VA sind die Fälle **zu trennen,** bei denen der VA zwar rechtswidrig bleibt (und diese Rechtswidrigkeit bei bestehendem berechtigtem Interesse analog § 113 Abs 1 S 4 festgestellt werden kann), der **Anspr auf Beseitigung des VA aber wg einer späteren Veränderung der Sach- oder Rechtslage ausgeschlossen** ist u damit die verwaltungsgerichtliche Aufhebungsbefugnis (s oben 6) entspr eingeschränkt wird. Bedeutsam wird dies zB in den das BVerwG wiederholt beschäftigenden Fällen, in denen aufgrund einer formell rechtswidrigen Satzung rechtswidrige **Erschließungsbeitragsbescheide** ergingen u nunmehr eine **neue, sich keine Rückwirkung beimessende Satzung** erlassen wurde, aufgrund derer der Bescheid mit demselben Inhalt hätte erlassen werden müssen. Das BVerwG[74] geht hier davon aus, daß eine „Heilung" von dem Moment des Inkrafttretens der neuen gültigen Satzung an zu bejahen sei. Richtigerweise dürfte es sich allerdings nicht um den Fall einer Heilung in dem Sinn handeln, daß damit der rechtswidrige Beitragsbescheid rechtmäßig wurde;[75] vielmehr ist die gerichtliche Aufhebung des VA jedenfalls trotz nach wie vor bestehender Rechtswidrigkeit des Erschließungsbeitragsbescheids vom Moment des Inkrafttretens an **unter dem Gesichtspunkt des Fehlens eines Beseitigungsanspr** des Beitragsschuldners **ausgeschlossen.** Der Bejahung eines Beseitigungsanspr steht der Grundsatz „dolo agit, qui petit, quod statim redditurus est" entgegen,[76] dessen Anwendung

[74] 64, 221 mwN; NVwZ 1991, 360; zust Johlen DÖV 2001, 587.

[75] Die gegenteilige Ansicht des BVerwG beruht auf der von ihm (vgl zB NVwZ 1991, 360) vertretenen These, die Rechtmäßigkeit eines belastenden VA hinge davon ab, ob ein Beseitigungsanspruch bestehe (s dazu oben 47).

[76] Ebenso jetzt Baumeister 340 f; **aA** Sch-Gerhardt 25, wonach dieser Grundsatz dem Anspr auf Aufhebung prinzipiell nicht entgegengehalten werden könne, da „Gegenstand der Anfechtungsklage eine bestimmte Verwaltungsmaßnahmen (sei) u nicht, ob die Behörde einen anderen VA erlassen könnte, müßte u alsbald würde". Dabei wird jedoch nicht ausreichend beachtet, daß es sich bei dem Grundsatz „dolo agit" nur um einen Einwand ggü einem bestehenden, mit der Anfechtungsklage geltend gemachten Beseitigungsanspruch handelt. Bedenken unter funktionellrechtlichen Gesichtspunkten sind jedenfalls dann nicht

(trotz Fehlens einer dem § 46 VwVfG[77] entspr vergleichbaren Regelung) auch aus **funktionellrechtlichen Gründen nicht zu beanstanden** ist, da bereits vorher (wenn auch unter Geltung der inhaltlich übereinstimmenden früheren Satzung) ein VerwaltungsVf durchgeführt wurde. Unabhängig davon, ob man hier vom Fehlen eines Beseitigungsanspr ab Inkrafttreten der neuen Satzung oder einer „Heilung" ausgeht, muß aber bei berechtigtem Interesse des Kl – entgegen der Ansicht des BVerwG – eine gerichtliche Aufhebung des VA **vom Zeitpunkt seines Erlasses bis zum Inkrafttreten der neuen Norm** möglich sein. An einer solchen partiellen Aufhebung kann der Kl im Hinblick auf nachteilige Folgen, die sich aus der Nichtbegleichung des Beitragsbescheids vor Erlaß der neuen Satzung für ihn ergeben (zB Verzugszinsen, Vollstreckungskosten etc), durchaus ein Interesse haben. Der Versuch des BVerwG, den Vollstreckungsschuldern in einem solchen Fall zu helfen, indem es die Fälligkeit der Beitragsschuld in sinngemäßer Anwendung des § 135 Abs 1 BauGB erst von dem Moment der Heilung an eintreten läßt, überzeugt nicht. Denn § 135 Abs 1 BauGB knüpft nur an die Bekanntgabe des rechtswirksamen (wenn auch möglicherweise rechtswidrigen) Beitragsbescheids an. Nach einer gerichtlichen Aufhebung des Beitragsbescheids für den Zeitraum bis zum Eintritt seiner „Heilung" können für diesen Zeitabschnitt auch **keine Aussetzungszinsen** verlangt werden. Dagegen wären bei Nichtaufhebung des Erschließungsbeitragsbescheids trotz der bis zur „Heilung" bestehenden Rechtswidrigkeit Aussetzungszinsen zu bejahen.[78] Ausgeschlossen werden kann der Beseitigungsanspr auch zB bei einem gegen naturschutzrechtliche Regelungen verstoßenden Planfeststellungsbeschluß, wenn diese naturschutzrechtlichen Regelungen aufgehoben oder so geändert werden, daß sie dem Planfeststellungsbeschluß nicht mehr im Wege stehen.[79] **Nicht ausgeschlossen** ist hingegen im Hinblick auf § 46 VwVfG der **Aufhebungsanspr des Adressaten eines VA,** der von einer **sachlich unzuständigen Behörde erlassen** wurde.[80] Nicht ausgeschlossen wird ein solcher Anspr ferner bei einer durch eine Rechtsänderung nachträglich begründeten Zuständigkeit der bei Erlaß des Planfeststellungsbeschlusses noch sachlich unzuständigen Behörde (Lü NdsVBl 2006, 198). Das ergibt sich auch hier neben einem Umkehrschluß aus § 46 VwVfG, der sich auf **sachliche Zuständigkeitsmängel nicht erstreckt,** zusätzlich aus dem Planungsermessen der Behörde, das (zumal bei der Komplexität einer Planung) nicht den Schluß erlaubt, daß bei einer Neudurchführung der Planung derselbe Planfeststellungsbeschluß erlassen worden wäre.

51 Das Fehlen eines Beseitigungsanspr dürfte auch erklären, daß die Rspr[81] nur im Ergebnis zutr der **Anfechtungsklage eines Nachbarn gegen eine Baugenehmigung** dann den Erfolg versagt, wenn diese ihn zwar im Moment ihres Erlasses in seinen Rechten verletzte, aber aufgrund einer späteren Veränderung

---

angebracht, wenn man seine Heranziehung aus funktionellrechtlichen Erwägungen beschränkt (s dazu unten 52; dort auch dazu, daß es für die Anwendung des Grundsatzes nicht ausreicht, wenn der Erlaß eines VA mit demselben Inhalt wie der aufgehobene nur in das Ermessen der Behörde gestellt ist).

[77] Zur Legitimation des § 46 VwVfG durch den Grundsatz „dolo agit ..." s Schenke DÖV 1986, 314.

[78] S auch Münster NVwZ-RR 1999, 210, das aber hier eine Pflicht zur Gewährung eines Billigkeitserlasses gem §§ 237 Abs 4, 234 Abs 2 AO erwägt.

[79] S dazu die Beispiele bei Palme NVwZ 2006, 911, der aber die Frage eines nachträglichen Wegfalls des Beseitigungsanspruchs nicht anspricht.

[80] Ein Aufhebungsanspruch eines drittbetroffenen Nachbarn in bezug auf eine von einer sachlich unzuständigen Behörde erlassenen Baugenehmigung, die inhaltlich nicht zu beanstanden ist, scheitert nicht am „dolo agit"-Grundsatz, sondern am Vorliegen einer durch die Baugenehmigung begründeten subjektiven RVerletzung des Nachbarn (Ma DÖV 2006, 656; **aA** Mü BayVBl 1997, 51).

[81] Vgl zB DVBl 1966, 270; DÖV 1999, 168; Gr NVwZ 1995, 400f; We LKV 1995, 194.

der Rechtslage (Neuerlaß eines Bebauungsplans) bei unterstellter Aufhebung **wiederum mit demselben Inhalt erteilt** werden müßte. Der VA ist auch in einem solchen Fall nicht etwa, wie die Rspr annimmt, rechtmäßig geworden, vielmehr steht der Aufhebung des VA vom Moment der neuen Rechtslage an gleichfalls der Grundsatz „dolo agit ..." im Wege (ebenso Baumeister 339f). Funktionellrechtliche Bedenken hindern die Aktivierung dieses Grundsatzes deshalb nicht, weil es dem Bauherrn unter dem **Aspekt des Art 14 GG regelmäßig nicht zumutbar** wäre, hier zunächst die Aufhebung der Baugenehmigung zu dulden u dann aufs neue ein zeit- u kostenaufwendiges BaugenehmigungsVf zu betreiben, das zum Neuerlaß der früher aufgehobenen Baugenehmigung führte. Eine Aufhebung der Baugenehmigung für den Zeitraum vor Erlaß des vorherigen Bebauungsplans scheitert trotz deren Rechtswidrigkeit am fehlenden RSB. Besteht ein berechtigtes Interesse an der Feststellung der Rechtswidrigkeit des Erlasses der Baugenehmigung (etwa im Hinblick auf Schadensersatzanspr, s dazu unten 108), kann die Rechtswidrigkeit jedoch analog § 113 Abs 1 S 4 festgestellt werden.

52 Wurde eine auf § 35 GewO gestützte Untersagungsverfügung rechtswidrig erlassen, weil es im Zeitpunkt ihrer Vornahme an einer Unzuverlässigkeit des Gewerbetreibenden fehlte, kann der Umstand, daß die Verwaltung aufgrund dessen erst während des gerichtlichen Vf eingetretenen Unzuverlässigkeit ermächtigt wäre, den VA zu erlassen, **nichts an der Begründetheit der Anfechtungsklage ändern.** Weder wird hier der rechtswidrig erlassene VA rechtmäßig, noch entfällt der Anspr auf dessen Rücknahme. Das gilt entgegen dem Lü NVwZ 1995, 186 jedenfalls sicher dann, wenn aufgrund der späteren Veränderung die Untersagungsverfügung nur in das **Ermessen der Behörde** gestellt ist, wie dies im Falle des § 35 Abs 1 S 2 GewO zutrifft. Hier wird der rechtswidrig erlassene VA unbestreitbar nicht rechtmäßig (s oben 47). Zudem implizierte das Unterlassen einer gerichtlichen Aufhebung einen unzulässigen Eingriff der Gerichte in den Ermessensspielraum der Verwaltung u verletzte das Gewaltenteilungsprinzip (Art 20 Abs 2 GG). Selbst wenn die Behörde wg der nachträglich eingetreten Veränderung nunmehr zum Erlaß einer Untersagungsverfügung verpflichtet wäre, ergäbe sich daraus **nicht zwingend die Unzulässigkeit gerichtlicher Aufhebung.** Dem Ausschluß von Beseitigungsanspr unter dem Aspekt des „dolo agit ..." (s zu diesem Grundsatz auch Lü NVwZ 1995, 186 unter Hinw auf Ma DVBl 1982, 966 u BVerwG NVwZ 1986, 208) steht es entgegen, daß über die nunmehr auf einen anderen Sachverhalt gestützte Gewerbeuntersagung in einem neuen VerwaltungsVf zu entscheiden ist. Vor dem Hintergrund des Art 12 GG, aber auch aus **funktionellrechtlichen Gründen** erscheint es zwingend, dem Betroffenen nicht den **verwaltungsverfahrensrechtlichen Rechtsschutz** zu nehmen, indem man das „Verwaltungsverfahren" in das GerichtsVf hinein verlagert. Die besonderen Gründe, welche in den oben behandelten Fällen des Erschließungsbeitrags (oben 50) u der Baugenehmigung (oben 51) eine Berufung auf den Grundsatz „dolo agit ..." zuließen, passen hier nicht. Geht man mit dem BVerwG davon aus, daß selbst über die sich zugunsten des Kl auswirkende Wiedergestattung eines Gewerbes gem § 35 Abs 6 GewO nicht im Rahmen der Anfechtungsklage gegen eine Gewerbeuntersagung zu befinden ist (65, 2f; GewA 1996, 24), so ist es jedenfalls unabweisbar, dies erst recht hins der untersuchten Konstellation anzunehmen, bei der sich die Berufung auf den Grundsatz „dolo agit ..." **zum Nachteil des Kl auswirken** müßte (nicht überzeugend auch aus diesem Grund daher Lü NVwZ 1995, 186).

53 **i) Nachträgliche Erkenntnisse hins der früheren Sachlage.** Von der Frage, ob eine nachträgliche Veränderung der Sach- oder Rechtslage zur Rechtswidrigkeit eines rechtmäßig erlassenen VA führen kann bzw die Rechtmäßigkeit eines zunächst rechtswidrig erlassenen VA zu begründen vermag, ist die Frage zu

trennen, inwieweit sich nach Abschluß des VerwaltungsVf ergebende **neue tatsächliche Erkenntnisse** uU als Beweismittel für die Frage des Vorliegens eines den **Erlaß des VA rechtfertigenden Sachverhalts herangezogen** werden können (Schenke NVwZ 1986, 529). Stellt sich etwa aufgrund neuer medizinischer Erkenntnisse heraus, daß bestimmte gesundheitliche Mängel eine Person nicht iSd § 11 Abs 1 FeV ungeeignet zum Führen von Kraftfahrzeugen machen, so ist dies im Rahmen einer gegen die Entziehung der Fahrerlaubnis gerichteten Klage zu berücksichtigen (Schenke NVwZ 1986, 529). Zu Recht geht deshalb auch das BVerwG (27. 6. 1997 – 1 B 132/97) davon aus, daß die Tatsachengerichte neue Erkenntnisse auswerten dürfen, wenn ihnen Anhaltspunkte für die Richtigkeit der im Zeitpunkt der Widerspruchsentscheidung getroffenen Entscheidung zu entnehmen sind. Zu beachten ist allerdings, daß dort, wo die Vornahme von VAen an behördliche Prognoseentscheidungen geknüpft ist, nach Abschluß des VerwaltungsVf gewonnene neue Erkenntnisse **nicht notwendigerweise** dazu führen, daß damit die **Prognoseentscheidung rechtlich zu beanstanden** ist u ein hierauf gegründeter VA von Anfang an rechtswidrig ist. So ändert es an der im Moment einer behördlichen Entscheidung bestehenden Gefahr u damit an der Rechtmäßigkeit des Erlasses des VA nichts, falls sich später herausstellt, daß tatsächlich (objektiv) nie der Eintritt eines Schadens drohte (sog Anscheinsgefahr, vgl hierzu Schenke PolR 80f u Friauf-FS 1996, 455ff), da es für das Vorliegen einer Gefahr bereits genügt, wenn die Behörde bei verständiger Würdigung der Sachlage im Zeitpunkt ihres Handelns davon ausgehen durfte, daß der Schadenseintritt droht.[82] Geht man davon aus, daß eine Gefahr auch dann gegeben ist, wenn **objektiv ein Schadenseintritt** droht (auch wenn dies für die Behörde nicht ersichtlich ist), bestehen hingegen umgekehrt keine Bedenken, später **eingetretene Erkenntnisse** für die Beurteilung der Rechtmäßigkeit des behördlichen Handelns von Anfang an **heranzuziehen** (vgl hierzu auch Schenke, Friauf-FS 1996, 458). Aus einem ähnlichen Grund rechtfertigt es sich auch, daß sich bei der **Drittanfechtung einer atomrechtlichen Genehmigung** während des gerichtlichen Vf ergebende neue Erkenntnisse, die aus einem zwischenzeitlich vorangeschrittenen Stand der Wissenschaft u Technik resultieren u ein vorher für möglich gehaltenes **Risiko nachträglich als nie existent erweisen,** zur Begründung einer von **Anfang an gegebenen Rechtmäßigkeit der Genehmigung** herangezogen werden können.[83] § 7 Abs 2 Nr 3 AtG, nach dem es für die Genehmigung einer Anlage bereits genügt, wenn die nach dem Stand von Wissenschaft u Technik erforderliche Vorsorge gegen Schäden getroffen wird, ist so zu interpretieren, daß sie nur eine Mindestvoraussetzung für die Genehmigung einer Anlage normiert. Sie stellt aber nicht infrage, daß es für die Rechtmäßigkeit einer Genehmigung selbstverständlich erst recht ausreicht, wenn **tatsächlich gar kein Anlaß für Vorsorgemaßnahmen** besteht. Von diesem Verständnis des § 7 Abs 2 Nr 3 AtG her erklärt sich andererseits mühelos, daß dann, wenn die nach dem Stand von Wissenschaft u Technik erforderliche Vorsorge bei Genehmigungserteilung vorlag, sich aber aufgrund späterer wissenschaftlicher oder technischer Erkenntnisse die Vorsorge als nicht ausreichend erweist, die Genehmigung nicht rechtswidrig wird, sondern nur die Erteilung von Auflagen bzw notfalls ein Widerruf in Betracht kommt (s oben 46).

54 **7. Aufhebungsgründe und Problem des Nachschiebens von Gründen: a) Allgemeines.** Das Gericht muß (grds unabhängig von einer Rüge des entspr

---

[82] Eine andere Frage ist, inwieweit die Korrekturbedürftigkeit der Prognose aufgrund neuer Erkenntnisse nach Maßgabe der gesetzlichen Regelung bzw aufgrund des Übermaßverbots die Behörde (was bei VAen mit Dauerwirkung meist zutrifft) zu einer Aufhebung des VA ab dem Zeitpunkt der neuen Erkenntnisse zwingt.

[83] 72, 312; NVwZ 1997, 161; NVwZ-RR 1994, 15; s auch Bertrams DVBl 1993, 699; Kloepfer UmweltR § 8, 84 u oben 46.

Mangels, vgl BSG NJW 1992, 2444) einen **VA** (bzw. Widerspruchsbescheid) idR dann als rechtswidrig iSd § 113 Abs 1 aufheben, wenn er **formell und/oder materiell rechtswidrig** ist u den Kl **in seinen Rechten verletzt.** Zu Ausnahmen, wenn für den Kl trotz der Verletzung in einem subjektiven Recht kein Beseitigungsanspr besteht oder dieser eingeschränkt ist, s oben 6. Bedeutsam wird dies neben bestimmten Fällen fehlerhafter **Planfeststellungsbeschlüsse** (32 zu § 42 sowie 36b zu § 114) ua bei verfahrensfehlerhaften VAen gem **§ 46 VwVfG** (unten 55) u bei ihrer Heilung gem **§ 45 VwVfG** (oben 49 u unten 59), iVm dem Problem des **Nachschiebens von Gründen** (unten 63) sowie möglicherweise bei einer **Umdeutung von VAen** (unten 79). Bereits an der RVerletzung fehlt es dagegen in den Fällen der **materiellrechtlichen Präklusion** von Rechten oder ihrer Verwirkung (s 179 zu § 42).

b) Ausschluß des Aufhebungsanspruchs durch § 46 VwVfG. Ausgeschlossen ist die gerichtliche Aufhebung bei einem von **§ 46 VwVfG bzw LVwVfG** tatbestandlich erfaßten **verfahrensfehlerhaften VA.** Aus dem im Rahmen des GenBeschlG novellierten § 46 VwVfG sowie den inhaltlich übereinstimmenden LVwVfGen ergibt sich, daß jedenfalls die **verwaltungsbehördliche Aufhebung eines VA,** der nicht nach § 44 VwVfG nichtig ist, **nicht allein deshalb beansprucht** werden kann, weil er **unter Verletzung von Vorschriften über das Vf, die Form oder die örtliche Zuständigkeit** zustande gekommen ist.[84] Diese Vorschrift, die nach heute hM nicht die **Rechtswidrigkeit** u die **subjektive RVerletzung** infrage stellt, **schließt** in Konsequenz des Grundsatzes „dolo agit, qui petit, quod statim redditurus est", **nur einen Beseitigungsanspr** des durch einen solchen VA Verletzten ggü dem Hoheitsträger aus.[85] Die Ansicht, § 46 VwVfG verneine bereits die Rechtswidrigkeit eines verfahrensfehlerhaften VA[86] ist ua mit **Wortlaut u Systematik** dieser Vorschrift **nicht vereinbar** u wird jedenfalls eindeutig durch **§ 59 Abs 2 Nr 2 VwVfG** widerlegt. Nicht überzeugend ist deshalb die Auffassung von Ronellenfitsch (NVwZ 1999, 586f), der, ohne sich mit den durch das Gesetz bestätigten Argumenten der Gegenansicht auseinanderzusetzen, ja ohne diese überhaupt zu erwähnen, die Rechtmäßigkeit verfahrensfehlerhafter Hoheitsakte (!?) mit der pauschalen Berufung auf den „Verfassungsauftrag zur Schaffung einheitlicher Lebensverhältnisse" sowie die angeblich nur so herzustellende „Waffengleichheit von Projektträgern und Projektgegnern" zu rechtfertigen sucht. Seine Argumentation krankt überdies an der fälschlichen Gleichsetzung von Rechtswidrigkeit u Aufhebbarkeit bzw Nichtigkeit von Hoheitsakten. Eine Deutung des § 46 VwVfG in dem Sinn, daß hierdurch zwar nicht die objektive Rechtswidrigkeit eines ihm unterfallenden verfahrensfehlerhaften VA ausgeschlossen sei, wohl aber eine durch ihn begründete subjektive RVerletzung[87] scheitert daran, daß die in § 46 VwVfG genannten Vorschriften vielfach – zT sogar kraft Verfassungsrechts – **subjektive Rechte begründen** u damit deren Verletzung konsequenterweise eine subjektive RVerletzung impliziert. Unabhängig davon begründete der in ei- 55

---

[84] Zu gemeinschaftsrechtlichen Bedenken gegen diese Regelung Classen DV 1998, 327ff; s auch Hufen JuS 1999, 315; Kokott DV 1998, 367f; Stern JuS 1998, 773; die Bedenken iE zurückweisend Baumeister 275ff.

[85] S eingeh Schenke DÖV 1986, 305ff; ebenso zB Hill, Das fehlerhafte Verfahren und seine Folgen im Verwaltungsrecht 1986, 102ff; Hufen DVBl 1988, 75 u JuS 1999, 318; Kn-Meyer 35 zu § 46 VwVfG; KR 42 zu § 46 VwVfG; Martensen DÖV 1995, 544; NKVwGO-Wolff 50; Schnapp/Cordewener JuS 1999, 151; Sch-Gerhardt 27; UL § 58, 25; Schöbener DV 2000, 477; Weides 56ff. Näher auch Baumeister 242ff, der § 46 VwVfG als gesetzliche Regelung des (fehlenden) Zurechnungszusammenhangs ansieht.

[86] So 29, 283f; Buchh 11 Art 14 Nr 106; Ronellenfitsch NVwZ 1999, 586; Weyreuther DVBl 1972, 94.

[87] So zB 65, 289f; Krebs DVBl 1984, 110; w eingeh Nachw bei Schenke DÖV 1986, 306, Fn 12.

nem belastenden VA liegende Eingriff in ein Freiheitsgrundrecht selbst bei einem Verstoß gegen nur objektivrechtliche Verfahrensbestimmungen stets eine **Verletzung dieses Grundrechts** (Schenke DÖV 1986, 308 ff; Baumeister 212 ff; s auch 124 zu § 42). Die Verneinung des Anspr auf Rücknahme (Beseitigung) des VA betrifft zwar **unmittelbar nur die Verwaltung,** erlangt aber im Hinblick auf die **teleologische Reduktion** des § 113 Abs 1 S 1 (vgl oben 6) mittelbar auch für das VG Bedeutung, womit dem Kl nur die Möglichkeit bleibt, bei bestehendem RS I die Rechtswidrigkeit des VA in analoger Anwendung des § 113 Abs 1 S 4 feststellen zu lassen (s unten 108).

56 Die Neufassung des § 46 VwVfG seit 1996 beschränkt die Anwendung dieser Vorschrift nicht mehr auf jene Fälle, in welchen ein rechtlich gebundener VA vorliegt oder jedenfalls das Ermessen im Einzelfall auf Null geschrumpft ist. Unter dem rechtlichen Gesichtspunkt **fehlenden Rechtswidrigkeitszusammenhangs**[88] erfaßt § 46 VwVfG nunmehr generell auch die Konstellationen, in denen ein Ermessens- oder Beurteilungsspielraum der Verwaltungsbehörde besteht, „wenn offensichtlich ist, daß die Verletzung die Entscheidung in der Sache nicht beeinflußt hat".[89] Der Begriff der Offensichtlichkeit verlangt (s auch seine Verwendung in § 75 Abs 1 a S 1 VwVfG), daß die fehlende Kausalität klar erkennbar ist, gleichsam „ins Auge springt"[90] u für die fehlende Kausalität tatsächliche Anhaltspunkte vorliegen (Eckert 63; Hatje DÖV 1997, 479; Hufen JuS 1999, 319). Fehlt die Kausalität nicht offensichtlich, sondern bestehen diesbezüglich insb nur Zweifel, wird der Anspr auf Beseitigung des VA durch § 46 VwVfG jedoch nicht eingeschränkt. Die Beweislast hins der Offensichtlichkeit liegt bei der Behörde (Hufen JuS 1999, 319), weshalb – sofern § 46 VwVfG hier nicht ohnehin ausgeschlossen ist – er bei komplexen Abwägungs- u Risikoentscheidungen iVm der Planung oder Genehmigung von Großvorhaben keine Bedeutung besitzt (Hufen JuS 1999, 319).

57 Vorschriften über das Vf iSd § 46 VwVfG sind nicht nur die **allg Normen des VerwaltungsVf** (§§ 9–30 VwVfG), sondern auch die Vorschriften über **besondere Vf** (§§ 63–71 VwVfG), ferner die **Verfahrensbestimmungen** in besonderen **Fachgesetzen** (s KR 16 zu § 46 VwVfG). Durch § 46 VwVfG erfaßt werden damit zB Vorschriften über die Mitwirkung von gem § 20 Abs 1 VwVfG **befangenen Amtsträgern** (DÖV 1988, 563; Mü NVwZ 1982, 514), die **Verletzung einer Hinweispflicht** gem § 25 VwVfG (Lü MDR 1983, 784), die unterbliebene Anhörung eines Beteiligten (Hbg NVwZ-RR 1990, 442), die **unzulängliche Ermittlung des maßgeblichen Sachverhalts** gem §§ 24, 26 VwVfG (KR 17 zu § 46 VwVfG) oder das **Fehlen einer erforderlichen Begründung** gem § 39 VwVfG (78, 113 = NVwZ 1988, 832 f).[91] § 46 VwVfG ist auch auf den Fall

---

[88] Ohne inhaltliche Differenz Baumeister 256: Zurechnungszusammenhang.

[89] Vgl hierzu Lü DVBl 1999, 256; Gromitsaris SächsVBl 1997, 104; Schmitz/Wessendorf NVwZ 1996, 958; krit Lübbe-Wolff Ausschuß Dr 13/271, Teil II S. 23; Redeker NVwZ 1996, 131; der Sache nach ging die Rspr schon zur alten Fassung des § 46 VwVfG hiervon aus, vgl NVwZ 1996, 1012 iVm Planfeststellungsbeschlüssen; ebenso Schmidt-Preuß, Kollidierende Privatinteressen im Verwaltungsrecht, 526.

[90] So Schmitz/Wessendorf NVwZ 1996, 958; iE auch Oberrath/Hahn VBlBW 1997, 242, wo aber zu Unrecht eine Parallele zu § 44 Abs 1 VwVfG gezogen wird.

[91] **AA** nur Kischel 80 ff im Widerspruch zu Wortlaut u Systematik des § 46 VwVfG. Verfassungsrechtliche Gründe vermögen die von ihm vertretene Einschränkung des § 46 VwVfG nicht zu rechtfertigen. Insb läßt sich aus einer von Kischel befürworteten verfassungsrechtlichen Verankerung der Begründungspflicht – genau so wie bei anderen verfassungsrechtlich verankerten Verfahrenserfordernissen – nicht etwa ableiten, damit ergäbe sich aus verfassungsrechtlichen Gründen die Notwendigkeit zur Aufhebung eines solchen VA. Der Umstand, daß § 46 VwVfG heute nicht mehr allein mit dem „dolo agit"-Grundsatz zu rechtfertigen ist, vermag die Ansicht Kischels nicht zu rechtfertigen, denn der Rechtsgedanke des Rechtswidrigkeitszusammenhangs, der heute § 46 VwVfG legitimiert (s oben 56),

einer **unterbliebenen Beteiligung** eines Hauptbeteiligten oder den des **Unterlassens einer notwendigen Beiladung** gem § 13 Abs 2 S 2 VwVfG im VerwaltungsVf anzuwenden (so auch UL § 15, 22; **aA** KR 19 zu § 46 VwVfG). **Anderes** gilt nur dann, wenn der VA wg eines solchen Fehlers **nichtig** ist.

Erfaßt wird durch § 46 VwVfG auch die Verletzung der **örtlichen Zuständigkeit,** soweit diese nicht gem § 44 Abs 2 Nr 3 VwVfG iVm § 3 Abs 1 Nr 1 VwVfG die Nichtigkeit des VA zum Gegenstand hat. **Nicht** unter § 46 VwVfG fallen hingegen **Verstöße gegen die sachliche u instanzielle (funktionelle) Zuständigkeit**[92] einschließlich der **Verbandszuständigkeit** (Kn-Meyer 21 zu § 46 VwVfG).

§ 46 VwVfG **betrifft nicht** solche Verfahrensrechtsverletzungen, die **zugleich** einen **Verstoß gegen materielles Recht** beinhalten.[93] Davon auszugehen ist zB im Falle eines nach materiellem Recht erforderlichen **Antrags**[94] oder der **Zustimmung eines Drittbetroffenen oder eines öffentlichen Rechtsträgers,** zB einer Gemeinde nach **§ 36 BauGB** (KR 19 zu § 46 VwVfG). Im letzteren Fall ergibt sich die Beachtlichkeit einer rechtswidrigen Unterlassung der Beteiligung iü schon daraus, daß bei einer Beteiligung die Gemeinde möglicherweise ihr planerisches Instrumentarium eingesetzt hätte (s auch Jäde JuS 1998, 505). Zu beachten ist allerdings, daß dann, wenn **materiellrechtliche Fehler auf das Ergebnis einer Entscheidung keinen Einfluß haben,** sich zwar nicht (allein) aus § 46 VwVfG, wohl aber aus dem Grundsatz des dolo agit bzw unter dem Gesichtspunkt des fehlenden Rechtswidrigkeitszusammenhangs ergeben kann, daß der Anspr auf Aufhebung (Beseitigung) des VA ausgeschlossen ist.[95] Das wird häufig bei rechtlich gebundenen VAen gelten, wobei aber selbst hier Einschränkungen bestehen. So ist etwa eine Baugenehmigung, die unter Verletzung des der Gemeinde durch § 36 BauGB eingeräumten Mitwirkungsrechts erging, auf Anfechtungsklage der Gemeinde hin auch bei rechtlich gebundenen VAen aufzuheben, da nicht auszuschließen ist, daß die Gemeinde im Falle ihrer ordnungsgemäßen Einschaltung in das BaugenehmigungsVf die Erteilung der Baugenehmigung möglicherweise durch Neuerlaß oder Änderung eines Bebauungsplans vereitelt hätte.[96] Nicht erfaßt wird durch § 46 VwVfG auch die Verletzung von **absoluten Verfahrensrechten** (s zu diesen 95 zu § 42), wie dies hins des Rechts der Gemeinden auf Beteiligung an Flughafengenehmigungen angenommen wird (s 56, 134 ff = NJW 1979, 64; 81, 106 ff = NVwZ 1989, 750; Sch-Gerhardt 14) u wie dies heute im Bereich des Umweltschutzrechts bei einer Klage einer anerkannten Umweltschutzvereinigung wie auch von Beteiligten gem § 61 Nrn 1 u 2 , die auf das Fehlen einer Umweltverträglichkeitsprüfung gestützt wird, aus § 4 Abs 1 u 3 UmwRG folgt. Dasselbe gilt bei einem Verstoß gegen die Verfahrensgarantie des Art 9 Abs 1 RL 64/221 EWG iVm einer Ausweisungsverfügung (Ma VBlBW 2007, 114). 58

c) Heilung gem § 45 VwVfG. Auch wenn sich die Nichtaufhebbarkeit des VA nicht bereits aus § 46 VwVfG ableiten läßt, kann dennoch dessen verwal- 59

---

läßt sich ebenso im Rechtsstaatsprinzip verankern wie der „dolo agit"-Grundsatz (treffend zu Kischel näher Baumeister 304 ff).

[92] S zB Ks DVBl 1992, 725; Ma VBlBW 1995, 139.

[93] Vgl 90, 32; Ks NVwZ-RR 1994, 344; Hill 100 ff; Hufen, Fehler im Verwaltungsverfahren, 410 ff; Martens NVwZ 1988, 684 u 689; Messerschmidt NVwZ 1985, 877; SBS 18 zu § 46 VwVfG.

[94] Ks NVwZ-RR 1994, 342; Ko NVwZ 1986, 576; KR 19 zu § 46 VwVfG; **aA** Kn-Meyer 20 zu § 46 VwVfG.

[95] Nach Baumeister 325 ff ist in den betr Fällen der Ausschluß des Aufhebungsanspruchs (wie im Fall des § 46 VwVfG) auf den fehlenden Zurechnungszusammenhang (fehlendes Beruhen) zu stützen. Darüber hinaus werden weitere Fälle eines Ausschlusses für möglich gehalten, die auf den „dolo agit"-Grundsatz zu stützen seien (Baumeister 329 ff).

[96] Vgl 31, 264 f; NVwZ 1986, 556 f; BRS 48 Nr 144; Ma VBlBW 1995, 364.

tungsgerichtliche Aufhebung aufgrund einer **nachträglichen Heilung** des Verfahrensfehlers gem **§ 45 VwVfG** ausgeschlossen sein (s oben 49). Anders als die bis 1996 geltende Fassung dieser Vorschrift läßt § 45 Abs 2 VwVfG idF des 3. VwVfGÄndG v 21. 8. 2002 (BGBl I 3322) nunmehr eine **Heilung bis zum Abschluß der letzten Tatsacheninstanz eines verwaltungsgerichtlichen Vf** zu.[97] Diese unter **verfassungsrechtlichen Aspekten nicht unproblematische Vorschrift**[98] kann jedenfalls nur so ausgelegt werden, daß hierdurch eine Heilung des VA mit **Wirkung ex nunc** eintritt.[99] Von diesem Moment an ist folglich eine Aufhebung des VA ausgeschlossen u wird dessen Rechtmäßigkeit fingiert. Das schließt aber nicht aus, den VA bei bestehendem RSB für **die Vergangenheit** (bis zum Zeitpunkt der Heilung) aufzuheben (oben 49) oder, wenn eine Aufhebung nicht mehr in Betracht kommt, bei berechtigtem Interesse wenigstens seine frühere **Rechtswidrigkeit analog § 113 Abs 1 S 4 festzustellen** (unten 108). Falls ein Verfahrensfehler – zB häufig das Fehlen einer Anhörung (§ 28 VwVfG) – zugleich einen **materiellrechtlichen Fehler impliziert** (so insb bei Ermessensentscheidungen), bietet § 45 VwVfG weder in direkter noch in analoger Anwendung eine Basis für eine materiellrechtliche Heilung.[100] Soweit sich bei einer Nachholung einer Anhörung[101] oder einer nachträglich herbeigeführten Mitwirkung eines Ausschusses oder einer anderen Behörde neue tatsächliche oder rechtliche Gesichtspunkte ergeben, muß die Behörde ihr Ermessen ergänzen u uU sogar neu ausüben (Schenke VerwA 2006, 609); andernfalls haftet dem VA ein materiellrechtlicher Fehler an (zum Nachschieben von Ermessenserwägungen s näher unten 69 ff).

60 **d) Nachholen der Begründung.** Die durch § 45 Abs 2 VwVfG eröffnete Möglichkeit einer Heilung noch während des gerichtlichen Vf wird auch im Fall des **Nachholens einer Begründung** (§ 45 Abs 1 Nr 2 VwVfG) relevant. Hiervon spricht man in den Fällen, in denen ein schriftlicher oder schriftlich bestätigter VA **entgegen § 39 VwVfG nicht oder nicht in der dort vorgeschriebenen Form** begründet wird u die Verwaltung später die gebotene Begründung nachholt. Relevant wird dies zB, wenn behördlicherseits angestellte Ermessenserwägungen in der Begründung eines VA **entgegen § 39 Abs 1 S 3 VwVfG nicht oder nur unvollständig**[102] **wiedergegeben** wurden.[103] Hier

---

[97] § 45 Abs 2 VwVfG idF des GenBeschlG v 12. 9. 1996 hatte eine Heilung sogar noch bis zum Abschluß des verwaltungsgerichtlichen Vf ermöglicht, dh auch während des RevisionsVf (str, s dazu 13. Aufl 27 zu § 137).

[98] Für Verfassungswidrigkeit Bracher DVBl 1997, 534 ff; Hatje DÖV 1997, 480 ff; Sodan DVBl 1999, 736 ff; **aA** BVerwG BayVBl 1998, 729; Häußler BayVBl 1999, 616 ff; Ronellenfitsch NVwZ 1999, 586 f; Schenke VerwA 2006, 597 ff; zu gemeinschaftsrechtlichen Bedenken s Classen DV 1998, 323 ff u Wahl DVBl 2003, 1291; ausführliche Begründung der Verfassungsmäßigkeit u Gemeinschaftsrechtskonformität der Heilungsmöglichkeit (bei entspr Auslegung) durch Baumeister 349 ff, 358 ff.

[99] Vgl dazu oben 49 u Hill 98; Hufen JuS 1999, 318; Schenke VerwA 2006, 604 ff; Schoch Jura 2007, 32; UL 58, 16; **aA** StBS-Sachs 18 zu § 45 VwVfG.

[100] Durner VerwA 2006, 356 f; Schenke VerwA 2006, 603 f; Sodan DVBl 1999, 735; **aA** StBS-Sachs 29 zu § 45 VwVfG.

[101] Zu den bei einer nachträglichen Anhörung zu erfüllenden Erfordernissen, insb zur Notwendigkeit deutlich zu machen, daß die Behörde neu vorgebrachte Gesichtspunkte bei ihrer Entscheidung noch berücksichtigt hat, s Schenke VerwA 2006, 608 f.

[102] Nicht überzeugend ist die Ansicht (so aber Brischke DVBl 2002, 429 mwN), § 45 Abs 1 Nr 2, Abs 2 sei nur in den Fällen anwendbar, in denen einem VA überhaupt keine Begründung beigefügt wurde. Für eine Begründung nach § 39 VwVfG ist nicht nur erforderlich, daß überhaupt eine Begründung gegeben wird, vielmehr muß die Begründung nach § 39 Abs 1 S 2 VwVfG die wesentlichen tatsächlichen u rechtlichen Gründe mitteilen, die die Behörde zu ihrer Entscheidung bewogen haben.

[103] Nach Baumeister 362 soll das auch für den Fall gelten, in dem andere als die wirklichen („wahren") Gründe für den Erlaß in der Begründung mitgeteilt wurden.

kann die Verwaltung die **Begründung noch während des gerichtlichen Vf nachholen,** so daß der VA von diesem Moment an mit Wirkung ex nunc rechtmäßig wird u seine gerichtliche Aufhebung mit Wirkung für die Zukunft ausscheidet (vgl Schenke 810a; VerwA 2006, 604ff). **Ausgeschlossen ist** allerdings auch nach § 45 VwVfG eine **gerichtliche Heilung durch Nachholen der Begründung.** Der nach § 45 Abs 1 Nr 2, Abs 2 VwVfG durch behördliches Nachholen der Begründung während des gerichtlichen Vf geheilte VA ist, **ohne daß es einer Klageänderung gem § 91 oder eines Rückgriffs auf § 114 S 2 bedarf,** Klagegegenstand (s auch 27 zu § 137). Erfaßt werden durch § 45 Abs 1 Nr 2 VwVfG nicht nur Ergänzungen eines VA wie bei § 114 S 2 (s dazu unten 61), sondern auch das Nachholen einer bisher völlig fehlenden Begründung. Voraussetzung für eine Heilung gem § 45 VwVfG bleibt es freilich immer, daß die Behörde ihr Ermessen fehlerfrei ausgeübt hat u ihre Ermessenserwägungen **nur bei Begründung des VA keinen Ausdruck fanden.** Geht es hingegen um die während des gerichtlichen Vf erfolgte Ersetzung ermessensfehlerhafter durch ermessensfehlerfreie Erwägungen, stellt sich das durch § 45 Abs 2 VwVfG nicht erfaßte Problem des Nachschiebens von Gründen.

Soweit ein LVwVfG die Heilungsmöglichkeit nicht entspr **§ 45 Abs 2 Vw-** 61
VfG nF zeitlich ausgedehnt hat (das betrifft heute nur noch in bestimmten Fällen Schleswig-Holstein, s § 114 Abs 2 SchlHLVwG), ist eine Heilung nach **Abschluß des VorVf** oder, falls ein solches nicht stattgefunden hat, ab **Erhebung der verwaltungsgerichtlichen Klage** durch die Verwaltung (ebenso wie durch das Gericht) **ausgeschlossen.** Nach § 114 Abs 2 S 1, 2 SchlHLVwG scheidet die Heilung nach Erhebung der Klage bzw nach Abschluß des VorVf aus, sofern der Verfahrensfehler von einem der Beteiligten zuvor gerügt wurde. Auch im Hinblick auf den dem § 46 VwVfG mittlerweile entsprechenden § 115 SchlHLVwG kann nicht stets von einem Ausschluß des Aufhebungsanspr ausgegangen werden, obwohl § 46 VwVfG (§ 115 SchlHLVwG) auch auf ErmessensVAe anwendbar ist. Der im Zuge des 6. VwGOÄndG neu geschaffene **§ 114 S 2,** nach dem die Verwaltungsbehörden ihre Ermessenserwägungen hins des VA auch noch im verwaltungsgerichtlichen Vf ergänzen können, nötigt zu keiner anderen rechtlichen Beurteilung. Zwar ergibt sich dies nicht bereits aus einer behaupteten generellen Unanwendbarkeit des § 114 S 2 auf das Problem des Nachholens der Begründung (für eine solche Unanwendbarkeit aber Sch-Gerhardt 12c zu § 114 u wohl auch BT-Dr 13/3993, 21). Soweit nämlich eine Heilung eines formellen Begründungsmangels während des gerichtlichen Vf nicht schon nach materiellem Recht entspr § 45 Abs 2 VwVfG nF vorgesehen ist (s oben 59f), folgt jedenfalls aus der Teleologie des § 114 S 2 im Einklang mit dem Wortlaut der Vorschrift, daß diese sich auf die Fälle des Ergänzens einer der verwaltungsverfahrensrechtlichen Begründungspflicht nicht genügenden Begründung eines ErmessensVA erstreckt.[104] Wohl aber erfaßt § 114 S 2 von vornherein nicht die Fälle, in denen es überhaupt an der Begründung eines schriftlichen ErmessensVA fehlt oder wesentliche Teile der Ermessenserwägung in der schriftlichen Begründung ausgespart bleiben, da bereits aus dem Wortlaut des § 114 S 2 wie auch aus dessen Entstehungsgeschichte (vgl BT-Dr 13/3993, 13) abzuleiten ist, daß hier von **„ergänzen" nicht die Rede sein kann** (Schenke NJW 1997, 88; vgl auch unten 72). Selbst wenn aber eine gemessen an den Erfordernissen der verwaltungsverfahrenrechtlichen Begründungspflicht (s § 109 SchlHLVwG)

[104] Anderenfalls liefe diese Vorschrift auch iVm dem Nachschieben von Gründen (s dazu unter 71ff) bei schriftlichen VAen außerhalb des Anwendungsbereichs des § 45 Abs 2 VwVfG nF weitgehend leer. Ohnehin lassen sich in der Praxis die Fälle einer formell fehlerhaften Begründung von der einer materiell fehlerhaften kaum unterscheiden, da eine unzureichende schriftliche Begründung meist auch materielle Mängel indiziert (s auch Knopp BB 1997, 1003; Numberger/Schönfeld UPR 1997, 92; Redeker NVwZ 1997, 627).

unvollständige Begründung „ergänzt" wird, kann dieser **verwaltungsverfahrensrechtliche Mangel** aus **systematischen** wie auch aus **kompetenzrechtlichen Gründen nicht durch die prozeßrechtliche Vorschrift des § 114 S 2 geheilt** werden. § 114 S 2 hat damit keine materiellrechtliche Bedeutung (s näher unten 71),[105] sondern regelt nur – wie sich zumindest im Wege seiner verfassungskonformen Auslegung ergibt –, daß es in den von ihm unmittelbar erfaßten Fällen einer Ergänzung von Ermessenserwägungen zu deren Berücksichtigung im Anfechtungsprozeß **keiner Klageänderung gem § 91 bedarf** (VG München NVwZ 1998, 1327; Redeker NVwZ 1996, 524). Ist eine nachträgliche behördliche Ergänzung der Begründung des VA um Ermessenserwägungen, die die Verwaltung zwar angestellt hat, die in der Begründung des VA aber entgegen § 109 SchlHLVwG keinen Ausdruck gefunden haben, mangels einer materiellrechtlichen Heilungsnorm wie § 45 Abs 2 VwVfG der Sache nach als Neuerlaß des VA zu werten, so könnte dieser ohne § 114 S 2 nur im Wege einer Klageänderung zum Gegenstand des Vf gemacht werden. Sofern es sich bei der Ergänzung allerdings nur um eine Präzisierung von Ermessenserwägungen eines VA handelt, der bereits vorher den Erfordernissen des § 109 SchlHLVwG genügte, bedarf es keiner Heranziehung des § 114 S 2, um zu begründen, daß solche klarstellenden Ergänzungen durch die Gerichte zu berücksichtigen sind (zu eng Schenke NJW 1997, 88, wonach sich § 114 S 2 nur auf ein solches präzisierendes Ergänzen beziehen soll).

62 Obwohl § 114 S 2 unmittelbar nur für ErmessensVAe gilt, muß er, wie sich im Wege eines **erst-recht-Schlusses (argumentum a maiore ad minus)** ergibt, erst recht für rechtlich gebundene VAe gelten, deren dem Begründungserfordernis des § 109 SchlHLVwG nicht genügende Begründung ergänzt wurde. In Fällen dieser Art scheidet allerdings eine gerichtliche Aufhebung ohnehin idR bereits aus (s unten 75; zur Möglichkeit einer Aufhebung gem § 113 Abs 3 s unten 163 ff). Hier kann aber, sofern der VA nach der Ergänzung seiner Begründung nicht mehr rechtlich zu beanstanden ist, in bezug auf den durch die Ergänzung der Begründung entstandenen VA auch nicht mehr analog § 113 Abs 1 S 4 die Rechtswidrigkeit mit Erfolg festgestellt werden.

63 **e) Nachschieben von Gründen.** Umstritten ist, ob u inwieweit die **Verwaltung in der Lage ist,** eine **inhaltlich fehlerhafte Begründung,** die nach ihrem Willen die Entscheidung tragen soll,[106] mit heilender Wirkung noch nach Erhebung der Klage durch eine **inhaltlich fehlerfreie** zu ersetzen, bzw ob eine solche Begründung möglicherweise sogar noch durch das **VG nachgeschoben** werden kann (sog **„Nachschieben von Gründen"**). Während das Nachschieben von Gründen bis zum Abschluß des WiderspruchsVf keine besonderen Probleme aufwirft, da gem **§ 79 Abs 1 Nr 1** Gegenstand der Anfechtungsklage grds der VA in der Gestalt ist, die er **durch den Widerspruchsbescheid gefunden hat** (s oben 28 u Schenke NVwZ 1988, 11), ergeben sich erhebliche rechtliche Schwierigkeiten bei einem späteren Nachschieben. Von dem in den §§ 39, 45 Abs 1 Nr 2, Abs 2 VwVfG geregelten Problem des **Nachholens einer Begründung** unterscheidet sich das Nachschieben von Gründen dadurch, daß bei ersterem eine Begründung **entweder fehlt oder,** gemessen an den Erfordernissen des § 39 Abs 1 S 2, **unvollständig (formell fehlerhaft)** ist, während beim **Nachschieben** von Gründen eine dem § 39 VwVfG (bei einem Widerspruchsbescheid dem § 73 Abs 3) genügende, aber **inhaltlich fehlerhafte** Be-

---

[105] S Schenke, NJW 1997, 88; ebenso Baumeister 400 ff; Kluth WiB 1997, 512; Millgramm SächsVBl 1997, 110; s auch NKVwGO-Wolff 205 zu § 114; Sch-Gerhardt 12 c zu § 114; **aA** wohl Redeker NVwZ 1997, 627; offen Lotz BayVBl 1997, 264.

[106] Vgl hierzu Schenke NVwZ 1988, 10: ohne Bedeutung sind sog obiter dicta.

gründung vorliegt.[107] **Abzugrenzen** ist das Nachschieben von Gründen aber auch von der Problematik des **maßgeblichen Zeitpunkts** für die Beurteilung von VAen, bei dem es um die Frage geht, inwieweit eine nach Erlaß des VA bzw Abschluß des VerwaltungsVf eingetretene Veränderung der Sach- oder Rechtslage noch durch die Gerichte zu berücksichtigen ist. Dagegen müssen beim Nachschieben von Gründen die Gründe bereits **bei der Vornahme des VA** bzw jedenfalls **vor Abschluß des VerwaltungsVf vorliegen.**[108] Ist eine nach Abschluß des VerwaltungsVf eingetretene **Veränderung der Sach- oder Rechtslage** durch das Gericht noch zu berücksichtigen (s oben 29 ff), versteht es sich von selbst, daß sich die Behörde (ebenso wie das Gericht) hierauf berufen kann (s auch Schenke NVwZ 1988, 3 f; R. P. Schenke VerwA 1999, 248).[109] Allerdings wird hier die Behörde **entspr § 39 VwVfG** dem Betroffenen ggü deutlich machen müssen, daß sie ihren VA nunmehr im Hinblick auf eine Veränderung der Sach- oder Rechtslage in anderer Weise begründet als zuvor. Beruft sich die Behörde trotz der veränderten Sach- u Rechtslage allerdings nach wie vor auf die ursprüngliche Begründung, so liegt eine inhaltlich fehlerhafte Begründung vor u ist insoweit ein Brückenschlag zum Nachschieben von Gründen möglich. Damit ist nach der hier vertretenen Auffassung ein rechtlich gebundener VA zwar rechtswidrig, aber nicht aufzuheben (s unten 77); ein in das Ermessen der Behörde gestellter VA ist wg seiner Ermessensfehlerhaftigkeit aufzuheben, wenn die Behörde die Veränderung der Sach- oder Rechtslage nicht in ihre Ermessenserwägungen einbezieht.

Die **hM**[110] hält ein **Nachschieben von Gründen auch nach Klageerhebung für prinzipiell zulässig.** Anderes soll gelten, wenn hierdurch der VA in seinem **Wesen verändert** u (oder) die **Rechtsverteidigung des Kl beein-** 64

[107] Vgl zB R. P. Schenke VerwA 1999, 236; Schmidt, R. 275; Sodan DVBl 1999, 733; StBS-Sachs 45 zu § 45 VwVfG; nicht genügend getrennt werden Nachholen u Nachschieben von Gründen zB von Decker JA 1999, 156.

[108] Eine Verbindung zwischen beiden Problemen läßt sich auch nicht mit dem Argument herstellen (so aber SGH 529), die Frage der Zulässigkeit des Nachschiebens von Gründen könne sich nur dann stellen, wenn bei der gerichtlichen Entscheidung auf den Zeitpunkt des Erlasses der angefochtenen Maßnahme bzw der letzten behördlichen Entscheidung abzustellen sei. Demgegenüber ist zu betonen, daß die Maßgeblichkeit der letzten mV auch iVm dem Nachschieben von Gründen nicht die dem materiellen Recht zugehörige Frage beantworten kann, welche Bedeutung eine inhaltlich fehlerhafte Begründung für die Beurteilung der Rechtmäßigkeit eines VA besitzt u inwieweit bei anzunehmender Rechtswidrigkeit eines fehlerhaft begründeten VA diese Rechtswidrigkeit durch Nachschieben von Gründen noch (mit Wirkung ex tunc oder zumindest ex nunc) materiellrechtlich geheilt werden kann. Soweit ein Nachschieben von Gründen als ein Neuerlaß eines VA zu deuten ist (s unten 65), spielt das Problem des maßgeblichen Zeitpunkts ohnehin keine entscheidende Rolle, sondern stellt sich die Frage, ob der neue VA nur unter den Voraussetzungen des § 91 zum Gegenstand des Vf gemacht werden kann.

[109] Zu den Grenzen einer Berücksichtigung der Veränderung der Sach- oder Rechtslage im Revisionsverfahren s 26 ff zu § 137.

[110] Vgl zB 1, 13; 1, 313; 38, 195; 64, 358; 71, 368 (die zuletzt genannten zwei Entscheidungen stellen nur noch auf Wesensänderung ab); der Sache nach ebenso BayVBl 1993, 758 unter Stützung auf 80, 96 ff u NVwZ 1991, 999; ebenso NVwZ 1994, 297; 1994, 903; NVwZ 1999, 303; BayVBl 1998, 729; Ma NVwZ-RR 1995, 476; Münster NWVBl 1991, 298; Axmann 92 ff; Bader NVwZ 1999, 122 ff; Ehlers Jura 2004, 180; Ey-J. Schmidt 22; Horn DV 1992, 203 ff; Hufen § 24, 22; Maurer § 10, 40; R. P. Schenke VerwA 1999, 240 ff (unter zusätzlicher Stützung auf § 45 Abs 2 VwVfG nF, s VerwA 1999, 246 f); SG 530 ff; SBS 30 ff zu § 45 VwVfG mwN; WBS II § 48, 39 f; Würt 618; diff Lorenz § 34, 80 ff; NKVwGO-Wolff 75 ff; RÖ-Kothe 29 zu § 108; **aA** demgegenüber Schenke NVwZ 1988, 1 u JZ 1996, 1069; Hödl-Adick 111 ff; Jacobj 119, 125; Koenig AöR 1992, 520 ff; J.J. Rupp, Nachschieben von Gründen im verwaltungsgerichtlichen Verfahren 1987; MB 30 zu § 45 VwVfG; Schnapp SGb 1988, 314; Schoch DÖV 1984, 407 ff; dahin tendierend wohl auch 85, 165 f; s auch Sch-Gerhardt 21 Fn 112.

trächtigt wird. Das zusätzlich für das Nachschieben von Gründen aufgestellte **Erfordernis,** die nachträglich vorgebrachten Gründe müßten **schon bei Erlaß des streitigen VA vorgelegen** haben (Nachw bei R. P. Schenke VerwA 1999, 247 ff), leitet bereits zur Thematik der Bedeutung einer nachträglichen Veränderung der Sach- oder Rechtslage über (s oben 63 sowie 29 ff). Die Formel von der Wesensänderung, die auf die Frage nach dem Wesen des Wesens (s dazu Scheuerle AcP 1963, 429 ff) zurückführt, bleibt hins ihres konkreten Inhalts offen u programmiert unterschiedliche Interpretationen vor (s dazu unten 65). Insb wirft sie bei **ErmessensVAen** das Problem auf, ob in der Ersetzung einer fehlerhaften Begründung durch eine fehlerfreie eine Wesensänderung erblickt werden kann (s dazu unten 69). Zudem bedarf es der Klärung, ob das Abstellen auf eine durch das Nachschieben von Gründen herbeigeführte Beeinträchtigung der Rechtsverteidigung des Betroffenen sich als ein taugliches Abgrenzungskriterium zur Bestimmung der Grenzen eines zulässigen Nachschiebens von Gründen darstellt (s dazu unten 74). Erschwert wird die Diskussion zusätzlich dadurch, daß vielfach die Frage der Rechtswidrigkeit eines mit einer fehlerhaften Begründung erlassenen VA u seiner Heilung mit jener seiner Aufhebbarkeit vermengt wird (s dazu näher Schenke NVwZ 1988, 13) u die Bedeutung der Ausdehnung der Heilungsmöglichkeiten bei Verfahrensfehlern durch die Novellierung des § 45 Abs 2 VwVfG (s unten 70) u die Ergänzung des § 114 S 2 für die rechtliche Bewertung eines Nachschiebens von Gründen umstritten ist (s dazu unten 71 f).

65 **aa) Wesensänderung.** Soll der Begriff der Wesensänderung nicht zu einer inhaltslosen u damit beliebig auffüllbaren Worthülse werden, so bedarf es einer rechtlichen Konkretisierung anhand eines praktikablen rechtlich faßbaren Kriteriums. Dabei liegt es nahe, von einer Wesensänderung auszugehen, wenn durch das Nachschieben von Gründen ein VA mit einem anderen Regelungsgegenstand entsteht (so NVwZ 1993, 976; RÖ-Kothe 34 zu § 108; Sch-Gerhardt 21 Fn 112). Das ist unbestreitbar zu bejahen, wenn der VA nunmehr auf einen ganz **anderen Sachverhalt** u auf eine abweichende **Rechtsgrundlage gestützt wird, die anderen Zwecken dient** als die zunächst angegebene, zB, wenn die Gemeinde einen Leistungsbescheid, der sich zunächst auf Leistungen der **Müllabfuhr** stützte, nachträglich unter dem Aspekt der **Straßenreinigung** oder gar der Benutzung der **gemeindlichen Wasserversorgung** legitimieren will. Gleiches gilt, wenn eine zunächst auf den Aspekt der Gefahrenabwehr gestützte **polizeiliche Beschlagnahme** später unter Rückgriff auf die der Strafverfolgung dienende StPO gerechtfertigt wird. Ebenso ist ein anderer Regelungsgegenstand anzunehmen, wenn eine zunächst mit **immissionsschutzrechtlichen Erwägungen** begründete **Betriebsuntersagung** nachträglich mit **seuchenpolizeilichen Gesichtspunkten** begründet wird (vgl Sch-Gerhardt 21 Fn 116).

66 Ein anderer Regelungsgegenstand liegt aber auch bereits dann vor, wenn der VA **allein an einen anderen Sachverhalt** anknüpft, so zB, wenn ein die Müllabfuhr betr Bescheid während des gerichtlichen Vf auf eine andere Leistung der Müllabfuhr gestützt wird als die zunächst angegebene oder wenn eine Gewerbeuntersagung gem § 35 GewO zunächst damit begründet wurde, daß der Gewerbetreibende wiederholt sicherheitsrechtliche Betriebsbestimmungen nicht beachtet habe, während des gerichtlichen Vf aber auf Steuerhinterziehungen des Gewerbetreibenden gestützt wird. Hier handelt es sich um VAe mit unterschiedlichem Regelungsgegenstand. Deshalb hindert die Aufhebung einer Gewerbeuntersagung, die ausschließlich mit dem Verstoß gegen sicherheitsrechtliche Bestimmungen gestützt wurde, die Behörde nicht, die Gewerbeuntersagung später in einem anderen VA damit zu begründen, daß der Betroffene schon vor Erlaß der ersten Untersagungsverfügung permanent Steuern hinterzogen hatte. Die RKraft des Aufhebungsurteils steht nach § 121 dem Neuerlaß des VA nicht entgegen. Das gilt jedenfalls dann, wenn man es dem VG zumindest aus funktionell-

rechtlichen Gründen untersagt, unter dem Aspekt des dolo agit von der Aufhebung abzusehen, weil die Gewerbeuntersagung im Hinblick auf die Steuerhinterziehung hätte vorgenommen werden müssen (vgl oben 52). Um einen anderen Regelungsgegenstand handelt es sich auch dann, wenn die Behörde zunächst (rechtswidrigerweise) einen VA zurücknimmt u ihn anschließend, gestützt auf einen ganz anderen Sachverhalt, widerruft, selbst wenn es sich hierbei um eine gebundene Entscheidung handelt.[111]

Teilweise anderes gilt hingegen, wenn lediglich eine **andere Rechtgrundlage** zur Begründung nachgeschoben wird, diese aber **denselben Zwecken** dient u auf denselben Sachverhalt abstellt. Hier kann bei rechtlich gebundenen VAen jedenfalls dann, wenn der Gesetzgeber nichts anderes (zumindest konkludent) vorschreibt, nicht von einer Wesensänderung ausgegangen werden. Das wird zB vom BVerwG angenommen, wenn ein Heranziehungsbescheid, der zunächst auf Straßenbaubeitragsrecht gestützt wurde, nachträglich mit Erschließungsbeitragsrecht begründet wird[112] u sich aus dem Gesetz ergibt, daß die Angabe der Abgabenart, auf welche sich das Leistungsgebot bezieht, nicht zum Bestandteil des verfügenden Teils des Abgabenbescheids gehörte (so BayVBl 1993, 758). Freilich ist ggü dieser Rspr krit einzuwenden, daß die Verneinung einer Wesensänderung **nichts an der Rechtswidrigkeit** des durch die Angabe einer unrichtigen Rechtsgrundlage **fehlerhaft begründeten VA** änderte (insoweit deshalb krit Schenke JZ 1996, 1069; s auch unten 75). Zudem ist festzuhalten, daß die Rspr auf **ErmessensVAae grds nicht übertragbar** ist, da hier bei einer anderen Rechtsgrundlage, selbst wenn sie demselben Zweck dient, regelmäßig die ermessensleitenden Gesichtspunkte andere sind als bei Zugrundelegung der zunächst fälschlich herangezogenen Rechtsvorschriften (s auch unten 69). 67

Liegt im Neuerlaß eines VA eine Wesensänderung, so geht diese regelmäßig mit einer Rücknahme des vorangegangenen VA einher. Zu dieser Rücknahme ist die Verwaltung in Konsequenz des dem Verletzten zustehenden Anspr auf Beseitigung eines ihn in seinen Rechten verletzenden (noch nicht bestandskräftigen) VAs grds verpflichtet.[113] Wird dieser durch Rücknahme aufgehoben, erledigt sich der VA. Der Neuerlaß des VA kann unter den Voraussetzungen des § 91 (anders nur im Fall des § 114 S 2, s unten 72) zum Gegenstand der Klageänderung gemacht werden (zur Frage, ob es hier der Neudurchführung eines VorVf bedarf, s 23 u 23a zu § 68). Rechtmäßig ist der Neuerlaß eines VA nur nach ordnungsgemäßer Durchführung des VerwaltungsVf, insb auch bei Beachtung des § 28 VwVfG. Zwar bedarf es in bezug auf den neu erlassenen VA nicht notwendigerweise der vollständigen Neudurchführung des VerwaltungsVf, sondern dieses kann insoweit entbehrlich sein, als es auf eine rein formale Wiederholung des in bezug auf den aufgehobenen VA durchgeführten VerwaltungsVf hinausliefe (s auch den Rechtsgedanken des § 76 VwVfG).[114] Hins der neuen Gründe, auf welche sich die Behörde bei einer „Wesensveränderung des VA" stützt, bedarf es aber vor Neuerlaß eines VA grds einer neuen Anhörung nach näherer Maßgabe des § 28 VwVfG sowie dort, wo für den Erlaß des VA der Beschluß eines Aus- 68

---

[111] Nicht überzeugend daher NVwZ 1999, 303, wobei hier bezeichnenderweise auch eine Umdeutung erwogen wird, dazu unten 79.

[112] So BayVBl 1993, 758 unter Berufung auf 80, 96ff u NVwZ 1991, 999; ebenso NVwZ 1994, 297; 1994, 903; **aA** Münster NVwZ-RR 1991, 265; NWVBl 1992, 142; Bedenken auch bei Sch-Gerhardt 21.

[113] Zu diesem Beseitigungsanspruch, in Konsequenz dessen die Verwaltung zur Rücknahme gem § 48 Abs 1 S 1 VwVfG verpflichtet ist, s eingeh Schenke Maurer-FS 725ff. Nicht ausreichend beachtet wird das Bestehen eines solchen Beseitigungs-(Rücknahme-) Anspr von Durner VerwA 2006, 376, wonach die Rücknahme des VA im Ermessen der Behörde liegen soll u für ein Nachschieben von Gründen daher eine ermessensfehlerfreie Ausübung des sE bestehenden Rücknahmeermessens erforderlich sei.

[114] S auch Durner VerwA 2006, 377f.

schusses oder die Mitwirkung einer anderen Behörde gesetzlich vorgeschrieben ist, der erneuten Durchführung entspr Verfahrensakte (Durner VerwA 2006, 376). Die Behörde muß dabei deutlich machen, daß sie entspr Erkenntnisse bei ihrer Entscheidung noch berücksichtigt hat (Durner VerwA 2006, 376), insb muß sie kenntlich machen, von welchem Zeitpunkt an sie die Anhörung als beendet betrachtet (vgl auch Schenke VerwA 2006, 609). Soweit für den neu erlassenen VA keine besonderen Formerfordernisse gelten, kann dessen Bekanntgabe in der dem Betroffenen mitgeteilten neuen Begründung liegen (**aA** Durner VerwA 2006, 379). Ein **gerichtliches Nachschieben von Gründen scheidet** in den angesprochenen **Fällen einer Wesensänderung von vorneherein aus,** da sie dazu führte, daß das Gericht anstelle der Verwaltung einen neuen VA erließe u außerdem von sich aus den **Klagegegenstand veränderte.**

69 **bb) Ermessensverwaltungsakte.** Bei ErmessensVAen bzw den insoweit gleich zu behandelnden VAen mit **Beurteilungsspielraum** sowie bei **Planungsentscheidungen** mit einem **Abwägungsspielraum** (s 3 zu § 114) erscheint es zweifelhaft, ob bei ihnen die Unzulässigkeit eines Nachschiebens von Gründen bereits aus dem Gesichtspunkt der Wesensänderung abgeleitet werden kann. Gegen die Annahme der Wesensänderung scheint zu sprechen (gegen sie früher zB grds NJW 1982, 1413), daß dann, wenn ein VA mit einer anderen Begründung als der zunächst gegebenen versehen wird, sich jedoch der Sachverhalt u der mit ihm verfolgte Zweck nicht ändern (insb er auf dieselbe Norm gestützt wird), sein Regelungsgegenstand derselbe bleibt. Andererseits ist aber der mit einer **fehlerhaften Begründung erlassene VA rechtlich ein anderer als der VA mit einer fehlerfreien Begründung** (s auch Schenke NVwZ 1988, 5) u wird durch die Rechtsordnung auch rechtlich unterschiedlich bewertet. Aus diesem Grund steht auch das dem § 121 entnommene Wiederholungsverbot dem Neuerlaß eines ErmessensVA mit demselben Tenor, aber mit einer anderen Begründung als der gerichtlich aufgehobene ermessensfehlerhafte VA nicht im Wege (vgl 21 zu § 121).[115] Knüpft man bei der Bestimmung der Wesensänderung an die **verwaltungsprozessuale Streitgegenstandslehre** u den ihr zugrundeliegenden Identitätsbegriff an, so implizierte ein Nachschieben von Ermessenserwägungen eine Wesensänderung. Für diese Annahme ließe sich auch ins Feld führen, daß – ähnlich wie in den anerkannten Fällen einer Wesensänderung (so oben 68) – dem Gericht (vgl Buchh 316 § 40 VwVfG Nr 8 S 1) ein Nachschieben von Gründen untersagt ist, da es anderenfalls sein Ermessen unter Verstoß gegen das Gewaltenteilungsprinzip u § 114 an die Stelle desjenigen der Verwaltung setzte u einen neuen VA erlassen würde. Zudem wirft das Nachschieben von Gründen – ähnlich wie in den unbestrittenen Fällen der Wesensänderung – unter dem Aspekt der **Rechtsverteidigung des Betroffenen** ganz besondere Probleme auf (s auch Buchh 316 § 45 VwVfG Nr 18 u dazu krit Schenke NVwZ 1988, 6).

Will man hier nicht der Verlockung unterliegen, voreilig aus dem „Wesen" eines VA eine Lösung der Problematik des Nachschiebens von Ermessenserwägungen zu entwickeln, so bedarf es einer genauen Analyse der materiellrechtlichen u prozeßrechtlichen Fragen, die sich iVm dem Problem des Nachschiebens von Gründen stellen. Ergibt sich aus ihr die Unzulässigkeit des Nachschiebens von Gründen, so ist es eine Frage des terminologischen Geschmacks, ob man hier von einer Wesensänderung des VA spricht u damit die Gemeinsamkeit dieser Fallgestaltung mit den oben behandelten Fällen einer Wesensänderung wg Veränderung des Regelungsgegenstands des VA ausdrückt oder das Nachschieben von Gründen bei ErmessensVAen als eine eigenständige Fallgruppe behandelt.

[115] Nicht überzeugend daher Horn DV 1992, 232, wonach der Streitggst nicht von der dem VA beigegebenen Begründung abhänge.

Materiellrechtlich stellt sich bei ErmessensVAen die **Frage,** ob ein Nachschieben von Gründen zu einer **Heilung eines ermessensfehlerhaften VA führt** u was dies genau bedeutet, prozeßrechtlich, ob das Nachschieben von Gründen **im Rahmen des Prozesses noch zu berücksichtigen** ist.

Eine Heilung mit Wirkung ex tunc scheidet grds aus,[116] weil bzgl des zunächst mit einer rechtswidrigen Begründung erlassenen VA ein **verfassungsrechtlich garantierter Beseitigungsanspr** besteht (s näher Schenke NVwZ 1993, 721). Dieser kann aber genausowenig wie durch den Neuerlaß eines rechtmäßigen VA (s auch VG München NVwZ 1998, 1327) durch eine nachträglich fehlerfreie Begründung (rückwirkend) ausgeschlossen werden (s auch Schenke NVwZ 1988, 4). Für die Anordnung einer solchen Rechtsfolge bedürfte es ungeachtet verfassungsrechtlicher Bedenken jedenfalls einer Rechtsgrundlage (s nunmehr auch Durner VerwA 2006, 363). § 45 VwVfG liefert sie nicht, da er **nur verfahrensrechtliche, nicht aber materiellrechtliche Fehler** wie eine rechtswidrige Ermessensausübung umfaßt. Zudem war früher die Heilung gem § 45 Abs 2 VwVfG aF nach Abschluß des VerwaltungsVf ausgeschlossen. Selbst nach der problematischen Neuregelung des § 45 Abs 2 VwVfG ist sie nur mit Wirkung ex nunc (s oben 59) möglich u könnte deshalb selbst bei unterstellter Zulässigkeit einer analogen Anwendung auf das Nachschieben von Gründen bei ErmessensVAen nicht deren rückwirkende Heilung begründen (nicht überzeugend daher SGH 532). Einer Analogie stünde zudem entgegen, daß das Nachschieben von Gründen unter rechtsstaatlichen Gesichtspunkten eher **noch bedenklicher** erscheint als das Nachholen einer Begründung (Schenke NVwZ 1988, 9). Sie provozierte auch unter dem Aspekt des **Vorbehalts des Gesetzes** (hierzu BVerfG DVBl 1997, 351 m Anm Schwabe) Einwände. Zulässig ist aber auch hier, daß ein ermessensfehlerhafter VA während des VerwaltungsVf durch die Ausgangs- bzw Widerspruchsbehörde mit einer ermessensfehlerfreien Begründung versehen und damit ein ähnlicher Effekt herbeigeführt wird wie durch eine ebenfalls nur mit Wirkung ex nunc wirkende Heilung (s oben 59) eines VA nach § 45 VwVfG. Der VA mit seiner neuen Begründung, die er im Widerspruchsbescheid gefunden hat, ist dann nach § 79 Abs 1 Nr 1 Gegenstand einer sich anschließenden Anfechtungsklage (s oben 63). 70

Zweifelhaft kann nur sein, ob noch nach Abschluß des VerwaltungsVf während des gerichtlichen Vf eine „Heilung" mit Wirkung ex nunc durch den Neuerlaß eines VA zulässig ist u damit der „geheilte" VA – ebenso wie dies bei einem nach § 45 Abs VwVfG geheilten VA zutrifft (s oben 60) – nunmehr kraft Gesetzes (wegen einer fingierten Identität mit dem ursprünglichen VA) zum Gegenstand des gerichtlichen Vf wird. Sie scheint zwar zunächst insofern nahezuliegen, als der Verwaltung auch nach Abschluß des VerwaltungsVf grds die Möglichkeit zusteht,

[116] Ein rückwirkender Erlaß des belastenden VA ist (anders als eine rückwirkende Rücknahme des belastenden VA gem § 48 Abs 1 S 1, die das Problem des Nachschiebens von Gründen erledigt) mangels Rechtsgrundlage nicht zulässig (Durner VerwA 2006, 373; Schenke 815; WBS II § 48, 46. Auch Bader JuS 2006, 201 erkennt, daß ein rückwirkender Erlaß eines Zweitbescheids unzulässig ist, geht aber davon aus, daß eine Ermessensergänzung keinen Zweitbescheid darstellt, u sieht in § 114 S 2 eine materiellrechtliche Rechtsgrundlage für ein rückwirkendes Nachschieben von Gründen, dazu näher s unten 71 ff). Dort, wo der Gesetzgeber einen rückwirkenden Erlaß eins VA vorsieht, hat er dies ausdr normiert (vgl zB § 48 Abs 1 S 1, 2, Abs 3 S 1 VwVfG). Die Unzulässigkeit der Rückwirkung jedenfalls eines belastenden VA folgt auch aus den Heilungsvorschriften des § 45 VwVfG, unabhängig davon, ob man dieser eine ex-nunc- oder eine ex-tunc-Wirkung beimißt. Jedenfalls ergibt sich aus dem Prinzip des Vorbehalts des Gesetzes, daß die Anordnung einer Rückwirkung einer gesetzlichen Grundlage bedarf. Aus diesem Grund ist es auch ausgeschlossen, von der ausnahmsweise zulässigen Rückwirkung belastender Gesetze (s BVerfG 13, 270 ff; Schenke AgrarR 1990, 33) auf die Zulässigkeit einer Rückwirkung von VAen zu schließen. Die Annahme einer solchen Rückwirkung liefe iü auf eine reine Fiktion hinaus.

den VA mit Wirkung ex nunc neu zu erlassen. Problematisch bei der Bejahung einer solchen „Heilung" eines VA entspr den Grundsätzen des § 45 Abs 2 VwVfG ist jedoch, daß sie **wesentliche Funktionen des VerwaltungsVf** (s Schenke NVwZ 1988, 1 ff u unten 75), **insb dessen Rechtsschutzfunktion beeinträchtigte.** Das war der Grund, weshalb der Gesetzgeber in bezug auf das Nachholen der Begründung in § 45 Abs 2 VwVfG aF eine Heilungsmöglichkeit nach Abschluß des VerwaltungsVf ausschloß u insoweit nur noch der Neuerlaß eines VA in Betracht zu ziehen war. Selbst die eine zeitliche Ausdehnung der Heilungsmöglichkeit vorsehende Novellierung des § 45 Abs 2 VwVfG ist nur unter der Prämisse sinnvoll, daß aus der während des gerichtlichen Vf unbestreitbar bestehenden **behördlichen Befugnis zum Neuerlaß eines VA** mit einer formell fehlerfreien Begründung (Preusche DVBl 1992, 797) nicht automatisch abgeleitet werden kann, daß es dann der **Verwaltung auch möglich sein müsse, den VA mit Wirkung ex nunc** zu heilen. Da eine solche Heilungsvorschrift bzgl ermessensfehlerhaft begründeter VAe fehlt, scheidet bei ihnen ein Nachschieben von Gründen mit heilender Wirkung während des gerichtlichen Vf aus.

Von dem Fehlen einer materiellrechtlichen Heilung beim Nachschieben von Gründen dürfte denn auch der **Gesetzgeber bei Schaffung des § 114 S 2** ausgegangen sein. Die dort normierte Vorschrift, derzufolge ein „Ergänzen" von Ermessenserwägungen (zur entspr Anwendung auf VAe mit Beurteilungsspielraum sowie auf Planungsentscheidungen s 3 zu § 114) noch während des gerichtlichen Vf zulässig ist, wäre überflüssig, wenn das Nachschieben von Gründen zu einer materiellrechtlichen Heilung des VA führte, da sich hier ohnehin bereits aus der Heilung des VA durch das Ergänzen der Ermessenserwägungen mittelbar dessen prozeßrechtliche Beachtlichkeit ergäbe. Verständlich wird diese Vorschrift lediglich dann, wenn man eine solche materiellrechtliche Heilungsmöglichkeit ablehnt u das Ergänzen der Ermessenserwägungen (zumindest tlw) so bewertet, daß hierin der **Neuerlaß eines VA** liegt, der im Wege einer gesetzlichen Klageänderung (s unten 72), losgelöst von § 91, zum Gegenstand des gerichtlichen Vf gemacht wird. Nur vom Fehlen einer materiellrechtlichen Heilung eines fehlerhaften VA durch Nachschieben von Gründen ist es auch einsichtig, daß ein Nachschieben von Gründen gem § 114 S 2 nur dann im Prozeß zu berücksichtigen ist, wenn es sich bei ErmessensVAen ausschließlich um ein **Ergänzen der Ermessenserwägungen** handelt. Die Normierung des § 114 S 2, die damit von der prinzipiellen Unzulässigkeit des Nachschiebens von Gründen bei ErmessensVAen während des gerichtlichen Vf ausgeht u diesem keine heilende Wirkung beimißt, liegt damit auf der **Linie der neueren bundesverwaltungsgerichtlichen Rspr.**[117] Zwar hat das BVerwG ein Nachschieben von Ermessenserwägungen während des gerichtlichen Vf früher nur dann für unzulässig angesehen (vgl NJW 1982, 1413), wenn Ausgangs- u Widerspruchsbehörde nicht identisch waren u die Ausgangsbehörde während des verwaltungsgerichtlichen Vf ihr vorher in Unkenntnis eines Ermessensspielraums nicht betätigtes Ermessen ausübte. In seiner neueren Judikatur erkennt das BVerwG aber an, daß es sich bei dem Nachschieben von neuen Ermessenserwägungen durch die Verwaltung in Wahrheit „nicht um eine bloße Aufbesserung der Gründe, sondern um eine nachträgliche inhaltliche Änderung des erlassenen VA" handelt.[118] Auf der Basis dieser

[117] Vgl Schenke NJW 1997, 89; Bader NVwZ 1999, 121; Kluth WiB 1997, 513; Knopp BB 1997, 1003 f; R. P. Schenke VerwA 1999, 257; verkannt wird diese Rspr durch Schmieszek NVwZ 1996, 1151 u Redeker NVwZ 1997, 627, die davon ausgehen, das BVerwG habe hier eine heilende Wirkung anerkannt. Dazu, daß nach der neueren Rspr des BVerwG ein Nachschieben von Ermessensgründen für denselben VA nicht zulässig war, s auch Berkemann DVBl 1998, 449.

[118] 85, 156 f; s auch Buchh 316 § 76 VwVfG Nr 4 S. 1 u schon früher Schenke NVwZ 1988, 13; dazu Schenke JZ 1996, 1070.

Rspr wird zugleich deutlich, daß insb nach Schaffung des § 114 S 2 gar **kein Bedürfnis für eine in Analogie zu § 45 Abs 2 VwVfG konstruierte Heilung eines VA durch ein Nachschieben von Gründen** besteht. Stellt sich nämlich das Nachschieben von Gründen als ein Neuerlaß eines VA (s auch Schenke NJW 1997, 89f; Storost NVwZ 1998, 804) mit Wirkung ex nunc dar, so ergibt sich aus § 114 S 2, daß der neu erlassene VA auch ohne eine dem § 91 unterfallende Klageänderung zum Gegenstand der Klage wird (s R. P. Schenke JuS 2000, 234; zu zeitlichen Grenzen einer Ergänzung gem § 114 S 2 s 27 zu § 137). Fehlt es aber an der Voraussetzung des § 114 S 2, weil das Nachschieben von Gründen sich nicht als ein „Ergänzen" darstellt, ist dem Kl die Möglichkeit eröffnet, den neu erlassenen VA im **Wege einer Klageänderung zum Gegenstand des Vf** zu machen, ohne daß es hier der erneuten Durchführung eines VorVf bedarf (s 32 zu § 91). Dem Kl kann damit in einem solchen Fall **nicht der rechtsstaatlich bedenkliche Verzicht auf den verwaltungsverfahrensrechtlichen Rechtsschutz** durch Ausschaltung des VorVf **aufgezwungen werden.** Das wäre aber unumgänglich, wenn man von einer allg Heilung eines ermessensfehlerhaften VA durch das Nachschieben von Gründen während des verwaltungsgerichtlichen Vf ausginge.

An der **materiellrechtlichen Problematik** des Nachschiebens von Gründen hat sich auch durch § 114 S 2 nichts geändert.[119] Abgesehen davon, daß hiervon keineswegs alle Fälle des Nachschiebens von Gründen erfaßt werden, kann diese Vorschrift ebenso wie in bezug auf das Nachholen der Begründung (oben 61) auch hins des Nachschiebens von Gründen aus systematischen wie auch aus kompetenzrechtlichen u materiellrechtlichen Gründen keine rückwirkende Heilung eines fehlerhaft begründeten VA statuieren. **Standort einer Regelung,** die dem im Nachschieben von Gründen liegenden Neuerlaß einer Regelung bei ermessensfehlerhaften VAen zugleich Rückwirkung beimessen würde, müßte das **materielle Verwaltungsrecht** (vgl zB die §§ 40, 45 VwVfG) sein. Dem Bundesgesetzgeber fehlte es überdies, sofern es um den Vollzug von Ländergesetzen geht, an der erforderlichen Gesetzgebungskompetenz. Zudem ergäben sich ggü einer solchen Regelung (insb wenn auf der Basis des VA bereits Vollstreckungsakte ergingen oder ein Vollzug stattfand) gravierende Bedenken unter dem Aspekt des verfassungsrechtlich garantierten Beseitigungsanspr. Selbst wenn man § 114 S 2 aber eine materiellrechtliche Bedeutung beimessen würde, folgte aus ihm nur, daß eine solche Heilung lediglich bei einem „Ergänzen" von Ermessenserwägungen möglich wäre, nicht hingegen bei einem darüber hinausreichenden Nachschieben von Gründen. Billigte man der Heilung – was wie bei § 45 Abs 2 VwVfG verfassungsrechtlich geboten wäre (s oben 49) – nur eine Wirkung ex nunc zu, so begründete dies im Ergebnis materiellrechtlich keinen Unterschied ggü der Ansicht des BVerwG (85, 165f u oben 69), das in in einem solchen Fall vom Neuerlaß eines VA ausging. Schon aus diesem Grund ist die Ansicht Baders (NVwZ 1999, 121) abzulehnen, § 114 S 2 habe auch materiellrechtliche Bedeutung. Die prozeßrechtliche Regelung des § 114 S 2 bedarf auch keines (unter dem Gesichtspunkt der Annexkompetenz gerechtfertigten) Übergriffs in das dem Bundesgesetzgeber jedenfalls partiell entzogene Landes- 71

[119] Vgl eingeh Schenke NJW 1997, 88ff; ebenso 106, 363f; We ThürVBl 2000, 252; Axmann 159ff; Brischke DVBl 2002, 431; Clausing JuS 2000, 60; Demmel 144; Durner VerwA 2006, 354; Ehlers Jura 2004, 181; Kluth WiB 1997, 513; Knopp BB 1997, 1003f; Millgramm SächsVBl 1997, 110; NKVwGO-Wolff 205 zu § 114; Numberger/Schönfeld UPR 1997, 92; Pöcker/Barthelmann DVBl 2002, 668ff; Sch-Gerhardt 12c zu § 114; eingeh zu § 114 S 2 R. P. Schenke JuS 2000, 230ff; **aA** Bader NVwZ 1999, 121; JuS 2006, 201; Oberrath/Hahn VBlBW 1997, 242; Redeker NVwZ 1997, 627f; Reinel BayVBl 2004, 458; Schmieszek NVwZ 1996, 1155; Schmitz/Wessendorf NVwZ 1996, 957; s auch Lotz BayVBl 1997, 264.

verwaltungsverfahrensrecht,[120] um seine prozeßrechtliche Funktion zu entfalten. Ohnehin stellt sich die materiellrechtliche Problematik eines „Ergänzens" von Ermessensentscheidungen keineswegs nur im Verwaltungsprozeß (nicht überzeugend ist die Ansicht von Bader NVwZ 1999, 121). Wie im folgenden zu zeigen (s unten 72), läuft die Vorschrift des § 114 S 2 auch nicht leer (so aber Bader NVwZ 1999, 121), wenn man ihr keine materiellrechtliche Bedeutung beimißt.

72 Das schließt aber nicht aus, daß § 114 S 2 iVm dem Nachschieben von Ermessenserwägungen **prozeßrechtliche Bedeutung** hat, indem er dort, wo sich das Ergänzen eines VA durch Ermessenserwägungen der Sache nach als Neuerlaß eines VA darstellt, diesen im Wege einer **gesetzlich statuierten Klageänderung**[121] zum Gegenstand des Vf macht, vergleichbar den Fällen des § 173 S 1 iVm § 264 ZPO (s 4 zu § 91; zu den zeitlichen Grenzen des Ergänzens gem § 114 S 2, insb zu seinem **Ausschluß im RevisionsVf,** s 27 zu § 137). Da es sich um die Statuierung einer Klageänderung iVm Ermessensentscheidungen handelt u diese für den Umfang der gerichtlichen Ermessenskontrolle von Bedeutung ist, sprechen auch sachliche Gründe für die Plazierung dieser gesetzlichen Klageänderung in § 114 S 2 u nicht im Anschluß an die **gewillkürte Klageänderung** des § 91. Damit ergeben sich auch von hierher keine durchschlagenden Einwände gegen die hier vertretene rein prozeßrechtliche Deutung des § 114 S 2 (**aA** Bader NVwZ 1999, 121). Für das Ergänzen von Ermessenserwägungen reicht es aus, wenn eine entspr Erklärung des Terminvertreters der Behörde in das Protokoll der mV aufgenommen wird,[122] da ein gerichtliches Protokoll die Anforderungen der Schriftform für einen VA nach § 37 Abs 3 VwVfG erfüllt. Auch schriftsätzlich mitgeteilte ergänzende Ermessenserwägungen genügen (DVBl 1990, 1351; Brischke DVBl 2002, 433), nicht ausreichen dürfte hingegen die bloße, nicht protokollierte Erklärung des Terminvertreters der Behörde in der mündlichen Verhandlung (**aA** Ma NVwZ-RR 2000, 839).

§ 114 S 2 umfaßt keineswegs alle Fälle des Nachschiebens von Gründen. Da die Vorschrift dazu führt, daß in bezug auf den „ergänzten" VA – unabhängig vom vorherigen Bestehen von Ermessensfehlern – ein WiderspruchsVf nicht mehr durchgeführt u der **verwaltungsverfahrensrechtliche Rechtsschutz** des Kl verkürzt wird, ist der Begriff „ergänzen" **eng** zu interpretieren (krit ggü der Verwendung dieses Begriffs Pöcker/Barthelmann DVBl 2002, 675 ff). Ausgeschlossen ist die Anwendung der Bestimmung jedenfalls, wenn die Verwaltung vorher **überhaupt keine Ermessenserwägungen** angestellt hat,[123] die Begründung völlig auswechselt,[124] wohl auch schon, wenn wesentliche **ermessensfehlerhafte Ermessenserwägungen** durch **ermessensfehlerfreie** substituiert wer-

---

[120] S auch Schenke NJW 1997, 88 u ebenso Baumeister 402 f; Berkemann DVBl 1998, 449; R. P. Schenke VerwA 1999, 260.

[121] Ebenso Axmann 167; Dolderer DÖV 1999, 107; Pöcker/Barthelmann DVBl 2002, 672; R. P. Schenke VerwA 1999, 261; StK-Wolff 55 zu § 114; der Sache nach auch BVerwG DVBl 1998, 1027 u Sch-Gerhardt 12 c zu § 114; **aA** Kraus ThürVBl 2004, 207.

[122] NVwZ 2000, 1186; Bader NVwZ 1999, 124; Brischke DVBl 2002, 433; Ey-Rennert 92 zu § 114.

[123] Mü BayVBl 1999, 152; Bader JuS 2006, 202; Baumeister 405; Brischke DVBl 2002, 431; Kraus ThürVBl 2004, 206; Würt 619; **aA** für einen Sonderfall unter Hinw auf Gemeinschaftsrecht 121, 297 = NVwZ 2005, 220; 121, 315 = NVwZ 2005, 224; s dazu die treffende Kritik von Bader JuS 2006, 201 ff.

[124] DVBl 1998, 1027; Ko NVwZ-RR 1998, 316; We ThürVBl 2000, 252; VG Mü NVwZ 1998, 1326; Baumeister 405; Brischke DVBl 2002, 431; Decker JA 1999, 155; Kuhla/Hüttenbrink DVBl 1999, 903; Meissner VBlBW 1997, 84; Redeker NVwZ 1997, 627; R. P. Schenke VerwA 1999, 260; Sch-Gerhardt 12 e zu § 114; Storost NVwZ 1998, 804; vgl auch BT-Dr 13/3993 S. 13.

den bzw wesentliche Ermessenserwägungen gar nicht angestellt wurden.[125] Hingegen dürfte sie über die Fälle präzisierender Ergänzung einer Begründung hinausreichend dort in Betracht kommen, wo die **tatsächlich angestellten Ermessenserwägungen unzureichend** sind, indem auf **ermessensrelevante Gesichtspunkte nicht eingegangen** wurde u deshalb ein zur Rechtswidrigkeit der Entscheidung führendes **Ermessensdefizit** vorliegt (zur differenziert zu beurteilenden Anwendbarkeit in den Fällen einer formell unzureichenden Begründung s oben 60f).[126] Das kann auch bei Soll-Entscheidungen gegeben sein, wenn erst nachträglich zu den Besonderheiten des Einzelfalls abwägend Stellung genommen wird (Lü NVwZ-RR 2007, 147). Unter § 114 S 2 sind auch die Fälle zu subsumieren, in welchen sich nach Abschluß des VerwaltungsVf eine Veränderung der Sach- oder Rechtslage ergeben hat, welche nach materiellem Recht (ausnahmsweise) zu einer Ergänzung der Ermessenserwägungen zwingt,[127] bei deren Unterbleiben der VA rechtswidrig wird. Eine Verpflichtung des Gerichts, die Verwaltung auf eine Notwendigkeit der Ermessensergänzung hinzuweisen oder gar das Vf von sich aus auszusetzen, um eine derartige Ergänzung zu ermöglichen, besteht nicht.[128] Die Annahme einer derartigen Pflicht wäre auch grds mit dem Grundsatz der Waffengleichheit nicht vereinbar u liefe auf eine Fortgeltung der früher in § 94 S 2 aF vorgesehenen Aussetzung zum Zwecke der Heilung hinaus (s 23 zu § 94), die der Gesetzgeber aus verfassungsrechtlichen Gründen abgeschafft hat.

Werden Ermessenserwägungen durch das behördliche Nachschieben in dem oben geschilderten Umfang ergänzt, so werden diese, wie immer man dies auch materiellrechtlich qualifiziert, durch § 114 S 2 zum Gegenstand des Vf gemacht. Zu berücksichtigen sind auch über Ermessenserwägungen hinausreichende ergänzende rechtliche Ausführungen, etwa zur Verhältnismäßigkeit des VA (so iE auch Brischke DVBl 2002, 433f). Ist der VA nach der Ergänzung rechtmäßig, vermag sich der Kl der Abweisung seiner Klage nur durch eine Erledigungserklärung zu entziehen (Decker JA 1999, 156), womit sich dann auch keine unlösbaren Probleme bei der Verteilung der Kosten des verwaltungsgerichtlichen Vf ergeben (insoweit nicht überzeugend Pöcker/Barthelmann DVBl 2002, 672), da hier dann, wenn sich der Bekl der Erledigungserklärung anschließt bzw seine Erledigungserklärung fingiert wird (§ 161 Abs 2 S 2), § 161 Abs 2 S 1 gilt. Schließt er sich der Erledigungserklärung nicht an, unterliegt er in einem Erledigungsrechtsstreit u muß dann die Kosten tragen. Stellt sich das Nachschieben von Gründen nicht nur als „ergänzen" iSd § 114 S 2 dar, ist es dem Kl **nur möglich, im Wege einer Klageänderung gem § 91** den neuen VA zum Gegenstand des Vf zu machen (VG München NVwZ 1998, 1327; Brischke DVBl 2002, 432; Decker JA 1999, 156; R. P. Schenke VerwA 1999, 262). Die gesetzliche Klageänderung u der mit ihr verbundene Verlust des VorVf (s hierzu 32 zu § 91 u 23a zu § 68) kann ihm hier nicht aufgezwungen werden.

Liegt im Nachschieben von Gründen – was im Wege der Auslegung zu ermitteln ist – nicht eine rückwirkende Rücknahme des früheren VA u hat sich dieser 73

[125] So zutr Mü BayVBl 1999, 627; Bader NVwZ 1999, 121; Baumeister 405; Brischke DVBl 2002, 432; Würt 619; s auch Ehlers Jura 2004, 181; R. P. Schenke VerwA 1999, 260: die Behörde muß sich zumindest am Kern ihrer bisherigen Ermessensbetätigung festhalten lassen; **aA** Ko NVwZ-RR 1998, 316; Dolderer DÖV 1999, 106.

[126] Zu eng deshalb Schenke NJW 1997, 88f sowie dem folgend Demmel 144, wonach § 114 S 2 nur präzisierende Ergänzungen einer Begründung zum Gegenstand hat, die für die Beurteilung der Rechtmäßigkeit des VA ohne Bedeutung sind. Unter Zugrundelegung dieser Interpretation des § 114 S 2 wäre diese Vorschrift auch prozeßrechtlich bedeutungslos.

[127] S oben 45; s auch NVwZ 2005, 220; 2005, 224 u dazu Bader JuS 2006, 199ff.

[128] Bader JuS 2006, 203; anders für einen Sonderfall mit gemeinschaftsrechtlichem Bezug NVwZ 2005, 220.

auch nicht anderweitig erledigt,[129] kann bei bestehendem RSB nach wie vor die Aufhebung des alten VA mit Wirkung für die Vergangenheit verlangt u gerichtlich durchgesetzt werden. Liegt Erledigung vor (s unten 101 ff), so kommt eine Feststellung seiner Rechtswidrigkeit analog § 113 Abs 1 S 4 in Betracht. Hat sich ein VA bereits vorher erledigt, scheidet eine Ergänzung von Ermessenserwägungen iSd § 114 S 2 aus (Ms NVwZ 2001, 1424; s auch unten 147 mwN).

Ein **gerichtliches Nachschieben von Ermessenserwägungen** ist auf jeden Fall als **unzulässig** anzusehen, wenn es sich bei ihm nicht nur um eine klarstellende Präzisierung behördlicher Ermessenserwägungen handelt (s Buchh 316 § 40 VwVfG Nr 8 S. 1; Schenke JZ 1996, 1070 Fn 400).

74 **cc) Beeinträchtigung der Rechtsverteidigung des Kl.** Auf diese Fallgruppe wird in der neueren Rspr des BVerwG nur noch selten (s aber wiederum Rd L 1997, 308 unter Berufung auf die ältere Rspr) abgestellt. Sie müßte bei **konsequenter Handhabung generell zur Unzulässigkeit eines behördlichen Nachschiebens von Gründen führen** (Schenke NVwZ 1988, 6) u würde, wenn man an die Unzulässigkeit des Nachschiebens von Gründen stets die gerichtliche Aufhebung eines inhaltlich fehlerhaft begründeten VA knüpfte, über das Ziel hinausschießen (s unten 75). Richtig daran ist allerdings, daß sich bei einem Nachschieben von Gründen während des gerichtlichen Vf zusätzliche Barrieren daraus ergeben können, daß es zugleich mit einer **Verletzung des Anhörungsrechts des § 28 VwVfG** einhergehen kann. Dieser Einwand zieht allerdings nach der in **§ 45 Abs 1 Nr 3 u Abs 2 VwVfG** vorgesehenen zeitlichen Ausdehnung der Heilungsmöglichkeit im Hinblick auf die hierdurch eröffnete Möglichkeit, die „Anhörung" noch während des verwaltungsgerichtlichen Vf bis zum Abschluß der letzten Tatsacheninstanz durchzuführen,[130] bei deren unterstellter Verfassungsmäßigkeit nicht mehr. Im Hinblick auf die Novellierung des § 114 S 2 kommt dem Aspekt der Rechtsverteidigung des Kl in den Fällen des Nachschiebens von Gründen bei Ermessensentscheidungen keine besondere Bedeutung mehr zu (s oben 69 ff).

75 **dd) Nachschieben von Gründen bei rechtlich gebundenen VAen.** Auch ein inhaltlich fehlerhaft begründeter VA, bei dem die Begründung dessen Tenor nicht zu rechtfertigen vermag,[131] ist rechtswidrig u verletzt den hierdurch Belasteten, indem die rechtsstaatliche Funktion des Begründungserfordernisses verfehlt wird. Ebenso wie bei einem formell fehlerhaften VA (s § 39 VwVfG) steht es bei einer materiell fehlerhaften Begründung eines VA seiner Rechtswidrigkeit nicht entgegen, daß der VA im Tenor nicht zu beanstanden ist. Der **schriftlich erlassene VA** besteht nämlich sowohl aus seinem **Tenor wie auch aus der hierfür gegebenen Begründung.** Eine inhaltlich fehlerhafte Begründung eines belastenden VA liefert keine verläßliche Basis für die Entscheidung des Betroffenen über die Erhebung einer Klage. Sie verleitet ihn zur Erhebung einer Anfechtungsklage, obwohl bei dieser – wie noch zu zeigen – eine Aufhebung des VA ausgeschlossen ist. Damit wird die **Befriedungs-,** aber auch die **Entlastungsfunktion** verfehlt, die dem VerwaltungsVf im Verhältnis zum gerichtlichen Vf zukommt. Zugleich führt dies zu einer **Beeinträchtigung der Rechtsschutzfunktion des VerwaltungsVf.** Denn der Betroffene hat sich zunächst auf die inhaltlich fehlerhafte Begründung eingestellt (krit ggü diesem

---

[129] Von einer Erledigung geht demgegenüber R. P. Schenke VerwA 1999, 262 aus. Richtig gesehen wird von Pöcker/Barthelmann DVBl 2002, 671, daß sich die Frage, ob hier eine Erledigung des ursprünglichen VA vorliegt, nicht generell beantworten läßt. Nicht überzeugend ist es allerdings, wenn sie von einer zur Erledigung führenden Aufhebung nur dann ausgehen wollen, wenn eine entspr Regelung ausdr erklärt wird.

[130] Krit hierzu Hatje DÖV 1997, 484; s auch Bracher DVBl 1997, 534.

[131] Ohne Bedeutung sind rechtlich fehlerhafte Erwägungen, denen nach der Begründung des VA keine Entscheidungsrelevanz zukommen soll, s oben 63.

Argument R. P. Schenke VerwA 1999, 245) u wird erst während des gerichtlichen Vf mit einer neuen, die Regelung rechtfertigenden Begründung konfrontiert.[132]

An der Rechtswidrigkeit eines inhaltlich fehlerhaft begründeten VA ändert auch die Ausdehnung der Heilungsmöglichkeiten bei Verfahrensfehlern in § 45 Abs 2 VwVfG nichts.[133] .Diese gilt nämlich zum einen nur **hins bestimmter Verfahrensfehler,** nicht hingegen für materielle Begründungsmängel; zum anderen bewirkt sie selbst im Anwendungsbereich des § 45 Abs 2 VwVfG nur eine **Heilung ex nunc** (s oben 49 u 59). Damit ergeben sich aber keine praktischen Unterschiede zu der hier vertretenen Auffassung, derzufolge im Nachschieben einer inhaltlich fehlerhaften Begründung idR der Neuerlaß eines rechtmäßigen VA liegt, für den es, da die Begründung den letzten Akt des VerwaltungsVf darstellt, auch keiner Wiederholung vorangegangener Teile des VerwaltungsVf bedarf. Auch die sich unmittelbar ohnehin nur auf ErmessensVAe beziehende prozeßrechtliche Vorschrift des § 114 S 2 vermag aus systematischen u kompetenzrechtlichen Gründen **keine materiellrechtliche Heilung** des Nachschiebens von Gründen zu legitimieren (s oben 71). Sie führt lediglich in analoger Anwendung dieser Vorschrift dazu, daß ein Nachschieben von Gründen, welches die Begründung nur ergänzt, noch durch das **Gericht zu berücksichtigen** ist (s oben 62). 76

Nicht zu überzeugen vermag schließlich auch das neuerdings von Kischel (Kischel 8f, 11, 22f, 33) verwandte Argument, aus § 39 VwVfG ergebe sich, daß der VA nur einer formell fehlerfreien, nicht aber einer inhaltlich zutr Begründung bedürfe. Dieses Argument geht schlicht daran vorbei, daß nichts im Wege steht, als Rechtmäßigkeitsvoraussetzung eines VA dessen sowohl formell wie auch materiell fehlerfreie Begründung zu verlangen. § 39 VwVfG bietet **keine Anhaltspunkte** dafür, daß die Verwaltung **nur eine formell fehlerfreie Begründung** des VA vorzunehmen habe, nicht hingegen auch eine inhaltlich zutr Begründung. Letzteres liegt vielmehr **außerhalb des Regelungsbereichs des § 39 VwVfG,** der nach heute allg vertretener Ansicht keine Aussage über die inhaltliche Richtigkeit der Begründung enthält u dem deshalb auch kein argumentum e contrario entnommen werden kann. Auch im Hinblick auf die oben aufgezeigten rechtsstaatlichen Funktionen einer inhaltlich zutr Begründung ist es verfehlt, wenn Kischel (Kischel 9) sogar so weit gehen will, dem § 39 VwVfG eine „Pflicht zu materiell fehlerhafter Begründung" zu entnehmen, wenn diese Begründung für die Behörde tatsächlich maßgeblich gewesen ist (überzeugende Kritik hierzu bei Baumeister 189f).

Bei einem inhaltlich fehlerhaft begründeten VA ist dem Gericht trotz der Rechtswidrigkeit des VA dessen Aufhebung im Hinblick auf den dolo-agit-Grundsatz grds dann untersagt, wenn feststeht, daß der **VA im Ergebnis nicht zu beanstanden** ist (ausf Schenke NVwZ 1988, 13). Bei berechtigtem Interesse kann der Kl hier jedoch in analoger Anwendung des § 113 Abs 1 S 4 die Rechtswid- 77

---

[132] Nicht überzeugend daher Horn DV 1992, 227, der behauptet, die hier genannten Funktionen des Verwaltungsverfahrens würden durch die Zulässigkeit eines Nachschiebens von Gründen nicht beeinträchtigt. Keinen tauglichen Einwand gegen die hier vertretene Lösung liefert auch der Hinw Horns (DV 1992, 228f) auf den Untersuchungsgrundsatz (§ 86 Abs 1), den Grundsatz „iura novit curia" sowie die Prozeßökonomie. Der Untersuchungsgrundsatz hat keine materiellrechtliche Bedeutung, die Berufung auf „iura novit curia" mündet in einen Zirkel ein, da es ja darum geht zu klären, ob ein Nachschieben von Gründen unzulässig ist u die Prozeßökonomie spricht gerade nicht gegen die hier vertretene Lösung, derzufolge der rechtswidrig begründete gebundene VA grds bestehen bleibt (s näher Schenke NVwZ 1988, 6ff).

[133] Nach R. P. Schenke VerwA 1999, 246f soll diese Novellierung hingegen eine zusätzliche Bestätigung für die von der grundsätzlichen Zulässigkeit des Nachschiebens von Gründen ausgehende hM liefern.

rigkeit des VA feststellen lassen.[134] Schiebt die Verwaltung während des gerichtlichen Vf eine **fehlerfreie Begründung** nach, was der Sache nach den **rechtmäßigen Erlaß eines neuen VA impliziert** u zur Erledigung des alten VA führt, kann allenfalls noch festgestellt werden, daß der VA in der Vergangenheit rechtswidrig war, wofür es aber idR an einem berechtigten Interesse fehlen wird.

78 Ist ein VA wg einer fehlerhaften Begründung rechtswidrig, vermag das Gericht sich aber noch kein abschließendes Urteil darüber zu bilden, ob er auch in seinem Tenor rechtlich zu beanstanden ist, hat es die Möglichkeit einer **Aufhebung des VA gem § 113 Abs 3** (s unten 164), wenn aufgrund der fehlerhaften Begründung des VA eine für die Entscheidung über den VA erforderliche Sachverhaltsaufklärung durch die Verwaltung bisher unterblieb (s auch Hödl-Adick 113; Marx 136 ff). Bedenkt man, daß die Aufhebung eines VA gem § 113 Abs 3 nach hM die **Rechtswidrigkeit eines VA u eine subjektive RVerletzung verlangt,** so wird hieran deutlich, daß die hier bejahte Rechtswidrigkeit eines fehlerhaft begründeten VA über § 113 Abs 1 S 4 hinausreichend **praktische Bedeutung** besitzt. Der Sache nach gehen jedenfalls all diejenigen, die bei einer fehlerhaften Begründung eines rechtlich gebundenen VA eine Aufhebung gem § 113 Abs 3 zulassen (s auch Sch-Gerhardt 47 u unten 164), davon aus, daß die fehlerhafte Begründung zugleich zur Rechtswidrigkeit des VA führt. Nur unter dieser Voraussetzung ist die Anwendung dieser Vorschrift nach ihrer gängigen Interpretation gerechtfertigt.

79 **f) Umdeutung von Verwaltungsakten.** Verletzt ein von der Verwaltung gewollter VA den Kl in seinen Rechten, kann dennoch dessen Aufhebung bei einer **gem § 47 VwVfG** möglichen **Umdeutung** in einen rechtmäßigen VA ausscheiden. Danach kann ein fehlerhafter VA in einen anderen VA umgedeutet werden, wenn er auf das gleiche Ziel gerichtet ist, von der erlassenden Behörde in der geschehenen Verfahrensweise u Form hätte erlassen werden können u wenn die Voraussetzungen für dessen Erlaß erfüllt sind. So läßt sich zB die **Versagung einer Genehmigung** in die **Rücknahme der Genehmigung** oder ein Vorausleistungsbescheid in einen endgültigen Straßenbaubeitragsbescheid[135] umdeuten (weitere Beispiele mit Nachw aus der Rspr bei Schenke DVBl 1987, 643); ferner in Betracht kommt die Umdeutung einer Aufhebung des Widerspruchsbescheids durch die Ausgangsbehörde in eine Rücknahme ihrer Sachentscheidung in der Gestalt des Widerspruchsbescheids (NVwZ 2002, 1254). Dagegen scheitert die Umdeutung der Entlassung eines Beamten in eine **rückwirkende Rücknahme** seiner Ernennung schon im Hinblick auf die unterschiedlichen Wirkungen dieser VAe aus (DVBl 1999, 1435; Berg JZ 2005, 1045). Geht man davon aus, daß ein rechtswidriger VA bei Vorliegen der Tatbestandsvoraussetzungen des § 47 VwVfG bereits kraft Gesetzes in einen rechtmäßigen VA **umgedeutet** wird, hat **die Anfechtungsklage** in einem solchen Fall **keinen Erfolg.**[136] Anderes gilt hingegen dann, wenn man in der **Umdeutung einen konstitutiven VA** der Verwaltungsbehörde sieht, dessen Vornahme in ihr Ermessen gestellt ist.[137]

---

[134] Hödl-Adick 114 f; J. Rupp, Nachschieben von Gründen 114 f; Schenke NVwZ 1988, 13; zum Anspr auf eine sachlich zutr Begründung auch Koenig AöR 1992, 520 ff.

[135] Mü NVwZ 1984, 184, Schenke DVBl 1987, 643; **aA** Mü NVwZ-RR 1992, 508; NVwZ-RR 1994, 176; offen Münster DVBl 1997, 506.

[136] Für eine Umdeutung kraft Gesetzes zB DVBl 1984, 431; NVwZ 1993, 977; NVwZ 1999, 303; 2000, 575; 2002, 1254; Ma VBlBW 1985, 423; Münster NWVBl 1991, 298; DVBl 1997, 505 f; Durner VerwA 2006, 353; Ehlers JK 7/03 VwVfG § 48 I/1; Kraft BayVBl 1995, 521; Laubinger VerwA 1987, 346 ff; Leopold Jura 2006, 897; Würt 622.

[137] Mü NVwZ-RR 1992, 508; ausf Schenke DVBl 1987, 641 ff u JZ 1996, 1070; Baumeister 391 f; Lüdemann/Windthorst BayVBl 1995, 359; Wirth, Umdeutung fehlerhafter VAe, 1991, S 161; Kn-Meyer 27 f zu § 47 VwVfG.

Für letzteres spricht insb der **Wortlaut** des § 47 VwVfG („kann ... umgedeutet werden") sowie § 47 Abs 4 VwVfG, da eine **vorherige Anhörung** vor der Umdeutung offensichtlich dann nicht möglich ist, wenn die Umdeutung kraft Gesetzes eintritt. Die Gegenauffassung vermag schließlich auch unter dem Gesichtspunkt des Rechtsschutzes Betroffener nicht zu überzeugen, indem dem Betroffenen der grds kraft Verfassungsrecht bestehende Beseitigungsanspr genommen u zugleich sein Rechtsschutz entwertet wird (ausf Schenke DVBl 1987, 645 ff).

In Konsequenz des hier zugrunde gelegten Verständnisses des § 47 VwVfG ergibt sich, daß eine **gerichtliche Umdeutung** ausgeschlossen ist. Zum einen ist nicht das Verwaltungsgericht, sondern die Verwaltung Adressat der Umdeutungsbefugnis gem § 47 VwVfG, zum anderen vermag aber auch das Verwaltungsgericht nicht das der Verwaltungsbehörde zustehende Umdeutungsermessen auszuüben. Macht die **Verwaltung** von ihrer **Umdeutungsbefugnis** Gebrauch, so erledigt sich der ursprüngliche VA u tritt an seine Stelle ein **neuer anfechtbarer** VA. Erfolgt die verwaltungsbehördliche Umdeutung erst nach Erhebung der Klage, kann sie vom Kl nur im Wege einer (grds sachdienlichen) **Klageänderung** gem § 91 (s auch 4 zu § 91) zum Gegenstand des Vf gemacht werden.[138]

8. Rückgängigmachung der Vollziehung, FBA (Abs 1 S 2 und 3): Mit der Aufhebung eines VA entsteht kraft materiellen Rechts **ein Anspr** des Kl gegen die Behörde auch **auf Beseitigung der unmittelbaren,** noch andauernden (vgl 69, 370 = NJW 1985, 817; NJW 1989, 118) **Folgen** der Vollziehung des aufgehobenen VA, dh auf Wiederherstellung des Zustandes, der vorher bestanden hatte (sog **FBA** bzw VollzugsFBA), zB auf **Rückgabe** der beschlagnahmten Sache, Rückzahlung zu Unrecht erhobener Gebühren bzw Abgaben, Erstattung einer entspr der nunmehr aufgehobenen Kautionsfestsetzung gezahlten Kaution (85, 28 = NJW 1991, 652), Zurückversetzung eines Wasserzählers (Ma NVwZ-RR 1991, 334), Schließung einer Straße für den Durchgangsverkehr (94, 100 = NVwZ 1994, 280). Dieser Anspr kann nach § 113 Abs 1 S 2, der einen Fall einer Stufenklage beinhaltet, aus Gründen der Rechtsschutzeffektivität u der Verfahrensökonomie schon vor RKraft eines Aufhebungsurteils zuerkannt werden. Ohne Bedeutung für die Zuerkennung eines VollzugsFBA ist es, ob die Anfechtung des VA mit aW gekoppelt ist (s 31 zu § 80). 80

a) Rechtsgrundlage des FBA. § 113 Abs 1 S 2 bildet dabei selbst **keine Rechtsgrundlage** für den FBA (s auch Schenke JuS 1990, 372), sondern geht von dessen Existenz aus. Zur Begründung des im Ergebnis weitgehend anerkannten FBA[139] werden dabei verschiedene Rechtsgrundlagen genannt, nämlich das Prinzip der **Gesetzmäßigkeit der Verwaltung,**[140] das Prinzip **materieller Gerechtigkeit** (Erichsen VerwA 1972, 221), **Art 19 Abs 4 GG,**[141] eine **Analogie zu den §§ 12, 862, 1004 BGB**[142] sowie die **subjektive Rechtsnatur** der 81

---

[138] Mü BayVBl 1984, 402; Erichsen § 38, 43; Kopp VwVfG 22 zu § 47; Lüdemann/Windthorst BayVBl 1995, 363; Müller NJW 1978, 1357; Schenke DVBl 1987, 649; Wirth 231; **aA** NVwZ 2000, 575 (gerichtliche Umdeutung noch in der Revisionsinstanz möglich); Ob-Schäfer 54 zu § 47 VwVfG; Mü BayVBl 1983, 85; Laubinger VerwA 1987, 352.

[139] Zum FBA s näher Brugger JuS 1999, 625 ff; Patt SächsVBl 1996, 107 ff; Pietzko, Der materiell-rechtliche FBA, 1994; Schenke JuS 1990, 370 ff u DVBl 1990, 328 ff; Rüfner JuS 1997, 309 ff; Schoch VerwA 1988, 1 ff u Jura 1993, 478 ff; T. Schneider, Folgenbeseitigung im Verwaltungsrecht 1994; Sproll JuS 1996, 220 f; Stern StaatsR III/1 § 66 III 1; Walther JA 1994, 200 f; Zöllner SächsVBl 1997, 197.

[140] So zB 69, 370; Fiedler NVwZ 1986, 970 f; Wallerath DÖV 1987, 511 ff.

[141] Lorenz, Der Rechtsschutz des Bürgers und die Rechtsweggarantie 1973, 275; Rupp JZ 2005, 159: Art 19 Abs 4 u 93 Abs 1 Nr 4 a GG.

[142] Mü NVwZ-RR 1991, 58; Bettermann DÖV 1955, 528; Broß VerwA 1985, 227 f; Enders DV 1997, 38; Pietzko 119 ff: Analogie zu § 1004 iVm Grundrechten.

Freiheitsgrundrechte;[143] zT versucht man auch, diese Ansätze miteinander zu kombinieren (Brugger JuS 1999, 625 ff; Lorenz § 15, 36 Fn 64). Am überzeugendsten dürfte dabei die Ableitung aus der **subjektiven Rechtsnatur** der Freiheitsgrundrechte sein. Eine Verankerung des FBA allein im Prinzip der Gesetzmäßigkeit der Verwaltung scheitert daran, daß dieses Prinzip nur **objektivrechtliche Bedeutung** besitzt u der Verwaltung zwar ein rechtswidriges Handeln verbietet, jedoch nichts über die Folgen eines solchen Verhaltens aussagt. Art 19 Abs 4 GG kommt als Grundlage für den Beseitigungsanspr deshalb nicht in Betracht, weil diese Vorschrift **anderweitig begründete subjektive Rechte voraussetzt** u nur deren prozessuale Durchsetzung regelt. Der Analogie zu den §§ 12, 862, 1004 BGB bedarf es nicht, weil sich aus dem Wesen absoluter subjektiver Rechte ergibt, daß bei einer aus rechtswidrigem Verwaltungshandeln resultierenden fortdauernden Beeinträchtigung Anspr auf Beseitigung entstehen, was dann konsequenterweise auch iVm Freiheitsgrundrechten gelten muß.

Nach der hM kann der FBA in **analoger Anwendung des § 254 BGB** gemindert oder uU sogar ausgeschlossen sein.[144] Falls es an einer Teilbarkeit der geschuldeten Naturalrestitution fehlt u der FBA wg Mitverschuldens analog § 254 BGB gemindert ist, soll an seine Stelle in entspr Anwendung des **§ 251 Abs 1 BGB** ein Geldersatzanspr gelten.[145] Zur Frage, inwieweit dort, wo eine Folgenbeseitigung nicht möglich ist bzw eine unverhältnismäßige Belastung[146] beinhaltete, an die Stelle des FBA ein Folgenersatz- bzw Folgenentschädigungsanspr tritt, s unten 89. Zu welchem Zeitpunkt der FBA nach der Reform des BGB durch das SchuldrechtsmodernisierungsG v 29. 11. 2001 (BGBl I 3138) verjährt, wird nicht mehr einheitlich beantwortet. Während früher wohl einhellig von der analogen Anwendbarkeit des § 195 BGB aF (also der Regelverjährung von dreißig Jahren) ausgegangen wurde (zuletzt Mü NJW 1999, 666), ist die heutige Rechtslage nicht mehr eindeutig. Soweit die überwiegende Ansicht nunmehr von einer dreijährigen Verjährungsfrist analog § 195 BGB nF ausgeht,[147] erscheint dies nicht überzeugend. Eine solche Analogie dürfte schon angesichts der weitreichenden Geltung eines Analogieverbotes zu Lasten des Bürgers (s BVerfG NJW 1996, 3146) ausscheiden. Gerade insofern liegt der Lehre vom Gesetzesvorbehalt ein anderes Verständnis zugrunde als zu Zeiten, in denen die Auffassung von der analogen Anwendung der BGB-Vorschriften begründet wurde. Heute bedarf die Analogie einer gesetzlichen Anordnung, wie sie etwa in § 62 VwVfG für die Verwaltungsverträge besteht. Gegen eine Analogie spricht weiter, daß eine ausdr gesetzliche Anordnung der Anwendbarkeit der Verjährungsbestimmungen ursprünglich geplant war, dann aber wg Bedenken auch hins der Vergleichbarkeit der Interessenlage im öffentlichen Recht gestrichen wurde. Da eine **30-jährige Verjährungsfrist** aber einem allg Rechtsgrundsatz entspricht u schon vor der BGB-Änderung als gewohnheitsrechtlich anerkannt angesehen werden konnte, **bleibt** es auch nach der BGB-Änderung bei dieser Verjährungs-

[143] DÖV 1971, 858; 1989, 775 sowie – unter gleichzeitigem Hinw auf das Vorliegen von Gewohnheitsrecht – 94, 103 = NVwZ 1994, 276; Bender VBlBW 1985, 201 ff; Roth DVBl 1996, 1401 u Faktische Eingriffe in Freiheit und Eigentum 1994, 86 f; Schenke JuS 1990, 371 ff u DVBl 1990, 330; T. Schneider, 61 ff; Schoch VerwA 1988, 34 ff; Weyreuther, Gutachten für den 47. DJT 1968, 78 ff.

[144] DÖV 1971, 857 ff; 82, 26 ff = NJW 1989, 2484; Bachof DÖV 1971, 861; Hain VerwA 2004, 506 f; Ossenbühl Staatshaftungsrecht 272; T. Schneider 175 ff; Sch-Gerhardt 10 vor § 113; krit Erichsen VerwA 1972, 224; Rupp DVBl 1972, 233; Fiedler NVwZ 1986, 975; Schenke JuS 1990, 370 ff; Schoch VerwA 1988, 54.

[145] NJW 1989, 2484; Bumke JuS 2005, 25; krit Schenke JuS 1990, 376 f; zweifelnd auch Mü BayVBl 1990, 628.

[146] Zu dieser Schranke des FBA s unten 83 u NVwZ 2004, 1510.

[147] Palandt 20 zu § 195 BGB; Dötsch NWVBl 2001, 389; Lenkeit BauR 2002, 228; Geis NVwZ 2002, 390; **aA** Mansel NJW 2002, 90 f.

frist. Dieses Ergebnis kann nur heute nicht mehr auf eine Analogie zu den BGB Vorschriften gestützt werden.

82 **b) Folgenbeseitigungs- und Erstattungsanspruch.** Mit dem FBA überschneidet sich tlw der **ör Erstattungsanspr,** der auf die Rückgewährung **rechtsgrundlos erlangter Leistungen** gerichtet ist[148] u eine ör Entsprechung zum privatrechtlichen Bereicherungsanspr darstellt. Er wird überwiegend aus dem Prinzip der **Gesetzmäßigkeit der Verwaltung** abgeleitet, das den Ausgleich einer mit dem Recht nicht (mehr) übereinstimmenden Vermögenslage fordert.[149] Überschneidungen mit dem FBA (und in deren Konsequenz mit einer Anwendung des § 113 Abs 1 S 2) sind dort gegeben, wo aufgrund eines durch das VG **aufgehobenen belastenden VA bereits vor dessen Aufhebung Leistungen** von dem durch den **VA Verpflichteten an einen Träger öffentlicher Gewalt erbracht** wurden. Er reicht jedoch in seinem Anwendungsbereich insoweit über den FBA hinaus, als er allg dort, wo im Bürger-Staat-Verhältnis Leistungen ohne Rechtsgrund erbracht werden, anwendbar ist. Anders als durch den FBA wird durch ihn nicht nur eine der Staatsgewalt unterworfene private Rechtsperson, sondern **ebenso ein Träger öffentlicher Gewalt** berechtigt. Knüpft der Erstattungsanspr **nicht an die Vollziehung** eines VA **an,** ist **§ 113 Abs 1 S 2 nicht anwendbar.** Soweit es um die Rückgängigmachung eines aus der Vollziehung eines aufgehobenen rechtswidrigen VA resultierenden Bereicherungsanspr geht, der sich in einen Geldersatzanspr analog § 818 Abs 2 BGB umgewandelt hat, ist § 113 Abs 1 S 2 aber auch hier (obwohl es nicht unmittelbar um die Beseitigung der Vollzugsfolgen eines VA geht) einschlägig. Zu dem mit dem FBA verwandten **sozialrechtlichen Herstellungsanspr** s NJW 1997, 2966. Zur vom FBA zu trennenden **Folgenbeseitigungslast,** bei der es um die Erweiterung der Rechtsstellung im Hinblick auf eine **frühere rechtswidrige Ablehnung einer Begünstigung** geht, s unten 83 u 229.

83 **c) Der materiellrechtliche Anwendungsbereich des FBA.** Der FBA kann nicht nur auf die **Beseitigung eines schlicht hoheitlichen Handelns** (insb eines Realakts) gerichtet sein, sondern auch auf den **Erlaß eines VA.**[150]

Umstritten ist, ob bereits der **FBA allein bei VAen mit Drittwirkung** einen Rechtsanspr auf ein Vorgehen der Behörde ggü dem im Vollzug eines VA mit Drittwirkung Begünstigten begründet. Dies ist richtigerweise zu befürworten,[151] da der grundrechtlich fundierte **Beseitigungsanspr leerliefe** bzw relativiert wäre, wenn nicht zugleich mit dem **Anspr auf Beseitigung eines den Kl in seinen Rechten verletzenden VA** (dazu näher Schenke NVwZ 1993, 721 ff) ein **Anspr auf Beseitigung der unmittelbaren Vollziehungsfolgen einherginge** (vgl ausf Schenke DVBl 1990, 328 ff). So wenig wie die prozeßrechtliche Norm des § 113 Abs 1 S 2 einen FBA zu begründen vermag, ist sie in der Lage, ihn zu beschränken. Das gilt um so mehr, als die Möglichkeit besteht,

---

148 S Maurer § 29, 20; zum Erstattungsanspruch allg Morlok DV 1992, 371; Ossenbühl NVwZ 1991, 513; Schoch Jura 1994, 82; H Weber JuS 1986, 29.

149 S 71, 85 ff; Maurer § 29, 21; Ossenbühl NVwZ 1991, 513 ff; Schoch Jura 1994, 82 ff u WBS II § 55, 19 a.

150 Ks NVwZ 1995, 301; Schenke DVBl 1990, 332; T. Schneider 151 f; Sch-Gerhardt 9 vor § 113; **aA** Ma NVwZ 1987, 1101; Sch-Pietzcker 158 zu § 42 Abs 1.

151 S eingeh Schenke DVBl 1990, 328 ff; ebenso Bachof, Die verwaltungsgerichtliche Klage auf Vornahme einer Amtshandlung, 2. Aufl 1968, 134 ff; Hößlein, JZ 2007, 275 f; Horn DÖV 1989, 976 ff; Obermayer JuS 1963, 113; T. Schneider 150 ff; Stern 248; WBS II § 52, 26; **aA** Buchh 406.19 Nachbarschutz Nr 46; NVwZ 1995, 272; Gr LKV 2004, 189; Bumke JuS 2005, 26; Ivo, Die Folgenbeseitigungslast 37; Sch-Gerhardt 11 vor § 113; Weyreuther Gutachten 108 ff. Offengelassen wird von BauR 2000, 1318, ob sich aus der ermessensreduzierenden Wirkung des Art 14 Abs 1 GG oder aus dem Gesichtspunkt der Folgenbeseitigung ein Anspr des in seinen Rechten verletzten Nachbarn auf Erlaß einer Beseitigungsanordnung oder einer Nutzungsuntersagung ergibt.

dem durch einen FBA belasteten Dritten eine Wahrnehmung seiner Interessen im Prozeß mittels einer notwendigen Beiladung gem § 65 Abs 2 zu ermöglichen. **Einschränkungen** des Anspr auf Folgenbeseitigung iVm VAen mit Drittwirkung ergeben sich allerdings aus dem **verfassungsrechtlichen Übermaßverbot,** speziell dem Grundsatz der **Verhältnismäßigkeit.**[152] Selbst wenn man dem FBA allein noch keine Rechtsgrundlage für ein Vorgehen ggü dem Begünstigten entnehmen würde, folgte jedenfalls aus ihm **iVm einer anderweitig bestehenden gesetzlichen Ermächtigungsgrundlage** (zB für baupolizeiliche Beseitigungsverfügungen nach der LBO oder allg aus der polizeilichen Generalklausel) grds die **Pflicht, von dieser Gebrauch zu machen,** auch wenn sie sonst nur einen Ermessensspielraum einräumt (s auch mwN 102 zu § 42). So besteht zB grds ein über § 113 Abs 1 S 2 geltend machbarer FBA

– des Hauseigentümers ggü dem Träger der Polizei, die eine Person zur Vermeidung ihrer **Obdachlosigkeit eingewiesen** hat, nach Aufhebung einer rechtswidrigen Einweisung;[153]
– des durch einen **Planfeststellungsbeschluß Verletzten** ggü dem Träger der Planfeststellungsbehörde auf Beseitigung einer im Vollzug des Planfeststellungsbeschlusses **erfolgten Begünstigung eines Dritten** (Ks NVwZ 1995, 300 f);
– des **Nachbarn auf Erlaß einer Beseitigungsverfügung** hins eines Bauvorhabens, das aufgrund einer später aufgehobenen rechtswidrigen Baugenehmigung verwirklicht wurde (Schenke DVBl 1990, 328 ff; iE auch Ms-RR NVwZ 2000, 205; Schoch JK 8/04 LBO MV § 80 I 1/1; **aA** Gr LKV 2004, 188).

Der Heranziehung der vom FBA strikt zu trennenden **Folgenbeseitigungslast** bedarf es in diesem Zusammenhang **nicht.**[154] **Kein Anwendungsbereich** für den FBA ist im Hinblick auf seine dogmatische Ableitung aus den Freiheitsgrundrechten hingegen dort gegeben, wo es dem Kl nicht um die Wiederherstellung eines früheren Zustands geht, sondern um die **Einräumung einer Rechtsstellung,** die er **bisher nicht** innehatte. Deshalb kann zB ein Anspr auf Ausgleich **besoldungs- u versorgungsrechtlicher Nachteile** wg unterlassener Einstellung als Beamter **nicht** als **FBA** geltend gemacht werden, sondern nur als verschuldensabhängiger Schadensersatzanspr (NVwZ 1985, 265; 1999, 424). Ebenso besteht zB unter dem Gesichtspunkt des FBA kein Anspr auf Erlaß einer früher **rechtswidrig abgelehnten Baugenehmigung,** wenn diese mit später erlassenem Bauplanungsrecht nicht im Einklang steht (s 227; zu einem hier evtl bestehenden Anspr unter dem Aspekt der **Folgenbeseitigungslast** s unten 229).

84 **d) Der prozeßrechtliche Anwendungsbereich der Stufenklage des § 113 Abs 1 S 2.** Abs 1 S 2 gibt aus prozeßökonomischen Gründen dem Kl die **Möglichkeit, einen FBA** bzw Erstattungsanspr (s oben 80), der gem § 167 Abs 2 an sich erst nach RKraft (§ 121) des Aufhebungsurteils geltend gemacht werden könnte (Sa DVBl 1981, 836), **schon im Anfechtungsprozeß** – auch

---

[152] S Schenke DVBl 1990, 334 f; zum Übermaßverbot u hier speziell dem Grundsatz der Verhältnismäßigkeit ieS – Zumutbarkeit – als Schranke des FBA s auch NVwZ 2004, 1510; Ks NVwZ 1995, 303, Bumke JuS 2005, 25 f.

[153] Vgl Schenke DVBl 1990, 335; s auch Ma NVwZ 1987, 1101; Knemeyer JuS 1988, 698; zur Frage des Bestehens eines FBA nach Ablauf der Befristung einer rechtmäßigen Wiedereinweisung eines früheren Mieters BGH 130, 336 f = NJW 1995, 2919; Ma NJW 1997, 2833; Enders DV 1997, 29 ff; Roth DVBl 1996, 1401 ff; Rüfner JuS 1997, 309 ff; Schenke DVBl 1990, 337 u unten 91.

[154] Für sie aber Buchh 406.19 Nachbarschutz Nr 46; Lü BauR 1989, 189; Münster NJW 1984, 883 f; Blanke/Peilert DV 1998, 46 ff; Weyreuther Gutachten S. 106 ff; krit Schenke DVBl 1990, 328 ff. ZT wird der FBA auch mit der Folgenbeseitigungslast vermengt, vgl zB Sch-Gerhardt 11 vor § 113. Eingeh zur Folgenbeseitigungslast Ivo, Die Folgenbeseitigungslast, 1996 u Blanke/Peilert DV 1998, 29 ff.

noch in der **Revisionsinstanz** (22, 314; Sch-Gerhardt 59) – zusammen mit der Anfechtungsklage gegen den in Frage stehenden VA **geltend zu machen,**[155] ohne daß es insoweit der gesonderten Durchführung eines VorVf bedarf (s unten 93). § 113 Abs 1 S 2 normiert insoweit (ähnlich wie § 113 Abs 4) eine **besondere Form der Stufenklage** (vgl 80, 183 = NJW 1989, 118; Sch-Gerhardt 61), bei der der Betroffene nicht nur im Interesse der Prozeßökonomie, sondern auch aus Gründen der Rechtsschutzeffektivität nicht darauf verwiesen wird, bis zur RKraft des Aufhebungsurteils zu warten u dann erst seinen Anspr auf Folgenbeseitigung geltend zu machen. Vielmehr wird ihm die Möglichkeit zur prozessualen Geltendmachung des FBA eingeräumt, schon ehe dieser (unbedingt) entstanden ist. Die Vorschrift des § 113 Abs 1 S 2 ist analog auf den Fall anzuwenden, daß ein Leistungsbescheid bereits im VorVf aufgehoben worden u hiergegen dann Anfechtungsklage erhoben worden ist (str; **aA** Sa DVBl 1981, 836). § 113 Abs 1 S 2 schließt als lex specialis bei nachträglicher Stellung eines Antrags auf Vollzugsfolgenbeseitigung die Anwendung des § 91 aus (Sch-Gerhardt 59).

Die umstrittene Frage, ob § 113 Abs 1 S 2 auch auf eine FFK gem § 113 Abs 1 S 4 **anwendbar** ist,[156] stellt sich als ein **Scheinproblem** dar. Besteht nämlich ein VollzugsFBA, hat sich der VA nicht erledigt, da dessen Aufhebung Voraussetzung für die Geltendmachung des VollzugsFBA u insofern nicht sinnlos ist (zum Erledigungsbegriff s unten 101 ff sowie 58 zu § 42; Schenke 314). In der Leitentscheidung des BVerwG (BayVBl 1978, 184), in welcher eine Pfändung **behördlicherseits aufgehoben** wurde (und sich damit erledigt hatte), nachdem der Kl zuvor dem verwaltungsgerichtlich angefochtenen Geldleistungsbescheid nachgekommen war u gezahlt hatte, ging es denn auch **nicht** um die **Durchsetzung eines VollzugsfolgenFBA in bezug auf den erledigten Pfändungsbescheid,** sondern um einen VollzugsFBA im Hinblick auf den noch nicht erledigten Geldleistungsbescheid. Dessen Aufhebung ist (anders als die Aufhebung der Pfändung) Voraussetzung für einen Anspr auf Rückgewährung der geleisteten Geldzahlung. Selbst wenn man es aber – fälschlich – für denkbar hielte, daß ein VollzugsFBA auch bzgl eines erledigten VA in Betracht käme, paßte hier die auf eine Stufenklage zugeschnittene ratio des § 113 Abs 1 S 2 nicht. Das Bestehen des VollzugsFBA wäre nämlich in einem solchen Fall nicht von der (deklaratorischen) Feststellung der Rechtswidrigkeit des VA abhängig,[157] so daß hier **nicht die Konstellation der Stufenklage vorläge** u sich die prozessuale Geltendmachung eines VollzugsFBA neben einer FFK gem § 113 Abs 1 S 4 VwGO deshalb nach den allg Vorschriften über die objektive Klagehäufung bzw Klageänderung richten müßte. 85

Raum für eine **analoge Anwendung des § 113 Abs 1 S 2** ist hingegen iVm der **Verpflichtungsklage** (Ms NWVBl 1989, 144; Lü NJW 1992, 1980; **aA** Sch-Gerhardt 61). Hier kann mit der Verpflichtungsklage auf behördliche Rücknahme eines VA (wegen einer nach Bestandskraft des VA eintretenden Veränderung der Sach- oder Rechtslage, s 39 zu § 42) analog § 113 Abs 1 S 2 der Antrag verbunden werden, die Verwaltung nach Rücknahme des VA zur Rückgängigmachung der Vollziehung zu verpflichten (s 41 zu § 42; Schenke 856; Schenke/Baumeister NVwZ 1993, 7). Die Ablehnung der Analogie mit dem Hinweis, es gäbe keinen allg Herstellungsanspr (so Sch-Gerhardt 61) vermag jedenfalls bei dieser Fallkonstallation nicht zu überzeugen. Bei ihr kommt sehr wohl (vom Moment der Rücknahme des VA an) ein VollzugsFBA in Frage. Zu befürworten ist eine analoge Anwendung des § 113 Abs 1 S 2 ferner in den Fällen, in welchen 86

---

[155] NJW 1983, 472; Sa DVBl 1981, 836; NVwZ 1983, 685.

[156] Dafür die hM, vgl zB BayVBl 1978, 184; Lü NJW 1992, 1980; Münster NWVBl 1989, 144; RÖ-M. Redeker 16; Würt 384; **aA** Sch-Gerhardt 57.

[157] Nicht überzeugend deshalb Münster NWVBl 1989, 144; richtig hingegen Sch-Gerhardt 57.

der mit der Verpflichtungsklage begehrte VA **rechtliche Voraussetzung für einen den Kl begünstigenden Vollziehungsakt** ist. So kann der Kl beispielsweise dann, wenn ein Geldleistungsanspr an das vorherige Ergehen eines diesen bewilligenden VA geknüpft ist, mit der auf dessen Erlaß gerichteten Verpflichtungsklage in analoger Anwendung des § 113 Abs 1 S 2 zugleich beantragen, daß der Bekl verpflichtet wird, nach Erlaß des VA den in diesem titulierten Anspr zu erfüllen (42 zu Anh § 42). Auch hier besteht ebenso wie in dem in § 113 Abs 1 S 2 unmittelbar geregelten Fall ein Bedürfnis, eine solche Stufenklage zuzulassen.

87 **e) Das Bestehen eines FBA. Voraussetzung** für den Erfolg eines Antrags gem Abs 1 S 2 ist ua, daß die Rückgängigmachung rechtlich u tatsächlich (noch) zulässig u **möglich** ist,[158] die sonstigen Voraussetzungen, zB uU auch die Bereitschaft zur Übernahme eines Anteils an den Kosten (vgl Ma NVwZ-RR 1991, 334) vorliegen u die erforderlichen Maßnahmen für den Bekl sowie ggf auch für einen betroffenen Dritten **zumutbar** sind.[159] Außerdem muß der Anspr für eine Entscheidung des Gerichts darüber **spruchreif** sein (s zum Begriff unten 193 ff), es darf also keine weitere Sachverhaltsaufklärung erforderlich sein u insb **kein Ermessensspielraum** der Verwaltung hins der Art der Rückgängigmachung bestehen (ebenso Sch-Gerhardt 60). Ausgeschlossen ist ein FBA, **wenn** die Folgenbeseitigung **gegen** (im Zeitpunkt der Entscheidung des Gerichts) **geltendes Recht** verstoßen würde (UPR 1989, 31).

88 **Wenn u** soweit volle **Rückgängigmachung nicht möglich** oder nicht zumutbar ist, ist der Anspr auf Folgenbeseitigung **wenigstens** darauf gerichtet, daß der Bekl alles unternimmt, was ihm möglich u zumutbar ist, um **den Nachteil für den Kl zu verringern** oder nach Möglichkeit auszugleichen, zB bei zu Unrecht erfolgter **Exmatrikulation** durch **Einräumung der Möglichkeit,** versäumte Lehrveranstaltungen **nachzuholen** usw (s auch 42, 296; Becker-Kuni DVBl 1976, 863).

89 Soweit man einen **Folgenersatzanspr** in Geld befürwortet,[160] der als **Ersatz- bzw Ausgleichsanspr eigener Art an die Stelle eines FBA** tritt, der an sich begründet wäre, jedoch aus tatsächlichen oder rechtlichen Gründen nicht realisierbar ist, müßte auch dieser unter § 113 Abs 1 S 2 u 3 fallen. Man wird einen derartigen vor den VGen geltend zu machenden Folgenersatzanspr jedoch **ablehnen** müssen, da dieser sich von den dogmatischen Grundlagen des FBA lösen würde u seine Funktion bereits durch die Institute des **enteignungsgleichen Eingriffs** bzw der **Aufopferung** (s zu deren entgegen der hM umfassend zu verstehenden Anwendungsbereich Schenke NJW 1991, 1777 ff) übernommen werden (s auch Ms NVwZ 1994, 796 Schenke JuS 1990, 376). Damit besteht, ebenso wie in dem Fall, in dem ein Beseitigungsanspr unverhältnismäßig wäre (**aA** Mü BayVBl 1999, 561: analoge Anwendung des § 251 Abs 2 S 1 BGB) keine **ausfüllungsbedürftige Rechtslücke.** Enteignungsgleicher Eingriff bzw Aufopferung u der FBA haben nicht nur **andere dogmatische Wurzeln** (s hierzu Schenke JuS 1990, 376), sondern sind auch (s § 40 Abs 2 S 1 u dazu oben 61 ff zu § 40) in unterschiedlichen Rechtswegen geltend zu machen (Mü DÖV 2001, 1053). Deshalb scheidet zur Begründung eines verwaltungsgerichtlich geltend zu machenden Folgenersatzanspr auch ein **Rückgriff** auf die mitunter als Ausprägung eines allg Rechtsgedankens bewerteten **Vorschriften des § 74 Abs 2 S 3 VwVfG u des § 251 Abs 1 BGB**

[158] UPR 1989, 31: muß nach der im Zeitpunkt der Entscheidung des Gerichts gegebenen Sach- u Rechtslage zulässig sein; Mü DVBl 1981, 1159; Münster NJW 1984, 1982; s im einzelnen MK 57 II 2 f; ferner auch unten 228.

[159] NVwZ 1994, 280; Ks NVwZ 1995, 303; Schenke DVBl 1990, 334 f.

[160] So Ey-J. Schmidt 32; Franke VerwA 1966, 357; dahin tendierend auch NJW 1989, 2484; 94, 117 = NVwZ 1994, 276; Sch-Gerhardt 9 vor § 113; **aA** Mü DÖV 2001, 1053; Münster NVwZ 1994, 796; Hain VerwA 2003, 504 f; NKVwGO-Wolff 217; Schenke JuS 1990, 376 ff.

aus,[161] zumal der im VRW geltend zu machende Entschädigungsanspr des § 74 Abs 2 S 3 VwVfG (s 94, 9 = NJW 1993, 2949; Schenke NJW 1995, 3150f) vor dem Hintergrund des § 40 Abs 2 S 1 gesehen schon aus prozeßrechtlichen Gründen nicht verallgemeinerungsfähig ist.

Nicht unter Abs 1 S 2 und 3 fällt die Geltendmachung eines Anspr auf **Beseitigung oder Rückgängigmachung nur mittelbarer Folgen** des angefochtenen VA (Lü NdsVBl 2004, 213; 2006, 24). Er kann nur unter dem Aspekt der Amtshaftung bzw des enteignungsgleichen Eingriffs oder der Aufopferung geltend gemacht werden (s hierzu eingeh T. Schneider 129ff; Pietzko 437ff). Deshalb besteht die vereinfachte prozessuale Möglichkeit des § 113 Abs 1 S 2 zur Durchsetzung von Ansprüchen nicht bzgl 90

- des **Ersatzes von Taxi- und Portokosten** sowie wg eines Nutzungsentzugs am Kfz nach rechtswidrigen Abschleppmaßnahmen (Mü BayVBl 1984, 559; 1990, 435; Ossenbühl Staatshaftungsrecht 256);
- der **Erstattung von Gutachterkosten** bei Personen, die aufgrund des Anscheins, Störer zu sein, durch die Polizei zur Einholung eines Gutachtens verpflichtet wurden;[162]
- der **Kosten für medizinisch-psychologische Untersuchungen** auf Anordnung des Straßenverkehrsamts (Ma NJW-RR 1988, 612f; Ossenbühl Staatshaftungsrecht 303 mwN);
- der **Erstattung von Anwalts- bzw Verfahrenskosten nach erfolgreichem Widerspruchsverfahren** (40, 322 = NJW 1973, 262; Ossenbühl Staatshaftungsrecht 303);
- des Ersatzes der durch einen eingewiesenen Obdachlosen verursachten **Beschädigungen** einer Wohnung sowie des **Mietausfalls** (Rösslein FBA 87);
- des **Ersatzes von Zinsaufwendungen** für Kreditaufnahmen, die daraus erwuchsen, daß eine Person in rechtswidriger Weise zu einem zinslosen Bardepot nach dem Außenwirtschaftsgesetz verpflichtet wurde (69, 366ff = NJW 1985, 817);
- des **Ersatzes von Kosten,** die durch eine Eintragung oder Löschung eines aufgrund eines rechtswidrigen Steuerbescheids erwirkten **Zwangshypothek** entstanden (Ms NJW 1964, 1872).

Unter Abs 1 S 2 u 3 fällt auch (**aA** 10. Aufl 43) der **Anspr auf Erlaß eines VA,** der zur Ausräumung der unmittelbaren Folgen eines (von Anfang an oder später) rechtswidrigen VA notwendig ist, wie die Anordnung der Räumung einer durch die Polizei beschlagnahmten u einem Dritten zur Verfügung gestellten Wohnung (s oben 83). Nicht unter § 113 Abs 1 S 2 ist allerdings der Fall zu subsumieren, in dem die Einweisungsverfügung von Anfang an befristet war u vor Ablauf der Befristung auch nicht (etwa wg inzwischen anderweitig zur Verfügung stehenden Wohnraums) rechtswidrig wurde. Selbst wenn man hier einen **FBA befürwortete,**[163] unterfällt dieser Fall deshalb nicht dem § 113 Abs 1 S 2, weil es hier an der für diese Vorschrift **typischen Konstellation der Stufenklage** fehlt. Die erfolgreiche Geltendmachung des hier nach hM zu befürwortenden FBA ist nämlich gerade nicht von einer vorherigen Aufhebung des VA abhängig, da dieser sich von vornherein nur für einen begrenzten (inzwischen abgelaufenen) Zeitraum Geltung beimaß u insofern rechtmäßig ist. Davon abgesehen, 91

---

[161] S aber demgegenüber 94, 117 = NVwZ 1994, 276; Sch-Gerhardt 9 vor § 113.

[162] Mü DÖV 2001, 1053; Schenke Friauf-FS 496; **aA** Mü DÖV 1996, 82f; BayVBl 1995, 760; ansatzweise auch Ma DVBl 1990, 1048; Sch-Gerhardt 9 vor § 113; zu den hier in Betracht kommenden polizeilichen Entschädigungsansprüchen s ausf Schenke Friauf-FS 487ff; BGH 117, 303 = NJW 1992, 2639.

[163] S zu der Problematik näher BGH 130, 332 = NJW 1995, 2918; Enders DV 1997, 30ff; Roth DVBl 1996, 1401ff; Rüfner JuS 1997, 309ff; Schenke DVBl 1990, 337 mwN; Schlick/Rinne NVwZ 1997, 1182.

setzt die Befürwortung eines materiellrechtlichen Beseitigungsanspr, die auf das Vorliegen eines rechtswidrigen Zustands gestützt wird (so Schlick/Rinne NVwZ 1997, 1182), voraus, daß eine **Rechtspflicht der Verwaltung** zur Beseitigung eines solchen Zustands **besteht** (auf die Rechtswidrigkeit des Verweilens des Eingewiesenen in den Räumen kann es in diesem Zusammenhang nicht ankommen). Hält man eine derartige **Verpflichtung des Trägers der Polizei aber für gegeben, so bedarf es keines FBA** mehr zur Begründung dieser Handlungsverpflichtung. Denkbar erscheint die Begründung eines Räumungsanspr im Hinblick auf den Wegfall des mit der Einweisung verfolgten Zwecks jedoch unter dem Gesichtspunkt des **ör Erstattungsanspr.**

92 Abs 1 S 2 u 3 erfaßt auch die Geltendmachung des Anspr auf Beseitigung der **Folgen einer freiwillig,** jedoch unter dem Druck drohender Sanktionen **erfolgten „Vollziehung"** des angefochtenen VA durch den Kl selbst, dh der Folgen, die sich daraus ergeben haben, **daß der Kl dem an ihn durch VA gerichteten Gebot nachgekommen** ist.[164]

93 **f) Verfahren.** Der Ausspruch nach Abs 1 S 2 erfolgt im Tenor des Urteils. Er setzt einen **Antrag** des Kl voraus. Wird der Antrag erst nachträglich gestellt, so bedeutet dies jedoch **keine Klageänderung** (§ 91), sondern nur eine gem § 173, § 264 Nr 3 ZPO ohne weiteres zulässige, noch in der Revisionsinstanz (vgl oben 84) vornehmbare Klageergänzung.[165] Eines VorVf bedarf es selbst dann nicht, wenn der FBA auf den Erlaß eines VA gerichtet ist (Ks NVwZ 1995, 301; P § 31, 8; Sch-Gerhardt 59). Anderenfalls liefe die Erstreckung des § 113 Abs 1 S 2 auch auf VollzugsVAe (s auch 23a zu § 91) weitgehend leer. Die Entscheidung über den FBA setzt **Spruchreife** voraus (s oben 87). Wenn die Voraussetzungen nach Abs 1 S 2 u 3 erfüllt sind, ist das **Gericht zur Entscheidung** über den FBA **verpflichtet.** „Kann" bedeutet im Zusammenhang der Vorschrift nur die Befugnis des Gerichts, nicht aber, daß es dem Ermessen des Gerichts überlassen ist, auch bei Vorliegen aller Voraussetzungen über den Antrag auf Folgenbeseitigung nicht zu entscheiden (s auch NKVwGO-Wolff 189). **Ist die Sache** insoweit **spruchreif u** sind auch die materiellen Voraussetzungen des FBA gegeben (Aufhebung des VA; Möglichkeit der Rückgängigmachung der Folgen, s oben 87f; materiellrechtlicher Anspr auf Rückgängigmachung), so ist dem Antrag stattzugeben, andernfalls ist er abzuweisen. Zulässig ist jedoch jedenfalls eine **Abtrennung des Vf u** der Entscheidung hins der Folgenbeseitigung (Sa DVBl 1981, 837; NKVwGO-Wolff 200). Ein Anspr gegen das Gericht darauf, einen nicht spruchreifen FBA **spruchreif zu machen,** besteht **nicht.** Ohne Bedeutung für die Zuerkennung eines FBA ist es, ob die Anfechtung des VA mit aW verbunden ist (s 31 zu § 80).

94 **Erfolgt die Abweisung mangels Spruchreife,** so ist es dem Kl unbenommen, seinen Anspr **in einem neuen Vf geltend zu machen,** je nach der Natur der zur Folgenbeseitigung erforderlichen Akte idR mit der Verpflichtungsklage oder, soweit es sich um Maßnahmen tatsächlicher Art, wie die Herausgabe einer Sache oder die Rückzahlung von Geld handelt, mit der allg Leistungsklage.

95 **9. Fortsetzungsfeststellungsklage: a) Grundfragen. aa) Einführung.** In § 113 Abs 1 S 4 ist die sog **FFK** normiert. Orientiert man sich streng an Wortlaut u Systematik des Gesetzes, kommt der Vorschrift nur ein relativ schmaler Anwendungsbereich zu. **Direkt** hat § 113 Abs 1 S 4 nur den Fall der **Erledigung eines VA nach Erhebung der Anfechtungsklage** zum Gegenstand (s zB Fechner NVwZ 2000, 121 u unten 99). Sie ermöglicht es dem Kl dort, wo eine Aufhebung des VA wg seiner Erledigung nicht mehr in Betracht kommt u

---

[164] Buchh 232 § 87 BBG Nr 65; NJW 1961, 90; Bln NJW 1966, 798; NKVwGO-Wolff 197; Sch-Gerhardt 58.

[165] 22, 314; Mü BayVBl 1976, 566; NKVwGO-Wolff 198; iE ebenso Sch-Gerhardt 59.

eine Anfechtungsklage wg fehlenden RSB unzulässig wäre,[166] seinen Anfechtungsantrag auf Feststellung der Rechtswidrigkeit des erledigten VA umzustellen, sofern er hieran ein berechtigtes Interesse hat. **Entspr** ist § 113 Abs 1 S 4 nach ganz hM auf zahlreiche **weitere Prozeßkonstellationen** anzuwenden, ua wird praktisch der gesamte Rechtsschutz gegen RVerletzung durch VAe oder durch die Unterlassung von VAen in den Fällen in den Bahnen der FFK abgewickelt, in denen trotz einer (früheren oder gegenwärtigen) RVerletzung des Kl ein Rechtsschutz über eine Anfechtungs- oder Verpflichtungsklage aus prozeßrechtlichen oder aus materiellrechtlichen Gründen keinen Erfolg verspricht.

bb) Zusammenhang mit der Erledigung der Hauptsache. Soweit der Kl mit dem Übergang auf eine FFK auf eine **Veränderung der Sach- oder Rechtslage** reagiert, enthält § 113 Abs 1 S 4 neben der beiderseitigen Erledigungserklärung gem § 161 Abs 2 u dem gewohnheitsrechtlich anerkannten Erledigungsrechtsstreit (s 7 zu § 161) eine weitere **Teilregelung der sog Erledigungssituation.** Diese ist durch eine außerprozessuale Veränderung der Sach- oder Rechtslage zu Lasten des Kl gekennzeichnet, die bereits für sich betrachtet die Abweisung der Klage rechtfertigen würde. In diesen Fällen eröffnet die FFK eine Möglichkeit, die bisherigen Verfahrensergebnisse noch einer Entscheidung zuzuführen, was vielfach Folgeprozesse zu vermeiden hilft u deshalb prozeßökonomisch zu begrüßen ist. Als Alternative zum Übergang auf die FFK steht dem Kl die Abgabe einer Erledigungserklärung offen, die je nach Reaktion des Bekl entweder in die beiderseitige Erledigungserklärung oder den Erledigungsrechtsstreit mündet (vgl 7 zu § 161). Haben Kl u Bekl den Rechtsstreit übereinstimmend für erledigt erklärt, so kann ein Feststellungsantrag nach § 113 Abs 1 S 4 nicht mehr gestellt werden. Die Abgabe einer Erledigungserklärung bietet sich insb dann an, wenn der Kl nicht über das erforderliche Feststellungsinteresse verfügt oder er seinem Antrag nur noch geringe Erfolgsaussichten beimißt. Andere von § 113 Abs 1 S 4 entspr erfaßte Prozeßkonstellationen, bei denen die **Sach- u Rechtslage** während des gerichtlichen Vf **unverändert bleibt,** etwa die Erledigung eines VA bereits vor Erhebung einer FFK, weisen hingegen keinerlei Verbindung zur Erledigungssituation auf. Diese anfängliche unterscheidet sich von der nachträglichen FFK dadurch, daß hier noch kein prozessualer Aufwand entfaltet wurde, was nach hM in bestimmten Fallkonstellationen zu höheren Anforderungen an das Feststellungsinteresse führt (vgl unten 136). 96

cc) Rechtsnatur. Die FFK wird zT als Unterfall der Anfechtungsklage qualifiziert,[167] nach anderer Auffassung ist sie als besondere Form der Feststellungsklage einzuordnen[168] bzw soll keiner dieser Klagearten zuzurechnen sein (so Fechner NVwZ 2000, 128). Stellt man auf den Gegenstand der Klage, die auf eine Feststellung gerichtet ist, ab, liegt hier zwar eine besondere Form der Feststellungsklage vor. Dies ändert aber nichts daran, daß die FFK systematisch auf das Engste mit der Anfechtungsklage verwandt ist (s auch 5 zu § 42) u als sog „amputierte Anfechtungsklage" im wesentlichen denselben Zulässigkeitsvoraussetzungen wie die Anfechtungsklage unterliegt u wie sie zu einer Feststellung der Rechtswidrigkeit des VA u seiner subjektiven RVerletzung führt (s 21 zu § 121). Sie steht damit trotz ihres auf eine Feststellung gerichteten Tenors der Anfechtungsklage weit näher als der allg verwaltungsgerichtlichen Feststellungsklage des § 43. Der Streit um die Rechtsnatur der FFK (s dazu eingeh Fechner NVwZ 97

---

[166] Dazu, daß die Verfahrenskonkurrenzregelung des § 113 Abs 1 S 4 eine spezialgesetzliche Ausprägung des RSB ist u deshalb in ihrem Anwendungsbereich nicht mehr auf das allg Institut des RSB zurückzugreifen ist, s Schenke 563 u 246; s ferner 58 zu § 42.

[167] Ko NJW 1982, 1301; Mü BayVBl 1993, 430; Schenke 321; SGH 352; P § 31, 30; Frohn BayVBl 1992, 473; Hellerbrand JA 1995, 153; Schmidt, R. 155; TW § 20, 18.

[168] 21, 165; Mü NVwZ-RR 1992, 219; Ey-J. Schmidt 65; R. Lange SächsVBl 2002, 56; Rozek JuS 1995, 415.

2000, 125 ff) ist iü müßig, da der begrifflichen Qualifikation des in § 113 Abs 1 S 4 geregelten Klagebegehrens als solcher keinerlei rechtsdogmatische Bedeutung zukommt. Nimmt man anderes an, setzt man sich dem Vorwurf begriffsjuristischer Argumentation aus. Daß die in Abs 1 S 4 unmittelbar normierte FFK – von der nicht mehr in Betracht kommenden Aufhebung des VA abgesehen – im wesentlichen denselben Regeln wie die Anfechtungsklage unterfällt, ist unumstritten.

98 **dd) Verfassungsrechtliche Grundlagen. Art 19 Abs 4 GG** garantiert den Rechtsweg nicht nur bei aktuellen, sondern grds auch bei in der **Vergangenheit abgeschlossenen RVerletzung,**[169] steht dann allerdings unter dem Vorbehalt eines besonderen RSB (BK-Schenke 139 zu Art 19 Abs 4 GG). Als Rechtsschutzmöglichkeiten gegen in der Vergangenheit abgeschlossene RVerletzung durch Einzelakte bieten sich im Bereich der VwGO die **allg Feststellungsklage**[170] wie die **FFK** an (zum Rechtsschutz gegen erledigte Normen vgl unten 115). Die FFK unterscheidet sich von der allg Feststellungsklage durch ihre enger gefaßten Sachurteilsvoraussetzungen (Klagebefugnis, Klagefrist, VorVf). Für den Rechtsschutz gegen eine vergangene RVerletzung durch VAe oder durch die Unterlassung von VAen ist die FFK (analog § 113 Abs 1 S 4) der allg Feststellungsklage vorzuziehen. Denn es würde einen Widerspruch im System des verwaltungsgerichtlichen Rechtsschutzes provozieren, die Sonderfälle des Rechtsschutzes gegen vergangene RVerletzung in weiterem Umfang einer gerichtlichen Überprüfung zuführen zu können, als dies im Rahmen der Anfechtungs- bzw VerpflichtungsVf gegen aktuelle RVerletzung möglich ist (Schenke Jura 1980, 139). In diese Richtung deutet auch der Subsidiaritätsgrundsatz des § 43 Abs 2 (Schenke 325), der auch auf das Verhältnis der allg verwaltungsgerichtlichen Feststellungsklage zur FFK als amputierte Anfechtungsklage anwendbar ist.

99 **b) Statthaftigkeit. aa) Rechtsverletzung durch erledigte VAe.** Nach ganz hM ist die FFK nicht nur dann anwendbar, wenn sich ein VA nach Erhebung der Anfechtungsklage erledigt hat (zum Begriff des erledigten VA vgl unten 101 ff), sondern analog § 113 Abs 1 S 4 auch dann, wenn die Erledigung **bereits vor Klageerhebung** eingetreten ist.[171] Abzulehnen ist demgegenüber die in der Literatur gelegentlich vertretene u auch in einem obiter dictum des BVerwG (NVwZ 2000, 64) anklingende Auffassung, der Analogie zu § 113 Abs 1 S 4 sei der Rechtsschutz über die auf das Bestehen bzw Nichtbestehen eines Rechtsverhältnisses gerichtete allg Feststellungsklage gem § 43 vorzuziehen.[172] Zwar läßt sich die Zulässigkeit einer solchen Feststellungsklage noch nicht mit der Begründung ablehnen, ein VA stelle kein Rechtsverhältnis dar (so aber zB Rozek JuS 1995, 415), denn die Befugnis zum Erlaß eines konkreten VA ggü dem durch eine solche Regelung Betroffenen beinhaltet sehr wohl ein Rechtsverhältnis (R. Lange, SächsVBl 2002, 54; R. P. Schenke NVwZ 2000, 1257). Ebenso läßt

---

[169] BVerfG NJW 1997, 2163; EuGRZ 1997, 372 unter Aufgabe von BVerfG 49, 329; Rozek JuS 1995, 416.

[170] Nach ganz hM erlaubt § 43 auch die Feststellung vergangener Rechtsverhältnisse – s 18 u 25 zu § 43; 61, 164; 92, 174; RÖ-v Nicolai 8 zu § 43.

[171] 87, 25 = NJW 1991, 581; Ma NVwZ-RR 1995, 89; VBlBW 2004, 215; Mü BayVBl 1997, 634; Ehlers Jura 2001, 415; Kühling Jura 2005, 200; Kunig Jura 1997, 330; Messmer JA 2005, 303; Lorenz § 22, 54; Rozek JuS 1995, 415; JuS 2000, 1165 f; Schenke Jura 1980, 136 ff; R. P. Schenke NVwZ 2000, 1257; Schmidt, R. 171; Sodan/Kluckert VerwA 2003, 20 f; TW § 20, 8; Würt 644. Für unmittelbare Anwendung auch hier Göppert ThürVBl 1999, 183.

[172] Hk-Kröninger/Wahrendorf 82; R. Lange SächsVBl 2002, 53 ff; NKVwGO-Wolff 262; Renck JuS 1970, 113 f; Sch-Gerhardt 98. Nach Wehr DVBl 2001, 787 ff soll der Anspr auf Beseitigung des den Kl in seinen Rechten verletzenden VA Gegenstand der Feststellungsklage sein (näher dazu krit Schenke 325); für Rechtschutz über eine Nichtigkeitsfeststellungsklage Finger, VR 2004, 149; Treffer VR 1994, 301. Für eine Rechtswidrigkeitsfeststellungsklage in analoger Anwendung des § 43 Weber BayVBl 2003, 494.

sie sich nicht mit dem Argument in Frage stellen,[173] die Befugnis zum Erlaß eines VA in der geschehenen Verfahrensweise sowie mit den hierfür angeführten Erwägungen sei nicht auf die Feststellung eines Rechtsverhältnisses gerichtet (dazu 5 zu § 43). Entscheidend gegen eine solche Feststellungsklage spricht aber, daß sie zu **schwerwiegenden System- u Wertungswidersprüchen** im verwaltungsprozessualen Klagesystem führte. Nach ihr würde dem letztlich zufälligen Zeitpunkt der Erledigung entscheidende Bedeutung für die Abwicklung des Rechtsschutzes zukommen. Wenn das BVerwG in seiner neueren Rspr[174] demgegenüber ausdr offen läßt, ob bei vorprozessual erledigten VAen, wie bisher von ihm befürwortet, § 113 Abs 1 S 4 analog anzuwenden ist oder eine Feststellungsklage gem § 43 in Betracht kommt, so sollte es bedenken, daß unabhängig von der strittigen Frage, ob es bei einer solchen Feststellungsklage eines VorVf bedarf (dazu unten 126 f) u ob die Klagefrist des § 74 zu beachten ist (dazu unten 128), sich noch **erhebliche Unterschiede zwischen einem Rechtsschutz in analoger Anwendung des § 113 Abs 1 S 4 u dem nach § 43 ergeben.** So ist nach § 113 Abs 1 S 4 eine Klagebefugnis nur dann zu bejahen, wenn der Kl durch den erledigten VA unmittelbar in seiner Rechtsstellung betroffen ist, während bei einer Feststellungsklage selbst bei einer analogen Anwendung des § 42 Abs 2 die mittelbare Relevanz des festgestellten Rechtsverhältnisses für ein Rechtsverhältnis genügte, an dem der Kl beteiligt ist (63 zu § 42). Die verwaltungsgerichtliche Feststellungsklage bei Erledigung vor Klageerhebung wäre damit in weiterem Umfang zulässig als eine Fortsetzungsfeststellungsklage bei Erledigung nach Klageerhebung, was schwerlich überzeugte. Divergenzen ergäben sich ferner bzgl der passiven Prozeßführungsbefugnis (Schenke 325). Zudem bestünden auch hins der RKraft eines Feststellungsurteils gem § 43 u der eines Urteils gem § 113 Abs 1 S 4 gravierende Unterschiede (dazu 22 u 21 zu § 121). Folgt man der bedenklichen Ansicht des BVerwG, der Begriff des berechtigten Interesses sei iVm § 43 weiter zu interpretieren als nach § 113 Abs 1 S 4 (s dazu unten 129), so ergeben sich zusätzliche Divergenzen. Andererseits ist es selbst bei analoger Anwendung des § 113 Abs 1 S 4 vertretbar, den § 74 für nicht anwendbar anzusehen (so NVwZ 2000, 63). Abzulehnen ist auf jeden Fall den Rechtsschutz bei vorprozessualer Erledigung des VA weder in Analogie zu § 113 Abs 1 S 4 noch unmittelbar nach § 43 zu bewerkstelligen, sondern den § 43 nur analog anzuwenden (so aber Fechner NVwZ 2000, 129). Verneint man die Analogie zu § 113 Abs 1 S 4, so steht nichts im Wege, die Frage, ob der Hoheitsträger den (inzwischen erledigten) VA, so wie er erging, erlassen durfte, zum Gegenstand einer Feststellungsklage zu machen.[175] Eine solche Klage müßte genauso zulässig sein, wie die auch von Fechner (NVwZ 2000, 123) befürwortete Klage auf Feststellung, daß die Verwaltung nicht berechtigt war, einen (erledigten) Realakt in der geschehenen Weise zu tätigen (s unten 116).

Der VA muß **tatsächlich erledigt** sein. Die bloße **Behauptung,** daß die mit dem angefochtenen VA verbundene rechtliche Beschwer weggefallen sei, **genügt nicht,**[176] auch dann nicht, wenn der Bekl zustimmt, in diesem Fall kommt,

---

[173] So aber Fechner NVwZ 2000, 127; Rozek JuS 2000, 1166 u Wehr DVBl 2001, 787 sowie ähnlich Ehlers Jura 2001, 417; krit demgegenüber R. P. Schenke NVwZ 2000, 1257; R. Lange SächsVBl 2002, 54; Schenke 388.

[174] NVwZ 2000, 64, R. Lange SächsVBl 2002, 53 ff; ähnlich Wehr DVBl 2001, 785; krit demgegenüber Ehlers Jura 2001, 415; Göpfert BayVBl 2000, 303 ff; Rozek JuS 2000, 1165 f; R. P. Schenke NVwZ 2000, 1257; Schenke 325.

[175] S R. Lange SächsVBl 2002, 54; R. P. Schenke, Der Erledigungsrechtsstreit im Verwaltungsprozeß 1996, 47 Fn 79; Schenke 325; nicht überzeugend demgegenüber Fechner NVwZ 2000, 127 u Ehlers Jura 2001, 417.

[176] 20, 153; 34, 160; NVwZ 1991, 571; Ks NJW 1978, 2612; Mü BayVBl 1978, 310; 1984, 692; NVwZ-RR 1989, 424; Münster NJW 1980, 1069; NKVwGO-Wolff 250; Sch-Gerhardt 97.

wenn die Klage nicht als Anfechtungsklage aufrechterhalten wird, nur eine Entscheidung gem § 161 Abs 2 S 1 in Betracht, die jedoch keine abschließende Klärung der Frage der Rechtswidrigkeit des angefochtenen VA mehr bringt.

Abs 1 S 4 ist unmittelbar, nach aA jedenfalls analog, anwendbar **auch auf nichtige VAe** (VRspr 25, 541; NVwZ-RR 2000, 324) u auf **Widerspruchsbescheide** (§ 73) als Gegenstand der Klage gem § 79 Abs 1 Nr 2 u Abs 2 (NVwZ 1988, 1120). Analog **anwendbar** ist Abs 1 S 4 auch auf Klagen, die wg **§ 46 VwVfG** bzw entspr Bestimmungen in den LVwVfGen selbst bei Vorliegen einer subjektiven RVerletzung nicht zu einer Aufhebung des VA führen können (s oben 6 u unten 107 f; Schenke VBlBW 1982, 326 f; DÖV 1986, 317 ff; NVwZ 1988, 13); ebenso auf Klagen gegen sonstige VAe, deren Aufhebung ausdr gesetzliche Regelungen (s § 17 e Abs 6 S 1 FStrG; § 75 Abs 1 a S 1 VwVfG; s dazu auch Schenke 329) oder sonstige rechtliche Gründe entgegenstehen (s oben 6); ferner auf Klagen gegen ursprünglich vollstreckbare, dann jedoch erledigte Verfahrenshandlungen (NVwZ 2002, 985 f); **außerdem als Ausdruck eines allg Rechtsgedankens u** als Folgerung aus Art 19 Abs 4 GG (62, 322; Amelung NJW 1978, 1014 mwN, auch zur Rspr) **auch in sonstigen gerichtlichen Vf gegen VAe,** wenn die hier maßgebliche Verfahrensordnung insoweit keine entspr oder gleichwertige ausdr Regelung vorsieht.[177]

Nicht statthaft ist eine FFK, mit welcher die **Rechtmäßigkeit eines erledigten VA** festgestellt werden soll. Hierfür besteht auch unter dem Aspekt des Art 19 Abs 4 GG kein rechtliches Bedürfnis, so daß eine **analoge Anwendung** des § 113 Abs 1 S 4 **nicht geboten** ist. Erledigt sich nach Erhebung der Anfechtungsklage der VA, so kann die Verwaltung – um den bereits getätigten Aufwand nicht zu entwerten – bei berechtigtem Interesse allerdings im Wege der Widerklage feststellen lassen, daß der VA den Kl vor Eintritt des erledigenden Ereignisses nicht in seinen Rechten verletzt (R. P. Schenke 255; 28 zu § 161 mwN). Der Sache nach läuft die Ansicht des BVerwG, nach welcher der Kl bei bestehendem RS I die vor Eintritt des erledigenden Ereignisses bestehende Unbegründetheit der Anfechtungsklage feststellen lassen kann (31, 318; 82, 44; 87, 67 f; s auch 23 zu § 161) auf dasselbe hinaus.[178] Soweit es um die Feststellung von Rechten u Pflichten geht, die sich **aus einem erledigten rechtswidrigen VA ergaben,** ist der Rechtsschutz über eine Feststellungsklage gem § 43 zu gewähren (7 a zu § 43), die auch in bezug auf ein in der Vergangenheit bestehendes Rechtsverhältnis statthaft ist (18 u 25 zu § 43).

100 Soweit der Kl in seinem Klageantrag nichts anderes zum Ausdruck bringt (Schenke 863), wird die Feststellung der Rechtswidrigkeit (ebenso wie bei einer Anfechtungsklage) zum Zeitpunkt der letzten Behördenentscheidung begehrt. Nicht überzeugend ist es jedoch, wenn angenommen wird, es sei nicht möglich, die Rechtswidrigkeit des VA erst ab einem späteren Zeitpunkt festzustellen (so aber Hufen § 24, 18; SGH 524). Das läßt sich nicht aus der in § 113 Abs 1 S 4 verwendeten Formulierung „rechtswidrig gewesen ist", ableiten (so aber SGH 524). Folgte man dem, so wäre es nicht möglich, eine nach Erlaß des VA, aber vor seiner Erledigung (wegen einer Veränderung der Sach- oder Rechtslage) ein-

---

[177] NJW 1978, 1597 zum Vf nach der WDO; allg auch BVerfG 49, 339 = NJW 1979, 154: ein allg Rechtsgrundsatz; BVerwG 62, 322; BGHSt 28, 58, 161 NJW 1978, 1815; BayObLG NVwZ 1990, 194: Entscheidung, ob eine Freiheitsentziehung rechtmäßig war; Amelung NJW 1978, 1014; **aA** BayObLG DÖV 1987, 257. Zur Anwendung des Rechtsgedankens auf richterliche Durchsuchungsanordnungen BVerfG NJW 1997, 2163; EuGRZ 1997, 372.

[178] Nicht überzeugend ist demgegenüber die von Göpfert 52 an der analogen Anwendung des § 113 Abs 1 S 4 im Hinblick auf den eindeutigen Wortlaut des § 113 Abs 1 S 4 geübte Kritik. Die Nichterfassung durch den Wortlaut ist ja gerade Voraussetzung für die Analogie.

getretene Rechtswidrigkeit mittels einer FFK feststellen zu lassen. Damit würde aber nicht nur der systematische Zusammenhang mit der Anfechtungsklage verkannt,[179] sondern auch nicht ausreichend beachtet, daß der Betroffene gerade auch im Hinblick auf Art 19 Abs 4 GG ein berechtigtes Interesse besitzen kann, die Rechtswidrigkeit des VA auch noch bezogen auf einen späteren Zeitpunkt als den des Erlasses feststellen zu lassen (darauf weist zutr auch Würt 616 Fn 47 hin). Andererseits kann es freilich auch nicht überzeugen, nur eine Feststellung der Rechtswidrigkeit im Zeitpunkt des Eintritts der Erledigung zuzulassen (so wohl Würt 616 unter Bezug auf Ms NWVBl 1996, 443 u Ma BRS 57 Nr 201). Der Betroffene kann (etwa im Hinblick auf die Geltendmachung von Ansprüchen aus enteignungsgleichem Eingriff u aus Amtshaftung) sehr wohl ein Interesse daran haben, die Rechtswidrigkeit bereits für einen früheren Zeitpunkt feststellen zu lassen. Davon geht bezeichnenderweise iVm der Feststellung der Ablehnung oder Unterlassung eines VA bei Erledigung des Rechtsstreits auch die neuere Rspr des BVerwG aus (NVwZ 1999, 1105 u dazu unter 109). Der Betr kann deshalb auch iVm einer Anfechtungsklage in seinem Antrag den Zeitpunkt bestimmen, ab dem dieser aufgehoben u zugleich seine Rechtswidrigkeit festgestellt werden soll. Grds zulässig ist die FFK auch mit dem Antrag auf Feststellung, daß der VA **bis zu einem bestimmten Zeitpunkt** rechtswidrig war.[180] Ebenso kann die Klage – u entspr die Entscheidung des Gerichts – auch auf den **AusgangsVA beschränkt** werden, wenn der in Frage stehende Rechtsmangel zwar **durch den Widerspruchsbescheid geheilt** wurde, der Kl aber aus besonderen Gründen noch ein entspr Interesse an der Feststellung hat (RÖ-M. Redeker 37). Zur – zulässigen – **Beschränkung** der FFK **auf Teile eines VA** vgl oben 16 (ebenso RÖ-M. Redeker 37). **Nicht möglich** ist ein Antrag – u dementsprechend ein Urteil – auf Feststellung, daß der VA aus einem **bestimmten Grund** rechtswidrig war (vgl 76, 220; DVBl 1981, 269; RÖ-M. Redeker 37); idR ergeben sich die Gründe jedoch aus den Urteilsgründen. Zur Zulässigkeit der Feststellung der Rechtswidrigkeit eines VA, der mit einer inhaltlich fehlerhaften Begründung erlassen wurde, s oben 64 ff.

Erledigung des VA: Definition/Kriterien: Der Begriff der Erledigung 101
wird nicht nur in § 113 Abs 1 S 4, sondern auch in **§ 43 Abs 2 VwVfG** verwandt (dazu Erfmeyer VR 2002, 329). Obwohl es nicht zwingend ist, daß der Begriff in beiden Vorschriften identisch ist, sondern sich aus funktionalen Gesichtspunkten Unterschiede ergeben können, spricht doch eine Vermutung für eine grds gleiche Interpretation. Weder die VwGO noch die VwVfGe enthalten aber eine Legaldefinition. Aus § 113 Abs 1 S 4 („hat sich ein VA durch Zurücknahme oder auf andere Weise erledigt") läßt sich allein entnehmen, daß die Aufhebung eines VA der Unterfall der Erledigung darstellt. § 43 VwVfG zeigt dann, daß ein erledigter VA unwirksam ist u sich ein VA durch Zeitablauf erledigen kann.

Von einer Erledigung des VA wird vielfach dann ausgegangen, wenn die mit 102
dem VA verbundene **rechtliche oder sachliche Beschwer nachträglich weggefallen** ist,[181] zT aber auch bei **einem Wegfall der beschwerenden Regelung bzw ihrer intendierten Regelungswirkung** (so Göpfert 59 ff; Sch-

[179] Nicht überzeugend deshalb, wenn Hufen § 24, 18 aus dem Zusammenhang mit der Anfechtungsklage folgert, daß es nur auf den Zeitpunkt der letzten Behördenentscheidung ankomme. Genauso wie es bei einer Anfechtungsklage (insb bei DauerVAen) möglich ist, erst von einem bestimmten Zeitpunkt an die Aufhebung des VA zu beantragen (34 zu § 42), um ein Teilunterliegen bei veränderter Sach- oder Rechtslage zu vermeiden, muß Entsprechendes auch iVm einer FFK möglich sein.

[180] Vgl hierzu eingeh unten 110; Redeker DVBl 1992, 1225; zT **aA** NVwZ 1992, 563.

[181] So zB 10. Aufl 51 mwN – allerdings unter nicht immer ausreichender Trennung des Begriffs der Erledigung der Hauptsache u der der Erledigung des VA; ähnlich NKVwGO-Wolff 250.

Gerhardt 81; ähnlich BVerwG NVwZ 1991, 571 mwN; Schl NJW 1993, 2004). **Das Abstellen auf den Wegfall** auch **der sachlichen (tatsächlichen) Beschwer überzeugt nicht,** da es Fälle gibt, in denen nach einhelliger Auffassung eine Erledigung eines VA vorliegt, gleichwohl sich aber aus diesem noch eine tatsächliche Beschwer ergibt. Dies trifft dann zu, wenn ein VA (zB eine polizeiliche Durchsuchung oder ähnliche Maßnahmen) vollzogen ist u auch kein VollzugsFBA oder sonstige rechtliche Folgewirkungen von der Aufhebung des VA abhängen, seine Existenz sich jedoch für den Betroffenen **diskriminierend auswirkt.** Andererseits ist es aber auch **zu weit,** wenn man **nur darauf abstellt, ob die durch den VA** angestrebte **Regelungswirkung entfallen ist.**[182] Soweit nachteilige rechtliche Folgen (zB Sanktionsmaßnahmen) durch andere Normen an das Bestehen eines VA geknüpft sind, muß die Möglichkeit eines Rechtsschutzes gegen ihn gegeben sein u ist seine verwaltungsgerichtliche Aufhebung nicht sinnlos. Hier wird die besondere Verknüpfung des Begriffs der Erledigung mit dem RSB deutlich, die darauf zurückzuführen ist, daß sich § 113 Abs 1 S 4 als **eine spezialgesetzliche Ausprägung des RSB** darstellt (s auch Schenke Jura 1980, 134). Deshalb läßt sich der Begriff der **Erledigung** am besten so bestimmen, daß von einer Erledigung des VA auszugehen ist, wenn die **Aufhebung des VA sinnlos** ist.[183] Diese Begriffsbestimmung scheint zwar vordergründig wg ihrer Weite u Offenheit Einwänden ausgesetzt zu sein; ihre Weite liegt aber nur in der Natur der Sache begründet u verdeutlicht, daß die Entscheidung über das Vorliegen einer Erledigung (ähnlich wie die über das RSB) nur anhand der gesamten Rechtsordnung getroffen werden kann u deshalb Verengungen des Erledigungsbegriffs wie zB bei dem Abstellen auf die behördlicherseits gewollte Regelungswirkung verfehlt sind. Aus diesem Grund erledigt sich eine Polizeiverfügung nicht notwendigerweise deshalb, weil sie nicht mehr befolgt werden kann u in bezug auf sie auch kein VollzugsFBA in Betracht kommt. Werden in concreto im Hinblick auf getätigte Vollstreckungsmaßnahmen **Kostenersatzanspr** durch den Polizeiträger geltend gemacht u **sind diese tatbestandsmäßig lediglich an das Bestehen einer Polizeiverfügung,** nicht aber an deren Rechtmäßigkeit geknüpft, bleibt ihre Aufhebung unverzichtbar u fehlt es an einer Erledigung.[184] (zur Frage des Rechtsschutzes gegen eine rechtswidrige VzA nach Durchführung von Vollstreckungsmaßnahmen wie einer Ersatzvornahme s 136 zu § 80). Dasselbe gilt, wenn die **Nichtbeachtung eines VA** (unabhängig von dessen Rechtmäßigkeit) mit Strafen, Geldbußen oder in sonstiger Weise – uU auch wirtschaftlich – **sanktioniert wird** (vgl Schenke Jura 1980, 135). Von dem hier zugrunde gelegten Begriff der Erledigung erklärt es

---

[182] Richtig gesehen von Münster BauR 1997, 455; s auch Ma NVwZ 1985, 205; NVwZ-RR 1989, 515; **aA** Ma NVwZ 1994, 1130; Schl NJW 1993, 2004.

[183] S Schenke 313; Jura 1980, 134; R. P. Schenke JuS 2007, 697 unter I 1 b; Aulehner JA 2005, 99; Deckenbrock/Dötsch JuS 2004, 489; P § 11, 12; SGH 144; StK-Wolff 92; s auch Rozek JuS 1995, 417; krit demgegenüber Sch-Gerhardt 81.

[184] S Münster BauR 1997, 456 f; ebenso Ko NVwZ 1997, 1009; Ma NVwZ 1985, 205; VBlBW 1993, 300; Sa NVwZ-RR 2003, 87; Fechner NVwZ 2000, 122; Hk-Kröninger/Wahrendorf 77; Ogorek JA 2002, 224; Schenke/Baumeister NVwZ 1993, 1; s auch BVerwG BauR 1999, 733; Poscher VerwA 1998, 128; **aA** Ma VBlBW 1986, 303; NVwZ 1994, 1130; VBlBW 1998, 27; Schl NJW 1993, 2004; Selmer/Gersdorf 40 f; s auch Sch-Gerhardt 82, der nicht ausreichend beachtet, daß es für die Rechtmäßigkeit der Vollstreckung eines VA u eines hieran anknüpfenden Kostenersatzanspruchs idR nicht auf die Rechtmäßigkeit, sondern nur auf die Rechtswirksamkeit des VA ankommt. Nicht überzeugend auch Enders NVwZ 2000, 1234 ff u Bausch NVwZ 2006, 159, die fälschlich annehmen, die Erfüllung eines Handlungsgebots führe grds zu dessen Erledigung, dabei aber übersehen, daß, solange der rechtswidrige VA nicht aufgehoben ist, sich nach den vollstreckungsrechtlichen Regelungen nichts an der Rechtmäßigkeit eines auf ihn gestützten Vollstreckungsakts sowie eines Vollstreckungskostenbescheids ändert. S auch 136 zu § 80.

sich auch unschwer, daß die vorzeitige Entlassung eines zur Ableistung des Zivildienstes herangezogenen Kriegsdienstverweigerers sich nicht allein infolge Ablaufs der ursprünglich festgesetzten Zivildienstzeit erledigt (66, 77 f). Ihre Aufhebung bleibt ua im Hinblick auf die das Bestehen des Dienstverhältnisses voraussetzende Existenz von Soldbezügen sinnvoll, was der Annahme einer Erledigung des VA entgegensteht (Schenke, Menger-FS 463). Damit wird zugleich deutlich, daß es **unzutr** bzw zumindest ungenau ist, wenn behauptet wird, für das Vorliegen **einer Erledigung sei nicht das Klägerinteresse maßgeblich** (so aber NVwZ 1991, 571; Schl NJW 1993, 2004).

Mit der Erledigung eines VA verliert dieser nach § 43 Abs 2 VwVfG seine Wirksamkeit (zur rechtskräftigen Feststellung dieser Unwirksamkeit durch ein Feststellungsurteil gem § 113 Abs 1 S 4 s NVwZ 1998, 734 unten 148 sowie 21 zu § 121 u 8 zu § 90). Ein erledigter VA kann damit auch **nicht mehr Grundlage für weitere Vollstreckungsmaßnahmen** sein (Sa NVwZ-RR 2003, 87). Zu beachten ist aber, daß diese Unwirksamkeit erst von dem Zeitpunkt des Eintritts des erledigenden Ereignisses an eintritt u die Wirksamkeit des VA vor Eintritt der Erledigung unberührt läßt (Ms NWVBl 2001, 189).

Eine Erledigung eines VA „in anderer Weise" iSd § 43 Abs 2 VwVfG ist auch dann anzunehmen, wenn **alle Beteiligten übereinstimmend** einen früheren VA für **obsolet ansehen** u davon ausgehen, daß die Sach- u Rechtslage auf dem Boden einer neuen „Geschäftsgrundlage" zu beurteilen ist (NVwZ 1998, 729 – betrifft früheren Bauvorbescheid; Vahle DVP 2000, 127). Ferner ist dann von einer Erledigung des VA auszugehen, wenn durch eine **behördliche Entscheidung** die **Erledigung** des VA **verbindlich festgestellt** wird (Sa NVwZ-RR 2003, 87).

Beispiele für die Erledigung von VAen: Um eine **Erledigung des VA** 103
handelt es sich idR **zB** bei zwischenzeitlich erfolgter **Wiedererteilung einer entzogenen Berechtigung** (53, 136); **Zurücknahme** des angefochtenen VA bzw dessen Ersetzung durch einen anderen VA;[185] **Änderung des VA** hins der Regelungen, die die Klagebefugnis begründen;[186] **Aufhebung** der angefochtenen Pfändung infolge Zahlung des Betrags, wg dessen die Vollstreckung betrieben worden war (BayVBl 1978, 184); **Freilassung** einer von der Polizei **festgehaltenen Demonstrantin** (Br NVwZ 1987, 235), sofern iVm der Festnahme kein Kostenersatzanspr der Polizei geltend gemacht wird; **Anerkennung** des gegen die Einberufung zum Wehrdienst klagenden Wehrpflichtigen **als Kriegsdienstverweigerer** (NVwZ 1986, 475); **Zeitablauf bei VAen** mit zeitlich begrenzter Regelung,[187] zB der **Schulzeit** bei einer Einweisung in eine Sonderschule,[188] der **Wehrdienstzeit** ua;[189] wenn der **Paß,** dessen Entziehung angefochten wurde, inzwischen **abgelaufen** ist u auch eine Verlängerung nicht möglich wäre (vgl Ms NJW 1986, 2590); wenn der Kl durch die angefochtene

---

[185] Mü BayVBl 1973, 383 – selbst bei gleichlautendem neuen VA; BayVBl 197, 310. Die Ersetzung eines VA durch einen anderen VA beinhaltet zugleich dessen konkludente Aufhebung (**aA** Preusche DVBl 1992, 798).

[186] 75, 220: Kl kann die Hauptsache für erledigt erklären u Antrag nach § 113 Abs 1 S 4 stellen.

[187] Vgl Ma GewA 1993, 205; s auch 59, 25; 61, 168; anders, wenn die Fristsetzung wie zB iVm der Verwaltungsvollstreckung lediglich Rechtmäßigkeitsvoraussetzung für Folgeakte ist u die Handlung, auf die sie sich bezieht, noch später vorgenommen werden kann.

[188] Ma DVBl 1991, 777 = NVwZ-RR 1991, 479: Hauptsacheerledigung für die Vergangenheit, Aufhebung der Aufrechterhaltung für die Zukunft; Kritik: richtiger dürfte hier, wenn die Einweisung noch andauert, Aufhebung insgesamt sein; s auch oben 8.

[189] NJW 1985, 876: Einberufungsbescheid u Antrag auf Zurückstellung vom Rest-Grundwehrdienst mit erfolgter Ableistung des Wehrdienstes u Entlassung erledigt; 81, 227: Einberufung zur Wehrübung, nachdem diese vorüber ist, erledigt; vgl auch Buchh 448.6 § 3 KDVG Nr 1 § 2 mwN; Mü BayVBl 1981, 757; 1985, 23; anders jedoch allg für Musterungsbescheide nach Ableistung des Wehrdienstes s unten 105.

Zulassung eines Schullesebuchs **nicht mehr betroffen** ist, weil er bzw seine Kinder – auch uU ein anderes als das ursprünglich betroffene Kind – mit Ablauf des Schuljahrs den Schulbesuch beendet haben (61, 168), oder wenn die Zeit, für die die Führung eines Fahrtenbuchs angeordnet war, abgelaufen ist (Mü BayVBl 1985, 23); **Tod** des Berechtigten oder Verpflichteten bei höchstpersönlichen Rechten oder Verpflichtungen (NJW 1990, 2482 – zur Bewilligung von Wohngeld –; Ma NJW 1984, 195); **Wegfall des Regelungsobjektes** (Erfmeyer VR 2002, 332), endgültige **Aufgabe des Vorhabens,** für das die Planfeststellung erfolgt war (vgl NVwZ 1986, 857); Eintritt einer auflösenden Bedingung, welche die Wirksamkeit des (noch nicht vollstreckten) VA beendet (Erfmeyer VR 2002, 333); **Aufgabe der Gastwirtschaft,** für die die Erlaubnis entzogen worden war (vgl Ms NVwZ 1987, 336); Aufgabe des **Lagerplatzes,** dessen **Räumung** die Behörde verlangt (Ks 30, 229); **Ablösung einer vorläufigen Regelung** durch eine endgültige, zB eines Vorauszahlungsbescheids durch den endgültigen Bescheid (vgl BGH 102, 31), oder **Ergehen eines neuen VA,** durch den der angefochtene VA **inhaltlich überholt** wird;[190] **bei Vollziehung einer Maßnahme, die sich** im Augenblick des Vollzugs **erschöpft** (vgl 26, 168: Knüppelschlag als Anwendung unmittelbaren Zwangs, sofern keine Vollstreckungskosten erhoben werden); ebenso, wenn der Kl einem **Gebot oder Verbot,** das auf eine einmalige, nicht mehr rückgängig machbare Handlung bezogen war, **freiwillig nachgekommen** ist (59, 151); von einer Erledigung ist ferner auszugehen, wenn **inzwischen weitere „überholende" VAe hinzugekommen** sind u unanfechtbar geworden sind, die zur Folge haben, daß die Aufhebung des angefochtenen VA für den Kl keine praktische Bedeutung mehr hätte (eine Art **„überholender Kausalität"**). So erledigt sich die Versagung der **Zurückstellung vom Wehrdienst** aus Härtegründen durch einen unanfechtbar gewordenen Einberufungsbescheid (39, 122, 128; 51, 98; 68, 168). Dagegen erledigt sich eine Bebauungsgenehmigung nicht durch den späteren Erlaß der Baugenehmigung (s unten 105).

104 **Gegenbeispiele:** Um **keine Erledigung** handelt es sich **bei Vollziehung** (auch freiwilliger Befolgung, s oben 103; vgl auch NVwZ 1984, 168; Ey-J. Schmidt 81) **eines VA,** wenn u **solange** eine **Rückgängigmachung** der Vollziehung (vgl Abs 1 S 2 u 3) in Betracht kommt u bei objektiver Betrachtung sinnvoll erscheint[191] oder der Kl durch **sonstige unmittelbare rechtliche Auswirkungen** des VA noch beschwert ist, **zB** wenn noch ein **Kostenersatzanspr** in Betracht kommt, für den der VA die Grundlage bildet (s oben 102); bei **Bestehen einer Wiederholungsprüfung,** da dadurch die negative Bewertung der ersten Prüfung nicht beseitigt wird u sich bei künftigen Bewerbungen usw sowie auch bei einer Eignungsbeurteilung noch negativ auswirken kann;[192] bei **Aufnahme eines Berufs,** für den das angegriffene Examensergebnis nicht Voraussetzung ist;[193] bei **Verstreichen des Einberufungstermins;**[194] bei **Ablauf der Zivildienstzeit** (66, 77 = NJW 1983, 774: s auch oben 103); bei **Veräußerung** des von der an-

---

[190] NVwZ 1982, 561; anders werden dagegen Teilgenehmigungen durch spätere Teilgenehmigungen nicht erledigt, s unten 105.

[191] NVwZ 1984, 168; BauR 1999, 733f; Ey-J. Schmidt 81; Lorenz § 22, 47; Sch-Gerhardt 88, tlw **aA** Enders NVwZ 2000, 1236.

[192] 40, 207; 41, 34; 55, 357; 81, 361 = NVwZ 1992, 56; BayVBl 1997, 600; **aA** Ma DVBl 1991, 60; durch BVerwG NVwZ 1992, 56 jedoch aufgehoben. Für Erledigung in dem Sonderfall des Freiversuches, da ein vergeblicher Freiversuch nicht als Prüfungsversuch gewertet wird, Br NVwZ-RR 2001, 98.

[193] 57, 13 zur Anfechtung des Ergebnisses der 2. jur Staatsprüfung durch einen Kandidaten, der inzwischen RA geworden ist; unter Hinweis darauf daß das Examensergebnis bei etwaiger späterer Absicht, Beamter zu werden, wieder rechtliche Bedeutung erlangen kann.

[194] 37, 152; 52, 354: keine Erledigung des Einberufungsbescheids, da die Verpflichtung zur Gestellung weiter besteht; anders bei Einberufung zu einer Wehrübung, vgl 81, 255, dazu oben 51.

gefochtenen Planfeststellung betroffenen **Grundstücks,** wenn die Festsetzung weiterer Entschädigungen begehrt wird u der Kl sich diesen Anspr **vorbehält,** während der Erwerber seinerseits auf Anspr verzichtet (NVwZ 1988, 52); bei **Verstreichen der Frist,** die dem Bürger mit der Beseitigungsverfügung unter Zwangsandrohung für die Beseitigung eines Bauwerks gesetzt worden war.[195]

Keine Erledigung stellt es auch dar, **wenn von einer Erlaubnis** ua inzwischen **Gebrauch gemacht wurde,** dies aber wieder rückgängig gemacht werden kann, zB die auf eine Bauerlaubnis hin erfolgte Errichtung eines Bauwerks (Mü BayVBl 1977, 286); anders, wenn eine Rückgängigmachung bzw Beseitigung der Belastung nicht mehr möglich ist. Ferner fehlt es an der Erledigung eines die bauplanungsrechtliche Zulässigkeit eines Bauvorhabens feststellenden Bauvorbescheids (sog Bebauungsgenehmigung), wenn später eine Baugenehmigung ergeht.[196] Das Bestehen der Bebauungsgenehmigung ist bei einer derartigen Stufung des BaugenehmigungsVf[197] Voraussetzung für die Wirksamkeit der Baugenehmigung, zumindest aber für deren Rechtmäßigkeit. Ähnliches gilt für die die prinzipielle Zulässigkeit eines Bauvorhabens feststellende Teilgenehmigung, wenn später weitere Teilgenehmigungen erlassen werden (s Mann 148 ff). 105

Keine Erledigung des die Tauglichkeit feststellenden **Musterungsbescheides** ist anzunehmen bei einem unanfechtbaren Einberufungsbescheid, da die Feststellung mangelnder Tauglichkeit auch späteren Einberufungen entgegenstehen würde (51, 98), oder bei einer Klage gegen eine Entlassungsverfügung, wenn inzwischen eine **zweite Entlassungsverfügung** ergangen ist (NJW 1983, 774); keine Erledigung des Einberufungsbescheids tritt auch bei **Umwandlung des Wehrdienstverhältnisses** in ein Zivildienstverhältnis mit dem Eintritt der Unanfechbarkeit des Umwandlungsbescheids ein, da der Einberufungsbescheid zusammen mit dem Umwandlungsbescheid den Rechtsgrund der Heranziehung zum Zivildienst bildet (68, 168).

Eine Erledigung ist ferner abzulehnen, wenn ein VA Rechtsgrundlage für eine den Kl noch **belastende Vollstreckungsmaßnahme** ist (Sa NVwZ-RR 2003, 87; StK-Wolff 94), wie zB eine **Pfändung** oder die Festsetzung eines **Zwangsgeldes** (zum Kostenersatzanspr s oben 102). Der Grund für die mangelnde Erledigung des VA ergibt sich dabei daraus, daß nach den Vollstreckungsgesetzen die Rechtmäßigkeit von Vollstreckungsakten **idR nicht durch die Rechtmäßigkeit** des vollstreckten VA bedingt ist, sondern nur von dessen **Wirksamkeit abhängt** u folglich ein Rechtsschutz gegen den Vollstreckungsakt nur durch eine über die Anfechtungsklage zu bewerkstelligende Aufhebung des vollstreckten VA möglich ist.[198] 106

bb) Rechtsverletzung durch nicht erledigte, nicht aufhebbare rechtswidrige VAe. Eine **analoge Anwendung des § 113 Abs 1 S 4** ist in den Fällen geboten, in welchen ein VA sich zwar nicht erledigt hat, wohl aber der Kl **trotz** einer durch den VA **verursachten subjektiven RVerletzung ausnahmsweise keinen Anspr auf die behördliche Beseitigung** des VA besitzt 107

---

[195] Mü Rd L 1976, 288; BRS 29 Nr 177; Ks BRS 22 Nr 211; Sa BRS 20 Nr 184: weil weder die Anordnung noch die Androhung als solche sich erledigt haben; offen Münster NVwZ 1986, 763 mwN; **aA** Ko NVwZ 1986, 763; Hauptsacheerledigung hins der Zwangsmittelandrohung mit Ablauf der für die Handlung gesetzten Frist; Lü 29, 456; Münster GewA 1982, 134.

[196] Schenke 312 u DÖV 1990, 489 ff; iE auch BVerwG BauR 1995, 525; **aA** früher DVBl 1989, 673 ff.

[197] S eingeh Mann, Das gestufte Verwaltungsverfahren im Baurecht, 133 ff u zur Stufung 53 zu § 42.

[198] S Schenke/Baumeister NVwZ 1993, 1 ff; s auch Schenke PolR 540 ff; Poscher VerwA 1998, 128; **aA** Enders NVwZ 2000, 1234 ff, wonach die Erfüllung eines Handlungsgebots grds zu dessen Erledigung führe.

(s Schenke 326 ff u Menger-FS 476 ff). Für diese Analogie spricht dabei, daß es nicht von entscheidender Bedeutung sein kann, ob die Aufhebung eines den Kl in seinen subjektiven Rechten verletzenden VA daran scheitert, daß sich der VA erledigt hat oder es an einem Rechtsanspr auf Beseitigung fehlt. Beide Male kann ein berechtigtes Interesse an der Feststellung der Rechtswidrigkeit des VA u eine durch ihn begründete subjektive RVerletzung des Kl bestehen. Wg **Art 19 Abs 4 GG** muß hier auch ein entspr **Vf zur gerichtlichen Feststellung der Rechtswidrigkeit zur Verfügung stehen** (s BK-Schenke 286 zu Art 19 Abs 4 GG). Auf der Basis des Klagesystems der VwGO kann dies nur die FFK des § 113 Abs 1 S 4 sein. Das erklärt sich daraus, daß eine **FFK als „amputierte Anfechtungsklage"** die Feststellung der Rechtswidrigkeit des VA (und eine hierdurch herbeigeführte subjektive RVerletzung, vgl 21 zu § 121) zum Gegenstand hat, eine solche Feststellung aber bei entspr Antrag und berechtigtem Interesse (s auch unten 145) auch dann geboten ist, wenn der VA trotz einer Verletzung des Kl zwar nicht aus prozeßrechtlichen, wohl aber aus materiellrechtlichen Gründen nicht aufgehoben werden kann. Für die Statthaftigkeit einer solchen FFK u nicht der sonst unabweislich einschlägigen allg verwaltungsgerichtlichen Feststellungsklage des § 43 **spricht auch der Rechtsgedanke des § 43 Abs 2 S 2,** welcher die Subsidiarität der allg verwaltungsgerichtlichen Feststellungsklage auch ggü einer „amputierten Anfechtungsklage" nahelegt, damit auf diese Weise **Systembrüche** innerhalb des verwaltungsprozessualen Klagesystems **vermieden** werden. Diese Lösung, die eine FFK auch beim Fehlen des mit der Anfechtungsklage verfolgten Beseitigungsanspr befürwortet, entspricht auch dem Umstand, daß die Verpflichtungsklage nach hM auch auf solche Fälle anwendbar ist, in welchen die Verwaltungsgerichte trotz einer in der Ablehnung oder Unterlassung eines VA liegenden RVerletzung einen Hoheitsträger aus materiellrechtlichen Gründen nicht (mehr) zur Vornahme des begehrten VA verpflichten können (s auch Schenke, Menger-FS 480 f mwN u unten 109 f).

108 **Beispiele** für den Anwendungsbereich der FFK bei solchen Fallkonstellationen bieten

- ein dem **§ 46 VwVfG unterfallender verfahrensfehlerhafter VA;**[199]
- ein gem **§ 45 Abs 2 VwVfG geheilter VA** bzgl der Feststellung der in der Vergangenheit vorliegenden Rechtswidrigkeit, wenn man (richtigerweise) davon ausgeht, daß die Heilung erst mit Wirkung ex nunc eintritt (s oben 49 u Hufen JuS 1999, 318; Schenke 804 a). Zu beachten ist, daß, wenn sich der VA vor seiner Heilung noch nicht erledigt hat, hier eine Anfechtungsklage gem § 42 statthaft ist (s oben 49);
- **sonstige Fälle,** in denen ein VA trotz einer durch ihn herbeigeführten **subjektiven RVerletzung ausnahmsweise kraft gesetzlicher Regelung keinen Reaktionsanspr** nach sich zieht. Bedeutsam wird dies iVm **Planfeststellungsbeschlüssen** (s auch 32 zu § 42), wenn diese Abwägungsmängel aufweisen, die nicht offensichtlich sind oder trotz ihrer Offensichtlichkeit auf das Abwägungsergebnis nicht von Einfluß gewesen sind (s zB § 75 Abs 1 a S 1 VwVfG; § 17 e Abs 6 S 1 FStrG). Im Hinblick auf die **extensive Interpretation** des Begriffs „offensichtlich" (s dazu auch 32 zu § 42 u 36 b zu § 114), bei der sich das BVerwG zu Recht an der Interpretation der entspr Bestimmung

---

[199] HM, vgl zB Schenke DÖV 1986, 317 ff; Hufen DVBl 1988, 75; JuS 1999, 319; Martensen DÖV 1995, 544; R. P. Schenke JuS 2007, 697 unter II 3; UL § 58, 25; Weides 56 ff. Leugnet man in den Fällen des § 46 VwVfG allerdings bereits das Vorliegen einer subjektiven RVerletzung (so Ehlers Jura 2004, 177 f; Krebs DVBl 1984, 109 ff u Ey-J. Schmidt 109; krit hierzu eingeh Schenke DÖV 1986, 305 ff), so scheidet eine Klage analog § 113 Abs 1 S 4 aus. Nicht überzeugend ist – zB im Hinblick auf das Bestehen einer Wiederholungsgefahr – auf jeden Fall das Argument (so aber Ey-J. Schmidt 109), eine solche Klage würde ausschließlich der Rechthaberei dienen.

des § 214 Abs 3 S 2 BauGB (s dazu 127 ff zu § 47) orientiert, spielen allerdings die Fälle von Abwägungsmängeln, die nicht offensichtlich sind, keine nennenswerte Rolle. Anderes gilt dort, wo zwar ein offensichtlicher Abwägungsmangel vorliegt, es aber an der **konkreten Möglichkeit einer Beeinflussung des Ergebnisses** des Planfeststellungsbeschlusses fehlt u in dem sich in der Tat ein größerer Anwendungsbereich für eine Klage analog § 113 Abs 1 S 4 ergibt.

Liegen erhebliche Mängel iSd § 75 a Abs 1 S 2 VwVfG bzw § 17 e Abs 6 S 2 FStrG vor, die durch eine Planergänzung oder durch ein ergänzendes Vf behoben werden können, so hat das Gericht nach Ansicht des BVerwG, ohne daß es hier eines gesonderten Feststellungsantrags bedarf, neben der **Rechtswidrigkeit des Planfeststellungsbeschlusses dessen Nichtvollziehbarkeit bis zur Behebung des Mangels festzustellen.**[200] Ein Planfeststellungsbeschluß ist damit entgegen einer früher von Mü NVwZ 1994, 706 vertretenen Ansicht, nicht etwa zunächst wirksam u der Verletzte lediglich auf den Rechtsschutz durch eine Verpflichtungsklage angewiesen, die auf die Ergänzung des Planfeststellungsbeschlusses oder die Durchführung eines ergänzenden Vf gerichtet ist (so richtig 100, 372 f; DVBl 1997, 714). Zweifeln kann man allerdings, ob dem materiellen Recht hier entgegen der Ansicht des BVerwG nicht bereits durch eine verwaltungsgerichtliche Aufhebung des Planfeststellungsbeschlusses hätte Rechnung getragen werden können. Der Sache nach läuft die Feststellung der Nichtvollziehbarkeit des VA nämlich idR auf seine (auflösend bedingte) Aufhebung hinaus;[201] die Feststellung der Rechtswidrigkeit des Planfeststellungsbeschlusses ist andererseits ebenfalls in der verwaltungsgerichtlichen Aufhebung enthalten (s 21 zu § 121 u 8 zu § 90). Eine verwaltungsgerichtliche Aufhebung hinderte zudem nicht den Neuerlaß eines Planfeststellungsbeschlusses nach einer fehlerfreien Abwägung bzw Durchführung des VerwaltungsVf. Dabei ergäbe sich hierbei aus § 75 Abs 1 a S 2 VwVfG u entspr Bestimmungen, daß in den dort geregelten Fällen das PlanfeststellungsVf nicht etwa zur Gänze neu durchgeführt werden muß. Für die Rspr des BVerwG läßt sich aber immerhin ausführen, daß sie letzteres – wenn auch um den Preis der Abweichung von der üblichen Tenorierung – bereits im Tenor klarstellt. Einen Vorteil bietet die Lösung des BVerwG unter dem Aspekt der Rechtssicherheit vor allem aber deshalb, weil ein Änderungsplanfeststellungsbeschluß, der in einem durch ein Gericht angeordneten ergänzenden Vf ergeht (§ 17 e Abs 6 FStrG), durch einen Betroffenen – anders als ein neu erlassener Planfeststellungsbeschluß – nur insoweit angegriffen werden kann, als er durch dessen Festsetzungen erstmals oder weitergehend als durch den abgeänderten Planfeststellungsbeschluß betroffen wird (zu § 17 Abs 6 c FStrG aF BayVBl 2006, 191);

– die Fälle, in denen ein materiell rechtswidriger VA aufgrund einer Veränderung der Sach- oder Rechtslage alsbald **nach seiner Aufhebung wieder neu erlassen werden müßte** u das **VG in der Lage ist, dies im Rahmen der Anfechtungsklage** noch zu berücksichtigen (oben 6 u 50 ff; Schenke 327). Das trifft zB für einen aufgrund einer formell rechtswidrigen Erschließungsbeitragssatzung ergangenen Erschließungsbeitragsbescheid zu, wenn bisher noch kein Versuch zu dessen zwangsweiser Durchsetzung unternommen wurde u nunmehr aufgrund einer neu erlassenen verfahrensfehlerfreien Satzung ein Bescheid mit demselben Inhalt ergehen müßte (s hierzu zB 64, 221 mwN; NVwZ 1991, 360; Schenke 803 u oben 50). Entsprechendes gilt, wenn eine durch eine Nachbarklage angefochtene, den Nachbar in seinen Rechten

---

[200] Vgl 100, 370 = DVBl 1996, 907; DVBl 1997, 714; s auch Jarass DVBl 1997, 801.

[201] Baumeister 415 f geht dagegen von einer Aussetzung der Vollziehung aus, die mit der im vorläufigen Rechtsschutzverfahren vergleichbar sei.

verletzende Baugenehmigung aufgrund einer Veränderung der Rechtslage nach ihrer Aufhebung in einem neuen GenehmigungsVf wieder erteilt werden müßte (s hierzu DVBl 1966, 269 u Schenke 804 sowie oben 51);
- die Fälle eines **materiell fehlerhaft begründeten VA,** wenn dieser mit einer materiell fehlerfreien Begründung mit demselben Inhalt hätte erlassen werden müssen (s zu Nachschieben von Gründen oben 63 ff);
- die Fälle einer **rechtswidrigen Nebenbestimmung,** die ausnahmsweise **nicht aufhebbar** ist (s oben 6 u näher 24 zu § 42) u bei denen sich der Kl nur gegen die Nebenbestimmung wehrt.

109 **cc) Rechtsverletzung durch Ablehnung/Unterlassung von VAen.** Analog anwendbar ist § 113 Abs 1 S 4 auch auf in der Vergangenheit liegende RVerletzung durch die Ablehnung oder Unterlassung eines VA.[202] Die FFK u nicht die allg Feststellungklage nach § 43 ist dabei auch dann statthaft, wenn die Verwaltung bisher untätig war u deshalb noch gar kein VAe erlassen wurde.[203] Wie beim Rechtsschutz gegen erledigte RVerletzung durch VAe lassen sich zwei Grundkonstellationen unterscheiden. Einmal die Erledigung eines Verpflichtungsbegehrens, das nach Rechtshängigkeit der Verpflichtungsklage aufgrund einer späteren Veränderung der Sach- oder Rechtslage unzulässig oder unbegründet wurde[204] u auf die der Kl nun mit dem **Übergang zur FFK analog § 113 Abs 1 S 4 reagiert** (Lü NJW 2003, 532), zum anderen der Fall, daß der Kl **unmittelbar einen Fortsetzungsfeststellungsantrag stellt** (sog doppelte Analogie – Rozek JuS 1995, 415), weil bei Erhebung der Klage[205] oder selbst bei Einlegung des Widerspruchs[206] sich der begehrte **VA bei seiner Vornahme erledigt** hätte oder wg einer sonstigen Veränderung der Sach- oder Rechtslage der **Anspr auf seinen Erlaß entfallen** ist.[207] Bedeutsam wird dies insb bei einer Klage auf Erteilung einer **Baugenehmigung** bzw einer **Bebauungsgenehmigung** bei späterem Erlaß einer **Veränderungssperre.**[208] Einer auf die Feststellung der Rechtswidrigkeit einer Ablehnung oder Unterlassung der Genehmigung vor Erlaß der Veränderungssperre gerichteten FFK kann hierbei nicht (iVm der Begründetheitsprüfung) mit Erfolg entgegengehalten werden, der Genehmigungsantrag hätte abgelehnt oder zurückgestellt werden müssen, wenn die Gemeinde die dafür nach §§ 14 oder 15 BauGB erforderlichen Voraussetzungen rechtzeitig geschaffen hätte (NVwZ 1999, 523). Bei den vorher geschilderten Fällen wäre eine **Verpflichtungsklage,** soweit sie nicht bereits wg eines mangelnden RSB (so bei Erledigung des begehrten VA) oder wg mangelnder Klagebefugnis (so wenn ein Anspr auf Erlaß des VA nunmehr offensichtlich nicht bestünde) unzulässig wäre, **jedenfalls als unbegründet** anzusehen (s auch Ms NJW 1980, 1070; Schenke, Menger-FS 480 ff). Auch wenn hier keine Erledi-

---

[202] Nicht überzeugend Ehlers Jura 2001, 418, der die analoge Anwendung des § 113 Abs 1 S 4 auf das Unterlassen eines VA mit der nicht überzeugenden Begründung ablehnt, hier liege kein VA vor. Entscheidend ist demgegenüber, daß es um den behaupteten Anspr auf Erlaß eines VA geht u der Rückgriff auf § 43 zu schwerwiegenden Wertungswidersprüchen führen müßte. Zudem kann es für die Zulässigkeit einer „amputierten Verpflichtungsklage" (ebenso wie nach § 42) nicht von Relevanz sein, ob der VA rechtswidrig abgelehnt oder unterlassen wurde.

[203] 106, 296; Ogorek JA 2002, 223; Schenke 330; Schoch JK 1/04 VwGO § 113 I 4/18; **aA** Mü BayVBl 2003, 275; Ehlers Jura 2001, 418.

[204] Münster NWVBl 2002, 356: allerdings gilt dies nur insoweit, als sich das Klagebegehren erledigt hat.

[205] 81, 367; 56, 26; 52, 316; 12, 90; Mü BayVBl 1991, 370; Münster DVBl 1994, 541; Ma NVwZ 1984, 251.

[206] 12, 87; NJW 1958, 312; MDR 1968, 347; Lü VRspr 27, 551; Ko NVwZ 1987, 1099.

[207] Vgl zB 61, 134 f = NJW 1981, 2426; Ma NVwZ-RR 1998, 549; Münster NJW 1980, 1069 f; Schenke, Menger-FS 481.

[208] NVwZ 1999, 523; Ma NVwZ-RR 1998, 549; Schenke WuV 1994, 341.

gung des (begehrten) VA gegeben wäre,[209] sondern nur (bei Wegfall des bestehenden Anspr nach Klageerhebung) eine Erledigung der Hauptsache, muß jedenfalls bei bestehendem berechtigtem Interesse **eine Feststellung der Rechtswidrigkeit der Ablehnung oder Unterlassung des VA** möglich sein. Das Gericht kann deshalb auf Antrag des Kl **in entspr Anwendung von Abs 1 S 4** durch **Urteil feststellen, daß die Weigerung** der Behörde, **den** mit der Verpflichtungsklage begehrten **VA zu erlassen,** bzw die Unterlassung des beantragten VA – bzw bei der Bescheidungsklage die Weigerung, über den Antrag zu entscheiden, bzw die Unterlassung der Verbescheidung des Antrags (vgl 81, 367) – **rechtswidrig war.**[210] Dasselbe muß auch bei einer Bescheidungsklage gelten, wenn der Anspr auf eine ermessens- oder beurteilungsfehlerfreie Entscheidung über eine Begünstigung zunächst fehlerhaft abgelehnt wurde, nach Rechtshängigkeit der Klage aber durch eine ermessens- bzw beurteilungsfehlerfreie Entscheidung erfüllt wird (dazu näher Fendt JA 2000, 883 ff). **Zulässig ist auch die Klage auf Feststellung,** daß die Unterlassung des VA (erst) **ab einem bestimmten Zeitpunkt** rechtswidrig **war; ebenso** auf Feststellung, daß die Weigerung bzw Unterlassung **bis zu einem bestimmten Zeitpunkt** oder Ereignis rechtswidrig war (s auch unten 122 u 147).[211] Die Statthaftigkeit einer solchen Klage ergibt sich bei berechtigtem Interesse des Kl als eine **Konsequenz der Rechtsschutzgarantie des Art 19 Abs 4 GG** (vgl BK-Schenke 294 zu Art 19 Abs 4 GG). Auf der Basis des verwaltungsprozessualen Rechtsschutzsystems kann dieser Rechtsschutz **nicht über eine allg verwaltungsgerichtliche Feststellungsklage erfolgen,** da dies zu schwerwiegenden Systemwidersprüchen führen müßte; insb überzeugte es nicht, wenn je nach dem Zeitpunkt, für welchen die Feststellung der Rechtswidrigkeit eines VA begehrt wird, unterschiedliche Klagearten mit unterschiedlichen Zulässigkeitsvoraussetzungen bejaht würden.[212]

Zweifelhaft kann nur sein, ob dort, wo sich nach Erhebung einer Verpflich- **110**
tungsklage aufgrund einer **Veränderung der Sach- oder Rechtslage die Unbegründetheit einer Verpflichtungsklage** ergibt, der Kl nunmehr – freigestellt von § 91 (dazu weiter unten 110) – statt auf Erlaß des VA auf die Feststellung klagen kann, daß die **Ablehnung oder Unterlassung des VA** bereits **zu einem früheren Zeitpunkt** als dem der (letzten) Veränderung rechtswidrig war. Dieses Problem spielt in der Praxis vor allem iVm Klagen auf Erteilung einer Baugenehmigung eine erhebliche Rolle, da sich hier die Rechtslage durch den Erlaß eines Bebauungsplans, insb aber durch Veränderungssperren (vgl dazu Schenke WuV 1994, 253 ff) häufig ändern kann. Der Übergang von einer Verpflichtungs- auf eine FFK während eines Prozesses soll nach der Ansicht des BVerwG[213] dann

---

[209] S auch 61, 135 = NJW 1981, 2426; NVwZ-RR 1995, 173; Schenke, Menger-FS 481, Fn 59; Sch-Gerhardt 100.

[210] 51, 265; NVwZ 1992, 563; 1998, 1295; 1999, 523; Hbg VRspr 26, 764; Ks VRspr 28, 1001 f; Lü VRspr 27, 550; NJW 2003, 532; Ma NJW 1984, 1832; Mü NVwZ 1983, 755; Münster NVwZ-RR 2003, 697; RÖ-M. Redeker 36; Schenke 330; Sch-Gerhardt 100; **aA** hins Unterlassungen Göpfert 44 ff; ThürVBl 1999, 184 mit nicht überzeugendem Hinw auf den Wortlaut des § 113 Abs 1 S 4 sowie auf die unterschiedliche Interessenlage bei Ablehnung oder Unterlassung eines VA, die auch eine analoge Anwendung des § 113 Abs 1 S 4 ausschließe. Letzteres ist damit nicht vereinbar, daß das Gesetz (abgesehen vom Erfordernis eines Vorverfahrens) die Versagungsgegenklage u die Untätigkeitsklage denselben Regeln unterwirft.

[211] Vgl Kopp JZ 1992, 1078 f; Redeker DVBl 1992, 1225; Schenke 330 ff u nunmehr (mit Einschränkungen) auch BVerwG NVwZ 1999, 1105; s auch unten 110.

[212] Abzulehnen daher 89, 357 = NVwZ 1992, 564, wonach hier eine Feststellungsklage gem § 43 nur am RSB scheitern soll; krit Schenke JZ 1996, 1108 f.

[213] 89, 354 f = NVwZ 1992, 563; Buchh 310 § 113 VwGO Nr 173 u § 161 VwGO Nr 69; Münster NVwZ 1987, 335 f; NWVBl 1992, 436 f; **krit** Kopp JZ 1992, 1078 f; Redeker DVBl 1992, 1226; Schenke 865 u JZ 1996, 1108.

ausgeschlossen sein, wenn sich der für die Beurteilung maßgebliche Zeitpunkt nicht mit dem des ursprünglichen Begehrens deckt u sich darüber hinaus die **Beurteilungsgrundlage geändert** hat. Demnach konnte zB der Kl, der auf Erteilung einer Taxikonzession klagte, die ihm aufgrund einer während des gerichtlichen Vf eingetretenen Veränderung der Sachlage nunmehr erteilt wurde, nicht mehr im Rahmen des Vf analog § 113 Abs 1 S 4 feststellen lassen, daß bereits vor der Veränderung die Ablehnung oder Unterlassung des VA rechtswidrig war (89, 354). Ebenso wäre es dem Kl, der auf Erlaß einer Baugenehmigung klagt u bei Außerkrafttreten einer Veränderungssperre nach Rechtshängigkeit der Klage nunmehr einen Anspr auf Erteilung der Baugenehmigung hat, nicht möglich, feststellen zu lassen, daß schon vorher im Hinblick auf die Unwirksamkeit der Veränderungssperre die Ablehnung bzw Unterlassung der Baugenehmigung rechtswidrig war. Ausgeschlossen wäre es ferner (jedenfalls ohne Klageänderung), wenn während eines anhängigen Prozesses auf Erteilung einer Baugenehmigung eine Veränderungssperre erlassen wurde, der Kl aber wg der von ihm angenommenen Unwirksamkeit der Veränderungssperre seinen Verpflichtungsantrag aufrechterhält, daneben noch (etwa im Hinblick auf einen ihm entstandenen Schaden) feststellen zu lassen, daß die Ablehnung oder Unterlassung der Baugenehmigung vor der Veränderungssperre rechtswidrig war. Gerechtfertigt wird die Auffassung des BVerwG damit, daß sich die Feststellung der Rechtswidrigkeit einer Ablehnung oder eines VA auf einen anderen Zeitpunkt beziehe, als er für die Verpflichtungsklage maßgeblich sei, u deshalb einen anderen Streitggst betreffe. Bei der Verpflichtungsklage sei nämlich Streitggst die Frage, ob im Zeitpunkt der letzten mündlichen Verhandlung vor dem VG die Ablehnung ohne Unterlassung des VA rechtswidrig ist. Diese **Einschränkung überzeugt nicht.** Bei ihr wird mE zu wenig beachtet, daß Gegenstand einer von einem Bürger erhobenen Verpflichtungsklage nicht etwa die Behauptung des Kl ist, in dem für ihn bei der Erhebung der Klage idR überhaupt nicht absehbaren Zeitpunkt der letzten mündlichen Verhandlung vor dem VG 1. oder 2. Instanz sei die Ablehnung oder Unterlassung des VA rechtswidrig, sondern daß sich sein Klageantrag vernünftigerweise zunächst nur auf den **Moment der Klageerhebung** beziehen kann. Dementsprechend ist entgegen der Ansicht des BVerwG u des ihm folgenden OVG Münster durch den Kl ursprünglich sehr wohl eine Klage **anhängig** gemacht worden, die sich auf den Streitggst **eines späteren Feststellungsbegehrens** bezieht. Das VG kann sogar schon im Rahmen der Verpflichtungsklage über das Bestehen eines Rechtsanspr auf Erlaß eines begünstigenden VA **anhand der früheren Sach- oder Rechtslage entschieden haben** (vgl zB Ma VBlBW 1997, 264), ehe sich in der höheren verwaltungsgerichtlichen Instanz eine Veränderung der Sach- oder Rechtslage ergab, aufgrund deren das früher begründete Verpflichtungsbegehren nunmehr unbegründet wird. Ebenso wie das Rechtsmittelgericht ohne Bindung an die Vorschriften über die Klageänderung über das Bestehen eines Anspr auf Erlaß des VAs anhand der geänderten Sach- oder Rechtslage zu entscheiden hat (s auch den hinter § 173 S 1 iVm § 264 Nr 3 ZPO stehenden Rechtsgedanken), muß dann aber bei berechtigtem Interesse für den Kl auch die Möglichkeit bestehen, **losgelöst von der sonst für eine Klageänderung geltenden Vorschrift des § 91** (s auch NVwZ-RR 1995, 172; **aA** NVwZ 1999, 1105; offen gelassen von Ms NVwZ-RR 2003, 697), die (frühere) Rechtswidrigkeit der Ablehnung oder Unterlassung des beantragten begünstigenden VA zu einem beliebigen Zeitpunkt nach Klageerhebung feststellen zu lassen, da diese in jedem Fall (wenn auch möglicherweise nur kurz) streitbefangen war.[214] Nur auf diese Weise wird gesichert,

[214] Nur im Wege einer Klageänderung gem § 91 kann allerdings das Bestehen eines Anspr für einen Zeitpunkt vor Klageerhebung festgestellt werden.

daß der schon entfaltete **prozessuale Aufwand des Kl nicht entwertet** (s NVwZ 1999, 1105) u dieser nicht nach einem uU jahrelangen Prozessieren um die Früchte seiner Anstrengungen gebracht wird.[215] Es überzeugt iü nicht, daß der Kl zwar unbestrittenermaßen dann, wenn ein Anspr auf Erlaß eines VA wg einer Veränderung der Rechtslage (zB Erlaß einer Veränderungssperre) entfallen ist, die Rechtswidrigkeit der Ablehnung oder Unterlassung feststellen lassen kann (Ma NVwZ-RR 1998, 549), dies ihm aber (ohne Klageänderung gem § 91) nicht möglich sein soll, wenn er daneben noch (etwa wg einer von ihm bejahten Unwirksamkeit der neu erlassenen Norm) sein bisheriges Verpflichtungsbegehren aufrechterhält. In seiner neueren Rspr versucht das BVerwG die Folgen seiner Konzeption wenigstens dadurch abzumildern, daß es grds im Wege einer Klageänderung gem § 91 die Feststellung zuläßt, daß dem Kl während eines bestimmten Zeitraums ein Anspr auf Erlaß eines VA zustand, u dabei an das Feststellungsinteresse geringere Anforderungen als bei einer isolierten Feststellungsklage stellt (NVwZ 1999, 1105). § 91 mit den einschränkenden Voraussetzungen, die hier für eine Klageänderung vorgesehen sind, sowie insb die in § 142 Abs 1 S 1 statuierte Unzulässigkeit einer Klageänderung während eines RevisionsVf passen jedoch nicht auf die Fälle, in welchen der Kl ein fortbestehendes Interesse an der gerichtlichen Entscheidung über den Streitggst besitzt, den er bereits rechtshängig gemacht hat u der nunmehr lediglich aufgrund einer gesetzlichen Klageänderung durch einen anderen Streitggst substituiert wird. So würde es zB nicht überzeugen, wenn man bei einer Veränderung der Rechtslage während des RevisionsVf (wie es die Konsequenz einer Anwendung des § 91 wäre), dem Kl nicht mehr die gerichtliche Feststellung erlaubte, daß er (auch) vor der Rechtsänderung einen Rechtsanspr auf Erlaß eines VA besaß. An der Zulässigkeit eines losgelöst von § 91 möglichen Übergangs von einer Verpflichtungsklage auf eine FFK ändert sich im Hinblick auf die Verweisung des **§ 173 S 1 auf § 264 Nr 2 u 3 ZPO** entgegen dem BVerwG[216] selbst dann nichts, wenn der Kl **zunächst auf ermessensfehlerfreie Bescheidung** des Antrags auf Erlaß eines begünstigenden VA klagt, später aber seinen Antrag dahingehend ändert, daß die Rechtswidrigkeit der Ablehnung oder Unterlassung des VA in der Vergangenheit festgestellt werden soll.

Nicht zulässig soll nach dem BVerwG eine **Klage** auf Feststellung sein, 111
daß die Behörde zum Erlaß des begehrten VA verpflichtet gewesen wäre (NVwZ 1987, 229); sie ist ihrem offensichtlichen Zweck entspr (§ 88) jedoch als Klage auf Feststellung, daß die Ablehnung oder Unterlassung des VA **rechtswidrig war,** auszulegen. Bei beantragten VAen, bzgl deren Erlaß ein Ermessens- oder Beurteilungsspielraum besteht, kann festgestellt werden, daß die negative Bescheidung bzw die Unterlassung einer Bescheidung rechtswidrig war (Obermayer 206; s aber auch BVerwG NJW 1986, 796). **Nicht zulässig** ist hingegen eine FFK auf Feststellung, **daß die Ablehnung oder Unterlassung aus einem bestimmten Grund** rechtswidrig war (NJW 1987, 2174; Buchh 451 731 KHG Nr 2). Festgestellt werden kann aber, berechtigtes Interesse vorausgesetzt, selbst bei rechtlich gebundenen Entscheidungen, daß die **Ablehnung der Begünstigung rechtswidrig war,** weil sie auf eine **fehlerhafte rechtliche Begründung gestützt** wurde (Schenke 853; **aA** DVBl 1981, 259; ähnlich NVwZ 1985, 266 betr FFK nach Anfechtungsklage). Festgestellt werden kann bei nicht rechtzeitiger Bescheidung eines Antrags auch die **Rechtswidrigkeit des Unterlassens.**

Beispiele für FFK iVm einem Verpflichtungsbegehren: Der begehrte 112
VA wurde inzwischen erlassen (vgl 77, 166); **Zuteilung eines Studienplat-**

---

[215] Nicht überzeugend daher 89, 355 = NVwZ 1992, 563; zu weiteren gegen die Rspr sprechenden Argumenten s Schenke JZ 1996, 1108.

[216] Vgl Buchh 310 § 113 VwGO Nr 216, S. 49 ff.

zes an einer anderen Hochschule u Annahme der Zuteilung durch den Kl;[217] **Ernennung** des auf Berufung in das **Beamtenverhältnis** klagenden Bürgers **zum Beamten** (NVwZ 1986, 468; 1987, 229); (nach der Rspr) Ernennung eines Konkurrenten auf den vom Kl angestrebten Beamtenposten;[218] **Genehmigung des Vorhabens,** auf dessen Beseitigung wg fehlender Genehmigung die Klage gerichtet war (DÖV 1990, 37 – auch dann, wenn die Genehmigung von Nachbarn angefochten wird); die bisher dafür zuständige Behörde ist nicht mehr zuständig u damit auch der Bekl nicht mehr der richtige Bekl (NJW 1987, 2179); **Erreichen der Altersgrenze,** nach der eine positive Entscheidung nicht mehr in Betracht kommt, zB bei einer Klage auf Ernennung zum Beamten oder auf Beförderung das Erreichen des Pensionsalters (51, 265); **Veräußerung** der Wohnung, für die die **Zweckentfremdungsgenehmigung** beantragt war (BayVBl 1987, 503); **Zurücknahme des Genehmigungsantrags** mit der Folge, daß auch die angefochtene Versagung der Genehmigung gegenstandslos wird (DVBl 1989, 874; vgl auch BGH MDR 1959, 653; 1982, 2253).

113 **dd) Rechtsverletzung durch Anordnung/Ablehnung der sofortigen Vollziehung.** § 113 Abs 1 S 4 ist nicht analog auch auf die **VzA einer Behörde** bzw **Widerspruchsbehörde** gem § 80 Abs 2 S 1 Nr 4 u § 80a Abs 1 Nr 1 u 2[219] u auf die **Aussetzung der Vollziehung** eines VA u sonstige behördliche Anordnungen durch eine Behörde bzw Widerspruchsbehörde gem § 80 Abs 4, § 80a Abs 1 Nr 2 anwendbar.

114 **ee) Rechtsverletzung durch Innenrechts-/Wahlakte.** Sofern man darin keine VAe sieht (vgl 86 zu Anh § 42), gilt § 113 Abs 1 S 4 nicht analog für den Rechtsschutz gegen Organakte in OrganstreitVf wie zB Kommunalverfassungsstreitigkeiten (Schenke 338; **aA** Ehlers NVwZ 1990, 107 ff). Der Rechtsschutz ist hier wie auch bei sonstigen nicht als VAe zu qualifizierenden Verwaltungshandlungen (s unten 116), gegen die eine Leistungs- oder Gestaltungsklage nicht mehr in Betracht kommt, über § 43 zu bewerkstelligen, da es an dem für die analoge Anwendung des § 113 Abs 1 S 4 erforderlichen Zusammenhang mit einer Anfechtungs- bzw Verpflichtungsklage fehlt.

115 **ff) Rechtsverletzung durch „erledigte" Normen.** Der Rechtsschutz gegen außer Kraft getretene Rechtsvorschriften (VOen u Satzungen) bestimmt sich für die prinzipale NK nach § 47 (26 zu § 47). Bedeutung kommt Abs 1 S 4 hier insofern zu, als die Rspr beim NKAntrag gegen erledigte Normen ein besonderes RSI verlangt, das in Anlehnung an die bei der FFK geltenden Grundsätze bestimmt wird (90 u 134 zu § 47). Ähnlich wie bei nicht erledigten VAen, deren Aufhebung (ausnahmsweise) trotz einer subjektiven RVerletzung ausgeschlossen ist, eine Feststellung ihrer Rechtswidrigkeit analog § 113 Abs 1 S 4 in Betracht kommt, muß bei rechtswidrigen Normen, die (ausnahmsweise) rechtswirksam sind u bei denen der Rechtsverstoß nicht anderweitig sanktioniert ist, bei berechtigtem Interesse eine Feststellung der Rechtswidrigkeit statthaft sein (s 125 ff zu § 47).

116 **gg) Rechtsverletzung durch erledigte Realakte: Nicht,** auch nicht analog, anwendbar ist Abs 1 S 4 **bei** Ansprüchen auf Realakte, die ohne ihre Erledi-

[217] 56, 54; DÖV 1981, 70; NVwZ 1985, 573; Sa NJW 1978, 121; Ks NJW 1978, 2612; anders bei nur vorläufiger Zulassung, wenn der Kl gleichwohl noch an der Zulassung zum Studium an der Hochschule interessiert ist, auf die sich die Klage bezieht, BVerwG 56, 54 = NJW 1978, 2612; NVwZ 1982, 500.

[218] Schnellenbach DVBl 1990, 140; s auch 49 zu § 42; anders, wenn die Übertragung des Dienstpostens an einen Konkurrenten rückgängig gemacht werden kann.

[219] 131 zu § 80; DVBl 1995, 520; Gr NordÖR 2001, 106; Ko NVwZ-RR 1995, 572; Ma VBlBW 1996, 418; Göpfert ThürVBl 1999, 187; **aA** 10. Aufl 90 zu § 80 u dahin tendierend auch Bader JuS 2005, 127.

gung bzw Wegfall des Anspr mittels allg **Leistungsklagen,**[220] **Feststellungsklagen** (11 zu § 43; NJW 1997, 2534; Ma NVwZ-RR 1991, 519; Göpfert 51; Hk-Kröninger/Wahrendorf 71; Schenke 405) oder **sonstigen Klagearten,** die sich nicht auf VAe beziehen, geltend zu machen wären. Es bestünde dafür **auch kein Bedürfnis,** weil derselbe Zweck hier mit der allg Feststellungsklage gem § 43 erreicht werden kann. So kann bei einem erledigten Realakt festgestellt werden, daß die Verwaltung nicht berechtigt war, diesen vorzunehmen, bzw daß ein Anspr des Betroffenen auf dessen Beseitigung bestand. Gegenstand einer solchen Klage ist daher nicht die abstrakte Berechtigung zur Vornahme eines Realakts, sondern die Frage, ob der konkrete Realakt in der Form u in dem Vf, in dem er vorgenommen wurde, ergehen durfte bzw (vor Erledigung) ein Anspr auf dessen Beseitigung bestand (s auch 5 u 18 zu § 43). Aus denselben Gründen abzulehnen ist auch die Ansicht,[221] § 113 Abs 1 S 4 sei auf verwaltungsrechtliche Organstreitigkeiten, die keinen VA zum Gegenstand haben, analog anzuwenden.

hh) Rechtsverletzung durch erledigte gerichtliche Entscheidungen. 117
Nicht anwendbar ist die FFK auch auf erledigte **gerichtliche Entscheidungen** zB gem § 80 Abs 5, § 80a Abs 3 oder § 123 (Ks DVBl 1987, 894; s auch 132 zu § 80) u grds (sonstige) **richterliche Anordnungen.**[222] Zu einer Ausnahme s auch oben 2. Zur analogen Anwendung auf AnfechtungsVf außerhalb der VwGO s auch oben 2.

c) Sachurteilsvoraussetzungen. aa) Einführung. Da es sich bei der FFK 118
um eine Klageart handelt, die systematisch aufs engste mit der Anfechtungs- bzw Verpflichtungsklage verwandt ist (s oben 97), müssen neben einem entspr **Antrag des Kl** auch alle sonst für die Anfechtungs- bzw. Verpflichtungsklage vorgeschriebenen **Prozeßvoraussetzungen** erfüllt sein[223] (ausf im folgenden), insb auch die **Klagebefugnis** gem § 42 Abs 2, die Wahrung der **Klagefrist,** das Erfordernis des **VorVf** und, als Voraussetzung für die Begründetheit, das Erfordernis der **Rechtswidrigkeit des VA** bzw seiner Ablehnung oder Unterlassung u eine hierdurch herbeigeführte Verletzung der Rechte des Kl, falls dieser sich nicht erledigt hätte bzw der Anspr auf seine Vornahme entfallen wäre.[224]

bb) Antrag 119

(1) Die Entscheidung des Gerichts nach Abs 1 S 4 setzt einen entspr **Antrag** des Kl voraus, mit dem die Feststellung der RVerletzung des Kl durch den VA begehrt wird.

---

[220] 31, 301; NJW 1997, 2534f; Lü NVwZ-RR 2007, 68; Ma DVBl 1995, 367; Mü NVwZ 1988, 84; Münster NJW 1994, 1673; Ehlers Jura 2001, 419; Fechner NVwZ 2000, 123; Gersdorf 110; Göpfert 51; Lorenz § 22, 53; NKVwGO-Wolff 316; Rozek JuS 1995, 416; Schenke 337 u Jura 1980, 145; Würt 645; **aA** Ma NJW 1997, 2466; Mü BayVBl 1992, 310; Hufen § 18, 67; RÖ-M. Redeker 36; s auch Sch-Gerhardt 106.

[221] Für sie aber Ehlers NVwZ 1990, 107; Ey-Schmidt 106; Stumpf BayVBl 2000, 107; **aA** zu Recht Mü BayVBl 1988, 16; Hoppe Organstreitigkeiten 200; Roth Verwaltungsrechtliche Organstreitigkeiten 968; Schenke 338; Würt 674f.

[222] BVerfG 49, 252; 49, 329: nach Abschluß einer Durchsuchung kein RS I für eine Klage auf Feststellung, daß die richterliche Anordnung rechtswidrig war (anders aber nunmehr BVerfG NJW 1997, 2163); BFH BStBl II 1977, 183; Ma DÖV 1982, 867 = VBlBW 1981, 288; NVwZ 1983, 101 = VBlBW 1982, 195; VBlBW 1989, 210; 1981, 288 m Anm Kopp; NVwZ-RR 1991, 591; KG NJW 1983, 690; BayObLG BayVBl 1986, 666; 1988, 541; Kopp VBlBW 1982, 288; **aA** BVerfG NJW 1997, 2163; Ma VBlBW 1972, 170; 29. 4. 1980 – 1 S 432/80; OLG Koblenz VRS 1985, 48: zu einer richterlichen Maßnahme wg Ungebühr; zT auch BVerwG NJW 1982, 536 = DVBl 1981, 1100; allg auch Dörr NJW 1984, 2258.

[223] 26, 167; DÖV 1974, 855; 77, 73 = NVwZ 1987, 494; NVwZ-RR 1990, 135; Lü VRspr 27, 551; Ko NJW 1982, 1302; Mü BayVBl 1982, 151; 1984, 19; Ey-J. Schmidt 69; NKVwGO-Wolff 286; Peltner JA 1981, 199; Schenke 339; Sch-Gerhardt 79.

[224] DVBl 1982, 692; BayVBl 1982, 472; 77, 73 = NVwZ 1987, 494; s dazu auch unten 119ff.

120 **(2)** Der Kreis der **Antragsberechtigten:** Abs 1 S 4 eröffnet das Recht zum Übergang auf die FFK allein dem **Kl,** nicht hingegen den anderen Beteiligten, dh weder dem Bekl, dem (notwendig) Beigeladenen noch dem VöI. Relevant wird der Rechtsgedanke des Abs 1 S 4 für den **Bekl** nach der Rspr des BVerwG allein für den Fall, daß sich der Kl statt zum Fortsetzungsfeststellungsantrag zur Abgabe einer Erledigungserklärung entschließt. Die Rspr gibt hier dem der Erledigungserklärung des Kl widersprechenden Bekl im Falle eines entspr § 113 Abs 1 S 4 zu bestimmenden Feststellungsinteresses das Recht, die frühere Begründetheit u Zulässigkeit im Rahmen des Erledigungsrechtsstreits prüfen zu lassen (vgl 31, 320; 34, 160; 23 zu § 161).

121 **(3) Rechtsnatur:** Geht der Kl von der Anfechtungs- oder Verpflichtungsklage auf einen Fortsetzungsfeststellungsantrag über, liegt hierin eine Klageänderung, die jedoch gem § 173 S 1 iVm **§ 264 Nr 2 ZPO kraft Gesetzes** (Sch-Gerhardt 79 Fn 385) unabhängig von der Zustimmung des Bekl u auch noch in der **Berufungs-** (NVwZ 1999, 405; Mü BayVBl 1981, 757) u **Revisionsinstanz** (NVwZ 1999, 405; s 2 zu § 142) stets **zulässig** ist (§ 264 Nr 2 ZPO: Beschränkung des Klageantrages in der Hauptsache – s 9 zu § 91). § 91 findet hier keine Anwendung (NVwZ 1999, 405; **aA** Schl NJW 1993, 2004). Dies ergäbe sich selbst dann, wenn man § 173 S 1 iVm § 264 ZPO hier nicht für anwendbar hielte, jedenfalls aus der unmittelbaren oder analogen Anwendung des § 113 Abs 1 S 4.

122 **(4) Anforderungen an den Antrag:** Das Gericht bzw der Vorsitzende muß den Kl grds **gem § 86 Abs 3** auf die Möglichkeit der Umstellung der Klage auf eine FFK **hinweisen** (vgl 51, 265). Im Zweifel kann jedoch auch in der Tatsache allein, daß der Kl nach Erledigung der Hauptsache die Klage nicht zurücknimmt oder die Hauptsache für erledigt erklärt, eine **stillschweigend-konkludente Umstellung des Klageantrags** auf einen Antrag gem Abs 1 S 4 zu sehen sein.[225] Das Problem, ob mit dem Antrag auch ein **Antrag auf Folgenbeseitigung** gem Abs 1 S 2f oder Abs 2 verbunden werden kann, stellt sich nicht, da bei Bestehen eines VollzugsFBA die Erledigung eines VA ausgeschlossen ist (s oben 85).

123 **(5) Antragshäufung:** Der Antrag nach Abs 1 S 4 kann **auch hilfsweise neben dem Anfechtungsantrag** gestellt werden;[226] in diesem Fall ist zunächst über den Hauptantrag zu entscheiden u dieser, wenn der VA erledigt ist, (grds als unzulässig, s oben 95; s ferner 58 zu § 42) abzuweisen (**aA** Mü BayVBl 1978, 310; keine gesonderte Abweisung), **uU auch zusätzlich** zum Anfechtungsantrag, wenn mit diesem die Aufhebung des VA erst ab einem späteren Zeitpunkt beantragt wird als die Feststellung der Rechtswidrigkeit. **Zulässig ist auch** die **Erklärung der Hauptsacheerledigung** unter hilfsweiser Aufrechterhaltung des Anfechtungsantrags (73, 314; DÖV 1988, 224); unzulässig dagegen ein Fortsetzungsfeststellungsantrag als Hauptantrag mit **hilfsweiser Erklärung der Hauptsacheerledigung** (NVwZ 1982, 560 u eingeh 29 zu § 161).

Der **Fortsetzungsfeststellungsantrag** kann **auch hilfsweise** neben dem primär gestellten Verpflichtungs- oder Bescheidungsantrag (DVBl 1981, 403) gestellt werden (66, 368; 68, 367), **uU auch zusätzlich** zu einem solchen, wenn der Verpflichtungsantrag auf eine erst später eingetretene Rechts- oder Sachlage gestützt ist u der Kl ein schutzwürdiges Interesse daran hat, daß festgestellt wird,

---

[225] NJW 1956, 1652; Buchh 310 § 113 Nr 216; RÖ-M. Redeker 30; **aA** Ey-J. Schmidt 66.

[226] 59, 162; NJW 1981, 2426; DVBl 1970, 281; BayVBl 1984, 729; NVwZ 1991, 571; Buchh 310 § 113 VwGO Nr 41; 406.11 § 36 BBauG Nr 26 S. 23; Mü BayVBl 1976, 311; 1978, 310; Ey-J. Schmidt 67; ähnlich zu einem Verpflichtungsantrag BVerwG 61, 128; SGH 359; offen NVwZ 1982, 561; **aA** Ko JZ 1977, 796; Mü NJW 1968, 125.

daß die Ablehnung oder Unterlassung des begehrten VA zu einem früheren Zeitpunkt rechtswidrig war (s oben 109 f).

(6) Bestimmung des maßgeblichen Zeitpunkts durch Antrag: Den **maßgeblichen Zeitpunkt,** für den der Kl die Feststellung der Rechtswidrigkeit des erledigten VA festgestellt haben will, bestimmt er durch seinen **Antrag** (vgl oben 100). Soweit dem Antrag nichts anderes zu entnehmen ist, kommt es dabei auf den Zeitpunkt der Erledigung an (nach 72, 43 soll es immer auf den Zeitpunkt der Erledigung ankommen, s dazu auch oben 110). **Nicht überzeugend** ist die Ansicht (so aber Göpfert ThürVBl 1999, 183; SGH 524), es sei hier **nur auf den Zeitpunkt des Erlasses bzw des Eintritts der Rechtswidrigkeit des VA abzustellen.** Eine solche Lösung trüge dem **Dispositionsgrundsatz nicht Rechnung** (zu dessen verfassungsrechtlicher Verankerung BK-Schenke 81 ff zu Art 19 Abs 4 GG), wäre mit der verfassungsrechtlichen **Rechtsschutzgarantie des Art 19 Abs 4 GG nicht vereinbar** u würde auch mit der Rechtsnatur der FFK als einer **„amputierten Anfechtungsklage"** nicht in Einklang zu bringen sein (Schenke 863). Daß § 113 Abs 1 S 4 die Vergangenheitsform („gewesen ist") gebraucht, erklärt sich daraus, daß die Feststellung der Rechtswidrigkeit des erledigten VA für einen Zeitpunkt nach dem Eintritt der Erledigung naturgemäß ausscheidet, sagt aber noch nichts darüber aus, für welchen Zeitpunkt in der Vergangenheit die Rechtswidrigkeit festgestellt werden kann. 124

cc) Klagebefugnis. Wie bei der Anfechtungs- u Verpflichtungsklage ist das Bestehen einer Klagebefugnis gem § 42 Abs 2 nach allg Auffassung Sachurteilsvoraussetzung der FFK.[227] Hins der Anforderung an die Klagebefugnis kann auf die Ausführungen zu Klagebefugnis bei der Anfechtungs- u der Verpflichtungsklage verwiesen werden (59 ff zu § 42). 125

dd) Vorverfahren. Nach ganz hM ist das VorVf jedenfalls **dann Sachentscheidungsvoraussetzung,** wenn ein VA **bereits bestandskräftig** geworden ist, bevor Erledigung eintritt (Rozek JuS 1995, 697). Deshalb muß eine FFK, die sich gegen einen bestandskräftigen u bereits vor Klageerhebung erledigten VA richtet, als unzulässig abgewiesen werden (26, 167; Ms NWVBl 1992, 262 – Bsp: Zustellung des VA am 1. 6., Erledigung am 1. 8, FFK am 2. 8.). Auch kann der Kl der Abweisung einer wg Versäumung der Widerspruchsfrist unzulässigen Anfechtungsklage nicht dadurch entgehen, daß er nach Erledigung des angefochtenen VA zur FFK übergeht (26, 167 – Bsp: Zustellung des VA am 1. 6., Anfechtungsklage am 1. 8., Erledigung des VA am 2. 8.). Entsprechendes gilt für die Verpflichtungsklage. 126

Umstritten sind hingegen die Fälle, in denen die **Erledigung bereits vor Ablauf der Widerspruchsfrist** eingetreten ist. Die Rspr hält hier die vorherige Durchführung eines VorVf für nicht mehr erforderlich.[228] Verwiesen wird einmal auf den Wortlaut des § 68, der das VorVf ausdr nur für die Anfechtungs- u Verpflichtungsklage, nicht aber für die FFK vorsehe. Im übrigen sei ein Fortsetzungsfeststellungswiderspruch schon deshalb nicht sinnvoll, weil die Aufhebung des erledigten VA ohnehin nicht mehr in Betracht komme. Mit der wohl noch hM in der Literatur dürften die besseren Gründe für die Gegenauffassung sprechen.[229] Daß § 68 die FFK nicht erwähnt ist unschädlich, da die FFK ausweislich 127

[227] NJW 1982, 2514; Lü VRspr 27, 55; Mü BayVBl 1982, 151; Hellerbrand JA 1995, 153; Rozek JuS 1995, 697.

[228] 21, 165; 56, 26; 81, 229; DVBl 1981, 503; Br NVwZ 1988, 1188; Ko NJW 1982, 1302; Mü BayVBl 1993, 430; NVwZ 1988, 1055; ebenso Erichsen Jura 1989, 50 f; Göpfert 101; Hufen § 18, 83 f; Ey-Rennert 4 zu § 68, 11 zu § 73; Lorenz § 22, 60; Pfeiffer/Buchinger JA 2006, 104; RÖ-M. Redeker 35; Sch-Gerhardt 98; Schmidt, R, 174; TW § 20, 17.

[229] Aulehner JA 2005, 99; Dreier NVwZ 1987, 477; Hellerbrand JA 1995, 154; Kopp, Redeker-FS 1993, 550; Meier, Die Entbehrlichkeit des Widerspruchsverfahrens 1992, 96 ff;

ihrer systematischen Stellung aufs engste mit der Anfechtungsklage verwandt ist. Die vorherige Durchführung des VorVf bleibt auch nach Erledigung des VA **sinnvoll,** trägt sie doch zu einer **Selbstkontrolle der Verwaltung,** zur **Entlastung der VGe** u vor allem zum **Rechtsschutz des Bürgers** bei, wenn die Widerspruchsbehörde die Rechtswidrigkeit des VA u eine hierdurch begründete RVerletzung feststellen kann. Daß derartige Feststellungen nichts ungewöhnliches sind, zeigt im übrigen § 44 Abs 5 VwVfG.

128 **ee) Klagefrist.** Sofern man auf die FFK wg ihrer engen Verwandtschaft mit der Anfechtungsklage („amputierte Anfechtungsklage") deren Vorschriften für anwendbar hält, **gelten auch hier die §§ 74, 58,** ohne daß sich insoweit Besonderheiten ergeben.[230] Anderes ist nur dann erwägbar, wenn man dort, wo sich der noch nicht bestandskräftige VA vor Erhebung der Klage erledigt hat, mit der Rspr ein (sonst für die Anfechtungsklage erforderliches) VorVf als nicht mehr statthaft ansieht (dazu 2 zu § 74). Hier läßt sich mit der neueren Rspr des BVerwG (109, 207) die Ansicht vertreten, § 74 finde jedenfalls dann keine Anwendung, wenn sich der noch nicht bestandskräftige VA bereits vor der Klageerhebung erledigt hat. Tritt die Erledigung erst nach Ablauf der Widerspruchsfrist ein u hat es der Kl versäumt, fristgerecht Widerspruch einzulegen, so ist seine FFK nach einhelliger Ansicht unzulässig (2 zu § 74).

129 **ff) Berechtigtes Interesse. (1) Allgemeine Grundsätze.** Das nach Abs 1 S 4 für die Zulässigkeit des Antrages notwendige **Feststellungsinteresse entspricht dem Feststellungsinteresse bei § 43 Abs 1;**[231] nicht erforderlich ist jedoch, daß das Interesse sich auf baldige Feststellung bezieht. Es genügt **jedes nach vernünftigen Erwägungen** nach Lage des Falles **anzuerkennende schutzwürdige Interesse** rechtlicher, wirtschaftlicher oder **auch ideeller Art,**[232] auch zB – vor allem auch im Hinblick auf die für die **Erziehungsaufgabe der Eltern** gem Art 6 Abs 2, Art 2 Abs 1 GG erforderliche geistige Auseinandersetzung – das Interesse der Eltern an der Feststellung, daß die Ablehnung der Rücknahme der Einführung eines Lesebuchs in der Klasse, die die Kinder besuchten, rechtswidrig war (61, 164 = DVBl 1981, 682), oder (unterstellt, es liegt hier überhaupt eine Erledigung des VA vor, s oben 104) im Hinblick auf Nachteile u die **mögliche Beeinträchtigung der Ausbildung u** der zukünftigen beruflichen Entwicklung das Interesse eines durchgefallenen Prüfungskandidaten oder eines nicht in die nächste Klasse versetzten Schülers an der Feststellung, daß die negative Prüfungs- bzw Versetzungsentscheidung rechtswidrig war (s auch 56, 156 = NJW 1979, 229; NVwZ 1984, 794; NVwZ 2007, 227).

130 **Entscheidend** ist, **daß** die gerichtliche Entscheidung geeignet sein muß, **die Position des Kl** in einem der genannten Bereiche zu verbessern (53, 137). **Nicht ausgeschlossen** wird das Interesse des Betroffenen an der Feststellung der Rechtswidrigkeit idR dadurch, daß ein Gericht **bereits in einem anderen Vf**

P § 31, 30; Schenke 666 u BayVBl 1969, 305; Schoch Übungen 247; Sch-Dolde/Porsch 23 zu § 68; Wittig BayVBl 1964, 396.

[230] So auch iE Ma VBlBW 1980, 20 f: Anwendung § 58 II; ebenso VBlBW 1993, 343; DVBl 1998, 835; Mü BayVBl 1993, 430; VG Frankfurt NVwZ 1988, 381; VG Mainz NVwZ-RR 1991, 242; Ehlers JK 99 VwGO § 74 I 2/2; Erichsen Jura 1989, 51; Ey-Rennert 2 zu § 74; Hellerbrand JA 1995, 154; Schenke 703; Sch-Meissner 11 zu § 74; Würtenberger Nr 566; zumindest teilw **aA** Mü NVwZ-RR 1992, 219; Detterbeck Streitgegenstand 293; Funk BayVBl 1992, 472; Rozek JuS 1995, 700; offen SGH 363.

[231] S näher 23 zu § 43; Mü NVwZ-RR 1999, 378; Ehlers Jura 2007, 186; Göpfert ThürVBl 1999, 185; NKVwGO-Sodan 83 zu § 43; Schenke/Roth WuV 1997, 136 f; Selb, Die verwaltungsgerichtliche Feststellungsklage 143; **aA** NJW 1997, 2534; DVBl 1998, 50; Diering, Instanzenverlust durch Selbstbindung 75.

[232] 10, 308; 81, 228; NJW 1979, 2062; Münster DVBl 1983, 1017; Ma NJW 1984, 1832; ausf zum Begriff des berechtigten Interesses Diering, Instanzenverlust durch Selbstbindung, 17 ff.

inzident die Rechtswidrigkeit des VA festgestellt hat oder eine Klage rechtshängig gemacht wurde, in welcher inzident über die Rechtmäßigkeit des VA entschieden wird (nicht überzeugend daher Mü BayVBl 1984, 559). So wie auch bei § 43 eine Klage auf Feststellung der Rechtswidrigkeit eines Realakts nicht durch eine Leistungsklage ausgeschlossen wird, in welcher inzident über die Rechtswidrigkeit des Realakts befunden wird (s 28 zu § 43; s auch NJW 1997, 2535), muß dasselbe auch für die Feststellung der Rechtswidrigkeit eines VA gem § 113 Abs 1 S 4 gelten. Das gilt um so mehr als bei Erledigung eines VA ohnehin Klagen, mit welchen ein VollzugsFBA geltend gemacht wird (und bei denen noch am ehesten der Ausschluß eines berechtigten Interesses erwägbar wäre), nicht in Betracht kommen (s oben 85).

Die im Rahmen einer FFK erfolgende gerichtliche Feststellung der Rechtswidrigkeit des erledigten VA (und eine hierdurch begründete subjektive RVerletzung, s 21 zu § 121) erwächst anders als eine inzidente Feststellung in **RKraft** u entfaltet damit eine Bindungswirkung, die der inzidenten Feststellung fehlt (s zum entspr Problem iVm dem berechtigten Interesse an der Feststellung der Rechtswidrigkeit eines Realakts gem § 43 trotz eines mit der Leistungsklage durchsetzbaren Anspr auf Beseitigung seiner Folgen im Wege einer Leistungsklage auch NJW 1997, 2535 u 29 zu § 43). 131

Ob Umstände vorliegen, die ein **berechtigtes Interesse** an der entspr Feststellung begründen, hat das Gericht gem § 86 – ebenso wie auch sonst bei den Zulässigkeitsvoraussetzungen – vAw **zu ermitteln** (Buchh 310 § 113 Abs 1 VwGO Nr 6 S. 12). Damit steht nicht im Widerspruch, daß es sich für den Kl empfiehlt, in seiner Klage die Umstände darzulegen, aus denen heraus ein berechtigtes Interesse besteht, u er dort, wo für das Gericht keine Anhaltspunkte für ein berechtigtes Interesse bestehen u dem Gericht eine entspr Aufklärung nicht möglich ist, Gefahr läuft, daß seine Klage als unzulässig abgewiesen wird (s auch 53, 137f u NVwZ 1991, 571). Das berechtigte Interesse muß am Schluß der letzten mV gegeben sein (s auch 10 vor § 40). Das gilt auch in den Fällen, in denen die Feststellung der Rechtswidrigkeit eines vor Klageerhebung erledigten VA begehrt wird (106, 299; Buchh 310 § 113 Abs 1 VwGO Nr 6 S. 11). 132

Besondere Kriterien beim Rechtsschutz gegen VAe: Das Feststellungsinteresse ist unabhängig von sonstigen Voraussetzungen idR zu **verneinen,** wenn die Ausgangsbehörde oder die Widerspruchsbehörde den in Frage stehenden VA wg **Rechtswidrigkeit aufgehoben**[233] oder bei Erledigung des VA die Rechtswidrigkeit durch VA oder Widerspruchsbescheid festgestellt (vgl 34 zu § 68) oder anerkannt hat; **anders** uU bei Aufhebung nicht aus Rechtsgründen, sondern ausschließlich aus Ermessensgründen (vgl auch NVwZ 1985, 266f). **Umgekehrt** ist das Feststellungsinteresse idR **zu bejahen,** wenn die Ausgangsbehörde oder die Widerspruchsbehörde eine ausdr feststellende Entscheidung des Inhalts getroffen hat, **daß der** erledigte **VA rechtmäßig** war (Ma NVwZ 1984, 251). 133

Besondere Kriterien beim Rechtsschutz gegen das Unterlassen von VAen: Das Feststellungsinteresse ist hier zB auch dann zu bejahen, wenn der Kl bei Erfolg seiner FFK Anspr oder zumindest **verbesserte Aussicht auf Gewährung** der in Frage stehenden Leistung oder auf Ersatz dafür hat (DVBl 1981, 975). Das Feststellungsinteresse fehlt idR, wenn die Hauptsacheerledigung dadurch eingetreten ist, **daß der begehrte VA** erlassen wurde (66, 368 = NJW 1984, 1419; vgl auch oben 109); anders wenn nicht auszuschließen ist, daß die Behörde den VA unter bestimmten Voraussetzungen wieder zurücknehmen wird (vgl 66, 368 = NJW 1984, 1414) oder ein Interesse an der Feststellung der Rechtswidrigkeit 134

[233] 76, 260; NVwZ 1985, 266 – wenn auch aus anderen Gründen, als sie der Kl festgestellt wissen möchte, NZWehrR 1996, 173.

des Unterlassens in der Vergangenheit besteht (s oben 109 f). Durch die Aufhebung des etwa vorangegangenen Ablehnungsbescheids wird das RS I an der Feststellung, daß die Ablehnung oder Unterlassung des begehrten VA bzw einer Entscheidung über den Antrag des Kl rechtswidrig war, grds nicht ausgeschlossen, weil damit nicht feststeht, daß das Verhalten der Behörde rechtswidrig war; **anders,** wenn die Ausgangsbehörde oder die Widerspruchsbehörde bereits durch VA (Widerspruchsbescheid) eine entspr Feststellung getroffen hat (s 34 zu § 68); in diesem Fall würde für eine Klage mit dem entspr Antrag das RSI fehlen (str).

135 **Verneint das Gericht das Feststellungsinteresse** (s dazu unter 136), so weist es die FFK als unzulässig ab.[234]

136 **(2) Hauptfälle,** in denen ein Feststellungsinteresse als **gegeben anzusehen ist: (a) Präjudizialität für Schadensersatz- oder Entschädigungsanspr usw.** Ein Feststellungsinteresse besteht nach der Rspr **insb dann, wenn** die Feststellung für die Geltendmachung von **Ansprüchen aus Amtshaftung** nach Art 34 GG, § 839 BGB oder von sonstigen Schadensersatz- oder Entschädigungsanspr (Ko NVwZ 1989, 985; Ms NWVBl 1999, 342) erheblich ist, ein entspr **Prozeß** mit hinreichender Sicherheit **zu erwarten** ist[235] u **nicht offenbar aussichtslos erscheint.**[236] Zu dem zu erwartenden Schaden müssen substantielle Ausführungen gemacht werden (s auch Ms NVwZ-RR 2003, 696). Ein berechtigtes Interesse an der Feststellung wird freilich nach der neueren Rspr zu Recht nur dann anerkannt, wenn **die Erledigung des VA erst nach Klageerhebung eingetreten** ist.[237] In diesem Fall rechtfertigt der vom Kl in bezug auf die Feststellung der Rechtswidrigkeit des VA bereits entfaltete prozessuale Aufwand („Fortsetzungsbonus") die Fortführung der Anfechtungsklage als FFK, obwohl die ordentlichen Gerichte auch von sich aus in der Lage wären, im Rahmen eines vor ihnen geltend gemachten Anspr aus Amtshaftung bzw enteignungs- u aufopferungsgleichem Eingriff die Rechtswidrigkeit der Maßnahme festzustellen. Aus Gründen der Rechtssicherheit kann es dabei **nicht darauf ankommen,** ob sich das Gericht **tatsächlich bereits mit der erhobenen Klage befaßt hat.**[238]

137 **Zu verneinen** ist das Feststellungsinteresse auch, wenn die behaupteten Schäden offensichtlich **durch** mit dem Schadensereignis in adäquat ursächlichem Zusammenhang stehende **Vorteile ausgeglichen** werden (NJW 1988, 926).

Offensichtlich ist die Aussichtslosigkeit nur, „**wenn ohne** eine ins einzelne gehende Prüfung erkennbar ist, daß der behauptete Schadens- oder Entschädigungsanspr unter keinem rechtlichen Gesichtspunkt bestehen kann".[239] **Aussichtslosigkeit wg** fehlenden Verschuldens ist ua (nach der sehr problematischen Rspr, die im Ergebnis oft zu einem Instanzenverlust führt)[240] idR dann anzunehmen, **wenn ein Kollegialgericht** in seinem Urteil den VA als rechtmäßig angesehen hat,[241] es sei denn (vgl NJW 1985, 876 mwN), das Gericht hat die

---

[234] 76, 262; Sch-Gerhardt 96; Ey-J. Schmidt 83.

[235] S dazu Ma VBlBW 1997, 266; Münster NJW 1976, 439; Mü NVwZ 1983, 756.

[236] Vgl ua NVwZ 1999, 404; Mü BayVBl 1996, 599; NVwZ-RR 1991, 519; Münster NWVBl 1999, 342.

[237] 81, 226; NVwZ 1992, 1092; 1998, 1296; 2001, 1410; Ma VBlBW 1993, 300; Mü BayVBl 1983, 473; 1996, 312; Münster NWVBl 1995, 191; Rozek JuS 1995, 600; Schenke 585; SGH 356, 364; Sch-Gerhardt 95; **aA** Kopp JZ 1992, 1079; NKVwGO-Wolff 281.

[238] NVwZ 1998, 1295; **aA** Ma NVwZ 1997, 199 f; Christonakis BayVBl 2002, 390 ff; Göpfert NVwZ 1997, 144, wenn sich der Rechtsstreit unmittelbar nach Klageerhebung, aber noch bevor das ursprüngliche Vf in irgendeiner Weise gefördert war, erledigt.

[239] NJW 1986, 1827 ähnlich 72, 42: nicht schlechthin auszuschließen, daß Ersatzansprüche gegeben sind; vgl ebenso NVwZ 1992, 1092; NVwZ 1991, 568: Ersatzansprüche nicht offensichtlich aussichtslos.

[240] Dazu näher krit Diering Instanzenverlust durch Selbstbindung 76 ff.

[241] NJW 1985, 876 mwN; NVwZ 1985, 265, 267; 1999, 404; BayVBl 2004, 153; Ma NVwZ-RR 1999, 627; Münster NWVBl 1995, 191; VIZ 1996, 396.

Rechtslage offensichtlich verkannt u falsch entschieden (BGH NJW 1980, 1679), ist zB von falschen Tatsachen ausgegangen (vgl BGH NVwZ 1987, 258), oder es handelt sich um eine grundsätzliche Maßnahme, die zentralen Verwaltungsbehörden besonders anvertraut ist (BGH NJW 1971, 1701). Zu **berücksichtigen** ist in diesen Fällen jedoch immer, daß ggf **auch vom Verschulden unabhängige Anspr** aus Staatshaftung, zB aus enteignungsgleichen Eingriff (DVBl 2004, 1294) oder Aufopferung (s dazu 61 ff u 69 ff zu § 40), gegeben sein können. Ein solcher Anspr kommt auch für einen durch eine Vormerkung gesicherten Anwartschaftsberechtigten in Betracht, der geltend macht, sein Bauantrag sei rechtswidrig abgelehnt worden u ihm dadurch ein Schaden entstanden (**aA** Ma NVwZ-RR 1999, 627).

Das Feststellungsinteresse im Hinblick auf nicht offensichtlich aussichtslose Schadensersatzanspr ist **auch dann zu bejahen,** wenn **diese,** wie zB Anspr aus der Verletzung der beamtenrechtlichen Fürsorgepflicht des Dienstherrn, ebenfalls **im VRW** geltend zu machen sind (**aA** BayVBl 1982, 348; Buchh 237.6 § 8 LBG Niedersachsen Nr 1).

Der Präjudizwirkung der beantragten Feststellung für einen beabsichtigten, 138
nicht offenbar aussichtslosen Amtshaftungsprozeß ist es **gleichzuachten, wenn** durch die begehrte Feststellung **ein** derartiger **Prozeß vermieden werden kann,** weil der Bekl bei (positiver) Feststellung zugunsten des Kl den Entschädigungsanspr voraussichtlich anerkennen wird, oder wenn damit angedrohte Ersatzanspr abgewehrt werden können.[242] Zur Bindungswirkung des Urteils des VG über die Rechtswidrigkeit eines VA **für das Zivilgericht,** das über die Amtshaftung zu entscheiden hat, s oben 12.

Ein berechtigtes Interesse ist auch dann zu bejahen, wenn der Feststellung der 139
Rechtswidrigkeit Bedeutung für ein inzwischen eingeleitetes oder zu erwartendes **Bußgeld- oder StrafVf** zukommt (Buchh 310 § 113 VwGO Nr 38; Schenke/Roth WuV 1997, 139 ff; Sch-Gerhardt 94). Zwar bindet die verwaltungsgerichtliche Feststellung der Rechtswidrigkeit eines VA nicht das Strafgericht; wohl aber kann demjenigen, der im Einklang mit der verwaltungsgerichtlichen Feststellung handelt, idR kein Schuldvorwurf gemacht werden (Schenke/Roth WuV 1997, 142 f; s auch allg 12 zu § 121). Voraussetzung für eine verwaltungsgerichtliche Feststellung ist freilich auch hier, daß bereits vor der Erledigung des VA verwaltungsgerichtliche Klage erhoben wurde (s Ma VBlBW 1995, 318). Fehlt es hieran, so läßt sich das berechtigte Interesse auch nicht auf den Gesichtspunkt der größeren Sachnähe des VG bei der Beurteilung der Feststellung der Rechtswidrigkeit des VA stützen. Kein berechtigtes Interesse an der Feststellung besteht dann, wenn der Kl es versäumt hat, sein Interesse an einer Rehabilitation in einem StrafVf zu wahren u sich beispielsweise mit der Einstellung eines StrafVf gegen eine Auflage einverstanden erklärt hat (NVwZ-RR 2000, 325).

Entsprechendes gilt, wenn die begehrte Feststellung zwar rechtlich nicht 140
präjudiziell für ein sonst zu erwartendes weiteres Vf vor einem Gericht oder einer Behörde ist, aber ihr doch **jedenfalls „natürliche Autorität"** dafür zukommt;[243] im Grunde ist die Situation hier die gleiche wie bei Wiederholungs-

[242] NVwZ 1988, 1120; vgl auch DÖV 1988, 523: ein berechtigtes Interesse einer Gemeinde an der Feststellung, daß ein erledigter Widerspruchsbescheid der nächsthöheren Behörde rechtswidrig war, kann sich mit Rücksicht auf Ersatzansprüche, die ihr vom Bauwerber wg ihres ursprünglichen VA angekündigt worden sind, daraus ergeben, daß sie sich gegen solche Anspr wirksam verteidigen will.

[243] Vgl BFH 108, 92 = BStBl II 1973, 223 zu einem in der Sache erledigten lohnsteuerlichen Ermäßigungsverfahren im Hinblick auf die „natürliche Autorität" der Feststellung für einen vom Finanzamt durchzuführenden späteren Lohnsteuer-Jahresausgleich oder für eine spätere Einkommensteuerveranlagung für das entsprechende Kalenderjahr, u weil es prozeßökonomisch nicht vertretbar wäre, das zur Lohnsteuerermäßigung eingeleitete Klageverfahren ohne Sachentscheidung zu beenden u den Kl wg der im Lohnsteuer-Jahresausgleich

gefahr, bei der die Rspr das Feststellungsinteresse ebenfalls bejaht (s unten 141); auch hier geht es darum, zu vermeiden, daß über dieselben oder doch gleichen Rechtsfragen statt im anhängigen Rechtsstreit in einem zu erwartenden weiteren Vf zu entscheiden sein wird. Ein Feststellungsinteresse für einen Beamten ist ferner in bezug auf die verspätete Übernahme in ein Beamtenverhältnis zu bejahen, wenn diesem hieraus **berufliche Nachteile,** wie etwa eine spätere Ernennung zum Beamten auf Lebenszeit, erwachsen (VG Darmstadt NVwZ-RR 1999, 596; Sch-Gerhardt 92).

141 **(b) Das Feststellungsinteresse ist außerdem zu bejahen** bei **Wiederholungsgefahr,**[244] **sofern diese hinreichend konkret ist.**[245] Wiederholungsgefahr ist zB auch dann zu bejahen, wenn der Kl mit einer gleichen Entscheidung bei einem anderen seiner Kinder rechnen muß (NJW 1982, 1410) oder wenn der Kl gleichartige immissionsschutzrechtliche oder andere Vf, insb ParallelVf, für vergleichbare Standorte zu erwarten hat (vgl Lü NVwZ-RR 1993, 405), zB eine gleichartige Räumungsanordnung wie für den von ihm **aufgegebenen Lagerplatz** auch für einen anderen Lagerplatz befürchten muß, auf die er die Güter von dem aufgegebenen Lagerplatz gebracht hat. Entsprechendes gilt für die Feststellung der Rechtswidrigkeit der Ablehnung eines Antrags auf Erteilung einer Ausnahmegenehmigung gem § 3 BannmeilenG aF (heute: auf Zulassung gem § 5 G über befriedete Bezirke für Verfassungsorgane des Bundes v 11. 8. 1999, BGBl I 1818) für eine Demonstration innerhalb der **Bannmeile,** da sich diese Problematik immer wieder neu stellen kann (Ms DVBl 1994, 542; Schenke JZ 1996, 1110). **Wesentlich** für die Beurteilung des Feststellungsinteresses ist, ob die angestrebte Klärung **als Richtschnur** für künftiges Verhalten von Bedeutung ist (Mü BayVBl 1983, 434; Lü NVwZ-RR 1993, 405). **Abzulehnen** ist das RS I, wenn die **Verhältnisse sich geändert** haben u deshalb mit einer Wiederholung nicht mehr zu rechnen ist (DVBl 1983, 850), oder wenn die anstehende neue Entscheidung von wesentlich anderen Voraussetzungen abhängt, wie zB die Ausstellung eines neuen Reisepasses, nachdem der Geltungsbereich des alten, inzwischen abgelaufenen Passes wg lange zurückliegender Steuerschulden beschränkt worden war (Ms NVwZ 1986, 935).

142 **(c) Rehabilitation; Genugtuung.** Das Feststellungsinteresse ist **auch zu bejahen,** wenn die begehrte Feststellung, daß der VA rechtswidrig war, als **„Genugtuung"** und/oder zur **Rehabilitierung** erforderlich ist, weil der VA diskriminierenden Charakter hatte u sich aus ihm eine Beeinträchtigung des Persönlichkeitrechts des Betroffenen ergab.[246] Ein Rehabilitationsinteresse setzt dabei voraus,

---

oder bei der Einkommensteuerveranlagung auftretenden gleichen Rechtsfragen auf ein neues Gerichtsverfahren zu verweisen; s dazu auch Offerhaus NJW 1978, 1138.

[244] BVerfG NJW 2004, 2512; BVerwG NVwZ 1990, 360; 1994, 282; Lü NJW 2003, 532; Mü NVwZ-RR 1997, 375; Ma VBlBW 2006, 469; Münster DVBl 1994, 542; Göpfert 69; Hellerbrand JA 1995, 155; NKVwGO-Wolff 270 f; Rozek JuS 1995, 598; Schenke JZ 1996, 1109 f; Sch-Gerhardt 93.

[245] BSG DVBl 1992, 1317 – kein Feststellungsinteresse, wenn ungewiß, ob in Zukunft nochmals ähnliche Verhältnisse wirksam sein können; Mü BayVBl 1983, 434: daß ähnliches bei der Demonstration anderswo zu erwarten, genügt; BayVBl 1999, 405; Lü NVwZ-RR 2007, 68; Münster DVBl 1994, 542 u dazu Schenke JZ 1996, 1110; zu eng Mü BayVBl 1973, 383: die Wiederholung müsse tatsächlich bevorstehen, in absehbarer Zeit möglich erscheinen oder sich konkret abzeichnen; vgl auch BVerwG DVBl 1960, 287; 1963, 920; 1981, 682; Würt 653.

[246] BVerfG NJW 2004, 2512 f; BVerwG BayVBl 1991, 26; Ba NVwZ-RR 2002, 53; Lü NVwZ-RR 2007, 68; Ma VBlBW 1996, 394; Mü BayVBl 1993, 430; Münster NWVBl 1995, 266; Göpfert 70; Lorenz § 22, 48; NKVwGO-Wolff 273 f; Schenke 582 u JZ 1996, 1110; Sch-Gerhardt 92; Würt 654. Darauf, ob tatsächlich eine Verletzung des Persönlichkeitsrechts vorliegt, kommt es bei der Prüfung der Zulässigkeit nicht an Ba NVwZ-RR 2002, 53.

daß es bei vernünftiger Würdigung der Verhältnisse des Einzelfalls als schutzwürdig anzusehen ist (Buchh 310 § 113 VwGO Nr 280). Es ist zB zu bejahen

- stets bei einer **Inhaftierung des Kl,** zB iVm einer Abschiebungshaft (BVerfG NJW 2002, 2456);
- bei einem Beamten, dessen Beförderung wg **fehlender Eignung abgelehnt wurde** (ZBR 1972, 160) oder bei dessen **Versetzung,** die aufgrund ihrer Umstände mit einer **fortdauernden Beeinträchtigung seines Persönlichkeitsrechts** verbunden ist (Ba NVwZ-RR 2002, 54);
- bei einem **Bewerber um einen Lehrstuhl,** der nur eine nichtssagende Ablehnung erhalten hat (Lü NJW 1984, 1641);
- zur Wiederherstellung des durch ein **Dienstverbot** geminderten Ansehens eines Beamten (Lü DÖV 1974, 604);
- bei Anordnung einer **psychiatrischen Untersuchung** (DVBl 1981, 503);
- bei Beseitigung des diskriminierenden Anscheins, der durch die **Aufforderung** an einen Beamten, seine **Dienstfähigkeit** durch Vorlage eines amtsärztlichen Zeugnisses **nachzuweisen,** entstanden war (ähnlich Ma VRspr 27, 949 zur Abordnung eines Beamten, **weil** er sich **unsachlich u beleidigend** über einen Vorgesetzten geäußert habe);
- zur Wahrung des Ansehens einer politischen Partei, das durch **Verbot ihres Parteitags** beeinträchtigt wurde (Sa DÖV 1973, 863);
- bei **körperlicher Durchsuchung** anläßlich einer Demonstration (Ms DVBl 1982, 653 = DÖV 1982, 551);
- **bei einer publikumswirksamen polizeilichen Identitätsfeststellung** (Mü BayVBl 1993, 429);
- bei einer **polizeilichen Durchsuchung von Wohnungen** (Mü BayVBl 1997, 634);
- bei einer Anordnung nach dem G 10, zB einer **Telefonüberwachung wg** Verdachts einer Straftat nach diesem Gesetz (87, 25 = DVBl 1991 170), sofern ein VA vorliegt (35 zu Anh § 42), sonst nach § 43;
- bei einem **Versammlungsverbot,** weil der Kl sich von Negativbeurteilungen, zB als Störer iSd Polizeirechts, befreien will;[247]
- bei der **Gewerbeuntersagung** bzw der Entziehung einer Erlaubnis uä wg **Unzuverlässigkeit,** bei der Gewerbeuntersagung auch schon im Hinblick auf die Eintragung in das Gewerbezentralregister gem § 149 GewO (Lü VRspr 28, 839; **aA** Mü BayVBl 1970, 220);
- bei der Versetzung eines Soldaten wg Fehlens des sog **„Sicherheitsbescheids",** der Voraussetzung für den Zugang zu Geheimsachen ist (vgl auch ZBR 1981, 229);
- bei der **Nichtversetzung eines Schülers** in die nächsthöhere Klasse (NVwZ 2007, 227; s auch oben 129).

Die diskriminierende Wirkung kann sich außer aus der Art des ergangenen 143 (oder abgelehnten) VA auch **aus der Begründung des VA** oder aus den damit im Zusammenhang stehenden Umständen ergeben, zB wenn einem Soldaten der sog **Sicherheitsbescheid entzogen** wurde u dies mit einem Verhalten des Betroffenen begründet wurde, das geeignet ist, ihn in der Achtung der Öffentlichkeit oder seiner Kameraden herabzusetzen, u wenn diese Begründung auch Dritten bekannt wurde (vgl NVwZ 1989, 1056). Sie kann sich uU auch **aus der Art u Weise des Erlasses** oder Vollzugs des VA ergeben (DÖV 1982, 26: Rehabilitierungsinteresse, wenn der Kl beim Vollzug seiner Abschiebung gefesselt zum Flugzeug gebracht wurde).

Hat die Behörde selbst oder die Widerspruchsbehörde den in Frage 144 stehenden **VA** bei unverändertem Sachstand aufgrund neu gewonnener Erkennt-

[247] Lü NVwZ 1988, 638; zT **aA** Lü NdsVBl 1997, 286: Kl sah sich selbst als „Störer" an.

nisse **zurückgenommen oder wg seiner Rechtswidrigkeit** durch eine neue, für den Kl positive Regelung ersetzt, so besteht idR kein Rehabilitierungsinteresse mehr hins der Klärung der Frage der Rechtswidrigkeit des ursprünglichen VA (53, 139; 76, 120; NJW 1977, 2228; NVwZ 1985, 266), **es sei denn, daß besondere Gründe** vorliegen, etwa, daß für die Zeit bis zur Rücknahme bzw Neuregelung der Eindruck bestehen bleibt, daß dem Kl ein Vorwurf zu machen sei, uä (53, 139). Ein Rehabilitierungsinteresse kommt aber sehr wohl dann in Betracht, wenn der VA behördlicherseits nur widerrufen wurde, da die Behörde in einem solchen Fall nach wie vor von seiner Rechtmäßigkeit ausgeht (76, 261; NVwZ-RR 2002, 323; Schenke 579).

145 (d) **Typischerweise kurzfristige Erledigung sowie nicht aufhebbare Verwaltungsakte.** Richtigerweise wird man – wie in der Rspr schon vereinzelt geschehen – die Fallgruppen, bei welchen ein berechtigtes Interesse besteht, um eine weitere Konstellation zu ergänzen haben. Ein berechtigtes Interesse ist danach dann zu bejahen, wenn der **VA sich typischerweise kurzfristig erledigt** u es deshalb in einem solchen Fall ohne die Zulassung einer FFK **nie zu einer Hauptsacheentscheidung** hins der Rechtmäßigkeit einer solchen Maßnahme kommen würde.[248] Hier folgt aus der **institutionellen Garantie des Rechtsschutzes** durch Art 19 Abs 4 GG die Notwendigkeit der Bejahung eines berechtigten Interesses. Die evtl bestehende Möglichkeit eines vorläufigen Rechtsschutzes führt, trotz der Notwendigkeit einer Berücksichtigung der Erfolgsaussichten einer Klage im HauptsacheVf, nicht zu einer umfassenden Überprüfung der Rechtmäßigkeit der Maßnahme u vermag deshalb das berechtigte Interesse an der Feststellung der Rechtswidrigkeit des VA nicht in Frage zu stellen.[249] Von daher ergibt sich – unabhängig von einem hier vielfach bestehenden Rehabilitierungsinteresse – das berechtigte Interesse an der Feststellung der Rechtswidrigkeit eines vom BVerwG als VA qualifizierten (gegen Bejahung eines VA 35 zu Anh § 42) heimlichen **Abhörens eines Telefongesprächs** (vgl hierzu 87, 25 = DVBl 1991, 170). Der Sache nach wird die Notwendigkeit, den Gesichtspunkt der Kurzfristigkeit einer Maßnahme bei der Entscheidung über das Vorliegen eines berechtigten Interesses zu berücksichtigen, bereits dort anerkannt, wo die sonst an **das Vorliegen eines berechtigten Interesses** zu stellenden Anforderungen (etwa unter dem Gesichtspunkt der Wiederholungsgefahr) im Hinblick darauf heruntergeschraubt werden, daß sich eine Maßnahme typischerweise kurzfristig erledigt.[250] Daß sonst ideelle Interessen zur Bejahung eines berechtigten Interesses als grds nicht ausreichend angesehen werden, steht der Bejahung eines aus der institutionellen Garantie abgeleiteten berechtigten Interesses bei kurzfristiger Erledigung nicht entgegen (**aA** Mü NVwZ-RR 1999, 378).

Die hier vertretene Auffassung findet eine zusätzliche **Stütze in der neueren Rspr des BVerfG.** In einer im Zusammenhang mit einem RechtsmittelVf ergangenen Entscheidung erweiterte das BVerfG die Fälle, in denen aus verfassungsrechtlichen Gründen ein RSB zu bejahen ist, um eine weitere Fallgruppe. Nach ihm ist „ein Rechtsschutzinteresse aber auch in Fällen tiefgreifender

---

[248] Vgl Br NVwZ 1990, 1189; VG Weimar ThürVBl 1995, 43 ff; Diering Instanzenverlust durch Selbstbindung 44; Ehlers Jura 2007, 187; Schenke 583 u Menger-FS 470 f; R. P. Schenke JuS 2007, 697 unter I 1 d; Bader JuS 2005, 127; Schoch JK 3/06 VwGO § 113 I 4/20; Sodan/Kluckert VerwA 2003, 13 f sowie für tiefgreifende Grundrechtseingriffe BVerfG NJW 2004, 2510 ff; BVerwG NVwZ 1999, 991; Hbg NVwZ-RR 2003, 276; Münster NWVBl 1999, 260; Aulehner JA 2005, 98 f; Bader JuS 2005, 127; **aA** zB Mü NVwZ-RR 1999, 378; Hk-Kröninger/Wahrendorf 91; Rozek JuS 1995, 599.

[249] BVerfG NJW 2004, 2510 – betr Versammlungsverbot: Der Rechtsschutz im Hauptsacheverfahren wird durch den Rechtsschutz im Eilverfahren grds nicht überflüssig; zust Aulehner JA 2005, 99.

[250] Vgl Münster DVBl 1994, 542; das konzediert auch Rozek JuS 1995, 599.

Grundrechtseingriffe gegeben, in denen die direkte Belastung durch den angegriffenen Hoheitsakt sich nach dem typischen Verfahrensablauf auf eine **Zeitspanne beschränkt,** in welcher der Betroffene die **gerichtliche Entscheidung in der von der Prozeßordnung gegebenen Instanz kaum erlangen kann.** Effektiver Grundrechtsschutz gebietet es in diesen Fällen, daß der Betroffene Gelegenheit erhält, die Berechtigung des schwerwiegenden – wenn auch tatsächlich nicht mehr fortwirkenden – Grundrechtseingriffs gerichtlich klären zu lassen".[251] Obwohl diese Entscheidung sich unmittelbar nur mit der Zulässigkeit eines RMittel befaßte, kommt ihr bereits in bezug auf ein erstinstanzliches gerichtliches Vf Relevanz zu. Da Art 19 Abs 4 GG jedenfalls eine gerichtliche Instanz garantiert, muß in den Fällen, in denen sich ein Akt der Verwaltung vor oder während dieses Vf typischerweise infolge Zeitablaufs erledigt, erst recht eine Möglichkeit zur gerichtlichen Überprüfung bestehen (so iE auch BayVBl 1999, 633; Ms DVBl 1999, 1227). Anderenfalls liefe hier der gerichtliche Rechtsschutz – insoweit noch weiterreichender als in den Fällen eines mehrstufigen Rechtswegs – völlig leer, was iü auch unter dem Aspekt des materiellen Grundrechtsschutzes zusätzliche Bedenken hervorriefe.[252] Da es für den Rechtsschutz nach Art 19 Abs 4 GG grds ohne Bedeutung ist, um was für ein subjektives Recht es sich handelt, dessen Verletzung geltend gemacht wird, dürfte es für das Vorliegen des RSB idR sogar bereits ausreichen, wenn die hoheitliche belastende **Maßnahme sich typischerweise kurzfristig erledigt, ohne daß ein tiefgreifender Grundrechtseingriff erforderlich** ist (Schenke 583 f; Ehlers Jura 2007, 187; Sodan/Kluckert VerwA 2003, 11 ff; **aA** Ms DVBl 1999, 1227).

Aus **denselben Gründen,** aus denen bei sich typischerweise kurzfristig erledigenden VAen ein berechtigtes Interesse zu befürworten ist, wird man dieses auch dann zu bejahen haben, wenn bei einem **verfahrensfehlerhaften VA, dessen Aufhebung gem § 46 VwVfG ausgeschlossen** ist, auf Feststellung der Rechtswidrigkeit **in analoger Anwendung des § 113 Abs 1 S 4** geklagt wird (dazu oben 108 u Schenke 326 ff). Auch hier verstieße es gegen Art 19 Abs 4 GG, wenn dem Kl nicht nur ein Vorgehen gegen den dem Erlaß des VA vorangegangenen, ihn in seinen Rechten verletzenden Verfahrensakt wg § 44 a verwehrt wäre, sondern er auch nach Erlaß des VA wg § 46 VwVfG keine Möglichkeit besäße, die regelmäßig mit einer Grundrechtsverletzung einhergehende Verfahrensrechtsverletzung auf Antrag hin gerichtlich feststellen zu lassen (1 zu § 44 a; s dazu schon Schenke DÖV 1986, 320). Ein solcher völliger Ausschluß des Rechtsschutzes erweckte bei verfahrensfehlerhaften VAen, die in (unmittelbarem oder mittelbarem) Vollzug von europäischem Gemeinschaftsrecht ergehen, auch unter gemeinschaftsrechtlichen Gesichtspunkten Bedenken.

(e) Grundrechtseingriff. Ein Feststellungsinteresse ergibt sich entgegen einer zT vertretenen Ansicht[253] **nicht allein aus dem Gesichtspunkt,** daß durch einen VA in ein **Grundrecht eingegriffen wird.** Würde man allein hierauf abheben, so müßte angesichts des umfassenden Schutzes der Rechtssphäre des Bürgers durch die Freiheitsgrundrechte, zumindest durch Art 2 Abs 1 GG, das eingrenzende Kriterium des berechtigten Interesses praktisch leerlaufen, da jeder belastende VA in diesem Sinn grundrechtsrelevant wäre. Denkbar ist allerdings, daß sich aus einem erledigten VA **eine fortdauernde faktische Grundrechts-** 146

---

[251] BVerfG 96, 40 unter Hinw auf BVerfG 81, 140 f; NJW 2004, 2511; zust Ba NVwZ 1999, 891; Ma VBlBW 1998, 103.

[252] S in dieser Richtung auch iVm einer VB BVerfG 81, 140 unter Hinw auf BVerfG 34, 180; 41, 43; 49, 51 f.

[253] Für sie 61, 164 ff; mit Einschränkungen Rozek JuS 1995, 599; Sch-Gerhardt 91; **krit** Lü NdsVBl 1997, 286; Ma NJW 1984, 1833; Mü NVwZ-RR 1993, 621; Münster DVBl 1993, 567; Göpfert 71; Kunig Jura 1997, 330; Schenke JZ 1996, 1110 u Menger-FS 471 f; Schwabe 69; s auch Schnellenbach DVBl 1990, 145.

beeinträchtigung ergibt, die ein berechtigtes Interesse an der Feststellung seiner Rechtswidrigkeit begründet.[254] Die FFK beinhaltet insoweit **ein prozessuales Instrument zur Durchsetzung von Beseitigungsanspr,** das uU sogar adäquater erscheint als die sonst hierfür in Betracht kommende allg Leistungsklage (s auch NJW 1997, 2535). Darauf beruht letztlich auch die Anerkennung eines berechtigten Interesses in den Fällen der diskriminierenden Wirkung des VA (s auch Schenke JZ 1996, 1110). Die materiellen Grundrechte bieten neben Art 19 Abs 4 GG schließlich auch noch – im Hinblick auf das ihnen immanente Wesensmerkmal des Rechtsschutzes[255] – eine **zusätzliche Stütze** zur Begründung des berechtigten Interesses bei sich **typischerweise kurzfristig erledigenden VAen** (s oben 145), bei denen auch kein ausreichender Rechtsschutz im VerwaltungsVf möglich ist.

147 **d) Begründetheit.** Entgegen dem mißverständlichen Wortlaut des Abs 1 S 4 setzt die Begründetheit der FFK nicht nur die objektive Rechtswidrigkeit, sondern auch die subjektive RVerletzung des Kl voraus.[256] Das ergibt sich aus dem systematischen Zusammenhang des Abs 1 S 4 mit Abs 1 S 1 u aus ihrer Rechtsnatur als einer „amputierten Anfechtungsklage". Eine nachträgliche Heilung eines erledigten VA scheidet aus. Deshalb kommt hier auch kein Ergänzen von Ermessenserwägungen iSd § 114 S 2 mehr in Betracht.[257]

Für die Entscheidung über die FFK maßgebliche Sach- u Rechtslage: Maßgeblich für die Entscheidung des Gerichts in der Sache – anders uU hins der Beurteilung des erforderlichen Feststellungsinteresses, s oben 44 – ist grds der im Antrag bezeichnete Zeitpunkt, wobei im Zweifelsfall auf die **Sach- u Rechtslage im Zeitpunkt der Erledigung** der Hauptsache abzustellen ist (s oben 124).

Entscheidungsformel zB: „Der Bescheid des Landratsamts X vom 12. 1. 2005 AZ ... war rechtswidrig" (DVBl 1984, 530). Damit soll insb auch erreicht werden, daß die Arbeit des Gerichts nicht umsonst war u der Kl nicht ohne Not um die Früchte des bisherigen Prozesses wird.[258] **Zugleich** mit der Feststellung hins der Rechtswidrigkeit des VA, die (obwohl nicht ausdr ausgesprochen) auch die Feststellung einer subjektiven RVerletzung in sich schließt (s 21 zu § 121), **hebt** das Gericht bei Erfolg der FFK auch einen ggf vorangegangenen, den VA bestätigenden **Widerspruchsbescheid auf** (81, 228 = NJW 1989, 2486; Schl NJW 1993, 2005). **Ebenso** schließt **ein stattgebendes Urteil** gem § 113 Abs 1 S 4 im Zweifel konkludent auch die Aufhebung des Widerspruchbescheids mit ein.

Wenn die **Erledigung** der Hauptsache erst **im RechtsmittelVf** eintritt (bzw wenn der Antrag gem § 113 Abs 1 S 4 erst im RechtsmittelVf gestellt wird), so ist gleichwohl im Urteil gem § 113 Abs 1 S 4 **nicht** zugleich auch **die Unwirksamkeit** des früheren **Urteils** gem § 269 Abs 3 S 1 ZPO iVm § 173 S 1 festzustellen, da nach wie vor eine Entscheidung in der Hauptsache begehrt wird u mit dem Fortsetzungsfeststellungsantrag nur der Klageantrag geändert wird.[259]

---

[254] Etwa bei einer durch das erledigte Verbot einer Kunstausstellung bewirkten fortdauernden tatsächlichen Beeinträchtigung der beruflichen u künstlerischen Betätigung vgl Münster NVwZ 1993, 75 u hierzu näher Schenke JZ 1996, 1110; s auch Münster NVwZ 2004, 508. Göpfert 72 bejaht bei einer schweren nachwirkenden Grundrechtsbeeinträchtigung das berechtigte Interesse.

[255] S zB BVerfG 24, 401: „dem Grundrecht wesensmäßig zugehöriger Rechtsschutz"; BK-Schenke 258 zu Art 19 Abs 4 GG u Rechtsschutz 73 ff.

[256] DVBl 1982, 692; VRspr 25, 539; Schenke 862 a; Sch-Gerhardt 96.

[257] Münster NVwZ 2001, 1424; Bader NVwZ 1999, 122; B-Kuntze 61 zu § 114; Ey-Rennert 86 zu § 114; s auch oben 73; **aA** ohne Begründung Sch-Gerhardt 12 d zu § 114.

[258] Vgl NVwZ 1992, 563; DVBl 1992, 1231 mwN; Ma NVwZ-RR 1991, 518.

[259] NVwZ 1986, 468; **aA** Münster ZBR 1976, 62 u die 10. Aufl 49; vgl auch 56, 55; BFH NJW 1980, 1592.

e) Entscheidungswirkungen. Durch das verwaltungsgerichtliche Urteil wird (insoweit mit der Anfechtungsklage übereinstimmend) bei Erfolg die **subjektive RVerletzung des Kl** festgestellt (21 zu § 121), bei Erledigung des VA ferner vom Zeitpunkt des Eintritts des erledigenden Ereignisses an (Ms NWVBl 2001, 189) dessen Unwirksamkeit (NVwZ 1998, 734; 2002, 853 u mit anderer Begründung Schenke JZ 2003, 35; s näher 8 zu § 90). Kraft der gerichtlichen Entscheidung nach § 113 Abs 1 S 4 ist deshalb **nicht mehr der Regelungsgehalt** des VA maßgeblich, sondern die Rechtslage, die ohne Geltung des gerichtlich als rechtswidrig festgestellten erledigten VA besteht (NVwZ 1998, 734; 2002, 853; s auch Schenke JZ 2003, 34). Zur Bindungswirkung des Urteils des VG über die Rechtswidrigkeit eines VA **für das Zivilgericht,** das über die Amtshaftung zu entscheiden hat, s oben 12. Zur Frage, inwieweit die **Aufhebung** des VA die Verwaltung daran **hindert,** einen **VA mit demselben Inhalt zu erlassen,** sowie zur Frage, inwieweit die **Abweisung einer Anfechtungsklage** die **Verwaltung hindert,** den **VA aufzuheben,** s 21 zu § 121. 148

10. Abänderung des angefochtenen VA durch das Gericht; „Teilzurückweisung" an die Behörde (Abs 2 S 1, sog „ergänzte Anfechtungsklage"): Die Vorschrift stellt eine (vor allem durch Gründe der Verfahrensökonomie bestimmte) **Ausnahme** von dem in Abs 1 ausgesprochenen Grundsatz dar, daß das Gericht in Anfechtungssachen grds nur den angefochtenen VA aufheben **(kassatorisches Prinzip),** nicht aber ihn durch einen anderen ersetzen oder ihm einen anderen Inhalt geben kann (vgl auch BT-Dr 11/7030, 29). Formal handelt es sich bei der Klage gem Abs 2 auf „Abänderung" eines VA (vgl 55, 178) – bzw dem Urteils darüber – um eine mit einer gestaltenden Entscheidung gem § 113 Abs 1 S 1 gekoppelte (klarstellende) **feststellende** Entscheidung (s auch § 5 zu 42; ähnlich Sch-Gerhardt 36; **aA** 10. Aufl 65: Anfechtungsklage), die aber hins ihrer **Zulässigkeitsvoraussetzungen den Regeln der Anfechtungsklage** unterliegt. Der Sache nach besteht jedenfalls bei auf Geldforderungen gerichteten VAen ohnehin kein Unterschied zwischen einer Feststellung des rechtmäßig geschuldeten Betrages sowie der Teilaufhebung eines Bescheids, der eine zu hohe Forderung festsetzt. Das macht freilich zugleich deutlich, daß § 113 Abs 2 S 1 **überflüssig** ist. So ist es zB bei einem auf die Zahlung von 1000,– EUR gerichteten Geldbescheid ohne Relevanz, ob dieser insoweit aufgehoben wird, als in ihm durch die Verwaltung mehr als 300,– EUR verlangt werden oder das Gericht gem § 113 Abs 2 S 1 die Feststellung trifft, der Kl habe statt 1000,– EUR nur 300,– EUR zu zahlen. 149

Der durch das 4. VwGOÄndG selbst im Hinblick auf die Anfechtungsklage eingeschränkte § 113 Abs 2[260] (nur bei Festsetzung eines Geldbetrags sowie darauf bezogener Feststellung) ist **nicht analog auf Verpflichtungsklagen** anwendbar.[261] Dem steht der mit § 113 Abs 1 S 1 bestehende enge systematisch-teleologische Zusammenhang der Regelung des § 113 Abs 2 entgegen, von dem her sich eine Ersetzung der Teilaufhebung eines VA durch die positive Festsetzung eines anderen Betrags oder eine darauf bezogene Feststellung (aus Gründen der Rechtssicherheit) rechtfertigt; vor allem aber auch der die **VwGO prägende,** durch das **Gewaltenteilungsprinzip** (s auch NVwZ 1993, 270; 1995, 496) **beeinflußte** Grundsatz, demzufolge das VG nicht selbst anstelle der Verwaltung einen VA erläßt, sondern dieses hierzu nur verpflichtet (§ 113 Abs 5 S 1). Eine partielle Abweichung von diesem Grundsatz hätte einer ausdr gesetzlichen Regelung bedurft (s auch zu einem ähnlichen, sich früher iVm der VzA eines VA stellenden Problem Schenke NJW 1970, 270 f). 150

---

[260] Zu § 113 Abs 2 S 1 aF Bettermann, Wacke-FS 1972, 238; Müller NJW 1963, 23; Schlink-Wieland DÖV 1982, 428.

[261] So auch Sch-Gerhardt 44; NKVwGO-Wolff 325; **aA** vor Novellierung des § 113 Abs 2 BVerwG 55, 172.

151 In seiner heutigen Fassung ist Abs 2 **nicht** mehr (auch nicht analog) **auf** VAe anwendbar, die eine **Leistung in anderen vertretbaren Sachen** als Geld betreffen, insb auch nicht mehr auf feststellende VAe wie die **Feststellung der Verpflichtung zur Kriegsdienstleistung.** Die entspr Regelung wurde, ohne daß dafür ein sinnvoller Grund ersichtlich wäre, gestrichen.[262] Zum Begriff des VA, „der einen Geldbetrag festsetzt", vgl auch § 48 Abs 2 S 1 VwVfG, dazu KR 86f zu § 48 VwVfG. Der Begriff der **„auf einen Geldbetrag bezogenen Feststellung"** in S 1 ist dagegen offensichtlich **enger** als der Begriff des VA, der Voraussetzung für einen VA ist, der eine Geldleistung betrifft, **in § 48 Abs 2 S 1 VwVfG;** daher können zur näheren Abgrenzung die Rspr u das Schrifttum zu § 48 Abs 2 S 1 VwVfG hier kaum Anhaltspunkte bieten.

152 Die **Abänderungs- bzw Ersetzungsbefugnis** nach S 1 betrifft **nur Fälle,** in denen die Abänderung des VA als **Alternative zur (nur) teilweisen Aufhebung** (64, 3456 = DVBl 1982, 549) oder als (ganze oder teilweise) Umkehrung oder sonstige Abänderungen eines VA in Betracht kommt.[263] Sie **setzt voraus,** daß der Verwaltung hins der zu treffenden Festsetzung der Leistung bzw Feststellung **kein Ermessens- oder Beurteilungsspielraum eingeräumt ist**[264] **oder der Spielraum** jedenfalls angesichts der besonderen Umstände des Falls **auf Null** reduziert ist (Ermessensreduktion auf Null, vgl 6 zu § 114).

Zulässig ist zB die Abänderung oder Ersetzung der Festsetzung über die Höhe des zu zahlenden **Erschließungsbeitrags** (DVBl 1982, 549; Ms NVwZ-RR 1998, 584), unter dem Gesichtspunkt einer **„auf einen Geldbetrag bezogenen Feststellung"** wohl auch die Abänderung eines feststellenden VA über das **Besoldungsdienstalter** eines Beamten (RÖ-M. Redeker 8; vgl auch Bettermann DVBl 1973, 376). Anwendbar ist Abs 2 S 1 **zB** auf rechtlich gebundene **Gebührenbescheide, Beitragsbescheide** (RÖ-M. Redeker 8), Bußgeld- u Ordnungsgeldbescheide (RÖ-M. Redeker 8; vgl auch Ms 15, 284; Ey-J. Schmidt 10); **nicht anwendbar** ist Abs 2 S 1 dagegen zB bei Anfechtungsklagen gegen die Festsetzung von Zwangsgeldern, da es sich hier um Ermessensentscheidungen handelt.

153 **Ausgeschlossen** ist nach allg Grundsätzen des Prozeßrechts (§ 88) auch die **Festsetzung eines höheren Betrags** zum Nachteil des Kl oder eine für den Kl ungünstigere Feststellung, auch wenn Abs 2 dies nicht ausdr erwähnt (NK-VwGO-Wolff 332; Sch-Gerhardt 39). **Unzulässig** ist die Abänderung oder Ersetzung eines VA außerdem, wenn sie nur aufgrund von Feststellungen oder rechtlichen Erwägungen möglich wäre, die der Behörde **nachzuschieben verwehrt wäre u** die auch nicht nach **§§ 46 u 47 VwVfG** – bzw nach den diesen Vorschriften entspr Rechtsvorschriften oder allg Rechtsgrundsätzen – vom Gericht berücksichtigt werden könnten (Müller NJW 1978, 1357; vgl auch BVerwG 69, 92). Insoweit gilt auch für Abs 2 nichts anderes als für Abs 1 (vgl zu Abs 1 oben 20ff). Das Gericht kann im Ergebnis **nicht einen VA** schaffen, **„dessen tragende Begründung die Behörde selbst im Prozeß nicht hätte nachholen können"** (Müller NJW 1978, 1357). Erweist sich **zB** ein Erschließungsbeitragsbescheid als rechtswidrig, weil ihn die Behörde nach den mitgeteilten Gründen fehlerhaft berechnet hat (vgl 47, 72), so kann die Ersetzung der Festsetzung durch das Gericht auch nach § 113 Abs 2 nur in Betracht kommen, wenn die dem Gesetz entspr Festsetzung **nicht** die Neuberechnung des Beitrags auf der **Grundlage völlig anderer Berechnungsfaktoren** erforderlich macht,

---

[262] Vgl 90, 268 = NVwZ 1993, 270; NKVwGO-Wolff 327; Sch-Gerhardt 37; **aA** RÖ-M. Redeker 15.

[263] VG Wiesbaden InfAuslR 1980, 429; Schlink/Wieland DÖV 1982, 428; **aA** Ks NVwZ 1982, 136.

[264] 32, 50; 33, 353; 38, 310; 44, 22; 69, 91; DÖV 1970, 646; Münster DÖV 1985, 367; NKVwGO-Wolff 330; RÖ-M. Redeker 8; Sch-Gerhardt 39.

als sie der Berechnung im Heranziehungsbescheid zugrunde liegen.[265] **Grds** ist in solchen Fällen, in denen es dem Kl um eine andere Feststellung geht, die **volle Aufhebung** geboten mit der Folge, daß es der Behörde überlassen bleibt, über die gebotene Feststellung zu entscheiden.[266]

Ein **besonderer Antrag** auf Abänderung des VA **ist** üblich, aber **nicht erforderlich;**[267] es genügt insoweit der allg Anfechtungsantrag gem § 42 Abs 1. **Ob das Gericht** von der Befugnis gem Abs 2 Gebrauch macht, steht in seinem **Ermessen,** auch wenn nur ein Aufhebungsantrag gestellt ist.[268] Im Hinblick darauf stellt auch der Übergang von einem Anfechtungsantrag auf einen Antrag nach Abs 2 **keine Klageänderung** (§ 91) dar (34, 355). Macht das Gericht von der Befugnis nach Abs 2 keinen Gebrauch, so ist die Klage als Anfechtungsklage nach Abs 1 zu behandeln. **RMittel** gegen die Weigerung des Gerichts, gem Abs 2 zu entscheiden, sind nicht gegeben. Macht das Gericht von seiner Befugnis zur Abänderung des VA Gebrauch, so bedarf es daneben **nicht auch** noch zusätzlich **der Aufhebung** des ursprünglichen VA (65, 288 = NVwZ 1982, 619). 154

11. Beschränkung der Entscheidung auf die Klärung der für die Berechnung maßgeblichen Gesichtspunkte (Abs 2 S 2 und 3): a) Anwendungsbereich. Der durch das 4. VwGOÄndG eingefügte Abs 2 S 2 u 3 soll das Gericht von umfangreichen Berechnungen, die die Behörden mit den ihnen zur Verfügung stehenden Möglichkeiten u vor allen auch technischen Hilfsmitteln idR schneller u einfacher bewältigen können, entlasten (BT-Dr 11/7030, 29; Kopp NJW 1991, 525; Redeker DVBl 1991, 972). S 2 stellt es deshalb dem Gericht, wenn die Berechnung des Betrages mit erheblichem Aufwand verbunden wäre, grds frei, statt den richtigen Betrag selbst festzustellen, bei seiner Entscheidung **von der Errechnung** des Betrages **abzusehen** u sich damit zu begnügen, die Rechtswidrigkeit des angefochtenen VA festzustellen u in einer Art praktischer Teilrückverweisung der Sache an die Verwaltungsbehörde (vgl auch unten 163) **die für die Berechnung maßgeblichen tatsächlichen u rechtlichen Gesichtspunkte** in einer Art Bescheidungsurteil analog § 113 Abs 5 S 2[269] im Urteil so **zu bestimmen,** daß die Behörde, wenn sie am VA weiter Interesse hat u neu entscheiden will,[270] den Betrag aufgrund der Vorgaben im Urteil selbst errechnen kann. § 113 Abs 2 S 2 ermächtigt das Gericht lediglich, die Neuberechnung des Geldbetrags der Behörde zu überlassen; notwendige Ermittlungen zu den für die Neuberechnung maßgeblichen tatsächlichen Verhältnissen hat das Gericht hingegen – anders als nach § 113 Abs 3 – selbst vorzunehmen.[271] Berechnet die zuständige Behörde den Betrag neu, hat sie das Ergebnis ihrer Berechnung nach S 4 den Beteiligten **formlos mitzuteilen** (NKVwGO-Wolff 355; RÖ-M. Redeker 13) u nach RKraft des Urteils des Gerichts den **VA mit dem geänderten Inhalt neu bekanntzugeben;** die Beteiligten haben gegen 155

[265] Müller NJW 1978, 1357 Anm 24; s auch oben 149; **aA** BVerwG 69, 201 = NVwZ 1985, 35.

[266] **AA** 69, 91 zur Anerkennung als Kriegsdienstverweigerer, ua unter Hinweis auf die Eilbedürftigkeit der Entscheidung in Kriegsdienstverweigerungssachen.

[267] 34, 355; 65, 288 = NVwZ 1982, 619; 69, 92; Münster NVwZ-RR 1998, 584; NKVwGO-Wolff 331; RÖ-M. Redeker 8; **aA** Sch-Gerhardt 38.

[268] 34, 355; Müller NJW 1978, 1356; NKVwGO-Wolff 331; RÖ-M. Redeker 8; **aA** Sch-Gerhardt 39.

[269] RÖ-M. Redeker 11; Redeker DVBl 1991, 974 unter Bezugnahme auf BFH BStBl II 1983, 776: eine besondere Art des Bescheidungsurteils; **aA** Sch-Gerhardt 40; s unten 158.

[270] Vgl Redeker DVBl 1991, 974; RÖ-M. Redeker 11: das Gericht stellt insoweit nur anheim, verpflichtet die Behörde jedoch nicht dazu; anders als gem § 113 Abs 5 keine Verpflichtung zur Neubescheidung.

[271] 87, 297; NVwZ 2005, 826.

den neuen VA dann die allg auch sonst gegen VAe gegebene **Rechtsbehelfe** (RÖ-M. Redeker 13; s auch unten 159 f).

156 **Abs 2 S 2–3** gilt unmittelbar **nur für Anfechtungsklagen.** Eine analoge Anwendung scheidet iVm einer auf eine **Bescheidung gerichteten Verpflichtungsklage,** die auch bei rechtlich gebundenen VAen in Betracht kommt (s 8 zu § 42; unten 201 ff), von vornherein aus. Eine Analogie ist aber auch bei der auf Erlaß eines bestimmten VA gerichteten **Vornahmeklage abzulehnen** (so auch Sch-Gerhardt 44, NKVwGO-Wolff 342). Ihr steht nicht nur der enge Zusammenhang mit der nur für die Anfechtungsklage geltenden Bestimmung des § 113 Abs 2 S 1 entgegen, sondern hiermit zusammenhängend auch der Umstand, daß die analoge Anwendung des § 113 Abs 2 S 2 u 3 sich auch auf die Verpflichtungsklage **zum Nachteil für den Kl** auswirkte. Während bei der Anfechtungsklage die in § 113 Abs 2 S 2 u 3 geregelte Teilzurückweisung mit einer Aufhebung des VA verbunden ist (s unten 158 u NKVwGO-Wolff 348) u insoweit den Kl begünstigt, wirkte sie sich **im Kontext der Verpflichtungsklage** zu dessen Lasten aus, indem sie die endgültige gerichtliche Entscheidung häufig verzögerte.[272] Ein praktisches Bedürfnis für eine Analogie zu § 113 Abs 2 S 2 besteht um so weniger, als es dem Gericht unbenommen bleibt, den Kl anzuregen, bei einer Verpflichtungsklage dort, wo in der Tat die Berechnung durch das Gericht (auch unter Zuhilfenahme der Verwaltung) erhebliche Schwierigkeiten bereiten kann u uU sogar zu einer Verzögerung des Rechtsschutzes des Kl führt, seinen Antrag auf eine Bescheidung umzustellen. Bei rechtlich gebundenen VAen, bei denen der Kl auf einer gerichtlichen Entscheidung über die Verpflichtung der Verwaltung zum Erlaß eines bestimmten VA beharrt, läßt sich jedoch mittels einer analogen Anwendung des § 113 Abs 2 S 2 die gerichtliche Verpflichtung zur Herbeiführung der Spruchreife nicht einschränken (s auch Sch-Gerhardt 44).

157 Abs 2 S 2 stellt die **Entscheidung, ob** das Gericht von der ihm damit verliehenen Befugnis Gebrauch machen will, in das **Ermessen** des Gerichts (Redeker DVBl 1991, 974; Sch-Gerhardt 41). Das Gericht ist an die Zustimmung der Beteiligten oder auch nur des Kl zu einem solchen Vorgehen **nicht** gebunden (Redeker DVBl 1991, 974 mit Fn 8 unter Hinweis auch auf die Entstehungsgeschichte der Vorschrift).

Voraussetzung dafür, daß das Gericht nach Abs 2 S 2 u 3 vorgeht, ist, **daß „die Ermittlung** des festzusetzenden oder festzustellenden Betrages einen **nicht unerheblichen Aufwand** erfordern" würde.[273] Das Gericht hat bzgl der in § 113 Abs 2 S 2 genannten Tatbestandsvoraussetzungen für die Ausübung des Ermessens **keinen Beurteilungsspielraum** (RÖ-M. Redeker 10; **aA** früher Redeker DVBl 1991, 974); ein solcher läßt sich – wie auch sonst – nicht allein aus dem Umstand ableiten, daß ein auf der Tatbestandsseite einer Norm verwandter unbestimmter Rechtsbegriff („nicht unerheblicher Aufwand") mit der Einräumung eines Ermessens auf der Rechtsfolgeseite gekoppelt ist.[274] Für die Entscheidung, ob es eines nicht unerheblichen Aufwands bedarf, sind die **noch erforderlichen Feststellungen,** Beweisaufnahmen, Berechnungen usw nach **Art, Umfang, Zeitaufwand, Mühe u Kosten** vor allem auch unter Berück-

[272] Abgemildert werden diese Bedenken allerdings, wenn man mit DVBl 1991, 282, die gerichtliche Befugnis gem § 113 Abs 2 S 2 über den Wortlaut der Vorschrift hinausreichend allg so versteht, daß die Zurückweisung dem Kl zumutbar sein muß.

[273] S auch die vergleichbare Bestimmung in § 100 Abs 2 FGO sowie Redeker DVBl 1991, 973; offensichtlich ist hier trotz unterschiedlicher Wortwahl das gleiche gemeint, vgl RÖ-M. Redeker 10.

[274] S Schenke 769; die frühere abw Entscheidung des GSOGB iVm § 131 AO 1919 BVerwG 39, 363 ff ist zu Recht auch in der Rspr ohne Gefolgschaft geblieben (vgl 40, 356; 45, 164).

sichtigung der primären Aufgabe des Gerichts als Rechtsprechungsorgan von Bedeutung. **Dabei** ist nach dem Zweck der Regelung, die Gerichte von gerichtsfremden Aufgaben zu entlasten, **kein strenger Maßstab** anzuwenden. Zu eng daher 87, 288,[275] wonach die Voraussetzungen des § 113 Abs 2 S 2 nur dann vorlägen, wenn die gerichtliche Feststellung auf „ernsthafte Schwierigkeiten" stoßen würde u eine solche Zurückverweisung dem Kl bei Abwägung der Belange den Beteiligten zumutbar sein müsse, was bei **Erschließungsbeiträgen** regelmäßig nicht zuträfe (für Anwendbarkeit des § 113 Abs 2 auch hier Ms NVwZ-RR 1998, 585).

b) Form und Inhalt der Entscheidung des Gerichts nach Abs 2 S 2 und 3. Das Gericht **hebt,** wenn es feststellt, daß der angegriffene VA rechtswidrig ist, **den VA** durch Urteil (oder Gerichtsbescheid nach § 84) **auf**[276] **u bestimmt** im Urteil ähnlich wie sonst bei einem Bescheidungsurteil gem § 113 Abs 5 S 2 zugleich die tatsächlichen und/oder rechtlichen **Grundsätze,** die die Behörde bei der zu treffenden neuen Entscheidung (s dazu auch unten 159 ff) zu beachten hat bzw zu beachten hätte. Eine **Verpflichtung zur Neubescheidung ergibt** sich daraus für die Behörde, anders als bei einem Bescheidungsurteil nach Abs 5, **nicht** (s oben 155; Redeker DVBl 1991, 974; **aA** Sch-Gerhardt 43); für die Behörde ist insoweit nur das in der Sache anwendbare materielle Recht maßgeblich (Redeker DVBl 1991, 974). **Im Urteil** ist auch schon **über die Kosten** zu entscheiden; für die **Kostenverteilung** ist insoweit das Verhältnis zwischen dem Klageantrag u dem mutmaßlichen Ergebnis der Neuberechnung maßgeblich.[277] 158

c) Rechtsbehelfe der Beteiligten gegen Entscheidungen gem Abs 2 S 2 und 3. Die Beteiligten haben, wenn sie die Entscheidung des Gerichts, insb auch die Bestimmungen der für die Neuberechnung maßgeblichen Grundsätze, nicht für zutr halten, **dagegen die normalen RMittel** wie gegen sonstige End-entscheidungen (End-Urteile u Gerichtsbescheide) des Gerichts (Redeker DVBl 1991, 974). **Auch der Kl** kann, wenn die Klage wie idR auf volle Aufhebung des VA gerichtet war, das Urteil angreifen (Redeker DVBl 1991, 974); er kann, da das Urteil sonst uU unanfechtbar wird, insoweit seine **Einwände** nicht einem **weiteren Prozeß** gegen den zu erwartenden neuen VA überlassen (ebenso Redeker DVBl 1991, 975). 159

Gegen die ggf aufgrund des Urteils erfolgende **Neuberechnung** des in Frage stehenden Betrages, die den Beteiligten (nicht dem Gericht!) **unverzüglich formlos mitzuteilen** ist (§ 113 Abs 2 S 3), haben die Beteiligten unmittelbar **keine** Rechtsbehelfe. Sie stellt sich als **schlichtes Verwaltungshandeln** dar (Sch-Gerhardt 43), das der Vorbereitung der Neubekanntgabe des VA mit dem geänderten Inhalt nach RKraft der Entscheidung dient. Einwendungen gegen die Berechnung können die Beteiligten im Rahmen des VerwaltungsVf (§ 28 VwVfG) geltend machen. Gegen die später nach RKraft der Entscheidung erfolgende neue Bekanntgabe des VA mit dem geänderten Inhalt haben die Betroffenen die **allg gegen VAe gegebenen Rechtsbehelfe** (s auch NKVwGO-Wolff 351), wobei sich allerdings **Einschränkungen** der Überprüfung aus der **Bindungswirkung des vorangegangenen rechtskräftigen Urteils** ergeben.[278] 160

---

[275] **Krit** NKVwGO-Wolff 343; Redeker DVBl 1991, 973 f; Sch-Gerhardt 41; s auch allg Kallerhoff DVBl 1991, 977.

[276] Ebenso NKVwGO-Wolff 348; teilw anders Sch-Gerhardt 42: „Der VA wird dahin abgeändert, daß der Betrag × DM durch einen vom Bekl nach Maßgabe der Entscheidungsgründe neu zu berechnenden Betrag ersetzt wird".

[277] Vgl BFH BStBl II 1985, 73; Redeker DVBl 1991, 973; Stelkens NVwZ 1991, 217; ferner RÖ-M. Redeker 26; Sch-Gerhardt 39.

[278] RÖ-M. Redeker 13; zu weitgehend Sch-Gerhardt 43, wonach hier nur eine nicht mit Rechtsbehelfen angreifbare „wiederholende Verfügung" vorliege.

Soweit der VA **Rechenfehler** oder ähnliche offenbare Unrichtigkeiten enthält, kann Antrag auf Berichtigung gem **§ 42 VwVfG** gestellt werden.[279]

161 Will die **Behörde** in den Fällen des Abs 2 S 2 es nicht bei der Aufhebung des betroffenen VA belassen, so kann u muß sie ggf **aufgrund ihrer allg Zuständigkeiten u** Befugnisse **einen neuen VA** erlassen, wobei sie jedoch wie bei einem Bescheidungsurteil nach Abs 5 **an die** in der Entscheidung des Gerichts getroffene **Bestimmung** der für den neuen VA maßgeblichen tatsächlichen u rechtlichen Gesichtspunkt **gebunden** ist.

162 Der **Erlaß eines neuen** VA soll nach Abs 2 S 3 erst erfolgen, **wenn** das Urteil nach Abs 2 S 2 **rechtskräftig** ist u deshalb nicht mehr damit zu rechnen ist, daß die für den von der Behörde zu erlassenden neuen VA maßgeblichen rechtlichen oder tatsächlichen Gesichtspunkte durch eine Rechtsmittelentscheidung noch geändert werden. Bei dem nach Abs 2 S 3, HS 2 nach RKraft der Entscheidung mit geändertem Inhalt neu bekanntzugebenden VA kann es sich nach allg Grundsätzen nur um **einen neuen** VA handeln (s auch oben 160; **aA** Sch-Gerhardt 43). Entgegen der mißverständlichen Formulierung „mit geändertem Inhalt" in Abs 2 S 3 HS 2 muß es sich auch nicht notwendig um einen VA, der einen anderen Geldbetrag festsetzt oder eine andere Regelung trifft, handeln; die Ermittlungen der Behörde **können** auch den **ursprünglichen** VA im Ergebnis **bestätigen u** zur Folge haben, daß auch der neue VA letztlich keine andere Regelung trifft. Da bei verfassungskonformer Auslegung von Abs 2 S 3 (dem Bundesgesetzgeber würde auch unter dem Gesichtspunkt des Sachzusammenhangs mit dem Prozeßrecht gem Art 74 Abs 1 GG grds für eine so weitgehende allg Regelung die Gesetzgebungszuständigkeit fehlen) nicht anzunehmen ist, daß Abs 2 S 3 die sonst bestehende Befugnis der Behörden zum Erlaß eines sog Zweitbescheids nach allg Recht (vgl 8 zu § 72) ausschließt, kann die Behörde **auch schon vor RKraft** des **Urteils** den erforderlichen **neuen VA erlassen.** Dies wäre im Regelfall **jedoch verfahrensökonomisch nicht zweckmäßig,** solange nicht feststeht, daß die im Urteil für die neue Entscheidung aufgestellten Grundsätze nicht noch in einem RechtsmittelVf eine Änderung erfahren. Die **Behörde könnte** insoweit allerdings auch **unter Vorbehalt** (der zum Inhalt des neuen VA gemacht wird) dahin **entscheiden,** daß der neue VA nur Bestand haben soll, wenn das Urteil rechtskräftig wird.

163 **12. Aufhebung des VA ohne Entscheidung in der Sache (Abs 3): a) Bedeutung.** Abs 3 wurde ebenfalls durch das 4. VwGOÄndG in Anlehnung an § 100 Abs 2 S 2 FGO aF u § 124 Abs 3 EVwPO **neu in die VwGO** eingefügt. Er gibt dem Gericht im Interesse einer zügigen Erledigung des Rechtsstreits (vgl BT-Dr 11/7030, 29) u der Wahrung der grundsätzlichen Aufgabenverteilung im gewaltenteiligen Rechtsstaat (vgl oben 20; allg auch Kopp VerfR 230 ff, 248), unabhängig von dem besonderen Vf nach Abs 2, das nur für Klagen gilt, die sich auf Geldleistungen beziehen, **für alle Anfechtungssachen** (einschließlich solcher, die sich auf feststellende VAe beziehen, auf die Abs 2 S 1 in der heute geltenden Fassung nicht mehr anwendbar ist) nunmehr ausdr allg die Befugnis, **in Fällen,** in denen **der** für die Entscheidung **maßgeblichen Sachverhalt** in wesentlichen Punkten **noch nicht im VerwaltungsVf** ausreichend u überzeugend **geklärt wurde,** sich unter bestimmten Voraussetzungen auf die Aufhebung des angefochtenen VA u ggf des in der Sache ergangenen Widerspruchsbescheids zu beschränken. **Praktisch,** wenn auch nicht formell, kommt dies idR, ähnlich wie bei Abs 2, einer **Zurückweisung** der Sache an die **Verwaltungsbehörde** gleich. § 113 Abs 2 S 2 u 3 ist *allerdings in seinem Anwendungsbereich lex specialis zu* § 113 Abs 3.[280]

---

[279] S Sch-Gerhardt 43, wo aber fälschlich angenommen wird, alle Fehler des neu bekanntgegebenen VA ließen sich über § 42 VwVfG korrigieren.

[280] NKVwGO-Wolff 359; RÖ-M. Redeker 24; **aA** Hamann DVBl 1992, 738.

§ 113 Abs 3 räumt dem VG die Möglichkeit ein, einen wg **Fehlens einer ausreichenden behördlichen Sachaufklärung rechtswidrigen VA aufzuheben.**[281] Diese ungenügende Sachaufklärung kann sich dabei einmal daraus ergeben, daß die Behörde den VA mit einer **fehlerhaften Begründung** erließ (s auch oben iVm Nachschieben von Gründen 78) u in deren Konsequenz auf wesentliche Fragen, bzgl derer es noch einer Sachaufklärung bedurft hätte, nicht einging. Sie kann aber auch allein auf einer fehlerhaften Durchführung des Vf beruhen, etwa indem (s § 24 VwVfG) der Sachverhalt nur ungenügend ermittelt wurde, zu Unrecht Personen am Vf nicht beteiligt (s § 13 VwVfG) oder Verfahrensrechte (zB § 28 VwVfG) verletzt wurden. 164

Die Bedeutung des § 113 Abs 3 liegt darin, daß er in solchen Fällen eine Aufhebung eines rechtswidrigen u den Kl wg seiner Rechtswidrigkeit auch in seinen Rechten verletzenden belastenden VA zuläßt, **obwohl noch nicht endgültig feststeht, ob der Kl einen materiellrechtlichen Anspr auf Beseitigung (Rücknahme)** des VA besitzt, der nach § 113 Abs 1 S 1 sonst Voraussetzung für die gerichtliche Aufhebung des VA ist (s oben 5 f). Insofern ist § 113 Abs 3 keineswegs eine wie Abs 2 überflüssige Norm (**aA** 10. Aufl 68), sondern **erweitert** die hier bestehende gerichtliche **Aufhebungsbefugnis** über § 113 Abs 1 S 1 hinaus u hat dabei zugleich mittelbare Bedeutung für das materielle Recht. Damit provoziert § 113 Abs 3 sowohl materiellrechtliche wie auch zT kompetenzrechtliche Bedenken. Das wird etwa am Beispiel eines im Bereich der **ausschließlichen Gesetzgebungskompetenz der Länder** ergangenen, § 46 LVwVfG unterfallenden verfahrensfehlerhaften VA deutlich. Obwohl § 46 LVwVfG ausdr die behördliche Aufhebung eines solchen verfahrensfehlerhaften VA ausschließt u damit zugleich einen materiellrechtlichen Anspr auf die Beseitigung verneint u der Bundesgesetzgeber diese materiellrechtliche Regelung seinerseits aus kompetenzrechtlichen Gründen hier nicht zu derogieren vermag, wird sie durch die gerichtliche Aufhebung eines verfahrensfehlerhaften VA gem § 113 Abs 3 **faktisch ausgehöhlt.** Trotz dieser materiellrechtlichen Ausstrahlungen dürfte aber die prozeßrechtliche Regelung des § 113 Abs 3 unter dem **Gesichtspunkt der Annexkompetenz** zu rechtfertigen sein, da diese Vorschrift nicht nur im Interesse einer **funktionsgerechten Verteilung** der Zuständigkeit zwischen Judikative u Exekutive sinnvoll erscheint, sondern zugleich auch im Interesse der **Effektivität des Rechtsschutzes.** Ohne sie käme es häufig zu erheblichen Verzögerungen bei der gerichtlichen Entscheidung über die Aufhebung, da dann die Gerichte prinzipiell gezwungen wären, die Sache durchzuentscheiden. Die Bedenken gegen § 113 Abs 3 schwächen sich zusätzlich durch die dem Gericht in § 113 Abs 3 S 2 eingeräumte Befugnis ab, auf Antrag **einstweilige Regelungen** zu treffen, ferner dadurch, daß die gerichtliche Aufhebung ohnehin nur eine vorläufige ist, indem sie der Verwaltung nicht verwehrt, nach **entspr Sachaufklärung einen VA mit demselben Tenor wie vorher** (uU sogar rückwirkend, s unten 169) **zu erlassen.** Dadurch wird dem § 46 LVwVfG sowie entspr anderen Normen, die einen materiellrechtlichen Beseitigungsanspr ausschließen, im Ergebnis weitgehend Rechnung getragen. 165

b) Keine Übertragung auf Verpflichtungsklage. § 113 Abs 3 gilt **unmittelbar nur für die Anfechtungsklage.** Seine verschiedentlich erwogene **analoge Anwendung auf die Verpflichtungsklage verbietet sich.**[282] Ihr steht 166

---

[281] Zur Notwendigkeit des Vorliegens eines rechtswidrigen VA NKVwGO-Wolff 367; Hödl-Adick 114; RO-M. Redeker 25; Sch-Gerhardt 51. s aber auch BT-Dr 11/7030 S. 30.

[282] S demgegenüber aber VG Freiburg NVwZ 1997, 413; VG München NVwZ 1996, 412; Münster NVwZ-RR 1996, 503; Ey-J. Schmidt 40; Hödl-Adick 199 ff sowie für Sonderfälle im Asylrecht Meiningen NVwZ-Beil 1994, 7; offengelassen Mü NVwZ-Beil 1997, 14; **generell gegen Anwendung des § 113 Abs 2 S 2 u Abs 3:** NVwZ 1999, 65; Buchh 402.25 § 34 AsylVfG Nr 4; Bln 19, 275; Hbg NVwZ-RR 1993, 55; Münster DVBl

nicht nur der Umstand entgegen, daß der Gesetzgeber die in § 125 Abs 2 S 2 EVwPO (BT-Dr 9/1851, 31) zunächst vorgesehene Zurückverweisungsmöglichkeit auch iVm der Verpflichtungsklage **bewußt abgelehnt** hat,[283] sondern vor allem der Umstand, daß die **Interessenlage** sich bei der Anfechtungsklage, auf die sich § 113 Abs 3 bezieht, **eine durchaus andere ist als bei der Verpflichtungsklage.** Während bei der Anfechtungsklage die Aufhebung des VA trotz eines möglicherweise fehlenden Anspr auf Beseitigung den Bürger begünstigt, wirkte sie sich bei einer Verpflichtungsklage häufig zu Lasten des Bürgers aus, indem die gerichtliche Entscheidung über den Anspr auf Vornahme des begünstigenden VA verzögerte, zudem besitzt der Verpflichtungskl im Hinblick auf die für ihn eröffnete Möglichkeit, selbst bei rechtlich gebundenen VAen unter der Voraussetzung des § 113 Abs 3 nur auf eine **Bescheidung zu klagen** (s dazu unten 201 ff; Schenke 266; JZ 1996, 1104; DÖV 1996, 538 ff), eine prozessuale Handhabe, die einen analogen Rückgriff auf § 113 Abs 3 entbehrlich macht. Das gilt um so mehr, als sich bei bestimmten VAen, bei denen der Gesetzgeber die Durchführung eines ordnungsgemäßen VerwaltungsVf als Voraussetzung für den Erlaß eines begünstigenden VA vorsieht, sich bereits ohne eine analoge Anwendung des § 113 Abs 3 ergibt, daß das VG einer auf Vornahme eines bestimmten VA gerichteten **Verpflichtungsklage nicht voll stattzugeben** vermag, sondern die Verwaltung nur zu einer Bescheidung gem § 113 Abs 5 S 2 verurteilen kann (s unten 197 f).

167 **c) Voraussetzungen der Aufhebung.** Sie ist nach § 113 Abs 3 S 1 nur zulässig, wenn **Art u Umfang der** noch erforderlichen **Ermittlungen erheblich** sind u die Aufhebung auch unter Berücksichtigung der Belange der Beteiligten **sachdienlich** ist. Die Vorschrift ist restriktiv zu interpretieren (NVwZ 2003, 1132). Nur dann, wenn die Behörde nach ihrer personellen u sachlichen Ausstattung eine Sachverhaltsermittlung besser durchführen kann als das Gericht u es auch unter übergeordneten Gesichtspunkten vernünftiger u sachgerechter ist, die Behörde tätig werden zu lassen, soll die Vorschrift herangezogen werden (BT-Dr 11/7030, 30). Bei der erforderlichen Abwägung sind die voraussichtliche Dauer der gerichtlichen u einer behördlichen Sachverhaltsermittlung sowie die wirtschaftlichen Interessen der Beteiligten zu berücksichtigen (NVwZ 2003, 1132). Bei Spruchreife scheidet eine Zurückverweisung immer aus (Mü BayVBl 1997, 213 zur Zurückverweisung im Asylrechtsstreit). Die Frage des Vorliegens der Voraussetzungen des § 113 Abs 3 ist gerichtlich im RechtsmittelVf voll überprüfbar (zum entspr Problem bei § 113 Abs 2 S 2 s oben 156); das VG hat insoweit keinen Beurteilungsspielraum (so Sch-Gerhardt 49; **aA** 10. Aufl 68 a). Vgl zum Begriff der **Sachdienlichkeit** auch 18 ff zu § 91.

Bedeutsam wird § 113 Abs 3 insb bei Klagen Dritter gegen begünstigende VAe. Tlw ergibt sich hier allerdings (so zB im Atom- u Planungsrecht) bereits – unabhängig von § 113 Abs 3 – aus dem materiellen Recht, daß das VG bei Fehlen oder wesentlichen Mängeln der Sachverhaltsaufklärung einen rechtswidrigen VA selbst dann aufzuheben hat, wenn er möglicherweise später wieder mit demselben Inhalt zu erlassen ist (s dazu oben 21).

168 **Entscheidungsfrist:** Nach S 4, der das Gericht zu rascher Entscheidung zwingen soll, aber sachlich verfehlt ist u zu kaum praktikablen Ergebnissen führt (vgl krit Demmel 151; Stelkens NVwZ 1991, 217; NKVwGO-Wolff 381), kann das Gericht von der **Befugnis** nach Abs 3 S 1 **nur binnen sechs Monaten** seit

---

1992, 785; Clausing JuS 1999, 476; Demmel, Das Verfahren nach § 113 Abs 3 27; Hamann DVBl 1992, 738; Jacobj 463 ff; NKVwGO-Wolff 364; Schenke DÖV 1996, 540; Sch-Gerhardt 55; Stelkens NVwZ 1991, 217 u wohl auch RÖ-M. Redeker 39; offen BVerwG DVBl 1995, 858.

[283] Vgl Hbg NVwZ-RR 1993, 55; Münster DVBl 1992, 785; Schenke DÖV 1996, 540; Stelkens NVwZ 1991, 217.

Eingang der Akten Gebrauch machen. Maßgeblich für den Lauf der Frist ist (nur) die **Vorlage der** vom Gericht angeforderten **Behördenakten,** deren Zeitpunkt vom Gericht aktenkundig zu machen ist (RÖ-M. Redeker 27). Unter den Terminus Behördenakten fallen, da der Begriff der Behörde nicht nur die Ausgangsbehörde, sondern auch die Widerspruchsbehörde umfaßt (s zB auch § 80a Abs 1), auch die Akte der Widerspruchsbehörde (**aA** Sch-Gerhardt 50), zumal der VA gem § 79 Abs 1 Nr 1 grds in der **Gestalt, die er durch den Widerspruchsbescheid gefunden hat, Gegenstand der Anfechtungsklage** ist u uU sogar ausschließlich der Widerspruchsbescheid Klagegegenstand sein kann (s § 79 Abs 1 Nr 2, Abs 2). Die Frist beginnt erst dann zu laufen, wenn alle durch das Gericht zunächst angeforderten Akten eingehen.[284] Soweit das Gericht über seine ursprüngliche Aufforderung hinaus später noch zusätzlich andere Akten fordert, kommt es auf deren Eingang allerdings nicht an (s auch NKVwGO-Wolff 383). Sonst läge es in der Hand des Gerichts, über den Beginn der analog **§§ 187, 188 Abs 2 BGB** zu berechnenden 6-Monats-Frist, innerhalb derer das **Aufhebungsurteil zu verkünden oder den Beteiligten zuzustellen** ist, zu disponieren. Nicht ausreichend für die Einhaltung des Fristerfordernisses ist das Übergeben des Urteilstenors an die Geschäftsstelle (RÖ-M. Redeker 27). Da die Frist des § 113 Abs 3 S 4 schon ab Eingang der Behördenakten beim erstinstanzlichen Gericht läuft, spielt sie für das RechtsmittelVf praktisch keine Rolle (NVwZ 2003, 1132).

d) Konsequenzen der Aufhebung. Macht das Gericht von der Befugnis nach Abs 3 Gebrauch, so ist es anschließend Sache der **Behörde, erneut tätig zu werden** u einen **neuen VA** (sofern dies durch das materielle Recht geboten u noch sinnvoll ist, sogar rückwirkend) zu erlassen, wenn sie die dafür noch erforderlichen Ermittlungen abgeschlossen hat. Die Behörde wird durch das Urteil aber nicht dazu verpflichtet, sondern bleibt insoweit in ihrer Entscheidung frei, ggf nach Maßgabe des materiellen Rechts **auch auf Erlaß** eines neuen VA zu **verzichten** (ebenso RÖ-M. Redeker 28; Sch-Gerhardt 52). Vgl auch oben 158. Aus der RKraft der gerichtlichen Entscheidung folgt, daß die Verwaltung bei ihrer Entscheidung **an die Rechtsauffassung des Gerichts,** soweit diese für die Entscheidung maßgeblich war, nicht auch an bloße „obiter dicta", gebunden ist (vgl 216; allg auch 13f u 21 zu § 121). Der **neue VA** kann dann nach den allg für VAe geltenden Grundsätzen **angefochten** werden. 169

13. Einstweilige Regelungen des Gerichts bis zum Erlaß des neuen VA (Abs 3 S 2): Das Gericht kann nach Abs 3 S 2 die hier ausdr genannten sowie sonstige sachdienliche einstweilige Regelungen für den Zeitraum bis zu einer erneuten Entscheidung der Behörde in der Sache treffen. Die Entscheidung darüber liegt im **Ermessen des Gerichts.** Das Gericht kann nach Ermessen die Entscheidung insoweit aber auch der Behörde überlassen, die uU schon nach allg Recht die Befugnis zu einstweiligen Regelungen hat (vgl KR 18 zu § 9 VwVfG mwN; Kopp NJW 1991, 525). 170

Die **Aufzählung der** möglichen einstweiligen **Regelungen** in S 2 ist **nicht erschöpfend** („insbesondere": vgl auch RÖ-M. Redeker 29). In Betracht kommen alle auch sonst nach § 123 möglichen eA.

Grenzen ergeben sich insoweit jedoch ggf aus dem materiellen Recht: Abs 3 S 2 ermächtigt als verfahrensrechtliche – nicht auch materiellrechtliche! – Ermächtigungsnorm auch das Gericht **nur** zu **Regelungen,** die **entweder ein weniger zur vollen Aufhebung oder** zu der nach Abs 1 S 2 u 3 möglichen **Folgenbeseitigung** darstellen u damit auch von der Ermächtigung gem Abs 3 gedeckt sind, oder doch, wie die ausdr in S 2 genannte Sicherheitsleistung (vgl

[284] Demmel 148; Stelkens NVwZ 1991, 217; wohl auch Sch-Gerhardt 50; tlw **aA** RÖ-M. Redeker 27; Schmieszek NVwZ 1991, 524.

auch 165 u 169 zu § 80), nach den allg Grundsätzen der vorläufigen Vollstreckbarkeit (vgl §§ 708 ff ZPO iVm § 173 S 1) jedenfalls **in unmittelbarem funktionellem Zusammenhang damit** stehen, oder für die im materiellen Recht eine sonstige Rechtsgrundlage gegeben ist, die dem Gericht eine entspr Anordnung auch gem § 123 erlaubt. Es gelten iü die allg Grundsätze für Regelungen im vorläufigen RechtsschutzVf, insb verbietet sich grds eine Regelung, die zu einer Vorwegnahme der Rechtsfolge eines neuen VA führte oder ihn vereitelte (s auch NKVwGO-Wolff 388).

Das Gericht **entscheidet** über die nach Abs 3 S 2 ggf zu treffenden einstweiligen Regelungen grds **durch Beschluß.** Es kann darüber jedoch nach allg Grundsätzen (vgl 5 zu § 161 mwN) auch gleich **im Urteil mit entscheiden** (vgl NKVwGO-Wolff 388); für Rechtsbehelfe bleiben auch insoweit jedoch die für Beschlüsse geltenden Regelungen anwendbar, dh die Betroffenen haben dagegen nur die **Beschwerde** (vgl 5 zu § 161 mwN).

171 Gegen die vom Gericht nach Abs 3 S 2 getroffenen einstweiligen Regelungen bzw die Entscheidung, es der Behörde zu überlassen, die erforderlichen vorläufigen Regelungen zu treffen, ist die **Beschwerde nach § 146 Abs 1** gegeben (RÖ-M. Redeker 29). Außerdem kann das Gericht nach S 3 den Beschluß – gemeint ist der Beschluß des Gerichts hins der von ihm getroffenen einstweiligen Regelungen – jederzeit (ebenso wie nach § 80 Abs 7 S 1) auch ohne Eintritt neuer Umstände **vAw** ändern oder aufheben. Bei Antrag der Beteiligten ist davon auszugehen, daß diese analog § 80 Abs 7 S 2 bei Vorliegen der dort genannten Voraussetzungen (s dazu 221 zu § 80) **Anspr** auf eine entspr Entscheidung des Gerichts haben.

172 **14. Verbindung des Aufhebungsurteils mit einem Leistungsurteil (Abs 4):** Die Regelung gibt dem Gericht **aus Gründen der Rechtsschutzeffektivität u der Verfahrensökonomie** die Möglichkeit, in Fällen, in denen die Aufhebung eines VA Voraussetzung für eine Leistungsklage ist, mit der Aufhebung des VA zugleich **im selben Urteil auch die Verurteilung zur Leistung** auszusprechen (so auch Sch-Gerhardt 57). Die Regelung ist deshalb notwendig, weil sonst die Leistungsklage erst nach RKraft des Aufhebungsurteils erhoben werden könnte (§ 167), **zB** die **Klage** eines Beamten **auf Gehaltsnachzahlung** erst nach rechtskräftiger Aufhebung des Entlassungsbescheids (Mü BayVBl 1982, 693; Maetzel MDR 1980, 947) oder die Klage auf Vornahme eines durch einen VA abgelehnten Realakts (s 41 zu § 42 u 42 zu Anh § 42) erst nach rechtskräftiger Aufhebung des Ablehnungsbescheids. Es handelt sich damit bei § 113 Abs 4 ebenso wie bei § 113 Abs 1 S 2 um eine **gesetzliche Regelung der Stufenklage.**[285] Bei gegenteiliger Ansicht (s RÖ-M. Redeker 23) wäre die Vorschrift **neben § 44 bedeutungslos** u würde dem systematisch-funktionalen Zusammenhang mit § 113 Abs 1 S 2 nicht Rechnung getragen. Zudem würde der mit ihr **verfolgte prozeßökonomische Zweck vereitelt** u ohne Not vom überkommenen Verständnis abgewichen, was auch mit der Entstehungsgeschichte dieser Vorschrift (BT-Dr 3/55, 43: Abs 4 Unterfall von Abs 1 S 2) nicht vereinbar wäre. Für die Verbindung von **Anfechtungsklage u Folgenbeseitigungsantrag** ieS (s oben 84) geht Abs 1 S 2, der für diesen Fall eine entspr Regelung enthält, dem Abs 4 als Sonderregelung (lex specialis) vor (ebenso NKVwGO-Wolff 391; Sch-Gerhardt 57). Ebenso wie bei § 113 Abs 1 S 2 ist es auch für § 113 Abs 4 ohne Bedeutung, ob die Anfechtungsklage aW hat (s 31 zu § 80).

173 Leistungsklage iSv Abs 4 ist sowohl die allg verwaltungsgerichtliche Leistungsklage als auch die Verpflichtungsklage (NKVwGO-Wolff 395; vgl auch Lü VRspr 24, 784 u unten 174 f). Damit läßt sich über § 113 Abs 4 der Rechts-

---

[285] DVBl 2000, 1063; NKVwGO-Wolff 391; Sch-Gerhardt 57; ebenso vor dem 4. VwGOÄndG zum wortgleichen § 113 Abs 3 aF Mü BayVBl 1982, 693.

schutz zB in den Fällen bewerkstelligen, in denen mehrere Personen um eine **kontingentierte Begünstigung konkurrieren** u dem Übergangenen **behördlicherseits mitgeteilt** wurde, daß an seiner Stelle eine andere Person die Begünstigung erhielt (48 zu § 42).

Ebenso bietet § 113 Abs 4 eine prozessuale Handhabe, mit der Klage auf Aufhebung eines vollstreckten VA eine **Klage auf Rücknahme solcher VollstreckungsVAe** zu verbinden, hins derer die Anfechtungsfristen bereits abgelaufen sind (**aA** NKVwGO-Wolff 396). Da der Anspr auf Beseitigung des Vollstreckungsakts erst mit der RKraft des Aufhebungsurteils (unbedingt) entsteht (s Schenke/Baumeister NVwZ 1993, 1 ff), steht die Unanfechtbarkeit des Vollstreckungsakts dem Erfolg einer auf dessen behördliche Rücknahme gerichtete Verpflichtungsklage nicht im Wege (zur analogen Anwendung des § 113 Abs 4 dort, wo ein Anspr auf Beseitigung eines FolgeVA mittels einer Anfechtungsklage geltend gemacht wird, s unten 176). **Soweit** eine Verpflichtungsklage auf Verpflichtung zum **Erlaß des VA** gerichtet ist, der durch den mit der Anfechtungsklage angegriffenen Versagungsbescheid abgelehnt worden war (s 6 zu § 42), ergibt sich ihre Zulässigkeit unmittelbar schon aus Abs 5. 174

Die Entscheidung auch über den Leistungsanspr setzt einen dahingehenden – ebenso wie nach § 113 Abs 1 S 2 noch in der Revisionsinstanz stellbaren (oben 84) – **ausdr Antrag** des Kl voraus (ebenso Ey-J. Schmidt 15), dem das Gericht jedoch grds nur stattgeben kann, wenn auch für die Leistungsklage die Sachurteilsvoraussetzungen erfüllt sind, insb ein **RSB** besteht. Dabei dürfen allerdings die Anforderungen an das Vorliegen eines RSB nicht zu hochgeschraubt werden, um nicht den prozeßökonomischen Zweck, der mit dieser Regelung verfolgt wird, zu vereiteln. Es genügt deshalb bereits, wenn **Anhaltspunkte** dafür bestehen, daß die Behörde nach Aufhebung des VA die geschuldete **Leistung nicht erbringen wird.** Für die Zulässigkeit einer mit dem Aufhebungsantrag verbundenen Verpflichtungsklage bedarf es aber **nicht der gesonderten Durchführung eines VorVf** (so auch NKVwGO-Wolff 396). Es gilt insoweit dasselbe wie bzgl des mit § 113 Abs 4 eng verwandten § 113 Abs 1 S 2, der auch die Folgenbeseitigung in Form eines VA zum Gegenstand hat. Bei beiden Vorschriften wäre ihre Erstreckung auch auf die auf Vornahme eines VA gerichteten Leistungsanspr unverständlich, wenn man gleichzeitig die hier eröffnete Möglichkeit zur vereinfachten Durchsetzung von Ansprüchen durch die Forderung eines VorVf praktisch bedeutungslos machte (s oben 93). **Das Gericht ist nicht befugt,** von einer Entscheidung über den Leistungsantrag abzusehen u den Kl insoweit **auf eine neue Klage zu verweisen;** es kann aber ggf zunächst über die Anfechtungsklage durch **Teilurteil** (§ 110) entscheiden (NKVwGO-Wolff 397). 175

Bisher noch nicht gesehen wurde, daß **§ 113 Abs 4 analog auch** auf den mit der **Anfechtungsklage** verfolgten, von der vorherigen Aufhebung eines VA abhängigen Anspr auf Beseitigung eines (nicht schon von § 113 Abs 1 S 2 erfaßten) **FolgeVA anwendbar** ist (**aA** Pauly/Pudelka DVBl 1999, 1613; wohl auch Sch-Gerhardt 62). Zwar scheidet eine unmittelbare Anwendung des § 113 Abs 4 aus, da bei einer Anfechtungsklage gegen FolgeVAe nicht eine Verurteilung zu einer Leistung erfolgt, vielmehr die Anfechtungsklage als Gestaltungsklage bereits mit der verwaltungsgerichtlichen Aufhebung des FolgeVA den Leistungsanspr des Kl erfüllt. Diese Vereinfachung, die die Anfechtungsklage im Verhältnis zu einer auf die Rücknahme des FolgeVA gerichteten Verpflichtungsklage bietet, rechtfertigt es aber nicht, iVm ihr eine Stufenklage abzulehnen u führt deshalb zur analogen Anwendung des § 113 Abs 4. Dabei bedarf es hier ebenfalls **keiner vorherigen Absolvierung eines WiderspruchsVf** in bezug auf den nach § 113 Abs 4 als Annex gestellten Aufhebungsantrag (s auch oben 175). Bedeutsam wird dies insb in bezug auf die Aufhebung von als VA zu qualifizierenden Vollstreckungsakten, die der zwangsweisen Durchsetzung eines später aufgehobenen rechtswidrigen VA dienten oder hiermit in Verbindung standen. Dies trifft zB für eine Pfändung, 176 einen Zwangsgeld- oder einen Kostenersatzbescheid zu (s auch Ms BauR 1997, 456; Schenke/Baumeister NVwZ 1993, 1 ff). Da nach den Vollstreckungsgesetzen die Vornahme von Vollstreckungsakten idR **nicht an die Rechtmäßigkeit** des vollstreckten VA, sondern lediglich an dessen **Rechtswirksamkeit gebunden** ist,[286] erfüllt die Zulassung einer Stufenklage gem § 113 Abs 4 hier ebenfalls eine wichtige prozeßökonomische Funktion. Ohne Anwendung des § 113 Abs 4 wäre zur Vermeidung von schwerwiegenden Systemwidersprüchen u zur Gewährung eines effektiven Rechtsschutzes eine **analoge Anwendung des § 113 Abs 1 S 2** unumgänglich. Es ginge jedenfalls nicht an, daß zwar der Anspr auf Beseitigung der Vollzugsfolge eines rechtswidrigen VA gem § 113 Abs 1 S 2 in vereinfachter Weise mittels einer Stufenklage durchsetzbar ist, diese Möglichkeit aber nicht bestünde, wenn es um den Anspr auf Beseitigung der dem Vollzug vorgelagerten Vollstreckungsakte ginge. Keinen Ausweg aus dem sich ohne eine analoge Anwendung des § 113 Abs 4 ergebenden Dilemma stellt es auch dar, wenn man das den FolgeVA betr AnfechtungsVf gem § 94 aussetzen will, bis über die Anfechtung des vorangegangenen rechtswidrigen VA rechtskräftig entschieden ist (so aber bzgl einer Klage gegen die Aufhebung eines begünstigenden VA u einen hiermit in Verbindung stehenden Erstattungsbescheid gem § 49 a Abs 1 S 2 Pauly/Pudelka DVBl 1999, 1614). Abgesehen davon, daß die Aussetzung allenfalls im Ermessen des Gerichts stünde, würde eine solche gerichtliche Vorgehensweise sowohl unter dem Gesichtspunkt der Rechtsschutzeffektivität wie auch der Verfahrensökonomie schwerwiegende Bedenken hervorrufen, u macht damit gerade die Unabweisbarkeit der hier befürworteten Analogie zu § 113 Abs 4 deutlich.

177 Abs 4 u Abs 1 S 2 sind **analog** auch **auf Verpflichtungsklagen** anwendbar (DVBl 2000, 1063; **aA** NKVwGO-Wolff 392), zB eine **Klage auf Ernennung** zum Beamten u eine hiermit verbundene Klage auf **Zahlung von Gehalt.** Entsprechendes gilt bei einem nachträglichen Rechtswidrigwerden eines formell bestandskräftigen Leistungsgebots (etwa infolge Aufrechnung nach Ablauf der Anfechtungsfristen s Schenke 428 f), bzgl dessen inzwischen Vollstreckungsakte (zB die Pfändung einer Sache) getätigt wurden. Hier kann mit der **Verpflichtungsklage auf Rücknahme des Leistungsgebots** analog § 113 Abs 4 eine Klage verbunden werden, mit welcher ein Anspr auf Beseitigung von Vollstreckungsakten geltend gemacht wird (s auch oben 174 u 176). Bei der Tenorierung der auf § 113 Abs 4 gestützten Annexentscheidung ist zu beachten, daß der Anspr auf Beseitigung von Vollzugsmaßnahmen nicht schon mit der RKraft der verwaltungsgerichtlichen Verpflichtungsklage (unbedingt) entsteht, sondern erst aufgrund einer durch die Verpflichtungsklage initiierten **verwaltungsbehördlichen Kassation** des VA. Auf diese Weise erledigen sich die Einwände von NKVwGO-Wolff 392 gegen eine Kombination von Verpflichtungs- u Leistungsantrag. Mittels einer analogen Anwendung des § 113 Abs 4 ist es auch möglich, die Verwaltung zum **Erlaß eines VA mit Drittwirkung** u bei dessen Nichtbeachtung durch den Dritten zur **zwangsweisen Durchsetzung** ggü diesem zu verurteilen (s dazu unten 189). Da es idR im Ermessen der Behörde steht, welche Zwangsmittel sie hier anwendet, kann vom Kl eine genaue Bezeichnung des Zwangsmittels nicht verlangt werden. Dort, wo der Kl mit der auf Erlaß eines VA gerichteten Verpflichtungsklage zugleich den nach Erlaß des VA gegebenen Anspr auf dessen Vollziehung geltend machen will, bietet sich der Weg der Stufenklage analog § 113 Abs 1 S 2 an (s oben 86), die den Vorzug vor einer Analogie zu § 113 Abs 4 verdient, mit der man allerdings zum selben Ergebnis käme. Zum **vorläufigen Rechtsschutz** iVm Stufenklagen gem § 113 Abs 4 s 177 f zu § 80.

---

[286] Ba NVwZ-RR 1999, 102; Schenke/Baumeister NVwZ 1993, 2; s näher 19 a zu § 167 mwN; diff Würt 814.

15. Verpflichtungs- bzw Bescheidungsurteil (Abs 5): Bei Zulässigkeit u Begründetheit einer Verpflichtungsklage (s 6ff zu § 42) ieS spricht das Gericht **durch Urteil** die **Verpflichtung der zuständigen Behörde** aus, den vom Kl begehrten **VA zu erlassen** (Abs 5 S 1); bei einer **Bescheidungsklage** (dazu 8 zu § 42) ist die **Verpflichtung** der zuständigen Behörde **zur Verbescheidung** (VA) des Antrags unter Beachtung der Rechtsauffassung des Gerichts (Abs 5 S 2) auszusprechen. Der Begriff der **Amtshandlung** in Abs 5 ist identisch mit dem Begriff des VA in § 42 (s 6u 55 zu § 42). Soweit der Kl einen Rechtsanspr auf den rückwirkenden Erlaß eines VA hat u diesen geltend macht, ist dort, wo hierfür noch ein RSB besteht, der beklagte Hoheitsträger zur rückwirkenden Vornahme des VA zu verurteilen.[287] Häufig wird es allerdings an einem solchen Anspr auf rückwirkenden Erlaß eines VA fehlen bzw besteht für die Verurteilung zum Erlaß eines solchen kein RSB, weil der rückwirkende Erlaß des VA dem Betroffenen keinen Vorteil mehr bringt (s auch unten 179). In Betracht kommt auch die Verpflichtung zum Erlaß einer Teilregelung im Rahmen eines VA (s 7 u 28 zu § 42 u unten 184f). Zur Bindung der Verwaltung an die Rechtsauffassung des Gerichts s unten 213ff. Zur Verbindung von Leistungsklage mit der Verpflichtungsklage bzw eines Leistungsurteils mit einem Verpflichtungsurteil analog Abs 1 S 2 u Abs 4 s oben 177. 178

Ein zusätzlicher (gesonderter) **ausdr Ausspruch** im Urteil über die **Aufhebung eines Ablehnungs-** oder **Widerspruchsbescheids** ist nicht erforderlich,[288] jedoch im Interesse der Rechtsklarheit grds **zweckmäßig u weithin üblich** (51, 23 = NJW 1976, 1761; Mü BayVBl 1985, 371; RÖ-M. Redeker 38). **Entscheidungsformel** zB: „I. Der Ablehnungsbescheid des Landratsamts Y vom 12. 12. 1999 AZ ... und der Widerspruchsbescheid der Regierung von O vom 11. 5. 2000 AZ ... werden aufgehoben. II. Das Landratsamt Y wird verpflichtet dem Kl die beantragte Genehmigung nach § ... zu erteilen (bzw den Antrag des Kl vom 30. 9. 1999 unter Beachtung der Rechtsauffassung des Gerichts zu bescheiden)." Die Verurteilung zum Erlaß eines abgelehnten VA hebt aber, selbst wenn dies nicht ausdr geschieht, konkludent den Ablehnungsbescheid insoweit auf, als dieser mit der gerichtlichen Zuerkennung des geltend gemachten Anspr auf Erlaß des VA unvereinbar ist. Freilich impliziert dies nicht notwendigerweise volle inhaltliche Aufhebung des früheren ablehnenden VA. Sie wird mit der Verpflichtung des Bekl zum Erlaß eines VA nur dann ausgesprochen, wenn die Verwaltung zum Erlaß eines VA verpflichtet wird, der **rückwirkt** (vgl hierzu zB NVwZ 1998, 192; 1999, 306). Begehrt der Kl zB die Erteilung einer Aufenthaltserlaubnis von dem Zeitpunkt an, für den sie beantragt u abgelehnt wurde, so liegt dementsprechend in der Verurteilung **zugleich eine rückwirkende Aufhebung des Ablehnungsbescheids;** ohne dessen Aufhebung könnte schon wg dessen Tatbestandswirkung dem Verpflichtungsurteil nicht stattgegeben werden. Dasselbe gilt etwa für ein Urteil, das der Klage auf Erlaß eines Leistungsbescheids stattgibt, durch welchen die Verwaltung rückwirkend zu einer monatlichen Geldzahlung an den Kl verpflichtet wird. Anderes gilt aber dann, wenn der VA aus rechtlichen oder tatsächlichen Gründen erst mit Wirkung für die Zukunft eine Begünstigung entfaltet. Beispielsweise wird bei einer Klage auf Erteilung einer Baugenehmigung, die für die Zukunft das Recht zur Errichtung des Baus einräumt, nur darüber befunden, ob in dem für den Erlaß des VA maßgeblichen Zeitpunkt der letzten mV ein Rechtsanspr auf Erlaß des VA bestand u dementsprechend die Ablehnung in diesem Zeitpunkt rechtswidrig war. **Ohne** 179

---

[287] Vgl hierzu zB NVwZ 1998, 192; 1999, 306: Verpflichtung zur Erteilung einer Aufenthaltserlaubnis von einem in der Vergangenheit liegenden Zeitpunkt an.

[288] 1, 291; 41, 182 = DVBl 1973, 492; DVBl 1987, 1005; Münster DVBl 1992, 63; NKVwGO-Wolff 408, 438; RÖ-M. Redeker 38; Schenke 263; Sch-Gerhardt 64 offen, aber allg Übung: Ey-J. Schmidt 33; **aA** Haueisen NJW 1960, 316: Aufhebung notwendig.

Bedeutung ist demgegenüber, ob die **Ablehnung der Baugenehmigung im Moment des Erlasses des Ablehnungsbescheids rechtswidrig war.** Deshalb ist zB selbst dann, wenn im Moment der behördlichen Ablehnung der Baugenehmigung wg einer zu dieser Zeit bestehenden Veränderungssperre ein Rechtsanspr auf die beantragte Baugenehmigung nicht bestand, der Verpflichtungsklage stattzugeben, sofern nur zum Zeitpunkt der letzten mV die Veränderungssperre nicht mehr gilt u nunmehr ein Anspr auf die Baugenehmigung begründet ist. Eine rückwirkende Aufhebung des früheren Ablehnungsbescheids scheidet hier aus; wohl aber ist dieser von dem Zeitpunkt der mV an (mit Wirkung ex nunc) aufzuheben (unpräzise insoweit Wehr Jura 1998, 579), wobei mit der Verpflichtung zur Erteilung der Baugenehmigung zumindest konkludent eine solche ex nunc wirkende Aufhebung der Ablehnung verbunden ist (nicht ausreichend beachtet von Wehr Jura 1998, 579). Was den Zeitraum vor der Aufhebung der Ablehnung angeht, hat sich der Ablehnungsbescheid erledigt (insoweit zutr Sch-Gerhardt 64; Wehr Jura 1998, 579). Besteht aber ein berechtigtes Interesse daran, feststellen zu lassen, daß der Kl schon **früher einen Rechtsanspr auf Erteilung der Baugenehmigung besaß,** so ist auf einen diesbezüglichen Antrag des Kl **analog § 113 Abs 1 S 4 festzustellen,** daß er bereits früher einen **Rechtsanspr auf Vornahme des VA besaß** (s oben 109f). Die Feststellung eines solchen Anspr setzt hier im Hinblick auf die Tatbestandswirkung des Ablehnungsbescheids dessen (zumindest konkludente) Aufhebung mit Wirkung ex tunc voraus.

180 Wird bei einem sog **mehrstufigen VA** der VA abgelehnt, weil ein Rechtsträger, dessen Zustimmung Voraussetzung für den Erlaß dieses VA ist (zB vor der am 1. 1. 1998 in Kraft getretenen Novellierung des BauGB, BGBl 1997, I, 2141, die Zustimmung der Gemeinde zur Erteilung einer Baugenehmigung gem § 36 BauGB), so **setzt** die Verpflichtung der für den Erlaß des VA zuständigen Behörde durch Verpflichtungsurteil **voraus, daß der betroffene Rechtsträger zum Prozeß beigeladen wurde u** dadurch die RKraft des Urteils sich nach § 121 auch auf ihn erstreckt (22, 346; 28, 147; Ko DVBl 1964, 538, 540; s auch 18c zu § 65 u 82 zu Anh § 42). Ist eine solche Beiladung erfolgt, so ersetzt das Verpflichtungsurteil die sonst erforderliche Zustimmungserklärung des betroffenen Rechtsträgers, zB die nach § 36 BauGB erforderliche Einvernehmensentscheidung der Gemeinde (NVwZ-RR 2003, 719; zT krit Budroweit 352ff). Das gilt auch im Falle eines Bescheidungsurteils, wenn das Gericht hier zum Ergebnis gelangt, daß das Vorhaben mit den §§ 31, 33–35 BauGB vereinbar ist, denn die Planungshoheit der Gemeinde beschränkt sich auf die Prüfung, ob das Vorhaben nach diesen bauplanungsrechtlichen Vorschriften zulässig ist (NVwZ-RR 2003, 720 u unten 212 sowie 82 zu Anh § 42). Zur Frage der gerichtlichen Ersetzungsbefugnis im Falle einer gemeindlichen Ermessensentscheidung s Budroweit 352ff.

181 **Der begehrte VA** muß im Zeitpunkt der letzten mV bzw der Entscheidung des Gerichts (s unten 218) rechtlich zulässig sein. Ist die Verpflichtungs- bzw Bescheidungsklage hins des begehrten VA nicht begründet, weil ein **VA der begehrten Art von der Rechtsordnung nicht oder nicht mehr vorgesehen** ist, zB weil das Gewerbe, für das die Genehmigung begehrt wird, nicht (nicht mehr) genehmigungspflichtig ist, so ist der Ablehnungsbescheid (sofern er nicht ausschließlich damit begründet ist, daß eine Genehmigungspflicht oä nicht besteht) als rechtswidrig aufzuheben u iü die Klage abzuweisen (39, 138). An einer Aufhebung des Ablehnungsbescheids kann ausnahmsweise auch dann ein berechtigtes Interesse bestehen, wenn der Verpflichtungsantrag unbegründet ist (vgl Sch-Pietzcker 96 zu § 42 Abs 1). Das gilt zB bei Handeln der unzuständigen Behörde (Ms NJW 1979, 1957) oder wenn durch Gesetz (zB Überleitungsvorschriften) nichts anderes bestimmt ist (s unten 227), **auch dann, wenn** der begehrte VA **im Zeitpunkt der Entscheidung der Behörde** bzw in dem

Zeitpunkt, in dem die Behörde entscheiden hätte können, **noch zulässig gewesen** wäre, nunmehr jedoch nicht mehr oder nur unter erschwerten, vom Kl nicht erfüllten Voraussetzungen, oder nur noch in reduziertem Umfang usw. **Wenn der VA** jedoch **noch möglich** ist u im Ermessen der Behörde liegt, muß diese bei ihrer (neuen) Entscheidung im Rahmen der Ermessenserwägungen auch den Gesichtspunkt der **Folgenbeseitigungslast berücksichtigen.**[289]

182 Abs 5 gilt **entspr auch für das Urteil auf Verpflichtung** der Widerspruchsbehörde **zum Erlaß eines Widerspruchsbescheids,** sofern man die Zulässigkeit einer Klage auf Erlaß eines Widerspruchsbescheids bejaht (s Schenke DÖV 1996, 529 u JZ 1996, 1104f sowie 13 vor § 68), nicht dagegen unmittelbar für Urteile über eine als Leistungsklage (4 u 33 vor § 40) zu behandelnde **Klage** auf **Unterlassung eines VA.**

183 **16. Umfang und Voraussetzungen des Verpflichtungsausspruchs:** Der Entscheidungsrahmen für das Urteil des Gerichts wird nach § 113 Abs 5 ähnlich wie bei der Anfechtungsklage außer durch den Klageantrag (§ 88) durch das Erfordernis bestimmt, daß die Verpflichtung **nur dann u nur insoweit** ausgesprochen werden darf, als **1.** die Ablehnung oder Unterlassung des VA durch die zuständige Behörde **rechtswidrig** ist, **2.** der Kl dadurch in seinen **Rechten verletzt** wird (DVBl 1974, 912), u **3.,** soweit der Kl die Verpflichtung der Behörde zum Erlaß eines **VA** mit bestimmten Inhalt – u nicht nur die (ggf nochmalige) Entscheidung über seinen Antrag – begehrt, außerdem, daß die Sache **spruchreif** ist (s unten 193ff). Dabei ist allerdings auch hier zu bemerken, daß die gesonderte Erwähnung der Rechtswidrigkeit **neben** einer durch Ablehnung oder Unterlassung des VA **begründeten RVerletzung überflüssig** ist (s auch iVm der Anfechtungsklage oben 5).

184 **Teilregelungen:** Ist die Klage nicht auf Erlaß eines gänzlich neuen VA gerichtet, sondern allein auf eine anderweitige Regelung hins **eines Teils eines** ergangenen VA, zB auf Bewilligung einer höheren Subvention, als nach dem ergangenen Bescheid zuerkannt wurde, oder auf Ergänzung eines Planfeststellungsbeschlusses durch eine dem Schutz des Kl dienende Auflage (32 zu § 42), so ist auch der **Verpflichtungs- bzw Bescheidungsausspruch** des Urteils **auf den in Frage stehenden Teil zu beschränken;** insoweit gilt das zur Anfechtungsklage Ausgeführte entspr (s oben 15ff). In derartigen Fällen ist jedoch immer zu prüfen, ob es sich nicht in Wahrheit um eine Anfechtungsklage handelt u dem Rechtsschutz des Kl nicht bereits die Aufhebung des den Kl belastenden Teils genügt (so zB bei einer Klage auf zeitliche oder räumliche Beschränkung eines belastenden VA, s 34f zu § 42; bei einer Klage auf behördliche Beseitigung einer Nebenbestimmung s 22 zu § 42).

Ist der in Frage stehende VA **nicht teilbar** oder handelt es sich nur um **unselbständige Elemente eines VA,** wie etwa die Frage der Zuverlässigkeit des ASt für eine Gewerbeerlaubnis, so kann das Gericht **nur insgesamt auf Verpflichtung zum Erlaß des (ganzen) VA** oder Verbescheidung unter Beachtung der Rechtsauffassung des Gerichts erkennen. Hält der Kl dennoch (was vor allem bei tlw begünstigenden VAen zutreffen wird) an seinem Teilverpflichtungsantrag fest, so ist die Klage idR als unbegründet abzuweisen (s hierzu 25 u 31 zu § 42 iVm der Ersetzung von Nebenbestimmungen).

185 Wird auf Erlaß eines **teilbaren VA** geklagt u ist die Klage nur hins eines Teiles des VA begründet, so ist ihr insoweit stattzugeben, im übrigen ist sie aber abzuweisen. Voraussetzung für eine Verpflichtung zum Erlaß eines TeilVA ist allerdings nicht nur, daß dieser für sich gesehen Bestand haben kann u **rechtlich nicht zu beanstanden ist,** sondern auch, daß er **dem Willen des Kl ent-**

[289] S unten 230 sowie Rüfner, Erichsen § 50, 32ff; Schenke 850 u DVBl 1990, 332; Weyreuther, Gutachten für den 47. DJT, B 115ff.

spricht (s auch oben 16). Nur unter dieser Voraussetzung kann eine auf Erteilung einer Baugenehmigung gerichtete Klage wenigstens zur Verpflichtung der Genehmigungserteilung bzgl eines Teils der Anlage führen. Entspr Probleme stellen sich auch iVm einer Baugenehmigung u einem Bauvorbescheid. Klagt der Kl auf Erteilung einer Baugenehmigung, die ihm aus bauplanungsrechtlichen u bauordnungsrechtlichen Gründen versagt wurde, wird aber durch das Gericht der Anspr nur aus bauordnungsrechtlichen Gründen für nicht gegeben angesehen, so ist, falls der Kl deutlich macht, daß er wenigstens die bauplanungsrechtliche Zulässigkeit des Bauvorhabens durch einen Bauvorbescheid (Bebauungsgenehmigung) festgestellt haben will, die Klage nur tlw abzuweisen u die Verwaltung zur Erteilung einer Bebauungsgenehmigung zu verpflichten.[290]

Eine **Teilstattgabe** liegt **auch** vor, wenn das Gericht bei einer auf Verpflichtung der Behörde zum Erlaß eines bestimmten VA gerichteten Klage **nur** dem Anspr auf Verpflichtungen zur erstmaligen bzw erneuten **Verbescheidung** stattgibt (s auch unten 193 ff sowie Schenke 264 u 267) oder **nur** den im Verpflichtungsantrag mit enthaltenen[291] Antrag auf **Aufhebung des Ablehnungsbescheids** für begründet erachtet, etwa weil für den beantragten VA eine Rechtsgrundlage nicht gegeben ist (vgl 39, 138 zur Klage auf Genehmigung eines nicht genehmigungspflichtigen Gewerbes). Zur **Kostenentscheidung** bei nur teilweiser Stattgabe s § 155 Abs 1; ferner unten 187.

186 **Der Begriff der Rechtswidrigkeit** in Abs 5 ist **derselbe wie in Abs 1** (s oben 24 ff). Erforderlich ist auch bei einem Verpflichtungs- bzw Bescheidungsurteil, daß das Verhalten der Behörde nicht nur objektiv rechtswidrig ist, sondern die Behörde durch die Unterlassung oder die Ablehnung des vom Kl beantragten VA **subjektive Rechte des Kl verletzt,** dh gegen Rechtssätze verstößt, die zumindest auch dem Schutz des Kl dienen (vgl oben 5 u 26; Weyreuther Menger-FS 1985, 681).

Entgegen dem Wortlaut des Abs 5 S 1 stellt die Rspr bei Verpflichtungsklagen **auch** in den Fällen, in denen **ein ablehnender VA** vorangegangen ist, nicht auf etwaige Mängel des Ablehungsbescheids ab – ebenso auch nicht auf dessen Begründung –, sondern **ausschließlich** darauf, **ob das Unterbleiben** des begehrten begünstigenden VA **rechtswidrig** ist;[292] **anders,** wenn das Gericht nur über die Aufhebung zu entscheiden hat (s oben 181) oder es dem Kl um die **Feststellung der Rechtswidrigkeit des Ablehnungsbescheids im Moment seiner Vornahme** geht. Die Begründung usw des Ablehnungsbescheids ist **uU jedoch für die Beurteilung der Spruchreife von Bedeutung** (s unten 193 ff). Zur Frage des für die Beurteilung der Rechtswidrigkeit **maßgeblichen Zeitpunkt** s unten 218 ff.

187 Auch soweit alle sonstigen Voraussetzungen erfüllt sind, kann das Gericht die **Verpflichtung** der Behörde **zum Erlaß eines VA mit bestimmtem,** nämlich dem vom Kl begehrten, **Inhalt** nur dann aussprechen, wenn die Sache auch insoweit **spruchreif ist** (s zum Begriff der Spruchreife unten 193). Fehlt die Spruchreife, so kann das Gericht nur auf Verpflichtung der Behörde zur **Bescheidung** des Antrags des Kl unter Beachtung der Rechtsauffassung des

---

[290] Sehr str; dazu, daß in dem Übergang von einer Verpflichtungsklage auf Erteilung einer Baugenehmigung zu einer Verpflichtungsklage auf Erteilung einer Bebauungsgenehmigung keine Klageänderung, sondern eine Beschränkung des Klagebegehrens liegt, s Ma UPR 1990, 280; **aA** Münster NVwZ 1993, 493, wo aber auf § 173 S 1 iVm § 264 ZPO nicht eingegangen wird.

[291] 39, 138; 41, 180; DÖV 1976, 783; Ma NVwZ 1987, 920.

[292] 68, 267; DÖV 1985, 408; Buchh 401.47 GrEStG Nr 4 S 3; Schoch DÖV 1984, 404; Weyreuther DÖV 1985, 128; zur Notwendigkeit, bei berechtigtem Interesse auch die Rechtswidrigkeit einer Ablehnung oder Unterlassung zu einem früheren Zeitpunkt analog § 113 Abs 1 S 4 festzustellen, s oben 109 f; Schenke 853 f.

Gerichts erkennen (Abs 5 S 2, sog Bescheidungsurteil). **War die Klage** von vornherein nur **auf Verpflichtung zur Bescheidung gerichtet** (sog Bescheidungsklage), so ist ihr in vollem Umfang stattzugeben; war dagegen Verpflichtung zum Erlaß eines bestimmten VA beantragt (Verpflichtungsklage ieS), so ist die Klage iü abzuweisen (gleichwohl sind die Kosten des Vf auch in diesem Fall uU nach § 155 Abs 4 in vollem Umfang dem Bekl aufzuerlegen; str; s 2 zu § 155). **War nur Bescheidungsklage erhoben,** so darf das Gericht auch bei Spruchreife nicht auf Verpflichtung zum Erlaß eines bestimmten VA erkennen (§ 88).

Bindung der Behörde: Durch ein Verpflichtungsurteil wird in **RKraft festgestellt,** daß der Kl durch die **Ablehnung oder Unterlassung des VA in seinen Rechten verletzt** ist u er einen **Rechtsanspr auf dessen Vornahme** hat (s 9 zu § 90). Die Behörde ist aufgrund eines Verpflichtungsurteils gem Abs 5 S 1 **verpflichtet, den begehrten VA zu erlassen;** dies gilt auch dann, wenn das Urteil, aus welchen Gründen auch immer, wesentliche Gesichtspunkte nicht berücksichtigt hat (DVBl 1973, 403; zweifelnd Haueisen NJW 1960, 313). Bei einer zwischenzeitlichen **Änderung der Sach- oder Rechtslage** kann die Behörde gegen das Urteil die **Vollstreckungsabwehrklage** gem § 167 Abs 1 iVm § 767 ZPO erheben (70, 231 = NVwZ 1985, 563; NKVwGO-Wolff 442). Erläßt die Verwaltung aufgrund eines Verpflichtungsurteils einen begünstigenden VA, schließt dies nicht aus, daß die Verwaltung dies beim späteren Vorliegen der Voraussetzungen des § 49 Abs 2 VwVfG widerruft.[293] Der Umstand, daß die Verwaltung einer bestehenden Verpflichtung zum Erlaß eines VA nicht nachkam, sondern hierzu erst gerichtlich angehalten werden mußte, verleiht dem VA keine weiterreichende Bestandskraft als bei seinem „freiwilligen" Erlaß (**tlw aA** bei VAen mit Dauerwirkung Haueisen NJW 1963, 1335f; Krasney SozVers 1980, 74f); einer Rücknahme gem § 48 VwVfG steht hingegen – vorbehaltlich einer späteren zur Rechtswidrigkeit des VA führenden Veränderung der Sach- oder Rechtslage – grds die RKraft des Verpflichtungsurteils entgegen (s auch 28 zu § 121). Zur Bindung bei Bescheidungsurteilen nach Abs 5 S 2 s auch unten 212. 188

Ebenso bindet der Verpflichtungsausspruch des Gerichts bzgl des Erlasses eines vollstreckungsfähigen VA die Behörde **nicht zugleich auch schon** gem § 172 hins einer etwa **erforderlichen zwangsweisen Durchsetzung** des von der Behörde erst zu erlassenden VA.[294] Zwar kann der Kl mit dem ggü der Verwaltung geltend gemachten Anspr auf Erlaß des einen Dritten verpflichtenden VA (zB einer Abrißverfügung) zugleich im Wege einer **Stufenklage analog § 113 Abs 4** den Antrag verbinden, die Verwaltung zur Vollstreckung des VA ggü dem Dritten zu verpflichten, falls dieser der durch den VA statuierten Verpflichtung nicht nachkommt (s oben 177). Zu weit geht jedoch die Annahme, die Klage auf Erlaß eines einen Dritten belastenden VA schließe idR auch eine Klage ein, welche auf dessen zwangsweise Durchsetzung gerichtet sei u entsprechend beinhalte die gerichtliche Verurteilung zum Erlaß eines VA mit Drittwirkung zugleich (konkludent) die Verpflichtung, diesen bei Nichtbefolgung zwangsweise durchzusetzen (**aA** Ms NVwZ-RR 1982, 518f; NVwZ 1983, 384). Vielmehr bedarf es **besonderer Umstände,** um von einer solchen Stufenklage u einer dieser korrespondierenden Verurteilung zur Vollstreckung ausgehen zu können. Nicht richtig ist andererseits aber auch die Ansicht (so Sa NVwZ 1986, 764), derzufolge mit der auf Erlaß einer behördlichen Beseitigungsverfügung gerichteten Verpflichtungsklage eine Klage auf Verpflichtung der Behörde zur Vollstreckung eines von ihr erlassenen VA schon deshalb nicht gekoppelt werden könne, weil für 189

[293] NVwZ 1999, 303; ebenso zu § 73 Abs 1 S 1 AsylVfG: DÖV 2003, 997; Ehlers Jura JK 5/04 AsylVfG 73 I 1.

[294] Sa NVwZ 1986, 763f; **aA** Sch-Pietzner 34 zu § 172 unter Berufung auf Münster NVwZ-RR 1992, 518f; NVwZ 1993, 384.

die Behörde bei der Bestimmung der Zwangsmitteldurchsetzung ein **Auswahlermessen** bestehe. Letzterem läßt sich dadurch Rechnung tragen, daß die Verwaltung **nicht zum Erlaß eines bestimmten Vollstreckungsakts** verpflichtet wird, sondern (entspr den Grundsätzen der Bescheidungsklage) nur zur Vornahme von Vollstreckungsmaßnahmen bei Nichtbeachtung des VA durch den Dritten. Eine Verpflichtung zum Erlaß einer bestimmten Vollstreckungsmaßnahme (zB Zwangsgeld in einer bestimmten Höhe) ist hier genauso ausgeschlossen wie dort, wo der Kl erst nach Nichtbefolgung eines VA mit Drittwirkung durch den Dritten auf eine Vollstreckung klagt, weil er vorher nicht von der Möglichkeit der Stufenklage Gebrauch gemacht hat.

190 Ebenso liegt in der **gerichtlichen Verpflichtung des Hoheitsträgers zum Erlaß eines Bewilligungsbescheids** nicht zugleich auch eine Verurteilung zur Zahlung des Geldes (**aA** Sch-Pietzner 34 zu § 172). Auch hier besteht freilich die Möglichkeit, den Hoheitsträger analog § 113 Abs 1 S 2 (vgl oben 177 u 41 zu § 42) im Wege der Stufenklage nicht nur zum Erlaß des Bewilligungsbescheides, sondern zugleich zur Geldzahlung nach Ergehen des Bescheides zu verpflichten. Zur Frage, ob die Vollstreckung einer solchen Verpflichtung nach § 170 oder (richtigerweise) nach § 172 zu erfolgen hat, s 1 zu § 170.

191 Keine Bindung besteht auch hins von **Fragen, die nicht Gegenstand des Vf** waren. S im einzelnen unten 216.

Die Verpflichtung der Behörde wird nicht schon mit dem Erlaß des Urteils, sondern erst mit dem **Zeitpunkt der RKraft** des Urteils wirksam. Sie kann vom Kl gem § 172 durchgesetzt werden. Wenn für die zu treffende erneute Entscheidung bestimmte **Fristen** von Bedeutung sind, beginnen diese erst mit RKraft des Urteils zu laufen (Hbg VRspr 27, 175 zum Ablauf von Fristen, nach deren Ablauf ein VA fingiert wird). Andererseits bleiben bereits **durch die ursprüngliche Antragstellung gewahrte Fristen** auch im Hinblick auf die neu zu treffende Entscheidung gewahrt, da es sich ja immer noch um dieselbe Sache handelt.

192 Wurde die Verpflichtungsklage aus sachlich-rechtlichen Gründen **abgewiesen,** so kann der Kl den Erlaß des begünstigenden VA später erneut nur verlangen, **wenn sich die Sach- oder Rechtslage** zu seinen Gunsten nachträglich **ändert** (vgl BVerfG NJW 1978, 1155; BVerwG 35, 235) oder aus anderen Gründen (vgl §§ 48 ff VwVfG) ein Anspr auf erneute Sachentscheidung gegeben ist oder die Behörde selbst eine solche trifft (sog Zweitbescheid). Vgl 29 zu Anh § 42.

193 **17. Spruchreife der Sache (Abs 5 S 2, Abs 1 S 3):** Spruchreife bedeutet, daß das VG zu einer abschließenden Entscheidung über den Erlaß des VA in der Lage ist (eingeh zur Spruchreife Jacobj 64 ff). Spruchreife ist ein **prozessualer** Begriff, der an die materiellrechtlichen Gegebenheiten anknüpft, sie aber nicht ändert (78, 180; 85, 379). Grds ist das Gericht nach § 86 Abs 1 verpflichtet, im Rahmen des Klagebegehrens (§ 88) u des dadurch bestimmten Streitggst (vgl dazu auch 4 zu § 86) **alle** für die Entscheidung über das Klagebegehren **maßgeblichen tatsächlichen u rechtlichen Voraussetzungen** des geltend gemachten Anspr auf Erlaß des VA in eigener Verantwortung festzustellen u die Streitsache idS **in vollem Umfang spruchreif zu machen.**[295]

194 Dieser Grundsatz läßt sich jedenfalls nach der Novellierung durch das 4. VwGOÄndG **nicht durch eine analoge Anwendung des § 113 Abs 2**

[295] 10, 202; 66, 238; Buchh 402.25 § 34 AsylVfG Nr 4: Asylgewährung; 69, 201: Wohngeld; 90, 24 = NVwZ-RR 1993, 69; DVBl 1980, 922; 1983, 33; 1995, 858 (grds); NVwZ 1985, 35; Ks NVwZ 1982, 138; Ma DVBl 1981, 1011; NVwZ 1987, 35; Bickenbach 157 ff; NKVwGO-Wolff 428; RÖ-M. Redeker 39; Sch-Gerhardt 66 ff; **krit** Kopp VerfR 251; WuV 1983, 15 ff. Eingeh zur Frage, inwieweit eine Verpflichtung des Gerichts besteht, die Spruchreife herbeizuführen, Hödl-Adick 92 ff; Jacobj 438 ff.

S 2 u Abs 3 auf die Verpflichtungsklage einschränken (s oben 156 u 166). Allerdings kann sich aus dem **materiellen Recht** ergeben, daß die Behörde trotz Rechtswidrigkeit der Ablehnung oder Unterlassung eines beantragten VA die Verwaltung nicht zu dessen Vornahme verurteilen kann. Dies trifft nicht nur dann zu, wenn ihr ein **Ermessens- u Beurteilungsspielraum** zusteht (s unten 195), sondern (ausnahmsweise) auch bei rechtlich gebundenen VAen, wenn das materielle Recht vorschreibt, daß die Vornahme des VA zunächst zwingend die vorherige Durchführung eines **ordnungsgemäßen VerwaltungsVf** erfordert (unten 197f). Für den Kl bietet sich zudem selbst bei **rechtlich gebundenen VAen** die Möglichkeit, nur **auf Bescheidung zu klagen** u damit dort, wo die Behörde im VerwaltungsVf wesentliche Sachaufklärungen bisher unterlassen hat, eine **sinnvolle Funktionsverteilung zwischen Vwgbk u Verwaltung** herbeizuführen. Damit läßt sich auch auf diese Weise dem mit § 113 Abs 3 verfolgten Anliegen Rechnung tragen.[296]

Die Spruchreife fehlt u kann idR – Ausnahmen s unten 209, ferner 6 zu § 114 – vom Gericht auch nicht hergestellt werden, wenn der Verwaltung bzgl der begehrten Entscheidung ein **Ermessens- oder Beurteilungsspielraum** zusteht;[297] das Gericht würde bei Nichtbeachtung dieser Grenzen in unangemessener Weise in die Kompetenz der Verwaltung eingreifen (vgl Ma DVBl 1981, 1011). ZB muß das Gericht im Hinblick auf das der Behörde eingeräumte Ermessen die Klage auf **Zurückstellung vom Wehrdienst** abweisen, wenn es feststellt, daß der **ursprüngliche Zurückstellungsgrund nicht oder nicht mehr gegeben** ist, u den Kl auf einen neuen Antrag bei der zuständigen Behörde verweisen, wenn statt des Zurückstellungsgrundes, über den die Behörde entschieden hat, **nunmehr ein anderer Zurückstellungsgrund** in Betracht kommt (68, 154). Soweit in Verbindung mit einer beantragten Baugenehmigung **individuelle Einschätzungen** u **Zweckmäßigkeitserwägungen** dafür erheblich sind, ob diese oder jene gleichermaßen geeignete Auflage oder sonstige **Nebenbestimmung** hinzuzufügen ist, wird es durch das BVerwG als gerechtfertigt angesehen, daß das Tatsachengericht davon absieht, die Sache selbst spruchreif zu machen (NVwZ-RR 1999, 74; s auch iVm immissionsschutzrechtlichen Genehmigungen NVwZ 1990, 257). Bei **Prüfungsentscheidungen** ist ein Anspr auf **Neubewertung** nur dann begründet, wenn die Leistung objektiv nachprüfbar festliegt;[298] in allen anderen Fällen bleibt nur die Möglichkeit einer Wiederholung der Prüfung. Bei einer Neubewertung der Prüfungsleistung (ohne Wiederholung der Prüfung) wird die Prüfungsbehörde nach Erlaß eines Bescheidungsurteils durch den Grundsatz der reformatio in peius grds daran gehindert, eine schlechtere Bewertung vorzunehmen[299] (zur Frage der Geltung des Verschlechterungsverbots im WiderspruchsVf s 10 zu § 68). Ein **Anspr auf** Verpflichtung der Behörde, **eine bestimmte** (bessere) **Note** zu geben, kommt nur in Betracht, wenn der Fehler ohne erneute Ausübung der höchstpersönlichen Beurteilungsermächtigung des Prüfers korrigiert werden kann,[300] zB bei einer falschen Gesamtnotenbildung, wenn dafür rein arithmetische Maßstäbe maßgeb- 195

---

[296] Zur Verpflichtung des Gerichts zur Herbeiführung der Spruchreife vor Inkrafttreten des 4. VwGOÄndG Martens DÖV 1988, 469; Schlink/Wieland DÖV 1982, 431.

[297] HM, vgl 10, 202; 11, 99; 44, 17; 49, 307; 61, 45; 90, 24 = NVwZ-RR 1993, 70; Ma DVBl 1981, 1011; Bickenbach 135ff; NKVwGO-Wolff 432f; RÖ-M. Redeker 40; Schenke DÖV 1996, 538f; Sch-Gerhardt 73ff.

[298] DÖV 1981, 62; Buchh 421.0 Prüfungswesen Nr 118; 451.45 § 46 HwO Nr 1; Ma DÖV 1980, 612, 614; 1982, 165; Guhl, Prüfungen im Rechtsstaat 1978, 365 mwN; Jakobs VBlBW 1981, 175.

[299] NVwZ-RR 1997, 102f; NJW 2000, 1055f = 109, 215ff; v Golitschek BayVBl 1994, 263; Schlette DÖV 2002, 816; Zimmerling/Brehm, Prüfungsrecht, 2 Aufl 2001, Rn 588.

[300] 11, 167, Buchh 421.0 Prüfungswesen Nr 94; Ma NJW 1981, 2023; DÖV 1982, 165; vgl auch BVerwG NVwZ 1993, 619.

lich sind. Bei einer notwendigen Wiederholungsprüfung ist möglichst sicherzustellen, daß die Prüfungsbedingungen den Erfordernissen der Chancengleichheit entsprechen (Mü BayVBl 1981, 1158). In Ermangelung einer Regelung der Fehlerfolgen ist das PrüfungsVf so zu gestalten, daß der Prüfling den geringst möglichen Nachteil erleidet. Diesem Gesichtspunkt wird idR dadurch entsprochen, daß der Prüfling lediglich denjenigen selbstständig zu bewertenden Prüfungsteil erneut abzulegen hat, dem der rechtserhebliche Mangel anhaftet (NVwZ 2002, 1375; s auch 28 zu § 42). Bei der erneuten Erbringung der Teilprüfungsleistungen wird der Prüfling aber durch das Verschlechterungsverbot nicht davor geschützt, daß die Prüfungsbewertung der Teilprüfungsleistung nunmehr schlechter ausfällt als bei der ersten Prüfung (NVwZ 2002, 1377; Brehm NVwZ 2002, 1335). Der Kl wird aber auch hier durch den Grundsatz des Verbots der reformatio in peius vor einer Verschlechterung der Gesamtnote geschützt, wenn sein Klageziel lediglich auf eine Notenverbesserung gerichtet war (NVwZ 2002, 1377; Schlette DÖV 2002, 817 ff).

196 Ist die Entscheidung der Verwaltung zwar rechtlich gebunden, hat die Exekutive jedoch bzgl einzelner **Faktoren,** welche vorfrageweise für die Subsumtion unter unbestimmte Rechtsbegriffe maßgeblich sind, einen Entscheidungsspielraum (sog Faktorenlehre, s Schenke 770 f u BK-Schenke 358 ff zu Art 19 Abs 4 GG), ist das Gericht grds zur Herbeiführung der Spruchreife verpflichtet. Die Verwaltung ist in einem solchen Fall auf Anfrage des Gerichts verpflichtet, diesem ihre **Einschätzungen mitzuteilen,** womit dann gerichtlich „durchentschieden" werden kann (zur Faktorenlehre 24 b zu § 114).

197 Auch wenn bei rechtlich gebundenen VAen das Gericht grds zur Herbeiführung der Spruchreife verpflichtet ist (s oben 193) u § 113 Abs 3 keine analoge Anwendung findet (oben 166), kann das Gericht in besonders gelagerten Fällen aus materiellrechtlichen Gründen gehindert sein, die Klage spruchreif zu machen. Dies trifft dann zu, wenn das materielle Recht der vorherigen **Durchführung eines VerwaltungsVf ausnahmsweise** eine so wesentliche Bedeutung für den Erlaß eines VA beimißt, daß es dessen **Rechtmäßigkeit zwingend an dessen Absolvierung** bindet. Das **gerichtliche Vf** vermag damit das **VerwaltungsVf nicht zu substituieren,** was logischerweise bedeutet, daß damit iVm der Verpflichtungsklage keine Verurteilung zur Vornahme eines VA erfolgen kann. Dies ist aber nur selten, weshalb der am Normalfall orientierte **§ 75** in bezug auf rechtlich gebundene VAe von der **grundsätzlichen Zulässigkeit einer Vornahmeklage** selbst bei Untätigkeit der Ausgangsbehörde ausgeht.

198 Im Lichte des Gewaltenteilungsprinzips können jedoch gesetzliche Regelungen, insb wenn sie Entscheidungen betreffen, die **hochkomplexe Abwägungen** erfordern u eine **Vielzahl von Interessen** u idR einen **großen Personenkreis** tangieren, die **ordnungsgemäße Durchführung des VerwaltungsVf**[301] **zur conditio sine qua non** für die **Rechtmäßigkeit des VA** machen (s auch oben 21). Damit wird gesichert, daß der Richter nur in Kenntnis der vorangegangenen, in einem ordnungsgemäß durchgeführten VerwaltungsVf erfolgten Abwägungen eine „rechtlich gebundene" Entscheidung trifft. Gerade im Hinblick darauf, daß sich hier häufig unterschiedliche Entscheidungen mit guten Gründen vertreten lassen, ist die gerichtliche Einräumung einer umfassenden Letztentscheidungsbefugnis oftmals nur sachlich gerechtfertigt, wenn die Verwaltung schon entspr Vorarbeit geleistet hat, die durch die VGe zu kontrollieren ist.[302] Das gilt

---

[301] Dazu DVBl 1989, 1051; NVwZ-RR 1999, 74; Bickenbach 154 f; Held, Der Grundrechtsbezug des Verwaltungsverfahrens 244; Hill 153 u 419; Jacobj 445 f; Wahl NVwZ 1991, 415; tlw auch Hödl-Adick 161 ff.

[302] Zu eng deshalb Sch-Gerhardt 67, wenn dort eine Verpflichtung zur Herstellung der Spruchreife nur dort verneint wird, wo der Verwaltung ein Beurteilungsspielraum eingeräumt ist.

um so mehr, als sich das gerichtliche Vf von seiner Ausgestaltung her in solchen Fällen nur **begrenzt dazu eignet,** das **hochformalisierte VerwaltungsVf zu substituieren,** u der Richter bei einem Rollentausch mit der Verwaltung die **nötige Distanz** zu verlieren droht (s auch Schenke VVDStRL 41, 275). Daran ändert sich auch nichts, wenn sich das Gericht bei der Durchführung des Vf in großem Umfang der Verwaltung bedient. Eine solche **Form der Kooperation gefährdet die richterliche Neutralität** u kann zur Institutionalisierung eines unter dem Aspekt der Gewaltenteilung bedenklichen **Kondominiums von Gericht u Verwaltung** führen. Aus diesem Grund ist das Gericht bei Planfeststellungsbeschlüssen u ähnlich hochformalisierten Vf,[303] entspr den Grundsätzen, die das BVerwG für Drittklagen gegen Planfeststellungsbeschlüsse u atomrechtliche Genehmigungen entwickelt hat (s oben 21), darauf beschränkt, beim Fehlen wesentlicher Teile des VerwaltungsVf bzw ihrer Fehlerhaftigkeit die rechtswidrige Ablehnungsentscheidung der Verwaltung **aufzuheben** u diese zu einer **Neubescheidung zu verpflichten.** In neueren Gesetzen tritt an die Stelle der Aufhebung des VA uU auch die Befugnis, die Verwaltung zur Planergänzung oder zur Durchführung eines ergänzenden Vf zu verpflichten (s § 75 Abs 1 a S 2 VwVfG).

Entsprechendes erwägbar ist ferner, **wenn die Entscheidung** durch Gesetz oder VO **einem besonders qualifizierten Fachgremium**[304] oder **mit besonderen Spezialkenntnissen ausgestatteten Behörden** oder Ausschüssen übertragen ist, die bisher überhaupt noch nicht mit der Sache befaßt waren (90, 24 = NVwZ-RR 1993, 70) oder die infolge fehlerhafter rechtlicher Überlegungen oder aus anderen Gründen wesentliche **Voraussetzungen des beantragten VA** in tatsächlicher Hinsicht bisher überhaupt **noch nicht** oder nur unter Verletzung wesentlicher Verfahrensvorschriften **geprüft** haben, u die Sachverhaltsfeststellung **noch umfangreiche Ermittlungen u** besondere Fachkunde erfordert.[305] Dabei ergibt sich allerdings in solchen Fällen die Beschränkung des Gerichts auf ein Bescheidungsurteil häufig bereits daraus, daß den Verwaltungsbehörden gerichtlich ein Ermessens- oder **Beurteilungsspielraum** eingeräumt ist, der sich auch bei grds rechtlich gebundenen Entscheidungen auf die Erteilung von Nebenbestimmungen erstrecken kann (s Hödl-Adick 142). 199

Um weitere zeitliche Verzögerungen des Rechtsschutzes zu vermeiden, sollten sich die Gerichte vor dem Hintergrund der verfassungsrechtlichen Rechtsschutzgarantie des Art 19 Abs 4 GG jedoch darum bemühen, die Entscheidung der Verwaltung zu **überprüfen,** soweit wie **dies beim jeweiligen Stand des VerwaltungsVf möglich** ist, damit künftigen gerichtlichen Auseinandersetzungen vorgebeugt wird. 200

Auch wenn sich bei einer Vornahmeklage eine Begrenzung der Pflicht des Gerichts zur Herbeiführung der Spruchreife unter Rückgriff auf den dem § 113 Abs 3, Abs 2 S 2–3 zu entnehmenden Rechtsgedanken verbietet u keiner der Sonderfälle vorliegt, in denen das VG aus materiellrechtlichen Gründen gehindert ist, den Rechtsstreit spruchreif zu machen, muß es dem Kl aber selbst bei rechtlich gebundenen VAen, wenn die rechtswidrige Ablehnung der Begünstigung eine ausreichende Sachaufklärung oder eine nähere Befassung der Verwaltung verhinderte oder die Verwaltung diese wg Untätigkeit bisher unterließ, möglich sein, **nur auf Bescheidung** des Antrags auf Erlaß des begünstigenden VA zu klagen (umfassend zur Bescheidungsklage Hödl-Adick, zum Beschei- 201

---

[303] S zu einer immissionsschutzrechtlichen Genehmigung NVwZ-RR 1999, 74, tlw krit Hödl-Adick 140 ff.

[304] BVerfG 73, 313 = DVBl 1987, 356; BVerwG 90, 24 = NVwZ-RR 1993, 69; Schlink/Wieland DÖV 1982, 432; vgl auch BVerwG 46, 359; DVBl 1963, 263.

[305] Vgl 11, 95 = NJW 1961, 793; 44, 283; 46, 359; DVBl 1983, 263; Ks 21, 207; Mü BayVBl 1966, 210; Mü NVwZ 1983, 747; RÖ-M. Redeker 39.

dungsurteil s auch 8 zu § 42).[306, 307] Die **Statthaftigkeit** einer solchen Klage läßt sich aus **§ 113 Abs 5 S 2** ableiten (s Schenke DÖV 1996, 538f). Sie kann schon aus systematischen Gründen nicht von der erst bei der Prüfung der Begründetheit der Klage zu beantwortenden Frage abhängen, ob der Kl hins des beantragten VA nur ein formelles subjektives öffentliches Recht oder ein materielles subjektives öffentliches Recht besitzt. Der Rechtsanspr auf Erlaß eines beantragten VA enthält zudem als **Minus** auch den **Anspr auf die Bescheidung** des bei der Verwaltung gestellten Antrags. Nicht möglich ist es dem Kl aber, die Bescheidungsklage auf die Entscheidung über ganz bestimmte Rechtsfragen zu beschränken (NVwZ 2007, 106; s auch 4 zu § 88).

202 Aus der Unanwendbarkeit des § 113 Abs 3 auf Vornahmeklagen ergeben sich keine Einwände gegen die Zulässigkeit einer Bescheidungsklage. Da bei ihr durch ein Bescheidungsurteil dem Rechtsanspr des Kl voll entsprochen wird, entfallen die rechtlichen Bedenken, die gegen die Zulässigkeit eines auf § 113 Abs 3 gestützten Bescheidungsurteils bei einer Vornahmeklage bestehen; bei einer **Bescheidungsklage stellt sich das Problem der analogen Anwendung des § 113 Abs 3** gar nicht.[308] Ohnehin dürfte die gesetzgeberische Absage an eine Erstreckung des § 113 Abs 3 auf die Vornahmeklage (s oben 166) zu einem wesentlichen Teil darauf beruhen, daß für sie in Anbetracht der bei ungenügender behördlicher Sachaufklärung in der verwaltungsgerichtlichen Praxis auch iVm rechtlich gebundenen VAen durchaus üblichen Bescheidungsklage kein praktisches Bedürfnis ersichtlich war (s auch Schenke DÖV 1996, 540). So gesehen bildet die gesetzliche Beschränkung des Anwendungsbereichs des § 113 Abs 3 gerade eine Bestätigung für die hier vertretene Ansicht.

203 Der Untersuchungsgrundsatz spricht schon deshalb nicht gegen die Zulässigkeit einer Bescheidungsklage (s auch 69, 201), da dieser Grundsatz nur im Rahmen eines Klagebegehrens gilt, folglich aber durch die Zulässigkeit einer Bescheidungsklage gar nicht tangiert werden kann. Der Hinweis auf vermeintliche Schwierigkeiten, die sich daraus ergeben sollen, daß der bloße Bescheidung begehrende Kl das gerichtliche Prüfprogramm nicht fixieren könne u die Frage nach den Grenzen der gerichtlichen Kompetenz unbeantwortet bleibe, ist nicht beweiskräftig (so aber Sch-Gerhardt 69), da der **Kl gehalten** ist, bei einer von ihm erhobenen Bescheidungsklage den **Umfang der gerichtlichen Überprüfung** zu bestimmen. Damit steht nicht in Widerspruch, daß, wenn es die Verwaltung bisher versäumt hat, in der Sache zu entscheiden, für den Kl zur Vermeidung einer völligen Entwertung des VerwaltungsVf die Möglichkeit bestehen

---

[306] Richtig erkannt von 69, 201; Buchh 310 § 113 Nr 215 u DÖV 1991, 1026, daß die Frage, inwieweit das Gericht sich bei einer auf Erlaß eines begünstigenden VA gerichteten Klage mit Erlaß eines Bescheidungsurteils begnügen kann, davon zu trennen ist, ob der Kl von vornherein nur auf Bescheidung klagen u ob hierdurch in größerem Umfang ein Bescheidungsurteil herbeigeführt werden kann; nicht überzeugend hingegen Sch-Gerhardt 69, wo zwischen diesen Fragen nicht getrennt wird.

[307] Für Bescheidungsklage auch 29, 243; 69, 201; Buchh 310 § 113 VwGO Nr 215 (mit Einschränkungen); DÖV 1991, 1026; s auch NVwZ-RR 1993, 69; NVwZ 1996, 176; für Bescheidungsklagen auch bei rechtlich gebundenen VAen in der Lit Hödl-Adick 92ff; Schenke DÖV 1996, 538ff; JZ 1996, 1104; vgl auch Ehlers Jura 2004, 316 – bei sehr komplexen Sachverhalten, damit die Verwaltung die fehlenden Ermittlungen nachholen kann; Bickenbach 73ff; **aA** Ma NJW 1970, 1143; Münster DÖV 1974, 97; SGH 302 (zumindest mißverständlich); Sch-Gerhardt 69; Schwabe 40f; bei rechtlich gebundenen VAen auch Ks NVwZ 1985, 217; P § 10, 9; zweifelnd RÖ-Kothe 2 zu § 75.

[308] Das zur Ablehnung einer analogen Anwendung des § 113 Abs 3 bemühte Argument, bei deren Zulassung würde die auf Erlaß eines bestimmten VA gerichtete Verpflichtungsklage nahezu funktionslos (so Sch-Gerhardt 66), greift nicht ggü der Bescheidungsklage, denn diese läßt die Möglichkeit einer Verpflichtung des Bekl zum Erlaß des VA unberührt, wenn der Kl – wie dies bei gebundenen VAen meist zutrifft – sein Klagebegehren hierauf richtet.

muß, die Verwaltung ohne gerichtliche Sachprüfung lediglich zu einer Bescheidung zu verpflichten. Bei einer ablehnenden Entscheidung, die dazu führte, daß die Verwaltung bisher bestimmte, nach Ansicht des Kl entscheidungsrelevante Fragen nicht überprüfte, kann er sich darauf beschränken, nur die in der Ablehnung genannten Gründe gerichtlich überprüfen zu lassen.[309] Bleibt das die Verwaltung zur Bescheidung verpflichtende Urteil **hinter** dem im Klageantrag bestimmten **Prüfungsumfang zurück,** begründet dies für den Kl eine **Beschwer** (Ms NWVBl 1998, 266).

Gegen die Zulässigkeit einer Bescheidungsklage iVm rechtlich gebundenen VAen läßt sich schließlich auch **nicht** der Gesichtspunkt des im Hinblick auf den weiterreichenden Rechtsschutz durch die Verpflichtungsklage idR fehlenden **RSB** anführen (so aber zB VG Kassel NVwZ 1985, 217; P § 10, 8 ff). Das RSB hindert den Kl nicht, statt eines Mehr ein Weniger einzuklagen, zumal durchaus berechtigte Interessen für die Zulässigkeit eines nur auf Bescheidung gerichteten Begehrens sprechen. Nur auf diese Weise wird der in den **materiellen Grundrechten** angelegte **Rechtsschutz durch das VerwaltungsVf** realisiert, der bei rechtlich gebundenen VAen im Extremfall einer Nichtbescheidung des Antrags des Kl durch die Verwaltung sogar völlig verhindert würde. Ließe man hier nicht wenigstens eine Bescheidungsklage zu, würde die Ausgangsbehörde für den durch ihre Untätigkeit begründeten besonders **gravierenden Rechtsverstoß** in Konsequenz des § 68 Abs 2 noch zusätzlich prämiert, indem nicht nur das Vf vor der Ausgangsbehörde, sondern auch das **WiderspruchsVf** entfiele u dadurch der Rechtsschutz des Bürgers zusätzlich verkürzt würde. Das wirkte sich auch auf die Möglichkeit des gerichtlichen Rechtsschutzes nachteilig aus, da dem Kl mangels einer Prüfung seines Rechtsschutzbegehrens im VerwaltungsVf eine **Basis für die Beurteilung der Erfolgsaussichten einer Klage** u der hiermit verbundenen Risiken fehlte. Zudem ergäbe sich hier eine erhebliche Arbeitsbelastung der Gerichte, da sie wesentliche Funktionen der Verwaltung wahrnehmen müßten. Das führte zu Zeitverlusten u damit über den Einzelfall hinausreichend zu einer **allg faktischen Beeinträchtigung des gerichtlichen Rechtsschutzes.** 204

Letzten Endes werden diese Probleme auch von Gegnern der hier befürworteten Bescheidungsklage gesehen. Nur erweisen sich die von ihnen aufgezeigten Wege zu einer sinnvollen Funktionsverteilung zwischen Verwaltung u Vwgbk als weit problematischer als die hier befürwortete Bescheidungsklage. Der Verweis des Kl auf die Erhebung einer **isolierten Anfechtungsklage** (so Sch-Gerhardt 69) scheitert von vornherein bei einer völligen Untätigkeit der Verwaltung sowie dort, wo die Verwaltung nach isolierter Aufhebung einer Versagung untätig bleibt. Zudem bestehen gegen die allg Bejahung einer isolierten Anfechtungsklage schwerwiegende Bedenken (s 30 zu § 42). 205

Für die Statthaftigkeit einer Bescheidungsklage spricht zudem der Umstand, daß diese Rechtsschutzfunktionen zu übernehmen vermag, die das iVm **einer Verpflichtungsklage ausgeschlossene Grundurteil** in anderen Verfahrensordnungen **erfüllt** (s auch NVwZ 1996, 176) u die **Praxis seit langem von der Zulässigkeit einer solchen Bescheidungsklage ausgeht.** Deshalb **regen** die Gerichte bei ungenügender Sachverhaltsaufklärung vielfach **an,** den **Vornahmeantrag auf einen Bescheidungsantrag umzustellen.**

Eine **Bescheidungsklage** ist grds auch dann statthaft, wenn über einen **Widerspruch ohne zureichenden Grund nicht in angemessener Frist sachlich** entschieden wurde (s auch 13 vor § 68 u 5 vor § 75). Eine solche Klage wird auch bei rechtlich gebundenen VAen **weder durch § 75** noch wegen feh- 206

---

[309] Die Situation unterscheidet sich insoweit nicht von der einer isolierten Anfechtungsklage, weshalb es inkonsequent ist, wenn bei Sch-Gerhardt 69 gegen die Zulässigkeit einer solchen Klage keine Bedenken erhoben werden.

lenden **RSB** ausgeschlossen.[310] Zu verneinen ist das RSB hingegen iVm einer Verpflichtungsklage, die auf Erlaß eines Widerspruchsbescheids mit dem **Inhalt des beantragten VA** gerichtet ist, bzw iVm einer Anfechtungsklage auf Aufhebung des angegriffenen VA.[311] Eine solche Klage böte auch unter kostenmäßigen Gesichtspunkten keinen Vorteil ggü einer Klage nach § 75. Unbestreitbar muß eine Klage auf Bescheidung des Widerspruchs dann zugelassen werden, wenn der Kl nur ein **formelles subjektives öffentliches Recht** bzgl der Vornahme des von ihm beantragten VA besitzt,[312] da ihm andernfalls eine durch das gerichtliche Vf nicht ersetzbare Möglichkeit der **Zweckmäßigkeitskontrolle** genommen würde.

207 **Steht der VA,** dessen Erlaß das Ziel der Klage ist, **im Ermessen der Behörde** bzw hat die Behörde hins der näheren Bestimmung seines Inhalts (zB hins bestimmter Auflagen) einen **Ermessensspielraum oder** einen Beurteilungsspielraum (s 1 ff, 11 ff zu § 114), so ist **Spruchreife nur** ausnahmsweise dann anzunehmen, **wenn angesichts der konkreten Umstände des Falles nur eine einzige,** bestimmte **Entscheidung in Betracht kommt,** dh als einzige nicht ermessensfehlerhaft wäre, sog „**Ermessensreduktion** bzw **Beurteilungsreduktion auf Null**". Das Gericht ist jedoch **nicht verpflichtet u** nach richtiger Auffassung (str, vgl 4 zu § 86) auch nicht berechtigt, in derartigen Fällen durch Beweisaufnahmen u Erörterung des Falles mit den Beteiligten, insb auch mit Vertretern der Behörde, die den VA zu erlassen hätte, **Spruchreife idS herbeizuführen.**[313]

208 **Nicht spruchreif** ist eine Sache auch dann, wenn zwar die wesentlichen rechtlichen Voraussetzungen für den vom Kl begehrten VA erfüllt sind, aus rechtlichen oder tatsächlichen Gründen damit jedoch **für den Kl noch kein unbedingter Anspr** auf den begehrten VA verbunden ist, sondern dieser Anspr nur nach Maßgabe **einer noch offenen Auswahlentscheidung** durch die zuständige Behörde besteht, zB bei einer Klage auf Verpflichtung der Behörde, den Kl zum Studium zuzulassen, wenn für die in Frage stehende Studienrichtung durch Rechtssatz oder faktisch ein **numerus clausus** eingeführt ist u zusammen mit dem Kl mehr Bewerber vorhanden sind als insgesamt noch Studienplätze zu vergeben sind.[314] Vgl zu den **Auswahlkriterien,** wenn die Kapazität einer Schu-

---

[310] Vgl eingeh Kopp, Redeker-FS 551; Reigl NJW 1966, 2203; Schenke 262; Seibert BayVBl 1983, 175; Stern 404 iVm 397 ff; mit Einschränkungen auch Bettermann NJW 1960, 1088 u v Schledorn NVwZ 1995, 251; **aA** MDR 1962, 1010; Ma 43, 143; NVwZ 1995, 280; Mü BayVBl 1976, 241; Oerder, Das Widerspruchsverfahren der VwGO 1989, 90 ff; Petzke/Kugele BayVBl 1988, 88 – diff; RÖ-Kothe 2 zu § 75; zT **aA** Ey-Rennert 18 zu 73: in Drittwiderspruchsfällen, wenn anderenfalls der Zugang zum Gericht vereitelt würde.

[311] Schenke DÖV 1996, 537; s auch NKVwGO-Geis 10 zu § 68, der aber nicht ausreichend beachtet, daß dies für eine Bescheidungsklage nicht gilt.

[312] Vgl 29, 243 = NJW 1968, 1644; Bettermann NJW 1960, 1088; NKVwGO-Geis 12 zu § 68; Schenke DÖV 1996, 537; v Schledorn NVwZ 1995, 251; Sch-Dolde 2 zu § 75 u 15 vor § 68.

[313] Vgl Kopp VerfR 101, 246 ff; VerwA 1970, 237; BayVBl 1977, 514 ff; **aA** 69, 201: soweit nur irgend möglich; zu Prüfungsentscheidungen auch Czermak BayVBl 1978, 424: das Gericht müßte grds, erforderlichenfalls unter Heranziehung der Prüfer als Sachverständiger, die Sache spruchreif machen; anders insoweit Mü BayVBl 1978, 214: nur Verpflichtung der Behörde zur erneuten Bewertung der Prüfungsleistungen.

[314] Vgl Ma DVBl 1981, 1011; Langer NJW 1990, 1328: der Anspr auf Zuteilung wird hier zu einem Anspr auf gerechte Verteilung; vgl auch Theuersbacher NVwZ 1993, 632 – auch zu den möglichen Auswahlkriterien –; **aA** Sch-Gerhardt 70: Das Gericht hat die Auswahlentscheidung selbst zu treffen. In der Praxis stellt sich dieses Problem allerdings kaum, da nach dem BVerwG Studienplätze „auf den ersten Zugriff" vergeben werden, dh in der Reihenfolge der beantragten eAen (NVwZ-RR 1991, 362; s bereits 57, 148; Karpen/Hillermann JZ 1997, 244), u damit die Reihenfolge der Vergabe feststeht.

le nicht die Zulassung aller Bewerber erlaubt, auch Ks NVwZ 1992, 361 u Theuersbacher NVwZ 1993, 632.

Etwas anderes gilt jedoch dann, **wenn das** auszufüllende **„Kontingent"** nach den maßgeblichen gesetzlichen Vorschriften oder aus tatsächlichen Gründen **nicht absolut starr ist** u das Gericht nach den Grundsätzen über die Lückenausfüllung als ermächtigt anzusehen ist, die Behörde in vertretbaren Umfang auch **über** das an sich vorgesehene **Kontingent hinaus** zum Erlaß des begehrten VA zu verpflichten, zB bei der **Zulassung zum Studium** in Fächern mit numerus clausus;[315] bei der **Zulassung von Taxis** (str; zT **aA** 82, 295 = NJW 1990, 1376: Fehlt es an einer rechtmäßigen behördlichen Prognose über die Zahl der ohne Gefahr für die Funktionsfähigkeit des örtlichen Taxengewerbes höchstens zuzulassenden Taxen, hat der **klagende** Bewerber, der auch die subjektiven Zulassungsvoraussetzungen des § 13 Abs 1 PBefG erfüllt, einen Anspr auf Erteilung einer Taxengenehmigung, wenn die Behörde nicht substantiiert Umstände darlegt, die es in hohem Maße zweifelhaft erscheinen lassen, daß der Kl bei Beachtung der Vormerkliste zum Zuge kommen kann; nach **aA** kommt allenfalls die Verpflichtung der Behörde, dem Kl die nächste freiwerdende Konzession zuzuteilen, in Betracht). Bei der Gewährung von **Subventionen** ist, selbst wenn die erforderlichen finanziellen Mittel den vorhergesehenen Haushaltsansatz übersteigen, unter dem Aspekt der Selbstbindung der Verwaltung dennoch ein Subventionsanspr in Betracht zu ziehen (s Kopp WuV 1978, 181, zweifelhaft). 209

Zu beachten ist, daß dem Anspr auf Erlaß eines begünstigenden VA auch dann Rechnung zu tragen ist, wenn eine **Nichtberücksichtigung des Kl** bei der Vergabe einer kontingentierten Begünstigung allein darauf beruht, daß ihm in **rechtswidriger Weise eine andere Person vorgezogen** u er hierdurch in einem subjektiven Recht (insb Art 12 GG) verletzt wurde (s 48 zu § 42). Das traf nach GüKG aF zB zu, wenn der Kl bei der Erteilung einer **Güterfernverkehrsgenehmigung** deshalb nicht zum Zuge kam, weil diese rechtswidrigerweise einem anderen Bewerber erteilt wurde (s hierzu 80, 270; Schenke NVwZ 1993, 718ff; DVBl 1996, 387ff sowie 48 zu § 42). In diesen Fällen besteht, unabhängig von einer Anfechtung der Drittbegünstigung, eine **Verpflichtung der Behörde zu deren Rücknahme.** Damit ist die Behörde rechtlich in der Lage, dem Verpflichtungsbegehren Rechnung zu tragen u dieses deshalb begründet. Wurde der zunächst übergangene Kl behördlicherseits über die Begünstigung seines Konkurrenten informiert, empfiehlt sich allerdings für ihn die Erhebung einer **Anfechtungsklage gegen die Begünstigung,** da sie sonst auch ihm ggü **formell bestandskräftig** würde. In einem solchen Fall bietet sich die Erhebung einer Anfechtungsklage an, mit der im Wege einer Stufenklage eine Verpflichtungsklage gem § 113 Abs 4 verbunden wird (s oben 173). Eine Verpflichtungsklage, die darauf gestützt wird, daß ein bestimmter Konkurrent dem Kl vorgezogen wurde, kann hier häufig so ausgelegt werden, daß zugleich mit ihr eine Anfechtungsklage gegen die Begünstigung des Mitbewerbers erhoben wird. 210

Wenn für eine positive Entscheidung über eine Verpflichtungsklage bzw Bescheidungsklage nach den maßgeblichen Rechtsvorschriften oder angesichts der besonderen Umstände des Falles **keine** der in 208–210 **beschriebenen Möglichkeiten offensteht,** ist die Klage abzuweisen; der Kl hat dann uU Anspr auf Schadensersatz unter dem Gesichtspunkt der Amtshaftung, des enteignungsgleichen Eingriffs uä. 211

18. Bindung der Behörde an die Rechtsauffassung des Gerichts (Abs 5 S 2): Ist eine Streitsache nicht spruchreif (s oben 193ff) u erkennt das Gericht deshalb nur auf Verpflichtung der Behörde zur Bescheidung (ggf erneuten Be- 212

---

[315] **AA** Ma DVBl 1987, 953: Hauptsacheerledigung, sobald die freien Plätze anderweitig vergeben sind; ggf aber Anspr auf Folgenbeseitigung.

scheidung) des Kl, so wird hierdurch in **RKraft festgestellt,** daß die **Ablehnung oder Unterlassung des VA den Kl in seinen Rechten verletzte** u er einen **Anspr auf Bescheidung seines Antrags unter Beachtung der Rechtsauffassung des VG** hat (9 zu § 90). Dies hat gem Abs 5 S 2 zugleich **die Bindung** der zuständigen Behörde an die im Urteil kundgetane **Rechtsauffassung des Gerichts** zur Folge.[316] Enthält ein Bescheidungsurteil zu einer Rechtsvoraussetzung oder zu einer im ablehnenden Bescheid angeführten oder auch nur in Betracht kommenden Ermessenserwägung keine verbindliche Ausführung, besteht diesbezüglich keine Rechtskraftwirkung (Ma NVwZ-RR 2001, 411). Die Bindung der Behörde an die Rechtsauffassung des Gerichts ist der Bindungswirkung zurückverweisender Urteile (§§ 130 Abs 1, 144 Abs 3 Nr 2) nachgebildet. Es bedarf hierzu **keines ausdr Ausspruchs** im Tenor oder in den Entscheidungsgründen des Bescheidungsurteils, da sie selbstverständlich ist u sich zudem unmittelbar aus Abs 5 S 2 ergibt;[317] ein entspr Ausspruch im Tenor ist jedoch üblich (vgl oben 179). Zur Bindung der beigeladenen Gemeinde an ein eine Baugenehmigung betr Bescheidungsurteil u die Ersetzung ihres nach § 36 BauGB erforderlichen Einvernehmens, wenn das VG von der Vereinbarkeit des Bauvorhabens mit den §§ 31, 33–35 BauGB ausgeht, s oben 180 sowie 82 zu Anh § 42. Allg zur Bindungswirkung s. Bettermann NJW 1960, 650 ff.

213 Die **Abweisung** einer Verpflichtungsklage (auch in Form der Bescheidungsklage) hindert den Kl nicht (s auch 28 zu § 121), bei einer **veränderten Sach- oder Rechtslage** erneut auf Vornahme des VA bzw Bescheidung zu klagen.

214 Verurteilt das VG den Bekl zur **Bescheidung unter Beachtung der Rechtsauffassung des Gerichts** (zur Rechtslage bei Verpflichtung der Verwaltung zum Erlaß eines bestimmten VA u einer nachträglichen Veränderung der Sach- oder Rechtslage s oben 188), so **entfällt diese Bindung, wenn sich nach dem für die Entscheidung maßgeblichen Zeitpunkt die Sach- oder Rechtslage zuungunsten des Kl verändert** hat.[318] Dasselbe gilt, wie sich aus **§ 79 Abs 2 S 2 BVerfGG** bzw in unmittelbarer oder **analoger Anwendung des § 183 S 2** ergibt, wenn durch ein Verfassungsgericht oder ein OVG eine Norm im Wege einer prinzipalen NKEntscheidung für unwirksam erklärt wurde, auf die sich das Bescheidungsurteil stützte (s 29, 2; NVwZ 1984, 432). Zum Widerruf eines aufgrund eines Bescheidungsurteils erlassenen begünstigenden VA s entspr oben 188.

215 Die Bindungswirkung nach Abs 5 S 2 bezieht sich **nur** auf die das Bescheidungsurteil **tragenden Gründe,** nicht auch auf sonstige Ausführungen im Urteil, die nur den Charakter von obiter dicta haben (29, 2; Sch-Gerhardt 75), zB Ratschläge zur weiteren Sachbehandlung usw. Die Behörde ist daher zB – anders als beim Ausspruch der Verpflichtung zum Erlaß eines bestimmten VA gem Abs 5 S 1 (s oben 188) – auch nicht gehindert, den begehrten VA **aus anderen Gründen** erneut zu versagen (DVBl 1963, 64; Ma NVwZ-RR 2001, 411).

Umfang und Inhalt der Bindungswirkung eines Urteils nach Abs 5 S 2 ergeben sich aus dem **Tenor des Urteils,** der unter Berücksichtigung auch der Entscheidungsgründe, uU auch des Parteivorbringens auszulegen u näher zu bestimmen ist.[319] So hindert **zB** die RKraft eines **Verpflichtungsurteils** auf Erteilung einer Genehmigung im Zweifel, soweit sich nach den dargelegten

---

[316] NVwZ 1996, 66; Buchh 310 § 121 VwGO Nr 54 mwN; vgl auch NVwZ 2004, 1008 zur Bindungswirkung einer zurückverweisenden Entscheidung.

[317] 29, 3; Ey-J. Schmidt 44; NKVwGO-Wolff 448; **aA** RÖ-M. Redeker 41; Sch-Gerhardt 75.

[318] 29, 2; NVwZ 1984, 432; NJW 1996, 738 mwN; Ks NVwZ-RR 1999, 805; Sch-Pietzner 34 zu § 172.

[319] Ma NVwZ 1991, 1197; vgl auch BVerwG 70, 159 = NVwZ 1985, 412 = Buchh 412.3 § 15 BVFG; allg zur Bindungswirkung der Rechtskraft auch 18 zu § 121.

Grundsätzen nichts anderes ergibt, die Behörde nicht daran, dem VA **belastende Nebenbestimmungen** beizufügen (Ma NVwZ 1991, 1197; Sch-Pietzner 34 zu § 172).

216 **Kommt die Behörde der Verpflichtung** gem Abs 5 S 2 zur erneuten Entscheidung nicht nach, so kann der Bürger sie gem § 172 dazu zwingen. Das gilt selbst dann, wenn die Behörde **zwar entschieden,** sich aber hierbei **nicht an die Rechtsauffassung des Gerichts** gehalten hat.[320] Auch hierin liegt ein Verstoß gegen den Inhalt des vorher ergangenen Verpflichtungsurteils. Bei Nichtanwendung des § 172 ergäbe sich das mit Art 19 Abs 4 GG unvereinbare Ergebnis, daß die Verwaltung ein **Verpflichtungsurteil unterlaufen** könnte, indem sie statt der geschuldeten Leistung eine nicht ausreichende oder andere Leistung erbrächte. Eine nach der Gegenauffassung bei dieser Fallgestaltung erforderliche Klage auf Neubescheidung könnte zu nichts anderem führen als zur Wiederholung des früheren Bescheidungsurteils, weshalb es für sie – wenn ihr nicht bereits die RKraft der früheren Entscheidung entgegenstünde – jedenfalls an einem RSB mangelt. Selbst wenn man hier eine Klage auf isolierte Aufhebung des Ablehnungsbescheids insoweit zuließe, als die neue Entscheidung hinter dem Bescheidungsurteil zurückbleibt, hinderte dies jedenfalls nicht, gegen die Verwaltung die Vollstreckungsmittel des § 172 anzuwenden.

217 **19. Maßgeblicher Zeitpunkt bei Verpflichtungsklagen: a) Das Bestehen eines Rechtsanspr im Zeitpunkt der Entscheidung.** Bei der **Beurteilung der Begründetheit** der Verpflichtungs- bzw Bescheidungsklage, dh der Frage der Rechtswidrigkeit der Ablehnung oder Unterlassung des VA u der dadurch verursachten Verletzung von Rechten des Kl, muß das Gericht – ebenso wie bei der Anfechtungsklage u anderen Klagearten[321] – grds darauf abstellen, ob im **Zeitpunkt der letzten mV bzw im Zeitpunkt der Entscheidung** ein Rechtsanspr auf Erlaß des beantragten VA bzw auf Bescheidung bestand.[322] Die Maßgeblichkeit des Zeitpunkts der letzten mV gilt **unabhängig** davon, **ob** der Behörde in der Sache ein **Ermessensspielraum oder Beurteilungsspielraum** zukommt;[323] Unterschiede ergeben sich insoweit nur für die Frage, ob das Ge-

---

[320] Ebenso NVwZ 1996, 66; Ks NVwZ-RR 1999, 806; Lü NVwZ-RR 2006, 742; Münster NVwZ-RR 1992, 518; Sch-Pietzner 34 zu § 172; **aA** Stüer, Menger-FS 794 f; s auch Heilemann SGb 1994, 637.

[321] 97, 81 f = NJW 1995, 3068: „Maßgeblich für die Entscheidung eines Gerichts sind die Rechtsvorschriften, die sich im Zeitpunkt der Entscheidung für die Beurteilung des Klagebegehrens Geltung beimessen u zwar gleichgültig, ob es sich um eine Feststellungsklage, eine Leistungsklage, eine Anfechtungsklage oder Verpflichtungsklage handelt", s auch Schenke NVwZ 1986, 522.

[322] NJW 1995, 3067; NVwZ-RR 1996, 232; Ma VBlBW 1993, 148 f; VBlBW 1997, 264 – Veränderungssperre während des Berufungsverfahrens; Ehlers Jura 2004, 315; Hufen § 24, 14 f; Lorenz § 34, 61; NKVwGO-Wolff 417 iVm 102; RÖ-Kothe 22 zu § 108; Schenke 849; Sch-Gerhard 66 Fn 307; Stern 400; Würt 615; tlw **aA** SGH 528.

[323] Vgl NJW 1989, 3233; Münster NWVBl 1998, 267; Sch-Gerhardt 66 Fn 307; zT **aA** NVwZ 1992, 1212 f: Zeitpunkt der letzten mV nur in Fällen einer Ermessensreduktion auf Null; sonst Zeitpunkt der letzten Behördenentscheidung; ebenso NJW 1982, 1413 = Buchh 402.24 § 2 AuslG Nr 27; Buch 402 240 § 45 AuslG 1990 Nr 8; mit Einschränkungen Ma VBlBW 1998, 29 – Verpflichtungsklage auf Aufstellen eines Verkehrszeichens. Mit der oben vertretenen Auffassung steht es nicht in Widerspruch, daß dort, wo die Verwaltung in ermessensfehlerfreier Weise einem Anspr auf eine ermessensfehlerfreie Entscheidung bereits genügt hat, das VG eine Klage auf Neubescheidung (ohne Veränderung der Sach- oder Rechtslage) als unbegründet abzuweisen u nur anhand der früheren Sach- u Rechtslage über die Rechtmäßigkeit des Ablehnungsbescheids zu befinden hat. Maßgeblicher Entscheidungszeitpunkt für das Bestehen des Verbescheidungsanspruchs bleibt auch hier (ebenso wie bei einer Untätigkeit der Verwaltung bzw einer ermessensfehlerhaften Ablehnung der begehrten Begünstigung) stets der Zeitpunkt der letzten mV; nur ist es für das Bestehen dieses Anspr aus materiellrechtlichen Gründen relevant, ob dieser schon erfüllt wurde.

richt bei Erfolg der Klage auf Verpflichtung der Behörde zum Erlaß eines bestimmten VA oder nur auf Verbescheidung erkennen kann (s oben 178).

218 **Der Grundsatz** der Maßgeblichkeit der Sach- u Rechtslage im Zeitpunkt der Entscheidung des Gerichts für den Verpflichtungs- bzw. Bescheidungsantrag **gilt auch für das BerufungsVf** (Mü BayVBl 1978, 120; zum BerufungszulassungsVf s 7 c zu § 124) u das **infolge einer Zurückverweisung der Sache** erneut in der Tatsacheninstanz eröffnete Vf (DVBl 1982, 303); soweit es sich um Rechtsfragen handelt, zT auch hins tatsächlicher Feststellungen, **auch für das RevisionsVf** (48, 314; 49, 2; vgl dazu 2 u 26 ff zu § 137).

219 Mit der Maßgeblichkeit des Zeitpunkts der letzten mündlichen Verhandlung für die Entscheidung bei einer Verpflichtungsklage steht es nicht im Widerspruch, daß der Kl iVm einer FFK analog § 113 Abs 1 S 4 bei berechtigtem Interesse feststellen lassen kann, daß die Ablehnung oder Unterlassung eines VA zu einem früheren Zeitpunkt rechtswidrig war (s oben 109).

220 **b) Die materiellrechtliche Relevanz der früheren Sach- und Rechtslage. Keine Ausnahme** von dem Grundsatz der Maßgeblichkeit des Zeitpunkts der Entscheidung des Gerichts stellt es dar (mißverständlich deshalb 10. Aufl 96 u Stern 401), wenn bestimmte **Änderungen der Rechts- oder Sachlage für das Fortbestehen eines Anspr keine Bedeutung** haben.[324] So kann es für das Bestehen eines Anspr im Zeitpunkt der letzten mV bzw im Entscheidungszeitpunkt nach dem materiellen Recht (ggf auch aus verfassungsrechtlichen Gründen) maßgeblich sein, ob die Tatbestandsvoraussetzungen für den Anspr in einem früheren Zeitpunkt oder Zeitraum erfüllt waren.

221 Von Bedeutung ist dies vornehmlich bei solchen begünstigenden VAen, bei denen das Gesetz für das Entstehen eines Anspr an einen ganz **bestimmten Zeitpunkt** anknüpft, zu dem die Tatbestandsvoraussetzungen vorliegen müssen u ihm (auch unter Berücksichtigung des Gleichheitssatzes) nicht zu entnehmen ist, daß bei rechtswidriger Nichterfüllung dieses Anspr ein solcher Anspr wg einer späteren Veränderung der Sach- oder Rechtslage untergehen soll. Das trifft zB für einen **Subventionsanspr** nach Aufhebung der Subventionsnorm zu, wenn die Voraussetzungen einer Förderung vor der Aufhebung der Norm erfüllt waren u der Antrag rechtzeitig gestellt wurde. Hier ergibt sich aus dem Gleichheitssatz iVm dem Rechtsstaatsprinzip, daß der vorher existente Anspr auf Subvention durch die spätere Rechtsänderung idR nicht berührt wird. Das dürfte grds auch sonst für **Zeitabschnittsgesetze im Wirtschafts- u Steuerrecht** gelten (RÖ-Kothe 23 zu § 108 mwN; Stern 401).

222 Ebenso reicht es nach der Rspr bei einer (heute allerdings nicht mehr im VRW zu erhebenden) Verpflichtungsklage in Sozialhilfesachen für das gegenwärtige Bestehen eines Anspr aus, daß im Zeitpunkt der letzten behördlichen Entscheidung über die Sozialhilfe bzw **Kriegsopferfürsorge** ein Anspr bestand.[325] Eine spätere Veränderung der Sach- oder Rechtslage berührt diesen Anspr grds nicht. Entsprechendes wurde für einen **Antrag auf Gewährung von Wohngeld** (NVwZ 1990, 1078) oder einen Zuschuß nach Landeskindergartenrecht (NVwZ 1990, 66) sowie für einen Antrag auf **Beihilfe** (Ms NVwZ-RR 1995, 453) angenommen. Ferner sind zB für eine Entscheidung über die **Genehmigung einer erhöhten Durchschnittsmiete** für öffentlich geförderten Wohn-

---

[324] Buchh 239. 2 § 28 SVG Nr 2, S 2: „Aus § 113 Abs 5 folgt, daß einer Verpflichtungs- oder Bescheidungsklage nur dann stattgegeben werden darf, wenn der Kläger im Zeitpunkt der gerichtlichen Entscheidung einen Anspruch auf den mit der Klage begehrten VA hat ... Nicht aus dem Prozeßrecht, sondern ausschließlich aus dem materiellen Recht ergibt sich, ob der vom Kl mit der Verpflichtungsklage geltend gemachte Anspruch besteht und welcher Beurteilungszeitpunkt maßgebend ist."

[325] 25, 308 f; 38, 299 ff; Buchh 310 § 114 VwGO Nr 43; DVBl 1992, 1482; Grieger NWVBl 1995, 201; Schenke JZ 1996, 1106.

raum gem § 72 Abs 2 S 2 2. WohnBauG 1961 die Verhältnisse im Zeitpunkt der Antragstellung maßgeblich, für die Entscheidung über die **Verlängerung der Aufenthaltsgenehmigung** der Zeitpunkt des letzten Geltungstags einer Aufenthaltsgenehmigung (Ks NVwZ-RR 1995, 470).

Im übrigen ist es häufig sehr schwer zu beurteilen, ob das materielle Recht nach Wegfall der Tatbestandsvoraussetzungen den Anspr dennoch fortbestehen läßt. Aus der **gesetzlichen Regelung** bzw aus der **Natur der Sache** ergibt sich, daß es für die Zulassung zu einer Prüfung entscheidend ist, ob zu dem gesetzlich vorgesehenen Stichtag oder, wenn es an einem solchen fehlt, jedenfalls vor der Prüfung die erforderlichen rechtlichen Voraussetzungen für die Zulassung bestanden (s auch Ma NJW 1995, 547 f). Dasselbe gilt für eine beantragte **Zulassung zum Studium** (NJW 1973, 1812; NVwZ 1984, 444). Bei Anträgen auf **Berufszulassung** reicht es – wie grds durch Art 12 GG impliziert – idR aus, wenn im Zeitpunkt der Antragstellung ein Rechtsanspr bestand; später erfolgte Rechtsänderungen berühren einen früher begründeten Anspr nicht. Das trifft zB für den Antrag auf Erteilung einer **Apothekenkonzession** (4, 88) oder auf **Zulassung zur Rechtsanwaltschaft** zu (NJW 1961, 1275). Für das (gegenwärtige) Bestehen eines Anspr auf Aufnahme eines Krankenhauses in einen Krankenhausplan nach § 8 Abs 1 S 1 iVm § 6 KHG genügt es, wenn im Zeitpunkt der Aufstellung des Krankenhausplans eine Verpflichtung zu der beantragten Aufnahme bestand (62, 90 f = DVBl 1981, 975; anderes soll bei wesentlicher Veränderung der tatsächlichen Verhältnisse gelten). Abweichend von seiner sonstigen Rspr hat das BVerwG bei einer Klage auf Genehmigung eines Linienverkehrs angenommen, daß es hier für die Frage der befriedigenden Verkehrsanbindung ausschließlich darauf ankommen soll, ob diese im Zeitpunkt der gerichtlichen Entscheidung besteht (82, 260; anders 30, 260; 55, 161; Mü BayVBl 1978, 311), dh, daß das Vorliegen dieser Tatbestandsvoraussetzung zu einem früheren Zeitpunkt für das Bestehen eines Genehmigungsanspr im Moment der letzten mV bzw Entscheidung irrelevant ist. Als maßgeblich für den Anspr auf Erteilung einer Fahrerlaubnis wird es angesehen, ob im Zeitpunkt der Antragstellung die Voraussetzungen hierfür gegeben sind.[326] 223

Die vorher genannten, insb das **Prüfungs- u Berufszulassungsrecht** betr Fälle lassen sich jedoch nicht unbesehen auf die Erteilung anderer Erlaubnisse u Genehmigungen übertragen. So ergibt sich zB aus dem Umstand, daß ein in der Vergangenheit gestellter **Anspr auf Erteilung der Baugenehmigung** durch die Baugenehmigungsbehörde in der Vergangenheit rechtswidrig abgelehnt wurde, nicht, daß diese bei einer späteren Veränderung der Sach- oder Rechtslage, aufgrund der ein entspr Bauvorhaben nicht mehr zulässig ist, zur Erteilung der Baugenehmigung verpflichtet werden kann (s unten 227). 224

Ob bei einer auf **Ergänzung eines Planfeststellungsbescheids** gerichteten Klage gem § 74 Abs 2 VwVfG bzw entspr anderer planungsrechtlicher Vorschriften ebenfalls maßgeblich ist, daß im Zeitpunkt des Ergehens des Planfeststellungsbeschlusses ein Anspr auf Ergänzung bestand (51, 25 f, 80, 13; DVBl 1997, 1121; Sch-Gerhardt 66 Fn 307), erscheint allerdings sehr fraglich. Gerade soweit der Planfeststellungsbeschluß auf Prognosen beruht, besteht die Möglichkeit einer späteren Widerlegung. Dies kann zB auch zu einem Wegfall eines Anspr auf Planergänzung führen (zu der Problematik des maßgeblichen Zeitpunkts bei der Anfechtungsklage iVm Prognoseentscheidungen s oben 53). 225

Für die Beurteilung eines Anspr auf Erteilung einer **Genehmigung zum Verlassen des Bundesgebiets** nach § 3 Abs 2 WPflG bzw § 23 Abs 4 ZDG ist, wenn ein Einberufungsbescheid ergangen ist, die **Sach- u Rechtslage im Ge-** 225 a

[326] DVBl 1960, 778; Stern 401; anders für eine auf Erlaß eines Widerspruchs gerichtete Untätigkeitsklage iVm der Entziehung einer Fahrerlaubnis Hbg NJW 1997, 3111 f.

stellungszeitpunkt maßgeblich (40, 116; NVwZ-RR 1999, 257). Zur Begründung wird hier darauf verwiesen, daß die Erteilung der Genehmigung am Bedarf ausgerichtet ist und, wenn durch den Einberufungsbescheid Ort u Zeit der Dienststelle bekanntgegeben sind, damit der Zeitpunkt des Bedarfs feststeht (NVwZ-RR 1999, 257).

226 Auf die Frage, ob früher ein Rechtsanspr auf den beantragten VA bestand, kommt es auch an, wenn nach den **Grundsätzen des intertemporalen Rechts** das frühere Recht noch anzuwenden ist bzw die frühere Sachlage noch maßgeblich bleibt,[327] sei es kraft einer **ausdr Überleitungsvorschrift** (zB gem § 1 GewO, vgl 24, 34: Bestandsschutz hins eines bereits ausgeübten Gewerbes bei Gesetzesänderungen) **oder nach allg Grundsätzen** des intertemporalen Rechts (soweit diese nicht durch Gesetz ausdr ausgeschlossen sind), zB im Hinblick auf einen grundrechtlich (vgl BVerfG 21, 173) oder nach allg Rechtsgrundsätzen (zB **„wohlerworbene Rechte“**) geschützten Besitzstand, der durch Nichtberücksichtigung des früheren Rechts bzw des früheren Sachverhalts verletzt würde (vgl zum Bestandsschutz im Baurecht u Immissionsschutzrecht Schenke NuR 1989, 8 ff mwN). **In Anlehnung an diese Rspr** dürfte heute ein allg Satz des intertemporalen Rechts anzunehmen sein, daß, soweit gesetzlich nichts anderes bestimmt ist, **bei VAen mit Doppelwirkung nachträgliche Rechtsänderungen** sich im Zweifel **nicht mehr zu Lasten** des durch den VA **Begünstigten** auswirken (s auch DVBl 1997, 1121) u daher auch zB Verpflichtungsklagen auf Auferlegung zusätzlicher Beschränkungen, Auflagen usw, die an sich nach neuem Recht zulässig wären, nur noch nach Maßgabe der Grundsätze über den Widerruf begünstigender VAe Erfolg haben können (vgl 61, 2; DÖV 1976, 783).

227 **In den Fällen,** in denen noch kein begünstigender VA ergangen ist, sondern ein solcher erst mit der Verpflichtungsklage erreicht werden soll, **rechtfertigt** – bei Fehlen einer anderslautenden ausdr gesetzlichen Überleitungsregelung, wenn sich aus den allg Grundsätzen des intertemporalen Rechts oder aus Verfassungsrecht nichts anderes ergibt (s oben 223) – **die Tatsache** allein, **daß der begehrte VA,** wenn die Behörde nach damaliger Sach- u Rechtslage richtig gehandelt hätte, **damals antragsgemäß hätte erlassen werden müssen, nicht,** daß das Gericht auch auf die Verpflichtungsklage hin noch so entscheiden kann u muß, um den Kl so zu stellen, wie er stehen würde, wenn die Behörde rechtmäßig gehandelt hätte. Deshalb hat eine Klage auf Erteilung einer Baugenehmigung grds dann keinen Erfolg, wenn zwar aufgrund der für das Bauvorhaben im Zeitpunkt der Antragstellung oder auch der behördlichen Entscheidung über den Bauantrag maßgeblichen planungsrechtlichen Vorschriften ein Anspr auf Erteilung einer Baugenehmigung bestand, nach dem nunmehr geltenden Bauplanungsrecht jedoch die Erteilung der Baugenehmigung ausgeschlossen ist.[328] Eine andere Ansicht kann auch **nicht aus dem Gleichheitssatz,** aus dem Rechtsstaatsprinzip oder aus den Grundsätzen der Folgenbeseitigung bzw Folgenbeseitigungslast abgeleitet werden.[329] Aus **vergleichbaren Gründen** hat auch zB ein Prüfling, wenn seine Arbeit nicht bewertet werden konnte, weil sie bei der Behörde verloren ging, keinen Anspr darauf, daß die Prüfung für bestanden erklärt wird.[330]

---

[327] 29, 303; 59, 160; 61, 2; DVBl 1959, 664, 755; 1960, 778; 1961, 447; NJW 1973, 1812; BSG 5, 242; BGH 37, 179; Ule 52 II 1.

[328] Vgl statt vieler Buchh 310 § 113 Nr 286; Ma NVwZ-RR 1997, 395; Mü BayVBl 1999, 375; Münster NVwZ 1997, 598.

[329] Vgl 29, 306; NVwZ-RR 1993, 65 Mü DVBl 1981, 1158; Spanner DVBl 1966, 618; **aA** Ule 57 II 1; Wilhelm BayVBl 1964, 350 mwN zur früheren Rspr; zweifelnd für den Fall, daß mit der Klage ein Grundrecht geltend gemacht wird, BVerfG 39, 275.

[330] Mü NVwZ 1985, 598; VG Würzburg NVwZ 1983, 239; Knemeyer NVwZ 1983, 212.

Der Betroffene hat in all diesen Fällen allenfalls **Anspr auf Entschädigung** unter dem Gesichtspunkt der Staatshaftung (zT **aA** zum Sozialrecht Bieback DVBl 1983, 167).

228 **Wenn u soweit** in der Sache jedoch **wesentliche Rechtspositionen betroffen** sind – insb auch durch Grundrechte geschützte Rechtspositionen –, in die nach den **Grundsätzen über** die echte oder unechte **Rückwirkung von Gesetzen**[331] nicht ohne angemessene Übergangsregelungen eingegriffen werden darf, ist **im Zweifel** anzunehmen, daß das neue Recht bei verfassungskonformer Auslegung für solche Fälle keine Anwendung verlangt, dafür vielmehr noch kraft ungeschriebenen Überleitungsrechts (s oben 226) **das bish Recht** anwendbar bleibt.[332]

229 Soweit **das neue Recht die Möglichkeit nicht ausschließt** (insb bei Ermessensentscheidungen!), daß die Behörde noch so entscheidet, wie sie vor der Rechtsänderung hätte entscheiden müssen, bzw so, daß die nachteiligen Folgewirkungen möglichst gering bleiben, **muß die Behörde** den Umstand, daß damals dem Antrag des Kl stattzugeben gewesen wäre, nunmehr grds bei ihrer Entscheidung zugunsten des Bürgers **berücksichtigen.**[333] Stehen dem keine rechtlichen Hindernisse entgegen, muß die Behörde von ihrem bestehenden Ermessen unter dem Gesichtspunkt der **Folgenbeseitigungslast**[334] grds in der Weise Gebrauch machen, daß sie die begehrte Begünstigung erteilt. Ansatzpunkt für diese Folgenbeseitigungslast ist der in Art 20 Abs 3 GG enthaltene Grundsatz der **materiellen Gerechtigkeit,** durch den ein im einfachen Gesetzesrecht **(§§ 162, 242 BGB)** enthaltener Rechtsgedanke in das Verfassungsrecht transformiert wird. So ist zB dann, wenn nach dem neuen Bebauungsplan ein Rechtsanspr auf Erteilung der früher rechtswidrig abgelehnten oder unterlassenen Baugenehmigung nicht mehr bestand, der Träger der Bauaufsichtsbehörde verpflichtet, bei Vorliegen der tatbestandlichen Voraussetzungen für die Erteilung von Ausnahmen oder Befreiungen gem § 31 BauGB von dieser Ermessensermächtigung zugunsten des BauASt Gebrauch zu machen, so daß dementsprechend eine Verpflichtungsklage Erfolg hat. Ebenso ist dann, wenn ein **Bewerber** um eine **Beamtenstelle** unter Verletzung des Art 33 Abs 2 GG übergangen wird u später eine entspr neue Stelle zu besetzen ist, die Behörde verpflichtet, ihm ggü anderen **gleich geeigneten Bewerbern** für diese Stelle unter dem Gesichtspunkt der Folgenbeseitigungslast den Vorzug zu geben (s Schenke BeamtenR 25 mwN).

230 Entsprechendes gilt, **wenn** dem Kl ein **bestimmter VA zugesagt** worden war, die Behörde aber infolge einer **Rechtsänderung oder veränderter Umstände** nunmehr jedoch nicht mehr in vollem Umfang an die Zusicherung gebunden ist (vgl § 38 Abs 3 VwVfG; dazu KR 36 ff zu § 38 VwVfG; Baumeister DÖV 1997, 229).

231 **20. Nachschieben von Gründen und Verpflichtungsklage:** Das Problem des Nachschiebens von Gründen (s dazu oben) stellt sich nicht, wenn die Behörde es unterlassen hat, über den geltend gemachten Anspr auf Erlaß eines begünstigenden VA zu befinden. Hier hat der Betroffene unter den Voraussetzungen des § 75 die Möglichkeit, auf Erlaß des beantragten VA zu klagen. Nicht ausgeschlossen wird hierdurch die Möglichkeit einer **Bescheidungsklage** (s oben 201 ff), mit welcher der Kl die Verwaltung zu einer Entscheidung verpflichten

---

[331] Vgl zB BVerfG 11, 146; 13, 271; 18, 144; 18, 439; 21, 183; 22, 275; 24, 220, 230; 31, 275; 32, 23; 43, 286; NJW 1966, 301; s auch Kopp BayVBl 1980, 38; APF 1980, 33 mwN.

[332] Vgl BVerfG 39, 275; iE zT auch die zu weit gehende frühere Rspr – vgl BVerwG 4, 161; DVBl 1960, 778.

[333] NJW 1968, 2350; NVwZ-RR 1993, 65.

[334] Vgl dazu Erichsen-Rüfner §§ 50, 32 ff; Ivo, Die Folgenbeseitigungslast 1996; Schenke 850 u Weyreuther, Gutachten 47. DJT, 115 ff.

kann, die selbst dann, wenn sie für ihn negativ ausfällt, ihm die Möglichkeit bietet, die Gründe zu erfahren, aus denen heraus seinem Antrag nicht stattgegeben wurde. Falls hieran ein berechtigtes Interesse besteht, kann neben einer auf Vornahme der Bescheidung gerichteten Verpflichtungsklage **analog § 113 Abs 1 S 4 festgestellt** werden, daß die **Unterlassung einer Entscheidung** zu dem vom Kl bezeichneten früheren Zeitpunkt **rechtswidrig war.** Eine solche Klage hat einen anderen Streitggst als die Verpflichtungsklage, in der darüber befunden wird, ob im Zeitpunkt der letzten mündlichen Verhandlung vor dem VG (oben 217) die Unterlassung der Bescheidung rechtswidrig ist. Bedeutsam ist diese FFK insb dort, wo Streit über die angemessene Dauer der Bearbeitung eines Antrags besteht u im Hinblick auf entspr zukünftige Anträge Wiederholungsgefahr hins erneuter Verzögerungen besteht.

232 Hat die Behörde einen beantragten VA mit einer rechtswidrigen Begründung abgelehnt, so ändert dies bei rechtlich gebundenen VAen, auf deren Erlaß ein Rechtsanspr besteht, grds nichts am Erfolg der Verpflichtungsklage bzw – bei Fehlen eines Anspr – an der Erfolglosigkeit der Klage. Allerdings kann auch im letzten Fall bei bestehendem berechtigtem Interesse die **Rechtswidrigkeit des früheren Ablehnungsbescheids analog § 113 Abs 1 S 4 festgestellt** werden (Schenke 853). Bei ErmessensVAen führt (sofern nicht sogar eine Ermessensreduzierung auf Null vorliegt u damit ein Rechtsanspr auf den begünstigenden VA besteht) eine ermessensfehlerhafte Ablehnung der Begünstigung regelmäßig dazu, daß das VG den Hoheitsträger zu einer Neubescheidung verpflichtet. Eine Bescheidungsklage ist insofern begründet. Ersetzt die Verwaltung ihre ermessensfehlerhafte Entscheidung während des gerichtlichen Vf durch eine ermessensfehlerfreie, führt dies unabhängig von der Reichweite des § 114 S 2 bei einer Anfechtungsklage zur Unbegründetheit der Verpflichtungsklage, da nunmehr dem Anspr des Kl auf eine ermessensfehlerfreie Entscheidung genügt wurde. Es kann allerdings bei berechtigtem Interesse analog § 113 Abs 1 S 4 festgestellt werden, daß die Ablehnung des Erlasses des begünstigenden VA bis zum Zeitpunkt des „Nachschiebens" neuer Ermessenserwägungen rechtswidrig war.

233 Sofern die Ablehnung des VA verfahrensfehlerhaft erfolgte, gilt Entsprechendes wie bei einer materiell fehlerhaften Ablehnung. Bei rechtlich gebundenen Entscheidungen hat dies grds keinen Einfluß auf die Entscheidung des VG (69, 90; Weyreuther DÖV 1985, 126). Eine verfahrensfehlerhafte Ablehnung des beantragten VA kann aber für den Kl den Anlaß bieten, nun eine Bescheidungsklage zu erheben, um auf diese Weise eine verfahrensfehlerfreie Entscheidung der Verwaltung über seinen Antrag zu erhalten, auf deren Basis er bei Ablehnung seines Antrags nunmehr darüber befinden kann, ob er auf Erlaß des beantragten VA klagen will.

234 **21. Feststellung der Rechtswidrigkeit der Ablehnung oder Unterlassung eines VA:** Zur Möglichkeit einer Feststellung der Rechtswidrigkeit der Ablehnung oder Unterlassung eines VA in den Fällen, in denen kein Interesse mehr am Erlaß des VA besteht bzw ein zunächst bestehender Anspr aufgrund nachträglicher Veränderung der Sach- oder Rechtslage entfällt, s oben 109 f. Zulässig ist damit die Feststellung analog § 113 Abs 1 S 4, daß die Weigerung oder Unterlassung bis zu einem bestimmten Zeitpunkt rechtswidrig war.

§ 114 [Nachprüfung von Ermessensentscheidungen]

Soweit die Verwaltungsbehörde ermächtigt ist, nach ihrem Ermessen[1 ff] zu handeln, prüft das Gericht auch, ob der Verwaltungsakt oder die Ablehnung oder Unterlassung des Verwaltungsakts rechtswidrig ist, weil die gesetzlichen Grenzen des Ermessens überschritten sind[7] oder von dem Ermessen in einer dem Zweck der Ermächtigung nicht entsprechenden Weise Gebrauch gemacht ist.[8] Die Verwaltungsbehörde

kann ihre Ermessenserwägungen hinsichtlich des Verwaltungsaktes auch noch im verwaltungsgerichtlichen Verfahren ergänzen.[49 ff]

Vgl § 28 EGGVG; § 102 FGO

Schrifttum: Zum Ermessens- u Beurteilungsspielraum: *Adam,* Die Kontrolldichte-Konzeption des EuGH und deutscher Gerichte, 1993; *Alexy,* Ermessensfehler, JZ 1986, 701; *Aussprung,* Die dienstliche Beurteilung von Richtern, insbesondere Proberichtern, in: Verwaltungsgerichtsbarkeit und öffentliches Recht – Aufbau und Bewährung in Mecklenburg-Vorpommern, Festgabe für Haack, 1997, 157; *Bachof,* Beurteilungsspielraum, Ermessen und unbestimmter Rechtsbegriff, JZ 1955, 97; *ders,* Neue Tendenzen in der Rechtsprechung zum Ermessen und zum Beurteilungsspielraum, JZ 1972, 641; *Badura,* Gestaltungsfreiheit und Beurteilungsspielraum der Verwaltung, bestehend aufgrund und nach Maßgabe des Gesetzes, Bachof-FS 1984, 169; *Bamberger,* Behördliche Beurteilungsermächtigungen im Lichte der Bereichsspezifik des Verwaltungsrechts, VerwA 2002, 217; *Bartlsperger,* Planungsrechtliche Optimierungsgebote, DVBl 1996, 1; *Beaucamp,* Zum Beurteilungsspielraum im Technikrecht, DÖV 2002, 24; *ders,* Ermessen der Verwaltung: Frei? Pflichtgemäß? Reduziert? Intendiert? – Eine Bestandsaufnahme, JA 2006, 74; *Bertossa,* Der Beurteilungsspielraum. Zur richterlichen Kontrolle von Ermessen und unbestimmten Gesetzesbegriffen im Verwaltungsrecht, 1984; *Bertrams,* Verwaltungsverantwortung und Verwaltungsgerichtsbarkeit – Notwendigkeit des Abbaus richterlicher Kontrolldichte?, NWVBl 1997, 3; *Beuermann,* Intendiertes Ermessen, 2002; *Bock,* Die Verfahrensbeschleunigung im Baurecht und der Nachbarschutz, DVBl 2006, 12; *Böhm,* Die gerichtliche Kontrolle von Verwaltungsentscheidungen in Deutschland – Reformbedarf und -perspektiven DÖV 2000, 990; *Borowski,* Intendiertes Ermessen, DVBl 2000, 149; *Braun,* Offene Kompetenznormen, VerwA 1985, 174; *Brehm/Zimmerling,* Die verwaltungsgerichtliche Kontrolle zahlenförmiger Normen und Rechtsfolgen der Kassation, NVwZ 1992, 340; *Breuer,* Legislative und administrative Prognoseentscheidungen, Der Staat 1977, 21; *Brinktrine,* Verwaltungsermessen in Deutschland und England, 1998; *Brühl,* Die Behandlung des Verwaltungsermessens in Bescheid und Urteil, JuS 1995, 249; *Bullinger* (Hg), Verwaltungsermessen im modernen Staat. Landesberichte und Generalbericht der Tagung für Rechtsvergleichung 1985 in Göttingen, 1986; *ders,* Das Ermessen der öffentlichen Verwaltung, JZ 1984, 1001; *ders,* Verwaltungsermessen im modernen Staat, 1986; *ders,* Ermessen und Beurteilungsspielraum – Versuche einer Therapie, NJW 1974, 769; *Cattepoel,* Ermessen und Beurteilungsspielraum, VerwA 1980, 140; *Classen,* Richterliche Kontrolldichte: Zur Bedeutung funktionaler Gesichtspunkte im Spiegel ausländischer Erfahrungen, in: Verwaltungsgerichtsbarkeit und öffentliches Recht – Aufbau und Bewährung in Mecklenburg-Vorpommern, Festgabe für Haack 1997, 71; *Czermak,* Verwaltungsgerichtliche Nachprüfbarkeit der unbestimmten Rechtsbegriffe, NJW 1961, 1905; *ders,* Was ist Verwaltungsermessen?, DÖV 1966, 750; *v Danwitz,* Normkonkretisierende Verwaltungsvorschriften und Gemeinschaftsrecht, VerwA 1993, 73; *ders,* Rechtliche Optimierungsgebote oder Rahmensetzung für das Verwaltungshandeln?, DVBl 1998, 928; *ders,* Die gerichtliche Kontrolle der Entgeltregulierung im Post- und Telekommunikationsrecht, DVBl 2003, 1405; *Di Fabio,* Risikoentscheidungen im Rechtsstaat, 1994; *ders,* Die Ermessensreduzierung – Fallgruppen, Systemüberlegungen und Prüfprogramm, VerwA 1995, 214; *Dreier,* Die normative Steuerung der planerischen Abwägung: strikte Normen, generelle Planungsbegriffe, Planungsleitlinien und Optimierunsgebote, 1995; *Dürr,* Der „numerus clausus" und die Kapazitätskontrolle durch die Verwaltungsgerichte, JuS 1988, 96; *Ebinger,* Der unbestimmte Rechtsbegriff im Recht der Technik, 1993; *Erbguth,* Neue Aspekte zur planerischen Abwägungslehre, DVBl 1986, 1230; *ders,* Abwägung auf Abwegen? – Allgemeines und Aktuelles, JZ 2006, 484; *Ewer,* Beschränkung der verwaltungsgerichtlichen Kontrolldichte bei der Anwendung unbestimmter Rechtsbegriffe – zulässiges und geeignetes Mittel zur Beschleunigung behördlicher und gerichtlicher Verfahren? NVwZ 1994, 140; *Fraenkel-Haeberle,* Unbestimmte Rechtsbegriffe, technisches Ermessen und gerichtliche Nachprüfbarkeit, DÖV 2005, 808; *Franßen,* (Un)bestimmtes zum unbestimmten Rechtsbegriff, Zeidler-FS 1987, 429; *Frowein* (Hg), Die Kontrolldichte bei der gerichtlichen Überprüfung von Handlungen der Verwaltung, 1993; *Füßer,* Die „zahlen- und flächenmäßig geeignetsten Gebiete" iS des Art 4 Abs 1 S 4 der Vogelschutzrichtlinie, NuR 2004, 701; *Geis,* Josefine Mutzenbacher und die Kontrolle der Verwaltung, NVwZ 1992, 25; *ders,* Die Anerkennung des „besonderen pädagogischen Interesses" nach Art. 7 Abs 5 GG, DÖV 1993, 22; *ders,* Zur Entscheidungsprärogative der Bundesprüfstelle (Anm zu BVerwG 26. 11. 1992, JZ 1993, 790), JZ 1993, 792; *ders,* Mehr Handlungsfreiheit durch Rücknahme der verwaltungsgerichtlichen Kontrolldichte, in: Ziekow (Hrsg), Handlungsspielräume der Verwaltung, 1999, 97; *Gern,* Die Ermessensreduzierung auf Null, DVBl 1987, 1199; *Goerlich,*

Ermessen und unbestimmter Rechtsbegriff – oder: Verwaltungskultur und Rechtskontrolle in den neuen Bundesländern, ThürVBl 1993, 1; *Grupp,* Rechtsschutz in Verwaltungssachen, in: Die verfassungsrechtliche Stellung der Verwaltung in Frankreich und in der Bundesrepublik Deutschland, 1991, 97 ff; *ders,* Behördliche Beurteilungsspielräume im „schlanken Staat", Blümel-FS 1999, 139; *Gusy,* Zur Entscheidungsprärogative der Bundesprüfstelle (Anm zu BVerwG 26. 11. 1992, JZ 1993, 795), JZ 1993, 796; *ders,* Probleme der Verrechtlichung technischer Standards, NVwZ 1995, 105; *Hagmann,* Politische Wahlwerbung im öffentlichen Straßenraum, DÖV 2006, 323; *Hain/Schlette/Schmitz,* Ermessen und Ermessensreduktion – ein Problem im Schnittpunkt von Verfassungs- und Verwaltungsrecht, AöR 1997, 32; *Held-Daab,* Das freie Ermessen, 1996; *Herdegen,* Beurteilungsspielraum und Ermessen im strukturellen Vergleich, JZ 1991, 747; *Herzog,* Verfassung und Verwaltungsgerichte – Zurück zu mehr Kontrolldichte?, NJW 1992, 2601; *Hill,* Verfahrensermessen der Verwaltung, NVwZ 1985, 449; *ders,* Normkonkretisierende Verwaltungsvorschriften, NVwZ 1989, 401; *Hofmann,* Der Beitrag der neueren Rechtsprechung des BVerfG zur Dogmatik des Beurteilungsspielraums, NVwZ 1995, 740; *Hoppe,* Gerichtliche Kontrolldichte bei komplexen Verwaltungsentscheidungen – Ein Beitrag zu „zieldiktierten" Planungs- und komplexen Prognoseentscheidungen, BVerwG-FS 1978, 295; *ders,* Planung und Pläne in der verwaltungsgerichtlichen Kontrolle, Menger-FS 1985, 747; *ders,* Plädoyer für eine verwaltungsgerichtliche Normenkontrolle von Gebietsentwicklungsplänen in Nordrhein-Westfalen, Redeker-FS 1993, 377, 385; *ders,* Der Rechtsgrundsatz der Planerhaltung als Struktur- und Abwägungsprinzip, Hoppe-FS 1996, 133; *Jarass,* Bindungswirkung von Verwaltungsvorschriften, JuS 1999, 105; *Jesch,* Unbestimmter Rechtsbegriff und Ermessen in rechtstheoretischer und verfassungsrechtlicher Sicht, AöR 1957, 163; *Johlen,* Besonderheiten des Rechtsschutzes gegenüber Planfeststellungen, Redeker-FS 1993, 487; *Kellner,* Zum Beurteilungsspielraum, DÖV 1962, 572; *ders,* Der sogenannte Beurteilungsspielraum in der verwaltungsgerichtlichen Prozeßpraxis, NJW 1966, 857; *ders,* Einiges zum behördlichen Ermessen, DÖV 1969, 309; *Kment,* Abschichtungswirkung innerhalb der Abwägung und Ermessensausübung, BayVBl 2004, 11; *Koch,* Der unbestimmte Rechtsbegriff im Verwaltungsrecht, in: Koch (Hg), Juristische Methodenlehre und analytische Philosophie, 1976; *ders,* Unbestimmte Rechtsbegriffe und Ermessensermächtigungen im Verwaltungsrecht, 1979; *ders,* Die gerichtliche Kontrolle technischer Regelwerke im Umweltrecht, ZUR 1993, 103; *Kokott,* Beweislastverteilung und Prognoseentscheidungen bei der Inanspruchnahme von Grund- und Menschenrechten, 1993; *Kopp,* in: Götz ua, Die öffentliche Verwaltung zwischen Gesetzgeber und richterlicher Kontrolle, 1985, 146; *Kremser,* Verfassungsrechtliche Zulässigkeit technischer Regelwerke bei der Genehmigung von Atomanlagen, DÖV 1995, 275; *Krüger,* Beurteilungsspielraum, LKV 1991, 73; *ders,* Ermessen, LKV 1991, 75; *Kutscheidt,* Die Neufassung der TA-Lärm, NVwZ 1999, 577; *Laub,* Die Ermessensreduzierung in der verwaltungsgerichtlichen Rechtsprechung, 2000; *Lemke,* Aufbautechnische und inhaltliche Probleme bei Ermessensfragen in der öffentlichrechtlichen Klausur, JA 2000, 150; *Lorenz,* Der Rechtsschutz des Bürgers und die Rechtsweggarantie, 1973; *Löwer,* Klagebefugnis und Kontrollumfang der richterlichen Planüberprüfung bei straßenrechtlichen Planfeststellungsbeschlüssen, DVBl 1981, 1544; *Martens,* Beurteilungsspielraum zur Quantifizierung unbestimmter Rechtsbegriffe, JuS 1987, 103; *Mehde,* Die gerichtliche Überprüfung dienstlicher Beurteilungen nach der Neufassung des Personalaktenrechts, RiA 1998, 65; *v. Mutius,* Unbestimmter Rechtsbegriff und Ermessen im Verwaltungsrecht, Jura 1987, 92; *Nagel,* Die Rechtskonkreditierungsbefugnis der Exekutive: Ermessenskategorien und verwaltungsgerichtliche Kontrolldichte, 1993, zugleich Diss. Konstanz 1993; *Nierhaus,* Zur gerichtlichen Kontrolle von Prognoseentscheidungen der Verwaltung, DVBl 1977, 19; *v Olshausen,* Beurteilungsspielraum der Verwaltung und Rationalität der Rechtsanwendung – BVerwGE 39, 197, JuS 1973, 217; *Ossenbühl,* Die richterliche Kontrolle von Prognoseentscheidungen der Verwaltung, Menger-FS 1985, 731; *ders,* Gedanken zur Kontrolldichte in der verwaltungsgerichtlichen Rechtsprechung, Redeker-FS 1993, 55; *ders,* 40 Jahre BVerwG, DVBl 1993, 751; *Pabst,* Intendiertes Ermessen und Normauslegung, VerwA 2002, 540; *Pache,* Tatbestandliche Abwägung und Beurteilungsspielraum, 2001; *Paetow,* Die gerichtliche Überprüfbarkeit der Entscheidung über die Zulassung von Eingriffen in Natur und Landschaft, NuR 1986, 149; *ders,* Genehmigung statt Planfeststellung, Schlichter-FS 1995, 499; *Petersen,* Zur verwaltungsgerichtlichen Kontrolldichte verkehrsbehördlicher Anordnungen, NdsVBl 1997, 169; *Pfaundler,* Der atomrechtliche Gefahrenbegriff – ein unbestimmter Rechtsbegriff mit Beurteilungsspielraum, UPR 1999, 336; *Pieroth/Kemm,* Beurteilungsspielraum und verwaltungsgerichtliche Kontrolldichte bei der Anerkennung eines besonderen pädagogischen Interesses an privaten Grundschulen – BVerfGE 88, 40, JuS 1995, 780; *Pietzcker,* Selbstbindungen der Verwaltung, NJW 1981, 200; *ders,* Der Anspruch auf ermessensfehlerfreie Entscheidung, JuS 1982, 106; *ders,* Zur Zulässigkeit privater Grundschulen (Anm zu BVerfG 16. 12. 1992, JZ 1993, 784), JZ 1993, 789; *Redeker,* Verfassungsrechtliche Vorgaben zur Kontrolldichte verwaltungsgerichtlicher Rechtsprechung, NVwZ 1992, 395; *Reidt,* Behördlicher Beurteilungsspielraum und Grundrechtsschutz, DÖV 1992, 916; *Riotte,* Verwaltungsverantwortung und Verwaltungsgerichtsbarkeit – Notwendigkeit des Abbaus richterlicher Kontrolldichte?, NWVBl 1997, 1; *Rubel,* Planungsermessen: Norm- und Begründungsstruktur, 1982; *Rupp,* Grundfragen der heutigen Verwaltungslehre, 1. Aufl 1965, 205; 2. Aufl 1991, 212f; *ders,* Ermessensspielraum und Rechtsstaatlichkeit, NJW 1969, 1273; *Salzwedel,* Gemischt-interdisziplinäre Tatbestände im Umweltrecht und verwaltungsgerichtliche Kontrolldichte, Redeker-FS 1993, 421; *Sarnighausen,* Behördliche Ermessensbindungen zum Schutz des Nachbarn gegen genehmigungsfreie Wohnbauten, UPR 1998, 329; *Sauthoff,* Planerische Abwägungen im System straßen- und wegerechtlicher Entscheidungen, NVwZ 1995, 119; *Schenke,* Verwaltung und Verwaltungsgerichtsbarkeit – Gedanken zu einem der Grundthemen des Wirtschaftsverwaltungsrechts, WuV 1988, 145; *Schmidt,* Abschied vom „unbestimmten Rechtsbegriff", NJW 1975, 1753; *Schmidt-Aßmann,* Die Kontrolldichte der Verwaltungsgerichte – Verfassungsgerichtliche Vorgaben und Perspektiven, DVBl 1997, 281; *Schmidt-Salzer,* Der Beurteilungsspielraum der Verwaltungsbehörden, 1968; *ders,* Die normstrukturelle und dogmatische Bedeutung der Ermessensermächtigungen, VerwA 1969, 261; *Schnapp,* Gesetzesbindung oder behördlicher Beurteilungsspielraum bei der Erteilung der Errichtungsgenehmigung?, BKK 1990, 368; *Schoch,* Das verwaltungsbehördliche Ermessen, Jura 2004, 462; *ders,* Der unbestimmte Rechtsbegriff im Verwaltungsrecht, Jura 2004, 612; *Scholz/Schmidt-Aßmann,* Verwaltungsverantwortung und Verwaltungsgerichtsbarkeit, VVDStRL 1976, 145, 221; *Schroeder-Printzen,* Die Kontrolle der dienstlichen Beurteilung von Beamten (Bewerbern), ZBR 1985, 97; *Schnellenbach,* Zur Plausibilisierung von Werturteilen in dienstlichen Beurteilungen, ZBR 2003, 1 ff; *Schulze-Fielitz,* Neue Kriterien für die verwaltungsgerichtliche Kontrolldichte bei der Anwendung unbestimmter Rechtsbegriffe, JZ 1993, 772; *ders,* Das Flachglas-Urteil des Bundesverwaltungsgerichts – BVerwGE 45, 309 – Zur Entwicklung der Diskussion um das planungsrechtliche Abwägungsgebot, Jura 1992, 201; *Schwabe,* Anmerkung zu BVerwG DVBl 1998, 145, DVBl 1998, 147; *Schwarze/Schmidt-Aßmann* (Hg), Das Ausmaß der gerichtlichen Kontrolle im Wirtschaftsverwaltungs- und Umweltrecht, 1992; *Sendler,* Skeptisches zum unbestimmten Rechtsbegriff, Ule-FS 1987, 337; *ders,* Normkonkretisierende Verwaltungsvorschriften im Umweltrecht, UPR 1993, 321; *ders,* Über richterliche Kontrolldichte in Deutschland und anderswo, NJW 1994, 1598; *ders,* (Un)erhebliches zur planerischen Gestaltungsfreiheit, Schlichter-FS 1995, 55; *Sieckmann,* Beurteilungsspielräume und richterliche Kontrollkompetenz, DVBl 1997, 101; *Skouris,* Die Anfechtung von Ermessens-VAen, NJW 1981, 2727; *Smeddinck,* Der unbestimmte Rechtsbegriff – strikte Bindung oder Tatbestandsermessen?, DÖV 1998, 370; *Soell,* Das Ermessen der Eingriffsverwaltung, 1973; *Sommer,* Aufgaben und Grenzen richterlicher Kontrolle atomrechtlicher Genehmigungen, 1983; *Spanner,* Die Prüfung von Ermessensentscheidungen in der Rechtsprechung des BFH, v Wallis-FS 1985, 215; *Starck,* Das Verwaltungsermessen und dessen gerichtliche Kontrolle, Sendler-FS 1991, 167; *Tettinger,* Rechtsanwendung und gerichtliche Kontrolle im Wirtschaftsverwaltungsrecht, 1980; *Tsevas,* Die verwaltungsgerichtliche Kontrollintensität bei der materiell-rechtlichen Nachprüfung des Planfeststellungsbeschlusses für raumbeanspruchende Großraumprojekte, 1992; *Ule,* Zur Anwendung unbestimmter Rechtsbegriffe im Verwaltungsrecht, Jellinek-GS 1955, 309; *Volkmann,* Das intendierte Verwaltungsermessen, DÖV 1996, 282; *Waechter,* Polizeiliches Ermessen zwischen Planungsermessen und Auswahlermessen, VerwA 1997, 298; *Wahl,* Risikobewertung der Exekutive und richterliche Kontrolldichte – Auswirkungen auf das Verwaltungs- und das richterliche Verfahren, NVwZ 1991, 409; *Wilke,* Die Kontrollfunktion der Verwaltungsgerichte, in: Merten (Hg), Die Gewaltentrennung im Rechtsstaat, 1990, 135; *ders,* Die gerichtliche Kontrolle unbestimmter Rechtsbegriffe im Umweltrecht, insb im Atomrecht, Jura 1992, 186; *Würkner,* Die Freiheit der Kunst in der Rspr des BVerfG und BVerwG, NVwZ 1992, 1; *ders,* BVerfG auf Abwegen? Gedanken zur Kontrolldichte verwaltungsgerichtlicher Rechtsprechung, NVwZ 1992, 309; *Würkner/Kerst-Würkner,* Der Entscheidungsvorrang der Bundesprüfstelle: Das neue Abwägungsermessen als grundrechtsdogmatischer Phönix aus der Asche des alten Beurteilungsspielraums, NJW 1993, 1446; *dies,* Die Indizierung „schlicht" jugendgefährdender Kunstwerke, NVwZ 1993, 641; *Würtenberger/Haller/Riedel,* Rechtliche Optimierungsgebote oder Rahmensetzungen für das Verwaltungshandeln?, VVDStRL 58, 139. – **Zum Beurteilungsspielraum bei Prüfungsentscheidungen:** *Becker,* Prüfungsrecht 1988; *ders,* Überlegungen zur „Neuzeit des Prüfungsrechts", NVwZ 1993, 1129; *Berkemann,* Die „eingeschränkte" richterliche Kontrolle schulischer Leistungsbewertungen, RdJ 1986, 256; *Birnbaum,* Die

Rügepflicht des Prüflings, NVwZ 2006, 286; *Eggensperger,* Zur verwaltungsgerichtlichen Kontrolle von Prüfungsentscheidungen, Rebmann-FS 1989, 63; *Goerlich,* Zum Beurteilungsspielraum bei Prüfungsleistungen (Anm zu BVerwG 9. 12. 1992), JZ 1993, 798; *Grupp,* Gerichtliche Kontrolle von Prüfungsnoten, JuS 1983, 351; *Gusy,* Prüfungsentscheidungen vor Gericht – die Beschlüsse des BVerfG (BVerfG NJW 1991, 2005 und 2008) –, Jura 1991, 633; *ders,* Anm zu BVerfG 84, 34 und 59, JZ 1991, 1081; *Hoesch,* Form und Art der Begründung der Bewertung mündlicher Prüfungsleistungen, JuS 1997, 602; *Koenig,* Zur gerichtlichen Kontrolle sog Beurteilungsspielräume im Prüfungsrecht, VerwA 1992, 351; *Kopp,* Die Neubewertung fehlerhaft bewerteter Prüfungsaufgaben, BayVBl 1990, 684; *ders,* Anm zu BVerfG DVBl 1991, 401, DVBl 1991, 988; *ders,* Grenzen des Beurteilungsspielraumes bei Prüfungen, JuS 1995, 468; *Lindner,* Die Prägung des Prüfungsrechts durch den Grundsatz der Chancengleichheit – ein vielschichtiges Phänomen, BayVBl 1999, 100; *Löwer,* Kontrolldichte im Prüfungsrecht nach dem Maßstab des Bundesverfassungsgerichts, Redeker-FS 1993, 515; *Löwer/Linke,* Rechtsprechung zum Prüfungsrecht seit 1991, WissR 1997, 128; *Michaelis,* Kontrolldichte im Prüfungsrecht, VBlBW 1997, 441; *Muckel,* Neues zum Rechtsschutz gegenüber Prüfungsentscheidungen, JuS 1992, 201; *v. Mutius/Sperlich,* Prüfungen auf dem Prüfstand – die Beschlüsse des Bundesverfassungsgerichts vom 17. 4. 1991 zur gerichtlichen Kontrolle von Prüfungsentscheidungen, DÖV 1993, 45; *Niehues,* Stärkere gerichtliche Kontrolle von Prüfungsentscheidungen, NJW 1991, 1077; *Pietzcker,* Zur gerichtlichen Kontrolle bei berufsbezogenen Prüfungsverfahren, JZ 1991, 1087; *Rauschning,* Kontrolle der Leistungsbewertung im juristischen Staatsexamen (zu OVG Münster, NVwZ 1993, 94 und 95), JuS 1993, 551; *Rozek,* Neubestimmung der Justiziabilität von Prüfungsentscheidungen, NVwZ 1992, 343; *ders,* Zur Justiziabilität von Prüfungsentscheidung im Hochschulwesen; in: Dörner ua, Erfolgreich Lernen, JA-Sonderausgabe 1992, 32; *Rubel,* Beurteilungsspielraum im Prüfungsrecht (Anm zu BVerfG 1991, 2005 und 2008), JA 1991, 309; *Scherzberg,* Behördliche Entscheidungsprärogativen im Prüfungsverfahren?, NVwZ 1992, 31; *Schick,* Die Bedeutung der Beschlüsse des BVerfG zum Prüfungsrecht für die Steuerberaterprüfung, DStR 1992, 884; *Schmidt-Aßmann/Groß,* Zur verwaltungsgerichtlichen Kontrolldichte nach der Privatschul-Entscheidung des BVerfG, NVwZ 1993, 617; *Seebass,* Eine Wende im Prüfungsrecht?, NVwZ 1992, 609; *Streinz/Hammerl,* Der praktische Fall: Prüfungsüberprüfung, JuS 1993, 663; *Wehr,* Das Ermessen der Rechtsaufsicht über Kommunen, BayVBl 2001, 705; *Wimmer,* Gibt es gerichtlich unkontrollierbare „prüfungsspezifische" Bewertungsspielräume?, Redeker-FS 1993, 531; *Wolkewitz,* Anforderungen an die Bewertung von Habilitationsleistungen und an das Habilitationsverfahren, NVwZ 1999, 850. – **Zum 6. VwGO-ÄndG und zum GenBeschlG sowie zu § 114 S 2:** *Bader,* Das sechste Gesetz zur Änderung der Verwaltungsgerichtsordnung, DÖV 1997, 442; *ders,* Praktische Erfahrungen mit dem Sechsten VwGO-Änderungsgesetz, VBlBW 1997, 401 u 449; *ders,* Die Ergänzung von Ermessenserwägungen im verwaltungsgerichtlichen Verfahren, NVwZ 1999, 120; *Bonk,* Strukturelle Änderungen des Verwaltungsverfahrens, NVwZ 1997, 320; *Bracher,* Nachholung der Anhörung bis zum Abschluß des verwaltungsgerichtlichen Verfahrens? – Zur Verfassungsmäßigkeit von § 45 Abs 2 VwVfG, DVBl 1997, 534; *Brischke,* Heilung fehlerhafter Verwaltungsakte im verwaltungsgerichtlichen Verfahren, DVBl 2002, 429; *Decker,* Die Nachbesserung von Ermessensentscheidungen im Verwaltungsprozeßrecht und ihre verfahrensrechtliche Behandlung gem § 114 S 2 VwGO, JA 1999, 154; *Dolderer,* Die neu eingeführte „Ergänzung von Ermessenserwägungen" im Verwaltungsprozeß, DÖV 1999, 104; *Ewer,* Das sechste Gesetz zur Änderung der Verwaltungsgerichtsordnung – gesetzgeberischer Aktionismus mit kontraproduktiver Wirkung, ZG 1998, 47; *Fendt,* Verpflichtungsklage und Nachschieben von Ermessenserwägungen, JA 2000, 883; *Fengler,* Rechtsprobleme zum Genehmigungsverfahrensbeschleunigungsgesetz – GenBeschlG, RiA 1997, 279; *Fliegauf,* Grundlegende Änderungen des Verwaltungsprozeßrechts, BWGZ 1997, 21; *ders,* Nochmals zum 6. VwGO-Änderungsgesetz – Reform oder Anpassung?, NJW 1997, 1968; *Fliegauf/Blüm,* Die 6. Novelle zur Verwaltungsgerichtsordnung, AnwBl 1998, 127; *Gromitsaris,* Fehlerfolgenregelungen im Genehmigungsverfahrensbeschleunigungsgesetz, SächsVBl 1997, 101; *Hatje,* Die Heilung formell rechtswidriger Verwaltungsakte im Prozeß als Mittel der Verfahrensbeschleunigung, DÖV 1997, 477; *Hansmann,* Beschleunigung und Vereinfachung immissionsschutzrechtlicher Genehmigungsverfahren?, NVwZ 1997, 105; *Jäde,* Beschleunigung von Genehmigungsverfahren nach dem Genehmigungsverfahrensbeschleunigungsgesetz, UPR 1996, 361; *Jahn,* Beschleunigung von Verwaltungsverfahren und Straffung des verwaltungsgerichtlichen Rechtsschutzes, GewA 1997, 129; *Kluth,* Die Auswirkungen der 6. VwGO-Novelle auf das Wirtschaftsrecht, WiB 1997, 512; *Knopp,* Novellierung der Verwaltungsgerichtsordnung – Verfahrensbeschleunigung durch Rechtsschutzverkürzung, BB 1997, 1001; *Krämer,* Sechstes Gesetz zur Änderung der Verwaltungsgerichtsordnung, LKV

1997, 114; *Kraus,* Ergänzen der Ermessenserwägungen im verwaltungsgerichtlichen und finanzgerichtlichen Verfahren, ThürVBl 2004, 205; *Lotz,* Sechstes Gesetz zur Änderung der Verwaltungsgerichtsordnung, BayVBl 1997, 257; *Meissner,* Die Novellierung des Verwaltungsprozeßrechts durch das 6. Gesetz zur Änderung der Verwaltungsgerichtsordnung, VBlBW 1997, 81; *Millgramm,* Das 6. VwGO-ÄndG, SächsVBl 1997, 107; *Numberger/Schönfeld,* Neuerungen in der VwGO, UPR 1997, 89; *Oberrath/Hahn,* Ende des effektiven Rechtsschutzes? – Die Änderungen der VwGO und des VwVfG, VBlBW 1997, 241; *Pitschas* (Hrsg), Die Reform der Verwaltungsgerichtsbarkeit, Vorträge und Diskussionsbeiträge der Verwaltungswissenschaftlichen Arbeitstagung 1997 des Forschungsinstituts für öffentliche Verwaltung bei der Deutschen Hochschule für Verwaltungswissenschaften Speyer, 1999; *Pöcker/Barthelmann,* Der mißglückte § 114 S. 2 VwGO, DVBl 2002, 668; Pöcker/Barthelmann, Der missglückte § 114 S 2 VwGO, DVBl 2002, 668; *Redeker,* Neue Experimente mit der VwGO?, NVwZ 1996, 521; *ders,* Die „Heilungsvorschriften" der 6. VwGO-Novelle, NVwZ 1997, 625; *Ronellenfitsch,* Rechtsfolgen fehlerhafter Planung, NVwZ 1999, 583; *R. P. Schenke,* Das Nachschieben von Gründen nach dem 6. VwGO-Änderungsgesetz, VerwA 1999, 232; *ders,* Das Nachschieben von Ermessenserwägungen, JuS 2000. 230; *W.-R. Schenke,* „Reform" ohne Ende – Das 6. Gesetz zur Änderung der Verwaltungsgerichtsordnung und anderer Gesetze (6. VwGO-ÄndG), NJW 1997, 81; *Schmieszek,* Sechstes Gesetz zur Änderung der Verwaltungsgerichtsordnung und anderer Gesetze (6. VwGO-ÄndG), NVwZ 1996, 1151; *Schmitz/Wessendorf,* Das Genehmigungsverfahrensbeschleunigungsgesetz – Neue Regelungen im Verwaltungsverfahrensgesetz und der Wirtschaftsstandort Deutschland, NVwZ 1996, 955; *Wahrendorf,* Das 6. VwGO-ÄnderungsG – Bemerkungen zum prozeßrechtlichen Beratungsgegenstand des 12. Verwaltungsrichtertages, NWVBl 1998, 177; *Wilke/Teschner,* Der Verwaltungsprozeß im „Standort Deutschland", SchlHA 1997, 25; *Wolf,* Reform der Verwaltungsgerichtsordnung aus dem Geist des Asylverfahrensgesetzes, in: Verwaltungsgerichtsbarkeit und öffentliches Recht – Aufbau und Bewährung in Mecklenburg-Vorpommern, Festgabe für Haack 1997, 85.

Übersicht

1. Allgemeines: Auch ein VA, der in das Ermessen der Verwaltung gestellt 1
ist, wird aufgehoben, wenn er rechtswidrig ist. § 114 ergänzt hier § 113, indem er die **Entscheidungskompetenz** der VGe ggü **Ermessensentscheidungen** der Verwaltung durch eine Definition der Rechtswidrigkeit näher bestimmt u

zugleich begrenzt. Er dient vor allem der **sinnvollen Abgrenzung der Aufgaben** der VGe von den Aufgaben des originären Gesetzesvollzugs durch die Behörden u damit mittelbar auch der Wahrung der **Gewaltenteilung** u der Erfordernisse der Sachgesetzlichkeit (vgl auch Kopp BayVBl 1977, 514). Durch § 114 wird insb auch klargestellt, daß **Zweckmäßigkeitserwägungen** u die Frage nach etwaigen **besseren** oder **sachgemäßeren Lösungen** der Beurteilung der Gerichte nicht unterliegen u daher nicht zur Aufhebung der davon betroffenen VAe führen können, solange die in § 114 aufgezeigten Grenzen nicht überschritten sind.[1] **Hinzu kommt** (vgl auch 24ff zu § 113), **daß der Kl** keinen – jedenfalls keinen gerichtlich durchsetzbaren – Anspr auf eine in jeder Hinsicht richtige Entscheidung hat, sondern **nur, soweit er in seinen Rechten betroffen ist** (48, 66; 398; s auch 91ff zu § 42).

1a § 114 erfaßt Ermessensentscheidungen der Verwaltung nur unter den in dieser Vorschrift genannten **eng begrenzten Aspekten.** Entsprechendes gilt für die analoge Anwendung von § 114 (s dazu unten 3) auf das Planungsermessen sowie unbestimmte Rechtsbegriffe mit Beurteilungsspielraum der Verwaltung wie zB bei Einräumung eines Prognose- oder Risikobeurteilungsspielraums der Verwaltung. Allg zu der **unterschiedlichen Bedeutung** einerseits des Handlungsermessens (bzw der Handlungsfreiheit u sonstiger Freiräume) der Behörden u der dafür geltenden Rechtsgrundsätze u andererseits des Ermessens u sonstiger Freiräume der Verwaltung sowie der dafür geltenden Rechtsgrundsätze **für die gerichtliche Kontrolle** vgl 44, 159; DVBl 1982, 36; Rupp VVDStRL 34, 217; MK 9 II; Erbguth DVBl 1993, 851 mwN; Kopp DÖV 1966, 317; DVBl 1993, 624; ders, VwVfG 5 zu § 40 mwN; zum Planungsrecht auch Hoppe, in: Hoppe/Schweneberg, Raumordnungs- u Planungsrecht, 2. Aufl 1992, Rn 511ff.

Ob u ggf **in welcher Hinsicht** – zB hins des Erlasses des VA oder nur hins eines Teilaspektes, uU nur hins einer Nebenbestimmung – der Behörde in einer Sache ein Ermessensspielraum zukommt, ist letztlich eine **Frage der Auslegung** der einschlägigen Vorschriften, insb (jedoch nicht allein) der gesetzlichen **Ermächtigung** zum Erlaß des in Frage stehenden VA. Das **Fehlen näherer Normierung** hins der Voraussetzungen eines VA **spricht** idR **dafür,** daß der Erlaß in das **Ermessen** der Behörde gestellt ist (Ko NVwZ-RR 1991, 575; KR 12 zu § 40 VwVfG mwN). UU kann sich die Notwendigkeit zu einer Ermessensentscheidung auch **aus der Natur der Sache** ergeben, **zB wenn die Kapazität** einer Schule, das zur Verfügung stehende Kontingent usw, **nicht** für alle **Bewerber ausreicht.**[2] Zur Bedeutung von sog **„Kann"– u „Soll"-Vorschriften** s unten 21f; DVBl 1988, 845, 849; Mü BayVBl 1990, 150; zur sog **Ermessensreduktion auf Null** s unten 6.

§ 114 **bedeutet** – entgegen der etwas mißverständlichen Fassung dieser Vorschrift (vgl Redeker DÖV 1993, 11 Fn 15 – eine „sprachlich verunglückte" Bestimmung) **keine Ausnahme von der Bindung der Verwaltung an das Gesetz,** sondern statuiert lediglich, daß die Verwaltung hins der Zweckmäßigkeit ihrer Entscheidung keiner gerichtlichen Kontrolle unterliegt. Das Ermessen hat idS **für die Verwaltung** eine **andere Bedeutung als für die VGe,**[3] die nach § 114 nur die Einhaltung der Grenzen des Ermessens nachprüfen können; für die Nachprüfung können sich angesichts der dafür **gem § 114** vorgeschriebenen Grenzen **uU mehrere Lösungen** als im Hinblick auf die Begründetheit

---

[1] 34, 308; 44, 159; 57, 181; 75, 89; Mü DÖV 1984, 478; vgl auch BVerwG DVBl 1978, 619 zur Nachprüfung von Planungsakten: das Gericht hat nicht die planerischen Erwägungen der Behörde „aufzubessern" u eigene Erwägungen anzustellen; allg auch BVerfG 49, 136; 61, 115; BVerwG DVBl 1978, 594; VG Schleswig NJW 1980, 1296; Kopp WuV 1983, 10ff.

[2] Kassel NVwZ-RR 1992, 361; Krebs ZRP 1984, 226; Ehlers DVBl 1993, 865; Theuersbacher NVwZ 1993, 632 – auch zu den in Betracht kommenden Auswahlkriterien.

[3] Vgl 44, 159; DVBl 1982, 30; Obermayer 67; Scholz VVDStRL 1976, 217.

von Rechtsbehelfen rechtlich **zulässig u vertretbar** erweisen, mit der Folge, daß das Gericht sie – vorbehaltlich einer Prüfung der rechtlichen u tatsächlichen Voraussetzungen, der Einhaltung des Verfahrensrechts (s unten 47) sowie sonstiger in der Sache einschlägiger Rechtsvorschriften u Rechtsgrundsätze (s unten 7 ff u 39 ff), soweit sie sich auf das Ergebnis auswirken konnten bzw können (s unten 6 u 6 a) – hinnehmen muß, **auch wenn es** der Überzeugung ist, daß in der Sache eine **andere Lösung zweckmäßiger** (hM) gewesen wäre.

Als Ausdruck allg Rechtsgrundsätze gilt § 114, sofern durch Gesetz nichts anderes bestimmt ist (s zB §§ 138 Abs 1 S 2, 146 Nr 2 FlurbG; dazu 57, 198: Ermächtigung des Gerichts zur Nachprüfung auch der Zweckmäßigkeit der Ermessensausübung), **analog** auch für allg **Leistungsklagen** in bezug auf Leistungen, Handlungen oder Unterlassungen, die im Ermessen der Behörde stehen[4] oder bzgl deren den Behörden ein Beurteilungsspielraum eingeräumt ist (NVwZ 2001, 200; Ma DÖV 1982, 164); ebenso auch für **NKAnträge** gem § 47 in bezug auf Rechtsvorschriften, hins derer der erlassenden Behörde ein Ermessens- oder Beurteilungsspielraum zukommt.[5] 2

§ 114 ist grds **entspr** auf Fälle anzuwenden, in denen der Verwaltung nach ausdr gesetzlicher Regelung oder nach allg Rechtsgrundsätzen (s im einzelnen unten 24 ff) ein Spielraum für die **Beurteilung bestimmter** tatbestandsmäßiger **Voraussetzungen eines VA** (sog **Beurteilungsspielraum,** Beurteilungsermächtigung oder „Abwägungsermächtigung“) zuerkannt ist, sowie von VAen, bzgl deren ein Planungsermessen besteht.[6] **Ermessen** bezieht sich zwar nach herkömmlichem Verständnis auf die **Rechtsfolgen,** ein Beurteilungsspielraum auf die **Handlungsvoraussetzungen** (BVerfG GewA 1977, 26; Ms NVwZ 1988, 178); die dafür maßgeblichen **Grundsätze** sind jedoch **im wesentlichen die gleichen** (zT str; s im einzelnen unten 23 ff sowie Schenke WuV 1988, 179 ff u Bamberger VerwA 2002, 232; Smeddinck DÖV 1998, 370 ff). Zum (formellen subjektiven) **Recht auf ermessensfehlerfreien Gebrauch** des Ermessens bzw auf fehlerfreie Beurteilung bei unbestimmten Rechtsbegriffen s unten 14 ff, 28 a ff. Das Wort „kann“ muß nicht notwendig die Einräumung von Ermessen bedeuten; dazu unten 22. Zum **normativen „Ermessen“** u den **„Beurteilungsspielräumen“ des Normgebers** s 115 zu § 47. 3

2. Umfang der Prüfung des Gerichts bei Ermessensentscheidungen: Das Gericht hat nach § 114 bei Anfechtungs- u Verpflichtungsklagen, die sich auf VAe beziehen, deren Erlaß oder nähere Bestimmung (zB, ob u welche Auflagen mit dem VA verbunden werden) im Ermessen der Verwaltung stehen, abgesehen von den allg Rechtmäßigkeitsvoraussetzungen (vgl 24 ff u 183 ff zu § 113) **nur zu prüfen, ob die in § 114 genannten besonderen Voraussetzungen eingehalten** wurden, **nicht** dagegen, ob vielleicht **andere Lösungen** zweckmäßiger gewesen wären (s oben 1; ferner zB DVBl 1988, 149, 245; Mü BayVBl 1990, 160); umgekehrt aber auch nicht, ob eine Entscheidung der Verwaltung, die diesen Voraussetzungen nicht genügt, vielleicht aus anderen Gründen, welche die Verwaltung bei ihrer Entscheidung nicht berücksichtigt hat, im Ergebnis aufrechterhalten werden könnte.[7] Zur **„Spruchreifmachung“** s allg 4 zu § 86; 4

---

[4] 60, 151 = NJW 1981, 67; 73, 51; 83, 111; Br NordÖR 2001, 271; Ehlers VerwA 1983, 12.

[5] Vgl BVerfG 45, 162; NVwZ 1992, 361; BVerwG 70, 318; NVwZ 1987, 680; Dürr JuS 1988, 96; Brehm/Zimmerling NVwZ 1992, 340: zur sog KapazitätsVO für die Hochschulzulassung; Theuersbacher NVwZ 1986, 978.

[6] S unten 23 ff; Schenke WuV 1988, 177 ff; Kopp DVBl 1993, 806; Schmidt-Aßmann DVBl 1997, 281; Schmidt-Aßmann/Groß NVwZ 1993, 624; Sendler DVBl 1994, 1089 ff; zu den allg Regeln der Abwägungskontrolle auch Sch-Gerhardt 4; **aA** NKVwGO-Wolff 39.

[7] 33, 334; 87, 333; DVBl 1986, 943; Kassel NVwZ 1989, 1183; Schnapp SGb 1988, 313; Redeker DÖV 1993, 11; NKVwGO-Wolff 61; Stern 355; s im einzelnen auch 54 ff u 231 ff zu § 113.

193 ff zu § 113; zur **„Unschädlichkeit von Mängeln“,** die sich auf das Ergebnis nicht auswirken konnten bzw könnten, s unten 28 b.

5 Insb kann das Gericht **bei Verpflichtungsklagen** eine Verpflichtung der Behörde zum Erlaß eines bestimmten VA nicht aussprechen, **wenn** dieser im Ermessen der Behörde steht u für die Entscheidung **verschiedene Möglichkeiten** in Betracht kommen, **die sich alle innerhalb der in § 114 aufgezeigten Grenzen halten** (36, 360; 60, 361; VRspr 20, 561; Mü BayVBl 1987, 306; Stern 355). Das Gericht hat in derartigen Fällen **lediglich zu prüfen,** ob die rechtlichen (tatbestandsmäßigen) Voraussetzungen für die Zulässigkeit des begehrten VA gegeben sind, ob eine etwa erfolgte Ablehnung auf Ermessensfehlern beruht (11, 99) u ob die Unterlassung einer, bzw einer rechts- u ermessensfehlerfreien, Entscheidung der Verwaltung Rechte des Kl verletzt. Ist dies der Fall, so muß es, **ohne** daß es noch auf **weitere Sachaufklärung** ankäme, den angefochtenen VA **aufheben**[8] bzw die zuständige Behörde **durch Bescheidungsurteil** gem § 113 Abs 5 S 2 zur (ggf erneuten) Bescheidung des Antrags des Kl **verpflichten** (§ 113 Abs 5 S 2; s dazu 193 ff zu § 113; ferner 59, 111). **Entsprechendes** gilt für Klagen in bezug auf VAe, hins derer den Behörden ein **Beurteilungsspielraum** eingeräumt ist.[9] Bei einem Streit um die Verbesserung einer dienstlichen Beurteilung, die obligatorisch mit einem Gesamturteil abschließt, ist das Gericht zu einer umfassenden Prüfung verpflichtet, da eine Zerlegung der Beurteilung in einzelne fehlerbehaftete Teile hier nicht möglich ist (NVwZ 2001, 200).

Der Bürger hat bei Entscheidungen der Verwaltung, die seine Rechte berühren,[10] nach § 114 iVm Art 19 Abs 4 GG grds **Anspr auf** eine am Zweck des Gesetzes orientierte **ermessensgerechte** bzw beurteilungsgerechte **Berücksichtigung** u Würdigung seiner Belange.[11] Bei der Auslegung u Anwendung von § 114 ist zu diesem Zweck außer den **Erfordernissen einer effektiven** u leistungsfähigen **Verwaltung** (s 11 zu § 1) vor allem auch der Gesichtspunkt **effektiven Rechtsschutzes gem Art 19 Abs 4** GG zu berücksichtigen (84, 375 = DÖV 1990, 701).

Zur **Prüfung der rechtlichen u tatsächlichen Voraussetzungen** usw von ErmessensVAen s auch oben 1 sowie unten 6 ff, zur wesentlichen Bedeutung der **Begründung** von Behördenentscheidungen für die Feststellung von Ermessensfehlern unten 47 f; zur **Unerheblichkeit von Mängeln,** die sich auf das Ergebnis nicht auswirken konnten bzw können unten 6 a, 28 b.

6 **Ermessensreduktion auf Null:** Eine scheinbare **Ausnahme** von dem Grundsatz, daß das VG bei Ermessensfragen u bei Beurteilungsfragen, die das Gesetz Ermessensfragen gleichstellt (s oben 3; unten 23 ff), die ihm durch § 114 gezogenen Grenzen beachten u der Verwaltung nicht vorgreifen oder an deren Stelle Zweckmäßigkeitserwägungen anstellen darf, gilt dann, wenn **angesichts der besonderen Umstände** des zu entscheidenden konkreten Falles überhaupt nur eine einzige Entscheidung ermessensfehlerfrei sein könnte u der **Ermessensspielraum** – Entsprechendes gilt für einen Beurteilungsspielraum (s unten 28 c) – der Verwaltung insofern also **auf „Null“ reduziert ist.**[12] Ob diese Vorausset-

---

[8] 78, 180; DVBl 1988, 1175; Mü BayVBl 1987, 306 mwN; v Mutius, Menger-FS 1985, 601; s auch 4 zu § 86.

[9] 39, 203; 59, 215; 62, 336; zur prüfungsrechtlichen „Verbesserungsklage“ in Gestalt der Bescheidungsklage Ms NVwZ 1993, 95; Löwer/Linke WissR 1997, 155; zum Anspr auf Wiederholung der Prüfung statt Neubescheidung NVwZ 1997, 502.

[10] Vgl dazu 53 ff u 55 f zu § 42; zu den Anforderungen an die Darlegung der Gesichtspunkte, die die Behörde hätte berücksichtigen müssen, s auch BSG NVwZ 1991, 407.

[11] 78, 44 = NJW 1988, 434 = NVwZ 1988, 250; Mü NVwZ 1981, 22; dazu, daß bei einem ermessensfehlerhaften Eingriff in die Rechtssphäre des Betroffenen immer eine RVerletzung gegeben ist, s 93, 112, 124 zu § 42; str.

[12] 69, 94; 78, 46; NVwZ 1990, 757; Bln NJW 1983, 778; Erichsen § 10, 22; Gern DVBl 1987, 1194; Maurer § 7, 24 f; StBS-Sachs 56 ff zu § 40 VwVfG mwN; Di Fabio VerwA

zungen gegeben sind, ist aufgrund der Feststellungen zu beurteilen, die das Gericht ohnehin treffen muß, um die oben zu 4f genannten Fragen beantworten zu können; das **Gericht ist nicht verpflichtet,** die Streitsache darüber hinaus **spruchreif zu machen** u alle denkbaren Alternativen zu klären (s auch Sch-Gerhardt 27; NKVwGO-Wolff 137), um festzustellen, ob nicht vielleicht doch der Fall der Ermessensreduktion auf Null vorliegt (vgl 10, 204; 11, 99; BSG MDR 1987, 700; str); **es würde** damit idR auch die ihm im gewaltenteiligen Staat zukommende Funktion u seinen **Aufgabenbereich überschreiten.** Vgl auch oben 5; ferner 4 zu § 86; 195 u 207 zu § 113.

Um einen Fall der **Ermessensreduktion auf Null** handelt es sich **zB bei besonderer Schwere** oder einem besonderen Ausmaß **der Gefahr** für wichtige Rechtsgüter[13] oder wenn ein Plan ohne die in Frage stehende nachteilsverhütende Einrichtung offensichtlich ungleichgewichtig bliebe (NVwZ 1985, 109). Dasselbe wird in bezug auf die Anordnung der Einstellung von Bauarbeiten angenommen, wenn ein Vorhaben im förmlich festgelegten **Sanierungsgebiet ohne** die nach § 144 Abs 1 Nr 1 BauGB neben der Baugenehmigung erforderliche **Sanierungsgenehmigung** verwirklicht wird (We ThürVBl 1999, 19). Eine Ermessensreduktion findet ferner statt, wenn sich aus dem im konkreten Fall oder in vergleichbaren Fällen **vorangegangenen Verhalten** der Behörde unter dem Gesichtspunkt der **Gleichbehandlung** eine Bindung hins des Inhalts des Anspr ergibt, die so strikt u unausweichlich geworden ist, daß dem Gleichheitssatz einzig durch eine bestimmte Entscheidung Rechnung getragen werden kann.[14] Trotz Vorliegens einer besonderen Härte iSd § 37 Abs 2 S 1 AufenthG bleibt noch Raum für die Ausübung des Ermessens bei der Entscheidung über die Erteilung einer Aufenthaltsgenehmigung (so zum gleichlautenden § 16 Abs 2 S 1 AuslG aF NVwZ 2003, 104; 2004, 1008). Eine Ermessensschrumpfung auf Null kann sich auch bei der Erteilung von Sondernutzungserlaubnissen (dazu näher Hagmann DÖV 2006, 326ff) für die Benutzung öffentlicher Straßen im Hinblick auf die Bedeutung ergeben, die dem öffentlichen Verkehrsraum für die Ausübung demokratischer Rechte wie Art 8 GG, Art 5 GG u Art 38 GG iVm Art 21 GG zukommt. So hat das BVerwG zu Recht aus Art 28 Abs 1 S 2 u Art 38 Abs 1 GG sowie aus Art 21 GG für den Regelfall einen Anspr einer politischen Partei auf die Aufstellung von Wahlplakaten befürwortet.[15] Zu Bindungen unter dem Gesichtspunkt der Folgenbeseitigung bzw Folgenbeseitigungslast s unten 45 sowie 83 u 227 zu § 113. Zur Ermessensschrumpfung bei **Sollentscheidungen** u **intendierten Entscheidungen** s unten 21 u 21b; zu Ermessensschrumpfungen iVm Nachbarklagen unten 21c.

Bindung trotz scheinbaren Ermessenscharakters: Auch bei scheinbar auf die Einräumung eines Ermessensspielraums hinweisenden Rechtsvorschriften kann sich aus dem **Zweck der Regelung oder aus dem Zusammenhang** mit anderen Vorschriften, insb auch des Verfassungsrechts, eine **strikte Bindung** ergeben.[16] S auch unten 39ff; allg zur Frage, wann anzunehmen ist, daß eine Vorschrift der Behörde Ermessen einräumt, oben 1a.

1995, 214; Hain/Schlette/Schmitz, AöR 1997, 32; Laub, Die Ermessensreduzierung in der verwaltungsgerichtlichen Rechtsprechung; Pietzcker JuS 1982, 106; Sch-Gerhardt 27.

[13] Kassel NVwZ 1984, 744 zur Unterbringung eines Obdachlosen; Schenke PolR 100f; zur Frage der Ermessensschrumpfung bei polizeilichem Handeln s unten 21d.

[14] So zu einem Zahlungsanspr BVerwG 1979, 561; Buchh 451.55 Nr 12 S 48f; Ipsen, Subventionierung Privater, 92; vgl auch Buchh 406.11 § 14 BauGB Nr 4: der rechtswidrigen Ablehnung eines Bauantrags kann bei einer späteren Veränderungssperre zu einer Ermessensbindung der Baubehörde iSv Verpflichtung zur Erteilung einer Ausnahmegenehmigung führen; s auch 229 zu § 113 zur Folgenbeseitigungslast.

[15] 47, 280ff; näher zu den Grenzen eines solchen Anspr Hagmann DÖV 2006, 326ff.

[16] Vgl BVerfG 8, 72; 20, 160; BVerwG 3, 121; 10, 199; 18, 250; 40, 323; Ma DÖV 1968, 422; eingeh Brinktrine 42ff; krit Scheerbarth DVBl 1960, 185ff.

6 a **Unerheblich** sind **Mängel hins der rechtlichen oder tatsächlichen Voraussetzung** von Ermessens-VAen bzw VAen, bzgl derer die Behörde einen Beurteilungsspielraum hat, sowie hins des Vf oder hins der Abwägung des Für u Wider usw dann, **wenn sie im weiteren Verlauf** des Vf (vgl § 45 VwVfG; s dazu 59 zu § 113) oder durch eine Widerspruchsentscheidung nach § 73 **geheilt wurden** (§ 79 Abs 1 Nr 1; s dazu 28 zu § 113), oder die sich ihrer Art nach oder aus anderen Gründen, auch zB, weil das Ermessen oder der Beurteilungsspielraum auf Null reduziert sind (s oben 6), oder gem § 46 VwVfG, der insoweit Ausdruck eines allg Grundsatzes ist, oder nach entspr Vorschriften oder Grundsätzen sich **nicht auf den VA auswirken konnten** bzw ausgewirkt haben.[17] Unerheblich ist es zB auch, wenn eine Behörde ihre Entscheidungen auf **mehrere Ermessenserwägungen stützt,** von denen zwar einzelne fehlerhaft sind, die Behörde aber (in einer rechtlich nicht zu beanstandenden Weise) zum Ausdruck gebracht hat, daß bereits **jede einzelne der Ermessenserwägungen sie dazu veranlaßt, die von ihr getroffene Entscheidung vorzunehmen,** also insofern bereits **allein tragend** ist.[18] Hier **fehlt** es an einer **Kausalität ermessensfehlerhafter Erwägungen** für den Erlaß des VA u damit am Rechtswidrigkeitszusammenhang, genauso wie in anderen Fällen, in denen die Möglichkeit ausgeschlossen ist, daß eine fehlerhafte Ermessenserwägung entscheidungsrelevant wurde (s auch Sch-Gerhardt 48). Dabei ist allerdings **grds von der Kausalität des Ermessensfehlers** für die Entscheidung **auszugehen.** Anders verhält es sich nur dann, wenn es in concreto ausgeschlossen werden kann, daß der Ermessensfehler für das Ergebnis kausal wurde. Insoweit gilt hier etwas anderes als nach § 75 Abs 1 a S 1 VwVfG, der iVm Planfeststellungsbeschlüssen vorsieht, daß Fehler nur dann erheblich sind, wenn sie für das Abwägungsergebnis von Einfluß waren. Dies wird von der Rspr so verstanden,[19] daß die Möglichkeit einer anderen Entscheidung in concreto positiv nachzuweisen ist (dh als gesetzliche Vermutung der Unerheblichkeit). Der so verstandene § 75 Abs 1 a S 1 VwVfG, der durch den Grundsatz der Planerhaltung (vgl Hoppe, Hoppe-FS 133 ff) gerechtfertigt wird, ist jedenfalls einer Verallgemeinerung nicht zugänglich (s zu § 75 Abs 1 a S 1 VwVfG unten 36 b; zum Planfeststellungsbeschluß auch § 17 e Abs 6 FStrG).

7 **3. Ermessensüberschreitung u Ermessensfehlgebrauch:**[20] **Ermessensüberschreitung** iSd § 114 liegt vor, wenn die Behörde, gleich aus welchem Grund, sich **nicht im Rahmen der ihr vom Gesetz gegebenen Ermächtigung** hält (s NKVwGO-Wolff 148); auch Stern 361; StBS-Sachs 75 f zu § 40 VwVfG), zB eine Entscheidungsfreiheit hins der Voraussetzungen oder des Inhalts eines VA in Anspr nimmt, die ihr aufgrund des zu vollziehenden Gesetzes oder im Hinblick auf andere einschlägige Rechtsvorschriften u allg Rechtsgrundsätze (s auch unten 39 ff) nicht zukommt. Grenzen können sich insb aus dem Verfassungsrecht ergeben. S zB zur Bedeutung des **Art 6 GG** im Ausländerrecht 81, 162 f; BVerfG 51, 397; auch zu den Grenzen BVerwG 65, 193; DÖV 1991, 78); zur Bedeutung des **Gleichheitssatzes (Art 3 GG)** 77, 192; BVerfG 18, 363 f; 69, 169. Allg zur ermessensbegrenzenden Wirkung von Grundrechten StBS-Sachs 85 ff zu § 40 VwVfG mwN.

---

[17] BVerfG 84, 85 = DVBl 1991, 805 = NJW 1991, 2008 = MDR 1991, 805 u Mü DVBl 1991, 759: das Übersehen eines richtigen Lösungsansatzes bei einer Prüfung ist unerheblich, wenn eine Nachkorrektur für die Prüfungsbewertung insgesamt zu keinem anderen Ergebnis führt; BVerwG NVwZ 1988, 434; DVBl 1991, 759; Buchh 421.0 Prüfungswesen Nr 283; vgl auch unten 30 u 31 a; ferner 28 zu § 113.

[18] 62, 222; DVBl 1988, 687; DVBl 2001, 726: Genügt die rechtliche Fehlerfreiheit eines selbständig tragenden Grundes; Ms NVwZ-RR 1997, 587.

[19] Vgl hierzu – iVm dem insoweit wortgleichen § 17 e Abs 6 S 1 FStrG – NVwZ-RR 1996, 68; 100, 250 = NVwZ 1996, 791; NVwZ 1996, 1019; krit Sch-Gerhardt 48.

[20] Eingeh zu den verschiedenen Arten von Ermessensfehlern Brinktrine 99 ff.

8 **Ermessensfehlgebrauch** (Ermessensmißbrauch) liegt vor, wenn die Behörde von dem ihr vom Gesetz eingeräumten Ermessen **nicht im Sinne des Gesetzes,** dh der im einzelnen Gesetz u in der Rechtsordnung insgesamt zum Ausdruck kommenden **Zwecksetzungen** (vgl § 40 VwVfG), Gebrauch macht[21] **u** nicht ausnahmsweise angesichts der besonderen Umstände des Falles **auch eine einwandfreie Ausübung des Ermessens** denkmöglich nur zu einem VA mit gleichen Inhalt hätte führen können (57, 6; vgl allg zu dieser „Ermessensreduktion auf Null" auch oben 6).

9 Als Zweck der Ermächtigung sind dabei **nicht nur der engere Zweck** der isoliert betrachteten Vorschriften zu verstehen, in der die Ermächtigung der Behörde zum Handeln enthalten ist, sondern im Rahmen des primären Zwecks der Ermächtigung u, soweit sich daraus nicht eine engere Abgrenzung des Kreises der zu berücksichtigenden Zwecke ergibt, alle **der Gesamtheit der Sätze des geschriebenen u ungeschriebenen Rechts** – auch zB einschlägige völkerrechtliche Vereinbarungen (66, 278; 91, 331), einschlägige EU-Richtlinien, auch wenn diese noch nicht ins nationale Recht umgesetzt sind (s DVBl 1982, 294; vgl andererseits 91, 331) für die in Frage stehende Entscheidung zu entnehmenden Zwecke,[22] vor allem auch die sich aus den **Wertentscheidungen des Verfassungsrechts,** insb auch aus den Grundrechten (s schon oben 7 u unten 39) für die gesamte Rechtsordnung ergebenden Zwecke (s KR Einf 17 ff; s auch unten 39 f). Dazu gehören außer dem unmittelbaren, durch öffentliche Interessen bestimmten Zweck, dem eine Regelung dient, insb auch die **Rechtsschutzzwecke** des Gesetzes oder sonst einschlägiger Rechtssätze zugunsten der betroffenen Bürger aber auch sonstige öffentliche Zwecke, die nach der Funktion u den Zwecken, die das Gesetz im Rahmen der Rechtsordnung zu erfüllen hat, damit verbunden sind. **Zulässig** u geboten ist danach zB bei der Entscheidung über die Erteilung einer **Sondernutzungserlaubnis** nach Straßen- u Wegerecht nicht nur die Berücksichtigung aller verkehrsbezogenen Gesichtspunkte, einschließlich solcher, die sich auf den Schutz des Umfelds beziehen, sondern auch die Beachtung der Bedeutung, die dem öffentlichen Verkehrsraum für die Ausübung demokratischer Grundrechte zukommt (s oben 6 u Hagmann DÖV 2006, 326 ff).

10 **Wenn** u **soweit das Gesetz** die bei der Ermessensentscheidung **zu berücksichtigenden Gesichtspunkte nicht ausdr nennt,** hat die Behörde im Rahmen des Zwecks der Ermächtigung hins der Auswahl dieser Gesichtspunkte **grds Ermessensfreiheit,** dh die Freiheit zur Entscheidung nach pflichtgemäßem Ermessen u unter Beachtung der dafür maßgeblichen Grundsätze (vgl auch BVerfG DVBl 1993, 489). S auch oben 1; zu Entscheidungen aufgrund von **„Soll"-Bestimmungen** u zu sog **„intendierten" Entscheidungen,** bei denen das Gesetz für den Regelfall eine bestimmte Entscheidung vorschreibt, unten 21 ff; zu Einschränkungen aufgrund eines FBA u vorangegangenen Tuns unten 21 c; zu Einschränkungen aus verfassungsrechtlichen Gründen unten 39 ff u wg Verwaltungsvorschriften unten 42; zu völlig freien, grds **indifferenten Ermessensentscheidungen** unten 22. **Daß** die Behörde einen Gesichtspunkt **hätte berücksichtigen dürfen,** bedeutet in solchen Fällen nicht, daß sie ihn auch hätte berücksichtigen müssen u andernfalls ihre Entscheidung ermessensfehlerhaft ist (58, 54). Zu Auswahlentscheidungen zwischen mehreren Bewerbern u dem Prioritätsgrundsatz unten 45.

10 a Soweit das Gesetz nicht entgegensteht, sind bei der Beurteilung der Frage, ob die Behörde ermessensfehlerhaft gehandelt bzw das Gleichheitsgebot (Art 3 GG)

---

[21] Vgl Schenke 744.

[22] 30, 313; 51, 166; 91, 368; Menger VerwA 1973, 207; Stein AöR 1961, 306; WBS I § 31, 50 f; vgl insb auch BVerwG 51, 166: Ermessensentscheidungen müssen ihre Rechtfertigung „in dem Zweck des Gesetzes u in der vom Gesetzgeber gewollten Ordnung der Rechtsmaterie" finden; ähnlich Kassel DÖV 1987, 877.

verletzt hat, auch sog **ermessenslenkende Verwaltungsrichtlinien** (Verwaltungsvorschriften) zu berücksichtigen; s unten 41f; ferner 3a zu § 86. Solche Richtlinien sind mit der Ermächtigung einer Behörde, nach Ermessen zu entscheiden, grds vereinbar, soweit sie ihrerseits sich am Zweck der Ermächtigung orientieren u sachgerecht sind (NJW 1991, 651 mwN; StBS-Sachs 108 zu § 40 VwVfG). Richtlinien **entheben** die Behörde jedoch **nicht der Verpflichtung zu einer eigenverantwortlichen Ermessensentscheidung** unter sachlicher Abwägung aller einschlägigen Gesichtspunkte des konkreten Falles, sondern geben ihr nur im Innenverhältnis zum Richtliniengeber Anhaltspunkte für die ggü dem Bürger zu treffenden Entscheidung.[23] **Weist ein Fall wesentliche Besonderheiten** auf im Vergleich zum „Regelfall", auf den die Richtlinien zugeschnitten sind, so muß die Behörde dies bei ihrer Ermessensanwendung berücksichtigen u ggf von der Richtlinie **abweichend** entscheiden.[24] **Wenn** u soweit **Richtlinien selbst ermessensfehlerhaft** sind oder ihre Anwendung im konkreten Fall den besonderen Ermessenserfordernissen nach § 114 nicht genügt, kann **auch** ihre **an sich sonst korrekte Anwendung** die Ermessensfehlerhaftigkeit des betroffenen Handelns **nicht ausschließen** (Schl NVwZ 1993, 911).

11 **Im Zweifel ist die Behörde beweispflichtig,** daß sie ihr Ermessen ausgeübt hat (DVBl 1983, 998) u es **sachgemäß** u nicht fehlerhaft **ausgeübt** hat (s auch unten 16). Dabei kommt es bei VAen wesentlich auch auf die Begründung des VA (§ 39 VwVfG) an, freilich grds nicht nur u ausschließlich, sondern ggf **auch auf andere Umstände** (Ba NVwZ-RR 2002, 55), insb auch auf den Inhalt der Akten (NJW 1981, 241, 2139; vgl auch 82, 257). S in diesem Zusammenhang auch einerseits zur **Bedeutung einer** schlüssigen, substantiell nachvollziehbaren **Begründung der Entscheidung** der Behörde u andererseits zu Begründungsmängeln als Indiz für die Fehlerhaftigkeit der getroffenen Ermessensausübung oder Beurteilung seitens der Behörde unten 48; zur **Berücksichtigung von Imponderabilien** u **Verdachtsmomenten** unten 17.

12 **Ermessenfehlerhaft** im dargelegten Sinn ist ein VA insb, **wenn** die Behörde bei ihrem Handeln **von unzutr, in Wahrheit nicht gegebenen,** unvollständigen oder falsch gedeuteten **tatsächlichen oder rechtlichen Voraussetzungen** ausgeht,[25] Gesichtspunkte tatsächlicher oder rechtlicher Art **berücksichtigt,** die nach Sinn u Zweck des zu vollziehenden Gesetzes oder aufgrund anderer Rechtsvorschriften oder allg Rechtsgrundsätze dabei **keine Rolle spielen können** oder dürfen (82, 257; Henseler DVBl 1982, 397), zB ortspolizeiliche Gesichtspunkte bei der Entscheidung über eine Sondernutzung an einer Straße (vgl Ks DÖV 1987, 877), oder umgekehrt wesentliche **Gesichtspunkte außer acht läßt,** die zu berücksichtigen wären.[26]

---

[23] 70, 142; NJW 1991, 650 mwN; Ms NVwZ 1984, 600; bedenklich Ko NVwZ 1984, 553: zusätzlich eigene Ermessenserwägungen nur, wenn der konkrete Fall Besonderheiten aufweist; ähnlich BVerwG 70, 142.

[24] 31, 214; 70, 142 mwN; 85, 167; NJW 1991, 651 mwN; StBS-Sachs 128 zu § 40 VwVfG; NVwZ-RR 1989, 330; 1989, 762; Buchh 130 § 8 RuStAG Nr 26.

[25] 62, 108; BVerfG 51, 399; Kassel DVBl 1993, 1021: wenn die Behörde bestehende Bindungen nicht berücksichtigt u deshalb ihren Entscheidungsspielraum verkennt; Ma DVBl 1990, 1069 mwN; VG Köln NJW 1982, 1213: ermessensfehlerhaft nur, wenn die falsche rechtliche Beurteilung sich auf den Bereich der Ermessensausübung bezieht, andernfalls falsche Rechtsanwendung; s aber zur Berücksichtigung besonderer Situationen, die der Behörde nicht bekannt sind u sich ihr auch nicht aufdrängen mußten u auf die hinzuweisen Sache der Beteiligten gewesen wäre, 12 zu § 86; Mü NJW 1982, 787; enger zT zu PlanungsVAen DÖV 1993, 832; KR 64 zu § 40 VwVfG u 62 zu § 74 VwVfG; StBS-Sachs 99 zu § 40 VwVfG.

[26] 45, 309; 61, 111; 62, 239; 68, 338; 77, 133; 87, 341; 90, 300; 91, 140 – auch zur Berücksichtigung betroffener Grundrechte –; JZ 1993, 409.

Ermessensfehlerhaft im dargelegten Sinn sind **außerdem** VAe, bei denen die Behörde zwar alle einschlägigen Tatsachen u Gesichtspunkte berücksichtigt, **einzelnen davon aber ein Gewicht beimißt,** das ihnen nach objektiven, am Zweck des Gesetzes u sonstiger einschlägiger Rechtssätze, insb auch etwa betroffener Grundrechte,[27] orientierten Wertungsgrundsätzen **nicht zukommt,**[28] oder **sonst sachfremde,** nicht durch den Zweck des Gesetzes gedeckte **Erwägungen** anstellt.[29] Zu besonderen **Berücksichtigungs- u Wohlwollensgeboten** s unten 39; zum **Gebot gerechter Abwägung** bei Planungsentscheidungen unten 34ff; zu Besonderheiten, wenn ein Gesetz, wie zB § 214 Abs 3 S 2 BauGB oder § 17e Abs 6 S 1 FStrG die gerichtliche Nachprüfung auf „**offensichtliche Abwägungsmängel,** die auf das Abwägungsergebnis von Einfluß waren", beschränkte, Steinberg/Berg NJW 1994, 490; zur Bedeutung der **Begründungspflicht** für die Feststellung von Ermessensfehlern unten 48. 13

Ermessensfehlerhaft ist danach **zB** die Ausweisung eines Ausländers, bei der die Behörde den an sich einschlägigen (vgl 59, 108; 61, 34, 112) Gesichtspunkt der **Generalprävention** berücksichtigt, diesen Gesichtspunkt aber **„so verselbständigt, daß** andere Umstände des Falles von vornherein **als bedeutungslos zurücktreten"** (61, 112); die Ablehnung der Verlängerung einer bisher problemlos immer wieder verlängerten Erlaubnis, ohne daß sie dabei das **Vertrauensschutzinteresse** des Betroffenen angemessen berücksichtigt (DÖV 1979, 294; BVerfG DÖV 1978, 918; Weber DÖV 1978, 371 mwN); eine Planungsentscheidung zugunsten oder gegen ein Großvorhaben ohne Berücksichtigung sich bietender, möglicherweise besser geeigneter **Alternativstandorte** (69, 256; DÖV 1985, 790; Mü BayVBl 1981, 481).

Ermessensfehlerhaft ist eine Entscheidung auch dann, wenn die Behörde eine in Wahrheit nicht bestehende **Beschränkung ihres Ermessensspielraums** annimmt (sog Ermessensunterschreitung) oder verkennt, daß sie überhaupt ein Ermessen hat (Ermessensnichtgebrauch); beide Varianten werden häufig gleichgesetzt, s 91, 42 u näher Brinktrine 116ff. Dies kann zB geschehen durch 14

- **falsche Gesetzesauslegung,** indem sie das Vorliegen des ermessensbegründenden Tatbestandes zu Unrecht verneint (78, 320) oder sich zu Unrecht für gebunden hält (15, 199; 68, 274; NVwZ 1990, 775 mwN; Schl NVwZ 1993, 911; Mü NVwZ-RR 1991, 252; StBS-Sachs 78 zu § 40 VwVfG mwN);
- die **Anwendung nichtiger Rechts- bzw rechtswidriger Verwaltungsvorschriften** (s unten 41f) bzw eine zu Unrecht als bindend erachtete Praxis (DÖV 1976, 570); anders bei Entscheidungen aufgrund von Sollvorschriften u bei sog „intendierten" Entscheidungen, die im Regelfall keine (weiteren) Ermessensabwägungen mehr erfordern (s unten 21b);
- das **Übersehen** eines **Sachverhalts,** aufgrund dessen der Behörde ein Ermessen zusteht (Ks NVwZ-RR 1999, 276);
- **fehlende** Anstellung von **Ermessenserwägungen** aus **sonstigen Gründen** (Ks NVwZ-RR 1999, 276).

Entsprechendes gilt, wenn die zur Ermessensentscheidung berufene Behörde keine eigenen Ermessenserwägungen anstellt, sondern auf **Weisung einer anderen Behörde** entscheidet, der der entscheidungserhebliche Sachverhalt nicht

---

[27] Vgl 91, 140; BVerfG 50, 202; 56, 319; 76, 121; NWVerfGH DVBl 1993, 429.

[28] 30, 313; 87, 341; DÖV 1976, 569; 1981, 427; Mü BayVBl 1984, 180; vgl auch BVerwG 56, 123: die Abwägung darf zur objektiven Gewichtung einzelner Belange nicht außer Verhältnis stehen; zT **aA** zu Planfeststellungen Hoppe, Redeker-FS 1993, 386: Abwägung der Belange nur dann rechtswidrig, wenn dabei die objektive Gewichtung völlig verfehlt wurde.

[29] 26, 140: Versammlungsauflösung, um bestimmte Meinungsäußerung zu behindern; 70, 153; Maurer § 7, 22.

vollständig bekannt ist (vgl Maier BayVBl 1990, 647 – zu VAen aufgrund von Weisungen vorgesetzter Behörden); **anders, wenn** die Weisung **ihrerseits allen Anforderungen genügt,** die an eine ermessensfehlerfreie Entscheidung zu stellen sind. Zur Entscheidung **aufgrund** von **Verwaltungsvorschriften,** die auf einer generellen Ermessensabwägung beruhen, s oben 10a; unten 42.

15 **Böse Absicht, Willkür** im subjektiven Sinn (42, 146; NJW 1979, 1113; zu Willkür im objektiven Sinn s unten 41), **Befangenheit** oder Parteilichkeit (VG Sigmaringen VBlBW 1984, 420) oder sonstige von der Rechtsordnung mißbilligte subjektive Motive oder Haltungen des Amtsträgers, der den VA erläßt, **schließen grds die Annahme** aus, daß der betroffene VA auf der gebotenen sachgemäßen Abwägung des Für u Wider aller für die Entscheidung einschlägigen Gesichtspunkte beruht.[30] **Entsprechendes** gilt bei einem **Irrtum über für die Entscheidung wesentliche Tatsachen.**[31]

Ebenso ist im Zweifel bei **unterlassener Anhörung** (§ 28 VwVfG) der Beteiligten oder bei **Fehlen einer** nach § 39 VwVfG oder anderen Rechtsvorschriften bzw nach allg Rechtsgrundsätzen **erforderlichen Begründung eines VA** idR davon auszugehen, daß ermessensfehlerhaft entschieden wurde. S im einzelnen unten 48f.

16 **Ermessensfehlerhaft** ist es auch, wenn die Behörde „schematisch" u **ohne Berücksichtigung** der nach dem Zweck u der Wertung des Gesetzes zu berücksichtigenden (s aber oben 13) **besonderen Situation** des Einzelfalles entscheidet (52, 85), zB im Rahmen einer Ermessensentscheidung die Härte, die eine Geldforderung für den Betroffenen bedeutet, im Hinblick auf die ohnehin bestehende Möglichkeit der Einräumung von Zahlungserleichterungen im EinziehungsVf nicht weiter berücksichtigt, obwohl dies vom Zweck der Vorschrift her geboten wäre (52, 83); **anders** uU **bei** sog **„intendierten Entscheidungen"** (s unten 21b; ferner 91, 90) oder **wenn** nach dem Zweck der Regelung dies **nicht erforderlich** ist u einem besonderen Vf vorbehalten bleiben kann. **Bei Planungsakten** mit einer Vielzahl betroffener Interessen genügt es jedenfalls, wenn die Behörde **alle typischen wesentlichen Belange** berücksichtigt (45, 315); eine individualisierte Erfassung u Berücksichtigung jedes Einzelfalls ist nicht erforderlich (NJW 1979, 878 = DÖV 1979, 410; NJW 1981, 241 = BayVBl 1980, 440), es sei denn, dem Einzelfall bzw dem betroffenen Belang kommt im Rahmen der Planung besonderes Gewicht zu (Mü BayVBl 1983, 123 zum Abbruch eines Hauses im Rahmen einer Planfeststellung für eine Straße). Allg zu **Planungsakten** s auch unten 46; zu sog **„Soll"-Vorschriften** unten 21f; zur grds zu bejahenden Zulässigkeit des **Herausgreifens zunächst von Einzelfällen** trotz Vorliegens weitgehend gleichartiger Verhältnisse bei einer Vielzahl ähnlicher Fälle, zB zur Bekämpfung des Schwarzbauens in einem Gebiet, vorausgesetzt, daß dieses Vorgehen nur als Anfang einer systematischen planmäßigen Gesamtbereinigung der Situation ggf nach Klärung der Rechtslage durch die Gerichte hins der zunächst aufgegriffenen Fälle gewählt wird, s unten 43; ferner KR 29 zu § 40 VwVfG mwN.

17 Ist in einem Fall **zweifelhaft, ob die rechtlichen Voraussetzungen** für eine bestimmte Entscheidung gegeben **sind,** u sind die Zweifel nicht ohne weiteres aufklärbar, so ist es **idR nicht ermessensfehlerhaft,** wenn die Behörde diesen Umstand bei ihrer Ermessensentscheidung berücksichtigt; dies gilt **auch**

---

[30] 58, 187; BFH BB 1981, 1021; ferner BVerwG 57, 187 zu einem Fall rein schikanöser Mißachtung verständlicher Wünsche des Betroffenen.

[31] Vgl Lü DÖV 1982, 513; Thedieck DÖV 1982, 515; s auch unten 30; zT **aA** zu irrigen Vorstellungen von Gemeinderatsmitgliedern bei der Beschlußfassung über einen Bebauungsplan BVerwG 64, 33 = NJW 1982, 591: subjektive Motive u innere Vorstellungen nicht erheblich; maßgeblich allein die objektiv in die Abwägung einzustellenden Gesichtspunkte u das Abwägungsergebnis.

zB **zu Lasten eines Beteiligten,** der für die in Frage stehende Tatsache beweispflichtig wäre (vgl DVBl 1983, 1013; NJW 1987, 859); zur **Wahrunterstellung** von Tatsachen zugunsten eines Betroffenen auch 6 zu § 86; zur – grds zulässigen – Berücksichtigung von **„Imponderabilien"** bei Ermessensentscheidungen auch 19, 336; 52, 36; DVBl 1988, 295 (erst, wenn alle Möglichkeiten der Aufklärung des Sachverhalts ausgeschöpft sind); zur – ebenfalls zulässigen – Berücksichtigung **behördeninterner Zweckmäßigkeitserwägungen** 57, 6.

Ermessensüberschreitung u Ermessensfehlgebrauch führen **immer zur Aufhebung des betroffenen VA,** es sei denn, daß angesichts der besonderen Umstände des Falles gleichwohl ausgeschlossen ist, daß die Behörde bei sachgemäßer Ausübung ihres Ermessens zu einem anderen Ergebnis hätte kommen können (vgl oben 6 u 6 a). 18

Bei der Nachprüfung eines VA ist das Gericht **nicht** auf die Frage beschränkt, ob **alle schutzwürdigen Interessen des Kl** berücksichtigt wurden, sondern muß (vorausgesetzt immer, daß der Kl durch den VA in einer rechtlich geschützten Rechtsposition betroffen wird, s 91 zu § 42) schlechthin prüfen, ob die Abwägung aller für oder gegen die getroffene Entscheidung der Verwaltung sprechenden Gesichtspunkte den VA rechtfertigen kann, dh nicht ermessensfehlerhaft erscheinen läßt (vgl 34, 209; 45, 314; BFH NJW 1976, 1288; Mü BayVBl 1984, 179). Der Bürger hat Anspr darauf, nicht durch einen – aus welchen Grund auch immer – ermessensfehlerhaften VA in seinen Rechten betroffen zu werden, auch wenn die Fehlerhaftigkeit sich **erst** daraus ergibt, daß **mit seinen Interessen parallel gehende andere** (öffentliche oder private) schutzwürdige **Interessen** nicht ausreichend oder sonst fehlerhaft berücksichtigt wurden;[32] **anders, wenn die Rechtsstellung des Bürgers** durch den VA **überhaupt nicht berührt ist,** weil ein subjektives Recht des Kl iSv § 42 Abs 2 insoweit nicht besteht (vgl 48, 66; 62, 398; ferner 93 zu § 42). 19

Als **ermessensfehlerhaft** ist zB auch anzusehen, wenn die Behörde, um gegen „wildes" Bauen in einem Gebiet vorzugehen, ohne Plan u **ohne klares Gesamtkonzept,** das Willkür ausschließt, **wahllos einen Grundstückseigentümer herausgegriffen hat.**[33]

Die **fehlerhafte Ermessensausübung** der Ausgangsbehörde wird, wenn u soweit die Widerspruchsbehörde die gleiche Entscheidungskompetenz hat wie die untere Behörde, dh zB nicht durch Gesetz auf eine bloße Nachprüfung in rechtlicher Hinsicht beschränkt ist, **durch eine fehlerfreie Ermessensausübung u Entscheidung der Widerspruchsbehörde** in der Sache im Rahmen eines WiderspruchsVf **geheilt.**[34] 20

4. Soll- u Kann-Vorschriften; intendierte Entscheidungen; Ermessensschrumpfung: Bei **„Soll"-Vorschriften** liegt ein Ermessensfehler schon dann vor, wenn die Behörde **von der Regel abweicht,** obwohl keine Umstände – für die die Behörde beweispflichtig ist – vorliegen, die den Fall als atypisch erscheinen lassen. Die Regelung in einer Rechtsvorschrift, daß eine Behörde sich in bestimmter Weise verhalten soll, **bedeutet idR** – anders häufig im Verfahrensrecht (s unten) – strikte **Bindung für den Regelfall** (vgl Mü BayVBl 1977, 700), gestattet aber **Abweichungen in atypischen Fällen,** in denen besondere, angebbare, nicht von der Behörde selbst zu vertretende (42, 29) überwiegende Gründe für 21

---

[32] Vgl Mü BayVBl 1984, 179; GewA 1975, 61; sehr str; **aA** Ma DÖV 1975, 747; vgl allg auch 46 zu § 42.

[33] Ms VRspr 26, 942; Mü BayVBl 1983, 244; Ko DÖV 1985, 415 = NVwZ 1984, 597; Kassel NJW 1984, 319; Ma NJW 1984, 319; VBlBW 1982, 295; Dürr VBlBW 1983, 150; Wegmann NVwZ 1984, 777; s auch oben 13.

[34] 61, 110; 67, 180; s allg auch 7 zu § 73; 28 zu § 113; KR 11 u 35 zu § 46 VwVfG mwN; Gegenstand der Anfechtungsklage gem § 79 Abs 1 Nr 1 ist ohnehin der VA in der Gestalt, die er durch den Widerspruchsbescheid erfahren hat (s auch Schenke NVwZ 1988, 11).

das Abgehen von der Norm sprechen;[35] **die Behörde darf** von der Regel **nur in Fällen abweichen,** in denen die für den Normalfall geltende Regelung von der ratio legis **offenbar** nicht mehr gefordert wird (Ms VRspr 25, 475).

In Verfahrensvorschriften bedeutet „soll" manchmal auch nur, daß die Behörde sich an die Regel halten muß, daß die Beteiligten jedoch **keinen Anspruch** darauf haben u auf eine Abweichung auch keine Rechtsbehelfe stützen können[36] **bzw,** daß **eine Verletzung keine Rechtsfolgen** hat (Ms DÖV 1988, 518).

21 a **Kann-Vorschriften** bedeuten idR, daß der Behörde dadurch ein Ermessen eingeräumt wird (BSG NJW 1985, 698; MK 9 II 2). **In manchen Rechtsvorschriften** bedeutet „kann" **jedoch auch nur die Zuständigkeit u/oder** Ermächtigung der Behörde im Bereich der gebundenen Verwaltung.[37] **Dieselbe Folge** kann sich im Ergebnis auch daraus ergeben, daß eine als „Kann"-Vorschrift formulierte Norm im Rahmen der Rechtsordnung, insb auch als Folge aus Grundentscheidungen der Verfassung – vgl BVerfG 49, 145; MK 9 II 2: im Kernbereich der Grundrechte kann der Verwaltung grds kein Ermessen hins der Grundrechtsverwirklichung eingeräumt werden – nur **als bindende Regelung** verstanden werden kann.[38] Vgl auch zur **Ermessens- oder Beurteilungsspielraumreduktion auf Null,** die ebenfalls im Ergebnis als volle Bindung der Behörde wirkt s oben 6; unten 39 ff.

21 b **„Intendierte Entscheidungen":** Häufig ergibt die **Auslegung** eines Gesetzes, ohne daß es sich um eine Sollbestimmung (dazu oben 21) handelt, **daß** nach dem maßgeblichen Fachrecht für die zu treffende Entscheidung **für den Regelfall eine bestimmte Entscheidung vorgegeben** ist, dh, daß vom Gesetz für den Regelfall nur eine bestimmte Entscheidung gewollt ist u davon nur in besonders begründeten Ausnahmefällen abgewichen werden soll.[39] In diesen Fällen gelten für die gerichtliche Kontrolle im wesentlichen **dieselben Grundsätze wie sie bei Soll-Bestimmungen** (s oben 21) gelten (40, 201; 48, 127; 91, 90; NVwZ 1993, 583; BayVBl 1987, 219 mwN). So ist zB die in § 135 Abs 5 S 1 BauGB bei der Entscheidung über einen Erlaß wg unbilliger Härte vorgesehene **Ermessensausübung** durch das Gesetz dahin **intendiert,** daß von einem Erlaß nur ausnahmsweise dann abgesehen werden darf, wenn dies trotz der **unbilligen Härte wg** besonderer, berücksichtigungsfähiger u gewichtiger Gründe gerechtfertigt ist (NVwZ 1987, 601 zu § 135 Abs 5 S 1 BBauG). Ähnlich soll zB die **Befreiungsmöglichkeit nach § 62 Abs 1 S 1 Nr 1 lit a BNatSchG** ebenso wie vergleichbare Befreiungsvorschriften einer rechtlichen Unausgewogenheit begegnen, die sich ergeben kann, **wenn aufgrund der besonderen Umstände** des jeweiligen Einzelfalls Anwendungsbereich u materielle Zielrichtung einer Vorschrift nicht miteinander übereinstimmen. Fehlt es bereits an einem die Anwendbarkeit der Befreiungsvorschrift eröffnenden **Sonderfall,** so ist eine konkrete Abwägung der widerstreitenden Interessen nicht mehr erforderlich.[40] Ähn-

---

[35] 64, 323; 78, 105; 90, 278; NVwZ 1990, 966; NVwZ-RR 1990, 87 f; Lü NVwZ-RR 2007, 147; s allg auch KR 44 zu § 40 VwVfG mwN u Borowski DVBl 2000, 156 ff.

[36] BGH NJW 1986, 1358; Kassel NVwZ 1984, 802; vgl auch BVerwG DVBl 1965, 28: Fassung von § 71 als Soll-Vorschrift soll verhindern, daß das Gericht die Entscheidung allein wg unterbliebener Anhörung des Betroffenen auch dann aufheben müßte, wenn sie iE nicht zu beanstanden ist; MK 9 II 3.

[37] 44, 342; zur Abgrenzung BSG NVwZ-RR 1991, 2; KR 43 zu § 40 VwVfG: sog „Ermächtigungs-Kann".

[38] Vgl 18, 250 zu § 35 Abs 2 BBauG aF (heute § 35 Abs 2 BauGB); Mü BayVBl 1987, 19; s auch oben 6.

[39] 91, 90; NVwZ 1987, 601; DVBl 1998, 145 f m Anm Schwabe; We ThürVBl 1999, 161; Beuermann 53 ff; Borowski DVBl 2000, 149 ff; Schoch Jura 2004, 465.

[40] NVwZ 1993, 583 im Anschluß an 40, 271 u 48, 127 = NJW 1975, 2083; s auch zu dem vergleichbaren Fall des § 46 Abs 2 S 1 StVO DVBl 1998, 94.

liches gilt im Hinblick auf die haushaltsrechtlichen Grundsätze der Wirtschaftlichkeit u Sparsamkeit beim Widerruf einer Subventionsbewilligung, wenn der mit ihr verfolgte Zweck verfehlt wird. Hier ist im Regelfall nur die Entscheidung für den Widerruf ermessensfehlerfrei u bedarf daher einer Darlegung von Ermessenserwägungen nur bei Vorliegen atypischer Gegebenheiten.[41] Gleiches wird hins der Rücknahme eines Zuwendungsbescheids angenommen.[42] Bei einer **gemeinschaftsrechtswidrigen Subventionsbewilligung** ist das Rücknahmeermessen ohnehin **grds auf Null reduziert** (EuGH NJW 1998, 47; Schoch Jura 2004, 468). Von einem intendierten Ermessen ist auch in bezug auf die Forderung von Zinsen wg nicht „alsbaldiger" Verwendung von Zuwendungen gem § 49 a Abs 4 VwVfG auszugehen (We ThürVBl 1999, 161). Einen Fall intendierten Ermessens betrifft auch **§ 48 Abs 2 S 4 VwVfG,** wonach VAe bei Vorliegen bestimmter, in der Person der von ihnen Begünstigten liegender Umstände „in der Regel mit Wirkung für die Vergangenheit" zurückzunehmen sind (DVBl 1998, 146 unter Hinweis auf 23. 5. 1996 – 3 C 13.94). Prinzipielle Bedenken bestehen ggü der Einräumung eines solchen „intendierten Ermessens" nicht.[43] Freilich ist dessen Vorliegen jeweils begründungsbedürftig, da sonst durch die leichtfertige Bejahung eines intendierten Ermessens die sonst für die Ermessensausübung geltenden allg rechtsstaatlichen Ermessensgrundsätze ausgehebelt werden könnten (insofern berechtigt die Warnung von Borowski DVBl 2000, 158 ff).

Ermessen u Nachbarrechte: Ermessensschrumpfungen ergeben sich auch iVm **Nachbarklagen.** Hat die Baugenehmigungsbehörde in rechtswidriger Weise eine Baugenehmigung erteilt, die subjektive Rechte des Nachbarn verletzt, hat der Nachbar bei einer Verwirklichung des Bauvorhabens aufgrund einer vollziehbaren Baugenehmigung unter dem Gesichtspunkt des FBA grds einen **Anspr auf Erlaß einer Beseitigungsverfügung bzw Nutzungsuntersagung** (vgl 83 zu § 113 sowie 102 zu § 42). Ebenso ist regelmäßig von einer Ermessensreduzierung auszugehen, wenn ein **Bau unter Verletzung nachbarschützender Bestimmungen ohne die rechtlich gebotene Durchführung eines BaugenehmigungsVf „schwarz" durchgeführt** wurde (s 102 zu § 42 u Schenke BauO 620 ff). Soweit in einer LBO bei bestimmten Bauvorhaben eine **Freistellung** von den Erfordernissen der **Durchführung eines BaugenehmigungsVf** vorgesehen ist (s hierzu näher 102 zu § 42 mwN), wird dennoch überwiegend davon ausgegangen, daß als **Kompensation** für den Wegfall des die Belange des Nachbarn sichernden BaugenehmigungsVf **grds ein Anspr auf ein Einschreiten der Bauaufsichtsbehörde** (Baurechtsbehörde) durch Erlaß einer Bauuntersagung bzw einer Baueinstellung besteht, wenn nachbarschützende Normen mißachtet u die nachbarlichen Belange mehr als nur geringfügig berührt werden (s 102 a zu § 42).[44] Das gilt insb, wenn mit dem Bau **gerade** erst **begonnen** wurde, während dann, wenn der Bau schon **weit vorangeschritten** ist u der Nachbar **in vorwerfbarerer Weise** versäumte, sich schon vorher gegen das Vorhaben zu wehren, sich dessen Rechtsposition abschwächt (s hierzu näher Sarnighausen UPR 1998, 329 ff). Ein **Rechtsanspr einer Gemeinde** auf Erlaß 21 c

[41] DVBl 1998, 146; vgl auch Schoch Jura 2004, 465; **aA** Pabst VerwA 2002, 556 f.

[42] Mgd LKV 2000, 546; Mü NVwZ 2001, 933; **aA** Erbguth JuS 2002, 333.

[43] So zutr Beuermann 164; Schwabe DVBl 1998, 147; **aA** Volkmann DÖV 1996, 285; krit auch Beaucamp JA 2006, 77; Maurer § 7, 12; Pabst VerwA 2002, 547 ff.

[44] Vgl Ba NVwZ 1997, 922; Ma NVwZ-RR 1995, 490; VBlBW 1997, 142; Mü NVwZ 1997, 923; VG Meiningen NVwZ 1997, 927; VG München NVwZ 1997, 927; Bamberger NVwZ 2000, 986 ff; Bock DVBl 2006, 15; Borges DÖV 1997, 902; Degenhart NJW 1996, 1438; Kraft VerwA 1998, 287 ff; Mampel BayVBl 2001, 421 f (nicht überzeugend allerdings, wenn bereits allein aus dem Eigentumsgrundrecht die Rechtsgrundlage für Einschreiten abgeleitet wird); Pfaff VBlBW 1996, 285; Schenke VBlBW 2000, 59; Uechtritz NVwZ 1996, 644; Winkler BayVBl 1997, 749; s auch Baumeister/Sennekamp Jura 1999, 264 ff; **aA** Mampel NVwZ 1996, 146; Schmaltz NdsVBl 1995, 247.

einer Baueinstellungsverfügung besteht auch dann, wenn ein Vorhaben im förmlich festgelegten Sanierungsgebiet ohne die nach § 144 Abs 1 Nr 1 BauGB neben der Baugenehmigung erforderliche sanierungsrechtliche Genehmigung verwirklicht wird; auf die Frage der Genehmigungsfähigkeit kommt es dabei nicht an (We LKV 1997, 370; ThürVBl 1999, 19).

21 d **Ermessen u polizeiliches Handeln:** Von keiner Ermessensschrumpfung ist grds bzgl des polizeilichen Ermessens auszugehen. Die Ansicht, die Polizei sei bei Gefahren für die öffentliche Sicherheit u Ordnung prinzipiell verpflichtet einzuschreiten, besitze also grds kein Entschließungsermessen, sondern nur ein Auswahlermessen hins der von ihr zur Gefahrenbekämpfung eingesetzten Mittel,[45] überzeugt nicht. Eine Ermessensschrumpfung auf Null ist jedoch anzunehmen, wenn besonders hochwertige Rechtsgüter bedroht sind (s Schenke PolR 100f mwN; Beaucamp JA 2006, 76). Eine Ermessensschrumpfung auf Null kann sich ferner aus **EG-Recht** ergeben. So kann etwa bei einer Störung des grenzüberschreitenden Warenverkehrs durch Privatpersonen aus gemeinschaftsrechtlichen Gründen eine Pflicht zum polizeilichen Einschreiten bestehen.[46]

Eine **„Intention"** idS kann sich insb auch **aus dem Zusammenhang** einer Vorschrift mit anderen Vorschriften u allg Rechtsgrundsätzen ergeben. So kann die Behörde **zB eine erneute Sachentscheidung** (Zweitbescheid) in einer Sache im Hinblick auf die Bestandskraft des ursprünglichen VA grds **ohne weitere Abwägungen** des Für u Wider ablehnen, wenn keine besonderen Gründe materieller Gerechtigkeit, die eine einzelfallbezogene Abwägung erforderlich machen, vorgetragen werden oder sich aufdrängen (Ms NVwZ 1986, 135). **Ist der Behörde Ermessen** bezüglich einer Entscheidung eingeräumt, die nicht logisch zwingend zusammen mit einer anderen ergehen muß, die sie sachlich voraussetzt, zB der Erlaß einer Beitragsforderung den Beitragsbescheid, der die Forderung zur Entstehung bringt, so ist es idR nicht ermessensfehlerhaft, wenn die Behörde die **zweite Entscheidung einem gesonderten Vf** überläßt.[47]

22 **5. Offenes, grundsätzlich indifferentes Ermessen:** In gewissem Sinn das Gegenteil zu intendierten Entscheidungen sind Entscheidungen, für die das Gesetz, insb die gesetzliche Ermächtigung dafür, nicht nur keinerlei näheren Maßstäbe vorgibt, sondern der Behörde **freie Wahl** zwischen allen sachlich geeigneten, praktikablen u zweckmäßigen Lösungen läßt, **sofern nicht besondere Umstände** vorliegen, insb sich ihr Vorliegen der Behörde aufdrängt oder von einem Beteiligten geltend gemacht wird (NJW 1993, 1669). Dies gilt idR **zB** für die Entscheidung, **welcher von mehreren Gesamtschuldnern** analog § 421 BGB in Anspr genommen werden soll.[48]

23 **6. Unbestimmte Rechtsbegriffe mit Beurteilungsspielraum, Planungs-, Prognose- u Risikobeurteilungsermessen: a) Allgemeines.** § 114 gilt nach richtiger, freilich str Auffassung analog für die Auslegung u Anwendung unbe-

---

[45] So zB Knemeyer VVDStRL 35, 236; krit Martens DÖV 1982, 97; Schenke PolR 99; s auch Waechter VerwA 1997, 298 ff, speziell 321 ff.

[46] EuGH NJW 1998, 1931; Schoch Jura 2004, 468.

[47] Vgl NVwZ 1987, 601: der Gemeinde offensichtlich erkennbare Umstände, die dazu führen, daß aus sachlichen Gründen ein (ggf teilweise) Billigkeitserlaß nach § 135 Abs 5 BBauG aF (heute § 135 Abs 5 BauGB) geboten ist, sind vAw bereits im HeranziehungsVf zu berücksichtigen. Ein Verstoß gegen diese Verpflichtung führt jedoch nicht zur Rechtswidrigkeit eines gleichwohl (ungekürzt) ergehenden Erschließungsbeitragsbescheids.

[48] 31, 213 = NJW 1969, 811; NJW 1990, 2761; 1993, 1661 mwN – Heranziehung jeweils der ersten im Datensatz angeführten Person als Schuldner der Fehlbelegungsabgabe bei mehreren als Gesamtschuldner Verpflichteten unbedenklich, sofern nicht besondere Umstände des Einzelfalls dies ausnahmsweise als unbillig erscheinen lassen u eine abweichende Ermessensausübung gebieten.

stimmter Rechtsbegriffe mit Beurteilungsspielräumen[49] (ieS, s unten 24 ff), für das sog Planungsermessen (s unten 34 ff) u für das sog Prognose- u Risikobeurteilungsermessen (s unten 37 ff u 38).[50]

Gemeinsam ist all diesen Fällen, daß der Gesetzgeber einer **Behörde die rechtliche Beurteilung u Bewertung bestimmter Sachverhalte übertragen** hat mit der Maßgabe, daß die unter wertender Abwägung aller betroffenen Belange getroffene Entscheidung (Beurteilung) der Behörde **grds letztverbindlich u einer gerichtlichen Kontrolle nur eingeschränkt unterworfen** sein soll, weil sie sich hier nicht vollständig aus der Anwendung der einschlägigen Normen ergibt, sondern in spezifischer Weise Elemente wertender Erkenntnis beinhaltet, die der Verwaltung vorbehalten sein soll.[51] Dabei ist es nur von zweitrangiger Bedeutung, ob man den Beurteilungsspielraum bereits für die Auslegung der Norm bejaht[52] oder ihn erst für die Subsumtion eines Sachverhalts unter eine Norm anerkennt[53]. In der Praxis wird sich jedenfalls zwischen der **Auslegung unbestimmter Rechtsbegriffe** u der **Subsumtion eines Lebenssachverhalts** unter diese **kaum eine klare Trennungslinie** ziehen lassen (Schenke 750; BK-Schenke 344 zu Art 19 Abs 4 GG).

Ob der Gesetzgeber einer Behörde die Beurteilung u Bewertung bestimmter Sachverhalte in der genannten Art u Weise übertragen hat, ist grds – dh sofern der Gesetzgeber keine ausdr Anordnung getroffen hat – durch **Auslegung** im Einzelfall zu ermitteln, wobei im Zweifel volle Justiziabilität anzunehmen ist (s dazu ausf 24 ff).

Wenn eine Übertragung eines Beurteilungsspielraums oä zu bejahen ist, führt die analoge Anwendung des § 114 dazu, daß das Gericht auch hier – wie bei Ermessensentscheidungen – seine Beurteilung nicht an die Stelle der Beurteilung der Behörde setzen kann, sondern nur prüfen darf (u muß), ob die Behörde die **gesetzlichen Grenzen ihrer Ermächtigung eingehalten** u von der Ermächtigung **ihrem Zweck entspr Gebrauch gemacht** hat (s dazu ausf 28 ff).[54] Wenn das Gericht zu dem Ergebnis kommt, daß die Behörde die Grenzen ihres Beurteilungsspielraums überschritten hat, so muß es – wie bei Ermessensentscheidungen – grds ohne weitere Sachprüfung im Falle einer Anfechtungsklage den VA aufheben, im Falle einer Verpflichtungsklage die Behörde zur Neubescheidung (bzw erstmaligen Bescheidung) verpflichten (s dazu auch unten 28 b u oben 4 ff).

Aus verfassungsrechtlichen Gründen (s dazu unten 24 a) erkennt die heute hM einen Beurteilungsspielraum oä nur bei **Vorliegen besonderer Voraussetzun-**

---

[49] Einschätzungsprärogative, vgl BVerfG NVwZ 1993, 670; BVerwG 72, 197 = DÖV 1986, 529; Beurteilungsermächtigung, vgl 62, 337; DVBl 1981, 976; Beurteilungsermessen, vgl Obermayer 12 zu § 40 VwVfG; Abwägungsermächtigung, vgl Würkner/Kerst-Würkner NJW 1993, 1446; NVwZ 1993, 641; allg zur Terminologie 72, 53.

[50] S allg zur analogen Anwendbarkeit von § 114 auf unbestimmte Rechtsbegriffe mit Beurteilungsspielräumen Brinktrine 72 ff; Herdegen JZ 1991, 747 ff; Ossenbühl Menger-FS 731; Schenke WuV 1988, 179 ff; Schmidt-Aßmann/Groß NVwZ 1993, 623 ff; Smeddink DÖV 1998, 370 ff.

[51] Vgl 39, 203; 57, 130; 59, 215; 62, 336; BayVBl 1986, 88; 1987, 219; BVerfG NVwZ 1993, 670; NJW 1980, 1153; 84, 78; 84, 46; BSG NJW 1985, 697; NVwZ-RR 1991, 577; Maurer § 7, 26 ff; Tettinger DVBl 1982, 421; KR 71 f zu § 40 VwVfG mwN; **krit** zur Zulässigkeit BVerfG 84, 53 = NJW 1991, 2005; vgl auch BVerfG 54, 197; 61, 114; 64, 279; 83, 148; MD-Schmidt-Aßmann 184 zu Art 19 Abs 4 GG.

[52] So zB Jesch AöR 1957, 178 ff; H.-J. Koch Unbestimmte Rechtsbegriffe u Ermessensermächtigungen im Verwaltungsrecht 1979, 44 ff.

[53] So zB Bachof JZ 1955, 98 f; Ule § 2 I 3.

[54] Vgl zB BVerfG NVwZ 1993, 669; EuGRZ 1993, 166; BVerwG 91, 265 = NJW 1993, 1490 ff; 62, 336; 39, 203; Ks NVwZ 1989, 1183; Herdegen JZ 1991, 747 u 750; Obermayer BayVBl 1975, 259; Schenke WuV 1988, 179 ff; Schmidt-Aßmann DVBl 1997, 281 ff; Schmidt-Aßmann/Groß NVwZ 1993, 624 mwN; Starck Sendler-FS 167 ff; Tettinger DVBl 1982, 421; Würkner/Kerst-Würkner NJW 1993, 1446; s auch Sch-Gerhardt 4 ff.

gen an, wobei diese Einräumung einer verfassungsrechtlichen Prüfung standhalten muß.[55] Bei dieser Prüfung ist zu berücksichtigen, daß es ohnehin oft nur eine **Frage der Gesetzestechnik** ist, ob der Gesetzgeber **Entscheidungsspielräume** auf der Tatbestandsseite oder – wie es für Ermessensentscheidungen charakteristisch ist – auf der **Rechtsfolgenseite einer Norm lokalisiert.**[56]

24 **b) Übertragung eines Beurteilungsspielraums bzw eines Planungs-, Prognose oder Risikobeurteilungsermessens.** Da die letztverbindliche Konkretisierung unbestimmter Rechtsbegriffe grds zu den richterlichen Aufgaben gehört u der Gesetzgeber idR davon ausgeht, daß es nur eine zutr Anwendung unbestimmter Rechtsbegriffe auf konkreten Sachverhalt gibt, ist von einem Beurteilungsspielraum oä der Verwaltung nur ausnahmsweise auszugehen u **im Zweifel volle Überprüfbarkeit** anzunehmen.[57] Dies gilt insb u um so mehr, wenn Grundrechte im Kernbereich berührt werden.[58]

Nach der Rspr[59] ist die Übertragung eines Beurteilungsspielraums oä dann zu bejahen, wenn der Gesetzgeber entweder ausdr oder nach dem Sinn u Zweck einer Regelung für die Zuordnung des Einzelfalls zu einem unbestimmten Rechtsbegriff die Beurteilung der Behörde als prinzipiell maßgeblich ansieht.[60]

Eine **ausdr Übertragung** kann zB erfolgen durch Formulierungen wie „wenn die Behörde der Auffassung ist" oder „wenn die Behörde ein dringendes Bedürfnis feststellt" (vgl Lü NVwZ-RR 1991, 576). Eine Übertragung ist ferner zB dann indiziert, wenn der Gesetzgeber den Begriff der Zweckmäßigkeit verwendet, weil dieser Begriff nichts anderes ist als ein Kürzel für einen gesetzlich gewollten Spielraum der Verwaltung (vgl 67, 331 f; s auch Schenke 756), oder wenn der Gesetzgeber gerade auf die Beurteilung einer ganz bestimmten Behörde abstellt (Schenke 756).

Wenn eine ausdr Übertragung fehlt, ist die Frage, ob ein unbestimmter Rechtsbegriff einen entspr behördlichen Spielraum eröffnet oder nicht u wie weit dieser ggf reicht, im Einzelfall **durch Auslegung zu ermitteln.**[61] Zu berücksichtigen

---

[55] BVerfG 61, 82 = NJW 1982, 2173; 64, 279; 84, 49 = NJW 1991, 2005; 84, 77 = NJW 1991, 2008 m Anm Kopp DVBl 1991, 989; BVerfG 88, 56 = NJW 1993, 918; VG Wiesbaden NJW 1988, 360; Obermayer 112 zu § 40 VwVfG; Kopp DÖV 1966, 317; Schulze-Fielitz JZ 1993, 772; zT **aA** BVerwG 39, 305; 59, 216; 61, 186; 62, 341; 75, 279; DVBl 1982, 31; 1987, 314; Bachof JZ 1972, 209; Erichsen DVBl 1985, 26: mit Art 19 Abs 4 GG ohne weiteres vereinbar; s dazu auch ausf 39 ff.

[56] Schenke 753 u WuV 1988, 179 ff; Starck Sendler-FS 167 ff mwN; auch BVerwG DVBl 1972, 895; Herdegen JZ 1991, 747 ff u Schmidt-Aßmann/Groß NVwZ 1993, 617 ff; s auch oben 3.

[57] 12, 359; 15, 39, 282; 16, 154; 19, 128; 21, 127; 23, 194; 26, 74; 29, 280; 38, 105; BVerfG 64, 279; BGH NJW 1982, 1058; 12, 359; 15, 39; Bachof JZ 1955, 97; Kopp DÖV 1966, 317; Schmidt-Aßmann/Groß NVwZ 1993, 622; Treptow NJW 1978, 2228.

[58] Vgl BVerfG 88, 59; Schulze-Fielitz JZ 1993, 772 ff mwN.

[59] S dazu 94, 310 = NVwZ 1995, 708; NVwZ 1991, 268; 1991, 568; zusammenfassend Schmidt-Aßmann/Groß NJW 1993, 617; Schulze-Fielitz JZ 1993, 772; Maurer § 7, 37 ff.

[60] BVerfG NVwZ 1993, 670 m Anm Goerlich; BVerwG 59, 215; 72, 199 = NVwZ 1986, 742; NVwZ 1991, 569; NVwZ-RR 1994, 95; Lü DVBl 1991, 1005; Bamberger VerwA 2002, 249; NKVwGO-Wolff 308; Redeker DÖV 1993, 10; zT **aA** (weitergehende Anerkennung eines Beurteilungsspielraums) BSG NJW 1985, 698 mwN. Für grds Anerkennung von Beurteilungsspielräumen bei Auslegung unbestimmter Rechtsbegriffe Bachof JZ 1955, 97 ff; Ule VerwA 1985, 9 ff; Smeddinck DÖV 1998, 370 ff; zur Problematik eingeh mwN BK-Schenke 334 ff zu Art 19 Abs 4 GG.

Vgl allg zu Kriterien für Vorliegen eines Beurteilungsspielraums Schulze-Fielitz JZ 1993, 772 ff mwN; s ferner Brohm JZ 1995, 369 ff u Schmidt-Aßmann DVBl 1997, 281 ff.

[61] NVwZ 1991, 568 – mit Zusammenfassung der bish Rspr; DVBl 1981, 497; Wahl NVwZ 1991, 410; vgl auch BVerwG 59, 215; Ey-Rennert 51. Bei Planungentscheidungen ergibt sich die Einräumung eines Planungsermessens bereits daraus, daß die gesetzliche Zuweisung einer Planungsaufgabe ohne einen Gestaltungsspielraum ein Widerspruch in sich

sind dabei insb **Sinn u Zweck** der entspr materiellrechtlichen Vorschrift, ferner auch die Natur der Sache[62] oder der Gesichtspunkt, daß die Rspr sonst an Funktionsgrenzen stoßen würde.[63] Zu berücksichtigen ist ferner der **systematische Zusammenhang,** so zB evtl anwendbare besondere Verfahrensvorschriften.[64]

Auf den **Wortlaut** der Vorschrift allein kommt es dagegen insoweit nicht entscheidend an.[65] Der Umstand allein, daß ein Gesetz sprachlich scheinbar weite Begriffe wie zB „öffentliches Interesse" oder „Bedürfnis" verwendet, hat nicht notwendig zur Folge hat, daß der Behörde damit insoweit auch ein Beurteilungsspielraum oä zuerkannt wird (vgl BK-Schenke 335 ff zu Art 19 Abs 4 GG).

Ebenso wenig hat allein der Umstand, daß ein unbestimmter Rechtsbegriff mit einer **Ermessensentscheidung** gekoppelt ist, notwendig zur Folge, daß hins des unbestimmten Rechtsbegriffs ein Beurteilungsspielraum besteht.[66]

Auch aus dem Umstand, daß ein unbestimmter Rechtsbegriff an **Prognosen oder Risikobewertungen** anknüpft, läßt sich **allein noch nicht schließen,** daß dadurch der Behörde ein **Beurteilungsspielraum oä eingeräumt** wird.[67] Dies gilt auch dann, wenn eine Bestimmung oder die Anwendung eines Rechtsbegriffs eine Gegenüberstellung u Abwägung verschiedener, zT gegenläufiger Gesichtspunkte, Interessen usw erfordert[68] oder wenn zu einer Frage auch unter den Sachverständigen sehr unterschiedliche Auffassungen bestehen, so daß auch Sachverständige dem Gericht nur bei der Feststellung der verschiedenen, voneinander abweichenden fachlichen Standpunkte helfen u es nur bei der Einschätzung dieser Standpunkte beraten können (vgl BVerfG 88, 59). Solche Besonderheiten können zwar ein Indiz für das Vorliegen eines Beurteilungsspielraums oä darstellen u iVm anderen Auslegungsgesichtspunkten dann in der Tat dazu führen, einen solchen zu bejahen. Sie allein rechtfertigen eine solche Schlußfolgerung aber noch nicht. Zwar wird das Gericht gerade im Falle von **Prognosen u Risikobewertungen** einer mit plausiblen Gründen dargelegten Bewertung der Verwaltung **in praxi häufig folgen.** Es ist hierzu aber grds **rechtlich nicht verpflichtet.**

Eine darüber hinausgehende, insb von der sog **Vertretbarkeitslehre** behaup- **24 a**
tete Auffassung,[69] die sich bei unbestimmten Rechtsbegriffen allg u uneingeschränkt für einen Beurteilungsspielraum oä der Behörde ausspricht, hat sich dagegen in dieser Allgemeinheit zu recht nicht durchgesetzt. Die **Befugnis zur letztverbindlichen Interpretation unbestimmter Rechtsbegriffe** u zur Sub-

---

wäre; 34, 304; Erbguth JZ 2006, 485; Pache Tatbestandliche Abwägung u Beurteilungsspielraum 480 ff u 518; s dazu ausf unten 34 ff.

[62] BVerfG NVwZ 1993, 670 (zu Entscheidungen, die wesentlich von fachlicher Prognose abhängen); Schmidt-Aßmann/Groß NVwZ 1993, 621; allg Schulze-Fielitz JZ 1993, 778.

[63] BVerfG 61, 114; 80, 360; 83, 148; 84, 50 (zu Prüfungsentscheidungen); Gusy Jura 1991, 635; Seebass NJW 1992, 612 Fn 35; Schulze/Fielitz JZ 1993, 779 (für mündliche Prüfungen – ua wg Nicht-Rekonstruierbarkeit der Prüfungssituation u Chancengleichheit der Prüflinge).

[64] 39, 364 = NJW 1972, 1411; BGH NJW 1982, 280.

[65] Mü BayVBl 1984, 753; Ms DÖV 1979, 411; KG NJW 1979, 2574.

[66] 40, 356; 45, 164; **aA** GSOGB BVerwG 39, 363 ff; s auch unten 33.

[67] Eingeh BK-Schenke 335 ff zu Art 19 Abs 4 GG; s ferner 55, 256; 75, 234 (Verkehrsprognose); 82, 299 (Taxenkonzession); Ma GewA 1997, 251 u Mü BayVBl 1996, 176 (privater Rettungsdienst); Schoch Jura 2004, 617; Tettinger DVBl 1982, 421 ff; **aA** Breuer Staat 1977, 48 f; Nierhaus DVBl 1977, 19 ff; Ossenbühl DVBl 1974, 313; s auch unten 27 zur Gefahr im Polizeirecht u zur Zuverlässigkeit in § 35 GewO.

[68] 87, 361; vgl auch Ma NJW 1991, 3297.

[69] Ule § 2 I 3, Jellinek-GS 309 ff u DVBl 1973, 758; Bachof, JZ 1955, 98 f.; **krit** hierzu ausf BK-Schenke 335 ff zu Art 19 Abs 4 GG mwN sowie Schenke WuV 1988, 175 ff; s zur Problematik auch Bamberger VerwA 2002, 217 ff; Brohm JZ 1995, 369 ff; Di Fabio VerwA 1995, 214 ff; Ossenbühl Redeker-FS 55 ff; Schmidt-Aßmann DVBl 1997, 281 ff; Schulze-Fielitz JZ 1993, 772 ff; Sieckmann DVBl 1997, 101 ff.

sumtion eines Sachverhalts hierunter gehört nämlich gerade zu den **typischen Aufgaben des Richters,** wie auch ein Blick auf andere Verfahrensordnungen, zB die ZPO, zeigt. Eine generelle Beschränkung des Richters auf eine Vertretbarkeitskontrolle müßte zwangsläufig zu einer erheblichen **Entwertung des gerichtlichen Rechtsschutzes** führen u wäre deswegen mit der **Rechtsschutzgarantie des Art. 19 Abs. 4 GG** nicht zu vereinbaren.[70] Diese überträgt die Konkretisierung unbestimmter Rechtsbegriffe grds den mit persönlicher u sachlicher Unabhängigkeit ausgestatteten u für ihre Aufgabe speziell ausgebildeten Richtern. Das **subjektive Moment, welches der Rechtsfindung** nicht nur bei der Subsumtion unter unbestimmte Rechtsbegriffe **zukommt, legitimiert** deshalb allein **noch keine Restriktion der gerichtlichen Kontrolle** (Schenke 751). Iü entbehren alle in Rechtssätzen verwendeten Begriffe in geringerem oder größerem Umfang der Bestimmtheit mathematischer Symbole (vgl v Olshausen JuS 1973, 219), so daß es schon angesichts der unscharfen Abgrenzung u der fließenden Übergänge zwischen bestimmten u unbestimmten Rechtsbegriffen[71] nicht vertretbar ist, an diese Unterscheidung derart weitreichende Folgerungen auch für den Rechtsschutz zu knüpfen (VG Wiesbaden NJW 1988, 362).

24b Zu trennen von den Fällen, in welchen unbestimmte Rechtsbegriffe mit einem Beurteilungsspielraum verbunden sind, sind jene Fälle, in denen die Verwaltung insofern Gestaltungsmöglichkeiten besitzt, als sie einzelne **Faktoren,** die für die Subsumtion unter unbestimmte Rechtsbegriffe mittelbar relevant werden, **zu beeinflussen vermag (Faktorenlehre).**[72] So handelt es sich etwa bei dem Begriff des dienstlichen Bedürfnisses, das gem § 18 BRRG Voraussetzung für die Versetzung eines Beamten ist, zwar um einen voll justitiablen Rechtsbegriff. Damit steht aber nicht im Widerspruch, daß das dienstliche Bedürfnis maßgeblich durch gerichtlich nur beschränkt nachprüfbare **verwaltungspolitische Entscheidungen oder Eignungsurteile** des Dienstherrn vor geprägt wird (26, 75 ff). Vgl allg zu den Kriterien vor allem Schulze-Fielitz JZ 1993, 772 mwN.

25 **Anhaltspunkte** dafür, daß der Gesetzgeber der Behörde einen Beurteilungsspielraum oä einräumen wollte,[73] sind insb

– die **besondere Qualifikation** der mit der Beurteilung betrauten Amtsträger, zB der Fachprüfer;[74]
– die **besondere** pluralistische **Zusammensetzung** u/oder Sachkunde eines mit der Entscheidung betrauten weisungsfreien **Gremiums;**[75]
– die Adressierung unbestimmter Rechtsbegriffe an den untergesetzlichen Normgeber, insb wenn diese eine **politische Komponente** beinhalten;[76]
– die Maßgeblichkeit von **Erwägungen,** die **außerhalb des rechtlich exakt erfaßbaren Bereichs** liegen (Mü BayVBl 1984, 753; Grupp JuS 1983, 355 mwN);

---

[70] GewA 1994, 324; Ewer NVwZ 1994, 140 ff; Schenke 751.

[71] Vgl DVBl 1991, 49; Kirchhof NJW 1986, 2279; Sendler Ule-FS 1987, 356.

[72] Vgl 10, 205; 26, 76 f; BK-Schenke 358 ff zu Art 19 Abs 4 GG; Kellner DÖV 1972, 807 f u DÖV 1969, 310 f; Ossenbühl Menger-FS 741 f u DÖV 1970, 87 f; Redeker DÖV 1971, 757; Schmidt-Eichstaedt AöR 1973, 188 f, WBS I § 31, 20.

[73] S zu den in diesem Zusammenhang maßgeblichen Topoi auch Sch-Gerhardt 58.

[74] BVerfG 84, 34 = NJW 1991, 2005; BVerwG 72, 195; 99, 74; enger NVwZ 1993, 669: spezieller Sachverstand allein kein zwingendes Indiz.

[75] Vgl 59, 216; 61, 186; 62, 337 ff; 72, 206; 91, 211 u 223 = NJW 1993, 1491 f (Bundesprüfstelle); Bln NJW 1988, 364; Ms NVwZ 1991, 396; Fraenkel-Haeberle DÖV 2005, 813; Ossenbühl DVBl 1993, 759; vgl auch Bamberger VerwA 2002, 243 ff; **aA** NJW 1993, 3280 (zur Beurteilung als national wertvolles Kulturgut, die einem Sachverständigenausschuß übertragen ist); ähnlich 94, 307 = NVwZ 1995, 707 (zum Weinprädikat); Schoch Jura 2004, 614, 618.

[76] NJW 1989, 1495; 70, 322 (allerdings zu weitgehend, s BVerfG 85, 36); Lü DVBl 1991, 1004 f; Schenke 761 a; näher auch 114 zu § 47.

– die im **Technikrecht** durch den Gesetzgeber vorgesehenen **Konkretisierungen unbestimmter Rechtsbegriffe durch Verwaltungsvorschriften,** um auf diese Weise eine dynamische Anpassung an neue wissenschaftliche u technische Erkenntnisse zu ermöglichen;[77]
– das **Fehlen** hinreichend bestimmter **Entscheidungsvorgaben** (Entscheidungsprogramme) in der gesetzlichen Ermächtigung (BVerfG 49, 124; 88, 61 = NVwZ 1993, 670);
– die Maßgeblichkeit von **persönlichen Erfahrungen u Eindrücken;**[78]
– die **„Unvertretbarkeit"** u Unwiederholbarkeit der entscheidungserheblichen Situation, zB einer Prüfungssituation;[79]
– der Umstand, daß für die zu treffende Entscheidung (Beurteilung) **auch einem Gericht keine adäquateren Erkenntnismöglichkeiten** zur Verfügung stünden.[80]

c) Beispiele, in denen ein Beurteilungsspielraum zu bejahen ist. Anerkannt sind Beurteilungsspielräume zB 26
– hins des **besonderen pädagogischen Interesses** iSv **Art 7 Abs 5 GG** an der Errichtung einer Privatschule als Ersatzschule, soweit für die Beurteilung „Elemente wertender Erkenntnis" maßgeblich sind, die eine „Gewichtung unterschiedlicher Belange" erfordern, da bzgl dieser Art 7 Abs 5 GG gerade auf die **Beurteilung der Unterrichtsverwaltung** abstellt;[81]
– hins der Frage, ob ein Bewerber um **Zulassung als freier Börsenmakler** für diesen Beruf **geeignet** ist, weil die Entscheidung hierüber dem Börsenvorstand als einem **sachverständig zusammengesetzten u nach besonderen Grundsätzen gebildeten Kollegialorgan** anvertraut ist (72, 195);
– hins der **Bewertung von Schriften, Filmen u Kunstwerken** etc, zB durch die Bundesprüfstelle **als jugendgefährdend;**[82]
– hins der didaktischen u pädagogischen **Eignung von Schulbüchern** u Lernmitteln im Hinblick auf ihre Zulassung für den Schulgebrauch;[83]
– hins der Feststellung der **Förderungswürdigkeit eines Films** durch die Filmbewertungsstelle (Prädikat)[84] bzw als guter Unterhaltungsfilm;[85]

---

[77] 72, 316 f; Breuer NVwZ 1988, 108 ff; Schenke 762; s auch unten 29.

[78] Vgl BVerfG 84, 51; 88, 57 (zu Berufszulassungsprüfungen im Hinblick auf Gebot der Chancengleichheit); BVerwG 91, 268 u 273 f.

[79] Schulze-Fielitz JZ 1993, 773 mwN; zur Nachprüfung von Prüfungsentscheidungen unten 31 ff.

[80] Vgl 62, 336; DVBl 1981, 976; Buchh 431.1 Architekten Nr 3; Herzog NJW 1992, 2604; Ipsen AöR 1982, 29; Tettinger DVBl 1982, 421; zT **aA** BSG 10, 53; 31, 84; 55, 245; Bln NJW 1988, 364; Bachof JZ 1955, 287; Martens JuS 1987, 103; Ule DVBl 1973, 756.

[81] Einschränkend BVerfG 88, 61 = NVwZ 1993, 670; vgl Pieroth/Kemm JuS 1995, 780 ff; Pietzcker JZ 1993, 789 f; Schmidt-Aßmann/Groß NVwZ 1993, 617; im wesentlichen iE auch Jach DÖV 1990, 509; Theuersbacher NVwZ 1993, 635 mwN; weiter Ks NVwZ 1984, 119; Geis DÖV 1993, 22: kein Beurteilungsspielraum; zT **aA** (weitergehender Beurteilungsspielraum) die von BVerfG 88, 61 aufgehobene, in der Sache jedoch überzeugendere Entscheidung BVerwG NVwZ 1987, 318; vgl auch Geis DÖV 1993, 22.

[82] BVerfG 83, 198 = NJW 1991, 1471; dazu BVerwG 91, 211, 217, 223 = NJW 1993, 1490, 1491, 1492 (auch zu den Grenzen einer Beurteilungsprärogative der pluralistisch zusammengesetzten Bundesprüfstelle für die Abwägung mit der Kunstfreiheit – Aufgabe von BVerwG 77, 83); allg dazu Geis JZ 1993, 790; Gusy JZ 1993, 794; NKVwGO-Wolff 332; Schulze-Fielitz JZ 1993, 772; Würkner NVwZ 1992, 3 u 309; Würkner/Kerst-Würkner NJW 1993, 1446; NVwZ 1993, 641; **aA** v Kalm DÖV 1993, 26: volle Nachprüfung in rechtlicher u tatsächlicher Hinsicht; vgl auch VG Köln NVwZ 1992, 402.

[83] 61, 164; 79, 309 = NVwZ 1988, 928; NVwZ 1984, 104; Mü NVwZ-RR 1993, 357.

[84] 23, 194 = NJW 1966, 1286; Kassel NJW 1987, 1436 (rechtswidrig jedoch, wenn Ausschuß den erkennbaren Anspr des Films nicht ausreichend beachtet).

[85] VG Wiesbaden NJW 1988, 356; Berlin NJW 1988, 365.

– hins der künstlerischen Qualität der **Arbeiten eines Künstlers** oder Kunsthandwerkers als Voraussetzung für die Aufnahme in die sog Baueignungsliste;[86]
– hins der **Beurteilung öffentlicher Bedürfnisse bzw des öffentlichen Wohles,** zB ob dringende Gründe des öffentlichen Wohles für eine bestimmte Neugliederungsmaßnahme im Rahmen der **Gebietsreform** sprechen (Mü BayVBl 1979, 147); ob Gründe des öffentlichen Wohls das Ausscheiden einer Gemeinde aus einer Verwaltungsgemeinschaft rechtfertigen (Ma NVwZ-RR 2000, 701); ob die örtliche Wasserversorgungssituation die Annahme eines öffentlichen Bedürfnisses für einen **Anschluß- u Benutzungszwang** an die gemeindliche Wasserversorgung rechtfertigt (Ms NVwZ 1987, 727); hins der Frage, ab welcher Zahl zugelassener Taxi-Fahrzeuge die **Funktionsfähigkeit des örtlichen Taxengewerbes** bedroht sein wird;[87] ob öffentliche Rücksichten iSv § 13 Abs 2 PBefG der Erteilung einer **Erlaubnis zur Personenförderung** entgegenstehen (NJW 1989, 3234); ob der **Verkehr** in einem Gebiet mit den vorhandenen Verkehrsmitteln iSv § 13 Abs 2 Nr 2 lit a PBefG befriedigend bedient werden kann (DÖV 1990, 29); ob der Ortslinien- u Nachbarortslinienverkehr die öffentlichen Verkehrsinteressen beeinträchtigt (DÖV 1990, 29); ob durch die Zulassung privater Rettungsdienstunternehmer das **öffentliche Interesse an einem funktionsfähigen Rettungsdienst** beeinträchtigt wird (Mü BayVBl 1996, 176 ff); ob ein Krankenhaus in die **Zielplanliste für die Krankenhausplanung** aufzunehmen ist;[88] über den **Ausbau des Straßennetzes** oder die **Errichtung von Hochschulen;**[89]
– hins **Entscheidungen allg politischer** oder **verwaltungspolitischer Art** (Schulze-Fielitz JZ 1993, 773), wie zB der Entscheidung, ob die **Einführung bestimmter Waren** „unter Berücksichtigung der handels- u sonstigen wirtschaftspolitischen Erfordernisse" gem § 12 AußenwirtschaftsG (AWG) zu genehmigen ist (DVBl 1972, 895); **ob die Entgeltregulierung durch die Bundesnetzagentur** (früher Regulierungsbehörde für Post u Telekommunikation) im Hinblick auf die **Kapitalverzinsung bzw einen Gewinnzuschlag angemessen** ist (VG Köln MMR 2003, 814; **aA** v Danwitz DVBl 2003, 1405 ff); ob **Saatgut landeskulturellen Wert** iSv § 34 SaatgutverkehrsG hat;[90] ob **militärische Tiefflüge** zur Erfüllung des Verteidigungsauftrags der Bundeswehr zwingend notwendig iSv § 30 Abs 1 S 3 LuftVG sind,[91] ob die ministerielle Regelung der Höhe des **Kaufkraftausgleichs für Beamte mit Wohnsitz im Ausland** gem §§ 7, 54 BBesG vertretbar ist (99, 357 zu §§ 7 S 2, 54 BBesG aF); **aA** (volle Justitiabilität) für die Frage, ob der weitere Aufenthalt eines Ausländers **Belange der Bundesrepublik** iSv § 5 Abs 1 Nr 3 AufenthG beeinträchtigt, 66, 30 (zum insoweit vergleichbaren § 2 Abs 1 S 2 AuslG 1965) oder für die Frage, ob Belange der Bundesrepublik iSv § 9 StAG einer Einbürgerung entgegenstehen, 77, 167 (zu § 9 RuStAG); ob eine

---

[86] Lüneburg NJW 1983, 1218 (da Beurteilung einem Fachgremium übertragen); **aA** Lüneburg 28, 378.

[87] 64, 242; 82, 295 = NJW 1990, 1376; 83, 208; DÖV 1988, 923; s auch unten 37; **aA** Schulze-Fielitz JZ 1993, 776.

[88] Ko DVBl 1982, 1010; **aA** BVerwG 62, 86 = DVBl 1981, 975; 72, 48, 51 mit wenig überzeugender, formalistischer Begründung; vgl Steiner DVBl 1981, 982.

[89] Vgl aber BVerfG 33, 333: grds Kapazitäten zu erweitern, wenn sonst wg numerus clausus gewünschte Berufsausbildungen nicht realisiert werden können; s näher zu Planungsentscheidungen unten 35 ff; zu Risikoentscheidungen zB im Atomrecht u für Medikamentenzulassung unten 38 f.

[90] Zu § 42 SaatgutverkehrsG aF 62, 336 68, 336; **aA** 81, 17 hins Vertretbarkeit der Auswirkungen eines Pflanzenschutzmittels auf Naturhaushalt, s unten 28.

[91] 97, 203 = NJW 1995, 1690 = JZ 1995, 510 ff m Anm Ossenbühl; BGH NJW 1993, 2175; Schenke 761.

Sache ein **national wertvolles Kulturgut** ist;[92] ob ein Gegenstand **für die deutsche Kultur** erheblich iSd KulturschutzG ist (VG Hannover NVwZ-RR 1991, 643);
- hins der Frage, welche Gebiete nach ornithologischen Kriterien für die Erhaltung der in Anlage I der **Vogelschutzrichtlinie** aufgeführten Vogelarten **„zahlen- u flächenmäßig"** am geeignetsten sind (NVwZ 2003, 487; 2003, 1396; EuGH NuR 1998, 538; Füßer NuR 2004, 701);
- bei der **standortbezogenen Vorprüfung** des Einzelfalls nach **§ 3c S 1 u 2 UVPG** (Münster DVBl 2007, 129);
- beim **gesetzlichen Hinw auf normkonkretisierende Verwaltungsvorschriften,** die die Verwaltung zwar einerseits grds an die dort getroffenen Regelungen binden, ihr aber andererseits die Möglichkeit eröffnen wollen, von diesen aus besonders gelagerten Gründen, insb auch im Hinblick auf neue technische u wissenschaftliche Erkenntnisse, abzuweichen (s dazu ausf unten 29);
- im **Prüfungsrecht** (dazu ausf unten 31 ff); insb auch bei der Beurteilung der wissenschaftlichen Eignung eines Kandidaten für die **Zulassung zur Promotion** (DÖV 1985, 79); bei der Beurteilung von **Promotionsleistungen** (Ks NVwZ-RR 1993, 628); bei **Berufszulassungsprüfungen** hins der Bewertung bestimmter Prüfungsleistungen, nicht jedoch hins Verfahrensfehlern;[93] bei **Multiple-Choice-**(Antwort-Wahl-)**Prüfungen;**[94]
- hins der **Eignung eines Schülers** für den erfolgreichen **Abschluß der Schule** der betr Schulart durch Entscheidung der Lehrerkonferenz als Voraussetzung für die Befreiung vom Verbot des nochmaligen Wiederholens einer Jahrgangsstufe (Mü BayVBl 1993, 311); hins der besonderen **pädagogischen Voraussetzungen** für eine positive Entscheidung über die **Versetzung eines Schülers in die höhere Klasse** bzgl der Beurteilung der Gründe für ein Leistungsdefizit u hins der Prognose für die höhere Klasse (Ma NVwZ-RR 1993, 358; vgl auch Mü BayVBl 1993, 599); hins der Voraussetzungen des Ausnahmefalles, soweit sie ausschließlich von pädagogischen Wertungen hins der Lernfähigkeit uä – anders hins sonstiger Voraussetzungen – abhängen, für die **Zulassung zu einer zweiten Wiederholungsprüfung;**[95]
- bei **beamtenrechtlichen Beurteilungen** sowie der Beurteilung der **Eignung eines Beamten** iSd Art 33 Abs 2 GG bzw entspr beamtenrechtlicher Vorschriften (dazu ausf unten 30 ff);
- hins der Frage, ob ein Rechtsreferendar das **zweite Staatsexamen** aller Voraussicht nach **nicht bestehen** kann;[96]
- bei **Planungsentscheidungen** (s unten 35 ff).

d) Beispiele, in denen ein Beurteilungsspielraum zu verneinen ist. Einen Beurteilungsspielraum verneint u volle gerichtliche Überprüfbarkeit angenommen hat die Rspr dagegen: 27

[92] NJW 1993, 3290: auch wenn repräsentativ zusammengesuchter Sachverständigenausschuß dies *beurteilt*.

[93] BFH NVwZ-RR 1995, 577 f zur Steuerberaterprüfung; Ma GewA 1995, 280 ff u Schl NVwZ-RR 1995, 393 f zu handwerklichen Prüfungen; dazu auch Löwer/Linke WissR 1997, 162 mwN.

[94] Bejahend BVerfG 84, 59 = NJW 1991, 2008; BVerwG NJW 1981, 2526; 1984, 2650; NVwZ 1988, 433; BVerfG 84, 78 ff = NJW 1991, 2008 (hins Schwierigkeitsgrad der Prüfungsaufgabe); 84, 56; NVwZ 1991, 271 (Beurteilung der Eignung von Prüfungsfragen); allg Kopp BayVBl 1990, 205 u DVBl 1991, 990.

[95] Mü BayVBl 1986, 26 (Akt wertender Erkenntnis, der Prüfungsentscheidungen u fachlich-pädagogischen Beurteilungen vergleichbar ist); zT **aA** Streinz/Hammerl JuS 1993, 668.

[96] Ma NJW 1987, 917 (dort allerdings Überschreitung des Beurteilungsspielraums, da Sachverhalt unzutreffend ermittelt).

– bzgl der **Zumutbarkeit von Immissionen,** zB des **Lärms** einer Straße oder eines Flughafens iSv Vorschriften wie § 74 Abs 2 S 2 VwVfG, § 9 Abs 2 LuftVG (69, 276; 87, 361); eines Sportplatzes (81, 200), einer **Feuerwehrsirene** (79, 260); des Läutens von **Kirchenglocken** (68, 67; 87, 362; Lü NVwZ 1991, 801);
– bzgl der Frage, ob die Gefahr erheblicher Nachteile uä iSv **§ 67 BImSchG iVm § 5 BImSchG** besteht[97] oder ob **schädliche Umwelteinwirkungen,** Gefahren oder erhebliche Nachteile bzw erhebliche Belästigungen iSv § 3 Abs 2, § 5 Abs 1 oder § 41 Abs 1 BImSchG zu befürchten sind[98] (s aber auch insb zum Beurteilungsspielraum bzgl Schutzvorkehrungen gem § 7 Abs 2 Nr 3 u 5 AtG unten 29);
– bzgl des **Vorliegens einer Gefahr für die öffentliche Sicherheit u Ordnung** iSd **Polizei- u Ordnungsrechts** (vgl DVBl 1980, 506; Schenke PolR 51), so zB, ob die öffentliche Ordnung iSd polizeilichen Generalklausel als Verbot öffentlicher Veranstaltungen anläßlich einer Staatstrauer erfordert (DVBl 1970, 504); dies gilt trotz des prüfungsähnlichen Charakters auch bei berufsrechtlichen Eignungsprüfungen mit eher polizeirechtlicher Zielsetzung;[99]
– bzgl der **Sicherheit u Ordnung (Leichtigkeit) des Straßenverkehrs** (BayVBl 1982, 246);
– bzgl der Frage, ob die Ausübung der Heilkunde durch einen Heilpraktiker eine **Gefahr für die Volksgesundheit** iSv § 2 Abs 1 DurchführungsVO zum HeilpraktikerG bedeutet (66, 371; **aA** Mü DVBl 1991, 61; NVwZ-RR 1996, 146 ff);
– bzgl der **Beurteilung persönlicher Eigenschaften** bzw Umstände, zB der **Wehrdienstfähigkeit** einer Person (31, 152; BayVBl 1985, 123); der Eignung eines Mitarbeiters in einem Rüstungsbetrieb als **Geheimnisträger** (**aA** Ms NJW 1985, 283; sehr zweifelhaft); der Frage, ob bei einem Berufssoldaten ein **Sicherheitsrisiko** anzunehmen ist, das die Entziehung des Sicherheitsbescheids rechtfertigt (**aA** 83, 91);[100]
– bzgl der Frage ob jemand die für die **Bestellung als öffentlich bestellter u vereidigter Sachverständiger** erforderliche **Sachkunde** aufweist;[101]
– bzgl der Frage, ob ein besonderer Einzelfall oder Gründe des **öffentlichen Gesundheitsinteresses** iSd § 3 Abs 3 BÄO gegeben sind (45, 165);
– bzgl der Frage, ob **Gründe des Wohls der Allgemeinheit** die Befreiung von Festsetzungen eines Bebauungsplans gem § 31 Abs 2 Nr 1 BauGB erfordern;[102]
– bzgl der Frage, ob das **Wohl der Allgemeinheit die Festsetzung eines Wasserschutzgebiets** gem § 19 Abs 1 Nr 1 WHG **erfordert** (Ma DVBl 1983, 638; **aA** Mü VRspr 29, 26) u wie dieses Gebiet im einzelnen abzugrenzen ist (DÖV 1984, 466);
– bzgl des Urteils, ob ein Bauwerk **verunstaltend** ist (2, 176 = NJW 1955, 1647; NVwZ 1984, 303); ob die Erhaltung eines Bauwerks aus geschichtlichen,

---

[97] 55, 253; **aA** Lü DVBl 1985, 1323.

[98] 55, 253; 71, 154; BayVBl 1987, 662; Ms NJW 1976, 2361; Frotscher JuS 1983, 779; Jarass DVBl 1983, 725; **aA** BVerwG 24, 32; NJW 1978, 1450; Lü NVwZ 1985, 357; Ms NJW 1976, 2360 m Anm Meyer-Abich; Ule BImSchG 3 zu § 3 mwN; vgl auch BVerfG DVBl 1982, 944; NJW 1982, 2173 (Gericht darf seine Beurteilung nicht an Stelle der Beurteilung der Behörde setzen); Horn DVBl 1977, 13.

[99] 65, 22 (ausländischer Arzt); NVwZ 1991, 268 (Sachkunde eines Sachverständigen); 100, 226 (Heilpraktikererlaubnis); zweifelhaft Mü NVwZ-RR 1996, 146.

[100] Vgl auch Sendler Ule-FS 1987, 354.

[101] NVwZ 1991, 269 unter Hinw auf fehlende Bindung der Behörde an Urteil des Prüfers (zweifelhaft); **aA** Ma GewA 1988, 91.

[102] S zu § 31 Abs 2 S 1 Alt 2 BBauG aF NJW 1979, 940; vgl auch NVwZ 2003, 478: Absicht der Gemeinde, bestehenden Bebauungsplan zu ändern, kann Versagung der Befreiung im Rahmen der Ermessensausübung rechtfertigen.

künstlerischen uä Gründen im Interesse der Allgemeinheit liegt (DÖV 1966, 722; Mü BayVBl 1979, 119); ob eine Sache ein **Kulturdenkmal** (Ko DVBl 1985, 407) bzw **denkmalschutzwürdig** ist;[103]
- bzgl der **Gleichwertigkeit** zB eines ausländischen **akademischen Grades** (Mü BayVBl 1984, 753), von Prüfungserfordernissen bzw **Prüfungen;**[104]
- bzgl des Vorliegens eines **wichtigen Grundes** für eine **Namensänderung,** insb iSv § 3 Abs 1 NamensÄndG;[105]
- bzgl der **Billigkeit bzw Zumutbarkeit iSv Härteklauseln,** zB **Unbilligkeit** iSv § 25 Abs 3 WoBindG (62, 263); Unbilligkeit der **Einziehung einer Steuer** iSv § 227 Abs 1 AO;[106] ob ein Anschluß an eine öffentliche Entwässerungseinrichtung **unzumutbar** ist (Mü DÖV 1983, 217); ob eine **„außergewöhnliche Härte"** iSv § 12 Abs 1 S 1 Nr 1, Abs 3 (früher § 13 Abs 3) des Staatsvertrags über die Vergabe der Studienplätze vorliegt;[107] ob ein Absehen von der Erhebung eines Erschließungsbeitrags gem § 135 Abs 5 S 1 BauGB im öffentlichen Interesse oder zur Vermeidung unbilliger Härten geboten ist;[108]
- bzgl des Vorliegens **tatsächlicher Anhaltspunkte** für einen Verdacht iSv § 3 Abs 1 G10 für die Überwachung der Telekommunikation;[109]
- bzgl der Frage, ob **Unwürdigkeit** iSv § 4 Abs 1 lit b u c des G über die Führung akademischer Grade (RGBl 1939 I 985; heute Landesrecht, zB § 35 Abs 7 BWLHG) vorliegt (Mannheim NJW 1981, 2023);
- bzgl der Frage, ob der **notwendige Lebensunterhalt** einer Person iSd § 27 a Abs 1 BVG gesichert ist;[110]
- bzgl der Einschätzung, ob eine **Erfindung volkswirtschaftlich wertvoll** ist (BFH NJW 1983, 2960);
- bzgl der Frage, ob u ggf welche **Prüfungszeitverlängerung** oder sonstige Prüfungserleichterung **als Ausgleich für Lärmstörungen** während einer Prüfung oder für persönliche Handicaps eines Prüflings erforderlich ist.[111]

Gerichtlich **voll nachprüfbar** ist nach der Rspr ferner, ob **27 a**
- ein **Krankenhaus** iSv § 6 Abs 1 iVm § 1 Abs 1 KHG **bedarfsgerecht, leistungsfähig u kostengünstig** ist;[112]

---

[103] DÖV 1966, 123; Ko DVBl 1984, 287, 407; Lü NVwZ 1983, 231; Mü 32, 9; **aA** Wichert DVBl 1975, 954.

[104] 32, 155; 36, 361; 55, 104; 64, 142; 64, 153 = NJW 1983, 35; NJW 1983, 470; zu § 3 Abs 2 Nr 1 BÄO Ms DÖV 1991, 655; **aA** Ma DVBl 1984, 273: Beurteilungsspielraum.

[105] 40, 358; NJW 1993, 1413; wohl auch NJW 1981, 2174; Ma NJW 1991, 3297: durch Abwägung des Für u Wider zu bestimmen.

[106] Zum früheren § 131 Abs 1 S 1 AO 1919 zT **aA** GSOGB BVerwG 39, 355; dazu unten 33.

[107] Hmb DVBl 1982, 473; Ms NVwZ 1985, 364; **aA** BSG 52, 270 = NJW 1982, 2631 zum „besonderen Härtefall" iSd § 182 c S 3 RVO aF.

[108] Vgl dazu Selmer JuS 1993, 700: „geboten" bedeutet insoweit nicht, daß etwas schlechthin unerläßlich ist, sondern daß es einleuchtende Gründe dafür gibt, die die in Frage stehende Regelung als angemessene Lösung erscheinen lassen. Ähnliches gilt für den Begriff „notwendig" in § 127 Abs 2 Nr 2, 3 BBauG (s BVerwG NVwZ-RR 1989, 322) *sowie als Planrechtfertigung* für gemeinnützige Planfeststellungen, s zB 48, 56; 75, 232; 84, 131; 85, 51; 18 zu § 74 mwN; KR 34 zu § 74 VwVfG.

[109] Zu § 2 Abs 1 G10 aF JZ 1991, 511; Münster DVBl 1983, 1020 (keine natürliche Überprüfungssperre); vgl auch Schlink NJW 1989, 111.

[110] 35, 179, 182; 69, 161 (unbestimmter Rechtsbegriff, dessen Auslegung u Anwendung voll gerichtlicher Überprüfung unterliegt).

[111] BVerfG NJW 1993, 917 (voll nachprüfbar); BVerwG NVwZ 1994, 486 = JZ 1994, 460 m krit Anm v Püttner; Ma NVwZ 1994, 599; Rozek BayVBl 1993, 505; **aA** (vor BVerfG NJW 1993, 917) BVerwG 85, 327; BFH BayVBl 1993, 315; vgl auch unten 44; ferner Püttner JZ 1994, 462.

[112] Zu § 8 Abs 1 S 2 iVm § 1 Abs 1 KHG aF NJW 1986, 796; 1987, 2320; vgl auch 62, 86 = NJW 1982, 710; NJW 1984, 525.

– die Erteilung der Erlaubnis zur vorübergehenden Ausübung des ärztlichen Berufs im **Interesse der ärztlichen Versorgung der Bevölkerung** liegt;[113]
– ein **dienstliches Bedürfnis** für die Versetzung eines Beamten oder Soldaten besteht;[114]
– die Voraussetzungen des **§ 1 Abs 5, 6 u 7 BauGB** erfüllt sind;[115]
– **zwingende dienstliche Gründe** für ein Verbot der Dienstausübung eines Soldaten gem § 22 SoldG vorliegen (NJW 1978, 1598);
– ein **Ausnahmefall** vorliegt, der **bei einer Soll-Vorschrift** das Abweichen von der Regel rechtfertigt oder erfordert;[116]
– eine **Veranstaltung** oder ein VA **gegen** die **guten Sitten** iSv § 33a GewO verstößt;[117]
– ein **Bewerber** für eine gewerberechtliche Erlaubnis uä **zuverlässig** ist (Ks NVwZ-RR 1991, 146) bzw die **erforderliche Sachkunde** besitzt;[118]
– **überwiegende Gründe des Allgemeinwohls** iSv § 7 Abs 1 BWStraßenG bzw ähnlicher straßenrechtlicher Vorschriften vorliegen (Ks DVBl 1973, 510; Ma DÖV 1982, 206);
– eine **ärztliche Behandlung** oder Verordnung **unwirtschaftlich** ist (vgl BSG NJW 1985, 698);
– einem Versicherten eine Tätigkeit **zumutbar** ist (vgl BSG NJW 1985, 698);
– ein **Bedürfnis** für eine Sperrzeitverkürzung besteht (GewA 1977, 26; Ms NVwZ 1986, 66);
– die Voraussetzungen für die **Körung eines Bullen** nach § 5 Abs 1, 3 u 4 TierZuchtG gegeben sind (NVwZ 1991, 568);
– ein bestimmter Wein nach Geruch, Geschmack u Aussehen die **Voraussetzungen** für die Einstufung **als Qualitäts- u Prädikatswein** erfüllt;[119]
– die **Auswirkungen** eines Pflanzenschutzmittels auf den Naturhaushalt nach dem Stand der wissenschaftlichen Erkenntnis nicht **vertretbar sind** (81, 17).

Voll nachprüfbar sind auch **Begriffe,** die die Verwaltung im Rahmen **einer aufgrund eigener Richtlinien entwickelten Verwaltungsübung** anwendet, soweit die Richtlinien der Konkretisierung von Rechtsnormen dienen, die keine Beurteilungsermächtigung vorsehen (s dazu auch unten 29).[120]

28 **e) Umfang der gerichtlichen Überprüfungsbefugnis im Falle eines bestehenden Beurteilungsspielraums.** Das Gericht kann, soweit ein Beurteilungsspielraum zugunsten der Behörde besteht (zu Beispielen oben 26), die von der Behörde vorgenommene Beurteilung u Bewertung des Sachverhalts nach hM grds nur daraufhin nachprüfen, ob

---

[113] 65, 22 = NJW 1982, 2621; **aA** BSG NJW 1985, 697 (zur Frage, ob Leistungsangebot der frei praktizierenden Ärzte iSv § 29 Abs 5 S 2 ZulassungsO für Ärzte ausreichend ist): Beurteilungsspielraum der Behörde.

[114] 26, 65, 43, 215f; ZBR 1978, 200; Hacker BayVBl 1979, 451; zur begrenzten richterlichen Kontrolle einzelner hier vorfrageweise relevant werdender Faktoren oben 24b.

[115] S zu § 1 Abs 4 u 5 BBauG aF 34, 301; DVBl 1974, 774; BGH NJW 1976, 1745; Hoppe BauR 1970, 15f.

[116] BSG DVBl 1987, 242; Ks NVwZ-RR 1993, 436; KR 44 zu § 40 VwVfG; s auch oben 21.

[117] 64, 282; 71, 30; 84, 317; zu § 44 Abs 2 Nr 6 VwVfG DÖV 1990, 708.

[118] NVwZ 1991, 268 (auch wenn Behörde bei Entscheidung insoweit von Fachausschuß beraten wird, der Sachkunde in „prüfungsähnlichem" Vf prüft).

[119] 94, 307 = NVwZ 1995, 707 (obwohl Beurteilung behördlicher Kommission obliegt!).

[120] ZT **aA** für sog normkonkretisierende Richtlinien 72, 320 (auch für VGe bindend); s dazu u zur Abschwächung in der neueren Rspr 5a zu § 86; allg auch Kind DÖV 1988, 89 sowie oben 28; ferner BSG 48, 88.

- die Behörde für die ihr gestellte Aufgabe eine den rechtlichen, insb auch verfassungsrechtlichen Anforderungen **genügende materiellrechtliche u verfahrensrechtliche Rechtsgrundlage** zur Verfügung hatte;[121]
- die Behörde das vorgeschriebene oder nach allg Rechtsgrundsätzen gebotene **Vf** im konkreten Fall, jedenfalls soweit es dem Schutz von Personen in der Rechtsposition des Klägers dient, **eingehalten hat** (s unten 44 u 47);
- die Behörde die **gesetzlichen Vorgaben für die ihr vom Gesetz übertragene Beurteilungsentscheidung,** insb den insoweit maßgeblichen unbestimmten Rechtsbegriff u den Sinn u Zweck der Ermächtigung (Lü NVwZ-RR 1991, 578) oder den gesetzlichen Rahmen, zutr gesehen hat,[122]
- die Behörde **von einem zutr**[123] **u vollständig ermittelten Sachverhalt ausgegangen** ist,[124] insb alle wesentlichen entscheidungsrelevanten Gesichtspunkte berücksichtigt[125] bzw umgekehrt nicht einschlägige Gesichtspunkte nicht berücksichtigt hat;
- die Behörde die (vom Gericht durch Auslegung des unbestimmten Gesetzesbegriffs) abstrakt zu ermittelnden **Wertungsmaßstäbe beachtet** u ausreichend eingehalten hat;[126] nicht der Überprüfung unterliegt jedoch die Gewichtung einzelner Gesichtspunkte, sofern sie im Lichte der Wertungsmaßstäbe jedenfalls vertretbar ist;
- die Behörde sich nicht von **sachfremden, willkürlichen oder sonst unsachlichen Erwägungen** (vgl auch unten 41 ff) hat leiten lassen;[127]
- die von der Behörde getroffene wertende Beurteilung substantiell (vgl BVerfG 88, 60 = NVwZ 1993, 670) „**in sich schlüssig u nachvollziehbar** ist u den Erfordernissenrationaler Abwägung nicht widerspricht" (BVerfG 85, 36; 88, 60; Mü BayVBl 1992, 660; 1993, 311); für die Nachprüfung kommt es dabei vor allem auf die Begründung der Entscheidung an, vgl im einzelnen unten 47 f;
- die Behörde sonstige **allgemeingültige Bewertungsgrundsätze** beachtet hat.[128]

Maßgeblich für **Inhalt u Intensität der gerichtlichen Überprüfung** ist – **28 a**
wie auch schon für die Frage, ob es sich um einen im dargelegten Sinn unbe-

---

[121] Vgl BVerfG 84, 34 = NJW 1991, 2005; 84, 59 = NJW 1991, 2008 (zu berufsqualifizierenden Prüfungen).

[122] 39, 204; 68, 336; 91, 266; DVBl 1981, 497; 1982, 198; NVwZ 1982, 101; NJW 1983, 1108; 1984, 1248; NVwZ-RR 1990, 620; BVerfG ZBR 2003, 31; BGH NJW 1982, 1059; Mü BayVBl 1993, 311.

[123] Zu der zuweilen schwierigen Abgrenzung von Tatsachenfeststellungen u Aussagen wertender Art Schnellenbach ZBR 2003, 1 ff.

[124] 60, 245; 62, 340; 68, 337; 70, 143; 72, 315 = NVwZ 1986, 208; 73, 378; 77, 75 = NJW 1987, 1429; 91, 266; DVBl 1981, 497; 1985, 1082; NVwZ 1988, 836; 1989, 1168; NVwZ-RR 1990, 620 (zur Frage eines Ermittlungsdefizits); BVerfG 84, 54; BSG NJW 1985, 699; 1987, 1441; BGH NJW 1982, 1059; Mü BayVBl 1993, 311.

[125] 62, 334 (fehlerhaft, weil Vergleichssorten nicht berücksichtigt); 68, 337.

[126] 68, 337; 73, 378; 91, 266; NVwZ-RR 1990, 620; BVerfG 84, 54; Lindner BayVBl 1999, 103.

[127] Vgl GSOGB BVerwG 39, 355 (zu § 131 AO 1919; heute § 163 AO); BVerwG 39, 209; 60, 245; 62, 340; 68, 337; 70, 335; 73, 378; 91, 266; 92, 136 (Berücksichtigung sprachlicher Mängel bei juristischer Prüfung zulässig); NJW 1984, 1248; 1987, 1434; DVBl 1981, 497; NVwZ-RR 1990, 620; Buchh 421.0 Nr 121 S 195 (wenn Beurteilung „auf einer derart eklatanten u außerhalb jedes vernünftigen Rahmens liegenden Fehleinschätzung wissenschaftlich-fachlicher Gesichtspunkte" beruht, daß sich ihr Ergebnis dem Richter als gänzlich unhaltbar aufdrängen muß); BVerfG 39, 353; 84, 54; DVBl 1992, 147; ZBR 2003, 31 f; BGH NJW 1982, 1059; Mü BayVBl 1993, 311; Bachof JZ 1972, 208 ff; Ey-Rennert 81; RÖ-M. Redeker 31; Redeker DVBl 1972, 68; Seewald Jura 1980, 175; Ossenbühl DÖV 1972, 402.

[128] Vgl 61, 214; Mü BayVBl 1999, 85; s auch BVerwG 73, 378; NVwZ 1985, 189; Sch-Gerhardt 74; unten 44.

stimmten Rechtsbegriff oder um in rechtlicher u tatsächlicher Hinsicht gerichtlich voll nachprüfbare Voraussetzungen handelt (s oben 24 ff) –, letztlich das **materielle Recht,**[129] im Zusammenhang damit aber auch die etwaige Grundrechtsrelevanz im Hinblick auf berührte Grundrechte, die Grundrechtsintensität des Eingriffs usw,[130] außerdem aber auch sonstige betroffene Verfassungsprinzipien, wie ggf auch das Prinzip Effizienz u Eigenverantwortlichkeit der Verwaltung (s dazu auch 11 ff zu § 1).

28 b **Nicht zu berücksichtigen** sind Mängel der Sachverhaltsfeststellung, des Vf, der Abwägung u Wertung, die sich **auf das Ergebnis nicht ausgewirkt** haben können.[131] Ob eine mögliche Kausalität idS auszuschließen ist, ist jedoch nach objektiven Gesichtspunkten zu beurteilen.[132]

28 c Im einzelnen gilt damit für die gerichtliche Nachprüfung der Beurteilung u Bewertung von Tatsachen usw im Bereich eines behördlichen Beurteilungsspielraums grds **das gleiche wie bei der Nachprüfung von Ermessensentscheidungen;** dazu oben 1 u 6 ff. Ähnlich wie das Ermessen kann auch der Beurteilungsspielraum der Behörde angesichts der besonderen Umstände des Falles auf Null reduziert sein (BSG NJW 1985, 699); vgl im einzelnen oben 6.

28 d Der Umstand, daß kein Anspr auf umfassende gerichtliche Kontrolle des VA hins der Beurteilung durch die **Behörde** besteht, schließt nicht aus, daß diese vAw oder auf Gegenvorstellung der Betroffenen hin **ihre Beurteilung nochmals überprüft** u ggf den VA zugunsten des Betroffenen ändert.[133] Wenn bzgl einer Angelegenheit, hins derer der Behörde ein Beurteilungsspielraum zukommt, den Betroffenen kein weiteres Vf, insb kein WiderspruchsVf gem §§ 68 ff, zur Verfügung steht, in dem sie ihre Einwände gegen die von der Behörde zur Ausfüllung des Beurteilungsspielraums getroffenen Erwägungen u Abwägungen wirksam geltend machen u eine nochmalige Überprüfung hins der der gerichtlichen Nachprüfung entzogenen Gesichtspunkte erreichen können, muß die Behörde ihnen zu diesem Zweck jedenfalls zu entspr **Gegenvorstellungen** wirksam Gelegenheit geben.[134]

29 **7. Besonderheiten der Nachprüfung bei gesetzlichem Hinweis auf normkonkretisierende Verwaltungsvorschriften:** Beim gesetzlichen Bezug auf normkonkretisierende Verwaltungsvorschriften, die die Verwaltung zwar einerseits grds an die dort getroffenen Regelungen binden, ihr aber andererseits die Möglichkeit eröffnen wollen, von diesen aus besonders gelagerten Gründen, insb auch im Hinblick auf neue technische u wissenschaftliche Erkenntnisse, abzuweichen, besteht grds ein Beurteilungsspielraum.[135]

Dies ist zB anzunehmen bzgl der **auf der Basis des § 48 BImSchG erlassenen Verwaltungsvorschriften,** zB der TA-Lärm (dazu näher Kutscheidt

---

[129] BVerfG 88, 59 = NVwZ 1993, 666 = DVBl 1993, 485 m Anm Goerlich; s auch Schmidt-Aßmann/Groß NVwZ 1993, 623.

[130] BVerfG 88, 59 = NVwZ 1993, 666; Geis NVwZ 1992, 29; Brohm JZ 1995, 369; s auch oben 24; zT **aA** Schmidt-Aßmann/Groß NVwZ 1993, 618; Schmidt-Aßmann DVBl 1997, 282 f.

[131] BVerfG 84, 47, 55 = NJW 1991, 2008; BVerwG 84, 44 = NJW 1990, 927; 91, 270; NVwZ 1990, 925; Buchh 421.0 Prüfungswesen Nr 45; s auch 6 a.

[132] Vgl Kopp BayVBl 1990, 684; DVBl 1991, 990; KR 91 zu § 40 VwVfG mwN; zT **aA** BVerfG 84, 47 = NJW 1991, 2008; BVerwG Buchh 421.0 Prüfungswesen Nr 283 (bei Prüfung genügt, daß Prüfer bei nochmaliger Beurteilung iE zur gleichen Bewertung kommen); dagegen Ma NVwZ 1991, 1205; Kopp BayVBl 1990, 684.

[133] BVerfG 84, 45 = NJW 1991, 2005; BVerwG 91, 274; 92, 136; DVBl 1988, 584; Muckel NVwZ 1992, 348; Kopp JuS 1990, 945.

[134] Zu PrüfungsVf vgl BVerfG 84, 45 = NJW 1991, 2005; BVerwG 91, 274; 92, 136; s auch unten 47.

[135] Schenke 762; s in ähnlichem Zusammenhang BVerwG BayVBl 1994, 475 f; NVwZ 1999, 1115; Koblenz NVwZ-RR 1999, 671.

NVwZ 1999, 577 ff). Soweit sich diese als vertretbare Entscheidungen darstellen, müssen die in ihnen getroffenen Standardisierungen durch die Gerichte ihrer Entscheidung zugrunde gelegt werden.[136] Damit hat die Verwaltung insofern einen gerichtlich nur begrenzt kontrollierbaren **Standardisierungsspielraum** (dazu Jarass JuS 1999, 108). Soweit die Verwaltungsvorschriften durch Erkenntnisfortschritte in Wissenschaft u Technik überholt sind u sie damit den gesetzlichen Anforderungen nicht mehr gerecht werden, entfällt die Bindungswirkung (NVwZ-RR 1996, 499; Jarass JuS 1999, 110); ebenso bei atypischen Konstellationen (Jarass JuS 1999, 111). Zweifelhaft ist allerdings, ob der Behörde ein gerichtlich nur begrenzt überprüfbarer Beurteilungsspielraum zusteht, wenn die **Anforderungen des Gesetzes** nicht durch qualifizierte Verwaltungsvorschriften iSd § 48 BImSchG, sondern **durch Einzelfallentscheidungen** konkretisiert werden (hier lehnt einen Beurteilungsspielraum ab: Jarass 45 zu § 48 BImSchG). Ob die hier zT bejahte Differenzierung (so Jarass aaO), die iü im Widerspruch zum Atomrecht (72, 316; 81, 191) steht, überzeugt, ist zweifelhaft (für Anknüpfung an das Atomrecht Sendler UPR 1993, 326). Im Atomrecht besteht ein Beurteilungsspielraum bzgl der Frage, ob die nach § 7 Abs 2 Nr 3 AtG geforderte, dem Stand von Wissenschaft u Technik entspr Vorsorge gegen Schäden getroffen wurde.[137] Gleiches gilt für die nach § 6 Abs 2 S 1 GenTG erforderlichen Schutzvorkehrungen, die dem Stand von Wissenschaft u Technik entsprechen müssen (vgl zu früheren Fassungen des GenTG NVwZ 1999, 1233; **aA** Beaucamp DÖV 2002, 24 ff).

8. Beamtenrechtliche Beurteilungen unter besonderer Berücksichtigung ihrer Bedeutung für Eignungsurteile, insb Beförderungsentscheidungen: Ein Beurteilungsspielraum besteht grds auch bei beamtenrechtlichen Beurteilungen, u zwar sowohl hins der **einzelnen dienstlichen Beurteilung** als solcher[138] als auch hins der sich daraus ergebenden **Beurteilung der Eignung eines Bewerbers um eine Beamten- oder Richterstelle.**[139] S insoweit zur Realisierung des Rechtsschutzes im HauptsacheVf 49 zu § 42; zum vorläufigen Rechtsschutz 5 zu § 123. Zu unterscheiden ist hier zwischen in vollem Umfang überprüfbaren Tatsachenfeststellungen u gerichtlich nur begrenzt kontrollierbaren Werturteilen, die mit den sonst den Beurteilern zugrundeliegenden Beurteilungsstandards im Einklang stehen sowie plausibel u nachvollziehbar sein müssen (s näher zum Umfang der Überprüfung oben 28 ff).[140] 30

Bei **Beförderungsentscheidungen** bildet die **letzte dienstliche Beurteilung** idR die wichtigste Grundlage eines Leistungsvergleichs zwischen ver- 30 a

---

[136] Vgl NVwZ 1995, 994; 1997, 498 f; NVwZ-RR 1995, 565; Jarass 45 zu § 48 BImSchG; JuS 1999, 108; s auch Kutscheidt, Redeker-FS 439 ff sowie NVwZ 1999, 578.

[137] S zu früheren Fassungen des AtG BVerfG 61, 115; ähnlich BVerwG 72, 316; NVwZ 1989, 1168; **unklar** BVerfG 49, 136; DVBl 1982, 949; Schulze-Fielitz JZ 1993, 773; allg dazu sowie zur Konkretisierung des Begriffs durch allg Verwaltungsvorschriften Kind DÖV 1988, 89 mwN; zT **aA** insoweit Breuer NuR 1987, 49 u NVwZ 1988, 111; Lübbe-Wolff DÖV 1987, 896; dazu auch 5 a zu § 86.

[138] 92, 149; DVBl 1993, 956; RiA 1995, 31; Schoch Jura 2004, 617; für Ausweitung der Kontrollintensität Mehde RiA 1998, 69 ff.

[139] 68, 110 = NJW 1984, 1248; 99, 377; Lü DÖV 1995, 779 f; Schl NVwZ-RR 1999, 418; zu Laufbahnprüfungen 98, 330; bei Soldaten 73, 378; 103, 203 = NVwZ 1996, 71 L; zu Richterwahlausschüssen 99, 371; Schl DÖV 2003, 298.

[140] S dazu näher u zur zuweilen schwierigen Abgrenzung zwischen Tatsachen u Werturteilen Schnellenbach ZBR 2003, 1 ff. Nach BVerfG ZBR 2003, 31 (unter Hinw auf BVerwG 60, 246 u stRspr des BVerwG) hat sich VG bei Überprüfung dienstlicher Beurteilung darauf zu beschränken, ob Verwaltung gegen Verfahrensvorschriften oder Regeln verstoßen, den gesetzlichen Rahmen oder anzuwendende Begriffe verkannt, einen unrichtigen Sachverhalt zugrunde gelegt, allgemeingültige Wertmaßstäbe nicht beachtet oder sachfremde Erwägungen angestellt hat.

schiedenen Bewerbern.[141] Auch **zurückliegende Beurteilungen** besitzen aber für das Leistungsurteil Erkenntniswert.[142] Ihre Berücksichtigung ist aber nur dann geboten, wenn eine Stichentscheidung unter aktuell im Wesentlichen gleich beurteilten Beamten zu treffen ist (NVwZ 2003, 1399; Mü NVwZ-RR 2006, 347). Besondere Bedeutung kommt jeweils dem die Beurteilung abschließenden **Gesamturteil** zu, das eine Bewertung der Einzelmerkmale darstellt u im AuswahlVf einen Vergleich der Bewerber zuläßt (Schl NVwZ 1997, 613; NVwZ-RR 1999, 653); auch Binnendifferenzierungen sind bei der Auswahlentscheidung zu berücksichtigen, soweit sie zulässig sind (NVwZ 2003, 1397). Zwar ist der Dienstherr **nicht verpflichtet,** im Hinblick auf Beförderungsentscheidungen **aktuelle Beurteilungen** oder Leistungsberichte anzufertigen. Das gilt aber nur so lange, als auf Beurteilungen zurückgegriffen werden kann, die bzgl der zu treffenden Personalentscheidung noch **hinreichende Aussagekraft** haben u weder von erheblich unterschiedlicher noch von gänzlich mangelnder Aktualität sind. Trifft letzteres zu, muß der Dienstherr vor der Auswahlentscheidung die Erstellung aktueller dienstlicher Beurteilungen veranlassen.[143] Konkurrieren Kandidaten aus **unterschiedlichen statusrechtlichen Ämtern** einer Laufbahn, so ist das am Maßstab des statusrechtlichen Amts erstellte Gesamturteil der dienstlichen Beurteilung der Kandidaten ohne zusätzliche Gewichtung nicht geeignet, den Wettbewerb zu eintscheiden (Mü BayVBl 2007, 182). Eine **Stützung auf fehlerhafte Beurteilungen** führt (da die Beurteilung kein VA ist) idR auch zur **Fehlerhaftigkeit der Eignungsbeurteilung** (Lü RiA 1999, 251; VG Weimar ThürVBl 1999, 120; s auch Schnellenbach ZBR 1997, 172), wobei allerdings Einwendungen gegen eine dienstliche Beurteilung idR dann verwirkt sind, wenn sie ohne sachlichen Grund erst nach längerer Zeit vorgebracht u substantiiert werden (Ks ZBR 2000, 57; Sa NVwZ-RR 2007, 117 f). Die Fehlerhaftigkeit soll sich nicht allein daraus ergeben, daß ein besonders ausgebildeter Beamter nicht von einem gleichermaßen ausgebildeten Beamten oder zumindest unter dessen Mitwirkung dienstlich beurteilt wurde (Mü BayVBl 1999, 565; in dieser Generalität zweifelhaft). Bei **gleich guten Gesamturteilen** bzgl der Bewerber kann die Ernennungsbehörde einen **Qualifikationsvorsprung auch aus Einzelaussagen einer dienstlichen Beurteilung** herleiten, die zB erkennen lassen, daß der Beurteilte dem Anforderungsprofil eines Dienstpostens in besonderem Maße gerecht wird (Ms NVwZ-RR 1999, 593). Dagegen soll das Ergebnis einer persönlichen Vorstellung der Bewerber nicht geeignet sein, einen Bewerber als besser qualifiziert einzustufen (Ms NVwZ-RR 1999, 593, zu Recht abgeschwächt durch Ms NVwZ-RR 2006, 343). **Untauglich** zur Bestimmung der Eignung eines Bewerbers um ein Beförderungsamt ist auch ein Abstellen auf die **Wertigkeit des Dienstpostens,** den der **Bewerber bisher innehatte** (DÖV 2006, 264).

30 b Bei **gleicher Eignung der Bewerber** ist die Auswahl zwischen ihnen nach **Hilfskriterien** zu treffen,[144] wobei der Dienstherr – nach sachgerechten Ge-

---

[141] NVwZ 2003, 1397; Schl NVwZ-RR 1999, 418; 1999, 653; s auch Ms NVwZ-RR 1999, 593. Sind bei dienstlichen Beurteilungen Richtwerte für die Notenvergabe vorgeschrieben, muß die jeweilige Vergleichsgruppe hinreichend groß u homogen sein (NVwZ 2006, 465).

[142] NVwZ 2003, 1397; **aA** Sa NVwZ-RR 1999, 260 (frühere Beurteilungen nur Hilfkriterien).

[143] Ko NVwZ-RR 1994, 225; Schl NVwZ-RR 1999, 653 (mehr als ein Jahr alter Beurteilung); Zimmerling PersV 2000, 209 f.

[144] NVwZ 2003, 1397: Erst wenn alle unmittelbar leistungsbezogenen Erkenntnisquellen (einschließlich früherer Beurteilungen) ausgeschöpft u Bewerber im „Wesentlichen gleich" einzustufen sind, sind Hilfskriterien heranzuziehen. Dazu, daß Dienstherr den Aussagegehalt dienstlicher Beurteilungen auch im Hinblick auf geringe Leistungsunterschiede auszuschöpfen u anhand des Inhalts der Personalakten weitere leistungsbezogene Merkmale zu prüfen

sichtspunkten u lediglich beschränkt durch das Willkürverbot – darüber bestimmen kann, welchen zusätzlichen Gesichtspunkten er Bedeutung beimißt (Ms NVwZ-RR 1999, 593) u welche Gewichtung er ihnen gibt (NVwZ 2003, 1397; Ms NVwZ-RR 2002, 53). Hilfskriterien bilden zB die **Frauenförderung**[145] oder eine **bessere Leistungsentwicklung** (Ms NVwZ-RR 2002, 53). Ein solches Hilfskriterium kann zB auch ein **gespanntes Verhältnis** zwischen der Behörde u dem Bewerber sein (Ms NVwZ-RR 1999, 593), jedenfalls soweit dies nicht nur die Behörde zu verantworten hat. Auch die **Ergebnisse von Auswahlgesprächen,** bzgl deren inhaltlicher Ausgestaltung dem Dienstherrn ein weites Ermessen zukommt, können als Hilfskriterien für die Begründung der Auswahlentscheidung herangezogen werden (Ms NVwZ-RR 2006, 343). Eine Bevorzugung eines Beförderungsbewerbers **allein aufgrund höheren Dienst- u Lebensalters** ist hingegen **rechtswidrig** (Ks ZBR 2000, 55). Zur Frage, ob einer besonderen Vertrauenswürdigkeit eines Bewerbers u seiner besonderen Loyalität Bedeutung beigemessen werden darf, näher Ms NWVBl 2006, 141.

Aus **Art 33 Abs 2 GG** leitet sich iü das Erfordernis eines **Mindestmaßes an** 30 c **Verfahrenstransparenz** zum Schutz vor möglichen Manipulationen ab (Mü NVwZ-RR 2006, 345; Ms NWVBl 2006, 139). Nach BAG RiA 2004, 32 (dazu auch Mü NVwZ-RR 2006, 347) folgt aus Art 33 Abs 2 GG iVm Art 19 Abs 4 GG die Pflicht des Dienstherrn, die wesentlichen Auswahlentscheidungen schriftlich niederzulegen u so die Auswahlentscheidung transparenter zu machen. Zwar gibt Art 33 Abs 2 GG **grds kein Recht, daß das AuswahlVf fortgesetzt** wird (s 148 zu § 42). Dies gilt aber nur, wenn das Vf aus sachlichen Gründen beendet wird. Andernfalls könnte nämlich der Dienstherr die aussichtsreiche Position eines Stellenbewerbers durch – sogar willkürliche – Aufhebung eines AuswahlVf entwerten, ohne irgendwelche sachgerechten Ermessenserwägungen anstellen zu müssen (Mü NVwZ-RR 2006, 345). Eine besondere **Einschränkung der Prüfungsintensität** ergibt sich dort, wo eine Ernennungsentscheidung auf einer **Wahl** beruht (hierzu Schl NVwZ 1993, 1124; NVwZ-RR 1999, 421), wie dies zB in SchlH hins der vom Landtag zu wählenden Präsidenten oberer Landesgerichte zutrifft. Ein Beurteilungsspielraum besteht auch bei der Entlassung eines Beamten auf Probe wg mangelnder Bewährung (NVwZ 1991, 170; 1999, 75; Hufen JuS 1999, 925), nicht hingegen bzgl der Frage, ob dem Dienstherrn das Festhalten am Beamtenverhältnis wg Tätigkeit für das frühere Ministerium für Staatssicherheit unzumutbar ist (DVBl 1999, 923; 1999, 1432).

9. Besonderheiten der Nachprüfung im Rahmen eines Beurteilungs- 31 **spielraums im Prüfungsrecht:** Insoweit geltend grds die allg Ausführungen oben 28 ff. Dabei sind jedoch einige Besonderheiten zu beachten. So sind Mängel des PrüfungsVf (anders als materielle Beurteilungsfehler) **durch den Prüfling grds unverzüglich zu rügen;** ihm obliegt insoweit eine Mitwirkungspflicht.[146] Zur effektiven Geltendmachung von Einwendungen gegen nach § 114 von den Gerichten nicht weiter überprüfbare Beurteilungen ist ein „Vor-" bzw „Nachverfahren" erforderlich.[147] Wenn die besondere Struktur eines VerwaltungsVf oder die Art der zu treffenden Entscheidungen – zB bei mündlichen Prüfungen oder sog Multiple-Choice-(Antwort-Wahl-)Prüfungen – die Gefahr typischer u absehbarer Fehler mit sich bringt, müssen **besondere verfahrens-**

---

hat, s Ks ZBR 2000, 56. Allg zu Kriterien zur Entscheidung über eine Beförderung Battis, NJW 2006, 819 mwN.

[145] Sa NVwZ-RR 2000, 31; HessStGH NVwZ 1997, 784; **aA** VG Berlin NVwZ-RR 2006, 349 mwN.

[146] ZBR 1999, 385, eingeh zur Rügepflicht des Prüflings Birnbaum NVwZ 2006, 286 ff.

[147] BVerfG 84, 55; BVerwG 91, 266; 92, 136; Ms DVBl 1996, 446; ferner unten 47.

rechtliche Vorkehrungen[148] getroffen u eingehalten werden, damit zB bei mündlichen Prüfungen das PrüfungsVf nachträglich aufgeklärt werden kann.[149] Der Betroffenen hat ggf einen **Anspr auf Fehlerausgleich,** wenn der Sache nach die Möglichkeit eines Ausgleichs besteht, zB durch Unbeachtetlassen der fehlerhaften Prüfungsfragen u der gegebenen Antworten (BVerfG 84, 73).

Das Gericht kann bei Prüfungsentscheidungen ferner kontrollieren, ob

– die Behörde die **gesetzlichen Vorgaben** für die ihr vom Gesetz übertragene Beurteilungsentscheidung **zutr gesehen hat,** ob sie zB zutr erkannt hat, was zum Prüfungsstoff gehört u was nicht,[150] oder ob sie eine Aufgabe fehlerhaft gestellt hat mit der Folge, daß Auswirkungen auf das Prüfungsergebnis nicht ausgeschlossen werden können;[151]
– die Behörde **von einem zutr u vollständig ermittelten Sachverhalt ausgegangen** ist, zB hins der zur Verfügung gestellten Prüfungszeit, der zugelassenen Hilfsmittel, der gestellten Aufgabe.[152] Zu den vom Gericht uneingeschränkt zu überprüfenden tatsächlichen Voraussetzungen idS gehört bei Prüfungen ferner die Frage, in welchem Sinn der Kandidat die Prüfungsfrage oder die Aufgabe verstehen mußte oder durfte,[153] außerdem vor allem auch die Frage, ob eine gegebene Antwort oder die Bearbeitung einer Frage richtig oder falsch bzw zumindest vertretbar ist[154] oder ob der gewählte Lösungsaufbau **vertretbar** ist (DVBl 1993, 56); zur uneingeschränkten Überprüfbarkeit fachwissenschaftlicher Beurteilung s unten 31 a. Zur Beurteilung, ob eine Antwort richtig, falsch oder vertretbar ist, muß das Gericht ggf Sachverständige zuziehen.[155] Dabei ist es nicht verfahrensfehlerhaft, wenn das Tatsachengericht im Rechtsstreit um die Rechtmäßigkeit der Bewertung der Prüfungsleistungen im zweiten juristischen Staatsexamen ein Sachverständigengutachten mit der Begründung einholt, daß das Gericht mit einzelnen Rechtsgebieten, in denen Prüfungsleistungen erbracht wurden, nicht hinreichend vertraut ist (NVwZ 1999, 187; Hufen JuS 1999, 925). Zu berücksichtigen sind nicht nur veröffentlichte, dem Kandidaten zugängliche wissenschaftliche Arbeiten, Gerichtsentscheidungen uä;[156]
– die Behörde die vom Gericht durch Auslegung des unbestimmten Gesetzesbegriffs zu ermittelnden **Wertungsmaßstäbe beachtet** hat; nicht der Überprüfung unterliegt jedoch insb bei der Bewertung von Prüfungsleistungen die

---

[148] Dazu eingeh Lindner BayVBl 1999, 102 ff u näher unten 44.

[149] NVwZ 1995, 494; Ks DVBl 1997, 621; Ms NVwZ-RR 1997, 714; nicht gefordert sind jedoch Wortprotokoll oder Anfertigung von Tonband- oder Videoaufnahmen, BVerfG NVwZ 1997, 263.

[150] 78, 55 = NVwZ 1987, 977 (Heranziehung unzulässigen Prüfungsstoffes; kein hinreichender Zusammenhang mit Zweck der Prüfung u Anforderungen des Berufs, dem Ausbildung dient); ebenso Mannheim DVBl 1995, 1356.

[151] NJW 1988, 2318: wenn bei Antwort-Wahl-Frage irrtümlich davon ausgegangen wurde, daß nur eine Antwort zutr ist, tatsächlich aber mehrere Antworten richtig sind; vgl auch BVerfG 84, 59 m Anm Kopp DVBl 1991, 989 = NJW 1991, 2008.

[152] 70, 147 = NVwZ 1985, 187; 73, 378; NJW 1984, 1248; Lüneburg DÖV 1982, 513.

[153] „Antwortspielraum" des Prüflings, vgl BVerfG 84, 55; BVerwG 91, 266; Ms DVBl 1992, 1052; VG Oldenburg NVwZ 1993, 329 (mehrdeutige Fragen dürfen nicht zu Lasten des Prüflings gehen); Kopp BayVBl 1990, 205; DVBl 1991, 961; vgl auch Niehues NJW 1991, 3001 (volle Nachprüfung, ob Aufgabe mehrdeutig, unverständlich oder unlösbar ist); **aA** Türk BayVBl 1991, 328.

[154] BVerfG 84, 34, 55 = NJW 1991, 2005; 84, 59 = NJW 1991, 2008; BVerwG 91, 266 = NVwZ 1993, 677; 92, 134 = NVwZ 1993, 689; s auch Ma VBlBW 1993, 144; Ms DVBl 1996, 446; Löwer/Linke WissR 1997, 156 mwN.

[155] BVerfG 84, 55 = NJW 1991, 2005; BVerwG NVwZ 1993, 687 (anders grds bei juristischen Prüfungen).

[156] Kopp DVBl 1991, 989; Theuersbacher BayVBl 1991, 651; **aA** BVerfG 84, 59; NJW 1991, 2008.

Gewichtung der insgesamt zu berücksichtigenden Gesichtspunkte, soweit sie auch im Licht der Wertungsmaßstäbe zumindest vertretbar ist;[157]
- die Behörde sich **nicht von sachfremden, willkürlichen oder sonst unsachlichen Erwägungen** (vgl auch unten 41 ff) hat leiten lassen,[158] insb den Grundsatz der Chancengleichheit beachtet hat;[159]
- die von der Behörde (bzw vom Prüfer) getroffene wertende Beurteilung, zB die pädagogische Bewertung einer Prüfungsleistung, substantiell (vgl BVerfG 88, 60 = NVwZ 1993, 670) **„in sich schlüssig und nachvollziehbar** ist und den Erfordernissen rationaler Abwägung nicht widerspricht" (BVerfG 85, 36; 88, 60; Mü BayVBl 1992, 660; 1993, 311). Für die Nachprüfung kommt es vor allem auf die Begründung der Entscheidung an. Vgl unten 47 f;
- die Behörde sonstige **allgemeingültige Prüfungs- u Bewertungsgrundsätze beachtet** hat.[160] So dürfen zB „Schreibversehen" nicht zum Nachteil des Prüflings gewertet werden. Keine Verletzung eines allgemeingültigen Bewertungsgrundsatzes ist es hingegen, wenn sich eine Mehrheit von Prüfern nicht auf ein für die Korrektur schriftlicher Prüfungsarbeiten verbindliches, einheitliches „Bewertungsschema" festlegt (Mü BayVBl 1999, 84).

Nicht weiter – dh über eine Prüfung der Vertretbarkeit hinaus – nachprüfbar 31a durch die Gerichte sind bei Prüfungsentscheidungen, sofern diese substantiell u nachvollziehbar begründet sind (BVerfG 88, 60; BVerwG 91, 262; zum Begründungserfordernis auch unten 47 f), grds nur die pädagogische, rein „prüfungsspezifische" Wertung u Bewertung der Prüfungsleistung, insb
- die **Einschätzung des Schwierigkeitsgrades** u der Angemessenheit der Prüfungsaufgabe bzw des in der Prüfung Verlangten u die **Beurteilung, was an Kenntnissen, Fertigkeiten** usw von den Kandidaten im Hinblick auf die Art der Ausbildung usw **vernünftigerweise erwartet** werden kann u ggf muß;[161]
- die Bewertung der **Darstellung, Argumentation** usw (84, 74, 59 = NJW 1991, 2008 bzw 2091);
- die **Gewichtung der einzelnen Prüfungsteile** allein u im Zusammenhang der gesamten Prüfung (Ks DVBl 1993, 853);
- die **Notengebung**, soweit sie im Hinblick auf die gezeigten Leistungen jedenfalls plausibel u vertretbar ist (Ks DVBl 1993, 85).

Fachliche bzw fachwissenschaftliche Urteile des Prüfers unterliegen bei berufsbezogenen Prüfungen hingegen einer **uneingeschränkten gerichtlichen**

---

[157] Kopp DVBl 1991, 989; vgl auch oben 12; ebenso wohl BVerfG 84, 55 = NJW 1991, 2008 (zu sog prüfungsspezifischen Wertungen); NVwZ 1992, 658; BVerwG NVwZ 1993, 677 (allg Bewertungsgrundsatz, daß vertretbar u mit gewichtigen Argumenten folgerichtig begründete Lösung bzw entspr Lösungsaufbau nicht als falsch gewertet werden darf); NJW 1993, 342; Seebass NJW 1992, 615; **aA** insoweit, aber überholt Rspr vor BVerfG 84, 55, zB BVerwG DÖV 1980, 380.

[158] Vgl GSOGB BVerwG 39, 355 (zu § 131 AO 1919; heute § 163 AO); BVerwG 39, 209; 60, 245; 62, 340; 68, 337; 70, 335; 73, 378; 91, 266; 92, 136(Berücksichtigung sprachlicher Mängel bei juristischen Prüfungen zulässig); NJW 1984, 1248; 1987, 1434; DVBl 1981, 497; NVwZ-RR 1990, 620; Buchh 421.0 Nr 121 S 195 (wenn Beurteilung „auf einer derart eklatanten u außerhalb jedes vernünftigen Rahmens liegenden Fehleinschätzung wissenschaftlich-fachlicher Gesichtspunkte" beruht, daß sich ihr Ergebnis dem Richter als gänzlich unhaltbar aufdrängen muß); BVerfG 39, 353; 84, 54; DVBl 1992, 147; ZBR 2003, 31 f; BGH NJW 1982, 1059; Mü BayVBl 1993, 311; Bachof JZ 1972, 208 ff; Ey-Rennert 81; RÖ-M. Redeker 31; Redeker DVBl 1972, 68; Seewald Jura 1980, 175; Ossenbühl DÖV 1972, 402.

[159] Eingeh zur Bedeutung des Grundsatzes der Chancengleichheit im Prüfungsrecht Lindner BayVBl 1999, 100 ff u unten 44.

[160] Vgl 61, 214; Mü BayVBl 1999, 85; s auch BVerwG 73, 378; NVwZ 1985, 189; Sch-Gerhardt 74 u unten 44.

[161] Vgl BVerfG 80, 24; 84, 45; 84, 72 = NJW 1991, 2008.

Kontrolle, wobei hier der Antwortspielraum des Prüflings zu beachten ist (BVerfG 84, 55; 84, 79). Einschränkungen der gerichtlichen Überprüfungsbefugnis ergeben sich nur insoweit, als die fachlichen Urteile mit prüfungsspezifischen Wertungen untrennbar verbunden sind (BVerfG 84, 53 u 84, 77 = NJW 1991, 2008 bzw 2011); sonst unterliegen sie uneingeschränkter gerichtlicher Kontrolle.

Zu den Anforderungen an die Bewertung von **Habilitationsleistungen** u an das HabilitationsVf NVwZ 1994, 1209 u Wolkewitz NVwZ 1999, 850 ff.

Die Ausdehnung der gerichtlichen Kontrollintensität im Gefolge der neueren Rspr des BVerfG (BVerfG 84, 34 ff u 59 ff) gilt hingegen nicht für **nicht berufsbezogene Prüfungen,** wie zB die Jägerprüfung. Hier bleibt es deshalb dabei, daß zB der schriftliche Teil der Jägerprüfung eine individuelle fachlich-pädagogische Beurteilung der Leistungen durch die dazu berufenen Prüfer verlangt u daß diese Beurteilung nicht durch ein Gericht aufgrund eigener Sachkenntnis oder mit Hilfe eines Sachverständigengutachtens ersetzt werden kann. Die Grenzen der dem Prüfer zukommenden Beurteilungsermächtigung sind erst dann überschritten, wenn die Prüfer gegen die Vorschriften des PrüfungsVf verstoßen, einen falschen Sachverhalt zu Grunde gelegt bzw allgemeingültige Bewertungsgrundsätze nicht beachtet haben oder sich von sachfremden Erwägungen haben leiten lassen (Ma NVwZ-RR 1999, 292).

31 b Nicht zu berücksichtigen sind Mängel der Sachverhaltsfeststellung, des Vf, der Abwägung u Wertung, die sich **auf das Ergebnis nicht ausgewirkt** haben können.[162] Ob eine mögliche Kausalität idS auszuschließen ist, ist jedoch nach **objektiven Gesichtspunkten** zu beurteilen.[163] Die Kausalität eines in einer fehlerhaften Sachverhaltsfeststellung liegenden Fehlers für das Prüfungsergebnis läßt sich nicht durch Hinweis auf einen anderen Fehler verneinen. Hat das VG einen Fehler des Prüfers festgestellt (hier: Mißverstehen der Äußerung des Prüflings), ist es ihm verwehrt, einen anderen Fehler oder eine andere Art von Fehler für denselben Teil der Prüfungsleistung festzustellen, um sodann die eigenständige Bewertung zu treffen, dieser Fehler wiege gleich schwer oder sei sogar noch schwerer als derjenige, den der Prüfer fehlerhaft angenommen hat (NVwZ 1998, 636). Darin läge eine unzulässige Verkürzung des Beurteilungsspielraums des Prüfers.

31 c Sofern keine Reduzierung des Beurteilungsspielraums auf Null vorliegt, kann der Kläger nur **auf Neubescheidung** klagen (sog „Verbesserungsklagen", s dazu Mußgnug JuS 1993, 552) bzw, soweit die Voraussetzungen dafür noch nicht unmittelbar gegeben sind, zB bei einer fehlerhaften mündlichen Prüfung, nur auf Wiederholung der Prüfung (vgl Mü NJW 1982, 2628; Ms AgrarR 1981, 266); anders bei fehlerhafter Bewertung einer schriftlichen Prüfungsarbeit (Ms AgrarR 1981, 266).[164] Eine Reduzierung des Beurteilungsspielraums auf Null kann idR

[162] BVerfG 84, 47, 55 = NJW 1991, 2008; BVerwG 84, 44 = NJW 1990, 927; 91, 270; NVwZ 1990, 925; Buchh 421.0 Prüfungswesen Nr 45; Bryde DÖV 1981, 200; Obermayer 112 zu § 40 VwVfG; s auch oben 6 a.

[163] Vgl Kopp BayVBl 1990, 684; DVBl 1991, 990; KR 91 zu § 40 VwVfG mwN; zT **aA** BVerfG 84, 47 = NJW 1991, 2008; BVerwG Buchh 421.0 Prüfungswesen Nr 283 (es genügt, daß Prüfer bei nochmaliger Beurteilung iE zur gleichen Bewertung kommen); dagegen Ma NVwZ 1991, 1205; Kopp BayVBl 1990, 684.

[164] S zur Neubewertung auch BVerfG 84, 47 = NJW 1991, 2005; BVerwG DVBl 1983, 90 = NJW 1983, 407; 1991, 760; NVwZ 1993, 681, 683, 688 (andere Prüfer nur in besonderen Fällen, zB wenn Prüfer sich entgegen der Prüfungsordnung über Bewertung verständigt oder geäußert haben, daß sie von der getroffenen Bewertung unter keinen Umständen mehr abgehen würden); Mü BayVBl 1978, 214; 1982, 185; NVwZ 1991, 499 (auch durch dieselben Prüfer); zT **aA** Ma NJW 1989, 1379; NVwZ 1993, 95 (grds analog § 54 Abs 2 immer neue Prüfer, jedenfalls wenn schon Klage erhoben); Kopp BayVBl 1990, 684; DVBl 1991, 990; KR 8 zu § 21 VwVfG (grds nur neue Prüfer); vgl zur Neubewertung bei

nicht allein aus dem Umstand abgeleitet werden, daß das Gericht aufgrund einer eigenständigen Bewertung annimmt, der Prüfling habe einen (durch den Prüfer nicht festgestellten) Fehler begangen, der mindestens genauso schwer wiege wie ein von dem Prüfer aufgrund unrichtiger Sachverhaltsfeststellung begangener Fehler (NVwZ 1998, 636).

Der Umstand, daß **kein Anspr auf umfassende gerichtliche Kontrolle** des VA hins der Beurteilung durch die Behörde besteht, schließt nicht aus, daß diese vAw oder auf **Gegenvorstellungen** der Betroffenen hin ihre Beurteilung nochmals überprüft u ggf den VA zugunsten des Betroffenen ändert.[165] 31 d

10. Besonderheiten der Nachprüfung bei sog „kombinierten" Tatbeständen: Der Sache nach handelt es sich **bei den Beschränkungen** der Nachprüfung unbestimmter Rechtsbegriffe nach hM, anders als bei der gerichtlichen Kontrolle des Verwaltungsermessens, das sich auf die Wahl zwischen mehreren zulässigen Rechtsfolgen bezieht u bei dem die Behörde zu einer volitiven Entscheidung hins der Rechtsfolgenseite einer Vorschrift ermächtigt ist, um die Anerkennung einer vom Gesetzgeber verfügten **Beschränkung der gerichtlichen Nachprüfung hins der Beurteilung u Wertung eines gegebenen Sachverhalts** durch die zuständige Behörde. **Soweit allerdings** in einer Vorschrift der Beurteilungsspielraum auf der Tatbestandsseite mit einer Ermessensregelung auf der Rechtsfolgenseite verbunden ist (sog Kombinations- oder Koppelungstatbestand) u für die Auslegung des unbestimmten Rechtsbegriffs **dieselben Kriterien** maßgeblich sind wie für die Beurteilung der Ermessensentscheidung, zu der die Behörde durch die in Frage stehende Vorschrift ermächtigt wird, **wird der Unterschied zu Ermessensentscheidungen** verwischt u ergeben sich für die gerichtliche Nachprüfung praktisch dieselben Beschränkungen wie für die Nachprüfung von Ermessensentscheidung; die Regelung wird in diesen Fällen im Ergebnis weitgehend zur Ermächtigung zur **Ermessensausübung, die sich am unbestimmten Begriff zu orientieren hat.** Das hat GSOGB BVerwG 39, 363 = NJW 1972, 1413 hins des auf der Tatbestandsseite verwandten unbestimmten Rechtsbegriffs „unbillig" iSv § 131 AO 1919 – heute § 227 Abs 1 AO – angenommen, der Inhalt u Grenzen auch der pflichtgemäßen Ermessensausübung bei der Entscheidung über den Billigkeitserlaß einer Abgabe bestimmte.[166] Allein aus dem Umstand der Koppelung eines unbestimmten Rechtsbegriffs auf der Tatbestandsseite (vgl BSG SGb 1987, 125; Schenke 769) mit einer Ermessensentscheidung auf der Rechtsfolgeseite läßt sich aber grds kein Beurteilungsspielraum ableiten (s auch oben 24). Beurteilungsspielraum u Ermessen sollten schon im Interesse der Rechtsklarheit **immer** auseinandergehalten u klar **unterschieden** werden u insb auch immer getrennt u nacheinander geprüft werden (Obermayer 87; vgl auch BVerwG 39, 197; 45, 323). 32–33

11. Besonderheiten der Nachprüfung bei Planungsentscheidungen: a) Anwendungsbereich des Planungsermessens. Die nach der Rspr für die gerichtliche Kontrolle des Verwaltungsermessens bzw der Auslegung u Anwendung unbestimmter Rechtsbegriffe mit Beurteilungsspielraum maßgeblichen Gesichtspunkte (s zum Planungsermessen eingeh Sch-Gerhardt 28 ff) gelten grds 34

---

einzelnen fehlerhaften Prüfungsfragen BVerwG 78, 280; NVwZ 1988, 433; Mü DVBl 1981, 1158; BayVBl 1987, 183; Theuersbacher BayVBl 1991, 650. Allg zur gerichtlichen Nachprüfung von Prüfungsentscheidungen auch Niehues NJW 1991, 1077; Becker Prüfungsrecht 1988; NVwZ 1993, 1132; Rozek NVwZ 1992, 32; Birkel Mündliche Prüfungen 1978.

[165] BVerfG 84, 45 = NJW 1991, 2005; BVerwG 91, 274; 92, 136; DVBl 1988, 584; Muckel NVwZ 1992, 348; Kopp JuS 1990, 945; s dazu auch oben 28 d.

[166] Vgl auch Kloepfer NJW 1972, 1411; Redeker DVBl 1972, 608; zT **aA** BSG 52, 269 = NJW 1982, 2332: es kommt auf die Gesamtheit des gesetzlichen Tatbestands an.

auch für **die Kontrolle des Planungsermessens bei Planungsakten,**[167] insb bei Prognose-Entscheidungen, wie sie für Planungen typisch sind (s auch Sch-Gerhardt 42: eigenen Regeln folgt nur die Kontrolle „planungsspezifischer" Prognosen u unten 37 f) u bei ähnlichen Entscheidungen, deren Inhalt von den einschlägigen Gesetzen her nicht näher determiniert ist. Im Hinblick auf die Planungsentscheidungen wesensimmanente Gestaltungsfreiheit u ihre finale Programmierung wird allerdings hier die gesetzliche Bindung idR weniger intensiv sein als bei sonstigen Entscheidungen, in bezug auf die Ermessens- u Beurteilungsspielräume eingeräumt sind, ohne daß dies jedoch bereits einen grds qualitativen Unterschied begründet (s auch 15 zu § 47). Planungsentscheidungen unterliegen daher weitgehend der – gerichtlich nach denselben Grundsätzen wie Rechtsbegriffe (s oben 28 ff) nur beschränkt nachprüfbaren[168] – **Beurteilung, Abwägung u Wertung** von unterschiedlichen, zT parallelen u/oder gegenläufigen Fakten u Interessen durch die zur Entscheidung berufene Behörde, wie dies auch für Ermessensentscheidungen typisch ist (Ossenbühl, Menger-FS 1985, 731). S allg Erbguth DVBl 1992, 398; Hoppe, Redeker-FS 1993, 385 – auch zu den Kontrollmaßstäben der Verfassungsgerichte bei der Prüfung von Planungsentscheidungen.

34 a Dies gilt für **originäre Planungsentscheidungen,** jedoch **auch für Plangenehmigungen** oder Planungsgenehmigungen iwS, einschließlich der **Planfeststellungen** iSv § 72 VwVfG (s unten 34 b). Bei Planungsentscheidungen im ersteren Sinn handelt es sich um Planungen ieS in Ausübung hoheitlicher Planungs- u Gestaltungsbefugnisse öffentlicher Rechtsträger für öffentliche Vorhaben, in selteneren Fällen auch um Planungen in Ausübung privater, idR durch Grundrechte (Art 2 Abs 1, 12 Abs 1 oder 14 Abs 1 GG) geschützter, **planerischer Gestaltungsfreiheit,** bei **Plangenehmigungen** dagegen um die nach mehr oder weniger festen rechtlichen Maßstäben zu treffenden **Genehmigung** uä **öffentlicher oder privater Planungen** bzw der auf solchen Planungen beruhenden **Vorhaben** (Kopp DVBl 1993, 624). **Bei öffentlichen Vorhaben,** dh bei Vorhaben öffentlicher Rechtsträger, zB dem Bau öffentlicher Straßen, **fallen die originäre Planungsentscheidung u Plangenehmigung,** letztere meist in Gestalt einer Planfeststellung, **meist zusammen** oder gehen doch mehr oder weniger nahtlos ineinander über, dergestalt, daß die Ergebnisse des VerwaltungsVf zur Plangenehmigung (Planfeststellung) unmittelbar auch zu Bestandteilen der Planung selbst werden, die dann Gegenstand der Plangenehmigung bzw Planfeststellung wird.

34 b Plan- bzw Planungsgenehmigungen im dargelegten Sinn (oben 34 a) sind ungeachtet der konkreten Bezeichnung in den verschiedenen Gesetzen nicht nur die Planfeststellungen iSv §§ 72 ff VwVfG, sondern **auch alle Genehmigungen** uä, die **aufgrund** einer Berücksichtigung, **Beurteilung, Abwägung** u Wertung von unterschiedlichen, zT gleichlaufenden u/oder zT gegenläufigen Belangen mit wesentlichem Bezug auch auf künftige Entwicklung, wie dies für Planungen typisch ist, zu treffen sind, **zB** auch die **naturschutzrechtliche Abwägungsentscheidung** nach § 19 Abs 3 BNatSchG[169] oder **schulorganisatorische Ent-**

---

[167] Vgl NVwZ-RR 1991, 129; Laubinger VerwA 1986, 89 Fn 63; Heinze NVwZ 1986, 87; MK 9 III 3; BK-Schenke 332 zu Art 19 Abs 4 GG; Rubel Planungsermessen. Norm- und Begründungsstruktur 51 f; Schmidt-Aßmann VVDStRL 34, 251 f; **aA** Badura BayVerfGH-FS 1972, 161; Dreier Die normative Steuerung des planerischen Ermessens 48 ff u 263 ff; Erbguth JZ 2006, 486; Hoppe/Just DVBl 1997, 791 mwN; Kühling Fachplanungsrecht 10 u 156 ff; Ossenbühl DVBl 1993, 757; Sendler Schlichter-FS 72 ff; Wahl NVwZ 1990, 427 ff; Erbguth DVBl 1992, 401 ff.

[168] 56, 122; 71, 166; 72, 366; 75, 234 = NVwZ 1987, 587: künftiger Verkehrsbedarf als Maßstab für die erforderliche Dimensionierung eines Flughafens; DÖV 1979, 716 zum MühlenstrukturG.

[169] Zu § 8 Abs 3 BNatSchG aF NVwZ 1991, 364; Ma NVwZ 1992, 998.

scheidungen hins der Errichtung, Zusammenlegung oder Auflösung von Schulen (vgl dazu krit Ladeur DÖV 1990, 953; Theuersbacher NVwZ 1993, 632), Entscheidungen hins des Standorts umweltrelevanter Vorhaben oder von Vorhaben, die von der Entwicklung des Verkehrs abhängig sind, usw.

b) Grundsätze für die Ausübung des Planungsermessens. Bei Plan- bzw Planungsgenehmigungen (u bei vergleichbaren Entscheidungen, vgl BVerfG DVBl 1992, 145) hat das Gericht grds – dh soweit durch Gesetz nichts anderes bestimmt ist,[170] insb bestimmte Erfordernisse ausdr oder konkludent für verbindlich erklärt sind (vgl dazu Kopp VwVfG 7 ff, 13 ff, 17 ff zu § 74 mwN) –, die **planerische Gestaltungsfreiheit** der Behörde bzw **des privaten Vorhabenträgers, bei der rechtlichen Überprüfung von Plangenehmigungen,** insb **Planfeststellungen,** auch den insoweit vom Gesetz der Behörde idR zuerkannten Beurteilungsspielraum, zu respektieren.[171] Planungsakte sind deshalb vom Gericht, ähnlich wie Ermessensentscheidungen (s oben 6 ff u näher Sch-Gerhardt 37 ff) u die Auslegung u Anwendung unbestimmter Rechtsbegriffe (s oben 28 ff), **nur daraufhin zu prüfen, ob die Behörde überhaupt eine Abwägung** der nach dem Zweck der Ermächtigung zu berücksichtigenden öffentlichen u privaten Belange vorgenommen hat,[172] sich bei ihrer Entscheidung, insb bei der dabei vorzunehmenden Abwägung, an den dafür maßgeblichen rechtlichen Rahmen gehalten hat (85, 348 = NVwZ 1991, 364), **alle** für ihre Entscheidung maßgeblichen **wesentlichen Gesichtspunkte, Belange** (vgl DVBl 1979, 877; 1982, 302), **Interessen** usw rechtlich zutr u vollständig erkannt u ordnungsgemäß, rechtlich u tatsächlich zutr bestimmt, ermittelt u festgestellt hat,[173] **alle betroffenen Belange,** insb auch die Belange des Kl u sonstige zu seinen Gunsten sprechenden Belange, die nach Lage der Dinge zu berücksichtigen waren – einschließlich sich bietender planerischer Alternativen[174] – **berücksichtigt,** in die Abwägung eingestellt **u gewürdigt** hat (77, 133; 87, 341), die Bedeutung der betroffenen öffentlichen u privaten Belange **nicht verkannt** (vgl zB 48, 56 = NJW 1975, 1373; Mü BayVBl 1990, 150), sondern sachgerecht (s dazu auch oben 12 u 13) angesetzt hat,[175] **alle** betroffenen öffentlichen u privaten **Belange**[176] **mit-** 35

---

[170] Vgl Gaentzsch, Sendler-FS 1991, 421; Beckmann DVBl 1992, 748: ob die Behörde Gestaltungsfreiheit hins der Planung hat u ggf inwieweit, ist Auslegungsfrage; daß die Durchführung eines PlanfeststellungsVf vorgeschrieben ist, bedeutet nicht notwendig, daß die Behörde auch Gestaltungsfreiheit hat.

[171] 59, 253 = NJW 1980, 2368; 75, 232 = NVwZ 1987, 587; DVBl 1975, 717; 1988, 149 u 845; NVwZ 1982, 115; DÖV 1985, 790; UPR 1989, 228 – kein planerisches Nachbesserungsrecht der Gerichte –; Mü BayVBl 1990, 150; NuR 1999, 226 – Trassenauswahl –; Kühling DVBl 1989, 229; Ibler, Die Schranken planerischer Gestaltungsfreiheit im Planfeststellungsrecht, 1988; ders JuS 1990, 7; Beckmann/Appold/Kuhlmann DVBl 1988, 1001; Erbguth DVBl 1992, 398.

[172] Vgl 45, 316 = NJW 1975, 70 – Planung fehlerhaft, wenn die Behörde ihre Freiheit zur Berücksichtigung aller einschlägigen Belange vorweg durch Absprachen über die weitere Verfahrensgestaltung rechtswidrig eingeschränkt hat –; 75, 230 = NVwZ 1987, 578; NVwZ 1993, 571 – Planung fehlerhaft, wenn die Planungsbehörde sich zu Unrecht an die Vorstellungen eines anderen Planungsträgers gebunden glaubte –; NVwZ 1992, 1203.

[173] Mü DVBl 1990, 150; zur Frage eines Beurteilungsspielraums auch für die Zusammenstellung des Abwägungsmaterials: KR 110 zu § 40 VwVfG u 58 f zu § 74 VwVfG mwN, auch zu abw Auffassungen.

[174] 69, 273; 81, 136 mwN; NVwZ 1992, 1203; KR 110 zu § 40 u 68 zu § 74 VwVfG mwN; s auch unten 36.

[175] 85, 348 = NVwZ 1991, 364 = DÖV 1991, 396; zT **aA** Hoppe, Redeker-FS 1993, 386: Abwägung nur dann rechtsfehlerhaft, wenn die Behörde dabei die objektive Gewichtung der betroffenen Belange völlig verfehlt hat.

[176] Vgl dazu auch Ma NJW 1984, 1701: Berücksichtigung der betroffenen privaten Belange auch dann, wenn das Gesetz, aufgrund dessen die Planung erfolgt, dies nicht ausdr umschreibt.

einander u gegeneinander unter Beachtung auch des **Grundsatzes der Verhältnismäßigkeit abgewogen** (85, 348 = NVwZ 1991, 364) u den **Ausgleich** zwischen diesen Belangen nicht in einer Weise vorgenommen hat, die zur objektiven Gewichtigkeit der betroffenen Belange außer Verhältnis steht.[177] Zu dem bei der Kontrolle von Planungen zu beachtenden **Gebot gerechter Abwägung** u zu anderen besonderen rechtlichen Planungsgrundsätzen s unten 36 u 46, zu den Grenzen der erforderlichen **Individualisierung** der betroffenen Belange oben 16; zur **Unerheblichkeit bestimmte Mängel** des Abwägungsvorgangs 74, 113.

Ähnlich wie bei Ermessensentscheidungen u bei wertenden Entscheidungen aufgrund eines Beurteilungsspielraums kann auch das Planungsermessen der Behörde angesichts der besonderen Umstände des Falles ausnahmsweise **„auf Null reduziert"** sein. Vgl im einzelnen oben 6 u 21 ff. Zur Berücksichtigungspflicht der Ziele der Raumordnung im Rahmen des § 4 Abs 4 S 1 ROG s Kment BayVBl 2004, 11.

36 Nur beschränkt **der gerichtlichen Nachprüfung unterliegt,** soweit durch Gesetz nichts anderes bestimmt ist (s oben 35), bei Planungsakten insb – soweit die dargelegten Grenzen eingehalten sind u die Beurteilung vertretbar ist[178] – **die Gewichtung der einzelnen** von der Planung betroffenen **Belange.**[179] **Überschritten** ist **der Planungsspielraum** jedoch jedenfalls (mit der Folge, daß der Plan aufzuheben ist), wenn der **Ausgleich zwischen** den von der Planung berührten Belangen in einer Weise vorgenommen wurde, der zur **objektiven Gewichtigkeit einzelner Belange außer Verhältnis** steht.[180] Ein eindeutiges Übergewicht der für das Vorhaben sprechenden Gesichtspunkte ist dabei jedoch nicht erforderlich (75, 253), auch nicht in bezug auf mögliche oder sich anbietende **Planungsalternativen.**[181] Das Gericht hat auch insoweit **nur zu prüfen,** ob nicht einzelnen Belangen eine Bedeutung beigemessen worden ist, die zu der ihnen zukommenden objektiven Gewichtigkeit außer Verhältnis steht (75, 237; NVwZ-RR 1996, 69; NVwZ 1996, 792; 100, 383). Auch insoweit wird nicht vorausgesetzt, daß der Plan die offensichtlich beste Lösung darstellt. Ein Plan ist aber **nicht erst dann fehlerhaft, wenn** sich der Behörde eine **andere Lösung,** zB ein anderer Standort für das geplante Vorhaben, als **„offensichtlich" besser** geeignet aufdrängen mußte (75, 237). **Entsprechendes** gilt für einzelne **Voraussetzungen** von VAen, die **auf Planungen aufbauen,** zB für die **Planfeststellung** für eine Straße, soweit dem verkehrsmäßigen Aufschließungsbedarf landesplanerische Vorgaben zugrundegelegt werden (NVwZ 1990, 862 mwN). S auch zum Erfordernis der **Konfliktbewältigung** unten 46. Dazu, daß der

---

[177] Vgl 34, 309; 48, 58; 56, 123; 59, 253; 62, 340; 64, 270 = NVwZ 1982, 437; 71, 171 = NJW 1986, 80; 75, 237, 245 = NVwZ 1987, 588; 87, 341; NJW 1979, 826; NVwZ 1992, 1203; Mü BayVBl 1981, 18; 1984, 628; Ma NJW 1984, 1701; NVwZ-RR 1993, 342 – unter Einhaltung der Grenzen der ihr obliegenden Gewichtung –; Theuersbacher NVwZ 1993, 632; Redeker, Scupin-FS 1983, 874; KR 112 zu § 40 VwVfG; zur Verteidigungsplanung auch BVerwG 58, 85; 62, 112.

[178] ZT **aA** 75, 253: die Auffassung, die Gerichte dürften nur unvertretbare Entscheidungen beanstanden, ist mißverständlich u möglicherweise Ausdruck eines zu engen Verständnisses der gerichtlichen Kontrolle planerischer Entscheidungen.

[179] Vgl 34, 301; 59, 253; 75, 253; DVBl 1975, 717; UPR 1989, 273; Mü DVBl 1990, 150; vgl auch BVerwG NVwZ 1982, 115: die bewertende Gewichtung der von der Planung betroffenen öffentlichen u privaten Belange ist ein wesentliches u für die Ausführung der Planungsaufgaben unerläßliches Element der planerischen Gestaltungsfreiheit, das als solches der verwaltungsgerichtlichen Kontrolle entzogen ist.

[180] BVerwG 34, 309; 48, 56 = DVBl 1975, 713; 56, 122; 71, 171 = NJW 1986, 80 = NVwZ 1986, 121; 75, 253; 87, 341; DVBl 1992, 1026; Ko NVwZ 1988, 371; Ma NVwZ-RR 1993, 342; **aA** Hoppe, Redeker-FS 1993, 326.

[181] 69, 273; 71, 171 = NJW 1986, 80 = NVwZ 1986, 121 L 75, 253; 81, 136 mwN; Buchh 442.40 § 6 LuftVG Nr. 6; s auch oben 35.

Umstand, daß sich fehlerfrei prognostizierte Entwicklungen später nicht einstellen, grds nicht zur Rechtswidrigkeit der Prognoseentscheidung führt s unten 37 c.

Nicht erforderlich ist demgegenüber, wie in der neueren Rspr des BVerwG klargestellt,[182] daß die Gewichtung der verschiedenen Belange in **offensichtlich fehlerhafter Weise vorgenommen** wurde.[183] Die funktionellrechtlichen Gründe, aus denen heraus die Verfassungsgerichte Planungsmängel einer Norm grds nur berücksichtigen, wenn die Feststellungen u Überlegungen der Behörde offensichtlich fehlerhaft oder eindeutig widerlegbar oder aber verfassungswidrig sind,[184] beruhen auf Besonderheiten von Normen u lassen keine Aussage für den Umfang der gerichtlichen Kontrolldichte in bezug auf Verwaltungsmaßnahmen zu. Iü bestehen selbst gegen eine verfassungsgerichtliche Kontrolle, die sich auf Evidenzmängel beschränkt, bei Gesetzen (s hierzu Schenke NJW 1979, 1321 ff; BK-Schenke 363 ff zu Art 19 Abs 4 GG) Bedenken.[185] Kein Argument für eine Beschränkung der verwaltungsgerichtlichen Kontrolle auf Evidenzfälle läßt sich auch aus dem Umstand ableiten, daß die verfassungsgerichtliche Kontrolle von Planfeststellungsbeschlüssen beschränkt ist, um die Verfassungsgerichte nicht in die Rolle eines Superrevisions- bzw -berufungsgerichts zu drängen (s hierzu Schenke Verfassungsgerichtsbarkeit u Fachgerichtsbarkeit 1987, 29 ff), hat aber als solche naturgemäß keine Bedeutung für die verwaltungsgerichtliche Kontrolldichte.

Der Bürger hat demgemäß bei Plan- bzw Planungsgenehmigungen (iwS) grds 36 a
Anspr auf sorgfältige Ermittlung aller relevanten Fakten (DVBl 1986, 1006: fehlerhaft, wenn keine konkreten Informationen über die betroffenen Belange vorliegen), **gerechte Interessenabwägung** unter Berücksichtigung auch seiner Rechte oder schutzwürdigen Interessen (s 91 f zu § 42; Kopp VwVfG 27 f zu § 40; ferner vor allem KR 69 f zu § 74 VwVfG), bei Prognoseentscheidungen auch darauf, daß die Entscheidung, soweit sie seine Rechte oder schutzwürdigen Interessen berührt, **auf sorgfältig erstellten, realistischen Prognosen** (75, 234; s dazu im einzelnen unten 38) u einer sachgemäßen Abwägung aller Wahrscheinlichkeiten u möglichen Folgen beruht (vgl Nierhaus DVBl 1977, 19; s auch 91 f zu § 42). Zur Frage, inwieweit die Verletzung nur objektivrechtlicher Bestimmungen sowie von Bestimmungen, die dem Schutz Dritter dienen, eine subjektive RVerletzung implizieren kann, s 124 ff zu § 42.

**c) Rechtsfolgen fehlerhafter Abwägung bei Planfeststellungsbeschlüs- 36 b
sen.** Die Verletzung des Abwägungsgebots nach **§ 75 Abs 1 a S 1 VwVfG** u entspr anderer planungsrechtlicher Vorschriften wie § 17 e Abs 6 S 1 FStrG ist nur dann erheblich, wenn sie offensichtlich u auf das Abwägungsergebnis von Einfluß gewesen ist (dazu näher 32 zu § 42). Diese Vorschrift betrifft nicht, wie zT angenommen wird (so aber 100, 379 f; Sch-Gerhardt 51), die Frage der Rechtmäßigkeit des Planungsakts, sondern nur die Fehlerfolgen der Rechtswidrigkeit (s auch Baumeister 129 ff, 200 ff mwN zur Gegenauffassung). Dies wird bereits daran deutlich, daß selbst offensichtliche Abwägungsmängel nach ihr unbeachtlich sind, wenn sie auf das Abwägungsergebnis ohne Einfluß gewesen sind. Ist aber ein Abwägungsmangel offensichtlich, so kann an der Rechtswidrigkeit des Planungsakts kein Zweifel bestehen. Vielmehr geht es hier nur – ähnlich wie

---

[182] Seit 75, 237; vgl zB NVwZ-RR 1996, 69; NVwZ 1996, 792.

[183] Vgl auch Mü UPR 1994, 196; zumindest mißverständlich Sch-Gerhardt 43, wonach hier nur eine „Evidenzkontrolle" stattfinden soll.

[184] Vgl zB BVerfG 76, 121; NWVerfGH DVBl 1992, 713; s dazu Hoppe, Redeker-FS 1993, 385.

[185] Hierzu mwN Grupp, Stern-FS 1997, 1102 ff; Hoppe, Redeker-FS 385 ff; zum Einschätzungs- u Wertungsspielraum des Gesetzgebers s auch BVerfG NVwZ 1996, 695 iVm Art 16 a Abs 3 S 1 GG.

bei § 46 VwVfG[186] – um einen Ausschluß eines Beseitigungsanspr (s Schenke DÖV 1986, 305 ff; Baumeister 318 ff), der hier durch den Gesichtspunkt fehlenden Rechtswidrigkeitszusammenhangs[187] motiviert ist. Zudem impliziert ein Abwägungsmangel nicht nur dann die Rechtswidrigkeit des Planungsakts, wenn dieser (was immer auch dies heißen mag) offensichtlich ist. So konzediert denn auch die Gegenansicht (vgl Sch-Gerhardt 51), „Evidenzkriterien mögen das Vf steuern können oder die Rechtswidrigkeitsfolgen verstärken (§ 44 VwVfG), sie können aber aus einem materiell rechtswidrigen Hoheitsakt keinen rechtmäßigen machen“, ohne freilich hieraus die gebotenen Konsequenzen zu ziehen (vgl Sch-Gerhardt 51: „Damit entfällt nicht etwa nur ein Aufhebungsanspr. Vielmehr liegt kein Rechtsfehler vor“). Erheblich entschärft wird das Problem freilich, wenn man den Begriff der Offensichtlichkeit in einem ähnlich extensiven Sinn versteht[188] wie dies iVm Bebauungsplänen geschieht (zu Bebauungsplänen s 64, 33 = NJW 1982, 591 u 130 zu § 47). Zu beachten ist allerdings, daß, soweit eine verfassungskonforme Interpretation noch Differenzierungen zwischen den Fällen „offensichtlicher Abwägungsmängel“ u „einfacher Abwägungsmängeln“ zuläßt, was nur selten der Fall ist, jedenfalls bei berechtigtem Interesse eine Feststellung der Rechtswidrigkeit eines Planfeststellungsbeschlusses nicht a limine ausgeschlossen ist. Soweit offensichtliche Mängel bei der Abwägung in einem Planfeststellungsbeschluß feststellbar sind, die aber auf dessen Ergebnis keinen Einfluß haben, muß auf jeden Fall bei berechtigtem Interesse eine Klage auf Feststellung der Rechtswidrigkeit des Planfeststellungsbeschlusses analog § 113 Abs 1 S 4 zulässig sein (s dazu 108 zu § 113), was insb bei Wiederholungsgefahr bedeutsam werden kann.

37 **12. Besonderheiten der Nachprüfung bei Prognoseentscheidungen:** Bei Prognoseentscheidungen verlangt das Gesetz auf der Grundlage anerkannter Erfahrungssätze einen Schluß von bestimmten feststellbaren Tatsachen auf den wahrscheinlichen Eintritt eines künftigen Sachverhaltes (sowie hiermit verwandten Einschätzungsentscheidungen, s dazu unten).

Es besteht zwar **nicht per se ein Beurteilungsspielraum** hins des unbestimmten Rechtsbegriffs, der an eine Prognose bzw Einschätzung anknüpft. In bezug auf Planungsentscheidungen der Verwaltung, zT aber auch bei anderen Entscheidungen, die an prognostisch geprägte unbestimmte Rechtsbegriffe anknüpfen[189] besteht jedoch ein gerichtlich nur beschränkt überprüfbarer Prognosespielraum unabhängig davon, ob man diesen dem Ermessen oder einem hiervon getrennten Beurteilungsspielraum zuordnet (dazu daß hier keine grundsätzlichen Unterschiede bestehen s oben 34). Hier entbindet der Prognosespielraum die Verwaltung nicht vom Erfordernis einer rechtmäßigen Ausübung ihres Planungsermessens.[190]

---

[186] Die andere Wortwahl des § 75 Abs 1 a S 1 VwVfG uä Bestimmungen erklärt sich aus der Orientierung an der Regelung des § 214 Abs 3 S 2 BauGB iVm der sich das Problem der Aufhebung bei Unwirksamkeit des Bebauungsplans nicht in derselben Weise wie bei VAen stellt. Da aber auch § 214 Abs 3 S 2 nicht die Rechtswidrigkeit eines Bebauungsplans wie auch eine möglicherweise hierdurch bedingte subjektive RVerletzung ausschließt (s 127 ff zu § 47), ist schon aus diesem Grund auch iVm Planfeststellungsbeschlüssen nichts anderes anzunehmen.

[187] Baumeister 254 ff, 320: Zurechnungszusammenhang in Form des Beruhenserfordenisses.

[188] So NVwZ-RR 1996, 69; NVwZ 1996, 791 f; Bonk NVwZ 1997, 329 f; Gromitsaris SächsVBl 1997, 105 f; im Grundsatz ebenso Sch-Gerhardt 51; Mü UPR 1994, 196.

[189] ZB wenn es um politisch bedeutsame Prognosen geht, s 82, 299 = NJW 1990, 1377 zu § 13 Abs 4 PBefG; 80, 275 zu § 10 Abs 3 GüKG aF.

[190] Dem Erfordernis einer ordnungsgemäßen Ausübung der Prognose kann sogar bei solchen rechtlich gebundenen oder ErmessensVAen Bedeutung zukommen, in bezug auf die kein Prognosespielraum besteht, da das Fehlen einer ordnungsgemäßen Erstellung der Prog-

Besteht ein Prognosespielraum, ist die Entscheidung vom Gericht grds nur dahingehend nachzuprüfen, ob die Behörde bei ihrer Prognose von **zutr Abgrenzungen, Daten, Werten, Zahlen** usw ausgegangen ist, **alle erreichbaren Daten** berücksichtigt hat (72, 286; 75, 234; Tettinger DVBl 1982, 427; BayVBl 1978, 674), sich einer **wissenschaftlich vertretbaren Methode** bedient u ihre Entscheidung „in einer der Materie angemessenen u methodisch einwandfreien Weise" erarbeitet hat.[191] **Liegen diese Voraussetzungen** vor, so **hat** das Gericht grds die „prognostizierten tatsächlichen Umstände" als „voraussichtlich eintretende Tatsachen **hinzunehmen**".[192] Die in ihren Rechten Betroffenen haben grds **Anspr auf sorgfältig erstellte,** realistische **Prognosen,** wenn bzw soweit ihre Rechte davon abhängen bzw die Prognosen die Grundlage für ihnen auferlegte Beschränkungen ihrer Rechte bilden. 37 a

Vgl **zB** zur **Prognose** hins der **Funktionsfähigkeit des örtlichen Taxengewerbes** gem § 13 Abs 4 S 2 PBefG 82, 295 = NJW 1990, 1376; s dazu auch unten 45, ferner BVerwG 64, 242; 79, 208. Vgl ferner zB zu **§ 10 Abs 3 GüKG aF** 80, 275; hins regionaler wirtschaftlicher Gegebenheiten gem § 2 Abs 2 InvestitionszulagenG 1979 NJW 1988, 276; hins der Entwicklung der **Wohnungsmärkte** 80, 120; hins der **Entwicklung des Straßen- bzw Luftverkehrs** 72, 286; 75, 219; 87, 355. 37 b

Erweist sich eine **Prognose** infolge späterer Entwicklungen oder aus anderen Gründen, etwa wg neuer Erkenntnisse oder uU auch wg eines ursprünglichen Fehlers als **überholt, unzutr oder unrealistisch,** so **berührt** dies **ihre ursprüngliche Rechtmäßigkeit nicht,** kann aber uU dazu führen, daß nach Maßgabe des materiellen Rechts eine Pflicht zu Vorkehrungen besteht, welche die nachteiligen Wirkungen, die von einem VA ausgehen, ausschließt (s § 75 Abs 2 S 2 VwVfG). Das materielle Recht vermag hier sogar eine Pflicht zur Aufhebung eines VA zu begründen, wenn der prognostizierte Geschehensablauf später nicht eingetreten ist. Keineswegs ergibt sich hier aber automatisch eine Verpflichtung zur Rücknahme eines VA (s auch 32 zu § 42). 37 c

13. Besonderheiten bei der Nachprüfung bei sog Risikoentscheidungen: Bei der gerichtlichen Nachprüfung von sog Risikoentscheidungen, dh bei Entscheidungen, die sich aus tatsächlichen Gründen oder weil es an gesicherten, allg anerkannten Beurteilungskriterien fehlt, in wesentlichen Punkten **einer exakten Beurteilung entziehen** u die deshalb nur auf Wahrscheinlichkeiten u 38

---

nose, selbst wenn sich später herausstellt, daß das Prognoseergebnis nicht zu beanstanden ist, zu einem Begründungsmangel des VA führen kann, der die VGe dazu ermächtigt, einen VA wg fehlerhafter Begründung unter den Voraussetzungen des § 113 Abs 3 aufzuheben oder für den Betroffenen, der einen begünstigenden VA begehrt, Anlaß für Erhebung einer Bescheidungsklage sein kann, vgl 201 ff zu § 113.

[191] 72, 286; 75, 234; NJW 1979, 64; Ma NJW 1977, 1463; Hoppe, BVerwG-FS 1978, 106; Nierhaus DVBl 1977, 19; Tettinger DVBl 1982, 427; BayVBl 1978, 674; s auch oben 37; ferner auch 26 zu § 40; allg zu den Erfordernissen von Prognoseentscheidungen auch Nierhaus DVBl 1977, 19; vgl auch Hoppe, Redeker-FS 1993, 386 Fn 36 mwN: bei der Prüfung von Prognosen zu beanstanden sind – ohne Evidenzvorbehalt – die unzureichende Ermittlung von den der Prognose zugrundeliegenden Prognosedaten, die fehlende Plausibilität u Schlüssigkeit des Prognoseschlusses von vorhandenen Daten auf die Prognose, die mangelnde Qualität der Prognosemethoden u mangelnde Konsistenz in der Methodenanwendung.

[192] 56, 110 = NJW 1979, 64; 62, 107; 69, 272; 72, 286; 75, 234 = NVwZ 1987, 588; 87, 355; DVBl 1979, 877; 1981, 986; 1982, 302; 1984, 527; NVwZ 1990, 862; NJW 1986, 1508 = Buchh 407.4 § 17 FStrG Nr 62; 407.4 § 17 FStrG Nr 23; 442.40 § 8 LuftVG Nr 10; Ma NJW 1977, 1465; 1987, 917; Ms DVBl 1983, 1018 – nur zu prüfen, ob nach damaliger Sicht gerechtfertigt –; Lü ET 1980, 698; Mü BayVBl 1984, 959 – das Gericht darf nicht der wirtschaftspolitischen u energiepolitischen Entscheidung der Regierung eine eigene Prognose entgegensetzen –; Hoppe BVerwG-FS 306; Nierhaus DVBl 1977, 19; Steiner DVBl 1981, 982; Ossenbühl, Menger-FS 1985, 731; Tettinger DVBl 1982, 427; Paefgen BayVBl 1986, 519; Hoppe Redeker-FS 1993, 385; vgl auch BVerfG 88, 60.

Schätzungen gestützt sein können, gilt dasselbe **wie** auch sonst **bei Prognoseentscheidungen,**[193] weil auch die Risikobeurteilung letztlich auf Prognosen beruht. **Dies trifft zB** bei **atomrechtlichen Genehmigungen,**[194] aber auch bei der Prüfung der Sicherheit einer **gentechnischen Anlage** (NVwZ 1999, 1233) u der Zulassung von **Medikamenten** zu (vgl Ossenbühl DVBl 1993, 757; Di Fabio, Risikoentscheidungen im Rechtsstaat, 1993). Der aus der Normstuktur des **§ 7 Abs 2 Nr 3 AtG** folgende Funktionsvorbehalt zugunsten der Genehmigungsbehörde betrifft vor allem den Inhalt der **Risikoabschätzung;** gerichtlich zu überprüfen ist, ob die Behörde – gemessen am Stand von Wissenschaft u Technik – ausreichende Daten ermittelt u ihren Bewertungen zugrunde gelegt hat u ob diese Bewertungen hinreichend vorsichtig sind (72, 316f; NuR 1998, 316; s auch BVerfG 49, 138). Entsprechendes gilt für §§ 6 Abs 2, 11 Abs 1 Nrn 3 u 4 GenTG (s auch zu einer früheren Fassung des GenTG NVwZ 1999, 1233).

Je nach dem betroffenen Rechtsgut, etwa berührten Grundrechten, u dem Gewicht etwaiger Folgen, wenn das Risiko sich realisiert, muß die Behörde schon bei ihrer Entscheidung, welche Risiken in Kauf genommen werden können bzw sollen, **strengere** oder weniger **strenge Maßstäbe** anlegen, u ist dementspr auch die Kontrollbefugnis der Gerichte enger oder weiter. Auch hins der **Folgerungen,** die sich ergeben, **wenn die** ursprüngliche **Risikoeinschätzung sich als falsch** oder unrealistisch erweist, gilt grds dasselbe wie bei Prognoseentscheidungen. Vgl dazu oben 37a. Zur Frage, ob bzgl des atomrechtlichen Gefahrenbegriffs ein Beurteilungsspielraum besteht, s näher Pfaundler UPR 1999, 336ff.

39 **14. Rechtliche Grenzen des Ermessens bzw der Beurteilungsfreiheit der Behörden, insb Einschränkung durch Verwaltungsvorschriften:** Die Grenzen des Ermessens bzw des der Behörde durch das Gesetz eingeräumten Beurteilungs-, Planungs- u Prognosespielraums werden einerseits durch die unmittelbare **Ermächtigung** zu der zu treffenden Entscheidung, andererseits auch durch **sonstige Sätze** des geschriebenen u ungeschriebenen Rechts bestimmt, die für die Entscheidung „einschlägig“ sind (vgl oben 9), insb auch durch Sätze des **Verfassungsrechts,** vor allem auch die **Grundrechte** u die daraus abzuleitenden **Wertungsprinzipien** (s oben 7; unten 40ff; allg auch VG Münster NVwZ 1990, 290) als Richtungsweisung auch für die Ausübung des Ermessens (NJW 1978, 2260), für die Ausfüllung u Anwendung unbestimmter Rechtsbegriffe, für die Handhabung des Planungsermessens usw, außerdem auch durch die besonderen **Berücksichtigungs- u Wohlwollensgebote** in einzelnen Gesetzen (20, 158; 49, 46 = NJW 1975, 2156; 75, 89; 77, 170; DÖV 1979, 371; NJW 1987, 857) u durch Sätze u Prinzipien des **ungeschriebenen Rechts.** – Zur Bedeutung von **„Soll“-Bestimmungen** sowie eines **„intendierten Ermessens“** für die Ermessensausübung s oben 21 u 21b; zur Schrumpfung des Ermessens der Bauaufsichtsbehörde beim Einschreiten gegen Bauvorhaben, die mit nachbarschützenden Vorschriften unvereinbar sind, insb bei der Freistellung von der Genehmigungspflicht s oben 21c; zum Erfordernis, daß jedenfalls Eingriffsbefugnisse im Gesetz hinreichend klar abgegrenzt sein müssen **(Grundsatz der Gesetzmäßigkeit der Verwaltung),** 125 zu § 42; ferner zB BVerfG 40, 248; 49, 126; Maurer § 6, 3ff; zum Erfordernis, daß unabhängig davon, ob es sich um Akte der Eingriffs- oder Leistungsverwaltung handelt, der Gesetzgeber zumindest die „wesentlichen“ Fragen durch förmliches Gesetz geregelt haben muß (sog **„Wesentlichkeitstheorie“**), s auch 125 zu § 42.

---

[193] Vgl BVerwG 72, 180; Di Fabio, Risikoentscheidungen im Rechtsstaat 1993; Ossenbühl DVBl 1993, 757.

[194] 72, 316; 78, 180; 81, 190 = JZ 1989, 895; NuR 1998, 316; Ossenbühl DVBl 1993, 757.

Schranken für die Ermessensausübung der Behörden mit der Folge einer erweiterten Nachprüfungskompetenz der Gerichte ergeben sich zB aus dem **Rechtsstaatsprinzip**[195] u aus dem **Sozialstaatsprinzip** (42, 157; NJW 1979, 113; DVBl 1983, 460) sowie vor allem aus einzelnen **Grundrechten** u der in ihnen verkörperten Wertordnung (s dazu bereits oben 7 mwN). 40

Schranken ergeben sich insb auch aus dem **Gleichbehandlungsgebot bzw Willkürverbot** gem Art 3 GG,[196] das alle nicht sachlich fundierten Differenzierungen – s aber zur Zulässigkeit eines Herausgreifens zunächst einiger weniger Einzelfälle zu Beginn eines systematischen Vorgehens zB zur Bereinigung von Massen-Mißständen unten 43 – ausschließt, zB auch ein **willkürliches Abweichen der Behörde von ihrer** bzw der sonst allg von den Behörden im Geltungsbereich des Gesetzes (Ms NJW 1979, 508) bisher in vergleichbaren Fällen eingehaltenen u auch weiterhin beabsichtigten **ständigen Praxis,**[197] sofern die ihr zugrundeliegenden Erwägungen der Zielsetzung der vom Gesetz eingeräumten Ermächtigung entsprechen[198] u **auch nicht aus anderen Gründen** zu **rechtswidrigen Ergebnissen** führen (**„keine Gleichheit im Unrecht“);**[199] ebenso ein **Abweichen von sonst regelmäßig befolgten**[200] **Richtlinien oder sonstigen normkonkretisierenden oder ermessenslenkenden Verwaltungsvorschriften** (zu letzteren s oben 10a u unten 42), **sofern diese** sich **im Rahmen des Gesetzes** halten,[201] **nicht zu rechtswidrigen Ergebnissen** führen (BGH NJW 1979, 392; DVBl 1981, 1083) u ein Abweichen **nicht** durch hinreichende **sachliche Gründe** gerechtfertigt[202] wird („Selbstbindung der Verwaltung“).[203] Bei belastenden VAen (zB bei einer Abschiebungsandrohung) begründet eine nicht durch sachliche Gründe motivierte Abweichung von Verwaltungsvorschriften zu Lasten des Betroffenen eine subjektive RVerletzung, unabhängig davon, ob diese Verwaltungsvorschrift auch seinem Interesse dient (**aA** Ma NVwZ-RR 1999, 401). **Zulässig** sind – in begrenztem Umfang! – uU auch **unterschiedliche Beurteilungsmaßstäbe** für **unterschiedliche Beurteilungszeiträume.**[204] 41

Richtlinien u sonstige normkonkretisierende oder ermessenslenkende Verwaltungsvorschriften binden, auch wenn sie aufgrund ausdr gesetzlicher 42

---

[195] 42, 134, 156; NJW 1979, 1113; 1982, 2657, 2658, 2660; DÖV 1979, 294; 1982, 739, 741.

[196] StRspr, s etwa 91, 328 = NVwZ 1993, 778; BVerfG NJW 1985, 2020 mwN; DVBl 1992, 147; Schoch Jura 2004, 467; zur Bedeutung im Prüfungsrecht Lindner BayVBl 1999, 102 ff.

[197] Vgl zur st Rspr zB 57, 182; 75, 93: Abweichen von der Verwaltungspraxis in vergleichbaren Fällen verletzt Art 3 Abs 1 GG; NJW 1996, 1766; NVwZ 1994, 581; vgl hierzu ebenso Ms NJW 1991, 1502; s zur Selbstbindung der Verwaltung Ossenbühl DVBl 1981, 857; krit Bachof JZ 1972, 645; vgl auch Randelzhofer JZ 1973, 536 mwN.

[198] 31, 212; 34, 282; 57, 182; DÖV 1981, 82; Buchh 237.0 § 39 bwLBG Nr 1.

[199] 34, 283 = NJW 1970, 675; 92, 153; DÖV 1993, 867; NVwZ 1986, 756; Mü NVwZ 1985, 506.

[200] 44, 6; 72, 205; DVBl 1982, 197 – technische Richtlinien als „antizipierte“ Verwaltungspraxis –; NJW 1980, 75; DÖV 1991, 472 – „indizielle“ Bedeutung technischer Richtlinien für eine sachverständige Beurteilung –; NVwZ 2003, 1384; Ma NJW 1991, 2363 – „praktizierte Selbstbindung“; NVwZ 1999, 547; Scheffler DÖV 1980, 238.

[201] 58, 49; 71, 342; NJW 1979, 1879: eine gesetzwidrige Praxis ist jederzeit zu korrigieren; NJW 1984, 1576; Bln NVwZ 1982, 48; kein Anspr auf Wiederholung gesetzwidrigen Handelns, keine Gleichheit im Unrecht –; krit dagegen Berg JuS 1980, 418; diff Götz NJW 1979, 1478.

[202] 20, 294; 46, 90; 70, 142; Ms NVwZ 1984, 600.

[203] Schoch Jura 2004, 464 f; Stern 17 I 2; Wallerath, Selbstbindung der Verwaltung, 1969.

[204] DVBl 1981, 1063 zu Prüfungen; zweifelhaft, sofern nicht jedenfalls eine gewisse Kontinuität gewahrt bleibt, es sei denn, daß gewichtige Gründe eine generelle Änderung angezeigt sein lassen.

Ermächtigungen ergangen sind, die Gerichte meist **nicht unmittelbar,** sondern nur mittelbar über die Verpflichtung der Behörden u der Gerichte zur Beachtung von Art 3 GG.[205] Die Bejahung einer unmittelbaren normgleichen Wirkung provozierte jedenfalls unter dem Aspekt des Art 80 GG verfassungsrechtliche Bedenken (s dazu näher Schenke DÖV 1977, 27ff; DÖV 1986, 190ff). Unabhängig davon, ob man der Verwaltungsvorschrift über Art 3 GG oder bei bestimmten Fallkonstellationen bereits aus sich heraus unmittelbare Außenwirkung zubilligt (wie dies bei normenkonkretisierenden Verwaltungsvorschriften in Betracht kommt, die Standardisierungen enthalten, wie in § 48 BImSchG vorgesehen, s oben 29a u 41), darf diese jedenfalls nicht identisch mit derjenigen von Rechtsnormen sein, da in ihrem Einsatz sonst eine Umgehung des Art 80 bzw entspr landesverfassungsrechtlicher Bestimmungen läge. Die verfassungsrechtliche Legitimation vermögen Verwaltungsvorschriften nur aus ihrer spezifischen Wirkungsweise zu beziehen, die eine schwächere Bindungswirkung als andere Rechtsnormen impliziert u sie offen für die Berücksichtigung von Ausnahmefällen u neuen Erkenntnissen macht. Sie sind analog § 133 BGB **wie Willenserklärungen,** nicht wie Gesetze **auszulegen.**[206] Allg zur Bindungswirkung von Richtlinien u sonstigen Verwaltungsvorschriften s auch 3a zu § 98; Ossenbühl DVBl 1993, 758 mwN.[207] Zu normkonkretisierenden Verwaltungsvorschriften u Gemeinschaftsrecht v Danwitz VerwA 1993, 73ff.

Für die **Anwendung der Richtlinien** gelten die allg Grundsätze über die Ermessensausübung (58, 52); zu **berücksichtigen** ist dabei insb auch die tatsächliche Verwaltungspraxis, soweit diese vom Richtliniengeber zumindest geduldet wird.[208] Richtlinien gelten **nur für den Regelfall.** Sie müsse für atypische Fälle Spielraum lassen (DVBl 1983, 999) u sind im Zweifel auch so zu verstehen, auch wenn sie es nicht ausdr sagen. Ermessenshandlungen u Ermessensentscheidungen der Behörden müssen die Besonderheiten **atypischer Fälle** auch dann berücksichtigen, wenn die Richtlinien dies nicht vorsehen (so auch NKVwGO-Wolff 95).

Der Bürger hat unabhängig von seiner Teilnahme an konkreten Vf grds **Anspr auf Bekanntgabe bestehender Richtlinien.**[209] Zur Bindungswirkung von Richtlinien s auch oben 10a u 41.

---

[205] S oben 41; NVwZ 2003, 1384 mit Anm Selmer JuS 2004, 85; Ma NVwZ 1999, 547; Wahl NVwZ 1991, 412; Gerhardt NJW 1989, 2233; Rupp JZ 1991, 1034.

[206] 58, 521; 86, 59; DVBl 1982, 197, 198; NVwZ-RR 1990, 620; Buchh 232 § 8 Nr 19; 232 § 25 Nr 1; vgl auch 88, 143: nur als Anhaltspunkte, nicht wie Rechtsnormen; s auch Ms NVwZ-RR 1997, 588; **aA** zu sog „gesetzesvertretenden" Richtlinien uä, die für eine Übergangszeit bis zum Erlaß der an sich zur Regelung der Materie erforderlichen Gesetze als Gesetzesersatz dienen, BVerwG DÖV 1981, 679; ähnlich zu sog gesetzeskonkretisierenden Verwaltungsvorschriften bzw gesetzeskonkretisierenden Richtlinien wohl BVerwG 72, 320; Sendler, Ule-FS 1987, 356 Fn 91.

[207] Zu normkonkretisierenden Verwaltungsvorschriften Sch-Gerhardt 63ff; Wolf DÖV 1992, 849, 860; krit Rengeling NJW 1987, 269; Jarass NJW 1987, 1222; Hill NVwZ 1989, 401; Rupp JZ 1991, 1034; dazu, daß Verwaltungsvorschriften zur Umsetzung von EU-Richtlinien in nationales Recht nicht genügen, zB EuGH 1991, 2567; Rupp JZ 1991, 1034.

[208] 34, 280; 44, 6; 44, 138; 52, 199; 58, 50; DVBl 1981, 1063; 1982, 197, 198; DÖV 1979, 608; 1982, 81; NVwZ-RR 1990, 620; Ms DVBl 1992, 921; Ms NVwZ-RR 1997, 588.

[209] Bln DÖV 1976, 53; Gusy DVBl 1979, 720; Lübbe-Wolff DÖV 1980, 594; NKVwGO-Wolff 103; Oldiges NJW 1984, 1930; enger BVerwG 61, 15 = DVBl 1981, 193, 1063: nur Anspr auf Auskunft, begrenzt auf die RAe im Rahmen eines konkreten Vf, offen ob auch der nicht durch einen Anwalt vertretene Bürger; 61, 40; 69, 278 = NJW 1984, 2590: Anspr nur bei Vorliegen eines berechtigten Interesses, insb wenn für die Rechtsverfolgung erforderlich u anders nicht erreichbar; sonst Ermessen der Behörde; **aA** Ma BWVPr 1979, 109 = DVBl 1980, 89: kein Anspr auf Bekanntgabe; BVerwG NVwZ-

Schranken ergeben sich vielfach auch aus dem Grundsatz der Verhältnismäßigkeit bzw des **Übermaßverbots,**[210] **u aus dem** (aus dem Gleichheitsgebot u dem Grundsatz der Verhältnismäßigkeit **abzuleitenden**) **Grundsatz der Systemgerechtigkeit,** wonach bei staatlichen Eingriffen u bei der Verteilung staatlicher Leistungen der Kreis der Belasteten bzw der Begünstigten u die Auswahl der verfügten Mittel unter Beachtung des Eingriffs- bzw Leistungszwecks sachgemäß abgegrenzt bzw bestimmt werden müssen,[211] **zB** bei **Vorgehen gegen „Schwarzbauten"** in einem größeren Gebiet nicht wahllos einzelne Bauherrn herausgegriffen werden dürfen, sondern nach einem **Gesamtkonzept** vorgegangen werden muß, auch wenn zunächst (auch im Hinblick auf die Klärung offener Fragen im RechtsmittelVf) nur gegen einzelne vorgegangen wird (sog **Musterfall**).[212] Keine Schranken ergeben sich idR aus der Duldung rechtswidriger Zustände (Lü NVwZ-RR 1994, 12; 1995, 7; Sch-Gerhardt 25). 43

In weitem Umfang wird der Spielraum der Verwaltung für Ermessensentscheidungen, wertende Beurteilungen usw beschränkt durch die auch im öffentlichen Recht geltenden Grundsätze von **Treu u Glauben** u des **Vertrauensschutzes**[213] oder durch sonstige allg oder von den Gerichten für bestimmte Bereiche entwickelte Rechtsgrundsätze, etwa durch den aus Art 3 GG abgeleiteten Grundsatz der **Chancengleichheit,** insb 44

- bei **Wahlen** (75, 77 u 85 mwN; 87, 276; BVerfG NVwZ 1988, 817; Mü BayVBl 1978, 467), bei der Zulassung von Parteien zu **Wahlsendungen** im Rundfunk (Mü NVwZ 1991, 581; NVwZ-RR 1991, 152);
- bei der **Zulassung zu numerus-clausus-gebundenen Studienfächern** (vgl DVBl 1982, 303);
- bei der **Zulassung als Schausteller** usw auf einem Jahrmarkt;[214] der **Zulassung als Taxi-Unternehmer** (23, 318; DVBl 1982, 303); s auch unten 45 zum Grundsatz der Priorität;
- bei **Prüfungen** (s auch näher oben 31 ff).[215]

RR 1990, 208: auch aus Art 19 Abs 4 u Art 20 Abs 3 u 4 GG kein Anspr von Fraktionen des Gemeinderats auf Bekanntgabe von Verwaltungsrichtlinien der Gemeinde; vgl allg auch Stern StaatsR II § 38 I 5.

[210] Vgl BVerfG 35, 400; 84, 72; BVerwG NVwZ 1983, 227; 1985, 109; 1987, 1087; VRspr 27, 23 (die Ermessensentscheidung darf nicht außer Verhältnis zu dem Zweck der gesetzlichen Ermächtigung stehen); Ma NVwZ-RR 1999, 271 (Beschränkung der politischen Betätigung eines Ausländers nach § 37 Abs 1 S 2 AuslG aF – heute § 47 AufenthG – als milderes Mittel ggü Ausweisung).

[211] NJW 1979, 392, 590; Erichsen VerwA 1980, 293; allg auch BVerwG 34, 115.

[212] 92, 360 = DÖV 1992, 748 mwN; Buchh 406.17 BauOR Nr 5; Br NVwZ 1995, 606; Kassel NVwZ 1995, 394; NVwZ-RR 1992, 346; Ms VRspr 26, 942; Mü BayVBl 1983, 244; Lü NVwZ-RR 1994, 249; Sa NVwZ 1988, 60; s hierzu auch Sch-Gerhardt 24; s auch oben 19.

[213] BVerfG DÖV 1978, 918 = NJW 1978, 2447: Verlängerung einer bisher stets immer wieder problemlos verlängerten Genehmigung; BVerwG 56, 257; 59, 108; 60, 152 mwN; DVBl 1988, 653; NJW 1979, 1113; BayVerfGH BayVBl 1978, 699; Mü BayVBl 1987, 754.

[214] BayVBl 1984, 559: jedenfalls so, daß nicht nur die schon bisher Zugelassenen auch wiederum zugelassen werden, sondern auch Neubewerber eine Zulassungschance in einem zeitlich erkennbaren Turnus haben; zum Grundsatz „bekannt-bewährt" unten 45.

[215] Dazu näher BVerfG 79, 211 = NVwZ 1981, 645: diff zu Stichtagsregelungen; BVerwG NJW 1993, 3345; NVwZ 1993, 686; 1994, 486; BVerfG NJW 1993, 917 u BVerwG 65, 323 (zur Beeinträchtigung durch Lärmstörung u Anspr auf Zeitausgleich); NVwZ 1984, 247; NVwZ 1984, 308; 1987, 593; 1994, 486; DVBl 1987, 1223; Ms DVBl 1992, 1055; BVerwG 87, 261 = NVwZ 1991, 1084 (Chancengleichheit nicht verletzt, wenn anderen bei mündlicher Prüfung die Ergebnisse der schriftlichen Prüfung schon bekannt waren); NVwZ 1992, 1199 (nicht verletzt, wenn bei Prüfung auch gleichgestellter ausländischer Prüfer mitwirkt); BayVBl 1984, 157 u Ms NJW 1991, 2588 (Chancengleichheit verlangt nicht, daß auf mangelnde Beherrschung der deutschen Sprache Rücksicht

Entsprechendes gilt für den **Grundsatz der Fairneß** bei Prüfungen;[216] den **Grundsatz der Verfahrensfairneß;**[217] das **Gebot der Sachlichkeit** einer Prüfung als Folgerung aus dem Rechtsstaatsprinzip, dem Gebot der Chancengleichheit u dem Fairneßgrundsatz,[218] der zB auch verletzt wird durch Äußerungen des Prüfers oder sonstiges **unangemessenes Prüferverhalten,** wodurch der Prüfling einer psychologischen Belastung ausgesetzt wird, die das Bild seiner Leistungsfähigkeit verfälschen u dadurch seine Chancen mindern können (vgl NVwZ-RR 1999, 439; Streinz/Hammerl JuS 1993, 665 mwN); ebenso bei **Befangenheit des Prüfers;**[219] bei Verstoß gegen **sonstige allg Prüfungs- u Bewertungsgrundsätze.**[220] Vgl zum **Prüfungsmaßstab** auch Buchh 421.0 Prüfungswesen Nr 137; Ms NJW 1983, 2278 – Prüfungsmaßstab sind die objektiv nach dem Zweck der Prüfung zu bestimmenden Anforderungen, nicht der durchschnittliche Leistungsstand der Kandidaten –; Kopp JuS 1995, 468 – zum Prüfungsmaßstab u zur Bestimmung des Bewertungsniveaus sowie zur grundsätzlichen Erforderlichkeit eines generellen Bewertungsschemas –; s auch oben 31 ff.

Aus Art 12 Abs 1 S 1 GG ist abzuleiten, daß das PrüfungsVf so auszugestalten ist, daß die Wartezeit zwischen Zulassung zur Prüfung u deren Durchführung den Prüfungsanwärter nicht unzumutbar belastet (BVerfG NVwZ 1999, 1102: Grundrechtsverstoß bei einer Wartezeit von mehr als vier Jahren).

45 Der Ermessens- bzw Beurteilungsspielraum wird auch beschränkt zB – soweit durch Gesetz oder sonstige Rechtsvorschriften nichts anderes bestimmt ist oder Grundsätze der Sachgerechtigkeit[221] oder der Gleichbehandlung nach Richtli-

---

genommen wird); BVerwG NJW 2003, 1063 (nicht verletzt, wenn bei Neukorrektur einer Prüfungsarbeit durch neue Prüfer überholte Korrekturbemerkungen der ausgeschiedenen Prüfer nicht aus Prüfungsarbeit entfernt wurden); NVwZ 1984, 307 (verbietet nicht nur Benachteiligung, sondern auch Bevorzugung von Kandidaten, da sich auch diese idR für Nicht-Bevorzugten erfolgsmindernd auswirkt); DVBl 1999, 1594 (Chancengleichheit verbietet Verschlechterung des Prüfungsergebnisses bei erforderlicher Neubewertung der Prüfungsleistung nur, soweit sie auf Änderung des Bewertungssystems oder Nachschieben beliebiger Gründe beruht); NVwZ 1988, 433 (verletzt, wenn richtige oder vertretbare Antworten nicht als richtig oder vertretbar gewertet werden, s auch oben 31); BayVBl 1988, 692 (nicht verletzt, wenn für Nichtraucher kein eigener Prüfungsraum zur Verfügung gestellt wird); zweifelhaft, zust unter Betonung des Grundrechtsbezugs Wegmann NJW 1993, 482; 92, 145 = NJW 1993, 484: Chancengleichheit verlangt, daß, wenn eine Neubewertung der Prüfungsarbeit, insb aufgrund substantiierter Einwendungen des Prüflings, erforderlich wird, sie grds durch ursprünglichen Prüfer erfolgen muß; str, s dazu auch oben 31 b; KR 9 u 14 zu § 21 VwVfG sowie eingeh Lindner BayVBl 1999, 100 ff.

[216] 55, 355 = NJW 1978, 2408: verletzt durch spöttische oder in anderer Weise verletzende Kommentierung von Prüfungsleistungen während der Prüfung durch den Prüfer; 70, 143 = NVwZ 1985, 187; 78, 55 = NVwZ 1987, 978; Ms NVwZ 1988, 458; DVBl 1992, 1053.

[217] 75, 230 – Flughafen Mü II – Unparteilichkeit auch der Behörde –; 92, 132 – Recht auf ein faires PrüfungsVf –; Lindner BayVBl 1999, 103.

[218] 55, 358; 70, 145; 92, 135; DVBl 1987, 1223; DÖV 1983, 817; NVwZ-RR 1999, 439; Ms NVwZ-RR 1997, 714; Ma VBlBW 1990, 473; Lindner BayVBl 1999, 103; Streinz/Hammerl JuS 1993, 66; Wagner DVBl 1993, 184.

[219] 92, 135 = NVwZ 1993, 682: Verletzung des Gebots der Sachlichkeit, wenn der Prüfer die Prüfungsleistung nicht mit innerer Distanz u frei von Emotionen zur Kenntnis nimmt; NVwZ 2000, 915: Befangenheit kann sich aus der Art u Weise des Umgangs mit den eigenen Fehlern bei späterer Nachkorrektur ergeben; Ko DVBl 1999, 1597: Verwirkung der Befangenheitsrüge; 93, 50; NVwZ-RR 1999, 438: Die Prüfungsbehörde ist nach Art 12 iVm Art 3, 20 Abs 1 GG gehalten, sicherzustellen, daß ein befangener Prüfer im gesamten PrüfungsVf nicht in Erscheinung tritt.

[220] Vgl 61, 210; 70, 145; 73, 378; NVwZ 1985, 187; Mü BayVBl 1999, 84; s auch oben 30.

[221] Vgl Kassel NVwZ-RR 1992, 361; BezG Erfurt LKV 1993, 236; Theuersbacher NVwZ 1993, 632; ferner auch BGH NJW 1993, 1599 – Anwendung eines Punktesystems –; s auch im folgenden.

nien oder entspr einer ständigen Praxis (s oben 42) ein anderes Vorgehen erfordern – durch den **Grundsatz der Priorität** bei ZulassungsVf, zB für Taxis, insb wenn andere gleichfalls sachgemäße Entscheidungskriterien nicht verfügbar oder nicht praktikabel sind;[222] nach dem **Grundsatz „bekannt-bewährt"**, uU iVm einem „Rotationssystem", bei der **Zulassung von Schaustellern zu einem Festplatz** oder von Markthändlern zu einem ör geregelten **Markt;**[223] den **Grundsatz,** daß das Ermessen **nicht zur Umgehung zwingender gesetzlicher Vorschriften** mißbraucht werden darf (52, 191); den Grundsatz von **Treu u Glauben** (MK 30 V), insb auch das **Verbot eines venire contra factum proprium,** wonach die Verwaltung sich nicht ohne hinreichend gewichtige Gründe in Widerspruch zu ihrem eigenen bisherigen Verhalten setzen u dadurch das schutzwürdige Vertrauen des Bürgers verletzen darf;[224] den FBA (83 zu § 113); die **Folgenbeseitigungslast** (NVwZ-RR 1993, 65; s auch 227 zu § 113); das **Koppelungsverbot,** dh das Verbot, Ermessensentscheidungen von Leistungen uä des Bürgers abhängig zu machen, die mit der in Frage stehenden Entscheidung in keinem inneren Zusammenhang stehen.[225]

Besondere Schranken für Planungsakte (s dazu insb auch oben 34ff) ergeben sich aus dem **Gebot gerechter Abwägung** aller von der Planung berührten öffentlichen u privaten Belange; dem **Grundsatz der Konflikt- u Problembewältigung.** Vgl auch DÖV 1991, 472: Die Aufgabe des Tatsachengerichts hat sich in Vf gegen einen Planfeststellungsbeschluß in tatsächlicher Hinsicht **nur** darauf zu beziehen, ob die von der Planfeststellungsbehörde vorgenommene Abwägung von **zutr tatsächlichen Voraussetzungen ausgegangen** ist oder ob sich der Planfeststellungsbehörde **eine andere Abwägung** aufgrund von ihr nicht **ermittelten** tatsächlichen Umständen hätte aufdrängen müssen. 46

15. Mittelbare Ermessens- u Beurteilungskontrolle durch Kontrolle des Verwaltungsverfahrens: Auch die **Nachprüfung der Einhaltung von Verfahrensbestimmungen** u allg, zT dem ungeschriebenen Recht angehörenden Verfahrensgrundsätzen durch die VGe bietet einen gewissen **Ersatz für die fehlende Möglichkeit unmittelbarer Kontrolle.**[226] Wesentlich ist insofern bereits, daß die Behörde – bzw bei Prüfungen: die Prüfer – für die gestellte Aufgabe **eine** den rechtlichen, insb auch den verfassungsrechtlichen Anforderungen 47

---

[222] S zur Zulassung von Taxen 64, 238 = NJW 1982, 1168: Vorgehen nach dem Prioritätsgrundsatz in grundrechtsrelevanten Bereichen nur für eine Übergangszeit als Auswahlgrundsatz zulässig, bis die Auswahlkriterien entspr den Erfordernissen der „Wesentlichkeitstheorie" durch Gesetz geregelt werden; vgl auch BVerfG DVBl 1992, 145 – zum Erfordernis einer normativen Ordnung der Zulassung, s dazu auch oben 26 –; BVerwG 51, 240 = NJW 1977, 915; 82, 295 = NJW 1990, 1376 – auch zur Bedürfnisprüfung u der dafür erforderlichen Prognose –; Salzwedel NVwZ 1989, 825; Selmer JuS 1990, 674 zur Zulassung von Taxis; s auch oben 37.

[223] NVwZ 1984, 585; Ms NVwZ-RR 1991, 202 mwN; NVwZ-RR 1991, 551: ausreichend, wenn von drei Standplätzen zwei nach dem Prinzip „bekannt-bewährt" vergeben werden u einer an einen Neubewerber; Ma DVBl 1991, 940 = NVwZ-RR 1991, 133 – grds zulässig, aber auch neue Bewerber müssen eine reale Chance haben; s auch oben 44 –; Mü BayVBl 1982, 556 u 658; enger Schmidt-Preuß, Kollidierende Privatinteressen im Verwaltungsrecht, 1992, 408; vgl auch Ma NVwZ 1992, 133: grds Losentscheid.

[224] Vgl 52, 159: die Behörde muß bei der Ausübung ihres Ermessens ihr vorangegangenes Verhalten berücksichtigen; offen 53, 27; vgl ferner NVwZ 1984, 741; Bull DVBl 1971, 583; Mü BayVBl 1987, 754; s auch 227 u 229f zu § 113; KR 25 zu § 40 VwVfG.

[225] 42, 338; 67, 177 = NJW 1984, 70; NJW 1980, 1294; s auch Kopp 42 zu § 38 VwVfG; 16 zu § 56 VwVfG; vgl auch 67, 177 = NJW 1984, 70 u Ms JZ 1979, 805: zulässig, die Einbürgerung eines Ausländers davon abhängig zu machen, daß der Betroffene ein Stipendium zurückzahlt, das er im Rahmen der Entwicklungshilfe erhalten hatte.

[226] Vgl BVerfG 84, 72; BVerwG 58, 155; 62, 340; Ossenbühl NVwZ 1982, 466; Bamberger VerwA 2002, 229; Degenhart DVBl 1982, 875; Kopp VerfR 77, 151; Fröhler-FS 1980, 232; s zum Prüfungsrecht auch Löwer/Linke WissR 1997, 138ff m ausf Nachw.

genügende verfahrensrechtliche Rechtsgrundlage zur Verfügung hatte[227] u vorgeschriebene oder nach allg Rechtsgrundsätzen gebotene **Vf** im konkreten Fall auch, jedenfalls soweit es dem Schutz von Personen in der Rechtsposition des Kl dient, auch eingehalten wurden. Daran fehlt es zB, wenn der vom Prüfungsausschuß bestellte Prüfer die Korrektur u Bewertung von Klausuren wissenschaftlichen Mitarbeitern überträgt (Ms DVBl 1999, 562). Zum aus Art 12 GG ableitbaren Anspr auf rechtzeitige Durchführung der Prüfung s oben 44. UU ergibt sich hier **aus dem Verfassungsrecht** auch das **Erfordernis eines** „zusätzlichen **Nachverfahrens**" zur effektiven Geltendmachung von Einwendungen gegen die nach § 114 von den Gerichten nicht weiter überprüfbaren Beurteilungen, zB die pädagogische Bewertung von Prüfungsleistungen, BVerfG 84, 55 u BVerwG 91, 266; 92, 136; anders aber bei Prüfungen, die nicht Voraussetzung für den Berufseinstieg sind, wie zB militärische Laufbahnprüfungen: 103, 204. Birgt die besondere Struktur eines VerwaltungsVf oder die Art der zu treffenden Entscheidungen – wie dies **zB** bei sog **Multiple-Choice-(Antwort-Wahl-) Prüfungen** der Fall ist – die **Gefahr typischer u absehbarer Fehler** u lassen sich diese von der entscheidenden Verwaltungsbehörde früher u besser erkennen als von den in ihren Rechten betroffenen Bürgern, so müssen die verfahrensrechtlichen Möglichkeiten zur vorbeugenden Fehlervermeidung **genutzt** u eine entspr vorbeugende Fehlerkontrolle durchgeführt worden sein, bzw, wenn der Fehler entstanden ist u der Sache nach die **Möglichkeit eines Ausgleichs,** zB durch Unbeachtetlassen der betroffenen Prüfungsfragen u der gegebenen Antworten, besteht, diese genutzt worden sein (BVerfG 84, 73).

Von Bedeutung sind aber **auch die allg Vorschriften u Grundsätze des Verwaltungsverfahrensrechts,** soweit sie dem Schutz der Betroffenen dienen. Dies gilt insb für das Erfordernis der **Unparteilichkeit** der zur Entscheidung berufenen Amtsträger (§§ 20f VwVfG) u Institutionen (KR 9 zu § 20 VwVfG) u für die Verpflichtung zur **Anhörung der Beteiligten** (§ 28 VwVfG) u für die Begründung der Entscheidung (§ 39 VwVfG). S zur **Unparteilichkeit** auch oben 15 sowie allg KR 1ff zu § 20; 13f zu § 21 mwN; zur **Anhörungspflicht** KR 1ff zu § 28 VwVfG mwN; zu den Anforderungen an die **Begründungspflicht** bei Ermessensentscheidungen, ohne die eine Kontrolle des Ermessens der Behörde durch das Gericht weithin illusorisch wäre, zB 62, 340; DÖV 1979, 413; Kopp VerfR 160; KR 17ff zu § 39 VwVfG; zu den Anforderungen an die Begründungspflicht bei behördlichen **Beurteilungsspielräumen** (oben 23ff) ua BVerfG 88, 60 = NVwZ 1993, 670: muß substantiell nachvollziehbar begründet werden; BVerwG 75, 214 = NVwZ 1987, 578; zu den Anforderungen an die Begründungspflicht bei **Prüfungsentscheidungen** BVerwG 91, 262 = NVwZ 1993, 570; 99, 185; Löwer/Linke WissR 1997, 149. Vgl im einzelnen BVerfG 88, 60 = NVwZ 1993, 670: auch der Umstand, daß die Entscheidung der Schulbehörde teilweise auf prognostischen Erkenntnissen beruht, schließt eine gerichtl Überprüfung nicht von vornherein aus. Die Unterrichtsverwaltung muß nachvollziehbar darlegen, auf welche Tatsachen u Erfahrungen aus ihrer eigenen Sphäre u auf welche wissenschaftlichen Erkenntnisse Dritter sie zur prognostischen Beurteilung zurückgreift. Hat sie ihre **Prognose nachvollziehbar begründet,** ist für eine Beweiserhebung durch Sachverständige regelmäßig nur noch Raum, soweit die tatsächlichen Grundlagen oder die Methodengerechtigkeit selbst im Streit stehen.

48 Das **Fehlen einer** ausreichenden substantiellen, nachvollziehbaren[228] **Begründung** oder die „Vagheit" einer Begründung, der nichts Wesentliches zur

[227] Vgl BVerfG 84, 34 = NJW 1991, 2005; 84, 59 = NJW 1991, 2008 – zu berufsqualifizierenden Prüfungen –; s allg auch 12 sowie 22f zu § 1 mwN.

[228] Vgl BVerfG 88, 60 = NVwZ 1993, 670; zur Bedeutung einer nachvollziehbaren Begründung bei Beurteilungsermächtigungen Bamberger VerwA 2002, 233; s auch oben 30.

Sache entnommen werden kann, ist bei Ermessensentscheidungen, Beurteilungs-, Planungs- oder Risikoentscheidungen an sich schon ein **Mangel, der als solcher** den VA materiell **rechtswidrig** macht. Ein schriftlich erlassener ErmessensVA, der nicht den Erfordernissen des § 39 VwVfG genügt, ist auch wg Verstoßes gegen diese Bestimmung rechtswidrig (zum Nachschieben von Gründen s 63ff zu § 113; zum Nachholen der Begründung 60ff zu § 113). Obwohl formelle u materielle Begründungsfehler zu unterscheiden sind, stellt bei ErmessensVAen das Fehlen einer dem § 39 VwVfG entspr Begründung regelmäßig auch ein Indiz für eine fehlerhafte Ermessensausübung dar, ohne daß insoweit das Gericht noch weitere Nachforschungen anstellen müßte[229] (zum Ausschluß der Aufhebbarkeit trotz fehlerhafter Ermessensausübung s oben 6a). Vgl auch Lü BauR 1986, 692: Eine Abbruchsanordnung ist wg Ermessensfehler rechtswidrig, wenn eine Ermessensbetätigung der Bauaufsichtsbehörde nicht erkennbar ist, obwohl konkrete Anhaltspunkte für die Angemessenheit einer Ausnahme bestehen; Lü NJW 1984, 1641 u 1702 zu einer nur formelhaft-nichtssagenden Begründung; enger BVerwG 82, 2: auch wenn die Begründung eines Planfeststellungsbeschlusses nicht zu allen Punkten ein ausreichendes Bild gibt, muß das Gericht von sich aus ermitteln, ob Ermessensfehler vorliegen; es darf jedoch nicht mit zusätzlich eigenen Erwägungen „nachbessern"; **dies gilt jedenfalls** dann, **wenn die Gründe** auch sonst **nicht ersichtlich** sind, zB aus den Umständen (Lü aaO), u die Behörde die Gründe, die für sie maßgeblich waren, auch nachträglich nicht bekanntgibt.[230] – S dazu auch oben 15; zu teilweisen **Ausnahmen** von der Abwägungs- u Begründungspflicht bei Entscheidungen aufgrund von **„Soll"-Vorschriften** u bei **„intendierten Entscheidungen"** (außer wenn die Behörde hier von der für den Regelfall vorgesehenen Entscheidung abgewichen ist oder Gründe vorlagen, bzw jedenfalls vom Betroffenen geltend gemacht wurden, die für eine andere Entscheidung sprechen konnten, oben 21 u 21b, dazu auch 91, 90; KR 29 zu § 39 VwVfG) mit der Folge, daß das Fehlen einer ausreichenden Begründung dann insoweit auch kein Indiz für das Vorliegen von Ermessensfehlern sein kann, oben 21 bzw 21b. Zur **Pflicht zum Erlaß einer Abbruchanordnung** unter dem Gesichtspunkt des **FBA** s 83 zu § 113.

16. Die Vorschrift des § 114 S 2: Sie regelt das Ergänzen von Ermessens- 49
erwägungen während des verwaltungsgerichtlichen Vf u betrifft damit einen Teilbereich des Nachschiebens von Gründen bei ErmessensVAen (s dazu 71f zu § 113; Ey-Rennert 85), wird aber auch für das Nachholen der Begründung relevant (dazu 61 zu § 113). Ihre Bedeutung erschöpft sich dabei aus systematischen, kompetenzrechtlichen u verfassungsrechtlichen Gründen in der Regelung der **prozessualen Berücksichtigung** des Nachschiebens von Gründen (s dazu 72 zu § 113), zT auch in der des Nachholens einer Begründung (s dazu 62 zu § 113). Sie ist entspr auf VAe anwendbar, bzgl derer ein **Beurteilungsspielraum** besteht (Ba SächsVBl 1998, 158; Bader NVwZ 1999, 122; RÖ-M. Redeker 10a), ebenso auf **Planungsentscheidungen** (RÖ-M. Redeker 10a; **aA**

---

[229] BVerfG 85, 36; 88, 60 = NVwZ 1993, 670; BVerwG DÖV 1979, 520; Mü BayVBl 1992, 660; 1993, 311; Bln NJW 1980, 2575; Lü NJW 1984, 1639; Kassel DVBl 1990, 1070; Ma NVwZ 1991, 1205: bei Prüfungsentscheidungen ohne ausreichende Begründung auch kein „Nachschieben" von Gründen; Niehues NJW 1991, 3003: Begründungsdefizit indiziert nicht ohne weiteres ein Bewertungsdefizit; Ey-Rennert 23; Bamberger VerwA 2002, 233; **aA** wohl Becker NVwZ 1993, 1134; Geiger BayVBl 1978, 104; s auch oben 15.

[230] Kassel DVBl 1990, 1070; s auch KR 20 zu § 45 VwVfG; zT **aA** BVerwG 74, 251 u DÖV 1991, 471: vermag die Begründung des Planfeststellungsbeschlusses die erforderliche (planerische) Abwägung nicht zu tragen, so hat das Gericht, wenn eine Sache zu einer solchen Prüfung Anlaß bietet, zu prüfen, ob sich aus anderen Gründen feststellen läßt, daß die Behörde die erforderliche Abwägung getroffen u damit den Anforderungen des Abwägungsgebots entsprochen hat.

Bader NVwZ 1999, 122). Daß seit dem PlVereinfG (s zB § 75 Abs 1 a S 1 VwVfG) Abwägungsmängel nur erheblich sind, wenn sie offensichtlich u auf das Abwägungsergebnis von Einfluß sind, steht dem nicht entgegen (zust NK-VwGO-Wolff 206; **aA** Bader NVwZ 1999, 122). Denn zum einen ist nicht gesagt, ob ein „Ergänzen" stets unbeachtlich iSd § 75 Abs 1 a S 1 VwVfG u entsprechender Bestimmungen ist, zum anderen begründen selbst unerhebliche Abwägungsmängel die Rechtswidrigkeit eines entsprechenden Planfeststellungsbeschlusses (s 6 zu § 113), so daß deshalb sehr wohl ein Interesse besteht, durch Ergänzung der Ausübung des planerischen Ermessens eine entsprechende Rechtswidrigkeit (mit Wirkung ex nunc) zu beheben.

50 Im Anwendungsbereich des § 114 S 2 liegen die Fälle, in welchen bei einem ErmessensVA **unvollständige Ermessenserwägungen ergänzt** wurden, nicht hingegen jene, in denen es an Ermessenserwägungen bisher fehlte, das Ermessen also noch gar nicht ausgeübt wurde[231] oder wesentliche Teile der Ermessenserwägungen ausgetauscht oder erst nachträglich nachgeschoben wurden.[232] In den Fällen einer **Sollvorschrift** ist § 114 S 2 auch dann einschlägig, wenn im Hinblick auf einen zunächst nur unvollständig begründeten VA, der die regelmäßige Rechtsfolge ausspricht, nachträglich zu **Besonderheiten des Einzelfalls Stellung genommen wird** (Lü NVwZ-RR 2007, 147). Werden Ermessenserwägungen in zulässiger Weise ergänzt, kann die (ohnehin nicht allg beantwortbare) Frage offengelassen werden, ob das Ergänzen eine Änderung des Streitggst beinhaltet, die ohne § 114 S 2 nur im Wege einer Klageänderung gem § 91 zulässig wäre, oder ob § 114 S 2 nur klarstellende Bedeutung hat.

51 § 114 S 2 hat auch für die Fälle Bedeutung, in denen eine gemessen an den Erfordernissen des § 39 VwVfG **unvollständige schriftliche Begründung während des gerichtlichen Vf ergänzt** wird. Dabei bedarf es freilich eines Rückgriffs auf § 114 S 2 im Anwendungsbereich des novellierten § 45 Abs 2 VwVfG, der ab dem 1. 2. 2003 eine Heilung nur noch bis Abschluß der letzten Tatsacheninstanz ermöglicht (vgl 3. VwVfGÄndG v 21. 8. 2002, BGBl I 3322), nicht, da sich insoweit bereits aus der Heilung des VA ergibt, daß dieser Gegenstand des Vf ist u hierin nicht etwa ein Neuerlaß eines VA liegt (s 49 zu § 113). § 45 Abs 2 VwVfG reicht dabei insofern weiter als § 114 S 2, als er nicht nur die Ergänzung einer Begründung, sondern auch das völlige Nachholen einer vorher fehlenden schriftlichen Begründung umfaßt u hierbei eine materiellrechtliche Heilung mit Wirkung ex nunc vorsieht, die zugleich mittelbar prozeßrechtlich relevant wird. Bedeutung erlangt § 114 S 2 dabei jedenfalls dort, wo in den LVwVfGen – entspr der früheren bundesgesetzlichen Regelung – die Heilungsmöglichkeit hins einer dem § 39 VwVfG nicht genügenden Begründung gem § 45 Abs 2 LVwVfG nicht mehr während des gerichtlichen Vf zugelassen wird. Das gilt nach der Anpassung des Landesverwaltungsverfahrensrechts an das VwVfG nur noch für Ausnahmefälle nach § 114 Abs 2 S 2 SchlHLVwG. Während § 114 Abs 2 S 1 SchlHLVwG § 45 Abs 2 VwVfG entspricht, schließt § 114 Abs 2 S 2 SchlHLVwG ua eine Nachholung der Begründung im gerichtlichen Vf aus, wenn der Verfahrensfehler von einem Beteiligten geltend gemacht wurde. Angesichts des § 114 S 2 muß trotz der materiellrechtlichen Regelung des § 114 Abs 2 S 2 SchlHLVwG eine Ergänzung von Ermessenserwägungen, die entgegen § 39 VwVfG (§ 109 SchlHLVwG) nicht in den schriftlichen VAen Eingang fanden, prozeßrechtlich auch noch beachtlich sein. Es würde jedenfalls schwerlich überzeugen, wenn zwar die Ergänzung eines materiellrechtlich fehlerhaften VA gem § 114 S 2 auch ohne eine dem § 91 unterfallende Klageänderung prozeßrechtlich relevant wäre, nicht aber dann, wenn die Ermessenserwägungen zwar

---

[231] DVBl 2007, 260; Mü BayVBl 1999, 152; Kraus ThürVBl 2004, 206; NKVwGO-Wolff 208.

[232] S näher oben 71 f zu § 113; Ey-Rennert 87 ff; NKVwGO-Wolff 208.

fehlerfrei angestellt wurden, sie jedoch lediglich in der schriftlichen Begründung nicht in genügender Weise ihren Ausdruck fanden (s 61 zu § 113). Das gilt um so mehr, als sich der Fall einer formell fehlerhaften Begründung eines ErmessensVA von der eines materiell fehlerhaften VA in praxi oft nur schwer trennen läßt u jedenfalls die formell fehlerhafte Begründung regelmäßig auch eine materiell fehlerhafte Begründung indiziert (s oben 15). Vor allem stellt sich beim Nachschieben eines materiell fehlerhaft begründeten schriftlichen ErmessensVA während des Prozesses immer das Problem, daß diese Begründung ihrerseits dem VA gem § 109 SchlHLVwG beigefügt werden muß. Dies ist aber auch nach der Neufassung des § 114 Abs 2 SchlHLVwG nach Abschluß des VerwaltungsVf in den Fällen einer Rüge des Fehlers nicht mehr möglich (anders als in den § 45 Abs 2 VwVfG folgenden Regelungen der LVwVfGe, dazu R. P. Schenke VerwA 1999, 246); damit liefe § 114 S 2 leer, wenn er sich nicht auch auf die formalrechtliche Seite des Ergänzens beziehen würde. Folglich muß § 114 S 2 im Einklang mit seinem Wortlaut erst recht anwendbar sein, wenn ein Defizit hins der Begründung einer Ermessensentscheidung nicht nur materiellrechtlich u verfahrensrechtlich besteht, sondern nur verfahrensrechtlich. § 114 S 2 vermag freilich auch hier das Ergänzen einer formell fehlerhaften Begründung materiellrechtlich nicht zu heilen. Da § 114 Abs 2 S 2 SchlHLVwG tlw eine Heilungsmöglichkeit ausdr ausschließt u § 115 SchlHLVwG auch nach dessen Neufassung hier nicht stets einschlägig zu sein braucht (s auch 61 zu § 113), kann das Nachholen einer unter Verstoß gegen § 109 SchlHLVwG erfolgten Begründung eines VA nur so verstanden werden, daß sie rechtlich als Neuerlaß eines VA bewertet wird, der aber dennoch unter den Voraussetzungen des § 114 S 2 zum Gegenstand der Klage gemacht wird, so daß nach dieser Vorschrift also eine **gesetzliche Klageänderung** stattfindet (s auch 72 zu § 113).

Betrifft das Ergänzen eines VA iSd § 114 S 2 den Fall, daß ein materiell fehlerhafter VA durch das Nachschieben von Ermessenserwägungen ergänzt wird, schied für das Gericht schon vor der Aufhebung der früheren § 87 Abs 1 S 2 Nr 7, § 94 S 2 eine Aussetzung zum Zweck der Ermöglichung einer behördlichen Ergänzung von Ermessenserwägungen aus (s auch 23 zu § 94 u 1 zu § 87), da der Anwendungsbereich dieser Vorschriften ausdr auf **Verfahrens- u Formfehler** beschränkt war u sie materiellrechtliche Fehler nicht zum Gegenstand hatten. Nach Aufhebung der §§ 87 Abs 1 S 1 Nr 7, 94 S 2 verbietet sich schon aus diesem Grund eine Analogie zu diesen Vorschriften (für sie aber RÖ-M. Redeker 10b). Aus entspr Gründen ist es auch ausgeschlossen, dasselbe Ergebnis über § 86 Abs 3, § 87 Abs 1 S 1 herbeizuführen (so aber Sch-Gerhardt 12f), indem zwar konzediert wird, daß § 87 Abs 1 S 2 Nr 7 u § 94 S 2 hier nicht gelten, wohl aber einen „gewissen Anhalt für den äußeren Rahmen ergänzender Befassung der Behörde" darstellen u das Unterlassen einer Einräumung einer solchen Heilungsmöglichkeit uU sogar einen gerichtlichen Verfahrensfehler begründen soll (so aber Sch-Gerhardt 12f).

§ 115 [Klagen gegen Widerspruchsbescheid]

§§ 113 und 114 gelten entsprechend, wenn nach § 79 Abs. 1 Nr. 2 und Abs. 2 der Widerspruchsbescheid Gegenstand der Anfechtungsklage ist.[1 f]

Schrifttum: *Seibert,* Die isolierte Aufhebung von Widerspruchsbescheiden, BayVBl 1983, 174; *Kopp,* Grenzen des Beurteilungsspielraums bei Prüfungen, JuS 1995, 468. – S auch zu § 79, § 113 u § 114.

Die Vorschrift ergänzt die §§ 113, 114, die (mit Ausnahme des § 113 Abs 1 S 1) nur die Entscheidung des VG bei Fehlerhaftigkeit von VAen regeln, u schreibt die entspr Anwendung der für VAe geltenden Bestimmungen auch in 1 den Fällen vor, in denen nach § 79 Abs 1 Nr 2 u Abs 2 ein **Widerspruchsbescheid** nicht wie bei §§ 113, 114 zusammen mit dem ursprünglichen VA, den er bestätigt oder abändert, angefochten wird, sondern allein **Gegenstand der Anfechtungsklage** ist. Auch der Widerspruchsbescheid ist ein VA.[1] Vgl auch 1 ff zu § 79. Im einzelnen kann auf die Ausführungen zu § 113 u § 114 sowie auch zu § 79, insb 5 ff zu § 79, verwiesen werden. Zulässig ist zB auch die **FFK** gegen den Widerspruchsbescheid auf Feststellung, daß dieser rechtswidrig war (vgl NVwZ 1988, 1121).

2 § 115 ist analog auf die **Verpflichtungsklage auf Erlaß eines Widerspruchsbescheids** (s 12 f vor § 68; Schenke DÖV 1996, 529) anwendbar.[2] **War** durch den Widerspruchsbescheid **ein begünstigender VA zu Unrecht aufgehoben** worden u hebt nunmehr das Gericht den Widerspruchsbescheid auf, so ist, wenn die Sache spruchreif ist, bei der Klage auf einen neuen Widerspruchsbescheid die Widerspruchsbehörde analog 115, 113 Abs 5 **zu verpflichten, den Widerspruch zurückzuweisen;**[3] ist die Sache hins der Entscheidung der Widerspruchsbehörde **noch nicht spruchreif,** so ist **auf Neubescheidung** des Widerspruchs entspr § 113 Abs 5 S 2 zu erkennen.

§ 116 [Verkündung und Zustellung des Urteils]

(1) **Das Urteil wird, wenn eine mündliche Verhandlung stattgefunden hat, in der Regel in dem Termin,**[1 f] **in dem die mündliche Verhandlung geschlossen wird, verkündet,**[1 ff] **in besonderen Fällen in einem sofort anzuberaumenden Termin, der nicht über zwei Wochen hinaus angesetzt werden soll.**[7 ff] **Das Urteil ist den Beteiligten zuzustellen.**

(2) **Statt der Verkündung ist die Zustellung des Urteils zulässig;**[9 ff] **dann ist das Urteil binnen zwei Wochen nach der mündlichen Verhandlung der Geschäftsstelle zu übermitteln.**[11 f]

(3) **Entscheidet das Gericht ohne mündliche Verhandlung, so wird die Verkündung durch Zustellung an die Beteiligten ersetzt.**[9 ff]

Vgl §§ 310 ff ZPO; §§ 132 f SGG; § 104 FGO

Schrifttum: *Dolderer,* Wann sind verwaltungsgerichtliche Entscheidungen „erlassen"?, VBlBW 2000, 417; *Felix,* Konventionskonforme Bekanntgabe steuergerichtlicher Urteile, BB 1996, 1741; *Geiger,* Beginn der Wirksamkeit verwaltungsgerichtlicher Entscheidungen, BayVBl 2001, 44; *Lippold,* Grenzen der Zulässigkeit der Zustellung statt Verkündung von Urteilen – § 116 II VwGO und Art 6 I EMRK, NVwZ 1996, 137; *Ruthig,* Zustellung statt Verkündung verwaltungsgerichtlicher Entscheidungen – eine Praxis mit Tücken zwischen VwGO und EMRK, NVwZ 1997, 1188; *Schneider,* Probleme aus der Prozeßpraxis. Revision bei verzögerter Urteilsabsetzung, MDR 1988, 646.

1 **1. Allgemeines:** Die Vorschrift wurde durch das JKomG redaktionell geändert. **Urteile** werden wie nach § 310 ZPO **durch Verkündung** (Abs 1) bzw Zustellung (Abs 2 u 3) an mindestens einen Hauptbeteiligten **„erlassen".** Trotzdem ist Zurückhaltung geboten bei der Angabe eines bestimmten Zeitpunkts, zu dem die Entscheidung „wirksam" wird, da hierbei zwischen den verschiedenen prozessualen Folgen zu differenzieren ist.[1*] Soweit es sich in der Sa-

[1] 13, 197; 70, 197 – unter Hinweis darauf, daß nach Aufhebung des Widerspruchsbescheids in jedem Fall nochmals über den Widerspruch zu entscheiden ist –; BSG NJW 1977, 77; BFH NJW 1966, 2283.

[2] Br NJW 1965, 1629; Ey-J. Schmidt 2; Köhler 2; **aA** NKVwGO-Wolff 3; SDC 1.

[3] Br NJW 1965, 1629; Ey-J. Schmidt 2; zT **aA** RÖ-M. Redeker 1: Verpflichtung der Widerspruchsbehörde zur Neubescheidung entspr dem Urteil.

[1*] Ebenso Sch-Clausing 3; Ruthig NVwZ 1997, 1189; s näher zur Frage, ab wann das Gericht selbst an die Entscheidung gebunden ist, unten 3; dazu, ab wann die Beteiligten RMittel dagegen einlegen können s 19 vor § 124.

che um eine Entscheidung über einen **„zivilrechtlichen Anspruch"** iSv **Art 6 EMRK** handelt (civil right; zum Begriff s 16 zu § 1), ist die Verkündung auch durch Art 6 EMRK geboten (vgl Tomuschat, Redeker-FS 1993, 285; zu den daraus resultierenden Bedenken gegen § 116 Abs 2 s unten 9). Verkündung bzw Zustellung können auch nach Einlegung eines RMittel bis zur Entscheidung der nächsten Instanz mit Wirkung für die Zukunft wirksam **nachgeholt** werden (BGH 32, 370). § 116 ist entspr **auch auf Beschlüsse** in selbständigen BeschlußVf, zB nach § 80 Abs 5 u 6, § 123; § 47 Abs 6 anwendbar (s 5 zu § 122; Ks DÖV 1988, 523 Geiger BayVBl 2001, 46). Da **Gerichtsbescheide** (§ 84) ohne mV ergehen, werden sie gem § 116 Abs 3 immer durch Zustellung erlassen.

Dem **Fehlen der Verkündung** stehen **schwere Verstöße** gegen die Bestimmungen über die Verkündung gleich (zB Verkündung unter Ausschluß der Öffentlichkeit u der Beteiligten, s 3 zu § 56), bei denen von einer Verkündung im Rechtssinne nicht mehr gesprochen werden kann. **Dem Fehlen der Zustellung steht** die **unwirksame Zustellung gleich,** dh eine unter Verstoß gegen grundlegende Erfordernisse vorgenommene Zustellung, zB Zustellung an eine nicht beteiligungsfähige Einrichtung. **Weniger schwerwiegende Verstöße** berühren die Wirksamkeit der Entscheidung nicht, haben aber uU zur Folge, daß **Rechtsmittelfristen** nicht zu laufen beginnen. Vgl dazu sowie zu den Folgen sonstiger Verkündungs- oder Zustellungsmängel 3 zu § 56. Für **Beschlüsse** gilt Entsprechendes. 2

2. Bindung des Gerichts/Unabänderlichkeit der Entscheidung: Mit der Vollendung der **Verkündung** (s unten 6) bzw nach **Zustellung** des vollständigen Urteils (s unten 10) an alle Beteiligten ist der Erlaß des Urteils abgeschlossen. Spätestens dann ist auch das Gericht selbst an die Entscheidung gebunden (zur Kritik am Begriff der „Wirksamkeit" der Entscheidung s oben 1). Die **Bindungswirkung gem § 173 S 1 iVm § 318 ZPO** tritt aber bereits dann ein, wenn sich das Gericht der Entscheidung in einer der Verkündung vergleichbaren Weise „entäußert" hat.[2] Dies ist der Fall bei der **Aufgabe der ersten zuzustellenden Ausfertigung zur Post,**[3] der Mitteilung des Entscheidungsinhalts durch **Zustellung des noch nicht mit Gründen versehenen Urteils** (Buchh 310 § 133 VwGO Nr 50) oder bei der **telefonischen Mitteilung der Urteilsformel** an zumindest einen der Beteiligten.[4] An einer solchen „Entäußerung" fehlt es jedoch, solange das Urteil lediglich an die Geschäftsstelle übermittelt wurde, da dies zwar erkennen läßt, daß der Richter es zur ordnungsgemäßen Bekanntgabe freigibt (NJW 1993, 1812), eine Zurückholung in den Spruchkörper jedoch noch möglich ist.[5] Es handelt sich also um bloße Urteilsentwürfe, die, auch wenn sie bereits unterschrieben sind, jederzeit abgeändert werden können (58, 198; 75, 341; s auch 19 vor § 124). 3

---

[2] Vgl 58, 148; 75, 341 = NJW 1987, 2247; 95, 71 = NVwZ 1994, 1206; Dolderer VBlBW 2000, 419; RÖ-M. Redeker 7f; Sch-Clausing 10; Ruthig NVwZ 1997, 1189; s auch 19 vor § 124; **aA** (bereits mit der formalisierten Übergabe der Entscheidung oder des Tenors an die Geschäftsstelle) Ma VBlBW 1999, 263; Mü BayVBl 1998, 733; We DÖV 2000, 833; B-Kuntze 10; Geiger BayVBl 2001, 46.

[3] 58, 149; Ma NVwZ-RR 1992, 152; Dolderer VBlBW 2000, 419; Geiger BayVBl 2001, 46; RÖ-M. Redeker 8; Sch-Clausing 10; s auch BVerfG NJW 1993, 51.

[4] NVwZ-RR 1988, 125; 1994, 298; Mü BayVBl 1997, 434; Ms DVBl 1981, 692; Dolderer VBlBW 2000, 419; einschränkend Ma NJW 1974, 1399: nur bei förmlicher Anordnung der Bekanntgabe durch den Richter.

[5] 95, 71 = NVwZ 1994, 1206; Mü BayVBl 1997, 433; Ruthig NVwZ 1997, 1189; **aA** – unter fälschlicher Berufung auf BVerwG NJW 1993, 1812 – We NVwZ-RR 1996, 545, wo die Differenzierung allerdings nicht entscheidungserheblich war; Mü BayVBl 1987, 656; Dolderer DVBl 1999, 1025 Fn 57; Ey-J. Schmidt 14, Geiger BayVBl 2001, 46; RÖ-M. Redeker 7.

Mit dem Eintritt der Bindungswirkung für das Gericht ist eine **Wiedereröffnung der mV ausgeschlossen,**[6] kann das Urteil grds **nicht mehr zurückgenommen oder geändert** werden (s aber zur nachträglichen Urteilsberichtigung bzw -ergänzung §§ 118 ff u wird es **anfechtbar** (s dazu 19 vor § 124 mwN; die Rechtsmittelfristen laufen jedoch erst mit der Zustellung u zwar für jeden Beteiligten getrennt, s 11 zu § 57; 4 zu § 76) bzw **mangels Anfechtbarkeit rechtskräftig** (95, 71 = NVwZ 1994, 1206).

4 **3. Die Verkündung des Urteils** erfolgt durch **Verlesung** der (vorher schriftlich – Unterschriften der mitwirkenden Richter jedoch nicht erforderlich! – niedergelegten, vgl BGH NJW 1985, 1782; Sch-Clausing 6; **aA** Jauernig NJW 1986, 117) **Urteilsformel,** bei Verzichts- u Anerkenntnisurteilen uU auch durch bloße Mitteilung der Urteilsformel (§ 173 S 1, § 311 Abs 2 S 3 ZPO) in öffentlicher Sitzung durch den Vorsitzenden (§ 173 S 1, § 136 Abs 4 ZPO) vor dem ordnungsgemäß besetzten Gericht, dessen Mitglieder jedoch nicht notwendig dieselben Richter sein müssen, die das Urteil gefällt haben (s 1 ff zu § 112; 4 f zu § 133; s zu Abweichungen, wenn ein besonderer Verkündungstermin anberaumt wurde, § 173 S 1, § 311 Abs 4 ZPO). Die **Anwesenheit der Parteien** ist nicht erforderlich (§ 173 S 1, § 312 ZPO). **War** jedoch **ein Beteiligter zur mV nicht erschienen,** u ist **nicht auszuschließen,** daß er inzwischen **doch noch gekommen** ist, so muß das **Gericht zur Wahrung des rechtlichen Gehörs** vor Verkündung des Urteils die Sache nochmals aufrufen lassen, um dem betroffenen Beteiligten die Möglichkeit zu geben, vor Verkündung des Urteils noch sachdienliche Anträge zu stellen u auf rechtliche u tatsächliche Gesichtspunkte sowie insb auch auf mögliche Mängel des Vf u der zu erwartenden Entscheidung hinzuweisen (72, 37). Zum **Ausschluß der Öffentlichkeit** bei der Verkündung s § 173 GVG u Art 6 Abs 1 S 2 EMRK (vgl auch 2 ff zu § 55). Die Verkündung darf auch dann nicht unterbleiben, wenn außer dem Gericht niemand im Gerichtssaal anwesend ist, andernfalls wäre das Urteil nicht erlassen. Ist bei der Verkündung von den Parteien niemand erschienen, so kann gem § 173 S 1 iVm § 311 Abs 2 S 2 ZPO die Vorlesung der Urteilsformel durch eine Bezugnahme auf die Urteilsformel ersetzt werden. Seit dem ZPO-RG besteht diese Möglichkeit nun nicht mehr nur in den Fällen, in denen ein besonderer Verkündungstermin anberaumt ist.

5 Die Verkündung muß **protokolliert** werden, da jedenfalls der Nachweis der Verkündung in anderer Weise nicht geführt werden kann.[7] Die Protokollierung **kann** jedoch auch **nachgeholt werden** (vgl 8 zu § 105). Dagegen ist der ebenfalls vorgeschriebene **Verkündungsvermerk** auf der Urteilsausfertigung (§ 117 Abs 2) für die Wirksamkeit der Verkündung ohne Belang.

6 **Mit der** Vollendung der **Verkündung** der Urteilsformel wird das Urteil **unabänderlich** (§ 318 ZPO, § 173 S 1; 72, 37; 75, 341; s auch 1 zu § 118). Auch bei **irrtümlicher Verkündung** einer unzutr oder unvollständigen Urteilsformel muß die schriftliche Abfassung des Urteils den verkündeten falschen Inhalt wiedergeben; ein Hinweis in der Urteilsbegründung auf den Fehler ist in diesem Fall jedoch nobile officium des Gerichts. Eine **Berichtigung** ist **nur noch** in den Grenzen der **§§ 118 ff** möglich (vgl BVerfG NJW 1992, 1496 zur versehentlich unterbliebenen Verkündung der Zulassung eines RMittel), daher **zB nicht,** wenn irrtümlich ein vom Beratungsergebnis **abweichender Urteilstenor** verkündet wurde (LAG Düsseldorf NZA 1992, 427). Dagegen sind **bis zum Abschluß der Verkündung,** dh bevor das letzte Wort der Urteilsformel (Tenor, s § 117 Abs 2 S 3), einschließlich der Kostenentscheidung (§ 161 Abs 1) u

[6] Mü BayVBl 1997, 433; s auch BVerfG 62, 353 = NJW 1983, 2187; NJW 1993, 51.

[7] Vgl § 105 iVm § 165 ZPO; dazu BGH NJW 1985, 1782; vgl auch BGH NJW 1994, 3358.

der Entscheidung oder der vorläufigen Vollstreckbarkeit (§ 167), verlesen ist, Berichtigungen ohne Beschränkungen möglich, da das Urteil ja noch nicht erlassen ist;[8] ebenso auch eine nochmalige neue Beratung des Urteils (vgl auch 10ff zu § 104). Wird das Urteil durch Verkündung erlassen, so hat **die Zustellung nur noch** für den Lauf von **Rechtsmittelfristen** Bedeutung.

4. Verkündungstermin (Abs 1 S 1): Termin iSd Vorschrift ist gleichbedeutend mit **Sitzung,** dh Sitzungstag (20, 141). Verkündung im „Termin, in dem die mV geschlossen wird“, liegt daher **auch** vor, **wenn die Verkündung des Urteils nicht** unmittelbar nach Abschluß der mV über die Sache, sondern **erst vor Ende der Sitzung** des Gerichts, also ggf nachdem inzwischen andere Streitsachen verhandelt u entschieden wurden, erfolgt. Bei Verkündung in einem besonders anberaumten Termin (Verkündungstermin) muß die **Anberaumung** dieses Termins durch einen **verkündeten oder zugestellten (§ 56) Beschluß** erfolgen; andernfalls wäre die Verkündung des Urteils unwirksam (**aA** Ey-J. Schmidt 7; str). Nicht erforderlich – u meist auch nicht zweckmäßig, weil die Beratung des Urteils vielleicht die Notwendigkeit weiterer Beweisaufnahmen ergeben kann – ist, daß ein Termin zur Verkündung **des Urteils** anberaumt wird. Die Festsetzung eines Termins zur Verkündung einer Entscheidung genügt, auch wenn diese Entscheidung dann das Urteil ist (Ey-J. Schmidt 3; Sch-Clausing 4). Ein festgesetzter **Verkündungstermin kann** nachträglich durch einen neuen Beschluß, der den Beteiligten zuzustellen ist, **aufgehoben** oder verlegt werden. 7

Ein **Verstoß gegen die Frist von zwei Wochen** gem Abs 1 S 1 für den Verkündungstermin hat keine prozessualen Folgen, solange die Überschreitung nicht so erheblich ist, daß nicht auszuschließen ist, daß das Urteil nicht mehr auf dem Ergebnis der mV beruht (s im einzelnen unten 12). 8

5. Erlaß des Urteils durch Zustellung (Abs 2, 3): Auch wenn das Gericht aufgrund mV entscheidet, kann es **nach seinem Ermessen** (75, 341 = NJW 1987, 2247: kein Regel/Ausnahmeverhältnis; dagegen NKVwGO-Kilian 7) das Urteil statt durch Verkündung durch Zustellung erlassen (Abs 2). Bei Entscheidungen, die ohne mV ergehen (vgl § 101 Abs 2), ist dies der normale Weg (Abs 3). Die Regelung ist im **Hinblick auf Art 6 Abs 1 S 2 EMRK** (Anspr der Beteiligten auf öffentliche Verkündung des Urteils; vgl auch 2ff zu § 55), der auch für bestimmte Vf vor den Verwaltungsgerichten gilt, nicht unproblematisch;[9] sie ist einschränkend dahin zu verstehen, daß das Gericht grds nur dann von einer Verkündung des Urteils absehen darf, wenn die Beteiligten dazu ihr **Einverständnis** geben (Sch-Clausing 9; vgl Naumann aaO; **aA** Lippold NVwZ 1996, 139; NKVwGO-Kilian 9). Der Verzicht auf mV gem § 101 Abs 2 schließt im Zweifel dieses Einverständnis mit ein. 9

Wird eine Entscheidung nach § 116 Abs 2 zugestellt u nicht nach § 116 Abs 1 verkündet, so ist auch für diesen Fall § 117 Abs 4 S 2 entsprechend anwendbar mit der Folge, daß die Bindungswirkung des Urteils die **Übermittlung** einer von **allen** an der Beschlußfassung mitwirkenden Richtern (s dazu 2 zu § 117) unterzeichneten **Entscheidungsformel an die Geschäftsstelle** voraussetzt.[10]

---

[8] Vgl auch DVBl 1991, 637 zu der allerdings weitergehenden Regelung des § 78 Abs 1 S 1 BDO aF, der, anders als § 116, außerdem auch die Mitteilung der Urteilsgründe verlangt.

[9] Sch-Clausing 9; Naumann SGb 1974, 339; Tomuschat, Redeker-FS 1993, 285 mwN; Lippold NVwZ 1996, 137; Felix BB 1996, 1741; Ruthig NVwZ 1997, 1189; **aA** Mü BayVBl 1997, 434, wo aber die Anwendbarkeit des Art 6 Abs 1 S 1 EMRK auf das verwaltungsgerichtliche Vf zu Unrecht ganz allg angezweifelt wird.

[10] DÖV 1993, 720: ein nicht gem § 117 Abs 1 S 2 u 3 unterschriebenes Urteil ist auch dann unwirksam, wenn der Mangel den Beteiligten unbekannt geblieben ist; Mü NJW 1987, 2247.

Gleiches gilt für Entscheidungen, die nach § 116 Abs 3 ohne mV ergehen (Mü NJW 1987, 2247).

10 Der Erlaß des Urteils durch Zustellung setzt, wenn mV vorausgegangen ist, einen **entsprechenden Beschluß** des Gerichts, daß das Urteil durch Zustellung zu erlassen ist,[11] voraus, der noch in der mV **zu verkünden** ist, jedoch auch schriftlich nachgeholt werden kann (NJW 1976, 124). Zudem ist ein Verstoß grds unerheblich, da das Urteil nicht darauf beruhen könnte (NJW 1976, 124). **Zum Begriff der Zustellung** u den dabei zu beachtenden Förmlichkeiten sowie zur Frage der Zustellungsmängel s 1 ff zu § 56. Zuzustellen ist das ganze Urteil, nicht nur die Urteilsformel. Die Zustellung kann durch die Übermittlung des Urteils gem Abs 2 an die Geschäftsstelle u die formlose, zB telefonische, Mitteilung des Tenors des Urteils durch die Geschäftsstelle an die Beteiligten (vgl 20 zu § 117) nicht ersetzt werden; ebenso nicht durch die Zustellung der Urteilsformel, da § 317 Abs 2 S 2 ZPO insoweit nicht anwendbar ist (Ks NVwZ-RR 2002, 793). Die Beteiligten haben jedoch **Anspr auf Mitteilung des Urteilsinhalts,** sobald das Urteil der Geschäftsstelle zur Ausfertigung übermittelt ist (38, 220 = 1971, 1859; NVwZ 1994, 297). Zur Bindung des Gerichts an seine Entscheidung bzw ihre Anfechtbarkeit s oben 3. Zur Möglichkeit des **Erlasses von Beschlüssen** gem § 80 Abs 5 u 6 bzw § 123 durch formlose Mitteilung an die Beteiligten vgl 168 zu § 80; auch in diesen Fällen ist die Zustellung des Beschlusses an die Beteiligten gem § 56 Abs 1 jedenfalls alsbald nachzuholen (s 168 zu § 80).

11 Zur **Wahrung der Frist von zwei Wochen** gem Abs 2 für die Übermittlung des Urteils an die Geschäftsstelle genügt in entspr Anwendung des § 117 Abs 4 S 2 auch die **Übermittlung der unterschriebenen Urteilsformel.**[12] Das **vollständige Urteil** (mit Tatbestand, Entscheidungsgründen u Rechtsmittelbelehrung) ist dann analog § 117 Abs 3 S 2 alsbald abzusetzen, zu unterschreiben u der Geschäftsstelle zu übermitteln (38, 210; 39, 52).

12 Die Bestimmung über die **Frist von zwei Wochen** nach Abs 2 ist jedenfalls hins der Urteilsformel nicht nur eine Ordnungsvorschrift, sondern zwingend; eine **Verletzung stellt einen Verfahrensmangel dar**[13] **sowie** uU auch **einen Verstoß gegen Art 103 Abs 1 GG** (BVerfG NVwZ 1990, 651; s auch 13 zu § 138) u gegen das Willkürverbot gem **Art 3 Abs 1 GG. Ein Verstoß** gegen die Frist von zwei Wochen ist aber jedenfalls nur dann iSd §§ 130 Abs 1 Nr 2, 132 Abs 2 Nr 3, 137 Abs 1 sowie außerdem iSv § 138 Nr 6 (s dazu NVwZ 1982, 560; Buchh 310 § 133 VwGO Nr 25 S. 18) erheblich u kann die Berufung bzw Revision begründen, wenn dargelegt wird bzw sonst erkennbar ist, daß das Urteil **auf dem Mangel beruhen kann** (Buchh 310 § 116 VwGO Nr 13 S 5; NVwZ 2000, 1291; vgl auch 75, 343), oder wenn wg des Zeitablaufs, weil nicht mehr gewährleistet ist, daß das Urteil die Gründe, die für die richterliche Überzeugung maßgeblich waren (§ 108 Abs 1 S 2), zuverlässig wiedergibt, das Urteil **einem Urteil ohne Gründe** iSv § 138 Nr 6 gleichzustellen ist (Buchh 110 § 133 VwGO Nr 25 S 118; vgl auch 21 zu § 117), insb, **wenn der zeitliche Abstand so groß ist,** daß die Annahme nicht auszuschließen ist, daß bei

---

[11] NKVwGO-Kilian 29.

[12] 38, 220; 39, 52; NVwZ 1994, 695; NVwZ-RR 1994, 297; NVwZ 1998, 1176; BFH 130, 126; **aA** Ule 55 II: Übergabe des vollständigen Urteils erforderlich.

[13] 38, 222; 39, 52; RÖ-M. Redeker 3; Sch-Clausing 11; offen BVerwG DVBl 1987, 1111: Folge jedenfalls nicht, daß überhaupt kein wirksames Urteil vorläge; wenn Verfahrensfehler, so jedenfalls nicht kausal, wenn das Urteil innerhalb der 2-Wochenfrist beschlossen wurde; vgl auch im gleichen Sinn zur vergleichbaren Bestimmung in Abs 4 GSOGB, BVerwG 92, 367 = NJW 1993, 2603; zT **aA** BFH 130, 126: verspätete Übergabe an die Geschäftsstelle ohne prozessuale Bedeutung; jedoch Verfahrensfehler, wenn das Urteil nicht innerhalb der 2-Wochenfrist beschlossen wird; ähnlich BGH NJW 1984, 2828 mwN.

der Abfassung des Urteils den Richtern das Ergebnis der Verhandlung nicht mehr hinreichend zweifelsfrei gegenwärtig war. Wann dies der Fall ist, kann grds **nur im Hinblick auf den konkreten Fall,** auf die verstrichene Zeit, die Art des Rechtsstreits usw bestimmt werden (vgl 49, 63; 50, 278; 60, 16; NVwZ 1982, 560). Erfolgt die Beschlußfassung erst nahezu dreieinhalb Monate nach der mündlichen Verhandlung, so beruht das Urteil idR auf einem Verstoß gegen § 116 Abs 2 (NVwZ 1998, 1176). **Die äußerste Grenze liegt jedenfalls** analog §§ 517, 548 ZPO **bei 5 Monaten.**[14] **Entsprechendes gilt bezüglich der Abfassung** u Übermittlung des vollständigen Urteils an die Geschäftsstelle, wenn diese nicht innerhalb von 5 Monaten nach der Verhandlung erfolgt.[15] Die fehlende Unterschrift eines Richters kann nicht mehr nachgeholt werden, wenn die für die Einlegung eines RMittel längste Frist von 5 Monaten nach der Verkündung des Urteils abgelaufen ist (BGH NJW 2006, 1881). Die Frist von 5 Monaten gilt nur für Urteile, die aufgrund einer mV erlassen wurden; sie gilt deshalb auch dann nicht, wenn sich die Parteien nach einer mV mit einer Entscheidung im schriftlichen Vf einverstanden erklärt haben (NVwZ-RR 2003, 460). § 128 II 3 ZPO, nach dem eine Entscheidung ohne mV unzulässig ist, wenn seit der Zustimmung der Parteien mehr als drei Monate vergangen sind, ist auch nicht über § 173 entspr anwendbar (NVwZ-RR 2003, 461). **Ist die zulässige Frist überschritten,** so muß die mV u die Beschlußfassung über das Urteil wiederholt werden.[16] Ergeht das Urteil nicht aufgrund einer mV (§ 101 Abs 2), gilt § 116 Abs 2 nicht. Da § 101 hier keine zeitliche Bindung vorsieht, ist auch § 128 Abs 2 S 3 ZPO hier nicht entspr anwendbar (19. 12. 2001 – 1 B 120/01).

§ 117 [Form und Inhalt des Urteils]

(1) **Das Urteil ergeht „Im Namen des Volkes".**[1 ff, 7] **Es ist schriftlich abzufassen und von den Richtern, die bei der Entscheidung mitgewirkt haben, zu unterzeichnen.**[1 ff] **Ist ein Richter verhindert, seine Unterschrift beizufügen, so wird dies mit dem Hinderungsgrund vom Vorsitzenden oder, wenn er verhindert ist, vom dienstältesten beisitzenden Richter unter dem Urteil vermerkt.**[2 f] **Der Unterschrift der ehrenamtlichen Richter bedarf es nicht.**

(2) **Das Urteil**[7] **enthält**

1. **die Bezeichnung der Beteiligten, ihrer gesetzlichen Vertreter und der Bevollmächtigten nach Namen, Beruf, Wohnort und ihrer Stellung im Verfahren,**[8]
2. **die Bezeichnung des Gerichts und die Namen der Mitglieder, die bei der Entscheidung mitgewirkt haben,**[8]
3. **die Urteilsformel,**[9 ff]
4. **den Tatbestand,**[12 ff]
5. **die Entscheidungsgründe,**[14 ff]
6. **die Rechtsmittelbelehrung.**

(3) **Im Tatbestand ist der Sach- und Streitstand unter Hervorhebung der gestellten Anträge seinem wesentlichen Inhalt nach gedrängt darzustellen.**[12 ff] **Wegen der Einzelheiten soll auf Schriftsätze, Protokolle und andere Unterlagen verwiesen werden, soweit sich aus ihnen der Sach- und Streitstand ausreichend ergibt.**[16 ff]

---

[14] Vgl GSOGB BVerwG 92, 367 = NJW 1993, 2603; BVerwG NJW 1994, 273; ebenso BVerwG – GrS – Vorlagebeschluß = DVBl 1992, 1227; BVerwG 85, 273; NVwZ 1999, 1334; s auch 21 zu § 117.

[15] NJW 1994, 273; NVwZ 1999, 1334; 2001, 1150; NVwZ-RR 2003, 461.

[16] Vgl 50, 278; NJW 1984, 192; Sch-Clausing 11; s ferner 12 ff zu § 104; 1, 3 ff zu § 112.

(4) **Ein Urteil, das bei der Verkündung noch nicht vollständig abgefaßt war, ist vor Ablauf von zwei Wochen, vom Tag der Verkündung an gerechnet, vollständig abgefaßt der Geschäftsstelle zu übermitteln.**[19 ff] **Kann dies ausnahmsweise**[20] **nicht geschehen, so ist innerhalb dieser zwei Wochen das von den Richtern unterschriebene Urteil ohne Tatbestand, Entscheidungsgründe und Rechtsmittelbelehrung der Geschäftsstelle zu übermitteln; Tatbestand, Entscheidungsgründe und Rechtsmittelbelehrung sind alsbald**[21] **nachträglich niederzulegen, von den Richtern besonders zu unterschreiben und der Geschäftsstelle zu übermitteln.**[18 a ff]

(5) **Das Gericht kann von einer weiteren Darstellung der Entscheidungsgründe absehen, soweit es der Begründung des Verwaltungsakts oder des Widerspruchsbescheids folgt und dies in seiner Entscheidung feststellt.**[23]

(6) **Der Urkundsbeamte der Geschäftsstelle hat auf dem Urteil den Tag der Zustellung und im Falle des § 116 Abs. 1 Satz 1 den Tag der Verkündung zu vermerken und diesen Vermerk zu unterschreiben. Werden die Akten elektronisch geführt, hat der Urkundsbeamte der Geschäftsstelle den Vermerk in einem gesonderten Dokument festzuhalten. Das Dokument ist mit dem Urteil untrennbar zu verbinden.**[28]

Vgl §§ 311–317 ZPO; §§ 132–137, 153 SGG; § 105 FGO

Schrifttum: *Balzer,* Schlanke Entscheidungen im Zivilprozeß, NJW 1995, 2448; *Barfuß,* Urteilssprache, in: Hoppe, Rechtsprechungslehre, 1992; *Fischer,* Die Unterschriften der Richter nach Verkündung des Urteils im Zivilprozeß, DRiZ 1994, 95; *Furtner,* Das Urteil im Zivilprozeß, 5. Aufl. 1985; *Geiger,* Die Tenorierung verwaltungsgerichtlicher Entscheidungen, JuS 1998, 343; *Horn,* Aufbau, Gestaltung und Tenorierung verwaltungsgerichtlicher Entscheidungen, VBlBW 1997, 74 f; *Jacob,* Zur Tenorierung verwaltungsgerichtlicher Entscheidungen, VBlBW 1995, 35, 72; *Klein/Czajka,* Gutachten und Urteil im Verwaltungsprozeß, 4. Aufl. 1995; *Kment,* Grundfälle zur Tenorierung im verwaltungsgerichtlichen Verfahren, JuS 2005, 420, 517, 608; *Lemke,* Die Urteils- bzw. Beschlußformel im Verwaltungsprozeß – Formulierungshilfen zur Tenorierung verwaltungsgerichtlicher Entscheidungen, JA 1998, 72; *Lücke,* Begründungszwang und Verfassung. Zur Begründungspflicht der Gerichte, Behörden und Parlamente, 1987; *Martens,* Mustertexte zum Verwaltungsprozeß, 2. Aufl. 1994; *Oehlers,* Von dem, was der Revisionsrichter zu lesen und der Tatrichter zu schreiben hat, NJW 1994, 712; *Saenger,* Verwaltungsgerichtliche Entscheidungen, Rechtsmittel und Rechtsbehelfe, JuS 1992, 779; *Schumann,* Zur Beweiskraft des Tatbestands im Rechtsmittelverfahren, NJW 1993, 2786. – S auch zu § 108.

1 **1. Allgemeines:** Die durch das 4. VwGOÄndG ergänzte u durch das JKomG redaktionell geänderte Vorschrift schreibt die **Form** u zusammen mit § 108 Abs 1 S 2 den notwendigen (formellen) **Inhalt des Urteils** vor (71, 47) u regelt einige sonstige Erfordernisse im Zusammenhang mit der Abfassung u Ausfertigung des Urteils. Nach §§ 62, 63 GKG muß das Gericht außerdem grds auch den **StrW** im Urteil oder in einem damit zu verbindenden Beschluß festsetzen (vgl 6 ff zu Anh § 164). Das Urteil ist nach Abs 1 S 2 **schriftlich abzufassen** (auch wenn es verkündet wurde), als Urteil zu bezeichnen u von allen Richtern, die an der Entscheidung mitgewirkt haben (s 1 zu § 112), nicht notwendig auch von den ehrenamtlichen Richtern (Abs 1 S 4), zu **unterschreiben.** Obwohl der Gesetzgeber in § 117 Abs 1 S 2 neben der schriftlichen Abfassung (anders als etwa in §§ 58 f) nicht ausdr die elektronische Abfassung erwähnt, genügt der Form des Abs 1 S 2 auch die **Abfassung des Urteils in elektronischer Form.** So gehen auch die durch das JKomG neu eingefügten § 118 Abs 2 S 3 sowie § 119 Abs 2 S 6 davon aus, daß ein Urteil „elektronisch abgefaßt" werden kann. Des weiteren bestimmt § 55 a Abs 3, daß im Falle eines gesetzlich angeordneten Unterschrifterfordernisses (so für Urteile in § 117 Abs 1 S 2) die Aufzeichnung als elektronisches Dokument genügt unter Hinzufügung einer elektronischen Signatur. Neben diesen

Anknüpfungspunkten im Gesetzestext geht auch die amtliche Begründung zum JKomG an etlichen Stellen davon aus, daß ein Urteil auch elektronisch abgefaßt werden kann (vgl nur BT-Dr 15/4067, 31, 33, 34 u öfter). Aus den genannten Gründen genügt daher auch die elektronische Abfassung eines Urteils den Formerfordernissen des § 117. Dem entspricht es auch, daß dann die nach § 117 Abs 2 Nr 6 erforderliche Rechtsmittelbelehrung ebenfalls in elektronischer Form erfolgen kann u somit in bezug auf Urteile die entsprechende Erweiterung des Fristbeginns bei Rechtsbehelfsbelehrungen in § 58 Anwendung finden kann.

Abs 2 Nr 4 u 5 sowie Abs 3 werden ergänzt durch den durch das 4. VwGOÄndG eingefügten **Abs 5 über Begründungserleichterungen** (s dazu unten 23), ferner hins der **Begründung von Berufungsurteilen** durch § 130b, von **Revisionsurteilen** durch § 144 Abs 7, von **Beschlüssen** durch § 122 Abs 2, von **Nichtabhilfebeschlüssen** des OVG zu Beschwerden gegen die Nichtzulassung der Berufung durch § 131 Abs 7 S 2, von Nichtabhilfebeschlüssen des BVerwG zu Beschwerden gegen die Nichtzulassung der Revision durch § 133 Abs 5 S 2. **Nicht anwendbar** ist dagegen **§ 540 ZPO** (vgl zu § 543 ZPO aF BSG DRiZ 1979, 316; Ks NJW 1984, 2429).

Zulässig ist bei der Abfassung eines Urteils auch die **Verwendung sog Textbausteine,**[1] **nicht dagegen** eine Verweisung **auf außerhalb des schriftlichen** Urteils befindliche Textbestandteile, Schlüsselzahlen oder Kennzeichen (vgl § 37 Abs 5 VwVfG), die den Inhalt des in „Klarschrift" formulierten Urteils ergänzen oder abändern (Ks NJW 1984, 2429).

§ 117 gilt grds **analog auch für Beschlüsse,** soweit sich aus den Unterschieden von UrteilsVf u BeschlußVf sowie insb auch aus § 329 ZPO, § 173 S 1 (s MDR 1980, 943) nichts anderes ergibt. S auch 3ff zu § 122. **Anwendbar** auf Beschlüsse ist **zB** das Unterschriftserfordernis gem Abs 1 S 2 (BL 8f, 15 zu § 329 ZPO; M 4, 19 zu § 329 ZPO; ThP 11 zu § 329 ZPO; **aA** Z 36 zu § 329 ZPO; OLG Düsseldorf MDR 1980, 943 zu § 329 ZPO).

Zum Vorgehen, wenn **irrtümlich** ein vom Beratungsergebnis oder von nachträglichen besseren Einsichten **abweichender Urteilsinhalt verkündet** worden ist, s 5 zu § 116.

2. Das Erfordernis der Unterschrift: Die Unterschrift der Richter, die an 2
der letzten mV teilgenommen u das Urteil beschlossen haben (§ 112, Art 101 Abs 1 GG; vgl BVerwG 75, 340 = NJW 1987, 2247) – dh (nur) **der Berufsrichter, nicht auch der ehrenamtlichen Richter** (91, 243 = NJW 1993, 1811) – gem Abs 1 S 2 unter dem Urteil (s auch unten 4) ist **Voraussetzung der Wirksamkeit** des Urteils (s unten 3; anders bei Beschlüssen; s oben 1). **Nicht erforderlich** ist andrerseits jedoch, **daß** an der schriftlichen Abfassung des (vollständigen) Urteils **alle Richter** mitwirken, die das Urteil gefällt haben; **verhinderte Richter** (s unten 2a) sind insoweit nicht mehr beteiligt (Buchh 310 § 117 VwGO Nr 30; RÖ-M. Redeker 6). S auch unten 2b. Im Falle der elektronischen Abfassung eines Urteils tritt an die Stelle der Unterschrift gem § 55a Abs 3 jeweils eine qualifizierte elektronische Signatur (15 zu § 55a).

Nicht nur das Original des Urteils, sondern auch die den Beteiligten zuzustellenden **Ausfertigungen** des Urteils müssen **erkennen lassen, daß** die Entscheidung handschriftlich **unterzeichnet wurde.**[2] Unterschrift nur mit einer

---

[1] Kassel NJW 1984, 2429; OLG Celle NJW-RR 1990, 123: es muß jedoch sichergestellt sein, daß die endgültige Fassung des Urteils dem Willen des Richters entspricht; daher ist grds eine Unterschrift unter einem Urteilsformular mit lediglich angekreuzten Textbausteinen nicht ausreichend.

[2] ZT **aA** BGH FamRZ 1982, 482; OLG Frankfurt NJW 1983, 2396: mangelnde Unterschrift des Richters auf der Urschrift ist für die Wirksamkeit der Zustellung u den Lauf von Rechtsmittelfristen unerheblich; die Unterschrift kann auch noch nach Einlegung eines RMittel nachgeholt werden.

Paraphe genügt nicht (OLG Köln Rpfl 1991, 198 – Urteil wird nicht existent –; vgl auch BVerwG NJW 1994, 746); ebenso nicht die in Klammern gesetzte **maschinengeschriebene Wiedergabe** der Namen der Richter.[3] Vgl auch 7 zu § 81. **Abs 1 S 3 gilt** sowohl für nach § 116 Abs 1 **verkündete Urteile** als auch für **Urteile, die** gem § 116 Abs 2 **durch Zustellung** erlassen werden (75, 340 = NJW 1987, 2247). Vgl allg **zur Bedeutung** u Funktion der Unterschrift unter dem Urteil auch 91, 243 = NJW 1993, 1811).

Die Unterschrift kann wirksam nur von Richtern geleistet werden, die im **Zeitpunkt der Unterschriftsleistung dem Gericht** (der Kammer bzw dem Senat) **noch angehören;**[4] daß sie ihm im Zeitpunkt der Entscheidung angehört haben, genügt nicht. Hat ein **inzwischen ausgeschiedener Richter** jedenfalls bei der Beschlußfassung noch mitgewirkt, bevor er ausgeschieden ist, so muß ggf seine Unterschrift durch einen Vermerk nach Abs 1 S 2 **ersetzt werden** (s unten 2a), was im Weg der Urteilsberichtigung uU auch nach § 118 – jedoch nicht rückwirkend! – nachgeholt werden kann. **Wirkt** dagegen ein **Nicht-Richter** oder **Nicht-mehr-Richter** an der Beschlußfassung mit, so ist das „Urteil" nicht nur unwirksam, sondern ein Nicht-Urteil (Jauernig DtZ 1993, 173).

2a **Unterschrift bei Verhinderung eines Richters:** Bei (nicht nur kurzfristiger) **Verhinderung eines mitwirkenden Richters** an der Unterschriftsleistung – anders bei Verhinderung auch an der Teilnahme an der Beratung u Beschlußfassung! (75, 340; s auch unten 2b) – zB bei (nicht nur ganz kurzem) **Urlaub,**[5] **Ablauf der Amtszeit** eines Richters (vgl NJW 1991, 2657), **Eintritt in den Ruhestand** (NJW 1991, 1192), Rückkehr in das Amt, von dem der Richter abgeordnet worden war, usw (NJW 1991, 1192); – anders **bei Weigerung,** die Unterschrift zu leisten (s unten 2b) –, **hat der Vorsitzende** bzw, bei dessen Verhinderung, der dienstälteste Richter, der bei der Entscheidung mitgewirkt hat, auf dem Urteil den Namen des verhinderten Richters u den **Hinderungsgrund zu vermerken** (vgl 75, 340; NJW 1982, 2274) – nicht, wie dies vielfach geschieht, „zugleich" für den verhinderten Richter zu unterschreiben! Vgl zur Erforderlichkeit der **Angabe** des **Verhinderungsgrundes** auch BGH NJW 1980, 1849: bei Nichtangabe laufen die Rechtsmittelfristen nicht. Zum Begriff der Verhinderung vgl 5ff zu § 30. **Unzutr Angaben über die Verhinderung** eines Richters an der Unterschriftsleistung stellen grds keinen Verfahrensmangel dar (RÖ-M. Redeker 3; BGH NJW 1961, 782), auf den die Revision gestützt werden kann (str). Nach hM braucht der Vorsitzende auch **nicht zu prüfen, ob der Hinderungsgrund tatsächlich vorliegt,** sondern kann sich insoweit auf ihm bekannte Umstände bzw eine Mitteilung des betroffenen Richters verlassen (vgl 13, 147; BGH NJW 1961, 782; 1979, 664; allg auch 14 zu § 4; 5 zu § 30); **ist der Verhinderungsgrund** im Urteil jedoch **nicht angegeben,** so kann – u muß ggf – das Rechtsmittelgericht (auch das Revisionsgericht) grds **nachprüfen,** ob der Richter tatsächlich verhindert war (BGH NJW 1979, 664 zu § 275 Abs 2 StPO). Der Verhinderungsvermerk hat **nicht zur Voraussetzung,** daß die Entscheidung bereits nach außen wirksam geworden ist (75, 340 = NJW 1987, 2247; Sch-Clausing 9).

2b Abs 1 S 3 betrifft nur die Frage der Unterschrift der Richter, nicht die Frage der Urteilsfällung (75, 340 = NJW 1987, 2247). Voraussetzung ist, daß be-

---

[3] BGH FamRZ 1982, 482: bei Verletzung dieses Erfordernisses Zustellung nicht ordnungsgemäß; 8. 10. 1986 – VIII ZP 25/86; vgl allg auch BGH VersR 1983, 874 – auch zur notwendigen Lesbarkeit der Unterschrift auf der Urteilsausfertigung –; 1984, 287.

[4] NJW 1991, 1192; 1991, 2657; BayObLG NJW 1967, 1578; vgl auch unten 2a.

[5] NJW 1982, 2247; 1987, 2248, Krankheit, Tod, Versetzung an ein anderes Gericht; vgl 75, 340; NJW 1991, 1192; Buchh 310 § 133 VwGO Nr 35; BGH VersR 1981, 552; **aA** insoweit BayObLG RPfl 1983, 37m Anm Foth JR 1983, 261: Ausscheiden aus dem Spruchkörper hindert nicht an der Unterschriftsleistung.

reits ein von den dazu berufenen (§ 112) Richtern **ordnungsgemäß beschlossenes Urteil vorliegt** u auf dem Original nur noch die Unterschriften fehlen (75, 340). Es muß **jedenfalls aus dem Urteil** – Entspr gilt für die zugestellte Ausfertigung – **erkennbar sein, welche Richter** an der Beschlußfassung (vgl 1 ff zu § 112) **mitgewirkt haben** u wer an der Unterschriftsleistung verhindert war;[6] andernfalls ist das Urteil unwirksam bzw setzt die Zustellung der mangelhaften Ausfertigung jedenfalls keine Rechtsmittelfristen in Lauf (BGH NJW 1978, 217). Um keinen Fall der Verhinderung handelt es sich, **wenn ein Richter sich weigert, zu unterschreiben;** in diesem Fall kann die Unterschrift auch nicht ersetzt werden (BGH MDR 1977, 488: absoluter Revisionsgrund wg fehlender Urteilsgründe); **ggf** muß das Gericht, wenn die Entscheidung noch nicht verkündet wurde bzw der Grund der Weigerung nicht nur die Fassung des Urteils betrifft (s unten 2 c), nochmals entscheiden. Vgl auch unten 2 c.

Nicht wirksam ist eine Unterschrift, wenn der Text des Urteils **nicht** 2 c
entspr dem Beratungsergebnis abgefaßt ist oder dem Unterschreibenden **nicht zur Gänze bekannt** ist (BGH NStZ 1984, 378); ebenso dann, **wenn nachträglich wesentliche Änderungen im Urteil erfolgen,** von denen der in Frage stehende Richter keine Kenntnis hat oder denen er nicht zustimmt; die Zustimmung kann nicht vorab erklärt werden (BGH NJW 1978, 899; Sch-Clausing 6).

Bei **Meinungsverschiedenheiten** zwischen den Richtern darüber, ob die schriftliche Fassung die für die Entscheidung maßgeblich gewesenen Gründe zutr wiedergibt, entscheidet das Gericht durch Mehrheitsbeschluß (NJW 1991, 2657; BGH NJW 1975, 1177).

Fehlt eine Unterschrift bzw der Vermerk über die Verhinderung auf dem 3
Urteil **oder hat statt** eines Richter, der mitgewirkt hat, **ein anderer Richter,** der nicht mitgewirkt hat, **unterschrieben,** so ist **das Urteil unwirksam** (str).[7] **Ebenso** ist **auch die Zustellung** des Urteils in einem solchen Fall **unwirksam** u kann weder die Verkündung nach § 116 Abs 3 ersetzen (91, 242 = NJW 1993, 1811) noch die Rechtsmittelfrist in Lauf setzen (91, 242 = NJW 1993, 1811; NJW 1977, 765). Die Zustellung muß, nachdem das Urteil ordnungsgemäß unterschrieben wird, wiederholt werden (91, 245 = NJW 1993, 1811). Die (richtige) **Unterschrift** bzw die Angabe des Verhinderungsgrundes kann jedoch als einfache Urteilsberichtigung analog § 118 **nachgeholt** werden (vgl BGH NJW 1977, 765; Ey-J. Schmidt 14; RÖ-M. Redeker 3; BL 9 zu § 313 ZPO), selbst noch im RevisionsVf u wenn gerade dieser Mangel gerügt wurde (BGH 18, 350). Diese Grundsätze gelten entspr bei Mängeln der elektronischen Signatur eines in **elektronischer Form** erlassenen Urteils (dazu ausf 15 zu § 55 a).

Unschädlich ist ein von der in § 117 vorgesehenen Reihenfolge **abwei-** 4
chender Aufbau des Urteils, doch muß das Urteil jedenfalls die in § 117 bezeichneten Bestandteile enthalten u müssen **Tatbestand u Entscheidungsgründe,** wenn auch nicht notwendig äußerlich, so doch jedenfalls inhaltlich getrennt sein (DÖV 1976, 751; NVwZ 1985, 338; Buchh 310 § 117 VwGO Nr 10); auch müssen die **Unterschriften** jedenfalls sämtliche sonstigen Bestandteile des Urteils, **auch die Rechtsmittelbelehrung,** „decken“ u daher immer

[6] BGH NJW 1978, 217; vgl auch BGH NJW 1975, 781; kritisch u weniger streng Vollkommer ZZP 1975, 334.

[7] Vgl BGH MDR 1977, 488: solange noch eine Unterschrift fehlt, handelt es sich noch nicht um ein Urteil, sondern nur um einen Urteilsentwurf; ebenso BVerfG NVwZ 1985, 334: solange, wenn auch nur versehentlich, noch nicht alle Richter unterschrieben haben, handelt es sich noch nicht um ein Urteil, sondern nur um einen Entwurf; daher ist zB auch eine VB noch nicht zulässig; nach **aA** ist das Urteil nur fehlerhaft.

am Ende stehen.[8] Eine versehentlich unterlassene Rechtsmittelbelehrung kann jedoch über § 118 nachgeholt (Br DÖV 1988, 611; Sch-Clausing 23), eine offenbar unrichtige korrigiert werden (NJW 1988, 153; Ks NVwZ-RR 1992, 1086; Sch-Clausing 23). Das Urteil ist dann in der berichtigten Form erneut zuzustellen.

5 Das Urteil – Entspr gilt für sonstige gerichtliche Entscheidungen – ist ausschließlich **in deutscher Sprache** abzufassen (§ 55 iVm § 184 S 1 GVG); dies gilt auch dann, wenn einzelne oder alle Beteiligten die deutsche Sprache nicht beherrschen (BayObLG BayVBl 1977, 24 mwN; vgl auch 9f zu § 55).

6 Allg zum Aufbau u Inhalt des Urteils vgl auch Martens, Mustertexte zum Verwaltungsprozeß, 1977, 92ff; P § 20; HAGM 3 Teil 4.

7 **3. Notwendiger Inhalt des Urteils (Abs 1–3): a) Bezeichnung als Urteil (Abs 1 S 1).** Das Urteil ist grds ausdr **als „Urteil" zu bezeichnen.** Der Hinweis, daß das Urteil **„im Namen des Volkes"** ergeht (vgl dazu auch Art 20 Abs 2 GG), muß dem eigentlichen Inhalt des Urteils, insb auch dem Entscheidungssatz (Urteilsformel), vorausgehen. Das **Fehlen der Bezeichnung als Urteil** u des genannten Hinweises ist jedoch ohne rechtliche Bedeutung für den Bestand u die Rechtmäßigkeit des Urteils, sofern nur aus dem übrigen Inhalt eindeutig hervorgeht, daß es sich um ein Urteil handelt (Sch-Clausing 3). **Bleibt unklar, ob ein Urteil oder ein Beschluß vorliegt,** so kommen die Grundsätze über die Behandlung sog inkorrekter Entscheidungen zur Anwendung (s 22ff vor § 124).

8 **b) Rubrum** (Abs 2 Nr 1 u 2): Die **Bezeichnung der Beteiligten** u des **Gerichts** gem Nr 1 u 2 u die übrigen dort vorgesehenen Angaben müssen so genau sein, daß Zweifel an der Identität der Beteiligten ausgeschlossen sind (Sch-Clausing 12), **sonst** ist das Urteil mangels hinreichender Bestimmtheit **unwirksam. Maßgebender Zeitpunkt** ist der des Urteilserlasses. **Lücken oder Fehler** sind nach §§ 118, 119, soweit die dort genannten Voraussetzungen erfüllt sind, zu beheben (RÖ-M. Redeker 2).

Das Urteil muß **alle Beteiligten,** ggf auch namentlich die gesetzlichen Vertreter (unter Hinweis auf die Vertreterstellung), ferner die Bevollmächtigten anführen u mit Namen, Anschrift, Beruf u Verfahrensstellung bezeichnen, nicht jedoch der bloße Terminsvertreter oder der Behördenvertreter iSd § 67 Abs 1 S 3 (NVwZ 1994, 267). Bei Vertretung durch mehrere in einer Sozietät verbundene Anwälte ist die Nennung sämtlicher Sozietätsmitglieder überflüssig (Sch-Clausing 12; **aA** Eyermann BayVBl 1982, 652).

Bei Tod des Kl können statt des Kl **auch die Erben** in das Rubrum aufgenommen werden; sie müssen in diesem Fall nicht mit Namen u Anschrift genannt werden.[9]

In bezug auf das Gericht muß das Urteil das **erkennende Gericht, den Spruchkörper u die Namen der Richter,** die an der Entscheidung (nicht an der Verkündung) mitgewirkt haben (§ 112) – auch die ehrenamtlichen Richter – jeweils unter Angabe auch der Funktion als Vorsitzender, weitere Richter, ehrenamtliche Richter, Einzelrichter – **nennen** (RÖ-M. Redeker 3). Im Hinblick auf §§ 16–19, § 5 Abs 3 u § 9 Abs 3 ist immer auch die **Art des Richteramts** (zB Richter auf Probe, ehrenamtlicher Richter) anzugeben (s auch 1 zu § 18).

9 **c) Die Urteilsformel** (Entscheidungssatz, Tenor, Nr 2) hat den Spruch, dh den erkennenden Teil des Urteils, **die Entscheidung** (ieS) des Gerichts, zu

---

[8] NVwZ 2000, 191; BFH 120, 7; BAG NJW 1994, 3181; Sch-Clausing 23; zT **aA** BSG 6, 1: es genügt, daß die unterschriebene Urteilsbegründung auf die Rechtsmittelbelehrung verweist.

[9] Ma NJW 1984, 195 unter Hinweis darauf, daß die Klärung, wer Erbe ist, nicht mehr Sache des Prozeßgerichts ist.

enthalten (zB Abweisung der Klage, Aufhebung des angefochtenen VA; Kostenentscheidung; Entscheidung hins der vorläufigen Vollstreckbarkeit). Fehlt die Urteilsformel, so liegt ein Urteil im Rechtssinn nicht vor. **Zur Urteilsformel** gehört auch die Entscheidung über die vorläufige **Vollstreckbarkeit** des Urteils u über die **Kosten** sowie ggf über die **Zulassung eines RMittel.** S auch unten 11.

Die **Urteilsformel** muß von allen anderen Teilen des Urteils erkennbar abgesetzt sein u aus sich heraus u unabhängig von dem übrigen Inhalt des Urteils verständlich sein. **Unklarheiten** der Urteilsformel, die Inhalt u Tragweite der Entscheidung betreffen u auch unter Berücksichtigung der Entscheidungsgründe nicht klärbar sind, machen das Urteil ebenfalls nichtig. Bei **Widerspruch zwischen Urteilsformel u Entscheidungsgründen** geht die Urteilsformel vor (Ks 19, 114). Die Urteilsformel ist unter Berücksichtigung des Tatbestands u der Entscheidungsgründe auszulegen u von daher insb auch hins der näheren Abgrenzung der entschiedenen Sache näher zu bestimmen (vgl 18 zu § 121). Sie kann aus Gründen der Rechtsklarheit aber **nie** ganz oder teilweise durch **entspr Ausführungen in den Entscheidungsgründen ersetzt** werden (offen BayVBl 1980, 444; str zur Zulassung eines RMittel, vgl 32 zu § 132); allerdings ist in einem solchen Fall idR eine Berichtigung des Tenors gem § 118 möglich. 10

In die Urteilsformel ist auch **die Entscheidung über** die **Zulassung eines RMittel,** soweit sie in Betracht kommt, aufzunehmen (RÖ-M. Redeker 4), nicht zwingend dagegen **bei Bescheidungsurteilen** auch der Hinweis gem § 113 Abs 5 S 2 **auf die Rechtsauffassung des Gerichts.**[10] Nicht in die Entscheidungsformel gehört die Angabe, daß die Klage als „unzulässig" oder „unbegründet" abgewiesen wird, sie ist jedoch unschädlich. **Zur Festsetzung des StrW** s oben 1 sowie 6 ff zu Anh § 164, zur Entscheidung über die **vorläufige Vollstreckbarkeit** 8 ff zu § 167. 11

d) Der Tatbestand (Nr 4 u Abs 3) muß eine gedrängte Darstellung des **Sach-** u **Streitstandes,** den das Gericht seiner Entscheidung zugrunde gelegt hat, geben. Der Tatbestand ist vor allem auch wg seiner **Beweiswirkung** gem § 314 ZPO, § 173 S 1 u § 418 Abs 1 ZPO, § 98 **für** ein etwaiges späteres **RevisionsVf** von Bedeutung.[11] Die Darstellung muß, wenn jedenfalls inhaltlich die Trennung hinreichend zum Ausdruck kommt, nicht notwendig auch äußerlich von den Entscheidungsgründen iSv Nr 5 getrennt erfolgen;[12] eine solche **Trennung** ist jedoch **zweckmäßig** u dient der Klarheit. 12

Insgesamt **muß** der Tatbestand zusammen mit den Entscheidungsgründen (unten 14) die **Erkenntnisquellen angeben,** von denen das Gericht bei seiner Entscheidung ausging.[13] **Insb** müssen Tatbestand u Entscheidungsgründe auch **erkennen lassen, daß** den Beteiligten das in Art 103 Abs 1 GG gewährleistete **rechtliche Gehör gewährt wurde** (BVerfG NJW 1978, 987 mwN; P. Hartmann NJW 1978, 1462; s auch unten 14) u daß das Gericht **alle wesentlichen Tatsachen** einschließlich der Beweisergebnisse sowie den wesentlichen Vortrag

---

[10] 29, 3; s 212 zu § 113; **aA** BVerwG VRspr 12, 377; Niedermayer NJW 1960, 2321; RÖ-M. Redeker 41 zu § 113: Aufnahme notwendig.

[11] Vgl NJW 1988, 1228; Schumann NJW 1993, 2786 – mit eingehender Darstellung auch zur Tatbestandsberichtigung –; Oehlers NJW 1994, 712.

[12] S oben 4; vgl auch BGH NJW 1991, 3038: ein Urteil, das keinen Tatbestand enthält, ist im RechtsmittelVf aufzuheben, wenn sich der für die Beurteilung der Rechtsfragen maßgebliche Sach- u Streitstand auch aus den Entscheidungsgründen nicht hinreichend ergibt.

[13] 7, 12; Buchh 310 § 117 VwGO Nr 1; 448.0 § 25 WPflG Nr 60 – in 44, 152 nicht mit abgedruckt –: Verfahrensfehler, wenn die Erkenntnisquellen weder im Tatbestand noch in den Entscheidungsgründen des Urteils angegeben sind, sondern nur in der Sitzungsniederschrift; die festgestellten Tatsachen müssen auch durch Angabe der Beweismittel belegt werden; offen 87, 143.

der Beteiligten bei seiner Entscheidung berücksichtigt hat (vgl KG NJW 1982, 838).

Nicht erforderlich, daß alle Tatsachen, alles Vorbringen u alle Erwägungen **erschöpfend wiedergegeben** werden;[14] die Wiedergabe darf aber auch nicht in einer Weise lückenhaft sein, daß die Besorgnis besteht, der Richter habe wesentliche Tatsachen nicht berücksichtigt (vgl KG NJW 1982, 838). **Das gänzliche Fehlen** des Tatbestands oder wesentlicher Teile davon stellt einen **Verfahrensmangel** dar, der zur Aufhebung des Urteils führt;[15] **anders, wenn die tatsächlichen Grundlagen** des Urteil, dh der Sach- u Streitstand, sich, insb auch in einem für die Beurteilung der aufgeworfenen Rechtsfragen ausreichenden Umfang, hinreichend klar **aus den Entscheidungsgründen** ergeben (BGH NJW 1983, 1901; 1991, 3038), oder wenn wesentliche Schriftsätze, auf die Bezug genommen wird, den Beteiligten zurückgegeben wurden u von diesen im RechtsmittelVf wieder vorgelegt werden, u Zweifel hins der Identität u Vollständigkeit nicht veranlaßt sind (BGH NJW 1982, 2071). Vgl auch BGH NJW 1992, 2148: im Zweifel ist anzunehmen, daß, soweit sich aus dem Tatbestand u dem Sitzungsprotokoll nichts Gegenteiliges ergibt, das Gericht den Inhalt der Akten u die Schriftsätze gelesen, zum Gegenstand der mV gemacht u berücksichtigt hat; ebenso Oehlers NJW 1994, 712; zT **aA** Schumann NJW 1993, 2786. Zur Frage einer **Verletzung von Art 3 GG** bei Unrichtigkeit des Tatbestands vgl BVerfG NJW 1982, 983.

13 **Aufzunehmen sind in den Tatbestand insb** das mündliche **Vorbringen der Beteiligten** (§ 63) u die in der mV gestellten Anträge (wg der Beurkundungsfunktion u Beweiswirkung gem § 314 ZPO, vgl RÖ-M. Redeker 5), das Ergebnis etwaiger Beweisaufnahmen, VorVf (§§ 68 ff) u Prozeßgeschichte, soweit sie im Zeitpunkt der Entscheidung für diese oder für die Kostenentscheidung noch von Bedeutung sind (Fristen, Klageantrag, nichterledigte Beweisanträge usw). **Bezugnahmen** auf (genau zu bezeichnende, vgl OLG Hamburg NJW 1988, 2678), vorbereitende Schriftsätze, beigezogene Akten, auf den Tatbestand eines zwischen den Beteiligten in anderer Sache ergangenen Urteils, auf Schriftsätze, die Sitzungsniederschriften (71, 47; insb auch hins des Inhalts von Zeugenaussagen), auf bei den Akten befindliche Filme (39, 210), auf einen näher bezeichneten Bebauungsplan (DVBl 1984, 111; BGH NJW 1983, 886) usw, sind **zulässig** (Abs 3; dazu 61, 367; BAG NVwZ 1982, 527). **Der Tatbestand muß aber** auch in diesem Fall insgesamt noch eine **klare, verständliche** – insb auch für die Beteiligten selbst, nicht etwa nur für ihre Bevollmächtigten (RÖ-M. Redeker 5; **aA** insoweit BL 15 zu § 313), **vollständige u richtige Grundlage der Entscheidung bieten** (7, 12; BGH MDR 1977, 480) u darf dem Revisionsgericht die Beurteilung nicht erschweren (BAG NVwZ 1982, 527). Nicht ausreichend ist es daher, wenn auf den Tatbestand einer Vorentscheidung schlechthin u global verwiesen wird (BFH 122, 227). Insgesamt ist erforderlich, daß der Tatbestand **auch für Außenstehende** ohne weitere Lektüre noch hinreichend **verständlich** ist.[16] Beschließt das Gericht die Verkündung durch Zustellung u veranlaßt es sodann die förmliche Zustellung des Tenors an die Verfahrensbeteiligten ohne Tatbestand, Entscheidungsgründe u Rechtmittelbelehrung wird dadurch ein wirksames Urteil erlassen mit der Folge, daß der gegen Urteile statthafte Rechtsbehelf des Antrags auf Zulassung der Berufung, allerdings in der Jahresfrist nach § 58 Abs 2, gegeben ist (Ks NVwZ-RR 2001, 542). Durch die spätere Zustellung eines

---

[14] BGH NJW 1992, 2148; Oehlers NJW 1994, 712; zT **aA** Schumann NJW 1993, 2786.

[15] BGH 73, 248 = NJW 1979, 927; 80, 64; NJW 1985, 1785; 1991, 3038.

[16] Schulz MDR 1978, 263; ThP 12 u 25 zu § 313 ZPO; offen BVerwG DÖV 1982, 527; zT **aA** BL 14f zu § 313 ZPO: es genügt, daß die Beteiligten die Entscheidung verstehen u würdigen können u auch das Rechtsmittelgericht darin eine sichere Grundlage für die Nachprüfung der Entscheidung findet.

mit Tatbestand, Entscheidungsgründen u mit Rechtsmittelbelehrung versehenen „vollständigen" Urteils kann diese Rechtsfolge schon mit Blick auf die Regelungen der §§ 118–120 nicht umgangen werden (Ks NVwZ-RR 2001, 543). Das Fehlen des Tatbestands oder seine völlige Unbrauchbarkeit beinhaltet einen absoluten Revisionsgrund iSd § 138 Nr 6 (DVBl 1998, 1086; vgl auch BFH 133, 33).

Nicht zulässig bzw nicht ausreichend sind **pauschale** (globale) **Verweisungen** (Bezugnahmen) – sog „salvatorische Klauseln" – auf den „gesamten" Inhalt der Gerichtsakten einschließlich der beigezogenen Akten (vgl OLG Hamburg NJW 1988, 2678; Schöllermeyer NJW 1990, 1451; **aA** NKVwGO-Kilian 75; RÖ-M. Redeker 5). Hins beigezogener Akten ist im Tatbestand auch anzugeben, **welche Akten beigezogen** u zum Gegenstand der mündlichen Verhandlung gemacht wurden (DÖV 1974, 321). **Zeugenaussagen** müssen im Urteil grds ihrem wesentlichen Inhalt nach wiedergegeben werden, wenn sie nicht in die Sitzungsniederschrift aufgenommen wurden (§ 173 S 1, § 161 ZPO); dasselbe gilt für **Parteierklärungen** (DÖV 1976, 606).

e) Die Entscheidungsgründe (Nr 5) müssen gem **§ 108 Abs 1** S 2 die Gründe wiedergeben, die **für die** (dem Urteil zugrundeliegende u es nach Auffassung des Gerichts tragende) **richterliche Überzeugungsbildung** zum (entscheidungserheblichen) **Sachverhalt** u für dessen **rechtliche Beurteilung** (Würdigung) im einzelnen **maßgebend** gewesen sind, dh diese tragen (22, 218; 71, 47; VRSpr 27, 23 mwN; NJW 1986, 2269), insb die **Würdigung des Parteivorbringens** (vgl BVerfG 54, 46; 58, 357 = NJW 1982, 30; 60, 317) u des Inhalts der Akten, die Gegenstand der Verhandlung waren, soweit sie für die Entscheidung von Bedeutung sind, sowie des **Ergebnisses von Beweisaufnahmen** u der Beweiswürdigung (BFH NJW 1980, 2328; Offerhaus NJW 1981, 430), die Angabe der **Rechtssätze,** auf die das Gericht seine Entscheidung stützt, die Auslegung dieser Sätze durch das Gericht **u ihre Anwendung** auf den festgestellten Sachverhalt. S zu **Beschlüssen** auch § 122 Abs 2 sowie dazu 6 ff zu § 122. 14

S zur Begründungspflicht allg auch 30 ff zu § 108; 15 ff zu § 139; **zur Beweiskraft** der Entscheidungsgründe auch NJW 1985, 337; zum **Fehlen** oder zur Unzulänglichkeit **der Entscheidungsgründe** mit der Folge, daß ihnen nichts Wesentliches zum entschiedenen Fall entnommen werden kann, u zu einer gleichzuachtenden **verspäteten Absetzung** der Entscheidungsgründe als Revisionsgrund gem § 138 Nr 6 s unten 22 sowie 27 zu § 138; ferner zum Fehlen einer gebotenen Begründung u zur verspäteten Absetzung **als Verstoß** auch **gegen das** prozessuale verfassungsrechtliche **Willkürverbot** (Art 3 Abs 1 GG) u gegen die **Bindung des Richters an das Gesetz** BVerfG NVwZ 1993, 976 mwN u NJW 1993, 1909; DVBl 1993, 1001), außerdem gegen **Art 6 Abs 1 EMRK** (Lippold NJW 1994, 1110 mwN). **Auch letztinstanzliche Entscheidungen müssen jedenfalls dann u insoweit begründet werden,** als **von dem eindeutigen Wortlaut** einer Rechtsnorm u ihrer Auslegung durch die höchstrichterliche **Rspr abgewichen** werden soll u der Grund hierfür sich nicht schon aus den Beteiligten bekannten oder für sie ohne weiteres erkennbaren Besonderheiten des Falles ergibt.[17] Wg Fehlens der Begründung nicht auszuräumende **Zweifel,** ob die Entscheidung **den Rahmen verfassungsrechtlicher** Vorgaben einhält, führen zur **Aufhebung im VB-Vf** (BVerfG NVwZ 1993, 976; DVBl 1993, 1001).

Die Wiedergabe der Gründe muß bei aller gebotenen Kürze **so vollständig** sein, daß sich **die Beteiligten** über die Gründe der Entscheidung klar werden

[17] BVerfG 7, 135; 81, 106; NVwZ 1993, 976; zT **aA** BVerfG NJW 1982, 925: das GG erfordert nicht, daß jede gerichtliche Entscheidung begründet wird; BVerfG NVwZ 1993, 975: mit ordentlichen Rechtsbehelfen nicht mehr anfechtbare letztinstanzliche gerichtliche Entscheidungen bedürfen von Verfassungs wegen grds keiner Begründung.

können u insb auch im Hinblick auf RMittel daraus entnehmen können, in welchen Punkten u aus welchen Gründen das Gericht ihrer Auffassung nicht gefolgt ist, u daß jedenfalls bei Berücksichtigung auch des Inhalts der Sitzungsniederschriften auch eine Nachprüfung durch die höhere Instanz möglich ist.[18] **Formelhafte, allg u letztlich nichtssagende Begründungen,** die zum konkreten Fall nichts aussagen, genügen nicht (VRspr 32, 317).

Grds gehört **zu dem** durch Bezugnahme auf vorinstanzliche Entscheidungen, Akten oder andere Unterlagen nicht ersetzbaren **Mindestinhalt der Entscheidungsgründe** die ausreichende **Angabe der** angewandten **Rechtsnormen,** der für erfüllt bzw nicht erfüllt erachteten **Tatbestandsmerkmale** u der dafür **ausschlaggebend gewesenen** tatsächlichen u rechtlichen **Gründe** (BSG DÖV 1989, 357; SozR 1500 § 136 Nr 1, 2, 8; SozR 2200 § 1246 Nr 152).

„Entscheidungsgründe" iSv Abs 2 Nr 5 **fehlen,** wenn in der Urteilsbegründung selbst nicht mindestens die **Erwägungen** zusammengefaßt worden sind, **auf denen** die Entscheidung über jeden einzelnen für den Urteilsausspruch rechtserheblichen Streitpunkt in tatsächlicher u rechtlicher Hinsicht **beruht** (BSG DÖV 1989, 357 mwN), oder wenn das Urteil nicht aus sich selbst heraus verständlich ist, weil sie auf die Gründe einer Entscheidung Bezug nimmt, die zwar gleichzeitig ergangen ist, aber in einem Vf, an dem nur eine der Parteien des Rechtsstreits ebenfalls beteiligt war (BGH NJW-RR 1991, 830). Entscheidungsgründe fehlen auch dann, wenn das Urteil in der Begründung einen selbständigen Anspr oder ein selbständiges Angriffs- oder Verteidigungsmittel mit Stillschweigen übergangen hat (BFH NVwZ-RR 2002, 158). Zu den Konsequenzen der Zustellung eines Urteils ohne Entscheidungsgründe s oben 13.

Die Begründungspflicht gilt auch für **Gesichtspunkte, bei denen es** wesentlich **auf den persönlichen Eindruck** ankommt, den ein Beteiligter, Zeuge usw in der mV gemacht hat; es genügt jedoch insoweit, auf den persönlichen Eindruck zu verweisen.[19] **Soweit** das Urteil **vertrauliche Berichte verwertet,** muß die Begründung jedenfalls die Angaben enthalten, die eine Verhörsperson vor Gericht auch als Zeuge über den Bericht eines Gewährs- oder Verbindungsmannes zu machen hätte (vgl KG StV 1986, 349).

Nicht erforderlich ist, daß sich die Begründung **mit jedem einzelnen vorgetragenen Gesichtspunkt** auseinandersetzt.[20] Die Begründung muß aber jedenfalls **auf alle wesentlichen Fragen eingehen.**[21] Im übrigen ist grds davon auszugehen, daß ein Gericht das von ihm **entgegengenommene** Vorbringen der Verfahrensbeteiligten bei seiner Entscheidung auch berücksichtigt hat (BVerfG 27, 251; 69, 246; NJW 1987, 2220); **anders,** wenn sich aus den besonderen **Umständen** des einzelnen Falles deutlich ergibt, daß das Gericht Vorbringen eines Beteiligten entweder überhaupt nicht zur Kenntnis genommen oder

---

[18] BSG DÖV 1989, 357 mwN: die Begründung soll zwar bündig kurz, muß aber derart ausf sein, daß die höhere Instanz das angefochtene Urteil zuverlässig nachprüfen u die Beteiligten aus ihm ersehen können, worauf das Gericht seine Entscheidung stützt; BL 33 zu § 313 ZPO; M 10f zu § 313 ZPO; zT **aA** Schulz MDR 1978, 283: auch jeder Außenstehende; vgl auch P. Hartmann NJW 1978, 1462.

[19] Vgl DÖV 1976, 745; Buchh 448.0 § 25 WPflG Nr 84 zur Glaubwürdigkeit der Ausführungen eines Kriegsdienstverweigerers; vgl ferner VRspr 32, 817.

[20] 82, 90; VRspr 28, 1019 mwN; NVwZ-RR 1999, 746; s auch 31 zu § 108; ebenso unter dem Gesichtspunkt der Wahrung des rechtlichen Gehörs BVerfG 5, 22; 13, 149; 27, 251; 70, 293; DVBl 1992, 1215; s auch 7 zu § 138.

[21] BVerfG 58, 350 = NJW 1982, 30; BVerwG 60, 312; 70, 293; 82, 90; DVBl 1992, 1215; BFH NJW 1991, 3031 – wenigstens alle wesentlichen selbständigen Angriffs- u Verteidigungsmittel –; Kopp AöR 1981, 626; s insb auch BVerfG 68, 357: die „Verarbeitung" der wesentlichen, der Rechtsverfolgung u Rechtsverteidigung dienenden Tatsachenbehauptungen in den Entscheidungsgründen ist eine Folgerung aus Art 103 Abs 1 GG; zur Notwendigkeit des Eingehens uU auf ganz spezifische Fragen auch BVerfG 60, 312.

doch bei seiner Entscheidung ersichtlich nicht in Erwägung gezogen hat (NVwZ-RR 1999, 746).

Die Begründung muß insb bei strittigen Tatsachen bzw Tatsachen, die zweifelhaft sein konnten, auch die **Gründe, die für die Überzeugung** des Gerichts **maßgeblich waren,** so darstellen, daß die Beweiswürdigung nachvollzogen werden kann (BFH NJW 1980, 2328; BGH NJW 1985, 1785; Offerhaus NJW 1981, 430). Sie muß auch angeben, **warum** angebotene oder von der Sache her naheliegende **Beweise nicht erhoben** wurden (NJW 1986, 2268), warum bestimmte Tatsachen als wahr unterstellt wurden (BGH NJW 1979, 1513), usw. Eine besondere Begründungspflicht besteht auch, wenn das Gericht die **Aussage von Zeugen „vom Hörensagen"** (s dazu 3f zu § 98) berücksichtigt (BVerfG 57, 250) oder wenn es eine Entscheidung auf eigenes **sachverständiges Wissen eines Richters** stützt (BGH NJW 1991, 2825). 15

Beruht eine **Entscheidung auf einer Prognose,** so muß das Gericht in der Urteilsbegründung die aus Vergangenheit u Gegenwart gewonnenen Erkenntnisse, auf denen seine Prognose basiert, im einzelnen ausbreiten u **in nachvollziehbarer Weise darlegen,** welche zukunftsorientierten Schlußfolgerungen nach seiner Überzeugung (§ 108 Abs 1 S 1) aus diesen Erkenntnissen zu ziehen sind (DVBl 1991, 542).

Allgemeinkundige Tatsachen u allg Erfahrungssätze uä bedürfen keiner näheren Begründung; dagegen müssen spezielle Erfahrungssätze, deren Feststellung besonderer Sachkunde usw bedarf, im Urteil näher – unter Angabe auch der Quelle, aus der das Gericht sein Wissen bezog (BayVBl 1974, 704) – dargelegt werden. Entspr gilt auch für **gerichtskundige Tatsachen** (vgl zu den Begriffen auch 22 ff zu § 98).

Einer besonders eingehenden Begründung bedarf auch die **Offensichtlichkeit** der Unzulässigkeit oder Unbegründetheit der Klage in **Asylsachen** bei Klageabweisung.[22]

Bezugnahmen auf **Entscheidungen** der Vorinstanz (vgl BAG NJW 1981, 2078; BGH NJW 1985, 1785) oder der Verwaltungsbehörden (61, 367; s nunmehr ausdr Abs 5 sowie dazu unten 23), auf **Schriftsätze,** beigezogene Verwaltungsvorgänge, **Sitzungsprotokolle** (61, 367), sowie auf eine sonst in der Sache (zB Verweisung im Revisionsurteil auf die Begründung der Entscheidung über die Revisionszulassung, NVwZ 1985, 428) oder in anderer Sache zwischen den Beteiligten ergangene bzw gleichzeitig ergehende oder jedenfalls den Beteiligten bekannte u ihnen im Wortlaut zur Verfügung stehende Entscheidungen,[23] einschließlich der **in den amtlichen Entscheidungssammlungen** veröffentlichten Entscheidungen (vgl BFH 168, 306 = BStBl II 1992, 1040; nicht genügt dagegen Veröffentlichung lediglich in einer Fachzeitschrift), sind zulässig, **soweit dadurch die Verständlichkeit der Darstellung u der Begründung** aus sich heraus nicht in Frage gestellt wird;[24] außerdem muß aus dem Urteil klar hervorgehen, **daß das Gericht sich** die an anderer Stelle gemachten Überlegungen **zu eigen macht** (BGH NJW 1985, 178; ausdr Abs 5). **Bei Urteilen gem §§ 130 Abs 2 u 144 Abs 6** genügt hins der Fragen, in denen das Gericht durch zurückverweisende Entscheidung gebunden ist, die Verweisung auf die Begründung des zurückverweisenden Urteils u auf die Bindung daran (so wohl 54, 119). 16

---

[22] BVerfG 71, 276 = NJW 1986, 459; Kassel NVwZ 1988, 275: die Gründe für die Offensichtlichkeit müssen sich klar aus der Begründung ergeben.

[23] 72, 27; BFH 98, 525 = NJW 1971, 584: Bezugnahme auf eine in einem anderen Rechtssteit zwischen den Beteiligten ergangene, ihnen aber wesentlich später zugestellte Entscheidung als wesentlicher Verfahrensmangel.

[24] 7, 12; 61, 367; NJW 1980, 954; OLG Stuttgart GA 1979, 471; BL 33, 37 zu § 313 ZPO; zur Streitfrage, ob die Verständlichkeit auch ggü Außenstehenden gewahrt sein muß, s oben 14.

17 Die Aufnahme abweichender Auffassungen, sog **Sondervoten,** einzelner Richter zum entschiedenen Fall (sog **„dissenting opinions"**) in das Urteil ist nach geltendem Recht nicht vorgesehen u jedenfalls mit Nennung des Namens der betr Richter nicht zulässig. S allg auch Mahrenholz, Das richterliche Sondervotum, in: Hoppe ua, Rechtsprechungslehre, 1992.

18 **f)** Auch die **Rechtsmittelbelehrung** (Nr 6) ist Teil des Urteils u muß deshalb vor der Unterschrift der Richter stehen (BAG 33, 63; Sch-Clausing 23; s auch oben 4). Zum **Inhalt** der Rechtsmittelbelehrung u zu den Folgen eines Fehlens bzw der Unrichtigkeit s 1 ff zu § 58. Die **Wirksamkeit** des Urteils wird durch das Fehlen oder die Unrichtigkeit der Rechtsmittelbelehrung nicht berührt; ebenso kann die Revision nicht darauf gestützt werden.

18a **g) Unterschriften der Richter (Abs 1 S 2).** S oben 1 ff.

19 **4. Übermittlung des Urteils an die Geschäftsstelle (Abs 4):** Abs 4 dient einerseits der Verfahrensbeschleunigung (NJW 1991, 310) u soll andererseits sicherstellen, daß das Urteil in angemessener Zeit, solange das Ergebnis der mV den Richtern noch voll gegenwärtig ist, vollständig abgefaßt u abgesetzt, dh der Geschäftsstelle zur Ausfertigung u Zustellung an die Beteiligten übermittelt wird. Die Übermittlung kann **formlos** erfolgen, insb sind weder eine schriftliche Übermittlungsanordnung des Vorsitzenden noch ein Vermerk, Angabe des Datums oä erforderlich (75, 342 = NJW 1987, 2247). Der **Zweck der Regelung** liegt dabei vor allem darin, die **Übereinstimmung** des beratenen Urteils mit der schriftlichen Wiedergabe zu sichern (60, 15; 85, 273 = NJW 1991, 273); außerdem in der **Gewährleistung der Beurkundungsfunktion des Urteils,** insb des Tatbestands u der Entscheidungsgründe,[25] im Hinblick auf eine Überprüfung in einem uU nachfolgenden **RechtsmittelVf,**[26] vor allem aber **auch in der Gewährleistung der sachlichen Richtigkeit** der Entscheidung (vgl 49, 63); denn nicht nur die (in den Fällen des Abs 4 bereits festliegende) Urteilsformel, sondern auch die übrigen Teile des Urteils, insb auch der Tatbestand u die Entscheidungsgründe ieS, sind Teil der Entscheidung u bestimmen deren näheren Inhalt (vgl 18 zu § 131 mwN).

19a **Abs 4 gilt entspr** für beschlossene **Urteile,** die **gem § 116 Abs 2** durch Zustellung erlassen werden u von denen bereits die Urteilsformel mit den Unterschriften aller Richter, die an der Entscheidung mitgewirkt haben (91, 242 = NJW 1993, 1811), **der Geschäftsstelle übermittelt** wurde, die vollständige Abfassung aber noch aussteht.[27] Das Urteil ist auch in diesem Fall **mit der Übermittlung an die Geschäftsstelle noch nicht erlassen,** vielmehr bedarf es dazu grds noch der Zustellung des vollständigen Urteils gem § 116 Abs 1 HS 1 (75, 341 = DVBl 1987, 1111; Ks NVwZ-RR 2002, 792). S im einzelnen dazu sowie zur Frage der Bekanntgabe durch **telefonische Mitteilung** 10 zu § 116.

20 Ein **Ausnahmefall iSd S 2** ist bei besonders umfangreichen Streitsachen, aber auch bei **erheblicher Arbeitsbelastung,** Urlaub, Krankheit usw des mit der Abfassung betrauten Richters anzuerkennen. Die Beteiligten haben in diesem Fall jedoch Anspr auf **Mitteilung der Entscheidungsformel,** sobald diese mit der Unterschrift aller Richter[28] der Geschäftsstelle übergeben ist (38, 223 f).

---

[25] Vgl GSOGB BVerwG 92, 367 = NJW 1993, 2603; BVerwG 60, 14 = NJW 1980, 1885; NJW 1991, 1192 mwN; Schumann NJW 1993, 2786.

[26] 49, 62; 50, 279; 60, 15; Buchh 427.2 § 13 FG Nr 94; NVwZ 1983, 466; NJW 1991, 313; DÖV 1976, 745.

[27] S 11 zu § 116 mwN; vgl auch 85, 273 = NJW 1991, 311: Abs 4 S 2 u § 116 Abs 2 sind insoweit gleich auszulegen; ferner 91, 242 = NJW 1993, 1811.

[28] NJW 1970, 2132; 1971, 1854; Ms DVBl 1981, 692; Ma VRspr 25, 787.

Abs 4 stellt nicht nur eine Ordnungsvorschrift dar, sondern ist zwingend,[29] **wobei freilich** vom Gesetzgeber dem Gericht durch die unbestimmten Rechtsbegriffe „ausnahmsweise" u „alsbald" ein gewisser, jedoch eng begrenzter Spielraum zugebilligt wird (GSOGB BVerwG 92, 367 = NJW 1993, 2603; BVerwG 60, 15; DVBl 1992, 1228). Eine **Verletzung** stellt einen **Verfahrensfehler dar,** der jedenfalls dann auch iSv §§ 130 Abs 1 Nr 2, 132 Abs 2 Nr 3, 137 erheblich ist, wenn infolge der verzögerten Abfassung nicht mehr gewährleistet ist, daß die Entscheidungsgründe das Beratungsergebnis u die für die Entscheidung maßgeblichen Gründe zuverlässig wiedergeben.[30] 21

Wann das Urteil, jedenfalls der Tatbestand u die Entscheidungsgründe, vollständig schriftlich niedergelegt („abgesetzt") u von allen Richtern unterschrieben (MDR 1996, 633: vollständig abgefaßt ist ein Urteil erst dann, wenn es von allen Richtern, die an der Entscheidung mitgewirkt haben, unterschrieben ist), **der Geschäftsstelle übermittelt** sein muß, **u insb welche Fristen u Umstände** dafür allenfalls als maßgeblich anzusehen sind, kann letztlich – s jedoch zur zeitlichen Grenze von 5 Monaten analog §§ 517, 548 ZPO im folgenden – nur im Hinblick auf den konkreten Fall bestimmt werden;[31] daran hat auch GSOGB BVerwG 92, 367 = NJW 1993, 2603 nicht gerüttelt. Maßgeblich ist hier insb auch, welche Bedeutung dem persönlichen Eindruck für die Entscheidung zukommt (60, 16 = DÖV 1980, 570; NVwZ-RR 2001, 799). Im einzelnen gelten insoweit die 12 zu § 116 gemachten Ausführungen entspr (vgl idS auch 49, 83; 85, 273; NVwZ-RR 2003, 460: keine unterschiedliche Auslegung); dem Umstand, daß es sich in den von § 117 Abs 4 erfaßten Fällen, anders als bei § 116 Abs 2, um ein bereits verkündetes (oder jedenfalls schon der Geschäftsstelle übermitteltes, s oben sowie 11 zu § 116) Urteil handelt, das damit jedenfalls im Ergebnis hins der Entscheidungsformel bereits beschlossen ist u festliegt u bei dem nur noch die vollständige Abfassung fehlt, kann dabei keine entscheidende Bedeutung zugemessen werden, weil grds nicht auszuschließen ist, daß für die Entscheidung, für deren Inhalt, Tragweite usw, die letztlich den Gegenstand u Umfang der res iudicata bestimmen, Details uU ebenso wichtig sind wie das in der Urteilsformel allein festgehaltene Ergebnis.

Äußerste Grenze für die schriftliche Niederlegung des vollständigen Urteils, insb von Tatbestand u Entscheidungsgründen, u für die Leistung der Unterschrift u die Übergabe des diesen Anforderungen genügenden Urteils an die Geschäftsstelle, sind aber jedenfalls **analog §§ 517, 548 ZPO fünf Monate** seit der letzten mV, aufgrund derer das Urteil erlassen wurde.[32] Darauf, ob das Gericht an der verzögerten Abfassung des Urteils ein **Verschulden** trifft, kommt es in keinem Fall an (NJW 1991, 313); auch wenn das Gericht kein Verschulden trifft, verlängert sich die Frist nicht.

Eine im dargelegten Sinn verspätete vollständige Abfassung des Urteils bedeutet **außerdem** aber auch, daß das Urteil, weil es in den Einzelheiten nicht mehr auf hinreichend gesicherten Ergebnissen beruht u daher auch keine geeignete Grundlage für eine revisionsgerichtliche Nachprüfung mehr darstellt, gegen Abs 2 Nr 4 u 5 verstößt u **einem nicht begründeten Urteil iSv § 138 Nr 6** 22

[29] GSOGB BVerwG 92, 367 = NJW 1993, 2603 – zwingend sowohl hins der 2-Wochen-Frist als auch hins „alsbald" – ebenso auch schon vor dieser Entscheidung BVerwG – GrS – NJW 1993, 413; RÖ-M. Redeker 8; NVwZ-RR 2001, 799; offen 75, 343; s auch 11 zu § 116; **aA** Ey-J. Schmidt 18.

[30] GSOGB BVerwG 92, 367; BVerwG NJW 1994, 273; BSG NZA 1994, 95; ebenso auch schon BVerwG 85, 273 = NVwZ 1991, 310 – mit einer Zusammenfassung der bisherigen, zT abw. Rspr; ebenso Sch-Clausing 26.

[31] Vgl 85, 273 = NJW 1991, 310; 49, 83; 50, 279 = DÖV 1976, 744; 60, 16 = DÖV 1980, 570; DÖV 1981, 970; NJW 1983, 466; BGH 32, 26; NJW 1976, 431; BAG 4, 82; 14, 315; NJW 1981, 2079; 1982, 302.

[32] GSOGB BVerwG 92, 367 zu §§ 516, 552 ZPO aF; BVerwG NVwZ-RR 2003, 460.

gleichzuachten ist.[33] S auch oben 21. Ergeht ein Urteil unter **Verstoß gegen Abs 4 S 1 u 2,** so kann es mit der **Revision** angegriffen werden. Der früheren Gegenmeinung (dazu DVBl 1991, 160) ist durch das 4. VwGOÄndG die Grundlage entzogen (DVBl 1996, 107; vgl 23 zu § 132; **aA** Sch-Clausing 26).

23 **5. Bezugnahmen auf die Entscheidungsgründe des VA u des Widerspruchsbescheids (Abs 5):** Der durch das 4. VwGOÄndG eingefügte Abs 5 wiederholt u präzisiert lediglich, was in der Rspr u im Schrifttum schon zuvor u ohne Beschränkung auf die Begründung vorangegangener VAe (s oben 16 mwN) allg anerkannt war u anerkannt wird (vgl NJW 1980, 954: eine – an sich überflüssige – Klarstellung). Die **Regelung dient** der **Entlastung der VGe** von Formulierungs- u Schreibarbeit bei der Begründung von Entscheidungen, **wenn derselbe Zweck ohne Nachteile für den Rechtsschutz des Bürgers** auch durch Bezugnahmen auf bereits vorliegende Verwaltungsentscheidungen erreicht werden kann (BT-Dr 11/7030, 30). Abs 5 gilt **nur für die Entscheidungsgründe** iSv § 117 Abs 2 Nr 5, **nicht auch hins des Tatbestands** von Entscheidungen iSv § 117 Abs 3,[34] **für den jedoch** schon **nach § 117 Abs 3** bzw § 122 iVm § 117 Abs 3 ebenfalls weitgehende Bezugnahmen zugelassen sind (DÖV 1981, 765). Vgl im einzelnen 12f zu § 117. Die Regelung ist **verfassungsrechtlich unbedenklich,** da der Zweck der Begründungspflicht (vgl auch 14f zu § 117; 7 zu § 138) auch bei der vorgesehenen Vereinfachung voll erreicht wird.[35]

Nach dem Zweck der Regelung, die Gerichte zu entlasten, schließt die Erwähnung einer Bezugnahme auf die Begründung des VA oder des Widerspruchsbescheids nicht die **schon** bisher für § 117 Abs 2 Nr 5 allg als zulässig angesehene **weitere Bezugnahme** auf Vorentscheidungen, in anderer Sache zwischen den Beteiligten ergangene behördliche oder gerichtliche Entscheidungen uä (s oben 16) aus, vielmehr sind solche Bezugnahmen auch weiterhin als zulässig anzusehen. Gleiches gilt für **Bezugnahmen hins des Tatbestandes** gem § 117 Abs 3. Zum **Begriff der Entscheidungsgründe** s oben 14 zu § 117; ferner 30ff zu § 108.

24 Abs 5 gilt allg **für alle Entscheidungen** der VGe, dh außer für **Urteile** u gem § 84 Abs 1 S 3 für Gerichtsbescheide gem § 84 ergänzend zu § 122 Abs 2 auch für **Beschlüsse** (auch zB gem §§ 80 u 123) der VGe, zumindest **analog** auch für Urteile, Gerichtsbescheide u Beschlüsse des **OVG** u **BVerwG** als erstinstanzliche Gerichte gem §§ 48ff, **nicht dagegen für Urteile u Beschlüsse gem § 47,** bei denen die Anwendbarkeit schon wg des Fehlens vorausgehender Verwaltungsentscheidungen entfällt. **Für Berufungsurteile u Beschlüsse** über RMittel sehen **§§ 130b, 122 Abs 2 S 3 zT vergleichbare Regelungen** vor. Bei **Beschlüssen gem § 80 Abs 5** u 80 Abs 3 entspricht einer Bezugnahme auf die Begründung des VA die Bezugnahme auf die **Begründung der VzA gem § 80 Abs 3.**

25 Abs 5 **gibt** den Verwaltungsgerichten (s oben 23) die **Möglichkeit, „von einer weiteren Darstellung der Entscheidungsgründe abzusehen"** u stattdessen auf die Begründung der in der Sache ergangenen Entscheidungen der

---

[33] GSOGB BVerwG 92, 367 = NJW 1993, 2603; BVerwG – GrS – NJW 1993, 413; BVerwG 85, 273 = NJW 1991, 310 – analog §§ 516, 552 ZPO aF (jetzt §§ 517, 548 ZPO nF) –; NVwZ 1999, 1334; ebenso schon bisher zB BVerwG 50, 278 = NJW 1976, 1555; 60, 14 = DÖV 1980, 570; NJW 1983, 466; BSG 51, 122; BAG NJW 1982, 2792.

[34] Unklar DÖV 1981, 765 zu § 7 EntlG; **aA** Geiger BayVBl 1979, 558: der Begriff – Entscheidungsgründe – ist weit zu fassen, so daß auch tatsächliche Feststellungen mit darunter fallen.

[35] NJW 1960, 954; BFH 169, 1 = NVwZ-RR 1993, 339; BStBl II 1992, 1043; zu weitgehend andrerseits BVerfG NJW 1979, 1161: keine verfassungsrechtliche Verpflichtung zur Begründung gerichtlicher Entscheidungen; s dazu auch oben 14.

Verwaltung (VA oder Widerspruchsbescheid) zu verweisen u sich insoweit auf den Ausspruch zu beschränken, **daß es sich dieser Begründung anschließt.**

Entbehrlich ist nach Abs 5 nur die **„weitere" Darstellung der Entscheidungsgründe,** nicht entbehrlich damit Entscheidungsgründe schlechthin; dh das Gericht darf die Entscheidungsgründe nicht ganz durch eine „pauschale" Verweisung auf vorangegangene Entscheidungen ersetzen (vgl auch BGH NJW 1985, 178). Das Urteil usw muß zumindest **noch ein Mindestmaß an Angaben** inhaltlicher Art zur Begründung enthalten, ohne die die für die Entscheidung maßgeblichen Gründe nicht mehr aus der Entscheidung des Gerichts selbst heraus verständlich wären.[36] Die Verweisung auf die Begründung des VA oder auf die Entscheidung über den Widerspruch ist nur dann ausreichend, wenn die in Bezug genommene Verwaltungsentscheidung Ausführungen zu allen entscheidungserheblichen selbständigen Angriffs- u Verteidigungsmitteln enthält (BFH NVwZ-RR 1999, 152). Zumindest muß in der Begründung jedenfalls auch der **angegriffene VA u der** vom Kl geltend gemachte **Anspr** näher bezeichnet werden (Geiger BayVBl 1979, 559). Wie auch nach allg Recht ist es auch hier **nicht erforderlich, daß** das Gericht sich in den Entscheidungsgründen mit **jedem einzelnen vorgetragenen Gesichtspunkt** befaßt (DÖV 1981, 765; s allg auch 14 zu § 117; 7 zu § 138). 26

Ungenügend u daher unzulässig – mit der Folge, daß das Urteil als iSv § 138 Nr 6 nicht mit Gründen versehen anzusehen ist (BFH NVwZ-RR 1993, 336) – sind insb auch **pauschale Bezugnahmen** auf die Begründung vorangegangener Entscheidungen der Verwaltung **ohne nähere Angaben** (BFH NVwZ-RR 1993, 336; s auch oben 26); ebenso auch sonst ungenügende oder nicht ausreichend verständliche Bezugnahmen bzw deren Ergebnisse. Das Gericht muß **die Entscheidungen,** auf deren Gründe es Bezug nimmt u, soweit es sich nicht die gesamte Begründung vollinhaltlich zu eigen macht, auch die Teile der Gründe, denen es folgt, so genau **bezeichnen,** daß Zweifel darüber nicht auftreten können, welche Gründe im einzelnen für die Entscheidung des Gerichts maßgeblich waren. Erforderlich ist außerdem, daß das Gericht in der Begründung seiner Entscheidung nicht nur auf die entspr Ausführungen im VA oder im Widerspruchsbescheid verweist, sondern ausdr klarstellt, **daß es diesen Ausführungen folgt,** dh sie sich aufgrund eigener Feststellungen u Erwägungen sowohl im Ergebnis als auch in der Begründung im einzelnen zu eigen macht. **Soweit neue Tatsachen** oder Gesichtspunkte im Vf **vorgetragen** wurden oder sich sonst im Vf ergeben haben, muß das Gericht sich in den Entscheidungsgründen damit auseinandersetzen.[37] Hat das Gericht durch Gerichtsbescheid gem § 84 entschieden, so ist in jedem Fall **auch zu begründen, warum** das Gericht **die Voraussetzungen für** eine Entscheidung durch **Gerichtsbescheid** als gegeben erachtet hat.[38] 27

6. Zustellungs- bzw Verkündungsvermerk (Abs 6): Die Beurkundung der Zustellung oder Verkündung dient – im Gegensatz zur Protokollierung einer Verkündung (5 zu § 116) – nur einfachen Beweiszwecken (wobei § 164 ZPO keine Anwendung findet); ihr **Fehlen** ist **prozessual ohne Bedeutung** (BGH 8, 308; NKVwGO-Kilian 93). Der Zustellungsvermerk hat nur die erste vorge- 28

---

[36] BFH NVwZ-RR 1993, 336; Geiger BayVBl 1979, 559; allg auch BVerwG 7, 12 zu § 117; enger DÖV 1981, 765.

[37] Vgl BT-Dr 8/842, 12 zur Vorgängervorschrift des § 6 EntlG; s ferner BayVerfGH NJW-RR 1991, 895: eine Bezugnahme auf Vorentscheidungen, verletzt das rechtliche Gehör, wenn Umstände vorliegen, die den Schluß nahelegen, daß das Gericht einen entscheidungserheblichen neuen Vortrag nicht berücksichtigt hat; s allg auch 19 zu § 108.

[38] ZT **aA** DÖV 1981, 765: nicht unbedingt erforderlich, daß das Gericht auf den Vortrag des Kl eingeht, mit dem sich dieser gegen die Absicht der Entscheidung durch Gerichtsbescheid gewandt hat.

nommene Zustellung anzugeben, nicht auch später Zustellungen an weitere Beteiligte. **Bei Verkündung** ist nur der Verkündungsvermerk, nicht auch zusätzlich (trotz „u") ein Zustellungsvermerk erforderlich. Entsprechendes gilt für den durch das JKomG neu eingeführten S 2. Danach hat bei elektronischer Aktenführung der Vermerk in einem gesonderten Dokument zu erfolgen, welches gem S 3 mit dem Urteil untrennbar zu verbinden ist.

29 **7. Veröffentlichung von Entscheidungen von allg Interesse:** Urteile u Beschlüsse können, **soweit** sie wg der angesprochenen Rechtsfragen, uU aber auch wg ihrer politischen, wirtschaftlichen Bedeutung **von allg Interesse** sind, **auch allg** (zB durch Pressemitteilungen der Gerichtsverwaltungen; von den Richtern, den Gerichtsverwaltungen, Anwälten oder Dritten besorgte Veröffentlichung) **bekanntgegeben** oder interessierten Dritten in Abschrift zur Verfügung gestellt werden. Vgl ferner 5 zu § 55; zur Verpflichtung, **personenbezogene Daten** uä von der Bekanntgabe auszunehmen oder zu „anonymisieren" BVerfG DVBl 1990, 1041 = NVwZ 1990, 1162; zur Verpflichtung des Staates, für eine **angemessene Veröffentlichung** zu sorgen, Br NJW 1989, 925.

§ 118 [Berichtigung des Urteils]

(1) **Schreibfehler, Rechenfehler und ähnliche offenbare Unrichtigkeiten**[5 ff] **im Urteil sind jederzeit**[8] **vom Gericht zu berichtigen.**[1 ff]

(2) **Über die Berichtigung kann ohne vorgängige mündliche Verhandlung entschieden werden.**[8 ff] **Der Berichtigungsbeschluß wird auf dem Urteil und den Ausfertigungen vermerkt.**[10] **Ist das Urteil elektronisch abgefasst, ist auch der Beschluss elektronisch abzufassen und mit dem Urteil untrennbar zu verbinden.**

Vgl § 319 ZPO; § 138 SGG; § 107 FGO

Schrifttum: *Schmidt,* Der Richterwegfall im Tatbestandsberichtigungsverfahren des Zivilprozesses, JR 1993, 457; *Schneider,* Problemfälle aus der Prozeßpraxis. Der Beginn der Rechtsmittelfrist bei Urteilsberichtigung, MDR 1986, 377; *Vollkommer,* Unzulässige „Berichtigung" des Rubrums, MDR 1992, 642.

1 **1. Allgemeines:** Die Vorschrift wurde durch das JKomG ergänzt. Urteile sind nach Verkündung bzw Zustellung (§ 116) grds **nur noch im RechtsmittelVf abänderbar** (§ 318 ZPO, § 173 S 1; s 1, 3 u 6 zu § 116). Die §§ 118–120 **durchbrechen diesen Grundsatz** aus naheliegenden praktischen Gründen für bestimmte Fälle, in denen es sich im wesentlichen nur um **bloße „technische" Versehen** des Gerichts bei der Abfassung der Entscheidung oder um **Unvollständigkeiten** einer Entscheidung, nicht dagegen um die Frage der Richtigkeit der Willensbildung des Gerichts handelt. Die §§ 118–120 gelten **entspr** auch für **Beschlüsse** (§ 122) – auch Berichtigungsbeschlüsse nach § 118 (vgl BGH NJW 1986, 935; NJW-RR 1988, 407) –, **Gerichtsbescheide** (§ 84) u Kostenfestsetzungsbeschlüsse (vgl OLG Hamm MDR 1977, 760) sowie allg auch in **Vf nach § 47** (Br DÖV 1988, 611 – zu § 118). Zu weiteren Ausnahmen bei Beschlüssen s auch 5 ff vor § 124.

2 Die Möglichkeit von Anträgen nach §§ 118–120 schließt die **Zulässigkeit von RMittel** nicht aus; das RSB fehlt hier nur ausnahmsweise, wenn Mängel gerügt werden, die zweifelsfrei berichtigt werden können.

3 Berichtigungen u Ergänzungen nach §§ 118–120 – im Fall des § 118 sogar uU auch durch das Rechtsmittelgericht selbst (30, 146) – sind **auch noch hins von Entscheidungen** zulässig, **gegen die bereits RMittel eingelegt** wurden; sie können dazu führen, daß das RMittel durch Wegfall der Beschwer unzulässig wird (s 39 ff vor § 124), in diesem Fall trägt der Rechtsmittelführer das Kostenri-

siko.[1] S auch unten 8 zur Berichtigung **bereits rechtskräftiger Entscheidungen.**

4 **Unrichtigkeiten u Fehler,** die nicht die Urschrift des Urteils, sondern **nur Ausfertigungen betreffen,** fallen nicht unter §§ 118–120; sie sind vom Urkundsbeamten der Geschäftsstelle nach § 317 ZPO zu berichtigen.

5 **2. Berichtigung offenbarer Unrichtigkeiten:** § 118 ermöglicht die Richtigstellung (einschließlich etwa erforderlicher Ergänzungen) **offenbarer Unrichtigkeiten** in einem vereinfachten Vf. Die Berichtigung ist möglich hins **aller Teile eines Urteils,** auch des Entscheidungssatzes (30, 146) einschließlich der Kostenentscheidung (Ko NVwZ 1999, 200), der ggf sogar in einen gegenteiligen Ausspruch verkehrt werden kann, des Tatbestands (trotz § 119!) u der Rechtsmittelbelehrung; ebenso auch ggf eines Berichtigungsbeschlusses nach § 118 oder § 119 (vgl BGH NJW-RR 1988, 407; NJW 1995, 1033 mwN).

6 **3. Eine offenbare Unrichtigkeit** liegt vor, wenn die Unrichtigkeit **sich aus dem Zusammenhang des Urteils** selbst oder aus den Vorgängen bei seiner Verkündung ergibt u ohne weiteres erkennbar ist (vgl BGH 127, 80 = NJW 1994, 2834; NJW 1993, 1400 mwN). Unrichtigkeit idS bedeutet, daß in der Formulierung des Urteils **etwas anderes ausgesagt wurde, als das Gericht gewollt** hat (BFH 120, 145), oder etwas nicht ausgesagt wurde, was das Gericht gewollt hat.[2] **Berichtigt** werden **können** danach **zB** auch eine fehlerhafte **Parteibezeichnung;**[3] versehentliche **Auslassungen im Tenor** des Urteils, die sich insb aus einem Vergleich zwischen Tenor u Entscheidungsgründen ergeben können (Z 15 zu § 319 ZPO); Fehlen des Ausspruchs über die **Kosten** (OLG Hamm NJW RR 1986, 1441), sofern die Entscheidung über den Antrag nicht irrtümlich übergangen wurde, dann nur § 120 (Sch-Clausing 4); Fehlen des Ausspruchs über die vorläufige **Vollstreckbarkeit** oder die **Zulassung eines RMittel,** wenn darüber ausweislich der Entscheidungsgründe des Urteils entschieden wurde (BGH NJW 1964, 1858; **aA** zur Rechtsmittelzulassung BAG NZA 1986, 843); eine fehlende **Rechtsmittelbelehrung** (Br DÖV 1988, 611; nicht aber, wenn eine unrichtige Rechtsmittelbelehrung auf der fehlerhaften Anwendung von Prozeßrecht beruht: We ThürVBl 1995, 236) oder eine offensichtlich unrichtige Rechtsbehelfsbelehrung (Ma NVwZ-RR 2003, 693: Hinweis auf Erfordernisse einer „zugelassenen Berufung" trotz Nichtzulassung der Berufung); **nicht dagegen** – außer bei bloßen Rechenfehlern –, wenn dem Gericht bei seiner **Willensbildung** ein Fehler unterlaufen ist,[4] zB wenn das Gericht eine Tatsache nicht oder falsch berücksichtigt hat (Z 4 zu § 319 ZPO) oder eine in Wirklichkeit nicht bestehende Tatsache berücksichtigt hat, zB eine Partei verurteilt hat, obwohl diese gar nicht am Vf beteiligt war (Pruskowski NJW 1979, 972; **aA** LG Stade NJW 1979, 168), oder **irrtümlich** einen vom Beratungsergebnis **abweichenden Urteilstenor verkündet** hat (LAG Düssel-

---

[1] BGH 127, 82 = NJW 1994, 2832 für die Berichtigung der Parteibezeichnung; Sch-Clausing 1; MKZPO 17 zu § 319 ZPO; weitergehend StJ 13 zu § 319 ZPO: Erledigterklärung mit nachfolgender Kostenentscheidung nach billigem Ermessen.

[2] Ko NVwZ 1999, 201; BL 6 zu § 319 ZPO; M 4 zu § 319 ZPO; NKVwGO-Kilian 7; Pruskowski NJW 1979, 932: nur bei offensichtlichem Erklärungsirrtum, nicht auch bei Motivirrtum; zT **aA** OLG Zweibrücken MDR 1994, 831; Z 4 zu § 319 ZPO; offen BGH 127, 79 = NJW 1994, 2834.

[3] BGH JZ 1978, 283: jedenfalls, wenn die richtige Partei am Vf beteiligt war; OLG Hamm NJW-RR 1991, 188; OLG Düsseldorf OLG-Rp 1995, 203; Z 14 zu § 319 ZPO; Deubner JuS 1991, 1038; weitergehend StJ II 4 zu § 319 ZPO; vgl auch OLG Düsseldorf OLGZ 1983, 351: keine bloße Berichtigung mehr, wenn eine einstweilige Verfügung gegen höchstens 5 nicht näher bestimmte Personen erlassen wurde u der ASt dann die Namen von 12 Personen nennt, die Ag seien.

[4] Ko NVwZ 1999, 201; BFH 75, 2360; NJW 1973, 225; BGH NJW 1991, 1900; BGH 127, 78; We ThürVBl 1995, 236; RÖ-M. Redeker 2; **aA** LG Stade NJW 1979, 168.

dorf NZA 1992, 427). Auch eine (nicht gewollte) **Unklarheit** stellt eine Unrichtigkeit dar.

7 **Offensichtlichkeit:** Die Unrichtigkeit muß offenbar sein, dh offensichtlich oder doch **unschwer** aus dem Urteil selbst, insb auch aus anderen Teilen des Urteils, aus den Umständen des vorangegangenen Vf, den Umständen der Verkündung (BGH 20, 192; BFH 142, 13) oder unzweifelhaft aus dem Inhalt der Akten (BGH NJW 1956, 830; Sa DÖV 1981, 767; Br NVwZ 1982, 636) u aus jederzeit erreichbaren Urkunden **erkennbar sein.**[5] Keine offenbare Unrichtigkeit liegt vor bei einem gerichtsinternen Versehen, das nicht ohne Beweiserhebung aufgeklärt werden kann (BGH NJW 1985, 742). Immer offensichtlich ist **das Fehlen** der **Rechtsmittelbelehrung** (Br DÖV 1988, 611) u grds auch deren Unrichtigkeit.[6] Eine Berichtigung ist unzulässig, **wenn sich daraus Widersprüche** im Urteil ergeben würden (RÖ-M. Redeker 3). Vgl auch OLG München NJW-RR 1986, 1447: die im Falle sog Stuhlurteils erst nach der Verkündung abgesetzte schriftliche Entscheidungsbegründung ist keine geeignete Grundlage einer Berichtigung des verkündeten Urteilstenors wg offenbarer Unrichtigkeiten.

8 **4. Verfahren u Wirkungen:** Die Berichtigung des Urteils erfolgt durch **Beschluß** des Gerichts, der zu begründen ist u in dem das Gericht auch dartun muß, inwiefern die Unrichtigkeit offensichtlich war. Sie ist auf **nicht fristgebundenen Antrag** eines Beteiligten, auch eines „Dritten", der im Urteil infolge einer Verwechslung als Beteiligter bezeichnet wurde (**aA** BGH JZ 1978, 283), **oder vAw** jederzeit möglich, **auch** noch **nach Einlegung eines RMittel** (BGH 18, 356) oder **nach RKraft** des Urteils (RG DR 1943, 249; OLG Hamm NJW-RR 1987, 187). Nicht erforderlich ist, daß bei dem Berichtigungsbeschluß dieselben Richter mitwirken, die auch das zu berichtigende Urteil beschlossen haben (BAG NJW 1964, 1874; HansOLG MDR 1978, 583). Zur Berichtigung befugt ist außerdem **auch das Rechtsmittelgericht,** wenn inzwischen RMittel gegen das Urteil eingelegt wurden (30, 146; BGH NJW 1964, 1858; Ma NVwZ-RR 1996, 542). Der Berichtigungsbeschluß **kann ohne mV** ergehen (§ 101 Abs 3), den Beteiligten ist jedoch vorher **rechtliches Gehör** zu gewähren (BVerfG BayVBl 1972, 588). Da die Rechtsbehelfsbelehrung notwendiger Bestandteil des Urteils ist (§ 117 II Nr 6) u Urteile zuzustellen sind (§ 116 Abs 1 S 2, Abs 3) erfolgt die Berichtigung einer Rechtsbehelfsbelehrung allerdings entgegen § 118 Abs 2 S 2 nicht durch einen Vermerk des Berichtigungsbeschlusses auf dem Urteil u den Ausfertigungen, sondern durch Zustellung des Urteils in der berichtigten Form.[7]

9 Die Berichtigung **wirkt grds auf den Zeitpunkt des Erlasses** des Urteils **zurück;** bei einer **Berichtigung der Rechtsmittelbelehrung** beginnt die Rechtsbehelfsfrist aber **erst mit der Zustellung des Urteils zu laufen** (§§ 56 Abs 1, 58 Abs 1).[8] Die neue Fassung gilt künftig als ursprüngliche,[9] auch für bereits gegen das Urteil in der ursprünglichen Fassung ergriffene RMittel (BayObLG BayVBl 1987, 92). Wirksam, jedoch anfechtbar (s unten 12), ist auch eine **unter Verletzung** der Grenzen des § 118 vorgenommene Berichtigung.[10]

---

[5] Ey-Rennert 4; zu weitgehend HansOLG MDR 1978, 582: wenn der mit dem Streitstoff Vertraute aus dem Urteil selbst alsbald ohne jeden Zweifel zu erkennen vermag, daß der Tenor durch einen bloßen Rechenfehler beeinflußt ist, daß also das Gericht, hätte es diesen Fehler rechtzeitig bemerkt, ohne jeden Zweifel einen bestimmten anderen Betrag zu- oder aberkannt hätte.

[6] 77, 183 f; NVwZ 2000, 191 f; Ma NVwZ-RR 2003, 693 f; Mü NVwZ-RR 2006, 583; **aA** Kassel NVwZ-RR 1992, 668 f.

[7] NVwZ 2000, 191 f; Ba SächsVBl 2000, 94; Mü NVwZ-RR 2006, 583; 8 zu § 58.

[8] Mü NVwZ-RR 2006, 583; 8 zu § 58.

[9] BGH 89, 186; NJW 1993, 1400; BayObLG BayVBl 1987, 92 Ey-Rennert 1, 7.

[10] Ule VwGO 400; RGZ 110, 429; **aA** BGH NJW 1956, 830; RGZ 122, 334; Br NVwZ 1982, 636 – unter Hinweis auf die Bindung des Gerichts gem § 318 ZPO an das ursprüngliche Urteil; RÖ-M. Redeker 6; es bleibt bei der urspr Fassung.

Der Berichtigungsbeschluß muß gem Abs S 2 nicht notwendig im vollen Wortlaut **auf dem Urteil** u den Ausfertigungen **vermerkt** werden; ein Vermerk, der auf den Beschluß hinweist, genügt (NJW 1975, 1795). Die Wirksamkeit der Berichtigung ist nicht davon abhängig, daß sie **auf der Urschrift u den** – ggf von den Beteiligten zur Anbringung des Vermerks zurückzufordernden – **Ausfertigungen vermerkt** wird. Nach dem durch das JKomG eingefügten Abs 2 S 3 ist im Falle eines **elektronisch abgefaßten Urteils auch der Berichtigungsbeschluß elektronisch abzufassen** u mit dem Urteil untrennbar zu verbinden. 10

5. Rechtsmittel gegen das berichtigte Urteil u gegen den Berichtigungsbeschluß: Der Berichtigungsbeschluß eröffnet **keine neue Rechtsmittelfrist** für RMittel gegen das berichtigte Urteil,[11] **es sei denn,** daß erst die Berichtigung **eine Beschwer durch dieses erkennen läßt**[12] oder unter Verletzung der §§ 118 ff herbeiführt (BAG NJW 1969, 1871; str). Insoweit macht es auch keinen Unterschied, ob die Urschrift oder die dem Beteiligten erteilte Ausfertigung berichtigt wurden (BGH JZ 1977, 183). Grds besteht in diesem Fall aber nur Anspr auf **Wiedereinsetzung** gem § 60 bei Fristversäumung (BGH NJW 1991, 1834; **aA** NKVwGO-Kilian 35). Wird jedoch vom Gericht die bereits übersandte **Ausfertigung** des Urteils wg Nicht-Übereinstimmung mit dem Original **zurückerbeten,** so läuft auch die Rechtsmittelfrist erst ab der **erneuten** Zustellung der berichtigten Ausfertigung oder einer neuen Ausfertigung (DVBl 1992, 776). Auch der **Antrag auf Berichtigung** läßt die Rechtsmittelfrist in der Hauptsache unberührt (BGH NJW 1977, 864). Die Tatbestandsberichtigung bei einem unanfechtbaren Urteil ist ohne Rechtswirkung; sie stellt insb auch **keinen Wiederaufnahmegrund** dar (BVerfG 30, 58 = NJW 1971, 419). Bestand die Unrichtigkeit darin, daß die **Rechtsmittelbelehrung fehlte,** so läuft die Rechtsmittelfrist immer erst ab Zustellung des berichtigten Urteils (Br DÖV 1988, 611). Vgl allg auch Schneider MDR 1986, 377. 11

Umgekehrt kann auch **ein vorher zulässiges RMittel** uU infolge der Berichtigung – auch wenn diese erst nach Rechtsmitteleinlegung erfolgt ist – **unzulässig** werden (vgl BGH NJW 1993, 1400), vorausgesetzt, daß die Berichtigung nicht nichtig ist oder ihrerseits wieder auf Beschwerde hin aufgehoben wird (s unten 12).

Gegen den die Berichtigung aussprechenden oder sie ablehnenden Beschluß ist die **Beschwerde** gem § 146 zulässig.[13] Entscheidungen über **RMittel gegen das berichtigte Urteil** können dieses auch hins des berichtigten Teils ändern oder aufheben, erstrecken sich aber nicht auf den Berichtigungsbeschluß, sondern machen diesen allenfalls inhaltlich gegenstandslos. Auch ein Berichtigungsbeschluß, der die durch § 118 gezogenen Grenzen überschreitet, ist nur mit der Beschwerde anfechtbar, **nicht** jedoch eo ipso **unwirksam,** außer bei schweren Mängeln.[14] 12

§ 119 [Berichtigung des Tatbestands eines Urteils]

(1) **Enthält der Tatbestand[1] des Urteils andere Unrichtigkeiten oder Unklarheiten,[2] so kann die Berichtigung binnen zwei Wochen nach Zustellung des Urteils beantragt[3] werden.**[1 ff]

---

[11] Vgl BGH NJW 1984, 1042; 1993, 1400; VersR 1996, 214; OLG Hamm NJW-RR 1986, 1444; NKVwGO-Kilian 26.

[12] BGH 17, 149 = NJW 1955, 989; NJW 1986, 936: 1991, 1834; 1995, 1033; VersR 1991, 549; vgl auch BVerwG DÖV 1991, 613.

[13] Kassel NVwZ-RR 1992, 668 f; Ma NVwZ-RR 2003, 693 f; Sch-Clausing 8; **aA** Mü NVwZ-RR 2006, 583: Einwendungen nur im Rahmen der gegen die Sachentscheidung zulässigen Rechtsbehelfe statthaft.

[14] BGH 20, 190, 193; NJW 1993, 1400: die Berichtigung ist bei schweren Mängeln unwirksam; NJW-RR 1995, 766: Aufhebung des Urteils statt seiner Berichtigung; Pruskowski NJW 1979, 932.

(2) **Das Gericht entscheidet ohne Beweisaufnahme durch Beschluß.**[3] **Der Beschluß ist unanfechtbar. Bei der Entscheidung wirken nur die Richter mit, die beim Urteil mitgewirkt haben.**[4] **Ist ein Richter verhindert, so entscheidet bei Stimmengleichheit die Stimme des Vorsitzenden. Der Berichtigungsbeschluß wird auf dem Urteil und den Ausfertigungen vermerkt.**[3] **Ist das Urteil elektronisch abgefasst, ist auch der Beschluss elektronisch abzufassen und mit dem Urteil untrennbar zu verbinden.**

Vgl § 320 ZPO; § 139 SGG; § 108 FGO

Schrifttum: *Schmidt,* Der Richterwechsel im Tatbestandsberichtigungsverfahren des Zivilprozesses, JR 1993, 457.

1 **1. Allgemeines:** Die Vorschrift, die durch das JKomG ergänzt wurde, ermöglicht (was für die Beteiligten vor allem im Hinblick auf die Revision, in der ein Tatsachenvortrag grds nicht mehr zulässig ist, u auf die **Beweiswirkung** gem. § 314 ZPO, § 173 S 1 hins des Parteivorbringens u gem § 418 Abs 1 ZPO, § 98 hins der eigenen Wahrnehmungen u Handlungen des Gerichts, wichtig ist) auf Antrag eine **Berichtigung, Ergänzung oder Klarstellung** der **tatsächlichen Feststellung** eines Urteils iSd § 117 Abs 2 Nr 4, Abs 3, zB hins der Prozeßgeschichte einschließlich der gestellten Anträge, der Ergebnisse der Beweisaufnahme, zB einer unrichtig oder unvollständig wiedergegebenen Zeugenaussage (DÖV 1976, 757), usw (s im einzelnen 12 ff zu § 117).

2 **§ 119** gilt für alle **Unrichtigkeiten u Unklarheiten** in den tatsächlichen Feststellungen, für die der einfache Weg der Berichtigung nach § 118 nicht zur Verfügung steht („andere"), im Gegensatz zu § 118 auch für solche, die auf einer irrigen Vorstellung des Gerichts beruhen. **Unerheblich** ist, ob die tatsächlichen Feststellungen im Tatbestandsteil (§ 117 Abs 2 Nr 4) oder an anderer Stelle im Urteil, einschließlich des mit Gründen überschriebenen Teils, stehen,[1] ebenso, ob ihnen Beweiskraft nach § 314 ZPO zukommt oder nicht.[2] **Nicht** unter § 119 fallen dagegen die für die Entscheidung maßgeblichen **Tatsachenwertungen,** die Beweiswürdigung u die rechtlichen Überlegungen, dh also die eigentliche Willensbildung des Gerichts. Zur **Berichtigung von Berichtigungsbeschlüssen** nach § 118 oder § 119 s 5 zu § 118.

3 **2. Verfahren:** Die Entscheidung über die Berichtigung erfolgt durch **Beschluß** (Abs 2). Sie setzt einen **Antrag** (§ 81) voraus, der **fristgebunden** ist (DVBl 1999, 1670; Ma NVwZ-RR 2002, 897; Ey-Rennert 5, RÖ-M. Redeker 3; **aA** Ule VwGO 402: auch vAw); Wiedereinsetzung (§ 60) ist möglich. Der Antrag ist **auch bezüglich solcher Feststellungen, deren Unrichtigkeit durch das Sitzungsprotokoll** gem § 173 S 1, § 314 S 2 ZPO **nachgewiesen werden kann** (**aA** RÖ-M. Redeker 2: RSB fehlt; vgl auch BGH NJW 1956, 1480; OLG Celle NJW 1970, 53), u **bei Revisionsurteilen** (NKVwGO-Kilian 5; RÖ-M. Redeker 6; **aA** BVerwG DVBl 1960, 519; diff Ey-Rennert 3) zulässig; nicht dagegen (ua wg fehlenden RSB) bezüglich nur **beiläufiger Bemerkungen** in einem Urteil, die erkennbar für die Entscheidung nicht wesentlich waren u auch bei anderer rechtlicher Betrachtung nicht wesentlich sein können (Bln NJW 1967, 2175; NKVwGO-Kilian 7).

4 **MV** über den Antrag ist zulässig, aber **nicht erforderlich** (§ 101 Abs 3); **die Beteiligten** sind jedoch jedenfalls vor der Entscheidung **zu hören.** An der Ent-

[1] NVwZ 1985, 734; DVBl 2001, 726; BGH NJW 1993, 1852; 1994, 519; Ey-Rennert 4.
[2] **AA** BGH NJW 1983, 2032; M 2 zu § 320; Z 5 zu § 320 ZPO (für Revisionsurteil); RÖ-M. Redeker 6; nur nach § 314 ZPO mit erhöhter Beweiskraft ausgestattete Feststellungen.

scheidung wirken **alle** (u nur die) **Richter** mit, die an dem betroffenen Urteil mitgewirkt haben, sofern sie noch zur Verfügung stehen,[3] **nicht** jedoch, **wenn ohne mV** entschieden wird, **auch die ehrenamtlichen Richter.**[4] Eine **Vertretung** findet **nicht** statt (BFH 157, 495 = NVwZ 1990, 504), denn für die Bewilligung ist allein die Erinnerung der Richter, die am Vf zum Erlaß des zu berichtigenden Urteils mitgewirkt haben, unterstützt durch das Protokoll u ggf private Aufzeichnungen der Richter, maßgebend,[5] eine Beweisaufnahme ist unzulässig (Sch-Clausing 7). **Sind Richter,** die beim betroffenen Urteil mitgewirkt haben, nur **vorübergehend verhindert,** zB wg Urlaubs, so muß grds abgewartet werden, bis sie wieder zur Verfügung stehen (vgl BFH 125, 490; dazu jedoch auch unten 6).

Der Vermerk über den Berichtigungsbeschluß gem Abs 2 S 4 auf dem Urteil u den Ausfertigungen dient nur der Klarstellung. **Sein Fehlen** berührt die Wirksamkeit der Berichtigung nicht. Vgl 10 zu § 118. Nach dem durch das JKomG eingefügten Abs 2 S 6 ist im Falle eines elektronisch abgefaßten Urteils auch der Berichtigungsbeschluß elektronisch abzufassen u mit dem Urteil untrennbar zu verbinden. 5

3. Rechtsmittel: Der Beschluß des Gerichts ist ohne Rücksicht darauf, ob er dem Antrag stattgibt oder nicht, **unanfechtbar** (Abs 2 S 2). **Gleichwohl** sieht die hM eine **Beschwerde** nach § 146 dann als **zulässig** an, wenn geltend gemacht wird, der Berichtigungsantrag sei zu Unrecht als unzulässig abgelehnt worden oder die Entscheidung leide an einem schweren Verfahrensmangel, zB unrichtige Besetzung des Gerichts.[6] Das **OVG** kann allerdings auf eine begründete Beschwerde hin nicht selbst zur Sache abweichend entscheiden, sondern **muß** insoweit **immer wg** des Erfordernisses einer Entscheidung durch dieselben Richter die Sache **zurückverweisen** (NJW 1965, 2316; Lü DVBl 1959, 788). 6

Nicht berührt wird durch den Grundsatz der Unanfechtbarkeit des Beschlusses das Recht der Betroffenen, ein **RMittel in der Hauptsache** gegen das abgeänderte Urteil auf die fehlerhafte Besetzung des Gerichts, das die Berichtigung vorgenommen hat, zu stützen (NJW 1965, 2316). Auch im übrigen beginnt die **Rechtsmittelfrist** für ein RMittel in der Hauptsache **neu zu laufen,** wenn u soweit der Kl durch die Entscheidung über die Berichtigung neu oder in weiterem Umfang als bisher beschwert wird oder eine solche Beschwer erst damit erkennbar wird. Vgl auch 11 zu § 118. Insoweit **genügt** auch, daß der Rechtsmittelführer erst durch die Tatbestandsberichtigung in den Stand versetzt wird, die für ein erfolgreiches RevisionsVf erforderlichen **Beweise zu erbringen** (s dazu 12 zu § 117; Schumann NJW 1993, 2786). 7

§ 120 [Ergänzung des Urteils]

(1) **Wenn ein nach dem Tatbestand[1, 4] von einem Beteiligten gestellter Antrag oder die Kostenfolge[1] bei der Entscheidung ganz oder zum Teil übergangen ist, so ist auf Antrag[5] das Urteil durch nachträgliche Entscheidung[5] zu ergänzen.**[1 ff]

---

[3] BFH NVwZ 1990, 504; Mü BayVBl 1981, 693: nicht mehr am Gericht tätige Richter wirken nicht mit; NKVwGO-Kilian 18.

[4] NVwZ 1987, 128; BFH 125, 490 = NJW 1979, 288; Lü DVBl 1960, 940; Bln DVBl 1963, 254; Mü DVBl 1981, 767 = BayVBl 1981, 693; RÖ-M. Redeker 4.

[5] BFH 157, 495 – auch zur Unzulässigkeit einer Richterablehnung wg fehlenden RS I, wenn bei Erfolg kein Richter mehr übrig bliebe, der danach noch entscheiden könnte; BL 12f zu § 320 ZPO.

[6] BFH 125, 490 – der BFH sieht in dieser Entscheidung die Nichtmitwirkung eines in Urlaub befindlichen Richters nicht als schweren Mangel idS an; Ey-Rennert 6; SDC 2c; OLG Hamm NJW-RR 1986, 739: keine Beschwerde, wenn ein Erfolg der Beschwerde eine Änderung der Sachentscheidung des Gerichts bewirken würde; offen Mü DÖV 1981, 767.

(2) **Die Entscheidung muß binnen zwei Wochen nach Zustellung des Urteils beantragt werden.**[5]

(3) **Die mündliche Verhandlung hat nur den nicht erledigten Teil des Rechtsstreits zum Gegenstand.**

Vgl § 321 ZPO; § 140 SGG; § 109 FGO

Schrifttum: *Braun,* Ergänzung einer Entscheidung über die Zulassung der Berufung, NVwZ 2002, 690; *Uerpmann,* Teilurteil, ergänzungsbedürftiges Urteil und fehlerhaftes Urteil im Asylrechtsstreit, NVwZ 1993, 743; *ders,* Feststellung des „kleinen Asyls" nach § 51 I AuslG in Übergangsfällen, NVwZ 1994, 1078.

1 **1. Allgemeines:** Die Vorschrift ermöglicht eine **Ergänzung des Urteils** (einschließlich der Urteilsformel) in Fällen, in denen das Gericht über einen **prozessualen Anspr** (auch einen Hilfsantrag), über den an sich in der Urteilsformel (§ 117 Abs 2 Nr 3) hätte entschieden werden müssen (BAG NJW 1959, 1942), **oder** über **die Kosten** des Vf, über die gem § 161 Abs 1 auch ohne Antrag vAw zu entscheiden ist, **versehentlich** nicht entschieden hat. Dazu gehören auch die Kosten eines Beigeladenen (Buchh 310 § 162 VwGO Nr 21; Sch-Olbertz 104 zu § 162), einschließlich dessen außergerichtlicher Kosten (Lü DVBl 2001, 1779; Sch-Clausing 3). Voraussetzung ist – außer hins der Kosten –, daß der in Frage stehende Antrag jedenfalls **im Tatbestand** (s 12 zu § 117) des Urteils erwähnt wird (s auch unten 4). **Keine Kostenentscheidung** iSd § 120 ist nach der Rspr u hM die Entscheidung über die **Notwendigkeit der Zuziehung eines Bevollmächtigten im VorVf** gem § 162 Abs S 2 (NVwZ-RR 2003, 246; s auch unten 5 sowie 17 zu § 162).

2 **Teilurteile** (§ 110) werden hins der nicht damit erledigten anderen Teile der Sache **nicht** von § 120 erfaßt, ebenso nicht der Fall, daß das Gericht es ausdr abgelehnt hat, über einen Anspr zu entscheiden, oder rechtsirrig bewußt von einer Entscheidung darüber abgesehen hat.[1] Bei Teilurteilen, auch wenn sie nicht als solche bezeichnet sind, kann der Betroffene **nur** die **Fortsetzung des Vf** über den Rest beantragen u, wenn das Gericht dies ablehnt, erneut Klage erheben bzw im RechtsmittelVf den nicht erledigten Antrag im Weg der Klageerweiterung neu stellen (RÖ-M. Redeker 1).

3 **§ 120 ist gem § 122 Abs 1 entspr** anwendbar auch auf selbständige **Beschlüsse gem § 80 Abs 5 u 7, § 123** u auf Beschlüsse gem § 47 Abs 6 (vgl NVwZ-RR 1994, 236; Mü BayVBl 1980, 148 zu § 47), außerdem auch bei Fehlen einer Entscheidung **gem § 167 Abs 1, § 716 ZPO** über die vorläufige Vollstreckbarkeit des Urteils;[2] **nicht dagegen,** weil dadurch der Eintritt der RKraft gehindert u die Rechtssicherheit beeinträchtigt würde, bei Fehlen einer **Entscheidung über die Zulassung eines** zulassungsgebundenen **RMittel.**[3] Probleme ergeben sich hierbei iVm der versehentlich unterlassenen Entscheidung über einen Teil des Zulassungsantrags. Da gegen eine Nichtzulassung der Berufung keine RMittel gegeben sind, besteht hier nicht die Möglichkeit, durch Gleichstellung einer Nichtentscheidung mit einer Entscheidung über die Nichtzulassung der Berufung den durch Art 19 Abs 4 GG gebotenen Rechtsschutz sicherzustellen. Hier spricht deshalb viel für eine Anwendung des § 120 (so Ba

[1] Kassel ZfSH/SGB 1997, 90; Sch-Clausing 5; Ey-Rennert 4.

[2] Ey-Rennert 1; Noack NJW 1961, 448; RÖ-M. Redeker 3; 6 zu § 168; Sch-Clausing 3.

[3] Ma NVwZ-RR 1996, 619: das Fehlen der Entscheidung sei wie die Nichtzulassung zu behandeln; Ey-Rennert 1; RÖ-v Nicolai 24 zu § 132; Sch-Clausing 4; BGH 20, 288; 44, 395; NJW 1977, 2218; 1981, 2755; OLG Düsseldorf MDR 1981, 235; RS § 61, 29; ThP 3 zu § 321 ZPO; M 15 zu § 343 ZPO; **aA** Müller NJW 1955, 1740; SDC 1; BL 14 zu § 321 ZPO; Z 5 zu § 321 ZPO; s auch 34 zu § 132.

NVwZ 2001, 1173; Braun NVwZ 2002, 690). Analog anwendbar ist § 120 – jedoch ohne die Frist gem Abs 2 – auch auf **Widerspruchsbescheide** gem § 73 (offen 68, 2).

2. Abgrenzung gegenüber § 118 u § 119: War nicht die Entscheidung unterblieben, sondern nur die **Aufnahme einer tatsächlich beratenen** u **beschlossenen Entscheidung** in das Urteil, so kommt bei Offensichtlichkeit, dh, insb wenn sich Tatsache u Inhalt der Entscheidung aus dem Urteil selbst ergeben, eine Ergänzung des Urteils nach § 118 in Betracht; fehlt die Offensichtlichkeit, so ist die Ergänzung nur nach § 120 möglich. **Fehlen** im Tatbestand, dh bei den tatsächlichen Feststellungen (s 12 zu § 117) des Urteils, dessen Ergänzung nach § 120 beantragt wird, **Angaben,** aus denen sich ergibt, daß der Antrag, über den durch Ergänzungsurteil entschieden werden soll, gestellt war, u enthält auch die Niederschrift über die mV (§ 105, § 173 S 1, § 314 ZPO) nichts darüber, so kommt auch eine Urteilsergänzung nach § 120 – ebenso wie auch eine Urteilsberichtigung nach § 118 – **erst nach vorheriger Tatbestandsergänzung** nach § 119 in Betracht. 4

3. Verfahren: Das Gericht entscheidet über die Urteilsergänzung auf **Antrag** (§ 81) **durch Urteil**[4] (sog Ergänzungsurteil) aufgrund mV (s Abs 3 iVm § 101 Abs 1); zur Kostenentscheidung s 1 ff zu § 161. In dem Fall, in dem im Urteil nicht über die Notwendigkeit der Hinzuziehung eines Bevollmächtigten im VorVf gem § 162 Abs 2 S 2 entschieden worden ist (s oben 1), ist, da diese nicht zur Kostengrundentscheidung gehört durch Beschluß (ohne Fristbindung) zu entscheiden.[5] Zur **nachträglichen Entscheidung über die Zulassung eines RMittel** s oben 3; ferner 34 zu § 132. 5

Der **Antrag** auf Ergänzung des Urteils nach § 120 kann nach Abs 2 **nur binnen 2 Wochen** gestellt werden;[6] wird in den 2 Wochen kein Ergänzungsantrag gestellt, so entfällt mit Ablauf der 2-Wochenfrist die Rechtshängigkeit für den übergangenen Antrag (81, 14; 95, 274; Ma VBlBW 1994, 370); ein übergangener Antrag kann dann im anhängigen Vf nur noch nach den Grundsätzen über die Klageänderung (§ 91), ggf auch in der Berufungsinstanz, erneut gestellt werden (Ma NVwZ-RR 1994, 473); **unbeschränkt dagegen in einem neuen Prozeß,** weil insoweit ja noch keine rechtskräftige Entscheidung vorliegt (RÖ-M. Redeker 4). Ein Antrag ist **auch im BeschlußVf** unverzichtbare Voraussetzung einer Beschlußergänzung analog § 120 (NVwZ-RR 1994, 236). Zur Ergänzung der Kostenentscheidung s unten 8. Gegen die Versäumung der Frist zur Antragstellung nach § 120 Abs 2 ist **Wiedereinsetzung** (§ 60) möglich. **Bedarf es,** damit ein Antrag nach § 120 Erfolg haben kann, **vorher einer Tatbestandsergänzung** nach § 119 (s oben 4), so läuft die Frist des Abs 2 erst ab Zustellung der Entscheidung über die Tatbestandsergänzung;[7] Entsprechendes gilt, wenn die Urteilsergänzung **von einer anderen vorhergehenden Entscheidung abhängig** ist (vgl BGH NJW 1984, 1240 für den Fall, daß Voraussetzung der begehrten Entscheidung über die Vollstreckbarkeit die Fetsetzung eines höheren StrW ist). 6

Antragsberechtigt sind nur Beteiligte (§ 63), die dadurch, daß über ihren Antrag nicht entschieden wurde, bzw durch das Fehlen einer Kostenentscheidung, einer Entscheidung über die Zuziehung eines Bevollmächtigten im VorVf 7

---

[4] Lü NVwZ-RR 2002, 897; B-Kuntze 10; RÖ-M. Redeker 5.

[5] Vgl 27, 39; NVwZ-RR 2003, 246; B-Kuntze 2; Sch-Clausing 3.

[6] Vgl zu einem vom Gericht nicht entschiedenen u idS übergangenen Klageantrag oder einem Antrag hins der Erstattung der außergerichtlichen Kosten eines Beigeladenen zB Kassel NVwZ-RR 1991, 167.

[7] RÖ-M. Redeker 4; Sch-Clausing 7; vgl auch BGH NJW 1982, 1821; M 9 zu § 321 ZPO; RS § 61, 25; Th 4 zu § 321 ZPO; Z 7 zu § 321 ZPO; **aA** BL 7 zu § 321 ZPO: ab Zustellung des Urteils.

oder über die vorläufige Vollstreckbarkeit, beschwert sind (s zum Begriff der Beschwer 39 ff vor § 124), sowie der VöI (RÖ-M. Redeker 4; SDC 2a; jeder Beteiligte ohne Rücksicht darauf, ob er betroffen ist; so auch NKVwGO-Kilian 14).

8 Da § 120 Abs 1 nach seinem eindeutigen Wortlaut die nachträgliche Ergänzung eines Urteils von einem Antrag abhängig macht, ist eine **Ergänzung vAw generell ausgeschlossen.**[8]

9 Für die Entscheidung **zuständig** ist das Gericht, das das zu ergänzende Urteil erlassen hat (Mü NVwZ-RR 1999, 695), jedoch **nicht notwendig in derselben Besetzung. Änderungen der Zuständigkeit** bleiben unberücksichtigt, da die Sache nach § 83 S 1, § 17 Abs 1 S 1 GVG weiterhin anhängig ist.

10 **4. Rechtsmittel:** Das Ergänzungsurteil bzw die Ablehnung einer Ergänzung gem § 120 sind mit der **Berufung,** wenn es sich um ein Urteil des OVG handelt, mit der **Revision** anfechtbar. Betrifft das Urteil nach § 120 **nur** die **Kostenentscheidung,** so ist ein darauf beschränktes RMittel dagegen ausgeschlossen,[9] nicht jedoch, soweit der Rechtsmittelführer sich **gegen** die Zulässigkeit der **Ergänzung als solche** wendet (Lü DVBl 2001, 1779).

11 Mit der Zustellung des (stattgebenden) Ergänzungsurteils beginnt nach § 173 S 1, § 518 ZPO (der entspr auch für die Revision gilt, vgl zu § 517 ZPO aF BGH LM § 517 Nr 1 ZPO) **auch für** RMittel gegen das **ergänzte Urteil,** soweit dieses dadurch im Ergebnis geändert wurde, bzw hins des ergänzenden Teils, eine **neue Rechtsmittelfrist.**[10] **Bei Ablehnung des Antrags** auf Ergänzung verbleibt es in jedem Fall beim Lauf der Rechtsmittelfristen gegen das ursprüngliche Urteil (DÖV 1990, 180; BFH NJW 1971, 1568). Auch **Wiedereinsetzung** kommt idR in diesem Fall **nicht in Betracht,** weil im allg davon auszugehen ist, daß der ASt durch die behauptete Unvollständigkeit des ursprünglichen Urteils nicht an der Wahrung der Rechtsmittelfrist gehindert war (DÖV 1990, 180).

12 **Gibt das Gericht dem Antrag auf Urteilsergänzung nicht statt,** so ist der Betroffene dadurch nicht gehindert, die übergangenen Sachanträge auch mit einer **neuen Klage** oder mit einer **Klageerweiterung** (§ 91) im BerufungsVf über das ursprüngliche Urteil zu verfolgen (s auch oben 6).

§ 121 [Materielle Rechtskraft]

Rechtskräftige Urteile[1 f] **binden,**[1 ff] **soweit über den Streitgegenstand entschieden worden ist,**[18 ff, 28 ff]

1. die Beteiligten[13 f, 23 ff] **und ihre Rechtsnachfolger**[26] **und**
2. im Fall des § 65 Abs. 3 die Personen, die einen Antrag auf Beiladung nicht oder nicht fristgemäß gestellt haben.[32]

Vgl §§ 322–328 ZPO; § 141 SGG; § 110 FGO

Schrifttum: *Berger,* Die subjektiven Grenzen der Rechtskraft bei der Prozeßstandschaft, 1992; *Bettermann,* Über die Bindung der Verwaltung an zivilgerichtliche Urteile, Baur-

---

[8] NVwZ-RR 1994, 236; 1999, 694; Lü NVwZ-RR 2002, 897; RÖ-M. Redeker 4; SchClausing 6; **aA** noch 11. Aufl.

[9] Vgl § 158 Abs 1; **aA** für den Fall, daß ein RMittel in der Hauptsache nicht mehr zulässig wäre, Mü BayVBl 1978, 379 unter Hinweis auf die ähnliche Rechtslage gem § 161 Abs 2 u § 92 Abs 2, wo die isolierte Anfechtung der Kostenentscheidung zugelassen ist; NKVwGO-Kilian 25.

[10] Offerhaus NJW 1979, 2077; TK 2 zu § 109 AO; vgl auch BGH VersR 1981, 57; ferner 11 zu § 118; zT enger BVerwG DÖV 1990, 180: neue Frist entspr § 517 ZPO aF (= § 518 ZPO nF) nur dann, wenn die Ergänzungsentscheidung innerhalb der Rechtsmittelfrist für das ursprüngliche Urteil ergangen ist; idR jedoch insoweit Wiedereinsetzung, selbst wenn ein RMittel bereits verworfen war.

FS 1981, 273; *Broß,* Zur Bindung der Zivilgerichte an Verwaltungsentscheidungen, VerwA 1987, 91; *Detterbeck,* Das Verwaltungsakt-Wiederholungsverbot NVwZ 1994, 35; *ders,* Streitgegenstand und Entscheidungswirkungen im öffentlichen Recht, 1994; *Doderer,* Auswirkungen materieller Rechtskraft auf Einwendungen und Einreden, NJW 1991, 878; *Erfmeyer,* Die Befugnis der Behörde zum Erlaß von Folgebescheiden nach rechtskräftigem Urteil über den Erstbescheid, DVBl 1997, 27; *Fendt,* Der Gegenstand der Anfechtungsklage, JA 2000, 977; *Foerste,* Lücken der Rechtskraft zivilrechtlicher Entscheidungen über Aufrechnung, NJW 1993, 1183; *Frenz,* Anmerkung zur Entscheidung des EuGH vom 13. 1. 2004 – C-453/00, DVBl 2004, 375; *Gärditz,* Die Bestandskraft gemeinschaftsrechtswidriger Verwaltungsakte zwischen Kasuistik und Systembildung, NWVBl 2006, 441; *Gotzen,* Das Verwaltungsakt-Wiederholungsverbot: Zu Umfang und Grenzen der Bindung der Verwaltung an rechtskräftige klagestattgebende Anfechtungsurteile, Diss. Bonn 1997; *ders,* Die Grenzen der Rechtskraft verwaltungsgerichtlicher Urteile, VR 1998, 406; *Hauseisen,* Die Bedeutung der Rechtskraft verwaltungserichtlicher Urteile, NJW 1960, 313; *Häßlein,* Der Streitgegenstand der verwaltungsgerichtlichen Anfechtungskage gem. § 113 Abs. 1 S. 1 VwGO, VerwA 2007; *Jacobj,* Spruchreife und Streitgegenstand im Verwaltungsprozeß, 2001; *Knöpfle,* „Tatbestands-" und „Feststellungswirkung" als Grundlage der Verbindlichkeit von gerichtlichen Entscheidungen und VAen, BayVBl 1982, 225; *Kopp/Kopp,* Grenzen der Rechtskraftwirkung von Urteilen über Anfechtungsklagen, NVwZ 1994, 1; *Martens,* Rechtsnachfolge und Bestandsschutz im Bauordnungsrecht – BVerwG, NJW 1971, 1624 –, JuS 1972, 190; *Maurer,* Die Rechtskraftwirkung einer erfolgreichen Anfechtungsklage (Anm zu BVerwG 91, 256 = NVwZ 1993, 672 = JZ 1993, 572), JZ 1993, 574; Pache/Bielitz, Verwaltungsprozessuale Wiederaufnahmepflicht kraft Völker- oder Gemeinschaftsrechts?, DVBl 2006, 325; *Prütting/Weh,* Rechtskraftdurchbrechung bei unrichtigen Titeln, 1988; *Rennert,* Der Streitgegenstand im Asylprozeß, DVBl 2001, 161; *Schenke,* Die Unwirksamkeit des Verwaltungsakts als Folge der Feststellung seiner Rechtswidrigkeit, JZ 2003, 31; *ders,* Die Feststellung der Rechtswidrigkeit einer Norm als Streitgegenstand der oberverwaltungsgerichtlichen Normenkontrolle, Kopp-GS 2007; *Schnauder,* Teilanfechtung und Teilrechtskraft im Zivilprozeßrecht – BGH NJW 1993, 269 –, JuS 1993, 365; *Tiedtke,* Zur Rechtskraft eines die negative Feststellungsklage abweisenden Urteils, NJW 1990, 1697.

1. Allgemeines: Die durch das 4. VwGOÄndG neu gefaßte Vorschrift regelt die **materielle RKraft** verwaltungsgerichtlicher Urteile; zum Begriff der formellen u materiellen RKraft s unten 2; zur Anwendbarkeit auf Beschlüsse u Gerichtsbescheide s unten 4. Zweck dieser Vorschrift ist es zu verhindern, daß die aus einem von einem Verwaltungsgericht festgestellten Tatbestand hergeleitete Rechtsfolge, über die durch Urteil entschieden worden ist, bei unveränderter Sach- u Rechtslage später nochmals erneut zum Gegenstand eines Vf zwischen denselben Parteien oder ihren Rechtsnachfolgern gemacht wird,[1] weil damit eine Mehrfachbelastung der Justiz, die Gefahr widersprechender Entscheidungen u eine daraus erwachsende Gefährdung des Rechtsfriedens verbunden wäre (NVwZ 1986, 293; 1993, 673; NJW 1990, 199; Schenke 601). Alle Prozeßordnungen sehen daher vor, daß ein neuerlicher Streit in derselben Sache unzulässig ist. Um die damit im Mittelpunkt stehende Frage, wann von einer Identität des Rechtsstreits auszugehen ist, bemüht sich die Lehre vom Streitggst (s bereits 7 ff zu § 90). 1

2. Der Begriff der formellen u materiellen Rechtskraft: Daß die VwGO **die formelle RKraft** kennt, ergibt sich aus den Vorschriften über die Rechtsmittelfristen u wird auch in § 153 vorausgesetzt. Für die formelle RKraft gilt § 705 ZPO gem § 173 S 1 entspr (Ey-Rennert 1). **Formelle RKraft** bedeutet, daß eine Entscheidung mit ordentlichen RMittel (Berufung, Revision, Beschwerde) **nicht mehr angegriffen werden kann,** weil entweder ein solches überhaupt nicht gegeben ist oder es nach dem Verstreichen der Rechtsmittelfrist nicht mehr zulässig ist.[2] **Wird ein** an sich statthaftes u rechtzeitig eingelegtes RMittel nach Ablauf der Rechtsmittelfrist verworfen, so tritt die RKraft 2

---

[1] Vgl 14, 362; 70, 158; 91, 257 = NVwZ 1993, 672; BFH NVwZ 1991, 512.
[2] HM; vgl BGH 31, 391; Ey-Rennert 1; Ule 58 III; Obermayer 208, 225; Sch-Clausing 6.

mit der **RKraft der Verwerfungsentscheidung** ein (GSOGB NJW 1984, 1027 = BVerwG 68, 379). Die Möglichkeit der **Einlegung außerordentlicher Rechtsbehelfe,** zB einer Anhörungsrüge gem § 152a (Ks NVwZ-RR 2006, 740; s 4 zu § 152a), eines WiederaufnahmeVf nach § 153 oder auch der VB, steht dem Eintritt der formellen RKraft nicht im Wege (Schenke 616).

Die formelle RKraft ist grundsätzliche Voraussetzung für die **Wirksamkeit eines Urteils** dergestalt, daß es im Verhältnis zwischen den Beteiligten die Wirkungen hat, auf die es seinem Inhalt nach gerichtet ist, zB, daß der mit Erfolg angefochtene VA aufgehoben ist, daß die durch Urteil getroffene Feststellung eines Rechtsverhältnisses für die Beteiligten verbindlich wird u beachtet werden muß usw (vgl Ey-Rennert 7). **Urteile** sind nur, wenn sie kraft Gesetzes oder aufgrund besonderer Anordnung der vorläufigen Vollstreckbarkeit (vgl § 167 Abs 1 iVm §§ 708ff ZPO) **vorläufig vollstreckbar sind** bzw für vorläufig vollstreckbar erklärt werden, **sofort,** schon bevor sie rechtskräftig werden, auch hins ihres Inhalts (materiellen Gehalts) **wirksam. Urteile in Anfechtungs-** u **Verpflichtungssachen** (§§ 42, 113) u Urteile u Beschlüsse in **Normenkontrollsachen** werden immer erst mit ihrer formellen RKraft wirksam (vgl § 167 Abs 2; zu NKEntscheidungen 141 zu § 47). **Beschlüsse** werden dagegen grds sofort mit ihrem Ergehen wirksam, soweit nicht dagegen eine Beschwerde eingelegt wurde, die aufschiebende Wirkung hat (§ 149), oder die Vollziehung vorläufig ausgesetzt wird.

Materielle RKraft bedeutet, daß künftig ohne Rücksicht auf die Frage, ob das Gericht „richtig" entschieden hat, die **Beteiligten** (s § 63), ihre **Rechtsnachfolger** sowie im Falle des **§ 65 Abs 3** auch die Personen, die einen Antrag auf Beiladung nicht oder nicht fristgemäß gestellt haben, an formell rechtskräftige Entscheidungen gebunden sind, soweit über den Streitgegenstand entschieden wurde (Schenke 617; „Maßgeblichkeit u Rechtsbeständigkeit des Inhalts des Urteils", vgl BVerfG 47, 161 = NJW 1978, 1151; BGH 34, 379). Die materielle RKraft setzt also die formelle RKraft voraus u ist idR mit dieser verbunden, doch erwachsen nicht alle formell rechtskräftigen Entscheidungen auch in materielle RKraft (s unten 17; NKVwGO-Kilian 30).

Mit Wesen u **Wirkungsweise der materiellen RKraft** hat sich insb die Zivilprozeßlehre intensiv beschäftigt (MKZPO 6f zu § 322 ZPO, StJ 19f zu § 322 ZPO jeweils mwN). Nach der auch im Verwaltungsprozeß überwiegend vertretenen sog **prozeßrechtlichen Rechtskrafttheorie** (vgl 14, 362; NJW 1988, 663; Ule § 59 I 1; Ey-Rennert 7; RÖ-v Nicolai 4) bewirkt die RKraft (nur), daß die Beteiligten u ihre Rechtsnachfolger an eine formell rechtskräftige Entscheidung gebunden sind u daß die Gerichte in einem späteren Prozeß der Beteiligten hins desselben Streitggst (zum Begriff s 7ff, 14ff zu § 90) **nicht mehr, jedenfalls nicht mehr abweichend,** zur Sache entscheiden können (s im einzelnen unten 9ff, 18ff, 23ff). Im Gegensatz dazu nimmt die heute allenfalls noch in modifizierter Form vertretene sog **materielle Rechtskrafttheorie** darüber hinaus an, daß ein formell rechtskräftiges Urteil auch die Rechtsbeziehungen zwischen den Beteiligten materiellrechtlich gestaltet. Nach beiden Auffassungen ist die RKraft **unabhängig** davon, **ob das Gericht bei seinem Urteil** alle einschlägigen Aspekte des Falles gesehen u gewürdigt hat, alle Einwendungen berücksichtigt hat usw (vgl BGH NJW 1979, 1046; 1982, 2257; 1983, 2032). S jedoch zu **Ausnahmen** unten 17.

3 Wie die Rechtshängigkeit (§ 17 Abs 1 S 2 GVG, § 90 Abs 1) ist auch die formelle u materielle RKraft **von jedem Gericht** jedes Gerichtszweigs **u von jeder Behörde** in jedem Vf u in jedem Stadium des Vf, auch noch in der Rechtsmittelinstanz, **vAw** zu beachten. S im einzelnen unten 12ff u 23f. Zu den **Auswirkungen** der RKraft einer früheren Entscheidung hins der **Zulässigkeit einer neuen Klage** s unten 9ff.

4 **§ 121 gilt** gem § 84 Abs 1 S 3 auch für **Gerichtsbescheide** (vgl Ma VBlBW 1996, 298), ebenso grds für **Beschlüsse,** soweit sie der materiellen RKraft fähig

sind (BGH NJW 1985, 1336; BFH NVwZ 1993, 607 mwN; Ks VRspr 25, 637; RÖ-M. Redeker 6 zu § 122), insb (allerdings mit Einschränkungen) auch für **Beschlüsse nach § 80** Abs 5 u 7, § 80a Abs 3[3] **u § 123,**[4] **außerdem** unmittelbar bzw entspr **auch für Urteile u Beschlüsse gem § 47 Abs 5 u 6,**[5] **für Beschlüsse gem § 166 über die Gewährung von Prozeßkostenhilfe**[6] u für Kostenfestsetzungsbeschlüsse (Mü NVwZ-RR 1995, 362; Sch-Clausing 15). Besonderheiten gelten für die Bindungswirkung von Verweisungsbeschlüssen nach § 17a GVG (s 11, 32ff zu § 41).

3. Abgrenzung gegenüber Tatbestands- u Feststellungswirkung usw: 5 Von der RKraftwirkung ieS (unten 9ff u 13ff) sind **zu unterscheiden:**

a) die **Tatbestandswirkung,** die grds jeder (nicht nichtigen) vollstreckbaren Entscheidung eines Gerichts u jedem VA, dessen Vollziehbarkeit nicht aufgeschoben ist (vgl § 80), zukommt u die die Tatsache, daß die Entscheidung ergangen ist, sowie den **Inhalt** der Entscheidung für die Beteiligten sowie für alle Gerichte u Behörden (s insoweit im einzelnen unten 12 u 24; hins der Gerichte auch NVwZ 1993, 782; Buchh 310 § 121 VwGO Nr 46) **verbindlich macht,** soweit nicht Ausnahmen gesetzlich vorgesehen sind bzw eine Behörde oder ein Gericht mit zulässigen Rechtsbehelfen gegen die Entscheidung befaßt wird.[7] Die Bindungswirkung erstreckt sich dagegen **nicht,** soweit nicht ausnahmsweise durch Gesetz etwas anderes bestimmt ist, auch **auf die Entscheidungsgründe** (BGH 20, 382; zur Bedeutung der Entscheidungsgründe für die Bestimmung der RKraft einer Entscheidung s aber unten 18), auch nicht auf die Beurteilung präjudizieller Rechtsverhältnisse. Zur Bindungswirkung ggü **Beigeladenen** s auch 12f zu § 66. Allg zur Tatbestandswirkung u zu unterschiedlichen Definitionen s Knöpfle BayVBl 1982, 228; KR 16ff zu § 43 VwVfG.

Erweiterte besondere Tatbestandswirkungen: Manche Rechtsvorschriften knüpfen **bestimmte weitere** (dh sich nicht schon aus dem Inhalt des Urteils oder Beschlusses ergebende) **Rechtsfolgen** nicht an Existenz u Inhalt eines Urteils bzw Beschlusses, sondern ohne Rücksicht auf den näheren Inhalt **lediglich an die Tatsache als solche, daß ein** bestimmtes **Urteil** (Beschluß) **ergangen ist** (vgl 78, 144 = NVwZ 1988, 368; NVwZ 1990, 1070). So ist zB die Verurteilung wg einer Verletzung der Wahrheitspflicht gem § 153, § 580 Nr 3 ZPO Voraussetzung für die Zulassung einer **Wiederaufnahmeklage** (NJW 1987, 219). Vgl ähnlich bei VAen zB das Unwirksamwerden einer vorläufigen Erlaubnis bei Entscheidungen über die Erteilung oder Versagung der endgültigen Erlaubnis (vgl 171 zu § 80 u 34 zu § 123); das Ausscheiden aus dem juristischen

---

[3] Bln NVwZ 1990, 681; Br NVwZ 1991, 1194; Lü NVwZ-RR 2004, 170; Ma NVwZ-RR 1995, 175; Mü DVBl 1999, 625; We NVwZ-RR 1995, 179; Ey-Rennert 6; Sch-Clausing 16; RÖ-M. Redeker 6 zu § 122; **aA** Mü NJW 1985, 880; Scholz, Menger-FS 1985, 650; Menger, Scupin-FS 1983, 856 unter Hinweis auf die jederzeitige Abänderbarkeit gem § 80 Abs 7. Zur Änderbarkeit von Beschlüssen nach § 80 Abs 7 s 190ff zu § 80.

[4] Lü DVBl 1982, 902; Ms NJW 1984, 1577; Kassel VRspr 25, 737 – zur Ablehnung einer eA –; DÖV 1990, 257; NJW 1984, 379 mwN; Sch-Clausing 16; RÖ-M. Redeker 21a zu § 123; **aA** Mü NJW 1985, 879; zur analogen Anwendbarkeit des § 80 Abs 7 auch 35 zu § 123.

[5] S 142 zu § 47; BVerwG 72, 125; DÖV 1992, 118; Sch-Clausing 15; Bettermann DVBl 1982, 956.

[6] Von einer „der materiellen RKraft ähnlichen Bindungswirkung" geht NKVwGO-Kilian 40 aus; offengelassen von Br DÖV 1991, 560; **aA** Lü DVBl 1983, 953; BL 42 zu § 127 ZPO; Sch-Clausing 17.

[7] Vgl 34, 91; 59, 315; NVwZ 1990, 1070; Mü BayVBl 1985, 50; BayObLG BayVBl 1980, 29; zur Bindung der Zivilgerichte an einem VA, der die Abschiebung eines Ausländers angeordnet hat; vgl auch Hager BayVBl 1980, 135 mwN; Knöpfle BayVBl 1982, 225; Schack NJW 1988, 865; KR 16ff zu § 43 VwVfG mwN; DVBl 1983, 399.

Vorbereitungsdienst mit Ablegen der Prüfung, unabhängig davon, ob sie bestanden wurde oder nicht (vgl Mü BayVBl 1972, 617; **aA** Knöpfle BayVBl 1982, 229 Fn 49); der Anspr eines Schwerbehinderten aufgrund der Anerkennung als solcher auf Befreiung von Rundfunkgebühren (vgl DVBl 1982, 509; Kopp DÖV 1980, 506; str; **aA** Br ZfS 1981, 83).

6 **b) die erweiterte Feststellungswirkung,** dh die vielfach in Vorschriften des materiellen Rechts vorgesehene **Bindung** von Gerichten u Behörden, uU auch des Bürgers, an vorausliegende Entscheidungselemente, insb an **tatsächliche Feststellungen,** auf denen ein Urteil oder Beschluß (bzw ein VA) beruht, oder an die Beurteilung vorgreiflicher **Inzidentfragen.**[8] Die Bindungswirkung des Urteils oder Beschlusses wird dergestalt dadurch erweitert, daß eine Rechtsvorschrift dies anordnet.[9] So sind zB die tatsächlichen Feststellungen eines rechtskräftigen Urteils in einem Straf- oder BußgeldVf gem § 84 Abs 1 S 1 WDO für ein wehrdisziplinarrechtliches Vf bindend (83, 373). Ähnliches gilt auch hier für VAe. **Voraussetzung u Umfang** der Feststellungswirkung werden ausschließlich u abschließend **durch die besonderen Rechtsvorschriften,** auf denen diese beruht, dh die sie anordnen, bestimmt. Allg zur Feststellungswirkung auch BayVerfGH NVwZ 1982, 554; Knöpfle BayVBl 1982, 225; KR 26 ff zu § 43 VwVfG; Sch-Clausing 39.

7 **c)** die **Bindung des erkennenden Gerichts an seine Entscheidung** gem § 173 S 1, § 318 ZPO (dazu 3 zu § 116).

8 **d)** die **Bindungswirkung zurückverweisender Urteile** nach § 130 Abs 6 sowie von **Bescheidungsurteilen** nach § 113 Abs 5 S 2 (eine umfassendere Rechtskraftwirkung, str; es handelt sich wohl richtiger nur um normale Rechtswirkungen, vgl Kopp ÖJZ 1973, 289 Fn 10).

9 **4. Bindungswirkung in bezug auf neue Prozesse:** Die materielle RKraft einer Entscheidung in einem Vorprozeß stellt ein in jeder Lage des Vf zu beachtendes **Prozeßhindernis** dar u **schließt** grds (Ausnahmen s unten 11) **jede neue Verhandlung u Entscheidung** über die rechtskräftig festgestellten Rechtsfolgen **aus,**[10] **außerdem** bei unveränderter Sach- u Rechtslage (s unten 28) **auch jede Abweichung vom Entscheidungsinhalt** (res iudicata) der rechtskräftigen Entscheidung.[11] Aus demselben Grund wäre **auch ein VA,** der gegen die Bindungswirkung verstoßen würde, grds **rechtswidrig** (s unten 11, 13 u 21 – auch zu möglichen Einschränkungen; ferner 162 zu § 42).

10 **Das bedeutet im einzelnen:**

a) wenn der Streitgegenstand (zu diesem Begriff s 7 ff, 14 ff zu § 90) in einem späteren Prozeß **derselbe** ist – wenn auch vielleicht mit umgekehrten Parteirollen als kontradiktorisches Gegenteil (BGH 123, 139; NJW 1995, 1757) –

---

[8] Vgl WBS I § 20, 65: „in dem Akt implizit getroffene Feststellungen"; zum Begriff der Inzidentfragen s auch 42 f zu § 40.

[9] Vgl 21, 312; 34, 90; 35, 318; 40, 194; EM 13; Obermayer 102 Fn 447; Stern 281 ff; RÖ-v Nicolai 94 zu § 42 mwN; KR 26 zu § 43 VwVfG – unter Aufgabe der abw Definitionen der früheren Auflagen; zu einem Grenzfall auch 50, 289 = NJW 1976, 1989.

[10] 91, 256 = NJW 1993, 2256; NJW 1996, 738; BGH 34, 337; 36, 367; 73, 272 = NJW 1979, 1408; NJW 1980, 2754, 1983, 2032; 1985, 2754 – mit eingehender Erörterung des Problems; Sch-Clausing 20; RS § 150, 10; BL 11 f Einf §§ 322–327 ZPO; M 9 zu § 322 ZPO; ThP 8 ff zu § 322 ZPO; s auch unten 10 f; zT **aA,** bedingt durch einen weiter gefaßten Begriff des Streitggst – s 7 ff, 14 ff zu § 90 –, BVerwG 14, 362; 35, 296; BGH NJW 1969, 1626; LG Berlin JR 1950, 283; RÖ-v Nicolai 5: das Gericht ist nicht gehindert, erneut in der Sache zu entscheiden, sondern nur daran, ein abweichendes Sachurteil zu erlassen; s allg auch BSG 13, 181; ML 6 zu § 141; Ule DVBl 1981, 1009.

[11] Vgl DVBl 1982, 953; BGH NJW 1979, 1047; sog „Abweichungsverbot", vgl Bettermann, H.J. Wolff-FS 1973, 468, oder „ne bis in idem"-Lehre, vgl Ey-Rennert 9; RÖ-v Nicolai 5; Hager BayVBl 1980, 134.

wie im rechtskräftig entschiedenen Prozeß, so ist die Klage im neuen Prozeß **ohne Sachprüfung wg entgegenstehender RKraft** (als unzulässig) **abzuweisen.**[12] Zur Rechtskraftwirkung bei Allgemeinverfügungen s unten 23. **Ausnahmen** kommen insoweit **nur in besonderen Fällen** in Betracht, zB zur Wiederherstellung verlorengegangener u auf andere Weise **nicht wiederherstellbarer** rechtskräftiger **Titel** (BGH NJW 1957, 1111) oder zur Feststellung des Inhalts eines Urteils, wenn der Tenor u die Entscheidungsgründe unklar u auslegungsbedürftig sind (vgl BGH 10. 10. 1985 – 1 ZR 1/23; OLG Karlsruhe WRP 1977, 41);

b) wenn der Streitgegenstand nicht identisch ist, die rechtskräftige fest- 11
gestellte **Rechtsfolge** aber im späteren Prozeß über einen anderen Streitggst **vorgreiflich** ist, so ist das Gericht insoweit an die frühere Entscheidung gebunden; daher ist auch jede Verhandlung, Beweiserhebung u Entscheidung **insoweit** ausgeschlossen.[13] Ist zB die Beamteneigenschaft einer Person durch rechtskräftiges Urteil festgestellt, so kann sie im Vf über eine Leistungsklage auf Gehaltszahlung nicht mehr in Frage gestellt werden. **Erläßt jedoch eine Behörde** nach rechtskräftiger Aufhebung eines VA wiederum einen **neuen VA mit demselben Inhalt,** so ist die Klage gegen den neuen VA zulässig[14] u bei unveränderter Sach- u Rechtslage auch begründet, weil die Verwaltung an **die in dem Aufhebungsurteil** mit **erhaltene Feststellung, daß ein VA dieser Art den Kl in seinen Rechten verletzt,** gebunden ist u diese Frage nicht mehr erneut geprüft werden kann, sondern das Gericht die frühere Feststellung seiner Entscheidung zugrunde legen muß.[15] S aber unten 13. Gleiches gilt für einen **VA, der** aufgrund eines Urteils gem § 113 Abs 5 erlassen wird, jedoch von **den das Urteil tragenden Feststellungen** über die Verpflichtung der Behörde **abweicht** (29, 2). Zur Bindungswirkung von Verpflichtungsurteilen gem § 113 Abs 5 s 188 u 212ff zu § 113.

Angesichts der allg Fassung des § 121 gilt die **Bindungswirkung** nicht nur 12
für Gerichte der allg Vwgbk, sondern, soweit gesetzlich nichts anderes vorgesehen ist (s unten aE), **auch für die Gerichte anderer Gerichtszweige.**[16] S auch 12 u 136 zu § 113. **Umgekehrt** sind nach den entspr Vorschriften der anderen Prozeßordnungen **auch die Verwaltungsgerichte** an die im Bereich anderer Gerichtsbarkeiten (aufgrund besonderer Vorschriften uU sogar ausländischer oder zwischenstaatlicher usw Gerichte; s oben 4) ergangenen rechtskräftigen Entscheidungen gebunden.

Anders als durch eine verwaltungsgerichliche Entscheidung, welche für die Beteiligten bei Abweisung einer Anfechtungsklage bindend feststellt, daß der angefochtene VA den Kl **nicht in seinen Rechten verletzt,** wird dies durch einen nicht angegriffenen **bestandskräftigen VA nicht festgestellt.** Deshalb kann das Zivilgericht im Rahmen einer Amtshaftungsklage oder einer Entschädi-

---

[12] 79, 33; DVBl 1982, 953; BGH NJW 1995, 1757; Ma NVwZ 1992, 896; Mü BayVBl 1975, 116; Kassel VRspr 25, 637; Sch-Clausing 21; RS § 153, 2ff; Obermayer 225.

[13] NVwZ 1993, 672; 1994, 1115; 2002, 344; vgl auch BGH NJW 1983, 2032; 1987, 773; 1993, 3204.

[14] S 7ff zu § 90; ebenso Sch-Clausing 22; Würt 247; **aA** 14, 362; 35, 296; NVwZ 1988, 735; RÖ-v Nicolai 5, die jedoch aufgrund der von ihnen vertretenen abweichenden Auffassung über das Wesen der RKraft, s oben 9, zum gleichen Ergebnis kommen; ebenso, ohne Erörterung des Problems, 91, 256 = NVwZ 1993, 672.

[15] 14, 361; 29, 213; BVerfG NJW 1985, 648 mwN; Grunsky 47 IV 2; Ule 59 II 2; Ey-Rennert 27; Hager BayVBl 1980, 134; iE auch Kopp VwGO-Rspr 77: § 113 Abs 4 S 2 analog; s auch unten 21; ferner 13 zu § 113.

[16] BGH 9, 329 = NJW 1953, 862; 15, 19; 20, 379; 60, 112 = NJW 1973, 616; 90 12 = NJW 1984, 1174; 95, 28; NJW 1983, 2241; 1985, 2324; 1987, 773; NVwZ 1982, 148; 1984, 333; 1985, 683; DVBl 1984, 398; BayVBl 1984, 91; Ey-Rennert 8; NKVwGO-Kilian 66; RÖ-v Nicolai 9; Ule 59 I 2.

gungsklage wg enteignungsgleichen Eingriffs die Rechtmäßigkeit des bestandskräftigen VA selbständig überprüfen u hierbei zum Ergebnis einer durch ihn begründeten RVerletzung des Kl gelangen (s 17 zu § 70 u zum Widerspruchsbescheid 28 zu § 73).

Zu **Ausnahmen von der Bindungswirkung** verwaltungsgerichtlicher Urteile s unten 17, 21 u 30, außerdem **für die Zivilgerichte in Amtshaftungssachen** BGH 9, 332; 20, 381; 60, 112 = NJW 1973, 616; NJW 1979, 2098; 1983, 1796, 2241; MDR 1981, 474; NVwZ 1983, 501; 1984, 373; 1985, 683; Bachof SJZ 1952, 213; s auch 12 zu § 113. Eine **Bindung der Strafgerichte** an verwaltungsgerichtliche Entscheidungen **besteht nicht.**[17] Soweit der Bürger im Einklang mit einer verwaltungsgerichtlichen Feststellung handelt, fehlt es jedoch idR am Verschulden (s auch 139 zu § 113). Zudem bleibt selbstverständlich die allg Pflicht zur Beachtung der Tatbestandswirkung sowie sonstiger materiellrechtlicher Wirkungen **rechtsgestaltender Entscheidungen** der VGe unberührt.

13 **5. Bindungswirkung rechtskräftiger Urteile** (nur) **gegenüber den Beteiligten:** Die Bindungswirkung (materiell) rechtskräftiger Entscheidungen ggü **den Beteiligten** (§ 63; s dazu auch unten 23) entspricht der Bindung der Gerichte (oben 9ff). Zur Bindung ggü einem Beigeladenen s 12ff zu § 66. Die Beteiligten sind durch die RKraft jedoch **nicht gehindert, auch ein rechtskräftig abgewiesenes Begehren gleichwohl zu erfüllen;**[18] sie sind uU sogar dazu verpflichtet.[19] S auch unten 21. Zulässig ist insb auch, daß die Verwaltung auch bei gleichgebliebener Sach- u Rechtslage trotz rechtskräftiger Abweisung einer Klage den **VA zurücknimmt,** widerruft oder zugunsten des Bürgers abändert bzw den **begehrten VA erläßt;**[20] bei Vorliegen von Wiederaufgreifensgründen gem § 51 VwVfG (82, 272; zum Anspr auf ein Wiederaufgreifen auch im weiteren Sinn näher Baumeister VerwA 1992, 374ff) oder aus Gründen der Gleichbehandlung (Art 3 GG) ist die Verwaltung uU sogar dazu verpflichtet (vgl BVerfG 27, 297; BVerwG 82, 272; KR 1ff zu § 51 VwVfG mwN).

14 **Ergeht** nach den oben zu 13 dargelegten Grundsätzen **eine neue Sachentscheidung** (sog Zweitbescheid), so wird dadurch – anders als bei einer sog lediglich „wiederholenden" Verfügung (vgl KR 55 zu § 35 VwVfG; ferner auch 8f zu § 72; 192 zu § 113) – auch der Klageweg erneut eröffnet (91, 257 = NVwZ 1993, 672; Sch-Clausing 22); die RKraft des ersten Urteils (s dazu 21) wird dann erst für die Begründetheit relevant (Schenke 629; Sch-Clausing 22) u bindet das Verwaltungsgericht – sofern sich nicht die maßgebliche Sach- u Rechtslage verändert hat – an die frühere verwaltungsgerichtliche Entscheidung.

15 Durch einen **nicht angefochtenen formell bestandskräftigen VA** wird die Verwaltung hingegen prinzipiell **nicht gehindert,** später einen hiervon **abweichenden VA zu erlassen.** Das ergibt sich daraus, daß die Reichweite der materiellen Bestandskraft von VAen (s 17 zu § 70) hinter der der Rechtskraft einer gerichtlichen Entscheidung zurückbleibt. Soweit dieser neue VA allerdings mit dem früheren VA nicht übereinstimmt, liegt hierin dessen ganze oder teilweise Aufhebung, die nur nach **Maßgabe der §§ 48ff VwVfG** zulässig ist. Zur

---

[17] Buchh 310 § 43 VwGO Nr 31; Kassel NVwZ 1988, 446; VG München NVwZ-RR 1999, 148; VG Freiburg GewA 1972, 282; RGSt 43, 377; LRStPO 13 zu § 262 StPO; Meyer-Goßner 5 zu § 262 StPO; eingeh Schenke/Roth WuV 1997, 110ff; **aA** Lässig NVwZ 1988, 412; RÖ-v Nicolai 9; Sch-Clausing 41.

[18] 91, 261 = NVwZ 1993, 672; BayVBl 1989, 760; BSG DVBl 1981, 1007; Grunsky 47 IV 1; Ule DVBl 1971, 593; 1981, 109; Seibert 586; Sch-Clausing 31; Kopp/Kopp NVwZ 1994, 1.

[19] 91, 261 mwN – zu § 51 VwVfG –; BFH 168, 310 = NJW 1993, 1816 – zu einem Verzicht aus Billigkeitsgründen analog § 227 AO –.

[20] 4, 250; 35, 234; 48, 278; 70, 110; RÖ-v Nicolai 9; Obermayer 225; s auch unten 16: krit Martens NVwZ 1985, 159: dadurch werde § 153 unterlaufen.

Frage, inwieweit sich aus Gemeinschaftsrecht eine Verpflichtung zur Aufhebung eines bestandskräftigen VA ergeben kann, s näher Gärditz NWVBl 2006, 445 ff.

Anders als bei klageabweisenden Urteilen, die auf Anfechtungs- oder Verpflichtungsklagen ergangen sind (s oben 13), kann die RKraft eines Urteils, das **auf eine Anfechtungsklage hin den VA aufhebt,** dem Neuerlaß eines identischen VA entgegenstehen (s dazu unten 21). Zur Reichweite der RKraft bei **stattgebenden Leistungsurteilen** s unten 20, 21 a, bei **stattgebenden Feststellungsurteilen** unten 22, bei **Normenkontrollen** 22 a. 16

6. Ausnahmen von der materiellen Rechtskraft: Nicht der materiellen RKraft fähig sind: 17

- **Zwischenurteile** unter den Parteien (§ 109; § 173 S 1, § 303 ZPO; anders uU im Verhältnis zu Dritten; Schenke 618; Sch-Clausing 14);
- **Grundurteile** (§ 111);
- **zurückverweisende Urteile** im RechtsmittelVf (§ 130 Abs. 2; § 144 Abs. 6; s aber oben 8);
- **nichtige Urteile** (s 20 vor 124), ua auch Urteile, die ohne Beiladung eines notwendig zum Vf Beizuladenden ergangen sind (s dazu im einzelnen 43 zu § 65; RÖ-M. Redeker 22 ff zu § 65);
- **unverständliche,** insb auch in sich **widersprüchliche Urteile, die keinen vernünftigen Sinn geben;**
- **Urteile,** für die die **deutsche Gerichtsbarkeit** fehlte, zB Urteile gegen Exterritoriale;
- **Nicht-Urteile.**[21]

Zu den Fällen einer **Durchbrechung der materiellen** RKraft s unten 30.

7. Sachlicher Umfang der materiellen Rechtskraft: Die materielle RKraft erfaßt nur **die Entscheidung über den Streitggst** (vgl NVwZ 1983, 221; zu diesem Begriff näher 7 ff, 14 ff zu § 90) **gem der Urteilsformel,**[22] nicht dagegen tatsächliche Feststellungen im Urteil, die Beantwortung vorgreiflicher Rechtsfragen[23] u sonstige Urteilselemente. **Bei** der **Auslegung der Urteilsformel** u der näheren Bestimmung der damit erfolgten Entscheidung sind jedoch **immer auch der Tatbestand** u die Entscheidungsgründe des Urteils heranzuziehen,[24] **uU** auch **die Rechtsvorschriften,** aufgrund derer die Entscheidung ergangen ist (vgl NJW 1980, 78), u der **Parteivortrag** (Ma NVwZ 1991, 1197). Dies gilt insb auch **bei klageabweisenden Urteilen,** bei denen der Umfang der RKraft anders gar nicht bestimmbar wäre.[25] Der Auslegung unter Heranziehung der Gründe usw sind jedoch im Interesse der Rechtssicherheit **enge Grenzen** gezogen; sie hat nur insoweit ihre Berechtigung, als die Urteilsformel zu Zweifeln Anlaß gibt (BGH NJW 1982, 2257), u muß sich an das halten, was der Richter erkennbar zum Ausdruck gebracht hat (BGH NJW 18

---

[21] S 20 vor § 124; BVerfG NJW 1985, 123; BGH NJW 1985, 927; BezG Leipzig DtZ 1993, 27 – zu einem Urteil, an dem ein nicht mehr amtierender Richter mitgewirkt hat; s dazu auch Jauernig DtZ 1993, 173.

[22] 17, 299; 70, 161; 96, 26 = NVwZ 1994, 1115; BGH 34, 339; 35, 340; 76, 367; NJW *1976, 1095; 1079, 1046;* 1982, 2257; 1983, 2033; zum Umfang der RKraft eines Urteils, durch das einer Teilklage in vollem Umfang stattgegeben worden ist, vgl BGH NJW-RR 1987, 525 mit Anm Zeiss JR 1987, 460; zum Umfang der RKraft eines unvollständigen Endurteils 95, 269 = NVwZ 1994, 1117.

[23] Vgl § 94; DVBl 1959, 398; JZ 1991, 617: nicht auch bloße Begründungselemente des Urteils; NVwZ 1992, 662; 2002, 344; NKVwGO-Kilian 63; Sch-Clausing 45; s aber zu Bescheidungsurteilen unten 20.

[24] NVwZ 1985, 413; 2007, 106; BGH NJW 1986, 2508; BVerfG 20, 86 = NJW 1966, 1499; BayVerfGH BayVBl 1967, 166 mN; Ma NVwZ-RR 1995, 175; Ms DVBl 1993, Detterbeck 224 f; 1318; Stein JA 1982, 43; RÖ-v Nicolai 8.

[25] VRspr 12, 377; NJW 1984, 2904; BGH NJW 1983, 2033 mwN; 1986, 2504; Ma NVwZ 1991, 1197; 1993, 805; RÖ-v Nicolai 8.

1962, 591; 1982, 2257). **Ausführungen** in einem Urteil, **auf die das Urteil nicht gestützt** ist (sog obiter dicta), sind für die Bestimmung des Inhalts u Umfang der Rechtkraft immer ohne Bedeutung (Buchh 402 240 § 53 AuslG Nr 43). Zur „erweiterten" **Rechtskraftwirkung von Bescheidungsurteilen** gem § 113 Abs 5 S 2 s unten 21 a.

19 **Bei einem Prozeßurteil** (dh Klageabweisung wg Unzulässigkeit der Klage) erwächst **nur die Entscheidung,** daß dem prozessualen Anspr das für die Klageabweisung maßgebliche **prozessuale Hindernis** (Fehlen der entspr Sachurteilsvoraussetzung, s dazu 10 ff, 17 ff vor 40; vgl auch BGH NJW 1981, 1963 mwN) entgegensteht, in RKraft (vgl Bln DVBl 1971, 278; LG Stuttgart NVwZ 1984, 821); bei einem **aus sachlichen Gründen klageabweisenden Urteil** auch die Feststellung, daß der geltend gemachte Anspr aus dem vom Gericht festgestellten Sachverhalt nicht hergeleitet werden kann.[26]

20 Mit einem **stattgebenden Leistungsurteil** ist zugleich auch das Bestehen des Leistungsanspr in einer der RKraft fähigen Weise festgestellt.[27]

Mit der rechtskräftigen **Abweisung einer Leistungsklage** als unbegründet ist **zugleich auch das Nichtbestehen** des entspr Leistungsanspr, bei Abweisung wg eines dem Bekl zustehenden Gegenrechts **zugleich** auch **der Bestand des Gegenrechts festgestellt,** zB bei Abweisung der Herausgabeklage wg eines entgegenstehenden Besitzrechts zugleich der Bestand des Besitzrechts, das dem Herausgabeanspr entgegensteht (JZ 1991, 617), andererseits zB nicht jedoch auch, daß das Gegenrecht ör Charakter hat (BGH NJW 1965, 2; Doderer NJW 1991, 878).

21 Bei einem **stattgebenden Urteil über eine Anfechtungsklage** erfaßt die RKraft – in Entsprechung zum Streitgegenstandsbegriff (Schenke 610; Ey-Rennert 25; Hößlein, VerwA 2007 unter G.; Jacobj 214 ff; s auch 8 zu § 90 m ausf Nachw auch zu anderen Ansichten) – den **Anspr des Kl auf Aufhebung** des angefochtenen VA u die (die objektive Rechtswidrigkeit implizierende) **Feststellung der Verletzung eines subjektiven Rechts** des Kl.

Die RKraft erfaßt damit auch die verbindliche **Feststellung des Nichtbestehens der Befugnis der Behörde zum Erlaß des aufgehobenen VA.**[28] Praktisch bedeutet dies ein **Verbot** für die Behörde u alle sonst in Betracht kommenden Behörden (s unten 24), bei unveränderter Sach- u Rechtslage erneut **einen neuen VA mit gleichem Inhalt** wiederum in fehlerhafter Weise zu erlassen.[29] Um zu diesem praktisch unstreitigen Ergebnis (vgl Detterbeck NVwZ 1994, 35 mwN) zu gelangen, braucht man weder einen eigenen Streitggst für die Anfechtungsklage anzunehmen (so aber Detterbeck Streitgegenstand 157 f; NVwZ 1994, 37 f) noch eine **erweiterte Rechtskraftwirkung** analog der Bindungswirkung der Rechtsauffassung des Gerichts bei Bescheidungsurteilen gem § 113

---

[26] BGH NJW 1983, 2032; vgl auch BGH NJW 1981, 1517 u 1835 zur Rechtskraftwirkung eines eine Herausgabeklage abweisenden Urteils.

[27] BGH MDR 1987, 492: Leistungsurteil steht einem späteren auf dieselbe Leistung bezogenen Unterlassungsurteil entgegen; vgl auch BGH NJW 1985, 1712: die rechtskräftige Verurteilung zur Duldung schließt die Feststellung der Duldungspflicht mit ein; **aA** für den Fall, daß im selben Prozeß in der Rechtsmittelinstanz nur noch ein Anspr weiterverfolgt wird, der den zuerkannten, nicht angegriffenen Leistungsanspr voraussetzt, BVerwG 12, 266: rechtskräftige Zuerkennung des Hauptanspr steht einer abweichenden Beurteilung des Bestehens dieses Anspr im Rahmen einer Klage auf Zinsen daraus nicht entgegen.

[28] 29, 211; 39, 249; 40, 104; 91, 257; NVwZ 1984, 168; BSG 41, 100; vgl auch 12 zu § 113; 8 zu § 90.

[29] 14, 363; 91, 257 = NVwZ 1993, 672: stattgebendes Anfechtungsurteil bedeutet, daß unter den gegebenen Umständen ein VA dieses Inhalts nicht ergehen durfte u darf; Lü DVBl 1992, 783; ähnlich BVerfG 47, 265 = NJW 1978, 1154; NJW 1985, 648; Bachof II, 199; Lüke JuS 1967, 4; RÖ-v Nicolai 7; iE auch BFH NVwZ 1991, 512 – s dazu auch oben 20 –; Kopp VwGO-Rspr 75 f; Kopp/Kopp NVwZ 1994, 1; s auch 8 zu § 90.

Abs 5 S 2 (so aber Kopp VwGO-Rspr 76 u Kopp/Kopp NVwZ 1994, 1; dagegen Sch-Clausing 81).

Nicht ausgeschlossen sind jedoch **neue VAe zugunsten des betroffenen Bürgers,** auch inhaltsgleiche, die nur insofern zugunsten des Bürgers wirken, als sie den Rechtsweg erneut eröffnen u uU die aW erneut ermöglichen.[30] Ein **VA zu Lasten des Bürgers,** der auf eine Wiederholung des früheren gerichtlich aufgehobenen VA hinausläuft, ist **außer bei einer Änderung der Sach- oder Rechtslage grds ausgeschlossen,**[31] da dies (anders als bei einem VA zugunsten des Kl) auf eine Aushöhlung der RKraft der gerichtlichen Entscheidung hinausliefe.[32]

In jedem Fall beschränkt sich bei Anfechtungsklagen die Rechtskraftwirkung auf die vom Gericht geprüften u die Entscheidung tragenden **Aufhebungsgründe,**[33] zB bei Aufhebung wg Unzuständigkeit der Behörde allein auf die Frage der (mangelnden) Befugnis der Behörde, die den VA erlassen hatte, wg fehlender Zuständigkeit; bei Aufhebung wg sonstiger Verfahrensmängel allein auf diese Frage; bei ermessensfehlerhafter Begründung (wg einer Ermessensunterschreitung, eines Abwägungsdefizits oder wg sachfremder Erwägungen s 8 ff zu 114); in den genannten Fällen wird daher die Befugnis der zuständigen Behörde, einen neuen, ggf inhaltsgleichen VA bzw einen VA in einem fehlerfreien Vf bzw mit ermessensfehlerfreier Begründung zu erlassen, nicht berührt (vgl Maetzel DVBl 1974, 336).

Mit der **Abweisung einer Anfechtungsklage** als unbegründet wird festgestellt, daß der Kl keinen Rechtsanspr auf Aufhebung des VA besitzt u dieser ihn nicht in solchen Rechten verletzt, deren Verletzung seine Aufhebung zur Folge haben müßte (s 8 zu § 90).[34] Da dann, wenn der VA nur objektiv rechtswidrig ist, den Kl aber nicht in seinen Rechten verletzt, eine Anfechtungsklage keinen Erfolg haben kann, steht mit der Abweisung der Anfechtungsklage nicht fest, daß der VA rechtmäßig ist (zur RKraft einer Abweisung der Anfechtungsklage bei objektivrechtlichen BeanstandungsVf 8 zu § 90). Die abweisende Entscheidung schließt deshalb nicht aus, daß die Verwaltung den VA wg seiner objektiven Rechtswidrigkeit gem § 48 VwVfG zurücknimmt. Bei einer nach dem Zeitpunkt der letzten mV vor dem VG eintretenden nachträglichen **Veränderung der Sach- oder Rechtslage,** aufgrund derer der VA rechtswidrig wird, ist die Verwaltung sogar verpflichtet, den VA gem § 48 VwVfG zurückzunehmen.

Eine **Verpflichtung zur Rücknahme** des VA kann sich uU auch aus **Gemeinschaftsrecht** ergeben. Der in Art 10 EGV verankerte Grundsatz der Zusammenarbeit verpflichtet eine Behörde auf entsprechenden Antrag hin, eine bestandskräftige Entscheidung zu überprüfen,[35] um der mittlerweile vom EuGH vorgenommenen Auslegung der einschlägigen Bestimmung des Gemeinschaftsrechts Rechnung zu tragen (EuGH BayVBl 2004, 589 ff m Anm Lindner; Gär-

---

[30] S oben 13, 14 u 16; BVerfG 27, 305; BGH DÖV 1972, 92; BSG DVBl 1981, 1007; Mü BayVBl 1989, 312; RÖ-v Nicolai 5; **aA** 35, 234; DÖV 1974, 357.

[31] S auch 91, 257 = NVwZ 1993, 672; Detterbeck NVwZ 1994, 35 ff; im Hinblick auf die Besonderheiten des konkret entschiedenen Falls allerdings nicht unproblematisch; krit zu dieser Rspr Kopp/Kopp NVwZ 1994, 1; noch weitergehende Kritik bei Erfmeyer DVBl 1997, 33; Maurer JZ 1993, 574.

[32] Zu wenig beachtet wird der hier bestehende Unterschied zwischen Erlaß eines begünstigenden u eines belastenden VA bei Maurer JZ 1993, 574.

[33] NVwZ 1993, 673; NKVwGO-Kilian 72; RÖ-v Nicolai 10; Schnapp/Cordewener JuS 1999, 44.

[34] **AA** Br NVwZ 1982, 50; RÖ-Nicolai 10.

[35] Aus der Verpflichtung zur Überprüfung des VA folgt allerdings noch nicht zwingend die Pflicht, diesen bei Rechtswidrigkeit aufzuheben (Gärditz NWVBl 2006, 447 f mwN), wohl aber ein bei der Ermessensentscheidung über die Rücknahme des VA besonders gewichtiger Gesichtspunkt.

ditz NWVBl 2006, 444; s auch 21a zu § 94; 8a zu § 153), wenn folgende Voraussetzungen kumulativ gegeben sind: Die Behörde ist nach nationalem Recht befugt, diese Entscheidung zurückzunehmen (1),[36] die Entscheidung ist infolge eines Urteils eines in letzter Instanz entscheidenden nationalen Gerichts bestandskräftig geworden (2), das Urteil beruht auf einer unrichtigen Auslegung des Gemeinschaftsrechts, die erfolgt ist, ohne daß der Gerichtshof um Vorabentscheidung ersucht wurde, obwohl der Tatbestand des Art 234 Abs 3 EGV erfüllt war (4), u der Betroffene hat sich unmittelbar, nachdem er Kenntnis von einer neuen entgegenstehenden Entscheidung des EuGH erlangt hat, an die Verwaltungsbehörde gewandt (5). Bei einem Verstoß der letztinstanzlichen gerichtlichen Entscheidung gegen Gemeinschaftsrecht, insb wenn die Vorlagepflicht des Art 234 EGV verletzt wurde, kommen trotz RKraft der gerichtlichen Entscheidung iü Schadenersatzanspr wg judikativen Unrechts in Betracht (EuGH 2003 I-0239). **Nicht ausgeschlossen** wird durch eine erfolglose Anfechtungsklage auch die behördliche Möglichkeit, den VA gem **§ 49 VwVfG zu widerrufen.**

Der Umstand, daß ein VG im Rahmen einer Anfechtungsklage inzident die **Gültigkeit einer untergesetzlichen Rechtsvorschrift** bejaht hat, steht der Zulässigkeit u Begründetheit einer **Normenkontrollklage** gem § 47 gegen diese Rechtsvorschrift nicht entgegen (BayVBl 1992, 503).

Bei einer gegen einen erledigten VA erhobenen **FFK** in direkter oder analoger Anwendung des § 113 Abs 1 S 4 wird deren Charakter als „amputierter Anfechtungsklage" entsprechend die (die objektive Rechtswidrigkeit implizierende) **Verletzung eines subjektiven Rechts** des Kl sowie die vom Moment der Erledigung des VA an eintretende **Unwirksamkeit des VA** (dazu näher 8 zu § 90) festgestellt (§ 43 Abs 2 VwVfG).[37]

21 a Für **Urteile über Verpflichtungsklagen** u Bescheidungsklagen (s zu den Begriffen 6 zu § 42) gem § 113 Abs 5 gilt grds Entsprechendes wie für Urteile über Anfechtungsklagen. Mit einem **stattgebenden Verpflichtungsurteil** wird gem § 113 Abs 5 S 1 die vom Gericht als zuständig angesehene Behörde **zum Erlaß des abgelehnten** oder **unterlassenen VA verpflichtet** u damit zugleich die entspr Verpflichtung mit Rechtskraftwirkung festgestellt; mit einem stattgebenden Bescheidungsurteil die Verpflichtung der Behörde zur **Verbescheidung** des bei ihr gestellten Antrags gem § 113 Abs 5 S 2 „unter Beachtung der Rechtsauffassung des Gerichts", dh der für das Urteil maßgeblichen Gründe,[38] dh, daß die Behörde jedenfalls in der Sache durch VA entscheiden muß u aus den die Entscheidung tragenden Gründen eine für den Kl positive Entscheidung nicht ablehnen darf.[39] **Zugleich** wird damit – bei einer Verpflichtungsklage zusätzlich, bei einer Verpflichtungsfortsetzungsklage allein –, mit Rechtskraftwirkung **verbindlich festgestellt,** daß die **Ablehnung bzw Unterlassung des in Frage stehenden VA rechtswidrig ist (war) u den Kl in seinen Rechten verletzt**[40] (vgl Schenke 611), außerdem, daß der Behörde eine **Wiederholung** der

---

[36] Krit insoweit Frenz DVBl 2004, 376, der hierin eine effektive Gefahr für die Verwirklichung des Gemeinschaftsrechts sieht, da der Mitgliedstaat durch entspr Regelungen die Rücknahme verhindern könne.

[37] NVwZ 1998, 734 u iE ebenso Schenke JZ 2003, 35; krit Wehr DVBl 2001, 791 Fn 67 unter Hinw darauf, daß in dem entschiedenen Fall gar keine Erledigung vorlag. Gerade dieser Umstand zeigt aber auf, wie wichtig es ist, die RKraft auch auf die Unwirksamkeit des VA zu erstrecken.

[38] S zu dieser erweiterten Bindungswirkung u dementsprechend auch Rechtskraftwirkung 212ff zu § 113; NJW 1996, 737; NVwZ 1996, 66.

[39] Vgl 212ff zu § 113; s auch 29, 3; NJW 1996, 737; NVwZ 1996, 66; 2007, 106; NKVwGO-Kilian 83; zu weitgehend Ms DVBl 1992, 1318: Verpflichtung auch zur zwangsweisen Durchsetzung des zu erlassenden VA.

[40] B-Kuntze 19; Ey-Rennert 28; Jacobj 237ff; **aA** NVwZ 2007, 106; Detterbeck 220; Fendt JA 2000, 883; RÖ-v Nicolai 11: Nur Anspr auf VA bzw auf Bescheidung.

Unterlassung oder Ablehnung aus den vom Gericht dafür nicht als tragfähig erkannten Gründen **verboten ist.** Ausgeschlossen wird durch das Urteil auch, daß die Verwaltung den aufgrund des Verpflichtungsurteils erlassenen VA **ohne eine Veränderung der Sach- oder Rechtslage** wg seiner **Rechtswidrigkeit zurücknimmt.**[41] Eine Aufhebung des aufgrund des Verpflichtungsurteils erlassenen VA ist aber dann zulässig, wenn sie sich auf das Vorliegen einer neuen Sachlage stützt, die beim Erlaß des Verpflichtungsurteils durch das VG noch nicht berücksichtigt werden konnte u die rechtlichen Voraussetzungen für eine darauf gestützte behördliche Aufhebung des VA gem §§ 48 ff VwVfG oder nach Spezialvorschriften vorliegen (NVwZ 2000, 576). Dasselbe muß auch bei einer nachträglichen Veränderung der Rechtslage angenommen werden, wenn diese die Verwaltung zur Aufhebung des VA ermächtigt. Zu beachten ist, daß nicht jede nachträgliche Veränderung der Verhältnisse die Rechtskraftwirkung eines Urteils entfallen läßt; sie muß vielmehr entscheidungserheblich sein (BayVBl 2002, 218). Das ist jedenfalls im Asylrecht nur dann der Fall, wenn nach dem für das rechtskräftige Urteil maßgeblichen Zeitpunkt neue für die Streitentscheidung erhebliche Tatsachen eingetreten sind, die sich so wesentlich von den früher maßgeblichen Umständen unterscheiden, daß sie auch unter Berücksichtigung des Zwecks der RKraft eines Urteils eine erneute Sachentscheidung durch die Verwaltung oder ein Gericht rechtfertigen (BayVBl 2002, 218).

Tritt eine Veränderung der Sach- oder Rechtslage ein, die dem Bescheidungsurteil zugrundelag, so steht die Bindungswirkung des Bescheidungsurteils nicht einer Berücksichtigung der neu eingetretenen Umstände entgegen, da sich auf diese das Bescheidungsurteil nicht beziehen konnte (NVwZ 1984, 432; Ks NVwZ-RR 1999, 806; Ks 44, 144). Es gilt insoweit ähnliches wie bei einer Anfechtungsklage, bei der trotz Erfolgs eine Wiederholung des aufgehobenen VA nicht ausgeschlossen ist, wenn sich später die Sach- oder Rechtslage verändert hat (s oben 21). Wird der Verpflichtungsklage auf Erlaß eines bestimmten VA stattgegeben, so kann eine Veränderung der Sach- oder Rechtslage grds nur mittels einer Vollstreckungsabwehrklage geltend gemacht werden (70, 229), bei einer Klage auf zukünftige wiederkehrende Leistung mittels einer Abänderungsklage (s unten 28).

Ist ein gemeinschaftswidriger begünstigender VA unter Verletzung der Pflicht zur vorzeitigen Notifizierung (Art 88 Abs 3 EGV) zustande gekommen, so kann eine Pflicht zur Aufhebung eines Beihilfebescheids u zur Rückforderung der Beihilfe selbst dann noch bestehen, wenn nationale Verfahrensregelungen (§ 48 Abs 4) einer Aufhebung eigentlich entgegenstehen würden.[42]

Mit der Abweisung einer Verpflichtungsklage oder Bescheidungsklage als unbegründet wird zugleich festgestellt, daß der Kl vom Bekl nicht den in Frage stehenden VA verlangen kann u daß die Unterlassung oder Ablehnung des begehrten VA **Rechte des Kl nicht verletzt, nicht jedoch** auch, daß ein solcher VA mit dem geltenden Recht nicht **vereinbar** wäre bzw sein könnte (DVBl 1990, 207).

Verletzte die Ablehnung oder Unterlassung eines VA den Kl in seinen Rechten, hat er aber nunmehr keinen Rechtsanspr auf Erlaß des VA oder wäre dieser bei seiner Vornahme bereits erledigt, so wird hier bei einer analog § 113 Abs 1 S 4 erhobenen Klage festgestellt, daß der Kl durch die Ablehnung oder Unterlassung des VA in seinen Rechten verletzt wurde.

Bei einem einer **Feststellungsklage stattgebenden Urteil** erwächst die getroffene Feststellung des Bestehens oder Nichtbestehens eines Rechtsverhältnisses 22

[41] NVwZ 1999, 302; 2000, 576; Ma NVwZ 2001, 460; VG Freiburg NVwZ-RR 1999, 683; s auch unten 28.

[42] EuGH 1997 I-1608 Tz 35 f; BVerwG 92, 83 ff; 106, 332 ff; krit Suerbaum VerwA 2000, 195 f; dazu auch Gärditz NWVBl 2006, 442.

bzw der Nichtigkeit eines VA in RKraft (Schenke 611; Sch-Clausing 67; s auch 11 zu § 90). Dasselbe gilt für Zwischenfeststellungsklagen gem § 173 S 1 iVm § 256 Abs 2 ZPO, die eine präjudizielle Vorfrage für einen vom Kl geltend gemachten Anspr betreffen. Keiner materiellen RKraft fähig sind hingegen Zwischenentscheidungen, selbst wenn sie in formeller RKraft erwachsen. Ihnen kommt lediglich gem § 173 S 1 iVm §§ 318, 512, 557 Abs 2 ZPO eine abgeschwächte Bindungswirkung innerhalb eines Prozesses zu.

22 a Wird einer **Normenkontrollklage** (Normenkontrollantrag) **gem § 47** stattgegeben, erwächst grds die Feststellung der Unwirksamkeit u der Rechtswidrigkeit der Norm in RKraft.[43] Dies impliziert auch die Feststellung, daß der **Erlaß einer neuen inhaltsgleichen Rechtsvorschrift** unter Wiederholung der Rechtsfehler, die zur Unwirksamerklärung der angegriffenen Rechtsvorschrift geführt haben, **rechtswidrig** u unzulässig wäre (DVBl 1993, 1096 mwN; NVwZ 2000, 813; vgl auch 68, 307) u die neu erlassene Norm allein wg dieses Mangels ohne eine nähere inhaltliche Überprüfung für unwirksam zu erklären wäre (NVwZ 2000, 813). Andererseits steht jedoch **bei vorheriger Behebung der Mängel** (wenn eine solche möglich ist) dem Erlaß einer neuen, bei bloßen Verfahrensmängeln uU auch inhaltsgleichen Rechtsvorschrift nichts entgegen (DVBl 1993, 1096). Ebenso kommt eine Wiederholung einer wg **inhaltlicher Mängel** für unwirksam erklärten Rechtsnorm bei einer **Veränderung der insoweit maßgeblichen Sach- oder Rechtlage** in Betracht (Ma DÖV 1979, 571). S im einzelnen auch 141 ff zu § 47; ebendort auch zur **Allgemeinverbindlichkeit der Unwirksamerklärung** (Nichtigkeitserklärung). Bei einem eine Normenkontrollklage als unbegründet **abweisenden Urteil** (bzw Beschluß) erwächst in RKraft auch – mit Wirkung allerdings nur inter partes – die **Feststellung der Wirksamkeit** der Rechtsvorschrift, soweit es um die Vereinbarkeit mit Rechtsnormen geht, die Prüfungsmaßstab im NK-Vf sind.[44] Wird ein Bebauungsplan **nachträglich rechtswidrig** bzw **funktionslos,** steht die frühere Unbegründetheit eines NKAntrags einem späteren erneuten NKAntrag nicht entgegen (108, 71 = NVwZ 1999, 986).

23 **8. Sachlicher u personeller Umfang der Rechtskraft:** Entscheidungen der Verwaltungsgerichte haben, auch soweit diese Gerichte der Länder sind, Geltung **im gesamten Bundesgebiet** (NVwZ 1993, 781; OLG Düsseldorf MDR 1951, 489; Bleckmann NVwZ 1986, 2). Die Bindung an die Entscheidung gilt für **alle Beteiligten** (§ 63) – andererseits auch nur für diese u ihre etwaigen Rechtsnachfolger, s unten 26 – einschließlich der **Beigeladenen,** des VdB bzw **VöI,** für VdB u VöI auch, wenn sie sich am Vf nicht beteiligt haben (**aA** Ey-Rennert 39; RÖ-v Nicolai 6; Sch-Clausing 95). Dies gilt auch für Urteile in bezug auf **gestaltende VAe** u **Allgemeinverfügungen** (zum Begriff 55 ff zu Anh § 42) einschließlich der sog intransitiven Zustandsregelungen (dinglichen VAe, s KR 106 ff zu § 35 VwVfG); auch hier wirkt die RKraft – Entsprechendes gilt für die Unanfechtbarkeit bzw Bestandskraft – jeweils nur ggü den Beteiligten.[45] **Faktisch jedoch** kommt die Aufhebung gestaltender VAe u von Allgemeinverfügungen, soweit die Wirkungen sinnvollerweise nur einheitlich bestehen oder nicht bestehen können, **auch allen sonst in ihren Rechten Betroffenen** zugute, auch wenn ihnen ggü der in Frage stehende VA bereits Bestandskraft erlangt hatte oder Klagen rechtskräftig abgewiesen worden waren (ebenso Sch-Clausing 37).

---

[43] Ma DÖV 1979, 572 mwN; Schenke 611; Kopp-GS; näher 11 a zu § 90.

[44] 68, 308 = NJW 1984, 2905; Buchh 310 § 121 VwGO Nr 71; Mü NVwZ-RR 1996, 110; Bettermann DVBl 1982, 956; Sch-Clausing 90; zT **aA** BVerwG 65, 136; s auch 146 zu § 47.

[45] RÖ-v Nicolai 6; Ule VwGO 59 II 1; zum Kreis der Anfechtungsberechtigten u damit auch derer, denen ggü bei Nichtanfechtung die Bestandskraft des VA eintritt, s 170 zu § 42; KR 106 zu § 35 VwVfG.

Ist eine juristische Person des öffentlichen Rechts Beteiligter, so ist die RKraft auch **von ihren Organen** (DVBl 1981, 1151) **u** allen ihr angehörenden **Behörden** zu beachten (Ey-Rennert 38; Groschupf DVBl 1963, 664). Bei einer Klage gegen den VA der Ausgangsbehörde in der Gestalt des Widerspruchsbescheids sind sowohl die Behörden des Trägers der Ausgangsbehörde wie auch die der Widerspruchsbehörde gebunden.[46] Zu weit gehen dürfte die noch in der 13. Aufl vertretene Ansicht, die allein aus Art 35 Abs 1 GG iVm Art 20 Abs 1 GG u allg Rechtsgrundsätzen ableiten wollte, daß allgemein auch andere juristische Personen des öffentlichen Rechts u ihre Organe, die nicht streitbeteiligt sind, durch die RKraft gebunden werden.[47] Die Rechtskraftwirkung des § 121 (anders also im Falle rechtsgestaltender Entscheidungen) gilt auch **nicht für die Staatsanwaltschaft,** soweit diese im Straf- oder OWi-Vf tätig wird, weil es sich hierbei um objektive Vf handelt u die Staatsanwaltschaft keine Partei im materiellen Sinne ist (Schenke/Roth WuV 1997, 117f; zur fehlenden Bindung der Strafgerichte oben 12). Die RKraft von Entscheidungen ggü einer Selbstverwaltungskörperschaft bindet auch die **Aufsichtsbehörde,**[48] die RKraft der Entscheidung über einen Widerspruch auch die **Erstbehörde** (vgl BGH DÖV 1962, 791). Die RKraft eines den Gesetzesvollzug eines Landes betr verwaltungsgerichtlichen Urteils erstreckt sich auch auf den Bund, wenn das Land hierbei zugleich eine Angelegenheit des Bundes wahrnimmt, was insb der Fall ist, wenn ein Gesetz im Auftrag des Bundes durchgeführt wird (NVwZ 1999, 296). Ein ggü der Staatsangehörigkeitsbehörde eines Bundeslandes ergangenes **Feststellungsurteil** über das Bestehen oder Nichtbestehen der deutschen Staatsangehörigkeit bindet **auch den Bund u alle Bundesbehörden.**[49] Ist eine **Behörde** an dem Vf **beteiligt,** so bindet die RKraft der Entscheidung (zumindest) auch deren **Rechtsträger u alle diesem angehörenden Behörden** (NVwZ 2003, 217; Ey-Rennert 38; Sch-Clausing 96). Zur Bindung des Rechtsnachfolgers s unten 26, bei **Zuständigkeitsänderungen** auch Groschupf DVBl 1963, 663. 24

Der notwendig Beigeladene wird durch die RKraft eines Urteils im selben Umfang wie der Kl u der Bekl gebunden;[50] der **einfache Beigeladene** dagegen nur insoweit, **als** er in einem anderen Vf die Richtigkeit der getroffenen Entscheidung, soweit er darauf Einfluß nehmen konnte, **nicht mehr bestreiten kann** (s im einzelnen 12ff zu § 66; **aA** Sch-Clausing 97). Voraussetzung ist, daß eine Beiladung tatsächlich erfolgt ist; daß nur die Voraussetzungen dafür (vgl § 65) vorgelegen haben, genügt für die Erstreckung der Rechtskraftwirkung nicht. Ist eine **notwendige Beiladung unterblieben,** so erlangt das Urteil grds überhaupt, dh auch den übrigen Beteiligten ggü, keine materielle RKraft (s 43 zu § 65). Vgl zu **Klagen** von oder gegen **Miteigentümer** BGH NJW 1985, 2825; K. Schmidt JuS 1986, 65. 25

Zur **Erstreckung der RKraft** auf Personen, die **in** einem **MassenVf** trotz öffentlicher Bekanntmachung nach § 65 Abs 3 keinen Antrag auf Beiladung gestellt haben u auch nicht vAw beigeladen wurden, s unten 32f.

---

[46] Kassel NVwZ-RR 2005, 581; B-Kuntze 9; Ey-Rennert 38.

[47] NVwZ 1996, 200; Ey-Rennert 38; Bedenken auch bei Sch-Clausing 40; offen gelassen von NVwZ 1993, 781, aber für den speziellen Fall eines das Bestehen der Staatsangehörigkeit feststellenden Urteils bejaht. Für allg Bindungswirkung wohl Hufen § 38, 27.

[48] Kassel DÖV 2004, 968; RÖ-v Nicolai 6a für den übertragenen Wirkungskreis; für den eigenen Wirkungskreis kann jedoch nichts anderes gelten.

[49] NVwZ 1993, 781 – offen, ob dasselbe allg für alle Behörden u Gerichte gilt –; s auch Knöpfle BayVBl 1982, 228 sowie oben im Text; ferner oben 5; **aA** zu einem Urteil, mit dem eine Verpflichtungsklage aus Sachgründen, nicht wg fehlender Zuständigkeit der Behörde, abgewiesen worden war, NJW 1986, 1506; NVwZ 1993, 782.

[50] Vgl VBlBW 1983, 243: der beigeladene Bauherr ist an das auf eine Nachbarklage hin ergangene Urteil, das die Baugenehmigung rechtskräftig aufgehoben hat, gebunden; er kann bei unveränderter Sach- u Rechtslage in einem neuen Vf nicht mehr geltend machen, daß sein Vorhaben keine Nachbarrechte verletzt.

26 Gebunden sind auch die **Rechtsnachfolger** der Beteiligten (§ 63; s auch 70, 158; Schack NJW 1988, 865) u die nach §§ 326, 327 ZPO oder nach allg Grundsätzen Beteiligten **gleichgestellten Personen,** zB der Gemeinschuldner hins des Prozesses des Insolvenzverwalters, der Träger eines Rechts hins des Prozesses eines Prozeßführungsbefugten usw. Der Begriff des Rechtsnachfolgers ist derselbe wie nach § 325 ZPO. Darunter fallen **sowohl Gesamtrechtsnachfolger** als **auch Einzelrechtsnachfolger** kraft Gesetzes, Staatsakt (zB Enteignung, Zwangsvollstreckung, vgl Ma NJW 1979, 1565), Rechtsgeschäft (85, 281; NJW 1993, 79 mwN) usw, bei Behörden auch aufgrund einer Funktionsnachfolge. Vgl auch 174 zu § 42. Deshalb ist zB bei **Vf, die Grundstücke betreffen,** derjenige, der das Grundstück während eines anhängigen Prozesses erwirbt, auch nicht notwendig zum Vf gem § 65 Abs 2 beizuladen (s 17 zu § 63). Entspr gilt für **Personen, die ihre Rechte von den Beteiligten herleiten,** zB Besitzer aufgrund eines Miet- oder Pachtvertrags (Ma NJW 1979, 1566; Ey-Rennert 43). Zweifelhaft BGH NJW 1985, 2825: Rechtskraftwirkung eines klageabweisenden Urteils auch gegen **Miteigentümer,** die der Klage zugestimmt haben, auch wenn die Zustimmung nicht nach außen verlautbart wurde. **Nicht erforderlich** ist, daß der Rechtsnachfolger zum Vf **beigeladen** war (NJW 1985, 281). Einem Beteiligten ggü, für den ein **nicht bevollmächtiger Vertreter** den Prozeß geführt hat, tritt die Rechtskraftwirkung nur ein, wenn er die Prozeßführung genehmigt (s 57 zu § 67). Bei **höchstpersönlichen Rechtsverhältnissen** wirkt das Urteil grds nicht auch Rechtsnachfolgern ggü.

27 Die erwähnten Grundsätze für die Bindung von Rechtsnachfolgern durch ein Urteil gelten entspr auch für die **Bindungswirkung bestandskräftiger VAe.**

28 **9. Objektive Grenzen der Rechtskraft bei Änderung der Rechts- oder Sachlage:** Die RKraft gerichtlicher Urteile bezieht sich immer nur auf die Rechtsanspr, die in dem Zeitpunkt bestehen bzw nicht bestehen, auf den das Urteil abstellt, u im Hinblick auf die das Gericht entschieden hat.[51] **Ändert sich später die Rechts- oder Sachlage,** so liegt bei einem eventuellen neuen Rechtsstreit **ein anderer Streitggst** vor, der von der RKraft des früheren Urteils nicht (mehr) erfaßt wird.[52] Etwas anderes gilt allerdings, wenn es sich um Klagen handelt, die auf **zukünftige, wiederkehrende Leistungen** gerichtet sind (s § 173 S 1 iVm § 323 ZPO). Die auf derartige Klagen ergehenden Urteile basieren auf einer Prognose. Ist diese aufgrund einer im Zeitpunkt der gerichtlichen Entscheidung noch nicht erkennbaren Veränderung der entscheidungsrelevanten Sach- oder Rechtslage zu revidieren, muß dies mittels einer Abänderungsklage gem § 173 S 1 iVm § 323 ZPO geltend gemacht werden (s unten 30) u kann ohne eine solche nicht berücksichtigt werden (s hierzu auch im Zivilprozeßrecht Jauernig § 63 VI; s demgegenüber aber RS § 157, 3 ff). § 173 S 1 iVm § 323 ZPO ist entspr auf die (ebenfalls auf einer Prognose aufbauenden) **Unterlassungsurteile** anwendbar (s im Zivilprozeßrecht BL 79 zu § 323 ZPO; Z 29 zu § 323 ZPO mwN). Wird aufgrund eines Verpflichtungsurteils ein begünstigender VA erlassen, so kann dieser (ohne daß es einer Änderung des Verpflichtungsurteils bedarf) bei Eintreten neuer Umstände gem § 49 Abs 2 VwVfG widerrufen werden (NVwZ 1999, 303), während eine Rücknahme gem § 48 VwVfG grds ausgeschlossen ist (s NVwZ 1999, 302 u 188 zu § 113; anders nur bei einer erst später eintretenden Rechtswidrigkeit des VA).

---

[51] Vgl aber zur Rückwirkung der RKraft auf den Zeitpunkt der Rechtshängigkeit BGH 42, 349 = NJW 1985, 689; NJW 1983, 164; 1985, 1553.

[52] HM, vgl 35, 236; 70, 158; 73, 349; 91, 258 mwN; Buchh 310 § 121 VwGO Nr 6; ThürVBl 2001, 18; NVwZ 2002, 345; BGH DVBl 1962, 177; BAG NJW 1984, 1711 – die Änderung muß so sein, daß der dem Gericht unterbreitete Streit sich als neuer Streit darstellt –; Br NVwZ 1982, 50; Ms DVBl 1987, 1024; Schenke 627 ff; Sch-Clausing 68.

Wird vom Kl eine **Änderung behauptet,** etwa daß der seinerzeit für die Ablehnung einer gewerberechtlichen Erlaubnis maßgebliche Grund fehlender Fachkenntnisse nunmehr nicht mehr bestehe, so ist **im Rahmen der Zulässigkeitsprüfung** der Klage zu prüfen, ob die behauptete Änderung der Sachlage tatsächlich vorliegt; fehlt sie, so ist die Klage als unzulässig[53] abzuweisen. Das Auffinden oder die Verfügbarkeit **neuer Beweismittel** steht einer Änderung der Rechts- oder Sachlage nicht gleich (Br NVwZ 1982, 50); **anders, wenn** die neuen Beweismittel sich auf einen VA beziehen, der Gegenstand des Vf ist, u darauf nach § 51 VwVfG oder nach entspr Vorschriften oder allg Rechtsgrundsätzen ein Anspr auf Wiederaufgreifen des Vf gestützt werden kann.[54] Vgl auch 8 zu § 153; ferner KR 32f zu § 51 VwVfG.

In der (rückwirkenden) **Nichtigerklärung eines verfassungswidrigen Gesetzes** durch ein Verfassungsgericht oder der Unwirksamerklärung einer Rechtsvorschrift gem § 47 durch das OVG kann man zwar eine Veränderung der Rechtslage sehen (so Buchh 310 § 121 VwGO Nr 48; ebenso RÖ-v Nicolai 11), die Folgen sind aber zT spezialgesetzlich geregelt (s § 183 bzw § 79 BVerfGG; vgl Schenke 628). Grds nicht als eine die Bindungswirkung beseitigende Änderung der Rechtslage zu qualifizieren ist dagegen die (nicht durch einen Wandel der allg Rechtsauffassungen bedingte, s 146 zu § 47; 2 zu § 153) **Änderung der Rspr** (28, 122; Schenke 628; Sch-Clausing 74ff) oder eine Klarstellung der Rechtslage durch ein oberstes Bundesgericht ggü der abweichenden Rspr der Untergerichte (**aA** insoweit 17, 260; für den Fall einer eA Ks NVwZ-RR 1996, 713). Anderes kann jedoch bei VAen mit Dauerwirkung gelten. Dagegen ist die **Bildung neuen Gewohnheitsrechts** oder neuer allg Rechtsgrundsätze wie auch ein **allg Wandel der Rechtsauffassungen,** dh der allg Rechtsgrundsätze, als Rechtsänderung anzusehen.[55] 29

10. Durchbrechung der Rechtskraft: Die Bindung an die materielle RKraft eines Urteils entfällt ausnahmsweise: 30

- wenn das Rechtsmittelgericht gegen die Versäumung der Rechtsmittelfrist **Wiedereinsetzung** (§ 60) gewährt;
- wenn das Gericht in einem **WiederaufnahmeVf** (§ 135) auf entspr Klage eines Beteiligten das **Vf wieder aufnimmt.** Soweit eine Anfechtungsklage gegen einen VA abgewiesen wird, steht dies einem Wiederaufgreifen des Vf gem § 51 VwVfG deshalb nicht entgegen, weil der **Streitggst der früheren Anfechtungsklage ein anderer** ist als der eines Vf, mit dem ein Wiederaufgreifen gem § 51 VwVfG verlangt wird (s 70, 112 = NJW 1985, 280). Zulässig ist trotz Abweisung der Anfechtungsklage auch ein Widerruf eines belastenden VA gem § 49 Abs 1 VwVfG. Da mit der Abweisung einer Anfechtungsklage als unbegründet **nicht feststeht, daß der VA rechtmäßig** ist (so kann es trotz einer Rechtswidrigkeit des VA an einer für eine verwaltungsgerichtliche Aufhebung erforderlichen subjektiven RVerletzung fehlen), ist selbst eine Rücknahme des belastenden VA gem § 48 VwVfG nicht ausgeschlossen (s oben 13; zur bzgl § 48 VwVfG anderen Rechtslage bei Erlaß eines VA aufgrund eines Verpflichtungsurteils s oben 28).
- wenn die Voraussetzungen der **Abänderungsklage** gem § 173 S 1, § 323 ZPO gegeben sind;[56]

---

[53] Vgl 79, 35; BAG NJW 1984, 1711; zweifelhaft; **aA** BVerwG 11, 106; 39, 232; MDR 1966, 868; Mü BayVBl 1974, 436; RÖ-v Nicolai 5, 12: als unbegründet.

[54] 19, 156; 70, 110, 158; Buchh 310 § 121 VwGO Nr 20 S. 90; **krit** Sachs JuS 1985, 447.

[55] 17, 256; 35, 237; vgl auch 1a zu § 153; KR 30 zu § 51 VwVfG; **aA** BVerwG 28, 126; Bullinger DÖV 1964, 381.

[56] Mü BayVBl 1978, 54; BGH NJW 1981, 578 – auch zur Zulässigkeit einer völlig unbeschränkten, nicht an § 323 ZPO gebundenen Klage aufgrund eines neuen Sachverhalts; Ey-Rennert 53; Jauernig § 63 IV zu § 323 ZPO.

– wenn, entspr der Rspr der Zivilgerichte zu § 826 BGB, das Urteil, dessen RKraft in Frage steht, durch **unlautere Mittel** eines Beteiligten unter Verstoß gegen die guten Sitten herbeigeführt wurde[57] oder davon in sittenwidriger Weise Gebrauch gemacht wird (BGH NJW-RR 1987, 831);
– wenn die Aufrechterhaltung des durch die Vorentscheidung geschaffenen Zustandes **„schlechthin unerträglich"** wäre;[58] insb ist auch eine **Vollstreckung** an sich rechtskräftiger Entscheidungen **ausgeschlossen,** wenn der daraus formell Berechtigte damit **gegen § 826 BGB** verstoßen würde;[59]
– **in den Fällen** der **Bestimmung des zuständigen Gerichts** gem § 53 Abs 1 Nr 5;
– schließlich auch bei **nichtigen Urteilen** u Nicht-Urteilen. S oben 17.

Keine Durchbrechung der RKraft wird durch Entscheidungen des EGMR bewirkt, mit denen der EGMR feststellt, daß die Entscheidung eines deutschen Gerichts unter Verletzung der EMRK zustande gekommen ist; in einem solchen Fall ist auch weder nach der EMRK noch nach deutschem Recht ein Anspr auf Wiederaufnahme (§ 153) gegeben (näher 8 a zu § 153).[60] Auch bei einer gemeinschaftsrechtswidrigen letztinstanzlichen gerichtlichen Entscheidung, die unter Verletzung des Art 234 EGV zustande gekommen ist, ist eine Wiederaufnahme des Vf gem § 153 nicht zulässig. Der Gesetzgeber ist hier nicht zu einer Erweiterung der Wiederaufnahmegründe gemeinschaftsrechtlich verpflichtet (**aA** Pache/Bielitz DVBl 2006, 330 f, näher s 8 a zu § 153 u 21 a zu § 94, s auch oben 21).

31 Entspr Grundsätze gelten auch für **bestandskräftige VAe,** denn die Bestandskraft von VAen kann grds nicht stärker als die RKraft gerichtlicher Urteile sein (vgl Ma NVwZ 1993, 72). Daher sind die oben zu 30 genannten **Gründe für eine Durchbrechung der RKraft um so mehr** auch auf VAe anwendbar (Ma NVwZ 1993, 72). S im einzelnen KR 1 ff zu § 51 VwVfG mwN. Nach § 51 Abs 1 Nr 2 VwVfG bzw nach entspr Vorschriften der LVwVfGe oder nach allg Grundsätzen des Verwaltungsverfahrensrechts (19, 156) ist zB ein Anspr auf Neubescheidung entspr § 580 Nr 7 lit b ZPO auch bei nachträglichem Verfügbarwerden **vorher nicht beschaffbarer Beweismittel** gegeben. Zur **Berechtigung der Verwaltung,** in einer durch bestandskräftigen VA oder durch rechtskräftiges Urteil entschiedenen Sache **erneut sachlich** zu entscheiden, s auch oben 13 ff. Der Verstoß gegen Gemeinschaftsrecht kann bei nicht angefochtenen belastenden VAen einen bedeutsamen Gesichtspunkt bei der Ermessensentscheidung über deren Rücknahme darstellen (EuGH NVwZ 2006, 1277; dazu näher Gärditz NWVBl 2006, 445 ff mwN). Aus dem Gemeinschaftrecht kann sich uU eine Verpflichtung einer Behörde ergeben, einen gemeinschaftsrechtwidrigen VA trotz seiner rechtskräftigen gerichtlichen Bestätigung erneut zu überprüfen u ihn uU zurückzunehmen, s oben 21 u Gärditz NWVBl 2006, 443 ff.

32 **11. Erstreckung der Rechtskraft in Massenverfahren (Nr 2):** Die durch das 4. VwGOÄndG neu eingefügte Regelung **erstreckt die RKraft** auch auf

[57] BGH 50, 115; NJW 1986, 1751, 3143; 1987, 3256, 3259; NJW-RR 1987, 831; BAG 10, 98; BSG 60, 251; NJW 1982, 2038; RÖ-v Nicolai 16; Musielak JA 1982, 7; ausf Prütting/Weh; Deneke-Stoll JuS 1989, 796 mwN; zu einem Prozeßbetrug auch OLG Zweibrücken NJW 1983, 694.

[58] 28, 127; vgl auch MKBGB 168 zu § 826 BGB: wenn zur „Vermeidung äußerster Ungerechtigkeit" erforderlich; offen BVerwG 91, 256 = NVwZ 1993, 672.

[59] Ma NVwZ 1993, 72; vgl allg auch BGH 101, 380 = NJW 1987, 3256; Palandt 52 zu § 826 mwN.

[60] EGMR NJW 1979, 460; BVerfG NJW 1986, 1425; Pache/Bielitz DVBl 2006, 326 ff; zur innerstaatlichen Wirkung von Urteilen des EGMR s Bleckmann EuGRZ 1995, 387 mwN.

vom Gericht nicht nach § 65 als notwendige oder einfache Beigeladene zum Vf beizuladende **„dritte" Personen,** die **in** einem **sog MassenVf** trotz ordnungsgemäßer entspr öffentlicher Aufforderung nach § 65 Abs 3 keinen Antrag auf Beiladung, bzw einen solchen Antrag nicht fristgerecht, gestellt haben u denen hins der Antragstellung auch keine Wiedereinsetzung analog § 60 gewährt wurde. Die **rechtsstaatlich nicht unbedenkliche,** aber im Hinblick auf die besonderen Verfahrensgarantien gem § 65 Abs 3 wohl noch als verfassungsmäßig anzusehende Regelung war notwendig, weil anders der Zweck der Regelung des § 65 Abs 3 nicht erreicht werden könnte. Die Rechtskrafterstreckung tritt auch mit den sonst nur für notwendige Beigeladene gegebenen Folgen (s oben 25) **ohne Rücksicht darauf** ein, **ob** bei den Betroffenen **die Voraussetzungen für** eine notwendige oder einfache **Beiladung** nach § 65 Abs 1 u 2 gegeben waren oder nicht.

§ 122 [Auf Beschlüsse anwendbare Bestimmungen]

(1) **§§ 88, 108 Abs. 1 Satz 1, §§ 118, 119 und 120 gelten entsprechend für Beschlüsse.**[1 ff]

(2) **Beschlüsse sind zu begründen, wenn sie durch Rechtsmittel angefochten werden können oder über einen Rechtsbehelf entscheiden.**[6 f] **Beschlüsse über die Aussetzung der Vollziehung (§§ 80, 80 a) und über einstweilige Anordnungen (§ 123) sowie Beschlüsse nach Erledigung des Rechtsstreits in der Hauptsache (§ 161 Abs. 2) sind stets zu begründen.**[6 f] **Beschlüsse, die über ein Rechtsmittel entscheiden, bedürfen keiner weiteren Begründung, soweit das Gericht das Rechtsmittel aus den Gründen der angefochtenen Entscheidung als unbegründet zurückweist.**

Vgl § 329 ZPO; § 142 SGG; § 113 FGO

Schrifttum: *Ewer/Schürmann,* Zur Zulässigkeit der Zustellung verwaltungsgerichtlicher Eilentscheidungen im Telekommunikationsweg, NVwZ 1990, 336.

1. Allgemeines: Die durch das 4. VwGOÄndG zT neu gefaßte Vorschrift regelt die **Anwendbarkeit der Vorschriften über Urteile** auf Beschlüsse. **Gerichtsbescheide** nach § 84 fallen **nicht** unter die Regelung; für Gerichtsbescheide gelten aufgrund der Verweisung in § 84 Abs 1 S 3 die für Urteile geltenden Vorschriften entsprechend (vgl auch BT-Dr 11/7030, 30). 1

Beschlüsse dienen – mit Ausnahme der Beschlüsse nach § 47 Abs 6, § 80 Abs 5, 6, § 123, § 125 Abs 2 u § 144 Abs 1, die Urteilen funktionell weitgehend gleichstehen – im verwaltungsgerichtlichen Vf ähnlich wie im Zivilprozeß vor allem der **Entscheidung** von im Vergleich zum HauptsacheVf (UrteilsVf) **untergeordneten Fragen prozessualer oder** in Ausnahmefällen auch **materiellrechtlicher Natur.** Besondere Bedeutung kommt den **Beschlüssen** nach § 47 Abs 6 S 1, § 80 Abs 5, 7, § 80 a Abs 3 u § 123 ua **in selbständigen BeschlußVf** zu; auf sie finden im wesentlichen die Vorschriften über UrteilsVf Anwendung (s unten 4).

Ergeht in einer Sache ohnehin **ein Urteil,** wenn auch hins eines anderen Teils des Streitggst, eines anderen Beteiligten oder einer anderen prozessualen Frage, so kann das Gericht, soweit durch Gesetz nichts anderes bestimmt ist, die an sich durch Beschluß **zu treffende Entscheidung auch** im Rahmen dieses Urteils treffen.[1]

---

[1] Vgl 65, 27 – Zwischenurteil über Zulässigkeit der Revision u Einstellung des Vf hins eines anderen Beteiligten, der seine Sprungrevision zurückgenommen hatte; s auch 5 zu § 161, 29 zu § 60.

2 Von den Beschlüssen ieS sind die **prozeßleitenden Verfügungen** (§ 146 Abs 2; s auch unten 8) u sonstige Verfügungen u Anordnungen (zB Ladungsverfügungen, Terminbestimmungen) zu unterscheiden, die nur den technischen Ablauf des Vf regeln u nicht mit der Beschwerde angreifbar sind (§ 146 Abs 2), außerdem die **Entscheidungen des Urkundsbeamten** (zB nach § 100 Abs 1 über die Akteneinsicht, nach § 164 über die Kostenfestsetzung), die besonderen Vorschriften unterliegen. S 9 zu § 100; 1 ff zu § 151. Zu **Gerichtsbescheiden** s 1 ff zu § 84.

Für **prozeßleitende Verfügungen** gilt **im Zweifel dasselbe wie für Beschlüsse.** S auch unten 9. Sie müssen (ua wg ihrer Außenwirkung) **unterschrieben** (NJW 1994, 476), die zugestellten Abschriften beglaubigt sein;[2] **andernfalls** sind sie **unwirksam** mit der Folge, daß auch die Zustellung Fristen nicht in Lauf setzen kann (DVBl 1985, 960; s auch 3 zu § 56).

3 **2. Anwendbare Vorschriften (Abs 1):** Die Aufzählung der auf die Beschlüsse u das sie betr Vf anwendbaren Vorschriften in Abs 1 ist **nicht abschließend.**[3] Entspr anwendbar sind **die meisten Vorschriften des 9. u 10. Abschnitts,** soweit nicht ausdr etwas anderes vorgeschrieben ist oder sich aus dem Unterschied von Urteilen u Beschlüssen ergibt (vgl § 101 zur Frage der mV), so **insb** auch **§ 81** (s 2 zu § 81), **§§ 86, 92 Abs 1** (nicht auch Abs 2, s Mü DVBl 1982, 1012; ferner 3 zu § 92), **99, 108 Abs 2, 112, 116, 117** (NVwZ 2000, 192 – Rechtsmittelbelehrung im Zulassungsbeschluß), **118** bis **120,** außerdem grds auch alle übrigen Vorschriften der VwGO u die **aufgrund § 173 S 1** oder aufgrund besonderer Verweisungen in der VwGO anwendbaren Vorschriften des **GVG** u der **ZPO** vgl Ma NJW 1992, 707). Ein Beschluß, mit dem gem § 130 a über die Berufung entschieden wird, muß zwar keinen förmlichen Tatbestand, aber – sei es durch Bezugnahme, sei es durch Wiedergabe der wesentlichen Tatsachen im Rahmen der rechtlichen Ausführungen – ausreichende Feststellungen enthalten, die die tatsächliche Grundlage der Berufungsentscheidung für die Prozeßbeteiligten u das Revisionsgericht hinreichend sicher kennzeichnen (NVwZ 2000, 73).

4 Auf **Beschlüsse,** die selbständige Vf abschließen, insb **nach § 47 Abs 6, § 80 Abs 5, 7, § 80 a Abs 3, § 123, § 125 Abs 2; § 132 Abs 5** (48, 203) **u § 144 Abs 1** finden grds alle für UrteilsVf geltenden Bestimmungen – mit **Ausnahme** jedoch des Erfordernisses einer **mV** gem § 101 Abs 1 – Anwendung,[4] **auch zB § 60** (s 3 zu § 60); **§ 81** (s 2 a zu § 81), **§ 82** (s 1 zu § 82; Mü BayVBl 1992, 594); **§ 87 a** (s 2 zu § 87 a; str, wie hier zB Mü NVwZ 1991, 891); **§ 121** (s 4 zu § 121). **Beschlüsse** können, wenn alle beteiligten Richter mit diesen Vorgehen einverstanden sind, **auch im „Umlaufverfahren"** (vgl auch 7 zu § 112) gefaßt werden (NJW 1992, 257; BFH 131, 12 = BStBl II 1980, 657; BayVBl 1992, 94; Sch-Clausing 7).

5 Beschlüsse werden erlassen durch Verkündung, Zustellung oder formlose Mitteilung. Für die **Verkündung u Zustellung von Beschlüssen** gilt § 56 u § 173 S 1 iVm § 329 ZPO (Ey-Happ 6), von Beschlüssen im selbständigen BeschlußVf (oben 4) auch § 116.[5] Zur **telefonischen Bekanntgabe** von Beschlüssen vgl Ma DÖV 1984, 776; 168 zu § 80; zur Zustellung per Telefax s Ewer/Schürmann, NVwZ 1990, 336; 18 zu § 56. Die Bindung an einen telefonisch oder durch Telefax bekannt gegebenen Beschluß tritt bereits mit der

---

[2] Vgl DVBl 1985, 960 zu einer Aufforderung gem § 33 AsylVfG aF; BFH 138, 22.

[3] Kassel VRspr 25, 637; Mü DVBl 1982, 1012; NVwZ 1991, 896; BayVBl 1992, 594; NKVwGO-Kilian 10; Ey-Happ 4; RÖ-M. Redeker 6; Sch-Clausing 3.

[4] 48, 203; Buchh § 153 VwGO Nr 12; Kassel VRspr 25, 637; Ma NVwZ 1991, 274; Mü NVwZ 1991, 826; vgl auch 124 ff zu § 80; 16 ff zu § 123.

[5] S 1 zu § 116; vgl auch Kassel DÖV 1988, 523: förmliche Zustellung unanfechtbarer vollstreckungsfähiger Beschlüsse analog § 116 Abs 1 S 2: Geiger BayVBl 2001, 46.

Bekanntgabe an einen Beteiligten ein (Geiger BayVBl 2001, 46; Sch-Clausing 6). Zur **Beschwerde** gegen Beschlüsse s §§ 146 ff.

3. Begründungspflicht (Abs 2): Abs 2 regelt die Begründungspflicht bei Beschlüssen u erstreckt sie in S 2, der durch das 4. VwGOÄndG neu gefaßt wurde, auf **weitere Fälle, in denen** die durch Beschluß getroffene Entscheidung des Gerichts für den Betroffenen idR **erhebliche Bedeutung** hat, bzw – bei **Entscheidungen nach § 161** Abs 2 die Betroffenen „zu Recht erwarten können, daß ihnen das Gericht die wesentlichen Gründe seiner nach billigem Ermessen zu treffenden Kostenentscheidung zumindest in knapper Form mitteilt" (BT-Dr 11/7030, 30). Zu **Begründungserleichterungen** für Rechtsmittelentscheidungen s unten 8. 6

Die Begründungspflicht gilt als Ausfluß des **Rechtsstaatsprinzips,** des Rechts auf **Gehör** gem Art 103 Abs 1 GG,[6] des **Willkürverbots** (Art 3 GG; vgl dazu zB BVerfG NJW 1987, 1619; NVwZ 1993, 976; Nägele NJW 1993, 1046) u der in der Sache **betroffenen Rechte** (vgl 30 zu § 108; Ule DVBl 1959, 542; Kopp VerfR 90, 159), insb auch Grundrechte, sowie der **Parteiöffentlichkeit** (vgl 4 zu § 55) auch hins des Vf zum Erlaß von Beschlüssen, außerdem grds als **Folgerung aus Art 6 Abs 1 EMRK.**[7] S allg zur Begründungspflicht auch Nägele NJW 1983, 1045 mwN u Lippold NJW 1994, 1110.

Beschlüsse sind zu begründen, wenn gegen sie ein RMittel gegeben ist. **Außer** den in Abs 2 S 2 ausdr genannten Beschlüssen (im vorläufigen Rechtsschutz u die Kostenentscheidung nach Erledigung des Rechtsstreits in der Hauptsache) sind auch Beschlüsse nach § 47 (72, 125 = DÖV 1986, 248; SDC 3 b) u § 86 Abs 2 (s 18 zu § 86) immer mit einer Begründung zu versehen (Ms NVwZ 1988, 370; Mü VRspr 1979, 508); ebenso aus verfassungsrechtlichen Gründen als Folge der Bindung des Gerichts an das Gesetz u als Folge des Willkürverbots (s oben im Text) **auch letztinstanzliche Entscheidungen** jedenfalls dann, wenn das Gericht **vom** eindeutigen **Wortlaut einer Rechtsnorm** u ihrer Auslegung in der Rspr abweicht u dies für die Beteiligten nicht ohne weiteres erkennbar ist.[8] Ebenfalls erfaßt sind Entscheidungen über außerordentliche Rechtsbehelfe (RÖ-M. Redeker 2; **aA** Sch-Clausing 8), zB das Wiedereinsetzungsgesuch nach § 60 (s 38 zu § 60; Sch-Bier 74 zu § 60; **aA** Sch-Clausing 8 für den Fall, daß keine Anfechtbarkeit besteht) oder die Ablehnung von PKH (NK-VwGO-Kilian 18; RÖ-M. Redeker 2; vgl auch BVerfG InfAuslR 1995, 344; **aA** Sch-Clausing 8). Bei nicht mehr anfechtbaren Entscheidungen besteht grds keine verfassungsrechtliche Pflicht zur Begründung (BVerfG 50, 289 f; 81, 106). Allerdings kann uU eine VB darauf gestützt werden, daß sich wg des Fehlens der Begründung nicht ausschließen läßt, daß ein Grundrechtsverstoß vorliegt (BVerfG 55, 206; 71, 135 f; 81, 106; DVBl 1993, 1001).

Für den **Inhalt der Begründung** gilt grds dasselbe wie für die Begründung bei Urteilen. Vgl 30 ff zu § 108; 12 f, 14 ff zu § 177; zu **Begründungserleichterungen** für Beschlüsse, die in ihrer Begründung der Begründung vorangegangener VA, Widerspruchsbescheide oder gerichtlicher Entscheidungen folgen, vgl § 117 Abs 5, § 130 b u § 122 Abs 2 S 3 (unten 8).

Form der Begründung: Die Begründungspflicht hat zur Folge, daß ein Beschluß, der ihr unterliegt, auch wenn er in der mV verkündet wird, **schriftlich abgefaßt** u den Beteiligten zugestellt oder aber zusammen mit der Be- 7

[6] Vgl NJW 1990, 5067; zur Frage, ob dies auch für den Tatbestand gilt, bej Stollmann NJW 1991, 1719; verneinend Henrichs NJW 1991, 2815 zu § 495 a ZPO aF.

[7] Lippold NJW 1994, 1110; dazu, daß die MRK jedenfalls auch bei der Auslegung des einfachgesetzlichen Rechts zu berücksichtigen ist, auch BVerfG 74, 370 = NJW 1987, 2427; zum Anwendungsbereich von Art 6 Abs 1 MRK auch 2 zu § 55.

[8] BVerfG 71, 135 = NJW 1987, 1619; 81, 106 = NJW 1990, 566; NVwZ 1993, 976; DVBl 1993, 1001 – zu § 78 Abs 5 S 1 AsylVfG; Nägele NJW 1993, 1046.

gründung in der mV zu Protokoll diktiert werden muß (vgl Ey-Happ 7; NKVwGO-Kilian 22; Sch-Clausing 7; RÖ-M. Redeker 3); dies gilt insb auch für alle **der Beschwerde** (§ 164) **unterliegenden Beschlüsse,** weil anders eine wirksame Nachprüfung nicht möglich wäre (str). Eine lediglich **mündlich gegebene Begründung** genügt **in keinem Fall** (Ms NVwZ 1988, 370).

8 **Begründungserleichterungen für Beschlüsse** über **RMittel** (Abs 2 S 3): Eine **weitere Begründung** erscheint nach Auffassung des Gesetzgebers in den unter S 3 fallenden Fällen **entbehrlich,** wenn das RMittel aus den Beteiligten bereits bekannten Gründen der angefochtenen Entscheidung zurückgewiesen wird. **Erforderlich** ist jedoch in jedem Fall ein **entsprechender Hinweis** in der Rechtsmittelentscheidung, dem die Beteiligten entnehmen können, daß das Rechtsmittelgericht die Auffassung der Vorinstanz teilt u aus den gleichen Gründen so entscheidet, wie sie auch für diese maßgebend waren. Vgl insoweit auch 25 zu § 117.

9 **4. Prozeßleitende Verfügungen uä:** § 122 ist grds auch auf prozeßleitende Verfügungen u ähnliche Anordnungen (vgl § 146 Abs 2) anwendbar, soweit sich nicht Abweichungen u Besonderheiten aus besonderen Rechtsvorschriften oder aus der Natur der Sache ergeben. Die **Anhörung der Beteiligten** vor Erlaß solcher Verfügungen ist häufig zweckmäßig; sie wird durch Art 103 Abs 1 GG jedoch nicht geboten (BVerfG NJW 1980, 1378 mit krit Anm Beyer).

11. Abschnitt. Einstweilige Anordnung

§ 123 [Einstweilige Anordnung]

(1) **Auf Antrag**[18, 21] **kann das Gericht,**[19] **auch schon vor Klageerhebung,**[18] **eine einstweilige**[13 ff] **Anordnung in bezug auf den Streitgegenstand**[7] **treffen, wenn die Gefahr besteht, daß durch eine Veränderung des bestehenden Zustands die Verwirklichung eines Rechts des Antragstellers vereitelt oder wesentlich erschwert werden könnte.**[7] **Einstweilige Anordnungen sind auch zur Regelung eines vorläufigen Zustands in bezug auf ein streitiges Rechtsverhältnis**[8] **zulässig, wenn diese Regelung, vor allem bei dauernden Rechtsverhältnissen, um wesentliche Nachteile abzuwenden oder drohende Gewalt zu verhindern oder aus anderen Gründen nötig erscheint.**[14 ff, 23 ff]

(2) **Für den Erlaß einstweiliger Anordnungen ist das Gericht der Hauptsache**[19] **zuständig. Dies ist das Gericht des ersten Rechtszugs und, wenn die Hauptsache im Berufungsverfahren anhängig ist, das Berufungsgericht. § 80 Abs. 8 ist entsprechend anzuwenden.**

(3) **Für den Erlaß einstweiliger Anordnungen gelten §§ 920, 921, 923, 926, 928 bis 932, 938, 939, 941 und 945 der Zivilprozeßordnung entsprechend.**[1 ff]

(4) **Das Gericht entscheidet durch Beschluß.**[31 f]

(5) **Die Vorschriften der Absätze 1 bis 3 gelten nicht für die Fälle der §§ 80 und 80 a.**[1, 4]

Vgl §§ 916–945 ZPO; § 86 b Abs 2–4 SGG; § 114 FGO

Schrifttum: *Bamberger,* Die verwaltungsgerichtliche vorläufige Einstellung genehmigungsfreier Bauvorhaben, NVwZ 2000, 983; *Baur,* Studien zum einstweiligen Rechtsschutz, 1967; *Bender,* Die einstweilige Anordnung (§ 123 VwGO), in: Menger-FS 1985, 321; *ders,* Die einstweilige Anordnung, VBlBW 1986, 321; *Berger,* Zur Statthaftigkeit der auf Feststellung gerichteten einstweiligen Verfügung, ZZP 1997, 287; *Berkemann,* Das „verdeckte" summarische Verfahren der einstweiligen Anordnung des Bundesverfassungsgerichtes, JZ 1993, 161; *Bock,* Die Verfahrensbeschleunigung im Baurecht und der Nachbarschutz, DVBl

2006, 12; *Borges,* Der Nachbarrechtsschutz im Freistellungsverfahren, DÖV 1997, 900; *Brehm,* Vorläufiger Rechtsschutz gegen die Bewertung ärztlicher Prüfungen – VGH Bad.-Württ., Beschl v 28. 12. 1992 – 9 S 2520/92 –, MedR 1993, 203; *Debus,* Vorläufiger Rechtsschutz des Nachbarn im öffentlichen Baurecht, Jura 2006, 487; *Dunkl/Moeller/Baur/Feldmeier/Wetekamp,* Hb des vorläufigen Rechtsschutzes. Einstweiliger Rechtsschutz in allen wichtigen Verfahrensarten, 3. Aufl 1999; *Erichsen,* Die einstweilige Anordnung nach § 123 VwGO, Jura 1984, 644; *Finkelnburg/Jank,* Vorläufiger Rechtsschutz im Verwaltungsstreitverfahren, 4. Aufl 1998; *Golitschek,* Einstweiliger Rechtsschutz bei beamtenrechtlichen Auswahlentscheidungen, ThürVBl 1996, 1; *Grunsky,* Schadensersatzklage nach Aufhebung einer einstweiligen Anordnung im Verwaltungsprozeß – BGHZ 78, 127 –, JuS 1982, 177; *Günther,* Einstweiliger Rechtsschutz im Vorfeld der Beförderung, NVwZ 1986, 697; *ders,* Gesetzliche Auswahlmaßstäbe für Dienstpostenvergabe bei Konkurrenz von Beförderungsbewerbern und Inhabern adäquaten Statusamtes, DöD 1993, 162; *Guckelberger,* Zulässigkeit und Anfechtbarkeit verwaltungsgerichtlicher Hängebeschlüsse, NVwZ 2001, 275; *Hirtz,* Darlegungs- und Glaubhaftmachungslast im einstweiligen Rechtsschutz, NJW 1986, 110; *Hager,* Effektiver Rechtsschutz oder richterliche Rechtssetzung? Zum Vollzugsverbot für Gemeinderatsbeschlüsse bei Bürgerbegehren, NVwZ 1994, 766; *Haibach,* Vorläufiger Rechtsschutz im Spannungsfeld von Gemeinschaftsrecht und Grundgesetz, DÖV 1996, 60; *Huba,* Grundfälle zum vorläufigen Rechtsschutz nach der VwGO, JuS 1990, 805, 983; *Jakobs,* Der vorläufige Rechtsschutz im Prüfungsrecht, VBlBW 1984, 129; *Jannasch,* Einwirkungen des Gemeinschaftsrechts auf den vorläufigen Rechtsschutz, NVwZ 1999, 495; *Jaroschek,* Formen des Rechtsschutzes bei kommunalen Bürgerbegehren, BayVBl 1997, 39; *Kamp,* Das gerichtliche Abänderungsverfahren im einstweiligen Rechtsschutz – insbesondere sein Verhältnis zum Beschwerdeverfahren, NWVBl 2005, 248; *Koenig,* Gemeinschaftsrechtliche Unzulässigkeit einstweiliger Regelungsanordnungen gem. § 123 I VwGO im mitgliedsstaatlichen Vollzug einer Gemeinsamen Marktorganisation?, EuZW 1997, 206; *Kopp,* Vereinheitlichung und Vereinfachung des vorläufigen Rechtsschutzes gem §§ 80, 80 a, 113 III 2 und 123 VwGO, ZRP 1993, 457; *Krodel,* Die neue Regelung des sozialgerichtlichen einstweiligen Rechtsschutzes in Vornahmesachen, NZS 2002, 180; *ders,* Die Begründetheit des Antrags auf Erlaß einer einstweiligen Anordnung, NZS 2002, 234; *Kühling,* Vereinfachte Glaubhaftmachung im einstweiligen Rechtsschutz konkurrierender Beamter, NVwZ 2004, 656; *Leipold,* Grundlagen des einstweiligen Rechtsschutzes im zivil-, verfassungs- und verwaltungsrechtlichen Verfahren, 1971; *Lin,* Vorläufiger Rechtsschutz im Kommunalverfassungsstreit, 2000; *Lücke,* Vorläufige Staatsakte, 1991, 9 ff, 51 ff; *MacLean,* Die gerichtliche Zwischenverfügung („Hängebeschluß") im Verfahren des einstweiligen Rechtsschutzes, LKV 2001, 107; *Martini,* Baurechtsvereinfachung und Nachbarschutz, DVBl 2001, 1488; *Mückl,* Die einstweilige Anordnung nach § 123 im System des vorläufigen Rechtsschutzes, JA 2000, 329; *Nägele,* Muß der einen Arrest oder eine einstweilige Verfügung anordnende Beschluß begründet werden?, NJW 1993, 1045; *Obermayer,* Zur Auslegung und Anwendbarkeit des § 123 VwGO, Peters-GS 1967, 875; *Ohler/Weiß,* Einstweiliger Rechtsschutz vor nationalen Gerichten und Gemeinschaftsrecht, NJW 1997, 2221; *Redeker,* Neugestaltung des vorläufigen Rechtsschutzes in der VwGO, NVwZ 1991, 526; *Rohmeyer,* Geschichte und Rechtsnatur der einstweiligen Anordnung im Verwaltungsprozeß, 1967; *Ronellenfitsch,* Der vorläufige Rechtsschutz im beamtenrechtlichen Konkurrentenstreit, VerwA 1991, 121; *W. Roth,* Die Obliegenheit zur Inanspruchnahme primären Rechtsschutzes insbesondere bei beamtenrechtlichen Beförderungsstreitigkeiten, ZBR 2001, 14 ff; *Rotter,* Hilfe zum Lebensunterhalt durch einstweilige Anordnung des Verwaltungsgerichts, NVwZ 1983, 727; *Schenke,* Rechtsprechungsübersicht zum Verwaltungsprozeß – Teil 4, JZ 1996, 1155; *ders,* Der vorläufige Rechtsschutz zwischen Rechtsbewahrung und Flexibilitätsanforderungen, VBlBW 2000, 56; *Schlaeger,* Das Abänderungsverfahren wegen veränderter Umstände iRv § 123 VwGO, JA 2005, 894; *Schnellenbach,* Zum vorläufigen Rechtsschutz bei der Einstellungs- und Beförderungsamts-Konkurrenz (Stellungnahme zu BVerfG NJW 1990, 501 = NVwZ 1990, 255), NVwZ 1990, 637; *ders,* Konkurrenzen um Beförderungsämter – geklärte und ungeklärte Fragen, ZBR 1997, 169; *Schoch,* Vorläufiger Rechtsschutz und Risikoverteilung im Verwaltungsrecht, 1988; *ders,* Grundlagen des verfassungsgerichtlichen vorläufigen Rechtsschutzes, VerwA 1991, 145; *ders,* Der verwaltungsprozessuale vorläufige Rechtsschutz (Teil III): Die einstweilige Anordnung, Jura 2002, 318; *Schöbener,* Verwaltungsgerichtlicher Rechtsschutz in beamtenrechtlichen Konkurrenzssituationen, BayVBl 2001, 321; *Schrader,* Die Vorwegnahme der Hauptsache und das Ermessen im Rahmen des einstweiligen Rechtsschutzes, JuS 2005, 37; *Schwarze,* Vorläufiger Rechtsschutz im Widerstreit von Gemeinschaftsrecht und nationalem Verwaltungsverfahrens- und Prozeßrecht, in: Börner-FS 1992, 389; *Spieth/Hamer,* Eilrechtsschutz gegen behördliche Zuteilungsentscheidungen im Rahmen des Emissionshandels, DVBl 2005, 1541; *Stern,* Die Einwirkungen des Gemeinschaftsrechts auf die Verwaltungsgerichtsbarkeit, JuS 1998, 769; *Triantafyllou,* Europäisierung des vorläufigen Rechtsschutzes, NVwZ 1992, 129; *Uechtritz,* Nachbarrechtsschutz bei der Errichtung von Wohngebäuden im Freistellungs-, Anzeige- und vereinfachten Verfahren, NVwZ 1996, 640; *ders,* Vorläufiger Rechtsschutz eines Nachbarn bei genehmigungsfreigestellten Bauvorhaben – Konkurrenz zwischen Zivil- und Verwaltungsprozeß, BauR 1998, 719; *Vogg,* Einstweilige Feststellungsverfügung?, NJW 1993, 1357; *Walker,* Der einstweilige Rechtsschutz im Zivilprozeß und im arbeitsgerichtlichen Verfahren, 1993; *Wernsmann,* Die beamtenrechtliche Konkurrentenklage, DVBl 2005, 276; *Wittkowski,* Die Konkurrentenklage im Beamtenrecht (unter besonderer Berücksichtigung des vorläufigen Rechtsschutzes), NJW 1993, 817; *Zacharias,* Ausgewiesene Fragen des vorläufigen Rechtsschutzes im Verwaltungsprozess, JA 2002, 345; *Ziekow,* Der Fraktionsausschluß im Kommunalrecht: Zulässigkeit und vorläufiger Rechtsschutz, NWVBl 1998, 297; *Zimmerling/Brehm,* Der vorläufige Rechtsschutz im Prüfungsrecht, NVwZ 2004, 651.

Übersicht

1 **1. Allgemeines:** § 123 regelt den **vorläufigen Rechtsschutz** durch die Verwaltungsgerichte **in allen Fällen, die nicht unter §§ 80, 80 a fallen** (Abs 5; s unten 4; ferner 5 zu § 80). Indem Abs 5 beide Institute nahtlos miteinander verbindet, ist die **Lückenlosigkeit des vorläufigen Rechtsschutzes** sichergestellt (Sch-Schoch 1). Für **Normenkontrollsachen** (§ 47) sieht § 47 Abs 6 als **exklusives Instrument** die Zulässigkeit einstweiliger Anordnungen (eA) vor; soweit § 47 Abs 6 nicht anders bestimmt u sich aus dem Wesen des NK-Vf nichts anderes ergibt, sind darauf ebenfalls die Grundsätze des § 123 anzuwenden (s näher 148 zu § 47).

Das Vf nach § 123 erfüllt nicht nur eine Sicherungsfunktion (Offenhaltung der Hauptsacheentscheidung), sondern auch eine interimistische Befriedungsfunktion (BVerfG NJW 1995, 951; Lorenz § 29, 2; Schoch Jura 2002, 319). Es ist (ebenso wie das Vf nach § 80 Abs 5) ein **summarisches** (Schenke 1032 f; s dazu näher unten 24), im Verhältnis zu einem in der Hauptsache möglichen oder bereits anhängigen UrteilsVf **selbständiges Vf** (BVerfG 35, 397; 39, 291), auf das grds alle Vorschriften u allg Rechtsgrundsätze Anwendung finden, die für selbständige Vf gelten, so sind zB Drittbetroffene nach Maßgabe des § 65 beizuladen (vgl Günther NVwZ 1986, 703). Das Gericht darf wg des Anspr auf **rechtliches**

Gehör auch im EilVf seine Entscheidung grds nur auf solche Tatsachen u Beweisergebnisse stützen, zu denen die Beteiligten sich äußern konnten; etwas anderes gilt nur, soweit der Schutz gewichtiger Interessen eine sofortige Entscheidung erfordert.[1] Zu den **Zulässigkeitsvoraussetzungen** im einzelnen s unten 17; zur Möglichkeit der **Verweisung** s unten 17. Im einzelnen gelten für das Vf **dieselben Erleichterungen u Vereinfachungen wie für das Vf nach § 80 Abs 5** (vgl 124 ff zu § 80).

2 Der Anwendungsbereich des § 123 ist auf Fälle, für die der **VRW gem § 40** gegeben ist, beschränkt. Als Ausdruck eines **allg Rechtsgedankens** (vgl auch § 47 Abs 6, §§ 935, 940 ZPO, § 32 BVerfGG) ist § 123 jedoch grds **auch in anderen gerichtlichen Vf** analog anwendbar, die die Zulässigkeit einstweiliger Regelungen nicht ausdr vorsehen,[2] nicht hingegen im **VerwaltungsVf.**[3]

3 Wie § 80 ist auch § 123, soweit eine Anwendung in Über- u Unterordnungsverhältnissen gegen öffentliche Rechtsträger in Betracht kommt, **Ausdruck der Rechtsweggarantie des Art 19 Abs 4 GG.** Er umfaßt auch den **vorläufigen Rechtsschutz** gegen schwere u unzumutbare Nachteile als Folge von Handlungen oder der Untätigkeit der öffentlichen Gewalt, die anders nicht abwendbar sind u die auch durch eine spätere Entscheidung in der Hauptsache nicht mehr ohne weiteres beseitigt werden können.[4] **Im übrigen,** vor allem auch **in Gleichordnungsverhältnissen,** ist er auch Ausdruck des allg **Justizgewährungsanspr** (dazu 11 zu § 1). Dies ist bei der Auslegung u Anwendung des § 123 zu berücksichtigen (BVerfG 79, 74 = NJW 1989, 827). Insb **wenn** u soweit **Grundrechte in der Sache betroffen** sind, sind die Gerichte gehalten, **einstweiligen Rechtsschutz** zu gewähren, wenn anders dem ASt eine erhebliche, über Randbereiche hinausgehende Verletzung in einem Grundrecht droht, die durch die Entscheidung in der Hauptsache nicht mehr beseitigt werden kann, es sei denn, daß ausnahmsweise überwiegende, besonders gewichtige Gründe entgegenstehen (BVerfG 79, 75 = NJW 1989, 827; NJW 1995, 951). § 123 genügt, obwohl die Voraussetzungen für die Erlangung vorläufigen Rechtsschutzes strenger sind als bei § 80, diesen Erfordernissen (BVerfG 51, 250).

Der vorläufige Rechtsschutz gem § 123 stellt insoweit einen **rein prozessualen Rechtsbehelf** dar, als ihm **grds keine materiellrechtlichen Anspr** gegen die Verwaltung auf **vorläufige Sicherungsmaßnahmen** unabhängig vom Bestehen des in der Hauptsache verfolgten Anspr korrespondieren (weitergehend MacLean LKV 2001, 108). Etwas anderes gilt nur, wenn der Gesetzgeber den Erlaß vorläufiger VAe (dazu auch 67, 100) oder ähnlicher Sicherungsmaßnahmen durch die Verwaltung vorsieht. Fehlt es hieran, bestehen idR jedenfalls vor der Beantragung einer eA keine materiellrechtlichen Sicherungsanspr. Solche kommen allerdings ausnahmsweise nach Beantragung einer eA in Betracht, wenn über diese das Gericht noch nicht entschieden hat u die Behörde beim **Nichtabwarten der gerichtlichen Entscheidung** eine später **irreversible** Maßnahme treffen würde. Bedeutsam ist dies vornehmlich, wenn mehrere Bewerber um eine beamtenrechtliche Stelle konkurrieren (dazu unten 5). Da hier die Rspr (vgl 49 zu § 42) die Aufhebung einer einmal unter Verstoß gegen Art 33 Abs 2

---

[1] Ba NVwZ 2004, 1134; Ma DVBl 1999, 1002; zum hier bestehenden Erfordernis einer Nachholung rechtlichen Gehörs s 28 zu § 108.

[2] BVerfG 46, 166 = NJW 1978, 693; BVerwG 43, 340; 76, 128; auch in Vf nach der WBO; DVBl 1968, 83; zum Wahlprüfungsrecht berl Wahlprüfungsgericht NJW 1979, 1448; zum Anwaltsrecht EGH SchlH NJW 1993, 1341.

[3] Zweifelnd auch P § 60, 1; **aA** Kopp BayVBl 1968, 236 u VwVfG 23 ff zu § 9 mwN: in Analogie zu § 123 u zu sondergesetzlichen Bestimmungen.

[4] BVerfG 46, 166 = NJW 1978, 693; NVwZ 1997, 479; BVerwG 59, 170; BSG NJW 1987, 735; Sch-Schoch 10; BK-Schenke 412 ff zu Art 19 Abs 4 GG; Spieth/Hamer DVBl 2005, 1546.

GG erfolgten Ernennung ablehnt, ist von einer aus Art 33 Abs 2 GG iVm Art 19 Abs 4 GG abzuleitenden Pflicht der Verwaltung auszugehen, den erfolglosen Mitbewerber eine angemessene Zeit (s dazu 50 zu § 42: 1 Monat, str) vor der geplanten Ernennung des Konkurrenten zu informieren u ihm hiermit Zeit für die Beantragung vorläufigen Rechtsschutzes einzuräumen. Macht der Mitbewerber innerhalb dieser Frist von der Möglichkeit zur Beantragung einer eA Gebrauch, darf die Ernennung jedenfalls **solange nicht erfolgen bis über die eA entschieden wurde;**[5] einer Zwischenverfügung bedarf es zur Sicherung dieser Stillhaltepflicht nicht (Ba NVwZ 2004, 1134). Die Einräumung einer angemessenen Bedenkfrist bzgl der Ergreifung von Rechtsbehelfen wäre sinnlos, wenn alsbald nach Stellung des Antrags auf eA eine Ernennung möglich wäre, ohne daß das Gericht ausreichend Zeit besäße, sich mit der Sache zu befassen.[6] Da diese **„Stillhaltepflicht"** auf Besonderheiten des Art 33 Abs 2 GG u dessen Verständnis durch die Rspr beruht, ist sie nur in sehr begrenztem Umfang verallgemeinerungsfähig (s auch unten 29). Sie ist zB nicht auf den Rechtsschutz gegen die Besetzung eines höherwertigen Dienstpostens durch einen Konkurrenten übertragbar, sofern diese nicht mit einer Statusänderung einhergeht (nicht überzeugend Sch-Schoch 43; s demgegenüber Ks NVwZ 1992, 195; Günther DöD 1993, 166). Die Pflicht der Nichternennung des Konkurrenten dauert iü nicht, wie zT vertreten wird, bis zum Abschluß des HauptsacheVf an (s unten 5).

Ist eine eA zur **effektiven Durchsetzung von EU-Recht** erforderlich, wird vorläufiger Rechtsschutz auch durch das EU-Recht gewährleistet. Auch diese Funktion ist bei der Auslegung u Anwendung des § 123 zu berücksichtigen;[7] dies hat zugleich auch zur Folge, daß das Gericht in einem solchen Fall **entgegenstehendes nationales Recht nicht anwenden** darf (EuGH NJW 1991, 2272 = DVBl 1991, 861). Zur Frage, inwieweit das Gericht zu vorläufigen Maßnahmen berechtigt ist, wenn es **Zweifel an der Gültigkeit von Gemeinschaftsrecht** hat, s unten 16.

4 **2. Abgrenzung des Anwendungsbereichs von § 123 u §§ 80 bzw 80 a (Abs 5):** Aus § 123 Abs 5 ergibt sich der **Vorrang des Vf nach §§ 80, 80 a,** soweit es um vorläufigen Rechtsschutz hins der vorläufigen Vollziehbarkeit eines VA geht.[8] Dies gilt auch für Anordnungen auf Beseitigung von Folgen der Vollziehung eines VA gem § 80 Abs 5 S 3 sowie in bezug auf Auflagen gem § 80 Abs 5 S 4 u auf einstweilige Maßnahmen gem § 80 a Abs 3 iVm Abs 1 Nr 2, außerdem analog § 123 Abs 5 auch in bezug auf **einstweilige Regelungen gem § 113 Abs 3 S 2 ff.** Entspr Anträge nach § 123 wären schon wg fehlender Statthaftigkeit **unzulässig.** Macht der ASt geltend, der in einem VA titulierte Anspr sei durch Erfüllung erloschen, so ist vorläufiger Rechtsschutz über die eA zu gewähren (Ms NVwZ-RR 2001, 55 f; vgl auch VG Freiburg VBlBW 2001, 115); dasselbe gilt, wenn ein Anspr auf Rücknahme eines bestandskräftigen VA wg einer nachträglichen Veränderung der Sach- oder Rechtslage geltend gemacht wird (zum Rechtsschutz in der Hauptsache s 19 a zu § 167). Zur Verdrängung des § 123 durch § 80 Abs 5 iVm einem förmlichen Rechtsbehelf auf Erteilung oder Verlängerung eines **Aufenthaltstitels** gem § 81 Abs 3 u 4 AufenthG s 120 zu § 80. Auf die **Fassung des gestellten Antrags** kommt es nicht an (§ 88); je nach dem erkennbaren Ziel des Rechtsschutzbegehrens muß das Ge-

---

[5] Ba NVwZ 2004, 1134. Dazu, daß aber selbst eine dolos herbeigeführte rechtswidrige Ernennung eines Konkurrenten rechtswirksam ist, s 49 zu § 42; **aA** Füßer DÖV 1997, 820.

[6] S zu einem Parallelproblem im Bereich der Verfassungsgerichtsbarkeit BVerfG 35, 261 u 36, 1 u 15; hierzu auch Schenke, Die Verfassungsorgantreue 131.

[7] Vgl EuGH NJW 1991, 2279 = DVBl 1991, 861; NVwZ 1991, 460; EuZW 1991, 313 m Anm Schlemmer/Schulte; EuZW 1991, 307; ferner 1 zu § 80.

[8] Vgl NJW 1969, 202; Kassel NVwZ 1987, 988; Ma NVwZ-RR 2004, 709; Schl NVwZ-RR 2001, 206; s auch 5 u 12 zu § 80.

richt einen unter Bezugnahme auf § 80 Abs 5 gestellten Antrag in einen Antrag nach § 123 umdeuten, wenn der Sache nach nur ein solcher in Betracht kommt, sowie **umgekehrt.**[9] Vgl auch 21 zu § 80. Das **Gericht** hat ggf auch auf die Stellung eines **sachdienlichen Antrags hinzuwirken** (BVerfG DVBl 1999, 1206).

Ein Antrag nach § 123 ist auch dann nicht statthaft, wenn der ASt die Aussetzung eines VA begehrt, es ihm insoweit aber an der erforderlichen Antragsbefugnis fehlt (s 134 zu § 80; **aA** Spranger NVwZ 1999, 149), ferner wenn vorläufiger Rechtsschutz nach §§ 80, 80a zwar möglich war, aber wg **Versäumung** einer spezialgesetzlich geregelten (s 141 zu § 80) **Antragsfrist** nicht mehr begehrt werden kann (Lü NVwZ-RR 1995, 177; Sch-Schoch 20). Ist ein VA bereits bestandskräftig u kommt deshalb Rechtsschutz nur durch eine auf verwaltungsbehördliche Aufhebung des VA gerichtete Verpflichtungsklage in Betracht (s 39 zu § 42), kann die Verwaltung jedoch bei Vorliegen der sonstigen Voraussetzungen einer eA über § 123 zur Aussetzung des Vollzugs des VA verpflichtet werden, was insb bei einer nachträglichen Veränderung der Rechts- oder Sachlage in Betracht kommen wird. Der Statthaftigkeit eines Antrags des Nachbarn gem § 123 steht es auch nicht entgegen, wenn die Baubehörde ein Bauvorhaben zu Unrecht als von der Genehmigungspflicht freigestellt behandelt (Ms BauR 1999, 628). Der vorläufige Rechtsschutz des Nachbarn ist ferner über § 123 zu gewähren (s auch 12 zu § 80), wenn bei der Durchführung eines Bauvorhabens in **wesentlicher Beziehung von der Baugenehmigung abgewichen** wird u sich dieses im Verhältnis zu dem genehmigten als ein **aliud** darstellt (Ms BRS 63 Nr 205).

Da die Anwendbarkeit der §§ 80, 80a das Vorliegen eines VA voraussetzt, kommt die eA nach § 123 stets dann zur Anwendung, wenn sich der Antrag gegen eine Maßnahme richtet, die keine VA-Qualität aufweist[10] oder wenn der Antrag auf Erlaß eines VA von der Behörde abgelehnt oder nicht beschieden wird. Dies sind also insb die Fälle, in denen in einem Hauptsacheverfahren Verpflichtungsklagen, allg Leistungsklagen (einschließlich Unterlassungsklagen) oder Feststellungsklagen (str, s unten 9) gegeben wären (s im einzelnen zur Abgrenzung von Anfechtungs- u Verpflichtungsklage 20 ff zu § 42). Verneint man (entgegen der hier vertretenen Ansicht) bei **Nebenbestimmungen** ihre isolierte Anfechtbarkeit (vgl 22 ff zu § 42), so ist vorläufiger Rechtsschutz nur mittels eines Antrages nach § 123 zur vorläufigen Regelung des erstrebten Zustandes ohne die Nebenbestimmung erreichbar (zu einer Bedingung VGH Ma VBlBW 1997, 107). Hält man bei der **Mitbewerberklage** (zum Begriff 45 zu § 42) eine Kombination von Anfechtungs- u Verpflichtungsklage für erforderlich (abl 48 zu § 42 mwN zum Streitstand), muß auch der vorläufige Rechtsschutz in einer Kombination eines Antrags nach § 80 u nach § 123 bestehen (s zum Medienrecht VG Berlin AfP 1997, 750; s auch Mü BayVBl 1997, 147). Ähnliches kann sich iVm dem Nachbarschutz ergeben (vgl Uechtritz NVwZ 1996, 647; Winkler BayVBl 1997, 750), wenn hier bei **tlw Freistellung eines Bauvorhabens** von der Genehmigungspflicht der Rechtsschutz in der Hauptsache durch eine **Kombination von Anfechtungs- u Verpflichtungsklage** zu verwirklichen ist (42 zu § 42). Zur **Konkurrenz** zwischen **Zivil- u Verwaltungsprozeß** beim vorläufigen Rechtsschutz eines Nachbarn bei genehmigungsfreigestellten Bauvorhaben Schenke VBlBW 2000, 58 ff; Uechtritz BauR 1998, 719 ff. Ist ein Bauvorhaben unter verschiedenen Gesichtspunkten genehmigungspflichtig (insb Baugenehmigung u sanierungsrechtliche Genehmigung), so ist der vorläufige Rechtsschutz gegen eine erteilte Genehmigung über § 80 zu bewerkstelligen; dagegen der vorläufige Rechtsschutz desjenigen, der sich gegen die Realisierung des Bauvorha-

---

[9] Ba SächsVBl 1997, 272; Ma DÖV 1989, 776; Mü BayVBl 1999, 50; Debus Jura 2006, 488; Huba JuS 1990, 985.

[10] So zB gegen die Aufhebung einer dienstlichen Beurteilung eines Soldaten (**aA** aber NVwZ-RR 2000, 441).

bens ohne eine erforderliche Genehmigung wendet, über § 123 (We ThürVBl 1999, 20).

Zur **Umdeutung eines Antrags auf Erlaß einer eA in einen Aussetzungsantrag u umgekehrt** s NVwZ-RR 2000, 442 u 21 zu § 80.

5 Mit einem **Antrag nach § 123** zu verfolgen ist zB

– im **Beamtenrecht** nach der Rspr, die eine Konkurrentenklage nach erfolgter Ernennung eines Beamten für unzulässig hält,[11] der Anspr auf vorläufige Untersagung der Ernennung des ausgewählten Bewerbers.[12] Die Verwaltung ist nach Stellung eines Antrags auf eA nach § 123 Abs 1 S 1 gem Art 19 Abs 4 GG iVm Art 33 Abs 2 GG grds gehalten, bis zur gerichtlichen Entscheidung über die eA den Konkurrenten nicht zu ernennen (Ba NVwZ 2004, 1134; s oben 3).[13] Zu weitgehend allerdings Ks NVwZ-RR 1996, 49 (insoweit zu Recht krit Wittkowski NVwZ 1995, 346), der Dienstherr müsse seine Auswahlentscheidung stets bis zum unanfechtbaren Abschluß des AuswahlVf bzw dem rechtskräftigen Abschluß eines gerichtlichen KonkurrentenVf unterlassen. Wenn sich dies sogar auf sämtliche Stellen beziehen soll, die Gegenstand der Auswahlentscheidung sind, führte diese Lösung zu einer Lähmung der Verwaltung u erwiese sich, gemessen an der Zielsetzung, die von der Rspr mit der Ablehnung eines Konkurrentenrechtsschutzes nach erfolgter Ernennung verfolgt wird (ua Stabilität der Ämterorganisation), als geradezu kontraproduktiv. Für die Bejahung einer **„Ernennungssperre"** bis zum Abschluß des gerichtlichen Vf in der Hauptsache besteht bei Ablehnung eines Antrags auf eA um so weniger Anlaß, als das Gericht bei seiner Entscheidung bereits berücksichtigen mußte, daß durch die beabsichtigte Ernennung unter Zugrundelegung der Rspr zur beamtenrechtlichen Konkurrentenklage vollendete Tatsachen geschaffen würden. Ein Anordnungsgrund ist deshalb unter Zugrundelegung der Rspr immer gegeben (Wernsmann DVBl 2005, 280). Für das Bestehen eines Anordnungsanspr kommt der dienstlichen Beurteilung des Beamten eine entscheidende Bedeutung zu.[14] Ein den Erlaß einer eA rechtfertigender Anordnungsanspr in bezug auf die Auswahlentscheidung kann mit der Begründung, die zugrundeliegende **dienstliche Beurteilung sei rechtswidrig,** nur dann angenommen werden, wenn glaubhaft gemacht ist, daß die dienstliche Beurteilung rechtswidrig ist. Die Überprüfung der Beurteilung ist im EilVf nicht auf das Vorliegen offensichtlicher Fehler beschränkt (Ma VBlBW 2006, 62 unter Aufgabe von NVwZ-RR 2000, 37). Fraglich ist, ob darüber hinaus glaubhaft zu machen ist, daß eine rechtmäßige Beurteilung mit hinreichender Wahrscheinlichkeit zur Auswahl des ASt führen wird (Lü RiA 1999, 252 mwN). Das BVerfG lehnt dies ab u hält es zur Sicherung des von Art 19 Abs 4 GG geforderten effektiven Rechtsschutzes zu Recht bereits für ausreichend, wenn die Aussicht des Bewerbers beim zweiten Mal ausgewählt zu werden, offen ist, dh möglich erscheint.[15] Ähnliches dürfte auch

---

[11] Krit dazu 49 zu § 42 mwN; Sch-Schoch 40 ff; Schoch 684 ff; in den sonstigen Konkurrenzsituationen wird vorl Rechtsschutz über die aufschiebende Wirkung erzielt.

[12] DVBl 1994, 119; Kassel NVwZ 1994, 1229; NVwZ-RR 1996, 49; Ma VBlBW 1994, 68; Ms NWVBl 1995, 465; Schl NVwZ-RR 1994, 527; NVwZ-RR 1999, 418; v Golitschek ThürVBl 1996, 2, Schoch Jura 2002, 320, Schöbener BayVBl 2001, 323 ff; Wernsmann DVBl 2005, 280; Zimmerling PersV 2000, 208 ff. Zur Frage der in Verbindung mit der Geltendmachung von Schadensersatzanspr bestehenden Obliegenheit zur Inanspruchnahme primären Rechtsschutzes insb bei beamtenrechtlichen Beförderungsstreitigkeiten W. Roth, ZBR 2001, 14 ff.

[13] Zu den Konsequenzen einer Nichtbeachtung einer eA NJW 2004, 870; näher s 148 zu § 42.

[14] Ma VBlBW 2006, 63; näher zu deren Bedeutung u zur Berücksichtigung von Hilfkriterien bei gleicher Beurteilung s 30 ff zu § 114.

[15] BVerfG NVwZ 2003, 201; Ma VBlBW 2006, 63; Ms NWVBl 2002, 111 f; zust Kühling NVwZ 2004, 656 ff.

bei einer Beförderungsdienstpostenkonkurrenz gelten, wenn sich an die Dienstpostenvergabe die Beförderung unmittelbar ohne weitere AuswahlVf anschließt (Kühling NVwZ 2004, 659 f). Anders zu beurteilen u höhere Anforderungen an die Glaubhaftmachung sind hingegen in dem Fall zu stellen, bei dem sich an die Dienstpostenvergabe nicht unmittelbar eine Beförderung anschließen soll (aA Kühling NVwZ 2004, 660 f). Deshalb wird bei der **keine statusrechtlichen Folgen** auslösenden Besetzung des **Dienstpostens eines Schulleiters** das **öffentliche Interesse** an der Vornahme das Interesse des im AuswahlVf als Mitbewerber unterlegenen ASt an der Freihaltung des Dienstpostens **idR überwiegen** (HessStGH NVwZ-RR 1999, 386). Dem Erlaß einer eA steht nicht entgegen, daß der Dienstherr dem ASt erklärt, ihm einen – außer Streit stehenden – Beförderungsdienstposten freizuhalten (VG Weimar ThürVBl 1999, 119);

- im **Hochschulrecht** der Anspr auf Zulassung zum Studium (Hbg DÖV 1997, 692); der Anspr eines Studenten auf Unterlassung allgemein-politischer Aktivitäten des AStA (Br NVwZ 1999, 211; Ks NVwZ 1999, 212); im **Schulrecht** der Anspr eines Schülers auf Versetzung in die nächsthöhere Klasse;[16] anders wenn mit der Nichtversetzung auch die Entlassung von der Schule verbunden ist;[17]
- im **Prüfungsrecht** der Anspr auf vorläufige Zulassung zur Prüfung (Ma NVwZ-RR 1992, 420; s auch BVerfG NVwZ 1997, 479), auf Schreibverlängerung (Ma NVwZ 1994, 599) oder auf Neubewertung von Prüfungsarbeiten;[18] s auch Sch-Schoch 32 mwN;
- ein Anspr bei **Kommunalverfassungsstreitigkeiten** u sonstigen Organstreitsachen,[19] sofern der Rechtsschutz in der Hauptsache nicht nach der hier vertretenen Auffassung mittels einer Anfechtungsklage zu bewerkstelligen ist (s 86 zu Anh § 42; 6 vor § 40; Schenke 226 ff).

Im einzelnen kommt es wesentlich auch auf die **materiellrechtliche Ausgestaltung der in Frage stehenden Rechtsverhältnisse** durch die jeweiligen Fachgesetze an. Dadurch haben sich etwa im **Baurecht,**[20] aber auch im **Immissionsschutzrecht**[21] durch die Abschaffung von Genehmigungserfordernissen Verschiebungen im Anwendungsbereich der beiden Formen vorläufigen Rechtsschutzes ergeben (s unten 12). Im **Ausländerrecht** ist bei der Ablehnung des Antrags auf Erteilung eines Aufenthaltstitels der Rechtsschutz über § 80 zu gewähren, soweit bei der Beantragung eines Aufenthaltstitels die Fiktion des erlaubten Aufenthalts gem § 81 Abs 3 AufenthG oder des fortbestehenden Aufenthaltstitels gem § 81 Abs 4 AufenthG zum Tragen kommt (zum vergleichbaren § 69 AuslG aF Sch-Schoch 30); anderes gilt dann, wenn der Antrag auf einen Aufenthaltstitel nicht mit der Fiktionswirkung des § 81 Abs 3 bzw 4 AufenthG verbunden ist;[22] in diesen Fällen ist § 123 einschlägig.

---

[16] Vgl Kassel NVwZ-RR 1993, 386; Lü NVwZ-RR 2001, 241 – Erfolg in der Hauptsache muß überwiegend wahrscheinlich sein; Ma NVwZ-RR 1993, 359; Sch-Schoch 32.

[17] Kassel NVwZ-RR 1989, 547; Sch-Schoch 53 zu § 80; diff Ma NVwZ-RR 1993, 358.

[18] Ma NVwZ-RR 1990, 419; Ms NVwZ-RR 1995, 329; Schl NVwZ-RR 1993, 30.

[19] Ba SächsVBl 1997, 268; Ms DVBl 1973, 547; Mü BayVBl 1985, 88; Kassel NVwZ 1985, 604; 1988, 81, 82 u 89; JA 1991, 174; VG Kassel NVwZ 1983, 372; Finkelnburg 178; Sch-Schoch 44; Bracher NWVBl 1994, 409; Ziekow NWVBl 1998, 301 ff; **aA** (analoge Anwendung des § 80 Abs 5) VG Kassel NVwZ-RR 2001, 466.

[20] Ma NVwZ-RR 1995, 490; VBlBW 1997, 142; Ba NVwZ 1997, 922; Uechtritz NVwZ 1996, 640; Degenhart NJW 1996, 1438; Borges DÖV 1997, 901; Mampel UPR 1997, 267; Schenke 741; Sch-Schoch 38; Winkler BayVBl 1997, 750; s auch Baumeister/Sennekamp Jura 1999, 263 ff.

[21] Vgl dazu Fluck VerwA 1997, 293; zur Einführung des AnzeigeVf bei Änderungen genehmigungsbedürftiger Anlagen auch Hansmann NVwZ 1997, 108; Kutscheidt NVwZ 1997, 116; Schäfer NVwZ 1997, 528.

[22] S zum vergleichbaren § 69 AuslG aF Kassel NVwZ-Beil 1995, 67; Ma VBlBW 1996, 113; Ms NVwZ-RR 1996, 176.

6 **3. Arten einstweiliger Anordnungen** (eA), **Sicherungsanordnung u Regelungsanordnung:** Wie die §§ 935, 940 ZPO unterscheidet auch § 123 zwischen eAen, die verhindern sollen, daß durch eine Veränderung des bestehenden Rechtszustands die Verwirklichung eines Rechts des ASt vereitelt oder wesentlich erschwert wird (Abs 1 S 1, sog „Sicherungsanordnung") u eAen, die zur Regelung des vorläufigen Zustands in bezug auf ein streitiges Rechtsverhältnis dienen u die, um wesentliche Nachteile abzuwenden, drohende Gewalt zu verhindern oder aus anderen Gründen als nötig erscheinen (Abs 1 S 2, sog „Regelungsanordnung"). Bei der **Sicherungsanordnung** geht es dabei um die **Sicherung eines bestehenden Zustands,** womit sie vor allem den vorläufigen Rechtsschutz in bezug auf Abwehrrechte (Unterlassungs- oder Beseitigungsanspr) des ASt bezwecken (Schenke 1025; Sch-Schoch 52), während die **Regelungsanordnung** solche Maßnahmen zum Inhalt hat, die der (vorläufigen) **Erweiterung einer Rechtsposition** dienen (Schenke 1027; Sch-Schoch 56; Würt 540). Raum für eine Leistungsanordnung in Anlehnung an das Zivilprozeßrecht, welche dem ASt in Ausnahmefällen die Befriedigung existenziell notwendiger Leistungen ermöglichen soll, bietet § 123 nicht (für sie aber P § 59, 31; abl auch Sch-Schoch 51); ihre Funktion wird durch die Regelungsanordnung übernommen (Sch-Schoch 51). In der Praxis wird die Unterscheidung von Sicherungsanordnungen u Regelungsanordnungen vielfach nicht klar vorgenommen; vor allem die Gerichte stützen eAen meist, ohne zu differenzieren, auf Abs 1 S 1 u 2.[23]

Zu **unterscheiden** ist bei einstweiligen Anordnungen wie bei den einstweiligen Verfügungen gem § 940 ZPO **zwischen dem Anordnungsgrund** (§ 123 Abs 1), der insb die Eilbedürftigkeit einer vorläufigen Regelung begründet (s unten 25 f), u dem **Anordnungsanspr,** dh dem materiellen Anspr, für den der ASt vorläufigen Rechtsschutz sucht.[24] Der Anordnungsanspr ist identisch mit dem auch im HauptsacheVf geltend zu machenden materiellen Anspr (Ms NJW 1982, 2117; Sch-Schoch 69).

7 **Sicherungsanordnungen** nach Abs 1 S 1 dienen der **Sicherung des status quo,** soweit dies erforderlich ist, um die Vereitelung oder Beeinträchtigung eines Rechts des ASt zu verhindern. Deshalb kann das Gericht nach Abs 1 S 1 **nur bestandsschützende Maßnahmen** treffen (Adolf JA 1990, 30). Sicherungsanordnungen kommen insb zur Sicherung von Unterlassungsanspr in Betracht (Mückl JA 2000, 331; zu weitgehend für Leistungsanspr Finkelnburg 179 f), etwa auf

– die Unterlassung ehrverletzender oder geschäftsschädigender (Schenke 1026) Äußerungen oder allg behördlicher Verlautbarungen;[25]
– die Unterlassung der Ernennung eines Konkurrenten, die unter Verstoß gegen Art 33 Abs 2 GG angestrebt wird (Schoch Jura 2002, 320; Wernsmann DVBl 2005, 280);
– die **Unterlassung der Durchführung staatlicher Maßnahmen,** zB auf Einstellung öffentlicher Bauarbeiten (NVwZ 1994, 370), auf Unterlassung der Abschiebung (Ma VBlBW 1993, 152), auf Unterlassung der Vollziehung eines Gemeinderatsbeschlusses vor Durchführung eines Bürgerbegehrens.[26]

Bei Verpflichtungssachen können Anspr, zB auf Erteilung einer Genehmigung im Rahmen eines begrenzten Kontingents, auf Zulassung zum Studium bei Be-

---

[23] Vgl Ms DVBl 1973, 647; krit zur unterschiedslosen Anwendung von § 123 als einheitliche Generalnorm des vorläufigen Rechtsschutzes Ko NJW 1978, 2355; Finkelnburg 198; Sch-Schoch 50.

[24] Vgl BFH NVwZ 1982, 216; Ms NJW 1982, 2517; 1985, 2351; Lü DVBl 1983; 814; Kassel NJW 1983, 2282; DVBl 1988, 1071.

[25] Kassel NVwZ-RR 1994, 512; Ms NJW 1995, 1629; **aA** (Regelungsanordnung) Mü NVwZ 1994, 788; Hbg NVwZ-RR 1994, 588.

[26] Kassel NVwZ 1994, 396; Ko NVwZ-RR 1995, 411; s auch Hager NVwZ 1994, 766; Fischer DÖV 1996, 185.

grenzung der Zulassungszahlen[27] dadurch gesichert werden, daß der Behörde die Zulassung eines anderen Bewerbers vorläufig verboten wird, wenn hierdurch der entspr Anspr des ASt vernichtet würde.[28]

Ebenso ein Fall der Sicherungsanordnung dürfte gegeben sein, wenn ein **Recht des Nachbarn auf baupolizeiliches Einschreiten** ggü einem unter Verletzung von nachbarschützenden Vorschriften errichteten Schwarzbau vorläufig gesichert werden soll, falls die Gefahr des Wegfalls dieses Anspr durch Schaffung vollendeter Tatsachen besteht.[29] **Streitggst** iSd Abs 1 S 1 bedeutet nicht Streitggst iSd § 121, sondern bezeichnet nur das Objekt des Streits (RÖ-M. Redeker 5).

Regelungsanordnungen nach Abs 1 S 2 sind in allen sonstigen Fällen mög- 8
lich, in denen die **Notwendigkeit einer vorläufigen Regelung** besteht (NJW 1967, 2375; Mü BayVBl 1989, 657). Das trifft insb zu, wenn es um die vorläufige **Begründung oder Erweiterung einer Rechtsposition** des ASt geht, soweit dies zur Abwehr von wesentlichen Nachteilen, zur Verhinderung drohender Gewalt oder aus anderen Gründen nötig ist (Sch-Schoch 56; P § 59, 30; Adolf JA 1990, 29). Statthaft als Regelungsanordnung ist zB eine Verpflichtung zur vorläufigen Zulassung zu einer Prüfung oder zur vorläufigen Zulassung zum Studium (Schenke 1027), zur Neubescheidung eines Antrags mit vorläufiger Wirkung (Ma DÖV 1997, 694), zur Erteilung einer vorläufigen Genehmigung (Mü BayVBl 1982, 19; Schenke 1027), zum Erbringen vorläufiger Leistungen (s auch unten 9) wie Geldzahlungen (**aA** Ma NVwZ-RR 1989, 588; Sch-Schoch 55 mwN). Der **Begriff des Rechtsverhältnisses** ist derselbe wie in § 43 (s 11 ff zu § 43); er umfaßt insb auch Teile eines solchen Rechtsverhältnisses, zB einzelne Anspr daraus, usw.[30] Für den Erlaß einer eA ist prinzipiell erforderlich, daß der ASt **glaubhaft** (§ 920 Abs 2 ZPO) **macht,** daß ihm aus dem Rechtsverhältnis ein Recht (oder eine Befugnis) zusteht, für das wesentliche Nachteile oder Gefahren iSd § 123 Abs 1 S 2 drohen, wenn die eA nicht ergeht (Lü DVBl 1972, 958; 1974, 881 mwN). S näher zum Zusammenhang zwischen Anordnungsanspr u Anordnungsgrund unten 25 f.

4. Möglicher Inhalt einer eA: a) Bindung an die **Entscheidungsmög-** 9
lichkeiten der Hauptsache: Eine eA kann nur auf einen rechtlichen Erfolg gerichtet sein – bzw auf ein Weniger dazu, nicht dagegen auf ein aliud –, der auch **im Rahmen einer Verpflichtungsklage, allg Leistungs- bzw Unterlassungsklage oder Feststellungsklage** erreicht werden könnte, zB auf Verpflichtung der Behörde zum Erlaß eines vorläufigen VA; Verbot eines bestimmten Verhaltens, zB Verbot an die Behörde unter Androhung von Zwangsgeld, **Bauarbeiten** auf dem Grundstück des ASt aufgrund eines noch nicht vollziehbaren Planfeststellungsbeschlusses vorzunehmen (Mü BayVBl 1977, 17); Verpflichtung zur Unterlassung von Planvollziehungsmaßnahmen, soweit nicht dem Schutzbedürfnis des ASt auch schon durch eine Planergänzung genügt wird (Mü NVwZ-RR 1993, 177); Verpflichtung der Bundeswehr zur **Unterlassung militärischer Tiefflüge** (Mü BayVBl 1990, 564); Verpflichtung einer Behörde zu einer **vorläufigen Leistung** (s auch oben 8), ggf gegen Sicherheitsleistung; Anordnung, daß vorläufig bis zur weiteren Klärung bestimmte **Befugnisse** oder Rechte **nicht ausgeübt,** ein bestimmter VA nicht erlassen werden,[31] zB ein **Beamter** nicht **ernannt** werden darf (s oben 5; unten 14 a); Verpflichtung der Behörde, bestimmte **Handlungen zu unterlassen** (BFH NVwZ 1982, 216),

---

[27] Mü BayVBl 1968, 408; Ma VRspr 27, 956; Ms NVwZ 1993, 1222; Hbg NVwZ-RR 1992, 22.

[28] Ma DÖV 1974, 605; Kassel NJW 1985, 1103; Ms NJW 1988, 89.

[29] Bln UPR 1990, 195; Sch-Schoch 54; **aA** Ma NVwZ-RR 1995, 490; Debus Jura 2006, 490.

[30] NJW 1967, 2375; Finkelnburg 145 ff; Huba JuS 1990, 985 mwN.

[31] Ma GewA 1972, 132; NJW 1985, 1103; Kassel NJW 1985, 1103.

usw. S zur Frage der Verpflichtung der Behörde zum Erlaß eines **vorläufigen VA** auch unten 13.

Zulässig sind auch **vorläufige Feststellungen** durch eA, zB daß ein bestimmtes **Verhalten vorläufig zulässig** ist, daß der ASt eine bestimmte Regelung vorläufig nicht beachten muß usw.[32] Zur vorläufigen Feststellung eines Rechtsverhältnisses iSv § 43 bzw einzelner Rechte oder Pflichten daraus s Vogg NJW 1993, 1357 mit eingehender Erörterung der Probleme.

10 **Nicht zulässig** sind unmittelbar durch eA (anders im Weg einer Verpflichtung der Behörde durch eA zum Erlaß eines entspr vorläufigen VA, s unten 13) getroffene **Regelungen,** die nach dem maßgeblichen Recht **nur durch VA erfolgen können,** zB die Erteilung einer vorläufigen Erlaubnis, die Zulassung eines ASt zum Studium an der Universität (**aA** Lü NJW 1978, 1340: Zulassung durch das Gericht), die Versetzung eines Schülers in die nächste Klasse, das Hinausschieben des Pensionseintritts eines Beamten usw unmittelbar durch eA;[33] das Gericht kann hier durch eA nur die Verwaltung zum Erlaß der entspr vorläufigen VAe verpflichten.

11 **b) Beschränkung auf den Entscheidungsrahmen der Hauptsache.** Das Gericht kann durch eA einem ASt grds nicht **mehr** zusprechen, als er mit einer Hauptsacheklage erreichen könnte,[34] **wohl aber weniger.** Auf bloß vorläufige Regelungen ist das Gericht regelmäßig schon wg des Verbots der Vorwegnahme der Hauptsache beschränkt (s unten 13).

11 a **c) Beschränkung auf die Beteiligten der Hauptsache.** Das Gericht kann durch eA Anordnungen **nur ggü dem Ag,** nicht auch ggü einem Beigeladenen oder einem sonstigen Dritten treffen (s unten 30). Voraussetzung einer Anordnung ggü dem Ag (dh für die Begründetheit eines entspr Antrags) ist, daß dieser auch im entspr Hauptsacheprozeß **der richtige Bekl** wäre. Daher ist in Bausachen, wenn der ASt sich gegen das „Schwarzbauen" eines Nachbarn oder gegen die Weiterführung eines Bauvorhabens trotz eingetretener aufschiebender Wirkung wendet (s 181 zu § 80 u 17 sowie 17 a zu § 80 a), **keine eA unmittelbar gegen den Bauherrn,** sondern nur gegen die Behörde auf Einschreiten gegen den Bauherrn möglich, weil das Baurecht keine unmittelbaren Anspr zwischen Nachbarn kennt u daher auch im HauptsacheVf keine Klage unmittelbar gegen den Bauherrn auf Unterlassung usw möglich wäre, sondern nur eine auf die entspr materiellrechtlichen Vorschriften, wenn u soweit diese nachbarschützend sind, gestützte **Verpflichtungsklage gegen die Behörde auf Einschreiten** gegen den Bauherrn.[35]

Als ausgeschlossen angesehen wurde es iVm einer Mitbewerberklage, daß der bei der **Vergabe einer kontingentierten Genehmigung** Übergangene iVm einer eA vorläufig die Genehmigung erstrebt, solange noch unangefochten eine Genehmigung des begünstigten Konkurrenten besteht (Ko DVBl 1997, 963). Hier ist zwar richtig, daß eine solche vorläufige Genehmigung solange nicht ausgesprochen werden kann, als die dem Dritten erteilte Genehmigung nicht vorläu-

---

[32] BVerfG 71, 347 = NJW 1986, 1485; NJW 1988, 249; Hbg NJW 1987, 1215; Kassel NuR 1990, 278; Ms Personalrat 1992, 68; MKZPO 34 vor § 935 ZPO; vgl allg auch Kohler ZZP 1990, 184 u Vogg NJW 1993, 1357; zu §§ 935, 940 ZPO: grds zulässig, jedoch nur in wenigen Fällen angebracht; **aA** Ko NVwZ 1987, 145: nicht zulässig, da keine Anordnung u zudem wenig effektiv; Berger ZZP 1997, 295 zu §§ 935, 940 ZPO: mangels Bindungswirkung für die Hauptsache generell nicht statthaft.

[33] Masson BayVBl 1966, 376; Kopp VwGO-Rspr 164; Schenke 1034; **aA** NKVwGO-Puttler 118; Sch-Schoch 163.

[34] Ma VBlBW 1994, 287; Schenke 1038; Sch-Schoch 140.

[35] Ms NJW 1984, 1577; Kopp JuS 1983, 676; Schenke 1034; vgl auch 181 zu § 80; 14 zu § 80 a; **aA** VBlBW 1981, 114; Mü NVwZ 1983, 479: auch eA gegen den Bauherrn, der trotz aW eines Rechtsbehelfs gegen die Baugenehmigung weiterbaut; ebenso Korbmacher VBlBW 1981, 99; Sch-Schoch 163.

fig zurückgenommen wird. Anderenfalls ergäbe sich nämlich ein mit dem materiellen Recht nicht vereinbares Ergebnis. Hält man einen Rechtsschutz in der Hauptsache idR nur über eine Verpflichtungsklage für realisierbar (s hierzu DVBl 1989, 557 u 48 zu § 42; s auch Ko 21. 2. 1995 – 7 A 12781/94), so kann jedoch nicht a limine ausgeschlossen werden, daß die Verwaltung verpflichtet wird, ggü dem beigeladenen Begünstigten die Genehmigung vorläufig zurückzunehmen u sie dem ASt vorläufig zuzusprechen. Die gegenteilige Ansicht harmonierte jedenfalls nicht mit dem Rechtsschutz in der Hauptsache u zwänge den Übergangenen ausschließlich aus Gründen des vorläufigen Rechtsschutzes, die Begünstigung des Dritten anzufechten (so aber Ko DVBl 1997, 963). Da eine Verpflichtung der Verwaltung zur vorläufigen Rücknahme der Genehmigung u deren vorläufige Erteilung an den ASt auf eine vorläufige Vorwegnahme der Hauptsache hinausliefe (s unten 13), käme sie jedoch nur dann in Betracht, wenn ein hoher Grad an Wahrscheinlichkeit für einen Erfolg in der Hauptsache spräche (s unten 14), zudem könnte das Gericht dem durch die Verwaltung Begünstigten, der im Vf der eA beigeladen wurde, nicht unmittelbar die Genehmigung vorläufig entziehen.

d) Beschränkung bei Ermessensentscheidungen: Eine eA ist auch 12
dann möglich, wenn der Behörde hins der im HauptsacheVf begehrten Entscheidung ein Ermessensspielraum zusteht (Ms NJW 1988, 89), u zwar jedenfalls, **wenn** angesichts der besonderen Umstände des Falles **nur eine bestimmte Entscheidung ermessensgerecht** (Ermessensreduktion „auf Null“) ist,[36] oder mit der Beschränkung auf Verpflichtung der Behörde, über den ihr vorliegenden Antrag zu entscheiden (Ma DÖV 1997, 694; RÖ-M. Redeker 8), darüber hinaus jedoch **auch bei noch offenem Ermessen.** Auch in diesem Fall ist eine eA auf Verpflichtung der zuständigen Behörde zu einer bestimmten vorläufigen Regelung bzw eine vorläufige Regelung durch das Gericht selbst zulässig, wenn diese erforderlich ist, um den Zweck des vorläufigen Rechtsschutzes zu erreichen; denn eine reine Formalentscheidung würde dem Schutzgedanken des Art 19 Abs 4 GG nicht genügen.[37] **Soweit allerdings auch angesichts der besonderen** Umstände des konkreten Falles die bei der von der Behörde vorzunehmenden Abwägung (s unten 23 ff) die Gründe für die ablehnende Haltung des Ag bzw der Behörde u für die Wahrung des Ermessensspielraums überwiegen, **fehlt es** dann idR **an einem ausreichenden Anordnungsanspr** (vgl Mü NVwZ-RR 1993, 356; s im einzelnen unten 25). Entsprechendes wie hins des Ermessens der Behörden gilt auch **bei** Vorliegen eines **Beurteilungsspielraums.**[38] Vgl zum vorläufigen Rechtsschutz gegen **Prüfungsbewertungen** auch Brehm MedR 1993, 203.

Bei Nachbarklagen gegen Bauvorhaben, die nach den LBOen von der **Genehmigungspflicht ganz oder tlw freigestellt** sind, spielt die Frage der Statthaftigkeit einer eA iVm Ermessensentscheidungen deshalb keine Rolle, weil hier die ganz überwiegende Meinung davon ausgeht, daß als Kompensation für den Wegfall des die Belange des Nachbarn sichernden BaugenehmigungsVf grds ein **Anspr des Nachbarn** auf **Einschreiten der Baurechtsbehörde** (Bauauf-

---

[36] 63, 110; Kassel DVBl 1997, 1013; Mü BayVBl 1984, 84; Ms NJW 1988, 89; Ma NVwZ 1987, 1101.

[37] DVBl 1994, 120; Ko NVwZ 1990, 1088; DAR 1994, 169; Kassel NVwZ-RR 1989, 30; Lü DVBl 1993, 959; Ma 50, 305; Ms NWVBl 1994, 176; Ey-Happ 49, 66; Schenke 1038; Schoch 1676 ff u VerwA 1991, 173 sowie Sch-Schoch 161; Rohmeyer DVBl 1968, 267; Papier JA 1979, 648; Leipold 218; Kopp JuS 1983, 678; **aA** BVerfG 63, 112; Lü UPR 1987, 154; Kassel NVwZ 1989, 1183; Bln NVwZ 1991, 1198; Mü BayVBl 1984, 84; BezG Erfurt LKV 1993, 236 = NVwZ 1993, 796: nur bei Ermessensreduktion auf Null; Ma UPR 1991, 112; RÖ-M. Redeker 8.

[38] Kassel DÖV 1974, 750; VG Frankfurt NVwZ-RR 1990, 249 mwN; Kopp JuS 1983, 678; **aA** Mü BayVBl 1984, 84: nur bei Reduktion des Beurteilungsspielraums auf Null; ebenso wohl auch Ma DÖV 1985, 491.

sichtsbehörde) durch Erlaß eines Bauverbots bzw einer Baueinstellung besteht, wenn nachbarschützende Normen mißachtet u die nachbarlichen Belange mehr als nur geringfügig berührt werden (s unten 28; 102 zu § 42; 21c zu § 114 jeweils mwN). Damit ergeben sich in bezug auf den über § 123 zu realisierenden vorläufigen Rechtsschutz in praxi keine Unterschiede ggü dem iVm einer Baugenehmigung über die §§ 80, 80a zu sichernden vorläufigen Rechtsschutz (s unten 28).[39] Bei der vorzunehmenden Interessenabwägung ist auch zu berücksichtigen, daß Bauvorhaben, wenn sie genehmigungspflichtig wären, grds kraft Gesetzes vollziehbar wären (§ 212a BauGB). Zu bei einer nur partiellen Genehmigungspflicht uU bestehenden Notwendigkeit einer Zweispurigkeit des vorläufigen Rechtsschutzes s oben 4.

Sofern **gewichtige** u **ernstzunehmende Bedenken gegen die Rechtmäßigkeit** eines Bauvorhabens in nachbarrechtlicher Hinsicht in einer Weise glaubhaft gemacht werden, daß der Ausgang des Vf zumindest als offen angesehen werden muß u das Vorhaben – seine Rechtswidrigkeit unterstellt – nachbarliche Belange **mehr als nur geringfügig** berührt, ist der Erlaß einer eA, welche die Verwirklichung des Bauvorhabens (zunächst) verhindert, geboten.[40] **Jedenfalls** aber dann, wenn sich aufgrund einer **Rechtmäßigkeitsprüfung** mit **hinreichender Deutlichkeit** ein Verstoß gegen Nachbarrechte ergibt, hat ein Antrag nach § 123 ebenso Erfolg wie ein baunachbarrechtlicher Eilantrag nach §§ 80, 80a (Ms NVwZ-RR 1999, 427; Bamberger NVwZ 2000, 989; Schenke VBlBW 2000, 59f).

Das für das Baurecht bei Abschaffung des Genehmigungserfordernisses Gesagte gilt entspr für Vorhaben, die vom immissionsschutzrechtlichen Genehmigungserfordernis befreit sind.[41]

13 **5. Vorläufigkeit der Regelung/Keine Vorwegnahme der Hauptsacheentscheidung:** Dem Wesen u Zweck der eA entspr kann das Gericht **grds nur vorläufige Regelungen** treffen u dem ASt nicht schon in vollem Umfang **das gewähren, was er nur in einem Hauptsacheprozeß** erreichen könnte.[42] Es hat daher die Behörde **zum Erlaß eines vorläufigen,** ggf zeitlich befristeten oder mit einer Bedingung, Auflage usw versehenen **VA** zu **verpflichten.** Eine **Verpflichtung** der zuständigen Behörde durch eA zum Erlaß eines **vorläufigen VA** ist nach der Rspr **auch** dann zulässig, **wenn** das materielle **Recht keine ausdr Ermächtigung** zum Erlaß befristeter Erlaubnisse usw enthält oder sogar ausdr nur unbefristete, unbedingte usw VAe vorsieht.[43]

---

[39] Ba NVwZ 1997, 922; Mü NVwZ 1997, 923; Ms NVwZ-RR 1999, 427 (tendenziell); VG München NVwZ 1997, 928; Bamberger NVwZ 2000, 986ff; Bock DVBl 2006, 16; Borges DÖV 1997, 902; Martini DVBl 2001, 1495ff; Ortloff NVwZ 1996, 654; Uechtritz NVwZ 1996, 645; Winkler BayVBl 1997, 749; s auch Degenhart NJW 1996, 1438; **aA** Schmaltz NdsVBl 1995, 247.

[40] Ma NVwZ-RR 1995, 490; Bamberger NVwZ 2000, 989; Schenke VBlBW 2000, 59; Sch-Schoch 38; offen Ms NVwZ-RR 1998, 218.

[41] S zu dieser Befreiung Fluck VerwA 1997, 293; Hansmann NVwZ 1997, 108; Kutscheidt NVwZ 1997, 116; Schäfer NVwZ 1997, 528.

[42] BFH 146, 394; Bln NVwZ 1991, 1198; Br NJW 1986, 1062; Hbg NVwZ 1985, 65; Kassel NVwZ-RR 1993, 666; NVwZ 2001, 826; Ko NVwZ-RR 1990, 98; Ma DVBl 1995, 160f; Mü NJW 1994, 2308; BayVBl 2001, 500; Ms NVwZ-RR 1995, 329; Schl NVwZ-RR 1995, 664; Brühl JuS 1995, 919; Kuhla/Hüttenbrink Verwaltungsprozeß Kap J, 146f; Lorenz § 29, 31; P § 59, 22; Schenke 1034ff; Würt 550; krit Bohl NVwZ 2001, 764; Krodel NZS 2002, 238ff; Sch-Schoch 146ff.

[43] BVerfG 71, 347 = NJW 1986, 1485; NJW 1988, 249; Br NVwZ 1990, 781 – zu einer vorläufigen Spielhallenerlaubnis –; Hbg DVBl 1987, 317; Ko NVwZ 1990, 1088; Lü NVwZ 1994, 80; Ma VRspr 12, 1010; Mü BayVBl 2001, 500; Ey-Happ 66b; RÖ-M. Redeker 13; Obermayer 244; Erichsen JK 93 VwGO § 123/5; **aA** Ba NVwZ 1994, 81; Bln NVwZ 1991, 1198 (zum Bauvorbescheid); VG Freiburg GewA 1981, 223: keine eA

Grds ausgeschlossen – da mit dem Wesen einer eA nicht vereinbar – ist es, eine Regelung zu treffen, die **rechtlich oder zumindest faktisch auf eine Vorwegnahme der Hauptsache hinausläuft.** Dabei wird der Begriff der Vorwegnahme der Hauptsache allerdings durch die Rspr zuweilen zu weit verstanden, wenn auch die „vorläufige (teilweise, zeitweise, partielle) Vorwegnahme" als grds verbotene Vorwegnahme der Hauptsache angesehen wird.[44] Dem kann in dieser Allgemeinheit deshalb nicht gefolgt werden, weil jede vorläufige Entscheidung für die Dauer ihrer Gültigkeit eine entspr Hauptsacheentscheidung in gewisser Weise vorwegnimmt,[45] indem vorläufig (ganz oder teilweise) gewährt wird, was endgültig erst im HauptsacheVf zugesprochen werden kann. Das kann aber als solches rechtlich nicht prinzipiell beanstandet werden. Eine rechtlich problematische u grds unzulässige **Vorwegnahme der Hauptsache** liegt nur dann vor, wenn die **Entscheidung u ihre Folgen aus rechtlichen oder tatsächlichen Gründen auch nach der Hauptsacheentscheidung nicht mehr rückgängig gemacht** werden können. Das ist grds nicht der Fall, wenn die vorläufige Aussetzung einer belastenden Maßnahme (in concreto getrennte Unterbringung eines Strafgefangenen) begehrt wird, die bei entspr Ausgang des HauptsacheVf wieder in Geltung gesetzt wird. Die bloße Tatsache, daß die vorübergehende Aussetzung als solche nicht wieder rückgängig gemacht werden kann, macht die vorläufige Regelung (anders wenn die Unterbringung zeitlich eng befristet ist) weder rechtlich noch faktisch zu einer endgültigen (BVerfG NVwZ 2003, 1112). Eine Vorwegnahme der Hauptsache kann sich jedoch daraus ergeben, daß infolge der zu erwartenden Verfahrensdauer in der Hauptsache eine Rückgängigmachung der Folgen der eA uU nicht mehr möglich ist, was zB dann zutrifft, wenn ein Schüler, dem vorläufig der Besuch der nächsthöheren Klasse gestattet worden ist, am Ende des Schuljahres versetzt wird.[46] 14

Eine echte (auch für die Zukunft rechtlich nicht mehr korrigierbare) Vorwegnahme liegt zB auch vor

- bei **zeitlich gebundenen Verwaltungsentscheidungen** in der Hauptsache, zB bei der vorläufigen Eintragung in die **Wählerliste;**[47] bei der **Überlassung von Räumen** für eine bestimmte Veranstaltung einer Partei oder Studentenvereinigung (Mü BayVBl 1979, 470); bei einer beantragten **zeitlich eng befristeten Erlaubnis** für eine gewerberechtliche Tätigkeit;
- bei Gewährung von Geldleistungen, bei denen eine Rückforderung zumindest faktisch ausgeschlossen ist, etwa bei bestimmten **Sozialleistungen;**
- bei einer **vorläufigen Baugenehmigung,** wenn der spätere **Abriß des Baus** bei Erfolglosigkeit des HauptsacheVf **rechtlich** (etwa wg eines Verstoßes gegen das Übermaßverbot) **ausgeschlossen wäre.** Sonst scheitert die Verpflichtung zur Erteilung einer vorläufigen Baugenehmigung weder am grds Verbot der Vorwegnahme der Hauptsache noch daran, daß das materielle Recht eine

---

auf vorläufige Eintragung in die Handwerksrolle, da die HandwO keine solche Möglichkeit vorsieht; Ortloff NVwZ 1991, 631: keine vorläufige Baugenehmigung, dazu s auch unten 14c. S allg zur Zulässigkeit vorläufiger VAe auch Kopp F.J. Vorläufiges Verwaltungsverfahren u vorläufiger VA, 1992 mwN; KR 20 zu § 9 VwVfG mwN.

[44] Sa ZfS 1997, 117; Ma NVwZ-RR 1996, 358; Kassel NVwZ-RR 1996, 326; Ms DVBl 1995, 935; Ba LKV 1993, 61; Mü NVwZ-RR 1990, 100; Ey-Happ 66b; Finkelnburg 207; Rotter NVwZ 1983, 727; **krit** wie hier Jakobs VBlBW 1984, 137 Fn 58; Zimmerling/Brehm NVwZ 2004, 652; wohl auch Hufen § 33, 16.

[45] Schoch Vorläufiger Rechtsschutz 1408 mwN; Leipold 214; Huba JuS 1990, 986; Haurand/Vahle VR 1992, 125; NKVwGO-Puttler 104; Vogg NJW 1993, 1364.

[46] Schenke 1037; vgl auch BVerwG NVwZ 2001, 1288; 2001, 1286; **aA** Finkelnburg 1194: der Schüler trage das Anordnungsrisiko u sei auch nach mehreren Jahren in seine frühere Klasse zurückzustufen; s auch unten 42.

[47] VG Würzburg NJW 1976, 1650; vgl auch BayVerfGH 21, 202; Br DÖV 1981, 844; Schenke NJW 1981, 2443.

solche nicht kennt,[48] sondern daran, daß dem ASt ein Abwarten der Hauptsacheentscheidung idR zugemutet werden kann,[49] u damit am fehlenden Anordnungsgrund. Das gilt auch dann, wenn ein bestehender Bebauungsplan geändert u dadurch das beantragte Vorhaben unzulässig wird (Ks NVwZ-RR 2003, 814; **aA** Schoch JK 3/04 VwGO § 123 I 2/2).

Im Hinblick auf Art 19 Abs 4 GG gilt das grundsätzliche Verbot einer Vorwegnahme der Hauptsacheentscheidung **jedoch nicht,** wenn eine bestimmte Regelung zur **Gewährung eines effektiven Rechtsschutzes** schlechterdings **notwendig** ist, dh wenn die sonst zu erwartenden Nachteile für den ASt unzumutbar u im HauptsacheVf nicht mehr zu beseitigen wären, **u ein hoher Grad** an Wahrscheinlichkeit **für einen Erfolg** auch in der Hauptsache spricht.[50] Hierzu wurde eine umfangreiche Kasuistik entwickelt, die im wesentlichen folgende Gesichtspunkte miteinander kombiniert (s auch – krit – Sch-Schoch 142 ff) u Ausnahmen vom Vorwegnahmeverbot davon abhängig macht, ob:
- **die Entscheidung** in der Hauptsache mit hoher Wahrscheinlichkeit **zu spät kommen würde** (Zeitmoment);[51] das kommt auch bei unzumutbaren Verzögerungen des Rechtsschutzes in der Hauptsache in Betracht (s auch BVerfG NVwZ-RR 2002, 161);
- die dem ASt drohenden **Nachteile irreparabel** sind;[52]
- **existenzielle Belange** des ASt betroffen sind (Ks NVwZ-RR 1993, 146; 1996, 325);
- der ASt infolge unterbliebener Leistungen in der Gegenwart **wirtschaftliche Not** leidet oder seine Unterkunft zu verlieren droht, zB bei Anträgen auf **BAföG-Leistungen** (vgl Linhart APF 1981, 335) oder Fortzahlung des dem Existenzminimum entspr Teils des **Beamtengehalts;** zur vorläufigen Genehmigung eines Heilverfahrens (DVBl 1991, 1213);
- der ASt vorher alles unternahm, um sein Rechtsschutzziel zu erreichen (Br NJW 1986, 1062; Hbg DÖV 1997, 692);
- nicht **gegenläufige Interessen der Verwaltung** überwiegen (Bln DVBl 1991, 763; Ms RiA 1995, 200);
- die Zulässigkeit eines im Wege einer eA vorläufig zugelassenen **Bürgerbegehrens mit hoher Wahrscheinlichkeit bejaht** werden kann, so daß eine gegenteilige Entscheidung im HauptsacheVf praktisch ausgeschlossen ist (Mü BayVBl 2001, 500; s auch Lü NdsVBl 2000, 195).

14 a Häufig wird bei der Entscheidung über den Erlaß einer eA (insb auch bei einer Vorwegnahme der Hauptsache) auf die Bedeutung des Rechtsschutzbegehrens für die **Verwirklichung der Grundrechte** abgestellt (BVerfG NVwZ 1997, 479). Gestützt freilich auch auf die besonderen Umstände des Einzelfalls, wurde der Anspr auf eine eA bejaht:
- im Zusammenhang mit **berufsbezogenen Prüfungen,** bei denen ein Eingriff in die Berufswahlfreiheit vorliegen kann (BVerfG 84, 45; 84, 72), zB zur

---

[48] Dazu oben 13; **aA** deutlich Ba NVwZ 1994, 81; Bln NVwZ 1991, 1198; Kassel VRspr 25 Nr 214; wohl auch Ma VBlBW 1992, 180.

[49] Bln BRS 49 Nr 162; Kassel NVwZ-RR 2003, 814; Lü BRS 35 Nr 174; Mü BayVBl 1976, 402; Finkelnburg 901.

[50] BVerfG NJW 1989, 827; DVBl 1999, 1206; BVerwG NJW 2000, 160; NVwZ 1999, 650; Buchh 310 § 123 Nr 15 S. 2; BFH 135, 23; Br NVwZ 1990, 1196; Kassel NVwZ-RR 1996, 325; NVwZ 2001, 826; Lü NVwZ 1994, 506; NVwZ-RR 2001, 241; Ma NJW 1996, 538; VBlBW 1994, 287; Mü NVwZ-RR 1993, 356; Schl DVBl 1993, 66; We ThürVBl 1997, 133; VG Darmstadt NVwZ-RR 1999, 380; Finkelnburg 218, 220 ff; Huba JuS 1990, 986; Hufen § 33, 17; Schenke 1036; Stern 217.

[51] Vgl BVerfG 34, 163; MDR 1978, 116; Hbg DVBl 1987, 317; Kassel NJW 1994, 1750; Ma NJW 1994, 1362; Mü BayVBl 1988, 85; Ms NVwZ-RR 1991, 561.

[52] Ba SächsVBl 1997, 13; Br NVwZ 1990, 1196; Ma VBlBW 1994, 287; Ms NJW 1989, 1105; NVwZ 1993, 400; Kassel NVwZ 1990, 392.

vorläufigen **Zulassung zu einer Prüfung** mit der Maßgabe, daß die Prüfung als nicht abgelegt gilt, wenn die Klage in der Hauptsache hins der Zulassung erfolglos bleibt;[53] zur vorsorglichen Zulassung zu einer Wiederholungsprüfung, weil der Ausgang des Rechtsstreits hins der ersten Prüfung noch nicht überschaubar ist (Br DVBl 1992, 1056); zur Gewährung bestimmter **Prüfungserleichterungen** (Mü BayVBl 1976, 656; Ma NVwZ 1994, 599); zur **Fortführung einer Prüfung,** die die Behörde wg eines Täuschungsversuchs ohne Bewertung der erbrachten Leistungen abbrechen wollte (Ms NVwZ 1985, 594; **aA** Jakobs VBlBW 1984, 131); **anders jedoch,** wenn zB der Studienbewerber **nicht** das seinerseits **Erforderliche u Mögliche veranlaßte,** damit er das Studium seiner Wahl im Bewerbungssemester von Anfang an aufnehmen konnte (Hbg DÖV 1997, 692) oder bei der **Zulassung zu einem Zweitstudium** (Br DVBl 1981, 585);
- bei **berufsbezogenen Zulassungen,** zB bei der Zulassung zum **Studium** an einer Universität;[54] bei der Aufnahme in den juristischen **Vorbereitungsdienst,**[55] in den Vorbereitungsdienst für das Lehramt an Schulen[56] oder in ein Beamtenverhältnis auf Probe (Ms MDR 1972, 346); zur Erteilung einer vorläufigen **Taxi-Genehmigung** (Ks NJW 1982, 2459); zur Genehmigung von Krankentransporten durch private Anbieter (Ma DÖV 1997, 694); zur Zulassung **zu** einem durch Satzung geregelten **Wochenmarkt** (BezG Erfurt LKV 1993, 236 = NVwZ 1993, 796); zur vorläufigen Eintragung in die **Handwerksrolle** (**aA** VG Freiburg GewA 1981, 223); zur vorläufigen Übertragung eines **Schornsteinfeger**-Kehrbezirks (Mü BayVBl 1988, 535); zum vorläufigen Betrieb einer **Gaststätte** (GewA 1988, 337; Ks NVwZ-RR 1996, 325); zur vorläufigen **Genehmigung eines Tarifs;**[57] zur Verkürzung der **Sperrzeit für eine Gaststätte** u geeignete Maßnahmen zur Durchsetzung der Einhaltung (Ms GewA 1991, 185);
- im **Rundfunkrecht** zur Erteilung einer vorläufigen Sendeerlaubnis wg Art 5 Abs 2 S 2 GG (Ko NVwZ 1990, 1088; gegen das Erfordernis vorbeugenden Rechtsschutzes nach § 123 Ma VBlBW 1995, 139);
- im **Schulrecht** zur Gestattung der **Teilnahme am Unterricht** der nächsthöheren Klasse, damit nicht ein ganzes Schuljahr verlorengeht,[58] **nicht** jedoch die **Versetzung** in diese Klasse, da die Verpflichtung der Schule, dem Schüler die Teilnahme am Unterricht der in Frage stehenden Klassen zu gestatten, dem Rechtsschutzziel genügt; zur Ausstellung eines vorläufigen u unter dem Vorbehalt der endgültigen Entscheidung stehenden **Prüfungszeugnisses** über eine abgelegte Prüfung;[59] zur **vorläufigen Zuerkennung**

---

[53] DÖV 1981, 62; Ma DÖV 1974, 283; DVBl 1992, 1045; Mü BayVBl 1976, 656; DVBl 1986, 1111; vgl auch BVerfG DVBl 1989, 869: eA auf eine zusätzliche Prüfungswiederholungsmöglichkeit.

[54] BVerfG NVwZ 1997, 480; NVwZ 2004, 1112; BerlVerfGH NVwZ 1996, 1209; Ms NVwZ 1993, 1222; Hbg NVwZ-RR 1992, 22; DÖV 1997, 692; Karpen/Hillermann JZ 1997, 243.

[55] Bln NJW 1978, 1870; Hbg DVBl 1987, 317; demgegenüber einschränkend Br NJW 1986, 1062: nicht, wenn der ASt auch anderswo den Vorbereitungsdienst beginnen könnte u ihm dies zuzumuten wäre; eA im Einzelfall verneint durch Lü DÖV 1973, 58.

[56] Mü NJW 1976, 1858; BayVBl 1978, 667; in concreto abl Mü ZBR 1973, 29.

[57] **AA** Mü BayVBl 1982, 19; s dazu oben 13; aus naheliegenden praktischen Gründen kann die eA hier jedoch idR nicht eine evtl Rückwirkung des Wegfalls der Genehmigung bei einem Mißerfolg der Klage in der Hauptsache anordnen.

[58] Kassel NVwZ-RR 1993, 386; Lü NVwZ-RR 2001, 241 – Erfolg der Hauptsache muß überwiegend wahrscheinlich sein; Ma NVwZ-RR 1993, 358; Ey-Happ 87.

[59] Ma NVwZ 1987, 1014; Kassel DVBl 1993, 57; vgl auch Brehm MedR 1993, 203; zT **aA** Kassel DVBl 1984, 279: kein Anordnungsgrund für ein vorläufiges Prüfungszeugnis, wenn der ASt ein Prüfungszeugnis über eine Wiederholungsprüfung erwerben kann.

von Berechtigungen, die der erfolgreiche Abschluß einer Schule vermittelt;[60]

– im **Beamtenrecht** zur vorläufigen **Aufhebung der Umsetzung** eines Beamten;[61] zur vorläufigen **Unterlassung einer anderweitigen Besetzung** eines auch vom ASt angestrebten **Dienstpostens** u der Ernennung eines anderen Bewerbers darauf mit der Folge, daß damit nach der Rspr auch eine Klage des ASt auf Ernennung auf den in Frage stehenden Dienstposten gegenstandslos (vgl 49 zu § 42) würde[62] u **Verbot,** bei der Besetzung eines bestimmten Dienstpostens dem ASt **einen anderen Bewerber vorzuziehen;**[63] zur vorläufigen **Unterlassung der Übertragung eines höherwertigen Dienstpostens ohne Ernennung** darauf, aber im Hinblick auf eine solche;[64] zur **vorläufigen Übertragung eines Dienstpostens,** wenn nur der Inhaber des Dienstpostens die Möglichkeit hat, sich mit Aussicht auf Erfolg um eine Beförderungsstelle zu bewerben (Ks NVwZ-RR 2001, 255);
– bei der **Zulassung politischer Parteien** zur Benutzung öffentlicher Einrichtungen;[65]
– im **Ausländerrecht** gestützt auf Art 6 GG zB ein Anspr auf Erteilung einer Duldung im Wege der eA, wenn der Ausländer ein gemeinsames Kind mit einer dt Lebensgefährtin hat (VG München InfAuslR 1997, 130).

15 Soll trotz schwerer u unzumutbarer Nachteile vorläufiger Rechtsschutz versagt werden, muß sich diese Versagung jedenfalls auf eine **eingehende Prüfung der Sach- u Rechtslage** stützen (BVerfG NVwZ 1997, 479).

16 **6. Vorlagepflichten nach Art 100 GG/Art 234 EGV:** Eine Vorlage nach Art 100 GG ist auch im Vf des vorläufigen Rechtsschutzes, das ja ein selbständiges Vf darstellt, prinzipiell zulässig. In weitaus den meisten Fällen stützt sich der Erlaß einer eA aber maßgeblich auf die Folgenabschätzung im Rahmen der Prüfung des Anordnungsgrundes; hier liegen die Tatbestandsvoraussetzungen des Art 100 GG (Entscheidungserheblichkeit der vom Gericht für verfassungswidrig gehaltenen gesetzlichen Vorschrift) nicht vor u es fehlt an einem Konflikt zwischen Art 100 GG u § 123 (s auch 161 zu § 80 mwN). Nur dann, wenn erhöhte Anforderungen an das Vorliegen des Anordnungsanspr zu stellen sind, kann eine Vorlage geboten sein.[66] Es muß aber jedenfalls nicht im Interesse des Verwerfungsmonopols des BVerfG eine im EilVf zu spät kommende Entscheidung hingenommen werden (Sch-Schoch 129; in dieser Richtung aber früher BVerfG 63, 141 = NJW 1983, 1179). In Fällen, in denen es praktisch nicht zu einem HauptsacheVf kommt, ist eine Sicherungsanordnung mit einer Vorlage nach Art 100 GG zu verbinden, um nicht praktisch das Verwerfungsmonopol leerlaufen zu lassen (Sch-Schoch 129; **aA** NKVwGO-Puttler 15).

---

[60] Mü VRspr 25, 554: Zuerkennung der Fachoberschulreife; Mü NVwZ-RR 2005, 254: Zuerkennung der Hochschulreife.

[61] Sa NVwZ 1986, 769; We ThürVBl 1997, 134; vgl auch Ms NVwZ 1985, 923.

[62] BVerfG NJW 1990, 501: vorläufiger Rechtsschutz nach Art 19 Abs 4 GG wg der erwähnten Folgen geboten; BVerwG NVwZ 1991, 375; ZBR 1992, 243; Günther ZBR 1990, 288; NVwZ 1986, 703; Wittkowski NJW 1993, 819; Bracher ZBR 1989, 140; Schnellenbach DöD 1990, 156 mwN; aber keine eA bei Unanfechtbarkeit der die Bewerbung des ASt abl Entscheidung: Kassel NVwZ-RR 1995, 535; s auch 49 zu § 42.

[63] BayVBl 1989, 761; Ms DVBl 1991, 1212; Kassel NJW 1985, 1103; DVBl 1988, 1071; DöD 1985, 258; s auch Günther NVwZ 1986, 702.

[64] Kassel NVwZ 1982, 638; Ms NVwZ-RR 1993, 278; Günther NVwZ 1986, 703; Wittkowski NJW 1993, 819; Peter JuS 1992, 1047; Bracher ZBR 1989, 142; Schnellenbach DöD 1990, 157; offen Sa NVwZ 1990, 688.

[65] Ma DVBl 1995, 927; VBlBW 1994, 146: Anspr aus Art 3, 21 GG, §§ 5 Abs 1 PartG, 10 Abs 2 GemOBW.

[66] **AA** BVerfG 86, 389 = NJW 1992, 2750: dann, wenn die eA die Hauptsacheentscheidung im wesentlichen vorwegnimmt.

Eine **Vorlagepflicht gem Art 234 EGV** besteht, wenn das Gericht aufgrund erheblicher Zweifel an der Gültigkeit einer Handlung der Gemeinschaft eine eA erlassen will (EuGH NJW 1996, 1333; zur Aussetzungsentscheidung gem § 80 Abs 5 s 164 zu § 80). Der EuGH hat im einzelnen folgende Voraussetzungen für den Erlaß der eA genannt: Das nationale Gericht darf eine derartige eA nur erlassen, wenn es erhebliche Zweifel an der Gültigkeit der Handlung der Gemeinschaft hat u diese Gültigkeitsfrage, sofern der Gerichtshof mit ihr noch nicht befaßt ist, diesem selbst vorlegt (dazu auch 21 zu § 94 u 164 zu § 80). Weiter muß die Entscheidung dringlich in dem Sinne sein, daß die eA erforderlich ist, um zu vermeiden, daß der ASt einen schweren u nicht wiedergutzumachenden Schaden erleidet. Zusätzlich ist das Interesse der Gemeinschaft angemessen zu berücksichtigen u sind bei der Prüfung aller dieser Voraussetzungen die Entscheidungen des EuGH oder des EuG zu beachten.[67] Mit diesen Voraussetzungen werden indirekt die Maßstabsnormen der Art 242, 243 EGV in das nationale Recht transferiert (deshalb krit zB Sandner DVBl 1998, 262 ff; Schenke VBlBW 2000, 65; Schoch DVBl 1997, 292 ff). Wohl keine generelle Beschränkung der Befugnis des nationalen Gerichts zum Erlaß eAen u damit keine Abkehr von der genannten Rspr ist der Entscheidung EuGH NJW 1997, 1225 – T. Port – zu entnehmen, nach der der EuGH für den Sonderfall, daß eine GemeinschaftsVO ein weiteres Handeln eines Gemeinschaftsorgans verlangt, jede Kompetenz des nationalen Gerichts zur eA ablehnt.[68] Da hier, solange es an dem Handeln des Gemeinschaftsorgans fehlt, kein Rechtsanspr auf eine nationale Begünstigung besteht, stellt sich diesbezüglich (aus materiellrechtlichen Gründen) auch nicht das Problem des vorläufigen Rechtsschutzes im nationalen Recht. Jedenfalls ist es aber auch unter dem Gesichtspunkt des Rechtsschutzstandards des Art 19 Abs 4 GG nicht zu beanstanden, wenn der vorläufige Rechtsschutz gegen den unterlassenen Akt des Gemeinschaftsorgans mittels einer eA durch den EuGH sichergestellt wird.

7. Zulässigkeit eines Antrags auf eA: Voraussetzung für die Zulässigkeit 17
eines Antrags nach § 123 ist:

a) ordnungsgemäßer Antrag (Abs 3 mit § 920 ZPO, §§ 81, 82, 55 a): Der **Antrag** muß nur allg **das Rechtsschutzziel** angeben, **nicht** jedoch analog § 82 Abs 1 S 2 **bestimmt** ieS sein u eine bestimmte Maßnahme bezeichnen (vgl Abs 3 iVm § 938 Abs 1 ZPO; s auch Br NVwZ 1999, 211; zT **aA** Erichsen Jura 1984, 644). Er muß grds schriftlich (§ 81 Abs 1 S 1 analog; vgl zur prozessualen Schriftform ausf 4 ff zu § 81) oder elektronisch (§ 81 Abs 1 S 1 analog iVm § 55 a u den entspr RechtsVOen) gestellt werden; bei besonderer Eilbedürftigkeit u wenn das Rechtsschutzziel sonst gefährdet würde, ist aber **auch telefonische** Antragstellung möglich (VG Wiesbaden 5. 5. 87 – IV G 20601/87). Zur Möglichkeit der Antragsrücknahme s unten 33.

b) deutsche Gerichtsbarkeit (vgl Ks NJW 1989, 470).

c) VRW gem § 40 (Huba JuS 1990, 984; Sch-Schoch 99): Ist der Antrag im unzulässigen Rechtsweg gestellt, ist er (ebenso wie nach § 80 Abs 5, s 129 zu § 80) als unzulässig abzuweisen; eine Verweisung gem § 173 iVm § 17 a Abs 2 S 1 GVG findet nicht statt.[69]

d) Statthaftigkeit des Antrages. Wie sich aus Abs 5 ergibt, setzt dies vor- 18
aus, daß für das gerichtliche HauptsacheVf eine **andere Klageart als die An-**

[67] EuGH NJW 1996, 1335 Tz 51 – Atlanta; s auch Münster NJW 1996, 3291; Jannasch NVwZ 1999, 497 f; Stern JuS 1998, 776; s hierzu auch Schenke VBlBW 2000, 64 f.

[68] Jannasch NVwZ 1999, 498; Pernice EuZW 1997, 545; krit Koenig EuZW 1997, 206; Koenig/Zeiss JZ 1997, 461; Ohler/Weiß NJW 1997, 2221.

[69] Vgl 2 a zu § 41; Ko NVwZ 1993, 381; RÖ-v Nicolai 5 zu § 41; Sennekamp NVwZ 1997, 643; **aA** Hbg NVwZ-RR 2000, 842; Kassel NJW 1996, 475; Mü BayVBl 1993, 310; Münster NJW 2001, 698; Sch-Schoch 100.

fechtungsklage statthaft ist (s oben 4). Die eA ist daher auch dann unzulässig, wenn wg § 44 a Verfahrenshandlungen nicht selbständig erzwingbar sind (NVwZ-RR 1997, 663), ferner, wenn sie dem vorbeugenden Rechtsschutz dient u eine vorbeugende Unterlassungsklage nicht statthaft oder wg mangelnden Rechtsschutzbedürfnisses unzulässig ist.[70] Darüber hinaus müssen aber auch die weiteren **Zulässigkeitserfordernisse des HauptsacheVf** wie die Beteiligten- u Prozeßfähigkeit, die Klagebefugnis u die passive Prozeßführungsbefugnis gegeben sein (Schenke 1031; enger Sch-Schoch 102; SGH 316; Hufen § 33, 7; Adolf JA 1990, 30). Nicht erforderlich ist allerdings ein behördliches VorVf (s unten 22). Schließlich ist nur ein Antrag statthaft, der auf Sicherung eines bestehenden (Abs 1 S 1) oder Regelung eines vorläufigen Zustands (Abs 1 S 2) gerichtet ist (Schenke 1041 a Anhang; Sch-Schoch 52 u 56; Hufen § 33, 7). Die rechtsdogmatisch korrekte Zuordnung des Begehrens zu einer der beiden Alternativen ist jedoch keine Zulassungsvoraussetzung (Sch-Schoch 102; Hufen § 33, 10).

Der Antrag auf Erlaß einer eA ist bereits **vor (Abs 1 S 1) u während der Anhängigkeit des HauptsacheVf** statthaft (zur Möglichkeit anderer Beteiligter, auf die Betreibung des HauptsacheVf hinzuwirken s unten 38). Er ist dagegen unzulässig, wenn das HauptsacheVf durch ein rechtskräftiges Urteil abgeschlossen oder ein behördlicher Ablehnungsbescheid bestandskräftig geworden ist,[71] es sei denn, es kommen **Wiedereinsetzung** (§ 60) oder Wiederaufnahme des Vf (§ 153) in Betracht (Ma MDR 1976, 521; VRspr 27, 941) oder der Antrag auf eA ist **auf einen weitergehenden Erfolg gerichtet** ist, zB auf eine Regelung hins der sich aus der rechtskräftigen Entscheidung ergebenden weiteren, noch nicht in diese einbezogenen Folgen (vgl Mü NJW 1972, 2063). So steht zB ein unanfechtbarer Einstellungsbescheid, mit dem die Weitergewährung von laufender Hilfe zum Lebensunterhalt abgelehnt wurde, der Zulässigkeit eines Antrags auf den Erlaß einer eA nicht entgegen, wenn nach Bestandskraft des Einstellungsbescheides für Zeitabschnitte, auf die sich der Antrag auf Erlaß einer eA erstreckt, erneut Anträge auf Hilfe gestellt worden sind (Ks NVwZ-RR 1991, 199). Ein Antrag nach § 123 ist auch noch zulässig, wenn bereits eine (noch nicht rechtskräftige) **Hauptsacheentscheidung ergangen ist,** die jedoch nach § 167 Abs 2 nicht für vorläufig vollstreckbar erklärt werden kann; die eA hat in diesen Fällen auch die **Funktion** einer Entscheidung über die **vorläufige Vollstreckbarkeit,** dh ersetzt eine solche Entscheidung (Ule 70 II 2).

19 **e) Zuständigkeit des angerufenen Gerichts.** Zuständig ist das **Gericht der Hauptsache,** bei dem das HauptsacheVf bereits anhängig ist oder das, wenn ein solches Vf noch nicht anhängig ist, dafür zuständig wäre (§ 123 Abs 2). § 123 Abs 2 S 2 präzisiert dies dahingehend, daß das **Gericht des ersten Rechtszugs,** also auch das OVG in den Fällen des § 48 u das BVerwG in den Fällen des § 50 (s 58, 181; Sch-Schoch 114) bzw anderen durch Bundesgesetz vorgesehenen Fällen (s 8 a zu § 50), u, wenn die Hauptsache im BerufungsVf anhängig ist, das **Berufungsgericht** zuständig ist. Eine Zuständigkeit des **Revisionsgerichts** ist – anders als nach § 80 Abs 5 – nicht vorgesehen. Ist das HauptsacheVf in der Revision anhängig, so ist nach der insoweit eindeutigen Regelung des § 123 Abs 2 S 2 das Gericht des ersten Rechtszugs zuständig.[72] Die Zuständigkeit des Berufungsgerichts beginnt bei einer durch das VG nicht zugelassenen Berufung bereits

---

[70] VG Lüneburg NVwZ 2001, 590; VG Oldenburg NVwZ 2001, 349: Vorläufiger Rechtsschutz iVm dem Ziel, eine Meldung von im Eigentum des ASt stehenden Flächen, die Teil eines Gebietsvorschlags zur Umsetzung der Flora-Fauna-Habitat-Richtlinie sind, an die Kommission zu verhindern; vgl auch VG Oldenburg NVwZ-RR 2002, 25 ff.

[71] Mü BayVBl 1983, 309; Kassel NVwZ 1987, 621; NVwZ-RR 1991, 199; Brühl JuS 1995, 917; Sch-Schoch 102.

[72] VBlBW 1981, 114; P § 59, 7; Sch-Schoch 113; **aA** Hufen § 33, 5.

mit der Stellung des Antrags auf Zulassung der Berufung.[73] Sie endet mit dem Ende der Anhängigkeit im BerufungsVf, dh mit der Einlegung der Revision, bei Nichtzulassung der Revision u Einlegung einer Nichtzulassungsbeschwerde mit dem Nichtabhilfebeschluß des Berufungsgerichts.[74] Die **Anhängigkeit der Hauptsache in der Berufungsinstanz** führt – ebenso wie im Vf nach § 80 Abs 5 (s 124 zu § 80) – dazu, daß ein bereits beim VG gestellter, aber noch nicht beschiedener Antrag im Hinblick auf den Annexcharakter des § 123 automatisch beim Berufungsgericht anhängig wird (Mü DVBl 1999, 1665; Sch-Schoch 330 zu § 80; Ey-Happ 28, 30).

f) Geltendmachung eines Anordnungsgrundes/Antragsbefugnis. Der ASt muß außerdem analog § 42 Abs 2 das Vorliegen eines Anordnungsgrundes geltend machen (vgl Schl DVBl 1993, 66; Huba JuS 1990, 984; Hufen § 33, 8; Schenke 1031). Der Anordnungsgrund muß möglich sein, dh er darf nicht offensichtlich fehlen. Ob der geltend gemachte Anordnungsgrund tatsächlich besteht u das Interesse an der Anordnung überwiegt, ist dagegen eine Frage der Begründetheit. Nicht erforderlich ist bei der Regelungsanordnung, daß das fragliche Rechtsverhältnis „streitig" ist, dies ist vielmehr lediglich eine Frage des RSB (iE ebenso Sch-Schoch 102, 121; s zum Parallelproblem bei der Feststellungsklage 17 zu § 43). 20

Das **Vorliegen des Anordnungsanspr** ist dagegen deswegen nicht geltend zu machen, da die Statthaftigkeit des Antrags auch das Vorliegen der Klagebefugnis in der Hauptsache voraussetzt (s oben 18). Die **Glaubhaftmachung** sowohl des Anordnungsanspr wie auch des Anordnungsgrunds ist keine Frage der Zulässigkeit, sondern der Begründetheit des Antrags.[75] Dies wird auch an dem über § 123 Abs 3 anwendbaren § 921 S 2 ZPO deutlich.

g) Keine Antragsfrist/Möglichkeit der prozessualen Verwirkung. Der Antrag nach § 123 ist **grds nicht befristet** (Gr NVwZ-RR 1994, 334). Einschränkungen der Antragstellung können sich jedoch unter dem Gesichtspunkt der **prozessualen Verwirkung** ergeben (vgl Ks NVwZ 1994, 399: Antragstellung eines unterlegenen Bewerbers um eine Beamtenstelle erst 6 Monate nach Erhalt der Mitteilung über seine erfolglose Bewerbung). Befristet ist der Antrag auf Gewährung vorläufigen Rechtsschutzes iVm einem Asylantrag gem § 18a Abs 4 S 1 AsylVfG: Stellung innerhalb von drei Tagen nach Zustellung der Entscheidung des Bundesamt u der Grenzbehörde (dazu Sch-Schoch 109). 21

h) Rechtsschutzinteresse. Vgl 136 zu § 80; allg auch 30ff vor § 40. Der Antrag auf Erlaß einer eA hat grds **nicht zur Voraussetzung,** daß die zuständige **Behörde** bzw die Widerspruchsbehörde vorher mit **der Sache** bzw einem entspr Antrag des ASt **befaßt wurde.**[76] IdR aber fehlt das RSB für einen Antrag nach § 123, wenn der ASt nicht vorher bei der zuständigen Behörde sein Anliegen vorgetragen hat,[77] es sei denn, **die Sache ist sehr eilig u die Wahrschein-** 22

---

[73] Mü DVBl 1999, 1665; B-Funke-Kaiser 33; NKVwGO-Puttler 115 zu § 80; RÖ-M. Redeker 57 zu § 80; s auch InfAuslR 1994, 395; Ey-Happ 28; s auch 1 vor § 124; **aA** VG Freiburg VBlBW 1999, 316.

[74] Mü DVBl 1981, 687; Bender, Menger-FS 667; P § 59, 7; Sch-Schoch 113; **aA** Mü NVwZ-RR 1993, 220; RÖ-M. Redeker 15; Schmidt BayVBl 1981, 372f.

[75] So auch Bautzen SächsVBl 1997, 272; Bender, Menger-FS 668; Erichsen Jura 1984, 648; **aA** Brühl JuS 1995, 918, wonach die Glaubhaftmachung sowohl für die Zulässigkeit wie auch für die Begründetheit des Antrags erforderlich sein soll.

[76] Vgl Kassel 22, 42; Fischer BayVBl 1980, 175; Sch-Schoch 121; **aA** Lü NVwZ 1983, 106.

[77] Kassel NVwZ 1989, 1184; Mgd NVwZ-RR 1996, 76; Ma DVBl 1989, 1198; VBlBW 2004, 482; Münster NVwZ 2001, 1427; VG Weimar ThürVBl 2000, 216; Finkelnburg 129; Fischer BayVBl 1980, 175; Mückl JA 2000, 331; NKVwGO-Puttler 70; Sch-Schoch 121 (Frage der Statthaftigkeit: „streitiges Rechtsverhältnis"); Schrader JuS 2005, 39; Zacharias JA

lichkeit, daß der Antrag bei der Behörde von dieser rechtzeitig positiv erledigt wird, **gering** (VG Ansbach NVwZ 1986, 75; Brühl JuS 1995, 918; vgl auch Mü NJW 1975, 646).

Das RSB fehlt idR auch für einen **Antrag der Verwaltung,** wenn diese die gewünschte Regelung auch durch VA (vgl dazu Kopp BayVBl 1968, 236; 1982, 243) treffen kann;[78] ebenso idR – sofern nicht schwerwiegende, voraussichtlich nicht oder nur schwer wiedergutzumachende Nachteile drohen – für einen Antrag des Bürgers auf vorläufigen **vorbeugenden Rechtsschutz ggü** den von ihm befürchteten Maßnahmen der Behörde, gegen die er, wenn sie erfolgen, Rechtsschutz nach § 80 in Anspr nehmen kann (43, 341; s auch 33 vor § 40).

23 **8. Begründetheit des Antrags:** Der Antrag auf eA ist **begründet,** wenn **(a)** aufgrund einer **summarischen Prüfung** der in § 123 Abs 1 S 1 oder S 2 genannten Voraussetzungen grds eine überwiegende Wahrscheinlichkeit für das Bestehen eines **(b) Anordnungsanspr,** dh eines Rechts iSd § 123 Abs 1 S 1 bzw eines Rechtsverhältnisses iSd § 123 Abs 1 S 2 spricht[79] u **(c)** ein **Anordnungsgrund** besteht, dh die Gefahr vorliegt, daß durch eine Veränderung des bestehenden Zustands die Verwirklichung eines Rechts des ASt vereitelt oder wesentlich erschwert werden kann (§ 123 Abs 1 S 1) oder die Regelung, um wesentliche Nachteile abzuwenden oder drohende Gewalt zu verhindern oder aus anderen Gründen **nötig erscheint** (§ 123 Abs 1 S 2). Für eine **gesonderte Interessenabwägung** bleibt neben der Prüfung des Anordnungsgrundes kein Raum mehr.[80] Liegen diese Voraussetzungen vor, **muß** das Gericht eine eA treffen[81] (zum Ermessen hins des „Wie" der Entscheidung s unten 28).

24 **a) Summarische Überprüfung/Glaubhaftmachung.** Die Tatsachen, auf welche Anordnungsanspr u Anordnungsgrund gestützt werden, sind vom ASt glaubhaft zu machen. Trotzdem gilt auch im einstweiligen RechtsschutzVf der Untersuchungsgrundsatz (s unten 32). Dieser kann die Anforderungen an die Glaubhaftmachung reduzieren, wenn sich nach den dem Gericht vorliegenden Unterlagen ein Anordnungsanspr des ASt aufdrängt (Mü 23. 3. 1995 – 7 CE 94 10 127 zur Hochschulzulassung), wobei allerdings zu berücksichtigen ist, daß den Mitwirkungspflichten des ASt in vorläufigen RechtsschutzVf eine besondere Bedeutung zukommt (Mü NVwZ-RR 2001, 477). An die Glaubhaftmachung im Telekommunikationsrecht sind keine abweichenden Anforderungen zu stellen (Ms NVwZ 2000, 704). **Je nach** der **Schwere u Reparabilität der Folgen** für den ASt, Dritte u/oder die Allgemeinheit sowie insb, wenn die Verletzung eines Grundrechts droht, ist eine **eingehendere Prüfung** der Sach- u Rechtslage erforderlich (vgl zur Verletzung von Grundrechten insb BVerfG NJW 1989, 827). Effektiver Rechtsschutz im **HochschulzulassungsVf** setzt voraus, daß die

---

2002, 349; **aA** Gr LKV 1994, 225; Bautzen SächsVBl 1994, 114 (allerdings unter Hinweis auf faktisch nicht bestehende Erfolgsaussichten eines vorherigen Antrags beim Ag); anders auch Würt 544 (vorheriger Antrag bei der Behörde „nur in weniger eilbedürftigen Fällen erforderlich").

[78] Hbg NJW 1989, 605; Lü VRspr 13, 763; Kassel DÖV 1974, 751; Ma DVBl 1978, 274; Erichsen Jura 1984, 649; Sch-Schoch 121.

[79] Vgl Kassel NVwZ-RR 1993, 386; Ma DVBl 1996, 111; Schl NVwZ-RR 1992, 387; NVwZ 1993, 702; Finkelnburg 143 mwN; P § 59, 26; Schenke 1033; Sch-Schoch 69, 74; geringere Anforderungen an die Erfolgsaussichten stellte die ältere Rspr 50, 133 f; Ko NVwZ 1990, 1088; Mü BayVBl 1979, 373; Sa NJW 1979, 831.

[80] S auch Franzke NWVBl 1993, 323; P § 59, 27; Schenke 1033; Sch-Schoch 65; **aA** BVerfG 51, 286; Bln 17, 39; Br NJW 1963, 1842; Ko NVwZ-RR 1995, 414; Bender, Menger-FS 663 f; Günther NVwZ 1986, 702; Stern 219.

[81] So auch BVerfG DVBl 1989, 37; Ma NVwZ-RR 1995, 490 f; Huba JuS 1990, 988 f; Mückl JA 2000, 332; NKVwGO-Puttler 76; RÖ-M. Redeker 17; P § 59, 26; Quaritsch VerwA 1960, 217 f; Schenke 1033 u JZ 1996, 1167; SGH 322; Sch-Schoch 132; Spieth/Hamer DVBl 2005, 1547; Würt 552; **aA** Stern 219.

kapazitätsbestimmenden Faktoren auch schon im EilVf **geprüft** werden.[82] Die **summarische Überprüfung** bezieht sich **nicht nur auf die Sachverhaltsermittlung,** sondern **auch auf** die – hiervon oft gar nicht eindeutig trennbare – **rechtliche Würdigung.**[83] Eine andere Auffassung müßte im Hinblick auf den erheblichen Zeitaufwand, den eine umfassende rechtliche Würdigung häufig erfordern würde, die Effektivität des vorläufigen Rechtsschutzes in Frage stellen (deutlich wird dies zB bei Mü BayVBl 1997, 116f). Zwar sind schwierige Rechtsfragen oft erst im HauptsacheVf zu klären; anderes kann aber dann geboten sein, wenn die Entscheidung im vorläufigen RechtsschutzVf der Sache nach auf eine Vorwegnahme der Hauptsache hinausläuft. S zur Möglichkeit, **zunächst nur eine Zwischenentscheidung** zu treffen, um damit Zeit auch für noch für erforderlich gehaltene weitere Klärungen zu gewinnen, unten 29.

b) Anordnungsanspruch. Der Anordnungsanspr bezieht sich auf den mate- 25
riellen Anspr, für den vorl Rechtsschutz begehrt wird (NVwZ 1994, 370; Schl NVwZ 1994, 591; Sch-Schoch 69). Er kann auch lediglich in einem Anspr auf eine ermessensfehlerfreie Entscheidung bestehen (s oben 12). Hierbei findet eine Abschätzung der Erfolgsaussichten in der Hauptsache statt (Finkelnburg 142ff). Grds müssen überwiegende Erfolgsaussichten in der Hauptsache bestehen. Ist (bzw wäre) eine in der Hauptsache erhobene Klage **offensichtlich zulässig u begründet,** vermindern sich die Anforderungen an den Anordnungsgrund (s zu diesem Zusammenhang unten 26) u ist dem Antrag idR stattzugeben;[84] ist (wäre) sie **offensichtlich unzulässig oder unbegründet,** so ist der Erlaß einer eA idR abzulehnen.[85] Allerdings steht allein der Umstand, daß die Erfolgsaussichten in der Hauptsache nicht abschließend zu beurteilen sind, dem Erlaß einer eA noch nicht entgegen (Mü BayVBl 1979, 373; 1989, 114). Vielmehr sind dann ggf strengere Anforderungen an den Anordnungsgrund zu stellen.

c) Anordnungsgrund. Für das Vorliegen eines Anordnungsgrunds ist grds 26
Voraussetzung, daß dem ASt unter **Berücksichtigung seiner Interessen, aber auch der öffentlichen Interessen u der Interessen anderer Personen** nicht zumutbar ist, die Hauptsacheentscheidung abzuwarten (Ks NVwZ-RR 1993, 387; Schenke 1032). Ein Anordnungsgrund ist in prüfungsrechtlichen Streitigkeiten idR zu bejahen, sofern ein rechtswidriges PrüfungsVf zu einer Verzögerung beim Abschluß des Studiums führt (Zimmerling/Brehm NVwZ 2004, 653). Nicht überzeugend ist es deshalb, wenn zT die Auffassung vertreten wird, einem Studenten sei es zumutbar, eine zeitliche Verzögerung von 6 Monaten in Kauf zu nehmen (so aber Ms NVwZ-RR 1995, 329; DVBl 2001, 820). Außerdem darf es **keine zumutbarere oder einfachere Möglichkeit** zur vorläufigen Wahrung oder Sicherung des betr Rechts geben, wie zB bzgl einer Prüfung der Möglichkeit einer Prüfungswiederholung (Ks DVBl 1984, 279; Ms DVBl 2001, 820), jedenfalls soweit diese keine übermäßige Belastung bedeutet u auch nicht zu einer unzumutbaren Verzögerung der Berufsausbildung führt (Ks DVBl 1993, 57). Ein Anordnungsgrund fehlt ferner zB, wenn der Studienbewerber nicht das seinerseits Erforderliche veranlaßt, damit er das Studium seiner Wahl im Bewerbungssemester von Anfang an aufnehmen kann. Dazu gehört es grds, daß der

---

[82] BVerfG NVwZ 2004, 1112; s ferner allg Burkholz, Der Untersuchungsgrundsatz in verwaltungsgerichtlichen Eilverfahren, 1988; Wolf BayVBl 1989, 192.

[83] S zB Bln NVwZ 1991, 899; Hbg DVBl 1987, 317; Kassel NVwZ-RR 1995, 34; Mü BayVBl 1993, 600; Münster NVwZ-RR 1992, 369; NWVBl 1994, 176; Schl NVwZ-RR 1995, 46; Finkelnburg 337, insb 308; NKVwGO-Puttler 89; Schenke 1033; Würt 548; s auch 158 zu § 80; **aA** Sch-Schoch 122; Schoch 1564ff; Huba JuS 1990, 987.

[84] Bln InfAuslR 1995, 259; Ma BWVPr 1995, 66; Mü BayVBl 1979, 470; krit Sch-Schoch 83.

[85] 50, 134 = NJW 1976, 1113; Ko NJW 1976, 1164; Mü BayVBl 1989, 660; Bln DÖV 1982, 751; NVwZ 1991, 899; Sa NJW 1979, 831; Schenke 1033.

Antrag auf Erlaß einer eA dem VG spätestens am ersten Vorlesungstag des Bewerbungssemesters vorliegt (Hbg NVwZ-RR 1992, 22; 1998, 314). Ist der Antrag auf Zuweisung eines Studienplatzes erst kurz vor Vorlesungsbeginn beschieden oder beim Vorlesungsbeginn noch unbeschieden, ist der Antrag auf eA binnen 2 Wochen nach Bekanntgabe des Zulassungsbescheids bzw nach Vorlesungsbeginn zu stellen (Hbg NVwZ-RR 1998, 314 mwN). Führt die eA zu einer Vorwegnahme der Hauptsache (zum Begriff oben 14 b), kann sie nur dann erlassen werden, wenn eine sehr hohe Wahrscheinlichkeit des Obsiegens in der Hauptsache besteht (Buchh 310 § 123 Nr 15; Schl NVwZ-RR 1992, 388). Anordnungsanspr u Anordnungsgrund stehen insofern nicht beziehungslos nebeneinander, sondern bilden aufgrund ihres funktionalen Zusammenhangs ein bewegliches System (krit Sch-Schoch 83 mwN).

27 **9. Maßgeblicher Zeitpunkt:** Maßgeblich für die Entscheidung ist hins des **Anordnungsanspr** (§ 123 Abs 1) ebenso wie im HauptsacheVf die Sach- u Rechtslage im **Zeitpunkt der Entscheidung des Gerichts.**[86] Gleiches gilt auch für den Anordnungsgrund. Hat zB der ASt, der die Zulassung an eine Universität begehrt, inzwischen einen Studienplatz an einer anderen Universität erhalten, so fehlt es für den Erlaß der beantragten eA an einem hinreichenden Anordnungsgrund (Br NJW 1981, 1798).

28 **10. Inhalt der einstweiligen Anordnung:** Anders als hins des „Ob" der eA (s oben 23) besteht hins des „Wie" ein Ermessensspielraum.[87] Das Gericht kann nicht nur mit der eA **hinter dem Antrag zurückbleiben,** sondern uU auch eine **geeignete andere Regelung** treffen (Abs 3 iVm § 938 Abs 1 ZPO; Finkelnburg 249 ff), zB bei einem Antrag auf Übertragung eines Dienstpostens an den ASt ein Besetzungsverbot verfügen (Günther NVwZ 1986, 702).

Soweit dem Ag bzw der Behörde in der Sache ein **Ermessens- oder Beurteilungsspielraum** zukommt, ist dies bei der zu treffenden Abwägung hinreichend zu berücksichtigen u hat hier idR zur Folge, daß das Gericht grds nur in Ausnahmefällen, in denen das Gebot effektiven Rechtsschutzes gem Art 19 Abs 4 GG (vgl oben 14) insoweit keine andere Wahl läßt, den Ag bzw analog § 113 Abs 5 die Behörde zu einem bestimmten Verhalten verpflichten kann; andernfalls kann es, wenn nicht die gegen den Erlaß einer eA sprechenden Gründe schlechthin überwiegen, den Bekl bzw die Behörde nur zu einem Verhalten nach eigener sachgemäßer Beurteilung u Entscheidung u **unter Beachtung der Rechtsauffassung des Gerichtes analog § 113 Abs 5 S 2** verpflichten.

Soweit nach der Novellierung der LBOen u der §§ 15, 16 BImSchG Vorhaben nicht mehr genehmigungspflichtig sind u der vorläufige Rechtsschutz Dritter über § 123 zu realisieren ist, steht den Dritten bei der Verletzung drittschützender Vorschriften regelmäßig ein Anspr auf behördliches Einschreiten zu, da zur Erhaltung eines adäquaten Drittschutzes eine Reduktion des behördlichen Ermessens auf Null eintritt.[88] Somit kann der Ag in diesen Fällen zB zum Erlaß einer Baueinstellungsverfügung verpflichtet werden. Eine eA hat regelmäßig dann zu ergehen, wenn ernstliche Zweifel an der Vereinbarkeit des Vorhabens

---

[86] S hierzu auch Schultz DÖV 1981, 303; Rotter NVwZ 1983, 727; Philipp NVwZ 1994, 491; Wedemeyer NJW 1979, 294; Knorr/Schultz DÖV 1981, 792, 794.

[87] Mü BayVBl 1989, 660; Finkelnburg 248; Schenke 1033; Sch-Schoch 132 ff; Schrader JuS 2005, 38.

[88] Bautzen NVwZ 1997, 922; Ma VBlBW 1997, 142; NVwZ-RR 1995, 490; wohl auch Mü NVwZ 1997, 923; Blümel, FS-Boujong 1996, 528; Degenhart NJW 1996, 1438; Mampel UPR 1997, 267; Uechtritz NVwZ 1996, 645; Zacharias JA 2002, 352; diff Borges DÖV 1997, 901; s auch Baumeister/Sennekamp Jura 1999, 264 ff; zu weiteren Deregulierungsproblemen s Busse DÖV 1996, 389.

mit nachbarschützenden Bestimmungen bestehen u der Nachbar hierdurch mehr als nur geringfügig berührt wird (s oben 12).[89]

Zwischenregelungen (**Zwischenverfügungen** oder sog **Hängebeschlüsse,** s auch 170 zu § 80): Sind der Sachverhalt u/oder die entscheidungserheblichen Rechtsfragen zunächst noch nicht hinreichend überschaubar u besteht deshalb für das Gericht noch keine Möglichkeit zum sofortigen Erlaß eine eA, ist eine rasche Entscheidung aber zur Sicherung der Effektivität des Rechtsschutzes zwingend geboten, so kann u muß das Gericht, falls dem keine im Moment der Entscheidung für das Gericht ersichtlichen überwiegenden öffentlichen Interessen oder Interessen Dritter entgegenstehen, eine zeitlich eng begrenzte, durch die Entscheidung über die beantragte eA auflösend bedingte Zwischenregelung treffen.[90] Die Befugnis zum Erlaß eines solchen Hängebeschlusses ergibt sich unmittelbar aus Art 19 Abs 4 GG.[91] Des Erlasses eines Hängebeschlusses bedarf es dort nicht, wo sich bereits aus Art 19 Abs 4 GG die **behördliche Pflicht** ergibt, nach Rechtshängigkeit eines Vf gem § 123 keine Maßnahmen zu treffen, die zu **irreversiblen Rechtsbeeinträchtigungen** des ASt führen (s auch 170 zu § 80); dementsprechend ist nach Anhängigwerden einer eA iVm einer **beamtenrechtlichen Konkurrentenklage** die Behörde verpflichtet, die Ernennung eines Mitbewerbers jedenfalls zunächst so lange zu unterlassen, als über die eA nicht gerichtlich entschieden wurde (s oben 3 u 5). Zur Anfechtbarkeit von Hängebeschlüssen s 8 zu § 146. 29

Anordnungen des Gerichts gem § 123 gegen die Verwaltung sind entspr § 113 Abs 1 S 2, Abs 4 S 1 grds gegen die Körperschaft (§ 78 Abs 1 Nr 1), jedoch mit Verpflichtungsanordnung **an die zuständige Behörde** zu richten (vgl Ma DVBl 1977, 211). Anordnungen **gegen Dritte** sind nach § 123 **nicht möglich;**[92] in Verpflichtungssachen sind entspr Anträge als Anträge auf Anordnungen gegen die Behörde auf Einschreiten uä gegen den Dritten, zB gegen einen Bauherrn, der ohne Bauerlaubnis oder in Abweichung von einer Bauerlaubnis baut, zu behandeln (§ 88). 30

11. Entscheidung durch Beschluß, Begründungspflicht, Verfahren: Das Gericht entscheidet gem Abs 4 immer, auch wenn die Entscheidung aufgrund mV ergeht, **durch Beschluß.** Der Beschluß muß gem § 122 Abs 2 S 1 analog § 117 Abs 2 Nr 4 u 5 (vgl dazu 14 ff zu § 117) mit Gründen versehen werden, wenn er mit einem RMittel angefochten werden kann (§ 122 Abs 2; zur Anfechtbarkeit s unten 36 ff). Zur **uU auch telefonischen Bekanntgabe** des Beschlusses vgl 168 zu § 80. Zum Erfordernis einer grds umgehenden Bescheidung u den sich hieraus ergebenden Konsequenzen BVerfG NVwZ-RR 2001, 694 f sowie LSG Bayern NVwZ-RR 2001, 695 f u 168 zu § 80. 31

Die Entscheidung kann nach Ermessen des Gerichts **aufgrund mV oder ohne mV** ergehen (zT **aA** Ks NVwZ 1985, 429: nur aufgrund mV, wenn gem § 96 Abs 2 durch einen beauftragten Richter Beweis erhoben worden war). Die **Beteiligten** haben im Vf grds **Anspr auf Gehör;** Drittbetroffene sind **beizuladen** (§ 65; vgl Günther NVwZ 1986, 703). Soweit die Eilbedürftigkeit oder der

---

[89] Gr NJ 2003, 665; Ma NVwZ-RR 1995, 490; Mü NVwZ 1997, 923; Bock DVBl 2005, 16; Schenke VBlBW 2000, 59; Seidel NVwZ 2004, 142; **aA** Debus NVwZ 2006, 49 f mwN.

[90] Bautzen NVwZ 2004, 1134; Bln NVwZ-RR 1999, 212; Hbg DÖV 1988, 887; Mü BayVBl 2000, 347; Münster DVBl 1999, 1000; Sa NVwZ-RR 1993, 391 mwN; Kassel NVwZ-RR 1995, 302; Brühl JuS 1995, 920; Guckelberger NVwZ 2001, 275 ff; RÖ-M. Redeker 20 a; krit Sch-Schoch 164.

[91] Sa NVwZ-RR 1993, 391; Guckelberger NVwZ 2001, 277; Scheffer NVwZ 2004, 1081; ausf 170 zu § 80 mwN zum entspr Problem iVm § 80; MacLean LKV 2001, 108.

[92] Ma VBlBW 1991, 220; Mü BayVBl 1977, 566; Brühl JuS 1995, 919; NKVwGO-Puttler 117; Schenke 1034; **aA** Sch-Schoch 163.

Zweck des Vf (zB bei Gefahr, daß ein Betroffener sich dem Zugriff entziehen wird) die Anhörung bzw Beiladung u Anhörung nicht zuläßt, ist die vom Gericht zu treffende **eA auf** die unmittelbar **notwendigen Maßnahmen zu beschränken,** bis alle Betroffenen beigeladen u gehört werden können. Vgl 124 zu § 80.

In Eilfällen ist gem Abs 2 S 3 mit § 80 Abs 8 ggf der **Vorsitzende** allein zur Entscheidung befugt. Vgl 145 zu § 80.

32 Auch im vorläufigen RechtsschutzVf gilt der **Amtsermittlungsgrundsatz** des § 86.[93] Das Erfordernis der Glaubhaftmachung der tatsächlichen Voraussetzungen des Anordnungsanspr u des Anordnungsgrundes (s oben 24) schließt ergänzende eigene **Ermittlungen des Gerichts gem § 86** nicht aus. Daher ist auch eine Beweisaufnahme grds möglich, soweit es die Eilbedürftigkeit zuläßt.[94] Ob u welche Beweise das Gericht erhebt, steht jedoch in seinem Ermessen; es ist nicht analog § 920 ZPO auf „präsente" Beweismittel beschränkt (Wolf BayVBl 1989, 192). Ob dem Gericht eine **eidesstattliche Versicherung** ausreicht, ist eine Frage der Beweiswürdigung, nicht der Zulässigkeit des Beweismittels.[95] Ein Mittel der Sachaufklärung ist die in § 86 Abs 1 S 1 normierte **Mitwirkungslast der Beteiligten,** die den Prozeßstoff u insb die in ihre Sphäre fallenden Umstände umfassend vorzutragen haben. Dabei kann das Gericht auch aus den Unterlagen des Ag negative Schlüsse ziehen, wenn sich dem Gericht keine zumutbaren weiteren Mittel der Sachverhaltsaufklärung bieten (Gr LKV 1994, 226; s auch Brehm/Zimmerling/Becker NVwZ 1996, 1180).

33 **12. Verfahrensbeendigung ohne Sachentscheidung:** Der Antrag kann analog § 92 jederzeit **zurückgenommen werden;** die Zustimmung anderer Verfahrensbeteiligter ist dazu nicht erforderlich (vgl OLG Düsseldorf NJW 1982, 2452; allg auch 3 zu § 92). Zulässig ist auch eine Beendigung des Vf durch **Abschluß eines Vergleichs** (§ 106, s dazu auch 4 zu § 106) oder übereinstimmende **Hauptsacheerledigungserklärungen** (§ 161 Abs 2; Mü NVwZ-RR 2004, 623, s dazu auch 7 zu § 161).

34 **13. Geltungsdauer von eAen:** EAen bzw die darin getroffenen Regelungen werden, wenn u soweit **sie** selbst nichts anderes bestimmen (s oben 31), zB für die getroffene Anordnung eine Frist bestimmen oder sie von Bedingungen abhängig machen, **mit der Bekanntgabe** an die Betroffenen, bei mehreren Betroffenen mit der Bekanntgabe jeweils an den Betroffen, dem ggü sie eine Regelung treffen, **wirksam** (vgl auch KR 1 ff zu § 41; 1 ff zu § 43 VwVfG). Sie bzw die darin getroffenen Regelungen enden, dh **verlieren ihre Gültigkeit** u damit auch die Verbindlichkeit, wenn u soweit die Geltungsdauer nicht ausdr durch das Gericht anders geregelt ist (zB zeitlich begrenzt ist, an eine auflösende Bedingung geknüpft ist usw) jedenfalls **mit dem Eintritt der RKraft einer Entscheidung in der Hauptsache** bzw mit einer anderweitigen Erledigung der Hauptsache (Mü BayVBl 2007, 19, zB durch Rücknahme der Hauptsacheklage, Mü BayVBl 1992, 245), oder **wenn ein Vf** in der Hauptsache wg eingetretener Unanfechtbarkeit des in der Hauptsache in Frage stehenden VA **nicht mehr anhängig gemacht werden kann** (zust NKVwGO-Puttler 131; s auch oben 18). Zu beachten ist, daß die nachträgliche Unzulässigkeit des Rechtsbehelfs in der Hauptsache jedoch nicht etwa generell einer eA (zB wg Wegfalls des RSB) die Wirksamkeit nimmt (so aber zB 10. Aufl 32). Hiergegen sprechen der Aspekt

---

[93] S auch RÖ-M. Redeker 18; Sch-Schoch 95; Finkelnburg 350; Obermayer, Peters-GS 875.

[94] Ebenso RÖ-M. Redeker 18; Sch-Schoch 96; Finkelnburg 974; **aA** Mü GewA 1990, 255; Franzke NWVBl 1993, 324.

[95] Mü 28. 5. 1996 – 7 CE 96 1003; Sch-Schoch 96; Walker, Der einstweilige Rechtsschutz im Zivilprozeß u im arbeitsrechtlichen Verfahren, 892, zu den zivilprozessualen Vf mit Amtsermittlungsgrundsatz.

der Rechtssicherheit u der Vergleich mit der sich iVm § 80 Abs 5 stellenden Parallelproblematik (s § 80b Abs 1).

14. Abänderung von Amts wegen; neue Anträge: Eine Abänderungsmöglichkeit des VG, wie sie § 927 ZPO wg veränderter Umstände für den vorläufigen Rechtsschutz im Zivilprozeßrecht vorsieht, scheidet bei § 123 aus. § 927 ZPO ist in § 123 Abs 3 nicht in Bezug genommen. Deshalb ist auch eine **analoge Anwendung des § 927 ZPO ausgeschlossen.**[96] Ebenso verbietet sich im Hinblick auf die unterschiedlichen Tatbestandsvoraussetzungen des § 927 ZPO u des § 80 Abs 7 die Begründung einer Abänderungsmöglichkeit in Analogie zu § 927 Abs 1 ZPO **u** § 80 Abs 7 (für sie aber Ma DVBl 1995, 929 mwN). Da insoweit sachliche Unterschiede zwischen § 123 u § 80 nicht zu rechtfertigen sind, dürfte richtigerweise eine **Abänderungsmöglichkeit in** alleiniger **Analogie zu § 80 Abs 7 zu bejahen sein.**[97] Als Konsequenz dieser Analogie ergibt sich, daß (anders als nach § 927 ZPO) eine Abänderung nicht nur auf Antrag, sondern auch vAw zulässig ist; zudem setzt sie nicht zwingend eine Änderung der Sach- oder Rechtslage voraus (vgl hierzu 192ff zu § 80; s auch Sch-Schoch 177). 35

Über einen Antrag auf Aufhebung oder Abänderung der eA ist gem Abs 4 **durch Beschluß** zu entscheiden. **Zuständig** für die Entscheidung über die Abänderung ist nach § 123 Abs 2 grds das Gericht der Hauptsache.[98] **Beteiligt** am Vf sind die Beteiligten des ursprünglichen AnordnungsVf (Ms DVBl 1987, 699). **Ag** im Vf zur Änderung ist der Beteiligte, auf dessen Antrag die eA erlassen worden war bzw zu dessen Gunsten sie ergangen war (Sa DÖV 1983, 990). Vgl insoweit auch 200 zu § 80.

15. Rechtsbehelfe: a) Gegen die Ablehnung eines Antrags auf eA kann der ASt gem § 146 Abs 4 Beschwerde einlegen. Dasselbe Recht haben sonstige Beteiligte gegen die in Vf nach § 123 ergangenen eAen. Zum Rechtsschutz durch eine Untätigkeitsbeschwerde bei rechtswidriger Unterlassung bzw Verzögerung einer Entscheidung über einen Antrag nach § 123 s 32 zu § 146. 36

b) Der Antrag auf Zulassung der Beschwerde gem § 146 Abs 4 als Zulässigkeitsvoraussetzung wurde durch das RmBereinVpG abgeschafft (dazu 12. Aufl 1 ff zu § 146). 37

c) Erhebung der Hauptsacheklage. Ist die Hauptsache noch nicht anhängig, so kann der Ag bzw ein sonstiger Betroffener oder der VöI bzw der VdB beantragen,[99] daß das Gericht dem ASt, der die eA erwirkt hat, **aufgibt, Hauptsacheklage zu erheben** (§ 123 Abs 3 iVm § 926 Abs 1 ZPO). Das RSB für einen solchen Antrag scheitert nicht daran, daß die Möglichkeit besteht, in entsprechender Anwendung des § 80 Abs 7 (oben 35) auf eine Änderung einer eA hinzuwirken (Mü NVwZ-RR 1998, 686). 38

In Verpflichtungssachen tritt in diesem Fall an die Stelle der Klageerhebung ggf **die Antragstellung** bei der zuständigen Behörde (Mü NVwZ-RR 1998, 685, Fischer BayVBl 1980, 175) bzw die Einlegung eines Widerspruchs (Mü NVwZ-RR 1998, 685; RÖ-M. Redeker 29; Sch-Schoch 191). **Wurde der**

---

[96] Für sie aber Hbg NVwZ-RR 1995, 180; Kassel NVwZ 1990, 978; Ko NVwZ-RR 1991, 390; Münster NVwZ-RR 1990, 591; Bender, Menger-FS 672; RÖ-M. Redeker 26f.

[97] So BVerfG InfAuslR 1995, 251; Bln NVwZ 1998, 1094; Ma NVwZ-RR 2002, 908; VBlBW 2007, 35; VG Kassel NVwZ-RR 1998, 80; Kamp NWVBl 2005, 250; P § 59, 35; Schenke 1040; Schlaeger JA 2005, 895; Sch-Schoch 177.

[98] Ko NVwZ-RR 1991, 390f; Münster NVwZ-RR 1989, 589; Brühl JuS 1995, 921; Sch-Schoch 179.

[99] Mü NVwZ-RR 1998, 685; Fischer BayVBl 1980, 175 unter Hinweis auf § 926 ZPO; Finkelnburg 517ff; RÖ-M. Redeker 29; **aA** BVerfG NJW 1967, 2375; Kassel 5, 228: auch vAw.

entspr **Antrag bereits durch VA abgelehnt,** so besteht für den Antrag nach § 926 Abs 1 ZPO idR nur dann ein RSB, wenn die Ablehnung nicht die Monatsfrist des § 70 bzw § 74 in Lauf gesetzt hat; denn andernfalls endet die eA ohnehin mit Eintritt der Unanfechtbarkeit der Ablehnung in der Hauptsache.

39 **d) Verfassungsbeschwerde.** Zur VB bzw einer eA des BVerfG in der Sache gem § 32 BVerfGG gegen Entscheidungen nach § 123 vgl 188 f zu § 80.[100] Zur Subsidiarität der VB ggü einer Eilentscheidung nach § 123, wenn sich die gerügte Grundrechtsverletzung nicht speziell auf das EilVf, sondern auf das HauptsacheVf bezieht u diese geeignet ist, der behaupteten verfassungsrechtlichen Beschwer abzuhelfen, vgl BVerfG 93, 12 u Sch-Schoch 188 f. Zur Subsidiarität der VB ggü AbänderungsVf s BVerfG InfAuslR 1995, 251 u Sch-Schoch 190.

40 **16. Vollstreckung der eA:** Die eA ist gem § 168 Abs 1 Nr 2 ein **Vollstreckungstitel,** der nach den allg Vorschriften über die Vollstreckung (§§ 167 ff, 172; zu beachten ist aber auch § 123 Abs 3 iVm § 928 bis 932 ZPO) zu vollstrecken ist (vgl dazu auch Borck MDR 1983, 180; Sch-Schoch 170 ff). Die **Vollstreckung** richtet sich **gegen den Ag,** nicht gegen etwaige „sachverhaltsbeteiligte Dritte". **Anwendbar** auf die eA ist die **Vollziehungsfrist** von 1 Monat gem § 929 Abs 2 ZPO,[101] die mit der Zustellung des stattgebenden Beschlusses beginnt.[102] Wurde die Frist **versäumt,** so ist die eA analog § 80 Abs 7 auf Antrag des Ag wg **veränderter Umstände** aufzuheben (Sch-Schoch 172). Dem weiterhin an einer vorläufigen Regelung interessierten ASt bleibt nur die Möglichkeit eines **neuen Antrags** auf Erlaß einer neuen eA (Hegmanns WRP 1984, 120).

Bei einer **eA auf Unterlassung,** dh einer eA, die ein bestimmtes Verhalten verbietet, genügt als **„Vollstreckung"** iSv § 929 Abs 2 ZPO die vAw erfolgte **Zustellung der eA** an den durch die eA Verpflichteten oder eine mündliche Aufforderung seitens des ASt zur Unterlassung grds nicht; vielmehr bedarf es jedenfalls als Voraussetzung für einen evtl späteren Anspr gem § 945 ZPO **zusätzlich einer Strafandrohung** gem § 890 Abs 2 ZPO.[103]

41 **17. Rechtskraft u Zulässigkeit eines neuen Antrags:** Beschlüsse nach § 123 erwachsen analog § 121 nur in eingeschränktem Umfang in **formeller u materieller RKraft.**[104] Die Einschränkung der RKraft ergibt sich aus der analog § 80 Abs 7 bestehenden Möglichkeit zur Änderung der Beschlüsse vAw oder auf Antrag hin (s oben 34 f). Unzulässig ist die Stellung eines Abänderungsantrags, wenn sich keine Veränderung ergeben hat (vgl OLG Frankfurt/M NJW 2005, 3222). Im Hinblick auf die Abänderungsmöglichkeit analog § 80 Abs 7 besteht kein Bedürfnis für die Heranziehung der Vorschriften über die **Wiederaufnahme des Vf analog § 153.**[105] Vgl auch 204 zu § 80; 5 zu § 153.

---

[100] Ferner BVerfG 69, 340; 77, 401; NJW 1989, 827; NVwZ 1990, 961: erfolgreicher Antrag in bezug auf eine Fernsehwahlsendung; NJW 1993, 1060; NVwZ 1993, 1181.

[101] Kassel NVwZ 1990, 977; Ma NVwZ 2000, 691 f; Mü NVwZ-RR 2003, 699; Münster DVBl 1991, 1321; Brühl JuS 1995, 920; Finkelnburg 562; Schultz DÖV 1981, 95; Wedemeyer NJW 1979, 293; str; zT **aA** Kassel DÖV 1990, 1073: jedenfalls bei freiwilliger Befolgung keine Vollziehungsfrist.

[102] Ma NVwZ 2000, 692; Münster NVwZ-RR 1992, 388; B-Funke-Kaiser 76; **aA** Lü NdsRpfl 1988, 40; Ma VBlBW 1984, 150: erst mit der Kenntnis der Tatsache, daß der Schuldner der eA nicht freiwillig nachkommen will oder sie unvollständig erfüllt.

[103] BGH NJW 1993, 1076; vgl auch Borck MDR 1983, 180: Zustellung der Androhung von Zwangsmitteln erforderlich; str, insb auch, soweit die eA gegen öffentliche Rechtsträger gerichtet ist; ebenso nun auch Finkelnburg 563; **aA** OLG Celle NJW-RR 1990, 1088; OLG Koblenz FamRZ 1991, 589; Sch-Schoch 173.

[104] Tlw noch weitergehend Lü DVBl 1982, 902; Ma NVwZ 1983, 354; Münster NJW 1984, 1577; Kassel NJW 1984, 379 mwN; VRspr 25, 737; DÖV 1990, 257; 10. Aufl 42.

[105] So auch iE 76, 127; Mü NJW 1985, 879; RÖ-M. Redeker 1 zu § 153; **aA** Kassel NJW 1984, 378; Drettmann DVBl 1985, 884.

18. Konsequenzen eines abweichenden Ausgangs des Hauptsacheverfahrens: Bisher weitgehend ungelöste u auch noch nicht erörterte Probleme ergeben sich, wenn nach Erlaß einer eA das HauptsacheVf einen anderen Ausgang nimmt als das vorläufige RechtsschutzVf. Problematisch ist hier, welche Konsequenzen aus der Hauptsacheentscheidung zu ziehen sind. Im Fall der selteneren eA zugunsten eines Hoheitsträgers können dem Bürger als früherem Ag Folgenbeseitigungs- oder ör Erstattungsanspr, aber auch Schadensersatzanspr gem § 945 ZPO zustehen (s unten 43 ff). Im umgekehrten **Staat-Bürger-Verhältnis** kommt neben dem **Schadensersatzanspr** u einem **ör Erstattungsanspr** auch die **Befugnis des Hoheitsträgers zur Folgenbeseitigung,** dh zur Wiederherstellung des früheren Zustandes in Betracht. Diese bestehen in jedem Fall nur hins der **unmittelbaren Folgen** der eA bzw der damit getroffenen Regelungen, nicht auch hins weiterer sich daraus ergebender oder dadurch möglich gewordener mittelbarer Folgen. Wurde **zB** einem Schüler **durch eA das Aufsteigen in die nächsthöhere Klasse** oder wenigstens der Besuch dieser Klasse ermöglicht, weist das Gericht in der Hauptsache dann jedoch die in der Sache erhobene Verpflichtungsklage ab, so ist auch die Befugnis zur Folgenbeseitigung hins der eA auf die Frage der Versetzung in die nächsthöhere Klasse beschränkt u kann den inzwischen erfolgten erfolgreichen Abschluß der Klasse, deren Besuch dem Schüler aufgrund der eA ermöglicht worden war, nicht in Frage stellen, weil der erfolgreiche Besuch der Klasse nur eine mittelbare weitere „Folge" der eA ist, primär jedoch das selbständig zu wertende Ergebnis der Bemühungen des Schülers. Die Schulbehörde kann den Schüler daher nach rechtskräftiger Abweisung der Verpflichtungsklage auf Versetzung auch **nicht** allein aufgrund dieser Entscheidung in die vorausgegangene, nicht erfolgreich abgeschlossene Klasse **zurückversetzen** u in der Folge uU dann auch die inzwischen schon erfolgreich abgeschlossene nächste Klasse **wiederholen lassen,** sondern allenfalls nach allg Recht den für den Schüler negativen Ausgang des Hauptsacheprozesses zum Anlaß für eine neue Entscheidung über die erste Versetzung gem § 49 Abs 1 VwVfG bzw nach entspr Bestimmungen oder allg Rechtsgrundsätzen sowie gem § 49 Abs 2 Nr 3 VwVfG bzw entspr Bestimmungen oder Grundsätzen über die Versetzung in die nunmehr in Frage stehende höhere Klasse nehmen. Sie kann dies im vorliegenden Fall in aller Regel jeweils nur noch zugunsten des betroffenen Schülers, weil jede andere Entscheidung offensichtlich ermessensfehlerhaft wäre,[106] **anders** uU, wenn die Klasse, deren Besuch durch die eA ermöglicht worden war, im Zeitpunkt der RKraft der Hauptsacheentscheidung nur während eines Teils des Schuljahres besucht worden war oder wenn sie ohne Erfolg besucht wurde u sachliche Gründe, insb pädagogische Gründe, eine andere neue Regelung hins der Frage, welche Klasse nunmehr zu besuchen bzw zu wiederholen ist, erfordern. Wie diese Bemerkungen zeigen, hängt die mögliche Entscheidung ganz entscheidend von den Besonderheiten des Einzelfalls ab, bei denen die schutzwürdigen Interessen des Betroffenen im Vordergrund stehen. 42

19. Anspruch auf Schadensersatz: Erweist sich im Rechtsbehelfs- oder dem HauptsacheVf eine eA als von Anfang an ungerechtfertigt, dh waren Anordnungsanspr oder Anordnungsgrund nicht gegeben (Sch-Schoch 195), hat der ASt **dem Ag** nach Abs 3 iVm § 945 ZPO den durch die Vollziehung entstandenen **Schaden** zu ersetzen (NVwZ 1991, 270; BGH 120, 76 = NJW 1993, 1077). Dieser Anspr ist **verschuldensunabhängig.** Er kommt auch in Betracht, wenn die **Rechtsgrundlage der eA für nichtig** erklärt wurde (BGH 54, 76; Finkelnburg 574; Sch-Schoch 195). Der Anspr ist im VRW geltend zu machen (s 70 zu § 40). **Voraussetzung des Schadensersatzanspr** gem § 945 ZPO ist bei **eA, die auf Unterlassung** gerichtet sind (s auch oben 40), daß eine **Straf-** 43

[106] Vgl Niehues, Schul- u Prüfungsrecht, Rn 502; **aA** Ma NVwZ 1987, 1014.

androhung gem § 890 Abs 2 ZPO ergangen war (BGH NJW 1993, 1076; **aA** Sch-Schoch 195). Zu ersetzen sind der **Vollziehungs- u der Vollziehungsabwehrschaden,** nicht der Anordnungsschaden (Sch-Schoch 197; Walker JZ 1994, 1045). Hins Art u Umfang des Schadens gelten die §§ 249 ff BGB (Ma VBlBW 1983, 311; 1984, 87 f), einschließlich des ggf anspruchsmindernden § 254 BGB (Mitverschulden, s BGH 120, 270 = NJW 1993, 595; 122, 179 = NJW 1993, 2687; Sch-Schoch 197).

Der Anspr gem § 945 ZPO wird, wenn der Grund in der Verfassungswidrigkeit der Rechtsgrundlage für den Erlaß der eA besteht, auch durch **§ 79 Abs 2 S 1 BVerfGG** nicht ausgeschlossen.[107]

44 **Anspr auf Schadenersatz nach § 945 ZPO** hat nach dem eindeutigen Wortlaut dieser Vorschrift **nur der Ag, nicht hingegen** der von der eA **betroffene Dritte,** zB der Bauherr, dem von der Behörde aufgrund einer entspr eA des Gerichts die Weiterführung seines Baues vorläufig untersagt wurde oder der Beamte, dessen Ernennung sich wg Erlasses einer eA verzögerte.[108] Eine analoge Anwendung des § 945 ZPO zur Begründung von Anspr des Dritten würde zu Wertungswidersprüchen im Verhältnis zu § 80 a führen u die Rechtsschutzeffektivität beeinträchtigen (BGH NJW 1981, 350; Sch-Schoch 200). Das gilt auch bei den GenehmigungsfreistellungsVf insb im Baurecht.[109]

45 Der **FBA** (oben 42 f) ist gem § 40 Abs 1 im VRW, ein **Ersatzanspr nach § 945 ZPO** gem § 40 Abs 2 mit Klage im ZRW, dh nicht im Vf nach § 123 (RGZ 58, 239; BL 16 zu § 945 ZPO), **geltend zu machen.**[110] **Das Gericht ist an die Entscheidung** über die Aufhebung der eA **gebunden;** es hat nur zu prüfen, ob die eA von Anfang an ungerechtfertigt war (RÖ-M. Redeker 32). Allg zur Bindungswirkung gerichtlicher Vorentscheidungen im Schadensersatzprozeß nach § 945 ZPO vgl Teplitzky NJW 1984, 850.

---

[107] OLG Düsseldorf NJW-RR 1987, 1205: § 79 Abs 2 S 1 BVerfGG verbietet nur, die unanfechtbare Entscheidung im VerfügungsVf in formeller Hinsicht anzugreifen; ihre formelle Beseitigung ist jedoch für den Schadensersatzanspr nach § 945 ZPO nicht Voraussetzung.

[108] BGH NJW 1981, 350; ZZP 1975, 117; Bothe JZ 1975, 405; Hoof DÖV 2005, 234, 243; Lamberg NJW 1963, 2156; Finkelnburg 578; NKVwGO-Puttler 147 f; Schenke 1041; Sch-Schoch 200; Sellmann DVBl 1963, 273; NJW 1964, 1549; **aA** P § 59, 39.

[109] Borges DÖV 1997, 903; Schmaltz NdsVBl 1995, 248; Uechtritz NVwZ 1996, 646; Sch-Schoch 200; **aA** Grunsky JuS 1982, 179.

[110] BGH 30, 123; DVBl 1993, 252; BL 16, 24 zu § 945 ZPO; ThP 12 zu § 945 ZPO; RÖ-M. Redeker 36; Lemke DVBl 1982, 991; Z 6 zu § 945 ZPO; vgl auch Hayn WM 1982, 420; krit Naumann SGb 1974, 399; **aA** Finkelnburg 587 mwN.

Teil III. Rechtsmittel und Wiederaufnahme des Verfahrens

12. Abschnitt. Berufung

Vorbemerkung vor § 124

Schrifttum: *Althammer/Löhnig,* ZPO-Reform und Meistbegünstigungsgrundsatz, NJW 2004, 1567; *Bloching/Kettinger,* Verfahrensgrundrechte im Zivilprozess – Nun endlich ein Comeback der außerordentlichen Beschwerde?, NJW 2005, 860; *Brandner, Th.,* Instanzenzug und Verfassungsrecht, H. E. Brandner-Festschrift, 1996, 683 ff; *Buchheister,* Verfassungsbeschwerde und Gegenvorstellung, NVwZ 2000, 1356; *Chlosta,* Zulässigkeit der außerordentlichen Beschwerde, NJW 1993, 2160; *Clausing,* Aktuelles Verwaltungsprozessrecht – II. Verfahrenspflichten des Verwaltungsgerichts, JuS 2004, 298; *Kettinger,* Ein Plädoyer gegen die „Beerdigung" von außerordentlichen Rechtsbehelfen, DVBl 2006, 1151; *Kornblum,* Zur Zulässigkeit bedingter Rechtsmitteleinlegungen, Arens-GS 1993, 211; *ders,* Für die Zulässigkeit bedingter Rechtsmitteleinlegungen und -begründungen, NJW 2006, 2888; *Kraheberger,* Die außerordentliche Beschwerde im Verwaltungsprozeß, DÖV 2002, 19; *Kralik,* Der Streitgegenstand im Rechtsmittelverfahren, Baumgärtel-FS 1990, 261; *Kutsch,* Der „Abschied" von der außerordentlichen Beschwerde, NVwZ 2003, 956; *Lipp,* Beschwerden wegen greifbarer Gesetzwidrigkeit nach der ZPO-Reform 2002, NJW 2002, 1700; *May,* Die Revision in den zivil- und verwaltungsgerichtlichen Verfahren, 2. Aufl 1997; *Schenke,* Außerordentliche Rechtsbehelfe im Verwaltungsprozessrecht nach Erlaß des Anhörungsrügengesetzes, NVwZ 2005, 729; *T. Schmidt,* Die außerordentliche Beschwerde wegen greifbarer Gesetzwidrigkeit im Verwaltungsprozess und die Radbruch'sche Formel, NVwZ 2003, 425; *Schneider,* Grundrechtsverstöße als greifbare Gesetzeswidrigkeit, MDR 1997, 991; *Schnauder,* Teilanfechtung und Teilrechtskraft im Zivilprozeß – BGH, NJW 1993, 269 –, JuS 1993, 366; *R. Schwarze,* Außerordentliche Anfechtbarkeit zivilgerichtlicher Entscheidungen wegen offensichtlicher Gesetzwidrigkeit?, ZZP 2002, 25; *Sendler,* Zum Instanzenzug in der Verwaltungsgerichtsbarkeit, DVBl 1982, 157; *Voßkuhle,* Rechtsschutz gegen den Richter, 1993; *ders,* Bruch mit einem Dogma: Die Verfassung garantiert Rechtsschutz gegen den Richter NJW 2003, 2193; *Weitzel,* Grundzüge des Rechts der Rechtsmittel, JuS 1992, 228.

Übersicht

1. Die Rechtsmittel nach der VwGO: a) Berufung, Revision u Beschwerde. Die VwGO sieht ähnlich wie die ZPO als **ordentliche RMittel** gegen Entscheidungen des VG bzw des OVG, je nachdem, ob es sich um Urteile 1

(§ 117) oder Beschlüsse (§ 122) handelt, die Berufung (§§ 124 bis 130 b), die Revision (§§ 132 bis 145) u die Beschwerde (§§ 146 bis 152) vor. Eine sog Rechtsbeschwerde kennt die VwGO nicht. Soweit in analoger Anwendung der ZPO-Regelungen (zB § 173 S 1, 2 iVm § 1065 ZPO) an sich die Rechtsbeschwerde vorgesehen wäre, handelt es sich um eine Beschwerde gem § 146 Abs 1; zu Besonderheiten hins der Überprüfungsbefugnis s 4 a zu § 150.

Die genannten RMittel unterscheiden sich von sonstigen, nach besonderen Vorschriften im Vf vor den Verwaltungsgerichten zugelassenen Rechtsbehelfen wie der Klage (§ 81), dem Antrag auf mV (§ 84 Abs 2; s 33 ff zu § 84), dem Antrag auf Wiedereinsetzung in den vorigen Stand (§ 60) u der Wiederaufnahmeklage (§ 153) dadurch, daß ihnen grds **Suspensiv-** u **Devolutivwirkung** zukommt; dh, daß sie den Eintritt der RKraft (§ 121) der angegriffenen Entscheidung – u zwar **nicht nur hins der ausdr angegriffenen Teile** der Entscheidung, sondern (außer in Fällen einer bewußt gewollten Rechtsmittelbeschränkung insoweit; s dazu unten 18) auch solcher Teile, die nach den Rechtsmittelanträgen nicht angefochten werden bzw mangels Beschwer ggf auch gar nicht angefochten werden könnten (vgl BGH 7, 144; NJW 1992, 2296) – hemmen (Suspensivwirkung, Hemmungswirkung; s 59, 139) u daß sie – bei der Beschwerde allerdings vorbehaltlich der Abhilfemöglichkeit des unteren Gerichts nach § 148 Abs 1 – die Streitsache an die höhere Instanz bringen u deren Zuständigkeit begründen (Devolutivwirkung, Anfallwirkung; vgl BGH NJW 1978, 1431; RS § 132, 8). Im **BerufungsVf** tritt der Devolutiveffekt bei einer durch das VG nicht zugelassenen Berufung bereits nach **Stellung des Antrags auf Berufungszulassung** ein,[1] weshalb von diesem Moment an das Berufungsgericht auch für Entscheidungen im vorläufigen RechtsschutzVf gem § 80 Abs 5 S 1 (142 zu § 80) u § 123 Abs 2 S 1 (19 zu § 123) oder für eine Betreibensaufforderung gem § 92 Abs 2 S 1 (19 zu § 92; Ks DÖV 2004, 624) zuständig ist. Im **RevisionsVf** tritt der Devolutiveffekt im Hinblick auf die hier bestehende Abhilfemöglichkeit des unteren Gerichts erst mit dem **Ergehen des Nichtabhilfebeschlusses** der Vorinstanz ein.[2]

Berufung u Revision, die Beschwerde nur in Ausnahmefällen (§ 149), haben außerdem **aufschiebende Wirkung hins der Vollziehbarkeit** (Vollstreckbarkeit) der angegriffenen Entscheidungen, sofern diese nicht sofort vollstreckbar bzw gem § 167 für vorläufig vollstreckbar erklärt sind. Die Suspensivwirkung u die aufschiebende Wirkung von RMittel gegen gerichtliche Entscheidungen sind **von der aW nach § 80** zu **unterscheiden** (vgl Papier VerwA 1973, 284).

Zur **Auslegung** u ggf Umdeutung von RMittel s unten 14, zu **Anschluß-RMittel** u Gegenrügen unten 3; zu **Gegenvorstellungen** unten 9; zu **RMittel gegen „inkorrekte“ Entscheidungen** unten 22.

Berufung, Revision u Beschwerde unterscheiden sich ua dadurch, daß die **Berufung u** die **Beschwerde** die **Nachprüfung** der angegriffenen Entscheidung **in tatsächlicher u rechtlicher Hinsicht** zum Ziel haben, die **Revision** dagegen **nur** in **rechtlicher Hinsicht.** Ebenso wie die Revision ist die **Rechtsbeschwerde** auf eine Überprüfung in rechtlicher Hinsicht beschränkt (§ 173, § 1065 Abs 2 S 1 ZPO; s 4 a zu § 150, 8 zu § 173 S 1).

Zum **Ausschluß** bzw zu Beschränkungen **(Zulassungsbedürftigkeit)** der Berufung s 2, 5 ff zu § 124, 1 ff zu § 124 a, 1 ff zu § 131 aF, 1 ff zu § 145, zur Zulassungsbedürftigkeit der Revision § 132. **Verfassungsrechtlich** sind derartige Beschränkungen unbedenklich, da das GG eine zweite oder weitere Instanz nicht gewährleistet (vgl zB zum AsylVf BVerfG NJW 1983, 2931; NVwZ 1983, 405;

---

[1] NVwZ 1999, 642; Gr NVwZ-RR 1999, 591; Ks DÖV 2004, 624, Ma NVwZ 2000, 691; B-Bader 46 zu § 124 a; Ey-Happ 32 zu § 124 a; NKVwGO-Seibert 223 zu § 124 a.

[2] NVwZ 1997, 1209; B-Bader 46 zu § 124 a; Sch-Schoch 330 u 378 zu § 80; s auch 143 zu § 80.

allg auch BVerfG NJW 1989, 265). Zur Frage des Rechts auf eine zweite Instanz vgl 12 zu § 1.

b) Nichtzulassungsbeschwerde. Nichtzulassungsbeschwerden sind besondere Rechtsbehelfe nicht in der Sache selbst, sondern nur **Rechtsbehelfe verfahrensrechtlicher Art** hins der Zulassung der Revision (vgl § 133), die mit dem Ziel der Zulassung der vom Gericht, dessen Entscheidung sie betreffen, nicht zugelassenen Revision u damit zur **Eröffnung der entspr Rechtsmittelinstanz in der Sache** eingelegt werden (können). 2

c) Zulassungsantrag. Eine entspr Funktion kommt dem **Antrag auf Zulassung der Berufung** (§ 124 a Abs 4) zu; bis zum RmBereinVpG kam im Unterschied zur Ausgestaltung des RevisionszulassungsVf hier eine Entscheidung des iudex a quo über die Eröffnung der Rechtsmittelinstanz nicht in Betracht; über den Zulassungsantrag konnte nur der iudex ad quem entscheiden. Nach der Neuregelung kann die Berufung (auch ohne Antrag) auch vom iudex a quo zugelassen werden (§§ 124 Abs 1, 124 a Abs 1). Fehlt es an dieser Zulassung, bedarf es der Zulassung auf Antrag durch das OVG (§§ 124 Abs 1, 124 a Abs 4).

d) Nichtvorlagebeschwerde. Die Nichtvorlagebeschwerde gem § 47 Abs 7 aF ist nicht mehr vorgesehen, nachdem Entscheidungen im NKVf dem allg Rechtsmittelsystem unterstellt worden sind (vgl 1 zu § 136 aF). 2 a

e) Anschlußrechtsmittel (Anschlußberufung, Anschlußrevision, Anschlußbeschwerde) sind, nachdem sie aufgrund der Neuregelung des Rechtsmittelrechts im Rahmen des RmBereinVpG durch § 127 nur noch unselbständig sind, generell keine RMittel mehr (2 vor § 124). Sie sind lediglich unselbständige Anträge im Rahmen eines von einem (anderen) Rechtsmittelführer eingelegten RMittel u insoweit von diesem abhängig. S im einzelnen dazu unten 53. 3

f) Kein Rechtsmittel ieS ist die sog **Gegenrüge,** dh das Recht eines Rechtsmittelgegners, Verletzungen des Verfahrensrechts oder des materiellen Rechts, die er sonst mangels Beschwer (s unten 39 ff) nicht mit einem eigenen RMittel geltend machen könnte, **in dem durch das RMittel eines anderen Beteiligten anhängig gewordenen RechtsmittelVf** geltend zu machen. Vgl 82, 25; Rudisile DVBl 1988, 1135; ferner 8 zu § 144. S zur Gegenrüge auch unten 28, 39 u 53. 3 a

2. Die Grundsätze der Rechtsmittelklarheit u Rechtsmittelsicherheit: Der verfassungsrechtliche, letztlich auf dem Rechtsstaatsprinzip beruhende Grundsatz der **Rechtsmittelklarheit** besagt, daß die gesetzlichen Bestimmungen über RMittel u entspr auch die Auslegung u Anwendung dieser Bestimmungen in besonderem Maße nach den Grundsätzen der Gleichheit, Klarheit u inneren Logik ausgerichtet sein müssen (BVerfG 49, 164; 74, 234; DVBl 1993, 798). Der ebenfalls verfassungsrechtliche, auf dem Rechtsstaatsprinzip beruhenden Grundsatz der **Rechtsmittelsicherheit** besagt, daß im Zweifel auch der gesetzliche Ausschluß bestimmter RMittel (oder sonstiger Rechtsbehelfe) bereits eingelegte RMittel nicht erfaßt, dh, daß diese davon nicht berührt werden, wenn das Gesetz insoweit nicht mit hinreichender Deutlichkeit etwas anderes bestimmt (vgl BVerfG 87, 48 = NJW 1993, 1123; s auch 1 zu § 195). 3 b

3. Der Grundsatz der Unabänderlichkeit gerichtlicher Entscheidungen außer aufgrund von Rechtsmitteln; der Antrag auf Fortsetzung des Verfahrens: a) Allgemeines. Urteile u im Regelfall auch Beschlüsse sind nach Verkündung bzw Zustellung grds (Ausnahmen vgl unten 5; ferner 9) für das Gericht, das sie erlassen hat, nicht mehr abänderbar (§ 173 S 1, § 318 ZPO), sondern können **nur noch im RechtsmittelVf abgeändert** oder aufgehoben werden. Insb können auch die durch die Entscheidung beschwerten Beteiligten eine Abänderung oder Aufhebung wg (behaupteter) Mängel der Tatsachenermittlung, der Rechtsanwendung oder des Vf grds nur noch mit RMittel errei- 4 chen. **Zur Berichtigung,** Ergänzung usw **von Urteilen** u Beschlüssen in besonderen Fällen s 1 zu § 118; zu nicht ausdr vorgesehenen RMittel s unten 8 ff.

5 **b) Der Antrag auf Fortsetzung des Verfahrens.** Bei Streit über die Wirksamkeit einer Klagerücknahme oder einer Verfahrensbeendigung in anderer Weise als durch Urteil oder konstitutiven Beschluß – Entsprechendes gilt auch in RechtsmittelVf (vgl BSG NJW 1990, 600) – können u müssen die Beteiligten einen (vermeintlichen) Anspr auf Durchführung u Abschluß des Vf durch Urteil oder Beschluß zur Sache grds durch einfachen **Antrag** (§ 81) **auf Fortsetzung des Vf** geltend machen. Dies gilt **insb bei Einstellung des Vf** durch Beschluß des Gerichts bei **Klagerücknahme**[3] u übereinstimmenden **Hauptsacheerledigungserklärungen** (§ 161 Abs 2, § 92 Abs 3 analog)[4] sowie bei Verfahrensbeendigung durch gerichtlichen **Vergleich** (§ 106)[5] oder **gem § 81 AsylVfG.**[6] Der Antrag auf Fortsetzung des Prozesses ist dann geboten, **wenn strittig ist,** ob das Vf wirksam beendet wurde (20, 146; Mü NVwZ-RR 1991, 389), oder wenn die Verfahrensbeendigung aus anderen Gründen, zB infolge der Nichtigerklärung des Gesetzes, das sie unmittelbar angeordnet hatte, hinfällig oder jedenfalls zweifelhaft geworden ist (57, 312; 66, 53). S auch 18 f zu § 92; 18 f zu § 106; 15 zu § 161. Gleiche **Besetzung des Gerichts** ist dafür nicht erforderlich (BSG 7, 291). Wurden mehrere anhängige Vf durch einen Vergleich erledigt, so kann die Fortsetzung in jedem dieser Vf erfolgen (BAG ZZP 1984, 211).

Der Einstellungsbeschluß steht in diesen Fällen der Fortsetzung des Vf nicht entgegen u bedarf auch keiner ausdr Aufhebung durch das Gericht, da er insoweit **nur deklaratorisch** wirkt (57, 319; Ma NJW 1978, 1599; Mü BayVBl 1981, 659), weil das Vf in den genannten Fällen unmittelbar durch die entspr Erklärungen der Beteiligten beendet wird (vgl 1 u 27 zu § 92; 1 zu § 106; 15 zu § 161).

Kommt das Gericht bei einem Antrag auf Fortsetzung des Vf, weil es an einer wirksamen Beendigung fehlt, zu dem Ergebnis, daß das **Vf** tatsächlich **nicht wirksam beendet** wurde, so behandelt es den **Einstellungsbeschluß** als **gegenstandslos** u setzt das Vf fort. Einer besonderen förmlichen Entscheidung bedarf es insofern nicht. Kommt das Gericht dagegen zu dem Ergebnis, daß das Vf **wirksam beendet** wurde, so muß es darüber ausdr entscheiden u die Verfahrensbeendigung in seiner Entscheidung feststellen. Die **Entscheidung** ergeht in diesem Fall in UrteilsVf **durch Urteil** – soweit nicht Entscheidung durch Gerichtsbescheid nach § 84 in Betracht kommt –,[7] **in sonstigen Vf** durch **Beschluß.**

6 **Die Beschwerde** (§ 146) eines Beteiligten, der geltend macht, daß die Voraussetzungen für die Einstellung des Vf nicht gegeben waren, **gegen die Einstellung des Vf** findet grds **nicht** statt (vgl 27 zu § 92, 18 zu § 106, ferner § 80 AsylVfG). Das ergibt sich für den nach Klagerücknahme ergehenden Beschluß

---

[3] S 28 zu § 92; Gr NVwZ 2001, 212; Mgd NVwZ-RR 1999, 348; Mü NVwZ 1999, 897; Sa NVwZ 1999, 898.

[4] Lü NVwZ-RR 2006, 23; s auch 15 zu § 161; ferner zB DVBl 1992, 1165: gem § 88 sind Erledigungserklärungen, die ersichtlich nicht den prozessualen Absichten entsprechen, unbeachtlich; ein Antrag auf Fortsetzung des Vf ist unter den gegebenen Umständen auch keine Klageänderung.

[5] Vgl BSG MDR 1977, 260; BGH MDR 1977, 308; 57, 312; Pecher ZZP 1984, 139; s auch 18 zu § 106; zweifelhaft BAG ZZP 1984, 211: Rechte aus einem Vergleich können im selben Vf oder in einem neuen Vf geltend gemacht werden; ähnlich BFH NVwZ 1988, 869 zu einer Hauptsacheerledigung aufgrund einer von der Behörde gegebenen, dann aber nicht eingehaltenen Zusage des Erlasses eines Änderungsbescheides.

[6] NVwZ 1984, 280 u 450; NVwZ-RR 1991, 445; Ks InfAuslR 1984, 27; **aA** Ms NVwZ 1985, 212: nicht nur deklaratorisch.

[7] Vgl 29 zu § 92; NVwZ-RR 1994, 362; zu § 81 AsylVfG auch NVwZ 1985, 280 u 450.

aus § 92 Abs 3 S 2, der die Unanfechtbarkeit eines solchen Beschlusses vorsieht. Bei Erledigung des Rechtsstreits findet § 92 Abs 3 S 2 entspr Anwendung (NVwZ-RR 1999, 407f; Lü NVwZ-RR 2006, 23). Eine gleichwohl eingelegte Beschwerde ist daher **im Zweifel** in einen **Antrag auf Fortsetzung** des Vf umzudeuten. Macht allerdings das Gericht deutlich, daß es einem Antrag auf Fortsetzung des Vf nicht folgt u den Einstellungsbeschluß nicht ändert, liegt eine inkorrekte Entscheidung vor, da das Gericht über den Antrag auf Fortsetzung des Vf richtigerweise durch Urteil entscheiden u darin die Wirksamkeit der Klagerücknahme feststellen müßte (28f zu § 92). Das rechtswidrige Verhalten des Gerichts kann aber nicht zu einer Verkürzung des Rechtsschutzes führen. Deshalb kann der Kl in Anlehnung an den Grundsatz der **Meistbegünstigung** (unten 22 vor § 124) dasjenige RMittel einlegen, das ihm bei korrekter Entscheidungsform zugestanden hätte, dh er kann hier die Zulassung der Berufung beantragen. Da die Entscheidung durch Einstellungsbeschluß statt durch Urteil einen Verfahrensfehler iSd § 124 Abs 2 Nr 5 darstellt, muß das OVG solchenfalls die Berufung zulassen u den inkorrekt ergangenen Einstellungsbeschluß aufheben; das OVG wird sodann die Sache gem § 130 Abs 2 Nr 1 oder 2 an das VG zurückverweisen oder im Berufungsurteil die Rücknahme der Klage feststellen u das Vf einstellen.

Die Entscheidung des Gerichts, das Vf wg dessen wirksamer Beendigung nicht fortzusetzen, ist je nach seiner Form (Urteil, Gerichtsbescheid, Beschluß, s oben 5) mit den RMittel angreifbar, die bei einer Entscheidung in der Sache gegeben wären (NVwZ-RR 1994, 362; Sch-Clausing 81 zu § 92). 7

Die **Kostenentscheidung** in einem Einstellungsbeschluß ist **nicht** anfechtbar (§ 92 Abs 3 S 2, § 158 Abs 2, s 5 zu § 158; RÖ-Kothe 2 zu § 158; Sch-Clausing 26 zu § 161).

c) In der VwGO nicht vorgesehene Rechtsmittel u Rechtsbehelfe sind, wenn eine Umdeutung in einen zulässigen Rechtsbehelf (s unten 14) nicht in Betracht kommt, von dem Gericht, bei dem sie eingelegt wurden, **als unzulässig zurückzuweisen,** unabhängig davon, an welches Gericht sie sich wenden (vgl BGH NJW 1968, 504). Dies gilt sowohl **für ihrer Art nach nicht zulässige RMittel** (zB eine Beschwerde gegen eine NKEntscheidung nach § 47) als **auch für RMittel, die** an sich möglich, **im konkreten Fall** aber **ausgeschlossen** sind (zB Beschwerden gegen Beschlüsse des OVG, die nach § 152 nicht der Beschwerde unterliegen). Zu **außerordentlichen RMittel** s nachfolgend; zu sog **Gegenrügen** s oben 3; zu sog **Gegenvorstellungen** unten 9ff. 8

d) Außerordentliche Beschwerden. Auch dort, wo der Gesetzgeber ggü gerichtlichen Entscheidungen keine RMittel vorsah bzw diese sogar ausdr ausschloß, wurden dennoch in der Vergangenheit sowohl in der Rspr wie auch in der Lit vielfach außerordentliche Rechtsbehelfe zugelassen. Als statthaft angesehen wurden dabei insb sog **außerordentliche Beschwerden wg greifbarer Gesetzwidrigkeit,**[8] wenn die Zulassung des RMittel notwendig war, um **schwerwiegende Mängel** einer gerichtlichen Entscheidung zu korrigieren[9] oder um eine Entscheidung aufzuheben, die in dieser Art, mit diesem Inhalt oder aufgrund eines derartigen Vf offensichtlich **mit der geltenden Rechtsordnung schlechthin unvereinbar** u idS **schlechthin unzulässig war,**[10] **zB** weil sie 8 a

---

[8] Zum Begriff der greifbaren Gesetzwidrigkeit s näher Kraheberger DÖV 2002, 22f.

[9] Vgl NVwZ-RR 1998, 685; BGH NJW 2000, 960; ablehnend aber nunmehr im Anwendungsbereich der ZPO BGH NJW 2002, 1577; Lipp NJW 2002, 1700f.

[10] NVwZ-RR 1998, 685; BFH NJW 1998, 335; Hbg NVwZ-RR 2001, 612; Ms DÖV 1978, 332; Lü NJW 1978, 2523; FfO LKV 1995, 199; OLG Hamm NJW 1979, 170 – unter Hinweis darauf, daß die Zulässigkeit auf Gewohnheitsrecht beruhe –; Bettermann ZZP 1964, 3; 1977, 417; Kraheberger DÖV 2002, 21; Lüke NJW 1979, 2047; 25a zu § 123; NKVwGO-Blanke 6; Sch-Meyer-Ladewig/Rudisile 11; ThP 8 zu § 567 ZPO; Deubner JuS 1993, 755; Kempter NJW 1993, 2158; Chlosta NJW 1993, 2160; **krit** Waldner NJW

jeder gesetzlichen Grundlage entbehrte u inhaltlich **dem Gesetz fremd** war[11] oder aus anderen Gründen an einem **offensichtlichen schweren,** dem Betroffenen **unzumutbaren Fehler** litt, etwa weil der angefochtene Beschluß auf einer Gesetzesauslegung beruhte, die offensichtlich dem Wortlaut u dem Zweck des Gesetzes widersprach, u die eine Gesetzesanwendung zur **Folge** hatte, die **durch das Gesetz ersichtlich ausgeschlossen** werden sollte (JZ 1993, 414 m Anm Gottwald/Semmelmayer), außerdem auch zB wenn die Zulassung des außerordentlichen Rechtsbehelfs notwendig war, um eine **Rechtsverweigerung** zu beheben[12] oder um eine **Abweichung** von einer Entscheidung des **EuGH** zu **korrigieren** (vgl BGH NJW 1990, 2202 für einen Sonderfall; sehr zweifelhaft). Entschärft wurde diese Problematik allerdings dadurch, daß es in einer Reihe von Fällen durch extensive Interpretation von Rechtsmittelbestimmungen bereits möglich war, Rechtsschutzlücken zu schließen u insoweit kein Bedürfnis mehr bestand, auf eine außerordentliche Beschwerde zurückzugreifen. So besteht etwa (nach freilich umstr Ansicht) bei einer auf eine Rechtsschutzverweigerung hinauslaufenden u den Art 19 Abs 4 GG verletzenden **rechtswidrigen Verzögerung einer Entscheidung** über einen Antrag auf **Gewährung von Prozeßkostenhilfe** sowie von **vorläufigem Rechtsschutz** durch ein VG die Möglichkeit einer Beschwerde in entspr Anwendung des § 146 (s 7 u 22 sowie 32 zu § 146). Ferner ist etwa bei der – einen Verstoß gegen Art 101 Abs 1 S 2 GG begründenden – **willkürlichen Verletzung** von Zuständigkeitsvorschriften wie **§ 6 Abs 1 u 3** (zB bei einer evident fehlerhaften Übertragung einer Streitigkeit an den Einzelrichter) trotz § 173 iVm § 512 ZPO ein auf § 124 Abs 2 Nr 5 gestützter Antrag auf Zulassung der Berufung zulässig (zum Vorrang dieses Antrags Gr NVwZ 2001, 212), ebenso trotz § 173 iVm § 557 Abs 2 ZPO (bei Ausschluß der Berufung, s § 135) eine Nichtzulassungsbeschwerde unter Stützung auf § 133 Abs 2 Nr 3 (s 28 zu § 6). Entsprechendes gilt bei einer **willkürlichen Entscheidung über ein Ablehnungsgesuch** gem § 54, die eine Verletzung des Art 101 Abs 1 S 2 GG beinhaltet (22 zu § 54).

Darüber hinaus zeichnete sich nach dem schon im Rahmen des ZPO-RG erlassenen § 321 a ZPO aF, der bei Verletzungen des rechtlichen Gehörs durch ein mit Berufung nicht anfechtbares erstinstanzliches zivilgerichtliches Urteil ein vor dem erstinstanzlichen Gericht durchzuführendes AbhilfeVf vorsah, die **Tendenz** ab, den Anwendungsbereich **gesetzlich nicht geregelter außerordentlicher Beschwerden,** über die ein höheres Gericht zu entscheiden hätte, **zumindest erheblich einzuschränken,** wenn nicht sogar auszuschließen.[13] Auch wenn die Regelung des § 321 a ZPO aF über § 173 S 1 im Verwaltungsprozeßrecht keine größere Bedeutung zu erlangen vermochte, da nach der VwGO Entscheidungen im ersten Rechtszug grds mit dem Antrag auf Zulassung der Berufung anfechtbar sind,[14] lag es doch nahe, dieser Vorschrift zu entnehmen, daß neben einer beim entscheidenden Gericht einzulegenden Gegenvorstellung (zu dieser s unten 9) für eine außerordentliche Beschwerde grds kein Raum mehr bleiben sollte, da letztere im verwaltungsprozessualen Rechtsschutzsystem einen Fremdkörper darstellte.

1980, 217; **offen** BVerwG NVwZ-RR 1996, 422 u Gr NVwZ 2001, 211; **aA** Ey-Happ 10 vor § 124 unter Verweis auf die neuere Rspr.

[11] Bln NVwZ-RR 2002, 238; BGH 28, 350 = JZ 1959, 540; 109, 43; NJW 1989, 2625; 1994, 2364.

[12] Vgl 33, 209; 43, 367; BGH NJW 2000, 960; Ko DVBl 1993, 260; OLG Saarbrücken MDR 1997, 1062.

[13] In diese Richtung tendierend BGH NJW 2002, 1577; Lipp NJW 2002, 1700 ff; R. Schwarze ZZP 2002, 25 ff.

[14] Generell gegen Anwendung in der VwGO BL 62 zu § 321 a ZPO; anderes dürfte jedoch im Hinblick auf § 173 in den seltenen Fällen – dazu 1 zu § 135 – gelten, in denen die Entscheidung im ersten Rechtszug nicht mit einem Antrag auf Zulassung der Berufung anfechtbar ist.

Aus diesem Grund ging auch die verwaltungsgerichtliche Rspr nach Inkrafttreten des ZPO-RG u des in ihm enthaltenen, über § 173 auch in der VwGO anwendbaren Rechtsgedankens des § 321 a ZPO zunehmend von der Unstatthaftigkeit einer außerordentlichen Beschwerde aus.[15]

Nachdem durch das AnhörungsrügenG v 9. 12. 2004 (BGBl I 3220) in Konsequenz der bundesverfassungsgerichtlichen Rspr (BVerfG NJW 2003, 1924 ff) in **§ 152 a eine Anhörungsrüge** ggü allen nicht mehr mit RMittel anfechtbaren verwaltungsgerichtlichen Entscheidungen vorgesehen ist, die beim iudex a quo einzulegen ist, erscheint die **Anerkennung einer außerordentlichen Beschwerde noch problematischer.**[16] Sie ist jedenfalls im Anwendungsbereich des § 152 a generell ausgeschlossen (zur Auslegung bzw Umdeutung einer außerordentlichen Beschwerde in eine Anhörungsrüge s unten 14). Für ihre Heranziehung besteht auch dort kein Bedarf, wo – wie dies meist zutrifft – mit der Verletzung verfassungsrechtlich garantierter Verfahrensrechte zugleich eine mit der Anhörungsrüge rügbare Verletzung des rechtlichen Gehörs einhergeht (s 20 f zu § 152 a). Da auch die Fälle eines offenkundigen groben prozessualen Unrechts idR mit einer Verletzung des rechtlichen Gehörs (sog Pannenfälle) verbunden sein werden, ist auch insoweit kein Bedürfnis mehr für eine außerordentliche Beschwerde anzuerkennen (s 21 zu § 152 a). Eine durch den Gesetzgeber nunmehr in **§ 152 a** vorgesehene Rechtsschutzmöglichkeit verdient jedenfalls auch dann, wenn der durch sie geschaffene Rechtsschutz hinter dem durch eine außerordentliche Beschwerde erreichbaren Rechtsschutz zurückbleibt, den **Vorrang vor einer** ohne normative Anbindung richterrechtlich kreierten **außerordentlichen Beschwerde.** Soweit sich nach dem vorher Gesagten nicht bereits über eine extensive Interpretation einfachgesetzlicher Rechtsmittelvorschriften oder über den diesen ggü subsidiären § 152 a Rechtsschutzlücken vermeiden lassen, liegt es aber jedenfalls näher u erscheint weit systemgerechter, mittels einer Analogie zu § 152 a (dazu 22 ff zu § 152 a) oder durch eine – was auf dasselbe hinausläuft – an dieser Vorschrift orientierte Gegenvorstellung (s unten 10) Rechtsschutzlücken zu schließen (vgl auch Lipp NJW 2002, 1701), statt auf eine außerordentliche Beschwerde zurückzugreifen.[17] Ohnehin scheidet eine Beschwerde gegen fehlerhafte Entscheidungen des BVerwG sowie – wie sich aus dem Rechtsgedanken des § 146 ergibt – gegen gerichtliche Entscheidungen aus, die Urteile oder Gerichtsbeschlüsse sind sowie darüber noch hinausreichend grds auch ggü allen oberverwaltungsgerichtlichen Entscheidungen.

Hielte man dennoch bei greifbar gesetzwidrigen Entscheidungen der verwaltungsgerichtlichen Instanzgerichte, die keine Urteile oder Gerichtsbeschlüsse sind, an der prinzipiellen Statthaftigkeit einer außerordentlichen Beschwerde in den Fällen fest, in denen es keine anderweitige verwaltungsgerichtliche Rechtsschutzmöglichkeit gibt (für die prinzipielle Statthaftigkeit einer außerordentlichen Beschwerde BT-Dr 15/3706, 14), **so wären** auf eine solche **außerordentliche**

---

[15] NJW 2002, 2657; NVwZ 2005, 232; vgl auch NVwZ 2005, 1201; BlnB NVwZ 2006, 614; Mü NVwZ-RR 2003, 72; Ms NVwZ-RR 2003, 695; NVwZ-RR 2004, 706; Kutsch NVwZ 2003, 956; ebenso für FGO BFH NJW 2003, 919; für eine außerordentliche Beschwerde im Bereich der VwGO aber T. Schmidt NVwZ 2003, 425 sowie bei Verstößen eines Verweisungsbeschlusses gem § 83 S 2 iVm § 17 a Abs 2 u 3 GVG Mü NVwZ-RR 2004, 698.

[16] Eingeh dazu Schenke NVwZ 2005, 730 ff; nach wie vor für Statthaftigkeit einer außerordentlichen Beschwerde aber (meist unter Hinweis auf die Entstehungsgeschichte der Anhörungsrüge) BFH NJW 2005, 3374; Bloching/Kettinger NJW 2005, 860; Kettinger DVBl 2006, 1153; Zuck NJW 2005, 1227; NVwZ 2005, 740.

[17] Für den Vorrang der Gegenvorstellung auch NJW 2002, 2657; Mü NVwZ-RR 2003, 72; Ms NVwZ-RR 2003, 695; s auch Kraheberger DÖV 2002, 23 u Sch-Meyer-Ladewig/Rudisile 12, die allerdings dann, wenn die Gegenvorstellung keinen Erfolg hat, eine außerordentliche Beschwerde zulassen wollen; vgl auch BGH NJW 2002, 1577.

Beschwerde die §§ 146 ff entspr anzuwenden (Sch-Meyer-Ladewig/Rudisile 12; für Anwendung des § 93 Abs 1 BVerfGG auf die Beschwerdefrist Kraheberger DÖV 2002, 23). Damit ergäbe sich dann aus dem analog anwendbaren § 148 Abs 1 – im Ergebnis insoweit partiell übereinstimmend mit § 152 a u einer Gegenvorstellung –, daß (primär) das Gericht, welches die angegriffene Entscheidung erlassen hat, zur Abhilfe berufen ist. Für die außerordentliche Beschwerde würde bei ihrer unterstellten Statthaftigkeit grds auch das Vertretungserfordernis des § 67 gelten.[18]

8 b Selbst dort, wo in der Vergangenheit außerordentliche Beschwerden als statthaft angesehen wurden, wurde ihr Anwendungsbereich sehr eingeschränkt (vgl hierzu die Nachw in 12. Aufl sowie Kraheberger DÖV 2002, 22 f). Als nicht ausreichend angesehen wurde es zB, wenn eine Entscheidung unter Verletzung wesentlicher Verfahrensvorschriften erging (BGH NJW 1990, 841), sie keine ausreichende Entscheidungsbegründung enthielt (OLG Karlsruhe FamRZ 1988, 634), der Entscheidung eine unhaltbare Rechtsgrundlage zugrunde lag (BGH NJW 1990, 1795) oder sie eindeutig gegen Rechtsvorschriften verstieß (BGH JZ 1986, 52; NKVwGO-Blanke 7). Nach Inkrafttreten des § 152 a, der in einem Teil der genannten Fälle Rechtsschutzlücken zu schließen vermag, liegt es auf der Hand, daß diese Einschränkungen des Anwendungsbereichs der außerordentlichen Beschwerde nunmehr erst recht zu gelten haben (Schenke NVwZ 2005, 730 ff).

Zu **RMittel gegen sog „inkorrekte Entscheidungen"** s unten 22.

9 **e) Gegenvorstellungen.** In den Fällen, bei denen eine nicht mehr mit RMittel angreifbare gerichtliche Entscheidung nach Ansicht eines Verfahrensbeteiligten auf einer Verletzung von verfassungsmäßig gewährleisteten Verfahrensrechten beruhte oder sich als offenkundig grob fehlerhaft darstellte, wurde in der Vergangenheit vielfach versucht, den fachgerichtlichen Rechtsschutz mittels Gegenvorstellung zu realisieren. Deren erfolglose Einlegung sollte Voraussetzung für die Einlegung einer auf Verfahrensgrundrechte gestützten VB sein. Solche Rechtsbehelfe wurden zunächst nur als auf dem Petitionsrecht gem Art 17 GG (NVwZ-RR 1991, 260) beruhende **Bitten u Anregungen** an das Gericht verstanden, daß dieses von der ihm grds (s unter 10) vAw zustehenden Befugnis Gebrauch machen möge (vgl auch NVwZ-RR 1991, 26), **eine Entscheidung,** die es getroffen hatte,[19] **vAw** im Weg der Selbstkontrolle (NJW 1994, 674) **zu ändern oder aufzuheben.** Da es sich bei solchen Gegenvorstellungen nicht um förmliche RMittel handelte, sollten Gegenvorstellungen auch dann **möglich sein, wenn RMittel** in der Sache **nicht** oder **nicht mehr gegeben** waren.[20] Allerdings sollte mit einer Gegenvorstellung nach deren ursprünglichem Verständnis grds **kein Anspr auf Überprüfung** der damit angegriffenen Entscheidung verbunden sein, ebenso nicht auf förmliche Entscheidung des Gerichts über den Antrag. Das Gericht wurde jedoch nach einer später vielfach vertretenen Ansicht als verpflichtet angesehen,[21] **grob rechtswidrige gerichtliche Entscheidungen aufzuheben oder zu ändern,** falls keine anderen Möglichkeiten zur Korrektur im RechtsmittelVf eröffnet waren.[22]

---

[18] Kraheberger DÖV 2002, 23; vgl auch für die FGO BFH/NV 2000, 577; für Vertretungszwang bei unterstellter Statfhaftigkeit auch Ma NVwZ 2003, 886; näheres s 19 ff zu § 67.

[19] Dh: nicht die Entscheidung eines anderen Gerichts, vgl Mü BayVBl 1977, 157; 1979, 700; We ThürVBl 1999, 209.

[20] BVerfG 42, 245 = NJW 1976, 1837; 55, 5; 63, 78 = NJW 1983, 1900: als Voraussetzung auch der Erschöpfung des Rechtswegs vor Erhebung einer VB erforderlich! –; 69, 242 = NJW 1965, 2187; 72, 88; 73, 322 = NJW 1987, 1319; DVBl 1985, 670; NJW 1994, 674; BGH NJW 1951, 771; MDR 1977, 925.

[21] Vgl NJW 1994, 674; 2002, 2657; FfO DVBl 2001, 319; Mü NVwZ-RR 2003, 72; Ms NVwZ-RR 2003, 696.

[22] BVerfG NJW 2003, 1924; FG Kassel NVwZ-RR 2003, 791.

Bei einer solchen Anwendung des Instituts der Gegenvorstellung löste man sich freilich weitgehend von dem ursprünglichen Anwendungsbereich der in Art 17 GG verankerten Gegenvorstellung (s dazu Schenke 2ff), die generell kein Recht auf eine sachliche Überprüfung der kritisierten Entscheidung einräumt. Deutlich wurde dies auch daran, daß die der Korrektur fachgerichtlicher Entscheidungen dienende Gegenvorstellung anders als die tradierte Gegenvorstellung, die form- u fristlos erhoben werden kann, nach ganz überwiegender Meinung schriftlich einzulegen war u nach Maßgabe des § 67 Abs 1 sogar dem Vertretungszwang unterliegen sollte,[23] zudem grds innerhalb der Frist des § 93 Abs 1 BVerfGG einzulegen war.[24] So gesehen handelte sich hier um eine durch das BVerfG[25] initiierte[26] **richterrechtliche Neuschöpfung,** die mit dem überkommenen Institut der Gegenvorstellung als einem formlosen Rechtsbehelf nur noch den Namen gemeinsam hatte, iü aber wesentliche Unterschiede aufwies u deren **wesentlicher Zweck** in der **Entlastung des Bundesverfassungsgerichts** in den Fällen groben prozessualen Unrechts lag. Nachdem das BVerfG (BVerfG NJW 2003, 1924ff) den Gesetzgeber in seiner Plenarentscheidung v 30. 4. 2003 verpflichtete, bis 31. 12. 2004 eine fachgerichtliche Rechtsschutzmöglichkeit vorzusehen, u dies auch in Gestalt des am 1. 1. 2005 in Kraft getretenen AnhörungsrügenG v 9. 12. 2004 (BGBl I 3220) geschah, besteht nunmehr keine Notwendigkeit mehr, auf den außerordentlichen Rechtsbehelf der Gegenvorstellung zurückzugreifen, um die dadurch vorher geschlossenen Rechtsschutzlücken zu beseitigen.[27] Vielmehr vermag nunmehr die in § 152a gesetzlich positivierte Anhörungsrüge in weitem Umfang die Funktionen zu übernehmen, die vorher der Gegenvorstellung zugewiesen wurden. Das trifft unbestreitbar in den Fällen zu, in denen eine auf der Verletzung des rechtlichen Gehörs beruhende Entscheidung mit RMittel u anderen Rechtsbehelfen nicht mehr anzugreifen ist, hat aber auch dort zu gelten, wo die **Verletzung anderer verfassungsrechtlich garantierter Verfahrensrechte** mit einer Verletzung des rechtlichen Gehörs einhergeht (20f zu § 152a). Dasselbe dürfte auch in den Fällen offenkundigen groben prozessualen Unrechts (Pannenfälle) anzunehmen sein, die in der Vergangenheit ebenfalls als Anwendungsfälle der Gegenvorstellung angesehen wurden, bei denen aber idR auch eine Verletzung des rechtlichen Gehörs vorliegt. Das kommt vor allem bei **Entscheidungen in Betracht, die in offensichtlichem Widerspruch zum Gesetz stehen,** bei denen wichtige einschlägige Vorschriften übersehen wurden oder die von irrigen Voraussetzungen ausgingen,[28] **zB** wenn das Gericht der irrigen Annahme war, daß ein **Rechtsmittelverzicht** erklärt worden sei (OLG Hamburg MDR 1976, 510) oder wenn es eine am Vf gar nicht oder **nicht mehr beteiligte Partei** verurteilt hat (so iE 9a

[23] Ma NVwZ-RR 2003, 692; Ey-Happ 8 vor § 124; Seetzen NJW 1982, 2343.

[24] NJW 2001, 1294; Ms NVwZ-RR 1992, 387; vgl auch BVerfG NJW 1995, 3248; 2000, 273.

[25] BVerfG 63, 78f; NJW 1985, 2187; 1987, 1319; 1997, 46f.

[26] Das BVerfG konnte u wollte zwar eine solche Ausdehnung des Anwendungsbereichs der Gegenvorstellung nicht vorschreiben (so richtig Buchheister NVwZ 2000, 1357 gegen Posser, Die Subsidiarität der Verfassungsbeschwerde, 385f). Seine Rspr wurde aber durch die Fachgerichte in dem Sinn verstanden, daß die einfachgesetzlichen Verfahrensvorschriften im Interesse der Entlastung des BVerfG, soweit möglich u vertretbar, ausgeweitet werden sollten.

[27] Gegen Statthaftigkeit einer Gegenvorstellung auch Mgd 26. 6. 2006 – 4 L 346/05; Ma NJW 2005, 920; für deren Fortgeltung hingegen Kettinger DVBl 2006, 1153.

[28] BVerfG 55, 5; 63, 78 = NJW 1983, 1900; DVBl 1985, 670; Mü NVwZ-RR 2003, 72; Ms NVwZ-RR 2003, 696: wenn die Entscheidung unter Verstoß gegen das Gebot des gesetzlichen Richters zustandegekommen ist oder wenn sie jeglicher gesetzlicher Grundlage entbehrt, in offensichtlichem Widerspruch zum Gesetz steht bzw grobes prozessuales Unrecht darstellt.

LG Stade NJW 1979, 168, jedoch unter Zulassung der Berichtigung gem § 319 ZPO).

10 Auch wenn man aber der Ansicht wäre, daß nicht alle Fälle der Verletzung von verfassungsrechtlich garantierten Verfahrensrechten bzw offenkundigem grobem prozessualen Unrecht, die bisher mittels einer Gegenvorstellung als korrigierbar angesehen wurden, als eine Verletzung rechtlichen Gehörs begriffen werden können u unter § 152a subsumierbar sind, ist diese Vorschrift aber hier jedenfalls analog anzuwenden. Erst auf diese Weise ist es möglich, der der Korrektur prozessualen Unrechts dienenden Gegenvorstellung jene normative Verankerung zu verschaffen, die ihr bisher fehlte u die sowohl unter dem Aspekt der Gewaltenteilung wie auch im Hinblick auf die Gesetzesbindung der Judikative verfassungsrechtliche Bedenken provozierte. Jedenfalls bietet sich aber § 152a als eine gesetzliche Modellregelung an, an welcher der fachgerichtliche Rechtsschutz gegen Entscheidungen zu orientieren ist. Ohnehin wies die in der Vergangenheit durch die Rspr zur Korrektur richterlichen Unrechts bemühte Gegenvorstellung weitgehende Ähnlichkeit mit der Anhörungsrüge auf, was nicht weiter verwundert, orientierte sich doch sowohl die richterrechtliche Ausgestaltung der Gegenvorstellung wie auch die gesetzliche Regelung des § 321a ZPO weitgehend an den Vorgaben des BVerfG. Freilich bestehen auch Unterschiede, die insb das **Fristerfordernis** für Anhörungsrügen betreffen, das mit dem Fristerfordernis für die durch Richterrecht geschaffene Gegenvorstellung nicht übereinstimmt. Von daher gesehen liegt es nahe, hier im Interesse der Vermeidung von Wertungswidersprüchen mittels einer Analogie zu § 152a auf eine Harmonisierung hinzuwirken. Deshalb erweckt die in der Regierungsbegründung zum AnhörungsrügenG (BT-Dr 15/3706, 14) vertretene Ansicht, außerhalb des unmittelbaren Anwendungsbereichs des AnhörungsrügenG seien bei grobem prozessualem Unrecht Gegenvorstellungen u außerordentliche Beschwerden wie bisher zulässig, nicht nur im Hinblick auf die Kapitulation des Gesetzgebers vor der für ihn hier gleichfalls bestehenden verfassungsrechtlichen Verpflichtung zur Schaffung eines Rechtsbehelfs Bedenken. Die Regierungsbegründung beachtet auch zu wenig, daß mit dem AnhörungsrügenG **wichtige Weichenstellungen erfolgten,** die auch außerhalb seines unmittelbaren Anwendungsbereichs Beachtung verdienen u zu **Neuorientierungen mittels einer analogen Anwendung des § 152a bzw des § 321a ZPO u entspr anderer Vorschriften führen müssen.** Relevant wird dies im Rahmen der Vwgbk insoweit, als die Befristung der Anhörungsrüge, die innerhalb von 2 Wochen zu erheben ist, auch für nicht von § 152a erfaßten Gegenvorstellungen zu gelten hat u nunmehr nicht mehr auf die an § 93 Abs 1 BVerfGG orientierte Einmonatsfrist abzustellen ist. Die Folgen einer solchen, durch eine Analogie zu § 152a bewirkten Verschlechterung des durch eine richterliche Entscheidung Verletzten lassen sich unschwer abfedern, indem demjenigen, der nach Ablauf der Zweiwochenfrist des § 152a, aber vor Verstreichen der Einmonatsfrist des § 93 Abs 1 BVerfGG eine Gegenvorstellung eingelegt hat, Wiedereinsetzung in den vorigen Stand zu gewähren ist. Eine durch den Gesetzgeber verschuldete Rechtsunklarheit kann dem Rechtsbehelfsführer nicht angelastet werden, so daß grds eine Wiedereinsetzung in den vorigen Stand entspr § 60 Abs 2 S 4 sogar vAw zu erfolgen hat. Eine Gegenvorstellung ist iü als ein Antrag analog § 152a auszulegen bzw umzudeuten (s unten 14). Letztlich stellt sich ja die Anhörungsrüge ohnehin als nichts anderes dar als eine gesetzliche Ausgestaltung des zunächst kraft Richterrechts geschaffenen Instituts der prozessualen Gegenvorstellung. Die Analogie zu § 152a ist iü in der Lage, eine Reihe von bisher iVm dem Anwendungsbereich der Gegenvorstellung bestehenden Streitfragen beizulegen. Da die Anhörungsrüge gem § 152a ggü allen gerichtlichen Entscheidungen möglich ist, läßt sich nunmehr insb nicht mehr die Ansicht vertreten, ggü Urteilen oder urteilsvertretenden Beschlüssen nach § 125 Abs 2 u § 130a seien außerordentliche Rechtsbehelfe generell als unzulässig anzusehen (dazu auch 13 Aufl 9b).[29] Solche sind nunmehr in Form einer **Anhörungsrüge in direkter oder analoger Anwendung des § 152a statthaft.** Nicht ausgeschlossen ist ferner die Möglichkeit eines Verfahrensbeteiligten, in Form von Bitten u Anregungen an das Gericht heranzutreten, damit dieses von einer ihm zustehenden Befugnis Gebrauch machen möge, eine Entscheidung vAw aufzuheben oder zu ändern (s 7 zu § 152a). Hier handelt es sich um **Gegenvorstellungen iSd Art 17 GG,** die kein Recht auf eine Überprüfung u ggf Änderung einer gerichtlichen Entscheidung einräumen u anders als eine Anhörungsrüge gem § 152a form- u fristlos eingelegt werden können.

Geht man davon aus, daß die in § 152a geschaffene Handhabe zur Beseitigung 11–12
prozessualen Unrechts nicht alle Fälle unmittelbar umfaßt, in denen bisher eine Gegenvorstellung anerkannt wurde, so müssen für eine Gegenvorstellung in Anlogie zu § 152a hins ihrer Einlegung u des sich hieran anschließenden Vf dieselben Grundsätze gelten wie für eine Anhörungsrüge gem § 152a (dazu 5ff zu § 152a), so zB auch ein Vertretungszwang bei einer vor dem OVG u dem BVerwG eingelegten Gegenvorstellung. Insoweit erledigen sich damit eine Reihe von Streitfragen, die in bezug auf die richterrechtlich geschaffene prozessuale Gegenvorstellung früher bestanden (dazu 13 Aufl 10ff).

f) Verfassungsbeschwerden. Trägt das Gericht einer Anhörungsrüge gem 13
§ 152a oder einer Gegenvorstellung analog § 152a nicht Rechnung, so kommt für den Betroffenen nur noch eine **VB** (s 16 zu § 152a) gegen die Entscheidung u die einer behaupteten Grundrechtsverletzung nicht abhelfende Anhörungsrüge bzw Gegenvorstellung analog § 152a in Betracht. In dem Umfang, in dem diese außerordentlichen Rechtsbehelfe einschlägig sind, muß der Betroffene vor der Einlegung der VB im Hinblick auf die Regelung des § 90 Abs 2 S 1 BVerfGG bzw auf den dieser Regelung zugrundeliegenden Grundsatz der Subsidiarität der VB zunächst versuchen, auf die Beseitigung des Grundrechtsverstoßes mittels einer Anhörungsrüge bzw einer Gegenvorstellung hinzuwirken. Eine **sofort erhobene VB ist deshalb in diesen Fällen grds unzulässig** (BVerfG NVwZ 1998, 1175; Sch-Meyer-Ladewig/Rudisile 13). Anderes soll jedoch dort gelten, wo die Gegenvorstellung offensichtlich keinen Erfolg haben wird, was insb bei der Rüge materiellrechtlicher Verstöße angenommen wird (BVerfG NJW 2000, 273). Wird der Betroffene wg des Subsidiaritätsgrundsatzes vor der Erhebung der VB zunächst auf die (fristgerecht durchzuführende) Erhebung einer Gegenvorstellung verwiesen, kann die für die Erhebung der VB geltende Frist des § 93 Abs 1 BVerfGG noch nicht zu laufen beginnen (BVerfG NJW 2002, 3388 u 3387).

4. Bezeichnung, Auslegung u Umdeutung der Rechtsmittel u Rechtsbehelfe: Bei RMittel u Rechtsbehelfen kommt es grds nicht auf die Bezeich- 14
nung (zB als Berufung, Revision, Anhörungsrüge usw) an, sondern entspr dem verfassungsrechtlichen Grundsatz der Effektivität des Rechtsschutzes auf den **erkennbaren Sinn u Zweck des Rechtsschutzbegehrens.**[30] Vgl aber zu den strengeren Anforderungen bei RMittel, die von RA eingelegt werden, 3 zu § 88 (grds keine Umdeutung!). Das Gericht muß deshalb zB ein als Zulassungsbeschwerde bezeichnetes RMittel als Revision (vgl BAG NJW 1986, 2784) oder ein als Beschwerde bezeichnetes RMittel als (Antrag auf Zulassung der) Berufung behandeln, wenn dies allein dem offensichtlichen Ziel des RMittel entspricht u anzunehmen ist, daß die gewählte Bezeichnung nicht bewußt gewählt wurde,

---

[29] So aber zur Rechtslage vor Einf des § 152a zB Bader 3; Ey-Happ 7 vor § 124; Sch-Meyer-Ladewig/Rudisile 14; offen NJW 1995, 2053.

[30] NJW 1991, 510; NVwZ 1999, 405; Hbg NJW 1996, 1226: großzügiger Maßstab bei nicht anwaltlich verfaßten Schriftsätzen; Sch-Meyer-Ladewig/Rudisile 23; s auch 1ff zu § 88 sowie 5 zu § 124.

um die Behandlung unter dem Gesichtspunkt des an sich nach Auffassung des Gerichts allein oder primär in Betracht kommenden RMittel auszuschließen.[31] Ebenso wird man eine gegen eine rechtskräftige Entscheidung eingelegte, auf die **Verletzung des rechtlichen Gehörs gestützte Gegenvorstellung** als eine **Anhörungsrüge** gem § 152a zu verstehen haben. Eine Umdeutung in einen Antrag gem § 152a oder analog § 152a ist auch bei einer mit der Verletzung von verfassungsrechtlich garantierten Verfahrensrechten begründeten, durch den Verletzten eingelegten außerordentlichen Beschwerde in Betracht zu ziehen, wenn man letztere als nicht statthaft ansieht (s oben 8a). Im Zweifel ist eine **Anregung zur Klarstellung** des Rechtsmittel- bzw Rechtsbehelfsbegehrens nach § 86 Abs 3 geboten. Hat ein anwaltlich vertretener Beteiligter sich aber nicht nur im Ausdruck vergriffen, sondern wollte er etwa einen Antrag auf Zulassung der Berufung einlegen, so kann dieser **nicht in eine Beschwerde gegen die Nichtzulassung der Revision umgedeutet** werden (Buchh 428 § 37 VermG Nr 23 u 9 zu § 133); dasselbe gilt auch im Verhältnis zwischen dem **Antrag auf Zulassung der Berufung u der Berufung u umgekehrt** (NVwZ 1999, 641; Gr NVwZ 1998, 202; Hbg NVwZ 1997, 690 u 14 zu § 124a) sowie im Verhältnis von Nichtzulassungsbeschwerde u Revision (9 zu § 133).

15 **Kein wirksames RMittel** liegt vor, **wenn** bei einem RMittel der **Rechtsmittelführer,**[32] der **Rechtsmittelgegner** oder die **angegriffene Entscheidung** (vgl Hbg NJW 1996, 1226) auch im Weg der Auslegung bzw Umdeutung des gesamten Vorbringens **nicht feststellbar sind.** Vgl auch 3ff zu § 82; 20 zu § 124a.

16 **5. Gegenstand der Rechtsmittel: a) Berufung u Revision** sind nur gegen **Endurteile statthaft,** dh Urteile, die über ein Rechtsschutzbegehren (Klage oder RMittel) eine abschließende Entscheidung treffen u den Prozeßstoff ganz oder zT durch Sach- oder Prozeßurteil für die Instanz erledigen (MDR 1961, 957). Hierzu gehören auch Teilurteile (§ 110), Grundurteile (§ 111), Ergänzungsurteile (§ 120) u Zwischenurteile (§ 109, vgl 60, 125; BGH VersR 1979, 960; nicht jedoch auch solche nach § 173 S 1 mit § 303 ZPO; letztere sind nur zusammen mit dem Endurteil anfechtbar). Den Urteilen sind ua gem § 84 Abs 1 S 3 u Abs 3 **Gerichtsbescheide,** soweit sich aus § 84 Abs 2 keine Besonderheiten ergeben, hins der Revision auch **Beschlüsse über Berufungen** gem § 125 Abs 2 u § 130a iVm § 125 Abs 2 (vgl NVwZ-RR 1994, 362) gleichgestellt. RMittel erfassen grds automatisch auch die in der Vorinstanz gestellten **Hilfsanträge,** soweit sie im wesentlichen auf demselben Sachverhalt beruhen wie die Hauptanträge. S im einzelnen unten 56. Zu Fällen eines **gesetzlichen Ausschlusses der Berufung** s 1 zu § 135.

17 Die **Beschwerde** ist grds nur gegen Entscheidungen des Gerichts, die nicht Urteile, Gerichtsbescheide (§ 84) oder Beschlüsse gem § 125 Abs 2 S 2 oder § 130a sind u die auch nicht nur unselbständige Verfahrensregelungen iSv § 146 Abs 2 enthalten, gegeben (§ 146). Zudem wird eine Beschwerde durch bestimmte **spezialgesetzliche Vorschriften** wie § 80 AsylVfG ausgeschlossen (zu weiteren Fällen eines Beschwerdeausschlusses s 23f zu § 146). **Ausnahmsweise** ist nach der Rspr die **Beschwerde** auch **gegen** bestimmte **Entscheidungen** gegeben, die an sich **in Urteilsform** ergangen sind, inhaltlich jedoch keine Hauptsache betreffen, zB gegen die Verurteilung **eines vollmachtlosen Prozeßvertreters** (vgl 58 zu § 67; 1 zu § 157 aF) in die Kosten des Rechtsstreits (Mü BayVBl 1973, 649), gegen im Zwischenstreit über eine **Zeugnisverweigerung** usw gem

---

[31] NJW 1962, 1076; vgl auch 26, 60: Auslegung der Revision gegen ein Urteil des OVG als Revision gegen dieses Urteil u zugleich als, im entschiedenen Fall allein statthafte, Revision gegen das Urteil des VG.

[32] BGH 21, 173; NJW 1976, 108; BAG NJW 1973, 1949; 2318; MDR 1960, 616; MDR 1972, 811.

§ 98, § 387 Abs 3 ZPO ergangene Zwischenurteile (vgl 7 zu § 109), gegen **isolierte Kostenentscheidungen** in einem Urteil (s 8 zu § 158; 2 zu § 161) u gegen die Festsetzung des **StrW** im Urteil (vgl 1 zu § 117; 6 zu § 165; 6 zu Anh § 164). Zu **RMittel gegen sog „inkorrekte" Entscheidungen** s unten 22; zu Rechtsbehelfen gegen **Zwischenentscheidungen** uä auch 4 zu § 128. Zu RMittel gegen gerichtliche Untätigkeit s 7, 22 u 32 zu § 146 u 5 zu § 102 sowie 26 zu § 152 a.

b) Teilanfechtungen: Soweit der **Streitggst** (s zum Begriff 7 ff, 12 ff zu § 90) **teilbar** ist, kann ein RMittel auch auf einen rechtlich abtrennbaren Teil der angegriffenen Entscheidung, der einer selbständigen Prüfung u Entscheidung fähig ist – mit Ausnahme der Kostenentscheidung (§ 158 Abs 1; Ko NVwZ 1999, 200; s auch 1 ff zu § 158) – beschränkt werden.[33] Vgl zur Teilbarkeit auch 32 a zu § 132. Bei mehreren **einfachen Streitgenossen** auf der Gegenseite – anders ggf bei notwendiger Streitgenossenschaft! – kann das RMittel auch nur gegen einzelne davon gerichtet werden (BGH NJW 1969, 928). Eine Beschränkung auf bloße Elemente eines Anspr ist nicht möglich (43, 148). 18

Eine Rechtsmittelbeschränkung auf einen Teil der angegriffenen Entscheidung oder hins nur einzelner von ursprünglich mehreren Bekl ist grds nur anzunehmen, wenn sie **ausdr u eindeutig** ausgesprochen ist[34] u **insoweit ein** zumindest konkludenter (vgl BGH NJW 1990, 1118) **Rechtsmittelverzicht vorliegt** (vgl BGH NJW 1992, 2296). Werden mit einem RMittel nur Teile einer Entscheidung angegriffen, so werden daher im Zweifel gleichwohl grds **nicht nur die ausdr angegriffenen** Teile Gegenstand des RMittel, **sondern die gesamte Entscheidung.**[35] Wird nur ein Teil einer Entscheidung angegriffen, so treten die **Suspensiv- u die Devolutivwirkung** (s oben 1) gleichwohl grds nicht nur hins dieses Teils, sondern hins der ganzen Entscheidungen ein, solange das eingelegte RMittel noch erweitert werden oder der Gegner sich noch anschließen kann (SDC 2 a zu § 124; BGH 7, 143; NJW 1992, 2296; diff zwischen Devolutiv- u Suspensivwirkung Ey-Happ 4 vor § 124). Liegt dagegen ausnahmsweise eine echte, **bewußt gewollte Rechtsmittelbeschränkung** vor, so ist darin zugleich idR ein **Rechtsmittelverzicht** hins der anderen Teile des Urteils zu sehen (vgl BGH NJW 1990, 1118).

c) RMittel können **nur gegen bereits ergangene Entscheidungen,** dh durch Verkündung (§ 56, § 116; § 173 S 1, § 329 ZPO) bzw Zustellung (mit Wissen u Willen des Gerichts) an zumindest einen Beteiligten[36] **existent gewordene Urteile** u Beschlüsse, eingelegt werden.[37] Unerheblich ist dagegen, ob die im dargelegten Sinn existent gewordene Entscheidung auch dem Rechtsmittelführer bereits wirksam zugestellt oder sonst bekanntgegeben wurde u für 19

---

[33] 43, 148; DÖV 1967, 464; DVBl 1997, 908: dies gilt auch bei der Zulassungsberufung; Ko NVwZ 1999, 200; Sch-Meyer-Ladewig/Rudisile 71 zu § 124 a: gilt auch für den Antrag auf Zulassung der Berufung.

[34] BGH NJW 1983, 1561; 1984, 438; BAG NZA 1994, 271; vgl auch BGH NJW 1984, 58: eine ohne ausdr Beschränkung eingelegte Berufung richtet sich im Zweifel gegen alle in der Vorinstanz siegreichen Streitgenossen, auch wenn sie in der Rechtsmittelschrift unterschiedlich teils als Bekl, teils als Berufungsbekl bezeichnet werden.

[35] Vgl BGH 7, 143; NJW 1992, 2296; vgl auch BGH NJW 1984, 2832: Erweiterung des Rechtsmittelantrags im Rahmen der Rechtsmittelbegründung möglich; BGH NJW 1993, 269, RS § 132, 5; 143 II 4 b: bei Einheitlichkeit des Streitggst möglich. Vgl allg zur nachträglichen Erweiterung eines RMittel auch Schnauder JuS 1993, 365.

[36] BlnB NVwZ-RR 2006, 584; Ms NVwZ-RR 2001, 410; NKVwGO-Kilian 28 zu § 116; Sch-Meyer-Ladewig/Rudisile 34.

[37] BayVBl 1987, 374; Ma NJW 1973, 1663; VRspr 25, 787; Lü DVBl 1975, 192; OLG Koblenz NJW-RR 1986, 935; Lüke JuS 1985, 768; Ey-Happ 19 vor § 124; SDC 3 aa zu § 124; offen Ms DVBl 1981, 692.

ihn die Rechtsmittelfrist bereits in Lauf gesetzt wurde.[38] Den idS existent gewordenen Urteilen sind Urteile gleichzustellen, die für die Betroffenen jedenfalls den **Anschein existent gewordener Urteile** haben.[39] Bei unanfechtbaren Entscheidungen stellt 95, 66 = NVwZ 1994, 1206 für deren Wirksamkeit auf das Herausgelangen aus dem inneren Gerichtsbereich (zB Herausgabe zur Post) ab.

Gegen verkündete Entscheidungen können RMittel **auch schon vor Zustellung** der vollständigen Entscheidung eingelegt werden (BayVerfGH BayVBl 1985, 398; Ms NVwZ-RR 2001, 410; Ey-Happ 19 vor § 124). Der Zustellung nicht verkündeter Urteile steht insoweit im Hinblick auf das Existentwerden einer Entscheidung – nicht auch im Hinblick auf den Lauf von Rechtsmittelfristen – **die Übergabe des Tenors des Urteils** gem § 116 Abs 2 HS 2, § 117 Abs 4 S 2 an die Geschäftsstelle gleich.[40] **Vor Ergehen der Entscheidung** eingelegte RMittel sind unzulässig (Lü DVBl 1975, 192) u müssen nach Ergehen der Entscheidung erneut eingelegt werden.[41] **Bis zur Verkündung** bzw Zustellung handelt es sich bei Entscheidungen um **reine Gerichtsinterna,**[42] die noch **jederzeit abgeändert** werden können (58, 148; BayVBl 1987, 374), auch wenn Dritte zufällig von ihrem Inhalt Kenntnis erlangt haben. Schwere **Mängel der Verkündung bzw Zustellung** (s dazu 13 zu § 56 u 1 zu § 116) haben idR zur Folge, daß die betroffene Entscheidung nicht wirksam wird, schließen aber die Zulässigkeit von RMittel dagegen grds nicht aus.

20 **d) Scheinentscheidungen u nichtige Entscheidungen:** Gegen Entscheidungen, die nur dem äußeren Anschein nach gerichtliche Entscheidungen sind (zB bei unwirksamer Verkündung, Zustellung eines Urteilsentwurfs), sind **RMittel** nur dann gegeben, **wenn Zweifel** hins ihrer Gültigkeit u Wirksamkeit als gerichtliche Entscheidungen möglich sind, dh sie für gültig u wirksam gehalten werden können; sie unterliegen dann den sachlich gegen sie ihrer Art nach in Betracht kommenden RMittel.[43] Insofern gilt dasselbe wie für **nichtige** (u daher eo ipso unwirksame) **Entscheidungen,** dh Urteile u Beschlüsse, die an so schweren Mängeln leiden, daß sie schlechthin unwirksam sind (zB ein in der Urschrift nicht unterschriebenes Urteil oder ein Urteil, das die Beteiligten nicht erkennen läßt, s 3, 8 zu § 117) oder jedenfalls der materiellen RKraft nicht fähig sind (s 17 zu § 121); allg zu nichtigen Entscheidungen auch 17 zu § 121. Anderes gilt nur in dem – wohl kaum praktisch relevanten – Fall, daß die Entschei-

---

[38] Vgl BAG NJW 1991, 1273; ThP 1 zu § 517 ZPO; BL 9 zu § 517 ZPO.

[39] S unten 20; vgl auch OLG Frankfurt OLGZ 1991, 252 = FamRZ 1991, 100: Berufung auch gegen ein Urteil, das nicht verkündet oder zugestellt wurde, aber „nach außen gelangt ist"; sehr str.

[40] 75, 342; Ma NJW 1974, 399; Sch-Meyer-Ladewig/Rudisile 34; 10 zu § 116 mwN; dazu, daß ab diesem Zeitpunkt auch die formlose, mündliche oder telefonische Mitteilung des Tenors durch die Geschäftsstelle zulässig ist, 10 zu § 116; ebenso wohl eine vom Gericht (bzw der Geschäftsstelle) gewährte Einsichtnahme in den niedergelegten Tenor (vgl Mü DVBl 1982, 35; wohl auch Ms DVBl 1981, 691.

[41] NJW 1978, 1870: keine Heilung durch das Ergehen der Entscheidung!; Sch-Meyer-Ladewig/Rudisile 34; **aA** Mü BayVBl 1981, 693: stillschweigende Erstreckung auf einen erst erwarteten Beschluß, sobald dieser ergeht; FG Köln NVwZ 1985, 223: zulässig, sobald von Inhalt Kenntnis erlangt, zB durch Erhalt einer Ablichtung; vgl auch ThP 1 zu § 517 ZPO; dagegen BFH NVwZ 1984, 136 = BStBl II 1983, 551: Rechtsbehelf vor Ergehen eines VA unzulässig, auch wenn die Gründe der Entscheidung dem Betroffenen bereits vorher mündlich mitgeteilt worden waren.

[42] Vgl BayVBl 1987, 374; BGH 10, 327, 348; 14, 44; NJW 1985, 1783: vor Verkündung noch kein Urteil.

[43] BGH JR 1964, 63; Mü BayVBl 1986, 656: jedoch keine Sachentscheidung, nur Feststellung, daß keine wirksame Entscheidung vorliegt; Sch-Meyer-Ladewig/Rudisile 35; vgl auch BVerfG NJW 1985, 125; OLG Frankfurt FamRZ 1991, 100, s dazu auch oben 19; Lüke JuS 1985, 768.

dung (also das „Urteil" oder der „Beschluß") außerhalb eines Prozesses, etwa von einer Verwaltungsbehörde, erlassen wird (vgl MKZPO 11 zu § 511 ZPO).

e) RMittel können sich außerdem **nur gegen Entscheidungen** richten, **die nicht bereits** aufgrund der Rücknahme der Klage (§ 92), eines gerichtlichen Vergleichs (§ 106) oder übereinstimmender Hauptsacheerledigungserklärungen (s 7 ff zu § 161) (nachträglich) **unwirksam geworden** sind (BayVBl 1972, 450). Auch insoweit sind jedoch, wenn **Zweifel hins des Bestands** der Entscheidung möglich sind, RMittel nach denselben Grundsätzen zulässig wie gegen Scheinentscheidungen (vgl oben 20). 21

6. Rechtsmittel gegen „inkorrekte" Entscheidungen; Grundsatz der „Meistbegünstigung": Für die Frage, welches RMittel (Berufung, Revision oder Beschwerde) gegeben ist, kommt es grds darauf an, als was die angegriffene Entscheidung bezeichnet ist, dh sich ihrer **äußeren Form** nach, nämlich Urteil oder Beschluß, darstellt (11, 128). Entsprechendes gilt für die Frage, ob überhaupt ein RMittel gegeben ist (vgl 30, 98). Bei sog **„inkorrekten Entscheidungen"**, dh Entscheidungen, die in anderer Form ergingen, als der, in der sie ergehen müßten, zB als Beschluß statt als Urteil, kann der Rechtsmittelführer statt des der Entscheidung formell entsprechenden RMittel auch das RMittel einlegen, das er gegen die Entscheidung hätte, wenn sie in der richtigen Form ergangen wäre („Grundsatz der **Meistbegünstigung**").[44] Der Grundsatz der Meistbegünstigung greift zB auch, wenn das Gericht im Re-gelungsbereich des § 17 a Abs 2 GVG die Unzulässigkeit des VRW u die Verweisung nicht durch Beschluß, sondern durch Urteil ausspricht; dann ist wahlweise Berufung nach § 124 oder Beschwerde gem § 17 a Abs 4 S 3 GVG zulässig.[45] Dasselbe gilt für Entscheidungen, bei denen unklar ist, ob sie als Beschlüsse oder Urteile ergingen (BGH 72, 188 = NJW 1979, 43; BAG NJW 1986, 2785). Hatte **die untere Instanz anstelle** der an sich zuständigen **oberen Instanz** entschieden, so muß diese, wenn sie mit einem RMittel angerufen wird, die Entscheidung aufheben u dann **selbst in der Sache** entscheiden; für eine Verweisung ist in diesen Fall kein Raum (Braun DÖV 1987, 159). 22

Wurde fehlerhaft durch **eine nicht rechtsmittelfähige** Entscheidung entschieden, so ist das RMittel gegeben, das zulässig gewesen wäre, wenn die Entscheidung in der richtigen Form ergangen wäre (NVwZ 1985, 280). **Jedenfalls** darf durch die inkorrekte Entscheidung den Beteiligten **kein Rechtsnachteil** in bezug auf die Zulässigkeit von RMittel erwachsen (19, 193).

Nicht **anwendbar** sind die Grundsätze über RMittel gegen inkorrekte Entscheidungen auf **Entscheidungen,** die nicht nur in einer falschen, dh vom Gesetz dafür nicht vorgesehenen Form (zB als Urteil statt als Beschluß) ergingen, sondern auch **zT** (mehrere) **verschiedene „Streitgegenstände" betreffen. ZB** kann ein Beteiligter, wenn das VG, statt sich gem § 173, § 17 a Abs 2 GVG in einer Sache, für die es den VRW nicht für gegeben ansieht, durch Beschluß für unzuständig zu erklären u die Sache an das zuständige Gericht des zulässigen Rechtswegs zu verweisen, über die Klage selbst durch Endurteil entscheidet, **nur Berufung einlegen** (Ma NVwZ-RR 1993, 516; str, s auch 33 f zu § 41 aF).

---

[44] 11, 128; 18, 195; 26, 60; 30, 98; 71, 215; 75, 215; DÖV 1992, 166; DVBl 1992, 776: auch analoge Anwendung dieser Grundsätze, wenn das Gericht irrtümlich das RMittel von einer Zulassung abhängig gemacht hat, obwohl es nach dem Gesetz nicht zulassungspflichtig ist; BGH 40, 267; 46, 113; 72, 187 = NJW 1979, 49; NJW 1987, 442; NJW-RR 1990, 1483; FamRZ 1991, 549; BAG NJW 1986, 2785; Ms NJW 1970, 164; 1976, 1102; DVBl 1992, 113; Ko DVBl 1993, 260; NVwZ-RR 1993, 669; Ma NVwZ-RR 1993, 516; Lü DÖV 1981, 30; OLG Karlsruhe NJW 1987, 509; Ey-Happ 11 vor § 124; Maetzel MDR 1969, 345; Schenke 1136; Sch-Meyer-Ladewig/Rudisile 51; **aA** Ma NJW 1982, 2460.

[45] Ma NVwZ-RR 1993, 516; Ko NVwZ-RR 1993, 669; **aA** wohl Ms NVwZ-RR 1993, 570: keine Beschwerde.

23 In der Sache selbst hat das mit einem RMittel gegen eine „inkorrekte" Entscheidung, unabhängig davon, welcher Rechtsbehelf eingelegt wird, angerufene Gericht immer **nur die Entscheidungsbefugnisse,** die es hätte, wenn die Entscheidung in der richtigen Form ergangen wäre (BGH NJW 1979, 43, 47; Ko DÖV 1976, 828; NVwZ-RR 1993, 669). Es muß also, wenn die Voraussetzungen für eine Sachentscheidung nicht vorliegen, die inkorrekte Entscheidung aufheben u, je nach den für seine eigene Entscheidung maßgeblichen Bestimmungen (zB § 130), sie durch eine **formgerechte Entscheidung** ersetzen, die Sache an die Vorinstanz zurückverweisen oder an das zuständige Gericht verweisen.[46] Der Rechtsmittelführer kann über das gegen die inkorrekte Entscheidung zulässige RMittel **keine Nachprüfung** erreichen, **die** ihm **bei einer korrekten Entscheidung versagt** bleiben müßte (30, 98; Ko DÖV 1976, 828; BGH NJW 1979, 43, 47; OLG Karlsruhe NJW 1987, 509). Wurde ein **RMittel nicht zugelassen,** das keiner Zulassung bedarf, so hat das Rechtsmittelgericht nur die Entscheidung über die Nichtzulassung aufzuheben.[47] **Auch das anzuwendende Vf** richtet sich danach, in welcher Form die Entscheidung der Vorinstanz hätte ergehen müssen.[48]

24 Dasselbe gilt, wenn **in einer Rechtsbehelfsbelehrung** auf einen in Wahrheit **nicht statthaften Rechtsbehelf hingewiesen** wurde; eine falsche Rechtsbehelfsbelehrung kann nicht einen nicht statthaften Rechtsbehelf zulässig machen.[49]

Entsprechendes gilt, **wenn** in einer Entscheidung ein bestimmtes, nicht statthaftes **RMittel** ausdr **zugelassen wurde** (NJW 1986, 1125).

25 **7. Erfordernis der Unbedingtheit der Rechtsmitteleinlegung:** RMittel können (wie auch die Klage, vgl 8 zu § 82) grds – zu Ausnahmen bei der unselbständigen Anschließung s 17 zu § 127 – **nicht unter einer** (außerprozessualen) **Bedingung oder** unter einem **Vorbehalt** eingelegt werden,[50] auch nicht unter der Bedingung daß die **gleichzeitig beantragte Prozeßkostenhilfe** gewährt wird (Bln DVBl 1994, 805; OLG Celle MDR 1976, 598). Zulässig ist jedoch, daß der Rechtsmittelführer die Rechtsmittelschrift seinem Antrag auf Prozeßkostenhilfe mit der Bitte beifügt, sie erst nach Bewilligung der Prozeßkostenhilfe in den Geschäftsgang zu nehmen (BGH NJW 1952, 880; 2006, 694; SDC 2d zu § 124); **im Zweifel** ist ein RMittel, das unter der Voraussetzung eingelegt wird, daß die gleichzeitig beantragte Prozeßkostenhilfe zur Durchführung des Vf gewährt wird, (nur) **als Anlage** zum Antrag auf Prozeßkostenhilfe zu behandeln (BGH NJW 2006, 694; RÖ-Kothe 12 zu § 82). Von einer unzulässigen Bedingung ist der zulässige **Vorbehalt der Zurücknahme** des RMittel für den Fall, daß die beantragte Prozeßkostenhilfe nicht bewilligt werden sollte, zu unterscheiden (BGH NJW 1952, 880). Vgl allg zu bedingten RMittel auch Kornblum, Arens-GS 1993, 211.

---

[46] Vgl Ms NJW 1974, 1102; NVwZ-RR 1993, 670; Mü BayVBl 1982, 18; Ma NVwZ-RR 1993, 516: eigene Sachentscheidung des OVG gem § 130 Abs 1 zulässig, wenn VG nicht nur in formell fehlerhafter Weise über den Rechtsweg, sondern unzulässig auch über die Klage durch Endurteil entschieden hat, u das OVG den VRW bejaht.

[47] Hbg NVwZ 1984, 803; Ks KStZ 1984, 97 unter Hinweis darauf, daß für ein dahingehendes RMittel kein besonderes Rechtschutzinteresse erforderlich ist.

[48] BGH MDR 1966, 232; Ma NJW 1982, 2460; OLG Karlsruhe Justiz 1977, 457; Sch-Meyer-Ladewig/Rudisile 51; **aA** 18, 195; Ms NJW 1979, 1102: Wahlrecht des Rechtsmittelgerichts.

[49] 33, 211; 43, 326; 71, 76; 71, 76 = DVBl 1986, 286; DÖV 1990, 181; Buchh 402.25 § 32 AsylVfG Nr. 1 – in 66, 312 nicht mit abgedruckt –; Ko VRspr 2, 1020.

[50] NJW 1978, 1870; BVerfG 40, 275 = NJW 1976, 141; BFH NVwZ 1983, 439; Ba NVwZ-RR 1996, 423: „hilfsweise" eingelegte Beschwerde gegen einen Beschluß nach § 80 Abs 5 unzulässig; Sch-Meyer-Ladewig/Rudisile 45; **aA** mit beachtlichen Argumenten Kornblum Arens-GS 211; NJW 2006, 2889 mwN.

Unzulässig ist ein RMittel auch, wenn der Rechtsmittelführer sich vorbehält, ob es als Berufung oder als Revision zu behandeln ist (DÖV 1969, 723). Für die Zulässigkeit von **Haupt- u Hilfsanträgen** gelten auch für RMittel die allg Grundsätze (vgl dazu 1 ff zu § 44 sowie unten 55 f). Zulässig ist deshalb die Einlegung der **Revision, hilfsweise der Zulassungsbeschwerde** (**aA** BFH NVwZ 1983, 439). Zu beachten ist im übrigen, daß sich dort, wo sich der Kl im unklaren ist, welches RMittel statthaft ist u deshalb einen Hilfsantrag stellt, im Wege der Auslegung des Antrags ergeben kann, daß er das statthafte RMittel einlegen wollte (Ms NVwZ-RR 2002, 896). 26

8. Statthaftigkeit u sonstige Zulässigkeitsvoraussetzungen: a) Wie bei Klagen (vgl 1 ff, 10 ff, 17, 21 ff vor § 40) ist auch bei RMittel zwischen **Zulässigkeit** u **Begründetheit zu unterscheiden;** dabei ist zu beachten, daß Prozeßvoraussetzungen des KlageVf im RechtsmittelVf zT Fragen der Begründetheit des RMittel darstellen (s unten 29). 27

Die **Zulässigkeit eines RMittel** hat zur Voraussetzung: 28

1. die **Erfüllung der persönlichen (Sachentscheidungs-)Voraussetzungen,** wie Beteiligungsfähigkeit (§ 61), Prozeßfähigkeit (§ 62), Postulationsfähigkeit (§ 67).

2. die **Zulässigkeit des RMittel seiner Art nach** (Berufung, Beschwerde). Zu im Gesetz nicht vorgesehenen Rechtsbehelfen s oben 8.

3. die Existenz einer mit dem in Betracht kommenden RMittel **angreifbaren Entscheidung** (s oben 16 ff); zu sog inkorrekten Entscheidungen s oben 22 ff.

4. die **Zulassung** des RMittel, soweit sie vorgeschrieben ist (§§ 124 Abs 1, 132, 134, 135); ggf Zustimmung des Rechtsmittelgegners (§ 134); uU Erreichen der Rechtsmittelsumme (§ 146 Abs 3).

5. ein bestimmter Antrag; erforderlich ist nicht nur ein **Rechtsmittelantrag** (zB Aufhebung der angegriffenen Entscheidung u Zurückverweisung), sondern auch ein **Antrag in der Sache.**[51] Vgl auch 1 ff zu § 81; 1 ff zu § 82; 32 zu § 124 a; 4 zu § 139.

6. die **form- u fristgerechte Einlegung** des RMittel (einschließlich der Erfordernisse der Bestimmtheit des Antrags, der Bezeichnung der angefochtenen Entscheidung usw), bei Berufung u Revision sowie tlw (§ 146 Abs 4) bei der Beschwerde auch der Begründung. Zur bedingten Einlegung s oben 25 f. **Keine Fristen sind zu wahren** bei der sog **„Gegenrüge"** (BFH 99, 21; zum Begriff der Gegenrüge s oben 3). Die (unselbständigen) **AnschlußRMittel** im Rahmen der Berufung u Revision (vgl § 141) sind dagegen nach der Novellierung des § 127 durch das RmBereinVpG gem § 127 Abs 2 S 2 auch fristgebunden (s 14 zu § 127; 4 zu § 141). Die Anschlußbeschwerde ist dagegen weiterhin nicht fristgebunden (46 zu § 146).

7. bei RMittel eines Beigeladenen (§ 65) oder des VöI (§ 36), **daß das RMittel nicht** durch Klagerücknahme seitens des Kl, Abschluß eines gerichtlichen Vergleichs oder übereinstimmende Hauptsacheerledigungserklärungen des Kl u des Bekl **gegenstandslos geworden** ist, weil das Urteil, auf das sich das RMittel bezieht, durch die genannten Prozeßhandlungen unwirksam geworden ist (9, 144; BayVBl 1972, 450; s auch oben 21); ebenso zT bei AnschlußRMittel (s 8 ff zu § 127).

8. die **Rechtsmittelberechtigung** des Rechtsmittelführers, insb aufgrund der Beteiligung als Partei oder Beigeladener am bisherigen Vf (s unten 34 ff).

9. die **Beschwer** des Rechtsmittelführers durch die angefochtene Entscheidung (vgl unten 39 ff).

---

[51] ZB Verpflichtung des Landratsamts zum Erlaß des begehrten VA, vgl OLG Hamburg JZ 1987, 51.

10. das Recht zur Einlegung des RMittel darf **nicht** durch **Verzicht** (s 2, 6 zu § 126 u 2 zu § 140) oder **Verwirkung** (vgl 18ff zu § 74; zur Verwirkung des Berufungsrechts s Ms NVwZ-RR 2002, 798), dh durch illoyale Verzögerung der Geltendmachung, verloren worden sein (von der Verwirkung des RMittel ist die Verwirkung des materiellrechtlichen Anspr zu unterscheiden). Die Einlegung des RMittel darf außerdem auch nicht aus anderen Gründen eine unzulässige Rechtsausübung darstellen (vgl 18 zu § 74).

11. das Vorliegen eines **RS I** (vgl 30ff vor § 40; zur Revision auch Buchh 310 § 42 VwGO Nr 65).

NB: Die Voraussetzungen 2, 3, 8 u 9 werden vielfach auch unter dem **Begriff der Statthaftigkeit** (des RMittel) zusammengefaßt.[52]

29 **b)** Die **Prozeßvoraussetzungen** (Sachurteilsvoraussetzungen) **der Vorinstanz** stellen – mit Ausnahme der oben 28 zu Nr 1 genannten persönlichen Prozeßvoraussetzungen, die für jedes Vf gegeben sein müssen (zB die Prozeßführungsbefugnis, vgl NJW 1983, 1133) – in der Rechtsmittelinstanz, da hier Gegenstand des Vf nicht die Streitsache als solche, wie sie sich in der Vorinstanz darstellt, sondern die angegriffene Entscheidung (Urteil oder Beschluß) der Vorinstanz ist, grds **Fragen der Begründetheit des RMittel** dar (66, 268 = NJW 1983, 1133; Mü BayVBl 1990, 721). Daher ist zB die Berufung des Kl, dessen Klage vom VG zu Recht wg Versäumung der Klagefrist als unzulässig abgewiesen worden war, vom Berufungsgericht als unbegründet zurückzuweisen; ähnlich bei fehlender Prozeßführungsbefugnis (66, 268).

30 **c) Prüfung von Amts wegen.** Die Voraussetzungen der Zulässigkeit eines RMittel (s oben 28) sind wie die Prozeßvoraussetzungen (Sachurteilsvoraussetzungen) der Klage (vgl 10 vor § 40) vom Rechtsmittelgericht immer vAw zu prüfen. Vgl 40 zu § 137. Eine **Ausnahme** gilt nur für den nicht dem Gericht, sondern nur **einem Beteiligten ggü erklärten Rechtsmittelverzicht** u für den außergerichtlichen Vergleich (s 20ff zu § 106), die nur auf Einrede zu berücksichtigen sind (s 20 zu § 106).

Das Rechtsmittelgericht kann ggf die **Zulässigkeit des RMittel dahingestellt** sein lassen, wenn das RMittel jedenfalls unbegründet ist u dem Rechtsmittelführer dadurch keine Nachteile entstehen können (vgl Sendler DVBl 1982, 929; Sch-Meyer-Ladewig/Rudisile 31).

31 Die Zulässigkeitsvoraussetzungen müssen **spätestens im Zeitpunkt der Entscheidung des Rechtsmittelgerichts** erfüllt sein, zT jedoch auch schon bei Einlegung des RMittel bzw jedenfalls vor Ablauf der Rechtsmittelfrist (zB schriftliche Einlegung, Beschwer); sie müssen grds **auch noch im Zeitpunkt der letzten mV** bzw – in Vf ohne mV – im letztmöglichen Zeitpunkt für die Stellung von Anträgen vorliegen.[53]

32 Das Rechtsmittelgericht muß außer den Zulässigkeitsvoraussetzungen des RMittel **auch** die **Zulässigkeitsvoraussetzungen** der angegriffenen Entscheidung der **Vorinstanz** – auch soweit sie in der Rechtsmittelinstanz zu Voraussetzungen der Begründetheit geworden sind (s oben 29) – vAw beachten. Fehlende Prozeßvoraussetzungen der Entscheidung der Vorinstanz werden **durch** eine gleichwohl ergangene **Sachentscheidung nicht geheilt;** ihr Fehlen ist vom Rechtsmittelgericht auch ohne Rüge durch einen Beteiligten immer vAw zu berücksichtigen. Dies gilt nicht für die Zulässigkeit des VRW (§ 173 iVm § 17a Abs 5 GVG; dazu 7f u 32f zu § 41) sowie die **örtliche u sachliche Zustän-**

[52] Vgl Obermayer 237; Stern 19 II 2; GSOGB BVerwG 68, 380: Statthaftigkeit bedeutet, daß das RMittel ohne besondere Zulassungsvoraussetzungen, wie Zulassung durch das Gericht oder Erreichen einer Rechtsmittelsumme, gegeben ist.

[53] BGH MDR 1978, 567; **aA** zur Divergenzrevision bzw Divergenzvorlage BGH 25, 96; BAG AP Nr 43 zu § 72 ArbGG; vgl dazu BGH MDR 1978, 567.

digkeit der Vorinstanz (vgl § 83 iVm § 17a Abs 5 GVG, NVwZ-RR 1995, 300, s dazu im einzelnen 1 ff zu § 45, 1 ff zu § 83).

Auch soweit dem Rechtsmittelgericht **Tatsachenfeststellungen** verwehrt sind (zB gem § 137 Abs 2), gilt dies nicht für die Prüfung der Zulässigkeitsvoraussetzungen des RMittel sowie der formellen Sachentscheidungsvoraussetzungen der Vorinstanzen (vgl 36 zu § 137). Zur **Reihenfolge der Prüfung** der Zulässigkeitsvoraussetzungen gilt das zur Klage Gesagte (s 19 ff vor § 40) entspr. Zur Frage der Zulässigkeit des sog **Freibeweises** hins der Prozeßvoraussetzungen vgl 16 vor § 40.

d) Fehlt eine Zulässigkeitsvoraussetzung für das RMittel, so ist das 33 RMittel durch Prozeßentscheidung zu **verwerfen** (vgl §§ 124a Abs 2 S 1, 125 Abs 2 S 1, 144 Abs 1), ist das RMittel **unbegründet** (wegen Fehlens einer Prozeßvoraussetzung der Vorinstanz, die nicht zugleich auch Prozeßvoraussetzung für das RMittel ist, oder aus Gründen des materiellen Rechts), so ist es **zurückzuweisen** (vgl §§ 130a S 1, 144 Abs 2; Ule 61 III). In § 133 Abs 5 S 3 verwendet die VwGO offensichtlich den Begriff **„Ablehnung"** als Oberbegriff sowohl für die Verwerfung als auch die Zurückweisung der Nichtzulassungsbeschwerde. Bei Anfechtungs- bzw Verpflichtungsklagen erfordert die Begründetheit des RMittel auch, daß der letztlich in Frage stehende VA bzw die Unterlassung des begehrten VA den Rechtsmittelführer in seinen Rechten iSv § 42 Abs 2, § 113 Abs 1 S 1 bzw § 113 Abs 5 verletzt; das gilt entspr auch für RMittel eines Beigeladenen (47, 19; 64, 67; vgl auch DÖV 1980, 690; sehr zweifelhaft; s im einzelnen unten 48).

Bei Zulässigkeit u Begründetheit des RMittel hat das Rechtsmittelgericht **die angefochtene Entscheidung aufzuheben** u in der Sache zu entscheiden bzw die Sache zur erneuten Verhandlung u Entscheidung an die Vorinstanz zurückzuverweisen (§§ 125 Abs 2, 130, 144, 150).

9. Rechtsmittelberechtigte: a) Die Zulässigkeit jedes RMittel setzt die 34 Rechtsmittelberechtigung des Rechtsmittelführers voraus (s oben 28). Zur Einlegung eines RMittel berechtigt sind grds **nur die Beteiligten** (§ 63) der Vorinstanz (3, 150; Ma NVwZ-RR 1998, 162; Sch-Meyer-Ladewig/Rudisile 37 f; vgl auch § 124 Abs 1, § 132 Abs 1 u § 146 Abs 1), auch einfache Beigeladene (BFH 131, 429; NJW 1981, 888); **ausnahmsweise** bei Beschlüssen u sonstigen Entscheidungen, die nicht Urteile oder Gerichtsbescheide sind, ggf **auch** sonst von der Entscheidung betroffene **„Dritte"** (§ 146 Abs 1), zB derjenige, der vergeblich seine Beiladung (§ 65) beantragt hatte, unter bestimmten Voraussetzungen auch Zeugen u Sachverständige usw (Ule 61 III 2; s auch 8 zu § 146). Eine zu Unrecht erfolgte Beiladung führt idR zur Unzulässigkeit eines vom Beigeladenen eingelegten RMittel (Buchh 310 § 65 VwGO Nr 135), was sich schon daraus ergibt, daß es hier an der für die Rechtsmittelbefugnis erforderlichen Beschwer fehlt (BayVBl 2001, 634).

Personen, die nach § 65 Abs 2 **Anspr auf Beiladung** haben oder nach § 65 35 Abs 1 beigeladen werden können, **die** im bisherigen Vf in der unteren Instanz aber **noch nicht beigeladen** waren, können erst dann RMittel in der Hauptsache ergreifen, wenn sie vorher in der unteren Instanz beigeladen wurden,[54] was **auch noch nach dem Ergehen der Entscheidung,** gegen die das RMittel gerichtet werden soll, bis zur RKraft der Entscheidung, bzw bis der Rechtsstreit in der höheren Instanz anhängig wird, möglich ist (s 24 zu § 65). Der Beiladungsantrag kann jedoch mit dem Rechtsmittelantrag verbunden werden (Ks VRspr 1 Nr 112; Ey-J. Schmidt 26 zu § 65), wobei dann das untere Gericht zu-

---

[54] 38, 296; NVwZ 1991, 872; Buchh 310 § 65 VwGO Nr 56; 310 VwGO § 133 (nF) VwGO Nr 39; Ma DÖV 1975, 646; Sa DÖV 1975, 644; BFH BStBl 1975 II 40; B-v Albedyll 8 zu § 66; Ey-J. Schmidt 7 zu § 66; Hässy BauR 2001, 1536.

nächst über die Beiladung zu befinden hat u das RMittel mit der Zustellung des Beiladungsbeschlusses zulässig wird (Ey-J. Schmidt 26 zu § 65). Von der Beiladung durch die untere Instanz zum Zweck der Rechtsmitteleinlegung ist die nach § 125 Abs 1 iVm § 65 im BerufungsVf, gem § 142 Abs 1 S 2 auch noch im RevisionsVf (allerdings nur für die notwendige Beiladung), zulässige **Beiladung durch das Rechtsmittelgericht** zu unterscheiden. Ein Antrag auf Beiladung zu einem unzulässigen RevisionsVf hat keinen Erfolg, da sich der Zweck der Beiladung in einem solchen Vf nicht mehr verwirklichen läßt (Buchh 310 § 65 VwGO Nr 138). Auch im Vf über die Beschwerde wg Nichtzulassung der Revision kommt eine Beiladung in entspr Anwendung des § 142 Abs 1 S 2 nicht in Betracht (NVwZ 2001, 202); dasselbe gilt im Vf auf Zulassung der Berufung (Ma NVwZ-RR 2000, 814; Ms JurBüro 2001, 479).

36 Für den erst nachträglich Beigeladenen läuft die **Rechtsmittelfrist** erst ab Zustellung (§ 56) der in dem Vf, zu dem er beigeladen wird, ergangenen Endentscheidung an ihn (1, 27).

37 **b) VöI u VdB.** Der **VöI** (§ 36) beim Erstgericht (nicht auch der beim Rechtsmittelgericht; **aA** EF 5 zu § 124) kann sich in seiner Eigenschaft als solcher auch zum Zweck der **Einlegung eines RMittel** erstmals **beteiligen,** selbst wenn er bisher am Vf der Vorinstanz nicht beteiligt war,[55] jedoch nur solange, bis die Entscheidung rechtskräftig wird[56] oder die Sache durch ein RMittel mit Devolutiveffekt (1 vor § 124) bei der höheren Instanz anhängig wird. **Ist bereits von einem anderen Beteiligten Berufung eingelegt,** so kann nach Ablauf der Rechtsmittelfristen wg der funktionellen Trennung des VöI beim VG u beim OVG nur noch der **VöI beim OVG Anschlußberufung** (§ 127) einlegen (RÖ-M. Redeker 13 zu § 124; Sch-Meyer-Ladewig/Rudisile 38; zur Anschlußberufung des VöI s auch 11 zu § 127).

38 **Bei der Revision bzw der Nichtzulassungsbeschwerde** bleibt der VöI beim OVG bzw der VöI beim VG, wenn gegen dessen Entscheidung nur noch die Revision in Betracht kommt – vorausgesetzt, daß er sich am Vf der Vorinstanz beteiligt hatte, bevor dieses dort abgeschlossen war (90, 340 = NVwZ 1993, 183; str, ob nicht ggf auch später; s 3ff zu § 36) – auch dann zur Anschlußrevision bzw Anschlußnichtzulassungsbeschwerde befugt, wenn die Sache bereits aufgrund eines RMittel eines anderen Beteiligten beim BVerwG anhängig ist (2, 321; 25, 172). **Hatte sich der VöI** aber **bereits am Vf vor dem OVG beteiligt** – u nur dann! –, so bleibt er, auch wenn er selbst kein RMittel bzw AnschlußRMittel einlegt, automatisch kraft Fortdauer des Prozeßverhältnisses auch am RevisionsVf beteiligt (25, 176). Ein allg, dh von der Einlegung eines eigenen RMittel oder dem Fortbestehen einer Beteiligung in der Vorinstanz unabhängiges Beteiligungsrecht im Vf vor dem BVerwG – entspr dem Beteiligungsrecht des VdB (§ 35) – besteht dagegen für den VöI nicht u kann auch durch Landesgesetz nicht begründet werden (25, 175; 90, 340 = DVBl 1993, 41). Der VöI beim OVG kann sich daher nicht durch Einlegung einer Anschlußrevision nach Ablauf der Revisionsfrist erstmalig beteiligen (90, 339). Als Vertreter des Staates unterliegt der VöI den allg Vorschriften (s oben 34f). Der **VdB** hat nur die Befugnis, sich an Vf vor dem BVerwG zu beteiligen, kann aber selbst keine Revision oder Nichtzulassungsbeschwerde einlegen, da er am bisherigen Vf nicht beteiligt ist (2, 321; 96, 261); er kann auch keine **Anschlußrevision** u Anschlußnichtzulassungsbeschwerde einlegen.[57] Die **Rechte anderer Vertreter**

---

[55] Zur Berufung Lü 9, 394; zur Revision BVerwG 3, 321; 16, 265 = NJW 1964, 683; 67, 64; 75, 339; 90, 339 = NVwZ 1993, 183.

[56] Vgl 90, 340; NVwZ 1983, 413: jedenfalls solange, als den anderen Beteiligten ggü die Rechtsmittelfristen noch nicht abgelaufen sind; vgl 6 zu § 36.

[57] 96, 261: die unselbständige Anschlußrevision würde seine verfahrensrechtliche Stellung nicht verbessern, die selbständige käme der Revision in einer Weise gleich, die dem

von Bundesinteressen oder bestimmter öffentlicher Interessen (zB VIA) sind in den entspr Gesetzen besonders – meist ähnlich – geregelt.

10. Beschwer: a) Die Zulässigkeit eines RMittel setzt (als besondere Zulässigkeitsvoraussetzung, siehe oben 28) grds voraus, daß der Rechtsmittelführer durch die angegriffene Entscheidung **rechtlich beschwert** u bestrebt ist, die Beschwer durch das RMittel zu beseitigen (allgM, BGH 22, 46; 85, 142; MKZPO 13 vor § 511 ZPO – zu den näheren Voraussetzungen s unten 40ff). Die Beschwer muß **jedenfalls bei Ablauf der Rechtsmittelfrist** vorliegen (BGH FamRZ 1973, 621; BFH 99, 11; RS § 134, 7). **Ausnahmen** gelten nur für RMittel des VöI u anderer Rechtsmittelberechtigter kraft Amtes in bestimmten Fällen (s unten 49) sowie allg für **AnschlußRMittel** u sog **Gegenrügen** (s oben 3 u 28). **Entfällt die** (erforderliche) **Beschwer** des Rechtsmittelführers während des RechtsmittelVf, so wird das RMittel unzulässig (Ey-Happ 18 vor § 124; **aA** RÖ-M. Redeker 9 zu § 124; Ule 61 III 3; BGH 1, 29: unbegründet). Vgl aber zu RMittel nach Erledigung der Hauptsache zum Zweck der Erledigungserklärung unten 43. Zu RMittel eines Bevollmächtigten in eigener Sache s unten 54. 39

b) Für Rechtsmittel des Kl u des Bekl (mit Ausnahme der AnschlußRMittel, s unten 53) bedarf es grds – anders als nach § 42 Abs 2, wo eine materiellrechtliche Betroffenheit gefordert wird – einer **formellen Beschwer.**[58] Für den Bekl reicht die **materielle Beschwer** (zum Begriff unten 46) dann aus, wenn er keinen Antrag gestellt hat.[59] In Streitsachen, die sich auf ein Grundstück uä beziehen, ist bei Eigentümerwechsel nur der neue Eigentümer befugt, RMittel einzulegen (Mü BayVBl 1978, 736). 40

Eine **formelle Beschwer** ist nur dann gegeben, wenn die angegriffene Entscheidung dem Rechtsmittelführer **etwas versagt, was er** in dem Vf, in dem die Entscheidung erging, **beantragt** hatte,[60] dh, wenn u soweit die angefochtene Entscheidung hinter dem Begehren zurückbleibt; außerdem auch für einen Dritten u die Beteiligten, wenn infolge einer Verwechslung uä im Urteil **fälschlich ein Unbeteiligter** statt des wirklichen Kl oder Bekl als Kl oder Bekl genannt wird (BGH JZ 1978, 283). Eine formelle Beschwer idS liegt auch zB vor, wenn das Gericht **nur dem Hilfsantrag stattgegeben** u den Hauptantrag abgewiesen hat (29, 261) oder den Hauptantrag unentschieden ließ; wg der unterschiedlichen Rechtskraftwirkung für den Bekl grds auch, wenn durch **Prozeßurteil statt durch Sachurteil** entschieden wurde,[61] es sei denn, daß eine erneute Klage wg der Art des Streitggst oder der Entscheidung ausgeschlossen ist, wie zB bei Abweisung wg fehlender Klagebefugnis gem § 42 Abs 2 (NJW 1968, 1795) oder wg Versäumung der Klagefrist gem § 74, nicht dagegen bei Abweisung wg fehlender Rechtswegzuständigkeit.[62] Der Bekl wird durch ein **klagabweisendes** 41

Ausschluß der Revisionsbefugnis widerspräche; RÖ-M. Redeker 5 zu § 35; **krit** Sch-Gerhardt 15 zu § 35; s auch 4 zu § 35.

[58] HM, vgl 4, 283; 29, 211; BFH 103, 456, 120, 348; NJW 1984, 1255; BGH 24, 370; 39, 179; NJW 1955, 545; Sa BauR 1977, 334f; RÖ-M. Redeker 6, 6a zu § 124; Ule 61 III 3; Schenke 1127; Bettermann ZZP 1969, 27; **anders** BVerwG MDR 1969, 422 für den Sonderfall, daß der in erster Instanz unterlegene Bekl RMittel einlegt u den Kl durch Rücknahme des angefochtenen VA klaglos stellt; ebenso Mü DVBl 1999, 624; tlw **aA** Ey-Happ 28 vor § 124).

[59] Str, vgl BGH 39, 179; NJW 1973, 2287; Sch-Meyer-Ladewig/Rudisile 41; MKZPO 14ff vor § 511 ZPO; ThP 19 vor § 511 ZPO; HHSp 7 zu § 115 FGO.

[60] 4, 16; 4, 283; 17, 352; DÖV 1982, 448; Buchh 421.0 Nr 157; BGH 38, 290; Ma DVBl 1991, 1317; NVwZ-RR 1996, 619.

[61] 10, 148; 29, 211; DÖV 1972, 324; 1977, 784; BAG NJW 1987, 514; BGH 28, 349 = NJW 1959, 436; Mü BayVBl 1980, 297.

[62] 8, 334; VRspr 10, 379; MDR 1977, 867 = BayVBl 1977, 702.

Sachurteil statt eines Prozeßurteils nie beschwert.[63] Eine Beschwer des Prozeßgegners ist auch dann gegeben, wenn tatsächlich eine Erledigungssituation eingetreten ist, der Kl bzw ASt aber keinen Erledigungsantrag stellt u seinem Rechtsschutzbegehren (fälschlich) stattgegeben wird (Ma NVwZ-RR 2002, 75).

Durch ein zurückverweisendes Urteil, das eine Sache gem § 130 Abs 1 oder § 144 Abs 3 Nr 2 in die Vorinstanz zurückverweist, sind immer **sowohl der Kl als auch der Bekl** sowie sonstige Beteiligte **beschwert,** weil keiner die von ihm angestrebte abschließende Entscheidung erlangt hat (54, 120; Schneider MDR 1978, 528). Zur Beschwer bei Bescheidungsurteilen s unten 44.

Bei einem **unbestimmten,** insb nicht näher bezifferten **Klageantrag** (s zur Zulässigkeit 10 zu § 82) ist eine Beschwer nur gegeben, wenn der Kl ausdr oder konkludent einen **MindestStrW** angegeben hatte, der nicht erreicht wurde (vgl auch BGH NJW 1982, 340; BayObLG NZV 1989, 28); **in anderen Fällen** ist grds davon auszugehen, daß er sich mit jedem Urteilsbetrag einverstanden erklärt hat u deshalb **nicht beschwert** ist, wenn ihm nur ein bestimmter Betrag zuerkannt wurde.[64]

42 **Eine Beschwer** ist **auch dann gegeben,** wenn das RMittel im Hinblick auf eine nach Verkündung des Urteils, aber vor Ablauf der Rechtsmittelfrist erfolgte, für die Entscheidung relevante **Rechtsänderung** eingelegt wird, die den Rechtsmittelführer besser stellt als das bisherige Recht;[65] ebenso, wenn der Rechtsmittelführer **Wiederaufnahmegründe** (§ 153) geltend macht u die Prüfung des Gerichts ergibt, daß solche Gründe tatsächlich vorliegen (RGZ 126, 263; str), oder wenn er **neue Gründe,** insb neue Tatsachen vorträgt, die er in der Vorinstanz ohne sein Verschulden noch nicht geltend machen konnte (BGH 39, 182; NJW 1972, 1710; 1978, 888; OLG Hamm NJW 1978, 277 mwN). Auch der **Widerruf eines Anerkenntnisses,** aufgrund dessen ein Anerkenntnisurteil ergangen ist, kann mit einem RMittel gegen das Anerkenntnisurteil geltend gemacht werden (BGH NJW 1981, 2193).

43 Umstritten ist, ob ein RMittel auch dann noch zulässig ist u die hierfür erforderliche Beschwer durch eine Entscheidung vorliegt, wenn die **Hauptsache sich nach Ergehen eines Urteils** bzw eines Beschlusses **erledigt** u das RMittel allein mit dem erklärten Ziel eingelegt wird, daß in dem dadurch anhängig gemachten Vf die **Hauptsache für erledigt erklärt werden kann.**[66] Das wird dort, wo nach dem 6. VwGOÄndG RMittel einer vorherigen Zulassung bedürfen (s § 124 Abs 1; s auch § 133), zT abgelehnt,[67] da es mit der Teleologie der

---

[63] NVwZ-RR 1991, 445; Lü VRspr 5, 122; RÖ-M. Redeker 6 a zu § 124; 1 zu § 121; grds auch BVerwG MDR 1977, 367, wo jedoch die Frage offen gelassen wird, ob es Ausnahmen geben könnte, wie dies von StJ Allg Einl zum 3. Buch V 2 a, bb für die ZPO angenommen wird; kritisch Bettermann DVBl 1961, 73; Jessen NJW 1978, 1611; vgl auch BAG NZA 1986, 755 zu RMittel gegen die Zurückweisung der Anschlußbeschwerde als unbegründet mit dem Ziel ihrer Verwerfung als unzulässig.

[64] BGH Warneyer 1969 Nr 298; 1977 Nr 132; 1979 Nr 54; Schumann NJW 1982, 1259; **aA** BayObLG NZV 1989, 28: grds in Höhe des Betrags beschwert, der auf der Grundlage des Sachvortrags bei Begründetheit der Klage zuzubilligen wäre.

[65] OLG Hamm NJW 1978, 277; OLG Frankfurt NJW 1978, 892; **aA** BGH NJW 1978, 888; OLG Oldenburg NJW 1978, 170; OLG Düsseldorf FamRZ 1978, 60.

[66] Vor Erlaß des 6. VwGOÄndG für Zulässigkeit einer Berufung auch in diesen Fällen NVwZ 1993, 97; Hbg MDR 1995, 956; Mü BayVBl 1987, 339; R. P. Schenke, Der Erledigungsrechtsstreit im Verwaltungsprozeß, 309 ff; ebenso nach Erlaß des 6. VwGOÄndG Lü NVwZ-RR 2004, 912; 2007, 67; Ma NVwZ-RR 2002, 75; 2003, 392; entspr iVm RevisionszulassungsVf BVerwG NVwZ-RR 1996, 122; Ey-J. Schmidt 12 zu § 161; NKVwGO-Seibert 337 zu § 124 a; Sch-Clausing 19 zu § 161; Sch-Meyer-Ladewig/Rudisile 48; **aA** Ks DVBl 1998, 243 sowie noch 13. Aufl mwN.

[67] So iVm der Zulassung der Berufung Ks DVBl 1998, 243; iVm der Zulassung der Beschwerde vor der Novellierung des § 146 Abs 4 auch Ms NVwZ-RR 2002, 701; We DÖV 1997, 964; vgl auch Ma NVwZ-RR 1998, 371.

durch den Gesetzgeber geschaffenen ZulassungsVf, die auf eine Einschränkung der RMittel gerichtet sind, nicht im Einklang stehe. Wenn es dem ZulassungsASt nur noch darum gehe, einer ihn beschwerenden Entscheidung die Wirkung zu nehmen, indem im RechtsmittelVf eine beiderseitige Erledigungserklärung herbeigeführt werden oder ggf die Erledigung gerichtlich festgestellt werden soll, werde nämlich über die Begründetheit des ursprünglichen Begehrens ohnehin nicht mehr in der Rechtsmittelinstanz entschieden. Im Hinblick darauf, daß durch eine beiderseitige Erledigungserklärung festgestellt wird, daß dem erstinstanzlichen Urteil keine RKraft u Bindungswirkung mehr zukommt u auch nach Erlaß einer Entscheidung eintretende Veränderungen noch im RechtsmittelVf (auch im ZulassungsVf, s 7 c zu § 124) zu berücksichtigen sind, sprechen jedoch gute Gründe dafür, die **Zulässigkeit eines RMittel auch noch bei einer nachträglichen Erledigung zu bejahen.** IVm der Beschwerde im vorläufigen RechtsschutzVf ist ohnehin nach der Novellierung des § 146 Abs 4 u der Abschaffung eines diesem vorgeschalteten ZulassungsVf der eigentliche Grund, der hier früher für die Unzulässigkeit eines RMittel angegegeben wurde, insoweit weggefallen.[68] Auch iVm einem BerufungsVf ist aber auf jeden Fall dann von einer Zulässigkeit der Berufung bzw eines diesem vorgeschalteten Antrags auf Zulassung der Berufung auszugehen, wenn der ASt ein berechtigtes Interesse besitzt, im RechtsmittelVf die vor Eintritt der Erledigung bestehende Rechtslage einer Klärung durch das Rechtsmittelgericht zuzuführen. Geklärt werden kann etwa bei berechtigtem Interesse, daß das Recht, über das in der angegriffenen Entscheidung gestritten wurde, vor Erledigung bestand; ebenso kann bei Erledigung eines VA (u damit auch des Rechtsstreits) die Rechtswidrigkeit des VA gem § 113 Abs 1 S 4 festgestellt u die Zulassung lediglich zu diesem Zweck beantragt werden.[69] Liegt wg einer Veränderung der Sach- oder Rechtslage objektiv eine Erledigungssituation vor, verfolgt der Rechtsmittelführer u Kl aber sein Rechtsschutzbegehren im HauptsacheVf nach Maßgabe der §§ 124 ff in demselben Umfang weiter wie in der vorherigen Instanz, so ist sein Zulassungsantrag jedenfalls unbegründet (7 c zu § 124).

Nicht ausreichend ist es, wenn der Kl, dessen Antrag das Gericht voll stattgegeben hat, das RMittel nur **einlegt,** um in der Rechtsmittelinstanz die **Klage zu erweitern** (BGH NJW 1988, 828; Mü BayVBl 1980, 88; vgl auch BSG NZA 1986, 69) oder um von der **Feststellungsklage auf eine Leistungsklage** überzugehen (BGH NJW 1988, 828), oder wenn der Bekl Widerklage erheben will.

Keine Beschwer liegt vor, **wenn** die Entscheidung der Vorinstanz **lediglich** 44
auf andere Gründe gestützt ist, als sie der Rechtsmittelführer vorgebracht hatte, also nur in der Begründung liegen würde,[70] es sei denn, die Tragweite der in der Frage stehenden Gründe ist nicht dieselbe.[71] Letzteres gilt ua **bei Bescheidungsurteilen** gem § 113 Abs 5 S 2, wenn die das Urteil ausweislich der Begründung tragende Rechtsauffassung des Gerichts zu einer weniger weitgehenden Bindung der Behörde zugunsten des Kl geführt hat, als dieser angestrebt hatte,[72] oder bei Bestätigung eines Urteils, das die Klage als zur Zeit unbegründet abgewiesen hatte, mit der Begründung, daß die Klage endgültig unbegründet ist (vgl auch RGZ 54, 10; BGH NJW 1988, 1982 mwN = JuS 1990, 64 m Anm

---

[68] Für Zulässigkeit einer Beschwerde auch hier nunmehr Ma NVwZ-RR 2003, 392; Ms NVwZ-RR 2003, 701.

[69] Lü NVwZ-RR 2004, 912; Ma NVwZ-RR 1998, 371.

[70] 4, 16; 4, 283; 17, 352; BayVBl 1980, 444; DVBl 1961, 449; NVwZ 2002, 83 f; BFH NJW 1984, 1255; BGH NJW 1986, 2706; 1988, 1982.

[71] DVBl 1961, 449; 29, 213; BGH NJW 1986, 2706; LM § 66 ZPO Nr 1 zu c.

[72] 23, 124; DÖV 1982, 785 = DVBl 1982, 448; BGH NJW 1986, 2706; Mü BayVBl 1982, 663; Bln DÖV 1976, 105.

K. Schmidt). Von einer Beschwer war nach § 47 Abs 5 aF auch dann auszugehen, wenn der ASt bei einer NK die Feststellung der Nichtigkeit der Norm nach § 47 Abs 5 S 2 aF beantragt hatte, durch das OVG ein angegriffener Bebauungsplan aber nach § 47 Abs 5 S 4 nur als „bis zur Behebung der in den Entscheidungsgründen bezeichneten Mängel nicht wirksam" erklärt wurde.[73] Nach der Novellierung des § 47 im Rahmen des EAG Bau v 24. 6. 2004 (BGBl I 1359) trifft das aber nicht mehr zu, da der Gesetzgeber hier sowohl für die Fälle einer endgültigen Nichtigkeit wie auch für die Fälle einer durch ein ergänzendes Vf behebbaren Unwirksamkeit als einheitliche Tenorierung die Erklärung der Unwirksamkeit vorgesehen hat. Deshalb ist dort, wo der ASt in einem RechtsmittelVf die Unwirksamerklärung der Norm im Hinblick auf einen nicht behebbaren Mangel begehrt, durch das OVG die Norm dann aber wg eines Mangels für unwirksam erklärt wird, der in einem ergänzenden Vf behoben werden kann, der ASt durch eine solche Entscheidung auf der Basis des novellierten § 47 nicht beschwert. Nicht beschwert ist der Kl auch durch ein **Zwischenurteil,** das die Zulässigkeit der Klage bejaht, zugleich aber (unzulässigerweise) die Klagebefugnis gem § 42 Abs 2 hins einzelner als verletzt geltend gemachter Rechte verneint (60, 125 = BayVBl 1980, 443).

45 Auf eine **Beschwer durch die Kostenentscheidung** allein kann ein RMittel nur ausnahmsweise gestützt werden (s 1 ff zu § 158); dies gilt auch dann, wenn ein RMittel trotz Vorliegens einer formellen Beschwer in der Hauptsache ganz offensichtlich ausschließlich nur wg der Kostenentscheidung eingelegt wird (BGH MDR 1976, 482). Vgl auch Br DÖV 1988, 523: Eine Beschwerde, die mit dem Ziel eingelegt wird, die Hauptsache für erledigt zu erklären u eine günstigere Kostenentscheidung zu erlangen, ist ausnahmsweise dann zulässig, wenn der Bf geltend machen kann, er sei dadurch, daß das erstinstanzliche Gericht Verfahrensgrundrechte verletzt habe, daran gehindert worden, die Hauptsache in der ersten Instanz für erledigt zu erklären.

46 **c) Für Rechtsmittel eines Beigeladenen** (§ 65) kommt es nicht auf das Vorliegen einer formellen Beschwer an, weil der Beigeladene im Vf nicht verpflichtet ist, überhaupt Anträge zu stellen. Maßgeblich ist hier – unabhängig von einem etwa gestellten Antrag oder von der Stellungnahme des Beigeladenen in der Vorinstanz –, daß der Beigeladene durch die angegriffene Entscheidung **materiell beschwert ist,** dh in seinen rechtlichen Interessen (bzw Rechten) – vgl § 65 – nachteilig berührt wird.[74] Ob dies der Fall ist, ist nach den besonderen Umständen des Falles u der daraus zu entnehmenden Interessenlage zu beurteilen (16, 275). **Ggü einem Bescheidungsurteil genügt** als Beschwer, daß die vom Gericht als verbindlich erklärte **Rechtsauffassung für den Beigeladenen ungünstiger** ist als seine eigene (69, 258; Buchh 421.0 Prüfungswesen Nr 157 S 51; s auch oben 44), u diese Auffassung zu einer Beeinträchtigung seiner subjektiven Rechte führen kann (69, 258 f). Beschwert ist danach zB der **Bauherr,** dessen Baugenehmigung auf die Klage des Nachbarn hin aufgehoben wurde (52, 240 = NJW 1978, 129); der **Baulastträger,** zu dessen Gunsten eine Planfeststellung erfolgt war, wenn die Planfeststellung aufgehoben wurde (NVwZ 1982, 116); der Baulastträger, dessen Zustimmung zur Erteilung der Baugenehmigung gem § 9 Abs 2 FStrG durch das Urteil der Vorinstanz ersetzt wurde, auch wenn er selbst gegen diese Baugenehmigung nicht nach § 42 Abs 2 klagebefugt gewesen wäre; der möglicherweise **Erstattungspflichtige,** der einem Erstattungsanspr nicht mehr entgegenhalten könnte, daß die Forderung nicht besteht (DVBl 1982, 74); eine **Gemeinde,** wenn das Gericht aufgrund der Verpflichtungsklage

---

[73] NVwZ 2003, 621; Grünebaum DVP 2004, 55; eingeh 13. Aufl 44; **aA** Quaas VBlBW 2002, 290; J. Schmidt NVwZ 2000, 982.

[74] 16, 275; NVwZ-RR 1996, 32; Ma NVwZ-RR 1998, 388; Ms NVwZ-RR 2003, 73.

eines Bauwerbers auf Erteilung einer Baugenehmigung ihren (Änderungs-)Bebauungsplan inzident verworfen u das Vorhaben entgegen den Festsetzungen dieses Änderungsplans, aber in Übereinstimmung mit dem ursprünglichen Plan zugelassen hat (92, 66 = DÖV 1993, 921 = DVBl 1993, 657). Die **Bindungswirkung** des Urteils (§ 121) **allein** begründet keine Beschwer (31, 233; 64, 67; Ks DÖV 1976, 607), ebensowenig das verwaltungsmäßige Interesse eines **Ministeriums** am Ausgang des Vf (Ms DVBl 1998, 240). Zur Beschwer aufgrund der Begründung des Urteils vgl auch oben 41 u 44.

Ist die **Beiladung zu Unrecht erfolgt,** so liegt **nie eine sachliche Beschwer** vor, da das Urteil den Beigeladenen nicht in seinen rechtlich geschützten Interessen berühren kann.[75] Umgekehrt kann **auch der Beigeladene** im Rechtsmittelzug aus prozeßrechtlichen Gründen nur obsiegen, wenn dies auch materiellrechtlich seinen **subjektiven Rechten** entspricht.[76] 47

In Anfechtungssachen ist **keine Beschwer** gegeben, **wenn** der Beigeladene nicht auch selbst nach § 42 Abs 2 zur Klage gegen den VA befugt wäre;[77] **etwas anderes** gilt jedoch bei einem RMittel eines selbständigen Rechtsträgers, dem eine **gesetzliche Mitwirkungsbefugnis** kraft eigener Zuständigkeit beim Erlaß des VA zukommt (BayVBl 1972, 216) u in den Fällen einer **Rechtsbehelfsberechtigung kraft Amtes** (s auch unten 52). Legt daher zB (nur) die Gemeinde, die nicht Baugenehmigungsbehörde ist, Berufung gegen ein Verpflichtungsurteil zur Erteilung einer Baugenehmigung ein, **so beschränkt** sich die gerichtliche Prüfung **auf Bauplanungsrecht,** da der Gemeinde durch die Gewährleistung der Planungshoheit als Teil des gemeindlichen Selbstverwaltungsrechts **nur insoweit,** nicht auch bezüglich des Bauordnungsrechts, **eine geschützte Rechtsposition** vermittelt wird (Ma NVwZ-RR 1998, 388; Mü BayVBl 1988, 340). Beschwert ist auch die beigeladene Gemeinde durch ein Urteil, das eine von der beklagten staatlichen Baurechtsbehörde erlassene, dem Schutz der gemeindlichen Planungshoheit ggü einem bauplanungsrechtlichen unzulässigen Bauvorhaben dienende Beseitigungsanordnung aufhebt.[78] 48

d) Für Rechtsmittel des VöI ist eine **Beschwer nicht erforderlich,** soweit der VöI RMittel in seiner Eigenschaft als solcher u nicht als Vertreter des Staates einlegt.[79] Es genügt, daß er die Entscheidung für unrichtig hält (Lü 9, 375; 11, 94; NJW 1978, 1493). Auch RMittel des VöI müssen **aber jedenfalls eine anderslautende Entscheidung** als die der Vorinstanz zum Ziel haben (u damit zugleich bezwecken, daß einem Beteiligten die Beschwer genommen wird, die die Entscheidung der Vorinstanz für ihn bedeutet, vgl MDR 1977, 868; Sch-Meyer-Ladewig/Rudisile 43), u dürfen sich nicht darauf beschränken, nur die Begründung einer Entscheidung zu bekämpfen (MDR 1977, 868; Lü 9, 395; 11, 94; NJW 1978, 1493); anders, wenn u soweit die Begründung auch Inhalt u 49

---

[75] 31, 234; 37, 44; 47, 20; 54, 332; 64, 67 = NJW 1982, 952; Mü NVwZ 1998, 529; Hässy BauR 2001, 1535; Sch-Meyer-Ladewig/Rudisile 42.

[76] 47, 22 = NJW 1975, 551; 54, 332; 64, 67 = NJW 1982, 952; 69, 258; NJW 1969, 995; 1984, 2174; Buchh 310 § 124 VwGO Nr 8; § 42 VwGO Nr 65; § 133 BBauG Nr 76; Mü NVwZ 1983, 414; Sa DÖV 1983, 985; vgl auch BVerwG DÖV 1980, 690; dazu auch unten 48 u 62; ferner oben 33.

[77] 47, 19; 64, 67 = NJW 1982, 952; 69, 258; 77, 105; NVwZ 1982, 116; 1987, 971; Mü BayVBl 1988, 340; vgl auch DÖV 1980, 690; str, s auch oben 33 u 47; ferner unten 62.

[78] Mü BauR 2000, 90; **aA** Ma NVwZ-RR 1998, 358, der allein wg des Fehlens eines Mitwirkungsrechts der Gemeinde beim Erlaß der Beseitigungsanordnung die rechtliche Betroffenheit der Gemeinde ablehnt, hierbei aber nicht ausreichend beachtet, daß sich die Beschwer nicht aus der verfahrensrechtlichen Position der Gemeinde, sondern aus ihrer beeinträchtigten Planungshoheit ergibt.

[79] 7, 227; 9, 144; 64, 69; 67, 66; MDR 1977, 868; NVwZ 1983, 413; 75, 339; Mü BayVBl 1980, 296; Lü NJW 1978, 1493; Sch-Meyer-Ladewig/Rudisile 43; RÖ-M. Redeker 6 zu § 36; Ule 61 III 3.

Tragweite der Entscheidung bestimmt (vgl oben 44 u 46). Auch ein vom VöI eingelegtes **AnschlußRMittel** muß nicht gegen den Rechtsmittelführer gerichtet sein (7, 226; Mü BayVBl 1978, 120; 1979, 174; s auch 11 zu § 127).

50 Daß der VöI nach Landesrecht (vgl 1 zu § 36) zugleich allg **als Vertreter des Staates** in Verwaltungsstreitsachen bestellt ist u im konkreten Fall in der Vorinstanz auch als solcher aufgetreten ist, hindert ihn nicht, in derselben Sache Rechtsmittelbefugnisse **als VöI** wahrzunehmen (7, 226; Mü BayVBl 1978, 120); er ist dann insoweit jedoch nicht an Weisungen gebunden, denen er sonst als Vertreter des Staates unterworfen ist. Die von einer Beschwer unabhängige Rechtsmittelbefugnis des VöI besteht unbeschadet der Möglichkeit, daß der VöI nach Einlegung des RMittel in seiner Eigenschaft als solcher uU im RechtsmittelVf dann wieder als Parteivertreter für den Staat auftritt (str); er kann auch **zugleich u nebeneinander** sowohl als VöI als auch als Vertreter des Bekl oder Kl auftreten (Mü BayVBl 1978, 120; **aA** 31, 12; 36, 192). Wird ein **RMittel** durch den VöI **für den Staat** eingelegt – obwohl der VöI ein öffentliches Interesse an der Durchführung eines RechtsmittelVf nicht bejaht –, so bedarf es für die Zulässigkeit des RMittel der Beschwer (s oben 40).

51 **Ob** sein RMittel geeignet u erforderlich ist, das **öffentliche Interesse** zu fördern, unterliegt ausschließlich der Beurteilung des VöI. Das Rechtsmittelgericht hat diese Frage nicht zu überprüfen (so zur Revision 9, 145; MDR 1977, 868).

52 Außer beim VöI, soweit er in seiner Eigenschaft als solcher auftritt, bedarf es keiner Beschwer auch bei **RMittel von Amtsträgern u Behörden, denen** durch Gesetz die **Klagebefugnis** nach § 42 Abs 2 **unabhängig von einer Betroffenheit** in eigenen Rechten bzw in Rechten der Rechtsträger, dem sie zuzurechnen sind, **eingeräumt** ist (NVwZ 1983, 413 zum – heute abgeschafften – Bundesbeauftragten für Asylangelegenheiten; BGH VRspr 27, 639; vgl auch 180 ff zu § 42), sofern gesetzlich nichts anderes bestimmt ist (BGH VRspr 27, 639; Ule 61 III 3).

53 **e) Anschlußrechtsmittel** (Anschlußberufung § 127; Anschlußrevision §§ 141, 127; Anschlußbeschwerde §§ 146, 127), die nach der Novellierung des § 127 nur noch als unselbständige AnschlußRMittel statthaft sind (s 4 vor § 127), setzen **keine Beschwer** voraus.[80] Sie verlieren, anders als die selbständig eingelegten Rechtmittel (Berufung, Revision, Beschwerde), ihre Wirkung, wenn das RMittel, an das sie sich anschließen, zurückgenommen oder als unzulässig verworfen wird (§ 127 Abs 5). Zur Anschlußberufung s 1 ff zu § 127, zur Anschlußrevision 2 zu § 141, zur Anschlußbeschwerde 46 zu § 146.

54 **f) Rechtsmittel Dritter,** die am Vf nicht als Beteiligte (§ 63) teilnehmen, **zB** Beschwerden von **Prozeßbevollmächtigten** gegen eine zu niedrige Festsetzung des StrW (Mü BayVBl 1972, 450) oder gegen ihre Zurückweisung als Bevollmächtigter nach § 67 Abs 2 (s 12 f zu § 146) **oder eines Betroffenen,** der ohne Erfolg seine **Beiladung** zum Vf **beantragt hatte** (vgl oben 35), erfordern grds eine **materielle Beschwer.** Insoweit gilt das oben zu 46 Ausgeführte entspr. Beschwert ist auch der ohne Vollmacht im Vf aufgetretene Vertreter, dem in der Entscheidung des Gerichts die Kosten auferlegt wurden (s 58 zu § 67).

55 **11. Konkurrenz mehrerer Rechtsmittel, Haupt- u Hilfsantrag:** Haben **mehrere Rechtsmittelberechtigte,** zB mehrere Streitgenossen, **verschiedene,** an sich zulässige **RMittel eingelegt** (zB Berufung u Sprungrevision), so ist nur das RMittel maßgeblich, das in seiner Wirkung die umfassendere Nachprüfung eröffnet u möglichst für keinen Beteiligten zum Verlust einer Instanz führt (**aA** BSG NJW 1966, 1775: nur das zuerst eingelegte RMittel ist zulässig); die übri-

---

[80] 29, 264; BGH MDR 1974, 1000; 1978, 398; BAG NJW 1976, 2143; Ule 61 VII; offen BVerwG 72, 169; Buchh 310 § 40 VwGO Nr 164 = DÖV 1971, 784; vgl auch BayVBl 1981, 374; zT **aA** StJ 6 zu § 521 ZPO aF.

gen RMittel sind im Zweifel entspr umzudeuten u ggf gem § 83 an das zuständige Gericht zu verweisen (vgl 7 zu § 83). Zulässig ist auch eine **Verbindung von Hilfsanträgen u Hauptanträgen** (BVerfG 40, 275; s allg auch 1 ff zu § 44). Entsprechendes gilt, wenn ein Beteiligter vorsorglich, weil er nicht sicher ist, ob ein eingelegtes RMittel allen formellen Voraussetzungen genügt, in derselben Sache **ein zweites RMittel** einlegt, insoweit also das RMittel wiederholt (vgl BGH NJW 1978, 2246). Ist sich der Rechtsmittelführer nicht im klaren, welches RMittel statthaft ist, u legt er deshalb neben einem RMittel hilfsweise ein zweites anderes RMittel ein, so gilt das statthafte RMittel als eingelegt (Ms NVwZ-RR 2002, 896).

Ein in der Vorinstanz gestellter **Hilfsantrag** wird **automatisch auch Gegenstand des RechtsmittelVf,** wenn die angegriffene Entscheidung dem Hauptantrag stattgegeben hatte.[81] Aus diesem Grund bedarf es bei einer Verurteilung des Bekl nach dem Hauptbegehren zur Anhängigkeit des Hilfsbegehrens beim OVG weder eines darauf bezogenen Zulassungsantrags noch der auf den Eventualantrag bezogenen Zulassungsgründe (NVwZ 1999, 643). **War** dagegen **der Hauptantrag in der Vorinstanz abgewiesen** u nur dem Hilfsantrag stattgegeben worden, so wird der Hauptantrag nur dann wieder Gegenstand auch des RechtsmittelVf, wenn gegen die Abweisung selbst RMittel bzw AnschlußRMittel eingelegt werden (DVBl 1980, 597; EF 10 zu § 44; ThP 18 zu § 260 ZPO). **Solange über den Hauptantrag noch nicht rechtskräftig** entschieden ist, bleibt auch die Wirksamkeit des Urteils über den Hilfsantrag in der Schwebe (DVBl 1980, 597). Insb kann auch einem RMittel des seinen Hauptantrag weiter verfolgenden Kl nicht die RKraft der Entscheidung über den Hilfsantrag entgegengehalten werden, mit dem der Kl in der Vorinstanz erfolgreich war (DÖV 1981, 70). 56

Gibt das Rechtsmittelgericht dem Hauptantrag statt, so hat es **zugleich die Verurteilung aus dem Hilfsantrag** aufzuheben, weil der Kl sonst zwei Titel hätte (StJ 9 zu § 537 ZPO aF). Die Aufhebung ist **insoweit** jedoch **nur deklaratorisch** (DVBl 1980, 597), da die mit dem Hauptantrag obsiegende Partei den vorher mit dem Hilfsantrag geltend gemachten Anspr ohnehin nicht mehr geltend machen könnte u mit dem Erfolg des Hauptantrags, die durch das RMittel in der Hauptsache auflösend bedingte Rechtshängigkeit des Hilfsantrags wieder entfallen ist (DVBl 1980, 597; Brox, FS 150 Jahre Heymanns Verlag, 1965, 136).

12. Neues Vorbringen u neue Anträge: Neues Vorbringen u neue Anträge sind **in der Berufungs- bzw Beschwerdeinstanz** grds unbeschränkt zulässig (vgl § 128 S 2); eine Antragsänderung im BeschwerdeVf des § 146 Abs 4 ist hingegen nicht statthaft (33 zu § 146). Abweichende Regelungen der ZPO sind im Vf vor den Verwaltungsgerichten nicht anwendbar.[82] Eine **Präklusion** neuer Erklärungen u Beweismittel durch das Berufungsgericht ist aber gem § 125 Abs 1 iVm **§ 87 b** u **§ 128 a** möglich. 57

Eine **Klageänderung** ist bei Vorliegen der Voraussetzungen des § 125 iVm § 91 (s auch § 533 Nr 1 ZPO) auch noch in der Berufungsinstanz zulässig, nicht jedoch bereits im ZulassungsVf (NKVwGO-Seibert 30 zu § 125; Hbg NVwZ-RR 2004, 621). § 533 Nr 2 ZPO, nach dem zusätzlich zu den mit § 91 identischen Voraussetzungen des § 533 Nr 1 ZPO für die Zulässigkeit einer Klageänderung gefordert wird, daß diese auf Tatsachen gestützt werden kann, die das Berufungsgericht seiner Verhandlung u Entscheidung über die Berufung ohnehin nach § 529 ZPO zugrunde zu legen hat, ist auch über § 173 S 1 im Verwal-

---

[81] DVBl 1980, 597; Buchh 402.40 § 53 AuslG Nr 36; BGH MDR 1990, 711; Ms NVwZ-RR 2003, 532; Ey-Happ 3 vor § 124; MuLö BayVBl 1979, 125; ThP 18 zu § 260 ZPO; BL 22 zu § 260 ZPO; **aA** StJ 10 zu § 537 ZPO aF: der Kl muß hilfsweise Anschlußberufung in bezug auf den Hilfsantrag einlegen; M 13 zu § 260 ZPO.

[82] Mü NJW 1982, 2394; Sch-Meyer-Ladewig/Rudisile 8 zu § 128.

tungsprozeß nicht anwendbar, da die §§ 128, 128a eine weiterreichende Überprüfungsbefugnis des OVG vorsehen (s auch BL 13 zu § 533). Dasselbe gilt auch für die in § 533 Nr 2 ZPO getroffenen zusätzliche Einschränkung einer **Widerklage** (auch 1a zu § 89) u einer **Aufrechnung** im Verwaltungsprozeß (47a zu § 40). **In der Revisionsinstanz** ist neues tatsächliches Vorbringen nur beschränkt möglich (s im einzelnen 36ff zu § 137); eine Klageänderung (§ 142) u, jedenfalls sofern dadurch neuer Streitstoff in den Prozeß eingeführt würde, auch eine Widerklage sind nicht mehr zulässig (44, 360; BGH 33, 398; s auch 2 zu § 89), dasselbe gilt für die Berücksichtigung der Aufrechnung.

58 **Verfahrensrügen,** auf die ein Beteiligter wirksam **verzichtet** hat **oder** die **nicht rechtzeitig geltend gemacht** wurden u dadurch gem § 173 S 1, § 295 ZPO verlorengingen, können auch in der Rechtsmittelinstanz nicht mehr erhoben werden; dies gilt jedoch nur für Verstöße gegen Verfahrensvorschriften, die ausschließlich dem Schutz der Betroffenen dienen (vgl DÖV 1976, 745). Ebenso behalten **selbständig anfechtbare Entscheidungen,** die der die Instanz abschließenden Entscheidung vorausgingen u die nicht angefochten wurden, auch für die höhere Instanz ihre Wirksamkeit.[83]

59 **13. Begründetheit von Rechtsmitteln:** Ein RMittel ist begründet, wenn die angegriffene Entscheidung aus prozeßrechtlichen oder materiellrechtlichen Gründen, die nicht zugleich auch schon die Zulässigkeit des RMittel selbst betreffen, fehlerhaft ist. S auch oben 29. **Bei der Revision** sind die formellen u materiellen **Beschränkungen des Prüfungsrechts** des Revisionsgerichts (zB § 137) zu beachten; sie haben ggf zur Folge, daß die Revision in der Sache erfolglos bleibt, obwohl das angegriffene Urteil fehlerhaft ist. Vgl auch zur Nachprüfung von Ermessensentscheidungen unterer Gerichte im RevisionsVf unten 63f. Eine beschränkte Prüfungskompetenz besteht nach der Neuregelung des § 146 Abs 4 auch für die **Beschwerde** in vorläufigen RechtsschutzVf (s 43 zu § 146).

60 **Verfahrensmängel** u sonstige Mängel sind grds nur insoweit erheblich, als sich die angegriffene Entscheidung **nicht aus anderen Gründen,** die zu beurteilen das Rechtsmittelgericht befugt u in der Lage ist, als (im Ergebnis) **richtig** erweist (vgl § 144 Abs 4); das gleiche gilt auch für sonstige RMittel; vgl zur Berufung BGH 31, 364). **Die Verletzung** von **Soll-Verfahrensvorschriften** ist grds ohne Rechtsfolgen (BGH NJW 1982, 293).

61 Bei Verfahrensmängeln kommt außerdem idR eine **Heilung durch fehlerfreie Nachholung** der entsprechenden Verfahrenshandlung in Betracht, sofern dadurch der Zweck der Vorschrift noch erreicht werden kann, uU **auch erst in der Rechtsmittelinstanz** selbst, soweit diese hins der zu entscheidenden Frage dieselbe Entscheidungskompetenz hat wie das untere Gericht (vgl auch unten 64). Vgl zB – hier jedoch eingeschränkt – zur Nachholung des rechtlichen Gehörs uU sogar noch in der Revisionsinstanz 10ff zu § 138.

62 **Rechtsbehelfe eines Beigeladenen** gegen Entscheidungen über Anfechtungs- oder Verpflichtungsklagen sind wg fehlender Beschwer **unzulässig,** wenn der Beigeladene den in Frage stehenden VA, wenn er selbst in der Sache Kl wäre, hinnehmen müßte, weil der VA ihn nicht iSv § 113 Abs 1 S 1 bzw Abs 5 S 1 in seinen Rechten verletzt (Sch-Meyer-Ladewig/Rudisile 42; str, s oben 33 u 48; zT **aA** Sa DÖV 1983, 985: unbegründet). Umgekehrt muß **zB die Berufung des beigeladenen Bauherrn,** Anlagenbetreibers uä gegen ein der Anfechtungs-

---

[83] ZT **aA** BGH LM § 249 Bl BGB Nr 2: Nachprüfung im Rahmen der Prüfung des Endurteils auch von nach § 548 ZPO aF an sich unanfechtbaren Entscheidungen, wenn eine Verletzung des rechtlichen Gehörs gerügt wird; allg auch BVerfG 61, 78 = NJW 1982, 2368; Seetzen NJW 1982, 2332: erweiterte Auslegung der Vorschriften über RMittel, soweit dies im Interesse eines wirksamen Grundrechtsschutzes). Vgl auch 4 zu § 128; 3 zu § 137; 14 zu § 144.

klage des Nachbarn stattgebendes Urteil **Erfolg** haben, wenn die Baugenehmigung – mag sie auch objektiv rechtswidrig sein – eine den Kl schützende Norm nicht verletzt.[84]

Zur Begründetheit eines RMittel **bei Fehlerhaftigkeit von** der angegriffenen Entscheidung vorangegangenen **Vorentscheidungen** oder Zwischenentscheidungen **in der Sache** s oben 58 u 60f; unten 64; ferner 3ff zu § 128; 20ff zu § 132; 3 zu § 137; 12ff zu § 130; 1, 11ff u 14ff zu § 144; bei Fehlerhaftigkeit von **Ermessensentscheidungen** oder aufgrund eines **Beurteilungsspielraums** (vgl DVBl 1982, 645) getroffenen Entscheidungen der Vorinstanzen bzw der Beurteilung von Ermessensakten der Behörden durch die Vorinstanzen im RevisionsVf 20f zu § 137 (**anders** insoweit grds **für** die Berufung u die Beschwerde, bei denen **die zweite Tatsacheninstanz** volle Ersetzungs- bzw Nachprüfungsbefugnis hat). 63

Vorangegangene **Vorentscheidungen** der unteren Instanz **bzgl des Vf,** die nicht (ausnahmsweise) selbständig mit Berufung, Revision oder Beschwerde angegriffen werden können, sind auch **im Rahmen von RMittel** in der Hauptsache, soweit dem Gericht dafür ein Ermessens- oder Beurteilungsspielraum zuerkannt ist, grds – anders zT bei der Berufung – (nur) auf **sachfremde Erwägungen oder grobe Fehleinschätzungen** überprüfbar.[85] Soweit hiernach die Überprüfungsbefugnis des Berufungsgerichts hins des Verfahrensfehlers reicht, kann auch der Antrag auf Zulassung der Berufung auf den Verfahrensmangel gestützt werden; liegt der geltend gemachte Verfahrensmangel vor u kann die angegriffene Entscheidung darauf beruhen, so muß das OVG die Berufung gem § 124 Abs 2 Nr 5 zulassen (s 14 zu § 124). Zur Frage, ob die Zulassung der Berufung auf eine Verletzung des § 6 Abs 1 u 3 gestützt werden kann, s 14 zu § 124 mwN. 64

Soweit allerdings **die Kompetenz** des Rechtsmittelgerichts **nicht auf eine Nachprüfung der Entscheidung** der unteren Instanz **beschränkt** ist, sondern es, insb als weitere Tatsacheninstanz, dieselbe Kompetenz in der Sache wie auch das Vordergericht hat u insb auch eine eigene Ermessensentscheidung treffen kann, gilt die eben aufgezeigte Beschränkung nicht.[86]

§ 124 [Zulässigkeit der Berufung; Zulassungsgründe]

(1) **Gegen Endurteile**[3 f] **einschließlich der Teilurteile nach § 110 und gegen Zwischenurteile nach §§ 109 und 111 steht den Beteiligten die Berufung zu,**[1] **wenn sie von dem Verwaltungsgericht oder dem Oberverwaltungsgericht zugelassen wird.**[2]

(2) **Die Berufung ist nur zuzulassen,**[5]

1. **wenn ernstliche Zweifel an der Richtigkeit des Urteils bestehen,**[6 f]
2. **wenn die Rechtssache besondere tatsächliche oder rechtliche Schwierigkeiten aufweist,**[8 f]
3. **wenn die Rechtssache grundsätzliche Bedeutung hat,**[10]
4. **wenn das Urteil von einer Entscheidung des Oberverwaltungsgerichts, des Bundesverwaltungsgerichts, des gemeinsamen Senats der obersten Gerichtshöfe des Bundes oder des Bundesverfassungsgerichts abweicht und auf dieser Abweichung beruht**[11 f] **oder**

---

[84] 64, 67 = NJW 1982, 952; DÖV 1980, 690; 69, 258 = NJW 1984, 2174; Buchh 406.19 Nachbarschutz Nr 37; Sa DÖV 1983, 985; vgl auch BVerwG 47, 19

[85] Vgl 84, 27; NVwZ-RR 1993, 165; 1994, 118; BGH NJW 1993, 2319; vgl zur Überprüfbarkeit hins eines Verstoßes gegen das verfassungsrechtliche Willkürverbot auch zB BVerfG 42, 47 = NJW 1976, 1391: wenn im Lichte der Grundentscheidungen der Verfassung nicht mehr verständlich u daher der Schluß nahe liegt, daß die Entscheidung auf sachfremden Erwägungen beruht; s allg auch 12 zu § 1.

[86] Vgl BFH NJW 1994, 752: der BFH ist als Beschwerdegericht Tatsacheninstanz u deshalb gehalten, eigenes Ermessen auszuüben.

5. wenn ein der Beurteilung des Berufungsgerichts unterliegender Verfahrensmangel geltend gemacht wird und vorliegt, auf dem die Entscheidung beruhen kann.[13f]

Vgl §§ 511, 517–520 ZPO; §§ 143f SGG

Schrifttum: *Atzler,* Aktuelle Probleme des Zulassungsrechts für Berufungs- und Beschwerdeverfahren, NdsVBl 1998, 153; *ders,* Zulassung der Berufung, NVwZ 2001, 410; *Bader,* Das sechste Gesetz zur Änderung der Verwaltungsgerichtsordnung, DÖV 1997, 442; *ders,* Praktische Erfahrungen mit dem Sechsten VwGO-Änderungsgesetz, VBlBW 1997, 401, 449; *ders,* Zulassungsberufung und Zulassungsbeschwerde nach der 6. VwGO-Novelle, NJW 1998, 409; *ders,* Führen die neuen Zulassungsrechtsmittel der VwGO zu einer unzumutbaren Erschwerung des Zugangs zum OVG?, NVwZ 1998, 446; *ders,* Die Neuregelung des Rechtsmittelrechts und sonstiger Änderungen der VwGO durch das Rechtsmittelbereinigungsgesetz, VBlBW 2002, 471; *Berkemann,* Verwaltungsprozeßrecht auf „neuen Wegen", DVBl 1998, 446; *Braun,* Ergänzung einer Entscheidung über die Zulassung der Berufung, NVwZ 2002, 690; *Buscher,* Die Zulassungsberufung im Verwaltungsprozeß, 2004; *Dörries,* Die Zulassung der Berufung wegen ernstlicher Zweifel an der Richtigkeit der Entscheidung, VR 2001, 109; *Ewer,* Das 6. Gesetz zur Änderung der VwGO – Gesetzgeberischer Aktionismus mit kontraproduktiver Wirkung, ZG 1998, 47; *ders,* Schrotschüsse in den Nebel, Darlegung fehlender Ergebnisrichtigkeit und alternativer Begründungsmöglichkeiten bei Berufungszulassungsanträgen nach § 124 Abs 2 Nr 1 VwGO, NordÖR 2000, 352; *H. Fischer,* Berufungszulassungsgründe, DVBl 2000, 1686; *Geiger,* Der Abschied von der Gesetzgebungskunst, NJW 2002, 1248; *Guckelberger,* Die Zulassungsbeschwerde, DÖV 1999, 937; *Günther,* Berufungszulassung wegen „ernstlicher Zweifel" am Urteils-Resultat oder an den Entscheidungsgründen?, NVwZ 1998, 472; *ders,* Berufungszulassung wegen Divergenz statt Grundsätzlichkeit oder umgekehrt?, DVBl 1998, 678; *Happ,* Die Darlegung ernstlicher Zweifel an der Richtigkeit des Urteils, BayVBl 1999, 577; *Heinig,* „Ernstliche Zweifel" trotz richtigen Ergebnisses? – Anmerkungen zur Auslegung des § 124 Abs 2 Nr 1 VwGO – DÖV 2004, 529; *Hufen,* Verwaltungsprozeßrecht besteht, Verfassungsrecht vergeht?, DV 1999, 519, 529; *ders,* Rechtsprechungsübersicht – Berufungszulassung im verwaltungsgerichtlichen Verfahren, JuS 2001, 1021; *ders,* Berufungszulassung durch den Einzelrichter, JuS 2004, 1021; *Johlen,* Erfahrungen mit der Beschwerdezulassung nach den §§ 146 Abs. 4, 124 Abs. 2 VwGO, NWVBl 1999, 41; *ders,* Der Anwalt im Verwaltungsprozess, DÖV 2001, 582; *Just,* Das Gesetz zur Bereinigung des Rechtsmittelrechts im Verwaltungsprozess (RmBereinVPG) – eine Überblick, LKV 2002, 201; *ders,* Reform der Reform: Das Gesetz zur Bereinigung des Rechtsmittelrechts im Verwaltungsprozess im Überblick, ThürVBl 2002, 203; *Kienemund,* Das Gesetz zur Bereinigung des Rechtmittelrechts im Verwaltungsprozeß, NJW 2002, 1231; *Knopp,* Verwaltungsprozessuale Neuerungen durch das Gesetz zur Bereinigung des Rechtsmittelrechts, DÖV 2003, 24; *Kuhla,* Die berufungstypischen Zulassungsgründe, DVBl 2001, 172; *Kuhla/Hüttenbrink,* Neuregelungen in der VwGO durch das Gesetz zur Bereinigung des Rechtsmittelrechts im Verwaltungsprozess (RmBereinVpG), DVBl 2002, 85; *Laudemann,* Das Zulassungsrecht nach dem 6. VwGO-ÄndG in der obergerichtlichen Rechtsprechung, NJ 1999, 6; *ders,* Das Rechtsmittelrecht in der zweiten Instanz nach dem RmBereinVpG, LKV 2003, 66; *Lotz,* Das Gesetz zur Bereinigung des Rechtmittelrechts im Verwaltungsprozess – praktische Verbesserungen und einige neue Probleme –, BayVBl 2002, 353; *May,* Die Zulassung der Berufung, SGb 1993, 249; *Millgramm,* Die Verwaltungsgerichtsbarkeit nach der siebten Novelle der Verwaltungsgerichtsordnung, SächsVBl 2003, 104; *Philipp,* Bürgerferner geht es nicht – Die Zulassungsberufung nach der Verwaltungsgerichtsordnung, NVwZ 2000, 1265; *Quaas,* Das 6. VwGO-ÄndG aus anwaltlicher Sicht, NVwZ 1998, 701; *M. Redeker,* Die Rechtsprechung der norddeutschen Oberverwaltungsgerichte zur Rechtsmittelzulassung, NordÖR 2000, 6; *Rennert,* Die maßgebliche Perspektive bei der Zulassung von Berufung und Beschwerde im Verwaltungsprozeß, NVwZ 1998, 665; *Roth,* Der Berufungszulassungsgrund der „ernstlichen Zweifel" im verwaltungsgerichtlichen Verfahren, VerwA 1997, 416; *ders,* Tatsachenfragen als Zulassungsgrund bei der Grundsatz- und Divergenzberufung, DÖV 1998, 191; *ders,* Die fehlerhafte Einreichung der Berufungszulassungsbegründung beim OVG – ein rechtsmethodisches Exempel, NVwZ 2003, 1189; *Rudisile,* Das Berufungszulassungsrecht der VwGO im Spiegel der Rechtsprechung, DV 2006, 421; *Sauthoff,* Weitere Äußerungen des Bundesverwaltungsgerichts zum Recht der Berufungszulasssung, NordÖR 2000, 10; *Schenke,* „Reform ohne Ende" – Das 6. VwGOÄndG, VII. Die Neuregelungen im Rechtsmittelrecht, NJW 1997, 90; *J. Schmidt,* Das 6. VwGO-ÄndG und seine Folgen aus der Sicht der Berufungsinstanz, NVwZ 1998, 694; *ders,* Berufungszulassung, VBlBW 2000, 393; *Schmieszek,* 6. VwGOÄndG, II. 1. Zulassungsberufung und Folgeänderungen,

NVwZ 1996, 1153; *Seibert,* Die Zulassung der Berufung, DVBl 1997, 932; *ders,* Das Verfahren auf Zulassung der Berufung, NVwZ 1999, 113; *ders,* Änderungen der VwGO durch das Gesetz zur Bereinigung des Rechtsmittelrechts im Verwaltungsprozeß, NVwZ 2002, 265; *Stüer/Hermanns,* Erfahrungen mit der 6. VwGO-Novelle, VBlBW 2000, 256; *Uechtritz,* Die Konkretisierung des neuen Rechtsmittelrechts durch die Verwaltungsgerichtsbarkeit, VBlBW 2000, 65; *ders,* Die 6. VwGO-Novelle und die aktuellen Überlegungen zur Reform des Rechtsmittelrechts: Das Berufungsverfahren, NVwZ 2000, 1217; *Wilke,* „Kurskorrektur" in der VwGO, Zu den aktuellen Überlegungen zur Änderung der VwGO, NordÖR 2001, 6; *Winkler,* Berufungszulassung wegen ernstlicher Zweifel an der Richtigkeit des erstinstanzlichen Urteils, JA 2005, 22; *Wolf,* Reform der Verwaltungsgerichtsordnung aus dem Gebiet des Asylverfahrensgesetzes, in: Verwaltungsgerichtsbarkeit und öffentliches Recht – Aufbau und Bewährung in Mecklenburg-Vorpommern, Festgabe für Haack 1997, 85; *Zieglmeier,* Vertretungszwang bei der Berufungseinlegung im verwaltungsgerichtlichen Verfahren, NJW 2005, 3466. – S auch vor § 124 sowie allg Schrifttum zum 6. VwGO-ÄndG bei § 114.

1. Allgemeines: Die Berufung ist das RMittel, das auf die **Überprüfung eines Urteils** des VG durch das OVG (VGH) sowohl in **tatsächlicher** als auch **rechtlicher Hinsicht** abzielt. Sie hat sowohl **Suspensiv-** als auch **Devolutivwirkung** (s 1 vor § 124). Bei einer durch das VG **nicht zugelassenen Berufung** tritt der Suspensiveffekt nicht erst mit der Einlegung der Berufung, sondern bereits mit der Stellung des **Antrags auf Zulassung der Berufung** ein (s 1 vor § 124). **Berufungsgericht** ist gem § 46 Nr 1 das **OVG** (VGH). Zu spezialgesetzlichen Vorschriften, welche die **Berufung für bestimmte Rechtsstreitigkeiten ausschließen,** s 1 zu § 135. 1

2. Zulassungsberufung: Durch das am 1. 1. 1997 in Kraft getretene 6. VwGO-ÄndG wurde die bisher im Regelfall zulassungsfreie Berufung – zulassungsbedürftig war die Berufung bislang nur gem § 131 Abs 2 aF in Abhängigkeit vom Wert des Beschwerdegegenstandes in Bagatellsachen sowie in einigen gesetzlich besonders geregelten Fällen – durch die **allg Zulassungsberufung** ersetzt. Durch die Einführung der allg Zulassungsberufung erhoffte sich der Gesetzgeber einen wesentlichen Beitrag zur Entlastung der Berufungsgerichte (BT-Dr 13/1433, 13). Der Gesetzgeber ging dabei davon aus, daß eine Tatsacheninstanz regelmäßig ausreiche u die zweite Tatsacheninstanz nur in solchen Vf zur Verfügung stehen solle, in denen eine Überprüfung der Entscheidung erster Instanz von der Sache her notwendig sei (BT-Dr 13/3993, 13; ferner BT-Dr 13/1433, 13). Die Entscheidung über die Zulassung der Berufung stand bis zur Novellierung der §§ 124f durch das RmBereinVpG ausschließlich dem OVG zu u bedurfte eines Zulassungsantrags. Nach § 124 a Abs 1 ist nunmehr aber bei Vorliegen der Voraussetzungen des § 124 Abs 2 Nr 3 oder 4 auch eine antragsunabhängige Zulassung der Berufung durch das VG vorgesehen. Entspr wurde auch § 124 Abs 1 ergänzt. 2

Die Beschränkung der Berufung durch das Erfordernis einer besonderen Zulassung **(Zulassungsberufung)** ist, sofern der Gleichheitssatz gewahrt ist (vgl BVerfG 54, 292; Bethge NJW 1991, 2397), **verfassungsrechtlich zulässig** u verstößt weder gegen Art 19 Abs 4 GG noch gegen Art 103 Abs 1 GG.[1] Da Art 19 Abs 4 GG keine 2. Instanz garantiert (s 12 zu § 1), ist auch ein gänzlicher Ausschluß der Berufung verfassungsrechtlich statthaft.

Die **Zulassungsbedürftigkeit** der Berufung hat nicht automatisch auch eine Einschränkung in bezug auf den Zugang zur Revisionsinstanz zur Folge u **schließt** deshalb die **Sprungrevision nicht aus.**[2] Die Zulassungsberufung ist andererseits aber auch nicht einem gesetzlichen Ausschluß der Berufung gleich-

[1] BVerfG 19, 328 = NJW 1966, 339; 54, 292; NVwZ 1983, 405; s auch 1 vor § 124.
[2] 28, 88; 69, 295 = NVwZ 1984, 399; Buchh 310 § 135 VwGO Nr 1; 92, 220 = NVwZ 1994, 490; Sch-Meyer-Ladewig/Rudisile 17.

zuachten, welcher gem § 135 die Revision eröffnet. Beides folgt aus **§ 134 Abs 3 S 1,** wonach mit **Nichtzulassung der Sprungrevision** die Frist für den **Antrag auf Zulassung der Berufung** zu laufen beginnt. Dazu, daß die Anschlußberufung keiner Zulassung bedarf, s 19 zu § 127.

Spezielle Vorschriften über die Zulassung der Berufung u das BerufungsVf finden sich in **§ 78 AsylVfG.** Soweit die dort getroffenen Regelungen Lücken aufweisen, wie dies nach hM in bezug auf die Berufungsbegründung zutreffen soll (s unten 14 zu § 124 a), ist auf §§ 124 f zurückzugreifen. Rechtsstreitigkeiten um Maßnahmen u Entscheidungen der Ausländerbehörden, die diese im Zuge der Vollziehung der Ausreisepflicht eines Ausländers treffen, dessen Asylantrag unanfechtbar abgelehnt wurde, sind keine Rechtsstreitigkeiten nach dem AsylVfG (NVwZ 1998, 299; Ma NVwZ 1999, 792).

3 **3. Gegenstand der Berufung:** Mit der Berufung anfechtbar sind nur **Endurteile** u **Gerichtsbescheide** gem § 84 (s 16 vor § 124). Die Berufung **erfaßt** grds automatisch auch die in der Vorinstanz gestellten **Hilfsanträge.** Legt der Bekl Berufung ein, so fällt auch der Klageantrag des Kl sowie ggf ein auf einem einheitlichen Sachverhalt beruhender Hilfsantrag des Kl damit der Berufungsinstanz an (s dazu 56 vor § 124). Wenn das Urteil (nur) auf einen von **mehreren Klagegründen** gestützt ist, so fallen die übrigen, nicht beschiedenen Klagegründe ohne weiteres der Entscheidung durch das Berufungsgericht anheim (BGH NJW 1992, 117).

Bei **teilbarem Streitggst** (vgl dazu auch 32 a zu § 132) kann die Berufung auch auf einen abtrennbaren, rechtlich u tatsächlich selbständigen Teil des Urteils der Vorinstanz **beschränkt** werden, insb auch auf die Entscheidung über einzelne selbständige Klageanträge; **im Zweifel** ist die Berufung jedoch **als unbeschränkt zu verstehen** (18 vor § 124 mwN). Wird die Berufungseinlegung ausdr auf einen von mehreren Klageanträgen beschränkt, so ist darin idR ein wirksamer Rechtsmittelverzicht in bezug auf die anderen Anträge zu erblicken (vgl BGH NJW 1990, 1118). Grds zulässig ist andererseits, vorbehaltlich der Voraussetzungen des § 91 u des § 129, auch eine **Erweiterung der Klage** in der Berufungsinstanz;[3] sie vermag aber nicht einen vorher bestehenden Mangel fehlender Beschwer (s 39 ff vor § 124) für die Berufung zu heilen (RÖ-M. Redeker 9) u hat bei Anfechtungs- u Verpflichtungsklagen auch grds nicht zur Folge, daß hins des erweiterten Teils die Erfüllung der besonderen **Sachurteilsvoraussetzungen der ersten Instanz,** wie insb des VorVf, entbehrlich würde (s 31 f zu § 91). Für die Erklärung einer **Aufrechnung** im BerufungsVf gelten die Beschränkungen gem § 173 S 1, § 533 Nr 1 ZPO, nicht aber § 533 Nr 2 ZPO (57 vor § 124), dasselbe gilt allg für eine **Klageänderung** sowie für eine **Widerklage** (57 vor § 124). Zur **„Heraufholung"** von bei der unteren Instanz noch anhängigen **Teilen** eines Rechtsstreits s auch 1 zu § 128; 7 zu § 110.

Eine Zulassung der Berufung scheidet nicht allein deshalb aus, weil sich der Rechtsstreit nach Ergehen der erstinstanzlichen Entscheidung, aber vor Stellung des Zulassungsantrags bzw der Zulassungsentscheidung erledigt hat (s 43 vor § 124).

4 **Zur Anfechtung von Entscheidungen,** die zwar **in Form eines Urteils** ergehen, **gegen** die gleichwohl **ausnahmsweise** aber **nur die Beschwerde** nach § 146 gegeben ist, s 17 vor § 124, von sog „inkorrekten" Entscheidungen auch 22 ff vor § 124.

5 **4. Berufungszulassungsgründe (Abs 2):** Abs 2 zählt **abschließend** die Gründe auf, aus denen die Berufung zuzulassen ist. Die Zulassungsgründe der

---

[3] Lü NJW 1968, 125; s auch 1 zu § 128; vgl andererseits zum Zivilprozeßrecht BGH 8, 383 = NJW 1953, 702; Erweiterung des Streitstoffes mit Zustimmung aller Beteiligten; BGH VersR 1962, 374; OLG München NVwZ 1982, 151; Erweiterung, wenn der Rechtsmittelgegner sich rügelos darauf einläßt.

Nrn 3–5 entsprechen denen des § 131 Abs 3 aF sowie den Revisionszulassungsgründen des § 132 Abs 2 (BT-Dr 13/3993, 13); die Nrn 1 u 2 enthalten ihrer Art nach neue Zulassungsgründe, die sich zwar weitgehend überschneiden, aber nicht deckungsgleich sind.[4] Für die Berufungszulassung in AsylVf ist allein der engere Katalog von Zulassungsgründen des § 78 Abs 3 AsylVfG maßgeblich (Ma VBlBW 1997, 299; zur Ergänzung des § 78 AsylVfG durch § 124a Abs 3s unten 59 zu § 124a). Ist mindestens ein Zulassungsgrund erfüllt, so muß das OVG die Berufung zulassen; ihm kommt insoweit **kein Ermessen** zu. Eine **willkürliche Nichtzulassung** der Berufung, dh wenn das OVG mit seiner Ablehnung der Zulassung in willkürlicher Weise den Zugang zu einer Berufungsentscheidung in der Sache versperrt (vgl BVerfG NJW 1991, 2078 mwN; BayVerfGH NJW 1990, 502), **verletzt Art 19 Abs 4 GG** (BVerfG NJW 1993, 465: Verletzung auch, wenn wg fehlender Begründung ein sachlicher Grund für die Nichtzulassung nicht erkennbar ist). Ist das angefochtene Urteil auf **mehrere selbständig tragende Begründungen** gestützt (sog mehrfache bzw kumulative Begründung), so muß für jeden dieser Gründe ein Berufungszulassungsgrund gegeben sein.[5] Liegt dagegen nur eine **alternativ tragende Begründung** vor („entweder deshalb oder deshalb"), so genügt bereits ein Zulassungsgrund in bezug auf einen dieser Gründe (Mü NVwZ-RR 2004, 391; Seibert NVwZ 1999, 119; **aA** Rennert NVwZ 1998, 672). Es gilt insoweit dasselbe wie im Revisionsrecht (unten 6 zu § 132). Wird in dem angegriffenen Urteil über mehrere Klagebegehren befunden, so bedarf es, wenn durch die (voll) unterlegene Partei eine umfassende Überprüfung der Entscheidung erstrebt wird, bzgl jedes dieser Klagebegehren einer Zulassung der Berufung gem § 124 Abs 2 (NVwZ 1999, 642; s zum entspr Problem iVm der Revision 32a zu § 132). Eine fehlerhafte Rechtsmittelbelehrung eröffnet nicht den Zugang zum Rechtsmittelgericht (Ma NVwZ 1997, 693; Bader NJW 1998, 409).

Zur **Einlegung des Antrags auf Zulassung der Berufung** u zur **Darlegung der Zulassungsgründe** s näher 38ff zu § 124a.

a) Ernstliche Zweifel (Nr 1). Der Berufungszulassungsgrund der ernstlichen 6
Zweifel an der Richtigkeit des angefochtenen Urteils ist neu. Ausweislich der Gesetzesbegründung sollte er der Verwirklichung der **Einzelfallgerechtigkeit** dienen, indem er die Möglichkeit einräumen sollte, grob ungerechte Entscheidungen zu korrigieren (BT-Dr 13/3993, 13). Zugleich wollte der Gesetzgeber mit dem Begriff des „ernstlichen Zweifels" in Nr 1 an denselben in § 80 Abs 4 S 3 verwendeten Begriff anknüpfen.[6] Diese Zielsetzungen sind freilich miteinander nicht vereinbar u provozieren zusätzlich noch weitere Bedenken (s näher unten 7), so daß sich aus der Entstehungsgeschichte der Norm keine weiteren Aufschlüsse für die Interpretation des § 124 Abs 2 Nr 1 ableiten lassen.

Ernstliche Zweifel an der Richtigkeit des Urteils bestehen richtigerweise dann, 7
wenn gegen dessen Richtigkeit nach summarischer Prüfung **gewichtige Gesichtspunkte** sprechen,[7] wovon immer dann auszugehen ist, wenn ein einzelner tragender Rechtssatz oder eine erhebliche Tatsachenfeststellung mit schlüssigen

---

[4] BT-Dr 13/5098, 24; Hbg NVwZ 1997, 690; Schmieszek NVwZ 1996, 1153.

[5] Ko NVwZ-RR 1999, 598; Lü NVwZ-RR 2004, 702; Ma NVwZ 1998, 645; Mü NVwZ-RR 2004, 391; Münster NVwZ 1997, 1224; Schl NordÖR 2000, 512; Sch-Meyer-Ladewig/Rudisile 25; Seibert NVwZ 1999, 119; ebenso zum Revisionsrecht BVerwG NJW 1980, 2268; vgl unten 6 zu § 132.

[6] BT-Dr 13/3993, 13; Ma VBlBW 1997, 220; Bader DÖV 1997, 445; Kuhla DVBl 2001, 174; Schmieszek NVwZ 1996, 1153.

[7] Schenke NJW 1997, 91; so oder ähnlich auch BVerfG NVwZ 2000, 1164; Bln NVwZ 1998, 197; Ks NVwZ 2002, 108; Ma VBlBW 1997, 219; Berkemann DVBl 1998, 455; Erichsen JK 99 VwGO § 124 I; Ey-Happ 11, 15; Hufen DV 1999, 531; M. Redeker NordÖR 2000, 6; J. Schmidt NVwZ 1998, 697; s auch BFH 101, 297; Ma VBlBW 1999, 93.

Gegenargumenten in Frage gestellt werden[8] u sich ohne nähere Prüfung die Frage nicht beantworten läßt, ob die Entscheidung möglicherweise iE aus einem anderen Grund richtig ist (s auch unten 7a). ZT versucht man, diese Aussage in Anlehnung an § 80 Abs 4 S 3, der diesen Begriff ebenfalls verwendet u an dem sich der Gesetzgeber offensichtlich orientieren wollte (vgl BT-Dr 13/3993, 13), noch weiter zu präzisieren, indem man annimmt, ernstliche Zweifel seien nur dann gegeben, wenn der Erfolg des RMittel, dessen Zulassung begehrt wird, wahrscheinlicher sei als der Mißerfolg,[9] mitunter wird auch, ebenso wie zu § 80 Abs 4 S 3 tlw vertreten, eine gleiche Wahrscheinlichkeit als ausreichend angesehen,[10] was in praxi allerdings kaum einen Unterschied (s auch Lü DVBl 1999, 479) zu der hier vertretenen Ansicht begründet.[11] Die auf die Interpretation des § 80 Abs 4 S 3 abstellenden Versuche erwecken freilich insofern Bedenken, als die Regelung des § 124 Abs 2 Nr 1 in einem ganz anderen systematischen u funktionalen Zusammenhang steht als die Normierung des § 80 Abs 4 S 3,[12] zudem dessen Interpretation keineswegs unumstritten ist (s 116 zu § 80) u eine Orientierung an ihr nicht mit der vom Gesetzgeber ausweislich der Gesetzesbegründung verfolgten Zielsetzung, „grob ungerechte Entscheidungen zu korrigieren" (so BT-Dr 13/3993, 13), im Einklang steht, die eine wesentlich engere Interpretation des § 124 Abs 2 Nr 1 als die bei einer Ausrichtung an der überwiegenden Rspr zu § 80 Abs 4 S 3 nahelegte u damit die mangelnde Reflektion des Gesetzgebers in bezug auf § 124 Abs 2 Nr 1 deutlich werden läßt. Sprechen gewichtige Gesichtspunkte gegen die Richtigkeit der erstinstanzlichen gerichtlichen Entscheidung, ergibt sich allerdings völlig unabhängig von einem mE nicht angebrachten Rekurs auf § 80 Abs 4 S 3, daß nach summarischer Prüfung die **Unrichtigkeit der erstinstanzlichen Entscheidung zumindest ähnlich wahrscheinlich sein muß wie deren Richtigkeit.**[13] Nicht gefordert werden kann auf jeden Fall, daß die Entscheidung als „grob ungerecht" anzusehen ist (so aber Ks NVwZ-RR 1998, 78; NVwZ 1998, 756). Zwar bezweckte der Gesetzgeber mit § 124 Abs 2 Nr 1, grob ungerechte Entscheidungen zu korrigieren (BT-Dr 13/3993, 13), die Begrenzung einer Zulassung der Berufung auf diese Fälle hat aber im Gesetz keinen Ausdruck gefunden (s auch Ks NVwZ 1998, 195). Auf der anderen Seite dürfte es aber zu weit gehen, wenn dafür plädiert

---

[8] BVerfG, NVwZ 2000, 1164; zust Lotz BayVBl 2002, 357; krit Atzler NVwZ 2001, 410. Ähnlich wie das BVerfG Ks NVwZ 2002, 108 u Ba SächVBl 2000, 139, wonach ernstliche Zweifel dann bestehen sollen, wenn sich tragende Begründung der Entscheidung als nicht zutr erweist u die Frage, ob das Ergebnis der Entscheidung gleichwohl richtig ist, erst aufgrund weiterer tatsächlicher Ermittlungen entschieden werden kann.

[9] Ba SächsVBl 1998, 29; Bln BRS 62 Nr 27; Ks NVwZ 1998, 195; NVwZ-RR 1998, 778; Lü NVwZ 1999, 431; Ma NVwZ 1997, 1230; NVwZ 1998, 305; Münster NVwZ 1998, 530; We ThürVBl 1999, 88; Bader VBlBW 1997, 406; NJW 1998, 411; Buscher 151; Dörries VR 2001, 112f; Schmieszek NVwZ 1996, 1153; Sch-Meyer-Ladewig/Rudisile 26d; Seibert DVBl 1997, 933.

[10] Dahin tendierend Lü NVwZ 1997, 1227; DVBl 1999, 478; Ma VBlBW 1997, 200; 1997, 263; DVBl 1997, 1326; Münster NVwZ 1997, 1227; Schl NVwZ 1999, 1354; RÖ-M. Redeker 15.

[11] So fordern etwa Schl NVwZ 1999, 1356 sowie J. Schmidt NVwZ 1998, 697 einerseits wie hier gewichtige Gesichtspunkte, die gegen die Richtigkeit der Entscheidung sprechen, zugleich aber, daß der Erfolg des RMittel mindestens ebenso wahrscheinlich sein müsse wie der Mißerfolg.

[12] Hierzu die überzeugende Kritik von Roth VerwA 1997, 423; s auch schon Schenke NJW 1997, 91; ferner Hbg NVwZ-RR 2000, 190; Münster NVwZ 1998, 531; Berkemann DVBl 1998, 454; Hufen DV 1999, 531 sowie J. Schmidt NVwZ 1998, 697.

[13] Zur Problematik der Forderung nach einer mindestens fünfzigprozentigen Wahrscheinlichkeit u einer dadurch vorgegaukelten Mathematisierbarkeit der Erfolgsaussichten s zutr Happ BayVBl 1999, 581: „Eine Meßlatte, mit der auch nur halbwegs rational der feine Unterschied zwischen 49%, 50% u 51% Erfolgswahrscheinlichkeit ermittelt werden könnte, ist noch nicht gefunden".

wird, vom Vorliegen der Voraussetzungen des § 124 Abs 2 Nr 1 schon dann auszugehen, wenn der Rechtsbehelf nicht offensichtlich aussichtslos ist (so jedoch Roth VerwA 1997, 432 u dem folgend Mü BayVBl 1999, 631). Unter dieser Voraussetzung würde nämlich die aus Gründen der Beschleunigung des Rechtsschutzes bezweckte Einschränkung des BerufungsVf nur unvollkommen erreicht, zumal es in den Fällen offensichtlicher Aussichtslosigkeit einer Berufung bei einer Berufungsentscheidung ohnehin keines großen Aufwands bedürfte, um die Berufung zurückzuweisen. So hat denn auch der Gesetzgeber bei der Schaffung des § 124 Abs 2 Nr 1 gerade nicht an die Regelung des § 313 Abs 2 S 1 StPO angeknüpft, nach der die Berufung in Bagatellsachen anzunehmen ist, „wenn sie nicht offensichtlich unbegründet ist" (s aber auch Roth VerwA 1997, 432).

Umstritten ist, ob es für die Beurteilung der Frage, ob ernstliche Zweifel an 7a der Richtigkeit einer Entscheidung bestehen, auf die für sie angeführten Gründe ankommt (so Ma NVwZ 1998, 196; Quaas NVwZ 1998, 703) oder ob, wie dies die hM annimmt,[14] ernstliche Zweifel am Ergebnis der Entscheidung zu fordern sind. Zwar ist der Wortlaut des § 124 Abs 2 Nr 1 nicht eindeutig, da eine Entscheidung nicht nur aus dem Entscheidungstenor, sondern auch aus den Entscheidungsgründen besteht (s zu dem sich entspr stellenden Problem iVm dem Nachschieben von Gründen 63 ff zu § 113). Im Einklang mit den Grundsätzen des Rechtsmittelrechts (s § 144 Abs 4), der Teleologie des § 124 Abs 2 Nr 1 u der Entstehungsgeschichte der Vorschrift, nach der diese grob ungerechte Entscheidungen verhindern soll (BT-Dr 13/3993, 13), ist aber grds auf das **Ergebnis abzustellen.** Sofern sich eine vom VG als tragend für seine Entscheidung angesehene Begründung als fehlerhaft erweist, spricht allerdings idR eine **Vermutung dafür,** daß auch bzgl des **Entscheidungsergebnisses ernstliche Zweifel bestehen** (NVwZ-RR 2004, 543). Zudem wird dort, wo Zweifel bestehen, ob die Gründe das Urteil zu tragen vermögen u sich die Entscheidung auch nicht aus anderen Gründen als richtig erweist, idR eine Zulassung wg besonderer Schwierigkeiten iSd § 124 Abs 2 Nr 2 geboten sein (Ey-Happ 11; Kuhla DVBl 2001, 175; s auch 50 zu § 124 a). Es bedarf dann grds keiner näheren aufwendigen Prüfung mehr, ob sich das Ergebnis der Entscheidung möglicherweise mit einer anderen Begründung als der vom VG gegebenen aufrechterhalten läßt (s auch Seibert NVwZ 1999, 120). Eine solche Prüfung würde, wie dem 9. Senat des VGH Ma zuzugeben ist, vielfach eine Aufarbeitung u Durchdringung des gesamten bisherigen Prozeßstoffs erforderlich machen (s Ma NVwZ 1998, 196), führte zu einer Verzögerung der Entscheidung über die Zulassung u verwischte die Grenze zwischen dem Vf der Berufungszulassung u der Berufung.[15] Es liefe überdies auf eine Überforderung des ASt hinaus, wenn er in der ohnehin kurzen Frist, die ihm für den Zulassungsantrag u seine Begründung bleibt, gezwungen wäre, stets zusätzlich näher darzulegen, weshalb die Entscheidung des VG auch nicht mit einer Alternativbegründung aufrechterhalten werden kann (NVwZ-RR 2004, 543). Damit würde das ZulassungsVf in der Tat erheblich erschwert, was unter dem Aspekt der Rechtsschutzeffektivität Bedenken provozierte (zu den Einschränkungen, die sich aus Art 19 Abs 4 GG für die Ausgestaltung von RMittel ergeben, s BVerfG DVBl 1995, 36; NJW 1997, 2164).

---

[14] NVwZ-RR 2004, 543; Ba LKV 1998, 242; Bln NVwZ 1998, 197; NVwZ 1998, 1318; Br NordÖR 1998, 33; Gr NordÖR 2000, 154; Hbg DVBl 1997, 1333; Ks, NVwZ-RR 1998, 78; Lü DÖV 1997, 697 = NVwZ 1997, 1225; Ma DVBl 1997, 1327 f; NVwZ 1997, 1230; Mü NVwZ-RR 2004, 223; Münster NVwZ 1997, 1224; NVwZ 1998, 530; DVBl 2000, 1468; Schl NVwZ 2000, 341; Buscher 165; Günther NVwZ 1998, 473; Kuhla DVBl 2001, 174 f; Kuhla/Hüttenbrink F 14; Seibert DVBl 1997, 934; NVwZ 1999, 119.

[15] NVwZ-RR 2004, 543; Ba DÖV 1999, 836; Bln NVwZ 1998, 1319; Günther NVwZ 1998, 473; Happ BayVBl 1999, 581; J. Schmidt NVwZ 1998, 698; Uechtritz VBlBW 2000, 69.

Ist allerdings bei einer **summarischen Prüfung** (so Seibert NVwZ 1999, 119) für das OVG **erkennbar,** daß die **Entscheidung (wahrscheinlich) im Ergebnis nicht zu beanstanden ist,** liegen die **Voraussetzungen für eine Zulassung nicht vor;** dies trifft auf jeden Fall dann zu, wenn das Urteil iE aus anderen Gründen offensichtlich richtig ist.[16] Deshalb schießt es über das Ziel hinaus, wenn angenommen wird, ob die Entscheidung im Ergebnis zutr ist, sei stets unerheblich (so aber Ma NVwZ 1998, 196). An der Zulassung einer Berufung, die aller Voraussicht nach keinen Erfolg haben wird, kann kein Interesse bestehen (NVwZ-RR 2004, 543). Nicht zuzulassen ist die Berufung deshalb auch dann, wenn das Erstgericht die Klage als unbegründet abgewiesen hat, sie das Berufungsgericht aber bereits als unzulässig bewertet (Mü NVwZ 2004, 629). Geht das OVG davon aus, die Entscheidung des VG sei mit einer anderen Begründung im Ergebnis aufrechtzuerhalten, muß dem Rechtsmittelführer vor einer Ablehnung des Zulassungsantrags aber jedenfalls rechtliches Gehör gewährt werden,[17] was iü zusätzlich dafür spricht, das Abstellen auf Alternativbegründungen im ZulassungsVf im Interesse seiner zügigen Durchführung möglichst einzuschränken. Eine Zulassung scheidet iü auch dann aus, wenn ein Urteil möglicherweise zu Unrecht mit der Unzulässigkeit einer Klage begründet worden ist u ohne weiteres erkennbar ist, daß der mit der Klage geltend gemachte Anspr jedenfalls nicht besteht (Mü NVwZ-RR 2004, 223; **aA** Ks NJW 2001, 3722; Heinig DÖV 2004, 529 f); auch hier kommt aber der **Einräumung rechtlichen Gehörs im ZulassungsVf ganz besondere Bedeutung** zu u ist die Berufung nur dann nicht zuzulassen, wenn ohne eine (im ZulassungsVf ohnehin nicht mögliche) nähere Prüfung bereits offensichtlich ist, daß die Berufung keinen Erfolg haben wird.

7b Die Gründe, aus denen heraus bei einer verwaltungsgerichtlichen Entscheidung ernstliche Zweifel an der Richtigkeit einer Entscheidung bestehen, können auch aus einer **unzureichenden Ermittlung u Feststellung des entscheidungserheblichen Sachverhalts** resultieren.[18] Die gegenteilige Ansicht findet im Wortlaut des § 124 Abs 2 Nr 1 keinen Anhaltspunkt u ist auch damit nicht vereinbar, daß das BerufungsVf – anders als das RevisionsVf – eine Überprüfung der vorausgegangenen Entscheidung nicht nur in rechtlicher, sondern auch in tatsächlicher Hinsicht ermöglicht. Aus dem Umstand, daß bei der Revisionszulassung oder im RevisionsVf Fehler der Sachverhaltsaufklärung aus systemimmanenten Gründen immer nur über eine Verfahrensrüge gem § 132 Abs 2 Nr 3 geltend gemacht werden können, läßt sich deshalb nichts für die Interpretation des § 124 Abs 2 Nr 1 herleiten, der einen dem Revisionsrecht naturgemäß fremden Zulassungsgrund normiert. Im übrigen werden Fehler in der Sachverhalts- u Beweiswürdigung durch das BVerwG (96, 208 f; NVwZ-RR 1996, 359; NVwZ 1997, 1210) selbst im Revisionsrecht grds nicht als Verfahrensfehler, sondern als Fehler des materiellen Rechts gesehen. Anhaltspunkte für eine Exklusivität der Zulassungsgründe in dem Sinn, daß „jeder der gesetzlichen Zulassungsgründe seinen Bereich als kodifikatorisch abschließend u als wechselseitig exklusiv angesehen werden" muß (so Berkemann DVBl 1998, 456) u deshalb partielle Über-

---

[16] Münster NVwZ 1999, 205; Winkler JA 2005, 22.

[17] Ma DVBl 1997, 1327 f; Schl NVwZ-RR 2001, 205; Bader NJW 1998, 411; Dörries VR 2001, 114; Seibert DVBl 1997, 932; s auch BVerfG NVwZ 2000, 1164; 2006, 684.

[18] BVerfG NVwZ 2000, 1164; Ba NVwZ-RR 2001, 486; Hbg NVwZ 1998, 863 f; NVwZ-RR 1998, 203; Lü NVwZ 1997, 1229; NdsVBl 1998, 162; Mannheim NVwZ 1998, 1088; DVBl 2001, 318; Mü BayVBl 1998, 154; Münster NVwZ 1998, 193; DVBl 2000, 1468; Buscher 172 ff; Happ BayVBl 1999, 581; Kuhla DVBl 2001, 175; Rennert NVwZ 1998, 672; Roth VerwA 1997, 431; ders EuGRZ 1998, 503; Rudisile DV 2006, 424; J. Schmidt NVwZ 1999, 116; Seibert NVwZ 1999, 116; **aA** Ks NVwZ-RR 1998, 78; Ma NVwZ 1998, 414 u 645; Bader VBlBW 1997, 406; Berkemann DVBl 1998, 455; Günther DVBl 1998, 682.

schneidungen zwischen § 124 Abs 2 Nr 1 u Nr 5 ausscheiden, lassen sich dem § 124 Abs 2 nicht entnehmen (so auch Seibert NVwZ 1999, 117 mwN) u würden überdies zu einer unnötigen Komplizierung des Rechtsschutzes führen.

Zweifelhaft kann nur sein, ob schon im Zeitpunkt der erstinstanzlichen **Entscheidung vorliegende, dort aber nicht berücksichtigte Tatsachen u Beweismittel herangezogen werden können,** um die Unrichtigkeit einer Entscheidung iSd § 124 Abs 2 Nr 1 darzulegen. Dies wird man zu **bejahen** haben.[19] Eine solche Entscheidung ist selbst dann, wenn es der ASt unterlassen hat, den entspr Sachverhalt in der ersten Instanz vorzutragen, **unrichtig** (unzutr deshalb zB Quaas NVwZ 1998, 704). § 128 bestimmt denn auch ausdr, daß im BerufungsVf **neue Tatsachen u Beweismittel** zu berücksichtigen sind. Deshalb überzeugt es nicht, wenn die Unbeachtlichkeit eines durch die erste Instanz nicht berücksichtigten Sachverhalts damit begründet wird, daß es bei einer allein hierauf gestützten Begründung für den Zulassungsantrag an dem vom Gesetz geforderten Bezug zu der anzufechtenden Entscheidung fehle (so aber Ms DVBl 1997, 1337 f). Da das BerufungsVf eine zweite Tatsacheninstanz u nicht wie das RevisionsVf auf eine reine Rechtskontrolle beschränkt ist, lassen sich auch von hierher keine durchschlagenden Einwendungen ggü einem entspr Zulassungsantrag erheben. Der Umstand, daß entspr Tatsachen u Beweismittel bereits in der Vorinstanz hätten vorgetragen werden können u ein solches Unterlassen einen Verstoß gegen die Mitwirkungspflicht der Beteiligten gem § 86 Abs 1 S 1 HS 2 darstellen kann,[20] vermag eine **Sanktionierung des Verstoßes gegen eine dem Beteiligten obliegende Prozeßförderungspflicht** – vorbehaltlich eines Rechtsmißbrauchs – **nicht zu legitimieren.**[21] Angesichts der gerichtlichen Aufklärungs- u Untersuchungspflicht bedürfte es einer ausdr gesetzlichen Regelung, um von einer Sanktionierung des Verstoßes gegen Mitwirkungspflichten auszugehen (s §§ 87 b, 128 a); gerade die Regelung des § 128 a, nach der neue Erklärungen u Beweismittel, die im ersten Rechtszug entgegen einer hierfür gesetzten Frist (§ 87 b Abs 1 u 2) nicht vorgebracht worden sind, nur dann zuzulassen sind, wenn nach der freien Überzeugung des Gerichts ihre Zulassung die Erledigung des Rechtsstreits nicht verzögern würde oder wenn der Beteiligte die Verspätung genügend entschuldigt hat, spricht dafür, eine **Präklusion außerhalb des Anwendungsbereichs des § 87 b Abs 1 u 2 im BerufungsVf auszuschließen.** Daran ändert es auch nichts, daß § 128 a unmittelbar das BerufungsVf u nicht das BerufungszulassungsVf zum Gegenstand hat. Daß iVm einer Revision eine auf ungenügende Sachaufklärung gestützte Verfahrensrüge uU keinen Erfolg hat, wenn der Revisionskl seine diesbezüglichen Mitwirkungspflichten verletzt u dadurch die ungenügende Sachaufklärung verursacht hat (s 12 zu § 86), was dann zutrifft, wenn eine durch einen Anwalt vertretene Partei die von ihr vermißte Beweiserhebung nicht beantragt hat,[22] besitzt iVm dem BerufungsVf nur insofern Bedeutung, als auch bei ihm die Zulassung **nicht auf einen Verfahrensfehler gem § 124 Abs 2 Nr 5 gestützt** werden kann (s unten

[19] NVwZ-RR 2002, 894; Hbg NVwZ 1998, 863 f; Ks NVwZ-RR 1998, 78 (tendenziell); Lü DÖV 1998, 435; DVBl 1999, 477; Ma NVwZ 1998, 1088; Mü BayVBl 1998, 154; Münster DVBl 2000, 1468; We ThürVBl 1998, 207; Buscher 201 ff; RÖ-M. Redeker 15 c; Rudisile DV 2006, 425; Seibert DVBl 1997, 936 f u NVwZ 1999, 117; **aA** Ko NVwZ 1998, 1094; Münster DVBl 1997, 1337; Bader VBlBW 1997, 449; Günther DVBl 1998, 682; Quaas NVwZ 1998, 704.

[20] Für Unanwendbarkeit des § 124 Abs 2 Nr 5 bei schuldhaftem Unterlassen Ba NVwZ-RR 2000, 582; Ko NVwZ 1998, 1095; Lü DVBl 1999, 477; bei falschem Sachvortrag des ASt in der ersten Instanz ebenso Lü NVwZ-RR 2000, 122; s auch Ko DÖV 1998, 126.

[21] Hbg NVwZ 1998, 863; Mü BayVBl 1998, 154; Dörries VR 2001, 115; M. Redeker NordÖR 2000, 7; Seibert NVwZ 1999, 117.

[22] S zB Buchh 402.24 § 2 AuslG Nr 8 S. 13; Kummer, Die Nichtzulassungsbeschwerde 207 mwN.

13); für den **Berufungszulassungsgrund des § 124 Abs 2 Nr 1** hat dies aber **keine Relevanz** (ebenso BVerfG NVwZ 2005, 1177; Rudisile DV 2005, 440). Eine Umgehung der Restriktion des § 124 Abs 2 Nr 5 ist durch die hier vertretene Auslegung des § 124 Abs 2 Nr 1 nicht zu befürchten, da § 124 Abs 2 Nr 1 anders als § 124 Abs 2 Nr 5 (bei letzterem genügt die Möglichkeit einer günstigen Entscheidung ohne Verfahrensfehler s zur entspr Problematik iVm § 132 Abs 2 Nr 3 Kummer, Die Nichtzulassungsbeschwerde 181) ernstliche Zweifel an der Richtigkeit der angegriffenen Entscheidung verlangt.

7c Ernstliche Zweifel an der Richtigkeit einer Entscheidung können sich auch aus einer **nachträglichen Veränderung der Sach- oder Rechtslage** ergeben,[23] soweit dieser auch materiellrechtliche Bedeutung für die Beurteilung des geltend gemachten prozessualen Anspr zukommt, was allerdings bei einer erfolglosen Anfechtungsklage u einem hiergegen gerichteten Zulassungsantrag des Anfechtungskl nur selten zutreffen wird (vgl näher 29 ff zu § 113). Die Ansicht, bei einer späteren Veränderung der Sach- u/oder Rechtslage scheide eine Zulassung der Berufung generell deshalb aus, weil die verwaltungsgerichtliche Entscheidung deshalb nicht unrichtig sein könne, da im Moment ihres Ergehens bzw der ihr zugrundeliegenden mündlichen Verhandlung das Gericht eine erst später eintretende Veränderung nicht berücksichtigen konnte (so Ma NVwZ 1998, 199 f; Bader NJW 1998, 411), überzeugt nicht. Sie verkennt, daß eine Entscheidung selbst dann, wenn sie in einer rechtlich nicht zu beanstandenden Weise erlassen wurde, dennoch **unrichtig** ist, wenn sie mit dem **materiellen Recht aufgrund einer Veränderung der Sach- oder Rechtslage nicht mehr im Einklang steht.** So wie nach heute ganz hM ein VA trotz seines rechtmäßigen Erlasses dennoch aufgrund einer späteren Veränderung der Sach- oder Rechtslage rechtswidrig werden kann (s hierzu näher 30 ff zu § 113), muß das Entsprechende für ein verwaltungsgerichtliches Urteil angenommen werden. Das ist denn auch im Bereich des Rechtsmittelrechts sonst grds anerkannt. Deshalb wird iVm der Revision angenommen, daß, wenn nach Ergehen des mit der Revision angegriffenen Urteils eine Rechtsnorm in Kraft tritt, die das vorher entscheidende Gericht noch nicht anwenden u deshalb auch nicht verletzen konnte, dennoch die Entscheidung gem § 137 Abs 1 auf einer RVerletzung beruht (st Rspr seit 1, 298 ff; vgl zB 50, 51 f; NVwZ 1991, 571; NVwZ-RR 1993, 65). Daß die Zulassung der Revision nicht auf eine nachträgliche Veränderung der Rechtslage gestützt werden kann, erklärt sich lediglich daraus, daß dem Revisionsrecht (s § 132 Abs 2) ein dem § 124 Abs 2 Nr 1 entspr Zulassungsgrund nicht bekannt ist, ändert aber nichts daran, daß das angefochtene Urteil gem § 137 Abs 1 auf einer RVerletzung beruht. Damit ist es aber unabweislich, in bezug auf § 124 Abs 2 Nr 1 gleichfalls bei einer **entscheidungsrelevanten Rechtsveränderung vom Vorliegen dieses Zulassungsgrundes** auszugehen (Ko DÖV 1998, 127). Bedenkt man, daß das Berufungsgericht auch ein Tatsachengericht ist u § 124 Abs 2 Nr 1 nicht danach differenziert, worauf die Zweifel an der Richtigkeit eines Urteils beruhen, muß

[23] NVwZ 2000, 315; 2003, 490; 2004, 744; Ba SächsVBl 2001, 176; Gr BRS 63 Nr 195; Hbg NVwZ 1998, 863; Ks NVwZ 2000, 85 – für Änderung der Rechtslage; Ko DÖV 1998, 126; NVwZ 1998, 1095; Lü NdsVBl 1998, 162; DVBl 1999, 476; Ma NVwZ-RR 2003, 607 – für Änderung der Rechtslage; Münster NVwZ 1998, 754 (tendenziell); 2002, 878; We ThürVBl 1998, 207; Atzler NdsVBl 1998, 154; Buscher 181 ff; Dörries VR 2001, 115; Ey-Happ 24; Happ BayVBl 1999, 581; Kuhla DVBl 2001, 175 f; NKVwGO-Seibert 92 ff; Rennert NVwZ 1998, 671; M. Redeker NordÖR 2000, 7; Rudisile DV 2006, 426; Sch-Meyer-Ladewig/Rudisile 26 l; J. Schmidt NVwZ 1998, 698; Seibert DVBl 1997, 937; NVwZ 1999, 118; **aA** Ks NVwZ-RR 2002, 235; Ma NVwZ 1998, 200; NVwZ 1998, 758; NVwZ-RR 2000, 551; Mü NVwZ-RR 2001, 117; Münster BayVBl 1998, 157; NVwZ 2000, 334 – selbst bei einer rückwirkenden Rechtsänderung; NVwZ-RR 2002, 611; Bader NJW 1998, 411; Günther DVBl 1998, 681; Quaas NVwZ 1998, 704; Uechtritz VBlBW 2000, 69; tendenziell Ks NVwZ 1998, 756.

konsequenterweise **ebenso eine Veränderung der Sachlage,** die zu einer anderen rechtlichen Beurteilung des Streits nötigt, eine **Zulassung der Berufung rechtfertigen** (Ko NVwZ 1998, 1094). Für die Berücksichtigungsfähigkeit nachträglich eingetretener Veränderungen spricht unter systematischen Gründen auch, daß diese jedenfalls im Rahmen des § 124 Abs 2 Nrn 3 u 4 zu berücksichtigen sind (Kuhla/Hüttenbrink DVBl 1999, 905). Die Berücksichtigung steht auch im Einklang damit, daß vor dem 6. VwGOÄndG Veränderungen der Sach- oder Rechtslage nach Maßgabe des materiellen Rechts im BerufungsVf unbestreitbar relevant werden konnten u es nicht überzeugte, wenn man aus der nunmehrigen Zweistufigkeit des BerufungsVf im Widerspruch zum Wortlaut des § 124 Abs 2 Nr 1 u allg Grundsätzen des Prozeßrechts etwas anderes ableitete. Dies gilt um so mehr, als sich die Berücksichtigung solcher Umstände durchaus in die Teleologie der auf eine Beschleunigung des gerichtlichen Rechtsschutzes hinzielenden Neuausgestaltung des BerufungsVf einfügt. Wäre man insoweit anderer Ansicht, bedeutete dies nämlich, daß bei einer Veränderung der Sach- oder Rechtslage ein neues VerwaltungsVf u daran anschließend ein neues uU mehrinstanzliches gerichtliches Vf durchzuführen wären, was erhebliche Zeitverluste implizierte u auch mit der für das 6. VwGOÄndG charakteristischen Zielsetzung der Konzentration des Rechtsschutzes (s §§ 87 Abs 1 Nr 7, 94 S 2, 114 S 2) möglichst in einem Vf kollidierte. Für die hier vertretene Auffassung läßt sich ferner ins Feld führen, daß sich dort, wo sich zum Nachteil des Kl u ASt eine Änderung der Sach- oder Rechtslage nach Erlaß der erstinstanzlichen verwaltungsgerichtlichen Entscheidung u vor Stellung des Zulassungsantrags ergeben hat, dies bei Offensichtlichkeit der Entscheidungsrelevanz dieser Änderung grds bereits zu dessen Nachteil im ZulassungsVf zu berücksichtigen ist.[24] Dann ist auch nicht einzusehen, warum generell etwas anderes gelten soll, wenn sich eine Veränderung zum Vorteil des ASt auswirkt.[25] Gestützt werden kann eine Zulassung der Berufung auf eine nachträgliche Veränderung der Sach- oder Rechtslage freilich grds nur insofern, als sie fristgerecht gem § 124 Abs 2 Nr 1, § 124a Abs 4 S 4 geltend gemacht wurde.[26] Das Vorliegen einer Änderung der Sachlage nach Ergehen der erstinstanzlichen Entscheidung ist deshalb für die Entscheidung über den Zulassungsantrag idR dann **irrelevant,** wenn diese Änderung nicht gem § 124a Abs 4 S 4 dargelegt wurde.[27] Etwas **anderes ist** jedoch dann **anzunehmen,** wenn die **Veränderung der Sachlage zu einer offensichtlichen Unrichtigkeit der Entscheidung führt** (dazu 50 zu § 124a). Gleiches gilt grds für eine Änderung der Rechtslage. Tritt die Änderung der Rechtslage erst zu einem Zeitpunkt ein, in dem die Darlegungsfrist des § 124a Abs 4 S 4 bereits abgelaufen ist, dürfte diese Rechtsänderung bei der Entscheidung über den Zulassungsantrag sogar stets zu berücksichtigen sein (so auch Ba SächsVBl 2001, 177). Hier kann dem ASt idR nicht vorgeworfen werden, daß er diese Rechtsänderung nicht in seinem Zulassungsantrag fristgerecht dargelegt hat. Gleichzeitig sprechen – ähnlich wie bei einer Rechtsänderung nach Zulassung der Berufung (dazu unten 7d) – prozeßökonomische Gründe u Gründe der Rechtsschutzeffektivität dafür, diese Gründe zu berücksichtigen, zumal von dem Gericht erwartet werden kann, daß

---

[24] S auch Bln NVwZ 1998, 85; Ks DVBl 1998, 243; Ma NVwZ-RR 1998, 371; Mü DVBl 1999, 624; s auch 7a zu § 124.

[25] Erläßt ein VG in einem Prüfungsrechtsstreit infolge Bewertungsfehlers ein Bescheidungsurteil, kann der Bekl u Berufungskl aber trotz der von ihm veranlaßten „Neubewertung" eine Zulassung der Berufung wg ernstlicher Richtigkeitszweifel an dem Urteil nicht erreichen, wenn der Prüfling substanziierte Einwendungen gegen die „Neubewertung" erhebt u diese noch nicht „überdacht" worden sind (Bln NVwZ-RR 2003, 120).

[26] S DÖV 1998, 127; NVwZ 2003, 490; NVwZ 2004, 744; Münster NVwZ 2005, 968; Dörries VR 2001, 116; Kuhla DVBl 2001, 175; Kuhla/Hüttenbrink DVBl 1999, 906.

[27] Lü DVBl 1999, 477; We NVwZ-Beil 1999, 56; nunmehr wohl auch RÖ-M. Redeker 15c; **aA** Ba SächsVBl 2001, 177.

ihm die Änderung der Rechtslage – anders als eine Änderung der Sachlage – bekannt ist. Die hM geht hingegen davon aus, daß eine nachträgliche Veränderung der Rechtslage bei der Entscheidung über den Zulassungsantrag grds nur dann zu berücksichtigen ist, wenn diese Änderung fristgemäß nach § 124 a Abs 4 S 4 geltend gemacht wurde.[28] Eine Ausnahme soll allerdings – entspr wie bei einer Veränderung der Sachlage (s oben) – dann gelten, wenn diese Rechtsänderung offensichtlich zur Unrichtigkeit der erstinstanzlichen Entscheidung führt.[29] In den meisten Fällen dürften beide Ansichten jedoch zu übereinstimmenden Ergebnissen kommen, da die entscheidungsrelevante Rechtsänderung idR evident sein dürfte. Ist die Berufung (aus welchen Gründen auch immer) zugelassen, ist die Änderung der Sach- oder Rechtslage im BerufungsVf nach Maßgabe des materiellen Rechts unbestreitbar zu berücksichtigen (NVwZ 2000, 315; Dörries VR 2001, 116). Mit einer nach § 91 grds zulässigen Erweiterung eines Klagebegehrens können ernstliche Zweifel an der Richtigkeit der verwaltungsgerichtlichen Entscheidung gem § 124 Abs 2 Nr 1 nicht geltend gemacht werden (Ba SächsVBl 2000, 95). Im Vf auf Zulassung der Berufung kann eine neue Tatsache nicht im Wege der Klageänderung in das Vf eingeführt werden (Ma NVwZ 2005, 104; We DVBl 2003, 879; Rudisile DV 2006, 435).

7 d Hins des Zulassungsantrags des § 124 Abs 2 Nr 1 stellt sich die Frage, inwieweit dort, wo der ASt sich auf einen anderen der in § 124 Abs 2 genannten Zulassungsgründe beruft, dieser aber nicht vorliegt, das OVG von sich aus auf § 124 Abs 2 Nr 1 zurückgreifen u bei Vorliegen dieser Voraussetzungen die Berufung zulassen kann. Dies ist grds abzulehnen (Hbg NordÖR 1998, 305 = DVBl 1998, 1095 – LS). Die mit der Begründung eines RMittel notwendig verbundene Kritik am erstinstanzlichen Urteil kann nicht dahingehend gedeutet werden, es solle der Zulassungsgrund des § 124 Abs 2 Nr 1 geltend gemacht werden. Würde dies allein genügen, so wäre bei jedem Zulassungsantrag von einer Geltendmachung dieses Zulassungsgrundes auszugehen, was mit Systematik u Teleologie des § 124 Abs 2 schwerlich vereinbar wäre (für weitergehende Zulassung aber Happ BayVBl 1999, 579). Wenn ein solcher Rückgriff zulässig sein soll, müssen deshalb **besonders qualifizierende Umstände vorliegen.** Diese wurden durch das OVG Münster bei einem Zulassungsantrag, der ausdr nur die (nicht einschlägigen) Zulassungsgründe des § 124 Abs 2 Nr 2 u Nr 3 anführte, für den Fall bejaht, daß sich aus dem hinreichend substantiierten Vorbringen zum Antrag auf Zulassung der Berufung ergibt, daß der ASt die angefochtene Entscheidung für deutlich fehlerhaft hält (Ms 22. 4. 1998 – 6 A 4800/97). Ohnehin wird man dort, wo der ASt den Zulassungsgrund des § 124 Abs 2 Nr 2 angibt, infolge der Komplementärfunktion im Verhältnis von § 124 Abs 2 Nr 2 u § 124 Abs 2 Nr 1 u des oben beschriebenen Streits über die genaue Abgrenzung dieser beiden Zulassungsgründe, ähnlich wie in der umgekehrten Richtung (dazu unten 9) davon auszugehen haben, daß ein ausdr auf § 124 Abs 2 Nr 2 gestützter Zulassungsantrag oftmals als Antrag gem § 124 Abs 2 Nr 1 auszulegen ist oder jedenfalls in diese Richtung umgedeutet werden kann. Angesichts des selbst innerhalb der Senate desselben OVG vielfach bestehenden Meinungswirrwarrs ist eine **großzügige Auslegungs- bzw Umdeutungspraxis** nicht zuletzt **vor dem Hintergrund des Art 19 Abs 4 GG geboten.** In den Fällen einer schon bei summarischer Überprüfung des erstinstanzlichen Urteils offensichtlichen Unrichtigkeit der Entscheidung ist die Zulassung jedenfalls zu bejahen (s unten 50 zu § 124 a; für noch zu eng hält dies Happ BayVBl 1999, 580), unabhängig davon, ob sich der ASt hier ausdr auf § 124 Abs 2 Nr 1 stützte.

---

[28] Berücksichtigung jeweils nur im Rahmen der rechtzeitig dargelegten Gründe, so NVwZ 2004, 744; Ma 55, 186; Münster NJOZ 2005, 1791 u NVwZ 1998, 754; Ey-Happ 24; NKVwGO-Seibert 97.

[29] Ma 55, 186; Ey-Happ 24 u 83 zu § 124 a mwN; NKVwGO-Seibert 96.

b) Besondere tatsächliche oder rechtliche Schwierigkeiten (Nr 2). Die Aufnahme dieses Kriteriums als Zulassungsgrund beruht auf einem Kompromiß zwischen den Vorstellungen des Bundesrats u der Bundesregierung (vgl BT-Dr 13/1433, 14; 13/4069, 2; 13/5098, 24). Es diente bereits vorher als Anknüpfungspunkt für die Übertragung des Rechtsstreits auf den Einzelrichter (§ 6 Abs 1 S 1 Nr 1) u für die Zulässigkeit einer Entscheidung durch Gerichtsbescheid (§ 84 Abs 1 S 1). Der Begriff der besonderen Schwierigkeiten ist in allen drei Vorschriften gleich auszulegen,[30] was freilich nichts an der Unbestimmtheit dieses Maßstabs ändert u eine nicht unerheblich unterschiedliche Praxis von OVG zu OVG befürchten läßt.[31] Die Verwendung identischer Begriffe in § 6 Abs 1 S 1 Nr 1 u in § 124 Abs 2 Nr 2 bedeutet allerdings **nicht,** daß aus der Nichtübertragung einer Angelegenheit durch die Kammer auf den Einzelrichter auf das **Vorliegen der Voraussetzungen des § 124 Abs 2 Nr 2 geschlossen** werden kann.[32] Das nicht nur deshalb, weil das erstinstanzliche Gericht die Frage des Vorliegens besonderer tatsächlicher oder rechtlicher Schwierigkeiten (iSd § 6 Abs 1 Nr 1 sowie des § 84 Abs 1 S 1) selbstverständlich **nicht mit bindender Wirkung für das höhere Gericht** entscheiden kann, sondern auch deswegen, weil die Übertragung auf den Einzelrichter gem § 6 Abs 1 Nr 1 **nicht zwingend vorgeschrieben** ist u zudem der **maßgebliche Zeitpunkt** für die Beurteilung der besonderen tatsächlichen u rechtlichen Schwierigkeiten bei der Zulassungsentscheidung ein **anderer** ist als bei der Entscheidung über die Übertragung (Ma VBlBW 1998, 420; Ms NVwZ-RR 1999, 697; Bader VBlBW 1997, 408). Dementsprechend kann ein ursprünglich schwieriger Fall – nach sorgfältiger tatsächlicher u rechtlicher Aufarbeitung durch das VG – aus der Sicht des OVG keine besonderen Schwierigkeiten mehr aufweisen u umgekehrt ein ursprünglich einfacher Fall nunmehr schwierige tatsächliche oder rechtliche Fragen aufwerfen (Ms NVwZ 1999, 202; NVwZ-RR 1999, 697). 8

Besondere tatsächliche oder rechtliche Schwierigkeiten weist eine Rechtssache dann auf, wenn sie voraussichtlich in tatsächlicher oder rechtlicher Hinsicht größere, dh **überdurchschnittliche, das normale Maß nicht unerheblich überschreitende Schwierigkeiten** verursacht,[33] wobei es bei dieser Beurteilung (noch stärker als bei § 6 Abs 1 Nr 1, dazu 6 zu § 6) nicht entscheidend auf die jeweils fachspezifischen Schwierigkeiten einer Materie ankommen kann. Nach anderer Ansicht soll eine Rechtssache besondere tatsächliche oder rechtliche Schwierigkeiten aufweisen, wenn der Angriff des Rechtsmittelführers begründeten Anlaß zu Zweifeln an der Richtigkeit der erstinstanzlichen Entscheidung gibt, die sich nicht ohne weiteres im ZulassungsVf klären lassen, sondern die Durchführung eines BerufungsVf erfordern.[34] Nach der vom BVerfG (NVwZ 2000, 1164; krit Atzler NVwZ 2001, 410 f) in einem obiter dictum vertretenen Ansicht soll sich die besondere Schwierigkeit häufig schon aus dem Begründungsaufwand einer Entscheidung oder daraus ergeben, daß das Gericht auf 9

---

[30] Vgl BT-Dr 13/1433, 14; 13/4069, 2; Bader NJW 1998, 413; Sch-Meyer-Ladewig/Rudisile 27 f, die allerdings auf die Einschränkung „nicht unerheblich" verzichten; **aA** Quaas NVwZ 1998, 704; Seibert DVBl 1997, 935.

[31] Vgl die Kritik in BT-Dr 13/4069, 2; ferner Schmieszek NVwZ 1996, 1153; verfassungsrechtliche Bedenken erhebt Bader DÖV 1997, 446.

[32] S auch Lü DÖV 1997, 697; Ma VBlBW 1998, 419; NVwZ 1998, 976; Münster NVwZ-RR 1999, 697; Bader DÖV 1997, 448; Rudisile DV 2006, 426 (ob durch Einzelrichter entschieden wurde, hat nicht einmal inidzielle Bedeutung); weiter 7 zu § 80.

[33] Lü NVwZ 1997, 1226; Ma VBlBW 1997, 298; NVwZ-RR 1998, 371; Münster NVwZ 2000, 86; Schl NVwZ 1999, 1356; Bader NJW 1998, 413; Buscher 238 ff; Schenke NJW 1997, 91; Sch-Meyer-Ladewig/Rudisile 28; im einzelnen s 5 ff zu § 6, 6 ff zu § 84.

[34] Ko NVwZ 1998, 1094; Münster NVwZ 1999, 202; We DVBl 1998, 489; Kuhla/Hüttenbrink DVBl 1999, 904; Quaas NVwZ 1998, 704; Rennert NVwZ 1998, 670 f; Seibert NVwZ 1999, 116.

bestimmte tatsächliche Aspekte nicht eingegangen ist oder notwendige Rechtsfragen nicht oder unzutr beantwortet hat, wobei allerdings bei der zweiten vom BVerfG genannten Fallkonstellation idR bereits ernstliche Zweifel an der Richtigkeit einer Entscheidung (§ 124 Abs 2 Nr 1) bestehen dürften. Die Unterschiede zwischen den diversen Interpretationen des § 124 Abs 2 Nr 2 sind allerdings **keineswegs so groß, wie dies prima facie erscheinen** mag,[35] vielmehr ergänzen sich diese Ansichten idR. Weist die Rechtssache überdurchschnittliche Schwierigkeiten auf (Happ BayVBl 1999, 582), so wird eine diesbezügliche Klärung der Zweifel im ZulassungsVf idR nicht möglich sein.[36] Fehlt es aber an solchen überdurchschnittlichen Schwierigkeiten u ist die Rechtssache dennoch offen, so wird jedenfalls nach der hier vertretenen Ansicht beim Bestehen gewichtiger Einwände gegen die Richtigkeit der Entscheidung eine Zulassung gem § 124 Abs 2 Nr 1 in Betracht kommen (zur Austauschbarkeit der beiden Zulassungsgründe s unten 10), weshalb keine Notwendigkeit besteht, über § 124 Abs 2 Nr 2 zu einer Zulassung zu gelangen. Auch der Begründungsaufwand des erstinstanzlichen Urteils sowie der Umstand, daß auf bestimmte Fragen nicht eingegangen wird, kann überdurchschnittliche Schwierigkeiten indizieren. Andererseits spricht der Wortlaut des § 124 Abs 2 Nr 2 ebenso wie seine offensichtliche, durch die Entstehungsgeschichte belegte Anknüpfung[37] an § 6 Abs 1 Nr 1 dafür, auf das Kriterium der überdurchschnittlichen Schwierigkeiten als einem Indikator für das Vorliegen besonderer tatsächlicher u rechtlicher Schwierigkeiten nicht völlig zu verzichten. Bedenken unter dem Gesichtspunkt der Praktikabilität bzw der Rechtssicherheit (darauf stützen sich zB BVerfG NVwZ 2000, 1164; J. Schmidt NVwZ 1998, 698; Seibert NVwZ 1999, 116) schlagen hier genauso wenig durch wie in § 6 Abs 1 Nr 1, zumal dem OVG hins des Vorliegens des § 124 Abs 2 Nr 2 ein Beurteilungsspielraum einzuräumen sein dürfte (Sch-Meyer-Ladewig/Rudisile 29; **aA** Berkemann DVBl 1998, 456). Nur wenn man die überdurchschnittlichen Schwierigkeiten anhand des in vergleichbaren StreitVf üblichen Maßes an Komplexität bestimmen würde,[38] ergäben sich für einen nicht auf das jeweilige Fachgebiet beschränkten Anwalt die vom BVerfG geschilderten Probleme. Die **besonderen Schwierigkeiten** müssen sich auf Fragen beziehen, die für den **konkreten Fall u das konkrete Vf entscheidungserheblich** sind (Ms NVwZ 1997, 1004). An rechtlichen Schwierigkeiten fehlt es, wenn eine auftretende Frage bereits ohne weiteres aus dem Gesetz zu lösen ist oder jedenfalls durch die Rspr geklärt wurde (Ey-Happ 32). Ob eine Rechtssache besondere tatsächliche u rechtliche Schwierigkeiten aufweist, hängt nicht davon ab, ob sie von besonderer gesellschaftspolitischer Brisanz ist (Ks DVBl 1998, 1095). Bedeutung erlangt der Zulassungsgrund des § 124 Abs 2 Nr 2 vor allem bei einem im ZulassungsVf nicht klärungsfähigen Sachverhalt, bei dem das OVG noch nicht abzusehen vermag, zu welchem Ergebnis ein künftiges BerufungsVf führen wird.[39] Hier kann das Gericht selbst bei einem ausdr nur auf § 124 Abs 2 Nr 1 gestützten Zulassungsantrag im Hinblick auf die Überschneidung des Zulassungsgrunds des § 124 Abs 2 Nr 1 mit dem des § 124 Abs 2 Nr 2 gehalten sein, sich mit dem Zulassungsgrund des § 124 Abs 2 Nr 2 auseinanderzusetzen, wenn

---

[35] So auch Seibert NVwZ 1999, 116 u ferner Berkemann DVBl 1998, 455 f; s aber auch Kuhla DVBl 2001, 177.

[36] So auch RhPfVerfGH NVwZ-RR 2005, 220. Deshalb ist entgegen Münster NVwZ 2000, 86 zusätzlich auf das Kriterium der Offenheit abzustellen.

[37] Vgl BT-Dr 13/1433, 414 u 13/4069, 2; s auch Bader NJW 1998, 412; **aA** Seibert NVwZ 1999, 116.

[38] Auf diese in der oberverwaltungsgerichtlichen Rspr zT anzutreffende Betrachtungsweise beziehen sich die Ausführungen von BVerfG NVwZ 2000, 1164.

[39] S Hbg NVwZ-RR 2000, 190; Ks NVwZ-RR 1998, 780; Ma NVwZ 1998, 1207; We NVwZ 2001, 448; Seibert DVBl 1997, 935; einschränkend aber Bader NJW 1998, 412 f.

es die Berufung nicht wg geltend gemachter ernstlicher Zweifel an der Richtigkeit der Entscheidung zuläßt.[40]

c) Grundsätzliche Bedeutung (Nr 3). Der Zulassungsgrund der grundsätzlichen Bedeutung der Rechtssache gem Nr 3 ist identisch mit dem Zulassungsgrund des § 131 Abs 3 Nr 1 aF u entspricht – von Unterschieden abgesehen, die sich daraus ergeben, daß die Berufungsinstanz auch Tatsacheninstanz ist – dem Revisionszulassungsgrund des § 132 Abs 2 Nr 1 (vgl Sch-Meyer-Ladewig/Rudisile 30). Grundsätzliche Bedeutung in diesem Sinne weist eine Rechtsstreitigkeit dann auf, wenn sie eine rechtliche oder tatsächliche Frage aufwirft, die für die Berufungsinstanz entscheidungserheblich ist u **iSd Rechtseinheit einer Klärung bedarf** (so zum entspr § 78 Abs 3 Nr 1 AsylVfG We NVwZ 1998, 194 unter Hinw auf BVerwG 70, 24 = NVwZ 1985, 199ff). Das OVG darf die Entscheidungserheblichkeit einer aufgeworfenen Frage unter Abstellen auf eine vom VG nicht herangezogene Begründung nur dann verneinen, wenn diese Begründung offensichtlich ist u nicht selbst auf einen Zulassungsgrund führt, zB ihrerseits grds klärungsbedürfige Fragen aufwirft.[41] Die Entscheidung muß aus Gründen der Rechtssicherheit, der Einheit der Rechtsordnung oder der Fortbildung des Rechts im allg Interesse liegen, was dann zutrifft, wenn die klärungsbedürftige Frage mit Auswirkungen über den Einzelfall hinaus in verallgemeinerungsfähiger Form beantwortet werden kann (s Ma NVwZ 1998, 306; We NVwZ 1998, 194). Davon ist etwa dann auszugehen, wenn die Entscheidung des VG von der Gültigkeit einer Rechtsnorm abhängt, an deren Gültigkeit nachvollziehbare Zweifel vorgebracht wurden (RhPfVerfGH NVwZ-RR 2005, 220). Die grundsätzliche Bedeutung einer Rechtssache besteht auch dann, wenn das Berufungsgericht die – bundesrechtliche – Rechtsfrage, deren grundsätzliche Bedeutung im ZulassungsVf geltend gemacht wird, bereits entschieden hat, aber ihre höchstrichterliche Klärung noch aussteht (Ma NVwZ 2000, 1315). Nicht klärungsbedürftig ist eine Frage, deren Beantwortung sich ohne weiteres aus dem Gesetz ergibt (Ma NVwZ 1998, 977). Zum Begriff der **grundsätzlichen Bedeutung** s 9ff zu § 132; ferner BGH NJW 1993, 1015; Ks NVwZ 1993, 805. Zur Grundsätzlichkeit iVm der Auslegung von EG-Recht s NVwZ 1997, 178; ferner 10 zu § 132. Ob eine klärungsbedürftige allg Rechtsfrage vorliegt, beurteilt sich nach dem **Zeitpunkt der oberverwaltungsgerichtlichen Entscheidung** über den Zulassungsantrag (Ks NVwZ 1998, 755), so daß dann, wenn die Rechtsfrage aufgrund einer **Gesetzesänderung weggefallen** ist, eine Zulassung gem § 124 Abs 2 Nr 3 (anders möglicherweise nach § 124 Abs 2 Nr 1, s oben 7c) nicht mehr in Betracht kommt. Dasselbe gilt, wenn die Rechtsfrage im Zeitpunkt der oberverwaltungsgerichtlichen Entscheidung über den Zulassungsantrag inzwischen durch das **OVG** (Gr DÖV 1999, 836) oder **höchstrichterlich geklärt** ist; anderes ist ausnahmsweise nur dann anzunehmen, wenn die Entscheidung erheblicher Kritik ausgesetzt war oder neue erhebliche Gesichtspunkte vorgetragen werden, die in der damaligen Entscheidung nicht berücksichtigt werden konnten u geeignet sind, ein anderes Ergebnis herbeizuführen.[42] Weicht die Entscheidung des VG von der Rspr des höheren Gerichts ab, die nach Stellung des Zulassungsantrags erging, so ist es unter dem Aspekt des **Art 19 Abs 4 GG** zwingend geboten, daß der Antrag nach § 124 Abs 2 Nr 3 in einen Antrag gem **§ 124 Abs 2 Nr 4 umgedeutet** wird (BVerfG DVBl 2000, 408 u unten 12). 10

---

[40] So Ko 16. 2. 1998 – 2 A 11 966/97.OVG unter Berufung auf den Rechtsausschuß BT-Dr 13/5098, 24; Lü NVwZ 1999, 431; Ma DÖV 2001, 44; Münster NVwZ 2000, 86; Dörries VR 2001, 110; Seibert DVBl 1997, 938; **aA** Bader NJW 1998, 412f; VBlBW 2002, 472.

[41] BVerfG NVwZ 2006, 685; Bln NVwZ 1998, 1319; s auch RÖ-M. Redeker 15b.

[42] Buchh 310 § 132 Nr 79; NVwZ 1987, 55; Br 27. 4. 1999 – 1 A 110/99; M. Redeker NordÖR 2000, 8; Rudisile DV 2006, 429.

Im Unterschied zur Grundsatzrevision erfaßt die Grundsatzberufung auch **Tatsachenfragen von grundsätzlicher Bedeutung;** dies ergibt sich aus dem Zusammenhang mit Nr 2 u dem Umstand, daß das Berufungsgericht anders als das Revisionsgericht auch Tatsacheninstanz ist.[43] Mit dieser Auslegung wird auch ein Gleichklang der Grundsatzberufung nach Nr 3 mit dem Berufungszulassungsgrund der „grundsätzlichen Bedeutung" nach § 78 Abs 3 Nr 1 AsylVfG erreicht, da schon bisher **in Asylstreitigkeiten** für genügend erachtet wurde, daß sich die grundsätzliche Bedeutung der Rechtssache auch aus den **verallgemeinerungsfähigen Auswirkungen** ergibt, die die durch die Berufungsentscheidung zu erwartende **Klärung von Tatsachenfragen** haben wird (70, 24 = DVBl 1984, 1016; s auch We NVwZ 1998, 194).

11 **d) Divergenz (Nr 4):** Der Zulassungsgrund der Abweichung von einer Entscheidung des OVG, des BVerwG, des GSOGB oder des BVerfG ist identisch mit dem Zulassungsgrund des § 131 Abs 3 Nr 2 aF u entspricht dem Revisionszulassungsgrund des § 132 Abs 2 Nr 2. Zum Begriff der **Abweichung** s 14 ff zu § 132, zum Erfordernis des **Beruhens** 19 zu § 132. Die Abweichung kann sich auf eine **Rechtsfrage** beziehen, aus den oben 10 genannten Gründen jedoch auch auf eine **Tatsachenfrage,**[44] wenn diese ihrer Natur nach verallgemeinerungsfähig u nicht fallspezifisch ist. Erforderlich ist, daß ein **tragender Grund** der Entscheidung in **Widerspruch** zu einem tragenden Grund der Entscheidung **eines der in § 124 Abs 2 Nr 4 genannten Gerichte** steht (Günther DVBl 1998, 679 mwN) u dieser Widerspruch dieselbe Rechtsvorschrift betrifft (s auch 15 zu § 132). Bei der Beurteilung, ob eine Divergenz vorliegt, ist auf die **schriftliche Begründung abzustellen,** nicht auf die Gründe, die bei der Verkündung mitgeteilt worden sind (Ma NVwZ 1999, 669; Rudisile DV 2006, 431). Beiläufige Bemerkungen (obiter dicta) genügen für eine Divergenzrüge nicht,[45] selbst wenn sie als Leitsätze in einer Entscheidung hervorgehoben sind (**aA** Hbg NVwZ 1999, 431). Allerdings kann insb im letzteren Fall ein obiter dictum ein wichtiges Indiz dafür bieten, daß eine Rechtssache grundsätzliche Bedeutung iSd § 124 Abs 2 Nr 4 hat (s auch Sch-Meyer-Ladewig/Rudisile 127 zu § 124 a). Nicht ausreichend für die Begründung einer Divergenzrüge ist auch der Vorwurf, eine bereits ergangene Entscheidung sei „nicht in einer bestimmten Richtung oder im Sinne einer ‚Analogie' fortentwickelt oder weitergedacht worden" (so treffend Berkemann DVBl 1998, 453; zur Umdeutung einer Rüge wg grds Bedeutung in eine Divergenzrüge s oben 10 u unten 12). **Keine divergierende Entscheidung** liegt in einem gerichtlichen Vergleichsvorschlag gem § 106 S 2, weil hierdurch keine Rechtsfrage entschieden wird (Ba NVwZ-RR 1999, 478), ferner nicht in einem die Berufung zulassenden Beschluß, weil in einem solchen Vf die angesprochene Rechtsfrage nicht entschieden wird (NVwZ 1999, 406).

12 Aufgrund der unterschiedlichen Konstellation im Falle der Divergenzberufung im Unterschied zur Divergenzrevision nennt Nr 4 über § 132 Abs 2 Nr 2 hinaus auch die **Abweichung von einer Entscheidung des OVG** als Zulassungsgrund. Es kann sich dabei auch um eine Entscheidung im vorläufigen RechtsschutzVf handeln, soweit hier nicht lediglich eine summarische Stellungnahme abgegeben wird (Buscher 281). Die Entscheidung kann materielles wie formelles Recht betreffen (Rudisile DV 2006, 431; s auch 4 zu § 132). Es kommt nicht auf

---

[43] Ma VBlBW 2004, 430; Mü BayVBl 2005, 284; RÖ-M. Redeker 19; Rudisile DV 2006, 428; Sch-Meyer-Ladewig/Rudisile 31; Seibert DVBl 1997, 936; Bader VBlBW 1997, 408; Uechtritz VBlBW 2000, 69; eingeh Roth DÖV 1998, 192 ff.

[44] Roth DÖV 1998, 197; RÖ-M. Redeker 23; Sch-Meyer-Ladewig/Rudisile 42; Seibert DVBl 1997, 936; NVwZ 1999, 119.

[45] Bln NVwZ 1998, 200; Hbg NVwZ 1999, 430; Berkemann DVBl 1998, 453; Rennert NVwZ 1998, 672; Rudisile DV 2006, 431; s zu § 132 Abs 2 Nr 2 auch BVerwG NVwZ 1996, 377.

die Abweichung von der Entscheidung irgendeines OVG an, sondern nur auf die Abweichung von einer Entscheidung **des dem VG, dessen Entscheidung angegriffen wird, im Rechtszug übergeordneten OVG** (Ks NVwZ-Beil 1998, 111; Buscher 270 ff). Es genügt dabei bereits die Abweichung von einem Senat des OVG, selbst wenn ein anderer Senat des OVG dieselbe Ansicht vertritt wie das VG (Lü NVwZ-RR 1999, 697; Rudisile DV 2006, 430). Damit wird den Schwierigkeiten Rechnung getragen, die sich bei der Feststellung abweichender Entscheidungen ergeben können (Sch-Meyer-Ladewig 18 zu § 131). **Weicht** die Entscheidung von der Entscheidung eines **anderen OVG ab,** so ist die Berufung jedoch grds immer wg **grundsätzlicher Bedeutung** zuzulassen,[46] außer wenn die Rechtsfrage durch die Rspr des BVerwG, des GSOGB oder des BVerfG bereits geklärt ist. Eine Divergenzrüge hat dann keinen Erfolg, wenn das vom ASt angeführte Urteil des OVG bereits auf Revision hin aufgehoben wurde (Ks NVwZ-Beil 1998, 111), ebenso, wenn eine Abweichung von der Rspr des OVG vorliegt, die dieses inzwischen selbst aufgegeben hat (Ko DVBl 1999, 118).

Der Zulassungsgrund des Nr 4 wird **vielfach als ein Unterfall des Zulassungsgrundes des § 124 Abs 2 Nr 3 angesehen.**[47] Deshalb wird dort, wo zu Unrecht eine Divergenzrüge erhoben wurde (s oben 12), zB bei einer Abweichung von einer Entscheidung eines nicht übergeordneten OVG, eine Zulassung gem § 124 Abs 2 Nr 3 bejaht (s Rennert NVwZ 1998, 670). Dem ist jedenfalls zuzustimmen (zu weitgehend insoweit die Kritik von Günther DVBl 1998, 680). Schwieriger ist aber der umgekehrte Fall zu beurteilen, bei dem eine Rüge gem § 124 Abs 2 Nr 3 erhoben wurde, tatsächlich aber die Voraussetzungen für einen auf § 124 Abs 2 Nr 4 gestützten Zulassungsantrag vorlagen, ohne daß aber in diesem Zulassungsantrag die Entscheidung bezeichnet wird, von der die angegriffene Entscheidung in einem tragenden Grund abweicht.[48] Läßt man beim Parallelproblem der Revisionszulassung einen Übergang von dem in der Nichtzulassungsbeschwerde geltend gemachten Zulassungsgrund des § 132 Abs 2 Nr 1 auf Nr 2 zu (s zum Revisionsrecht auch DVBl 1996, 382; Maetzel MDR 1961, 456 f; Weyreuther 94; Sch-Pietzner 59 zu § 132; s auch 8 zu § 132), so muß dies erst recht für die Zulassung der Berufung gelten, die jedenfalls nicht an strengere Voraussetzungen als die Zulassung der Revision gebunden ist. Das erscheint um so unabweislicher, als § 124 a anders als § 133 Abs 3 S 3 eine Bezeichnung der Entscheidung, von der abgewichen wird, nicht ausdr verlangt. Hält man eine generelle Umdeutung der Rüge gem § 124 Abs 2 Nr 3 in eine Divergenzrüge für zu weitgehend (womit dasselbe auch iVm § 132 Abs 2 Nr 1 angenommen werden müßte), so wird man jedoch in bestimmten Fällen eine derartige Umdeutung zulassen müssen. Das gilt, wie sich bei einer am Zweck des § 124 Abs 2 Nr 4 (Wahrung der Rechtseinheit) orientierten Auslegung ergibt, jedenfalls dann, wenn die zunächst bestehende Rechtsfrage von **grds Bedeutung erst nach Stellung des Zulassungsantrags nachträglich gerichtlich geklärt wurde**[49] oder die Entscheidung zwar schon vor der Antragstellung erging, aber erst später bekannt wurde (Sch-Meyer-Ladewig/Rudisile 128 zu § 124 a mwN). Darüber hinaus wird man aber allg dann, wenn dem Beschwerdegericht das Vor-

---

[46] BVerfG NJW 1993, 1846 = NVwZ 1993, 465: Nichtzulassung wg Grundsätzlichkeit bei divergierender Rspr der OVG verletzt Art 19 Abs 4 GG; Lü GewA 2005, 358; Rudisile DV 2006, 430; Sch-Meyer-Ladewig/Rudisile 38; BT-Dr 11/7030, 72.

[47] BVerfG DVBl 2000, 408; Sch-Meyer-Ladewig/Rudisile 23; Seibert DVBl 1997, 938; krit mit beachtlichen Argumenten Günther DVBl 1998, 678.

[48] Auch hier für eine Umdeutung des Antrags in eine Divergenzrüge BVerfG DVBl 2000, 408; Rennert NVwZ 1998, 670; Sch-Meyer-Ladewig/Rudisile 128 zu § 124 a; Seibert DVBl 1997, 938; offen Bln NVwZ 1998, 201.

[49] BVerfG DVBl 2000, 408; NVwZ 1992, 891; NVwZ-RR 1993, 513; Bln NVwZ 1998, 201; Rennert NVwZ 1998, 670; Sch-Meyer-Ladewig/Rudisile 128 zu § 124 a; iE ebenso Günther DVBl 1998, 682.

liegen einer divergierenden Entscheidung bekannt ist, die Zulassung der Berufung zu bejahen haben. Ist für das Berufungsgericht nämlich „evident", daß ein Zulassungsgrund gem § 124 Abs 2 Nr. 4 vorliegt, so wäre es schwerlich überzeugend, wenn hier das Berufungsgericht sehenden Auges (s auch 23 zu § 124a u oben 7 a) die Zulassung ablehnen würde u damit der mit § 124 Abs 2 Nr 4 verfolgte Zweck der Wahrung der Rechtseinheit verhindert würde (s auch iVm § 132 Maetzel MDR 1961, 456 ff). Nicht verlangt werden kann allerdings von dem OVG – denn dies wäre auch mit dem Zweck der §§ 124 Abs 2 Nr 4, 124 a Abs 4 S 4 nicht vereinbar –, daß es von sich aus nach einer Entscheidung sucht, von der das VG abgewichen sein könnte.

13 **e) Verfahrensmangel (Nr 5):** Der Zulassungsgrund des Verfahrensmangels entspricht dem Zulassungsgrund des § 131 Abs 3 Nr 3 aF u des § 132 Abs 2 Nr 3. Mittels der „Verfahrensberufung" soll die erforderliche Verfahrensaufsicht gewährleistet werden. Der **Begriff des Verfahrensmangels** ist derselbe wie in § 130 Abs 1 Nr 2 u § 132 Abs 2 Nr 3 (vgl dazu 9 zu § 130, 20 ff zu § 132). Auf einen Verfahrensmangel kann sich der ASt nicht berufen, wenn er das **Rügerecht** bzgl des Verfahrensverstoßes gem § 173 S 1 iVm §§ 295, 512 ZPO **verloren** hat (Ba NVwZ-RR 1998, 693; Bader NJW 1998, 411), wobei dies sich allerdings nur auf solche Vorschriften bezieht, auf deren Befolgung eine Partei wirksam verzichten kann. Eine **Verletzung des § 84 Abs 1 S 1** kann bei einer Entscheidung durch Gerichtsbescheid nicht geltend gemacht werden, da hier die Möglichkeit bestanden hätte, gem § 84 Abs 2 Nr 1 **Antrag auf mV** zu stellen (Sa 27, 351; vgl Buchh 310 § 132 Abs 2 VwGO Ziff 3 Nr 24). Eine Verletzung der (nicht disponiblen) **gerichtlichen Aufklärungspflicht** kann in Anlehnung an die stRspr des BVerwG zu § 132 Abs 2 Nr 3 (Buchh 310 § 132 Nrn 114, 161 u 164; s Kummer, Die Nichtzulassungsbeschwerde 207) grds dann nicht geltend gemacht werden, wenn ein **anwaltlich vertretener Beteiligter von einem Beweisantrag abgesehen** hat;[50] anderes gilt nur, wenn sich dem Erstrichter eine Beweisaufnahme offensichtlich aufdrängen mußte (Ba SächsVBl 2001, 94; Berkemann DVBl 1998, 453; s auch BVerwG NVwZ 1988, 1020; Buscher 307 ff). Mit einer Rüge der Verletzung des **rechtlichen Gehörs** können die Beteiligten nicht durchdringen, wenn das VG durch Gerichtsbescheid entschieden hat; in diesem Fall ist der **Antrag auf mV** der allein in Betracht kommende Rechtsbehelf.[51] Erscheint ein Kl nicht im Termin zur mV, obwohl er hierzu ordnungsgemäß geladen worden ist, u weist das VG in diesem Termin die Klage durch Sachurteil ab, ist statthafter Rechtsbehelf der Antrag auf Zulassung der Berufung u **nicht ein Antrag auf Wiedereinsetzung in den vorigen Stand.** Ist ein Beteiligter anwaltlich vertreten u kann er aus von ihm nicht verschuldeten Gründen nicht an der mV teilnehmen, so kann aber nur beim Vorliegen besonderer Gründe von einem Gehörsverstoß ausgegangen werden (Br NordÖR 2000, 291). Keinen Verfahrensfehler iSd § 124 Abs 2 Nr 5 begründet die Unzulässigkeit einer Klageänderung (NVwZ-RR 2000, 260) sowie grds auch nicht ein Verstoß gegen § 6 Abs 1 u 3[52] (s auch unten 14); anders nur bei willkürlicher Verletzung des § 6 Abs 1 u 3 u einem daraus resultierenden Verstoß gegen die verfassungsrechtlichen Verfahrensgarantien des Art 101 Abs 1 S 2 oder des Art 103 Abs 1 GG.[53] Umstritten ist, ob eine rechtswidrige **Ablehnung oder**

---

[50] Ba SächsVBl 2001, 94; Ma VBlBW 1997, 299 f; Bader NJW 1998, 411; Berkemann DVBl 1998, 453; Johlen DÖV 2001, 588.

[51] Ks NVwZ-RR 2001, 207; Ko DÖV 1999, 36; Ma NVwZ-RR 2001, 409; We NVwZ-Beil 1997, 44; anderes nur dann erwägbar, wenn keine anwaltliche Vertretung bestand, vgl Ma VBlBW 2001, 453.

[52] NVwZ-RR 2000, 258; NVwZ 2000, 1291; Bln 13. 4. 2000 – 1 N 25.97; Ks DÖV 2000, 300; s auch 28 zu § 6.

[53] NVwZ-RR 2000, 258; NVwZ 2000, 1291; B-Funke-Kaiser 24 zu § 6; s auch 28 zu § 6.

Bejahung der Befangenheit eine Verfahrensrechtsverletzung iSd § 124 Abs 2 Nr 5 darstellt (dazu eingehend 22 zu § 54 mwN), was aber grds abzulehnen ist.[54] Anderes gilt nur bei **willkürlichen rechtswidrigen Entscheidung über ein Ablehnungsgesuch** (DVBl 1997, 1236 mwN u eingeh mwN 22 zu § 54), die eine Verletzung des **Art 101 Abs 1 S 2 GG** beinhaltet. Eine Verfahrensrechtsverletzung ist auch dann gegeben, wenn eine **Selbstanzeige eines befangenen Richters** unterblieb u dadurch eine Verletzung des **Art 103 Abs 1 GG** begründet wird (22 zu § 54). Der Verfahrensmangel muß – ebenso wie bei § 132 Abs 2 Nr 3 – **geltend gemacht,** dh in dem Antrag auf Berufungszulassung gerügt werden, u außerdem **tatsächlich vorliegen** (vgl hierzu 20 zu § 132). Maßgeblich für die Beurteilung des **Beruhenkönnens** (Kausalität) ist der materiellrechtliche Standpunkt des VG (Sch-Meyer-Ladewig/Rudisile 110; vgl 9 zu § 130, 23 zu § 132). Im BerufungszulassungsVf ist jedenfalls bei **„partiellen" Gehörverstößen** fallbezogen zu **überprüfen,** ob die angefochtene Entscheidung auf einem **Verfahrensmangel beruhen kann** (Ms NVwZ-RR 2004, 701; Rudisile DV 2006, 433; s auch 10 ff zu § 138), erfaßt der Gehörsverstoß hingegen den gesamten Streitstoff (das Gesamtergebnis des Vf iSv § 108 Abs 1, s auch 17 zu § 138), so ist eine Feststellung, das Urteil sei im Ergebnis richtig, nicht möglich (Ms NVwZ-RR 2004, 702; Rudisile DV 2006, 433; vgl auch BVerwG NVwZ 1994, 1095). Wenn mit der Divergenzrüge (§ 124 Abs 2 Nr 4) die fehlerhafte Anwendung einer prozessualen Vorschrift gerügt wird, liegt hierin zugleich die Rüge eines Verfahrensmangels iSd § 124 Abs 2 Nr 5 (NVwZ 2001, 918).

Das Erfordernis, der Verfahrensfehler müsse der **Beurteilung des Berufungsgerichts unterliegen,** hat nach der Absicht des Gesetzgebers lediglich klarstellende Funktion (BT-Dr 13/1433, 14; 13/3993, 13): Damit sollte insb sichergestellt werden, daß die Übertragung eines Rechtsstreits auf den Einzelrichter oder umgekehrt gem § 6 Abs 1 u 3 nicht der gerichtlichen Überprüfung unterliegt.[55] Das ergibt sich iü schon aus § 173 S 1 iVm § 512 ZPO u betrifft gleichermaßen verfahrensbezogene wie auch materiellrechtliche Rechtsfehler bei der Übertragung (Sa NVwZ 1998, 645). Keine Verletzung iSd § 124 Abs 2 Nr 5 ist dort gegeben, wo dem VG hins Verfahrensentscheidungen ein Beurteilungs- oder Ermessensspielraum eingeräumt ist u es sich innerhalb dieses Spielraums bewegt (s auch Gr NVwZ-Beil 1998, 109). Bei einer **willkürlichen Verletzung des § 6 Abs 1 u 3,** die zugleich eine Verletzung des Art 101 Abs 1 S 2 GG impliziert, liegt ein **Verfahrensfehler** iSd § 124 Abs 2 Nr 5 vor (s 28 zu § 6 u oben 13). 14

§ 124a [Berufung]

(1) **Das Verwaltungsgericht lässt die Berufung in dem Urteil zu, wenn die Gründe des § 124 Abs. 2 Nr. 3 oder Nr. 4 vorliegen.**[3 ff] **Das Oberverwaltungsgericht ist an die Zulassung gebunden.**[11] **Zu einer Nichtzulassung der Berufung ist das Verwaltungsgericht nicht befugt.**[12]

(2) **Die Berufung ist, wenn sie von dem Verwaltungsgericht zugelassen worden ist, innerhalb eines Monats nach Zustellung des vollständigen Urteils bei dem Verwaltungsgericht einzulegen.**[16 ff] **Die Berufung muss das angefochtene Urteil bezeichnen.**[20]

(3) **Die Berufung ist in den Fällen des Absatzes 2 innerhalb von zwei Monaten nach Zustellung des vollständigen Urteils zu begründen.**[21 ff]

---

[54] DVBl 1997, 1236; NVwZ-RR 2000, 260; Lü NVwZ-RR 2002, 471; eingeh mwN 22 zu § 54; **aA** Ba SächsVBl 2001, 11 f; Buscher 313.

[55] Sa NVwZ 1998, 645; Bader DÖV 1997, 445 f; Lotz BayVBl 1997, 260; Sch-Meyer-Ladewig 49 u 59; Rudisile DV 2006, 432; Seibert DVBl 1997, 936; s auch Gr NVwZ-Beil 1998, 109.

Die Begründung ist, sofern sie nicht zugleich mit der Einlegung der Berufung erfolgt, bei dem Oberverwaltungsgericht einzureichen.[25] **Die Begründungsfrist kann auf einen vor ihrem Ablauf gestellten Antrag von dem Vorsitzenden des Senats verlängert werden.**[24] **Die Begründung muss einen bestimmten Antrag**[27 ff] **enthalten sowie die im Einzelnen anzuführenden Gründe der Anfechtung (Berufungsgründe).**[33 ff] **Mangelt es an einem dieser Erfordernisse, so ist die Berufung unzulässig.**[37]

(4) **Wird die Berufung nicht in dem Urteil des Verwaltungsgerichts zugelassen, so ist die Zulassung innerhalb eines Monats**[40 ff] **nach Zustellung des vollständigen Urteils zu beantragen.**[38 ff] **Der Antrag ist bei dem Verwaltungsgericht zu stellen.**[44] **Er muss das angefochtene Urteil bezeichnen.**[47] **Innerhalb von zwei Monaten nach Zustellung des vollständigen Urteils sind die Gründe dazulegen, aus denen die Berufung zuzulassen ist.**[48 ff] **Die Begründung ist, soweit sie nicht bereits mit dem Antrag vorgelegt worden ist, bei dem Oberverwaltungsgericht einzureichen. Die Stellung des Antrags hemmt die Rechtskraft des Urteils.**

(5) **Über den Antrag entscheidet das Oberverwaltungsgericht durch Beschluss.**[58] **Die Berufung ist zuzulassen, wenn einer der Gründe des § 124 Abs. 2 dargelegt ist und vorliegt. Der Beschluss soll kurz begründet werden.**[59] **Mit der Ablehnung des Antrags wird das Urteil rechtskräftig. Lässt das Oberverwaltungsgericht die Berufung zu, wird das Antragsverfahren als Berufungsverfahren fortgesetzt;**[65] **der Einlegung einer Berufung bedarf es nicht.**[65]

(6) **Die Berufung ist in den Fällen des Absatzes 5 innerhalb eines Monats**[67] **nach Zustellung des Beschlusses über die Zulassung der Berufung zu begründen.**[66 ff] **Die Begründung ist bei dem Oberverwaltungsgericht einzureichen.**[67] **Absatz 3 Satz 3 bis 5 gilt entsprechend.**[67]

Vgl §§ 511, 517 ff ZPO; §§ 144, 151 SGG

Schrifttum: S die Nachweise bei § 124

Übersicht

1 **1. Allgemeines:** § 124 a wurde durch das **6. VwGOÄndG neu in die VwGO eingefügt.** Seither bedarf die **Berufung einer Zulassung** u ist dementsprechend **die Einlegung der Berufung ohne eine vorherige Zulassung unzulässig.** Im Rahmen des **RmBereinVpG** wurde § 124 a nochmals **geändert;** eine weitere kleine Änderung brachte das 1. JuMoG. Während **§ 124 a aF nur eine antragsabhängige Zulassung der Berufung durch das OVG** regelte, sieht der **novellierte § 124 a Abs 1** ua auch eine **antragsunabhängige Zulassung der Berufung durch das VG** vor. Die Frist für die Begründung der zugelassenen Berufung, die nach § 124 a Abs 3 S 1 aF grds nur einen Monat betragen hatte, wurde für die antragsunabhängige verwaltungsgerichtliche Zulassung durch § 124 a Abs 3 S 1 auf 2 Monate erweitert u kann weiter verlängert werden (§ 124 a Abs 3 S 3). Für die antragsabhängige oberverwaltungsgericht-

liche Zulassung nach § 124 a Abs 6 S 1 gilt nach wie vor eine Frist von einem Monat. Neben redaktionellen Änderungen wird durch § 124 a Abs 5 S 3 die Begründung des Zulassungsbeschlusses abweichend von § 124 a Abs 2 S 2 aF neu geregelt.

Die Novellierung des § 124 a durch das RmBereinVG trägt mit der Neueinführung einer antragsunabhängigen verwaltungsgerichtlichen Zulassung der Berufung dem Umstand Rechnung, daß das VG wg seiner Aktenvertrautheit in den Fällen des § 124 Abs 2 Nr 3 u 4 am ehesten in der Lage ist, festzustellen, ob einer der dort genannten Zulassungsgründe vorliegt. Damit einhergehend werden insoweit die zeitlichen Verzögerungen vermieden, wie sie sonst mit der Durchführung eines der Berufung vorgeschalteten ZulassungsVf verbunden sind (s auch BT-Dr 14/6393, 12 f). Begrüßenswert ist zudem die durch § 124 a Abs 3 bewirkte Ausdehnung der Frist zur Begründung der Berufung. Wenn zugleich die Berufungsbegründungsfrist von einem Monat bei einer antragsabhängigen Zulassung der Berufung (§ 124 a Abs 6 S 1) beibehalten wurde, rechtfertigt sich dies daraus, daß hier den Beteiligten in Hinblick auf das der Zulassung vorgeschaltete AntragsVf ohnehin mehr Zeit für die Vorbereitung einer späteren Berufungsbegründung bleibt u zudem eine Verlängerung der Begründungsfrist zu einer hier besonders problematischen weiteren Verzögerung des Rechtsschutzes führen müßte. Ohnehin kann bei besonderem Begründungsaufwand die Berufungsbegründungsfrist durch den Vorsitzenden verlängert werden. Das in § 124 a Abs 5 S 3 aufgestellte grds Erfordernis einer wenigstens kurzen Begründung des Zulassungsbeschlusses stellt einen rechtsstaatlichen Fortschritt ggü § 124 a Abs 2 S 2 aF dar, der es tlw erlaubte, auf eine Begründung des Zulassungsbeschlusses überhaupt zu verzichten. 2

2. Das **Berufungsverfahren** bei Zulassung der Berufung durch das VG: **a) Die antragsunabhängige Zulassung durch das VG: aa) Anwendungsbereich des § 124 a Abs 1–3:** Liegt einer der **Zulassungsgründe des § 124 Abs 2 Nr 3 u 4** (dazu 10 ff zu § 124) vor, so hat das VG die Berufung zuzulassen.[1] Etwas **anderes gilt** nur dann, wenn in **Spezialgesetzen die Berufung ausgeschlossen** ist. Vorschriften, welche die Berufung u damit auch die Zulassung der Berufung ausschließen, finden sich etwa in **§ 10 Abs 2 KDVG; § 339 Abs 1 S 1 LAG; § 37 Abs 2 VermG; § 6 Abs 1 S 2 VZOG; § 34 S 1 WPflG u § 75 S 1 ZDG.** Dasselbe trifft nach **§ 78 Abs 1 S 1 AsylVfG** zu, wenn eine Klage in Rechtsstreitigkeiten nach dem AsylVfG als offensichtlich unzulässig oder offensichtlich unbegründet abgewiesen wird. Das gilt nach § 78 Abs 1 S 2 auch dann, wenn nur das Klagebegehren gegen die Entscheidung über den Asylantrag als offensichtlich unzulässig oder unbegründet, das Klagebegehren iü hingegen als unzulässig oder unbegründet abgewiesen worden ist. Selbst hins sonstiger Rechtsstreitigkeiten nach dem AsylVfG, die nicht durch § 78 Abs 1 AsylVfG erfaßt werden, bestehen nach **§ 78 Abs 2 AsylVfG** Sonderregelungen. Nach ihnen ist nur eine **antragsabhängige Zulassung der Berufung durch das OVG vorgesehen,** ferner werden die **Zulassungsgründe** ggü den in § 124 Abs 2 vorgesehenen **eingeschränkt** u ist die **Zulassung innerhalb von 2 Wochen** nach Zustellung des Urteils zu beantragen (§ 78 Abs 3 u 4 AsylVfG). Wie sich aus Art 4 RmBereinVpG ergibt, der unter den durch das Gesetz geänderten Vorschriften des AsylVfG nicht den § 78 AsylVfG nennt, wird diese Vorschrift durch die Gesetzesnovellierung nicht berührt. Im AsylVfG ist damit eine antragsunabhängige Zulassung der Berufung durch das VG nicht vorgesehen. Zur umstrittenen Frage, ob eine nach § 78 AsylVfG zugelassene Berufung nach den allg verwaltungsprozessualen Regelungen zu **begründen** ist, s unten 66. Im 3

[1] Kuhla/Hüttenbrink DVBl 2002, 88; Just LKV 2002, 204; ThürVBl 2002, 205: kein Ermessen.

Bundesdisziplinarrecht kann bei **Klagen gegen Disziplinarverfügungen** die Berufung gem § 64 Abs 2 BDG **nur vom OVG zugelassen** werden (Sa NVwZ-RR 2004, 701). Eine dennoch erfolgte Zulassung der Berufung durch das VG ist unzulässig u wird verworfen (B-Bader 3 zu § 124; Sa NVwZ-RR 2004, 701).

4 **bb) Zulassung durch Kammer oder Einzelrichter von Amts wegen.** Die Entscheidung des VG die Berufung zuzulassen, setzt **keinen diesbezüglichen Antrag voraus.** Dies hindert aber die Beteiligten nicht, spätestens in der mV erster Instanz auch die Zulassungsfrage anzusprechen u zu erläutern, weshalb aus ihrer Sicht die Voraussetzungen eines Zulassungstatbestands gegeben sind (Just LKV 2002, 201; Kuhla/Hüttenbrink DVBl 2002, 89). Zuständig für die Zulassung ist nicht nur die Kammer, sondern auch der Einzelrichter.[2] Dafür spricht bereits der Wortlaut der Bestimmung. Da die Übertragung eines Rechtsstreits an den Einzelrichter wg Fehlens grundsätzlicher Bedeutung hinsichtlich der hierfür angegebenen Gründe keine Bindungswirkung entfaltet, wird der Einzelrichter durch die Entscheidung der Kammer auch insoweit nicht gehindert, vom Vorliegen einer der Zulassungsgründe des § 124 Abs 2 Nr 3 u 4 auszugehen, zumal der Einzelrichter auch bei einer sich erst im Laufe des Rechtsstreits herausstellenden grundsätzlichen Bedeutung nicht verpflichtet ist, den Rechsstreit an die Kammer rückzuübertragen (Rudisile DV 2006, 434; 21 zu § 6; **aA** Ma NVwZ 2004, 893). Zulässig ist auch die Zulassung der Berufung durch einen nach § 87 a Abs 2 u 3 konsentierten Einzelrichter (Seibert NVwZ 2004, 823).

5 **cc) Maßgeblicher Zeitpunkt für die Zulassungsentscheidung.** Maßgeblich für die Frage, ob einer der Zulassungsgründe des § 124 Abs 2 Nr 3 u 4 gegeben ist, ist der Zeitpunkt der letzten mV vor dem VG bzw bei Entscheidungen ohne mV der Zeitpunkt der Entscheidung (Sch-Meyer-Ladewig/Rudisile 7; vgl auch 7 zu § 132). Das spätere Entstehen bzw der Wegfall eines Zulassungsgrunds sind für die Entscheidung über die Zulassung ohne Relevanz.

6 **dd) Kein Ermessens- u Beurteilungsspielraum.** Ein Ermessensspielraum besteht bei Vorliegen der Tatbestandsvoraussetzungen des § 124 Abs 2 Nr 3 u 4 nicht (Rudisile DV 2006, 434; Seibert NVwZ 2002, 266; vgl auch 6 zu § 132). Dem VG wird auch hins der Frage, ob die entschiedene Rechtssache grds Bedeutung hat, kein Beurteilungsspielraum eingeräumt. Ist § 124 Abs 2 Nr 3 oder 4 gegeben (dazu näher 10 ff zu § 124), ist die Berufung zuzulassen. Fehlt es hieran, darf die Berufung nicht zugelassen werden, wobei in diesem Fall aber nach § 124 a Abs 1 S 3 keine ausdr Entscheidung über die Nichtzulassung ergehen darf (unten 12). Wird die Berufung trotz Fehlens eines Zulassungsgrunds durch das VG zugelassen, ist die getroffene Entscheidung dennoch nach § 124 a Abs 1 S 2 grds bindend (näher unten 11).

7 **ee) Zulassung bei kumulativer oder alternativer Begründung.** Wenn die angegriffene Entscheidung auf **mehrere selbständig tragende Begründungen** gestützt wird **(kumulative Begründung),** so setzt die Zulassung voraus, daß für **jeden dieser Gründe die Zulassungsvoraussetzungen** erfüllt sind.[3] Dagegen reicht es bei einer **alternativen Begründung** (5 zu § 124), bei der entweder der eine oder der andere Grund die Entscheidung trägt, bereits aus,

---

[2] NVwZ 2005, 98; Hufen JuS 2004, 1023; Seibert NVwZ 2004, 821 f; vgl zum entspr Problem der Zulassung der Sprungrevision durch einen Einzelrichter ebenso NKVwGO-Neumann 11 zu § 134; **aA** für Zulassung der Berufung Ma NVwZ 2004, 893; Bader VBlBW 2002, 471, wonach eine vom Einzelrichter ausgesprochene Berufungszulassung das OVG nicht binden soll.

[3] NVwZ 1994, 264; Ko NVwZ-RR 1999, 598; Lü NVwZ-RR 2004, 703; Ma NVwZ 1998, 645; Münster NVwZ 1998, 759; Sch-Meyer-Ladewig/Rudisile 25 zu § 124; s auch 5 zu § 124.

wenn in bezug auf **einen dieser Gründe eine Zulassungsvoraussetzung** nach § 124 Abs 2 Nr 3 oder 4 vorliegt[4] (vgl auch 6 zu § 132).

ff) Zulassung bei mehreren Streitgegenständen bzw teilbarer Entscheidung. Bei mehreren Streitgegenständen kann u muß das VG die Zulassung auf den **Streitggst beschränken, für den die Zulassungsgründe des § 124 Abs 2 Nr 3 oder 4 vorliegen.** Das trifft auch dann zu, wenn ein Fall der einfachen Streitgenossenschaft vorliegt u die Zulassungsgründe nicht bzgl aller im Wege der subjektiven Klagehäufung verbundenen Klagen vorliegen. Auch bei einem **teilbaren Streitggst** kommt nur eine Teilzulassung in Betracht, wenn die **Zulassungsgründe lediglich für einen tatsächlich u rechtlich selbständigen u deshalb abtrennbaren Teil des geltend gemachten (prozessualen) Anspr** vorliegen[5] (s auch unten 15). Klagt etwa der Kl auf Zahlung einer Geldsumme von 1000 EUR u wird dieser Klage stattgegeben, wobei die Zuerkennung von 600 EUR keine Rechtsfragen von grundsätzlicher Bedeutung aufwirft, solche sich hingegen bzgl der restlichen zuerkannten 400 EUR stellen, so ist die Berufung nur insoweit zuzulassen, als das verwaltungsgerichtliche Urteil auch die 400 EUR zuerkennt. Bei einer Teilzulassung kann der Rest aber im Wege einer unselbständigen Anschlußberufung geltend gemacht werden.[6] Eine Teilzulassung umfaßt auch die an den zugelassenen Teil anknüpfenden, in 1. Instanz gestellten u unbeschieden gebliebenen Hilfsanträge (Bader VBlBW 1997, 449; Rudisile DV 2006, 442; vgl auch NVwZ 1999, 642). Eine Beschränkung der Zulassung auf einzelne Rechtsfragen oder einzelne von mehreren konkurrierenden Anspruchsgrundlagen ist nicht statthaft (DVBl 1997, 907f; 32a zu § 132). Wird die Zulassung in unzulässiger Weise eingeschränkt, so ist – ebenso wie dort, wo die Beschränkung einer vom VG gewollten Zulassung nicht im Tenor oder den Entscheidungsgründen in klarer u eindeutiger Weise ihren Ausdruck findet (unten 10) – von einer uneingeschränkten Zulassung auszugehen (Sch-Meyer-Ladewig/Rudisile 9; vgl zur Revisionszulassung 32a zu § 132; BGH NJW 1976, 2264; 1987, 3265). 8

gg) Zulassung iVm der Hauptsacheentscheidung. Die bei Vorliegen der Tatbestandsvoraussetzungen des § 124 Abs 2 Nr 3 oder 4 gebotene Berufungszulassung gehört als prozessuale Nebenentscheidung kraft Sachzusammenhangs in die Entscheidung zur Hauptsache; ein zusammen mit dem Urteil ergehender **Beschluß genügt nicht,** auch wenn er in der für die gerichtliche Hauptsacheentscheidung maßgebenden Besetzung gefaßt wird (vgl iVm der Zulassung der Revision BFH 103, 307; Sch-Pietzner 112 zu § 132 mwN). Wird die Berufung nicht in dem Urteil zugelassen, ist gem § 124a Abs 4 nur ein Antrag auf Zulassung der Berufung statthaft. Deshalb **scheiden sowohl eine Urteilsergänzung analog § 120** (unmittelbar wäre die Vorschrift ohnehin nicht anwendbar) wie auch eine **Nachholung der Zulassung durch einen gesonderten Beschluß aus** (Seibert NVwZ 2002, 266; vgl auch Ma NVwZ-RR 1996, 618 u iVm der Zulassung der Revision Sch-Pietzner 116f zu § 132). 9

hh) Die Form der Zulassungsentscheidung. Die Entscheidung über die Zulassung der Berufung sollte aus Gründen der Rechtsklarheit in den Entscheidungstenor aufgenommen werden; zwingend ist dies allerdings nicht.[7] Eine in 10

---

[4] Lü NVwZ-RR 2004, 702; Mü NVwZ-RR 2004, 391; Rudisile DV 2006, 434; Seibert NVwZ 1999, 119; **aA** Rennert NVwZ 1998, 672. Vgl entspr zur Revision NVwZ 1994, 269, Ey-P. Schmidt 22 zu § 133.

[5] Sch-Meyer-Ladewig/Rudisile 9; Seibert DVBl 1997, 940; s auch NVwZ 1999, 642; zum entspr Problem bei der Revisionszulassung 4 u 32a zu § 132 mwN.

[6] NVwZ-RR 2002, 233; B-Bader 18 zu § 127; Sch-Meyer-Ladewig/Rudisile 9.

[7] Gr NVwZ-RR 2005, 579: Zulassung der Berufung grds im Tenor der Entscheidung auszusprechen. Offengelassen, ob hiervon Ausnahmen zu machen sind, wenn sich aus den Gründen der Entscheidung zweifelsfrei ergibt, daß ein Zulassungsgrund vorliegt u VG die

den Entscheidungsgründen ausgesprochene Zulassung der Berufung muß aber jedenfalls in **eindeutiger u unmißverständlicher Weise** erfolgen (Mü NVwZ-RR 2006, 583). **Nicht ausreichend** ist der Ausspruch der Zulassung der Berufung in der **Rechtsmittelbelehrung,**[8] da diese ihrem Inhalt nach nicht Willens-, sondern Wissenserklärung ist (Weyreuther 165). Eine Rechtsmittelbelehrung, die nicht auf den Antrag auf Zulassung der Berufung, sondern auf das unstatthafte RMittel der Berufung verweist, beinhaltet keine Entscheidung über die Zulassung der Berufung (Mü NVwZ-RR 2006, 583). Wird die Berufung nur hins eines Teils der Entscheidung zugelassen, so muß eine entspr Beschränkung mit hinreichender Deutlichkeit im Tenor der Entscheidung oder jedenfalls zumindest in den Entscheidungsgründen zum Ausdruck kommen. Sonst ist davon auszugehen, daß die durch das VG ausgesprochene Zulassung der Berufung gegenständlich nicht beschränkt ist. Eine Regelung über die Begründung des Zulassungsbeschlusses, wie sie für die antragsabhängige oberverwaltungsgerichtliche Zulassung in § 124 a Abs 5 S 3 getroffen wird, fehlt. Bei Zulassung der Berufung sollte der Zulassungsgrund angegeben werden; eine weitere Begründung ist nicht erforderlich (vgl auch 32 zu § 132). Die **fehlende Angabe des Zulassungsgrundes macht die Zulassung prinzipiell nicht unwirksam** u ändert nichts an der nach § 124 a Abs 1 S 2 bestehenden Bindung des OVG an die Zulassung (Sch-Meyer-Ladewig/Rudisile 7; unten 11).

11 **ii) Die Bindung des OVG durch die Zulassung (§ 124 a Abs 1 S 2).** Das OVG ist an die Zulassung der Berufung durch das VG gebunden. Die Bindungswirkung **besagt nichts über die Begründetheit der Berufung.** Die Bindungswirkung gilt grds **selbst dann, wenn die Zulassung der Berufung evident rechtswidrig** ist, etwa weil offensichtlich keiner der Zulassungsgründe des § 124 Abs 2 Nr 3 oder 4 vorliegt oder die Zulassung auf einem sonstigen wesentlichen Mangel des ZulassungsVf beruht.[9] So wird zu der dem § 124 a Abs 1 S 2 entsprechenden Vorschrift über die Bindungswirkung einer Zulassung der Revision (§ 132 Abs 3) in der Regierungsbegründung zum Entwurf des 4. VwGOÄndG (BT-Dr 11/7030, 33) ausgeführt, „daß eine Bindung des Revisionsgerichts an die Zulassung auch dann eintritt, wenn nach dessen Auffassung ein Zulassungsgrund offensichtlich nicht gegeben oder im Vf über die Nichtzulassungsbeschwerde ein schwerwiegender Fehler unterlaufen ist". Eine **Ausnahme** von der Bindungswirkung besteht nur dann, wenn gegen eine Entscheidung der getroffenen Art **generell keine Berufung statthaft** ist, weil diese sondergesetzlich ausgeschlossen wird (RÖ-M. Redeker 7; Seibert NVwZ 2002, 266; Beispiele oben 3). Eine abstrakt nicht bestehende Möglichkeit der Berufung kann auch nicht durch eine Entscheidung des VG begründet werden. Das folgt auch schon daraus, daß sich die §§ 124 ff – u damit auch § 124 a Abs 1 S 2 – nach ihrer Systematik nur auf solche Entscheidungen beziehen, denen ggü überhaupt eine Berufung eingeräumt ist. **Nicht von der Bindungswirkung des § 124 a Abs 1 S 2 erfaßt** sind ferner die Fälle, in denen durch eine **nachträgliche unstatthafte Ergänzung der Entscheidung die Berufung zugelassen** wird (RÖ-M. Redeker 7). Wie sich aus der systematischen Stellung des § 124 a Abs 1 S 2 folgern läßt, bezieht er sich nur auf die in § 124 a Abs 1 S 1 angesprochenen Fälle, in denen die **Berufung im Urteil** zugelassen wird. Bei fehlerhafter Beschränkung der Zulassungsentscheidung ist von einer uneingeschränkten Berufungszulassung auszugehen (Bader VBlBW 2002, 471). Zu beachten ist iü, daß

Berufung tatsächlich zulassen wollte. Vgl iVm dem parallelen Problem der Zulassung der Revision DÖV 1984, 553; BFH 150, 115; BSG MDR 1988, 524; Sch-Pietzner 113 zu § 132.

[8] 71, 76; BayVBl 1988, 217; Gr NVwZ-RR 2005, 579; Rudisile DV 2006, 434; vgl iVm der Zulassung der Revision auch 32 zu § 132; Sch-Pietzner 113 zu § 132; Weyreuther 165.

[9] Vgl zu § 132 Abs 3 auch 36 zu § 132; Sch-Pietzner 133 zu § 132.

die Bindungswirkung der Zulassung der Berufung das OVG **nicht von der Prüfung anderer, neben der Zulassung erforderlicher weiterer Zulässigkeitsvoraussetzungen** wie der Beteiligten- u Prozeßfähigkeit, der ordnungsgemäßen Vertretung (§ 67), dem Vorliegen einer Beschwer oder dem RSB entbindet (NKVwGO-Seibert 304).

jj) Keine Entscheidung über die Nichtzulassung der Berufung (§ 124 a Abs 1 S 3). Enthält die Entscheidung des VG keine Zulassung der Berufung ist die Berufung vorbehaltlich einer nur auf Zulassungsantrag erfolgende Zulassung durch das OVG (§ 124 a Abs 5) **unzulässig.** Eine ausdr Entscheidung über die Nichtzulassung der Berufung **untersagt § 124 a Abs 1 S 3.** Wird sie dennoch vorgenommen, so ändert dies aber nichts daran, daß hier – ebenso wie dort, wo keine Entscheidung über die Zulassung der Berufung getroffen wird – ein **Antrag auf Zulassung der Berufung** nach § 124 a Abs 4 **statthaft** ist (Seibert NVwZ 2002, 266). Einer Aufhebung der unstatthaften Nichtzulassungsentscheidung des VG bedarf es nicht, ebenso wie auch keine Nichtzulassungsbeschwerde vorgesehen ist; jedoch kann das OVG in seiner Zulassungsentscheidung den unstatthaften Ausspruch des VG über die Zulassung (deklaratorisch) aufheben. Für eine eigenständige Beschwerde gegen die Nichtzulassung fehlt das RSB, weil – anders als in den Fällen einer kraft Gesetzes zulässigen Berufung (s dazu 9 u 21 zu § 132) – die bloße Aufhebung dieser fehlerhaften Nichtzulassungsentscheidung nicht genügen kann, sondern auf jeden Fall ein Zulassungsantrag zu stellen ist. Allenfalls kommt eine Umdeutung der verfehlten „Nichtzulassungsbeschwerde" in einen Zulassungsantrag in Betracht; da ein Zulassungsantrag aber nur durch einen RA gestellt werden kann, sind diesbezüglich allerdings strenge Maßstäbe anzulegen (3 zu § 88, 14 vor § 124). 12

kk) Die Wirkung der Zulassung. Soweit die Zulassung durch das VG erfolgt (zur Teilzulassung oben 8), eröffnet sie – im Rahmen der Berufungsanträge (vgl 1 zu § 129) – grds die Berufung **in vollem Umfang** u nicht nur bzgl des vom VG angenommenen Zulassungsgrundes.[10] Insb eröffnet eine Berufungszulassung wg eines Verfahrensmangels (§ 124 Abs 2 Nr 5) auch die volle Prüfung hins des materiellen Rechts. Die Zulassung der Berufung erfaßt **auch** die in 1. Instanz gestellten u unbeschieden gebliebenen **Hilfsanträge,** da andernfalls bei Erfolg der Berufung eine unökonomische Zurückverweisung erforderlich wäre (NVwZ 1999, 642; Bader VBlBW 1997, 449). 13

Die Zulassungsentscheidung **wirkt ggü allen Beteiligten.** Das sich iVm der antragsabhängigen Zulassung der Berufung durch das OVG ergebende, sehr umstrittene Problem, ob sich die Zulassung nur auf den ASt oder auf alle Beteiligten erstreckt (unten 61), stellt sich iVm der antragsunabhängigen Zulassung der Berufung naturgemäß nicht. Personelle Beschränkungen können sich hier nur aus dem Inhalt der Zulassungsentscheidung ergeben, wenn bei einer einfachen Streitgenossenschaft das VG die Zulassungsvoraussetzungen nur bzgl einzelner Streitgenossen bejaht u deshalb nur eine Teilzulassung vorliegt (oben 8). 14

Liegen nach Ansicht des VG **nur für einen Teil des Streitstoffs die Zulassungsvoraussetzungen vor** u spricht es deshalb nur eine **Teilzulassung** aus (oben 8), so besteht **nur in diesem Rahmen die Möglichkeit einer Berufungseinlegung** gem § 124 a Abs 2. Eine weiterreichende Berufung kann durch die Beteiligten nur dann in zulässiger Weise eingelegt werden, wenn sie **mittels eines Zulassungsantrags** gem § 124 a Abs 4 eine **Erweiterung der Zulassung** durch das OVG (§ 124 a Abs 5) erreichen. Im Wege einer unselbständigen Anschlußberufung gem § 127 ist eine Erweiterung der Berufung über die Teilzu- 15

[10] Vgl DVBl 1997, 907; RÖ-M. Redeker 7; Seibert DVBl 1997, 940; NVwZ 1999, 120; Sch-Meyer-Ladewig/Rudisile 13; zur entspr Rechtslage bei der Revisionszulassung 30 zu § 132 mwN.

lassung hinaus nicht möglich (oben 8). Bei einer wg **mangelnder Teilbarkeit eines Streitggst unzulässigen verwaltungsgerichtlichen Beschränkung der Zulassung** ist die Beschränkung nicht wirksam u wird die Möglichkeit zur **Berufungseinlegung in vollem Umfang** eröffnet (s auch oben 8).[11]

16 **b) Die Einlegung der Berufung (Abs 2).** Nach der Novellierung des § 124 a Abs 2 bedarf es für den **Fall einer Zulassung der Berufung durch das VG** nunmehr einer **gesonderten Einlegung der Berufung.** Dagegen ist eine solche gesonderte Einlegung der Berufung im Falle der Zulassung durch das OVG gem § 124 a Abs 5 S 5 nicht nötig.

17 **aa) Frist.** Für die Einlegung der Berufung gilt die Monatsfrist des § 124 a Abs 2 S 1. Voraussetzung für den Fristbeginn ist die Zustellung des vollständigen Urteils; die Bekanntgabe in der mV oder eine anderweitige Bekanntgabe genügen nicht (zur Fristberechnung s iü 10 zu § 57). Eine **gerichtliche Verlängerung** der Frist zur Einlegung einer Berufung ist **nicht vorgesehen.** Bei Fristversäumnis kommt nur eine **Wiedereinsetzung in den vorigen Stand** gem § 60 in Betracht. Die Wiedereinsetzung kann, wenn man die Einlegung der Berufung nicht dem Vertretungszwang unterwirft (dazu unten 19), nicht nur von einem nach § 67 postulationsfähigen Vertreter beim VG beantragt werden (25 vor § 60; vgl zu dem nach § 67 Abs 1 S 2 aF dem Postulationszwang unterliegenden Antrag auf Zulassung der Berufung Ma NVwZ-RR 2000, 398).

18 **bb) Adressat der eingelegten Berufung.** Die nach § 124 a Abs 2 S 1 erforderliche Berufung ist bei ihrer Zulassung durch das VG innerhalb eines Monats nach Zustellung des vollständigen Urteils **beim Verwaltungsgericht schriftlich** (zur prozessualen Schriftform ausf 4 ff zu § 81) oder elektronisch (§ 55 a; s zur elektronischen Form ausf 6 ff zu § 55 a) **einzulegen.** Eine Einlegung zur Niederschrift des Urkundsbeamten der Geschäftsstelle ist nicht möglich. Ebenso ist eine fristwahrende Einlegung der Berufung beim OVG als dem Rechtsmittelgericht nicht vorgesehen. Eine dem § 139 Abs 1 S 2 entsprechende Bestimmung findet sich in § 124 a nicht. Bei einer Einlegung beim OVG hat dieses den Schriftsatz im ordnungsgemäßen Geschäftsgang an das VG weiterzuleiten. Geht die Berufung beim VG nach Ablauf der Frist ein, so ist die Berufung unzulässig. Fehlt es an einer ordnungsgemäßen Weiterleitung durch das OVG an das VG kommt eine Wiedereinsetzung gem § 60 in Betracht, wenn die Berufung bei ordnungsgemäßer Weiterleitung fristgerecht beim VG eingegangen wäre (str, näher 17 zu § 60).

19 **cc) Kein Vertretungszwang.** Für die Einlegung der Berufung beim VG besteht kein Vertretungszwang (18 zu § 67 m Nachw der Gegenmeinung, zB Zieglmeier NJW 2005, 3466). Da sie nicht beim OVG eingelegt wird, ist § 67 Abs 1 S 1 nicht einschlägig. Die Vorschrift des § 67 Abs 1 S 2 sieht zwar vor, daß für die Einlegung der Revision sowie für die Einlegung bestimmter Beschwerden ein Vertretungszwang besteht, nicht genannt wird jedoch in diesem Zusammenhang die Einlegung der Berufung. Lediglich für den Antrag auf Zulassung der Berufung besteht nach § 67 Abs 1 S 2 Vertretungszwang. Die Nichterstreckung des Vertretungszwangs auch auf die Einlegung der Berufung läßt sich sachlich durchaus rechtfertigen, da es für die Einlegung der Berufung – anders als für die Begründung eines Antrags auf Zulassung der Berufung – keiner besonderen rechtlichen Kenntnisse bedarf; zudem besteht für die nach § 124 a Abs 3 erforderliche, besondere rechtliche Kenntnisse voraussetzende Begründung der Berufung ihrerseits wiederum Vertretungszwang (unten 26).

20 **dd) Inhalt der Berufung.** Die Berufung muß das **angefochtene Urteil bezeichnen** (§ 124 a Abs 2 S 2). Dazu bedarf es grds der Angabe des Gerichts,

---

[11] Vgl 49, 235; 50, 295; BGH NJW 1987, 3264 f; BFH 162, 293; NKVwGO-Seibert 281.

das das Urteil erlassen hat, des Aktenzeichens, des Datums u der Beteiligten. Unvollständige oder unrichtige Angaben sind jedoch unschädlich, wenn zweifelsfrei festgestellt werden kann, um was für ein Urteil es sich handelt.[12] Es reicht aus, wenn sich dies aus einer beigefügten Kopie oder Abschrift des angefochtenen Urteils ergibt (BVerfG NJW 1991, 3140). Das eingelegte RMittel muß (jedenfalls bei Berücksichtigung der innerhalb der Antragsfrist vorgelegten sonstigen Urkunden, vgl BGH MDR 1977, 224) **zweifelsfrei erkennen lassen, wer Berufungskl u wer Berufungsbekl sein soll.**[13] **Fehlende Mindest-Angaben** können nach Ablauf der Antragsfrist **nicht mehr nachgeholt** werden.[14] Diesbezüglich besteht auch keine allg Pflicht des Gerichts, den Rechtsmittelführer unmittelbar nach Eingang seines RMittel auf dessen etwaige Unzulässigkeit hinzuweisen, um ihm die Möglichkeit zur Stellung eines zulässigen RMittel noch innerhalb der Rechtsmittelfrist zu verschaffen (vgl VR 1996, 287). Die Angabe der ladungsfähigen Anschrift des Berufungskl ist, wie sich aus §§ 125, 82 Abs S 1 u Abs 2 ergibt, grds Zulässigkeitvoraussetzung der Berufung,[15] hingegen nicht die Angabe der ladungsfähigen Anschrift des Rechtsmittelbekl oder seines Prozeßbevollmächtigten, wenn dieser ein öffentlicher Rechtsträger ist.[16] Soweit sich die Anschriften des Kl oder des Bekl aus den Akten ergeben, sonstwie bekannt sind oder sich auf andere Weise ohne Schwierigkeiten feststellen lassen, ist die Nichtangabe einer ladungsfähigen Anschrift ebenso wie in der ersten Instanz unschädlich.[17] Einen **bestimmten Berufungsantrag muß die eingelegte Berufung noch nicht enthalten.** Wie sich aus § 124a Abs 3 S 4 folgern läßt, genügt es vielmehr, wenn der bestimmte Antrag in der Berufungsbegründung enthalten ist. Die Begründung der Berufung kann zusammen mit der eingelegten Berufung beim VG eingereicht werden, braucht dies aber nicht. Es genügt vielmehr, wenn sie innerhalb von zwei Monaten nach Zustellung des vollständigen Urteils beim OVG eingereicht wird (§ 124a Abs 3 S 1 u 2). Ein Antrag auf Zulassung der Berufung unter Darlegung von Zulassungsgründen kann jedoch wg des unterschiedlichen Charakters von Zulassungs- u BerufungsVf grds nicht in einen Berufungsantrag umgedeutet werden u insb das Erfordernis der Berufungsbegründung nicht ersetzen (vgl auch Laudemann LKV 2003, 67).

c) Die Berufungsbegründung (Abs 3). § 124a Abs 3 enthält in Anlehnung 21
an die Regelung des Revisionsrechts (§ 139 Abs 3) u an § 519 Abs 3 ZPO aF (vgl auch BT-Dr 13/3993, 13) zwingende Vorschriften über die Begründung einer nach Zulassung eingelegten Berufung. Auf das Erfordernis einer Berufungsbegründung, die sich in einer Bezugnahme erschöpfen kann, kann auch dann nicht verzichtet werden, wenn in einem denselben Lebenssachverhalt betr ParallelVf eine Berufungsbegründung vorgelegt wurde (vgl auch Ms NVwZ 1999, 208 u zum entspr Problem iVm § 146 Abs 4 S 1 u 2 Ma NVwZ-RR 2004, 391). Auf die Begründung einer erst durch das OVG aufgrund eines Zulassungsantrags zugelassenen Berufung ist § 124a Abs 3 nicht unmittelbar anwendbar; die Vorschriften des § 124a Abs 3 S 3–5 gelten aber in diesem Fall gem § 124a Abs 6 S 3 entsprechend.

---

[12] Vgl auch BGH NJW 1993, 1719; 2006, 1003 – falsches Aktenzeichen; ebenso BAG NJW 1976, 2039.

[13] Vgl BGH 21, 168; MDR 1977, 224; NJW 1973, 1949.

[14] BFH NJW 1977, 696; BAG 1973, 1949; str; vgl auch 2 zu § 82.

[15] Hbg NJW 2006, 3082; Ma NVwZ-RR 2006, 152 (Angst vor Abschiebung rechtfertigt nicht Nichtangabe einer Anschrift); NKVwGO-Seibert 17 zu § 125; **aA** bzgl BeschwerdeVf Ks NJW 1990, 140; im Zivilprozessrecht ebenso BGH 102, 332; NJW 2005, 3773.

[16] 5 zu § 82; vgl auch BGH NJW 1978, 108; 2005, 3773; BAG NJW 1987, 1356, die generell davon ausgehen, daß die Anschrift des Rechtsmittelbekl nicht mitzuteilen sei.

[17] Zur Klageerhebung NJW 1999, 2610; s auch zu weiteren Ausnahmen vom Erfordernis einer ladungsfähigen Anschrift 4 zu § 82.

22 aa) **Die Frist für die Berufungsbegründung** beträgt, abweichend von § 124a Abs 3 S 2 aF, der grds nur eine Begründungsfrist von einem Monat vorsah, **zwei Monate mit der Möglichkeit einer Verlängerung** nach § 124a Abs 3 S 3. Der Gesetzgeber hat damit der Kritik an der als zu kurz bemessen erachteten Einmonatsfrist des § 124a Abs 3 S 1 aF Rechnung getragen. **Wiedereinsetzung** in die versäumte (gesetzliche oder auf Antrag verlängerte) Begründungsfrist ist nach allg Grundsätzen (vgl 1 ff zu § 60; NVwZ 2002, 992; 2004, 111) möglich (Sch-Meyer-Ladewig/Rudisile 46; vgl hierzu 10 zu § 139). Dazu, daß die Überwachung u Kontrolle der Frist durch einen Prozeßbevollmächtigten grds nicht Büropersonal überlassen werden darf, s Ms NVwZ-RR 2004, 221; NKVwGO-Seibert 70 u 21 zu § 60; entspr gilt für den die Befähigung zum Richteramt aufweisenden Prozeßvertreter einer Behörde, der die Überwachung nicht an andere Behördenbedienstete übertragen darf (Ma NVwZ-RR 2004, 222 u 23 zu § 60). Wiedereinsetzung ist auch nach der Entscheidung über einen innerhalb der Berufungsbegründungsfrist gestellten PKH-Antrag gewähren. Hat das OVG über den vor Ablauf der Frist zur Begründung der zugelassenen Berufung gestellten (ordnungsgemäßen) PKH-Antrag nicht vorab entschieden, darf es die Berufung nicht wg Versäumung der Begründungsfrist als unzulässig verwerfen (NVwZ 2004, 111).

23 Die Frist läuft – u zwar für jeden Beteiligten gesondert – erst **ab dem Zeitpunkt der Zustellung des vollständigen Urteils.** Voraussetzung für den Beginn der zweimonatigen Begründungsfrist ist zudem das Vorliegen einer **ordnungsgemäßen Rechtsmittelbelehrung,** zu der nach richtiger, obschon bestrittener Ansicht auch die Belehrung über das **Begründungerfordernis** u den insoweit geltenden **Vertretungszwang** gehört (str, s näher 10 zu § 58 mwN). Bei Fehlen einer (ordnungsgemäßen) Belehrung läuft die Einjahresfrist des § 58 Abs 2.[18] Es kommt weder darauf an, wann der Antrag auf Berufungszulassung gestellt wurde, noch wann die betr Antragsfrist abgelaufen ist. Keine Besonderheiten ergeben sich für den Lauf der Begründungsfrist auch in Fällen, in denen es dem Berufungsführer um die Geltendmachung von Rechten aus dem EG-Recht, insb aus noch nicht oder verspätet in deutsches Recht umgesetzten EG-Richtlinien, geht (vgl 4 zu § 74; **aA** EuGH 1991, I-4269; dazu Stadie NVwZ 1994, 435); soweit die nicht ordnungsgemäße Umsetzung zu einer Rechtsunsicherheit geführt hat, kommt allerdings eine Wiedereinsetzung (§ 60) bei verspäteter Begründung in Betracht.

24 Die **Begründungsfrist** kann auf einen vor ihrem Ablauf gestellten Antrag hin von dem **Vorsitzenden verlängert** werden. Es gelten insoweit dieselben Grundsätze wie bei § 139 Abs 3 S 3 (s dazu 8 f zu § 139). Der Verlängerungsantrag bedarf der Schriftform (BayVBl 1991, 33; BGH NJW 1985, 1558 ff) u unterliegt – zumindest jetzt nach § 67 Abs 1 S 2 (NebenVf) – dem Vertretungszwang (NVwZ-RR 2002, 895; Sch-Meyer-Ladewig/Rudisile 40). Ist der Antrag fristgemäß gestellt worden, so kann die Verlängerung noch nach Ablauf der Begründungsfrist ausgesprochen werden (BGH NJW 1992, 842); der Ablauf der Begründungsfrist wird dadurch gehemmt (B-Bader 33; vgl auch 9 zu § 139; RÖ-v Nicolai 8 zu § 139 zur Revisionsbegründungsfrist). Nach aA wird das bereits unzulässige RMittel mit der Verlängerung der Begründungsfrist wieder zulässig (10, 77; NKVwGO-Seibert 59). Geht der Verlängerungsantrag erst nach Ablauf der Begründungsfrist ein, darf eine Fristverlängerung nicht mehr gewährt werden (Ms DVBl 1999, 997). Eine **dennoch eingeräumte Verlängerung** ist **unwirksam** (BGH 116, 377 = NJW 1992, 842 unter Aufgabe von BGH 102,

---

[18] NVwZ 1998, 1311; Lü NVwZ-Beil 1997, 93 f; GewA 1999, 32; Ma NVwZ 1999, 207; RÖ-M. Redeker 8; Sch-Meyer-Ladewig/Rudisile 39, 140; Seibert NVwZ 1999, 120; **aA** Ba NVwZ 1997, 1003 f; Münster DVBl 1997, 1341 u We NVwZ-RR 1998, 207, das aber dort, wo es an einer anwaltlichen Vertretung mangelt, eine Wiedereinsetzung bejaht.

37; NKVwGO-Seibert 47) u ändert nichts an der mit Ablauf der Begründungsfrist eingetretenen RKraft der erstinstanzlichen Entscheidung. Die Tatbestandsvoraussetzungen für eine Verlängerung sind in § 124a Abs 3 nicht geregelt. Über § 173 S 1 wird man aber an die Regelung des § 520 Abs 2 S 2 u 3 ZPO insoweit anknüpfen können, als die Frist auch ohne Einwilligung des Berufungsbekl von dem Vorsitzenden verlängert werden kann, wenn nach dessen **freier Überzeugung der Rechtsstreit durch die Verlängerung nicht verzögert** wird oder wenn der **Berufungskl erhebliche Gründe darlegt.** Solche erheblichen Gründe können zB in Krankheit oder Urlaub des Prozeßbevollmächtigten oder des Beteiligten liegen, ferner in besonderen Schwierigkeiten oder in einem erheblichen Umfang der Sache (näher NKVwGO-Seibert 50). Bei einem Erstantrag ist bei Vorliegen der genannten Voraussetzungen einem Verlängerungsantrag idR zu entsprechen (vgl BGH VersR 1985, 972; s auch BVerfG NJW 1989, 1147 u 9 zu § 139). Wird dem Antrag trotz Vorliegens erheblicher für eine Verlängerung sprechender Gründe nicht stattgegeben, so kann wg der daraus resultierenden Versäumung der Begründungsfrist Antrag auf Wiedereinsetzung gestellt werden (NKVwGO-Seibert 54). Der Verlängerungsantrag kann auch **mehrfach gestellt** werden. Die Verlängerungsverfügung kann durch formlose Mitteilung geschehen (BGH NJW 1990, 1797; s auch 8 zu § 139). Sie muß aber ausdr vorgenommen werden; eine stillschweigende Verlängerung scheidet aus (BGH NJW 1985, 1559; 1990, 1797; 1998, 1156). In der Verlängerung ist der Zeitpunkt auszusprechen, bis zu dem die Verlängerung gewährt wird. Eine Anknüpfung an die in § 520 Abs 2 S 3 ZPO getroffene Regelung, nach der die Verlängerung ohne Einwilligung des Prozeßgegners nur bis zu einem Monat erfolgen kann, scheidet aus. Bei einem Erstantrag auf Verlängerung wird aber eine Verlängerung um einen Monat häufig angemessen sein (NKVwGO-Seibert 56). Wird bei einer Verlängerung nicht der Zeitraum angegeben, bis zu dem diese gewährt werden soll, so ändert dies nichts an der Aufhebung des bisherigen Fristendes; die Frist läuft dann bis zu einer neuen Bestimmung des Fristendes (NKVwGO-Seibert 57). Anders als bei einem erst nach Ablauf der Begründungsfrist gestellten Verlängerungsantrag wird die Verlängerung nach der Rspr selbst dann als wirksam angesehen, wenn dieser nur (fern-)mündlich gestellt wurde (BGH NJW 1985, 1558; 1998, 1156) oder es sogar an einem Verlängerungsantrag fehlt (vgl BAG NJW 1962, 125; BGH 116, 378). Letzerem kann aber jedenfalls dann nicht gefolgt werden, wenn die Verlängerung erst nach Ablauf der Begründungsfrist ausgesprochen u damit die erstinstanzliche Entscheidung bereits rechtskräftig wurde.

bb) Adressat der Berufungsbegründung. Sofern die Begründung nicht 25
zugleich mit der Einlegung der Berufung erfolgt, ist sie (anders als die Berufungseinlegung) bei dem **OVG einzureichen** (§ 124a Abs 3 S 2). Wird die gesonderte Berufungsbegründung statt beim OVG beim VG eingereicht, so genügt dies zur Wahrung der Berufungsbegründungsfrist nicht (NVwZ-RR 2003, 901; Ms NVwZ-RR 2000, 841; vgl auch BVerfG NJW 1995, 3173; Ks DVBl 1996, 1278; Sch-Meyer-Ladewig/Rudisile 47). Wenn die fälschlich beim VG eingereichte Berufungsbegründung bei Weiterleitung im ordentlichen Geschäftsgang noch innerhalb der Berufungsbegründungsfrist beim OVG eingegangen wäre, kommt eine **Wiedereinsetzung in den vorigen Stand** in Betracht (NVwZ-RR 2003, 901; Ms NVwZ-RR 2000, 841; str, näher 17 zu § 60 mwN). Die Weiterleitung eines fristgebundenen Schriftsatzes vom erstinstanzlichen VG zum OVG durch einen gerichtseigenen Kurierdienst entspricht nicht dem ordentlichen Geschäftsgang, wenn die Übermittlung auf diesem Wege erfahrungsgemäß länger dauert als die Versendung durch die Post (NVwZ-RR 2003, 901). Wird die Berufungsbegründung in einem Termin der mV vor dem OVG, der vor Ablauf der Berufungsbegründungsfrist stattfindet, durch den Prozeßbevollmächtigten des Berufungskl zu richterlichem Protokoll erklärt, so ist diese Erklärung der

Einreichung eines Berufungsbegründungsschriftsatzes gleichzusetzen (NVwZ 2000, 912).

26 **cc) Vertretungszwang.** Für die nicht zugleich mit der Berufung erfolgte, **beim OVG einzureichende Berufungsbegründung** besteht nach § 67 Abs 1 S 1 **Vertretungszwang** (s auch 18 zu § 67). Das ergibt sich schon daraus, daß es sich um eine Prozeßhandlung vor dem OVG (§ 67 Abs 1 S 1) handelt. Zweifelhaft kann allenfalls sein, ob der Vertretungszwang auch dann gilt, wenn die Berufungsbegründung bereits zusammen mit der Berufung vor dem VG eingereicht wurde, wie dies durch § 124 a Abs 3 S 2 gestattet wird. Zwar wird hier eine Prozeßhandlung vor dem VG vorgenommen. Es fehlte aber an jedem sachlichen Grund dafür, dem zufälligen Umstand, wo der Berufungsführer die Begründung vorlegt, für das Bestehen eines Vertretungszwangs ausschlaggebende Bedeutung beizumessen. Andernfalls stünde der Vertretungszwang zur Disposition des Berufungskl. Für die generelle Bejahung eines Vertretungszwangs spricht auch, daß die Beschwerdebegründung trotz der aus praktischen Gründen ermöglichten Einreichung beim VG nur für das OVG bestimmt ist u dem VG keinerlei Abhilfebefugnis zusteht. Die mit dem Vertretungszwang verbundene Teleologie spricht angesichts der besonderen **Rechtskenntnisse, die für die Begründung des Berufungsantrags erforderlich** sind, ebenfalls für einen solchen Vertretungszwang. Allein dies wird der mit der Novellierung des § 67 verfolgten allg Zielsetzung gerecht. Diese ging dahin, den Vertretungszwang auszudehnen. Da aber die Berufungsbegründung nach § 67 Abs 1 aF unbestrittenermaßen dem Vertretungszwang unterfiel, muß dies konsequenterweise dann erst recht heute gelten (s auch 18 zu § 67).

27 **dd) Berufungsantrag.** Die Berufungsbegründung muß nach § 124 a Abs 3 S 4 einen bestimmten Antrag enthalten, der nur so weit reichen darf, wie die Berufung zugelassen wurde. Im Falle einer Teilzulassung kann das restliche Begehren auch nicht im Wege einer unselbständigen Anschlußberufung geltend gemacht werden.[19] Bei Teilbarkeit des prozessualen Anspr (dazu oben 8) kann der Berufungsantrag hinter der Zulassungsentscheidung zurückbleiben. Wird der in der Berufungsbegründung zunächst gestellte Berufungsantrag jedoch später eingeschränkt, so liegt darin, selbst wenn die Einschränkung noch innerhalb der Berufungsbegründungsfrist erfolgt, jedoch eine Teilrücknahme der Berufung (BGH FamRZ 1989, 1065 mwN; NKVwGO-Seibert 99).

28 Innerhalb der Berufungsbegründungsfrist kann der Berufungsführer seinen Antrag (im Rahmen der Berufungszulassung) erweitern.[20] Eine Erweiterung ist lediglich dann ausgeschlossen, wenn der Berufungskl auf die weitergehende Berufung verzichtet hat. Ein derartiger Verzicht kann jedoch allein in der zunächst erfolgten Beschränkung des Berufungsantrags nicht gesehen werden.[21] Obwohl ein Rechtsmittelverzicht nicht ausdr ausgesprochen werden muß, muß der entsprechende Wille doch klar u eindeutig zum Ausdruck gebracht werden (BGH NJW 1990, 1118; 18 vor § 124; NKVwGO-Seibert 102; Sch-Meyer-Ladewig/Rudisile 51).

29 Eine Erweiterung eines rechtzeitig gestellten bestimmten Berufungsantrags nach Ablauf der Begründungsfrist ist grds nicht möglich, denn es kann keine fristgemäße Begründung mehr für den erweiterten Antrag gegeben werden, so daß dieser unzulässig (vgl § 124 a Abs 3 S 5) sein muß.[22] In Betracht kommt hier nur noch eine

---

[19] Vgl auch zu dem sich hins der Revision ergebenden parallelen Problem BayVBl 1981, 374; BGH MDR 1968, 832 u 8 zu § 132.

[20] B-Bader 37; NKVwGO-Seibert 103; Sch-Meyer-Ladewig/Rudisile 51.

[21] Vgl BGH 88, 363; NJW 1990, 1118; NJW-RR 1998, 572; NKVwGO-Seibert 102; Schnauder JuS 1993, 366; Sch-Meyer-Ladewig/Rudisile 51.

[22] Vgl BSG NZA 1986, 69; BFH NJW 1967, 176; RÖ-M. Redeker 15; Sch-Meyer-Ladewig/Rudisile 51; s auch 32 zu § 91; **aA** BGH NJW 1984, 2832.

Wiedereinsetzung gem § 60 wg Versäumung der Begründungsfrist. Anders als eine Erweiterung des Berufungsantrags, die nach Ablauf der Berufungsbegründungsfrist idR ausgeschlossen ist, kommt eine Klageerweiterung nach den allg Grundsätzen gem § 125 Abs 1 iVm § 91 noch bis zum Schluß der mV in Betracht (NKVwGO-Seibert 100; vgl BGH NJW 1984, 2832; MDR 1988, 658). Einer über § 173 S 1 vermittelten Anknüpfung an die Einschränkung des § 533 Nr 2 ZPO stehen die Vorschriften der §§ 128, 128 a entgegen (BL 13 zu § 533 ZPO).

Die Berufungsbegründung muß eindeutig erkennen lassen, **daß u in welchem Umfang das Urteil angegriffen** wird u inwiefern es dem Berufungskl unrichtig erscheint (BGH 7, 173 = NJW 1953, 259; NJW 1988, 828; Sch-Meyer-Ladewig/Rudisile 49). Dazu genügt es aber, wenn das Ziel der Berufung aus der Tatsache ihrer Einlegung allein oder iVm den während der Begründungsfrist abgegebenen Erklärungen erkennbar ist (12, 189; 13, 94; 58, 301; NJW 1994, 66). Im Zweifel soll das erstinstanzliche Urteil in vollem Umfang angefochten u sollen die in erster Instanz gestellten Anträge weiterverfolgt werden.[23] 30

Genügt der Berufungsantrag nicht dem genannten Bestimmtheitserfordernis (oben 30), so kann eine Heilung dieses Mangels nach Ablauf der Begründungsfrist nicht mehr erfolgen. Die in Anlehnung an die früher hM u noch in der 12. Aufl (19 zu § 124 a) vertretene Ansicht, eine erforderliche **nähere Bestimmung des Antrags** könne, ggf auf Aufforderung u mit Hilfe des Vorsitzenden des erkennenden Senats (§ 86 Abs 3), noch **nach Ablauf der Begründungsfrist bis zum Schluß der letzten mV**[24] erfolgen (§ 125 Abs 1 S 1 iVm § 82 Abs 2),[25] wird aufgegeben. Die entspr Anwendung des § 82 Abs 2 (über § 125 Abs 1) auf das BerufungsVf scheitert im Hinblick auf die durch das 6. VwGOÄndG neu eingeführte Sonderregelung des § 124 a Abs 3.[26] 31

Der **Berufungsantrag des Kl** muß – anders als der des Bekl (vgl BGH NJW 1976, 2264; BAG NJW 1966, 269) – immer auch eine **Sachbitte enthalten;** ein Antrag auf Aufhebung des angefochtenen Urteils u Zurückverweisung der Sache genügt nicht, vielmehr muß der Kl seinen Klageanspr zumindest teilweise weiterverfolgen.[27] Eine förmliche Stellung eines Berufungsantrags ist aber nicht erforderlich. Es genügt vielmehr, wenn sich unter Heranziehung der Berufungsgründe der Berufungsantrag im Wege der Auslegung ermitteln läßt (BGH FamRZ 1998, 1576). Deshalb wird bei Beantragung der vollständigen Aufhebung des Urteils unter Berücksichtigung der Berufungsgründe idR davon auszugehen sein, daß der vom VG abgewiesene Sachantrag in vollem Umfang weiterverfolgt wird (Ey-Happ 25). 32

ee) Berufungsgründe (Abs 3 S 4). Anders als nach früherem Recht, welches eine Berufungsbegründung nicht zwingend, sondern nur iS einer Soll-Vorschrift vorsah (dazu 10. Aufl 6 zu § 124), ist durch das 6. VwGOÄndG **zwingend vorgeschrieben** worden, die **Gründe der Anfechtung (Berufungsgründe) im einzelnen anzuführen.** Die Regelung entspricht dem § 519 Abs 3 Nr 2 ZPO aF (vgl jetzt § 520 Abs 3 S 2 Nr 2–4 ZPO) u im wesentlichen auch dem § 139 Abs 3 S 4 (vgl BT-Dr 13/3993, 13), auf die daher zur Auslegung zurückzugreifen ist. 33

Die Anführung der **Gründe der Anfechtung** erfordert entspr der schon zu § 519 Abs 3 Nr 2 Alt 1 ZPO aF (vgl jetzt ausdr § 520 Abs 3 S 2 Nr 2–4 ZPO) 34

[23] Sch-Meyer-Ladewig/Rudisile 49 u unten 32; **aA** RÖ-M. Redeker 14: Bei Zweifeln am Umfang der Berufung fehlt es an einem bestimmten Antrag.

[24] 13, 94; Buchh 310 § 82 VwGO Nr 2, 4 u 5; § 129 VwGO Nr 11, DÖV 1982, 827.

[25] Vgl 13, 94; Buchh 310 § 82 VwGO Nr 13; NJW 1993, 2825; **aA** Mü DVBl 1962, 32; Ey-Happ 13 ff, 98.

[26] Ey-Happ 13 ff, 98; NKVwGO-Seibert 86; Sch-Meyer-Ladewig/Rudisile 49.

[27] OLG München OLGZ 1978, 486; OLG Hamburg NJW 1987, 784; Sch-Meyer-Ladewig/Rudisile 49; für die Revision vgl 4 zu § 139.

vertr allg Meinung[28] die klare u konkrete Angabe, **in welchen Punkten tatsächlicher oder rechtlicher Art u warum das angefochtene Urteil** nach Ansicht des Berufungskl **unrichtig** ist u welche Gründe er dem entgegensetzt; er muß also darlegen, welche Tatsachenfeststellungen nicht stimmen u warum, welche Beweiswürdigung er angreift u weshalb, u welche von der Vorinstanz abweichende Rechtsansicht er vertritt.[29] Welche Mindestanforderungen an die Berufungsbegründung zu stellen sind, hängt dabei wesentlich von den Umständen des konkreten Falles ab (NVwZ 2000, 67; 2000, 315: Zu den Anforderungen bei asylrechtlichen Rechtsstreitigkeiten; s dazu auch unten 66). Die **bloße Wiederholung des erstinstanzlichen Vortrags** oder **bloße Bezugnahmen** darauf **genügen ebensowenig wie pauschale Angriffe auf das angefochtene Urteil.**[30] Da sich das Vorbringen in der ersten Instanz naturgemäß nicht mit dem später ergangenen Urteil auseinandersetzen kann, wird schon von daher deutlich, daß eine Bezugnahme hierauf den Anforderungen an eine Berufungsbegründung nicht gerecht werden kann (NKVwGO-Seibert 116). Nicht ausreichend ist es auch, wenn sich die Berufungsbegründung in der Bezugnahme auf die Ausführungen eines Dritten erschöpft. Eine derartige Bezugnahme ist mit dem Vertretungsgebot des § 67 Abs 1 nicht vereinbar, das eine eigenständige Prüfung, Sichtung u rechtliche Durchdringung des Streitstoffs erfordert.[31] Als nicht genügend wird in der Rspr auch die ausschließliche Bezugnahme auf ein Gutachten eines Hochschullehrers erachtet, selbst wenn dieser vertretungsbefugt ist (NVwZ 1990, 460; BFH 143, 198); zu berücksichtigen ist jedoch eine ergänzende Bezugnahme (NVwZ 1990, 460; NKVwGO-Seibert 121).

35 Bei **mehreren Streitgegenständen** muß für **jeden einzelnen eine Begründung gegeben** werden, soweit Abänderung beantragt ist (BGH NJW 1993, 3074; NKVwGO-Seibert 113), **ebenso bei Hilfsanspr** (BGH 22, 278); bei teilbarem Streitggst muß hins aller für unrichtig gehaltener Teile eine Begründung gegeben werden (BGH NJW 1990, 1184; ThP 25 zu § 520 ZPO; BL 24 zu § 520 ZPO; M 38 zu § 520 ZPO). Anderenfalls ist die Berufung hins des nicht begründeten Teils unzulässig (vgl BGH NJW 1990, 1184; 1991, 1684; 1997, 1309; Sch-Meyer-Ladewig/Rudisile 54). Ist das angegriffene Urteil auf **mehrere selbständig tragende Gründe gestützt,** so muß sich die Berufungsbegründung mit **jedem dieser Punkte auseinandersetzen,** sonst ist die Berufung unzulässig.[32] Eine **Ausnahme** gilt nur dann, wenn die Klageabweisungsgründe nicht gleichwertig sind. Das trifft dann zu, wenn der **eine Klageabweisungsgrund nur ein vorläufiger,** der zweite hingegen ein (nicht ausräumbarer) endgültiger ist. In diesem Fall enthält der zweite Abweisungsgrund eine **zusätzliche Beschwer,** weshalb es ausreicht, wenn sich die Berufungsbegründung nur gegen den zweiten Klageabweisungsgrund wendet (BGH NJW 2000, 591; NKVwGO-Seibert 112). Dasselbe wird man dann anzunehmen haben, wenn die Klage ausdr als **unzulässig u unbegründet abgewiesen** wurde. Da hier nur die Ausführungen zur fehlenden Sachurteilsvoraussetzung in RKraft erwachsen (5, 39; BGH NJW 1984, 129; aA Buch 310 § 113 VwGO Nr 237), genügt es, wenn der Berufungsführer lediglich die verwaltungsgerichtlichen Ausführungen zur Unzulässigkeit der Klage angreift. **Keine argumentative Auseinandersetzung** mit den

---

[28] Vgl BGH NJW 1997, 1309; 1997, 1787; ThP 20 zu § 520 ZPO; BL 59. Aufl, 23 zu § 519 ZPO; MKZPO 42 zu § 519 ZPO.

[29] Vgl hierzu BGH NJW 1994, 1481; 1995, 1559; NJW-RR 1992, 383, 1341; ferner 14 ff zu § 139.

[30] Vgl BGH NJW 1994, 1481; 1995, 1559; NJW-RR 1994, 569; BL 23 zu § 520 ZPO mwN; MKZPO 43 zu § 519 ZPO aF; M 29, 42 zu § 520 ZPO.

[31] Vgl NVwZ 1998, 962; Ma VBlBW 1997, 382; NKVwGO-Seibert 119.

[32] BGH NJW 1993, 3074; BL 24 zu § 520 ZPO; ThP 26 zu § 520 ZPO; Ey-Happ 28, 61; NKVwGO-Seibert 111; Sch-Meyer-Ladewig/Rudisile 54.

Gründen der angefochtenen Entscheidung ist dann erforderlich, wenn sich die Berufung **ausschließlich auf eine nachträgliche Veränderung der Sach- oder Rechtslage** stützt, die das VG bei seiner Entscheidung noch nicht berücksichtigen konnte.[33]

Während nach § 531 Abs 2 ZPO **neue Angriffs- u Verteidigungsmittel** einer nur unter eingeschränkten Voraussetzung erfolgenden Zulassung bedürfen, ist eine solche Regelung dem § 124a Abs 3 S 4 fremd. Neue Tatsachen u Beweismittel (§ 128 S 2) können – sofern dem Begründungserfordernis iü schon vor Ablauf der Begründungsfrist genügt wurde – auch **noch nach Ablauf der Begründungsfrist** vorgebracht werden, ohne daß wg Verstreichens der gesetzlichen Begründungsfrist eine Präklusion einträte. Neu vorgebrachte Tatsachen u Beweismittel sind hier nur dadurch präkludierbar, daß das Berufungsgericht dem Berufungskl gem §§ 125 Abs 1 S 1, 87b Abs 1 eine diesbezügliche Frist setzt (zu dieser Möglichkeit 2 zu § 87b; Sch-Meyer-Ladewig/Rudisile 2 zu § 128a); erst das Verstreichen dieser richterlich gesetzten Frist zieht gem §§ 125 Abs 1 S 1, 87b Abs 3 eine Präklusionswirkung nach sich (vgl dazu 9ff zu § 87b). 36

ff) Unzulässigkeit der Berufung bei Mängeln der eingelegten Berufung. Sind die Berufung u die Berufungsbegründung nicht frist- u formgerecht eingelegt, so ist die Berufung gem § 124a Abs 3 S 5 unzulässig. Betreffen die Fehler nur einen abtrennbaren Teil eines Streitggst, ist die Berufungsbegründung aber iü nicht zu beanstanden, so ist die Berufung nur tlw unzulässig (Vgl BGH NJW 1991, 1683; Ey-Happ 30). Ist zB der Berufungsantrag in einem Mindestumfang bestimmt, bleibt aber unklar, ob u inwieweit das erstinstanzliche Urteil darüber hinaus angegriffen werden soll, so ist die Berufung in dem Mindestumfang zulässig (vgl BGH NJW 1975, 2013; VersR 1987, 101). Ist die Berufungsbegründung zwar fristgerecht eingelegt worden, weist sie aber inhaltliche Mängel auf u genügt sie deshalb nicht dem § 124a Abs 3 S 4, so läßt sich dieser Mangel auch nicht nachträglich durch eine Wiedereinsetzung in den vorigen Stand beheben. Die Wiedereinsetzung in den vorigen Stand ist nicht dazu bestimmt, inhaltliche Mängel einer fristgerecht eingereichten Rechtsmittelbegründung zu heilen (BGH NJW 1997, 1310; 2000, 364f; NKVwGO-Seibert 78). Bei einer etwa durch einen technischen Übertragungsfehler verursachten nur tlw Übermittlung der Rechtsmittelbegründung kommt hingegen eine Wiedereinsetzung in den vorigen Stand in Betracht (BGH NJW 2000, 364). 37

3. Das Berufungsverfahren mit Antrag auf Zulassung durch das OVG: a) Antrag auf Zulassung der Berufung (Abs 4). Wird die Berufung nicht (bzw nur tlw) in dem Urteil des VG zugelassen, so besteht für den durch das Urteil Beschwerten nach § 124a Abs 4 die Möglichkeit, mittels eines **Zulassungsantrags auf die Zulassung der Berufung** (bzw eine **Erweiterung der schon durch das VG ausgesprochenen Zulassung**) durch das OVG hinzuwirken (zur Umdeutung einer eingelegten Berufung in einen Antrag auf Zulassung der Berufung s unten 46). Ausgeschlossen ist der Antrag auf Zulassung der Berufung, wenn die Berufung gesetzlich ausgeschlossen ist (s oben 3); in einem solchen Fall kann ein Antrag auf Zulassung der Berufung auch **nicht in eine Beschwerde gegen die Nichtzulassung der Revision umgedeutet** werden (Buchh 428 § 37 VermG Nr 23; s auch 9 zu § 133). Vor der Novellierung der VwGO durch das RmBereinVpG, die die antragsunabhängige Zulassung der Berufung durch das VG neu einführte, konnte nur durch Stellung eines Antrags auf Zulassung der Berufung ein BerufungsVf initiiert werden. Eine **Beiladung** ist im Vf auf **Zulassung der Berufung ausgeschlossen,** denn das Vf dient ausschließlich der Klärung der Frage, ob ein Rechtmittel zuzulassen ist. Durch die 38

[33] Vgl RG 143, 293; BGH NJW 1967, 1863; 1999, 3784; Ey-Happ 27; NKVwGO-Seibert 108.

Entscheidung werden aber keine rechtlichen Interessen bisher am Vf nicht beteiligter Dritter iSd § 65 Abs 1 berührt (Ma NVwZ-RR 2000, 814; Rudisile DV 2006, 441; s auch 35 vor § 124).

39 Der Antrag auf Zulassung der Berufung kann auf die gesamte erstinstanzliche Entscheidung gerichtet sein. Er kann sich aber bei mehreren Streitgegenständen **auch nur auf einen oder auf einen abtrennbaren Teil eines Streitggst beschränken**[34] (oben 8); entspr Beschränkungen des Zulassungsantrags kommen demgemäß auch im Verhältnis von Klage u Widerklage,[35] von Haupt- u Nebenanspr[36] sowie hins der Entscheidung über Grund u Höhe eines Anspr[37] (s auch § 111) in Betracht; ferner ist eine Beschränkung des Zulassungsantrags auf eines von verschiedenen Angriffs- u Verteidigungsmitteln statthaft, wenn diese einen tatsächlich u rechtlich selbständigen Teil des Gesamtstreitstoffs betreffen,[38] beispielsweise bei einer zur Aufrechnung gestellten Gegenforderung.[39] Der Antrag auf Zulassung kann auch auf einen von mehreren einfachen Streitgenossen beschränkt werden.[40] Liegen die Voraussetzungen für eine Zulassung der Berufung nur hins eines Streitggst bzw eines abtrennbaren Teils des Streitggst vor, empfiehlt sich ohnehin eine Beschränkung des Zulassungsantrags, da hier ein uneingeschränkter Zulassungsantrag tlw abgelehnt werden müßte (NKVwGO-Seibert 266). Selbst wenn die Voraussetzungen für eine uneingeschränkte Zulassung der Berufung hins der erstinstanzlichen Entscheidung gegeben sind, bleibt es dem **ASt freigestellt, seinen Antrag auf einen abtrennbaren Teil des Streitstoffs zu beschränken.** Enthält der Zulassungsantrag keinen Anhaltspunkt für eine Beschränkung, ist von einer uneingeschränkten Stellung des Zulassungsantrags auszugehen.

40 **aa) Die Frist für die Stellung des Zulassungsantrags (Abs 4 S 1).** Die Frist zur Beantragung der Zulassung der Berufung beträgt einen Monat nach Zustellung des vollständigen Urteils. Sie läuft bei mehreren Beteiligten **für jeden Beteiligten gesondert.** Sie beginnt mit der Zustellung (§ 56) des **vollständigen** (§ 117 Abs 2),[41] **mit ordnungsgemäßer Rechtsmittelbelehrung** (s dazu ausf 10 ff zu § 58) **versehenen Urteils** (NVwZ 1998, 170; Sch-Meyer-Ladewig/Rudisile 77; s auch iVm § 146 Abs 4 Ms NWVBl 1998, 406). Zu einer ordnungsgemäßen Belehrung gehört – wie auch sonst bei einer gesetzlich vorgeschriebenen Begründung für ein RMittel (s 10 zu § 58) – der Hinweis auf das Darlegungserfordernis des § 124 a Abs 4 S 4 sowie der Hinweis auf den für den Zulassungsantrag nach § 67 Abs 1 S 2 bestehenden Vertretungszwang (str, s näher 10 zu § 58). Bei **fehlender Zustellung** sowie bei Zustellung eines fehlerhaften Urteils[42] läuft die Antragsfrist nicht (s aber zur Heilung von Zustellungsmängeln 8 zu § 56). Der Zulassungsantrag kann schon vor der Zustellung, sobald das Urteil verkündet worden ist, gestellt werden (vgl 63, 275; Mü BayVBl 1984, 659; RÖ-M. Redeker 22), jedoch nicht vor Erlaß des Urteils (s 19 vor § 124).

41 Die Antragsfrist beträgt – auch für Berufungsführer aus dem Ausland (vgl Ms 44, 36; Sch-Meyer-Ladewig/Rudisile 76) – **einen Monat.** Sie kann **nicht ver-**

---

34 Ey-Happ 40 vor § 124; NKVwGO-Seibert 175; Sch-Meyer-Ladewig/Rudisile 71.
35 Vgl auch BFH 98, 327; BSG 35, 139; Weyreuther 47.
36 Buchh 310 § 132 VwGO Nr 252; NKVwGO-Seibert 270.
37 BGH NJW 1981, 287; NJW 1984, 615; NKVwGO-Seibert 272.
38 BGH NJW 1980, 1579; NKVwGO-Seibert 274.
39 BGH NJW 1996, 527; NKVwGO-Seibert 274 mwN.
40 Ey-Happ 40 vor § 124; NKVwGO-Seibert 273; Sch-Meyer-Ladewig/Rudisile 71.
41 RÖ-M. Redeker 21; Sch-Meyer-Ladewig/Rudisile 77; vgl BGH NJW 1953, 622; ferner BFH NJW 1976, 1336: die Revisionsfrist läuft nicht, wenn das Urteil ohne Kostenentscheidung zugestellt wird.
42 Vgl zB BGH JR 1980, 506: keine Frist in Lauf gesetzt, wenn eine Unterschrift unter dem Urteil ohne Angabe des Verhinderungsgrundes ersetzt wurde.

längert werden (Ks NVwZ-RR 1998, 466; Rudisile DV 2006, 435). Zur Fristberechnung s 10–10a zu § 57. Bei unverschuldeter Versäumung der Frist ist **Wiedereinsetzung** nach § 60 möglich (vgl Ms aaO: ua, wenn anderenfalls für Berufungsführer aus dem Ausland die Überlegungsfrist im Vergleich zu Inländern unangemessen kurz wäre). Die Frist zur Stellung des Zulassungsantrags ist aber keine Frist, deren Überwachung u Kontrolle der Prozeßbevollmächtigte seinem Büropersonal überlassen kann (Ko NVwZ-RR 2003, 73; 21 zu § 60). Gelingt es dem zur Antragstellung Entschlossenen nicht, einen RA zu finden, der innerhalb der für die Stellung des Zulassungsantrags vorgesehenen Frist zur Übernahme des Mandats bereit ist, besteht die Möglichkeit, gem § 173 S 1 iVm § 78b ZPO durch das OVG auf die Beiordnung eines Anwalts hinzuwirken (zur Anwendung des § 78b ZPO im verwaltungsgerichtlichen Vf Buchh 303 § 78b ZPO Nr 2). Dieser Antrag muß – um die Möglichkeit zur Wiedereinsetzung in den vorigen Stand nicht zu verlieren – innerhalb der Frist für die Stellung des Zulassungsantrags beim OVG (s auch BL 9 zu § 78b) gestellt werden u zugleich darlegen, daß die Beauftragung eines Anwalts nicht gelang (Bader NJW 1998, 410).

Wurde **innerhalb der Antragsfrist (§ 124a Abs 4 S 1) Antrag auf Prozeßkostenhilfe** gestellt – der PKH-Antrag unterliegt ebenso wie die Beschwerde gegen die Ablehnung des PKH-Antrags (§ 67 Abs 1 S 2) nicht dem Vertretungszwang (s 23 zu § 67) – u wurden innerhalb der Zweimonatsfrist des § 124a Abs 4 S 4 Zulassungsgründe dargelegt (Lü NVwZ-RR 2003, 906), so besteht, wenn darüber nicht rechtzeitig entschieden wird, Anspr auf **Wiedereinsetzung.**[43] Ein nicht vertretener ASt braucht nicht darzutun, welcher Berufungszulassungsgrund geltend gemacht werden soll; die für die PKH-Bewilligung zu prüfende Erfolgsaussicht des Zulassungsantrags ist anhand der Gr-ünde des erstinstanzlichen Urteils zu prüfen.[44] Die Ansicht, der anwaltlich nicht vertretene ASt müsse zumindest in laienhafter Weise u in groben Zügen darlegen, welchen Zulassungsgrund er beabsichtigt geltend zu machen u warum er die Voraussetzungen des Zulassungsgrunds für gegeben erachtet,[45] überspannt die Anforderungen an den ASt u ist mit der ratio des § 67 Abs 1 S 1, der gerade wg der Schwierigkeit der Darlegung von Zulassungsgründen eine anwaltliche Vertretung vorschreibt (s Schenke NJW 1997, 85), nicht vereinbar. Insoweit ist an die Rspr bzgl Prozeßkostenhilfeanträgen bei der Nichtzulassungsbeschwerde anzuknüpfen (NJW 1965, 1293; 5. 9. 1997 – 5 B 80/97). Die Forderung nach einer laienhaften Darlegung eines Zulassungsgrundes liefe zudem bei § 124 Abs 2 ebenso wie bei der Nichtzulassungsbeschwerde auf eine „bloße Förmelei" hinaus (NJW 1965, 1293) u hätte im Widerspruch zur ratio des § 124 Abs 2 keinerlei Entlastungsfunktion für das Rechtsmittelgericht zur Folge. Wenn jedoch der PKH-Antrag von einer anwaltlich vertretenen Partei eingereicht wird, muß der PKH-Antrag innerhalb der Einmonatsfrist des § 124a Abs 4 S 1 gestellt sein u innerhalb der Zweimonatsfrist des § 124a Abs 4 S 4 wenigstens in den Grundzügen den geltend gemachten Berufungszulassungsgrund darlegen (vgl 7 zu § 133). Der noch nicht anwaltlich Vertretene, der einen Antrag auf PKH stellt, braucht nicht innerhalb der Frist des § 124a Abs 1 S 1 einen übernahmebereiten Anwalt zu benennen (Ma NVwZ-RR 2002, 789; **aA** Ms NVwZ-RR 2001, 612). Nach 42

---

[43] Vgl 15, 308; Lü NVwZ 1998, 534; Ma NVwZ 1999, 205; Guckelberger DÖV 1999, 944 mwN; s dazu 8 zu § 60.

[44] Lü NVwZ 1998, 533; Berkemann DVBl 1998, 450; Ey-P. Schmidt 30 zu § 166; Sch-Olbertz 19 zu § 166; **aA** Ks NVwZ 1998, 203; Lü NVwZ-RR 1997, 761; NVwZ-RR 2003, 906; Guckelberger DÖV 1999, 945; vgl zur entspr Lage bei der Revisionsnichtzulassungsbeschwerde 7 zu § 133.

[45] So Ks NVwZ-RR 1998, 203f; Lü NVwZ-RR 1997, 761; NVwZ-RR 2003, 906; Ma NVwZ-RR 1998, 598; 2005, 437; Bader VBlBW 1997, 403; vgl auch BFH NVwZ-RR 2005, 295f.

der Gewährung von PKH muß innerhalb von 2 Wochen Wiedereinsetzung beantragt u der Antrag auf Zulassung der Berufung nachgeholt werden (§ 124a Abs 3 S 1 iVm § 60 Abs 2 S 1). Der Antrag auf Wiedereinsetzung ist ebenso wie der Antrag auf Zulassung der Berufung beim VG zu stellen.[46] Allerdings dürfte es unschädlich sein, wenn der Antrag auf Wiedereinsetzung bei dem Gericht gestellt wird, das über die versäumte Rechtshandlung zu entscheiden hat (NKVwGO-Czybulka 108 zu § 60 unter Berufung auf 11, 323). Zur Frage, innerhalb welcher Zeit der Antrag auf Zulassung in einem solchen Fall zu begründen ist, s unten 48.

43 Bis zur Zustellung des Beschlusses über die Zulassung der Berufung kann der Antrag auf Berufungszulassung analog **§ 126 Abs 1 S 1 zurückgenommen** werden;[47] diese Rücknahme steht, solange die Antragsfrist noch nicht abgelaufen ist, der erneuten Stellung eines Zulassungsantrags nicht entgegen (vgl hierzu 2 zu § 126).

44 **bb) Adressat des Zulassungsantrags (Abs 4 S 2).** Der Antrag ist **bei dem VG** zu stellen, dessen Urteil angefochten werden soll (Abs 4 S 2; zur Einreichung der Begründung des Zulassungsantrags s unten 57a). Stellung des Antrags bei einer Außenkammer des VG genügt, auch wenn diese das angefochtene Urteil nicht erlassen hat (BFH 133, 569 = BStBl 1981, 738). Der Antrag kann nicht zur Niederschrift des Urkundsbeamten der Geschäftsstelle gestellt werden (NVwZ 1998, 170; s auch Ms NWVBl 1998, 406). Eine **Antragstellung beim OVG** genügt nicht u **wahrt** auch **nicht die Antragsfrist** (Hbg DVBl 1997, 1333; Ms DVBl 1997, 1339; Sch-Meyer-Ladewig/Rudisile 83). Soweit nicht ausdr eine anderweitige Regelung getroffen ist, (vgl §§ 139 Abs 1 S 2, 147 Abs 2), entspricht das – im Gegensatz zum erstinstanzlichen Vf (s 26 zu § 41; 8 zu § 74; 19f zu § 83) – einem im gesamten Rechtsmittelrecht geltenden Grundsatz. Zugleich ist das unrichtigerweise angerufene OVG aber angesichts seiner prozessualen Fürsorgepflicht verpflichtet, den Antrag im normalen Geschäftsgang an das zuständige VG weiterzuleiten.[48] Die Fürsorgepflicht der Verwaltungsgerichte wird nicht durch die im Verwaltungsprozeß anders als im zivilgerichtlichen Vf nach §§ 58 Abs 1, 117 Abs 2 Nr 6 zwingende Rechtsmittelbelehrung beseitigt. Geht der Antrag infolge einer verzögerten Weiterleitung durch das OVG nicht fristgerecht beim VG ein, so ist Wiedereinsetzung gem § 60 zu gewähren (s 17 zu § 60). Die gerichtliche Fürsorgepflicht verlangt dagegen nicht, den rechtskundigen Prozeßbevollmächtigten des ASt telefonisch davon zu unterrichten, daß der Antrag auf Zulassung der Berufung beim VG zu stellen ist (Ks DVBl 1996, 1278; Ms DVBl 1997, 1340).

45 **cc) Vertretungszwang.** Für die Stellung des Zulassungsantrags bei dem VG besteht **Vertretungszwang** (§ 67 Abs 1 S 2). Ein Rechtsbeistand ist selbst dann nicht vertretungsbefugt, wenn er Mitglied einer Anwaltskammer ist (Ma NJW 1998, 1330). Das OVG hat, sofern die Rechtsverfolgung oder Rechtsverteidigung nicht mutwillig oder aussichtslos erscheint, auf Antrag des Zulassungsantragstellers diesem für den Rechtsweg einen RA zur Wahrnehmung seiner Rechte beizuordnen, wenn er einen zu seiner Vertretung bereiten RA nicht fin-

---

[46] S 34 zu § 60; NKVwGO-Czybulka 108 zu § 60; **aA** B-Bader 67 unter nicht überzeugendem Hinw auf Ma NVwZ-RR 2000, 398; Sch-Bier 67 zu § 60: Antrag auf Wiedereinsetzung ist anders als Antrag auf Zulassung beim OVG zu stellen.

[47] Zur vergleichbaren Lage bei der Revisionsnichtzulassungsbeschwerde vgl 20 zu § 133; zT **aA** Sch-Meyer-Ladewig/Rudisile 118: Rücknahme nur bis zu einer auch formlosen Mitteilung des Beschlusses über die Zulassung; hiergegen spricht, daß RMittel im allg bis zur RKraft der Entscheidung zurückgenommen werden können.

[48] Münster NVwZ 1997, 1235; B-Bader 25; für das Zivilrecht BVerfG 93, 113ff = NJW 1995, 3175; BGH NJW 1998, 908; **aA** Gr NVwZ 1999, 201; **offen** Hbg DVBl 1997, 1334.

det (§ 173 S 1 iVm § 78 b ZPO). Das Vorliegen dieser Voraussetzung ist darzulegen u nachzuweisen. Erforderlich ist, daß der ASt zumindest eine gewisse Zahl von Anwälten nachweislich vergeblich um die Übernahme seiner Vertretung gebeten hat (Ma NVwZ-RR 1999, 280; s auch Kuhla/Hüttenbrink DVBl 1999, 900) 46.

dd) Form. Für die Form der Antragstellung gilt nach § 125 Abs 1 S 1 dasselbe wie für die Klage (vgl §§ 81, 82 u die Anm dazu), insb ist die **Schriftform** zu beachten. Daran fehlt es, wenn im Fax nicht eigenhändig unterschrieben u nicht deutlich gemacht wurde, daß aus technischen Gründen hierauf verzichtet werden mußte (Mü BayVBl 1999, 182 u 6 zu § 81). Zur Möglichkeit der **Antragsstellung in elektronischer Form** s § 55 a. Der Antrag auf Zulassung der Berufung kann nur schriftlich oder elektronisch durch den nach § 67 Abs 1 S 2 zwingend vorgeschriebenen Prozeßvertreter gestellt werden (Sch-Meyer-Ladewig/Rudisile 74 f); eine Berufungseinlegung zur Niederschrift des Urkundsbeamten ist ausgeschlossen. Die ausdr **Bezeichnung als Antrag auf Zulassung der Berufung ist nicht erforderlich** (Gr NVwZ 1998, 202; Ks NVwZ 1998, 649; Ma VBlBW 1997, 261). Eine falsche Bezeichnung des Rechtsbehelfs ist grds unschädlich, wenn nur der Wille, die Zulassung der Berufung zu beantragen, nicht zweifelhaft ist (vgl NVwZ 1999, 405; Ma VBlBW 1997, 261; Sch-Meyer-Ladewig/Rudisile 68; 14 vor § 124 sowie eingeh 5 zu § 124), ggf auch aufgrund der iVm dem Antrag gemachten weiteren Ausführungen. Insoweit bleibt es bei der Geltung des Grundsatzes falsa demonstratio non nocet. Als unschädlich angesehen wurde die vom ASt gewählte Bezeichnung Nichtzulassungsbeschwerde (Ma VBlBW 1997, 261). Ein Antrag auf Zulassung der Berufung kann dann nicht angenommen werden, wenn der ASt ohne deutlich zu machen, daß er einen Zulassungsantrag verfolgt, sich nicht mit dem Urteil auseinandersetzt, sondern sich zu dem Rechtsstreit, so wie in der ersten Instanz oder im VerwaltungsVf, losgelöst von dem verwaltungsgerichtlichen Urteil äußert oder hierauf nur pauschal verweist (s auch unten 48 ff). Eine Umdeutung einer von einem Anwalt eingelegten Berufung in einen Antrag auf Berufungszulassung scheidet jedoch regelmäßig aus.[49] Dasselbe gilt, wenn sich juristische Personen des öffentlichen Rechts u Behörden gem § 67 Abs 1 S 3 durch rechtskundige Beamte oder Angestellte vertreten lassen (Ma NVwZ-RR 1998, 206; BSG NVwZ 1997, 832). Zum Erfordernis der Unbedingtheit des Antrags auf Zulassung der Berufung s 25 vor § 124. 46

Zwingend vorgeschrieben ist die **Bezeichnung des angefochtenen Urteils** (Abs 4 S 3). Hierzu ist grds die Angabe des Gerichts, das das Urteil erlassen hat, des Aktenzeichens, des Datums u der Beteiligten erforderlich; unvollständige oder falsche Angaben schaden jedoch nicht, wenn gleichwohl nicht zweifelhaft sein kann, um welches Urteil es sich handelt (s dazu näher iVm 124 a Abs 2 S 2 oben 20). 47

ee) Darlegung der Zulassungsgründe (Abs 4 S 4–5). Während der Antrag auf Zulassung der Berufung innerhalb von einem Monat nach Zustellung des vollständigen Urteils zu stellen ist, besteht für den ASt, der das Vorliegen von Zulassungsgründen nicht bereits im Zulassungsantrag dargelegt hat, noch die Möglichkeit, die für die Zulassung der Berufung erforderliche Darlegung von Gründen innerhalb von **2 Monaten nach Zustellung des vollständigen Urteils** vorzunehmen. Nach Fristablauf eingereichter Vortrag ist unbeachtlich (Ms NVwZ 1998, 775); nähere Erläuterung des fristgemäß Vorgebrachten ist aber zu berücksichtigen (Rudisile DV 2006, 438, 440). Ein Rechtsmittelführer, der PKH beantragt u deshalb die Frist für die Einlegung des Zulassungsantrags gem § 124 a 48

[49] Vgl NVwZ 1999, 641; Gr NVwZ 1998, 202; Hbg NVwZ 1997, 690; Ks NVwZ-RR 2004, 386; Seibert DVBl 1997, 939; s 3 zu § 88.

Abs 4 S 1 versäumt hat, hat gem § 60 Abs 2 S 1 HS 2 nF die Gründe innerhalb eines Monats nach Zustellung des Bewilligungsbescheids darzulegen. Während die Begründung vor dem Inkrafttreten des 1. JuMoG gem Abs 4 S 5 aF, auch wenn sie nicht zugleich mit dem Zulassungsantrag erfolgte, **beim VG vorzulegen war,** ist sie nunmehr bei **gesonderter Vorlage** nach Abs 4 S 5 nF **beim OVG** einzureichen (dazu unten 57 a). Wird die Begründung daher nicht bereits im Zulassungsantrag gegeben, so genügt die spätere Einreichung beim VG nicht mehr zur Fristwahrung.[50] Eine Wiedereinsetzung scheidet hier grds aus (Mü NVwZ-RR 2006, 852). Allerdings besteht eine Verpflichtung des VG zur Weiterleitung an das OVG. Unterläßt das VG die Weiterleitung im ordnungsgemäßen Geschäftsgang, bei welcher die Zwei-Monats-Frist noch gewahrt worden wäre, rechtfertigt dies die Wiedereinsetzung (s zur Rechtslage nach § 124 a Abs 4 S 5 aF Mü NVwZ-RR 2003, 531, s auch oben 44). Der Begründungszwang soll den Aufwand des OVG für die Bearbeitung des Zulassungsantrags reduzieren (BT-Dr 13/3993, 13). Das Darlegungserfordernis entspricht grds dem Erfordernis der Begründung der Nichtzulassungsbeschwerde (§ 133 Abs 3 S 3);[51] während nach § 133 Abs 3 S 3 aber nur die Grundsätzlichkeit der Rechtssache darzulegen u bei der Divergenz- bzw Verfahrensrevision die bloße Bezeichnung der Entscheidung bzw des Verfahrensmangels genügt, gilt nach § 124 a Abs 4 S 4 demgegenüber das strengere Darlegungserfordernis für sämtliche Berufungszulassungsgründe (vgl Ma VBlBW 1997, 298). Die vor der Novellierung des § 124 a vertretene Ansicht, die Anforderungen an die Darlegung der Zulassungsgründe seien im Vergleich zu denen an eine Nichtzulassungsbeschwerde weniger streng zu interpretieren (vgl auch Happ, BayVBl 1999, 578 f; Kuhla DVBl 2001, 177), da dem ASt zur Begründung eines Zulassungsantrags nur eine wesentlich kürzere Zeit als für die Begründung einer Nichtzulassungsbeschwerde bleibe, überzeugen nach der zeitlichen Ausdehnung der Frist für die Darlegung der Zulassungsgründe auf zwei Monate (§ 124 a Abs 4 S 4) nicht mehr. Allerdings dürfen in der Konsequenz der neueren bundesverfassungsgerichtlichen Rspr zum ZulassungsVf die Anforderungen an die Darlegung der Zulassungsgründe nicht so gesteigert werden, daß sie von einem durchschnittlichen, nicht auf das einschlägige Rechtsgebiet spezialisierten RA nicht mehr erfüllt werden können.[52] Daß der novellierte § 124 a Abs 5 S 2 die Zulassung der Berufung nicht nur wie bisher von der Darlegung eines der Gründe des § 124 Abs 2 abhängig macht, sondern zusätzlich ausdr dessen Vorliegen fordert, begründet – wie durch die Entstehungsgeschichte des RmBerein-VpG bestätigt wird (dazu näher Kienemund NJW 2002, 1232) – keine Verschärfung des Darlegungserfordernisses, sondern hat lediglich klarstellende Bedeutung.

49 **Allgemeines:** Darlegen erfordert **mehr** als einen **nicht näher spezifizierten Hinweis** auf das Vorliegen eines Zulassungsgrunds. Es bedeutet vielmehr „erläutern", „erklären" oder „näher auf etwas eingehen" (s auch 13, 91; NJW 1993, 2825; Mgd NVwZ-RR 2002, 74). Deshalb bedarf es grds unter ausdr oder jedenfalls konkludenter[53] Bezugnahme auf einen Zulassungsgrund einer substantiierten Auseinandersetzung mit der angegriffenen Entscheidung, durch die der Streitstoff entspr durchdrungen oder aufbereitet wird.[54] Eine bloße Wiederho-

---

[50] Mü NVwZ-RR 2006, 851.

[51] Vgl Hbg NVwZ 1997, 689; Ma VBlBW 1997, 263; Sch-Meyer-Ladewig/Rudisile 89; dazu 14 ff zu § 133.

[52] BVerfG NVwZ 2000, 1163 f; 2006, 684; s auch Kuhla DVBl 2001, 177.

[53] Eine ausdr Benennung des geltend gemachten Zulassungsgrundes ist nicht erforderlich, wenn sich dem Vortrag der Sache nach eindeutig ein Zulassungsgrund zuordnen läßt, vgl Ma VBlBW 1997, 261; Seibert DVBl 1997, 938; Bader VBlBW 1997, 406.

[54] Bln NVwZ 1998, 200; Gr NordÖR 1998, 32; Ks NVwZ 1998, 755; Ma VBlBW 1997, 300; Schl NVwZ 1999, 1354.

lung des erstinstanzlichen Vortrags genügt grds nicht,[55] ebenso nicht, wenn ohne weitere Erläuterung vorgetragen wird, ein Zulassungsgrund des § 124 Abs 2 liege vor (Gr NVwZ-RR 2003, 695). Der Schriftsatz muß durch den RA erarbeitet werden; eine Bezugnahme auf persönliche Ausführungen eines Mandanten ist ihm grds verwehrt (NJW 1997, 1865; Lü NVwZ-RR 2002, 468). Die Zuordnung des Vorbringens zu einem Zulassungsgrund darf dem Gericht nicht in dem Sinn überlassen werden, daß erst dieses überprüft u herausfiltert, unter welchen rechtlichen Gesichtspunkten die Darlegungen einen Zulassungsgrund begründen können;[56] dies ist Sache des ASt u nicht des Gerichts (Ks NVwZ 1998, 1096). Der Zulassungsantrag muß es dem OVG (idR ohne weitere Ermittlungen) ermöglichen, auf seiner Basis zu erkennen, ob der geltend gemachte Zulassungsgrund vorliegt.[57] Angesichts der Kürze der zur Verfügung stehenden Zeit für die Begründung des Zulassungsantrags (die allerdings durch RmBereinVpG verlängert wurde) u des Fehlens einer Verlängerungsmöglichkeit, dürfen aber keine zu hohen Anforderungen an die inhaltliche Substantiierung gestellt werden.[58] Das ergibt sich nicht zuletzt aus Art 19 Abs 4 GG, der zwar keinen gerichtlichen Instanzenzug garantiert, aber, wenn dieser durch den Gesetzgeber vorgesehen ist, nicht in einer unzumutbaren, die Effektivität des Rechtsschutzes einschränkenden Weise erschwert werden darf.[59] Die Anforderungen an die Darlegungslast differieren iü je nach Zulassungsgrund. So genügt es im Hinblick auf § 124 Abs 2 Nr 1, wenn – ähnlich wie in einer Berufungsschrift – in Auseinandersetzung mit den entscheidungserheblichen Gründen des VG versucht wird, deren Fehlerhaftigkeit aufzuzeigen.[60] Je deutlicher der Zulassungsgrund zutage tritt, um so geringere Anforderungen sind an die Darlegung zu stellen. Liegt ein Zulassungsgrund offensichtlich vor, so genügt uU schon die bloße Berufung auf denselben (Schmieszek NVwZ 1996, 1153).

Zwar können bei der Entscheidung über die Zulassung der Berufung grds **nur solche Gründe** berücksichtigt werden, **auf die sich der ASt fristgerecht beruft,**[61] u muß der ASt dort, wo mehrere Zulassungsgründe in Betracht kommen u er sich auf diese stützen will, deren Vorliegen hins jedes einzelnen Grundes in einer dem § 124a Abs 4 S 4 genügenden Weise darlegen (Ma RsprD-LS 155/1997; Bader NJW 1998, 410). Dieser Grundsatz erfährt aber sowohl hins des zeitlichen Erfordernisses wie auch in bezug auf die Beschränkung auf den jeweils geltend gemachten einzelnen Zulassungsgrund Einschränkungen. So ist ein Vorbringen nach Ablauf der Rechtsbehelfsfrist noch zu berücksichtigen, soweit es lediglich der Erläuterung oder Verdeutlichung der fristgerecht vorgebrachten Zulassungsgründe dient.[62] Zu beachten ist ferner, daß einzelne Zulassungsgründe 50

[55] Ma NVwZ-RR 2002, 472; Münster DVBl 1997, 1342; Kuhla DVBl 2001, 177; Rudisile DV 2006, 437.

[56] Bln NVwZ 1998, 200; Hbg DVBl 1998, 1095; Ks NVwZ 1998, 755; Ma VBlBW 2000, 446; Münster NVwZ 1997, 1224; NVwZ 1998, 415; Rennert NVwZ 1998, 665; Seibert NVwZ 1999, 115.

[57] BVerfG NVwZ 2005, 1177; Bln NVwZ 1998, 200; Münster NVwZ 1997, 1224; Schl NVwZ 1999, 1355; Seibert DVBl 1997, 938f; NVwZ 1999, 115; s auch zur Parallelproblematik im Revisionsrecht BVerwG NJW 1996, 1554.

[58] BVerfG NVwZ 2000, 1163f; Schl NVwZ 1999, 1355; Berkemann DVBl 1998, 457; Schenke NJW 1997, 92; Schmieszek NVwZ 1996, 1153; Seibert NVwZ 1999, 115.

[59] BVerfG 41, 26; 65, 90; 78, 99; näher Schenke, in: Wolter/Riedel/Taupitz (Hrsg), Einwirkungen der Grundrechte auf das Zivilrecht, öffentliche Recht u Strafrecht, 1999, 156f mwN.

[60] Münster NVwZ 1999, 202; J. Schmidt NVwZ 1998, 696; Seibert NVwZ 1999, 115.

[61] So der Sache nach zB Ks NVwZ 2001, 1178; Lü NVwZ 1997, 1225; Ma NVwZ 1997, 1230; NVwZ 1998, 305; für strikte Beschränkung auf solche Gründe Ks NVwZ 1998, 756: „allein auf die vom ASt … fristgemäß dargelegten Gründe beschränkt".

[62] Ko NVwZ 1999, 198; Mü BayVBl 1999, 221; Münster 24. 4. 1998 – 24 B 236/98; Rudisile DV 2006, 438.

enge Verwandtschaft miteinander aufweisen u deshalb in dem Sinn austauschbar sind, daß, wenn sich der ASt zwar ausdr auf einen dieser Gründe beruft, dennoch im Hinblick auf den mit ihm eng verwandten u sich überschneidenden anderen Zulassungsgrund eine Zulassung geboten sein kann. Relevant wird dies vor allem im Verhältnis zwischen § 124 Abs 2 Nr 1 u § 124 Abs 2 Nr 2 (BT-Dr 14/7744, 2 u 14/6854, 9 f; Seibert NVwZ 2002, 267; dazu 7 d u 9 zu § 124; **aA** Bader VBlBW 2002, 472), ferner in bezug auf § 124 Abs 2 Nr 3 u § 124 Abs 2 Nr 4 (10 u 12 zu § 124). Wird mit einer Divergenzrüge die fehlerhafte Anwendung einer prozessualen Vorschrift gerügt, so liegt darin zugleich eine Rüge eines Verfahrensmangels iSd § 124 Abs 2 Nr 5 (vgl auch NVwZ 2001, 918), ebenso in einem iVm § 124 Abs 2 Nr 1 gerügten Verfahrensmangel eine Verfahrensrüge gem § 124 Abs 2 Nr 5 (Ma NVwZ 1999, 1357). Darüber hinaus dürfte immer dort, wo sich bei der Prüfung eines vom ASt zulässigerweise geltend gemachten Grundes zwar dessen Unbegründetheit ergibt, wohl aber die **Unrichtigkeit der erstinstanzlichen Entscheidung offensichtlich** ist, die Berufung zuzulassen sein.[63] Es wäre in einem solchen Fall untragbar, wenn das Gericht bei einer offensichtlich unrichtigen Entscheidung die Zulassung der Berufung abzulehnen hätte u damit sehenden Auges zum Fortbestand der offensichtlich unrichtigen Entscheidung beitrüge. Das offensichtliche Vorliegen eines nicht gerügten Zulassungsgrundes dürfte hingegen, wenn nicht zugleich die Unrichtigkeit der Entscheidung offensichtlich ist, von den oben genannten Sonderfällen abgesehen, bei denen sich Überschneidungen ergeben, noch nicht genügen.[64]

51 **Eintritt einer Erledigungssituation: Erledigt sich der Rechtsstreit** nach Erlaß des erstinstanzlichen Urteils u **vor der Stellung des Berufungszulassungsantrags,** so ist nach richtiger, aber umstrittener Auffassung ein BerufungsVf bzw ein Antrag auf Zulassung der Berufung, der hier grds nur noch zu einer beiderseitigen Erklärung der Erledigung bzw deren gerichtlicher Feststellung u iV hiermit zu einer neuen Kostenentscheidung führen (vgl § 161 Abs 2) kann, dennoch zulässig (s 43 vor § 124 mwN). Selbst wenn man insoweit anderer Ansicht ist, muß aber auf jeden Fall dann von der Zulässigkeit ausgegangen werden, wenn der Kl noch ein berechtigtes Interesse an der gerichtlichen Klärung der in der ersten Instanz entschiedenen Rechtsfragen hat, insb dann, wenn ein VA sich erledigte u ein weiteres Interesse an der gerichtlichen Feststellung seiner Rechtswidrigkeit gem § 113 Abs 1 S 4 besteht oder ein solches Interesse die Feststellung des Bestehens oder Nichtbestehens des erstinstanzlich geltend gemachten Rechts betrifft. Die Beteiligten des ZulassungsVf können iü darüber disponieren, ob sie den Rechtsstreit insgesamt oder nur für das ZulassungsVf für erledigt erklären wollen (Ba DÖV 1998, 936; Schl NVwZ 2000, 1317). Erklären sie den Rechtsstreit insgesamt für erledigt, so hat das mit der Sache befaßte Rechtsmittelgericht – unabhängig davon, ob eine Zulassung bereits erfolgt ist – gem § 161 Abs 1 u 2 über die Kosten des gesamten Vf einheitlich zu entscheiden (Schl NVwZ 2000, 1317).

52 **Ernstliche Zweifel.** Für die Darlegung des Zulassungsgrunds des § 124 Abs 2 Nr 1 genügt **keine unspezifizierte Behauptung der Unrichtigkeit der angegriffenen Entscheidung.** Von dieser wäre sonst ohnehin bei jedem Zulassungsantrag auszugehen, so daß damit die übrigen Zulassungsvoraussetzungen des § 124 Abs 2 weitgehend überflüssig wären (s auch Hbg NordÖR 1998, 305 u 7 d zu § 124). Nicht ausreichend ist es ferner, wenn lediglich pauschal auf

[63] Dahin tendierend auch Ma NVwZ-RR 2002, 76; Münster NVwZ 1997, 1224; NVwZ 1998, 530; Ey-Happ 54, 83; Schmieszek NVwZ 1996, 1153; Sch-Meyer-Ladewig/Rudisile 127; Seibert NVwZ 1999, 115 u 2002, 267; **aA** Bader VBlBW 2002, 472.

[64] M. Redeker NordÖR 2000, 9 unter Hinw auf die gegenteiligen Entscheidungen Br 2. 11. 1999 – 1 B 377/99; Gr 21. 12. 1998 – 3 L 214/97.

das Vorbringen im angefochtenen Bescheid oder in der Vorinstanz ohne Auseinandersetzung mit der angegriffenen Entscheidung verwiesen wird (Ma VBlBW 1997, 381; Ms NWVBl 1998, 285; Seibert NVwZ 1999, 115) u die dort gemachten Ausführungen nur wiederholt werden (Ma NVwZ 1998, 306). Dagegen dürfte es genügen, wenn – ähnlich wie in einer Berufungsschrift – in Auseinandersetzung mit den entscheidungserheblichen Gründen des VG versucht wird, deren Fehlerhaftigkeit aufzuzeigen.[65] Diesem Erfordernis dürfte jedoch noch nicht entsprochen sein, wenn sich die Ausführungen in der Antragsschrift lediglich auf eine Vertiefung u Ergänzung des erstinstanzlichen Vorbringens sowie eine Inbezugnahme der in der ersten Instanz gestellten Anträge beschränken (Ms NVwZ 1997, 1223; s auch Ma VBlBW 1997, 379). Wird seitens des postulationsfähigen Prozeßvertreters nur pauschal auf Schriftstücke verwiesen, die der von ihm vertretene Beteiligte oder ein Dritter verfaßt hat, so liegt überdies eine Verletzung des § 67 Abs 1 vor (Ma NVwZ 1999, 429; s auch 6 zu § 67 mwN). Die Bezugnahme auf eine dem Zulassungsantrag beigefügte Entscheidung eines anderen Gerichts entspricht jedenfalls dann nicht einer ordnungsgemäßen Darlegung des Zulassungsgrundes der ernstlichen Zweifel, wenn die in Bezug genommene Entscheidung sich nicht mit den die angefochtene Entscheidung tragenden Gründen auseinandersetzt, sondern aus anderen Gründen zu einem abweichenden Ergebnis kommt (Gr NVwZ-RR 2000, 549). Nicht erforderlich für eine ordnungsgemäße Darlegung ist, daß zu allen möglichen Fragen, die eventuell entscheidungserheblich sein können, Stellung genommen wird, unabhängig davon, ob sie nach der Begründung der Entscheidung des VG eine Rolle spielen.[66]

Besondere tatsächliche oder rechtliche Schwierigkeiten. Für die Darle- 53
gung des Vorliegens besonderer tatsächlicher oder rechtlicher Schwierigkeiten iSd § 124 Abs 2 Nr 2 genügt nicht die allg Behauptung einer überdurchschnittlichen Schwierigkeit, vielmehr bedarf es einer konkreten Bezeichnung der Rechtsfragen in bezug auf die sich solche Schwierigkeiten (s auch Ey-Happ 68, 71) stellen u des Aufzeigens, worin diese besondere Schwierigkeit besteht. Die Schwierigkeit läßt sich nicht allein mit dem Hinweis darlegen, daß die Kammer des VG die Angelegenheit nicht gem § 6 Abs 1 Nr 1 auf den Einzelrichter übertragen hat (Lü DÖV 1997, 697; Ma VBlBW 1998, 419; NVwZ 1998, 976 u näher 8 zu § 124).

Grundsätzliche Bedeutung. Im Antrag, der auf die grundsätzliche Bedeu- 54
tung einer Rechtssache iSd § 124 Abs 2 Nr 3 gestützt wird, ist die Rechtsfrage, die grds geklärt werden soll, zu bezeichnen u zu formulieren. Dabei ist substantiiert zu begründen, warum sie für grds u klärungsbedürftig gehalten wird, ferner weshalb die Rechtsfrage entscheidungserheblich u ihre Klärung im BerufungsVf zu erwarten ist (Ma NVwZ 1999, 429). Nicht erforderlich ist, daß sich der ASt zu eventuell entscheidungserheblichen Fragen äußert, zu denen sich die angegriffene Entscheidung nicht äußert (BVerfG NVwZ 2006, 684). Soweit die Klärungsbedürftigkeit damit begründet wird, daß die angegriffene verwaltungsgerichtliche Entscheidung in einer entscheidungserheblichen Rechtsfrage von der Rspr des OVG eines anderen Bundeslandes abweicht u das dem VG übergeordnete OVG diese Frage noch nicht entschieden hat (zur Notwendigkeit, hier die Grundsätzlichkeit zu bejahen, s BVerfG NVwZ 1993, 465), bedarf es nach Ansicht des OVG We einer hinreichend bestimmten Bezeichnung der Entscheidung des OVG. Dazu soll es grds der Angabe des Aktenzeichens u des Entscheidungsdatums der abweichenden Entscheidung bedürfen, hingegen sei die Angabe der Fundstelle nicht zwingende Darlegungsvoraussetzung, wenn eine solche entwe-

[65] Münster NVwZ 1999, 202; Happ BayVBl 1999, 580; J. Schmidt NVwZ 1998, 696; Seibert NVwZ 1999, 115; wohl strenger Hbg NordÖR 1998, 305.

[66] BVerfG NVwZ 2006, 684; 7 a zu § 124.

der (noch) nicht vorhanden ist oder dem Rechtsmittelgericht aufgrund der genauen Bezeichnung aus allg zugänglichen Quellen das Auffinden der angegebenen Entscheidung möglich ist (We NVwZ 1998, 194). Auf die Angabe des Entscheidungsdatums u des Aktenzeichens kann verzichtet werden, wenn sich etwa aus einer beigefügten Ablichtung oder aus dem angegriffenen Urteil des VG mit hinreichender Deutlichkeit ergibt, welche obergerichtliche Entscheidung gemeint ist (We NVwZ 1998, 195 unter Hinw auf Ks DVBl 1994, 214).

55 **Abweichung von einer Entscheidung.** Bei dem Zulassungsgrund des § 124 Abs 2 Nr 4 muß die Entscheidung, von der das angegriffene Urteil abweicht, grds im Zulassungsantrag mit Datum, Aktenzeichen u Fundstelle benannt werden (Sch-Meyer-Ladewig/Rudisile 107), obwohl dieses Erfordernis hier – anders als in § 133 Abs 3 S 3 – nicht ausdr benannt wurde. Nach der Rspr soll die Angabe nur des Datums (Bln NVwZ 1998, 200) oder nur des Aktenzeichens (We NVwZ 1998, 194) nicht genügen. Soweit aber trotz Angabe nur des Datums oder nur des Aktenzeichens die bezeichnete Entscheidung unschwer ermittelt werden kann, dürfte dies unschädlich sein (Ks DVBl 1994, 214; Rudisile DV 2006, 440). Die entscheidungserhebliche Abweichung muß durch den ASt dargelegt werden (s hierzu 14ff zu § 133). Zu diesem Zweck muß er den in der Entscheidung enthaltenen Rechtssatz bezeichnen u gleichzeitig den erkennbar abstrakten Rechtssatz herausarbeiten u darlegen, worin dieser abweicht u warum die angegriffene Entscheidung auf dieser Abweichung beruht.[67]

56 **Verfahrensfehler.** Bzgl des Zulassungsgrunds des § 124 Abs 2 Nr 5 kann im wesentlichen auf das zu § 133 Abs 3 S 3 iVm § 132 Abs 2 Nr 3 Ausgeführte verwiesen werden (17 zu § 133). Der Verfahrensverstoß muß durch genaue Bezeichnung der Tatsachen, aus denen er sich ergibt, geltend gemacht werden (Schl NVwZ 1999, 1355; RÖ-M. Redeker 27 zu § 124). Außerdem muß der Entscheidungsmangel rechtserheblich sein, dh die angefochtene Entscheidung muß auf ihm beruhen können (Schl NVwZ 1999, 1355). Eine ordnungsgemäße Aufklärungsrüge verlangt danach ua (s auch 17 zu § 133) die **Bezeichnung des Beweismittels,** dessen sich das Tatsachengericht hätte bedienen sollen sowie die Angabe, daß u warum es sich ihm hätte aufdrängen müssen, diesen Beweis zu erheben (NVwZ 1998, 628 mwN; Seibert NVwZ 1999, 119). Zu beachten ist, daß die Verfahrensrüge wg ungenügender Sachverhaltsaufklärung nicht eine gleichzeitige Geltendmachung des Zulassungsgrunds des § 124 Abs 2 Nr 1 ausschließt, wenn der Verfahrensfehler zugleich ernstliche Zweifel an der Richtigkeit der Entscheidung begründet (s näher 7b zu § 124 mwN). Scheitert die Verfahrensrüge einer ungenügenden Sachverhaltsaufklärung daran, daß kein entspr Beweisantrag nach § 86 Abs 2 gestellt wurde u sich die Klärungsbedürftigkeit der Frage dem Gericht nicht aufdrängen mußte (s 17 zu § 133), so kommt immer noch eine Stützung der Zulassung auf § 124 Abs 2 Nr 1 in Frage (s 7b zu § 124).

57 Zur Darlegung des Verfahrensmangels „Verletzung des rechtlichen Gehörs" ist es erforderlich, klarzumachen, **warum die Entscheidung** des VG auf der vom ASt **behaupteten Verletzung des rechtlichen Gehörs beruhen** kann, dh die Möglichkeit einer Beeinflussung der Entscheidung bestand (Ko DVBl 1999, 118; Schl NVwZ 1999, 1355; Seibert NVwZ 1999, 119). Die unwiderlegliche Vermutung des § 138 Nr 3 gilt grds nicht (Ko DVBl 1999, 118). Es müssen **tatsächliche oder rechtliche Ausführungen des Urteils bezeichnet** werden, zu denen sich zu äußern der ASt aufgrund der Verletzung des rechtlichen Gehörs gehindert war. Auch muß dargelegt werden, was der ASt dazu vorgetragen hätte u weshalb dies **entscheidungserheblich gewesen wäre** (Ks 17. 7. 1998 – 8 UZ 2071/98). Darzulegen ist ferner, daß die angegriffene Entscheidung auf dem

[67] Bln NVwZ 1998, 200; Ks DÖV 2003, 130; Münster NVwZ 1998, 307; Schl NVwZ 1999, 1356.

Verfahrensfehler beruhen kann, dh die Möglichkeit ihrer Beeinflussung bestand (Schl NVwZ 1999, 1355; Seibert NVwZ 1999, 119). Dabei ist die **materiellrechtliche Sicht des VG zugrunde zu legen,** auch wenn diese fehlerhaft sein sollte.[68] Die auf den Verfahrensmangel einer zu Unrecht versagten Akteneinsicht gestützte Gehörsrüge erfordert nicht die Darlegung, was bei der Gewährung des rechtlichen Gehörs vorgetragen worden wäre u inwieweit dieser Vortrag zur Klärung des geltend gemachten Anspr geeignet gewesen wäre (Ks DVBl 1999, 1668; Ma NVwZ-RR 1998, 687). Mangels Kenntnis des Inhalts dieser Akte wäre nämlich der ASt objektiv nicht in der Lage vorzutragen, was er bei Gewährung der Akteneinsicht zu dem sich aus den Akten ergebenden Verfahrensstoff noch hätte vortragen können. Eine **Verfahrensrüge,** die auf die Verletzung rechtlichen Gehörs gestützt wird, ist gem § 173 S 1 iVm § 295 ZPO **ausgeschlossen,** wenn der ASt den **Mangel nicht** in der Vorinstanz bei der nächsten mV, die aufgrund des betr Vf stattgefunden hat, **gerügt hat,** obgleich ihm dieser bekannt war oder bekannt sein mußte (Ba NVwZ-RR 1998, 693; Seibert NVwZ 1999, 119). Mit der nächsten mV ist nicht nur ein neuer Verhandlungstermin gemeint, sondern auch die fortgesetzte Verhandlung, die im Anschluß an den Verfahrensverstoß stattgefunden hat (NJW 1998, 3369; Seibert NVwZ 1999, 119). Soweit der ASt Akteneinsicht beantragt hat, das VG aber unter Umgehung des Antrags sofort in der Sache entschied, liegt eine (nicht geheilte) Verletzung des rechtlichen Gehörs vor (Ma NVwZ-RR 1998, 687), ebenso grds dann, wenn vor Ablauf eines Schriftsatzrechtes entschieden wird, ausnahmsweise gilt nur dann etwas anderes, wenn der Verfahrensverstoß für die Entscheidung nicht erheblich sein konnte (Ma NVwZ-RR 2000, 399). Die Folgen einer fehlenden Zustellung können im Rahmen des Antrags auf Zulassung der Berufung wg Verwirkung dann nicht mehr geltend gemacht werden, wenn der Antrag gestellt wurde, ohne daß der Zustellungsmangel gerügt wurde (Mü NVwZ-RR 1998, 207; s auch Ms NVwZ-RR 2002, 798). Ein Verfahrensfehler iSd § 124 Abs 2 Nr 5 ist auch dann anzunehmen, wenn lediglich der Tenor der angegriffenen Entscheidung vorliegt (für Zulassung in diesem Fall iE auch Ma NVwZ 1998, 647), es aber an einer ausreichenden Begründung fehlt. Erscheint der Kl nicht im Termin zur mV, obwohl er hierzu ordnungsgemäß geladen wurde u weist das VG in diesem Termin die Klage durch Sachurteil ab, ist statthafter Rechtsbehelf der Antrag auf Zulassung der Berufung u nicht ein Antrag auf Wiedereinsetzung in den vorigen Stand (Ks DÖV 1999, 524).

ff) Adressat der Begründung des Zulassungsantrags (Abs 4 S 5). Will 57 a
der ASt die Begründung des Zulassungsantrags schon zusammen mit dem Antrag vorlegen, so ist sie bei dem **VG** einzureichen, dessen Urteil angefochten werden soll. Wenn die Begründung dagegen erst später gegeben werden soll, so ist sie seit der Novellierung des Abs 4 S 5 durch das 1. JuMoG, die der besonderen Fehleranfälligkeit der alten Regelung entgegenwirken soll, direkt beim **OVG** einzureichen (dazu u zur Möglichkeit einer Wiedereinsetzung bei einer Fehladressierung auch oben 48).

b) Zulassungsentscheidung des OVG (Abs 5). aa) Entscheidung des 58
OVG durch Beschluß (Abs 5 S 1). Für die in einem Beschluß ergehende Entscheidung über den nach § 124a Abs 4 S 1 gestellten Antrag auf Zulassung der Berufung ist **ausschließlich das OVG** zuständig. Statt des Senats kann im Einverständnis der Beteiligten aber gem §§ 125, 87a Abs 2 u 3 auch der Berichterstatter des Senats entscheiden (BlnB NVwZ-RR 2006, 361; NKVwGO-Seibert 25 zu § 125). Ausgeschlossen ist die Entscheidung eines Einzelrichters allerdings im Falle des § 130a (NKVwGO-Seibert 25 zu § 125). Eine nachträgli-

[68] Ks NVwZ 1998, 649; Seibert NVwZ 1999, 119 unter Berufung auf BVerwG NVwZ-RR 1996, 369 u NVwZ 1997, 501.

che (außerhalb des Urteils erfolgende) Entscheidung des VG über die Zulassung der Berufung ist unwirksam u für das OVG nicht bindend (oben 11). Sie entbindet insb weder den Berufungsführer von der Notwendigkeit, einen Zulassungsantrag zu stellen, noch das OVG von der Erforderlichkeit einer Zulassungsentscheidung. Liegen die Voraussetzungen für eine Zulassung der Berufung hins des gesamten Streitstoffs vor, so ist die Berufung uneingeschränkt zuzulassen. Ist hingegen bei mehreren im Wege der objektiven Klagehäufung geltend gemachten Klagebegehren ein Zulassungsgrund nur für eines von ihnen gegeben, so ist die Berufung nur insoweit zuzulassen (NKVwGO-Seibert 226). Lediglich eine **Teilzulassung** ist auch dann geboten, wenn ein Zulassungsantrag nur hins eines tatsächlich u rechtlich selbständigen u abtrennbaren Teil eines Streitggst vorliegt (NKVwGO-Seibert 175 u 226) sowie dort, wo der ASt in zulässiger Weise nur einen Antrag auf Teilzulassung der Berufung gestellt hat. Über den Zulassungsantrag darf das OVG nicht hinausgehen. Eine Zulassungsentscheidung, die über den Antrag auf Zulassung der Berufung hinausgeht, führt insoweit nicht zur Fortsetzung des AntragsVf als BerufungsVf (NVwZ 1999, 642). Das erklärt sich auf der Basis des § 124 a Abs 5 S 5 daraus, daß es letztlich der Zulassungsantrag ist, der kraft des ihm nach dem Gesetz zukommenden Devolutiveffekts (§ 124 a Abs 4 S 6) iVm der oberverwaltungsgerichtlichen Zulassungsentscheidung das zugelassene Begehren in der Rechtsmittelinstanz anhängig werden läßt. Der Beschluß über die Zulassung der Berufung muß eine Rechtsmittelbelehrung zur Notwendigkeit u zur Fristgebundenheit der Berufungsbegründung enthalten (NVwZ 1998, 1311; NVwZ-RR 2001, 143).

59 **bb) Die Begründung des Zulassungsbeschlusses (Abs 5 S 3).** Die Novellierung des § 124 a hat auch zu einer Änderung hins der Begründung der Zulassungsentscheidung geführt. Während nach § 124 a Abs 2 S 2 aF von einer Begründung abgesehen werden konnte, wenn dem Zulassungsantrag stattgegeben wurde oder wenn er einstimmig abgelehnt wurde, sieht § 124 a Abs 5 S 3 nunmehr vor, daß der Zulassungsbeschluß kurz begründet werden soll. Damit besteht grds eine Begründungspflicht. Ausnahmen hiervon sind bei einer Ablehnung der Zulassung nur dann gestattet, wenn das Fehlen eines Zulassungsgrundes offensichtlich ist oder der Zulassungsantrag an sonstigen schweren Mängeln leidet. Bei **AsylVf** bedarf es nach der **Sonderregelung des § 78 Abs 5 S 1 AsylVfG** keiner Begründung. Das iü prinzipiell bestehende Erfordernis einer wenigstens kurzen Begründung entfaltet – trotz der Unanfechtbarkeit der Entscheidung über die Zulassung der Berufung – disziplinierende Wirkung. Ihm kommt zudem iVm einem VBVerfahren Bedeutung zu. Da nämlich die Berufungszulassung nicht willkürlich versagt werden darf – in der willkürlichen Nichtzulassung der Berufung liegt ein Verstoß gegen Art 19 Abs 4 GG (5 zu § 124) –, muß dem BVerfG zumindest diese Willkürkontrolle möglich sein. Sind sachlich vertretbare Gründe für die Nichtzulassung der Berufung aus der Begründung des Ablehnungsbeschlusses nicht erkennbar, so ist Art 19 Abs 4 GG verletzt (vgl auch BVerfG NVwZ 1993, 465 u Bader VBlBW 1997, 449). Wird der Antrag auf Zulassung der Berufung **abgelehnt,** so ist in dem Beschluß auch über die **Kosten zu entscheiden** (RÖ-M. Redeker 38). Die Kostenentscheidung richtet sich nach § 154 Abs 2 (Ey-Happ 90). Bei **Zulassung** der Berufung bleibt die **Kostenentscheidung** dem **BerufungsVf vorbehalten** (Hbg NVwZ-RR 1998, 461; Ma NVwZ-RR 1999, 151; Ey-Happ 90; RÖ-M. Redeker 40). Dasselbe gilt wg der Einheitlichkeit der Kostenentscheidung, wenn dem **Zulassungsantrag nur tlw stattgegeben** wurde (Ey-Happ 90).

60 **cc) Wirkung der Berufungszulassung.** Die (uneingeschränkte) **Zulassung** der Berufung eröffnet – ebenso wie die Zulassung der Berufung durch das VG – grds die **Berufung in vollem Umfang u nicht nur bzgl des vom OVG angenommenen Zulassungsgrundes** (näher oben 13). Sie ist für das OVG –

obwohl es hier an einer ausdr Bestimmung wie den für die verwaltungsgerichtliche Zulassung geltenden § 124 a Abs 1 S 2 fehlt – unter Beachtung allg prozeßrechtlicher Grundsätze bindend.[69] Die Bindungswirkung betrifft aber nicht andere, neben der Zulassung erforderliche weitere Zulässigkeitsvoraussetzungen der Berufung (oben 11). Eine nochmalige Überprüfung spezifischer Zulässigkeitsvoraussetzungen des Antrags auf Zulassung der Berufung (wie die fristgerechte[70] Stellung des Antrags auf Zulassung der Berufung gem § 124 a Abs 4 S 1) ist dem OVG jedoch genauso versagt wie die Prüfung, ob die Zulassungsgründe in einer dem § 124 a Abs 4 S 4 genügenden Weise dargelegt wurden oder Zulassungsgründe gem § 124 Abs 2 tatsächlich vorlagen.[71]

Die oberverwaltungsgerichtliche **Zulassung wirkt** – ebenso wie im RevisionsVf (s 30 zu § 132) – **für alle Beteiligten** (§ 63), nicht nur für den, der die Zulassung beantragt hat (s zum entsprechenden Problem bei der Revision 30 zu § 132).[72] Das indiziert bereits der **Wortlaut des § 124 Abs 1.** Danach steht den Beteiligten gegen die dort genannten Urteile die Berufung zu, wenn sie von dem VG oder dem OVG zugelassen wird. Die Zulassung der Berufung wird also (ebenso wie nach § 124 Abs 1 aF) auch im Fall der antragsabhängigen Zulassung durch das OVG **nicht auf den ASt eines ZulassungsVf beschränkt.** Da die **antragsunabhängige Zulassung durch das VG nach § 124 a Abs 1 unbestreitbar für alle Beteiligten** gilt (oben 14), legen es nach der Novellierung des § 124 a auch **systematische Gründe** nahe, dasselbe für die antragsabhängige oberverwaltungsgerichtliche Zulassung der Berufung anzunehmen. § 124 a Abs 5 S 1 bietet ebenfalls keinen Hinweis auf eine nur auf den ASt u nicht auf andere Beteiligte bezogene Zulassung der Berufung. Es entspricht zudem einem sonst **im Rechtsmittelrecht allg anerkannten Grundsatz, daß die Zulassung eines RMittel streitgegenstands- u nicht personenbezogen erfolgt** (vgl auch Sch-Pietzner 83 zu § 133). § 124 a Abs 5 S 5, nach dem das AntragsVf als BerufungsVf fortsetzt wird u es keiner Einlegung der Berufung bedarf, spricht nicht gegen die hier vertretene Ansicht. Obwohl es in **§ 124 a Abs 5 S 5** an einem klarstellenden Hinweis wie in § 139 Abs 2 S 1 fehlt, kann sich diese Vorschrift nämlich **sinnvollerweise nur auf den ASt beziehen** u entbindet – aus entsprechenden Gründen wie den Bf im RevisionsVf (§ 139 Abs 2 S 1; dazu 1 u 6 zu § 139) – lediglich diesen von der gesonderten Einlegung einer Berufung. Folglich werden aber andere Beteiligte entgegen Sch-Meyer-Ladewig/Rudisile 137 gerade nicht unter Verstoß gegen den Dispositionsgrundsatz zum Rechtsmittelführer. Wenn sie ihrerseits Berufung einlegen wollen, steht ihnen die Möglichkeit offen, entspr § 124 a Abs 6 S 1 eine Berufungsbegründung einzureichen. 61

Diese hat gem § 124 a Abs 6 S 3 iVm Abs 3 S 4 einen Berufungsantrag zu enthalten. Damit geht **mit der Berufungsbegründung der Sache nach zugleich eine Einlegung der Berufung einher.** Die hier vertretene Lösung (für sie auch NKVwGO-Seibert 311) entspricht auch der der bis vor kurzem ganz hM zu dem sich im **Revisionsrecht stellenden entpr Problem** (dazu 30 zu § 132), die allerdings durch das BVerwG (NVwZ 2002, 202) aufgegeben wurde. Danach können bei einer erst auf Nichtzulassungsbeschwerde erfolgten bundes- 62

---

[69] DÖV 1999, 168; Buchh 310 § 124 a Nr 9; Ey-Happ 95; Sch-Meyer-Ladewig/Rudisile 139.

[70] **AA** Ey-Happ 95.

[71] S auch oben 33 u die dort zit, das RevisionsVf betr Stellungnahme BT-Dr 11/7030, 11, nach der die Bindungswirkung nicht nur bei materiellrechtlichen, sondern auch Vfsrechtlichen Fehlern der Zulassungsentscheidung eintritt.

[72] NKVwGO-Seibert 308 ff; Seibert DVBl 1997, 940; vgl auch 65, 31; Buchh 310 § 132 Nr 67; **aA** B-Bader 97; Ey-Happ 95; Sch-Meyer-Ladewig/Rudisile 137. Deren Ansicht liegt auch in der Logik der zum entspr Problem im Revsionsrecht ergangenen neuen Rspr des BVerwG (NVwZ 2001, 202).

verwaltungsgerichtlichen Zulassung der Revision auch andere Beteiligte als der Bf gegen das Urteil Revision einlegen u dies, obwohl für diesen Fall die Möglichkeit einer Einlegung der Revision (anders als in § 124 Abs 1) gar nicht gesetzlich erwähnt wird u es – insoweit übereinstimmend mit § 124a – an einer Bestimmung fehlt, welche das für die Einlegung des RMittel geltende Fristerfordernis regelt. Die in diesem Zusammenhang bis vor kurzem durch die ganz hM[73] befürwortete entspr Anwendung des § 139 Abs 3 S 1 HS 2 mit der Konsequenz, daß für andere Beteiligte als den Bf mit der einen Revisionantrag enthaltenden (§ 139 Abs 3 S 4) Revisionsbegründung zugleich die Revision als eingelegt gilt, deckt sich voll mit dem hier iVm der Berufung eingenommenen Standpunkt. Die aufgezeigte Parallele hat nach der Novellierung des § 124a mit der zusätzlichen Einführung einer antragsunabhängigen Zulassung der Berufung sogar noch an Gewicht gewonnen, da nunmehr zwischen der Regelung des ZulassungsVf im Berufungs- u im RevisionsVf keine strukturellen Unterschiede mehr bestehen.

63 Zu den **Auswirkungen einer Teilzulassung der Berufung** s oben 8.

64 **dd) Rechtskraft.** Hatte die Stellung des Antrags auf Berufungszulassung zunächst die RKraft des angefochtenen Urteils gehemmt (Abs 4 S 6), so wird dieses mit der **Ablehnung dieses Antrags** nunmehr ohne weiteres **rechtskräftig** (Abs 5 S 4). Aus dieser gesetzlichen Anordnung des Eintritts der RKraft wird zugleich ersichtlich, daß die **Ablehnung des Antrags unanfechtbar ist u keine Rechtsbehelfe gegeben** sind, weder eine Beschwerde noch die Revision.[74] Auch eine Gegenvorstellung gegen den die Berufungszulassung ablehnenden Beschluß (s dazu früher Mü BayVBl 2000, 219 u 9f vor § 124) kommt nun nicht mehr in Betracht, wohl aber eine Anhörungsrüge gem § 152a, die aber nur auf Gehörsverletzungen im Zusammenhang mit dem BerufungszulassungsVf gestützt werden kann (s 6 zu § 152a; zur Ausweitung des Rechtsschutzes über die Anhörungsrüge auf sonstige RVerletzung s 17ff zu § 152a u 9 vor § 124). Die Rechtswidrigkeit einer Ablehnung des Zulassungsantrags kann auch bei Ergehen einer späteren, die **Berufung wg fehlender Zulassung als unzulässig verwerfenden Entscheidung nicht im Rahmen eines anschließenden BeschwerdeVf** wg Nichtzulassung der Revision **geltend gemacht werden** (NVwZ-RR 1999, 539). Gibt das OVG dem Antrag statt u läßt es die Berufung zu, so verbleibt es bei der in Abs 4 S 6 angeordneten Hemmung der RKraft; Rechtsbehelfe gegen die Zulassung der Berufung gibt es nicht. Wird die **Berufungszulassung in wirksamer Weise beschränkt** (oben 8), so wird das Urteil in bezug auf die Beteiligten bzw prozessualen Anspr, hins derer die Berufung nicht zugelassen wurde, **tlw rechtskräftig.**

65 **ee) Fortsetzung als Berufungsverfahren (Abs 5 S 5).** Läßt das OVG die Berufung zu, so wird das bisherige AntragsVf ohne weiteres als BerufungsVf fortgesetzt;[75] der Einlegung einer Berufung bedarf es nicht, wohl aber einer Begründung derselben (unten 66ff). Die Vorschrift entspricht im wesentlichen § 131 Abs 8 S 1 aF u dem § 139 Abs 2 S 1 (vgl 1 zu § 139), doch ist anders als nach § 131 Abs 8 S 2 aF u § 139 Abs 2 S 2 kein diesbezüglicher Hinweis im Zulassungsbeschluß erforderlich. Zu beachten ist allerdings, daß die **Einlegung einer Berufung nur für den ASt entbehrlich** ist. Nur für ihn wird das ZulassungsVf als BerufungsVf fortgesetzt. Bzgl anderer Beteiligter wirkt der Zulassungsbeschluß zwar auch u eröffnet diesen eine Möglichkeit zur Einlegung der

---

[73] Ey-P. Schmidt 12 zu § 139; RÖ-v Nicolai 5 zu § 139; Sch-Pietzner 84 zu § 133.

[74] Vgl NVwZ-RR 1999, 539; Schenke NJW 1997, 91; Schmieszek NVwZ 1996, 1153; Sch-Meyer-Ladewig/Rudisile 143.

[75] Sog „Durchstarten", Sch-Meyer-Ladewig/Rsudisile 5, 139; s auch dazu, daß ZulassungsVf u BerufungsVf einen einheitlichen Rechtszug bilden, Ma NVwZ-RR 1999, 150; We NVwZ 1998, 867.

Berufung (oben 14). Das BerufungsVf muß aber durch diese erst anhängig gemacht werden. In der Einreichung der einen Berufungsantrag enthaltenden Berufungsbegründung gem § 124a Abs 6 durch andere Beteiligte als den ASt des ZulassungsVf liegt **zugleich eine Einlegung der Berufung** (näher oben 61).

c) Die Berufungsbegründung (Abs 6). Voraussetzung für die Zulässigkeit der Berufung ist nach § 124a Abs 6 die Einreichung einer Begründung. Die Berufungsbegründung muß nicht förmlich als solche bezeichnet werden; es genügt, daß schriftlich zum Ausdruck gebracht wird, daß ein BerufungsVf durchgeführt werden u weshalb es erfolgreich sein soll (NVwZ-RR 2004, 541; Rudisile DV 2006, 444). Einer Berufungsbegründung bedarf es auch im BerufungszulassungVf nach § 78 AsylVfG, der das Begründungserfordernis allerdings anders als das Zulassungserfordernis nicht ausdr erwähnt. Obwohl viel für den Spezialitätscharakter des § 78 AsylVfG u eine in diesem getroffene abschließende Regelung spricht u obwohl das Fordern einer Begründung innerhalb der Monatsfrist des § 124a Abs 6 S 1 (§ 124a Abs 3 S 1 aF) mit dem Beschleunigungszweck des AsylVfG nur schwer vereinbar ist, gehen das BVerwG u die hM auch hier von dem Erfordernis einer Begründung aus.[76] In **asylrechtlichen Streitigkeiten** genügt es für eine Berufungsbegründung, wenn sie eine entscheidungserhebliche Frage zu den tatsächlichen Verhältnissen im Heimatstaat des Asylbewerbers konkret bezeichnet u ihre von der Vorinstanz abweichende Beurteilung deutlich macht, was auch durch die Bezugnahme auf die Begründung des insoweit erfolgreichen Zulassungsantrags u auf den Zulassungsbeschluß erfolgen kann (NVwZ 2000, 315; 2001, 1029; s auch unten 67). 66

Die nach § 124a Abs 5 zugelassene Berufung ist innerhalb eines Monats nach Zustellung des Beschlusses über die Berufung zu begründen (S 1). Der Zweck der Begründungspflicht besteht darin, daß der Berufungskl eindeutig klarstellt, daß er die Berufung durchführen will u weshalb er sie für begründet hält.[77] Die Begründung ist bei dem OVG einzureichen (S 2) u richtet sich iü nach den Vorschriften, die für die Einlegung einer Berufungsbegründung bei einer durch das VG gem § 124a Abs 1 ausgesprochenen Zulassung gelten (§ 124a Abs 6 S 3 iVm Abs 3 S 3–5, s hierzu näher oben 21 ff). Die **Frist für die Berufungsbegründung** kann demgemäß auch hier auf einen vor ihrem Ablauf gestellten Antrag von dem Vorsitzenden des Senats verlängert werden. Zur Wiedereinsetzung wg Versäumung der Berufungsbegründungsfrist, insb auch bei einem fristgerecht gestellten Antrag auf PKH, s oben 22. Für die Berufungsbegründung besteht **Vertretungszwang** (oben 26). Sie muß einen bestimmten Antrag sowie die im einzelnen anzuführenden Gründe der Berufung enthalten (§ 124a Abs 6 S 3 iVm Abs 3 S 4). Bzgl Einzelheiten ist auf das oben zu § 124a Abs 3 Ausgeführte hinzuweisen. Die Berufungsgründe u die Gründe, aus denen die Berufung zugelassen wurde, müssen nicht übereinstimmen (NVwZ 2000, 1042). Spezifische Probleme ergeben sich hins der Berufungsbegründung bei § 124a Abs 6 allerdings daraus, daß hier der Zulassung ein Zulassungsantrag vorhergeht u sich damit die Frage nach dem Verhältnis des Zulassungsantrags zur Begründung stellt. 67

Dem Begründungserfordernis **genügte** es nach der zu § 124a Abs 3 aF überwiegend vertretenen u unter Änderung seiner Rspr später auch durch das BVerwG (NVwZ 1998, 1311) geteilten Ansicht **nicht, wenn der Antrag u die Gründe der Berufung lediglich in dem Zulassungsantrag enthalten sind.**[78] Dasselbe muß auch für die Begründung des § 124a Abs 6 gelten (NVwZ 68

[76] NVwZ-RR 1998, 458; Ks 48, 137 f; Lü NVwZ 1997, 1236; Ma NVwZ 1998, 1089; Münster DVBl 1998, 735.

[77] NVwZ 2001, 1029; NJW 2003, 3288; NVwZ-RR 2004, 542.

[78] NVwZ 1998, 1311; 2000, 190; NVwZ-RR 2004, 541; Ks 48, 137 f; Ma NVwZ 1998, 1091 u NVwZ 1999, 207; Mü NVwZ 1998, 864 f; BayVBl 1999, 637; Münster DVBl 1997, 1341; DVBl 1999, 997; Ey-Happ 98, 99; Seibert NVwZ 1999, 120; **aA** DVBl 1997,

2003, 868; 2004, 111). Für diese Ansicht spricht auch die bundesverwaltungsgerichtliche Interpretation der dem § 124 a Abs 6 entspr Vorschrift des § 139 Abs 3. Hier geht die Rspr im Falle der Zulassung der Revision aufgrund einer Nichtzulassungsbeschwerde davon aus, daß der Revisionsführer die zugelassene Revision schriftsätzlich zu begründen hat, auch wenn sein Vorbringen im NichtzulassungsbeschwerdeVf den Anforderungen (auch) an eine Revisionsbegründung genügt (80, 322 f). Für das Erfordernis einer zusätzlichen schriftlichen Begründung spricht bei § 124 a Abs 6 (ebenso wie bei § 124 a Abs 3 aF) auch der Gesichtspunkt der Verkürzung u Beschleunigung des Vf sowie der Rechtsklarheit, indem es dem Berufungsgericht anhand eindeutiger Kriterien ermöglicht werden soll, über das Vorliegen einer fristgerechten Berufungsbegründung als Voraussetzung für die Zulässigkeit der Berufung zu entscheiden (s auch NVwZ 1998, 1312; NVwZ-RR 2001, 143). In Übereinstimmung mit der Rspr zu § 139 Abs 3 (dazu 19 zu § 139) reicht es hingegen aus, wenn in dem der Begründung dienenden Schriftsatz mit hinreichender Deutlichkeit auf die bereits im Zulassungsantrag enthaltene Berufungsbegründung oder auf den Zulassungsbeschluß verwiesen wird.[79] Einer ausdr Bezugnahme auf das bereits im Antrag auf Zulassung der Berufung enthaltene Begehren u die dort genannten Gründe bedarf es insb nicht, wenn sich beides aus dem Gesamtzusammenhang hinreichend deutlich ergibt (NVwZ-RR 2004, 541). Es genügt sogar bereits, wenn der Berufungsführer innerhalb der Berufungsbegründungsfrist durch einen gesonderten Schriftsatz erkennbar zum Ausdruck bringen will, daß er die Berufung durchführen will u weshalb er sie für begründet hält (NVwZ-RR 2004, 541), selbst wenn der Schriftsatz nicht als Berufungsbegründung gekennzeichnet u gedacht ist (NVwZ-RR 2004, 542). **Unzulässig** ist es jedoch, wenn in der Berufungsbegründungsschrift **pauschal** auf den gesamten bisherigen **Klägervortrag im VerwaltungsVf** u dem sich daran angeschlossenen (früheren) **verwaltungsgerichtlichen Vf Bezug genommen** wird (Mü NVwZ-RR 2001, 545 f). Ein dem Berufungsgericht vor Zustellung des Zulassungsbeschlusses übermittelter Schriftsatz, mit dem der Rechtsmittelführer auf einen gegnerischen **Schriftsatz** erwidert, um seinen **Zulassungsantrag zu verteidigen,** stellt ebenfalls **keine Berufungsbegründung** dar. Das gilt auch dann, wenn das Berufungsgericht bei Eingang des Schriftsatzes den Beschluß über die Zulassung der Berufung bereits gefaßt hat (NVwZ-RR 2001, 142).

69 **aa) Berufungsantrag.** Bzgl des in die Berufungsbegründung aufzunehmenden Antrags (§ 124 a Abs 6 S 3 iVm Abs 3 S 4) gilt das oben zu § 124 a Abs 3 S 4 Ausgeführte (oben 27). Deshalb ist hier nur auf Besonderheiten einzugehen, die sich daraus ergeben, daß im Falle des § 124 a Abs 6 der Berufungsbegründung ein Zulassungsantrag eines Beteiligten vorausgegangen ist. Selbst wenn ein solcher Antrag uneingeschränkt gestellt u ihm durch das OVG stattgegeben wurde, ist es dem Berufungskl noch möglich, in der Berufungsbegründung die **Berufung zu beschränken, ohne daß dies als eine tlw Rücknahme der Berufung zu bewerten** ist.[80] Insoweit gilt dasselbe wie im Revisionsrecht, in dem

---

1325 (obiter dictum); Ks AuAS 1998, 197; Mü DVBl 1997, 1332; Sch-Meyer-Ladewig/Rudisile 148.

[79] NVwZ 1998, 1311; 2000, 67; 2000, 315; 2001, 1029: Läßt das OVG eine Berufung wg nachträglicher Divergenz zu, so ist dem Formerfordernis idR genügt, wenn der Berufungsführer ohne weitere inhaltliche Ausführungen auf den Zulassungsbeschluß Bezug nimmt; NVwZ-RR 2004, 220: War die Rüge der unterlassenen Einholung einer amtlichen Auskunft im BerufungszulassungsVf erfolgreich, so reicht die Bezugnahme auf den Zulassungsantrag aus; Ba NVwZ-RR 1999, 573; Ma NVwZ 1998, 109 u NVwZ 1999, 207; Mü NVwZ 1998, 865; Ey-Happ 99.

[80] Ey-Happ 26; NKVwGO-Seibert 98; vgl zum RevisionsVf auch BVerwG NJW 1992, 704; **aA** RO-M. Redeker 3 zu § 126; B-Bader 37.

das BVerwG entschieden hat, daß es keine tlw Rücknahme der Revision darstellt, wenn in der Revisionsbegründung ein eingeschränkter Antrag gestellt wird, nachdem in der Revisionsschrift ohne Einschränkung erklärt worden war, es werde Revision eingelegt werden (NJW 1992, 703; s auch 4 zu § 139). Hierdurch soll dem Rechtsmittelführer die Möglichkeit eingeräumt werden, bis zum Ende der Begründungsfrist die endgültige Entscheidung über den Umfang des RMittel zu treffen. Falls der Berufungsführer allerdings bereits in seinem Zulassungsantrag den Umfang der Berufung eingeschränkt hat u das OVG diese nur tlw zuließ, wäre es mit der Bindungswirkung der Zulassung unvereinbar u würde überdies der ratio des ZulassungsVf widersprechen, wenn hier der Berufungsführer noch die Möglichkeit besäße, den Umfang seiner Berufung über die Zulassungsentscheidung hinaus zu erweitern.[81] Selbst in dem Fall, in dem das OVG fälschlich die Zulassung in weiterem Umfang zuließ, als sie beantragt wurde, kann die Berufung nicht in dem über den Zulassungsantrag hinausreichenden Umfang durchgeführt werden (NVwZ 1999, 642 u oben 11). Wird der im Berufungsbegründungsantrag zunächst gestellte Berufungsantrag später eingeschränkt, so liegt darin (sogar wenn die Einschränkung noch innerhalb der Berufungsbegründungsfrist erfolgt) eine Teilrücknahme der Berufung (BGH FamRZ 1989, 1065 mwN; NKVwGO-Seibert 99).

Hins der Möglichkeit der Berufungsführers, innerhalb der Berufungsfrist im Rahmen der Berufungszulassung seinen Antrag zu erweitern, gelten die Ausführungen zum Berufungsantrag nach Abs 3, oben 28 f. **70**

bb) Begründung. Für den Inhalt der Begründung gilt grds dasselbe wie für die Begründung nach § 124 a Abs 3 S 4 (näher dazu oben 33 ff), auf den § 124 a Abs 6 S 3 verweist. Spezifische Probleme ergeben sich bei einer Begründung nach § 124 a Abs 6 allerdings im Hinblick auf den der Zulassung vorausgegangenen Antrag. Zur Frage, ob auf die gesonderte Einlegung einer Berufungsbegründung im Hinblick auf eine bereits im Zulassungsantrag enthaltene, inhaltlich den Anforderungen des § 124 a Abs 3 S 4 genügende Begründung verzichtet werden kann u ob verneinendenfalls in der Berufungsbegründung wenigstens auf die schon im Zulassungsantrag enthaltene Begründung Bezug genommen werden darf, s oben 34. **71**

§ 124 b [*Vorlage an BVerwG*]

(aufgehoben durch RmBereinVpG mWv 1. 1. 2005)

Die Vorschrift war durch das RmBereinVpG eingeführt worden. Ihre Geltung war von vornherein durch Art 6 u 7 Abs 2 RmBereinVpG bis zum 31. 12. 2004 begrenzt. Sie sah ein VorlageVf vor, mit dessen Hilfe bundeseinheitliche Maßstäbe für die Kriterien, unter denen eine Berufung zuzulassen ist, geschaffen werden sollten; s dazu ausf 13. Aufl. Bereits eingeleitete Vf sind auch nach dem 31. 12. 2004 fortzuführen; neue Vf können nicht mehr begonnen werden. **1**

§ 125 [Berufungsverfahren; Entscheidung bei Unzulässigkeit]

(1) **Für das Berufungsverfahren gelten die Vorschriften des Teils II entsprechend, soweit sich aus diesem Abschnitt nichts anderes ergibt. § 84 findet keine Anwendung.**

(2) **Ist die Berufung unzulässig, so ist sie zu verwerfen. Die Entscheidung kann durch Beschluß ergehen. Die Beteiligten sind vorher zu hören. Gegen den Beschluß steht den Beteiligten das Rechtsmittel zu, das**

[81] NKVwGO-Seibert 100; Sch-Meyer-Ladewig/Rudisile 153, 51.

zulässig wäre, wenn das Gericht durch Urteil entschieden hätte. Die Beteiligten sind über dieses Rechtsmittel zu belehren.

Vgl §§ 525, 522 Abs 1 ZPO; §§ 153 Abs 1, 158 SGG

Schrifttum: *Roth,* Der Anspruch auf öffentliche Verhandlung nach Art 6 Abs 1 EMRK im verwaltungsgerichtlichen Rechtsmittelverfahren, EuGRZ 1998, 495; *Rudisile,* § 125 II VwGO und das 6. VwGO-Änderungsgesetz, NVwZ 1998, 148; *Zeihe,* Darf die Berufung durch Beschluß als unzulässig verworfen werden, wenn die erste Instanz durch Gerichtsbescheid entschieden hat?, NWVBl 1996, 178. – S auch zu § 124.

1 **1. Allgemeines:** Die durch das 4. VwGOÄndG neu gefaßte u zT inhaltlich geänderte Vorschrift regelt die Anwendbarkeit der für das UrteilsVf in erster Instanz geltenden allg Vorschriften auch für das BerufungsVf (Abs 1) u die Entscheidung bei Unzulässigkeit der Berufung (Abs 2). Das 4. VwGOÄndG hat vor allem das Vf bei Unzulässigkeit der Berufung vereinfacht u vereinheitlicht. Zur Entscheidung über die Begründetheit einer zulässigen Berufung s §§ 130, 130 a u 130 b.

2 **2. Anwendbarkeit des allgemeinen Verfahrensrechts auf das Berufungsverfahren (Abs 1):** Das BerufungsVf unterliegt grds denselben Verfahrensvorschriften wie das Vf 1. Instanz; daß in Abs 1 die Vorschriften des Teils II nur für entspr anwendbar erklärt werden, bedingt keine sachlichen Abweichungen. **Nicht anwendbar** ist, wie S 2 ausdr klarstellt, das **GerichtsbescheidVf** nach § 84. **Besondere Vorschriften** gelten vor allem hins der Zulassung der Berufung (§ 124 a), der Stattgabe bzw Zurückweisung der Berufung, wenn das OVG sie einstimmung für begründet bzw unbegründet hält u eine mV nicht für erforderlich erachtet (§ 130 a) u für die Begründung von Berufungsurteilen (§ 130 b).

S zu den allg Voraussetzungen der Zulässigkeit einer Berufung im einzelnen 27 ff vor § 124.

3 **Beteiligt am BerufungsVf** sind grds dieselben Beteiligten wie im Vf erster Instanz, wenn auch uU in unterschiedlicher Parteirolle hins der Berufung (als Berufungsführer, Berufungsbekl); auch in der Vorinstanz vorgenommene **Beiladungen wirken** in der Rechtsmittelinstanz **fort** (vgl 64, 355).

3 a Grds zulässig sind im BerufungsVf, soweit sich aus § 128 a nichts anderes ergibt, auch der Vortrag **neuer Tatsachen** u neue **Beweisanträge** (§ 128 S 2). Im übrigen ist das Berufungsgericht jedoch bei der Ermittlung u Feststellung des als entscheidungserheblich angesehenen Sachverhalts im Sinne des Grundsatzes der freien Beweiswürdigung **nicht mehr völlig frei,** wenn hierzu bereits eine erstinstanzliche Beweiserhebung vorliegt. Es hat auch für seine eigene tatrichterliche Würdigung von einem erstinstanzlichen Beweisergebnis auszugehen, soweit es den Sachverhalt auf der Grundlage seiner eigenen materiellrechtlichen Auffassung für entscheidungserheblich erachtet. Eine von der 1. Instanz durchgeführte Beweiserhebung ist Teil des Prozeßstoffes, den es nach § 108 Abs 1 als Gesamtergebnis des Vf zu beachten u zu würdigen hat. Zwar ist ein Berufungsgericht **nicht gehindert, das Ergebnis** einer erstinstanzlichen Beweisaufnahme **anders zu würdigen.** Es **unterliegt** dabei jedoch **denselben Bindungen wie auch das erstinstanzliche Gericht,** das die Beweiserhebung vorgenommen hat (NVwZ 1993, 577). Insb kann es sich nur unter den maßgeblichen allg Grundsätzen (15 c zu § 98) in Widerspruch zu einem erstinstanzlichen gerichtlichen Sachverständigen setzen (NVwZ 1993, 577), muß hierzu aber rechtliches Gehör gewähren, ggf auch nach § 98 iVm § 411 Abs 3 ZPO Vf u den Sachverständigen erneut anhören (NVwZ 1993, 578). S zur **Fortwirkung des Prozeßstoffes u der Anträge** sowie des Vortrags der Beteiligten in der Vorinstanz auch 2 zu § 128; zur – grds nicht notwendigen – Wiederholung einer Beweiserhebung der 1. Instanz 1 f u 6 ff zu § 96.

3. Entscheidung bei Unzulässigkeit der Berufung (Abs 2 S 1 u 2): Über die Berufung ist idR durch Urteil zu entscheiden (§ 107 iVm Abs 1 S 1; s aber § 130a). Abs 2 S 2 läßt jedoch **zur Vereinfachung** u Beschleunigung des Vf **bei Unzulässigkeit** der Berufung statt dessen nach Ermessen des Gerichts die Verwerfung auch **durch Beschluß** zu u erweitert idF des 4. VwGOÄndG die Vorschrift über die ursprüngliche Regelung des S 2 hinaus auf **alle Fälle der Unzulässigkeit.** Auf die Gründe der Unzulässigkeit der Berufung kommt es danach nicht (mehr) an (BT-Dr 11/7030, 31). Eine Entscheidung über die Berufung durch Gerichtsbescheid ist nach Abs 1 S 2 ausgeschlossen. Die Entscheidung durch Beschluß ist unter den Voraussetzungen des Abs 2 S 1 **auch** dann zulässig, **wenn** die Entscheidung **aufgrund mV** ergeht.[1] 4

Die Anwendung des § 125 Abs 2 ist nicht auf die Fälle beschränkt, in denen eine Berufung ohne vorherige Zulassung eingelegt wurde oder eine zugelassene Berufung nicht fristgemäß nach § 124a Abs 3 S 1 begründet wurde. Denn die **Berufungszulassung** entscheidet verbindlich nur über die **Zulässigkeit u Begründetheit des Zulassungsantrags,** so daß nach Zulassung der Berufung im Rahmen der Entscheidung über die Berufung nicht mehr zu prüfen ist, ob der Antrag auf Zulassung der Berufung form- u fristgerecht erfolgte (vgl Ms 22. 10. 1998 – 23 A 5719/95.A). Eine weitergehende Bindungswirkung entfaltet die Berufungszulassung jedoch nicht, dh mit der **Berufungszulassung** ist **nicht** die **Zulässigkeit der Berufung** verbindlich festgestellt.[2] Deshalb kann die Berufung noch aus Gründen als unzulässig verworfen werden, die wie zB im Falle fehlenden RSB auch die Ablehnung des Zulassungsantrages gerechtfertigt hätten. Der impliziten oder ausdr Bejahung solcher allg Zulässigkeitsvoraussetzungen durch eine positive Zulassungsentscheidung mag zwar eine faktische Indizwirkung für die Zulässigkeitsentscheidung zukommen, nicht aber eine rechtliche Verbindlichkeit (Rudisile NVwZ 1998, 149). Die Entscheidung über die **Nichtzulassung** der Berufung ist für das Berufungsgericht wie auch das Revisionsgericht **bindend** (NVwZ-RR 1999, 539).

Zur Vereinbarkeit einer Entscheidung über die Zulässigkeit der Berufung ohne mV mit **Art 6 Abs 1 EMRK** (vgl zu dessen Anwendungsbereich 16 zu § 1, 2 zu § 55) vgl – unter Berufung auf EGMR NJW 1992, 1814 – bejahend DVBl 1996, 105; NVwZ 1999, 404; 1999, 1001; Ks MDR 1996, 200; Ey-Happ 2; NKVwGO-Seibert 43; Sch-Meyer-Ladewig/Rudisile 8; diff Roth EuGRZ 1998, 504f; wohl auch BVerwG NVwZ 1999, 764 (hierzu näher 2 zu § 130a). Gleiches gilt für die Berufung gegen einen Gerichtsbescheid, sofern man den anstelle des Antrags auf Zulassung der Berufung möglichen Antrag auf mV (§ 84 Abs 2 Nr 1) als den Anforderungen des Art 6 Abs 1 EMRK genügend ansieht (vgl hierzu aber 2a zu § 84 sowie 2 zu § 130a).

Bejaht das Gericht die Zulässigkeit der Berufung, so kann es darüber ggf auch durch **Zwischenurteil** entscheiden (§ 109). 5

4. Anhörung der Beteiligten bei Entscheidung durch Beschluß (Abs 2 S 3): Will das OVG über die Zulässigkeit der Berufung durch Beschluß entscheiden, so muß es nach S 3 diese Absicht den Beteiligten **vorher mitteilen** u ihnen dazu wie auch zur Sache Gehör geben (Sch-Meyer-Ladewig/Rudisile 10f). Eine Entscheidung vor Ablauf der gesetzten Äußerungsfrist ist daher unzulässig (NJW 1991, 2037; RÖ-M. Redeker 5; Sch-Meyer-Ladewig/Rudisile 12). Im einzelnen gilt hins der hierzu erforderlichen **besonderen** Anhörungsmitteilung u Anhörung u hins der **Folgen** bei **unterbliebener Anhörung** oder Verletzung der dafür geltenden Grundsätze dasselbe wie zu § 84 Abs 1 S 2 u zu 6

---

[1] Br DÖV 1983, 298; NKVwGO-Seibert 43; vgl demgegenüber § 130a; Sch-Meyer-Ladewig/Rudisile 10; **aA** SDC 2b; ThP 5 zu § 522 ZPO; s auch M 12 zu § 522 ZPO.

[2] B-Bader 3; Ey-Happ 95 zu § 124a; NKVwGO-Seibert 38; Rudisile NVwZ 1998, 148; Sch-Meyer-Ladewig/Rudisile 139 zu § 124a; entsprechend Sch-Pietzner 138 zu § 132.

§ 130 S 2 iVm § 125 Abs 2 S 3. S dazu im einzelnen 21 ff zu § 84 u 5 zu § 130 a. Die Anhörung stellt für die Betroffenen einen gewissen Ausgleich für die im BeschlußVf nach § 101 Abs 3 nicht mehr gebotene mV dar.

7 **5. Rechtsmittel gegen die Verwerfung der Berufung (Abs 2 S 4 f):** Wird die Berufung durch Urteil verworfen, so ist dagegen nach den allg Vorschriften die **Revision** nach Maßgabe der §§ 132, 133 gegeben. **Dasselbe** gilt nach S 4 auch, **wenn** das OVG **durch Beschluß** nach S 1 entscheidet. In diesem Beschluß muß das OVG über die Zulassung der Revision entscheiden (Sch-Meyer-Ladewig/Rudisile 16; NKVwGO-Seibert 50). **Damit** macht es aufgrund der Neufassung des Abs 2 u des § 130 a, der in S 2 auch auf § 125 Abs 2 S 4 verweist, im Hinblick auf RMittel auch **keinen Unterschied mehr,** ob die Berufung als unzulässig verworfen oder als unbegründet zurückgewiesen wird u ob dies durch Urteil oder Beschluß geschieht (BT-Dr 11/7030, 31). Im BeschwerdeVf wg Nichtzulassung der Revision ist dem BVerwG die **Prüfung verwehrt,** ob der Antrag auf **Zulassung der Berufung zu Recht abgelehnt** worden ist (NVwZ-RR 1999, 539).

§ 126 [Zurücknahme der Berufung]

(1) **Die Berufung kann bis zur Rechtskraft des Urteils zurückgenommen werden.**[1 ff] **Die Zurücknahme nach Stellung der Anträge in der mündlichen Verhandlung setzt die Einwilligung des Beklagten und, wenn ein Vertreter des öffentlichen Interesses an der mündlichen Verhandlung teilgenommen hat, auch seine Einwilligung voraus.**[3]

(2) **Die Berufung gilt als zurückgenommen, wenn der Berufungskläger das Verfahren trotz Aufforderung des Gerichts länger als drei Monate nicht betreibt.**[8] **Absatz 1 Satz 2 gilt entsprechend. Der Berufungskläger ist in der Aufforderung auf die sich aus Satz 1 und § 155 Abs. 2 ergebenden Rechtsfolgen hinzuweisen. Das Gericht stellt durch Beschluß fest, daß die Berufung als zurückgenommen gilt.**[9]

(3) **Die Zurücknahme bewirkt den Verlust des eingelegten Rechtsmittels.**[2] **Das Gericht entscheidet durch Beschluß über die Kostenfolge.**[1]

Vgl § 516 ZPO; § 156 SGG.

Schrifttum: S zu § 124 u zu § 92.

1 **1. Allgemeines:** Für die **Zurücknahme der Berufung** gilt im wesentlichen dasselbe wie für die Zurücknahme der Klage (vgl 1 ff zu § 92), soweit § 126 nicht ausdr etwas anderes bestimmt. Sie betrifft im Gegensatz zur Klagerücknahme jedoch nur das RMittel u **führt,** wenn sie nach Ablauf der Begründungsfrist erfolgt, **zur RKraft des Urteils** (wenn nicht eine selbständige Berufung, s 4 zu § 127, eines anderen Beteiligten weiterhin anhängig bleibt).

2 Eine zurückgenommene Berufung kann grds **erneut eingelegt** werden; Abs 3 bezieht sich nicht auf das Recht zur Einlegung einer Berufung schlechthin, sondern nur auf die eingelegte Berufung, die mit der Rücknahme ex tunc als nicht eingelegt anzusehen ist; eine **erneute Einlegung** einer (neuen) Berufung wird **davon nicht berührt,** sondern unterliegt nur den allg Vorschriften.[1] Mit der Zurücknahme der Berufung kann jedoch ein **Rechtsmittelverzicht** verbunden sein; er kann sich auch ggf aus der Begründung der Zurücknahmeer-

---

[1] Ey-Happ 9; NKVwGO-Blanke 19; RÖ-M. Redeker 6; Sch-Meyer-Ladewig/Rudisile 25; vgl auch BGH NJW 1981, 1962; 1991, 1116; 1991, 2839: nimmt eine Partei die rechtzeitig eingelegte u begründete Berufung zurück, so kann ihr für die erneute, nunmehr verspätet eingelegte Berufung nicht deshalb Wiedereinsetzung in den vorigen Stand gewährt werden, weil die Zurücknahme des RMittel auf einem unverschuldeten Irrtum beruhe.

klärung ergeben. Zum Verhältnis von Berufungszurücknahme, Klagerücknahme u Berufungsverzicht s unten 5f.

Die **erneute Einlegung der Berufung** muß allerdings **nach den allg Vorschriften** über die Berufung **zulässig** sein. Soweit die Berufung im Urteil des VG zugelassen wurde, muß die erneute Berufungseinlegung innerhalb der Frist des § 124 Abs 2 S 1 erfolgen. Wurde die Berufung dagegen auf Antrag durch das OVG zugelassen, gilt für die (erneute) Einlegung der Berufung die Berufungsbegründungsfrist nach § 124 Abs 6 (**aA** 12. Aufl: analog der Zulassungsantragsfrist). Nach Verstreichen der Fristen ist nur noch eine **unselbständige Anschlußberufung** (§ 127 Abs 2, s 12 zu § 127) zulässig.

2. Form u Wirkungen der Berufungszurücknahme: Die Zurücknahme 3 der Berufung ist **schriftlich** (Erklärung zur Niederschrift des Urkundsbeamten der Geschäftsstelle des OVG genügt entgegen bisherigem Recht nicht mehr, vgl 46 zu § 124a) oder zur Niederschrift in der mV oder in einem Erörterungstermin nach § 87 – ggü **dem Berufungsgericht,** auch ggü dem ersuchten oder beauftragten Richter (§ 96 Abs 2), nicht aber ggü dem VG – zu erklären (RÖ-M. Redeker 1; Sch-Meyer-Ladewig/Rudisile 3). Sie ist auch noch bis zur Entscheidung über die Nichtzulassungsbeschwerde (§ 133 Abs 3) möglich, da nach § 133 Abs 4 die RKraft so lange gehemmt ist. Zur Frage, wie lange **im schriftlichen Vf** (§ 101 Abs 2) die Zurücknahme ohne Einwilligung des Berufungsbekl (nicht des Bekl im erstinstanzlichen Vf, NVwZ 1995, 373) möglich ist, vgl 14 zu § 92. Nach Stellung der Anträge in der mV ist für die Zurücknahme die Einwilligung des Bekl u ggf des VöI erforderlich, die ausdr oder konkludent erklärt werden muß (s 12ff zu § 92); die Einwilligungsfiktion des § 92 Abs 1 S 3 ist nicht – auch nicht analog – anwendbar. Die **Zustimmung eines Beigeladenen,** auch eines notwendigen Beigeladenen, ist nicht erforderlich. Die Zurücknahme einer wirksam eingelegten Berufung ist grds **weder anfechtbar noch widerruflich** (NJW 1997, 2897 im Anschluß an 57, 346 = NJW 1980, 135).

Die Zurücknahme der Berufung wirkt grds nur für den Beteiligten, der sie er- 4 klärt. **Streitgenossen,** einschließlich der notwendigen Streitgenossen (§ 64), werden davon nicht berührt (RGZ 76, 299). Bei der eigentlichen notwendigen Streitgenossenschaft (s 7 zu § 64) bleibt der Berufungskl, der die Berufung zurückgenommen hat, jedoch gleichwohl Berufungskl, wenn ein anderer die Berufung aufrechterhält; anders bei der uneigentlichen notwendigen Streitgenossenschaft (vgl auch 12 zu § 64). **Nimmt** ein **Beigeladener** die von ihm eingelegte **Berufung** zurück, bleibt das BerufungsVf aber aufgrund der Berufung eines anderen Beteiligten anhängig, so verliert er dadurch nicht seine Beteiligtenstellung als Beigeladener.

3. Verhältnis zur Klagerücknahme u zum Berufungsverzicht: Die Zu- 5 rücknahme der Berufung ist zu **unterscheiden: a)** von der **Rücknahme der Klage,** die dazu führt, daß das angegriffene Urteil unwirksam wird (Ms DÖV 1960, 957). Werden gleichzeitig die Rücknahme der Klage u der Berufung erklärt, so ist im Zweifel anzunehmen, daß in erster Linie die Klage zurückgenommen werden soll (vgl BFH DStR 1967, 98 zur gleichzeitigen Zurücknahme von Klage u Revision; vgl auch NKVwGO-Blanke 2 mwN).

b) vom **Verzicht auf die Berufung,** der zur Folge hat, **daß das Urteil,** auf 6 das er sich bezieht, **rechtskräftig** wird u der Verzichtende das Recht auf Nachprüfung schlechthin verliert, eine gleichwohl eingelegte **Berufung** daher, wenn es sich um einen dem Gericht ggü erklärten Verzicht handelt, vAw, – bei einem zwischen den Beteiligten vereinbarten oder den Beteiligten ggü erklärten Verzicht auf entsprechende Einrede hin –, **als unzulässig zu verwerfen** ist.[2] Der

---

[2] Vgl Ma NVwZ-RR 1989, 111; Ule VwGO 429; NKVwGO-Blanke 2; Sch-Meyer-Ladewig/Rudisile 56 vor § 124; BL 4, 12f zu § 515 ZPO; zT **aA** SDC 3a: der den Betei-

Berufungsverzicht muß eindeutig sein u kann grds erst nach Erlaß des Urteils des VG wirksam erklärt werden (BGH MDR 1967, 744); anders ein vertraglich vereinbarter Verzicht (Ey-Happ 33 vor § 124). Vgl im einzelnen zu den Voraussetzungen eines wirksamen Verzichts 21 ff zu § 74.

7 **Eine unselbständige Anschlußberufung bleibt** auch bei Berufungsverzicht möglich (§ 127 S 2).

8 **4. Gesetzliche Rücknahmefiktion (Abs 2):** Die durch das 6. VwGOÄndG eingeführte gesetzliche Rücknahmefiktion des **Nichtbetreibens der Berufung** stellt eine Ergänzung der ebenso neu eingeführten fingierten Klagerücknahme nach § 92 Abs 2 dar (BT-Dr 13/3993, 13). Die sich im Wortlaut weitgehend entsprechenden Vorschriften sind im wesentlichen gleich auszulegen (vgl insoweit 17 ff zu § 92). Zu beachten ist allerdings, daß § 126 nicht an die Änderungen des § 92 durch das 1. JuMoG angepaßt wurde, so daß erstens die Frist für die Rücknahmefiktion in § 126 Abs 2 nunmehr um einen Monat länger ist als in § 92 Abs 2, zweitens eine dem § 92 Abs 1 S 3 vergleichbare Einwilligungsfiktion bei § 126 nicht existiert. Auch im Rahmen des § 126 ist es aber erforderlich, daß der Berufungskl Anlaß gegeben haben muß, daran zu zweifeln, ob er noch ein Interesse hat, das Vf weiterzuverfolgen, was insb dann zutrifft, wenn er prozessuale Mitwirkungspflichten verletzt (Ks NVwZ 2000, 1297; 2001, 918; s näher 18 zu § 92). Eine lediglich allg Erklärung, das Vf werde weiterbetrieben, ist ein unzureichendes Betreiben, das einem Nichtbetreiben gleichsteht, wenn keine Antwort auf die vom Gericht gestellte Anfrage gegeben wird (Mü BayVBl 2001, 21: Anfrage, ob auf mV verzichtet wird). Die Vorschrift des § 81 AsylVfG geht als lex specialis dem § 126 Abs 2 vor (We NVwZ 2000, 1434).

9 Der deklaratorische Beschluß, mit dem das Gericht feststellt, daß die Berufung als zurückgenommen gilt (Abs 2 S 4), ist durch den Vorsitzenden bzw Berichterstatter zu fällen[3] (vgl näher 6 zu § 87 a). Gegen den Beschluß gibt es **keine RMittel;** er ist ebensowenig anfechtbar wie der deklaratorische Beschluß über die Einstellung des Vf nach Rücknahme der Berufung. Dies ergibt sich aus § 152 Abs 1; einer ausdr Regelung entsprechend § 92 Abs 3 S 2 bedurfte es daher nicht.

Entsteht **Streit über die Wirksamkeit** der Rücknahme der Berufung oder über das Vorliegen der gesetzlichen Voraussetzungen der Rücknahmefiktion, so ist das **Vf** vor dem Berufungsgericht zur Klärung dieses Streites **fortzusetzen** (NJW 1997, 2898; NKVwGO-Blanke 18; Sch-Meyer-Ladewig/Rudisile 31; vgl hierzu 18 zu § 92, 5 vor § 124) u über die Beendigung des Vf entweder durch Beschluß gem § 130 a (NJW 1997, 2898; Ms DÖV 1982, 373; Sch-Meyer-Ladewig/Rudisile 31) oder durch Prozeßurteil zu entscheiden; ist die Berufung nicht wirksam zurückgenommen bzw sind die Voraussetzungen der Rücknahmefiktion nicht erfüllt, so trifft das Berufungsgericht eine Sachentscheidung, ggf auch nachdem es durch Zwischenurteil die Zulässigkeit der Berufung festgestellt hat (vgl 19 zu § 92).

§ 127 [Anschlussberufung]

(1) **Der Berufungsbeklagte und die anderen Beteiligten können sich der Berufung anschließen. Die Anschlussberufung ist bei dem Oberverwaltungsgericht einzulegen.**[15]

(2) **Die Anschließung ist auch statthaft, wenn der Beteiligte auf die Berufung verzichtet hat oder die Frist für die Berufung oder den An-**

---

ligten ggü erklärte Verzicht ist unwirksam, sofern nicht Umdeutung in einen vereinbarten Verzicht in Betracht kommt.

[3] VG Stuttgart NVwZ-RR 1997, 766; Ey-Geiger 8 zu § 87 a; Ey-Happ 8; Sch-Meyer-Ladewig/Rudisile 30; NKVwGO-Schmid 39, 33 zu § 92; **aA** (Zuständigkeit des Senats) Mü BayVBl 2001, 21; B-Bader 14; Decker BayVBl 1997, 678.

trag auf Zulassung der Berufung verstrichen ist.[12] **Sie ist zulässig bis zum Ablauf eines Monats nach der Zustellung der Berufungsbegründungsschrift.**[14]

(3) **Die Anschlussberufung muss in der Anschlussschrift begründet werden.**[18] **§ 124 a Abs. 3 Satz 2, 4 und 5 gilt entsprechend.**

(4) **Die Anschlussberufung bedarf keiner Zulassung.**[19]

(5) **Die Anschließung verliert ihre Wirkung, wenn die Berufung zurückgenommen oder als unzulässig verworfen wird.**[20 ff]

Vgl § 524 ZPO

Schrifttum: *Heiderhoff,* Zur Abschaffung der Anschlußberufung, NJW 2002, 1402; *Klamaris,* Das Rechtsmittel der Anschlußberufung, 1975; *Kummer,* Die Nichtzulassungsbeschwerde, 1990; *Maurer,* Die Kosten unselbständiger Anschlußrechtsmittel, NJW 1991, 721; *v Olshausen,* Wer zu spät kommt, den belohnt die neue ZPO – jedenfalls manchmal, Zur Abschaffung der selbständigen Anschlußberufung durch das Zivilprozessreformgesetz, NJW 2002, 802; *Siems,* Die selbständige Anschlußberufung im Verwaltungsprozeß, NVwZ 2000, 160; *Weyreuther,* Revisionszulassung und Nichtzulassungsbeschwerde in der Rechtsprechung der obersten Bundesgerichte, 1971. – S auch zu § 124.

Übersicht

1. Allgemeines: Die Anschlußberufung (Anschließung) räumt aus Gründen 1
der **Waffengleichheit** zwischen den Beteiligten des BerufungsVf diesen die Möglichkeit ein, sich an dem durch die Berufung eines anderen Beteiligten beim Berufungsgericht anhängig gewordenen Vf ihrerseits als Rechtsmittelführer zu beteiligen u die Abänderung des Urteils der Vorinstanz zu ihren Gunsten zu beantragen. Sie **stellt das Berufungsgericht vom Verbot einer reformatio in peius (Verböserung) frei,** das sonst eine Abänderung zum Nachteil des Berufungsführers verbietet (§ 128) u ermöglicht ihm auch eine Entscheidung zugunsten des Anschlußberufungsführers (100, 104 = NVwZ 1996, 803; Ma VBlBW 1996, 375; BGH NJW 1983, 1858). Dementsprechend kann der Anschlußberufungsführer eine Abänderung des ihn (tlw) beschwerenden verwaltungsgerichtlichen Urteils initiieren oder seine Klage noch im BerufungsVf erweitern bzw Widerklage erheben. Die Möglichkeit der Anschlußberufung besteht dabei nicht nur dann, wenn der Beteiligte selbst noch in der Lage wäre, eine selbstständige Berufung einzulegen, sondern auch dann, wenn diese etwa mangels einer Beschwer unzulässig ist, er auf RMittel verzichtet hat oder die Frist für die Einlegung einer selbständigen Berufung bereits abgelaufen ist u es ihm lediglich darum geht, in der Berufungsinstanz seine Klage zu erweitern oder Widerklage zu erheben. Damit kommt der Anschlußberufung auch unter prozeßökonomischen Aspekten eine wichtige Bedeutung zu. So sieht sich ein Beteiligter nicht im Hinblick auf evtl RMittel des Gegners uU genötigt, vorsorglich Berufung einzulegen. Zudem erhöht die Möglichkeit einer Anschlußberufung das Prozeßrisiko für den Berufungsführer u wird diesen deshalb nicht selten von der Einlegung einer Zeit u Ressourcen bindenden Berufung abhalten.

Vor der Novellierung des § 127 durch das RmBereinVpG unterschied § 127 2–3
aF zwei Formen der Anschlußberufung, nämlich die vor Ablauf der Berufungs-

frist eingelegte **selbständige Anschlußberufung** durch einen Beteiligten, der nicht vorher auf die Berufung verzichtet hatte, u die in § 127 S 2 aF normierte **unselbständige Anschlußberufung,** die der Beteiligte erst nach Ablauf der Berufungsfrist eingelegt oder bei der er auf die Berufung verzichtet hatte. Die unselbständige Anschlußberufung wurde nach § 127 S 2 aF – ebenso wie heute die Anschlußberufung nach § 127 Abs 5 nF – dann unwirksam, wenn die Berufung zurückgenommen oder als unzulässig verworfen wurde. Die **selbständige Anschlußberufung** stellte nicht anders als die „normale" Berufung **ein RMittel ieS** dar.

Da es heute keine selbständige Anschlußberufung mehr gibt, haben sich die in bezug auf sie früher (s 12. Aufl) stellenden Probleme erledigt.

4 **2. Die Neuregelung des § 127:** Im Rahmen des RmBereinVpG wurde § 127 in Übereinstimmung mit der Neuregelung der Anschlußberufung in § 524 ZPO verändert. Die in § 127 aF enthaltene Differenzierung zwischen einer selbständigen u einer unselbständigen Anschlußberufung findet sich in § 127 nF nicht mehr. **§ 127 regelt vielmehr nur die unselbständige Anschlußberufung.** Als Begründung für die Nichtregelung der selbständigen Anschlußberufung führt die Regierungsbegründung zu § 127 aus: „Ein Bedürfnis für eine solche Regelung besteht nicht: Will der Beteiligte unabhängig von dem Hauptrmittel Berufung einlegen, so kann er dies unter den gleichen Voraussetzungen wie auch der Berufungsführer" (BT-Dr 14/6393, 13). Es gilt insoweit im Ergebnis dasselbe wie für den mit § 127 übereinstimmenden novellierten § 524 ZPO, zu dem es in der Regierungsbegründung des Gesetzentwurfs heißt: „Abweichend vom bisherigen Recht entfällt insb die Möglichkeit der sog. selbständigen Anschlußberufung" (BT-Dr 14/3750, 69). Als Konsequenz der Neuregelung des § 127 u des § 524 ZPO führt damit die Zurücknahme der Berufung oder ihre Verwerfung als unzulässig nicht mehr dazu, daß dort, wo sich der Berufungsbekl innerhalb der Berufungsfrist der erhobenen Berufung angeschlossen hat[1] dies so angesehen wird, als habe er die Berufung selbständig eingelegt. Die Vorschrift des § 522 Abs 2 ZPO aF, die dies früher ausdr bestimmte u über § 173 S 1 auch für die verwaltungsgerichtliche Anschlußberufung galt, ist denn auch bezeichnenderweise mit der Novellierung der Anschlußberufung aufgehoben worden. Die Anschlußberufung verliert damit nach § 127 Abs 5 auch dann ihre Wirkung, wenn alle sonstigen Zulässigkeitsvorrausetzungen für eine Berufung gegeben sind. Will der Betroffene, daß über seine Berufung unabhängig von der Berufung des Prozeßgegners entschieden werden soll, darf er nicht eine Anschlußberufung, sondern muß eine (bei fehlender Zulassung der Berufung durch das VG eine – anders als die Anschlußberufung – einen Zulassungsantrag voraussetzende) Berufung einlegen. Auch eine Auslegung bzw **Umdeutung** einer innerhalb der Berufungsfrist eingelegten Anschlußberufung **in eine selbständige Berufung scheidet idR aus** (unten 21; so auch Sch-Meyer-Ladewig/Rudisile 10), zumal die Berufung anders als die Anschlußberufung beim VG einzulegen ist. Nicht zutr ist die Ansicht, unter der Geltung des § 127 nF sei eine Anschließung innerhalb der Frist, die der sich Anschließende bei der Einlegung der Berufung zu wahren hat, immer als Einlegung einer eigenständigen Berufung zu behandeln (so aber Sch-Dawin 16 zu § 141). Dies hätte die unhaltbare Konsequenz zur Folge, daß mit der Einlegung einer Anschlußberufung immer bis zum Ablauf der Berufungsfrist gewartet werden müßte.

5 Eine bedeutsame **Änderung** hat § 127 ggü § 127 aF ferner hins der für die Einlegung einer (unselbständigen) Anschlußberufung geltenden **Frist- u Form-**

---

[1] Dazu, daß auch nach der Neuregelung der Anschlußberufung der Gesetzgeber nicht die Einlegung der Anschlußberufung erst nach Ablauf der Berufungsfrist zulassen wollte (so aber v Olshausen NJW 2002, 802f u Sch-Dawin 16 zu § 141), s richtig Heiderhoff NJW 2002, 1402.

erfordernisse erfahren. Während eine Anschlußberufung nach § 127 aF noch im Laufe der mündlichen Verhandlung erfolgen konnte u es hierbei ausreichte, wenn eine entsprechende Erklärung zur Niederschrift in der mV abgegeben wurde (15, 319; BSG 28, 32), ist die Anschlußberufung nach § 127 Abs 2 S 2 **nur bis zum Ablauf eines Monats nach Zustellung der Berufungsbegründungsschrift zulässig.** Sie muß außerdem nach § 127 Abs 3 in einer Anschlußberufungsschrift begründet werden, für die § 124a Abs 3 S 2, 4 u 5 entsprechend gilt. § 127 Abs 4, nach dem eine (unselbständige) Anschlußberufung – anders als eine selbständig eingelegte Berufung (§ 124) – keiner Zulassung bedarf, hat nur deklaratorische Funktion u entsprach bereits vor der Novellierung des § 127 der ganz hM (NVwZ 1996, 803). § 127 Abs 5, dem zufolge die (unselbständige) Anschließung ihre Wirkung verliert, wenn die Berufung zurückgenommen oder als unzulässig verworfen wird, stimmt inhaltlich mit § 124a S 2 aF überein.

3. Der Gegenstand der Anschließung: Die Beteiligung am Vf als solche ist von der Einlegung der Berufung oder Anschlußberufung unabhängig; deshalb bleiben die in der Vorinstanz Beigeladenen automatisch auch Beteiligte des BerufungsVf (BayVBl 1982, 283). Die Anschlußberufung muß deshalb auf die Begründung einer Rechtsstellung gerichtet sein, die über seine Beteiligtenstellung im BerufungsVf hinausreicht. 6

Abwehr des Berufungsantrags: Ziel der Anschlußberufung muß es sein, **mehr als die Zurückweisung der Berufung zu erreichen.** Unzulässig ist daher die Anschließung mit einem Antrag, der dem bereits in erster Instanz zuerkannten Klageantrag entspricht (BGH NJW-RR 1988, 185; 1991, 510). Ebenso bedarf es deshalb keiner Anschlußberufung zur Abwehr des Berufungsantrags, auch wenn zB statt Zahlung an den Kl nunmehr Zahlung an dessen Rechtsnachfolger begehrt wird (BGH MDR 1978, 398); Entsprechendes gilt bei sonstigen Antragsänderungen, die gem § 173 S 1, § 264 ZPO nicht als Klageänderung zu werten sind (vgl 8ff zu § 91), oder wenn die Abweisung einer nach § 91 geänderten Klage begehrt wird. Eine „Anschlußberufung" wäre in diesen Fällen gem § 88 als bloßer Abweisungsantrag bzw als bloße Antragsänderung zu behandeln. Aus denselben Gründen ist auch ein AnschlußRMittel eines Beigeladenen unzulässig, das allein den Zweck verfolgt, das von einer Partei eingelegte RMittel zu unterstützen u mit deren Rechtsmittelantrag übereinstimmt (NJW 1985, 393); diese Unterstützung kann der Beigeladene in seiner Prozeßrolle verwirklichen, der Einlegung eines Anschlußmittels bedarf es insofern nicht. Eine Anschlußberufung, durch die lediglich eine Änderung der Entscheidungsgründe herbeigeführt werden soll, ist gleichfalls unzulässig (BGH 95, 313; NKVwGO-Blanke 5). Dagegen kann nach überwiegender Auffassung eine Änderung der für den Anschlußberufungskl ungünstigen Kostenentscheidung erstrebt werden (BGH NJW 1981, 2360; Ma VBlBW 1983, 242; Ey-Happ 9; NKVwGO-Blanke 5), obschon über die Kosten vAw entschieden wird u das Verbot der reformatio in peius hier nicht gilt. 7

4. Statthaftigkeit der Anschlußberufung: Die Anschlußberufung ist nur dann statthaft, wenn sie sich **im Rahmen der Berufungszulassung** hält (a), **vorher Berufung eingelegt** wurde (b) u sie sich auf einen für eine **Anschlußberufung geeigneten Gegenstand** richtet (c). Ein Berufungsverzicht wie auch die Versäumung der für die Einlegung einer selbständigen Berufung geltenden Frist stehen der Statthaftigkeit der Anschlußberufung hingegen nicht im Wege (d). Sie setzt auch keine Beschwer des Anschlußberufungskl voraus (e). 8

a) Zulassung der Berufung. Die Anschlußberufung ist lediglich nach einer **zugelassenen Berufung** zulässig, da sonst die Regelungen über die Zulassung 9 der Berufung unterlaufen würden.[2] Ein Anschlußantrag iVm dem Antrag auf Zulassung der Berufung ist unzulässig.[3] Will ein Beteiligter des erstinstanzlichen Vf auch solche Teile der erstinstanzlichen Entscheidung angreifen, hins derer keine Zulassung erfolgte, bleibt ihm nur die Möglichkeit seinerseits einen Antrag auf Zulassung der Berufung zu stellen. Beschränkt der **Berufungskl nach uneingeschränkter Zulassung der Berufung** durch das VG oder das OVG seine Berufung **auf einen abtrennbaren Teil** des in erster Instanz geltend gemachten prozessualen Anspr, so kann aber auch der **restliche Teil des Anspr Gegenstand einer Anschlußberufung sein.**[4] Denn Zweck der AnschlußRMittel ist, den Rechtsmittelantrag „aufzubrechen" (100, 104 = NVwZ 1996, 803; Buchh 448.0 § 11 WPflG Nr 35), also über dessen Gegenstand hinauszugehen u auch Teile des Streitggst in das RechtsmittelVf einbeziehen zu können, mit denen sich der Rechtsmittelführer abfinden wollte. Hat das VG ein Teilurteil erlassen u sind deshalb noch Teile des Streitggst in erster Instanz anhängig, scheidet hingegen eine Anschlußberufung bzgl dieser Teile (hins derer ja auch noch gar keine Zulassung der Berufung vorliegen kann) naturgemäß aus (Ey-Happ 7; vgl auch BGH 30, 213).

10 **b) Vorherige Einlegung der Berufung.** Die Anschlußberufung ist nur dann statthaft, wenn **bereits durch einen anderen Beteiligten Berufung eingelegt** wurde. Eine **vorsorgliche Einlegung einer Anschlußberufung** für den späteren Fall einer Einlegung der Berufung durch einen anderen Beteiligten ist **ausgeschlossen** (B-Bader 5; Sch-Meyer-Ladewig/Rudisile 11) u muß (falls nicht eine Umdeutung in eine selbständige Berufung möglich ist) zur wirksamen Begründung einer Anschlußberufung **nach Einlegung der Berufung wiederholt** werden. Bei einer aufgrund eines Zulassungsantrags erfolgten Zulassung wird **für den ASt** das ZulassungsVf als BerufungsVf fortgesetzt (§ 124a Abs 5 S 5) u ist deshalb vom **Zeitpunkt der Zulassung an eine Anschließung an die Berufung des ASt** des ZulassungsVf zulässig. Obwohl die oberverwaltungsgerichtliche Zulassung der Berufung nach § 124a Abs 5 für alle Beteiligten wirkt (str, s 61 zu § 124a), bedarf es für die Einlegung der Berufung durch andere Beteiligte als den ASt des ZulassungsVf jedoch noch der Einreichung einer Berufungsbegründung gem § 124a Abs 6 (s 61 zu § 124a). Eine Anschlußberufung, die sich gegen **andere Beteiligte** als den ASt des ZulassungsVf richtet, ist deshalb **erst dann statthaft,** wenn diese eine **Berufungsbegründung gem § 124a Abs 6 eingelegt** haben. Bei der **verwaltungsgerichtlichen Zulassung der Berufung gem § 124a Abs 1 S 1** kommt eine Anschlußberufung generell erst dann in Betracht, wenn der Beteiligte, gegen den sich die Anschlußberufung richten soll, gem **§ 124a Abs 2 Berufung eingelegt** hat.

11 **c) Anschlußberufung gegen den Berufungskl.** Gegenstand einer Anschlußberufung (oben 7) kann nur die **Geltendmachung von prozessualen Anspr sein,** die sich **gegen den Berufungskl**[5] oder einen **notwendigen Streitgenossen des Berufungskl richten** (Sch-Meyer-Ladewig/Rudisile 5). Deshalb kann dann, wenn von zwei Nachbarn, die als einfache Streitgenossen eine dem beigeladenen Bauherrn erteilte Baugenehmigung anfechten, der eine obsiegt u der andere unterliegt, der unterlegene Nachbar der Berufung des bei-

[2] NVwZ-RR 1997,254; Hbg NVwZ-RR 1999, 145; Ko NVwZ 1999, 200; NVwZ-RR 2003, 317 (auch keine bedingte Anschlußberufung für den Fall statthaft, daß dem Zulassungsantrag stattgegeben wird); Ma NVwZ 1998, 1320; Münster NVwZ 2001, 1423; **aA** Sch-Meyer-Ladewig/Rudisile 6 a.

[3] Mü DVBl 1999, 993; B-Bader 7; Ey-Happ 6; Sch-Meyer-Ladewig/Rudisile 67 zu § 124 a.

[4] 100, 104 = NVwZ 1996, 803; NVwZ-RR 2002, 234; Ks ESVGH 44, 155; Ma RsprD 1995, Beil 1, B 3; Ey-Happ 8; **aA** 10. Aufl mwN; Ma RsprD 1996, Beil 10, B 2.

[5] NVwZ-RR 1998, 457; Ma NVwZ 1999, 442; Ey-Happ 12; Sch-Meyer-Ladewig/Rudisile 5.

geladenen Bauherrn, die sich gegen den obsiegenden Nachbarn richtet, nicht im Wege der unselbständigen Anschlußberufung beitreten (NVwZ-RR 1998, 457). Der **Berufungskl** kann sich auch nicht einer unselbständigen Berufung des Gegners anschließen.[6] **Der VöI** kann hingegen – weil es seine Rechtsstellung gebietet, daß er eine seiner Ansicht nach unrichtige Entscheidung ohne Rücksicht darauf bekämpfen darf, welches Ziel mit der Berufung verfolgt wird (9, 143; Mü BayVBl 1978, 119; 1979, 274; Sch-Meyer-Ladewig/Rudisile 7) – **auch zur Unterstützung des Berufungskl** Anschlußberufung einlegen. Die Anschlußberufung des **VöI** ist selbst dann zulässig, **wenn** der VöI dabei **nicht über die Anträge** des Berufungskl der Hauptberufung **hinausgeht.**[7] Vgl auch 49 vor § 124. Entsprechendes muß, soweit gesetzlich nichts anderes bestimmt ist, auch für andere Vertreter öffentlicher Interessen gelten (9, 143; vgl auch 52 vor § 124). Bei einer vom VöI einzulegenden Anschlußberufung ist immer nur der VöI beim OVG (VGH) zuständig (s 5 zu § 36). Da die Anschlußberufung nicht (mehr) von einer Zulassung abhängig ist, ist nicht erforderlich, daß sie sich auf denjengen prozessualen Anspr bezieht, der Gegenstand der Hauptberufung ist (NVwZ 2002, 1251; Sch-Meyer-Ladewig/Rudisile 6b). Aus dem Begriff der Anschlußberufung läßt sich nichts anderes ableiten (NVwZ 2002, 1251). Im Wege der Anschlußberufung kann sogar eine **Änderung oder Erweiterung der Klage** durch den obsiegenden Kl **erstrebt** werden (Ms NWVBl 1998, 110; B-Bader 20, s auch unten 13).

d) Statthaftigkeit trotz Berufungsverzicht u Berufungsfristversäumnis. 12
Der Statthaftigkeit einer Anschlußberufung steht es nicht entgegen, wenn ein Beteiligter auf die Berufung verzichtet hat oder die Frist für die Berufung oder den Antrag auf Zulassung der Berufung verstrichen ist (§ 127 Abs 2 S 1). Ist die **Berufung bereits vor der Einlegung der Anschlußberufung durch den Berufungskl zurückgenommen** worden (s § 127 Abs 5), so ist die Anschlußberufung selbst dann **unzulässig,** wenn der Anschlußberufungskl hiervon keine Kenntnis hatte (BGH NJW 1955, 1187; Ks NJW 1984, 196). Die Anschlußberufung ist ferner unzulässig, wenn die Berufung als unzulässig verworfen wurde (§ 127 Abs 5 u unten 20).

e) Keine Beschwer. Die Anschlußberufung setzt anders als die Berufung 13
keine Beschwer des Anschlußberufungskl voraus (NVwZ 1996, 103; Ks 21, 201; Ey-Happ 18; NKVwGO-Blanke 4; krit Sch-Meyer-Ladewig/Rudisile 6; **aA** Gilles ZZP 1984, 478). Sie kann dann allerdings nur mit dem Ziel eingelegt werden, die Klage in der Berufungsinstanz zu erweitern oder Widerklage zu erheben (Ms NWVBl 1998, 110; B-Bader 20 u oben 11).

5. Einlegung der Anschlußberufung: a) Befristung. Die Anschlußberu- 14
fung ist nur noch befristet zulässig. Sie ist nach § 127 Abs 2 S 2 bis zum **Ablauf eines Monats nach Zustellung der Berufungsbegründungsfrist** einzulegen. Die Befristung kann aber – im Hinblick auf den Grundsatz der Waffengleichheit – nicht für Anschließungen gelten, die durch Prozeßhandlungen des Berufungskl hervorgerufen werden, die erst während des BerufungsVf vorgenommen werden wie die Erweiterung oder sonstige Änderungen des Klagebegehrens (BL 17 zu § 524 ZPO; krit Sch-Meyer-Ladewig/Rudisile 7d). Erst recht muß eine Anschlußberufung dann noch zulässig sein, wenn nach einer ersten fristgemäß eingelegten Berufungsbegründungsschrift aufgrund einer gewährten Fristverlängerung noch nachträglich eine zusätzliche Begründung mit einem neuen Vortrag erfolgt; hier ist es Aufgabe des OVG, ggf die Anschlußfrist durch eine entspr Belehrung erneut in Lauf zu setzen (Bader VBlBW 2002, 474f). Allg

[6] BGH 88, 360 = NJW 1984, 438; NJW 1984, 2832; 1986, 1494; Sch-Meyer-Ladewig 5; **aA** StJ 20 zu § 521 ZPO aF.
[7] 9, 144; Mü BayVBl 1978, 117; 1978, 274.

gilt iü, daß eine **Fristverlängerung** für die Einlegung **nicht vorgesehen** ist. **Wiedereinsetzung** kommt unter den Voraussetzungen des § 60 in Betracht (zust Sch-Meyer-Ladewig/Rudisile 7 d).

15 **b) Adressat der Einlegung.** Die Anschlußberufung ist gem § 127 Abs 1 S 2 **beim OVG einzulegen.** Durch die Einlegung beim VG wird die Frist des § 127 Abs 2 S 2 nicht gewahrt (näher dazu 25 zu § 124 a). Eine Erklärung zur Niederschrift des Urkundsbeamten der Geschäftsstelle wie auch eine Erklärung zur Niederschrift in der mV sind nicht ausreichend (zust Sch-Meyer-Ladewig/Rudisile 9).

16 **c) Vertretungszwang.** Die beim OVG einzulegende u mit einer Begründung zu versehende Anschlußberufung unterliegt nach § 67 Abs 1 S 1 dem Vertretungszwang (B-Bader 4; Ey-Happ 10).

17 **d) Inhalt der Anschlußberufung.** Die Einlegung der Anschlußberufung muß **nicht zwingend als solche bezeichnet** werden. Sie muß aber erkennen lassen, daß eine Anschlußberufung gewollt ist u es dem Berufungsbekl **nicht nur um eine Zurückweisung der Berufung geht** (vgl BGH FamRZ 1984, 659). Die Kennzeichnung als Anschlußberufung empfiehlt sich auch deshalb, weil im Falle der Zulassung der Berufung durch das VG gem § 124 a Abs 1 S 1 neben der Anschlußberufung auch die Einlegung einer selbständigen Berufung in Betracht kommt (vgl auch Grunsky NJW 2002, 801 Fn 7). Wird beim OVG im Anschluß an eine vorher eingelegte Berufung des Prozeßgegners beim (anders als für die Berufung) für die Anschlußberufung zuständigen OVG Berufung eingelegt, so kann dennoch von einer Anschlußberufung auszugehen sein, wenn sich aus der Begründung ergibt, daß die Berufung nicht selbstständig eingelegt werden sollte oder wenn die Berufung anders als die Anschlußberufung unzulässig wäre (s näher unten 17). Die Anschlußberufung muß eine Abänderung des erstinstanzlichen Urteils zu Lasten des Rechtsmittelführers erstreben; als **ausreichend** wird es bereits angesehen, wenn eine **Änderung der Kostenentscheidung** erstrebt wird (näher oben 3). Von einem **stillschweigenden Antrag auf Anschlußberufung** kann bei einer **schriftlichen Berufungserwiderung nicht ausgegangen** werden. Wg der vom Gesetzgeber mit der Neuregelung der Anschlußberufung beabsichtigten stärkeren Formalisierung des Vf kann an die Rechtslage vor der Novellierung, bei der für eine Anschlußberufung keine strengen Voraussetzungen galten (12. Aufl 6), nicht mehr angeknüpft werden. Das ergibt sich schon aus dem nunmehr durch § 127 Abs 3 S 1 aufgestellten **Erfordernis einer Begründung der Anschlußberufung,** die nach § 127 Abs 3 S 2 einen **bestimmten Antrag für die Anschlußberufung** verlangt. Die vor der Neuregelung der Anschlußberufung vertretene Ansicht, eine **unzulässige selbständige Berufung** könne für den Fall, daß die Zulässigkeitsvoraussetzungen einer Anschlußberufung vorliegen, in eine **Anschlußberufung umgedeutet** werden (BGH 100, 383; NKVwGO-Blanke 8), da diese ein weniger im Verhältnis zu einer selbständigen Anschlußberufung beinhaltet, begegnet nunmehr deshalb Bedenken, weil die Anschlußberufung – anders als die Berufung – nicht beim VG, sondern beim OVG gem § 127 Abs 1 S 2 einzulegen ist (Sch-Meyer-Ladewig/Rudisile 10). Da aber auch über eine beim VG eingelegte Berufung durch das OVG zu entscheiden ist u deshalb die Berufung wie die dazu gehörigen Prozeßakten an das OVG weiterzuleiten sind, wird man sich über diese Bedenken hinwegsetzen können, wenn die unzulässige Berufung innerhalb der für die Anschlußberufung geltenden Frist des § 127 Abs 2 S 2 beim OVG eingeht. Anders als eine normale Berufung kann die Einlegung der Anschlußberufung von einer **innerprozessualen Bedingung abhängig gemacht** werden,[8] so zB da-

[8] Ma VBlBW 1999, 449; BGH NJW 1995, 2563; B-Bader 5; NKVwGO-Blanke 10; Sch-Meyer-Ladewig/Rudisile 11.

von, daß das Gericht eine bestimmte Rechtsfrage verneint (Ma VBlBW 1994, 453; BGH NJW 1984, 453) oder die Berufung als begründet ansieht (BGH NJW-RR 1989, 1099; Mü NVwZ-RR 1998, 9; B-Bader 5). Ausgeschlossen ist aber eine nur vorsorglich für den Fall einer Berufung eingelegte Anschlußberufung (oben 10).

e) Anschlußberufungsbegründung. Die Anschlußberufung muß in der Anschlußschrift begründet werden (§ 127 Abs 3 S 1). Die Bedeutung dieser Vorschrift ist allerdings unklar (s auch Sch-Meyer-Ladewig/Rudisile 7 e). Wie sich aus der Verweisung des § 127 Abs 3 S 2 auf § 124 a Abs 3 S 2, 4 u 5 ergibt, hat die Begründung **grds denselben Erfordernissen zu genügen, wie sie für eine Berufungsbegründung gelten.** Eine Verlängerung der Frist für die Begründung ist nicht zulässig; die Vorschrift des § 124 a Abs 3 S 3 wird von der Verweisung des § 127 Abs 3 S 2 ausgenommen. Mängel der mit der Anschlußschrift einzureichenden Begründung sind aber noch **innerhalb der Frist für die Einlegung der begründeten Antragsschrift** (§ 127 Abs 2 S 2) **heilbar.** Selbst wenn die Antragsschrift überhaupt noch keine Begründung beinhaltet, kann die Begründung noch innerhalb der Monatsfrist des § 127 Abs 2 S 2 nachgeholt werden (BL 21 zu § 524 ZPO). **Innerhalb der Monatsfrist** kann auch – ebenso wie bei einer Berufung gem § 124 a (28 f zu § 124 a) – die **Anschlußberufung erweitert** werden (zust Sch-Meyer-Ladewig/Rudisile 7 e). Etwas anderes gilt nur dann, wenn der Anschlußberufungskl auf eine Erweiterung der Anschlußberufung verzichtet hat. In einer zunächst nur beschränkten Einlegung der Anschlußberufung liegt jedoch allein noch kein Verzicht auf eine weiterreichende Anschlußberufung (28 zu § 124 a). Ein Verzicht auf die Zulassung der Berufung oder auf die Berufung beinhaltet keinen Verzicht auf die Anschlußberufung (§ 127 Abs 2 S 1). Dem Anschlußberufungskl steht es auch nach Ablauf der Frist für die Anschlußberufung offen, eine Klage zu erweitern oder eine Widerklage zu erheben. Da diese Erweiterungen nicht Gegenstand des erstinstanzlichen Vf waren, droht hier genau so wenig eine Umgehung der Zulassungsvoraussetzungen einer Berufung wie bei einer entsprechenden Klageerweiterung durch den Berufungskl. 18

f) Keine Zulassung der Anschlußberufung (§ 127 Abs 4). Wie durch § 127 Abs 4 klargestellt wird, bedarf die Anschlußberufung als solche keiner Zulassung. Allerdings muß die **Berufung des Berufungskl zugelassen** worden sein, da nur dann eine zulässige Anschlußberufung eingelegt werden kann (oben 9). 19

6. Unwirksamwerden der Anschlußberufung (§ 127 Abs 5): Die Anschlußberufung verliert (vorbehaltlich der Möglichkeit ihrer Umdeutung in eine selbständige Berufung, oben 4 u unten 21) ihre Wirkung, wenn die Berufung zurückgenommen oder als unzulässig verworfen wird, dh sie erledigt sich damit (Mü BayVBl 1994, 60). Dasselbe gilt, wenn der Prozeß durch Abschluß eines Prozeßvergleichs (BAG NJW 1976, 2143) oder die Hauptberufung oder die Hauptsache selbst einvernehmlich für erledigt erklärt wird (OLG München MDR 1984, 320; Ey-Happ 23; NKVwGO-Blanke 11; Sch-Meyer-Ladewig/Rudisile 12; **aA** BGH NJW 1986, 852). 20

Abweichend von der nach § 127 aF bestehenden Rechtslage tritt die Unwirksamkeit der Anschlußberufung **auch dann** ein, **wenn der Anschlußberufungskl seine Anschlußberufung vor Ablauf der Berufungsfrist eingelegt hat.** Eine gesetzliche Regelung, nach der der Anschlußberufungskl in einem solchen Fall so zu behandeln ist (vgl so ausdr § 522 Abs 2 ZPO aF), als habe er die Berufung selbständig eingelegt, ist nunmehr nicht mehr vorhanden. Auch eine **Umdeutung** einer Anschlußberufung **in eine selbständige Berufung,** mit der die vom Gesetzgeber gewollte Neuregelung der Anschlußberufung in praxi konterkariert würde, **scheidet grds aus.** Indem ein Beteiligter nur eine Anschluß- 21 berufung eingelegt hat, bringt er auf der Basis der neuen Rechtslage zum Ausdruck, daß er gerade keine selbständige Berufung einlegen wollte. Eben dies bildete für den Gesetzgeber früher den Anlaß, im Falle einer selbständigen Anschlußberufung bei Rücknahme oder Verwerfung der Hauptberufung die Einlegung einer selbständigen Berufung zu fingieren. Da die Berufung im Verhältnis zur Anschlußberufung ein mehr darstellt, verbietet sich auch aus diesem Grund eine Umdeutung. Deshalb läßt sich aus dem Umstand, daß eine (etwa mangels Beschwer oder wg Versäumung der Berufungsfrist) unzulässige selbständige Berufung idR in eine (ein weniger beinhaltende) Anschlußberufung umgedeutet werden kann (oben 17), noch nichts für den umgekehrten Fall ableiten. Gegen die Umdeutung der Anschlußberufung, für die nach § 67 Vertretungszwang besteht, in eine selbständige Berufung bei Zurücknahme oder Verwerfung der Berufung spricht zudem das **dem Anschlußberufungskl** aus einer solchen Umdeutung **erwachsende Kostenrisiko.** Während für ihn beim Unwirksamwerden der Anschlußberufung gem § 127 Abs 5 aus ihrer Einlegung grds keine Kosten entstehen, sondern diese der Berufungskl zu tragen hat (unten 23), müßte der Anschlußberufungskl bei Umdeutung seiner Anschlußberufung in eine selbstständige Berufung bei deren Erfolglosigkeit die Kosten tragen. Die Unzulässigkeit einer Umdeutung wird zusätzlich insofern nahegelegt, als die Anschlußberufung anders als die Berufung (§ 124a Abs 2 S 1) gem § 127 Abs 1 S 2 beim OVG zu erfolgen hat. Wurde die Berufung für den Anschlußberufungskl nicht durch das VG gem § 124a Abs 1 S 1 zugelassen, ist eine Umdeutung ohnehin schon deshalb ausgeschlossen, weil es an dem Antrag auf Zulassung der Berufung als Voraussetzung für die Zulässigkeit der Berufung fehlt u in einem solchen Fall nach Zulassung der Berufung gem § 124a Abs 5 S 5 eine gesonderte Einlegung der Berufung nicht mehr erfolgt. Erwägbar ist hier damit allenfalls eine Umdeutung der Anschlußberufung in einen Antrag auf Zulassung der Berufung. Gegen sie sprechen aber nicht nur die oben genannten Erwägungen, die eine Umdeutung einer Anschlußberufung in eine zulässige Berufung ausschließen, sondern neben der unterschiedlichen gerichtlichen Zuständigkeiten für die Einlegung von Anschlußberufung u der Stellung eines Antrags auf Zulassung der Berufung (s § 127 Abs 1 S 2 einerseits, § 124a Abs 4 S 2 andererseits), daß an einen Antrag auf Zulassung der Berufung nach § 124a Abs 4 S 4 andere Anforderungen zu stellen sind als an die Begründung einer Anschlußberufung nach § 127 Abs 3 S 1 (zur unzulässigen Umdeutung einer eingelegten Berufung in einen Antrag auf Zulassung der Berufung s auch 46 zu § 124a).

22 Die Unwirksamkeit der Anschließung ist in den jeweiligen abschließenden Entscheidungen **deklaratorisch festzustellen** (Ey-Happ 23; Sch-Meyer-Ladewig/Rudisile 12), wobei es gegen diese Feststellung kein RMittel gibt (BGH MDR 1998, 919). Zur Kostenentscheidung in diesem Fall s unten 23 sowie 6 zu § 155, dazu auch OLG Frankfurt NJW-RR 1993, 768. Verfolgt der Anschlußberufungsführer gleichwohl seine nach § 127 Abs 5 hinfällig gewordene Anschlußberufung weiter u kann diese nicht in eine selbständige Berufung umgedeutet werden, so ist dies nicht anders zu behandeln als eine überhaupt erst nach Rücknahme der Berufung eingelegte Anschlußberufung (oben 10); in einem solchen Fall ist die Anschlußberufung als unzulässig zu verwerfen; der Anschlußberufungskl hat die Kosten zu tragen (BGH 100, 390 = NJW 1987, 3264; vgl auch Mü BayVBl 1994, 60).

23 **7. Verfahren u Form der Entscheidung:** Das Vf der Anschlußberufung bildet mit dem HauptsacheVf ein einheitliches Vf, für das die §§ 125ff gelten. Die Gewährung von PKH an den Berufungsbekl erstreckt sich nicht auf die Anschlußberufung, weshalb es für die Anschlußberufung eines gesonderten Antrags auf Gewährung von PKH bedarf (Ey-Happ 21). Über die Anschlußberufung u die Hauptberufung soll grds gemeinsam verhandelt u entschieden werden.

Eine **Vorwegentscheidung über die Anschlußberufung ist ausgeschlossen,** da diese ihre Wirkung verliert, wenn die Hauptberufung zurückgenommen oder als unzulässig verworfen wird. Deshalb kann selbst bei Unzulässigkeit der Anschlußberufung über diese nicht vorweg durch Teilurteil entschieden werden.[12] Eine Entscheidung nach § 130a ist trotz dessen prinzipieller Anwendbarkeit auf die Anschlußberufung bei einer wesentlichen Änderung des Streitggst durch die Anschlußberufung ausgeschlossen.[13] Die Anschlußberufung wird hins der Kostenentscheidung als ein selbständiges RMittel behandelt. Wird die Anschlußberufung als unzulässig verworfen oder als unbegründet zurückgewiesen, hat der Anschlußberufungskl die Kosten der Anschlußberufung zu tragen, bei Erfolg der Anschlußberufung hingegen der Revisionskl (Ey-Rennert 7 zu § 154). Nimmt der Berufungskl die Berufung zurück oder wird die Berufung des Berufungskl als unzulässig verworfen, so hat dieser grds auch die Kosten der unwirksam gewordenen Anschlußberufung zu tragen (Buchholz 310 § 65 Nr. 78; B-Bader 30).

8. Übertragung des § 127 auf andere Rechtsmittel: § 127 gilt gem § 141 entspr auch für die Revision. Nach allg Grundsätzen ist auch eine Anschlußbeschwerde statthaft (vgl 2 zu § 146). 24

§ 128 [Umfang der Nachprüfung]

Das Oberverwaltungsgericht prüft den Streitfall innerhalb des Berufungsantrages im gleichen Umfang wie das Verwaltungsgericht.[1 ff] Es berücksichtigt auch neu vorgebrachte Tatsachen und Beweismittel.[2]

Vgl §§ 529-535 ZPO; § 157 SGG

Schrifttum: S zu § 124.

1. Allgemeines: Das Berufungsgericht prüft bei einer zulässigen Berufung als **weitere** (zweite) **Tatsacheninstanz** den vor ihm anhängig gemachten Streitfall im Rahmen der Berufungsanträge (§ 129) ohne Bindung an den Vortrag der Beteiligten grds im selben Umfang wie das Gericht erster Instanz **in tatsächlicher u rechtlicher Hinsicht.** Die **Prüfungsbefugnis** ist **nicht auf die Zulassungsgründe beschränkt, wg** derer die Berufung zugelassen wurde (DVBl 1997, 907). Bei einem Streit um die Verbesserung einer dienstlichen Beurteilung, die obligatorisch mit einem Gesamturteil abschließt, ist das Berufungsgericht zu einer umfassenden Prüfung verpflichtet, auch wenn der Dienstherr das RMittel gegen ein Urteil eingelegt hat, das ihn zur Neubescheidung „unter Beachtung der Rechtsauffassung des VG" verurteilt (NVwZ 2001, 200). 1

Der Kl kann im Rahmen einer zulässigen Berufung bzw Anschlußberufung (s 27ff vor § 124; 1f zu § 129) wie im Vf vor dem VG **auch** seine **Klage ändern** (§ 91), insb auch erweitern (s 3 zu § 124), der Bekl auch **Widerklage** (§ 89) erheben. Dem Berufungsgericht ist es jedoch grds **verwehrt,** selbst wenn die Beteiligten zustimmen, bei der Berufung gegen ein Teil- urteil (§ 110) auch **den noch in der unteren Instanz anhängigen Rest „heraufzuholen"** u mitzuentscheiden;[1] **anders, wenn** die untere Instanz unzulässigerweise mit einem sog „verdeckten Teilurteil" nur **über einen nicht trennbaren Teil** des Klage-

[12] B-Bader 13; Ey-Happ 22; Sch-Meyer-Ladewig/Rudisile 13, **aA** RÖ-M. Redeker 9.

[13] NVwZ 1999, 1000; RÖ-M. Redeker 1 a zu § 130 a; Sch-Meyer-Ladewig/Rudisile 13; für generelle Anwendbarkeit des § 130 a auf die Anschlußberufung Ey-Happ 22; für generelle Unanwendbarkeit B-Bader 13.

[1] 71, 73; Ma NJW 1971, 109; NKVwGO-Blanke 4; Sch-Clausing 12 in § 110; **aA** BGH NJW 1986, 2108 bei Einverständnis der Beteiligten.

begehrens entschieden hatte.[2] Entsprechendes gilt für in der unteren Instanz noch nicht geltend gemachte Anspr.[3]

2 Zulässig ist im BerufungsVf nach S 2 grds auch das **Vorbringen neuer Tatsachen u Beweismittel** (auch das Stellen neuer Beweisanträge); **anders jedoch** uU aufgrund des durch das 4. VwGOÄndG eingefügten § 128a hins neuer Tatsachen u Beweismittel, zu deren Vorbringen die Beteiligten auch schon in der ersten Instanz in der Lage gewesen wären; § 531 ZPO ist insoweit nicht anwendbar. Entstehen durch **verspätetes Vorbringen Kosten,** so kommt die **Kostenfolge nach § 155 Abs 4** in Betracht (s 19ff zu § 155). Im übrigen wirkt jedoch der **Streitstoff** 1. Instanz, soweit die Beteiligten in der Berufungsinstanz ihre Anträge u ihren Vortrag nicht ändern, **fort** (BVerfG 60, 309; BGH VersR 1997, 1423; Jauernig § 73 IV). Dies gilt insb auch für die **Anträge u den Vortrag** der Beteiligten; diese müssen also **nicht wiederholt werden** (vgl Ma RsprD 1994 Beil 1, B 6–7: für Hilfsantrag; Sch-Meyer-Ladewig/Rudisile 3). Auch **bei den Berufungsanträgen** u dem **Vortrag** dazu kann auf die Anträge u den Vortrag der Vorinstanz Bezug genommen werden, soweit keiner der übrigen Beteiligten widerspricht u das Gericht die Bezugnahme für angemessen hält (§ 137 Abs 3 ZPO; vgl BVerfG 60, 309 – auch zur Frage der Beachtlichkeit einer „globalen" Bezugnahme –). S zur **Fortdauer der Beteiligtenstellung u des Streitstoffs** auch 3 zu § 124

Auch das Gericht selbst muß nicht das gesamte Vf 1. Instanz, zB die Beweisaufnahmen usw, wiederholen. Vielmehr **kann** es zB **die Ergebnisse früherer Beweisaufnahmen,** zB Sachverständigengutachten, die Ergebnisse eines Augenscheins usw, soweit sie in rechtlich einwandfreier Weise zustandegekommen sind u nicht durch substantiierten Vortrag Beteiligter erschüttert werden, oder das Gericht insoweit Zweifel hat, **einfach übernehmen** (s 6 zu § 96; Sch-Meyer-Ladewig/Rudisile 4). Insb ist auch eine **nochmalige Vernehmung** der bereits in 1. Instanz vernommenen **Zeugen** u Sachverständigen nur dann erforderlich, **wenn** das Berufungsgericht **Zweifel** hins der Glaubwürdigkeit der in Frage stehenden Zeugen oder der Zuverlässigkeit der Aussagen hat oder sie anders beurteilen will als die 1. Instanz,[4] die protokollierte Aussage anders verstehen will als die 1. Instanz[5] oder von einer nochmaligen Vernehmung weitere Klärung erwartet. Das Berufungsgericht darf auch die **Glaubwürdigkeit eines** nur in der ersten Instanz vernommenen **Zeugen** nur dann ohne nochmalige Vernehmung bejahen oder verneinen, wenn diese Beurteilung in gleichgerichteten Erwägungen des erstinstanzlichen Richters eine Stütze findet; sonst verletzt es das Gebot der Unmittelbarkeit der Beweisaufnahme (BGH NJW 1987, 3205; BAG DB 1990, 332); ebenso darf es nicht dem vom erstinstanzlichen Gericht protokollierten Ergebnis einer Augenscheinseinnahme **ohne** eigene Beweiserhebung eine abweichende Bedeutung beimessen (BGH NJW-RR 1986, 190). Es darf auch **nicht ohne erneute Vernehmung** über den in erster Instanz protokollierten Inhalt einer Zeugenaussage hinaus allein aus dem Gang der Vernehmung die Zuverlässigkeit er Aussage beurteilen, wenn das erstinstanzliche Gericht die Aussage in ihrem objektiven u subjektiven Gehalt nicht gewürdigt hat (BGH NJW 1986, 2885).

---

[2] 71, 77; ZBR 1983, 275; BGH 30, 215; NJW 1960, 339; 1983, 1313; Ma NVwZ 1989, 883: „Heraufholung" des Hauptantrags als Prozeßrest, wenn das VG unzulässigerweise lediglich über den Hilfsantrag entschieden hatte u der Kl wg des nicht beschiedenen Hauptantrags Anschlußberufung eingelegt hatte

[3] BayVBl 1986, 535: über den Inhalt des angefochtenen Urteils kann die Berufung grundsätzlich nicht hinausgreifen, da die Sache dem Rechtsmittelgericht eben nur in diesem Umfang anfällt.

[4] Vgl BGH NJW 1964, 2414; 1976, 1742; 1982, 1053; MDR 1979, 481.

[5] BGH NJW 1968, 1138; 1982, 108, 1053; 1984, 2629; Ule VerwA 1983, 23.

2. In der Sache ist das Berufungsgericht **nicht auf eine Nachprüfung** des Urteils der unteren Instanz ieS **beschränkt,** sondern entscheidet grds **als 2. Tatsacheninstanz** über die Klage. Stellt es **Mängel** des Vf oder der Rechtsauslegung oder Rechtswendung fest, so muß es gleichwohl prüfen, ob das Urteil **nicht im Ergebnis,** wenn auch aus anderen Gründen, **bestehen bleiben** muß (vgl BGH NJW 1986, 2707; 1993, 538; NJW-RR 1990, 480; s aber zur Möglichkeit der Zurückverweisung § 130). 3

Die Nachprüfung durch das OVG erfaßt grds auch alle dem angefochtenen Urteil **vorausgegangenen Entscheidungen** der Vorinstanz, die nicht selbständig anfechtbar sind (bzw waren) oder kraft Gesetzes der Nachprüfung entzogen sind (§ 173, § 512 ZPO).

Dagegen behalten gem § 173 iVm § 512 ZPO **alle selbständig anfechtbaren,** aber nicht angefochtenen Entscheidungen (zB Entscheidungen nach § 93 – vgl 39, 323; Ms NVwZ-RR 1990, 163; Ey-Happ 8; Zwischenurteile nach § 109) u alle ausdr der Nachprüfung entzogenen Entscheidungen, ebenso aber auch alle **nicht widerruflichen Prozeßhandlungen** der Beteiligten wie auch die Unterlassung rechtzeitiger Rügen von Verfahrensmängeln (§ 295 ZPO) auch für die Berufungsinstanz ihre **volle Wirksamkeit** u binden auch das Berufungsgericht.[6] Diese Bindung betrifft jedoch nur die in Frage stehenden Vorentscheidungen bzw Prozeßhandlungen selbst, **nicht dagegen auch die Folgerungen,** die die Vorinstanz aus der dadurch geschaffenen Prozeß- bzw Rechtslage gezogen hat,[7] zB die getrennte Entscheidung über einen nach § 93 nicht teilbaren prozessualen Anspr (39, 323: Aufhebung auch des nicht mit dem RMittel angegriffenen, getrennt entschiedenen Teils). Auch bei der Beurteilung solcher Folgerungen muß das Berufungsgericht aber von der Rechtsauffassung des Tatsachengerichts ausgehen u kann **bei Entscheidungen, die im Ermessen** des Tatsachengerichts standen, nur prüfen, ob die Grenzen des Ermessens eingehalten wurden (51, 280). **Nicht bindend** ist ein **Zwischenurteil,** soweit sein Inhalt unzulässig ist (60, 123: nicht bindend, soweit einzelne Klagegründe ausgeschieden wurden); **anders** dagegen ein **Grundurteil,** das bestimmte Klagegründe ausschließt (60, 126; BGH LM Nr 12 zu § 304 ZPO; dazu Bötticher JZ 1960, 240, 256). 4

Zur **Nachprüfung der Sachurteilsvoraussetzungen der Vorinstanz,** einschließlich der örtlichen u der sachlichen Zuständigkeit der Vorinstanz im BerufungsVf, s 3 zu § 129; ferner 32 vor § 124. Sonstige **Verfahrensmängel,** wie die Verletzung des rechtlichen Gehörs, werden durch Nachholung der Verfahrenshandlungen **grds geheilt,** sofern sie nicht ohnehin durch Unterlassen einer rechtzeitigen Rüge (§ 295 ZPO) unbeachtlich geworden sind. S aber zur Befugnis des Gerichts zur Zurückverweisung der Sache § 130. Zur **„Gegenrüge"** s 3 vor § 124; 8 zu § 144. 5

§ 128a [Neue Erklärungen und Beweismittel]

(1) **Neue Erklärungen und Beweismittel,[2] die im ersten Rechtszug entgegen einer hierfür gesetzten Frist (§ 87b Abs. 1 und 2) nicht vorgebracht worden sind, sind nur zuzulassen,[4] wenn nach der freien Überzeugung des Gerichts ihre Zulassung die Erledigung des Rechtsstreits nicht verzögern würde[2] oder wenn der Beteiligte die Verspätung genügend entschuldigt.[3] Der Entschuldigungsgrund ist auf Verlangen des**

---

[6] Vgl 39, 323; 60, 123; BGH NJW 1964, 658 zur entsprechenden Bindung des Revisionsgerichts nach § 173, § 548 ZPO; Sch-Meyer-Ladewig/Rudisile 6; zT **aA,** wenn die Vorentscheidung unter Verletzung des rechtlichen Gehörs ergangen war, BGH LM § 249 Bb BGB Nr 2.

[7] 39, 323; 51, 279; BayVBl 1980, 444; BGH LM § 548 ZPO Nr 2 u 6; RGZ 160, 160.

Gerichts glaubhaft zu machen.[3] **Satz 1 gilt nicht, wenn der Beteiligte im ersten Rechtszug über die Folgen einer Fristversäumung nicht nach § 87b Abs. 3 Nr. 3 belehrt worden ist**[3] **oder wenn es mit geringem Aufwand möglich ist, den Sachverhalt auch ohne Mitwirkung des Beteiligten zu ermitteln.**[3]

(2) **Erklärungen und Beweismittel, die das Verwaltungsgericht zu Recht zurückgewiesen hat, bleiben auch im Berufungsverfahren ausgeschlossen.**[1]

Vgl § 528 aF ZPO

Schrifttum: *Michalski,* „Beweisvereitelung" durch beweisbelastete Partei und Nachholbarkeit in der Berufungsinstanz, NJW 1991, 2069; *Schmidt,* Verspätete Beweisantritte in der Berufungsinstanz, NJW 1992, 2005; *Würfel,* Verspätete Beweisantritte in der Berufungsinstanz, NJW 1992, 543. – S auch zu § 87b.

1 **1. Allgemeines:** Die durch das 4. VwGOÄndG zusammen mit § 87b neu in die VwGO eingefügte Vorschrift regelt die **Zulassung** bzw die Zulässigkeit **neuer Erklärungen u Beweismittel,** die im ersten Rechtszug trotz Aufforderung u Fristsetzung gem § 87b Abs 1 oder 2 nicht vorgebracht worden sind, im BerufungsVf. Sie **ergänzt** insoweit die Regelung des **§ 87b** über die Zurückweisung verspäteten Vorbringens im ersten Rechtszug. Inhaltlich lehnt § 128a sich an § 528 ZPO aF u Art 3 § 3 EntlG an. Wie § 87b soll auch § 128a der **Straffung u Beschleunigung des Vf** dienen (BT-Dr 11/7030, 31). § 128a gilt auch **für BeschwerdeVf** gem §§ 146ff (s 4 zu § 150) sowie gem § 141 entspr auch für das **RevisionsVf** (vgl auch BT-Dr 11/7030, 31).

2 **2. Zulassung neuer Erklärungen u Beweismittel (Abs 1 S 1 u 2):** Nach § 128 S 2 ist in der Berufungsinstanz das Vorbringen neuer Tatsachen u Beweismittel grds zulässig. § 128a macht davon jedoch unter bestimmten Voraussetzungen eine Ausnahme. Betroffen davon ist nur **gänzlich** oder doch in wesentlichen Punkten **neues Vorbringen** bzw entsprechende neue Beweismittel, **nicht auch eine bloße Konkretisierung** des schon in der unteren Instanz Vorgetragenen (vgl BGH NJW-RR 1991, 1214). Die Regelung **entspricht § 528 Abs 1 ZPO aF;** insoweit kann daher auch auf die frühere Rspr u das bisherige Schrifttum zu § 528 Abs 1 ZPO aF zurückgegriffen werden, außerdem auch auf die Erläuterung zu der entsprechenden Regelung in § 87b Abs 3. **Erklärungen** iSd Vorschrift sind nur solche zum Sachverhalt, **nicht** auch Erklärungen, Anträge usw **zum Vf** (NKVwGO-Blanke 2; RÖ-M. Redeker 2). Ob eine Zulassung die **Erledigung des Rechtsstreits** nicht verzögern würde, beurteilt das Gericht nach freier Überzeugung (BVerfG NJW 1992, 2557). Um eine **Verzögerung der Erledigung** iSv Abs 1 S 1 kann es sich jedenfalls nur dann handeln, wenn der Rechtsstreit sonst schon entscheidungsreif wäre (BGH NJW-RR 1991, 1214; NKVwGO-Blanke 5; vgl auch 11 zu § 87b). Die Verzögerung des Rechtsstreits u das schuldhafte Unterlassen des Vorbringens im ersten Rechtszug sind **kumulative Voraussetzungen** für die Ablehnung der Zulassung (BVerfG NJW 1992, 2557; BGH NJW 1989, 718; ThP 23. Aufl 20ff zu § 528 ZPO aF).

3 Abs 1 S 3 **trägt** den **Besonderheiten** des verwaltungsgerichtlichen **Vf,** insb dem in erster Instanz fehlenden Vertretungszwang, **Rechnung** (BT-Dr 11/7030, 31). Einen Beteiligten sollen (insoweit – anders iü – unabhängig von etwaigem Verschulden; vgl zur vergleichbaren Rechtslage bei § 58 Abs 2 1 zu § 58) die Folgen einer Versäumung nicht treffen, **wenn** er **nicht belehrt** worden ist (vgl 8 zu § 87b). Wie nach § 87b Abs 3 S 3 darf das Gericht außerdem verspätetes Vorbringen nicht zurückweisen, **wenn es den Sachverhalt mit geringem Aufwand** auch ohne Mitwirkung der Beteiligten **ermitteln** kann. Vgl insoweit 11 zu § 87b. Zum **Entschuldigungsgrund** vgl 12 zu § 87b. Mit **Verspätung**

ist wie in § 528 Abs 2 ZPO aF u wie sich auch aus Abs 1 S 3, HS 1 ergibt, die Unterlassung in der 1. Instanz gemeint.[1]

4 Die Zulassung erfordert **keinen besonderen Beschluß** (RÖ-M. Redeker 7 unter Hinw auf BGH 72, 306). Sie kann auch **stillschweigend** durch Erlaß eines Beweisbeschlusses oder durch Berücksichtigung des Vortrags im Urteil erfolgen (RÖ-M. Redeker 7; Sch-Meyer-Ladewig/Rudisile 11). Entsprechendes gilt für die **Ablehnung der Zulassung,** doch ist es zumindest nobile officium u dient zugleich auch der Verfahrensökonomie, wenn das Gericht den betroffenen Beteiligten nicht bis zum Ergehen des Urteils im Ungewissen läßt. Die **Ablehnung muß** jedenfalls aber im Urteil im Rahmen der Urteilsgründe näher **begründet** werden, damit das Revisionsgericht prüfen kann, ob die gesetzlichen Voraussetzungen gegeben waren (vgl BFH NVwZ-RR 1992, 390; Sch-Meyer-Ladewig/Rudisile 11).

5 **Rechtsbehelfe: Gegen die Ablehnung** gibt es unmittelbar **keine Rechtsbehelfe** (§ 146 Abs 2). Sie unterliegt aber der Nachprüfung des Rechtsmittelgerichts im Rahmen der Hauptsacheentscheidung, soweit sich der Mangel darauf ausgewirkt haben kann (vgl BGH NJW 1985, 1558; 1991, 1897). Vgl dazu u zur nunmehr nicht mehr in Betracht kommenden Möglichkeit von **Gegenvorstellungen** allg auch 10 zu § 87; 14 zu § 87b; 9ff vor § 124.

6 **3. Ausschluß bereits vom VG zurückgewiesener Erklärungen u Beweismittel (Abs 2):** Abs 2 entspricht § 531 Abs 1 ZPO. Die Präklusion nach § 87b wäre wenig sinnvoll u könnte ihren Zweck nicht erfüllen, wenn der Beteiligte sein als verspätet zurückgewiesenes Vorbringen in der nächsten Instanz ohne weiteres nachholen könnte. Der Ausschluß gilt **nur** für vom VG **zu Recht zurückgewiesene** (vgl dazu 13 zu § 87b) Erklärungen u Beweismittel. Läßt das OVG unter Verstoß gegen § 128a Abs 2 Erklärungen u Beweismittel zu, die das VG zu Recht zurückgewiesen hat, so kann dieser Verfahrensfehler nicht mit der Revision angegriffen werden (vgl BGH NJW 1991, 1896; NKVwGO-Blanke 6, 9; Sch-Meyer-Ladewig/Rudisile 15). Für das **RevisionsVf** gilt § 128a Abs 2 über die Verweisung in § 141 entsprechend, dh was in 1. oder 2. Instanz zu Recht zurückgewiesen wurde, kann auch vor dem BVerwG nicht mehr vorgebracht werden.

§ 129 [Bindung an die Anträge]

Das Urteil des Verwaltungsgerichts darf nur soweit geändert werden, als eine Änderung beantragt ist.[1 ff]

Vgl § 528 S 2 ZPO

Schrifttum: S zu § 124 u zu § 88.

1 **1.** § 129 wiederholt die Regelung des § 88 für das BerufungsVf. Sie beinhaltet insb auch das **Verbot einer Verböserung** (reformatio in peius), schließt aber auch eine für den Rechtsmittelführer im Vergleich zum angefochtenen Urteil über seine Anträge hinausgehende günstigere Entscheidung aus.[1*] Die Änderungsbefugnis des Gerichts zugunsten des in der Vorinstanz erfolgreichen Beteiligten wird jedoch ggf durch eine Anschlußberufung erweitert (s 1 zu § 127).

Zur **Fortwirkung** der in der Vorinstanz gestellten **Haupt- bzw Hilfsanträge** in der Berufungsinstanz s auch 2 zu § 128; ferner 56 vor § 124. Hat das vo-

---

[1] Vgl BVerfG NJW 1992, 2557; weitergehend Ma RsprD-Ls 321/1995: auch eine Überschreitung der vom Bundesamt gesetzten Frist nach § 74 Abs 2 AsylVfG.

[1*] 21, 289; 22, 46; NVwZ-RR 1991, 445; BGH NJW 1996, 195; Hbg MDR 1976, 245; Ule/Bahls MDR 1973, 889; NK-VwGO-Blanke 5; Sch-Meyer-Ladewig/Rudisile 5f; **aA** Ks DVBl 1963, 410; Bettermann DVBl 1961, 737.

rinstanzliche Gericht eine Klage nur aufgrund der vom Bekl erklärten **Hilfsaufrechnung** abgewiesen u legt nur der Kl ein RMittel ein, so ist dem Rechtsmittelgericht die erneute Überprüfung der Klageforderung verwehrt (BGH NJW 1990, 447; vgl auch BGH WM 1972, 53, 54). Zum Verbot der Schlechterstellung des Rechtsmittelführers nach Aufhebung u Zurückverweisung der Sache vgl BGH NJW-RR 1989, 1404.

Da nach Zulassung der Berufung das AntragsVf als BerufungsVf fortgesetzt wird (§ 124 a Abs 5 S 5, dazu 65 zu § 124 a), ergibt sich das **Berufungsbegehren,** sofern nicht in dem BerufungsVf ausdr ein Berufungsantrag gestellt wird, **aus** dem **Antrag auf Zulassung der Berufung;** Erklärungen des Berufungskl im AntragsVf zum Umfang seines mit der Berufung verfolgten Zieles sind mangels ausdr Berufungsanträge im BerufungsVf nach § 129 zugrunde zu legen (NJW 1997, 1250; DVBl 1997, 907).

2 Die Bindung an Anträge bezieht sich – zT anders als bei der Revision (vgl § 137) – **nur auf die Auswirkung dieser Anträge auf den Tenor des angegriffenen Urteils,** nicht auf die vorgetragenen Rügen u den Vortrag der Beteiligten. Das OVG kann das Urteil **auch** durch ein Urteil **mit abweichender Begründung** bestätigen oder ein Prozeßurteil durch ein Sachurteil ersetzen;[2] **anders wenn** damit zugleich **weiterreichende Rechtsfolgen** verbunden sind (vgl 44 vor § 124), zB bei Abweisung einer Klage, die die Vorinstanz als zur Zeit unbegründet abgewiesen hat, als endgültig unbegründet (vgl RGZ 54, 10; **aA** BGH NJW 1988, 1982 mwN = JuS 1990, 64 m Anm Karsten Schmidt).

3 **2. Keine Bindung** besteht bei **Fehlen zwingender Prozeßvoraussetzungen** (zB der Partei- oder Prozeßfähigkeit, fehlendes RSB) oder bei sonstigen schweren Verstößen gegen zwingende, vAw zu beachtende Vorschriften;[3] das Gericht darf in diesen Fällen das Urteil **auch zum Nachteil des Berufungskl** ändern,[4] insb auch eine in der Vorinstanz teilweise erfolgreiche Klage ganz abweisen (**aA** Ey-Happ 4). **Dasselbe** gilt auch **bei sonstigen nicht heilbaren Verfahrensfehlern** u **bei teilweiser Klagestattgabe** in der Vorinstanz **trotz sachlicher Unteilbarkeit des Klageanspr;** zB wenn die Vorinstanz über den Hilfsantrag entschieden hat, ohne daß sie vorher über den Hauptantrag entschieden u diesen abgewiesen hat (Ma DVBl 1989, 885); denn die Beteiligten können im Verwaltungsprozeß über **zwingende,** im öffentlichen Interesse gebotene **Sachentscheidungsvoraussetzungen** nicht verfügen (Jessen NJW 1978, 1616). Das Berufungsgericht überprüft aber weder die Statthaftigkeit des VRW (§ 173 iVm § 17 a GVG) noch die sachliche u örtliche Zuständigkeit des VG (§ 83 iVm § 17 a GVG), s 32 vor § 124, ferner zu § 41 u § 83.

4 Dies gilt jedoch nicht auch **bei einer Teilanfechtung** auch bzgl des nicht angegriffenen Teils des Urteils der Vorinstanz, **es sei denn,** daß der angegriffene Teil mit dem Rest in einem untrennbaren inneren Zusammenhang steht, so daß schon die Teilanfechtung in Wahrheit **als Anfechtung des ganzen Urteils zu verstehen** war.[5] S zur **‚Heraufholung'** von in der unteren Instanz noch anhängigen Teilen einer Streitsache 7 zu § 110; 1 zu § 128.

5 **3.** Das **Verbot** einer Abweichung von den Anträgen **gilt nicht** für die **Kostenentscheidung** (§ 308 Abs 2 ZPO; vgl 14, 171) u die Festsetzung des **StrW** (6 zu § 189). Vgl auch 8 zu § 88.

---

[2] NVwZ-RR 1991, 445; OLG Düsseldorf NJW 1976, 114; RÖ-M. Redeker 2; **aA** Ks NJW 1980, 358 mwN; s allg zum Streitstand BL 12 zu § 528.

[3] NVwZ-RR 1991, 445; Ms 28, 55; LSG Stuttgart NVwZ 1983, 706; Ey-Happ 4; Sch-Meyer-Ladewig/Rudisile 6; Jessen NJW 1978, 1616; **aA** Ks NJW 1980, 358; StJ 7 zu § 536 ZPO aF; zweifelnd BGH NJW 1970, 1683; RS § 138, 11.

[5] Ks NJW 1980, 358; Jessen NJW 1978, 1616; Sch-Meyer-Ladewig/Rudisile 6; **aA** Ms 28, 53; OLG Düsseldorf NJW 1976, 114.

§ 130 [Zurückverweisung]

(1) **Das Oberverwaltungsgericht hat die notwendigen Beweise zu erheben und in der Sache selbst zu entscheiden.**

(2) **Das Oberverwaltungsgericht darf die Sache, soweit ihre weitere Verhandlung erforderlich ist, unter Aufhebung des Urteils und des Verfahrens an das Verwaltungsgericht nur zurückverweisen,**

1. soweit das Verfahren vor dem Verwaltungsgericht an einem wesentlichen Mangel leidet und aufgrund dieses Mangels eine umfangreiche oder aufwändige Beweisaufnahme notwendig ist oder

2. wenn das Verwaltungsgericht noch nicht in der Sache selbst entschieden hat

und ein Beteiligter die Zurückweisung beantragt.

(3) **Das Verwaltungsgericht ist an die rechtliche Beurteilung der Berufungsentscheidung gebunden.**

Vgl § 538 ZPO; § 159 SGG

1 **1. Allgemeines u Neuregelung:** Das **OVG** hat **grds** eine **abschließende Entscheidung** zu treffen. Zur Entscheidung bei Unzulässigkeit der Berufung s 2 ff zu § 125. Ist die Berufung zulässig, so muß eine Sachentscheidung durch Urteil, uU auch durch Beschluß nach § 130 a ergehen, soweit nicht die Sonderregelung des § 130 Platz greift. § 130 stellt es **nur** unter den dort **näher umschriebenen Voraussetzungen** (s unten 8 ff) dem OVG frei, nach **Ermessen** (s unten 6) von einer eigenen abschließenden Sachentscheidung abzusehen u die Sache unter Aufhebung des angegriffenen Urteils an das VG **zurückzuverweisen.** Die **Voraussetzungen** für eine Zurückverweisung sind durch die im Rahmen des RmBereinVpG erfolgte **Novellierung des § 130 noch erheblich verschärft** worden, indem die materiellen Voraussetzungen für eine Zurückverweisung erhöht wurden u die Zurückverweisung verfahrensrechtlich – abweichend von der bisherigen Regelung – den **Antrag eines Beteiligten** voraussetzt. Bezweckt wird hierdurch eine Beschleunigung des gerichtlichen Vf (BT-Dr 14/6393, 12).

2 Die Regelung ist **verfassungsrechtlich unbedenklich,** auch soweit die Beteiligten dadurch eine Tatsacheninstanz verlieren, da ein Recht auf zwei Tatsacheninstanzen nicht besteht (BGH NJW 1975, 1785; KG NJW 1982, 2327; s allg auch 12 zu § 1). Eine (nicht nur irrtümliche) **Verletzung der Verpflichtung** zu **sachgemäßer Abwägung** der für oder gegen eine Zurückverweisung sprechenden Gründe (s unten 6) stellt jedoch eine **Verletzung des Rechts auf den gesetzlichen Richter** gem Art 101 Abs 1 S 2 GG dar (vgl BVerfG 3, 256, 263; 31, 165; 54, 115); Entsprechendes gilt für eine nach § 130 nicht zulässige Zurückverweisung.

3 § 130 ist **sinngemäß** auch **im BeschwerdeVf anwendbar, auch** in Vf gem § 146 iVm **§ 80 bzw § 123.**[1] Das gilt jedenfalls dann, wenn sich die Zurückverweisung nicht nachteilig auf die Effektivität des Rechtsschutzes auswirkt (Ks NVwZ 1999, 891).

4 § 130 Abs 2 u 3 findet **gem § 79 Abs 2 AsylVfG keine Anwendung in AsylstreitVf,** dh eine Zurückverweisung der Sache vom OVG an das VG findet in keinem Falle statt (NKVwGO-Blanke 3; Seibert NVwZ 2002, 268).

---

[1] Bln NVwZ 2002, 1267; Gr DÖV 1999, 525; Mgd NVwZ 2002, 1395; Ma NVwZ-RR 2003, 532; Ms NVwZ-RR 1999, 540; We DVBl 1999, 480; Ey-Happ 4; NKVwGO-Blanke 3; Sch-Meyer-Ladewig/Rudisile 2: im einstweiligen RechtsschutzVf sollte allerdings nur sparsam von der Zurückverweisungsmöglichkeit Gebrauch gemacht werden (vgl auch Ma VBlBW 1995, 313); s auch 43 zu § 146 u 2 zu § 150; **aA** Hamann DVBl 1984, 1204; RÖ-M. Redeker 6 b.

5 **Die Aufzählung der Zurückverweisungsgründe** in Abs 2 ist abschließend (s unten 8 ff); eine erweiternde Auslegung oder analoge Anwendung ist nicht möglich. **Bei einem Zwischenurteil,** das die Zulässigkeit der Klage zu Unrecht bejaht hat, kommt eine Zurückverweisung nicht in Betracht, da die Hauptsache ja in der ersten Instanz abhängig geblieben ist (36, 229).

6 **2. Die Entscheidung, ob** das OVG von der Möglichkeit der **Zurückverweisung** Gebrauch macht oder selbst abschließend in der Sache entscheidet, liegt in seinem **Ermessen,** das auch in der Revisionsinstanz nur im Hinblick auf einen Ermessensfehlgebrauch nachgeprüft werden kann.[2] Bei der Entscheidung sind sowohl Gesichtspunkte der **Prozeßökonomie** u der Verfahrensbeschleunigung als auch des **Rechtsschutzes** (der nach Ma VBlBW 1995, 313 idR einer Zurückverweisung im Rahmen der Beschwerde gegen eine eA entgegenstehen soll) u der den Beteiligten ggf entstehenden Kosten, aber auch zB der Wahrung des Instanzenzuges, zu berücksichtigen.[3] Da das Berufungsgericht den Streitfall grds im gleichen Umfang nachzuprüfen hat wie das VG (§ 128) u im Unterschied zum Revisionsgericht auch die erforderlichen Tatsachen selbst feststellen kann, wird die Zurückverweisung durch das OVG nicht in demselben Umfang zugelassen wie eine Zurückverweisung durch das BVerwG im Rahmen des RevisonsVf. Während eine Zurückverweisung früher vAw erfolgte, setzt sie jetzt nach § 130 Abs 2 eine **Beantragung durch einen Beteiligten** voraus. Bei teilbarem Streitggst ist auch eine **Teilzurückverweisung** zulässig. Zur Zurückverweisung bei Grundurteilen s auch Schneider MDR 1977, 709.

7 **Die Zurückverweisung** erfolgt **an** das **VG,** das in 1. Instanz entschieden hat (RÖ-M. Redeker 2; Sch-Meyer-Ladewig/Rudisile 12), denn auch bei der Entscheidung nach § 130 ist das OVG gem § 83 iVm § 17 a Abs 5 GVG an der Prüfung der sachlichen u örtlichen Zuständigkeit gehindert. Bei zwischenzeitlichen Änderungen der Zuständigkeitsordnung (§ 3 Abs 1 Nr 3, 4; vgl Ms MDR 1962, 766) wird an das nunmehr zuständige VG zurückverwiesen. Die Zurückverweisung ist, wenn das OVG eine bestimmte Kammer benennt, was möglich ist (**aA** NKVwGO-Blanke 6; Sch-Meyer-Ladewig/Rudisile 12), für die **Kammer,** an die zurückverwiesen wird, **bindend** u **begründet deren Zuständigkeit,** auch wenn sie sonst nach der Geschäftsverteilung nicht zuständig wäre (BGH NJW 1986, 2885).

8 **3. Die einzelnen Zurückverweisungsgründe:** Nach Abs 2 setzt eine Zurückverweisung den **Antrag eines Beteiligten** voraus, für den **Vertretungszwang** besteht (§ 67 Abs 1 S 1). Zusätzlich müssen die materiellen Voraussetzungen des (gegenüber § 130 Abs 1 Nr 2 aF verschärften) § 130 Abs 2 Nr 1 oder des § 130 Abs 2 Nr 2 vorliegen. Abweichend von § 130 Abs 1 Nr 3 aF genügt das **Bekanntwerden neuer Tatsachen oder Beweismittel,** die für die Entscheidung wesentlich sind, allein noch **nicht für eine Zurückverweisung** (s unten 10).

9 **a) Wesentliche Verfahrensmängel u Notwendigkeit einer umfangreichen oder aufwendigen Beweisaufnahme (Nr 1).** Als wesentliche Mängel iSd Vorschrift sind außer den in § 138 aufgezählten Verfahrensmängeln alle Mängel des erstinstanzlichen GerichtsVf anzusehen, bei denen nicht auszuschließen

[2] 7, 100; 15, 18; NVwZ-RR 1994, 118; BGH NJW 1984, 311 – zu § 539 ZPO aF; Ma NJW 1993, 2318: Zurückverweisung ermessensfehlerhaft, wenn noch offene Fragen durch Vernehmung von in der mV anwesenden Zeugen unschwer geklärt werden hätten können; Lü NVwZ-RR 1995, 252; Ks NVwZ-RR 1996, 181; NKVwGO-Blanke 5; Schneider MDR 1978, 528. Zum Ermessen auch nach der Neuregelung Kienemund NJW 2002, 1234.

[3] Ks NVwZ-RR 1996, 181; 1996, 618; Ms NVwZ-RR 1995, 479: keine Entscheidung durch das Beschwerdegericht, sondern Zurückverweisung, wenn das erstinstanzliche Gericht eine unanfechtbare Entscheidung zu treffen hat, etwa nach § 158 Abs 2.

ist, daß ohne sie das Urteil anders ausgefallen wäre (Ks NJW 1984, 823; Ms NWVBl 1996, 115; NVwZ-RR 1997, 760; RÖ-M. Redeker 5), insb zB die **fehlerhafte Besetzung des Gerichts** (Ks NJW 1981, 599; vgl hierzu Ma 44, 82), aber auch zB eine Verletzung des Grundsatzes der **Amtsermittlung** gem § 86 Abs 1 (Ms NVwZ-RR 1997, 760) oder des Grundsatzes der **Unmittelbarkeit der Beweiserhebung** gem § 96 Abs 1 S 1;[4] die **unterbliebene Vernehmung eines Zeugen** (vgl OLG Düsseldorf MDR 1982, 502); die unzulässige **Entscheidung** durch Beschluß statt durch Urteil (Ma NVwZ 1984, 185); die verfahrensfehlerhafte (12 zu § 84) Entscheidung durch Gerichtsbescheid (Lü NVwZ-RR 1996, 719); der Erlaß eines **Bescheidungsurteils** statt eines der Sache nach beantragten u möglichen **Verpflichtungsurteils** (Mü BayVBl 1984, 370; zweifelhaft); eine Entscheidung in der Sache nach übereinstimmender Erledigungserklärung (Ms NVwZ-RR 1995, 479). S zum Erfordernis der **Kausalität des Mangels** auch 23 zu § 132. Maßgebend für die Beurteilung der Erheblichkeit ist die **Sicht des VG,** dessen Urteil angegriffen wird, nicht die Bedeutung des Fehlers im Hinblick auf die Beurteilung der Sach- u Rechtslage durch das Berufungsgericht;[5] **gleichwohl – analog § 144 Abs 4** – grds (anders wohl in den Fällen entspr § 138; vgl Ms NVwZ 1982, 378) keine Zurückverweisung, wenn angesichts einer anderen Beurteilung durch das Berufungsgericht der Verfahrensverstoß **unerheblich** ist.[6] Vgl zum Begriff des Verfahrensmangels auch 21 f zu § 132.

Abweichend von der bisherigen Regelung genügt (über das Antragserfordernis hinausgehend) das Vorliegen eines wesentlichen Verfahrensmangels allein noch nicht für die Zurückverweisung. Vielmehr muß zusätzlich aufgrund dieses Mangels eine umfangreiche oder aufwendige Beweisaufnahme notwendig sein (§ 130 Abs 2 Nr 1). Eine umfangreiche Beweiserhebung liegt zB vor, wenn wg des Verfahrensfehlers zur Sachverhaltsaufklärung noch eine Vielzahl von Zeugen oder Sachverständigen vernommen werden muß. Von einer aufwendigen Beweisaufnahme ist etwa dann auszugehen, falls diese an einem weit vom OVG entfernten Ort vorzunehmen ist. Eine „einfache" Vernehmung genügt hingegen grds nicht (BT-Dr 14/6393, 14). 10

b) Fehlende Entscheidung zur Sache (Nr 2). Die Zurückverweisung ist nach Nr 2 zulässig, wenn das VG nur durch Prozeßurteil entschieden hat. **Voraussetzung** der Zurückverweisung ist jedoch auch in diesem Fall, daß das OVG das Vorliegen aller Sachentscheidungsvoraussetzungen, auch solcher, die das VG noch nicht geprüft hat (Ey-Happ 12), bejaht. Nr 2 ist **auch anwendbar,** wenn das Gericht deshalb nicht über den eigentlichen Gegenstand des Streits entschieden hat, weil es in **einer rechtlichen Vorfrage** die „Weichen falsch gestellt" hat,[7] zB zu Unrecht das Eingreifen einer materiellrechtlichen Ausschlußfrist (vgl LG Frankfurt NJW 1987, 784) oder die Unwirksamkeit einer Satzung angenommen hat (DÖV 1982, 167). Nr 2 ist dagegen nicht in Fällen anwendbar, in denen es aus anderen Gründen nicht zu einer Entscheidung der Sachfragen kam, zB weil das VG allein wg **Mängeln des VerwaltungsVf** einen VA aufhob (**aA** Ms NVwZ-RR 1999, 541; Sch-Meyer-Ladewig/Rudisile 8), oder sich sonst aus rechtlichen Erwägungen, die das OVG nicht teilt, nicht näher mit der 11

---

[4] Ks NJW 1984, 823 mwN; vgl auch OLG Frankfurt VersR 1984, 168: erheblicher Verfahrensverstoß, wenn ein Gericht entscheidet, ohne alle von einer Partei in zulässiger Weise angebotenen u für die Schentscheidung erheblichen Beweise erschöpft zu haben.

[5] BGH 50, 27; NJW 1983, 899; 1993, 539; vgl zur Revision auch BVerwG 29, 261; str.

[6] BGH 31, 364; NJW-RR 1990, 480; NJW 1993, 538; Hbg NVwZ-RR 2004, 620; Ey-Happ 9; RÖ-M. Redeker 5.

[7] 38, 146; DVBl 1982, 546; Ms BRS 62 Nr 108; NKVwGO-Blanke 11; Sch-Meyer-Ladewig/Rudisile 8; vgl auch LG Frankfurt NJW-RR 1987, 745; LG Hannover NJW-RR 1987, 749.

Sache befaßt hat; ebenso nicht, wenn das VG sich im Rahmen eines Vf gem § 123 VwGO nicht mit dem Vorliegen eines Anordnungsanspr befaßte, weil es bereits den Anordnungsgrund verneinte (**aA** Gr DÖV 1999, 525). Auch eine analoge Anwendung (für sie Ms NVwZ-RR 1999, 541) auf Fälle der letztgenannten Art ist angesichts des klaren Wortlauts u der Tendenz des Gesetzes, Zurückverweisungen nur in Ausnahmefällen zuzulassen, **nicht möglich.**[8] S auch oben 4.

12 **4. Wirkung u Folgen der Zurückverweisung:** Das zurückverweisende Urteil ist im Hinblick auf die Zulässigkeit einer Revision ein **Endurteil.** Nur die Kostenentscheidung bleibt der Entscheidung des VG vorbehalten, das die abschließende Sachentscheidung zu treffen hat (vgl OLG Köln NJW-RR 1987, 1152).

Durch die Zurückverweisung wird die **erste Instanz erneut eröffnet,** sobald das Urteil, das die Zurückverweisung ausspricht, rechtskräftig (§ 121) ist (54, 120). Das Vf wird dort dann mit der in § 130 Abs 3 vorgeschriebenen Bindungswirkung fortgesetzt (54, 120). Die Beteiligten können **neue Anträge** stellen, u das VG muß alle tatsächlichen Feststellungen treffen, die für eine abschließende Entscheidung erforderlich sind (15, 57). Es ist dabei aber (1.) an die **eigene frühere Entscheidung gebunden,** soweit diese von der Aufhebung nicht berührt wird (§ 173 iVm § 318 ZPO; s dazu auch im folgenden; ferner 4 zu § 128), sowie (2.) auch an die **rechtliche Beurteilung des Falles** durch **das Berufungsgericht,** auf der die Aufhebung des Urteils beruht, dh die für die Aufhebung kausal war (42, 247; 54, 118), einschließlich der Gründe, die den unmittelbaren Aufhebungsgründen in dem Sinn vorausgehen, daß sie notwendige Voraussetzung für diese sind, wie die Bejahung der Zulässigkeitsvoraussetzungen, wenn die Aufhebung aus materiellrechtlichen Gründen erfolgte (vgl 42, 247), oder die **Gültigkeit,** insb **Verfassungsmäßigkeit,** der für die Entscheidung maßgeblichen Rechtsvorschriften bzw die Gebotenheit einer bestimmten verfassungskonformen Auslegung; **nicht dagegen** auch **an zusätzliche Ausführungen** im Urteil des OVG (hM, vgl zur Rechtslage bei der Revision 12 zu § 144; **aA** BFH NJW 1979, 216: Bindung auch an sonstige Ausführungen) u an die **technischen Regeln** u Erfahrungssätze, die das Rechtsmittelgericht seiner Beurteilung zugrundegelegt hat (BGH NJW 1982, 1049). Erhalten bleiben insb auch die von der Aufhebung nicht erfaßten **Entscheidungen über Hilfsanträge, Widerklagen** usw (Jessen NJW 1978, 1616 mwN; M 5, 6 zu § 528 ZPO; MK 25 ff zu § 536 ZPO aF). **Keine Bindung** besteht dagegen an frühere Entscheidungen, soweit sie von der Aufhebung erfaßt werden, außerdem wohl auch an Vorentscheidungen, an die auch das Berufungsgericht nicht gebunden wäre (vgl 3 zu § 129).

13 **Soweit das frühere Urteil** von der Aufhebung **nicht berührt** wurde u sich auch nicht infolge zulässiger neuer Anträge oder vAw zu treffender neuer tatsächlicher Feststellungen (s oben 12; ferner unten 15) für das Gericht eine veränderte prozessuale Situation ergibt, darf das Gericht in dem aufgrund der Zurückverweisung erneut bei ihm anhängigen Vf **keine für den Rechtsmittelführer ungünstigere Entscheidung** treffen als in seiner ursprünglichen Entscheidung; insoweit gilt das Verbot der Verböserung (reformatio in peius) gem § 129 auch hier, da das neu vor der unteren Instanz eröffnete Vf in gewissem Sinn nur das BerufungsVf fortsetzt. Der Umstand, daß das OVG nicht selbst abschließend in der Sache entschieden hat (wobei es zweifellos an § 128 gebunden gewesen wäre), sondern die Sache zurückverwiesen hat, kann sich nicht zum Nachteil des Rechtsmittelführers auswirken, vielmehr gelten in diesem Fall auch für das Ge-

[8] Vgl BGH MDR 1968, 576: keine Zurückverweisung, wenn es wg Annahme der Verjährung des Anspr zu keiner Sachentscheidung gekommen war; **aA** Ks NVwZ 1986, 138 zu einem Fall, in dem das VG der Anfechtungsklage stattgegeben hatte, weil es fehlerhafte Zustellung des VA angenommen hatte u deshalb noch nicht zum eigentlichen Gegenstand des Streits vorgedrungen war; Ey-Happ 13.

richt, an das zurückverwiesen wurde, dieselben Beschränkungen (s im einzelnen 1 ff zu § 129) für seine Entscheidung wie für das OVG im BerufungsVf.[9]

War gegen das zurückverweisende Urteil **Revision eingelegt** worden u hat das Revisionsgericht das Urteil im Ergebnis, jedoch mit anderer Begründung bestätigt, so tritt für das VG die **Bindung an die tragenden Gründe der Revisionsentscheidung** an die Stelle der Bindung an die Gründe des Berufungsurteils. Entsprechendes gilt, wenn die Revisionsentscheidung das Urteil unter Aufrechterhaltung der Zurückverweisung teilweise abgeändert hat, im Hinblick auf die insoweit maßgeblichen Gründe. 14

Die **Bindung** an die rechtliche Beurteilung des Falles durch das Berufungsgericht (bzw im vorerwähnten Fall durch das Revisionsgericht) **entfällt, wenn die Rechts- oder Sachlage,** die für die Entscheidung maßgeblich ist (s 38 ff vor § 40), **sich zwischenzeitlich geändert hat** (vgl NJW 1986, 2899), wenn **neu hinzugekommener Prozeßstoff** (s 1 zu § 128) eine andere Beurteilung erfordert (54, 119; BSG NJW 1961, 1743) oder wenn die maßgebliche Rechtsfrage inzwischen **durch das BVerfG** (vgl zur Revision Ks NVwZ 1984, 736) oder das **Revisionsgericht** in einem vergleichbaren Fall **anders entschieden** wurde (6, 297; 9, 117; 15, 59; ferner GSOGB BVerwG 41, 368). Vgl auch 13 zu § 144; die für die Zurückverweisung durch das BVerwG geltenden Beschränkungen der Bindungswirkung gelten auch hier entsprechend. 15

5. Selbstbindung des Berufungsgerichts: Auch das **OVG selbst** – u ggf in einem nachfolgenden RevisionsVf auch das BVerwG, s 54, 119, 121 – ist als Folge des ungeschriebenen, letztlich im Gebot der Prozeßökonomie (vgl 54, 119; GSOGB BVerwG 41, 363; BGH NJW 1992, 2831) u im Rechtsstaatsprinzip begründeten **Grundsatzes der Selbstbindung des Rechtsmittelgerichts** grds – Ausnahmen s unten 17 – an die rechtliche Beurteilung des Falles in seinem früheren zurückverweisenden Urteil **gebunden,** wenn die Streitsache im Wege einer erneuten Berufung später erneut bei ihm anhängig wird.[10] 16

Diese Bindung unterliegt **denselben Voraussetzungen u Beschränkungen** wie die Bindung des Gerichts, an das zurückverwiesen worden war; sie wird insb auch in den oben zu 10 genannten Fällen durchbrochen. Außerdem **entfällt** die Bindung entspr den in GSOGB BVerwG 41, 367 f zu Revisionsentscheidungen dargelegten Gründen auch dann, **wenn** das OVG selbst zwischenzeitlich in anderen Fällen **neue Rechtsgrundsätze erarbeitet** hat (6, 298; GSOGB BVerwG 41, 363 = NJW 1973, 1273) oder im konkreten Fall bei seiner erneuten Entscheidung erarbeitet.[11] Vgl im einzelnen 15 f zu § 144. 17

§ 130a [Einstimmige Entscheidung durch Beschluß]

Das Oberverwaltungsgericht kann über die Berufung durch Beschluß entscheiden, wenn es sie einstimmig[6 f] für begründet oder einstimmig für unbegründet hält und eine mündliche Verhandlung nicht für erforderlich hält.[6] § 125 Abs. 2 Satz 3 bis 5 gilt entsprechend.[3, 6]

Vgl § 153 Abs 4 SGG

---

[9] So mit überzeugenden Gründen Jessen NJW 1978, 1616; vgl auch NKVwGO-Blanke 15; Sch-Meyer-Ladewig/Rudisile 14; BGH NJW 1961, 1813; RGZ 58, 256; OLG Köln NJW 1967, 114; JurBüro 1973, 107: reformatio in peius ggü der früheren Entscheidung zulässig, soweit das frühere Urteil nicht von der Aufhebung bzw den Aufhebungsgründen berührt wird; **aA** BFH BStBl II 1976, 110; OLG München NJW 1978, 945: reformatio in peius nach Zurückverweisung der Sache unbeschränkt zulässig.

[10] 6, 297; 54, 119; NJW 1966, 798; BGH 25, 203; NJW 1992, 2831; NKVwGO-Blanke 16; Sch-Meyer-Ladewig/Rudisile 17; **aA** Bettermann DVBl 1955, 22.

[11] Letzteres str; offen GSOGB BVerwG 41, 363; **aA** Sch-Meyer-Ladewig/Rudisile 18 sowie zur vergleichbaren Situation bei der Revision 54, 124.

Schrifttum: *Roth,* Der Anspruch auf öffentliche Verhandlung nach Art. 6 Abs. 1 EMRK im verwaltungsgerichtlichen Rechtsmittelverfahren, EuGRZ 1998, 495. – S ferner zu § 84.

1 **1. Allgemeines:** Die durch das 4. VwGOÄndG neu eingefügte Vorschrift übernahm § 5 EntlG mit einigen Änderungen als Dauerrecht in die VwGO. Die nach dem 4. VwGOÄndG auf die einstimmige **Zurückweisung** der Berufung beschränkte Vorschrift wurde durch das **6. VwGOÄndG** auf die einstimmige **Stattgabe** der Berufung erweitert. § 130 a ist auch anwendbar, wenn das OVG die Berufung einstimmig für **teilweise begründet** u iü für unbegründet hält (Ma NVwZ 1997, 691). Zugleich wurde die bisherige Beschränkung, wonach eine Beschlußentscheidung gem § 130 a nicht auch im Falle der Berufung gegen einen Gerichtsbescheid zulässig war, fallengelassen, so daß das OVG nunmehr **auch** dann nach § 130 a vorgehen kann, wenn sich die (zugelassene) Berufung **gegen einen Gerichtsbescheid** richtet (vgl § 84 Abs 2 Nr 1).

§ 130 a trifft zur Entlastung des OVG u zur Vereinfachung u Beschleunigung des BerufungsVf in dafür geeigneten Fällen (Ms DVBl 1993, 565) eine **ähnliche Regelung wie § 84** für Vf vor den VGen, wenn die zur Entscheidung berufenen Richter einstimmig die Berufung als begründet oder unbegründet ansehen u eine **mV nicht für erforderlich** halten. § 130 a **ergänzt § 125 Abs 2,** der dem Gericht bei fehlender Statthaftigkeit der Berufung oder einer nicht form- u fristgerecht eingelegten bzw nicht fristgerecht begründeten Berufung ebenfalls die Möglichkeit der Verwerfung durch Beschluß gibt. Eine Entscheidung nach § 130 a darf jedoch nur der Senat als Kollegialorgan treffen u nicht der im Einverständnis der Beteiligten nach § 87 a Abs 2 u 3 zur Entscheidung berufene Vorsitzende oder Berichterstatter (NVwZ 2000, 1040).

2 **Verfassungsrechtliche Bedenken** gegen § 130 a, insb dagegen, daß die Entscheidung ohne mV ergeht, bestehen nicht, auch nicht im Hinblick auf das **rechtliche Gehör gem Art 103 Abs 1 GG** oder auf **Art 19 Abs 4 GG** bzw die verfassungsrechtliche Gewährleistung effektiven gerichtlichen Rechtsschutzes.[1] Unabhängig davon, ob der Beschluß nach § 130 a als Berufungsentscheidung über ein erstinstanzliches Urteil oder einen erstinstanzlichen Gerichtsbescheid ergeht – die hM sieht in bezug auf letztere schon deshalb keine zusätzlichen Probleme, weil der Beschwerte nicht gezwungen ist, Zulassung der Berufung zu beantragen, sondern gem § 84 Abs 2 Nr 1 nach seiner Wahl auch mV beantragen u damit eine öffentliche Verhandlung seiner Sache in 1. Instanz erzwingen kann[2] – fragt sich, inwieweit eine **Berufungsentscheidung ohne mV** mit **Art 6 Abs 1 EMRK** vereinbar ist. Die hM ging bislang davon aus, daß das Berufungsgericht diesbezüglich keinen Einschränkungen unterliegt, weil Art 6 Abs 1 EMRK kein zusätzliches zweitinstanzliches Vf mit mV garantiere.[3] Deshalb bestünden unter dem Aspekt des Art 6 Abs 1 EMRK auch dann keine Bedenken, wenn das Urteil des VG **mit Einverständnis** der Beteiligten ohne mV ergangen sei (NVwZ 1999, 404). Ein anderes wurde nur dann angenommen, wenn das Berufungsgericht infolge einer Klageänderung erstmals mit neuen Rechts- oder Tatsachenfragen konfrontiert wird, über welche notwendig in einer

---

[1] Vgl NVwZ 1992, 890; BayVBl 1993, 27; zu § 5 EntlG, dessen wesentlichen Inhalt § 130 a übernommen hat – s oben 1 –, auch 57, 272; BayVBl 1982, 88; NJW 1979, 1315; allg auch Deibel DÖV 1980, 33 mwN.

[2] Vgl BT-Dr 13/3993, 14; NKVwGO-Seibert 39; Sch-Meyer-Ladewig/Rudisile 7, 14; krit hierzu Roth NVwZ 1997, 656; ders DÖV 1998, 920. Nach BVerwG 15. 12. 1999 – 5 B 38/99 darf wg Art 6 Abs 1 EMRK nicht ohne mV durch Beschluß nach § 130 a entschieden werden, wenn gegen einen Gerichtsbescheid nicht mV beantragt werden, sondern nur Berufung eingelegt werden konnte.

[3] Vgl BVerfG 11, 234; BVerwG 57, 272; Buchh 312 EntlG Nr 56; NVwZ 1992, 890; NWVBl 1995, 461; NVwZ 1999, 404; 1999, 1001; Ey-Geiger 3 zu § 84; Sch-Meyer-Ladewig/Rudisile 7; s aber 2 a zu § 84.

öffentlichen mV verhandelt werden muß, so daß der Weg des BeschlußVf nach § 130a versperrt ist (NVwZ 1999, 1001; Ey-Happ 12 a, 3). Diese Auffassung ist zweifelhaft, da nach der Rspr des **EGMR** das **Öffentlichkeitsgebot** des Art 6 Abs 1 EMRK **grds auch in RechtsmittelVf** gilt.[4] **Allerdings** ist nach einer erstinstanzlichen öffentlichen mV in der Rechtsmittelinstanz **nicht stets** gleichfalls eine **öffentliche mV geboten.** Vielmehr können die **Besonderheiten des jeweiligen RechtsmittelVf** nach Sinn u Zweck des Art 6 Abs 1 EMRK ein Absehen von einer öffentlichen mV in der Rechtsmittelinstanz rechtfertigen. Dies ist namentlich der Fall, wenn das Rechtsmittelgericht **ausschließlich über Rechtsfragen** zu befinden hat,[5] bei der Entscheidung von Tatsachenfragen hingegen nur dann, wenn die **Sachlage unstreitig** oder wenn eine der Sachlage u der Bedeutung des Falles **angemessene Beweiswürdigung allein aufgrund der Aktenlage möglich** ist.[6] Das BVerwG deutete bereits in einer Entscheidung vom 12. 3. 1999 (NVwZ 1999, 763 – diese Entscheidung ist jüngeren Datums als die später veröffentlichte Entscheidung NVwZ 1999, 1001) im Anschluß an Roth EuGRZ 1998, 501 ff an, daß es dieser differenzierenden Sichtweise zuneige u seine bisherige, die Notwendigkeit öffentlicher mV in der Rechtsmittelinstanz pauschal verneinende Rspr modifizieren wollte. Das OVG ist damit zu einer entspr konventionskonformen Handhabung des § 130a verpflichtet (NKVwGO-Seibert 8f; Roth EuGRZ 1998, 502). Eine solche verfassungskonforme Auslegung liegt auch auf der Linie der neueren Rspr (NVwZ 2002, 993), nach der eine Entscheidung nach § 130a zu Lasten des Kl unzulässig ist, wenn dessen Klage in erster Instanz durch Gerichtsbescheid stattgegeben wurde (s unten 4).

2. Im einzelnen entspricht § 130a weitgehend der Regelung über den Gerichtsbescheid gem § 84. Die Erläuterungen zu § 84 gelten insoweit entspr; dies gilt insb auch zB für das Erfordernis der Gewährung des **rechtlichen Gehörs** gem S 2 iVm § 125 Abs 3 S 2 **zur Frage der Entscheidung** im Vf ohne mV gem § 130a.[7] Ausländer sind prinzipiell gehalten, für einen schriftlichen Vortrag des Rechtsschutzbegehrens in deutscher Sprache Sorge zu tragen (Buchh 310 § 130a VwGO Nr 48). Das Gericht muß den Beteiligten seine Absicht, gem § 130a zu entscheiden, **mitteilen** (§ 130a S 2 iVm § 125 Abs 2 S 3; vgl DVBl 1983, 1015), um ihnen Gelegenheit zu geben (rechtliches Gehör), dazu Stellung zu nehmen (BayVBl 1993, 26; NVwZ-RR 1994, 362). Im einzelnen gilt insoweit dasselbe wie für die **Anhörungsmitteilung** gem § 84 Abs 1 S 2 (vgl 22ff zu § 84). S im einzelnen unten 5 u 5a. Aus der Anhörungsmitteilung muß hervorgehen, wie das Berufungsgericht zu entscheiden beabsichtigt (NVwZ 2000, 1040; B-Bader 21; Ey-Happ 7). Ist eine Anhörungsmitteilung **irreführend** u dadurch **objektiv geeignet,** den betroffenen Beteiligten in seiner **Rechtsverteidigung zu beeinträchtigen,** verstößt eine Entscheidung nach § 130a S 1 gegen das Gebot der Gewährung rechtlichen Gehörs (BayVBl 1999, 602). **Nicht erforderlich** ist insoweit jedoch, daß das Gericht den Beteiligten mit der Anhörungsmitteilung oder getrennt davon vorweg 3

[4] Vgl EGMR, Série A No 86, Ziff 32 = EuGRZ 1985, 407 – De Cubber; EGMR, Série A No 134, Ziff 24 – Ekbatani; EGMR, Série A No 268-B, Ziff 58 = EuGRZ 1995, 537 – Kremzow; Frowein/Penkert 68 zu Art 6 EMRK; Roth EuGRZ 1998, 497 f; Ey-Happ 3.

[5] Vgl EGMR, Série A No 72, Ziff 28 = EuGRZ 1985, 225 – Axen; EGMR, Série A No 74, Ziff 30 = EuGRZ 1985, 229 – Sutter; EGMR, Série A No 134, Ziff 32 – Ekbatani; EGMR, Série A No 212-C, Ziff 33 = EuGRZ 1991, 420 – Fejde; EGMR, Série A No 212-A, Ziff 38 = NJW 1992, 1813 – Helmers; BVerwG NVwZ 1999, 764; 2004, 108; Roth EuGRZ 1998, 500; Ey-Happ 3; NKVwGO-Seibert 10.

[6] EGMR, Série A No. 134, Ziff. 32 – Ekbatani; EGMR, Série A No. 212-C, Ziff. 33 = EuGRZ 1991, 420 – Fejde; EGMR, Série A No. 212-A, Ziff. 38 = NJW 1992, 1813 – Helmers; Roth EuGRZ 1998, 500 f.

[7] 57, 272; DÖV 1981, 295 = NJW 1981, 295; DVBl 1982, 263; Buchh 421.0 Prüfungswesen Nr 319; NVwZ 1998, 1066; vgl auch 21 ff zu § 84.

auch **mitteilt,** in welcher Richtung es zu entscheiden beabsichtigt (offen BayVBl 1999, 602) oder **warum** es die Berufung **für begründet oder unbegründet hält** (DÖV 1977, 373; 1981, 765); außerdem, daß das Gericht nach Widerspruch eines Beteiligten diesem mitteilt, daß es dennoch gem § 130a entscheiden wolle (17. 5. 1993 – 4 B 73/93). Verfügt das Gericht eine Anhörung nach §§ 130a S 2, 125 Abs 2 S 3 ohne ausdr Befristung, so muß es einen angemessenen Zeitraum für eine Stellungnahme der Beteiligten abwarten, bevor es ohne mV durch Beschluß entscheidet. Auch muß es vor einer Entscheidung einen Antrag auf Einräumung einer bestimmten Äußerungsfrist bescheiden (NVwZ 2005, 466). Eine Verletzung des rechtlichen Gehörs eines Beteiligten liegt auch vor, wenn das OVG nach § 130a entscheidet, ohne zuvor einen Antrag auf **Verlängerung** der **Anhörungsfrist zu bescheiden;**[8] ebenso grds dann, wenn ein Beteiligter nach der (ersten) Anhörungsmitteilung Beweisantrag gestellt hat u nicht durch eine erneute Anhörungsmitteilung auf die (unverändert) beabsichtigte Verfahrensweise u damit darauf hingewiesen wird, daß das Gericht seinem Beweisantrag nicht nachgehen wird (NVwZ-RR 1999, 537, s auch unten 5). Das OVG muß den Kl aber nicht erneut anhören, bevor es eine von ihm eingereichte Urkunde verwertet (Buchh 310 § 310 a VwGO Nr 46).

Eine Verletzung des Anhörungsgebots stellt einen absoluten Revisionsgrund gem § 138 Nr 3 dar[9] sowie grds auch eine **Verletzung des Art 103 Abs 1 GG.**

4 **3. Anwendbarkeit u Verfahren:** Nach der Neufassung durch das 6. VwGOÄndG (oben 1) ist die Anwendung des vereinfachten Vf ohne mV grds auch in den Fällen **nicht ausgeschlossen, in denen schon das VG** nach § 84 ohne mV **durch Gerichtsbescheid** entschieden hat. Der allg Gedanke, daß der Rechtsuchende **wenigstens einmal** Gelegenheit haben soll, sich im Rahmen einer **mV** zu äußern (BT-Dr 8/842, 9, 11; BVerwG 57, 275 = DÖV 1979, 448; Buchh 312 § 5 EntlG Nr 32), steht dem nach hM deswegen nicht entgegen, weil der Beschwerte durch einen Antrag auf mV eine solche in 1. Instanz hätte erzwingen können (vgl oben 2). Ausgeschlossen muß die Anwendung des § 130 a aber konsequenterweise dann sein, wenn der Berufung zu Lasten des Kl im vereinfachten Vf stattgegeben wird, obwohl dieser in erster Instanz durch Gerichtsbescheid obsiegt hat u deshalb keine Möglichkeit hatte, eine mV zu erzwingen (NVwZ 2002, 993). Das vereinfachte Vf gem § 130 a ist auch statthaft, wenn in 1. Instanz eine mV stattgefunden, der Kl aber trotz ordnungsgemäßer Ladung nicht daran teilgenommen hat,[10] ferner, wenn die mV in der 1. Instanz **im Einverständnis** mit den Beteiligten (vgl § 101 Abs 2) unterblieben war (DVBl 1983, 1014). Ausgeschlossen ist eine Anwendung des § 130 a aber dann, wenn das VG erster Instanz ohne **Beteiligung des nicht ordnungsgemäß geladenen Kl entschieden** hat (NJW 1998, 2377), ferner in dem Fall, in dem sich im BerufungsVf der **Streitggst** durch eine mittels Anschlußberufung des Kl erfolgte Klageänderung **wesentlich geändert** hat (NVwZ 1999, 1001). Eine Anwendbarkeit des § 130 a scheidet auch aus, wenn die Rechtssache außergewöhnliche Schwierigkeiten in rechtlicher u/oder tatsächlicher Hinsicht aufweist (DÖV 2005, 31).

§ 130 a ist auch anwendbar, **wenn str ist, ob** das Vf durch Zurücknahme der Berufung, Hauptsacheerledigung usw **beendet** wurde (s 5 ff vor § 124), u darüber im fortzusetzenden Vf zu entscheiden ist (NVwZ-RR 1994, 362; Ms DÖV 1982, 373); u auch auf Entscheidungen über eine Nichtigkeitsklage, für welche

---

[8] DÖV 1988, 610; DVBl 1999, 97; Buchh 310 § 130a VwGO Nr 52; Ey-Happ 9.
[9] DVBl 1982, 264; NVwZ 1998, 1066; Sch-Meyer-Ladewig/Rudisile 11.
[10] Vgl BayVBl 1988, 156 – das BVerwG läßt hier offen, ob es Fälle geben kann, in denen die Anwendung des vereinfachten Vf gleichwohl ermessensfehlerhaft wäre.

das Berufungsgericht zuständig ist, ist § 130a anzuwenden (Ma RsprD-LS 237/ 1995).

5 Die **Anhörungsmitteilung** gem S 2 iVm § 125 Abs 3 S 3 (s oben 3) kann grds **erst** ergehen, **nachdem** der Berufungsführer **die Berufung begründet** hat.[11] Ergeht jedoch eine verfrühte Anhörungsmitteilung, so kann der Betroffene eine Verletzung des rechtlichen Gehörs mit der Revision nur geltend machen, wenn er sich auf diese Anhörungsmitteilung hin gegen die in Aussicht gestellte Möglichkeit einer Entscheidung ohne mV wendet (vgl NVwZ-RR 1996, 477). Werden nach der ersten Anhörungsmitteilung **wesentliche neue Tatsachen** vorgetragen (NVwZ-RR 1996, 477) oder ergeben sich sonst wesentliche neue Gesichtspunkte, so muß das Gericht eine **weitere Anhörungsmitteilung** erlassen; ebenso grds wenn nach einer Anhörungsmitteilung **ein förmlicher Beweisantrag** gestellt wird.[12] Eine erneute Anhörung ist aber dann entbehrlich, wenn der Beweisantrag oder das sonstige Vorbringen unter Zugrundelegung der Rechtsauffassung des Gerichts **nicht entscheidungserheblich** ist (BayVBl 1997, 253; AuAS 2000, 123). In diesem Fall muß aber aus den Entscheidungsgründen des Beschlusses ersichtlich sein, daß das an einer Entscheidung ohne mV festhaltende Gericht die Ausführungen des Beteiligten zur Kenntnis genommen u dessen Beweisantrag auf seine Rechtserheblichkeit geprüft hat (NVwZ-RR 1999, 537). Keiner erneuten Anhörung bedarf es auch, wenn das Gericht den unter Beweis gestellten Sachverhalt als wahr unterstellt (Buchh 310 § 130a VwGO Nr 45). Neueste Medienberichte darf das Gericht nur dann seiner Entscheidung zugrunde legen, wenn die Beteiligten zuvor Gelegenheit zur Äußerung hatten (Buchh 310 § 130a VwGO Nr 36). Vgl auch 25 zu § 84; zu Beweisanträgen auch unten 7. Vgl zur Anhörungsfrist 6 zu § 125 u 24 zu § 84.

5 a Wenn die rechtlichen Voraussetzungen gegeben sind, steht die Entscheidung, ohne mV zu entscheiden, **im Ermessen** des Gerichts.[13] Sie ist nur noch im Rahmen von RMittel u **nur auf sachfremde Erwägungen** u grobe Fehleinschätzungen hin **überprüfbar.**[14] Anhaltspunkte für einen Ermessensfehler bestehen nicht schon dann, wenn das Berufungsgericht zunächst eine mV anberaumt hat u, nachdem ein Verlegungsantrag des Prozeßbevollmächtigten der Klägerseite eingeht, von einer erneuten Anordnung einer mV absieht u das Vf nach § 130a mit der Begründung wählt, dessen Voraussetzungen seien erfüllt (NVwZ 1999, 1109). **Nicht erforderlich** ist, **daß** für die Entscheidung des Berufungsgerichts **dieselben Erwägungen** maßgeblich sind wie für das Urteil 1. Instanz (Buchh 310 § 144 VwGO Nr 34; NVwZ 1982, 115); das OVG kann eine Berufung in einer Sache, in der das VG die Klage als unbegründet abgewiesen hatte, im Vf gem § 130a auch dann zurückweisen, wenn es die Klage bereits als unzulässig ansieht (DÖV 1982, 204), ebenso umgekehrt; **anders, wenn** der Wechsel von einer Prozeßabweisung zur Sachabweisung **gegen das Verschlechterungsverbot** des § 129 verstoßen würde (NVwZ 1982, 115; vgl auch Buchh 310 § 144 VwGO Nr 9; § 91 VwGO Nr 5; § 129 VwGO Nr 2).

---

[11] Offen DVBl 1983, 1015, ob das Vf fehlerhaft ist, wenn die Anhörungsmitteilung erging, noch bevor der Berufungsführer die angekündigte Berufungsbegründung vorgelegt hat; **aA** NVwZ-RR 1996, 477 – hiergegen spricht jedoch, daß das Berufungsgericht vor Eingehen der Berufungsbegründung, die ja auch neues Vorbringen enthalten kann, die Voraussetzungen des § 130a gar nicht sinnvoll beurteilen kann.

[12] BayVBl 1992, 537; NVwZ 1994, 1095; NVwZ-RR 1993, 165; 1994, 120; 1996, 477: ausnahmsweise Entbehrlichkeit erneuter Anhörungsmitteilung bei unsubstantiiertem Beweisantrag, bloßer Wiederholung früheren Vorbringens oder früherer Beweisanträge oder bei Beweisermittlungsanträgen; NVwZ-RR 1999, 537; s auch 27 zu § 108.

[13] 84, 220; DÖV 1993, 429; DVBl 1999, 987; DÖV 2004, 749 f: auch bei erneuter Beschlußfassung nach Aufhebung einer gem § 130a ergangenen Entscheidung.

[14] NVwZ-RR 1993, 165; 1994, 120; NVwZ 1999, 1109; NKVwGO-Seibert 46, 35; Sch-Meyer-Ladewig/Rudisile 5.

6 **Das Erfordernis der Einstimmigkeit** bezieht sich **nur auf die Frage der Begründetheit bzw Unbegründetheit,** nicht auch auf die Frage, ob durch Beschluß gem § 130 a ohne mV oder durch Urteil im normalen Vf entschieden werden soll. Die letztere Entscheidung kann das Gericht mit einfacher Mehrheit treffen. **Nicht erforderlich** ist, **daß** die Berufung **offenbar** begründet oder unbegründet ist. Die **Einstimmigkeit** muß sich nur auf das Ergebnis beziehen (NVwZ 1984, 792; NKVwGO-Seibert 42; Sch-Meyer-Ladewig/Rudisile 4; B-Bader 9).

7 Eine Berufung kann auch dann noch gem § 130 a zurückgewiesen werden, **wenn bereits Termin zur mV** angesetzt war, der Termin aber wieder aufgehoben worden ist (NVwZ 1999, 1108; DVBl 1999, 1659; Ms DVBl 1993, 565), oder wenn **bereits Anordnungen gem § 87** getroffen wurden (BSG NZS 1994, 190: auch noch nach Einholung eines Sachverständigengutachtens). Auch die Beiziehung u Einführung einer größeren Anzahl **neuer Erkenntnismittel** in das Vf sowie deren Verwertung im Wege des Urkundenbeweises, aber auch generell die Anordnung u Durchführung einer Beweisaufnahme, stehen einer Entscheidung ohne mV nach § 130 a nicht entgegen (NVwZ 1996, 1102 f; NVwZ 1999, 1108; NVwZ 1999, 1109). **Hat** in der Berufungsinstanz **bereits** eine **mV stattgefunden,** so kann das Gericht nicht mehr nach § 130 a durch Beschluß entscheiden, wenn die Entscheidung aufgrund der mV ergeht (grds auch RÖ-M. Redeker 1 a; **aA** NKVwGO-Seibert 15; Sch-Meyer-Ladewig/Rudisile 6; BR-Dr 135/90, 79, 96); **anders, wenn** das Gericht vorher das vorbereitende Vf (vgl 4 zu § 87 a) **nochmals aufnimmt** u erst dann nach § 130 a entscheidet (vgl DVBl 1981, 31; allg auch 5 zu § 87 a) oder wenn nach Aufhebung des Berufungsurteils u Zurückverweisung der Sache an das Berufungsgericht die Voraussetzungen dieser Vorschrift in bezug auf die Verfahrensabschnitte nach der Zurückverweisung erfüllt sind.[15] Wurde ein **Beweisantrag** gem § 86 Abs 2 gestellt, so ist zwar keine Vorabentscheidung über den Beweisantrag erforderlich; das Berufungsgericht muß aber die Erheblichkeit einer Beweiserhebung vor seiner Entscheidung prüfen u sich in den Gründen damit auseinandersetzen.[16] Das Gericht muß aber ggf durch eine erneute Anhörungsmitteilung dem Beteiligten Gelegenheit geben, auf die Nichtstattgabe seines Beweisantrags zu reagieren (oben 5, ferner 29 zu § 84).

8 **Nicht erforderlich** ist, **daß** das Gericht in der Anhörungsmitteilung oder in den Gründen des die Berufung zurückweisenden Beschlusses **begründet, warum** es die Voraussetzungen für die Entscheidung **im vereinfachten Vf** für gegeben hält u in diesem Vf zu entscheiden beabsichtigt bzw entschieden hat (vgl NVwZ 1984, 792; sehr zweifelhaft; vgl auch 22 zu § 84).

Das **Gericht muß** unabhängig davon nach **§ 108 Abs 2,** Art 103 Abs 1 GG die Beteiligten aber jedenfalls nach den allg Grundsätzen des **rechtlichen Gehörs** (vgl 25 zu § 108) uU auf **bisher im Vf nicht erörterte Gesichtspunkte** hinweisen (BVerfG 74, 3).

9 Das Gericht kann die Entscheidung durch Beschluß in u aufgrund einer **gemeinsamen Besprechung** (vgl 7 zu § 112) **oder** auch **im UmlaufVf** (vgl dazu 7 zu § 112) treffen (NJW 1992, 257; Sch-Meyer-Ladewig/Rudisile 8). Der Beschluß muß zwar keinen förmlichen Tatbestand, aber – sei es durch Bezugnahme, sei es durch Wiedergabe der wesentlichen Ausführungen im Rahmen der rechtlichen Ausführungen – ausreichende Feststellungen enthalten, die die tatsächliche Grundlage der Berufungsentscheidung für die Prozeßbeteiligten u das Revisionsgericht hinreichend sicher kennzeichnen (NVwZ 2000, 73).

---

[15] NVwZ 2005, 336; Ey-Happ 6: RÖ-M. Redeker 1 a; Sch-Eichberger 111 zu § 144; Sch-Meyer-Ladewig/Rudisile 6.

[16] NVwZ 1992, 819; 1994, 1095; NJW 1996, 1553; Buchh 310 § 130 a Nr 12.

§ 130b [Begründung des Urteils über die Berufung]

Das Oberverwaltungsgericht kann in dem Urteil über die Berufung auf den Tatbestand der angefochtenen Entscheidung Bezug nehmen, wenn es sich die Feststellungen des Verwaltungsgerichts in vollem Umfange zu eigen macht.[1] **Von einer weiteren Darstellung der Entscheidungsgründe kann es absehen, soweit es die Berufung aus den Gründen der angefochtenen Entscheidung als unbegründet zurückweist.**[1f]

Vgl § 543 Abs 1 ZPO aF, § 540 ZPO, § 153 Abs 2 SGG

Schrifttum: S zu § 84.

1 **1. Allgemeines:** Die durch das 4. VwGOÄndG neu eingefügte Vorschrift entspricht wörtlich § 6 EntlG, den sie als Dauerrecht in die VwGO übernahm. Sie wurde durch das 6. VwGOÄndG dahin neu gefaßt, daß in einem S 1 die Bezugnahme auf den Tatbestand der angefochtenen Entscheidung gestattet wird, wodurch dem OVG unnötige Formulierungs- u Schreibarbeiten erspart werden sollen (BT-Dr 13/3993, 22; 13/5098, 24); die bisherige Vorschrift wurde als S 2 neu formuliert.

§ 130 b S 1 gestattet eine **Bezugnahme auf den Tatbestand** (§ 117 Abs 2 Nr 4) des angefochtenen Urteils **nur,** wenn das OVG sich die Feststellungen **in vollem Umfange** zu eigen macht. Weicht es auch nur in einem Punkte ab, so muß es seinen Tatbestand selbständig formulieren; dabei sind allerdings nach allg Grundsätzen (§ 117 Abs 3, dazu 16, 23 zu § 117) zur Erleichterung Verweisungsmöglichkeiten vorgesehen (Sch-Meyer-Ladewig/Rudisile 4). Im Rahmen dieser Verweisungsmöglichkeit ist hins bestimmter Einzelheiten auch eine Verweisung auf den Tatbestand des Urteils des VG zulässig, lediglich eine pauschale Bezugnahme scheidet aus.

§ 130 b S 2 trifft hins der Begründung von Urteilen des Berufungsgerichts eine **ähnliche Regelung wie § 117 Abs 5** für die Entscheidungsgründe in Entscheidungen des VG. Wie dort handelt es sich um eine allg Regelung, die in keinem unmittelbaren Zusammenhang mit der vorausgehenden Vorschrift steht. Im einzelnen gelten hier die Ausführungen zu § 117 Abs 5 sinngemäß. Vgl 23 ff zu § 117. Anwendbar ist die Begründungserleichterung auch dann, wenn das Berufungsgericht den Gründen **nur zT,** etwa nur hins einzelner Punkte, oder nur **hins** einer **Hilfsbegründung** folgt u die insoweit maßgeblichen Gründe klar u genau abgrenzt (DVBl 1992, 1241). **Für Beschlüsse,** mit denen das OVG **über RMittel** entscheidet, sieht § 122 Abs 2 S 3 eine vergleichbare Regelung vor.

2 **2. Analoge Anwendung des S 2 bei Unzulässigkeit der Berufung:** Die Beschränkung der Regelung des S 2 auf Fälle der **Unbegründetheit** des RMittel beruht auf der nur teilweise zutr Annahme, daß die Unzulässigkeit von RMittel nur durch andere Gründe bedingt sein könne, als sie für die Entscheidung erster Instanz maßgeblich waren. **Soweit eine Berufung aus denselben Gründen unzulässig** ist, wie sie auch für die Entscheidung des VG über die Klage maßgeblich waren, wie etwa bei der Unzulässigkeit des RMittel wg fehlender Prozeßfähigkeit des Rechtsmittelführers (vgl zu anderen Fällen auch 29 vor § 124), ist § 130 b S 2 **entsprechend anwendbar** (ebenso NKVwGO-Seibert 17; Sch-Meyer-Ladewig/Rudisile 5). Die Zulässigkeit einer Verweisung auf Teile der Entscheidungsgründe der Vorinstanz ergibt sich hier allerdings auch schon aus §§ 125 Abs 1, 117 Abs 5. Vgl 24 zu § 117.

§ 131 [Beschränkung der Berufung]

(aufgehoben durch das 6. VwGOÄndG)

1 **§ 131 wurde durch das 6. VwGOÄndG aufgehoben,** da sich infolge der Einführung der allg Zulassungsberufung die bisher nur für bestimmte Fälle vorgesehene Berufungsbeschränkung erledigte.

13. Abschnitt. Revision

§ 132 [Zulassung der Revision]

(1) **Gegen das Urteil des Oberverwaltungsgerichts (§ 49 Nr. 1) und gegen Beschlüsse nach § 47 Abs. 5 Satz 1 steht den Beteiligten die Revision**[1] **an das Bundesverwaltungsgericht zu,**[1 ff] **wenn das Oberverwaltungsgericht**[9 ff] **oder auf Beschwerde gegen die Nichtzulassung das Bundesverwaltungsgericht sie zugelassen**[9 ff] **hat.**[32 ff]

(2) **Die Revision ist nur zuzulassen, wenn**

1. die Rechtssache grundsätzliche Bedeutung hat,[9 ff]

2. das Urteil von einer Entscheidung des Bundesverwaltungsgerichts, des Gemeinsamen Senats der obersten Gerichtshöfe des Bundes oder des Bundesverfassungsgerichts abweicht[14 ff] **und auf dieser Abweichung beruht**[19] **oder**

3. ein Verfahrensmangel geltend gemacht wird[20 ff] **und vorliegt, auf dem die Entscheidung beruhen kann.**[23]

(3) **Das Bundesverwaltungsgericht ist an die Zulassung gebunden.**[36 ff]

Vgl §§ 542–544 ZPO; § 160 SGG; § 115 FGO

Schrifttum: *Kopp,* Änderungen der VwGO zum 1. 1. 1991, NJW 1991, 521, 526; *Krämer,* Die Nichtzulassung der Revision, FamRZ 1980, 971; *Kretzschmar,* Der wesentliche Verfahrensmangel der zulassungsfreien Revision nach § 116 Abs 1 Nr 4 FGO, BB 1993, 343; *Lässig,* Die fehlerhafte Rechtsmittelzulassung und ihre Verbindlichkeit für das Rechtsmittelgericht, 1977; *May,* Die Revision in den zivil- und verwaltungsgerichtlichen Verfahren, 2. Aufl 1997; *Meyer-Ladewig,* Revisionszulassung, Rechtssicherheit und Vertrauensschutz, BVerwG-FS 1978, 417; *Michels-Holl,* Das Revisionsverfahren (in der Arbeitsgerichtsbarkeit, FS-100 Jahre Arbeitsgerichtsbarkeit, 1993, 357; *Prütting,* Die Zulassung der Revision, 1977; *Redeker,* Revisionsurteile im Gewand von Zulassungsbeschlüssen – Zum schleichenden Bedeutungswandel der Entscheidungen des BVerwG über Zulassungsbeschwerden, Gelzer-FS 1991, 333; *Schwöbbermeyer,* Die Zulassungsrevision – Ausweg oder Ende?, AnwBl 1992, 15; *Seeliger,* Revision im Steuerprozeß, 1977; *Sendler,* Kleine Revisionsurteile, DVBl 1992, 240; *Stelkens,* Das Gesetz zur Neuregelung der verwaltungsgerichtlichen Verfahren (4. VwGOÄndG) – das Ende einer Reform?, NVwZ 1991, 209, 217; *Weyreuther,* Revisionszulassung und Nichtzulassungsbeschwerde in der Rechtsprechung der obersten Bundesgerichte, 1971.

Übersicht

1 **1. Allgemeines:** Die Vorschrift wurde – Entsprechendes gilt auch für die §§ 133 bis 136 – durch das 4. VwGOÄndG zT erheblich geändert. In der nunmehr geltenden Fassung **regelt § 132 nur noch die Statthaftigkeit.** Die bisher in § 132 Abs 3 bis 5 enthaltenen Bestimmungen über die Zulassungsbeschwerde sind jetzt in § 133 zusammengefaßt. Die ursprüngliche Regelung über

die zulassungsfreie Revision wurde ersatzlos aufgehoben mit der Folge, daß es **künftig nur noch die Zulassungsrevision** gibt (vgl § 132 Abs 1). Von diesen Neuerungen abgesehen hat das 4. VwGOÄndG jedoch das Revisionssystem der VwGO trotz zahlreicher Änderungen im einzelnen im wesentlichen beibehalten (vgl BT-Dr 11/7030, 32). Durch das 6. VwGOÄndG wurde § 132 Abs 1 dahin ergänzt, daß nunmehr auch **Beschlüsse des OVG in NKVerfahren** gem § 47 Abs 5 S 1 in den Anwendungsbereich der **Revision** einbezogen sind; das bisherige – systemfremde – VorlageVf gem § 47 Abs 5 aF wurde abgeschafft.

Die Revision ist das RMittel, das die **Überprüfung eines Urteils** eines OVG (VGH), ausnahmsweise im Fall der Sprungrevision (§ 134) sowie bei Ausschluß der Berufung (§ 135) auch eines VG, **ausschließlich in rechtlicher Hinsicht** zum Ziel hat. Sie dient außer dem Rechtsschutz des Bürgers u der Wahrung der Bindung der vollziehenden Gewalt u der Rspr an Gesetz u Recht (Art 20 Abs 3 GG) vor allem auch der **Wahrung der Einheitlichkeit der Rspr u der Fortbildung des Rechts.** Die letztere Funktion kommt vor allem in der **Beschränkung auf die Rechtskontrolle** u in den besonderen Zulassungsvoraussetzungen gem Abs 2 Nr 1 u 2 zum Ausdruck (BVerfG NJW 1979, 171); bei der Verfahrensrevision gem Abs 2 Nr 3 steht dagegen die **Wahrung des Verfahrensrechts** – vor allem auch im Hinblick auf die Bedeutung des **„due process"** für den Rechtsschutz des Bürgers u die Durchsetzung der in den Gesetzen verkörperten öffentlichen u privaten Interessen (vgl Kopp BayVBl 1980, 263) – u die **„Erziehung" der Gerichte** zur Einhaltung des Verfahrensrechts im Vordergrund (Bettermann NJW 1954, 1308).

Der Rechtsschutzzweck der Revision iSd Wahrung bzw Herstellung der **Einzelfallgerechtigkeit** für den Revisionsführer, der sich in seinem Recht verletzt glaubt, kommt insb in den Erfordernissen des Antrags, der Beschwer u der Entscheidungserheblichkeit der zu entscheidenden Rechtsfragen für den konkreten Rechtsstreit zum Ausdruck (BVerfG NJW 1979, 151). Zur **Verfassungsmäßigkeit** der Beschränkungen der Revision vgl 1 vor § 124, 2 zu § 124 sowie zB BVerfG NJW 1989, 265 (ua deshalb verfassungskonform, weil Art 19 Abs 4 GG keine weitere Instanz garantiert).

Als RMittel hat die Revision sowohl **Suspensiv-** als auch **Devolutivwirkung** (s zu den Begriffen 1 vor § 124); ebenso gem § 133 Abs 4, § 139 Abs 2 auch die **Nichtzulassungsbeschwerde.** Zu den allg Zulässigkeitsvoraussetzungen s 27 ff vor § 124. **Revisionsgericht** ist das BVerwG (§ 49). Das OVG (der VGH) kann nach Aufhebung des § 145 aF durch das 6. VwGOÄndG nicht mehr als Revisionsgericht fungieren, sondern ist als Rechtsmittelgericht stets Berufungsgericht. 2

Mit der Revision angreifbar sind nur **Endurteile** (s 16 vor § 124) – auch Zwischenurteile gem § 109 (60, 125), Teilurteile u Grundurteile –, **Beschlüsse gem § 47 Abs 5 S 1** sowie urteilsvertretende **Beschlüsse** gem §§ 125 Abs 2 S 2, 130 a S 1 (vgl §§ 125 Abs 2 S 4, 130 a S 2), ferner im Fall der Sprungrevision auch ein **Gerichtsbescheid** (vgl § 84 Abs 2 Nr 2, oben 34 zu § 84). Zur Teilanfechtung s unten 4 sowie allg 18 vor § 124. Nach der Aufhebung des § 136 aF durch das 6. VwGOÄndG unterliegen **Urteile in NKVerfahren** (§ 47 Abs 5 S 1) als normale Endurteile der **Revision nach den allg Vorschriften.** Die Revision gegen ein Urteil erfaßt grds **auch die** in der Vorinstanz gestellten **Hilfsanträge** (s 56 vor § 124). Legt der Bekl gegen seine Verurteilung nach dem Hauptantrag Revision ein, so fällt ohne weiteres auch der auf einem einheitlichen Sachverhalt beruhende Hilfsantrag bei der Revisionsinstanz an (56 vor § 124; Buchh 402 240 § 53 AuslG Nr 36; BGH MDR 1990, 711). 3

2. Zulassung der Revision: Die Revision ist kein allg zulässiges RMittel. Sie ist grds nur gegeben, **wenn das Gericht,** dessen Entscheidung angegriffen werden soll, sie ausdr **zugelassen hat oder das Revisionsgericht** selbst sie auf Be- 4 schwerde des Revisionskl gegen die Nichtzulassung hin **zuläßt** (§ 132 Abs 1). Die Möglichkeit der sog zulassungsfreien Verfahrensrevision wg der in § 133 aF (abschließend) aufgezählten wesentlichen Verfahrensmängel wurde durch das 4. VwGOÄndG abgeschafft. Auch wg solcher Verfahrensmängel bedarf die Revision nunmehr der Zulassung gem Abs 1. Da es sich bei den in § 133 aF genannten Gründen, die die zulassungsfreie Revision eröffnet hatten, zugleich um sog **absolute** Revisionsgründe gem § 138 handelt, wird allerdings eine damit begründete Nichtzulassungsbeschwerde nach § 133 regelmäßig Erfolg haben (BT-Dr 11/7030, 33). Eine **ohne Zulassung** eingelegte Revision ist **unzulässig;** das BVerwG kann in einem solchen Fall die Zulassung auch dann **nicht** gewissermaßen vAw nachholen oder über das Fehlen der Zulassung **hinwegsehen** u die Revision als zulässig behandeln, wenn die Zulassungsvoraussetzungen an sich gegeben wären u die Zulassung nur irrtümlich nicht erfolgt war (zT **aA** zu einem besonders gelagerten Fall BGH NJW 1993, 1015).

Die Zulassung kann ggf auch auf einzelne tatsächlich oder rechtlich selbständige **Teile eines Urteils,** nicht dagegen auf einzelne Rechtsfragen, beschränkt werden (s unten 6 sowie 20 u 32a); **Entsprechendes** gilt auch **für die Nichtzulassungsbeschwerde** gem § 133 Abs 1 u die Einlegung der Revision gem § 139 selbst. Eine entsprechende **Beschränkung** der Rechtsmittelzulassung kann sich nach der Rspr außer aus der Entscheidungsformel **auch aus den Gründen** der Entscheidung ergeben (DVBl 1982, 340; BGH NJW 1992, 1039; 1993, 1799).

5 Die **Zulassungsgründe** sind in § 132 Abs 2 u in § 18 RsprEinhG sowie in einigen sonstigen Gesetzen **abschließend** („nur") **aufgezählt** (s unten 28f); sie gelten in gleicher Weise für die Zulassung durch das OVG (bzw in den Fällen des § 135 für das VG) wie für die Zulassung aufgrund einer Nichtzulassungsbeschwerde durch das Revisionsgericht selbst. Obwohl § 132 dies nicht ausdr sagt, hat auch die Zulassung der Revision zur **Voraussetzung, daß der Rechtsmittelführer** in der Sache **beschwert** ist. Vgl allg zur Beschwer sowie zu Ausnahmen 39ff vor § 124. Die Zulassung der Revision bedeutet **keine Vorentscheidung** zugleich auch schon hins einer evtl **Begründetheit der Revision,** da für die Zulassung allein die Zulassungsgründe maßgeblich sind, die einem anderen Zweck (vgl zB unten 9) dienen u deshalb hier auch die Erfolgsaussichten nicht zu prüfen sind.[1]

6 Ein durch das Urteil bzw einen Beschluß gem §§ 47 Abs 5 S 1, 125 Abs 2 S 2 oder 130a S 1 (s oben 3) des OVG beschwerter Beteiligter (§ 63) hat **Anspr auf Zulassung** der Revision (kein Ermessen des Gerichts!), wenn (jedenfalls) eine der in Abs 2 genannten Voraussetzungen gegeben ist. Eine **willkürliche,** dh nicht nur irrtümlich erfolgte **Verweigerung der Revisionszulassung** verletzt das Recht auf den **gesetzlichen Richter** gem Art 101 Abs 1 S 2 GG (BVerfG NVwZ 1985, 647; NJW 1991, 2078 mwN; offen BVerfG 67, 95).

Ist das angegriffene Urteil (der Beschluß) auf **mehrere selbständig tragende Begründungen** gestützt – sog mehrfache (kumulative) Begründung –, so setzt die Zulassung voraus, daß für jeden dieser Gründe die Zulassungsvoraussetzungen erfüllt sind.[2] Bei einer **alternativen Begründung** (s dazu auch 5 zu § 124), bei der entweder der eine oder ein anderer Grund die Entscheidung trägt, genügt hingegen bereits ein Zulassungsgrund in bezug auf einen dieser Gründe.[3]

---

[1] Vgl auch BVerfG NVwZ 1993, 358: Verfassungsrecht verlangt nicht, daß bei der Entscheidung über die Zulassung einer Revision nach § 132 die Erfolgsaussicht der Klage summarisch zu prüfen ist.

[2] BayVBl 1973, 538; NJW 1991, 649; Buchh 310 § 132 VwGO Nr 109 u 284 mwN; NJ 1995, 382; NVwZ 1996, 999.

[3] NVwZ 1994, 269; Ey-P. Schmidt 21 zu § 133; RÖ-v Nicolai 4; Weyreuther 130; vgl auch Mü NVwZ-RR 2004, 391.

Zur Zulassung der Revision **hins einzelner Teile** eines Urteils s oben 4, unten 32a.

Die gesetzlichen Voraussetzungen der Zulassung (Zulassungsgründe) müssen spätestens – u jedenfalls auch noch[4] – **im Zeitpunkt der Entscheidung** über die Zulassung vorliegen, dh im Zeitpunkt der letzten mV, aufgrund derer auch über die Zulassung entschieden wird, bzw, bei Entscheidung ohne mV, im Zeitpunkt der letztmöglichen Stellung von Anträgen dazu; **ihr späterer Wegfall,** nachdem die Zulassung ausgesprochen ist, berührt dagegen die Zulässigkeit der Revision nicht (DVBl 1962, 62). 7

Trotz der strengen Zulassungsvoraussetzungen hält sich das BVerwG im Hinblick auf seine Aufgaben als Revisionsgericht (s oben 1) für **befugt,** die Revision ggf **auch aus anderen Gründen als den vom ASt geltend gemachten zuzulassen** (22, 91; 24, 91), zB eine im Hinblick auf die grundsätzliche Bedeutung der Sache beantragte Zulassung wg Abweichung von einer Entscheidung des BVerwG u umgekehrt (24, 91) oder eine Divergenzrüge gem § 132 Abs 2 Nr 2 als eine Verfahrensrüge gem § 132 Abs 2 Nr 3 (NVwZ 2001, 918). 8

Anderseits kann jedoch, wenn **bei mehreren Streitgegenständen die** Zulassung auf einen davon beschränkt wurde, der Rest **auch nicht** im Weg einer (unselbständigen) **Anschlußrevision** geltend gemacht werden (BayVBl 1981, 374; BGH MDR 1968, 832; BAG MDR 1983, 348).

3. Die einzelnen Zulassungsgründe (Abs 2): a) grundsätzliche Bedeutung der Sache (Nr 1, sog „Grundsatzrevision“). Grundsätzliche Bedeutung ist dann gegeben, wenn die Klärung der für die Beurteilung des Streitfalles maßgeblichen Rechtsfrage über ihre Bedeutung für den zu entscheidenden konkreten Fall hinaus **wesentliche Bedeutung für die einheitliche Auslegung u Anwendung** des Rechts[5] oder für die **Fortbildung des Rechts** hat.[6] Die Entscheidung durch das BVerwG muß **aus Gründen der Rechtssicherheit,** der Rechtseinheitlichkeit u/oder der Fortbildung des Rechts **im allg Interesse** liegen.[7] Eine Rechtsfrage, die sich nur auf eine nach der Berufungsentscheidung in Kraft getretene neue Rechtsgrundlage bezieht, verleiht der Sache keine grundsätzliche Bedeutung (NVwZ 2005, 709). Die zu entscheidende Frage kann eine Frage des **materiellen oder des formellen Rechts** sein (vgl zum formellen Recht zB DVBl 1974, 910; NVwZ 1982, 115). Erforderlich ist, daß die Rechtsfrage für Vf von Bedeutung ist, für die der **VRW eröffnet** ist; eine Sache hat daher keine grundsätzliche Bedeutung iSv § 132 Abs 2 Nr 1, wenn der Rechtsstreit zwar vom Zivilgericht mit bindender Wirkung an das VG verwiesen worden ist, mit einer weiteren Befassung der VGe mit der Streitfrage aber wg Zuständigkeit der Zivilgerichte nicht zu rechnen ist (DVBl 1996, 1153). – **Allg** zur Grundsatzrevision s de Lousanoff NJW 1977, 1042. 9

Die in Frage stehende Rechtsfrage muß im RevisionsVf **klärungsbedürftig u klärungsfähig** sein (vgl BFH NJW 1992, 1527). Es muß sich grds um **revisibles** (s unten 11), **deutsches Recht** (BayVBl 1971, 188: bei ausländischem Recht keine grundsätzliche Bedeutung) sowie um Rechtsfragen handeln, die sich **nicht ohne weiteres aus dem Gesetz** beantworten lassen[8] u die auch **höchstrichterlich** – insb durch eine Entscheidung des BVerwG, aber auch zB durch eine Entscheidung des BVerfG (BayVBl 1979, 248; NVwZ 1989, 1175) oder des GSOGB 10

---

[4] Vgl BGH MDR 1978, 566; RÖ-v Nicolai 5.

[5] Vgl 59, 92; NJW 1988, 664: die Klärung der Rechtsfrage muß dazu dienen, die Rechtseinheit in ihrem Bestand zu erhalten; NVwZ-RR 1990, 221; 1991, 488.

[6] Vgl 13, 91 = NJW 1962, 218; 59, 92; NVwZ 1982, 250; NJW 1988, 664: Förderung der Weiterentwicklung des Rechts; NVwZ-RR 1990, 221; 1991, 488; BayVBl 1996, 414; NVwZ-RR 2001, 198.

[7] Vgl NVwZ-RR 1990, 221; BFH NJW 1986, 2792; We ThürVBl 1996, 64.

[8] NJW 1986, 2206; VRspr 24, 495; BayVBl 1985, 286.

– **noch nicht geklärt** sind[9] **bzw hins derer erhebliche neue Gründe vorgetragen** werden, die die bisherige höchstrichterliche Rspr noch nicht berücksichtigt hat.[10] Eine Rechtsfrage, die bereits höchstrichterlich entschieden wurde, gewinnt nicht notwendig dadurch wieder grundsätzliche Bedeutung, daß ein Tatsachengericht von dieser Rspr abweicht (DVBl 2000, 1461). Daß die Beteiligten die bisherige Rspr nicht billigen u für verfassungsrechtlich bedenklich halten, reicht zur Begründung einer Grundsatzrüge nicht aus (BayVBl 1996, 414).

Grundsätzliche Bedeutung kann zB auch die **Frage der Verfassungsmäßigkeit** einer Vorschrift haben, auf die das angefochtene Urteil gestützt ist.[11] Auch bei einer **Abweichung** des Urteils **von der Rspr eines anderen obersten Bundesgerichts** ist idR die grundsätzliche Bedeutung der Sache zu bejahen.[12] IdR ist die Revision wg grundsätzlicher Bedeutung der Rechtssache auch zuzulassen, wenn dargelegt ist, daß in einem zukünftigen RevisionsVf zur Auslegung einer entscheidungsrelevanten **gemeinschaftsrechtlichen Regelung voraussichtlich** gem Art 234 Abs 3 EGV **eine Vorabentscheidung des EuGH einzuholen** sein wird u nicht hinreichende Gründe vorliegen, die die Einholung einer Vorabentscheidung entbehrlich erscheinen lassen.[13]

11 In Betracht kommen **nur Rechtsfragen,** die Rechtsvorschriften betreffen, auf **die gem § 137 eine Revision gestützt werden** kann (vgl NVwZ 1996, 377; LKV 1997, 454; s auch unten 13). Die Rüge der Nichtbeachtung von Bundesrecht bei der Auslegung u Anwendung von irrevisiblem Landesrecht gestattet eine Grundsatzrevision gem Nr 1 nur u begründet eine Nichtzulassungsbeschwerde nur dann, wenn die Auslegung der – ggü dem Landesrecht als Korrekturmaßstab angeführten – bundesrecht-lichen Norm ihrerseits ungeklärte Fragen von grundsätzlicher Bedeutung aufwirft (DVBl 1988, 1178; NJ 1996, 212). Bei bereits **außer Kraft getretenen Vorschriften** kann eine Rechtsfrage nur ausnahmsweise noch grundsätzliche Bedeutung haben, nämlich dann, wenn noch eine erhebliche Zahl von Fällen zu entscheiden ist, für die es auf diese Frage ankommt.[14] Vgl auch unten 16. – Im allgemeinen ist auch bei **„auslaufendem" Recht** die Grundsätzlichkeit zu verneinen;[15] ebenso bei bloßen **Übergangsvorschriften** (Buchh 436.36 § 18 BAföG Nr 15; NJW 1995, 741; DVBl 1995, 569). Ein anderes gilt, wenn die Klärung der Rechtsfrage für einen nicht überschaubaren Personenkreis in nicht absehbarer Zukunft von Bedeutung ist oder sein kann[16] oder wenn sich die streitigen Fragen in gleicher Weise bei der **Nachfolgeregelung** stellen, so daß trotz Auslaufens des alten Rechts eine **richtungsweisende Klärung** zu erwarten ist, wie die neue Vorschrift anzuwenden ist (NVwZ-RR 1996, 712).

Der Frage, ob sich unmittelbar aus einer EG-Richtlinie eine bestimmte Verpflichtung ergibt, kommt keine grundsätzliche Bedeutung mehr zu, nachdem der Gesetzgeber eine Norm zur Umsetzung dieser Richtlinie erlassen hat (NVwZ 1996, 1010). Ein **Verstoß gegen Denkgesetze** führt als solcher nicht zur Revi-

---

[9] 13, 91; NJW 1992, 257; NVwZ 1987, 55; 1989, 1175; 1990, 556; 1991, 567.

[10] BayVBl 1977, 248; NVwZ 1987, 55; Buchh 310 § 132 VwGO Nr 2.

[11] NJW 1993, 2224; Buchh 448.3 USG Nr 1; 232 § 90 BBG Nr 14; § 235, § 5 NdsLBesG Nr 1.

[12] NVwZ 1987, 219; BVerfG NVwZ 1993, 466; Tiedemann MDR 1977, 813; s auch unten 14 f; str; vgl auch BVerwG NVwZ 1982, 193; ferner 59, 93; 70, 27 u Buchh 310 § 132 VwGO Nr 49 S 53: die Vorlage wg Abweichung ist nur ein spezieller Fall der Vorlage wg grundsätzlicher Bedeutung; **aA** BVerfG NVwZ 1985, 647: Divergenz mit einem anderen obersten Bundesgericht ist auch kein Grund für eine Grundsatzrevision.

[13] NJW 1988, 664 = BayVBl 1988, 122; NVwZ 1997, 178; zu den Voraussetzungen einer Vorlage an den EuGH s 20 zu § 94; s auch unten 13.

[14] Buchh 310 § 132 Nr 132; LKV 1997, 454; Ey-P. Schmidt 11.

[15] Buchh 310 § 132 VwGO Nr 53; NJ 1995, 382; NVwZ-RR 1996, 712.

[16] DVBl 1995, 569; NJ 1996, 211; NVwZ-RR 1996, 712: die Beschwerde muß hierzu ggf nähere Darlegungen enthalten.

sion (BSG NZA 1985, 438), sondern nur, wenn die allg Voraussetzungen einer Revision auch im übrigen erfüllt sind. S auch unten 21.

12 Es muß sich um eine **Rechtsfrage von über den konkreten Fall hinausreichender Bedeutung** u Tragweite handeln (DVBl 1992, 917). Die **Bedeutung** einer Sache **in lediglich wirtschaftlicher, politischer oder sozialer Hinsicht** über den Einzelfall hinaus rechtfertigt die Zulassung nicht;[17] **ebensowenig, daß** eine Rechtsfrage **in einer Vielzahl von Fällen** auftritt, wenn die aufgeworfenen Rechtsfragen nicht als solche verallgemeinerungsfähig sind (PersR 1996, 27) oder wenn die fraglichen Begriffe so wenig bestimmt sind, daß sie einer allgemeingültigen Auslegung nicht zugänglich sind, sondern es auf die Umstände des jeweiligen Einzelfalls ankommt (GewA 1996, 434). Grundsätzliche Bedeutung ist zu verneinen, **wenn** die Entscheidung **nur für wenige Fälle rechtliche Bedeutung** hat (BAG MDR 1983, 348; BVerwG 77, 67) oder **wenn** die Beurteilung der Sache ausschlaggebend von der Würdigung **konkreter Gegebenheiten des Einzelfalls abhängt** u demgemäß nicht auf eine Rechtsfrage führt, die sich in **verallgemeinerungsfähiger** Weise beantworten läßt.[18]

13 Die Klärung der Rechtsfrage **muß** für die **Entscheidung** in der Sache **erheblich sein**[19] u **unmittelbar aufgrund** der im angegriffenen Urteil enthaltenen **Feststellungen möglich sein** (NVwZ 1985, 577); sie darf **nicht erst eine weitere Sachaufklärung** nach Aufhebung u Zurückverweisung der Sache erfordern.[20] Der Einwand, die Revision könne nicht wg grundsätzlicher Bedeutung zugelassen werden, weil Tatsachen, die vorliegen müßten, damit die mit der Nichtzulassungsbeschwerde sich in einem RevisionsVf stellen könnten, von der Vorinstanz nicht festgestellt wurden, kann aber dann der Beschwerde nicht entgegengehalten werden, wenn die in der Vorinstanz ordnungsgemäß beantragte Sachverhaltsaufklärung nur deswegen unterblieben ist, weil das Tatsachengericht die als **rechtsgrundsätzlich bedeutsam bezeichnete Frage anders als der Bf beantwortet** u deswegen die Beweisaufnahme als nicht entscheidungserheblich abgelehnt hat (NVwZ 2000, 1298). **Fehler der 1. Instanz** sind nur von Bedeutung, wenn sie auch im Urteil der OVG noch fortwirken u auch auf dieses „durchschlagen" (s unten 21 a). Dagegen steht der Zulassung nicht entgegen, daß das BVerwG die Klärung nicht selbst vornehmen kann, sondern eine **Vorabentscheidung** des EuGH gem **Art 234 EGV** (BVerfG 82, 196; BVerwG BayVBl 1987, 283; NJW 1988, 664; NVwZ 1997, 178) bzw nach vergleichbaren Vorschriften herbeiführen (DÖV 1974, 825; s auch oben 10) oder eine Sache dem BVerfG nach **Art 100 GG** vorlegen muß (Buchh 448.3 § 7 USG Nr 1; BSG SozR 1500 § 160 a Nr 11), usw. Die grundsätzliche Bedeutung einer Rechtsfrage ist zu verneinen, wenn die Frage aus verfahrens- oder materiellrechtlichen Gründen im RevisionsVf nicht geklärt werden könnte,[21] zB weil die Entscheidung letztlich **von nicht revisiblem** Landesrecht abhängt.[22]

---

[17] 13, 91; NJW 1960, 1587; DVBl 1970, 901; PersR 1996, 27; RÖ-v Nicolai 8; Ule 62 III 2; 63 III 1; **aA** Buchh 310 § 132 Nr 26; BFH 90, 369; 96, 155; 97, 294; Weyreuther 26.

[18] NVwZ-RR 1990, 221; 1991, 488; NJW 1996, 1554; Buchh 310 § 132 Nr 193; We ThürVBl 1996, 65: die Inzidentprüfung einer kommunalen Satzung begründet keine grundsätzliche Bedeutung, wenn ihre Gültigkeit von den konkreten örtlichen Verhältnissen abhängt, u sich die Entscheidung weder verallgemeinern noch auf ähnliche Satzungen anderer Gemeinden übertragen ließe; vgl auch BGH NJW 1993, 1212.

[19] 77, 67; NJW 1982, 840; DVBl 1986, 1159; Buchh 310 § 132 Nr 158, 176 u 192; GewA 1996, 434; vgl auch DVBl 1984, 145; NuR 1996, 199: keine Erheblichkeit, wenn die Entscheidung auch auf andere, für sich allein tragende Gründe gestützt ist, Revisionszulassung nur, wenn im Hinblick auf jeden Begründungsteil ein Zulassungsgrund besteht.

[20] NJW 1961, 1229.

[21] NVwZ 1983, 792; 1985, 577; vgl auch NJW 1988, 664: die Sache muß klärungsbedürftig u klärungsfähig sein.

[22] NJW 1982, 2458; Buchh 406.11 § 127 BauGB Nr 78; NJ 1996, 211 s auch oben 10.

14 **b) Abweichung von einer Entscheidung des BVerwG, des GSOGB oder des BVerfG (Nr 2, sog „Divergenzrevision", „Abweichungsrevision").** Der Zulassungsgrund der Divergenz dient vor allem der Wahrung der **Einheitlichkeit der Rspr** u damit der Rechtssicherheit; er soll zugleich, da das BVerwG an frühere Entscheidungen nicht absolut gebunden ist (vgl § 11 Abs 2, auch zum Vf), eine **geordnete Fortbildung des Rechts** ermöglichen. Es handelt sich um einen **selbständigen Revisionszulassungsgrund,** nicht notwendig – wenn auch häufig zugleich – um einen Unterfall der Grundsatzzulassung.[23] Betrifft die Divergenz nur **eines von mehreren Klagebegehren,** über die das Urteil entschieden hat, so kommt auch die Zulassung nur dafür in Betracht s unten 32 a). Ist das Urteil auf mehrere, es je für sich selbst tragende Gründe gestützt, von denen die Voraussetzungen nach Nr 2 nicht für alle zutreffen, so kommt eine Zulassung nach Nr 2 überhaupt nicht in Betracht (s oben 6, 13; ferner unten 32 a). Wie Nr 1 gilt auch Nr 2 **sowohl für formelles** als auch für **materielles Recht.**

Maßgeblich ist **nur** eine **Abweichung von einer Entscheidung** – dh dem in der Entscheidung aufgestellten **„Rechtssatz"** (ratio decidendi; vgl 71, 166 = DVBl 1985, 900; DVBl 1992, 1026) – des **BVerwG** (nicht auch des früheren Reichsverwaltungsgerichts, vgl EF 15), des **GSOGB**[24] oder des **BVerfG** (anders vor der Neufassung von Nr 2, vgl dazu 85, 295 = NJW 1991, 376), einschließlich eines nach § 93 c Abs 1 S 2 BVerfGG an die Stelle einer Senatsentscheidung tretenden Kammerbeschlusses (Ks NVwZ-Beilage 1996, 43), **nicht** auch **eines anderen obersten Bundesgerichts** (BVerfG NVwZ 1985, 647). Eine Abweichung von einer Entscheidung des EuGH genügt ebenfalls nicht (WissR 2001, 377). Bei **Abweichung von der Rspr eines anderen obersten Bundesgerichts** oder des **EuGH** (vgl auch BVerfG NVwZ 1993, 883) kommt aber **idR die Zulassung wg Grundsätzlichkeit** in Betracht.[25] Die **Abweichung von der Entscheidung eines einzigen Senats** genügt, auch wenn andere Senate die Rechtsfrage anders beurteilen.

Die **Abweichung** muß die die Entscheidung **tragenden rechtlichen Erwägungen** („Rechtssatz"; s dazu auch oben im Text), betreffen (NVwZ 1982, 433; DVBl 1984, 93; 1992, 1026; NVwZ 1989, 1169). **Nicht genügt** eine Abweichung **von einem Vorlagebeschluß** (BAG NZA 1987, 86: dies gilt jedenfalls für Fragen, die der große Senat beantworten soll) oder eine Abweichung nur von einer **Hilfsbegründung** (vgl BGH NJW 1993, 1095) oder von Überlegungen in einem Urteil, auf denen das Urteil nicht beruht **(obiter dicta)** (NVwZ 1982, 433; 1996, 377). Die Abweichung von einem obiter dictum kann jedoch die Grundsatzrevision nach Nr 1 begründen; in Betracht zu ziehen ist daher eine **Umdeutung** einer auf ein bloßes obiter dictum gestützten unzulässigen Divergenzrüge in ein zulässiges Vorbringen nach § 132 Abs 2 Nr 1 (NVwZ 1996, 377; zur Zulässigkeit dieser Umdeutung 24, 91), sofern sich die Klärungsbedürftigkeit der Grundsatzfrage in genügender Weise aus der Begründung der Divergenzrüge ergibt (vgl Ks DÖV 1994, 662). Ebensowenig genügt es, wenn lediglich die „unrichtige Anwendung des in einem anderen Urteil aufgestellten Rechtssatzes

---

[23] So auch NKVwGO-Czybulka 69; zT **aA** 59, 93; 70, 27; Buchh 310 § 132 VwGO Nr 49 S 53; DVBl 1992, 1441.

[24] NVwZ 1982, 193; 1982, 433; 1987, 592 u 594, Buchh 310 § 132 VwGO Nr 183 S. 56; BVerfG NVwZ 1985, 647; s auch unten 26.

[25] 24, 91; 59, 93; Buchh 310 § 132 VwGO Nr 225 S. 15: außer wenn die entscheidungserhebliche Rechtsfrage sich der Klärung durch das BVerwG entzieht; BVerfG NVwZ 1993, 466: sonst Verletzung von Art 19 Abs 4 GG, außer wenn die Rechtsfrage durch die fachgerichtliche Revisionsrspr schon geklärt ist; s auch oben 10; **aA** NVwZ 1985, 647; zur Frage, ob die Divergenzrevision bei Divergenz mit Entscheidungen „fachfremder" Gerichte aus verfassungsrechtlichen Gründen geboten ist, verneinend auch BVerfG NVwZ 1985, 647.

durch das Gericht, dessen Entscheidung angegriffen wird, gerügt wird" (NVwZ 1982, 433). Da eine Abweichung iSd § 132 Abs 2 Nr 2 VwGO nur dann gegeben ist, wenn das Berufungsgericht nicht einen in einer Entscheidung des BVerwG aufgestellten, sondern einen davon **abweichenden Rechtssatz entscheidungstragend** zugrunde legt, liegt eine **Abweichung außerdem auch dann nicht** vor, wenn das Berufungsgericht einen solchen Rechtssatz nur übersieht oder auf den von ihm zu entscheidenden Fall **nicht richtig anwendet.**[26]

Die Abweichung **muß sich** immer auf **Rechtsfragen beziehen;** als Rechtsfrage idS ist aber auch zB die Frage nach dem **Inhalt u der Tragweite eines allg Erfahrungssatzes** anzusehen (BGH NJW 1982, 2456 mwN). Eine Abweichung von tatsächlichen Feststellungen genügt nicht (vgl Ks DÖV 1944, 662).

Die **Gegenüberstellung der voneinander abweichenden Rechtssätze** ist zur ordnungsgemäßen Erhebung der Divergenzrüge unverzichtbar (NVwZ-RR 1996, 713).

Die Entscheidung (Urteil oder Beschluß, auch Entscheidung im NichtzulassungsbeschwerdeVf), von der abgewichen wird, muß sich **grds auf dieselbe Rechtsvorschrift** beziehen; bloße Gleichartigkeit der Rechtsfrage in verschiedenen Gesetzen bei im wesentlichen gleichem Wortlaut der in Frage stehenden Bestimmungen genügt nicht.[27] **Bei unterschiedlicher Fassung** der in Frage kommenden Vorschriften liegt eine Divergenz iSd Nr 2 jedenfalls dann nicht vor, wenn der Unterschied auf **Besonderheiten der betroffenen Rechtsgebiete** (vgl 30, 225; 31, 318; 36, 346) oder bei späteren Änderungen der betroffenen Vorschrift offensichtlich **nicht nur auf redaktionellen Verbesserungen** (vgl BGH 7, 342; 25, 188; 60, 393; 95, 123; NJW 1993, 3069) beruht. 15

Die Rechtsvorschrift, um deren Auslegung es geht, muß dem **geltenden Recht angehören;** ist sie nicht mehr in Geltung, so muß sie **jedenfalls für die Rechtsanwendung noch von Bedeutung** sein, etwa weil noch Fälle danach zu entscheiden sind (vgl oben 11) oder weil geltendes Recht noch darauf Bezug nimmt (BGH 19, 359; 44, 222; Zuck DVBl 1978, 168). 16

Unerheblich ist, **ob das Gericht,** dessen Urteil angegriffen wird, **die Entscheidung** des BVerwG usw, von der es abweicht, **kennt,**[28] u ob u wo die betr Entscheidung überhaupt veröffentlicht ist (RÖ-v Nicolai 12); **auch eine erst nach Einlegung** einer auf andere Gründe gestützten Beschwerde ergehende Entscheidung des BVerwG rechtfertigt die Zulassung (NJW 1960, 594; ebenso zu einer nachträglich ergehenden Entscheidung des GSOGB MDR 1977, 347). **Unerheblich** ist **auch, ob** das angegriffene Urteil vielleicht **schon aus anderen Gründen** im Ergebnis **zutr ist** (str). 17

Umgekehrt entfällt der Anspr auf Zulassung, **wenn** infolge einer weiteren Entscheidung oder aus anderen Gründen – vgl 5 zu § 11 – **die Divergenz nachträglich als überholt u nicht mehr relevant anzusehen** ist.[29] **Keine** 18

---

[26] NVwZ 1989, 1169; Buchh 421.0 Prüfungswesen Nr 342; Ma DVBl 1997, 1326 in bezug auf die Divergenzberufung.

[27] NJW 1960, 979: „denn die Divergenzrevision beruht auf dem Grundgedanken, daß nicht etwa allg, auf mehreren Rechtsgebieten auftauchende Rechtsfragen beantwortet werden sollen, sondern die Einheitlichkeit der Rspr in der Auslegung bestimmter Gesetzesvorschriften gesichert werden soll"; ebenso BVerwG 16, 53 unter Hinweis auf die Unmöglichkeit einer isolierten Auslegung ohne Rücksicht auf den Zusammenhang, in dem eine Vorschrift steht; Buchh 310 § 132 Nr 96; NVwZ 1982, 433; NVwZ-RR 1996, 713; NVwZ-RR 1999, 374; Ey-P. Schmidt 13; zT **aA** BSG 29, 228; BGH 7, 339; 9, 179, 25, 188; 38, 36; BFH 101, 247; RÖ-v Nicolai 14.

[28] BFH 112, 342; BB 1976, 1301; NJW 1970, 1816; BGH NJW 1990, 3166; RÖ-v Nicolai 12; vgl auch BAG MDR 1983, 529: Angabe einer falschen Entscheidung genügt, wenn tatsächlich die Abweichung vor einer Entscheidung des BAG vorliegt.

[29] BGH MDR 1978, 556; BAG MDR 1983, 522: maßgeblich allein der Zeitpunkt der Entscheidung; **aA** BGH 25, 96; BAG AP Nr 43 zu § 72 ArbGG; vgl auch BAG 4, 101.

Abweichung liegt daher zB vor, wenn die in Frage stehende Entscheidung des BVerwG durch eine seither erfolgte **Gesetzesänderung** überholt ist (DVBl 1961, 745) oder sämtliche Senate des BVerwG die in der Entscheidung vertretene **Rechtsauffassung inzwischen aufgegeben** haben; ebenso wohl auch, **wenn eine Frage** inzwischen durch eine für sämtliche Gerichte verbindliche Entscheidung des **BVerfG** oder eine Entscheidung des **GSOGB** oder des **EuGH geklärt** ist u das Gericht sich dem angeschlossen hat. Vgl auch die Beispiele 5 zu § 11.

19 **Die Abweichung muß** aus dem angefochtenen Urteil **unmittelbar hervorgehen** u darf nicht erst noch weitere Sachaufklärung nach Aufhebung u Zurückverweisung der Sache erforderlich machen (NJW 1960, 595). Sie muß außerdem **auf einer abweichenden Rechtsauslegung beruhen,** dh, die im angefochtenen Urteil vertretene Rechtsauffassung des Berufungsgerichts darf nicht fortgedacht werden können, wenn die Entscheidung Bestand haben soll.[30]

Nicht Voraussetzung der Zulässigkeit wg Divergenz ist es dagegen – schon weil es sich insoweit nicht um eine Frage der Zulässigkeit der Revision, sondern der Begründetheit der Revision handelt (vgl insb § 144 Abs 4) –, **daß das Urteil jedenfalls auch im Ergebnis fehlerhaft** ist, dh, daß das **BVerwG** das Urteil gem § 144 Abs 4 nicht als im Ergebnis zutr **bestätigen müßte.**[31]

20 **c) Wesentliche Verfahrensmängel (Nr 3, sog „Verfahrensrevision").** Die Zulassung wg eines Verfahrensmangels dient vor allem der **Kontrolle** des BVerwG **über die Einhaltung des Verfahrensrechts** durch die Verwaltungsgerichte u damit zugleich mittelbar auch der sachlichen **Richtigkeit** u der **Gerechtigkeit** der Rspr, zu der das Verfahrensrecht beitragen soll (s oben 1), u der Rechtssicherheit im Einzelfall (Maetzel DVBl 1969, 348; Grave VerwA 1973, 63 mwN). Seit der Aufhebung des § 133 aF durch das 4. VwGOÄndG gilt Nr 3 heute auch für Verfahrensfehler, für die früher nach § 133 aF eine zulassungsfreie Revision gegeben war (s oben 4). Nr 3 läßt die Möglichkeit einer Zulassung nach Nr 1 oder Nr 2 unberührt (vgl oben 9ff u 14ff), dh die Zulassung – Entsprechendes gilt für die Zulassungsbeschwerde – kann **auch kumulativ** auf mehrere der in Nr 1 bis 3 genannten Tatbestände gestützt werden, soweit die jeweiligen Voraussetzungen erfüllt sind.

Anders als nach früherem Recht ist Voraussetzung für die Zulassung der Revision, daß ein **Verfahrensmangel nicht nur gerügt** wird, sondern **auch tatsächlich vorliegt.** Die schlüssige Rüge eines Mangels genügt danach nicht. Die Neuregelung schließt es aus, daß ein Beteiligter eine Revision mit einer schlüssig vorgetragenen, aber unrichtigen Verfahrensrüge erwirkt u dadurch das BVerwG – da auch die Verfahrensrevision eine Vollrevision ist, sieht man von den eng umrissenen Ausnahmen des § 137 Abs 3 ab – gezwun-gen wird, das angefochtene Urteil in materieller Hinsicht voll zu überprüfen (BT-Dr 11/7030, 33). Wird mit einer **Divergenzrüge** die **fehlerhafte Anwendung einer prozessualen Vorschrift** gerügt, so liegt hierin zugleich die **Rüge eines Verfahrensmangels** iSd § 132 Abs 2 Nr 3 (NVwZ 2001, 918).

21 **Verfahrensmängel** iSv Nr 3 sind Verstöße gegen Verfahrensnormen, dh Rechtsfehler, die den Weg zum Urteil oder die Art u Weise seines Erlasses betreffen (im Gegensatz zu Fehlern bei der Rechtsfindung, die den Inhalt des Ur-

---

[30] 14, 342; DVBl 1961, 930; zT **aA** Grunsky, Holger/Stumpf-FS 1983, 261: die Möglichkeit der Ursächlichkeit der Abweichung für den Urteilsinhalt genügt.

[31] Ule 63 III 1; ders 2a zu § 132; Redeker, Gelzer-FS 1991, 333; Bachof VerfR 41 Nr 45; vgl auch BVerwG 14, 347; Sendler DVBl 1992, 240 mwN, insb in FN 10, 12, 14, 17 u 20; **aA** BVerwG 54, 99 zu einem Fall, in dem das OVG zwar im Widerspruch zur Rspr des BVerwG die Klage wg fehlender Klagebefugnis gem § 42 Abs 2 als unzulässig abgewiesen hatte, die dazu getroffenen tatsächlichen Feststellungen aber ergaben, daß die Klage im RevisionsVf jedenfalls als unbegründet abgewiesen werden müßte.

teils betreffen; DVBl 1996, 108) u somit der Entscheidung zur Sache anhaften (NJW 1991, 109). In Betracht kommen nur solche des **gerichtlichen Vf** (dh grds nicht auch solche des VerwaltungsVf, sofern diese sich nicht auf das gerichtliche Vf unmittelbar auswirken, vgl DÖV 1984, 468; dazu unten 21 a), **zB unterlassene notwendige Beiladung** (s 39 zu § 137); Verletzung des **rechtlichen Gehörs;**[32] **Außerachtlassen gestellter Klageanträge** (25, 357: Behandlung als Anfechtungsklage statt als Verpflichtungsklage); Entscheidung durch **Prozeßurteil statt durch Sachurteil** (BSG 34, 237; 35, 271; NJW 1994, 150); Ergehen einer Sachentscheidung trotz Unterbrechung des Vf (Buchh 310 § 65 VwGO Nr 129), zB wg Insolvenz (BlnB NVwZ-RR 2006, 584); Verwerfung einer Berufung als unzulässig wg Versäumung der Berufungsbegründungsfrist, ehe über den fristgerecht gestellten Antrag auf Bewilligung von PKH entschieden wurde (NVwZ 2004, 111); fälschliche Annahme der Verwirkung des Klagerechts (NVwZ-RR 2000, 259); **falsches Verständnis von Prozeßerklärungen** mit der Folge, daß dadurch der Anspr auf effektiven Rechtsschutz verkürzt wurde (NJW 1992, 1940; vgl auch NVwZ 1989, 860; NJW 1991 508); **überzogene Anforderungen** an die Sachprüfung bei der Prüfung der Klagebefugnis u damit Verkennung der prozessualen Bedeutung von § 42 Abs 2 (BayVBl 1994/90); überzogene Anforderungen an Berufungsbegründung gem § 124 a Abs 6 (NVwZ-RR 2004, 221); Verletzung des **Grundsatzes der freien Beweiswürdigung** (NJW 1990, 1681); **Verstoß** gegen das prozeßrechtliche **Verbot einer Vorwegnahme der Beweiswürdigung** (NVwZ-Beil 1998, 57; NVwZ-RR 1999, 336; s auch 6 a zu § 86); **Verstoß gegen den Überzeugungsgrundsatz** gem § 108 Abs 1 S 1 (25. 5. 1984 – 13 C 108/82 S 26), zB dadurch, daß das Gericht **von einem falschen** oder unvollständigen **Sachverhalt ausgegangen** ist (23. 1. 1984 – 6 C 131/81; Ms NWVBl 1995, 393), **wesentliche Bekundungen** eines Beteiligten **nicht berücksichtigt** oder ihm Erklärungen unterstellt hat, die er nicht abgegeben hat (DVBl 1983, 1105; 23. 1. 1984 – 6 C 131/81), den **Sachverhalt aktenwidrig angenommen** hat (s auch 19 zu § 137) oder seine **Aufklärungspflicht** gem § 86 Abs 1 **nicht erfüllt hat,**[33] keine weiteren Beweise erhoben hat, obwohl weitere Beweisanträge gestellt waren oder sich dem Gericht angesichts des gesamten Sachverhalts die Notwendigkeit einer weiteren Aufklärung hätte aufdrängen müssen (NVwZ 1988, 1020; Buchh 310 § 86 Abs 1 Nr 265; NVwZ 1998, 628; s auch 5 zu § 86). Ein Antrag auf Vernehmung eines Zeugen vom Hörensagen darf nicht mit der Begründung abgelehnt werden, der Wahrheitsgehalt derartiger Bekundungen sei nicht überprüfbar (Ma 50, 75). Zu beachten ist, daß das Gericht seine Aufklärungspflicht grds dann nicht verletzt, wenn es von einer Beweiserhebung absieht, die eine **anwaltlich vertretene Partei nicht beantragt** hat (NVwZ 2001, 923; Ba SächsVBl 2001, 94; Sa 28, 193) oder wenn vom **Gericht angeordnete Beweise** aus der Sicht der Partei **unzureichend oder unvollständig erhoben** werden (NVwZ 2001, 923); **anderes** gilt nur dann, wenn sich eine **Beweiserhebung offensichtlich hätte aufdrängen müssen,** das Gericht sich eine Sachkunde zuschreibt, die es nicht haben kann oder seine Entscheidungsgründe auf mangelnde Sachkunde schließen lassen (Ba SächsVBl 2001, 94). § 132 Abs 2 Nr 3 ermöglicht es auch nicht, solche Versäumnisse in den Mitwirkungspflichten der Beteiligten nachzuholen, welche **infolge ihrer Abwesenheit während der Beweisaufnahme entstanden** sind (Buchh 448.6 § 5 KDVG Nr 8). Hat ein Beteiligter deutliche Hinweise darauf, daß das Gericht einen von ihm in der mV gestellten Antrag übergehen u abschließend in der Sache entscheiden wird, muß er das Gericht auf diesen Verfah-

[32] Wenn zB die Entscheidung auf eine Vorschrift gestützt wurde, welche weder im Verwaltungs- noch im verwaltungsgerichtlichen Vf erörtert worden war, vgl Buchh 310 § 108 Nr 170; Ms NWVBl 1995, 393.

[33] 70, 222, 225; NVwZ-RR 2006, 627; s allg auch 9 zu § 86.

rensmangel aufmerksam machen u auf die Bescheidung des Beweisantrags gem § 86 Abs 2 drängen, um einen Verfahrensfehler geltend machen zu können (Ks NVwZ 2000, 1432). Verfahrensfehler liegen ferner vor bei einer **unzulässigen Erschwerung des Zugangs zur Rechtsmittelinstanz** dadurch, daß das Gericht dem Sachvortrag eines Beteiligten in nicht vertretbarer Weise einen Sinn u eine Bedeutung beigemessen hat, die zur Verwerfung als unzulässig führen mußte, während bei sachdienlicher Auslegung ohne weiteres eine Sachentscheidung möglich wäre (vgl BVerfG NJW 1993, 1380); bei einem **Verstoß gegen die Bindungswirkung** einer Zurückweisung gem § 144 Abs 6 (Buchh 310 § 144 VwGO Nr 28 S 24 u Nr 37 S 1; NJW 1985, 394); **Fehlen des Tatbestandes** in einem Urteil, wenn die Entscheidungsgrundlagen sich auch sonst nicht mit hinreichender Deutlichkeit aus den Entscheidungsgründen ergeben (BGH 73, 148; NJW 1981, 1884; 1983, 1901; s auch 22 zu § 137); **fehlenden Entscheidungsgründen** (NVwZ-RR 1996, 300: auch wenn dieses Fehlen auf einem Verstoß gegen § 117 Abs 4 beruht). Die Verfahrensrüge, das Gericht habe den Sachverhalt **aktenwidrig festgestellt,** erfordert die schlüssig vorgetragene Behauptung, zwischen den in der angegriffenen Entscheidung getroffenen tatsächlichen Annahmen u den insoweit unumstrittenen Akteninhalt sei ein Widerspruch gegeben. Dieser Widerspruch muß offensichtlich sein, so daß es einer weiteren Beweiserhebung zur Klärung des Sachverhalts nicht bedarf; erforderlich ist hierbei eine konkrete Angabe von Textstellen aus dem vorinstanzlichen Vf, aus denen sich der Widerspruch ergeben soll (UPR 2000, 226). Eine **Unrichtigkeit tatsächlicher Feststellungen** des Urteils ist iü **kein Verfahrensmangel;** sie kann gem § 119 nur mittels eines **fristgebundenen Antrags auf Berichtigung** geltend gemacht werden (Buchh 310 § 119 VwGO Nr 5; DVBl 2001, 726). Kein Verfahrensmangel iSd § 132 Abs 2 Nr 3 kann – wie sich aus § 91 Abs 3 schließen läßt – auf eine unter Verstoß gegen § 91 zugelassene Klageänderung gestützt werden (NVwZ-RR 2000, 260); auch nicht (vgl § 173 S 1 iVm § 557 Abs 2 ZPO sowie § 152 u § 46 Abs 2 ZPO) auf die **Ablehnung eines Befangenheitsantrags** unter Verstoß gegen § 54 iVm § 44 ZPO (NVwZ-RR 2000, 260; **aA** iVm § 124 Abs 2 Nr 5 Ba SächsVBl 2001, 10 u dazu näher 22 zu § 54). Anderes gilt jedoch dann, wenn die Ablehnung auf **Willkür** oder einem **vergleichbar schweren Mangel des Verfahrens beruht,** der in der Sache die Rüge einer nicht vorschriftswidrigen Besetzung des Gerichts rechtfertigt.[34] Ein **Verstoß gegen bloße Soll-Vorschriften** des Prozeßrechts rechtfertigt nicht die Zulassung wg eines Verfahrensmangels (vgl BGH NJW 1982, 293; 1986, 1359; 1992, 512); dasselbe gilt beim **Fehlen** eines ausdr **Ausspruchs über die Zulassung** bzw Nichtzulassung der Revision.[35]

Nicht als Mängel des Vf, sondern als Verletzung des materiellen Rechts anzusehen sind **fehlerhafte Beweiswürdigungen** (DVBl 1996, 109) sowie Verstöße gegen **Regeln über** die materielle **Beweislast;**[36] ebenso nicht Verstöße gegen **Denkgesetze** u **Erfahrungssätze** (NVwZ 1983, 62; 1984, 309; s auch 19 zu § 137) sowie eine rechtswidrige Wiedereinsetzung.[37] Auch die Frage, **ob** eine Rechtsvorschrift der Behörde einen **Beurteilungsspielraum** einräumt, ist aus-

---

[34] DVBl 1997, 1236; 21. 3. 2000 – 7 B 36/00 = RÜ BaRoV 2000 Nr 10, 11; zu dem entspr Problem iVm der Zulassung der Berufung gem § 124 Abs 2 Nr 4 näher 22 zu § 124.

[35] BSG NVwZ 1984, 752; vgl auch BVerfG NJW 1992, 1496: kein Verstoß gegen Art 2 Abs 1 iVm Art 20 Abs 3 GG; uU aber Verstoß gegen in der Sache betroffene Grundrechte, wenn der Zugang zur Rechtsmittelinstanz aus Gründen einer grds unrichtigen Anschauung von der Bedeutung des Grundrechts erschwert wird.

[36] Buchh 402.24 § 2 AuslG Nr 8; s auch 12 zu § 108; **aA** Buchh 310 § 108 VwGO Nr 62 u 72; Ule 50 II 2: Regeln des Prozeßrechts.

[37] Buchh 310 § 60 VwGO Nr 238: Die aufgrund einer rechtwidrigen Bewilligung einer Wiedereinsetzung zur Sache getroffene Entscheidung ist aber inhaltlich unrichtig.

schließlich eine Frage des materiellen Rechts (59, 215 mwN, unter Aufgabe der früheren abweichenden Auffassung, zB in 8, 272; 21, 185). Vgl zur **Abgrenzung von Verfahrensfehlern** von Mängeln der Anwendung des sachlichen (materiellen) Rechts auch zB BGH NJW 1993, 538: Die Auslegung vertraglicher Vereinbarungen ist grds Teil der Anwendung des sachlichen Rechts; Fehler, die dem Gericht insoweit unterlaufen, sind grds als materiellrechtliche Mängel zu erachten; allerdings kann die Vertragsauslegung in besonderen Fällen auch auf Verfahrensfehlern beruhen; dies ist zB dann der Fall, wenn das Gericht Vertragsbestimmungen nicht lediglich inhaltlich unzutr gewürdigt oder ihnen nicht den gebotenen Stellenwert zuerkannt hat, sondern wenn erkennbar vertragliche Regelungen überhaupt nicht zur Kenntnis genommen oder sprachlich falsch verstanden wurden.

Es kann auch einen Verfahrensfehler darstellen, wenn das Gericht den Anspr der Partei auf rechtliches Gehör dadurch verletzt hat, daß es den Kern ihres Vorbringens verkannt u daher eine entscheidungserhebliche Frage verfehlt (vgl BGH NJW 1990, 1500; 1993, 538) oder einen wesentlichen Teil des Klagevortrags übergangen hat (vgl BGH NJW 1984, 307; 1993, 538). Hingegen kann **nicht** von einem **Verfahrensmangel** in diesem Sinne gesprochen werden, wenn das Gericht das **Parteivorbringen lediglich unter einem sachlichrechtlich fehlerhaften Gesichtspunkt gewürdigt** oder deshalb nicht weiter erörtert hat, weil es hierauf nach seinem materiellrechtlichen (möglicherweise unrichtigen) Standpunkt nicht ankam (BGH NJW 1993, 538).

Für **Verfahrensmängel in der ersten Instanz,** deren Entscheidungen gem 21 a
§ 135 bei Ausschluß der Berufung der Revision unterliegen, gilt grds dasselbe wie bei Verfahrensfehlern des OVG. Keinen Verfahrensfehler iSd § 132 Abs 2 Nr 3 bildet es, wenn das Gericht unter Verstoß gegen § 84 Abs 1 S 1 durch Gerichtsbescheid entschieden hat (Buchh 310 § 132 Abs 2 Ziff 3 VwGO Nr 24, vgl auch Sa 27, 351) oder das rechtliche Gehör im Fall des § 84 Abs 1 S 2 verletzt wurde,[38] ferner (wegen § 6 Abs 4) grds auch nicht, wenn die Zuständigkeitsregeln des § 6 Abs 1 u 3 als verletzt gerügt werden (näher 28 zu § 6). **Verfahrensmängel der 1. Instanz** sind iVm der Zulassung der Revison gegen eine Entscheidung des OVG nur insoweit erheblich, **als sie** auch in der Berufungsinstanz noch fortgewirkt haben u hier **nicht** durch eine fehlerfreie Berufungsentscheidung **geheilt** oder „überholt" wurden (vgl NJW 1991, 190; AgrarR 1996, 35); **anders, wenn** das Berufungsgericht ausnahmsweise **nicht die gleiche** umfassende Entscheidungskompetenz hat wie das Erstgericht (DÖV 1980, 135; NVwZ 1982, 556; s auch 61 vor § 124) oder aus anderen Gründen der **Mangel fortwirkt** bzw „durchschlägt". S auch 23 a zu § 137; 11 zu § 138; zur Unterlassung einer notwendigen Beiladung auch 40 zu § 137. Auch Verfahrensmängel des **VerwaltungsVf** sind nur ausnahmsweise zugleich als Verfahrensmängel auch iSv § 132 Abs 2 Nr 3 anzusehen, **wenn als Folge davon auch Grundsätze** u Vorschriften **des Prozeßrechts** nicht mehr ihren Zweck erfüllen konnten (vgl DÖV 1984, 468; s auch NVwZ 1999, 1219 mwN).

Soweit Vorschriften dem Richter **Ermessensfreiheit** einräumen, kann die 22
Revision nur auf Ermessensüberschreitung u Ermessensmißbrauch gestützt werden. Vgl im einzelnen 20 zu § 137. **Eine Verletzung verfahrensrechtlicher Soll-Vorschriften** ist grds unerheblich u insofern auch kein Zulassungsgrund (s oben 21).

Erheblichkeit eines Verfahrensmangels („auf dem Verfahrensmangel beru- 23
hen kann"): Wird ein **absoluter Revisionsgrund** iSd § 138 geltend gemacht, so ist stets davon auszugehen, daß das Urteil auf diesem Verstoß beruhen kann

---

[38] Vgl auch Ko DÖV 1999, 36; Ks NVwZ-RR 2001, 207; Ma NVwZ-RR 2001, 409; s auch 26 u 41 zu § 84.

(DVBl 1996, 107; BSG SGb 1995, 458; Ks 44, 180; RÖ-v Nicolai 18). Der früheren entgegengesetzten Ansicht, wonach es einer genauen Prüfung der Beruhensfrage bedurfte – bei einem Verstoß gegen § 117 Abs 4 wurde die Möglichkeit des Beruhens verneint (DVBl 1991, 160) –, ist durch das 4. VwGOÄndG die Grundlage entzogen; nunmehr können alle absoluten Revisionsgründe mit der Nichtzulassungsbeschwerde geltend gemacht werden (DVBl 1996, 107; Pagenkopf DVBl 1991, 293). Ansonsten ist die Erheblichkeit wie nach § 545 ZPO dann gegeben, wenn „mindestens die **Möglichkeit** besteht, daß das Gericht ohne den Rechtsverstoß zu einem dem Rechtsmittelführer sachlich günstigeren Ergebnis hätte gelangen können" (1, 1; 1, 281; 14, 346; BayVBl 1989, 249; Buchh 448.6 § 2 KDVG Nr 3). Die Aufhebung einer vermeintlich rechtswidrigen Beiladung durch das OVG vor Erlaß des Berufungsurteils schließt es aus, daß dieses auf diesem (unterstellten) Fehler beruht (Buchh 310 § 132 Abs 2 Ziff 3 VwGO Nr 27). Bei der Beurteilung **der möglichen Kausalität** eines Verfahrensmangels idS kommt es allein auf den **materiellrechtlichen Standpunkt** (dh die Rechtsauffassung) **des Gerichts, gegen dessen Urteil** die Revision erhoben werden soll, an,[39] u zwar auch wenn dieser Standpunkt verfehlt sein sollte (NVwZ-RR 1996, 369). Für dessen Feststellung sind jedoch nur die Urteilsgründe, nicht nachträgliche Erklärungen der beteiligten Richter maßgeblich (29, 261). Zur Erheblichkeit von Verfahrensfehlern des Vf 1. Instanz s oben 21 a.

24 Die Verletzung von **Verfahrensvorschriften, auf deren Einhaltung die Beteiligten verzichten können** – auch zB solcher, die dem rechtlichen Gehör dienen (19, 234; BFH NJW 1968, 111) –, ist nicht erheblich, wenn sie nicht rechtzeitig (§ 173 S 1 iVm §§ 295, 534 ZPO) gerügt wurde.[40] Das trifft dann zu, wenn der Beteiligte den Fehler nicht in der Vorinstanz bei der nächsten mV, die aufgrund des betr Vf stattgefunden hat, geltend gemacht hat (NJW 1989, 678; 1998, 3369). Mit der nächsten mV ist dabei nicht nur ein neuer Verhandlungstermin, sondern auch die (fortgesetzte) Verhandlung gemeint (NJW 1998, 3369; Seibert NVwZ 1999, 119 mwN). **Nicht erheblich** sind auch Verstöße gegen **Verfahrensvorschriften** durch Vorentscheidungen der Vorinstanzen, **die** nach § 173 S 1, § 557 Abs 2 ZPO der **Nachprüfung durch das Revisionsgericht entzogen sind,**[41] wohl aber uU **Verstöße,** die **in den Folgerungen** liegen, die die Vorinstanz aufgrund solcher Entscheidungen gezogen hat, zB die getrennte Verhandlung u Entscheidung von Teilen eines unter Verstoß gegen § 93 getrennten, in Wahrheit nicht trennbaren einheitlichen Klagebegehrens (39, 323; vgl auch 4 zu § 128). Zur Verletzung der örtlichen oder sachlichen Zuständigkeit s 32 vor § 124, zur **Darlegungspflicht** bei der Rüge von Verfahrensmängeln allg unten 48.

25 **d) In anderen Gesetzen vorgesehene Zulassungsgründe.** Außer § 132 Abs 2 sehen auch verschiedene **Gesetze außerhalb der VwGO** Gründe vor, bei deren Vorliegen die Revision zuzulassen ist.

26 § 18 Abs 1 RsprEinhG, wonach die Revision auch zuzulassen ist, wenn das Urteil von einer Entscheidung des GSOGB abweicht, wurde **bei der Neufassung des Abs 2 Nr 3 bereits berücksichtigt.** Zum Begriff der Abweichung vgl oben 14 ff; zur Frage, ob die Abweichung sich auf die Auslegung desselben Gesetzes beziehen muß, verneinend GSOGB BVerwG 41, 365; BFH BStBl II 1971, 274; bejahend 36, 346.

27 **Besondere Zulassungsvorschriften** enthalten auch einige andere Gesetze, zB § 127 Nr 1 BRRG: Divergenzrevision auch bei Abweichung von der Ent-

---

[39] NVwZ 1993, 576; NVwZ-RR 1996, 369; NVwZ 1997, 501; stRspr; NKVwGO-Czybulka 123; Seibert NVwZ 1999, 119.

[40] NJW 1998, 3369; DVBl 1999, 99; NVwZ-RR 2006, 627.

[41] 39, 323; BayVBl 1973, 388; VRspr 25, 996; NJW 1998, 2301: Ablehnung der Aussetzung des Vf durch das Berufungsgericht trotz Anhängigkeit einer VB zu derselben Rechtsvorschrift.

scheidung eines anderen OVG. Für die **Auslegung u Anwendung** dieser Vorschriften gelten, soweit nichts anderes bestimmt ist, die **zu § 132 Abs 2 entwikkelten Grundsätze** (s oben 9–24) entsprechend. So verwendet § 127 Nr 1 BRRG den Begriff der Abweichung iSd § 132 Abs 2 Nr 2 (NVwZ 1999, 406). Ein die Berufung zulassender Beschluß ist keine Entscheidung, von der das OVG in einer die Revision eröffnenden Weise abweichen könnte (NVwZ 1999, 406).

e) Keine weiteren Zulassungsgründe. Andere Revisionszulassungsgründe als die in § 132 Abs 2 u in besonderen gesetzlichen Bestimmungen (s oben 25 ff) vorgesehenen Zulassungsgründe sind nicht anzuerkennen (RÖ-v Nicolai 5). 28

Keinen Zulassungsgrund stellt auch eine nach Erlaß des in Frage stehenden Urteils erfolgte, mit rückwirkender Kraft ausgestattete **Gesetzesänderung** dar, die an sich den im Urteil festgestellten oder verneinten Anspr erfaßt.[42] 29

4. Wirkung der Revisionszulassung: Die Zulassung **eröffnet,** sofern sie nicht ausdr u unzweideutig bei einem teilbaren Streitggst (s unten u 32 a) beschränkt ist (vgl BGH NJW 1984, 614 u 615), **die Revision** nicht nur bzgl der Gründe, wg derer sie erfolgte, sondern im **vollen Umfang** hins aller revisiblen Fragen gem § 137 (14, 342; DÖV 1967, 464; BFH NJW 1987, 680); unter den Voraussetzungen des § 137 Abs 3 **auch hins des materiellen Rechts,** selbst wenn die Zulassung im Hinblick auf einen Verstoß gegen Verfahrensrecht erfolgte.[43] **Zu Beschränkungen** bei Verfahrensmängeln s 34 ff zu § 137; zu Beschränkung der Zulassung **bei teilbarem Streitggst** auf einen von mehreren (prozessualen) Anspr unten u 32 a. 30

Die **Zulassung wirkt,** wenn sie nicht[44] ausdr auf bestimmte Beteiligte beschränkt wird, **für alle Beteiligten** (§ 63), auch soweit sie keine Nichtzulassungsbeschwerde eingelegt haben,[45] u macht auch eine **vorher** – zu Unrecht – **eingelegte Revision rückwirkend zulässig;**[46] Entsprechendes gilt für eine **nachträgliche,** nachdem bereits Revision eingelegt wurde, auf Nichtzulassungsbeschwerde des Revisionsführers hin **erfolgende Revisionszulassung durch das OVG bzw das BVerwG.**[47] Das **BVerwG** vertritt allerdings unter Änderung seiner früheren Rspr[48] die Ansicht, daß seit Inkrafttreten des 4. VwGOÄndG die aufgrund einer Beschwerde erfolgte Zulassung der Revision **nur noch zu Gunsten des Bf wirke** (NVwZ 2001, 201). Begründet wird dies damit, daß sich durch diese Gesetzesnovelle die Rechtslage insoweit verändert habe, als bei erfolgreicher Nichtzulassungsbeschwerde gem § 139 Abs 2 das BeschwerdeVf als RevisionsVf fortgesetzt wird, ohne daß es der Einlegung einer Revision durch den Bf bedarf u zudem die Begründungsfrist für die Revision nach § 139 Abs 3 S 1 einen Monat nach Zustellung des Beschlusses über die Zulassung der Revi-

---

[42] 30, 266; ZMR 1971, 330; allg auch 41, 230: Rechtsänderung ist allein kein Grund für die Zulassung der Revision, selbst dann nicht, wenn sie im Rahmen einer zulässigen Revision zu berücksichtigen wäre.

[43] 14, 342 = NJW 1982, 2121; NJW 1983, 2042; Buchh 310 § 144 VwGO Nr 25; BGH 90, 320 = NJW 1984, 2945; RÖ-v Nicolai 4; Ey-P. Schmidt 22; zT **aA** Buchh 310 § 132 VwGO Nr 26.

[44] Im Entscheidungssatz oder in der Begründung, s DVBl 1982, 340; BGH NJW 1992, 1039; 1993, 1799; s auch oben 4; letzteres zweifelhaft, vgl unten 32.

[45] 7, 6; 34, 352; 65, 31 = DVBl 1982, 340; Buchh 310 § 132 VwGO Nr 37 S. 14; Ey-P. Schmidt 22; Kummer 279; Sch-Pietzner 17; Weyreuther 233; **aA** B-Bader 7.

[46] Vgl 21, 286 zu einer vorher gem § 133 aF eingelegten zulassungsfreien Revision, in der – zu Unrecht – auch die Verletzung sachlichen Rechts gerügt war; ebenso NVwZ 1985, 428: keine nochmalige Revisionseinlegung erforderlich; BFH NJW 1980, 472; s auch unten 31; ferner 10 zu § 131.

[47] Vgl Ms NVwZ-RR 1989, 583; str; **aA** BFH NJW 1992, 800: die vorher eingelegte Revision bleibt unzulässig, der Betroffene muß erneut Revision einlegen.

[48] Weyreuther 233 mwN.

sion beträgt. Dies setze voraus, daß die Revisionszulassung nur den erfolgreichen Bf begünstigen wolle (NVwZ 2001, 202). Das vermag aber schon deshalb nicht zu überzeugen, weil sich aus dem Gesetz keine Anhaltspunkte dafür ergeben, daß die Wirkungen der Zulassung je nachdem, ob die Zulassung vAw oder auf Grund einer Nichtzulassungsbeschwerde erfolgte, eine unterschiedliche personelle Reichweite besitzen sollte. Das stünde auch mit einem das gesamte Rechtsmittelrecht bisher beherrschenden Grundsatz in Widerspruch, nach dem die Zulassung streitgegenstands- u nicht personenbezogen erfolgt. Hätte das Gesetz mit der bisherigen, durch die Rspr geteilten ganz hM brechen wollen, hätte es dies eindeutig zum Ausdruck bringen müssen. Für eine in diese Richtung zielende Absicht des Gesetzgebers bietet zudem die Entstehungsgeschichte des 4. VwGOÄndG keinerlei Anhaltspunkte. Ganz im Gegenteil wurde in der Begründung des Regierungsentwurfs ausdr hervorgehoben, daß das geltende Revisionssystem im wesentlichen beibehalten werden sollte (BT-Dr 11/7030, 32). Der Sinn des § 139 Abs 2, nach dem es bei erfolgreicher Nichtzulassungsbeschwerde keiner gesonderten Einlegung einer Revision bedarf, bestand ausschließlich darin, im Interesse der Verfahrensökonomie u der Rechtsschutzeffektivität das RechtsmittelVf zu vereinfachen, nicht aber war daran gedacht – dieser Zielsetzung diametral entgegengesetzt – den Rechtsschutz einzuschränken (s auch Sch-Pietzner 84 zu § 133). Eine andere Ansicht erweckte zudem im Hinblick auf Art 19 Abs 4 GG Bedenken. Dieser garantiert zwar keinen Instanzenzug, erfordert aber dort, wo er durch den Gesetzgeber eingeräumt wird, eine Auslegung, die einen möglichst effektiven Rechtsschutz ermöglicht (BVerfG 40, 274 ff; 54, 96 ff). Der Umstand, daß sich bei Zugrundelegung einer streitgegenstandsbezogenen Interpretation des § 132 eine Gesetzeslücke ergibt, wenn ein Beteiligter gegen eine Entscheidung Revision einlegt, deren Zulassung aufgrund einer Nichtzulassungsbeschwerde eines anderen Beteiligten erfolgte, steht der hier vertretenen Ansicht nicht entgegen, da sich diese Gesetzeslücke durch eine entspr Anwendung des § 139 Abs 1 S 1, Abs 3 S 1 schließen läßt (so Sch-Pietzner 84 zu § 133). Eine solche Analogie ist auch sonst im Prozeßrecht nichts Ungewöhnliches u stellt keinen Verstoß gegen eine verfassungsrechtlich gebotene Rechtsmittelklarheit dar (**aA** NVwZ 2001, 202). Die entsprechende Klarheit könnte ohnehin durch eine nach § 58 gebotene, im Zulassungsbeschluß auszusprechende Rechtsmittelbelehrung hergestellt werden (s auch Sch-Pietzner 84 zu § 133).

Soweit die Revision in zulässiger Weise (s unten 32 a) **nur für einen Teil** eines Urteils **zugelassen wurde,** können die übrigen Teile **auch nicht im Weg der Anschlußrevision** zum Gegenstand des RevisionsVf gemacht werden (s oben 8). Wurde die Revision in unzulässiger Weise nur beschränkt zugelassen, obwohl die Voraussetzungen für eine unbeschränkte Zulassung vorliegen, so ist die Beschränkung als nicht erfolgt anzusehen (vgl BFH NJW 1984, 615; unten 32 a). Wurden in der Revisionszulassung einzelne **beigeladene Beteiligte** ausgenommen, so bleiben sie gleichwohl beigeladen u haben die Rechte gem § 66.

31 **Eine bereits vor erfolgter Zulassung** – unzulässigerweise – **eingelegte Revision** muß nach Zulassung (auch wenn die Zulassung auf die Beschwerde eines anderen Beteiligten hin erfolgt ist, RÖ-v Nicolai 4) nicht erneut eingelegt werden, sondern ist als zugelassene Revision weiterzubehandeln (7, 6; 21, 286; NJW 1969, 1976; s auch oben 30). Der **spätere Wegfall eines Grundes,** der für die Revisionszulassung maßgeblich war, berührt die Zulässigkeit der Revision nicht (DVBl 1962, 62).

32 **5. Zulassung der Revision durch das OVG (VG):** Das OVG hat grds **vAw** – kein Antrag erforderlich u auch keine Bindung an evtl gestellte Anträge! (Ey-P. Schmidt 19) – über die Zulassung der Revision **im Tenor des Urteils** zu entscheiden, nicht dagegen in einem zusammen mit dem Urteil ergehenden

Beschluß.[49] Als ausreichend anzusehen ist es (ebenso wie bei der Zulassung der Berufung, s 10 zu § 124 a), wenn die Zulassung **nur aus den Gründen** des Urteils als vom Gericht unzweifelhaft gewollt ersichtlich ist;[50] nicht jedoch, wenn sie (nur) **in der** – mit dem Urteil mitverkündeten oder bei Erlaß des Urteils durch Zustellung mit zugestellten, vgl BAG NJW 1991, 1157 – **Rechtsmittelbelehrung** ausgesprochen ist.[51] **Entsprechendes gilt** auch für etwaige **Einschränkungen der Zulassung** der Revision (vgl BGH NJW 1990, 1795; 1995, 1956 mwN: auch Zulassungsbeschränkungen können sich aus den Gründen ergeben). Der Ausspruch über die Zulassung der Revision **muß den Grund der Zulassung** (Abs 2 Nr 1–3) **angeben,** bedarf jedoch im übrigen keiner Begründung (14, 334; BSG NJW 1976, 1911; Ey-P. Schmidt 20; sehr zweifelhaft; **aA** RÖ-v Nicolai 24); **anders die Ablehnung der Zulassung** (§ 122 Abs 2 S 1; s dazu unten 33). Bezieht sich die **Begründung nur auf einzelne Aspekte** des Urteils, ist die Zulassung als solche aber nicht beschränkt, so ist im Zweifel von einer **unbeschränkten Zulassung** auszugehen (vgl BAG NJW 1991, 1002).

Ist das **Urteil,** gegen das Revision eingelegt werden soll, **auf** mehrere, **je selbständig tragende Begründungen** gestützt, so ist die Revision nur zulässig, wenn sie **für jede dieser Begründungen** zugelassen wird.[52] Eine solche Zulassung ist jedoch im Zweifel auch schon in einer inhaltlich nicht ausdr eingeschränkten Revisionszulassung zu sehen.

Bei einem teilbaren Streitggst muß, wenn die Zulassungsvoraussetzungen **32 a**
nur für **einen tatsächlich u rechtlich selbständigen u abtrennbaren Teil des Klageanspr,** dh für einen von mehreren geltend gemachten (prozessualen) Anspr gegeben sind, die Zulassung darauf beschränkt werden (allg zur Zulässigkeit von TeilRMittel BGH NJW 1990, 1795); dies gilt nicht jedoch auch für **einzelne Rechtsfragen**[53] **oder einzelne** von mehreren konkurrierenden **Anspruchsgrundlagen** (vgl BGH NJW 1984, 615). S auch oben 4 u 6. **Teilbarkeit idS** ist **anzunehmen, wenn** insoweit auch ein **Teilurteil**[54] – zB hins eines von mehreren einfachen Streitgenossen (BGH NJW 1952, 786) oder hins eines von mehreren selbständigen Klageanspr (BGH 48, 136) –, **Zwischenurteil** (BGH 76, 399; NJW 1984, 615; 1987, 3265; 1990, 1797) oder **Grundurteil** (NJW 1980, 1579) zulässig wäre, oder für **Verteidigungsmittel** hins tatsächlich abtrennbarer Teile des Gesamtstreitstoffes (BGH NJW 1971, 1219; 1979, 767; 1980, 1579; WM 1976, 1339). Soweit für die Revision durch Gesetz eine **Beschwerdesumme** festgesetzt ist, muß diese auch hins des Teils, für den die Zulassung ausgesprochen (bzw begehrt) wird, erreicht werden (**aA** BGH NJW 1979, 550). **Wurde** die Zulassung in **unzulässiger Weise eingeschränkt,** so ist von einer **uneingeschränkten Zulassung** auszugehen (vgl BGH NJW 1976, 2264; 1987, 3265). Allg zur Zulässigkeit nachträglicher **Erweiterungen einer Revision** durch den Revisionskl s 18 vor § 124 sowie insb Schnauder JuS 1993, 365.

Auch **die Ablehnung der Zulassung** der Revision muß **ausdr im Urteil** **33**
erfolgen u begründet werden;[55] ein entsprechender ausdr Ausspruch dient nicht

---

[49] BFH 103, 307; Sch-Pietzner 112; Weyreuther 161; **aA** RÖ-v Nicolai 24.

[50] Buchh 310 § 131 VwGO Nr 1 u 2; § 134 VwGO Nr 13, 15 u 17; NJW 1978, 772; DVBl 1986, 286; BGH NJW 1995, 1956; RÖ-v Nicolai 24.

[51] 71, 76; BayVBl 1988, 217; Buchh 310 § 131 VwGO Nr 1; Ms DÖV 1984, 946; **aA** DÖV 1984, 553 mwN; Buchh 310 § 134 VwGO Nr 15; 451.53 Fischwirtschaft Nr 1; 310 § 131 Nr 2.

[52] NJW 1991, 649; Buchh 310 § 132 Nr 158, 166, 176 u 197.

[53] 49, 294; 50, 295 mwN; NVwZ 1982, 557; BGH NJW 1987, 2586; Weyreuther Nr 50.

[54] NJW 1979, 550; 1980, 1579; BGH NJW 1987, 3265 – auch über die Zulässigkeit der Klage, nicht dagegen auch über die Zulässigkeit des RMittel.

[55] Vgl oben 32; NKVwGO-Czybulka 137; **aA** BGH 44, 395; Ms DÖV 1984, 946; RÖ-v Nicolai 24: Fehlen der Entscheidung über Zulassung ist wie Nichtzulassung zu behandeln.

nur der Klarheit u ist nicht nur nobile officium des Gerichts (anders die hM, s die N oben). **§ 133** Abs 5 S 2 ist insoweit auch nicht analog anwendbar. Nach NJW 1991, 190 **genügt** der **Hinweis im Berufungsurteil, die Voraussetzungen des § 132 Abs 2** für eine Zulassung der Revision **seien nicht erfüllt,** den Anforderungen an eine Begründung der Entscheidung über die Nichtzulassung.

33 a **Hat das OVG irrtümlich nicht über die Zulassung** entschieden, weil es der Auffassung war, die Revision sei aufgrund besonderer Bestimmungen außerhalb der VwGO (die derzeit keine zulassungsfreie Revision kennt) ohnehin zulässig, u wird die Revision daraufhin eingelegt, so kann das **Revisionsgericht nicht vorweg** darüber entscheiden, ob die Zulassungsvoraussetzungen erfüllt sind, u dann ggf die Revision als zugelassen behandeln, sondern muß das Vf analog § 94 aussetzen u dem Rechtsmittelführer Gelegenheit geben, Zulassungsbeschwerde nach § 133 einzulegen (Ko DÖV 1991, 1071; Br DÖV 1980, 1073; vgl BGH NJW 1986, 3134 mwN; s auch 19 zu § 131); **anders, wenn** das Revisionsgericht die fehlende Zulassung **nicht bemerkt oder** die Revision **irrtümlich als zulassungsfrei** ansieht (vgl DVBl 1986, 286, in 71, 73 nicht mit abgedruckt).

34 **Eine nachträgliche** (positive) **Entscheidung** über die Zulassung (außerhalb des AbhilfeVf im Rahmen einer Nichtzulassungsbeschwerde) durch Beschluß oder im Wege der Urteilsergänzung gem § 120 ist **nicht möglich,** weil dies eine unzulässige Abänderung des Urteils darstellen u zugleich in unzulässiger Weise den Eintritt der RKraft hindern würde (BGH 44, 395; OLG Köln MDR 1978, 584; RÖ-v Nicolai 24; s 1 zu § 120; **aA** Müller NJW 1955, 1740; NKVwGO-Czybulka 134). Möglich ist dagegen eine **Urteilsberichtigung** nach § 118 (RÖ-v Nicolai 24).

35 **Zur Revisionszulassung durch das VG** s § 134 u § 135.

36 **6. Die Bindung des BVerwG an die Zulassung der Revision (Abs 3):** Die **Zulassung** der Revision durch das OVG **bindet das BVerwG,** sofern sie auf vertretbaren Gründen beruht (Prinzip der Rechtsmittelklarheit u Rechtsmittelsicherheit).[56] Die Bindung gilt, wie der durch das 4. VwGOÄndG eingefügte Abs 3 ausdr klarstellt, grds auch dann, wenn **die Zulassung offensichtlich gesetzwidrig** (anders im Bereich der Finanzgerichtsbarkeit BFH NVwZ 1999, 696) u das Vertrauen der Beteiligten deshalb nicht schutzwürdig ist.[57] Die Bindung an die Revisionszulassung besteht auch dann, wenn die Frage, wg der die Revision zugelassen wurde, **ausschließlich nichtrevisibles Recht** betrifft (DÖV 1997, 601; **aA** zum früheren Recht 48, 347); eine solche Revision ist zulässig, aber **unbegründet,** weil sie nicht auf die Verletzung revisiblen Rechts (§ 137) gestützt werden kann (DÖV 1997, 601). **Keine Bindung** besteht, wenn das Urteil der Revision überhaupt **nicht unterliegt**[58] **oder wenn weder** aus dem Tenor noch aus den Urteilsgründen oder sonst **ersichtlich** ist, aus welchem Grund die Revision zugelassen wurde (BSG NJW 1976, 1911; Haueisen SGb 1955, 1; offen in BGH 2, 400), oder weil es offensichtlich nicht auf die Frage, wg der die Zulassung erfolgte, ankommen kann, weil das Urteil eindeutig auf andere Gründe gestützt ist, die keiner Klärung bedürfen (48, 374; BAG 2, 38; krit Lässig DVBl 1976, 224) bzw die betr Frage nur im Rahmen einer Hilfsbegründung erörtert wird (48, 374). **Bindend** ist die Zulassung jedoch gem Abs 3 **auch,** wenn die Zulassung zwar nicht offensichtlich ohne einen gesetzlichen Zulassungsgrund erfolgte, aber auf einem wesentlichen **Mangel des ZulassungsVf** beruht oder beruhen kann, dies vom Revisionsgegner gerügt wird u deshalb auch

---

[56] S 1, 15; 48, 373; NVwZ 1982, 555; Buchh 310 § 132 VwGO Nr 60; VRspr 21, 121.

[57] BT-Dr 11/7030, 33; NVwZ 1991, 781; DÖV 1997, 601; RÖ-v Nicolai 25; Sch-Meyer-Ladewig 23 zu § 131.

[58] 1, 11; 18, 56, 48, 373; BT-Dr 11/7030, 33: die Bindungswirkung setzt eine ihrer Natur nach revisionsfähige Entscheidung voraus.

für den Revisionskl erkennbar ist (BT-Dr 11/7030, 33). „Erst recht" bindend ist eine Zulassung durch das Revisionsgericht selbst (NVwZ 1995, 698).

Umgekehrt ist eine **unzulässige** oder im angefochtenen Urteil nicht eindeutig ausgesprochene **Beschränkung der Zulassung** auf einen Teil der Entscheidung oder lediglich auf eine einzelne Rechtsfrage unwirksam u unbeachtlich; die Revision ist in diesen Fällen als uneingeschränkt zugelassen anzusehen (s oben 32 a). 37

§ 133 [Nichtzulassungsbeschwerde]

(1) **Die Nichtzulassung der Revision kann durch Beschwerde angefochten werden.**[1 ff]

(2) **Die Beschwerde ist bei dem Gericht, gegen dessen Urteil Revision eingelegt werden soll,**[4] **innerhalb eines Monats**[6 f] **nach Zustellung des vollständigen Urteils einzulegen. Die Beschwerde muß das angefochtene Urteil bezeichnen.**

(3) **Die Beschwerde ist innerhalb von zwei Monaten nach der Zustellung des vollständigen Urteils zu begründen.**[10 ff] **Die Begründung ist bei dem Gericht, gegen dessen Urteil Revision eingelegt werden soll, einzureichen.**[8, 11] **In der Begründung muß die grundsätzliche Bedeutung der Rechtssache dargelegt**[14, 15] **oder die Entscheidung, von der das Urteil abweicht,**[14, 16] **oder der Verfahrensmangel bezeichnet**[14] **werden.**

(4) **Die Einlegung der Beschwerde hemmt die Rechtskraft des Urteils.**[1]

(5) **Wird der Beschwerde nicht abgeholfen, entscheidet das Bundesverwaltungsgericht durch Beschluß.**[19] **Der Beschluß soll kurz begründet werden; von einer Begründung kann abgesehen werden, wenn sie nicht geeignet ist, zur Klärung der Voraussetzungen beizutragen, unter denen eine Revision zuzulassen ist. Mit der Ablehnung der Beschwerde durch das Bundesverwaltungsgericht wird das Urteil rechtskräftig.**[19 b]

(6) **Liegen die Voraussetzungen des § 132 Abs. 2 Nr. 3 vor, kann das Bundesverwaltungsgericht in dem Beschluß das angefochtene Urteil aufheben und den Rechtsstreit zur anderweitigen Verhandlung und Entscheidung zurückverweisen.**[1, 22]

Vgl § 160 a SGG; § 116 FGO

Schrifttum: *Kummer,* Die Nichtzulassungsbeschwerde – Das Beschwerdeverfahren nach der FGO, der VwGO und dem SGG, 1990; *Redeker,* Revisionsurteile im Gewand von Zulassungsbeschlüssen, Gelzer-FS 1991, 333; *Schmid,* Die Nichtzulassungsbeschwerde (§ 116 FGO), DStR 1993, 1284; *Schmidt,* Zu den Risiken einer revisionsgerichtlichen Entscheidung nach § 133 Abs 5 VwGO, NVwZ 1993, 754; *Sendler,* „Kleine" Revisionsurteile?, DVBl 1992, 240; *v Wedelstädt,* Die Tücken der Nichtzulassungsbeschwerde, Betr 1991, 1899.

1. Allgemeines: Die durch das 4. VwGOÄndG anstelle des aufgehobenen § 133 aF neu in die VwGO eingefügte Vorschrift regelt die **Nichtzulassungsbeschwerde.** Inhaltlich entspricht die Regelung im wesentlichen § 132 Abs 3 bis 5 aF, wo die Nichtzulassungsbeschwerde ursprünglich zusammen mit der Revisionszulassung (§ 132 Abs 1 u 2 aF) geregelt war. Die Nichtzulassungsbeschwerde ist das von der VwGO gegen die Nichtzulassung der Revision durch das OVG vorgesehene RMittel. Sie dient ähnlich wie die Revision selbst der **Sicherung einer einheitlichen Rechtsanwendung.** Zulässig ist auch die **Anschlußbeschwerde** (s 53 vor § 124; 24 zu § 127), jedoch nur als selbständige Anschlußbeschwerde (34, 351; Kummer 242; Sch-Pietzner 17 mwN; vgl allg auch 72, 93). 1

Die Nichtzulassungsbeschwerde hat **keine Devolutivwirkung** hins der Hauptsache (vgl 1 vor § 124), **hemmt** jedoch, obwohl sie nur die Frage der Zulassung betrifft, gem Abs 4 **die RKraft des Urteils,** für das die Revisionszulassung beantragt wird (Ey-P. Schmidt 1; Friedrichs NJW 1976, 1875). In Verbindung mit einer Beschwerde gegen die Nichtzulassung der Revision kann auch ein Antrag auf **einstweilige Einstellung der Zwangsvollstreckung** gem § 167 iVm § 719 Abs 2 ZPO gestellt werden (29, 290; NVwZ 1998, 1177; Sch-Pietzner 155 zu § 167), für den das BVerwG **ab Einlegung der Beschwerde** bei dem Gericht, gegen dessen Urteil Revision eingelegt werden soll, zuständig ist (NVwZ 1998, 1177).

Zur **Fortsetzung des Vf** über die Nichtzulassungsbeschwerde **als RevisionsVf** s § 139 Abs 2; dazu unten 23; ferner dazu 1 zu § 139; zur **Zurückverweisung** der Sache bei Verfahrensfehlern im Beschluß über die Nichtzulassungsbeschwerde gem § 133 Abs 6 unten 22; zur **Rücknahme** der Nichtzulassungsbeschwerde u zur Hauptsacheerledigung unten 20.

Nicht erforderlich wäre eine Nichtzulassungsbeschwerde, wenn das untere Gericht **irrtümlich die Revision** nicht zugelassen hat, diese jedoch schon kraft Gesetzes zulässig ist (was derzeit nach der VwGO jedoch nicht vorgesehen ist u deshalb eines besonderen Gesetzes bedürfte). Vgl dazu DVBl 1992, 776 sowie 22 zu § 131; 22 vor § 124.

Im Vf über die Beschwerde wg der Nichtzulassung der Revision kommt eine notwendige Beiladung in entspr Anwendung des § 142 Abs 1 S 2 nicht in Betracht (NVwZ 2001, 202).

2 **2. Gegenstand der Nichtzulassungsbeschwerde, Beschwerdeführer (Abs 1):** Gegenstand der Nichtzulassungsbeschwerde ist nach Abs 1 die „Nichtzulassung" der Revision (s dazu 32 ff zu § 132), die damit angefochten werden kann. Das **Fehlen einer Entscheidung** über die Zulassung ist insoweit der Nicht-Zulassung gleichzuachten (s 33 zu § 132). Die Nichtzulassungsbeschwerde kann (bzw muß) ggf, soweit die zu 32 a zu § 132 genannten Voraussetzungen gegeben sind, auf die (abtrennbaren) Teile beschränkt werden, für die die Zulassungsgründe gegeben sind. **Gegen die Zulassung** der Revision ist **kein RMittel** gegeben. Eine analoge Anwendung des § 133 Abs 1 auf die Nichtzulassung der Beschwerde gegen eine Rechtswegentscheidung des OVG ist nicht möglich (s 30 zu § 41). Eine Nichtzulassungsbeschwerde gegen eine Rechtsschutzverweigerung durch eine gegen Art 19 Abs 4 GG u Art 6 EMRK verstoßende Verzögerung des Rechtsschutzes hat BVerwG NJW 2005, 206 als unzulässig verworfen, da ein entspr Verstoß im RevisionsVf nicht geheilt werden könne.[1]

3 Die Nichtzulassungsbeschwerde kann von **jedem Beteiligten** (§ 63) erhoben werden, der auch zur Revision berechtigt ist (s 34 ff vor § 124). Einer Person, die nicht beigeladen wurde, auch wenn dies unter Verstoß gegen § 65 Abs 2 unterblieb, steht kein Recht zur Erhebung einer Nichtzulassungsbeschwerde zu (Buchh 310 § 133 [nF] VwGO Nr 39); sie muß erst auf ihre Beiladung hinwirken (s 35 vor § 124). Im Vf über die Beschwerde wg Nichtzulassung der Revision kommt eine notwendige Beiladung in entspr Anwendung des § 142 Abs 1 S 2 nicht in Betracht (NVwZ 2001, 202; s auch 35 vor § 124).

4 **3. Einlegung der Nichtzulassungsbeschwerde (Abs 2):** Die Nichtzulassungsbeschwerde ist gem Abs 1 **schriftlich** (s unten 8) bei dem Gericht, gegen

---

[1] Krit Deumeland ZfS 2006, 206; s auch BSG ZfS 2006, 248 für den Bereich der Sozialgerichtsbarkeit, wonach eine Nichtzulassungsbeschwerde unabhängig von den dafür gesetzlich festgelegten Gründen wg Art 13 EMRK zulässig u begründet sei, wenn eine gegen Art 6 EMRK verstoßende Verfahrensverzögerung durch die Vorinstanzen vorliegt u gerügt wird; ähnlich früher BFH NJW 1994, 2848, **aA** aber (gegen Nichtzulassungsbeschwerde) nunmehr BFH/NV 2006, 800. Zur Untätigkeitsrüge s 26 zu § 152 a.

dessen Urteil sich die Revision richten soll, einzulegen. Die **Einlegungsfrist** beträgt einen Monat nach Zustellung des vollständigen Urteils. S dazu unten 6. S 2 stellt klar, daß die Beschwerde das angefochtene Urteil bezeichnen muß; dh das **Urteil,** für das die Zulassung beantragt wird, ist mit der Bezeichnung des erlassenden Gerichts, Angabe der Parteien, Datum, Aktenzeichen usw zu **identifizieren.** Vgl auch 47 zu § 124 a.

Nicht erforderlich ist (wie sich einerseits aus Abs 2 S 2, der nur die Bezeichnung des Urteils verlangt, andererseits aus Abs 3, wonach die Beschwerde innerhalb von 2 Monaten zu begründen ist, ergibt), **daß** bereits bei der Einlegung der Beschwerde **auch der Grund** (§ 132 Abs 2 Nr 1 bis 3) **angegeben** bzw wenigstens bezeichnet wird, auf den die Beschwerde gestützt wird. Abs 3, der dafür eine **Frist von zwei Monaten** vorsieht, gilt insoweit nicht nur für die nähere Begründung, sondern **auch für die Angabe** des **Grundes,** im Hinblick auf den die Zulassung beantragt wird. Zur **Rücknahme** der Nichtzulassungsbeschwerde u zur Beendigung des ZulassungsVf in anderer Weise s unten 20. 5

4. Beschwerdefrist (Abs 2 S 1): Die Beschwerde ist **innerhalb eines Monats** nach Zustellung (s 4 ff zu § 56) des vollständigen Urteils einzulegen. Ist die Rechtsbehelfsbelehrung nicht ordnungsgemäß erteilt (zu den Anforderungen an eine ordnungsgemäße Rechtsbehelfsbelehrung s ausf 10 ff zu § 58), so ist die Nichtzulassungsbeschwerde binnen Jahresfrist einzulegen (§ 58; vgl BSG SGb 1995, 458). Die Beschwerdefrist ist von der Begründungsfrist gem Abs 3 von zwei Monaten zu unterscheiden. Sie **kann** (anders als die Revisionsbegründungsfrist nach § 139 Abs 1 S 2) **nicht verlängert** werden (32, 259; Buchh 310 § 132 VwGO Nr 131; NJW 1990, 1313; BT-Dr 11/7030, 34; zur Fristberechnung s näher 10 u 10 a zu § 57). Bei unverschuldeter Versäumung der Frist ist Wiedereinsetzung (§ 60) möglich. Durch die **Einlegung** der Nichtzulassungsbeschwerde **beim BVerwG** statt – wie Abs 2 S 1 vorschreibt – bei dem Gericht, gegen dessen Urteil Revision eingelegt werden soll, wird die Beschwerdefrist **nicht** gewahrt.[2] **Wiedereinsetzung** (§ 60) kann dagegen, wenn die Beschwerde vom OVG schon dem BVerwG vorgelegt wurde, auch beim BVerwG beantragt werden.[3] Wird Wiedereinsetzung gegen die Versäumung der Beschwerdefrist gewährt, so steht dem ASt für die Einlegung der Nichtzulassungsbeschwerde eine Frist von 2 Wochen seit Wegfall des Hindernisses zur Verfügung u ist die Beschwerde nach dem durch das 1. JuMoG novellierten § 60 Abs 2 S 1 HS 2 innerhalb eines Monats seit Wegfall des Hindernisses zu begründen. 6

Bei **PKH-Antrag** – der nicht dem Vertretungszwang unterliegt (§ 67 Abs 1 S 1; s 23 zu § 67) – **innerhalb der Beschwerdefrist** besteht, wenn darüber nicht rechtzeitig entschieden wurde, Anspr auf Wiedereinsetzung (15, 308; s dazu 8 a zu § 60). Nicht erforderlich ist – weil dem Betroffenen nicht zumutbar (Art 19 Abs 4 GG) –, daß mit dem PKHGesuch innerhalb der Beschwerdefrist auch dargetan wird, **welcher Zulassungsgrund** geltend gemacht werden soll.[4] Wenn jedoch der PKH-Antrag von einer anwaltlich vertretenen Partei eingereicht wird, muß der PKH-Antrag wenigstens in Grundzügen den Zulassungsgrund darlegen, u zwar innerhalb der Frist für die Beschwerdebegründung (NJW 1965, 266; Buchh 436.36 § 17 Nr 16; **aA** RÖ-v Nicolai 3: innerhalb der Beschwerdefrist). Bei Gewährung von PKH ist die Nichtzulassungsbeschwerde in- 7

[2] 32, 357; s auch unten 8 u 11; zur Frage, inwieweit hier eine Wiedereinsetzung in Betracht kommt, s näher 17 zu § 60; zum entsprechenden Problem iVm dem Zulassungsantrag gem § 124 a s 4 zu 124 a.

[3] S 34 zu § 60; RÖ-M. Redeker 17 zu § 60; zT **aA** NJW 1962, 1692: wenn die Sache bereits beim BVerwG anhängig ist, nur bei diesem.

[4] Vgl NJW 1965, 1038: die für die PKH-Bewilligung zu prüfende Erfolgsaussicht der Nichtzulassungsbeschwerde ist anhand der Gründe des Berufungsurteils zu prüfen; s auch Lü NVwZ 1998, 533 u 42 zu § 124 a.

nerhalb von 2 Wochen seit der Zustellung des die PKH bewilligenden Beschlusses einzureichen u innerhalb von 1 Monat nach dessen Zustellung zu begründen. Die vor der Novellierung des § 60 Abs 2 S 1 HS 2 ergangene Rspr zur Frist, innerhalb derer die Nichtzulassungsbeschwerde zu begründen war (NVwZ 2002, 992; vgl auch Ma NVwZ-RR 2003, 789), ist damit überholt.

8 **5. Form:** Die Nichtzulassungsbeschwerde ist **schriftlich** (vgl § 81 u zur prozessualen Schriftform näher 4ff zu § 81; Einlegung zur Niederschrift des Urkundsbeamten der Geschäftstelle ist nicht möglich) oder elektronisch (dazu näher 6ff zu § 55a) **durch einen RA oder Hochschullehrer** (§ 67 Abs 1 S 2) innerhalb der Beschwerdefrist bei dem Gericht, dessen Entscheidung angegriffen werden soll, also idR **beim OVG** (vgl BVerfG NVwZ 1984, 301), einzulegen. **Entsprechendes gilt auch für** die nach Abs 4 S 3 vorgeschriebene **Begründung** (s dazu unten 13). **Einreichung** der Begründung **unmittelbar beim Beschwerdegericht** (BVerwG) ist **unwirksam** (BFH NJW 1986, 1778) u **wahrt die Frist nicht** (s unten 11), auch wenn die Akten bereits dem Beschwerdegericht vorgelegt wurden (BFH aaO).

Der **Anwalt** oder Hochschullehrer muß in vollem Umfang für den Inhalt die Verantwortung übernehmen.[5] Zur Frist für die Vorlegung der **Vollmacht** s § 67 Abs 3 S 2 (dazu 52f zu § 67 u NJW 1960, 593: wird die Vollmacht trotz Fristsetzung nicht beigebracht, so ist die Nichtzulassungsbeschwerde als unzulässig zu verwerfen). Zu **Ausnahmen vom Vertretungszwang** für die Rücknahme der Beschwerde bzw der Klage oder die Hauptsacheerledigungserklärung s 29 zu § 67; zur Fristwahrung bei Antrag auf PKH s oben 7.

9 **Die Nichtzulassungsbeschwerde muß nicht ausdr als solche bezeichnet sein,** doch muß hinreichend erkennbar sein, daß eine Nichtzulassungsbeschwerde gewollt ist. Eine **Revision** kann **nicht in eine Nichtzulassungsbeschwerde umgedeutet** werden (NJW 1962, 1976; BFH NJW 1969, 79; BSG SozR 1500 § 160a Nr 2 u 6; Friedrichs NJW 1976, 1875); ebenso nicht umgekehrt eine Nichtzulassungsbeschwerde in eine Revision. **Ausgeschlossen** ist auch eine **Umdeutung** eines **Antrags auf Zulassung der Berufung in eine Nichtzulassungsbeschwerde** (Buchh 428 § 37 VermG Nr 23).

10 **6. Begründungszwang u Begründungsfrist (Abs 3):** Die Beschwerde ist nach Abs 3 **innerhalb von zwei Monaten** nach Zustellung des vollständigen Urteils **schriftlich** (NJW 1991, 1193; s auch oben 8 u zur prozessualen Schriftform näher 4ff zu § 81) oder elektronisch (s dazu näher 6ff zu § 55a) **zu begründen.**

11 Die Begründung muß, wie Abs 3 S 2 klarstellt, **bei dem Gericht** eingereicht werden, **gegen dessen Urteil** Revision eingelegt wird; dies auch deshalb, weil dieses auch über eine evtl Abhilfe zu entscheiden hat (BT-Dr 11/7030, 34). Die **Einreichung der Begründung** beim Revisionsgericht **genügt nicht** u wahrt insb auch die Frist nicht. Das BVerwG ist allerdings zur Weiterleitung des Antrags im normalen Geschäftsgang an das zuständige OVG verpflichtet. Wird die Weiterleitung verzögert u (auch) dadurch die Frist versäumt, kommt eine Wiedereinsetzung nach § 60 in Betracht (s 41 zu § 124a; 17 zu § 60).

12 Die **Begründungsfrist** läuft, wie Abs 3 S 1 klarstellt, **ab Zustellung** (s § 57 Abs 1; dazu auch 1ff zu § 56) des vollständigen, dh insb auch mit Gründen versehenen, Urteils. Zur Anwendung des § 58 Abs 2, wenn eine Belehrung über die Begründung unterblieben ist, s 10 zu § 58. Ist die im angefochtenen Urteil

---

[5] NVwZ 1990, 460: die dem Anwalt gem § 67 Abs 1 aufgegebene eigene Prüfung, Sichtung u rechtliche Durchdringung des Streitstoffes kann grds auch nicht durch Bezugnahme auf das Rechtsgutachten eines Rechtslehrers an einer deutschen Hochschule ersetzt werden; BGH NJW 1993, 1866; vgl zur Unzulässigkeit einer Vertretung nur „in der Unterschriftsleistung" auch BayObLG NJW 1991, 2096; s insoweit auch 3 u 5 zu § 139.

enthaltene Rechtsmittelbelehrung sowohl in Bezug auf die Beschwerde gegen die Nichtzulassung der Revision wie auch in Bezug auf die zu beachtende Begründungsfrist unrichtig erteilt (oder fehlt sie), muß der Rechtsmittelführer das RMittel nicht nur innerhalb der Jahresfrist des § 58 Abs 2 S 1 einlegen, sondern auch begründen (NVwZ-RR 2000, 325). Für die Berechnung der Begründungsfrist kommt es weder darauf an, wann die Frist für die Einlegung der Nichtzulassungsbeschwerde geendet hat noch darauf, wann die Nichtzulassungsbeschwerde eingelegt worden ist. Die Beschwerdebegründungsfrist beginnt auch dann ab Zustellung des Urteils zu laufen u wird nicht neu in Gang gesetzt, wenn die Einlegungsfrist nach Abs 2 versäumt wurde u hiergegen Wiedereinsetzung (§ 60) beantragt oder gewährt worden war.[6] Eine **Verlängerung** der Begründungsfrist durch den Vorsitzenden ist nicht möglich,[7] wohl aber ggf **Wiedereinsetzung** nach § 60. Vgl zur Zulässigkeit einer Wiedereinsetzung hins einzelner Zulassungsgründe 3 zu § 60.

Form der Begründung: Wie die Nichtzulassungsbeschwerde selbst muß auch die Begründung **von einem RA** unterzeichnet sein. S auch oben 8. **Bezugnahmen auf beigefügte,** vom Prozeßbevollmächtigten gefertigte u unterzeichnete Anlagen, zB auf die beigefügte Begründung zu einem Protokollberichtigungsantrag, sind zulässig, **nicht dagegen** eine pauschale **Bezugnahme** auf **früheres Vorbringen** (NJW 1961, 425; vgl allg – auch zur ausnahmsweisen Zulässigkeit – BVerfG 60, 305) oder eine pauschale Bezugnahme auf beigefügte eigene Ausführungen des Bf (vgl auch 3 u 5 zu § 139); ebenso auch nicht eine Bezugnahme auf Ausführungen, Rechtsgutachten uä Dritter (s insoweit zu Gutachten von Hochschullehrern auch oben 8). 13

Inhalt der Begründung (Abs 3 S 3): Die Begründung **muß den Grund** (vgl § 132 Abs 2 Nr 1–3) **bezeichnen,** aus dem die Zulassung begehrt wird, u nähere Ausführungen dazu enthalten, warum dieser Grund im konkreten Fall als gegeben erachtet wird,[8] u die **Rechtsfrage formulieren,** die sich für das RevisionsVf stellen würde (NVwZ 1992, 72; NVwZ-RR 2001, 260). Sie muß sich zu diesem Zweck **mit den Gründen** des angegriffenen Urteils konkret **auseinandersetzen** (BayVBl 1980, 567; Buchh 130 § 25 RuStAG Nr 8; BFH BStBl II 1977, 217) u erkennen lassen, daß sie auf einer **Sichtung u Durchdringung des Streitstoffes** (22, 39) aufbaut (BayVBl 1980, 567). Erforderlich ist ein **Mindestmaß an Klarheit, Verständlichkeit u Übersichtlichkeit** der Ausführungen;[9] unklare, unverständliche oder widersprüchliche Ausführungen sind grds unbeachtlich (DÖV 1973, 284). Ist das angegriffene Urteil auf **mehrere, voneinander unabhängige, selbständig** die Entscheidung tragende rechtliche Erwägungen gestützt, so muß die Begründung auf jeden dieser Gründe eingehen, um die Entscheidungserheblichkeit aufzuzeigen.[10] 14

Da ein RevisionsVf nur eröffnet werden soll, wenn die als Zulassungsgrund angeführte grundsätzliche Rechtsfrage oder Abweichung oder der geltend gemachte Verfahrensmangel für die Entscheidung in der Hauptsache erheblich

---

[6] NJW 1992, 2780: die Frage der Wiedereinsetzung gegen die Versäumung der Einlegungsfrist kann dahinstehen, wenn die Begründungsfrist abgelaufen ist, ohne daß eine den Anforderungen des § 133 Abs 3 S 3 genügende Beschwerdebegründung eingegangen ist; zum Parallelproblem bei § 139 Abs 3 S 1 s unten 6 zu § 139.

[7] Vgl NJW 1990, 1313: keine Verlängerung, auch nicht mit Rücksicht auf die begehrte Akteneinsicht; NVwZ 2001, 799; vgl auch BFH NVwZ 1992, 407.

[8] Buchh 139 VwGO Nr 28, 32, 39; NVwZ 1982, 434; 31. 5. 1995 – 2 B 31/95: wg der Beweiskraft des Berufungsurteils als öffentlicher Urkunde genügt bloßes Bestreiten der Richtigkeit der berufungsgerichtlichen Festellungen nicht; BFH NJW 1986, 279.

[9] NJW 1996, 1554: 678 Seiten umfassende Beschwerdebegründung mit einem Gemenge unübersichtlicher, ungegliederter, unklarer, größtenteils irrelevanter Einlassungen; BVerfG NVwZ-Beil 1995, 17: aber keine unzumutbaren Anforderungen.

[10] BayVBl 1980, 567; NVwZ-RR 1996, 122; BGH NJW 1993, 3074 mwN.

ist (vgl 13, 19, 23 zu § 132), muß die **Entscheidungserheblichkeit,** sofern dazu Veranlassung besteht, in der Beschwerdebegründung **dargelegt** werden (NVwZ-RR 1996, 122; Buchh 310 § 132 Nr 320). Hat sich der angefochtene **VA vor Einlegung der Nichtzulassungsbeschwerde erledigt,** so sind die mit der Beschwerde geltend gemachten Revisionszulassungsgründe nur dann für die in dem angestrebten RevisionsVf zu treffende Entscheidung erheblich, wenn in diesem Vf eine Entscheidung nach § 113 Abs 1 S 4 ergehen kann (NVwZ-RR 1996, 122). Die **Beschwerdebegründung** muß daher innerhalb der Begründungsfrist des § 133 Abs 3 S 1 substantiiert darlegen, woraus sich das **Fortsetzungsfeststellungsinteresse** ergeben soll, das nach § 113 Abs 1 S 4 für die Feststellung der Rechtswidrigkeit des erledigten VA erforderlich ist; sonst ist die Nichtzulassungsbeschwerde unzulässig (NVwZ-RR 1996, 122).

15 Bei der **Grundsatzrüge** (9 ff zu § 132) ist die klärungsbedürftige Rechtsfrage genau zu bezeichnen (NVwZ 1982, 250) u **substantiiert** näher **zu begründen, in welcher Beziehung u warum sie für grundsätzlich**[11] **u klärungsbedürftig** (vgl NVwZ 1982, 250: hierher gehören auch zB Ausführungen dazu, daß noch keine höchstrichterliche Rspr dazu vorliegt) **gehalten wird, warum** diese Rechtsfrage **entscheidungserheblich** ist u ihre **Klärung im Revisions-Vf zu erwarten ist** (DVBl 1993, 50), insb auch alle verfahrensrechtlichen Voraussetzungen dafür gegeben sind, **außerdem grds auch, warum die Rechtsauffassung des Gerichts,** auf die das Urteil gestützt ist, **für falsch gehalten wird** (vgl NJW 1993, 2825).

Erforderlich ist außer der **Bezeichnung – u Formulierung! – der konkreten Rechtsfragen** insb auch die Angabe der Gründe, die ihre **Anerkennung als „grundsätzlich"** rechtfertigen sollen (13, 90 = NJW 1962, 218; NJW 1993, 2824, 2825; 1994, 144; NVwZ 1984, 103), dh, warum ihre Tragweite **über den konkreten Einzelfall** hinausreicht u die Frage aus Gründen der Rechtssicherheit zur Erhaltung der **Einheitlichkeit der Rspr** oder für eine bedeutsame **Fortentwicklung des Rechts** der höchstrichterlichen Klärung bedarf.[12] **Offensichtliches** muß dabei jedoch nicht ausdr u ausf dargetan werden (**aA** BVerwG). Andererseits **genügt** als Begründung für die grundsätzliche Bedeutung der aufgeworfenen Rechtsfrage auch **nicht** eine Darlegung der **bloßen Möglichkeit,** daß die erwartete Entscheidung sich auch für andere gleichartige Fälle auswirken kann (BAG NZA 1988, 259).

Wird mit der Beschwerde wg grundsätzlicher Bedeutung der Rechtssache geltend gemacht, eine gesetzliche Regelung sei willkürlich, so muß in der Begründung dargelegt werden, woraus die Bedenken gegen die Verfassungsmäßigkeit hergeleitet werden (NJW 1993, 2825). **Wenn** bereits eine **höchstrichterliche Rspr dazu vorliegt,** ist darzulegen, welche Gesichtspunkte diese nicht oder nicht ausreichend berücksichtigt hat, von wem u mit welcher Begründung sie bestritten wird usw (DVBl 1960, 854; BSG SozR 1500 § 160 a Nr 13).

Nicht erforderlich sind dagegen Ausführungen auch dazu, daß das angegriffene Urteil, unabhängig davon, wie die Grundsatzfrage beantwortet würde, **auch im Ergebnis,** wenn auch aus anderen Gründen, iSv § 144 **nicht richtig sein** könne (str; vgl zur Frage der Befugnis des Gerichts, die Zulassung aus diesem Grund abzulehnen, 19 zu § 132).

16 **Bei der Divergenzrüge** (s 14 ff zu § 132) sind insb **die Entscheidung** des BVerwG, des GSOGB oder des BVerfG, von der abgewichen wurde, mit Datum u Aktenzeichen, ferner **der maßgebende Rechtssatz** in dieser Entscheidung, außerdem auch das angegriffene Urteil u der dieses tragende Rechtssatz, der da-

---

[11] 13, 91; NJW 1994, 144; NVwZ 1984, 103; NKVwGO-Czybulka 57 ff; RÖ-v Nicolai 9; zT **aA** BGH 66, 276.

[12] BayVBl 1986, 51; NVwZ-RR 1993, 276; BFH NJW 1986, 2792.

mit in Widerspruch steht, genau **zu bezeichnen**[13] (NVwZ-RR 1996, 713: **Gegenüberstellung der voneinander abweichenden Rechtssätze;** NVwZ-RR 2000, 260), u anzugeben, **worin,** dh hins welches entscheidungserheblichen Satzes, **die Abweichung** zu sehen ist.[14] Ist die Entscheidung, von der abgewichen wurde, **noch nicht bekannt** u ist deshalb eine nähere Begründung der Divergenzrüge nicht möglich, so genügt es, wenn der Betroffene sich jedenfalls bemüht hat, Näheres in Erfahrung zu bringen (vgl BVerfG 81, 28; BFH BStBl II 1974, 583; 1976, 684; vgl auch unten 17). Eine Divergenzrüge, welche die fehlerhafte Anwendung einer prozessualen Vorschrift rügt, beinhaltet zugleich eine Verfahrensrüge, so daß sie, wenn sie den Anforderungen einer Divergenzrüge nicht genügt, als Verfahrensrüge zu behandeln ist (NVwZ 2001, 918). Zur Frage, ob auch darzutun ist, daß das Urteil jedenfalls auch im Ergebnis, wenn auch aus anderen Gründen, nicht richtig sein könne, vgl oben 15.

Bei der **Verfahrensrüge** (s 20 ff zu § 132) sind **(1.) die Tatsachen anzuführen,** aus denen sich der **Mangel** bei **Zugrundelegung der Rechtsauffassung des Gerichts** (s dazu 23 zu § 132) ergibt (NVwZ-RR 1990, 221; NJW 1991, 190; BFH NJW 1992, 1527 mwN; BSG SGb 1995, 458), **zB bei der Rüge mangelnder Aufklärung,** inwiefern sich dem Berufungsgericht eine weitere Beweisaufnahme hätte aufdrängen müssen, welche Beweismittel für die erforderliche weitere Sachverhaltsaufklärung in Frage gekommen wären[15] u welche tatsächlichen Feststellungen voraussichtlich getroffen worden wären (NVwZ-RR 2006, 627), zB welche Zeugen zu welchen konkreten, für die Entscheidung erheblichen Fragen noch hätten gehört werden müssen, welche Aussagen von ihnen erwartet werden hätten können (13, 339; DÖV 1981, 840; Buchh 448.0 § 34 WPflG Nr 29 S. 29), daß ein entsprechender Beweisantrag nach § 86 Abs 2 gestellt worden ist (NVwZ 2004, 1009) u welchen Inhalt er hatte (Buchh 310 § 86 Abs 1 VwGO Nr 308) bzw daß – u warum – die Klärungsbedürftigkeit der Frage sich dem Gericht hätte aufdrängen müssen;[16] bei der Rüge, daß über einen **Beweisantrag** erst im Urteil entschieden wurde, welche Tatsachen u Beweismittel noch vorgetragen worden wären, wenn der Antrag vorab abgelehnt worden wäre (DÖV 1978, 338); bei der Rüge einer Verletzung der **Erörterungspflicht des Gerichts** gem § 104, daß u in welcher Weise der Tatsachenvortrag noch ergänzt worden wäre (DÖV 1981, 840); bei der Rüge einer **Verletzung des rechtlichen Gehörs** zB, daß u welche Tatsachen bei ausreichender Gewährung des rechtlichen Gehörs noch vorgetragen worden wären u daß diese weiteren Tatsachen zur Klärung der Rechtslage im Sinne der Partei geeignet gewesen wären,[17] welches Vorbringen des Bf das Gericht nicht zur Kenntnis genommen oder nicht erwogen hat, inwiefern dies aus der Urteilsbegründung oder aus anderen Umständen hervorgeht u unter welchen Gesichtspunkten das nicht zur Kenntnis 17

---

[13] DVBl 1964, 402: Angabe des Entscheidungsdatums allein genügt nicht; NJW 1991, 120; 1991, 1557; Buchh 238.38 § 114 RhPf PersVG Nr 1; Buchh 310 § 132 Abs 2 Ziff 2 VwGO Nr 9 (Datumsangabe nicht ausreichend); BSG SozR § 1500 § 160 a Nr 14; zT **aA** BAG MDR 1983, 523: daß tatsächlich die Abweichung von einer Entscheidung des BAG vorliegt, genügt, auch wenn in der Begründung eine mit dem BAG übereinstimmende LAG- Entscheidung genannt worden war.

[14] BSG SozR 1500 § 160 a Nr 14 u 18; vgl auch BVerwG DVBl 1984, 93; BAG NJW 1980, 312, 1814: anzugeben ist, welche divergierenden abstrakten „Rechtssätze" das anzufechtende u das angezogene Urteil aufgestellt haben u inwiefern das anzufechtende Urteil auf einem abweichenden „Rechtssatz" beruht.

[15] NVwZ 1998, 628; 2004, 1009; NVwZ-RR 2006, 627.

[16] Buchh 310 § 132 VwGO Nr 161; 310 § 86 Abs 1 VwGO Nr 116; NVwZ-RR 2006, 627; vgl allg auch BVerfG 63, 70: daß Tatsachen zur Begründung der Aufklärungsrüge bezeichnet werden müssen, ist sachgerecht, erfüllbar u zumutbar.

[17] NJW 1986, 3221; NVwZ-RR 1995, 534; BayVBl 1997, 253; NVwZ 2004, 1009; BGH NJW 1987, 2443; BSG SGb 1995, 459; Lü NVwZ-RR 2004, 707.

genommen oder nicht erwogene Vorbringen für die Entscheidung hätte von Bedeutung sein können,[18] inwiefern der Bf durch das Vorgehen des Gerichts gehindert war, sich mit bestimmten (näher zu bezeichnenden!) Argumenten ausreichendes rechtliches Gehör zu verschaffen (BayVBl 1979, 762); **sowie** – außer wenn es sich um absolute Revisionsgründe gem § 138 handelt (BSG DVBl 1993, 271; SGb 1995, 458; s oben 23 zu § 132) – **außerdem (2.),** inwiefern das Urteil auf der Verletzung **beruhen kann** u, wenn die Verletzung nicht erfolgt wäre, für den Bf günstiger ausfallen hätte können.[19] Anderes gilt bei einer gerügten Verletzung des rechtlichen Gehörs, wenn die Versagung der Teilnahme an der mV schlechthin gerügt wird.[20] Bei einer Aufklärungsrüge ist darzulegen, **welches Ergebnis** die unterbliebene Beweisaufnahme voraussichtlich oder jedenfalls möglicherweise gehabt hätte u inwiefern dieses Ergebnis zu einer für den Kl günstigeren Entscheidung hätte führen können (NVwZ 1982, 434; BFH 110, 493; NJW 1992, 1527 mwN); das bloße Bestreiten der Richtigkeit der gerichtlichen Feststellungen genügt nicht (31. 5. 1995 – 2 B 31/95). Vgl allg auch 14ff zu § 139; zur **„Protokollrüge"** auch DÖV 1981, 841.

Wenn bzw soweit es sich bei den anzugebenden Tatsachen um **Tatsachen im Bereich des Gerichts** handelt, zB bei der Besetzungsrüge, genügt es, daß der Betroffene angibt, was ihm bekannt ist, u im übrigen darlegt, daß u wie er sich erfolglos **um weitere Aufklärung** bemüht hat (BGH NJW 1992, 512; vgl zur vergleichbaren Situation bei der Divergenzrüge auch oben 16).

18 Nicht erforderlich ist **bei verzichtbaren Mängeln,** daß zusätzlich vorgetragen wird, daß sie rechtzeitig gerügt wurden;[21] diese Frage ist erst im Rahmen der Begründetheit der Revision zu prüfen (25, 45).

Zur Frage, ob auch darzutun ist, daß das Urteil jedenfalls auch im Ergebnis, wenn auch aus anderen Gründen, nicht richtig sein könne, vgl oben 15 sowie 19 zu § 132.

19 **7. Entscheidung über die Nichtzulassungsbeschwerde (Abs 5):** Über die Nichtzulassungsbeschwerde entscheidet, wenn das OVG ihr nicht abhilft, gem Abs 5 S 1 das BVerwG. Das OVG **kann** der Nichtzulassungsbeschwerde **abhelfen** (§§ 152 Abs 1, 133 Abs 1, 133 Abs 5 S 1, 148), nicht mehr jedoch, nachdem es diese bereits dem BVerwG vorgelegt hat (Mü BayVBl 1981, 22). Hilft das Berufungsgericht der Beschwerde ab, so spricht es die Zulassung durch **Beschluß** aus. Dieser Beschluß bindet gem § 132 Abs 3 das BVerwG u ist unanfechtbar; er bedarf daher nach § 122 Abs 2 S 1 keiner Begründung. Die Abhilfeentscheidung ist ebensowenig wie die Zulassungsentscheidung des BVerwG, wie sich im Umkehrschluß aus § 133 Abs 5 S 2 HS 1 ergibt, als Entscheidung über einen „Rechtsbehelf" iSd § 122 Abs 2 S 1 anzusehen.

Hilft das OVG der Nichtzulassungsbeschwerde nicht ab, so legt es sie entsprechend § 148 Abs 1 HS 2 unverzüglich dem BVerwG vor; eines förmlichen Nichtabhilfe- oder Vorlegungsbeschlusses bedarf es nicht,[22] ebensowenig einer Begründung, denn die eigentliche Entscheidung über die Nichtzulassungsbeschwerde trifft das BVerwG. Die Entscheidung des **BVerwG,** mit dem dieses die

---

[18] 15, 26; BayVBl 1980, 57: der Vortrag, daß das Gericht schon kurz nach Schluß der Verhandlung mit einem schriftlich abgefaßten Urteil wiedergekommen ist, genügt nicht.

[19] DVBl 1993, 49: vorzutragen, daß u wie der gerügte Verfahrensmangel aufgrund des vorgetragenen Sachverhalts sich zu Lasten des Bf ausgewirkt haben kann, dh daß ohne den gerügten Fehler das Rechtsschutzbegehren hätte Erfolg haben müssen; NVwZ-RR 2006, 626.

[20] Buchh 310 § 108 Nr 140; NJW 1986, 1057; 1992, 2042; 1992, 3185; 1995, 1441; BFH NVwZ-RR 1999, 77.

[21] 25, 45; vgl auch 16 zu § 139; **aA** 8, 149.

[22] NJW 1963, 554; RÖ-v Nicolai 13; Kuhla/Hüttenbrink F 142; s auch unten 4 zu § 148; **aA** Bosch/Schmidt § 67 III 3; ThP 10 zu § 572 ZPO; M 9 zu § 572 ZPO.

Revision zuläßt oder die Nichtzulassungsbeschwerde abweist, ergeht durch **Beschluß** (Abs 5 S 1).

Für die Entscheidung über die Nichtzulassungsbeschwerde gelten – vorausgesetzt, daß diese zulässig ist – **dieselben Gesichtspunkte wie für die Entscheidung** des OVG **über die Zulassung** (§ 132 Abs 2). Das OVG (im AbhilfeVf) u das Revisionsgericht sind bei ihrer Prüfung u Entscheidung aber **insoweit auf die frist- u formgerecht geltend gemachten Revisionszulassungsgründe** beschränkt;[23] **daß uU andere Gründe** die Zulassung rechtfertigen würden, genügt nicht. Das BVerwG kann jedoch **im Rahmen der** geltend gemachten tatsächlichen u rechtlichen **Revisionsgründe** (iwS) die Revision ggf auch **unter einem anderen** Gesichtspunkt zulassen, zB eine wg grundsätzlicher Bedeutung beantragte Zulassung, wenn inzwischen nach Beschwerdeeinlegung die Rechtsfrage geklärt wurde, wg Divergenz.[24] S dazu, daß das BVerwG auch bei der Revisionsentscheidung nicht an die Gründe gebunden ist, die für die Revisionszulassung maßgeblich waren, 34 zu § 137; für die Revisionszulassung kann insoweit schwerlich etwas anderes gelten. 19 a

Das OVG bzw das BVerwG kann die Revision ggf, wenn die Zulassungsvoraussetzungen nur insoweit gegeben sind, auch **nur hins** eines tatsächlich u rechtlich selbständigen u abtrennbaren **Teils** eines Urteils zulassen. Vgl 32 a zu § 132. Zur Bindung des BVerwG an die Zulassung durch das OVG s 36 ff zu § 132; zur Wirkung des Zulassungsbeschlusses 30 zu § 132.

Das BVerwG ist zur Entscheidung über einen Antrag auf Einstellung der Zwangsvollstreckung schon **ab Einlegung der Beschwerde** gegen die Nichtzulassung der Revision bei dem Gericht, gegen dessen Urteil Revision eingelegt werden soll, **zuständig** (NVwZ 1998, 1177).

Lehnt das BVerwG die **Nichtzulassungsbeschwerde ab,** so wird das Urteil des OVG – bzw bei ausgeschlossener Berufung im Falle des § 135 das Urteil des VG – **rechtskräftig.** Nach Ansicht des BVerwG tritt die RKraft des angefochtenen Urteils bereits mit der Wirksamkeit des die Ablehnung der Nichtzulassungsbeschwerde aussprechenden Beschlusses ohne Rücksicht auf den – späteren – Zeitpunkt der (formlosen) Bekanntgabe dieses Beschlusses ein, zumal der Zeitpunkt der Bekanntgabe auch keinerlei rechtliche Bedeutung habe, von ihm insb keine Rechtsmittelfristen abhängen (95, 66 = NVwZ 1994, 1206); die Wirksamkeit des Beschlusses tritt nicht schon mit der Übergabe an die Geschäftsstelle, sondern erst ein, wenn der – selbst unanfechtbare – Beschluß endgültig aus dem Verfügungsbereich des Spruchkörpers hinausgelangt, dh wenn die Postsendung das Gerichtsgebäude verlassen hat (NVwZ 1994, 1206). 19 b

Die RKraft tritt entgegen BSG SGb 1995, 458, auch dann ein, wenn – was namentlich dann praktisch werden kann, wenn die Rechtsbehelfsbelehrung im angefochtenen Urteil unrichtig war u daher die Jahresfrist des § 58 Abs 2 läuft – die Beschwerdefrist (oben 6) zum Zeitpunkt der Beschwerdeablehnung noch nicht abgelaufen ist. Denn die Beschwerdefrist gibt nur den Zeitrahmen an, innerhalb dessen eine Beschwerde zulässigerweise eingelegt werden kann u begründet keinen Anspr auf mehrfache Entscheidung über die Beschwerde (Zeihe SGb 1995, 461). Daß die RKraft des angefochtenen Urteils gem § 173 S 1 iVm § 705 ZPO nicht vor Ablauf der Beschwerdefrist eintritt (vgl 1 zu § 121), betrifft nur den Fall, daß keine Beschwerde fristgerecht eingelegt wird; geschieht dies aber, so tritt die RKraft mit der ablehnenden Beschwerdeentscheidung ein, auch 19 c

---

[23] NVwZ 1995, 1134; NJW 1996, 1554; AgrarR 1996, 35; BFH NJW 1987, 680; str.

[24] Vgl BayVBl 1992, 538; ähnlich NVwZ-RR 1993, 513; Buchh 310 § 132 VwGO Nr 230 u 240; sehr str; s ferner BAG NZA 1990, 536: macht der Bf eine Divergenz geltend u ergibt sich aus deren Begründung, daß auch eine Zulassung der Revision wg grundsätzlicher Bedeutung zu erwägen ist, spricht viel dafür, daß das Beschwerdevorbringen auch ohne ausdr Rüge unter diesem Gesichtspunkt zu würdigen ist.

wenn diese vor Ablauf dieser Frist ergehen sollte (Zeihe SGb 1995, 461). Dies gilt auch dann, wenn es sich um die Jahresfrist des § 58 Abs 2 handelt. Denn die verlängerte Rechtsmittelfrist soll nur die aus der unrichtigen Belehrung möglicherweise erwachsende Gefährdung des Rechtsmittelrechts kompensieren; sie hat keine darüber hinausgehende Wirkung u begründet insb auch nicht die Zulässigkeit nach allg Grundsätzen unzulässiger Rechtsbehelfe (s oben 3 zu § 58; Zeihe SGb 1995, 461). Eine **erneute Nichtzulassungsbeschwerde** ist daher **unzulässig;** ihr steht sowohl die RKraft des angefochtenen Urteils als auch die RKraft des Beschlusses entgegen, mit dem die erste Beschwerde abgelehnt wurde. Dies gilt auch, wenn die erste Beschwerde nur als unzulässig verworfen wurde, sofern die erneute Beschwerde denselben Unzulässigkeitsgrund aufweist, weil auch insoweit die RKraft des verwerfenden Beschlusses reicht (vgl BGH NJW 1991, 1116; Zeihe SGb 1995, 462; **aA** BSG SGb 1995, 458).

Ausgeschlossen ist die früher gegen einen eine Nichtzulassungsbeschwerde zurückweisenden Beschluß erwogene **Gegenvorstellung** (für sie NJW 2001, 1294; s 9ff zu § 124 u 1ff zu § 152a).

20 **8. Beendigung des Zulassungsverfahrens in anderer Weise; Zurücknahme der Nichtzulassungsbeschwerde; Hauptsacheerledigung:** Das BeschwerdeVf kann außer durch Entscheidung des BVerwG über die Beschwerde auch durch **Rücknahme** (§ 92) der Beschwerde oder durch Erklärung der **Hauptsacheerledigung** (§ 161 Abs 1) beendet werden.

Bis zur Zustellung des über die Nichtzulassungsbeschwerde ergehenden Beschlusses kann die **Beschwerde** zurückgenommen werden, u zwar ohne Zustimmung anderer Beteiligter (RÖ-v Nicolai 1). Für die entsprechenden Erklärungen besteht grds **kein Vertretungszwang,** jedenfalls, wenn vorher kein Anwalt beteiligt war (s 29 zu § 67).

21 Ein Ereignis, durch das sich das HauptsacheVf erledigt, zB die Aufhebung des angefochtenen Bescheides, hat immer zugleich eine **Erledigung des** (zugehörigen) **Vf** der Nichtzulassungsbeschwerde zur Folge (72, 93 unter Aufgabe der in 34, 40 vertretenen gegenteiligen A). Die Beteiligten können dann das ZulassungsVf gem § 161 Abs 2 für **erledigt erklären.** Stimmt der Gegner nicht zu, so kann der Bf die Feststellung der Erledigung durch das Gericht beantragen; dann hat das Gericht darüber zu entscheiden.[25]

Allg zur Feststellung der Erledigung durch das Gericht s 30 zu § 161.

22 **9. Zurückverweisung der Sache im Beschluß über die Nichtzulassungsbeschwerde (Abs 6):** Abs 6 sieht zur Vereinfachung des RevisionsVf u zur Beschleunigung des Rechtsschutzes vor, daß das BVerwG bei Verfahrensrügen gem § 132 Abs 2 Nr 3, **wenn die Rüge Erfolg** hat, dh wenn das BVerwG feststellt, daß der geltend gemachte Verfahrensfehler vorliegt, u nicht auszuschließen ist, daß er sich auf die Entscheidung ausgewirkt hat, nicht nur der Nichtzulassungsbeschwerde stattgeben muß, sondern das angefochtene Urteil auch sogleich **im Beschluß** über die Nichtzulassungsbeschwerde **aufheben** u den Rechtsstreit zurückverweisen kann (Ermessen des Gerichts, vgl DVBl 1993, 563; NJW 1994, 674). Müßte der Verfahrensfehler auch bei einer Zulassung der Revision auf jeden Fall zur Zurückverweisung an das OVG führen, so kann die Frage der grundsätzlichen Bedeutung dahinstehen u muß das BVerwG von der Möglichkeit des § 133 Abs 6 Gebrauch machen (NWVBl 1996, 126). Dadurch wird vermieden, daß nach dem BeschlußVf zunächst noch ein RevisionsVf eingeleitet u durchgeführt werden muß, obwohl von vornherein feststeht, daß dieses nur zur Aufhebung des angefochtenen Urteils u zur Zurückverweisung des Rechtsstreits an die Vorinstanz führen kann. Abs 6 zieht damit die Folgerung

---

[25] So nunmehr 72, 93; vgl auch BGH MDR 1977, 912: da auch für verfahrensrechtliche Fragen eine Erledigung durchaus sinnvoll ist; s auch 20ff zu § 161.

daraus, daß es für den Erfolg der Verfahrensrüge gem § 132 Abs 2 Nr 3 nicht mehr wie bis zur Änderung dieser Vorschrift durch das 4. VwGOÄndG genügt, daß ein Verfahrensmangel geltend gemacht wird, sondern das BVerwG auch feststellen muß, daß dieser tatsächlich vorliegt (s 20 zu § 132). Hat das OVG die **Aufrechnung** mit einer bestrittenen **rechtswegfremden Gegenforderung** verfahrensfehlerhaft für unbeachtlich erklärt, kann das BVerwG das vorinstanzliche Urteil durch Beschluß nach § 133 Abs 6 in ein **Vorbehaltsurteil** ändern u **nur das NachVf** an die Vorinstanz **zurückverweisen** (DVBl 1999, 472).

Ein Rechtsstreit kann auch dann gem Abs 6 wg eines Verfahrensmangels an die Vorinstanz zurückverwiesen werden, **wenn die Nichtzulassungsbeschwerde zusätzlich auf die grundsätzliche Bedeutung** der Rechtssache gestützt ist, der Verfahrensmangel aber selbst bei Annahme einer grundsätzlichen Bedeutung u bei Zulassung der Revision voraussichtlich zur Zurückverweisung führen würde (NVwZ-RR 1994, 120).

Hat ein VG zu Unrecht einen Berufungsausschluß iSd § 135 S 1 angenommen u dementsprechend eine Entscheidung über die Nichtzulassung der Revision getroffen, so kann in entspr Anwendung des Abs 6 die Nichtzulassungsentscheidung isoliert aufgehoben werden (NJW 2002, 2262).

Ergibt sich bei der Prüfung der Nichtzulassungsbeschwerde nicht nur ein Verfahrensmangel, der nach Abs 6 die Zurückweisung gestatten würde, sondern **muß die konkrete Handhabung der Verfahrensvorschriften,** deren Nichtbeachtung zur Aufhebung des angefochtenen Urteils führen muß, zwangsläufig die **Abweisung der Klage zur Folge haben,** dann braucht sich das **BVerwG** nicht auf die Aufhebung des Urteils u die Zurückverweisung der Sache zu beschränken, vielmehr kann es dann aus Gründen der Verfahrensökonomie das Urteil aufheben u im Beschluß nach § 133 Abs 6 **selbst die Klage abweisen** (Buchh 310 § 133 VwGO (nF) Nr 22; BayVBl 1999, 769; Sch-Pietzner 87). Hat das Berufungsgericht unter Verstoß gegen seine Bindung an eine zurückweisende Entscheidung erneut eine Ermessensreduzierung auf Null angenommen u deswegen ein Verpflichtungsurteil erlassen, so kann das verfahrensfehlerhafte Berufungsurteil nach Abs 6 in ein Bescheidungsurteil geändert werden (NVwZ 2004, 1008). Besteht der Verfahrensfehler darin, daß die Vorinstanz eine wirksame Rücknahmeerklärung übergangen hat, so genügt bereits die Aufhebung der vorinstanzlichen Entscheidung (NVwZ 2002, 990 f).

§ 144 Abs 6 gilt entspr für eine Zurückverweisung nach § 133 Abs 6 (NJW 1997, 3456).

Zur **Fortführung** des ZulassungsVf nach erfolgter Zulassung als RevisionsVf 23
in anderen Fällen s § 139 Abs 2, dazu 1 ff zu § 139.

§ 134 [Sprungrevision]

(1) **Gegen das Urteil eines Verwaltungsgerichts (§ 49 Nr. 2) steht den Beteiligten die Revision unter Übergehung der Berufungsinstanz zu,**[1 ff] **wenn der Kläger und der Beklagte der Einlegung der Sprungrevision** ***schriftlich*** **zustimmen**[15 ff] **und wenn sie von dem Verwaltungsgericht im Urteil**[4 f] **oder auf Antrag**[6 f] **durch Beschluß zugelassen wird. Der Antrag ist innerhalb eines Monats nach Zustellung des vollständigen Urteils schriftlich zu stellen.**[7] **Die Zustimmung zu der Einlegung der Sprungrevision ist dem Antrag oder, wenn die Revision im Urteil zugelassen ist, der Revisionsschrift beizufügen.**[19]

(2) **Die Revision ist nur zuzulassen, wenn die Voraussetzungen des § 132 Abs. 2 Nr. 1 oder 2 vorliegen.**[4 f] **Das Bundesverwaltungsgericht ist an die Zulassung gebunden.**[8 f] **Die Ablehnung der Zulassung ist unanfechtbar.**[10]

(3) **Lehnt das Verwaltungsgericht den Antrag auf Zulassung der Revision durch Beschluß ab, beginnt mit der Zustellung dieser Entscheidung der Lauf der Frist für den Antrag auf Zulassung der Berufung von neuem, sofern der Antrag in der gesetzlichen Frist und Form gestellt und die Zustimmungserklärung beigefügt war.**[10 ff] **Läßt das Verwaltungsgericht die Revision durch Beschluß zu, beginnt der Lauf der Revisionsfrist mit der Zustellung dieser Entscheidung.**[23 ff]

(4) **Die Revision kann nicht auf Mängel des Verfahrens gestützt werden.**[2, 22]

(5) **Die Einlegung der Revision und die Zustimmung gelten als Verzicht auf die Berufung, wenn das Verwaltungsgericht die Revision zugelassen hat.**[16, 25]

Vgl § 566 ZPO; § 161 SGG

1 **1. Allgemeines:** Die Vorschrift wurde durch das 4. VwGOÄndG in wesentlichen Punkten neu gefaßt. Während nach § 134 aF die Sprungrevision als echte Revisionseinlegung, verbunden mit einem „besonderen Antrag" auf Zulassung der Revision, ausgestaltet war – bei Ablehnung der Zulassung war deshalb die Revision ohne weiteres als Berufung zu behandeln (§ 134 Abs 2 S 1 aF) –, sind nach § 134 nF das AntragsVf auf Zulassung der Revision u das RevisionsVf streng getrennt (vgl § 134 Abs 3 S 2); die Antragstellung beinhaltet nicht die Revisionseinlegung (§§ 134 Abs 3 S 2, 139 Abs 1 S 1), u deshalb kommt auch eine etwaige Umdeutung in eine Berufung nicht mehr in Betracht (vgl § 134 Abs 3 S 1). Durch das 6. VwGOÄndG wurde die Formulierung des § 134 Abs 3 S 1 der eingeführten Zulassungsberufung (vgl §§ 124, 124 a) angepaßt. Das RmBereinVpG stellte in Abs 1 S 1 u 3 jeweils durch einen Zusatz klar, daß sich die erforderliche Zustimmung auf die Einlegung der Sprungrevision u nicht auf den Antrag der Zulassung beziehen muß. Eine Anpassung des § 134 Abs 3 S 1 nach Einführung der Zulassung der Berufung vom VG schon im Urteil erfolgte dagegen nicht (s unten 5).

2 Die Sprungrevision gibt den Beteiligten die Möglichkeit, **unter Übergehung der Berufungsinstanz** eine **Nachprüfung** der Entscheidung des VG in **materiellrechtlicher Hinsicht** (die Rüge von Verfahrensmängeln ist nach Abs 4 ausgeschlossen, s unten 22) unmittelbar durch das BVerwG zu erreichen, wenn es ihnen nicht auf eine weitere Klärung des Sachverhalts u eine Nachprüfung der Feststellung des VG in tatsächlicher Hinsicht ankommt. Die Sprungrevision soll folglich eine **schnelle u kostensparende Klärung grundsätzlicher Rechtsfragen** ermöglichen (BGH NJW 1997, 2388). In **Asylsachen** findet nach § 78 Abs 2 S 2 AsylVfG die Revision gegen das Urteil des VG nicht statt.

3 Die Zulässigkeit der Sprungrevision setzt die **Zulassung durch das VG** voraus. Die Zulassung kann sowohl durch die Kammer als auch durch den Einzelrichter erfolgen (NKVwGO-Neumann 11; Seibert NVwZ 2004, 822; s auch 4 zu § 124 a; **aA** B-Bader 6). Die Zulassung erfolgt vAw oder auf Antrag im Urteil oder auf Antrag **durch Beschluß** des Gerichts (Abs 1 S 1); sie wirkt, sofern sie nicht ausschließlich auf bestimmte Beteiligte beschränkt ist, zugunsten aller Beteiligten (s unten 8), u eröffnet ihnen die Wahl zwischen Berufung u Revision (91, 142 = NJW 1993, 2256).

4 **2. Zulassung der Sprungrevision vom VG:** Das VG läßt – bei Vorliegen der gesetzlichen Voraussetzungen – die Sprungrevision vAw im Urteil oder auf Antrag durch Beschluß zu (Abs 1 S 1).

a) Zulassung im Urteil (Abs 1 S 1), Zulassungsgründe (Abs 2 S 1). Wie Abs 2 S 1 bestimmt, muß das VG vAw (ein im Prozeß von einem Beteiligten gestellter Antrag ist nicht erforderlich) bei Vorliegen der Voraussetzungen des

§ 132 Abs 2 Nr 1 (Grundsatzrevision) oder des § 132 Abs 2 Nr 2 (Divergenzrevision) die Sprungrevision zulassen. Ein Ermessen besteht wie im Fall der Berufungszulassung (5 zu § 124) oder der Revisionszulassung durch das OVG oder das BVerwG (6 zu § 132) nicht. Andere Zulassungsgründe bestehen nicht („nur"), insb schließt das Gesetz aufgrund der gleichzeitigen Statthaftigkeit der Berufung die Geltendmachung von Verfahrensmängeln als Revisionsgrund (vgl § 132 Abs 2 Nr 3) aus (Abs 2 S 1, Abs 4).

Nach Einführung der Zulassung der Berufung vom VG durch das RmBereinVpG in §§ 124 Abs 1, 124a Abs 1 stellt sich die Frage, ob die Voraussetzungen der Zulassung der Berufung u der Sprungrevision identisch sind u deshalb bei Zulassung der Berufung stets auch die Sprungrevision zuzulassen ist. Eine Identität der Zulassungsgründe liegt für den Fall des Abs 2 S 1 iVm § 132 Abs 2 Nr 1 im Hinblick auf § 124 Abs 2 Nr 3 in der Tat vor. Dagegen ist der Berufungszulassungsgrund des § 124 Abs 2 Nr 4 weiter als der der Revisionszulassung gem § 132 Abs 2 Nr 2, da § 124 Abs 2 Nr 4 auch die Zulassung bei Abweichungen von Entscheidungen des OVG vorschreibt. Abgesehen von dieser Differenz sind die Zulassungsgründe jedoch identisch. Läßt das VG demzufolge die Berufung aus einem der auch in § 132 Abs 2 Nr 1 oder 2 genannten Gründe zu, muß es zugleich auch die Sprungrevision zulassen. Trotz des Verhältnisses der verschiedenen Zulassungsgründe für die Berufung u die Sprungrevision, nach dem bei zuzulassender Sprungrevision stets auch die Berufung zuzulassen wäre, kann es praktisch durch die Möglichkeit der nachträglichen Zulassung der Sprungrevision (aufgrund Antrags durch Beschluß) zu einer Zulassung der Sprungrevision kommen, ohne daß gleichzeitig die Berufung zugelassen wurde. Übersieht das VG das Erfordernis der Zulassung der Berufung (u der Sprungrevision) u wird es darauf erst durch den Antrag auf Zulassung der Sprungrevision nach Erlaß des Urteils aufmerksam, ist eine Zulassung der Berufung nicht mehr möglich. Schon dies, aber auch § 134 Abs 3 S 1 zeigt, daß Voraussetzung der Zulassung der Sprungrevision nicht die gleichzeitige Berufungszulassung ist. 5

b) Antrag auf Zulassung. Wurde im Urteil nicht über die Zulassung entschieden, so kann jeder Beteiligte – auch Beigeladene u der VöI – sie nachträglich beantragen (Abs 1 S 2). Für diese nachträgliche Zulassung durch Beschluß ist **ein besonderer Zulassungsantrag** erforderlich. Eine nachträgliche Zulassung vAw ist ausgeschlossen. 6

Dem Zulassungsantrag ist bereits die Zustimmung zur Einlegung der Sprungrevision beizufügen (Abs 1 S 3). Wie auch der durch das RmBereinVpG eingefügte Zusatz „zu der Einlegung der Sprungrevision" klarstellt, bezieht sich die Zustimmung nicht auf den Zulassungsantrag. Die Revisionsschrift muß dagegen – anders als nach § 134 Abs 1 S 1 aF – dem Antrag nicht beigefügt werden. Hat das VG die Zulassung schon im Urteil – etwa aufgrund eines im Prozeß gestellten Antrags auf Zulassung – abgelehnt, ist ein späterer Antrag auf Zulassung für alle Beteiligten unzulässig (Sch-Pietzner 41, 46 mwN). Hier kann nur noch ein Antrag auf Zulassung der Berufung gestellt werden. 7

c) Wirkungen der Zulassung (Abs 2 S 2). Die Zulassung der Sprungrevision eröffnet die Möglichkeit der Revision gegen das in Frage stehende Urteil. Sie gilt, soweit sie nicht ausdr eingeschränkt ist, **für das gesamte** Urteil u für **alle Beteiligten.**[1] 8

Wird die Sprungrevision vom VG zugelassen, so ist das BVerwG daran gebunden (Abs 2 S 2). Mit der Einführung des Abs 2 S 2 wie auch des § 132 Abs 3 durch das 4. VwGOÄndG ist der Umfang der Bindungswirkung ggü der früheren Rechtslage erweitert worden. Wie auch im Fall des § 132 Abs 3 (s 36f zu § 132) bindet selbst die offensichtlich gesetzwidrige Zulassung, sei es, daß offen- 9

[1] 14, 301; NVwZ 1982, 372; Buchh 310 § 136 VwGO Nr 9; vgl auch 30 zu § 132.

sichtlich kein Zulassungsgrund vorlag oder bei der Zulassung ein schwerwiegender Verfahrensfehler unterlaufen ist (Sch-Pietzner 50).

10 **d) Wirkungen der Ablehnung der Zulassung u Fortsetzung des Verfahrens (Abs 3 S 1).** Abs 3 S 1 regelt das weitere Vorgehen, wenn das VG den Antrag auf Zulassung der Revision durch Beschluß ablehnt (S 1 Alt 2). Mit der Zustellung des ablehnenden Beschlusses beginnt der Lauf der Frist für den Antrag auf Zulassung der Berufung, sofern der Zulassungsantrag nach Abs 1 S 1 zulässig, insb form- u fristgerecht gestellt war. Das Vf auf Zulassung der Sprungrevision selbst kann nicht fortgesetzt werden; die Ablehnung der Zulassung vom VG ist unanfechtbar (Abs 2 S 3).

11 Anders als nach früherem Recht (§ 134 Abs 2 S 1 aF) ist bei Ablehnung des Antrags auf Zulassung der Sprungrevision die Revision **nicht** mehr **in eine Berufung umzudeuten** (NKVwGO-Neumann 105). Die Neufassung der Vorschrift durch das 4. VwGOÄndG trug damit dem Umstand Rechnung, daß uU dem VG eine Revisionsschrift noch nicht vorliegt (BT-Dr 11/7030, 34). Eine solche Umdeutung kommt aber auch dann nicht in Frage, wenn dem Antrag (unnötigerweise) eine Revisionsschrift beigefügt worden ist, denn der Antrag auf Zulassung der Sprungrevision beinhaltet keine Rechtsmitteleinlegung (s oben 1); zudem beginnt gem Abs 3 S 1 mit der Zustellung der die Sprungrevision nicht zulassenden Entscheidung der Lauf der Frist für den Antrag auf Berufungszulassung; die dem Beteiligten hiermit gegebene Überlegungsfrist darf ihm nicht durch eine Umdeutung seines Antrags in eine Berufungseinlegung genommen werden.

12 **Abs 3** ist **nicht anwendbar,** wenn die Sprungrevision ordnungsgemäß zugelassen wurde, dann aber **nicht fristgerecht eingelegt** oder begründet wird, oder wenn die nach Abs 1 erforderliche **Zustimmungserklärung** erst **verspätet beigebracht** wird u insoweit keine Wiedereinsetzung (§ 60) gewährt wird (BayVBl 1971, 160). In diesem Fall ist eine bereits eingelegte Revision zurückzuweisen u auch nicht als Berufung zu behandeln, da das Recht zur Einlegung der Berufung nach Abs 5 durch die Einlegung der zugelassenen Revision vernichtet wurde (BayVBl 1971, 160).

13 Für den durch das RmBereinVpG ermöglichten Fall, daß das VG die **Berufung** gem §§ 124 Abs 1, 124 a Abs 1 **im Urteil zugelassen** hat, ohne gleichzeitig auch die Sprungrevision zuzulassen, **u** anschließend den **Antrag auf Zulassung der Sprungrevision durch Beschluß abweist** (zu den tlw unterschiedlichen Voraussetzungen der Zulassung der Berufung u der Sprungrevision s oben 5), enthält § 134 Abs 3 S 1 keine Regelung über die Fortsetzung des Vf im Hinblick auf die Berufung. Diese Konstellation ist durch den Gesetzgeber wohl übersehen worden. In diesem Fall ist **Abs 3 S 1 analog** anzuwenden. Auch wenn bereits das VG die Berufung zuläßt, muß den Beteiligten die Wahlmöglichkeit zwischen der Berufung u dem Antrag auf Zulassung der Sprungrevision eingeräumt werden. Das ist aber nur dann gegeben, wenn der Betroffene gefahrlos, dh mit der Möglichkeit der späteren Berufungseinlegung, den Antrag auf Zulassung der Sprungrevision stellen kann, ohne nach abgelehntem Antrag das RMittel der Berufung wg Fristversäumnis zu verlieren. Aufgrund der Analogie zu Abs 3 S 1 beginnt der Lauf der Berufungsfrist des § 124 a Abs 2 S 1 mit der Zustellung des Beschlusses, in dem der Antrag auf Zulassung der Sprungrevision abgelehnt wird, von neuem.

14 **3. Die Voraussetzungen der Zulässigkeit der Sprungrevision:** Voraussetzung für die Zulässigkeit der Sprungrevision ist deren Statthaftigkeit (im folgenden), die Zustimmung der Hauptbeteiligten (unten 15 ff) sowie die Zulassung der Sprungrevision vom VG (oben 4 ff).

a) Statthaftigkeit. Die Sprungrevision findet statt gegen alle berufungsfähigen Urteile des VG sowie gegen Gerichtsbescheide (§ 84 Abs 2 Nr 2, s 35 zu § 84) u Beschlüsse nach § 93 a Abs 2 S 1 (§ 93 a Abs 2 S 5).

b) Zustimmung. aa) Die Hauptbeteiligten (Kl u Bekl) müssen nach Abs 1 S 1 ihre **Zustimmung zur Einlegung der Sprungrevision** erklären, was durch das RmBereinVpG in Abs 1 S 1 u 3 mittlerweile klargestellt wurde. Erforderlich ist also typischerweise die Zustimmung des Rechtsmittelgegners, dh, wie Abs 1 S 1 ausdr klarstellt (BT-Dr 11/7030, 34), **je nach dem,** ob der **Kl oder** der **Bekl** Sprungrevision einlegt, des Bekl oder des Kl, **nicht** dagegen **auch sonstiger Beteiligter,** auch wenn diese sich am erstinstanzlichen Vf mit eigenen Anträgen beteiligt hatten u durch die Aufhebung des Urteils beschwert würden.[2] Legt dagegen ein sonstiger Beteiligter Sprungrevision ein, so ist dazu die Zustimmung beider Hauptbeteiligter erforderlich (NVwZ 2006, 599). Die Zustimmung muß schriftlich erfolgen; nicht ausreichend ist die Einreichung einer unbeglaubigten Abschrift (NVwZ 2006, 599). Die Zustimmung ist eine **Zulässigkeitsvoraussetzung** der Sprungrevision (91, 141; RÖ-v Nicolai 2; unklar BAG NJW 1979, 2422: Wirksamkeitsvoraussetzung). Durch das Zustimmungserfordernis soll der **Rechtsmittelgegner** davor **geschützt** werden, ohne sein Einverständnis die an sich vorgesehene zweite Tatsacheninstanz zu verlieren (65, 31; NVwZ-RR 1993, 220). 15

bb) Form u Inhalt der Zustimmung. Der Sinn des Zustimmungserfordernisses spiegelt sich auch in den Anforderungen an Form u Inhalt der Zustimmungserklärung wider. Zum Schutz des Rechtsmittelsgegners, der auf die Berufung u die Geltendmachung von Verfahrensmängeln verzichtet (vgl Abs 5), muß die Zustimmung zur Einlegung der Sprungrevision **eindeutig** erklärt werden. Die – ohnehin nicht erforderliche – **Zustimmung zur Zulassung** der Sprungrevision durch das Gericht, dh dazu, daß das Gericht die Sprungrevision zuläßt, bzw zu einem entsprechenden Antrag **genügt nicht** u kann im Zweifel auch nicht in die Zustimmung zur Revisionseinlegung umgedeutet werden.[3] Wohl aber kann **ausnahmsweise** bei Vorliegen besonderer Umstände, wenn der entsprechende Wille zweifelsfrei ersichtlich ist, ein **zu Protokoll** des Verwaltungsgerichts **erklärter Antrag** aller Beteiligten auf Zulassung der Sprungrevision oder eine Erklärung, daß der Zulassung der Revision zugestimmt wird, **zugleich** im Einzelfall dahin **ausgelegt** werden, daß in ihm auch schon die Zustimmung der Gegenpartei zur späteren Einlegung der Sprungrevision liegt.[4] In jedem Fall muß sich jedoch **eindeutig** ergeben, daß Einverständnis **auch mit der Einlegung der Sprungrevision** besteht (BSG NZS 1994, 190). 16

Zum Nachweis dessen verlangt Abs 1 S 1 die **Schriftform;** gem § 55 a Abs 1 ist damit auch die **elektronische Form** zulässig. Damit gelten für die Zustimmungserklärung im Hinblick auf die Form **dieselben Anforderungen wie für die Rechtsmittelschrift oder andere bestimmende Schriftsätze** (s zur prozessualen Schriftform näher 4 ff zu § 81; zur elektronischen näher 6 ff zu § 55 a). Das gilt nach ganz hM hingegen nicht für den Zeitpunkt der Zustimmungserklärung. Danach kann die **Zustimmung** zur Einlegung der Revision auch **schon vor Ergehen des Urteils** gegeben werden.[5] 17

Im Hinblick auf die Formerfordernisse ist auf die allg Grundsätze betr das Schriftformerfordernis abzustellen (s 4 ff zu § 81). Die Schriftform liegt insb auch vor, wenn die Zustimmung **im Protokoll der mündlichen Verhandlung vor dem VG** festgehalten ist.[6] Entsprechendes gilt, wenn gem § 173 S 1, § 496 ZPO 18

---

[2] GSOGB BVerwG 50, 369 = NJW 1976, 1682; BVerwG NVwZ 1982, 372: Zustimmung der Beigeladenen nicht erforderlich; Schaeffer NVwZ 1982, 21; RÖ-v Nicolai 2.

[3] 81, 82; 91, 142 = NJW 1993, 2256; NVwZ 1984, 302; NVwZ-RR 1993, 219.

[4] NVwZ 1986, 643; NVwZ-RR 1993, 219 mwN; NVwZ-RR 1994, 361.

[5] 14, 259; 18, 54; 81, 82 = NVwZ 1989, 1057; 92, 221 = NVwZ 1994, 490; NVwZ 2002, 90.

[6] 14, 259; 39, 315; 65, 30; 69, 295 = NVwZ 1984, 799; 81, 82; 92, 221 = NVwZ 1994, 490; NVwZ-RR 1993, 49; 1993, 219; BGH NJW 1984, 2890.

die Zustimmungserklärung außerhalb der mV zu Protokoll der Geschäftsstelle abgegeben wird (39, 316).

Der Revisionsschrift bzw dem Antrag auf Zulassung der Sprungrevision beigefügt werden (s oben 6f) muß grds das **Originaldokument,** auf dem die Zustimmungserklärung festgehalten ist. Wenn sich das Originaldokument allerdings bereits bei den Akten befindet, genügt im Verwaltungsprozeß bereits ein einfacher Hinweis darauf im Schriftsatz oder auch die Vorlage einer – sonst nicht ausreichenden – unbeglaubigten Abschrift oder Ablichtung (NVwZ 2002, 90; Sch-Pietzner 16; **aA** 12. Aufl 5). Diese Abweichung von der st Rspr des BSG[7] ist im Verwaltungsprozeß deshalb gerechtfertigt, weil hier die Revision (anders als im sozialgerichtlichen Vf, § 164 Abs 1 S 1 SGG) beim VG u nicht beim BVerwG einzulegen ist (§ 139 Abs 1 S 1) u deshalb die Revisionsschrift mit den vollständigen Akten beim BVerwG eingeht (zutr schon vor der Entscheidung des BVerwG Sch-Pietzner 16 u 29).

19 **cc) Beifügung der Zustimmung (Abs 1 S 3).** Die Zustimmung ist dem (nachträglichen) Antrag auf Zulassung der Sprungrevision oder bei bereits im Urteil zugelassener Revision der Revisionsschrift beizufügen. Ausreichend ist auch, wenn sie innerhalb der Antragsfrist oder innerhalb der Revisionsfrist nachgereicht wird,[8] **nach Ablauf der Revisionsfrist jedoch** nur noch, wenn Wiedereinsetzung nach § 60 gewährt wird (so auch NKVwGO-Neumann 62; offen in 18, 55). **Wiedereinsetzung** für die Zustimmung ist möglich (offen BSG NVwZ 1982, 64).

20 **dd) Möglicher Widerruf.** Die Zustimmung kann bis zur Bindung des Rechtsmittelführers, also bis zur Einlegung der Revision, widerrufen werden.[9] Das gilt auch, wenn die Zustimmung – etwa beim nachträglichen Antrag auf Zulassung der Sprungrevision – schon beim Gericht eingegangen ist (**aA** Schaeffer, NVwZ 1982, 22). Eine Behörde, die der Sprungrevision bereits vor Erlaß des Urteils zugestimmt hat, widerruft ihre Zustimmung konkludent durch Einlegung der Berufung, wenn diese vor Einlegung der Sprungrevision erfolgt (NVwZ 2006, 834).

21 **c) Zulassung.** Die Sprungrevision muß schließlich vom VG im Urteil oder auf Antrag durch (nachträglichen) Beschluß zugelassen sein (s oben 4f). Die **Zulassung** ist nach Abs 2 S 2 für das BVerwG **bindend,** s oben 9.

22 **4. Ausschluß von Verfahrensrügen (Abs 4):** Abs 4 schließt Verfahrensrügen ua deshalb aus, weil diese im BerufungsVf idR noch geheilt werden könnten, wenn ein BerufungsVf durchgeführt wird. **Zulässig** ist jedoch **die Rüge** von Verstößen gegen das Prozeßrecht, die nicht eigentlich das „Prozedieren" betreffen, sondern (wie zB die Verneinung der Klagebefugnis des Kl gem § 42 Abs 2) sich als prozessuale **Konsequenz aus der** (fehlerhaften) **materiellrechtlichen Beurteilung** durch das VG ergeben (NJW 1979, 1421; NVwZ 1983, 610; 1998, 954).

23 **5. Einlegung u Begründung der Sprungrevision:** Da der Antrag auf Zulassung der Sprungrevision nicht bereits die Einlegung der Revision darstellt u diese auch nicht ersetzt (s oben 1), bedarf es für die Revision noch einer **gesonderten Revisionseinlegung,** für die die allg Vorschriften gelten. Innerhalb der Revisionsfrist kann auch eine (zB von einem anderen Beteiligten) bereits eingelegte (zugelassene) Berufung vom Berufungsführer durch entsprechende Erklärung **in eine Revision umgeändert werden** u insoweit die getroffene Wahl

---

[7] BSG – GrS – 12, 233f = NJW 1961, 46; NVwZ 1996, 104; NJW 1997, 2003.

[8] 65, 30; NJW 1993, 2256; NVwZ-RR 1993, 219; NVwZ 1996, 175; BGH 16, 192; NJW 1984, 2890; BAG NJW 1979, 2422.

[9] NVwZ 2006, 834; Maetzel MDR 1966, 95; NKVwGO-Neumann 37; Sch-Pietzner 21; StJ 5 zu § 566a ZPO; grds auch Schaeffer NVwZ 1982, 22; zT **aA** B-Bader 14.

noch geändert werden (vgl zu § 335 StPO BGHSt 5, 338 = NJW 1954, 687; OLG Celle, NJW 1982, 397). Im Gegensatz zur Revision bedarf die auch im RevisionsVf, das aufgrund einer Sprungrevision gem § 134 anhängig geworden ist, zulässige **Anschlußrevision** weder einer besonderen Zulassung noch der Zustimmung des Rechtsmittelgegners oder sonstiger Beteiligter (65, 27 = NVwZ 1982, 372).

Die **Frist** für die Einlegung der Revision richtet sich nach § 139 Abs 1 S 1 u beträgt einen Monat. Sie läuft im Fall der Zulassung der Sprungrevision im Urteil vAw (§ 134 Abs 1 S 1 Alt 1) gem § 139 Abs 1 S 1 mit der Zustellung des vollständigen Urteils. Wird die Revision auf Antrag durch Beschluß zugelassen, beginnt der Lauf der Revisonsfrist gem §§ 134 Abs 3 S 2. Die Revisionsbegründungsfrist beträgt zwei Monate (§ 139 Abs 3 S 1). Hierüber muß der Beteiligte belehrt werden, ebenso über das RMittel der Berufung (81, 81; 91, 142 = NJW 1993, 2256), also regelmäßig (anders wenn die Berufung schon im Urteil zugelassen wird) über den Antrag auf Zulassung der Berufung; ist die Belehrung hins eines dieser RMittel unterblieben oder fehlerhaft, so gilt § 58 sowohl für dieses wie auch für das RMittel, über das an sich richtig belehrt wurde (vgl 91, 142 = NJW 1993, 2256). 24

Wurde die Revision eingelegt, bevor das VG die Revision zuließ, so steht dies ihrer Zulässigkeit nach Behebung dieses Mangels nicht entgegen; einer erneuten Einlegung der Revision nach erfolgter Zulassung bedarf es nicht (NVwZ 1996, 175).

Mit der Einlegung der zugelassenen Sprungrevision bestimmt diese allein den weiteren Gang des Vf (14, 301; 65, 27 = NVwZ 1982, 372; 81, 83). Die **Berufung** ist damit gem Abs 5 **endgültig ausgeschlossen** (81, 83), auch (was nicht unbedenklich ist) für die übrigen Beteiligten, deren Zustimmung zur Revision nicht erforderlich ist (65, 27 = NVwZ 1982, 373). Die **übrigen Beteiligten** können dann nur noch **Anschlußrevision** gem §§ 141, 127 einlegen (65, 27 = NVwZ 1982, 373). Eine bereits vorher von einem Beteiligten eingelegte Berufung wird unzulässig (Schaeffer NVwZ 1982, 23; zT **aA** 14, 298; durch 50, 369 jedoch überholt), kann jedoch innerhalb der Revisionsfrist durch entsprechende Erklärung in eine Revision umgewandelt werden (oben 23). 25

Für die **Begründung der Sprungrevision** gelten die allg Bestimmungen über die Revision. Vgl im einzelnen § 139 Abs 3; BayVBl 1990, 731. 26

§ 135 [Revision bei Ausschluß der Berufung]

Gegen das Urteil eines Verwaltungsgerichts (§ 49 Nr. 2) steht den Beteiligten die Revision an das Bundesverwaltungsgericht zu, wenn durch Bundesgesetz die Berufung ausgeschlossen ist.[1 f] **Die Revision kann nur eingelegt werden, wenn das Verwaltungsgericht oder auf Beschwerde gegen die Nichtzulassung das Bundesverwaltungsgericht sie zugelassen hat. Für die Zulassung gelten die §§ 132 und 133 entsprechend.**

Schrifttum: S zu § 132.

Die Vorschrift eröffnet den Beteiligten **für den Fall, daß die Berufung durch Gesetz** (es kann sich hierbei nur um ein Bundesgesetz handeln, da die VwGO keine entsprechende Ermächtigung für den Landesgesetzgeber enthält, vgl RÖ-v Nicolai 1) **ausgeschlossen ist,** wenigstens die **Möglichkeit der Revision** gegen Urteile des VG, sofern die allg Voraussetzungen dafür erfüllt sind. Da die Vorschrift nur einfaches Bundesrecht ist, kann der **Bundesgesetzgeber** aber durch ein späteres Gesetz **auch abweichende Regelungen** treffen, sogar die Revision gänzlich ausschließen. S auch 2 zu § 131. 1

Anwendungsfälle für einen gänzlichen Ausschluß der Berufung sind zB § 339 **LAG,** § 34 **WPflG,** § 10 Abs 2 **KDVG,** § 75 **ZDG,** § 37 Abs 2 **VermG,** § 6

Abs 1 S 2 **VZOG,** § 23 Abs 2 **InvVorG,** § 58 **SaatgutverkehrsG;** § 12 **WirtschaftssicherstellungsG** idF 3. 10. 1968 (BGBl I 1069); § 20 Abs 2 **ErnährungssicherstellungsG** idF 27. 8. 1990 (BGBl I 1802); § 22 **VerkehrssicherstellungsG** idF 8. 10. 1968 (BGBl I 1082); § 137 Abs 3 **TKG** hins der Entscheidungen der Beschlußkammern der Regulierungsbehörde. Weitere Beispiele bei Sch-Meyer-Ladewig/Rudisile 25 vor § 124. Kein Anwendungsfall des § 135 ist § 78 Abs 1 AsylVfG. Hier ist in dem Fall, in dem das VG die Klage als offensichtlich unzulässig oder offensichtlich unbegründet abweist, jedes RMittel ausgeschlossen. Hat ein VG zu Unrecht einen Berufungsausschluß iSd § 135 S 1 angenommen u dementsprechend eine Entscheidung über die Nichtzulassung der Revision getroffen, so kann in entspr Anwendung des § 133 Abs 6 die Nichtzulassungsentscheidung isoliert angefochten werden (NJW 2002, 2262).

2 Die **Beschränkung der Berufung** gem § 124 stellt **keinen Ausschluß** der Berufung iSv § 135 dar, auch wenn sie im konkreten Fall einer Berufung entgegensteht (Meyer-Ladewig NJW 1978, 839; Sch-Meyer-Ladewig 6 zu § 131).

§ 136 *[Ausschluß der Revision]*

(aufgehoben)

1 **§ 136** wurde **durch das 6. VwGOÄndG aufgehoben.** Die Vorschrift schloß die Revision allg gegen Urteile in NKSachen (§ 47) aus.

§ 137 [Zulässige Revisionsgründe]

(1) **Die Revision kann nur darauf gestützt werden,**[1 ff] **daß das angefochtene Urteil auf der Verletzung**[19 ff]

1. von Bundesrecht[4 ff] **oder**

2. einer Vorschrift des Verwaltungsverfahrensgesetzes eines Landes, die ihrem Wortlaut nach mit dem Verwaltungsverfahrensgesetz des Bundes übereinstimmt,[15 f]

beruht.[23]

(2) **Das Bundesverwaltungsgericht ist an die in dem angefochtenen Urteil getroffenen tatsächlichen Feststellungen gebunden,**[24 ff] **außer wenn in bezug auf diese Feststellungen zulässige und begründete Revisionsgründe vorgebracht sind.**

(3) **Wird die Revision auf Verfahrensmängel gestützt und liegt nicht zugleich eine der Voraussetzungen des § 132 Abs. 2 Nr. 1 und 2 vor, so ist nur über die geltend gemachten Verfahrensmängel zu entscheiden.**[34 ff] **Im übrigen ist das Bundesverwaltungsgericht an die geltend gemachten Revisionsgründe nicht gebunden.**[34 ff]

Vgl §§ 545, 547, 557 ZPO; §§ 337, 352 StPO; §§ 162 f SGG; § 118 FGO

Schrifttum: *Bertrams,* Das vor dem BVerwG revisible Recht, DÖV 1992, 97; *Kirchhof,* Revisibles Verwaltungsrecht, Menger-FS 1985, 813; *Klumpp,* Landesrecht vor Bundesgerichten im Bundesstaat des Grundgesetzes, 1969; *Martin,* Prozeßvoraussetzungen und Revision, 1973; *Petzold,* Ist Gemeinschaftsrecht Bundesrecht? Zur Europafreundlichkeit von VwGO und FGO, NVwZ 1999, 151; *W. Roth,* Ungleichzeitige Parallelgesetzgebung – Verlust der Revisibilität des Offenkundigkeitsmerkmals in § 44 Abs. 1 LVwVfG?, NVwZ 1999, 388. – S auch zu § 132.

Übersicht

1. Allgemeines: Auch eine gem §§ 132, 134 oder 135 zugelassene Revision führt nicht in allen Fällen zu einer vollen rechtlichen Nachprüfung des angegriffenen Urteils. Das BVerwG kann einer Revision (vorausgesetzt, daß auch die sonstigen Prozeßvoraussetzungen, s 28 ff vor § 124, erfüllt sind) **nur stattgeben,** wenn 1

a) das angefochtene Urteil auf einer **Verletzung revisiblen Rechts,** dh grds von Bundesrecht, nur aufgrund besonderer Vorschriften ausnahmsweise auch von Landesrecht, beruht (§ 137 Abs 1), s unten 4–33;

b) die **Nachprüfung nicht** (wegen einer **Beschränkung der geltend gemachten Gründe)** gem § 137 Abs 3 bezüglich der Gründe, die eine Stattgabe rechtfertigen würden, **ausgeschlossen** ist, s unten 34 ff;

c) sich das angefochtene **Urteil** – außer bei Vorliegen absoluter Revisionsgründe (§ 138) – trotz Vorliegens der Voraussetzungen a u b **nicht im Ergebnis** aus anderen Gründen **als richtig erweist** (§ 144 Abs 4), s 4 ff zu § 144.

Ist auch nur eine dieser Voraussetzungen nicht gegeben, so ist die Revision als **unbegründet** zurückzuweisen (Menger VerwA 1977, 87; RÖ-v Nicolai 1). **Andererseits** erfolgt die Nachprüfung eines Urteils durch das Revisionsgericht **grds ohne Bindung an die Gründe der Revisionszulassung** u, im Rahmen des § 137 Abs 3, auch **der Revisionsrügen** (s unten 34 ff). Die (nicht nur versehentliche) **Außerachtlassung** oder Verkennung der durch §§ 137 ff dem Revisionsgericht bzw seiner Entscheidung gezogenen Grenzen **verletzt Art 101 Abs 1 S 2** u **103 Abs 1 GG** (BVerfG 31, 165; 50, 12).

Maßgeblicher Zeitpunkt: Maßgeblich für die Entscheidung des Revisionsgerichts ist, soweit es nach den Grundsätzen über den maßgeblichen Zeitpunkt (s 29 ff, 217 ff zu § 113) auf den Zeitpunkt der Entscheidung des Gerichts ankommt, **die Rechtslage** (ggf auch Landesrecht, jedenfalls wenn eine Regelung in Frage steht, die Bundesrecht berührt, vgl BayVBl 1978, 22; sehr zweifelhaft; vgl auch unten 9 ff) **im Zeitpunkt seiner eigenen Entscheidung,** soweit auch die Vorinstanz von dieser ausgehen müßte, wenn sie jetzt entschiede,[1] was dann der Fall ist, wenn sich das **geänderte Recht** nach seinem **zeitlichen u inhaltlichen Geltungsanspr auf** den **festgestellten Sachverhalt erstreckt** (vgl 41, 230; WissR 1996, 353), **hins der maßgebenden Sachlage** (tatsächlichen Feststellungen) dagegen grds **die Sachlage** im Zeitpunkt der Entscheidung **der letzten Tatsacheninstanz.**[2] Vgl aber zur Berücksichtigung einer **Änderung** des maßgeblichen **Sachverhalts** nach Ergehen des angegriffenen Urteils **in Ausnahmefällen** unten 26 ff, ebenso zur nachträglichen Heilung von Fehlern im VerwaltungsVf. Zu berücksichtigen im RevisionsVf ist insb auch die **Nichtigerklärung** 2

[1] 41, 230; 42, 149; 48, 313; 49, 2; 51, 125; 54, 180; 55, 273; 61, 286; 66, 179 – Berücksichtigung des inzwischen erlassenen Gesetzes, das nunmehr eine Rechtsgrundlage für die angegriffene Verwaltungsmaßnahme enthält –; 67, 24, 288; 68, 364; 72, 340; NVwZ-RR 1993, 65; vgl auch unten 39 f.

[2] 66, 192; DVBl 1982, 302; NJW 1992, 388; BSG NJW 1987, 604; vgl auch DVBl 1984, 781: Änderung des entscheidungserheblichen Sachverhalts nach Ergehen des Berufungsurteils eröffnet Revisionsgericht idR nicht die Möglichkeit einer Zurückverweisung der Sache an Vorinstanz; ebenso NVwZ 1993, 275: grds Ausschluß einer Zurückverweisung der Sache wg nachträglicher Veränderung des entscheidungserheblichen Sachverhalts, auch um damit Gefahr einer „Endlosigkeit" des verwaltungsgerichtlichen Vf vorzubeugen u zu verhindern, daß einer in rechtlicher Hinsicht nicht zu beanstandenden Berufungsentscheidung nachträglich die Grundlage entzogen wird.

einer Rechtsvorschrift, auf die das Urteil gestützt ist, **durch das BVerfG** oder das Verfassungsgericht des Landes sowie die Unwirksamerklärung einer solchen Vorschrift durch das OVG gem § 47 (vgl zu § 47 BGH NVwZ 1982, 329).

3 Zur **Bindung** des Revisionsgerichts **an Feststellungen** u Erwägungen der Vorinstanz in tatsächlicher Hinsicht oder bzgl des nicht revisiblen Rechts s Abs 2 bzw § 173 S 1, §§ 560, 545 ZPO, dazu unten 24ff u 30ff; **an** die dem angegriffenen Urteil vorausgegangenen u unanfechtbaren oder nicht angefochtenen **(Vor-)Entscheidungen** des Gerichts zB nach § 54 iVm § 46 Abs 2 ZPO, nach § 93, § 109 (BGH 121, 276 = NJW 1993, 1392 zu § 557 Abs 2 ZPO) oder § 152 Abs 1 (vgl 51, 279; 60, 125); **an unwiderrufliche Prozeßhandlungen** der Beteiligten, § 173 S 1, § 557 Abs 2 ZPO, dazu 24 zu § 132 sowie 3ff zu § 128.

4 **2. Verletzung revisiblen Rechts (Abs 1):** Mit der Revision kann nur die Verletzung (s zum Begriff unten 19ff) des sog **„revisiblen" Rechts** gerügt werden, dh von Rechtssätzen, die nach §§ 137 Abs 1, 138 oder nach Vorschriften außerhalb der VwGO **als Prüfungsmaßstab** für die Nachprüfung des angegriffenen Urteils – uU auch nur hins einer vorgreiflichen Frage (s dazu unten 19) – in rechtlicher Hinsicht in Betracht kommen. **Revisibles Recht idS** ist nach Abs 1 grds nur das Bundesrecht, nur ausnahmsweise auch Landesrecht (s unten 9ff u 15ff) u sonstiges Recht (s unten 14). **Verwaltungsvorschriften** sind kein revisibles Recht (s unten 18).

5 **a) Bundesrecht** iSd § 137 Abs 1 Nr 1 sind:

- **das GG** (vgl 90, 342), auch zB Art 19 Abs 4 GG (vgl BVerfG NJW 1988, 249; dazu unten 7);
- die **förmlichen Bundesgesetze;**
- die **Rechtsverordnungen** von Bundesbehörden, einschließlich der Rechtsverordnungen bundesunmittelbarer Körperschaften, ferner **Satzungen** bundesunmittelbarer Körperschaften (VRspr 28, 392);
- das nach Art 124, 125, 125a-b GG **als Bundesrecht fortgeltende Recht;**
- das **fortgeltende Recht der ehemaligen DDR,** soweit es das Gebiet der ausschließlichen Gesetzgebung des Bundes betrifft, oder soweit es Gegenstände der konkurrierenden oder der Rahmengesetzgebung betrifft u das betr Sachgebiet in den alten Bundesländern bundesrechtlich geregelt ist, u es daher **gem Art 9 Abs 4 EVertr als Bundesrecht** fortgilt (vgl DtZ 1996, 284; RÖ-v Nicolai 9a); der frühere generelle Ausschluß der Revisibilität (66, 279) hat mit dem Beitritt der DDR zur Bundesrepublik Deutschland seine Grundlage verloren (vgl BGH NJW 1993, 260);
- die normsetzenden **Staatsverträge** des Bundes (44, 160);
- die **allg Regeln des Völkerrechts** (Art 25 GG);
- das **Recht der Europäischen Union;**[3] uU **auch bloße Richtlinien** der EG **gem Art 249 Abs 3 EGV,**[4] jedenfalls **nach Ablauf** der darin für eine Umsetzung in deutsches Recht vorgesehenen **Frist,** nicht jedoch auch vorher (str; s auch 20 zu § 1; 37 zu § 40; 53 zu § 42). Vgl zur **richtlinienkonformen Auslegung** deutschen Rechts als Revisionsmaßstab auch BGHSt 37, 168; **aA** BFH 143, 383 = NJW 1985, 2103; allg zum Gebot richtlinienkonformer Auslegung 35 zu § 1; ferner Ress DÖV 1994, 489; zu verfassungsrechtlichen Grenzen der Anerkennung einer unmittelbaren Wirkung von EG-Richtlinien Stadie NVwZ 1994, 435;
- das ehemalige **Besatzungsrecht,** soweit es nach Art 124, 125 als Bundesrecht fortgilt (2, 320; 41, 3; 41, 15; NJW 1979, 1840; NJW 1989, 3168 = NVwZ 1990, 84);

---

[3] BVerfG NVwZ 1993, 883; BVerwG 35, 277: da es im Gegensatz zu Landes- u Partikularrecht aufgrund einheitlicher Kompetenz im ganzen Bundesgebiet gilt; 90, 19.
[4] 74, 243 = NJW 1986, 3040; 75, 234; s auch NVwZ 1996, 1010.

– die Sätze des **Gewohnheitsrechts** u **allg Rechtsgrundsätze** (Rechtsprinzipien), **soweit** sie in den Bereich der **Rechtssetzungskompetenz des Bundes** fallen,[5] insb, soweit sie **Bundesrecht ergänzen.**[6] S im einzelnen unten 6ff.

Unter dem letztgenannten Gesichtspunkt sind als Bundesrecht anzusehen **zB die Grundsätze** – nicht jedoch auch notwendig die Grundsätze für die Beurteilung vorausliegender Tatbestände, wie der Frage, **ob** ein Rechtsverhältnis **ein Beamtenverhältnis** ist; insoweit kann es uU allein auf nicht-revisibles Recht ankommen (49, 137) –, nach denen zu beurteilen ist, **ob der VRW** nach § 40 gegeben ist (1, 263; 49, 137); **ob ein VA** iSd § 42 Abs 1 vorliegt;[7] **ob** der **Widerruf eines** aufgrund einer Vorschrift des Bundesrechts erlassenen **VA** zulässig ist (57, 3; NJW 1961, 1130); ob die Rücknahme eines VA **zurückgenommen** werden kann (57, 3); **ob** ein nach Bundesrecht entstandener Anspr **verwirkt** ist (27, 129), usw. 6

Als Bundesrecht sind insoweit auch alle **Grundsätze** anzusehen, **die aus Sätzen des Bundesrechts abgeleitet werden,**[8] insb auch **aus dem Verfassungsrecht,** wie zB **das Recht auf effektiven gerichtlichen Rechtsschutz** gegen Maßnahmen der öffentlichen Gewalt aus **Art 19 Abs 4 GG;**[9] das **Willkürverbot,** einschließlich des darin enthaltenen Verbots, offensichtlich unsachliche Erwägungen zur Grundlage einer staatlichen Entscheidung zu machen;[10] der **Grundsatz der Chancengleichheit** (DVBl 1993, 51 – zum aus Art 3 Abs 1 GG herzuleitenden Grundsatz der Chancengleichheit bei Prüfungen –); der **Grundsatz der Verhältnismäßigkeit** u das **„Übermaßverbot";**[11] der Grundsatz des **Vertrauensschutzes** (51, 315; BGH NVwZ 1982, 383; VG Augsburg BayVBl 1973, 24); der auch im öffentlichen Recht geltende Grundsatz von **Treu u Glauben** (51, 315; 55, 339; 74, 243; Buchh 406.11 § 30 BBauG Nr 3); die Grundsätze über die **Verwirkung** (55, 339; Buchh 406.11 § 135 BBauG Nr 5); das Gebot der **Fairneß des Vf** (s 12 zu § 1; ferner BGHSt 32, 47: verletzt, wenn das Gericht sich an eine zunächst erklärte Wahrunterstellung bestimmter Tatsachen dann nicht hält); der **Inhalt u Zweck** des **Sonn- u Feiertagsschutzes** aufgrund von Art 140 GG, Art 139 WRV (90, 342; nicht hingegen Landesfeiertagsgesetze – Buchh 11 Art 140 GG Nr 55). **Als Bundesrecht** idS anzusehen sind die Grundsätze über den **FBA,** da dieser Grundsatz Ausfluß der Freiheitsgrundrechte ist (DÖV 1971, 858 u 1989, 775; Schenke JuS 1990, 372f; **aA** BayVBl 1992, 443), nicht hingegen über den **Erstattungs-** 7

---

[5] 2, 22; NJW 1986, 1629; DVBl 1988, 494; BFH NJW 1976, 1424; Ey-P. Schmidt 5, 9; NKVwGO-Neumann 55.

[6] 2, 23; 27, 131; 27, 129; 42, 222; 55, 339; 57, 3; 80, 172 = NJW 1989, 922; 82, 351; NVwZ 1990, 478.

[7] 5, 153; DÖV 1992, 536; DVBl 1997, 366; Müller-Franken VerwA 1999, 552ff; Schenke 185.

[8] Vgl auch 90, 361: ein bundesrechtlicher Bezug genügt; auch etwa zB, ob aus Art 28 Abs 2 GG eine Rechtssetzungsbefugnis der Gemeinden hergeleitet werden kann.

[9] Vgl BVerfG NJW 1988, 249: dieses Recht wird verletzt, wenn sich ein Verwaltungsgericht über tragende Gründe einer Entscheidung des BVerfG hinwegsetzt; Mü BayVBl 1981, 27.

[10] 57, 39 = NJW 1982, 983; BVerfG 59, 101: eine unvertretbare Rechtsanwendung verletzt Art 3 Abs 1 GG; vgl allg zum Verbot willkürlicher Gesetzesauslegung oder Gesetzesanwendung auch BVerfG 4, 297; 6, 53; NJW 1993, 996: fehlerhafte Auslegung eines Gesetzes macht für sich allein eine Gerichtsentscheidung nicht willkürlich; Willkür liegt vielmehr erst vor, wenn eine offensichtlich einschlägige Norm nicht berücksichtigt oder der Inhalt einer Norm in krasser Weise mißbraucht wird; NJW 1993, 1699 u 2025; Höfling JZ 1991, 941.

[11] 47, 34; 54, 62; 61, 300; DVBl 1967, 577; 1983, 1067; allg zur Ableitung dieses Grundsatzes aus dem Verfassungsrecht vgl BVerfG 26, 222; 31, 290; 42, 295; Wendt AöR 1979, 414.

anspr;[12] Bundesrecht ist auch das rechtsstaatlich fundierte Erfordernis der **Bestimmtheit eines VA** (NJW 1975, 1528; **aA** NJW 1980, 1970); das Erfordernis der **„Zwecktauglichkeit"** einer landesrechtlichen Abgabe (66, 144); das **Koppelungsverbot** bei VAen u ör Verträgen (NJW 1980, 1994: Grundsatz des Bundesrechts als Folgerung aus dem Rechtsstaatsprinzip); der Grundsatz der **Chancengleichheit** im Prüfungsrecht (55, 362; BayVBl 1982, 663, NVwZ 1993, 677 u 688: Folgerung aus Art 3 Abs 1 GG). Als Bundesrecht zu qualifizieren ist auch das aus dem Rechtsstaatsprinzip ableitbare Abwägungsgebot bei Planungen, insb Planfeststellungen (61, 301 = NJW 1981, 2138; 1982, 591; 1982, 1473; NVwZ 1985, 652 mwN). Vgl im einzelnen auch zur Frage, inwieweit solche Grundsätze, die aus dem Bundesverfassungsrecht abgeleitet werden, als Maßstab für die Nachprüfung von auf Landesrecht gestützten Entscheidungen in Betracht kommen, unten 13. Kein Bundesrecht sind Grundsätze darüber, wann ein **VA** als **nichtig** anzusehen ist (DVBl 1984, 194; NVwZ 1984, 102); die Grundsätze über die **Rücknahme u den Widerruf** von VAen (48, 82; 54, 259; DVBl 1984, 194).

8 **Bundesrecht** sind auch

- die **allg Grundsätze über die Auslegung von Rechtsnormen** (DVBl 1988, 494), **wenn bzw soweit** sie der Auslegung u Anwendung von Bundesrecht dienen (NVwZ 1985; 654; NJW 1986, 1629; Buchh 310 § 132 VwGO Nr 133);
- die Grundsätze, nach denen zu beurteilen ist, ob ein Satz ein **allg Erfahrungssatz** ist (dazu 25 zu § 98; vgl auch 88, 320: Rechtsfrage, ob ein allg Erfahrungssatz besteht);
- **Vorschriften** des an sich nicht revisiblen Rechts, **soweit** Bundesrecht sie „rezipiert", indem es auf sie **Bezug nimmt oder daran anknüpft** u (wenn auch idR mit der Beschränkung, daß sie, soweit sich aus dem Zweck der bundesrechtlichen Regelung nichts anderes ergibt, grds mit dem Inhalt der Revisionsentscheidung zugrundezulegen sind, der ihnen in ihrem Rechtskreis zukommt) ihre Anwendung **als Bundesrecht**[13] **anordnet** (vgl 38, 265; Kopp BayVBl 1973, 88);
- **Denkgesetze u allg Erfahrungssätze** (31, 3; 47, 381; 61, 188; MDR 1960, 76; BSG MDR 1976, 83; NZA 1985, 438), insb auch die allg Lebenserfahrung (31, 3; Musielak/Stadler JuS 1980, 739), **wenn bzw soweit sie der Auslegung u Anwendung von Bundesrecht** dienen (vgl BayVBl 1990, 154; Buchh 430.4 Versorgungsrecht Nr 27), dieses ergänzen oder das Bundesrecht auf sie in der oben dargelegten Weise Bezug nimmt;
- die Grundsätze über die **Anforderungen, die an rechtsgültige Erklärungen** zu stellen sind, soweit diese für eine nach Bundesrecht zu beurteilende Rechtsfrage von Bedeutung sind (MDR 1960, 77);
- der Grundsatz der **gesetzmäßigen Beschaffung der Entscheidungsgrundlagen** (47, 381; 61, 188);
- **§ 133 BGB** (vgl – zu weitgehend – NVwZ 1987, 598; Buchh 316 § 38 VwVfG Nr 4: eine revisible Auslegungsvorschrift);
- das **Verbot** einer offensichtlich unhaltbaren, **willkürlichen Würdigung eines Parteivorbringens;**[14]

---

[12] Vgl – allerdings im Hinblick auf die mögliche Verankerung von Erstattungsanspr im Rechtsstaatsprinzip zweifelhaft – NVwZ 1991, 575: Landesrecht, wenn auch der Leistungsanspr Landesrecht ist; zT **aA** 55, 339.

[13] Anders, wenn die Verweisung ähnlich, wie dies nach dem internationalen Privatrecht für ausländisches Recht gilt, nur als Anwendungsregelung ohne Änderung des Charakters als nichtrevisibles Recht zu verstehen ist, vgl 51, 268, 270; 57, 206; NVwZ 1985, 652; NJW 1988, 1925; BGH 10, 371; RGZ 82, 49; 120, 200; ferner BVerfG 26, 338; NJW 1978, 1476: der Inhalt wird im Anwendungsbereich der bundesrechtlichen Verweisungsnorm zu Bundesrecht u ist als partielles Bundesrecht anzuwenden; s auch unten 10.

[14] BVerfG 57, 39 = NJW 1982, 324: eine Folgerung aus Art 3 Abs 1 GG; ähnlich BVerwG NJW 1988, 1864.

– **technische Normen u allg Feststellungen** (zB ob ein Gebiet dienstrechtlich zu einer bestimmten Zeit zum Deutschen Reich gehörte, 30, 228; vgl ferner 38, 122; 41, 134).

Kraft gesetzlicher Fiktion stellt auch die Verletzung **der in § 138 genannten Grundsätze** immer eine Verletzung von Bundesrecht dar (§ 138). Zur Revisibilität der **Beihilfevorschriften** des Beamtenrechts s unten 18. **Rechtsvorschriften,** technische Normen uä, **auf die verwiesen wird,** sind im Zweifel mit dem Inhalt anzuwenden, der ihnen **im Zeitpunkt der Verabschiedung der Verweisungsvorschrift** zukam; in gewissem Umfang ist aber auch eine **dynamische Verweisung** auf den jeweiligen Inhalt möglich, sofern das bundesstaatliche Prinzip u das Rechtsstaatsprinzip nicht entgegenstehen (BVerfG 47, 285 = NJW 1978, 1476).

b) Landesrecht ist **nur revisibel, wenn es** durch **Bundesgesetz** (zB gem § 127 Nr 2 BRRG; vgl auch § 137 Abs 1 Nr 2; dazu unten 15 f) oder **gem Art 99 GG** durch Landesgesetz (17, 46; 28, 188; 82, 337; 91, 81; s dazu unten 11) **für revisibel erklärt** ist. So sind zB gem **§ 127 Nr 2 BRRG** die Vorschriften der **Landespersonalvertretungsgesetze,** die sich auf die Beteiligung des Personalrats an beamtenrechtlichen Maßnahmen beziehen, voll revisibel,[15] nicht aber Vorschriften über Selbstverwaltungsangelegenheiten der Hochschulen, auch soweit sich hieraus Auswirkungen auf beamtenrechtliche Rechtsverhältnisse ergeben können (NJ 1996, 212). 9

Sonstiges Landesrecht ist auch dann nicht revisibel, wenn die in Frage stehenden Vorschriften des Landesrechts ihre Regelung **in Erfüllung einer rahmenrechtlichen Anpassungspflicht** einer Vorschrift des bundesrechtlichen Rahmenrechts wörtlich entnehmen u eine Verpflichtung zur inhaltlichen Übereinstimmung besteht.[16] Wörtliche Übereinstimmung des Landesrechts mit bundesrechtlichen Normen allein begründet ebensowenig die Revisibilität (Buchh 310 § 137 Abs 1 VwGO Nr 5) wie Verweisungen u Bezugnahmen des Landesrechts auf Bundesrecht, wenn sich nicht die Regelung gerade aus einem Gesetzesbefehl des Bundesgesetzgebers ergibt (Buchh 430.2 Kammerzugehörigkeit Nr 7). Auch Wortlautgleichheit der Gesetze mehrerer Länder begründet keine Revisibilität, selbst wenn dies auf einer „konzertierten Aktion" der Landesgesetzgeber oder einem gemeinsamen Musterentwurf beruht (NVwZ 1996, 377).

Landesrecht idS – u damit abgesehen von den oben zu 9 genannten Fällen **nicht-revisibles** Recht – sind: 10

- **die Landesverfassungen der Länder;**
- **die förmlichen Landesgesetze;**
- **die normsetzenden Staatsverträge des Landesrechts** (22, 299);
- die **untergesetzlichen** Rechtsvorschriften des Landesrechts (VOen, Satzungen), einschließlich der dem Land unterstehenden Körperschaften, Anstalten u Stiftungen, zB der Gemeinden, der Kammern (NVwZ-RR 1990, 208). Unerheblich ist insoweit, ob die Ermächtigung zum Erlaß der Rechtsvorschrift in einem Bundesgesetz oder Landesgesetz enthalten ist.[17] Vgl insoweit auch 25 zu § 47;
- gem Art 9 EVertr **fortgeltendes Recht** der ehemaligen **DDR,** soweit es nicht nach Art 9 Abs 4 EVertr als Bundesrecht fortgilt (oben 5);
- **das Landesgewohnheitsrecht** u die **allg Rechtsgrundsätze,** die in den Bereich der **Gesetzgebungszuständigkeit der Länder** fallen, insb Landes-

[15] 66, 292; Buchh 237.1 Art 42 BayBG Nr 9; 230 § 120 BRRG Nr 34; NVwZ 1993, 379.

[16] NVwZ 1987, 976; **aA** BGH ZBR 1997, 401, jedoch in bezug auf eine beamtenrechtl Vorschrift des Landes, deren Revisibilität sich in einem verwaltungsrichtl Vf aus § 127 Nr 2 BRRG ergeben hätte; NKVwGO-Neumann 80.

[17] 54, 56; VRspr 28, 392; vgl allg zur Rechtsnatur als Landesrecht auch BVerfG 18, 407; BayVerfGH 20, 67; BayVBl 1978, 143 mwN.

recht ergänzen oder aus dem Landesrecht abgeleitet werden (vgl Buchh 406.11 § 127 BauGB Nr 78 sowie oben 5 letzter Absatz);

– alle **sonstigen Sätze u Begriffe** – auch zB solche des BGB, deren analoge Anwendung hier in Betracht kommt (vgl NJW 1993, 1610) – die der **Ergänzung,** Auslegung u Anwendung **von Landesrecht** dienen;[18]

– uU auch **Sätze u Begriffe des Bundesrechts,** auf die das Landesrecht iS einer Rezeption verweist bzw Bezug nimmt, soweit die Bezugnahme reicht, u nur im Hinblick darauf;[19] **anders bei** landesrechtlichen **Verweisungen,** die **Bundesrecht** nicht rezipieren, sondern unter Verzicht auf eine landesrechtliche Regelung darauf **in der Weise Bezug nehmen, daß** sie daran anknüpfen u ihnen – ähnlich wie dies nach dem internationalen Privatrecht für ausländisches Recht gilt – Geltung im Landesbereich in seiner Eigenschaft **als Bundesrecht zuerkennen,**[20] oder die als Regelung gem Art 99 GG zu verstehen sind (Buchh 436.35 § 10 BAföG Nr 1; mit abweichender Beurteilung nunmehr BVerwG 57, 26).

11 Die **Zuweisung von Streitsachen gem Art 99 GG** an das BVerwG (s oben 9) hat immer notwendig zur Folge, daß insoweit ausnahmsweise **auch das** anzuwendende **Landesrecht revisibel** wird (28, 188; 91, 81); dies ist auch schon dann der Fall, wenn das Landesrecht, ohne das BVerwG ausdr zu erwähnen, für bestimmte Streitsachen eine dritte Instanz vorsieht (zust NKVwGO-Neumann 96). Vgl jedoch auch unten 17.

12 **Soweit das Landesrecht nicht revisibel** ist, muß das BVerwG es, sofern es für eine von ihm zu treffende Entscheidung von Bedeutung ist, nach § 173 S 1, § 560 ZPO grds in der Form u mit dem Inhalt ohne eigene Nachprüfungsmöglichkeit als gegeben hinnehmen, in der es das OVG bei seiner Entscheidung anwandte.[21]

Eine **Prüfung ist hier nur dahin zulässig,** ob der Inhalt der nichtrevisiblen Vorschriften mit dem Bundesrecht in Einklang steht,[22] insb auch **mit den Grundrechten** des GG (57, 39 = NJW 1982, 324; NJW 1981, 2138; DVBl 1983, 398), mit sonstigem Bundesverfassungsrecht u mit verfassungsrechtlichen Grundsätzen, wie zB den Grundsätzen der **Rechtsstaatlichkeit** (70, 147), der **Verhältnismäßigkeit** (DVBl 1983, 1067; NVwZ 1985, 109), des **Willkürverbots** (vgl oben 7; unten 13), der **Chancengleichheit** (DVBl 1993, 51), der **Normenklarheit** usw, aber auch mit **einfachem Bundesrecht,** das gem Art 31 GG dem Landesrecht vorgeht. Bei bundesrechtlichen Rahmengesetzen erfolgt eine Überprüfung, ob das RahmenG eingehalten wurde (DVBl 1991, 210). S im einzelnen unten 13 u 30 ff.

Revisibel ist **zB,** ob das angegriffene Urteil die für die Bemessung von Beiträgen maßgeblichen bundesrechtlichen Grundsätze, insb das **Äquivalenzprinzip** u

---

[18] 2, 22; 55, 339; 69, 48 – zum Grundsatz von Treu u Glauben –; NVwZ 1988, 2606 – zu den Grundsätzen der Verjährung u Verwirkung –; NVwZ 1988, 2606 – zur Frage, ob u in welchen Fällen die Teilnichtigkeit einer Satzung die Nichtigkeit der ganzen Satzung zur Folge hat –; NJW 1993, 1610: ergänzende Heranziehung der BGB-Abtretungsvorschriften; NWVBl 1996, 126: ör GoA; BSG NZA 1985, 438; vgl auch oben 8.

[19] 1, 75; 32, 254; 44, 354; 50, 262 mwN; 57, 206; 91, 81; Buchh 310 § 137 VwGO Nr 11; 340 § 9 VwZG Nr 5; 230 § 127 BRRG Nr 55; NVwZ 1984, 101: Vorschriften der AO, deren Anwendung im Kommunalabgabenrecht das Kommunalabgabenrecht des Landes anordnet, sind nicht nach § 137 revisibel; NVwZ 1986, 739; NVwZ 1986, 762, NJW 1988, 1925; s ferner oben zu 8.

[20] 51, 268; 52, 264; 82, 336; DVBl 1986, 1201 = NVwZ 1986, 739; NJW 1988, 1925; Buchh 436.7 § 27a BVG Nr 14; 310 § 137 VwGO Nr 69 S. 28; BGH 10, 371; vgl auch oben 8.

[21] 10, 282; 52, 169; 56, 310; zT **aA** 41, 231 zur nachträglichen Änderung eines Bebauungsplans; DVBl 1995, 926 bei nachträglicher Änderung eines Landesgesetzes; s auch unten 30 ff.

[22] 11, 96; 45, 55; 51, 110; 52, 159; 56, 310; 85, 354; NVwZ 1987, 976; 1991, 69.

den **Gleichheitsgrundsatz,** beachtet hat (DVBl 1993, 726), ob der Grundsatz der Verwirkung beachtet wurde (Ms NVwZ-RR 1993, 398), usw. **Außerdem** prüft das BVerwG auch dann unter dem Gesichtspunkt eine Verletzung vom Bundesrecht, wenn das OVG die Auslegung des Landesrechts wesentlich **vom Verständnis einer Vorschrift des Bundesrechts abhängig** gemacht hat (70, 65), oder wenn (nach Auffassung der BVerwG) der Inhalt des Landesrechts sonst **„wesentlich durch revisibles Recht bestimmt wird",** insb auch durch Ermächtigungsvorschriften, u davon auszugehen ist, daß der Normgeber nicht davon abweichen wollte.[23] **Nicht ausreichend** ist dagegen eine bloße **Bezugnahme auf eine bundesrechtliche Vorschrift** in einer landesrechtlichen Verwaltungsvorschrift (NVwZ 1993, 977 – zu einer ermessenslenkenden Verwaltungsvorschrift –). Vgl aber zu „rezipierenden" Bezugnahmen in landesrechtlichen Rechtsnormen oben 10. Bei **Rechtsverordnungen,** die **aufgrund von Bundesrecht** ergangen sind, prüft das Revisionsge-richt auch, ob die Verordnung im Einklang mit der Ermächtigung steht (54, 54) u ob die von der Vorinstanz aufgrund der Ermächtigung oder infolge sonstigen Bundesrechts für geboten erachtete Auslegung der Verordnung zutrifft (54, 54).

Daß bei der Auslegung u Anwendung des Landesrechts auch **allg rechtsstaatliche Grundsätze** zu berücksichtigen u zu beachten sind, begründet für sich allein dagegen die Revisibilität nicht;[24] etwas **anderes** gilt insoweit nur, wenn es sich um **spezielle,** wenn auch uU letztlich auf das Rechtsstaatsprinzip gegründete u daraus abgeleitete **Grundsätze des Bundesverfassungsrechts** handelt.[25] Die **Abgrenzung** ist freilich **vielfach schwer möglich;** sie ist aber notwendig, wenn nicht die Unterscheidung zwischen revisiblen u nichtrevisiblen Rechtsfragen gänzlich aufgegeben werden soll. 13

c) Sonstiges Recht, wie das Recht der als Körperschaften des öffentlichen Rechts organisierten **Religionsgemeinschaften** (19, 258; 28, 348; 66, 248) u **ausländisches öffentliches Recht,**[26] ist ebenfalls **nur revisibel, wenn** durch BundesG die Revisibilität vorgesehen ist, wie zB gem §§ 135, 127 BRRG für das Dienstrecht der Religionsgemeinschaften, sofern diese insoweit die Verwaltungsgerichte für zuständig erklärt haben (Weber NJW 1968, 1345; s auch 38 zu § 40), oder soweit es sich um die Frage der Vereinbarkeit mit Bundesrecht, insb auch mit dem GG handelt. Im einzelnen gilt auch hier das oben zu 12 Ausgeführte entsprechend, dh das in Frage stehende Recht ist ohne Prüfung seiner Gültigkeit **„deklaratorisch"** so **hinzunehmen,** wie es der zuständige Rechtsträger, zB die Kirche, die es erlassen hat, als vorhanden anerkennt (BGH ZevKR 1953/1954, 407). – Soweit gesetzlich nicht anderes vorgesehen ist, kann gem § 173 S 1, § 293 ZPO mit der Revision im übrigen **bei ausländischem Recht** – wie auch beim **Gewohnheitsrecht** u **Satzungsrecht** usw – **nur geltend** 14

---

[23] NJW 1994, 1546: soweit Festsetzungen eines Bebauungsplans dem Typenzwang für bauplanungsrechtliche Festsetzungen nach der BauNVO unterliegen, sind sie Gegenstand der revisionsrechtlichen Auslegung u Überprüfung.

[24] Vgl Buchh 406.11 § 127 BauGB Nr 78; Menger VerwA 1977, 84 Anm 10; Ey-P. Schmidt 9; vgl auch NVwZ-RR 1994, 118: daß der Rechtsgedanke des § 45 VwVfG zu berücksichtigen ist bzw das Gericht § 45 VwVfG analog angewandt hat, kann die Revisibilität nicht begründen; NVwZ 1995, 373: nur in verfassungsgerichtlichen Asylsachen zu berücksichtigender sog „Wertungsrahmen"; **aA** 26, 310; MDR 1964, 438; zum Abwägungsgebot bei Planungen auch 61, 301 ua, s oben 7.

[25] Vgl idS auch 57, 119; NJW 1978, 375; JZ 1973, 26: eine Verletzung des Rechtsstaatsprinzips käme nur dann in Betracht, wenn die Auslegung des nicht-revisiblen Rechts offenbar willkürlich wäre; 57, 113; JZ 1973, 26; KStZ 1977, 10; NJW 1979, 942; 1983, 2593: bei offensichtlicher Unrichtigkeit oder Willkür; 51, 315: Nachprüfung im Hinblick auf die Vereinbarkeit mit den Grundsätzen des Vertrauensschutzes u von Treu u Glauben nur, soweit der revisible bundesverfassungsrechtliche Kernbestand betroffen ist.

[26] Vgl DVBl 1985, 967; 1989, 893; Buchh 130 § 8 RuStAG Nr 32.

gemacht werden, daß das Tatsachengericht seiner Ermittlungspflicht nicht genügt oder das Ergebnis unter Verstoß gegen sonstige Verfahrensvorschriften gewonnen hat (45, 365 mwN; NVwZ 1985, 411), oder daß das OVG das ausländische Recht wesentlich vom **Verständnis des Bundesrechts abhängig** gemacht hat (70, 65). Zur Revisibilität des **Rechts der Europäischen Union** s oben 5; zu Normen des **Völkerrechts** als Tatbestandsmerkmale bundesrechtlicher Normen Engel, Völkerrecht als Tatbestandsmerkmal deutscher Normen, Diss. Tübingen 1988 (auch zur Frage „dynamischer" Verweisungen auf Völkerrecht).

15 **d) Gleichlautende Vorschriften der Verwaltungsverfahrensgesetze der Länder (Abs 1 Nr 2).** Gem Abs 1 Nr 2, der im Zusammenhang mit dem Erlaß des VwVfG durch G v. 25. 5. 1976 (BGBl I 1253) neu in die VwGO eingefügt wurde, kann die Revision allg auch auf eine **Verletzung von mit dem VwVfG gleichlautenden Vorschriften** der LVwVfGe gestützt werden. Die Regelung dient der **Wahrung der Einheitlichkeit der Auslegung u Anwendung** der Verwaltungsverfahrensgesetze des Bundes u der Länder.

Entgegen der mißverständlichen Fassung der Vorschrift kommt es bei Abs 1 Nr 2 nicht auf die Übereinstimmung der Vorschrift, deren Verletzung gerügt wird, „mit dem VwVfG", bzw des gesamten Verwaltungsverfahrensgesetzes an, sondern **nur auf die Übereinstimmung der einzelnen** in Frage stehenden **Vorschrift** mit der entsprechenden Vorschrift des VwVfG (71, 49). Es muß sich immer um eine **Vorschrift in einem allg Verwaltungsverfahrensgesetz** (vgl zum Begriff auch KR 44 f zu § 1 VwVfG) handeln; daß einzelne oder auch mehrere verwaltungsverfahrensrechtliche Vorschriften in einem anderen Gesetz, etwa in der Bauordnung, im Straßengesetz oder im Wassergesetz des Landes, enthalten sind, genügt nicht (66, 113; DÖV 1984, 112; DVBl 1985, 194; NVwZ 1984, 102; Buchh 310 § 137 Abs 1 VwGO Nr 5; RÖ-v Nicolai 2); ebenso nicht, daß das Kommunalabgabenrecht des Landes auf Bestimmungen des Verwaltungsverfahrensrechts der AO, die Bestimmungen des VwVfG entsprechen, verweist u diese für anwendbar erklärt (NVwZ 1984, 101). Die Vorschriften müssen grds **wörtlich** („ihrem Wortlaut nach") **miteinander übereinstimmen** (66, 113; Roth NVwZ 1999, 388 – zugleich zu den diesbezüglichen Problemen in bezug auf das Offenkundigkeitsmerkmal in § 44 Abs 1 LVwVfG –). Zusätze bei (nur) einer der in Frage stehenden Vorschriften, die den Sinn oder die Tragweite einschränken, erweitern oder sonst modifizieren, heben die Übereinstimmung auf (NKVwGO-Neumann 89); ebenso – auch ggf an anderer Stelle im Gesetz enthaltene – sonstige Regelungen mit vergleichbarer Wirkung, auch wenn der Wortlaut der Vorschrift als solcher im übrigen derselbe ist (Kopp VwVfG 14 f zu § 97). Die Zulassung der Revision auch im Hinblick auf Landesrecht ist **verfassungsrechtlich unbedenklich** (NJW 1982, 2204; vgl auch BVerfG 10, 285).

16 Abs 1 Nr 2 gilt nur für die **verfahrensrechtlichen Bestimmungen** als solche der Verwaltungsverfahrensgesetze sowie die in diesen u im VwVfG geregelten sog Annexen, an sich **materiellrechtlichen** Bestimmungen (vgl zum Begriff KR Einf 12, 14), **nicht** jedoch auch für Verwaltungsvollstreckungsrecht (NVwZ-RR 1995, 300) oder für etwaige **materiellrechtliche Aspekte,** die für die richtige Anwendung der Verfahrensbestimmungen von Bedeutung sind, wie zB für die Frage, welches Gewicht einem bestimmten Gesichtspunkt für eine Ermessensentscheidung gem § 40 LVwVfG zuzumessen ist (Ma NVwZ 1989, 413: Frage des nicht-revisiblen sachlichen Landesrechts) oder für die Grundsätze der **Auslegung von Verträgen.**[27]

---

[27] **AA** NJW 1990, 1926: die allg Grundsätze über die Auslegung einer vertraglich abgegebenen Willenserklärung gem §§ 133, 157 BGB stellen gem § 137 I Nr 2 iVm § 62 S 2 VwVfG revisibles Recht dar.

Abs 1 Nr 2 schließt die Befugnis der Länder, **gem Art 99 GG** auch in anderen Fällen, dh weitergehend als gem Abs 1 Nr 2, **durch Landesgesetz** die Revision wg Verletzung von Vorschriften des Verwaltungsverfahrensrechts des Landes – auch zB hins einzelner Vorschriften in Sondergesetzen – zuzulassen, nicht aus (vgl insoweit auch MuE 255 ff; Götz NJW 1978, 31). Dies ist zB durch § 327 SchlHLVwG für Schleswig-Holstein, durch Art 97 BayVwVfG für Bayern u durch § 5 BerlAGVwGO für Berlin geschehen. Soweit einzelne Länder gem Art 99 GG die Revision wg Verletzung des VwVfG des Landes allg zugelassen haben, gilt dies **im Zweifel nicht** zugleich **auch für verwaltungsverfahrensrechtliche Gesetze** oder Bestimmungen, die aufgrund von Ausnahme- oder Subsidiaritätsbestimmungen von der Anwendbarkeit des VwVfG des Landes **ausgenommen** sind. 17

e) Verwaltungsvorschriften (Verwaltungsverordnungen) sind **mangels Rechtssatzqualität nicht revisibel.** Anderes gilt nur dann, wenn sie ausnahmsweise wie Rechtsvorschriften wirken, wie dies bisher bei beamtenrechtlichen Beihilfevorschriften uä (NVwZ 2004, 1003; RÖ-v Nicolai 6; 766; Sch-Eichberger 22) oder für normkonkretisierende Verwaltungsvorschriften im Umweltrecht (107, 340 = NVwZ 1999, 1114; 2000, 440; Sch-Eichberger 22) angenommen wird, denen heute nicht mehr nur der Charakter von „antizpierten generellen Sachverständigengutachten" zukommt, sondern die Bundesrecht ergänzen (vgl oben 8 u 10). Von diesen Sonderfällen abgesehen, sind Verwaltungsvorschriften – als Grundlagen der Verwaltungspraxis – im RevisionsVf als Tatsachen zu behandeln.[28] Vgl allg zur Abgrenzung auch 29 f zu § 47, zur Frage, ob das Revisionsgericht Verwaltungsvorschriften selbständig auslegen kann, unten 25. 18

Flächennutzungspläne sind revisionsrechtlich **grds als Tatsachen** zu werten.[29] Das gilt aber aber **nicht für normgleich wirkenden Flächennutzungspläne nach § 35 Abs 3 S 3 BauGB** (dazu Schenke NVwZ 2007, 136), die nunmehr auch vom BVerwG als Rechtsnormen behandelt werden (NVwZ 2005, 211 f). Sie können aber als Landesrecht im RevisionsVf kein Prüfungsmaßstab sein.

3. Begriff der Rechtsverletzung: Die Revision kann nur darauf gestützt werden, daß das Urteil geltendes **revisibles** (oben 4 ff) **Recht** (materielles Recht oder Verfahrensrecht) **verletzt,** dh auf den festgestellten Sachverhalt (s unten 24 ff) nicht oder nicht richtig anwendet (§ 546 ZPO, § 173 S 1, vgl 26, 316; BL 4 zu § 546 ZPO) **u dadurch** Rechte des Rechtsmittelführers verletzt (vgl BayVBl 1983, 668; BGHSt 10, 121). **Nicht erforderlich** ist, daß das angegriffene Urteil **insgesamt auf revisibles Recht** gestützt ist. Es genügt insoweit – allerdings begrenzt auf die entsprechende Frage –, daß für ein im übrigen auf irrevisiblem Recht beruhendes Urteil **eine Frage vorgreiflich** ist, die nach **revisiblem Recht** zu beurteilen ist (BGH DVBl 1993, 1290; JZ 1954, 203). Zu **Ausnahmen** vom **Erfordernis der Verletzung in eigenen Rechten** vgl 49 u 52 vor § 124. Auf den Grund der falschen oder unterbliebenen Anwendung (falsche Auslegung, Übersehen oder bewußtes Außerachtlassen einer Vorschrift, Anwendung nicht mehr oder noch nicht geltenden Rechts, Annahme nicht bestehender allg Rechtsgrundsätze, Subsumtionsfehler usw) kommt es nicht an. Eine RVerletzung stellt es daher auch zB dar, wenn der Tatrichter es rechtsfehlerhaft unterläßt, zu entscheidungserheblichen Fragen sich in ausreichender Weise, insb durch von Beteiligten beantragte oder angeregte oder sich der Sache nach als erforderlich aufdrängende Sachverhaltsermittlungen, eine **auf hinreichende Tatsachen be-** 19

---

[28] 29, 269; 58, 53; NVwZ 1993, 693, 977; NVwZ-RR 1997, 738; B-Bader 4; Sch-Eichberger 22.

[29] 54, 74; anders aber bei Regelungen nach § 35 Abs 3 S 3 BauGB (NVwZ 2005, 211 f; Schenke NVwZ 2007, 136).

gründete Überzeugung zu bilden (85, 17); wenn er bei der Auslegung einer Erklärung die allg Grundsätze über die **Anforderungen,** die **an rechtsgeschäftliche Erklärungen** zu stellen sind, soweit diese für eine nach Bundesrecht zu beurteilende Rechtsfrage von Bedeutung sind, verletzt hat (MDR 1960, 77), zB einer von ihm festgestellten Erklärung einen Sinn beigemessen hat, der ihr **nach den Denkgesetzen oder nach allg Auslegungsgrundsätzen** erkennbar nicht zukommen konnte;[30] **ebenso,** wenn er **einen Erfahrungssatz** nicht beachtet oder nicht richtig angewendet hat (vgl auch 88, 320: ob ein entsprechender Erfahrungssatz besteht, ist eine Rechtsfrage), den Wahrscheinlichkeitsgehalt des Erfahrungssatzes nicht richtig erkannt hat oder das für den Beweis zu fordernde **Beweismaß nicht richtig bemessen hat** (Musielak/Stadler JuS 1980, 739). Eine RVerletzung liegt außerdem auch vor, wenn das Urteil auf Annahmen beruht, die im offensichtlichen **Widerspruch zum Inhalt der Akten,** die Gegenstand der mV waren (DVBl 1988, 1024; NVwZ 1993, 578; UPR 2000, 226 – insoweit nicht abgedruckt; RGZ 149, 325; RÖ-v Nicolai 12; s auch BL 4 zu § 546 ZPO u unten 41), oder **zu den Beweisergebnissen** steht (BGH NJW 1992, 1313), oder wenn die festgestellten Tatsachen ihrer Art nach oder wg offensichtlicher Lückenhaftigkeit **denkunmöglich** die Tatbestandsmerkmale der angewandten Rechtsnorm ausfüllen u die **Entscheidung tragen können.**[31]

Zum Begriff des **Verfahrensmangels** vgl 21 ff zu 132; zum Begriff der Ursächlichkeit (Kausalität) unten 23; ferner 23 zu § 132. Maßgeblich für die Beurteilung, ob ein Verfahrensmangel vorliegt, ist die **Rechtsauffassung des Berufungsgerichts;** dh, nach dieser ist zu beurteilen, ob Verfahrensrecht verletzt wurde (s auch unten 37). Zu Verstößen gegen Denkgesetze s unten 25 u 25 a.

20 **Soweit Rechtsvorschriften dem Richter** einen **Ermessens-** oder **Beurteilungsspielraum** einräumen, ist die Nachprüfung **auf Ermessensfehler** bzw die Unvertretbarkeit, uU auch Willkürlichkeit, der Beurteilung **beschränkt.**[32] Im Interesse der Rechtssicherheit empfiehlt sich hier eine Anknüpfung an die Grundsätze der verwaltungsrechtlichen Ermessenslehre, da ohne diese eine kasuistische „Zerfaserung" des Rechts droht, wie an der verwaltungsgerichtlichen Rspr deutlich wird, bei der die Kontrollmaßstäbe je nach Ermächtigungsnorm differieren (s Sch-Eichberger 103) u es an der Herausarbeitung klarer dogmatischer Grundsätze mangelt. S auch 63 vor § 124. Entsprechendes gilt für Rechtsvorschriften, die dem Richter einen **Beurteilungsspielraum** einräumen,[33] u hins der richterlichen **Schadensschätzung** analog § 287 ZPO.[34]

21 Bei der Überprüfung der Beurteilung von **Ermessensentscheidungen der Verwaltung** durch das OVG liegt eine RVerletzung nur vor, wenn die Vorinstanz den Inhalt u die Grenzen, die der Ermessensausübung der Behörde gesetzt sind, verkannt oder die Regeln über die verwaltungsgerichtliche Nachprüfung behördlichen Ermessens verletzt hat (31, 214). Die Entscheidung über die Wiedereröffnung der mV liegt grds im revisionsgerichtlich nicht nachprüfbaren Ermessen des Tatsachengerichts (NVwZ-RR 2002, 217).

22 **Als RVerletzung** ist es **auch anzusehen,** wenn eine Entscheidung an **Mängeln** leidet, welche die Feststellung, ob eine RVerletzung vorliegt, **unmöglich**

---

[30] 25, 323 = NJW 1967, 1483; MDR 1960, 76; NVwZ 1982, 196; 1984, 308; s auch Buchh 310 § 137 VwGO Nr 5; allg auch oben 8; unten 25 a; ferner BVerfG 57, 39.

[31] Vgl 61, 153 = NJW 1981, 1460; s auch unten 25 a.

[32] 51, 114, 280; DVBl 1999, 987; BGH NJW 1981, 2010: Nachprüfung, ob das Berufungsgericht sein Ermessen rechtsfehlerhaft gebraucht hat; **aA** BAG NJW 1981, 2024 zu § 148 ZPO: Verletzung kann nicht mit der Revision gerügt werden.

[33] DVBl 1982, 645; BGH 33, 400 = NJW 1961, 362; NJW 1977, 49; 1982, 2074.

[34] Vgl BGH 83, 66 = NJW 1982, 2179 mwN; NJW 1985, 387: Prüfung nur, ob Entscheidung entscheidungserhebliche Tatsachen außer acht gelassen hat oder auf grds fehlerhaften Erwägungen beruht.

machen (vgl BayObLG BayVBl 1984, 347: wenn die Feststellungen so lückenhaft sind, daß nicht überprüft werden kann, ob das Recht verletzt wurde). Dies ist zB auch bei **Fehlen oder Unvollständigkeit des Tatbestands** des angegriffenen Urteils der Fall (vgl BGH 80, 64 = NJW 1981, 1621; NJW 1982, 2071), es sei denn, daß die Unvollständigkeit nur darauf zurückzuführen ist, daß **Schriftsätze** usw, auf die das Urteil Bezug nimmt, **zurückgegeben** wurden, diese Schriftsätze usw aber wieder vorgelegt wurden u die Vollständigkeit u Identität nicht zweifelhaft ist (BGH NJW 1982, 2071). Zur **Aktenwidrigkeit** s oben 19; unten 25a u 40.

4. Ursächlichkeit (Kausalität) der Rechtsverletzung: Das Urteil muß auf der Verletzung des revisiblen Rechts **beruhen, dh es muß zumindest die Möglichkeit** bestehen, daß das Gericht ohne den Rechtsverstoß **zu** einem für den Rechtsmittelführer sachlich günstigeren Ergebnis hätte gelangen können (14, 342; Sch-Eichberger 108). **Nicht als ursächlich** idS ist es anzusehen, **daß** bei Einhaltung des Verfahrensrechts statt des Urteils möglicherweise der Abschluß eines **Vergleichs** hätte erreicht werden können, der für den Beteiligten günstiger ausgefallen wäre (vgl OLG Köln NVwZ 1991, 1117 zur – möglicherweise nicht gerechtfertigten – Zurückweisung eines Anwalts). Entscheidet das angefochtene Urteil über **mehrere Klageanspr,** so ist die Frage der Ursächlichkeit für jeden einzelnen davon gesondert zu prüfen. 23

Die **Ursächlichkeit entfällt** bei Verfahrensmängeln, wenn die betroffene Verfahrenshandlung in einem Verfahrensstadium, in dem der Zweck der verletzten Vorschrift noch erreicht werden kann, **nachgeholt** wird bzw ihre Nachholung ermöglicht wird, zB die Vorlage an das BVerfG gem Art 100 Abs 2 GG noch durch Vorlage durch das Revisionsgericht (37, 117). S auch 21a zu § 132; 11 zu § 138. Dasselbe gilt bei Verletzung von Vorschriften, die ausschließlich dem Schutz des in Frage stehenden Beteiligten dienen u nicht wg eines bestehenden öffentlichen Interesses an ihrer Einhaltung zwingenden Charakter haben, bei **Verzicht** auf die Einhaltung der Vorschrift oder **Verlust des Rügerechts** durch verspätete Geltendmachung entspr § 295 ZPO (19, 232). **Bei den absoluten Revisionsgründen** des § 138 wird die Ursächlichkeit kraft Gesetzes unwiderleglich vermutet. 23a

5. Bindung an die Tatsachenfeststellungen des OVG (Abs 2): a) Die Beteiligten können im RevisionsVf **grds keine neuen Tatsachen** mehr vortragen (50, 70; 54, 75; 91, 106); gleichwohl vorgetragene neue Tatsachen sind unbeachtlich (54, 75; 61, 285 = NJW 1981, 1225; NVwZ 1988, 160; Sch-Eichberger 119). **Auch das Revisionsgericht** ist grds **an die tatsächlichen Feststellungen des OVG** (bzw, soweit die Revision unmittelbar gegen Urteile des VG zulässig ist, des VG) **gebunden,** dh es muß gem § 137 Abs 2, § 173 S 1 iVm § 318 ZPO bei seiner Entscheidung grds **von den im angefochtenen Urteil** (im Tatbestand oder in den Entscheidungsgründen, einschließlich der Schriftsätze usw, auf die im Urteil gem § 117 Abs 3 S 2 Bezug genommen wird, vgl DVBl 1985, 110; BGH NJW 1983, 886) u in den Sitzungsniederschriften (vgl ZBR 1966, 305) **enthaltenen tatsächlichen Feststellungen** (auch zB – jedoch mit Einschränkungen – hins der Auslegung eines VA, vgl 49, 49; oder von Willenserklärungen, vgl MDR 1980, 70; DVBl 1984, 443; s im einzelnen unten 25a) des OVG – einschließlich solcher, die für die Entscheidung des OVG nicht erheblich waren (68, 296: wenn diese für einen Beteiligten ungünstig waren, muß dieser dazu jedoch vom Revisionsgericht noch gehört werden) – **ausgehen, sofern gegen diese nicht** gem § 132 Abs 2 Nr 3 u § 137 Abs 2 beachtliche, hinreichend substantiierte **Revisionsrügen** erhoben wurden,[35] **oder** 24

[35] StRspr, NJW 1982, 2621; NVwZ 1993, 687; BGH NJW 1993, 1657; ferner unter 27.

die Feststellungen **gegen Denkgesetze,** allg Erfahrungssätze (s unten 25 u 25 a; ferner oben 8), Auslegungsregeln oder allg Grundsätze des Bundesrechts (s oben 19; unten 25 u 25 a) verstoßen (NJW 1988, 1864); **dies selbst dann, wenn** das OVG seine Entscheidung **nicht darauf gestützt** hat (DVBl 1963, 521). Eine entsprechende Bindung besteht gem § 173 S 1, § 559 ZPO grds auch hins des **Vorbringens der Beteiligten in der Vorinstanz** (48, 171). Zu den Tatsachen idS gehören **auch zB Rechtstatsachen,** wie die Existenz oder der Inhalt eines Flächennutzungsplans (54, 75). Zu **Ausnahmen** s unten 26 ff.

Zur **Bindung** des Revisionsgerichts **an vorangegangene Entscheidungen** s § 318 ZPO sowie 63 vor § 124 mwN. **Auch bei Verletzung des Rechts auf Gehör** gem Art 103 Abs 1 GG kann das Revisionsgericht nicht unter Durchbrechnung des § 318 ZPO eine neue Sachentscheidung treffen.[36] Auch für **AsylVf gilt** trotz der vom BVerfG (vgl BVerfG 76, 143 = NVwZ 1988, 237) aus Art 16 a Abs 1 GG abgeleiteten allg erweiterten Befugnis u Verpflichtung zur Sachverhaltsprüfung insoweit **nichts anderes** (NVwZ 1989, 69 = JuS 1989, 582 m Anm Sachs; NVwZ 1995, 373).

25 Nur **Denkgesetze, allg Erfahrungssätze, technische Normen u allgemeinkundige sowie gerichtskundige Tatsachen** (s zum Begriff 22 ff zu § 98) kann u muß, da sie keines Beweises bedürfen u wie Rechtsnormen Allgemeingültigkeit haben, auch das Revisionsgericht immer anwenden bzw berücksichtigen, soweit sie die Auslegung oder Anwendung von revisiblem Recht betreffen, dieses ergänzen oder das revisible Recht darauf Bezug nimmt (s oben 8, 10 u 19; ferner MDR 1960, 72; BSG MDR 1976, 83); **anders spezielle Erfahrungssätze,** dh Sätze, deren Feststellung besonderer Sachkunde bedarf u die deshalb vom Revisionsgericht weder überprüft noch festgestellt werden können.[37] Bezüglich Verwaltungsvorschriften nahm das BVerwG ursprünglich an, sie stellten keine revisiblen Rechtsnormen dar, weshalb sich das BVerwG als Revisionsgericht nur darauf beschränkte, zu **prüfen, ob die Auslegung** der Verwaltungsvorschrift durch das Tatsachengericht dem Recht, insb auch dem **Gleichheitssatz,** entsprach u ob sie mit den **Denkgesetzen** oder sonstigen allg für Verwaltungsvorschriften geltenden **Auslegungsgrundsätzen** im Einklang standen (NVwZ 1993, 693; Buchh 232 § 8 Nr 3 u 19; Buchh 310 § 139 VwGO Nr 181). Im Hinblick darauf, daß einzelnen Verwaltungsvorschriften wie Beihilfevorschriften u normkonkretisierende Verwaltungsvorschriften im Umweltrecht einen **„quasinormativen Charakter“** (NVwZ 2004, 1004) aufweisen u als solche unmittelbare Wirkung im Außenverhältnis entfalten, müssen sie dann genauso wie **sonstige revisible Rechtsnormen ausgelegt** werden (NVwZ 1999, 1115; 2000, 440 – zu normkonkretisierenden technischen Verwaltungsvorschriften; NVwZ 2004, 1003 – allg Verwaltungsvorschriften zur truppenärztlichen Versorgung; s auch oben 18). Soweit Verwaltungsvorschriften hingegen wie zB ermessenslenkende Verwaltungsvorschriften keine quasinormative Wirkung aufweisen, bleibt es bei der bisherigen eingeschränkten Überprüfung.

25 a **Die Beweiswürdigung** (iwS) kann vom Revisionsgericht nur daraufhin überprüft werden, **ob** der Tatrichter **Rechtsbegriffe verkannt hat**[38] oder **gegen die Grundsätze über die** gesetzmäßige **Beschaffung der Entscheidungsgrundlagen** (61, 188; 47, 381), **über die Beweislast** (s 11 ff zu § 108) u über die **Beweiswürdigung,**[39] insb auch über das Beweismaß (Musielak/Stadler

---

[36] Offen NJW 1984, 625; vgl auch NJW 1976, 1837; 1979, 538 ff; str; s auch 13 zu § 144.

[37] MDR 1973, 748; BGH RzW 1971, 39; BSG MDR 1976, 84; Grave/Mühle MDR 1975, 276; vgl auch BVerwG BayVBl 1974, 704.

[38] BSG 47, 182; NJW 1981, 2718.

[39] DVBl 1992, 307 – Prüfung, ob allg verbindliche Beweiswürdigungsgrundsätze verletzt wurden –; Buchh 310 § 132 VwGO Nr 325; dazu auch 4 ff zu § 108.

JuS 1980, 739), gegen **Denkgesetze,**[40] **allg Erfahrungssätze**[41] oder verbindliche **Auslegungsregeln** – zB bei der Auslegung von Willenserklärungen oder VAen[42] – **verstoßen hat.**

Der Anspr einer Partei auf rechtliches Gehör wird durch das Gericht dann verletzt, wenn es den **Kern ihres Vorbringens verkannt** u daher eine entscheidungserhebliche Frage verfehlt (vgl BGH NJW 1990, 1500; NJW 1993, 538) oder einen wesentlichen **Teil des Klagevortrags übergangen** hat (vgl BGH NJW 1986, 2436; 1984, 307). Hingegen kann nicht von einem Verfahrensmangel idS gesprochen werden, wenn das erstinstanzliche Gericht das Parteivorbringen lediglich **unter einem** sachlichrechtlich **fehlerhaften Gesichtspunkt gewürdigt** oder deshalb nicht weiter erörtert hat, weil es hierauf nach seinem materiellrechtlichen (möglicherweise unrichtigen) Standpunkt nicht ankam.[43] Die **Feststellung des** gewollten **Inhalts einer Willenserklärung** ist an sich als Tatsachenfeststellung iSv § 137 Abs 2 unüberprüfbar; überprüfbar ist jedoch, ob die Auslegung einen Rechtsirrtum erkennen läßt oder gegen allg Auslegungsgrundsätze, Erfahrungssätze oder Denkgesetze verstößt.[44]

Vgl andererseits BGH NJW 1993, 540: Hätte das Berufungsgericht **bei der Bewertung der vertraglichen Regelungen,** wie sie sich aus den von ihm getroffenen tatsächlichen Feststellungen, insb auch der Vertragsurkunde, ergeben, eine Vertragsauslegung für richtig erachtet, die nach Auffassung des Berufungsgerichts mit einem Teil der Vertragsbestimmungen nicht vereinbar ist, so wäre die **Vertragsauslegung des LG** den rechtlichen Auslegungsgrundsätzen, wie sie insb in **§§ 133, 157 BGB** ihren gesetzlichen Niederschlag gefunden haben, nicht hinreichend gerecht geworden u hätte die vertraglichen Regelungen inhaltlich nicht in der gebotenen Weise berücksichtigt oder jedenfalls in ihrer rechtlichen Bedeutung u Tragweite nicht richtig eingeschätzt; ein derartiger **Verstoß gegen anerkannte Auslegungsgrundsätze,** der auch dann gegeben ist, wenn für die Auslegung wesentliche Tatsachen nicht berücksichtigt worden sind (vgl zB BGH NJW 1974, 1082), wäre aber **nicht als Verfahrensmangel,** sondern als materiellrechtlicher Auslegungsfehler einzustufen (vgl auch NJW 1984, 1346); BGH NJW 1993, 538: Fehler des Gerichts **bei der Vertragsauslegung** stellen grds Mängel der Anwendung sachlichen Rechts dar, nicht des Verfahrensrechts; ausnahmsweise können sich bei der Vertragsauslegung Verfahrensfehler etwa dann zeigen, wenn das Gericht erkennbar **vertragliche Regelungen überhaupt nicht zur Kenntnis** genommen oder sprachlich falsch verstanden hat, oder wenn ein vergleichbarer Fall der **Verkennung des Prozeßstoffs** vorliegt.

Nachprüfbar ist die Beweiswürdigung – Entsprechendes gilt auch für die Tatsachenfeststellung (vgl BVerfG NJW 1991, 2623; allg zum Willkürverbot auch oben 7) – jedenfalls auch daraufhin, **ob** sie **willkürlich** ist[45] oder sonst unter

---

[40] Vgl 65, 60 – offen, ob ein Verstoß gegen Denkgesetze zugleich ein Verstoß gegen § 108 Abs 1 ist –; NVwZ 1985, 489; 1987, 602; Buchh 406.11 § 135 BBauG Nr 17.

[41] 25, 323 = NJW 1967, 1483; NJW 1988, 1864; DVBl 1992, 307 mwN.

[42] 25, 323; 28, 224; 60, 228; 65, 69; DVBl 1983, 443; NJW 1988, 1864; Buchh 310 § 137 VwGO Nr 5; NVwZ 1994, 576.

[43] 14, 5; 323; 65, 69 = DVBl 1982, 552; Buchh 406.11 § 135 BBauG Nr 17 S. 6; JR 1963, 276; DÖV 1982, 649; NJW 1983, 672.

[44] Thierfelder Jura 1971, 428; Schneider MDR 1981, 885; zu weitgehend DÖV 1982, 823: eigene Auslegung des VA durch das Revisionsgericht, wenn das Berufungsgericht dazu im Urteil nichts Näheres ausgeführt u seine Auslegung nicht näher begründet hat; noch weitergehend 67, 234, 305; NVwZ 1985, 181; Buchh 406.42 § 2 RGaO Nr 2; 237.5 § 94 HessBG Nr 1; BSG NVwZ 1989, 903: eigene Feststellungen des Revisionsgerichts auch hins der VA-Eigenschaft u eigene Auslegung des VA sowie dazu erforderliche eigene Feststellungen.

[45] Vgl BVerfG 57, 39: offenbar unhaltbare Würdigung des Parteivortrags verstößt gegen Art 3 Abs 1 GG; ähnlich BVerfG 58, 163 = NJW 1982, 983.

Verstoß gegen verfassungsrechtliche Grundsätze, insb auch unter nicht hinreichender Berücksichtigung des Wertgehalts der Grundrechte, erfolgt ist, oder ob die **Schlußfolgerungen handgreiflich falsch** sind (BSG NJW 1981, 2718; RS § 141, 37). S auch 8 zu § 108.

Grds **nicht nachprüfbar** durch das Revisionsgericht ist dagegen eine Entscheidung daraufhin, **ob die Beweiswürdigung überzeugend ist** (NDBZ 1960, 200; NJW 1985, 395); ob die ohne Verfahrensfehler u ohne Verstoß gegen Denkgesetze usw festgestellten **Tatsachen mit dem ihnen sachlich zukommenden Gewicht** für die Überzeugungsbildung maßgeblich waren u ausreichen, um die Entscheidung zu tragen;[46] ob eine **Prognose richtig** ist;[47] **anders, wenn** aus den Gerichtsakten u dem Ergebnis der Verhandlung (§ 108 Abs 1) **offensichtlich** ist, daß das Gericht seine Überzeugung ohne ausreichende Erforschung des Sachverhalts gebildet hat (70, 225) oder von einem **unrichtigen oder unvollständigen Sachverhalt ausgegangen** ist (vgl 68, 338: Verstoß gegen § 108 Abs 1 S 1) oder einen Teil des Ergebnisses der mV, der Beweisergebnisse **überhaupt nicht in Erwägung gezogen** hat (DVBl 1983, 1106; s auch oben 17; 21 zu § 132), oder wenn die festgestellten **Tatsachen offensichtlich nicht ausreichen,** um die vom Gericht daraus gezogenen Schlußfolgerungen zu rechtfertigen (70, 225; 85, 17; DVBl 1989, 893; stRspr: die **Bildung der richterlichen Überzeugung** nach § 108 Abs 1 S 1 setzt eine **ausreichende Erforschung des Sachverhalts** nach § 86 Abs 1 voraus; vgl BGH StV 1982, 159: fehlerhafte Beweiswürdigung, wenn im Urteil eine Auseinandersetzung mit bedeutsamen Umständen u eine Erörterung der sich aufdrängenden Fragen fehlt; zu weitgehend u mit § 137 Abs 2 S 1 nicht mehr vereinbar 68, 339: Verletzung des § 108 Abs 1, wenn das Gericht von einem unrichtigen Sachverhalt ausgeht; an späterer Stelle im Urteil heißt es dann richtig: zweifelsfrei unrichtiger Sachverhalt.[48] Vgl auch NVwZ 1987, 218: Verletzung des Grundsatzes der freien Beweiswürdigung, wenn das Gericht sich nicht vorher die geeigneten Grundlagen verschafft, auf denen eine Überzeugungsbildung erst möglich ist; dazu gehört regelmäßig auch eine dem Streitfall angemessene Aufklärung des Sachverhalts; ebenso, wenn das Gericht sich an Beweisunterlagen gebunden glaubt, die es gar nicht gibt. Ähnlich Buchh 310 § 139 VwGO Nr 46. S auch oben 19.

Das Revisionsgericht muß die von dem Gericht, dessen Entscheidung angegriffen wird, ohne Verstoß gegen Denkgesetze usw, Beweisregeln usw gewonnene, mit dem Inhalt der Akten vereinbare[49] Überzeugung **auch dann hinnehmen, wenn** diese durch Tatsachen erschüttert werden kann, die belegen, daß auch **eine andere Überzeugung möglich** gewesen wäre.[50] Die **Grenze** liegt erst dort, **wo** aus dem festgestellten Sachverhalt denkmöglich **nur eine einzige Folgerung** gezogen werden kann, das Gericht diese jedoch nicht gezogen hat (DVBl 1973, 373). S auch 8 zu § 108.

---

[46] Kopp NVwZ 1982, 178; **aA** BVerwG 61, 153 = NJW 1981, 1460; NJW 1982, 840.

[47] NVwZ 1986, 569: Prognose hins der zu erwartenden Verfolgung eines Asylanten als Tatsachenwürdigung nicht nachprüfbar, wohl aber, ob die Prognose unter Verstoß gegen allg Denkgesetze u Erfahrungssätze zustandegekommen ist oder sonst in nicht einwandfreier Weise erarbeitet wurde; BSG DVBl 1990, 213: Prognosen stellen keine Rechtsanwendung dar, sondern betreffen die Tatsachenfeststellung.

[48] Vgl auch DVBl 1963, 1105; NJW 1985, 395; Buchh § 108 VwGO Nr 84; 310 § 139 VwGO Nr 46: Aufhebung wg Verletzung des Überzeugungsgrundsatzes, dh, weil der Vorgang der Überzeugungsbildung fehlerhaft war u die Entscheidung nicht auf ein ausreichendes Beweisergebnis oder den Akteninhalt gestützt werden kann.

[49] BayVBl 1984, 155: aktenwidrige Feststellungen des Berufungsgerichts binden das Revisionsgericht nicht; vgl zur Aktenwidrigkeit auch UPR 2000, 226.

[50] NJW 1982, 62; NVwZ 1984, 304: ein Verstoß ist für das Revisionsgericht nur relevant, wenn der vom Gericht gezogene Schluß schlechthin nicht gezogen werden kann, nicht auch schon, wenn auch ein anderer Schluß gezogen werden kann; NJW 1985, 395.

Die **Beweiswürdigung** ist – anders als der Grundsatz der freien Beweiswürdigung, der zum Verfahrensrecht gehört (NJW 1990, 1681 = NVwZ 1990, 754; s auch 21 zu § 132) – stets **dem materiellen Recht zuzurechnen** u deshalb der Prüfung des Revisionsgerichts im Rahmen einer Verfahrensrevision entzogen.[51] Zur Rechtsnatur der Regelungen über die Beweislast usw s 21 zu § 132.

b) Neue Tatsachen, dh Tatsachen, die sich weder aus dem angefochtenen Urteil noch aus der Sitzungsniederschrift noch auch aus den Gerichtsakten (DVBl 1989, 875: aktenkundige Tatsachen kann das Revisionsgericht verwerten; sehr zweifelhaft) ergeben (ZBR 1966, 305; s oben 24) darf das Revisionsgericht grds **nicht berücksichtigen** u seiner Entscheidung zugrunde legen, ebensowenig wie es prüfen darf, **ob die von der Tatsacheninstanz festgestellten Tatsachen,** auch soweit diese nicht neu sind, **zutreffen**. Neue Tatsachen darf – u muß – das Revisionsgericht **ausnahmsweise** in folgenden Fällen **berücksichtigen** u insofern auch selbst ermitteln u feststellen: 26

aa) soweit sie die (auch vom Revisionsgericht zu prüfenden) **Sachurteilsvoraussetzungen** der Entscheidung der Vorinstanz (s 1, 10 ff, 17 ff vor § 40; 27 ff vor § 124) betreffen; das Revisionsgericht muß das Vorliegen dieser Voraussetzungen immer vAw prüfen u dazu ggf auch vAw Tatsachen feststellen, Beweise erheben usw.[52]

Unter diesem Aspekt ist auch zu prüfen, ob die **Zulässigkeitsvoraussetzungen der Klage** bzw Berufung vom VG u OVG zu Recht angenommen worden waren (71, 73 = NJW 1986, 862; vgl auch unten 40) u in diesem Zusammenhang auch zB, ob der angegriffene VA wirksam bekanntgegeben worden war;[53] **ob** die **Klagefrist** gewahrt war (BGH NVwZ 1986, 968) usw; ob die Vorinstanz gegen **§ 88** verstoßen hat (vgl BGH NJW-RR 1991, 1344).

Zu berücksichtigen ist auch eine sich erst während des RevisionsVf ergebende **Erledigung der Hauptsache** (NVwZ 1985, 265). **Nicht berücksichtigt** werden kann dagegen der Vortrag, daß **zwischenzeitlich** ein außergerichtlicher Vergleich geschlossen wurde, der die Fortsetzung des Prozesses verbietet (vgl BAG NJW 1982, 788; zweifelhaft). Zur Berücksichtigung der Rechtsnachfolge aufgrund des **Todes** des Kl während des RevisionsVf vgl BGH NJW-RR 1987, 141);

bb) soweit sie zur **Begründung von Verfahrensrügen** dienen (26, 237);

cc) soweit sie **allgemeinkundig** bzw offenkundig (§ 291 ZPO; s dazu 22 ff zu § 98) sind (OLG Düsseldorf NJW 1993, 2452), zB **Ereignisse der Zeitgeschichte;**[54] **anders** hins **lediglich gerichtskundiger** Tatsachen (s aber unten 28; zum Begriff 22 ff zu § 98). S auch oben 25;

dd) soweit sie die **Auslegung gerichtlicher Entscheidungen** betreffen (BGH WM 1988, 1382; NJW-RR 1987, 1196);

ee) soweit sie **Prozeßhandlungen betreffen** (NJW 1985, 2335).

c) Nicht neue Tatsachen als solche, wohl aber den Umstand, daß (für die Entscheidung erhebliche) **neue Tatsachen vorliegen** bzw vorliegen können u insofern der Revisionsentscheidung die in der Vorinstanz getroffenen tatsächlichen Feststellungen nicht mehr ohne weiteres zugrunde gelegt werden können, 27

---

[51] So zB Buchh 402.24 § 2 AuslG Nr 8; s auch 12 zu § 108; 21 zu § 132; offen NVwZ 1985, 37; **aA** Buchh 310 § 108 VwGO Nr 62 u 72; NJW 1985, 395: Verletzung des Überzeugungsgrundsatzes –; Ule 50 II 2: Frage des Prozeßrechts.

[52] 3, 211; 6, 23; 16, 25; 36, 321; 57, 209, 344; 71, 74; 75, 243; NJW 1977, 542; 1980, 135; MDR 1977, 260; BayVBl 1983, 476; BGH 31, 279; NJW 1982, 578; 1984, 1873; 1987, 2588: Prüfung, ob RMittel in der Vorinstanz unterzeichnet war.

[53] BFH 146, 196 = NVwZ 1986, 968.

[54] 8, 222; 13, 128; 17, 141; 19, 356; 30, 255; 54, 107; 87, 52 = NVwZ 1991, 379; 91, 104 = NVwZ 1993, 275.

muß das BVerwG **in folgenden Fällen** beachten u deshalb idR (zu Ausnahmen s unten 28) das angefochtene Urteil nach § 144 Abs 3 Nr 2 aufheben u die Sache zurückverweisen:

aa) wenn u soweit die in den Vorinstanzen festgestellten **Tatsachen durch zulässige u begründete Revisionsrügen erschüttert** werden (Abs 2 HS 2);[55]

bb) wenn der **Tatbestand** des angegriffenen Urteils in sich so **widersprüchlich** ist, daß es an beweiskräftigen Feststellungen fehlt (BAG NJW 1967, 2226; Sch-Eichberger 151);

cc) wenn Tatsachen geltend gemacht werden, die einen **Wiederaufnahmegrund** (§ 153) darstellen würden;[56]

dd) wenn nach Erlaß des angefochtenen Urteils eine **Änderung der Rechtslage** erfolgt ist, die dazu führt, daß nunmehr (möglicherweise) andere Tatsachen entscheidungserheblich sind;[57]

ee) wenn Umstände vorgetragen oder vom BVerwG selbst festgestellt werden, die dafür sprechen, daß sich der entscheidungserhebliche **Sachverhalt** seit dem Ende der letzten mV des Tatsachengerichts, auf die hin die angegriffene Entscheidung erging, **geändert** hat (37, 154; zweifelhaft);

ff) wenn aufgrund einer materiell- oder verfahrensrechtlichen **Heilungsvorschrift** zulässigerweise noch bis zum Abschluß der Revisionsinstanz **Heilungshandlungen vorgenommen** werden dürfen, die der rechtlichen Bewertung des Tatsachengerichtes nachträglich den Boden entziehen. (Dies war zB nach § 45 Abs 2 VwVfG idF des GenBeschlG möglich; nach dem seit dem 1. 2. 2003 geltenden § 45 Abs 2 VwVfG idF des 3. VwVfGÄndG ist eine Heilung in der Revisionsinstanz dagegen nunmehr ausgeschlossen.) Auch eine Ergänzung von Ermessenserwägungen gem § 114 S 2 ist in RevisionsVf im Einklang mit den allg Grundsätzen des Revisionsrechts ausgeschlossen.[58] Selbst dort, wo eine Ergänzung von Ermessenserwägungen noch in der Revisionsinstanz für zulässig angesehen wird, wird denn auch bezeichnenderweise die Berücksichtigung nur von solchen Tatsachen zugelassen, die in den vorangegangenen Tatsacheninstanzen bereits festgestellt wurden, u eine Feststellung von neuen Tatsachen in der Revisionsinstanz ausgeschlossen (s RÖ-M. Redeker 10b zu § 114). Freilich vermag dies nicht zu befriedigen, da eine gerichtliche Überprüfung der Ermessensentscheidung nur dann sinnvoll erschiene, wenn dem Revisionsgericht die Befugnis eingeräumt wäre, die gesamten tatsächlichen Veränderungen zu berichtigen, die sich während des revisionsgerichtlichen Vf ergeben. Daran fehlt es aber unbestreitbar, so daß es dabei bleiben sollte, daß eine Ergänzung von Ermessenserwägungen (soweit es nicht nur um Klarstellungen geht) generell im RevisionsVf ausgeschlossen ist.

28 **d) Eigene Sachverhaltsfeststellungen,** Beweisaufnahmen usw **des BVerwG** sind nur in den zu 26 genannten Fällen zur Sache hins der dort genannten Fragen (BGH NJW 1976, 1940 mwN), in den zu 27 genannten Fällen dagegen nur hins der Frage, ob Umstände der genannten Art vorliegen bzw vorliegen können, zulässig;

---

[55] Vgl zB 54, 100; BayVBl 1976, 3121; NVwZ 1993, 275 u 687.

[56] 10, 358; vgl auch 91, 107 mwN; NJW 1990, 927; NVwZ 1993, 275; dazu auch unten 28; enger BGH 18, 59; DVBl 1974, 589 mwN.

[57] 61, 287; DÖV 1962, 508 = NJW 1981, 1225 = Buchh 406.11 § 35 BauGB Nr 176; vgl auch NVwZ 1993, 275; dazu auch unten 28.

[58] Buchh 239.2 § 28 SVG Nr 3 (kein auf neue Tatsachen gestützes Ergänzen der Ermessenserwägungen); Ey-Rennert 92 zu § 114; NKVwGO-Neumann 156; Sch-Gerhardt 12e zu § 114; Storost NVwZ 1998, 804; **aA** Ey-P. Schmidt 25; RÖ-M. Redeker 10b zu § 114.

aa) außerdem nach der (insoweit jedoch als mit der Aufgabe eines Revisionsgerichts unvereinbar abzulehnenden) **Rspr des BVerwG** auch, **wenn** die maßgeblichen **Tatsachen** zwischen den Beteiligten völlig **unstreitig** sind;[59]

bb) wenn neu vorgebrachte Tatsachen **im Zusammenhang mit einer** während des RevisionsVf eingetretenen **Gesetzesänderung** stehen u die Nichtberücksichtigung des neuen Vorbringens mit der Prozeßökonomie in so hohem Maße unvereinbar wäre, daß ihr der Vorrang vor dem Grundsatz der Unbeachtlichkeit neuer Tatsachen im RevisionsVf eingeräumt werden muß (61, 285 = NJW 1981, 1225; 91, 106; Buchh 406.11 § 35 BauGB Nr 176; NVwZ 1993, 275);

cc) wenn die in Frage stehenden Tatsachen in ihrer rechtlichen Bedeutung schon **aufgrund der Feststellungen** des angegriffenen **Urteils** im Zusammenhang mit dem seither erfolgten **Zeitablauf** beurteilt werden können (zB die Frage, ob eine weitgehende Förderung des Ausbildungsabschnittes vorliegt, aufgrund der seither verstrichenen Zeit, 37, 154; NVwZ 1993, 275);

dd) wenn es sich um **allg Fragen** handelt, zu denen die **Gesetzesmaterialien** ausreichende Feststellungen enthalten (36, 219: Befugnis des Revisionsgerichts zur Auswertung der Gesetzesmaterialien; 52, 89; 57, 103);

ee) wenn u soweit es sich um **allgemeinkundige** bzw offenkundige, **nicht weiter beweisbedürftige Tatsachen** – auch uU erst während des RevisionsVf neu eingetretene Tatsachen (NVwZ 1993, 782) – handelt, insb zB gerichtsbekannte, zwischen den Beteiligten unstreitige Tatsachen, die Berücksichtigung dieser Tatsachen der raschen u endgültigen Streitentscheidung dient u auch schützenswerte Interessen der Beteiligten dadurch nicht berührt werden;[60]

ff) wenn die in Frage stehenden Tatsachen **Prozeßhandlungen eines Beteiligten** betreffen, die dieser nach Erlaß der angefochtenen Entscheidung in einem vorgreiflichen Vf vorgenommen hat, u diese sich **aus den beigezogenen Akten** dieses Vf ergeben (NVwZ 1993, 275);

gg) wenn es sich **lediglich** um **ergänzende Feststellungen** handelt, die sich **aus den** von der Vorinstanz in Bezug genommenen **Beiakten ohne weiteres ergeben** (NJW 1990, 927; NVwZ 1993, 275);

hh) wenn die in Frage stehenden Umstände ohne weiteres eine **Wiederaufnahme des** Vf nach § 153 iVm § 580 ZPO begründen würde u die Berücksichtigung der neuen Umstände dem BVerwG eine abschließende **Entscheidung in der Sache** selbst ermöglicht (NVwZ 1993, 275);

ii) wenn hins der in Frage stehenden Tatsachen die **Rechtsfragen** in der Vorinstanz überhaupt **noch nicht geprüft** wurden, auch wenn dies dadurch bedingt war, daß die nunmehr maßgebliche Rechtsvorschrift erst nachträglich erlassen wurde.[61]

In allen anderen Fällen ist, wenn nach den zu 24 ff dargelegten Grundsätzen die Tatsachenfeststellungen der Vorinstanz für das BVerwG nicht bindend **29**

---

[59] 29, 127; 91, 107 = NVwZ 1993, 275; NVwZ 1993, 782: wenn ihre Verwertung einer endgültigen Streiterledigung dient u schützenswerte Interessen der Beteiligten dadurch nicht berührt werden; DVBl 1993, 1363; wohl auch 58, 152; 69, 161; **aA** zu recht RÖ-v Nicolai 17.

[60] 58, 152; 91, 104; InfAuslR 1993, 236; 91, 153: Inkrafttreten eines völkerrechtlichen Abkommens NVwZ 1993, 275 u 782; Buchh 402.24 § 2 AuslG Nr 71 S 188.

[61] 19, 23; BayVBl 1978, 23; NJW 1985, 1095: § 565 Abs 4 ZPO aF (§ 563 Abs 4 ZPO nF) findet nach § 173 Anwendung; NJW 1990, 2768: das Revisionsgericht hat eine nach Erlaß des Berufungsurteils eingetretene Änderung des Landesrechts zu beachten; es ist in diesem Fall an der Auslegung u Anwendung des Landesrechts weder durch § 562 ZPO aF (§ 560 ZPO nF), 173 S 1 noch durch § 137 Abs 1 VwGO gehindert; allg auch 66, 248; NVwZ-RR 1993, 65; s auch 5 zu § 144.

sind, andererseits aber das BVerwG auch nicht selbst befugt ist, die für eine abschließende Entscheidung maßgeblichen Tatsachen festzustellen, die Streitsache nach § 144 Abs 3 Nr 2 in die Tatsacheninstanz **zurückzuverweisen,** damit dort die erforderlichen Feststellungen getroffen werden können. S auch 5 zu § 144.

30 **6. Bindung hins des nicht-revisiblen Rechts:** Die Prüfungsbefugnis des BVerwG beschränkt sich auf die Nachprüfung des angegriffenen Urteils am Maßstab des revisiblen Rechts (s oben 4 ff). **Hins** des übrigen, **nicht-revisiblen Rechts,** das für das nachzuprüfende Urteil von Bedeutung ist, u hins der Anwendung dieses Rechts auf den entschiedenen Fall ist das BVerwG nach § 173 S 1, §§ 545, 560 ZPO grds **an die Auslegung** der in Frage stehenden Rechtssätze **durch das OVG** gebunden, dh es muß diese so, wie sie das OVG ausgelegt u verstanden hat, ungeprüft seiner Entscheidung zugrundelegen.[62] **Nicht-revisibel** ist gem § 560 ZPO **auch ausländisches Recht** (DVBl 1987, 1222; s auch oben 14; unten 31); **anders** das **EU-Recht** (s oben 5).

31 **Ausnahmen** von diesem Grundsatz werden jedoch von der Rspr insb in folgenden Fällen gemacht: Das **BVerwG** prüft unter dem Gesichtspunkt der Vereinbarkeit mit revisiblem Recht, insb auch mit den Grundrechten des GG u mit allg Grundsätzen des GG (s oben 12), **auch die Anwendung an sich nicht-revisiblen Rechts daraufhin,**

- ob die Auslegung u Anwendung des nicht-revisiblen Rechts durch das OVG **mit dem Bundesrecht vereinbar** ist;[63]
- ob sie den Anforderungen **verfassungskonformer Auslegung** (MDR 1977, 784; NVwZ 1988, 527) bzw, soweit sonstiges Bundesrecht gem Art 31 GG vorgeht, den Anforderungen gesetzeskonformer Auslegung genügt (54, 56 zur Auslegung einer VO in Übereinstimmung mit ihrer Ermächtigungsgrundlage usw; MDR 1977, 784);
- ob eine **Rechtsnorm des an sich anzuwendenden ausländischen Rechts übersehen**[64] oder vom Berufungsgericht überhaupt nicht selbst ausgelegt wurde (BSG SGb 1997, 593);
- ob das Gericht sich **zu Recht** oder zu Unrecht durch Bundesrecht oder sonstiges revisibles Recht gebunden oder nicht **gebunden erachtet** hat,[65] zB hins der unter dem Gesichtspunkt der Erfordernisse des Gesetzesvorbehalts im Rechtsstaat nach dem GG an eine gesetzliche Ermächtigung zu stellenden (vgl 125 zu § 42) Anforderungen (NJW 1976, 1303);
- ob sich das Gericht bei der Anwendung einer nicht revisiblen Rechtsnom **irrtümlich** an die Auslegung derselben durch ein anderes Gericht **gebunden** glaubte (BGH VersR 1997, 1421);
- ob die vom OVG vorgenommene **Auslegung eines VA** oder sonstigen Rechtsaktes mit dem Bundesrecht im Einklang steht, dh verfassungskonform oder gesetzeskonform in bezug auf das Bundesrecht ist (MDR 1977, 748);
- ob die Auslegung durch das OVG **nicht gegen § 133 BGB** verstößt (NJW 1987, 598; vgl auch Buchh 316 § 38 VwVfG Nr 4 S. 4 f);
- ob das OVG **zu Unrecht** die Beurteilung bestimmter Fragen **auf Landesrecht** gestützt hat, das diese Fragen nicht erfaßt (48, 246; sehr zweifelhaft);
- ob das OVG sich aufgrund einer anderen rechtlichen Beurteilung des Falles oder aus anderen Gründen, zB weil dieses erst nach Ergehen der angefochtenen Entscheidung in Kraft getreten ist (vgl NJW 1981, 700; NVwZ-RR

---

[62] 11, 96; 38, 212; 45, 55; 48, 244, 264; 49, 303; 68, 124; 75, 72; 91, 82.

[63] 11, 96; 45, 55; 75, 72; NVwZ 1988, 527; ZfBR 1996, 329; s oben 12 f.

[64] BSG DÖV 1994, 486: das Revisionsgericht ist an die Feststellungen des Berufungsgerichts zum ausländischen Recht dann nicht gebunden, wenn Rechtsnormen übersehen wurden; BGH NJW 1997, 2115.

[65] 26, 310; 49, 301; 54, 56; NJW 1972, 227, 723, 1303; BayVBl 1977, 607.

1993, 65), mit der Frage der Anwendbarkeit oder Bedeutung einer Vorschrift des Landesrechts **nicht auseinandergesetzt** hat;[66]
- ob es im Urteil dazu (nur) **widersprüchliche Ausführungen** gemacht hat (51, 274; sehr zweifelhaft);
- ob es ohne ersichtliche Grundlagen, insb auch ohne nähere Begründung, einen **angeblichen Satz des Landesrechts** angenommen hat (19, 310);
- ob **das** in Frage stehende **Landesrecht inzwischen aufgehoben** oder geändert wurde (vgl 41, 231; NVwZ-RR 1993, 65; DVBl 1995, 926).

Bejaht das Revisionsgericht eine dieser Fragen, so ist es auch an die Auslegung durch das OVG nicht gebunden. Außerdem wendet das BVerwG **nicht-revisibles** Recht auch dann, **wenn dieses** während des RevisionsVf **geändert wurde** (NVwZ-RR 1993, 65; DVBl 1995, 926) im Rahmen der Sachentscheidung **nach § 144 Abs 4** an (s 8 zu § 144).

Bei der Beurteilung, ob die vom OVG vorgenommene Auslegung des Lan- 32
desrechts bzw sonstigen nicht-revisiblen Rechts gegen Bundesrecht (oder sonstiges revisibles Recht) verstößt, muß das BVerwG nach § 560 ZPO, § 173 S 1 **von der Auslegung** des Landesrechts usw ausgehen, **die das OVG** seiner Entscheidung zugrundegelegt hat.[67] Ergibt die Überprüfung einen **Verstoß gegen Bundesrecht** oder sonstiges revisibles Recht, auch Verfahrensrecht,[68] so ist das BVerwG insoweit nicht mehr an die Auslegung durch das OVG gebunden. Das **BVerwG stellt** in solchen Fällen dann grds **selbst das anwendbare Landesrecht** oder sonstiges Recht **fest u legt es** unter Inanspruchnahme einer eigenen Zuständigkeit insoweit **aus** u wendet es an.[69] **Richtiger** u mit dem Sinn u Zweck der § 173 S 1, § 560 ZPO besser vereinbar erscheint es jedoch, das BVerwG in den genannten Fällen zwar als von der Bindung an die Auslegung des Landesrechts durch das OVG freigestellt anzusehen, andererseits aber entspr den oben zu 30 ff dargestellten Grundsätzen eine eigenverantwortliche Auslegung des Landesrechts durch das BVerwG abzulehnen. Soweit das vom OVG festgestellte Landesrecht die Entscheidung nicht oder nicht mehr trägt u auch das revisible Recht eine abschließende Beurteilung nicht erlaubt, bietet sich – entgegen der Rspr des BVerwG – als Lösung nur die Aufhebung des angefochtenen Urteils u die Zurückverweisung der Sache nach § 144 Abs 3 Nr 2 an. Das BVerwG geht hier von einem **Ermessen** aus, ob es irrevisibles Recht, an dessen Auslegung u Anwendung durch das OVG es ausnahmsweise nicht gebunden ist, selbst auslegen u anwenden will, oder ob es im Hinblick auf § 173 S 1, § 563 Abs 4 ZPO von der Möglichkeit des § 144 Abs 3 Nr 2 Gebrauch macht; letzteres empfiehlt sich jedenfalls dann, wenn die Landesrechte auf dem fraglichen Gebiet derart voneinander abweichen, daß für eine **bundeseinheitliche Rechtsfortbildung nichts gewonnen** wäre (NVwZ 1991, 571).

Soweit revisibles Recht auf Rechtssätze oder Begriffe des nicht-revisiblen 33
Rechts **Bezug nimmt** oder an sie anknüpft, ist das BVerwG an die Auslegung dieses Rechts durch das Berufungsgericht **nur dann u nur insoweit gebunden,** als sich aus dem Zweck der bundesrechtlichen Regelung, aus dem Verfassungsrecht oder aus allg Rechtsgrundsätzen (zB über das Verhältnis von staatlichem u kirchlichem Recht oder über die Anwendbarkeit ausländischen Rechts,

---

[66] 39, 332; 48, 314 mwN; 68, 124: gem § 562 ZPO aF (§ 560 ZPO nF) auch irrevisibles Recht; wenn dieses dem angefochtenen Urteil nicht zugrundelag; NVwZ 1991, 571; Buchh 415.1 AllgKommR Nr 32 u 51.

[67] 75, 72; ähnlich 51, 265 für die Beurteilung, ob ein Verfahrensmangel vorliegt; **aA** 17, 322: das BVerwG muß auch den Inhalt des Landesrechts selbständig ermitteln.

[68] BGH WM 1983, 159; DVBl 1986, 1264: Überprüfung, wenn vom Standpunkt der Auslegung aus, die das Berufungsgericht dem irreversiblen Recht gegeben hat, die Urteilsbegründung verfahrensrechtlich zu beanstanden ist.

[69] Vgl 17, 322; 75, 72; 78, 347 = NVwZ 1988, 527; 1991, 571; s auch 8 zu § 144.

vgl Kopp DVBl 1967, 469) nichts anderes ergibt; denn die Anwendbarkeit nichtrevisiblen Rechts beruht in diesen Fällen nicht auf dem Willen des entsprechenden Gesetzgebers, sondern letztlich auf Bundesrecht (vgl 38, 265; Kopp BayVBl 1973, 88); **anders,** wenn das revisible Recht nur die Anwendung des nichtrevisiblen Rechts **als solches,** dh ohne es zugleich zu rezipieren, anordnet. Vgl auch oben 8.

34 **7. Umfang der Bindung an Revisionsrügen (Abs 3): a) Allgemeines.** Abs 3 betrifft nicht die Zulässigkeit der Revision (u enthält insb auch keine Zulässigkeits- oder Zulassungsgründe), sondern den **Umfang der Prüfungsbefugnis** des BVerwG im Rahmen der Prüfung der **Begründetheit** der Revision (19, 158). Voraussetzung für die Anwendung der Vorschrift ist daher immer, daß es sich überhaupt um eine zugelassene Revision handelt (19, 158). Nach Abs 3 prüft das Revisionsgericht im Rahmen der gestellten Revisionsanträge (§ 141) u der Beschränkungen nach Abs 1 u 2 das angefochtene Urteil **grds in vollem Umfang** u ohne Bindung an die geltend gemachten (14, 342) oder von der Vorinstanz bzw von ihm selbst als maßgeblich erachteten Revisionszulassungsgründe (30 zu § 132) u an die geltend gemachten Revisionsgründe (§ 137 Abs 3 S 2) auf seine Rechtmäßigkeit nach. Trotz der scheinbar weiten Fassung der Vorschrift gilt dies jedoch **nur hins einer Verletzung des materiellen Rechts,**[70] **außerdem** nach der Rspr immer auch hins der **Einhaltung anerkannter Auslegungsgrundsätze, gesetzlicher Auslegungsregeln,** der **Denkgesetze** u **allg Erfahrungssätze,** soweit sie der Auslegung u Anwendung von Bundesrecht dienen (s oben 8; ferner BGH NJW-RR 1990, 455).

35 **b) Wurden mit der Revision nur Verfahrensmängel gerügt** (Abs 3 S 1), so ist dem BVerwG die Nachprüfung des Urteils auf Verstöße gegen das materielle Recht nach S 1 grds verwehrt (zur Abgrenzung von materiellem Recht u Verfahrensrecht s 21 zu § 132); die Prüfung ist **auf die** (frist- u formgerecht) **gerügten Verfahrensmängel** (s jedoch die Ausnahmen unten 39) beschränkt (19, 158: die „geltend gemachten" Verfahrensmängel), **es sei denn,** daß zugleich auch einer der in § 132 Abs 2 Nr 1 u 2 genannten Gründe bezüglich einer Verletzung des materiellen Rechts vorliegt.[71] In diesem Fall ist nach S 1 wie nach S 2 auch die Frage der Verletzung sämtlichen materiellen Rechts zu prüfen (s oben 34). Dabei ist es nicht erforderlich, daß die Revision auch im Hinblick auf § 132 Abs 2 Nr 1 oder 2 bezüglich des materiellen Rechts zugelassen wurde – sonst wäre ohnehin S 2 anwendbar –; es müssen nur **die Voraussetzungen einer Zulassung** nach dieser Vorschrift gegeben sein, u es muß sich insgesamt um eine, wenn auch aus anderen Gründen zugelassene oder zulassungs freie Revision handeln.[72] Vgl im einzelnen zur Auslegung u Anwendung von Abs 3 auch Bettermann NJW 1954, 1308. Soweit nach Abs 3 die Befugnis des Revisionsgerichts zur Prüfung der Anwendung des materiellen Rechts besteht, ist eine **Beschränkung der Revision auf einzelne materiellrechtliche Fragen** unzulässig u unwirksam (9, 33), somit für das BVerwG auch unbeachtlich.

36 Der **Revisionsbekl** kann die Prüfungsbefugnis des Revisionsgerichts durch Erhebung entsprechender **Gegenrügen** (vgl 3 vor § 124) **erweitern** (BAG NJW 1965, 2268; offen BVerwG 32, 228; so nun auch RÖ-v Nicolai 20; **aA** Rothe, Heusinger-FS 1968, 264).

---

[70] Vgl 19, 231; DVBl 1984, 1016; NVwZ 1985, 428: nur wenn grundsätzliche Fragen oder eine Abweichung auf dem Gebiet des materiellen Rechts gegeben sind.

[71] 19, 158; 19, 233; 71, 39; DVBl 1974, 910; BayVBl 1979, 248; NVwZ 1985, 428; RÖ-v Nicolai 20, Ey-P. Schmidt 32.

[72] 19, 158: § 137 Abs 3 erweitert den Prüfungsumfang, stellt aber keinen selbständigen Zulässigkeitsgrund für eine nicht schon nach anderen Vorschriften zugelassene oder zulässige Revision dar; NVwZ 1985, 528: zwar nur Verfahrensrügen, jedoch auch materiellrechtliche Prüfung, weil diese zur Klärung grundsätzlicher Fragen beitragen kann.

Nicht berührt wird von Abs 3 die Zulässigkeit einer **Berücksichtigung** des **materiellen Rechts** im Rahmen des § 144 Abs 4 (s 8 zu § 144). Liegt zwar eine Verletzung von Verfahrensrecht vor, stellt sich die Entscheidung selbst aber aus anderen Gründen als richtig dar, so ist die Revision zurückzuweisen (Sch-Eichberger 266). 37

Bei der **Beurteilung,** ob ein Verfahrensmangel vorliegt, muß das BVerwG, wenn u soweit die verfahrensgemäße Handlung von einem bestimmten materiellrechtlichen Standpunkt abhängt, von **der dem Berufungsurteil zugrundeliegenden Rechtsauffassung** des OVG **ausgehen,** selbst wenn diese rechtlich nicht unbedenklich ist (51, 265; NVwZ 1984, 367; Buchh 232 § 125 BBG Nr 18; s auch 23 zu § 132); **anders,** soweit nach sonstigen Grundsätzen (vgl oben 30 ff) die Bindung an die Rechtsauffassung des OVG entfällt. 38

c) Von Amts wegen zu berücksichtigende Verfahrensverstöße u sonstige Mängel. Ausnahmen vom Grundsatz, daß das Revisionsgericht ein Urteil nur im Rahmen der zu 34 u 35 dargelegten Grundsätze nachprüfen kann, gelten lediglich für die ohnehin vAw zu prüfenden **Sachentscheidungsvoraussetzungen** u in eng begrenzten sonstigen Fällen. Auch nicht gerügte oder vom Revisionsgericht in eigener Zuständigkeit **vAw** u erforderlichenfalls mit eigener Beweisaufnahme zu den maßgeblichen Tatsachen (s oben 26) zu prüfende Verfahrensmängel sind vom Revisionsgericht immer zu beachten, soweit sie die **Wirksamkeit** (75, 243) oder **Zulässigkeit des angegriffenen** Urteils des OVG[73] **u die allg Sachentscheidungsvoraussetzungen** (s 17 ff vor § 40) betreffen,[74] **zB** die **Prozeßführungsbefugnis** (BGH NJW 1987, 383: in jeder Lage des Vf zu prüfen; NJW-RR 1987, 57), die **Prozeßfähigkeit** (JuS 1987, 567; BGH NJW 1986, 1350), die **Stellung als Beteiligter** (§ 63) im Prozeß,[75] usw; **insoweit** ist das Revisionsgericht dann **auch bei der Würdigung** der **Tatsachen,** die den Mangel zur Folge haben, **frei** (vgl BGH 31, 281; NJW 1988, 828; 1992, 627). Entsprechendes gilt auch für **sonstige Verstöße** gegen Verfahrensrecht, die auch in der Revisionsinstanz noch derart fortwirken, daß eine Sachentscheidung des Revisionsgerichts dadurch ausgeschlossen wird (NJW 1997, 2897; BSG NJW 1985, 2355 mwN), wie zB die **Unzulässigkeit** des vorangegangenen **Grundurteils** (BGH NJW 1975, 1968; 1982, 1759); die der Entscheidung entgegenstehende **RKraft** einer früheren Entscheidung (BGH NJW 1982, 1285 mwN); die **Unzulässigkeit der Berufung,** aufgrund derer das Berufungsurteil erging (BGH 4, 395 = NJW 1952, 469; NJW 1982, 1873; 1987, 325 mwN); die **Wirksamkeit einer Berufungsrücknahme,** aufgrund deren eine Berufungsentscheidung in der Sache nicht ergeben durfte (NJW 1997, 2897: die Revision führt zur Feststellung der Unwirksamkeit des Berufungsurteils); die Unzulässigkeit einer vorangegangenen **Zurückverweisung** (KG NJW 1982, 2328 mwN); die **Außerachtlassung** der **Bindungswirkung** eines vorangegangenen zurückverweisenden Urteils (vgl BGH NJW 1992, 2833; ferner BGH 36, 367 = NJW 1992, 1203; NJW 1991, 2014); die **Unterlassung einer** nach § 65 Abs 2 **notwendigen Beiladung;**[76] **anders** für den Fall, daß die Klage in jedem Fall als unzulässig oder unbegründet abgewiesen werden müßte, also dem am Vf nicht beteiligten Dritten Nachteile nicht entstehen 39

---

[73] S 28 ff vor § 124; vgl zB BSG 42, 215 = SozR 1500 § 144 Nr 1; DVBl 1987, 244; BGH NJW 1987, 325; 1989, 588; 1992, 512; NJW-RR 1991, 1346: Verstoß gegen § 308 Abs 1 ZPO ist vom Revisionsgericht vAw zu berücksichtigen.

[74] 71, 74 = NJW 1986, 862; 1997, 2897; Schnauder JuS 1993, 365; vgl auch oben 26; ferner allg BGH NJW 1992, 2833: alle unverzichtbaren Voraussetzungen des Vf müssen auch vom Revisionsgericht vAw beachtet werden.

[75] Vgl BGH NJW 1993, 3067: Behandlung eines Nicht-Beteiligten als Partei ist ein gem § 559 ZPO aF (§ 557 Abs 1 ZPO nF) vAw zu berücksichtigender Verfahrensmangel.

[76] 13, 208; DVBl 1983, 1003; BayVBl 1982, 345.

könnten.[77] Unerheblich ist dagegen eine zu Unrecht erfolgte Beiladung (vgl Bettermann DVBl 1982, 955). S aber zur **Nachholung einer notwendigen Beiladung** gem § 142 durch das Revisionsgericht 7f zu § 142.

Auf die Schwere des Verstoßes kommt es bei den in Frage stehenden Mängeln **nicht an** (16, 25; Haueisen NJW 1961, 2333). Immer zu berücksichtigen sind auch **Verfahrensmängel, die** zwar nicht gerügt wurden, aber mit anderen Verfahrensmängeln, die ordnungsgemäß gerügt wurden, **in einem unlösbaren Zusammenhang** stehen (RGZ 64, 280).

40 VAw zu prüfen u berücksichtigen sind auch die **Passivlegitimation** (vgl BGH NJW 1982, 1046; zum Begriff 28 vor § 40). Immer zu berücksichtigen sind auch **Unklarheiten in der angegriffenen Entscheidung,** die den Umfang der RKraft in Frage stellen (vgl BAG NJW 1978, 2114 zu einem Teilvorteil, bei dem unklar war, über welche Teile entschieden worden ist) u die **Aktenwidrigkeit** der tatsächlichen Annahmen, auf denen das angegriffene Urteil beruht.[78]

§ 138 [Absolute Revisionsgründe]

Ein Urteil ist stets als auf der Verletzung von Bundesrecht beruhend anzusehen,[1 ff] **wenn**

1. **das erkennende Gericht nicht vorschriftsmäßig besetzt war,**[4 ff]
2. **bei der Entscheidung ein Richter mitgewirkt hat, der von der Ausübung des Richteramts kraft Gesetzes ausgeschlossen oder wegen Besorgnis der Befangenheit mit Erfolg abgelehnt war,**[7 ff]
3. **einem Beteiligten das rechtliche Gehör versagt war,**[10 ff]
4. **ein Beteiligter im Verfahren nicht nach Vorschrift des Gesetzes vertreten war, außer wenn er der Prozeßführung ausdrücklich oder stillschweigend zugestimmt hat,**[21 ff]
5. **das Urteil auf eine mündliche Verhandlung ergangen ist, bei der die Vorschriften über die Öffentlichkeit des Verfahrens verletzt worden sind,**[24 f] **oder**
6. **die Entscheidung nicht mit Gründen versehen ist.**[26 ff]

Vgl § 547 ZPO; § 338 StPO; § 119 FGO

Schrifttum: *Bettermann,* Der gesetzliche Richter in der Rechtsprechung des BVerfG, AöR 1969, 263; *Kopp,* Das rechtliche Gehör in der Rspr des BVerfG, AöR 1981, 604; *Mutke,* Die unterbliebene Vorlage an den EuGH als Revisionsgrund im Verwaltungsprozeß, DVBl 1987, 403; *Schmidt-Aßmann,* Verfahrensfehler als Verletzungen des Art 103 Abs 1 GG, DÖV 1987, 1029. – S auch zu § 132, § 133 u § 108.

1 **1. Allgemeines:** § 138 stellt für die in Nr 1 bis 6 aufgezählten sog **absoluten Revisionsgründe** die **unwiderlegliche Vermutung** (Fiktion, NJW 1995, 2308; Sch-Eichberger 4) auf, daß der entsprechende Verstoß, wenn er erwiesen wird, für das angefochtene Urteil ursächlich war (vgl zB 85, 273 = DVBl 1991, 158; BGH ZIP 1993, 617), u begründet damit eine **Ausnahme von** dem sonst nach § 137 Abs 1 bestehenden **Erfordernis eines Nachweises der Ursächlichkeit** des Rechtsverstoßes (s 23 zu § 137), dh, die bei anderen Gesetzesverletzungen

---

[77] St Rspr BVerwG 74, 19 = NJW 1986, 2775; 80, 228 = NVwZ-RR 1989, 109 mwN; NJW 1991, 1254; NVwZ 1991, 1076; Ba SächsVBl 1994, 159; s auch 6f zu § 142; zT **aA** BSG 1, 148; 33, 102: nur auf Rüge.

[78] DVBl 1988, 1024: ein offensichtlicher Widerspruch zwischen einer tatsächlichen Feststellung im Urteil des Tatsachengerichts u der Aktenlage darf vom Revisionsgericht jedenfalls dann auch ohne Verfahrensrüge vAw berücksichtigt werden, wenn die Verwaltungsvorgänge, aus denen sich ein solcher offensichtlicher Widerspruch ergibt, zum Gegenstand der mV des Tatsachengerichts gemacht wurden u im Urteil verwertet worden sind; s auch UPR 2000, 226; Sch-Eichberger 151.

sonst vorzunehmende Prüfung, ob die Entscheidung auch auf der Gesetzesverletzung beruht, entfällt (NVwZ-RR 1994, 362; BGH ZIP 1993, 617). Vgl **aber zum rechtlichen Gehör** auch unten 10ff. Entsprechendes gilt **auch für die Begründung** einer auf einen der in § 138 genannten Mängel gestützten Zulassungsbeschwerde gem § 133 Abs 3 bzw Revision gem § 139 Abs 3 (vgl DVBl 1996, 106; BSG DVBl 1993, 271). Außerdem ist nach § 138 in den genannten Fällen ein Verstoß kraft gesetzlicher Fiktion **immer als Verletzung von Bundesrecht** anzusehen, auch wenn im Einzelfall sich der Revisionsgrund aus der Verletzung von Landesrecht, zB eines AGVwGO, ergibt (BayVBl 1976, 52; RÖ-v Nicolai 1); auch insoweit **bedarf** es deshalb **keiner Begründung** (NJW 1976, 1705) **u Prüfung.** § 138 gilt **analog** auch für die **Wiederaufnahmeklage** gem § 153 (vgl BGH ZIP 1993, 615; 8 zu § 153).

Im übrigen gelten, auch wenn absolute Revisionsgründe in Betracht kommen, die allg Vorschriften. Die Nachprüfung des angegriffenen Urteils setzt daher auch bei den in § 138 genannten Fällen insb die **Zulassung nach § 132** bzw, aufgrund einer Zulassungbeschwerde, gem § 133 voraus (19, 158; DVBl 1996, 106), ebenso eine entsprechende, nach § 139 Abs 2 S 2 auch zu begründende (Ausnahmen von der Begründungspflicht nur hins der Kausalität u der Maßgeblichkeit von Bundesrecht) **Rüge des Mangels,** soweit es sich nicht um ausnahmsweise vAw zu prüfende Verstöße (vgl 39f zu § 137) handelt (22, 271; 44, 307; BGH DtZ 1993, 248; Ey-P. Schmidt 6; NKVwGO-Neumann 11). 2

2. Die absoluten Revisionsgründe sind in § 138 **abschließend** aufgezählt (NKVwGO-Neumann 3). Sie decken sich – mit Ausnahme der Nr 3 – mit den früher bis zum 4. VwGOÄndG in § 133 aF genannten wesentlichen Verfahrensmängeln, welche bis zur Aufhebung des § 133 aF die zulassungsfreie Verfahrensrevision eröffnet hatten. 3

Maßgeblich für die in § 138 genannten Revisionsgründe sind **nur Verstöße in der Instanz, deren Urteil angegriffen** wird, nicht auch (bei der Revision gegen Berufungsurteile) solche der ersten Instanz, es sei denn, das Berufungsgericht hat ein Ergebnis, das von dem Fehler betroffen war, ohne eigene sachliche Nachprüfung übernommen. Vgl auch 13 u 21 zu § 132. Soweit der Zweck der verletzten Vorschrift durch Nachholen der Verfahrenshandlung auch noch vor dem Revisionsgericht erreicht werden kann, ist eine **Heilung** möglich (21, 271: Anhörung zu Rechtsfragen im RevisionsVf heilt eine Verletzung des rechtlichen Gehörs; Sch-Eichberger 33). S unten 11. Dagegen kommt grds – außer bei Nr 3; s unten 19 – eine Heilung durch **Verzicht** oder **Unterlassen einer Rüge** in der Vorinstanz nicht in Betracht, da es sich um Verfahrensgrundsätze handelt, auf deren Einhaltung, da sie im öffentlichen Interesse liegen, die Beteiligten nicht verzichten können.

3. Die einzelnen absoluten Revisionsgründe (Abs 1 Nr 1 bis Nr 6): 4

a) Nicht-vorschriftsmäßige Besetzung des Gerichts (Nr 1). Die Regelung soll zusammen mit den Vorschriften, die der Bestimmung des gesetzlichen Richters dienen (s auch 1ff zu § 4), der Revision bzgl jeder Form oder Art **einer möglicherweise erfolgten Manipulierung des gesetzlichen Richters** (Art 101 Abs 1 S 2 GG) **den Erfolg sichern** u diese damit zugleich auch – vorbeugend – **verhindern** (vgl 65, 291; 66, 314; BayVBl 1989, 60 mwN; BVerfG 17, 299; 24, 54; BGH GoldA 1976, 141f; NKVwGO-Neumann 17). Maßgeblich ist die Besetzung des Spruchkörpers **bei Erlaß des angegriffenen Urteils** (41, 176; Buchh 310 § 138 Ziff 1VwGO Nr 21 S. 1; DVBl 2001, 726; s auch 1ff zu § 112). Fehlerhafte Besetzung bei Beweisaufnahmen u in früheren Verhandlungen, auf die das Urteil nicht ergangen ist, ist insoweit unerheblich (BayVBl 1972, 109; DVBl 1973, 372; NVwZ 1998, 1066; DVBl 2001, 726; BGH 40, 179; s auch unten 7) u kann nur als sonstiger Verfahrensverstoß nach § 132 Abs 2

Nr 3 geltend gemacht werden (DVBl 1973, 372); eine fehlerhafte Besetzung des VG wird durch eine Sachentscheidung des OVG in vorschriftsmäßiger Besetzung **geheilt** (NJW 1965, 2310).

Zur Mitwirkung eines wg **Befangenheit** (§ 54) **ausgeschlossenen Richters** u zur Nichtmitwirkung eines Richters wg Befangenheit, obwohl kein Befangenheitsgrund vorliegt – die ebenfalls einen Fall nicht-vorschriftsgemäßer Besetzung des Gerichts u ggf eine Verletzung des **Rechts** gem Art 101 Abs 1 S 2 GG **auf den gesetzlichen** Richter darstellen (BVerfG 21, 145 = NJW 1967, 1123; 1993, 2229) – s unten 5 u 7 ff.

5 Vorschriftswidrige Besetzung des Gerichts iSv Nr 1 liegt insb vor – vorausgesetzt, daß darin zugleich ein Verstoß gegen Art 101 Abs 1 S 2 GG liegt,[1] dh willkürliche oder manipulative Erwägungen für die Fehlerhaftigkeit des als Mangel gerügten Vorgangs bestimmend gewesen sind (DVBl 2001, 726) – zB bei (nicht nur irrtümlichem, vgl DÖV 1981, 969; Buchh 310 § 133 Nr 11) **Verstoß gegen die Vorschriften des § 4 iVm §§ 21 e bis g GVG** oder **gegen den Geschäftsverteilungsplan** des Gerichts (vgl 20, 39; Buchh 310 § 138 Ziff 1 VwGO Nr 32; Hbg NordÖR 2000, 238; offen Ks NVwZ-RR 2000, 547; s 1 ff zu § 4) oder gegen die **bei überbesetztem Spruchkörper** nach § 21 g Abs 2 GVG vom Spruchkörper vorweg vor Beginn des Jahres aufzustellenden Grundsätze (s dazu 21 ff zu § 4) über die Mitwirkung der einzelnen Richter bei den einzelnen Streitsachen (BGH NJW 1993, 1518; s zu § 4) oder allg über die **Auswahl des Einzelrichters** gem § 6;[2] Verstoß gegen **§ 5 Abs 3** (DÖV 1981, 969) oder **§ 9 Abs 3; §§ 15 bis 30;**[3] **Nichtmitwirkung eines** an sich nach dem Geschäftsverteilungsplan zur Mitwirkung berufenen **Richters wg** fälschlich angenommener Befangenheit, obwohl objektiv offensichtlich kein Befangenheitsgrund gegeben ist (vgl BVerfG NJW 1993, 2229: Verstoß gegen Art 101 Abs 1 S 2 GG; NKVwGO-Neumann 95); ein Verstoß gegen § 6, wenn er zugleich eine Verletzung einer prozessualen Gewährleistung der Verfassung (rechtliches Gehör; gesetzlicher Richter) darstellt (NVwZ 2000, 1290, s dazu auch 28 zu § 6 mwN u zur Heilungsmöglichkeit 19 u 29 zu § 6); Entscheidung eines Einzelrichters trotz Fehlens eines Übertragungsbeschlusses der Kammer, auch wenn der entscheidende Richter irrig vom Vorliegen des Übertragungsbeschlusses ausging (FfO NVwZ-RR 2001, 202).

Der gesetzliche Richter muß durch das Gesetz, den Geschäftsverteilungsplan usw (s auch 7 zu § 4) **so eindeutig wie möglich** bestimmt sein; es genügt jedoch, daß er **durch Auslegung** ermittelt werden kann, sofern dies nicht zu Unsicherheiten bei der Bestimmung der jeweils zur Entscheidung berufenen Richter führt (65, 291; DVBl 1982, 645; BVerfG 48, 263). **Entscheidendes Kriterium** ist, daß die, wenn auch vielleicht entfernte Möglichkeit auszuschließen ist, daß die Besetzung des Gerichts im entschiedenen Fall einer **Manipulierung** bzw sachfremden Einflüssen ausgesetzt war, insb, daß im Einzelfall durch die Auswahl der zur Entscheidung berufenen Richter ad hoc das Ergebnis der Entscheidung beeinflußt wurde, gleichgültig, von welcher Seite die Manipulierung ausging (vgl NJW 1988, 219; Buchh 310 § 54 VwGO Nr 51; BVerfG 17, 299 = NJW 1964, 1020;

---

[1] NJW 1991, 1370; NVwZ 1988, 725; Buchh 310 § 138 Ziff 1 VwGO Nr 32; **aA** BVerwG NJW 1968, 811; BGH NJW 1993, 1598: nicht erforderlich, daß zugleich auch Verstoß gegen Art 101 Abs 1 S 2 GG.

[2] NJW 1992, 2076; 1993, 381 mwN; BGH NJW 1993, 601: auch keine Heilung gem § 295 ZPO, da der gesetzliche Richter unverzichtbar; zur Heilbarkeit zT **aA** Deubner JuS 1993, 496; s auch 12 zu § 6.

[3] BayVBl 1979, 762; 1989, 60; DÖV 1981, 413; Ey-P. Schmidt 10; RÖ-v Nicolai 2; s auch zB BVerfG 17, 299; NJW 1993, 2229; BVerwG 20, 41 – zu einzelnen Verstößen, auch zu Verstößen, die hier nicht relevant sind, bei den genannten Bestimmungen –; NJW 1991, 1370 – zur Rüge nichtordnungsgemäßer Besetzung des Gerichts wg fehlerhafter Anwendung des Geschäftsverteilungsplans bzw fehlerhaften Geschäftsverteilungsplans.

stRspr). S auch zur **fehlenden Unparteilichkeit** oben; ferner unten 7 sowie 24 zu § 54.

Der **bloße „Verdacht“** fehlerhafter Besetzung des Gerichts genügt nicht. Auch bei den Beteiligten nicht näher bekannten gerichtsinternen Vorgängen muß der Revisionsführer alle Möglichkeiten einer näheren **Klärung** u, wenn möglich, Bereinigung jedenfalls **zumindest versucht haben** (DÖV 1981, 828; Sa 18. 6. 1993 – 9 R 63/93).

Ein Verstoß liegt iSv Nr 1 darüber hinaus jedenfalls **auch** in **allen sonstigen** 6
Fällen einer nicht mehr zu rechtfertigenden (BVerfG 29, 49), willkürlichen, dh nicht nur auf einem bloßen Versehen oder Irrtum beruhenden[4] **Verletzung des** Rechts auf den **gesetzlichen Richter** iSd Art 101 Abs 1 S 2 GG vor (20, 39; Buchh 310 § 138 Ziff 1 VwGO Nr 32), außerdem (ausgenommen die Fälle des § 173 S 1 iVm § 557 Abs 2 ZPO, s dazu zB 22 zu § 54), darüber hinaus **immer auch** schon bei lediglich objektiven Verstößen gegen die Bestimmungen des Gesetzes u der Geschäftsordnung über die Zuständigkeiten u die Zusammensetzung der Gerichte,[5] **sowie** – insb, wenn eine Manipulation nicht auszuschließen ist (BayVBl 1989, 60), – auch zB bei **vermeidbarer Unbestimmtheit** der Zuständigkeit u/oder der Besetzung des Gerichts in dem Sinn, daß sich im Ergebnis mehrere unterschiedliche Zuständigkeiten oder Besetzungsmöglichkeiten ergeben (20, 39; 29, 48 mwN; BGH NJW 1976, 1688; s auch oben 5; ferner weiter unten im Text). **Dies** gilt auch **zB** bei grob **fehlerhafter** u deshalb unwirksamer – anders bei nur anfechtbarer oder aufhebbarer, aber nicht nichtiger (s auch 3 zu § 15) – **Berufung eines Richters in sein Amt;**[6] bei bewußter **Terminierung der mV** (§ 102) für einen bestimmten Fall **im Hinblick** auf **die Mitwirkung bestimmter ehrenamtlicher Verwaltungsrichter** (vgl Sangmeister DStZ 1993, 396; JZ 1993, 943; s auch 1 zu § 102; zT **aA** Foth JZ 1993, 942); bei Mitwirkung eines ehrenamtlichen Richters an einer mV ohne die zu Beginn seiner Amtszeit gebotene Vereidigung (NVwZ 2005, 231); bei Mitwirkung **eines wg** einer Beförderungssperre **noch nicht in eine Planstelle eingewiesenen Hilfsrichters** (vgl BGH 95, 22 = NJW 1985, 2336; NJW 1986, 1115; s auch 14 zu § 4; 1 zu § 5); bei Mitwirkung von **2 Richtern auf Probe** an einer Entscheidung, wenn hierfür keine sachliche Notwendigkeit besteht (Ks NVwZ-RR 1998, 269); bei grob fehlerhafter, unwirksamer **Entbindung eines Richters von der Mitwirkung wg** Verhinderung (vgl BGH NJW 1982, 1656; s dazu auch 14 zu § 4; 5 ff zu § 30; str, ob nur bei grober Fehlerhaftigkeit, s oben); bei (nicht nur irrtümlicher) **Verletzung einer Vorlagepflicht** nach § 11 Abs 3 (s 3 zu § 11), Art 100 GG (9 a zu § 94), Art 234 EGV (s 21 a zu § 94) u ähnlichen Vorschriften;[7] bei (nicht nur irrtümlich) **falscher Verweisung der Streitsache an ein unzuständiges Gericht** (vgl BVerfG NJW 1982, 2367); bei **Blindheit oder Taubheit** eines Richters, wenn dieser dadurch in der Auffassung oder Beurteilung der Sache behindert ist;[8] bei **Unfähigkeit,** zB wg Ermüdung, **der Verhandlung zu**

---

[4] DÖV 1974, 534 mwN; DVBl 2001, 726; BVerfG 3, 364; NJW 1989, 2613; **aA** Ule VwGO 462.

[5] BGH JZ 1993, 736; Ule VwGO 462; Sangmeister JZ 1993, 736; s auch 16 zu § 4; sehr str; **aA** insoweit zB BVerwG NJW 1988, 1339; BFH BB 1992, 342; BL 6 zu § 547 ZPO.

[6] Vgl BVerfG NJW 1985, 126; BVerwG DÖV 1956 183; NJW 1988, 219: bei Fehlern im Vf der Wahl der ehrenamtlichen Richter ist eine derartige Gefahr der Manipulierung des Ergebnisses des Richterspruchs jedoch nicht ohne weiteres begründet; ähnlich BVerfG NJW 1982, 2368; BVerwG BayVBl 1989, 60; NKVwGO-Neumann 31.

[7] Vgl BVerfG 19, 43; 22, 266; 29, 173; 42, 242; 73, 339 = NJW 1987, 578; 82, 159; BVerwG 69, 36; NJW 1992, 2078 mwN: auch wenn nur über Rechtsfragen zu entscheiden ist; Mutke, DVBl 1987, 403; Wilke BayVBl 1987, 586; ferner 1 zu § 11; 17 zu § 94.

[8] ZT **aA** 65, 242; Buchh 310 § 138 Ziff 1 VwGO Nr 20: keine fehlerhafte Besetzung bei Mitwirkung eines blinden Richters in einer Kriegsdienstverweigerungssache; vgl auch BVerfG NJW 1992, 2075.

folgen;[9] anders bei lediglich vorübergehenden kurzfristigen **Ablenkungs-** oder **Ermüdungserscheinungen;**[10] bei **Geisteskrankheit** eines Richters; bei **Abwesenheit** eines Richters während eines Teils der Verhandlung oder der Beweisaufnahme (DÖV 1979, 608); bei **Anwesenheit dritter Personen** – ausgenommen der dem Gericht zur Ausbildung zugeteilten Referendare – bei der Urteilsberatung (5, 85; Ks NJW 1981, 599; s auch 12f zu § 55).

Nicht als Verletzung des Rechts auf den gesetzlichen Richter iSv Nr 1 gerügt werden kann, daß ein Richter **nicht** über **die erforderliche Erfahrung** verfügt u die Verhandlung nicht sicher geführt hat (DÖV 1981, 970). Zur Unschädlichkeit der Anwendung von **§ 46 VwVfG** auf Fälle der Verletzung der örtlichen Zuständigkeit der Behörde, auch wenn eine Änderung des gesetzlichen Richters die Folge ist, 65, 291. **Unerheblich** ist auch zB, wenn die **Übertragung des Rechtsstreits** in einer Asylsache auf den Einzelrichter (nur) **ohne Anhörung** des Beteiligten erfolgt war (Ms NVwZ-RR 1990, 163: rechtswidrig wg Verletzung des rechtlichen Gehörs, jedoch kein Verstoß gegen den Grundsatz des gesetzlichen Richters).

6 a Das Recht auf den gesetzlichen Richter wird auch durch die **willkürliche Nichtzulassung** einer Klage sowie durch eine willkürliche **Verzögerung des Vf,** die einer formellen Justizverweigerung gleichkommt, verletzt.[11]

Zum Absehen von der Erhebung von Gerichtskosten für das RevisionsVf gem § 21 GKG bei Aufhebung einer Entscheidung wg nicht vorschriftsmäßiger Besetzung des Gerichts s DVBl 2001, 310 u 2 zu § 154.

7 **b) Mitwirkung eines ausgeschlossenen oder abgelehnten Richters (Nr 2).** Die Regelung ist eine Folge des durch das GG gewährleisteten Rechts der Beteiligten auf den **gesetzlichen Richter** gem Art 101 Abs 1 S 2 GG sowie im Zusammenhang damit auch darauf, „daß sie **nicht vor einem Richter** stehen, **dem es an der gebotenen Neutralität** fehlt" (BVerfG NJW 1993, 2229; s auch BVerfG 21, 145 = NJW 1967, 1123; allg auch 1 zu § 54). Erheblich ist nur die **Teilnahme** eines nach § 54 iVm §§ 41 bis 49 ZPO **ausgeschlossenen oder mit Erfolg abgelehnten Richters an der Entscheidung** (Urteilsfällung), nicht auch die Teilnahme an der Beweisaufnahme (DÖV 1979, 608) oder der Urteilsverkündung (BayVBl 1973, 388; RÖ-v Nicolai 4; Sch-Eichberger 62). Die **Rüge, daß ein Ablehnungsantrag** vom Gericht **zu Unrecht** zurückgewiesen wurde, fällt nicht unter Nr 2, sondern kann grds nur nach § 132 Abs 2 Nr 3 geltend gemacht werden, scheitert hier jedoch idR an § 173 S 1, § 557 Abs 2 ZPO.[12] Zur **Nicht-Mitwirkung** eines Richters wg **Befangenheit** (§ 54), obwohl in Wahrheit kein Ausschluß- oder Befangenheitsgrund bestand, s oben 5; wg Verhinderung aus sonstigem Anlaß, obwohl hinreichende Gründe dafür nicht bestanden, oben 6.

8 **Bis zur Entscheidung über ein Ablehnungsgesuch** stellt die Teilnahme eines abgelehnten Richters grds (s aber unten 9) keinen Verstoß gegen Nr 2 dar (vgl auch Buchh 310 § 54 VwGO Nr 51). Das Vorliegen von Ablehnungsgründen allein ist unerheblich. Eine erst **nach Erlaß des Urteils geltend gemachte Ablehnung** ist grds (s aber unten 9) unbeachtlich, auch wenn dem Betroffe-

---

[9] NJW 1981, 413: keine vorschriftsmäßige Besetzung, wenn ein Richter während der Vernehmung eines Kriegsdienstverweigerers „für einen längeren Zeitraum ununterbrochen die Augen schließt"; NJW 1986, 2721: nur wenn sichere Anzeichen, wie tiefes, hörbares u gleichmäßiges Atmen oder gar Schnarchen u ruckartiges Aufrichten; Buchh 310 § 138 VwGO Nr 1 u 8; DÖV 2006, 1050 (strenge Anforderungen an Substantiierung).

[10] BVerwG NJW 1986, 2721; Buchh 310 § 138 Nr 1 VwGO Nr 17 u 19; Ms NJW; 1987, 972.

[11] Vgl BVerfG 3, 364; Kissel GVG 37, 52, 85, 90 zu § 16; offen BayVerfGH BayVBl 1991, 239; **aA** Klein JZ 1963, 592; Bettermann, Die Grundrechte, Bd III 2, 1959, 559.

[12] Buchh 310 § 138 Ziff 1 VwGO Nr 28; § 133 VwGO Nr 38; NVwZ-RR 2000, 260; DVBl 2001, 726; s auch 23 zu § 54.

nen der Ablehnungsgrund erst nachträglich bekannt wurde (MDR 1970, 442; Sch-Eichberger 65; s auch oben 7).

Zweifelhaft, aber wohl zu bejahen ist jedoch die Zulässigkeit der Revision unter dem Gesichtspunkt der vorschriftswidrigen Besetzung des Gerichts **bei willkürlicher Ablehnung eines Ablehnungsantrags** (Sch-Eichberger 60) u bei willkürlicher Verzögerung der Entscheidung darüber über den Zeitpunkt der Entscheidung in der Hauptsache hinaus.[13] 9

c) Versagung des rechtlichen Gehörs (Nr 3). Der Begriff des rechtlichen Gehörs (Nr 3) entspricht dem des § 108 Abs 2 u des Art 103 Abs 1 GG. S auch 19 ff zu § 108. Eine Verletzung des rechtlichen Gehörs iSv § 138 liegt hier auch bei der Verletzung von **Verfahrensvorschriften** vor, **die der Wahrung des rechtlichen Gehörs dienen,**[14] wie **zB § 60** (vgl BVerfG 25, 166; BayVBl 1973, 81; s auch 1 u 10 zu § 60); § **67** (BayVBl 1984, 189; 1993, 413 mwN – zum Recht auf Vertretung –); **§ 86 Abs 2,**[15] **3;**[16] **§ 87 a Abs 2** (s auch NVwZ-RR 1998, 525); **§ 100** (30, 157; Ma InfAuslR 1999, 424; Mü BayVBl 1980, 94); **§ 101** (BayVBl 1993, 413; NVwZ-RR 1998, 525; NVwZ 2003, 1130; Dolderer DVBl 1999, 1025; str; s 1 zu § 101; **aA** BVerwG 57, 273); **§ 103,** insb Abs 2 u 3;[17] **§ 104 Abs 1** (24, 267; NJW 1980, 1972); **§ 104 Abs 3 S 2** (NJW 1995, 2308); **§ 108 Abs 2** (24, 267; 44, 307; 51, 112, 277; NJW 1980, 192; BayVBl 1993, 413; BVerfG NVwZ 1993, 769: Anspr aus Art 103 Abs 1 GG darauf, daß das Gericht bei seiner Entscheidung nur solche Tatsachen u Beweisergebnisse einschließlich Presseberichten u Behördenauskünften verwertet, die von einem Verfahrensbeteiligten oder vom Gericht – im einzelnen bezeichnet – offengelegt u zum Gegenstand des Vf gemacht worden sind u zu denen sich die Beteiligten äußern konnten); **§ 116 Abs 2** (BVerfG NVwZ 1990, 651 mwN); **§ 125 Abs 2 S 3** (NVwZ-RR 1994, 120 u 362; NVwZ 1994, 1095)**; § 130 a S 2 iVm § 125 Abs 2 S 3; § 173 iVm § 137 Abs 4 ZPO** (NJW 1984, 625: nur einfachgesetzlich gewährleistet, nicht durch Art 103 Abs 1 GG, s dazu § 103); **§ 166 Abs 1 iVm § 118 ZPO;**[18] § 173 S 1 iVm **§ 279 Abs 2 u 3 ZPO** (s dazu 4 zu § 104; 21 zu § 108). 10

---

[13] S oben 4 ff; vgl auch BVerfG 21, 139: ein gesetzlicher Ausschluß der Richterablehnung verletzt das Recht auf den gesetzlichen Richter; ferner EGMR NJW 1992, 613: die Mitwirkung eines wg Befangenheit ausgeschlossenen Richters indiziert die Verletzung des Rechts auf ein unparteiisches Gericht gem Art 6 Abs 1 EMRK.

[14] 22, 271; 51, 112; DVBl 1982, 636; Doehring NJW 1983, 851; Sch-Eichberger 68; enger zu Art 103 Abs 1 GG BGH NJW 1983, 867; Geiger NJW 1976, 1391: nicht alle einfachgesetzlichen Regelungen, die der Anhörung dienen, fallen auch unter Art 103 Abs 1 GG; ebenso Kopp AöR 1981, 617.

[15] Eine Verletzung des rechtlichen Gehörs kann trotz der Nichtanwendung des § 86 Abs 2 auf hilfsweise gestellte Beweisanträge auch darin liegen, daß der Antrag im Urteil aus Gründen abgelehnt wird, die im Prozeßrecht keine Stütze finden; NVwZ-Beil I 2000, 99 f; Ba NVwZ-RR 2006, 741; Ms NVwZ-RR 2005, 507; s auch 19 zu § 86.

[16] 36, 266; 44, 307; LKV 1993, 387 f; vgl auch BVerfG 50, 35; 65, 307; 69, 148; DVBl 1993, 1003: kein Verstoß gegen Art 103 Abs 1 GG, wenn ein angebotener Beweis aus Gründen des formellen oder materiellen Rechts nicht erhoben wird, wohl aber, wenn die Ablehnung eines Beweisantrags im Prozeßrecht keine Stütze mehr findet; s auch 18 zu § 86; zT **aA** zu § 86 Abs 3 BVerwG 36, 266; DÖV 1961, 798 = NJW 1961, 1548: nicht jeder Verstoß ist zugleich ein Verstoß gegen das rechtliche Gehör; ähnlich zu § 139 ZPO BVerfG 67, 95.

[17] BayVBl 1993, 413: Recht auf Teilnahme an der mV, außerdem darauf, sich dort durch einen Anwalt vertreten zu lassen sowie sich auch zu Tatsachen u Rechtsfragen zu äußern; s auch 2 u – zum Recht eines vertretenen Beteiligten auch auf persönliche Anhörung 9 zu § 103; BVerwG 74, 225.

[18] 51, 114, 278; Buchh 310 § 166 Nr 11; vgl zur Beiordnung eines Anwalts auch BayVerfGH BayVBl 1991, 377 – jedoch nur im Anwaltsprozeß –; Kritik: richtiger erscheint es, die Versagung der Beiordnung eines Anwalts auch sonst als Verletzung des rechtlichen Gehörs jedenfalls dann anzusehen, wenn sie willkürlich ist; s allg auch 31 zu § 67.

Andererseits besteht der **Anspr** (auch nach Art 103 Abs 1 GG) grds **nur nach näherer Maßgabe des Prozeßrechtes,** dh der konkret für das Vf maßgeblichen Vorschriften, soweit diese den Mindestanforderungen gem Art 103 Abs 1 GG genügen[19] **u** das Gericht sich bei der Auslegung u Anwendung dieser Vorschriften an die durch Art 103 Abs 1 GG gezogenen Grenzen hält.[20] Die Auslegung u Anwendung der das rechtliche Gehör beschränkenden Form- u Fristvorschriften durch die Fachgerichte ist einer strengeren verfassungsgerichtlichen Kontrolle zu unterziehen, als dies üblicherweise bei der Anwendung einfachen Rechts geschieht. Art 103 Abs 1 GG ist daher nicht nur dann verletzt, wenn die Entscheidung einer bloßen Willkürkontrolle nicht standhält, sondern auch dann, wenn die Rechtsanwendung offensichtlich unrichtig ist (BVerfG NJW 2004, 3551).

Eine Entscheidung durch Gerichtsbescheid unter Verstoß gegen § 84 Abs 1 S 2 begründet hingegen wg der hier eröffneten Möglichkeit eines Antrags auf mV gem § 84 Abs 2 Nr 3 keine Verletzung iSd § 138 Abs 1 Nr 3 (vgl auch Ks NVwZ-RR 2001, 207; Ma NVwZ-RR 2001, 409 u 26 zu § 84 sowie 21a zu § 132). Zu **Begründungsmängeln** als Fälle einer Verletzung des Rechts auf Gehör s unten 11 u 13; ferner 19c u 30ff zu § 108; 14ff zu § 117. Zu den Erfordernissen der **Begründung einer Rüge** der Verletzung des rechtlichen Gehörs s 15 zu § 139; allg zum rechtlichen Gehör u zu den Erfordernissen einer VB wg Verletzung von Art 103 Abs 1 GG bei fehlerhafter Anwendung von Vorschriften des einfachen Prozeßrechts, die der Wahrung des rechtlichen Gehörs dienen, auch BVerfG 60, 310; NJW 1980, 1737, 2771; Deubner NJW 1980, 263; Kopp AöR 1981, 604 mwN. Zu dem einer VB **vorgeschalteten Anhörungsrüge Vf** gem § 152a bei Verletzung des rechtlichen Gehörs durch eine nicht mehr anfechtbare gerichtliche Entscheidung s 1 ff zu § 152a.

11 Die Verfahrensbeteiligten haben **über** den Anspr nach **§ 108 Abs 2,** daß das Gericht seiner Entscheidung nur Tatsachen zugrundelegen darf, zu denen sie sich vorher äußern konnten (vgl auch BVerfG 1, 429; 22, 273; 54, 152; 55, 98; 57, 274), **hinaus** vor allem **unmittelbar aufgrund von Art 103 Abs 1 GG auch** – wenn u soweit sich aus Gründen des formellen oder materiellen Rechts **nicht** eine **Befugnis** oder uU Verpflichtung des Gerichts **zur Nichtberücksichtigung** ergibt (vgl BVerfG 69, 143 = NJW 1986, 833; NJW 1992, 2217; s auch 28 zu § 108) – Anspr darauf, von sich aus im Vf **alles vorzutragen,** was **sie** für wesentlich halten, sowie darauf, **daß das Gericht** ihre Ausführungen **zur Kenntnis nimmt u** sie bei der Entscheidung **in Erwägung zieht**[21] (s 19c zu § 108 mwN; BVerfG 86, 146). Vgl auch 19 zu § 108; 14 zu § 117; Kopp AöR 1981, 604. Zulässig sind jedoch **Ermahnungen des Vorsitzenden** an die Beteiligten, sich kurz zu fassen, u eine **„straffe Prozeßführung“,** sofern sie den Beteiligten nicht die Möglichkeit nimmt, sich zu allen wesentlichen Fragen zu äußern (BFH NJW 1968, 441; s auch 3 zu § 104). S zum **Gebot,** den Beteiligten ihnen **unbekannte Erkenntnisquellen** des Gerichts **bekanntzugeben u** ihnen Gelegenheit zur Stellungnahme zu geben, 20 zu § 108; zum **Verbot sog „Überraschungsentscheidungen“** s 22ff zu § 86; 3 zu § 104; 21 u 25 zu § 108; allg auch BVerfG NJW 1991, 2823; NVwZ 1995 Beil 8/57 u 9/66. Eine „Überraschungsentscheidung“ kann zB auch darin liegen, daß das Berufungsgericht seine vom rechtlichen Ansatz der Vorinstanz abweichende Entscheidung auf einen mit den beigezogenen Verwaltungsvorgängen **nicht übereinstimmenden** (aktenwidrigen) **Sachverhalt** stützt (NJW 1988, 275). Auf allgemeinkundige

---

[19] BVerfG 9, 95f; 100, 310; Kopp AöR 1981, 604ff; s auch 19ff zu § 108.

[20] 22, 272; 51, 112, 278; BVerfG 9, 95; JZ 1977, 21.

[21] St Rspr BVerfG NJW 1978, 989; 1992, 2217: wenn ersichtlich nicht in Erwägung gezogen; NVwZ 1990, 651; BVerwG 39, 52 = NJW 1972, 271; 50, 279 = NJW 1976, 155; SGb 1995, 22: auch bei Beschlüssen gem § 130a; Ma NVwZ 1995, Beil 6/45.

Tatsachen, die sich erst kurz vor Ergehen der Entscheidung ergaben, darf die Entscheidung nicht gestützt werden, ohne den Beteiligten vorher Gelegenheit zur Äußerung zu geben (Buchh 310 § 138 Ziff 3 VwGO Nr 63).

Zum rechtlichen **Gehör** gehört auch, daß die Richter in der mV dem Vortrag der Beteiligten **aufmerksam folgen.** Richter, die **schlafen** oder ernsthafte Ermüdungserscheinungen zeigen, verletzen das rechtliche Gehör (Buchh 310 § 133 (nF) VwGO Nr 38; vgl auch BGHSt 2, 19; Rüping NVwZ 1983, 367; Wimmer DVBl 1985, 778); ebenso Richter, die **während des Vortrags Akten studieren** oder sonst ihre Gedanken anderswo haben (Ms NJW 1987, 972; Wimmer DVBl 1985, 778). Vgl auch oben 5. Ähnliches gilt für **blinde Richter,** u zwar entgegen der hM (vgl BVerfG 20, 55; BGHSt 23, 182) nicht nur, wenn es auf einen Augenschein als Beweismittel ankommt, sondern auch wenn, wie idR, der persönliche Eindruck wichtig ist.[22] **Erforderlich** ist außerdem, daß **alle Richter** entweder die Akten persönlich studiert haben oder aber in geeigneter u ausreichender Weise **zuverlässig über den Inhalt informiert** worden sind (vgl auch 7 zu § 112). 12

Das rechtliche Gehör erfordert auch, daß das Gericht sich in der Begründung zu seiner Entscheidung darüber äußert, **welche Folgerungen** es aus dem Vortrag der Beteiligten gezogen hat bzw warum es dem Vortrag nicht gefolgt ist (s im einzelnen 19ff zu § 108; 14ff zu § 117; 15ff zu § 133). Das rechtliche Gehör ist dabei auch dann als verletzt anzusehen, wenn das Gericht zwar Gründe angibt, aber **infolge besonderer Umstände,** insb auch wg der zwischen der Entscheidung u der Abfassung der Gründe verstrichenen Zeit, **keine hinreichende Gewähr mehr** gegeben ist, daß die angegebenen Gründe tatsächlich für die Entscheidung bestimmend waren.[23] 13

Das Gericht ist aber **nicht** verpflichtet, sich **mit jedem Vorbringen** in den Entscheidungsgründen **ausdr zu befassen.**[24] Ein Verstoß gegen § 108 Abs 2, Art 103 Abs 1 GG ist vielmehr erst dann anzunehmen, wenn „im Einzelfall **besondere Umstände** deutlich ergeben, daß tatsächliches Vorbringen eines Beteiligten entweder überhaupt nicht zur Kenntnis genommen oder doch bei der Entscheidung ersichtlich nicht erwogen worden ist";[25] das trifft zB grds dann zu, wenn das Gericht auf den wesentlichen Kern des Tatsachenvortrags einer Partei zu einer Frage, die von zentraler Bedeutung für das Vf ist, nicht eingeht (BVerfG NVwZ-RR 2002, 802f; 2004, 4). Im Regelfall, dh wenn solche Umstände nicht erkennbar sind, genügt es, wenn das Gericht sich **mit dem wichtigsten,** für die Entscheidung unmittelbar u primär relevanten **Parteivorbringen** im Urteil **auseinandergesetzt** hat; im übrigen ist grds davon auszugehen, daß das Gericht auch das sonstige Parteivorbringen berücksichtigt hat, auch wenn dies im Urteil nicht näher zum Ausdruck kommt (BVerfG 40, 104; 47, 187; 51, 129; 54, 46; 58, 357; 60, 312; s auch 14 zu § 117). Auch der Umstand, **daß das Gericht schon sehr kurze Zeit nach Schluß der mV** bereits über eine schriftliche Fassung des Urteils verfügt, ist kein Beweis dafür, daß es bei seiner Entscheidung nicht alles Vorbringen der Beteiligten berücksichtigt hat (BayVBl 1980, 57).

Das rechtliche Gehör bezieht sich jedenfalls im Rahmen des § 108 Abs 2, Art 103 Abs 1 GG **auch auf Rechtsfragen.**[26] Es ist insoweit auch verletzt, 14

[22] Rüping NVwZ 1983, 367; Wimmer DVBl 1985, 778; s zur Mitwirkung eines blinden Richters auch oben 6; unten 13.

[23] Vgl GSOGB BVerwG 92, 367 = NJW 1993, 2603; BVerwG BayVBl 1994, 415; allg auch 12 zu § 116; 21 zu § 117.

[24] BVerfG 13, 149; 42, 368; 47, 187; 51, 129; 54, 46; 58, 350; 60, 312; 75, 381; 86, 146; BVerwG VRspr 28, 1019 mwN; Ks 50, 78; s auch 21 zu § 117.

[25] BVerfG 27, 251; 75, 381; BVerwG 15, 26; 86, 146; Kopp AöR 1981, 604.

[26] Vgl 21, 274; BVerfG 9, 266; 86, 144; BayVBl 1993, 413; SGH 552; s auch 4 zu § 104, 21 zu § 108.

wenn das Gericht seine Entscheidung auf **Rechtsgründe** stützt, **die im Vf nicht erörtert** wurden u auch nicht offensichtlich waren, ohne die Beteiligten nach §§ 86 Abs 3, 173 S 1 iVm 139 Abs 2 S 1 ZPO darauf hingewiesen zu haben, damit sie sich dazu äußern u ggf ihr tatsächliches Vorbringen ergänzen hätten können (36, 267; BFH 123, 404; enger BVerfG DVBl 1987, 238), oder wenn die Beteiligten zwar darauf hingewiesen wurden, das Gericht ihnen aber **nicht ausreichend Zeit zur Überlegung,** zu evtl erforderlichen Recherchen usw gab (NJW 1979, 829; s auch 25 zu § 86); dies gilt insb für rechtliche Gesichtspunkte, die vorher von keinem Verfahrensbeteiligten angesprochen worden waren, weil dazu aus der Sicht der Verfahrensbeteiligten keine Veranlassung bestand (BFH 123, 304). Zur Frage, ob das Gericht im Rahmen des rechtlichen Gehörs auch zu **Hinweisen auf die beabsichtigte** oder mögliche **Beweiswürdigung** bzw **Entscheidung** in der Sache verpflichtet ist, s 4 zu § 104.

15 **Das rechtliche Gehör** wird auch **zB verletzt,** wenn die Entscheidung **ohne** die gesetzlich (auch durch Art 6 Abs 1 EMRK) **gebotene mV** ergeht (ZfBR 2000, 191), ferner durch **Unterlassung des Aufrufs zur Sitzung,** wenn ein Beteiligter dadurch die mV versäumt (BVerfG JZ 1977, 20; BVerwG 72, 30; s auch 2 zu § 104); durch Beginn der mV, obwohl der Bevollmächtigte eines Beteiligten vorher seine (begründete) Verspätung angezeigt hatte u das Gericht ohne Beeinträchtigung seiner sonstigen Termine noch hätte warten können (BayVBl 1979, 444; Kaiser NJW 1977, 1955; s auch 4 zu § 103; 26 zu § 108); durch die – wenn auch versehentliche – **Nichtberücksichtigung eines** ordnungsgemäß eingereichten **Schriftsatzes,**[27] auch zB eines rechtzeitig ein- bzw nachgereichten Schriftsatzes, für den das Gericht eine Frist gesetzt hatte;[28] durch **Nichteinhaltung** (NJW 1987, 2695) oder eine nicht durch § 102 Abs 1 S 2 gedeckte **Abkürzung der Ladungsfrist** trotz rechtzeitiger Rüge (s unten 19) durch den Betroffenen (BayVBl 1984, 94; s auch 8 zu § 102); Verhandlung u Verurteilung ohne den Bekl nach Veranlassung des Kl zur Konkretisierung gestellter Anträge (Ms NWVBl 1996, 115); grds auch bei einer Entscheidung des Gerichts vor Ablauf der einem Beteiligten zur Äußerung gesetzten Frist (Buchh 310 § 139 Abs 3 VwGO Nr 7); durch eine vom Gericht **zu Unrecht angenommene Präklusion** bestimmten Vorbringens uä (NVwZ 1984, 234; Ma NVwZ 1995, Beil 6/45); durch die **Ablehnung der Verlegung eines Termins** zur mV bzw der Vertagung bei **Verhinderung des Prozeßbevollmächtigten,** wenn dem betroffenen Beteiligten die rechtzeitige Bestellung eines **anderen Bevollmächtigten nicht möglich oder zumutbar war** (str; vgl BVerfG 66, 368; Ba NVwZ-RR 2004, 4; allg auch 5 zu § 102); durch Ablehnung des Antrags auf Wiedereröffnung der mV, wenn der Termin wg nur geringfügiger Verspätung versäumt worden war (DVBl 1989, 893); durch **unterlassene Ladung des Prozeßbevollmächtigten** (Ma RsprD-LS 277/1995; hierzu auch unten 21); durch **Verhandlung** u Entscheidung zur Sache **ohne den Prozeßbevollmächtigten,** obwohl das Gericht beim Prozeßbevollmächtigten vorher den Eindruck erweckt hatte, daß es nicht ohne ihn entscheiden werde, u dieser darauf vertraut hatte (BFH 128, 310; Ks NVwZ 1996, 817: Zusage bestimmten Zuwartens). **Entsprechendes** gilt bei **Verhinderung eines nicht vertretenen Beteiligten** (vgl 5 zu § 102); bzw wenn ein Beteiligter aufgrund irrtümlich angenommener wirksamer Vertretung **keine Kenntnis** von den Schriftsätzen erhält (Buchh 310 § 138 Ziff 4 VwGO Nr 6). Weitere Beispiele s 1 u 4f zu § 60; 2 u 48 zu § 67; 22ff zu § 86; 8 zu § 100; 3ff zu § 102; 5 zu § 103; 2 zu § 104; 2 u 25ff zu § 108; 1 zu § 166. **Nicht als Verletzung** des rechtlichen Gehörs anzusehen ist es dagegen zB, wenn das Gericht bestimmtem tatsächlichem **Vorbrin-**

[27] BVerfG 42, 243; 53, 223; 61, 81; 61, 121; 72, 88, 121: ob die Nichtberücksichtigung schuldhaft war oder nicht, ist unerheblich.

[28] 49, 215; 53, 222; 60, 120; 61, 37 = NJW 1982, 2368; 67, 242; s auch 15 zu § 104.

gen nicht die richtige Bedeutung beigemessen (BVerfG 22, 273 = NJW 1967, 1955) oder es **versäumt hat,** mögliche, uU sogar sich aufdrängende – anders grds insoweit, als Beweise angeboten wurden (s 18 zu § 86) – **Beweise** zu erheben,[29] **ebenso** nicht zB die fehlerhafte Auslegung u Anwendung der Vorschriften über die **Postulationsfähigkeit** eines RA (BVerfG DtZ 1992, 183).

Eine Verletzung des rechtlichen Gehörs liegt auch jedenfalls vor, wenn das Gericht willkürlich, dh nicht nur infolge eines Versehens **eine Vorlagepflicht verletzt** (BayVBl 1984, 343; vgl auch BVerfG 18, 447; 23, 319; 42, 241; 45, 181; s auch 1 zu § 11). Zu strengeren Anforderungen vgl oben 6. **16**

Unbeachtlichkeit u Heilung von Verstößen gegen das rechtliche Gehör: Verstöße gegen Vorschriften der VwGO über das rechtliche Gehör (s oben 10) bzw unmittelbar gegen Art 103 Abs 1 GG sind nur insoweit relevant iSv § 138, als sie **Auswirkungen auf das Urteil** des OVG **gehabt haben könnten.**[30] Daran fehlt es, wenn die unter Verstoß gegen das rechtliche Gehör getroffene Feststellung zu einer einzelnen Tatsache nach der materiellrechtlichen Beurteilung des BVerwG unter keinem denkbaren Gesichtspunkt erheblich war oder wenn lediglich nicht hinreichend Gelegenheit bestand, zu Rechtsfragen Stellung zu nehmen; ebenso wenn der Vortrag eines Beteiligten zu Rechtsfragen vom Tatsachengericht nicht in Erwägung gezogen wurde (NVwZ 2003, 1130). Ein solcher Mangel ist im RevisionsVf heilbar, es sei denn, es handele sich um eine Verfahrensrevision (VIZ 2003, 68 mwN). Dagegen ist grds dann von einer entscheidungserheblichen Verletzung auszugehen, wenn sich die Verletzung auf das Gesamtergebnis des Vf bezieht, wie bei der Nichtdurchführung einer mV trotz des nach § 101 Abs 2 erforderlichen Einverständnisses der Beteiligten (NVwZ 2003, 1130 – offengelassen wurde, ob dies auch dann gilt, wenn die Klage unabänderlich unzulässig ist). **17**

Zu den Erfordernissen einer auf Art 103 Abs 1 GG gestützten **VB** s oben 10.

Außerdem **muß der Verstoß,** um iSv § 138 relevant zu sein, **noch fortwirken,** dh er darf nicht im späteren Verlauf des Vf, wenn auch uU erst in der Berufungsinstanz, vor Ergehen des Urteils des OVG **geheilt** worden sein.[31] ZB wird die Verletzung des rechtlichen Gehörs im Vf vor dem VG dadurch geheilt, daß der Betroffene **im BerufungsVf ausreichend Gelegenheit** erhält, sich zu äußern.[32] In bezug auf **Rechtsfragen** ist eine Heilung auch noch durch Nachholung **durch das Revisionsgericht selbst** möglich, wenn die unterlassene Anhörung nicht zugleich auch zur Folge gehabt hat, daß bestimmte Tatsachen nicht vorgetragen wurden (21, 274; NVwZ 2003, 1130; BFH 120, 134). Vgl auch 21 a zu § 132; 23 a zu § 137. **18**

Verstöße sind außerdem immer **unerheblich,** wenn die Betroffenen auf Gehör **verzichtet** haben[33] oder das Rügerecht dadurch verloren haben, daß sie nicht **alle prozessualen u faktischen** (NJW 1976, 1283: Anwalt hat es versäumt, den Vorsitzenden zu erinnern!; BVerfG – 9. 7. 1993 – 2 BvR 1032/93: **19**

---

[29] BVerfG 29, 251; BayVerfGH BayVBl 1981, 529; Lü NVwZ-RR 2004, 707: anders nur, wenn Beweisantrag aus diesen Gründen schlechthin nicht hätte abgelehnt werden dürfen, s auch 20 zu § 108.

[30] 24, 267; NJW 1986, 1125; NVwZ 1998, 1066; 2000, 1292 f – Verstoß gegen § 116 Abs 2; NVwZ-RR 2000, 234; BVerfG 15, 24; DVBl 1987, 238; BSG NJW 1987, 918; vgl auch zu einer Beschwerde Mü NJW 1984, 2482: keine Verletzung des Rechts auf Gehör, wenn der Vorsitzende allein statt der an sich zuständigen Kammer entschieden hat, auch die Kammer aber in der Sache nicht anders hätte entscheiden können; im Hinblick auf die in § 138 S 1, 1. Halbs. angeordnete Fiktion der Kausalität abzulehnen.

[31] 21, 274; allg auch BVerfG NJW 1982, 691.

[32] 64, 356 = DVBl 1982, 549: auch wenn dadurch eine Instanz verlorengeht; BFH 120, 134; BGH NJW 1984, 2877 mwN; NKVwGO-Neumann 13.

[33] BFH 90, 452 = NJW 1968, 1111; BSG NVwZ 1983, 576; StJ II 3 a, III 1 zu § 295 ZPO; **aA** BSG SozEntsch BSG I/4962 Nr 9.

unsubstantiierter Sachvortrag – dann sogar Unzulässigkeit einer späteren VB; Ks MDR 1995, 525) **Möglichkeiten wahrgenommen** haben, sich, zB durch einen Vertagungsantrag zur Vorbereitung (BayVBl 1976, 52), durch Anrufung des Gerichts gem § 140 ZPO gegen eine Entscheidung des Vorsitzenden (vgl BayVerfGH NJW 1984, 1026), Gehör zu verschaffen[34] oder durch einen Antrag auf mV gem § 84 Abs 2 Nr 3 (s oben 10). Die Partei darf, wenn sie einen Verfahrensfehler bemerkt, der ihr das rechtliche Gehör zu verkürzen droht, **nicht einfach stillschweigend den Gang der Dinge abwarten,** ohne das Gericht darauf hinzuweisen u auf Abhilfe hinzuwirken.[35] Das gleiche gilt, **wenn** auf Gewährung rechtlichen Gehörs abzielende **Vorkehrungen des Gerichts deshalb nicht wirksam werden** konnten, weil der Verfahrensbeteiligte selbst oder sein Bevollmächtigter ihren prozessualen Obliegenheiten nicht nachgekommen sind (DVBl 1984, 90 zur Unterlassung der Mitteilung eines Strafantritts).

Andererseits kann uU auch die **Versagung** rechtlichen Gehörs **im VerwaltungsVf noch fortwirken,** zB bei einer von den Vorinstanzen zu Unrecht angenommenen Präklusion bestimmten Vorbringens im VerwaltungsVf bei Einwendungen (NVwZ 1984, 234).

Nicht kommt es dagegen darauf an, ob die Entscheidung, auch wenn das rechtliche Gehör gewahrt worden wäre (iS etwa von § 46 VwVfG), **nicht anders hätte ausfallen können.**[36]

20 Die **Verletzung des rechtlichen Gehörs zu einzelnen Feststellungen** des Gerichts ist unerheblich, wenn diese Feststellungen **für die Entscheidung** des Gerichts **nicht maßgeblich** waren, dh wenn die Entscheidung nicht darauf beruhen kann[37] oder es auf die in Frage stehende Feststellung für die Entscheidung unter keinem rechtlichen Gesichtspunkt ankommt;[38] sie **schließt** – anders als eine Verletzung bezüglich des Gesamtergebnisses der mV nach § 108 Abs 1 – auch **nicht aus,** daß das BVerwG das Urteil gem **§ 144 Abs 4** aufrechterhält, wenn es für die Entscheidung auf die betroffene Feststellung nicht ankommt (15, 26; NVwZ 1994, 1095; NVwZ 2003, 1130). Soweit der Mangel – wie im Falle einer **Entscheidung ohne** die gesetzlich **vorgeschriebene mV** (oben 15) oder der Versagung der Teilnahme an der mV – schlechthin den gesamten Streitstoff erfaßt, ist stets von einer für die Entscheidung des Gerichts maßgeblichen Verletzung des rechtlichen Gehörs auszugehen,[39] ohne daß es darauf ankommt, was der Beteiligte noch hätte vortragen wollen u ob dies erheblich gewesen wäre (NVwZ-RR 1998, 525; ZfBR 2000, 191; NKVwGO-Neumann 128). Das trifft zB auch zu, wenn ein Beteiligter durch einen Verfahrensfehler daran gehindert wird, sich im Termin anwaltlich vertreten zu lassen (NJW 1992, 3185; 1993, 80; NVwZ-RR 1999, 587; Sch-Pietzner 41 zu § 133).

21 **d) Fehlende oder sonst mangelhafte Vertretung (Nr 4).** Die Vorschrift soll vor allem dem **Schutz von Personen** dienen, die ihre Angelegenheiten nur

---

[34] 19, 237; BayVBl 1993, 418 mwN: bei zu früh geschlossener mV muß der Betroffene Wiedereröffnung der mV beantragt haben; Buchh 340 § 3 VwZG Nr 9; Ks 44, 179; Ey-P. Schmidt 21.

[35] NJW 1987, 2695: keine Verletzung des rechtlichen Gehörs, obwohl die gesetzliche Ladungsfrist nicht eingehalten war, wenn der Beteiligte ohne diesbezüglichen Hinweis oder sonstige Ankündigung nicht zum Termin erscheint u das Gericht dann ohne ihn verhandelt.

[36] Ma InfAuslR 1999, 424 – bei schweren Fehlern; **aA** zu einer Beschwerde Mü NJW 1984, 2482: Beschwerde gegen die Entscheidung des Vorsitzenden statt der Kammer erfolglos, wenn auch die Kammer nicht anders entscheiden hätte können.

[37] NVwZ-RR 2000, 233; NVwZ 2003, 1130; Ks 44, 182; grds zust Sch-Eichberger 76f.

[38] NJW 1980, 1903; Buchh 310 § 138 Ziff 3 VwGO Nr 24; NVwZ 1994, 1096; vgl auch BVerfG 13, 139: nur erheblich, wenn nicht ausgeschlossen werden kann, daß die Anhörung zu einem für den Betroffenen günstigeren Ergebnis geführt hätte.

[39] ZfBR 2000, 191; NVwZ 2003, 1130 – offengelassen nur für den Fall, daß die Klage unabänderlich unzulässig ist; BFH NVwZ-RR 2002, 160.

mit Hilfe eines Dritten regeln können (Ks NJW 1984, 378; vgl auch BAG NJW 1991, 1252) oder die jedenfalls einen Bevollmächtigten (§ 67) mit ihrer Vertretung im Prozeß betraut haben.

Absoluter Revisionsgrund ist nur die fehlende oder sonst mangelhafte **Vertretung des Kl oder Bekl** oder eines Rechtsmittelführers, **auch eines Beigeladenen** (Ey-P. Schmidt 25; Sch-Eichberger 108).

Mangelnde oder mangelhafte Vertretung iSd Nr 4 liegt **insb** vor, wenn der Kl oder der Bekl oder der Rechtsmittelführer im Prozeß **prozeßunfähig** (§ 62) **u** nicht durch ihren gesetzlichen Vertreter oder überhaupt **nicht vertreten** waren, außerdem in analoger Anwendung, wenn ihnen die **Beteiligungsfähigkeit fehlte** (BAG NJW 1991, 1253 mwN; NKVwGO-Neumann 189; Ule 55 I 2; Ey-P. Schmidt 24; ThP 7 zu § 547 ZPO), sie tatsächlich nicht existierten (vgl BSG DVBl 1991, 1317 hins eines während des Prozesses verstorbenen Beteiligten, bevor der Rechtsnachfolger das Vf aufgenommen hat) oder **vom Prozeß oder dem Termin** der mV, ohne daß ihnen dies zuzurechnen wäre, **keine Kenntnis** hatten (vgl BAG NJW 1991, 1252 mwN; BFH NJW 1994, 960 mwN); wenn das Gericht eine bloße Terminsvollmacht als allg Prozeßvollmacht behandelt (Buchh 310 § 138 Ziff 4 VwGO Nr 6).

Um mangelhafte Vertretung iSd Nr 4 handelt es sich außer bei Verstößen gegen § 62 (vgl NVwZ-RR 1989, 520) u § 67 **auch bei Verletzung der materiellrechtlichen Vorschriften** über die gesetzliche oder satzungsmäßige Vertretung, sofern solche Verstöße die Unwirksamkeit der Vertretung zur Folge haben; auch wenn ein **Prozeßfähiger als prozeßunfähig** oder ein Prozeßunfähiger als prozeßfähig (23, 6; 48, 201; BGH 84, 28 = NJW 1982, 2451; **aA** BVerwG VRspr 19, 763), bzw im Vf über seine Prozeßfähigkeit, nicht als prozeßfähiger (s 5 zu § 62) behandelt wurde, oder wenn die mV trotz fehlender Verhandlungsfähigkeit durch- oder fortgeführt wurde (vgl BGH StV 1988, 511); außerdem **auch, wenn** das Gericht **ohne gebotene mV** entschieden hat (vgl BFH NVwZ 1983, 376 zur irrtümlichen Annahme des Gerichts, daß die Beteiligten auf mV verzichtet haben); wenn der Beteiligte bzw sein Prozeßbevollmächtigter **nicht oder nicht ordnungsgemäß zur mV geladen** worden war u **deshalb nicht teilnehmen konnte**[40] oder aus anderen Gründen unverschuldet **vom Prozeß oder von einem Termin keine Kenntnis hatte.**[41] Um keinen Fall fehlender Vertretung – uU jedoch um eine Verletzung des rechtlichen Gehörs nach Nr 3, s oben 15 – handelt es sich dagegen, wenn das Gericht die **Verlegung eines Termins,** zu dem ordnungsgemäß geladen worden war, **ablehnt** u den Termin dann durchführt, obwohl der Beteiligte bzw sein Vertreter oder Bevollmächtigter nicht dazu erschienen sind (BFH 125, 28); ebenso, wenn ein Termin **ohne** den ordnungsgemäß geladenen, aber unverschuldet **nicht oder verspätet erschienenen** Beteiligten durchgeführt wurde (vgl zB DVBl 1989, 893). Zur Pflicht des Gerichts, einem Prozeßunfähigen einen **Vertreter zu bestellen,** s 6 f zu § 62.

Auf die fehlerhafte Vertretung kann sich nicht **auch der Prozeßgegner,** obwohl die dadurch fehlerhaft gewordene Entscheidung auch ihn beschwert (s 39 **22**
vor § 124), berufen (BGH 63, 78; FamRZ 1988, 1158; Ms NVwZ 1995, 95; NK-VwGO-Neumann 184; **aA** RÖ-v Nicolai 7); ebenso nicht derjenige, **der zu Unrecht als gesetzlicher Vertreter** behandelt wurde (**aA** RÖ-v Nicolai 7; für den Fall, daß der als Vertreter Behandelte im Interesse des Beteiligten Revision einlegt).

---

[40] 66, 311; NVwZ 1984, 337; NJW 1983, 2155; 1987, 2694: Terminsteilnahme muß wg zu kurzfristiger Ladung unmöglich gewesen sein; BayVBl 1991, 543: wenn ein Termin durchgeführt wurde, obwohl er vorher aufgehoben worden war; Buchh 310 § 133 VwGO Nr 39; Ms NWVBl 1996, 115; s auch 9 zu § 102.

[41] Vgl Buchh 310 § 138 Ziff 4 VwGO Nr 6; OLG Hamm MDR 1979, 766: § 579 Abs 1 Nr 4 ZPO analog: **aA** Seetzen NJW 1982, 2340 mwN.

23 Nr 4 ist unmittelbar bzw analog auch auf die Fälle **mangelnder Prozeßführungsbefugnis** (vgl BGH MDR 1967, 565: Gemeinschuldner statt damals noch Konkursverwalter) anzuwenden; **nicht** dagegen grds auf Fälle lediglich fehlender **Postulationsfähigkeit** des Beteiligten oder seines Vertreters oder Bevollmächtigten.[42] **Anders** bei rechtswidriger Verweigerung der Beiordnung eines Anwalts im Rahmen einer **PKH** gem § 166 in Vf mit Vertretungszwang (vgl auch BayVerfGH 1991, 377), wohl aber auch in sonstigen Vf.

24 **e) Fehlende Öffentlichkeit des Verfahrens (Nr 5).** Erheblich sind alle Verstöße gegen § 55 iVm §§ 169, 171 a–175 GVG, soweit sie sich auf die mV beziehen u dem Gericht zuzurechnen sind, insb auf **mangelnde Sorgfalt des Gerichts** zurückzuführen sind (BGH NJW 1970, 1896), nicht dagegen Verstöße, die auf einem bloßen Versehen Dritter oder des nichtrichterlichen Personals des Gerichts beruhen u dem Gericht nicht bekannt waren. S im einzelnen 5 zu § 55. Nr 5 ist entsprechend anzuwenden, **wenn ein Urteil** überhaupt **ohne mV** ergangen ist, jedenfalls wenn dies gerade zum Zweck der Vermeidung der für die mV vorgeschriebenen Öffentlichkeit geschehen ist (vgl BFH NJW 1993, 1880 – zu § 119 Nr 4 FGO –; **aA** NVwZ 1984, 646; BGH NJW 1965, 497; Ey-P. Schmidt 26; NKVwGO-Neumann 201). Unerheblich ist eine Verletzung der Öffentlichkeit, die ausschließlich **die Urteilsverkündung** betrifft (DÖV 1981, 970; NJW 1990, 1249). Nicht unter Nr 5 fällt außerdem der umgekehrte Fall, daß die Öffentlichkeit auszuschließen gewesen wäre, tatsächlich aber nicht ausgeschlossen worden war (BGHSt 23, 85, 178; Sch-Eichberger 132; **aA** NKVwGO-Neumann 210; Zipf JuS 1970, 353).

25 **Hatte ein Beteiliger auf mV verzichtet** (§ 101 Abs 2) oder das Unterbleiben einer mV nicht rechtzeitig gerügt (§ 295 ZPO), so kann er jedenfalls auch mit der Revision nicht mehr geltend machen, daß die Öffentlichkeit der mV nicht gewahrt war (MDR 1978, 600).

26 **f) Fehlende Entscheidungsgründe (Nr 6).** Erheblich ist nicht nur das **Fehlen der Entscheidungsgründe** ieS gem § 117 Abs 2 Nr 5, sondern auch das gänzliche Fehlen des **Tatbestandes** iSv § 117 Abs 2 Nr 4, Abs 3;[43] die für die Entscheidung maßgeblichen tatsächlichen Feststellungen müssen sich der Entscheidung wenigstens kurz u knapp entnehmen lassen (DVBl 1993, 955; zT **aA** RÖ-v Nicolai 9: das Fehlen des Tatbestandes im Urteil kann nur gem § 132 Abs 2 Nr 3 geltend gemacht werden; vgl auch BGH NJW 1985, 1785). Für die Beurteilung, ob ein iSv Nr 6 relevanter Mangel vorliegt, kommt es darauf an, **ob für die Beteiligten** – wenn auch vielleicht erst aus dem Gesamtzusammenhang der Entscheidungsgründe u iVm ihnen sonst, insb aus den Erörterungen im vorangegangenen Vf, bekannten Umständen (BGH MDR 1978, 574) usw – **erkennbar** ist, **welche Gründe** für die Entscheidung insgesamt oder über die einzelnen von den Beteiligten geltend gemachten Anspr, wesentlichen Angriffs- u Verteidigungsmittel (NJW 1998, 3290; BGH 39, 338; Ms NVwZ-Beil 1998, 33; RÖ-v Nicolai 9; BL 13 zu § 547 ZPO) oder **sonst für die Entscheidung wesentliche,** sie tragende Fragen maßgebend waren (Ks MDR 1995, 525; Ma RsprD-LS 195/1994). **Nicht erforderlich ist** jedoch, daß das Urteil sich auch mit jedem einzelnen vorgetragenen Gesichtspunkt auseinandersetzt (VRspr 28, 1019; Buchh 402.25 § 1 AsylVfG Nr 214) oder daß es auch zu allen, bei objektiver Betrachtung für die Entscheidung eher sekundären Detailfragen Stellung nimmt (RÖ-v Nicolai 9); ebenso **nicht,** von Extremfällen abgesehen (s unten 27), daß die Begründung **ausreichend, schlüssig u überzeugend** erscheint (vgl 1, 303; RÖ-v Nicolai 9). Eine bloß unvollständige, oberflächliche oder un-

---

[42] NJW 2005, 3018; BAG NJW 1991, 1252; zum Begriff der Postulationsfähigkeit s 4 u 49 zu § 67.

[43] NKVwGO-Neumann 220; Sch-Eichberger 138.

richtige Entscheidung erfüllt die Voraussetzungen des für § 138 Nr 6 erforderlichen groben Formmangels nicht (NJW 1998, 3290; NVwZ-RR 2000, 257). Befaßt sich das Gericht nicht mit einer entscheidungserheblichen Frage, kann dieser Fehler nicht mit einer Rüge nach Nr 6 angegriffen werden (Ks NVwZ-RR 1998, 466). Nr 6 ist hingegen einschlägig, wenn die Begründung des Urteils einen selbständigen Anspr (Streitggst) oder ein selbständiges Angriffs- oder Verteidigungsmittel mit Stillschweigen übergeht (BFH NVwZ-RR 1999, 152; s auch BVerwG NJW 1998, 3290). Sind Grund u Höhe eines geltend gemachten Geldanspr streitig u entscheidet das Gericht auch über beide Fragen, so ist ein Urteil insoweit ohne Gründe ergangen, als es nicht zur Höhe Stellung nimmt (BFH 121, 298; NVwZ-RR 1999, 152). Vgl auch 31 zu § 108; 7 zu § 138; allg zur Begründungspflicht auch 22 ff zu § 117.

Eine **Verletzung der Begründungspflicht** stellt idR zugleich auch einen **Verstoß gegen Art 103 Abs 1 GG** (s 20 ff zu § 108), uU auch gegen Art 3 Abs 1 GG (NJW 1981, 447; Kopp AöR 1981, 612) dar. S auch oben 11 u 13.

Dem gänzlichen Fehlen wesentlicher Entscheidungsgründe sind **formelhafte** 27
allg Ausführungen, die nicht erkennen lassen, welche Überlegungen für die Entscheidung insgesamt – dh nicht nur hins einzelner Teilfragen – maßgeblich waren,[44] u denen deshalb für die Entscheidung des konkreten Falles **nichts Maßgebliches entnommen werden kann,** zB die Bezugnahme auf den „Gesamteindruck" in einer Kriegsdienstverweigerungssache (61, 365) oder eine bloße Wiederholung des Gesetzeswortlauts (Mü BayVBl 1980, 88), u **unverständliche, verworrene** oder sich in wesentlichen Punkten **widersprechende** Gründe, die nicht erkennen lassen, welche tatsächlichen Feststellungen u rechtlichen Erwägungen für das Gericht maßgeblich waren,[45] gleichzuachten; **ebenso,** wenn **nicht erkennbar ist, ob ein Prozeßurteil** oder ein Sachurteil vorliegt; außerdem auch eine aus sonstigen Gründen **gänzlich unzulängliche Begründung** (vgl BVerfG NJW 1993, 1909), zB eine Begründung nur mit einer Verweisung auf andere Entscheidungen, die zur Sache nichts oder uU geradezu das Gegenteil besagen (vgl BVerfG NJW 1993, 1909), oder die den Beteiligten nicht bekannt oder zumindest ohne weiteres zugänglich sind (vgl 23 ff zu § 117); dies **gilt jedenfalls** dann, **wenn** den Beteiligten die maßgeblichen Gründe **nicht ohnehin** eindeutig **bekannt** oder ohne weiteres erkennbar sind. In solchen Fällen stellt das Urteil bzw der Beschluß außerdem, wenn das Gericht mit seiner Entscheidung vom eindeutigen Wortlaut einer Rechtsvorschrift abweicht, **zugleich** einen **Verstoß gegen das prozessuale Willkürverbot** gem Art 3 Abs 1 GG dar (BVerfG NJW 1993, 1909); **ebenso** wohl bei einer **Abweichung von einer stRspr** oder sonst in der Rspr u/oder im Schrifttum überwiegend vertretenen u idS „herrschenden" Auffassung. S zu **Verweisungen** als „Ersatz" für nähere Begründungen u zu **Begründungslücken** auch unten 28 bzw 29. Als nicht mit Gründen versehen ist immer auch **ein Urteil** anzusehen, das **nicht ordnungsgemäß** von den Richtern **unterschrieben** (s 2 zu § 117) ist u deshalb kein gültiges Urteil ist (ThP 11 zu § 547 ZPO); ebenso ein Urteil, das **keine Beweiswürdigung** (RGZ 24, 336) bzw keine Aussage darüber enthält, welche Tatsachen das Gericht als erwiesen betrachtet hat u warum, oder keine Angaben darüber macht, auf welche Rechtsnormen die Entscheidung gestützt ist (vgl BGH NJW 1988, 3077 zu einem Urteil, das bei Auslandsberührung nicht erkennen läßt, welche Rechtsordnung ihm zugrunde liegt).

Dem (gänzlichen) Fehlen von Gründen sind auch **Gründe** gleichzuachten, **die** entgegen § 117 Abs 4 oder § 116 Abs 1 u 2 iVm § 117 Abs 4 analog so **spät**

---

[44] 61, 365; BSG DÖV 1989, 357 mwN; BGH 39, 337 = NJW 1963, 2272; GRUR 1978, 424; NJW 1980, 1794.

[45] DVBl 1993, 47 u 955 mwN; NJW 1998, 3290; Buchh 310 § 138 Ziff 6 VwGO Nr 35; Ms NVwZ-Beil 1998, 33; Ks MDR 1995, 525.

abgefaßt wurden, daß nicht mehr gewährleistet ist, daß die angegebenen „Gründe" die Gründe richtig, vollständig u zuverlässig wiedergeben, die für die Entscheidung iSv § 108 Abs 1 S 2 maßgeblich waren.[46]

Als idS verspätet u daher als nicht mit Gründen versehen ist ein Urteil immer auch schon dann anzusehen, wenn Tatbestand, Entscheidungsgründe u Rechtsmittelbelehrung nicht gem § 117 Abs 4 bzw analog dazu **binnen fünf Monaten** nach Verkündung schriftlich niedergelegt, von den Richtern unterschrieben u der Geschäftsstelle übergeben worden sind.[47] Entsprechendes gilt, wenn ein **Urteil, das gem § 116 Abs 2 durch Zustellung** erlassen wird, nicht binnen fünf Monaten nach Abschluß der mV[48] beschlossen u/oder analog § 117 Abs 4 schriftlich niedergelegt, besonders unterschrieben u der Geschäftsstelle übergeben worden ist (NVwZ 1999, 1334). Fällt das Fristende auf einen Sonntag, so endet die Frist nach § 222 Abs 2 ZPO mit Ablauf des nächsten Werktages (Ba SächsVBl 2000, 39).

28 **Bezugnahmen** auf die Gründe eines anderen Urteils oder Beschlusses sind andererseits jedenfalls dann ausreichend als Urteilsgründe auch iSv Nr 6, wenn diese zwischen den Beteiligten ergangen oder ihnen jedenfalls ohne weiteres zugänglich sind (vgl SDC 2e) oder ihnen wenigstens gleichzeitig zugestellt werden (Buchh 310 § 138 Ziff 6 Nr 30) u **die Begründung** aus sich heraus **jedenfalls noch verständlich** ist (s 16 zu § 117; **aA** Buchh 310 § 138 Ziff 6 VwGO Nr 30); das gilt insb auch für Bezugnahmen auf die Entscheidungsgründe des in der Sache selbst in erster Instanz ergangenen Urteils (s 16 zu § 117 sowie **§ 130b**). Nimmt eine Entscheidung in ihrer Begründung auf eine andere Entscheidung Bezug u wird diese den Beteiligten nicht vorher oder gleichzeitig zugestellt, so wird der darin liegende Begründungsmangel iSd § 138 Nr 6 durch eine nachträgliche Zustellung geheilt; die Rechtsmittelfristen beginnen in diesem Fall mit der späteren Zustellung erneut zu laufen (Buchh 310 § 138 Ziff 6 Nr 30). Zur Zulässigkeit von Verweisungen auf Verwaltungsentscheidungen u deren Grenzen s 26 zu § 117 u BFH NVwZ-RR 1999, 152.

29 **Nur oberflächliche,** aber immerhin inhaltlich noch auf den konkreten Fall abgestellte Begründungen sind iSv Nr 6 – anders uU unter dem Gesichtspunkt einer sonstigen Verfahrensverletzung, wenn dadurch das Verständnis der für das Urteil maßgeblichen Erwägungen u die Nachprüfbarkeit des Urteils wesentlich beeinträchtigt werden (vgl dazu auch Fink MDR 1972, 674) – unschädlich (Ey-P. Schmidt 28), ebenso **fehlendes Eingehen auf Parteivorbringen u Beweisergebnisse.** Darauf, **ob** die im Urteil angegebenen **Gründe** auch **inhaltlich zutreffen** u die Entscheidung rechtfertigen, kommt es bei Nr 6 nicht an (Buchh 402. 240 § 53 AuslG Nr 31; vgl BGH MDR 1978, 574).

30 Nicht zu den Entscheidungsgründen iSv Nr 6 gehört die **Rechtsmittelbelehrung** (vgl § 117 Abs 1 Nr 6); ihr Fehlen oder ihre verspätete Absetzung ist, da sie nicht den Inhalt des Urteils betrifft, **für den** Erfolg **einer** Revision **ohne Bedeutung,** sondern hat Auswirkungen nur für den Lauf der Revisions- u/oder Revisionsbegründungsfrist (vgl § 58).

§ 139 [Einlegung und Begründung der Revision]

(1) **Die Revision ist bei dem Gericht, dessen Urteil angefochten wird, innerhalb eines Monats**[5 ff] **nach Zustellung des vollständigen Urteils oder**

---

[46] GSOGB BVerwG 92, 367 = NJW 1993, 2603; BVerwG NJW 1994, 273; s im einzelnen 22 zu § 117.

[47] GSOGB BVerwG 92, 367 = NJW 1993, 2603; BVerwG NVwZ-RR 1996, 299; NVwZ-RR 2000, 317; Ba SächsVBl 2000, 39; Lü NVwZ-RR 2005, 579; We ThürVBl 2000, 43 (bei Vorliegen besonderer Umstände auch schon vorher).

[48] NVwZ-RR 2003, 460; BGH NJW-RR 2001, 1642; BFH/NV 1999, 208; **aA** (maßgeblich Abschluß der Beratung) NVwZ 2001, 1150; NKVwGO-Neumann 246 f; Sch-Eichberger 162; dahin tendierend auch Lü NVwZ-RR 2005, 579.

des Beschlusses über die Zulassung der Revision nach § 134 Abs. 3 Satz 2 schriftlich einzulegen.[1 ff] **Die Revisionsfrist ist auch gewahrt, wenn die Revision innerhalb der Frist bei dem Bundesverwaltungsgericht eingelegt wird.**[2] **Die Revision muß das angefochtene Urteil bezeichnen.**[4]

(2) **Wird der Beschwerde gegen die Nichtzulassung der Revision abgeholfen oder läßt das Bundesverwaltungsgericht die Revision zu, so wird das Beschwerdeverfahren als Revisionsverfahren fortgesetzt, wenn nicht das Bundesverwaltungsgericht das angefochtene Urteil nach § 133 Abs. 6 aufhebt; der Einlegung einer Revision durch den Beschwerdeführer bedarf es nicht.**[1] **Darauf ist in dem Beschluß hinzuweisen.**

(3) **Die Revision ist innerhalb von zwei Monaten**[5, 6] **nach Zustellung des vollständigen Urteils oder des Beschlusses über die Zulassung der Revision nach § 134 Abs. 3 Satz 2 zu begründen;**[6 ff, 10 ff] **im Falle des Absatzes 2 beträgt die Begründungsfrist einen Monat nach Zustellung des Beschlusses über die Zulassung der Revision. Die Begründung ist bei dem Bundesverwaltungsgericht einzureichen. Die Begründungsfrist kann auf einen vor ihrem Ablauf gestellten Antrag von dem Vorsitzenden verlängert werden.**[8] **Die Begründung muß einen bestimmten Antrag**[4] **enthalten,**[4] **die verletzte Rechtsnorm**[17] **und, soweit Verfahrensmängel gerügt werden, die Tatsachen**[15 ff] **angeben, die den Mangel ergeben.**[14 ff]

Vgl §§ 544 Abs 6, 548–551 ZPO; § 164 SGG; § 120 FGO

Schrifttum: *Hermstädt,* Die Mindestanforderungen einer Revision, BB 1977, 885; *Sangmeister,* Zur uneingeschränkten Substantiierung der Rüge nach § 119 Nr 3 FGO (Versagung des rechtlichen Gehörs) – zugl krit Anm zu BFH NVwZ 1986, 1056 –, StuW 1992, 343. – S auch zu § 132.

1. Allgemeines: Die Vorschrift regelt die Einlegung der Revision. Sie wurde 1
durch das 4. VwGOÄndG neu gefaßt. Die Einlegung der Revision ist danach grds nur dann erforderlich, wenn die Revision bereits vom OVG zugelassen wurde. Ist hingegen eine **Nichtzulassungsbeschwerde** nach § 133 vorausgegangen, der das OVG abgeholfen hat oder auf die hin das BVerwG die Revision zugelassen hat, so wird das BeschwerdeVf nach § 139 Abs 2 **als RevisionsVf fortgeführt,** ohne daß es dazu noch einer gesonderten Revisionseinlegung durch den Bf bedürfte. Der Bf wird vielmehr automatisch zum Revisionsführer. Eine Ausnahme gilt insoweit nur in den Fällen, in denen das BVerwG nach § 133 Abs 6 die Sache bereits im Beschluß über die Nichtzulassungsbeschwerde wg eines Verfahrensfehlers zurückverweist (vgl dazu 22 zu § 133). **Nicht berührt** wird davon jedoch, außer in den unter § 133 Abs 6 fallenden Fällen, die Notwendigkeit einer **Begründung** der Revision gem Abs 3. Will ein Beteiligter nach einer Zulassung der Revision, die auf die Nichtzulassungsbeschwerde eines anderen Beteiligten erfolgt, seinerseits Revision einlegen, so ist § 139 Abs 2 nicht anwendbar, da es an einem von ihm initiierten BeschwerdeVf fehlt, das als RevisionsVf fortgesetzt werden kann. Die insoweit bestehende Gesetzeslücke (dazu auch 30 zu § 142) ist durch eine entspr Anwendung des § 139 Abs 1 S 1, Abs 3 S 1 mit der Folge zu schließen, daß ihm eine einheitliche Revisionseinlegungs- u -begründungsfrist von einem Monat nach Zustellung des Zustellungsbeschlusses zusteht (Sch-Pietzner 84 zu § 133; Ey-P. Schmidt 12; **aA** NVwZ 2001, 202, wonach diese Revision unstatthaft sein soll, dazu 30 zu § 132).

Wird die Revision, obwohl eine gesonderte Einlegung nicht nach Abs 2, weil sie erst auf Beschwerde hin zugelassen wurde, entbehrlich ist, **nicht eingelegt,** so wird das Urteil rechtskräftig. Nur wenn bereits vorher Revision eingelegt worden war, bedarf es nach der Zulassung keiner erneuten Einlegung (s 31 zu § 132). Zum Gegenstand der Revision s 1 zu § 132 (vgl auch 16 vor § 124), zu den allg Zulässigkeitsvoraussetzungen der Revision s 28 ff vor § 124, zur Zulässigkeit der Anschlußrevision 2 zu § 141, zur sog „Gegenrüge" unten 12; ferner 3 vor § 124. Zur nachträglichen **Erweiterung einer Revision** vgl 18 vor § 124.

Der **(Streit-)Gegenstand** des RevisionsVf, auch des nach § 139 Abs 2 fortgesetzten RevisionsVf, wird **durch den Revisionsantrag** (s unten 4) in Zusammenhang mit dem Inhalt des Revisionsbegehrens bestimmt (NVwZ-RR 1993, 621). **Bleibt der Revisionsantrag** hinter dem bisherigen Begehren **zurück** – zB, wenn er lediglich auf Neubescheidung nach § 113 Abs 5 S 2 gerichtet ist –, so liegt darin **nicht notwendig** eine **teilweise Zurücknahme** der Revision, das Urteil der Vorinstanz wird in solchen Fällen aber hins des nicht weiter angegriffenen Teils seiner Entscheidung **rechtskräftig** (NVwZ-RR 1993, 621). S aber unten 11; ferner 18 vor § 124.

2 **2. Einlegung der Revision; Form (Abs 1):** Die Revision ist, wenn ihre Einlegung nicht nach Abs 2 entbehrlich ist (s oben 1), nach Abs 1 bei dem Gericht, dessen Urteil angefochten wird, oder beim BVerwG (s im folgenden), **schriftlich** (zur prozessualen Schriftform näher 4 ff zu § 81) oder **elektronisch** (s dazu näher 6 ff zu § 55 a) einzulegen. **Einlegung zur Niederschrift** des Urkundsbeamten der Geschäftsstelle ist **nicht möglich.**

Die **Einlegung** der Revision gem Abs 1 **u die** Einreichung der **Begründung** gem Abs 3 – einschließlich der Antragstellung – **können,** wie sich aus Abs 1 u Abs 3 ergibt u idR auch zweckmäßig ist, müssen jedoch nicht, **getrennt erfolgen** (BT-Dr 11/7030, 35).

Auch die Einlegung beim Revisionsgericht statt bei dem Gericht, dessen Urteil angegriffen wird, ist **wirksam,** wie sich aus Abs 1 S 2 ergibt, u wahrt die Revisionsfrist; auch die Anschlußrevision (§ 141, § 127) kann auch beim BVerwG eingelegt werden (15, 319; 65, 32 = NVwZ 1982, 373).

Bereits die Einlegung der Revision unterliegt dem **Vertretungszwang** (§ 67 Abs 1) u kann daher nur durch einen nach § 67 Abs 1 Vertretungsbefugten wirksam erfolgen. Zu Ausnahmen vom Vertretungszwang bei Rücknahme u Hauptsacheerledigung s 28 f zu § 67.

3 Aus der Revisionsschrift muß **zweifelsfrei erkennbar** sein, **daß** der Anwalt für ihre Einreichung u ihren Inhalt die **volle Verantwortung übernimmt.**[1] Ein **Beglaubigungsvermerk** des Anwalts auf dem von einer anderen Person verfaßten Text **genügt nicht** (BAG NJW 1979, 183; vgl auch unten 5); **ebenso nicht die bloße Unterzeichnung** u Vorlage eines **von der Partei** selbst oder einem Dritten **verfaßten Schriftsatzes** durch den bevollmächtigten Anwalt (vgl BSG NZA 1992, 664) **oder die Unterzeichnung mit „iA"** (BGH NJW 1988, 210: zeigt, daß nur „Erklärungsbote", der die Verantwortung nicht übernehmen will); **anders** uU bei Unterzeichnung **„iV"** (BGH aaO), soweit es sich nicht nur um eine Vertretung in der Unterschriftsleistung handelt (vgl BayObLG NJW 1991, 206). Im Zweifel genügt auch die **Unterzeichnung** der Revisionsschrift **durch ein anderes Mitglied der** bevollmächtigten **Anwaltssozietät** für den „nach Diktat abwesenden" sachbearbeitenden RA (68, 241 = NJW 1984, 1474), es sei denn, es bestehen zwingende Anhaltspunkte dafür, daß es der Revisionsbegründung an der gebotenen anwaltlichen Durcharbeitung fehlt u daß der unterzeichnete Anwalt es unterlassen hat, den von seinem Sozius entworfenen Schriftsatz vor Unterzeichnung zu prüfen (insoweit 68, 241 = NJW 1984, 1474 ohne klare Aussage; vgl auch BAG NJW 1987, 3279 mwN). Zur **Zulässigkeit von Bezugnahmen** auf Gutachten, in der Vorinstanz eingereichte Schriftsätze usw s unten 18 u 19. Auch die **Vollmacht** muß grds **innerhalb der Revisionsfrist vorgelegt** werden (NJW 1960, 593; BFH BStBl II 1975, 714; zweifelhaft; s auch 52 zu § 67).

---

[1] NVwZ 1990, 459; BGH NJW 1988, 210; BSG NZA 1992, 664.

4 **Angabe des angegriffenen Urteils u Revisionsantrag** (Abs 1 S 3; Abs 3 S 4): Die Revisionsschrift muß gem Abs 1 S 3 das angefochtene Urteil bezeichnen. Die entsprechenden Angaben (Gericht, Datum u Aktenzeichen!) können, wenn sie nicht schon in der Revisionsschrift gem Abs 1 S 1 enthalten sind, nur bis zum Ablauf der Revisionsfrist nachgeholt werden (1, 222; Sch-Pietzner 22). Der **Revisionsantrag** muß nicht schon mit der Revisionseinlegung oder innerhalb der Einlegungsfrist gestellt werden, sondern kann gem Abs 3 S 4 – u wird zweckmäßigerweise – idR der Revisionsbegründung vorbehalten bleiben. Er muß eine **Sachbitte enthalten** u darf **nicht nur auf die Aufhebung des angefochtenen Urteils** u auf Zurückverweisung der Sache gerichtet sein (vgl OLG Hamburg NJW 1987, 783). Ein Nachholen der Antragstellung nach § 141, § 125 Abs 1, § 82 Abs 2 **nach Ablauf der Revisionsbegründungsfrist** ist ausgeschlossen (13, 97). Zum Erfordernis der Bestimmtheit des Antrags u zur Notwendigkeit eines Sachantrags vgl auch 27 ff zu § 124 a; ferner 10 zu § 82. Es genügt grds, **daß,** ggf im Zusammenhang mit dem Berufungsantrag, **das Ziel** der Revision **hinreichend** klar u ohne daß sich insoweit Zweifel ergeben könnten, erkennbar ist (NJW 1992, 704; BSG MDR 1977, 788; RÖ-v Nicolai 12). Auch eine bloße Bezugnahme auf die in der Vorinstanz gestellten Anträge ist ausreichend (23, 41), vorausgesetzt, daß diese ordnungsgemäß gestellt waren u hinreichend bestimmt sind. Wird in der Revisionsbegründung ein **eingeschränkter Revisionsantrag** gestellt, nachdem vorher Revision eingelegt wurde, so liegt darin keine teilweise Revisionsrücknahme; maßgeblich ist in einem solchen Fall erst der im Zusammenhang mit der Begründung gestellte Antrag.[2]

5 **3. Revisionsfrist u Revisionsbegründungsfrist (Abs 1 S 1 u 2; Abs 3 S 1 bis 3): Die Revision** ist nach Abs 1 S 1, soweit es ihrer Einlegung noch bedarf (vgl Abs 2; dazu oben 1), **innerhalb eines Monats** nach Zustellung des vollständigen (dh insb auch mit den Entscheidungsgründen versehenen) Urteils, das mit der Revision angegriffen wird, bzw, wenn die Revisionszulassung nach § 134 Abs 3 S 2 (Sprungrevision) erfolgt ist, nach Zustellung des Beschlusses des VG über die Revisionszulassung, einzulegen. Zur Fristberechnung s näher 10–10 a zu § 57.

Die **Frist** wird **auch** durch Einlegung der Revision **beim BVerwG** gewahrt (Abs 1 S 2). Zur Wiedereinsetzung bei Fristversäumung (§ 60) allg u wenn PKH für die Revision beantragt wurde vgl 10 zu § 166.

6 Von der Revisionsfrist nach Abs 1 ist die **Revisionsbegründungsfrist** nach Abs 3 zu unterscheiden. Zu begründen ist die Revision gem Abs 3 S 1 innerhalb von zwei Monaten nach Zustellung des vollständigen Urteils, das mit der Revision angegriffen wird, bzw des Zulassungsbeschlusses des VG nach § 134 Abs 3 S 2 (s auch oben 5), oder, wenn nach Abs 2 das **NichtzulassungsbeschwerdeVf als Revision fortgeführt** wird, innerhalb eines Monats nach Zustellung des Beschlusses über die Zulassung der Revision. Wird nach Zulassung der Revision aufgrund einer Nichtzulassungsbeschwerde durch einen anderen Beteiligten als den ASt Revision eingelegt (dazu 30 zu § 132), ist in entspr Anwendung des § 139 Abs 1 S 1, Abs 3 S 1 die Revision innerhalb eines Monats nach Zustellung des Zulassungsbeschlusses einzulegen u zu begründen (Sch-Pietzner 84 zu § 133; **aA** BVerwG NVwZ 2001, 202, wonach die Revision hier unstatthaft sein soll; dazu 30 zu § 132). **Anders als nach** § 139 Abs 1 aF (vgl dazu zB 36, 340; 74, 290; Kopp VwGO 8. Aufl 11 zu § 139 mwN) kommt es nach Abs 3 für den Lauf der Begründungsfrist **weder darauf** an, **wann die Revisionsfrist abgelaufen** ist, noch darauf wann die Revision eingelegt worden ist. Die Revisions-

[2] NJW 1992, 703; **aA** zur – insoweit vergleichbaren – Situation bei der Berufungsbegründung Ey-Happ 1 b zu § 126; RÖ-M. Redeker 3 zu § 126.

begründungsfrist läuft auch dann weiter u beginnt nicht neu zu laufen, wenn gegen die Versäumung der Revisionsfrist Wiedereinsetzung beantragt oder gewährt worden ist.[3] Die Begründungsfrist in den Fällen des Abs 2, in denen es keiner Revisionseinlegung bedarf, läuft nur, wenn der Revisionsführer gem § 58 Abs 1 darüber **belehrt** worden ist (10 zu § 58; Sch-Meissner 18 zu § 58; NKVwGO-Czybulka 63 zu § 58); eine Belehrung darüber im Rahmen des Hinweises des BVerwG nach Abs 2 S 2 genügt. Geht innerhalb dieser Frist keine Revisionsbegründung ein, so ist die Revision unzulässig u nach § 144 Abs 1 zu verwerfen (NVwZ-RR 1995, 545).

7 Die Revisionsbegründungsfrist wird, wie Abs 3 S 2 klarstellt, **nur** durch Einreichung der **Begründung beim BVerwG** gewahrt. Eine **Ausnahme** gilt insoweit jedoch dann, wenn – bzw soweit – die Begründung bereits mit der Revisionseinlegung nach Abs 1 verbunden war; dann genügt auch die **Einreichung** nach Abs 1 S 1 **bei dem Gericht, dessen Urteil angegriffen wird.** Es bedarf in diesem Fall auch keiner Wiederholung der schon mit der Revisionseinlegung erfolgten Begründung ieS oder Antragstellung usw (vgl auch BT-Dr 11/7030, 35). Der Beschluß des VG, die Sprungrevision zuzulassen, hat auf den Lauf der Revisionsbegründungsfrist keinen Einfluß (NVwZ-RR 1991, 166).

8 Die **Begründungsfrist kann** nach Abs 3 S 3, wenn ihre Verlängerung **vor Ablauf** der Begründungsfrist **beantragt** wird bzw wurde, vom Vorsitzenden des Revisionsgerichts, auch noch, nachdem sie schon abgelaufen ist,[4] **verlängert** werden (vgl auch 13 zu § 57). Wird der Antrag auf Verlängerung der Begründungsfrist erst **nach** deren Ablauf gestellt, so ist die **Revision** als **unzulässig** zu verwerfen; dies gilt auch, wenn der Vorsitzende die verspätet beantragte Fristverlängerung unzulässigerweise gewährt, denn das Urteil ist mit Fristablauf rechtskräftig geworden u die gewährte Fristverlängerung daher gegenstandslos.[5] Abs 3 S 3 enthält insoweit eine abschließende Regelung, neben der § 520 Abs 2 S 3 ZPO nicht ergänzend anzuwenden ist (str). Der Antrag unterliegt als Prozeßhandlung vor dem BVerwG (§ 67 Abs 1 S 1) dem **Vertretungszwang.** Für den Antrag auf Fristverlängerung kann das Gesetz die Schriftform vorsehen (BVerfG NVwZ 1994, 781). Die Verlängerung muß jedenfalls **ausdr** erfolgen (vgl BGH NJW-RR 1990, 67: stillschweigende Verlängerung nicht möglich); jedoch kann die Entscheidung darüber auch **formlos mitgeteilt** werden.[6]

9 Ein **Anwalt kann** idR **erwarten,** daß seinem ersten **Antrag auf Verlängerung** der Begründungsfrist **entsprochen** wird, wenn er dafür gewichtige Gründe geltend gemacht hat.[7]

Solange über den Antrag auf Verlängerung **nicht entschieden** ist, ist der Ablauf der **Begründungsfrist gehemmt.**[8] **Nicht erforderlich** ist, daß der Antrag auf Fristverlängerung so früh gestellt wurde, **daß** der Vorsitzende darüber jedenfalls **noch vor Ablauf** der gesetzlichen Begründungsfrist entscheiden hätte

---

[3] NVwZ-RR 1994, 361; BFH NVwZ-RR 1995, 546; ebenso zur Parallelproblematik bei § 133 Abs 3 S 1 BVerwG NJW 1992, 2780, s oben 12 zu § 133.

[4] 10, 76; BAG NJW 1980, 309; BGH 102, 37 = NJW 1988, 268; Sch-Pietzner 59; BL 9 zu § 520 ZPO.

[5] BGH 116, 377 = NJW 1992, 842 unter Aufgabe von BGH 102, 37 = NJW 1988, 268; Sch-Pietzner 60; BL 10 zu § 520 ZPO; M 12 zu § 520 ZPO.

[6] Vgl BGH NJW 1990, 1797 u NJW-RR 1990, 67; BL 9 zu § 520 ZPO; NKVwGO-Neumann 66; ThP 13 zu § 520 ZPO; **aA** BGH NVwZ-RR 1989, 1404: nur wirksam, wenn förmlich zugestellt.

[7] Vgl NJW 1993, 135; BGH NJW 1991, 1359 zu § 519 Abs 2 S 3 ZPO aF (§ 520 Abs 2 S 3 ZPO nF): der Hinweis auf die Notwendigkeit einer Rücksprache mit der Partei kann jedenfalls dann einen erheblichen Grund iS dieser Vorschrift darstellen, wenn der Anwalt darlegt, daß Anlaß hierfür eine Tatsache ist, die er erst anhand der Gerichtsakten feststellen konnte.

[8] RÖ-v Nicolai 8; str; nach **aA** nur Wiedereinsetzung, vgl BFH 107, 107.

können.[9] Der **Antrag** auf Verlängerung der Revisionsbegründungsfrist kann **nicht auch beim OVG gestellt** werden, da auch die Revisionsbegründung beim BVerwG einzureichen ist (BayVBl 1994, 188; B-Bader 24; NKVwGO-Neumann 62; **aA** BFH NJW 1987, 3032).

10 **Gegen die Versäumung der Begründungsfrist** ist **Wiedereinsetzung** (§ 60) möglich – auch noch, nachdem die Revision schon verworfen wurde[10] – nicht nur für die Begründung insgesamt, sondern auch für einzelne Revisionsgründe (str, s 4 zu § 60; **aA** 29, 21; 28, 18; NKVwGO-Neumann 106; RÖ-v Nicolai 9). **Innerhalb der Wiedereinsetzungsfrist** für die Begründung muß **die Begründung eingereicht** werden; ein Antrag auf Verlängerung der Begründungsfrist genügt nicht (NJW 1996, 2808 mwN; BayVBl 1994, 188; BFH NVwZ 1988, 96; BFH 148, 414). Ein **Wiedereinsetzungsantrag** allein hins der Revision bzw eine Wiedereinsetzung hins der Revisionsfrist läßt jedoch den Lauf der Revisionsbegründungsfrist unberührt (vgl BGH VersR 1981, 1032; 1987, 764).

11 **Nach Ablauf der Begründungsfrist vorgetragene,** über bloße Präzisierungen, Erläuterungen des bereits vorher rechtzeitig Vorgetragenen hinausgehende **Begründungen** kann das Revisionsgericht, wenn Wiedereinsetzung nicht in Betracht kommt, nur berücksichtigen, soweit es nach § 137 Abs 3 ohnehin nicht an das Vorbringen der Beteiligten gebunden ist (RÖ-v Nicolai 10; vgl auch 34 ff zu § 137), oder **wenn die Voraussetzungen für eine Wiedereinsetzung** (s 4 zu § 60; str) **oder Wiederaufnahme** (§ 153) des Vf (29, 22) **gegeben** sind. S zu **nachträglichen Revisionserweiterungen** auch 18 vor § 124.

12 Die **Gegenrüge** (s zum Begriff 3 a vor § 124) des Revisionsbekl ist, da sie kein echtes RMittel ist, **an keine Frist gebunden,** sie kann insb auch noch in der mV vor dem Revisonsgericht jederzeit erhoben u begründet werden (BFH 99, 21).

13 **4. Die Revisionsbegründung (Abs 3):** Auch die **Revisionsbegründung** unterliegt der **Schriftform** (die gem § 55 a Abs 1 durch die elektronische Form ersetzt werden kann; s dazu 6 ff zu § 55 a), damit auch dem Unterschriftserfordernis (s dazu sowie allg zur prozessualen Schriftform 4 ff zu § 81) u dem Vertretungszwang. Der Anwalt oder Rechtslehrer muß für ihren Inhalt durch seine Unterschrift die volle Verantwortung übernehmen;[11] er kann zur Begründung grds nicht **auf Schriftstücke Bezug** nehmen, die der von ihm vertretene Beteiligte oder ein Dritter verfaßt hat.[12] Zur **Bezugnahme** auf die Begründung der **Nichtzulassungsbeschwerde** u auf in den Vorinstanzen eingereichte Schriftsätze s unten 19.

14 **5. Inhalt der Revisionsbegründung (Abs 3 S 4):** Die Revisionsbegründung – bzw eine schon in der Revisionsschrift selbst enthaltene Begründung – muß den in Abs 3 S 4 **vorgeschriebenen Inhalt** haben, bei Verfahrensrügen, soweit es sich nicht um absolute Revisionsgründe handelt (s 1 zu § 138), auch darlegen, inwiefern das angefochtene Urteil auf dem Verfahrensmangel beruhen kann (5, 12). Die Begründung muß **schlüssig** sein.[13] Sie muß **sich mit dem**

[9] BGH 83, 217 = NJW 1982, 1642 unter Aufgabe der früheren abweichenden Rspr; offen, aber wohl zu dieser Auffassung neigend auch BGH NJW 1982, 51; **aA** Krasney DÖV 1982, 756.

[10] BSG NJW 1967, 2332; BAG NJW 1984, 941; BFH NVwZ 1988, 96; RÖ-v Nicolai 9.

[11] 13, 90; 68, 242 = NJW 1984, 1474; BAG NJW 1979, 183; 1987, 3279; BGH NJW 1986, 1760.

[12] 26, 241; s im einzelnen unten 19 f; zT **aA** zur ebenfalls anwaltsgebundenen Berufungsbegründung BGH NJW 1993, 1866.

[13] Vgl DVBl 1981, 493; 1993, 955: die Verfahrensrüge ist unzulässig, wenn sie nicht schlüssig ist, dh wenn die zur Begründung vorgetragenen Tatsachen schon als solche – also

angegriffenen Urteil konkret **auseinandersetzen;** formelhaft-allgemeine Ausführungen genügen nicht,[14] ebenso nicht eine pauschale Bezugnahme auf den Vortrag in der unteren Instanz (vgl auch BGH NJW 1991, 1186). Zur Zulässigkeit von **Bezugnahmen auf die Begründung** in bereits früher eingereichten Schriftstücken s unten 19f. Zur **Verfassungsmäßigkeit** des Abs 3 s BVerfG NVwZ 1994, 781; BVerwG NVwZ 1982, 36.

15 Die **Bezeichnung der Tatsachen** in der Revisionsbegründung muß so genau u schlüssig sein, daß dem BVerwG aufgrund des Vorbringens, die Richtigkeit vorausgesetzt, eine Beurteilung grds ohne zusätzliche Ermittlungen möglich ist.[15] Anzugeben sind zB **bei der Rüge,** daß **das Gericht falsch besetzt** war, inwiefern die Besetzung falsch war u wie sie hätte sein müssen, auch **zB,** daß der an sich zuständige Richter in Wahrheit nicht verhindert war bzw daß vom Gericht Auskunft über die Verhinderung verweigert wurde (44, 219; DVBl 1981, 493; NJW 1986, 3154; BGH NJW 1986, 2115), „wie die Heranziehung eines Vertreters für Herrn St. hätte erfolgen müssen – ob nach einer Hauptliste – § 30 Abs 1 VwGO – oder einer beim VG möglicherweise bestehenden Hilfsliste – § 30 Abs 2 VwGO –, u daß nach der in Betracht kommenden Liste der ehrenamtlichen Richterin Frau K. bestimmte andere ehrenamtliche Richter voraufgingen";[16] daß ein Hilfsrichter mitgewirkt hat, der nur wg einer allg **Beförderungssperre** noch nicht in eine Planstelle eingewiesen werden konnte (vgl BGH 95, 22 = NJW 1985, 2336), u woraus sich ergibt, daß die Mitwirkung eines Hilfsrichters im Einzelfall zur Zeit der letzten mV personalverwaltungsmäßig vermeidbar u daher unzulässig war;[17] bei der Rüge, daß ein **Richter geschlafen** habe, auch „die Zeit, Dauer, Einzelheiten des Verhaltens, wie Schließen der Augen, laute Atemzüge" usw (Buchh 310 § 138 Ziff 1 Nr 11; NVwZ 2001, 1151) sowie **welche Vorgänge** der Richter deshalb **nicht** habe **wahrnehmen** können (BFH 197, 402) u daß der Mangel rechtzeitig gerügt wurde (Herden/Gmach NJW 1987, 2793; insoweit zweifelhaft, s auch unten 16).

Bei der **Rüge, daß** das **rechtliche Gehör** verletzt wurde, ist zB darzulegen, daß es dadurch verletzt wurde, daß „das Wort abgeschnitten wurde", außerdem auch, was noch vorgetragen worden wäre u inwiefern die beabsichtigten Ausführungen für die Entscheidung erheblich sein hätten können,[18] sowie, daß alle prozessualen Möglichkeiten – einschließlich eines Ablehnungsgesuchs – ausgeschöpft worden waren, um die Anhörung zu erreichen;[19] bei der Rüge **mangelnder Sachaufklärung** zB, was konkret das Gericht noch aufklären hätte müssen u warum, welche Beweismittel für diese Aufklärung notwendig u geeignet gewesen wären (55, 170), welche – genau zu bezeichnenden – Zeugen zu welchen Tatsa-

---

unabhängig von der Frage der Beweiskraft – nicht ausreichend oder nicht geeignet sind, den Verfahrensmangel darzutun.

[14] BSG NVwZ 1986, 336; BFH 126, 267.

[15] 49, 95; Buchh 310 § 133 VwGO Nr 37; § 138 Ziff 1 VwGO Nr 24; Hbg NJW 1985, 2354; vgl aber zu Erleichterungen u Ausnahmen in bezug auf Tatsachen, die sich der unmittelbaren eigenen Kenntnis der Betroffenen entziehen unten 16 a.

[16] VRspr 27, 766; als zu weitgehend abzulehnen; vgl auch aaO 764 u Buchh 310 § 139 VwGO Nr 14, wo die Möglichkeit weniger strenger Anforderungen in derartigen Fällen angedeutet wird, wenn die näheren Umstände dem Revisionskl nicht bekannt sind u für ihn auch schwer zu ermitteln sind.

[17] BGH NJW 1986, 2115, ua unter Hinweis auch darauf, daß die Rüge nicht auf Verdacht erhoben werden kann; vgl auch BVerwG NJW 1982, 2394.

[18] NVwZ 1991, 575; Buchh 310 § 108 VwGO Nr 165 S. 54, 56; Buchh 310 § 138 Ziff 3 VwGO Nr 23; Ks MDR 1996, 638; Ma RsprD-LS 277/1995; Sch-Pietzner 49.

[19] NJW 1980, 1973; zu weitgehend; vgl auch NJW 1985, 340: nicht als Begründung ausreichend, wenn zur Verletzung des rechtlichen Gehörs durch eine nach § 102 Abs 1 S 2 nicht gerechtfertigte Abkürzung der Ladungsfrist nur vorgetragen wird, daß der Kl im Ausland war u dadurch die Information des Anwalts erschwert war.

chen gehört (vgl DVBl 1993, 955), welche Sachverständigen wozu u warum noch hätten zugezogen werden müssen (vgl DVBl 1993, 955), welche Ergebnisse diese Beweisaufnahmen voraussichtlich erbracht hätten (DVBl 1983, 997; NJW 1985, 394), daß u inwiefern im einzelnen das Urteil auf der unterbliebenen Vernehmung usw beruht oder beruhen kann (DVBl 1993, 955 mwN), daß u warum die Einholung eines weiteren Gutachtens gem § 98, § 412 ZPO veranlaßt gewesen wäre (BayVBl 1987, 599, in 75, 234 nicht enthalten), außerdem auch, daß ein Beweisantrag nach § 86 Abs 2 gestellt worden war, jedoch vom Gericht abgelehnt wurde, bzw, wenn kein Antrag gestellt wurde, daß sich dem Gericht angesichts der – näher darzulegenden! – Umstände des Falles die Notwendigkeit weiterer Beweiserhebung hätte aufdrängen müssen u daß (zu bezeichnende!) weitere taugliche Beweismittel in Betracht gekommen wären,[20] welche anderen Zeugen noch hätten vernommen werden müssen u zu welchen Tatsachen sie voraussichtlich u in welchem Sinn hätten aussagen können, usw (5, 12) u inwiefern die Beweisergebnisse bei Zugrundelegung der Rechtsauffassung des Gerichts **zu einer** für den Rechtsmittelführer **günstigeren** Entscheidung hätten führen können (55, 169; DVBl 1983, 997; NJW 1985, 394; Buchh 232 § 26 BGB Nr 17). Wenn eine Gehörsverletzung wg des Übergehens in den Akten schriftlich festgehaltenen Beteiligtenvorbringens geltend gemacht wird, so muß – sofern dies nicht ohne weiteres erkennbar ist – vorgetragen werden, welche Schriftsätze, Protokolle oder sonstigen Unterlagen den als übergangen gerügten Vorgang enthalten (Lü NJW 2006, 3018).

Bei der Rüge **mangelhafter Protokollierung** (§ 105) ist zB darzulegen, daß bei ordnungsgemäßer Protokollführung bestimmte, näher zu bezeichnende Umstände hervorgetreten wären, die das Gericht hätte berücksichtigen müssen u die zu einer für den Rechtsmittelführer günstigeren Entscheidung hätten führen können (NJW 1976, 1705 mwN; 1986, 3156); **anders,** wenn der Verstoß so erheblich ist, daß mangels eines ausreichenden Protokolls eine Nachprüfung der Entscheidung überhaupt unmöglich ist (s NJW 1976, 1705; BGH 40, 84; BAG NJW 1970, 1812). Dasselbe gilt, wenn die gerügte Verletzung des rechtlichen Gehörs den gesamten Streitstoff erfaßt, wie dies bei einer Versagung der Teilnahme an der mV schlechthin zutrifft. Hier können Ausführungen des Rechtsmittelführers über den Inhalt seines potentiellen Vortrags u dessen Eignung zur (weiteren) Aufklärung des Sachverhalts nicht verlangt werden.[21]

Nicht erforderlich ist, daß **bei verzichtbaren Verfahrensmängeln** auch 16
vorgetragen wird, daß sie im Vf der Vorinstanz rechtzeitig gerügt wurden.[22] Wurde der Mangel nicht rechtzeitig gerügt, so ist die Revision insoweit nur unbegründet (57, 57; Buchh 303 § 295 ZPO Nr 1); dies gilt zugleich **auch für weitere Verfahrensmängel,** die mit dem nicht gerügten Mangel in **notwendigem Zusammenhang** stehen, zB die mangelnde Öffentlichkeit der mV, wenn das Unterbleiben der mV nicht gerügt wurde (Buchh 303 § 295 ZPO Nr 1).

Wenn u soweit es sich bei den anzugebenden Tatsachen oä um **Tatsachen** 16a
usw handelt, **die sich der** eigenen **unmittelbaren Kenntnis des Revisionskl entziehen,** zB bei der Besetzungsrüge, genügt es, wenn in der Revisionsbegründung dargelegt wird, daß u wie der Revisionskl sich **um** (weitere) **Aufklärung bemüht hat** (vgl BGH NJW 1992, 512; ferner 16 u 17 zu § 133).

Immer angegeben werden muß auch, **welche Rechtsnorm als verletzt an-** 17
gesehen wird. Bezeichnung der Norm mit Datum, Gesetzblatt usw ist nicht un-

[20] 57, 57; 59, 156; JR 1971, 214; DVBl 1972, 680; 1993, 955; BayVBl 1982, 660; BFH 122, 396; 124, 305.

[21] BFH NVwZ-RR 1999, 77 unter Hinw auf Buchh 310 § 108 VwGO Nr 140; BVerwG DVBl 1984, 90; NJW 1986, 1057; 1992, 2042; 1992, 3185; 1995, 1441.

[22] 25, 45; 57, 57; s auch 18 zu § 133; zT **aA** 8, 149; RÖ-v Nicolai 14 unter Bezugnahme auf 8, 149; BFH NVwZ-RR 1990, 336 mwN.

bedingt erforderlich. Es muß jedoch erkennbar sein, welche Norm gemeint ist (BFH BStBl II 1975, 609). Wird die **Verletzung eines ungeschriebenen allg Rechtsgrundsatzes** gerügt, so muß in der Begründung auch angegeben werden, welchen konkreten Inhalt dieser Rechtsgrundsatz hat u woraus er sich ergibt (BFH NJW 1976, 1424).

18 Die Revisionsbegründung **muß** als solche **aus sich heraus** u ohne daß dazu andere Schriftsätze herangezogen werden müßten **verständlich** sein (16, 150; 21, 288; BayVBl 1990, 125 mwN). Sie muß konkret **auf bestimmte,** näher zu bezeichnende Revisionsgründe **abstellen** u deshalb auf einer ggü der Begründung der Nichtzulassungsbeschwerde **eigenständigen Sichtung u Durchdringung des Prozeßstoffes** aufbauen u eine solche darstellen, außerdem auch **das** angestrebte **Ausmaß** der revisionsgerichtlichen Nachprüfung – Vollprüfung oder prozessuale Prüfung – **festlegen** (BayVBl 1990, 125).

19 **Bezugnahmen:** Eine mehr oder weniger pauschale **Bezugnahme auf in den Vorinstanzen eingereichte Schriftsätze**[23] oder auf die Begründung eines Antrags auf PKH an das Revisionsgericht genügt nicht, **anders dagegen** eine **Bezugnahme auf den Inhalt der Nichtzulassungsbeschwerde** gem § 133 (wenn u soweit diese erfolgreich war), **wenn** diese alles Wesentliche zur Begründung auch der Revision bereits enthält, hinreichend deutlich zum Ausdruck kommt, hins welcher Zulassungsgründe darauf Bezug genommen wird u die dort gemachten Ausführungen **ausdr** auch **zum Gegenstand der Revisionsbegründung** gemacht werden.[24] Ausreichend ist eine Verweisung auf den Inhalt des Zulassungsbeschlusses (22. 2. 2001 – 7 C 14/00), wenn sich die Begründung auf den im **Zulassungsbeschluß festgestellten Verfahrensfehler bezieht**; ebenso wenn sich der Rechtsmittelführer damit die **Einschätzung u die dafür maßgeblichen Erwägungen des zulassenden Gerichts** zu der vom Ausgangsgericht abweichend beurteilten Rechtsfrage **zu eigen macht** (NVwZ 2001, 1029; NJW 2006, 3081). Ist die Revision aber mit der Begründung zugelassen worden, eine bestimmte Rechtsfrage sei wg ihrer grds Bedeutung klärungsbedürftig, so äußert sich der Zulassungsbeschluß gerade noch nicht dazu, ob die Rechtsfrage vom Berufungsgericht falsch entschieden wurde. In diesem Fall bedarf es deshalb einer Begründung durch den Revionskl, weshalb das Berufungsgericht falsch entschieden hat (NJW 2006,1381; zu pauschal deshalb die Formulierung in der 14. Aufl). Eine Bezugnahme auf die Nichtzulassungsbeschwerdeschrift reicht nur dann aus, wenn diese bereits den Anforderungen des § 139 genügt. Wenn die Nichtzulassungsbeschwerde **auf mehrere Gründe** gestützt war, muß aber unmißverständlich klargestellt sein, welche der geltend gemachten Zulassungsgründe als Revisionsbegründung dienen sollen (NVwZ 1985, 413). Eine Bezugnahme auf die Nichtzulassungsbeschwerde genügt als Begründung der Revision wg Verfahrensmängeln (§ 139 Abs 3 S 4) nicht, wenn das BVerwG die Revision allein wg der grundsätzlichen Bedeutung der Rechtssache, nicht aber wg Verfahrensmängeln zugelassen hat (NJW 1985, 1235; BayVBl 1988, 379; AgrarR 1987, 231).

20 Bezugnahmen müssen **grds** so sein, daß zweifelsfrei erkennbar ist, daß der Prozeßbevollmächtigte die in Bezug genommenen Schriftsätze, Gutachten usw **aufgrund seiner eigenen** u **eigenverantwortlichen Prüfung,** Sichtung u rechtlichen u tatsächlichen Durchdringung des Streitstoffes sich zueigen u **zum Gegenstand seines eigenen Vortrags macht** (vgl 22, 38; 68, 242 = NJW 1984, 1474; NVwZ 1990, 459; Buchh 310 § 67 VwGO Nr 47). Grds unbedenklich ist unter diesem Gesichtspunkt auch zB die Vorlage **ergänzender Ausführungen** in einem **Rechtsgutachten eines Dritten** (26, 242; 68, 242;

---

[23] DVBl 2001, 726: Ein Verweis auf einen schriftsätzlichen Vortrag vor dem Erlaß des angefochtenen Urteils reicht zur ordnungsgemäßen Revisionsbegründung nicht aus.

[24] 80, 321; NVwZ 1998, 1312; BFH NVwZ 1999, 808.

NVwZ 1990, 460), **nicht dagegen** ohne substantiellen eigenen Vortrag die bloße Vorlage von Rechtsausführungen, die ein Dritter **ausschließlich in eigener Verantwortung** u ohne dazu von der Partei bevollmächtigt zu sein, macht (NVwZ 1990, 260 zur Vorlage des Rechtsgutachtens eines Hochschullehrers). Allerdings ist **im Zweifel,** dh, wenn für das Gegenteil sprechende Anhaltspunkte fehlen, bei Schriftsätzen, die ein Bevollmächtigter unterzeichnet, davon auszugehen, daß er den Schriftsatz auch eigenverantwortlich geprüft u den Inhalt sich in der dargelegten Weise zu eigen gemacht hat (68, 242; NVwZ 1990, 460). Entsprechendes gilt bei Fehlen gegenteiliger Anhaltspunkte auch für vom Prozeßbevollmächtigten vorgelegte, wenn auch von einem Dritten unterzeichnete **Gutachten** usw (**aA** NVwZ 1990, 460 zur Vorlage des Gutachtens eines Hochschullehrers).

§ 140 [Zurücknahme der Revision]

(1) **Die Revision kann bis zur Rechtskraft des Urteils zurückgenommen werden.**[1 ff] **Die Zurücknahme nach Stellung der Anträge in der mündlichen Verhandlung setzt die Einwilligung des Revisionsbeklagten und, wenn der Vertreter des Bundesinteresses beim Bundesverwaltungsgericht an der mündlichen Verhandlung teilgenommen hat, auch seine Einwilligung voraus.**[1]

(2) **Die Zurücknahme bewirkt den Verlust des eingelegten Rechtsmittels.**[1] **Das Gericht entscheidet durch Beschluß über die Kostenfolge.**[1]

Vgl §§ 565, 516 ZPO; § 125 FGO

Schrifttum: S zu § 132.

Die Vorschrift wurde in Abs 1 S 2 durch G v 9. 7. 2001 (BGBl I 1510) geändert. 1

Die Regelung der Zurücknahme der Revision entspricht der Regelung bei der Berufung (§ 126). Vgl im einzelnen 1 ff zu § 126.

Die Zurücknahme muß ggü **dem Revisionsgericht** erklärt werden. Sie be- 2
wirkt **nur** den **Verlust der eingelegten Revision,** schließt daher während der noch offenen Revisionsfrist eine erneute Einlegung nicht aus (Sch-Pietzner 30; vgl 2 zu § 126). Die **Einwilligung** Beigeladener (auch notwendiger) ist für die Zurücknahme nicht erforderlich (**aA** NKVwGO-Neumann 24). Zu dem auch im RevisionsVf zulässigen **Verzicht** auf die Revision u zum Verhältnis von Revisionsrücknahme u Klagerücknahme vgl 2 u 5 zu § 126.

§ 140 ist analog auch **auf die Nichtzulassungsbeschwerde** anwendbar 3
(BSG NJW 1976, 1911).

§ 141 [Revisionsverfahren]

Für die Revision gelten die Vorschriften über die Berufung entsprechend, soweit sich aus diesem Abschnitt nichts anderes ergibt.[1 ff] **Die §§ 87 a, 130 a und 130 b finden keine Anwendung.**[9]

Vgl § 565 ZPO; § 165 SGG; § 121 FGO

Schrifttum: *Oehlers,* Von dem, was der Revisionsrichter zu lesen und der Tatrichter zu schreiben hat, NJW 1994, 712; *Schneider,* Die Anschlußrevision, Baur-FS 1981, 615; *Schumann,* Zur Beweiskraft des Tatbestands im Rechtsmittelverfahren, NJW 1993, 2786. – S auch zu § 132.

1. Das Revisionsverfahren unterliegt, soweit nichts anderes bestimmt ist, 1
grds **denselben Vorschriften wie das Berufungsverfahren.** Vgl im einzelnen dazu auch 1 ff zu § 125; zur Bindung des Revisionsgerichts an unanfechtbare

Vorentscheidungen 4 zu § 128; 22 zu § 132; 3 zu § 137. Zur entspr Anwendung kommen gem § 141 nicht nur die Vorschriften über die Berufung, sondern **iVm § 125 Abs 1 auch die für das erstinstanzliche Vf geltenden Vorschriften,** soweit sich aus §§ 132ff u aus dem Wesen des RevisionsVf nichts anderes ergibt; zum Recht des Beteiligten gem § 137 Abs 4 ZPO, neben seinem Anwalt das Wort zu ergreifen, s 30 zu § 67; 9 zu § 103.

2 **Zulässig** ist danach ua auch die **Anschlußrevision** in entspr Anwendung des § 127 (NJW 1985, 393; NVwZ-RR 1995, 999 u. 1002), **nicht** dagegen grds (s im einzelnen insoweit 2 zu § 89, auch zu Ausnahmen) eine **Widerklage** (§ 89). Die Anschlußrevision ist nach der Änderung des § 127 **nur noch als unselbständige Anschlußrevision statthaft** (§ 141 S 1 iVm § 127 Abs 5). Sie verliert deshalb ihre Wirkung, wenn die Revision zurückgenommen oder als unzulässig verworfen wird. Will ein Beteiligter Revision **unabhängig von der durch andere Beteiligte eingelegten Revision** einlegen, richtet sich dies nach den allg Vorschriften.

3 Die Anschlußrevision ist auch statthaft, wenn der Beteiligte auf die Revision verzichtet hat oder die Frist für die Revision oder die Anfechtung der Nichtzulassung der Revision verstrichen ist (§ 141 S 1 iVm § 127 Abs 2 S 1) u **setzt keine Zulassung voraus** (§ 141 S 1 iVm § 127 Abs 4). Voraussetzung für ihre Zulässigkeit ist die **Anhängigkeit eines RevisionsVf,** an das die Anschließung erfolgt. Ein von der **Zulassung der Revision ausgenommener Teil des Urteils** kann **nicht Gegenstand einer Anschlußrevision** sein (104, 263f; Sch-Dawin 26). Die Anschlußrevision muß das **Ziel** haben, dem Revisionskl den in der **Vorinstanz erzielten Prozeßerfolg wieder zu nehmen** (Sch-Dawin 27). Eine Anschlußerklärung, die der Unterstützung des Revisionskl dient, ist deshalb grds unzulässig; anders nur bei einer Anschlußrevision des VöI (s auch 11 zu § 127).

4 Die Anschließung kann gem § 127 **nur bis zum Ablauf eines Monats nach der Zustellung der Revisionsbegründungsfrist** erfolgen (§ 141 S 1 iVm § 127 Abs 2 S 2). Der Statthaftigkeit einer Anschlußrevision steht es nicht im Wege, daß sie noch innerhalb der Frist erfolgt, die der sich Anschließende bei der Einlegung der Revision zu beachten hätte. Die Ansicht (so aber Sch-Dawin 16), in einem solchen Fall sei von der Einlegung einer selbständigen Revision auszugehen, ist nicht haltbar. Sie verkennt, daß für die Einlegung einer unselbständigen Anschlußberufung vor Ablauf der Revisionsfrist genauso ein Interesse wie nach dem Ablauf der Frist besteht u es schwerlich überzeugte, wenn man einem Beteiligten erst nach Ablauf der Frist für die Einlegung einer Revision die Befugnis einräumte, eine (unselbständige) Anschlußberufung einzulegen.

5 Die Anschlußrevsion ist gem § 141 S 1 iVm § 127 Abs 1 S 2 beim **BVerwG einzulegen.** Zur Einlegung der Revision berechtigt sind der **Revisionsbekl** sowie der **Beigeladene,** wobei es ausreicht, wenn dieser erst in der Revisionsinstanz beigeladen wurde (Sch-Dawin 21). Zu einer Anschließung befugt ist auch der **VöI,** wenn er von seiner **Beteiligungsbefugnis innerhalb der Revisionsfrist** Gebrauch gemacht hat (Sch-Dawin 22), **nicht hingegen der VdB** (96, 261; Sch-Dawin 23). Dieser kann sich ohnehin gem § 35 zur Wahrung des öffentlichen Interesses an jedem Vf vor dem BVerwG beteiligen.

6 Während bei einer Anschlußberufung für eine Klageerweiterung oder die Erhebung einer Widerklage in der Berufungsinstanz keine Beschwer erforderlich ist (13 zu § 127), ist im RevisionsVf eine Klageerweiterung (§ 142 Abs 1 S 1) u eine Widerklage grds (2 zu § 89) ausgeschlossen, so daß hier eine Anschlußrevision **grds nur unter der Voraussetzung einer Beschwer des Anschlußrevisionskl** sinnvoll u statthaft ist (Sch-Dawin 24). Etwas anderes gilt nur dann, wenn in der Revisionsinstanz über einen dort in erweiterter Form gestellten Klageantrag entschieden werden soll, der nach § 173 S 1 iVm § 264 Nr 2 ZPO

keine Klageänderung darstellt u deshalb dem § 142 S 1 nicht unterfällt (Ey-P. Schmidt 6).

Für die Anschlußrevision besteht **Vertretungszwang** (§ 67 Abs 1 S 1). Sie muß nicht zwingend als Anschlußrevision bezeichnet sein, aber erkennen lassen, daß es nicht nur um die Zurückweisung der Revision geht, sondern um eine **Abänderung** des mit der Revision angegriffenen Urteils **zum Nachteil des Revisionskl** (vgl 17 zu § 127). Die Anschlußrevision ist gem § 141 S 1 iVm § 127 Abs 3 S 1 zu **begründen** (vgl 18 zu § 127). 7

Die Anschlußrevision verliert ihre Wirksamkeit, wenn die Revision des Revisionskl zurückgenommen oder verworfen wird (§ 142 S 1 iVm § 127 Abs 5). Eine **Umdeutung** einer innerhalb der Revisionsfrist eingelegten Anschlußrevision in eine selbständige Revision **scheidet** nach der Neuregelung des § 127 **aus** (vgl 21 zu § 127). Die Unwirksamkeit der Anschlußrevision tritt kraft Gesetzes ein. Es empfiehlt sich aber, diese Unwirksamkeit **deklaratorisch** festzustellen (Sch-Dawin 33; vgl auch 22 zu § 127). Nimmt der Revisionskl die Revision zurück oder wird diese als unzulässig verworfen, so hat dieser auch die **Kosten der unwirksamen Anschlußrevision zu tragen** (vgl 23 zu § 127 u näher Sch-Dawin 36 ff). Die Kosten einer als unzulässig verworfenen oder als unbegründet zurückgewiesenen Anschlußrevision hat der Anschlußrevisionskl zu tragen (BGH NJW 1983, 578; Sch-Dawin 36 mwN), bei Erfolg der Anschlußrevision hingegen der Revisionskl (Buchh 310 § 155 VwGO Nr 7; Sch-Dawin 36; s auch 23). 8

2. Der durch das 4. VwGOÄndG angefügte Satz 2 schließt für das RevisionsVf die Anwendung der Bestimmungen über den **allein entscheidenden Vorsitzenden** bzw Berichterstatter (§ 87 a) u über das **vereinfachte BeschlußVf** (§ 130 a) bzw die **Begründungserleichterungen** für Berufungsurteile (§ 130 b) aus. **Nicht anwendbar** sind in der Revisionsinstanz, obwohl in S 2 nicht genannt, gem S 1 iVm § 125 Abs 1 S 2 die Bestimmungen über den **Gerichtsbescheid** gem § 84; **anders,** wenn u soweit das BVerwG gem § 50 **erstinstanzlich** entscheidet (s 3 zu § 84). 9

§ 142 [Unzulässigkeit von Klageänderungen und Beiladungen]

(1) **Klageänderungen**[1 ff] **und Beiladungen sind im Revisionsverfahren unzulässig.**[6 ff] **Das gilt nicht für Beiladungen nach § 65 Abs. 2.**[7]

(2) **Ein im Revisionsverfahren nach § 65 Abs. 2 Beigeladener kann Verfahrensmängel nur innerhalb von zwei Monaten nach Zustellung des Beiladungsbeschlusses rügen.**[7] **Die Frist kann auf einen vor ihrem Ablauf gestellten Antrag von dem Vorsitzenden verlängert werden.**[7]

Vgl § 559 ZPO; § 168 SGG; § 123 FGO

Schrifttum: S zu § 65 u § 132.

1. Allgemeines: Die durch das 4. VwGOÄndG zT neu gefaßte – neu angefügt wurde Abs 1 S 2 u Abs 2 – Vorschrift **schließt** im Hinblick auf die besondere Natur des RevisionsVf als Vf zur Prüfung u Klärung von Rechtsfragen **Klageänderungen** (§ 91) u grds (s aber Abs 1 S 2 u Abs 2) **Beiladungen** (§ 65), die idR auch neue tatsächliche Feststellungen erfordern, aus. 1

2. Klageänderungen: Abs 1 S 1 schließt Klageänderungen in der Revisionsinstanz aus. Zum Begriff der Klageänderung s 1 ff zu § 91. Als nicht zulässig anzusehen ist daher (s auch 5 u 12 zu § 91) **zB** die **Einbeziehung** eines **Änderungsbescheids,** der den ursprünglichen VA ersetzt hat, in die Klage im RevisionsVf (anders zum Finanzprozeß BFH NVwZ-RR 1991, 280), sowie Klageänderung wg Fristversäumnis bei Urteilsergänzung gem § 120 (vgl IFLA 1996, 32). **Zulässig** sind dagegen auch in der Revisionsinstanz **bloße Erweiterungen oder Beschränkungen** des Klageantrags bzw Klageänderungen gem 2

§ 173 S 1, § 264 ZPO, die keine Klageänderung iSd § 91 darstellen (s 8 ff zu § 91), zB eine **Einschränkung** des Klagebegehrens ohne Änderung der tatsächlichen Klagevoraussetzungen (vgl BGH NJW-RR 1991, 1136), oder Klageänderungen, die die Klage einer inzwischen **veränderten Sachlage,** zB einer inzwischen erfolgten Erledigung der Hauptsache, **anpassen** (DVBl 1991, 214). Zulässig ist auch zB der **Übergang von einer Anfechtungs- oder Verpflichtungsklage** zur entsprechenden – anders bei Nichtentsprechung, s unten 3 – **FFK** nach § 113 Abs 1 S 4;[1] von der Leistungsklage zur Feststellungsklage (NJW 1987, 202); von der **Feststellungsklage zur Anfechtungsklage** (27, 181; BFH NVwZ 1986, 157) oder Verpflichtungsklage (BayVBl 1979, 472; Buchh 310 § 91 Nr 6 S 4) usw; von einer allg Feststellungsklage zu einer FFK (BayVBl 1982, 748; s aber zum Erfordernis des VorVf in diesem Fall als Voraussetzung der Zulässigkeit der Klage 34 zu § 68), sowie die Stellung eines (vorher noch nicht gestellten) **Antrags auf Folgenbeseitigung** nach § 113 Abs 1 S 2 (22, 315). Zulässig ist es auch, da dies keine Klageänderung ist (s 10 zu § 91), einen bisherigen **Hilfsantrag zum Hauptantrag zu machen.**

3 **Nicht zulässig** ist in der Revisionsinstanz dagegen der Übergang **von der Anfechtungsklage** zu einer **Verpflichtungsklage (aA** 68, 123), zu einer **Untätigkeitsklage** (§ 75) auf Verpflichtung (69, 238) oder zu einer **VerpflichtungsFFK;** von der **FFK** zu einer vorbeugenden Feststellungsklage, die zB generell die Frage klärt, ob ein bestimmtes Verhalten dem Kl als gewerberechtliche Unzuverlässigkeit entgegengehalten werden kann (BayVBl 1984, 249).

4 Auch soweit eine Klageerweiterung durch § 142 nicht ausgeschlossen wird, muß hins der Erweiterung eine **Beschwer** gegeben sein (str für den Fall der Anschlußrevision, vgl MDR 1977, 868) u ein RSB vorliegen (MDR 1977, 868 f). Zulässig ist auch, daß das Revisionsgericht die in der Vorinstanz unterbliebene **Prüfung der Sachdienlichkeit der Klageänderung** nachholt (BGH NJW 1979, 1306; zweifelhaft). Zur Zulässigkeit einer **Widerklage** im RevisionsVf s BVerwG 44, 360 sowie 2 zu § 89; zur Unzulässigkeit einer prozessualen Geltendmachung einer **Aufrechnung** im RevisionsVf 57 vor § 124.

5 Unzulässig (als Fall einer Klageänderung, s 7 zu § 91) ist auch ein **Parteiwechsel** (3, 150; 44, 150; 59, 224; NJW 1983, 1173), **es sei denn,** es handelt sich um einen Parteiwechsel **infolge einer gesetzlichen Rechtsnachfolge**[2] oder infolge einer **Sonderrechtsnachfolge in eine dingliche Rechtsstellung,** zB im Streit um eine Baugenehmigung. Entsprechendes gilt für den (ebenfalls als Klageänderung zu wertenden) **Parteibeitritt** (3, 155; 44, 360; 66, 267; BFH 123, 229).

6 **3. Beiladungen (Abs 1 u 2): Nicht berührt** wird von Abs 1 S 1 eine **in den Vorinstanzen erfolgte Beiladung;** sie bleibt auch in der Revisionsinstanz bestehen. **War** eine notwendige **Beiladung** in den Vorinstanzen **unterblieben,** so liegt ein wesentlicher Verfahrensmangel vor, der grds (s jedoch Abs 2) zur Zurückverweisung der Sache nach § 144 Abs 3 Nr 2 führt;[3] **anders,** wenn das Revisionsgericht die **Beiladung nachholt, oder wenn** nach den Umständen des

---

[1] NJW 1987, 202, 2179; DVBl 1991, 214 = DÖV 1991, 1044 mwN; NVwZ-RR 1995, 172; NVwZ 1999, 405; BFH NVwZ-RR 1999, 351; s auch BayVBl 1988, 602: der Bekl kann auch im RevisionsVf auf Abweisung der Klage bestehen, wenn er insoweit ein berechtigtes Interesse hat; allg dazu auch 120 zu § 113.

[2] 5, 524: Eintritt des Erben; 19, 128: Fortführung des Prozesses des gesetzlichen Vertreters durch den volljährig gewordenen Schüler; 44, 150: Eintritt des nunmehr zuständigen Baulastträgers nach Übergang der Baulast als Folge der Aufstufung einer Straße; 59, 224; BSG NVwZ 1988, 766: neuer Verwaltungsträger bei Funktionsnachfolge; DVBl 2001, 1698 – insoweit nicht abgedruckt; NKVwGO-Neumann 6; Redeker NVwZ 2000, 1224; vgl auch 13 zu § 91.

[3] 68, 232; Buchh 406.11 § 35 BBauG Nr 112; BayVBl 1982, 345; s unten 7, 40 zu § 137.

Falles ausgeschlossen ist, daß das Unterbleiben der Beiladung sich auf das Urteil auswirken konnte u auch in der Revisionsinstanz noch derart fortwirkt, daß ein in der Sache ergehendes Revisionsurteil nicht möglich ist (26, 23; 74, 19 = DÖV 1986, 699; NVwZ 1984, 507). Der Mangel wird außerdem dann **geheilt,** wenn der Beizuladende die Prozeßführung genehmigt, was auch noch in der Revisionsinstanz möglich ist (vgl BGH BayVBl 1981, 697 zum Vf zu §§ 162 Abs 1, 48 Abs 4 BBauG – jetzt §§ 222 Abs 1, 48 Abs 4 BauGB). Eine trotz Vorliegens der Voraussetzungen **unterbliebene einfache Beiladung** stellt dagegen keinen Verfahrensmangel dar u ist deshalb ohne Einfluß auf die Revisionsentscheidung (37, 116). Eine Beiladung durch das BVerwG ist **auch im Vf** zur Entscheidung über eine **gem § 47 Abs 5** vorgelegte Rechtsfrage ausgeschlossen (DÖV 1980, 138).

4. Notwendige Beiladungen (Abs 1 S 2, Abs 2): Die durch das 4. VwGO-ÄndG eingefügte Bestimmung macht zugunsten der notwendigen Beiladungen gem § 65 Abs 2 aus **Gründen der Verfahrensökonomie** u der Verfahrensbeschleunigung (BT-Dr 11/7030, 35) **eine Ausnahme** von dem Grundsatz des Abs 1 S 1, daß in der Revisionsinstanz Beiladungen nicht mehr zulässig sind. Ist in der Tatsacheninstanz eine notwendige Beiladung unterblieben, so müßte das BVerwG an sich das Urteil aufheben u die Sache in die Tatsacheninstanz zurückverweisen (s dazu sowie zu Ausnahmen oben 6; ferner 40 zu § 137; 24 u 42 zu § 65). Die nunmehr geltende Regelung trägt jedoch dem Umstand Rechnung, daß oft nicht nur die Beteiligten, sondern auch der Beizuladende an der erneuten Durchführung des BerufungsVf kein Interesse haben. Dem RSB **der Beteiligten** wird dadurch genügt, wenn mit der Beiladung die RKraft des Urteils nach § 121 auch auf den Beizuladenden erstreckt wird, **dem RSB des Beizuladenden** u nunmehr vom Revisionsgericht Beigeladenen dadurch, wenn er jetzt durch die Beiladung in der Revisionsinstanz **Gelegenheit erhält,** seine Rechte zu wahren, Anträge zu stellen, sowie **Verfahrensmängel zu rügen.** Genügen diese Möglichkeiten jedoch nicht, die Rechte des notwendig Beizuladenden zu wahren, u hat dieser daher ein berechtigtes Interesse daran, so muß das BVerwG nach § 144 Abs 3 S 2 das **Urteil aufheben u** die **Sache** in die Tatsacheninstanz **zurückverweisen** (BT-Dr 11/7030, 35). **Um beide Voraussetzungen zu erfüllen,** bedarf es aber der Beiladung. Diese wird nunmehr durch Abs 1 S 2 u Abs 2 ermöglicht. Im Vf über die Nichtzulassung der Beschwerde wg Nichtzulassung der Revision kommt eine notwendige Beiladung nicht in Betracht (NVwZ 2001, 202; Sch-Dawin 12). Für **die einfache Beiladung** besteht kein vergleichbares Bedürfnis, zumal ihr Unterbleiben in der Tatsacheninstanz auch dann kein Verfahrensfehler ist, wenn sie zweckmäßig gewesen wäre. Dazu, daß **auch** eine zu Unrecht **unterbliebene notwendige Beiladung** in der Tatsacheninstanz dann zu keiner Aufhebung des Urteils u zu keiner Zurückverweisung der Sache in die Tatsacheninstanz führen muß, wenn eine Klage in jedem Fall abgewiesen werden hätte müssen, s oben 6; ferner 40 zu § 137. **7**

Zur Rügefrist gem Abs 2 u zur **Verlängerung der Rügefrist** gem Abs 2 S 2 durch den Vorsitzenden vgl 8ff zu § 139; die dort gemachten Ausführungen gelten auch hier entsprechend. **8**

§ 143 [Prüfung der Zulässigkeitsvoraussetzungen]

Das Bundesverwaltungsgericht prüft, ob die Revision statthaft und ob sie in der gesetzlichen Form und Frist eingelegt und begründet worden ist.[1 f] **Mangelt es an einem dieser Erfordernisse, so ist die Revision unzulässig.**[2]

Vgl § 552 Abs 1 ZPO; § 169 SGG; § 124 FGO

Schrifttum: S zu §§ 132ff.

1 Die Vorschrift nennt nur die **besonderen Zulässigkeitsvoraussetzungen** der Revision. Zum Begriff der **Statthaftigkeit** u zu den – mit Ausnahme eines nicht dem Gericht ggü erklärten Revisions- oder Klageverzichts, der nur auf Einrede berücksichtigt wird – ebenfalls immer vAw zu berücksichtigenden **sonstigen** allg **Zulässigkeitsvoraussetzungen** s 28 ff vor § 124.

2 **Fehlt eine** allg oder besondere **Zulässigkeitsvoraussetzung,** so ist die Revision durch Beschluß zu **verwerfen** (§ 144 Abs 1). Bei Fehlen von Sachentscheidungsvoraussetzungen, die nicht zugleich Zulässigkeitsvoraussetzungen der Revision sind (s 29 vor § 124), aber wie diese gleichfalls vAw zu beachten sind, ist die Revision (als unbegründet) zurückzuweisen (§ 144 Abs 2).

§ 144 [Inhalt der Entscheidung des Revisionsgerichts]

(1) **Ist die Revision unzulässig, so verwirft sie das Bundesverwaltungsgericht durch Beschluß.**[1]

(2) **Ist die Revision unbegründet, so weist das Bundesverwaltungsgericht die Revision zurück.**[1 ff]

(3) **Ist die Revision begründet, so kann das Bundesverwaltungsgericht**

1. in der Sache selbst entscheiden,[7 ff]
2. das angefochtene Urteil aufheben und die Sache zur anderweitigen Verhandlung und Entscheidung zurückverweisen.[9 ff]

Das Bundesverwaltungsgericht verweist den Rechtsstreit zurück, wenn der im Revisionsverfahren nach § 142 Abs. 1 Satz 2 Beigeladene ein berechtigtes Interesse daran hat.

(4) **Ergeben die Entscheidungsgründe zwar eine Verletzung des bestehenden Rechts, stellt sich die Entscheidung selbst aber aus anderen Gründen als richtig dar, so ist die Revision zurückzuweisen.**[4 ff]

(5) **Verweist das Bundesverwaltungsgericht die Sache bei der Sprungrevision nach § 49 Nr. 2 und nach § 134 zur anderweitigen Verhandlung und Entscheidung zurück, so kann es nach seinem Ermessen auch an das Oberverwaltungsgericht zurückverweisen, das für die Berufung zuständig gewesen wäre.**[9] **Für das Verfahren vor dem Oberverwaltungsgericht gelten dann die gleichen Grundsätze, wie wenn der Rechtsstreit auf eine ordnungsgemäß eingelegte Berufung bei dem Oberverwaltungsgericht anhängig geworden wäre.**[11]

(6) **Das Gericht, an das die Sache zur anderweitigen Verhandlung und Entscheidung zurückverwiesen ist, hat seiner Entscheidung die rechtliche Beurteilung des Revisionsgerichts zugrunde zu legen.**[12 ff]

(7) **Die Entscheidung über die Revision bedarf keiner Begründung, soweit das Bundesverwaltungsgericht Rügen von Verfahrensmängeln nicht für durchgreifend hält.**[17] **Das gilt nicht für Rügen nach § 138 und, wenn mit der Revision ausschließlich Verfahrensmängel geltend gemacht werden, für Rügen, auf denen die Zulassung der Revision beruht.**[17]

Vgl §§ 552, 561–564 ZPO; §§ 169 f SGG; § 126 FGO

Schrifttum: *Bettermann,* Die Sprungzurückverweisung des Revisionsgerichts, NJW 1969, 160; *ders,* Anfechtung und Kassation, ZZP 88 (1975), 365; *Jessen,* Keine Bindung an den Rechtsmittelantrag bei Zurückverweisung?, NJW 1978, 1616; *Zeihe,* Die Zurückverweisung an einen anderen Senat, DVBl 1999, 1322. – S auch zu § 130 und zu §§ 132 ff.

1 **1. Allgemeines:** Das BVerwG **verwirft bei Unzulässigkeit** (s 1 f zu § 143; 28 ff vor § 124) die Revision durch Beschluß. Ein Gerichtsbescheid (§ 84) ist

nicht möglich. Die Entscheidung des BVerwG ergeht auch dann gem § 144 Abs 1 durch Beschluß, **wenn** das BVerwG **aufgrund mV** entscheidet (vgl NJW 1987, 458). Nicht durch Urteil, sondern durch Beschluß ist daher auch zu entscheiden, wenn die Revisionsbegründungsfrist versäumt wurde, Wiedereinsetzung hiergegen aufgrund mV abgelehnt u die Revision verworfen wird (74, 289 = DVBl 1986, 1200). **Ist die Revision zulässig, aber unbegründet** (s 1 zu § 137), sei es, weil das angefochtene Urteil nicht auf einer Verletzung revisiblen Rechts beruht bzw das BVerwG zu einer vollen Überprüfung nicht befugt ist (§ 137), oder sei es, weil das Urteil fehlerfrei oder jedenfalls im Ergebnis richtig ist (Abs 4, s unten 4), so **weist** das BVerwG **die Revision** durch Urteil **zurück. Ist die Revision zulässig u begründet** (Abs 3), so ist ebenfalls durch Urteil zu entscheiden. Ist die Revision teils unzulässig, teils unbegründet oder begründet, so kann insgesamt durch Urteil entschieden werden (15, 240 zu § 63 Abs 3 BVerwGG); ebenso, **wenn sonst** in derselben Sache aufgrund einheitlicher mV **durch Urteil zu entscheiden** ist (15, 240; 90, 340 = DVBl 1993, 41; RÖ-v Nicolai 2).

Zu den **Zulässigkeitsvoraussetzungen** s §§ 137 ff sowie 27 ff vor § 124, zur **Begründetheit** §§ 137 f sowie 59 ff vor § 124, in bezug auf Ermessensentscheidungen der Vorinstanzen u der Beurteilung von Ermessensentscheidungen der Verwaltung durch die Vorinstanzen auch 1 u 20 zu § 137; zur **Bindung** des Revisionsgerichts **an** dem angegriffenen Urteil vorausgegangene unanfechtbare oder nicht angegriffene **Vorentscheidungen** der unteren Instanzen auch 24 zu § 132; 4 zu § 128; an frühere eigene Entscheidungen in der Sache unten 15 f; zur für die Beurteilung der Zulässigkeit u Begründetheit der Revision **maßgeblichen Sach- u Rechtslage** 2 zu § 137; 41 ff vor § 40; 29 ff u 217 ff zu § 113. 2

Bei Beendigung des Verfahrens durch Rechtsmittelrücknahme, Klagerücknahme, übereinstimmende **Hauptsacheerledigungserklärungen** oder **Vergleich** stellt das BVerwG das Vf durch Beschluß ein u stellt – außer bei Rechtsmittelrücknahme (vgl 1 zu § 126) – fest, **daß die Vorentscheidungen unwirksam** geworden sind. Zur Frage der Hauptsacheerledigung hins der Zulassungsbeschwerde s 51 zu § 132. 3

2. Bestätigung als im Ergebnis zutr (Abs 4): Abs 4 erweitert aus Gründen der Prozeßökonomie die Prüfungszuständigkeit des BVerwG auch auf die Frage, ob das angegriffene Urteil nicht aus anderen Gründen als den Gründen, die dafür maßgeblich waren („Entscheidungsgründe" ist hier nicht im engeren Sinn des § 117 Abs 2 Nr 5 zu verstehen), als **jedenfalls im Ergebnis zutr** aufrechtzuerhalten ist (60, 160). Das BVerwG kann nach dieser Vorschrift zB ein mit Unzulässigkeit der Klage begründetes Urteil mit der Begründung, daß die Klage zwar zulässig ist, der geltend gemachte materiellrechtliche Anspr aber, ohne daß es insoweit erst noch weiterer tatsächlicher Feststellungen bedürfte (BSG DVBl 1990, 211 mwN), nicht besteht,[1] oder eine Klageabweisung wg Unbegründetheit mit der Begründung, daß die Klage unzulässig ist, bestätigen, dh die gegen die genannten Urteile gerichtete Revision (als unbegründet) zurückweisen (61, 223; BSG NVwZ 1989, 903; Sch-Eichberger 49); ebenso ein unter Verletzung von Verfahrensrecht ergangenes Urteil, wenn die Heilung des Mangels auch noch in der Revisionsinstanz möglich ist (21, 271); **anders, wenn** das Revisionsgericht mit der Abweisung der Klage als unbegründet statt als unzulässig gegen §§ 141, 129 verstoßen würde (Buchh 310 § 144 VwGO Nr 9; vgl auch NJW 1982, 115 mwN). Vgl zu Abs 4 allg auch Bettermann ZZP 88, 370. 4

Bei der Prüfung nach Abs 4 ist das BVerwG nach hM **an die Beschränkungen** des § 137 Abs 3 S 1 (17, 18; 58, 149) u des § 137 Abs 1 **nicht gebunden,** 5

---

[1] 54, 101; NVwZ 1982, 104; Buchh 402.44 VersG Nr 2 mwN; vgl auch Mü NVwZ-RR 2004, 223 u 7 a zu § 124.

kann insoweit eine Entscheidung also, auch wenn nur Verfahrensfehler gerügt waren, auch aus Gründen des materiellen Rechts (17, 18; DVBl 1981, 495; NJW 1982, 1474), sogar des **nicht-revisiblen Rechts**[2] bestätigen. **Voraussetzung** ist allerdings, daß das angegriffene Urteil sowie die in diesem gem § 117 Abs 3 S 2 in bezug genommenen Schriftsätze usw (DVBl 1985, 110; BGH NJW 1983, 886) insoweit **hinreichende tatsächliche Feststellungen** enthalten.[3] Fehlt es an einer sicheren tatsächlichen Grundlage für eine revisionsgerichtliche Entscheidung, weil der Tatbestand des Berufungsurteils fehlt, widersprüchlich, lückenhaft oder sonst unklar ist, so ist das Berufungsurteil aufzuheben (BGH NJW-RR 1994, 1341). **Maßgeblich** sind insoweit **nur Feststellungen, die das Urteil** der Vorinstanz **tragen** u auch für das Revisionsgericht gem § 137 Abs 2 bindend sind (für die Berücksichtigung aller festgestellter Tatsachen Sch-Eichberger 37); obiter dicta genügen nicht (NJW 1981, 1974). Abs 4 ist **nicht anwendbar,** wenn **die erforderlichen tatsächlichen Feststellungen** erst vom BVerwG getroffen werden müßten; das BVerwG würde in diesem Fall, weil es an die tatsächlichen Feststellungen des Berufungsgerichts gebunden ist (s 24 zu § 137), gegen das Recht der Beteiligten auf den gesetzlichen Richter gem Art 101 Abs 1 S 2 GG verstoßen, wenn es die Sache nicht in die Tatsacheninstanz zurückverweist (BVerfG NJW 1991, 2893). Zu Ausnahmen s 35 ff zu § 137. Gleichfalls nicht anzuwenden ist Abs 4, wenn das OVG die Entscheidung zwar mit einer zweiten selbständig tragenden Begründung als unbegründet angesehen hat, das OVG jedoch nach § 125 Abs 2 wg eines schriftlichen Vf in der Sache nicht entscheiden durfte u es für eine Entscheidung nach § 130 a an der erforderlichen Anhörung fehlte (NVwZ-RR 2004, 221).

6 Abs 4 kommt **bei absoluten Revisionsgründen** (§ 138) grds **nicht** zur Anwendung,[4] **ausgenommen** bei einer Verletzung des **rechtlichen Gehörs** (§ 138 Nr 3), sofern sich die Verletzung nicht auf das Gesamtergebnis des Vf (§ 108), sondern nur auf einzelne Feststellungen bezieht, auf die es für die Entscheidung nicht ankommt.[5] S dazu auch näher 17 u 20 zu § 138.

7 **3. Entscheidung in der Sache (Abs 3 Nr 1):** Ist die Revision zulässig u wg Verletzung revisiblen Rechts begründet u liegt auch der Fall des § 144 Abs 4 nicht vor, so **hebt** das Revisionsgericht **das angefochtene Urteil auf** u entscheidet entweder in der Sache selbst abschließend oder verweist die Sache zur anderweitigen Verhandlung u Entscheidung zurück. **Eine abschließende Entscheidung in der Sache** selbst ist jedoch grds nur zulässig, wenn die Sache **spruchreif** ist (50, 369; RÖ-v Nicolai 6; Sch-Eichberger 70), durch die Vorinstanz getroffenen **Tatsachenfeststellungen eine ausreichende Grundlage** für die Sachentscheidung des Revisionsgerichts bieten u ergänzende Ermittlungen,

---

[2] 19, 213, wo für diesen Fall ein Wahlrecht entspr § 563 Abs 4 ZPO zwischen Sachentscheidung u Zurückverweisung angenommen wird; 57, 143; 61, 23; NJW 1985, 1095; NVwZ 1991, 571: Wahlrecht zwischen Entscheidung in der Sache oder Zurückverweisung, wenn das Berufungsgericht Landesrecht nicht angewandt hat, s dazu jedoch auch krit 28 zu § 137 –; BGH NJW-RR 1993, 13 – für den Fall, daß das Berufungsgericht das irrevisible Recht nicht angewendet hatte.

[3] DVBl 1982, 302 = BayVBl 1982, 571; NJW 1981, 1474; weitergehend 29, 269; DVBl 1981, 496: auch Feststellungen im Sitzungsprotokoll oder in den Gerichtsakten.

[4] 58, 149; 62, 10 = NJW 1981, 1852; NVwZ 1991, 314; 1996, 378; BGH DtZ 1993, 248; Ks 44, 180; Ey-P Schmidt 7; RÖ-v Nicolai 3; SDV 3; tlw **aA** aber BVerwG NVwZ-RR 2000, 234: wonach § 144 Abs 4 allg auch auf einen absoluten Revisionsgrund anwendbar sein soll, wenn die angegriffene Entscheidung im Ergebnis aus Gründen richtig ist, zu denen die gerügten Verfahrensmängel keinen Bezug haben u auf die sie sich nicht ausgewirkt haben können. Für die grds Anwendbarkeit des § 144 Abs 4 neben § 138 Sch-Eichberger 54 ff.

[5] 15, 26; NVwZ 1994, 1095; 1996, 378; 2003, 1130; NVwZ-RR 2000, 234; Ks 44, 180; Ey-P Schmidt 7; RÖ-v Nicolai 3; s auch BFH NVwZ-RR 1999, 76 f.

insb Beweiserhebungen, nicht mehr erforderlich sind.[6] Hat das Berufungsgericht eine wesentliche **tatsächliche Voraussetzung noch nicht näher geprüft,** etwa weil es vom Standpunkt seiner Rechtsauffassung her nicht darauf ankam, so ist dem BVerwG eine Entscheidung in der Sache nach Abs 4 verwehrt (NVwZ 1991, 570; DVBl 1993, 156; str; vgl unten 8). Verweist das Revisionsgericht in solchen Fällen nicht zurück, sondern entscheidet es selbst in der Sache, so **verletzt** es damit das Recht der Beteiligten auf den **gesetzlichen Richter** gem Art 101 Abs 1 S 2 GG (BVerfG NJW 1991, 2893).

In **allen anderen Fällen** liegt es im **Ermessen des Revisionsgerichts, ob** es selbst entscheiden oder die Sache **zurückverweisen will.**[7] S zur Zurückverweisung im einzelnen unten 9 ff. Abs 3 stellt eine Bestimmung des **gesetzlichen** Richters gem Art 101 Abs 1 S 2 GG dar; eine willkürliche Verletzung verletzt zugleich dieses Grundrecht (vgl BVerfG 3, 256, 363; 31, 165; 54, 115). Bei der Ausübung seines Ermessens muß das Gericht gegeneinander abwägen den Vorteil, daß den Parteien der Instanzenzug voll gewahrt bleibt, vor allem bei umfangreicher Neuverhandlung, gegen den Nachteil, den die Zurückverweisung infolge Verzögerung u Verteuerung bedeutet (vgl ThP 23. Aufl 1 zu § 539 ZPO).

Das **Fehlen einer Prozeßvoraussetzung** für **die Klage** hat in der Revi- 7a
sionsinstanz **nicht zwingend eine Abweisung der Klage** als unzulässig durch das Revisionsgericht **zur Folge** (BGH NJW 1922, 2099 – zu einer nicht ordnungsgemäß erhobenen Klage –). Hat die Prozeßvoraussetzung schon in der ersten Instanz gefehlt u hat das Berufungsgericht gleichwohl die Sache nicht nach § 130 **an die erste Instanz zurückverwiesen,** so kann nunmehr das Revisionsgericht die Sache nach § 144 Abs 1 Nr 2 zurückverweisen (vgl BGH NJW 1992, 2099).

Entscheidet das Revisionsgericht selbst in der Sache, so hat es nach Auf- 8
fassung des BVerwG **dieselbe Entscheidungsfreiheit** wie das Gericht, an das es zurückverweisen könnte, u es kann dabei nach § 173 S 1, § 563 Abs 4 ZPO – muß jedoch nicht (s unten 10) – **auch nicht-revisibles Recht** auslegen u anwenden,[8] weil es durch die gegen Bundesrecht verstoßende Auslegung des Landesrechts nicht nach § 560 ZPO, § 173 S 1 gebunden ist (75, 72); es kann ferner auch selbst den maßgeblichen **Sachverhalt** feststellen (**aA** DVBl 1993, 156; s auch oben 7).

Beteiligte, die befürchten, daß sich Tatsachenfeststellungen der Vorinstanz zu ihrem Nachteil auswirken könnten, haben insoweit das Recht zu einer – nicht frist- oder formgebundenen – **Gegenrüge;**[9] dasselbe gilt auch für den Revisionsbekl bei der Sprungrevision, der sich gem § 134 Abs 1 mit dieser einverstanden erklärt hatte.[10]

---

[6] S auch oben 5; RÖ-v Nicolai 6; zu Ausnahmen 35 ff zu § 137; zu weitgehend BVerwG NVwZ 1991, 377: ist das Berufungsgericht bei der Prognose, ob die Religionsfreiheit einschränkende Vorschriften zukünftig verschärft werden, von einem fehlerhaften rechtlichen Ansatz ausgegangen, so ist das Revisionsgericht hins der Frage, ob die Prognose aus anderen Gründen Bestand hat, nicht auf die Prüfung beschränkt, ob ein Verstoß gegen allg Sachverhalts- u Beweiswürdigungsgrundsätze vorliegt.

[7] 75, 72; BSG DVBl 1990, 211; BGH NJW-RR 1993, 14; RÖ-v Nicolai 6: das BVerwG kann nicht nur in den Fällen des § 565 Abs 3 ZPO aF (§ 563 Abs 3 ZPO nF), sondern stets in der Sache entscheiden, wenn diese spruchreif ist (Sch-Eichberger 72 geht davon aus, daß eine eigene Entscheidung des BVerwG zu erfolgen hat, wenn die Sache entscheidungsreif ist, u begründet dies mit der ratio der Norm, die in der Prozeßökonomie zu sehen sei; so wohl auch NKVwGO-Neumann 39; vgl aber auch 41 f zu § 137.

[8] 19, 213; DVBl 1993, 1296; ZfBR 1996, 331; RÖ-v Nicolai 6; Sch-Eichberger 79; ebenso BGH NJW-RR 1993, 14; NJW 1997, 2115.

[9] GSOGB BVerwG 50, 369 = NJW 1976, 1683; BVerwG 32, 228; 82, 25; BAG 17, 236; BSG MDR 1966, 878; BFH 99, 21; NJW 1971, 168.

[10] Schaeffer NVwZ 1982, 23 Anm 29; offen GSOGB BVerwG 50, 369 = NJW 1976, 1683; vgl auch BSG – GrS – SozR 1500 § 161 Nr 18.

Auch soweit nach den dargelegten Grundsätzen das Revisionsgericht an sich die noch erforderlichen tatsächlichen Feststellungen selbst treffen könnte, ist im allgemeinen, **wenn noch tatsächliche Feststellungen in erheblichem Umfang** notwendig sind, eine Zurückverweisung zweckmäßig (BSG DVBl 1990, 211).

9 **4. Zurückverweisung (Abs 3 Nr 2, Abs 5):** Zurückzuverweisen ist **grds an die Vorinstanz** (17, 170; 69, 161), dh an das OVG bzw im Fall der Sprungrevision an das VG, wobei entspr § 563 Abs 1 S 2 ZPO die Zurückverweisung auch an einen anderen Senat dieses OVG bzw eine andere Kammer dieses VG erfolgen kann (RÖ-v Nicolai 7; näher Zeihe DVBl 1999, 1322), wobei in diesem Fall das Revisionsgericht diesen Spruchkörper bestimmen muß (Zeihe DVBl 1999, 1325; **aA** NKVwGO-Neumann 56). Eine Zurückverweisung an ein anderes OVG oder VG wg örtlicher oder instanzieller Unzuständigkeit bzw an ein Gericht eines anderen Rechtsweges kommt nicht in Betracht, da das BVerwG diese Zuständigkeitsfragen nicht zu prüfen hat (§ 17a Abs 5 GVG, § 83 iVm § 17a Abs 5 GVG). Bei (nicht durch die Entscheidung des OVG geheilten) **Verfahrensfehlern in der ersten Instanz** kann das BVerwG auch an das VG, wenn es dies wg der Schwere des Verfahrensfehlers für geboten hält u auch das OVG an dieses VG verweisen könnte,[11] bei der **Sprungrevision** (§ 134) auch an das OVG (Abs 5 S 1; vgl dazu 51, 11; 66, 223: nach Ermessen des BVerwG), zurückverweisen. Allg zur Entscheidung, ob zurückzuverweisen ist oder nicht, s oben 1 u 7.

10 **Eine Zurückverweisung** kommt **insb** in Betracht, wenn für die abschließende Sachentscheidung erforderliche Tatsachenfeststellungen erst noch getroffen werden müßten (GSOGB NJW 1976, 1683) oder für die Entscheidung in der Sache nichtrevisibles Recht maßgeblich ist (vgl § 563 Abs 4 ZPO; dazu auch 85, 294; ZfBR 1996, 331); sie **muß** grds **erfolgen,** wenn das BVerwG die erforderlichen Feststellungen nicht selbst treffen kann (s oben 7; allg auch 34 ff zu § 137) oder wenn ein Beteiligter Gegenrüge erhebt (vgl oben 8); ebenso, wenn in der Tatsacheninstanz eine **notwendige Beiladung unterblieben** war (s 40 zu § 137; 7 zu § 142) u der Beizuladende nicht die Verfahrensführung genehmigt (BGH BayVBl 1981, 697) bzw nach seiner Beiladung gem § 142 Abs 1 S 2, Abs 2 Verfahrensmängel rügt u gem § 144 Abs 3 S 2 ein berechtigtes Interesse an der Zurückverweisung hat (s dazu im folgenden; ferner 6 f zu § 142) oder wenn dem Kl noch keine Gelegenheit zur **Nachholung des VorVf** gegeben worden war (BSG SozR 1500 § 78 Nr 8; DVBl 1985, 630).

Der durch das 4. VwGOÄndG eingefügte **Abs 3 S 2** ist insoweit unvollständig u mißverständlich. Er ist, obwohl er nur auf § 142 Abs 1 S 2 verweist, auch **im Zusammenhang mit § 142** Abs 2 zu sehen. Eine Zurückverweisung kommt danach nur in Betracht, **wenn** der Beigeladene die Verfahrensmängel gem § 142 Abs 2 **rechtzeitig gerügt hat.** Eine **Änderung des entscheidungserheblichen Sachverhalts** nach Erlaß der Berufungsentscheidung eröffnet dem Revisionsgericht idR nicht die Möglichkeit einer Zurückverweisung der Sache an das OVG (DVBl 1984, 780; 1991, 535 = NVwZ 1991, 377; Sch-Eichberger 86).

11 **5. Wirkung der Zurückverweisung (Abs 6):** Durch die Zurückverweisung wird das Vf bei dem Gericht, an das verwiesen wurde, im Umfang der Aufhebung u Zurückverweisung wieder **erneut anhängig.** In dem dadurch wieder eröffneten Vf sind nunmehr auch **neue Anträge,** die vorher noch nicht gestellt worden waren, u der **Vortrag neuer Tatsachen** zulässig.

12 Das Gericht ist jedoch **an** die der Aufhebung zugrundeliegende (dh sie tragende, für die Entscheidung kausale, NJW 1997, 3456; BSG NJW 1992, 2440) **rechtliche Beurteilung des Falles durch das Revisionsgericht gebunden.**

---

[11] 28, 317 = NJW 1968, 956; NJW 1991, 510 mwN; Buchh § 82 VwGO Nr 11 S. 6; Bettermann NJW 1969, 170; **aA** Menger VerwA 1962, 400.

Die Bindung erstreckt sich auf die den unmittelbaren Zurückweisungsgründen vorhergehenden Gründe jedenfalls insoweit, als diese die notwendige Voraussetzung für die unmittelbaren Aufhebungsgründe waren. Dies gilt insb dann, wenn die erforderliche neue Sachentscheidung des Tatsachengerichts von der Erfüllung der in der zurückweisenden Entscheidung bejahten Klagebefugnis abhängig ist (42, 246f; NJW 1997, 3456). Die Bindung erstreckt sich auch auf die Beurteilung der Verfassungsgemäßheit u ggf der Gebotenheit einer bestimmten verfassungskonformen Auslegung, nicht jedoch auf sonstige Ausführungen im Urteil des Revisionsgerichts, die nur (unverbindliche) Hinweise für die weitere Sachbehandlung darstellen.[12] Erfolgt die Aufhebung wg **eines Verfahrensfehlers,** so ist das Gericht jedoch hins der materiellrechtlichen Beurteilung an die im aufgehobenen Urteil vertretene Auffassung nicht mehr gebunden (NVwZ 2000, 1299; Ey-P. Schmidt 14; NKVwGO-Neumann 72; RÖ-v Nicolai 10; str), das Gericht ist auch nicht dahin gebunden, daß die Klage zulässig ist (Buchh 310 § 144 VwGO Nr 69). Die Bindung erfaßt andererseits nicht nur die dem Zurückverweisungsurteil unmittelbar zugrundeliegende rechtliche Würdigung, sondern auch die den unmittelbaren Zurückverweisungsgründen **vorausliegenden Gründe,** soweit diese notwendige Voraussetzungen für die unmittelbaren Aufhebungsgründe waren (42, 247; BAG 10, 355; BGH 22, 370; BFH BStBl II 1976, 42). Deshalb muß zB die Vorinstanz, wenn die Aufhebung aus materiellrechtlichen Gründen erfolgte, davon ausgehen, daß alle unverzichtbaren Prozeßvoraussetzungen gegeben sind (42, 247). Die Bindung gilt **nur für die zurückverwiesene Sache,** nicht auch für andere parallele oder weitere gleich- oder ähnlich liegende Fälle zwischen denselben Beteiligten u hins derselben Rechtsfragen (NVwZ 1982, 120). **Allg zur Bindungswirkung** revisionsgerichtlicher Entscheidungen s auch Tiedke JZ 1978, 626; zu Ausnahmen auch GSOGB BVerwG 41, 369; BVerwG 87, 164; BSG NJW 1991, 1255; BFH 157, 30; NJW 1984, 224. Die **Verletzung** der Bindungswirkung ist ein Verfahrensfehler (NJW 1985, 294 mwN). Kein Verstoß liegt vor, wenn dem Gericht bei der Erfüllung der revisionsgerichtlichen Forderung, weitere tatsächliche Feststellungen zu treffen, ein Fehler bei der Beweiswürdigung unterläuft (Buchh 310 § 144 Nr 57).

Die Bindung entfällt bei einer nachträglichen **Änderung der Rechtslage** 13 (GSOGB BVerwG 41, 368; BVerwG 39, 306; MDR 1973, 1045; NVwZ 1984, 432; Ks NVwZ-RR 1991, 516), bei einer wesentlichen **Veränderung** des zu beurteilenden **Sachverhalts** infolge neuen Vorbringens oder einer Änderung der für die Entscheidung maßgeblichen Umstände (42, 247; BGH NJW 1985, 2030 mwN; Ks NVwZ-RR 1991, 516), auch bei Tatsachen, die einen Restitutionsgrund (§ 153 Abs 1, § 580 ZPO) darstellen würden (vgl NVwZ-RR 1995, 361), sowie, wenn zwischenzeitlich der GSOGB oder der GrS (§ 11) des BVerwG die maßgebliche **Rechtsfrage anders entschieden** hat (vgl BSG 17, 550; Ule 63 V 2c) oder **neue revisionsrichterliche Grundsätze** erarbeitet wurden, nach denen der Fall nunmehr anders zu beurteilen ist.[13] Die Bindung entfällt auch, wenn zwischenzeitlich eine **Entscheidung des BVerfG** (Ks NVwZ 1984, 736; Ms NVwZ-RR 1996, 130), eines Landesverfassungsgerichts oder des EuGH (87, 164) ergangen ist (vgl auch 6, 297; BSG 17, 56; BFH NJW 1984, 224; RÖ-v *Nicolai 12*), auch wenn diese das zur Entscheidung berufene Gericht nicht unmittelbar bindet.

Vgl auch 5 zu § 11 u unten 16, zur Bindungswirkung auch der Gründe verfassungsgerichtlicher Entscheidungen 162 zu § 42.

---

[12] 13, 196; Buchh 310 § 144 Nr 23, 25 u 29; NJW 1985, 394 mwN; BSG DÖV 1985, 588; **aA** BFH NJW 1970, 216: Bindung auch an bloße Hinweise.

[13] Vgl unten 16; soweit die Selbstbindung des Revisionsgerichts entfällt, muß dasselbe auch für das vorausgehende Vf vor dem Gericht, an das verwiesen wurde, gelten; GSOGB BVerwG 41, 368; Ms NVwZ-RR 1996, 130; **aA** Ule 63 III 2c.

14 **Nicht berührt** wird durch die Zurückverweisung die **Bindung des Gerichts an eigene** unanfechtbare oder unanfechtbar gewordene Zwischenurteile (§ 110) u sonstige **Entscheidungen** einschließlich des Endurteils, soweit sie von der Aufhebung nicht erfaßt werden (NJW 1967, 990; RÖ-v Nicolai 9); ebenso **nicht** die **Bindung der Beteiligten an unwiderrufliche Prozeßhandlungen** u ggf verlorene Rügemöglichkeiten (vgl 3 ff zu § 128; 12 zu § 137; 3 zu § 130), sowie eine etwa eingetretene **Präklusion** gem §§ 87 b, 128 a.

15 **6. Selbstbindung des Revisionsgerichts:** Auch das Revisionsgericht selbst ist grds im selben Umfang wie das Gericht, an das zurückverwiesen wurde, an die dem zurückverweisenden Urteil zugrundeliegende (dh diese tragende, vgl 54, 118) Rechtsauffassung **gebunden,** wenn der Fall im RechtsmittelVf wieder erneut bei ihm anhängig wird: **Grundsatz der Selbstbindung des Revisionsgerichts.**[14] Entspr gilt für den Fall der Sprungrevision (54, 116: Bindung des BVerwG an die Rechtsauffassung des OVG, das die Sache an das VG zurückverwiesen hatte). Soweit die Selbstbindung reicht, ist auch eine erneute Revision wg grundsätzlicher Bedeutung ausgeschlossen, weil das Revisionsgericht wg seiner Bindung die Frage nicht klären könnte (BSG DÖV 1985, 588).

16 **Die Bindung entfällt** jedoch, wenn das angegriffene Urteil auf einem **wesentlich anderen Sachverhalt** beruht; wenn zwischenzeitlich die für die Entscheidung des BVerwG maßgebliche **Sach- oder Rechtslage** (vgl zur Berücksichtigung neuer Tatsachen 36 ff zu § 137) **sich geändert** hat (NJW 1986, 2899), wenn **die Rechtsfrage** vom GSOGB, vom GrS (§ 11) (BSG 17, 550; Ule 63 III 2 c) oder vom BVerfG (OLG Köln MDR 1977, 161; zur Bindungswirkung nicht nur des Tenors, sondern auch der tragenden Gründe verfassungsgerichtlicher Entscheidungen vgl 162 zu § 42), Landesverfassungsgericht oder EuGH (vgl 49, 60; 87, 154 = Buchh 451.90 Nr 27; DVBl 1992, 1168) **anders entschieden** wurde, oder wenn **neue revisionsrichterliche Grundsätze** erarbeitet wurden (GSOGB BVerwG 41, 369); dies gilt auch dann, wenn die Berücksichtigung neuer revisionsrichterlicher Grundsätze wg erforderlicher neuer Tatsachenfeststellungen eine **erneute Zurückverweisung** notwendig macht (GSOGB BVerwG 41, 370; die insoweit abw Entscheidung 39, 213 ist dadurch überholt). Dasselbe gilt, wenn das Revisionsgericht seine Auffassung nicht zwischenzeitlich anläßlich eines anderen Falles geändert hat, sondern erst **anläßlich der zweiten Entscheidung** in derselben Sache **ändern will.**[15]

17 **7. Ausnahmen von der Verpflichtung zur Begründung der Revisionsentscheidung (Abs 7):** Der durch das 4. VwGOÄndG eingefügte Abs 7 lehnt sich an § 564 ZPO u § 170 Abs 3 SGG an. Er dient der Entlastung des BVerwG (BT-Dr 11/7030, 35). Obwohl von den Begründungserleichterungen nach S 2 **die wichtigsten Fälle ausgenommen** werden, in denen ein besonderes Interesse der Beteiligten besteht, die Gründe zu erfahren, ist die Regelung unter rechtsstaatlichen Gesichtspunkten **nicht unbedenklich** u in **verfassungskonformer Weise** zu handhaben (vgl zu den Einschränkungen BVerfG BayVBl 1994, 145 mwN u 6 zu § 122; ohne Bedenken NKVwGO-Neumann 90).

§ 145 *[Revision zum OVG]*

(aufgehoben durch das 6. VwGOÄndG)

Die Vorschrift ergänzte § 131 aF u wurde mit diesem zusammen (1 zu § 131) durch das 6. VwGOÄndG aufgehoben.

---

[14] Vgl 16 zu § 130; GSOGB BVerwG 41, 363 = NJW 1954, 1153; Sch-Eichberger 127; BL 25 zu § 538 ZPO.

[15] NKVwGO-Neumann 80; offen GSOGB BVerwG 41, 370 u NJW 1973, 1273; **aA** BVerwG 54, 124; NJW 1966, 798.

14. Abschnitt. Beschwerde, Erinnerung, Anhörungsrüge

§ 146 [Statthaftigkeit der Beschwerde]

(1) **Gegen die Entscheidungen des Verwaltungsgerichts, des Vorsitzenden oder des Berichterstatters, die nicht Urteile oder Gerichtsbescheide sind,**[4 ff] **steht den Beteiligten**[8] **und den sonst von der Entscheidung Betroffenen**[8] **die Beschwerde an das Oberverwaltungsgericht zu,**[1 ff] **soweit nicht in diesem Gesetz etwas anderes bestimmt ist.**[9 ff]

(2) **Prozeßleitende Verfügungen,**[10 ff] **Aufklärungsanordnungen, Beschlüsse über eine Vertagung oder die Bestimmung einer Frist, Beweisbeschlüsse, Beschlüsse über Ablehnung von Beweisanträgen, über Verbindung und Trennung von Verfahren und Ansprüchen**[10 ff] **und über die Ablehnung von Gerichtspersonen**[7] **können nicht mit der Beschwerde angefochten werden.**

(3) **Außerdem ist vorbehaltlich einer gesetzlich vorgesehenen Beschwerde gegen die Nichtzulassung der Revision die Beschwerde nicht gegeben in Streitigkeiten über Kosten, Gebühren und Auslagen, wenn der Wert des Beschwerdegegenstandes zweihundert Euro nicht übersteigt.**[16 ff]

(4) **Die Beschwerde gegen Beschlüsse des Verwaltungsgerichts in Verfahren des vorläufigen Rechtsschutzes (§§ 80, 80 a und 123)**[27 ff] **ist innerhalb eines Monats**[38] **nach Bekanntgabe der Entscheidung zu begründen. Die Begründung ist, sofern sie nicht bereits mit der Beschwerde vorgelegt worden ist, bei dem Oberverwaltungsgericht einzureichen.**[39] **Sie muss einen bestimmten Antrag enthalten, die Gründe darlegen, aus denen die Entscheidung abzuändern oder aufzuheben ist, und sich mit der angefochtenen Entscheidung auseinander setzen.**[41] **Mangelt es an einer dieser Erfordernisse, ist die Beschwerde als unzulässig zu verwerfen.**[37] **Das Verwaltungsgericht legt die Beschwerde unverzüglich vor; § 148 Abs. 1 findet keine Anwendung.**[44] **Das Oberverwaltungsgericht prüft nur die dargelegten Gründe.**[43]

Vgl §§ 567, 569 ZPO; § 172 SGG; § 128 FGO

Schrifttum: *Bien/Guillaumont,* Innerstaatlicher Rechtsschutz gegen überlange Verfahrensdauer, EuGRZ 2004, 451; *Britz/Pfeifer,* Rechtsbehelfe gegen unangemessene Verfahrensdauer im Verwaltungsprozeß – Rechtsschutzerfordernisse bei Verletzung von Prozeßgrundrechten nach der jüngsten Rechtsprechung von EGMR und BVerfG, DÖV 2004, 245; *Deumeland,* Erfolgreiche Nichtzulassungsbeschwerde wegen Verfahrensverzögerung der Vorinstanz, ZfS 2006, 205; *Jakob,* Zulässigkeit und Zukunft der Untätigkeitsbeschwerde im Zivilprozess, ZZP 2006, 303; *Kemper,* Wirksamer gerichtlicher Rechtsschutz als „Frage der Zeit", NJ 2003, 393; *Kienemund,* Das Gesetz zur Bereinigung des Rechtsmittelrechts im Verwaltungsprozeß, NJW 2002, 1231; *Lotz,* Das Gesetz zur Bereinigung des Rechtsmittelrechts – praktische Verbesserungen und einige neue Probleme – BayVBl 2002, 353; *Schenke,* Außerordentliche Rechtsbehelfe im Verwaltungsprozessrecht nach Erlass des Anhörungsrügengesetzes, NVwZ 2005, 729, 731; *Seibert,* Änderungen der VwGO durch das Gesetz zur Bereinigung des Rechtsmittelrechts, NVwZ 2002, 265; *Uechtritz,* Die Konkretisierung des neuen Rechtsmittelrechts durch die Verwaltungsgerichtsbarkeit, VBlBW 2000, 65; *Ziekow,* Die Beschleunigungsbeschwerde im Verwaltungsprozeßrecht, DÖV 1998, 941.

Übersicht

1 **1. Allgemeines:** Die durch das RPflEntlG um Abs 4 erweiterte u durch das 6. VwGOÄndG u das RmBereinVpG geänderte Vorschrift regelt die Statthaftigkeit von Beschwerden. Die Beschwerde ist das RMittel, das die **Überprüfung von Entscheidungen, die nicht Urteile oder Gerichtsbescheide sind** (§ 84), **in tatsächlicher u rechtlicher Hinsicht** zum Ziel hat. Sie hat als RMittel, wenn auch nur ausnahmsweise (§ 149), **Suspensivwirkung** (s 1 vor § 124) u, vorbehaltlich des AbhilfeVf (§ 148), auch **Devolutivwirkung** (s 1 vor § 124) u unterliegt auch sonst im wesentlichen **denselben Vorschriften wie die übrigen RMittel,** zB hins **Anschließung** (§ 173 S 1 iVm § 567 Abs 3 ZPO; vgl ferner § 127; s auch unten 46 sowie 1 zu § 147; ferner BGH NJW-RR 1986, 1296), **Zurücknahme** (§ 126; NJW 1987, 602; Ey-Happ 2), **Verbot der reformatio in peius** (§ 129), Zurückverweisung (§ 130; Bln NVwZ 2002, 1267; Mgd NVwZ 2002, 1395 u 3 zu § 130) usw (RÖ-M. Redeker 12). Zur Frage einer **weiteren Beschwerde** s 5 zu § 150; zur Zulässigkeit in der VwGO nicht vorgesehener **sog außerordentlicher Beschwerden wg** greifbarer Gesetzwidrigkeit unten 5 u 47; ferner 8 a vor § 124.

2 Entspr Anwendung finden auf die Beschwerde auch die allg Bestimmungen über **Beiladung, Hauptsacheerledigung, Vergleich** usw. Keine Anwendung auf das in § 146 Abs 4 geregelte BeschwerdeVf findet § 91.[1] MV ist zulässig, aber nicht obligatorisch (§ 101 Abs 3). Zu den **allg Beschwerdevoraussetzungen** s 27 ff vor § 124, zur Beschwerdeberechtigung 34 ff vor § 124 u 1 zu § 147. Zur umstrittenen Frage, in welchem Umfang für das BeschwerdeVf Vertretungszwang besteht, s unten 40 u 19 ff zu § 67. Zum **BeschwerdeVf** vgl auch 1 ff zu § 122, zur Frage von Beweiserleichterungen (Freibeweis) 16 vor § 40; 2 zu § 86.

3 Im Gegensatz zum KlageVf hat das BeschwerdeVf nicht zur Voraussetzung, daß ein bestimmter **Beschwerdegegner** (im materiellen Sinn) gegeben ist (Mü BayVBl 1973, 649; BayVerfGH BayVBl 1973, 676 mwN; Sch-Meyer-Ladewig/Rudisile 4).

4 **2. Gegenstand:** Die Beschwerde ist **das allg RMittel** gegen grds alle nicht in Form von Urteilen ergehenden **Entscheidungen des VG** bzw des **Vorsitzenden,** soweit nicht gesetzlich etwas anderes bestimmt ist, sowie **ausnahmsweise** in den in § 152 genannten Fällen auch des **OVG.** Ausnahmen s unten 9 ff. § 146 Abs 1 ist gleichfalls anwendbar bei solchen BeschwerdeVf, in denen die Beschwerde analog solcher ZPO-Vorschriften statthaft ist, die eine Rechtsbeschwerde vorsehen (vgl § 173 S 1, 2 iVm § 1065 ZPO; BL 4 zu § 1065 ZPO; BT-Dr 13/9124, 60; s zum Umfang der Überprüfungsbefugnis 4 a zu § 150). Zum Rechtsschutz gegen erledigte richterliche Entscheidungen s unten 42. Nicht zulässig ist die Beschwerde gegen den **Gerichtsbescheid** gem 84 (vgl § 84 Abs 2 u 3).

5 Auch ein nach den gesetzlichen Vorschriften **an sich unanfechtbarer** Beschluß soll **ausnahmsweise** bei „greifbarer Gesetzwidrigkeit", dh, wenn die Entscheidung jeder gesetzlichen Grundlage entbehrt u inhaltlich dem Gesetz fremd ist, nach einer vielfach vertretenen Ansicht mit der **außerordentlichen Beschwerde** angreifbar sein (dazu eingehend krit mwN 8 a vor § 124), wobei

[1] S auch Hbg NVwZ 2003, 1529; Ma VBlBW 2004, 483 u unten 33.

hier die Vorschriften der §§ 146 ff für entspr anwendbar angesehen werden (Sch-Meyer-Ladewig/Rudisile 12 vor § 124).

6 Zur **Beschwerde gegen Entscheidungen, die in Urteilsform** ergingen, in besonderen Fällen s 17 vor § 124; zur Beschwerde gegen die Festsetzung des **StrW** u der **Gerichtskosten** 5 ff zu § 165; zur Anfechtung **„inkorrekter" Entscheidungen** 22 ff vor § 124; zu **Teilanfechtungen** 18 vor § 124; zu **Gegenvorstellungen** 9 ff vor § 124 u 1 zu § 148.

7 **Anfechtbar** („beschwerdefähig") gem § 146 sind **zB** (vgl ferner Sch-Meyer-Ladewig/Rudisile 7 f) die **Ablehnung einer Beiladung** (§ 65), einer **Urteilsberichtigung** nach § 118 Abs 1 (s auch 12 zu § 118) u (mit Einschränkungen hins des Prüfungsgegenstands) auch die Ablehnung eines **Protokollberichtigungsantrags** (9 zu § 105; s auch Mü BayVBl 1999, 86; NVwZ-RR 2000, 843 f); der Beschluß des VG über eine **Erinnerung** gegen die Vergütungsfestsetzung des Urkundsbeamten der Geschäftsstelle (Ma NVwZ-RR 1998, 462); die Entscheidung, mit der das Gericht eine **Fortsetzung des Vf ablehnt,** nachdem ein Beteiligter, der die Beendigung durch Klagerücknahme oä als unwirksam ansieht, die Fortsetzung beantragt hat, sofern die Entscheidung in Form eines Beschlusses ergeht (s 6 vor § 124 u Ms NVwZ-RR 1998, 272 mwN); die **Aussetzung des gerichtlichen Vf** (Ba NVwZ-RR 1998, 339, 7 zu § 94), sofern sie nicht iVm einer Vorlage an das BVerfG bzw ein LVerfG gem Art 100 GG oder iVm einer Vorlage an den EuGH erfolgt (9 b zu 94); die **Zurückweisung eines Prozeßbevollmächtigten,**[2] gegen die sowohl eine Beschwerde des Bevollmächtigten als auch des vertretenen Beteiligten statthaft ist (Ko NVwZ-RR 2004, 703). Unter Abs 1 fällt nach der Novellierung des § 146 durch das RmBereinVpG auch die Entscheidung gegen die (vollständige oder tlw) **Ablehnung der PKH** (s unten 16); die Vorschrift ist **entspr auch auf den Fall anwendbar,** in dem **das VG** über einen **PKH-Antrag nicht innerhalb angemessener Zeit**[3] **entscheidet,**[4] da dies der Sache nach idR auf eine Ablehnung der PKH hinausläuft; ebenso allg auf eine zur Rechtsschutzverkürzung führende Untätigkeit des VG (Schenke NVwZ 2005, 731 mwN u unten 22); **nicht** zulässig ist eine Beschwerde hingegen gegen ein **Unterlassen eines OVG** (auch iVm der PKH), da § 146 gegen dessen Entscheidung keine Beschwerde zuläßt (s unten 22 u 32; zur hier bestehenden Möglichkeit einer Untägigkeitsrüge analog § 152 a s 26 zu 152 a). Naturgemäß nicht anwendbar ist bei einer Beschwerde, die sich gegen das rechtswidrige Unterlassen einer beschwerdefähigen Entscheidung richtet, hingegen die Fristvorschrift des § 147 (Sch-Olbertz 85 zu § 166). Beschwerdefähig sind auch Beschlüsse des VG in Vf des vorläufigen Rechtsschutzes gem §§ 80, 80 a, 123, wobei aber die Sonderregelungen des § 146 Abs 4 zu beachten sind. **Nicht beschwerdefähig** ist dagegen gem § 158 die isolierte Kostenentscheidung nach § 161 Abs 1 bei Klagerücknahme, Verfahrensbeendigung durch Erklärung der Hauptsacheerledigung usw, selbst wenn die Kostenentscheidung im Tenor des Urteils über einen anhängig gebliebenen Teil des Rechtsstreits erfolgt ist (s 5 f, 10 zu § 158), u die Entscheidung nach § 162 Abs 2 S 2 über die Notwendigkeit der Zuziehung eines Bevollmächtigten im VorVf (2 zu § 158; str). Die Beschwerde gegen die Ablehnung eines Ablehnungsgesuchs in

---

[2] Ko NVwZ-RR 2004, 703: § 157 Abs 2 S 2 ZPO, der die Beschwerde ausschließt, wird durch § 146 Abs 1 verdrängt, s auch 5 zu § 173; Sch-Meissner 163 zu § 173; Sch-Meyer-Ladewig/Rudisile 7.

[3] Zur besonderen Bedeutung, die dem Zeitmoment bei der Entscheidung über eine PKH zukommt, s BVerfG NVwZ 2004, 334; Bader JuS 2005, 130.

[4] Schenke NVwZ 2005, 731; Sch-Olbertz 85 zu § 166 sowie näher 19 zu § 166 mwN; vgl auch zum bisherigen Recht Mü NVwZ 2000, 693 mwN; allg auch unten 22 sowie zur entspr Anwendbarkeit des § 146 Abs 4 bei rechtswidriger Unterlassung einer Entscheidung über einen Antrag auf vorläufigen Rechtsschutz unten 32.

bezug auf Gerichtspersonen (§ 54 iVm §§ 41 bis 49 ZPO) wurde durch das 6. VwGOÄndG abgeschafft; der Gesetzgeber hielt es nicht für sinnvoll, den Beteiligten einen Instanzenzug gegen den Beschluß, mit dem ein Ablehnungsgesuch abgelehnt wird, auch dann zu gewähren, wenn die Hauptsacheentscheidung nicht oder nur nach besonderer Zulassung anfechtbar ist; zugleich sollte den Beteiligten der Anreiz genommen werden, Ablehnungsgesuche allein zur Hinauszögerung der Hauptsacheentscheidung anzubringen.[5] Nicht zu den Gerichtspersonen iSv § 146 Abs 2 gehören Sachverständige (Ma NVwZ-RR 1998, 689); auch eine analoge Anwendung verbietet sich (Ma NVwZ-RR 1998, 689). Keine Beschwerde findet im AsylVf statt (§ 80 AsylVfG; Ausnahme: Nichtzulassungsbeschwerde). Die **Beschwerde** ist **außerdem** immer auch in den Fällen gegeben, in denen nach § 173 S 1 iVm Bestimmungen der ZPO **sonst** nach der ZPO **die sofortige Beschwerde** (§ 567 ZPO) stattfinden würde.

8 **3. Beschwerdebefugnis:** Beschwerdebefugt sind die Beteiligten (§ 63), soweit sie von der Entscheidung betroffen sind, sowie „sonst von der Entscheidung Betroffene", dh Dritte, **wie Zeugen** u **Sachverständige** sowie **Bevollmächtigte** (Ko NVwZ-RR 2004, 703, s auch oben 7), die vom Vf, nicht aber von der Sachentscheidung in ihren Rechten berührt werden (Ma NVwZ 1986, 142). **Nicht beschwerdebefugt** ist, wer zum Vf notwendig **beizuladen** gewesen wäre (§ 65 Abs 2), aber nicht beigeladen wurde (Ma NVwZ 1986, 141; Sch-Meyer-Ladewig/Rudisile 4 Fn 35 u 38 vor § 124). Anderes gilt aber hins des Beschlusses, mit dem der Antrag auf Beiladung abgelehnt wurde (Ks NVwZ-RR 2004, 704; Ma NVwZ 1986, 142; s auch unten 14).

9 **4. Ausschluß der Beschwerde** gem **Abs 2 u 3:** Nicht mit der Beschwerde angreifbar sind die in Abs 2 u 3 aufgeführten Entscheidungen, zT wg der **geringen Bedeutung** der in Frage stehenden Entscheidungen, zT weil der Gesetzgeber die Möglichkeit der Anfechtung der abschließenden Entscheidung in der Hauptsache als für den Rechtsschutz ausreichend erachtete. Die Betroffenen haben in diesen Fällen jedoch zT, so insb bei den in Abs 2 genannten Entscheidungen, die Möglichkeit, ihre Rechte **im Rahmen eines RMittel gegen die in der Hauptsache ergehenden Entscheidungen** geltend zu machen. Zusätzlich ist in einigen praktisch sehr bedeutsamen Fällen die **Beschwerde kraft Gesetzes generell ausgeschlossen** (unten 23). Vgl auch 1 ff zu § 44 a; ferner 3 ff zu § 128; 24 zu § 132; 3 zu § 144.

10 **a) Ausschluß nach Abs 2. Prozeßleitende Verfügungen** iSd Abs 2 sind Entscheidungen des Gerichts oder des Vorsitzenden, die mit den in Abs 2 ausdr genannten Maßnahmen vergleichbar sind (Ma DVBl 1960, 862) u sich als Ausfluß der richterlichen Verfahrensleitungsbefugnis in ähnlicher Weise auf den **Fortgang des Vf** beziehen u dessen Gestaltung dienen.[6] Dazu gehören **zB** die Betreibensaufforderung gem § 92 Abs 2 (Lü NVwZ 1998, 529; s auch 21 zu § 92); die Entscheidung über die **Trennung oder Verbindung von Vf** nach § 93 (Mü BayVBl 1973, 668); die Entscheidungen nach **§§ 82 Abs 2, 85, 86 Abs 3;** die Ablehnung der **Verlegung eines Termins** (OLG Stuttgart NJW 1976, 1547); die Entscheidung des Gerichts über eine Erinnerung gegen eine Entscheidung des Urkundsbeamten hins der **Akteneinsicht** (s näher 9 zu § 100); die richterliche Verweigerung der Einsichtnahme in beigezogene Akten (Ko NVwZ-RR 2002, 612); **Beweisbeschlüsse** (vgl KG NJW 1981, 639; StJ 3 zu § 359) u die Ablehnung von Beweisanträgen wie zB die Ablehnung einer von

---

[5] BT-Dr 13/3993, 22 f; 13/5098, 24 f; s auch NVwZ-RR 2000, 260; Mü NVwZ-RR 2004, 705 u 19 zu § 54; zur Frage eines Rechtsschutzes gegen eine Entscheidung über das Ablehnungsgesuch iVm der Anfechtung der Endentscheidung s 22 zu § 54.

[6] Ba NVwZ 2004, 1134; Mü BayVBl 1983, 536; Ks NVwZ-RR 1995, 302; Sch-Meyer-Ladewig/Rudisile 10; vgl auch BVerwG 86, 177.

einem Verfahrensbeteiligten beantragten Aktenanforderung gem § 99 Abs 1 (Ko NVwZ 2004, 757; Sa NVwZ 2003, 367); die Entscheidung des Vorsitzenden, mit der die **Überlassung oder Übersendung von Akten** an einen Anwalt in dessen Kanzlei oder Wohnung abgelehnt wurde.[7] Zum Vf beim Erlaß prozeßleitender Verfügungen s auch 8 zu § 122. Zu beachten ist, daß unter § 146 Abs 2 fallende Verfügungen wie die Verweigerung der Akteneinsicht zugleich eine Verletzung des rechtlichen Gehörs darstellen können u insoweit zum Erfolg eines Antrags auf Zulassung der Berufung bzw der Revision hins der das Vf abschließenden Hauptsacheentscheidung gem § 124 Abs 2 Nr 5 bzw § 132 Abs Nr 3 zu führen vermögen (RÖ-Kothe 7 zu § 100). Iü bleibt den Verfahrensbeteiligten unbenommen, sich gegen prozeßleitende Verfügun-gen mittels **Gegenvorstellungen iSd Art 17 GG** zu wehren (s 7 zu § 152a), die allerdings kein Recht auf eine Nachprüfung einer solchen Verfügung einräumen.

Keine prozeßleitenden Verfügungen sind hingegen **Zwischenverfügungen (sog Hängebeschlüsse).** Sie betreffen nicht nur den förmlichen Fortgang des Vf, sondern beinhalten sich materiellrechtlich auswirkende Regelungen. Sie sind deshalb beschwerdefähig. Obschon sich die gerichtliche Entscheidungsbefugnis hier nicht unmittelbar aus §§ 80, 80a u 123 ergibt (170 zu § 80, 29 zu § 123), ergehen sie doch in Vf des vorläufigen Rechtsschutzes (§§ 80, 80a u 123), so daß für sie die speziellen Beschwerdevorschriften des Abs 4 gelten.[8] 11

Gleichfalls **nicht** durch Abs 2 **ausgeschlossen** ist die Beschwerde zB **gegen** die **Anordnung der Bestellung eines Bevollmächtigten** oder der Hinzuziehung eines **Beistandes** nach § 67 Abs 2 S 2;[9] gegen die **Untersagung des Auftretens** oder des weiteren Vortrags **eines Prozeßbevollmächtigten** entspr § 67 Abs 2 S 3, § 173 S 1, § 157 Abs 2 ZPO seitens des durch diesen vertretenen Beteiligten[10] u seitens des Bevollmächtigten selbst (42, 318; 44, 126; Mü BayVBl 1980, 222; Ks VRspr 21, 884); gegen die **Bestellung eines Prozeßpflegers** gem § 62 Abs 4 iVm § 57 ZPO (Ko NVwZ-RR 1998, 693); gegen die **Aussetzung des Vf nach § 94** oder die Ablehnung eines entspr Antrags.[11] Der Aussetzung des Vf gem § 94 gleichzusetzen ist eine **Verzögerung der Durchführung des gerichtlichen Vf,** die auf eine Rechtsschutzverweigerung hinausläuft.[12] Zu Besonderheiten der rechtlichen Verzögerung einer Entscheidung über einen Antrag auf Gewährung von vorläufigem Rechtsschutz gem §§ 80ff, 123s unten 32. 12

---

[7] Ko NVwZ-RR 2002, 612; Sch-Meyer-Ladewig/Rudisile 10; vgl hierzu auch 9 zu § 100; **aA** Mü BayVBl 1966, 427; NKVwGO-Guckelberger 23.

[8] Ba NVwZ 2004, 1134; RÖ-M. Redeker 16; **aA** Sch-Meyer-Ladewig/Rudisile 11a; dazu auch Scheffer NVwZ 2004, 1082. Für Anfechtbarkeit nach § 146 Abs 4 (vor Novellierung des § 146) Ms NVwZ 1999, 785; Mü DVBl 2000, 926 = BayVBl 2000, 348; Guckelberger NVwZ 2001, 277f; **aA** Bln NVwZ-RR 1999, 212; BerlVerfGH NVwZ 1999, 1332; Ks NVwZ-RR 1995, 302; tlw 12. Aufl (nunmehr aufgegeben); MacLean LKV 2001, 109ff. Während man auf der Basis des § 146 Abs 4 aF, der dem BeschwerdeVf ein für Hängebeschlüsse schwerlich passendes schwerfälliges ZulassungsVf vorschaltete, noch Zweifel an der Anwendbarkeit des § 146 Abs 4 haben konnte, gilt dies nach der Novellierung des § 146 Abs 4 jedenfalls nicht mehr.

[9] Ma DVBl 1964, 878; Mü BayVBl 1973, 474; Sa NVwZ-RR 2000, 841.

[10] Mü BayVBl 1963, 290; 1980, 222; 1981, 336, 346; Ks VRspr 21, 884; RÖ-M. Redeker 22 zu § 67; Sch-Meyer-Ladewig/Rudisile 7; **aA** Mü NJW 1973, 11.

[11] S 7 zu § 94: Beschwerde zulässig; Ba NVwZ-RR 1998, 339; Ma DVBl 1997, 1330; DÖV 2002, 35; Sch-Meyer-Ladewig/Rudisile 7; **aA** Meißner DVBl 1967, 646.

[12] S näher Ziekow DÖV 1998, 950; ebenso RÖ-Kothe 3 zu § 102; Sch-Meyer-Ladewig/Rudisile 36 vor § 124; Ey-Geiger 4 zu § 102; B-Bader 9; **aA** Br NJW 1984, 992; Ks DVBl 1999, 114; Ma NJW 1994, 993; Ms NVwZ-RR 1998, 340; Clausing JuS 1999, 477; s zum Anspr auf eine gerichtliche Entscheidung innerhalb einer angemessenen Frist auch 12 u 16 zu § 1. Zum Rechtsschutz gegen die Verzögerung der Entscheidung über den PKH-Antrag s oben 7 sowie 19 zu § 166; zum Rechtschutz bei rechtswidriger Untätigkeit des Gerichts iVm einem Antrag auf vorläufigen Rechtsschutz s unten 32.

13 **Nicht unter den Ausschluß** gem Abs 2 fallen auch grds alle Verfügungen, Entscheidungen usw des Gerichts, **die Dritte,** insb Zeugen, Sachverständige (Ma NVwZ 1986, 141), Prozeßbevollmächtigte u Prozeßbeistände usw, **betreffen** u von diesen angegriffen werden (**aA** Sch-Meyer-Ladewig/Rudisile 12). **Zulässig** ist daher **zB** die **Beschwerde des zurückgewiesenen Bevollmächtigten** gegen die Zurückweisung (s oben 12), des Bevollmächtigten, dem die Kosten des Vf auferlegt wurden, weil er keine Vollmacht vorgelegt hat (Mü BayVBl 1973, 649; OLG Stuttgart ZZP 1968, 62; FG BW MDR 1976, 84), usw.

14 Nicht unter Abs 2 fällt die **Ablehnung der Beiladung** (§ 65) **eines Dritten** (Sch-Meyer-Ladewig/Rudisile 7), u zwar sowohl im Verhältnis zum Dritten, der seine Beiladung anstrebt (Ks NVwZ-RR 2004, 704; Ma NVwZ 1986, 142), als auch im Verhältnis zu den Beteiligten (str). Zur diesbezüglichen Beschwerdebefugnis s aber oben 8. Im Gegensatz dazu ist die **Beiladung nicht anfechtbar.** Nicht unter Abs 2 fällt auch der Beschluß über die Ablehnung eines Sachverständigen (s oben 8).

15 **Nicht** zulässig ist auch die **Beschwerde gegen die Aussetzung des Vf** u die **Vorlage nach Art 100 GG an das BVerfG** (Lü 6, 371 = VRspr 5, 251; NKVwGO-Guckelberger 38; RÖ-M. Redeker 6) sowie in vergleichbaren Fällen einer Vorlage nach Bundes- oder Landesrecht oder nach **Art 234 EGV** (RÖ-M. Redeker 6; Sch-Meyer-Ladewig/Rudisile 9; Petzold DVBl 1980, 127; dazu näher mwN 22 zu § 94). Die Aussetzungsentscheidung stellt hier nur einen unselbständigen Annex der Vorlage dar u ist als solche nicht anfechtbar. Anderes gilt dann, wenn die Aussetzung nicht mit einer gleichzeitigen Vorlage verbunden ist (ebenso Ma DVBl 2002, 355 iVm Art 234 EGV).

16 **b) Ausschluß bei Streitigkeiten über Kosten usw (Abs 3).** Abs 3 schließt die Beschwerde in den hier genannten Angelegenheiten wg der relativ geringen wirtschaftlichen Bedeutung solcher Streitigkeiten im Interesse einer Entlastung der Beschwerdegerichte (vgl BT-Dr 12/1217, 57) aus, wenn der Wert des Beschwerdegegenstandes 200 EUR nicht übersteigt. Streitigkeiten über **Kosten** usw iSd Abs 3 sind wie gem § 567 Abs 2 ZPO, dem die Vorschrift nachgebildet ist, nur solche Streitigkeiten über Kosten, die **im Zusammenhang mit dem gerichtlichen Vf** entstanden sind (Ks NVwZ-RR 1990, 113), **zB** die Anfechtung der Festsetzung der **Gerichtskosten,** von **Zeugen- u Sachverständigengebühren** (RÖ-M. Redeker 9; Sch-Meyer-Ladewig/Rudisile 12; s auch BL 18 zu § 567 ZPO) – insoweit gelten aber für Rechtsbehelfe besondere Vorschriften (s 2 zu § 158) –; die Ablehnung einer Reisekostenbeihilfe zur Teilnahme an der mV (Ba NVwZ-RR 1999, 814); **nicht auch** Streitigkeiten über die Erhebung von Kosten für Verwaltungshandeln, zB für die Übersendung von Akten durch eine Behörde (Ks NVwZ-RR 1990, 113). Anwendbar ist § 146 Abs 3 hingegen auf den Ausspruch über die Notwendigkeit der Zuziehung eines Bevollmächtigten für das VorVf gem § 162 Abs 2 S 2 (Ks NVwZ-RR 2005, 581). **Nicht** unter Abs 3 fällt die **Beschwerde** gegen den Beschluß über die Versagung der **PKH** (vgl BFH BStBl II 1975, 715; Ms NVwZ 1988, 370). Zur Anfechtung der Festsetzung der **Gerichtskosten** u des **StrW** s 5 ff zu § 165. Für die Beschwerde gegen die Festsetzung des StrW ist die Wertgrenze des § 68 Abs 1 S 1 GKG maßgeblich.

17 **Auf die Parteistellung** im Vf **kommt es nicht an,** ebensowenig darauf, **welche Einwendungen** im Vf erhoben worden waren (BayVerfGH BayVBl 1986, 205).

18 **Beschwerdesumme ist das finanzielle (wirtschaftliche) Interesse,** das der Bf am Erfolg seines RMittel hat; beim ASt ist dies grds die Differenz zwischen dem Interesse, das ihm in der Vorinstanz zugesprochen worden ist, u seinem Rechtsmittelantrag (DÖV 1980, 575; BGH 23, 205; Sch-Meyer-Ladewig/Rudisile 12), beim Ag die Differenz zwischen seinem Unterliegen in der Vorin-

stanz u dem Rechtsmittelantrag (DÖV 1980, 575; ThP 12 zu § 511 ZPO). Hilft das VG der Beschwerde tlw ab, so bestimmt sich der Beschwerdewert nur noch nach dem streitigen Rest, sofern die tlw Abhilfe nicht willkürlich erscheint; denn eine willkürliche tlw Abhilfe darf nicht den Weg zum Beschwerdegericht verbauen (BVerfG NJW 1997, 649; Sch-Meyer-Ladewig/Rudisile 12).

Maßgeblich ist immer nur der **Wert der einzelnen Streitsache;** eine Zusammenrechnung der Werte mehrerer Streitsachen ist nicht möglich, auch wenn ein enger Zusammenhang zwischen ihnen besteht (BGH NJW 1981, 579), wohl aber, wenn in einer Sache **mehrere Hilfsanträge** aus mehreren voneinander unabhängigen Forderungen aus selbständigen Rechtsverhältnissen gestellt worden waren u diese Hilfsanträge mit dem RMittel weiterverfolgt werden sollen (BGH NJW 1984, 371). Wird im Vf eine **Aufrechnung** erklärt, so sind der **Wert der eingeklagten** Summe u der Wert der zur Aufrechnung gestellten Sache **zu addieren.**[13] **Bei Streitgenossen** sind die addierten Werte maßgeblich, auch wenn der Anteil einzelner Streitgenossen geringer ist (vgl BGH NJW 1981, 578 zu § 546 Abs 1 ZPO aF). 19

Bei der **Berechnung** des Wertes des Beschwerdegegenstandes sind Zinsen u die darauf entfallende Mehrwertsteuer nicht mitzurechnen (Mü BayVBl 1971, 355; BGH MDR 1977, 220), wohl aber die ggf zu erstattenden bzw dem eigenen Prozeßbevollmächtigten geschuldeten außergerichtlichen Kosten (Ma DÖV 1976, 322; vgl auch RÖ-M. Redeker 8). 20

Das **Gericht,** auch das Rechtsmittelgericht, kann den StrW u damit auch den Beschwerdewert **nachträglich** noch heraufsetzen (vgl BGH NJW 1981, 579); dagegen kann das Beschwerdegericht eine Beschwerde **nicht nachträglich durch Herabsetzung** des StrW unzulässig machen (vgl BGH NJW 1981, 509). 21

5. Ausschluß der Beschwerde gegen Handlungen ohne Regelungscharakter u gegen Untätigkeit des Gerichtes: Keine Beschwerde ist auch gegeben gegen Handlungen ohne Regelungscharakter, wie zB gegen das Schreiben des Berichterstatters, daß **vorerst kein Termin** angesetzt wird (Ma NJW 1984, 993); ebenso nicht dagegen, daß das Gericht rein tatsächlich keinen Termin ansetzt (Br NJW 1984, 992; Mü BayVBl 1978, 212; s auch 2 zu § 102); **anders, wenn** das Nichtansetzen eines Termins durch das VG unangemessen ist u **einer Rechtsschutzverweigerung gleichkommt.**[14] Bei der Beurteilung dieser Frage (im konkreten Fall Verfahrensdauer über 2 Jahre) muß auch berücksichtigt werden, ob sich die bisherige Verfahrensdauer noch im Rahmen des Üblichen bewegt u bei dem betroffenen VG noch ältere Vf anhängig sind. Ist das der Fall, kann eine unangemessene Verfahrensdauer nur bei Vorliegen besonderer Umstände angenommen werden. Die hinnehmbare Verfahrensdauer ist iü nicht in allen Vf identisch, sondern hängt neben der Frage, inwieweit die Verzögerungen des Vf durch eigenes prozessuales Verhalten von Beteiligten verursacht wurden u seine Ursache in Gründen hat, die außerhalb der Einflußsphäre des Gerichts liegen, insb auch von der individuellen Bedeutung der Sache für die Beteiligten ab.[15] 22

---

[13] BayVerfGH BayVBl 1986, 205; BGH 48, 213; NJW 1973, 146; s auch 11 zu § 189.

[14] Mü NVwZ 2000, 693: Untätigkeitsbeschwerde bei Unterlassen einer Entscheidung über PKH-Antrag; FfO DVBl 2001, 315 – bei unter dem Aspekt des Art 19 Abs 4 GG nicht mehr hinnehmbarer Verzögerung des Rechtsschutzes; Ey-Happ 15 vor § 124; Sch-Meyer-Ladewig/Rudisile 4 u 34, 36 vor § 124; Schenke NVwZ 2005, 731 f; tendenziell auch Britz/Pfeifer DÖV 2004, 250; unzulässig – da nicht beschwerdefähig – ist dagegen eine Beschwerde gegen das Unterlassen einer Entscheidung über einen Antrag auf Zulassung der Berufung (NVwZ 2003, 869), gegen das nur eine Untätigkeitsrüge in Betracht kommt (26 zu § 152 a); vgl zum Rechtsschutz bei unzumutbarer Verzögerung einer Entscheidung auch BVerfG NVwZ 2003, 858 u Ma NVwZ 2003, 886; 2003, 1541; s auch unten 32 sowie 2 u 5 zu § 102 sowie 19 zu § 166.

[15] BVerfG NJW 2004, 3320; brandVerfG NVwZ 2003, 1380; Kemper NJ 2003, 394 f.

Dies kann im Einzelfall eine Bearbeitung abweichend von der Reihenfolge des Eingangs erfordern (BVerfG NVwZ 2004, 471). Bei einer Rechtsschutzverweigerung durch ein VG muß eine **Untätigkeitsbeschwerde** jedenfalls dann zulässig sein, wenn auch kein vorläufiger Rechtsschutz möglich ist (zum Vorrang des vorläufigen Rechtsschutzes s Ma NVwZ 2003, 1542). Hält man dagegen eine Untätigkeitsbeschwerde für unzulässig, so muß zumindest (ebenso wie bei einem Unterlassen eines OVG oder des BVerwG) eine **Anhörungsrüge** analog § 152 a zulässig sein, bei deren Erfolglosigkeit dann noch eine **VB** in Betracht kommt.[16] Zu Besonderheiten einer Verzögerung im vorläufigen RechtsschutzVf s unten 32; zur auf eine Rechtsschutzverweigerung hinauslaufenden Verzögerung im PKH-Vf oben 7.

23 **6. Ausschluß der Beschwerde in anderen Fällen:** Nicht zulässig sind Beschwerden auch, soweit sie durch **besondere Rechtsvorschriften** der VwGO (zB § 158) oder außerhalb der VwGO ausgeschlossen sind.[17] So schließt etwa **§ 23 Abs 2 InvVorG** die Beschwerde gegen Entscheidungen des VG generell aus; zulässig sind insoweit lediglich Beschwerden gegen Beschlüsse über den Rechtsweg u gegen die Nichtzulassung der Revision.

24 **§ 80 AsylVfG** schließt die Beschwerde gegen sämtliche Entscheidungen in Rechtsstreitigkeiten nach dem AsylVfG aus, u zwar einschließlich darauf bezogener Entscheidungen in einstweiligen Rechtsschutz- sowie in PKH-Vf (We ThürVBl 1999, 209; Marx 2 f zu § 80 AsylVfG; Renner 2 zu § 80 AsylVfG); lediglich die Nichtzulassung der Revision ist gem § 133 Abs 1 mit der Beschwerde anfechtbar. Ausgeschlossen ist deshalb etwa die Beschwerde gegen einen Beschluß, mit dem das Rubrum des Urteils in einer Rechtsstreitigkeit nach dem AsylVfG berichtigt wurde (Mü BayVBl 1999, 87). Rechtsstreitigkeiten um Maßnahmen u Entscheidungen der Ausländerbehörden, die diese im Zuge der **Vollziehung der Ausreisepflicht eines unanfechtbar abgelehnten Asylbewerbers** treffen, sind keine Rechtsstreitigkeiten nach dem AsylVfG u unterliegen deshalb nicht dem Beschwerdeausschluß des § 80 AsylVfG.[18] Deshalb ist zB auch gegen den Beschluß eines VG, durch den die Verpflichtung der allg Ausländerbehörde zur Aussetzung der Abschiebung (Duldung) eines unanfechtbar abgelehnten Asylbewerbers im Wege der eA abgelehnt wird, die Beschwerde statthaft (vgl auch Ma VBlBW 1998, 111; DVBl 1999, 180; **aA** Ma 26. 1. 1998 – A 12 3522/97); das gilt auch dann, wenn das Duldungsbegehren auf Abschiebungsschutzgründe iSv § 60 AufenthG (früher §§ 51, 53 AuslG) gestützt wird (s zu § 53 AuslG aF Ma DVBl 1999, 180; tlw **aA** Lü DVBl 2000, 1545 f; Ma VBlBW 1998, 111).

25 Der **Ausschluß eines RMittel in der Hauptsache** schließt im Zweifel – anders jedoch bei der Beschwerde gem § 99 Abs 2 S 4 aF (66, 233) – **auch** die Beschwerde **gegen Entscheidungen aus, die der Hauptentscheidung vorausgehen,** sofern sie nicht Dritte, zB Zeugen usw, betreffen (JZ 1975, 26; Sch-Meyer-Ladewig/Rudisile 16).

26 Die Zulässigkeit einer rechtzeitig beim VG erhobenen Beschwerde wird durch **eine Entscheidung** des VG **in der Hauptsache** nicht berührt. Sie bleibt zulässig, sofern auch gegen die Hauptsacheentscheidung ein RMittel eingelegt wird (Mü BayVBl 1984, 378).

---

[16] BrandVerfG NVwZ 2003, 1380 in bezug auf eine LandesVB, welche auf die Verletzung von Art 52 Abs 4 S 1 BrandVerf gestützt wird.

[17] ZB § 23 Abs 2 S 2 InvVorG; § 80 AsylVfG, § 339 LAG; § 34 WPflG, nach § 137 Abs 3 TKG grds gegen Beschlußkammerentscheidungen der Regulierungsbehörde; ferner in allen in 1 zu § 135 genannten Fällen des Berufungsausschlusses mit Ausnahme von § 58 SaatgutverkehrsG; s auch weitere Beispiele bei Sch-Meyer-Ladewig/Rudisile 25 vor § 124.

[18] DVBl 1998, 234; Ma VBlBW 1998, 111; DVBl 1999, 180; **aA** Ks NVwZ-Beil 1998, 46; Ko AuAS 1998, 153.

Zur Entscheidung über die Beschwerde, insb über den Umfang der Überprüfungsbefugnis des Beschwerdegerichts bei Ermessensentscheidungen s 1 ff zu § 150.

7. Sonderregelung im Bereich des vorläufigen Rechtsschutzes (Abs 4): Abs 4 wurde unter gleichzeitiger Aufhebung von Abs 5 u 6 im Rahmen des RmBereinVpG novelliert. Ziel der Neuregelung war es, das im 6. VwGOÄndG neu eingeführte, dem BeschwerdeVf gegen Entscheidungen im vorläufigen RechtsschutzVf sowie in PKH-Sachen vorgeschaltete ZulassungsVf abzuschaffen (s zur Entstehungsgeschichte Kienemund NJW 2002, 1234). 27

a) Die frühere Regelung. Abs 4 aF orientierte sich weitgehend an dem der Berufung vorgeschalteten ZulassungsVf. Zu § 146 Abs 4 aF s 13. Aufl. 28

b) Der Gegenstand der Beschwerde nach Abs 4. Die Neuregelung des Abs 4 schafft eine Sonderregelung ggü Abs 1 für Beschwerden gegen Beschlüsse des **VG** in **Vf des vorläufigen Rechtsschutzes** (§§ 80, 80 a u 123). **Entscheidungen der OVGe u des BVerwG** werden von Abs 4 tatbestandlich **nicht erfaßt.** Die fachgesetzlichen Sonderbestimmungen (eingeh Nachw bei Sch-Meyer-Ladewig/Rudisile 25 vor § 124) wie § 23 Abs 2 InvVorG (Bln DÖV 1993, 297; dazu auch BVerfG 88, 81) u § 80 AsylVfG (dazu näher oben 23 ff) schließen auch die Beschwerde nach Abs 4 aus. Sie sind als Ausnahmevorschriften allerdings einer Ausweitung prinzipiell nicht zugänglich. Deshalb erfaßt der Beschwerdeausschluß des § 80 AsylVfG nicht Abschiebemaßnahmen nach dem AufenthG.[19] Das trifft auch dann zu, wenn ein Duldungsbegehren – allein oder neben anderen Gründen – auf Abschiebungsschutzgründe iSv § 60 AufenthG (früher §§ 51, 53 AuslG) gestützt wird (s zu § 53 AuslG aF Ma NVwZ 1999, 792; tlw **aA** Ma VBlBW 1998, 111). 29

In den Anwendungsbereich des Abs 4 fallen nicht nur die im (tatbestandlich zu eng gefaßten, s 12. Aufl 14) Abs 4 aF noch ausdr genannten Beschlüsse über die **Aussetzung der Vollziehung** sowie über **einstweilige Anordnungen,** sondern auch Beschlüsse über die **Anordnung der Vollziehbarkeit eines VA,** die Entscheidung des Gerichts über die **Verpflichtung der Behörde zum Erlaß einer VzA** gem § 80 a Abs 3 iVm Abs 1 Nr 1 bzw Abs 2 sowie die **Anordnung einstweiliger Maßnahmen zur Sicherung der Rechte Dritter** gem § 80 a Abs 3 iVm § 80 a Abs 1 HS 2 bzw analog dazu[20] u Abänderungsbeschlüsse gem § 80 Abs 7.[21] Die Beschwerde erledigt sich, wenn der sofort vollziehbare Ausgangsbescheid hinsichtlich seines Gegenstands wesentlich geändert wird; der neue Bescheid kann dabei wg § 146 Abs 4 nicht in das BeschwerdeVf einbezogen werden (Lü NVwZ-RR 2006, 305). 30

Entgegen der in der 12. Aufl vertr Ansicht erstreckt sich Abs 4 auch auf **Zwischenverfügungen** („Hängebeschlüsse") iVm vorläufigen Rechtsschutzverfaren (s oben 11). Keine dem Abs 4 unterfallende Maßnahme stellt die Androhung eines Zwangsgelds ggü dem Bauherrn zur vorläufigen Sicherung der Rechte des Nachbarn dar, da es sich hier (selbst wenn die Maßnahme fälschlich auf § 80 a iVm § 80 Abs 1 Nr 2 Alt 2 gestützt wird) um eine Vollstreckungsmaßnahme handelt, für die § 172 entspr gilt (Lü NVwZ-RR 2000, 62 f; 2 zu § 172). 31

Ein Rechtsschutz entspr Abs 4 ist ferner dann geboten, wenn das VG **nicht innerhalb einer angemessenen Zeit über** einen Antrag auf **vorläufigen Rechtsschutz** gem §§ 80, 80 a, 123 **entscheidet** (Schenke NVwZ 2005, 731 mwN). Auch hier ist die Einräumung einer entspr Rechtsschutzmöglichkeit durch das in Art 19 Abs 4 GG enthaltene Gebot der **Effektivität des Rechts-** 32

---

[19] S zum früheren AuslG Ma VBlBW 1998, 111; NVwZ 1999, 792; Sch-Schoch 396 zu § 80; **aA** Ks DVBl 1994, 538; Ma VBlBW 1998, 317; s auch VBlBW 1996, 112.
[20] Sch-Meyer-Ladewig/Rudisile 13; zu § 146 Abs 4 aF schon RÖ-M. Redeker 16.
[21] S zu § 146 Abs 4 aF schon Guckelberger DÖV 1999, 938; Johlen NWVBl 1999, 41.

schutzes (s auch Art 52 Abs 4 S 1 brandVerf) wie auch durch **Art 6 Abs 1 EMRK**[22] u Art 13 EMRK indiziert (s auch oben 22 u 5 zu § 102). Auf die sich aus Art 13 EMRK ergebende Notwendigkeit einer durch das Recht eingeräumten Rechtsschutzmöglichkeit hat denn auch der EGMR im Fall Kudla zu Recht hingewiesen (EGMR NJW 2001, 2698 ff). Da die Unterlassung einer Entscheidung über einen Antrag auf Gewährung vorläufigen Rechtsschutzes innerhalb angemesser Frist für den ASt schon im Hinblick auf die besondere Bedeutung, die hier dem Zeitmoment zukommt, grds auf **denselben Effekt hinausläuft wie die Ablehnung eines Antrags auf vorläufigen Rechtsschutz,** spricht hier sehr viel dafür, § 146 Abs 4 analog anzuwenden.[23] Das gilt selbst dann, wenn man es sonst ablehnt, die Unterlassung einer Entscheidung innerhalb einer angemessenen Frist mit der beschwerdefähigen Aussetzung eines gerichtlichen Vf gleichzusetzen. Solange das geschriebene Recht keinen effektiven Rechtsschutz gegen richterliche Untätigkeit bietet, kann dem der Grundsatz der Rechtsmittelklarheit nicht entgegengehalten werden (Schenke NVwZ 2005, 735 u ebenso für das Zivilprozeßrecht Jakob ZZP 2006, 315). Verneint man die Zulässigkeit einer gegen das Unterlassen des VG gerichteten Beschwerde analog § 146 Abs 4 dennoch, so müßte jedenfalls eine vor einer möglichen VB einzulegende Untätigkeitsrüge analog § 152 a (s 26 zu § 152 a) statthaft sein, die jedoch wg des ihr fehlenden Devolutiveffekts weniger wirksam wäre als eine Beschwerde. Nur eine **Untätigkeitsrüge analog § 152 a** kommt allerdings dann in Betracht, wenn ein **OVG oder das BVerwG** es versäumt haben, innerhalb einer **angemessenen Zeit über den Antrag auf vorläufigen Rechtsschutz zu entscheiden.** Eine Erweiterung des Rechtswegs, wie sie in der Zulassung einer Beschwerde gegen ein Unterlassen des OVG liegen würde, läßt sich auf Art 19 Abs 4 GG nicht stützen, da dieser kein Recht auf eine durch den Gesetzgeber nicht vorgesehene zusätzliche Instanz ggü rechtswidrigem Verwaltungshandeln einräumt. Insoweit versperren damit die §§ 146 Abs 1, 151, nach denen Beschlüsse des OVG grds nicht beschwerdefähig sind, die Möglichkeit zur Ausdehnung einer Beschwerde auf oberverwaltungsgerichtliche Entscheidungen. Ein analog § 146 Abs 4 bzw § 152 a eröffneter Rechtsschutz gegen nicht mehr vertretbare Verzögerungen der gerichtlichen Entscheidung über den vorläufigen Rechtsschutz verdient im Interesse der Entlastung des BVerfG den **Vorzug vor** einer hier noch in Betracht kommenden **VB,** die einen letzten u außerordentlichen Rechtsbehelf darstellt[24] u zudem auch in praxi idR keinen effektiven Rechtsschutz zu sichern vermag (dies konzediert auch Ma NVwZ 2003, 1542). Da es gegen eine Verzögerung des vorläufigen Rechtsschutzes keinen vorläufigen Rechtsschutz gibt, läßt sich der Rechtsschutz gegen solche Verzögerungen schon aus diesem Grund auch nicht unter Hinw auf die Möglichkeit eines vorläufigen Rechtsschutzes (s auch oben 22 sowie Ma NVwZ 2003, 1542) verneinen.

---

[22] Schenke NVwZ 2005, 732; vgl (iVm PKH-Antrag) Mü NVwZ-RR 1997, 502; NVwZ 2000, 693; Sch-Olbertz 85 zu § 166 u allg Bien/Guillaumont EuGRZ 2004, 451; Britz/Pfeifer DÖV 2004, 245; Ziekow DÖV 1998, 950 sowie oben 7 u 16 sowie 19 zu § 166.

[23] Im Hinblick darauf, daß die Statthaftigkeit einer Untätigkeitsbeschwerde nur durch einige Gerichte anerkannt ist u die Kriterien für die Zulässigkeit unterschiedlich sind, sieht EGMR NJW 2006, 2389 hierin allerdings keinen Rechtsbehelf iSv Art 13 EMRK u „ermutigt" den Gesetzgeber zu baldigen Regelungen. Zur Zulässigkeit einer Untätigkeitsbeschwerde im Zivilprozess Jakob, ZZP 2006, 303 ff.

[24] S auch BVerfG NVwZ 2003, 858; **aA** BrandVerfG NVwZ 2003, 1379, das wg der unklaren Rechtslage im Hinblick auf die Statthaftigkeit von Untätigkeitsbeschwerden eine LandesVB auch ohne eine vorherige Anrufung des OVG für zulässig ansieht, wenn eine Verletzung des Rechts auf ein zügiges Vf geltend gemacht wird; dazu Kemper NJ 2003, 393 ff; s auch 19 zu § 166. EGMR NJW 2006, 2390 ff sieht durch eine VB keinen dem Art 13 EMRK genügenden Rechtsschutz gewährt.

c) Grundsätzliche Geltung der allg Anforderungen an die Zulässigkeit. Soweit Abs 4 keine zusätzlichen Zulässigkeitsanforderungen für die Beschwerde im vorläufigen RechtsschutzVf aufstellt, gelten auch keine Besonderheiten ggü der „normalen" Beschwerde nach Abs 1. Anders als bei anderen Beschwerden, bei denen schon aus der Beschwerde ersichtlich sein muß (s 2 zu § 147), in welchem Umfang die angegebene Entscheidung überprüft werden soll, genügt es nach § 146 Abs 4 S 3, wenn die Beschwerdebegründung einen bestimmten Antrag enthält (unten 41). Aus dem Erfordernis der Beschwerdebegründung (s unten 41), die sich mit der angefochtenen Entscheidung auseinanderzusetzen hat, ergibt sich, daß eine Beschwerde mit einem in erster Instanz nicht gestellten u daher von dem VG nicht beschiedenen Antrag unzulässig ist.[25] Die entspr Anwendung des sonst auch im BeschwerdeVf heranzuziehenden § 91 auf eine Antragserweiterung verbietet sich im EilVf, da sich dem § 146 Abs 4 entnehmen läßt, daß das BeschwerdeVf in Eilsachen möglichst zügig u beschränkt auf die Gründe durchgeführt werden soll, die in Auseinandersetzung mit der Entscheidung des VG u dem erstinstanzlichen Streitggst von dem Bf geltend gemacht werden können.[26] 33

Für die Zulässigkeit der Beschwerde bedarf es einer **Beschwerdebefugnis.** Für die Beschwerde nach Abs 4 sind nicht nur die Beteiligten, sondern auch sonst von der Entscheidung Betroffene beschwerdebefugt (s näher oben 8). Zum **Erfordernis der Beschwer** s 39 ff vor § 124. 34

Keine Sonderregelung enthält Abs 4 auch für den **Adressaten** der Beschwerde (VG gem § 147 Abs 1 S 1, Ausnahmen gem § 152), die **Form** (schriftlich oder zur Niederschrift, § 147 Abs 1 S 1), die **Frist** (Zweiwochenfrist gem § 147 Abs 1 S 1) u den **Vertretungszwang** (kein Zwang für die Einlegung, anders für die Begründung, § 67 Abs 1 S 1, 2; Lotz BayVBl 2002, 355; **aA** Seibert NVwZ 2002, 269; s näher 20 zu § 67). 35

d) Möglichkeit der Umdeutung eines Zulassungsantrags in eine Beschwerde. Ob ein „Antrag auf Zulassung der Beschwerde" in eine Beschwerde umgedeutet werden kann, spielt heute keine Rolle mehr (näher dazu noch 14. Aufl). 36

e) Begründung als zusätzliche Zulässigkeitsvoraussetzung: Gem Abs 4 S 1 ist die Beschwerde in Vf des vorläufigen Rechtsschutzes – anders als die übrigen Beschwerden – zu begründen. Wie Abs 4 S 4 zeigt, handelt es sich um eine Zulässigkeitsvoraussetzung. 37

aa) Begründungsfrist. Die **Frist für die Begründung** beträgt einen Monat nach Bekanntgabe der Entscheidung (Abs 4 S 1). Die Frist ist damit länger als die in Abs 5 S 1 aF vorgesehene Frist für den Antrag auf Zulassung der Beschwerde. Diese Verlängerung der Begründungsfrist trägt einer in der Praxis vielfach erhobenen Kritik[27] Rechnung. Anders als für die Berufungsbegründung (s § 124 a Abs 3 S 2) sieht das Gesetz eine **gerichtliche Verlängerung der gesetzlichen Frist** für die Begründung der Beschwerde (auch bei Antrag des Rechtsmittelführers) **nicht vor** (Ms NVwZ-RR 2003, 389). Die Frist beginnt, für jeden Beteiligten, mit der Bekanntgabe der Entscheidung (zu Beginn u Berechnung der Frist vgl auch 23 zu § 124 a, 3 zu § 147); ihr Laufen setzt voraus, daß dem Betroffenen **nicht nur der Tenor der Entscheidung, sondern auch ihre Begründung** 38

---

[25] Lü NVwZ-RR 2006, 651; Ms NVwZ-RR 2003, 72.

[26] Ma VBlBW 2004, 483; Hbg NVwZ 2003, 1529; NVwZ-RR 2004, 621: jedenfalls dann unzulässig, wenn das Beschwerdevorbringen betr den Streitggst, über den das VG entschieden hat, keinen Erfolg hat bzw nicht zu einer umfassenden eigenen Sachprüfung durch das OVG führt.

[27] Verfassungsrechtliche Bedenken bei Bader VBlBW 1997, 451; s auch Mampel NVwZ 1998, 262.

mitgeteilt wird.[28] Zwar stellt Abs 4 S 1 nach seinem Wortlaut nur auf die Bekanntgabe der Entscheidung ab (während nach § 124a Abs 3 S 1 der Zeitpunkt der Zustellung des Urteils maßgeblich ist), eine Begründung der Beschwerde ist aber nur dann möglich, wenn dem Betroffenen die Gründe für die Entscheidung mitgeteilt sind.[29] Sieht man dies anders, so muß bei einer erst nach (oder kurz vor) Ablauf der Begründungsfrist erfolgten Mitteilung der Entscheidungsgründe jedenfalls eine **Wiedereinsetzung in den vorigen Stand** möglich sein.[30] Notwendig ist ferner eine dem § 58 Abs 1 genügende **ordnungsgemäße Rechtsbehelfsbelehrung;** dazu gehört auch eine **Belehrung über das Erfordernis einer fristgerechten Begründung** (Ba NVwZ-RR 2003, 693; **aA** Sch-Meyer-Ladewig/Rudisile 13a) u den insoweit geltenden (unten 40) **Vertretungszwang** (str, s näher 10 zu § 58 mwN). Wie bei anderen gesetzlichen Fristen ist auch bei unverschuldeter Versäumung der Begründungsfrist nach näherer Maßgabe des § 60 eine Wiedereinsetzung in den vorigen Stand möglich. Ein lediglich auf die Arbeitsüberlastung eines Anwalts ohne das Hinzutreten besonderer Umstände gestützter Antrag auf Wiedereinsetzung in den vorigen Stand hat keinen Erfolg (Mü NJW 1998, 1508 u eingeh 20 zu § 58 mwN). Zur Wiedereinsetzung in den vorigen Stand bei fehlendem Hinweis auf den für die Begründung geltenden Vertretungszwang s auch unten 40. Nach der Bewilligung von PKH steht dem Bevollmächtigten für eine Beschwerde bei nachholender Wahrung der Einlegungsfrist (§ 147 Abs 1 S 1 iVm § 60 Abs 2 S 1) gem § 60 Abs 2 S 1 HS 2 eine Frist von einem Monat seit der Zustellung der Bewilligungsentscheidung zu (so auch schon auf der Basis des § 60 Abs 2 S 1 aF Ma NVwZ-RR 2003, 789).

39 **bb) Adressat der Begründung.** Die Begründung ist nach Abs 4 S 2 direkt beim zuständigen OVG einzureichen, sofern sie nicht bereits der Beschwerde beigefügt wurde. Zweck dieser Regelung ist die Verfahrensbeschleunigung. Dem VG wird nach Abs 4 S 5 die Möglichkeit des Abhilfeverfahrerns gem § 148 entzogen, es hat die Beschwerde unverzüglich dem OVG vorzulegen. Eine nach Einlegung der Beschwerde beim VG eingereichte Begründung wahrt die Begründungsfrist nach Abs 4 S 1 auch dann nicht, wenn sie innerhalb der Zweiwochenfrist nach § 147 Abs 1 eingereicht wird (zust Sch-Meyer-Ladewig/Rudisile 13b). Allerdings ist das VG verpflichtet, die Beschwerdebegründung dem OVG weiterzuleiten (Ma NVwZ-RR 2002, 795; Ms NVwZ-RR 2003, 688). Geht sie dann innerhalb der Monatsfrist beim OVG ein, wird die Frist gewahrt, sonst ist die Frist versäumt (Ma NVwZ-RR 2002, 795). Verzögert das VG die Weiterleitung, ist die Frist zwar nicht gewahrt, kommt aber eine Wiedereinsetzung in den vorigen Stand in Betracht (str, näher 17 zu § 60 mwN). Eine gesteigerte prozessuale Fürsorgepflicht trifft das VG dann, wenn durch einen Fehler der Geschäftsstelle beim Rechtsmittelführer der Eindruck erweckt wurde, die Beschwerdebegründung sei bei ihm einzureichen. Hier kann die gesteigerte Fürsorgepflicht gebieten, die Beschwerdebegründung per Fax an das OVG weiterzuleiten (Ms NVwZ-RR 2003, 688).

40 **cc) Vertretungszwang hins der Beschwerdebegründung.** Für die Einreichung der Beschwerdebegründung besteht nach § 67 Abs 1 S 1 Vertretungs-

---

[28] Vgl auch zu § 146 Abs 5 aF Roth NJW 1997, 1966; Guckelberger DÖV 1999, 940; Sch-Meyer-Ladewig/Rudisile 13a.

[29] Zum entsprechenden Problem, das sich nach § 146 Abs 4 aF hinsichtlich des Antrags auf Zulassung der Beschwerde stellte, ebenso Guckelberger DÖV 1999, 940; dagegen wollten Hbg NJW 1996, 1225 u Berkemann DVBl 1998, 451 hier die Frist bereits bei Mitteilung des Tenors beginnen lassen, bejahten aber bei späterer Mitteilung der Entscheidungsgründe eine Wiedereinsetzung in den vorigen Stand.

[30] Vgl auch Hbg NJW 1996, 1225 u Berkemann, DVBl 1998, 451; Sch-Meyer-Ladewig/Rudisile 13a.

zwang. Da die Beschwerdebegründung anders als die Beschwerde (§ 147 Abs 1 S 1) nicht zur Niederschrift des Urkundsbeamten der Geschäftsstelle eingelegt werden kann, sondern beim OVG einzureichen ist, kommt der den § 67 Abs 1 S 1 einschränkende § 173 S 1 iVm § 78 Abs 5 ZPO nicht zum Zuge. § 67 Abs 1 S 2, aus dem sich ergibt, daß der Vertretungszwang auch für die Einlegung bestimmter, in § 67 Abs 1 S 2 näher bezeichneter Beschwerden gilt u der hierbei nicht die dem § 146 Abs 4 unterfallenden Beschwerden nennt, steht dem nicht entgegen. Diese Vorschrift bestätigt zwar, daß die Einlegung der Beschwerde, soweit es sich nicht um eine der in § 67 Abs 1 S 2 genannten Beschwerden handelt, keinen Vertretungszwang auslöst u bestätigt damit bereits das aus § 173 S 1 iVm § 78 Abs 5 ZPO abzuleitende Ergebnis; die Begründung der Beschwerde ist aber, wie an § 146 Abs 4 deutlich wird, auch nach dem Willen des Gesetzgebers scharf von der Einlegung der Beschwerde zu trennen u unterfällt damit anderen Regeln (so zB grundsätzliche Einreichung beim OVG). Als Teil des nach der Einlegung der Beschwerde beginnenden BeschwerdeVf unterfällt sie tatbestandlich dem § 67 Abs 1 S 2, der nunmehr auch für zulassungsfreie Beschwerden einen Vertretungszwang vorschreibt. Die Erstreckung des Vertretungszwangs auch auf die Beschwerdebegründung des Abs 4 ist auch unter teleologischen Gesichtspunkten indiziert, da die hier (anders als bei sonstigen Beschwerden) zwingend geforderte Begründung der Beschwerde besondere rechtliche Kenntnisse u Fähigkeiten voraussetzt. Für sie gilt damit dasselbe wie für den nach Abs 5 S 3 aF zu begründenden Antrag auf Zulassung der Beschwerde, an dessen Stelle nunmehr die Beschwerdebegründung tritt. Bedenkt man, daß die Novellierung des § 67 Abs 1 S 2 auf einer durch den Bundesrat initiierten Anrufung des Vermittlungsausschusses[31] zurückgeht, dessen Ziel es war, den Vertretungszwang auch auf zulassungsfreie Beschwerden auszudehnen, so legt dies die Bejahung eines Vertretungszwangs zusätzlich nahe. Der Vertretungszwang gilt auch dann, wenn die Begründung bereits mit der Beschwerde dem VG vorgelegt wurde, da für sie trotz der Verbindung mit der Beschwerdeeinlegung die Vorschrift des § 147 Abs 1 nicht gilt u zudem die Gründe, die für einen Vertretungszwang sprechen, gleichermaßen dort zum Tragen kommen müssen, wo die Begründung (zufällig) zugleich mit der Beschwerde vorgelegt wurde. Soweit in der der erstinstanzlichen Entscheidung beigefügten Rechtsmittelbelehrung (was nach hM nicht zwingend vorgeschrieben ist, s dazu aber 10 zu § 58) nicht auf den Vertretungszwang hingewiesen wird, kommt, wenn man mit der hM dennoch die Frist bereits als laufend ansieht, im Einzelfall eine Wiedereinsetzung in den vorigen Stand in Betracht.

dd) Inhalt der Begründung. Die Beschwerdebegründung (nicht schon die Beschwerde) muß nach § 146 Abs 4 S 3 einen **bestimmten Antrag enthalten,** die **Gründe** darlegen, **aus denen die Entscheidung abzuändern oder aufzuheben** ist, u sich mit der angefochtenen Entscheidung auseinandersetzen. Der Antrag muß deutlich machen, inwieweit die Aufhebung bzw Änderung des in der Beschwerde bereits bezeichneten Beschlusses erstrebt wird (Mü NVwZ 2003, 766). Dem Erfordernis eines bestimmten Antrags wird aber bereits dann genügt, wenn ein ausdr Antrag zwar nicht gestellt wurde, sich das Rechtsschutzziel aber mittels Auslegung aus den Gründen u der Bezugnahme auf Anträge in der ersten Instanz eindeutig ergibt (Ma NVwZ 2002, 1388; offengelassen von Mü NVwZ 2003, 766). Ähnlich wie dies früher bzgl des Antrags auf Zulassung der Beschwerde zutraf (zur insoweit bestehenden Parallelität Seibert NVwZ 2002, 268), ist es aber nicht ausreichend, wenn der Bf sich darauf beschränkt, sein Vorbringen **41**

---

[31] BT-Dr 14/7744, 1. Die Initiative des Bundesrats zielte ausweislich ihrer Begründung sogar darauf, daß selbst für die Einlegung einer zulassungsfreien Beschwerde Vertretungszwang bestehen sollte, was aber in dem Gesetzesvorschlag des Bundesrats keinen ausreichenden Ausdruck fand u mit der Systematik dieser Vorschrift, die nur für bestimmte Fälle der Einlegung einer Beschwerde Vertretungszwang vorsieht, nicht vereinbar ist.

aus der 1. Instanz zu wiederholen[32] oder gar nur auf dieses zu verweisen oder sich mit bloß pauschalen oder formelhaften Rügen begnügt.[33] Vielmehr bedarf es – wie durch Abs 4 S 3 ausdr hervorgehoben wird – einer Auseinandersetzung mit der angefochtenen Entscheidung, bei der die Gründe, aus denen heraus die Entscheidung nach Ansicht des Bf fehlerhaft ist, bezeichnet werden müssen;[34] nicht ausreichend ist es, wenn auf den späteren Vortrag im BeschwerdeVf verwiesen wird (Ma NVwZ-RR 2006, 74). Als ausreichend ist es hingegen bereits anzusehen, wenn sich aus der Auslegung der Darlegungen zweifelsfrei erschließen läßt, aus welchem Grund der angefochtene Beschluß beanstandet wird. Die Bezeichnung dieser Gründe ist schon deshalb unerläßlich, weil das OVG nach Abs 4 S 6 grds nur die dargelegten Gründe überprüft. Eine Überspannung der Darlegungserfordernisse liegt im HochschulzulassungsVf aber dann vor, wenn vom Rechtsmittelführer weiterer Vortrag zum – nur vermuteten – Inhalt von Unterlagen verlangt wird, obwohl gerade der Mangel an überprüfbaren Unterlagen gerügt wird (BVerG NVwZ 2004, 1112). Auf einen gesonderten Begründungschriftsatz, der sich in einer Bezugnahme erschöpfen kann, kann auch dann nicht verzichtet werden, wenn in einem denselben Lebenssachverhalt betr ParallelVf eine Beschwerdebegründung vorgelegt wurde.[35]

Aus den angeführten Gründen muß sich die Rechtswidrigkeit der angefochtenen Entscheidung ergeben. Nicht ausreichend ist es deshalb, wenn in der Begründung nur dargelegt wird, daß das VG auch eine andere Ermessensentscheidung als die getroffene in rechtmäßiger Weise hätte erlassen können. Die Formulierung des Abs 4 S 3, nach dem die Gründe darzulegen sind, „aus denen die Entscheidung abzuändern oder aufzuheben **ist**", macht deutlich, daß es bei einer in das Ermessen des Gerichts stehenden Entscheidung im Bereich des vorläufigen Rechtsschutzes erforderlich ist, darzulegen, daß diese im Ergebnis rechtswidrig ist. Den Anforderungen an eine Beschwerdebegründung ist nach § 146 Abs 4 S 3 nur dann genügt, wenn bei kumulativer Begründung des angefochtenen Beschlusses eine Auseinandersetzung mit allen ihn tragenden Gründen erfolgt.[36] Die Anforderungen an die Beschwerdebegründung dürfen aber bei **besonders eilbedürftigen Entscheidungen nicht überspannt** werden, da sonst ein effektiver Rechtsschutz in der Beschwerdeinstanz nicht stattfinden würde (Mü BayVBl 2002, 306; Lotz BayVBl 2002, 358). Wird dem Betroffenen in Fällen besonderer Eilbedürftigkeit einer Entscheidung im vorläufigen RechtsschutzVf der Beschluß des VG nur mündlich mitgeteilt u würde ein **Warten auf dessen schriftliche Begründung effektiven Rechtsschutz vereiteln,** so reicht es aus, wenn sich der Bf nur mit dem **Ergebnis** der angefochtenen Entscheidung **auseinandersetzt** (Mü NVwZ 2003, 118).

42 **ee) Nachträglich eingetretene oder bei der verwaltungsgerichtlichen Entscheidung nicht berücksichtigte Gründe.** Die Gründe, auf welche die Beschwerde gestützt wird, brauchen nicht notwendigerweise bereits im Zeitpunkt des angegriffenen Beschlusses vorgelegen haben. Sie können sich auch auf eine Veränderung der Sach- oder Rechtslage stützen, die sich erst nach Ergehen des Be-

---

[32] Ba NVwZ-RR 2003, 693; Ma NVwZ-RR 2006, 74; Bader VBlBW 2002, 473; RÖ-M. Redeker 21.

[33] Ma NVwZ 2002, 884; NVwZ 2002, 1389; NVwZ-RR 2002, 797; Sch-Meyer-Ladewig/Rudisile 13 c.

[34] Ma NVwZ-RR 2006, 74; Mü NVwZ 2003, 632; Kienemund NJW 2002, 1234; Seibert NVwZ 2002, 268 f.

[35] Ma NVwZ-RR 2004, 391, vgl auch zu § 124 a Abs 3107, 117; Mü NVwZ 1998, 864; Ms NVwZ 1999, 208.

[36] Ms NVwZ-RR 2004, 706, vgl auch zum früheren, an eine Zulassung gebundenen Beschwerderecht BVerwG NJW 1997, 3328; vgl ferner iVm dem Antrag auf Zulassung der Berufung auch 5 zu § 124 u 7 zu § 124 a.

schlusses ergeben hat.[37] Nachträglich eingetretene entscheidungserhebliche Tatsachen sind vom Beschwerdegericht sogar dann zu berücksichtigen, wenn sie vom Beschwerdeführter erst nach Erlaß der verwaltungsgerichtlichen Entscheidung selbst geschaffen wurden (Ms DVBl 2007, 327). Obwohl eine nachträglich veränderte Sach- u Rechtslage durch das VG naturgemäß nicht berücksichtigt werden konnte, ist es auch in einem solchen Fall – ebenso wie iVm einer Berufungszulassung (s 7 c zu § 124) – durchaus möglich, von einer unrichtigen Entscheidung zu sprechen. Deshalb entsprach es denn auch vor der Novellierung des § 146 durch das 6. VwGOÄndG ganz überwiegender Auffassung, daß solche erst nach Erlaß des angefochtenen Beschlusses eingetretene Umstände im BeschwerdeVf noch zu berücksichtigen seien[38] u wurde sogar davon ausgegangen, die Beschwerdemöglichkeit schließe einen Antrag auf Abänderung gem § 80 Abs 7 aus.[39] Zwar konnte die Beschwerde nach der Einschränkung des BeschwerdeVf durch das im 6. VwGOÄndG geregelte ZulassungsVf nicht mehr auf nachträglich eingetretene Umstände gestützt u konnten solche Umstände nur noch im Wege eines Antrags auf Abänderung gem § 80 Abs 7 S 2 geltend gemacht werden (12. Aufl 201 zu § 80 mwN; **aA** Ba SächsVBl 2001, 117 = NVwZ-RR 2002, 144). Nach Abschaffung des ZulassungsVf gilt dies aber nicht mehr. Nunmehr kann bei einer Veränderung der Sach- oder Rechtslage wahlweise Beschwerde eingelegt oder der Antrag nach § 80 Abs 7 S 2 gestellt werden.[40] Für eine Berücksichtigung der dem § 80 Abs 7 S 2 unterfallenden Änderungsgründe im BeschwerdeVf (auch wenn sie erst nach Ablauf der Beschwerdebegründungsfrist eintraten, s unten 43) spricht, daß auf diese Weise eine Zweispurigkeit des vorläufigen Rechtsschutzes in jenen Fällen vermieden wird, in denen der Beschluß nicht nur auf eine spätere Veränderung der Sach- oder Rechtslage gestützt wird, sondern er von Anbeginn an zusätzlich andere Fehler aufwies. Dabei spielt es hier (anders nur bei Rechtsmißbrauch) keine Rolle, ob die gerichtliche Nichtberücksichtigung solcher Umstände, die schon beim Erlaß der angefochtenen Entscheidung vorlagen, auf ein Verschulden des Bf zurückzuführen ist. Im letzteren Fall bestünde für den Betroffenen iü ohnehin keine Möglichkeit (196 zu § 80), auf eine Änderung des Beschlusses gem § 80 Abs 7 S 2 hinzuwirken (er kann hier nur eine Änderung der Entscheidung des Gerichts vAw anregen) u kommt nur noch ein Rechtsschutz über das BeschwerdeVf in Betracht (zum Verhältnis von § 80 Abs 7 S 2 u § 146 Abs 4 s auch näher 198 zu § 80).

Zweifelhaft ist es allerdings, ob beide Vf parallel durchgeführt werden können. Das wird zT generell abgelehnt (Kamp NWVBl 2005, 252; RÖ-M. Redeker 67 a zu § 80, so auch noch 14. Aufl). Im Hinblick auf den weiterreichenden Schutz, den eine Beschwerde gem § 146 Abs 4 bietet, schließt aber nur die bereits eingelegte Beschwerde – jedenfalls, wenn man auch nach Ablauf der Begründungsfrist eingetretene Veränderungen der Sach- oder Rechtslage im BeschwerdeVf für berücksichtigungsfähig ansieht (s unten 43) – einen Abänderungsantrag gem § 80 Abs 7 S 2 aus, während der schon rechtshängige Abänderungsantrag die Beschwerde zumindest nicht generell ausschließen kann. Anderes gilt – wg fehlenden RSB für eine Beschwerde – nur dann, wenn die Beschwerde lediglich auf solche Gründe gestützt wird, die im Rahmen des schon anhängigen AbänderungsVf zu berücksichtigen sind.

---

[37] Ba SächsVBl 2007, 70; FfO NVwZ-RR 2003, 694; Ma NVwZ-RR 2006, 75; Ms 26. 3. 2004 – 21 B 2399/03: Selbst bei durch den Bf selbst geschaffenen neuen Tatsachen; We ThürVBl 2004, 159; Sch-Meyer-Ladewig/Rudisile 13 c; **aA** Bader VBlBW 2002, 474.

[38] Ba NVwZ-RR 1996, 423; Mü BayVBl 1988, 306; We NVwZ-RR 1995, 179; NKVwGO-Puttler 183 zu § 80; **aA** Mgd ZUM 1994, 374.

[39] Ba NVwZ-RR 1996, 423; Mü BayVBl 1988, 306; We NVwZ-RR 1995, 179.

[40] So auch Kamp NWVBl 2005, RÖ-M. Redeker 67 a zu § 80; Sch-Meyer-Ladewig/Rudisile 13 c Fn 139; s auch 198 zu § 80: **aA** Bader VBlBW 2002, 474: nur Antrag nach § 80 Abs 7 S 2.

Im Fall einer **Erledigung zwischen den Instanzen** kommt ebenfalls eine Einlegung einer Beschwerde nach § 146 Abs 4 allein zu dem Zweck in Betracht (s hierzu auch 43 vor § 124), das Vf für erledigt zu erklären (Ma NVwZ-RR 2003, 392; Ms NVwZ-RR 2003, 701).

Bei der Erledigung einer richterlichen Durchsuchungsanordnung oder einer entspr schwerwiegenden richterlichen Grundrechtsbeeinträchtigung kann zudem deren Rechtswidrigkeit analog § 113 Abs 1 S 4 festgestellt werden (Br NVwZ-RR 2006, 692; Ma NVwZ 2003, 368 f; Mü NVwZ-RR 2003, 847; s auch BVerfGE 96, 41).

43 **f) Die Entscheidung über die Beschwerde.** Fehlt es an einer den Erfordernissen des Abs 4 genügenden Begründung, ist die Beschwerde (ebenso wie dort, wo es an allg Zulässigkeitsvoraussetzungen der Beschwerde wie etwa der Beschwerdebefugnis – oben 8 – mangelt) gem Abs 4 S 4 als unzulässig zu verwerfen (s auch 1 zu § 150). Bei Zulässigkeit der Beschwerde ist über deren Begründetheit zu entscheiden. Dabei gelten **zwei Besonderheiten für eine dem Abs 4 unterfallende Beschwerde.** Anders als bei Beschwerden gegen andere Ermessensentscheidungen, bei denen das Beschwerdegericht eine eigene Ermessensentscheidung zu treffen hat u nicht darauf beschränkt ist, die angegriffene Entscheidung auf Rechtsfehler zu überprüfen (Ks NVwZ-RR 2004, 704; 1 zu § 150), ist das Gericht im Falle des Abs 4 erstens **nur zur Überprüfung der Richtigkeit**[41] **der angefochtenen Entscheidung befugt** (zur Begründung hierfür s oben 41). Zweitens überprüft das Gericht nach Abs 4 S 6 grds **nur die in der Beschwerdebegründung dargelegten Gründe.** Auch wenn ein Bevollmächtigter in einem Numerus-clausus-Vf zur Erlangung von Studienplätzen mehrere Studienbewerber vertritt, kann in BeschwerdeVf um die Gewährung einstweiligen Rechtsschutzes nur das berücksichtigt werden, was in dem jeweiligen BeschwerdeVf innerhalb der Beschwerdebegründungsfrist vorgetragen worden ist (Lü NVwZ-RR 2004, 800). Nach Ablauf der Monatsfrist des § 146 Abs 4 vorgetragene Beschwerdegründe können bei der Überprüfung, ob die erstinstanzliche Entscheidung des VG Bedenken unterliegt, grds keine Berücksichtigung finden.[42] Anderes dürfte aber dann gelten, wenn die Gründe erst aufgrund einer Veränderung der Sach- oder Rechtslage nach der Beschwerdebegründung entstanden sind, denn es wäre nicht verfahrensökonomisch, wenn der Bf hier auf die Geltendmachung dieser Einwendungen auf dem Wege des § 80 Abs 7 S 2 verwiesen würde.[43] Für diese Ansicht spricht auch, daß das Beschwerdegericht aufgrund des Untersuchungsgrundsatzes (Ma NVwZ-RR 2006, 76) sowie des Grundsatzes iura novit curia ohnehin zu prüfen hat, ob die Entscheidung des VG aufgrund einer nachträglichen Veränderung der Sach- oder Rechtslage, obwohl zunächst rechtswidrig, nunmehr im Ergebnis zutr ist. Im Hinblick auf den Grundsatz der Waffengleichheit erscheint es dann aber gerechtfertigt, auch die sich zugunsten des Bf auswirkenden Veränderungen der Sach- oder Rechtslage zu berücksichtigen, die dieser in seiner Beschwerdebegründung noch nicht vortragen konnte. Bezeichnenderweise geht iü auch die hM[44] davon aus, daß zu Lasten des Bf auch solche Gründe zu berücksichtigen sind, auf welche sich das VG bei seiner Entscheidung

---

[41] Ma VBlBW 2004, 484; B-Bader 34.

[42] Gr NVwZ-RR 2003, 318; Ma NVwZ-RR 2006, 76; Ms NVwZ 2002, 1390; Kienemund NJW 2002, 1234.

[43] Wie hier wohl auch Ba SächsVBl 2007, 70; FfO NVwZ-RR 2003, 694; Ma NVwZ-RR 2006, 395; Geiger BayVBl 2003, 76; **aA** Ks AuAS 2002, 235; Ma NVwZ-RR 2002, 795; NVwZ 2002, 1388; NVwZ-RR 2006, 850; Kamp NWVBl 2005, 253 f (anders aber, wenn die Berücksichtigung geboten ist, um schwere, anders nicht abwendbare Nachteile zu verhindern).

[44] Bln NVwZ 2002, Beil I 98; Ks NVwZ-RR 2003, 458; DVBl 2003, 1284; Ma NVwZ-RR 2006, 76; Mü NVwZ 2004, 251; We DVBl 2003, 879.

nicht stützte, die diese aber zu rechtfertigen in der Lage wären, u stellt insoweit nicht nur auf die Beschwerdebegründung ab. Die Gründe, aus denen heraus zugunsten des Bf sprechende Gründe, die dieser in seiner Beschwerdebegründung versäumt hatte, darzulegen, grds nicht zu berücksichtigen sind, treffen bei einer nach Ablauf der Begründungsfrist eingetretenen Veränderung der Sach- oder Rechtslage gerade nicht zu, denn hier kann dem Bf idR kein Vorwurf gemacht werden, wenn er solche zu diesem Zeitpunkt noch gar nicht vorliegende Gründe in seiner Beschwerdebegründung nicht darlegte. Unabdingbar ist eine Berücksichtigung einer nach Ablauf der Beschwerdebegründungsfrist eingetretenen Veränderung der Sach- oder Rechtslage auf jeden Fall, wenn die angefochtene Entscheidung aufgrund dieser Veränderung nunmehr offensichtlich unrichtig ist (s auch zu offensichtlich unrichtigen Entscheidungen allg unten 43), denn es wäre nicht überzeugend, wenn das OVG sehenden Auges eine im Ergebnis nicht haltbare Entscheidung des VG aufrechterhalten würde, u dies, obschon der Bf hier die nachträglich entstandene Veränderung der Sach- oder Rechtslage idR in der Beschwerdebegründung nicht fristgerecht geltend machen konnte. Der Bf kann deshalb hier nicht auf den Wege des § 80 Abs 7 S 2 verwiesen werden. Eine Unrichtigkeit der Entscheidung, die sich aus einer Veränderung der Rechtslage ergibt, ist iü ohnehin idR offensichtlich (s auch 7 c zu § 124).

Liegt ein die Beschwerde rechtfertigender Beschwerdegrund vor u ist dieser fristgemäß geltend gemacht worden (bzw erst nach der Beschwerdebegründung entstanden), ist die Beschwerde grds begründet u kann das OVG als Beschwerdegericht **selbst in der Sache entscheiden**[45] oder die **angegriffene Entscheidung aufheben u die Sache entsprechend § 130 zurückverweisen**[46] oder auch gem **§ 173 S 1, § 572 Abs 3 ZPO die Entscheidung aufheben u dem VG die erforderlichen Anordnungen übertragen** (2 zu § 150 u 3 zu § 130).

Eine **Aufhebung der Entscheidung** ohne Zurückweisung an das VG dürfte aber dann **ausscheiden,** wenn das OVG zwar die vom Bf gegen die erstinstanzliche Entscheidung geltend gemachten Bedenken für zutr erachtet, die Entscheidung aber aus anderen Gründen als im **Ergebnis richtig ansieht.**[47] Im Einklang mit einem im Rechtsmittelrecht auch sonst anerkannten Grundsatz (s § 144 Abs 4) überzeugte es nicht, wenn es eine im Ergebnis richtige Entscheidung aufheben müßte. Hierfür sprechen auch dort, wo die zugunsten des Bürgers ergehende erstinstanzliche Entscheidung auf eine fehlerhafte Begründung gestützt wird u deshalb durch den Hoheitsträger mit einer Beschwerde angegriffen wurde, das in Art 19 Abs 4 GG enthaltene Postulat der Effektivität des Rechtsschutzes sowie die sich insoweit anbietende Parallele zum BerufungsVf nach erfolgter Zulassung.

Ist die angegriffene Entscheidung aus anderen als den in der Beschwerdebegründung dargelegten Gründen rechtswidrig u hätte der Bf diese Gründe fristgerecht darlegen können, so kann dies das Beschwerdegericht in Konsequenz des Abs 4 S 6 allerdings grds nicht berücksichtigen u ist die Beschwerde auch in einem solchen Fall als unbegründet zurückzuweisen.[48] Etwas anderes dürfte aber dann anzunehmen sein, wenn die angegriffene Entscheidung aus anderen als den dargelegten Gründen **offensichtlich rechtswidrig** ist.[49] Es wäre in einem sol-

---

[45] Gr NVwZ-RR 2006, 367 (Beschwerde gegen Abänderungsentsch. gem § 80 Abs 7 S 2).

[46] Bln NVwZ 2002, 1267; Ma NVwZ-RR 2003, 532; allerdings dürfte wg der Eilbedürftigkeit der Sache eine Zurückverweisung entspr § 130 Abs 2 nur ausnahmsweise zulässig sein (Ey-Happ 4 zu § 130; generell gegen Zurückverweisung Gr NVwZ-RR 2006, 367).

[47] Ks 21. 12. 2002 – 9 TG 2712/02 zit nach We NVwZ-RR 2004, 624; Mü NVwZ 2003, 118; 2004, 251; Ms NVwZ 2002, 1390; Bader VBlBW 2002, 474; B-Bader 35; Sch-Meyer-Ladewig/Rudisile 13 f u 14; s auch RÖ-M. Redeker 27.

[48] Bln 25. 2. 2003 – OVG 4 S 64.02; Ma NVwZ 2002, 1389; Sch-Meyer-Ladewig/Rudisile 14; **aA** Ks NVwZ-RR 2003, 458; 756; Mü NVwZ 2003, 118; Ms NVwZ-RR 2003, 50.

[49] Ks NVwZ-RR 2006, 846 (offensichtlicher Satzungsmangel, der zur Unrichtigkeit der Satzungsgrundlage führt); Ey-Happ 27; Sch-Meyer-Ladewig/Rudisile 15; aA Mü NVwZ

chen Fall untragbar, wenn das Gericht bei einer offensichtlich unrichtigen Entscheidung die Beschwerde zurückzuweisen hätte u damit diese Entscheidung aufrechterhalten würde (s zu einem ähnlichen Problem iVm der Zulassung der Berufung 50 zu § 124 a mwN, vgl auch Ma NVwZ-RR 2002, 76). Dafür spricht auch eine teleologische Reduktion des Abs 4 S 6. Der Sinn dieser Bestimmung liegt darin, daß das Gericht nicht von sich aus in eine zu einer Verzögerung des BeschwerdeVf führende umfassende Überprüfung der angefochtenen verwaltungsgerichtlichen vorläufigen Rechtsschutzentscheidung eintreten soll, wenn die Beschwerdebegründung hierfür keinen Anlaß bietet. Diese ratio greift aber nicht in den in der Praxis sehr seltenen Fällen, in denen der angegriffenen Entscheidung ihre Rechtswidrigkeit gewissermaßen auf die Stirn geschrieben ist u es damit keiner weiteren gerichtlichen Nachprüfung bedarf, um deren Unrichtigkeit festzustellen.

44 **g) Keine Abhilfe- u Aussetzungsbefugnis des VG gem § 148 Abs 1 u § 149.** Das VG, dessen Entscheidung mit der Beschwerde angefochten wird, ist nicht befugt, einer begründeten Beschwerde von sich aus abzuhelfen. Der die Abhilfe regelnde § 148 Abs 1 findet nach der ausdr Regelung des § 146 Abs 4 S 5 keine Anwendung (Sch-Meyer-Ladewig/Rudisile 13 e). Auch eine Zuständigkeit des erstinstanzlichen VG, des Vorsitzenden oder des Berichterstatters, dessen Entscheidung angefochten wird, die Vollziehung der angefochtenen Entscheidung nach § 149 Abs 1 S 2 auszusetzen, besteht bei einem dem § 146 Abs 4 unterfallenden BeschwerdeVf nicht (Ks DVBl 2000, 1465; s auch 1 zu § 149). Zwar nimmt § 146 Abs 4 den § 149 von der Anwendung im BeschwerdeVf nicht ausdr aus. Der in § 146 Abs 4 S 5 normierte Ausschluß der Abhilfebefugnis für das BeschwerdeVf kann angesichts des systematisch-funktionalen Zusammenhangs der Aussetzungsbefugnis mit dem AbhilfeVf aber nur so verstanden werden, daß hiermit auch die Aussetzungsbefugnis gem § 149 Abs 1 S 2 konkludent ausgeschlossen wird.[50] Unberührt bleibt allerdings das Recht des VG zur Änderung seiner Entscheidung gem § 80 Abs 7 S 1, das auch als Minus die Befugnis zu ihrer vorläufigen Aussetzung in sich schließt.

45 **h) Befugnis des OVG zur Aussetzung der Entscheidung des VG u der Vollziehung des streitbefangenen VA.** Der über § 173 S 1 anwendbare § 570 Abs 3 ZPO, der die Befugnis des Rechtsmittelgerichts zum Gegenstand hat, eine eA zu treffen, gibt dem OVG nicht nur das Recht die Vollziehung der angefochtenen Entscheidung auszusetzen, sondern auch auch die Befugnis, vorläufig eine vom VG abgelehnte Aussetzung der Vollziehung eines VA auszusetzen.[51] Das Recht, solche eA zu treffen, besteht bereits bei Einlegung der Beschwerde, nicht erst bei Vorlage der Beschwerdebegründung. Bereits mit der Einlegung der Beschwerde ist das BeschwerdeVf anhängig. Bezeichnenderweise bestand auf der Basis des § 146 aF die Befugnis des OVG, eA gem § 173 S 1 iVm § 570 Abs 3 ZPO zu treffen, nach richtiger Ansicht sogar schon nach Eingang des Antrags auf Zulassung der Beschwerde.[52] Für eine einstweilige Aussetzung der Vollziehung fehlt das RSB, wenn der Gläubiger noch nicht mit der Vollziehung begonnen hat

---

2004, 251; RÖ-M. Redeker 25 mit der wenig überzeugenden Begr, daß über die Offensichtlichkeit im Einzelfall mit guten Gründen gestritten werden könne. Verfassungsrechtliche Bedenken bestehen gegen eine Reduktion des Prüfungsumfangs im Hinblick auf die verfahrensrechtliche Obliegenheit des § 146 Abs 4 S 3 allerdings nicht, s BVerfG NJW 2003, 3689.

[50] So auch bzgl der insoweit vergleichbaren Problematik gem § 146 aF Hbg NVwZ 1997, 691; Lü DVBl 1999, 116; Ma NVwZ 2000, 691 f; Mü DVBl 1999, 1665; We DVBl 1999, 1003; Guckelberger DÖV 1999, 946; Sch-Meyer-Ladewig/Rudisile 13 e.

[51] Vgl auch Bln NVwZ 2001, 1424; Ks DVBl 2000, 1465; Lü DVBl 1999, 116; Mü BayVBl 1999, 733; We DVBl 1999, 1003.

[52] Eingeh 12. Aufl 191 zu § 80; Bln NVwZ 2001, 1424; Hbg NVwZ 1997, 691.

oder wenn die eA wg Ablaufs der Monatsfrist des § 929 Abs 2 ZPO nicht mehr vollziehbar ist (Ma NVwZ 2000, 691).

8. Zulässigkeit von Anschlußbeschwerden: Wie bei anderen Rechtsmitteln ist auch bei der Beschwerde eine Anschließung möglich. Nach § 173 S 1 iVm **§ 567 Abs 3 ZPO ist** die Anschlußbeschwerde eine unselbständige Beschwerde, die ihre Wirkung verliert, wenn die Beschwerde zurückgenommen oder als unzulässig verworfen wird (§ 567 Abs 3 S 2 ZPO). Will ein Beteiligter eine selbständige Beschwerde erheben, so gelten hierfür die allg Regeln über die Beschwerde. Die (unselbständige) Anschlußbeschwerde ist **kein RMittel** ieS. Sie setzt die vorherige Einlegung einer Beschwerde durch einen Bf voraus. Der AnschlußBf muß ein über die Abweisung der Beschwerde hinausreichendes, dem Bf zum Nachteil gereichendes Beschwerdeziel verfolgen. Eine Beschwer ist nicht erforderlich. Wie die Beschwerde ist auch die Anschlußbeschwerde grds bei dem Gericht einzulegen, dessen Entscheidung angefochten wird (§ 147 Abs 1 S 1). Nach Abschluß des AbhilfeVf (§ 148 Abs 1) kann die Anschlußbeschwerde allerdings auch beim Beschwerdegericht eingelegt werden.[53] Im Fall der Anschließung an eine Beschwerde nach **§ 146 Abs 4,** bei der ein AbhilfeVf ausgeschlossen ist, ist die Anschlußbeschwerde – ebenso wie die Anschlußberufung gem § 127 Abs 1 S 2 – stets **beim OVG einzulegen,** da sich dort auch die Akten befinden u demzufolge die Einlegung beim VG sinnlos wäre u nur das Vf verzögern würde. Für die Anschließung an eine Beschwerde im vorläufigen RechtsschutzVf gilt folglich auch der Vertretungszwang gem § 67 Abs 1 S 1 (Prozeßhandlung „vor dem OVG"), eine Pflicht zur Begründung dürfte entspr § 146 Abs 4 S 3 zu bejahen sein (Sch-Meyer-Ladewig/Rudisile 18b). Anders als die Anschlußberufung u die Anschlußrevision, die gem § 127 Abs 2 S 2 bzw § 141 iVm § 127 Abs 2 S 1 fristgebunden sind, ist die Anschlußbeschwerde **nicht fristgebunden** (Sch-Meyer-Ladewig/Rudisile 18b). Sie kann bis zum Ergehen der Entscheidung, bei mV bis zu deren Schluß erfolgen (vgl auch zur Anschlußbeschwerde in der ZPO näher ThP 17ff zu § 567 ZPO, s iü zur Anschlußberufung 1ff zu § 127). 46

9. Weitere Beschwerden: § 146 gibt den Beteiligten nur **eine Beschwerde** an die nächsthöhere Instanz, jedoch **keine sog weitere Beschwerde** dann gegen deren Entscheidung (vgl Gottwald/Semmelmayer JZ 1993, 415 unter Hinweis auf § 568 Abs 2 ZPO aF = § 574 ZPO nF). S 5 zu § 150. Eine gewisse Ausnahme stellt – sofern man diese für statthaft ansieht (s dazu krit 8a vor § 124 mwN) – die sog **außerordentliche Beschwerde** dar. Wenn man eine solche in den Fällen greifbarer Gesetzwidrigkeit bejaht, sind auf sie die Vorschriften der §§ 146ff entsprechend anwendbar (Sch-Meyer-Ladewig/Rudisile 12 vor § 124). 47

§ 147 [Einlegung der Beschwerde]

(1) **Die Beschwerde[1] ist bei dem Gericht, dessen Entscheidung angefochten wird, schriftlich[2] oder zur Niederschrift des Urkundsbeamten der Geschäftsstelle[2] innerhalb von zwei Wochen[3] nach Bekanntgabe der Entscheidung einzulegen. § 67 Abs. 1 Satz 2 bleibt unberührt.**

(2) **Die Beschwerdefrist ist auch gewahrt, wenn die Beschwerde innerhalb der Frist bei dem Beschwerdegericht eingeht.[4]**

Vgl § 569 ZPO; § 173 SGG; § 129 FGO

[53] Für den Zivilprozeß wird sogar vertreten, daß nach Vorlage beim Beschwerdegericht die Anschlußbeschwerde nur noch beim Beschwerdegericht eingelegt werden kann, OLG Köln FamRZ 2000, 1027; BL 22 zu § 567 ZPO; so nun auch für den Verwaltungsprozeß Sch-Meyer-Ladewig/Rudisile 18c. Vor Vorlage der Beschwerde beim Beschwerdegericht wird im Zivilprozeßrecht eine Vorlage sowohl beim Erstgericht wie auch beim Beschwerdegericht für zulässig angesehen, s BL 22 zu § 567 ZPO.

Schrifttum: *W. Roth,* Kein Beginn der Beschwerdefrist bei Zustellung lediglich des Beschlußtenors, NJW 1997, 1966.

1 **1. Beschwerdeberechtigung:** Die Beschwerde kann von **jedem Beteiligten** (§ 63), der durch eine der Beschwerde unterliegende Anordnung oder Entscheidung (s 4 ff, 9 ff, 29 ff zu § 146) **beschwert** ist (s zum Begriff der Beschwer u zu Ausnahmen 39 ff vor § 124), eingelegt werden, ggf aber auch **von Dritten,** die durch eine Anordnung oder Entscheidung des Gerichts beschwert werden, zB von demjenigen, dessen Antrag auf **Beiladung** abgelehnt worden ist; einer Person, der die beantragte **PKH** für eine beabsichtigte Klage versagt worden ist (Ko ZMR 1968, 733; Mü BayVBl 1971, 271; 1984, 378; Ms NJW 1983, 2282); einem **Zeugen,** der mit einem Ordnungsgeld belegt worden ist; dem nicht zum Vf beigeladenen, in seinen Rechten **betroffenen Dritten,** auch zB in Vf nach § 80 Abs 5, 7. Zur Frage des Verfahrensgegners s 3 zu § 146.

Zulässig ist auch eine **Anschlußbeschwerde (§ 173 S 1 iVm § 567 Abs 3 ZPO),** allerdings nach der Novellierung der ZPO nur noch als unselbständige Anschlußbeschwerde (§ 567 Abs 3 S 2 ZPO). Sie setzt keine Beschwer voraus (19 zu § 146).

2 **2. Form u Frist:** Die Beschwerde ist nur zulässig, wenn sie **form- u fristgerecht** erhoben wird. Vgl aber zur Möglichkeit einer Entscheidung des Gerichts vAw, uU auch aufgrund einer unzulässigen Beschwerde, 1 zu § 148 sowie 9 ff vor § 124.

Für die **Form** der Beschwerde gilt grds dasselbe wie für die Klage (vgl §§ 81, 82, 55 a; zur prozessualen Schriftform s ausf 4 ff zu § 81; zu den inhaltlichen Anforderungen an die Beschwerdeschrift s 10 ff zu § 82; speziell zum grds Erfordernis der Angabe einer **ladungsfähigen Anschrift** Ma NVwZ-RR 2006, 152 u 10 zu § 82, zur Möglichkeit einer elektronischen Beschwerdeeinlegung s 6 ff zu § 55 a). Bei schriftlicher Einlegung der Beschwerde ist auch die **Unterschrift** wesentlich (Ba SächsVBl 1997, 159). In der mV kann die Beschwerde auch **zu Protokoll** erklärt werden (RÖ-M. Redeker 2). Die Beschwerde muß in entspr Anwendung von § 124 a Abs 2 S 2 die angefochtene Entscheidung angeben u entspr § 124 a Abs 3 S 4 einen bestimmten Antrag enthalten.[1] Zur umstrittenen Frage, inwieweit ein **Vertretungszwang** für Beschwerden nach § 146 gilt, s 19 ff zu § 67 u 40 zu § 146. Kein Vertretungszwang besteht gem § 67 Abs 1 S 2 für eine **Beschwerde im PKH-Vf;** das gilt **auch** für eine **Untätigkeitsbeschwerde** in PKH-Vf in analoger Anwendung des § 146 Abs 1, die sich gegen eine unzumutbare Verzögerung der Entscheidung über eine PKH richtet (19 zu § 166).

Die ausdr **Bezeichnung als Beschwerde** ist **nicht erforderlich.** Es muß aber aus den Darlegungen des Bf erkennbar sein, daß u in welchem Umfang die angegebene Entscheidung überprüft werden soll (Ma NVwZ-RR 1995, 126; Sch-Meyer-Ladewig/Rudisile 5); bei einer dem § 146 Abs 4 unterfallenden Beschwerde genügt es nach § 146 Abs 4 S 3, wenn die Beschwerdebegründung einen bestimmten Antrag enthält (41 zu § 146). Eine **Begründung** ist zweckmäßig, aber – außer für Nichtzulassungsbeschwerden an das BVerwG gem § 133 Abs 3 sowie für Beschwerden gegen Beschlüsse im Rahmen des vorläufigen Rechtsschutzes gem § 146 Abs 4 (41 zu § 146) – nicht vorgeschrieben. Läßt sich das Beschwerdebegehren (angesichts eines differenzierenden erstinstanzlichen Entscheidungsausspruchs) weder durch Auslegung des Beschwerdeantrages noch anhand einer etwaigen Beschwerdebegründung eindeutig bestimmen, u präzisiert

---

[1] Mü BayVBl 1984, 671: jedenfalls das Ziel der Beschwerde muß erkennbar sein; Ey-Happ 21 zu § 146; RÖ-M. Redeker 3; Sch-Meyer-Ladewig 5; **aA** BGH NJW 1984, 2832: in BeschwerdeVf müssen keine Anträge gestellt werden.

der Bf seinen Antrag trotz entsprechender Aufforderung gem § 86 Abs 3 (RÖ-M. Redeker 3) nicht, so ist die Beschwerde unzulässig (Ma NVwZ-RR 1995, 126).

Hins der **Beschwerdefrist** von 2 Wochen gelten grds die allg Grundsätze. Vgl zur **Berechnung u zur Wahrung der Frist** 4 ff zu § 74 u 10–10 a zu § 57. Die Beschwerdefrist gilt auch für einen die PKH versagenden Beschluß des VG (Gr NVwZ-RR 2004, 544; Ms NVwZ-RR 2004, 544: keine Anwendung des § 127 Abs 2 S 2 u 3 ZPO). **Abweichende Fristen** gelten für die Einlegung der Nichtzulassungsbeschwerde gem § 133 Abs 2 (ein Monat) – die Begründungsfrist beträgt bei der Revisionsnichtzulassungsbeschwerde 2 Monate (§ 133 Abs 3) – sowie die Beschwerde gem § 55 iVm § 181 GVG (eine Woche). In **Kostensachen** ieS u bzgl der Entschädigung ehrenamtlicher Richter bzw von Zeugen u Sachverständigen (§ 4 Abs 3 JVEG) ist die Beschwerde **an keine Frist** gebunden (so ausdr § 5 Abs 3 S 3 GKG aF; zu § 66 GKG nF s BT-Dr 15/1971, 157). An keine Frist gebunden ist auch die Entscheidung, die sich gegen eine **rechtswidrige Untätigkeit des Gerichts** iVm einem **PKH-Antrag** (7 u 22 zu § 146 u 19 zu § 166 sowie Sch-Olbertz 85 zu § 166) u gegen die rechtswidrige Untätigkeit des Gerichts hinsichtlich eines Antrags auf Gewährung **vorläufigen Rechtsschutzes** richtet (32 zu § 146). Dasselbe muß auch für die sonstigen Fälle einer in entspr Anwendung des § 146 statthaften **Untätigkeitsbeschwerde** gelten (22 zu § 146). Zur sog **Erinnerung** gem § 151 s 1 ff zu § 151. 3

Die Beschwerdefrist beginnt **mit der Bekanntgabe der Entscheidung** (§ 57 Abs 2), wenn gleichzeitig eine schriftliche Rechtsmittelbelehrung erteilt wird (§ 58); **sonst mit Zustellung** der mit Rechtsmittelbelehrung versehenen vollständigen, dh, soweit eine Begründung vorgeschrieben ist (vgl 6 f zu § 122), auch mit Gründen versehenen Entscheidung (Guckelberger DÖV 1999, 940; Sch-Meyer-Ladewig/Rudisile 8; NKVwGO-Guckelberger 15 f; Roth NJW 1997, 1966; **aA** Hbg NJW 1996, 1225; RÖ 5). Eine **Verlängerung** der Frist durch das Gericht oder den Vorsitzenden ist **nicht möglich,** wohl dagegen **Wiedereinsetzung nach § 60** bei unverschuldeter Fristversäumung. Die Beschwerde kann auch schon vor der Zustellung eingelegt werden, sobald der Beschluß usw, gegen den sie sich richtet, unterschrieben der Geschäftsstelle übergeben u einem Beteiligten auf Anordnung des Vorsitzenden **telefonisch bekanntgegeben** u damit existent geworden ist (Ma DÖV 1984, 776; vgl oben 19 vor § 124).

3. Die entspr § 126 zulässige **Rücknahme der Beschwerde** bedarf **nicht der Zustimmung** der übrigen Verfahrensbeteiligten. 4

§ 148 [Abhilfe und Vorlage]

(1) **Hält das Verwaltungsgericht, der Vorsitzende oder der Berichterstatter, dessen Entscheidung angefochten wird, die Beschwerde für begründet, so ist ihr abzuhelfen;**[1 ff] **sonst ist sie unverzüglich dem Oberverwaltungsgericht vorzulegen.**[3]

(2) **Das Verwaltungsgericht soll die Beteiligten von der Vorlage der Beschwerde an das Oberverwaltungsgericht in Kenntnis setzen.**

Vgl §§ 572 Abs 1, 569 Abs 1 ZPO; § 174 SGG; § 130 FGO

Schrifttum: S zu § 146.

1. Das VG bzw, wenn es sich um eine Entscheidung des Vorsitzenden handelt, dieser, sind verpflichtet, einer **zulässigen u begründeten** Beschwerde abzuhelfen. 1

Abhilfe ist grds auch **bei einer nicht zulässigen,** zB nach § 152 nicht statthaften oder verspätet eingelegten, aber sachlich berechtigten **Beschwerde** möglich, sofern die angegriffene Entscheidung nicht ausdr vom Gesetz als unabänderlich bezeichnet ist;[1] ebenso auf Anregung eines Betroffenen oder auch vAw (vgl 9 ff vor § 124); die Betroffenen haben in diesen Fällen jedoch grds keinen Anspr auf Abhilfe (s 9 vor § 124). Eine Abhilfeentscheidung in den Fällen einer dem § 146 Abs 4 unterfallenden Beschwerde ist unstatthaft (§ 146 Abs 4 S 5).

2 **2. Abhilfeentscheidung:** Über die Abhilfe entscheidet dasselbe Gericht bzw, soweit gesetzlich nichts anderes vorgeschrieben ist, dasselbe Organ (zB der Vorsitzende, der Berichterstatter, der Einzelrichter), das auch die angegriffene Entscheidung getroffen hat (zu Ausnahmen vgl 46, 102), also, wenn der Vorsitzende, der Berichterstatter oder der Einzelrichter entschieden hatte, **nicht die Kammer** bzw der Senat (RÖ-M. Redeker 1). Die Abhilfe bedarf **derselben Form** wie die angefochtene Entscheidung. Dabei ist auch über die **Kosten** zu entscheiden (RÖ-M. Redeker 2; Sch-Meyer-Ladewig/Rudisile 5; ThP 3 zu § 572 ZPO; Schneider MDR 1975, 669; für den Fall der vollständigen Abhilfe auch Ey-Happ 8). **Nach Vorlage** der Beschwerde an das OVG ist eine **Abhilfe nicht mehr zulässig** (RÖ-M. Redeker 2; Sch-Meyer-Ladewig/Rudisile 4; str).

Wurde die Beschwerde **unmittelbar beim Beschwerdegericht** eingereicht (vgl § 147 Abs 2), so muß dieses sie vor seiner Entscheidung darüber vorweg **dem unteren Gericht** zur Entscheidung über eine evtl Abhilfe übersenden (zT **aA** für besondere Fälle Ma DVBl 1990, 1358; Sch-Meyer-Ladewig/Rudisile 3: bei Eilbedürftigkeit Entscheidung durch das OVG).

Eine **fehlerfreie Abhilfeentscheidung** zur Sache **heilt,** auch wenn sie im Ergebnis der Beschwerde nicht abhilft, **Mängel** der angegriffenen Entscheidung.[2]

3 Hält das Gericht (dh je nachdem der Vorsitzende, der Einzelrichter usw, s oben 2) die **Beschwerde** für **begründet** – zur Zulässigkeits oben 1 –, so hat es ihr abzuhelfen (**kein Ermessen,** sofern nicht auch die angegriffene Entscheidung oder Maßnahme im Ermessen des Gerichts steht); bei teilweiser Begründetheit (sofern es sich um einen abtrennbaren Teil handelt, vgl dazu 32a zu § 132), ggf hins des Teils, hins dessen sie begründet ist, auch zB allein hins der Kosten (ThP 1 zu § 572 ZPO). Bei der Entscheidung sind **auch neue Tatsachen** u Beweise zu berücksichtigen u ggf auch neue Beweise zu erheben (§ 571 Abs 2 S 1 ZPO).[3] Vor einer Abhilfe ist der **Beschwerdegegner zu hören** (RÖ-M. Redeker 2; enger ThP 3 zu § 572 ZPO: nur wenn Abhilfe möglich erscheint; in die gleiche Richtung argumentierend M 5 zu § 572 ZPO); ebenso auch **drittbetroffene Beteiligte. MV** über die Abhilfe ist zulässig (RÖ-M. Redeker 2), jedoch nicht geboten. Kommt das Gericht zum Ergebnis, daß die angegriffene **Entscheidung** oder Maßnahme (nur) **im Ergebnis** richtig ist, jedoch aus anderen Gründen, so muß es der Beschwerde durch Erlaß eines neuen Beschlusses mit den von ihm als zutr erachteten (neuen) Gründen abhelfen, nicht die Beschwerde unter Angabe seiner neuen Gründe vorlegen (**aA** ThP 3 zu § 572 ZPO; Sch-Meyer-Ladewig/Rudisile 4).

4 Die **Entscheidung, daß nicht abgeholfen** wird, **bedarf keiner besonderen Form** u keiner **Bekanntgabe** an die Beteiligten; sie ist ggf **auch konkludent** jedenfalls auch schon in der Vorlage der Beschwerde an das OVG zu sehen;[4] ebenso bedarf sie, jedenfalls wenn die Beschwerde nach Auffassung des Gerichts keine neuen Gesichtspunkte enthält, die eine Stellungnahme dazu er-

---

[1] NKVwGO-Guckelberger 8; RÖ-M. Redeker 1; Sch-Meyer-Ladewig/Rudisile 3.

[2] Vgl Mü NVwZ 1991, 1199: fehlende Entscheidungszuständigkeit des Berichterstatters gem § 87a wird durch eine Abhilfeentscheidung der Kammer als Kollegium geheilt; Sch-Meyer-Ladewig/Rudisile 5.

[3] Vgl OLG Frankfurt NJW 1968, 57; Sch-Meyer-Ladewig/Rudisile 3.

[4] Ey-Happ 7; RÖ-M. Redeker 3; Sch-Meyer-Ladewig/Rudisile 8; vgl auch NJW 1963, 554: kein besonderer Vorlagebeschluß erforderlich; es genügt, daß aus den Akten ersichtlich ist, daß das Gericht nicht abhelfen wollte.

fordern, **keiner Begründung;**[5] **anders,** wenn der angefochtene Beschluß nicht dem Gesetz entsprechend mit Gründen versehen war (NKVwGO-Guckelberger 12; Sch-Meyer-Ladewig/Rudisile 8; ThP 10 zu § 572 ZPO).

3. Entscheidung bei Erledigung der Beschwerde in anderer Weise: 4 a
Wird die Beschwerde vor der Entscheidung des Gerichts über die Abhilfe **zurückgenommen** oder das Vf durch Vergleich oder übereinstimmende Hauptsacheerledigungserklärungen (s 7 ff zu § 161) beendet, so stellt das Gericht, das sonst für die Entscheidung über die Abhilfe zuständig wäre, **das Vf ein** u entscheidet auch über die **Kosten,** sofern eine solche Entscheidung noch erforderlich ist (so Mü BayVBl 1978, 441 zur Hauptsacheerledigung; Ms NVwZ-RR 1995, 479). Bei Rücknahme der Beschwerde usw **nach Vorlage der Sache** durch das Erstgericht an das Beschwerdegericht ist nur noch das Beschwerdegericht zuständig. Entsprechendes gilt, **wenn nur der Bf die Hauptsache für erledigt erklärt,** der Beschwerdegegner dem widerspricht oder dazu nicht Stellung nimmt u deshalb über die Frage der Erledigung streitig zu entscheiden ist.[6]

4. Vorlage: Hilft das Gericht der Beschwerde nicht ab, so hat es sie – zusam- 5
men mit den Akten – dem OVG unverzüglich, dh ohne schuldhaftes Zögern (vgl § 121 Abs 1 S 1 BGB), **vorzulegen,** damit dieses nunmehr darüber entscheidet. **Mit** der Ablehnung der Abhilfe u **der Vorlage der Beschwerde** durch das Gericht, dh mit dem Eingang der Beschwerde beim OVG (wenn auch vielleicht noch ohne die Akten), wird diese bei diesem **anhängig** (nicht dagegen wohl auch schon mit dem Eingang einer nach § 147 Abs 2 zur Fristwahrung unmittelbar beim OVG eingelegten Beschwerde, die zunächst noch dem unteren Gericht zur Abhilfe zugeleitet werden muß, s oben 2).

Vorzulegen ist dem Beschwerdegericht **jede Beschwerde,** der das Gericht, aus welchen Gründen auch immer, nicht abhilft, **auch eine offensichtlich nicht statthafte**[7] oder sonst offensichtlich nicht zulässige Beschwerde (NJW 1963, 554; RÖ-M. Redeker 3; Sch-Meyer-Ladewig/Rudisile 9; **aA** RGZ 130, 348); ebenso **auch** offensichtlich **unbegründete Beschwerden.** Vgl auch 8 vor § 124.

5. Mitteilung über die Vorlage (Abs 2): Die nach Abs 2 vorgesehene Mit- 6
teilung soll die Beteiligten über den Stand des Vf u zumindest konkludent (vgl oben 4) auch über die Ablehnung einer Abhilfe informieren. Ein Verstoß gegen die Vorschrift ist, wie sich durch die Kennzeichnung der Vorlagepflicht mit „soll" ergibt, ohne rechtliche Folge für das BeschwerdeVf (RÖ-M. Redeker 3).

6. Rechtsbehelfe: Der Beschwerdegegner u betroffene Dritte haben gegen 7
eine Abhilfe die **Beschwerde** gem § 146 nach den allg Bestimmungen über Beschwerden (Sch-Meyer-Ladewig/Rudisile 5). **Gegen die Ablehnung** einer Abhilfe ist kein gesonderter Rechtsbehelf gegeben u auch nicht erforderlich, da die Beschwerde dann vom Gericht dem OVG zur Entscheidung vorgelegt wird.

§ 149 [Aufschiebende Wirkung der Beschwerde]

(1) **Die Beschwerde hat nur dann aufschiebende Wirkung,**[1 ff] **wenn sie die Festsetzung eines Ordnungs- oder Zwangsmittels zum Gegenstand**

---

[5] **AA** LG Stuttgart Rpfl 1992, 56: Fehlen einer Begründung ist auch bei Nichtabhilfebeschluß ein schwerer Verfahrensfehler, der zur Aufhebung u Zurückverweisung führt; vgl auch OLG Hamm FamRZ 1986, 1127; OLG Celle NdsRpfl 1988, 9; M 6 zu § 572 ZPO; ThP 10 zu § 572 ZPO: Begründung idR notwendig, insb wenn Beschwerde neues Vorbringen enthält.

[6] Sch-Meyer-Ladewig/Rudisile 6, vgl 20 ff, 30 zu § 161; str, weil es sich in diesem Fall nicht mehr nur um eine gänzliche oder teilweise Abhilfe handelt; jedoch ist die Interessenlage hier dieselbe, ferner trifft die ratio legis auch hier zu.

[7] NJW 1963, 554; RÖ-M. Redeker 3; M 7 zu § 572 ZPO; Sch-Meyer-Ladewig/Rudisile 9; **aA** ThP 7 zu § 572 ZPO.

hat. Das Gericht, der Vorsitzende oder der Berichterstatter, dessen Entscheidung angefochten wird, kann auch sonst bestimmen, daß die Vollziehung der angefochtenen Entscheidung einstweilen auszusetzen ist.[2]

(2) **§§ 178 und 181 Abs. 2 des Gerichtsverfassungsgesetzes bleiben unberührt.**

Vgl § 570 ZPO; § 175 SGG; § 131 FGO

1 **1.** Die Vorschrift **schließt** für den Regelfall der Beschwerde die **aufschiebende Wirkung aus,** die sonst mit RMittel verbunden ist (s 1 vor § 124). Soweit dies der Fall ist, kann das Gericht auch nach Einlegung einer Beschwerde **das Vf** in der Hauptsache **fortsetzen,** bleiben Vollstreckungshandlungen zulässig usw. Das Gericht bzw der Vorsitzende oder der Berichterstatter – je nachdem auch der Einzelrichter gem § 6 oder gem § 87 a (vgl 2 zu § 148) –, dessen Entscheidung angefochten wird, kann jedoch nach Abs 1 S 2 die **Vollziehung** – der Begriff ist im weiten Sinn zu verstehen u entspricht dem Begriff der Vollziehung bei VAen (vgl 28 ff zu § 80) – **einstweilen aussetzen** (**anders im Falle des § 146 Abs 4** s 44 zu § 146), ggf auch einfach formlos **von der Weiterführung** des Vf zunächst **absehen,** eine in der Hauptsache angesetzte mV absetzen bzw vertagen usw. (Dies ist vielfach zweckmäßiger als eine ausdr Aussetzung der Vollziehung).

Der Umstand, daß ein Beteiligter gegen die Entscheidung VB eingelegt hat, steht einer Fortführung des Vf nicht entgegen (BVerfG 58, 44).

2 **2. Aufschiebende Wirkung: Kraft Gesetzes** haben Beschwerden gegen Ordnungs- u Zwangsmittel, zB nach § 570 Abs 1 ZPO u nach § 95, aufschiebende Wirkung. **Außerdem kann** nach Abs 1 S 2 **das Gericht** (Kammer, Senat) oder der Vorsitzende, der Berichterstatter oder der Einzelrichter (vgl 2 zu § 148), dessen Entscheidung angefochten wird, analog Abs 1 S 2 aber auch schon vor einer Anfechtung (vgl 96 zu § 80), ferner – sobald das VG die Abhilfe abgelehnt hat[1] – **nach** § 173 S 1, **§ 570 Abs 3** ZPO **auch das Beschwerdegericht**[2] **auf Antrag** (Ma NVwZ 1986, 934 = DVBl 1986, 287) **oder vAw** (Ey-Happ 5; RÖ-M. Redeker 1; SDC 3; **aA** Finkelnburg 804: nur auf Antrag) **die einstweilige Aussetzung verfügen** oder/u sonstige **vorläufige Regelungen treffen,** die zur Sicherung der Rechte des ASt erforderlich sind (Ks DÖV 1991, 699). Im Anwendungsbereich der dem **§ 146 Abs 4 unterfallenden Beschwerden** gegen Beschlüsse im Bereich des vorläufigen Rechtsschutzes steht dem **VG weder eine Abhilfe-, noch eine Aussetzungsbefugnis zu** (1 zu § 148); die Aussetzungsbefugnis steht allein dem OVG zu, das mit der Einlegung der Beschwerde als Beschwerdegericht iSd § 570 Abs 3 ZPO anzusehen ist (näher 45 zu § 146).[3]

3 **Voraussetzung** der aW bzw einer Aussetzungsverfügung des Gerichts ist, daß die angegriffene Entscheidung einen iwS (vgl 22 ff zu § 80) **vollziehbaren Inhalt** hat. Wurde mit der angegriffenen Entscheidung des VG lediglich ein Antrag nach § 80 Abs 5 oder 7 abgelehnt, so kann das Beschwerdegericht als vorläufige Regelungen auch einstweilige Anordnungen gem § 173 S 1, § 570 Abs 3 ZPO treffen.[4] So kann es zB die durch das erstinstanzliche Gericht abgelehnte Ausset-

---

[1] Vgl Ma NVwZ 1986, 934; Bln DÖV 1986, 615; Mü NJW 1993, 3090; Ks NVwZ 1992, 195; Finkelnburg 805.

[2] Ks NVwZ-RR 2004, 388; Ma NVwZ 1986, 934; Mü NJW 1993, 3090; RÖ-M. Redeker 4; Ey-Happ 5; Sch-Meyer-Ladewig/Rudisile 7.

[3] Gr NVwZ-RR 2003, 534; NKVwGO-Guckelberger 8; Auf der Basis des § 146 Abs 4 aF wurde ganz überwiegend die Zuständigkeit des OVG bereits ab Stellung des Antrags auf Zulassung der Beschwerde bejaht: Hbg NVwZ 1997, 691.

[4] Ebenso Ey-Happ 5; Finkelnburg 805; Sch-Meyer-Ladewig 7; vgl allg auch BVerfG BayVBl 1986, 46; zT **aA** Mü BayVBl 1982, 344 = NVwZ 1982, 685; Bln 8, 81; RÖ-M. Redeker 4; s auch 45 zu § 146.

zung der Vollziehung eines VA anordnen bzw wiederherstellen (näher 45 zu § 146).

4 **3. Entscheidung des Gerichts über die Aussetzung:** Die Entscheidung über die Aussetzung bzw über einstweilige Anordnungen liegt im **Ermessen** (§ 173 S 1, § 570 Abs 2 u 3 ZPO) des Gerichts bzw des Vorsitzenden, Berichterstatters oder Einzelrichters, dessen Entscheidung betroffen ist, oder des Beschwerdegerichts (s oben 2). Sie ist unter **Abwägung der in Frage stehenden Interessen** unter Berücksichtigung auch der Erfolgsaussichten der Beschwerde, soweit diese schon überschaubar sind, zu treffen (Mü NJW 1993, 3090). Die Aussetzung kann auch von einer Sicherheitsleistung abhängig gemacht werden, mit Auflagen verbunden werden usw. Bei der Ausübung des Ermessens ist zu berücksichtigen, daß nach § 149 Abs 1 S 1 die sofortige Vollziehbarkeit einer gerichtlichen Entscheidung zur Regel gemacht wurde. Voraussetzung für die Ausnahme der Aussetzung der Vollziehung ist, daß sich die angegriffene Entscheidung aufgrund des rechtzeitigen Beschwerdevorbringens (§ 146 Abs 4 S 6) mit **überwiegender Wahrscheinlichkeit** als **fehlerhaft** erweist (Ks NVwZ-RR 2004, 389 fordert demgegenüber sogar offenkundige Fehlerhaftigkeit), jedoch noch nicht abschließend entschieden werden kann (bei Offensichtlichkeit kann idR abschließend entschieden werden) oder unter Berücksichtigung aller für u gegen die Aussetzung sprechenden Umstände zu erkennen ist, daß die vorzeitige Vollziehung den **unterlegenen Verfahrensbeteiligten unzumutbar belastet** (Ks NVwZ-RR 2004, 389). Eine **Kostenentscheidung** ergeht **nicht,** da die Kosten zu den Kosten des HauptVf zählen u darüber zusammen mit diesen entschieden wird (Mü 24, 154; BayVBl 1985, 23; Ks DÖV 1990, 134).

5 **Weitere Rechtsbehelfe:** Gegen die Verfügung der Aussetzung bzw gegen die Ablehnung der Aussetzung haben die Betroffenen die **Beschwerde** nach § 146.[5] Dies gilt im Verwaltungsprozeß – anders als im Zivilprozeß – auch für die **Beschwerde gegen Beschlüsse** u Verfügungen gem § 149 Abs 1 S 2, **mit denen die Vollziehung** der angefochtenen Entscheidung einstweilen **ausgesetzt** wurde (Mü 24, 154; BayVBl 1985, 22; Ey-Happ 4). Vgl im einzelnen auch 1 ff zu § 80. Die dort gemachten Ausführungen gelten auch hier sinngemäß. Das Beschwerdegericht kann seinerseits gem § 173, § 570 Abs 3 ZPO die Vollziehung aussetzen (Ma NVwZ 1986, 935; s oben 2).

6 Das Gericht kann **auf Antrag** oder auch **vAw** seine **Entscheidung** über die einstweilige Aussetzung auch jederzeit **ändern.** Vgl 190 ff zu § 80.

§ 150 [Entscheidung über die Beschwerde]

Über die Beschwerde entscheidet das Oberverwaltungsgericht durch Beschluß.[1 ff]

Vgl §§ 572 Abs 4, 574 ZPO; § 176 SGG; § 132 FGO

1 **1.** Das OVG entscheidet über eine Beschwerde, der die untere Instanz nicht nach § 148 abgeholfen hat, durch **Beschluß** (zur Zuständigkeit des BVerwG in den Fällen einer Rechtswegentscheidung gem § 17 a Abs 2 u 3 GVG bei Berufungsausschluß nach § 135 s 29 zu § 41). Vor der Entscheidung sind die Beteiligten zu hören (Ey-Happ 3 zu § 146; BVerfG 30, 406). **Ist die Beschwerde unzulässig,** so ist sie **zu verwerfen,** bei Unbegründetheit zurückzuweisen. Bei Beschwerden gegen Entscheidungen, die im **Ermessen** des Gerichts stehen, hat

[5] Ey-Happ 4; RÖ-M. Redeker 4; hins der Kostenentscheidung nach § 161 Abs 2 auch Mü 24, 153; **aA** Ma NVwZ 1986, 934: kein RSB dafür, da das Beschwerdegericht eine eigene Aussetzungsbefugnis hat u zudem an die Entscheidung des unteren Gerichts nicht gebunden wäre; Sch-Meyer-Ladewig/Rudisile 6.

das Beschwerdegericht die gleiche Entscheidungsbefugnis wie der Richter der Vorinstanz u ist insoweit nicht auf eine Nachprüfung im Hinblick auf Ermessensfehler beschränkt, sondern hat eine eigene Ermessensentscheidung zu treffen.[1] Anderes gilt aber für eine Beschwerde gegen Beschlüsse im Bereich des vorläufigen Rechtsschutzes gem § 146 Abs 4 (43 zu § 146). Zu **Ausnahmen** s ua auch 9 zu § 105.

2 **Bei Stattgabe** kann das Beschwerdegericht **in der Sache** selbst **entscheiden oder** die angegriffene Entscheidung aufheben u die Sache entspr § 130 **zurückverweisen** (s auch 3 zu § 130; 43 zu § 146),[2] gem § 173 S 1, § 572 Abs 3 ZPO auch die Entscheidung aufheben u dem VG die erforderlichen **Anordnungen übertragen** (Ma NVwZ-RR 2004, 230). Das Beschwerdegericht muß den Beschluß aufheben u die Sache zurückverweisen, wenn die untere Instanz in einer Sache, in der durch Urteil zu entscheiden gewesen wäre, unzulässigerweise durch Beschluß, statt durch Urteil entschieden hat (Mü DÖV 1981, 639; **aA** Sch-Meyer-Ladewig/Rudisile 5: das OVG kann statt dessen selbst durch Urteil entscheiden). Vgl allg zur Aufhebung u Zurückverweisung Schneider MDR 1978, 525, zur Erforderlichkeit einer Zurückverweisung bei Streit über die Wirksamkeit einer Antragsrücknahme uä 6f vor § 124.

3 **2.** Die Beschwerdeentscheidung ist **zu begründen** (§ 122 Abs 2 S 1). Sie hat, außer bei Zurückverweisung, auch über die **Kosten** zu entscheiden.

4 **3.** Für das **Beschwerdeverfahren** gelten iü die **allg Vorschriften** über BeschlußVf gem § 122 (s dazu 1ff zu § 122), soweit ausdr Regelungen fehlen oder das Wesen des BeschlußVf nicht entgegensteht, die Vorschriften des 9., 10. u 12. Abschnitts, zB § 88, § 127. S auch 1f zu § 146. Der Beschwerdegegner muß vor einer Aufhebung oder Änderung der Entscheidung zu seinen Ungunsten **gehört werden** (DVBl 1984, 384). Das OVG ist als Beschwerdegericht Tatsacheninstanz (vgl BFH NJW 1994, 752); es kann daher (anders nur in den Fällen des § 146 Abs 4, s 43 zu § 146) Ermessensentscheidungen des VG nicht nur auf Ermessensfehler nachprüfen, sondern **eigenes Ermessen ausüben** u dementsprechend entscheiden (Ks NVwZ-RR 2004, 705 u oben 1). Hins der **Zulässigkeit neuen Vortrags** u der Ermittlung u Berücksichtigung neuer Tatsachen gilt ebenfalls dasselbe wie für die Berufung. Vgl dazu 2f zu § 125; 2f zu § 128; zum **Ausschluß verspäteten Vorbringens** auch 1ff zu § 128a.

4a Entsprechend findet keine Überprüfung der Zweckmäßigkeit auch bei solchen BeschwerdeVf statt, in denen die Beschwerde analog solcher ZPO-Vorschriften statthaft ist, die eine Rechtsbeschwerde vorsehen (vgl § 173 S 1, 2 iVm § 1065 ZPO; s 1 vor § 124, 4 zu § 146). Hier überprüft das OVG (§ 173 S 2) die Entscheidung des VG lediglich auf Rechtsfehler.

5 **4. Die Beschwerdeentscheidung** ist **endgültig.** Eine **weitere Beschwerde** ist nach der VwGO nicht vorgesehen (Sch-Meyer-Ladewig/Rudisile 9; s auch 47 zu § 146); dies gilt auch, wenn die Beschwerdeentscheidung das **rechtliche Gehör** oder sonstige Grundrechte eines Beteiligten verletzt.[3] Auch das Verfassungsrecht gibt keinen Anspr auf eine im Gesetz nicht vorgesehene weitere Beschwerde (vgl BVerfG 42, 248 = NJW 1976, 1837; 49, 256 = NJW 1979, 538 u 8a vor § 124). S aber zur Befugnis des Gerichts zur Abänderung **fehlerhafter** Entscheidungen aufgrund einer Anhörungsrüge gem § 152a bzw in analoger Anwendung dieser Bestimmung 6 u 22ff zu § 152a sowie 9ff vor § 124.

---

[1] Ks NVwZ-RR 2004, 705; Ma NJW 1977, 1808; Ms NJW 1981, 1469; Sch-Meyer-Ladewig/Rudisile 4; **aA** B-Bader 4; s auch unten 4 sowie 63 vor § 124.

[2] Bln NVwZ 1987, 62; Gr NordÖR 1999, 71; Ks NVwZ-RR 1990, 672; Ma NJW 1992, 708; Mü BayVBl 1974, 15; Ms NVwZ-RR 1997, 759; We ThürVBl 1999, 89; Ey-Happ 1; **aA** zu Vf nach § 80 oder § 123; RÖ-M. Redeker 6b zu § 130; s auch Ma VBlBW 1995, 313.

[3] Vgl zum rechtlichen Gehör BGH NJW 1990, 840; Z 20 zu § 567 ZPO.

5. Inhalt der Beschwerdeentscheidung: Für die Beschwerdeentscheidung 6
gelten die allg Grundsätze der Entscheidung über eine Berufung (vgl §§ 124 ff). Eine Beschwerde wg Verletzung des rechtlichen Gehörs bleibt zB auch dann erfolglos, wenn der Vorsitzende anstelle der an sich zuständigen Kammer entschieden hat, auch die Kammer **in der Sache aber nicht anders** entscheiden hätte können (Mü BayVBl 1984, 662; zweifelhaft). Bei wesentlichen Verfahrensmängeln **kann** das OVG die Sache analog § 130 Abs 1 Nr 2 **auch** an das VG **zurückverweisen** (Bln NVwZ-RR 1990, 388).

§ 151 [Erinnerung]

Gegen die Entscheidungen des beauftragten oder ersuchten Richters oder des Urkundsbeamten kann innerhalb von zwei Wochen nach Bekanntgabe die Entscheidung des Gerichts beantragt werden.[1] **Der Antrag ist schriftlich oder zur Niederschrift des Urkundsbeamten der Geschäftsstelle des Gerichts zu stellen.**[2 f] **§§ 147 bis 149 gelten entsprechend.**[2 f]

Vgl §§ 104, 107, 766 ZPO; § 178 SGG; § 133 FGO

1. Der **Antrag** nach § 151 **auf Entscheidung des Gerichts** (sog **„Erinne-** 1
rung") hat die Überprüfung einer der in § 151 abschließend aufgezählten Entscheidungen durch dasselbe Gericht zum Ziel. Die Erinnerung ist insofern kein RMittel (vgl zum Begriff 1 vor § 124), sondern ein **sonstiger Rechtsbehelf,** der für die in § 151 genannten Entscheidungen an die Stelle der hier nicht unmittelbar, sondern erst gegen die Entscheidung des Gerichts gegebenen Beschwerde nach § 146 tritt. Sie findet ua gem § 165 auch gegen **Kostenfestsetzungsbeschlüsse** (§ 164) statt. Gegen Entscheidungen des **Vorsitzenden** haben die Beteiligten gem § 173 S 1, § 140 ZPO das Recht, das Gericht anzurufen (vgl BayVerfGH NJW 1984, 1026 hins der Erteilung des Wortes an die Partei).

Im einzelnen gelten für die Erinnerung die **Bestimmungen über die Be-** 2
schwerde entsprechend. Bei Fristversäumung ist **Wiedereinsetzung** gem § 60 möglich (vgl OLG München MDR 1976, 762). Bei der Entscheidung des Gerichts über eine **Erinnerung gegen eine Entscheidung des beauftragten oder ersuchten Richters** ist dieser von der Mitwirkung ausgeschlossen (§ 54 Abs 2, § 41 Nr 6 ZPO). § 41 Nr 6 letzter HS ZPO ist hier nicht anwendbar, da sich diese Regelung nicht auf Entscheidungen des beauftragten oder ersuchten Richters bezieht, sondern nur auf seine Mitwirkung als solcher bei der angegriffenen Entscheidung des Gerichts (NKVwGO-Guckelberger 9; Sch-Meyer-Ladewig/Rudisile 4).

Gegen die Entscheidung des Gerichts über eine Erinnerung ist unter den 3
Voraussetzungen der §§ 146 ff die **Beschwerde** gegeben. Die Entscheidung des Gerichts, mit der Akteneinsicht (§ 100) abgelehnt wird, ist gem § 146 Abs 2 als prozeßleitende Verfügung nicht mit einer Beschwerde angreifbar (näher 9 zu § 100). Zum Vertretungszwang s 22 a zu § 67.

§ 152 [Beschwerde zum BVerwG]

(1) **Entscheidungen des Oberverwaltungsgerichts können vorbehaltlich des § 99 Abs. 2 und des § 133 Abs. 1 dieses Gesetzes sowie des § 17 a Abs. 4 Satz 4 des Gerichtsverfassungsgesetzes nicht mit der Beschwerde an das Bundesverwaltungsgericht angefochten werden.**

(2) **Im Verfahren vor dem Bundesverwaltungsgericht gilt für Entscheidungen des beauftragten oder ersuchten Richters oder des Urkundsbeamten der Geschäftsstelle § 151 entsprechend.**[1 f]

Vgl § 574 ZPO; § 177 SGG; § 133 FGO

1 Die in Abs 1 durch das 4. u das 6. VwGOÄndG zT neu gefaßte Vorschrift läßt im Interesse der Entlastung des BVerwG die **Beschwerde** gegen Entscheidungen u Beschwerdeentscheidungen des OVG grds – s aber zur (mE abzulehnenden) sog außerordentlichen Beschwerde wg greifbarer Gesetzwidrigkeit 8a vor § 124 – **nur in den ausdr genannten Fällen** zu, u zwar unabhängig davon, welche Rechtsmängel gerügt werden (vgl 69, 36: auch bei Verletzung des Rechts auf den gesetzlichen Richter) u unabhängig davon, ob in der Hauptsache ein RMittel an das BVerwG gegeben ist.[1] Soweit die Beschwerde danach ausgeschlossen ist, sind Mängel, die sonst eine Beschwerde begründen würden, **im Rahmen einer** (nach den allg Vorschriften zulässigen) **Revision zu prüfen.**[2]

2 **Auch das OVG selbst** ist grds an seine nicht mehr anfechtbaren Entscheidungen **gebunden** (BVerfG 55, 5; SDC 1). S aber zur Möglichkeit einer **Aufhebung oder Abänderung vAw** oben 1 zu § 148; 9ff vor § 124; allg auch BVerfG 55, 5; zur Anhörungsrüge bei einer Verletzung des rechtlichen Gehörs Ey-Happ 1ff zu § 152a. Eine Aufhebung oder Abänderung eines nicht anfechtbaren Beschlusses durch das OVG selbst kommt **insb** in Betracht, **wenn der Beschluß auf irrigen Voraussetzungen beruht** oder in offensichtlichem Widerspruch zum Gesetz steht (Mü BayVBl 1972, 130), vor allem auch, wenn er Grundrechte – zB Art 103 Abs 1 GG oder materielle Grundrechte – verletzt (vgl BVerfG 55, 5; Seetzen NJW 1982, 2740; s allg auch 9ff zu § 124; Ey-Happ 10 vor § 124). Eine **außerordentliche Beschwerde** zum BVerwG ist hingegen ausgeschlossen (Hk-Himstedt 4 zu § 152a; Sch-Meyer-Ladewig/Rudisile 7; s 8a vor § 124).

§ 152a [Anhörungsrüge]

(1) **Auf die Rüge[1ff] eines durch eine gerichtliche Entscheidung beschwerten Beteiligten ist das Verfahren fortzuführen,[12ff] wenn**

1. **ein Rechtsmittel oder ein anderer Rechtsbehelf gegen die Entscheidung nicht gegeben ist[5ff] und**
2. **das Gericht den Anspruch dieses Beteiligten auf rechtliches Gehör[3, 15ff] in entscheidungserheblicher Weise verletzt hat.**

Gegen eine der Endentscheidung vorausgehende Entscheidung[7] findet die Rüge nicht statt.

(2) **Die Rüge ist innerhalb von zwei Wochen[8ff] nach Kenntnis von der Verletzung des rechtlichen Gehörs zu erheben; der Zeitpunkt der Kenntniserlangung ist glaubhaft zu machen. Nach Ablauf eines Jahres seit Bekanntgabe der angegriffenen Entscheidung kann die Rüge nicht mehr erhoben werden.[9f] Formlos mitgeteilte Entscheidungen gelten mit dem dritten Tage nach Aufgabe zur Post als bekannt gegeben. Die Rüge ist schriftlich oder zur Niederschrift des Urkundsbeamten der Geschäftsstelle bei dem Gericht zu erheben, dessen Entscheidung angegriffen wird.[10] § 67 Abs. 1 bleibt unberührt. Die Rüge muss die angegriffene Entscheidung bezeichnen und das Vorliegen der in Absatz 1 Satz 1 Nr. 2 genannten Voraussetzungen darlegen.[10]**

(3) **Den übrigen Beteiligten ist, soweit erforderlich, Gelegenheit zur Stellungnahme zu geben.[11]**

(4) **Ist die Rüge nicht statthaft oder nicht in der gesetzlichen Form oder Frist erhoben, so ist sie als unzulässig zu verwerfen.[12] Ist die Rüge unbegründet, weist das Gericht sie zurück.[12] Die Entscheidung ergeht**

---

[1] So 66, 233 zu § 99 Abs 2: auch wenn in der Hauptsache kein RMittel an das BVerwG gegeben ist; Mü BayVBl 1987, 83 u 123.
[2] Vgl RÖ-M. Redeker 19 zu § 54; s auch 17, 19ff u 22ff zu § 54; 3 zu § 137.

durch unanfechtbaren Beschluss. Der Beschluss soll kurz begründet werden.[12]

(5) **Ist die Rüge begründet,**[14 ff] **so hilft ihr das Gericht ab, indem es das Verfahren fortführt, soweit dies aufgrund der Rüge geboten ist. Das Verfahren wird in die Lage zurückversetzt, in der es sich vor dem Schluss der mündlichen Verhandlung befand. In schriftlichen Verfahren tritt an die Stelle des Schlusses der mündlichen Verhandlung der Zeitpunkt, bis zu dem Schriftsätze eingereicht werden können. Für den Ausspruch des Gerichts ist § 343 der Zivilprozessordnung entsprechend anzuwenden.**[15]

(6) **§ 149 Abs. 1 Satz 2 ist entsprechend anzuwenden.**[4]

Vgl § 321 a ZPO; §§ 33 a, 356 a StPO; § 29 a FGG; § 78 a ArbGG; § 178 a SGG; § 133 a FGO; § 69 a GKG

Schrifttum: *Bloching/Kettinger,* Verfahrensgrundrechte im Zivilprozess – Nun endlich das Comeback der außerordentlichen Beschwerde?, NJW 2005, 860; *Desens,* Die subsidiäre Verfassungsbeschwerde und ihr Verhältnis zu fachgerichtlichen Anhörungsrügen, NJW 2006, 1243; *Gehb,* Vom langsamen Ende eines verfassungsrechtlichen Dogmas? – Der trickreiche Weg des Bundesverfassungsgerichts zum Anhörungsrügengesetz –, DÖV 2005, 683; *Guckelberger,* Die Anhörungsrüge nach § 152 a VwGO nF, NVwZ 2005, 11; *M. Huber,* Anhörungsrüge bei Verletzung des Anspruchs auf rechtliches Gehör, JuS 2005, 109; *Hößlein,* Judikatives Unrecht, 2007; *Kettinger,* Ein Plädoyer gegen die „Beerdigung" von außerordentlichen Rechtsbehelfen, DVBl 2006, 1151; *Pache/Knauff,* Zum grundrechtsgleichen Anspruch auf den Rechtsschutz gegen den Richter, BayVBl 2004, 385; *Schenke,* Verfassungsrechtliche Garantie eines Rechtsschutzes gegen Rechtsprechungsakte?, JZ 2005, 116; *ders,* Außerordentliche Rechtsbehelfe im Verwaltungsprozessrecht nach Erlass des Anhörungsrügengesetzes, NVwZ 2005, 729; *Treber,* Neuerungen durch das Anhörungsrügengesetz, NJW 2005, 97; *Ulrici,* Das Anhörungsrügengesetz, Jura 2005, 368; *Vollkommer,* Zur Einführung der Gehörsrüge in den Zivilprozess, FS Schumann 2001, 507; *Voßkuhle,* Bruch mit einem Dogma: Die Verfassung garantiert Rechtsschutz gegen den Richter, NJW 2003, 2193; *Zuck,* Das Verhältnis von Anhörungsrüge und Verfassungsbeschwerde, NVwZ 2005, 739; *ders,* Gehört die Anhörungsrüge zum Rechtsweg nach § 90 II 1 BVerfGG?, NVwZ 2006, 1121.

1. Allgemeines: Die im AnhörungsrügenG v 9. 12. 2004 (BGBl I 3220, 3223) getroffene Regelung ist aufgrund des Plenarbeschlusses des BVerfG vom 30. 4. 2003 (BVerfG NJW 2003, 1924 ff; krit hierzu Gehb DÖV 2005, 683) notwendig geworden. Danach erfordert der rechtsstaatliche Anspr auf Justizgewähr iVm dem Grundsatz des rechtlichen Gehörs die **Möglichkeit fachgerichtlicher Abhilfe** für den Fall, daß ein Gericht in **entscheidungserheblicher Weise den Anspr auf rechtliches Gehör verletzt.** Das BVerfG setzte hier dem Gesetzgeber für die Umsetzung des Beschlusses eine Frist bis zum 31. 12. 2004. Es sprach zugleich aus, daß bei einer Nichteinhaltung der dem Gesetzgeber für die Schaffung einer entsprechenden Regelung gesetzten Frist ab 1. 1. 2005 „das Verfahren auf Antrag vor dem Gericht fortzusetzen (ist), dessen Entscheidung wegen einer behaupteten RVerletzung des rechtlichen Gehörs angegriffen wird. Der Antrag ist 14 Tage seit Zustellung der Entscheidung zu stellen." Im Hinblick auf die fristgemäß erfolgte Umsetzung des Gesetzgebungsauftrags ist auf diese durch das BVerfG für den Zeitraum ab 1. 1. 2005 vorsorglich aufgestellten Grundsätze bei einer Verletzung des rechtlichen Gehörs nicht abzustellen. Ab 1. 1. 2005, dem Tag, an dem § 152 a in Kraft getreten ist (Art 22 AnhörungsrügenG), ist vielmehr bei Gehörsverletzungen im Rahmen verwaltungsgerichtlicher Vf ausschließlich auf § 152 a zurückzugreifen.[1] Es gilt insoweit entsprechendes 1

[1] Zu dem Grundsatz des intertemporalen Prozeßrechts, demgemäß neues Verfahrensrecht im Zweifel auf bereits vorher anhängige Vf anwendbar ist, s 1 zu § 195.

wie für andere gerichtliche Vf, für die im AnhörungsrügenG ebenfalls Anhörungsrügen vorgesehen sind. Eine solche ist zB in § 321 a ZPO nF geregelt, der die schon vorher gem § 321 a ZPO aF bestehende Möglichkeit einer Abhilfe bei Verletzungen des rechtlichen Gehörs durch das Gericht des ersten Rechtszugs nunmehr auf alle zivilgerichtlichen Entscheidungen ausdehnt.

2 **2. Entlastung des Bundesverfassungsgerichts:** Die neue Regelung soll zugleich zu einer Entlastung des BVerfG beitragen, indem sie bereits den Fachgerichten die Möglichkeit eröffnet, Rechtsschutzlücken zu schließen u den Verletzten nicht lediglich darauf verweist, sich gegen eine letztinstanzliche, unter Verstoß gegen den Grundsatz des rechtlichen Gehörs ergangene gerichtliche Entscheidung mittels einer VB zur Wehr zu setzen. § 152 a macht damit in seinem Anwendungsbereich den vorher auf eine entsprechende Forderung des BVerfG durch die Fachgerichte eingeschlagenen Weg überflüssig, durch richterliche Zulassung außerordentlicher Rechtsbehelfe wie der Gegenvorstellung u einer außerordentlichen Beschwerde oder durch eine analoge Erweiterung der Wiederaufnahmegründe (s 8 a zu § 153) zur Entlastung des BVerfG beizutragen. Entspr Rechtsbehelfe werden durch § 152 a ausgeschlossen.[2] Nicht ausgeschlossen durch § 152 a wird die Möglichkeit eines Verfahrensbeteiligten, in Form von Anregungen an das Gericht heranzutreten, damit dieses von einer ihm zustehenden Befugnis Gebrauch machen möge, eine Entscheidung vAw aufzuheben oder zu ändern. Zu solchen dem Art 17 GG unterfallenden Gegenvorstellungen s unten 7.

3 **3. Verletzung des rechtlichen Gehörs:** § 152 a stellt nur auf die Verletzung des Anspr eines Beteiligten auf rechtliches Gehörs ab. Geschützt sind damit nicht nur das durch Art 103 Abs 1 GG gewährleistete Recht auf rechtliches Gehör, sondern auch Rechte aus einfachgesetzlichen Vorschriften, die der Konkretisierung des verfassungsrechtlich geschützten rechtlichen Gehörs dienen u dabei inhaltlich über das verfassungsrechtlich geforderte Mindestmaß hinausreichen. Nicht ausdr genannt werden andere verfassungsrechtlich geschützte Verfahrensgrundrechte wie das Recht auf den gesetzlich Richter (Art 101 Abs 1 S 2 GG), der durch das BVerfG als verfassungsrechtlich geschützt anerkannte Grundsatz eines fairen Vf u der Waffengleichheit sowie der Schutz vor grobem prozessualen Unrecht u eine dadurch implizierte Verletzung des Willkürverbots. Wie im folgenden noch dargelegt wird (unten 15 ff), beinhalten solche Verfahrensverstöße aber vielfach zugleich eine Verletzung des rechtlichen Gehörs oder es kommt, wenn keine Gehörsverletzung mit einem Verfahrensverstoß verbunden ist, hier eine analoge Anwendung des § 152 a zum Tragen (unten 22 ff). Nicht gerügt werden kann – von den Fällen offenbarer Unrichtigkeit einmal abgesehen (unten 21 f) – die Verletzung materiellen Rechts, auch nicht über die Brücke des Art. 20 Abs 3 GG.[3]

4 **4. Rechtsnatur:** Die Anhörungsrüge stellt kein RMittel dar, sondern beinhaltet einen in Anlehnung an die Neufassung des § 321 a ZPO normierten außerordentlichen Rechtsbehelf (BT-Dr 15/3706, 22), der Ähnlichkeit mit einem WiederaufnahmeVf aufweist. Dementsprechend weist die Anhörungsrüge nicht den für RMittel charakteristischen **Devolutiveffekt** auf (s 1 vor § 124). Sie hindert auch den **Eintritt der formellen RKraft** einer **gerichtlichen Entscheidung nicht,** wie sich aus dem über § 173 S 1 entspr anwendbaren § 705 ZPO ergibt.[4] Abweichend von der bis zum Erlaß des AnhörungsrügenG im Zivilpro-

---

[2] Bln NVwZ 2005, 471; Lü NJW 2005, 2171; NVwZ 2006, 219; Ma VBlBW 2005, 153; VG München BayVBl 2006, 254; Hk-Himstedt 4 (Ausschluß einer außerordentlichen Beschwerde); offen Lü DÖV 2005, 966.

[3] Lü NVwZ-RR 2006, 295; s auch Ma NJW 2005, 920.

[4] Ks NVwZ-RR 2006, 740; 2 zu § 121; s aber auch Lü NVwZ-RR 2006, 920: Die Anhörungsrüge läßt die Rechtshängigkeit eines Antrags zumindest insoweit fortdauern, als mit der erneuten Stellung des Antragsbegehrens die Verletzung rechtlichen Gehörs gerügt wird.

zeßrecht geltenden Regelung, wonach die RKraft eines Urteils vor Ablauf der Frist für die Einlegung einer zulässigen Rüge gem § 321 a ZPO aF nach § 705 ZPO aF nicht eintrat, wird nunmehr der Eintritt der RKraft nur noch durch die Einlegung des zulässigen RMittel (oder – was für die VwGO nicht relevant wird – des zulässigen Einspruchs) gehemmt. Damit führt die noch bestehende Möglichkeit einer zulässigen Anhörungsrüge **nicht zum Eintritt des Suspensiveffekts.** Allerdings sieht § 152 a Abs 6 die entsprechende Anwendung des **§ 149 Abs 1 S 2** vor. Damit kann das Gericht, dessen Entscheidung angefochten wird, bestimmen, daß die Vollziehung der angefochtenen Entscheidung **einstweilen ausgesetzt** wird, was einschließt, auch **sonstige vorläufige Maßnahmen** zu treffen, die sich im Verhältnis zur Aussetzung als ein Minus darstellen (2 zu § 149). Folglich kann ähnlich wie nach § 707 ZPO auch bestimmt werden, daß die Vollstreckung der Entscheidung gegen oder ohne Sicherheitsleistung einstweilen eingestellt wird oder nur gegen Sicherheitsleistung stattfindet u daß die Vollstreckungsmaßnahmen gegen Sicherheitsleistungen aufzuheben sind. Eine einstweilige Aussetzung der Vollziehung einer rechtskräftigen Entscheidung oder sonstige vorläufige Regelungen kommen grds nur in Betracht, wenn die Anhörungsrüge mit ganz überwiegender Wahrscheinlichkeit erfolgreich sein wird u ohne eine solche vorläufige Regelung der ASt unzumutbar belastet würde (Ks NVwZ-RR 2006, 740). Die Regelungen des AnhörungsrügenG gelten iü (anders als § 321 a ZPO aF) nicht nur für unanfechtbare Urteile, sondern auch für **sonstige unanfechtbare gerichtliche Entscheidungen,** insb also auch für unanfechtbare Beschüsse. Bedeutsam wird dies insb für Beschlüsse des OVG, die gem § 151 grds nicht mit einer Beschwerde an das BVerwG angefochten werden können.

5. Die Statthaftigkeit der Anhörungsrüge: Die Anhörungsrüge eines Beteiligten, mit welcher eine entscheidungserhebliche Verletzung des rechtlichen 5
Gehörs geltend gemacht wird, ist gem § 152 a Abs 1 S 1 Nr 1 nur gegen **Entscheidungen statthaft,** wenn gegen diese ein **Rechtmittel oder ein anderer Rechtsbehelf nicht gegeben** ist. Das trifft grds bei verfahrensabschließenden Urteilen des BVerwG zu (vgl BFH NJW 2004, 2853), nicht hingegen bei Urteilen oder Gerichtsbescheiden des VG, die noch mit einem Antrag auf Zulassung der Berufung bzw mit einer Berufung, eventuell auch noch mit einer Revision bzw einer dieser vorgeschalteten Nichtzulassungsbeschwerde angreifbar sind. Bei einer erstinstanzlichen Entscheidung, die grds noch mit der Berufung angreifbar ist, scheidet damit die Anhörungsrüge von vornherein deshalb aus, weil – sofern die Berufung nicht ohnehin schon zugelassen ist – ein **Antrag auf Zulassung der Berufung** auf einen durch die **Verletzung rechtlichen Gehörs** begründeten Verfahrensmangel **gestützt** werden kann (§ 124 a Abs 4 iVm § 124 Abs 2 Nr 5). Bei gesetzlichem Ausschluß der Berufung schließt die durch § 135 eröffnete Möglichkeit, eine Verletzung des rechtlichen Gehörs im Rahmen einer zugelassenen Revision geltend zu machen (§ 138 Nr 3) oder bei nicht zugelassener Revision eine auf die Verletzung des rechtlichen Gehörs gestützte Beschwerde wg Nichtzulassung zu erheben (s § 133, 132 Abs 2 Nr 3), die Statthaftigkeit einer Anhörungsrüge aus. Eine Anhörungsrüge ist auch dann **ausgeschlossen,** wenn die entspr RMittel nicht mehr eingelegt werden können, weil der eine Anhörungsrüge erhebende Beteiligte die für die genannten RMittel geltenden **Fristen versäumt** hat. Auch gegen die Urteile des OVG als Berufungsgericht wie auch gegen oberverwaltungsgerichtliche Entscheidungen im NKVerfahren (auch wenn als Beschluß ergangen) ist im Hinblick auf die hier bestehende Möglichkeit, eine Verletzung des rechtlichen Gehörs im RevisionsVf, ggf nach erfolgreicher Beschwerde wg Nichtzulassung der Revision, geltend zu machen, eine Anhörungsrüge nicht statthaft (Zuck NVwZ 2006, 1120). Entscheidet das BVerwG in einem dem § 50 unterfallenden Vf durch Gerichtsbescheid, so

schließt die hier bestehende Möglichkeit, gem § 84 Abs 2 Nr 5 Antrag auf mV zu stellen, die Anhörungsrüge aus.

6 Gegen Entscheidungen des VG, die keine Urteile oder Gerichtsbescheide sind, ist gem § 146 Abs 1 u 4 grds die **Beschwerde gegeben,** die eine **Anhörungsrüge ausschließt.**[5] Eine **Einschränkung** ergibt sich aus **§ 146 Abs 3.** Danach ist vorbehaltlich einer gesetzlichen Beschwerde gegen die Nichtzulassung der Revision die Beschwerde nicht gegeben in Streitigkeiten über Kosten, Gebühren u Auslagen, wenn der Wert des Beschwerdegegenstands 200 Euro nicht übersteigt (16 ff zu § 146). Hier kann sich damit die Situation ergeben, daß für einen Verfahrensbeteiligten die Beschwerde ausgeschlossen ist, weil der Beschwerdegegenstand 200 Euro nicht übersteigt, hingegen die Beschwerde des Verfahrensgegners statthaft ist. Eine für einen Verfahrensbeteiligten trotz Nichterreichung der Beschwerdesumme entspr § 127 mögliche **Anschlußbeschwerde schließt die Anhörungsrüge nicht aus.** Zwar eröffnet die Anschlußbeschwerde die Möglichkeit zu einer umfassenderen Überprüfung als die Anhörungsrüge. Da die (unselbstständige) Anschußbeschwerde aber entspr § 127 Abs 5 ihre Wirkung verliert, wenn die Beschwerde zurückgenommen oder als unzulässig verworfen wird, bietet die Anschlußbeschwerde keine ausreichende Möglichkeit des Rechtsschutzes gegen die Verletzung des rechtlichen Gehörs (s auch M 5 zu § 321 a ZPO; Wolf ZZP 2003, 527). Nicht möglich ist die im Zivilprozeßrecht (Z 4 zu § 321 a ZPO) erwogene Lösung, derzufolge auch nach Verwerfung oder Rücknahme des selbständigen RMittel eine Fortsetzung des AnschlußbeschwerdeVf im Hinblick auf die Verletzung des rechtlichen Gehörs zuzulassen sein soll. Eine solche Lösung steht im eindeutigen Widerspruch zu § 127 Abs 5 (im Zivilprozeßrecht § 524 Abs 4 ZPO) u läßt sich auch nicht unter dem Gesichtspunkt des Art 103 Abs 1 GG legitimieren, da diesem bereits durch die Anwendung des § 152 a Rechnung getragen werden kann. Das **BeschwerdeVf** ist bis zur Entscheidung über die Anhörungsrüge gem **§ 94 auszusetzen.**[6]

Statthaft ist die Anhörungsrüge hingegen gegen **Entscheidungen des OVG im BeschlußVf** (ausgenommen im BeschlußVf erlassene NKEntscheidungen sowie die in § 152 Abs 1 genannten Beschlüsse), da gegen diese keine weiteren RMittel u Rechtsbehelfe zulässig sind. Das gilt auch dann, wenn ein Antrag auf Zulassung der Berufung durch das OVG gem § 124 a Abs 5 S 1 durch einen Beschluß abgelehnt wurde u der ASt geltend macht, der Beschluß beruhe auf einer Verletzung des rechtlichen Gehörs, da das OVG Teile seiner entscheidungserheblichen Begründung des Zulassungsantrags bei der Entscheidung übersehen hat; nicht geltend gemacht werden kann hingegen die Verletzung des rechtlichen Gehörs durch das VG, da insoweit die Anhörungsrüge durch den auf § 124 Abs 2 Nr 5 gestützten Zulassungsantrag ausgeschlossen wird. Grds statthaft ist eine Anhörungsrüge auch gegen Entscheidungen des OVG im **vorläufigen RechtsschutzVf.** Die Möglichkeit eines Beteiligten, eine Änderung oder Aufhebung eines Beschlusses gem **§ 80 Abs 7 S 2** zu beantragen, schließt allerdings die Statthaftigkeit einer Anhörungsrüge aus. Fraglich kann nur sein, ob auch die Verletzung des rechtlichen Gehörs einen Umstand iSd § 80 Abs 7 S 2 zu begründen vermag. Dies wird man jedenfalls dann anzunehmen haben, wenn ein Beteiligter

---

[5] Nicht ausgeschlossen wird hierdurch allerdings die Möglichkeit, bei anfechtbaren erstinstanzlichen Beschlüssen, die vAw geändert werden können, eine Änderung der Entscheidung im Wege einer auf Art 17 GG gestützen Gegenvorstellung anzuregen, die jedoch kein Recht auf eine sachliche Überprüfung der Entscheidung einräumt; zu dem entsprechenden Problem iVm Zwischenentscheidungen s unten 7.

[6] Vgl zur entspr Problematik in der ZPO Hannich/Meyer-Seitz ZPO-Reform 2002, 25 zu § 321 a ZPO; **aA** ThP 2 zu § 321 a ZPO: AnschlußRMittel vorrangig, bei seinem Wegfall hat das Gericht der unteren Instanz jedoch das Vf nach § 321 a Abs 4 u 5 ZPO durchzuführen; ebenso Wolff ZZP 2003, 527.

geltend macht, wg einer Verletzung des rechtlichen Gehörs sei es ihm nicht möglich gewesen, im BeschwerdeVf veränderte oder ohne Verschulden bisher nicht geltend gemachte entscheidungserhebliche Umstände vorzubringen.[7] Eine solche Geltendmachung ist allerdings keineswegs bei jeder Verletzung des rechtlichen Gehörs möglich. In einem solchen Fall ist dann in der Tat – wenn auch iü keine dem § 80 Abs 7 S 2 unterfallenden Umstände geltend gemacht werden können – eine Anhörungsrüge statthaft. An die frühere, vor gesetzlicher Einführung einer Anhörungsrüge vertretene u der Entlastung des Gerichts dienende Ansicht des BVerfG (BVerfG 70, 188), eine Verletzung rechtlichen Gehörs sei immer über § 80 Abs 7 (früher § 80 Abs 6) zu rügen, kann nach Schaffung des § 152a nicht mehr angeknüpft werden.[8] **Kein anderes RMittel,** das die Möglichkeit einer Anhörungsrüge ausschließt, liegt grds in der Möglichkeit, in einem **HauptsacheVf (eventuell auch im RechtsmittelVf) rechtliches Gehör eingeräumt zu bekommen,** da es sich hier um ein vom vorläufigen RechtsschutzVf getrenntes Vf handelt, für das andere Prüfungsmaßstäbe anwendbar sind als bei einem vorläufigen RechtsschutzVf (Sch-Rudisile 16). Eine Verweisung auf den Rechtsschutz in der Hauptsache würde jedenfalls idR mit unzumutbaren Nachteilen für den Betroffenen verbunden sein u damit den unter dem Aspekt des Art 19 Abs 4 GG ge-botenen vorläufigen Rechtsschutz weitgehend entwerten. Sie kommt deshalb zumindest dann nicht in Betracht, wenn die Eilentscheidung endgültige Verhältnisse schafft oder wg der Dauer des HauptsacheVf faktisch zu endgültigen Verhältnissen führt (BT-Dr 15/3706, 14). Keinen Rechtsbehelf, der eine Anhörungsrüge gem § 152a ausschließt, stellt das VBVerfahren dar. Das ergibt sich schon daraus, daß die Regelung des § 152a ebenso wie entsprechende Vorschriften in anderen Prozeßordnungen ja gerade dazu dienen soll, die Verfassungsgerichte bei Verletzungen des rechtlichen Gehörs zu entlasten (vgl BVerfG NJW 2003, 1924ff u BT-Dr 15/3706, 1).

Ausgeschlossen ist eine Anhörungsrüge gem § 152a Abs 1 S 2 auch bezüglich 7
einer der Endentscheidung vorausgehenden unanfechtbaren Entscheidung **(Zwischenentscheidung).**[9] Der Grund hierfür liegt zum einen darin (BT-Dr 15/3706, 16), daß erst zum Zeitpunkt der Endentscheidung feststellbar ist, ob der Beteiligte, dessen Anspr auf rechtliches Gehör verletzt wurde, durch die Entscheidung beschwert ist u ob die Gehörsverletzung entscheidungserheblich war. Zum anderen würde die Einbeziehung von Zwischenentscheidungen in den Anwendungsbereich der Anhörungsrüge nicht angemessen berücksichtigen, daß die VwGO – ähnlich wie die ZPO u andere Verfahrensordnungen – die isolierte Anfechtung von Zwischenentscheidungen im Interesse einer zügigen Erledigung des Rechtsstreits bewußt einschränkt (s § 146 Abs 2). Soweit RVerletzung durch Zwischenentscheidungen auf einer Verletzung des rechtlichen Gehörs beruhen, ist allerdings davon auszugehen, daß die **Verletzung des rechtlichen Gehörs im ZwischenVf, soweit sie nicht** in dem anschließenden Vf **geheilt** wird, noch im Rahmen einer Anhörungsrüge gegen eine unanfechtbare Endentscheidung geltend gemacht werden kann. Andernfalls könnte dem verfassungsrechtlich garantierten Rechtsschutz durch die Fachgerichte nicht ausreichend Rechnung getragen werden u ließe sich damit insoweit die erstrebte Entlastung des BVerG nicht erreichen (s auch 22 zu § 54). Eine Anhörungsrüge bzgl der End-

[7] Zu undifferenziert deshalb Ma NVwZ 2006, 219, wonach § 152a stets den Vorrang vor § 80 Abs 7 haben soll.

[8] Nicht mehr überzeugend daher die Berufung von Zuck NVwZ 2006, 1121 auf diese Rspr des BVerfG u der von ihm – ebenso wie von Guckelberger NVwZ 2005, 12 – befürwortete generelle Vorrang des § 80 Abs 7 vor § 152a (insoweit richtig Ma NVwZ 2006, 219). Da das Vf des § 80 Abs 7 S 1 unabhängig von einem Antrag vAw durchzuführen ist, kann dieses Vf ohnehin den § 152a nicht ausschließen.

[9] Bln NVwZ 2005, 471.

entscheidung scheidet allerdings dann aus, wenn es möglich ist, die ohne eine Heilung des Verfahrensverstoßes gleichfalls gegen das rechtliche Gehör verstoßende Endentscheidung noch mit auf die Verletzung des rechtlichen Gehörs gestützten RMittel erfolgreich anzugreifen (22 zu § 54). Ohnehin sollte durch § 152a Abs 1 S 2 u entspr Vorschriften in anderen Verfahrensordnungen (zB § 321a Abs 1 S 2 ZPO) nicht ausgeschlossen werden (BT-Dr 15/3706, 16), daß eine nach den gesetzlichen Regelungen unanfechtbare Zwischenentscheidung, die an schweren Verfahrensfehlern wie einer **Verletzung des rechtlichen Gehörs** leidet, **keine Bindungswirkung für die Endentscheidung** entfaltet.[10] Damit aber kann die Fehlerhaftigkeit der Zwischenentscheidung in dem die Endentscheidung betr Vf durch die Nachholung des rechtlichen Gehörs geheilt werden. Unterbleibt aber die Heilung, etwa weil sich das Gericht bei der Endentscheidung durch die unter Verletzung des rechtlichen Gehörs zustandegekommene Zwischenentscheidung gebunden fühlt, so beruht auch die Endentscheidung auf einer Verletzung des rechtlichen Gehörs, u es kommt damit bei ihrer Unanfechtbarkeit eine Anhörungsrüge in Betracht.

Zu beachten ist iü, daß es den Verfahrensbeteiligten bei Zwischenentscheidungen, die wie prozeßleitende Anordnungen (zB eine Terminsanberaumung durch den Vorsitzenden, s 4 zu § 102) **vAw geändert** werden können, unbenommen bleibt, eine solche Änderung anzuregen. Das Recht zu solchen Anregungen, das sich auch auf Art 17 GG stützen läßt, gibt den Verfahrensbeteiligten jedoch nur einen **Anspr auf Bescheidung, nicht** hingegen auf **Überprüfung ergangener gerichtlicher Entscheidungen.** Insoweit handelt es sich hier um „echte" **Gegenvorstellungen iSd Art 17 GG,** die aber strikt von solchen früher durch die Rspr anerkannten Gegenvorstellungen (s 9 u 9a vor § 124) zu unterscheiden sind, die ebenso wie die Anhörungsrüge ein (freilich zT inhaltlich begrenztes) Recht auf Überprüfung einer gerichtlichen Entscheidung einräumten. Wg der ggü einer Anhörungsrüge bestehenden Wesensverschiedenheit von Gegenvorstellungen iSd Art 17 GG werden diese **nicht durch § 152a** bzw § 321a ZPO u entspr andere Vorschriften **ausgeschlossen** (s auch 10 vor § 124). Aus demselben Grund verbietet sich aber auch eine verschiedentlich erwogene analoge Anwendung der Vorschriften über die Anhörungsrüge (anders aber BL 8 zu Grundz § 567); im Gegensatz zu dieser bedürfen Gegenvorstellungen iSd Art 17 GG daher **keiner besonderen Form** u können auch **unbefristet** erhoben werden.[11] Zur Behandlung eines als „Gegenvorstellung" bezeichneten Rechtsbehelfs als Anhörungsrüge s unten 10.

8 **6. Zulässigkeitsvoraussetzungen einer statthaften Anhörungsrüge:** Eine statthafte Anhörungsrüge muß, damit sie zulässig ist, **frist- u formgerecht** erhoben werden; andernfalls ist sie zu verwerfen (Abs 2 S 1). Da es sich bei der Anhörungsrüge um einen außerordentlichen Rechtsbehelf handelt, ist eine **Rechtsbehelfsbelehrung,** die § 58 für alle ordentlichen Rechtsbehelfe vorschreibt, **nicht erforderlich.**[12] Die Rüge ist innerhalb von zwei Wochen nach Kenntnis von der Verletzung des rechtlichen Gehörs zu erheben, wobei der Zeitpunkt der Kenntniserlangung von der Verletzung glaubhaft zu machen ist. Erlangt das Gericht nachträglich Kenntnis von der Verletzung des rechtlichen Gehörs, hat es die Verfahrensbeteiligten darauf hinzuweisen (Z 6 zu § 321a ZPO), um dem Verletzten die Möglichkeit einzuräumen, eine Anhörungsrüge zu erheben, ohne deren Einlegung dem Gericht eine Abhilfe nicht möglich ist.

---

[10] BVerfG 101, 404; BVerwG 46, 86; 64, 354; BGH FamRZ 1997, 171 u 173; OLG Karlsruhe NJW-RR 2002, 1168; BL 41 zu § 281; s auch 15 zu § 83.

[11] S auch BFH NVwZ 2006, 968: Wird mit einer entspr Eingabe nicht die Verletzung des Anspr auf rechtliches Gehör geltend gemacht, ist diese Eingabe weiterhin als Gegenvorstellung zu werten, die weder fristgebunden noch kostenpflichtig ist.

[12] BT-Dr 15/3706, 22; Hbg NVwZ 2006, 484; s auch 4 u 5 zu § 58.

Nach Ablauf eines Jahres seit Bekanntgabe der Entscheidung kann die Rüge nicht mehr erhoben werden (Abs 2 S 2).

Formlos mitgeteilte Entscheidungen gelten mit dem dritten Tag nach Aufgabe zur Post als bekanntgegeben (Abs 2 S 3). Die Bekanntgabe wird **fingiert,** unabhängig davon, ob die Bekanntgabe tatsächlich schon früher oder später erfolgte. Eine Regelung wie in § 41 Abs 2 S 2 VwVfG, wonach die Fiktion des § 41 Abs 2 S 1 VwVfG nicht gilt, wenn der VA nicht oder erst zu einem späteren Zeitpunkt zugegangen ist, findet sich in Abs 2 S 3 nicht. Erfolgt die Bekanntgabe aber tatsächlich erst später u kann deshalb die Anhörungsrüge nicht fristgerecht erhoben werden, so kommt eine Wiedereinsetzung in den vorigen Stand gem § 60 in Betracht. Fehlt es überhaupt an einer Bekanntgabe der Entscheidung ggü einem Beteiligten, erlangt sie ihm ggü ohnehin keine Wirkung. Da es sich bei der Frist des Abs 2 S 2 um eine materielle Ausschlußfrist handelt, ist insoweit – ähnlich wie nach § 60 Abs 3 – keine Wiedereinsetzung in den vorigen Stand möglich (vgl auch zu der entspr Regelung in § 321a Abs 2 S 2 ZPO BT-Dr 15/3706, 16). 9

Die Rüge ist gem Abs 2 S 4 **schriftlich** bei dem Gericht einzulegen, dessen Entscheidung angegriffen wird. Sie muß nicht ausdr als solche bezeichnet werden. Eine ausschließlich auf die Verletzung rechtlichen Gehörs gestützte „Gegenvorstellung" ist jedenfalls bei Vorliegen der entspr Zulässigkeitsvoraussetzungen als Anhörungsrüge zu behandeln (vgl BrandVerfG DÖV 2007, 264). Sofern nicht nach § 67 Abs 1 Anwaltszwang besteht, kann sie auch zur Niederschrift des Urkundsbeamten der Geschäftsstelle eingelegt werden. Ist die **Rüge beim OVG u dem BVerwG einzulegen,** besteht gem § 67 Abs 1 S 1 **Anwaltszwang.** Die Rüge muß die angegriffene Entscheidung bezeichnen u das Vorliegen der in § 152a Abs 1 Nr 2 genannten Voraussetzungen darlegen. Hierzu bedarf es grds der Bezeichnung des Gerichts, das die Entscheidung erlassen hat, des Aktenzeichens, des Datums der Entscheidung u der Beteiligten. Unvollständige oder falsche Angaben schaden jedoch nichts, wenn nicht zweifelhaft sein kann, um welche Entscheidung es sich handelt (vgl auch 47 zu § 124a). 10

7. Das Verfahren (Abs 3): Den übrigen Beteiligten ist, soweit erforderlich, Gelegenheit zur Stellungnahme zu geben. Beabsichtigt das Gericht, der Anhörungsrüge stattzugeben, muß es auch den durch die angegriffene Entscheidung Begünstigten Gelegenheit zur Stellung geben u auf diese Weise rechtliches Gehör gewähren, da ihre durch die rechtskräftige Entscheidung gewährte Rechtsposition durch eine bei Begründetheit der Anhörungsrüge herbeigeführte Fortführung des Vf wieder in Frage gestellt wird. 11

8. Die Entscheidung des Gerichts (Abs 4, 5): Ist die Rüge **nicht statthaft oder nicht in der gesetzlichen Form oder Frist erhoben,** so ist sie als **unzulässig** zu verwerfen (Abs 4 S 1). Unbegründet ist die Anhörungsrüge dann, wenn keine Verletzung des rechtlichen Gehörs vorliegt oder diese Verletzung nicht entscheidungserheblich ist. Bei Unbegründetheit der Anhörungsrüge weist das Gericht sie zurück (Abs 4 S 2). Die Entscheidung ergeht durch einen **unanfechtbaren Beschluß** (Abs 4 S 3), der – ebenso wie dies bei der Entscheidung des BVerwG über eine Nichtzulassungsbeschwerde gem § 133 Abs 5 S 2 idR zutrifft – kurz begründet werden soll (Abs 4 S 4). Die Begründung entbindet das Gericht nicht von der **grds bestehenden Verpflichtung,** in einer verständlichen Weise die Gründe zu benennen, aus denen heraus die Anhörungsrüge keinen Erfolg hat. Ausnahmen hiervon dürften nur dann bestehen, wenn das Fehlen einer Verletzung des rechtlichen Gehörs offensichtlich ist. Die Gebühren des Gerichts bemessen sich bei einer Verwerfung oder Zurückverweisung der Rüge nach GKG/KV 5400 u betragen 50 Euro. Zu den Gebühren der Prozeßbevollmächtigte s § 19 Abs 1 S 2 Nr 5 RVG, wonach für ihn, sofern er schon vor der Rüge als Prozeßvertreter beauftragt war, keine weiteren Gebühren anfallen; ist er 12 nur für das RügeVf beauftragt fällt für ihn nur eine halbe Gebühr an. Zur Möglichkeit einer auf die Verletzung des rechtlichen Gehörs gestützten VB bei Erfolglosigkeit der Anhörungsrüge s unten 16.

13 Die zulässige Rüge ist begründet, wenn die Entscheidung den Anspr des Beteiligten auf **rechtliches Gehör verletzt** hat u diese **Verletzung entscheidungserheblich** ist (s dazu 10 ff zu § 138). Von einer Entscheidungserheblichkeit der Verletzung des rechtlichen Gehörs ist dabei immer dann auszugehen, wenn **nicht ausgeschlossen werden kann,** daß das Gericht **ohne die Verletzung des Anspr auf rechtliches Gehör zu einer anderen Entscheidung gekommen** wäre (BVerfG 46, 188; 89, 392 f; BT-Dr 14/4722, 85). Nicht erforderlich ist hingegen, daß die Entscheidung bei Einräumung rechtlichen Gehörs tatsächlich günstiger ausgefallen wäre,[13] denn über diese Frage kann erst nach Abschluß der Fortsetzung des Vf entschieden werden.

14 Ist die **Rüge begründet,** so hilft ihr das Gericht ab, indem es das **Vf fortführt,** soweit dies auf Grund der Rüge geboten ist (Abs 5 S 1). Einer förmlichen Entscheidung, mit welcher die Begründetheit der Rüge festgestellt wird, bedarf es nicht. Doch ist es dem Gericht nicht untersagt, einen Fortführungsbeschluß zu fassen (BL 54 zu § 321 a ZPO). Unzulässig ist es hingegen, die unter Verletzung rechtlichen Gehörs ergangene Entscheidung aufzuheben, denn ob die Entscheidung aufrechtzuerhalten oder aufzuheben ist, ergibt sich erst als Ergebnis der Fortführung des Vf. Die Fortführung des Vf betrifft gem Abs 5 S 1 **nur die Verhandlung solcher Teile des Streitggst, die von der Verletzung des rechtlichen Gehörs betroffen** sind (BT-Dr 15/3706, 16 u 15/1508, 19). Das Vf wird dementsprechend nur insoweit in die Lage zurückversetzt, in der es sich vor dem Schluß der mündlichen Verhandlung befand (Abs 5 S 2). In schriftlichen Vf tritt an die Stelle des Schlusses der mündlichen Verhandlung der Zeitpunkt, bis zu dem Schriftsätze eingereicht werden können (Abs 5 S 3).

15 Für den Ausspruch des Gerichts nach Beendigung der Fortführung des Vf ist gem Abs 5 S 4 § 343 ZPO entspr anzuwenden. Stimmt die Entscheidung, die auf Grund der neuen Verhandlung zu erlassen ist, mit der früheren Entscheidung überein, gegen die sich die Anhörungsrüge wandte, ist auszusprechen, daß diese **Entscheidung aufrechtzuerhalten** ist. Trifft diese Voraussetzung nicht zu, wird die **frühere Entscheidung** durch die neue Entscheidung **aufgehoben.** Das **Verbot der reformatio in peius,** das für RMittel gilt, gilt nicht für den außerordentlichen Rechtsbehelf der Anhörungsrüge (Z 18 zu § 321 a ZPO).

16 **9. Verfassungsbeschwerde:** War die Anhörungsrüge erfolglos, besteht für den Verfahrensbeteiligten, der sich durch die gerichtliche Entscheidung in seinem Grundrecht auf rechtliches Gehör verletzt fühlt, noch die Möglichkeit zur Erhebung einer hierauf gestützten VB (s auch 13 vor § 124). Die VB hat sich nicht nur gegen den Zurückweisungs- bzw Verwerfungsbeschluß zu richten, sondern auch gegen die Ausgangsentscheidung. Die Einmonatsfrist für die Erhebung der VB beginnt aber wg der Subsidiarität der VB gem § 93 Abs 1 S 2 BVerfGG erst mit dem Zugang des der Anhörungsrüge nicht stattgebenden Beschlusses (BVerfG NJW 2002, 3388 u 3387). Das trifft auch dann zu, wenn der Verfahrensbeteiligte im Rahmen des gegen die fachgerichtliche Entscheidung gerichteten VBVerfahrens nunmehr nicht nur eine Verletzung des Art 103 Abs 1 GG, sondern auch die Verletzung anderer verfassungsrechtlich garantierter Rechte – insbesondere von materiellen Grundrechten – geltend macht, über die im Rahmen des AnhörungsrügeVf nicht zu befinden war. Der Grundgedanke des § 90 Abs 2 S 1 BVerfGG (Entlastung der Verfassungsgerichtsbarkeit) spricht dafür, daß dann, wenn der Bf die Möglichkeit hat, im Wege einer Anhörungsrüge auf die

---

[13] So aber P. Hartmann NJW 2001, 2587; BL 19 zu § 321 a ZPO, krit hierzu zu Recht Z 12 zu § 321 a ZPO, E. Schneider ZAP 2001, 1190.

Fortsetzung des gerichtlichen Vf hinzuwirken,[14] er erst diese Möglichkeit erschöpfen muß, ehe er die Verfassungsgerichte in Anspr nehmen kann, u daß dann, wenn er dies unterläßt, die VB nicht nur in bezug auf die Verletzung des Art 103 GG, sondern insgesamt unzulässig ist.[15] Dies impliziert zugleich, daß nach erfolgloser Einlegung einer Anhörungsrüge u einer anschließenden Erhebung einer VB diese auch hinsichtlich materieller Grundrechtsverletzungen nicht verfristet ist.[16] Wäre man hier anderer Ansicht, so ergäbe sich ein unter prozeßökonomischen Gesichtspunkten wenig befriedigendes Ergebnis. Der Betroffene wäre dann nämlich genötigt,[17] neben der Anhörungsrüge eine VB einzulegen, mit welcher er die Verletzung materieller Grundrechte geltend macht, u müßte bei Erfolglosigkeit der Anhörungsrüge eine weitere VB erheben, mit welcher er die Verletzung des Art 103 Abs 1 GG geltend macht. Hätte die Anhörungsrüge aber Erfolg, so würde die VB wg einer fehlenden Erschöpfung des Rechtswegs nunmehr unzulässig. Soweit bei einem teilbaren Streitggst ein Teil einer fachgerichtlichen Entscheidung, der für sich selbst Bestand haben kann, allerdings nicht auf einer Verletzung des rechtlichen Gehörs beruhen kann, ist der Bf genötigt, bereits gegen diese Teilentscheidung mit einer VB vorzugehen u daneben den Teil der Entscheidung, der sE auf einer Verletzung des rechtlichen Gehörs beruht, zum Gegenstand einer Anhörungsrüge zu machen.[18]

10. Anwendung des § 152 a bei der Verletzung sonstiger verfassungsmäßiger Verfahrensrechte bzw bei offenkundigem prozessualem Unrecht: Nicht ausdr genannt als rügefähige Rechte werden in § 152 a neben der Verletzung des rechtlichen Gehörs andere verfassungsrechtlich geschützte Verfahrensgrundrechte wie das Recht auf den gesetzlichen Richter (Art 101 Abs 1 S 2 GG), der durch das Bundesverfassungsgericht als verfassungsrechtlich geschützt anerkannte Grundsatz eines fairen Vf u der Waffengleichheit sowie der Schutz vor grobem prozessualen Unrecht u eine dadurch implizierte Verletzung des Willkürverbots. Das ist insoweit nicht unproblematisch, als auch bei solchen an den Richter adressierten verfassungsrechtlich geschützten Rechten – unabhängig davon, ob man die Rechtsweggarantie des Art 19 Abs 4 GG auch auf Rechtsprechungsakte erstreckt – die verfassungsrechtliche **Notwendigkeit eines gerichtlichen Rechtsschutzes als Konsequenz der subjektiven Rechtsqualität dieser Verfahrensgrundrechte** besteht (dazu näher Schenke JZ 2005, 120 ff; Hößlein, Judikatives Unrecht, passim). In der Begründung zum AnhörungsrügenG (BT-Dr 15/3706, 14) wird dies auch erkannt u die Beschränkung des AnhörungsrügenG auf die Verletzung des rechtlichen Gehörs damit legitimiert, daß die Gewährung eines Rechtsschutzes gegen solche anderen Verletzungen nicht Gegenstand des 17

---

[14] Dabei kann es nicht entscheidend darauf ankommen, ob der Bf die VB auch auf eine Verletzung des Art 103 Abs 1 GG stützt, da sonst der Bf darüber disponieren könnte, ob er sofort eine VB einlegen kann. Maßgeblich ist vielmehr, ob aufgrund des objektiven Gehalts des tatsächlichen Vorbringens eine Gehörsverletzung als möglich erscheint, so richtig Desens NJW 2006, 1246.

[15] BVerfG NJW 2005, 3059; Ey-Happ 1; Desens NJW 2006, 1245; NKVwGO-Guckelberger 5; vgl auch HessStGH NJW 2005, 2217; ThürVerfGH NVwZ-RR 2005, 146. Liegt eine Verletzung des Anspr auf rechtliches Gehör offensichtlich nicht vor, so scheidet allerdings eine Anhörungsrüge aus u scheitert die Erhebung einer VB selbst dann nicht an § 90 Abs 2 S 1 BVerfGG, wenn mit der VB auch eine Verletzung des Art 103 Abs 1 GG geltend gemacht wird (BVerfG EuGRZ 2006, 294 ff). Der Betroffene riskierte hier sogar den Verlust seiner Beschwerdemöglichkeit wg Verfristung, wenn er erst (erfolglos) ein AnhörungsrügeVf durchführte (Zuck NVwZ 2006, 1122).

[16] BVerfG NJW 2005, 3060; Desens NJW 2006, 1245; NKVwGO-Guckelberger 5; **aA** Zuck NVwZ 2005, 741 f; offengelassen von BayVerfGH NJW 2006, 1053.

[17] So in der Tat Zuck NVwZ 2005, 741; 2006, 1123.

[18] Desens NJW 2006, 1246; Zuck NVwZ 2005, 1123; dahin tendierend wohl auch BVerfG NJW 2005, 3060.

vom BVerfG erteilten Gesetzgebungsauftrags sei. Dementsprechend treffe das Gesetz auch keine Aussagen zu der Frage, wie das Recht künftig mit der Verletzung anderer Verfahrensgrundrechte wie auch mit Verletzungen des Willkürverbots umgehen solle. Insb sollen nach der Gesetzesbegründung (BT-Dr 15/3706, 14) die bisher in diesen Fällen zur Anwendung gekommenen außerordentlichen Rechtsbehelfe wie die außerordentliche Beschwerde oder die Gegenvorstellung durch die Beschränkung des AnhörungsrügenG auf Verletzungen des rechtlichen Gehörs nicht ausgeschlossen sein.

18 **a) Notwendigkeit eines fachgerichtlichen Rechtsschutzes auch bei der Verletzung anderer Verfahrensgrundrechte.** Die in der Regierungsbegründung zum AnhörungsrügenG enthaltene Verweisung auf andere außerordentliche Rechtsbehelfe außerhalb der Anhörungsrüge (s näher 8 ff vor § 124) erscheint freilich problematisch, da sich auch bei anderen Verfahrensgrundrechten dieselbe Problematik wie bei einer Verletzung des rechtlichen Gehörs stellt. Deshalb erscheint es auch hier geboten, eine fachgerichtliche Rechtsschutzmöglichkeit gesetzlich vorzusehen u im Interesse der Rechtssicherheit zu regeln, welche Rechtsbehelfe ein Verfahrensbeteiligter einzulegen hat, ehe er die subsidiäre VB einzulegen vermag. Das gilt um so mehr, als bei gerichtlichen Urteilen grds eine Bindung des Gerichts an das von ihm getroffene Urteil besteht (§ 173 S 1 iVm § 318 ZPO) u es deshalb fragwürdig anmutet, sich über diese gesetzliche Bindung richterrechtlich hinwegzusetzen. Insoweit läuft der in der Regierungsbegründung zum AnhörungsrügenG gegebene Hinweis auf außerordentliche Rechtsbehelfe letztlich auf eine Flucht des Gesetzgebers vor einer ihm (unabhängig von einem verfassungsgerichtlichen Gesetzgebungsauftrag) verfassungsrechtlich auferlegten gesetzgeberischen Pflicht hinaus (krit hierzu deshalb auch Treber NJW 2005, 100); jedenfalls läßt sich aber die richterliche Befugnis zur Abhilfe außerhalb des AnhörungsG sicher nicht auf den in der Regierungsbegründung enthaltenen Hinweis auf andere zur Anwendung kommende außerordentliche Rechtsbehelfe zur Schließung von Rechtsschutzlücken stützen. Bezeichnenderweise wurde denn auch eine Möglichkeit, mittels Einlegung von außerordentlichen Rechtsbehelfen eine Änderung von Urteilen herbeizuführen, bisher vielfach abgelehnt[19] u eine richterliche Änderungsbefugnis – wenn überhaupt – nur iVm Beschlüssen bejaht, die nicht in derselben Weise wie Urteile bindend sind. Fordert man freilich trotz der fehlenden fachgerichtlichen Möglichkeit zur Änderung dennoch bei Urteilen vor Erhebung der VB im Hinblick auf einem dem § 90 Abs 2 S 1 BVerfGG entnommenen Grundsatz der Subsidiarität die vorherige erfolglose Einlegung von außerordentlichen Rechtsbehelfen, so vermag einem solchen Rechtsbehelf keine echte Entlastungsfunktion zuzukommen, weil für die Fachgerichte bei ihrer Bindung an rechtskräftige Urteile keine Verpflichtung besteht, sich inhaltlich mit der verfahrensfehlerhaften Entscheidung auseinanderzusetzen. Bejahte man aber im Interesse einer wirksamen Entlastung des BVerfG die Möglichkeit zur fachgerichtlichen Abhilfe bei gerichtlichen Entscheidungen einschließlich gerichtlicher Urteile aufgrund richterrechtlich geschaffener außerordentlicher Rechtsbehelfe, so drängen sich ggü einer solchen richterrechtlichen Fortentwicklung des Rechts sowohl unter funktionellrechtlichen Gesichtspunkten wie auch im Hinblick auf die Gesetzesbindung der Judikative Bedenken auf. Jedenfalls bedarf eine solche richterrechtliche Lösung dann einer Korrektur, wenn die Möglichkeit eröffnet ist, eine derartige Korrektur unter Anbindung an vom Gesetzgeber neu geschaffene gesetzliche Regelungen wie die des AnhörungsrügenG zu legitimieren (s auch 10 vor § 124).

---

[19] B-Bader 3 vor § 124; Ey-Happ 10 vor § 124; Sch-Meyer-Ladewig/Rudisile 11 vor § 124; **aA** BFH NJW 1996, 1496; offen BVerwG NJW 1995, 2053.

19 Einer Lösung der angesprochenen Probleme kann naturgemäß nicht unter Hinweis darauf ausgewichen werden, daß dem fachgerichtlichen Rechtsschutz vor einer richterlichen Verletzung von verfassungsrechtlich garantierten Verfahrensgrundrechten bei weitem nicht dieselbe Bedeutung zukommt wie der Verletzung des rechtlichen Gehörs u sie sich insoweit gewissermaßen als eine quantité négligeable darstelle. Vielmehr muß gerade die Neuregelung des AnhörungsrügenG einen Anstoß dafür bieten, auf ihrer Basis die entspr Probleme eines Rechtsschutzes gegen die richterliche Verletzung von verfassungsmäßig garantierten Verfahrenrechten neu zu überdenken u sich hierbei die durch den Gesetzgeber vorgenommenen neuen Weichenstellungen nutzbar zu machen. Ohnehin läßt sich diese Problematik teilweise bereits dadurch entschärfen, daß schon das positivierte Recht die Möglichkeit bietet, in direkter Anwendung schon vorhandener Vorschriften, jedenfalls aber durch ihre extensive Interpretation fachgerichtlichen Rechtsschutz sicherzustellen. So weist die Regierungsbegründung des AnhörungsrügenG (BT-Dr 15/3706, 14) zu Recht darauf hin, daß bei einem Verstoß gegen Art 101 Abs 1 S 2 GG, der nach der verfassungsgerichtlichen Rspr nur durch einen willkürlichen Verstoß gegen Zuständigkeitsbestimmungen begangen werden kann, der Rechtsschutz im Rahmen eines WiederaufnahmeVf (etwa gem § 153 iVm § 579 ZPO) sichergestellt wird. Zudem wird dort, wo gegen eine unter Verstoß gegen Zuständigkeitsbestimmungen erfolgte richterliche Verweisung keine gerichtliche Rechtsschutzmöglichkeit vorgesehen ist, bei schweren u offensichtlichen Verstößen durch die Rspr keine Bindung an den Verweisungsbeschluß angenommen (s 15 zu § 83), so daß eine dennoch erfolgte Sachentscheidung des Gerichts wg Verletzung von Zuständigkeitsbestimmungen als eine Verfahrensrechtsverletzung angegriffen werden kann. Entsprechendes gilt für eine gerichtliche Entscheidung, an der ein befangener Richter trotz eines Ablehnungsantrags mitwirkte u bei der – ungeachtet des § 173 iVm § 512 ZPO bzw § 173 iVm § 557 Abs 2 ZPO – eine Verletzung des Art 101 Abs 1 S 2 GG einen nach § 124 Abs 2 Nr 5 u § 132 Abs 2 Nr 3 im RechtsmittelVf rügbaren Verfahrensfehler der Endentscheidung darstellt (22 zu § 54).

20 **b) Verletzung anderer verfassungsrechtlich gewährleisteter Verfahrensrechte als gleichzeitige Verletzung rechtlichen Gehörs.** Vielfach geht eine Verletzung anderer verfassungsrechtlich gewährleisteter Verfahrensrechte mit einer über § 152a rügbaren Verletzung des rechtlichen Gehörs einher. Soweit zB ein befangener Richter bei einer nicht mehr mit RMittel anfechtbaren Entscheidung nicht der Pflicht zur Selbstanzeige gem § 173 iVm § 48 ZPO nachkam u deshalb keine Ablehnung erfolgte, geht hier idR mit einer Verletzung des Art 101 Abs 1 S 2 GG eine Verletzung des Art 103 Abs 1 GG einher, die mit einer Anhörungsrüge geltend gemacht werden kann (vgl auch 21 zu § 54). Über diese hat dann gem § 152a dasselbe Gericht – freilich unter Ausschluß des befangenen Richters – zu befinden.[20]

21 Auch verfassungsrechtlich garantierte Verfahrensrechte u -prinzipien wie der Anspr auf ein **faires Vf** u der in ihm enthaltene **Grundsatz der Waffengleichheit** führen bei ihrer Verletzung idR zu einer Verletzung des rechtlichen Gehörs (M 6a zu § 321a ZPO), das im Interesse eines wirksamen Rechtsschutzes bei § 152a wie auch bei § 321a ZPO u entspr anderen einfachgesetzlichen Vorschriften weit zu interpretieren ist. Ohnehin wird auch der verfassungsrechtliche Grundsatz des rechtlichen Gehörs durch das BVerfG weit verstanden (vgl auch Schumann BGH-FS III 31). So verletzen etwa Überraschungsentscheidungen

---

[20] Kopp AöR 1981, 612f geht noch weiter, indem er bei einer Verletzung des Art 101 Abs 1 S 2 immer auch eine Verletzung des Art 103 Abs 1 GG annehmen will, womit sich dann in diesen Fällen stets auch die Möglichkeit zu einer Anhörungsrüge gem § 152a ergeben würde.

nicht nur den Grundsatz der Verfahrensfairneß, sondern auch das rechtliche Gehör (BVerfG NJW-RR 1996, 253). Aus diesem Grund ist auch bei einer **offenkundigen Unrichtigkeit einer Entscheidung von einer Verletzung des rechtlichen Gehörs auszugehen,**[21] denn mit einer solchen Entscheidung konnte der hierdurch Verletzte idR nicht rechnen. Er hatte damit keine Möglichkeit, sich gegen sie vorher argumentativ zur Wehr zu setzen.

22 **Analoge Anwendung des § 152 a.** Selbst wenn man die Subsumtion solcher Verfahrensrechtsverletzungen unter Art 103 Abs 1 GG aber für zu weitgehend hielte, spräche sehr viel dafür, die Vorschriften des § 152 a u § 321 a ZPO auf die Verletzung anderer verfassungsrechtlich gewährleisteter Verfahrensprinzipien wie auch auf offenkundig unrichtige Entscheidungen analog anzuwenden, um entspr Rechtsschutzlücken zu schließen u das BVerfG zu entlasten.[22] Jedenfalls bieten sich § 152 a u diesem entsprechende andere im Rahmen des AnhörungsrügenG geschaffene Normen als **ModellVf** an, an welchen sich gesetzlich nicht vorgesehene fachgerichtliche Rechtsschutzmöglichkeiten zu orientieren haben, statt auf nicht näher konturierte ungeschriebene Rechtsbehelfe wie Gegenvorstellungen u außerordentliche Beschwerden zurückzugreifen. Das wird auch dadurch indiziert, daß eine Gegenvorstellung nach ihrem ursprünglichen Verständnis kein Recht auf eine Entscheidung in der Sache einräumt (dazu 9 ff vor § 124) u die Ergreifung außerordentlicher Beschwerden (dazu 8 vor § 124) – von den ua unter dem Aspekt des Vorrangs des Gesetzes gegen sie bestehenden Bedenken einmal ganz abgesehen – offensichtlich dort ausscheidet, wo eine Entscheidung des letztinstanzlichen Gerichts eines Rechtswegs unter Verletzung von sonstigen verfahrensrechtlichen Prinzipien mit Verfassungsrang ergangen ist.[23]

23 Demgegenüber liefern die Vorschriften des AnhörungsrügenG über ihren unmittelbaren Anwendungsbereich hinaus einen wichtigen Beitrag zu einer neuen Lösung des fachgerichtlichen Rechtsschutzes gegen mit verfassungsrechtlichen Prinzipien unvereinbares prozessuales Unrecht u korrespondieren mit der **Gleichartigkeit der Interessenlage** bei Verletzungen des **rechtlichen Gehörs** u der **Verletzung anderer,** ebenfalls nur an die Judikative adressierter verfassungsrechtlich garantierter **Verfahrensrechte.** Die analoge Anwendung des § 152 a trüge damit einerseits verfassungsrechtlichen Erfordernissen Rechnung u führte Hand in Hand hiermit zu einer Entlastung des BVerfG, respektierte aber andererseits den Willen des Gesetzgebers in ungleich größerem Umfang als ein Rückgriff auf Gegenvorstellung u außerordentliche Beschwerde (für einen solchen Rückgriff aber Kettinger DVBl 2006, 1153 ff; s auch 8 a u 9 a vor § 124). Dies gilt um so mehr, als – über die oben schon angesprochenen Bedenken hinausreichend – das Verhältnis der Gegenvorstellung zur außerordentlichen Beschwerde unklar bliebe (dazu 8 ff vor § 124) u man endgültig das in Art 17 GG verankerte dogmatische Fundament der Gegenvorstellung aufgäbe, wenn man

---

[21] BVerfG NJW 1987, 2734; 2004, 3552; ebenso Guckelberger NVwZ 2005, 13.

[22] BlnB NVwZ 2006, 614; Lü NJW 2006, 2506; Schenke NVwZ 2005, 736 f; für analoge Anwendung des § 152 a bei Verletzungen des Art 101 Abs 1 S 2 GG Sch-Rudisile 36; vgl auch RS 44 zu § 61; eine analoge Anwendung des § 152 a zieht Ma NJW 2005, 920 allenfalls für vergleichbare Verstöße gegen Verfahrensgrundrechte wie etwa Art 101 Abs 1 S 2 GG in Betracht; B-Bader 3 erwägen eine analoge Anwendung des § 152 a auch bei anderen Verfahrensverstößen iSd § 138; **aA** u gegen analoge Anwendung FfO NVwZ 2005, 1214; Mü NVwZ-RR 2006, 740; B-Bader 3; Guckelberger NVwZ 2005, 13; Kettinger DVBl 2006, 1153 ff; NKVwGO-Guckelberger 16; u schon früher iVm § 321 a ZPO aF Voßkuhle NJW 2003, 2199; vgl auch BFH NJW 2005, 2639. Dazu, daß die Verweisung auf die Möglichkeit, unmittelbar VB zu erheben, nicht zu überzeugen vermag u auch mit der Rspr des BVerfG nicht vereinbar ist, s Kettinger DVBl 2006, 1152.

[23] Von der generellen Unzulässigkeit einer außerordentlichen Beschwerde geht unter Hinweis auf deren „Abschaffung“ durch den BGH (BGH NJW 2002, 1577; ebenso BVerwG NJW 2002, 2657) auch M. Huber JuS 2005, 113 aus.

zwecks einer echten Entlastung des BVerfG mit ihr ein Recht auf eine Entscheidung über eine Verfahrensrechtsverletzung koppelte (9 vor § 124).

Für eine an dem AnhörungsrügenG als einer gesetzlichen Modelllösung orientierte Lösung des fachgerichtlichen Rechtsschutzes mittels analoger Anwendung des § 152a, § 321a ZPO spricht auch, daß die **zivilgerichtliche Rspr** sich schon früher auf der Basis des § 321a ZPO aF, der sich nur auf erstinstanzliche zivilgerichtliche Entscheidungen bezog, für eine **analoge Anwendung** dieser Vorschrift bzw (was auf dasselbe hinausliefe) für die Existenz einer an § 321a ZPO aF orientierten Konkretisierung der Gegenvorstellung aussprach.[24] Auch im verwaltungsprozessualen Schrifttum wurde vor Inkrafttreten des AnhörungsrügenG für den Bereich des Verwaltungsprozeßrechts eine Analogie zu § 321a ZPO aF befürwortet (Schenke JZ 2005, 122). Der BGH sprach sich zudem für eine ergänzende Zulassung der Rechtsbeschwerde analog § 321a ZPO aF aus, wenn in der Beschwerdeentscheidung durch willkürliche Nichtzulassung Verfahrensgrundrechte des Bf verletzt worden waren.[25] 24

Eine (partielle) Analogie zu § 152a ist auch dann in Erwägung zu ziehen, wenn ein Gericht **nicht innerhalb angemessener Zeit** über ein dem Rechtsschutz gegen Verwaltungshandeln dienendes **Klagebegehren befindet** (dazu näher Schenke NVwZ 2005, 737f). Den Ansatzpunkt für ein Recht auf Gewährung eines Rechtsschutzes innerhalb angemessener Zeit bildet dabei die verfassungsrechtliche Garantie eines Rechtsschutzes durch **Art 19 Abs 4 GG.** Zur Begründung eines solchen verfassungsrechtlich garantierten Anspr auf einen zeitgerechten Rechtsschutz bedarf es dabei keiner (verschiedentlich erwogenen) Einbeziehung des judikativen Verhaltens in den Anwendungsbereich der verfassungsrechtlichen Rechtsschutzgarantie. Vielmehr geht es hier um den unbestreitbar unter Art 19 Abs 4 GG zu subsumierenden Rechtsschutz gegen rechtwidriges Verwaltungshandeln (dazu Schenke JZ 2005, 120ff). Die Rechtsschutzgarantie wird dabei immer dann verletzt, wenn die vom Gesetzgeber mit der Verwirklichung des gerichtlichen Rechtsschutzes betrauten Gerichte nicht innerhalb angemessener Frist über das Rechtsschutzbegehren des Rechtsschutzberechtigten entscheiden u damit dessen Rechtsschutz in unzumutbarer Weise verkürzen. In diesem Zusammenhang spielt es keine Rolle, ob der Instanzenzug ein- oder mehrstufig ist, denn auch ein durch den Gesetzgeber vorgesehener mehrstufiger Rechtsweg ist ein Rechtsweg iSd Art 19 Abs 4 GG, obschon der Gesetzgeber nicht dazu verpflichtet ist, einen solchen Instanzenzug vorzusehen. 25

Im Hinblick auf die **subjektive Rechtsqualität des Art 19 Abs 4 GG** muß dem Rechtsschutzberechtigten ein Vf eingeräumt sein, mit dem er sein Recht auf einen zeitgerechten Rechtsschutz geltend machen kann. Dieses RechtsschutzVf muß aber genauso wie das durch Art 103 Abs 1 GG geforderte RechtsschutzVf **nicht notwendigerweise vor einem höheren Gericht** eingeräumt sein. Es genügt vielmehr bereits, wenn ein Recht auf eine Entscheidung über eine mögliche Verletzung des Art 19 Abs 4 GG durch Unterlassen einer zeitgerechten Entscheidung vor demselben Gericht eingeräumt wird, das möglicherweise durch sein Unterlassen den durch den Bürger geltend gemachten Anspr verletzt hat. Daß in diesem Vf das für die Entscheidung über die Rüge zuständige Gericht über sein eigenes Verhalten zu urteilen hat, schmälert sicher die Effizienz des gerichtlichen Rechtsschutzes. Dies gilt aber in derselben Weise bei einer auf eine Verletzung des rechtlichen Gehörs gestützten Anhörungsrüge gem § 152a. Über sie hat ebenfalls das Gericht zu befinden, welches dieses Verfahrensrecht verletzt hat. Ein solcher 26

---

[24] OLG Jena NJW 2003, 3495; OLG Celle NJW 2003, 906; MDR 2003, 1311; OLG Frankfurt NJW 2004, 165; ebenso zB ThP 18 zu § 321a ZPO; **aA** OLG Oldenburg NJW 2003, 149; OLG Rostock NJW 2003, 2105.

[25] BGH NJW 2004, 2529f; s auch Althammer/Löhnig NJW 2004, 1569; Rimmelspacher JZ 2003, 1569.

Rechtsschutz kommt denn auch – ähnlich wie bei einer Anhörungsrüge gem § 152a – nur dann in Betracht, wenn nicht bereits auf andere Weise durch ein höheres Gericht eine Entscheidung über einen zeitgerechten Rechtsschutz herbeigeführt werden kann. So dürfte hier etwa bei einer **Unterlassung einer zeitgerechten verwaltungsgerichtlichen Entscheidung** durch das Gericht des ersten Rechtszugs die Möglichkeit eines Rechtsschutzes über eine **analoge Anwendung des § 146** bestehen (dazu 7 sowie 22 u 32 zu § 146). Dieser Weg bleibt allerdings dann verschlossen, wenn das BVerwG oder das OVG keinen Rechtsschutz innerhalb einer angemessenen, den Erfordernissen des Art 19 Abs 4 GG genügenden Zeit sicherstellen. In diesen Fällen kann der Rechtsschutz nur analog § 152a erreicht werden. Diese an § 152a orientierte Untätigkeitsrüge bei dem untätigen Gericht ist keineswegs bedeutungslos, bietet sich doch auf diese Weise für die Verfahrensbeteiligten eine Handhabe, das Gericht dazu zu zwingen, eine **Entscheidung über die Zeitgerechtheit des Rechtsschutzes herbeizuführen.**[26] Damit wird nicht nur ein gewisser Beschleunigungsdruck ausgeübt, der zu einer Entlastung des BVerfG führen kann. Auch wenn dieses Ziel nicht erreicht wird, erscheint aber eine solche fachgerichtliche Entscheidung zur Vorbereitung eines vor dem BVerfG initiierbaren VB-Vf bedeutsam u erleichtert dem BVerfG die Überprüfung, ob die Verzögerung des gerichtlichen Rechtsschutzes noch unter dem Aspekt des Art 19 Abs 4 GG vertretbar ist. Daß ein Vf, das sich gegen eine verfassungswidrige Verzögerung des Rechtsschutzes wendet – anders als eine unmittelbar auf § 152a gestützte Anhörungsrüge – nicht einen Rechtsschutz gegen ein verfassungswidriges Handeln, sondern gegen ein verfassungswidriges Unterlassen zum Gegenstand hat, begründet keinen grundsätzlichen Einwand gegen eine an § 152a orientierte Untätigkeitsrüge. Derjenige, dessen Anspr auf eine gerichtliche Entscheidung innerhalb vertretbarer Zeit nicht entsprochen wurde, darf nicht schlechter gestellt sein als derjenige, dem immerhin gerichtlicher Rechtsschutz gewährt wurde, wenn auch in einer verfahrensfehlerhaften Weise. Die Notwendigkeit einer Analogie zu § 152a stellt sich im Anwendungsbereich der verfassungsrechtlichen Rechtsschutzgarantie sogar im Hinblick auf Art 19 Abs 4 S 2 GG in einer ganz spezifischen Weise. Dieser Vorschrift wird über ihren unmittelbaren Anwendungsbereich hinaus durch die hM die Verpflichtung für den Richter entnommen, Rechtsschutzlücken selbst unmittelbar zu schließen u nicht erst auf ein Handeln des Gesetzgebers zur Verwirklichung des verfassungsrechtlich geforderten Rechtsschutzes zu warten.[27] Die Zulassung einer solchen Untätigkeitsrüge ist iü nicht nur durch Art 19 Abs 4 GG, sondern auch durch **Art 6 iVm Art 13 EMRK** gefordert (dazu auch 32 zu § 146), die nach der Kudla-Entscheidung des EGMR[28] eine Verpflichtung der Bundesrepublik zur Einrichtung eines Rechtsbehelfs gegen überlange Verfahrensdauer begründen. Weist das Gericht die Untätigkeitsrüge als unbegründet ab, weil es davon ausgeht, der Rechtsschutz sei nicht in unzumutbarer Weise verzögert, so vermag der ASt eine VB wg Verletzung des Art 19 Abs 4 GG zu erheben. Iü hindert ihn die Zurückweisung einer Anhörungsrüge nicht, zu einem späteren Zeitpunkt erneut eine Untätigkeitsrüge einzulegen. Begrenzungen dieses Rechts können sich bei einem kurzen zeitlichen Abstand zwischen den Untätigkeitsrügen nur unter dem Gesichtspunkt des Rechtsmißbrauchs ergeben.

---

[26] Zwar kann ein Verfahrensbeteiligter schon jetzt anregen, einen Termin gem § 102 festzusetzen. Da aber über die Terminfestsetzung vAw entschieden wird (s 4 zu § 102) u Terminanträge dementspr nur Anregungen zu einer Amtstätigkeit sind (vgl auch Z 1 zu § 216 ZPO), bestehen diesbezüglich keine subjektiven Rechte des Verfahrensbeteiligten. Deshalb läßt sich auf diese Weise keine Entscheidung darüber erreichen, ob durch die Untätigkeit des Gerichts das Recht eines Verfahrensbeteiligten auf Rechtsschutz innerhalb angemessener Zeit verletzt wurde.

[27] S Schenke JZ 2005, 119 u BK 64f zu Art 19 Abs 4 GG mwN.

[28] NJW 2001, 2694ff u dazu Britz/Pfeiffer DÖV 2004, 245ff.

15. Abschnitt. Wiederaufnahme des Verfahrens

§ 153 [Wiederaufnahme des Verfahrens]

(1) **Ein rechtskräftig beendetes Verfahren kann nach den Vorschriften des Vierten Buchs der Zivilprozeßordnung wiederaufgenommen werden.**[1 ff]

(2) **Die Befugnis zur Erhebung der Nichtigkeitsklage und der Restitutionsklage steht auch dem Vertreter des öffentlichen Interesses, im Verfahren vor dem Bundesverwaltungsgericht im ersten und letzten Rechtszug auch dem Vertreter des Bundesinteresses beim Bundesverwaltungsgericht zu.**[7]

Vgl §§ 578–591 ZPO; § 179 SGG; § 134 FGO

Schrifttum: *Braun,* Verletzung des Rechts auf Gehör und Urteilskorrektur im Zivilprozeß, NJW 1981, 425; *ders,* Anhörungsrüge oder Wiederaufnahmeklage?, NJW 1983, 1403; 1984, 348; *H.-J. Cremer,* Zur Bindungswirkung von EGMR-Urteilen, EuGRZ 2004, 683; *Gilles,* Zur Systematik des Wiederaufnahmeverfahrens, ZZP 78, 466; 80, 391; *Jauernig,* Kein Rechtsschutzinteresse für erneute Nichtigkeitsklage?, NVwZ 1996, 31; *Kenntner,* Ein Dreizack für die offene Flanke: Die neue EuGH-Rspr zur judikativen Gemeinschaftsrechtsverletzung, EuZW 2005, 237; *J. Meyer-Ladewig/Petzold,* Die Bindung deutscher Gerichte an Urteile des EGMR – Neues aus Straßburg und Karlsruhe, NJW 2005, 683; *Pache/Bielitz,* Verwaltungsprozessuale Wiederaufnahmepflicht kraft Völker- oder Gemeinschaftsrechts?, DVBl 2006, 325; *Würthwein,* Neue wissenschaftliche Erkenntnisse und materielle Rechtskraft, ZZP 1999, 447.

1. Allgemeines: Nach § 153 (geändert durch G v 9. 7. 2001 [BGBl I 1510]) ist die **Wiederaufnahme** eines durch Urteil, Gerichtsbescheid (§ 84) oder verfahrensbeendenden Beschluß (s unten 5) **rechtskräftig** (§ 121) **abgeschlossenen** (vgl jedoch zur ausnahmsweisen Berücksichtigung aus Gründen der Verfahrensökonomie auch schon mit der Revision 27 f zu § 137) verwaltungsgerichtlichen **Vf** grds **unter denselben Voraussetzungen** zulässig, **wie** sie für **die Wiederaufnahmeklage** (Nichtigkeits- bzw Restitutionsklage) **nach §§ 578 bis 591 ZPO,** die für entspr anwendbar erklärt werden, gelten (82, 274). Dazu, daß die Wiederaufnahmeklage (bzw der Wiederaufnahmeantrag) in einer Sache, soweit sie (er) in Betracht kommt, unter dem Gesichtspunkt der Rechtswegerschöpfung gem § 90 Abs 2 BVerfGG grds auch **Zulässigkeitsvoraussetzung für eine VB** ist, s BVerfG NJW 1993, 3257. 1

Die Wiederaufnahmeklage – bzw in selbständigen BeschlußVf (s unten 5) der entsprechende **Wiederaufnahmeantrag** – hat die **Beseitigung eines rechtskräftigen Urteils** (bzw in BeschlußVf, Beschlusses) u die Neuverhandlung u **Neuentscheidung** der Sache in Fällen, in denen die Entscheidung in einem Vf ergangen ist, das an bestimmten schweren Verfahrensfehlern leidet (§ 579 ZPO, sog **Nichtigkeitsklage**), oder in denen die Entscheidung auf unrichtigen, insb verfälschten oder sonst in bestimmter Weise fehlerhaften oder unzulänglichen Grundlagen beruht (§ 580 ZPO, sog **Restitutionsklage**), zum Ziel. Die Regelung beruht – ähnlich wie § 60 (vgl 1 zu § 60) – auf einer Abwägung der letztlich im Rechtsstaatsprinzip begründeten Erfordernisse der Rechtssicherheit u des Rechtsfriedens gegen die Forderungen **materieller Gerechtigkeit** (82, 274; Mü NVwZ 1993, 92).

§ 153 wird ergänzt durch **§ 323 ZPO,** § 173 S 1. Analog § 323 ZPO, § 173 S 1 ist auch im Verwaltungsprozeß die **Abänderungsklage bei Änderung der Verhältnisse,** dh der für die Entscheidung maßgeblichen tatsächlichen Verhältnisse u des anwendbaren Rechts, zulässig (Mü BayVBl 1978, 54). Eine **Änderung lediglich der Rspr** (außer wenn diese zugleich Ausdruck veränder- 1a ter Rechtsauffassungen der Rechtsgemeinschaft ist, vgl 146 zu § 47) steht einer Änderung des Rechts nicht gleich.[1] S auch 5 zu § 107; 30 zu § 121. Zur Geltendmachung einer erst infolge späterer Entwicklungen eingetretenen Ungültigkeit einer nach § 47 erfolglos angegriffenen **Rechtsvorschrift** s unten 5; zur Frage, ob von Verfassungs wegen für die Gerichte eine Verpflichtung besteht, in den Fällen bewußt gesetzwidriger Rechtsanwendung durch DDR-Gerichte infolge Einflußnahme der SED einen **außerordentlichen Restitutionsgrund** anzuerkennen oder eine an sich nicht statthafte Revision zuzulassen, BVerfG DtZ 1993, 85.

2 Die Wiederaufnahmeklage – bzw in BeschlußVf ein entspr Wiederaufnahmeantrag – ist kein RMittel, sondern ein **außerordentlicher Rechtsbehelf,** der darauf gerichtet ist, die RKraft der angegriffenen Entscheidung zu beseitigen u die fehlerhafte Entscheidung durch eine neue, fehlerfreie Entscheidung zu ersetzen. Ziel u Vf entsprechen jedoch iü weitgehend dem Ziel u Vf bei ordentlichen RMittel (BGH NJW 1982, 2449).

3 Der Wiederaufnahmekl begehrt mit der Wiederaufnahmeklage (Wiederaufnahmeantrag) sowohl ein prozessuales **Gestaltungsurteil** (bzw einen prozessualen Gestaltungsbeschluß), durch das (den) das frühere Urteil (der frühere Beschluß) **rückwirkend** aufgehoben wird, als auch eine neue Entscheidung in der Hauptsache. **Die Wiederaufnahmeklage** hat als solche **weder Devolutiv- noch Suspensivwirkung** (vgl Mü BayVBl 1984, 758; ferner NVwZ 1985, 117 zu disziplinargerichtlichen Vf); doch kann das Gericht auf Antrag des Klageberechtigten nach § 167 Abs 1 iVm § 707 ZPO die **Zwangsvollstreckung** aus der angegriffenen Entscheidung **vorläufig einstellen.**

4 **Das Verfahren** vollzieht sich **in drei Stufen:** 1. Prüfung der Zulässigkeit der Wiederaufnahme, 2. Prüfung der Begründetheit des Wiederaufnahmevorbringens, 3. neue Verhandlung u Entscheidung in der Sache selbst.[2]

Das Gericht darf in **den jeweils folgenden Abschnitt** erst eintreten, wenn der **vorangehende geprüft worden ist** u ein positives Ergebnis gebracht hat (NVwZ 1987, 218; BGH 2, 247 = NJW 1951, 964). Insb darf das Gericht **im Rahmen der Zulässigkeitsprüfung** nicht auch schon die materiellrechtlichen Voraussetzungen der Wiederaufnahme prüfen (NVwZ 1987, 218).

Für die **Zulässigkeit u Begründetheit der Wiederaufnahmeklage** (bzw, in AntragsVf, s unten 5, des Wiederaufnahmeantrags) **als solche** genügt es, daß der VRW gegeben ist, die Wiederaufnahmeklage ordnungsgemäß erhoben ist u die allg Prozeßvoraussetzungen gegeben sind (s unten im Text), insb auch der Wiederaufnahmekl durch das angegriffene Urteil beschwert ist (vgl BGH 39, 179) **u hins der Wiederaufnahme** ein Wiederaufnahmegrund **substantiiert geltend gemacht** (vgl BGH NJW 1993, 1596; Ms NVwZ 1995, 95; Sangmeister JZ 1993, 736) **u** auch tatsächlich zur Überzeugung des Gerichts **nachgewiesen wird** (vgl BFH NJW 1992, 1062; **aA** BGH NJW 1993, 1596); dies auch dann, wenn ausnahmsweise für die Zulässigkeit der Wiederaufnahmeklage iE dieselben Grundsätze maßgeblich sind wie dann auch für die Entscheidung in der wiederaufgenommenen Sache (**aA** insoweit BGH NJW 1993, 1596). Dem Schutzzweck des WiederaufnahmeVf nach können die Beteiligten – außer dem VöI u dem VdB – jedoch nur solche Wiederaufnahmegründe geltend machen, durch die sie **beschwert** sind.[3] **Ob auch in der Sache** das angegriffene Urteil (bzw, in Antragssachen, der angegriffene Beschluß) aufgehoben u durch ein anderes Urteil (Beschluß) zu ersetzen ist, ist **dann im wiederaufgenommenen**

---

[1] M 28a zu § 323 ZPO; BL 18 zu § 323 ZPO; vgl auch unten 5; 29 zu § 121; KR 30 zu § 51 VwVfG; **aA** ThP 26 zu § 323 ZPO.

[2] Vgl BGH NJW 1984, 2630; BAG NJW 1985, 1482; Bettermann, Wolff-FS 469.

[3] Vgl Ms NVwZ 1995, 95: keine Wiederaufnahme durch Rüge der nicht ordnungsgemäßen Vertretung des Gegners nach § 579 Abs 1 Nr 4 ZPO; NKVwGO-Guckelberger 29.

Vf zu prüfen u zu entscheiden u hängt seinerseits von der Zulässigkeit u Begründetheit der Klage bzw des Antrags in der wiederaufgenommenen Sache ab.

Im einzelnen gelten für die Zulässigkeit der Wiederaufnahmeklage (bzw, in AntragsVf, des Wiederaufnahmeantrags) zusätzlich auch die **allg Prozeßvoraussetzungen** (Mü BayVBl 1984, 757 – zur Prozeßfähigkeit –), ebenso für das wiederaufgenommene Vf.

2. Gegenstand der Wiederaufnahmeklage (bzw des Wiederaufnahmean- 5
trags) können außer **Urteilen** u **Gerichtsbescheiden** (§ 84) auch verfahrensbeendende **Beschlüsse,** die ein Vf rechtskräftig abschließen, sein;[4] urteilsvertretende **Beschlüsse, mit denen eine Berufung oder Revision** als unzulässig **verworfen** wurde (vgl BGH NJW 1983, 883; BAG 1, 228; NJW 1991, 1253); Beschlüsse, mit denen eine **Nichtzulassungsbeschwerde** verworfen wurde (48, 203; DVBl 1960, 641; BAG NJW 1991, 1253; allg auch Braun NJW 1976, 1924); Beschlüsse über **PKH.**[5] Sie ist grds auch zulässig gegen Beschlüsse in **NK-Vf** nach § 47, wenn der NKAntrag abgewiesen wurde (NKVwGO-Guckelberger 18; **aA** Ma 13, 79; RÖ-M. Redeker 48 zu § 47; Sch-Meyer-Ladewig/Rudisile 5: für stattgebende Beschlüsse), nicht dagegen – im Hinblick auf die Allgemeinverbindlichkeit der Entscheidung – bei Stattgabe. Soweit das WiederaufnahmeVf sich gegen einen Beschluß richtet, wird es nicht durch eine Klage, sondern durch einen Antrag eröffnet, über den durch Beschluß zu entscheiden ist (Buchh 310 § 153 VwGO Nr 31; Ms NVwZ-RR 2003, 535). Nicht durch Wiederaufnahmeantrag, sondern **durch erneuten Antrag** nach § 47 ist jedoch geltend zu machen, **daß** ein Rechtssatz **gegen später erlassene Gesetze** oder neue allg Rechtsgrundsätze verstößt u dadurch unwirksam geworden ist (vgl BayVerfGH BayVBl 1972, 579; Wenig DVBl 1973, 345). **Ausgeschlossen** ist das WiederaufnahmeVf iVm Beschlüssen gem **§ 80 Abs 5, 80 a Abs 3** oder **§ 123,** da dieses hier durch das AbänderungsVf in direkter oder analoger Anwendung des § 80 Abs 7 S 2 verdrängt wird (204 zu § 80; 41 zu § 123).[6]

Nicht zulässig ist eine Wiederaufnahmeklage bzw ein Wiederaufnahmeantrag in bezug auf gerichtliche **Vergleiche;** diese können ggf aber aufgrund einer entspr Anwendung des § 779 BGB unwirksam sein (vgl 28, 332).

Angreifbar sind grds **nur die Endentscheidung** (s 16 vor § 124), auf die 6
sich der Wiederaufnahmegrund bezieht (vgl BGH NJW 1982, 2071: Wiederaufnahme hins des Berufungsurteils, wenn die Wiederaufnahmegründe sich auf dieses beziehen), nach § 583 ZPO ausnahmsweise auch **bestimmte Vorentscheidungen** derselben oder einer unteren Instanz; Entsprechendes gilt, wenn ein RMittel in der höheren Instanz aus Gründen verworfen wurde, die mit der Frage, auf die sich der Wiederaufnahmegrund bezieht, nichts zu tun haben (48, 203; BGH 14, 257). Soweit **Beschlüsse** nach § 583 ZPO der **Überprüfung im WiederaufnahmeVf gegen das Endurteil** unterliegen, können sie nicht selbständig Gegenstand eines Wiederaufnahmeantrags sein.

3. Befugt zur Erhebung der Wiederaufnahmeklage bzw des Wiederauf- 7
nahmeantrags sind **alle Beteiligten** (§ 63), die auch in einem RechtsmittelVf rechtsmittelberechtigt wären (s 34 ff, 39 ff vor § 124). Nach Abs 2 sind auch der **VöI** u der **VdB** hierzu ohne Rücksicht darauf befugt, ob u mit welchen Anträgen sie sich am Vf, dessen Entscheidung den Gegenstand der Wiederaufnahmeklage bildet, beteiligt haben (Ey-Rennert 14; RÖ-M. Redeker 4); **vor dem**

---

[4] 48, 203; Hbg NVwZ-RR 2006, 839 (Entscheidung gem § 124 a Abs 5 S 1); Ms NVwZ-RR 2003, 535; Ey-Rennert 6.

[5] Vgl BGH FamRZ 1991, 1172; iE auch Ms DÖV 1983, 347: analog § 51 VwVfG; **aA** NKVwGO-Guckelberger 16.

[6] Hier gegen Statthaftigkeit eines WiederaufnahmeVf auch 76, 127; Mü NJW 1985, 879; NKVwGO-Guckelberger 13; RÖ-M. Redeker 72 zu § 80; Sch-Meyer-Ladewig/Rudisile 6; **aA** Ks NJW 1984, 378 – zu § 123.

BVerwG auch der VöI in seiner Eigenschaft als solcher u nicht als Vertreter einer Partei auch, wenn er am früheren Vf vor dem OVG **nicht teilgenommen hatte** (**aA** 25, 176; RÖ-M. Redeker 4).

8 **4. Die (möglichen) Wiederaufnahmegründe** sind in §§ 579, 580 ZPO grds **abschließend aufgezählt.** S aber zur **Abänderungsklage** analog § 323 ZPO oben 1; zum Wiederaufnahmegrund der **Verletzung des rechtlichen Gehörs** unten 8a. Zur Frage des erforderlichen **Ursachenzusammenhangs** zwischen dem geltend gemachten Wiederaufnahmegrund u der angegriffenen Vorentscheidung vgl BGH NJW 1988, 1914, zur teilweisen Ausnahme bei § 579 Abs 1 Nr 1 ZPO im folgenden.

Der **Wiederaufnahmegrund der nicht vorschriftsmäßigen Besetzung des Gerichts** nach **§ 579 Abs 1 Nr 1 ZPO** entspricht dem absoluten Revisionsgrund nach § 138 Nr 1 (BGH ZIP 1993, 617). Analog zur Rechtslage bei § 138 Nr 1 ist die betroffene Entscheidung stets als auf Verletzung des Gesetzes beruhend anzusehen (BGH ZIP 1993, 617; vgl auch 1 zu § 138). Nicht nach Vorschrift der Gesetze vertreten **(§ 579 Abs 1 Nr 4 ZPO)** ist auch ein **prozeßunfähiger** Beteiligter (Ma NVwZ-RR 1996, 539). Die Rüge, der Gegner sei nicht ordnungsgemäß vertreten gewesen, ist unstatthaft (Ms NVwZ 1995, 95; vgl oben 4).

Wiederaufnahmegrund nach **§ 580 Nr 3 ZPO** ist eine **strafbare Verletzung der Wahrheitspflicht** des Zeugen **u** daß zusätzlich die von § 581 ZPO geforderte Voraussetzung vorliegt, nämlich, daß wg der behaupteten Straftat eine rechtskräftige **Verurteilung** erfolgt ist bzw ein StrafVf nicht durchgeführt werden kann (vgl NVwZ 1987, 218; BGH 85, 37 = NJW 1982, 230). Eine **Nachprüfung, ob eine** behauptete **strafbare Handlung begangen** worden ist, ist den Verwaltungsgerichten nicht gestattet (vgl NVwZ 87, 219; BGH VersR 1962, 175; NKVwGO-Guckelberger 66: Prüfung, ob strafbare Handlung vorliegt, erst bei Prüfung des Vorliegens des Restitutionsgrunds).

Wiederaufnahmegrund **analog § 580 Nr 6 ZPO** ist es auch, wenn das Urteil auf einem **VA** beruht, **der später** durch gerichtliches Urteil, das rechtskräftig geworden ist, **aufgehoben** wurde;[7] ebenso bei **Aufhebung durch die Behörde;** dagegen nicht, wenn die von einer Behörde eingeholte Auskunft nachträglich widerrufen wird (BGH NJW 1984, 438: weder nach Nr 6 noch nach Nr 7b).

Neue Beweismittel iSv § 580 Nr 7 litb ZPO sind **uU** auch **erst nachträglich angefertigte Urkunden** (**aA** Ma NJW 1997, 146), wenn sie ihrer Natur nach Tatsachen beweisen können, die schon im maßgeblichen Zeitpunkt vorgelegen haben (NJW 1990, 927), zB Geburtsurkunden (BAG NJW 1985, 1482). **Urkunden iSv § 580 Nr 7 litb ZPO** sind nicht nur die Urkunden gem §§ 415ff ZPO mit formeller Beweiskraft, sondern auch Urkunden, die für die zu beweisende Tatsache lediglich einen frei zu würdigenden Beweiswert haben (vgl BGH NJW-RR 1991, 380). Es muß sich aber jedenfalls um **zu Beweiszwecken geeignete Urkunden** handeln (NVwZ 1993, 92); dazu können auch **neue Gutachten** gehören, die das Beweisergebnis des Vorprozesses erschüttern können.[8] Eine **schriftliche Zeugenerklärung** ist **keine Urkunde** iSv § 580 Nr 7 litb ZPO (BVerwG 15. 9. 1995 – 11 PKH 9/95). Zu **fachärztlichen Gutachten** als Urkunden iSv § 580 Nr 7 litb ZPO s Br NJW 1990, 2337. Der Restitutionsgrund des § 580 Nr 7 litb ZPO ist auch dann gegeben, wenn eine Ausfertigung der vom Restitutionskl nach rechtskräftigem Abschluß des Vf aufgefundenen

---

[7] BAG NJW 1981, 2024; Sch-Meyer-Ladewig/Rudisile 12; RS § 159, 22; NKVwGO-Guckelberger 68; StJ 20 zu § 580 ZPO.

[8] BGH NJW 1993, 1929; **aA** Ma NJW 1997, 146: nachträgliche sachverständige Äußerungen beweisen keine Tatsachen, sondern sollen nur das Gericht veranlassen, den Sachverhalt im Wege weiterer Beweisaufnahme aufzuklären.

Urkunde **in den Behördenakten** enthalten war, **die dem Gericht vorlagen.**[9] Nr 7 lit b ist nicht, auch **nicht analog, auf Urteile,** auch solche des BVerfG, anwendbar;[10] ebenso auch nicht auf Urteile anderer Gerichte.

Erforderlich u ausreichend ist, daß die nachträglich aufgefundene Urkunde iS einer Schlüssigkeitsprüfung **geeignet ist,** zu einer für den Wiederaufnahmekl günstigeren Entscheidung in der Hauptsache zu führen (Ma NVwZ 1995, 1007: Kausalität der Urkunde); **ob tatsächlich eine andere Entscheidung in der Hauptsache** selbst zu treffen ist, ist nicht schon im Rahmen der Begründetheitsprüfung der Wiederaufnahmeklage, sondern erst in dem dann wiederaufgenommenen Vf zu prüfen u zu entscheiden.[11]

Der im Rahmen des 2. JuMoG **neu geschaffene § 580 Nr 8 ZPO** sieht nunmehr eine Wiederaufnahme auch dann vor, wenn der EGMR eine **Verletzung der EMRK** oder ihrer Protokolle festgestellt hat u das Urteil auf dieser Verletzung beruht.

5. Weitere Wiederaufnahmegründe: Eine noch in der 14. Aufl erwogene analoge Anwendung des § 579 Abs 1 Nr 4 ZPO bei Versagung des rechtlichen Gehörs **scheidet** nunmehr **im Hinblick** auf die durch § 152 a eröffnete **Möglichkeit der Anhörungsrüge aus** (s 2 zu § 152 a). 8 a

Die **Nichtigerklärung einer Norm,** auf der die angegriffene Entscheidung beruht, **durch das BVerfG,** das Verfassungsgericht eines Landes, den EuGH oder die Unwirksamerklärung im NKVerfahren nach § 47 durch das OVG stellt ebenfalls **keinen Wiederaufnahmegrund** dar (vgl SGb 1995, 22; vgl aber 1 ff zu § 183). Kein Wiederaufnahmegrund besteht auch dann, wenn eine eine Verwaltungsentscheidung betr Gerichtsentscheidung auf einer fehlerhaften Anwendung des Gemeinschaftsrechts beruht, die unter Verletzung der Vorlagepflicht des Art 234 EGV zustandekam (EuGH BayVBl 2004, 589 ff m Anm Lindner; **aA** Pache/Bielitz DVBl 2006, 331 f). Die Rücknahme einer solchen Verwaltungsentscheidung kann aber dann durch Art 10 EGV geboten sein (dazu näher 21 zu § 121), wenn die Behörde nach nationalem Recht dazu befugt ist (EuGH BayVBl 2004, 589 ff; dazu Kenntner EuZW 2005, 237 f). Die unter Verstoß gegen Art 234 EGV zustandegekommene Entscheidung stellt iü eine Verletzung des Rechts auf den gesetzlichen Richter dar u kann analog § 152 a zum Gegenstand einer Rüge gemacht werden (17 zu § 152 a) sowie nach Ausschöpfung dieses oder anderer Rechtsbehelfe mit einer VB angegriffen werden (21 a zu § 94). Zur Möglichkeit von Schadensersatzanspr wg judikativen Unrechts s 21 zu § 121).

Kein Wiederaufnahmegrund ist auch eine **Änderung der obergerichtlichen Rspr** (Mü BayVBl 1992, 405). Vgl allg auch 29 zu § 121; ferner KR 30 zu § 51 VwVfG; s auch oben 1 a.

Als Wiederaufnahmegründe kommen, mit Ausnahme der Fälle des § 579 9
Abs 1 Nr 2 u 4 ZPO, **nur Gründe** in Betracht, **die mit RMittel nicht geltend** gemacht werden konnten (§§ 579 Abs 2, 582 ZPO). Die Wiederaufnahmeklage ist hier auch dann nicht zulässig, wenn die Gründe mit einer **Anschließung** an ein vom Gegner eingelegtes RMittel u mit einer Erweiterung der Klage geltend gemacht werden konnten (vgl § 582 ZPO). In den Fällen des § 579 Abs 1 Nr 2 u 4 ZPO hat der Beteiligte ein **Wahlrecht,** den Mangel mittels eines RMittel geltend zu machen oder die Entscheidung rechtskräftig werden zu lassen u dann mittels Nichtigkeitsklage anzufechten (Ma NVwZ-RR 1996,

---

[9] **AA** Ma NJW 1991, 1845 unter Hinweis auf § 86 Abs 1; Kritik: Fehler im Bereich des Gerichts können nicht den Beteiligten angelastet werden.

[10] 84, 34 = NJW 1991, 2005 = BayVBl 1991, 590; DVBl 1993, 56: nicht auf abweichende Beurteilungen in Entscheidungen des BVerfG anwendbar.

[11] Vgl BGH NJW 1984, 2631; 1982, 2128; Korber DÖV 1982, 859; KR 12 f zu § 51 VwVfG; Sch-Meyer-Ladewig/Rudisile 13.

539; ThP 3 zu § 579 ZPO). Übt jedoch der (wieder) prozeßfähige Beteiligte sein Wahlrecht dahingehend aus, daß er ein auf seine vermeinte frühere Prozeßunfähigkeit gestütztes (vgl oben 8) RMittel einlegt, u entscheidet das Rechtsmittelgericht hierüber in der Sache, so kann er nicht anschließend auf denselben Grund gestützt eine Nichtigkeitsklage gegen die vom Rechtsmittelgericht bestätigte Entscheidung erheben (Ma NVwZ-RR 1996, 539). Damit die Durchbrechung der RKraft auf möglichst wenige, enge Ausnahmen beschränkt bleibt, ist nach Ansicht des BVerwG eine **erneute Nichtigkeitsklage mangels RSB unzulässig, wenn** der Kl wg desselben Rechtsfehlers bereits eine Nichtigkeitsklage erhoben hatte, die die angestrebte tatsächliche u rechtliche Klärung gebracht hätte u die Klärung nur deshalb nicht erreicht wurde, weil der Kl die **erste Nichtigkeitsklage zurückgenommen** hat (95, 71 = NVwZ 1994, 1207; **aA** Jauernig NVwZ 1996, 31).

Unschädlich ist insoweit dagegen bei einer auf ein neues Gutachten, durch das das Beweisergebnis des Vorprozesses erschüttert wird (s auch oben 8), gestützten Wiederaufnahmeklage, daß das Gericht des Vorprozesses bei gehöriger Beachtung des Untersuchungsgrundsatzes die Notwendigkeit weiterer Beweiserhebungen hätte erkennen müssen (BGH NJW 1993, 1928). Voraussetzung der Zulässigkeit ist außerdem gem § 579 Abs 1 Nr 2 ZPO bzw analog dazu, daß der Wiederaufnahmegrund **nicht bereits** im HauptsacheVf **ausdr Gegenstand eines Zwischenurteils oder der Hauptsacheentscheidung** (in den Gründen) war u sein Bestehen hier verneint wurde.[12]

10 **6. Zuständigkeit u Verfahren:** Die Zuständigkeit für die Wiederaufnahmeklage ist in § 584 ZPO geregelt. Die **Zuständigkeit des BVerwG** kommt danach im wesentlichen nur bei Klagen nach §§ 579, 580 Nr 4, 5, 7 ZPO in Betracht (zB bei einer Nichtigkeitsklage gegen eine Nichtzulassungsbeschwerdeentscheidung des BVerwG).[13] Das **OVG** ist, wenn es in der Sache entschieden hat, als letzte Tatsacheninstanz unabhängig davon zuständig, ob es erstinstanzlich oder als Berufungsgericht entschieden hat (BVerwG 15. 8. 1996 – 11 C 17/95 –; Ma NVwZ 1995, 1006; Mü NVwZ 1993, 92). Dies gilt auch dann, wenn der Vorprozeß durch Revisionsurteil abgeschlossen wurde, sofern das Revisionsgericht nicht selbst tatsächliche Feststellungen getroffen hat u sich die Restitutionsklage gerade auf diese revisionsgerichtlichen Feststellungen bezieht (BVerwG 15. 8. 1996 – 11 C 17/95 –; Sch-Meyer-Ladewig/Rudisile 22). Ist streitig, ob das Revisionsgericht eine eigene tatsächliche Feststellung getroffen hat u daher für die auf § 580 Nr 7 lit b ZPO gestützte Restitutionsklage zuständig ist, oder ob die Restitutionsklage in Wirklichkeit nur – unzulässigerweise – die Rechtsauffassung des Revisionsgerichts angreift, so ist das OVG für die Restitutionsklage zuständig (Ma NVwZ 1995, 1006; Sch-Meyer-Ladewig/Rudisile 22 Fn 92).

Zulässigkeit u Begründetheit der Wiederaufnahmeklage sind bezüglich der geltend gemachten Wiederaufnahmegründe **vAw zu prüfen.** Zur für die Entscheidung **maßgeblichen Sach- u Rechtslage** s 41 vor § 40. **Zwischenzeitliche Änderungen** sind zu berücksichtigen, soweit sie auch sonst in einem anhängigen, noch nicht abgeschlossenen Vf zu berücksichtigen wären (DVBl 1988, 1027 zur Änderung der Rechtslage).

11 Die Wiederaufnahme setzt eine **Wiederaufnahmeklage,** bei Beschlüssen einen entsprechenden **Antrag** (Wiederaufnahmeantrag), bei dem Gericht, gegen dessen Entscheidung sie sich richtet (48, 203; BGH 14, 257; vgl auch oben 6) –

---

[12] Ma RsprD-LS 237/1995; RS § 159, 8; StJ 2 zu § 579 ZPO; **aA** BGH NJW 1982, 2450 zu § 579 Abs 1 Nr 4 ZPO unter Hinweis auf Wortlaut der Vorschrift u auf Art 103 Abs 1 GG: auch wenn Mangel der Prozeßfähigkeit im ursprünglichen Vf ausdr bejaht worden war.

[13] Vgl Ma NVwZ-RR 1996, 539; vgl auch VRspr 16, 1012; ferner zu Nr 7 u 7 a auch BayVBl 1976, 212; BGH 14, 257; BFH BayVBl 1992, 572 mwN.

beim Revisionsgericht jedoch nur, wenn seine Entscheidung aufgrund der §§ 579, 580 Nr 4, 5 ZPO angegriffen wird (s oben 5) –, voraus.

7. Klage- bzw Antragsfrist: Die Wiederaufnahmeklage (bzw der Wiederaufnahmeantrag) muß gem § 586 ZPO binnen eines Monats **seit Kenntnis** (vgl dazu 34, 113) **des Wiederaufnahmegrundes,** dh der tatsächlichen Umstände, die den Wiederaufnahmegrund ergeben (RÖ-M. Redeker 2), erhoben werden. 12

Nach § 586 Abs 2 S 1 ZPO beginnt die Frist mit dem Tage, an dem die Partei von dem Anfechtungsgrund Kenntnis erhalten hat, jedoch **nicht vor RKraft** des Urteils (BGH ZIP 1993, 615; Ms NVwZ 1995, 95). Erforderlich ist die **Kenntnis sämtlicher Tatsachen,** welche vorhanden sein müssen, um erfolgreich Klage erheben zu können; dies ist der Fall, wenn die Partei oder deren Prozeßbevollmächtigter (§ 85 Abs 2 ZPO) über alle den Anfechtungsgrund bildenden Tatsachen ein auf sicherer Grundlage beruhendes Wissen haben (BGH ZIP 1993, 615). **Kennen müssen** genügt nicht (BGH aaO). Dagegen kommt es **nicht auf die zutr** rechtliche **Einordnung dieser Tatsachen,** also die Erkenntnis an, daß die bekannt gewordenen Tatsachen einen Wiederaufnahmegrund **ergeben** (BGH VersR 1962, 176; ZIP 1993, 615; MKZPO 9 zu § 586 ZPO). Dem positiven Wissen stehen die Tatsachen gleich, deren Kenntnisnahme sich die Partei oder ihre Prozeßvertreter bewußt verschließen (BGH ZIP 1993, 615).

Die Frist wird auch durch **Klageerhebung bei einem unzuständigen Gericht** (OLG Stettin JW 1925, 2273) oder beim Gericht erster Instanz gewahrt, auch wenn die Klage (Antrag) gegen die Entscheidung der höheren Instanz gerichtet ist (BSG MDR 1970, 365; NKVwGO-Guckelberger 34).

Nach **Ablauf von 5 Jahren** seit dem Eintritt der RKraft der Entscheidung ist die Wiederaufnahmeklage (bzw der Wiederaufnahmeantrag) – außer in Fällen mangelnder Vertretung gem § 579 Abs 1 Nr 4 ZPO – nicht mehr zulässig (§ 586 Abs 2, 3 ZPO). Vgl zu Ausnahmen 15 zu § 57. Die 5-Jahresfrist kann **weder** vom Gericht **verlängert** werden, **noch** kann **Wiedereinsetzung** gewährt werden (BGH 19, 21; Mü NVwZ 1993, 92). Zur **Verfassungsmäßigkeit** vgl bejahend BVerfG 15, 319 = NJW 1963, 851; 19, 166 = NJW 1966, 196; 60, 268 = NJW 1982, 2425; Mü BayVBl 1982, 567; NVwZ 1993, 92. UU muß allerdings der Gesetzgeber ad hoc eine angemessene Regelung treffen (vgl BVerfG NJW 1993, 1056).

8. Entscheidung über die Wiederaufnahme u in der wiederaufgenommenen Sache: Das Wiederaufnahmegericht entscheidet über die Zulässigkeit u Begründetheit der Wiederaufnahmeklage (dh über den Wiederaufnahmegrund) durch Urteil, in BeschlußVf durch Beschluß (BVerwG 15. 9. 1995 – 11 PKH 9/95 –; Sch-Meyer-Ladewig/Rudisile 23), u zwar **bei unzulässiger Wiederaufnahmeklage analog § 125 Abs 2,** bei **unbegründeter analog § 130 a** (Ms NVwZ 1995, 95; Ma NVwZ-RR 1996, 539; NJW 1997, 145). Es kann vorweg auch **durch Zwischenurteil** (Zwischenbeschluß) entscheiden (vgl BGH 84, 29 = NJW 1982, 2449; Seetzen NJW 1984, 347), **oder,** wenn es sowohl die Zulässigkeit als auch die Begründetheit der Wiederaufnahmeklage bejaht, die Entscheidung darüber **zusammen mit der Entscheidung** in der wiederaufgenommenen Sache im Endurteil treffen (BGH NJW 1965, 1274; 1982, 2450). Mit einem Zwischenurteil wird nur über die Zulässigkeit des erneuten Vf zur Sache entschieden, **nicht** zugleich **auch schon das alte Urteil in der** Sache selbst **aufgehoben;** über das Schicksal des alten Urteils (Aufhebung, Ersetzung, Bestätigung) ist erst im Vf zur Sache zu entscheiden.[14] 13

Ist die Wiederaufnahmeklage (Wiederaufnahmeantrag) unzulässig oder unbegründet, so wird sie abgewiesen. Ist sie, da der geltend gemachte Wiederauf-

[14] Vgl NVwZ 1985, 117 – zum DisziplinarVf; **aA** Sch-Meyer-Ladewig/Rudisile 25; offen BGH NJW 1982, 2449.

nahmegrund auch tatsächlich gegeben ist, **begründet,** so ist **die Sache erneut zu verhandeln** u zu entscheiden. Der **Streitggst** im wiederaufgenommenen Vf ist grds derselbe wie im ursprünglichen Vf (RS § 158, 6f; StJ 17, 20 zu § 568 ZPO; vgl auch BGH NJW 1982, 2449), dh auch der **gesamte** im ursprünglichen Vf bisher angefallene Verfahrensstoff ist nunmehr wieder zu berücksichtigen (vgl NVwZ-RR 1993, 667; BGH 6, 354; 57, 214). Es sind jedoch grds **auch neues Vorbringen u neue Anträge** zulässig.

14 Das Gericht hat im Urteil (Beschluß) über die Wiederaufnahmeklage auch über die **Kosten** zu entscheiden (s dazu auch § 154 Abs 4) u einen eigenen **StrW** für das Vf festzusetzen (s 6ff zu Anh § 164).

15 **9. Rechtsbehelfe: Gegen die Entscheidung über die Wiederaufnahme** hat der Beteiligte, der dadurch beschwert ist – dh der Wiederaufnahmekl gegen die Ablehnung der Wiederaufnahme, der Wiederaufnahmebekl, sofern das Gericht gesondert über die Wiederaufnahme entschieden hat, gegen die Wiederaufnahme gem Abs 1 iVm § 591 ZPO – **das RMittel, das auch sonst** gegen Urteile des Gerichts, das über die Wiederaufnahme entschieden hat, gegeben wäre (Sch-Meyer-Ladewig/Rudisile 27). **Entsprechendes** gilt **für RMittel gegen** die Entscheidung, die im wiederaufgenommenen Vf ergeht. Gegeben ist damit, wenn die Wiederaufnahme zB gegen ein erstinstanzliches Urteil gerichtet war, die Berufung; war sie gegen ein Berufungsurteil gerichtet, die Revision (BGH NJW 1982, 2071).

Teil IV. Kosten und Vollstreckung

16. Abschnitt. Kosten

Vorbemerkung vor § 154

1. Allgemeines: Die VwGO regelt in §§ 154ff nicht die Frage, welche Kosten von den Beteiligten an einem verwaltungsgerichtlichen Vf dem Staat für die Gewährung des Rechtsschutzes durch staatliche Gerichte u an Bevollmächtigte für ihre Tätigkeit als Organe der Rechtspflege zu zahlen sind. Wer der Staatskasse ggü Kostenschuldner ist, bestimmt allein das GKG (§§ 22ff). Die §§ 154ff regeln, **wer im Verhältnis der Beteiligten untereinander** – u in welchem Umfang – die im Zusammenhang mit dem Rechtsstreit entstandenen **Kosten** letzten Endes zu **tragen** bzw zu erstatten hat (sog. Ausgleichspflicht). Vgl allg Ma NVwZ 1985, 284; Sa SaarlKommZ 1979, 44. 1

Die §§ 154ff gelten für **KlageVf** u selbständige **AntragsVf** nach §§ 80 Abs 5, 80a, 123 (Ko DVBl 1986, 288) u § 47 Abs 6, außerdem für verwaltungsgerichtliche VollstreckungsVf. Zur analogen Anwendung auf das **WiderspruchsVf** nach §§ 68ff s 17 zu § 73.

Für das gerichtliche Verfahren trägt, vorbehaltlich der erst nach Anschluß des Vf vom Gericht zu bestimmenden Ausgleichspflicht gem §§ 154ff, **jeder Beteiligte zunächst** die ihm entstehenden gerichtlichen u außergerichtlichen **Kosten selbst.** Die **Kostenentscheidung** gem §§ 154ff erfolgt erst zusammen **mit** der Entscheidung in der **Hauptsache** (§ 161 Abs 1). Zum Begriff der Kosten s § 162; zur Möglichkeit, für die Durchführung des Vf **PKH** in Anspr zu nehmen, § 166; zur Kostentragungs- bzw Kostenerstattungspflicht der Körperschaft im Innenverhältnis in **Organstreitsachen,** insb Kommunalverfassungsstreitsachen, Sa NVwZ 1982, 141; SaarlKommZ 1979, 85; Ma NVwZ 1985, 284 (Verpflichtung der Gemeinde zur Übernahme der dem Gemeinderatsmitglied im Rechtsstreit mit ihr entstandenen Kosten, sofern der Rechtsstreit nicht mutwillig aus sachfremden Gründen begonnen worden war oder über die Organfunktion hinausreicht); krit RÖ-Kothe 2 zu § 154. 2

In **ZwischenVf** u den entspr BeschwerdeVf wg **Ablehnung von Richtern** (§ 54), in Vf zur Gewährung von **PKH** (§ 166), in Vf bzgl des **StrW** (§ 63 GKG) oder der **Kostenfestsetzung** (§ 164) u in **Erinnerungs-** (vgl § 766 ZPO, §§ 151, 165) u **BeschwerdeVf** nach dem GKG (§§ 66ff GKG) erfolgt grds **keine** gesonderte Kostenentscheidung u sind auch **außergerichtliche** Kosten **nicht zu erstatten** (BGH NJW 1993, 2542; Ba NVwZ-RR 1993, 448 mwN; OLG München AnwBl 1987, 288). Entsprechendes gilt für Vf u BeschwerdeVf zur Festsetzung von **Anwaltsgebühren** (§ 11 RVG; s dazu auch 3 zu § 164) sowie zur Festsetzung der **Entschädigung von Zeugen u Sachverständigen** (§ 4 JVEG; s dazu auch 5 zu § 165) u der **ehrenamtlichen Verwaltungsrichter** (§ 4 JVEG). **Anders** zT **in sonstigen ZwischenVf** wie dem **BeschwerdeVf gem § 17a Abs 4 GVG.**[1]

Zur **Kostenpflicht ggü dem Staat** (Gerichtskasse) s 2 zu Anh § 164; 1f zu § 163 aF; 4f zu § 188; zur Festsetzung der Gerichtskosten 4 zu § 164; zur **Festsetzung des** für die Berechnung der Gerichtskosten u grds auch der Anwaltsge- 3

[1] BGH NJW 1993, 2542 – § 25 Abs 4 GKG aF (§ 68 Abs 3 GKG nF) ist hier auch nicht analog anwendbar, da der Grundgedanke, daß in Vf, die nur Nebenfolgen der Sacherledigung betreffen, nicht neue Streitigkeiten bzgl der Kosten entstehen, nicht zutrifft.

bühren maßgeblichen **StrW bzw Gegenstandswerts** 1 u 11 zu § 117; 4 zu § 164; 6 ff zu Anh § 164; zur Nichterhebung von **vom Gericht verschuldeten Kosten** 24 zu § 155.

4 Die den **Anwälten** für die Inanspruchnahme ihrer Dienste geschuldeten **Gebühren** sind im RVG geregelt; ähnliche Regelungen gelten auch für Rechtsbeistände, Steuerberater u Steuerbevollmächtigte usw. Zu Vereinbarungen über Anwaltsvergütungen s Heinze, NJW 2004, 3670 ff.

5 **2. Kostenentscheidung u Kostenfestsetzung:** Die **Entscheidung über die Verteilung der Kosten** auf die am Vf Beteiligten nach Maßgabe der §§ 154 ff ist **Sache des Gerichts,** das darüber in richterlicher Unabhängigkeit im Urteil oder, wenn ein Urteil (Prozeß- oder Sachurteil) nicht ergeht, durch Beschluß **vAw** (§ 161 Abs 1) zu befinden hat. Aufgrund der Entscheidung des Gerichts setzt dann der Urkundsbeamte der Geschäftsstelle (s 1 zu § 164) die Kosten (einschließlich der Kosten der Rechtsmittelinstanzen) auf Antrag des Erstattungsberechtigten die nach der Kostenentscheidung des Gerichts zu erstattenden Kosten in dem nach § 162 bestimmten Umfang durch einen **Kostenfestsetzungsbeschluß** fest (§ 164). S dazu auch BFH 90, 152; Ms NVwZ 1988, 128; NVwZ-RR 1989, 53; Mü BayVBl 1992, 605; allg auch BVerfG 79, 232 = BayVBl 1988, 603; 85, 337; zur Anfechtung der Kostenfestsetzung oben 2; ferner 1 ff zu § 165.

Das **Rechtsmittelgericht** ist zu einer **Abänderung** der Kostenentscheidung befugt, ohne insoweit dem Verbot einer Änderung zum Nachteil des Rechtsmittelführers zu unterliegen (Bln NVwZ 1990, 681).

6 Maßgeblich für die **Höhe der festzusetzenden Kosten** sind bei den Gerichtskosten u Anwaltskosten **gesetzlich festgelegte Gebührensätze** (s oben 3 u 4; ferner 9 ff zu § 162) u die tatsächlichen Auslagen, soweit sie nach § 162 erstattungsfähig sind.

7 **Der Kostenfestsetzungsbeschluß** gem § 164 stellt nach § 168 Abs 1 Nr 4 einen vollstreckbaren Titel dar, aufgrund dessen der Kostengläubiger die von ihm zunächst verauslagten Kosten vom Kostenschuldner erstattet verlangen kann.

8 Zum **Vf bei der Kostenfestsetzung** s oben 2; ferner 1 ff zu § 164; zur Festsetzung von **Zeugen- u Sachverständigengebühren** oben 2; ferner § 4 JVEG.

§ 154 [Allgemeine Regelung der Kostenpflicht]

(1) **Der unterliegende Teil trägt die Kosten des Verfahrens.**[1 ff]

(2) **Die Kosten eines ohne Erfolg eingelegten Rechtsmittels fallen demjenigen zur Last, der das Rechtsmittel eingelegt hat.**[5 ff]

(3) **Dem Beigeladenen können Kosten nur auferlegt werden, wenn er Anträge gestellt oder Rechtsmittel eingelegt hat;**[8 ff] **§ 155 Abs. 4 bleibt unberührt.**

(4) **Die Kosten des erfolgreichen Wiederaufnahmeverfahrens können der Staatskasse auferlegt werden, soweit sie nicht durch das Verschulden eines Beteiligten entstanden sind.**[11]

Vgl §§ 91, 97, 100 f ZPO; § 135 FGO

Schrifttum: *Bischof,* Wer zahlt für unrichtige Sachbehandlung durch Gerichte, ZRP 1988, 458; *Lappe,* Die Entwicklung des Gerichts- und Notarkostenrechts im Jahre 2005, NJW 2006, 270; *Maurer,* Die Kosten unselbständiger Anschlußrechtsmittel, NJW 1991, 72; *Schulte,* Die Kostenentscheidung bei Aufrechnung durch den Beklagten im Zivilprozeß, 1990.

1 **1. Allgemeines:** § 154 wurde durch das RmBereinVpG um Abs 3 HS 2 ergänzt.

2. Kostenpflicht des Unterlegenen (Abs 1): Abs 1 stellt den **Grundsatz** auf, daß, soweit sich aus den folgenden Bestimmungen nichts anderes ergibt, das Gericht dem unterliegenden Teil die Erstattung der dem obsiegenden Teil entstandenen (u von diesem zunächst zu verauslagenden) Kosten (§ 162) aufzuerlegen hat. 1 a

Die Regelung entspricht einem allg Grundsatz des Kostenrechts. Sie ist jedoch nur zT durch das Rechtsstaatsprinzip u Art 3 Abs 1 GG geboten, nämlich nur insoweit, als der Gesetzgeber für die Beteiligten „eine vergleichbare Kostensituation schaffen u das Risiko am Verfahrensausgang gleichmäßig verteilen" muß (BVerfG 74, 94 = NJW 1987, 2570); ein genereller Ausschluß jeder Kostenerstattung wäre allerdings verfassungswidrig (BVerfG 74, 94 = NJW 1987, 2571).

Unterliegender Teil iSv Abs 1 ist, wie ein Vergleich mit Abs 3 zeigt, grds **entweder der Kl oder der Bekl,** einschließlich des Kl oder Bekl kraft Amtes (zB Insolvenzverwalter, Nachlaßverwalter, jedoch mit Beschränkung der Haftung auf das von ihnen verwaltete Vermögen), in den Fällen fehlender Vertretungsmacht (s 58 zu § 67) oder fehlender Beteiligungsfähigkeit (§ 61) die im Vf aufgetretene Person, ohne Rücksicht auf ihr etwaiges Verschulden, da sie in Wahrheit Partei war (Lü DÖV 1967, 724; VRspr 21, 630; BFH NJW 1967, 904; s auch 1 zu § 157 aF). Vgl auch unten 3; ferner 1 zu § 157 aF. In **verwaltungsrechtlichen OrganstreitVf** hat grds die ör Körperschaft, deren (Teil-)Organe Beteiligte des Vf waren, die Kosten des Vf zu tragen (Ma NVwZ 1985, 284; Ms NVwZ-RR 1993, 263; Darmstadt NVwZ-RR 1999, 702); anderes ist uU bei Mißbräuchen in Betracht zu ziehen (VG Darmstadt NVwZ-RR 1999, 702).

Die **Sonderregelungen gem § 155 Abs 3, 4** gehen der Kostenverteilung nach Abs 1 vor.

Dem Kl sind auch **die einem Dritten** entstandenen Kosten aufzuerlegen, dem die Klage irrtümlich zugestellt worden war u der sich daraufhin am Vf zur Klarstellung, daß er nicht der richtige Bekl ist, beteiligt hat (vgl OLG Nürnberg MDR 1977, 320); **soweit das Gericht** insoweit **Verschulden trifft,** sind in diesem Fall gem § 21 GKG keine Gerichtskosten zu erheben (s insoweit allg 24 zu § 155). Keine Gerichtskosten für das RevisionsVf sind dann zu erheben, wenn das BVerwG ein Urteil wg nicht vorschriftsgemäßer Besetzung iSd § 138 Nr 1 aufhebt (DVBl 2001, 310). 2

Auch einem **prozeßunfähigen** (§ 62) **Beteiligten** sind grds, wenn er unterliegt, die Kosten aufzuerlegen, unabhängig davon, ob er wg seiner Prozeßunfähigkeit (16 zu § 62) oder aus einem anderen Grund unterliegt (vgl BGH NJW 1993, 1865; MKZPO 37 zu §§ 51, 52 ZPO; 11 zu § 91 ZPO). Nach §§ 154ff sind die **Kosten grds** (zu Ausnahmen im folgenden) **durch den Unterliegenden zu tragen.** Dies beruht auf dem Gedanken, daß der unterliegende Beteiligte den Rechtsstreit verursacht hat (vgl BGH NJW 1993, 1865). Die Anwendbarkeit der §§ 154ff mit dem Grundsatz der Unterliegenshaftung (BL 2 zu Übers § 91 ZPO) setzt deshalb nur den Bestand eines Prozeßrechtsverhältnisses voraus. Dieses wird schon allein durch die Erhebung der Klage begründet, u zwar grds unabhängig davon, ob die Beteiligten beteiligungs- u prozeßfähig sind (BGH NJW 1993, 1865; MKZPO 37 zu §§ 51, 52 ZPO; 11 zu § 91 ZPO; Z 2 zu § 91 ZPO; M 6 zu § 91 ZPO). Der prozessuale Kostenerstattungsanspr des obsiegenden Beteiligten wird dementsprechend weder von seiner eigenen noch von der Prozeßunfähigkeit des Gegners berührt.[1] 3

Hat der unterlegene Beteiligte – **ausnahmsweise** – keinen Anlaß für den Prozeß gegeben, so sind die Kosten von demjenigen Verfahrensbeteiligten zu tragen,

[1] BGH NJW 1993, 1865 unter Aufgabe von BGH NJW 1992, 2575, wo der BGH angenommen hatte, der Kostenerstattungsanspr sei nicht nur durch den Erlaß einer entspr Kostengrundentscheidung, sondern auch durch die uneingeschränkte Genehmigung der gesamten Prozeßführung durch den gesetzlichen Vertreter aufschiebend bedingt.

der sie verursacht hat (sog Veranlassungsprinzip; vgl § 154 Abs 3 u 4; § 155 Abs 2–4; 156; allg auch BGH NJW 1992, 2575; 1993, 1865; Ms DVBl 1993, 903; Z 11 zu § 88 ZPO).

Bei fehlender wirksamer Bevollmächtigung kann das der **vollmachtlose Vertreter** selbst oder ein anderer Verfahrensbeteiligter, aber auch die Partei sein. Der vollmachtlose Vertreter kommt als Veranlasser idR nur dann in Betracht, wenn er den Mangel der Vollmacht kennt. Ist der Vertreter dagegen gutgläubig im Besitz einer tatsächlich erteilten, wenn auch wg fehlender Prozeßfähigkeit des Vollmachtgebers unwirksamen Vollmacht, so handelt er – anders als im Fall des § 89 ZPO – nicht im Bewußtsein seiner fehlenden Legitimation, sondern als ein von der Prozeßordnung vorgeschriebener Vertreter seiner Partei. Nicht er, sondern die Partei hat dann den Prozeß veranlaßt. Es besteht dann auch kein Grund, abweichend von § 154 Abs 1 nicht der Partei, sondern ihm die Prozeßkosten allein deswegen aufzubürden, etwa weil die Prozeßfähigkeit seiner Partei u damit auch seine wirksame Bevollmächtigung nicht festgestellt werden kann. Besitzt der vollmachtlose Vertreter dagegen gar keine Vollmachtsurkunde, so sind ihm nach § 173 S 1, § 89 Abs 1 ZPO die Kosten aufzuerlegen.[2] **Unerheblich** für die Kostenverteilung ist dagegen, **ob** der vollmachtlose Vertreter den Mangel der Vollmacht **hätte bemerken können;** dies ist allenfalls für das Innenverhältnis zwischen dem Beteiligten u dem „Vertreter" von Bedeutung (BGH NJW 1993, 1865).

4 Als Kosten sind **die Kosten aller Instanzen** zu verstehen. Maßgeblich für die endgültige Kostenverteilung ist allein die Frage, **wer letztlich unterliegt;** ob der danach Kostenpflichtige in einer vorangegangenen Instanz obsiegt hatte u erst aufgrund eines vom Gegner eingelegten RMittel unterlegen ist, ist unerheblich. Nur wenn der Prozeßgegner im wesentlichen aufgrund neuen, dem unteren Gericht nicht bekannten Vorbringens obsiegt hat, das er auch schon in der Vorinstanz hätte geltend machen können u dessen Bedeutung für die Entscheidung ihm auch bekannt war oder sein mußte, kommt hins der dadurch entstandenen **Mehrkosten** uU eine Kostenpflicht des obsiegenden Beteiligten (ggf auch für das gesamte RechtsmittelVf, vgl Ey-Rennert 4) nach § 155 Abs 4 in Betracht.[3]

5 **3. Kosten erfolgloser Rechtsmittel (Abs 2):** Die Vorschrift enthält, soweit sie den **Kl oder den Bekl als Rechtsmittelführer** betrifft, nur eine Klarstellung der Konsequenzen des Abs 1 u hat insoweit nur die Bedeutung, daß in diesem Fall das Rechtsmittelgericht (nur) über die Kosten des RechtsmittelVf gesondert entscheiden muß, iü aber hins des AusgangsVf mit der Aufrechterhaltung der Entscheidung der Vorinstanz auch die in der Vorinstanz ergangene Kostenentscheidung bestätigt. **Sind als Rechtsmittelführer jedoch andere Beteiligte** (§ 63) als der Kl oder der Bekl der Vorinstanz (ohne Erfolg) aufgetreten, insb **Beigeladene,** der **VöI** (Ule 68 III 4) oder ein sonstiger Beteiligter kraft besonderer gesetzlicher Bestimmung, so ergibt sich die Kostenpflicht allein aus Abs 2 (vgl auch unten 8 ff). § 154 Abs 2 kommt auch bei erfolglosen **RMittel gegen Teilurteile** (§ 110) zur Anwendung; die Kostenentscheidung ist hier nicht dem Endurteil vorzubehalten (36, 17).

Die **Sonderregelungen gem § 155 Abs 3, 4** gehen der Kostenverteilung nach Abs 2 vor.

6 Für **Anschlußrechtsmittel** gelten die gleichen Grundsätze wie für RMittel. **Soweit** jedoch ein AnschlußRMittel infolge der Rücknahme uä des HauptRMittel (vgl § 127) **unzulässig wird,** sind die Kosten dem **Kostenverpflichteten**

---

[2] NVwZ 1982, 499; Buchh 310 § 67 VwGO Nr 39; Bln MDR 1996, 1079; Ey-Rennert 5 vor § 154; RÖ-M. Redeker 26 zu § 67.

[3] RÖ-Kothe 3; zT **aA** Ey-Rennert 12 zu § 155: in diesem Fall § 97 Abs 2 ZPO anzuwenden; § 97 Abs 2 ZPO dürfte jedoch im Hinblick auf die abschließende Regelung der Kostenpflicht in §§ 154 ff nicht einschlägig sein.

der Hauptsache aufzuerlegen (26, 300; 72, 169 mwN; BGH 4, 238; NJW 1984, 2952). Vgl zu den Kosten von AnschlußRMitteln auch 6 zu § 155; Finger MDR 1986, 881.

Abs 2 ist **entspr** anwendbar, wenn **ein RMittel zunächst Erfolg hatte,** die damit erreichte Entscheidung jedoch später auf das weitere RMittel eines anderen Beteiligten hin wieder aufgehoben wird.[4] Vgl auch oben 4. 7

4. Kostenpflicht des Beigeladenen u des VöI (Abs 3): Entgegen der Formulierung des Abs 3 HS 1 steht es nicht im Ermessen des Gerichts, ob u in welcher Höhe es dem Beigeladenen Kosten auferlegen will. Das Gericht ist bei Vorliegen der Voraussetzungen des Abs 3 HS 1 verpflichtet, dem Beigeladenen Kosten aufzuerlegen, wenn u soweit in den entspr Fällen nach § 154 ff auch dem Kl oder dem Bekl Kosten aufzuerlegen wären.[5] Dafür spricht, daß auch Vertreter der Gegenansicht (Mü NVwZ 2003, 237) nicht umhin kommen, anzuerkennen, daß der Beigeladene bei erfolgloser Stellung eines Rechtsmittelantrags nach der Vorschrift des § 154 Abs 3 zu den Kosten heranzuziehen ist u § 154 Abs 3 HS 1 keinen Ansatz für eine Differenzierung zwischen erfolgloser Antragstellung u erfolgloser Rechtsmitteleinlegung des Beigeladenen bietet. **Kosten des VorVf** können einem Beigeladenen nur auferlegt werden, wenn er am VorVf beteiligt war (NVwZ 1988, 53). 8

Bloße **Äußerungen zur Sach- u Rechtslage** sind einer Antragstellung nicht gleichzuachten, ebensowenig Verfahrensanträge wie Beweisanträge).[6]

Die **Sonderregelungen gem § 155 Abs 3, 4** (zu § 155 Abs 4 s jetzt auch Abs 3 HS 2) u gem § 83 bzw § 173 S 1 iVm § 17b Abs 2 GVG gehen Abs 3 HS 1 vor (Ule 68 III 3). ZB können einer **Gemeinde, die sich schuldhaft geweigert hat,** ihr Einvernehmen zu einer Baugenehmigung zu erklären, gem Abs 3 HS 2 iVm § 155 Abs 4 die Kosten des dadurch verursachten Prozesses auferlegt werden, auch wenn sie im Prozeß keinen Antrag gestellt hat.

Allg zur Kostenpflicht des Beigeladenen s auch NVwZ 1988, 53; Mü NJW 1973, 2220; Ko VRspr 24, 488; zur Festsetzung eines uU niedrigeren StrW für die Beteiligung des Beigeladenen am Vf 7 zu Anh § 164. Zu den Kosten eines **irrtümlich in das Vf hineingezogenen Dritten** s oben 2. Zur **Übernahme der Kosten durch die Staatskasse** u zum Verzicht **auf Kosten bei Verschulden** des Gerichts s auch 24 ff zu § 155. 9

Eine **Kostenpflicht des VöI oder VdB** ist nach der VwGO nicht allg vorgesehen; Abs 3 ist auf sie auch nicht entspr anzuwenden (Ms ZMR 1962, 123; SDC 5 a; Ramsauer 6.24; **aA** NKVwGO-Neumann 74; RÖ-Kothe 7; vgl auch BVerwG DÖV 1964, 201, dazu oben 5). Der VöI hat jedoch die Kosten **eines** von ihm **erfolglos eingelegten RMittel** nach Abs 2 – dasselbe gilt für den VdB – sowie einer erfolglos erhobenen Wiederaufnahmeklage (§ 153) zu tragen (Ule 68 III 4; iE auch BVerwG DÖV 1964, 201). 10

5. Kosten des erfolgreichen Wiederaufnahmeverfahrens (Abs 4): sind bei einem Erfolg der Wiederaufnahmeklage (§ 153) an sich nach Abs 1 vom Wiederaufnahmebekl zu tragen. Das Gericht kann sie aber nach Abs 4 nach **billigem Ermessen auch der Staatskasse auferlegen.** Dies kommt insb dann in Betracht, wenn der Wiederaufnahmegrund nicht dem Wiederaufnahmebekl zu- 11

---

[4] So iE DÖV 1964, 201: Kostenpflicht des Staates, nicht des ursprünglich Bekl, hins des Berufungs- u Revisionsverfahrens, wenn das OVG auf die Berufung des VöI hin das Urteil erster Instanz aufhebt, das Urteil des OVG jedoch dann auf Revision des Kl hin aufgehoben u das Urteil erster Instanz wiederhergestellt wird.

[5] Bln NVwZ 1990, 682; Ey-Rennert 8; NKVwGO-Neumann 66; Sch-Obertz 15; **aA** Bracher DVBl 2002, 311 u für den Fall einer erfolglosen Antragstellung Mü NVwZ 2003, 237.

[6] Mü NVwZ 2003, 237; Ey-Rennert 9; Sch-Olbertz 15.

zurechnen ist, sondern im Bereich des Gerichts liegt, zB bei fehlerhafter Besetzung des Gerichts.

12 **6. Kosten von Nebenverfahren:** Zu erstatten sind auch die Kosten von NebenVf zB über die **Zurückweisung** eines Bevollmächtigten (§ 67 Abs 2 S 3, § 157 Abs 2 ZPO), **die Ablehnung eines Richters** (§ 54), die Frage, ob Gründe für die **Verweigerung der Vorlage** von Akten glaubhaft gemacht sind (§ 91 Abs 2), usw (vgl OLG Frankfurt NJW-RR 1986, 740). **Soweit** solche **Kosten ausscheidbar** sind, sind sie dem Beteiligten aufzuerlegen, der mit seinem entspr Antrag **unterlegen** ist (vgl OLG Frankfurt aaO) bzw gegen den der Antrag Erfolg gehabt hat, **uU** auch der **Gerichtskasse** (vgl 25 f zu § 155).

§ 155 [Kostenpflicht bei teilweisem Unterliegen und in besonderen Fällen]

(1) **Wenn ein Beteiligter teils obsiegt, teils unterliegt, so sind die Kosten gegeneinander aufzuheben oder verhältnismäßig zu teilen.**[1 ff] **Sind die Kosten gegeneinander aufgehoben, so fallen die Gerichtskosten jedem Teil zur Hälfte zur Last.**[3] **Einem Beteiligten können die Kosten ganz auferlegt werden, wenn der andere nur zu einem geringen Teil unterlegen ist.**[5]

(2) **Wer einen Antrag, eine Klage, ein Rechtsmittel oder einen anderen Rechtsbehelf zurücknimmt, hat die Kosten zu tragen.**[6 ff]

(3) **Kosten, die durch einen Antrag auf Wiedereinsetzung in den vorigen Stand entstehen, fallen dem Antragsteller zur Last.**[13 ff]

(4) **Kosten, die durch Verschulden eines Beteiligten entstanden sind, können diesem auferlegt werden.**[19 ff]

Vgl §§ 92, 95 f, 238, 269, 516 ZPO; § 193 ff SGG; § 136 f FGO.

Schrifttum: *Bischof,* Wer zahlt für unrichtige Sachbehandlung durch Gerichte, ZRP 1988, 458; *Fahl,* Die Beteiligung des Beigeladenen an den Kosten des Verfahrens bei teilweisem Unterliegen und teilweisem Obsiegen, NVwZ 1996, 1189. – S auch zu § 154.

1 **1. Kostenpflicht bei Teil-Obsiegen u Teil-Unterliegen (Abs 1):** Die zuletzt durch das RmBereinVpG geänderte Vorschrift wendet die Grundgedanken des § 154 Abs 1 auch auf die **Fälle teilweisen Unterliegens** an, dem auf der anderen Seite ein teilweises Obsiegen gegenübersteht. Sie entspricht § 92 ZPO. Anders als bei § 154 Abs 1 ist unter **Beteiligten** hier nicht nur der Kl u der Bekl, sondern **auch der Beigeladene** zu verstehen, sofern er Anträge gestellt oder RMittel eingelegt hat (vgl § 154 Abs 3); denn es besteht kein Grund für die Annahme, daß einem Beigeladenen, wenn sein Antrag keinen Erfolg hatte, Kosten auferlegt werden können, bei teilweisem Mißerfolg dagegen überhaupt keine Kosten (iE ebenso Fahl NVwZ 1996, 1190). Iü gilt das zu § 154 Abs 1 Ausgeführte, für den Beigeladenen auch § 154 Abs 3, entspr. Zu **Kosten,** die **durch unrichtige Sachbehandlung durch das Gericht** verursacht wurden, s unten 24 ff.

2 **Ob** u **in welchem Ausmaß ein Obsiegen** bzw Unterliegen vorliegt, ist nach dem **Verhältnis zum gesamten Streitggst** zu bestimmen. Teilweises Unterliegen ist zB gegeben, wenn statt der eingeklagten Summe dem Kl nur ein Teil oder nur Leistungen Zug um Zug zuerkannt werden. Ergeht im Fall der Verpflichtungsklage gem § 113 Abs 5 S 1 nur ein Bescheidungsurteil gem § 113 Abs 5 S 2, muß differenziert werden. Ergeht das Urteil auf Verpflichtung zum Erlaß eines bestimmten VA deshalb nicht, weil der Kl nur einen Anspr auf ermessensfehlerfreie Entscheidung hat, so ist er mit den Kostenfolgen des § 155 Abs 1 tlw unterlegen. Mußte das Verpflichtungsurteil gem § 113 Abs 5 S 1 dage-

gen wg einer behebbaren mangelnden Spruchreife (s 193 ff zu § 113) unterbleiben, so sind trotz des teilweisen Unterliegens iSd § 155 Abs 1 dem Bekl gem Abs 4 auch insoweit die Kosten aufzuerlegen (ohne Hinweis auf Abs 4 im Ergebnis ebenso RÖ-M. Redeker 42 zu § 113). § 155 Abs 1 ist grds auch im NKVerfahren gem **§ 47** anwendbar, etwa wenn die Norm nur für teilunwirksam erklärt wird. Die Anwendbarkeit setzt im Fall der Teilunwirksamerklärung aber voraus, daß die Teilunwirksamkeit dem ASt nicht im vollem Umfang nutzt (NVwZ 1997, 896; 1992, 374; für eine Anwendbarkeit allein in Abhängigkeit vom Entscheidungstenor Ma RsprD-LS 267/1996). Ohne richterlichen Hinweis auf die Möglichkeit der Teilunwirksamkeit sind die Kosten dagegen dem ASt auch nicht hins des Teils aufzuerlegen, der nicht für unwirksam erklärt wird (s auch 121 zu § 47).

Aufhebung der Kosten gegeneinander bedeutet, daß jeder Beteiligte seine außergerichtlichen Kosten selbst trägt u die gerichtlichen Kosten geteilt werden (57, 314; Mü BayVBl 1976, 636; 1983, 247; 1984, 692). **Ob** bei Vorliegen der Voraussetzungen des Abs 1 das Gericht die Kosten verhältnismäßig verteilt oder gegeneinander aufhebt, steht in seinem **Ermessen.** Die Entscheidung ist nach den Gesamtumständen des Einzelfalls zu treffen. Bei unterschiedlichen eigenen außergerichtlichen Kosten der Beteiligten (zB ist nur ein Beteiligter anwaltlich vertreten), wie dies im Verwaltungsprozeß häufig der Fall ist, kommt eine Aufhebung der Kosten gegeneinander nur in Betracht, wenn besondere Gründe es ausnahmsweise rechtfertigen, den Verfahrensgegner an den außergerichtlichen Kosten nicht teilhaben zu lassen (vgl auch BL 42 zu § 92 ZPO). 3

Die **Kostenteilung** kann in Form einer Teilung nach Quoten oder durch Belastung einer Partei mit einem bestimmt bezeichneten Betrag u Überbürdung des Restes auf den Gegner oder in sonst geeigneter Weise erfolgen (Ey-Rennert 4; RÖ-Kothe 3).

Maßgeblich für die Kostenverteilung sind **ausschließlich objektive Gesichtspunkte;** das Verhalten der Beteiligten im Prozeß (zB Verzögerungstaktik) darf dabei nur im Rahmen des Abs 4 berücksichtigt werden. 4

Die Entscheidung, dem **nur zu einem geringen Teil unterliegenden Beteiligten** keine Kosten aufzuerlegen (Abs 1 S 3; insoweit weiter als § 92 Abs 2 ZPO), steht im Ermessen des Gerichts; ob Unterliegen nur zu einem geringen Teil vorliegt, ist dagegen eine Rechtsfrage. Eine Kostenerstattung kommt idR nur in Betracht, wenn **besondere Billigkeitsgründe** dafür sprechen (vgl BVerfG NJW 1987, 2571 zu § 34 a BVerfGG; Ks DVBl 1987, 956). 5

2. Kosten bei Rücknahme der Klage oder eines anderen Rechtsbehelfs (Abs 2): Abs 2 trägt dem Gedanken Rechnung, daß die Rücknahme vielfach erfolgt, um eine Abweisung der Klage zu vermeiden. Zu den Kosten iSd Vorschrift gehören **auch die Kosten einer unselbständigen Anschlußberufung** oder Anschlußrevision des Gegners, die durch die Rücknahme unzulässig wird,[1] auch wenn der Anschlußrechtsmittelführer der Rücknahme zugestimmt hat (**aA** 26, 300), sowie ggf nach Maßgabe des § 162 Abs 3 auch die **Kosten des Beigeladenen.** S zu den Kosten der **Anschlußrevision** auch Waldner JZ 1982, 672). Nehmen der in erster Instanz erfolgreiche Kl (im Einvernehmen mit dem Bekl) seine Klage u der in erster Instanz unterlegene Bekl seinen Zulassungsantrag gleichzeitig zurück, so kommt der Klagerücknahme die maßgebliche Bedeutung zu (Ks NVwZ-RR 2000, 334). 6

Die **Kostenpflicht** tritt **auch** ein, wenn ein **Prozeßunfähiger** seinen mangels Prozeßfähigkeit unzulässigen Rechtsbehelf (Lü 8, 446) oder ein **vollmachtloser Vertreter** den von ihm eingelegten Rechtsbehelf zurücknimmt; zu der 7

[1] § 516 Abs 3 ZPO; zu § 515 Abs 3 ZPO aF vgl Mü BayVBl 1994, 60; RÖ-M. Redeker 9 zu § 127; **aA** OLG Frankfurt NJW-RR 1993, 768; Maurer NJW 1991, 72: Kosten nach § 91 a ZPO, entspr § 161 Abs 2, nach billigem Ermessen.

Frage, ob hier dem Vertreter ohne Vertretungsmacht oder der Partei die Kosten aufzuerlegen sind, s 3 zu § 154.

8 **Abs 2 findet auch Anwendung** auf eine nachträgliche **Beschränkung eines Klagebegehrens** gem § 173 S 1, § 264 ZPO sowie entspr Anwendung auf **Klageänderungen** (§ 91), welche die Nichtweiterverfolgung einzelner Anspr oder das Ausscheiden von Beteiligten zur Folge haben;[2] im letzteren Fall ist über die ausscheidbaren Kosten **ggf** auch durch **Beschluß** zu entscheiden. Die Anwendung des § 269 Abs 3 S 3 ZPO, der den Fall regelt, daß der Anlaß für die Einreichung der Klage vor Rechtshängigkeit weggefallen ist, wird durch § 155 Abs 2 ausgeschlossen (Sch-Meissner 197 zu § 173, s auch 7 zu § 161).

9 Erfolgt die **Klagerücknahme aufgrund einer Vereinbarung** in einem außergerichtlichen Vergleich, so gilt für die Kostenentscheidung nicht Abs 2, sondern § 160. S dazu u zu abw Auffassungen 3 ff zu § 160.

10 **Bei Rücknahme eines RMittel** gilt Abs 2 unmittelbar nur für die Kosten des RMittel, während es hins der Kosten des Vf der Vorinstanz bei der Anwendung der allg Vorschriften verbleibt. Entsprechendes gilt für sonstige Rechtsbehelfe hins der Kosten des vorausgegangenen Verfahrens. Bei **teilweiser Rücknahme** der Klage oder eines anderen Rechtsbehelfs gilt Abs 2 nur im Verhältnis des betroffenen Teils zu dem ganzen Streitgegenstand.

11 **Nicht ausgeschlossen** wird durch Abs 2 eine abweichende **Kostenbestimmung gem Abs 4** bzw die entspr Berücksichtigung bei der Kostenverteilung im Rahmen der Billigkeitsentscheidung.[3] Sie bleibt im Gegenteil geboten (Günther DVBl 1988, 617). **Entsprechendes** gilt **für Sonderregelungen** wie § 155 Abs 3 u § 156 (Günther DVBl 1988, 617; s auch unten 17) sowie § 173 S 1 bzw § 83 iVm § 17 a Abs 2 GVG.

12 Zur Kostenentscheidung bei **Rücknahme einer nach § 75 erhobenen Klage** s § 34 ff zu § 161.

13 **3. Kosten des Wiedereinsetzungsverfahrens nach § 60 (Abs 3):** Die durch ein WiedereinsetzungsVf verursachten **zusätzlichen Kosten** (Mehrkosten) sind **dem ASt aufzuerlegen,** unabhängig davon, ob das Gericht dem Antrag **stattgegeben** hat oder nicht; Abs 3 gilt **entspr bei Wiedereinsetzung vAw,** in diesem Fall jedoch nur, wenn die Wiedereinsetzung gewährt wird.

14 Eines **besonderen Ausspruchs über die Wiedereinsetzungskosten** bedarf es nicht, wenn die Klage bzw der Antrag ohnehin in vollem Umfang abgewiesen wird, ebenso auch dann nicht, **wenn** Gewißheit besteht, daß durch das WiedereinsetzungsVf **keine ausscheidbaren zusätzlichen Kosten,** auch keine Anwaltskosten, entstanden sind.

15 Wird über die Wiedereinsetzung in einem **abgesonderten Verfahren** durch Beschluß entschieden (s 29 zu § 60), so ist in diesem u nicht erst im abschließenden Urteil auch über die Kosten zu entscheiden (Ey-Rennert 9).

16 Auch **die Kosten eines RechtsmittelVfs wg Versagung** der Wiedereinsetzung sind, unabhängig vom Erfolg, dem Betroffenen aufzuerlegen, auf dessen RMittel hin es stattgefunden hat. S aber auch unten 19 ff.

17–18 **4. Kosten bei Verweisung eines Rechtsstreits nach § 17 a Abs 2 GVG, § 173 bzw § 83 S 1 iVm § 17 a Abs 2 GVG (§ 17 b Abs 2 GVG):** S 27 f zu § 42.

19 **5. Kosten aus Verschulden eines Beteiligten (Abs 4):** Soweit durch Verschulden eines Beteiligten **zusätzliche, ausscheidbare Kosten** entstanden sind

---

[2] OLG Köln MDR 1976, 496; **aA** Mü BayVBl 1976, 565 zur Rücknahme des mit einer Anfechtungsklage verbundenen Folgenbeseitigungsantrags gem § 113 Abs 1 S 2 unter Hinweis darauf, daß es sich gem § 264 Nr 2 ZPO auch um keine Klageänderung handele.

[3] Ms VRspr 21, 1016; DVBl 1963, 900; Ks DÖV 1988, 523; Günther DVBl 1988, 617; RÖ-Kothe.

(vgl auch NVwZ-RR 1999, 693), kann das Gericht diese unabhängig von den sonst maßgebenden Bestimmungen über die Kostenverteilung dem schuldigen Beteiligten auferlegen. Die Kostenverteilung nach **Abs 4 geht als lex specialis** allen sonstigen Kostenregelungen **vor,**[4] auch der Kostenregelung gem § 17b Abs 2 GVG (BT-Dr 11/7030, 38; Sch-Ehlers 9 zu § 17b GVG). Der **Verschuldensbegriff** ist derselbe wie in § 60 (vgl 9 zu § 60). Es genügt dafür jedoch, daß der Beteiligte das Ergebnis zu vertreten hat. S unten 23. Deshalb ist zB die beigeladene Gemeinde, die durch ihre unberechtigte Verweigerung der Erteilung des gem § 36 BaufGB erforderlichen Einvernehmens den Erlaß einer Baugenehmigung zunächst verhinderte, kostenpflichtig, wenn sie die gebotene u zumutbare Sorgfalt außer Acht gelassen hat (VG Potsdam NVwZ-RR 2000, 763). Ein Beteiligter muß sich das **Verschulden seines Bevollmächtigten** zurechnen lassen, **nicht** jedoch auch das Verschulden **sonstiger Hilfskräfte,** sofern er diese sorgfältig ausgewählt u ordnungsgemäß angeleitet u überwacht hat (vgl 20 zu § 60). **Zu Kosten, die hätten vermieden werden können, wenn** der Kl **vorher** vor Klageerhebung den Bekl **abgemahnt bzw,** in Verpflichtungssachen, einen entspr Antrag an die zuständige Behörde gestellt hätte, s auch § 156 (Kosten bei sofortiger Anerkennung); allg auch Ms DÖV 1993, 81; zu Kosten einer **mutwillig erhobenen Klage** Deubner JuS 1993, 755.

Unerheblich ist, ob die Kosten durch **Handlungen oder Unterlassungen** 20 **während des Prozesses,** zB Versäumung eines Termins, die eine Wiederholung des Termins erforderlich gemacht hat, verspätetes Vorbringen von Angriffs- oder Verteidigungsmitteln[5] usw, „Nachschieben" einer erst nachträglich erlassenen Satzung, die dem angefochtenen VA nunmehr eine Rechtsgrundlage gibt (**aA** Ey-Rennert 12), entstanden sind, oder die Folge **vorprozessualen Verhaltens** sind (71, 71), zB des Umstandes, daß eine **unzuständige Behörde** entschieden hat u infolge davon ein entfernter gelegenes VG angerufen werden mußte (vgl 71, 71), einer unrichtigen Rechtsbehelfsbelehrung,[6] der Verletzung der Verpflichtung der Behörde zur Anhörung der Beteiligten gem § 28 VwVfG oder nach entspr Vorschriften oder allg Rechtsgrundsätzen (vgl Buchh 310 § 113 VwGO Nr 78; Ks NVwZ 1982, 139), der unrichtigen Behauptung der Behörde, ein VA sei sofort vollziehbar, durch die der Bürger zur Anrufung des Gerichts veranlaßt worden war (Ms NVwZ 1984, 395 LS: Rechtsgedanke des § 1004 BGB u des § 155 Abs 5 aF [jetzt Abs 4], auch wenn kein Verschulden), des Fehlens einer Begründung des VA, sofern auch der Widerspruchsbescheid keine zuverlässigen Angaben über die Gründe enthält (60, 252; Mü VRspr 26, 640; BayVBl 1976, 241), des **Vortrags** von der Behörde bzw dem Gegner nicht bekannten u auch im VorVf nicht bekanntgegebenen **Tatsachen erstmals im Prozeß,**[7] der unberechtigten **Weigerung einer** zum Vf beigeladenen **Gemeinde,** ihr Einvernehmen gem § 36 Abs 1 S 1 BauGB zu einer Baugenehmigung zu erklären (str, s 8 zu § 154).

Als vom Bekl verschuldet anzusehen ist es idR auch, wenn bei einer Ver- 21 pflichtungsklage ieS das Gericht **mangels Spruchreife der Sache nur auf (Neu-) Bescheidung** des Antrags des Kl (§ 113 Abs 5 S 2) erkennt (s oben 2); ebenso, wenn das Gericht erst, **um die Sache spruchreif** zu machen, Handlungen nachholen muß, die an sich Aufgabe der Behörde gewesen wären.[8] Als vom **Kl**

---

[4] Str; vgl Ks NVwZ-RR 1989, 54; Ms NVwZ-RR 2002, 702; VG Potsdam NVwZ-RR 2000, 763; **aA** Hager BayVBl 1980, 133 Anm 29 hins § 154 Abs 3; s dazu 8 zu § 154.

[5] Ks NVwZ-RR 2001, 8: Bewerber erhält bei einer beamtenrechtlichen Konkurrentenklage erstmals im Verwaltungsstreitverfahren im Wege der Akteneinsicht Kenntnis von den die Personalentscheidung des Dienstherrn tragenden Erwägungen.

[6] Br NVwZ 1985, 2046; VG Darmstadt NVwZ-Beil 1996, 55; vgl auch BVerwG 73, 137.

[7] Vgl 4 zu § 154; 77, 242; Ko NJW 1984, 1914; **aA** Ms DÖV 1974, 825.

[8] Vgl Broß VerwA 1984, 435: ausscheidbare Kosten, zB für Gutachten, dem Staat aufzuerlegen, wenn das Gericht sich erst die wesentlichen Grundlagen der Entscheidung erarbeiten muß.

verschuldet iSv Abs 4 anzusehen ist es zB hins der entstehenden **Mehrkosten,** wenn Familienangehörige in einer Asylsache **getrennte Klagen** statt einer hins Gerichts- u Anwaltskosten wesentlich kostengünstigeren verbundenen Klage gem § 44 erheben (vgl Ms JurBüro 1990, 524; **aA** Ey-Rennert 12). Zur Berücksichtigung erst nachträglich eingetretener Umstände s auch § 156 u § 161 Abs 2.

22 Auch bei Vorliegen eines Verschuldens bleibt es dem **Ermessen des Gerichts** überlassen, ob es von der Möglichkeit des Abs 4 Gebrauch machen will; dies ergibt sich schon aus der Fassung der Vorschrift (NKVwGO-Neumann 79).

23 Eine **Ausdehnung** der Anwendung von Abs 4 auf **Verursachung ohne Verschulden ist nicht möglich.**[9]

24 **6. Bei durch Verschulden des Gerichts entstandenen Kosten,** die bei richtiger Sachbehandlung durch das Gericht nicht entstanden wären, ist **nach § 21 GKG von der Erhebung von Gerichtskosten abzusehen;**[10] **den Beteiligten entstandene Kosten** sind ggf analog § 21 GKG, § 154 Abs 4, § 155 Abs 4 u § 162 Abs 3 der Staatskasse aufzuerlegen.[11] Die **Entscheidung über die Nichterhebung** von **Kosten** wg unrichtiger Sachbehandlung ist nicht im ErkenntnisVf, sondern im **KostenansatzVf** zu treffen (OLG München RPfl 1987, 214); auch die Erinnerung gegen den Kostenansatz kann auf unrichtige Sachbehandlung gem § 21 Abs 1 GKG gestützt werden (Ks DVBl 1989, 893).

25 **Als Verschulden** des Gerichts **iSv § 21 GKG** ist **jede** dem Gericht als Spruchkörper oder einzelnen Mitgliedern des Gerichts zuzurechnende vorsätzliche oder fahrlässige **unrichtige Sachbehandlung** anzusehen. Eine unrichtige Sachbehandlung liegt aber nur vor, wenn die Fehlerhaftigkeit offenkundig ist.[12]

Dies gilt zB für die Kosten eines HauptsacheVf, **wenn** das Gericht über den **PKH-Antrag u** über die **Klage gleichzeitig** abschlägig entschieden hat, statt dem ASt die Möglichkeit zu geben, nach Entscheidung über die PKH uU die Klage zurückzunehmen (Ks NJW 1985, 218); für die Kosten eines **RMittel, das das Gericht zu Unrecht zugelassen** hat (BGH MDR 1980, 203; Schneider NJW 1979, 848; 1981, 560); für die durch eine **weitere Klage,** die das Gericht veranlaßt hat, entstandenen Kosten (LAG Hamm NZA 1989, 823); für die durch eine **fehlerhafte Rechtsmittelbelehrung** des Gerichts, die zur Einlegung eines unzulässigen RMittel geführt hat, entstandenen Kosten (**aA** Ks 31. 5. 1978 IV TM 28/78); für die Kosten eines RMittel, das durch einen **Verfahrensfehler des Gerichts** erforderlich geworden war, zB **weil** das VG eine Klage, für die es den VRW als nicht gegeben ansah, statt sie nach § 17 a Abs 2 GVG in den zuständigen Rechtsweg zu verweisen, **als unzulässig abgewiesen** hat, so daß der Kl, um die gebotene Verweisung zu erreichen, gegen das Urteil Berufung einlegen mußte (Ms NVwZ-RR 1993, 670), oder weil das untere Gericht einem Beteiligten **das rechtliche Gehör verweigert** hatte u dieser deshalb nun ein RMittel einlegen mußte (vgl OLG Köln NJW 1979, 1835); für die Kosten der Instanz, deren Urteil unter **Zurückverweisung** der Sache wg eines wesentlichen Verfahrensmangels aufgehoben wurde;[13] für die Kosten eines RMittel gegen eine **nicht mit Gründen versehenen Entscheidung** (Lippert NJW 1994, 1110);

---

[9] Mü BayVBl 1971, 350; zT **aA** BGH NJW 1993, 1865 für den Fall fehlerhafter Rechtsbehelfsbelehrungen auch Ey-Rennert 13; vgl auch Br NVwZ 1985, 2046; Ms DVBl 1984, 356; dazu oben 20.

[10] NJW 1989, 730; DVBl 2001, 310; Ms NVwZ-RR 1993, 670; Ko NVwZ-RR 1993, 669.

[11] Vgl zu den außergerichtlichen Kosten eines zu Unrecht Beigeladenen BFH NVwZ 1983, 66; Ks NJW 1979, 178; Mü 27, 23; BayVBl 1985, 227; Ey-Rennert 14; RÖ-Kothe 15 zu § 162; tlw **aA** BayVBl 2002, 125; Ko NVwZ-RR 1995, 362; VG Koblenz NVwZ-RR 1996, 240.

[12] Ks DVBl 1989, 893: nur bei offensichtlichen Verstößen gegen klare gesetzliche Regelungen oder bei offenbaren Versehen, nicht jedoch bei vertretbaren Lösungen angesichts einer nicht offensichtlichen Sach- oder Rechtslage.

[13] Schneider NJW 1980, 564; vgl auch OLG Zweibrücken NJW 1980, 565: die Kosten des Berufungsverfahrens können niedergeschlagen werden.

für die Kosten einer **zu Unrecht erfolgten Beiladung** (Mü 16. 8. 2005, 1 CS 05.1421; zu außergerichtlichen Kosten s 24 zu § 162); für die durch eine Verletzung der **Sachaufklärungspflicht** oder der **Hinweispflicht** gem § 86 Abs 3 oder durch eine willkürliche prozeßleitende Verfügung entstandenen Kosten (OLG Köln JurBüro 1987, 729; Schneider NJW 1980, 564); für die Kosten eines von der unterlegenen Partei mit **Erfolg abgelehnten Sachverständigen** (vgl BGH NJW 1984, 870); für die Kosten einer Wiederholung des Vf, die infolge der **Selbstablehnung** eines Richters (so zu § 8 GKG aF BGH KostRspr § 8 GKG Nr 10) oder wg **unrichtiger Besetzung des Gerichts** (Schneider aaO) erforderlich wurde; für die Kosten von Beweisaufnahmen zu Tatsachen, auf die es für die Entscheidung nicht ankommen konnte; für die durch eine unrichtige oder unnötige **Sachbehandlung durch einen Sachverständigen** entstandenen Kosten;[14] für Kosten einer **völlig überflüssigen Beweisaufnahme** (FG Frankfurt JurBüro 1986, 1679); für im Verhältnis zur Sache **nicht vertretbaren Aufwand** für Beweiserhebungen uä.[15] Zu den **Kosten fehlerhafter prozeßleitender Maßnahmen** gem § 273 ZPO, § 87 vgl auch Schneider NJW 1981, 560.

Nicht als eine die Nichterhebung von Gerichtskosten rechtfertigende **fehlerhafte Sachbehandlung** anzusehen ist es grds **auch,** wenn ein RMittel Erfolg hat, weil das Rechtsmittelgericht die Rechtsauffassung des unteren Gerichts, die nicht offensichtlich abwegig ist, **nicht teilt** (vgl BGH NJW-RR 1986, 480); ebenso wohl, wenn ein Rechtsmittelführer zu seinem RMittel durch eine **unzutr Begründung der angegriffenen Entscheidung** veranlaßt wurde u dann im RechtsmittelVf unterliegt, weil das Rechtsmittelgericht die angegriffene Entscheidung aus anderen Gründen als im Ergebnis zutr bestätigt; **anders** bei RMittel gegen eine **nicht begründete Entscheidung** (s oben 25). 26

Zur Auferlegung von **Kosten, die ein ehrenamtlicher Richter verursacht hat,** s auch § 33; insoweit handelt es sich jedoch nicht um eine Verpflichtung ggü den Beteiligten des Vf (§ 63), sondern allein im „Innenverhältnis" ggü dem Gericht.

Zuständig für die Entscheidung über einen Antrag nach § 21 GKG ist das Gericht des jeweiligen Rechtszugs, das die Kosten verschuldet hat; **das Rechtsmittelgericht** kann **nicht** über die in der Vorinstanz entstandenen Kosten entscheiden (Mü BayVBl 1982, 415). 27

§ 156 [Kosten bei sofortigem Anerkenntnis]

Hat der Beklagte durch sein Verhalten keine Veranlassung zur Erhebung der Klage gegeben,[3] so fallen dem Kläger die Prozeßkosten zur Last, wenn der Beklagte den Anspruch sofort[4] anerkennt.[1 ff]

Vgl § 93 ZPO

Schrifttum: S zu § 154.

1. Allgemeines: Die Vorschrift schützt den Bekl vor Kosten, **wenn er zur Klage keinen Anlaß gegeben hat,** zu der geforderten Leistung (im weitesten Sinn) bereit ist **u außerdem** den Anspr des Kl **sofort anerkennt.** Die Erfordernisse (fehlende Veranlassung zur Klage u sofortiges Anerkenntnis) **müssen kumulativ** erfüllt sein, dh zB, daß sofortiges Anerkenntnis allein nichts nützt, 1

[14] Vgl OLG Karlsruhe FamRZ 1990, 1367 – zu den Kosten für ein Sachverständigengutachten zu einer gesetzlichen Übergangsvorschrift –; **aA** OLG Hamburg MDR 1978, 237.

[15] Schneider NJW 1979, 849 zu Kosten für ein Sachverständigengutachen in Höhe von DM 1150 in einem Streit um 50 DM; zweifelhaft im Hinblick auf die ohne Rücksicht auf den StrW – s 6 zu § 86 – bestehende Verpflichtung des Gerichts zur Aufklärung des Sachverhalts; **aA** auch LG Trier KostRspr § 8 GKG Nr 10.

wenn vorher jedenfalls Veranlassung zur Klageerhebung bestanden hatte. Voraussetzung der Anwendbarkeit von § 156 ist außerdem, daß der Streitggst nicht der Disposition der Beteiligten entzogen ist, was zur Folge hätte, daß auch ein Anerkenntnis nicht möglich wäre.[1] § 156 ist analog auch auf den Fall eines **sofortigen Klageverzichts** anwendbar (vgl OLG Frankfurt OLGZ 1993, 480).

Mittelbar ergibt sich aus § 156, daß einer Klage (bzw einem Antrag, s im folgenden) jedenfalls idR das **RSI** nicht schon dann abgesprochen werden kann, wenn der Kl (bzw ASt) nicht vorher bei der zuständigen Behörde ohne Erfolg einen entspr Antrag gestellt hat bzw den Bekl (bzw Ag) vorher abgemahnt hat (s auch 32 b vor § 40).

§ 156 ist entspr **auch auf Verzichtsurteile** (s zum Begriff 5 zu § 107) anwendbar (Koehler 1171; RÖ-Kothe 3), außerdem auch in **selbständigen AntragsVf,** zB nach §§ 80 Abs 5, 80 a Abs 3 u 123.[2]

1 a **Für Anfechtungs- u Verpflichtungsklagen,** die dadurch veranlaßt sind, daß der Bekl einem Antrag oder Widerspruch nicht innerhalb der Frist, in der der Kl eine Entscheidung erwarten durfte (vgl § 75), stattgibt, schließt die **Sonderregelung** des § 161 Abs 3 idR die Anwendbarkeit von § 156 aus.

Zum **Urteil** bei **Anerkenntnis** s 5 zu § 107; zur – durch die Änderung von § 158 Abs 2 nunmehr auch für die **Kostenentscheidung** bei Anerkenntnisurteilen geltenden – Unanfechtbarkeit, wenn nicht zugleich auch die Entscheidung in der Hauptsache angegriffen wird, 6 zu § 158.

2 § 156 ist ohne Rücksicht auf die Klageart (bzw in AntragsVf die Antragsart) **nicht anwendbar,** wenn der Rechtsstreit bereits streitig anhängig war u nachträglich durch **übereinstimmende Erledigungserklärungen** bzw, bei nur einseitiger Erledigungserklärung, durch gerichtliche Feststellung der Hauptsacheerledigung (s 20 zu § 161) beendet wurde.[3] In diesen Fällen ist über die Kosten nach § 161 Abs 2 S 1 zu entscheiden; dabei ist § 156 jedoch im Rahmen der zu treffenden Billigkeitsentscheidung zu berücksichtigen (s 32 zu § 161; Buchh 310 § 161 Abs 2 VwGO Nr 41; Günther DVBl 1988, 617 mwN).

3 **2. Veranlassung zur Klage:** Veranlaßt ist eine Klage, wenn der Bekl sich vor dem Prozeß – wenn auch schuldlos (OLG Zweibrücken JurBüro 1982, 1083) – so verhalten hat, daß ein vernünftiger Kl annehmen mußte, nur durch eine Klage zum Ziel zu kommen (NKVwGO-Neumann 16; Z 3 zu § 93 ZPO). **Nichtleistung trotz eindeutiger Fälligkeit** der Forderung sowie Bestreiten des Rechts des Kl stellen immer eine Veranlassung dar; einer besonderen Leistungsaufforderung bedarf es dann nicht mehr. **Grds** ist **sonst vorherige Abmahnung** bzw Aufforderung, die beanspruchte Leistung iwS zu erbringen, **erforderlich** (vgl auch OLG Frankfurt WRP 1982, 589; KG NJW 1993, 3336), **sofern** eine vorherige Abmahnung für den Kl (ASt) **nicht unzumutbar** ist, zB wg der besonderen **Eilbedürftigkeit** der Sache (vgl KG NJW 1993, 3336: Unzumutbarkeit heute angesichts der Schnelligkeit moderner Kommunikationsmittel wie Telefon oder Telefax nur ausnahmsweise anzuerkennen), oder bei **offensichtlicher Aussichtslosigkeit,** die Leistung schon auf diesem Weg zu erreichen.

4 **Sofortige Anerkennung** bedeutet, daß der Bekl **spätestens in der ersten mV** (vgl zB OLG Düsseldorf ZIP 1990, 1423), im schriftlichen Vf spätestens bis zur Abgabe einer „Verteidigungserklärung" (vgl LG München NJW-RR 1989, 571) **oder der Erklärung des Verzichts** auf mV, den mit der Klage geltend gemachten Anspr anerkennt, **vorausgesetzt,** daß zu diesem Zeitpunkt **der Kla-**

---

[1] ThP 2 zu § 93 ZPO; zur Zulässigkeit eines Anerkenntnisses im Verwaltungsprozeß s 5 zu § 107; zur Verfügungsbefugnis der Beteiligten auch 12 ff zu § 106.

[2] Vgl OLG Frankfurt a. M. GRUR 1989, 934; OLG Köln NJW 1975, 457 u NJW-RR 1988, 1341; LG Hamburg NJW-RR 1987, 381 mwN; BL 9 zu § 93 ZPO; ThP 2 zu § 93 ZPO.

[3] BGH NJW 1951, 360; EF 3; **aA** MDR 1957, 376: § 156 anwendbar; Ey-Rennert 3.

geantrag bereits hinreichend bestimmt u dem Bekl auch die Klagebegründung hinreichend bekannt ist, u daß ihm nach den Umständen des Falles die sofortige Anerkennung schon **zumutbar ist. Andernfalls** genügt es, daß der Bekl in einer den Umständen nach **angemessenen Frist,** nachdem er die klagebegründenden Tatsachen kannte oder kennen mußte u auch Gelegenheit zur Prüfung der Berechtigung des Anspr sowie erforderlichenfalls zur Konsultierung eines Anwalts, zur Herbeiführung notwendiger Beschlußfassungen zuständiger Gremien (vgl insoweit auch 27 zu § 108; die dort angesprochenen Grundsätze gelten auch hier) usw hatte, den Anspr als berechtigt anerkennt. **Nicht erforderlich** ist, daß der Bekl den anerkannten Anspr, soweit er auf eine fällige Leistung gerichtet ist, **auch sofort oder jedenfalls alsbald erfüllt** (KG OLGZ 1987, 460; ThP 3 zu § 93 ZPO).

Im einzelnen gelten für die Beurteilung, ob die Voraussetzungen eines sofortigen Anerkenntnisses gem § 156 erfüllt sind, **dieselben Grundsätze wie im Zivilprozeß** zu § 93 ZPO; insoweit kann auch hier auf Rspr u Schrifttum zu § 93 ZPO zurückgegriffen werden. Einem Bekl, der mit den Umständen nicht aus eigener Kenntnis vertraut ist, ist **uU** eine **Prüfungsfrist von einigen Wochen** zuzubilligen (LG Düsseldorf VersR 1981, 582). **Ist der Klageantrag nicht hinreichend bestimmt** oder nicht näher begründet u sind die Gründe für den Bekl auch nicht offensichtlich, so genügt es, wenn das Anerkenntnis nach näherer Bestimmung bzw Begründung der Klage abgegeben wird (Ey-Rennert 4: innerhalb angemessener Prüfungsfrist; vgl auch Ko NJW 1984, 1914). Wird ein **Anerkenntnis** erst **unter dem Druck** einer vom Gericht im Termin geäußerten, für den Bekl ungünstigen Rechtsauffassung **erklärt,** so ist es kein sofortiges iSv § 156 (vgl OLG Hamburg WRP 1991, 116). Ebenso schließt ein **Bestreiten des Klageanspr** oder von Prozeßvoraussetzungen – außer wenn deren Fehlen offensichtlich ist – zwar grds ein späteres Anerkenntnis nicht schlechthin aus (vgl zur auch dann noch grds gegebenen Möglichkeit eines Anerkenntnisurteils 16 zu § 86 u 4 zu § 107), wohl aber ein Anerkenntnis mit der Kostenfolge nach § 156 (vgl ThP 10 zu § 93 ZPO; M 4 zu § 93 ZPO). Entsprechendes gilt auch für die Erklärung gem § 101 Abs 2, daß auf mV verzichtet wird (RO-Kothe 2). Ausnahmsweise kann ein **Bestreiten unschädlich** sein, wenn der Klageanspr erst nachträglich begründet wird (Zimmermann 2 zu § 93 ZPO).

§ 157 *[Kostenpflicht des Vertreters oder Bevollmächtigten]*

(weggefallen)

Die durch G v 22. 12. 1966 (BGBl I 681) **aufgehobene** Vorschrift sah die Möglichkeit vor, einem gesetzlichen Vertreter oder einem Bevollmächtigten Kosten aufzuerlegen, die sie durch grobes Verschulden veranlaßt hatten. 1

§ 158 [Anfechtung der Kostenentscheidung]

(1) **Die Anfechtung der Entscheidung über die Kosten ist unzulässig, wenn nicht gegen die Entscheidung in der Hauptsache ein Rechtsmittel eingelegt wird.**

(2) **Ist eine Entscheidung in der Hauptsache nicht ergangen, so ist die Entscheidung über die Kosten unanfechtbar.**

Vgl § 99 ZPO; § 145 FGO

Schrifttum: *Deubner,* Aktuelles Zivilprozeßrecht. I. Anfechtbarkeit der Kostenentscheidung gegen einen Dritten, JuS 1993, 493 (zu § 99 ZPO). – S auch zu § 154.

1 **1. Allgemeines: Abs 1** schließt aus Gründen der Verfahrensökonomie mittelbar die sog **isolierte Anfechtung der Kostenentscheidung** ohne gleichzeitige Rechtsmitteleinlegung auch in der Hauptsache aus, um zu verhindern, daß das Rechtsmittelgericht mittelbar doch immer auch die nicht angefochtene Hauptsacheentscheidung in Abs 1 mit nachprüfen muß, nur weil von dieser letztlich auch die Kostenentscheidung abhängt (Ms DÖV 1990, 158). Kostenentscheidungen sollen nach Abs 1 **im Regelfall nur im Rahmen eines RMittel gegen die Entscheidung in der Hauptsache** u im Zusammenhang damit anfechtbar sein, wobei Voraussetzung ist, daß das RMittel in der Hauptsache zulässig ist (DVBl 1999, 1670; Mü 23, 174; Ms 9, 25), insb der Rechtsmittelführer **auch in der Hauptsache** u nicht nur durch die Kostenentscheidung **beschwert** ist (s zum Begriff der Beschwer bei RMittel, 39 ff vor § 124). Wenn ein RMittel eingelegt ist, bestimmt Abs 1 allerdings nicht, daß eine Anfechtung der Kostenentscheidung nur soweit zulässig sei, wie die Entscheidung in der Hauptsache angegriffen wird (Buchh 448.0 § 12 WPflG Nr 182).

Abs 2 erweitert im wesentlichen aus denselben Gründen u vor allem zur Entlastung der Gerichte von Nebenentscheidungen die Regelung nach Abs 1 **auf sonstige Kostenentscheidungen.** Die Regelung schließt damit insb die Beschwerde nach § 146 aus, die sonst gegeben wäre, wenn der Beschwerdewert 200 Euro übersteigt, u verhindert auch hier, daß die 2. Instanz sich allein wg der Kosten mit den Tat- u Rechtsfragen der Hauptsache befassen muß (vgl DÖV 1982, 161; Bln NVwZ 1985, 205).

Abweichend von § 158 kommt hins der Kostenentscheidung eine sog **außerordentliche Beschwerde** gegen die Kostenentscheidung **nicht** in Betracht (s 8 a ff vor 124). Zur Statthaftigkeit eines Urteilsberichtigungsantrags gem § 118 Ko NVwZ 1999, 200 u 5 ff zu § 118; zur Anhörungsrüge s 1 ff zu § 152 a.

2 **2. Ausschluß der Anfechtung einer Kostenentscheidung ohne gleichzeitiges RMittel in der Hauptsache (Abs 1):** Abs 1 schließt trotz des primären Zwecks, dem Gericht eine mittelbare Nachprüfung auch der Hauptsacheentscheidung allein wg der Kostenentscheidung zu ersparen (s oben 1), wg der ebenfalls vom Gesetzgeber damit verfolgten verfahrensökonomischen Zielsetzung eine isolierte Anfechtung der Kostenentscheidung **auch dann** aus, **wenn** die Kostenentscheidung nicht gegen eine Prozeßpartei, sondern **gegen einen Dritten** ergangen ist,[1] oder wenn sie von dem betroffenen Beteiligten allein wg eines **Verstoßes gegen §§ 154 ff** für fehlerhaft gehalten wird, zB weil das Gericht § 154 Abs 2 nicht beachtet hat (vgl OLG Koblenz MDR 1985, 851). **Abs 1 ist auch anwendbar,** wenn dem obsiegenden Beteiligten, der mangels formeller Beschwer in der Hauptsache kein RMittel einlegen kann, Kosten auferlegt wurden, zB gem § 155 Abs 4 (vgl BFH BStBl II 1975, 17), außerdem **analog** auch in Fällen, in denen zwar formell ein RMittel auch bezüglich der Hauptsache eingelegt wird, dies jedoch ganz offensichtlich nur **zum Zweck der Umgehung des Verbots** einer isolierten Anfechtung der Kostenentscheidung geschieht (vgl NVwZ-RR 1999, 692; BGH MDR 1976, 482; OLG Düsseldorf NJW-RR 1991, 447; Ms 14. 6. 1995 – 6 B 1289/95). Das trifft idR dann zu, wenn der durch eine Kostenentscheidung beschwerte Verfahrensbeteiligte in der Hauptsache **kein zulässiges RMittel einlegen kann** (NVwZ-RR 1999, 693). Auch eine auf § 132 Abs 2 Nr 3 gestützte **Beschwerde gegen die Nichtzulassung der Revision** ist **unzulässig,** wenn die gerügten Verfahrensmängel nur die Kostenentscheidung betreffen (BVerwG 21. 11. 1996 – 9 B 553/96); ebenso

---

[1] Mü NVwZ 2002, 742; Ks NVwZ-RR 1994, 122 – auch wenn die Entscheidung über die Erstattung der Kosten des Beigeladenen in einem sog Ergänzungsbeschluß getroffen wurde –; vgl auch BGH NJW 1993, 1865; zum Parallelproblem bei Abs 2 Mü NJW 1994, 1019; Ma RsprD-LS 116/1996.

ist ein sich nur gegen eine **Kostenentscheidung** richtender Antrag auf Zulassung der Berufung **unzulässig.** Außerdem gilt Abs 1 analog entspr dem Grundgedanken u Zweck der Regelung auch für **Entscheidungen** nach § 162 Abs 2 S 2 **über die Notwendigkeit der Zuziehung eines Bevollmächtigten** im VorVf, auch wenn sie im Urteil selbst erfolgt ist,[2] für die Kostenentscheidung **gem § 154 Abs 3 u § 162 Abs 3** hins der **Kosten des Beigeladenen**[3] u für die Entscheidung über die **Nichterhebung von Gerichtskosten gem § 21 GKG wg unrichtiger Sachbehandlung** (Mü BayVBl 1980, 88; **aA** Ko NVwZ-RR 1995, 362; jeweils zu § 8 GKG aF).

Nicht berührt wird durch Abs 1 jedoch (mit Einschränkungen bei zulassungsbedürftigen RMittel, s 43 vor § 124) die nach hM anzunehmende **Zulässigkeit** von **Rechtsbehelfen,** die ausschließlich zu dem Zweck eingelegt werden, die Hauptsache für erledigt zu erklären u eine **Kostenentscheidung nach § 161 Abs 2 S 1 zu erreichen.**[4] Wird geltend gemacht, die Voraussetzungen einer Urteilsergänzung hins einer unterlassenen Kostenentscheidung hätten nicht vorgelegen, steht § 158 einem RMittel ebenfalls nicht entgegen (Lü DVBl 2001, 1779).

Die Beschränkung nach Abs 1 **gilt** andererseits **nur für selbständige RMittel,** die allein gegen die Kostenentscheidung gerichtet werden; ist die Hauptsache auf das **RMittel** eines anderen Rechtsmittelberechtigten hin bereits in der höheren Instanz **anhängig,** so kann durch ein **AnschlußRMittel** (§ 127; § 141 iVm § 127) auch die Kostenentscheidung allein angegriffen werden.[5] Nicht unter den Ausschluß nach Abs 1 fällt auch die **Anfechtung eines Ergänzungsurteils** (bzw Ergänzungsbeschlusses) nach § 120 hins der Kostenentscheidung, wenn nicht die Kostenentscheidung als solche, sondern die Unzulässigkeit der Ergänzung der Entscheidung gerügt wird (Mü NJW 1971, 110). Zu **weiteren Ausnahmen** s auch unten 4f. 3

Abs 1 findet **keine,** auch keine analoge **Anwendung auf** die isolierte Anfechtung der **Kostenentscheidung in einem VA oder im Widerspruchsbescheid**[6] u auf die Anfechtung von **Kostenfestsetzungsbeschlüssen** (vgl 27, 41) u von **Streitwertbeschlüssen** (für die auch der innere Grund der Regelung nach Abs 1 nicht zutrifft, weil sie nicht wie die Kostenentscheidung unmittelbar vom Inhalt der Hauptsacheentscheidung abhängen). 4

3. Ausschluß der Anfechtung isolierter Kostenentscheidungen (Abs 2): Abs 2 erweitert den Ausschluß der Anfechtbarkeit von Kostenentscheidungen auch auf **sonstige Fälle,** in denen keine Hauptsacheentscheidung ergangen ist u die daher nicht von Abs 1 erfaßt werden u für die auch der oben zu 1 genannte gesetzgeberische Grund, dem Gericht eine mittelbare Prüfung der Hauptsacheentscheidung, wenn diese nicht selbst angegriffen wird, zu ersparen, nicht gilt. 5

Unter die Ausschlußregelung fallen insb die Kostenentscheidung gem **§ 161 Abs 2 S 1** nach Erledigung der Hauptsache (anders zur früheren Rechtslage Mü BayVBl 1976, 241); anders, wenn die Erledigung der Hauptsache durch Urteil

---

[2] Mü DVBl 1992, 792; NVwZ-RR 1993, 221; vgl auch BGH NJW 1993, 1865; **aA** 27, 41 mit der Begründung, daß es sich nicht um eine Kostenentscheidung, sondern [nur] um eine Entscheidung im Kostenfestsetzungsverfahren handle; Ba SächsVBl 2000, 95; Gr NVwZ 2002, 1129; Ks NVwZ-RR 1996, 616; Ma VBlBW 1996, 340; Ms NVwZ-RR 2006, 838; We NVwZ-RR 2001, 487; NKVwGO-Neumann 6; Sch-Meyer-Ladewig/Rudisile 7 zu § 146.

[3] Vgl Mü DVBl 1992, 792; Ks NVwZ-RR 1994, 122; Bln DÖV 1995, 1053; RÖ-Kothe 2.

[4] S 43 vor § 124; vgl auch Ma NVwZ-RR 2002, 75; Ey-Rennert 4.

[5] Ko NVwZ 1999, 200; Ma RsprD-LS 186/1996; Mü NVwZ-RR 1998, 389; Ey-Rennert 4; NKVwGO-Neumann 27; RÖ-Kothe 1.

[6] 17, 249; 32, 347; NJW 1955, 318; Ey-Rennert 30 zu § 73; RÖ-Kothe 3 zu § 72; s auch 19 zu § 73; **aA** Mü BayVBl 1975, 564; 1976, 241.

festgestellt werden mußte u das RMittel gegen diese Entscheidung gerichtet ist, auch wenn es im Grunde nur um die Kosten geht (vgl BGH 57, 224; RÖ-M. Redeker 21 zu § 107); **die Kostenentscheidung** gem **§ 155 Abs 2 nach Rücknahme** der Klage[7] bzw nach Rücknahme eines Antrags in einem selbständigen AntragsVf, zB nach § 47 Abs 1, § 80 Abs 5, § 80a Abs 3 oder § 123, oder eines RMittel oder sonstigen Rechtsbehelfs u die Kostenentscheidung gem **§ 160 nach Abschluß eines Vergleichs** ohne selbständige Kostenregelung (vgl BT-Dr 11/7030, 36); ebenso, wenn über die Kosten gem **§ 161 Abs 3** entschieden worden ist oder zu entscheiden gewesen wäre,[8] **oder wenn strittig** ist, ob über die Kosten nach § 161 Abs 2 S 1 oder nach § 161 Abs 3 zu entscheiden ist (vgl Ms DÖV 1982, 252; **aA** Lü NJW 1981, 1110); außerdem auch zB, wenn in einem Vf nach § 80 Abs 5 ein erledigendes Ereignis zwischen den Instanzen eingetreten ist u aus der erstinstanzlichen Entscheidung keine nachteiligen Wirkungen mehr zu erwarten sind u die Beschwerde nur mit dem Ziel eingelegt wird, eine Kostenentscheidung nach § 161 Abs 2 zu erreichen (Ko DVBl 1987, 851), oder wenn **bei einer Teilerledigung** zugleich auch hins der Kosten des erledigten Teils im Urteil über den nicht erledigten Teil mit entschieden wurde (DÖV 1982, 161).

6 **4.** Keine Sonderbehandlung erfährt die Anfechtung von Kostenentscheidungen in **Anerkenntnisurteilen.** Da hier nicht nur über die Kosten entschieden wird, ist Abs 1 anwendbar. Eine analoge Anwendung des § 99 Abs 2 ZPO gem § 173 S 1 scheidet aus (ebenso BL 62 zu § 99 ZPO, allerdings mit unzutr Hinweis auf § 158 Abs 2).

7 **5. Reformatio in peius:** Nicht berührt wird von Abs 1 u Abs 2 die Zulässigkeit einer Abänderung der Kostenentscheidung durch das Gericht, das die Entscheidung getroffen hat, vAw oder auf eine Anregung eines Beteiligten hin (vgl 9ff vor § 124). Daher gilt trotz des in Abs 1 hergestellten Zusammenhangs zwischen einem RMittel in der Hauptsache u hins der Kostenentscheidung für die Kostenentscheidung – anders als für die Hauptsache – das **Verbot einer Verböserung** (reformatio in peius, vgl 1 zu § 129) **nicht** (14, 171; Bln NVwZ 1990, 682; s auch 3 zu § 161). Das Rechtsmittelgericht ist, auch wenn die Kostenentscheidung nicht angegriffen wird, nicht gehindert, sondern im Gegenteil verpflichtet, sie im Zusammenhang mit der Hauptsacheentscheidung ggf vAw zu ändern, wenn es hins der Hauptsache zu einem anderen Ergebnis kommt. Entsprechendes gilt auch für die **Festsetzung des StrW.** Obwohl auch die Streitwertfestsetzung eine ‚Nebenentscheidung' ist, ist eine **isolierte** Anfechtung der **Streitwertentscheidung** zulässig (s 6 zu § 165; vgl ferner OLG Hamm NStZ 1989, 495).

§ 159 [Kostenpflicht bei Streitgenossenschaft]

Besteht der kostenpflichtige Teil aus mehreren Personen, so gilt § 100 der Zivilprozeßordnung entsprechend.[1ff] Kann das streitige Rechtsverhältnis dem kostenpflichtigen Teil gegenüber nur einheitlich entschieden werden, so können die Kosten den mehreren Personen als Gesamtschuldnern auferlegt werden.[3]

Vgl § 100 ZPO; § 194 SGG; § 135 FGO

Schrifttum: S zu §§ 154, 155

---

[7] Sch-Meyer-Ladewig/Rudisile 9 zu § 146.
[8] Bln DÖV 1983, 686; Ko DÖV 1985, 583; Lü NVwZ-RR 2006, 734; Ms BayVBl 1983, 541.

1. Allgemeines: Die Vorschrift regelt die Kostentragung für den Fall, daß **mehrere Personen kostenpflichtig** sind. Dabei ist es unerheblich, ob sie als unterlegen nach § 154 Abs 1 oder nach anderen Vorschriften, zB nach § 155 Abs 3, 4 oder § 158, kostenpflichtig sind (RÖ-Kothe 1). Bei Kostenpflicht mehrerer Personen hins eines Teils der Kosten findet § 159 (auch nur) hins dieses Teils Anwendung. 1

Nicht geregelt ist der Fall, daß **mehrere Personen erstattungsberechtigt** sind (NKVwGO-Neumann 25). In diesem Fall ist für jeden Kostengläubiger (nach Kopfteilen) gesondert zu entscheiden, auch wenn allen im Urteil die Hauptsache als Gesamtgläubigern zugesprochen wurde. Deshalb kann zB ein Streitgenosse, dessen außergerichtliche Kosten der Gegner zu tragen hat, von diesem nur den Anteil an den Kosten des gemeinsamen Anwaltes erstattet verlangen, der **im Verhältnis** zu den anderen Streitgenossen auf ihn entfällt, in aller Regel also nur den entspr Teil (vgl OLG Koblenz DAR 1986, 119). Zur **Höhe** der zu erstattenden **Kosten** bei Streitgenossen vgl Gottwald JA 1982, 66. S auch 12 zu § 162. 2

2. Verpflichtung nach Kopfteilen: Nach § 159 iVm § 100 ZPO haften mehrere Kostenpflichtige grds nach Kopfteilen, dh **jeder nur für den** in der Kostenentscheidung **für ihn festgesetzten Teil;** die Anteile sind nach gleichen Kopfteilen auf sie zu verteilen (§ 100 Abs 1 ZPO), wenn das Gericht nicht nach § 100 Abs 2 ZPO, was in seinem Ermessen steht, das Maß der Beteiligung am Rechtsstreit zur Grundlage der Verteilung macht. Jeder Kostenpflichtige haftet **außerdem** für die von ihm geltend gemachten besonderen Angriffs- oder Verteidigungsmittel gesondert, soweit dadurch besondere Kosten entstanden sind (§ 100 Abs 3 ZPO), sowie für nur ihm (zB nach § 155 Abs 4) auferlegte Kosten. 3

3. Verpflichtung als Gesamtschuldner: Sie tritt nur ausnahmsweise ein: (1.) **ohne** daß es eines **besonderen Ausspruchs** bedarf, wenn die Kostenpflichtigen auch bezüglich der Hauptsache **als Gesamtschuldner verurteilt** wurden (§ 100 Abs 4 ZPO) u nicht einzelne Kosten nach § 100 Abs 3 ZPO oder § 155 Abs 4 uä nach Kopfteilen zu verteilen sind bzw verteilt werden (s oben 3); (2.) aufgrund **ausdr Entscheidung** (Ks 22, 90) des Gerichts (Ermessen des Gerichts!) in den Fällen notwendiger Streitgenossenschaft der Kostenpflichtigen (§ 159 S 2). Dasselbe gilt, wenn ein NKAntrag von mehreren Miteigentümern gestellt wurde u zwischen ihnen keine rechtlich relevanten Unterschiede bestehen, so daß die Entscheidung ihnen ggü nur einheitlich ergehen kann (NVwZ-RR 2001, 143). Auch im Fall (2) kann sich hins einzelner Kosten aus § 100 Abs 3 ZPO oder § 155 Abs 4 uä eine andere Verteilung ergeben. Sieht die Kostengrundentscheidung nach S 1 iVm § 100 ZPO Haftung nach Kopfteilen vor, so ist ein **Kostenfestsetzungsbeschluß,** der von der gesamtschuldnerischen Haftung der Kostenpflichtigen ausgeht, **nichtig,** da er insofern nicht durch die Grundentscheidung gedeckt ist (Sa RPfl 1995, 128). 4

Eine analoge Anwendung dieser Vorschriften auf kostenpflichtige notwendige Beigeladene ist **nicht möglich** (RÖ-Kothe 6; **aA** NKVwGO-Neumann 21; SDC 2c). Bei teilweisem Unterliegen sind die Kosten nicht nach § 159, sondern nach § 155 Abs 1 S 1 zwischen den Parteien u dem Beigeladenen aufzuteilen nach Maßgabe der Erfolgsquote eines jeden Beteiligten (Fahl NVwZ 1996, 1190; s 1 zu § 155). 5

4. Sind **kostenpflichtig sowohl einzelne Kl als auch einzelne Bekl** oder sonstige Beteiligte, so bleibt es bei der Anwendung des § 159, § 100 ZPO mit Ausnahme des § 100 Abs 4 ZPO (weil Verurteilung als Gesamtschuldner in der Hauptsache in diesem Fall nicht denkbar ist). Zur Kostenentscheidung, wenn die Klage nur ggü einem von mehreren Streitgenossen Erfolg hat, vgl auch OLG Karlsruhe MDR 1978, 694. 6

§ 160 [Kostenpflicht bei Vergleichen]

Wird der Rechtsstreit durch Vergleich erledigt und haben die Beteiligten keine Bestimmung über die Kosten getroffen,[1] so fallen die Gerichtskosten jedem Teil zur Hälfte zur Last. Die außergerichtlichen Kosten trägt jeder Beteiligte selbst.[1 ff]

Vgl § 98 ZPO; § 195 SGG

1 **1. Allgemeines:** § 160 gilt (auch bezüglich S 2) **nur subsidiär für den Fall, daß im Vergleich keine Regelung über die Kosten getroffen wurde.** In diesem Fall bedarf es dann auch keines besonderen gerichtlichen Ausspruchs über die Kosten; auch die Kostenfestsetzung erfolgt unmittelbar aufgrund des Vergleichs. **Ist** ein **Vergleich** dagegen **ausdr auf die Hauptsache beschränkt,** so gilt für die Kostenverteilung nicht § 160, sondern § 161 Abs 2 S 1[1] u muß die Kostenregelung durch Beschluß des Gerichts nach § 161 Abs 1 u Abs 2 S 1 erfolgen. Wird ein verwaltungsgerichtliches AnfechtungsVf durch gerichtlichen Vergleich beendet, der keine Aussage über die Kostenverteilung enthält, so ist der im WiderspruchsVf unterlegene Kl zur Zahlung der Widerspruchsgebühr verpflichtet (Ma NVwZ-RR 2002, 325).

2 § 160 ist ebenfalls nicht unmittelbar auf die außergerichtlichen **Kosten eines Beigeladenen** anwendbar, **der am Vergleich nicht beteiligt ist** u ihm auch nicht zugestimmt hat, wenn der Vergleich keine Regelung für diese Kosten enthält (Atzler DVBl 1986, 1214). Über die Kosten des Beigeladenen ist in diesem Fall nach § 161 Abs 2 S 1, § 162 Abs 3 zu entscheiden u § 160 nur insoweit sinngemäß anzuwenden, als dem Beigeladenen nach § 162 Abs 3 zuerkannte Kosten vom Kl u Bekl je zur Hälfte zu tragen sind, wenn diese im Vergleich nichts anderes vereinbaren.[2]

3 **2. Für den außergerichtlichen Vergleich** (s 20 ff zu § 106) gilt § 160 **analog,** wenn sich aus dem Willen der Parteien nicht ausdr oder konkludent etwas anderes ergibt;[3] dies selbst dann, **wenn der Vergleich** nur formell zur Beendigung des Streits führt, **nicht** aber auch zugleich sachlich **alle Streitpunkte der Hauptsache regelt** (Mü DÖV 1973, 355; **aA** 22, 341: nur wenn die „Hauptsache" erledigt wird, sonst § 161 Abs 2). **§ 161 Abs 2 S 1** ist bei einem außergerichtlichen Vergleich **nur** anwendbar, wenn die Par-teien ausdr oder konkludent die Anwendung des § 160 ausschließen (OLG Frankfurt JurBüro 1983, 1878; vgl auch LG Berlin AnwBl 1986, 541: durch Auslegung des Parteiwillens zu ermitteln) bzw die Anwendung von § 161 Abs 2 vereinbaren; vgl auch oben 1.

Beim außergerichtlichen Vergleich bedarf es – anders als beim gerichtlichen Vergleich, der auch die Kosten mit erfaßt u weder einen Einstellungsbeschluß noch eine Kostenentscheidung erfordert – immer eines besonderen Einstellungsbeschlusses u einer **besonderen Kostenentscheidung** des Gerichts gem § 161 Abs 1 (Mü DÖV 1980, 149; VRspr 25, 252; BGH MDR 1970, 76; Ey-Geiger 9).

4 **Maßgeblich** für die Kostenverteilung ist in diesem Fall, entspr der Regelung für den gerichtlichen Vergleich, primär **die** im Vergleich **getroffene Vereinba-**

---

[1] Mü BayVBl 1985, 309; Ms NJW 1965, 318; VRspr 24, 633; BGH NJW 1965, 103; Bergerfurth NJW 1972, 1844; Günther DVBl 1988, 618 mwN; **aA** BVerwG 22, 339; Ks DVBl 1964, 600: nach § 160; Mü BayVBl 1974, 700: nach § 161 Abs 1, § 160 S 1, § 155 Abs 1.

[2] Vgl Mü BayVBl 1973, 81; vgl auch Atzler DVBl 1986, 1214; zT **aA** Mü BayVBl 1986, 445: wenn der Vergleich eine Kostenregelung enthält, dabei aber keine § 162 Abs 3 entspr Regelung hins der außergerichtlichen Kosten des Beigeladenen trifft: keine Kostenerstattung für den Beigeladenen.

[3] 22, 339; Buchh 310 § 161 Abs 2 VwGO Nr 5; BGH 39, 69; RÖ-Kothe 6 ff; Ey-Geiger 7; **aA** Ms DÖV 1981, 975; 1983, 347; Ks DÖV 1983, 558.

rung,[4] bei Fehlen einer solchen § 160, wenn dies dem erkennbaren, ggf nach § 86 Abs 3 zu erfragenden Willen der Beteiligten entspricht – u nur dann –, **sonst nach § 161 Abs 2 S 1.**[5] Dies setzt jedoch voraus, daß die Beteiligten dem Gericht übereinstimmend den Abschluß des Vergleichs mitteilen – in der Mitteilung ist zugleich die Erklärung der Hauptsacheerledigung iSv § 161 Abs 2 zu sehen (Günther DVBl 1988, 618) – u sich hins der zu treffenden Kostenentscheidung darauf beziehen;[6] für diese Auffassung spricht – jedenfalls für den Bereich des Verwaltungsprozeßrechts – die Vergleichbarkeit der Interessenlage der Beteiligten mit den Fällen des § 161 Abs 2, außerdem, daß die Beteiligten auch darauf verzichten könnten, dem Gericht den Abschluß des Vergleichs überhaupt mitzuteilen, u statt dessen nur die Hauptsache für erledigt erklären könnten, sowie schließlich, daß die Beteiligten einen außergerichtlichen Vergleich jederzeit im gegenseitigen Einvernehmen aufheben können (vgl 20 u 22 iVm 7 zu § 106) u daß auch im gemeinsamen Antrag auf gerichtliche Kostenentscheidung eine Teilaufhebung insoweit gesehen werden könnte.

Beruft nur ein Beteiligter sich auf die Kostenregelung des Vergleichs – 5
ist aber die Frage, daß die Hauptsache erledigt ist, unstreitig oder stellt das Gericht die Erledigung durch Urteil fest (s 20 zu § 161) – oder ist zwischen den Beteiligten strittig, ob der Vergleich auch die Kosten erfaßt bzw welchen Inhalt er insoweit hat, u kann das Gericht die entspr Feststellungen ohne umfangreiche weitere Beweisaufnahmen (vgl 28 zu § 161) unschwer treffen, so muß das Gericht ebenfalls die **Kostenentscheidung gemäß der getroffenen Vereinbarung** treffen (vgl OLG Stuttgart NJW 1971, 1571; zT **aA** OLG Hamm MDR 1976, 147: keine Kostenentscheidung, wenn der Vergleich insoweit eine Regelung enthält).

Ist nur der Abschluß des Vergleichs u die Erledigung der Hauptsache unstrittig, 6
enthält der Vergleich aber keine Kostenregelung oder beruft sich kein Beteiligter auf die vereinbarte Kostenregelung, so ist für die Entscheidung über die Kosten § 160 maßgeblich. **Behalten** die Beteiligten **die Kostenregelung dem Gericht** vor, so ist darüber nach § 161 Abs 2 S 1 zu entscheiden str; s oben 4). **Entsprechendes gilt, wenn nur ein Beteiligter** sich auf die vereinbarte Kostenregelung beruft, deren Bestehen oder Inhalt aber nicht ohne weitere Beweisaufnahmen usw festgestellt werden könnte.

§ 160 ist auch anzuwenden, wenn die Klage aufgrund eines außerge- 7
richtlichen Vergleichs **zurückgenommen wird** u der Kl sich auf die Kostenregelung des Vergleichs beruft.[7] Beruft sich der Kl nicht auf den Vergleich, so ist nach § 155 Abs 2 zu entscheiden (RÖ-Kothe 8); der **Ausgleich ist dann intern** von den Beteiligten entspr dem Vergleich vorzunehmen, ggf kann die Kostenregelung des Vergleichs einer Vollstreckung entgegengehalten werden (Ms 8, 17; RÖ-Kothe 8).

3. Teilvergleich: Beschränkt sich der Vergleich auf einen Teil des Streitggst, 8
so gilt § 160 nur für die ausscheidbaren Kosten (**aA** Ey-Geiger 5, der jedoch den Rechtsgedanken des § 160 entspr anwenden möchte) hins dieses Teils. Soweit eine Kostenentscheidung hins des Vergleichs ausnahmsweise noch erforderlich ist (s oben 1 ff u 3 ff), kann diese auch **gemeinsam mit der Kostenentscheidung hins des anhängig bleibenden Teils** in dem darüber ergehenden Urteil erfolgen (s 9 zu § 158). Ist ein **Beigeladener** nicht am Vergleich beteiligt oder ist er

---

[4] Mü DÖV 1980, 144; Günther DVBl 1988, 618; Ey-Geiger 7.

[5] Buchh 310 § 160 VwGO Nr 3 u 4; Ks DÖV 1983, 558; DÖV 1983, 347; Renck-Laufke BayVBl 1978, 461; Günther DVBl 1988, 619 mwN; Ey-Geiger 9; **aA** 22, 339; Buchh 310 § 161 VwGO Nr 5; Mü BayVBl 1980, 119: zwingend § 160 analog.

[6] Vgl Mü DÖV 1980, 144; Ey-Geiger 8; **aA** BGH NJW 1965, 103; MDR 1970, 46.

[7] 22, 339; Mü BayVBl 1986, 507; Ey-Geiger 10; RÖ-Kothe 7; **aA** Mü BayVBl 1977, 16; Ms DÖV 1981, 975; NKVwGO-Neumann 15.

zwar beteiligt, wurden aber seine Kosten ausdr von der Regelung ausgenommen, so muß das Gericht über seine Kosten durch Beschluß entscheiden (Lü VRspr 10, 250; Mü BayVBl 1973, 21; s auch oben 1).

§ 161 [Kostenentscheidung der Hauptsache]

(1) **Das Gericht hat im Urteil oder, wenn das Verfahren in anderer Weise beendet worden ist, durch Beschluß über die Kosten zu entscheiden.**[1 ff]

(2) **Ist der Rechtsstreit in der Hauptsache erledigt,**[7 ff] **so entscheidet das Gericht außer in den Fällen des § 113 Abs. 1 Satz 4 nach billigem Ermessen über die Kosten des Verfahrens durch Beschluß;**[15] **der bisherige Sach- und Streitstand ist zu berücksichtigen.**[16 ff] **Der Rechtsstreit ist auch in der Hauptsache erledigt, wenn der Beklagte der Erledigungserklärung des Klägers nicht innerhalb von zwei Wochen seit Zustellung des die Erledigungserklärung enthaltenden Schriftsatzes widerspricht und er vom Gericht auf diese Folge hingewiesen worden ist.**[13]

(3) **In den Fällen des § 75 fallen die Kosten stets dem Beklagten zur Last, wenn der Kläger mit seiner Bescheidung vor Klageerhebung rechnen durfte.**[34 ff]

Vgl § 91 a ZPO, § 193 SGG; §§ 143, 138 FGO

Schrifttum: Zu Abs 2: *Althammer/Löhnig,* Billige Kostentragung bei Erledigung der Hauptsache nach Aufrechnung durch den Beklagten, NJW 2004, 3077; *Assmann,* Die einseitige Erledigungserklärung, in: Erlanger FS Schwab 1990, 179; *Battis/Weber,* Zum Mitwirkungs- und Klagerecht anerkannter Naturschutzverbände – BVerwGE 87, 63, JuS 1992, 1014; *Bergerfurth,* Die Erledigung der Hauptsache im Zivilprozeß, NJW 1992, 1655; *Burgi,* Die Erledigung des Rechtsstreits in der Hauptsache als Problem der verwaltungsprozessualen Dogmatik, DVBl 1991, 193; *Cormann,* Die Erledigung im Verwaltungsprozeß, 1998; *Deckenbrock/Dötsch,* Die Erledigung der Hauptsache im Verwaltungsprozess, JuS 2004, 489, 589, 689; *Dietrich,* Die verdrängte Dispositionsmaxime im Verwaltungsprozess am Beispiel der einseitigen Erledigungserklärung, DVBl 2002, 745; *El-Gayar,* Die einseitige Erledigungserklärung des Klägers im Zivil-, Arbeits- und Verwaltungsgerichtsprozeß, 1998; *Feser/Kirchmaier,* Die Erledigung des Rechtsstreits in der Hauptsache im Verwaltungsprozeß, BayVBl 1995, 641; *Göppinger,* Die Erledigung des Rechtsstreites in der Hauptsache, 1958; *Günther,* Kostenentscheidung nach beiderseitiger Erledigungserklärung, DVBl 1988, 612; *v Heitzenberg,* Die hilfsweise abgegebene Erledigungserklärung des Klägers im Verwaltungsstreitverfahren, in: Berge-FS 1989, 125; *Huxholl,* Die Erledigung eines Verwaltungsakts im Widerspruchsverfahren, 1995; *Jost/Sundermann,* Reduzierung des Verfahrensaufwandes nach der einseitigen Erledigungserklärung, ZZP 1992, 261; *Kintz,* Aus der Praxis: Anfechtungsklage und teilweise übereinstimmende Erledigungserklärung im Verwaltungsprozess, JuS 2003, 1017; *C. Kremer,* Die streitige Erledigung der Hauptsache im Verwaltungsprozess, NVwZ 2003, 797; *Maetzel,* Zum Erledigungsstreit im Verwaltungsprozeß, DÖV 1971, 613; *Manssen,* Die einseitige Erledigungserklärung im Verwaltungsprozeß, NVwZ 1990, 1018; Messmer, Die Beendigung des Verwaltungsprozesses durch Parteierklärung, JA 2005, 300; *Pietzner,* Zur übereinstimmenden Erledigungserklärung im Verwaltungsprozeß, VerwA 1984, 79; *ders,* Zur einseitigen Erledigungserklärung im Verwaltungsprozeß, VerwA 1986, 299; *R. P. Schenke,* Der Erledigungsrechtsstreit im Verwaltungsprozeß, 1995; *Schmidt,* Immer noch Streit um den „Erledigungsstreit", DÖV 1984, 622; *R. Schmitz,* Erledigung des Rechtsstreits im Öffentlichen Recht und im Zivilrecht, JA 1996, 242; *Schröcker,* Prozessaufrechnung als erledigendes Ereignis, NJW 2004, 2203; *Stahnecker,* Die einseitige Erledigungserklärung im Zivil- und Verwaltungsprozeß, 1994; *Ulrich,* Die Erledigung der Hauptsache und die Vereinfachung des Verfahrens, NJW 1994, 2793; *C. Weber,* Erledigung von Rechtsbehelfen gegen Beitragsbescheide bei Heilung durch Erlaß einer neuen Satzung, VBlBW 1998, 415; *Ziekow,* Anm. zu BVerwG Urt. v. 22. 1. 1998 – 2 C 4/97, JZ 1999, 90.

Zu Abs 3: *Ring,* Kostenentscheidung gem. § 161 III VwGO, NVwZ 1995, 1191; *Weides/Bertrams,* Die nachträgliche Verwaltungsentscheidung im Verfahren der Untätigkeitsklage, NVwZ 1988, 673.

Übersicht

1. Entscheidung über die Kosten: a) Junktim der Kostenentscheidung. § 161 Abs 1 schreibt **für grds jede Entscheidung** des Gerichts (Urteil, Beschluß), durch die ein anhängiges selbständiges Vf abgeschlossen wird, vor, daß das Gericht vAw zugleich **auch über die Kosten** – einschließlich der Kosten des VorVf (§ 162 Abs 1, Abs 2 S 2) u ggf der außergerichtlichen Kosten des Beigeladenen (§ 162 Abs 3) – entscheiden muß. Die Vorschrift gilt außer für Vf, die durch Urteil abgeschlossen werden, **auch für selbständige BeschlußVf** zB nach § 80 Abs 5, § 123, § 99 Abs 2 (Mü BayVBl 1979, 618; Ey-J. Schmidt 1) oder nach § 47 sowie grds auch für **Vf ohne abschließende Entscheidung** über die anhängige Sache, zB bei Beendigung des Vf durch Klagerücknahme (§ 92 Abs 2); Rücknahme der Berufung (§ 126 Abs 2) oder der Revision (§ 140 Abs 2); beiderseitiger Erledigungserklärung (§ 161 Abs 2); Beendigung des Vf aufgrund Rücknahmefiktion gem § 81 AsylVfG;[1] **nicht** dagegen grds bei Abschluß des Vf durch **Vergleich** (s 1 zu § 160; Sch-Clausing 6). 1

b) Ausnahmen. Für unselbständige, nichtstreitige **ZwischenVf** (zB nach § 94 – Ma Justiz 1998, 578), für die eine gesonderte Kostenentscheidung nicht möglich ist, außerdem für **Teilurteile** (nicht jedoch bei Rechtsmittelentschei- 2

[1] S zu § 33 AsylVfG aF – Erledigungsfiktion – DVBl 1984, 568, auch zur verfassungsrechtlichen Zulässigkeit einer solchen Regelung.

dungen über Teilurteile, s 5 zu § 154), Entscheidungen über die **Verweisung** des Rechtsstreits an ein anderes Gericht u für **Ergänzungsurteile** nach § 120 gelten jedoch Ausnahmen. **Bei Zwischenurteilen** (§ 109),[2] **Teilurteilen** (§ 110–36, 21; BGH 20, 399) u **Grundurteilen** (§ 111) ist die Kostenentscheidung dem Endurteil vorzubehalten, weil sich vorher der Umfang des Unterliegens nicht übersehen läßt; ebenso **bei Verweisung** des Rechtsstreits der Entscheidung des Gerichts, an das verwiesen wird (§ 17a Abs 2 GVG iVm § 173 S 1 bzw § 83 S 1).[3] Bei **Ergänzungsurteilen** gilt für die Kostenverteilung die Kostenentscheidung des ergänzten Urteils.[4] S allg zum **Grundsatz der Einheit der Kostenentscheidung** Buchh 310 § 155 VwGO Nr 7; Pietzner VerwA 1982, 237. Eine Kostenentscheidung ist grds auch dann erforderlich, wenn im Einzelfall Gerichtskostenfreiheit besteht (Ko Rpfl 1983, 116).

3 **c) Entscheidung von Amts wegen.** Die Entscheidung über die Kosten ist stets vAw zu treffen. Es **bedarf** daher **keines Antrags** der Beteiligten, auch nicht hins der Kosten des VorVf (§ 162 Abs 2 S 2) oder der Kosten des Beigeladenen (§ 162 Abs 3–14, 174; VRspr 17, 638). Dagegen erfordert die Kostenfestsetzung nach § 164 immer einen Antrag. Auch **das Rechtsmittelgericht** kann, auch ohne Antrag, vAw die Kostenentscheidung **ergänzen oder abändern;** letzteres **auch zum Nachteil des Rechtsmittelführers** (14, 178; Bln NVwZ 1990, 681; BGH NJW 1987, 130; s auch 7 zu § 158).

4 **d) Form der Kostenentscheidung.** Die Kostenentscheidung ist grds **Bestandteil der Entscheidung in der Hauptsache** (Urteil, Beschluß) u bedarf daher derselben Form wie diese, ebenso der Begründung in den Gründen der Hauptsacheentscheidung. Ist die Entscheidung über die Kosten im Rahmen der Hauptsacheentscheidung unterblieben, so ist die **Ergänzung der Entscheidung** nach § 120 in derselben Form möglich, in der die Entscheidung erging. Bei Fehlen einer Entscheidung gem § 162 Abs 2 S 2 ist die Entscheidung nach der Rspr nur durch einen nachträglichen Beschluß möglich (27, 39; NVwZ-RR 2003, 246; 1 u 5 zu § 120 sowie 17 zu § 162).

5 **Bei Beendigung eines Verfahrens ohne abschließende Sachentscheidung,** zB bei Klagerücknahme (§ 92), übereinstimmenden Erledigungserklärungen (§ 161 Abs 2) usw, ergeht die Entscheidung über die Kosten **immer durch Beschluß.** Bei nur **teilweiser Beendigung** des Vf durch Klagerücknahme usw kann das Gericht die Kostenentscheidung aber auch insoweit mit der Kostenentscheidung hins des anhängig gebliebenen Rests des Streitggst verbinden u **gemeinsam im Urteil** darüber entscheiden;[5] ebenso bei Ausscheiden eines Streitgenossen aus dem Prozeß (OLG Zweibrücken JurBüro 1983, 1881). Zur Anfechtung der Kostenentscheidung in solchen Fällen s 5 zu § 158. Bei Hauptsacheerledigung infolge **des Todes des Kl** können die Kosten des Rechtsstreits mit Beschluß gem § 161 Abs 2 **den Erben** auferlegt werden, ohne daß diese mit Namen u Anschrift genannt werden müssen (Ma NJW 1984, 196).

6 **Ist streitig, ob der Rechtsstreit** durch die Klagerücknahme, den Vergleich oder die Erledigung der Hauptsache **beendet wurde,** so ist darüber sowie auch über die Kosten durch **Urteil** zu entscheiden (s 4 zu § 107, 28f zu § 92, 18f zu § 106; 5ff vor § 124; 15 zu § 161).

7 **2. Überblick u gemeinsame Grundsätze der ein- wie beiderseitigen Erledigungserklärung: a) Die Erledigungssituation.** § 161 Abs 2 enthält

---

[2] Mü BayVBl 1988, 272 mwN; eine gesonderte, eigene Kostenentscheidung ist dagegen erforderlich, wenn das Zwischenurteil in einem Zwischenstreit mit einem Dritten ergeht, vgl Ey-J. Schmidt 1.

[3] Mü NVwZ-RR 1993, 668; Ms NVwZ-RR 1993, 670; Ko NVwZ-RR 1993, 669.

[4] Mü BayVBl 1978, 379; Ey-Rennert 8 zu § 120.

[5] DVBl 1963, 522; DÖV 1982, 161; Buchh 310 § 161 Abs 2 VwGO Nr 16.

eine Teilregelung der sog **Erledigungssituation.** Gekennzeichnet ist diese durch eine nach Rechtshängigkeit eintretende außerprozessuale Veränderung der Sach- oder Rechtslage zu Lasten[6] des Kl (das **erledigende Ereignis**). Ein geläufiges Beispiel (weitere Beispiele s unten Fn 32) bildet die Erledigung des VA im Anfechtungsprozeß, die nach hM (NVwZ-RR 1999, 277) zum Wegfall des RSB, nach richtiger Auffassung zur Unstatthaftigkeit der Anfechtungsklage führt (s 45 vor § 40; 58 zu § 42). Dem Kl droht damit die kostenpflichtige Abweisung der Klage, selbst wenn diese vor Eintritt des erledigenden Ereignisses zulässig u begründet war. Eine Erledigungssituation ist trotz der materiellrechtlichen Rückwirkung der Aufrechnung auch dann gegeben, wenn der Bekl erst nach Rechtshängigkeit der Klage mit einer bereits vor Klageerhebung der Klageforderung aufrechenbar gegenüberstehenden Forderung aufrechnet.[7] Dies gilt im Anwendungsbereich der VwGO sogar noch in verstärktem Maße, da hier § 269 Abs 3 S 3 ZPO keine Anwendung findet (s 8 zu § 155; 4 zu § 173).

b) Reaktionsmöglichkeiten. Wie die Beteiligten auf das erledigende Ereignis reagieren, bleibt in Konsequenz des Dispositionsgrundsatzes ihnen überlassen. Besteht der Kl auf seinem ursprünglichen Antrag, so ist dieser in jedem Fall kostenpflichtig abzuweisen.[8] War die Klage vor Eintritt des erledigenden Ereignisses zulässig u begründet, ist dies dem Kl ebensowenig zuzumuten wie wg der nachteiligen Kostenfolge eine **Rücknahme** der Klage oder ein **Verzichtsurteil** (§§ 155 Abs 2, 154 Abs 1). Der Übergang auf einen **(Fortsetzungs-)Feststellungsantrag** (zum Zusammenhang der Erledigungssituation mit der Erledigung des VA u § 113 Abs 1 S 4 s 96 zu § 113) wird häufig am fehlenden Feststellungsinteresse scheitern (s 129 ff zu § 113).

Hier Abhilfe zu schaffen, ist Aufgabe des § 161 Abs 2. Wie in der Parallelvorschrift des § 91 a ZPO ist dort aber allein die **beiderseitige oder übereinstimmende Erledigungserklärung** normiert (dazu unten 10 ff; beachte aber die durch das 1. JuMoG neu geschaffene Erklärungsfiktion des Abs 2 S 2, s dazu unten 13). In diesem Fall endet die Rechtshängigkeit ipso iure u das Gericht hat gem § 161 Abs 2 S 1 nach billigem Ermessen allein über die Verfahrenskosten zu entscheiden. Ohne gesetzliche Regelung ist die **einseitige klägerische Erledigungserklärung** geblieben. Verweigert der Bekl seine Zustimmung zur beiderseitigen Erledigungserklärung, mündet diese in den gewohnheitsrechtlich anerkannten Erledigungsrechtsstreit (dazu 20 ff), der auf die Feststellung der Erledigung des Rechtsstreit in der Hauptsache zielt. Allg abgelehnt wird eine **einseitige Erledigungserklärung des Bekl,** die prozessual ohne Bedeutung (dazu unten 32) ist. Umstritten ist, inwieweit neben der ein- u beiderseitigen Erledigungserklärung der Hauptsache auch eine solche des **RMittel** sowie des **RechtsmittelzulassungsVf** anzuerkennen ist (dazu unten 33).

c) Anwendungsbereich. aa) Ein- u beiderseitige Erledigungserklärung sind 8
in **allen Verfahrensarten** möglich, also auch im **NK-Vf** nach § 47 (NVwZ-RR 2002, 152; Bln DÖV 1986, 1067; Ma NVwZ-RR 1989, 443); im **VollstreckungsVf** gem §§ 167 ff (Ma Justiz 1989, 445; Ms 38, 227; **aA** Ms DÖV 1981, 545; RO-Kothe 4: nach § 788 ZPO) sowie in Vf des **vorläufigen**

---

[6] Materiellrechtlich kann sich das erledigende Ereignis dagegen durchaus zugunsten des Kl auswirken, etwa die Erledigung eines von vornherein befristeten VAs durch Zeitablauf oder die Erfüllung der rechtshängigen Forderung durch den Bekl.

[7] So zu dieser sehr str Frage auch BGH NJW 2003, 3134 mwN; Schröcker NJW 2004, 2204 ff; **aA** Althammer/Löhnig, NJW 2004, 3077 mwN.

[8] Betrifft das erledigende Ereignis die Begründetheit, hat das Gericht wg des Vorrangs der Sachentscheidungsvoraussetzungen gleichwohl zunächst die Zulässigkeit zu prüfen. Im übrigen steht es dem Gericht frei, ob es den Antrag wg des erledigenden Ereignisses oder wg eines sonstigen uU bereits vor Erledigung bestehenden Zulässigkeits- oder Begründetheitsmangels abweist.

Rechtsschutzes gem § 80 Abs 5 oder 7, § 80a Abs 3 oder § 123[9] (zur Beschränkung des Streitggst im Erledigungsrechtsstreit auf das erledigende Ereignis unten 27); zur Erledigung des Rechtsmittels(zulassungs)Vf unten 33.

bb) Zur Hauptsacheerledigung in der **höheren Instanz** s unten 12 u 15 für die beiderseitige u 29f für die einseitige Erledigungserklärung.

cc) Bei in objektiver oder subjektiver Hinsicht teilbarem Streitggst ist eine ein- wie beiderseitige **Teilerledigungserklärung** möglich (NVwZ-RR 1999, 408; Sch-Clausing 11; Buchh 310 § 161 VwGO Nr 65; Ma VBlBW 1983, 241); für die Kostenentscheidung ist der reduzierte StrW nicht um die anteiligen Kosten des erledigten Teils zu erhöhen (Ma RsprD-LS 33/1999; ThP 58 zu § 91a ZPO); zur Anfechtbarkeit der Kostenentscheidung unten 19).

9 **d) Methodisches Grundproblem.** Bereits dieser Überblick zeigt, daß der Gesetzgeber den Komplex der Erledigung der Hauptsache nur fragmentarisch geregelt hat. Bei Ausfüllung der in der gesetzlichen Regelung verbliebenen Lücken hat die Rechtsanwendung mit einem Grundproblem zu kämpfen, das letztlich im Dispositionsgrundsatz wurzelt. Legt die VwGO die Beteiligten nicht auf eine bestimmte Prozeßführung fest, werden diese bei ihrer Reaktion auf das erledigende Ereignis sorgfältig die mit den verschiedenen verfahrensrechtlichen Möglichkeiten verbundenen Chancen u (kostenrechtlichen) Risiken abwägen. Die Rechtsanwendung zwingt diese, die zwischen den Instituten bestehenden Verbindungslinien u Ausweichmöglichkeiten zu beachten. Insb gilt es bei der Ausformung der ein- u beiderseitigen Erledigungserklärung zu verhindern, die in anderen Vorschriften getroffenen Wertentscheidungen zu unterlaufen (MKZPO 10 zu § 91a ZPO: **zwischeninstitutionelle Stimmigkeit)**, etwa durch den Erledigungsrechtsstreit das Institut der Klagerücknahme obsolet werden zu lassen.

Unausgesprochen ist das Bemühen um zwischeninstitutionelle Stimmigkeit zur Klagerücknahme auch Hintergrund der Lehre von der sog **verschleierten Klagerücknahme,** die in verschiedenen Spielarten vertreten wird. Um dem Kl, der die Aussichtslosigkeit seines Antrags erkannt hat, eine „Flucht in die Erledigungserklärung" abzuschneiden, wird die Erledigungserklärung dazu als verschleierte Klagerücknahme ausgelegt (vgl unten Fn 10) oder die Feststellung der Erledigung für unstatthaft gehalten, wenn der Kl die Erledigung selbst zu verantworten hat (vgl unten 21). Um zu angemessenen Ergebnissen zu gelangen, bedarf es einer solchen fragwürdigen Umdeutung einer Erledigungserklärung in eine Klagerücknahme indes nicht (Ey-J. Schmidt 112ff zu § 113).

10 **3. Die übereinstimmende oder beiderseitige Erledigungserklärung: a) Voraussetzungen.** Anders als § 91a ZPO knüpft § 161 Abs 2 seine Rechtsfolge nicht ausdr an das Vorliegen übereinstimmender Erledigungserklärungen, sondern spricht von der Erledigung des Rechtsstreits in der Hauptsache. Gleichwohl herrscht in Rspr u Literatur nahezu Einigkeit, daß es hierfür allein auf das Vorliegen zweier übereinstimmender Erledigungserklärungen ankommt u das Gericht die Erledigung nicht etwa vAw feststellen kann.[10] Auch der Gesetzgeber ist bei Schaffung des neuen Abs 2 S 2 durch das 1. JuMoG ersichtlich von dieser Auffassung ausgegangen (s BT-Dr 15/3482, 24).

---

[9] Mü NVwZ-RR 2004, 623; Ms DÖV 1981, 545; Deckenbrock/Dötsch JuS 2004, 491; Ey-J. Schmidt 95 zu § 80; s auch 124 zu § 80.

[10] **AA** unter Berufung auf den Untersuchungsgrundsatz aber noch 13, 175; hierbei wird indes verkannt, daß eine Feststellung der Erledigung zu einer Disposition über den Streitggst führt. Dispositionen über den Streitggst stehen im Verwaltungsprozeß aber – unabhängig von der Geltung des Untersuchungsgrundsatzes – allein den Hauptbeteiligten zu; nichts anderes gilt im Falle des Todes bei höchstpersönlichen Streitigkeiten, § 619 ZPO ist nicht analog anwendbar, Pietzner VerwA 1984, 88; Cormann 118; ebensowenig ist in den Fällen des § 75 S 4 die Feststellung der Erledigung vAw möglich (Pietzner VerwA 1984, 90, vgl auch 19 zu § 75; **aA** Weides/Bertrams NVwZ 1988, 775; RÖ-Kothe 7 zu § 75).

aa) Beziehung zum Ausgangsantrag. Als Dispositionsakte der Verfahrensbeteiligten (NVwZ-RR 1989, 111) entziehen die Erledigungserklärungen dem Gericht die Befugnis zur Sachentscheidung u beschränken es auf eine reine Kostenentscheidung. **Unerheblich** ist sowohl, ob die Klage zu irgendeinem Zeitpunkt **zulässig** oder **begründet** war (46, 217), **ob**[11] u gegebenenfalls **wann** ein erledigendes Ereignis eingetreten ist (Bln NVwZ-RR 1990, 137; Mü BayVBl 1979, 618) sowie **wann** auf die Erledigung durch Abgabe der Erledigungserklärung **reagiert wird** (Bln NVwZ-RR 1990, 137). Dies ergibt sich einmal aufgrund der Entstehungsgeschichte der Vorschrift, mit der der Gesetzgeber an die „bewährte Regelung" des § 91a ZPO anknüpfen wollte (BT-Dr III/55, 47), wird aber auch durch den prozeßökonomischen Hintergrund des § 161 Abs 2 nahegelegt (vgl unten 15).

Abzulehnen ist die zT in der Literatur[12] vertretene Auffassung, das Gericht 11
habe wg Art. 101 Abs 1 S 2 GG wenigstens diejenigen Sachurteilsvoraussetzungen zu prüfen, die für den Ausgangsantrag den **gesetzlichen Richter** konstituieren. Hiergegen spricht, daß Art 101 Abs 1 S 2 GG gerade keine gesetzlichen Zuständigkeiten begründet, sondern solche voraussetzt. Im übrigen steht es im Widerspruch zum prozeßökonomischen Zweck des § 161 Abs 2 (vgl unten 15), für die Erledigung des Rechtsstreits in der Hauptsache eine uU aufwendige Prüfung der Sachentscheidungsvoraussetzungen des mit den Erledigungserklärungen ja nunmehr aufgegebenen früheren Antrags zu verlangen.

bb) Beiderseitige Erledigungserklärung im Instanzenzug. Die Erledi- 12
gung kann jedoch nur erklärt werden, **solange das Vf,** auf das sie sich bezieht, **anhängig ist,** dh auch noch nach Ergehen der Entscheidung in der Hauptsache bis zu deren Unanfechtbarkeit (Mü BayVBl 1987, 636). Eine beiderseitige Erledigungserklärung der Hauptsache ist also sowohl im Berufungs-, Beschwerde- u RevisionsVf sowie im vorgelagerten RechtsmittelzulassungsVf (34, 41; BayVBl 2004, 439; Ks 48, 40f; Lü NVwZ-RR 1998, 461; Mü BayVBl 1999, 310) möglich (zur davon zu unterscheidenden Erledigung des Rechtsmittel(zulassungs)Vf s unten 33). Tritt das erledigende Ereignis nach Ergehen der erstinstanzlichen Entscheidung, aber ehe die Sache bei dem Rechtsmittelgericht anhängig gemacht worden ist, ein, können die Beteiligten noch ggü dem Gericht erster Instanz übereinstimmende Erledigungserklärungen abgeben.[13] Nach Stellung des Zulassungsantrags sind die Erledigungserklärungen ggü dem OVG abzugeben.[14]

Kommt es vor der Stellung des Zulassungsantrags nicht zu einer beiderseitigen Erledigungserklärung, kann der Antrag auf Zulassung der Berufung auch allein mit dem Ziel gestellt werden, in der Berufungsinstanz eine beiderseitige Erledigungserklärung herbeizuführen (s 43 vor § 124); ebenso kann im BeschwerdeVf die Beschwerde allein mit dem Ziel der Herbeiführung einer beiderseitigen Erledigungserklärung eingelegt werden (42 zu § 146).

Erledigt sich die Hauptsache nach Zulassung des RMittel, wird dessen Zulässigkeit dadurch nicht nachträglich in Frage gestellt; zum Einfluß (des Zeitpunkts) der Erledigung auf die **Zulässigkeit des RMittel** (s 31 vor § 124).

---

[11] 46, 217; Bln NVwZ 1986, 672; Mü BayVBl 1979, 619; die Gegenauffassung (Ma NJW 1974, 964; Ks NVwZ-RR 1994, 125 – unter Berufung auf die Lehre von der verschleierten Klagerücknahme, vgl oben 9) übersieht, daß hier auch die Anwendung des § 161 Abs 2 idR zu einer Kostenbelastung des Kl führt (vgl unten 17), ohne den mit einer Umdeutung der Erledigungserklärung in eine Klagerücknahme verbundenen Verstoß gegen den Dispositionsgrundsatz in Kauf zu nehmen; für die Prüfung des erledigenden Ereignisses bei mangelnder Dispositionsbefugnis der Parteien aber Cormann 105.

[12] Renck BayVBl 1973, 431; SGH 515; P § 17, 19; **aA** We NVwZ-RR 1999, 278; Cormann 108, Deckenbrock/Dötsch JuS 2004, 492; R. P. Schenke 59; Sch-Clausing 17.

[13] Deckenbrock/Dötsch JuS 2004, 590; Ey-J. Schmidt 12; Sch-Clausing 19.

[14] Ba DÖV 1998, 936; Lü NVwZ-RR 1998, 461; Mü BayVBl 1999, 310.

Bei **unzulässigem RMittel,** insb wenn ein RMittel gegen eine bereits rechtskräftige Entscheidung eingelegt wird, fehlt den Beteiligten die Dispositionsbefugnis, so daß das RMittel trotz beiderseitiger Erledigungserklärung zu verwerfen ist.[15]

Zuständig für die Kostenentscheidung, die Einstellung des Vf u in RechtsmittelVf auch für die Feststellung, daß vorangegangene Entscheidungen unwirksam geworden sind (vgl unten 15), ist das Gericht, bei dem die **Sache anhängig** ist (BGH NJW 1995, 1096). Dies ist nach Erlaß der erstinstanzlichen Entscheidung bis zum Antrag auf Berufungs-/Beschwerdezulassung das VG, danach das OVG,[16] für das **RevisionszulassungsbeschwerdeVf** (§ 133) bis zur Vorlage der Sache das OVG, danach das BVerwG, das nunmehr über die Zulassungsbeschwerde zu entscheiden hat.

13 cc) **Anforderungen an die Erledigungserklärungen. Die Erledigungserklärungen** müssen grds **ausdr** erfolgen, u zwar – als Prozeßhandlungen – dem Gericht ggü. Nach der Rspr genügt auch die Zustimmung zur Erledigungserklärung des Prozeßgegners oder **schlüssiges Verhalten ggü** dem Gericht, zB Stellung nur noch eines Kostenantrages,[17] bei Teilerledigung ggf auch Stellung nur noch eines um den erledigten Teil reduzierten Antrags (vgl OLG Koblenz JurBüro 1990, 392; BGH 21, 298), uU kann sogar dem **Schweigen** auf eine Erledigungserklärung ein entsprechender Erklärungswert zukommen.[18] Das gilt jetzt insb im Falle der Erklärungsfiktion des Abs 2 S 2, die nach dem Vorbild des § 269 Abs 2 S 4 ZPO durch das 1. JuMoG neu geschaffen worden ist. Nach dieser Vorschrift ist der Rechtsstreit in der Hauptsache erledigt, wenn der Bekl der Erledigungserklärung des Kl nicht innerhalb von zwei Wochen seit Zustellung des die Erledigungserklärung enthaltenden Schriftsatzes widersprochen hat, sofern das Gericht ihn auf diese Folge (Eintritt der Erledigung) hingewiesen hat; die Erledigungserklärung des Bekl wird hier also fingiert (BT-Dr 15/3482, 24 u 15/1508, 17). Nicht ausreichend für eine Erledigung ist es dagegen, daß sich der Rechtsstreit tatsächlich durch einen außergerichtlichen Vorgang, zB durch die Rücknahme des angefochtenen VA, erledigt hat u dadurch alle prozessualen Anspr gegenstandslos geworden sind.[19]

Bis zu dem Zeitpunkt, in dem auch der Prozeßgegner eine entsprechende Erklärung abgibt, kann der Kl seine Erledigungserklärung jederzeit zurücknehmen bzw. widerrufen u zu seinem ursprünglichen Sachantrag zurückkehren,[20] danach ist nur noch unter den Voraussetzungen des § 153 iVm §§ 578ff ZPO ein **Widerruf** möglich (NVwZ-RR 1999, 408; Sch-Clausing 14). Die Erledigungserklärung muß als Prozeßhandlung grds **ohne** beigefügte **Bedingung** abgegeben werden (Mü BayVBl 1980, 343) u ist **nicht anfechtbar** (NVwZ-RR 1999, 408; Mü BayVBl 1975, 513; Ey-J. Schmidt 9; RÖ-M. Redeker 18 zu § 107).

Einer **Vertretung** gem § 67 Abs 1 S 1 bedarf es in Vf vor dem BVerwG nicht (NJW 1968, 2395; 1971, 480). Ohne Bedeutung ist, in welcher **Reihenfolge** die Erledigungserklärungen abgegeben werden (RS § 130, 28, 38). Der Bekl

---

[15] Ms MDR 1980, 259; Cormann 250; **aA** Ba DÖV 1998, 936.

[16] Mü BayVBl 1999, 310; Lü NVwZ-RR 1998, 461; Ba DÖV 1998, 936; Ma Rspr-D-LS 231/97.

[17] 30, 28; DVBl 1992, 778: Erklärung, daß der Erledigungserklärung des Prozeßgegners nicht widersprochen wird, kann genügen; Ey-J. Schmidt 7.

[18] NVwZ-RR 1992, 277; Deckenbrock/Dötsch JuS 2004, 492; restriktiver Ms 16, 272; RÖ-M. Redeker 18 zu § 107.

[19] Deckenbrock/Dötsch JuS 2004, 491; Ey-J. Schmidt 6; RÖ-M. Redeker 20 zu § 107; ebenso § 91a Abs 1 ZPO; **aA** 13, 175.

[20] NVwZ-RR 1992, 276; NVwZ 1999, 404; Ma VBlBW 1997, 176; VG Meiningen NVwZ-RR 1999, 221; Deckenbrock/Dötsch JuS 2004, 492; RÖ-M. Redeker 18 zu § 107; Ey-J. Schmidt 9.

kann sich also ebenso einer Erledigungserklärung des Kl anschlie-ßen wie umgekehrt der Kl einer Erledigungserklärung des Bekl (DVBl 1992, 778; zur einseitigen Erledigungserklärung des Bekl vgl unten 32). Neben einer beiderseitigen Erledigungserklärung kann der **Ausgangsantrag nicht hilfsweise** aufrechterhalten werden (Mü BayVBl 1975, 513 – s auch unten 29).

Unerheblich ist, ob **andere Verfahrensbeteiligte** der Erledigung zustimmen. 14
Selbst unter Berücksichtigung des § 92 Abs 2 S 1 erscheint die Gegenauffassung als systemwidrige Beschränkung der Dispositionsbefugnis der Hauptbeteiligten. Erforderlich ist also weder die Zustimmung des (notwendig) Beigeladenen[21] noch des VöI (Mü BayVBl 1980, 343).

Von § 161 Abs 2 zu unterscheiden sind die Fälle, in denen der Gesetzgeber die Erledigung der Hauptsache in **spezialgesetzlichen Regelungen** fingiert (§ 33 AsylVfG aF) oder eine Erledigung kraft Gesetzes anordnet.[22]

b) Rechtsfolge. aa) Ende der Rechtshängigkeit. Liegen wirksame über- 15
einstimmende Erledigungserklärungen vor (wobei die Erklärung des Bekl gem Abs 2 S 2 fingiert sein kann, s dazu oben 13), endet die Rechtshängigkeit ipso iure. Das Gericht stellt das Vf entspr § 92 Abs 3 (deklaratorisch) ein (NVwZ-RR 1999, 408) u hat nicht mehr zur Hauptsache, sondern allein über die Kosten zu entscheiden. Eine Klagerücknahme ist nun nicht mehr möglich (Bln NVwZ-RR 1998, 597).

Erfolgt die Erledigungserklärung erst, **nachdem** in der Sache **bereits ein Urteil ergangen ist,** so wird dieses unwirksam; das Gericht muß in diesem Fall das Vf auf Antrag eines Beteiligten fortführen, um es deklaratorisch einzustellen, die Unwirksamkeit des Urteils festzustellen u über die Kosten zu entscheiden (vgl 5 ff vor § 124; BGH NJW 1995, 1096). In der höheren Instanz sind **vorangegangene Entscheidungen** gem § 269 Abs 3 S 1 ZPO iVm § 173 S 1 (27. 3. 1997 – 1 C 5/95; Mü BayVBl 1982, 470; Ma NVwZ-RR 1995, 302) aufzuheben bzw für unwirksam zu erklären; zur Bestimmung des zuständigen Gerichts s oben 12.

Bei **Streit, ob das Vf durch die Erklärungen beendet wurde,** ist über die Frage der Erledigung durch Urteil (bzw in BeschlußVf, zB nach § 80 Abs 5, durch Beschluß) zu entscheiden.[23] Im einzelnen gilt hier Entsprechendes wie bei einem Streit über die Wirksamkeit einer Klagerücknahme (vgl 28 f zu § 92; 5 ff vor § 124).

bb) Kostenentscheidung. Bei der Kostenentscheidung nach § 161 Abs 2 S 1 ist über die Kosten des gesamten Vf zu entscheiden; das gilt auch bei einer Erledigung während des Vf, das auf die Zulassung der Berufung bzw der Beschwerde gerichtet ist, für die Entscheidung des zuständigen OVG (Mü BayVBl 1999, 309 f). Bei der nach § 161 Abs 2 S 1 durch Beschluß ergehenden Billigkeitsentscheidung sind zwei Problemkreise zu unterscheiden: Zum einen das Vf, in dem die Kostenentscheidung ergeht (dazu sogleich im Text), zum anderen die Kriterien, an denen sich die Kostenverteilung inhaltlich zu orientieren hat (dazu 16).

(1) Verfahren. Abs 2 S 1 entbindet im Interesse einer **Vereinfachung des Vf** das Gericht von der Verpflichtung, allein im Hinblick auf die noch offene Kostenentscheidung alle für eine abschließende Hauptsacheentscheidung sonst erforderlichen Feststellungen zu treffen, Beweise zu erheben u schwierige Rechtsfragen zu klären (ausf Günther DVBl 1988, 612 ff). Erkauft ist dieser prozeßökonomische Gewinn durch einen Verlust an Kostengerechtigkeit. Denn das summarische Vf des § 161 Abs 2 S 1 muß zwangsläufig eine geringere Richtigkeitsgewähr aufweisen als eine Kostenentscheidung, die gem §§ 154 ff grds an den Ausgang des HauptsacheVf gebunden ist.

---

[21] 30, 28; NVwZ-RR 1989, 111; 1992, 276; Bln NVwZ-RR 1990, 137.
[22] 57, 311, 321; NVwZ 1987, 605 u 606; NVwZ-RR 1991, 443; BVerfG NVwZ 1985, 33; kritisch Menger VerwA 1979, 341.
[23] NVwZ-RR 1999, 408; NVwZ-RR 1994, 362; s dazu auch 124 zu § 80.

Keine weiteren Sachverhaltsfeststellungen uä mehr: Nach Eingang der Erledigungserklärungen vorgelegte Beweismittel, Urkunden usw können zwar noch berücksichtigt werden (vgl BGH 21, 300; **aA** RÖ-Kothe 5; Günther DVBl 1988, 614 mwN), nachdem die übrigen Beteiligten Gelegenheit hatten, dazu Stellung zu nehmen (OLG Düsseldorf JR 1995, 205). Eine **Beweiserhebung** zur weiteren Klärung des Sachverhalts ist jedoch grds nicht mehr zulässig;[24] freilich könnte ein RMittel nicht darauf gestützt werden, daß noch weitere Beweise erhoben wurden; es dürften nur die durch die Beweisaufnahme entstehenden Mehrkosten nach § 21 GKG nicht erhoben werden. Auch schwierige **Rechtsfragen** braucht das Gericht nicht mehr zu klären (46, 218; Ba NVwZ-RR 1998, 464; Mü BayVBl 1979, 619; Ey-J. Schmidt 15). Nicht mehr zulässig ist auch eine **Rechtswegverweisung.**[25]

16 **(2) Kriterien der Kostenverteilung.** Gem § 161 Abs 2 S 1 hat die Kostenentscheidung unter Berücksichtigung des bisherigen Sach- u Streitstandes zu ergehen. Damit kommt es grds darauf an, wer die Kosten hätte tragen müssen, wenn sich die Hauptsache nicht erledigt hätte. Maßgeblich ist dabei die Sach- u Rechtslage unmittelbar vor Eintritt des erledigenden Ereignisses (Ba NVwZ-RR 1999, 789). In Konsequenz des Veranlassungsprinzips (vgl 1 ff zu § 154) ist Ausgangspunkt der Kostenverteilung der **Erfolgsgrundsatz,** so daß kostenpflichtig idR diejenige Seite wird, die im Rechtsstreit voraussichtlich unterlegen wäre.[26] Bei der Prüfung der Erfolgsaussichten im Rahmen einer Entscheidung über die Kosten eines im BeschwerdeVf erledigten Antrags auf vorläufigen Rechtsschutz sind gem § 146 Abs 4 S 3 u 6 nur die dargelegten Beschwerdegründe zu berücksichtigen (Mü NVwZ-RR 2004, 622).

17 Daneben sind aber auch im Rahmen des § 161 Abs 2 S 1 **besondere Kostenregelungen** wie § 155 Abs 4 oder § 156 zu berücksichtigen.[27] Ferner haben sich in der Praxis weitere Sonderregeln herausgebildet. ZT rechtfertigen sich diese aus den spezifischen Problemen, die der summarische Charakter der Kostenentscheidung des § 161 Abs 2 S 1 mit sich bringt, zT handelt es sich um einfache Konkretisierungen des Veranlassungsprinzips. Wg ihres generalisierenden Charakters ist aber immer zu prüfen, ob das Veranlassungsprinzip im Einzelfall nicht eine abweichende Wertung gebietet:

Bleiben die **Erfolgsaussichten völlig offen,** so sind die Kosten idR dem Kl u dem Bekl je **zur Hälfte** aufzuerlegen.[28] Die gelegentlich in der Rspr vertretene Ansicht, für die Kostenverteilung sei vorrangig entscheidend, wer die **Erledigung herbeigeführt** habe,[29] ist abzulehnen (zutr Mü BayVBl 1979, 247; Czermak BayVBl 1975, 698; Stöckle BayVBl 1981, 204). Sie kann zu der prozeßökono-

---

[24] 46, 218; BFH NJW 1972, 224; Mü BayVBl 1979, 619; RÖ-Kothe 5; Günther DVBl 1988, 613; **aA** Rinsche NJW 1971, 1349.

[25] OLG Frankfurt MDR 1981, 676; OLG Hamm NJW-RR 1994, 828; **aA** OLG Frankfurt NJW 1993, 2945.

[26] 81, 363; NVwZ 1991, 872; Mü BayVBl 1984, 122; Ks NVwZ 1997, 198; BL 125 zu § 91 a ZPO; Ey-J. Schmidt 16. Bei einer Erledigung während des Zulassungsverfahrens ist dabei nicht nur auf die Erfolgsaussichten des Antrags auf Zulassung der Beschwerde abzustellen, sondern auch darauf, ob nach einer Zulassung der Beschwerde diese begründet wäre (Hbg NVwZ-RR 1998, 461).

[27] Mü DÖV 1975, 177; Bln DÖV 1983, 686; NVwZ 1985, 206; Dettenbrock/Dötsch, JuS 2004, 589; Günther DVBl 1988, 617; Sch-Clausing 25; s auch 11 zu § 155.

[28] 46, 218; Ba NVwZ-RR 1998, 464; Ma NVwZ-RR 1995, 302; Günther DVBl 1988, 617 mit überzeugenden Gründen, ua unter Hinweis, daß die Anordnung gem § 155 Abs 1 – s dazu auch 3 zu § 155 –, der Aufhebung der Kosten gegeneinander idR unbillig wäre, wenn der Bürger berechtigterweise einen Anwalt zugezogen hatte; **aA** DVBl 1988, 151; Buchh 310 § 161 Nr 38; Ms NWVBl 1997, 109; Fliegauf VBlBW 1972, 7: Aufhebung der Kosten gegeneinander.

[29] NVwZ 1992, 788; Mü BayVBl 1975, 514; 1976, 241; Ks DÖV 1975, 865; Bln NVwZ-RR 1990, 138; Sch-Clausing 24: Rechtsgedanke des § 155 Abs 2.

misch widersinnigen Konsequenz führen, einen eigentlich erledigungsfähigen Rechtsstreit nur deshalb fortzuführen, um die damit verbundenen kostenrechtlichen Nachteile zu vermeiden. Zudem lassen die zahlreichen in der Rspr anerkannten Ausnahmen[30] bereits den Ausgangspunkt dieser Auffassung fragwürdig erscheinen. Eine ohne nachvollziehbaren Grund herbeigeführte Erledigung kann so allenfalls als **Indiz** für das vermutliche Unterliegen in der Hauptsache gewertet werden. Gleichfalls nur indizielle Bedeutung für ein Unterliegen hat es, wenn eine Seite die Hauptsache für erledigt erklärt, obwohl **tatsächlich keine Erledigung** eingetreten ist (Mü BayVBl 1984, 501), etwa der Kl sich nur, um die Abweisung der Klage zu vermeiden, statt die Klage zurückzunehmen, in die Erledigungserklärung flüchtet;[31] die Erledigterklärung hins eines Fortsetzungsfeststellungsantrags gem § 113 Abs 1 S 4 ist insoweit jedoch nicht ohne weiteres der Klagerücknahme gleichzusetzen (63, 234).

Kommt es für die Entscheidung auf die **Gültigkeit einer Norm** an, die das 18
Gericht für verfassungswidrig hält, ist das Gericht nicht zur Vorlage nach Art 100 GG verpflichtet (Menger VerwA 1960, 78; Sch-Clausing 23). Denn im summarischen Vf des § 161 Abs 2 ist bei einer Nichtanwendung der Norm noch kein endgültiges Verdikt über deren Verfassungswidrigkeit gefallen. Jede Seite hat das Risiko zu tragen, daß die für sie günstige, **streitentscheidende Norm für verfassungswidrig bzw nichtig** erklärt wird (VRspr 1968, 507; Sch-Clausing 23; **aA** Ey-J. Schmidt 17; RÖ-Kothe 7: Kosten treffen immer die öffentliche Hand). Ist die **Erledigung die Folge einer Rechtsänderung,** so ist das alte Recht der Beurteilung zugrunde zu legen,[32] etwa wenn die Rechtsänderung erfolgte, um eine bis dahin fehlerhafte oder jedenfalls ernsthaft zweifelhafte Rechtslage zu „sanieren" (50, 10 zum nachträglichen Erlaß einer Satzung mit Rückwirkung auch für den angefochtenen VA). **Änderungen der Rspr** sind einer Rechtsänderung nicht gleichzuachten (Günther DVBl 1988, 614; **aA** Sauer DVBl 1969, 634).

Mängel der Klage usw, die im weiteren Prozeßverlauf auf Hinweis des Gerichts voraussichtlich behoben worden wären, sind nicht zu berücksichtigen (Ma NJW 1975, 707; Mü BayVBl 1979, 619; **aA** OLG Hamm NJW-RR 1994, 828). Beruht die Erledigung auf einer außergerichtlichen Einigung, ist diese auch für die **Kostenverteilung** gem § 161 Abs 2 S 1 maßgeblich, wenn sich die Beteiligten auch diesbezüglich **geeinigt** haben (Bln MDR 1996, 1079).

Keine Besonderheiten gelten für Klagen auf **Zulassung zum Studium** in einem numerus-clausus-Fach. Wird der Kl an der Universität zugelassen, für die er sich beworben hat, so sind die Kosten idR dem Bekl aufzuerlegen;[33] wird er an einer anderen Universität zugelassen, so sind die Kosten bei offenen Erfolgsaussichten grds zu teilen.[34]

---

[30] Aufhebung des VAs, nachdem Irrtum über dessen Rechtswidrigkeit von der Gegenseite oder dem Gericht herbeigeführt wurde, Ks DÖV 1975, 865; Erwecken des Anscheins, das Klageziel sei erreicht, Ms NVwZ 1982, 637; Erledigung zur Vermeidung von Sachverständigenkosten u zur raschen Beendigung eines langwierigen Vf, Ma RsprD-LS 248/1996; Aufrechterhaltung der angegriffenen Norm ist Ag nicht zuzumuten, Buchh 310 § 161 Nr 111.

[31] Vgl auch DVBl 1989, 876: die vom Gericht zu treffende Billigkeitsentscheidung kann im Falle einer verschleierten Klagerücknahme nicht anders ausfallen als bei einer echten Rücknahme der Klage (§ 155 Abs 2).

[32] Bln NVwZ-RR 2002, 394; Ma NVwZ-RR 1995, 302; Günther DVBl 1988, 614; RÖ-Kothe 5; Ey-J. Schmidt 17: Kosten der Partei aufzuerlegen, die ohne die Rechtsänderung unterlegen wäre; **aA** BFH 119, 407 unter Hinweis auf das auch sonst bestehende Prozeßrisiko; Ms DVBl 1963, 638; vermittelnd Ms NJW 1973, 386 für eine Kostenteilung.

[33] **AA** NJW 1980, 2772: Kostenverteilung nach dem Verhältnis der „aufgedeckten" Studienplätze zur Zahl der Bewerber.

[34] Sa NVwZ 1984, 128; **aA** NVwZ 1982, 500; NVwZ-RR 1990, 348; DÖV 1986, 84; Sch-Clausing 24: Kosten dem Kl; Ks NVwZ 1987, 702: Bei zahlreichen Bewerbern Kostenlast bei Kl.

Ein **Beigeladener** kann eine Kostenentscheidung zu seinen Gunsten im Rahmen der Entscheidung gem § 161 Abs 2 S 1 oder Abs 3 **nur** unter den Voraussetzungen **des § 154 Abs 3** verlangen (NVwZ 1992, 789; Sa DÖV 1976, 607).

19 **cc) Rechtskraft.** Die Kostenentscheidung des § 161 Abs 2 S 1 ist **nicht** der **materiellen RKraft** fähig. Gleichwohl ist nach beiderseitiger Erledigungserklärung idR eine **Klagewiederholung ausgeschlossen** (**aA** Bln DÖV 1986, 1067; Sch-Clausing 17; Pietzner VerwA 1984, 93). Im Falle tatsächlicher Erledigung kann dem Bekl die summarische Kostenentscheidung des § 161 Abs 2 S 1 nur zugemutet werden, wenn er dafür wenigstens einen mit dem klageabweisenden Urteil vergleichbaren Schutz vor Klagewiederholung erhält.[35] Einer erneuten Klage werden im Anfechtungs- u VerpflichtungsVf idR schon der Ablauf der Klagefristen entgegenstehen, im übrigen dürfte ggü einer erneuten Klageerhebung zumeist der Einwand widersprüchlichen Verhaltens durchgreifen (MKZPO 37 zu § 91 a ZPO; RS § 130, 20). Werden im AnfechtungsVf übereinstimmende Erledigungserklärungen abgegeben, läßt dies die **Wirksamkeit u Vollstreckbarkeit** eines tatsächlich nicht erledigten VA unberührt (Mü BayVBl 1984, 691; Bln NVwZ 1986, 672). Der Einstellungsbeschluß nach Erledigung der Hauptsache ist in **entsprechender Anwendung des § 92 Abs 3 S 2 unanfechtbar** (NVwZ-RR 1999, 408). Das gleiche gilt nach § 158 Abs 2 für die Kostenentscheidung gem § 161 Abs 2 S 1. Am Grundsatz der **Unanfechtbarkeit** ändert sich auch dann nichts, wenn das Gericht bei einer Teilerledigung der Hauptsache die in analoger Anwendung des § 92 Abs 3 S 1 u nach § 161 Abs 2 S 1 gebotene Entscheidung in dem **Urteil trifft,** in dem es iü zur Sache Stellung nimmt (NVwZ-RR 1999, 408). Zur Möglichkeit einer VB gegen die Kostenentscheidung s BVerfG DVBl 1999, 978.

20 **4. Die einseitige klägerische Erledigungserklärung: a) Beziehung zur beiderseitigen Erledigungserklärung u Rechtsnatur.** Ohne gesetzliche Regelung geblieben, aber gewohnheitsrechtlich anerkannt (Grunsky § 12 III 1) ist die einseitige klägerische Erledigungserklärung, die nicht nur in der VwGO zu den umstrittensten Problemen des Prozeßrechts zählt. Zu ihr kommt es, wenn der Versuch des Kl, den Rechtsstreit durch eine übereinstimmende Erledigungserklärung gem § 161 Abs 2 zu beenden, am Widerspruch des Bekl scheitert (beachte aber die Erklärungsfiktion des Abs 2 S 2 u dazu oben 13). Dies gilt unabhängig davon, ob die einseitig gebliebene klägerische Erledigungserklärung ipso iure in den Erledigungsrechtsstreit mündet (Lü 22, 464; NKVwGO-Neumann 117) oder ob es dazu eines gesonderten **Erledigungsfeststellungsantrags** bedarf (NVwZ 1991, 160; Maetzel DÖV 1971, 615).[36] Ein Erledigungsfeststellungsantrag, dem nicht der gescheiterte Versuch einer beiderseitigen Erledigungserklärung vorausgeht, wäre jedenfalls unzulässig.

Praktisch weniger bedeutsam ist die Frage der **Rechtsnatur** der einseitigen Erledigungserklärung. Die verwaltungsgerichtliche Praxis begnügt sich ganz überwiegend mit dem Hinweis, die einseitige Erledigungserklärung sei als hinsichtlich §§ 91, 142 privilegierte Form der **Klageänderung** zu qualifizieren.[37] Damit ist sie unabhängig von der Zustimmung des Bekl noch in der Revisionsinstanz zulässig u als Feststellungsantrag auf die Feststellung der Erledigung des

---

[35] R. P. Schenke 186: zwischeninstitutionelle Stimmigkeit zur Klagerücknahme, vgl oben 9.

[36] Selbst wenn man letzteres verlangt, dürfte in der klägerischen Erledigungserklärung idR ein derartiger Erledigungsfeststellungsantrag enthalten sein; vgl. 31, 319; 60, 330; NJW 1970, 722; Mü BayVBl 1988, 48; NVwZ-RR 2004, 623 – für § 123; Pietzner VerwA 1986, 308; SGH 516; Schmidt DÖV 1984, 624.

[37] NVwZ 1999, 405; NVwZ 1993, 979; DVBl. 1991, 214; Bosch/Schmidt § 46 II 1 a; Burgi DVBl 1991, 197; im umgekehrten Fall – Übergang vom Erledigungs- zum Ausgangsantrag – greift das BVerwG auf § 264 Nr 2 ZPO zurück, NVwZ-RR 1988, 56.

Rechtsstreits in der Hauptsache gerichtet.[38] Das Feststellungsinteresse folgt unmittelbar daraus, daß es sich um die einzige Möglichkeit handelt, die Kostenlast zu vermeiden, u bedarf daher keiner gesonderten ausdr Feststellung in den Urteilsgründen (Buchh 310 § 161 VwGO Nr 108). Mit dem Übergang zum Erledigungsfeststellungsantrag entfällt die **Rechtshängigkeit des Ausgangsantrages,** sofern dieser nicht hilfsweise aufrechterhalten wird (Ma VBlBW 1997, 176; Ziekow JZ 1999, 92; **aA** NVwZ 1999, 404; Messmer JA 2005, 302).

b) Voraussetzungen. Von erheblicher Bedeutung ist, unter welchen **Voraussetzungen** das Gericht die **Erledigung der Hauptsache** durch Urteil feststellen kann. **aa) Das erledigende Ereignis.** Allg anerkannt ist hier allein, daß das Gericht jedenfalls das Vorliegen eines erledigenden Ereignisses zu prüfen hat. Als **erledigendes Ereignis** kommt jede außerprozessuale Veränderung der Sach- oder Rechtslage in Betracht, die bereits für sich betrachtet die Abweisung des klägerischen Antrags als unzulässig oder unbegründet rechtfertigen würde.[39] Nicht ausreichend ist, daß eine Rechtsfrage, die den Kern des Streitstoffs ausmacht, in einem anderen Prozeß gerichtlich entschieden wurde (NVwZ 1998, 1065) oder allein das subjektive Motiv für die Weiterverfolgung des Rechtsschutzbegehrens entfällt (NVwZ 1998, 1064; NVwZ 1989, 47). Eine Erledigung des Rechtsstreits tritt nicht ein, wenn ein angefochtener VA im Laufe des Prozesses durch einen anderen ersetzt wurde u die Klage nunmehr gegen den neuen VA fortgeführt wird (DÖV 2004, 340). 21

Der Feststellung der Erledigung steht nicht entgegen, daß der Kl die Erledigung **selbst** – bei der Verpflichtungsklage etwa durch Rücknahme des Bauantrags – **herbeigeführt** hat (Buchh 310 § 161 VwGO Nr 108; DVBl 1989, 874; **aA** wohl NZWehrr 1973, 108; Buchh 406.19 Nachbarschutz Nr 82). In diesem Fall ist der Bekl gehalten, der klägerischen Erledigungserklärung beizutreten. Die Gegenauffassung – wohl unter Berufung auf die Lehre von der verschleierten Klagerücknahme (vgl oben 9) – übersieht, daß die dann gem § 161 Abs 2 S 1 ergehende Kostenentscheidung den Kl im Regelfall nicht besser stellen wird, als wenn dieser seinen Antrag zurückgenommen hätte (DVBl 1989, 876).

Die Feststellung der Erledigung der Hauptsache setzt voraus, daß die Klage **nunmehr unzulässig oder unbegründet** ist (Mü NVwZ 1986, 1032; Gern ZKF 1987, 58; Stahnecker 19). Die Gegenauffassung des BVerwG,[40] nach der bereits der Wegfall nur eines Klagegrundes ausreichen soll, kann zwar Gründe der Prozeßökonomie für sich reklamieren. Sie steht aber in unauflösbarem Wi- 22

---

[38] IE ist die Frage der Rechtsnatur nicht im Gesetz vorgezeichnet. Jede Argumentation mit dem Topos (etwa der Schluß von der Rechtsnatur auf die Voraussetzungen des Erledigungsantrags, so aber Burgi DVBl 1991, 197) birgt daher die Gefahr in sich, aus einer letztlich willkürlichen dogmatischen Einordnung unreflektiert auf die Lösung vermeintlicher Folgeprobleme zu schließen (R. P. Schenke 103). Die verwaltungsprozessuale Dogmatik tut so gut daran, die Frage nicht überzubewerten.

[39] ZB der Verlust der Prozeßführungsbefugnis NJW 1971, 479; im Anfechtungsverfahren etwa die Erledigung des Verwaltungsaktes (NVwZ 1991, 571; NJW 1969, 1822 – zur Erledigung des VA s 101 ff zu § 113), die rückwirkende Heilung einer ursprünglich rechtswidrigen Rechtsgrundlage (NVwZ 1993, 979; NJW 1976, 1115), im Verpflichtungsverfahren der Erlaß des begehrten VA, die Rücknahme des notwendigen Antrags (NVwZ 1989, 861), das Erlöschen des der Klage zugrundeliegenden Anspr (s 109 zu § 113), bei der (Fortsetzungs-)Feststellungsklage der Wegfall des Feststellungsinteresses (63, 235), bei der Normenkontrolle das Außerkrafttreten der angegriffenen Norm (Ma NVwZ-RR 1989, 443), im vorläufigen Rechtsschutzverfahren der Wegfall des Sicherungsbedürfnisses im zugrundeliegenden Eilrechtsschutzverfahren (Ks ESVGH 48, 40), bei der Nichtzulassungsbeschwerde der Wegfall der Entscheidungserheblichkeit der Revisionszulassungsgründe infolge einer den Rechtsstreit erfassenden Gesetzesänderung (BauR 2000, 79).

[40] NVwZ 1993, 979; NJW 1976, 1117; ebenso Ma NVwZ-RR 1989, 446; Lü NVwZ-RR 1989, 447; Weber VBlBW 1998, 416.

derspruch zu der gleichzeitigen Annahme des Gerichts (20, 152), die gerichtliche Feststellung der Erledigung schütze den Bekl ebenso umfassend vor einer Wiederholung der Klage wie ein klageabweisendes Urteil (R. P. Schenke 277).

Maßgeblich für die Beurteilung des Gerichts (auch des Berufungsgerichts) bei der Entscheidung darüber, ob eine Erledigung eingetreten ist, ist der **Zeitpunkt der letzten mV** (NVwZ-RR 1999, 277). Sofern vorher ein erledigendes Ereignis eintrat, dieses aber später seinerseits entfallen ist, kann das Gericht nicht vom Eintritt der Erledigung ausgehen (NVwZ-RR 1999, 277).

Unerheblich ist, zu welchem **Zeitpunkt** der Kl auf die Erledigung **reagiert** (NVwZ 1993, 980; G. Schmidt NVwZ 1994, 864), er muß dies nur rechtzeitig vor der gerichtlichen Entscheidung in der Hauptsache tun, hat aber ggf die durch seine verspätete Erklärung bedingten Mehrkosten gem § 155 Abs 4 zu tragen (NVwZ 1989, 48; Mü 12. 12. 1996 – 26 B 93/3844). Maßgebender Zeitpunkt für das Vorliegen eines erledigenden Ereignisses ist die letzte mündliche Verhandlung (NVwZ-RR 1999, 277).

23 **bb) Beziehung zum Ausgangsantrag.** Lebhaft umstritten ist, in welcher Beziehung der Streitggst des Erledigungs(feststellungs)antrags zum Ausgangsantrag steht.

(1) Meinungsüberblick u Rspr des BVerwG. Mit vielen Schattierungen reicht das Meinungsspektrum hier von der Auffassung, die Feststellung der Erledigung setze stets die frühere Zulässigkeit u Begründetheit des Ausgangsantrags im Zeitpunkt des erledigenden Ereignisses voraus **(enger Erledigungsbegriff),**[41] zumindest die frühere Zulässigkeit sei stets zu prüfen **(vermittelnder Erledigungsbegriff)**[42] bis hin zur konträrsten Gegenauffassung, die frühere Zulässigkeit u Begründetheit seien in jedem Fall irrelevant **(weiter Erledigungsbegriff).**[43] Nach der hier vertretenen Auffassung, die auf dem weiten Erledigungsbegriff aufbaut, ist die Feststellung der Erledigung von der früheren Zulässigkeit u Begründetheit des Antrags abzukoppeln u dem Bekl nur im Falle eines entsprechend § 113 Abs 1 S 4 zu bestimmenden Feststellungsinteresses die Möglichkeit zu geben, die materielle Rechtslage vor Eintritt des erledigenden Ereignisses im Wege einer Widerklage gem § 89 feststellen zu lassen.[44]

Gestützt auf die **Rspr des BVerwG** hat die verwaltungsprozessuale Praxis den folgenden Weg eingeschlagen:[45] Neben dem erledigenden Ereignis wird die frühere **Begründetheit** der Klage **nur** geprüft, sofern der Bekl über ein **analog § 113 Abs 1 S 4** zu bestimmendes Feststellungsinteresse verfügt. Selbst zwischen den Senaten des BVerwG ist umstritten, ob die frühere Zulässigkeit stets (vermittelnder Erledigungsbegriff) oder prinzipiell nicht (weiter Erledigungsbegriff), sondern nur bei Vorliegen eines berechtigten Feststellungsinteresses zu prüfen ist (vgl unten 26 f). Unter Zugrundelegung des weiten Erledigungsbegriffs bedeutet dies im Ergebnis, daß der Bekl bei Eintritt eines erledigenden Ereignisses selbst im Falle ursprünglicher Unzulässigkeit oder Unbegründetheit der Klage grds ge-

---

[41] SGH 517; Manssen NVwZ 1990, 1022; Feser/Kirchmaier BayVBl 1995, 645; R. Schmitz JA 1996, 245; BGH NJW 1992, 2236; ThP 33 zu § 91 a ZPO; StJ 50 ff zu § 91 a ZPO.

[42] NVwZ 1989, 862; Buchh 310 § 161 VwGO Nr 103; Buchh 451.54 MStG Nr 11; Battis/Weber JuS 1992, 1014; J. Schmidt DÖV 1984, 624; Bosch/Schmidt § 46 II 1 a; Ey-J. Schmidt 113 f zu § 113.

[43] Burgi DVBl 1991, 199 f; Dietrich DVBl 2002, 749 ff; C. Kremer, NVwZ 2003, 800 f; Messmer JA 2005, 302; Pietzner VerwA 1986, 318 ff; R. P. Schenke 58 ff; Würtenberger VwPR 638; Würt 638; Stahnecker 163 ff; Sch-Clausing 32; El-Gayar 167 ff.

[44] R. P. Schenke 255; dem folgend Schenke 1118; früher ebenso Pietzner JA 1972, 49 (**aA** aber VerwA 1986, 319); für eine Feststellungswiderklage in den Fällen, in denen kein Subordinationsverhältnis besteht, auch Cormann 234 ff u C. Kremer NVwZ 2003, 803.

[45] 20, 145; DVBl 1991, 214; NVwZ 2001, 1288; NVwZ-RR 2002, 152 f.

zwungen ist, der klägerischen Erledigungserklärung beizutreten, will er nicht eine kostenpflichtige Niederlage im Erledigungsrechtsstreit in Kauf nehmen. Damit muß er sich auf das Risiko der summarischen Kostenentscheidung des § 161 Abs 2 S 1 einlassen u erhält auch kein Urteil zur früheren Hauptsache. Etwas anderes gilt nur, sofern der Bekl über ein analog § 113 Abs 1 S 4 zu bestimmendes Feststellungsinteresse verfügt. Von ihren verfahrensökonomischen Implikationen ist diese Lösung damit auf Verfahrensbeschleunigung zu Lasten der Kosteninteressen des Bekl angelegt.[46]

(2) Der weite Erledigungsbegriff als Ausgangspunkt (Grundsätzlicher Verzicht auf die Prüfung der früheren Zulässigkeit u Begründetheit). 24 Methodisch läßt sich das Problem als Schließung einer **offenen Gesetzeslücke** qualifizieren, weil der Erledigungsrechtsstreit zwar gewohnheitsrechtlich anerkannt ist, sich hinsichtlich der Voraussetzungen des Erledigungsurteils aber noch kein Gewohnheitsrecht herausgebildet hat. Wg der Vieldeutigkeit des Begriffs der Erledigung führt die grammatische Auslegung kaum weiter. Im Ergebnis gilt dies auch für die historische Interpretation (R. P. Schenke 83ff). Letztlich maßgeblich muß die systematisch-teleologische Betrachtung u damit eine Abwägung der Beteiligteninteressen anhand der Wertungen der Rechtsordnung sein. Besondere Bedeutung kommt hier dem Gesichtspunkt der **zwischeninstitutionellen Stimmigkeit** zu (vgl oben 9).

Mit Blick auf **§ 92 Abs 1 S 2** ist dies das Anliegen der Vertreter des **engen Erledigungsbegriffs,** nach dem neben dem erledigenden Ereignis stets die frühere Zulässigkeit u Begründetheit der Klage zu prüfen ist (vgl die N oben Fn 33). Aus dem Zustimmungserfordernis der §§ 92 VwGO, 269 ZPO soll sich danach ein Recht des Bekl auf ein klageabweisendes Urteil ableiten. Bei unzulässiger oder unbegründeter Klage verdiene der Kl keine kostenrechtliche Privilegierung, nur weil seine Klage mit dem erledigenden Ereignis „noch unzulässiger" bzw „unbegründeter" geworden ist. Damit wird den Sachentscheidungs- u Kosteninteressen des Bekl starkes Gewicht beigelegt.[47] Dabei wird freilich übersehen, daß die Wertung von § 92, § 269 ZPO in der Erledigungssituation gerade nicht zum Tragen kommen kann. Ausgehend von dem allg prozessualen Grundsatz, nach dem es dem Gericht freisteht, worauf es ein klageabweisendes Urteil in den Gründen stützt (vgl oben Fn 7), muß sich das „Recht" des Bekl auf eine kostenfreie Abweisung auf eine bloße „Aussicht" reduzieren, die unter dem Vorbehalt der gleichbleibenden Sach- u Rechtslage steht.

Auch bei einem Verzicht auf eine Prüfung der früheren Zulässigkeit u Begründetheit entstehen dem Bekl selbst bei ursprünglich unzulässiger u unbegründeter Klage **keine unzumutbaren Kostennachteile.** Ist er gehalten, bei tatsächlicher Erledigung der klägerischen Erledigungserklärung beizutreten, wird ihm nichts anderes als dem Kl zugemutet, dem in der Erledigungssituation – sofern er nicht über ein berechtigtes Interesse iSd §§ 113 Abs 1 S 4, 43 verfügt – praktisch keine Alternative zur Abgabe einer Erledigungserklärung offensteht (vgl oben 7). Hat sich der Gesetzgeber von § 161 Abs 2 eine Verfahrensentlastung versprochen, gebietet neben dem Grundsatz der prozessualen Waffengleichheit auch die zwischeninstitutionelle Stimmigkeit (vgl oben 9) zur beiderseitigen Erledigungserklärung den Verzicht auf eine generelle Prüfung der früheren Zulässigkeit u Begründetheit. Denn der Bekl wird einen Erledigungsrechtsstreit, in

---

[46] Unter Zugrundelegung des vermittelnden Erledigungsbegriffs kann der Bekl in der Erledigungssituation der klägerischen Erledigungserklärung auch dann widersprechen, wenn der klägerische Antrag aus seiner Sicht bereits vor dem erledigenden Ereignis unzulässig war.

[47] Ist nach dem engen Erledigungsbegriff stets die frühere Zulässigkeit u Begründetheit zu prüfen, werden dem Bekl im Erledigungsrechtsstreit keine Einwendungen abgeschnitten. Außerdem muß er sich nicht auf das Risiko der summarischen Kostenentscheidung nach § 161 Abs 2 (vgl oben 15) einlassen.

dem er sämtliche Einwände gegen den früheren Klageantrag geltend machen kann, zumeist dem Risiko der summarischen Kostenentscheidung nach § 161 Abs 2 S 1 vorziehen. Damit wäre aber das vom Gesetzgeber verfolgte Ziel einer Verfahrensbeschleunigung gefährdet.

25 Aus dem gleichen Grund abzulehnen ist auch der vom 3. u 9. Senat u Teilen der Literatur vertretene **vermittelnde Erledigungsbegriff,** wonach auch unabhängig von einem etwaigen Feststellungsinteresse des Bekl (s unten 26f) **stets die frühere Zulässigkeit** der Klage zu prüfen ist.[48] Die Überlegung, eine bereits unzulässige Klage sei schon begrifflich nicht mehr erledigungsfähig (Schmidt DÖV 1984, 624), vermag kaum zu überzeugen, müßte gleiches dann doch auch für eine von Anfang an unbegründete Klage gelten. Ebensowenig läßt sich das Erfordernis einer Zulässigkeitsprüfung unter Hinweis auf den gesetzlichen Richter rechtfertigen (vgl oben 11). Unausgesprochen dürfte hinter dem Erfordernis einer generellen Zulässigkeitsprüfung wohl die Auffassung stehen, der Bekl sei bei einer schon ursprünglich unzulässigen Klage besonders schutzwürdig. Für eine derartige Differenzierung zwischen Zulässigkeit u Begründetheit bietet das Gesetz aber keinen Anhalt (R. P. Schenke 173).

26 **(3) Ausnahme vom weiten Erledigungsbegriff bei Feststellungsinteresse des Bekl.** Andererseits erscheint es aber auch zu weitgehend, die Sachentscheidungsinteressen des Bekl vollständig zu negieren. Dem Bekl ausnahmslos die Möglichkeit zu nehmen, die frühere Begründetheit der Klage klären zu lassen (vgl die N oben Fn 35), erweist sich auch nur aus einer kurzfristigen Perspektive als prozeßökonomisch. Verfügt der Bekl über ein **analog § 113 Abs 1 S 4** zu bestimmendes Feststellungsinteresse, erscheint es im Gegenteil prozeßökonomisch geboten, in der früheren Hauptsache zu entscheiden, um die bisherigen Verfahrensergebnisse nicht ungenutzt verfallen zu lassen u so Folgeprozesse zu vermeiden. Das Verbot der Widerklage gem § 89 Abs 2 steht dem nicht entgegen (R. P. Schenke 211 ff; Schenke 1118; **aA** C. Kremer NVwZ 2003, 802). Qualifiziert man die einseitige Erledigungserklärung als Klageänderung (vgl oben 20) ist die Vorschrift bereits ihrem Wortlaut nach nicht anwendbar. Ebensowenig deuten Sinn u Zweck des § 89 Abs 2 in eine andere Richtung (vgl 2 zu § 89). Dem beklagten Hoheitsträger kann auch nicht pauschal das Interesse an einer Sachentscheidung abgesprochen werden (so aber Sch-Clausing 32). Daß die VwGO prinzipiell auch seine Sachentscheidungsinteressen als schutzwürdig ansieht, gibt sie etwa in § 92 – Rücknahme einer Klage nach Stellung der Anträge in der mündlichen Verhandlung nur mit Zustimmung des Bekl – zu erkennen.

27 **(4) Anforderungen an das Feststellungsinteresse.** Hins des für den Bekl erforderlichen **Feststellungsinteresses** läßt sich an die zu § 113 Abs 1 S 4 entwickelten Grundsätze anknüpfen, so daß ein Feststellungsinteresse unter dem Gesichtspunkt der Präjudizität[49] u bei Wiederholungsgefahr (Buchh 310 § 113 VwGO Nr 104; Buchh 448.0 § 12 WPflG Nr 66; Ma NVwZ-RR 1998, 371) zu bejahen ist. Die Frage, ob die Wiederholungsgefahr gerade im Verhältnis zum Kl[50] oder nur ganz allg auch im Verhältnis zu Dritten bestehen kann,[51] dürfte im letzteren Sinne zu beantworten sein. Den früheren Kl auf diese Weise am Vf festzuhalten, erscheint nicht unbillig. Die bei ursprünglich zulässiger u begründeter

[48] N oben 23; **aA** VRspr 1975, 504; 73, 313; NVwZ-RR 1988, 56; NVwZ 1991, 163; Mü BayVBl 1973, 156; Schenke 1117 a.

[49] Buchh 300 § 21 e GVG Nr 2; VRspr 1975, 505; 31, 321; etwa zur Abwendung von Schadensersatzanspr vor den ordentlichen Gerichten, DÖV 1965, 279; Buchh 310 § 161 VwGO Nr 108; Ma NVwZ-RR 1998, 371.

[50] NVwZ 1989, 863; Buchh 402.25 § 28 AsylVfG Nr 13; VRspr 1975, 505; 20, 155; Ma NVwZ-RR 1998, 371; NVwZ-RR 1989, 446.

[51] Buchh 448.0 § 12 WPflG Nr 174; 310 § 161 VwGO Nr 69; wohl auch Buchh 310 § 113 VwGO Nr 181.

Klage gem § 154 ergehende Kostenentscheidung verbürgt im Gegenteil eine höhere Richtigkeitsgewähr als das summarische Vf des § 161 Abs 2 S 1 (vgl oben 15), wohingegen der Kl bei ursprünglich unzulässiger oder unbegründeter Klage nicht schutzwürdig ist.

Bedenklich erscheint, daß das BVerwG auch dann ein Feststellungsinteresse bejaht, wenn der Bekl ausschließlich an der Klärung prozessualer Fragen (etwa der Klagebefugnis, DVBl 1991, 215; Buchh 310 § 40 VwGO Nr 164) interessiert ist. Dies steht im Widerspruch zu § 113 Abs 1 S 4, wo sich das Feststellungsinteresse immer auf das materielle Recht beziehen muß u eine **„prozessuale" FFK** gerade nicht anerkannt ist.

Bindende Feststellungen stellen in **Vf des vorläufigen Rechtsschutzes** eine Systemwidrigkeit dar. Aus diesem Grund scheidet etwa bei Erledigung einer eA gem § 123 eine Überprüfung ihrer früheren Zulässigkeit u Begründetheit im Zuge des Erledigungsrechtsstreits aus (Ma DÖV 1996, 792; NVwZ-RR 1992, 442; VBlBW 1981, 288 mit Anm Kopp), ebensowenig wie hier umgekehrt der ASt einen Fortsetzungsfeststellungsantrag stellen kann (s 113 zu § 113). Der Streitggst des Erledigungsrechtsstreits beschränkt sich damit im vorläufigen Rechtsschutz stets auf die Feststellung des erledigenden Ereignisses.

(5) Rechtskonstruktive Umsetzung. Unklar in der Rspr des BVerwG bleibt, wie ein analog § 113 Abs 1 S 4 bestehendes Sachentscheidungsinteresse **konstruktiv umzusetzen** ist. Wird die einseitige klägerische Erledigungserklärung als hins §§ 91, 142 privilegierte Klageänderung qualifiziert, ist der Kl nach der einen Auffassung am Ausgangsantrag festzuhalten (NVwZ 1991, 163; Ey-J. Schmidt 75 zu § 113). Nach der anderen Meinung soll der Streitggst des ErledigungsfeststellungsVf um die Frage der früheren Zulässigkeit u Begründetheit der Klage erweitert werden (Buchh 310 § 113 VwGO Nr 104; 82, 41 = NVwZ 1989, 62). Keiner dieser Wege vermag zu überzeugen (krit auch Sch-Clausing 28). Wird der Kl am Ausgangsantrag festgehalten, könnte (u muß wg des Vorrangs der Sachentscheidungsvoraussetzungen uU sogar) die Klage auch unter Berufung auf das erledigende Ereignis abgewiesen werden.[52] Der zweite Vorschlag steht wiederum im Widerspruch zum Antragsgrundsatz, weil hier der Bekl u nicht der Kl den Streitggst bestimmt. Vorzugwürdig erscheint daher die auch im zivilprozessualen Schrifttum vertretene Auffassung, den Bekl bei einem bestehenden Feststellungsinteresse auf die Möglichkeit einer **(Feststellungs-)Widerklage** zu verweisen.[53] 28

Die hier vertretene Lösung läßt sich damit wie folgt zusammenfassen: Der eigentliche Erledigungsrechtsstreit beschränkt sich auf die Feststellung des erledigenden Ereignisses. Verfügt der Bekl über ein analog § 113 Abs 1 S 4 zu bestimmendes Feststellungsinteresse an Klärung der früheren Begründetheit der Klage, steht ihm der Weg einer Feststellungswiderklage gem § 89 offen.[54]

cc) Einseitige Erledigungserklärung im Instanzenzug. Eine streitige Feststellung der Erledigung ist auch noch im Berufungs- u RevisionsVf möglich, 29

---

[52] Bei Erledigung des VA im Anfechtungsprozeß kann der Bekl beispielsweise gerade keine Sachentscheidung erhalten, vielmehr muß die Klage mangels RSB als unzulässig abgewiesen werden.

[53] R. P. Schenke 255; Pietzner JA 1972, 49 (**aA** aber VerwA 1986, 319); Jost/Sundermann ZZP 1992, 281; Assmann, in: Erlanger FS Schwab, 205; El-Gayar 169 für den Zivilprozeß (abweichend für den Verwaltungsprozeß 172); der von Clausing erhobene Einwand (Sch-Clausing Fn 224), für die Widerklage fehle es an der nach § 89 erforderlichen Konnexität zum Erledigungsfeststellungsantrag, übersieht, daß Klage u Widerklage sich auf einen einheitlichen Lebenssachverhalt beziehen (Schenke JZ 1996, 1116).

[54] Praktisch Unterschiede zu der auch innerhalb des BVerwG vertretenen Auffassung, wonach die frühere Zulässigkeit grds nicht zu prüfen ist (vgl oben 25), ergeben sich damit nur insoweit, als dem Bekl eine Klärung der früheren Zulässigkeit der Klage auch bei Vorliegen eines „berechtigten" Interesses verwehrt ist.

setzt aber die Zulässigkeit des RMittel voraus (34, 160; Buchh 451.54 Nr 11; Deckenbrock/Dötsch JuS 2004, 692; s auch oben 12). Da das Gericht gem § 318 ZPO iVm § 173 S 1 an sein Urteil gebunden ist, ist eine streitige Feststellung der Erledigung nach Urteilserlaß in der gleichen Instanz unzulässig, der Rechtsstreit kann aber noch übereinstimmend für erledigt erklärt werden (s oben 12). Unstatthaft ist eine einseitige Erledigungserklärung der Hauptsache auch im Rahmen der Nichtzulassungsbeschwerde (34, 40); zu den Auswirkungen der Erledigung auf die Zulässigkeit von RMittel s oben 12.

29 a **c) Hilfsanträge.** Zulässig ist die Erklärung der Hauptsacheerledigung unter **hilfsweiser Beibehaltung des Sachantrags** in der Hauptsache (73, 313; DÖV 1988, 224; SGH 518; Ey-J. Schmidt 9; BGH NJW 1965, 1597). Ebenso unzulässig wie den Rechtsstreit übereinstimmend hilfsweise für erledigt zu erklären, ist es nach einem Widerspruch des Bekl, bei Aufrechterhaltung des Ausgangsantrags oder nach einem Übergang zur Fortsetzungsfeststellungsklage die **hilfsweise Feststellung der Erledigung** zu beantragen.[55] Sinnvoll erscheint eine derartige Verfahrensgestaltung nur, wenn mit ihr eine kostenrechtliche Privilegierung des Kl verbunden wäre. Für eine solche ist aber kein sachlicher Grund ersichtlich. Wenn der Kl in Kenntnis des erledigenden Ereignisses an seinem Ausgangsantrag festhält, hat er die Kosten des Rechtsstreits ebenso veranlaßt, wie wenn er erst nach Eintritt des erledigenden Ereignisses Klage erhoben hätte u sein Antrag dann gem § 154 kostenpflichtig abgewiesen worden wäre.

30 **d) Rechtsfolgen. aa) Rechtskraft.** Liegen die oben erörterten Voraussetzungen vor, stellt das Gericht im Tenor die Erledigung des Rechtsstreits in der Hauptsache fest (Bosch/Schmidt § 46 II 1). **Vorangegangene Entscheidungen** sind gem § 269 Abs 3 S 1 ZPO iVm § 173 S 1 aufzuheben bzw für unwirksam zu erklären (NVwZ 1993, 979). Das Erledigungsurteil erwächst in RKraft. Vorbehaltlich einer Veränderung der Sach- oder Rechtslage ist der Bekl damit entsprechend einem klageabweisenden Urteil vor einer Klagewiederholung geschützt (20, 152). Wird der Erledigungsfeststellungsantrag abgewiesen, hindert dies den Kl hingegen nicht an der Erhebung einer neuen Klage (diese kann jedoch uU wg widersprüchlichen Verhaltens unzulässig sein, vgl oben 19).

31 **bb) Kostenentscheidung.** Nach hM folgt die Kostenentscheidung nicht § 161 Abs 2 S 1 (so aber Huxholl 230 ff; Stahnecker 163), sondern § 154,[56] dh die gesamten Verfahrenskosten (auch die vor Eintritt des erledigenden Ereignisses) werden einheitlich nach dem Obsiegen bzw Unterliegen im Erledigungsrechtsstreit verteilt (zur Berücksichtigung der durch eine verspätete Erledigungserklärung bedingten Mehrkosten vgl oben 22). Diese „Alles oder Nichts"-Lösung erscheint aber insofern bedenklich, als die im Erledigungsrechtsstreit unterlegene Seite auch die Kosten des AusgangsVf zu tragen hat, obwohl sie diese uU gar nicht veranlaßt hat. Der hM dürfte daher eine gemischte Kostenentscheidung vorzuziehen sein, wobei die Kosten des Erledigungsrechtsstreits nach § 154, die im AusgangsVf angefallenen Kosten hingegen nach § 161 Abs 2 S 1 verteilt werden.[57]

---

[55] Buchh 310 § 113 Nr 282; Buchh 442.16 § 15 Nr 4; NVwZ 1982, 560; Ma NVwZ-RR 1997, 397; Ms 32, 212; Ko JZ 1977, 796; Lü NJW 1983, 902; Ks NVwZ 1987, 235; Ma VBlBW 1997, 62; BGH NJW 1989, 2885; Bosch/Schmidt § 44 II – da mit der Erledigungserklärung die Rechtshängigkeit unwiderruflich rückwirkend entfällt –; Ey-J. Schmidt 9; ähnlich zu § 91 a ZPO BGH NJW 1967, 564; RS 130, 22, 36; ähnlich Ms 32, 210: unzulässig, sofern Haupt- u Hilfsantrag denselben Streitggst betreffen; **aA** BGH NJW 1975, 539; OLG Schleswig NJW 1973, 1933; BL 76 zu § 91 a ZPO; RÖ-M. Redeker 18 zu § 107.

[56] NVwZ 1989, 863; Bosch/Schmidt § 46 III; Dietrich DVBl 2002, 752 f; Ey-J. Schmidt 117 zu § 113; Messmer JA 2005, 302; NKVwGO-Neumann 192.

[57] Lü VRspr 1980, 254; Hbg NJW 1977, 1356; KG NJW 1965, 698; OLG Celle NJW 1964, 598; OLG Stuttgart NJW 1962, 1872; R. P. Schenke 283.

5. Die einseitige Erledigungserklärung des Bekl: Ihr kommt nach ganz hM[58] nur als Hinweis des Bekl auf das erledigende Ereignis Bedeutung zu; iü ist sie prozessual ohne Relevanz. Die Erledigung der Hauptsache gegen den Willen des Kl feststellen zu lassen (so Göppinger 77; RS 14. Aufl § 133 III 3), stünde im Widerspruch zum Antragsgrundsatz des § 88. 32

6. Die Erledigung des Rechtsmittels: Von der Erledigung der Hauptsache im RechtsmittelVf sowie im RechtsmittelzulassungsVf (s oben 12 u 28) ist die selbständige Erledigung des RMittel sowie die selbständige Erledigung des RechtsmittelzulassungsVf zu unterscheiden. 33

a) Ob ein eigenständiges Institut der **Rechtsmittelerledigung** anzuerkennen ist, ist sehr umstritten.[59] Vom BVerwG u BFH ist dies jedenfalls für die beiderseitige (NVwZ 1995; BFH 138, 173; Ms OVGE 9, 250) u in einem obiter dictum auch für die einseitige Erledigung des RMittel (NVwZ 1998, 1064) bejaht worden.

Da eine Rechtsmittelerledigung weder gesetzlich noch gewohnheitsrechtlich anerkannt ist, kann für sie eigentlich nur Raum sein, wo die anderen Institute keine angemessenen Reaktionsmöglichkeiten auf eine Erledigung des RMittel ermöglichen. Für eine Erledigung des RMittel durch den **Kl** dürfte dabei kaum ein Bedürfnis bestehen, da er statt dessen die Hauptsache für erledigt erklären kann. Etwas anderes gilt für den **Bekl,** sofern wg mangelnder Dispositionsbefugnis die Abgabe eines Anerkenntnisses ausscheidet. Für notwendig wird man die Erledigung des RMittel ferner in Fällen der prozessualen Überholung halten müssen sowie bei RMittel von **Drittbeteiligten,** denen die Dispositionsbefugnis über den Streitggst fehlt (NJW 1960, 594; Ey-J. Schmidt 13). Ggü der hier vertretenen Auffassung (ähnlich Sch-Clausing 20), wird man zu einem erweiterten Anwendungsbereich der Erledigung des RMittel nur dann kommen, wenn man in Anknüpfung an die Lehre vom Rechtsmittelgegenstand (Heintzmann ZZP 1974, 211), die Dispositionsbefugnis der Parteien u mit Blick auf die mit dem Institut verbundenen prozeßökonomischen Erleichterungen von einer teleologischen Lücke ausgeht.

Bei der beiderseitigen Erledigung des RMittel folgt die **Kostenentscheidung** § 161 Abs 2 S 1, bei der einseitigen Erledigungserklärung § 154 (NVwZ 1998, 1065).

b) Keine Bedenken bestehen gegen die Anerkennung einer selbständigen ein- (NVwZ 1998, 1064) oder beiderseitigen (Buchh 310 § 161 Nr 96) **Erledigung des RechtsmittelzulassungsVf bzw der Rechtsmittelzulassungsbeschwerde,** weil diese einen eigenständigen Verfahrensgegenstand aufweisen. Bei der beiderseitigen Erledigungserklärung wird über die **Kosten** nach § 161 Abs 2 S 1 entschieden (hierbei sind die Erfolgsaussichten des RMittel insgesamt u nicht nur des Antrags auf Zulassung zu berücksichtigen, Hbg NVwZ-RR 1998, 461), bei der einseitigen nach § 154.

7. Kosten der Untätigkeitsklage (Abs 3): Ratio u demzufolge auch Anwendungsbereich des Abs 3 sind umstritten. Den Vorzug dürfte die Deutung der Vorschrift als spezielle Konkretisierung des **Veranlassungsprinzips** in den Fällen der **Untätigkeitsklage nach § 75** verdienen.[60] Versäumt es die Behörde, den 34

---

[58] BGH NJW 1994, 2364; Lü DÖV 1960, 193; R. P. Schenke 300 ff; **aA** aber BFH 118, 521.

[59] Dafür Ey-J. Schmidt 13; Heintzmann ZZP 1974, 199; Schulz JZ 1983, 331; **aA** OLG Karlsruhe FamRZ 1991, 464; Göppinger 299; Habscheid NJW 1960, 2132.

[60] Ähnlich NVwZ 1991, 1181; Ms 35, 28; Ey-J. Schmidt 21; Weides/Bertrams NVwZ 1988, 679; vgl. zum Veranlassungsprinzip 9 vor § 154. Nach **aA** (etwa De Clerk NJW 1972, 2260; Ring NVwZ 1995, 1192) zielt Abs 3 hingegen lediglich darauf, dem Kl das Kostenrisiko einer subjektiv zwar nicht erkennbar, aber gleichwohl objektiv verfrüht erho-

späteren Untätigkeitskl in dem zeitlichen Rahmen des § 75 zu bescheiden, muß dieser annehmen, seine Rechte ohne weitere, ihm zumutbare Verzögerung nur noch im Klagewege verwirklichen zu können. Wird der Widerspruch bzw Antrag dann **während des KlageVf beschieden** u nimmt der Kl daraufhin von seiner Klage Abstand – weil er entweder durch den (Widerspruchs-)Bescheid bereits klaglos gestellt ist oder er nunmehr die Aussichtlosigkeit seines Begehrens erkannt hat –, fordert das Veranlassungsprinzip, dem Bekl die Verfahrenskosten aufzuerlegen, weil er dem Kl durch seine **verzögerte Bescheidung Anlaß zur Klage** gegeben hat.

Unstreitig ist Abs 3 jedenfalls dann anwendbar, wenn der Kl die Bescheidung zum Anlaß nimmt, die Hauptsache mit Zustimmung des Bekl **übereinstimmend für erledigt zu erklären** (Abs 3 als lex specialis zu Abs 2). Dem Kl darf aber auch dadurch kein Nachteil erwachsen, daß er stattdessen den gerichtskostenrechtlich günstigeren Weg der **Klagerücknahme** wählt. Abs 3 gilt deshalb auch im Fall der Rücknahme der Klage (Abs 3 als lex specialis zu § 155 Abs 2).[61]

35 **Abs 3** ist entsprechend dem Zweck der Regelung **nur anwendbar,** wenn der Kl auf die Entscheidung der Behörde hin **sofort** die Hauptsache für erledigt erklärt oder die Klage zurücknimmt; daher nicht auch, wenn er zunächst noch gegen den ergangenen VA Widerspruch oder Klage erhoben hat u erst später die Erledigungserklärung oä abgibt (Mü BayVBl 1976, 241; Bln DÖV 1984, 817). Nicht einschlägig ist die Vorschrift auch, wenn das **Gericht zur Sache entscheidet,** bevor eine Bescheidung durch die Behörde erfolgt.[62]

35 a Abs 3 steht nicht entgegen, daß die Klage möglicherweise bereits aus anderen Gründen vor Erlaß des Widerspruchsbescheids bzw der Bescheidung des Verpflichtungsbegehrens **unzulässig oder unbegründet** war.[63]

36 Ein objektiv (dh in Wirklichkeit) gegebener **zureichender Grund** (iSd § 75) für die Verzögerung der Entscheidung steht der Anwendung des Abs 3 nur dann entgegen, wenn er dem Kl (zB aus einer entsprechenden Mitteilung der Behörde) **bekannt** war oder der Kl doch jedenfalls nach allg Lebenserfahrung oder angesichts besonderer, ihm bekannter Umstände mit einem Grund der in Frage stehenden Art **rechnen mußte.**[64] Soweit die Behörde dem Kl nichts Gegenteiliges – unter Angabe des Grundes! – mitteilt, darf ein Kl idR entspr § 75 bei nicht besonders umfangreichen u komplizierten Fällen mit Entscheidung **innerhalb von 3 Monaten,** jedenfalls aber spätestens innerhalb eines Jahres (vgl 8 ff zu § 75), bei Vorliegen besonderer Umstände aber uU auch schon vor Ablauf von 3 Monaten, rechnen.

37 **Im Hinblick auf die allg Fassung des Abs 3,** der nicht ausdr an Abs 2 oder § 75 S 4 anknüpft, sondern im Gegenteil allg nur von „Bescheidung" spricht, u auf den darin enthaltenen allg Rechtsgedanken (vgl auch § 155 Abs 4), kommt es **nicht** darauf an, **daß die Entscheidung** der Verwaltung für den Kl

---

benen Klage abzunehmen. Gegen diese Interpretation spricht aus systematischen Gründen indes schon, daß der Vorschrift damit nur noch eine ganz marginale Bedeutung zukommen würde (vgl auch Ring NVwZ 1995, 1194).

[61] Vgl zur Anwendbarkeit auch auf die Klagerücknahme NVwZ 1991, 1181; Ms 35, 27; VG Schleswig NJW 1966, 268; RÖ-Kothe 7 zu § 75; Weides/Bertrams NVwZ 1988, 679; Sch-Clausing 43; **aA** Ey-J. Schmidt 22.

[62] Mü BayVBl 1971, 26; Lü JurBüro 1987, 1851; die Untätigkeit der Behörde kann aber im Rahmen des § 155 Abs 4 berücksichtigt werden, vgl Sch-Clausing 40.

[63] Denn auch in diesen Fällen hat der Bekl durch seine verzögerte Bescheidung Anlaß zur Klage gegeben. Nach der Gegenauffassung wäre das Gericht zudem zu einer unter Umständen aufwendigen Prüfung der (früheren) Zulässigkeit u Begründetheit verpflichtet, was schon aus prozeßökonomischen Gründen nicht zu befriedigen vermag; **aA** aber Ko VRspr 23, 1018; De Clerck NJW 1972, 2260; ebenso hinsichtlich der Zulässigkeit Sch-Clausing 39.

[64] Vgl Lü MDR 1968, 525; zu einem VA, der erst deshalb so spät erging, weil der Kl der Behörde noch fehlende Unterlagen nicht eher vorgelegt hatte, auch Mü BayVBl 1976, 632.

positiv ist, dh seinem Begehren entspricht.[65] Liegt ein Fall des § 75 vor, so tritt eine **Kostenüberbürdung** nach § 161 Abs 3 **nur dann nicht** ein, wenn der Bekl einen zureichenden **Grund für die Nichtbescheidung** hatte u dem Kl dieser Grund **bekannt war** oder bekannt sein mußte (NVwZ 1991, 1181; Weides/Bertrams NVwZ 1988, 679).

Unerheblich ist außerdem, ob der Kl **Verpflichtungsklage oder nur Bescheidungsklage** erhoben hatte;[66] denn es wäre nicht gerechtfertigt, den Kl, der zB bei einer Ermessensentscheidung die sachlich meist vor allem gebotene Klage auf Bescheidung erhebt, schlechter zu stellen als den Kl, der einen Verpflichtungsantrag stellt. 38

Für die Anwendbarkeit des Abs 3 ist ferner **nicht** Voraussetzung, **daß das Gericht** der Behörde nach § 75 eine **Frist gesetzt** hat, die Vorschrift ist also nach mittlerweile ganz hM nicht nur in den Fällen des **§ 75 S 4,** sondern ebenso in den Fällen des **§ 75 S 1** anwendbar.[67] 39

War die Klage zu einem Zeitpunkt erhoben worden, **als der Kl noch nicht mit Bescheidung rechnen** konnte, u erklärt der Kl nach Ergehen des VA die Hauptsache für erledigt oder nimmt er die Klage zurück, so richtet sich die Kostenentscheidung nach **Abs 2 bzw § 155 Abs 2.** Bei der Kostenentscheidung nach Abs 2 entspricht es hier idR der Billigkeit, dem Kl die Kosten aufzuerlegen (vgl § 156 sowie argumentum e contrario aus § 161 Abs 3). 40

Abs 3 ist entspr auch auf **Klagen auf Erlaß eines Widerspruchsbescheids** – zur Zulässigkeit solcher Klagen s 12f vor § 68 – anwendbar (**aA** Ks DÖV 1974, 537), **nicht** dagegen auch auf Fälle, in denen, **bevor noch eine Entscheidung der Behörde** über den beantragten VA bzw ein **Widerspruchsbescheid ergeht,** die Hauptsache für erledigt erklärt (Mü NJW 1974, 1347), die Klage zurückgenommen[68] oder der Rechtsstreit durch Vergleich beendet wird. 41

8. Entscheidung bei Fortführung der Klage: Abs 3 ist nicht anwendbar auf die Fälle, in denen sich der Kl mit der ergangenen Entscheidung nicht zufrieden gibt u die Hauptsache für erledigt erklärt bzw die Klage zurücknimmt, sondern seinen (durch den Bescheid negativ verbeschiedenen) **Anspr mit der Hauptsacheklage weiterverfolgt** (s dazu 19ff zu § 75). In diesem Fall richtet sich die Kostenentscheidung entspr dem Erfolg oder Mißerfolg in der Hauptsache nach §§ 154ff.[69] 42

Die Fortführung der Klage unter **Einbeziehung des nachträglich ergangenen Bescheids** ist immer durch einfache Ergänzung oder Umstellung des Klageantrags möglich (Mü BayVBl 1962, 387; RÖ-Kothe 11); sie stellt insb auch **keine Klageänderung** iSd § 91 dar. Vgl im einzelnen sowie auch zur Frage, in welchen Fällen das WiderspruchsVf nachzuholen ist, 21f zu § 75. 43

---

[65] NVwZ 1991, 1181; Mü NJW 1976, 2142; Ms 35, 27; Lü NJW 1974, 1103; Ey-J. Schmidt 21; VG Weimar ThürVBl 1996, 22; Weides/Bertrams NVwZ 1988, 679; **aA** Buchh 310 § 161 VwGO Nr 46; Ks NVwZ 1990, 1088; Bln DÖV 1984, 817; Günther DVBl 1988, 620; Ring NVwZ 1995, 1193: Abs 3 nur anwendbar, wenn der ergehende Bescheid auch sachlichrechtlich für den Prozeß die Hauptsache erledigt; folgt man dieser abweichenden Auffassung, so führt aber auch die Anwendung des § 155 Abs 4 wohl meist zur Kostenpflicht des Bekl, vgl Günther DVBl 1988, 620; Weides/Bertrams NVwZ 1988, 679; Ring NVwZ 1995, 1194.

[66] 29, 243; Lü NJW 1971, 2278; Proksch BayVBl 1975, 549; im wesentlichen auch Günther DVBl 1988, 619; **aA** Ko NJW 1971, 1855; Ma NJW 1970, 1143; 1975, 707; Mü DÖV 1974, 322; Ey-J. Schmidt 23.

[67] VG Schleswig NJW 1966, 268; Hbg NJW 1968, 1396; Ms NJW 1972, 1485; Mü NJW 1976, 2142.

[68] NVwZ 1991, 1182: Es fehlt an der Kausalität zwischen der Verzögerung der Verwaltungsentscheidung u dem Klageverfahren.

[69] NVwZ 1991, 1182: Die verzögerte Bescheidung durch den Bekl erweist sich als nicht mehr kausal für den nach dem Erlaß des VA sich fortsetzenden Prozeß; Ey-J. Schmidt 21; Weides/Bertrams NVwZ 1988, 679; Lü NJW 1974, 1103; Bln DÖV 1984, 817.

§ 162 **[Umfang der Kostenpflicht]**

(1) **Kosten**[1 ff] **sind die Gerichtskosten**[1] **(Gebühren und Auslagen) und die zur zweckentsprechenden Rechtsverfolgung oder Rechtsverteidigung notwendigen Aufwendungen**[2 ff] **der Beteiligten einschließlich der Kosten des Vorverfahrens.**[16 ff]

(2) **Die Gebühren und Auslagen eines Rechtsanwalts**[10 ff] **oder eines Rechtsbeistands, in Abgabenangelegenheiten auch eines Steuerberaters oder Wirtschaftsprüfers, sind stets erstattungsfähig.**[10ff, 14] **Soweit ein Vorverfahren geschwebt hat, sind Gebühren und Auslagen erstattungsfähig, wenn das Gericht die Zuziehung eines Bevollmächtigten für das Vorverfahren für notwendig erklärt.**[16 ff] **Juristische Personen des öffentlichen Rechts und Behörden können an Stelle ihrer tatsächlichen notwendigen Aufwendungen für Post- und Telekommunikationsdienstleistungen den in Nummer 7002 der Anlage 1 zum Rechtsanwaltsvergütungsgesetz bestimmten Höchstsatz der Pauschale fordern.**[3]

(3) **Die außergerichtlichen Kosten des Beigeladenen sind nur erstattungsfähig, wenn sie das Gericht aus Billigkeit der unterliegenden Partei oder der Staatskasse auferlegt.**[21 ff]

Vgl § 91 ZPO; § 193 SGG; § 139 FGO

Schrifttum: *Brehm,* „Kostenkriege“ in Berlin (und anderswo), NVwZ 2006, 639; *Dietz,* Konzept einer Kostenerstattung für Behörden im Verwaltungsprozess, DÖV 2006, 740; *Friese,* Die Erstattung der Vorverfahrenskosten bei nachfolgendem Verwaltungsrechtsstreit, DÖV 1974, 264; *Hartung,* Das neue Rechtsanwaltsvergütungsgesetz, NJW 2004, 1409; *Heinze,* Zur Wirksamkeit von Vereinbarungen über Anwaltsvergütungen, NJW 2004, 3670; *Joswig,* Zur Erstattungsfähigkeit von Gutachterkosten, NJW 1985, 1323; *Kunze/Duhme,* Nochmals: „Kostenkriege“ in Berlin (und anderswo), NVwZ 2006, 1261; *Lipp,* Eigene Mühewaltung bei außergerichtlicher Rechtsverfolgung – ersatzfähige Einbuße oder Nachteil im eigenverantwortlichen Pflichtenkreis des Betroffenen?, NJW 1992, 1913; *Madert/Tacke,* Anwaltsgebühren in Verwaltungs-, Steuer- und Sozialsachen, 1991; *Mallmann,* Erstattung der Anwaltskosten im Widerspruchsverfahren: Von der Regel zur Ausnahme?, NVwZ 1983, 338; *Meyer/Höver/Bach,* Gesetz über die Entschädigung von Zeugen und Sachverständigen, 19. Aufl 1995; *Schübel-Pfister,* Aktuelles Verwaltungsprozessrecht, JuS 2007, 24.

Übersicht

1 **1. Allgemeines:** Die durch das RmBereinVpG um Abs 2 S 3 ergänzte u durch das 1. JuMoG in Abs 2 S 1 sowie das KostenrechtsmodernisierungsG v 5. 5. 2004 (BGBl I 718, 835) in Abs 2 S 3 geänderte Vorschrift regelt die Frage, **welche Kosten erstattungspflichtig** sind, dh dem nach Maßgabe der Kostenentscheidung des Gerichts nach § 161 Abs 1, §§ 154 ff berechtigten Beteiligten (Kostengläubiger) vom kostenpflichtigen Beteiligten (Kostenschuldner) zu erstatten sind.

Die Regelung gilt nur **für die Gerichtskosten,** dh die nach dem GKG an die Gerichtskasse zu leistenden Zahlungen, u die mit dem Prozeß unmittelbar zusammenhängenden **Aufwendungen der Beteiligen,** wie **Anwaltskosten,** Kosten für die Fahrt zur mV usw (s unten 3 ff), sowie für die entsprechenden Kosten des **VorVf** (WiderspruchsVf gem §§ 68 ff; s unten 16 ff), die wg ihres Zusammenhanges mit dem Prozeß vom Gesetzgeber in die Regelung mit einbezogen wurden.

Nicht darunter fallen sonstige außergerichtliche Kosten für Maßnahmen, die nicht, wie zB eine erste Beratung mit einem RA (s dazu unten 3 u 8), in einem engeren Zusammenhang mit dem Prozeß stehen, auf den sich die Kostenentscheidung bezieht; ebenso **nicht** die **Kosten von NebenVf,** zB eines neben dem KlageVf durchgeführten Vf nach § 80 oder § 123 oder eines BeweissicherungsVf. Letztere sind nicht Teil der Kosten des Prozesses, sondern nach §§ 154 ff **selbständig abzurechnende Kosten** der entspr Vf (s auch 124 zu § 80; 19 zu § 123); § 162 Abs 2 S 2 ist in diesen Vf jedoch nicht anzuwenden (Ma Rspr-D-LS 200/1993; Ms DVBl 1993, 889). Werden **Haupt- u NebenVf gemeinsam** durchgeführt, so sind die Kosten anteilig auf beide Vf **aufzuteilen** (zT **aA** Mü VRspr 32, 1049: Kosten des AussetzungsVf idR zum HauptVf). 1 a

Entscheidet das Gericht über die zu erstattenden Kosten des VorVf, so ersetzt diese Entscheidung die Kostenentscheidung der Widerspruchsbehörde.[1] Hat sich an das VorVf ein gerichtliches HauptsacheVf angeschlossen, entfällt die Anwendbarkeit des § 80 VwVfG; eine im WiderspruchsVf getroffene Kostengrundentscheidung wird hinfällig; einer darauf gestützten Kostenfestsetzung gem § 80 Abs 3 S 1 VwVfG wird die Grundlage entzogen. Das gilt unabhängig davon, ob dem WiderspruchsVf ein zwei- oder dreipoliges Rechtsverhältnis zugrunde gelegen hat (NVwZ 2006, 1294). Über die Kosten eines VorVf (WiderspruchsVf), dem **kein HauptsacheVf** (bzw keine abschließende Kostenentscheidung gem § 92 Abs 2 oder analog dazu) nachfolgt, ist jedoch nicht nach §§ 161 Abs 1 zu entscheiden, sondern nach § 80 VwVfG bzw den entspr Vorschriften der Verwaltungsverfahrensgesetze der Länder sowie ggf nach besonderen Vorschriften oder Grundsätzen (s 17 ff vor § 68; 16 a ff zu § 73; Kopp 1 ff zu § 80 VwVfG). Das gilt auch für **Teile eines Vf, die schon im VorVf beendet wurden,** zB durch Teilabhilfe abgeschlossen wurden, u deshalb insoweit nicht mehr Gegenstand des gerichtlichen Vf werden (Kopp VBlBW 1983, 73; s auch 2 zu § 164). Zur Entscheidung über die auf den gerichtlich geltend gemachten Teil entfallenden Kosten des VorVf s unten 16 ff. 1 b

Während **Gebühren u Auslagen des Gerichts** (Gerichtskosten) grds immer voll erstattungspflichtig sind (vgl aber § 21 GKG; dazu auch 21 zu § 155), sind die **übrigen Kosten** grds nur erstattungsfähig, **wenn u soweit sie notwendig waren,** bzw die sie verursachenden Maßnahmen vom Gericht für notwendig erklärt werden (vgl Abs 2 S 2), oder wenn das Gericht ihre Erstattung aus Gründen der Billigkeit anordnet (vgl Abs 3). Dabei gilt der allg **Grundsatz, daß jeder Verfahrensbeteiligte die Pflicht hat, „die Kosten im Rahmen des Verständigen nach Möglichkeit niedrig zu halten"** (Lü MDR 1973, 436; Mü BayVBl 1980, 158). Bei den gesetzlich geregelten **Gebühren der RA** usw sowie analog dazu auch der Hochschullehrer (Mü NJW 1992, 853) muß nur die Handlung als solche geboten sein, im übrigen sind sie nach Abs 2 stets erstattungsfähig.[2] Zu den Kosten eines RA, der sich selbst vertritt, s unten 9. 1 c

---

[1] NVwZ 2006, 1294; Ms NVwZ-RR 2002, 77; We NVwZ-RR 2001, 487; NK-VwGO-Neumann 16 u 94.

[2] Mü NJW 1992, 853: die Bedeutung des § 162 Abs 2 S 1 erschöpft sich darin, daß er für die Fälle einer Vertretung durch eine der dort genannten Personen die Prüfung, ob die Beauftragung zweckentsprechend war u, soweit nur die gesetzlichen Gebühren u Auslagen verlangt werden, die Aufwendungen dem Umfang nach notwendig waren, entbehrlich macht.

1 d **Umsatzsteuer:** Die vom Erstattungsberechtigten an seinen Prozeßbevollmächtigten zu zahlende Umsatzsteuer ist **grds erstattungsfähig,** es sei denn, der Erstattungsberechtigte ist selbst vorsteuerabzugsberechtigt.[3]

2 **Nicht berührt** wird durch § 162 ein etwa bestehender **Schadensersatzanspr** nach dem allg Recht auf Erstattung entstandener Kosten;[4] ebenso nicht Ersatzanspr unter anderen Gesichtspunkten, zB unter dem Gesichtspunkt der **Enteignungsentschädigung.** Vgl auch 18 zu § 73.

3 **2. Notwendige Parteiaufwendungen** (Abs 1): Zu den Aufwendungen der Beteiligten nach Abs 1 zählen sowohl die **eigenen Kosten** (RÖ-Kothe 3), die einer Partei selbst in unmittelbarem Zusammenhang mit dem Rechtsstreit oder dem VorVf (§§ 68 ff)[5] – s aber Abs 2 S 2 – entstehen, als auch die **Gebühren u Auslagen,** die von der Partei an ihren Prozeßbevollmächtigten zu zahlen sind (Mü NJW 1992, 853). Ihre Erstattungsfähigkeit setzt voraus, daß sie **zur zweckentsprechenden Rechtsverfolgung oder Rechtsverteidigung notwendig** waren, dh, daß sie eine verständige, weder besonders ängstliche noch besonders unbesorgte Partei in der Lage des Kl u im Hinblick auf die Bedeutung u rechtliche oder sachliche Schwierigkeit der Sache **vernünftigerweise für erforderlich halten durfte.**[6] Auf die Sicht einer rechtskundigen Person kommt es nicht an, noch weniger auf eine ex-post-Beurteilung aufgrund der in der Hauptsache ergangenen Entscheidung des Gerichts. **Über** die **Notwendigkeit** wird **im KostenfestsetzungsVf** nach § 164, vorbehaltlich der Möglichkeit einer Anrufung des Gerichts (§ 165, § 151), entschieden. Zu den Kosten des Vf gehören auch die **vorprozessualen Kosten,** zB die Kosten der vorbereitenden Beratung bei einem Anwalt,[7] u die Kosten eines vorangegangenen PKH-Vf (OLG Frankfurt JurBüro 1982, 868). Juristische Personen des öffentlichen Rechts u Behörden können allerdings gem Abs 2 S 3 an Stelle ihrer tatsächlichen Aufwendungen für Post- u Telekommunikationsdienstleistungen den Höchstsatz der Pauschale nach RVG/VV Nr 7002 (20 Euro) verlangen. Zu **vorprozessualen Gutachten** s auch unten 8.

4 **a) Kosten im Zusammenhang mit der Teilnahme an Verhandlungs- u Beweisterminen.** Auch wenn der Beteiligte einen Prozeßbevollmächtigten hat, ist die Teilnahme an gerichtlichen Verhandlungs- u Beweisterminen (anders bei Verkündungsterminen) grds erstattungsfähig (M 63 zu § 91 ZPO; ThP 16 zu § 91 ZPO mwN). Erstattungsfähig sind die **Reisekosten** (dazu auch Enders/Mümmler JurBüro 1996, 346) sowie die durch die Terminswahrnehmung aufgewendete Zeit. Der **Zeitaufwand** ist gem § 173 S 1, § 91 Abs 1 S 2 ZPO nach den Vorschriften über die Entschädigung von Zeugen (JVEG; früher ZSEG) zu entschädigen;[8] regelmäßig ist damit der Verdienstausfall zugrunde zu

---

[3] BFH NJW 1991, 1702; Sa 21. 4. 1993 – 1 W 8/93; OLG Hamm NJW 1991, 3160; OLG Nürnberg NJW 1991, 3159; OLG Stuttgart NJW 1991, 3158; OLG Zweibrücken NJW 1991, 3160; KG NJW 1991, 1689; **aA** Ms JurBüro 1993, 729; OLG Braunschweig NJW 1991, 3155; OLG Oldenburg NJW 1991, 3156; OLG Koblenz NJW 1992, 640 – wg sonst entstehender zu schwieriger Ermittlungsprobleme –; OLG Mü NJW 1991, 1689.

[4] OLG Nürnberg MDR 1977, 937; Bullinger, Zeitaufwand privater Geschädigter zur Schadensbeseitigung u Rechtsverfolgung als materieller Schaden, Diss. Hamburg 1980.

[5] S dazu, daß die im Widerspruchsverfahren von der Behörde erhobenen Gebühren u Auslagen nicht zu den Gerichtskosten, sondern zu den Parteiaufwendungen zu rechnen sind, Mü BayVBl 1984, 692.

[6] 17, 245; NVwZ 1983, 346; Buchh 316 § 80 VwVfG Nr 1 u 2; Ma NVwZ 1992, 388; VBlBW 1994, 146; Ms NVwZ 1983, 355; Mü BayVBl 1986, 379 – ein objektiver Maßstab –; Ey-J. Schmidt 3.

[7] NVwZ 1988, 723; BGH NJW 1986, 2243; Mü BayVBl 1992, 604 – zur Beratung ohne förmliche Bevollmächtigung –; OLG Schleswig SchlHA 1980, 166; Dittmar NJW 1986, 2088; s auch oben 1; unten 8, ferner 17 zu § 73.

[8] Ko NJW 1988, 1807; vgl Z 13 zu § 91 – Zeitversäumnis; OLG Stuttgart AnwBl 1989, 166.

legen; bei bezahltem Urlaub ist eine Entschädigung in Höhe des in der Zeit erzielten Arbeitsverdienstes vorzunehmen.[9] Eine Entschädigung für den Zeitaufwand (anders für die Reisekosten) ist zugunsten von **Behörden** im Hinblick auf einen Ersatz von Personalkosten bei der Terminwahrnehmung durch einen Behördenvertreter dagegen ausgeschlossen.[10] Erstattungsfähig sind im Zusammenhang mit der Terminwahrnehmung zB auch die Aufwendungen für einen gebührenpflichtigen Parkplatz (LG Freiburg JurBüro 1982, 1194).

Bei gleichzeitiger Wahrnehmung mehrerer Termine sind nur die anteiligen Kosten zu erstatten (RÖ-Kothe 4; **aA** Z 13 zu § 91 ZPO – Reisekosten: jeder Gegner haftet für die gesamten Kosten, sie können aber nur einmal verlangt werden).

Erstattungsfähig sind auch die Kosten u Auslagen für das **Mitbringen eines Zeugen** zu einem Termin zur Verhandlung über eine eA, wenn dies aus der Sicht des Beteiligten erforderlich erscheinen konnte (OLG Schleswig SchlHA 1982, 60). Nicht erstattungsfähig sollen die Kosten sein, die einer prozeßbeteiligten Gemeinde dadurch entstehen, daß sie in Erfüllung einer entspr gerichtlichen Bitte einen Vertreter des projektierenden Ingenieurbüros zum Termin beizieht (Mü BayVBl 1996, 606).

b) Kosten im Zusammenhang mit der Vorbereitung des Prozesses. 5
Soweit ein Schriftwechsel nicht ausreichend erscheint, ist für jede Tatsacheninstanz grds eine **Informationsreise zum Prozeßbevollmächtigten** (mit dem damit verbundenen Zeitaufwand) erstattungsfähig.[11] Ob mehrere Fahrten erforderlich sind, hängt von den Umständen des Einzelfalles ab (Mü BayVBl 1980, 157). Zu notwendigen Aufwendungen für Informationsreisen gehören auch solche, welche der Anwalt zu der von ihm im NKVerfahren vertretenen Gemeinde unternimmt, jedenfalls dann, wenn die notwendigen Informationen nicht in Wort, Schrift u Bild oder durch Lagepläne vermittelt werden können (Lü NVwZ-RR 2001, 414).

Nicht erstattungsfähig ist dagegen grds der **sonstige Zeit- u Arbeitsaufwand** zur Prozeßvorbereitung wie auch die allg Geschäftskosten.[12] Zur Erstattungsfähigkeit von Privatgutachten s unten 8.

6 **Sonstige vorprozessuale Kosten:** Die Kosten einer **anwaltschaftlichen oder sonstigen Beratung vor Beauftragung** eines Anwalts oder im Hinblick auf die Frage, ob Klage erhoben, einer Klage entgegengetreten werden soll, usw, sind erstattungsfähig, **wenn** die Einholung des Rats **notwendig u sachgerecht** (s oben 3) war.[13]

7 Zu erstatten sind auch **sonstige notwendige Aufwendungen, zB für Schreibmaterial,** Kopien (Mü NVwZ-RR 2001, 413 – soweit für sachgemäße Bearbeitung notwendig), Briefporto,[14] notwendige **Übersetzungen** aus einer

---

[9] Lü JurBüro 1983, 1100; OLG Celle JurBüro 1982, 107; **aA** Ko NJW 1988, 1807; OLG Köln JurBüro 1986, 445; OLG Schleswig JurBüro 1991, 545: Entschädigung gem § 2 Abs 3 ZSEG aF (entspricht §§ 20, 21 JVEG).

[10] NVwZ 2005, 466; Ko NJW 1982, 1115; Ma NVwZ-RR 1990, 665; RSprD-LS 287/1994; Sa 21. 8. 1996 – 2 Z 1/96; Dietz DÖV 2006, 733 ff.

[11] OLG Koblenz JurBüro 1991, 1519; OLG Bamberg JurBüro 1993, 98; OLG Düsseldorf AnwBl 1995, 202; ThP 17 zu § 91 ZPO; Z 13 zu § 91 ZPO – Reisekosten.

[12] RPfl 1989, 255; Lü NJW 1969, 1923; Ko NJW 1982, 1115; Mü BayVBl 1975, 29; 1982, 693; BGH 66, 114 = NJW 1976, 1256; tlw **aA** OLG Köln JurBüro 1986, 177, 445; KG MDR 1985, 851; v Oppeln-Bronikowski RPfl 1984, 341.

[13] Vgl NVwZ 1988, 723; Mü BayVBl 1992, 604; KG JurBüro 1986, 399. Zu den Kosten eines zum gleichen Zweck eingeholten vorprozessualen Gutachtens s oben 7. Vgl auch OLG Köln JurBüro 1991, 384: Gutachterkosten zur Überprüfung von Abrechnungen des späteren Bekl sind nur dann als Kosten des Rechtsstreits erstattungsfähig, wenn sie zur Zeit der Beauftragung des Sachverständigen zu dem konkret bevorstehenden Rechtsstreit in unmittelbarer Beziehung standen.

[14] Buchh 310 § 162 VwGO Nr 26; Ms NVwZ-RR 1995, 123; Ma RsprD-LS 371/1996; vgl Hüttenhofer, Korrespondenz u Kopierkosten von Behörden, RPfl 1987, 292.

fremden Sprache oder in eine solche. Juristische Personen des öffentlichen Rechts u Behörden können allerdings gem Abs 2 S 3 an Stelle ihrer tatsächlichen Aufwendungen für Post- u Telekommunikationsdienstleistungen den Höchstsatz der Pauschale nach RVG/VV Nr 7002 (20 Euro) verlangen, s oben 3 u unten 20a. Aufwendungen für **Fotografien** zur Vereinfachung u Veranschaulichung des Vorbringens sind regelmäßig nicht erstattungsfähig (Ms NVwZ-RR 1994, 302). Ebenfalls keine erstattungsfähigen Aufwendungen stellt die Erstellung der Schriftsätze dar; Ausnahmen sind denkbar, wenn das eigene Anfertigen zB wg des Umfangs unzumutbar war u eine Schreibkraft bezahlt wurde (Ma NVwZ-RR 1994, 184).

Die geltend gemachten Kosten müssen tatsächlich entstanden sein (Hbg RPfl 1984, 329; Ma RsprD-LS 371/1996; RÖ-Kothe 4); eine Pauschalisierung ist nicht vorgesehen. Die Aufwendungen sind glaubhaft zu machen (Mü BayVBl 1986, 379; Ms NVwZ-RR 1995, 123).

Sofern ein Prozeßbevollmächtigter neben seiner Vertretung Übersetzungen selbst vornimmt, ist die Entschädigung dafür entspr § 11 JVEG zu berechnen (noch zu § 17 ZSEG OLG Karlsruhe MDR 1978, 674; LG Hamburg MDR 1962, 579; 1963, 229 mwN; BL 210 ff zu § 91 ZPO).

Zu erstatten sind auch die **Kosten von NebenVf,** zB die außergerichtlichen Kosten des **BeschwerdeVf betr die Ablehnung** eines **Sachverständigen (aA** OLG München RPfl 1987, 332) oder wg Zurückweisung eines Bevollmächtigten.

8 **c) Privatgutachten.** Grds nicht erstattungsfähig sind Kosten für private **Rechtsgutachten.**[15] Eine Ausnahme bei **inländischem Recht** ist nur dann gerechtfertigt, wenn es sich um die Klärung außergewöhnlich schwieriger Rechtsfragen handelte.[16] Für **ausländisches Recht** gelten keine derart engen Voraussetzungen.[17]

Privatgutachten zu **tatsächlichen Fragen** sind ebenfalls grds keine notwendigen Aufwendungen iSd § 162 Abs 1. Ausnahmen sind im Verwaltungsprozeß eher strenger als im Zivilprozeß zu beurteilen, da der Untersuchungsgrundsatz stärker als der im Zivilprozeß idR geltende Verhandlungsgrundsatz wirksamen Rechtsschutz durch die Herbeischaffung des Prozeßstoffes durch das Gericht gewährleistet (Ms 33, 91; Ma VBlBW 1996, 375).

Auch wenn der Verwaltungsprozeß in Konsequenz des Untersuchungsgrundsatzes prinzipiell keine Darlegungslast u keine Beweisführungslast kennt, stellt sich jedoch auch im Verwaltungsprozeß das Problem der objektiven oder materiellen Beweislast (Schenke 22 f). Insofern sind die Grundsätze des Zivilprozeßrechts anzuwenden mit der Folge, daß auch hins der Erstattungsfähigkeit der Kosten privater Sachgutachten nur in Einzelfällen Unterschiede ggü dem Zivilprozeß zu machen sind (enger Ms 33, 91; Ma VBlBW 1996, 375). Grundvoraussetzung für die Erstattungsfähigkeit ist aber immer, daß sich das Gutachten mit einer Frage befaßt, die aus der insoweit maßgeblichen **Sicht einer verständigen Partei (17, 245) entscheidungserheblich sein kann,** weil anderenfalls die Erforderlichkeit zur zweckentsprechenden Rechtsverfolgung von vornherein zu verneinen wäre (Mü NVwZ-RR 2001, 70 f). Beim Gegenstand des Gutachtens muß es sich ferner um eine **schwierige Fachfrage** handeln, zu der auch die rechtlich beratene u vertretene Partei nicht genügend sachkundig Stellung neh-

[15] BVerfG NJW 1993, 2793; BayVerfGH NJW 1993, 2794; BVerwG RPfl 1991, 388; Ma NVwZ-RR 2002, 315; Mü NVwZ-RR 2002, 316; Sa 27. 3. 1995 – 2 Y 2/95; OLG Koblenz JurBüro 1988, 1025; Z 13 zu § 91 ZPO – Privatgutachten; Schneider MDR 1988, 547.

[16] OLG Koblenz JurBüro 1988, 1026; OLG München AnwBl 1993, 289; vgl auch Mü 20, 23; BGH NJW 1985, 381; BFH NJW 1976, 1864.

[17] Im Hinblick auf § 293 ZPO: OLG München JurBüro 1991, 387; OLG Frankfurt GRuR 1993, 161; VG Münster NVwZ-RR 1994, 424 zu den Kosten einer Auskunft zu niederländischem Stiftungsrecht.

men kann.[18] Erstattungsfähig können die Kosten etwa sein, wenn das Gutachten der Widerlegung oder Erschütterung eines vom Gericht eingeholten Gutachtens diente. Gleiches gilt, wenn ein entspr Beweisantrag nach § 86 Abs 2 auf Einholung eines Gutachtens durch das Gericht abgelehnt wird, der Beteiligte dieses Gutachten aber objektiv zur Wahrung seiner Rechte für erforderlich halten durfte; ebenso wenn das Gericht selbst – anstelle einer Beweisaufnahme – die (private) Begutachtung anfordert (Br NJW 1987, 1843; Ma VBlBW 1996, 376) oder wenn komplizierte fachtechnische Fragen den Beteiligten insoweit gewissermaßen in eine prozessuale Notlage versetzen, als ihm Stellungnahmen hierzu abverlangt werden, die er ohne fachkundigen Rat über die Inanspruchnahme seines anwaltlichen Beistandes hinaus nicht abzugeben vermag (Ms 33, 92; Ma VBlBW 1996, 376). Der Stand der gerichtlichen Ermittlungen kann ein für die Frage der Kostenerstattung ausschlaggebender Umstand sein. Hat der Kl die gerichtlichen Ermittlungen veranlaßt, so bedarf es für die Erstattung der Kosten für die Einholung eines Privatgutachtens, welches nach Aufnahme der gerichtlichen Ermittlungen in Auftrag gegeben wurde, einer besonderen Begründung (NVwZ-RR 1999, 613 zu § 80 VwVfG). **Daß das Gutachten die Entscheidung des Gerichts beeinflußt** oder erleichtert hat, ist nicht erforderlich.[19] Die Kosten für ein Privatgutachten, das im Rahmen des vorläufigen Rechtsschutzes u des HauptsacheVf Bedeutung erlangt hat, sind im Rahmen der Kostenfestsetzung **grds dem HauptsacheVf** zuzuordnen (NJW 2007, 453).

Erstattungsfähig können auch **vorprozessuale Privatgutachten** sein, wenn sie im Hinblick auf einen ggf beabsichtigten oder konkret drohenden Prozeß oder zur Vermeidung eines solchen eingeholt wurden (NVwZ-RR 1999, 613; OLG Bamberg VersR 1981, 74; OLG Koblenz AnwBl 1986, 251). Erstattungsfähig sind sie insb, wenn die Partei mangels Sachkenntnis nicht zu einem sachgerechten Vortrag in der Lage ist (BGH NJW 2003, 1398; 2006, 2415). Nicht zu erstatten sind dagegen **für das VerwaltungsVf eingeholte Gutachten,** die ursprünglich in keinem Zusammenhang mit dem Prozeß standen u nur später sich auch dafür als nützlich erwiesen (Ma DÖV 1983, 346; Mü DÖV 1999, 307: Privatgutachten im PlanfeststellungsVf). S allg zur Erstattung der Kosten des VorVf auch unten 16.

d) Der „sich selbst vertretende" Rechtsanwalt hat Anspr auf Ersatz von 9
Gebühren in derselben Höhe wie bei Vertretung Dritter,[20] auch hins der **Kosten des VorVf;**[21] gleiches muß im Verwaltungsrechtsstreit auch für den sich selbst vertretenden **Hochschullehrer** gelten,[22] wohl auch für einen RA, der nicht in „eigener" Sache, sondern als Organ oder als gesetzlicher Vertreter eines Beteiligten tätig wurde (Lü NVwZ-RR 2002, 237). – Auch ein **RA, der einen anderen** mit seiner Vertretung beauftragt, hat grds Anspr nach den allg Grundsätzen auf Ersatz der ihm dadurch entstehenden Kosten einschließlich der Gebühren, die er diesem Anwalt schuldet (Mü BayVBl 1989, 758).

3. Gebühren u Auslagen von Rechtsanwälten, Rechtsbeiständen usw 10
(Abs 2 S 1): Die Erstattungsfähigkeit steht auch hier im einzelnen, dh hins der

---

[18] NVwZ 2001, 919; Mü BayVBl 1991, 605; Lü NVwZ-RR 2002, 703; Ms NVwZ-RR 2002, 902; s zur Erstattungsfähigkeit privater Sachgutachten auch Br NJW 1987, 1843; Mü BayVBl 1987, 187; zu § 80 VwVfG vgl Buchh 316 § 80 VwVfG Nr 35; NVwZ 1993, 268 mwN.

[19] KG JurBüro 1981, 1382; OLG Bamberg JurBüro 1987, 602.

[20] Lü NVwZ-RR 2002, 237; Mü BayVBl 1972, 645 unter Hinweis auf § 91 Abs 2 S 4 ZPO; Ms NVwZ-RR 1990, 279 u 668; zT **aA** BFH NJW 1977, 408: ohne die darauf entfallende Mehrwertsteuer.

[21] 61, 102; Buchh 316 § 80 VwVfG Nr 1; Ms NVwZ-RR 1990, 279 u 668; **aA** Lü VRspr 27, 125; s auch unten 19; krit Schmidt BayVBl 1982, 91; vgl allg auch BVerfG 53, 207 = NJW 1980, 1677: nicht verfassungsrechtlich geboten.

[22] Ms NJW 1976, 1333; **aA** – für das VBVerfahren – BVerfG NJW 1986, 422.

einzelnen Posten, soweit dafür nach der Gebührenordnung nicht Pauschalsätze gelten, unter dem Vorbehalt der Notwendigkeit der entspr Schritte nach Abs 1,[23] anders grds, wie sich aus dem Wortlaut der Bestimmung u einem Vergleich mit Abs 2 ergibt, das Recht der Beteiligten zur Zuziehung eines Anwalts, Rechtsbeistandes usw.[24] Nicht anerkannt werden kann die Erstattung von Kosten eines RA, Rechtsbeistandes usw nur, wenn die Zuziehung gegen Treu u Glauben verstößt, insb offensichtlich nutzlos u objektiv nur dazu angetan ist, dem Gegner Kosten zu verursachen.[25] Daher darf zB auch eine **Stadt,** auch wenn sie selbst über rechtskundige Beamte verfügt, einen RA mit ihrer Vertretung betrauen u Erstattung der ihr dadurch entstehenden Kosten verlangen.[26] Dasselbe gilt grds für eine Hochschule bei einer gegen sie angestrengten nicht offensichtlich aussichtslosen Verpflichtungsklage;[27] anderes ist aber bei einem offensichtlich aussichtslosen gegen die Hochschule gerichteten Rechtsbehelf anzunehmen[28] oder beim Stellen eines rein formalen Abweisungsantrags ohne Begründung in Vf des einstweiligen Rechtsschutzes im Hochschulzulassungsrecht;[29] ebenso dann nicht, wenn das Gericht bereits eine Verwerfung des vom Gegner eingelegten Rechtsbehelfs angekündigt hatte (BGH NJW 2006, 2260). Die Notwendigkeit der Zuziehung eines Anwalts ist auch dann anzuerkennen, wenn die Anwaltskosten den Beteiligten nicht unmittelbar belasten, zB weil sie von einer **Gewerkschaft** im Wege des Rechtsschutzes übernommen werden[30] oder von einer **Rechtsschutzversicherung** gedeckt werden (vgl OLG Karlsruhe NJW 1962, 813). Erstattungsfähig sind die Anwaltskosten des Berufungsbekl idR auch dann, wenn die Berufung nur zur Fristwahrung erfolgt.[31] Zu den Gebühren usw von Rechtsbeiständen, Steuerberatern, Wirtschaftsprüfern, Hochschullehrern usw s unten 14; des „sich selbst vertretenden" Anwalts oder Hochschullehrers oben 9; unten 10 a u 19; zum Kostenanspr ggü dem Mandanten auch OLG München NJW 1984, 2537; zur Geltendmachung auch 3 zu § 164; zu Kosten eines EnteignungsVf einschließlich Anwaltskosten (BGH NJW 1993, 1258).

10 a **Erstattungsfähig** sind gem Abs 2 S 1 – **nur** u immer – **die gesetzlich vorgesehenen Gebühren u Auslagen;**[32] bei RA nach dem RVG – auch für einen Anwalt, der sich selbst vertritt (Mü BayVBl 1972, 645; s oben 9) –, grds einschließlich der darauf zu zahlenden **Umsatzsteuer** (s oben 1 d); **nicht dagegen**

---

[23] Mü BayVBl 1985, 28 mwN – zu Reisekosten eines Anwalts; unklar VG Schleswig NVwZ-RR 1991, 510: Erstattungspflicht unabhängig davon, ob notwendig.

[24] Hbg NVwZ 2006, 1301; Mü BayVBl 1975, 343; 1978, 93; VG Schleswig NVwZ-RR 1991, 510; RÖ-Kothe 10; **aA** Ms JZ 1974, 132.

[25] Bln NVwZ-RR 2001, 613; Hbg NVwZ 2006, 1302; Lü NVwZ-RR 2002, 237; VG Berlin NVwZ-RR 2001, 548; Deumeland BuW 1998, 431.

[26] Mü BayVBl 1978, 93; Ma VBlBW 1990, 136; RÖ-Kothe 13 a; Sendler NJW 1998, 1283; tlw **aA** Lü NJW 1998, 1330.

[27] Bln NVwZ-RR 2001, 613; NVwZ-RR 2002, 237 f; NVwZ 2006, 713; Lü NVwZ-RR 2004, 155; Ma NVwZ 2006, 1300; Kunze/Duhme NVwZ 2006, 1261; **aA** Brehm NVwZ 2006, 643 unter Hinweis darauf, daß § 162 Abs 1 im Lichte des § 91 Abs 1 ZPO auszulegen sei, wonach Anwaltskosten nur erstattungsfähig sind, soweit sie zur zweckentsprechenden Rechtsverfolgung oder Rechtsverteidigung notwendig sind. Kritik: § 162 Abs 2 S 1 ist lex specialis.

[28] Bln NVwZ-RR 2001, 614; Ma NVwZ 2006, 1300.

[29] VG Berlin NVwZ-RR 2001, 548; Bedenken demgegenüber bei Kunze/Duhme NVwZ 2006, 1262; Sendler NJW 1998, 1283.

[30] Mü BayVBl 1983, 634; vgl auch OLG Frankfurt MDR 1966, 258.

[31] Mü NJW 1982, 2394; NKVwGO-Neumann 58; **aA** VG Stuttgart NVwZ-RR 2005, 292; vgl auch OLG Bamberg JurBüro 1987, 1688: ist für den Berufungsbekl deutlich erkennbar, daß das ausdr nur zur Fristwahrung eingelegte RMittel möglicherweise alsbald zurückgenommen werden wird, so sind die durch die Zuziehung eines RA entstandenen Kosten nicht erstattungsfähig; ähnlich OLG Hamm NJW 1970, 2217.

[32] Mü NVwZ-RR 1990, 990; NJW 1992, 854; VG Schleswig NVwZ-RR 1991, 510.

(höhere) **vereinbarte Honorare** usw (Ms NJW 1969, 709; Mü NJW 1992, 854; Mußgnug NJW 1989, 2040). Zur Erstattung von **Sonderleistungen,** die ein Prozeßbevollmächtigter neben der Vertretung erbringt, s oben 7; zur Erstattung von Kosten für Gutachten oben 8. Aufwendungen für die Vertretung durch einen anderen Beistand als durch einen RA sind nur bis zur Höhe der Gebühren u Auslagen eines RA erstattungsfähig.[33] Die Kosten für **Zeugen u Sachverständige** sind nach dem JVEG zu berechnen. Vgl dazu Lappe NJW 1985, 1884; zur Angemessenheit des **Zeitaufwands** eines Sachverständigen KG RPfl 1984, 77.

Die **Reisekosten** eines RA sind idR nur erstattungsfähig, wenn er seine Kanzlei am Sitz oder im Bezirk des angerufenen Gerichts oder am Wohnsitz seines Mandanten oder in dessen Nähe hat.[34] **Mehrkosten,** die dadurch entstehen, daß die Kanzlei einen anderen Sitz hat, sind nur erstattungsfähig, sofern die Zuziehung iSv Abs 1 notwendig war (Mü BayVBl 1973, 621; 1975, 343; 1977, 477; 1985, 28; 1996, 476; RÖ-Kothe 11); insb bei Beauftragung eines Anwalts, der für den konkreten Fall, zB im Wasserrecht, Erschließungsbeitragsrechten etc über **besondere Fachkenntnisse** verfügt, die kein am Gerichtsort oder am Wohnsitz des Beteiligten ansässiger Anwalt in vergleichbarem Maße hat,[35] oder zu dem aufgrund besonderer Umstände, die mit der Streitsache im Zusammenhang stehen, **ein besonderes Vertrauensverhältnis** besteht.[36] Der Umstand, daß ein Beteiligter **einen RA besonders gut kennt** u ihm vertraut, rechtfertigt nicht etwaige **höhere** Kosten, zB Reisekosten, die durch die Beratung durch diesen Anwalt entstehen (Mü BayVBl 1985, 29 mwN). 11

Mehrkosten durch gleichzeitige Beauftragung **mehrerer Bevollmächtigter** sind idR nur dann voll erstattungsfähig, wenn sehr spezielle Kenntnisse auf einem schwierigen Gebiet erforderlich sind,[37] **sonst grds nur bis zur Höhe** der Kosten **eines** RA, zuzüglich der Kosten eines (zB wg der großen Entfernung zum Ort, an dem der Bevollmächtigte seine Kanzlei hat, vgl OLG Köln MDR 1976, 750; OLG Frankfurt MDR 1972, 525) etwa erforderlichen **„Verkehrsanwalts“.**[38] Nicht erstattungsfähig sind auch Mehrkosten aus einem Anwaltswechsel eines Beteiligten nach Verweisung der Klage von einem ordentlichen Gericht an das VG (Mü NVwZ-RR 2000, 551). 12

Die **Kosten eines Verkehrsanwalts** sind stets erstattungsfähig, wenn es der Partei nicht möglich oder nicht zumutbar ist – zB wg der **weiten Entfernung, wg fehlender Beherrschung der deutschen Sprache** (Mü BayVBl 1988, 59), weil der Wohnsitz des Beteiligten im Ausland ist (vgl OLG Frankfurt JurBüro 1986, 916; zT **aA** OLG Bamberg JurBüro 1986, 438 u 441) –, den Prozeßbevollmächtigten unmittelbar zu informieren,[39] außerdem auch zB, wenn ein Mandant **geschäftsungewandt** ist u das deutsche Recht nicht kennt.[40]

---

[33] VG Neustadt NVwZ-RR 2004, 160; NKVwGO-Neumann 75; Sch-Olbertz 44.

[34] Mü BayVBl 1977, 477; 1996, 476; Ma NVwZ-RR 1993, 112; NVwZ-RR 1996, 238; We ThürVBl 1996, 36 = LKV 1996, 167.

[35] FfO NVwZ-RR 2002, 317; Mü BayVBl 1977, 477; 1985, 28; Ma NVwZ-RR 1996, 238; VG Stuttgart NVwZ-RR 2005, 661; NKVwGO-Neumann 69; RÖ-Kothe 11.

[36] Gr NVwZ-RR 1996, 239; Ko NVwZ-RR 2004, 711; Ma NVwZ-RR 1996, 238; We NVwZ 1996, 812; VG Bremen NVwZ-RR 2004, 231; VG Stuttgart NVwZ-RR 2005, 661; Sch-Olbertz 50.

[37] OLG Frankfurt JZ 1977, 404 mwN zu einem Anwalt mit Spezialkenntnissen hins der Beurteilung von Konsortialkrediten; vgl auch OLG Mü NJW 1966, 2069.

[38] Ks NJW 1969, 1640; Mü BayVBl 1976, 697; BFH NJW 1976, 1864; enger OLG Karlsruhe AnwBl 1982, 248: zusätzlich nur Kosten in Höhe der Kosten einer Informationsreise zum Prozeßbevollmächtigten; darüber hinaus nur in Ausnahmefällen.

[39] Vgl OLG Frankfurt JurBüro 1983, 1399: idR bei mehr als 40 km Entfernung; OLG Koblenz Justiz 1985, 98; OLG Frankfurt JurBüro 1985, 452; OLG Hamburg JurBüro 1985, 457.

[40] Mü BayVBl 1988, 59; ähnlich KG MDR 1983, 675 mwN. Vgl auch OLG Bamberg JurBüro 1986, 1565: keine Erstattung der Kosten eines Verkehrsanwalts, wenn die Partei

13 **Bei mehreren Streitgenossen** kann jeder Erstattung der Kosten für einen eigenen RA verlangen, wenn er einen solchen mit seiner Vertretung betraut hatte (Mü BayVBl 1976, 697); hatten mehrere Streitgenossen nur einen **gemeinsamen Bevollmächtigten,** so können sie ingesamt nur dessen Kosten geltend machen, u zwar grds (dh sofern sich aus der Kostenentscheidung des Gerichts nichts anderes ergibt) jeder entspr § 100 ZPO nur den auf ihn entfallenden Anteil.[41] **Sind** von mehreren Streitgenossen, die einen gemeinsamen Bevollmächtigten bestellt hatten, **einzelne unterlegen,** während andere obsiegt haben, so muß der Gegner die Kosten nur anteilig tragen (Ma JurBüro 1994, 224; OLG Nürnberg MDR 1976, 229; Schneider MDR 1961, 643).

14 **Die Kosten anderer** als der in Abs 2 ausdr genannten Bevollmächtigten, etwa eines **freien Mitarbeiters eines RA,**[42] des Angestellten eines Inkassobüros, eines vereidigten Buchprüfers usw, sind nur nach Abs 1 erstattungsfähig,[43] jedoch höchstens bis zum Ausmaß der erstattungsfähigen Gebühren eines Rechtsbeistandes (Ms DÖV 1971, 716). **Hochschullehrer** (§ 67 Abs 1) u **Patentanwälte** (§ 4 PAO) sind bezüglich der Erstattung allerdings den Anwälten gleichgestellt[44] (nicht dagegen auch **Steuerbevollmächtigte,** Hbg VRspr 32, 628: wie Rechtsbeistände zu behandeln). Aufgrund der Neufassung des Abs 2 S 1 durch das 1. JuMoG sind nunmehr in allen Abgabenangelegenheiten auch die Kosten von Steuerberatern u Wirtschaftsprüfern erstattungsfähig (früher galt dies nur für Steuerberater in Steuersachen; s dazu 13. Aufl 14), nicht hingegen in anderen als steuerrechtlichen Angelegenheiten (Ms NVwZ-RR 2006, 376).

15 **Nicht** zu den Kosten iSv Abs 2 gehören die **Kosten eines FestsetzungsVfs gem § 11 RVG** hins des Vergütungsanspr des Bevollmächtigten im Verhältnis zu seinem Mandanten (vgl BVerfG NJW 1967, 145; BGH 28, 309; FG Kassel NJW 1977, 168); sie können dem unterlegenen Prozeßgegner daher nicht auferlegt werden.

16 **4. Kosten des Vorverfahrens** (Abs 1 u Abs 2 S 2) gehören einschließlich der von der Widerspruchsbehörde erhobenen Gebühren u Auslagen **als außergerichtliche Aufwendungen** zu den voll erstattungsfähigen Kosten des Prozesses (Abs 1; s dazu auch Mü BayVBl 1984, 692). Dem gerichtlichen VorVf muß ein behördliches VorVf gem §§ 68 ff oder nach vergleichbaren Vorschriften vorausgegangen sein oder im Fall der Untätigkeitsklage bei einer Ablehnungsentscheidung während des gerichtlichen Vf noch bis zum Abschluß des gerichtlichen Vf durchgeführt worden sein (Hamburg NVwZ-RR 1994, 621). Ausreichend ist auch, wenn die Durchführung des VorVf zwar nicht notwendig gewesen ist, die Rechtsbehelfsbelehrung des angefochtenen Bescheids aber dahin lautete, daß gegen den Bescheid Widerspruch eingelegt werden kann, diese Belehrung aber für den Betroffenen nicht erkennbar unrichtig gewesen ist u er deshalb mit anwaltlicher Unterstützung Widerspruch eingelegt hat (Lü NVwZ-RR 2005, 660).

---

geschäftsgewandt ist, der Prozeßstoff nicht ungewöhnlich schwierig ist u die Information des Prozeßbevollmächtigten nicht aus besonderen Gründen erschwert ist.

[41] Ma NJW 1975, 1671; Mü NVwZ-RR 1990, 390 – einschließlich evtl eines überschießenden Teils, den ein Streitgenosse aufgrund gesamtschuldnerischer Haftung für einen anderen, nicht leistungsfähigen Streitgenossen zahlen muß –; OLG Koblenz DAR 1986, 119; Gottwald JA 1982, 66; M 6 zu § 100 ZPO; BL 61 f zu § 100 ZPO; s auch 2 ff zu § 159; zT **aA** OLG Düsseldorf NJW 1976, 1698.

[42] Ma NVwZ-RR 1990, 167 – nur angemessene Kosten, etwa analog §§ 8, 9 JVEG (früher § 3 ZSEG); volle Gebühren nur, wenn als allg Vertreter des Anwalts –.

[43] Ms NJW 1968, 1978; Bln 12, 155; Mü NJW 1964, 315; 1965, 650; Hbg VRspr 32, 626.

[44] So für Hochschullehrer NJW 1978, 1173; Mü BayVBl 1978, 316; NJW 1992, 853; Mußgnug NJW 1989, 2041; NKVwGO-Neumann 84 f; **aA** Ey-J. Schmidt 11; Schatte MDR 1960, 985: da kein eigenes Büro nur zu 3/4 der Anwaltsgebühren; gegen diese Auffassung BVerwG aaO.

Ohne Bedeutung ist, ob dem WiderspruchsVf ein zwei- oder dreipoliges Rechtsverhältnis zu Grunde gelegen hat (NVwZ 2006, 1294). Das Vf vor der Ausgangsbehörde stellt kein VorVf dar (Ma UPR 1992, 33; Ms NVwZ-RR 2002, 317). Deshalb sind dort, wo kein VorVf stattfindet, Gebühren u Auslagen eines Anwalts, die im VerwaltungsVf entstanden, nicht nach § 162 Abs 2 S 2 ersetzbar; die Vorschrift ist auch nicht analog anwendbar (Ma NJW 2006, 2937). Die Erstattung von Rechtsanwaltskosten iVm einem VerwaltungsVf kann ein Beteiligter nur dann verlangen, wenn dies ausdr gesetzlich geregelt ist (Mü NVwZ-RR 1999, 347). Wenn ein Anwalt bereits im AusgangsVf tätig war, gehört zu den Kosten der Vertretung im WiderspruchsVf nur der Teil der Geschäftsgebühr nach § 118 Nr 1 BRAGO (vgl nunmehr Abs 3 S 1 Alt 1 vor Nr 2.3 RVG/VV), der durch das WiderspruchsVf verursacht worden ist (NVwZ-RR 2005, 143). Keine Kosten eines VorVf sind auch die Kosten eines behördlichen AussetzungsVf, auch wenn dieses gem § 80 Abs 6 einem gerichtlichen AussetzungVf vorgeschaltet werden mußte (Ma VBlBW 2001, 111; Ms NVwZ-RR 2006, 856).

Voraussetzung für die Anwendbarkeit des § 162 Abs 1, Abs 2 S 2 ist, daß sich an das VorVf ein **HauptsacheVf angeschlossen** hat.[45] Trifft dies zu, entfällt die Anwendbarkeit des § 80 VwVfG; eine im VorVf getroffene Kostenentscheidung wird hinfällig u einer darauf gestützen Kostenfestsetzung wird die Grundlage entzogen (NVwZ 2006, 1294 f). Ein **Vf nach § 80 Abs 5** genügt insofern nicht;[46] ebenso nicht ein Vf **nach § 123.**[47] Zu den gerichtlichen Kosten zählen die Kosten des VorVf iü **nur in dem Umfang,** in dem sich ein **gerichtliches Vf angeschlossen** hat (Mü BayVBl 1995, 599). Dies ist dann nicht der Fall, wenn die Klage auf Teile des VorVf beschränkt wird (s auch 2 zu § 164). Umfaßt werden aber auch die Kosten eines VorVf, das trotz der Erledigung des Rechtsstreits anhängig geblieben ist, nachdem die Behörde nicht den Ausgangsbescheid, sondern nur den Widerspruchsbescheid aufgehoben hatte (Ms NVwZ-RR 2002, 77).

Nicht erforderlich ist, daß das HauptsacheVf auch **durch abschließende Sachentscheidung** beendet wurde; über die Kosten des VorVf wird **auch bei Klagerücknahme** mit Kostenentscheidung nach § 92 Abs 1,[48] bei **Erledigung der Hauptsache** nach § 161 Abs 2 S 1 (Mü BayVBl 1975, 564: auch bei Kostenentscheidung gem § 161 Abs 2; vgl auch unten 21 zur gleichliegenden Interessenlage bei Abs 3) u bei einem **gerichtlichen Vergleich,** in dem keine Regelung über die Kosten des VorVf getroffen wurde, mitentschieden.[49]

Nicht unter § 162 Abs 2 S 2 fallen die Kosten der **Zuziehung** eines RA oder 16 a
eines sonstigen Dritten **ohne förmliche Bevollmächtigung** im VorVf **ledig-**

---

[45] NVwZ 2006, 1294 f; Ks NVwZ-RR 2005, 582; Mü BayVBl 1995, 599; Ms DVBl 1993, 889; Ko DÖV 1990, 159; Friese DÖV 1974, 264 mwN; NKVwGO-Neumann 92 f; zT **aA** RÖ-Kothe 13: auch in Vf nach § 80 Abs 5 anwendbar.

[46] Ks NVwZ-RR 1999, 346; Ko DVBl 1989, 892; Ms 29, 25; DÖV 1990, 159: ua unter Hinweis darauf, daß der Bund für eine Regelung nur unter dem Aspekt eines nachfolgenden Vf zuständig war; DVBl 1993, 883. Dazu, daß die Kosten eines Verfahrens nach § 80 Abs 6 nicht im Rahmen einer Kostenentscheidung nach § 80 Abs 5 zu ersetzen sind, Ms NVwZ 2006, 856.

[47] Friese DÖV 1974, 264 mwN auch allg zur Erstattung der Kosten des Vorverfahrens; zur Erstattung vorprozessual entstandener Anwaltskosten auch 79, 226 = NVwZ 1988, 723: zu den Gebühren u Auslagen eines im Widerspruchverfahren ohne förmliche Bevollmächtigung zu Rate gezogenen RA; Dittmar NJW 1986, 2088.

[48] Ba NVwZ-RR 2005, 291 mwN; Ma NVwZ-RR 1989, 587: der Antrag, die Zuziehung eines Bevollmächtigten für das Vorverfahren durch Beschluß für notwendig zu erklären, wird nicht durch Klagerücknahme unzulässig; **aA** Ma VBlBW 1983, 72.

[49] NKVwGO-Neumann 17; **aA** Ma NVwZ-RR 2002, 325. Zur Kostenerstattung bzw zur Kostenentscheidung, wenn kein Hauptsacheverfahren nachfolgt, s auch oben 1; ferner 15 ff zu § 73; allg auch BVerwG 79, 226 = NVwZ 1988, 721; Ms DÖV 1990, 159.

lich zur Beratung,[50] ebenso nicht die Kosten eines Prozeßbeteiligten, der im WiderspruchsVf als Dritter beteiligt war; über die Notwendigkeit der Zuziehung eines Bevollmächtigten im VorVf entscheidet die Widerspruchsbehörde gem § 80 Abs 2 VwVfG (Mü DÖV 2003, 131). Ist ein RA im WiderspruchsVf förmlich bevollmächtigt worden, hängt die Entscheidung des Gerichts nach § 162 Abs 2 S 2 nicht vom Umfang der Tätigkeit des RA im VorVf ab (Ma VBlBW 1996, 340). Dagegen sind die durch die **Zuziehung eines Beistandes** (vgl zum Begriff 35 zu § 67) **im Prozeß** bzw im VorVf entstehenden Kosten wie die eines Bevollmächtigten analog Abs 2 S 2 erstattungsfähig, da die Regelung nach ihrem offensichtlichen Zweck trotz der engen Fassung („eines Bevollmächtigten") auch darauf zutrifft u es gegen den verfassungsrechtlichen Grundsatz der Verhältnismäßigkeit verstoßen würde, wenn der Bürger allein wg der Kostenerstattung einen Bevollmächtigten bestellen müßte, obwohl die Zuziehung eines Beistands genügen würde. Grds nicht erstattungsfähig sind die im VorVf entstandenen Kosten für einen Steuerberater, wenn bereits eine anwaltliche Vertretung bestand (Hbg NVwZ-RR 1998, 463).

17 Unbedingt erstattungsfähig sind nach Abs 2 S 2 nur die **Kosten u Auslagen des Beteiligten,** ggf auch eines Beigeladenen (s unten 23), **selbst** u die von der Widerspruchsbehörde dem Beteiligten auferlegten **Kosten des Widerspruchs-Vf;** die **Kosten der Zuziehung eines Bevollmächtigten** im VorVf sind dagegen **nur** erstattungsfähig, wenn das Gericht sie für notwendig erklärt (We NVwZ-RR 2001, 487 – kommunalabgabenrechtliches VorVf). Der **Ausspruch** darüber muß entweder **im Tenor des Urteils oder in einem gesonderten Beschluß** erfolgen.[51] Ist ein Ausspruch nach § 162 Abs 2 S 2 unterblieben, scheidet nach Rspr u hM eine Urteilsergänzung nach § 120 aus u ist über die Notwendigkeit der Zuziehung durch Beschluß zu entscheiden.[52] Zuständig für den Ausspruch ist nach Ab-schluß des Vf in der Hauptsache entspr § 164 auch das sonst für die Kostenfestsetzung zuständige Gericht des ersten Rechtszugs (Sch-Olbertz 84). Solange das Vf noch in der Rechtsmittelinstanz anhängig ist, ist dieses aber für einen bei ihm gestellten Antrag zuständig u scheidet eine Verweisung an das erstinstanzliche Gericht aus.[53] Der Ausspruch über die Notwendigkeit der Zuziehung eines Bevollmächtigten ist ohne Rechtswirkung, wenn bzw **solange keine Kostengrundentscheidung** vorliegt (88, 41; vgl auch 62, 298 = NVwZ 1982, 242).

18 **Die Notwendigkeit** der Zuziehung eines Bevollmächtigten schon im VorVf ist anzuerkennen, wenn sie vom Standpunkt einer verständigen, nicht rechtskundigen Partei im Zeitpunkt der Bestellung (NVwZ-RR 1999, 612 mwN) für erforderlich gehalten werden durfte u es dem Beteiligten nach seiner Vorbildung, Erfahrung u seinen sonstigen persönlichen Umständen **nicht zumutbar** war, das Vf selbst zu führen.[54] Sie ist **nicht nur in schwierigen** u **umfangreichen Vf** zu bejahen, sondern entspricht der Regel, da der Bürger nur in Ausnahmefällen in der Lage ist, selbst seine Rechte ggü der Verwaltung ausreichend zu wahren.[55]

---

[50] 79, 230 = NVwZ 1988, 721; Lü 28, 368; Ms NVwZ-RR 1989, 53; DVBl 1993, 889; NVwZ-RR 1996, 620; **aA** Ms NVwZ-RR 1988, 128; RÖ-Kothe 13a: auch die Kosten einer lediglich internen Beratung; eine nach außen wirkende Tätigkeit ist nicht erforderlich.

[51] 27, 39; Mü 10, 54; BayVBl 1969, 30; 1972, 645; 1977, 411; 1978, 412; s auch 5 zu § 120 mwN; Ey-J. Schmidt 117; **aA** Mü BayVBl 1978, 378.

[52] 27, 39; NVwZ-RR 2003, 246; Ey-J. Schmidt 14u 2 zu § 120; RÖ-M. Redeker 8 zu § 120; NKVwGO-Neumann 158, s auch 4 zu § 161.

[53] Ms NVwZ-RR 2002, 785; Sch-Olbertz 84; **aA** Ms KostRspr VwGO § 162 Nr 187 L: immer erstinstanzliches Gericht.

[54] Buchh 316 § 80 VwVfG Nr 34; BayVBl 1998, 91; NVwZ-RR 1999, 612; Gr NVwZ 2002, 1130; Ma NVwZ-RR 1992, 388; Ms NVwZ-RR 2006, 838.

[55] 62, 196 = Buchh 448.0 § 34 WpflG Nr 72; 79, 226 = NVwZ 1988, 724: in Kriegsdienstverweigerungssachen idR notwendig; Mü BayVBl 1972, 364; 1978, 379; 1981, 636;

Bei der **Beurteilung** ist außer der Schwierigkeit u dem Umfang der Sache **auch die persönliche Sach- u Rechtskunde** des Widerspruchsführers zu berücksichtigen (Ms DÖV 1974, 106), ferner auch der Zeitpunkt der Bevollmächtigung.[56] Keine Notwendigkeit besteht, wenn der Widerspruchsführer aufgrund einer psychischen Ausnahmesituation nicht in der Lage war, die Erkrankung den Wehrersatzbehörden von sich aus mitzuteilen (NVwZ-RR 2004, 5: Knallphobie); ebenso fehlt es idR an der Notwendigkeit für die Zuziehung eines Bevollmächtigten für die Durchführung eines VorVf gegen einen VA, der erst während des nach zulässiger Untätigkeitsklage ergangenen verwaltungsgerichtlichen Vf erging, wenn der Kl bereits im KlageVf anwaltlich vertreten war (Ms NVwZ-RR 2004, 395; NKVwGO-Neumann 110). Die Zuziehung eines RA durch die Ausgangsbehörde im WiderspruchsVf ist regelmäßig nicht notwendig (Ma VBlBW 1983, 333; 1992, 470; RsprD-LS 9 u 10/1996). Bei dem Bevollmächtigten iSd Abs 2 S 2 muß es sich nicht um einen Vertreter iSd Abs 2 S 1 handeln (Buchh 436.0 § 43 BSHG Nr 6; Ma RsprD-LS 120/1995 – nicht im LS). Die Hinzuziehung eines **bestimmten Bevollmächtigten** für das VorVf für notwendig zu erklären, hat im Gesetz **keine Stütze** (Ks NJW 2006, 460).

Auch **der „sich selbst vertretende" RA** hat für sein Tätigwerden im VorVf 19
Anspr auf Gebühren in derselben Höhe wie bei Vertretung Dritter;[57] ebenso kann auch die **Ehefrau eines Anwalts,** die von diesem in einer Sache vertreten wird, die beide gemeinsam betrifft, Erstattung der Anwaltskosten wie bei Vertretung durch einen fremden Anwalt verlangen (BFH NJW 1978, 128).

Zur Festsetzung der zu erstattenden Kosten u zur Festsetzung der Kosten 20
gem § 11 RVG bei Streit mit dem Mandanten s 3 zu § 164.

Juristische Personen des öffentlichen Rechts können nach dem im Rahmen 20a
des RmBereinVpG in § 162 Abs 2 neu eingefügten S 3 an Stelle ihrer tatsächlich notwendigen Aufwendungen für Post- u Telekommunikationsdienstleistungen den Höchstsatz der Pauschale nach RVG/VV Nr 7002 (20 Euro) fordern.

5. Kosten des Beigeladenen (Abs 3): Das Gericht muß in der Entscheidung 21
über die Kosten nach § 161 Abs 1 im Urteil, erforderlichenfalls in einem Ergänzungsurteil gem § 120 (s unten 22), in jedem Fall auch über die Kosten des Beigeladenen entscheiden. Abs 3 stellt nicht diese Entscheidung, sondern nur das „ob" u den Umfang der Erstattung der außergerichtlichen Kosten in das Ermessen des Gerichts (14, 174). Die Vorschrift ist auch anzuwenden, wenn der Rechtsstreit nicht durch abschließende Sachentscheidung, sondern durch Klagerücknahme[58] oder übereinstimmende Hauptsacheerledigungserklärungen von Kl u Bekl (Ko VRspr 24, 488) beendet wurde. Vgl allg auch Zehendner BB 1980, 363 zu den Kosten eines Beigeladenen im Steuerprozeß. Abs 3 ist entspr auch auf **Anhörungsberechtigte gem § 47 Abs 2 S 3** anzuwenden (Mü BayVBl 1980, 117). Abs 3 gilt nur für die **außergerichtlichen Kosten.** Bei Gerichtskosten, die einem Beigeladenen nur ausnahmsweise auferlegt werden können, zB gem § 155 Abs 4, kommt eine Erstattung nicht in Betracht. Für Kosten eines von einem Bei-

---

Ko NVwZ 1988, 842: bei Streit über die Zulassung zum Studium außerhalb der festgesetzten Kapazität regelmäßig erforderlich; Ma VBlBW 1986, 459; Mallmann NVwZ 1983, 338; NKVwGO-Neumann 101; zT **aA** BVerwG NVwZ 1987, 883; 1988, 249; Buchh 310 § 80 VwVfG Nr 13 S 15: nur ausnahmweise, wenn es dem Beteiligten nach seinen persönlichen Verhältnissen nicht zumutbar ist, das Vf selbst zu führen; BVerwG BayVBl 1999, 736: nach § 38 Abs 2 S 2 VermG ist die Zuziehung eines Bevollmächtigten idR nicht notwendig.

[56] NVwZ-RR 1999, 612: idR keine Notwendigkeit, wenn Sachverhaltsermittlung durch Widerspruchsbehörde bereits im wesentlichen abgeschlossen ist.

[57] 61, 102; Buchh 315 § 80 VwVfG Nr 1; Ms NVwZ-RR 1990, 280; Ey-J. Schmidt 8 u 13; NKVwGO-Neumann 105 ff; KR 41 zu § 80 VwVfG; StBS-P. Stelkens/Kallerhoff 61 zu § 80 VwVfG, unter Hinw auf entspr Anwendung des § 91 Abs 2 S 3 ZPO; **aA** Lü VRspr 27, 126; Mü NJW 1978, 2414.

[58] Ma 13, 243; Ks VRspr 21, 218; Mü NJW 1973, 2220; BayVBl 1974, 293; 1985, 277.

geladenen eingelegten RMittel gilt § 154 Abs 2. Zur Übernahme von Kosten des Beigeladenen auf die Staatskasse vgl auch BGH NVwZ 1983, 64 sowie unten 24.

22 Die Erstattung setzt immer eine dahingehende **ausdr Entscheidung des Gerichts** voraus (VG Berlin NJW 1976, 1707), für die Entsprechendes gilt wie für die Entscheidung nach Abs 2 S 2 (vgl oben 17). Die Entscheidung ist **vAw** zu treffen u erfordert keinen entspr Antrag des Beigeladenen (Mü BayVBl 1974, 293 u 310; Schübel-Pfister JuS 2007, 25). **Enthält eine Kostenentscheidung keinen Ausspruch** über die außergerichtlichen Kosten des Beigeladenen, so kann darin die Ablehnung einer Erstattung nur gesehen werden, wenn sich ein dahingehender Wille des Gerichts aus der Begründung ergibt; sonst ist die Kostenentscheidung unvollständig u muß ggf **nach § 120 ergänzt** werden (JR 1965, 179; Mü BayVBl 1973, 249; 1991, 661; DÖV 1990, 158: kann nicht auch durch Beschluß nachgeholt werden). Vgl im einzelnen 5 zu § 120.

23 Die Erstattung der außergerichtlichen Kosten des Beigeladenen – dazu können **auch Kosten des VorVf** gehören,[59] einschließlich der Kosten für die **Zuziehung eines Bevollmächtigten,** wenn sie der Beigeladene zu seiner Rechtsverfolgung für erforderlich halten durfte (NJW 1995, 2867; Ms NVwZ-RR 2007, 214) – entspricht **idR nur dann** der **Billigkeit, wenn** der Beigeladene erfolgreich **Anträge gestellt** oder RMittel eingelegt hat, da er mit der Antragstellung auch das Risiko eigener Kostenpflicht nach § 154 Abs 3 übernommen hat, oder wenn der Beigeladene **das Vf sonst wesentlich gefördert** hat;[60] die bloße Stellung als notwendig Beigeladener reicht noch nicht aus.[61] Deshalb sind die außergerichtlichen Kosten des Beigeladenen im Vf der Nichtzulassungsbeschwerde der unterliegenden Partei nicht aufzuerlegen, wenn das BVerwG – oder vor dem Nichtabhilfebeschluß das OVG – dem Beigeladenen nicht durch Zustellung der Beschwerdebegründung Gelegenheit u Veranlassung gegeben hat, sich zur Frage der Zulassung der Revision zu äußern (NJW 1995, 2867; NVwZ-RR 2001, 276). Auch im BerufungszulassungsVf sind die außergerichtlichen Kosten eines Beigeladenen idR nicht aus Billigkeitsgründen der unterliegenden Partei aufzuerlegen (Mü NVwZ-RR 2002, 786 f). Ist ein Dritter zu Unrecht beigeladen worden, so entspricht es idR der Billigkeit, seine außergerichtlichen Kosten der Staatskasse aufzuerlegen (NVwZ-RR 1998, 389). Selbst im Fall einer Antragstellung durch den Beigeladenen entspricht es vielfach nicht der Billigkeit, die außergerichtlichen Kosten des Beigeladenen dem unterlegenen Beteiligten aufzuerlegen, wenn der Antrag des Beigeladenen keine Begründung enthält (BVerwG 17. 2. 1993 – 4 C 16/92). Die außergerichtlichen Kosten des Beigeladenen dem unterliegenden Beteiligten aufzuerlegen, entspricht im Fall einer **Beschwerde gegen die Nichtzulassung der Revision** nur dann der Billigkeit, wenn das BVerwG eine Anhörung des Beigeladenen veranlaßt hat. Äußert sich der Beigeladene ohne Veranlassung durch das Gericht, hat er seine außergerichtlichen Kosten selbst zu tragen (Buchh 310 § 162 VwGO Nr 28 u 29).

24 **Als unterliegende Partei** iSd Vorschrift ist **auch der** Kl anzusehen, **der** die **Klage zurücknimmt**[62] oder sich mit dem Bekl **außergerichtlich einigt,** ohne

---

[59] Vgl Ko NJW 1965, 930; Mü BayVBl 1978, 412; RÖ-Kothe 15.

[60] NVwZ-RR 2001, 276; Ks VRspr 21, 889; Ms 7. 8. 1996 – 17 A 1164/94; Mü BayVBl 1991, 477; RÖ-Kothe 15; Schübel-Pfister JuS 2007, 25; eingeh Jäde BayVBl 1989, 202 mwN.

[61] NVwZ-RR 2001, 276; Mü BayVBl 1991, 477; zT **aA** BVerwG 14, 175 = DVBl 1959, 214; Ma VBlBW 1984, 74; 1996, 437 (unter Aufgabe von VBlBW 1987, 68); RsprD-LS 346/1997: es entspricht regelmäßig der Billigkeit, die dem notwendig beigeladenen Bauherrn entstandenen Kosten auch dann dem unterlegenen Nachbarn aufzuerlegen, wenn er keinen Antrag gestellt oder den Prozeß nicht wesentlich gefördert hat; Mü BayVBl 1985, 277; AnwBl 1994, 475; NVwZ-RR 2000, 333; Ms DVBl 1993, 125.

[62] Ks VRspr 21, 887; Mü NJW 1973, 2220 = BayVBl 1974, 310 mwN; BayVBl 1974, 293; 1985, 277; Ey-J. Schmidt 16.

daß hins der Kosten des Beigeladenen eine Regelung vereinbart wird (Mü BayVBl 1973, 81). **Der Staatskasse** sind idR die Kosten aufzuerlegen, wenn die Beiladung sachlich nicht begründet war;[63] insoweit ist nicht Voraussetzung, daß der Staat oder der VöI am Vf beteiligt war. Der zu Unrecht Beigeladene hat die außergerichtlichen Kosten aber dann selbst zu tragen, wenn er die Beiladung durch einen RA **beantragt** hat (Mü NVwZ-RR 2006, 440).

Für die **Berechnung der zu erstattenden Kosten** ist beim Beigeladenen nicht vom vollen StrW der Hauptsache, sondern vom **Anteil der Beteiligung** daran auszugehen (Lü NJW 1977, 917; für den Fall einer Mehrzahl von Beigeladenen auch BVerwG MDR 1973, 161). 25

§ 163 *[Kostenpflicht öffentlicher Rechtsträger]*

(weggefallen)

§ 163, der in Abs 1 die Unanwendbarkeit von Bestimmungen (insb des Landesrechts) über die Kostenfreiheit öffentlicher Rechtsträger in verwaltungsgerichtlichen Vf vorsah, wurde durch G v 20. 8. 1975 (BGBl I 2189) aufgehoben u durch § 2 Abs 3 GKG aF (jetzt § 2 Abs 4 GKG) ersetzt. Danach finden im Vf vor den Verwaltungsgerichten bundesrechtliche oder landesrechtliche **Vorschriften über persönliche Kostenfreiheit keine Anwendung, wohl aber** Vorschriften über **sachliche Kostenfreiheit** (vgl § 188 S 2). Nicht von Kosten freigestellt sind gem § 2 Abs 4 GKG nichtrechtsfähige Anstalten des öffentlichen Rechts mit eigenem Wirtschaftsplan (BGH DÖV 1982, 252). 1

Str ist, ob durch die Aufhebung des § 163 die in Abs 2 vorbehaltene persönliche Kostenbefreiung zugunsten der **Kirchen u anderer Religionsgemeinschaften** des öffentlichen Rechts entfallen sind. Eine § 163 Abs 2 entspr Regelung ist nicht in § 2 GKG aufgenommen worden. Der Rechtsausschuß des Bundestages hatte die Übernahme als entbehrlich angesehen, weil die Kostenfreiheit ein Bestandteil der verfassungsrechtlich verbürgten Staatsleistungen iSd Art 138 Abs 1 WRV darstelle (BT-Dr 7/2016, 67). Eine solche verfassungsrechtliche Garantie existiert jedoch nicht, so daß seit der Aufhebung des § 163 Abs 2 für die Kirchen u andere Religionsgemeinschaften grds keine persönliche Kostenfreiheit im Verwaltungsprozeß mehr besteht.[1] 2

§ 164 [Kostenfestsetzung]

Der Urkundsbeamte des Gerichts des ersten Rechtszugs setzt auf Antrag den Betrag der zu erstattenden Kosten fest.[1 ff]

Vgl §§ 103–105 ZPO; § 197 SGG; § 149 FGO

1. Die Festsetzung der im Verhältnis der Beteiligten zueinander **zu erstattenden Kosten** erfolgt aufgrund der Kostenentscheidung des Gerichts (bzw der in einem Vergleich getroffenen oder gem § 160 dafür maßgeblichen Regelung, vgl OLG München NJW 1975, 1266) durch den **Kostenfestsetzungsbeschluß des Urkundsbeamten.** Sie hat die Vollstreckbarkeit des Urteils oder sonstiger vollstreckbaren Titel gem § 168 – auch eines gerichtlichen Vergleichs (aufgrund eines außergerichtlichen Vergleichs ist dagegen eine Kostenfestsetzung nicht möglich) – zur Voraussetzung. Schadensersatzanspr können nicht Gegenstand des 1

---

[63] BFH NVwZ 1983, 64; Ks NJW 1979, 178; Mü NVwZ-RR 1998, 389; RÖ-Kothe 15; zu gerichtlichen Kosten s 25 zu § 155.

[1] NVwZ 1996, 786 u 787 mit Besprechung Weber JuS 1997, 113; Lü NVwZ 1993, 704; aA Lü NVwZ 1987, 704; RÖ-Kothe 1; Sch-Pietzner 2.

KostenfestsetzungsVf sein (OLG Zweibrücken JurBüro 1986, 618; vgl auch Dittmar NJW 1986, 2088).

2 Die Festsetzung der **Gerichtskosten** u der zu erstattenden **Anwaltsgebühren** erfolgt nach dem GKG bzw nach diesem iVm dem RVG. Grundlage der Kostenfestsetzung nach § 164 ist der vom Gericht nach § 62 f GKG für das Vf festgesetzte **Gegenstandswert.** S zur Festsetzung der Gerichtskosten unten 4, der Anwaltskosten unten 5.

Schließt sich an ein VorVf gem §§ 68 ff ein gerichtliches Vf an, so wird der **Gegenstandswert für das VorVf** inzident im Kostenfestsetzungsbeschluß nach § 164 festgesetzt (Mü NVwZ-RR 1993, 334; BayVBl 1995, 599). Iü gelten auch für die Festsetzung des Gegenstandswertes des VorVf die für das gerichtliche Vf geltenden Vorschriften (Mü NVwZ-RR 1993, 334; BayVBl 1995, 599). Eine inzidente Feststellung eines höheren Gegenstandswertes für das VorVf (zB wenn der Streitggst im VorVf weiter reicht als im gerichtlichen Vf) ist nicht möglich (Mü BayVBl 1995, 599).

3 **2. Kostenfestsetzungsverfahren:** Die Festsetzung der zu erstattenden Kosten erfolgt nur auf **Antrag** des nach der Kostenentscheidung des Gerichts Erstattungsberechtigten. Zur Verjährung des Anspr auf Kostenfestsetzung vgl OLG München NJW 1971, 1755; zur Berücksichtigung von **Einwendungen** gegen den Kostenanspr schon im FestsetzungsVf KG MDR 1976, 584; OLG Hamburg MDR 1976, 585. **Die** zur Festsetzung beantragten **Kosten** sind **glaubhaft** (§ 294 ZPO) zu machen. Welche Kosten anzuerkennen sind, ergibt sich aus § 162. Für das Vf gelten die §§ 103 ff ZPO entspr.[1] Vor der Festsetzung ist dem Gegner Gelegenheit zur Stellungnahme **(rechtliches Gehör)** zu geben (OLG Köln JurBüro 1986, 1724; LG Aachen RPfl 1990, 348; NKVwGO-Neumann 40), auch öffentlichen Rechtsträgern (OLG Düsseldorf RPflg 1988, 166; Lappe NJW 1989, 3261). Der **Urkundsbeamte** handelt bei der Festsetzung als richterliches Organ u ist an Weisungen nicht gebunden (Ey-Geiger 4). Der Kostenfestsetzungsbeschluß ist – zumindest bei Zweifeln hins der Erstattungsfähigkeit – **zu begründen** (LG Aachen RPfl 1990, 348). Er ist Vollstreckungstitel gem § 168 Abs 1 Nr 4. Vgl allg zur Kostenfestsetzung auch BGH 28, 309, zur (formellen u materiellen) **RKraft** des Kostenfestsetzungsbeschlusses u zur Zulässigkeit einer Nachfestsetzung für zunächst nicht geltend gemachte Kosten OLG Frankfurt JurBüro 1986, 599; OLG Hamburg JurBüro 1986, 462. Zur **Anfechtung des Kostenfestsetzungsbeschlusses** gem § 164 s §§ 165, 151.

4 **3. Die Festsetzung der Gerichtskosten: Die Gerichtskosten** werden nicht nach § 164, sondern aufgrund des GKG von der Gerichtskasse angesetzt u durch **gerichtliche Kostenrechnung** geltend gemacht (RÖ-Kothe 2). S allg dazu auch Fischer-Hüftle BayVBl 1983, 687; zur Anfechung 1 u 5 zu § 165; zum Erlaß von Gerichtskosten Bln NVwZ 1983, 681: keine Gnadenentscheidung; Streitigkeiten im VRW auszutragen. Zur Festsetzung des für die Berechnung der Gerichtskosten wie auch der Rechtsanwaltsgebühren usw maßgeblichen **StrW** (Gegenstandswert), die ebenfalls aufgrund des GKG erfolgt, vgl 6 ff, 1 ff zu Anh § 164. Der StrW wird gem §§ 62 ff GKG grds **durch Beschluß des Gerichts** festgesetzt. Zur Nichterhebung von Gerichtskosten wg **Verschulden des Gerichts** s 24 zu § 155.

5 **4. Die Festsetzung der Anwaltskosten:** Von der Kostenfestsetzung gem § 164 ist die Festsetzung des Vergütungsanspr eines RA gegen seinen Mandanten gem § 11 RVG zu unterscheiden.[2] **Antragsberechtigt** ist nicht nur der Prozeß-

---

[1] Ma NVwZ-RR 2004, 310: Erklärung des RA eines Beteiligten nach § 104 Abs 2 S 3, dieser sei nicht zum Abzug der Vorsteuer berechtigt, ist der Kostenfestsetzung regelmäßig zugrunde zu legen, es sei denn, sie ist „greifbar unrichtig".

[2] Vgl dazu Bank NJW 1977, 1626; ferner auch BVerfG NJW 1977, 145; BGH 28, 309.

bevollmächtigte, sondern **auch der Mandant** (OLG Köln JurBüro 1984, 1356: der Mandant kann feststellen lassen, daß dem Prozeßbevollmächtigten kein Vergütungsanspr zusteht). Nach § 11 RVG ist jedoch die Festsetzung abzulehnen, **soweit** der Ag **Einwendungen** oder Einreden erhebt, die nicht im Gebührenrecht ihren Grund haben. Nicht gebührenrechtlich idS ist ein Einwand, der sich gegen den Gebührenanspr dem Grunde nach richtet (Mü BayVBl 1991, 221). Im KostenfestsetzungsVf ist grds nicht zu prüfen, ob die Bevollmächtigung des Anwalts wirksam war (Hbg NVwZ 2006, 1301). Auf die Verjährung des anwaltlichen Vergütungsanspr kann sich der Kostenschuldner nur berufen, wenn der Kostengläubiger ggü seinem Anwalt die Einrede der Verjährung erhebt (Mü NVwZ-RR 2004, 227).

Vor der Entscheidung über einen Antrag gem § 11 RVG ist dem Ag **rechtliches Gehör** zu gewähren (OLG Frankfurt NJW 1984, 744). Für die **Vollstreckung** aus dem Vergütungsfestsetzungsbeschluß sind **die Verwaltungsgerichte zuständig.**[3] Die Festsetzung kann **auch ggü den Erben** beantragt werden (OLG Köln JurBüro 1982, 76).

Anhang zu § 164

§ 52 GKG Verfahren vor Gerichten der Verwaltungs-, Finanz- und Sozialgerichtsbarkeit

(1) **In Verfahren vor den Gerichten der Verwaltungs-, Finanz- und Sozialgerichtsbarkeit ist, soweit nichts anderes bestimmt ist, der Streitwert nach der sich aus dem Antrag des Klägers für ihn ergebenden Bedeutung der Sache nach Ermessen zu bestimmen.**

(2) **Bietet der Sach- und Streitstand für die Bestimmung des Streitwerts keine genügenden Anhaltspunkte, ist ein Streitwert von 5.000 Euro anzunehmen.**

(3) **Betrifft der Antrag des Klägers eine bezifferte Geldleistung oder einen hierauf gerichteten Verwaltungsakt, ist deren Höhe maßgebend.**

(4) **In Verfahren vor den Gerichten der Finanzgerichtsbarkeit darf der Streitwert nicht unter 1.000 Euro, in Verfahren vor den Gerichten der Sozialgerichtsbarkeit und bei Rechtsstreitigkeiten nach dem Krankenhausfinanzierungsgesetz nicht über 2.500.000 Euro und in Verfahren vor den Gerichten der Verwaltungsgerichtsbarkeit über Ansprüche nach dem Vermögensgesetz nicht über 500.000 Euro angenommen werden.**

(5) **Im Verfahren, das die Begründung, die Umwandlung, das Bestehen, das Nichtbestehen oder die Beendigung eines besoldeten öffentlich-rechtlichen Dienst- oder Amtsverhältnisses betrifft, ist Streitwert**

1. **der 13fache Betrag des Endgrundgehaltes zuzüglich ruhegehaltfähiger Zulagen, wenn Gegenstand des Verfahrens ein Dienst- oder Amtsverhältnis auf Lebenszeit ist;**
2. **in sonstigen Fällen die Hälfte des sich nach Nummer 1 ergebenden Betrags, die Hälfte des 13fachen Anwärtergrundbetrags zuzüglich eines Anwärtersonderzuschlags oder die Hälfte des vertraglich für die Dauer eines Jahres vereinbarten Gehalts.**

Betrifft das Verfahren die Verleihung eines anderen Amts oder den Zeitpunkt einer Versetzung in den Ruhestand, ist Streitwert die Hälfte des sich nach Satz 1 ergebenden Betrags.

---

[3] Ms NJW 1980, 2373; 1984, 2484; 1986, 1190: Vollzug gem § 167 Abs 1 S 2; LG Bonn NJW 1977, 814; LG Bochum Rpfl 1978, 426; RÖ-v Nicolai 12 zu § 168; Sch-Pietzner 29 zu § 168; aA Ko NJW 1980, 1541; Lü NJW 1984, 2485; Ms NJW 1987, 396; Gerold/Schmidt BRAGO 12. Aufl 59 zu § 19 BRAGO. S auch 6 zu § 168.

(6) **Ist mit einem in Verfahren nach Absatz 5 verfolgten Klagebegehren ein aus ihm hergeleiteter vermögensrechtlicher Anspruch verbunden, ist nur ein Klagebegehren, und zwar das wertmäßig höhere, maßgebend.**

(7) **Dem Kläger steht gleich, wer sonst das Verfahren des ersten Rechtszugs beantragt hat.**

Schrifttum: *Bräutigam,* Streitwertbemessung im verwaltungsgerichtlichen Verfahren, NVwZ 1989, 1022; *Noll,* Die Streitwertfestsetzung im öffentlichen Baurecht, Gelzer-FS 1991, 125; *Oestreicher,* Gerichtskosten und Streitwert im Verwaltungsprozeß, Schmidt-FS 1981, 123; *Scherer,* Grundlagen des Kostenrechts: Rechtsanwaltsvergütungsgesetz RVG, 11. Aufl 2006; *Schmidt,* Der Streitwert in der Verwaltungsgerichtsbarkeit, AnwBl 1983, 303; *Schneider/Herget,* Streitwertkommentar für den Zivilprozess, 12. Aufl 2006; *Schumann,* Grundsätze des Streitwertrechts, NJW 1982, 1257; *ders,* Anspruchsmehrheiten im Streitwertrecht, NJW 1982, 2800; *Zimmer,* Zur Streitwertfestsetzung im verwaltungsgerichtlichen Verfahren, NVwZ 1988, 706; *ders,* Entwicklung des Streitwertrechts in der Verwaltungsgerichtsbarkeit seit 1988, NVwZ 1991, 547, seit 1991, NVwZ 1995, 138; *Zimmer/Schmidt,* Der Streitwert im Verwaltungs- und Finanzprozeß, 1991.

Übersicht

1 **1. Allgemeines:** Nachdem die ursprüngliche Übergangsvorschrift des § 189 aF schon durch G v 20. 8. 1975 (BGBl I 2189, 2229) aufgehoben worden war, gilt **auch für die Vwgbk** für die **Berechnung der Gerichtskosten** (Gerichtsgebühren) ausschließlich das **GKG,** das eine weitgehende Vereinheitlichung des Gerichtskostenrechts für die ordentliche Gerichtsbarkeit u die übrigen Gerichtsbarkeiten gebracht hat.

2 Die **Festsetzung des StrW,** der **für** die Berechnung der **Gerichtskosten** maßgebend ist, erfolgt gem **§§ 52, 39 ff GKG.** Vom StrW einer Sache im allg ist der **für RMittel,** dh für Berufungs-, Revisions- oder BeschwerdeVf, gem § 47 GKG maßgebliche **StrW (Berufungs-, Revisions- oder Beschwerdesumme)** zu **unterscheiden.**

Vom **StrW** im dargelegten Sinn ist der für die Berechnung der **Rechtsanwaltsgebühren maßgebende Gegenstandswert** zu unterscheiden, dessen Höhe grds, jedoch nicht immer, der Höhe des StrW entspricht (§§ 23 Abs 1 S 3, 32 Abs 1 RVG), zB nicht beim Gegenstandswert für das Vf zur PKH, der nach RVG/VV Nr 3335 nach dem Wert der Hauptsache zu bestimmen ist, während es für den StrW nach § 52 Abs 1, 2 GKG auf die Prozeßkosten ankommt. In gerichtskostenfreien Vf (zB § 188 S 2, § 30 RVG, § 6 Abs 3 S 1 VZOG) bedarf es keiner Streitwertfestsetzung. Auf Antrag wird in diesen Fällen der Gegenstandswert durch Beschluß festgesetzt (§ 33 Abs 1 u 2 RVG). Vgl dazu sowie allg zur Unterscheidung von StrW u Gegenstandswert ua Lappe NJW 1993, 2785. In **Disziplinarsachen** erfolgt weder eine Festsetzung des StrW noch eine solche des Gegenstandswerts. Die RA-Gebühren sind hier analog RVG/VV Nr 6200 ff festzusetzen (vgl noch zur BRAGO DVBl 1996, 508; Ma 8. 11. 1996 – D 17 S 5/96; Lü ZBR 1996, 191 L).

3 **2. Gerichtskosten, Wegfall der Zulässigkeit der Anforderung eines Kostenvorschusses:** Gem § 1 Nr 2 GKG werden für das Vf vor den Gerichten der Vwgbk nach der VwGO Kosten **(Gebühren u Auslagen)** nur **nach dem GKG** erhoben. Die Kosten werden durch die Gerichtskasse angesetzt u durch

Übersendung einer entspr **Kostenrechnung** geltend gemacht (s 4 zu § 164). Zu den insoweit gegebenen Rechtsbehelfen s 5 zu § 165. Sonderbestimmungen gelten hins der Kostenfreiheit (§ 2 Abs 4 GKG) u der Berechnung des StrW (§ 52 GKG).

Nicht mehr vorgesehen ist die früher gem § 189 Abs 2 aF iVm landesrechtlichen Vorschriften bestehende Möglichkeit, einen Gerichtskostenvorschuß anzufordern (s dazu 1. Aufl 2 zu § 189). Zur Anforderung eines **Kostenvorschusses im WiderspruchsVf** s 10 zu § 69. 4

3. Streitwert: a) Festsetzung des Streitwerts. Das Gericht hat nach §§ 62, 63 GKG **grds für jedes Vf** (zu Ausnahmen s oben 2) den StrW festzusetzen, wenn dies ein Beteiligter oder die Staatskasse beantragt oder das Gericht es für angemessen erachtet (was idR geboten ist). Die Festsetzung erfolgt im Urteil oder durch **Beschluß,** der nach § 122 Abs 2 zu **begründen** ist (vgl Bln JR 1962, 273; **aA** Mü NJW 1972, 200). Zum Vf im einzelnen u zur Abänderbarkeit der Entscheidung unabhängig von einem dagegen ergriffenen Rechtsbehelf s § 68 GKG sowie 9 zu § 165. Gegen den Beschluß, mit dem der StrW festgesetzt wird, haben die Betroffenen die Beschwerde gem § 68 GKG. S im einzelnen 6 zu § 165; dazu, daß der StrW vom Gericht nicht unangemessen hoch festgesetzt u dadurch die Beschreitung des Rechtswegs in unsachgemäßer u unzumutbarer Weise erschwert u damit die verfassungsrechtliche Gewährleistung effektiven Rechtsschutzes verletzt werden darf, s BVerfG 11, 143; 50, 217; DVBl 1994, 43; ET 1983, 54. 5

b) Streitwertkatalog (StrWK). Das Gerichtskosten- bzw Streitwertrecht kennt für die Vwgbk **keine** gesetzliche oder durch VO festgelegte **Streitwerttabelle** für einzelne Sachgebiete, Verfahrensarten usw. Einen gewissen Ersatz dafür bietet seit 1989 der „Streitwertkatalog für die Vwgbk" (StrWK), der derzeit in der Fassung vom Juli 2004 vorliegt u unter 14 abgedruckt ist (vgl krit Geiger BayVBl 1997, 106 zur Fassung vom Januar 1996; zur Lit zu den früheren Fassungen s 10. Aufl 6 zu § 189). Der **StrWK** hat keine normative Verbindlichkeit, sondern enthält **lediglich** – letztlich für die Gerichte nicht verbindliche – **Empfehlungen** (BVerfG DVBl 1994, 43; Mü NVwZ-RR 2004, 158; vgl auch StrWK I 1); verbindlich für die Gerichte sind allein u ausschließlich die §§ 52, 39 ff GKG. Er ist „nur eine Handreichung für die Praxis, keine anwendbare oder auslegungsfähige Rechtsnorm" (Mü NVwZ-RR 2004, 158). **Abweichungen** von den Empfehlungen des StrWK können von den Betroffenen auch nicht als Verstoß gegen Art 3 GG mit Rechtsbehelfen geltend gemacht werden (BVerfG DVBl 1994, 43). Soweit das GKG die Festsetzung der Höhe des StrW in das Ermessen des Gerichts stellt, ergeben sich **Grenzen nur** aus der **Gewährleistung effektiven Rechtsschutzes** (s oben 5) u dem **Willkürverbot** (BVerfG DVBl 1994, 43). Obwohl dem StrWK keine normative Wirkung zukommt, kann er den Gerichten als Orientierungshilfe dienen (BayVBl 1994, 730; Mü BayVBl 1994, 508) u so zu einer Vereinheitlichung der Rspr führen. Bedenklich ist es allerdings, wenn der StrWK in manchen Formulierungen Abweichungen von gesetzlichen Vorgaben des § 52 GKG zumindest suggeriert. So **müssen** etwa die „Richtwerte" des StrWK selbstverständlich unter- oder überschritten werden, wenn der Einzelfall dazu Anlaß gibt (anders noch contra legem StrWK I 1 S 3 idF v Januar 1996: können). 6

c) Allgemeine Maßstäbe für die Bestimmung des Streitwerts. Gem **§ 52 Abs 1 GKG** (ggf iVm § 53 Abs 3 GKG) ist der StrW vorbehaltlich etwaiger Sondervorschriften nach der sich **aus dem Antrag des Kl für ihn ergebenden Bedeutung der Sache** nach Ermessen zu bestimmen.[1] Regelmäßig ergibt sich 7

---

[1] DVBl 1977, 654; NVwZ-RR 1992, 447; Bln NVwZ-RR 2001, 277 (Freistellung für Verantwortlichkeit von Altlasten); Gr NVwZ-RR 2001, 279 (Klage auf Auskunftserteilung nach dem Wert des für die Auskunftserteilung erforderlichen Zeitaufwands); Gr NVwZ-RR 2004, 226 (StrW bei Festsetzung des Jubiläumsdienstalters); Ko NVwZ-RR 2001, 279 (beamtenrechtliche Streitigkeit betr Erholungsurlaub pauschalierend 100 DM je Urlaubstag).

die Bedeutung der Sache aus den **wirtschaftlichen Auswirkungen** des Obsiegens, also dem Vermögenswert, den der Kl im Falle seines vollständigen Obsiegens erzielt bzw behält (vgl Ma NVwZ-RR 1990, 386). Sofern wirtschaftliche Auswirkungen fehlen bzw dem Interesse nicht in vollem Umfang Rechnung tragen, sind **auch ideelle Interessen** wirtschaftlich zu bewerten (vgl NVwZ-RR 1996, 237). Grds **nicht zu berücksichtigen** sind Interessen, die über das konkrete, unmittelbar im Klageantrag zum Ausdruck kommende Klageziel hinausreichen, wie etwa **mittelbare Auswirkungen oder mögliche Fernziele,** die durch das KlageVf erreicht oder gefördert werden sollen (Mü NVwZ 1991, 597 mwN; vgl Hartmann 8 zu § 52 GKG). Gleiches gilt für **Liebhaberinteressen** u für nur entfernte Folgewirkungen (Ma NJW 1977, 82; Hbg NVwZ-RR 1991, 671). Nicht zu berücksichtigen ist auch die etwaige allg **„überindividuelle" Bedeutung** einer Sache oder der Umfang der Sache u der damit verbundene Arbeitsaufwand für das Gericht oder die Beteiligten (DVBl 1977, 654), insb auch die Bedeutung eines Vf als „Musterprozeß" (Schumann NJW 1982, 1258).

Auf die **Bedeutung** der Sache **für den Prozeßgegner** oder für Beigeladene kommt es dabei nach dem ausdr Wortlaut des § 52 Abs 1 GKG **nicht** an.[2]

Anders als in bürgerlichen Rechtsstreitigkeiten spielt die Unterscheidung von vermögensrechtlichen u nichtvermögensrechtlichen Streitigkeiten nach § 52 GKG keine Rolle mehr (Mü BayVBl 1980, 125; 1982, 285), so daß sich eine Zuordnung der Streitigkeiten erübrigt.

8 **d) Auffangstreitwert (§ 52 Abs 2 GKG).** Nur wenn der Sach- u Streitstand keine genügenden Anhaltspunkte für die Festsetzung eines höheren oder niedrigeren StrW gem § 52 Abs 1 GKG gibt, ist gem § 52 Abs 2 GKG ein StrW von 5000,– Euro (seit 1. 7. 2004, vorher 4000,– Euro) anzunehmen.[3] Darunter fällt zB der StrW bei Klage auf Erteilung einer nicht kommerziellen Fernsehkonzession (Gr NVwZ-RR 2000, 732), bei einer Klage gegen lebensmittelrechtliche Maßnahmen einer Behörde (Ms NVwZ-RR 2000, 120) oder bei einer Nachbarklage gegen Sondernutzungserlaubnis (Mü NVwZ-RR 2004, 308). Der AuffangStrW von 4000 Euro nach § 13 Abs 1 S 2 GKG aF gilt auch in den vor dem 1. 1. 2002 anhängigen, aber noch nicht abgeschlossenen Vf (Br NordÖR 2002, 150; Ma VBlBW 2002, 81; **aA** Ks 14. 1. 2002 – 12 TG 724/01).

9 **e) Maßgeblicher Zeitpunkt; Rechtsmittelverfahren.** Nach § 40 GKG ist für die Wertberechnung der Zeitpunkt der die Instanz einleitenden Antragstellung maßgeblich. Wird der **Antrag** im Laufe des Vf **ermäßigt,** werden mehrere Anspr getrennt oder ergeht ein Teilurteil, ist für die später anfallenden Gebühren ein zweiter StrW anzusetzen (so bereits für § 15 GKG aF Buchh 310 § 161 VwGO Nr 51; Mü BayVBl 1984, 221 – betr Gegenstandswert). Im Fall der **Klageerweiterung** ist ab diesem Zeitpunkt ein zweiter (erhöhter) StrW festzusetzen (vgl auch BT-Dr 12/6962, 62).

Für **RMittel** kommt es gem § 47 GKG auf das Interesse des Rechtsmittelführers am RMittel an, das nicht notwendig mit dem erstinstanzlichen StrW identisch sein muß.[4] Gem § 47 Abs 2 S 1 GKG wird der StrW aber durch den Wert des Streitggst der ersten Instanz begrenzt (zu § 14 Abs 2 S 1 GKG aF 4. 11. 1994

---

[2] Ms VRspr 27, 1025; Mü BayVBl 1987, 380: bei der Klage gegen eine Enteignung ist die anfallende Entschädigung nicht abzuziehen; BayVerfGH BayVBl 1986, 204: unerheblich, ob u welche Einwendungen erhoben worden waren; Hartmann 8 zu § 52 GKG; **aA** Ko NVwZ-RR 1994, 384; s auch unten 11 – Beigeladene.

[3] Der sog AuffangStrW wird gelegentlich unzutr auch als RegelStrW bezeichnet; vgl NJW 1989, 3235.

[4] Buchh 360 § 25 GKG Nr 3; BGH NJW-RR 1991, 1083; Ks NVwZ-RR 1990, 223; Ma RsprD-LS 373/1996; Zimmer NVwZ 1991, 549; zT **aA** BVerwG NVwZ-RR 1989, 280; Buchh 360 § 14 GKG Nr 6: grds nach dem an der Bedeutung für den Kl ausgerichteten StrW erster Instanz. S auch 18 ff zu § 146.

– 6 KST 2/94). Dabei kommt es nicht auf die Höhe des in der Vorinstanz festgesetzten, sondern auf die Höhe des nach § 52 Abs 1 GKG objektiv angemessenen StrW an (zu § 13 Abs 1 GKG aF 25. 5. 1998 – 1 KST 1/98). Eine Beschränkung des StrW auf die Höhe der im erstinstanzlichen Vf angefallenen Kosten kommt bei einer nach Erledigung des Rechtsstreits eingelegten Beschwerde dann nicht in Betracht, wenn der ASt zunächst die erstinstanzliche Entscheidung verteidigt u erst im Laufe des BeschwerdeVf eine Erledigungserklärung abgibt (Ma NVwZ-RR 2007, 213). Ein durch eine Streitwertänderung nachträglich offenbar unrichtig gewordene erstinstanzliche Kostenentscheidung darf vom Rechtsmittelgericht geändert werden (Ms DÖV 2007, 37).

Das AbänderungsVf nach § 80 Abs 7 stellt weder ein RechtsmittelVf dar noch ist es diesem gleichzusetzen (Lü NVwZ-RR 1999, 813).

f) Bestimmung nach bezifferter Geldleistung (§ 52 Abs 3 GKG). Betrifft der Antrag eine bezifferte Geldleistung oder einen hierauf gerichteten VA (zB Anfechtung eines GeldleistungsVA, Ms NVwZ-RR 2000, 733; 2002, 77), so ist die Höhe der Geldleistung maßgeblich. Für Nebenforderungen gilt § 43 GKG, so daß Zinsen nicht mitzurechnen sind (so zu § 22 GKG aF Mü BayVBl 1971, 355). Ist die Geldleistung im Antrag oder im VA **nicht beziffert** worden, sondern **nur bestimmbar,** gilt nicht § 52 Abs 3 GKG, sondern § 52 Abs 1 GKG (so zu §§ 13 Abs 3 u Abs 1 S 1 GKG aF NVwZ 1988, 1019; **aA** Ms VSpr 31, 762). Bei **wiederkehrenden Leistungen** scheidet die Anwendbarkeit des § 52 Abs 3 GKG ebenfalls aus (so zu § 13 Abs 3 GKG aF NVwZ-RR 1989, 279). Hier erfolgt die Wertberechnung nach § 52 Abs 1 GKG, soweit nicht § 42 Abs 3 GKG einschlägig ist (NVwZ-RR 1989, 279; ZS 72). 10

g) Einzelfragen:[5] 11

- **Aufrechnung:** Eine Aufrechnung ist idR bei der Bestimmung des StrW nicht zu berücksichtigen.[6] Macht der Bekl **hilfsweise** die Aufrechnung mit einer bestrittenen Gegenforderung geltend, so sind gem § 45 Abs 3 GKG der StrW der Klage u der Wert der Gegenforderung zu addieren, wenn darüber eine rechtskraftfähige Entscheidung ergeht oder der Rechtsstreit durch einen Vergleich (§ 106) erledigt wird (so zu § 19 Abs 3 GKG aF Mü NVwZ-RR 2004, 619; vgl näher Hartmann 40 ff zu § 45 GKG; BL 15 ff zu Anh § 3 ZPO).
- **Beigeladene:** Sofern ein Beigeladener nur hins bestimmter Teilfragen betroffen ist, kommt die Festsetzung eines gesonderten, nur für ihn maßgeblichen StrW in Betracht, der von dem für die Klage festgesetzten StrW abweicht (Lü NVwZ-RR 2001, 278 – nur der Wert maßgeblich, den der ihn betr Teil des Klageanspr für den Kl hat; Mü BayVBl 1985, 414; s auch oben 7).
- **Bescheidungsklage** (StrWK 1.4; Bln NVwZ-RR 1997, 574).
- **Beweisverfahren:** Für das selbständige BeweisVf ist grds ein geringerer StrW anzusetzen als für das HauptsacheVf.[7]
- **Erledigung:** Bei Erledigung des Rechtsstreits durch übereinstimmende Erledigungserklärungen bleibt der StrW unverändert (FamRZ 1990, 1225; krit Lappe

---

[5] Die Numerierung des StrWK entspricht der aktuellen Fassung. Die Entscheidungen hingegen beziehen sich größtenteils auf den alten StrWK.

[6] Schumann NJW 1982, 1257; BL 15 zu Anh § 3 ZPO für den Fall der Hauptaufrechnung; zT **aA** – insb, wenn die Forderung, mit der aufgerechnet wird, bestritten wird – BFH NVwZ 1992, 208; OLG Schleswig JurBüro 1987, 737; OLG Frankfurt NJW-RR 1986, 1063; vgl ausf Sonnenberg/Steder RPfl 1995, 60.

[7] Str, wie hier, Mü NVwZ-RR 2001, 278 (Hälfte des Werts des zu sichernden Anspr); OLG Schleswig SchlHA 1993, 154: idR 1/20 des Werts der Hauptsache; OLG Celle MDR 1994, 415; OLG Hamm BauR 1995, 430; **aA** Lü NVwZ-RR 2005, 863; Mü MDR 1993, 287; OLG Koblenz MDR 1993, 287; OLG Köln NJW-RR 1994, 761; OLG Düsseldorf NJW-RR 1996, 383; BL 102 zu Anh § 3 ZPO; M 34 zu § 3 ZPO – Selbständiges BeweisVf; Z 16 zu § 3 ZPO – Selbständiges BeweisVf – mwN.

NJW 1992, 2801; 1993, 1369); ebenso bei Erledigung aufgrund einseitiger Erledigungserklärung u Erledigungsfeststellung durch Urteil (OLG Bamberg JurBüro 1983, 1561; allg Röchle AnwBl 1993, 317). Bei tlw Erledigungserklärung Reduzierung des Wertes um die anteiligen Kosten des erledigten Teils (Ma RsprD-LS 33/1999).

- **Feststellungsklage u FFK:** Sie sollen nach StrWK 1.3 ebenso zu bewerten sein wie eine auf das vergleichbare Ziel gerichtete Anfechtungs- bzw Verpflichtungsklage. Dies läßt sich aber nur dann vertreten, wenn auch das maßgebliche Interesse des Kl in beiden Fällen gleich zu bewerten ist, was gerade für eine FFK häufig nicht der Fall sein dürfte (AnwBl 1989, 235; Buchh 360 § 25 GKG Nr 3; Ks NVwZ-RR 1992, 218 mwN; Hartmann 12 zu § 52 GKG), aber auch bei einer negativen Feststellungsklage nicht immer zutrifft (Mü NVwZ-RR 2001, 277 f).
- **Haupt- u Hilfsantrag:** Es gilt § 45 Abs 1 S 2 u 3 GKG s StrWK 1.1.2. Danach wird ein hilfsweise geltend gemachter Anspr mit dem Hauptanspr zusammengerechnet, soweit eine Entscheidung über ihn ergeht. Betreffen die Anspr denselben Gegenstand, ist nur der Wert des höheren Anspr maßgebend. Frühere diesbezügliche Streitfragen sind damit überholt.
- **Klagenhäufung:** Im Fall einer **objektiven Klagenhäufung** (s § 44), also bei mehreren selbständigen Klagebegehren eines Kl, werden analog § 5 ZPO die Werte addiert (DÖV 1982, 410; StrWK 1.1.1), sofern keine wirtschaftliche Identität besteht.[8] Im Fall einer Anfechtungsklage gegen einen Leistungsbescheid, die aufgrund bereits erfolgter Zahlung mit einem Antrag auf Rückzahlung (Folgenbeseitigung gem § 113 Abs 1 S 2) verbunden wird, wird eine Identität bejaht (Mü BayVBl 1998, 445; Sa NVwZ-RR 1991, 392; ZS 14). Im **Ausländerrecht** wird eine Identität verneint hins der Erteilung einer Aufenthaltserlaubnis u der Aufhebung einer Ausweisungsverfügung (Br 6. 9. 1995 – 1 B 60/95; Sa 31. 5. 1996 – 9 W 61/95). Im **Baurecht** teilweise angenommen für Anfechtung von Bauvorbescheid u Baugenehmigung (Ma JurBüro 1995, 539).

  Im Fall der **subjektiven Klagenhäufung** (Streitgenossenschaft, s 1 zu § 64) handelt es sich um mehrere Klagen, mehrere Prozesse u mehrere Prozeßrechtsverhältnisse, die in einem Vf zu gemeinsamer Verhandlung u Entscheidung verbunden sind. Folglich sind die Werte der einzelnen Sachen zu addieren, es sei denn, die Kl begehren oder bekämpfen eine Maßnahme als Rechtsgemeinschaft (StrWK 1.1.3).[9] Bei der Bewertung der einzelnen Interessen kann jedoch zB berücksichtigt werden, daß es sich bei den Kl um mehrere Mitglieder einer Familie handelt (vgl NVwZ 1988, 264 – AsylVf; ZS 17 mwN). Ist neben dem Ausreisepflichtigen auch sein deutsches Kleinkind ASt, liegt ein wirtschaftlich identischer Streitggst vor (Hbg NVwZ-RR 2002, 308). Streben ein ausgewiesener Ausländer u sein deutscher Ehegatte gemeinsam die Befristung der Wirkungen der Ausweisung an, soll keine Zusammenrechnung erfolgen (NVwZ-RR 1991, 669). Ebenso keine Addition bei passiver Streitgenossenschaft auf der Antragsgegnerseite (Ma 27. 2. 2002 – 11 S 2554/01).
- **Prozeßbevollmächtigter:** Für die Zurückweisung eines Prozeßbevollmächtigten ist grds ein geringerer Wert als für das HauptsacheVf anzusetzen (BFH

---

[8] Gr NVwZ-RR 2004, 159; Mü NVwZ-RR 2004, 159; ZS 14; Ms NVwZ-RR 2006, 651 – Verbindung einer Feststellungsklage mit einer Leistungsklage, die das gleiche Ziel hat.

[9] Zur Zusammenrechnung Mü BayVBl 1985, 444; 1986, 222; 1991, 158; Ks MDR 1994, 735; Ma NVwZ-RR 1996, 480; NVwZ-RR 2006, 652 (bei teilbarer personenbezogener Allgemeinverfügung); NVwZ-RR 2006, 852 (anders nur bei einer unteilbaren Allgemeinverfügung); bei Gesamtschuldnerschaft keine Zusammenrechnung Lü NVwZ-RR 1994, 703; ebenso Br NordÖR 2000, 27; Mü BayVBl 2001, 316; keine Zusammenrechnung bei Rechtsgemeinschaft Lü NVwZ-RR 2006, 653.

NVwZ 1983, $^{1}/_{10}$ des Wertes der Hauptsache); ebenso für die Anordnung der Bestellung eines Prozeßbevollmächtigten (BFH 124, 16).

- **Rechtsmittelzulassung:** StrWK I 10; ebenso BFH 124, 310.
- **Rechtswegstreit:** Bei einer Beschwerde gem § 17a Abs 4 S 3 GVG gegen die Verweisung des Rechtsstreits gem § 17a Abs 2 S 1 GVG wie gegen den Ausspruch der Zulässigkeit des Rechtswegs gem § 17a Abs 3 GVG ist grds ein geringerer StrW als für das HauptsacheVf anzusehen.
- **Richterablehnung:** StrWK I 9 S 1; zust Ma NVwZ-RR 1993, 183; 1994, 303; **aA** Ks MDR 1993, 302: Auffangwert, geteilt nach der Zahl der abgelehnten Richter.
- **Verfahrensverbindung:** § 5 ZPO analog anwendbar ab Zeitpunkt der Verbindung (Sa 13. 3. 2001 – 1 Y 1/01); keine Zusammenrechnung der Werte, wenn Verbindung nur auf gemeinsame Verhandlung beschränkt (Hbg NVwZ 1999, 789).
- **Vergleich:** Gem § 45 Abs 4 GKG gilt § 45 Abs 1–3 GKG entspr. So ist etwa nur der bisher str Anspr, nicht dagegen das, was der Kl insgesamt durch den Vergleich erhält, maßgeblich (Mü BayVBl 1971, 438; OLG Schleswig JurBüro 1991, 584 m Anm Mümmler; **aA** ZS 59; Ms NVwZ-RR 2000, 332). Zur Festsetzung eines erhöhten VergleichsStrW Ms NVwZ-RR 1997, 197. Zum StrW der Klage auf Feststellung der Wirksamkeit eines Vergleichs We NVwZ-RR 1995, 551. Zur Festsetzung des Gegenstandswerts nach § 10 BRAGO (entspricht § 33 RVG) für einen überwiegend unstreitigen nicht rechtshängigen Anspr in einem außergerichtlichen Vergleich Bln MDR 1996, 1080.
- **Vollstreckungsverfahren:** StrWK 1.6. Zust für Zwangsmittelandrohungen: Ks NVwZ-RR 2000, 330; zumindest zT aber Ms 3. 4. 1995 – 7 E 129/94, wonach bei Vollstreckung von zu einer Handlung verpflichtenden Leistungsurteilen gegen eine ör Körperschaft auf die Bedeutung der zu vollstreckenden Handlung abzustellen ist. Der StrW für das VollstreckungsVf nach § 172 soll nach Ma NVwZ-RR 2001, 72 dem des vorangegangenen ErkenntnisVf entsprechen. Bei Anfechtung einer Instandsetzungsanordnung ist für zusätzliche Bewertung der Zwangsmittelandrohung kein Raum, wenn die wirtschaftliche Bedeutung für den Kl nicht über das Interesse an der Vermeidung der Instandsetzungskosten hinausgeht (nunmehr ausdr zum Fall der Androhung von Zwangsmitteln im Rahmen der Grundverfügung StrWK 1.6.2; NVwZ-RR 1994, 182; Bln NVwZ-RR 2001, 276; Ms NVwZ-RR 1998, 79; **aA** Ks NVwZ-RR 2000, 330; Ma NVwZ-RR 1995, 506).
- **Vorläufiger Rechtsschutz:** Für Vf nach § 80 Abs 5 u 7, § 80a Abs 3, § 123 oder § 47 Abs 6 ist grds gem § 53 Abs 3 GKG iVm § 52 GKG ein geringerer StrW als in dem entspr Hauptsacheprozeß anzusetzen (StrWK 1.5; allgM, zu § 20 Abs 3 GKG aF iVm § 13 GKG aF s zB Hbg NVwZ-RR 1993, 108; Ma NVwZ-RR 2004, 619). In Ausnahmefällen, in denen das Interesse an einer vorläufigen Regelung dasselbe ist wie an der endgültigen Regelung, insb, wenn die Entscheidung im Vf des vorläufigen Rechtsschutzes die Entscheidung in der Hauptsache ganz oder zT vorwegnimmt, kann ein höherer Ansatz gerechtfertigt sein (StrWK 1.5; Gr NVwZ-RR 2004, 159 [keine Herabsetzung des Gegenstandswertes, wenn es um Vorwegnahme der Hauptsache geht]; Ma NVwZ-RR 1994, 304; BRS 56 Nr 105; RsprD-LS 43/1995; Ms JurBüro 1997, 88: 3/4 bei vorläufiger Zulassung zum Studium; vgl auch Ko NVwZ 1983, 174: bei praktisch gleichem Interesse an der Aussetzung der Vollziehung derselbe Wert wie in der Hauptsache; ebenso Ma GewA 2000, 84 [für den für sofort vollziehbar erklärten Widerruf einer Gaststättenerlaubnis]). Bestimmt sich der StrW nach dem Auffangwert des § 52 Abs 2 GKG, gilt dies auch im vorläufigen RechtsschutzVf (Ma RsprD-LS 44/1995; Schl NordÖR 2000, 372).

– **Widerklage:** Im Fall einer Widerklage (s § 89), die mit der Klage in einem Prozeß verhandelt wird, kommt es für den StrW darauf an, ob die Klage u die Widerklage denselben Streitggst betreffen oder nicht. Nur im letzteren Fall werden die Einzelwerte zusammengerechnet (§ 45 Abs 1 S 1, 3 GKG), anderenfalls ist der Wert des höheren Anspr maßgebend (§ 45 Abs 1 S 3 GKG). Auf die **Hilfswiderklage** ist § 45 Abs 1 S 2, Abs 3 GKG anwendbar (Schneider MDR 1988, 464).
– **Zwischenstreit:** Bruchteil des Wertes der Hauptsache, u zwar regelmäßig ein Fünftel (Mü NVwZ-RR 2002, 156).

12 **h) Einzelne Sachgebiete:**[10]

– **Abfallentsorgung** (StrWK 2): Zu **2.2.1:** Bei enteignender Vorwirkung des Plans kommt es auf den Verkehrswert des betroffenen Grundstücks an (NVwZ-RR 1989, 459; Zimmer NVwZ 1995, 140). Bei der Anfechtung einer abfallrechtlichen Mitbenutzungsanordnung kann pro 1000 t Abfall ein StrW von 8000 DM angesetzt werden (Ks JurBüro 1992, 188). Zu **2.3:** NVwZ-RR 1996, 237.
– **Abgabenrecht** (StrWK 3): Zu **3.1:** Bei Beitragsgrundbescheiden ist ein Abschlag vorzunehmen (NVwZ 1988, 1019: 20%; Ko NVwZ-RR 1995, 62: 30%). Bei anzurechnenden Vorauszahlungen ergibt sich der Wert aus dem gesamten veranlagten Betrag, wenn der Kl die Forderung insgesamt bestreitet (Lü NVwZ-RR 1995, 622; Mü BayVBl 1998, 60; Ms ZMR 1977, 111). Zum StrW bei grundstücksbezogenen Abgabenbescheiden gegen Miteigentümer Ms NVwZ-RR 2006, 651 (höchster Geldleistungsbetrag). Zum StrW in Vf des vorläufigen Rechtsschutzes Ms 9. 3. 1999 – 3 B 126/99; Mü NVwZ-RR 1998, 205. Zum StrW bei NK-Vf gegen eine Gebührensatzung Ba SächsVBl 1998, 240; Mgd LKV 2001, 41 (Selbstauskunft über Einkommen); Gr NVwZ-RR 2001, 279 (nach Interesse des Auskunftspflichtigen an der Nichterteilung der Auskunft – idR Zeitaufwand). StrWK 3.3 sieht nunmehr ausdr vor, zumindest den Auffangwert festzusetzen. Zu **3.2:** abw Mü NVwZ-RR 1998, 788 für den Fall einer Klage auf unbefristete zinslose Stundung einer Erschließungsbeitragsforderung nach § 135 Abs 4 BauGB.
– **Asylrecht** (StrWK 5): nur Gegenstandswert, dazu vgl § 30 RVG, der § 83 b Abs 2 AsylVfG aF abgelöst hat; BayVBl 1994, 317; Ms AuAS 1997, 12 (keine Steigerung, wenn neben Anerkennung als Asylberechtigter auch eine Abschiebungsandrohung Gegenstand ist); Ma NVwZ-RR 2006, 151 (vorläufige Unterlassung einer Abschiebung: halbierter AuffangStrW, 2500 Euro): Die degressive Steigerung der StrW bei mehreren Familienangehörigen (§ 30 S 3 RVG) soll nicht gelten, wenn mehrere Familienangehörige auf Einbürgerung klagen (Ma RsprD-LS 74/1996 – unter Aufgabe von Ma VBlBW 1991, 185; ebenso Ms 22. 3. 2002 – 19 E 205/02; jeweils zu § 83 b Abs 2 AsylVfG aF). Zu § 83 b Abs 2 AsylVfG aF s weiter DVBl 1994, 537. § 30 RVG findet keine Anwendung auf die Erteilung eines Reiseausweises nach Art 28 Abs 1 Genfer Flüchtlingskonvention u auf die Erteilung einer Aufenthaltserlaubnis nach § 68 AsylVfG (so zu § 83 b Abs 2 AsylVfG aF Ms 19. 11. 1998 – 17 E 777/98).
– **Atomrecht** (StrWK 6): Anfechtungsklage eines Betriebsrats 60 000 DM (NVwZ-RR 1992, 447; JurBüro 1993, 173). Zu **6.1.6:** zust NVwZ 1993, 177; zu **6.2**: zust NVwZ 1995, 1009; zu Ko NVwZ-RR 1994, 384 s oben 7.
– **Ausbildungsförderung** (StrWK 7): Wg § 188 S 2 nur Festsetzung des Gegenstandswertes. Zur Bemessung des Gegenstandswertes bei Stundung von Ausbildungsförderungsrückzahlungensbeträgen Br NVwZ-RR 2005, 70; zur Berechnung des Gegenstandswerts bei Ausbildungsförderung Ms NVwZ-RR

[10] Die Numerierungen des StrWK entsprechen der aktuellen Fassung. Die Entscheidungen hingegen beziehen sich größtenteils auf den alten StrWK.

2001, 412; zum Gegenstandswert bei einer Klage, die auf Auskunftserteilung des Vaters des Auszubildenden über seine Vermögensverhältnisse gerichtet ist Ms NVwZ-RR 2001, 413; zinslose Stundung rückständiger Darlehensraten $^1/_4$ des Rückstandsbetrages (Ms FamRZ 2001, 1628).

- **Ausländerrecht** (StrWK 8): zu **8.1:** zust NVwZ-RR 1997, 126, 388, 752; NVwZ 1997, 1121; Sa JurBüro 2000, 420; Mü BayVBl 2001, 670; Ks JurBüro 2001, 595 (Sperrfrist nach § 8 Abs 2 AuslG aF – heute § 11 Abs 1 AufenthG –; zu **8.2:** zust Buchh 360 § 13 GKG Nr 72; NVwZ-RR 1997, 126, 388, 752; NVwZ 1997, 1121; **krit** Ks NVwZ-RR 1993, 56. Bei Klage auf Befristung der Wirkung einer Ausweisung ebenfalls Auffangwert (NVwZ-RR 1991, 669 – auch zur subjektiven Klagehäufung). Der für den Gegenstandswert nach dem AsylVfG maßgebliche § 30 RVG (früher § 83b Abs 2 AsylVfG) ist nicht analog anwendbar (Geiger BayVBl 1997, 107 m Nachw zur **aA**); zu **8.3:** zust Mü AuAS 2000, 153; Ms 1. 9. 2000 – 18 B 1223/00; abw Ma RsprD-LS 54/1999 (Auffangwert); ebenso Br 25. 6. 1998 – 1 BB 208/98 (Reduzierung bei minderjährigen Kindern); Sa 25. 5. 2000 – 9 W 1/00 (zugleich Sicherung eines beantragten Aufenthaltstitels); Bln 4. 3. 1998 – 6 L 4.98 (familienbedingter Abschlag); Ks 16. 3. 2001 – 12 TE 2960/00; Ma AuAS 2002, 7 (Aufhebung der Auflage der Erwerbstätigkeitsuntersagung). Zur Klagenhäufung s oben 11; zur Einbürgerung unten Staatsangehörigkeitsrecht.
- **Außenwirtschaftsrecht:** Negativbescheinigung über die Genehmigungsfreiheit für die Ausfuhr bestimmter Waren gem § 11 AußenwirtschaftsVO (AWV) aF: $^1/_3$ des voraussichtlichen Jahresgewinns aus der beabsichtigten Ausfuhr der die Negativbescheinigung betr Waren, da die Gültigkeit der Negativbescheinigung anders als die Ausfuhrgenehmigung unter der auflösenden Bedingung steht, daß die betr Waren Aufnahme in die Ausfuhrliste finden (Ks MDR 1994, 217).
- **Bau- u Bodenrecht** (StrWK 9): Zu **9.1.1–3:** Ms NWVBl 1996, 441 (teilweise Aufgabe der bisherigen Rspr wie zB Ms JurBüro 1995, 538); NVwZ 2001, 1055; Ms 17. 8. 2001 – 7 E 255/01; abw Ma RsprD-LS 102/1998 u 75/1998; NVwZ-RR 2000, 331 (ebenso Verlängerung der Geltungsdauer einer Baugenehmigung); Lü NVwZ-RR 2002, 156 (Seniorenresidenz: Je Wohneinheit Zuschlag von 50%). Zu – **9.1.4:** zust NVwZ 1997, 390; GewA 1996, 435; tlw abw Ms NWVBl 1997, 110 (Miet- bzw Pachtwert bei großflächigen Einzelhandelsbetrieben zwischen 10 u 20 DM pro qm Verkaufsfläche pro Monat; iü aber Anschluß an BVerwG). Zu **9.1.6:** Lü DÖV 2000, 340 (Diaprojektionswerbeanlage: 500 DM je Quadratmeter Projektionsfläche); Ms NVwZ-RR 2005, 864 (Werbespanntuch: 250 Euro je Quadratmeter Werbefläche); Bln DÖV 2001, 44 (zust pro Werbetafel auch an zusammenhängendem Anbringungsstandort); Ma RsprD-LS 154/2001 (Werbetafel mit getaktetem Bildwechsel mit 3 Darstellungen 15000 DM). Zu **9.1.9:** Jahresnutzwert: We 20. 12. 1995 – 1 VO 406/95; ThürVBl 1996, 65; Ms NWVBl 1991, 354; abw SächsVBl 2002, 111 (10% der Herstellungskosten); Ms JurBüro 2001, 479 (Windkraftanlage $^1/_{10}$ des Substanzwertes; s jetzt explizit 9.1.8, wo auf 10% der geschätzten Herstellungskosten abgestellt wird); zum StrW bei Abgrabungsgenehmigungen nach dem Abgrabungsgesetz Ms NuR 1999, 360 (pauschalierend nach dem Abgrabungs- u Verfüllvolumen); bei Sand u/oder Kies pauschalierend 0,50 EUR/cbm abzugrabenden Materials (Ms 25. 2. 2002 – 8 E 421/01). Speziell zur **Nutzungsänderung:** DVBl 1997, 433 (LS 3): regelmäßig auf den angestrebten Jahresnutzwert festzusetzen; We ThürVBl 1995, 209: wirtschaftlicher Vorteil ggü bisheriger Nutzung; bzgl Spielhalle Gr NVwZ-RR 1996, 547 (300 DM pro qm Grundfläche); Mü NVwZ-RR 1994, 62 (500 DM pro qm); Ms 14. 9. 2000 – 7 E 870/99 (nach Miet-/Pachtwert pauschalierend 25–45 DM pro qm). Zum Sonderfall einer Klage auf auflagenfreie Genehmigung We ThürVBl 1995, 16. Zu **9.2 Vorbescheid:** Zust NVwZ-

RR 2001, 802 (75%, wenn sämtliche Fragen des BauantragsVf ernsthaft streitig sein können); NVwZ-RR 2004, 307 (wird über die prinzipielle Bebaubarkeit gestritten, kann StrW noch höher angesetzt werden; auszugehen ist dann von der mutmaßlichen Bodenwertsteigerung); Schl NVwZ-RR 2005, 863 (wenn allein die planungsrechtliche Zulässigkeit streitig ist u nach deren Klärung die Erteilung der Baugenehmigung nur noch „Formsache" ist: StrW wie für Klagen auf Erteilung der Baugenehmigung nach 9.1.); Ba SächsVBl 2001, 18; Mü NVwZ-RR 2004, 158 (50%); Ms NVwZ-RR 2001, 615; Ma RsprD-LS 102/1998 sowie 75/1998; abw Mü NVwZ-RR 2001, 614 (1/10 der mutmaßlichen Bodenwertsteigerung); dagegen Mü BauR 2001, 1402 (keine Berücksichtigung der mutmaßlichen Bodenwertsteigerung); Ms 3. 11. 1998 – 10 E 495/98 (Jahresnutzwert); abw für ein Außenbereichsvorhaben Mü NVwZ-RR 1999, 414. Ma NVwZ-RR 1995, 126 ($^1/_{10}$ der Rohbaukosten, wenn der Bauherr nicht Eigentümer des Grundstücks ist); Sa 22. 8. 1995 – 2 Y 9/95 ($^1/_2$ Genehmigungsstreit; gehobenes Einfamilienhaus 10 000 DM); Lü BauR 2001, 1891 (StrW für Rücknahme des Vorbescheids identisch mit dem für entspr Verpflichtungsklage; Erhöhung des Wertes durch gewerbliches Interesse). Zur Vorentscheidung ähnlich einem Planfeststellungsbeschluß mit enteignungsrechtlicher Vorwirkung JurBüro 1999, 195; 21. 8. 1998 – 11 A 48/97 (30–50% des Verkehrswertes des Grundstücks). Zu **9.4 Nutzungsverbot:** zust Ms 29. 3. 1999 – 10 E 151/99 (Nutzwert bzgl Imbißstand 1000 DM); zust We NVwZ-RR 2000, 578 (Baueinstellung); Gr NVwZ-RR 2002, 155 (Differenz des Nutzungsverbotes zur verbleibenden Nutzungsmöglichkeit). Zu **9.5:** Mü BayVBl 1995, 542 (vor allem Zeitwert u Beseitigungskosten); NVwZ-RR 2004, 158; Ms NVwZ-RR 1997, 12 (Zeitwert der Substanz plus Abrißkosten); 27. 12. 1996 – 7 E 1328/96 (voraussichtliche Abbruchkosten, Wertverlust, Wert der entzogenen Gewinnmöglichkeiten); Sa NVwZ-RR 1997, 391 (Substanzwert der betroffenen Anlage; Wiederverwendbarkeit der Baumaterialien nur in Sonderfällen streitwertmindernd zu berücksichtigen); abw Ms NVwZ-RR 2005, 582 (Beseitigung einer Werbetafel: Kosten für Abbruch u Beseitigung des Materials); Gr NordÖR 2000, 126 (Beseitigung einer Werbetafel 500 DM pro qm). Zu **9.6:** Mü BayVBl 1999, 669 (Kombination von Richtwert 7.5.1 u Nutzungsinteresse: 5% des Kaufpreises bei gemeindlicher Anfechtung eines Widerspruchsbescheids, mit dem der Bescheid zur Ausübung ihres besonderen Vorkaufsrechts [§ 25 BauGB] aufgehoben worden war). Zu **9.6.1:** zust Lü BauR 2001, 1890 (unter Aufgabe der bisherigen Rspr nach Lü NdsVBl 1995, 80 Ziff 14 b, dort 7/10 des Kaufpreises); Lü NVwZ-RR 2002, 156; abw Ms NVwZ-RR 1995, 622 (voraussichtlicher Jahresnutzwert des Grundstücks; entspricht idR Jahresmiet- oder -pachtwert des auf dem Grundstück geplanten Vorhabens); Ba NVwZ-RR 1995, 237 (5% des Verkehrswertes). Zu **9.7.1:** grds zust Ma RsprD-LS 182/2001 (im vorläufigen Rechtsschutz regelmäßig $^1/_1$); abw Gr NVwZ-RR 1998, 269 sowie NVwZ-RR 1999, 279 (Rahmen von 15 000 bis 20 000 DM; Halbierung bei nur begrenzter Tragweite der Entscheidung); zT abw Buchh 360 § 13 GKG Nr 81, 85 (idR zwischen 3000 u 30 000 DM; bei Schutz der Wohnruhe idR 10 000 DM); Ma RsprD-LS 51/1997 (Grundstückswertminderung nur maßgebend, wenn sie feststeht oder sich ohne weiteren Aufwand ermitteln läßt), ebenso: UPR 1999, 191; Sa 22. 5. 1996 – 2 Y 2/96 (zwischen 9000 u 20 000 DM; bei 10 Wohnungen idR 15 000 DM); JurBüro 1996, 313 f (bei emittierenden Vorhaben nach Störungsträchtigkeit; 20 000 DM bei kommunalem Betriebshof); JurBüro 1996, 313 (10 000 DM bei Asylbewerber-Wohncontainer); We LKV 1994, 116; Lü NVwZ-RR 2006, 653 (vorläufiger Rechtsschutz gegen Errichtung u Betrieb einer Windenergieanlage: konkrete Wertminderung); krit zum starren Wert im StrWK, dem BVerwG zust auch Lappe NJW 1995, 1194; bei Nachbarklage sowohl gegen Bauvorbescheid als auch die Baugenehmigung hat die Klage gegen den Bauschein keine selbständige Bedeutung Lü NVwZ-RR 2005, 170. Zu **9.7.2:** zust Ma RsprD-LS 373/1996. Zu **9.8:** idR Unterschied der wirtschaftlichen Nutzbarkeit des betroffenen Grundstücks bei Gültigkeit u erstrebter Ungültigkeit des Bebauungsplans (Buchh 360 § 13 GKG Nr 52 u 65); zur NK wg schwerer Beeinträchtigungen der Wohnruhe durch einen im Bebauungsplan festgesetzten Kinderspielplatz Buchh 360 § 13 GKG Nr 79 (20000 DM); bei einer Klage der Gemeinde auf Erteilung der Genehmigung des Bebauungsplans We ThürVBl 1995, 16 (Auffangwert). Zum Antrag einer Gemeinde auf Aufhebung einer **raumordnerischen Beurteilung** einer Freileitung NVwZ-RR 1996, 67 (20000 DM). Bei Streit um eine **entwicklungsrechtliche Auflassungsgenehmigung** soll der StrW 10% des vereinbarten Kaufpreises betragen (Bln NVwZ-RR 1997, 754; zum StrW bei Abwehr eines Wohnungsnutzungsgebots Ms NVwZ-RR 1998, 79 (pauschalierend 8000 DM).

- **Beamtenrecht** (StrWK 10): Durch die Einfügung von § 13 Abs 4 u 5 GKG aF (jetzt § 52 Abs 5 u 6 GKG) ist insoweit für eine weitgehende Klärung gesorgt worden; § 52 Abs 5 S 2 Alt 1 GKG soll entspr auf Schadensersatzanspr wg unterbliebener oder verspäteter Beförderung anzuwenden sein (zu § 13 Abs 4 S 2 Alt 1 GKG aF NVwZ-RR 1997, 41; NVwZ-RR 1998, 75); zu § 13 Abs 4 S 2 Alt 2 GKG BayVBl 1995, 700: ein den Zeitpunkt einer Versetzung in den Ruhestand betr Vf liegt allg dann vor, wenn in dem Vf ein die Versetzung in den Ruhestand aussprechender VA angegriffen u damit der Zeitpunkt des Beginns des Ruhestands im Streit ist. Zu § 13 Abs 4 GKG aF (jetzt § 52 Abs 5 GKG) s 20. 1. 1999 – 2 C 7/98; auch Hbg JurBüro 1996, 84. Beim Streit um Bezüge gilt § 42 Abs 3 u 5 GKG, zu § 17 Abs 3 u 4 Ms JurBüro 1995, 590. Zu der Konkurrentenklage Sa JurBüro 1996, 83; Ks ZBR 1998, 434; Gr NVwZ-RR 2002, 156 (Aufnahme im Wege des vorläufigen Rechtsschutzes in den Kreis der Beförderungsbewerber: Hälfte des sich aus § 13 Abs 4 S 2 GKG aF ergebenden StrW); Mü NVwZ-RR 2000, 332 (eA in bezug auf Vergabe eines Dienstpostens: Hälfte des sich aus § 13 Abs 1 S 2 GKG aF ergebenden StrW gem § 20 Abs 3 GKG aF); ferner Schl NVwZ-RR 2006, 653 (eA: 1¾ des Endgrundgehalts der streitbefangenen Stelle, auch wenn es dem ASt in der Hauptsache erst um seine Einbeziehung in den Kreis der Beförderungsbewerber geht; bei gleichzeitigem Vorgehen gegen die Beförderung mehrerer Konkurrenten ist der EinzelStrW nicht mit der Anzahl der freizuhaltenden Planstellen zu multiplizieren); zur Gewährung von Erholungsurlaub Ko NVwZ-RR 2001, 279; zur Anwendbarkeit von § 52 Abs. 5 GKG in Vf des vorläufigen Rechtsschutzes zur Sicherung des Bewerbungsverfahrensanspr Ks NVwZ-RR 2005, 366; NVwZ-RR 2006, 655.
- **Bergrecht** (StrWK 11): NVwZ-RR 1996, 611; Ba NVwZ-RR 2002, 78.
- **Denkmalschutz** (StrWK 12): Zum StrW von Vf, die auf die Erteilung einer Bescheinigung für die Erlangung von Steuervergünstigungen gem § 40 NWDSchG gerichtet sind, Ms DÖV 1994, 967.
- **Enteignung:** Verkehrswert des Grundstücks (NVwZ-RR 1989, 459); auf den Gegenwert der Entschädigung kommt es nicht an (JurBüro 1992, 331; Mü BayVBl 1987, 380). Bei vorläufiger Besitzeinweisung 20% des Sachwertes (Ma Justiz 1986, 60; OLG München NVwZ-RR 2004, 712).
- **Erschließungsvertrag:** Zur Klage auf ein Einwirken durch einen Dritten zur Erfüllung des Vertrages Ms 26. 11. 1998 – 3 E 991/97 (1/4 der Erschließungskosten).
- **Freie Berufe, Recht der** – (StrWK 14): zu **14.1:** zust bzgl Anerkennung als Prüfingenieur für Baustatik (We 11. 1. 1995 – 2 KO 152/93 hier 15000 DM); zust bzgl Zustimmung zur Praxiserweiterung eines Zahnarztes Ms 2. 12. 1998 – 13 A 4750/96. Zu **14.2:** Ma RsprD-LS 118/1997: StrWK 14.2 soll nur für Klagen gegen die Mitgliedschaft gelten, nicht solche, mit denen das Ziel ver-

folgt wird, weiter Mitglied zu bleiben; hier AuffangStrW (zweifelhaft). Zu **14.3:** abw Ms 22. 12. 1998 – 4 A 2845/96 (höchste Monatsrente des streitbefangenen Zeitraums); zust Buchh 360 § 13 GKG Nr 95; Sa 13. 8. 1998 – 1 Y 2/98.

– **Gesundheitsverwaltungsrecht** (StrWK 16): zum Ruhen einer Approbation Ms NWVBl 1997, 62 (65 000 DM). Krit ggü StrWK Hartmann 22 zu Anh I B § 52 GKG mwN. Zur Klage auf Zulassung eines Arzneimittels NVwZ 1991, 1180 (Jahresgewinn); dagegen Hartmann 22 zu Anh I B § 52 GKG (drei Jahresbeträge). Zum StrW bei Verpflichtungsklage auf Anerkennung der Zusatzbezeichnungen „Psychotherapie“ u „Psychoanalyse“ Ma JurBüro 1996, 314.
– **Gewerberecht** (StrWK 54): Zu **54.1:** zust Ms NVwZ-RR 1997, 196; überholt damit Ms NVwZ-RR 1994, 182; krit Hartmann 23, 39 zu Anh I B § 52 GKG (Dreijahresbetrag wie BSG JurBüro 1996, 148); zum StrW im Vf des vorläufigen Rechtsschutzes bei Widerruf einer Gaststättenerlaubnis Ma NVwZ-RR 2005, 366 (1/2 StrW des HauptsacheVf); zur **Konkurrentenklage** Ko NVwZ-RR 1994, 304 (1/2 StrW gegenüber Klage auf Erteilung der Erlaubnis); zur Anfechtung wg befürchteter Immissionen durch einen Imbißstand Ko GewA 1999, 212 (Verhinderungsinteresse). Zu **54.2:** zust Ms NVwZ-RR 2005, 215 jeweils mit Einzelheiten bzgl weiterer Entscheidungen (zB Schließung des Betriebs, Zwangsmittelandrohung), die streitwerterhöhend nur bei selbständiger Bedeutung sind (s auch oben 11 Klagenhäufung); Ba SächsVBl 2001, 201 (isolierte Anfechtung einer erweiterten Gewerbeuntersagung, StrW 10 000 DM); zur Untersagung gem § 35 Abs 7 a GewO Ma JurBüro 1995, 146 (idR 10 000 DM). Zu **54.2.2:** zust Ms NVwZ-RR 2005, 215. Zu **54.3.2:** zust Ma NJW 1997, 146; GewA 1995, 299. Zu **54.5:** Ma NVwZ-RR 1994, 304 L (idR 1000 DM pro Tag). Zu Vf betr die **Anmeldepflicht** eines Gewerbes gem § 14 GewO Buchh 360 § 13 GKG Nr 84; Ma GewA 1994, 417 (Auffangstreitwert).
– **Hochschulrecht** (StrWK 18): zu **18.1** (Zulassung): zust Ms JurBüro 1997, 88 f (AuffangStrW; im vorläufigen Rechtsschutz 1/4); ebenso Hbg NVwZ-RR 2006, 655 (AuffangStrW; im vorläufigen Rechtsschutz 3/4); abw Ba NVwZ-RR 2006, 219 (1/2 AuffangStrW; ebenso im vorläufigen Rechtsschutz); zum StrW bei Teilnahme an einem Losverfahren zur Vergabe von Studienplätzen Hbg NVwZ-RR 2006, 655 (3750 Euro); zu **18.10** (Ausstattung eines Lehrstuhls): zust Hbg NVwZ-RR 1999, 349 (bei personeller Mehrausstattung Einjahresbetrag der durchschnittlichen Kosten der neuen Stelle nach der sog Netto-Persona [Kostentabelle]).
– **Immissionsschutzrecht** (StrWK 19): zu **19.2:** zust Ks NVwZ 1995, 300 (in Anm); Mü BayVBl 1993, 285; Ma NVwZ-RR 1998, 418; betr Nachbarklage gegen Gestaltung eines Straßenfestes Ko NVwZ-RR 1995, 62 L (1000 DM). Zum StrW der Berechtigungen nach dem Treibhaus-Gasemmisionshandelsgesetz BlnB NVwZ-RR 2006, 652 (wie 19.1: 2,5% der Investitionen).
– **Kinder- u Jugendhilferecht** (StrWK 21): zu **21.4:** FamRZ 2002, 391 (bei Heranziehung der Eltern entspr § 17 Abs 1 GKG aF [jetzt § 42 Abs 1 GKG] für die ersten 12 Monate geforderter Betrag, höchstens Gesamtbetrag; StrWK 21.4 sieht nun den höchsten Jahresbetrag als Obergrenze an).
– **Kommunalrecht** (StrWK 22): zu **22.1:** Mü NVwZ-RR 1997, 755 (AuffangStrW ohne Differenzierung bzgl Kl, insoweit aber von 19.1.2/3); zu **22.1.3:** zust Ma RsprD-LS 173/1998; zu 22.3; zust Ma 14. 1. 2002 – 1 S 2444/01; zu **22.4:** zust Lü 31. 1. 2002 – 9 OA 100/02; abw Lü (Auffangwert ohne konkretisierende Kostenangaben des Kl).
– **Krankenhausrecht** (StrWK 23): betr Streit um die Wirksamkeit eines Versorgungsvertrags eines Krankenhauses, durch den die Krankenkassen mittels Pflegesatzvereinbarung die Kosten tragen, Bln NVwZ-RR 1995, 361 (nicht Str-

WK 23.1, sondern wirtschaftliches Ziel des Weiterbetreibens des Krankenhauses).

- **Lebensmittel-/Arzneimittelrecht** (StrWK 25.1 u 25.2): zust Ms GewA 1999, 349; zum StrW im ArzneimittelzulassungsVf Ms NVwZ-RR 2005, 582 (geschätzter u pauschalierter Jahresgewinn).
- **Personalvertretungsrecht** (StrWK 31): Gr NVwZ-RR 2004, 159.
- **Pflegegeld** (StrWK 33): Mü BayVBl 1992, 30 u 414 (§ 17 Abs 1 u 4 GKG aF [jetzt § 42 Abs 1 u 5 GKG] analog).
- **Planfeststellungsrecht** (StrWK 34): zu **34.2:** zust NVwZ-RR 1993, 331; NVwZ 1996, 1015 (wegen enteignungsrechtlicher Vorwirkung im Regelfall 30 bis 50% des Verkehrswertes des zu enteignenden Grundstücks); ebenso NVwZ-RR 2000, 138; NVwZ 1991, 567; Ma AnwBl 1994, 45; NVwZ-RR 1991, 670; NVwZ-RR 2004, 309 (50% des Verkehrswerts); Mü BayVBl 2004, 251 (Anfechtungsklage eines betroffenen Grundstückseigentümers: regelmäßig ein Drittel des Verkehrswerts der in Anspr genommenen Grundstücke); Sa NVwZ-RR 1993, 166. **aA** Schl NVwZ-RR 2000, 332 (RegelStrW § 52 Abs 2 GKG). Zu **34.3:** zust JurBüro 1997, 255 (damals 100 000 DM).
- **Polizei- u Ordnungsrecht** (StrWK 35): zust Ma NVwZ-RR 2006, 652 (in einer Allgemeinverfügung angeordnete Auflösung einer sog Wagenburg: AuffangStrW); zum StrW bei Beschlagnahme eines Fahrzeugs Ma NVwZ-RR 2005, 144; zu **35.2:** zust Sa 28, 243; zust Mü 11. 1. 1995 – 4 C 94 2438 (1/2 Auffangwert im vorläufigen Rechtsschutz).
- **Prüfungsrecht** (StrWK 36): zu **36.1:** zust NVwZ-RR 1998, 75 u Buchh 360 § 14 Nr 4; zu 36.2 zust JurBüro 1995, 371; ausdr Anschluß an StrWK unter Aufgabe früherer Rspr Ma VBlBW 1997, 70 (LS 3); aber Mü NVwZ 1991, 597 (Auffangwert). Zu endgültigem Nichtbestehen von studienbegleitenden Leistungskontrollen Buchh 421.0 Prüfungswesen Nr 308 (10 000 DM); zu **36.3:** tlw abw Ma GewArch 2001, 429 (für NotenverbesserungsVf in Gesellenprüfung/Meisterprüfung Auffangwert); ebenso Ma Rspr-D-LS 103/2000 (Erhöhung der Endpunktzahl im Zweiten Juristischen Staatsexamen).
- **Rundfunkrecht** (StrWK 37); zu **37.2:** abw Gr NVwZ-RR 2000, 732 (nichtkommerzielle Fernsehkonzession AuffangStrW).
- **Schwerbehindertenrecht** (StrWK 39): nur Gegenstandswert (vgl § 188 S 2), StrWK unter Berücksichtigung von Buchh 360 § 13 GKG Nr 68 entspr geändert (Zimmer NVwZ 1995, 142).
- **Sozialhilfe** Ab 1. 1. 2005 entscheiden die Sozialgerichte über Fragen der Sozialhilfe (§ 51 Abs 1 Nr 6a SGG). Zur früheren Rechtslage s 13. Aufl Rn 12 zu Anh § 164.
- **Staatsangehörigkeitsrecht** (StrWK 42): zu **42.1:** zust BayVBl 1994, 221 (Aufgabe früherer Rspr); Ms 13. 2. 1996 – 25 E 32/96 u 25 E 36/96; Hbg 8. 6. 2000 – 8 BN 1/99; **aA** Ma NVwZ-RR 1994, 479 (AuffangStrW); Ks MDR 1996, 645 L.
- **Straßen- u Wegerecht** (StrWK 43): zu **43.1:** abw Mü BayVBl 2001, 603 für Informationsstand politischer Parteien (Auffangwert); zu **43.3:** zust Ms 6. 3. 2001 – 11 E; Mü NVwZ-RR 2005, 862 (Klage wg Straßenverlaufs auf privatem Grundstück: Wert der in Anspr genommenen Grundstücksfläche).
- **Subventionsrecht** (StrWK 44): zu **44.3:** abw Ks MDR 1996, 321 (gem § 13 Abs 2 GKG aF [jetzt § 52 Abs 3 GKG] voller Betrag, da Sanierungsförderungsdarlehen in das Vermögen des Kl übergeht); bei zinsverbilligtem Darlehen Br 27. 9. 1995 – 1 BA 39/94 (halber Darlehensbetrag); zum Streit über zulässige Höhe der Eigengeldverzinsung gem § 8a WoBindG Br 27. 9. 1995 – 1 BA 39/94 (12facher Jahresbetrag der strittigen Zinsdifferenz); Kündigung eines Darlehens nach Widerruf einer Subventionsbewilligung Gr NVwZ-RR 2002, 155 (Viertel des für das HauptsacheVf anzunehmenden StrW).

– **Tiere, Artenschutz** (StrWK 35.2): Anordnung gegen Tierhalter (Sa 28, 243); zur Erteilung einer CITES-Bescheinigung Ma NuR 1996, 408 (im Regelfall 50% des Verkehrswertes); ebenso für die Umschreibung der CITES-Bescheinigung Ma NuR 1996, 406; zur Erteilung einer Befreiung vom Vermarktungsverbot des § 12 BundesartenschutzVO Ma NuR 1996, 406 (Verkehrswert; CITES-Bescheinigung daneben nicht gesondert in Ansatz zu bringen); zur Feststellung der Berechtigung zur Haltung eines Greifvogels gem § 10 Abs 1 BundesartenschutzVO Ma NuR 1996, 406f (80% des Verkehrswertes).
– **Vereins- u Versammlungsrecht** (StrWK 45): zu **45.1.1:** zust Buchh 360 § 13 GKG Nr 100; zur Klage auf Genehmigung einer **Stiftung** Ms NWVBl 1994, 393.
– **Verkehrsrecht** (StrWK 46): Buchh 360 § 13 GKG Nr 69; Ma JurBüro 1992, 487; zust Hbg NVwZ-RR 2006, 221 (insb kein Aufschlag bei beruflicher Nutzung); abw Mü NVwZ-RR 1991, 391 (wohl generell Auffangwert); zu **46.1:** zust Lü NVwZ-RR 2006, 220; zu **46.4:** zust Lü NVwZ-RR 2006, 220; zu **46.6:** zust Lü NVwZ-RR 2006, 220; zur Entziehung der Fahrerlaubnis mehrerer Klassen Ma RsprD-LS 372/1996 (nach dem jeweiligen höchsten StrW im StrWK 46); zur Anordnung einer medizinisch-psychologischen Begutachtung BayVBl 1997, 54 (Auffangwert); ebenso Lü NVwZ-RR 2006, 220; zur Anordnung des Verkehrsunterrichts Mü BayVBl 1991, 188 (Auffangwert); zur früheren Fassung des StrWK Ba LKV 1994, 224. Zu **46.11:** zust Lü NVwZ-RR 2006, 220; zu **46.13:** abw Lü NVwZ-RR 1994, 183 (300 DM je Monat Fahrtenbuchanordnung); Mü NVwZ-RR 1992, 164 (Auffangwert); DAR 1994, 335 (300 DM je Monat je Fahrzeug; ab 11. Fahrzeug Ermäßigung); zu **46.14:** Lü NVwZ 1993, 704.
– **Verkehrswirtschaftsrecht** (StrWK 47): zu Widerruf oder Rücknahme von Standortbestimmungen nach § 6 Abs 1 GKG aF (jetzt § 67 Abs 1 GKG) Ba DÖV 1998, 936 (5000 DM je Standortbestimmung); zu **47.1:** niedriger Bln 14. 6. 1993 – OVG 1 L 13/93 (10 000 DM); Ms 25. 9. 1992 – 13 A 2635/91 (30 000 DM); zit nach Zimmer NVwZ 1995, 142; zu **47.3:** NVwZ-RR 1991, 63 (10% des geschätzten branchenüblichen Jahresumsatzes); zu **47.6:** NJW 1989, 3235 (100 000 DM; bei Verlängerung einer Linie 50 000 DM); entspr StrWK Gr NVwZ-RR 1997, 140 (in der Anm; für einstw Erlaubnis gem § 20 Abs 3 S 1 PBefG Reduzierung auf etwa $^1/_{16}$, iE 2000 DM).
– **Vermögensrecht** (StrWK 48): Als Obergrenze zu beachten ist § 52 Abs 4 GKG; die Obergrenze gilt entspr für Vf nach dem Investitionsvorranggesetz ZOV 1999, 155; zum Übergangsrecht ZOV 1998, 219. Zu **48.1:** zust NJW 1995, 609; VG Dresden LKV 1996, 302 (bei Rückübertragung zu leistende Ausgleichs- oder Gegenleistungen sind abzuziehen); VIZ 1996, 352 (abhängig von Art der Rückübertragung – betr WiderspruchsVf). Buchh 360 § 13 GKG Nr 105 (getrennt klagende Mitglieder einer Erbengemeinschaft). Zu **48.3:** JurBüro 1996, 150; VG Leipzig ZOV 1997, 55; zur Festsetzung des Gegenstandswertes bei Streitigkeiten nach dem **VZOG** s § 6 Abs 3 S 2 VZOG (immer 5.000 Euro); zur früheren Rechtslage Ba LKV 1994, 64 (Verkehrswert); die Neuregelung gilt nicht für bei Inkrafttreten bereits anhängigen Vf BVerwG VIZ 1994, 290; **aA** VG Greifswald VIZ 1994, 689.
– **Vertriebenen- u Flüchtlingsrecht** (StrWK 49): zu **49.1:** bisher bereits Buchh 360 § 13 GKG Nr 54; Ko NVwZ-RR 1992, 387 L; zust Mü NVwZ-RR 1996, 543 mwN.
– ***Wahlrecht:*** zu Wahlanfechtungsklagen Ms NVwZ-RR 1997, 755.
– **Waffenrecht** (StrWK 50): zu **50.1:** zust 110, 1 (Gewinnerwartung, wenn Waffenscheine der Erhaltung der wirtschaftlichen Existenz dienen; Ma NVwZ-RR 1992, 448 LS); zu **50.2:** bzgl Widerruf Ma RsprD-LS 263/1998 (grds Auffangwert, Erhöhung nur geboten, wenn Vielzahl von Waffenbesitzkarten u

eine große Zahl von Waffen betroffen sind; bei 9 Waffenbesitzkarten jeweils mit der Berechtigung zum Munitionserwerb u 39 Waffen 20 000 DM angemessen); Ms 17. 2. 1994 – 20 A 1820/93; wie frühere Fassung des StrWK Sa 10. 7. 1995 – 9 R 8/95 (4000 DM je Waffe); Lü JurBüro 1999, 530; Ko 8. 1. 2002 – 2 E 10 023/02 (zust auch bei Waffenbesitzkarte für Sammler).
- **Wehr- u Zivildienstrecht** (StrWK 52): zu Einberufung DÖV 1994, 170 (AuffangStrW).
- **Wohngeldrecht** (StrWK 55): zu **55.1:** Ms 13. 12. 2001 – 14 E 890/01 (grds Jahresbetrag, Abweichung nur bei Bezifferung des begehrten Wohngeldanspr oder bei kürzerem streitigem Bewilligungszeitraum).
- **Wohnraumrecht** (StrWK 56): zu **56.4:** Schl ZMR 1996, 343 (Gesamtbetrag der angeforderten Ausgleichszahlungen); Ma RsprD-LS 386/1994.

4. Rechtsbehelfe gegen die Streitwertfestsetzung: Gegen die Festsetzung des StrW haben die Betroffenen die **Beschwerde gem § 68 GKG.** S im einzelnen 6f zu § 165. Zur Änderung des StrW durch das Gericht **vAw,** ggf auch auf Anregung eines Beteiligten, s 7 zu § 165. Ausgeschlossen sind **Gegenvorstellungen** (s 9 ff vor § 124). 13

5. Anlage: 14

Streitwertkatalog

in der Fassung der am 7./8. Juli 2004
in Leipzig beschlossenen Änderungen

Vorbemerkungen

1. Seit der Bekanntgabe des StrWK für die Vwgbk in der Fassung vom Januar 1996 haben sich einige für die Streitwertrspr bedeutsame Änderungen ergeben, wobei der Anhebung des Auffangwertes von 4000,– auf 5000,– durch § 52 Abs. 2 GKG i. F. d. des Kostenrechtsmodernisierungsgesetzes die größte Bedeutung zukommt. Da der Katalog somit nicht mehr der aktuellen Rechtslage entspricht, haben die Präsidenten des Bundesverwaltungsgerichts u der Oberverwaltungsgerichte bzw. der Verwaltungsgerichtshöfe die Streitwertkommission reaktiviert u mit der Überarbeitung des StrWK beauftragt.
2. Im Hinblick darauf, dass der Gesetzgeber den Auffangwert angehoben hat, hält die Streitwertkommission ebenfalls eine Anhebung der mit dem Katalog vorgeschlagenen Werte für angemessen. Dabei hat sie sich an dem Ausmaß der gesetzlichen Erhöhung orientiert, gleichzeitig aber darauf geachtet, möglichst einfach zu handhabende Werte vorzuschlagen. Wie schon bei der Erstellung des StrWK 1996 orientiert sich die Kommission im Übrigen an der Rspr des Bundesverwaltungsgerichts u an den Ergebnissen einer Umfrage zur Streitwertpraxis bei den Oberverwaltungsgerichten bzw. den Verwaltungsgerichtshöfen.
   Da Nr. 5502 des Kostenverzeichnisses zu § 3 GKG nunmehr für die sonstigen Beschwerden eine Festgebühr vorsieht, hat die Kommission davon abgesehen, StrW für ZwischenVf vorzuschlagen.
3. Mit dem Katalog werden – soweit nicht auf gesetzliche Bestimmungen hingewiesen wird – auf der Grundlage der bisherigen Rspr Empfehlungen ausgesprochen, denen das Gericht bei der Festsetzung des StrW bzw. des Wertes der anwaltlichen Tätigkeit (§ 33 RVG) *aus eigenem Ermessen* folgt oder nicht folgt. Entsprechend dem Grundgedanken des Kataloges, zur Vereinheitlichung u Vorhersehbarkeit der Streitwertfestsetzung beizutragen, hält die Kommission Richtwerte idR für sinnvoller als Rahmenwerte.

1.	**Allgemeines**
1.1	**Klage-/Antragshäufung**
1.1.1	Werden mehrere Anträge mit selbstständiger Bedeutung gestellt, so werden die Werte in der Regel addiert (vgl. aber § 39 GKG).
1.1.2	Für Hilfsanträge gilt § 45 I GKG.
1.1.3	Klagen mehrere Kl. gemeinschaftlich, sind die Werte der einzelnen Klagen zu addieren, es sei denn die Kl. begehren oder bekämpfen eine Maßnahme als Rechtsgemeinschaft.
1.2	**Verbandsklagen:** Maßgeblich sind die Auswirkungen der begehrten Entscheidung auf die vertretenen Interessen, mindestens 15 000 Euro.
1.3	**Feststellungsklagen und Fortsetzungsfeststellungsklagen** sind in der Regel ebenso zu bewerten wie eine auf das vergleichbare Ziel gerichtete Anfechtungs- bzw. Verpflichtungsklage.
1.4	Wird lediglich **Bescheidung** beantragt, so kann der Streitwert einen Bruchteil, mindestens jedoch $^1/_2$ des Wertes der entsprechenden Verpflichtungsklage betragen.
1.5	In Verfahren des **vorläufigen Rechtsschutzes** beträgt der Streitwert in der Regel $^1/_2$, in den Fällen des § 80 II 1 Nr. 1 VwGO und bei sonstigen auf bezifferte Geldleistungen gerichteten Verwaltungsakten $^1/_4$ des für das Hauptsacheverfahren anzunehmenden Streitwertes. In Verfahren des vorläufigen Rechtsschutzes, die die Entscheidung in der Sache ganz oder zum Teil vorwegnehmen, kann der Streitwert bis zur Höhe des für das Hauptsacheverfahren anzunehmenden Streitwerts angehoben werden.
1.6	**Vollstreckung**
1.6.1	In selbstständigen Vollstreckungsverfahren entspricht der Streitwert der Höhe des festgesetzten Zwangsgeldes oder der geschätzten Kosten der Ersatzvornahme; im Übrigen beträgt er $^1/_4$ des Streitwertes der Hauptsache. Bei der Androhung von Zwangsmitteln ist die Hälfte des sich nach Satz 1 ergebenden Betrages festzusetzen.
1.6.2	Wird in dem angefochtenen Bescheid neben einer Grundverfügung zugleich ein Zwangsgeld oder die Ersatzvornahme angedroht, so bleibt dies für die Streitwertfestsetzung grundsätzlich außer Betracht. Soweit die Höhe des angedrohten Zwangsgeldes bzw. des für die Ersatzvornahme zu entrichtenden Vorschusses höher ist als der für die Grundverfügung selbst zu bemessende Streitwert, ist dieser höhere Wert festzusetzen.

2.	**Abfallentsorgung**	**Streitwert**
2.1	**Klage des Errichters/Betreibers**	**Es gelten grundsätzlich die nachstehend aufgeführten Werte. Soweit diese die Bedeutung der Genehmigung, des Vorbescheides oder der Anfechtung einer belastenden Maßnahme für den Kl. nicht angemessen erfassen, gilt stattdessen das geschätzte wirtschaftliche Interesse bzw. der Jahresnutzwert.**
2.1.1	auf Zulassung einer Anlage oder Anlagenänderung	2,5% der Investitionssumme
2.1.2	gegen belastende Nebenbestimmung	Betrag der Mehrkosten
2.1.3	gegen Untersagung des Betriebs	1% der Investitionssumme

2.1.4	gegen sonstige Ordnungsverfügung	Betrag der Aufwendungen
2.1.5	gegen Mitbenutzungsanordnung	Anteil der Betriebskosten (einschl. Abschreibung) für Dauer der Mitbenutzung
2.2	**Klage eines drittbetroffenen Privaten**	
2.2.1	wegen Eigentumsbeeinträchtigung	Betrag der Wertminderung des Grundstücks, höchstens 50% des geschätzten Verkehrswertes
2.2.2	wegen sonstiger Beeinträchtigungen (gegebenenfalls zusätzlich zum Betrag der Eigentumsbeeinträchtigung)	15 000 Euro
2.2.3	gegen Vorbereitungsarbeiten	7500 Euro
2.3	**Klage einer drittbetroffenen Gemeinde**	60 000 Euro
2.4	**Klage des Abfallbesitzers**	
2.4.1	Beseitigungsanordnung	20 Euro je cbm Abfall
2.4.2	Untersagungsverfügung	20 000 Euro
3.	**Abgabenrecht**	**Streitwert**
3.1	Abgabe	Betrag der streitigen Abgabe; bei wiederkehrenden Leistungen: 3 $^1/_2$-facher Jahresbetrag, sofern nicht die voraussichtliche Belastungsdauer geringer ist
3.2	Stundung	6% des Hauptsachewertes je Jahr (§ 238 AO)
3.3	Normenkontrollverfahren	mindestens Auffangwert

4.	**Arzneimittelrecht**	**s. Lebensmittelrecht**
5.	**Asylrecht**	**s. § 30 RVG**
6.	**Atomrecht**	
6.1	**Klage des Errichters/Betreibers**	
6.1.1	auf Genehmigung oder Teilgenehmigung oder Planfeststellung einer Anlage, §§ 7, 9, 9b AtG	2,5% der Investitionssumme
6.1.2	auf Aufbewahrungsgenehmigung, § 6 AtG	1% der für die Aufbewahrung(-sanlage) getätigten Investitionssumme
6.1.3	gegen belastende Nebenbestimmung	Betrag der Mehrkosten
6.1.4	auf Vorbescheid nach § 7a AtG	1% der Investitionssumme für die beantragten Maßnahmen
6.1.5	auf Standortvorbescheid	1% der Gesamtinvestitionssumme
6.1.6	gegen Einstellung des Betriebes	wirtschaftlicher Verlust infolge Betriebseinstellung
6.2	**Klage eines drittbetroffenen Privaten**	wie Abfallentsorgung Nr. 2.2
6.3	**Klage einer drittbetroffenen Gemeinde**	60 000 Euro

7.	**Ausbildungsförderung**	Streitwert
7.1	Klage auf bezifferte Leistung	geforderter Betrag
7.2	Klage auf Erhöhung der Förderung	Differenzbetrag im Bewilligungszeitraum
7.3	Klage auf Verpflichtung zur Leistung in gesetzlicher Höhe	gesetzlicher Bedarfssatz für den streitigen Bewilligungszeitraum
7.4	Klage auf Änderung der Leistungsform	$^{1}/_{2}$ des bewilligten Förderbetrages
7.5	Klage auf Vorabentscheidung	gesetzlicher Bedarfssatz im ersten Bewilligungszeitraum
8.	**Ausländerrecht**	Streitwert
8.1	Aufenthaltstitel	Auffangwert pro Person; keine Erhöhung durch eventuell beigefügte Abschiebungsandrohung
8.2	Ausweisung	Auffangwert pro Person; keine Erhöhung durch eventuell beigefügte Abschiebungsandrohung
8.3	Abschiebung, isolierte Abschiebungsandrohung	$^{1}/_{2}$ Auffangwert pro Person
8.4	Pass/Passersatz	Auffangwert pro Person

9.	**Bau- und Bodenrecht**	**Es gelten grundsätzlich die nachstehend aufgeführten Werte. Soweit diese die Bedeutung der Genehmigung, des Vorbescheides oder der Anfechtung einer belastenden Maßnahme für den Kl. nicht angemessen erfassen, gilt stattdessen das geschätzte wirtschaftliche Interesse bzw. der Jahresnutzwert.**
9.1	**Klage auf Erteilung einer Baugenehmigung für:**	
9.1.1	Einfamilienhaus	20 000 Euro
9.1.2	Doppelhaus	25 000 Euro
9.1.3	Mehrfamilienhaus	10 000 Euro je Wohnung
9.1.4	Einzelhandelsbetrieb	150 Euro/qm Verkaufsfläche
9.1.5	Spielhalle	600 Euro/qm Nutzfläche (ohne Nebenräume)
9.1.6	Großflächige Werbetafel	5000 Euro
9.1.7	Imbissstand	6000 Euro
9.1.8	Windkraftanlagen	10% der geschätzten Herstellungskosten
9.1.9	sonstige Anlagen regelmäßig	je nach Einzelfall: Bruchteil der geschätzten Rohbaukosten oder Bodenwertsteigerung
9.2	**Erteilung eines Bauvorbescheids, einer Teilungsgenehmigung**	mindestens $^{1}/_{2}$ des Ansatzes für die Baugenehmigung

9.3	**Abrissgenehmigung**	wirtschaftliches Interesse am dahinterstehenden Vorhaben
9.4	**Bauverbot, Stilllegung, Nutzungsverbot, Räumungsgebot**	Höhe des Schadens oder der Aufwendungen (geschätzt)
9.5	**Beseitigungsanordnung**	Zeitwert der zu beseitigenden Substanz plus Abrisskosten
9.6	**Vorkaufsrecht**	
9.6.1	Anfechtung des Käufers	25% des Kaufpreises
9.6.2	Anfechtung des Verkäufers	Preisdifferenz
9.7	**Klage eines Drittbetroffenen:**	
9.7.1	Nachbar	7500 Euro, mindestens Betrag einer Grundstückswertminderung
9.7.2	Nachbargemeinde	30 000 Euro
9.8	**Normenkontrolle gegen Bebauungsplan**	
9.8.1	Privatperson	7500 Euro bis 60 000 Euro
9.8.2	Nachbargemeinde	60 000 Euro
9.9	**Genehmigung eines Flächennutzungsplanes**	mindestens 10 000 Euro
10.	**Beamtenrecht**	
10.1	(Großer) Gesamtstatus: Begründung, Umwandlung, Bestehen, Nichtbestehen, Beendigung eines Beamtenverhältnisses …	§ 52 V I Nr. 1 GKG (13-facher bzw. 6,5-facher Betrag des Endgrundgehaltes / Anwärtergrundbetrages)
10.2	(Kleiner) Gesamtstatus: Verleihung eines anderen Amtes, Zeitpunkt der Versetzung in den Ruhestand, Schadensersatz wegen verspäteter Beförderung, Zahlung einer Amtszulage, Verlängerung der Probezeit…	§ 52 V I GKG: Hälfte von 10.1
10.3	Neubescheidung eines Beförderungsbegehrens	Hälfte des sich aus § 52 V 2 GKG ergebenden Betrages ($^1/_4$ von 10.1)
10.4	Teilstatus (Streit um höhere Versorgung, Besoldung oder Zulagen sowie Anrechnungs- und Ruhensbeträge, Berücksichtigung von Vordienstzeiten bei Versorgung, Zeiten für BDA, Anerkennung eines Dienstunfalls, Unfallausgleich, Unfallruhegehalt …)	2-facher Jahresbetrag der Differenz zwischen innegehabtem und erstrebtem Teilstatus
10.5	Dienstliche Beurteilung	Auffangwert
10.6	Genehmigung einer Nebentätigkeit	Gesamtbetrag der Einkünfte aus der Nebentätigkeit, höchstens Jahresbetrag
10.7	Gewährung von Trennungsgeld	Gesamtbetrag des Trennungsgeldes, höchstens Jahresbetrag
10.8	Anerkennung eines Dienstunfalles	Wert der erstrebten Unfallfürsorge, ggf. zuzüglich des Wertes nach 10.4
11.	**Bergrecht**	
11.1	**Klage des Unternehmers**	**Es gelten grundsätzlich die nachstehend aufgeführten**

		Werte. Soweit diese die Bedeutung der Genehmigung, des Vorbescheides oder der Anfechtung einer belastenden Maßnahme für den Kl. nicht angemessen erfassen, gilt stattdessen das geschätzte wirtschaftliche Interesse bzw. der Jahresnutzwert.
11.1.1	auf Planfeststellung eines Rahmenbetriebsplans	2,5% der Investitionssumme
11.1.2	auf Zulassung eines Rahmenbetriebsplans	1% der Investitionssumme
11.1.3	auf Zulassung eines Sonder- und Hauptbetriebsplans	2,5% der Investitionssumme
11.1.4	gegen belastende Nebenbestimmungen	Betrag der Mehrkosten
11.2	**Klage eines drittbetroffenen Privaten**	wie Abfallentsorgung Nr. 2.2
11.3	**Klage einer drittbetroffenen Gemeinde**	60 000 Euro
12.	**Denkmalschutzrecht**	
12.1	Feststellung der Denkmaleigenschaft, denkmalschutzrechtliche Anordnungen, Bescheinigungen	wirtschaftlicher Wert, sonst Auffangwert
12.2	Vorkaufsrecht	S. Nr. 9.6
13.	**Flurbereinigung/Bodenordnung**	
13.1	**Anordnung des Verfahrens**	Auffangwert
13.2	**Entscheidungen im Verfahren**	
13.2.1	Wertermittlung	Auswirkungen der Differenz zwischen festgestellter und gewünschter Wertverhältniszahl
13.2.2	Abfindung	Auffangwert, es sei denn abweichendes wirtschaftliches Interesse kann festgestellt werden
13.2.3	sonstige Entscheidungen	Auffangwert, es sei denn abweichendes wirtschaftliches Interesse kann festgestellt werden
14.	**Freie Berufe (Recht der freien Berufe)**	
14.1	Berufsberechtigung, Eintragung, Löschung	Jahresbetrag des erzielten oder erwarteten Gewinns, mindestens 15 000 Euro
14.2	Mitgliedschaft in einem berufsständischen Versorgungswerk, Befreiung	dreifacher Jahresbetrag des Beitrages
14.3	Rentenanspruch	dreifacher Jahresbetrag der Rente
15.	**Friedhofsrecht**	
15.1	Grabnutzungsrechte	Auffangwert
15.2	Umbettung	Auffangwert
15.3	Grabmalgestaltung	$^1/_2$ Auffangwert

15.4	Gewerbliche Betätigung auf Friedhöfen	Betrag des erzielten oder erwarteten Jahresgewinns, mindestens 15 000 Euro
16.	**Gesundheitsverwaltungsrecht**	
16.1	Approbation	Jahresbetrag des erzielten oder erwarteten Verdienstes, mindestens 30 000 Euro
16.2	Facharzt-, Zusatzbezeichnung	15 000 Euro
16.3	Erlaubnis nach § 10 BÄO	20 000 Euro
16.4	Notdienst	Auffangwert
16.5	Beteiligung am Rettungsdienst	15 000 Euro pro Fahrzeug
17.	**Gewerberecht**	s. Wirtschaftsverwaltungsrecht, Nr. 54
18.	**Hochschulrecht, Recht der Führung akademischer Grade**	
18.1	Anerkennung der Hochschulreife, Zulassung zum Studium, Immatrikulation, Exmatrikulation	Auffangwert
18.2	Zulassung zu einzelnen Lehrveranstaltungen	½ Auffangwert
18.3	Zwischenprüfung	Auffangwert
18.4	Diplomprüfung, Graduierung, Nachgraduierung	15 000 Euro
18.5	Leistungsnachweis	½ Auffangwert
18.6	Promotion, Entziehung des Doktorgrades	15 000 Euro
18.7	Nostrifikation	15 000 Euro
18.8	Habilitation	20 000 Euro
18.9	Lehrauftrag	Auffangwert
18.10	Ausstattung eines Instituts/Lehrstuhls	10% des Wertes der streitigen Mehrausstattung, mindestens 7500 Euro
18.11	Hochschulwahlen	Auffangwert
19.	**Immissionsschutzrecht**	
19.1	**Klage des Errichters/Betreibers**	**Es gelten grundsätzlich die nachstehend aufgeführten Werte. Soweit diese die Bedeutung der Genehmigung, des Vorbescheides oder der Anfechtung einer belastenden Maßnahme für den Kl. nicht angemessen erfassen, gilt stattdessen das geschätzte wirtschaftliche Interesse bzw. der Jahresnutzwert.**
19.1.1	auf Genehmigung oder Teilgenehmigung oder Planfeststellung einer Anlage	2,5% der Investitionssumme, mindestens Auffangwert

19.1.2	gegen belastende Nebenbestimmung	Betrag der Mehrkosten
19.1.3	auf Vorbescheid (soweit nicht 19.1.4 einschlägig)	1% der Investitionssumme für die beantragten Maßnahmen, mindestens Auffangwert
19.1.4	auf Standortvorbescheid	1% der Gesamtinvestitionssumme, mindestens Auffangwert
19.1.5	gegen Stilllegung, Betriebsuntersagung	1% der Investitionssumme; soweit nicht feststellbar: entgangener Gewinn, mindestens Auffangwert
19.1.6	gegen sonstige Anordnungen im Einzelfall	Betrag der Aufwendungen
19.2	**Klage eines drittbetroffenen Privaten**	s. Abfallentsorgung Nr. 2.2
19.3	**Klage einer drittbetroffenen Gemeinde**	s. Abfallentsorgung Nr. 2.3
20.	**Jagdrecht**	Streitwert
20.1	Bestand und Abgrenzung von Jagdbezirken	10 000 Euro
20.2	Verpachtung von Jagdbezirken	Jahresjagdpacht
20.3	Erteilung/Entzug des Jagdscheins	8000 Euro
20.4	Jägerprüfung	Auffangwert
21.	**Kinder- und Jugendhilferecht**	
21.1	Laufende Leistungen	Wert der streitigen Leistung, höchstens Jahresbetrag
21.2	Einmalige Leistungen, Kostenerstattung, Aufwendungsersatz, Kostenersatz	Wert der streitigen Leistung
21.3	Überleitung von Ansprüchen	höchstens Jahresbetrag
21.4	Heranziehung zur Kostentragung	höchstens Jahresbetrag
21.5	Erteilung der Erlaubnis § 45 SGB VIII	Jahresgewinn aus dem Betrieb, mindestens 15 000 Euro
21.6	Pflegeerlaubnis	Auffangwert
22.	**Kommunalrecht**	
22.1	**Kommunalwahl**	
22.1.1	Anfechtung durch Bürger	Auffangwert
22.1.2	Anfechtung durch Partei, Wählergemeinschaft	mindestens 15 000 Euro
22.1.3	Anfechtung durch Wahlbewerber	mindestens 7500 Euro
22.2	**Sitzungs- und Ordnungsmaßnahmen**	Auffangwert
22.3	**Benutzung/Schließung einer Gemeindeeinrichtung**	wirtschaftliches Interesse, sonst Auffangwert
22.4	**Anschluss- und Benutzungszwang**	ersparte Anschlusskosten + Betrag der zu erwartenden Abgaben
22.5	**Kommunalaufsicht**	15 000 Euro
22.6	**Bürgerbegehren**	Auffangwert
22.7	**Kommunalverfassungsstreit**	10 000 Euro

23.	**Krankenhausrecht**	
23.1	Aufnahme in den Krankenhausbedarfsplan	Jahresbetrag der Investitionspauschale je Planbett
23.2	Planbettenstreit	500 Euro pro Bett
23.3	Festsetzung von Pflegesätzen	streitiger Anteil des Pflegesatzes × Bettenzahl × Belegungsgrad
24.	**Land- und Forstwirtschaft**	
24.1	Festsetzung einer Referenzmenge	streitige Referenzmenge × 0,10 Euro/kg
24.2	Zuteilung der zahlenmäßigen Obergrenze prämienberechtigter Tiere:	75% der Prämie/Tier und Jahr
25.	**Lebensmittel-/Arzneimittelrecht**	
25.1	Einfuhr-, Verkaufsverbot, Vernichtungsauflage	Verkaufswert der betroffenen Waren
25.2	Sonstige Maßnahmen	Jahresbetrag der erwarteten wirtschaftlichen Auswirkung, sonst Auffangwert
26.	**Erlaubnis für Luftfahrtpersonal**	
26.1	Privatflugzeugführer	7500 Euro
26.2	Berufsflugzeugführer	15 000 Euro
26.3	Verkehrsflugzeugführer	20 000 Euro
26.4	sonstige Erlaubnisse für Luftfahrtpersonal	7500 Euro
27.	**Mutterschutzrecht**	
27.1	Zustimmung zur Kündigung	Auffangwert
27.2	Zulässigkeitserklärung gemäß § 18 BErzGG	Auffangwert
28.	**Namensrecht**	
28.1	Änderung des Familiennamens oder Vornamens	Auffangwert
28.2	Namensfeststellung	Auffangwert
29.	**Naturschutzrecht**	
29.1	Klage auf Erteilung einer Fällgenehmigung	Auffangwert
29.2	Normenkontrolle gegen Schutz-Gebietsausweisung	wie Bebauungsplan (Nr. 9.8)
30.	**Passrecht**	
30.1	Personalausweis, Reisepass	Auffangwert
31.	**Personalvertretungsrecht**	Auffangwert
32.	**Personenbeförderungsrecht**	vgl. Verkehrswirtschaftsrecht
33.	**Pflegegeld**	Wert der streitigen Leistung, höchstens Jahresbetrag
34.	**Planfeststellungsrecht**	

34.1	**Klage des Errichters/Betreibers**	**Es gelten grundsätzlich die nachstehend aufgeführten Werte. Soweit diese die Bedeutung der Genehmigung, des Vorbescheides oder der Anfechtung einer belastenden Maßnahme für den Kl. nicht angemessen erfassen, gilt stattdessen das geschätzte wirtschaftliche Interesse bzw. der Jahresnutzwert.**
34.1.1	auf Planfeststellung einer Anlage oder Änderung des Planfeststellungsbeschlusses	2,5% der Investitionssumme
34.1.2	gegen belastende Nebenbestimmung	Betrag der Mehrkosten
34.2	**Klage eines drittbetroffenen Privaten**	wie Abfallentsorgung Nr. 2.2
34.3	**Klage einer drittbetroffenen Gemeinde**	wie Abfallentsorgung Nr. 2.3
35.	**Polizei- und Ordnungsrecht**	
35.1	Polizei- und ordnungsrechtliche Verfügung, polizeiliche Sicherstellung	wirtschaftliches Interesse, sonst Auffangwert
35.2	Anordnung gegen Tierhalter	Auffangwert; sofern die Anordnung einer Gewerbeuntersagung gleichkommt, wie Nr. 54.2.1
35.3	Obdachloseneinweisung	Auffangwert
35.4	Streit um erkennungsdienstliche Maßnahmen und kriminalpolizeiliche Unterlagen	Auffangwert
35.5	Normenkontrolle	wirtschaftliches Interesse, sonst Auffangwert
36.	**Prüfungsrecht**	
36.1	Das Studium abschließende Staatsprüfung; ärztliche oder pharmazeutische Prüfung, soweit nicht 36.2	7500 Euro
36.2.	Den Vorbereitungsdienst abschließende Staatsprüfung, abschließende ärztliche oder pharmazeutische Prüfung	15 000 Euro
36.3	Sonstige berufseröffnende Prüfungen	15 000 Euro
36.4	Sonstige Prüfungen	Auffangwert
37.	**Rundfunkrecht**	
37.1	Hörfunkkonzession	200 000 Euro
37.2	Fernsehkonzession	350 000 Euro
37.3	Kanalbelegung	wie Hörfunk-/Fernsehkonzession
37.4	Einräumung von Sendezeit	15 000 Euro
38.	**Schulrecht**	
38.1	Errichtung, Zusammenlegung, Schließung einer Schule (Klage der Eltern bzw. Schüler)	Auffangwert

38.2	Genehmigung zum Betrieb einer Ersatzschule	30 000 Euro
38.3	Schulpflicht, Einweisung in eine Sonderschule, Entlassung aus der Schule	Auffangwert
38.4	Aufnahme in eine bestimmte Schule oder Schulform	Auffangwert
38.5	Versetzung, Zeugnis	Auffangwert
38.6	Reifeprüfung	Auffangwert
39.	**Schwerbehindertenrecht**	
39.1	Zustimmung des Integrationsamtes	Auffangwert
40.	**Soldatenrecht**	
40.1	Berufssoldaten	wie Beamte auf Lebenszeit
40.2	Soldaten auf Zeit	wie Beamte auf Probe
41.	**Sozialhilfe/Kriegsopferfürsorge**	s. Streitwertkatalog i. d. F. vom Jan. 1996 (NVwZ 1996, 562 = DVBl 1996,605)
42.	**Staatsangehörigkeitsrecht**	
42.1	Einbürgerung	doppelter Auffangwert pro Person
42.2	Feststellung der Staatsangehörigkeit	doppelter Auffangwert pro Person
43.	**Straßen- und Wegerecht (ohne Planfeststellung), Straßenreinigung**	
43.1	Sondernutzung	zu erwartender Gewinn bis zur Grenze des Jahresbetrags, mindestens 500 Euro
43.2	Sondernutzungsgebühr	s. Abgabenrecht
43.3	Widmung, Einziehung	wirtschaftliches Interesse, mindestens 7500 Euro
43.4	Anfechtung einer Umstufung zur Vermeidung der Straßenbaulast	3,5-facher Jahreswert
43.5	Straßenreinigungspflicht	wirtschaftliches Interesse
44.	**Subventionsrecht**	
44.1	**Vergabe einer Subvention**	
44.1.1	Leistungsklage	streitiger Betrag
44.1.2	Konkurrentenklage	50% des Subventionsbetrages
44.2	**Bescheinigung als Voraussetzung für eine Subvention**	75% der zu erwartenden Subvention
44.3	**Zinsloses oder zinsermäßigtes Darlehen**	Zinsersparnis, im Zweifel pauschaliert: zinsloses Darlehen 25%, zinsermäßigtes Darlehen 10% des Darlehensbetrages
45.	**Vereins- und Versammlungsrecht**	
45.1	**Vereinsverbot**	
45.1.1	durch oberste Landesbehörde	15 000 Euro

45.1.2	durch oberste Bundesbehörde	30 000 Euro
45.2	**Anfechtung eines Verbots durch einzelne Mitglieder**	Auffangwert je Kl.
45.3	**Auskunftsverlangen**	Auffangwert
45.4	**Versammlungsverbot, Auflage**	Auffangwert
46.	**Verkehrsrecht**	
46.1	Fahrerlaubnis Klasse A	Auffangwert
46.2	Fahrerlaubnis Klasse A 1	$^1/_2$ Auffangwert
46.3	Fahrerlaubnis Klasse B	Auffangwert
46.4	Fahrerlaubnis Klasse C	$1^1/_2$ Auffangwert
46.5	Fahrerlaubnis Klasse C 1	Auffangwert
46.6	Fahrerlaubnis Klasse D	$1^1/_2$ Auffangwert
46.7	Fahrerlaubnis Klasse D 1	Auffangwert
46.8	Fahrerlaubnis Klasse E	$^1/_2$ Auffangwert
46.9	Fahrerlaubnis Klasse M	$^1/_2$ Auffangwert
46.10	Fahrerlaubnis Klasse L	$^1/_2$ Auffangwert
46.11	Fahrerlaubnis Klasse T	$^1/_2$ Auffangwert
46.12	Fahrerlaubnis zur Fahrgastbeförderung	2-facher Auffangwert
46.13	Fahrtenbuchauflage	400 Euro je Monat
46.14	Verkehrsregelnde Anordnung	Auffangwert
46.15	Sicherstellung, Stilllegung eines Kraftfahrzeugs	$^1/_2$ Auffangwert
46.16	Teilnahme an Aufbauseminar	$^1/_2$ Auffangwert
47.	**Verkehrswirtschaftsrecht**	
47.1	Güterfernverkehrsgenehmigung, Gemeinschaftslizenz für EG Ausland, grenzüberschreitender Verkehr	30 000 Euro
47.2	Bezirksverkehrsgenehmigung	20 000 Euro
47.3	Nahverkehrsgenehmigung	15 000 Euro
47.4	Taxigenehmigung	15 000 Euro
47.5	Mietwagengenehmigung	10 000 Euro
47.6	Linienverkehr mit Omnibussen	20 000 Euro je Linie
47.7	Gelegenheitsverkehr mit Omnibussen	20 000 Euro
48.	**Vermögensrecht**	
48.1	**Rückübertragung**	
48.1.1	Grundstück	aktueller Verkehrswert; klagen einzelne Mitglieder einer Erbengemeinschaft auf Leistung an die Erbengemeinschaft, so ist das wirtschaftliche Interesse nach dem Erbanteil zu bemessen.

48.1.2	Unternehmen	aktueller Verkehrswert
48.1.3	sonstige Vermögensgegenstände	wirtschaftlicher Wert
48.2	**Besitzeinweisung**	30% des aktuellen Verkehrswerts
48.3	**Investitionsvorrangbescheid**	30% des aktuellen Verkehrswerts
48.4	**Einräumung eines Vorkaufsrechts**	50% des aktuellen Verkehrswerts

49.	**Vertriebenen- und Flüchtlingsrecht**	
49.1	Erteilung oder Entziehung eines Vertriebenenausweises	Auffangwert
49.2	Erteilung oder Rücknahme eines Aufnahmebescheides/einer Bescheinigung nach § 15 BVFG	Auffangwert
50.	**Waffenrecht**	
50.1	Waffenschein	7500 Euro
50.2	Waffenbesitzkarte	Auffangwert zuzüglich 750 Euro je weitere Waffe
50.3	Munitionserwerbsberechtigung	1500 Euro
50.4	Waffenhandelserlaubnis	s. Gewerbeerlaubnis Nr. 54.2.1
51.	**Wasserrecht (ohne Planfeststellung)**	
51.1	**Erlaubnis, Bewilligung**	wirtschaftlicher Wert
51.2	**Anlagen an und in Gewässern**	
51.2.1	gewerbliche Nutzung	Jahresgewinn
51.2.2	nichtgewerbliche Nutzung	Auffangwert
51.2.3	Steganlagen incl. ein Bootsliegeplatz	Auffangwert zzgl. 750 Euro für jeden weiteren Liegeplatz
52.	**Wehr- und Zivildienst**	
52.1	Anerkennung als Kriegsdienstverweigerer	Auffangwert
52.2	Musterung, Tauglichkeit	Auffangwert
52.3	Wehrdienstausnahme, Zurückstellung	Auffangwert, evtl. wirtschaftliches Interesse
52.4	Einberufung	Auffangwert
52.5	Wehrübung	Auffangwert
53.	**Weinrecht**	
53.1	Veränderung der Rebfläche	1,50 Euro/qm Rebfläche
53.2	Genehmigung zur Vermarktung oder Verarbeitung von nicht verkehrsfähigem Wein	2 Euro/Liter
54.	**Wirtschaftsverwaltungsrecht**	
54.1	**Gewerbeerlaubnis, Gaststättenkonzession**	Jahresbetrag des erzielten oder erwarteten Gewinns, mindestens 15 000 Euro

54.2	**Gewerbeuntersagung**	
54.2.1	ausgeübtes Gewerbe	Jahresbetrag des erzielten oder erwarteten Gewinns, mindestens 15 000 Euro
54.2.2	erweiterte Gewerbeuntersagung	Erhöhung um 5000 Euro
54.3	**Handwerksrecht**	
54.3.1	Eintragung/Löschung in der Handwerksrolle	Jahresbetrag des erzielten oder erwarteten Gewinns, mindestens 15 000 Euro
54.3.2	Meisterprüfung	15 000 Euro
54.3.3	Gesellenprüfung	7500 Euro
54.4	**Sperrzeitregelung**	Jahresbetrag des erzielten oder erwarteten zusätzlichen Gewinns, mindestens 7500 Euro
54.5	**Zulassung zu einem Markt**	erwarteter Gewinn, mindestens 300 Euro pro Tag
55.	**Wohngeldrecht**	
55.1	Miet- oder Lastenzuschuss	streitiger Zuschuss, höchstens Jahresbetrag
56.	**Wohnraumrecht**	
56.1	**Anerkennung als steuerbegünstigte Wohnung**	Gesamtbetrag der Steuerersparnis
56.2	**Bewilligung öffentlicher Mittel**	Zuschussbetrag zuzüglich 10% der Darlehenssumme
56.3	**Erteilung einer Wohnberechtigungsbescheinigung**	Auffangwert
56.4	**Fehlbelegungsabgabe**	streitiger Betrag, höchstens 3,5-facher Jahresbetrag
56.5	**Freistellung von der Wohnungsbindung**	Auffangwert je Wohnung
56.6	**Zweckentfremdung**	
56.6.1	Erlaubnis mit Ausgleichszahlung	Jahresbetrag der Ausgleichszahlung, bei laufender Zahlung: Jahresbetrag
56.6.2	Erlaubnis ohne Ausgleichszahlung	Auffangwert
56.6.3	Aufforderung, Wohnräume wieder Wohnzwecken zuzuführen	Falls eine wirtschaftlich günstigere Nutzung stattfindet: Jahresbetrag des Interesses, sonst Auffangwert je Wohnung
56.7	**Wohnungsaufsichtliche Anordnung**	veranschlagte Kosten der geforderten Maßnahmen

§ 165 [Erinnerung gegen die Kostenfestsetzung]

Die Beteiligten können die Festsetzung der zu erstattenden Kosten anfechten.[1 f] **§ 151 gilt entsprechend.**[3 f]

Vgl § 104 ZPO; § 149 FGO

1. Die Vorschrift sieht als **Rechtsbehelf gegen den Kostenfestsetzungsbeschluß** des Urkundsbeamten gem § 164 die **Erinnerung** gem § 151 an das Gericht vor. § 165 gilt nicht für **die Anfechtung** des Ansatzes der Gerichtskosten (s 4 zu § 164) u die Festsetzung des StrW; die Anfechtung dieser Entscheidung richtet sich **nach § 68 GKG** (s unten 5 ff). 1

Nicht mit der Erinnerung, sondern nur mit einem weiteren Antrag auf Kostenfestsetzung sind **Kosten** geltend zu machen, **die erst im Zusammenhang mit dem Antrag auf Kostenfestsetzung entstanden** sind u über die im Kostenfestsetzungsbeschluß deshalb noch nicht entschieden wurde (**aA** Mü BayVBl 1971, 483). 2

2. Über die Erinnerung nach §§ 165, 151 entscheidet das **Gericht des ersten Rechtszugs** durch **Beschluß,** der nach §§ 146 ff mit der Beschwerde angefochten werden kann, wenn die Beschwerdesumme (s 18 f zu § 146) erreicht wird. Da das KostenfestsetzungsVf ein von der Kostenlastentscheidung in der Hauptsache abhängiges NebenVf darstellt, entscheidet das Gericht über die Erinnerung gegen einen Kostenfestsetzungsbeschluß in der Besetzung, in der die zugrundeliegende Kostenentscheidung getroffen wurde.[1] Entschied hier das Gericht in einer Besetzung von 3 Richtern, wird auch in dieser Besetzung über die Kostenerinnerung entschieden; entschied der Einzelrichter (§ 6), der Vorsitzende (§ 87 a Abs 1 u 2) oder der Berichterstatter, sind auch diese im ErinnerungsVf zuständig (NVwZ 1996, 786; Mü NVwZ-RR 2004, 309; NKVwGO-Neumann 22). Die Erinnerung ist nach § 151 innerhalb einer **Frist von zwei Wochen** einzubringen. Bei der Entscheidung über die Erinnerung ist eine **„Saldierung" zu hoch angesetzter Posten** mit zu niedrig angesetzten Posten **nicht zulässig** (vgl 14 zu § 90; NKVwGO-Neumann 25; **aA** Mü BayVBl 1983, 478). 3

Berechtigt zur Erinnerung u (gegen den Beschluß des Gerichts) ggf zur Beschwerde ist außer dem Beteiligten, der durch die in Frage stehende Entscheidung beschwert ist, bei Kostenfestsetzungsbeschlüssen **auch der Prozeßbevollmächtigte** im eigenen Namen, wenn ihm eine beantragte Gebühr nicht bewilligt wurde;[2] **dasselbe gilt für die Staatskasse** (vgl Ms NJW 1966, 2425; Mü BayVBl 1971, 438). Dagegen kann der Erstattungsberechtigte selbst Erinnerung bzw Beschwerde mit dem Ziel der Höherfestsetzung nur dann einlegen, wenn er mit seinem Prozeßbevollmächtigten ein **höheres Honorar vereinbart hat;** sonst fehlt das RSB (vgl Hbg NJW 1965, 2267; Czermak NJW 1955, 2267). Über eine Beschwerde gegen die erstinstanzliche Erinnerungsentscheidung, betr den Beschluß über die Festsetzung der im Verhältnis zwischen den Beteiligten zu erstattenden Kosten, entscheidet das OVG in der Senatsbesetzung mit drei Richtern (Ba NVwZ 2007, 116; NKVwGO-Neumann 34). 4

3. Rechtsbehelfe gegen den Ansatz der Gerichtskosten u der Zeugen- u Sachverständigenentschädigung: Gegen den Ansatz der **Gerichtskosten** durch die Gerichtskasse (s 4 zu § 164) hat der betroffene Beteiligte (Kostenschuldner) bzw die Staatskasse die **Erinnerung** gem § 66 GKG (zu § 5 GKG aF Buchh 11 Art 103 Abs 1 GG Nr 42). Das Gericht entscheidet darüber durch Beschluß, gegen den gem § 66 Abs 2 GKG die unbefristete Beschwerde gegeben ist, wenn der Wert des Beschwerdegegenstands (vgl – für die Beschwerde nach § 146–18 f zu § 146) 200 EUR übersteigt (§ 66 Abs 2 GKG) u die Beschwerde nicht an einen obersten Gerichtshof des Bundes gerichtet ist (§ 66 Abs 3 S 3 GKG). 5

---

[1] NVwZ 1996, 786; Hbg NVwZ-RR 1998, 462; Mü NVwZ-RR 2004, 309; NKVwGO-Neumann 22; Ey-Happ 7.

[2] Lü NJW 1972, 2015; VG Frankfurt NVwZ-RR 1989, 222; Ey-Happ 4; **aA** BVerfG NJ 1997, 534; Ks JurBüro 1999, 35; Mü BayVBl 1977, 611; NKVwGO-Neumann 15.

Gegen die **Festsetzung der Zeugen- u Sachverständigenentschädigung** nach § 4 JVEG haben die Beteiligten **keine Rechtsbehelfe.**[3] Soweit diese Kosten ihnen jedoch dann im Rahmen der **Festsetzung der Gerichtskosten** auferlegt werden, haben sie **Erinnerung** gem § 66 Abs 1 GKG. Die **betroffenen Zeugen** bzw Sachverständigen haben die **Beschwerde** gem § 4 Abs 3 JVEG.

6 **4. Rechtsbehelfe gegen die Festsetzung des Streitwertes:** Gegen die Festsetzung des StrW ist, ebenfalls vorbehaltlich der Erreichung der Beschwerdesumme, die **Beschwerde** nach § 68 GKG gegeben.[4] In Fällen des § 37 Abs 2 S 1 VermG ist auch eine Streitwertbeschwerde ausgeschlossen (Mgd VIZ 1996, 353; Gr MDR 1995, 425). Die Höhe der Beschwerdesumme ergibt sich aus § 68 Abs 1 S 1 GKG, nicht aus § 146 Abs 3.[5] Die Beschwerde – nicht die Berufung – ist auch dann gegeben, **wenn die Entscheidung** über die Gerichtskosten bzw über den StrW **im Urteil** erfolgt ist.[6] Sie ist nur innerhalb der **Fristen** gem § 68 Abs 1 S 3 GKG zulässig. Der Beginn der Sechsmonatsfrist bemißt sich nach § 187 Abs 2 BGB.[7] Ein vor der Entscheidung abgegebenes Einverständnis mit dem StrW stellt **keinen Rechtsmittelverzicht** dar (OLG München JurBüro 1981, 892) u hat auch nicht zur Folge, daß die für eine Beschwerde erforderliche **Beschwer** entfällt (OLG München JurBüro 1981, 892). Ein Verzicht ist aber möglich (Ks 46, 236 L). Gegen einen Beschluß, durch den das Revisionsgericht den StrW für die Revisionsinstanz festgesetzt hat, kann innerhalb der Frist des § 69 a Abs 2 GKG **Anhörungsrüge** erhoben werden.[8] Eine **außerordentliche Beschwerde** ist dagegen ausgeschlossen (8 a vor § 124).

7 Für die Streitwertbeschwerde gilt **kein Vertretungszwang** (s 28 zu § 67). Die **Beschwerde** ist gem § 68 Abs 3 GKG **gebührenfrei,** Kosten werden nicht erstattet. Daher ist auch in der Beschwerdeentscheidung, unabhängig davon, ob der Beschwerde stattgegeben wird oder nicht, **keine Kostenentscheidung** zu treffen (Ma 10. 11. 1992 – 3 S 2385/92; Hartmann 21 zu § 68 GKG).

8 **5. Beschwerdeberechtigung:** Beschwerde kann wg der Abhängigkeit der Gebühren bzw der Gerichtskosten von der Höhe des festgesetzten Wertes mit dem Ziel der Höherfestsetzung **auch vom Prozeßbevollmächtigten** im eigenen Namen[9] **u von der Staatskasse eingelegt** werden;[10] ebenso mit demselben Ziel ggf auch **von einem Beteiligten** – auch dem Beigeladenen, auch wenn in der Hauptsache der Kl zur Kostentragung verurteilt wurde (**aA** insoweit Ma 10. 11. 1992 – 3 S 2385/92) – **wenn** er mit seinem Bevollmächtigten **ein höheres Honorar vereinbart** hatte.[11]

---

[3] Noch zum ZSEG OLG Koblenz Rpfl 1981, 37; OLG Oldenburg NJW 1986, 265.

[4] Zu § 25 Abs 3 GKG aF Ba SächsVBl 1997, 221; Ma NVwZ-RR 1992, 110 mwN; Mü BayVBl 1976, 350; Ms DÖV 1978, 616; dazu im einzelnen Schneider MDR 1977, 271.

[5] Zu § 25 Abs 3 S 1 GKG aF Ba SächsVBl 1997, 221; Hbg HmbJVBl 1994, 19; Ks MDR 1994, 737; Ma JurBüro 1994, 34; **aA** Hbg MDR 1993, 917.

[6] **AA** Mü BayVBl 1971, 482: kein RMittel gegen Festsetzung der Gerichtsgebühren im Urteil selbst.

[7] Ma NVwZ-RR 1997, 196; zur Frist s auch Ms NVwZ-RR 1996, 548.

[8] Zu § 25 Abs 3 S 3 GKG aF NVwZ 1988, 1019: Gericht selbst kann seinen Beschluß bei rechtzeitiger Gegenvorstellung auch nach Ablauf der Frist ändern; BGH NJW-RR 1986, 737; **aA** Ms NVwZ-RR 1992, 387.

[9] Zu § 9 Abs 2 S 1 BRAGO (jetzt § 32 Abs 2 S 1 RVG) Ks DÖV 1988, 523; vgl auch Ks NVwZ-RR 1993, 675.

[10] Vgl Mü BayVBl 1976, 350; 1979, 246; 1984, 671: unter Hinw auf § 9 Abs 2 BRAGO aF (jetzt § 32 Abs 2 S 1 RVG); BFH NJW 1976, 208; VG Regensburg BayVBl 1976, 88; Lappe NJW 1984, 1218.

[11] Ba NVwZ-RR 2006, 654; Ks DÖV 1976, 607; Lü NJW 1972, 788; Mü BayVBl 1975, 541; 1976, 350; **offen** Ma NVwZ-RR 1992, 110; **aA** Br JurBüro 1983, 1350: Beschwerde mit dem Ziel einer Streitwerterhöhung grds unzulässig; ebenso OLG München JurBüro 1983, 890; Hartmann 5 zu § 68. Vgl auch oben 4.

6. Änderung des Streitwerts von Amts wegen: Unabhängig von einem RMittel in der Hauptsache (vgl OLG Hamm NStZ 1989, 495) oder gegen die Streitwertfestsetzung **kann das Gericht,** das den StrW festgesetzt hat, u, wenn das Vf wg der Hauptsache oder wg der Entscheidung über den StrW, den Kostenansatz oder die Kostenfestsetzung, in der Rechtsmittelinstanz anhängig ist, **auch das Rechtsmittelgericht,** vAw – auch auf Gegenvorstellungen eines Betroffenen hin (Ks DÖV 1990, 119 u 181) – gem § 63 Abs 3 GKG noch bis zum Ablauf von 6 Monaten nach Abschluß des Vf in der Hauptsache **die Festsetzung des StrW ändern,**[12] das Rechtsmittelgericht auch mit Wirkung für die Vorinstanz,[13] jedoch nach Abschluß des RechtsmittelVf nicht mehr hins der Streitwertfestsetzung der Vorinstanz (Ks DÖV 1990, 119 u 181). Gegen die Versäumung der Frist gem § 63 Abs 3 GKG gibt es **keine Wiedereinsetzung** (OLG Nürnberg AnwBl 1981, 499 – zu § 25 Abs 2 GKG aF; zweifelhaft). 9

Das Verbot der reformatio in peius gilt für die Streitwertfestsetzung nicht (Mü BayVBl 1972, 35). 10

§ 165a [Sicherheitsleistung]

§ 110 der Zivilprozessordnung gilt entsprechend.

Vgl § 110 ZPO

1. Allgemeines: § 165 a ist durch das RmBereinVpG eingefügt worden. Er stellt klar, daß § 110 ZPO im Verwaltungsprozeß anzuwenden ist (BT-Dr 14/6393, 14). Nach § 110 ZPO haben Kl, die ihren gewöhnlichen Aufenthalt nicht in einem Mitgliedstaat der EU oder einem Vertragsstaat des EWR-Abkommens haben, auf Verlangen des Bekl wg der Prozeßkosten Sicherheit zu leisten. Damit sollen dem obsiegenden Bekl Probleme bei der Auslandsvollstreckung seines Kostenerstattungsanspr erspart werden (BL 2 zu § 110 ZPO; M 1 zu § 110 ZPO; Z 2 zu § 110 ZPO). Nicht bezweckt ist hingegen die Absicherung der Gerichtskasse, so daß diese auch nicht befugt ist, eine Einzahlung zur Gerichtskasse mit Gerichtskosten zu verrechnen (BL 2 zu § 110 ZPO; Sch-Olbertz 1; Z 2 zu § 110 ZPO). Durch § 165 a ist klargestellt, daß dieses Bedürfnis auch für den Bekl im Verwaltungsprozeß, typischerweise also auch für die Staatskasse besteht (mißverständlich insofern BL 2 zu § 110 ZPO). 1

2. Voraussetzungen des § 110 ZPO: a) Kläger (§ 110 Abs 1 ZPO). Aus § 110 Abs 1 ZPO ergibt sich, daß nur der Kl dazu verpflichtet ist, wg der Prozeßkosten Sicherheit zu leisten. Kl ist dabei nur der das KlageVf in Gang setzende Kl, nicht hingegen der Bekl als Berufungs- oder Revisionskl oder der ASt im Vf des einstweiligen Rechtsschutzes (BL 8, 9 zu § 110 ZPO; Z 3 zu § 110 ZPO). Grds ist auch der Beigeladene oder nach § 65 Abs 2 notwendig Beigeladene nicht nach § 165 a iVm § 110 ZPO zur Sicherheitsleistung verpflichtet. Eine Ausnahme hierzu besteht nur dann, wenn dieser Anträge stellt oder RMittel einlegt u ihm nach § 154 Abs 3 (s 8 ff zu § 154) oder § 155 Abs 4 (s 17 ff zu § 155) Kosten des Bekl auferlegt werden können.[1] 2

b) Weiterhin darf der Kl nach § 165 a iVm § 110 Abs 1 ZPO seinen **gewöhnlichen Aufenthalt nicht in einem Mitgliedstaat der EU oder einem Ver-** 3

---

[12] Zu § 25 Abs 2 GKG aF Ks DÖV 1990, 119 u 181; s auch Ms DÖV 2007, 37.

[13] Ks NJW 1965, 2364; einschränkend BGH MDR 1977, 925: Änderung unzulässig, wenn dadurch bereits rechtskräftige Kostenentscheidung unrichtig würde; krit dazu Schneider MDR 1977, 925; vgl auch OLG Düsseldorf NJW 1990, 845: jedenfalls Herabsetzung auch in diesem Fall zulässig; Ma NVwZ-RR 1992, 110; Ms DÖV 1978, 316.

[1] Ey-P. Schmidt N (11. Aufl) 2; **aA** Sch-Olbertz 7; dies übersieht auch BL 19 zu § 110 ZPO.

tragsstaat des EWR-Abkommens haben. Maßgeblich für den gewöhnlichen Aufenthalt ist, wo sich der Kl normalerweise für längere Zeit aufhält (Ey-P. Schmidt N (11. Aufl) 4; BL 4 zu § 110 ZPO). Dazu zählt auch der Studienort, nicht hingegen der Besuchsort. Denkbar ist auch, daß der Kl mehrere gewöhnliche Aufenthaltsorte hat, so etwa bei stets beruflich pendelnden Leuten, die ihren jeweiligen Lebensmittelpunkt auch an dem Ort haben, an dem sie gerade arbeiten. In einem solchen Fall darf keiner der gewöhnlichen Aufenthaltsorte in einem Mitgliedsstaat der EU oder einem Vertragsstaat des EWR-Abkommens liegen (BL 4 zu § 110 ZPO). Vertragsstaaten des EWR sind dabei neben den EU-Staaten die Länder Island, Liechtenstein u Norwegen.

4 **c) Verlangen des Bekl (§ 110 Abs 1 ZPO).** Eine Verpflichtung zur Sicherheitsleistung des Kl besteht nur auf Verlangen des Bekl (s 3 zu § 63). Dem Bekl steht insofern der Beigeladene gleich, dessen außergerichtliche Kosten nach § 162 Abs 3 dem Kl ggü erstattungsfähig sind.[2] Nach dem BGH NJW 2001, 3630 gehört die Rüge der mangelnden Sicherheitsleistung für die Prozeßkosten zu den die Zulässigkeit der Klage betr verzichtbaren Rügen u ist nach § 282 Abs 3 ZPO grds vor der ersten Verhandlung zur Hauptsache,[3] u zwar für alle Rechtszüge, zu erheben.[4] Ausnahmsweise hält jedoch auch der BGH (BGH NJW 2001, 3631) in der Revisionsinstanz eine Rüge für zulässig, wenn die Voraussetzungen für die Sicherheitsleistung erst in dieser Instanz eingetreten sind oder wenn die Rüge in den Vorinstanzen ohne Verschulden nicht erhoben worden ist.

5 **d) Keine Ausnahme nach § 110 Abs 2 ZPO.** Weiterhin darf keine Ausnahme nach § 165 a iVm § 110 Abs 2 ZPO vorliegen. Denn nach § 110 Abs 2 ZPO tritt die Verpflichtung nicht ein nach

– Nr. 1: wenn aufgrund völkerrechtlicher Verträge keine Sicherheit verlangt werden kann;
– Nr. 2: wenn die Entscheidung über die Erstattung der Prozeßkosten an den Bekl aufgrund völkerrechtlicher Verträge vollstreckt würde;
– Nr. 3: wenn der Kl im Inland ein zur Deckung der Prozeßkosten hinreichendes Grundvermögen oder dinglich gesicherte Forderungen besitzt;
– Nr. 4: bei Widerklagen;
– Nr. 5: bei Klagen, die aufgrund einer öffentlichen Aufforderung erhoben werden.

6 **3. Keine erweiterte Anwendbarkeit des § 110 ZPO:** Das BVerwG (NJW 1999, 2610) hat eine analoge Anwendung des § 110 ZPO über § 173 S 1 auf Fälle eines vergleichbaren Sicherungsbedürfnisses bei fehlender Kenntnis des Wohnsitzes des Kl abgelehnt. Zwar ging es grds von der Anwendbarkeit des § 110 ZPO über § 173 S 1 aus (so auch BL 19 zu § 110 ZPO); es hat diese Analogie aber vom Vorliegen der Tatbestandsvoraussetzungen des § 110 ZPO abhängig gemacht. Daher ist § 110 ZPO wie im Zivilprozeß (s BGH NJW 1984, 2762) auf Fälle eines vergleichbaren Sicherungsbedürfnisses nicht analog anwendbar (NJW 1999, 2610). Wenn die Regelung des § 165 a gerade als Reaktion auf eben diese Entscheidung verstanden wird (s Ey-P. Schmidt N (11. Aufl) 1), käme eine weitergehende Anwendbarkeit des § 110 ZPO auch auf Fälle eines vergleichbaren Sicherungsinteresses in Betracht. Eine entspr erweiterte Analogie zu § 110 ZPO ist jedoch abzulehnen. Weder enthält der Wortlaut des § 165 a dafür Anhaltspunkte, noch findet ein solcher allenfalls denkbarer Willen des Ge-

---

[2] S 21 ff zu § 162; so auch Ey-P. Schmidt N (11. Aufl) 2; **aA** Sch-Olbertz 5.
[3] So auch M 8 zu § 110 ZPO; Z 4 zu § 110 ZPO; **aA** mit beachtlichen Gründen Ey-P. Schmidt N (11. Aufl) 13.
[4] So auch M 8 zu § 110 ZPO; Z 4 zu § 110 ZPO; **aA** BL 10 zu § 110 ZPO; Ey-P. Schmidt N (11. Aufl) 14 mit dem Hinw auf § 113 S 2 ZPO.

setzgebers in den Materialien seinen Niederschlag. § 165a stellt nur – wenn auch überflüssigerweise – die analoge Anwendung im Verwaltungsprozeß klar.

4. Entscheidung des Gerichts: Das **begründete Verlangen nach Sicherheitsleistung** führt nach § 173 S 1 iVm § 113 S 1 ZPO zur Anordnung der Sicherheitsleistung. Diese soll durch Zwischenurteil erfolgen.[5] Hierzu ist dem Kl eine Frist zu Bestimmen, binnen der die Sicherheit zu leisten ist. Nach Ablauf der Frist ist auf Antrag des Bekl, wenn die Sicherheit bis zur Entscheidung nicht geleistet ist, die Klage für zurückgenommen zu erklären oder, wenn über ein RMittel des Kl zu verhandeln ist, dieses zu verwerfen (§ 113 S 2 ZPO). Diese Entscheidung ergeht durch Beschluß (§ 92 Abs 3, § 125 Abs 2, § 141; so auch Ey-P. Schmidt N (11. Aufl) 16). 7

5. Rechtsmittel: Ein Zwischenurteil, das Sicherheitsleistung anordnet bzw nicht anordnet, ist nicht anfechtbar (Z 5 zu § 110 ZPO mwN auch zur Gegenmeinung). 8

§ 166 [Prozesskostenhilfe]

Die Vorschriften der Zivilprozessordnung über die Prozesskostenhilfe sowie § 569 Abs. 3 Nr. 2 der Zivilprozessordnung[19] gelten entsprechend.

Vgl §§ 114–127 ZPO; § 73a SGG; § 142 FGO

Schrifttum: *Albers,* Prozeßkostenhilfe als Sozialhilfe, Martens-GS 1987, 283; *Bader,* Aktuelles Verwaltungsprozessrecht – Prozesskostenhilfe im Verwaltungsprozess, JuS 2005, 129; *Biebrach,* Einsatz der Arbeitskraft und Hilfsbedürftigkeit in der Prozeßkostenhilfe, NJW 1988, 1769; *Brinkmann,* Auswirkungen des Gesetzes zur Änderung von Vorschriften über die Prozeßkostenhilfe, JurBüro 1995, 61; *Dörndorfer,* Prozesskostenhilfe für Anfänger, 3. Aufl 2002; *Friedrich,* Wie erhalte ich Prozeßkostenhilfe?, NJW 1995, 617; *Grube,* Rechtsschutz und seine Kosten, NordÖR 2000, 177; *Kalthoener/Büttner/Wrobel-Sachs,* Prozesskostenhilfe und Beratungshilfe, 4. Aufl 2005; *Kuenzel,* Unstimmigkeiten im Recht der Prozeßkostenhilfe, 1994; *Künzl,* Aktuelles Prozeßkostenhilferecht, BB 1996, 637; *Künzl/Koller,* Prozesskostenhilfe, 2. Aufl 2003; *Lappe,* Volle Gerichtskostenfreiheit des unterlegenen Pkh-Beklagten, NJW 1999, 3173; *Linke,* Überholte Erfolgsaussichten im Verwaltungsprozess? Zum maßgeblichen Zeitpunkt der prozesskostenhilferechtlichen Beurteilung, NVwZ 2003, 421; *Müller,* Gesetzesänderungen bei Beratungs- und Prozeßkostenhilfe, AuA 1995, 18; *Schoreit/Dehn,* Beratungshilfe, Prozeßkostenhilfe, Kommentar, 8. Aufl 2004; *Schultz,* Rechtsmittelbegründungsfrist und Prozeßkostenhilfe, NJW 2004, 2329; *Schwab,* Prozeßkostenhilfe ab dem 1. 1. 1995, NZA 1995, 115; *Sieg,* Zum Rechtsschutz auf Staatskosten, NJW 1992, 2991; Kostenschätzung im Prozeßkostenhilfe-Verfahren (Stand: 1. 7. 1992), Mitteilung, NJW 1992, 2808; *Steenbuck,* Die Gewährung von Prozeßkostenhilfe an den Insolvenzverwalter, MDR 2004, 1155; *Strnischa,* Die Verbindung von fristgebundener Klageerhebung und Prozesskostenhilfeantrag im verwaltungsgerichtlichen Verfahren, NVwZ 2005, 267.

1. Allgemeines: Die Beteiligten haben vor den Verwaltungsgerichten **unter denselben Voraussetzungen wie im Zivilprozeß** Anspr auf Bewilligung sog PKH. Der durch das RmBereinVpG geänderte § 166 verweist insoweit neben § 569 Abs 3 Nr 2 ZPO auf die §§ 114–127 ZPO. Diese wurden zuletzt durch das PKHÄndG mit dem Zweck der Anpassung an die geänderten Verhältnisse sowie durch das JKomG zur Anpassung an das neue SGB XII novelliert. Im Zentrum der Änderungen stand jeweils § 115 ZPO, nach dem das einzusetzende Einkommen durch Abzug im einzelnen aufgeführter Belastungen zu ermitteln ist (krit zur Regelung BL 2 zu § 115 ZPO). Außerhalb eines gerichtlichen 1

[5] BGH NJW 2001, 3630; Sch-Olbertz 19; Z 5 zu § 110 ZPO; **aA** Ey-P. Schmidt N (11. Aufl) 15, da keine Entscheidung über Zulässigkeit der Klage iSv § 109 vorliege.

Vf kommt nur eine Beratungshilfe nach dem BeratungshilfeG (BerHG) in Betracht (s dazu zB BL 1 ff zu Anh § 127 ZPO mwN).

Die PKH trägt den **verfassungsrechtlichen Anforderungen** Rechnung, die sich insb aus Art 2 Abs 1 GG bzw dem allg **Willkürverbot** (vgl BayVerfGH BayVBl 1991, 377), aus in der Sache **betroffenen** speziellen **Grundrechten,** Art 3 GG (BVerfG 9, 131; 51, 302; NVwZ-Beil 1994, 17), 19 Abs 4 GG (BVerfG 10, 268; BayVBl 1988, 594) u 103 Abs 1 GG (vgl BayVerfGH BayVBl 1991, 377), dem **Rechtsstaatsprinzip** sowie dem **Sozialstaatsprinzip** des GG u der Landesverfassungen ergeben.[1]

Für die Bewilligung von PKH, dh für die Voraussetzungen, das Vf, aber zB auch für die Verpflichtung zu einer Nachzahlung (Mü BayVBl 1973, 388), gelten gem § 166 im einzelnen die **§§ 114–127 ZPO** entspr. **Anspr auf Bewilligung** der PKH haben, wenn u soweit sie die Voraussetzungen dafür erfüllen (s unten 5 ff), nicht nur der Kl u der Bekl, sondern **auch Beigeladene** (Ms 3, 80). Zum **maßgeblichen Zeitpunkt** des Vorliegens der Voraussetzungen s unten 14 a.

2 Die Gewährung von PKH setzt einen **Antrag** voraus. Eine Bewilligung ohne Antrag ist als wirkungslos aufzuheben.[2] Der Antrag ist zweckmäßigerweise schon vor Erhebung der Klage (bzw in AntragsVf, zB gem § 47, § 80 Abs 5, § 80 a oder § 123, des Antrags) zu stellen (Ule 69 I). Er ist jedoch auch in jedem späteren Stadium des Vf, grds auch in der Rechtsmittelinstanz, zulässig (vgl § 119 ZPO), nicht mehr dagegen nach dem rechtskräftigen Abschluß des Vf (Ms DÖV 1953, 126; OLG Bamberg JurBüro 1986, 1574). Ein Gesuch um PKH für ein noch einzuleitendes AntragsVf auf Zulassung der Berufung muß innerhalb der für den beabsichtigten **Zulassungsantrag selbst geltenden Frist** mit ausreichenden Unterlagen zur Glaubhaftmachung seiner Voraussetzungen gestellt werden,[3] da nur unter dieser Voraussetzung ein Antrag auf Wiedereinsetzung wg Versäumung der Frist für die Stellung des Zulassungsantrags Erfolg hat (s unten 8 sowie 42 zu § 124 a). Im Antrag auf Bewilligung von PKH braucht jedoch noch nicht innerhalb der Rechtsmittelfrist ein übernahmebereiter Anwalt benannt zu werden.[4] Die **Benennung** kann vielmehr noch innerhalb der durch die PKH-Bewilligung ausgelösten **Wiedereinsetzungsfrist** (§ 60 Abs 2 S 1) **nachgeholt** werden (NVwZ 2004, 888, s auch 15 zu § 60 mwN).

Der Antrag ist bei dem **Prozeßgericht** zu stellen (§ 166 iVm § 117 Abs 1 S 1 ZPO). Das ist dasjenige Gericht, bei dem der Rechtsstreit schwebt oder anhängig werden soll, für den PKH beantragt wird. Bei einem **Antrag auf Zulassung der Berufung** ist das Prozeßgericht also das **OVG.**[5] Die Entscheidung über einen PKH-Antrag darf prinzipiell nicht bedingt sein. Wird vor der Entscheidung über einen Antrag auf Zulassung der Berufung PKH für das BerufungsVf beantragt, ist der PKH-Antrag unzulässig, weil er allenfalls ein bedingter Antrag sein kann u bedingte Prozeßanträge grds unzulässig sind (Ks NVwZ-RR 1998, 466).

---

[1] Vgl BVerfG 81, 356 = NJW 1991, 413; 85, 347 – um auch Unbemittelten weitgehend gleichen Zugang zu den Gerichten zu ermöglichen –; NJW 1997, 2102; Ko DVBl 1991, 322; Mü InfAuslR 1991, 50.

[2] OLG München JurBüro 1984, 1851; **aA** OLG Oldenburg MDR 1989, 268; ThP 2 zu § 114 ZPO: Bewilligung ohne Antrag ist wirksam u kann nur in den Grenzen der §§ 120 Abs 4, 124 ZPO aufgehoben werden.

[3] Buchh 310 § 166 VwGO Nr 38; Ks NVwZ-RR 2001, 806; Ko DVBl 1997, 1342; Lü DÖV 1998, 346; Ey-Happ 43 zu § 124 a.

[4] NVwZ 2004, 888; Ma NVwZ-RR 2002, 788; Bader JuS 2005, 130; **aA** Ms NVwZ-RR 2001, 612.

[5] Buchh 310 § 60 VwGO Nr 133; Ks NVwZ-RR 2001, 806; Ma DÖV 1982, 868; Ms NWVBl 1992, 374; B-Bader 31; Ey-Happ 43 zu § 124 a; **aA** NKVwGO-Seibert 230 f zu § 124 a – PKH kann sowohl bei OVG wie auch bei VG beantragt werden; RÖ-Kothe 9 b – PKH ist bei zulassungsbedürftiger Berufung beim VG zu beantragen.

Zu der Frage der rückwirkenden Bewilligung s unten 14. S zur Unzulässigkeit einer Verweisung des PKH-Antrags an das zuständige Gericht Sennekamp NVwZ 1997, 645 ff u 2b zu § 41; zum **Erfordernis erneuter Antragstellung für jede Instanz** s unten 4; zur **Unzulässigkeit** einer Klageerhebung bzw einer Rechtsmitteleinlegung, die **von der Bedingung** abhängig gemacht ist, daß für das Vf PKH gewährt wird, 8 zu § 82; 25 vor § 124.

Für das **PKH-Vf selbst** kann **keine PKH** bewilligt werden.[6] **Zulässig** ist ein Antrag auf PKH aber für selbständige **BeweisVf** (früher: „BeweissicherungsVf") gem §§ 485 ff ZPO.[7] Im Hinblick auf die eigenen Aufwendungen – insb die Kosten anwaltlicher Vertretung – ist die Bewilligung von PKH auch in gerichtskostenfreien Vf (s § 188 S 2, § 30 RVG) möglich.[8]

Die **Klagefrist** u eine Rechtsmittelfrist werden **durch den Antrag auf PKH** 3
nicht gewahrt, jedoch kommt eine **Wiedereinsetzung** (§ 60) in Betracht, falls der Antrag auf PKH innerhalb der Klage- bzw Rechtsmittelfrist gestellt wurde.[9] Der Antrag auf Wiedereinsetzung ist grds binnen von 2 Wochen nach Bewilligung der PKH zu stellen (§ 60 Abs 2 S 1 HS 1); bei Versäumung der **Frist zur Begründung** des Antrags auf Zulassung der Berufung, der Revsion, der Nichtzulassungsbeschwerde oder der Beschwerde beträgt die Frist nach dem durch das 1. JuMoG neu eingefügten § 60 Abs 2 S 1 HS 2 (dazu 1 zu § 60) **einen Monat.** Hat das OVG über den vor Ablauf der Frist zur Begründung der zugelassenen Berufung gestellten (ordnungsgemäßen) Antrag auf Bewilligung von PKH nicht vorab entschieden, darf es die Berufung **nicht wg Versäumung der Berufungsbegründungsfrist als unzulässig verwerfen** (NVwZ 2004, 111; s auch 22 zu § 124 a).

Die **Bewilligung** der PKH gilt **jeweils nur für die Instanz,** für die sie er- 4
folgt (vgl § 119 ZPO), u muß für **jede weitere Instanz erneut** beantragt werden (§ 119 ZPO; s auch Mü NJW 1980, 2093). Stehen jedoch mehrere Verfahrensabschnitte in notwendigem inneren Zusammenhang, so bilden sie einen einheitlichen Rechtszug. Dies gilt auch dann, wenn sie jeweils mit Kosten verbunden sind. Die Bewilligung von PKH für das Vf der Nichtzulassungsbeschwerde erstreckt sich im Falle der Zulassung der Revision auf das mit dem Zulassungsbeschluß beginnende RevisionsVf (NVwZ-RR 1995, 545). Ausgeschlossen ist auch die Bewilligung von PKH nur für das Vf über die Zulassung der Berufung, weil dieses Vf u das anschließende BerufungsVf iSd Vorschriften über die PKH eine Einheit bilden (Ks NVwZ 2000, 1428). Zur – grds nicht möglichen – rückwirkenden Bewilligung s unten 14. Bei Klageerweiterung nach Entscheidung des VG ist hinsichtlich des zusätzlich in das Vf eingeführten Streitggst ein weiterer Antrag auf PKH beim VG zu stellen. Die Beschwerde ist insoweit erst zulässig, nachdem das VG über diesen Antrag entschieden hat (Ma NVwZ-RR 2006, 508).

2. Voraussetzungen der Bewilligung: Auf die Bewilligung der PKH be- 5
steht ein **Anspr** (kein Ermessen des Gerichts!), wenn der Kl bzw die (beabsichtigte oder bereits erhobene) Klage die Voraussetzungen gem § 114 ZPO erfüllt.Die **Anforderungen** dürfen jedoch **nicht überspannt** werden (BVerfG NJW 1992, 889). Entspr gilt für die Bewilligung der PKH für sonstige Beteiligte. Die Beschränkungen gem § 114 ZPO begegnen grds **keinen verfassungsrechtlichen**

---

[6] Buchh 310 § 166 Nr 21; BGH NJW 1984, 2106; Hbg NVwZ 1990, 975 f; Lü NVwZ-RR 2003, 790.

[7] LG Köln NJW 1987, 784 – maßgebend sind nicht Erfolgsaussichten der beabsichtigten Rechtsverfolgung in der Hauptsache, sondern ob ausreichend Aussicht besteht, daß dem Antrag stattgegeben wird –; LG Bayreuth JurBüro 1991, 398; **aA** LG Bonn MDR 1985, 415.

[8] Vgl auch BVerfG NVwZ-Beil 1994, 17; Ma VBlBW 1998, 15.

[9] Lü NVwZ 1998, 534; Ma NVwZ 1999, 205; s im einzelnen 15 zu § 60.

Bedenken.[10] Die Bewilligung von PKH zugunsten einer **verstorbenen Partei** oder ihres Prozeßbevollmächtigten ist **ausgeschlossen** (Ba DVBl 2001, 1228). Für **Ausländer** (OLG Düsseldorf MDR 1994, 301) u Staatenlose gelten bzgl der PKH keine Sonderregelungen (s auch BVerfG NJW 1993, 383; Grunsky NJW 1980, 2043). **Für ausländische juristische Personen oder parteifähige Vereinigungen** kommt jedoch, soweit durch Staatsverträge oder aufgrund von Staatsverträgen nichts anderes bestimmt ist (zB auch durch EG-Recht), PKH nicht in Betracht (arg. e contrario aus § 116 Nr 2 ZPO).

Im einzelnen ist **Voraussetzung** für die Bewilligung von PKH:

6 **1) Unvermögen** des ASt **aufgrund seiner persönlichen u wirtschaftlichen Verhältnisse,** die zu erwartenden Kosten des Prozesses (zum Begriff s § 162) ganz, zT, uU auch in Raten zu bestreiten (§ 114 ZPO). Ob u ggf in welcher Höhe der ASt an den Prozeßkosten zu beteiligen ist, regelt § 115 ZPO. Danach ist es möglich, daß der ASt gänzlich kostenfrei bleibt, Anteile seines Vermögens einzusetzen u/oder mittels des einzusetzenden Einkommens zu den Kosten des Rechtsstreits beizutragen hat. Soweit nach § 115 Abs 3 ZPO Prozeßkosten aus dem Vermögen zu tragen sind, ändert die Neufassung des § 115 ZPO durch das PKHÄndG die vorherige Rechtslage nicht. Da Einkommen u Vermögen unterschiedlichen Bewertungsregeln unterliegen (§ 115 Abs 1 u 3 ZPO), sind beide voneinander zu trennen. Hat ein um PKH Nachsuchender im numerus-clausus-Vf mit seinem RA eine Vereinbarung dahingehend getroffen, daß dieser zur Verbesserung der Prozeßchancen gegen ein Pauschalhonorar bis zu 20 einstweilige Anordnungen beantragt, so ist für die Frage, ob der Bewilligung von PKH § 115 Abs 3 ZPO aF (jetzt § 115 Abs 4 ZPO) entgegensteht, gleichwohl nur auf die Kosten eines einzigen AnordnungsVf abzustellen (Lü NVwZ-RR 2005, 861). Zum Einkommen (dazu näher BL 5ff zu § 115 ZPO; Z 3ff zu § 115 ZPO) zählt etwa auch ein ohne größere Schwierigkeiten realisierbarer **Anspr gegen Dritte** auf Prozeßkostenvorschuß.[11] Soweit eine **Rechtsschutzversicherung** eine Deckungszusage abgibt, führt dies zur Versagung der PKH (BGH NJW 1991, 110).

Maßgebend sind nur die Einkünfte des Beteiligten, nicht das Familieneinkommen (BSG RPfl 1994, 304f; Z 7 zu § 115 ZPO mwN). Ehegatteneinkommen werden nur nach § 115 Abs 1 S 3 Nr 2 ZPO berücksichtigt, nicht aber zusammengerechnet (Z 7 zu § 115 ZPO). Gem § 116 S 1 Nr 1 ZPO kommt es bei **Vertretung** u Parteistellung **kraft Amtes,** zB des Insolvenzverwalters,[12] Testamentsvollstreckers usw, grds auf die Einkommens- u Vermögensverhältnisse des Vertretenen bzw die verwaltete Vermögensmasse u die Leistungsfähigkeit „wirtschaftlich Beteiligter"[13] an, gem § 116 S 1 Nr 2 ZPO bei einer juristischen Person oder einer parteifähigen Vereinigung (zB **OHG,** nicht-rechtsfähiger Verein u BGB-Gesellschaft) auf die Mittel der Vereinigung u der am Gegenstand des Rechtsstreits wirtschaftlich Beteiligten (s im einzelnen § 116 ZPO).

Die **finanziellen Verhältnisse sind** durch **entspr Erklärungen** u durch Vorlage entspr **Belege** darzulegen (§ 117 Abs 2 ZPO; s auch BGH NJW 1986, 62). Die Darlegungslast liegt beim ASt. Will das VG einen PKH-Antrag allein wg unvollständigiger Angaben des ASt zu seinen persönlichen u wirtschaftlichen Verhältnissen ablehnen, so ist es gehalten, ihm zuvor Gelegenheit zu geben, die unvollständigen Angaben zu belegen (Lü NVwZ-RR 2007, 142f; Ma NVwZ-

---

[10] BVerfG 2, 349; 7, 56; 10, 270; 51, 302; BVerwG 51, 179; BGH NJW 1982, 1051.

[11] DÖV 1974, 429; Ko 27. 4. 1995 – 2 E 10712/95; vgl zum – uU zu bejahenden – Anspr auf PKH trotz bestehenden Anspr auf Prozeßkostenvorschuß gem §§ 1360a Abs 4, 1361 Abs 4 BGB JurBüro 1988, 1537; BFH JurBüro 1992, 557m zust Anm Mümmler; Ms JurBüro 1992, 185; Celle NdsRpfl 1993, 157; Knops NJW 1993, 1237 mwN.

[12] Vgl BGH NJW 1991, 40 = JuS 1991, 423; OLG Hamm ZIP 1990, 595.

[13] ZB der Erben, vgl OLG Celle NJW 1987, 783; Grunsky NJW 1980, 2044; vgl zu einer Kirchenstiftung auch OLG Bamberg NJW-RR 1990, 638.

RR 2004, 230). Die finanziellen Verhältnisse sind auf Verlangen des Gerichts durch eidesstattliche Versicherung glaubhaft zu machen (§ 118 Abs 2 ZPO);[14] **erforderlichenfalls** kann das Gericht dazu auch **Zeugen u Sachverständige** hören u eine **Auskunft** der zuständigen Behörde einholen (§ 118 Abs 2 ZPO). S auch unten 16. Zur **Hinweispflicht** des Gerichts bei Fehlen von Belegen gem § 117 Abs 2 ZPO vgl Schneider MDR 1986, 113. Zum **maßgeblichen Zeitpunkt** für die Beurteilung der Voraussetzungen s unten 14.

2) Bei inländischen **juristischen Personen** u parteifähigen Vereinigungen 7 (vgl zB §§ 161 Abs 2, 124 Abs 1 HGB) ist nach § 116 S 1 Nr 2 ZPO **außerdem** erforderlich, daß die Unterlassung der Rechtsverfolgung oder Rechtsverteidigung **allg Interessen zuwiderlaufen** würde.[15] Ein **allg Interesse** ist idR zu bejahen, zB wenn Grundrechte der Körperschaft berührt werden (BVerfG DVBl 1974, 123); wenn sonst Aufgaben behindert würden, an denen ein allg Interesse besteht; wenn **Arbeitsplätze gefährdet** würden (BFH 136, 62; OLG Hamm NJW-RR 1989, 382). **Nicht ausreichend** ist das allg Interesse einer juristischen Person an der richtigen Entscheidung des Prozesses (BGH NJW 1986, 2058), oder daß ein RMittel eingelegt werden soll, um ein offensichtlich unrichtiges Urteil zu beseitigen. Erforderlich ist immer, daß **Interessen Dritter** berührt werden. § 116 S 1 Nr 2 ZPO ist auf den **Insolvenzverwalter** einer juristischen Person oder parteifähigen Vereinigung **nicht anwendbar.**[16]

3) Hinreichende Aussicht auf Erfolg (§ 114 ZPO): Eine gewisse Wahr- 8 scheinlichkeit des Erfolgs genügt.[17] Ohne Bedeutung ist, ob der Kl auch im Falle seines Obsiegens die Verfahrenskosten gem § 155 Abs 4 zu tragen hat (NVwZ-RR 1999, 588). Die **Anforderungen** hins der Erfolgsaussichten dürfen **nicht überspannt werden.**[18] Es reicht aus, wenn sich die Erfolgsaussichten bei summarischer Prüfung als offen darstellen;[19] eine überwiegende Wahrscheinlichkeit ist nicht erforderlich (BL 80f zu § 114 ZPO mwN aus der zivilgerichtlichen Rspr). Eine entfernte Erfolgschance reicht jedoch noch nicht aus (Buchh 310 § 166 VwGO Nr 33). Nicht zulässig ist es, wenn schwierige Rechtsfragen, die in vertretbarer Weise auch anders beantwortet werden können, in Vorwegnahme des HauptsacheVf abschließend im Vf der PKH erörtert werden u damit der Zugang zu den Gerichten versagt wird (BVerfG NVwZ 2003, 1251; NVwZ 2006, 1157). Das gilt insb, wenn die Rechtsfrage weder in der Rspr des zuständigen Obergerichts noch in der des BVerwG geklärt ist (BVerfG NVwZ 2006, 1156). Die Unerfahrenheit des ASt spielt bei der Beurteilung der Erfolgsaussichten keine Rolle; ihr kommt nur für die Frage Bedeutung zu, ob eine anwaltliche Vertretung nach § 121 Abs 2 ZPO erforderlich erscheint (Mü NVwZ-RR 2007, 144).

Für die Frage der Erfolgsaussichten der Rechtsverfolgung oder Rechtsverteidigung iSv § 114 ZPO kommt es nicht allein auf das ZulassungsVf, sondern auf den Rechtszug insgesamt an (BVerfG NVwZ 2005, 1418). Ein Erfolg des Rechtsmittelzulassungsantrags wird freilich bei den meisten Zulassungsgründen eine hinreichende Erfolgsaussicht des zugelassenen RMittel indizieren. Hat das

---

[14] Vgl dazu OLG München FamRZ 1989, 83: Anordnung der Glaubhaftmachung nur, wenn sich aus konkreten Tatsachen Zweifel an der Richtigkeit der Angaben ergeben.

[15] Vgl dazu BGH NJW 1991, 40; NJW-RR 1990, 474; zur verfassungskonformen Auslegung dieser Vorschrift BVerfG DVBl 1974, 123.

[16] Vgl zum Konkursverwalter BGH NJW 1991, 40; JuS 1991, 423 m Anm Karsten Schmidt; vgl auch BGH JZ 1993, 414; Pape KTS 1991, 33; **aA** BL18 zu § 116 ZPO.

[17] Ks NVwZ-RR 1991, 160; RÖ-Kothe 3; BL 80ff zu § 114 ZPO; M 19ff zu § 114 ZPO; vgl auch ThP 3ff zu § 114 ZPO.

[18] BVerfG NJW 1991, 413; 1992, 889; NVwZ 2003, 1251; NVwZ 2005, 1418; NJW 2005, 1567.

[19] BVerfG NJW 2003, 1857; 2003, 2976; BVerwG NVwZ-RR 1999, 588; Ma NVwZ-RR 2007, 210f.

OVG die Berufung auf Antrag des Berufungskl zugelassen u dessen Erscheinen zum Zwecke seiner ausf Befragung in der mV als ratsam bezeichnet, so rechtfertigt dies die Annahme hinreichender Erfolgsaussichten für die Gewährung von PKH (BVerfG NVwZ 2004, 721). Im Fall eines PKH-Antrags in Zusammenhang mit einem **Antrag auf Zulassung der Berufung** muß der nicht anwaltlich vertretene ASt nicht einmal in Umrissen deutlich machen, auf welchen Zulassungsgrund gem § 124 Abs 2 er sein Begehren stützt (s 42 zu § 124a). Zu den erforderlichen Erfolgsaussichten bei der **Studienplatzklage** s auch DVBl 1986, 46 (nicht abhängig von den Aussichten bei der Studienplatzverlosung) u Ks NVwZ-RR 2006, 508. Das Erfordernis hinreichender Erfolgsaussichten ist auch dann unverzichtbar, wenn die PKH nur für **einen Vergleichstermin** beantragt wird (**aA** OLG Schleswig JurBüro 1985, 482).

Der ASt hat mit seinem Antrag oder im Anschluß daran dem Gericht die zur Beurteilung erforderlichen Angaben **vorzutragen** u auf Verlangen des Gerichts glaubhaft zu machen (§ 118 Abs 2 S 1 ZPO). Das Gericht kann dazu weitere Erhebungen anstellen (§ 118 Abs 2 S 2 u 3 ZPO);[20] es ist jedoch idR **nicht Sinn des Vf** zur Bewilligung von PKH, schon zur Klärung der Voraussetzungen **umfangreiche Beweisaufnahmen** vorzunehmen, die der Sache nach zum HauptsacheVf gehören.[21] Hängt der Erfolg von der **Beantwortung schwieriger Rechtsfragen** ab, über die das BVerwG oder ein OVG noch nicht entschieden haben oder hins derer widersprechende Entscheidungen dieser Gerichte vorliegen, so ist die Erfolgsaussicht **grds zu bejahen** (BGH NJW 1982, 1104 mwN; Ms VRspr 7, 757; OLG Stuttgart MDR 1965, 492); **ebenso** grds, wenn die Entscheidung voraussichtlich von der Aussage von Zeugen abhängen wird (BGH NJW 1960, 98). Wird eine Rechtsfrage während des Vf durch eine höchstrichterliche Entscheidung in einem für den ASt ungünstigen Sinn geklärt, kann PKH nicht – auch nicht für die Vergangenheit – gewährt werden, da die mit einer solchen Klärung verbundenen Kostengefahren ein allgemeines Prozeßrisiko darstellen, das auch den Kl, der keine PKH beantragt hat, in gleicher Weise trifft (BGH NJW 1982, 1104; Sch-Olbertz 54; **aA,** 14. Aufl). Voraussetzung für die Erfolgsaussichten eines Antrags auf PKH für ein RMittel u damit für ihre Bewilligung ist die Einreichung des ordnungsgemäß begründeten u vollständigen PKH-Gesuchs innerhalb der Rechtsmittelfrist (Buchh 310 § 166 VwGO Nr 38; s auch oben 2). Hins der **Beurteilung der Erfolgsaussichten** steht dem Gericht ein revisionsgerichtlich nur beschränkt nachprüfbarer (vgl 20 zu § 137) **Beurteilungsspielraum** zu (vgl 51, 114: Ermessen des Gerichts). Zum für die Beurteilung der Erfolgsaussichten **maßgeblichen Zeitpunkt** s unten 14a.

9 **4) Die Rechtsverfolgung darf nicht mutwillig** sein (§ 114 ZPO), dh, daß ein verständiger, ausreichend bemittelter Beteiligter, der auch das Kostenrisiko berücksichtigt, **vernünftigerweise sein Recht in derselben Weise verfolgen** würde.[22] **Soweit die** oben zu 8 genannten **Erfordernisse gegeben** sind, kann auch diese Voraussetzung **idR** als **gegeben** angenommen werden, es sei denn, es bieten sich im konkreten Fall einfachere Möglichkeiten für die Verwirklichung der Anspr, oder auch ein Obsiegen würde dem Betroffenen keinen nennenswerten Vorteil (als Vorteil ist jedoch auch zB eine Rehabilitierung in den Augen der All-

---

[20] Vgl auch OLG München JurBüro 1986, 606: die Verwertung von Vernehmungsprotokollen aus einem anderen Vf ist zulässig; allg auch BVerfG NVwZ 1987, 786.

[21] Ks NVwZ-RR 1991, 160; Br DVBl 1991, 1318; Ko DVBl 1991, 1322; Mü InfAuslR 1991, 50: nähere Prüfung wäre Verstoß gegen das verfassungsrechtliche Gebot weitgehender Gleichstellung von Unbemittelten u Bemittelten im Prozeß.

[22] BGH NJW 1982, 1050; Ms DÖV 1993, 81; LG Ulm NJW-RR 1990, 637; s auch Grunsky NJW 1980, 2042 mit Hinweis darauf, daß sich an diesem Erfordernis auch durch den Wegfall von § 114 Abs 1 S 2 ZPO aF nichts geändert hat; ferner BVerfG 51, 302, zugleich bejahend zur Verfassungsmäßigkeit der Regelung.

gemeinheit anzusehen) bringen. **Mutwilligkeit** kann **auch** bei getrennter Klageerhebung gegeben sein, wenn mit **einer verbundenen Klage** gem § 44 Prozeß- u Anwaltskosten gespart werden könnten.[23] **Verschulden** eines Vertreters muß sich der ASt **nicht** nach § 85 Abs 2 ZPO **zurechnen** lassen (**aA** Sch-Olbertz 28); es steht im Gegenteil dem Vorwurf der Mutwilligkeit entgegen (OLG Düsseldorf OLGZ 1986, 98). Beispiele zur Frage der Mutwilligkeit s BL 109 ff zu § 114 ZPO.

5) Erleichterte Voraussetzungen gelten gem § 119 Abs 1 S 2 ZPO für die Bewilligung der PKH **im RechtsmittelVf** vor den höheren Instanzen, **wenn der Gegner das RMittel eingelegt hat;** im RevisionsVf für den Revisionsgegner jedoch erst, nachdem die Revision begründet wurde (vgl BGH NJW 1982, 446; **aA** OLG Karlsruhe FamRZ 1996, 807 f). Vgl zur Antragstellung für die Revisionsinstanz auch BFH 133, 250. Nicht anwendbar ist § 119 Abs 1 S 2 ZPO, wenn die Entscheidung des unteren Gerichts offensichtlich falsch ist oder wenn die Sach- oder Rechtslage sich seither geändert hat (ThP 13 zu § 119 ZPO; BL 66 zu § 119 ZPO mwN; offen BVerfG DVBl 1986, 457); die Ablehnung der PKH trotz Obsiegens in der Vorinstanz muß jedoch jedenfalls begründet werden (BVerfG DVBl 1986, 457). 10

3. Entscheidung des Gerichts: Das Gericht – uU auch der Einzelrichter gem § 6 oder der Vorsitzende bzw der Berichterstatter gem § 87 a (s dazu auch 7 zu § 87 a) – entscheidet über die Bewilligung der PKH durch **Beschluß. Zuständig für die Entscheidung** ist **das VG** erster Instanz; ist das Vf in der Hauptsache vor dem OVG oder dem BVerwG anhängig bzw wird für diese die PKH beantragt, das OVG bzw das BVerwG (§ 127 Abs 1 S 2 ZPO). Für die Bewilligung für die **Revisionszulassungsbeschwerde** ist ausschließlich das **BVerwG** zulässig (NJW 1965, 2317; RÖ-Kothe 9 a). Die Entscheidung muß in nachvollziehbarer Weise begründet werden; so darf sie nicht allein mit der Begründung abgelehnt werden, daß „die Berufung aus den Gründen des Urteils vom heutigen Tage keine hinreichende Aussicht auf Erfolg bietet" (BVerfG NVwZ 2004, 721). 11

Die **Entscheidung** muß, wenn der Antrag vor Klageerhebung bzw Einlegung eines RMittel gestellt wurde, grds spätestens vor einem Beweisbeschluß bzw **vor der mV** in der Hauptsache getroffen werden.[24] Über ein frühzeitig eingereichtes, vollständiges PKH-Gesuch ist im KlageVf im Hinblick auf den Grundsatz des fairen Vf einige Zeit vor der mV zu entscheiden, wenn sonst den Klägern Nachteile entstehen können (Ma NVwZ-RR 2005, 438; VBlBW 2004, 385 mwN). Zur Beschwerde bei Verzögerung der Entscheidung s unten 19. Zum **maßgeblichen Zeitpunkt für die Beurteilung** der Bewilligungsvoraussetzungen s unten 14 a.

Die PKH ist je nach den Erfordernissen des Falles u den Vermögens- u Einkommensverhältnissen des ASt uU auch **nur teilweise** oder gegen Ratenzahlung zu bewilligen (§ 114 ZPO), auch zB nur für einen Teil einer als überhöht angesehenen Forderung (OLG München JurBüro 1981, 700), unter Ablehnung der Beiordnung eines RA, usw. Bei lediglich teilweiser Erfolgsaussicht ist PKH jedenfalls idR anteilig zu bewilligen (BVerfG NVwZ 2005, 323). Das gilt grds selbst dann, wenn derjenige Teil des Streitggst, bei dem keine Erfolgsaussicht besteht, streitwertmäßig nicht relevant ist u bei der Kostenentscheidung möglicherweise gem § 155 Abs 1 S 3 zu vernachlässigen ist (Ma NVwZ-RR 2006, 855 f). Die Beschränkung der Beiordnung eines RA im Rahmen des PKH auf die Bedingungen eines am Gerichtsort ansässigen RA ist nach Ma NVwZ-RR 12

---

[23] Ms DÖV 1993, 81 – zu getrennten Klagen einer Asylantenfamilie; getrennte Klagen sind hier auch nicht mit der Notwendigkeit, daß die Ehefrau als Zeugin auftreten kann, zu rechtfertigen.

[24] Hbg NVwZ-RR 2001, 805; ThP 10 zu § 127 ZPO; RÖ-Kothe 8: ein ungeschriebener Verfahrensgrundsatz; vgl auch Ko NJW 1982, 2834.

2007, 211 unzulässig, wenn der RA in einem landgerichtlichen Vf am Gerichtsort ohne derartige Einschränkung beizuordnen wäre.

13 Die **Beiordnung eines RA** – Entsprechendes gilt auch analog § 67 Abs 1 für einen Hochschullehrer (**aA** insoweit DÖV 1966, 432) – ist in § 121 ZPO näher geregelt. Sie ist, sofern die allg Voraussetzungen der PKH gegeben sind (oben 6–10), **in Vf mit Vertretungszwang** (§ 67 Abs 1) (Kienemund NJW 2002, 1234; Seibert NVwZ 2002, 268f) immer geboten (§ 121 Abs 1 ZPO; vgl BVerfG 7, 53; BVerwG 51, 278; BGH LM § 548 ZPO Nr 2), sonst grds nur – u immer! –, **wenn** es in einem Rechtsstreit um **nicht einfach zu überschauende Tat- u Rechtsfragen** geht (51, 113) oder wenn auch der Gegner durch einen RA vertreten ist (§ 121 Abs 2 ZPO; s dazu, insb auch zur Verfassungsmäßigkeit bzw verfassungsrechtlichen Gebotenheit BVerfG NJW 1988, 2597; BSG Breithaupt 1988, 261). Auch der Anspr auf **rechtliches Gehör** vor Gericht (Art 103 Abs 1 GG) schließt nicht notwendig ein, daß das rechtliche Gehör gerade durch Vermittlung eines RA gewährt werden muß.[25] Es besteht ein Wahlrecht des ASt, welchem Anwalt er beiordnen lassen will (OLG Düsseldorf FamRZ 1995, 241). Nur für den Fall, daß der ASt keinen Anwalt seiner Wahl findet, enthält § 121 Abs 5 ZPO eine Sonderregelung. Die auf Antrag erfolgende Bestellung eines Anwalts nach dieser Vorschrift setzt voraus, daß der ASt dem Gericht im einzelnen darlegt u glaubhaft macht, trotz zumutbarer Bemühungen keinen zu seiner Vertretung bereiten Anwalt gefunden zu haben (Ms NVwZ-RR 2001, 613; NKVwGO-Neumann 155). Die Änderung eines Beiordnungsbeschlusses erfordert ausnahmsweise dann keinen triftigen Grund für den Wechsel, wenn sich der beizuordnende (neue) Prozeßbevollmächtigte mit einer Beiordnung unter Beschränkung auf die noch nicht angefallenen Rechtsanwaltsgebühren ausdr einverstanden erklärt (FfO NVwZ-RR 2003, 905). Wenn eine Vertretung durch einen RA angesichts des Umfangs oder der Schwierigkeit des Falles nicht geboten erscheint, kommt uU **auch (nur)** die **Beiordnung eines Gerichtsbeamten oder eines Referendars** in Betracht; die entspr Befugnis des Gerichts ergibt sich trotz Streichung des § 116 Abs 2 ZPO aF schon daraus, daß das Gericht insoweit einen gewissen Beurteilungsspielraum hat, der es ihm erlaubt, in weniger schwerwiegenden Fällen uU auch ganz von der Beiordnung einer Hilfe abzusehen (**aA** Grunsky NJW 1980, 2045: keine Beiordnung von Referendaren usw; Sch-Olbertz 72). Zur **Beiordnung eines neuen Anwalts, wenn der Beteiligte** dem bisher beigeordneten Anwalt die **Vollmacht entzogen hat,** s Ms VRspr 25, 119; zur Beiordnung eines **auswärtigen Anwalts** Ko NVwZ-RR 1990, 280 (nur wenn dadurch keine höheren Kosten entstehen als bei Beauftragung eines Anwalts am Ort, § 121 Abs 3 ZPO).

Sonstige außergerichtliche Kosten, wie zB **Reisekosten** für die Fahrt zum Termin, werden von der PKH nicht automatisch erfaßt (vgl § 122 ZPO), können analog **§ 120 Abs 1 ZPO** aber ebenfalls bewilligt werden, soweit sie zu einer zweckentsprechenden Rechtsverfolgung oder Rechtsverteidigung iSv § 162 Abs 1 erforderlich sind (Mü BayVBl 1985, 439; **aA** RÖ-Kothe 7). Bei den **Reisekosten zum Termin** ist dies idR der Fall, wenn das persönliche Erscheinen angeordnet ist oder der Beteiligte seine persönliche Teilnahme am Termin für erforderlich halten durfte (Mü BayVBl 1985, 439). Dies gilt jedoch nicht auch für die Kosten des **BewilligungsVf** bzw BeschwerdeVf **hins der PKH** (s oben 2; RÖ-Kothe 7; BL 153f zu § 91 ZPO). Der **Ag** hat grds keinen Erstattungsanspr (OLG Bremen OLGZ 66, 167).

Außergerichtliche Kosten, die nicht im Rahmen eines Prozesses entstehen – insb auch **Kosten des WiderspruchsVf** (§ 68), des Vf zur Bewilligung der

---

[25] BVerfG 9, 132; BVerwG 51, 112, 279; zT weitergehend mit überzeugenden Gründen BSG Breithaupt 1988, 261 unter Bezug auf BSG SozR 1750 § 227 Nr 2: grds Anspr auf rechtskundigen Beistand.

PKH oder eines evtl BeschwerdeVf gem § 127 ZPO – können ggf als **Vorbereitungskosten** für den nachfolgenden Rechtsstreit erstattet werden, wenn ein solcher stattfindet.[26]

Zeitliche Grenzen der Bewilligung: Für die Zeit vor der Antragstellung scheidet die Bewilligung von PKH aus.[27] Für die Zeit nach der Antragstellung wird PKH rückwirkend auf den Zeitpunkt bewilligt, in dem der Antrag formgerecht mit allen notwendigen Erklärungen u Belegen gestellt wurde.[28] Wenn demgegenüber mitunter erklärt wird, die Bewilligung der PKH wirke nur für die Zukunft (BGH NJW 1985, 921; Br NordÖR 2000, 290), so ist das zumindest mißverständlich. Hier wird die Sachfrage nach dem Regelungsinhalt einer Gerichtsentscheidung mit der verfahrensrechtlichen Frage verwechselt, wann eine Entscheidung wirksam wird (MKZPO 74 zu § 114 ZPO; Z 38 ff zu § 119 ZPO). Für die Zeit, in der der ASt die Bedürftigkeit oder andere Voraussetzungen[29] noch nicht dargelegt hat, erhält er keine PKH (Ma VBlBW 1991, 471). Eine Bewilligung ist auch noch **nach rechtskräftigem Abschluß** des Vf möglich.[30] S zum maßgeblichen Zeitpunkt für die Beurteilung der Bewilligungsvoraussetzungen unten 14 a. 14

Soweit das HauptsacheVf nach der Beantragung, aber noch vor der Entscheidung über die PKH durch Vergleich, Klagerücknahme oder beiderseitige Erledigungserklärungen beendet wurde, scheidet die Bewilligung einer PKH grds aus, da diese voraussetzt, daß die fragliche Rechtsverfolgung noch „beabsichtigt" (s § 166 iVm § 114 ZPO) ist.[31] Aus Billigkeitsgründen wird aber eine Bewilligung der PKH dann für zulässig erachtet (Bln NVwZ 1998, 650; **aA** Pentz NJW 1985, 1821, der nach Erledigung des Rechtsstreits eine PKH ausnahmslos ablehnt), wenn sich während des KlageVf die Hauptsache ohne Zutun des Kl erledigt u die Beteiligten daraufhin übereinstimmende Erledigungserklärungen abgeben.[32] Entsprechendes wird dann angenommen, wenn der Kl das erledigende Ereignis selbst herbeigeführt oder etwa seine Klage zurückgenommen hat, aber vor Wegfall der Rechtshängigkeit des Rechtsstreits alles ihm Zumutbare getan hat, um eine Entscheidung des Gerichts über seinen Antrag auf PKH zu erreichen. Das muß jedenfalls dann gelten, wenn das Gericht über einen entscheidungsreifen PKH-Antrag nicht in angemessener Frist entschieden hat (Bln NVwZ 1998, 650; s auch FfO NVwZ-RR 2002, 790 mwN). War das HauptsacheVf bereits vor Beantragung der PKH abgeschlossen, scheidet deren Bewilligung stets aus (Mü BayVBl 1988, 93; OLG Celle JurBüro 1996, 141; Z 2b zu § 117 ZPO).

---

[26] OLG Frankfurt RPfl 1979, 111; s allg auch NVwZ 1988, 727; OLG Schleswig JurBüro 1980, 1738; OLG Karlsruhe JurBüro 1979, 268; BL 153 f zu § 91 ZPO; RÖ-Kothe 7; Pentz NJW 1982, 1269 Anm 11.

[27] BGH NJW 1982, 446; JurBüro 1993, 51; OLG Koblenz JurBüro 1996, 142; Z 37 zu § 119 ZPO.

[28] BGH NJW 1985, 921; JurBüro 1992, 466 f u 823; Br AnwBl 1990, 569; Ks DÖV 1992, 124; Ko NJW 1982, 2834; Ma VBlBW 1987, 296; 1988, 188 u 189 ff m Anm Kopp VBlBW 1988, 264; Mü NVwZ-RR 1994, 240; Ms NVwZ-RR 1994, 124; indirekt auch BVerwG NVwZ-RR 1995, 545.

[29] FfO NVwZ-RR 2002, 790; Ma NVwZ-RR 2002, 791; Ms NVwZ-RR 1994, 124; We NVwZ 1998, 867.

[30] BGH NJW 1982, 446; Hmb BayVBl 1988, 93; Sch-Olbertz 57; **aA** Mü BayVBl 1988, 93.

[31] Bln NVwZ 1998, 650; Sa NVwZ-RR 2006, 656; Schl NVwZ-RR 2004, 460; We NVwZ 1998, 866.

[32] Ms NVwZ-RR 1994, 124; We NVwZ 1998, 866, **aA** Schl NVwZ-RR 2004, 460: Die Bewilligung einer PKH scheidet aus, wenn der Kl es in der Hand hatte, daß das Gericht zunächst über seinen Antrag auf PKH entscheidet, ehe das Vf durch eine übereinstimmende Erledigungserklärung zum Abschluß bringt.

14 a **Maßgeblicher Zeitpunkt für die gerichtliche Entscheidung:** Häufig vergeht zwischen dem Zeitpunkt des Eingangs des PKH-Gesuchs u der diesbezüglichen gerichtlichen Entscheidung geraume Zeit, in der etwa tatsächliche Veränderungen oder auch Erkenntnisfortschritte eingetreten sein können. Hier stellt sich die Frage, ob derartige Veränderungen bei der Entscheidung über den PKH-Antrag zu berücksichtigen sind. Überwiegend wird diese Frage differenziert beantwortet, nämlich zwischen der Beurteilung der Erfolgsaussichten des Antrags (einschließlich der Voraussetzung der fehlenden Mutwilligkeit) u der Mittellosigkeit des ASt unterschieden: Im Hinblick auf die Möglichkeit der rückwirkenden Bewilligung bemißt sich die Beurteilung der **Erfolgsaussichten** nach dem Zeitpunkt der **Entscheidungsreife,**[33] also sobald das PKH-Gesuch vollständig, einschließlich der Erklärungen über die persönlichen u wirtschaftlichen Verhältnisse, vorliegt. Im Hinblick auf die Funktion der PKH als Sozialleistung gilt für die **Mittellosigkeit** dagegen der **Zeitpunkt der Entscheidung** des Gerichts.[34]

15 Zur **Abänderbarkeit des Beschlusses** des Gerichts über die PKH s unten 18. Der Beschluß schafft **keine materielle RKraft** (Mü BayVBl 1970, 261; s auch unten 17).

16 **4. Verfahren:** Die PKH wird **nur auf Antrag** gewährt (§ 117 ZPO). Zur Antragsberechtigung s oben 1. Der bei dem **Prozeßgericht** (dazu näher oben 2) zu stellende Antrag (Gesuch) ist **schriftlich** oder zur Niederschrift der Geschäftsstelle (§ 81) zu stellen u unterliegt auch beim OVG/BVerwG nicht dem Vertretungszwang (s 23 zu § 67; Sch-Olbertz 9). Der Antrag ist, soweit nach § 117 Abs 4 ZPO ein amtliches Formular dafür eingeführt ist, auf diesem mit den entspr Angaben zu stellen.[35] Vgl im einzelnen auch § 117 ZPO. Dem Gesuch ist eine **Erklärung über die Einkommens- u Vermögensverhältnisse** mit entspr Belegen u eine **Darstellung zum Streitggst** unter Angabe der Beweismittel beizufügen (§ 117 ZPO; s auch oben 6 u 8). Der Antrag kann **schon vor der Erhebung der Klage** gestellt werden (s zur Unzulässigkeit der Klageerhebung mit dem Vorbehalt der Bewilligung der PKH 8 zu § 82); ebenso vor Einlegung von Rechtsbehelfen (1965, 2317; BFH 133, 350; BB 1981, 7512; Ma DÖV 1982, 868). Zur **Frist für die Antragstellung** s oben 2.

Bei **Nicht-Benutzung** der entspr **Formblätter** oder unvollständigen Angaben kann der Antrag als unzulässig zurückgewiesen werden, wenn der ASt den Mangel trotz Aufforderung des Gerichts nicht innerhalb einer ihm gesetzten Frist behebt[36] (s auch § 173 iVm § 118 Abs 2 S 4 ZPO, der über seinen unmittelbaren Anwendungsbereich hinaus anwendbar ist, Ma NVwZ-RR 2004, 230 mwN).

Vor Bewilligung der PKH (nicht, wenn sie versagt wird) ist gem § 118 Abs 1 S 1 ZPO **der Prozeßgegner** – Entsprechendes muß auch für die übrigen Beteiligten bzw voraussichtlichen Beteiligten, wenn ein Vf noch nicht anhängig ist, gelten (vgl BVerfG 20, 230) – **zu hören** (vgl BGH 89, 65 = NJW 1984, 740;

---

[33] BVerfG NVwZ 2006, 1157; BVerwG NVwZ 2004, 111; Ba DVBl 2001, 1228; Br NVwZ-RR 2003, 389; Hmb DVBl 1998, 488; Ko NVwZ 1991, 595; Ma NVwZ-RR 1998, 1098; Mü NVwZ-RR 1997, 502; We DVBl 1998, 488; OLG Karlsruhe FamRZ 1997, 375; BL 16 ff zu § 119 ZPO; Ey-P. Schmidt 40; Linke NVwZ 2003, 421 ff; NKVwGO-Neumann 63 ff; Sch-Olbertz 53; wohl ebenso BVerfG NVwZ 1988, 718; iE ebenso Gr NVwZ 1996, 622; NVwZ-RR 2006, 509; **aA** (Zeitpunkt der gerichtlichen Entscheidung) Ko NVwZ-RR 1990, 384; 1994, 123; Lü DÖV 2005, 34; Mü BayVBl 1988, 93; BGH MDR 1982, 564.

[34] Ms NVwZ-RR 1993, 168; FamRZ 1993, 716; Ey-P. Schmidt 41; NKVwGO-Neumann 132.

[35] Mü BayVBl 1988, 265: verwendet der ASt dieses Formular nicht u läßt sich deshalb kein vollständiges Bild über seine Einkommens- u Vermögensverhältnisse gewinnen, so ist der Antrag abzulehnen; ebenso BL 36 zu § 117, wobei zuvor eine gesetzte Frist abgelaufen sein muß; ferner M 18 ff zu § 117 ZPO mwN.

[36] Vgl MDR 1982, 89, 152; Ma NVwZ-RR 2004, 230; BFH 136, 354.

OLG Karlsruhe NJW 1982, 2507; Holch NJW 1981, 153), es sei denn, daß dies aus besonderen Gründen unzweckmäßig erscheint (vgl BVerfG 20, 230). **Ausgenommen** vom Anhörungsrecht sind jedoch die **persönlichen u wirtschaftlichen Verhältnisse** des ASt (BGH 89, 65; BFH RPfl 1993, 251; zur verfassungsrechtlichen Zulässigkeit dieser Beschränkung BVerfG NJW 1991, 2078: mit Art 103 Abs 1 GG vereinbar). Die Beteiligten haben im Vf gem § 100 das **Recht auf Akteneinsicht,** analog § 99 Abs 1 jedoch **nicht** auch in die Angaben u Unterlagen **zu den persönlichen u wirtschaftlichen Verhältnissen.**[37]

Obwohl auch der Beschluß des Gerichts über den Antrag auf Bewilligung 17
der PKH **in materielle RKraft** erwächst,[38] kann der **Antrag** nach hM jederzeit wieder erneut gestellt werden.[39] Für einen neuen Antrag fehlt jedoch, wenn neue Tatsachen oder rechtliche Gesichtspunkte nicht vorliegen, zB bei Versagung wg mangelnder Erfolgsaussicht, wenn nicht eine andere Beurteilung der Erfolgsaussichten veranlaßt erscheint, idR das **RSI.**[40]

Der Bewilligungsbeschluß kann vom Gericht zum Nachteil des ASt vAw **gem** 18
§ 124 ZPO – anders als nach § 120 Abs 4 ZPO der Beschluß über die zu leistenden Zahlungen, s unten – nachträglich **nur** in den dort **abschließend**[41] aufgezählten Fällen **aufgehoben** werden. Seiner Mitwirkungspflicht nach §§ 120 Abs 4 S 2, 124 Nr 2 Alt 2 ZPO entzieht sich ein Beteiligter nicht im HauptsacheVf, wenn er in dem parallelen EilrechtsschutzVf eine zeitnahe u ausreichende Erklärung nach § 120 Abs 4 S 2 ZPO abgibt (Ks NVwZ-RR 2006, 512). Eine Aufhebung oder Einschränkung ist nach **Ermessen des Gerichts** („kann") grds nur für die Zukunft zulässig;[42] **nur in den Fällen der Nr 1 u 2** des § 124 ZPO auch mit Wirkung für die Vergangenheit, zB wenn die PKH vom ASt **durch falsche Angaben erschlichen** worden war (vgl auch OLG Köln JurBüro 1988, 649; zT **aA** OLG Düsseldorf JurBüro 1986, 296); nicht dagegen bei einem bloßen **Rechtsirrtum** des Gerichts (OLG Hamm NJW 1984, 2837: nur analog den Grundgedanken des § 48 Abs 2 VwVfG).

Mit der Aufhebung **entfallen** die Wirkungen der Bewilligung der PKH **rückwirkend,** in den Fällen des § 124 Nr 1, Nr 2 Alt 1 u Nr 3 ZPO rückwirkend auf den Zeitpunkt der Bewilligung, in den übrigen Fällen rückwirkend auf den Zeitpunkt des maßgeblichen Ereignisses (ThP 6 zu § 124 ZPO).

Eine **Änderung des Bewilligungsbeschlusses zugunsten des ASt,** insb auch hins der in § 120 Abs 4 ZPO allein genannten Entscheidung über die zu leistenden Zahlungen, ist nach wohl richtiger Auffassung entspr dem Zweck der PKH u gemäß den verfassungsrechtlichen Vorgaben (s oben 1), die eine andere Auslegung nicht zulassen, darüber hinaus allg **bei Änderung der maßgebenden wirtschaftlichen oder persönlichen Verhältnisse** jederzeit jedenfalls **für**

---

[37] BGH NJW 1984, 740; Holch NJW 1981, 152; BL 7 zu § 118 ZPO; Schmidt JR 1983, 353; **aA** OLG Karlsruhe NJW 1982, 2507; Schenk MDR 1981, 525: auch hins der persönlichen u wirtschaftlichen Verhältnisse.

[38] S 4 zu § 121; **aA** Mü BayVBl 1970, 261; Behn BayVBl 1983, 693; Gottwald/Semmelmayer JZ 1993, 416; Sch-Olbertz 75; offen Br DÖV 1991, 560; zT **aA** Ms NJW 1983, 2047: nach unanfechtbarer Ablehnung ggf Wiederaufnahme analog § 51 VwVfG.

[39] Bln BayVBl 1983, 695; OLG Köln OLGZ 1989, 87; iE auch Gottwald/Semmelmayer JZ 1993, 416; Sch-Olbertz 75; enger Ms NJW 1983, 2047 u RÖ-Kothe 10: analog § 51 VwVfG; vgl auch Br DÖV 1991, 560: jedenfalls aber nach Unanfechtbarkeit der Ablehnung mangels hinreichender Erfolgsaussicht nicht ohne weiteres ein neuer Prozeßkostenhilfeantrag zulässig.

[40] Br NVwZ-RR 1992, 219; Ks AnwBl 1993, 46; Lü NVwZ-RR 2005, 437; iE ebenso Ba SächsVBl 2001, 18.

[41] Vgl OLG Düsseldorf NJW 1981, 1792; OLG Celle JurBüro 1990, 1192; OLG Hamm JurBüro 1991, 399.

[42] OLG München MDR 1982, 500; OLG Saarbrücken NJW 1983, 1084; zT **aA** Ms VRspr 25, 121; OLG Koblenz AnwBl 1997, 240; M 10 zu § 124 ZPO; BL 25 zu § 124: grds auch rückwirkend.

die Zukunft zulässig;[43] **bei Änderung der wirtschaftlichen Verhältnisse** des ASt **auch mit Rückwirkung** auf den Zeitpunkt, in dem die Änderung eingetreten ist (Grunsky NJW 1980, 2045). Nach unanfechtbarer Ablehnung eines Gesuchs auf PKH ist ein erneuter Antrag dann unzulässig, wenn zur Begründung nur Umstände vorgebracht werden, die bereits in der vorangegangenen Entscheidung Gegenstand der gerichtlichen Erörterung waren (Ba NVwZ-RR 2004, 708).

Entsprechendes gilt gem § 120 Abs 4 ZPO (s dazu auch BGH NJW-RR 1991, 827) für **Änderungen des Beschlusses zum Nachteil** des ASt, insb bei einer wesentlichen **Besserung der Vermögensverhältnisse.**[44] Der Begriff der **Änderung der Festsetzung der zu leistenden Zahlungen** in § 120 Abs 4 ZPO schließt nicht auch die Aufhebung der Bewilligung mit ein.[45] Die Änderung ist grds nur für die Zukunft zu verfügen; sie kann nach Ermessen des Gerichts – wobei **analog § 48 Abs 2 VwVfG** vor allem auch der Gesichtspunkt des **Vertrauensschutzes** berücksichtigt werden muß – aber **auch** für die Vergangenheit **mit Rückwirkung** auf den Zeitpunkt der Änderung der maßgeblichen Verhältnisse erfolgen.[46] **Nicht zulässig** ist eine rückwirkende Änderung – wohl aber eine Änderung für die Zukunft –, wenn nicht die Verhältnisse sich geändert haben, sondern nur **das Gericht** sie bei der Beurteilung **falsch beurteilt** hatte (so zum früheren Recht OLG Stuttgart FamRZ 1984, 722; **aA** zum früheren Recht OLG Köln FamRZ 1982, 1226; OLG Bremen FamRZ 1985, 728). Ausgeschlossen ist auch eine **Änderung** zum Nachteil des Betroffenen **wg Verschlechterung der Prozeßaussichten** (OLG Schleswig JurBüro 1985, 462; RÖ-Kothe 9 c).

19 **Rechtsmittel: Gegen** die (vollständige oder teilweise) **Ablehnung** der PKH durch das VG – auch zB gegen die Anordnung von **Ratenzahlungen** (vgl LAG Köln MDR 1982, 788; Grunsky NJW 1980, 2045) sowie gegen die **Ablehnung der Beiordnung eines RA** (dh nicht nur, wenn eine Beiordnung schlechthin abgelehnt wurde, sondern auch wenn die Beiordnung des vom ASt gewünschten RA abgelehnt wurde) ist die **Beschwerde gem § 146 Abs 1 statthaft, für** die abweichend vom früheren Recht **kein Vertretungszwang** besteht (§ 67 Abs 1 S 2), was auch aus § 173 S 1 iVm § 78 Abs 5 ZPO folgte, da der Antrag gem § 166 iVm § 569 Abs 3 Nr 2 ZPO auch zu Protokoll der Geschäftsstelle gestellt werden kann. Der Vorsitzende bzw der Berichterstatter entscheidet in entspr Anwendung von § 87 a Abs 1 Nr 3, Abs 3, § 125 Abs 1 anstelle des Senats auch über die Beschwerde wg der Versagung von PKH für die erste Instanz, wenn sich der das HauptVf bildende Rechtsstreit in der **Berufungs- bzw Beschwerdeinstanz in der Hauptsache erledigt** hat (Hbg NVwZ-RR 2007, 211; **aA** Ma NVwZ-RR 2007, 210). Obwohl § 146 Abs 1 bei einem Unterlassen des Gerichts von seinem Wortlaut her nicht unmittelbar anwendbar ist, muß entspr § 146 Abs 1 eine **Untätigkeitsbeschwerde** gegen ein Unterlassen des VG je-

---

[43] Vgl OLG Karlsruhe Justiz 1983, 388; OLG München MDR 1982, 500; JurBüro 1986, 136; OLG Düsseldorf NJW 1981, 1792; Schuster NJW 1981, 27; Grunsky NJW 1980, 2045; RÖ-Kothe 9 c; ThP 11 zu § 120 ZPO; vgl auch Schneider MDR 1981, 799.

[44] OLG Saarbrücken NJW 1983, 1068: bei Vermögensbesserung Änderung für die Zukunft; ebenso OLG Celle JurBüro 1990, 1192; Blumenthal RPfl 1984, 4580; ThP 12 zu § 120 ZPO; vgl auch BVerfG NJW 1985, 1767: verfassungsrechtlich nicht zu beanstanden; **aA** OLG Frankfurt NJW – RR 1986, 798; OLG Hamm JurBüro 1991, 399: Aufhebung der PKH gem §§ 120 Abs 4, 124 weder für die Zukunft noch für die Vergangenheit; vgl auch LAG Bremen JurBüro 1990, 1194.

[45] OLG Brandenburg MDR 1998, 306; M 13 zu § 120 ZPO; ThP 13 zu § 120 ZPO; RÖ-Kothe 9 c; BL 24 ff zu § 120 ZPO; str; **aA** OLG Düsseldorf RPfl 1988, 380; OLG Köln AnwBl 1993, 299 mwN.

[46] Für das frühere Recht Grunsky NJW 1980, 2045; vgl auch BVerfG NJW 1985, 1767; **aA** OLG Frankfurt NJW-RR 1986, 358; OLG Saarbrücken NJW 1983, 1068; BL 30 f zu § 120 ZPO; M 13 zu § 120 ZPO; Sch-Olbertz 58.

denfalls dann als zulässig angesehen werden, wenn das Gericht nicht innerhalb angemessener Frist über einen Antrag auf PKH entscheidet[47] u es deshalb zu einer **unzumutbaren Verkürzung des Rechtsschutzes** kommt,[48] die sich der Sache nach ähnlich auswirkt wie eine Ablehnung des PKH. Eine solche Analogie erfährt eine zusätzliche Verstärkung durch das verfassungsrechtliche Gebot der **Rechtsschutzeffektivität,** aber auch aus **Art 6 Abs 1 EMRK** u **Art 13 EMRK** (dazu EGMR NJW 2001, 2698 u 7 sowie 22 u 32 zu § 146). Die Analogie scheidet allerdings dann aus, wenn das OVG bzw das BVerwG über einen bei ihm zu stellenden Antrag auf PKH nicht innerhalb angemessener Zeit entscheidet. Hier kommt nur eine Untägigkeitsrüge in analoger Anwendung des § 152 a u bei deren Erfolglosigkeit eine **VB** in Betracht, die, wie an der Subsidiaritätsklausel des § 90 Abs 2 S 1 BVerfGG deutlich wird, einen **letzten u außerordentlichen Rechtsbehelf** darstellt (BVerfG NVwZ 2003, 858). Die Untätigkeitsbeschwerde unterliegt iVm einem Antrag auf PKH gem § 67 Abs 1 S 2 keinem Vertretungszwang (**aA** Ma NVwZ 2003, 886 bei unterstellter Statthaftigkeit) u kann auch unbefristet erhoben werden (3 zu § 147).

Gegen die **Bewilligung der PKH** durch das VG ist für den **Prozeßgegner** gem § 127 Abs 2, 3 ZPO kein RMittel gegeben. Die **Staatskasse** kann dagegen gem § 166 iVm § 127 Abs 3 S 1, 2 ZPO Beschwerde einlegen, die aber nur darauf gestützt werden kann, daß der Beteiligte nach seinen persönlichen u wirtschaftlichen Verhältnissen Zahlungen zu leisten habe (B-Bader 62; nach Sch-Olbertz 76 soll die Beschwerde außerdem in den Fällen greifbarer Gesetzwidrigkeit gegeben sein).

Gegen (ablehnende oder stattgebende) **Entscheidungen des OVG** besteht dagegen gem § 152 keine Beschwerdemöglichkeit.

Maßgebend für die Entscheidung des Beschwerdegerichts ist die **Sach- u Rechtslage im Zeitpunkt seiner Entscheidung;** dies gilt insb auch für die Beurteilung der Erfolgsaussichten der Klage (vgl oben 11). 20

5. Wirkung der Bewilligung: Die Bewilligung der PKH bewirkt ua, daß die Staatskasse rückständige u entstehende (künftig fällig werdende) **Gerichtskosten** nur nach Maßgabe der gerichtlichen Bestimmungen (§ 122 Abs 1 Nr 1 ZPO) u die beigeordneten RA Anspr auf Vergütung gegen die Partei nicht geltend machen können (§ 122 Abs 1 Nr 3 ZPO). Das gilt unabhängig davon, ob die PKH dem Kl oder dem Bekl bewilligt wurde (BVerfG NJW 1999, 3186). Der beigeordnete Anwalt erhält seine Vergütung aus der Staatskasse (§ 45 Abs 1 RVG) entspr dem Umfang seiner Beiordnung (§ 48 RVG). Für den Gegner kann die Bewilligung der PKH gem § 48 Abs 2 RVG zu einer **vorläufigen** Befreiung von Gerichtskosten führen. 21

Keinen Einfluß hat die PKH-Bewilligung im Verhältnis zum Prozeßgegner (§ 123 ZPO), der seine Kosten im Falle des späteren Obsiegens auch ggü demjenigen geltend machen kann, der PKH bewilligt bekommen hat. Zu den **Kosten des Gegners** zählen dessen eigene Kosten u seine Rechtsanwaltskosten.[49] Entgegen früher ganz herrschender Rspr zählen dazu **nicht** die **bereits bezahlten Gerichtskosten,** da andernfalls eine gleichheitswidrige Ungleichbehandlung je nach Stellung des PKH-Berechtigten als Kl oder Bekl entstehen könnte (BVerfG NJW 1999, 3186).

---

[47] Dazu, daß wg der typischerweise bestehenden besonderen Eilbedürftigkeit einer PKH eine Verletzung des Rechts auf rechtliches Gehör vorliegt, wenn über den Antrag auf PKH jahrelang nicht entschieden wird, s BVerfG NVwZ 2004, 334; Bader JuS 2005, 130.

[48] Mü NVwZ 2000, 693; B-Bader 61; Sch-Olbertz 85; Ziekow DÖV 1998, 941 ff; dahin tendierend auch BVerfG NVwZ 2003, 858; **aA** Ks DVBl 1999, 114; Ms NVwZ 1998, 340; Ma NVwZ 2003, 885; 2003, 1542; Ey-P. Schmidt 54; NKVwGO-Neumann 229 ff; s auch 7 zu § 146.

[49] Vgl M 1 zu § 123 ZPO; Z 3 ff zu § 123 ZPO.

17. Abschnitt. Vollstreckung

§ 167 [Vollstreckung von Urteilen und anderen vollstreckbaren Titeln]

(1) **Soweit sich aus diesem Gesetz nichts anderes ergibt, gilt für die Vollstreckung das Achte Buch der Zivilprozessordnung entsprechend.**[1 f] **Vollstreckungsgericht ist das Gericht des ersten Rechtszugs.**[1 ff, 8 ff]

(2) **Urteile auf Anfechtungs- und Verpflichtungsklagen können nur wegen der Kosten für vorläufig vollstreckbar erklärt werden.**[11 ff]

Vgl §§ 704–945 ZPO; § 198 SGG; § 151 FGO

Schrifttum: *Beck,* Aufrechnung bei der Vollstreckungsgegenklage, NJW 2006, 336; *Borck,* Die Vollziehung und die Vollstreckung von Unterlassungstiteln, WRP 1993, 374; *Brox/Walker,* Zwangsvollstreckungsrecht, 7. Aufl 2003; *Brühl,* Die Prüfung der Rechtmäßigkeit des Verwaltungszwangs im gestreckten Verfahren, JuS 1997, 926, 1021; 1998, 65; *Enders,* Der vollzogene Grundverwaltungsakt als Gegenstand der Vollstreckungsabwehr neben dem Leistungsbescheid, NVwZ 2000, 1232; *Engelhardt/App,* VwVG/VwZG, 7. Aufl 2006; *Erichsen/Rauschenberg,* Verwaltungsvollstreckung, Jura 1998, 31, 323; *Guckelberger,* Besonderheiten der Vollstreckungsabwehrklage im Verwaltungsprozeßrecht?, NVwZ 2004, 662 ff; *K. Hartmann,* Aufrechnung im Verwaltungsrecht, 1996; *Horn,* Verwaltungsvollstreckung, Jura 2004, 447, 597; *Lackmann,* Zwangsvollstreckungsrecht, 7. Aufl 2005; *Pietzner,* Rechtsschutz in der Verwaltungsvollstreckung, VerwA 1993, 261; *ders,* System der verwaltungsgerichtlichen Vollstreckung, Blümel-FS 1999, 443; *Poscher,* Verwaltungsakt und Verwaltungsrecht in der Vollstreckung, VerwA 1998, 111; *Renck,* Vollstreckungsabwehrklage bei Vollstreckung aus Vergleich, NJW 1992, 2209; *Renck-Laufke,* Zwangsvollstreckung aus verwaltungsgerichtlichen Titeln, BayVBl 1991, 44; *Rupp,* Kontrolle und Kontrollmaßstäbe bei der innerstaatlichen Erteilung der europarechtlichen Vollstreckungsklauseln, Menger-FS 1985, 859; *Sadler,* VwVG, VwZG, Kommentar, 6. Aufl 2006; *Schenke,* Vollstreckungsrechtsschutz gegen Verwaltungsakte bei nach Bestandskraft entstandenen Einwendungen gegen den zu vollstreckenden Anspruch, VerwA 1970, 260, 342; *ders,* Rechtsschutz gegen die Vollstreckung aus Verwaltungsakten, BayVBl 1976, 680; *Schenke/Baumeister,* Probleme des Rechtsschutzes bei der Vollstreckung von VAen, NVwZ 1993, 1; *Schreiber,* Rechtsbehelfe in der Zwangsvollstrekkung, Jura 1992, 25; *Selmer/Gersdorf,* Verwaltungsvollstreckungsverfahren, 1996; *K. Weber,* Rechtsschutz im Verwaltungsvollstreckungsverfahren, VR 2004, 253; *Weiß,* Gibt es einen Rechtswidrigkeitszusammenhang in der Verwaltungsvollstreckung?, DÖV 2001, 275 ff.

1 **1. Allgemeines:** Die VwGO enthält in den §§ 167 bis 172 **nur wenige besondere Regelungen** für die Vollstreckung von Urteilen u anderen vollstreckbaren Titeln (§ 168); **im übrigen** verweist Abs 1 auf das **8. Buch der ZPO,** das für entspr anwendbar erklärt wird, jedoch ohne die §§ 916–945 ZPO (Arrest u einstweilige Verfügung), da die §§ 80, 80 a u 123 insoweit eine abschließende Regelung enthalten. Anwendbar ist auch § 717 Abs 2 S 1 ZPO (60, 334; NJW 1960, 1875). Soweit es um die Vollstreckung eines aufgrund einer allg Leistungsklage ergangenen Urteils geht u nicht § 172 direkt oder entspr anwendbar ist (so bei hoheitlichen Handlungen mit Regelungscharakter, s 1 zu § 172), finden die zivilprozessualen Vorschriften – so bei der Vollstreckung zur Erzwingung einer unvertretbaren Handlung § 888 ZPO – Anwendung (Ma NVwZ-RR 2004, 459). Der Einwand des Schuldners, eine titulierte Pflicht erfüllt zu haben, ist nur beachtlich, wenn die Erfüllung unstreitig oder vom Schuldner durch Urkunden gem § 775 Nr 4 ZPO iVm § 167 Abs 1 S 1 nachgewiesen ist; sonst ist der Vollstreckungsschuldner darauf angewiesen, diese Einwendungen im Rahmen einer Vollstreckungsabwehrklage (unten 2) geltend zu machen (Ks NVwZ-RR 2004, 796; **aA** Ma NVwZ-RR 1998, 785). Zur **Vollstreckung von VAen** u zur Frage der gegen Vollstreckungsakte der Verwaltung zulässigen Rechtsbehelfe s unten 14 ff, zur Vollstreckung **von Vergleichen** 5 zu § 168, 2 zu § 172; zur Vollstrekkung von Urteilen im **OrganstreitVf** Hoppe, Organstreitigkeiten vor Verwaltungs- u Sozialgerichten, 1970, 231 f.

Über Abs 1 anwendbar sind auch die **besonderen Rechtsbehelfe der ZPO** gegen die Zwangsvollstreckung aus vollstreckbaren Titeln (§ 168), insb die **Erinnerung** gegen die Art u Weise der Zwangsvollstreckung (§ 766 ZPO),[1] die gem §§ 151, 147 jedoch im Gegensatz zur ZPO fristgebunden ist (RÖ-v Nicolai 5; **aA** Sch-Pietzner 11; ML 7 zu § 198 SGG), u die **Vollstreckungsabwehrklage** (Vollstreckungsgegenklage, § 767 ZPO),[2] mit der nicht nur geltend gemacht werden kann, daß der titulierte Anspr wg einer nachträglichen **Veränderung der Sach- oder Rechtslage** entfallen ist,[3] sondern auch, daß der Vollstrekkungsschuldner den titulierten Anspr **erfüllt** hat (Ks NVwZ-RR 2004, 796; Guckelberger NVwZ 2004, 666; **aA** Ma NVwZ-RR 1998, 785). Sofern das Erlöschen eines Anspr durch eine Aufrechnung herbeigeführt wurde, kommt es für die Anwendung des § 767 Abs 2 ZPO nicht darauf an, wann die Aufrechnung erklärt wurde, sondern ob ein auf eine Geldzahlung gerichteteter, aufrechenbarer Zahlungsanspr erst nach Schluß der mündlichen Verhandlung entstanden ist (BGH NJW 2005, 2926; Beck NJW 2006, 336). Das gilt auch für den Fall, daß gegen den titulierten Anspr mit einer Gegenforderung **aufgerechnet** wird, bzgl derer die Aufrechnungslage objektiv schon vor dem für die Entscheidung maßgeblichen Zeitpunkt bestand, aber die Aufrechnung erst später erfolgte.[4] Anwendbar sind auch die Vorschriften über die **Drittwiderspruchsklage** (§ 771 ZPO, vgl RÖ-v Nicolai 5; Obermayer 197) sowie **Anträge auf einstweilige Einstellung** der Zwangsvollstreckung nach §§ 769, 771 Abs 3 ZPO (Ms NJW 1968, 442) bzw nach §§ 719, 707 Abs 1 ZPO (NVwZ 1998, 1177; Bln NVwZ-RR 1999, 811; Lü DÖV 1983, 989; s auch 1 zu § 133) u die **Vorzugsklage** gem § 805 ZPO (Sch-Pietzner 56). **Soweit** die nach Abs 1 anzuwendenden Vorschriften der ZPO die **sofortige Beschwerde** nach § 793 ZPO vorsehen, tritt jedoch an deren Stelle die Beschwerde nach §§ 146 ff.[5] 2

Im übrigen finden auch auf das VollstreckungsVf die allg Grundsätze des Urteils- bzw BeschlußVf Anwendung, zB hins der Rücknahme eines Vollstrekkungsauftrags, der Erledigung der Hauptsache,[6] der Kostenentscheidung,[7] der Festsetzung eines StrW (vgl Mü BayVBl 1972, 532), usw. 3

2. Voraussetzungen u Organe der Vollstreckung: Allg Voraussetzungen der Vollstreckung: Die Vollstreckung nach der VwGO setzt wie die Vollstrekkung nach der ZPO einen entspr **Antrag** des Vollstreckungsgläubigers, einen **Vollstreckungstitel,** außerdem grds eine **Vollstreckungsklausel** sowie die **Zustellung** von Titel u Klausel voraus (s 1 zu § 168). 4

---

[1] Vgl Ma NVwZ 1993, 73; Bln NJW 1984, 1370; Ms NJW 1980, 1709; BL 51 zu § 766 ZPO; Renck-Laufke BayVBl 1991, 45; Ey-P. Schmidt 13 ff.

[2] NJW 1989, 118; 1992, 121 u Ks NVwZ-RR 2004, 796: zur Vollstreckungsabwehrklage bei Vollstreckung aus einem Prozeßvergleich; BVerwG NVwZ 2003, 214; Ma NVwZ-RR 1993, 447: Unzulässigkeit der Vollstreckung aus einem rechtskräftigen Urteil nicht schon bei Erhebung der Vollstreckungsabwehrklage sondern erst bei RKraft oder vorläufiger Vollstreckbarkeit der ergangenen Entscheidung; Mü NVwZ 1985, 352; Bln NVwZ-RR 1989, 510.

[3] ZB bei Verurteilung zum Erlaß einer Baugenehmigung bei nachträglichem Inkrafttreten eines der Bebauung entgegenstehenden Bebauungsplans (NVwZ 1985, 563; Guckelberger NVwZ 2004, 667) oder bei Inkrafttreten eines der Bebauung gem § 35 Abs 3 S 3 BauGB entgegenstehenden Flächennutzungsplans (NVwZ 2003, 214).

[4] Maßgeblich ist also der Zeitpunkt der Abgabe der Aufrechnungserklärung; ebenso Detterbeck, Streitgegenstand u Entscheidungswirkung im öffentlichen Recht, 145; Guckelberger NVwZ 2004, 668.

[5] Ma NJW 1978, 287; Ks 16, 239; Ms NJW 1987, 3029; Ko NVwZ 1989, 573; Renck-Laufke BayVBl 1991, 45; RÖ-v Nicolai 5; Sch-Pietzner 3.

[6] Mü BayVBl 1958, 153; RÖ-M. Redeker 12 zu § 107; **aA** zu § 161 Abs 2 Lü NJW 1971, 2324: § 161 Abs 2 nicht anwendbar, Ms DÖV 1981, 545: 167 Abs 1 iVm § 788 ZPO.

[7] Mü BayVBl 1977, 668; Sa NVwZ 1982, 254; s auch 1 vor § 154; **aA** Lü NJW 1971, 2324; Ko DVBl 1986, 288; BL 2 zu § 788 ZPO.

5 **Vollstreckungsgericht** (§ 167 Abs 1 S 2) iSd Vollstreckungsrechts (vgl § 764 ZPO) ist grds das VG – uU auch der Vorsitzende (s unten 7) oder der Einzelrichter nach § 6 (Ms NVwZ-RR 1994, 619: bei Identität des Streitstoffes) – in Ausnahmefällen (§§ 47, 48) das OVG oder das BVerwG (§ 50), wenn sie als Gerichte erster Instanz zuständig sind (Ule 70 IV). Abs 1 S 2 regelt nicht nur die Zuständigkeit, sondern beinhaltet zugleich eine Festlegung des VRW für VollstreckungsVf (Ms NJW 1986, 1191).

Für die **örtliche Zuständigkeit** des VG als Vollstreckungsgericht gilt nicht § 52, sondern § 167 Abs 1, §§ 764f ZPO (VG Köln NJW 1975, 2224; Sch-Pietzner 88). Für die Vollstreckung in Forderungen u andere Vermögensrechte gilt § 828 Abs 2 ZPO entspr. Zuständig ist das Gericht, das im ersten Rechtszug auch für das ErkenntnisVf zuständig war (Ms NJW 1981, 2771). Das VG ist als Vollstreckungsgericht **für alle Entscheidungen im Rahmen der Zwangsvollstreckung** zuständig, die nach der VwGO oder gem §§ 167ff VwGO iVm Vorschriften des 8. Buches der ZPO den Vollstreckungsgerichten zugewiesen sind, auch soweit die VwGO sie nicht ausdr dem Vollstreckungsgericht, sondern nur „den Gerichten" zuweist, wie zB in §§ 170, 172 (RÖ-v Nicolai 2; str).

Maßgeblich ist dabei die **Herkunft des Titels,** nicht der materiellrechtliche Charakter der titulierten Forderung.[8]

6 **Dies gilt** jedoch **nicht für die Vollstreckungsabwehrklage** gem § 167 Abs 1, § 767 ZPO, die **Drittwiderspruchsklage** gem § 167 Abs 1, § 771 ZPO u Anträge auf eine Anordnung gem § 769 ZPO sowie in einigen anderen Fällen, zB für die **Klage auf Erteilung der Vollstreckungsklausel** nach § 731 ZPO; für diese Klagen ist, da es hier um die Anwendung des materiellen Rechts geht, nicht das Vollstreckungsgericht, sondern **das Prozeßgericht** zuständig (Guckelberger NVwZ 2004, 665; Ule 70 IV).

7 **Ausnahmsweise** ist Vollstreckungsgericht **der Vorsitzende** des (Vollstreckungs-)Gerichts als „Vollstreckungsbehörde" bei Anordnungen nach § 169. Eine Übertragung auf einen weiteren Einzelrichter muß in diesen Fällen ausscheiden (We NVwZ-RR 1995, 480). Da der Vorsitzende hier **als Vollstreckungsgericht** tätig wird (RÖ-v Nicolai 2; Renck-Laufke BayVBl 1991, 44), ist gegen seine Anordnungen nicht die Anfechtungsklage, sondern die **Erinnerung** nach § 167 Abs 1, § 766 ZPO gegeben. S 2 zu § 169. Zur Frage, ob das VG als Vollstreckungsgericht ein **Schuldnerverzeichnis** analog § 915 ZPO zu führen hat u ob der Vorsitzende gem § 5 Abs 1 VwVG iVm § 284 Abs 7 AO in den Fällen, in denen er als Vollstreckungsbehörde tätig wird, eine von ihm abgenommene eidesstattliche Versicherung an das Amtsgericht, das sonst zuständig wäre, zur Eintragung in das dort geführte Schuldnerverzeichnis melden muß, vgl Ms DÖV 1984, 945; Sch-Pietzner 86.

7 a **3. Entscheidungen im Vollstreckungsverfahren:** Die Vollstreckungsentscheidungen nach §§ 887–890 ZPO sind durch **Beschluß** zu treffen (§ 167 Abs 1 iVm § 891 ZPO); das gilt auch dann, wenn über den Vollstreckungsantrag mündlich verhandelt wird (NJW 1986, 1125; BL 3 u 6 zu § 891 ZPO). Gegen die Entscheidung des VG ist nach § 146 die Beschwerde zum OVG gegeben.[9] Entscheidet das Gericht dennoch durch Urteil, gelangt für das RMittel der Grundsatz der Meistbegünstigung zur Anwendung (Ma NVwZ-RR 1995, 619), so daß auch die Beschwerde statthaft ist.

8 **4. Vorläufige Vollstreckbarkeit:** Für die vorläufige Vollstreckbarkeit von Urteilen (Beschlüsse sind grds sofort vollstreckbar, s § 149; tlw **aA** Ma GewA

---

[8] Ms NJW 1980, 2373 mwN; 1984, 2484 mwN; Mü NVwZ 1982, 563; NJW 1983, 1992; s auch 5 zu § 168; **aA** Lü NJW 1969, 205.

[9] S oben 2; NJW 1986, 1125f; DÖV 1986, 248; Ko NVwZ 1989, 572; Ms NVwZ-RR 1996, 126; Renck-Laufke BayVBl 1991, 45.

1993, 489, 1997, 346) gelten gem § 167 Abs 1 die **§§ 708–720 ZPO** grds entspr. Das Verwaltungsgericht hat nach diesen Vorschriften **vAw im Urteil,** ggf in einem Ergänzungsurteil (§ 716 ZPO, § 120, vgl BFH NJW 1982, 960), über die vorläufige Vollstreckbarkeit unter Berücksichtigung der dazu gestellten Anträge (zB nach §§ 710 u 712 ZPO) zu entscheiden. – Der Antrag auf **Vorabentscheidung über die vorläufige Vollstreckbarkeit** eines erstinstanzlichen Urteils bzgl des Hauptsacheausspruchs kann im BerufungsVf von jeder Partei gestellt werden, ohne daß es dazu einer eigenen Berufung oder Anschlußberufung dieser Partei bedürfte (Ks NVwZ 1987, 517; Lü NVwZ 2000, 578). Die vorläufige Vollstreckbarkeit **endet** in jedem Fall mit der **RKraft** des Urteils; darauf bzw dagegen gerichtete Anträge werden damit gegenstandslos (NJW 1993, 2066).

Abs 1 S 1 iVm §§ 708 ff ZPO gilt trotz der allg Verweisung auf das Recht der vorläufigen Vollstreckbarkeit von Urteilen nach der ZPO u der engen Fassung der Ausnahmeregelung nach Abs 2, die sich unmittelbar nur auf Anfechtungs- u Verpflichtungsklage bezieht, nicht für alle allg Leistungsklagen gegen Hoheitsträger (unten 11). **8a**

Ermessen des Gerichts kommt bei der Entscheidung über die vorläufige Vollstreckbarkeit wie im Zivilprozeß nur nach Maßgabe der §§ 713 ff ZPO in Betracht, nicht jedoch schlechthin bzgl der Entscheidung über die Vollstreckbarkeit.[10] Unterläßt das Verwaltungsgericht die Anordnung der vorläufigen Vollstreckbarkeit im Urteil, kann das Berufungsgericht das Urteil auf Antrag für vorläufig vollstreckbar erklären (Ma NVwZ-RR 1996, 542). **9**

Für die Vollstreckbarkeitserklärung, dh die Erklärung eines Urteils für vorläufig vollstreckbar, kommt es nicht darauf an, ob das Urteil einen der Vollstreckung nach §§ 167 ff fähigen Inhalt hat. Der **Begriff der Vollstreckbarkeit** entspricht dem Begriff der Vollziehbarkeit eines VA in § 80 (vgl dazu 28 ff zu § 80); auch Feststellungsurteile können für vorläufig vollstreckbar erklärt werden (ThP 1 vor § 708 ZPO). Berufungsurteile in vermögensrechtlichen Streitigkeiten sind nach § 173 S 1, §§ 708 Nr 10, 711 ZPO für vorläufig vollstreckbar zu erklären. Zur **einstweiligen Einstellung der Zwangsvollstreckung** aus einem vorläufig vollstreckbaren Urteil s § 719 ZPO (29, 290; BFH NJW 1982, 960); ein Antrag nach § 719 Abs 2 ZPO ist auch schon im Vf über die Beschwerde wg Nichtzulassung der Revision zulässig (29, 290; NVwZ 1998, 1177; Sch-Pietzner 155). **10**

Bei Urteilen über Anfechtungs- u Verpflichtungsklagen ist die vorläufige Vollstreckbarkeit **nur hins der Kosten** zulässig (Abs 2; vgl dazu Ks NVwZ 1990, 275). Einen gewissen Ersatz für die vorläufige Vollstreckbarkeit bieten hier jedoch Maßnahmen nach § 80 Abs 5, § 80a Abs 3 bzw § 123 (Ule 70 II 2), die deshalb vom Gericht auf Antrag auch noch nach Ergehen eines Urteils bis zu dessen RKraft beschlossen werden können. **11**

Abs 2 ist **entspr** anwendbar auf Klagen gegen ein schlichthoheitliches Verwaltungshandeln, das in **Vollziehung eines VA** ergangen ist, da sonst § 167 Abs 2 ausgehöhlt würde (s auch Sch-Pietzner 135). Er gilt **analog** ferner für Klagen auf **Unterlassung eines VA** (Ks NVwZ 1990, 273; Lü NVwZ 1990, 275 mwN; NVwZ 2000, 578) – ebenso wie gem § 172 (dazu 1 zu § 172) für Klagen auf solches hoheitliches Verwaltungshandeln, das zwar nicht als VA zu qualifizieren ist, aber wie ein solcher eine hoheitliche Regelung beinhaltet. Das trifft zB für Klagen auf Vornahme, Aufhebung oder Unterlassung von **Organakten** zu, die eine Regelung beinhalten. Sofern man diese richtigerweise als VAe ansieht (86 zu Anh § 42), versteht sich dies ohnehin von selbst. Gleiches gilt für **nicht auf Außenwirkung gerichtete hoheitliche Regelungen** (zB eine Umset-

---

[10] 16, 254; Ms DVBl 1964, 38; Sch-Pietzner 138; **aA** BVerwG NJW 1961, 91; Bosch/Schmidt § 37 II 3; Rupp AöR 85, 320: Ermessensentscheidung des Gerichts.

zung, vgl 70 zu Anh § 42) oder hoheitliche **organisatorische Regelungen** wie etwa die Zuordnung einer universitären Werkstatt zu einem bestimmten Institut (Ma DVBl 1999, 992).

Nicht unter § 167 Abs 2 fallen hingegen die Verurteilung zu einer Geldzahlung (insoweit zutr Sch-Pietzner 135), die nicht in Vollziehung eines VA erfolgt, auch nicht die Verurteilung zur Unterlassung eines militärischen Tiefflugs.[11] Ebenso nicht die Verurteilung zur Vornahme einer Rechtsnorm. Die Ansicht, § 167 Abs 2 sei generell auf die allg Leistungsklage anwendbar,[12] macht die grds Beschränkung des § 167 Abs 2 auf die Anfechtungsklage u die Verpflichtungsklage als einen Sonderfall der Leistungsklage bedeutungslos. Da dem Gesetzgeber bei Schaffung der VwGO die allg Leistungsklage bekannt war u er diesbezüglich auch Regelungen getroffen hat (vgl §§ 43 Abs 2, 111, 113 Abs 4), hätte er, falls er generell § 167 Abs 2 auf Leistungsklagen beziehen wollte, dies in der Vorschrift zum Ausdruck gebracht. Eine Einschränkung der Effektivität des Rechtsschutzes ist hiermit nicht verbunden, da unter den Voraussetzungen des § 123 eine eA ergehen kann.

12 Eine Entscheidung über die vorläufige Vollstreckbarkeit ist (wg der Kosten) **auch bei klageabweisenden Urteilen** u bei Urteilen, die ein Urteil der Vorinstanz aufheben u die Sache zurückverweisen, erforderlich.[13]

13 Für die vorläufige **Vollstreckbarkeit hins der Kosten** sind für die Frage, ob sie nur **gegen Sicherheitsleistung** angeordnet werden kann, gem § 708 Nr 11 ZPO (nur!) **die gesamten Kosten,** die voraussichtlich für die Erstattung in Betracht kommen – bei klageabweisenden Urteilen ohne Berücksichtigung der Gerichtskosten –, **nicht** dagegen **der StrW der Hauptsache** zuzüglich der Kosten maßgeblich (Ule 70 II 2). In nicht vermögensrechtlichen Streitigkeiten ist § 708 Nr 11 ZPO entspr anwendbar (Sch-Pietzner 141). Die nach § 167 Abs 1 S 1 iVm § 709 S 1 ZPO zu leistende Sicherheitsleistung ist ihrer Höhe nach grds im Urteilstenor festzusetzen (We NVwZ-RR 2002, 907). Eine entspr Anwendung des § 718 Abs 1 ZPO ist mit der Maßgabe zulässig, daß bereits im BerufungszulassungsVf eine Vorabentscheidung über die vorläufige Vollstreckbarkeit zulässig ist (We NVwZ-RR 2002, 907).

13 a **Verpflichtung zum Schadensersatz:** Gem § 167 Abs 1, § 717 Abs 2 ZPO ist der Kl, wenn ein für vorläufig vollstreckbar erklärtes Urteil aufgehoben oder abgeändert wird, zum Ersatz des Schadens verpflichtet, der dem Bekl durch die Vollstreckung des Urteils oder durch eine zur Abwendung der Vollstreckung gemachte Leistung entstanden ist.[14] Die Regelung ist nicht anwendbar, wenn das vorläufig vollstreckbare Urteil infolge der übereinstimmenden Hauptsacheerledigungserklärungen der Beteiligten unwirksam geworden ist oder aufgrund einer einseitigen Hauptsacheerledigungserklärung u einer entspr Klageänderung des Kl durch Urteil (s 8, 17 u 21 zu § 161) für unwirksam erklärt worden ist (60, 334).

§ 717 Abs 2 S 2 ZPO ist **nicht entspr auf die Vollziehung von VAen** anwendbar (BGH NJW 1963, 853; 1982, 2815).

14 **5. Vollstreckung von VAen:** Auf die Vollstreckung von VAen sind die Bestimmungen der §§ 167 ff u des 8. Buches der ZPO nicht anwendbar; die Vollstreckung von VAen richtet sich nach den **Verwaltungsvollstreckungsgesetzen** des Bundes u der Länder, **die Rechtsbehelfe** gegen Vollstreckungsmaßnahmen

---

[11] Ks NVwZ 1990, 272; **aA** Lü NVwZ 1990, 275; NKVwGO-Heckmann 21; Wolfrum NVwZ 1990, 240.

[12] So Ma DVBl 1999, 992; VG Braunschweig NdsVBl 1998, 296, B-Bader 18 u Wolfrum NVwZ 1990, 240; grds auch Sch-Pietzner 135, der nur die Verurteilung zu Geldleistungen ausnehmen will; **aA** Ks NVwZ 1990, 272.

[13] Vgl zu Urteilen der letztgenannten Art BGH JZ 1977, 233 mwN; OLG Frankfurt OLGZ 1960, 440.

[14] 60, 334; NJW 1960, 1875; Lü NdsVBl 2002, 22; vgl auch BGH NJW 1982, 2815.

nach den allg Vorschriften der VwGO.[15] Zur **Vollstreckung ausländischer** VAe s Papier/Olschewski DVBl 1976, 482.

15 **Soweit** es sich bei den danach in Frage kommenden **Vollstreckungshandlungen** um **VAe** handelt, was die Regel ist (s unten 16), sind dagegen der **Widerspruch** (§§ 68 ff) u die **Anfechtungs- bzw Verpflichtungsklage** (§§ 42, 74 ff) gegeben (54, 314), für den **vorläufigen Rechtsschutz** damit auch die Rechtsbehelfe nach § 80 bzw § 123 (27, 141; Bln DÖV 1970, 105; s unten 20).

16 **Als VAe** sind insb anzusehen: die **Androhung der Vollstreckung** eines VA, insb vor einzelnen Zwangsmitteln, soweit sie als Voraussetzung der Vollstreckung vorgeschrieben ist (32 zu Anh § 42);[16] die **Androhung der Zwangshaft** oder sonstiger Zwangsmaßnahmen;[17] die **Androhung von Zwangsgeld;**[18] die **Festsetzung von Zwangsgeld;**[19] die **Androhung der Ersatzvornahme** (Ko JA 1992, 157); die **Festsetzung der Ersatzvornahme** (Ko NVwZ 1986, 762), anders die Ersatzvornahme selbst (s 33 zu Anh § 42); die Androhung unmittelbaren Zwangs (32 zu Anh § 42, anders die Anwendung unmittelbaren Zwangs, s unten 17); die **Pfändung** einer Sache;[20] die Pfändung u Überweisung einer Forderung (DÖV 1959, 949; BayVBl 1987, 469); die Ablehnung eines Antrages auf **Unzulässigerklärung der Zwangsvollstreckung** wg nachträglich entstandener Einwendungen gegen die Vollstreckung;[21] der Antrag der Behörde beim Amtsgericht auf Bestellung einer Sicherungshypothek.[22]

17 **Kein VA** sind die **Anordnung der Vollstreckung** (Vollstreckungsanordnung) gem § 3 Abs 1 VwVG (s auch 32 zu Anh § 42)[23] u der **Vollstreckungsauftrag,** da auch dieser keine unmittelbare Außenwirkung ggü den Betroffenen hat;[24] ebenso nicht die **bloße Mahnung,**[25] auch nicht, soweit die Mahnung Voraussetzung der Vollstreckung ist (Ko NJW 1982, 2277; Mü BayVBl 1993, 600). Keine VAe sind mangels Regelungswirkung (trotz ihrer subjektivrechtlichen Re-

---

[15] 54, 314; DVBl 1961, 134; Schenke VerwA 1970, 260 u 342; Schenke/Baumeister NVwZ 1993, 1.

[16] 6, 323; Bln DÖV 1959, 758; Mü 34, 75; NJW 1982, 460; NVwZ 1984, 462; Ma 24, 105; NVwZ 1993, 72; Schl NVwZ-RR 1992, 444; Pietzner VerwA 1993, 267 mwN; Schenke 196; Weber VR 2004, 256.

[17] 82, 246 (zur Androhung unmittelbaren Zwangs); Ko NVwZ 1991, 395; Mü BayVBl 1988, 373.

[18] 49, 120; Mü BayVBl 1975, 302; 1980, 52; 1981, 371; DÖV 1982, 84; Ko VRspr 31, 1016; Bln 12, 1; NJW 1968, 1108; Ma 24, 105; 28, 42; Ms 15, 239; Appel BayVBl 1981, 363; **aA** Ks NVwZ 1982, 514.

[19] 49, 170; NJW 1976, 1703; Bln JR 1969, 476; vgl zu einer an sich nicht durch besonderen VA zulässigen, gleichwohl aber in dieser Form erfolgten Festsetzung Ko NVwZ 1985, 201; Ms NVwZ 1986, 762; Traulsen 1; **aA** zur Festsetzung – „Fälligkeitsmitteilung" – eines angedrohten, der Höhe nach bereits abschließend bestimmten Zwangsgeldes gem Art 31 Abs 3 S 2 BayVwZVG idR Mü BayVBl 1973, 611; 1975, 303; 1980, 52; NVwZ 1986, 762; Ko NVwZ 1985, 201: kein VA; anders nur, wenn Festsetzung durch Gesetz vorgeschrieben ist; Appel BayVBl 1981, 363: Androhung ist bereits aufschiebend bedingter Leistungs-bescheid; ob Zwangsgeld fällig geworden ist, ist im Zweifel durch Feststellungsurteil nach § 43 zu klären; vgl dazu Czermak BayVBl 1975, 304: Festsetzung des Zwangsgeldes bzw Feststellung der Fälligkeit durch VA nicht erforderlich, jedoch zulässig.

[20] 54, 316; NJW 1961, 332; BayVBl 1978, 184; Ks DVBl 1960, 37; WBS II § 64, 52; EM 20 I 4 a; nicht hingegen ihre Androhung Schenke 197.

[21] Mü BayVBl 1975, 649; Metzner BayVBl 1975, 640 zu Art 21 BayVwZVG; **aA** Renck BayVBl 1975, 637.

[22] Vgl BFH BStBl 1986 II 236 – wenn Antrag zugleich die Feststellung enthält, daß die gesetzlichen Voraussetzungen erfüllt sind.

[23] Mü BayVBl 1984, 209; Renck-Laufke BayVBl 1991, 44; Fischer BayVBl 1980, 176; Maurer § 20, 10; Schenke 229.

[24] NJW 1961, 332; Hbg MDR 1962, 933; Ms VRspr 25, 249; Mü BayVBl 1975, 648; OLG Nürnberg BayVBl 1976, 219; Renck-Laufke BayVBl 1991, 45.

[25] 50, 66; Ko NJW 1982, 2277; Mü BayVBl 1993, 600.

levanz) die Anwendung unmittelbarem Zwangs u die Ersatzvornahme (s 33 zu Anh § 42; Weber VR 2004, 257).

18 Die **Rechtsbehelfe der ZPO** gegen vollstreckbare Titel (insb §§ 767, 771 ZPO) sind **gegen** die Vollstreckung von VAen auch **nicht** über § 173 S 1 oder im Wege der Lückenausfüllung **anwendbar,** da die VwGO insoweit selbst ausreichende Rechtsschutzmittel bietet.[26] Zum Rechtsschutz gegen die **Vollziehung ausländischer VAe** s auch Papier/Olschewski DVBl 1976, 476. Das gilt (vorbehaltlich anderer gesetzlicher Regelungen) auch für die Vollstreckung aus sonstigen nicht in § 168 aufgeführten Titeln (s auch 2 zu § 168), wie die Vollstreckung aus einer notariellen Urkunde (Buchh 310 § 40 VwGO Nr 271; Guckelberger NVwZ 2004, 665), ebenso für die Vollstreckung aus einem ör Vertrag, bei dem sich die Privatperson der sofortigen Vollstreckung unterworfen hat u die Verwaltung die Vollstreckung selbst durchführt (Guckelberger NVwZ 2004, 665).

19 **Soweit** für den Rechtsschutz eines Betroffenen gegen Maßnahmen zur Vollstreckung eines VA **die Anfechtung von einzelnen Vollstreckungshandlungen** (s oben 15 ff) nicht genügt – insb weil gegen Vollstreckungsakte **Einwendungen gegen den der Vollstreckung zugrundeliegenden VA** nicht mehr geltend gemacht werden können (vgl 54, 314; NJW 1978, 335), außer wenn der VA nichtig ist oder der Betroffene Anspr auf Unterlassung von Zwangsmaßnahmen hat (Ma NVwZ 1993, 73), bietet auch die VwGO iVm dem Verwaltungsvollstreckungsrecht ausreichende Rechtsschutzmöglichkeiten.[27]

Das einschlägige RechtsschutzVf richtet sich nach der Art der Einwendung. Unterschieden werden müssen Einwendungen gegen die Rechtmäßigkeit des GrundVA (a), Einwendungen gegen den im GrundVA titulierten Anspr (b) sowie Einwendungen gegen die Rechtmäßigkeit von Vollstreckungsakten (c), vgl zum folgenden Schenke/Baumeister NVwZ 1993, 1 ff.

19 a **a) Einwendungen gegen die Rechtmäßigkeit des GrundVA.** Die Rechtswidrigkeit des zu vollstreckenden VA ist für die Rechtmäßigkeit der Vollstreckung bzw des Vollstreckungsakts grds ohne Bedeutung (Ausnahme zB Nichtigkeit des GrundVA oder spezialgesetzliche Sonderregelungen), da die Rechtmäßigkeit – anders als die Rechtswirksamkeit – des GrundVA in den VwVGen des Bundes u der Länder regelmäßig keine Voraussetzung ist.[28] Folglich können Einwendungen, die die Rechtmäßigkeit des GrundVA betreffen, nur in einem RechtsschutzVf gegen diesen VA geltend gemacht werden. Hins der Einwendungen gegen die Rechtmäßigkeit des GrundVA ist zudem zwischen den Fällen von Anfang an bestehender Rechtswidrigkeit u denen nachträglicher Rechtswidrigkeit des VA zu differenzieren. Bei **anfänglicher Rechtswidrigkeit** kommt

---

[26] 27, 143 = NJW 1967, 1976; Ks NVwZ-RR 1989, 507; Ko NJW 1982, 2276; NVwZ-RR 1989, 508; Ma NVwZ 1993, 73; Mü BayVBl 1984, 209; Ms 1976, 2037; NVwZ 1993, 74; OLG Frankfurt NVwZ 1985, 221; Guckelberger NVwZ 2004, 665; Horn Jura 2004, 449; 599; Kröller Vollstreckungsschutz im Verwaltungsverfahren 1970; vgl auch Traulsen Rechtsbehelfe im Verwaltungsvollstreckungsverfahren 175 Fn 1; Schachtschneider VerwA 1970, 223 ff; Schenke VerwA 1970, 263 ff, 350 ff; BayVBl 1976, 680; DÖV 1982, 722; Schenke/Baumeister NVwZ 1993, 9 (da anderweitiger Rechtsschutz möglich); **aA** Bln NVwZ-RR 1989, 510; Hbg DVBl 1962, 683; VG Freiburg NVwZ-RR 1989, 514; Renck BayVBl 1975, 637; 1976, 682; RÖ-v Nicolai 5; Kleinlein VerwA 1990, 177; zur Unanwendbarkeit von § 767 Abs 2 ZPO auf VAe s auch BGH NJW 1963, 853; NJW 1982, 2815.

[27] Vgl insb – auch zum folgenden – Schenke/Baumeister NVwZ 1993, 1; ferner 12 u 41 zu § 42.

[28] NJW 1984, 2592; Ba SächsVBl 1997, 10; NVwZ-RR 1999, 102; Ko NVwZ-RR 2006, 853; Brühl JuS 1997, 1023 f; Poscher VerwA 1998, 121; Schenke/Baumeister NVwZ 1993, 3 ff; Sch-Pietzner 61; Selmer/Gersdorf 34 ff.; Weiß DÖV 2001, 275 ff; tlw **aA** Enders NVwZ 2000, 1237; Würt 814 mwN.

vor Ablauf der Klagefrist nur die Anfechtungsklage, nach Fristablauf die Verpflichtungsklage auf Verpflichtung zur Aufhebung in Betracht. Letztere hat aber nur dann Aussicht auf Erfolg, wenn der Betroffene ohne Verschulden vor Fristablauf an der Geltendmachung der Einwendungen gehindert war (zB § 51 Abs 1 Nr 2, 3 VwVfG; Schenke/Baumeister NVwZ 1993, 6 mwN). Zu den Fällen anfänglicher Rechtswidrigkeit zählt auch der Fall der Aufrechnung des Bürgers ggü einem gesetzlich begründeten, in einem VA deklaratorisch durch VA festgestellten staatlichen Anspr. Hier wird das im VA enthaltene Leistungsgebot rückwirkend rechtswidrig (Schenke 429; K. Hartmann 64 ff; Sch-Pietzner 66). Bei **nachträglicher Rechtswidrigkeit** des GrundVA kommt idR eine Verpflichtungsklage in Betracht, gerichtet auf Aufhebung des VA vom Zeitpunkt seines Rechtswidrigwerdens an. Mit dieser Klage kann in **analoger Anwendung des § 113 Abs 4** eine Klage verbunden werden, mit welcher ein Anspr auf Beseitigung von Vollstreckungsakten geltend gemacht wird (177 zu § 113). Handelt es sich bei den Vollstreckungsakten um noch anfechtbare VAe, kann mit der Verpflichtungsklage auf Rücknahme des GrundVA analog § 113 Abs 4 im Wege der Stufenklage eine Anfechtungsklage gegen den Vollstreckungsakt verbunden werden (176 zu § 113), bei Ablauf der Anfechtungsfrist auch hins des Vollstreckungsakts eine Verpflichtungsklage auf dessen Rücknahme (s 174 u 176 zu § 113). Auf diese Weise läßt sich dem **Gesichtspunkt der Prozeßökonomie** u der **Effektivität des Rechtsschutzes ausreichend Rechnung tragen.** Eine **analoge Anwendung des § 767 Abs 2 ZPO** mit der Maßgabe, daß im Rahmen einer Anfechtungsklage gegen eine Vollstreckungsmaßnahme diejenigen Einwendungen gegen den GrundVA zu berücksichtigen sind, die nach dessen Unanfechtbarkeit entstanden sind u seine Aufrechterhaltung als rechtswidrig erscheinen lassen,[29] verbietet sich. Sie steht im Widerspruch zu den vollstreckungsrechtlichen Regelungen, welche den Erlaß von Vollstreckungsakten nicht an die Rechtmäßigkeit des GrundVA knüpfen, u ist auch im Hinblick auf die bestehende Möglichkeit einer Stufenklage analog § 113 Abs 4 weder unter dem Gesichtspunkt der Prozeßökonomie noch dem der Rechtsschutzeffektivität zu rechtfertigen. Die Problematik einer Analogie zu § 767 Abs 2 ZPO wird zusätzlich daran deutlich, daß sie speziell auf die Vollstreckungsabwehrklage zugeschnitten ist, diese aber iVm der Vollstreckung aus einem VA gerade nicht statthaft ist u hier deren Funktionen bei nachträglich eingetretener Rechtswidrigkeit des Grund-VA durch die Verpflichtungsklage übernommen werden (s zu einem entspr Problem iVm dem nachträglichen Rechtswidrigwerden einer früheren Teilgenehmigung VBlBW 1997, 257 u 162 zu § 42). Bezeichnenderweise ist es denn auch im Zivilprozeßrecht nicht möglich, im Rahmen eines Vorgehens gegen einen Vollstreckungsakt (zB nach § 766 ZPO) nachträglich entstandene Einwendungen gegen den Vollstreckungstitel geltend zu machen. Zur Möglichkeit, bei einem inzwischen erfolgten Vollzug eines nachträglich rechtswidrig gewordenen VA mit der Verpflichtungsklage auf Rücknahme zugleich einen VollzugsFBA analog § 113 Abs 1 S 2 geltend zu machen, s 86 zu § 113.

Andere Vollstreckungsrechtsschutzmöglichkeiten neben der Anfechtungs- bzw Verpflichtungsklage gegen den zu vollstreckenden VA stehen dem Vollstreckungsschuldner bei Einwendungen gegen die Rechtmäßigkeit des GrundVA nicht zur Verfügung. Insb scheidet die Vollstreckungsabwehrklage (§ 167 Abs 1 oder § 173 S 1, § 767 ZPO) ebenso aus.[30] Gleichfalls abzulehnen ist eine Klage auf

---

[29] Für diese Analogie Ma BauR 1980, 346; VBlBW 1983, 143; NVwZ-RR 1992, 473; s auch Ma VBlBW 1998, 20; **aA** Ks Der Gemeindetag 1972, 392; Schenke/Baumeister NVwZ 1993, 3 ff; Schenke PolR 543; Poscher VerwA 1998, 122; Selmer/Gersdorf 34 ff; offen BVerwG NVwZ 1984, 42.

[30] 27, 142; Ma VBlBW 1982, 404; NVwZ-RR 1992, 473; NVwZ 1993, 73; Ks NVwZ-RR 1989, 508; Mü BayVBl 1988, 436; Ms NVwZ 1993, 74; Schenke 367; Sch-Pietzner 58

Unterlassung der Zwangsvollstreckung u Herausgabe des Titels gem § 826 BGB analog in Anlehnung an die im Zivilprozeß überwiegend befürwortete Möglichkeit der Rechtskraftdurchbrechung von Urteilen (**aA** Ma NVwZ 1993, 73). Die VwVfG kennen demgegenüber andere Möglichkeiten der Durchbrechung der Bestandskraft von VA, die mit der Verpflichtungsklage durchzusetzen sind (Baumeister VBlBW 1993, 54). Zum über § 123 zu realisierenden vorläufigen Rechtsschutz s 4 zu § 123.

19 b **b) Einwendungen gegen den im GrundVA titulierten Anspruch.** Derartige Einwendungen (zB nachträgliches Erlöschen des im VA titulierten Anspr) berühren nicht die Rechtmäßigkeit des GrundVA, so daß gegen diesen ein Rechtsschutz ausscheidet. In den Sonderfällen, in denen das Vollstreckungsrecht dies vorsieht (zB Art 21 BayVwZVG, § 16 Abs 2 RhPfVwVG), kommt eine Verpflichtungsklage auf Verpflichtung zum Erlaß eines die Unzulässigkeit der Verwaltungsvollstreckung aussprechenden VA in Betracht.[31] Bei Fehlen einer Sonderregelung kommt nur eine Feststellungsklage gerichtet auf Feststellung des Nichtbestehens des im VA titulierten Anspr in Betracht (11 u 26 zu § 43).[32] Die Feststellung der Unzulässigkeit der Vollstreckung ist dagegen mangels Rechtsverhältnisses (insoweit **aA** Sch-Pietzner 71), wg Subsidiarität der Feststellungsklage nach § 43 Abs 2 S 1 ggü repressivem Rechtsschutz u wg mangelnden RSB ausgeschlossen.[33] Zum über § 123 zu realisierenden vorläufigen Rechtsschutz s 4 zu § 123.

19 c **c) Einwendungen gegen die Rechtmäßigkeit von Vollstreckungsakten** werden in RechtsschutzVf gegen die betr Vollstreckungsakte geltend gemacht. Sind die Vollstreckungsakte VAe, können diese mit Widerspruch u Anfechtungsklage (s oben 16 f) angegriffen werden (bei Verbindung der Anfechtung von Vollstreckungsakten mit der Anfechtung des GrundVA im Wege einer Stufenklage analog § 113 Abs 4 bedarf es keines VorVf, s 175 zu § 113). Dritte können Vollstreckungsakte nur insoweit anfechten, als sie durch diese rechtlich betroffen sind. Deshalb kann eine Pfändungs- u Überweisungsverfügung durch den Drittschuldner nur insoweit angefochten werden, als diese gegen Normen verstößt, die auch seinem Schutz zu dienen bestimmt sind (Ko NVwZ-RR 2002, 903: keine Klagebefugnis des Dienstherrn, der Drittschuldner ist, unter dem Aspekt der beamtenrechtlichen Fürsorgepflicht). Handelt es sich bei den Vollstreckungsakten (wie bei der Anwendung unmittelbaren Zwangs u der Ersatzvornahme) um Realakte, die subjektivrechtlich relevant sind, ist der Rechtsschutz mittels einer allg verwaltungsgerichtlichen Leistungsklage zu realisieren (s 8 a vor § 40). Haben Vollstreckungsakte nur verwaltungsinterne Bedeutung (wie zB die Vollstreckungsanordnung oder der Vollstreckungsauftrag s oben 17), ist eine allg verwal-

---

Fn 149 mwN; eingeh Schenke VerwA 1970, 351 ff u Schenke/Baumeister NVwZ 1993, 3; **aA** neben älterer Rspr zB Bln NVwZ-RR 1989, 510; Freiburg NVwZ-RR 1989, 514; StJ 59 zu § 767 ZPO; Kleinlein VerwA 1990, 177.

[31] Mü BayVBl 1984, 209; 1988, 436; Ko NJW 1982, 2277; Fischer BayVBl 1980, 179; Schenke BayVBl 1976, 680; VerwA 1970, 263; Schenke/Baumeister NVwZ 1993, 9.

[32] 27, 143; Ms NJW 1976, 2038; Büchner 41; Lorenz 43, 25; Schenke VerwA 1970, 351 ff. Dagegen Sch-Pietzner 69, 71 sowie Würt 821, die auch hier eine Verpflichtungsklage auf Unzulässigerklärung der Vollstreckung befürworten. Da der Erlaß eines die Unzulässigkeit der Verwaltungsvollstreckung feststellenden VA (anders als zB nach Art 21 BayVwZVG) nicht vorgesehen ist, kann – von Bedenken aus dem Prinzip des Vorbehalts des Gesetzes ganz abgesehen – kein Rechtsanspruch auf dessen Erlaß bestehen. Zudem reicht die im Text befürwortete Feststellungsklage in ihrer Rechtsschutzfunktion über die Vollstreckungsabwehr hinaus (Schenke/Baumeister NVwZ 1993, 9), so daß sie schon von daher unentbehrlich ist. Sie steht auch von ihrer Struktur her nicht mit der Systementscheidung der VwGO für einen grds repressiven Rechtsschutz in Widerspruch.

[33] Näher Schenke/Baumeister NVwZ 1993, 10; **aA** Ma VBlBW 1992, 251 mit krit Anm Baumeister VBlBW 1993, 53; Ks NVwZ-RR 1989, 507; Bosch/Schmidt § 32 I 2.

tungsgerichtliche Leistungsklage mangels Klagebefugnis unzulässig (62 zu § 42). Auch bei Zulässigkeit eines verwaltungsgerichtlichen Rechtsschutzes gegen Vollstreckungsakte ergeben sich aus der **Gestrecktheit des mehraktigen VollstreckungsVf** (s hierzu näher Poscher VerwA 1998, 120; Selmer/Gersdorf 11 ff), daß Einwendungen, welche vorangegangene Akte des VollstreckungsVf betreffen, grds nicht ggü späteren Vollstreckungsakten geltend gemacht werden können. Deshalb kann ggü Vollstreckungsakten nicht mit Erfolg eine die Rechtmäßigkeit des GrundVA betr Einwendung erhoben werden (s oben). Das gilt auch für die Anfechtung der Androhung. § 18 Abs 1 S 3 VwVG stellt hiervon keine Ausnahme dar, da er nur prozeßrechtliche Bedeutung hat (so zutr Pietzner VerwA 1993, 268 u Selmer/Gersdorf 43 gegen Schenke/Baumeister NVwZ 1993, 2 Fn 9; die von mir früher vertretene gegenteilige Ansicht wird aufgegeben). Ebenso können ggü Ersatzvornahmen u unmittelbarem Zwang sowie der Festsetzung des Zwangsgelds keine Einwendungen geltend gemacht werden, welche die Rechtmäßigkeitsvoraussetzungen der Androhung betreffen (s auch Ba SächsVBl 1997, 10; Schenke PolR 557). Mit der Anfechtung der Androhung kann aber in direkter oder analoger Anwendung des § 113 Abs 4 (s 172 ff zu § 113) der Rechtsschutz gegen nachfolgende Vollstreckungsakte verbunden werden.

Soweit **vorläufige Regelungen** notwendig sind, sind diese ebenfalls **nach § 80 Abs 5 bzw § 123** zu treffen.[34] 20

Der **Vollzug eines VA,** der später aufgehoben wurde, begründet **keinen Schadensersatzanspr analog § 717 Abs 2 ZPO** (BGH NJW 1963, 853; NJW 1982, 2813; s auch oben 13 a); ggf jedoch nach dem allg Staatshaftungsrecht. 21

§ 168 [Vollstreckungstitel]

(1) **Vollstreckt wird**[1 ff]

1. **aus rechtskräftigen und aus vorläufig vollstreckbaren gerichtlichen Entscheidungen,**[3]
2. **aus einstweiligen Anordnungen,**[4]
3. **aus gerichtlichen Vergleichen,**[5]
4. **aus Kostenfestsetzungsbeschlüssen,**[6]
5. **aus den für vollstreckbar erklärten Schiedssprüchen öffentlich-rechtlicher Schiedsgerichte, sofern die Entscheidung über die Vollstreckbarkeit rechtskräftig oder für vorläufig vollstreckbar erklärt ist.**[7]

(2) **Für die Vollstreckung können den Beteiligten auf ihren Antrag Ausfertigungen des Urteils ohne Tatbestand und ohne Entscheidungsgründe erteilt werden, deren Zustellung in den Wirkungen der Zustellung eines vollständigen Urteils gleichsteht.**

Vgl §§ 704, 794 ZPO; § 199 SGG; § 151 FGO

Schrifttum: *Renck,* Vollstreckungsabwehrklage bei Vollstreckung aus Vergleich, NVwZ 1982, 548; *Renck-Laufke,* Rechtsfragen der Vollstreckung verwaltungsgerichtlicher Vergleiche, BayVBl 1976, 621; *dies,* Zwangsvollstreckung aus verwaltungsgerichtlichen Titeln, BayVBl 1991, 44. – S auch zu § 167.

1. Allgemeines: Wie die nach der ZPO setzt auch die Vollstreckung nach der VwGO grds voraus: (1.) einen **vollstreckbaren Titel** (§ 168, s unten 2 ff); – (2.) eine **Vollstreckungsklausel,** (s § 167 Abs 1, § 724 Abs 1 ZPO für Urteile; 1

---

[34] Mü BayVBl 1975, 647; 1979, 689; 1980, 52; 1981, 372; 1984, 692; 1988, 436; 1993, 600; Ko NJW 1982, 2277; DVBl 1984, 1185; DÖV 1985, 588 – auch ggü der Vollstrekkung einer privatrechtlichen Forderung gem §§ 71 ff rhpfVVG –; Ma GewA 1991, 226; NVwZ 1993, 73; VG Ansbach NVwZ 1986, 74; Fischer BayVBl 1980, 175; Schenke VerwA 1970, 268; vgl auch BVerwG NVwZ 1984, 169.

§§ 936, 928, 929 ZPO für einstweilige Anordnungen [in Ausnahmefällen]; § 795 ZPO für die übrigen Vollstreckungstitel). Zu Ausnahmen vom Erfordernis der Klausel s auch § 171; – (3.) die **Zustellung des Titels** (§ 167 Abs 1, §§ 750 Abs 1, 795 ZPO), die im verwaltungsgerichtlichen Vf vAw erfolgt; – (4.) in den Fällen der §§ 750 Abs 2, 795 ZPO außerdem auch die Zustellung der **Vollstreckungsklausel** (s auch 1f zu § 171).

2 **2. Die einzelnen Vollstreckungstitel:** Die Vollstreckungstitel werden in Abs 1 **abschließend aufgezählt.**[1] Durch Gesetz können jedoch weitere Vollstreckungstitel vorgesehen werden. Dies ist **zB in § 61 VwVfG** für Verträge, in denen die Partner sich der sofortigen Vollstreckung unterworfen haben, geschehen. S dazu KR 7ff zu § 61 VwVfG.

3 **a) Gerichtliche Entscheidungen** iSd Nr 1 sind **Urteile, Gerichtsbescheide** (§ 84) – in den Fällen des § 84 Abs 2 Nr 3, sofern innerhalb eines Monats kein Antrag auf mV gestellt wurde (RÖ-v Nicolai 3) – u **Beschlüsse,** sofern sie einen vollstreckbaren Inhalt haben, einschließlich der **Beschlüsse nach § 80 Abs 5 u § 80a Abs 3** (s näher mN 205ff zu § 80). **Entscheidungen ausländischer,** internationaler u supranationaler **Gerichte** oder von Sonderverwaltungsgerichten fallen nicht unter Nr 1, soweit gesetzlich oder durch Staatsverträge nichts anderes bestimmt ist. Zum Begriff der **RKraft** s 1ff zu § 121, der **vorläufigen Vollstreckbarkeit** 8ff zu § 167. Beschlüsse sind grds sofort vollstreckbar (s § 149).

4 **b) Einstweilige Anordnungen** gem § 123 (Nr 2). Dies gilt jedoch nur, **wenn** die eA **einen vollstreckbaren Inhalt** hat, daher nicht zB für die Aussetzung des Vollzugs eines Bebauungsplans (Mü BayVBl 1984, 370).

5 **c) Gerichtliche Vergleiche** gem § 106 (Nr 3). S zum Begriff des gerichtlichen Vergleichs (Prozeßvergleichs) 3f zu § 106. Es muß sich um einen formgültig **vor einem Gericht** iSd § 1 geschlossenen Vergleich handeln. S im einzelnen 9ff zu § 106; zur Vollstreckung aus einem gerichtlichen Vergleich 2 zu § 172. Wenn u soweit der Erfüllung einer in einem Vergleich übernommenen Verpflichtung **Rechte Dritter** entgegenstehen, zB eines Miteigentümers der herauszugebenden Sache, so ist eine Vollstreckung nur möglich, wenn der betroffene Dritte zustimmt (vgl Mü BayVBl 1976, 115; 1978, 54) oder auch gegen den Dritten ein Vollstreckungstitel vorliegt. Der Dritte hat gegen Vollstreckungsmaßnahmen aus dem Vergleich ggf die **Drittwiderspruchsklage** gem § 167 Abs 1, § 771 ZPO.[2]

Auf **außergerichtliche** Vergleiche ist Nr 3 **nicht,** auch nicht analog, anwendbar (NJW 1994, 2306). Erfüllt der Vertragspartner aus einem solchen Vergleich die von ihm darin übernommenen Verpflichtungen nicht, so muß der andere Vertragspartner ihn grds **zuerst auf Erfüllung verklagen** u kann dann erst aus der Entscheidung des Gerichts vollstrecken. Vgl jedoch zur Möglichkeit einer Vollstreckung nach dem Verwaltungsvollstreckungsrecht, wenn der Vertragspartner sich im Vergleich **gem § 61 VwVfG** (zu den Voraussetzungen s NJW 1996, 608; VG Braunschweig NVwZ-RR 2001, 627; Meyer JZ 1996, 78) oder aufgrund entspr Vorschriften **der sofortigen Vollstreckung unterworfen hat** (s dazu sowie zur Frage einer Vollstreckung von Verpflichtungen aus einem Vergleich durch VA Kopp 1ff zu § 61 VwVfG). Die außergerichtlich vereinbarte ör Leistungsverpflichtung des Bürgers kann auch nicht nochmals in einem VA statuiert werden, um sich auf diese Weise einen Vollstreckungstitel für eine Verwaltungsvollstreckung zu beschaffen (VG Braunschweig NVwZ-RR 2001, 627).

---

[1] Ms NJW 1987, 396; NWVBl 1993, 358; Ey-P. Schmidt 1; Guckelberger NVwZ 2004, 665; NKVwGO-Heckmann 1; Sch-Pietzner 1.

[2] Ms DÖV 1978, 334; Mü BayVBl 1978, 53; allg auch BGH MDR 1977, 308; zT **aA** Renck NVwZ 1982, 548: soweit privatrechtliche Rechtsverhältnisse im Vergleich nicht geregelt sind, immer Zuständigkeit des Zivilrichters für die Widerspruchsklage.

Wird in einem gerichtlichen Vergleich die **Bestandskraft eines Bescheides vereinbart,** so ist **Grundlage einer Vollstreckung** nicht der Vergleich, sondern der bestandskräftige **Beitragsbescheid,** so daß sich die Vollstreckung nicht nach den §§ 167 ff, sondern nach dem einschlägigen Verwaltungsvollstreckungsgesetz richtet (Mü BayVBl 2001, 474).

d) Kostenfestsetzungsbeschlüsse iSv Nr 4 sind die Kostenfestsetzungsbe- 6
schlüsse gem § 164 sowie nach dem GKG usw (s 1 ff zu § 165; vgl Mü NVwZ 1985, 352). **Kostenfestsetzungsbeschluß** iSv Nr 4 ist auch ein vom VG gem § 11 RVG (entspricht § 19 BRAGO) erlassener Vergütungsfestsetzungsbeschluß.[3] S auch 3 zu § 164.

e) Schiedssprüche (Nr 5). Voraussetzung für die Vollstreckbarkeit ist die 7
Vollstreckbarkeitserklärung gem § 173 S 1, § 1060 ZPO durch das gem § 173 S 1, § 1062 ZPO, § 173 S 2 zuständige VG. **Für die meisten** durch Gesetz, Verordnung oder Satzung errichteten **Schiedsgerichte** ist die Vollstreckung jedoch **gesondert geregelt.** Für unechte, durch Rechtsnorm eingesetzte Schiedsgerichte gilt § 168 Abs 1 Nr 5 nicht (RÖ-v Nicolai 13; Sch-Pietzner 33).

3. Sonstige Vollstreckungstitel: Eine Vollstreckung aus sonstigen Titeln ist 8
in § 168 nicht vorgesehen. Für die Vollstreckung aus einer **Urkunde gem § 794 Abs 1 Nr 5 ZPO** ist, entspr dem Grundsatz der Maßgeblichkeit der Herkunft des Titels, der ZRW gegeben, s unten 9.

4. Rechtsweg im Vollstreckungsrechtsschutz: Die Frage, welcher Rechts- 9
weg im VollstreckungsrechtsschutzVf gegeben ist, ist immer nach der Herkunft des Titels zu entscheiden. Auf die Rechtsnatur des titulierten Anspr kommt es nicht an.[4] Auch wenn der verwaltungsgerichtliche Vergleich folglich Anspr regelt, für die der VRW nicht gegeben ist (zB ein Vergleich, nach dem der Kl zum Abbruch eines Hauses auf Kosten des Bekl oder eines Dritten ermächtigt wird, Mü BayVBl 1981, 628), ist daher im Rahmen des Vollstreckungsrechtsschutzes der VRW gegeben.

§ 169 [Vollstreckung zugunsten der öffentlichen Hand]

(1) **Soll zugunsten des Bundes, eines Landes, eines Gemeindeverbands, einer Gemeinde oder einer Körperschaft, Anstalt oder Stiftung des öffentlichen Rechts vollstreckt werden, so richtet sich die Vollstreckung nach dem Verwaltungsvollstreckungsgesetz.**[1 ff] **Vollstreckungsbehörde im Sinne des Verwaltungsvollstreckungsgesetzes ist der Vorsitzende des Gerichts des ersten Rechtszugs;**[2] **er kann für die Ausführung der Vollstreckung eine andere Vollstreckungsbehörde oder einen Gerichtsvollzieher in Anspruch nehmen.**[3 ff]

(2) **Wird die Vollstreckung zur Erzwingung von Handlungen, Duldungen und Unterlassungen im Wege der Amtshilfe von Organen der Länder vorgenommen, so ist sie nach landesrechtlichen Bestimmungen durchzuführen.**[5 ff]

Vgl §§ 704 ff ZPO; § 200 SGG; § 150 FGO

---

[3] Ms DÖV 1984, 945; NJW 1986, 1190; NVwZ-RR 2004, 311; B-Bader 8; NKVwGO-Heckmann 52; Sch-Pietzner 30; **aA** insoweit Lü NJW 1984, 2485; Ko NJW 1980, 1541: Vollstreckung durch Amtsgericht, auch wenn Beschluß durch VG erlassen wurde.

[4] Für den **Vergleich:** NJW 1992, 191; Mü BayVBl 1987, 309; Ms 10, 104; 24, 183; Ks 28, 106; NJW 1969, 524; NKVwGO-Heckmann 43; RÖ-v Nicolai 11; Sch-Pietzner 2, 23; StJ 2 vor § 704 ZPO; **aA** Lü NJW 1969, 205; Ko NJW 1980, 1541; VG Berlin NJW 1976, 1420; Renck NVwZ 1982, 548. Für die Vollstreckung aus **Urkunden:** Ms DÖV 1993, 832 mwN; näher auch Sch-Pietzner 24; **aA** ohne Begründung NJW 1995, 1105; Buchh 310 § 40 VwGO Nr 271; BGH NJW 1994, 2620.

Schrifttum: *Borck,* Die Vollziehung und die Vollstreckung von Unterlassungstiteln, WRP 1993, 374. – S auch zu § 167 *Dorner,* Zwangsvollstreckung aus verwaltungsgerichtlichen Urteilen wegen Geldforderungen in Bayern, BayVBl 1981, 684; *Geißler,* Ordnungspunkte zur Praxis der Zwangsvollstreckung in Geldforderungen, JurBüro 1986, 961; *Meyer-Ladewig,* Vollstreckungsanordnung bei Zwangsvollstreckung aus verwaltungsgerichtlichen Titeln?, NVwZ 1984, 699; *Renck-Laufke,* Zwangsvollstreckung aus verwaltungsgerichtlichen Titeln, BayVBl 1991, 44; *Wettlaufer,* Die Vollstreckung aus verwaltungs-, sozial- und finanzgerichtlichen Titeln zugunsten der öffentlichen Hand, 1989.

1 **1. Allgemeines:** Die Vorschrift betrifft, wie ein Vergleich mit §§ 170, 172 ergibt, nur die **Vollstreckung gegen private Vollstreckungsschuldner.** Für die Vollstreckung gegen Rechtsträger des öffentlichen Rechts sind, auch wenn sie zugunsten eines anderen Rechtsträgers des öffentlichen Rechts erfolgt, ausschließlich § 170 u § 172 bzw § 167 Abs 1 iVm §§ 890, 891 ZPO maßgebend (Ks NJW 1976, 1766; DVBl 2000, 357; NKVwGO-Heckmann 20; RÖ-v Nicolai 1; **aA** Ey-P. Schmidt 1). **Im einzelnen gelten** für die Vollstreckung das **VwVG,** mit den sich aus § 169 ergebenden Abweichungen (Lü NVwZ-RR 1991, 387; Ma VBlBW 1996, 463 – nicht die LVwVG), sowie, soweit im Wege der Amtshilfe Organe eines Landes mitwirken, die Vorschriften der Verwaltungsvollstreckungsgesetze des Landes (Lü NVwZ-RR 1991, 387); **für Pfändungen** gem § 5 Abs 1 VwVG die **AO** (Ms DVBl 1980, 602; Ey-P. Schmidt 1; RÖ-v Nicolai 7).

2 **2. „Vollstreckungsbehörde“:** Der **Vorsitzende des Gerichts** des ersten Rechtszuges (s 7 zu § 167) hat nach Abs 1 S 2 alle Funktionen u damit auch alle Befugnisse u Verpflichtungen, die nach der VwGO sonst der Vollstreckungsbehörde bzw Vollzugsbehörde zukommen.[1] Der Vorsitzende ist nach dem eindeutigen Wortlaut des § 169 Abs 1 S 2 auch dann zuständig, wenn der zu vollstrekkende Titel aus einem Vf stammt, das dem Einzelrichter zur Entscheidung übertragen war (**aA** VG Darmstadt NVwZ-RR 2000, 734). Der Vorsitzende wird nicht als Behörde tätig, sondern **als Vollstreckungsgericht** (s 7 zu § 167; s dazu auch Ms NVwZ-RR 2001, 188f). Der Rechtsschutz gegen Maßnahmen im Rahmen der Vollstreckung nach § 169 iVm dem VwVG richtet sich grds nach § 167 Abs 1 iVm den Regelungen der ZPO. In Betracht kommen insoweit die **Erinnerung gem** § 766 Abs 1 ZPO (We ThürVBl 2007, 57) sowie die sofortige Beschwerde (§ 793 ZPO), an deren Stelle die **Beschwerde** gem § 146 Abs 1 treten würde. Für die Abgrenzung dieser Rechtsbehelfe kommt es auf die Qualifizierung des Vollstreckungsakts an. Handelt es sich um eine **richterliche Entscheidung** im eigentlichen Sinn, dh um eine Entscheidung des Vorsitzenden nach Anhörung des Vollstreckungsschuldners, findet das RMittel der (zulassungsfreien) Beschwerde gem § 146 Abs 1 statt (Ks DVBl 1997, 1335f mwN). Andernfalls handelt es sich um eine **Einwendung gegen die Art u Weise** der Vollstreckung, gegen die die **Erinnerung** gem § 167 Abs 1 iVm § 766 Abs 1 ZPO gegeben ist.[2]

§ 169 Abs 1 S 2 ist, wenn bzw soweit durch das Gesetz nichts anderes bestimmt ist, **nicht analog** auch auf die Vollstreckung **anderer Vollstreckungstitel** als der in § 168 genannten oder diesen durch Gesetz gleichgestellten anwendbar, insb auch **nicht für die Vollstreckung von Verwaltungstiteln.**[3] Es stellt näm-

---

[1] Ms DVBl 1976, 591; DÖV 1978, 333; Ey-P. Schmidt 3; NKVwGO-Heckmann 22; RÖ-v Nicolai 5; Dorner BayVBl 1981, 684.

[2] Ks DVBl 1997, 1335f mwN; Ma 23, 130; NVwZ-RR 1994, 120; VBlBW 1996, 463; Ms DVBl 1980, 602 – bei formellen Mängeln die Erinnerung; wenn der Schuldner gehört wurde, die Beschwerde –; Bln NJW 1984, 1370 – für Einwendungen des Drittschuldners –; Ey-P. Schmidt 15; RÖ-v Nicolai 11; BL 51, 3ff zu § 766 ZPO.

[3] Mü NJW 1984, 2482: keine Zuständigkeit des Vorsitzenden für die Anordnung der Durchsuchung einer Wohnung gem Art 26 Abs 7 BayVwZVG; Sch-Pietzner 33.

lich einen Unterschied dar, ob ein behördlicher oder ein gerichtlicher Vollstreckungstitel iSd § 168 zu vollstrecken ist; nur für letzteren kann der Vorsitzende nach der Sonderregelung des § 169 Abs 1 S 1 als Vollstreckungsbehörde verstanden werden.

3. Zuständigkeit u Verfahren: Der Vorsitzende **leitet** als Vollstreckungsbehörde (s oben 2) aufgrund eines Vollstreckungsantrags der zuständigen Behörde im Rahmen des § 169 Abs 2 in entspr Anwendung des § 170 Abs 1 S 1 die Vollstreckung durch die sog **„Vollstreckungsverfügung"**, dh durch Erlaß der Vollstreckungsanordnung, ein (Mü DÖV 1987, 744; Ma NVwZ 1993, 73). S zur Vollstreckungsanordnung auch unten 5. **Örtlich zuständig** ist der **Vorsitzende des VG,** das im Rechtsstreit, der zum Erlaß des zu vollstreckenden Titels geführt hat, Gericht des 1. Rechtszugs gewesen ist (Ms NJW 1981, 2771; VG Dessau NVwZ-RR 2002, 238f). Da eine Zuständigkeit der Kammer nicht besteht, kommt auch eine Übertragung auf den Einzelrichter nach § 6 nicht in Betracht (We NVwZ-RR 1995, 480). 3

4. Maßnahmen im Wege der Vollstreckungshilfe oder Amtshilfe: Maßnahmen, die von anderen Vollstreckungsbehörden, Gerichten oder von Gerichtsvollziehern **im Wege der Vollstreckungshilfe** (Abs 1 S 2 HS 2) **oder Amtshilfe** (Abs 2) durchgeführt werden, werden nicht dem Vorsitzenden zugerechnet, sondern unterliegen den sonst für sie maßgeblichen Bestimmungen (vgl Lü NVwZ-RR 1991, 387; **aA** RÖ-v Nicolai 6); **auch Rechtsbehelfe** dagegen richten sich nach diesen, soweit sich aus § 167 Abs 1 iVm entspr anzuwendenden Vorschriften der ZPO nicht etwas anderes ergibt (zB hins der Erinnerung gem § 766 ZPO gegen die Art u Weise der Vollstreckung; vgl 2 zu § 167). 4

5. Vollstreckungsanordnung u Vollstreckungsauftrag: Im Gegensatz zu den oben unter 3 genannten Maßnahmen fällt die gem Abs 1 S 1 iVm § 3 VwVG als Voraussetzung der Vollstreckung erforderliche **Vollstreckungsanordnung** u der idR damit zusammenfallende u als Vollstreckungsanordnung auszulegende **Vollstreckungsauftrag,** dh der Auftrag der Behörde, die den zu vollstreckenden Anspr geltend machen darf (§ 3 Abs 4 VwVG), an die „Vollstreckungsbehörde" (§ 4 VwVG), dh gem Abs 1 S 2 iVm § 4 VwVG an den Vorsitzenden, die Vollstreckung durchzuführen, in die Zuständigkeit der **Anordnungsbehörde, die für den Vollstreckungsgläubiger** handelt (Ms VRspr 25, 248; Mü NVwZ 1984, 736; Ko NJW 1986, 1189); sie kann, da es sich um innerbehördliche Maßnahmen handelt, **nicht gesondert angegriffen werden** (str, vgl 17 zu § 167). Die **Behörde,** zu deren Gunsten zB ein Kostenfestsetzungsbeschluß (§ 167 Abs 1 Nr 4) vollstreckt werden soll, **muß zuvor eine Vollstreckungsanordnung erlassen.**[4] 5

Eine besondere Vollstreckungsanordnung gem § 3 Abs 1 VwVG ist auch bei der Vollstreckung verwaltungsgerichtlicher Kostenfestsetzungsbeschlüsse durch den Vorsitzenden **erforderlich.**[5] Der Vorsitzende wäre – wie auch sonst (s oben 2) für die das ZwangsVf gem § 3 VwVG einleitende Verfügung – zum Erlaß einer Vollstreckungsanordnung auch nicht befugt.[6]

6. Vollstreckungshilfe u Amtshilfe (Abs 1 S 2 HS 2 u Abs 2): Der Vorsitzende kann zur **Ausführung der Vollstreckung** auch **die Hilfe anderer** 6

---

[4] Mü NVwZ 1984, 736; Ms NVwZ 1984, 111 – zuständig nicht der Vorsitzende des Gerichts als Vollstreckungsbehörde, sondern die Behörde, die den zu vollstreckenden Anspr geltend machen darf –; Ko VRspr 25, 248; Renck-Laufke BayVBl 1991, 45; SDL 2; **aA** RÖ-v Nicolai 7; Meyer-Ladewig NVwZ 1984, 699.

[5] Mü NVwZ 1984, 736; Ms NVwZ 1984, 111; wohl auch Ks 28, 108; **aA** Mü NVwZ 1985, 352; Meyer-Ladewig NVwZ 1984, 699; Renck-Laufke BayVBl 1991, 44.

[6] Mü NVwZ 1985, 352; **aA** Renck-Laufke BayVBl 1991, 44, die jedoch in solchen Fällen schon eine Vollstreckungsanordnung als nicht erforderlich ansieht; s auch oben.

Vollstreckungsbehörden in Anspr nehmen, sowohl von Bundes- u Landesbehörden als auch von **Gerichten,** auch anderer Gerichtszweige, einschließlich anderer Verwaltungsgerichte (ggf deren Vorsitzender, soweit diese nach der Definition des Abs 1 allein als Vollstreckungsgericht in Betracht kommen), sowie von **Gerichtsvollziehern.** Vgl auch Hornung, Gerichtliche Vollstreckung im VerwaltungszwangsVf, RPfl 1981, 86.

7 Der Vorsitzende kann die **Durchführung einzelner Vollstreckungshandlungen,** auch zB die Vollstreckung in das unbewegliche Vermögen (Mü NVwZ 1985, 352), einer Vollstreckungsbehörde oder einem Gerichtsvollzieher übertragen, nicht jedoch die **Vollstreckung insgesamt;**[7] er muß **zumindest die Auswahl der** gem § 9 Abs 1 VwVG zulässigen **Zwangsmittel** selbst vornehmen u die Vollstreckung **überwachen** (Ms NJW 1977, 727; Lü 27, 410). Zur Anfechtung der von diesen Organen getroffenen Vollstreckungsmaßnahme s oben 4.

Hat der Vorsitzende die Ersatzvornahme zur Vollstreckung zugunsten der öffentlichen Hand festgesetzt u eine Gemeinde mit der Durchführung der Ersatzvornahme beauftragt, so richtet sich zwar die Tätigkeit der Gemeinde nach Landesvollstreckungsrecht, **für die dem Vorsitzenden** verbleibenden Vollstrekkungsakte **bleibt** jedoch das **VwVG** des Bundes **maßgebend** (Lü NVwZ-RR 1991, 387). Demgemäß sind **Beträge,** die bei der Ersatzvornahme an Beauftragte gezahlt werden, nach § 19 VwVG iVm §§ 344 Abs 1 Nr 8, 346 Abs 2 AO innerhalb Jahresfrist **festzusetzen** (Lü NVwZ-RR 1991, 387). Bei rechtsirriger Anwendung des Landesvollstreckungsrechts kann eine nach VwVG überhöhte Zwangsgeldandrohung im Umfang der Überschreitung des zulässigen Höchstbetrages keine Wirksamkeit entfalten (Ma VBlBW 1996, 463). Zu den Voraussetzungen des Kostenerstattungsanspr bei gem § 169 Abs 1 S 1 iVm § 10 VwVG angeordneter Ersatzvornahme Ma NVwZ-RR 1994, 120.

8 **Soweit Landesbehörden** in Anspr genommen werden, richten sich ihr Vf u ihre Befugnisse nach Landesrecht (Abs 2; hins der Vollstreckung von Geldforderungen § 5 Abs 2 VwVG), zB in Bayern nach Art 23 ff BayVwZVG. Setzt das Landesrecht **Leistungsbescheide** voraus, so sind Urteile der Verwaltungsgerichte diesen gleichzustellen (Dorner BayVBl 1981, 684, auch allg zur Vollstreckung nach Landesrecht).

9 **7. Rechtsschutz:** Gegen Vollstreckungsanordnungen des Vorsitzenden nach Abs 1 ist nicht die Beschwerde gem § 146, sondern nach § 167 Abs 1 iVm § 766 ZPO **die Erinnerung** gegeben (s oben 2), **ebenso** idR gegen Vollstreckungshandlungen, die vom Vorsitzenden anderen Gerichten oder Behörden zur Wahrnehmung im Wege der **Amts- oder Rechtsilfe** übertragen wurden (s oben 4 u 6 ff). **Nicht mehr geltend gemacht** werden können mit der Erinnerung Einwendungen gegen den zu vollstreckenden Titel, zB dagegen, daß die im für vorläufig vollstreckbar erklärten Urteil (§ 168 Abs 1 Nr 1 bestimmte Sicherheitsleistung zu niedrig sei (Ma NVwZ-RR 1993, 279).

§ 170 [Vollstreckung gegen die öffentliche Hand wegen Geldforderungen]

(1) **Soll gegen den Bund, ein Land, einen Gemeindeverband, eine Gemeinde, eine Körperschaft, eine Anstalt oder Stiftung des öffentlichen Rechts wegen einer Geldforderung vollstreckt werden, so verfügt auf Antrag des Gläubigers das Gericht des ersten Rechtszugs die Vollstreckung.**[1 ff] **Es bestimmt die vorzunehmenden Vollstreckungsmaßnahmen und ersucht die zuständige Stelle um deren Vornahme.**[3 f] **Die ersuchte**

[7] Lü 27, 410; Ms NJW 1977, 727; Mü DÖV 1987, 744; Ko NJW 1986, 1191.

Stelle ist verpflichtet, dem Ersuchen nach den für sie geltenden Vollstreckungsvorschriften nachzukommen.

(2) **Das Gericht hat vor Erlaß der Vollstreckungsverfügung die Behörde oder bei Körperschaften, Anstalten und Stiftungen des öffentlichen Rechts, gegen die vollstreckt werden soll, die gesetzlichen Vertreter von der beabsichtigten Vollstreckung zu benachrichtigen mit der Aufforderung, die Vollstreckung innerhalb einer vom Gericht zu bemessenden Frist abzuwenden.**[5] **Die Frist darf einen Monat nicht übersteigen.**[6]

(3) **Die Vollstreckung ist unzulässig in Sachen, die für die Erfüllung öffentlicher Aufgaben unentbehrlich sind oder deren Veräußerung ein öffentliches Interesse entgegensteht. Über Einwendungen entscheidet das Gericht nach Anhörung der zuständigen Aufsichtsbehörde oder bei obersten Bundes- oder Landesbehörden des zuständigen Ministers.**[1 ff]

(4) **Für öffentlich-rechtliche Kreditinstitute gelten die Absätze 1 bis 3 nicht.**[1 ff]

(5) **Der Ankündigung der Vollstreckung und der Einhaltung einer Wartefrist bedarf es nicht, wenn es sich um den Vollzug einer einstweiligen Anordnung handelt.**[1 ff]

Vgl § 882a ZPO; §§ 151f FGO

1. Anwendbarkeit: Die Vorschrift regelt die **Vollstreckung** gegen die öffentliche Hand aus Titeln gem § 168 **wg Geldforderungen.** § 170 Abs 1 bis 3 gilt gem § 61 Abs 2 S 2 VwVfG u entspr Vorschriften analog auch für die Vollstreckung einer Geldforderung, wenn der öffentliche Rechtsträger sich hins der in Frage stehenden Forderung **in einem öffentlich-rechtlichen Vertrag** der sofortigen Vollstreckung unterworfen hat. Der Vollstreckung wird durch § 170 ein besonderes **Vf vorgeschaltet,** das nach Möglichkeit Zwangsmaßnahmen überflüssig machen soll (Ey-P. Schmidt 3). Unter die Vorschrift fallen vor allem **Leistungsurteile,** aber auch Kostenfestsetzungsbeschlüsse u Zwangsgeldbeschlüsse nach § 172 sowie **eAen,** die Geldleistungen anordnen (Ma DÖV 1976, 607). § 170 ist dagegen **nicht anwendbar** auf **Verpflichtungsurteile** gem § 113 Abs 5, auch wenn sie auf Erlaß eines VA gerichtet sind, der eine Geldleistung zum Gegenstand hat. Dagegen geht bei mit einem Aufhebungsurteil verbundenen **Folgenbeseitigungsanspr** auf Rückzahlung von Geld § 170 dem § 172 als Sonderregelung vor (Sch-Pietzner 15 zu § 172. Zur Vollstreckung zur **Erzwingung von Handlungen,** Duldungen u Unterlassungen gegen die öffentliche Hand s 9f zu § 172. 1

Nicht erfaßt wird von § 170 auch der Fall, daß eine Behörde zwar der Verpflichtung aus einem Verpflichtungsurteil nachkommt u dem Kl die ihm geschuldete **Geldsumme durch VA zuerkennt, jedoch dann nicht zahlt;** hier handelt es sich nicht um eine Frage der Vollstreckung, vielmehr muß der Betroffene – sofern er nicht mit der Klage auf Erlaß des VA analog § 113 Abs 1 S 2 (s 86 zu § 113) zugleich auf dessen Vollziehung geklagt hat – erforderlichenfalls, gestützt auf den VA, Klage gegen die Behörde auf Zahlung (bzw auf einen die Zahlung anordnenden VA, vgl KR 67 zu § 35 VwVfG) erheben, u kann erst das ergehende Urteil gem § 170 vollstrecken (**aA** Sch-Pietzner 34 zu § 172), insoweit nicht überzeugend, da die Verpflichtung aus dem Titel (Erlaß eines VA) vollständig erfüllt wurde).

Das VollstreckungsVf nach § 170 ist ein **selbständiges BeschlußVf,** in dem ua auch gem §§ 154ff über die Kosten zu entscheiden ist (VG Hannover NVwZ-RR 2005, 294) u in dem der Vollstreckungsgläubiger auch seinen **Antrag** analog § 92 **zurücknehmen** oder die Hauptsache für erledigt erklären kann (Ko DÖV 1986, 619). 2

3 **2. Verfügung der Vollstreckung u Bestimmung der vorzunehmenden Maßnahmen (Abs 1): Zuständig** für die Anordnung (Verfügung) der Vollstreckung ist gem Abs 1 S 1, anders als nach § 169, nicht der Vorsitzende, sondern **das Gericht** (als Spruchkörper), das die entspr Verfügung durch Beschluß trifft. Der Beschluß hat einen **Antrag** des Vollstreckungsgläubigers zur Voraussetzung u darf – außer bei eA (Abs 5) – erst ergehen, wenn die nach Abs 2 vorgeschriebene **Benachrichtigung** u **Aufforderung** zur Vollstreckungsabwendung erfolglos geblieben sind. **Art u Weise der Vollstreckung** bestimmt das Gericht nach seinem Ermessen, ohne insoweit an einen Antrag des Vollstreckungsgläubigers gebunden zu sein.

4 **Welche Organe** gem Abs 1 S 2 mit der Vornahme der Vollstreckung zu betrauen sind, **ergibt** sich, soweit es sich um Behörden handelt, aus dem anzuwendenden **Verwaltungsvollstreckungsrecht** (zuständig ist danach zB für die Pfändung von Sachen idR gem § 4 VwVG eine Behörde der Finanzverwaltung), sonst grds aus der **ZPO** (**aA** RÖ-v Nicolai 8: nur Vollstreckungsmaßnahmen nach der ZPO). Für die **Pfändung von Forderungen** ist das Verwaltungsgericht selbst als Vollstreckungsgericht (§ 828 Abs 1 ZPO), für die Vollstreckung in unbewegliches Vermögen das Amtsgericht zuständig.

5 **3. Benachrichtigung u Aufforderung zur Vollstreckungsabwendung** (Abs 2): Vor der Anordnung (Verfügung) der Vollstreckung gem Abs 1 muß das Gericht gem Abs 2 die zuständige Behörde bzw die gesetzlichen Vertreter der betroffenen Körperschaft von der beabsichtigten Vollstreckung benachrichtigen u unter Setzung einer Frist, die 1 Monat nicht übersteigen darf, zur Vollstreckungsabwendung, dh zur Zahlung des geschuldeten Betrags, auffordern. **Vorausgehen** muß die **Zustellung** des vollstreckbaren Titels (vgl BVerfG NJW 1991, 2758; s allg 4 zu § 167; 1 zu § 168). Dabei ist es idR angezeigt, **vor Einleitung der förmlichen Maßnahmen** nach Abs 2 dem Vollstreckungsschuldner nach Zustellung des vollstreckbaren Titels **noch eine angemessene Zeit** für die notwendigen Maßnahmen **zuzugestehen** u erst nach Ablauf dieser Zeit nach Abs 2 vorzugehen, wobei dann die Frist nach Abs 2 S 2 zu der erwähnten Frist noch hinzukäme.[1]

6 **4. Rechtsmittel: Gegen die Mitteilung** unter Aufforderung zur Vollstreckungsabwendung nach Abs 2 (RÖ-v Nicolai 11; **aA** BFH NJW 1969, 344; Sch-Pietzner 24) u gegen den Beschluß gem Abs 3 S 2 über Einwendungen gegen die Vollstreckung in die in Abs 3 S 1 genannten Sachen hat der Vollstreckungsschuldner die **Beschwerde** (§ 146), nicht dagegen gegen die Verfügung der Zwangsvollstreckung nach Abs 1 S 1 (str, vgl 17 zu § 167; ferner § 146 Abs 2); anders der Vollstreckungsgläubiger gegen die Ablehnung (vgl RÖ-v Nicolai 11). § 80 AsylVfG schließt die Beschwerde gegen eine Entscheidung des VG über einen Vollstreckungsantrag aus einem Kostenfestsetzungsbeschluß dagegen aus (Ma RsprD-LS 315/1995).

§ 171 [Vollstreckungsklausel]

In den Fällen der §§ 169, 170 Abs. 1 bis 3 bedarf es einer Vollstreckungsklausel nicht.

Vgl §§ 724–734 ZPO; § 153 FGO

Schrifttum: S zu § 167.

1 **1.** Die Vorschrift **befreit** die Vollstreckung zugunsten der öffentlichen Hand oder gegen sie gem §§ 169, 170 Abs 1 bis 3 **vom Erfordernis einer Vollstrek-**

---

[1] Vgl BVerfG NJW 1991, 2758: bei Vollstreckung gegen die Bundesrepublik sind Vollstreckungsmaßnahmen vor Ablauf von 6 Wochen nach Zustellung des vollstreckbaren Titels nicht angezeigt.

kungsklausel (vgl dazu 1 zu § 168). In diesen Fällen genügt somit eine einfache Ausfertigung des Titels als Grundlage der Vollstreckung. Nicht anwendbar ist § 171 auf die Fälle des § 172.[1]

Eine Vollstreckungsklausel ist außerdem nicht erforderlich bei **Kostenfestsetzungsbeschlüssen,** die auf das Urteil, einen Beschluß oder einen gerichtlichen Vergleich gesetzt werden (§ 795a ZPO; ThP 1 zu § 795a ZPO), wenn aufgrund einer vollstreckbaren Ausfertigung des Titels vollstreckt wird, sowie bei **eAen** (§ 123), es sei denn, daß die Vollstreckung für oder gegen eine andere Person als die im Titel genannte erfolgen soll (§ 123, § 929 Abs 1 ZPO). 2

Analog §§ 727, 929 ZPO ist eine **Vollstreckungsklausel notwendig,** wenn nicht gegen den Rechtsträger, sondern gegen **ein nach § 61 Nr 2** beteiligungsfähiges Organ oder gegen eine nach § 61 Nr 3 beteiligungsfähige Behörde, die nicht selbst Kostenträger sein kann, vollstreckt werden soll (Ma DÖV 1981, 84; RÖ-v Nicolai 5 zu § 170; **aA** NKVwGO-Heckmann 9; Sch-Pietzner 16 mwN), zB bei der Vollstreckung aus einem gegen den AStA ergangenen Urteil gegen die Universität (Ma DÖV 1981, 84). 3

§ 172 [Zwangsgeld gegen eine Behörde]

Kommt die Behörde in den Fällen des § 113 Abs. 1 Satz 2 und Abs. 5 und des § 123 der ihr im Urteil oder in der einstweiligen Anordnung auferlegten Verpflichtung[1 ff] nicht nach, so kann das Gericht des ersten Rechtszugs auf Antrag unter Fristsetzung gegen sie ein Zwangsgeld bis zehntausend Euro durch Beschluß androhen, nach fruchtlosem Fristablauf festsetzen und von Amts wegen vollstrecken.[5 ff] Das Zwangsgeld kann wiederholt angedroht, festgesetzt und vollstreckt werden.[5 f]

Vgl § 888 ZPO; § 201 SGG; § 154 FGO

Schrifttum: *Bank,* Zwangsvollstreckung gegen Behörden, 1982; *Borck,* Die Vollziehung und die Vollstreckung von Unterlassungstiteln, WRP 1993, 374; *Dünchheim,* Vom Zwangsgeld zurück zur Zwangsstrafe?, NVwZ 1996, 117; *Grupp,* Zur allgemeinen Gestaltungsklage im Verwaltungsprozeßrecht, Lüke-FS 1997, 207; *Heilemann,* Die Zwangsvollstreckung gegen Behörden aus Grund- und Bescheidungsurteilen, SGb 1994, 636; *ders,* Der Ausführungsbescheid als Verwaltungsakt im Sinne des Verwaltungsverfahrensgesetzes und des Sozialgesetzbuchs, Zehntes Buch, 1998; *Pastor,* Die Unterlassungsvollstreckung nach § 890 ZPO, 3. Aufl 1982; *Remien,* Rechtsverwirklichung durch Zwangsgeld, 1992; *Renck,* Vollstrekkungsabwehrklage bei Vollstreckung aus Vergleich, NJW 1992, 2209; *Renck-Laufke,* Zwangsvollstreckung aus verwaltungsgerichtlichen Titeln, BayVBl 1991, 44; *Roth,* Die Zwangsvollstreckung verwaltungsgerichtlicher Entscheidungen und Vergleiche gegen Behörden, VerwA 2000, 12. – S auch zu § 167.

1. Anwendungsbereich: Die durch das RmBereinVpG geänderte Vorschrift trifft eine Regelung für die Vollstreckung von **Urteilen auf Folgenbeseitigung** gem § 113 Abs 1 S 2, von **Verpflichtungsurteilen** gem § 113 Abs 5 u von **eAen** (§ 123), sofern sie einen dem stattgebenden Urteil nach § 113 Abs 1 S 2 oder Abs 5 entspr Inhalt haben (Ma DÖV 1976, 607). Sie ist im Rahmen des RmBereinVpG insofern geändert worden, als hiernach jetzt zur Sicherung der Effektivität des Rechtsschutzes (BT-Dr 14/6393, 14; Kienemund NJW 2002, 1237) ein Zwangsgeld bis 10 000 EUR angedroht werden kann. 1

Im einzelnen ist der Anwendungsbereich des § 172 sehr str (eingeh hierzu Roth VerwA 2000, 16 ff). Unklar ist vor allem, ob § 172 – auch in den Fällen der

[1] RÖ-Nicolai 4 zu § 172; aA (für analoge Anwendung) Ms DÖV 2006, 923; NK-VwGO-Heckmann 18; Sch-Pietzner 12.

§§ 113 Abs 1 S 2, 123 – nur Anwendung findet, wenn behördliches Verhalten erzwungen werden soll, das den Rechtscharakter von VAen aufweist.[1] Für einen über VAe hinausgehenden Anwendungsbereich spricht, daß die in § 172 genannten §§ 113 Abs 1 S 2 u 123 nicht auf Regelungen durch VA beschränkt sind u kein Grund für eine Differenzierung zwischen der Vollstreckung eines Urteils nach § 113 Abs 1 S 2 u der Vollstreckung eines denselben Anspr betr Urteils aufgrund einer allg Leistungsklage ersichtlich ist, zumal es dem Kl überlassen bleibt, welche dieser beiden Rechtsschutzmöglichkeiten er ergreift. Allerdings dürfte es zu weit gehen, wenn man den Anwendungsbereich des § 172 darüber hinaus allg auf alle auf die Vornahme oder Unterlassung schlicht hoheitlichen Amtshandelns gerichteten, aufgrund einer allg Leistungsklage erstrittenen Titel – ausgenommen Geldleistungstitel gem § 170 (Sch-Pietzner 15) – erstreckte (so aber Sch-Pietzner 18 ff; krit hierzu Ma NVwZ-RR 2004, 459) u sich damit über die eingrenzende Funktion der Sonderregelung des § 172 hinwegsetzte. Nach der ratio des § 172 erscheint es aber angebracht, § 172 nicht nur auf die Erzwingung von VAen, sondern auch auf die Erzwingung von **anderen hoheitlichen Maßnahmen** anzuwenden, bei denen der Staat eine **spezifisch hoheitliche Regelungsbefugnis** für sich in Anspr nimmt.[2] Dafür spricht, daß die bei Nichtanwendung des § 172 sonst zum Tragen kommende Anwendung der allg vollstreckungsrechtlichen Vorschriften der §§ 883 ff ZPO über § 167 Abs 1 bei solchen hoheitlichen Regelungen[3] ebenso wie bei VAen nicht angemessen erscheint. Deutlich wird dies insb an der Regelung des § 894 ZPO, die bei Ablehnung der hier vertretenen Ansicht über § 167 Abs 1 auch auf spezifisch hoheitliche Regelungen entspr anwendbar sein müßte u dazu führte, daß mit der RKraft des Urteils die Vornahme von hoheitlichen Regelungen als fingiert angesehen werden müßte (s auch Grupp, Lüke-FS 219). § 172 umfaßt deshalb neben Entscheidungen, die zum Erlaß von VAen verpflichten, auch zu Organakten verpflichtende Entscheidungen (sofern man diese nicht ohnehin als VAe ansieht, s 86 ff zu Anh § 42) sowie solche Entscheidungen, die auf ausnahmsweise subjektivrechtlich beachtliche (aber als solche nicht intendierte) innerdienstliche Rechtsakte wie beamtenrechtliche Umsetzungen (s 70 zu Anh § 42) gerichtet sind. Dasselbe muß (bei Bejahung der Statthaftigkeit einer solchen Klage, s 13 zu § 47) auch für eine auf Normerlaß gerichtete allg Leistungsklage gelten.[4] In der Logik des hier zugrunde gelegten Verständnisses des § 172 liegt auch die Anwendung der Vorschrift auf andere, dort nicht genannte Vollstreckungstitel, die die Verpflichtung zum Erlaß hoheitlicher Regelungen zum Gegenstand haben (s auch unten 2). § 172 erfaßt auch **Bescheidungsurteile** (s auch unten 6), die auf Bescheidung eines Antrags auf Erlaß eines VA (Ks NVwZ-RR 1999, 805; Ma NVwZ-RR 2003, 320) oder einer sonstigen Regelung gerichtet sind.

Nicht anwendbar ist § 172 hingegen auf unmittelbar auf **Geldleistungen** gerichtete Titel, da hier die ratio des § 172 nicht paßt u § 170 insoweit lex specialis ist. Deshalb gilt § 172 auch nicht für die eAen, die unmittelbar zu Geldleis-

---

[1] So Bln NVwZ-RR 2001, 99 im Anschluß an Roth, VerwA 2000, 30 ff; vgl auch Ma NVwZ-RR 2004, 459; Mü NVwZ 2001, 822.

[2] So auch Lü NVwZ-RR 2007, 139; NKVwGO-Heckmann 41; enger Bln NVwZ-RR 2001, 99 im Anschluß an Roth VerwA 2000, 18 ff: Anwendung des § 172 nur auf Verpflichtungen zum Erlaß von VAen. Allerdings treffen die von Roth für seine Auffassung benannten Gründe überwiegend auch auf sonstige hoheitliche Regelungen ohne VA-Eigenschaft zu.

[3] So etwa innerbehördliche Regelungen (wie uU eine Umsetzung), denen subjektivrechtliche Relevanz zukommt, oder untergesetzliche Rechtsvorschriften, sofern man eine Klage auf deren Vornahme für statthaft ansieht (s 13 zu § 47).

[4] **AA** Gleixner, Die Normerlaßklage – Der Anspruch auf Erlaß untergesetzlicher Normen u formeller Gesetze, 1993, 73 ff: Vollstreckung gem § 167 Abs 1 S 1 iVm § 888 ff ZPO; Roth VerwA 2000, 37.

tungen verpflichten.[5] Ausgeschlossen ist zudem allg (selbst iVm § 113 Abs 1 S 2 u § 123) die Vollstreckung von Titeln, die **(regelungsfreie) Realakte** zum Gegenstand haben, auf dem Wege des § 172.[6] Das muß (entgegen dem Wortlaut des § 172) auch für eA gelten, soweit diese auf die Vornahme eines Realakts gerichtet sind.[7] Deshalb wurde seine Anwendung zB im Ergebnis zu Recht abgelehnt in bezug auf eine eA, mit der einer Gemeinde die Errichtung einer bestimmten Anlage verboten werden sollte (Mü NVwZ 1983, 478: Vollstreckung nicht nach § 172, sondern gem § 167 Abs 1 iVm § 890 Abs 1 u 2 ZPO; **aA** Sch-Pietzner 24). Die Nichtanwendbarkeit des § 172 gilt darüber hinaus auch in allen anderen Fällen von **Unterlassungspflichten,** unabhängig davon, welche Rechtsnatur die zu unterlassene Handlung aufweist (Bln NVwZ-RR 2001, 99; **aA** Ks NVwZ-RR 2000, 730).

Nicht unmittelbar **nach § 172 vollstreckbar** ist bei einem Verpflichtungs- oder Bescheidungsurteil auch, weil es sich insoweit um eine andere Sache handelt, ein **weiterer Anspr** auf Verpflichtung der Behörde **zur zwangsweisen Durchsetzung** des aufgrund des Urteils ggf **zu erlassenden VA** durch Vollstreckungsmaßnahmen zur Vollstreckung *dieses* VA (**aA** Ms DVBl 1992, 1318; s auch 189 zu § 113); anders nur, wenn zugleich (im Wege der Stufenklage gem § 113 Abs 4, s 189 zu § 113) auf Vornahme von als VA zu qualifizierende Vollstreckungsakte geklagt wurde (NKVwGO-Heckmann 37). Maßnahmen gem § 172 können nur solche sein, die der Durchsetzung der Verpflichtung der Behörde aus einem Urteil bzw Beschluß gem § 113 Abs 1 S 2, § 113 Abs 5 oder § 123 zum Erlaß eines VA oder einer sonstigen Maßnahme (s oben) dienen, nicht auch bereits Maßnahmen zur Durchsetzung dieser zunächst einmal erst zu erzwingenden VAe oder sonstigen Maßnahmen (für die es, sollten sie erforderlich werden, erst eines weiteren, neuen VollstreckungsVf gem §§ 167 ff bedarf).

§ 172 enthält folglich **nur eine beispielhafte Aufzählung** der in Betracht kommenden Vollstreckungstitel u ist **entspr** auch auf die Vollstreckung gerichtlicher **Anordnungen gem § 80 Abs 5 S 3,** § 80a Abs 3 iVm Abs 1 Nr 2, Abs 2[8] oder gem § 113 Abs 3 S 2 ggü einer Behörde u gem § 61 Abs 1 S 2 VwVfG u entspr Vorschriften **analog** auch auf die Vollstreckung wg Erzwingung eines VA oder sonstiger hoheitlicher Regelungen gegen eine Behörde anwendbar, wenn diese sich **in einem ör Vertrag der sofortigen Vollstreckung** unterworfen hat, anwendbar, außerdem – schon aus Gründen der Waffengleichheit – auch auf **Prozeßvergleiche,** in denen die Verwaltung sich zum Erlaß eines VA bzw zu anderen hoheitlichen Regelungen (s oben 1) verpflichtet hat.[9] Nicht analog anwendbar ist § 172 dagegen auf verwaltungsgerichtliche Prozeßvergleiche, 2

[5] Ma DÖV 1976, 607: Vollstreckung gem § 170; Bln NVwZ-RR 2001, 99; NKVwGO-Heckmann 48; für Vollstreckung gem § 167 Abs 1 iVm § 890 Abs 1 ZPO hingegen Ks NJW 1976, 1766; Sch-Pietzner 15.

[6] Bln NVwZ-RR 2001, 99; Ma NVwZ-RR 1993, 520; VBlBW 1995, 191; Mü NVwZ 2001, 823; Ms NVwZ-RR 1996, 127; Ey-P. Schmidt 4; Roth VerwA 2000, 29 ff, RÖ-v Nicolai 3; **aA** Sch-Pietzner 24.

[7] Bln NVwZ-RR 2001, 99; Mü NVwZ-RR 1989, 669; Ey-Happ 82 zu § 123; Finkelnburg 569 f; **aA** (§ 172 auf alle eA anwendbar, soweit nicht auf Geldleistung gerichtet ist) Ks NVwZ-RR 2000, 730; B-Bader 2; Ey-P. Schmidt 5; Sch-Pietzner 16 u 18 ff; Sch-Schoch 171 zu § 123.

[8] Ks NVwZ-RR 1998, 158; Lü NVwZ-RR 2000, 63; Ms NVwZ 1993, 383; RÖ-v Nicolai 63 zu § 80; Roth VerwA 2000, 28; Sch-Schoch 368 zu § 80; **aA** Ey-P. Schmidt 6, was aber mit dem verfassungsrechtlichen Prinzip der Rechtsschutzeffektivität nicht vereinbar ist.

[9] Ms DÖV 2006, 923; NKVwGO-Heckmann 38; RÖ-v Nicolai 3; Sch-Pietzner 21; vgl Roth VerwA 2000, 28; zumindest mißverständlich für die generelle Anwendbarkeit des § 172 auf Prozeßvergleiche, im konkreten Fall aber zutr Ms DÖV 1997, 794; **aA** Ms NVwZ 1992, 897; Lü NJW 1980, 414; Mü BayVBl 1977, 668.

wenn Vollstreckungsgläubiger u -schuldner Private sind (s auch oben 1). Eine Vollstreckung findet hier gem § 167 Abs 1 S 1 iVm den jeweils einschlägigen Bestimmungen der ZPO statt (Mü NVwZ 1982, 564; offen Ms NVwZ-RR 1994, 619).

Bei **Vollstreckung einer Verpflichtung zu einer Maßnahme** aus einem Vergleich, **die von einer Gegenleistung abhängig** ist, bedarf es zuvor des Nachweises, daß der Schuldner befriedigt oder in Annahmeverzug ist (vgl OLG Koblenz DGVZ 1986, 138). Zur Vollstreckung sonstiger Urteile u eAen gegen Behörden s unten 9f.

Zur Vollstreckung gem § 172 nicht nur bei unterlassener, sondern auch bei unvollkommener Erteilung einer Verpflichtung, insb bei Bescheidungsurteilen, s unten 6.

3 **Str ist, ob** dem Gericht im Anwendungsbereich des **§ 172** außer den darin allein genannten Möglichkeiten der Anordnung, Festsetzung u Vollstreckung von Zwangsgeld auch **andere Vollstreckungsmöglichkeiten** zur Verfügung stehen. Ist aufgrund vorangegangener Erfahrungen, aufgrund eindeutiger Bekundungen oder aufgrund mehrfacher erfolgloser Zwangsgeldfestsetzungen klar erkennbar, daß die Behörde unter dem Druck des Zwangsgelds nicht einlenkt, dann soll es nach einer Kammerentscheidung des BVerfG das Gebot effektiven Rechtsschutzes gebieten, von der nach § 167 möglichen „entsprechenden" Anwendung zivilprozessualer Vorschriften Gebrauch zu machen u einschneidendere Zwangsmaßnahmen zu ergreifen, um die Behörde zu rechtmäßigem Handeln anzuhalten.[10] Ob sich dieses Ergebnis noch im Wege verfassungskonformer Auslegung begründen läßt, erscheint freilich zweifelhaft, da § 172, wie nicht zuletzt durch seine Entstehungsgeschichte bestätigt wird (s hierzu Roth VerwA 2000, 19ff), als eine abschließende Regelung gedacht war u dies durch die Novellierung des § 172 bestätigt wurde, bei welcher der Gesetzgeber davon ausging, durch die Heraufsetzung des Zwangsgelds auf 10 000,– EUR effektiven Rechtsschutz zu gewähren (BT-Dr 14/6393, 14; Kienemund NJW 2002, 1237). **Nicht berührt** werden durch § 172 jedenfalls Anspr eines Betroffenen gegen die säumige Körperschaft usw aus anderen Gründen, zB nach Art 34 GG, § 839 BGB (einschränkend neuerdings unter dem Gesichtspunkt des § 839 Abs 3 BGB Peglan DVBl 1996, 1350).

4 Zur Frage der entspr Anwendung des § 929 Abs 2 ZPO (Vollziehungsfrist) bei eAen s 41 zu § 123.

5 **2. Verfahren:** Androhung u Festsetzung des Zwangsgeldes gegen die Behörde (nicht gegen einen Beamten!) erfolgen auf **Antrag** des Vollstreckungsgläubigers durch **Beschluß** des Gerichts, gegen den bzw gegen dessen Ablehnung die **Beschwerde** nach § 146 gegeben ist. Voraussetzung ist außer den in § 172 S 1 genannten Erfordernissen das Vorliegen der **allg Vollstreckungsvoraussetzungen;** dazu gehört gem § 168 vor allem auch das **Vorliegen** eines **vollstreckbaren Titels** (Ma NVwZ-RR 1993, 447; Sch-Pietzner 33; Ey-P. Schmidt 11; NK-VwGO-Heckmann 53ff) sowie grds (anders bei eA nach Maßgabe des § 123 Abs 3 iVm § 929 ZPO bei eA) einer Vollstreckungsklausel (dazu 1 zu § 171). Daneben muß auch ein RSB gegeben sein (Ms NVwZ-RR 1996, 126).

Die **Androhung des Zwangsgeldes** ist erst zulässig, wenn seit RKraft des Urteils bzw seit Abschluß des gerichtlichen Vergleichs eine **angemessene Frist** verstrichen ist, innerhalb derer es der Behörde billigerweise zugemutet werden konnte, ihrer Verpflichtung nachzukommen (NJW 1969, 476; Ma NVwZ-RR 1993, 447; **aA** NKVwGO-Heckmann 75 u 45). Dies gilt **auch für die Vollstreckung einer eA;** auch hier kann die Androhung grds nicht bereits mit der

---

[10] BVerfG NVwZ 1999, 1330; vgl Ms NVwZ 1992, 897; **aA** wohl Ma NVwZ-RR 1995, 619.

eA verbunden werden, weil § 172 S 1 sowohl einen Titel als auch eine Nichtbefolgung voraussetzt (Ma NJW 1978, 287; NVwZ 1986, 489; RÖ-v Nicolai 4; Sch-Pietzner 30).

Anwendbar ist § 172 auch, wenn die Behörde die ihr obliegende Pflicht nur unvollkommen oder mangelhaft erfüllt hat (Lü NVwZ-RR 2007, 139). Das erlangt besondere Bedeutung, wenn bei Bescheidungsurteilen die Verwaltung zwar den Kl beschieden, jedoch hierbei nicht die Rechtsauffassung des Gerichts beachtet hat.[11] Für die Verweisung des Kl auf Erhebung einer neuen Klage (dafür 10. Aufl 94 zu § 113 u Stüer, Menger-FS, 794) besteht demgegenüber kein Bedürfnis, zumal auf diese Weise kein effektiver Rechtsschutz möglich wäre. In dem Vf, das der Vollstreckung eines Bescheidungsurteils dient, ist es nicht möglich, das Nichtbestehen oder den Wegfall des materiellen, der Vollstreckung zugrundeliegenden Anspr geltend zu machen (NVwZ-RR 2002, 314). 6

Androhung, Festsetzung u Vollstreckung des Zwangsgeldes stehen – ebenso wie die Vollstreckungsentscheidungen nach §§ 169 u 170 – nicht im **Ermessen** des Gerichts (Sch-Pietzner 42; Ey-P. Schmidt 14; NKVwGO-Heckmann 67). Die **Androhung ist nur wirksam,** wenn sie sowohl die Art der für den Fall der Zuwiderhandlung vorgesehenen Rechtsfolgen als auch das gesetzliche oder vom Gericht vorgesehene Höchstmaß **konkret** bezeichnet (Sch-Pietzner 43). 6 a

Einstellung des Vollstreckungsverfahrens: Wie sich bereits aus dem Wortlaut des § 172 ergibt, setzt nicht nur die Androhung des Zwangsgeldes, sondern auch seine nachfolgende Festsetzung die Nichterfüllung einer durch gerichtliche Entscheidung auferlegten Verpflichtung voraus. Wird die Verpflichtung innerhalb der in der Androhung vorgegebenen Frist erfüllt, darf die Festsetzung des Zwangsgeldes nicht mehr erfolgen. Umstritten ist jedoch, wie zu verfahren ist, wenn die Verpflichtung nach Ablauf der Frist, aber vor der Festsetzung bzw erst nach der Festsetzung, aber noch vor der Beitreibung erfüllt wird oder auf andere Weise, etwa durch Zeitablauf bei Befristung, erlischt.[12] Bei der Beantwortung dieser Frage muß der Zweck des VollstreckungsVf in den Fällen der §§ 170, 172 beachtet werden. Auch wenn die Zwangsmittel sich gleichfalls als Beugemittel u nicht als Sanktionen darstellen, wird die Auslegung der §§ 170, 172 anders als im Rahmen der Vollstreckung zugunsten einer juristischen Person des öR gegen den Bürger wesentlich durch das in Art 19 Abs 4 GG enthaltene Gebot eines **effektiven Rechtsschutzes** bestimmt. Zu einem solchen Rechtsschutz gehört auch die Möglichkeit einer wirkungsvollen Vollstreckung.[13] Da zum effektiven Rechtsschutz schließlich auch das **Gebot eines zeitgerechten Rechtsschutzes** zählt, sind die vollstreckungsrechtlichen Bestimmungen – wenn möglich – so auszulegen, daß die Behörde die Erfüllung einer gerichtlich festgestellten Verpflichtung weder hinauszögern noch gar völlig unbeachtet lassen kann. Auch wenn die Höhe des Zwangsgeldes nach § 172 – trotz der erheblichen Erhöhung der Obergrenze durch das RmBereinVpG von 2000 DM auf 10 000 EUR – unter dem Blickwinkel des Art 19 Abs 4 GG angesichts der in Einzelfällen fehlenden praktischen Wirksamkeit nach wie vor ohnehin als verfassungsrechtlich bedenklich angesehen werden kann, ist aber zumindest im Rahmen der Auslegung die größtmögliche Wirksamkeit anzustreben. Die Wirksamkeit des Zwangsgeldes als Beugemittel wird aber insgesamt, wenn auch nicht in dem konkreten Einzel- 6 b

[11] Für Anwendung des § 172 hier Ks NVwZ-RR 1999, 805; Ms NVwZ-RR 1992, 518 f; NdsLSG SGb 1993, 181 m Anm Steinmeyer; Heilemann 28; Sch-Pietzner 34; s auch oben 216 zu § 113.

[12] Gegen eine Fortsetzung der Vollstreckung zB Bln NVwZ-RR 1999, 411; Mü NVwZ-RR 1999, 410; RÖ-v Nicolai 7; mit Einschränkungen Sch-Pietzner 2 ff u 50 f.

[13] Reg-Begr zum Entwurf einer VwGO, BT-Dr III/55, 48 (zu § 164); Sch-Pietzner 9 vor § 167; 6 zu § 172; BK-Schenke 166 zu Art 19 Abs 4; Roth VerwA 2000, 12 ff.

fall, erheblich gemindert, wenn juristische Personen des öR die Erfüllung der Pflicht über den in der Androhung festgesetzten Zeitraum hinaus ohne Folgen verzögern könnten. Daher ist entgegen einer Vielzahl von Stimmen daran festzuhalten, daß nach fruchtlosem Ablauf der in der Androhung festgelegten Frist sowohl die Festsetzung des Zwangsgeldes als auch seine Beitreibung trotz nachfolgender Erfüllung noch vorzunehmen ist.[14] Angesichts der Sondersituation bei der Vollstreckung gegen einen Hoheitsträger im Hinblick auf Art 19 Abs 4 GG können alle Verweise auf allg Grundsätze des Vollstreckungsrechts u die Meinungen in anderen Rechtsgebieten, etwa im Steuerrecht, nicht überzeugen. Wenn man davon ausgeht, daß sich die Fortsetzung der Anwendung der Zwangsmittel nach Erfüllung oder anderweitigem Erlöschen der Verpflichtung als Sanktion darstellt, wie dies bei Verstößen gegen Unterlassungspflichten von der hM angenommen wird,[15] so setzt die Vollstreckung in diesen Fällen der nicht rechtzeitigen Erfüllung ein Verschulden des Hoheitsträgers voraus (**aA** NKVwGO-Heckmann 12).

7 **3. Rechtsbehelfe: Gegen Anordnungen** – dh gegen die entspr Beschlüsse des Gerichts über die Androhung u Festsetzung von Zwangsgeld gem § 172 – ist die **Beschwerde** (§ 146) gegeben, die hier an die Stelle der sofortigen Beschwerde gem § 793 ZPO tritt (Lü NVwZ-RR 2000, 62f; Ma NJW 1978, 287; Ks 16, 239; RÖ-v Nicolai 8 sowie 5 zu § 167). Auch die fälschliche Stützung der Androhung eines Zwangsgelds ggü dem Bauherrn zur Sicherung der Rechte des Nachbarn auf § 80a Abs 3 iVm Abs 2 S 1 Nr 2 stellt keinen Beschluß über die Aussetzung der Vollziehung dar, sondern ist eine Maßnahme der Vollstrekkung u daher mit der Beschwerde gem § 146 Abs 1 anfechtbar (Lü NVwZ-RR 2000, 62). Für die Vollstreckung gilt § 170. Ebenso steht dem Vollstreckungsgläubiger **gegen die Ablehnung** der Androhung u/oder der Festsetzung des Zwangsgeldes durch das Gericht, die ebenfalls durch Beschluß erfolgt, die Beschwerde nach § 146 zu (s oben 8).

8 Die Behörde kann den **Wegfall des** materiellen, der Vollstreckung zugrundeliegenden **Anspr** grds nur mit einer **Vollstreckungsabwehrklage** gem § 167 Abs 1 iVm § 767 ZPO geltend machen;[16] bis zum Eintritt der RKraft eines stattgebenden Urteils über die Vollstreckungsabwehrklage oder der vorläufigen Einstellung der Zwangsvollstreckung gem § 769 ZPO bleibt die Vollstreckung nach § 172 zulässig (Ma NVwZ-RR 1993, 447; Lü NJW 1974, 918). Das gilt auch bei einem Bescheidungsurteil, bei dem die Behörde das Nichtbestehen oder den Wegfall des materiellen, der Vollstreckung zugrundeliegenden Anspr geltend macht (NVwZ-RR 2002, 314). Nach Wegfall eines Vollstreckungshindernisses kann die Vollstreckung fortgesetzt werden (Ma VBlBW 1993, 376 – Ablauf einer Veränderungssperre bei Verpflichtungsurteil auf Erlaß einer Baugenehmigung).

9 **4. Vollstreckung zur Erwirkung der Herausgabe von Sachen u zur Erwirkung von Handlungen u Unterlassungen:** Von den zu 1 genannten Fällen abgesehen, erhält die VwGO **keine Regelung** für die Vollstreckung sonstiger, nicht auf den Erlaß von VAen u allenfalls von mit VAen vergleichbaren behördlichen Akten (s oben 1) gerichteter Urteile oder Beschlüsse. Mangels einer abweichenden Regelung hat die Vollstreckung hier **gem § 167 Abs 1, §§ 883 ff ZPO** zu erfolgen.[17] Die Vollstreckung **darf** in **keinem Fall** die **Wahrnehmung**

---

[14] Auch Sch-Pietzner 4 geht in Einzelfällen davon aus, daß diese Möglichkeit zur Effektivität des Rechtsschutzes eröffnet sein muß.

[15] 49, 172; NJW 1969, 476; BVerfG 20, 331; 58, 159 = NJW 1981, 2457; Bln NVwZ-RR 1999, 410; Ma DÖV 1976, 607.

[16] 69, 1; 70, 227; BGH NJW 1981, 2756; Ma NVwZ 1993, 447; VG Hannover NVwZ-RR 2005, 294; vgl auch Lü NJW 1974, 918 zu einer Veränderungssperre nach Verurteilung zur Erteilung einer Baugenehmigung.

[17] Ma NVwZ-RR 1990, 447; Ms NVwZ 1992, 897 – gem §§ 887 Abs 1 u 2 bzw 888 Abs 1 ZPO; RÖ-v Nicolai 3; Roth VerwA 2000, 14f.

der Aufgaben der Behörde beeinträchtigen (Bank 62ff; vgl Roth VerwA 2000, 39f).

Dies gilt auch für die Vollstreckung von **Urteilen** u eAen **auf Unterlassung** 10
gem §§ 883ff ZPO[18] sowie von Urteilen, die die Behörde zur **Abgabe einer Willenserklärung** verpflichten,[19] außerdem, sofern man entgegen der oben zu 2 vertretenen Auffassung § 172 als auf die Vollstreckung von Verpflichtungen **aus Prozeßvergleichen** auf Folgenbeseitigung entspr § 113 Abs 1 S 2 bzw auf Erlaß eines VA nicht anwendbar ansieht, auch für solche Vergleiche.

Urteile auf **Widerruf ehrverletzender uä Äußerungen** sind analog § 888 11
ZPO zu vollstrecken (vgl **aA** OLG Frankfurt NJW 1982, 113: analog § 894 ZPO).

Bei **Mißachtung einer Unterlassungspflicht** kommt als Vollstreckungsmit- 12
tel Ordnungsgeld gem § 890 ZPO in Betracht; **wurde bereits** ein **rechtswidriger Zustand herbeigeführt,** so ist die Verpflichtung zur Herstellung des rechtmäßigen Zustandes im Wege der Handlungsvollstreckung durchzusetzen (Mü NVwZ 1982, 564; ThP 4 zu § 890 ZPO; **aA** Sch-Pietzner 13); kann der Zustand auch durch Handeln eines Dritten hergestellt werden, so ist der Vollstreckungsgläubiger analog § 887 ZPO durch das Gericht zu **ermächtigen, die Handlung auf Kosten des Verpflichteten vornehmen zu lassen** (Mü NVwZ 1982, 564; ThP 1ff zu § 887 ZPO; BL 6ff zu § 887 ZPO). Das Vollstreckungsgericht ist beim Erlaß der Androhung eines Zwangsmittels nach § 890 Abs 2 ZPO nicht verpflichtet, den gesetzlich zulässigen Rahmen auszuschöpfen (Ma NVwZ-RR 2003, 71).

---

[18] BGH DVBl 1993, 255 mwN – Vollstreckung einer eA auf Unterlassung gem § 167 Abs 1 iVm § 890 ZPO; Ms DVBl 1974, 370; Mü NVwZ 1983, 478; s auch weiter unten im Text; **aA** Ule VerwA 1974, 309; Sch-Pietzner 16.

[19] Vollstreckung analog § 894 ZPO; Ko DGVZ 1986, 138; Roth VerwA 2000, 27, 37f; vgl auch OLG Frankfurt NJW 1982, 113: Vollstreckung eines Urteils auf Widerruf der ehrverletzenden Behauptung nicht nach § 888 ZPO, sondern analog § 894 ZPO; s dazu auch unten 11; **aA** Hoffmann-Becking VerwA 1971, 198; Grupp, Lüke-FS, 219; NKVwGO-Heckmann 47.

Teil V. Schluß- und Übergangsbestimmungen

§ 173 [Entsprechende Anwendung des GVG und der ZPO]

Soweit dieses Gesetz keine Bestimmungen über das Verfahren enthält, sind das Gerichtsverfassungsgesetz und die Zivilprozeßordnung entsprechend anzuwenden,[1 ff, 5] **wenn die grundsätzlichen Unterschiede der beiden Verfahrensarten dies nicht ausschließen.**[2, 4 f] **Gericht im Sinne des § 1062 der Zivilprozeßordnung ist das zuständige Verwaltungsgericht, Gericht im Sinne des § 1065 der Zivilprozeßordnung das zuständige Oberverwaltungsgericht.**[8]

Vgl § 202 SGG; § 155 FGO

Schrifttum: *Auer,* Inhalt, Reichweite und Grenzen der Verweisung in § 173 VwGO, Diss Passau 1992; *Falk,* Die Anwendung der ZPO und des GVG nach § 173 VwGO, Diss Mainz 1978; *Kohlndorfer,* Die Anwendung von § 295 ZPO im verwaltungsgerichtlichen Verfahren, DVBl 1988, 474. S auch zu § 86.

1. **Allgemeines:** Die VwGO verweist in vielen Bestimmungen ausdr auf bestimmte Regelungen des **GVG** (zB §§ 4, 55) oder der **ZPO** (zB §§ 54, 57, 62, 64, 98, 105, 123; 167 Abs 1). § 173 S 1 sieht **darüber hinaus,** soweit die VwGO weder ausdr Bestimmungen noch ausdr Verweisungen enthält, **allg** die **subsidiäre** entspr **Anwendung** des GVG u der ZPO (nicht jedoch auch des Rechtspflegergesetzes) vor. Sinngemäß anwendbar sind im Verwaltungsprozeß aber **auch sonstige Vorschriften,** die dem allg Prozeßrecht zuzurechnen sind, zB § 291 BGB über Prozeßzinsen (s 22 f zu § 90), das JVEG (vgl noch zum ZSEG Mü BayVBl 1980, 157) **u allg Grundsätze** des Prozeßrechts. Vgl auch zur Lückenausfüllung nach systemimmanenten Gesichtspunkten unten 5 f. 1

2. **Eine entspr Anwendung von Bestimmungen** des GVG u der ZPO kommt **nur** in Betracht, wenn (1.) die **VwGO nicht** erkennbar eine **abschließende Regelung** getroffen hat, die Regelung also Lücken aufweist, die einer Ausfüllung bedürfen, u (2.) **nicht grundsätzliche Unterschiede** des Verwaltungsprozesses u des Zivilprozesses, insb der Untersuchungsgrundsatz des § 86 Abs 1 oder „das im verwaltungsgerichtlichen Vf stets obwaltende öffentliche Interesse", die Anwendbarkeit ausschließen (Ey-P. Schmidt 4; NKVwGO-Schmid 10 ff). S auch Kopp Gutachten 92. Die entspr Anwendung bezieht sich iü nicht nur auf die Vorschriften, die im Teil II der VwGO enthalten sind, sondern auf das gesamte in der VwGO geregelte Vf (so richtig Sch-Meissner 71 f). Die Verweisung umfaßt nicht nur das verwaltungsgerichtliche Vf, sondern grds auch das in der VwGO geregelte WiderspruchsVf (s zur Unterbrechung der Klagefrist des § 74 gem § 173 iVm §§ 239, 249 ZPO NVwZ 2001, 319; Franz NVwZ 2002, 827). 2

Dabei ist im Interesse einer möglichst einheitlichen Auslegung u Anwendung des Prozeßrechts der bestehenden verschiedenen Prozeßordnungen (VwGO, SGG, FGO, ZPO, ArbGG usw) jedoch ein strenger Maßstab anzulegen. Gesichtspunkte, die sich nicht als zwingende Folgerungen aus zwingenden Vorschriften u Grundsätzen der VwGO oder aus anderen Vorschriften, zB aus Art 19 Abs 4 GG, ergeben, sind nach dem erwähnten Grundsatz heute nicht mehr als Gründe, die eine entspr Anwendung des GVG u der ZPO ausschließen, anzuerkennen. **Im Zweifel** ist der Lösung der Vorzug zu geben, die dem **Gedanken der Einheitlichkeit** des Prozeßrechts am besten entspricht; dabei kommt den im GVG u der ZPO zum Ausdruck gekommenen Grundsätzen heute eine zentrale Bedeutung zu, weil durch sie Gestaltung u Inhalt des allg Prozeßrechts in besonderem Maße geprägt werden.

3 **3. Entsprechende Anwendung von Bestimmungen des GVG:** Entspr **anwendbar** sind auch im Verwaltungsprozeß aus dem GVG außer den Bestimmungen, auf die einzelne Vorschriften der VwGO ausdr verweisen (vgl zB §§ 4, 55, 83 S 1), insb **zB** die Vorschriften über die **Exterritorialität** von Mitgliedern diplomatischer Missionen u sonstigen Personen (§§ 18 ff GVG); über die **Zulässigkeit des Rechtswegs,** die Rechtswegentscheidung u die Rechtswegverweisung (§§ 17 ff GVG; s dazu 1 ff zu § 41 aF); über die Zuziehung von **Dolmetschern** (§ 185 GVG, vgl Ks DVBl 1989, 839).

4 **4. Entsprechende Anwendung von Bestimmungen der ZPO:** Entspr **anwendbar sind** auch im Verwaltungsprozeßrecht aus der ZPO außer den Bestimmungen, auf die einzelne Vorschriften der VwGO ausdr verweisen (vgl zB § 54 Abs 1, § 57 Abs 2, § 98), insb **zB** grds die Vorschriften der ZPO über die Beiordnung eines **Notanwalts** (§ 78 b ZPO; Buchh 303 § 78 b ZPO Nr 2; DVBl 1999, 1662; Ma NVwZ-RR 1999, 280); über die **Vollmacht** (§§ 81 ff ZPO; zu § 84 ZPO Ma VBlBW 1995, 314; einschränkend zu § 88 Abs 2 ZPO GSOGB BVerwG 69, 380; DVBl 1985, 166; s dazu 30 u 52 ff zu § 67); über die Erstattung von Gebühren u Auslagen eines in eigener Sache tätigen Anwalts gem § 91 Abs 2 S 3 ZPO (s auch Lü NVwZ-RR 2002, 237), über das **Vf** (§§ 128 ff ZPO, soweit nicht, wie häufig, eigene Regelungen in der VwGO oder abweichende Verfahrensgrundsätze bestehen; für § 142 Abs 3 ZPO zB NJW 1996, 1553); über die **Bestimmung des Termins** für die mV (§ 216 ZPO, jedoch ohne Abs 2; s 1 zu § 102); über die Entbehrlichkeit einer Ladung (§ 218 ZPO, s dazu FfO 5. 10. 2000 – 4 A 168/00.A, insoweit nicht veröffentlicht); über die Aufhebung, Verlegung u Vertagung von Terminen (§ 227 ZPO, s 1 u 3 ff zu § 102; dazu auch 44, 309; NJW 1980, 1057; NVwZ 1993, 166; NJW 1995, 1231, 1441; Ma NVwZ 2000, 213); über die **Unterbrechung,** die **Aussetzung** u das **Ruhen des Vf** (§§ 239 ff ZPO);[1] über die **streitbefangene Sache** (§§ 265, 266 ZPO);[2] über das **Unwirksamwerden** vorausgegangener Entscheidungen bei **Klagerücknahme,** Hauptsacheerledigung usw (§ 269 Abs 3 S 1 ZPO, dazu VG Frankfurt NJW 1992, 647; s auch 17 zu § 92; 8 zu § 161); nicht mehr hingegen § 269 Abs 2 S 4 ZPO wg § 92 Abs 1 S 3 (Schifferdecker NVwZ 2003, 925) sowie der neu geschaffene § 269 Abs 3 S 3 (s 8 zu § 155 u Sch-Meissner 197). Anwendbar sind ferner die Vorschriften über **Beweiserleichterungen** hins der **Höhe eines entstandenen Schadens** u die evtl Schätzung der Schadenshöhe durch das Gericht (§ 287 ZPO);[3] über die **Offenkundigkeit von Tatsachen** (§ 291 ZPO; s 22 zu § 98; NVwZ 1990, 571; Lü NVwZ-Beil 1997, 14 mwN); über die Art der Ermittlung ausländischen Rechts (§ 293 S 1 ZPO; Buchh 310 § 86 Abs 1 VwGO Nr 172); über den **Verlust von Verfahrensrügen** bei nicht rechtzeitiger Geltendmachung (§ 295 ZPO);[4] über die Zulässigkeit einer **Zwischenfeststellungsklage** (§ 256 Abs 2 ZPO; dazu Ms 22. 4. 1996 – 23 D 43/93. AK); über **Vorbehaltsurteile** (§ 302 ZPO; dazu DVBl

---

[1] S 1 zu § 94; 1 zu § 102; zu § 239 ZPO auch Ma NJW 1984, 195; Ms DVBl 1992, 784; NVwZ-RR 1996, 544; zu § 240 ZPO VG Chemnitz NVwZ-RR 1998, 309; Lü NVwZ-RR 1995, 236; zu § 246 Abs 1 ZPO Ms NVwZ-RR 1993, 55; Ma NJW 1984, 196; zu § 251 ZPO NVwZ-RR 1997, 621.

[2] S 2 zu § 90; dazu auch 60, 315; NJW 1993, 79; Buchh 406.19 Nachbarschutz Nr 32; NVwZ-RR 2001, 406; Ks NVwZ 1998, 1315; Lü DVBl 2002, 282; Ma NVwZ 1998, 975; Ms DVBl 1991, 826; 1992, 792; Mü NVwZ 1995, 616; Bln DÖV 1988, 384. Zur entspr Anwendung der §§ 239, 249 ZPO iVm der Unterbrechung der verwaltungsgerichtlichen Klagefrist des § 74 s NVwZ 2001, 319; Franz NVwZ 2002, 827.

[3] Dazu 35, 182; 40, 310; offengelassen NJW 1986, 1123; BayVBl 1988, 27; Buchh 310 § 86 Abs 3 VwGO Nr 32; Hbg NVwZ 1983, 565.

[4] 41, 174; 50, 345; DÖV 1976, 746; 1981, 840; 1984, 251; NVwZ 1983, 668; DVBl 1980, 594; NJW 1988, 722; NJW 1997, 674; Haueisen NJW 1965, 191; Kohlndorfer DVBl 1988, 474; vgl auch zu Baulandsachen BGH NJW 1983, 1793.

1999, 473; Ma NJW 1990, 685; Ehlers JuS 1990, 783); über **Verzichtsurteile** (§ 306 ZPO; dazu 5 zu § 107); über **Anerkenntnisurteile**;[5] über die **Erstrekkung der RKraft bei der Aufrechnung** (§ 322 Abs 2 ZPO; dazu Bethge/Detterbeck JuS 1993, 404); über die **Abänderungsklage** bei Änderung der Verhältnisse (§ 323 ZPO; dazu Mü BayVBl 1978, 54; s auch 1 zu § 133); über das selbständige BeweisVf (VG Köln NWVBl 2001, 108); über die grundsätzliche **Bindung** des Revisionsgerichts an die **tatsächlichen Feststellungen** des Berufungsgerichts (§ 559 Abs 2 ZPO); über die **Bindung** des Revisionsgerichts **an die Auslegung** des nicht revisiblen Rechts **durch das Berufungsgericht** (§ 560 ZPO; zu § 562 ZPO aF DVBl 1992, 1170); über die **Bindungswirkung** von Urteilen ab dem Zeitpunkt des Erlasses (§ 318 ZPO, s 6 zu § 116; dazu auch NVwZ-RR 1991, 588; NJW 1995, 2053 betr Gegenvorstellungen); über das **schiedsrichterliche Vf** (§§ 1025 ff ZPO; s auch § 173 S 2; dazu unten 8). Die entspr Anwendung der ZPO-Vorschriften über die Vollstreckung gerichtlicher Entscheidungen richtet sich ausschließlich nach den §§ 167, 169 (Sch-Meissner 313).

5. Nicht anwendbar sind im Verwaltungsprozeß, da die VwGO insoweit 5
insb mit den §§ 87b, 128a eine eigene, abschließende Regelung getroffen hat, grds die **§§ 271 f, 275 ff** ZPO über die **Vereinfachung u Beschleunigung** des Vf;[6] auch nicht die Vorschrift des **§ 278 Abs 5 S 1 ZPO** (s dazu iVm der **Mediation** 44 zu § 1); nicht anwendbar ist auch § 321a ZPO, da die Anhörungsrüge nunmehr in § 152a geregelt ist; ebenso nicht § 533 Abs 1 Nr 2 ZPO (57 vor § 124); die Vorschriften über die Unzulässigkeit der **Entscheidung ohne mV,** wenn seit der Zustimmung der Beteiligten gem § 101 Abs 2 mehr als 3 Monate vergangen sind (§ 128 Abs 2 S 3 ZPO, vgl NJW 1980, 1482 u NVwZ-RR 2003, 461); über die **formelle Darlegungs- u Beweislast** (§ 282 ZPO); über die Wirkungen des **Nichtbestreitens** von Tatsachen u eines formellen Geständnisses (§ 288 ZPO; s 14 ff zu § 86); über das **VersäumnisVf** (§§ 330 ff ZPO; dazu Ms JZ 1964, 566; Sch-Meissner 249) u das **MahnVf** (§§ 688 ff ZPO; dazu VG Wiesbaden NJW 1964, 686); über die Grenze der Erstattungsfähigkeit von **Rechtsanwaltskosten** nach § 91 Abs 2 S 1 ZPO (Gr NVwZ-RR 1996, 238); über den Ausschluß der Beschwerde gegen die Zurückweisung eines Bevollmächtigten gem § 157 Abs 2 S 2 ZPO[7] usw.

6. Ausfüllung sonstiger Lücken: Soweit die VwGO keine Regelungen ent- 6
hält u auch die entspr Anwendung von Vorschriften des GVG u der ZPO nicht möglich ist, sind bestehende Lücken nach den **allg Grundsätzen** der Lückenausfüllung unter Berücksichtigung der in der VwGO u in anderen Vfrechtlichen Regelungen enthaltenen Grundgedanken auszufüllen (vgl Bettermann NJW 1967, 437). So sind **zB** auch im Verwaltungsprozeß die Grundsätze über die **Verwirkung von Rechtsbehelfen** anwendbar (s 18 ff zu § 74).

Im einzelnen ist die **Abgrenzung der analogen Anwendbarkeit** von Vor- 7
schriften des GVG u der ZPO von der Notwendigkeit einer Lückenausfüllung entspr den besonderen Bedürfnissen des Verwaltungsprozesses in Anlehnung an die systemimmanenten Grundsätze der VwGO häufig schwierig u str; **im Zweifel** ist den **Gesichtspunkten einer möglichst einheitlichen Auslegung u Anwendung des Prozeßrechts** nach der VwGO, der FGO, der SGG, der ZPO u des ArbGG auch insoweit der Vorzug zu geben, sofern nicht hinreichend

---

[5] § 307 ZPO; dazu DÖV 1997, 376; Bethge/Detterbeck JuS 1993, 404; Sch-Meissner 234; s auch 5 zu § 107.

[6] Ebenso schon vor dem 4. VwGOÄndG Buchh 310 § 86 Abs 1 Nr 113; Redeker DVBl 1977, 135; Martens JuS 1973, 621.

[7] Ko NVwZ-RR 2004, 703; Sch-Meissner 163 u 51 zu § 67; Sch-Meyer-Ladewig/Rudisile 7 zu § 146; s auch 7 zu § 146.

gewichtige Besonderheiten des Verwaltungsprozesses Abweichungen zwingend erfordern (vgl oben 2).

8 **7.** Neu eingeführt wurde **Satz 2** durch G v 22. 12. 1997 (BGBl I 3224). Die Änderungen des SchiedsVf werden wesentlich durch internationale Harmonisierungsbestrebungen getragen, die zu einem Modellgesetz der Kommission für Internationales Handelsrecht der Vereinten Nationen (UNCITRAL Modellgesetz) v 11. 12. 1985 geführt haben (näher BT-Dr 13/5274, 23f). Dieses ModellG empfiehlt auch eine Zuständigkeitskonzentration. Mit ausf Begründung hat sich der Bundesgesetzgeber für eine Konzentration des gerichtlichen Vf der Überprüfung der Schiedessprüche beim OLG entschieden (s § 1062 ZPO; BT-Dr 13/5274, 62f). Dafür spricht vor allem auch, daß das Schiedsgericht mit seiner Entscheidung quasi die Aufgaben einer „ersten Instanz geleistet hat u das gerichtliche KontrollVf dann sinnvollerweise auf einer höheren Ebene konzentriert werden sollte". Entgegen dieser Zielsetzung ist jedoch im Verwaltungsprozeß auf Intervention des Bundesrates (BT-Dr 13/5274, 73) die ursprünglich vorgesehene Änderung des § 152 (s BT-Dr 13/5274, 17) fallengelassen u statt dessen die Einfügung des § 173 S 2 vorgenommen worden (BT-Dr 13/9124, 32, 47). Danach tritt im Verwaltungsrechtsstreit an die Stelle des OLG das VG, an die Stelle des BGH das OVG. Diese Abweichung vom Zivilprozeß verhindert die eigentlich beabsichtigte Zuständigkeitskonzentration auch im internationalen Vergleich u dürfte allenfalls dadurch zu rechtfertigen sein, daß der ör Schiedsspruch (jedenfalls bisher) keine große praktische Bedeutung besitzt. Zum Schiedsspruch als Vollstreckungstitel 7 zu § 168.

§ 174 [Befähigung zum Richteramt]

(1) **Für den Vertreter des öffentlichen Interesses bei dem Oberverwaltungsgericht und bei dem Verwaltungsgericht steht der Befähigung zum Richteramt nach dem Deutschen Richtergesetz die Befähigung zum höheren Verwaltungsdienst gleich, wenn sie nach mindestens dreijährigem Studium der Rechtswissenschaft an einer Universität und dreijähriger Ausbildung im öffentlichen Dienst durch Ablegen der gesetzlich vorgeschriebenen Prüfungen erlangt worden ist.**

(2) **Bei Kriegsteilnehmern gilt die Voraussetzung des Absatzes 1 als erfüllt, wenn sie den für sie geltenden besonderen Vorschriften genügt haben.**

1 Die Vorschrift ergänzt § 37 Abs 2. Sie stellt für den VöI die Befähigung zum höheren Verwaltungsdienst der Befähigung zum Richteramt nach dem DRiG als **Voraussetzung für die Ernennung zum VöI** (§ 36) gleich.

2 Eine **Verletzung** der Vorschrift hat für gerichtliche Vf, an denen der betroffene VöI mitwirkt, **keine prozessualen Folgen,** auch nicht nach § 138 Nr 4 in Fällen, in den der VöI als Vertreter des Bekl auftritt (vgl 2 zu § 37).

§ 175 *[Rechtsstellung und Ernennung der Richter]*

(weggefallen)

1 Die Vorschrift enthielt eine Regelung, die bis zum Erlaß des Richtergesetzes gelten sollte. Sie ist mit dem Erlaß des DRiG u der Richtergesetze der Länder **gegenstandslos** geworden u wurde durch das 4. VwGOÄndG gestrichen.

§ 176 *[Patentanwälte]*

(weggefallen)

Die Vorschrift sah die Möglichkeit vor, einem Patentanwalt vor dem BVerwG in Patentsachen das Wort zu gestatten. Sie wurde durch § 188 Nr 5 PAO **aufgehoben;** an ihre Stelle ist § 4 PAO getreten. 1

§ 177 *[Verwaltungsrechtsräte]*

(weggefallen)

Die Vorschrift betraf die Zulassung sog Verwaltungsrechtsräte als Bevollmächtigte u Beistände bis zum 30. 9. 1960. Sie war durch Zeitablauf **gegenstandslos** geworden u wurde durch das 4. VwGOÄndG gestrichen. 1

§ 178 *[Änderung des GVG]*

(Änderungsvorschriften)

§ 179 [Änderung des EGGVG, Justizverwaltungsakte]

§§ 23 bis 30 EGGVG lauten idF des JuMiG wie folgt:

§ 23 EGGVG [Rechtsweg bei Justizverwaltungsakten]

(1) **Über die Rechtmäßigkeit der Anordnungen, Verfügungen oder sonstigen Maßnahmen,**[1 ff] **die von den Justizbehörden**[6] **zur Regelung einzelner Angelegenheiten auf den Gebieten des bürgerlichen Rechts einschließlich des Handelsrechts, des Zivilprozesses, der freiwilligen Gerichtsbarkeit und der Strafrechtspflege getroffen werden, entscheiden auf Antrag die ordentlichen Gerichte. Das gleiche gilt für Anordnungen, Verfügungen oder sonstige Maßnahmen der Vollzugsbehörden im Vollzug der Jugendstrafe, des Jugendarrestes und der Untersuchungshaft sowie derjenigen Freiheitsstrafen und der Maßregeln der Besserung und Sicherung, die außerhalb des Justizvollzuges vollzogen werden.**[1 ff]

(2) **Mit dem Antrag auf gerichtliche Entscheidung kann auch die Verpflichtung der Justiz- oder Vollzugsbehörde zum Erlaß eines abgelehnten oder unterlassenen Verwaltungsaktes begehrt werden.**[1 ff]

(3) **Soweit die ordentlichen Gerichte bereits auf Grund anderer Vorschriften angerufen werden können, behält es hierbei sein Bewenden.**[3]

§ 24 EGGVG [Zulässigkeit des Antrages]

(1) **Der Antrag auf gerichtliche Entscheidung ist nur zulässig, wenn der Antragsteller geltend macht, durch die Maßnahme oder ihre Ablehnung oder Unterlassung in seinen Rechten verletzt zu sein.**[1]

(2) **Soweit Maßnahmen der Justiz- oder Vollzugsbehörden der Beschwerde oder einem anderen förmlichen Rechtsbehelf im Verwaltungsverfahren unterliegen, kann der Antrag auf gerichtliche Entscheidung erst nach vorausgegangenem Beschwerdeverfahren gestellt werden.**[1]

§ 25 EGGVG [Zuständigkeit des OLG oder des Obersten Landesgerichts]

(1) **Über den Antrag entscheidet ein Zivilsenat oder, wenn der Antrag eine Angelegenheit der Strafrechtspflege oder des Vollzugs betrifft, ein**

Strafsenat des Oberlandesgerichts, in dessen Bezirk die Justiz- oder Vollzugsbehörde ihren Sitz hat. Ist ein Beschwerdeverfahren (§ 24 Abs. 2) vorausgegangen, so ist das Oberlandesgericht zuständig, in dessen Bezirk die Beschwerdebehörde ihren Sitz hat.

(2) **Ein Land, in dem mehrere Oberlandesgerichte errichtet sind, kann durch Gesetz die nach Absatz 1 zur Zuständigkeit des Zivilsenats oder des Strafsenats gehörenden Entscheidungen ausschließlich einem der Oberlandesgerichte oder dem Obersten Landesgericht zuweisen.**

§ 26 EGGVG [Antragsfrist]

(1) **Der Antrag auf gerichtliche Entscheidung muß innerhalb eines Monats nach Zustellung oder schriftlicher Bekanntgabe des Bescheides oder, soweit ein Beschwerdeverfahren (§ 24 Abs. 2) vorausgegangen ist, nach Zustellung des Beschwerdebescheides schriftlich oder zur Niederschrift der Geschäftsstelle des Oberlandesgerichts oder eines Amtsgerichts gestellt werden.**

(2) **War der Antragsteller ohne Verschulden verhindert, die Frist einzuhalten, so ist ihm auf Antrag Wiedereinsetzung in den vorigen Stand zu gewähren.**

(3) **Der Antrag auf Wiedereinsetzung ist binnen zwei Wochen nach Wegfall des Hindernisses zu stellen. Die Tatsachen zur Begründung des Antrags sind bei der Antragstellung oder im Verfahren über den Antrag glaubhaft zu machen. Innerhalb der Antragsfrist ist die versäumte Rechtshandlung nachzuholen. Ist dies geschehen, so kann die Wiedereinsetzung auch ohne Antrag gewährt werden.**

(4) **Nach einem Jahr seit dem Ende der versäumten Frist ist der Antrag auf Wiedereinsetzung unzulässig, außer wenn der Antrag vor Ablauf der Jahresfrist infolge höherer Gewalt unmöglich war.**

§ 27 EGGVG [Antragstellung bei Untätigkeit der Behörde]

(1) **Ein Antrag auf gerichtliche Entscheidung kann auch gestellt werden, wenn über einen Antrag, eine Maßnahme zu treffen, oder über eine Beschwerde oder einen anderen förmlichen Rechtsbehelf ohne zureichenden Grund nicht innerhalb von drei Monaten entschieden ist. Das Gericht kann vor Ablauf dieser Frist angerufen werden, wenn dies wegen besonderer Umstände des Falles geboten ist.**

(2) **Liegt ein zureichender Grund dafür vor, daß über die Beschwerde oder den förmlichen Rechtsbehelf noch nicht entschieden oder die beantragte Maßnahme noch nicht erlassen ist, so setzt das Gericht das Verfahren bis zum Ablauf einer von ihm bestimmten Frist, die verlängert werden kann, aus. Wird der Beschwerde innerhalb der vom Gericht gesetzten Frist stattgegeben oder der Verwaltungsakt innerhalb dieser Frist erlassen, so ist die Hauptsache für erledigt zu erklären.**

(3) **Der Antrag nach Absatz 1 ist nur bis zum Ablauf eines Jahres seit der Einlegung der Beschwerde oder seit der Stellung des Antrags auf Vornahme der Maßnahme zulässig, außer wenn die Antragstellung vor Ablauf der Jahresfrist infolge höherer Gewalt unmöglich war oder unter den besonderen Verhältnissen des Einzelfalles unterblieben ist.**

§ 28 EGGVG [Entscheidung über den Antrag]

(1) **Soweit die Maßnahme rechtswidrig und der Antragsteller dadurch in seinen Rechten verletzt ist, hebt das Gericht die Maßnahme und, soweit ein Beschwerdeverfahren (§ 24 Abs. 2) vorausgegangen ist, den Beschwerdebescheid auf. Ist die Maßnahme schon vollzogen, so kann das Gericht auf Antrag auch aussprechen, daß und wie die Justiz- oder Vollzugsbehörde die**

Vollziehung rückgängig zu machen hat. Dieser Ausspruch ist nur zulässig, wenn die Behörde dazu in der Lage und diese Frage spruchreif ist. Hat sich die Maßnahme vorher durch Zurücknahme oder anders erledigt, so spricht das Gericht auf Antrag aus, daß die Maßnahme rechtswidrig ge-wesen ist, wenn der Antragsteller ein berechtigtes Interesse an dieser Feststellung hat.

(2) **Soweit die Ablehnung oder Unterlassung der Maßnahme rechtswidrig und der Antragsteller dadurch in seinen Rechten verletzt ist, spricht das Gericht die Verpflichtung der Justiz- oder Vollzugsbehörde aus, die beantragte Amtshandlung vorzunehmen, wenn die Sache spruchreif ist. Andernfalls spricht es die Verpflichtung aus, den Antragsteller unter Beachtung der Rechtsauffassung des Gerichts zu bescheiden.**

(3) **Soweit die Justiz- oder Vollzugsbehörde ermächtigt ist, nach ihrem Ermessen zu handeln, prüft das Gericht auch, ob die Maßnahme oder ihre Ablehnung oder Unterlassung rechtswidrig ist, weil die gesetzlichen Grenzen des Ermessens überschritten sind oder von dem Ermessen in einer dem Zweck der Ermächtigung nicht entsprechenden Weise Gebrauch gemacht ist.**

§ 29 EGGVG [Unanfechtbarkeit der Entscheidung; Verfahren; Prozeßkostenhilfe]

(1) **Die Entscheidung des Oberlandesgerichts ist endgültig. Will ein Oberlandesgericht jedoch von einer auf Grund des § 23 ergangenen Entscheidung eines anderen Oberlandesgerichts oder des Bundesgerichtshofes abweichen, so legt es die Sache diesem vor. Der Bundesgerichtshof entscheidet an Stelle des Oberlandesgerichts.**

(2) **Im übrigen sind auf das Verfahren vor dem Zivilsenat die Vorschriften des Gesetzes über die Angelegenheiten der freiwilligen Gerichtsbarkeit über das Beschwerdeverfahren, auf das Verfahren vor dem Strafsenat die Vorschriften der Strafprozeßordnung über das Beschwerdeverfahren sinngemäß anzuwenden.**

(3) **Auf die Bewilligung der Prozeßkostenhilfe sind die Vorschriften der Zivilprozeßordnung entsprechend anzuwenden.**

Schrifttum: *Dörr,* Rechtsschutz gegen vollzogene Durchsuchungen und Beschlagnahmen im Strafermittlungsverfahren, NJW 1984, 2258; *Eisenberg/Puschke,* Anmerkung zu BVerwG 23. 11. 2005 – 6 C 2.05, JZ 2006, 729; *Feldmann/Schenke,* Nochmals: Rechtsschutz gegen Strafverfolgungsmaßnahmen der Polizei, VerwA 1971, 169; *Götz,* Rechtsschutz gegen Maßnahmen der Polizei, JuS 1985, 869; *Heneka,* Rechtsschutz gegen polizeiliche Ermittlungstätigkeit zur Erforschung von Straftaten und Ordnungswidrigkeiten, Diss Mannheim, 1993; *Jorzik/Kunze,* Rechtsschutz gegen Maßnahmen der Ermittlungsbehörden, Jura 1990, 294; *Lisken,* Sperrerklärungen im Strafprozeß, NJW 1991, 1658; *Schenke,* Rechtsschutz gegen Strafverfolgungsmaßnahmen der Polizei, VerwA 1969, 332; *ders,* Anm. zu BVerwG 3. 12. 1974, NJW 1975, 1529; *ders,* Rechtsschutz bei strafprozessualen Eingriffen von Staatsanwaltschaft und Polizei, NJW 1976, 1816; *ders,* Die Rechtsnatur einer erkennungsdienstlichen Maßnahme gem. § 81 b Alt 2 StPO, JZ 2006, 707; *Schoch,* Rechtsschutz gegen polizeiliche Maßnahmen, Stree-FS und Wessels, 1993, 1095.

1. Allgemeines: Die durch § 179 in das EGGVG eingefügten §§ 23–30 1
EGGVG eröffnen den Rechtsweg zu den ordentlichen Gerichten (Zivil- bzw Strafsenat des OLG) in einem besonderen Vf für die „spezifisch justizmäßigen VAe u sonstigen Maßnahmen" (69, 192 = DÖV 1985, 70; sog **JustizVAe**) u schließen damit zugleich die Rechtswegzuständigkeit der Verwaltungsgerichte (VRW) aus (§ 40 Abs 1 S 1 HS 2). Die Regelung ist sachgebietsbezogen. Sie will wg des bestehenden Sachzusammenhangs ganz allg die Nachprüfung der **spezifisch justizmäßigen Amtshandlungen** der Justizverwaltung (im funktionellen Sinn; s unten 6) im sachnäheren Rechtsweg ermöglichen u überträgt sie deshalb

den ordentlichen Gerichten, die über die erforderlichen zivil- u strafrechtlichen Kenntnisse verfügen (Ma Justiz 1981, 250; NJW 1989, 3298).

Als Ausnahmebestimmung, die § 40 einschränkt, ist die Regelung **eng auszulegen**.[1] Unter § 23 EGGVG fallen **nur Amtshandlungen,** die der „jeweiligen Behörde **als ihre spezifische Aufgabe** auf einem in der genannten Vorschrift aufgeführten Rechtsgebiet zugewiesen" sind.[2] Der Umstand, daß sich rechtliche oder tatsächliche Auswirkungen auf ein anhängiges zivilrechtliches oder strafrechtliches Vf ergeben (können), genügt insoweit nicht (69, 192). Die §§ 23 ff EGGVG sind gem § 23 Abs 3 EGGVG ihrerseits nicht anwendbar, soweit der Rechtsweg zu den ordentlichen Gerichten nach anderen Vorschriften gegeben ist (s dazu auch OLG Karlsruhe NJW 1992, 642). S unten 3 u 8 f.

Die **Zulässigkeit** eines Antrags auf Entscheidung des OLG u das Vf sind weitgehend der Regelung der Anfechtungs- u Verpflichtungsklagen (§ 42) nach **der VwGO nachgebildet** (vgl Ule 32 II 6). **Analog anwendbar** sind die §§ 80, 123, da in § 23 ff EGGVG entspr Vorschriften fehlen, die Betroffenen aber gem Art 19 Abs 4 GG einen verfassungsrechtlich gewährleisteten Anspr auch auf vorläufigen Rechtschutz haben (vgl 37, 150; 40, 257; allg auch 1 zu § 80).

2 Der **Begriff der Anordnungen, Verfügungen oder sonstigen Maßnahmen** iSd § 23 EGGVG als Voraussetzung der Zulässigkeit des Antrags ist grds weiter als der Begriff des VA nach § 42 Abs 1. Wie im Fall des § 40 hängt also auch hier die Rechtswegzuweisung nicht vom Vorliegen eines VA ab (NJW 1989, 413 mwN; Schenke PolR 426). Sie umfaßt **auch sonstige Amtshandlungen** – auch bereits erledigte Akte (OLG Nürnberg NStZ 1986, 575) –, schlicht hoheitliches Handeln (KG NJW 1987, 197) u Unterlassungen (unter Ausschluß jedoch von Rechtssetzungsakten) auf den in § 23 EGGVG genannten Gebieten.[3] Insoweit ist auch **für allg Leistungsklagen u Feststellungsklagen der VRW ausgeschlossen.**[4] Ferner gelten die §§ 23 ff EGGVG unabhängig davon, ob ein **Bürger** oder uU eine **Behörde** den **Antrag** auf gerichtliche Entscheidung **stellt** (vgl zB OLG Celle NJW 1990, 1802).

3 Zu **Sonderregelungen,** die §§ 23 ff EGGVG vorgehen u deren Anwendung ausschließen, s für den gerichtlichen Rechtsschutz bzgl der Entscheidung der **Staatsanwaltschaft in einem ErmittlungsVf,** dem Verletzten gem § 406 e StPO **Akteneinsicht** zu gewähren, § 161 a Abs 3 S 2 bis 4 StPO,[5] für die **Zulassung von RA** allg oder bei bestimmten Gerichten §§ 11 Abs 2, 21 Abs 2 BRAO, für bestimmte **Streitigkeiten** von Anwälten **mit der Rechtsanwaltskammer** §§ 90 Abs 1, 223 Abs 1 BRAO bzw analoge Anwendung dieser Vorschriften,[6] für berufs- u dienstrechtliche Streitigkeiten u einige andere Angelegenheiten der **Notare** § 111 BNotO (BGH NJW 1974, 108; Br NJW 1978, 966), für den Rechtsschutz gegen **Maßnahmen des Strafvollzugs ieS** (nicht aber des Jugendstrafvollzugs, s oben 4), dh mit unmittelbarem Bezug zu den spezifischen, typischen Aufgaben des Strafvollzugs, auch soweit es sich um generelle

---

[1] Ms NVwZ 1982, 205; VG Schleswig NVwZ 1992, 111; BL 2 zu § 23 EGGVG.

[2] 69, 192; Mü 34, 45; NVwZ 1987, 613; vgl auch die Zusammenfassung der hM in BVerfG NJW 1984, 1452: „typisches Handeln der Justiz im Verwaltungsbereich".

[3] ZB Pressemitteilungen, vgl OLG Karlsruhe NJW 1995, 899 (str, unten 4); s ferner Ms NJW 1977, 1790; 1980, 423; Ma NJW 1969, 1319; Ks Rspr 28, 1010.

[4] VG Freiburg DVBl 1965, 577 m Anm v Finkelnburg; VG Stuttgart NJW 1975, 1294; zum vorbeugenden Rechtsschutz vgl auch BGH 34, 244; MDR 1974, 225; zum vorläufigen Rechtsschutz BVerwG 37, 150 u 40, 257. Allg zum Anwendungsbereich der §§ 23 ff EGGVG s auch BGH MDR 1974, 225; Hbg NJW 1970, 1699; Heneka; Schenke VerwA 1969, 332.

[5] BGH NJW 1993, 1341 – Rechtsschutz des Beschuldigten analog § 406 e Abs 4 S 2 StPO nach § 161 a Abs 3 S 2 bis 4 StPO; ebenso OLG Hamm NStZ-RR 1996, 11.

[6] EGH Hamburg NJW 1985, 1084 zur Anfechtung von Beschlüssen wg Überschreitung des Funktionsbereichs der Kammer.

Regelungen handelt,[7] gem §§ 109, 113, 115 StVollzG, **wie zB** für Streitigkeiten zwischen Gefangenen u der Vollzugsbehörde über die **Bekanntgabe eines Hirtenbriefes** in der Strafanstalt (Mü 21. 3. 1983 – Nr 5 CE 80 A 2117; vgl §§ 53ff StVollzG), über die **Arbeitspflicht** u die Arbeitsbedingungen in einem Unternehmerbetrieb nach § 149 Abs 4 StVollzG (Mü 23. 2. 1983 – Nr 5 B 81 A. 898; vgl §§ 37ff StVollzG), über die **Einkaufsmöglichkeiten in der Anstalt** (Mü 8. 11. 1983 – Nr 5 CE 83 A. 2250; vgl § 22 StVollzG), über die **Verwaltung des Eigengeldes** (Mü 15. 2. 1984 – Nr 5 B 83 A 2741; vgl § 52 StVollzG), über die Gewährung von **Taschengeld** u anderen im StVollzG vorgesehenen Geldleistungen an den Gefangenen (Mü 15. 2. 1984 – Nr 5 B 83 A 2549; vgl §§ 43ff StVollzG), über Auskunftsanspr eines Strafgefangenen wg Maßnahmen zur Beschränkung des Postverkehrs von Gefangenen (**aA** Ma NJW 1997, 1866: VRW), wg Nichtbeantwortung **formloser Rechtsbehelfe,** die eine Maßnahme des Strafvollzugs zum Gegenstand haben (Mü BayVBl 1985, 121; vgl §§ 108, 113 StVollzG), über **Heilbedingungen** u **Raumtemperaturen in Hafträumen** sowie über **Zellenausstattungen** (OLG Nürnberg 11. 6. 2001 – Ws 521/01; 25. 6. 2001 – Ws 538/01); für in Ersatzzuständigkeit durch Staatsanwalt oder Anstaltsleiter vorgenommene Maßnahmen im Vollzug der Untersuchungshaft s § 119 Abs 6 S 3 StPO; für Entscheidungen über die **Auslieferung.**[8] Zum Rechtsschutz in bezug auf **Gnadenakte** s unten 4; ferner 5a u 36 zu § 40.

Es kommt ggf – etwa zwischen der Strafvollstreckungskammer u dem OLG – bei fehlender Zuständigkeit eine rechtsweginterne Verweisung gem § 17a Abs 2 S 1 GVG analog in Betracht,[9] nicht aber im Verhältnis zwischen dem OLG u dem nach § 98 Abs 2 S 2 StPO zuständigen AG, denn der Rechtsbehelf vor dem OLG scheitert hier nicht an der Zuständigkeit, sondern am fehlenden RSB (s dazu unten 8, **aA** OLG Karlsruhe MDR 1995, 88).

2. Sog Justizverwaltungsakte iSd § 23 EGGVG sind **alle Verfügungen,** 4
Entscheidungen oder sonstigen Maßnahmen, die von „Justizbehörden" (zum Begriff unten 6) in **Wahrnehmung einer** Aufgabe, die der jeweiligen Behörde **als ihre spezifische Aufgabe** (s oben 1) auf einem der in § 23 EGGVG näher bezeichneten Gebiete, **zB** als typische Aufgabe des Strafvollzugs (vgl Mü 34, 42; NVwZ 1987, 613), **zur Regelung einzelner Angelegenheiten,** dh ggü bestimmten oder zumindest bestimmbaren Personen (OLG Frankfurt NJW 1977, 2176; Ule 32 Anh IV 2), übertragen ist, vorgenommen werden (69, 192 = DÖV 1985, 70), zB die Entscheidung, Anordnung uä über die **Anerkennung freier Ehen** rassisch u politisch Verfolgter (RÖ-v Nicolai 54 zu § 40; Ule 32 Anh IV 2; Stern 3 I 3); über die Befreiung vom **Ehefähigkeitszeugnis** (BGH MDR 1978, 653 mwN); des Amtsgerichts über bestimmte Maßnahmen im Rahmen des Rechtshilfeverkehrs mit dem Ausland gem §§ 27ff ZRHO (LG Köln NJW 1987, 1091); über die **Ausschreibung** einer Person **zur „beobachtenden" Fahndung;**[10] **allg Anordnungen** über die Organisation des Vollzugs der **Untersuchungshaft** durch die Anstaltsleitung oder das Justizministerium (OLG Frankfurt NJW 1977, 2177) **ohne Bezug zu einem bestimmten Gefangenen;**[11] Ent-

---

[7] Vgl Hbg MDR 1981, 79; StVert 1993, 256: hins der Ablehnung der Vollstreckungsbehörde, Strafreste entgegen § 43 Abs 2 Strafvollstreckungsordnung nachrangig zu vollstrekken; NJW 1993, 1153; Mü BayVBl 1985, 121: auch, wenn nicht VAe; 1987, 113.

[8] Vgl BVerfG NJW 1982, 2729; Mü NVwZ 1982, 205: Rechtsschutz durch OLG.

[9] OLG Saarbrücken NJW 1994, 1425; **aA** OLG Hamburg MDR 1995, 626; OLG Frankfurt NStZ-RR 1996, 365.

[10] Ms DÖV 1980, 574 unter Hinw darauf, daß der Schwerpunkt bei der Strafverfolgung liege; zweifelhaft, s auch unten 7.

[11] Sonst Zuständigkeit des Haftrichters gem § 119 Abs 6 StPO mit Beschwerdemöglichkeit nach § 304 StPO; vgl BGHSt 29, 135; KG StV 1996, 326; OLG Frankfurt NStZ-RR 1996, 365; s auch BVerfG NStZ 1995, 253; Cassardt NStZ 1994, 523).

scheidungen über die **körperliche Durchsuchung** des Strafverteidigers bei Betreten der Strafanstalt (BGH NJW 1980, 35; OLG Saarbrücken NJW 1978, 1446); über die **Zuweisung eines** vom Angeklagten gewünschten oder abgelehnten **Sitzungssaals** für die Strafverhandlung (OLG Hamburg NJW 1979, 279); über eine **Strafunterbrechung** gem § 43 Strafvollstreckungsordnung;[12] über die Ablehnung der **Zurückstellung von der Strafvollstreckung gem § 35 BetäubungsmittelG (BtMG)** (OLG Celle NStZ 1996, 615; OLG Oldenburg StV 1995, 253); über **Hafterleichterungen,** Haftvergünstigungen, die Überführung in eine andere Justizvollzugsanstalt (OLG Stuttgart, NStZ 1997, 103), da insofern nicht §§ 109 ff StVollzG eingreifen (Kissel 154 zu § 23 EGGVG, vgl oben 3); über **Pressemitteilungen** betr Strafverfolgungsmaßnahmen, StrafVf oder Zivilprozesse;[13] **Mitteilungen** der Strafverfolgungsbehörden über **Verurteilung für Straftaten** (Ba NJW 2007, 169); über die **Einstellung eines Vf** gem § 171 S 1 StPO durch die Staatsanwaltschaft;[14] über Maßnahmen der Vollzugsbehörden im Jugendstrafvollzug (BVerfG NJW 1995, 2215; Kissel 154 zu § 23 EGGVG); über **Gnadenakte** im allg (einschränkend die Rspr, die lediglich den **Widerruf** von Gnadenentscheidungen als justitiabel u mithin als JustizVA ansieht – s 5 a zu § 40 mwN, ferner OLG Hamburg MDR 1996, 193; Schenke 142); über die **Einsicht in Akten** der Zivil- u Strafgerichte sowie der Staatsanwaltschaft **durch Dritte oder nach Abschluß des Vf;**[15] über die **Einsicht in Vollstreckungsakten** des Vollstreckungsgerichts über eine eidesstattliche Versicherung nach § 807 ZPO (BGH NJW 1990, 841; OLG Hamm NJW 1989, 533; KG NJW 1989, 534); über die **Akteneinsicht** in Akten eines **strafrechtlichen ErmittlungsVf** (OLG Celle NJW 1990, 1802 mwN; **aA** LR 28; Kissel 33 zu § 141 GVG); dagegen ist die Ablehnung der **Akteneinsicht** durch die Staatsanwaltschaft ggü **dem Verteidiger des Beschuldigten** während des ErmittlungsVf nach der – problematischen – hM als Prozeßhandlung kein JustizVA (s unten 8); über die **Einsicht** in sog **Spurenakten** der Staatsanwaltschaft, die nicht Bestandteil der Strafakten des Gerichts sind;[16] über die Ablehnung einer Anordnung **nach § 456 a Abs 1 StPO** (KG StV 1992, 428; OLG Koblenz NStZ 1996, 255); über die **Herausgabe einer Ausfertigung eines Zivil- oder Strafurteils an Dritte** (OLG Frankfurt NJW 1976, 510); über die Bestimmung einer Frist für die Klage auf Herausgabe eines beim Amtsgericht **hinterlegten Gegenstands** (OLG Koblenz MDR 1976, 234).

5 **Nicht unter §§ 23 ff EGGVG** fallen **Entscheidungen von Gerichten** im Rahmen der richterlichen Unabhängigkeit u Weisungsfreiheit[17] u als herabsetzend empfundene Äußerungen in Entscheidungsgründen (Mü NJW 1995, 2940) sowie **Akte der gerichtlichen Selbstverwaltung** (s zum Begriff 3 zu § 1; 1 zu

---

[12] BGHSt 19, 149; OLG München NStZ 1981, 280; OLG Hamburg JZ 1982, 161.

[13] Ma NJW 1973, 214; Justiz 1981, 250; OLG Karlsruhe NJW 1995, 899; OLG Hamm NStZ 1995, 412; Schenke 141; Kissel 128 zu § 12 GVG; **aA** BVerwG NJW 1989, 413; 1992, 62: die Abgabe von Presseerklärungen durch die Staatsanwaltschaft ist zumindest nach Abschluß des ErmittlungsVfs keine Tätigkeit auf dem Gebiet der Strafrechtspflege, es ist der VRW gegeben.

[14] So für Rechtsbehelfe des Nicht-Verletzten Ma Justiz 1981, 292; **aA** zu Rechtsbehelfen des Verletzten OLG Bamberg JVBl 1965, 262; OLG Hamm JMBl 1966, 119; Altenheim DRiZ 1966, 361; vgl auch BayVerfGH BayVBl 1981, 18.

[15] BGH NStZ 1993, 351; OLG Karlsruhe MDR 1994, 87; NJW 1997, 267; NJ 1996, 265; Ma NJW 1989, 3299; OLG Frankfurt NJW 1996, 1484; OLG Hamm NStZ-RR 1996, 11; Kissel 103 zu § 23 EGGVG; Lüderssen NStZ 1987, 249; KG MDR 1976, 585; zur Einsicht in sog Spurenakten auch BVerfG 63, 45; Meyer-Goßner NStZ 1982, 357.

[16] OLG Hamm NJW 1984, 880 mwN = StV 1984, 373; Meyer-Goßner NStZ 1982, 357; vgl auch BVerfG 63, 45.

[17] BVerfG NJW 1979, 154; OLG Karlsruhe NJW 1988, 983: betr gerichtliche Durchsuchungs- u Beschlagnahmeanordnungen; OLG Hamm NStZ-RR 1996, 210; Kissel 9 zu § 23 EGGVG.

§ 4), wie **zB** der **Geschäftsverteilungsplan** eines Gerichts;[18] die **Schöffenwahl**[19] usw.

Das gleiche gilt für alle **Maßnahmen, die** zwar von Justizbehörden getroffen werden, aber **aufgrund von allg Verwaltungsrecht** ergehen (vgl 65, 200, 260) u nicht zu den Aufgaben gehören, die der Behörde als spezifische Aufgabe auf einem der in § 23 EGGVG genannten Gebiete übertragen sind (69, 192). Keine JustizVAe sind daher zB die Entscheidung über die **Eintragung** oder Löschung einer ausländischen Verurteilung in das – bzw im – **Bundeszentralregister** (**aA** OLG Karlsruhe NStZ 1992, 40; OLG Hamm OLGSt StGB § 286 Nr 1); die **Sperrerklärung gem § 96 StPO,** mit der die oberste Dienstbehörde die **Herausgabe von Akten,** die Preisgabe des Namens u der Anschrift eines Zeugen usw an ein Gericht oder die **Aussagegenehmigung** für den Beamten aus einem der in § 96 StPO genannten Gründe untersagt;[20] die Entscheidung der obersten Dienstbehörde über die **Bekanntgabe** der **Identität eines V-Mannes;**[21] die Entscheidung über die **Auskunfterteilung** bzw die Auskunft selbst **über in einer Kriminalakte** gesammelte personenbezogene Daten uä (NVwZ 1990, 1164; NJW 1990, 2765; Schenke 141 a). Pressemitteilungen durch die Staatsanwaltschaft fallen hingegen unter §§ 23 ff EGGVG (str, s oben 4).

Keine JustizVAe sind auch alle Handlungen, die **über den Bereich** des bürgerlichen Rechts, der Strafrechtspflege u des Strafvollzugs iSd § 23 EGGVG **hinausreichen,** wie die **Weisung** des Gerichtspräsidenten **an einen Gerichtsvollzieher** im Rahmen der Dienstaufsicht hins der Gebührenerhebung (Buchh 300 § 154 GVG Nr 5: VA, gegen den Rechtsschutz im VRW); die **Aufforderung** des aufsichtsführenden Richters am Amtsgericht **an einen Gerichtsvollzieher,** bestimmte von diesem erhobene Auslagen zu erstatten (65, 200, 260); die **Entscheidungen der Justizprüfungsämter** u Justizprüfungskommissionen (Ule 32 Anh IV 2); die Entscheidung der Justizverwaltung über eine Erlaubnis zur **Mikroverfilmung des Handelsregisters** (**aA** BGH NJW 1989, 2818: JustizVA); die Entscheidung über die **Ausstattung der Gerichtssäle** mit Kruzifixen uä;[22] ebensowenig Maßnahmen, die **nicht** konkrete, den oben zu 4 genannten Fällen **vergleichbare Fälle betreffen, zB** die **Entscheidung** über die **Zulassung als Rechtsbeistand** oder Prozeßagent nach § 157 Abs 3 ZPO;[23] über die Erlaubnis des Amtsgerichtspräsidenten nach dem RBerG zur **Rechtsberatung**[24] oder zum Auftreten vor den Zivilgerichten (54, 266); über die Untersagung der **Rechtsbesorgung** durch Verfügung der Landgerichtspräsidenten (DÖV 1974, 675; DVBl 1983, 1249); über den Widerruf der Erlaubnis zur Besorgung fremder Rechtsangelegenheiten (NJW 1977, 2178); die **Rüge eines Rechtsbeistands** durch ei-

---

[18] 50, 15 = NJW 1976, 1224; Ma DÖV 1980, 573.

[19] KG GA 1978, 244; OLG Stuttgart NJW 1985, 2343; offen BGHSt 29, 287 = NJW 1980, 2369; vgl auch 3 zu § 29.

[20] 69, 192 = NJW 1984, 2233: unter Hinw darauf, daß weder aktenführende Behörde noch oberste Dienstbehörde bei ihrer Entscheidung spezifische Aufgaben der Strafrechtspflege wahrzunehmen habe, sondern es sich um allg Aufgaben handelt, ähnlich wie bei Entscheidung über Aufbewahrung erkennungsdienstlicher Unterlagen (s dazu unten 7); 75, 5 = NJW 1987, 202; KG StV 1996, 531; Ma NJW 1991, 2097; 1994, 1362; VG Darmstadt NVwZ 1996, 92; VG Frankfurt NJW 1991, 122; Lisken NJW 1991, 1658; **aA** Ms NJW 1977, 1790, durch BVerwG 69, 192 aufgehoben; Ks NJW 1984, 1253; Lü NJW 1984, 940; OLG Stuttgart VBlBW 1987, 115; OLG Celle NJW 1991, 856; OLG Hamm NStZ 1990, 44 m Anm Schäfer: nach §§ 23 ff EGGVG.

[21] Ma NJW 1991, 2077; s auch oben zur Sperrerklärung; **aA** OLG Hamburg NJW 1982, 297.

[22] DÖV 1972, 288; Lüke JuS 1961, 207; vgl BVerfG DÖV 1974, 20; BayVerfGH 20, 87.

[23] Ule 32 Anh IV 2; zur Zulassung bei anderen Gerichten als den bürgerlichen Gerichten auch BVerwG 40, 112; **aA** MDR 1970, 262; BGH 46, 357 zur Zulassung als Prozeßagent für die ordentliche Gerichtsbarkeit.

[24] 59, 138 = DVBl 1980, 640; NJW 1978, 235; EF 41 zu § 42; Obermayer 2. Aufl 218.

nen Amtsgerichtspräsidenten wg einer Pflichtverletzung (DVBl 1983, 1298); der **Widerruf** eines **gerichtsärztlichen Gutachtens** nach Abschluß des StrafVf (Mü BayVBl 1987, 401: im VRW geltend zu machen); die Ablehnung der **Verleihung der Rechtsfähigkeit** an einem wirtschaftlichen Verein (58, 1); Maßnahmen der **Stiftungsaufsicht** (KG NJW 1981, 1220). Zur **Zulassung als RA** s oben 3.

Mangels Justitiabilität **kein JustizVA** sein soll die ablehnende Entscheidung der Vollstreckungsbehörde über die **Überstellung** eines türkischen Strafgefangenen **in den Strafvollzug seines Heimatlandes** (KG NStZ 93, 606; OLG Hamm NStZ-RR 1996, 62).

6 **3. Justizbehörden:** Der Begriff der Justizbehörden iSv § 23 ist nicht im organisatorischen, sondern im **funktionellen Sinn** (sog „funktionelle" Betrachtung) zu verstehen.[25] Nicht darunter fallen ua die Rechtsprechungsorgane in ihrer Funktion als solche (s oben 5). **Justizbehörden idS sind,** wenn u soweit sie Aufgaben der „Justizverwaltung" im funktionellen Sinn erfüllen (s im folgenden), **zB** der **Justizminister;** die **Präsidenten der Zivil- u Strafgerichte,** soweit sie mit Maßnahmen der Justizverwaltung betraut sind; die Staatsanwaltschaft, soweit ihre Maßnahmen nicht schon aufgrund einer strafprozeßrechtlichen Vorschrift überprüft werden können (47, 262; Strubel/Sprenger NJW 1972, 1734); **Polizeiorgane** im Bereich der **Verfolgung von Straftaten,**[26] **u sonstige Behörden** u öffentlichen Organe **mit polizeilichen** u ähnlichen **Aufgaben,** bzw, soweit sie im Rahmen solcher tätig werden, zB **Landeskriminalämter** (vgl Ks VRspr 28, 1010), **Finanzbehörden,** soweit sie nach §§ 386 II, 399 I AO die Rechte u Pflichten der Staatsanwaltschaft[27] oder der Polizei haben,[28] **uU auch der Innenminister.**[29] Dies gilt jedoch nur, **soweit sie Aufgaben der Justizverwaltung** erfüllen (49, 223), insb im Rahmen der **Aufklärung u Verfolgung begangener Straftaten** tätig werden. Der von einer Behörde gestellte **Strafantrag** ist **kein JustizVA** (Ma NJW 1984, 76); wenn der Betroffene geltend machen kann, in einem subjektiven öffentlichen Recht betroffen zu sein, kommt allenfalls der VRW in Betracht (Ma NJW 1984, 76 lehnt auch das ab). Bei Maßnahmen deutscher Behörden im Rahmen der internationalen Rechtshilfe in Strafsachen ist ebenfalls nur der VRW gegeben (str).[30]

Nicht einschlägig sind die §§ 23ff EGGVG ferner bei polizeilichen Maßnahmen im Rahmen der Verfolgung von **Ordnungswidrigkeiten** (**aA** BayObLG NVwZ 1990, 195). Hier richtet sich der Rechtsschutz **nach § 62 OWiG** analog (Schenke PolR 429; Götz JuS 1985, 872; Heneka 115ff), da die Verfolgung von Ordnungswidrigkeiten keine Strafverfolgung ist.

7 Nicht als Justizbehörde, sondern als Verwaltungsbehörde wird die Polizei bei allen Maßnahmen zur Wahrung der öffentlichen Sicherheit u Ordnung tätig (24, 8; 47, 255), zB bei der Erteilung einer Verwarnung mit Verwarnungsgeld

---

[25] 47, 255 = NJW 1975, 893; 69, 195 = DÖV 1985, 70; Ks VRspr 28, 1010; Mü BayVBl 1986, 337; Ma NVwZ-RR 1989, 412; DÖV 1991, 758; OLG Karlsruhe NJW 1992, 642; OLG Hamburg NJW 1982, 297; OLG Stuttgart NJW 1985, 77; VG Bremen NVwZ 1989, 895m Anm Alberts NVwZ 1989, 840; Ey-Rennert 126 zu § 40; RÖ-v Nicolai 57 zu § 40; Heneka 13ff; Schenke 140 u VerwA 1969, 332 u NJW 1976, 1816; Würt 173; **aA** Samper BayVBl 1967, 97; Markworth DVBl 1975, 575: maßgeblich der organisatorische Begriff.

[26] 47, 264; Schenke VerwA 1969, 332ff; NJW 1976, 1816ff; PolR 419, 509; Amelung JZ 1975, 526ff; Aulehner BayVBl 1988, 709ff; Würt 173 sowie näher unten 8f; **aA** Markworth DVBl 1975, 575ff.

[27] OLG Celle NJW 1990, 1802; OLG Karlsruhe NStZ 1995, 48; NJW 1978, 1338: nicht nach Einstellung des Vf.

[28] BFH 138, 164; OLG Karlsruhe NStZ 1986, 567; Meyer-Goßner 2 zu § 23 EGGVG.

[29] Vgl Lü NJW 1984, 940; OLG Hamburg NJW 1982, 297.

[30] Vgl Uhlig/Schomburg, Gesetz über die internationale Rechtshilfe in Strafsachen, 1983, 18 zu § 16: zweifelhaft.

(Schenke PolR 431); bei der Aufnahme, Aufbewahrung u Vernichtung erkennungsdienstlicher Unterlagen wie Fingerabdrücke, Lichtbilder usw als Hilfsmittel für die künftige Arbeit der Polizei[31] sowie allg **Maßnahmen der Strafverfolgungsvorsorge;**[32] bei der Auskunft über eine Gewährsperson durch die Polizei;[33] bei der Weigerung der Strafvollzugsbehörde, einem Strafgefangenen Ablichtungen aus Akten, die ihr von einer Verwaltungsbehörde im Wege der Amtshilfe zum Zweck der Gewährung von Akteneinsicht an den Strafgefangenen übersandt wurden, zu erteilen (Mü NVwZ 1987, 613). Insoweit ist für Streitigkeiten der VRW gegeben.[34] Bei sog **doppelfunktionalen Maßnahmen,** die sowohl der Gefahrenabwehr als auch der Strafverfolgung dienen, kommt es für die Qualifikation als JustizVA auf die von der Polizei **verfolgte Zielsetzung** an,[35] die bei der Überprüfung der Rechtmäßigkeit ohnehin zu berücksichtigen ist (Schenke PolR 423). Gegen die Qualifikation einer Maßnahme aufgrund ihres „Schwerpunktes"[36] spricht, daß in der Bestimmung dieses Schwerpunktes (Absicht der Polizei? Sicht der Adressaten?) gerade die Schwierigkeit liegt u es sich insofern um eine Leerformel handelt (Schenke PolR 423; ebenso nunmehr NKVwGO-Sodan 617 zu § 40). Da die Zielsetzung der Polizei entscheidend für die Rechtsgrundlage einer Maßnahme ist, kommt es durchaus in Betracht, daß sie sich bei bestimmten Akten **sowohl auf das Polizeigesetz wie die StPO beruft.**[37] Es liegen dann genaugenommen eine präventive u eine repressive Maßnahme vor, die lediglich zeitlich zusammenfallen, aber vor **Verwaltungs- bzw ordentlichen Gerichten unabhängig voneinander anzugreifen** sind (Schenke PolR 424). § 17 Abs 2 GVG steht dieser Auffassung nicht entgegen, da es sich um zwei verschiedene Streitgegenstände handelt.[38] Das wird schon daran deutlich, daß, wenn eine Maßnahme nur auf das PolG gestützt u durch das VG aufgehoben wird, die RKraft dieser Entscheidung die Polizei nicht hindert, eine entspr Maßnahme nunmehr auf die StPO zu stützen. Dasselbe gilt umgekehrt bei einer auf der StPO basierenden Maßnahme (etwa einer Beschlagnahme), bei welcher das Urteil des ordentlichen Gerichts es der Polizei nicht verwehrt, eine entspr Maßnahme auf gefahrenabwehrrechtliche Aspekte zu gründen.

---

[31] 26, 169; 69, 192 = NJW 1984, 2233; BayVBl 1976, 711; JZ 1991, 471; Lü NdsVBl 2007, 43; Mü BayVBl 1983, 182; 1991, 657; NJW 1984, 2235; Ms DVBl 1980, 423; NWVBl 1999, 257; Bln NJW 1971, 631; Hbg MDR 1977, 80 mwN; Ma NJW 1987, 2762; 3022; enger Mü BayVBl 1986, 337. Dies gilt auch dann, wenn die Unterlagen im Rahmen der Strafverfolgung erstellt wurden: 69, 192; ebenso Ko NJW 1994, 2108; zur materiellrechtlichen Zulässigkeit einer solchen Zweckänderung vgl Schenke PolR 207 ff; zT **aA** Schoreit NJW 1985, 172.

[32] NJW 1990, 2768 f; Lisken/Denninger E 145; Schenke PolR 427; JZ 2006, 711; s auch Würt 177 sowie WHR 181; **aA** Eisenberg/Puschke JZ 2006, 732.

[33] Mü NJW 1980, 198; OLG Hamm DÖV 1973, 282; Ey-Rennert 130 zu § 40; Meyer-Goßner 2 a zu § 23 EGGVG; s auch oben 5; **aA** OLG Hamburg NJW 1982, 297; OLG Stuttgart NJW 1985, 77: Antrag gem § 23 EGGVG auf Verpflichtung der obersten Dienstbehörde, die Personalien des V-Mannes mitzuteilen.

[34] Vgl allg zum Rechtsschutz gegen Maßnahmen der Polizei auch 47, 255 ff; Schenke VerwA 1969, 332; NJW 1975, 1529; 1976, 18; PolR 419 ff; Amelung JZ 1975, 526; NJW 1979, 1688; Feldmann/Schenke VerwA 1971, 169; Heneka.

[35] Schenke PolR 423; Erichsen Jura 1993, 49; Götz NVwZ 1994, 658; NKVwGO-Sodan 617 zu § 40; s auch BayObLG NVwZ 1990, 195 u Lü 23. 7. 1997 – 13 O 4664/95.

[36] So NJW 1975, 893; Bln NJW 1971, 637; Ms NJW 1980, 855; Mü NJW 1984, 2235; BayVBl 1986, 337; Knemeyer PolR 122; Würt 172; unklar Ma NVwZ-RR 1990, 413; NVwZ-RR 2005, 540 (es komme auf das Schwergewicht des polizeilichen Handelns u zum anderen auf den damit verbundenen Zweck an).

[37] So bereits Schenke VerwA 1969, 345; PolR 423 mwN; ebenso nunmehr NKVwGO-Sodan 618 zu § 40; s auch Schoch Jura 2001, 631.

[38] Ebenso Erichsen Jura 1993, 49; **aA** VG Hannover NVwZ-RR 1999, 578; Götz 652, 658; NKVwGO-Sodan 618 zu § 40; Schoch, Stree-FS u Wessels, 1116; s auch 5 zu § 41.

8 Gegen Strafverfolgungsmaßnahmen der Staatsanwaltschaft oder der Polizei, die **Prozeßhandlungen iSd StPO** sind, ist ebenfalls Rechtsschutz nach den §§ 23ff EGGVG gegeben,[39] sofern der ASt eine RVerletzung iSv § 24 EGGVG geltend machen kann (Schenke VerwA 1969, 348f), was allerdings nicht der Fall ist, wenn dem Beschuldigten zu einem späteren Zeitpunkt ein wirksamer Rechtsbehelf zur Verfügung steht, denn Art 19 Abs 4 GG verlangt nur Rechtsschutz innerhalb angemessener Zeit (BVerfG 55, 369). Die Gegenauffassung,[40] die auf die – lückenhaften (s unten) – Rechtsbehelfe nach der StPO verweist, ist mit **Art 19 Abs 4 GG** nicht zu vereinbaren, soweit die Maßnahme in Grundrechte eingreift (hierzu BVerfG NJW 1984, 1451; 1985, 1019; **aA** Kissel 40 zu § 23 EGGVG mwN). Soweit **§ 98 Abs 2 S 2 StPO** eingreift, handelt es sich hierbei nicht um eine andere Vorschrift iSv § 23 Abs 3 EGGVG,[41] es entfällt aber evtl das **RSB** für ein Vorgehen nach §§ 23ff EGGVG.[42]

9 Bei einer erledigten Strafverfolgungsmaßnahme kommt, sofern ein RSB (meist in Form des Rehabilitationsinteresses) vorliegt (vgl Schenke PolR 425), ein Vorgehen nach § 28 Abs 1 S 4 EGGVG in Betracht (Schenke DÖV 1978, 731ff; Dörr NJW 1984, 2260; Würt 173, 176). Für eine analoge Anwendung von § 113 Abs 1 S 4 im Rahmen von § 98 Abs 2 S 2 StPO fehlt es bereits an der Regelungslücke (**aA** BGH DÖV 1978, 730; NStZ 1999, 202; Amelung NJW 1978, 1013f; SK StPO-Rudolphi 35ff zu § 98 StPO). **Allg** zum **Rechtsschutz gegen erledigte strafprozessuale Zwangsmaßnahmen** s Fezer Jura 1982, 18ff, Dörr NJW 1984, 2258.

Für die **Anforderungen an das berechtigte Interesse** iSd § 28 Abs 1 S 4 EGGVG vgl OLG Koblenz StV 1994, 284; OLG Köln NJW 1994, 1075; OLG Brandenburg OLGSt EGGVG § 23 Nr 20. Zur Bindungswirkung einer Feststellungsentscheidung im nachfolgenden Amtshaftungsprozeß vgl BGH NJW 1994, 1950.

§ 180 [Zeugen- und Sachverständigenvernehmung nach VwVfG oder SGB-X]

Erfolgt die Vernehmung oder die Vereidigung von Zeugen und Sachverständigen nach dem Verwaltungsverfahrensgesetz[2] oder nach dem Zehnten Buch Sozialgesetzbuch durch das Verwaltungsgericht, so findet sie vor dem dafür im Geschäftsverteilungsplan bestimmten Richter statt.[1ff] Über die Rechtmäßigkeit einer Verweigerung des Zeugnisses, des Gutachtens oder der Eidesleistung nach dem Verwaltungsverfah-

[39] 47, 258f; KG GA 1984, 24; OLG Hamm StV 1984, 373; Schenke VerwA 1969, 346ff; NJW 1976, 1816ff; PolR 425 mwN; Dörr NJW 1984, 2258; NKVwGO-Sodan 609 zu § 40; Würt 173, 176; **aA** zB für die auf § 147 Abs 2 StPO gestützte Verweigerung der Einsicht in Ermittlungsakten während des ErmittlungsVf BVerfG NStZ 1984, 228; NJW 1985, 1019; NJW 1994, 573; 1994, 3219; OLG Saarbrücken NJW 1995, 1440; OLG Karlsruhe NJW 1997, 267; OLG Frankfurt NStZ-RR 1996, 40; OLG Hamm StV 1995, 571; s auch oben 4. Zur Akteneinsicht Dritter in von Strafverfolgungsbehörden sichergestellte Unterlagen s Hilger NStZ 1984, 541.

[40] BGHSt 28, 57 = NJW 1978, 1013; NJW 1979, 882; OLG Saarbrücken NJW 1995, 1440; OLG Karlsruhe NJW 1992, 642; OLG Stuttgart NJW 1977, 2276; OLG Hamburg NStZ 1984, 566; Amelung, Rechtsschutz gegen strafprozessuale Grundrechtseingriffe, 1976; NJW 1978, 1013; Götz JuS 1985, 869; Aulehner BayVBl 1988, 709; SK StPO-Rudolphi 34ff zu § 98 StPO; allg auch BVerfG NJW 1984, 1451 mwN; 1985, 1019; 1994, 573: zur Akteneinsicht während eines ErmittlungsVf; enger OLG Celle NJW 1990, 1802: Rechtsschutz durch die Strafgerichte erst, wenn das StrafVf bei Gericht anhängig geworden ist.

[29] Schenke PolR 425; **aA** BGH NStZ 1999, 201; OLG Stuttgart StV 1988, 424; KG JR 1998, 216; OLG Karlsruhe NJW 1995, 1976; Kissel 40 zu § 23 EGGVG.

[42] Schenke NJW 1976, 1822; ebenso Dörr NJW 1984, 2258; s auch Schoch Jura 2001, 630f.

rensgesetz oder nach dem Zehnten Buch Sozialgesetzbuch entscheidet das Verwaltungsgericht durch Beschluß.[3]

Vgl 158 FGO

1. Die durch G v 25. 5. 1976 (BGBl I 1253) in die VwGO eingefügte Vorschrift (§ 180 aF betraf die inzwischen in der FGO geregelte Rechtswegverweisung durch die Finanzgerichte) regelt **die Bestimmung des zuständigen Richters** des Verwaltungsgerichts für die Vernehmung von Zeugen u Sachverständigen gem § 65 Abs 2–5 VwVfG. Die Bestimmung war bei ihrer Einfügung notwendig, da die VwGO die Einrichtung des Einzelrichters bis zur Änderung des § 6 durch das RPflEntlG nicht kannte u bis dahin gem § 5 Abs 3 für alle Handlungen die Kammer als Kollegium zuständig war. 1

§ 180 gilt nur für die Vernehmung u/oder Vereidigung von Zeugen oder Sachverständigen aufgrund eines Ersuchens der zuständigen Behörde **gem § 65 Abs 2–5 VwVfG** bzw § 22 SGB-X; **nicht auch** für Vernehmungen oder Vereidigungen **aufgrund anderer Rechtsvorschriften,** auch nicht (da § 180 ausdr nur von „dem Verwaltungsverfahrensgesetz" spricht, freilich ohne daß für diese Beschränkung ein sinnvoller Grund ersichtlich wäre!), für Vernehmungen oder Beeidigungen **aufgrund** der dem § 65 VwVfG entspr u damit wörtlich übereinstimmenden **Vorschriften der Verwaltungsverfahrensgesetze der Länder;**[1] sie ist insoweit auch nicht analog anwendbar. **Zur Zuständigkeit** u zum Vf bei Zeugenvernehmungen usw **aufgrund anderer Rechtsvorschriften** s unten 7; zu **sonstigen** durch einzelne Gesetze, insb Gesetze, die eine Freiheitsentziehung oder eine Durchsuchung vorsehen, Richtern – nicht notwendig den Verwaltungsgerichten – übertragenen Aufgaben auch 9 zu § 179. 2

2. Zuständigkeit: Zuständig für die Vernehmung bzw Vereidigung ist der dafür nach dem **vom Präsidium beschlossenen Geschäftsverteilungsplan** (s 7ff zu § 4) **bestimmte Richter** bzw, bei Verhinderung, dessen (ebenfalls im Geschäftsverteilungsplan dafür zu bestimmende, s SDC 2b) Vertreter. Eine Bestimmung des zuständigen Richters gem § 21g GVG durch die Kammer oder gar deren Vorsitzenden ist nicht möglich (SDC 2b; RÖ-v Nicolai 3; Sch-Stelkens 6). **Verweigert der Zeuge** oder Sachverständige **die Aussage oder Eidesleistung,** so entscheidet das VG gem S 2 über die Rechtmäßigkeit der Verweigerung durch Beschluß. Im Hinblick auf den unterschiedlichen Wortlaut in S 1 u 2 („bestimmte Richter" u „Verwaltungsgericht") u wg anderenfalls fehlender Bedeutung von S 2 ist auch nach Änderung der §§ 5 Abs 3, 6 die nach dem Geschäftsverteilungsplan zuständige Kammer des VG für die Entscheidung zuständig.[2] Gem § 6 Abs 1 soll sie den Rechtsstreit allerdings regelmäßig einem Einzelrichter übertragen. 3

Für die **örtliche Zuständigkeit des VG** ist der Wohnsitz oder Aufenthaltsort des zu vernehmenden oder zu vereidigenden Zeugen oder Sachverständigen maßgebend (§ 65 Abs 2 S 1, Abs 3 VwVfG); soweit danach die Zuständigkeit verschiedener Gerichte in Betracht kommt, liegt die **Auswahl im Ermessen der das Ersuchen stellenden Behörde,** ebenso auch bei Vorliegen der Voraussetzungen des § 65 Abs 2 S 2 VwVfG die Entscheidung, statt des Verwaltungsgerichts das näher gelegene Amtsgericht zu ersuchen (KR 7 zu § 65 VwVfG). 4

---

[1] Sch-Stelkens 5; **aA** NKVwGO-Guckelberger 3; zweifelnd u zur Bejahung der Anwendbarkeit für Vernehmungen u Vereidigungen aufgrund der Verwaltungsverfahrensgesetze der Länder neigend RÖ-v Nicolai 4.

[2] MB 24 zu § 97 VwVfG; **aA** RÖ-v Nicolai 5; Sch-Stelkens 8: § 180 S 2 will lediglich bestimmen, daß die Entscheidung durch Beschluß zu erfolgen hat.

5 **3.** Das **Verfahren** richtet sich nach § 65 VwVfG iVm den sonst für Beweisaufnahmen geltenden Vorschriften der VwGO (§§ 97 f) u der ZPO. ASt ist entgegen der zT mißverständlichen Regelung des § 65 VwVfG der Bund, nicht die einzelne Behörde (vgl Mü NJW 1982, 2275). Das Gericht ist **an das Ersuchen gebunden,** sofern es den formellen Anforderungen gem § 65 Abs 2 S 3 u Abs 5 genügt; ihm kommt nach dem ausdr Wortlaut des § 65 Abs 3 VwVfG **auch hins** der Frage der **Erforderlichkeit einer Beeidigung** (§§ 391, 410 ZPO) – anders als hins der vom Gericht gem § 180 S 2 in eigener Zuständigkeit zu prüfenden Frage der Rechtmäßigkeit einer Verweigerung des Zeugnisses usw – keine eigene Entscheidung oder Befugnis zur Nachprüfung der Entscheidung der Behörde zu.[3] Die **Beteiligten sind** von dem Beweistermin **zu benachrichtigen** (§ 65 Abs 2 S 4 VwVfG; § 97). Sie haben gem § 97 VwGO das Recht, an der Vernehmung teilzunehmen u an den Zeugen oder Sachverständigen Fragen zu richten.

6 **4. Rechtsbehelfe: Gegen Entscheidungen des Richters,** der für die Vernehmung bzw Vereidigung zuständig ist, ist in entspr Anwendung von § 151 der Antrag auf Entscheidung der Kammer **(Erinnerung)** gegeben (**aA** B-Bader 4; NKVwGO-Guckelberger 6), gegen deren Entscheidung (Beschluß) die **Beschwerde** gem §§ 146 ff. Ebenso ist **gegen die Entscheidung der Kammer** gem S 2 über die Rechtmäßigkeit einer Verweigerung des Zeugnisses, Gutachtens oder der Eidesleistung (s oben 3) die **Beschwerde** gegeben.[4]

7 **5. Soweit** die Verwaltungsgerichte **nach anderen Gesetzen für** die Vernehmung u Beeidigung von Zeugen u Sachverständigen oder für Durchsuchungsanordnungen usw zuständig sind, richtet sich die Zuständigkeit u das Vf primär nach diesen, sowie ergänzend dazu nach der VwGO. **§ 180** ist hier **nicht anwendbar** (s oben 1). Insofern verbleibt es daher auch im Zweifel bei der **Zuständigkeit der Kammer,** da auch die Beauftragung eines einzelnen Richters nach § 87 bzw § 96 Abs 2 nur für bei Gericht anhängige Streitsachen oder für im Weg der Rechtshilfe für andere Gerichte vorzunehmende Beweisaufnahmen möglich ist.[5]

8 **Voraussetzung** für die Vernehmung von Zeugen u Sachverständigen u ihre Vereidigung durch das Gericht ist in jedem Fall **eine gesetzliche Regelung,** die dies anordnet oder zuläßt. Die allg Verpflichtung der Gerichte zu Amts- u Rechtshilfe ggü den Behörden gem Art 35 GG genügt als Grundlage hierfür nicht, ebenso wenig Vorschriften, die wie § 26 VwVfG nur allg eine Vernehmung von Zeugen u Sachverständigen durch die Behörde vorsehen.[6] **Durch Landesgesetz** können entspr Zuständigkeiten der Gerichte nur begründet werden, wenn die Länder durch Bundesgesetz dazu ermächtigt sind.

§ 181 [Änderung des VwZG]

(Änderungsvorschriften)

§ 182 [Änderung der BRAGO]

(Änderungsvorschriften)

---

[3] KR 12 zu § 65 VwVfG mwN; vgl auch BVerfG 51, 113; NJW 1981, 2111.

[4] RÖ-v Nicolai 5; Sch-Stelkens 7 f von der abw Ausgangsposition – s oben 3 – aus, daß der nach S 1 bestimmte Richter auch für die Entscheidung über die Rechtmäßigkeit der Verweigerung das Gericht iSv S 2 sei.

[5] Vgl auch Mü NJW 1984, 2482: keine Zuständigkeit des Vorsitzenden für Wohnungsdurchsuchungsanordnung, wenn Gesetz insoweit nur das „Gericht" ermächtigt; **aA** insoweit Mü NJW 1983, 107.

[6] RÖ-v Nicolai 1; StBS-P. Stelkens/Kallerhoff 27 zu § 97 VwVfG.

§ 183 [Wirkungen der Nichtigerklärung von Landesrecht]

Hat das Verfassungsgericht eines Landes die Nichtigkeit von Landesrecht festgestellt oder Vorschriften des Landesrechts für nichtig erklärt, so bleiben vorbehaltlich einer besonderen gesetzlichen Regelung durch das Land die nicht mehr anfechtbaren Entscheidungen der Gerichte der Verwaltungsgerichtsbarkeit, die auf der für nichtig erklärten Norm beruhen, unberührt. Die Vollstreckung aus einer solchen Entscheidung ist unzulässig. § 767 der Zivilprozeßordnung gilt entsprechend.

Vgl § 79 BVerfGG; § 157 FGO

Schrifttum: *Bettermann,* Über die Wiederaufnahme abgeschlossener Verwaltungsverfahren, Wolff-FS 1973, 465; *Papier,* Rückwirkungen der Nichtigerklärung notarieller Gebührenermäßigungspflichten, NJW 1979, 522; *Sommerlad,* Nichtigerklärung einer Rechtsnorm durch das BVerfG, NJW 1984, 1489; *Steiner,* Wirkung der Entscheidungen des BVerfG auf rechtskräftige und unanfechtbare Entscheidungen (§ 79 BVerfGG), BVerfG-FS I, 1976, 628.

1. Die Vorschrift ist **§ 79 Abs 2 BVerfGG nachgebildet** (56, 176) u trifft – 1
vorbehaltlich abweichender landesrechtlicher Bestimmungen (s zB 26 Abs 3 rhpfVfGHG; § 40 HessStGHG) – eine § 79 Abs 2 BVerfGG entspr Regelung hins der **Folgen von Entscheidungen der Landesverfassungsgerichte,** welche die Nichtigkeit von Landesrecht feststellen bzw die betroffenen Vorschriften für nichtig erklären. **Durch Landesrecht** können aufgrund der ausdr Ermächtigung des Landesgesetzgebers in § 183 **auch weitergehende Wirkungen** an die Entscheidung des Verfassungsgerichts geknüpft werden, insb auch zB ein Recht der Beteiligten auf Wiederaufnahme der betroffenen Vf vorgesehen (str) oder dem Verfassungsgericht weitergehende Befugnisse eingeräumt werden (vgl zB § 26 Abs 4 RhpfVerfGHG; § 40 HessStGHG; dazu Bettermann Wolff-FS 485); dagegen ist es den Ländern **verwehrt, abweichend von S 2 zB die Vollstreckung** gleichwohl **zuzulassen** (NKVwGO-Heckmann 30; Sch-Pietzner 25).

2. Anwendungsbereich der Regelung: § 183 gilt unmittelbar nur für ver- 2
waltungsgerichtliche **Entscheidungen** (Urteile, Beschlüsse, Gerichtsbescheide), die mit ordentlichen RMittel nicht mehr angefochten werden können; die Regelung ist **analog** aber **auch auf Einstellungsbeschlüsse** u **Kostenentscheidungen** anzuwenden (ebenso NKVwGO-Heckmann 34; Sch-Pietzner 32 Fn 75; **aA** 57, 319, 324). Unmittelbar durch die später für nichtig erklärte Rechtsvorschrift **beendete Vf** sind als **nach wie vor anhängig** zu behandeln (66, 57). Zur analogen Anwendung auf andere vollstreckbare Titel, VAe u Verträge s unten 4 ff.

§ 183 ist außerdem gem § 47 Abs 5 S 3 **entspr anwendbar** bei **Unwirksamerklärung eines Rechtssatzes im Vf nach § 47** (s im einzelnen dazu 145 zu § 47), **nicht dagegen** auf Fälle, in denen die Unwirksamkeit eines Rechtssatzes nur inzident in einem Vf ohne Allgemeinverbindlichkeit festgestellt wird (27, 145; Ms MDR 1965, 102; Menger JZ 1965, 720; Ey-P. Schmidt 3).

Nicht anwendbar ist § 183 auf **Strafurteile** u **Bußgeldbescheide.** Bei diesen besteht analog § 79 Abs 1 BVerfGG Anspr auf **Wiederaufnahme** des Vf.[1]

§ 183 stellt in Anlehnung an § 79 Abs 2 BVerfGG **klar,** daß die Nichtiger- 3
klärung einer Norm durch das Verfassungsgericht des Landes grds ebenso wie die Nichtigerklärung gem § 79 Abs 2 BVerfGG durch das BVerfG **keine Auswirkungen auf den Bestand** nicht mehr anfechtbarer (rechtskräftiger) Urteile u Beschlüsse der Verwaltungsgerichte hat, im übrigen (S 2) jedoch eine **Vollstrek-**

---

[1] Ks NJW 1980, 2723; Meyer-Ladewig DVBl 1976, 208; RÖ-M. Redeker 47 zu § 47; Sch-Pietzner 50: nicht analog § 79 Abs 1 BVerfGG, sondern aufgrund allg Rechtsgedankens.

kung daraus **ausschließt. Auch der Gesetzgeber** – Entsprechendes gilt auch für den VO-Geber – ist verfassungsrechtlich durch Art 19 Abs 4, 20 Abs 1 u 3 GG u ggf in der Sache betroffene Grundrechte nicht verpflichtet, bereits unanfechtbar entschiedene Fälle wieder aufzugreifen, wenn durch eine Entscheidung des Verfassungsgerichts erkennbar wird, daß die betr Fälle aufgrund einer verfassungswidrigen (bzw bei VOen uU auch aufgrund einer gesetzwidrigen) oder auch verfassungswidrig (bzw gesetzwidrig) unvollständigen Vorschrift entschieden wurden (vgl zu verfassungswidrig unvollständigen Bestimmungen NVwZ 1989, 959; s auch unten 9).

Mittelbar ist durch § 183 auch klargestellt, daß die Nichtigerklärung auch **kein Wiederaufnahmegrund** iSv § 153 ist (NKVwGO-Heckmann 1; Sch-Pietzner 13; Röper DVBl 1982, 635). Dem Zweck der Regelung entspr wird **bei Bescheidungsurteilen** gem S 2 nicht nur eine Vollstreckung daraus, sondern auch ein darauf gestütztes **neues KlageVf** ausgeschlossen (NVwZ 1984, 432). Entsprechendes gilt auch für **alle sonstigen Rechtsbehelfe,** die sonst auf die betroffenen Entscheidungen gestützt werden könnten.[2] Deshalb kann zB aus einem solchen Urteil auch die **Klagebefugnis** gem § 42 Abs 2 (vgl 162 zu § 42) gegen einen VA **nicht mehr** hergeleitet werden.

4 **3. Entsprechende Anwendung auf gerichtliche Vergleiche, VAe usw: a) Andere Vollstreckungstitel gem § 168 Abs 1.** § 183 ist entspr **auch auf andere Vollstreckungstitel** nach der VwGO (§ 168 Abs 1), insb auch auf gerichtliche **Vergleiche** (§ 106, vgl Sommerlad NJW 1984, 1494; Sch-Pietzner 59; **aA** NKVwGO-Heckmann 36) anwendbar. Sofern sie aber gerade im Hinblick auf bestehende Zweifel bezüglich der Verfassungsmäßigkeit bzw Gültigkeit der anwendbaren Vorschriften geschlossen wurden, ist auch ihre Vollstreckung möglich, § 183 S 2 also nicht anwendbar (einschränkend Sch-Pietzner 63). Entsprechendes gilt auch für **verwaltungsrechtliche Verträge,** in denen sich die Beteiligten gem § 61 VwVfG oder nach entspr Vorschriften **der sofortigen Vollstreckung unterworfen haben.** Analog S 2 wird auch die Vollstreckung **aus gerichtlichen Vergleichen** usw unzulässig. Zur Anwendung auf sonstige ör Verträge s unten 7, auf VAe unten 5.

5 **b) Verwaltungsakte. Als Ausdruck eines allg Rechtsgedankens** (für die unmittelbare Einbeziehung hätte dem Bundesgesetzgeber jedenfalls zT die Gesetzgebungszuständigkeit gefehlt, vgl Sch-Pietzner 52) ist § 183 **außerdem** nach heute überwiegender Auffassung **auch auf VAe** anwendbar. Im Fall einer ex tunc wirkenden Nichtigerklärung (Unwirksamerklärung) einer Rechtsvorschrift, auf deren Grundlage ein VA erlassen wurde, ist hins der Auswirkungen für den VA folgendes festzustellen: Angesichts nichtiger Rechtsgrundlage ist der **VA** selbst **rechtswidrig** erlassen worden. Da Rechtswidrigkeit u Wirksamkeit des VA zu trennen sind, läßt die Nichtigerklärung die **Wirksamkeit des VA unberührt.**[3] Gem dem Rechtsgedanken der § 183 S 2, § 79 Abs 2 S 2 BVerfGG, § 157 S 2 FGO ist die **Vollstreckung für die Zukunft** jedoch ausgeschlossen.[4] **Bereits vorher erfolgte Vollstreckungshandlungen** bleiben dagegen unberührt, wenn der ihnen zugrundeliegende Titel bereits unanfechtbar ist. Im Rah-

---

[2] NVwZ 1984, 432: die Entscheidungen dürfen „als Instrumente zur zwangsweisen Herbeiführung der auf der nichtigen Norm beruhenden u deshalb mit dem materiellen Recht nicht mehr im Einklang stehenden Rechtsfolge nicht mehr verwendet werden"; vgl auch MS 20, 27 zu § 79 BVerfGG; Kneser AöR 1964, 202.

[3] 56, 176; BGH NJW 1983, 1796; Ko DÖV 1983, 646; Mü BayVBl 1989, 211; Lü DÖV 1984, 306.

[4] BT-Dr 7/4324, 12; BVerwG 56, 178; NJW 1984, 881; Sch-Pietzner 58; Ey-J. Schmidt 104 zu § 47; RÖ-M. Redeker 46 zu § 47; vgl ferner BVerfG 20, 234f zu § 79 Abs 2 BVerfGG; BVerwG 27, 141; **aA** DÖV 1967, 756; Ms DVBl 1965, 950; Menger JZ 1965, 719: keine entspr Anwendung auf VAe.

men der Anfechtung von Vollstreckungsakten kann die Rechtswidrigkeit des AusgangsVA nicht geltend gemacht werden (vgl auch 19a zu § 167).

6 Im übrigen läßt § 183 bzw der ihm zugrundeliegende allg Rechtsgedanke die Regelungen über die **Bestandskraft von VAen unberührt.** Weder § 183 noch die Parallelregelungen enthalten eine Aussage dazu, ob die auf der für nichtig erklärten Norm basierenden unanfechtbaren VAe im VerwaltungsVf aufgehoben werden können oder müssen (Baumeister VerwA 1992, 388; vgl auch Sch-Pietzner 54ff). Die Beantwortung dieser Fragen hängt von der Auslegung der §§ 48, 51 VwVfG bzw der gleichlautenden Vorschriften der Länder ab. Die **Befugnis zur Aufhebung** unanfechtbarer rechtswidriger VAe beurteilt sich nach § 48 VwVfG. Ob eine **Pflicht zur Aufhebung** des VA **bzw zum Wiederaufgreifen** des Vf besteht, richtet sich nach den Grundsätzen über das Wiederaufgreifen. Eine Pflicht zum Wiederaufgreifen ieS gem § 51 VwVfG ist im Fall der Nichtigerklärung der Rechtsgrundlage abzulehnen. Die Nichtigerklärung stellt keine Änderung der Rechts- oder Sachlage gem § 51 Abs 1 Nr 1 VwVfG dar.[5] Dennoch besteht im Fall der Nichtigerklärung der Rechtsgrundlage eines VA ein Anspr auf ein Wiederaufgreifen iwS, dh, die Behörde muß in diesem Fall eine Ermessensentscheidung über die Aufhebung des VA treffen, dessen Rechtswidrigkeit indirekt aus der Nichtigerklärung der Rechtsgrundlage folgt.[6] Dieser Anspr auf ein Wiederaufgreifen iwS ist daher nicht zu verwechseln mit einem Anspr auf Aufhebung des bestandskräftigen VA (deshalb gegen den Begriff des Wiederaufgreifens iwS UL § 65, 9). Ein solcher **Anspr auf Aufhebung** des unanfechtbaren VA ist nur in Ausnahmefällen anzuerkennen, etwa wenn die Aufrechterhaltung schlechthin unerträglich wäre (28, 127; 44, 336) oder Umstände ersichtlich sind, die die Berufung der Behörde auf die Unanfechtbarkeit als einen Verstoß gegen die guten Sitten oder Treu u Glauben erscheinen lassen (44, 336; DVBl 1968, 919). Weiter ist in den Fällen des belastenden VA mit Dauerwirkung (bei fortdauernden Eingriffen) ein Anspr auf Aufhebung zumindest mit Wirkung ex nunc gegeben. Das durch die Unanfechtbarkeit geschützte Rechtssicherheitsprinzip entfaltet insoweit keine Sperre (vgl zutr auch Sch-Pietzner 56).

Ist ein belastender VA dagegen noch **nicht bestandskräftig,** so ergibt sich aus dem hier grds bestehenden verfassungsrechtlich garantierten Beseitigungsanspr des Belasteten eine **Pflicht zur Aufhebung des VA** im Fall der ex tunc wirkenden Nichtigerklärung seiner Rechtsgrundlage (vgl Schenke NVwZ 1993, 722f).

7 **Sonderfall Aufrechnung:** Die Nichtigerklärung einer Rechtsvorschrift schließt die behördliche Aufrechnung mit einer Forderung, die ihren Rechtsgrund in dieser Rechtsvorschrift hat, aus. Da die Aufrechnung selbst kein VA ist,[7] hat auch eine vor der Nichtigerklärung erklärte Aufrechnung nicht zum Erlöschen der Gegenforderung geführt, sofern der Aufrechnungserklärung kein VA vorausging oder zeitgleich erfolgte, der die (aufgrund der Nichtigkeit der Rechtsgrundlage nicht bestehende) Forderung festgesetzt u damit begründet hat.

---

[5] NVwZ-RR 1991, 32; Ma VBlBW 1990, 254; Ms NWVBl 1990, 13; Sch-Pietzner 54; UL § 65, 19; Sachs JuS 1982, 266, KR 30 zu § 51 VwVfG; **aA** Obermayer 55 zu § 51 VwVfG; Stelkens NVwZ 1982, 494.

[6] Baumeister VerwA 1992, 381ff; indirekt auch Ms NVwZ 1995, 1139: Zur Entscheidung über ein Begehren, dem sich ... die Behauptung entnehmen läßt, ein unanfechtbar gewordener Bescheid sei aus früher nicht erwogenen Gründen rechtswidrig, bedarf es eines gewissen Eingehens auf diese Gründe; nur so läßt sich die Ermessensentscheidung, von der Möglichkeit zu einem sog unechten Wiederaufgreifen keinen Gebrauch zu machen, sachgerecht begründen; in dieselbe Richtung bei Umkehrschluß auch BVerwG 69, 94: ein Antrag auf Wiederaufgreifen kann ermessensfehlerfrei mit der Begründung abgelehnt werden, es bestehe kein Grund für eine neue Sachentscheidung, wenn sich die Vorfrage nicht aufdrängt, ob der rechtsbeständig gewordene Erstbescheid rechtswidrig zustande gekommen ist.

[7] S 15 zu Anh § 42; K. Hartmann Aufrechnung im Verwaltungsrecht 1996, 119ff.

8 **c) Öffentlichrechtliche Verträge.** Die Nichtigerklärung einer Norm kann uU klarstellen, daß ein ör Vertrag, der sich auf die betr Norm stützt, als rechtswidrig u nichtig (§ 59 VwVfG) anzusehen ist. Auch kann die Nichtigerklärung der Vorschriften, von deren Gültigkeit die Beteiligten ausgingen, bedeuten, daß damit die **Geschäftsgrundlage** fehlt bzw entfällt (ebenso zu privatrechtlichen Verträgen Sommerlad NJW 1984, 1495; Graf Luckner WPR 1984, 187); auch unabhängig davon kann eine derart weitgehende Änderung der Verhältnisse die Folge sein, daß die Beteiligten ein **außerordentliches Kündigungsrecht** bzw Recht auf Anpassung des Vertrags an die veränderte Situation haben. Ein ipso iure, dh gewissermaßen automatischer, **Wegfall aller weiteren Verpflichtungen** aus dem Vertrag, unabhängig von den genannten Voraussetzungen, wird durch die Nichtigerklärung dagegen grds **nicht bewirkt.**[8]

9 **4. Folgen bei verbindlich festgestellter Unvollständigkeit einer Norm:** Stellt das Verfassungsgericht bzw das OVG gem § 47 fest, daß eine **Vorschrift** deshalb **unvollständig** ist, weil sie unter Verstoß gegen höherrangiges Recht eine bestimmte Frage nicht oder nicht ausreichend regelt, so **müssen** die Gerichte grds analog § 94 die bei ihnen anhängigen oder anhängig werdenden **Vf aussetzen** u **abwarten,** bis die entspr Norm erlassen wird (vgl 19 zu § 94). Entsprechendes gilt für Behörden. **Soweit** Fälle **jedoch** aufgrund der unzulänglichen Vorschriften bereits vorher **unanfechtbar abgeschlossen** wurden, ist auch der Gesetzgeber bzw VO-Geber nicht verpflichtet, auch die bereits abgewickelten Altfälle wieder aufzugreifen u dafür eine neue Regelung zu treffen (NVwZ 1989, 959 – zu § 79 Abs 2 BVerfGG –; s auch oben 3).

§ 184 [Weiterführung der Bezeichnung „VGH"]

Das Land kann bestimmen, daß das Oberverwaltungsgericht die bisherige Bezeichnung „Verwaltungsgerichtshof" weiterführt.

1 Die Vorschrift gibt den Ländern, in denen beim Inkrafttreten der VwGO das dem OVG entspr Gericht die Bezeichnung „VGH" trug, die **Möglichkeit,** diese Bezeichnung **weiterführen** zu lassen. Dies ist in **Baden-Württemberg** (§ 1 Abs 1 S 1 BWAGVwGO), **Bayern** (Art 1 Abs 1 S 1 BayAGVwGO) u **Hessen** (§ 1 Abs 1 S 1 HessAGVwGO) geschehen. Andere Länder können die Bezeichnung OVG nicht ändern; das gilt heute auch für Bremen, das die Bezeichnung „VGH" nach Inkrafttreten der VwGO nicht beibehalten („weitergeführt") hat (str).

§ 185 [Sonderregelung für einzelne Länder]

(1) **In den Ländern Berlin und Hamburg treten an die Stelle der Kreise im Sinne des § 28 die Bezirke.**

(2) **Die Länder Berlin, Brandenburg, Bremen, Hamburg, Mecklenburg-Vorpommern, Saarland und Schleswig-Holstein können Abweichungen von den Vorschriften des § 73 Abs. 1 Satz 2 zulassen.**

1 Die Vorschrift trägt den **Besonderheiten der Verwaltungsorganisation** in den genannten Ländern Rechnung, von denen Berlin u Hamburg nicht in Kreise eingeteilt sind, die übrigen über keine Mittelinstanz der Verwaltung verfügen. Von der Ermächtigung des Abs 2 haben **Berlin** (§ 27 Abs 1 BerlAllgZuständig-

---

[8] Eyermann GewA 1975, 107; vgl auch BVerfG NJW 1984, 1495; MS 32 zu § 79 BVerfGG; Sommerlad NJW 1984, 1495; zT weitergehend Ms MDR 1972, 563 zu § 79 BVerfGG; Mü BayVBl 1970, 330.

keitsG – BerlAZG –, § 67 BerlASOG), **Bremen** (Art 8 Abs 1 BremAGVwGO), **Hamburg** (§ 7 Abs 1, 2 HmbAGVwGO iVm WiderspruchsausschußVO (GVBl 1987, 85)), **Saarland** (§ 8 Abs 1 Nr 4, 5 SaarlAGVwGO, §§ 136 S 2, 193 Abs 1, 218 Abs 1 SaarlKommunalselbstverwaltungsG) u **Schleswig-Holstein** (§ 119 SchlHLVwG iVm WiderspruchsbescheidszuständigkeitsVO – WiBeZustVO – v 23. 5. 2001, GVOBl 76) Gebrauch gemacht.

§ 186 [Sonderregelung für Berlin, Bremen und Hamburg]

§ 22 Nr. 3 findet in den Ländern Berlin, Bremen und Hamburg auch mit der Maßgabe Anwendung, daß in der öffentlichen Verwaltung ehrenamtlich tätige Personen nicht zu ehrenamtlichen Richtern berufen werden können. § 6 des Einführungsgesetzes zum Gerichtsverfassungsgesetz gilt entsprechend.

S 1 schließt für die genannten Länder auch in der Verwaltung **ehrenamtlich tätige Personen** von der (sonst nach § 22 Nr 3 zulässigen) Berufung zu ehrenamtlichen Richtern (§ 19) aus; sie trägt dem Umstand Rechnung, daß es sich bei diesen Ländern um **Stadtstaaten** handelt. S 2, der durch G v 21. 12. 2004 (BGBl I 3599, 3601) eingefügt wurde, erklärt die Übergangsvorschrift des § 6 EGGVG – betr ehrenamtliche Richter – für enspr anwendbar. Notwendig wurde dies durch Änderungen im Recht der ehrenamtlichen Richter durch das oben genannte G. 1

§ 187 [Disziplinar-, Schieds- und Berufsgerichte; Personalvertretungssachen]

(1) **Die Länder können den Gerichten der Verwaltungsgerichtsbarkeit Aufgaben der Disziplinargerichtsbarkeit**[1 ff] **und der Schiedsgerichtsbarkeit**[4] **bei Vermögensauseinandersetzungen öffentlich-rechtlicher Verbände übertragen, diesen Gerichten Berufsgerichte**[6] **angliedern sowie dabei die Besetzung und das Verfahren regeln.**[2 ff]

(2) **Die Länder können ferner für das Gebiet des Personalvertretungsrechts von diesem Gesetz abweichende Vorschriften über die Besetzung und das Verfahren der Verwaltungsgerichte und des Oberverwaltungsgerichts erlassen.**[7]

(3) *(aufgehoben)*[8 f]

Schrifttum: *Loss,* Die Schiedsgerichtsbarkeit in der Verwaltungsgerichtsbarkeit, Diss Kiel 1984.

1. Abs 1 ermächtigt die Länder, die **Zuständigkeit der Verwaltungsgerichte** nach § 40 durch Landesgesetz um die genannten Bereiche **zu erweitern** bzw den Verwaltungsgerichten Berufsgerichte anzugliedern. 1

Disziplinargerichtsbarkeit iSd Abs 1 umfaßt nicht nur die Disziplinargerichtsbarkeit über Beamte, sondern jede Disziplinargerichtsbarkeit in besonderen Gewaltverhältnissen, zB auch in Hochschuldisziplinarangelegenheiten (BVerfG 29, 125; NKVwGO-Heckmann 15; Sch-Stelkens 5). Darunter fallen auch **Maßnahmen, die nicht Disziplinarstrafen** ieS sind, wie zB eine von einem Vorgesetzten verfügte schriftliche Mißbilligung des Verhaltens eines Beamten (13, 150; **aA** Ma ZBR 1977, 938: VRW gem § 40), **nicht** dagegen auch **Schulstrafen** (ebenso Sch-Stelkens 5) uä. 2

Die Ermächtigung der Länder gem Abs 1 letzter HS zur **Regelung der Besetzung u des Vf** beziehen sich auch auf die Disziplinargerichtsbarkeit (Ey-P. Schmidt 2); die Länder können dadurch zB auch **besonders zusammen-** 3

gesetzte Disziplinarkammern mit ehrenamtlichen Beisitzern aus dem Kreis der Betroffenen usw bilden.

4 Bei der in Abs 1 erwähnten **Schiedsgerichtsbarkeit** handelt es sich nicht um Schiedsgerichtsbarkeit im eigentlichen Sinn, für die die Einsetzung durch einen auf freiwilligen Erklärungen der Parteien beruhenden Schiedsvertrag wesentlich ist, sondern um die in besonderen Fällen **vom Staat** durch Gesetz, Staatsvertrag usw **eingerichtete Schiedsgerichtsbarkeit** iwS.[1]

5 **Str** ist, **ob** u unter welchen Voraussetzungen solchen vom Staat eingerichteten u nicht auf freiwilligen Vereinbarungen zwischen den Beteiligten beruhenden Schiedsgerichten durch einseitige staatliche Regelung **auch** die Entscheidung über **Angelegenheiten des Zivilrechts** übertragen werden kann (vgl Renck BayVBl 1978, 13; Sch-Stelkens 6).

6 **Berufsgerichte** können nach Abs 1 nur den Verwaltungsgerichten **angegliedert** werden, dh zu selbständigen Bestandteilen der Verwaltungsgerichte gemacht werden, **nicht** dagegen können ihre Aufgaben **auf die Verwaltungsgerichte** selbst **übertragen** werden (Ey-P. Schmidt 4; NKVwGO-Heckmann 5).

7 **2. Personalvertretungssachen** (Abs 2) sind Angelegenheiten, für die der VRW ua durch §§ 83 Abs 1, 106 BPersVG iVm den entspr G der Länder eröffnet ist (vgl zB zu § 69 Abs 4 RhPfLPersVG aF – heute § 121 RhPfLPersVG – VG Mainz PersR 1995, 31). Zulässig ist insb die Bildung von **Fachkammern** u **Fachsenaten,** wie sie in den meisten Ländern eingerichtet wurden, u die Regelung, daß zT **Vorschriften des ArbGG** Anwendung finden. Für den Bund s § 83 BPersVG iVm § 190 Abs 1 Nr 5. Die **Bezugnahme** in personalvertretungsrechtlichen Vorschriften auf die Verwaltungsgerichte ist im Zweifel immer als Hinweis auf die Fachkammern bzw Fachsenate gem Abs 2 zu verstehen (62, 368). Die Zuständigkeit gilt außerdem im Zweifel auch für die Nachprüfung der Beschlüsse der **Einigungsstellen** (NJW 1984, 1980). Soweit Landesrecht ohne Einschränkung die Anwendbarkeit des BeschlußVf des ArbGG vorsieht, wird dadurch gem Art 99 GG auch die Prüfungszuständigkeit des BVerwG im **RevisionsVf** auf das Landesrecht erstreckt (28, 188; Sch-Stelkens 8; s 11 zu § 137).

8 **3.** Abs 3 aF wurde durch das 6. VwGOÄndG aufgehoben. Die Regelung war aufgrund der Änderung des § 80 Abs 2 S 1 Nr 3, S 2 entbehrlich (s dazu 68 ff zu § 80).

9 Für den **vorläufigen Rechtsschutz** in bezug auf Vollstreckungsmaßnahmen gelten § 80 Abs 4 bis 7 u § 80 a, uU auch gem § 123. Der **Ausschluß** auch der **Aussetzungsbefugnis** nach § 80 Abs 4 u 5 durch Landesrecht ist **nicht möglich; ebenso** auch **nicht** die Einführung **besonderer Rechtsbehelfe.**

§ 188 [Spezialkammern und -senate für Fürsorgeangelegenheiten; Kostenfreiheit]

Die Sachgebiete in Angelegenheiten der Fürsorge mit Ausnahme der Angelegenheiten der Sozialhilfe und des Asylbewerberleistungsgesetzes,[2] der Jugendhilfe,[3] der Kriegsopferfürsorge,[4] der Schwerbehindertenfürsorge[5] sowie der Ausbildungsförderung[6] sollen in einer Kammer oder in einem Senat zusammengefaßt werden.[1] Gerichtskosten (Gebühren und Auslagen) werden in den Verfahren dieser Art nicht erhoben;[8 f] dies gilt nicht für Erstattungsstreitigkeiten zwischen Sozialleistungsträgern.

Vgl § 10 Abs 1 u 2 SGG; § 5 Abs 2 S 2 FGO; § 183 SGG; § 64 SGB X

Schrifttum: *Philipp,* Besonderheiten des verwaltungsgerichtlichen Verfahrens in sozialrechtlichen Streitigkeiten, BayVBl 1989, 387; *zur Rocklage,* Gerichtskostenfreiheit in Fürsorgesa-

---

[1] Ey-P. Schmidt 3; Renck BayVBl 1978, 13; Sch-Stelkens 6; vgl auch 56 zu § 40.

chen und die geplante Änderung des § 188 VwGO, DVBl 1973, 28; *Sinthaus,* Der Begriff der allgemeinen öffentlichen Fürsorge in § 188 VwGO, ZfS 1966, 207; *Strnischa,* Zur Frage der Gerichtskostenfreiheit nach § 188 Satz 2 VwGO bei Streitigkeiten aus dem Grundsicherungsgesetz, BayVBl 2004, 233; *Thierbach,* Aufgaben und Probleme des § 188 VwGO, DVBl 1962, 363.

1 **Allgemeines:** Die Vorschrift enthält in ihren beiden Sätzen zwei Regelungsgegenstände. S 1 betrifft mit der Anordnung der Bildung von Spezialkammern bzw Spezialsenaten eine Frage der **Geschäftsverteilung** u ergänzt damit § 4. S 2 trifft eine Sonderregelung für das **Gerichtskostenrecht.**

Die Vorschrift wurde wiederholt geändert (G v 20. 8. 1975, BGBl I 2189, 2229; G v 6. 12. 1985, BGBl I 146; 4. VwGOÄndG; RmBereinVpG), bevor im Zuge der Übertragung der Zuständigkeiten für das Recht der Sozialhilfe u des AsylbLG von der Verwaltungs- auf die Sozialgerichtsbarkeit durch das 7. SGGÄndG v 9. 12. 2004 (BGBl I 3302) eine Anpassung auch für § 188 S 1 erfolgte u jetzt wieder auf den Begriff der Fürsorge aus der ursprünglichen Fassung des § 188 S 1 zurückgegriffen wurde. S 3, der die Anwendbarkeit von § 188 S 1 auch für das Gebiet der **Seeunfalluntersuchung** vorsah, wurde durch das 4. VwGOÄndG als „entbehrlich" (BT-Dr 11/7030, 36) gestrichen.

S 1 sieht – in Form einer Sollvorschrift – nunmehr vor, daß die **„Fürsorgeangelegenheiten"** wg des vielfach bestehenden Sachzusammenhangs **in einer Kammer (Senat) zusammengefaßt,** dh im Geschäftsverteilungsplan (§ 4, § 21 e GVG) des einzelnen Gerichts grds einer Kammer bzw einem Senat zugewiesen werden sollen. Ein **Verstoß** gegen S 1 ist prozeßrechtlich jedoch ohne Folgen. Die **Aufzählung ist abschließend** (insoweit zutr Lüneburg ZfS 1978, 87; NVwZ 1982, 635, s aber unten 2). Zur Vereinbarkeit von Spezialspruchkörpern der in § 188 vorgesehenen Art mit Art 101 Abs 1 GG vgl BayVerfGH BayVBl 1984, 717.

2 **2. Fürsorgeangelegenheiten: a) Fürsorge.** Der Begriff der Angelegenheiten der Fürsorge (mit Ausnahme der Angelegenheiten der Sozialhilfe u des AsylbLG) ist – auch aufgrund der Zwecksetzung des S 2, s unten 8 – **in einem umfassenden Sinn** zu verstehen;[1] er erfaßt alle zur allg Vwgbk gehörenden Sachgebiete, die **Fürsorgemaßnahmen** iwS zum Gegenstand haben (18, 220; 44, 113; Sch-Stelkens 6), die nicht schon unter einen der übrigen in § 188 S 1 ausdr genannten Bereiche fallen, insb Sachgebiete, in denen Leistungen mit primär fürsorgerischer Zwecksetzung vorgesehen sind (Br DÖV 1973, 98; v Mutius VerwA 1973, 328), deren Gewährung davon abhängig ist, daß bestimmte **Einkommensgrenzen** nicht überschritten werden (44, 113). Es kommt insoweit nicht auf das einzelne Gesetz, sondern auf das Sachgebiet an (Mü BayVBl 1982, 53 mwN – Rundfunkgebührenbefreiung; zT **aA** Lü NVwZ 1982, 635).

Die Neufassung durch das 7. SGGÄndG v 9. 12. 2004 (BGBl I 3302) hat daran im Grundsatz nichts geändert. Sie spricht allerdings um so deutlicher für eine weite Auslegung, weshalb jedenfalls ab dem 1. 1. 2005 neben den Streitigkeiten betr das **HäftlingshilfeG** (Mü BayVBl 1978, 278) oder § 6 Rundfunkgebührenstaatsvertrag (betr die **Befreiung von Rundfunkgebühren**) erfaßt werden.

3 **b) Jugendhilfe.** Unter den Begriff der Jugendhilfe iSv § 188 S 1 fallen nicht jegliche der Förderung der Jugend dienende Maßnahmen, sondern ausschließlich Maßnahmen im Rahmen der **allg öffentlichen Fürsorge** (Ms NVwZ-RR 1994, 164; Sch-Stelkens 7). Zur Jugendhilfe zählen damit alle Streitigkeiten nach dem SGB VIII, aber auch Streitigkeiten über Angelegenheiten nach dem **UnterhaltsvorschußG** (NVwZ 1995, 82; Ma NJW 1996, 946; Sch-Stelkens 7).

[1] Für den Begriff der Sozialhilfe Hbg NJW 1983, 1748; ebenso zur ursprünglichen Fassung 44, 113; enger Mü BayVBl 1993, 310.

4 **c) Kriegsopferfürsorge.** Streitigkeiten aus dem Vollzug der §§ 25–27j BVG u der §§ 85 SVG, 50 Abs 1 ZDG (**aA** Ms VRspr 18, 510; Ey-Happ 8; Sch-Stelkens 7), sowie Angelegenheiten, in denen in entspr Weise Versorgung geleistet wird, zB für **Impfschäden** (§ 60 IfSG), **Opfer von Gewalttaten** (§ 7 Abs 2 OEG), **Soldaten** (§§ 80, 88 Abs 7 SVG), **Zivildienstleistende** (§ 51 Abs 3 ZDG).

5 **d) Schwerbehindertenfürsorge.** Streitigkeiten aus dem Vollzug des **SGB IX,** soweit der VRW gegeben u nicht § 51 Abs 1 Nr 7 SGG einschlägig ist.[2]

6 **e) Ausbildungsförderung.** Rechtsstreitigkeiten über Leistungen nach dem **BAföG.**[3]

7 **3. Die in S 1 genannten Sachgebiete umfassen nicht** Rechtsstreitigkeiten hins der Zustimmung zur Kündigung nach **§ 9 MuSchG** (**aA** Hamburg NJW 1983, 1748; Philipp BayVBl 1994, 394 mwN), der **Einstellung von Schwerbehinderten** als Beamte (Ma DÖV 1974, 538), der **Erstattung von Fahrgeldausfällen** bei Beförderung von Kriegsbeschädigten usw (NVwZ-RR 1991, 32; DÖV 1973, 245) u des beamtenrechtlichen **Beihilferechts.**[4]

8 **4. Gerichtskostenfreiheit für Sozialstreitigkeiten (S 2):** Die Vorschrift sieht allg für die in S 1 genannten Sachgebiete **allg Gerichtskostenfreiheit** vor. Auf diese Weise soll eine Parallelität mit § 64 SGB X erreicht werden. Die Kostenfreiheit gilt ohne Rücksicht auf die Vermögensverhältnisse der Beteiligten (47, 238); sie gilt – soweit nicht S 2 HS 2 eingreift – **auch für die öffentliche Hand** (47, 238; 51, 215; Ey-Happ 12). Die Anwendung der Regelung ist nicht davon abhängig, ob Spezialkammern oder -senate nach S 1 gebildet sind u die Sache vor ihnen verhandelt wird. Das RmBereinVpG hat durch die Einfügung von S 2 HS 2 Erstattungsstreitigkeiten zwischen Sozialleistungsträgern von der Gerichtskostenfreiheit ausgenommen, da hier keine Rechtfertigung für die Gerichtskostenfreiheit ersichtlich ist. Neben § 188 S 2 können auch andere Regelungen die Gerichtskostenfreiheit anordnen (vgl § 30 RVG). § 64 Abs 3 SGB X findet im Verwaltungsprozeß keine (analoge) Anwendung (Sch-Stelkens 8; unklar Philipp BayVBl 1994, 394).

9 Die Möglichkeit, auch für Fürsorgeangelegenheiten iSd § 188 **PKH** zu bewilligen, wird durch die Vorschrift nicht berührt (Lü 17, 383); sie hat insb Bedeutung hins der Beiordnung eines Anwalts (51, 281). Soweit Kostenfreiheit besteht, entfällt **die Notwendigkeit der Festsetzung eines StrW** (Mü BayVBl 1981, 89; Linhart APF 1981, 335); **nicht dagegen auch** die Notwendigkeit der **Festsetzung des Gegenstandswertes** gem §§ 23 Abs 1, 33 Abs 1 u 2 RVG iVm §§ 53 Abs 3, 52 GKG auf Antrag.[5]

§ 189 [Fachsenate]

Für die nach § 99 Abs. 2 zu treffenden Entscheidungen sind bei den Oberverwaltungsgerichten und dem Bundesverwaltungsgericht Fachsenate zu bilden.

---

[2] Vgl zum früheren SchwbG 18, 216; Ko 11. 6. 1996 – 12 E 11562/96; NKVwGO-Heckmann/Vogler (1. Aufl Stand November 1999) 8; RÖ-v Nicolai 2; **aA** zur früheren Fassung Bln DVBl 1963, 333; Ey-Happ 9.

[3] 44, 113; *Bln DÖV* 1974, 70; Lü DVBl 1972, 192; Becker FamRZ 1975, 528..

[4] 51, 215 – gilt selbst dann, wenn Sozialhilfeträger diesen Anspr auf sich übergeleitet hat u nunmehr im Rechtsstreit geltend macht; VG Darmstadt NVwZ-RR 1996, 589; Sch-Stelkens 7.

[5] Vgl Mü BayVBl 1981, 89 zu den entspr Vorschriften von BRAGO u GKG aF.

Die Norm wurde durch das RmBereinVpG in die VwGO eingefügt. Sie soll sicherstellen, daß Entscheidungen im Rahmen des § 99 Abs 2 ausschließlich von jeweils **einem** Senat des OVG bzw des BVerwG getroffen werden. Auch wenn der Wortlaut wohl die Bildung von mehr als einem Fachsenat beim jeweiligen Gericht zuließe, stünde dies dem Willen des Gesetzgebers (BT-Dr 14/7474, 16) sowie Sinn u Zweck der Regelung entgegen, wonach der Kreis der mit den geheimhaltungsbedürftigen Vorgängen in Kontakt kommenden Richter so klein wie möglich gehalten werden soll.[6] 1

§ 190 [Überleitung einzelner Bundesgesetze]

(1) **Die folgenden Gesetze, die von diesem Gesetz abweichen, bleiben unberührt:** [1 ff]

1. **Das Lastenausgleichsgesetz vom 14. August 1952 (Bundesgesetzbl. I S. 446) in der Fassung der dazu ergangenen Änderungsgesetze,**
2. ***das Gesetz über die Errichtung eines Bundesaufsichtsamtes für das Versicherungs- und Bausparwesen vom 31. Juli 1951 (Bundesgesetzbl. I S. 480) in der Fassung des Gesetzes zur Ergänzung des Gesetzes über die Errichtung eines Bundesaufsichtsamtes für das Versicherungs- und Bausparwesen vom 22. Dezember 1954 (Bundesgesetzbl. I S. 501),***
3. (weggefallen)
4. **das Flurbereinigungsgesetz vom 14. Juli 1953 (Bundesgesetzbl. I S. 591),**
5. **das Personalvertretungsgesetz vom 5. August 1955 (Bundesgesetzbl. I S. 477),**
6. **die Wehrbeschwerdeordnung (WBO) vom 23. Dezember 1956 (Bundesgesetzbl. I S. 1066),**
7. ***das Kriegsgefangenenentschädigungsgesetz (KgfEG) in der Fassung vom 8. Dezember 1956 (Bundesgesetzbl. I S. 908),***
8. **§ 13 Abs. 2 des Patentgesetzes und die Vorschriften über das Verfahren vor dem Deutschen Patentamt.**

(2) *(weggefallen)*

(3) *(weggefallen)*

Die Vorschrift hält die in Abs 1 genannten Gesetze **auch insoweit** aufrecht, **als sie von der VwGO abweichende Regelungen** über Gerichtsverfassung u Verfahren enthalten. Der Vorbehalt gilt auch für **spätere Änderungen** der betroffenen Gesetze (str). 1

Das KgfEG (Nr 7) ist durch G v 21. 12. 1992 (BGBl I 2094) aufgehoben worden; s dazu BT-Dr 12/3212, 21.

Die Abs 2 u 3 enthielten Vorschriften zur Anpassung früheren Rechts an das Rechtsmittelrecht der VwGO. Da sie durch zwischenzeitliche Gesetzesänderungen überholt waren, wurden sie durch das 4. VwGOÄndG gestrichen; s dazu BT-Dr 11/7030, 36. 2

§ 191 [Überleitung des BRRG]

(1) **Dem § 126 des Rahmengesetzes zur Vereinheitlichung des Beamtenrechts (Beamtenrechtsrahmengesetz – BRRG) vom 1. Juli 1957 (Bundesgesetzbl. I S. 667) wird als Absatz 3 angefügt:**

---

[6] Grds zust Sch-Clausing 5, der Einrichtung eines weiteren Fachsenats jedoch wg des Auftrags zur effektiven Rechtsschutzgewährung als zulässig ansieht, wenn ein Fachsenat nicht mehr zu zeitnaher Bearbeitung in der Lage ist.

„(3) **Für Klagen nach Absatz 1, einschließlich der Leistungs- und Feststellungsklagen, gelten die Vorschriften des 8. Abschnitts der Verwaltungsgerichtsordnung mit folgenden Maßgaben:**

1. Eines Vorverfahrens bedarf es auch dann, wenn der Verwaltungsakt von der obersten Dienstbehörde erlassen worden ist.

2. Den Widerspruchsbescheid erläßt die oberste Dienstbehörde. Sie kann die Entscheidung für Fälle, in denen sie den Verwaltungsakt nicht selbst erlassen hat, durch allgemeine Anordnung auf andere Behörden übertragen; die Anordnung ist zu veröffentlichen.“

(2) **§ 127 des Beamtenrechtsrahmengesetzes bleibt unberührt.**

1 Die Vorschrift sieht in Abs 1 Besonderheiten bezüglich des **VorVf in Beamtensachen** vor; insb führt sie abweichend von §§ 68 ff auch für Leistungs- u Feststellungsklagen aus dem Beamtenverhältnis ein Vorverfahren ein u macht es zur Voraussetzung der Zulässigkeit dieser Klagen. Gem Abs 2 bleibt auch die **Revisibilität des Landesbeamtenrechts** aufrechterhalten.

2 **Nicht berührt** wird von § 191 die Eröffnung des **VRW** für alle Streitigkeiten aus dem Beamtenverhältnis durch § 126 Abs 2 BRRG (vgl auch 75 ff zu § 40).

§ 192 [Überleitung des WPflG]

(Änderungsvorschrift)

1 Die inzwischen durch die Neufassung des WPflG überholte Vorschrift hielt die **Besonderheiten des WPflG** bezüglich des VorVf u des gerichtlichen Vf mit Ausnahme der in Abs 1 vorgesehenen Änderungen u der Anpassung der Regelung der Zulassungsbeschwerde an § 132 Abs 3 bis 5 aufrecht. S zu den Abweichungen von der VwGO im einzelnen Ey-P. Schmidt 1.

§ 193 [OVG als Verfassungsgericht]

In einem Land, in dem kein Verfassungsgericht besteht, bleibt eine dem Oberverwaltungsgericht übertragene Zuständigkeit zur Entscheidung von Verfassungsstreitigkeiten innerhalb des Landes bis zur Errichtung eines Verfassungsgerichts unberührt.

1 Da inzwischen auch SchlH durch G v 17. 10. 2006 (GVOBl 220) ein eigenes LVerfG eingerichtet hat, haben nunmehr alle Bundesländer ein Verfassungsgericht, so daß die Vorschrift **keinen Anwendungsbereich** mehr hat.

§ 194 [Übergangsregelungen zum RmBereinVpG]

(1) bis (5) (zeitlich überholte Vorschriften)

1 § 194, der Übergangsregelungen zum RmBereinVpG enthält, ist inzwischen durch Zeitablauf weitgehend überholt; s näher die 14. Aufl.

§ 195 [Inkrafttreten der VwGO, Aufhebung von Vorschriften, Überleitung von Regelungen und anhängiger Verfahren]

(1) (Inkrafttreten)

(2) bis (6) (Aufhebungs-, Änderungs- u zeitlich überholte Vorschriften)

(7) **Für Rechtsvorschriften im Sinne des § 47, die vor dem 1. Januar 2007 bekannt gemacht worden sind, gilt die Frist des § 47 Abs. 2 in der bis zum Ablauf des 31. Dezember 2006 geltenden Fassung.**

Schrifttum: *Kopp,* Grundsätze des intertemporalen Verwaltungsrechts, SGb 1993, 593.

Allgemeines: Die in § 195 getroffenen Regelungen über das Inkrafttreten 1
(Abs 1) u die Überleitung (Abs 6) sind heute – mit Ausnahme des durch G v 21. 12. 2006 (BGBl I 3316) neu eingefügten Abs 7, der eine Überleitungsvorschrift zur verkürzten NKFrist des § 47 Abs 2 nF enthält – weitgehend bedeutungslos. Nach Abs 7 gilt für Rechtsvorschriften iSd § 47, die vor dem 1. 1. 2007 bekannt gemacht worden sind, die Zweijahresfrist des § 47 Abs 2 S 1 aF. Diese in Abs 7 getroffene Übergangsregelung verbietet einen Rückgriff auf die **allg Grundsätze des intertemporalen Rechts** (ausf Kopp SGb 1993, 593 ff). Nach diesen würde neues Verfahrensrecht im Zweifel, dh, wenn besondere Überleitungsvorschriften fehlen, auch für bereits vorher anhängig gewordene Vf gelten.[1] Dies würde grds auch dann gelten, wenn sich das neue Verfahrensrecht für die Beteiligten allg oder für einzelne Beteiligte nachteilig auswirkt,[2] auch zB, wenn das neue Verfahrensrecht bisher gegebene RMittel künftig gänzlich ausschließt oder einschränkt (NVwZ 1986, 46). Nur die **Zulässigkeit bereits eingelegter RMittel** würde nach dem im Rechtsstaatsprinzip, insb im Vertrauensgrundsatz, wurzelnden Grundsatz der Rechtsmittelsicherheit im Zweifel von einem gesetzlichen Rechtsmittelausschluß **nicht berührt,** wenn das Gesetz nicht ausdr deutlich etwas anderes bestimmt.[3]

---

[1] BVerfG 11, 146; 65, 98 = NJW 1983, 2931; 87, 48 = NVwZ 1992, 1183; NJW 1993, 1124; Kopp SGb 1993, 593 mwN.
[2] BVerfG, NJW 1993, 1124; BVerwG NJW 1993, 1686; Kopp SGb 1993, 593.
[3] BVerfG 87, 48 = NVwZ 1992, 1183; Kopp SGb 1993, 593.

Sachverzeichnis

(Zahlen vor dem ersten Komma bezeichnen den Paragraphen, Zahlen nach dem Komma die Randnummer; Vorbemerkungen sind durch „vor“ und Anhänge durch „Anh“ gekennzeichnet)